W0298426

Pourquoi activer mon Code en ligne :

Selon mon édition, l'activation de mon Code me permet d'accéder aux enrichissements suivants, sur ordinateur, tablette et smartphone :

	CODE ÉDITION LIMITÉE*	CODE ÉDITION CLASSIQUE
Lettre d'actualité du Code	✓*	✓*
Accès aux codes officiels secs	✓	✓
Mise à jour en continu		✓
Liens vers la jurisprudence		✓
Accès aux commentaires et textes complémentaires		✓
Accès aux articles des revues Dalloz		✓

www.activation-dalloz.fr

La clé d'activation se trouve sous l'étiquette de couverture pour les codes édition classique et en première page pour les codes limités.

* Disponible pour les titres suivants :
Code civil, Code de procédure civile, Code pénal, Code de procédure pénale, Code de commerce, Code du travail.

3e édition

CODE
DE LA
COMPLIANCE

Annoté & commenté

Papier & numérique

DALLOZ

3e édition

Commentaires et annotations établis par

Marie-Emma BOURSIER
Maître de conférences HDR en droit privé
Doyen de la faculté de droit
de l'Université de Versailles Saint-Quentin-en-Yvelines (UVSQ)

et

William FEUGÈRE
Avocat à la Cour

avec le concours de

Éric CHEVRIER
Directeur éditorial des Codes

DALLOZ

ÉDITIONS DALLOZ

31-35, rue Froidevaux, 75685 Paris Cedex 14

ISBN 978-2-247-21423-5

AVANT-PROPOS

L'initiative des Éditions Dalloz est audacieuse. La création d'un Code de la compliance représente la concrétisation en une véritable matière d'un droit en formation, voire toujours en fusion. En effet, la compliance est encore largement insaisissable. Elle est partout. Elle est parfois la partie d'un tout (droit de la concurrence, droit financier) ou parfois un tout elle-même (alerte, détection de la corruption). Définir la compliance et déterminer son champ d'application s'avèrent des plus complexes pour la doctrine comme pour le praticien. Des éléments de réponse peuvent être avancés pour sa définition. La compliance s'appuie sur une méthode et des instruments particuliers qui poursuivent des finalités variables, mais qui ont tous en commun des objectifs d'intérêt public en sollicitant les entreprises, leurs dirigeants, salariés et partenaires dans une économie mondialisée. Objet d'étude pour la doctrine, objet de préoccupation pour le praticien qui accompagne les entreprises soumises à des normes contraignantes et à des risques mondialisés, la compliance existe, évolue et s'étend sous nos yeux. Notre mission consiste alors à s'en saisir dans l'ensemble de ses dimensions, pour contribuer à en révéler la cohérence et la richesse.

La création d'un Code de la compliance. Depuis la codification napoléonienne jusqu'aux codifications administratives de 1948 et de 1989 œuvrant pour « la simplification et la clarification du droit », les codes ont pour but de reprendre, organiser et systématiser un ensemble de normes juridiques de manière méthodique, au sein d'un document doté d'une valeur juridique opposable. Le Code de la compliance n'a pas en soi cette valeur normative, il poursuit cependant l'objectif de tout code : rassembler, ordonner et articuler des textes pour assurer un meilleur accès au droit aux sujets de droits ; organiser la présentation des normes en vigueur au sein d'une architecture cohérente pour leur donner une plus grande intelligibilité. Le Code de la compliance nous a paru d'autant plus nécessaire que la matière est multidimensionnelle et qu'il permet de dompter l'impressionnisme de ses sources et de ses champs d'intervention. Il intègre ainsi des textes internationaux, régionaux, nationaux et étrangers, y compris en langue anglaise, il les met en perspective et en montre les convergences.

La « fabrique du droit ». Le Code de la compliance est également une fenêtre ouverte sur la « fabrique du droit » qui, au-delà des législations internationales ou nationales, se nourrit du *soft law*, expression souvent traduite par « droit souple » alors qu'il devient en réalité contraignant. Ce code ne manquera pas d'être interrogé, discuté, voire contesté puisqu'il tend à organiser du vivant : la compliance est une interaction constante entre le droit et les enjeux opérationnels, elle est une convergence, un mouvement, un processus qui évolue sans cesse. Ce code en est le reflet.

Les auteurs du Code de la compliance. Ce code est d'ailleurs le fruit d'une collaboration entre le monde académique et celui de la pratique. Marie-Emma Boursier, universitaire, spécialisée en droit pénal des affaires internationales et dans les questions de compliance, et William Feugère, avocat, spécialisé également en droit pénal des affaires et compliance, ont œuvré de concert pour faire de ce code une réalité. Ils ont été accompagnés par le travail des éditeurs Éric Chevrier et Guilhem Cros et des Éditions Dalloz, qui ont joué un rôle majeur dans l'impulsion, le suivi des travaux et le véritable travail d'édition qui a été réalisé. Nous remercions également Louise Gernelle et Loréna Moua, doctorantes à l'Université de Versailles-Paris Saclay, qui ont apporté une aide précieuse.

Lecteurs du Code de la compliance. Le code est destiné à être consulté par tous les interlocuteurs en lien avec l'entreprise, avocats, magistrats, membres des autorités administratives responsables du contrôle de son application, aussi bien que les universitaires et étudiants qui s'intéressent au monde des affaires et aux enjeux de la mondialisation. Nous avons voulu cet ouvrage accessible, clair et structuré, nous souhaitons qu'il vous soit pratique et utile.

Marie-Emma Boursier

William Feugère

NOTA. *Dans tous les textes législatifs et réglementaires, la référence aux huissiers de justice, aux huissiers et aux commissaires-priseurs judiciaires désigne les commissaires de justice (Ord. n° 2016-728 du 2 juin 2016, art. 23 et Décr. n° 2022-949 du 29 juin 2022, art. 67, en vigueur le 1er juill. 2022).*

Liste des abréviations

🏛 Hyperlien vers la décision intégrale accessible sur le Code en ligne

✎ Hyperlien vers l'article de revue accessible sur le Code en ligne

🏛 Hyperlien vers un texte complémentaire accessible sur le Code en ligne

AAI Autorité administrative indépendante
ABS Abus de biens sociaux
ACPR Autorité de contrôle prudentiel et de résolution
Actes pratiques Droit des sociétés, Actes pratiques et ingénierie sociétaire
Actu. Actualité
AEMF Autorité européenne des marchés financiers
AFD Agence française de développement
AFDI Annuaire français de droit international
AGRASC Agence de gestion et de recouvrement des avoirs saisis et confisqués
AJ Actualité jurisprudentielle du Recueil Dalloz
AJ contrat Actualité juridique contrat (Dalloz)
AJDA Actualité juridique Droit administratif (Dalloz)
AJDI Actualité juridique Droit immobilier (Dalloz)
AJIL *American Journal of International Law*
AJMJ Administrateurs judiciaires et mandataires judiciaires
AJ pénal Actualité juridique pénal (Dalloz)
Al. Alinéa
AMF Autorité des marchés financiers
ANC Autorités nationales de concurrence
Anc. Ancien
ANR Analyse nationale des risques
ANSA Association nationale des sociétés par actions
APC Actualité des procédures collectives
APG Groupe Asie/Pacifique sur le blanchiment d'argent
ARJEL Autorité de régulation des jeux en ligne
Arr. Arrêté
Art. Article
ARUP Associations reconnues d'utilité publique
ASR Analyse sectorielle des risques
Ass. Assemblée
Ass. nat. Assemblée nationale
Ass. plén. Assemblée plénière de la Cour de cassation
Aud. sol. Audience solennelle

Aut. conc.	Autorité de la concurrence (qui s'est substituée au Conseil de la concurrence en mars 2009)

BALO	Bulletin des annonces légales obligatoires
Banque	Revue Banque
Banque et Dr.	Revue Banque et Droit
BC	Blanchiment de capitaux
BCE	Banque centrale européenne
BC/FT	Blanchiment de capitaux et financement du terrorisme
BDEI	Bulletin du droit de l'environnement industriel
BEI	Banque européenne d'investissement
BERD	Banque européenne pour la reconstruction et le développement
BIBL.	Bibliographie
BIBL. GÉN.	Bibliographie générale
BIRD	Banque internationale pour la reconstruction et le développement
BJB	Bulletin Joly Bourse et produits financiers
BJE	Bulletin Joly Entreprises en difficulté
BJS	Bulletin Joly Sociétés
BOCC	Bulletin officiel de la concurrence, de la consommation et de la répression des fraudes
BODACC	Bulletin officiel des annonces civiles et commerciales
BOFiP	Bulletin officiel des finances publiques-impôts
BOMJ	Bulletin officiel du ministère de la justice
BORIS	*Beneficial Ownership Registers Interconnection System*
BPI	Banque publique d'investissement
BRDA	Bulletin rapide de droit des affaires
BRIS	Système d'interconnexion des registres du commerce
Bull. civ.	Bulletin des arrêts des chambres civiles de la Cour de cassation
Bull. CNCC	Bulletin du Conseil national des commissaires aux comptes
Bull. crim.	Bulletin des arrêts de la chambre criminelle de la Cour de cassation

---

C.	Code
c/	Contre
CAA	Cour administrative d'appel
Cah. dr. entr.	Cahiers de droit de l'entreprise
Cah. just.	Cahiers de la justice (Dalloz)
CAPE	Corruption d'agents publics étrangers
CARICOM	Communauté des Caraïbes
Cass.	Cour de cassation
C. assur.	Code des assurances Dalloz
C. avocat	Code de l'avocat Dalloz
C. baux	Code des baux Dalloz
CCC	Contrats Concurrence Consommation
CCE	Communication Commerce électronique
CCH	Code de la construction et de l'habitation Dalloz
CCI	Chambre de commerce et d'industrie

C. civ.	Code civil Dalloz
CCLCBFT	Commission consultative Lutte contre le blanchiment et le financement du terrorisme
CCLRF	Comité consultatif de la législation et de la réglementation financières
C. com.	Code de commerce Dalloz
C. consom.	Code de la consommation Dalloz
C. const.	Code constitutionnel et des droits fondamentaux Dalloz
C. copr.	Code de la copropriété Dalloz
CCP	Code de la commande publique Dalloz
CCSF	Comité consultatif du secteur financier
CCT	Comité contre le terrorisme
CDI	Commission du droit international
C. défense	Code de la défense
C. données personnelles	Code de la protection des données personnelles Dalloz
C. douanes	Code des douanes Dalloz
CE	Conseil d'État
CECEI	Comité des établissements de crédit et des entreprises d'investissement
CEDH	Cour européenne des droits de l'Homme
C. élect.	Code électoral Dalloz
C. énergie	Code de l'énergie Dalloz
C. envir.	Code de l'environnement Dalloz
CESEDA	Code de l'entrée et du séjour des étrangers et du droit d'asile Dalloz
CFE	Centre de formalités des entreprises
CFHM	Compagnies financières holding mixtes
CGCT	Code général des collectivités territoriales Dalloz
CGFP	Code général de la fonction publique Dalloz
CGI	Code général des impôts Dalloz
CGPPP	Code général de la propriété des personnes publiques Dalloz
ch.	Chambre
chap.	Chapitre
Charte ONU	Charte de l'Organisation des Nations unies
Charte UE	Charte des droits fondamentaux de l'Union européenne
CHM	Compagnies holding mixtes
Ch. mixte	Chambre mixte de la Cour de cassation
Ch. réun.	Chambres réunies de la Cour de cassation
Chron.	Chronique
Chron. C. cass.	Chronique de jurisprudence de la Cour de cassation du Recueil Dalloz
CIF	Commission des infractions fiscales
CIME	Comité de l'investissement international et des entreprises multinationales
CIP	Conseiller en investissement participatif
Circ.	Circulaire
Civ.	Chambre civile de la Cour de cassation
CJCE	Cour de justice des Communautés européennes (jusqu'en nov. 2009)

CJIP Convention judicaire d'intérêt public
CJUE Cour de justice de l'Union européenne (depuis déc. 2009)
C. mon. fin. Code monétaire et financier Dalloz
CNAJMA Conseil national des administrateurs judiciaires et des mandataires judiciaires
CNB Conseil national des Barreaux
CNCPJ Conseil national des commissaires-priseurs judiciaires
CNHJ Chambre nationale des huissiers de justice
CNID Commission nationale d'inscription et de discipline des administrateurs judiciaires et mandataires judiciaires
CNIL Commission nationale de l'informatique et des libertés
CNS Commission nationale des sanctions
CNUCC Convention des Nations unies contre la corruption
COFRAC Comité français d'accréditation
COJ Code de l'organisation judiciaire
COLB Conseil d'orientation de la lutte contre le blanchiment de capitaux et le financement du terrorisme
Com. Chambre commerciale de la Cour de cassation
Comm. CE Commission des Communautés européennes
Comm. EDH Commission européenne des droits de l'homme
Comm. UE Commission de l'Union européenne
Communic. Communication
Comp. Comparez
concl. Conclusions
conf. Solution conforme
conf. par Confirmé par
Cons. conc. Conseil de la concurrence (remplacé par l'Autorité de la concurrence en mars 2009)
Cons. const. Conseil constitutionnel
consid. Considérant
Contra Solution contraire
Conv. Convention
Conv. EDH Convention européenne de sauvegarde des droits de l'homme et des libertés fondamentales
COPS Comité politique et de sécurité
COREPER Comité des représentants permanents
COSI Communication systématique d'informations
COSP Conférence des États parties
C. pén. Code pénal Dalloz
CPGA Comité professionnel des galeries d'art
CPI Code de la propriété intellectuelle Dalloz
C. pr. civ. Code de procédure civile Dalloz
C. pr. fisc. Code de procédure fiscale Dalloz
C. pr. pén. Code de procédure pénale Dalloz
CRBF Comité de la réglementation bancaire et financière
CRF Cellule de renseignements financiers
Crim. Chambre criminelle de la Cour de cassation
CRPC Comparution sur reconnaissance préalable de culpabilité
CRS *Common reporting standard*
CSI Code de la sécurité intérieure Dalloz
CSN Conseil supérieur du notariat

CSNU	Conseil de sécurité des Nations unies
C. sociétés	Code des sociétés Dalloz
CSOEC	Conseil supérieur de l'Ordre des experts-comptables
C. trav.	Code du travail Dalloz
CVV	Conseil des ventes volontaires de meubles aux enchères publiques

D.	Recueil Dalloz
DAAF	Département des affaires administratives et financières
DAC	Droit au compte
D. actu.	Dalloz actualité accessible sur les portails Dalloz
Dalloz IP/IT	Revue du droit de la propriété intellectuelle et du numérique (Dalloz)
Dalloz jurisprudence	Base de jurisprudence accessible sur les portails Dalloz
D. avocats	Revue Dalloz Avocats – Exercer et entreprendre (Dalloz)
DARI	Département de l'analyse, du renseignement et de l'information
DCPJ	Direction centrale de la police judiciaire
DDH	Déclaration des droits de l'homme et du citoyen
Décis.	Décision
Décis. ACPR	Décision de la commission des sanctions de l'Autorité de contrôle prudentiel et de résolution
Décis. AMF	Décision de la commission des sanctions de l'Autorité des marchés financiers
Décis.-cadre	Décision-cadre
Décr.	Décret
Décr.-L.	Décret-loi
DGCCRF	Direction générale de la concurrence, de la consommation et de la répression des fraudes
DGDDI	Direction générale des douanes et des droits indirects
DGFiP	Direction générale des finances publiques
DGGN	Direction générale de la gendarmerie nationale
DGPN	Direction générale de la police nationale
DGSE	Direction générale de la sécurité extérieure
DGSI	Direction générale de la sécurité intérieure
DG Trésor	Direction générale du Trésor
Dir.	Directive
DNRED	Direction nationale du renseignement et des enquêtes douanières
Doctr.	Doctrine
DOJ	*Department of Justice*
DOS	Déclaration d'opération suspecte
DPA	*Deferred prosecution agreement*
DP aff.	Dictionnaire permanent droit des affaires
DP compliance	Dictionnaire permanent compliance
DPCI	Droit et pratique du commerce international
DRM	Direction du renseignement militaire
Dr. et patr.	Droit et patrimoine
Dr. et pr.	Droit et procédures
Dr. pénal	Droit pénal

DRSD	Direction du renseignement et de la sécurité de la Défense
Dr. soc.	Droit social (Dalloz)
Dr. sociétés	Droit des sociétés
DS	Déclaration de soupçon

EAG	Groupe Eurasie
EBE	Excédent brut d'exploitation
ECA	*European Competition Authorities*
ECN	*European Competition Network*
EEE	Espace économique européen
EEI	Énergie-Environnement-Infrastructures
EI	Entreprises d'investissement
EIA	*Environmental impact assessments*
ELSJ	Espace de liberté, de sécurité et de justice
EME	Établissements de monnaie électronique
EMMSF	Entreprises mères mixtes de sociétés de financement
EMSF	Entreprises mères de sociétés de financement
eod. loc.	Au même endroit
eod. v°, eisd. v^{is}	Même(s) mot(s) que celui (ceux) qui vient (viennent) d'être cité(s)
ERMES	Échange de renseignements par messagerie en environnement sécurisé
ESG	Facteurs/impacts/risques/critères environnementaux, sociaux et de gouvernance
ESIA	*Environmental and social impact assessments*
esp.	Espèce
ETNC	États et territoires non coopératifs
EUID	Identifiant unique européen

FATF	*Financial Action Task Force*
FCPA	*Foreign Corrupt Practices Act*
FICOM	Fichier des comptes d'outre-mer
FMI	Fonds monétaire international
FP	Financement de la prolifération
FRUP	Fondations reconnues d'utilité publique
FSAP	Programme d'évaluation du secteur financier
FT	Financement du terrorisme

GABAC	Groupe d'action contre le blanchiment d'argent en Afrique centrale
GABAOA	Groupe antiblanchiment de l'Afrique orientale et australe
GAFI	Groupe d'action financière
GAFIC	Groupe d'action financière des Caraïbes
GAFILAT	Groupe d'action financière d'Amérique latine
GAP	Groupe Asie/Pacifique sur le blanchiment de capitaux
Gaz. Pal.	Gazette du Palais
GCA	*Global Compact Advanced*
GEA	Groupe Eurasie
GECI	Groupe d'examen de la coopération internationale

GEIE	Groupement européen d'intérêt économique
GIABA	Groupe intergouvernemental d'action contre le blanchiment d'argent en Afrique de l'Ouest
GIE	Groupement d'intérêt économique
GlobE	*Global Operational Network of Anti-Corruption Law Enforcement Authorities*
GRECO	Groupe d'États contre la corruption
GTCRE	Groupe de travail sur la conduite responsable des entreprises (OCDE)
GUPPI	*Gross upward pricing pressure index*
H3C	Haut Conseil du commissariat aux comptes
HALDE	Haute Autorité de lutte contre les discriminations et pour l'égalité
HATVP	Haute Autorité pour la transparence de la vie publique
HRIA	*Human rights impact assessments*
ibid.	Au même endroit
ICC	Chambre de commerce internationale
ICO	*Initial coin offering*
IFCPA	*Iran Freedom and Counter-Proliferation Act*
IFI	Institutions financières internationales
IFP	Intermédiaire en financement participatif
IHH	Indice Herfindahl-Hirschman
IFRI	Institut français des relations internationales
infra	Ci-dessous
Instr.	Instruction
INTERPOL	Organisation internationale de police criminelle
IOBSP	Intermédiaire en opérations de banque et services de paiement
IPR	*Illustrative price rise*
IR	Informations rapides du Recueil Dalloz
ITIE	Initiative pour la transparence dans les industries extractives
J.	Jurisprudence
JAI	Justice et affaires intérieures
JCP	Juris-Classeur périodique (Semaine juridique), édition Générale
JCP E	Juris-Classeur périodique, édition Entreprise
JCP N	Juris-Classeur périodique, édition Notariale
JDI	Journal de droit international (Clunet)
JEDH	Journal européen des droits de l'homme (Larcier)
JIRS	Juridictions interrégionales spécialisées
JLD	Juge des libertés et de la détention
JO	Journal officiel
JOAN Q, JO Sénat Q	Journal officiel, Assemblée nationale, Sénat, Questions écrites

JOCE	Journal officiel des Communautés européennes (jusqu'au 31 janv. 2003)
JOUE	Journal officiel de l'Union européenne (depuis le 1er févr. 2003)
Journ. sociétés	Journal des sociétés
Just. et cass.	Justice et cassation (Dalloz)
Justices	Revue générale de droit processuel Justices (Dalloz)

L.	Loi
LBC/FT – LCB/FT	Lutte contre le blanchiment de capitaux et le financement du terrorisme
LIL	Loi « informatique et libertés »
Liv.	Livre
LPA	Les Petites Affiches
LPF	Livre des procédures fiscales

MARC	Mode alternatif de règlement des contentieux
MARD	Mode alternatif de règlement des différends
Min.	Ministre ou ministère
Mod.	Modifié
MSU	Mécanisme de surveillance unique

n°	Numéro
NDLR	Note de la rédaction
NI	Note interprétative du GAFI
Nouv.	Nouveau
NYIL	*Netherlands Yearbook of International Law*

OBNL	Organisme à but non lucratif
obs.	Observations
OCDE	Organisation de coopération et de développement économiques
OCLCIFF	Office central de lutte contre la corruption et les infractions financières et fiscales
OCRGDF	Office central pour la répression de la grande délinquance financière
OEA	Organisation des États américains
OFAC	*Office of Foreign Assets Control*
OIT	Organisation internationale du travail
OLAF	Office européen de lutte antifraude
OMC	Organisation mondiale du commerce
OMP	Opérations de maintien de la paix
ONU	Organisation des Nations unies
ONUDC	Office des Nations unies contre la drogue et le crime
Ord.	Ordonnance
ORIAS	Organisme pour le registre des intermédiaires en assurance

ORTG	Organismes régionaux de type GAFI
OUA	Organisation de l'unité africaine
OVS	Opérations de visite et de saisie
P	Arrêt publié au Bulletin civil ou au Bulletin criminel de la Cour de cassation
p.	Page
Pan.	Panorama
PAS	Principes d'application sectoriels
PCN	Points de contact nationaux
PESC	Politique extérieure et de sécurité commune
PEV	Politique européenne de voisinage
PIAC	Plateforme d'identification des avoirs criminels
PIDCP	Pacte international relatif aux droits civils et politiques du 16 décembre 1966
PIDESC	Pacte international relatif aux droits économiques, sociaux et culturels du 16 décembre 1966
PME	Petites et moyennes entreprises
PNAT	Parquet national antiterroriste
PNF	Parquet national financier
PPE	Personne politiquement exposée
PPMC	Peine de programme de mise en conformité
Prot.	Protocole
Prot. add.	Protocole additionnel
préc.	Précité
Propr. ind.	Revue Propriété industrielle
PRF	Procureur de la République financier
PSCQ	Prestataire de services de confiance qualifié
PSDC	Politique de sécurité et de défense commune
PSI	Prestataire de services d'investissement
PSP	Prestataires de services de paiement
PTHR	Pays tiers à haut risque
PTOM	Pays et territoires d'outre-mer
QPC	Question prioritaire de constitutionnalité
R.	Rapport annuel de la Cour de cassation
rapp.	Rapport
Rappr.	Rapprocher
RBDI	Revue belge de droit international
RCS	Registre du commerce et des sociétés
RDAI	Revue de droit des affaires internationales
RDBB	Revue de droit bancaire et de la bourse (jusqu'en 1999)
RDBF	Revue de droit bancaire et financier (depuis 1999)
RDC	Revue des contrats
RDI	Revue de droit immobilier (Dalloz)
RDILC	Revue de droit international et de législation comparée
RDLC	Revue des droits de la concurrence – Concurrences
RDSS	Revue de droit sanitaire et social (Dalloz)

RDT	Revue de droit du travail (Dalloz)
REC	Réseau européen de la concurrence
Recomm.	Recommandation
Rect.	Rectificatif
réf.	Référé
Règl.	Règlement
Règl. gén. AMF	Règlement général de l'Autorité des marchés financiers
REM	Rapport d'évaluation mutuelle
Rép.	Réponse
RÉP. CIV.	Répertoire de droit civil Dalloz
RÉP. COM.	Répertoire de droit commercial Dalloz
RÉP. EUR.	Répertoire de droit européen Dalloz
RÉP. INTERNAT.	Répertoire de droit international Dalloz
Rép. min.	Réponse ministérielle
RÉP. PÉN.	Répertoire de droit pénal et de procédure pénale Dalloz
RÉP. PR. CIV.	Répertoire de procédure civile Dalloz
RÉP. SOCIÉTÉS	Répertoire des sociétés Dalloz
Req.	Chambre des requêtes de la Cour de cassation
req.	Requête
réquis.	Réquisitions
Résol.	Résolution
Rev. arb.	Revue de l'arbitrage
Rev. crit. DIP	Revue critique de droit international privé (Dalloz)
Rev. dr. prat. com. int.	Revue droit et pratique du commerce international
Rev. prat. prospective et innovation	Revue pratique de la prospective et de l'innovation
Rev. sociétés	Revue des sociétés (Dalloz)
Rev. UE	Revue de l'Union européenne (Dalloz)
RF compt.	Revue française de comptabilité
RFDA	Revue française de droit administratif (Dalloz)
RGDIP	Revue générale de droit international public
RGPD	Règlement général sur la protection des données
RICEA	Revue internationale de la compliance et de l'éthique des affaires
RIDE	Revue internationale de droit économique
RJ com.	Revue de jurisprudence commerciale
RJDA	Revue de jurisprudence de droit des affaires
RJF	Revue de jurisprudence fiscale
RLC	Revuc Lamy de la concurrence
RLDA	Revue Lamy droit des affaires
RMC	Revue du marché commun
RMCUE	Revue du marché commun et de l'Union européenne (Dalloz)
RPC	Revue des procédures collectives
RPDA	Revue pratique de droit administratif
RPDP	Revue pénitentiaire et de droit pénal
RS	Recommandation spéciale du GAFI
RSC	Revue de science criminelle et de droit pénal comparé (Dalloz)
RTD civ.	Revue trimestrielle de droit civil (Dalloz)
RTD com.	Revue trimestrielle de droit commercial (Dalloz)

TABLE DES MATIÈRES

CODE DE LA COMPLIANCE

ANTITRUST

I RÈGLES INTERNES

A Droit préventif et répressif

B Autorité de la concurrence

II RÈGLES EUROPÉENNES

B Conseil de l'Europe

III RÈGLES INTERNATIONALES

A Groupe d'action financière

B Organisation des Nations unies

CORRUPTION

I RÈGLES INTERNES

A Droit préventif et répressif

B Agence française anticorruption

IV RÈGLES ÉTRANGÈRES

DEVOIR DE VIGILANCE ET DROITS HUMAINS

I RÈGLES INTERNES

II RÈGLES EUROPÉENNES

III RÈGLES INTERNATIONALES

A Organisation des Nations unies

B Organisation de coopération et de développement économique

C Organisation internationale du travail

LANCEUR D'ALERTES

I RÈGLES INTERNES

II RÈGLES EUROPÉENNES

A Union européenne

B Conseil de l'Europe

LOI DE BLOCAGE ET EXTRATERRITORIALITÉ

I RÈGLES INTERNES

II RÈGLES EUROPÉENNES

III RÈGLES INTERNATIONALES

IV RÈGLES ÉTRANGÈRES

SANCTIONS ÉCONOMIQUES ET EMBARGOS

CODE DE LA COMPLIANCE

BIBL. GÉN. ▸ Articles : NIETO MARTIN, *RSC 2006. 767* (américanisation ou européanisation du droit pénal économique ?). – AUBRY, *D. 2009. 2504* (réflexions sur l'évolution récente de la déontologie en droit des affaires). – BUY et THÉRON, *JCP E 2013, n° 1359* (l'éthique de l'entreprise). – MAZIAU, *JCP E 2015, n° 1343* (l'extraterritorialité du droit entre souveraineté et mondialisation des droits). – BOURSIER, *JCP 2016, n° 207* (le droit pénal au défi de la compliance : commerce international, droit pénal et compétitivité des entreprises). – FRISON-ROCHE, *D. 2016. 1871* (le droit de la compliance). – BOURSIER et SONET, *Dr. pén. 2016. Étude 2* (groupes internationaux de sociétés : renforcement de la pression internationale en matière de lutte contre l'évasion fiscale). – AUGAGNEUR, *JCP E 2017, n° 1522* (la compliance a-t-elle une valeur ?). – BOURSIER, *RSC 2017. 465* (la mondialisation du droit pénal économique). – BOITEAU, *RFDA 2018. 469* (l'entreprise régulée). – DEDIEU, FEUGÈRE et MOSSÉ, *RICEA, juin 2018, n° 2, étude 62* (compliance : entre coopération et contrôle). – CHADUTEAU, *Rev. des juristes de Sciences Po, janv. 2019. 5* (quand la compliance devient un avantage compétitif). – GAUDEMET, *Rev. Commentaire 2019/1, n° 165, p. 109* (qu'est-ce que la compliance ?). – FRISON-ROCHE, *D. 2019. 604* (compliance et personnalité). – DOISY et DAOUD, *AJ pénal 2019. 584* (l'avocat en entreprise, une opportunité pour le développement de la culture de la compliance ?). – MAGENDIE, *Rev. sociétés 2019. 730* (éthique et conformité dans les entreprises). – D'AMBROSIO, *RSC 2019. 205* (implication des acteurs privés dans la lutte contre la corruption : un bilan en demi-teinte de la loi Sapin 2). – BREEN, *ibid. 327* (la compliance, une privatisation de la régulation ?). – FRISON-ROCHE, *D. 2019. 2432* (théorie juridique de la cartographie des risques, centre du droit de la compliance). – PEREZ et AMOUZOU, *Banque et Dr. 11-12/2019. 12* (l'introduction de la compliance et de la justice négociée en France : de la conformité à la compliance). – QUÉMÉNER, *RLDI févr. 2020. 44* (la cybercriminalité financière : un enjeu majeur – analyse du phénomène par TRACFIN). – QUEINNEC, *AJ contrat 2020. 121* (le contrat durable : pour une conciliation contractuelle effective des enjeux économiques, sociaux et environnementaux). – BOURSIER, *D. avocats 2020. 140* (qu'est-ce que la compliance ?). – CAZENEUVE, *ibid. 144* (les enjeux de la compliance). – FEUGÈRE, *ibid. 151* (compliance et anticorruption : où en sont vraiment les entreprises françaises ?). – BOUTHINON-DUMAS et VERDUN, *ibid. 157* (les déterminants du recours aux avocats dans les programmes de compliance). – PERROTIN, *ibid. 162* (compliance : comment accompagner au plus près les entreprises). – ENKAOUA, *ibid. 167* (avocat compliance : un écosystème en perpétuel mouvement). – FEUGÈRE, *ibid. 171* (pourquoi recourir à un avocat en matière de compliance ?). – TOLLET, *ibid. 184* (quand l'avocat s'impose en partenaire privilégié de l'évaluation des tiers). – RODA, *D. 2020. 913* (quand la compliance américaine s'invite dans le contentieux contractuel français). – HAERI et DEROUICHE, *D. avocats 2020. 212* (l'avocat formateur de compliance ?). – HARNAY, *ibid. 216* (quelle effectivité de la compliance pour réguler les comportements ? Quelques éléments d'analyse économique). – GATTEGNO, *ibid. 220* (le *compliance officer*, un esprit pionnier dans un monde incertain). – MOIZAN et WILLEMANT, *ibid. 230* (compliance, RGPD et Sapin 2). – PASQUALINI et LEQUET, *ibid. 240* (RSE et compliance). – MUNOZ-PONS, *ibid. 242* (la pratique de l'avocat en matière d'enquête). – GRANDJEAN, *ibid. 247* (focus déontologique sur l'avocat chargé d'une enquête interne). – TOLLET, *ibid. 249* (quel rôle pour l'avocat post-enquête interne). – CHAMMAS, *RICEA 2020, n° 2, étude 72* (*compliance by Design*). – FRISON-ROCHE, *LPA 12 mai 2020* (le droit de la compliance peut contribuer à prévenir les crises mondiales). – DEDIEU, *D. avocats 2020. 268* (compliance et contrôles des dispositifs préventifs). – MOIZAN et FEUGÈRE, *ibid. 284* (la défense pénale au cœur de la compliance). – HAERI, LIFTIK et PLOIX, *ibid. 294* (répercussions judiciaires à l'échelle internationale des affaires de compliance). – ENKAOUA, *ibid. 299* (compliance : se former pour mieux s'imposer). – PERROTIN, *ibid. 303* (compliance : optimiser l'organisation de son cabinet). – GALLIN, *ibid. 311* (compliance, commercialité et structuration : le champ des possibles pour l'avocat). – FRISON-ROCHE, *ibid. 321* (avocat et compliance – l'avenir du personnage et de son outil : droit, humanisme et défense). – BOURSIER, *D. 2020. 1419* (qu'est-ce que la compliance ? Essai de définition). – FRISON-ROCHE, *ibid. 1805* (l'aventure de la compliance). – Dossier, *AJ pénal 2020. 551* (focus sur l'enquête interne). – CORDIER-PALASSE, *RLDA déc. 2020, suppl., p. 4* (compliance et gouvernance). – SELLAL et GAUDEMET, *Rev. UE 2021. 4* (rapport du Club des juristes « Pour un droit européen de la compliance »). – DAOUD et KLEIMAN, *D. actu. 22 mars 2021* (la mise en place de bonnes pratiques au sein des PME et des EIT : enjeux et solutions). – VESSIO, *JCP E 2021, n° 1412* (délinquance économique et financière : du contrôle social par la dissuasion à la régulation sociale par l'incitation). – Dossier, *RLDA déc. 2021. 23* (la compliance environnementale, nouvel axe des impératifs de conformité des entreprises). – LAROCHE et BOULLU-CHATAIGNER, *Dalloz IP/IT 2022. 83* (la conformité juridique de grands groupes aéronautiques face aux défis de l'intelligence artificielle). – FRISON-ROCHE, *D. 2022. 621* (la responsabilité *ex ante*, pilier du droit de la compliance).

▸ **Ouvrages** : DELMAS-MARTY, Droit pénal des affaires, tome 1, *PUF, 3e éd., 1990.* – DEUMIER, Mél. le Tourneau, *Dalloz, 2008, p. 337* (les sources de l'éthique des affaires : codes de bonne conduite, chartes et autres règles éthiques). – MAGNIER et FONBAUSTIER, Développement durable et entreprise, *Thèmes et commentaires, Dalloz, 2013.* – ROUSSEAU et FAVARIO, L'entreprise face aux conflits d'intérêts, *in* Les conflits d'intérêt, *Thèmes et commentaires, Dalloz, 2013.* – GAUDEMET (dir.), La compliance : Un monde nouveau ?, *Éditions Panthéon-Assas, 2016, p. 37.* – FRISON-ROCHE, Régulation, Supervision, Compliance, *Thèmes et commentaires, Dalloz, 2017* ; Compliance : avant, maintenant, après, *in* Borga, Marin et Roda (dir.), Compliance : l'entreprise, le régulateur et le juge, *Thèmes et commentaires, Dalloz, 2018* ; Pour une Europe de la compliance, *Thèmes et commentaires, Dalloz, 2019.* – DURAND-BARTHEZ, Le guide de la gouvernance des sociétés, *Guides Dalloz, 2018.* – LEBLANC-WOHRER, *Comply or die ?* Les entreprises face à l'exigence de conformité venue des États-Unis, *IFRI, 2018.* – BRIGANT, Le risque de corruption, *Thèmes et commentaires, Dalloz, 2018.* – KREBS et BARJON, La sécurité économique et la régulation des maniements de fonds par les avocats, *Thèmes et commentaires, Dalloz, 2019.* – REBUT, Droit pénal international, *Précis Dalloz, 3e éd., 2019.* – FEUGÈRE, Cartographier ses risques, *Éditions législatives, coll. La compliance en pratique, juin 2020* ; Déployer un dispositif d'alertes efficace, *Éditions législatives, coll. La compliance en pratique, juin 2020.* – BOURSIER, Droit pénal des affaires internationales, *Lextenso, Précis Joly, 2e éd., 2020.* – FRISON-ROCHE (dir.), Les outils de la compliance, *Thèmes et commentaires, Dalloz, 2020.* – FRISON-ROCHE, Droit de la compliance, *Précis Dalloz, 1re éd., 2022.*

COMMENTAIRE

I. QU'EST-CE QUE LA COMPLIANCE ?

Dans une traduction littérale, la compliance, ou conformité réglementaire, soumet les entreprises au respect des exigences légales et réglementaires et, plus largement, à toute norme émanant d'un organisme doté d'un pouvoir réglementaire et/ou de contrôle, sous peine de sanction par un juge ou une autorité de tutelle. Sous un aspect plus technique, la compliance acclimate, en droit, le mécanisme *comply or explain* issu des théories de l'économie bancaire et financière. Née aux États-Unis à l'occasion de la crise financière de 1929, la compliance tend alors à intégrer au sein des établissements bancaires et financiers, porteurs d'un risque systémique, des dispositifs d'autocontrôle et de contrôle permettant de protéger le système financier international. La compliance s'est ensuite développée au-delà du domaine financier, en droit de la concurrence, dans les domaines de la lutte contre le blanchiment de capitaux et le financement du terrorisme, la lutte contre la corruption, ou encore la protection des données personnelles et celle des droits humains.

La question de la définition de la compliance conduit à rechercher un dénominateur commun à l'ensemble de ses déclinaisons, permettant autant que possible d'embrasser le vaste horizon ouvert par la notion, de révéler sa particularité, et donc son utilité. Cette entreprise de définition se conforme à une double démarche : identifier le cœur irréductible de la compliance et laisser rayonner ses déclinaisons, en admettant l'existence d'un périmètre évolutif de la notion. L'étude des sources de la compliance, des finalités qu'elle sert et des spécificités de son système de sanctions apparaît donc nécessaire pour approcher au plus près la notion de compliance, même si elle ne permet pas à elle seule d'identifier à coup sûr ce dénominateur commun, qui permettrait de proposer une définition de la compliance.

La compliance se distingue d'abord de la morale et de l'éthique, à la source desquelles elle puise certaines inspirations. Elle se distingue aussi de la responsabilité sociale des entreprises (RSE). La compliance est en effet un instrument juridique au service de finalités d'ordre public assignées par les États, alors que la responsabilité sociale des entreprises se présente, quant à elle, comme un faisceau d'objectifs, servis par des politiques incitatives (avec des mécanismes de droit souple type Points de contacts nationaux, dits PCN, issus du *Global compact*) et parfois par des règles de compliance (avec le droit antitrust ou encore l'obligation de vigilance en matière de respect des droits humains). Or, la compliance inclut des objectifs liés à la RSE (lutte contre la corruption, respect des droits humains et devoir de vigilance), mais elle les dépasse aussi (lutte contre le financement du terrorisme et la prolifération des armes de destruction massive, embargos et sanctions internationales). Là où la RSE demeure largement incitative dans un certain nombre de domaines (les procédures de délégation de service public peuvent par exemple intégrer des objectifs ou des critères de « responsabilité sociale de l'entreprise » s'ils sont en lien avec la prestation demandée ou avec les conditions d'exécution de celle-ci), la compliance poursuit ses finalités par l'intermédiaire de règles devenues contraignantes, dont la méconnaissance est lourdement sanctionnée en raison des risques que fait peser sur les entreprises l'extraterritorialité de législations offensives.

La compliance sert des finalités parfois qualifiées de « buts monumentaux », promues par les États. En effet, la difficulté à mettre en œuvre des politiques publiques a conduit les États à appliquer des mécanismes de compliance, complémentaires du droit pénal, pour imposer aux entreprises une participation à leur réalisation, alors même que ces finalités dépassent leur objet social. Les entreprises sont assujetties aux règles de compliance parce qu'elles sont actrices de processus redoutés ou détiennent des informations recherchées. Or, les objectifs poursuivis par les États sont nombreux : protection des marchés, maintien de la stabilité financière internationale, probité publique, protection des droits humains. Le noyau dur de la compliance s'étend de l'antitrust aux règles de lutte contre le blanchiment de capitaux et le financement du terrorisme, en passant par l'anticorruption, le respect des droits humains dans l'entreprise et le respect des embargos et des sanctions internationales par l'entreprise. Des deux côtés de ce spectre, la compliance financière – ontologiquement première – ainsi que les règles relatives aux données personnelles qui y entrent de plain-pied ont sans doute un statut particulier. S'ils dessinent un périmètre « physique » de la compliance, l'hétérogénéité téléologique des buts poursuivis ne permet pas de mettre au jour une définition homogène de la compliance.

La complémentarité des mécanismes de compliance avec le droit pénal, en lien avec les finalités poursuivies, constitue un élément probablement plus distinctif, car les mécanismes de compliance tendent fondamentalement à « externaliser » vers les entreprises assujetties la réalisation de la vertu préventive et pédagogique du droit pénal. Il est encore distinctif au regard des sanctions encourues du fait de la violation des règles de compliance. En effet, si à l'origine les sanctions étaient de nature administrative, elles évoluent désormais vers le champ répressif, au sens de la jurisprudence de la Cour européenne des droits de l'Homme, incluant, autour de principes communs dessinant un droit des sanctions – pénales comme administrative ou disciplinaire – des sanctions à caractère aussi bien national qu'international, en raison de l'extraterritorialité de législations étrangères. Cet élément constitue donc un signe distinctif des règles de compliance, même s'il ne suffit pas à la définir.

Finalement, l'observation des mécanismes de compliance dans les différents domaines dans lesquels elle s'est développée révèle un dénominateur commun composé de deux éléments. Le premier est lié à une méthode proche de la théorie de la procéduralisation du droit, qui s'entend comme la quête de légitimation de la décision par la procédure suivie pour la faire advenir au droit. Elle se substitue alors à la légitimation par la validité de la règle substantielle élaborée par le politique. On retiendra ici l'aspect méthodologique de la théorie de la procéduralisation, tendant à la mise en place de processus de vigilance, permettant de détecter le risque de réalisation de l'évènement redouté et d'atténuer le risque de sa survenance. Le second élément composant ce dénominateur commun est lié à l'utilisation d'instruments spécifiques.

La recherche d'une définition de la compliance conduit donc à constater qu'au-delà de la diversité de ses sources et de ses finalités (A), de sa valeur normative (B) et des sanctions encourues (C) apparaît un axe méthodologique commun à toutes ses déclinaisons (D).

A. DIVERSITÉ DES SOURCES ET DES FINALITÉS DE LA COMPLIANCE

La compliance se distingue de l'éthique et, *a fortiori*, de la morale. La distinction entre la morale et l'éthique est fondée sur la morale de Kant, qui sépare les principes de détermination du vouloir entre le matériel – qui est particulier parce qu'il se rattache à la sensibilité – et les principes formels – qui sont universels et rationnels. Jürgen Habermas se fonde sur cette distinction kantienne entre principes matériels et principes formels pour distinguer la morale – qui se rattache aux principes formels – de l'éthique – qui se rattache aux principes matériels. La seconde introduit dès lors dans l'éthique des affaires la prise en compte des intérêts d'autrui par la société, et notamment des intérêts sociaux et environnementaux. C'est ce que consacre juridiquement l'article 1833 du code civil dans sa rédaction issue de la loi n° 2019-486 du 22 mai 2019 relative à la croissance et à la transformation des entreprises (PACTE). La frontière est donc brouillée, car l'éthique participe aujourd'hui à la notion de *bonne gouvernance* issue d'ensembles normatifs qui imposent à l'entreprise une appropriation des préoccupations éthiques, mais aussi sociales et environnementales.

L'éthique est donc entrée dans l'entreprise sous l'impulsion du législateur, mais par la voie d'une adoption spontanée, c'est-à-dire de règles choisies par l'entreprise, qu'elle s'impose de poursuivre au-delà de l'intérêt de ses actionnaires et de ses salariés. L'éthique porte alors l'intérêt de la société au-delà d'elle-même, pour servir plus globalement celui de l'ordre social. La confusion avec la compliance s'installe alors, car les entreprises doivent mettre en place, dans le cadre de programmes de conformité, des outils tels que les chartes éthiques ou les codes de conduite qui ont un double objectif. Le premier tient au caractère déclaratoire des valeurs éthiques prônées par la direction générale de l'entreprise qui constitue par exemple une exigence des textes internationaux en matière de lutte contre la corruption – probité, protection de l'environnement et des droits humains… Un second objectif s'attache à la volonté de créer une culture de compliance, au-delà du simple respect des règles. La différence entre les valeurs éthiques prônées par les entreprises et celles qui sont incluses dans les instruments de compliance tient au caractère sanctionnée des secondes. La mise en place des programmes de compliance exige en effet l'inclusion des chartes éthiques et des codes de conduite dans le règlement intérieur de l'entreprise afin d'assurer la sanction disciplinaire des salariés y contrevenant (par exemple l'art. 17 de la L. n° 2016-1691 du 9 déc. 2016). Les manifestations sporadiques de jurisprudence sanctionnant des règles éthiques ne remettent pas en cause cette distinction entre a normativité de l'éthique et normativité de la compliance (par exemple la mise en examen de Samsung Electronics France en juillet 2019 s'appuyant sur le fait que les engagements éthiques pris par une société sont susceptibles de constituer des pratiques commerciales trompeuses dans le cadre d'une enquête sur la violation de droits de l'Homme dans les usines du groupe en Chine).

La compliance se distingue aussi de la responsabilité sociale et environnementale des entreprises de laquelle elle participe cependant. La RSE se caractérise d'abord comme un objectif à atteindre au sein des Principes directeurs sur les droits de l'homme et les entreprises du Conseil des droits de l'homme des Nations unies, des Principes directeurs de l'Organisation de coopération et de développement économiques et des mécanismes de suivi internationaux de droit doux, dont le point de contact national (PCN) de l'OCDE, dont la mission est la promotion des principes directeurs et le traitement de saisines de parties prenantes relatives au non-respect de ces principes par les multinationales françaises à l'étranger. Les objectifs de la RSE sont déclinés aussi bien *ab initio* dans des normes de « droit dur » appartenant au champ de la compliance, comme les règles *antidumping*. Ils se présentent aussi comme des objectifs qui adviennent ensuite au droit, des objectifs devenus règles sanctionnées dans les législation internes comme le devoir de vigilance des entreprises issu de la loi n° 2017-399 du 27 mars 2017. En définitive, la RSE se traduit d'abord, pour l'entreprise, par le respect volontaire de règles permettant de promouvoir ses objectifs en la plaçant comme sujet de droit responsable des conséquences de son activité à l'égard de la société et des citoyens. La parenté avec la compliance est étroite, car l'entreprise assujettie aux règles de compliance est invitée à tenir compte de ces objectifs (les finalités des règles de compliance en matière de corruption, de respect des droits humains conduisent nécessairement à intégrer les objectifs de la RSE), que les règles de compliance dépassent parfois (la finalité de la lutte contre le financement du terrorisme dépasse les objectifs de la responsabilité sociale des entreprises sauf à considérer que la RSE embrasse toutes les questions d'ordre public). Cependant, une différence fondamentale sépare compliance et RSE : la responsabilité sociale des entreprises est un cap fixé à l'entreprise tandis que les règles de compliance demeurent des règles contraignantes.

La compliance sert donc des objectifs et des finalités variés, parfois qualifiés de « buts monumentaux » promus par les États. En effet, elle invite, elle contraint plutôt, les entreprises à participer à la mise en œuvre des politiques publiques. L'entreprise participe en effet à la poursuite de finalités d'intérêt général, hors des mécanismes traditionnels par lesquels la puissance publique délègue à des personnes privées un certain nombre de missions, parfois proches du cœur de la souveraineté de l'État (par exemple, sous l'Ancien Régime les missions déléguées par la Couronne à la Ferme générale, et aujourd'hui, la délégation par l'État et les collectivités territoriales à des entreprises privées de l'exécution de nombreuses missions matérielles en lien avec l'ordre public). Cependant, au contraire des mécanismes classiques de délégation, les entreprises assujetties aux règles de compliance se voient imposer la poursuite de ces finalités.

B. PORTÉE CONTRAIGNANTE DES RÈGLES DE COMPLIANCE

La compliance procède de sources de « droit doux » qui adviennent rapidement au stade de normes juridiques contraignantes, sanctionnées dans les législations. Ainsi, les recommandations du Groupe d'action financière (GAFI) constituent la source d'inspiration mondiale de la législation contre le blanchiment de capitaux, le financement du terrorisme et la prolifération des armes de destruction massive. Elles s'apparentent, à ce stade, au « *soft law* » mais n'en demeurent pas moins incitatives grâce aux méthodes d'évaluation mutuelle et au travail des organismes régionaux de suivi de leur mise en œuvre. Elles adviennent, ensuite, au « droit dur » dans les directives européennes transposées par les droits nationaux. La méconnaissance de ces règles par les entreprises assujetties fait alors l'objet de sanctions disciplinaires ou administratives.

De ce point de vue, la compliance peut être conçue comme un prolongement du droit de la régulation, d'une part parce qu'à l'origine son application est très souvent spontanée (tel est le cas des recommandations du GAFI en matière de LBC/FT qui ne revêtent pas de caractère contraignant ou des lignes directrices de feu le Service central de prévention de la corruption en matière d'anticorruption avant leur consécration par la L. n° 2016-1691 du 9 déc. 2016), et d'autre part parce que ses règles évoluent systématiquement vers le champ du droit contraignant. La parenté avec le droit de la régulation est frappante lorsque l'application contrainte des règles de compliance par les entreprises assujetties coexiste avec leur application volontaire par des entreprises qui n'y sont pas légalement soumises (par exemple, les entreprises non assujetties à l'art. 17 de la L. n° 2016-1691 du 9 déc. 2016 sont invitées à appliquer volontairement ces règles en raison des risques de sanctions extraterritoriales en matière de corruption). Cette parenté avec le droit de la régulation se retrouve, certes plus secondairement, dans le caractère dialogique qu'elle revêt. En effet, les assujettis aux règles de compliance se voient largement imposer des normes issues de négociations entre les États au niveau international (les recommandations du GAFI en matière de LBC/FT) et européen (le droit de la concurrence européen) ; voire de législations étrangères (le *Foreign Corrupt Practises Act* américain, par exemple). Leur participation au processus de création des normes est symbolique, notamment par l'adoption volontaire de normes RSE, qui donne l'impression d'accompagner, voire de précéder, la contrainte étatique. L'aspect dialogique apparaît, en revanche, plus nettement affirmé au moment de l'application et de l'affinement des règles, selon les matières concernées. Le dialogue se noue entre les entreprises et les régulateurs ou les superviseurs dans les secteurs régulés (l'ACPR et l'AMF en matière de LBC/FT) et les autorités administratives pour les secteurs non régulés, ou bien encore, dans des domaines qui ne relèvent pas de la compétence disciplinaire des autorités de régulation (l'AFA en matière de corruption et la CNIL en matière de protection des données personnelles). Il est alors utile à la bonne application des règles et à leur acceptation (pour un exemple en matière de droit au compte en contradiction avec l'obligation de refuser d'entrer en relations d'affaire avec un client que l'on ne peut identifier ou connaître dans les conditions prévues par les art. L. 561-5 et L. 561-6 C. mon. fin.).

C. SANCTIONS DE LA VIOLATION DES RÈGLES DE COMPLIANCE

Le lien conceptuel entre le droit pénal et la compliance est double : c'est celui d'une substitution et d'une complémentarité. Le droit pénal poursuit une finalité répressive – sanctionner l'infracteur qui a attenté à la valeur protégée par l'infraction – mais également préventive par l'effet dissuasif que revêt la description des comportements prohibés par la loi pénale – les incriminations – et les sanctions encourues en cas de violation de ces interdictions – la pénalité. Cet aspect préventif et pédagogique du droit pénal apparaît comme « externalisé » par les mécanismes de compliance qui s'y substituent en leur conférant un surcroît d'ampleur. En effet, ces mécanismes font peser sur les assujettis une nouvelle forme de prévention, distincte de celle assurée par le droit pénal et plus efficace que le phénomène de dissuasion « morale » des infracteurs potentiels. Les règles de compliance imposent aux entreprises assujetties l'obligation de mettre en place des dispositifs leur permettant de dissuader ou de détecter, le plus en amont possible, la réalisation de l'infraction redoutée par les États. Les dispositifs antiblanchiment et anticorruption ont pour vocation de détecter les comportements atypiques, en fonction de critères de risques légaux (pays à risques, personnes politiquement exposées) et propres à la structure (secteur d'activité, géographie, processus commerciaux…) et par là même de potentielle instrumentalisation pour réaliser ces infractions. Les mesures de gel et d'embargo imposent également aux assujettis de détecter les personnes soumises à ces mesures, afin de ne pas leur délivrer les services ou les fonds qui font l'objet de ces sanctions internationales ou européennes. Les règles de compliance complètent ainsi le droit pénal. Elles tendent, par la mise en œuvre de dispositifs adaptés, à minimiser au maximum le risque de réalisation de l'infraction redoutée, tandis que le droit pénal concentre ses effets sur la prérogative régalienne de poursuite et de sanction des auteurs des infractions.

Cependant, la complémentarité entre compliance et droit pénal ne signifie pas que les règles de compliance, non pénales, échappent à la sanction. Leur violation entraîne l'application de sanctions administratives ou disciplinaires par des autorités publiques, parfois indépendantes, ou des autorités ordinales selon les assujettis concernés (l'Autorité des marchés financiers et l'Autorité de contrôle prudentiel et de résolution sanctionnent disciplinairement les assujettis qu'elles régulent en matière de LBC/FT ; l'Autorité de la concurrence, la Commission nationale des sanctions ou encore l'Agence française anticorruption, la Commission nationale de l'informatique et des libertés sanctionnent administrativement les assujettis à la législation antitrust, à la LBC/FT et aux règles anticorruption ou encore aux règles de protection des données personnelles). Les ordres professionnels des huissiers, avocats, commissaires aux comptes sont compétents pour sanctionner la méconnaissance par ces assujettis des dispositifs imposés au titre de la LBC/FT. Jusqu'alors, les sanctions de nature pénale liées aux règles de compliance étaient limitées par le droit positif aux délits d'obstruction aux diligences réalisées par les autorités de contrôle ou encore au défaut de respect d'obligations déclaratives.

Aujourd'hui cependant, le droit européen, à l'instar de systèmes juridiques étrangers, enjoint aux États membres de prendre les mesures nécessaires pour qu'une personne morale puisse être tenue pour responsable, lorsque son défaut de surveillance ou de contrôle a rendu possible la commission d'une infraction de blanchiment, pour le compte de la personne morale, par une personne soumise à son autorité (Dir. (UE) 2018/1673 du 23 oct. 2018, art. 7, § 2). La sanction pénale du défaut de l'assujetti dans la mise en œuvre de règles de compliance est connue des droits étrangers, notamment en matière de lutte contre la corruption avec notamment le délit de *corporate offence of failing to prevent corruption* (*UK Bribery Act*, Sect. 7). La liberté des États, encadrée par le droit international public et le principe de souveraineté, conduit par ailleurs à la multiplication de lois à vocation universelle émises par certains États. Ces lois sont susceptibles de s'appliquer aux entreprises assujetties sur le fondement d'un simple contact, direct ou indirect, avec leur juridiction, parfois sur le double fondement de lois pénales de fond et de lois pénales procédurales à portée extraterritoriale. De nombreuses entreprises françaises emblématiques ont ainsi été condamnées au versement d'amendes importantes dans le cadre de procédures conduites par le *Department of Justice* (DOJ) américain sur le fondement de la violation du *Foreign Corrupt Practices Act* (FCPA), du chef d'actes de corruption ou de violations d'embargos américains (conclusion le 22 déc. 2014 d'un DPA entre Alstom et le ministère de la Justice des États-Unis avec paiement d'une amende de 772 290 000 dollars pour des faits de corruption qui se sont déroulés entre 1999 et 2011 ; conclusion le 4 juin 2018 d'un DPA de trois ans entre la Société Générale et ministère de la Justice avec paiement d'une somme de 860 millions de dollars aux autorités américaines et françaises pour des faits de corruption entre 2005 et 2011). Le risque créé par l'extraterritorialité de ces droits étrangers offensifs constitue un facteur essentiel de diffusion des règles de compliance et de leur application effective par les entreprises, même s'il est insuffisant à la caractériser.

D. UNITÉ MÉTHODOLOGIQUE DE LA COMPLIANCE

La méthodologie de la compliance constitue sans doute le point central de l'ensemble des législations, quels que soient les secteurs d'activité concernés. Cette méthode consiste en une forme d'« internalisation » *par* l'entreprise et *dans* l'entreprise de systèmes de conformité lui permettant *in fine* d'assister les États dans la réalisation des buts qu'ils poursuivent. Il s'agit, par la mise en place de ces dispositifs, d'atténuer au maximum la réalisation du risque redouté. Ce risque peut provenir d'un tiers, du fait de l'instrumentalisation de la structure de l'entreprise pour blanchir des fonds ; il peut aussi consister à pratiquer l'exploitation d'êtres humains dans des usines sous-traitantes de l'entreprise par exemple. Il peut encore provenir de l'entreprise elle-même, du fait de la commission d'actes de corruption ou de la violation d'embargos.

Dans le premier cas, l'entreprise va collecter des informations afin de les transmettre à l'État, et plus généralement aux autorités publiques qui n'en disposent pas, aux fins de poursuite, pour lutter contre la fraude fiscale, le blanchiment de capitaux et le financement du terrorisme. L'entreprise se voit imposer un devoir d'informer qui dépasse *in fine* la seule détection de faits de blanchiment, pour concerner les faits de fraudes, de fraude fiscales et, plus largement encore, pour collecter du renseignement financier.

Dans le second cas, l'État impose à l'entreprise de s'examiner elle-même afin d'éviter la réalisation de risques systémiques ou la réalisation d'actes infractionnels dont la poursuite est une priorité publique au plan national et international. Il s'agit alors de mettre en œuvre des procédures d'alerte ouvertes aux parties prenantes de l'entreprise, voire d'inciter les dirigeants à s'auto-incriminer.

La méthode imposée à l'entreprise est inspirée de la théorie de la procéduralisation du droit, qui vise à atteindre le résultat attendu par la garantie d'une procédure préalable la plus efficace. En effet, cette théorie s'entend comme la quête de légitimation de la décision par la procédure suivie pour la faire advenir au droit. Elle se substitue à la légitimation par la validité de la règle substantielle élaborée par le politique. On retiendra ici l'aspect méthodologique de la théorie de la procéduralisation tendant à la mise en place de processus de vigilance, permettant de détecter le risque de réalisation de l'évènement redouté – blanchiment, corruption, atteintes aux données personnelles. C'est donc le processus suivi qui tend à garantir le résultat recherché. La recherche de cette efficacité est clairement fixée par l'adoption des termes de risques bruts – conséquences des éléments de faits entourant le client ou l'opération – et de risques nets. Il s'agit d'atténuer au maximum le « risque brut » de réalisation de l'évènement redouté, pour atteindre un « risque net » le plus réduit possible, par l'application de procédures adaptées à l'issue desquelles resteront des risques nets qui pourraient faire l'objet d'une déclaration de soupçon. L'obligation de résultat porte alors sur la démonstration par l'assujetti de la mise en place d'une procédure qui répond à ces objectifs, et non sur la garantie d'absence de réalisation de l'infraction. On retrouve ici l'aspect probatoire déjà évoqué, celui d'une présomption simple de la bonne observance des règles imposées par le législateur lorsque l'entreprise démontre la mise en place d'un système de conformité effectif.

Cette méthode commune est donc mise en œuvre avec des outils communs, eux aussi, à l'ensemble des déclinaisons de la compliance : classification et cartographie des risques, obligations de vigilance, procédures *ad hoc* tendant à minimiser les risques de survenance de l'évènement redouté, information ou déclaration de soupçon et dispositif d'alerte. Ces instruments sont, pour certains d'entre eux, peu encadrés, telle la cartographie des risques qui se présente pour l'heure comme un outil de gestion plus qu'un instrument juridique. D'autres sont plus strictement réglementés (comme le statut du lanceur d'alerte) ou revêtent un régime juridique partiel, telles que les obligations de vigilance qui se présentent comme des obligations de moyen renforcées pesant sur les entreprises assujetties, voire, parfois, comme des obligations de résultat (en matière de détection des personnes soumises à des mesures de gel des avoirs). Leur contenu et leur régime sont dessinés, au-delà des prescriptions textuelles, par la jurisprudence de la commission des sanctions de l'ACPR et, dans une moindre mesure, de l'AMF et de la Commission nationale des sanctions, et demain de l'AFA sans doute, et par les référentiels et lignes directrices émis par les autorités nationales de contrôle (référentiel français anticorruption de l'AFA, référentiel pour le traitement des données personnelles dans les dispositifs d'alertes professionnelles de la CNIL, lignes directrices et lignes directrices conjointes de TRACFIN, de l'ACPR et de l'AMF en matière de blanchiment, etc.).

L'originalité des méthodes de compliance et de ses outils se déploie donc dans la collecte d'informations relatives à des tiers ou à propos des activités propres à l'entreprise, à la poursuite de buts d'intérêt général visés par les États (c'est le cas en matière de lutte contre la corruption ou de respect des droits humains, avec la cartographie de la chaîne d'approvisionnement permettant d'identifier les différents acteurs, de connaître les sites intervenant au cours de la fabrication et de limiter le nombre de fournisseurs pour faciliter l'identification et la maîtrise de la chaîne d'approvisionnement, et encadrer la sous-traitance pour minimiser les risques).

La multiplication des règles de compliance suscite aujourd'hui des interrogations quant à leur articulation ou leur superposition au sein de l'entreprise, et donc à leur sécurité juridique face à ce foisonnement de règles sanctionnées. Elle fait aussi émerger des questions liées à la valeur ajoutée de la compliance pour les entreprises, ou en rapport avec les risques de surcompliance, délétères pour les États eux-mêmes (V. la pratique du *derisking*, qui consiste à se retirer de certains marchés ou à retirer certains produits, pour éviter tout risque de sanction, qui repousse la criminalité hors de l'économie légale, la rendant plus incontrôlable pour les autorités : *hawala*, *darknet*). C'est dire si la compliance, ses règles et sa méthode doivent être constamment réinterrogées.

Marie-Emma Boursier

II. LA COMPLIANCE, MODE D'EMPLOI

L'ouvrage donne corps à une étrange notion, qui se nourrit de matières en apparence éloignées voire discordantes : corruption, blanchiment, concurrence, droits humains, mais aussi, et au-delà, environnement, données personnelles… fondées sur des textes tout aussi disparates : conventions internationales, lois étrangères, normes nationales parfois codifiées, mais aussi *soft law* avec les codes d'éthique ou de conduite.

La compliance ne fusionne pas ces matières : elles conservent leurs particularités, placées sous le contrôle d'autorités distinctes, avec des raisonnements et jurisprudences propres. Les concepts et les objectifs du droit de la concurrence ne sont pas ceux de la lutte contre le financement du terrorisme ; la loi de blocage ne se confond pas avec la protection des droits humains.

Derrière la multiplicité, la complexité, une véritable cohérence existe pourtant, qui réside moins dans une matière proprement dite que dans une manière nouvelle de concevoir le droit et de le faire vivre.

Notre système juridique repose sur un principe absolu : la liberté. Le droit n'a pour objectif que de garantir cette liberté, en assurant que chacun puisse en bénéficier sans que cela ne nuise à celle de l'autre. On a le droit de commercer, de faire grandir son entreprise, mais on ne peut en revanche abuser d'une position dominante pour léser les intérêts des autres professionnels ou du consommateur. On peut acheter un immeuble ou un fonds de commerce ; en revanche, si on le fait pour masquer l'origine frauduleuse des fonds, on commet une infraction de blanchiment. On peut offrir un cadeau à un ami ou même à une simple connaissance ; mais si c'est en échange d'un marché, cela devient de la corruption.

Le principe de liberté implique que l'on puisse agir sans aucune entrave préalable. Le droit de la presse en est l'exemple topique : chacun a le droit de s'exprimer librement, sans censure. L'État ne va pas demander un droit de relecture de tout propos écrit pour décider en amont qu'il sera ou non licite. Il reviendra en revanche au juge d'en décider, *a posteriori*, après un débat contradictoire. Après avoir été librement prononcés, les propos donneront éventuellement lieu à sanction.

Dans un monde idéal, la connaissance de la loi, et des sanctions qu'elle prévoit, aura un effet dissuasif. Par peur d'être poursuivi et condamné, on se retiendra. Dans la réalité, cet effet n'existe pas, ou à peine. La loi aussi stricte soit-elle n'empêchera jamais ni la corruption, ni le blanchiment, ni les pratiques commerciales abusives, ni les atteintes aux droits humains.

Parce que les lois sont trop nombreuses, éparpillées, que leur rédaction est souvent hasardeuse, leur interprétation complexe. Parce que si même les juristes peinent à toutes les connaître et toutes les comprendre, les autres citoyens sont quant à eux démunis. Par ailleurs, l'effet dissuasif se fonde sur le mythe d'un homme rationnel, qui pense avant d'agir, qui soupèse chacune de ses décisions, alors qu'il est aussi et surtout un être de passion et un être social, soumis aux actes des autres, aux pressions, aux urgences. L'homme a aussi souvent cette tendance étrange à relativiser le risque auquel il s'expose, à croire que l'accident ne concerne que les autres.

Par principe, le droit répressif, comme tout contentieux, est une forme d'échec : il est la conséquence d'un manquement qui n'a pas pu être évité. Par ailleurs, il est trop souvent impuissant : la délinquance astucieuse maîtrise avec la plus grande finesse l'art de la dissimulation. Ainsi, lorsque les faits de corruption sont commis, ils sont souvent impossibles à déceler, en tout cas dans les délais de prescription.

C'est là qu'intervient la compliance, qui tente de pallier ces insuffisances en adoptant deux voies complémentaires : améliorer la prévention des manquements, d'une part, et, à défaut, en faciliter la révélation, d'autre part.

A. LA COMPLIANCE, OUTIL DE PRÉVENTION

L'objectif de prévention passe par la mise en œuvre de dispositifs par les entreprises concernées, qui comprendront selon les sujets des cartographies des risques, des codes de conduite, des formations… On retrouve des mécanismes similaires dans pratiquement tous les domaines de la compliance et dans toutes les législations. Le principe est simple : connaître son degré d'exposition aux risques, mettre en œuvre les mesures nécessaires pour se protéger, les expliquer aux parties concernées, salariés, cocontractants… Selon les pays, la valeur donnée à ces dispositifs différera cependant. Certains exigeront leur mise en œuvre sous peine de sanction. On retrouve là une vision répressive classique. C'est le cas en France notamment. D'autres législations sont plus innovantes et accordent aux entreprises ayant déployé un dispositif de qualité une forme d'immunité, les exonérant de leur responsabilité pénale, les sanctions n'étant plus encourues que par les personnes physiques délinquantes. C'est la position adoptée aux États-Unis, en Espagne, en Italie, etc.

Mais soyons réalistes, cette dimension de la compliance ne fait que décaler la vision préventive et dissuasive de la loi : d'une certaine manière on demande aux entreprises d'assurer l'instruction civique de leurs salariés, en les formant à la lutte contre la corruption, à la lutte contre le blanchiment, à l'antitrust, en leur expliquant la loi, ce qui est permis et ce qui est interdit, espérant les mettre en capacité de refuser un acte illicite qui leur serait proposé, ou les dissuader d'en commettre un.

Les fragilités intrinsèques de la prévention demeurent, même si elles sont atténuées sans doute par le fait qu'on s'est rapproché du terrain, qu'on a parlé directement aux personnes les plus concernées, les plus exposées, qu'on a donc affiné en granularité.

Une autre dimension est donc explorée par la compliance, qui acte de ce que le manquement aura pu avoir lieu malgré tout et favorise sa révélation. La compliance devient alors un outil de poursuites.

B. LA COMPLIANCE, OUTIL DE RÉVÉLATION ET DE POURSUITES

Que l'on soit en matière pénale ou para pénale, les autorités n'ont pas les moyens matériels ou humains de détecter, instruire et poursuivre tous les manquements commis, ni même seulement les plus graves d'entre eux. La compliance va donc déléguer une partie de cette tâche aux entreprises elles-mêmes. Les dispositifs de compliance susvisés en sont un moyen. En établissant une cartographie des risques, on va faire apparaître non seulement des points de fragilité mais également d'éventuels manquements passés. S'y ajoutent les dispositifs d'alertes qui ont pour objectif, par nature, de révéler des faits et d'y remédier. Et si ceux-ci ont une nature illicite, les entreprises sont incitées à en saisir les autorités. C'est clairement valorisé en matière de corruption (*deferred prosecution agreement*, convention judiciaire d'intérêt publique) ou d'antitrust (procédure de clémence).

L'entreprise va devenir une forme d'auxiliaire de la puissance publique, se voyant déléguer la mission d'enquêter sur les faits détectés, soit en amont de la révélation aux autorités, soit ensuite sur instructions de celles-ci. Cette pratique pose de nombreuses difficultés. Le contradictoire, les droits de la défense sont-ils respectés ? Les preuves ne sont-elles pas altérées ? L'enquête n'est-elle pas menée à charge contre les personnes physiques concernées par une entreprise obsédée par l'objectif de se dédouaner elle-même ?

Se pose aussi la question fondamentale de la stratégie que doit adopter l'entreprise face à l'auto dénonciation qui est attendue d'elle, le terme de confession étant parfois employé. L'incitation, voire la pression qu'elle peut subir à cet égard contreviennent de plein fouet au droit au silence, au droit de ne pas s'auto-incriminer.

C. LA COMPLIANCE PRÉCONTENTIEUX

La compliance a dès lors une dimension particulière, que l'on retrouve également dans toutes ses disciplines concernées : c'est un outil de précontentieux. Mettre en œuvre un dispositif de compliance sans avoir la connaissance, et même l'expertise du contentieux, est très hasardeux car tout relie *in fine* la compliance au juge, que l'on se trouve dans la dimension préventive ou dans la dimension répressive.

Lorsque l'entreprise réalise une cartographie des risques anticorruption, elle doit analyser l'ensemble de ses processus (achat, vente, comptable, etc.) pour en déceler chaque fragilité au regard de la corruption. Elle doit, de même, compléter cette analyse en menant des entretiens avec les personnes utiles (directeur des achats, acheteur de terrain) afin de comprendre leur travail réel et les risques induits concrètement. Comment faire si on n'a pas la connaissance de ce qu'est la corruption et du regard que portera une autorité de contrôle, un procureur ou un juge ? On risque de rester stérilement en surface, faute de pouvoir réagir et approfondir à la suite d'un propos qui paraîtra à tort anodin. L'entreprise sera alors fragile et risquera d'être victime de faits qu'elle aurait pu prévenir.

L'entreprise et ses dirigeants seront par ailleurs, peut-être, personnellement exposés. Leur responsabilité risque d'être engagée. Il faut aussi prendre ce risque en considération pour que le cas échéant ils puissent rester maîtres de leur stratégie de défense, ce qui est un de leurs droits fondamentaux. L'organisation de la compliance, la protection de la confidentialité des données, l'organisation des dispositifs d'alertes, des procédures d'enquêtes, sont autant d'enjeux fondamentaux qui doivent être intégrés dès les premiers moments de la conception d'un dispositif de compliance.

D. LA COMPLIANCE, OUTIL DE CROISSANCE

Prévention et répression sont au cœur des préoccupations des législateurs en matière de compliance. Pour autant, la matière ne saurait se réduire à ces deux objectifs. Pour les atteindre, la compliance va plus loin : une véritable méthodologie voit le jour qui réforme la manière dont le droit se conçoit et s'applique, et finit par le transformer en un outil de croissance. L'exemple de la cartographie des risques est révélateur : l'entreprise va s'intéresser à son fonctionnement interne, le disséquer avec une attention toute particulière, elle va interroger ses salariés sur la manière dont ils travaillent. Cette étude ne va pas seulement lui permettre de détecter des risques mais aussi d'améliorer les processus en question, de les fluidifier. Une procédure complexe, imposée aux acteurs de terrain, ne sera pas appliquée, elle sera peu à peu écartée ; pensée de manière efficace, visant à faciliter les tâches, elle sera en revanche respectée. La compliance, en s'intéressant au fonctionnement concret de l'entreprise, lui permet de le sécuriser mais aussi de l'optimiser, de le simplifier.

La compliance est en fait une interaction constante entre le droit et l'opérationnel, et c'est en cela qu'elle est une méthodologie innovante. Le praticien du droit n'a pas pour rôle d'imposer une interprétation verticale de la loi, mais de permettre son instillation dans les pratiques. Et c'est réciproque : la pratique va nourrir le droit. Un bon code de conduite, une bonne procédure est une procédure qui fait plus que s'adapter aux pratiques opérationnelles, elle s'en inspire également ; or ces codes et procédures sont du droit, du *soft law* qui prend une importance majeure avec la compliance puisqu'ils s'imposent aux salariés autant qu'ils peuvent contribuer à exonérer la personne morale de sa responsabilité devant les juges.

« Le sens particulier d'un mot résulte de l'élimination de ceux qu'auraient eus à sa place tous autres mots admis à paraître dans le même contexte », écrivait le linguiste Claude Hagège. Précisément, aucun autre terme ne dit exactement ce qu'est la compliance, *a fortiori* le mot conformité, qui se limite au respect scrupuleux de la règle, du modèle.

Multidimensionnelle, matricielle, la compliance ne peut se contenter de découler d'un modèle : elle est un processus en soi, en construction permanente, elle naît des textes et de la pratique, de la science et de l'expérience.

William Feugère ❑

ANTITRUST

SOLUTION COMPLIANCE v^is *Prévenir et gérer les risques concurrentiels ; Entente anticoncurrentielle/ Abus de position dominante.*

BIBL. GÉN. ▸ DE MELLO, *RTD eur. 1993. 601* (droit de la concurrence et droits de l'homme). – IDOT, *Rev. crit. DIP 1995. 891* (E. Friedel-Souchu, extraterritorialité du droit de la concurrence aux États-Unis et dans la Communauté européenne). – DANET, *D. Affaires 1996. 1370* (le droit antitrust doit-il être « économiquement correct » ?). – BLAISE, *Mél. Champaud, Dalloz, 1997, p. 86* (utilisation de la règle de raison en droit interne de la concurrence). – FOURGOUX, *Gaz. Pal. 2-4 janv. 2000, p. 65* (un droit de la concurrence ou une éthique de la concurrence pour le 3e millénaire). – FRÉGET et HERRENSCHMIDT, *RDLC 2006, n° 3, p. 40* (réflexions sur les pratiques d'influence et le droit de la concurrence). – L. VOGEL, *Mél. Serra, Dalloz 2006, p. 443* (droits de l'homme et droit de la concurrence). – NAUGÈS, *AJDA 2007. 672* (articulation entre droit commun de la concurrence et droit de la régulation sectorielle). – ARCELIN, *RLC avr.-juin 2007. 100* (alliance raisonnable entre droit de la concurrence et CEDH). – PRIETO, *D. 2007. 2884* (la condamnation de Microsoft ou l'alternative européenne à l'antitrust américain). – LEDOUX et RODA, *CCC 2007. Étude 14* (les « compliance programs » en droit de la concurrence). – LEMAIRE, *RDLC 2008, n° 1, p. 64* (à propos des programmes de conformité). – MOUNIER et DIENY, *JCP E 2008, n°s 7-8, p. 20* (responsabilité des dirigeants et collaborateurs de l'entreprise dans le cadre des pratiques anticoncurrentielles). – Actes de colloque, *RLC avr.-juin 2009. 141* (la culture de la conformité, nouvel horizon du droit français de la concurrence). – DEBROUX et SAINTE FARE GARNOT, *RDLC 2009, n° 2, p. 230* (programmes de conformité et risque de concurrence). – GRANDVUILLEMIN, *JCP E 2009, n° 1542* (la procédure d'engagements : état des lieux après le communiqué de procédure du 2 mars 2009). – BOULOC, *RLC avr.-juin 2010. 65* (pour une prise en considération de la mise en conformité spontanée en droit de la concurrence). – ARHEL, *LPA 26 juill. 2010* (comportements anticoncurrentiels dans le cadre de la normalisation). – PRUNET, *Gaz. Pal. 2011. 3762* (les conflits d'intérêts en droit de la concurrence). – BOULOC, *RLC juill.-sept. 2012. 52* (remarques sur l'incitation à la mise en place d'un programme de conformité). – IDOT, *RSC 2012. 315* (la répression des pratiques anticoncurrentielles par les institutions de l'Union européenne). – Colloque, *RLC oct.-déc. 2012. 100* (programmes de conformité). – ARCELIN-LÉCUYER, *RLDA mars 2014. 103* (stratégies volontaires d'anticipation du risque concurrentiel). – GINER ASINS et PFLIEGER, *JCP E 2015, n° 1614* (gérer les risques concurrence dans les opérations de fusion-acquisition). – PUEL et REBEYROTTE, *JCP E 2015, n° 1297* (audit des pratiques de l'entreprise au regard des règles de droit de la concurrence et mise en conformité). – DIENY, *RLDA déc. 2015. 57* (regards croisés sur la norme ISO 1960 : 2014 et la pratique en droit de la concurrence). – AUBRY, *CCC 2016. Étude 3* (la normalisation au regard des règles de concurrence). – MARTUCCI, *Cah. dr. entr. 2018, n° 4, p. 42* (l'extraterritorialité en droit de la concurrence). – FRISON-ROCHE, *RDLC 2018, n° 4, p. 1* (droit de la concurrence et droit de la compliance). – DE MAISON ROUGE, *AJ pénal 2019. 591* (*Cloud Act* et collecte des preuves numériques à l'étranger : la souveraineté judiciaire en balance). – RODA, *D. 2020. 208* (le démantèlement des GAFAM : réelle menace ou coup de bluff ?). – LESQUINS, *RLC mars 2020. 48* (pour réformer le droit de la concurrence). – SCHREPEL, *D. 2020. 1244* (ententes algorithmiques et ententes par blockchain). – RODA, *RICEA 2020, n° 3, p. 11* (compliance et droit de la concurrence : nouveaux défis, nouveaux enjeux – Compliance et antitrust. Le discours de la méthode). – AUGAGNEUR, *ibid., p. 21* (les aspects relatifs à la circulation des données dans les programmes de conformité en droit de la concurrence). – DUMARÇAY, *RLDA juill.-août 2020. 34* (extension des compétences du PNF en droit de la concurrence : la clef d'une revalorisation du contentieux pénal de la concurrence ?).

COMMENTAIRE

On distinguera, par souci éditorial de référencement des textes, le droit européen et le droit national français. Les deux sont cependant étroitement imbriqués. Les autorités et juridictions nationales ayant compétence pour juger et sanctionner des atteintes au droit de l'Union européenne (V. *infra*, II. Règles européennes). On retrouvera donc des éléments de commentaires communs, de même que certains concepts évoqués à l'occasion de l'étude des textes antitrust des États-Unis, qui ont forgé une partie de la matière concurrentielle (V. *infra*, III. Règles étrangères).

La loi n° 2020-1508 du 3 décembre 2020 portant diverses dispositions d'adaptation au droit de l'Union européenne en matière économique et financière, dite « loi DDADUE », a amendé le droit interne, avec des dispositions propres et autorisé, en outre, le gouvernement à transposer par voie d'ordonnance la directive (UE) 2019/1 du 11 décembre 2018 visant à doter les autorités de concurrence des États membres des moyens de mettre en œuvre plus efficacement les règles de concurrence et à garantir le bon fonctionnement du marché intérieur (directive dite « ECN+ ») ; cette ordonnance, n° 2021-649 du 26 mai 2021, ayant été publiée le 27 mai 2021.

Cette transposition consacre une nouvelle étape vers une action plus efficace de l'Autorité de la concurrence et vise à rendre les procédures nationales propres aux différents États membres plus cohérentes, opérant une brèche au principe d'autonomie procédurale.

Plusieurs évolutions sont notables quant aux pouvoirs de l'Autorité de la concurrence :

– elle a la faculté de fixer ses propres priorités et de rejeter les plaintes qui n'y correspondent pas. Cette « opportunité des poursuites » est destinée à permettre une meilleure allocation des ressources, qui pourront être consacrées à la résolution des affaires estimées les plus importantes ;

– elle peut se saisir d'office pour imposer des mesures conservatoires, et non plus seulement en suite d'une demande présentée par une entreprise, accessoirement à une demande au fond ;

– elle peut, dans le cadre d'un contentieux, prononcer des injonctions structurelles (par exemple la cession d'une filiale ou d'une activité) aussi bien que comportementales, alignant ainsi ses pouvoirs sur ceux de la Commission européenne ;

– elle peut accéder aux données des entreprises faisant l'objet d'une investigation, quel qu'en soit le lieu de stockage, et accéder aux clés de chiffrement. Par ailleurs, les nouvelles dispositions soumettent les procédures de l'Autorité au standard dit de la « liberté de la preuve », applicable en matière pénale, ce qui élargit le champ des preuves recevables ;

– la procédure de clémence est pleinement inscrite dans le droit positif. Reprenant largement les termes du programme de clémence précédemment mis en œuvre par l'Autorité dans un cadre de droit souple, ces nouvelles dispositions harmonisent cette procédure à l'échelle européenne. L'incitation pour les entreprises à mettre au jour d'éventuelles ententes secrètes est encore renforcée puisqu'une immunité ou une réduction de sanction pénale peut en outre être obtenue, sous condition, par les personnes physiques appartenant au personnel de l'entreprise qui a, la première, formé une demande de clémence ;

– le régime des sanctions pécuniaires est plus dissuasif et mieux harmonisé au niveau européen. Les « associations d'entreprises » ne relèvent plus d'un régime spécifique de sanction (elles bénéficiaient jusqu'alors d'un plafond de sanction de 3 millions d'euros), mais sont désormais soumises à un plafond égal à 10 % du total des chiffres d'affaires des entreprises membres de l'association. Ceci concerne également les syndicats professionnels ou les ordres professionnels ;

– les critères de détermination du montant des sanctions sont désormais unifiés et alignés avec ceux pratiqués par la Commission européenne, au regard des notions classiques de gravité et de durée de l'infraction, la référence que faisait précédemment la loi à la notion de « dommage à l'économie » étant supprimée ;

– la coopération européenne entre autorités nationales de concurrence est renforcée (obligations d'information réciproque entre autorités du réseau européen de concurrence, extension de l'assistance entre autorités, notamment pour les opérations de visite et saisie, la notification des actes de procédure et le recouvrement du montant des sanctions).

La loi « DDADUE » accorde par ailleurs de nouveaux moyens d'action à l'Autorité de la concurrence mais aussi au ministre de l'Économie, non prévus par la directive « ECN+ ». Ainsi, la procédure applicable aux opérations de visite et de saisie (OVS) de l'article L. 450-4 du code de commerce a été simplifiée. L'article L. 463-3, relatif à la procédure simplifiée, est modifié pour prévoir que le rapporteur général de l'Autorité de la concurrence pourra décider que l'affaire sera examinée sans établissement préalable d'un rapport, avant même la notification des griefs. Dans ce cas, la notification des griefs doit mentionner les déterminants de la sanction encourue. Par ailleurs, si le chiffre d'affaires cumulé réalisé en France lors du dernier exercice clos de l'ensemble des parties dépasse 200 millions d'euros et dès lors qu'au moins une des parties intéressées en formule la demande (dans les 30 jours de la notification des griefs), le délai de réponse à la notification des griefs pourra être allongé de deux mois. Au vu des observations des parties destinataires des griefs, le rapporteur général pourra réviser sa position et établir un rapport. Enfin, l'article L. 464-5, qui fixait un plafond de 750 000 € à la sanction pécuniaire susceptible d'être infligée dans le cadre de la procédure simplifiée est abrogé.

L'avis de clémence prévu au IV de l'article L. 464-2 est supprimé. Auparavant, un tel avis devait être rendu par le collège, relativement tard dans la procédure, afin que l'entreprise soit informée du montant et des conditions subordonnant l'exonération liée à sa dénonciation.

Deux nouvelles exceptions au principe de la collégialité sont introduites, le président de l'Autorité de la concurrence, ou un vice-président désigné par lui, pouvant adopter seul une décision de saisine d'office réalisée sur proposition du rapporteur général (C. com., art. L. 462-5-III) ou une décision de révision d'engagements.

Enfin, le pouvoir de transaction et d'injonction du ministre de l'Économie prévu à l'article L. 464-9 est élargi puisqu'il ne dépend plus d'un critère de « dimension locale ». ❑

I RÈGLES INTERNES

A Droit préventif et répressif

Code de commerce

PREMIÈRE PARTIE : *LÉGISLATIVE*

LIVRE IV DE LA LIBERTÉ DES PRIX ET DE LA CONCURRENCE

TITRE II DES PRATIQUES ANTICONCURRENTIELLES

BIBL. GÉN. ▶ CARTIER-BRESSON, *LPA 1er juill. 1999* (corruption et pratiques anticoncurrentielles). – BENOÎT, *Dr. et patr. 6/2000. 62* (le droit de la concurrence est un droit de l'abus). – Colloque, *LPA 20 janv. 2005* (sanctions judiciaires des pratiques anticoncurrentielles). – LESQUINS, *ibid.* (établissement des pratiques anticoncurrentielles lors du procès civil). – BLOUD-REY, *LPA 24 nov. 2011* (loyauté et pratiques anticoncurrentielles, antinomie ?). – PUEL et REBEYROTTE, *AJCA 2015. 499* (abus de puissance contractuelle et pratique anticoncurrentielle). – BOUDOU, *RJDA 7/2019. 595* (contrôle des concentrations et prohibition des pratiques anticoncurrentielles : entre compétences antagonistes et compétences complémentaires).

Sur l'action de groupe intervenant en matière de pratiques anticoncurrentielles, V. C. consom., art. L. 623-1, L. 623-24 à L. 623-26. — ***C. consom.***

COMMENTAIRE

Le droit de la concurrence a pour vocation d'éviter que les entreprises ne portent atteinte au libre fonctionnement du marché ; il s'articule principalement autour de trois notions : les ententes, les abus de position dominante et les concentrations.

En synthèse, le droit de la concurrence a pour vocation d'éviter que les entreprises ne portent atteinte au libre fonctionnement du marché. Se posent donc en questions préliminaires les questions des définitions des entreprises et du marché pour déterminer le champ d'application du droit de la concurrence.

I. LES ENTREPRISES

Le droit français s'intéresse moins à la forme des entités concernées qu'à leur comportement : il est applicable à toutes les « activités de production, de distribution et de services » conformément à la définition très générale de l'article L. 410-1 du code de commerce. L'activité économique étant entendue comme « consistant à offrir des biens et des services sur le marché » (Aut. conc. n° 15-D-15 du 17 nov. 2015, § 129). Ne sont alors pas soumis au droit de la concurrence des organismes remplissant une fonction de caractère exclusivement social, comme la Sécurité sociale.

La forme sociale importe peu, cela comprend ainsi « les personnes morales de droit privé, les organismes de droit public, y compris l'État lui-même, et les personnes physiques » (Aut. conc. n° 14-A-10 du 31 juill. 2014, § 51 ; Aut. conc. n° 14-D-05 du 13 juin 2014, § 180).

A défaut de définition générale de l'entreprise en droit français de la concurrence, le critère sera l'autonomie de la direction économique : une entité économique peut être qualifiée d'entreprise si ses organes dirigeants sont à même de déterminer librement une stratégie industrielle, financière et commerciale pleinement autonome (Cons. conc. n° 99-D-57 du 12 oct. 1999). Des sociétés appartenant à un même groupe sont de nature à constituer une entente entre elles dès lors qu'elles peuvent être regardées comme disposant de l'autonomie de gestion et de la liberté commerciale, quels que soient par ailleurs les détenteurs de leur capital. Plusieurs entités distinctes peuvent également constituer une seule unité économique (Aut. conc. n° 14-D-16 du 18 nov. 2014, § 54 s. ; Aut. conc. n° 13-D-21 du 18 déc. 2013, § 477).

En matière de concentrations, la cible de l'opération pourra même être un simple actif sans structure juridique : marque, licence, fonds de commerce, etc. (Aut. conc. n° 15-DCC-31 du 20 mars 2015 ; Aut. conc. n° 15-DCC-02 du 22 janv. 2015 ; Aut. conc. n° 13-DCC-13 du 12 févr. 2013).

II. LE MARCHÉ

L'analyse du marché et sa délimitation permettent d'apprécier les rapports entre les entreprises et les effets des actes litigieux (Cons. conc. n° 07-D-09 du 14 mars 2007, § 124). C'est, selon les termes de l'Autorité de la concurrence, « le lieu théorique où se confrontent l'offre et la demande de produits ou de services qui sont considérés par les acheteurs ou les utilisateurs comme substituables entre eux mais non substituables aux autres biens ou services offerts » (Aut. conc. n° 14-D-08 du 24 juill. 2014, § 110).

Le marché se définit selon deux dimensions ou critères (Aut. conc. n° 15-D-10 du 11 juin 2015, § 289 ; Aut. conc. n° 15-D-04 du 26 mars 2015, § 272).

Le marché de produits comprend les produits et/ou services que le consommateur considère comme interchangeables ou substituables en raison de leurs caractéristiques, de leur prix et de l'usage auquel ils sont destinés (Aut. conc. n° 15-D-15 du 17 nov. 2015, § 151).

Le marché géographique est le territoire sur lequel les entreprises concernées sont engagées dans l'offre de biens et de services avec des conditions de concurrence suffisamment homogènes. En France, un marché pertinent comprend le territoire sur lequel les entreprises concernées sont engagées et sur lequel les conditions de concurrence sont suffisamment homogènes entre elles et différenciées à l'égard des conditions existant dans un autre territoire (Paris, 23 mars 2010, n° 2009/09599 ; Aut. conc. n° 09-D-14 du 25 mars 2009 ; Paris, 24 sept. 2015, n° 2014/16108). ❑

Art. L. 420-1 Sont prohibées, *(L. n° 2001-420 du 15 mai 2001, art. 52)* **« même par l'intermédiaire direct ou indirect d'une société du groupe implantée hors de France, » lorsqu'elles ont pour objet ou peuvent avoir pour effet d'empêcher, de restreindre ou de fausser le jeu de la concurrence sur un marché, les actions concertées, conventions, ententes expresses ou tacites ou coalitions, notamment lorsqu'elles tendent à :**

1° Limiter l'accès au marché ou le libre exercice de la concurrence par d'autres entreprises ;

2° Faire obstacle à la fixation des prix par le libre jeu du marché en favorisant artificiellement leur hausse ou leur baisse ;

3° Limiter ou contrôler la production, les débouchés, les investissements ou le progrès technique ;

4° Répartir les marchés ou les sources d'approvisionnement. – *[Ord. n° 86-1243 du 1er déc. 1986, art. 7.]*

RÉP. COM. v° *Entente*, par ARHEL.

BIBL. ▸ GRYNFOGEL, *RJDA 2005. 551* (le concours de volontés entre entreprise, une notion protéiforme en droit communautaire des ententes). – ROBIN, *RLC 2005, n° 5, p. 20* (de l'intérêt du réseau d'agents en droit des ententes et du danger des participations aux réunions). – CHARBIT, *RDLC 2006, n° 2, p. 44* (l'entente « automatique »). – OSTER, *RLC juill.-sept. 2008. 110* (entente complexe et continue). – PFISTER, *RDC 2012. 349* (contrat, libre concurrence et ordre public : sanction des ententes dans la jurisprudence française du XIXe siècle). – DECOCQ et DES YLOUSES, *JCP E 2016, n° 1456* (secret des affaires et droit des ententes anticoncurrentielles). – SÉLINSKY, *RLC oct. 2016. 26* (la notion de facilitateur d'entente et ses conséquences).

COMMENTAIRE

L'article L. 420-1 du code de commerce interdit, en principe, les ententes.

I. DÉFINITION DE L'ENTENTE

L'entente est la coordination volontaire du comportement de deux entreprises au moins, lorsque cette coordination aboutit, par son objet ou son effet, à une restriction de concurrence déterminée.

La notion d'entente est entendue d'une manière très large. L'Autorité de la concurrence reprend la définition européenne : il peut s'agir d'accords, de pratiques concertées ou de décisions d'associations d'entreprises (Aut. conc. nº 15-D-04 du 26 mars 2015, § 288).

L'entente peut être expresse ou tacite, horizontale (entre concurrents) ou verticale (entre opérateurs de niveaux différents, par exemple producteurs et distributeurs). En revanche, elle ne s'entend pas au sein d'un même groupe si la filiale n'est pas autonome (Aut. conc. nº 10-D-13 du 15 avr. 2010).

La participation passive d'une entreprise à une réunion dont l'objet est anticoncurrentiel ne suffit pas à considérer que l'entreprise a participé à l'entente (Cons. conc. nº 04-D-07 du 11 mars 2004). Mais l'adhésion à une entente peut se déduire de la simple mise en œuvre du comportement anticoncurrentiel décidé par plusieurs de ses concurrents, sans qu'il soit nécessaire de démontrer qu'elle a participé individuellement à chacune des actions qui la constituent (Cons. conc. nº 07-D-49 du 19 déc. 2007).

II. SANCTIONS DE L'ENTENTE

Conformément au 3e alinéa du I de l'article L. 464-2 du code de commerce, « les sanctions pécuniaires sont proportionnées à la gravité des faits reprochés, à l'importance du dommage causé à l'économie, à la situation de l'organisme ou de l'entreprise sanctionné ou du groupe auquel l'entreprise appartient et à l'éventuelle réitération de pratiques prohibées » (V. *infra*).

Les sanctions sont : la nullité de l'opération, une amende prononcée par l'Autorité de la concurrence et des dommages-intérêts octroyés par un tribunal (V. comm., *infra*, B. Autorité de la concurrence).

Une appréciation concrète propre à chaque espèce est nécessaire (Com. 14 déc. 1999, nº 98-13.401).

Par ailleurs, toute personne physique qui, « frauduleusement, aura pris une part personnelle et déterminante dans la conception, l'organisation ou la mise en œuvre » d'une entente ou d'un abus de domination illicite est passible d'un emprisonnement de quatre ans et/ou d'une amende de 75 000 € (C. com., art. L. 420-6). ❑

I. GÉNÉRALITÉS

1. Application territoriale. Le Conseil de la concurrence est compétent pour connaître d'opérations effectuées à l'étranger dès lors qu'elles ont des effets sur le territoire français. • Cons. conc. nº 89-D-22 du 13 juin 1989 : *D. 1991. Somm. 247, obs. Gavalda et Lucas de Leyssac ; Gaz. Pal. 1990. 1. 235, note Marchi.* ♦ V., dans le même sens, dès lors que les pratiques affectent le commerce entre États membres et ce, même si elles n'ont pas d'effet sur le territoire français, ne sont pas commises sur le territoire national et sont le fait d'entreprises non installées sur le territoire • Cons. conc. nº 00-MC-14 du 23 oct. 2000 : *BRDA 2002, nº 15-16, p. 16.* ♦ V. aussi pour les pratiques concernant les exportations, • Cons. conc. nº 01-MC-04 du 24 sept. 2001 • nº 97-D-01 du 15 janv. 1997 : *CCC 1997, nº 81, obs. Vogel ; Dr. sociétés 1998. 17, note Vidal.*

Ni la Conv. de Bruxelles du 27 sept. 1968 concernant la compétence judiciaire et l'exécution des décisions en matière civile et commerciale, ni les protocoles annexes à cette convention ne font obstacle à l'application des dispositions des art. 7 et 8 [C. com., art. L. 420-1 et L. 420-2] à une société ayant son siège social en Allemagne dès lors qu'elle s'est livrée en France à des pratiques entrant dans le champ d'application de ces textes. • Paris, 15 sept. 1993 : *D. 1993. IR 225 ; CCC 1993, nº 211, obs. Vogel.*

S'agissant de la compétence des autorités des États membres, V. Règl. CE nº 1/2003 du 16 déc. 2003, II. Règles européennes.

2. Ententes et position dominante. BIBL. Garcia-Rosado, *RLC 2005, nº 3, p. 139* (lien entre les ententes et les abus de position dominante collective). ♦ Les notions d'entente et d'abus de position dominante, au sens des art. 7 et 8 [C. com., art.

L. 420-1 et L. 420-2], ne sont pas exclusives l'une de l'autre. • Com. 21 juin 1994, n° 92-14.589 P : *D. 1994. IR 213*. ♦ Les griefs d'entente et d'abus de position dominante à propos d'une même pratique peuvent être retenus cumulativement. • Aut. conc. n° 09-D-36 du 9 déc. 2009 : *RLC avr.-juin 2010. 31, note Arhel ; RDLC 2010, n° 1, p. 95, obs. Nicolas-Vullierme.* ♦ Sur le cumul des sanctions, V. note 31 ss. art. L. 464-2.

3. *Ententes et concentrations.* La circonstance que l'Autorité de la concurrence identifie dans le cadre de l'examen d'une demande d'autorisation d'une opération de concentration d'éventuels comportements anticoncurrentiels que la nouvelle entité serait susceptible de mettre en œuvre à l'issue de l'opération, et qu'elle cherche à prévenir ce risque au moyen de l'acceptation d'engagements comportementaux, ne lui interdit pas d'examiner les comportements réellement mis en œuvre par la nouvelle entité sur le fondement des dispositions des art. L. 420-1 et L. 420-2 et de se prononcer sur des éléments nouveaux portés à sa connaissance par des tiers, ou découverts dans le cadre d'une instruction de ses services. L'analyse des risques concurrentiels effectués par l'Autorité *a priori* ne saurait avoir d'incidence sur la possibilité pour celle-ci d'examiner et de qualifier les comportements anticoncurrentiels reprochés à une entreprise dans le cadre de son contrôle *a posteriori*. • Aut. conc. n° 10-D-32 du 16 nov. 2010 : *CCC 2011, n° 15, obs. Decocq ; RDLC 2011, n° 1, p. 110, note Marty.*

4. *Articulation avec le droit communautaire.* Les art. L. 420-1 et L. 420-2 sont, en l'absence d'affectation du commerce intracommunautaire, applicables aux pratiques d'entente et d'abus de position dominante anticoncurrentielles mises en œuvre sur le territoire national ; dès lors, quand bien même un arrêt serait fondé en ce qu'il a annulé la décision pour avoir appliqué le droit communautaire de la concurrence, celle-ci demeure valide en ce qu'elle a appliqué les dispositions du droit national. • Com. 31 janv. 2012, n° 10-25.775 P : *cité note 1 ss. art. 3 du Règl. CE n° 1/2003 du 16 déc. 2002, infra, II. Règles européennes.*

II. PRINCIPE DE PROHIBITION DES ENTENTES RESTRICTIVES DE CONCURRENCE

A. EXIGENCE D'UNE PRATIQUE COLLUSIVE

1° INDIFFÉRENCE DE LA FORME JURIDIQUE DE L'ENTENTE

5. *Concours de volontés.* Prouver l'entente implique de rapporter la preuve du concours des volontés. • Cons. conc. n° 07-D-47 du 18 déc. 2007 : *RD transp. 2008, n° 41, obs. Grard.* ♦ La preuve d'un tel accord doit reposer sur la constatation directe ou indirecte de l'élément subjectif qui caractérise la notion même d'accord, c'est-à-dire la concordance de volonté sur la mise en pratique d'une politique, abstraction faite de la manière dont est exprimée cette volonté. • Paris, 16 mai 2013 : *CCC 2013, n° 166, obs. Decocq ; RLC juill.-sept. 2013. 31, obs. Sélinsky.* ♦ Un accord est établi dès lors que les parties en cause adhérent à un plan commun, qui limite ou est susceptible de limiter leur comportement commercial respectif sur le marché. Il n'est pas nécessaire qu'un tel accord soit établi par écrit ou respecte un formalisme particulier. Il n'est pas obligatoire non plus que des sanctions contractuelles ou des mesures de contrainte soient prévues. • Aut. conc. n° 11-D-17 du 8 déc. 2011 : *RLC avr.-juin 2012. 23, note Respaud.* ♦ Une entente peut être à la fois un accord et une pratique concertée sans que l'autorité de concurrence ait à qualifier l'infraction exclusivement au regard de l'une ou de l'autre de ces formes de comportement illicite. • Même décision. ♦ La qualification de pratique concertée n'est pas limitée aux seuls comportements sur le marché mais peut aussi s'appliquer à une forme de coordination et à des prises de contacts entre les entreprises, supposant en cela un accord de volonté pour mener ensemble une telle concertation. • Cons. conc. n° 06-D-03 du 9 mars 2006 : *D. 2006. AJ 1040, obs. Chevrier ; CCC 2006, n° 89, obs. Malaurie-Vignal ; RLC juill.-sept. 2006. 23, note Sélinsky.*

6. *Contrat type.* En matière d'effet cumulatif des contrats, les pratiques anticoncurrentielles ne résultent pas d'un accord de volontés de plusieurs concurrents visant à s'entendre, mais de la mise en œuvre indépendante de plusieurs contrats identiques passés par chacun d'entre eux et dont l'effet cumulatif est restrictif de concurrence. • Aut. conc. n° 19-D-10 du 27 mai 2019. ♦ Entrent dans le champ des pratiques concurrentielles définies par l'art. 7 [C. com., art. L. 420-1] les accords liant un ensemble de distributeurs à un fournisseur au moyen d'un contrat type, prévoyant notamment que l'agrément des distributeurs est subordonné à l'acceptation par eux d'une politique de prix de revente conseillés. • Com. 18 mai 1993, n° 91-20.471 P. – V. aussi • Com. 1er juin 1993, n° 91-14.242 P : *D. 1995. Somm. 79, obs. Ferrier ; CCC 1993, n° 175, note Vogel* (contrat de franchise) • 2 juill. 2002, n° 00-14.939 : *BRDA 2002, n° 17, p. 10 ; LPA 3 juill. 2003, obs. Malaurie-Vignal.*

7. *Organisations professionnelles.* BIBL. Deschamps et Reis, *RLDA mai 2012. 85* (utilisation stratégique des organisations professionnelles dans le cadre des infractions anticoncurrentielles). ♦ Les décisions des organismes collectifs, bien que se présentant comme des actes unilatéraux, résultent d'un accord de volonté de leurs membres et sont, à ce titre, susceptibles de relever des règles de prohibition des ententes. • Aut. conc. n° 18-D-06 du 23 mai 2018. ♦ Bien qu'émanant d'une seule personne morale et revêtant un caractère d'unilatéralité, les pratiques mises en œuvre par des syndicats ou des associations professionnels sont présumées constituer des concours de volontés entre leurs membres. • Aut. conc. n° 12-D-26 du 20 déc. 2012. ♦ L'élaboration et la diffusion, à l'initiative d'un syndicat professionnel, d'un document destiné à l'ensemble de ses adhérents peuvent constituer une entente si ceux-ci ont pour objet ou pour effet d'empêcher, de restreindre ou de fausser le jeu de la concurrence. • Paris, 6 juin 2013, n° 2012/02945 : *CCC 2013, n° 219, obs. Decocq.* ♦ Les actions des organisations professionnelles ont en elles-mêmes un caractère collectif et sont donc susceptibles d'entrer dans le champ de l'art. 7 [C. com., art. L. 420-1] sans qu'il soit nécessaire de démontrer l'existence d'une concertation entre ces organisations et d'autres parties. • Cons. conc. n° 94-D-05 du 18 janv. 1994 • n° 99-D-68 du 9 nov. 1999. ♦ Si le caractère collectif des actions des organisations professionnelles suffit à établir une entente entre leurs membres, sans qu'il soit nécessaire de rechercher la preuve d'une concertation avec d'autres parties, il ne fonde toutefois aucune présomption en matière d'entente ou de concertations entre plusieurs organisations professionnelles, *a fortiori* lorsque leurs membres sont distincts. • Aut. conc. n° 12-D-19 du 26 sept. 2012 : *RLC janv.-mars 2013. 31, obs. Sélinsky.*

8. Pratiques concertées et comportements parallèles. Justifie légalement sa décision de condamnation de sociétés pétrolières pour entente économique la cour d'appel qui établit le parallélisme de comportement de ces sociétés avec celui des autres distributeurs, constate que ce parallélisme, qui les a amenées, pour des stations qu'elles exploitaient par mandataires, à pratiquer systématiquement des prix de détail identiques à ceux des autres distributeurs, ne se justifiait ni par les caractéristiques du marché conduisant au contraire à une dispersion des prix de revient, ni par les coûts d'exploitation nécessairement spécifiques à la gestion par mandataires et énonce que ce comportement traduisait leur renoncement à suivre une politique commerciale autonome et s'expliquait par leur choix délibéré de coopérer en fait aux ententes formées par les autres distributeurs auxquels elles ont tacitement mais volontairement adhéré. • Com. 8 oct. 1991, n° 89-20.869 P : *CCC 1991, n° 237, obs. Vogel ; JCP 1993. II. 22095, note Synvet.*

2° PARTIES À L'ENTENTE

9. Acteur économique. Les avocats exerçant une activité économique et, partant, constituant des entreprises, les conseils de l'ordre des avocats, comme le CNB, peuvent donc être considérés comme des associations d'entreprises au sens du droit de la concurrence et les pratiques qu'ils mettent en œuvre doivent être regardées comme traduisant un concours de volonté entre leurs membres. • Aut. conc. n° 18-D-12 du 18 juill. 2018. ♦ Considérant qu'il importe peu, pour l'application des règles de concurrence, que la personne poursuivie pour entente n'ait pas la qualité d'opérateur économique sur le marché affecté dès lors que ses comportements sont susceptibles d'affecter le jeu de la concurrence dans un secteur économique, V. • Paris, 8 févr. 2000 : *CCC 2000, n° 128, obs. Malaurie-Vignal.* ♦ Les dispositions de l'art. L. 420-1 C. com., comme celles de l'art. 101 TFUE, impliquent que peuvent être considérées comme ayant participé à une entente, les entreprises qui contribuent à une restriction de concurrence sur un marché sur lequel elles ne sont pas actives, dès lors qu'elles contribuent à la mise en œuvre de l'entente, même de façon subordonnée, accessoire ou passive, par exemple par une approbation tacite ou par une absence de dénonciation de cette entente aux autorités. • Aut. conc. n° 19-D-12 du 24 juin 2019 : *AJDA 2019. 2591, obs. Nicinski ; RLC janv. 2020. 50, note Galokho.*

10. Groupements d'intérêt économique. Un accord de volontés peut prendre la forme de la constitution d'un GIE entre entreprises indépendantes, par lequel ces dernières mettent en commun certains éléments de leur politique commerciale. A l'instar d'autres décisions d'organismes collectifs qui se présentent comme des décisions unilatérales, cette organisation est en réalité le fruit d'une décision fondée sur le concours de volontés de membres du GIE. • Aut. conc. n° 12-D-06 du 26 janv. 2012 : *D. actu. 8 févr. 2012, obs. Delpech.* ♦ Pour un GIE constitutif d'une entente, V. • Cons. conc. n° 88-D-37 du 11 oct. 1988 : *RTD com. 1989. 102, obs. Cabrillac et Teyssié* (groupement des cartes bancaires) • Paris, 26 avr. 1990 : *D. 1990. IR 133 ; JCP 1991. II. 21597, note Bouteiller.*

11. Sociétés. La constitution d'une société ou participation entre deux entreprises en vue d'exécuter en commun des travaux prévus par un marché auquel elles vont soumissionner n'est pas en soi constitutive d'une entente illicite. • Com. 10 janv. 1995, n° 92-17.892 : *RJDA 1995, n° 596* • Paris, 6 juin 2000 : *Rev. sociétés 2000. 590, obs. Guyon .*

12. Groupes de sociétés. Dans un arrêt du 17 mai 2018 (CJUE 17 mai 2018, n° C-531/16), constituant la première espèce portée devant la Cour de justice en la matière, la Cour a estimé que les règles de l'art. 101 TFUE sont inapplicables aux accords entre sociétés du même groupe pris dans le cadre d'un appel d'offres et a renvoyé, dans ce cas de figure, aux règles relatives aux marchés publics. Cette nouvelle jurisprudence conduit, partant, l'Autorité de la concurrence à reconsidérer sa pratique décisionnelle relative à l'application de la prohibition des ententes aux soumissions concertées des sociétés filiales d'un même groupe à des appels d'offres. Dès lors, les filiales d'un même groupe, même si elles répondent séparément à un appel d'offres, constituent désormais une seule entreprise au sens du droit de la concurrence ; il n'est donc pas possible de leur opposer une entente. • Aut. conc. n° 20-D-19 du 25 nov. 2020 :

D. actu. 1er déc. 2020, obs. Lebied ; AJCT 2021. 87, obs. Coupé . – V. aussi • CJUE 17 mai 2018, nº C-531/16 : *AJ contrat 2018. 290, obs. Grimaud et Villemagne* ; *RTD eur. 2019. 493, obs. Durviaux* .

3º PREUVE DE L'ENTENTE

13. Charge de la preuve. La preuve de pratiques anticoncurrentielles incombe à celui qui s'en prétend victime, ou aux autorités administratives dans le cadre des enquêtes qui sont diligentées en application de l'art. 47 [C. com., art. L. 450-3]. • Com. 12 oct. 1993, nº 91-16.988 P : *JCP 1993. IV. 2611.*

14. Faisceau d'indices. En raison de l'emploi de cette méthode du faisceau d'indices il n'y a pas lieu d'examiner si, pris séparément, chacun de ces éléments a un caractère probant. • Paris, 16 sept. 2010 : *CCC 2010, nº 255, obs. Decocq.* ♦ Pour des exemples d'ensemble d'indices graves, précis et concordants d'entente, tirés, notamment, du parallélisme de comportement, V. • Com. 8 déc. 1992, nº 90-20.258 P • Cons. conc. nº 95-D-51 du 11 juill. 1995 *CCC 1995, nº 187, obs. Vogel.* ♦ Sur la méthode du faisceau d'indices, V. aussi • Cons. conc. nº 95-D-76 du 29 nov. 1995 • nº 97-D-39 du 17 juin 1997 • nº 99-D-10 du 2 févr. 1999 • nº 04-D-43 du 8 sept. 2004 • Paris, 4 févr. 2003 : *BOCC 31 mars 2003.*

Les déclarations d'un demandeur de clémence sont des moyens de preuve pertinents pouvant être pris en compte au titre du faisceau d'indices. • Aut. conc. nº 12-D-09 du 13 mars 2012 : *RLC juill.-sept. 2012. 16, note Sélinsky.*

15. Autres moyens de preuve. En présence de preuves documentaires ou contractuelles, il n'est pas besoin de recourir, au surplus, à l'étude de preuves de nature comportementale. • Paris, 16 mai 2013, nº 2012/01227. ♦ Sont qualifiés de « preuves documentaires directes » des éléments suffisamment explicites, tels que des notes internes, des déclarations, des comptes rendus de réunion, des projets d'ordre du jour ou encore des notes prises lors de réunions, qui rendent inutile le besoin de rechercher l'existence d'un faisceau d'indices graves, précis et concordants. • Aut. conc. nº 18-D-26 du 20 déc. 2018. ♦ La constatation d'un parallélisme de comportements ne suffit pas à elle seule à démontrer l'existence d'une entente anticoncurrentielle dans la mesure où ce parallélisme peut résulter de décisions prises par des entreprises qui s'adaptent de façon autonome au contexte du marché ; il est nécessaire, pour établir l'existence d'une telle entente, d'apporter des éléments autres que la constatation du seul parallélisme de comportements, de telle sorte que soit constitué un faisceau d'indices graves, précis et concordants. • Cons. conc. nº 95-D-63 du 14 nov. 1995 : *CCC 1996, nº 60, obs. Vogel.* – V. aussi • Cons. conc. nº 99-D-77 du 7 déc. 1999 : *CCE 2001, nº 2, obs. Caron.* – Dans le même sens, V. • Cons. conc. nº 02-D-29 du 7 mai 2002.

B. EXIGENCE D'UNE RESTRICTION DE CONCURRENCE SUR LE MARCHÉ

16. Notion de marché. Les analyses de marché en matière de contrôle des concentrations revêtent nécessairement un caractère prospectif, alors qu'en matière de pratiques anticoncurrentielles, elles s'attachent à décrire un marché existant. • Cons. conc. nº 05-D-32 du 22 juin 2005 : *RDLC 2005, nº 3, p. 75, obs. Wachsmann ; RJDA 2005, nº 1287 ; LPA 16 mai 2006, obs. Bacchichetti.* ♦ Toutefois, ce caractère prospectif des analyses de marché ne fait pas obstacle à ce qu'elles puissent, le cas échéant, être évoquées dans les décisions de l'Autorité en matière de pratiques anticoncurrentielles. • Aut. conc. nº 14-D-02 du 20 févr. 2014. ♦ Les pratiques dénoncées étant recherchées au titre de la prohibition des ententes, il n'est alors pas nécessaire de définir le marché avec précision, comme en matière d'abus de position dominante, dès lors que le secteur et les marchés ont été suffisamment identifiés pour permettre de qualifier les pratiques qui y ont été constatées et de les imputer aux opérateurs qui les ont mises en œuvre. • Cons. conc. nº 05-D-27 du 15 juin 2005. – V. aussi • Cons. conc. nº 05-D-55 du 12 oct. 2005. ♦ Il en va toutefois différemment pour des pratiques qui, prises isolément, n'affectent pas le libre jeu de la concurrence de manière suffisamment significative, mais qui sont susceptibles de produire un effet anticoncurrentiel de nature cumulative. Compte tenu des critères posés par la jurisprudence, une telle hypothèse impose de délimiter le marché pertinent avec une précision suffisante pour être en mesure d'examiner les possibilités pour les concurrents des entreprises mises en cause de s'insérer sur le marché, nonobstant l'existence des pratiques alléguées. • Aut. conc. nº 19-D-10 du 27 mai 2019.

17. Seuil de sensibilité. Ne sont pas prohibés les accords n'ayant qu'une portée limitée dans le marché pertinent considéré et ne pouvant porter atteinte de façon sensible au jeu de la concurrence. • Com. 4 mai 1993, nº 91-17.937 P : *D. 1994. Somm. 220, obs. Serra* ; *JCP 1993. II. 22111, note Boutard-Labarde ; CCC 1993, nº 110, obs. Vogel.* ♦ La nécessité d'établir la sensibilité de l'effet d'une entente, si elle doit conduire à exonérer de sanction les parties à un accord dont l'effet potentiel ou avéré serait trop faible pour affecter véritablement le fonctionnement d'un marché, ne saurait conduire à vider de son sens une disposition légale visant expressément l'effet potentiel. • Paris, 5 nov. 1996 : *BOCC 5 déc. 1996.*

1º RESTRICTION DE CONCURRENCE

18. Objet ou effet anticoncurrentiel. Ainsi qu'il résulte des termes mêmes de l'art. L. 420-1, l'objet et l'effet anticoncurrentiel de telles pratiques sont des conditions alternatives pour apprécier si celles-ci peuvent être sanctionnées en application de cette disposition. • Aut. conc. nº 10-D-39 du 22 déc. 2010. ♦ L'objet anticoncurrentiel ne doit pas être confondu avec l'élément intentionnel, par exemple au sens où l'utilise le droit pénal, mais, conformément à la nature objective des infractions de concurrence, il vise les conséquences potentielles ou prévisibles d'une pratique dans une situation de marché donnée. En somme, pour constituer une infraction par objet, la pratique incriminée doit permettre, sur la base d'un ensemble d'éléments objectifs de droit ou de fait, d'envisager avec un degré de probabilité suffisant qu'elle puisse exercer une influence directe ou indirecte, actuelle ou potentielle, sur la concurrence. • Cons. conc. n° 09-D-10, du 27 févr. 2009 : *RLC avr.-juin 2009. 57, obs. Destours ; RDLC 2009, n° 2, p. 125, obs. Wachsmann.* ♦ L'examen des effets n'est nécessaire qu'en l'absence d'objet anticoncurrentiel. • Même décision. ♦ En effet, ayant démontré l'existence de pratiques ayant un objet anticoncurrentiel, le Conseil n'est pas tenu de caractériser par surcroît les effets des pratiques anticoncurrentielles en cause. • Paris, 26 janv. 2010 : *RDLC 2010, n° 2, p. 72, obs. Nicolas-Vullierme.* ♦ La qualification de « restriction par objet » suppose que l'accord puisse être considéré comme suffisamment dangereux en lui-même pour que l'on puisse présumer ses effets restrictifs ; aux fins d'apprécier l'existence d'une telle restriction, il convient de s'attacher à la teneur de la clause, aux objectifs qu'elle vise à atteindre ainsi qu'au contexte économique et juridique dans lequel elle s'insère. • Aut. conc. n° 13-D-05 du 26 févr. 2013. ♦ La notion d'objet, telle qu'appliquée par la jurisprudence tant communautaire que nationale, revient à sanctionner la tentative d'atteinte à la concurrence, c'est-à-dire la pratique accomplie volontairement dans le but d'attenter à la concurrence mais restée sans effets pour des raisons indépendantes de la volonté de l'auteur. Mais il convient de ne pas confondre la tentative d'atteinte à la concurrence, qui échoue dans son objectif, avec la tentative visant à conclure un accord anticoncurrentiel, qui n'est pas punissable, faute d'avoir abouti. • Aut. conc. n° 10-D-13 du 15 avr. 2010.

Le recours formé contre une décision qui, examinant le bien-fondé des griefs notifiés, a retenu qu'un accord était une entente anticoncurrentielle au sens de l'art. 101 TFUE, saisit la cour du bien-fondé de cette qualification et lui permet, si elle juge non établi l'objet anticoncurrentiel de l'accord retenu par la décision attaquée, d'examiner, au vu des éléments figurant au dossier, si ses effets anticoncurrentiels sont établis, afin de déterminer si cet accord a empêché, faussé ou restreint le jeu normal de la concurrence au sens du texte précité, a un effet dévolutif. • Paris, 2 déc. 2021, n° 20/04626 (sur renvoi de • Com. 29 janv. 2020, n° 18-10.967 B).

19. Clauses de non-concurrence. Si, dans leur principe, les clauses de non-concurrence ne sont pas en elles-mêmes illicites, elles peuvent être contraires à l'art. L. 420-1 si elles s'avèrent disproportionnées dans leur champ ou leur durée à l'objectif qu'elles poursuivent ou encore si leur application concrète conduit à porter une atteinte excessive à la concurrence ; elles ne sauraient ainsi être légalement détournées de leur objet pour couvrir des agissements anticoncurrentiels. • Aut. conc. n° 10-D-13 du 15 avr. 2010 : *RDLC 2010, n° 3, p. 82, obs. Nicolas-Vullierme ; RLC juill.-sept. 2010. 24, obs. Cholet.* ♦ L'interdiction apportée par une clause de non-concurrence doit s'apprécier concrètement et son ajustement doit être contrôlé dans le temps et dans l'espace par rapport à la fonction qu'elle remplit. • Com. 4 mai 1993, n° 91-17.937 P.

20. Clauses d'exclusivité. BIBL. Duflos et Pfister, *RDLC 2010, n° 3, p. 23* (accords de fourniture exclusive et concurrence : principes d'analyse et application au cas iPhone). – Bougette, Marty, Pillot et Reis, *ibid., p. 65* (appréciation des clauses d'exclusivité par les autorités de la concurrence : le cas des marchés de haute technologie). ♦ Jugeant que l'exercice d'un droit exclusif par son titulaire peut donner lieu à un comportement abusif : • Com. 26 nov. 2003, n° 00-22.605 P : *LPA 2 juill. 2004, concl. Lafortune ; JCP E 2004, n° 52-53, p. 2068, obs. Chérigny ; RJDA 2004, n° 907 ; CCE 2004, n° 20, obs. Decocq.* ♦ L'art. 101, § 1, TFUE doit être interprété en ce sens que la seule circonstance qu'un contrat de bail commercial portant sur la location d'une grande surface située dans un centre commercial contient une clause octroyant au preneur le droit de s'opposer à la location par le bailleur, dans ce centre, d'espaces commerciaux à d'autres locataires n'implique pas que ce contrat a pour objet de restreindre la concurrence. • CJUE 26 nov. 2015, n° C-345/14 : *D. 2016. 292, note Grimaldi ; AJDI 2016. 273, obs. Le More ; CCC 2016, n° 36, obs. Mathey ; RJDA 2016. 75, note Luc.*

21. Échange d'informations. BIBL. Afchain, *JCP E 2007, n° 9, p. 24* (le fondement de l'illicéité des échanges d'informations entre concurrents). – Choné, *RLC janv.-mars 2008. 197* (communication et échanges d'informations sur les marchés oligopolistiques). – Grynfogel, *RJDA mars 2008. 221* (de quelques variations sur le même thème : l'échange d'informations et le droit de la concurrence). – Lescop, *D. 2009. 187* (les échanges d'informations entre non-concurrents). – Puel, *RDLC 2010, n° 4, p. 69* (échanges d'informations, droit de la concurrence et préparation d'une opération de concentration). – Séminaire Nasse, *RLC oct.-déc. 2011. 138* (les échanges d'informations). – Villey-Desmeserets et Pinon, *RLC janv. 2018. 21* (appréhension des échanges d'information entre concurrents à l'épreuve de la dématérialisation des moyens de communication). ♦ La seule constatation de l'échange d'informations sans rechercher de façon concrète, comme elle y était invitée, si cet échange avait eu pour objet ou pour effet réel ou potentiel, compte tenu des caractéristiques du marché, de son fonctionnement, de la nature et du niveau d'agrégation des données échangées et de la périodicité des échanges, de permettre à chacun des opérateurs de s'adapter au comportement prévisible de ses concurrents et ainsi de fausser ou de restreindre de façon sensible la concurrence sur le marché concerné, la cour d'appel n'a pas légalement justifié sa décision au regard des art. L. 420-1 C. com. et 81 du traité CE [art. 101 TFUE]. • Com. 29 juin 2007, n° 07-10.303 P : *D. 2007. AJ 1953, obs. Chevrier ; RTD com. 2007. 707, obs. Claudel ; JCP 2007. II. 10153, note Prieto ; CCC 2007, n° 209, obs. Bazex et Blazy ; RJDA 2007, n° 1153 ; RLDA oct. 2007. 41, note Boy ; RDLC 2007, n° 3, p. 87, obs. Debroux et Orengo.* ♦ En fonction de leurs caractéristiques intrinsèques et du contexte juridique et économique dans lequel ils s'insèrent, de tels échanges d'informations, soit seront à qualifier de restrictions de la concurrence par leur objet même, soit devront être appréciés au regard de leurs effets actuels ou potentiels. • Aut. conc. n° 13-D-03 du 13 févr. 2013 : *RLC avr.-juin 2013. 27, obs. Sélinsky.* ♦ La jurisprudence n'exige pas l'existence d'un oligopole stable pour établir le caractère anticoncurrentiel d'un système d'échange d'informations. Par conséquent, l'analyse de la structure du marché ne suffit pas pour se prononcer sur l'effet anticoncurrentiel des échanges poursuivis ; elle est une condition préalable pour apprécier la possibilité d'une atteinte à la concurrence mais l'analyse du caractère stratégique des données échangées demeure nécessaire. • Aut. conc. n° 17-D-03 du 27 févr. 2017. ♦ Le terme stratégique vise ici la capacité des entreprises à adapter leur comportement concurrentiel sur le marché en fonction des informations reçues. Il ne se déduit donc pas de la seule nature des informations échangées mais s'apprécie au vu du fonctionnement concret du marché et des circonstances spécifiques à l'espèce. • Même décision.

2° OBJET DE L'ENTENTE

22. Limitation de l'accès à un marché. Sur la limitation d'accès au marché de la vente de véhicules d'un mandataire automobile s'étant vu refuser l'insertion de publicité dans un journal d'annonces gratuit, suite à une pression exercée sur la société éditrice par un groupement de concessionnaires automobiles, V. • Cons. conc. n° 97-D-62 du 16 sept. 1997. ♦ Jugeant que le cumul d'obligations similaires par les principaux fournisseurs sur un même marché ne suffit pas à justifier l'application de la théorie de l'effet cumulatif des contrats de distribution ayant pour effet de restreindre l'accès au marché, en l'absence d'une atteinte effective de la concurrence. • Cons. conc. n° 03-D-42 du 18 août 2003 : *CCC 2003, n° 182, obs. Malaurie-Vignal.*

23. Sur le partenariat exclusif et anticoncurrentiel conclu entre les réseaux « Gîtes de France » et « Bienvenue à la ferme », empêchant un réseau concurrent de créer un partenariat avec l'un ou l'autre de ces organismes, V. • Cons. conc. n° 08-D-03 du 21 févr. 2008 : *CCC 2008, n° 108, obs. Bosco ; RLC avr.-juin 2008. 20, obs. Sélinsky ; RDLC 2008, n° 2, p. 111, obs. Debroux.* ♦ Sur la saturation volontaire de l'accès à un marché (utilisation détournée de la réglementation sur les taxis), V. • Cons. conc. n° 08-D-23 du 15 oct. 2008 : *JCP E 2009, n° 4, p. 30 ; RDLC 2009, n° 1, p. 115, obs. Nicolas-Vullierme.*

24. Fixation des prix. Sur l'illicéité d'une clause qui subordonne certaines ristournes calculées en fin d'année au respect par le vendeur de la réglementation relative à la vente à perte et au prix d'appel, V. • Com. 5 févr. 1991, n° 89-17.626 P : *D. 1991. IR 65*. – V. aussi • Crim. 5 nov. 1990, n° 89-82.192 P : *D. 1991. IR 10* • Cons. conc. n° 91-D-50 du 13 nov. 1991 : *RJDA 1992, n° 169, et Chron. Delbarre, p. 91,* conf. par • Paris, 27 mai 1992 : *BOCC 16 juin 1992.* ♦ Sur une entente verticale et horizontale présentant faussement des ristournes sous la forme conditionnelle afin d'empêcher les distributeurs de les répercuter sur leurs prix de revente aux consommateurs, V. • Cons. conc. n° 03-D-45 du 25 sept. 2003 : *JCP E 2004, n° 3, p. 83, note Arhel ; CCC 2004, n° 7, obs. Malaurie-Vignal.*

25. Coopération commerciale. Le versement par un fournisseur d'une rémunération de coopération commerciale à ceux de ses distributeurs qui s'étaient engagés, en contrepartie, à offrir sur les lieux de vente des prestations de services spécifiques, n'est pas en soi une pratique de nature à empêcher, restreindre ou fausser le jeu de la concurrence, lorsque les conditions d'obtention de ces ristournes n'excluent pas les distributeurs prêts à fournir les mêmes services, qu'elles sont définies de façon objective, ne sont pas appliquées de façon discriminatoire, et n'ont ni pour objet ni pour effet de limiter la liberté des commerçants de déterminer de façon autonome leur politique de prix de revente. • Cons. conc. n° 97-D-15 du 4 mars 1997 : *LPA 2 janv. 1998, note Arhel,* conf. par • Paris, 10 mars 1998 : *CCC 1998, n° 90, obs. Vogel,* puis par • Com. 24 oct. 2000, n° 98-12.947 : *CCC 2001, n° 9, obs. Malaurie-Vignal ; LPA 5 févr. 2001, obs. Arhel.* ♦ En ce sens que si la clause subordonnant l'octroi et le maintien d'avantages figurant dans un accord de coopération commerciale à l'obligation pour le distributeur de respecter la propriété intellectuelle d'une maison d'édition ne présente pas en soi un caractère anticoncurrentiel, elle peut, lorsqu'elle est combinée avec une clause de résiliation en cas de non-respect de l'exclusivité, aboutir à des pratiques anticoncurrentielles, V. • Cons. conc. n° 98-D-76 du 9 déc. 1998 : *CCC 1999, n° 114, obs. Malaurie-Vignal.*

26. Prix prédateur. Des comportements de prix prédateurs peuvent être imputés soit à une entreprise en position dominante qui consentirait des pertes en vue d'évincer des concurrents susceptibles de menacer sa domination du marché, soit à plusieurs entreprises qui uniraient leur volonté pour mener la même stratégie en commun, et cela quelle que soit leur position sur le marché. • Aut. conc. nº 09-D-20 du 11 juin 2009. ♦ Le prix prédateur est défini comme étant le prix de vente unitaire d'un produit inférieur au coût variable unitaire de celui-ci. • Paris, 3 nov. 1994 : *D. 1996. Somm. 181, obs. Gavalda et Lucas de Leyssac* ; *CCC 1994, nº 7, note Vogel; Gaz. Pal. 1995. 2. Doctr. 792, obs. Ricatte* (conf. par • Com. 4 févr. 1997, nº 94-21.147 P : *D. 1997. IR 56*).

27. Offre de couverture. **BIBL.** Chaput, *CCC 2009. Étude 9* (répondre à un appel d'offres en groupement : efficace, mais risqué...). ♦ Les pratiques dites de l'offre « carte de visite », permettant à une entreprise de se faire connaître du maître de l'ouvrage, sans chercher à obtenir le marché, aussi fréquentes soient-elles et provoquées par le comportement de donneurs d'ordres publics quant à l'exigence d'une participation habituelle des entreprises intéressées à leurs appels d'offres, ne peuvent être tenues pour licites, dès lors que, par les échanges d'information sur les prix, elles trompent les maîtres de l'ouvrage sur la réalité et l'étendue de la concurrence sur le marché concerné. • Paris, 15 sept. 1995 : *D. 1996. Somm. 177, obs. Gavalda et Lucas de Leyssac*. ♦ Le fait pour une société de ne pas elle-même faire un usage direct du chiffrage qu'elle a reçu d'un concurrent, ne saurait les exonérer de leur participation à une entente dès lors, d'une part, que la communication d'un chiffrage de couverture a, en elle-même, un objet anticoncurrentiel et, d'autre part, que l'effet anticoncurrentiel est établi par l'utilisation de ce document au profit d'un tiers. • Cons. conc. nº 04-D-55 du 4 déc. 2003. ♦ L'échange d'informations, à l'occasion d'un marché public, entre entreprises soumissionnaires concurrentes sur leurs offres respectives, dans le but de permettre à l'une d'elles d'apparaître la moins-disante, caractérise une action concertée pouvant avoir pour effet de fausser le libre jeu de la concurrence. • Paris, 25 sept. 1998 : *BICC 1999, nº 354*. ♦ S'agissant plus particulièrement des marchés publics, il faut considérer que tout échange d'informations entre soumissionnaires potentiels sur la conduite à tenir lors d'un appel d'offres a pour objet et pour effet d'atténuer ou supprimer l'incertitude sur ce marché ; une telle pratique concertée peut être qualifiée d'entente sans qu'il soit besoin de démontrer que l'accord de volonté des soumissionnaires à l'appel d'offres portait sur l'exécution d'un plan particulier. • Cons. conc. nº 07-D-49 du 19 déc. 2007 : *RDLC 2008, nº 1, p. 112, obs. Claudel ; RLC avr.-juin 2008. 19, obs. Sélinsky.*

Art. L. 420-2 *(L. nº 2001-420 du 15 mai 2001)* **Est prohibée, dans les conditions prévues à l'article L. 420-1, l'exploitation abusive par une entreprise ou un groupe d'entreprises d'une position dominante sur le marché intérieur ou une partie substantielle de celui-ci. Ces abus peuvent notamment consister en refus de vente, en ventes liées ou en conditions de vente discriminatoires ainsi que dans la rupture de relations commerciales établies, au seul motif que le partenaire refuse de se soumettre à des conditions commerciales injustifiées.**

Est en outre prohibée, dès lors qu'elle est susceptible d'affecter le fonctionnement ou la structure de la concurrence, l'exploitation abusive par une entreprise ou un groupe d'entreprises de l'état de dépendance économique dans lequel se trouve à son égard une entreprise cliente ou fournisseur. *(L. nº 2005-882 du 2 août 2005, art. 40)* **« Ces abus peuvent notamment consister en refus de vente, en ventes liées, en pratiques discriminatoires visées** *(Ord. nº 2019-698 du 3 juill. 2019, art. 2)* **« aux articles L. 442-1 à L. 442-3 » ou en accords de gamme. »**

RÉP. COM. vº *Abus de position dominante*, par Blaise.

BIBL. ▶ Nourissat, *D. 2000. Chron. 369* (violence économique, vice du consentement : beaucoup de bruit pour rien ?). – Montels, *RTD com. 2002. 417* (violence économique, illustration du conflit entre droit commun des contrats et droit de la concurrence). – G. Parléani, *Mél. Guyon, Dalloz, 2003, p. 882* (violence économique, vertus contractuelles, vices concurrentiels). – Boizard, *LPA 16 juin 2004* (réception de la notion de violence économique en droit). – Garcia-Rosado, *RLC 2005, nº 3, p. 139* (pratiques anticoncurrentielles au sein des oligopoles : le lien entre les ententes et les abus de position dominante collective). – Bosco, *LPA 3 juill. 2008* (regards sur la modernisation de l'abus de position dominante). – Marty, *RLC avr.-juin 2011. 107* (stratégies de ciseau tarifaire). – Picot, *LPA 16 nov. 2012* (injonctions structurelles et abus de position dominante). – Glais, *RTD com. 2015. 649* (une latitude de plus en plus étroite pour les entreprises qualifiées de dominantes dans leurs stratégies de défense de leurs positions de marché). – Dossier, *AJCA 2016. 219* (abus de position dominante : nouvelles pratiques, nouvelles analyses). – Claudel, *RTD com. 2016. 460* (l'abus de dépendance économique : un sphinx renaissant de ses cendres ?). – Schrepel, *JCP E 2018, nº 1579* (les positions dominantes bientôt sanctionnées ?). – Chaiehloudj, *D. 2021. 809* (pour la consécration d'une notion éversive : la position dominante « de crise »).

COMMENTAIRE

I. DÉFINITION DES ABUS DE POSITION DOMINANTE

C'est l'article L. 420-2 du code de commerce qui définit la notion.

La position dominante sera appréciée au niveau d'un marché défini, l'entreprise y occupant une place prépondérante lui permettant de s'abstraire de la pression concurrentielle, c'est-à-dire de limiter la liberté de la clientèle de faire jouer la concurrence (Cons. conc. n° 07-D-38 du 15 nov. 2007 ; Com. 24 nov. 2009, n° 07-21.739). Seront ainsi observé les écarts entre les principaux opérateurs du marché (Aut. conc. n° 14-D-08 du 24 juill. 2014 ; Cons. conc. n° 07-D-39 du 23 nov. 2007).

D'autres éléments seront analysés : l'existence d'éventuelles barrières empêchant l'accès au marché (technologiques, financières, administratives) et le pouvoir des acheteurs, les clients puissants pouvant contrer la domination de l'entreprise sur le marché (Aut. conc. n° 15-D-09 du 4 juin 2015, § 69).

Mais le caractère dominant d'une entreprise ne suffit pas à caractériser le manquement. Encore faut-il que l'entité abuse de sa domination du marché.

Il est intéressant de noter que le comportement peut ne pas être, en soi, un manquement, révéler une intention de nuire : une entreprise dominante a une responsabilité particulière de par son statut. Elle doit veiller à ne pas affaiblir la concurrence (Aut. conc. n° 15-D-15 du 17 nov. 2015, § 181 ; Aut. conc. n° 16-D-14 du 23 juin 2016).

II. SANCTIONS DES ABUS DE POSITION DOMINANTE

Les sanctions sont les mêmes que pour les ententes.

I. EXPLOITATION ABUSIVE D'UNE POSITION DOMINANTE

A. NOTION DE POSITION DOMINANTE

1° POSITION DOMINANTE INDIVIDUELLE OU COLLECTIVE

1. *Part de marché.* La notion de position dominante, qui s'entend comme le pouvoir de faire obstacle à une concurrence effective, suppose que l'entreprise considérée occupe sur le marché une place prépondérante que lui assurent notamment l'importance des parts qu'elle détient dans celui-ci, la disproportion entre celles-ci et celles de l'entreprise concurrente, comme éventuellement son statut, et ses modes d'action commerciale. • Paris, 17 oct. 1990 : *D. 1990. IR 273* • 7 juill. 1995 : *Gaz. Pal. 1995. 2. Somm. 489.* ♦ Les biens et services produits par une entreprise pour sa propre consommation ne font pas partie du marché pertinent, tel que défini par les autorités de concurrence pour apprécier les éventuelles pratiques anticoncurrentielles. Mais si l'autoconsommation doit être écartée du calcul des parts de marché, elle peut effectivement avoir un impact sur l'analyse du pouvoir de marché. • Aut. conc. n° 14-D-06 du 8 juill. 2014 : *AJCA 2014. 332, obs. Luc ; RLC oct.-déc. 2014. 17, note Sélinsky.* ♦ Bien que l'autoproduction ne soit pas comptabilisée dans le calcul des parts de marché, elle doit être prise en compte dans l'analyse de la pression concurrentielle exercée sur les offreurs. • Aut. conc. n° 15-D-09 du 4 juin 2015 : *RLC oct.-déc. 2015. 27, obs. Cholet.* ♦ L'appartenance à un groupe économique puissant, occupant une position de *leadership* sur le plan national dans un secteur d'activité, est un indice qui peut, parmi d'autres, être retenu pour caractériser une position dominante. • Com. 9 avr. 1996, n° 94-13.293 : *D. Affaires 1996. 737.* ♦ La position de quasi-monopole caractérise nécessairement et de ce seul fait une position dominante puisque l'entreprise concernée détient la totalité ou la quasi-totalité des parts du marché où elle n'est, de ce fait, soumise à aucune concurrence. • Aut. conc. n° 11-D-15 du 16 nov. 2011. ♦ L'appréciation de la position dominante d'une entreprise s'effectue à partir d'un faisceau de critères qui prend en compte des données d'ordre structurel comme les parts de marché de l'entreprise et celles de ses principaux concurrents, mais aussi des éléments qui sont de nature à donner un avantage concurrentiel à l'entreprise concernée comme l'appartenance à un groupe puissant, la détention d'une avance technologique, la puissance financière ou l'image de marque. • Aut. conc. n° 13-D-11 du 14 mai 2013. ♦ Le fait qu'une position dominante n'ait pas un caractère permanent ne rend pas inapplicables les dispositions des art. L. 420-2 C. com. et 102 TFUE. Soutenir le contraire reviendrait à restreindre leur application aux seuls cas où la dominance de l'opérateur mis en cause est en réalité une situation irréversible à moyen ou long terme, par exemple lorsqu'il existe une facilité essentielle. • Aut. conc. n° 15-D-01 du 5 févr. 2015.

2. *Valeur économique.* La position dominante d'un producteur sur un marché géographiquement délimité se définit par la valeur économique qu'il développe par rapport à l'activité considérée. • Com. 9 avr. 1996, n° 94-13.293 : *préc. note 1.* ♦ La position dominante repose sur l'appréciation d'un ensemble de critères, dont notamment la position de l'entreprise en cause et celle de ses concurrents sur ce marché, la notoriété dont jouit cette entreprise, l'existence de barrières à l'entrée sur ce marché, l'absence d'une menace crédible d'expansion des concurrents sur ce marché et l'absence de puissance d'achat compensatrice des clients. • Aut. conc. n° 12-D-01 du 10 janv. 2012. ♦ Une telle position peut également résulter de différents facteurs caractérisant le marché lui-même ou l'entreprise, comme la détention d'un monopole légal ou de fait sur une activité ; elle peut aussi résulter de l'appartenance à un groupe de grande envergure, de la faiblesse des concurrents, de la détention d'une avance technologique ou d'un savoir-faire spécifique. • Aut. conc. n° 14-D-06 du 8 juill. 2014 : *préc. note 1.*

3. *Moyens financiers.* Le juge ne doit pas limiter son contrôle concernant l'existence d'une position dominante à une comparaison du chiffre d'affaires de l'entreprise par rapport à celui de ses concurrents dans le domaine spécifique des productions audiovisuelles destinées à des usages non télévisuels sans prendre en considération les avantages financiers et matériels dont la société nationale de télévision en cause dispose pour promouvoir l'ensemble de ses activités reconnues par la loi. • Com. 28 janv. 1992, n° 90-16.766 P : *D. 1995. 538*. – V., sur renvoi, • Versailles, 17 mai 1994 : *D. 1995. 539 ; Gaz. Pal. 1995. 1. 49, note Junqua-Lamarque.* – Sur ces arrêts, V. Lucas de Leyssac, *D. 1995. Chron. 288* ; Junqua-Lamarque, *Gaz. Pal. 1995. 2. Doctr. 981.* ♦ V. aussi, prenant en compte la disproportion des moyens financiers entre l'entreprise dominante et ses concurrents, • Cons. conc. n° 96-D-10 du 20 févr. 1996.

4. *Position dominante collective.* BIBL. Fontaine, *JCP E 2006, n° 30, p. 1316* (la dominance collective). – Aventel, Daley et de Muizon, *RDLC 2011, n° 4, p. 41* (position dominante collective : dépasser les critères *Airtours*). ♦ Le concept de dominance collective renvoie à un groupe d'entreprises qui disposent, en commun, d'un pouvoir de marché assimilable à celui d'une entreprise en position dominante simple, c'est-à-dire lui permettant de s'abstraire de la concurrence d'autres entreprises actives sur le même marché ; ce concept réunit ainsi deux notions : en premier lieu celle de l'interdépendance, et en second lieu celle, plus classique, de la dominance. • Aut. conc. n° 10-D-36 du 17 déc. 2010 : *JCP E 2011, n° 1302, note Malaurie-Vignal ; RDLC 2011, n° 1, p. 200, obs. Lemaire.* ♦ De jurisprudence constante, la dominance collective se différencie de l'entente. Sont en dominance collective des entreprises qui, du fait de leurs caractéristiques propres et des circonstances spécifiques au marché concerné, adoptent des comportements parallèles qui les conduisent à se comporter comme si elles ne formaient qu'une seule entreprise, sans que cette identité de comportement nécessite le concours de leurs volontés ; à l'inverse, l'entente résulte précisément de ce concours des volontés. • Cons. conc. n° 07-D-08 du 12 mars 2007. ♦ Il convient de rechercher si, en l'absence d'ententes conclues avec leurs clients, les sociétés en cause auraient disposé en commun de la possibilité de se comporter sur le marché en cause, dans une mesure appréciable, de façon indépendante vis-à-vis de leurs concurrents, de leurs clients et des consommateurs. • Com. 7 juill. 2009, n° 08-15.609 P : *D. 2009. AJ 1889 ; JCP E 2009, n° 38, p. 27 ; CCC 2009, n° 227, obs. Decocq ; RJDA 2010, n° 297.* ♦ Jugeant que la démonstration d'une position dominante collective suppose que soit mise en évidence l'adoption effective d'une ligne d'action commune sur le marché, V. • Aut. conc. n° 12-D-13 du 15 mai 2012. ♦ Mais l'existence d'une position dominante collective ne requiert pas l'adoption par les entreprises d'un même comportement pour tous les aspects de la concurrence sur le marché concerné. • TPICE 30 sept. 2003, n° T-191/98 : *CCC 2004, n° 62, obs. Poillot-Peruzzetto.*

2° *MARCHÉ DE RÉFÉRENCE*

5. *Substituabilité du produit.* Le marché se définit comme le lieu théorique où se rencontrent l'offre et la demande de produits ou de services qui sont considérés par les acheteurs ou les utilisateurs comme substituables entre eux mais non substituables aux autres biens ou services offerts. • Paris, 17 juin 1992 : *RJDA 1992, n° 843* • 18 janv. 1995 : *D. 1995. IR 81*. ♦ Les critères de substituabilité d'un produit permettant de délimiter le marché économique de référence s'apprécient différemment selon la nature ou les modalités de commercialisation du produit en cause. • Com. 29 nov. 1994, n° 93-10.275 P : *D. 1995. IR 4 ; CCC 1995, n° 34, obs. Vogel.* ♦ L'existence ou l'absence de marché pertinent ne saurait découler de décisions antérieures mais résulte de la mise en œuvre, dans chaque cas d'espèce, d'une analyse économique qui n'est pas figée, reposant principalement sur le critère de substituabilité des produits et services du point de vue de la demande. • Aut. conc. n° 15-D-20 du 17 déc. 2015 : *AJCA 2016. 92, obs. Paulhac ; RTD com. 2016. 279, obs. Claudel ; CCC 2016, n° 98, obs. Bosco.* ♦ Le seul critère de notoriété d'un produit ne suffit pas à établir son insubstituabilité par rapport à d'autres créations et donc à délimiter un marché pertinent. • Com. 29 janv. 2002, n° 99-15.334 : *CCC 2002, n° 93, obs. Malaurie-Vignal.* ♦ La substituabilité entre différents biens ou services du point de vue de la demande constitue le critère déterminant pour la délimitation du marché pertinent. Les caractéristiques et les spécificités physiques, techniques ou fonctionnelles du produit, si elles peuvent contribuer à expliquer le comportement des demandeurs, ne permettent pas à elles seules d'évaluer le degré de substituabilité de ce produit avec d'autres et l'éventuelle réaction des consommateurs à des variations de leur prix. Ainsi, la définition du marché pertinent doit permettre, en partant du type de produit ou service en cause, d'y inclure le cas échéant d'autres produits ou services, si ceux-ci exercent une pression concurrentielle. • Aut. conc. n° 14-D-18 du 28 nov. 2014 : *AJCA 2015. 84, obs. Ferré et Pihéry* ; *RLC janv.-mars 2015. 40, obs. Cholet* (conf. par • Paris, 12 mai 2016, n° 2015/00301 : *AJCA 2016. 345, obs. Ancelin et d'Harcourt*).

6. Marché connexe. Des pratiques mises en œuvre sur un marché non dominé ne peuvent être considérées comme constitutives d'une exploitation abusive d'un marché dominé connexe que si, du fait de cette connexité, et de la prééminence détenue sur le marché non dominé par l'entreprise, elle peut y manifester, par rapport aux autres opérateurs qui y sont présents, une indépendance de comportement lui conférant une responsabilité particulière dans le maintien d'une concurrence effective. • Cons. conc. n° 05-D-28 du 15 juin 2005.

7. Segmentation du marché. Dès lors qu'une segmentation du marché retenue n'apporte aucune information supplémentaire sur le pouvoir de marché dont dispose l'entreprise concernée car celle-ci occupe la même position quelle que soit la segmentation retenue, il n'est pas nécessaire de procéder à une telle segmentation et le fait de retenir un marché pertinent plus large n'interdit pas de constater que les effets des pratiques mises en œuvre ont été plus importants sur certains segments de marché. • Paris, 4 juill. 2013 : *CCC 2013, n° 245, obs. Decocq* ; *RLC oct.-déc. 2013. 28 et 32, obs. Cholet.* – Conf. dans tous ses éléments par • Com. 6 janv. 2015, n° 13-21.305 P : *D. 2015. Actu. 156* ; *AJCA 2015. 129, obs. Ponsard* ; *JCP E 2015, n° 1055* ; *CCC 2015, n° 70, obs. Decocq* ; *RJDA 2015, n° 222* ; *RLC avr.-juin 2015. 21, obs. Cholet.*

B. ABUS DE POSITION DOMINANTE

8. Objet ou effet anticoncurrentiel. Est prohibée l'exploitation abusive d'une position dominante « dans les mêmes conditions » que sont prohibées les ententes et actions concertées « lorsqu'elles ont pour objet ou peuvent avoir pour effet » d'empêcher, de restreindre, de fausser le jeu de la concurrence sur un marché. Il suffit donc qu'une clause ait eu pour objet de restreindre et de fausser le jeu de la concurrence. • Cons. conc. n° 97-D-72 du 7 oct. 1997. ♦ Afin d'établir le caractère abusif d'une pratique d'éviction, l'effet anticoncurrentiel de celle-ci sur le marché doit exister, mais il ne doit pas être nécessairement concret, étant suffisante la démonstration d'un effet anticoncurrentiel potentiel de nature à évincer les concurrents au moins aussi efficaces que l'entreprise en position dominante. • Aut. conc. n° 13-D-06 du 28 févr. 2013 : *RLC avr.-juin 2013. 32, obs. Sélinsky.* ♦ L'Autorité n'est nullement tenue d'apporter la preuve d'une détérioration effective quantifiable de la position concurrentielle des opérateurs concurrents, qui peut avoir été plus ou moins efficacement contrée ou circonscrite sans que cela n'ôte en rien leur caractère abusif aux pratiques en cause. • Aut. conc. n° 12-D-24 du 13 déc. 2012. ♦ Il suffit donc, en se fondant sur les conditions concrètes de fonctionnement du marché, du contexte juridique et économique, ainsi que sur l'ensemble des circonstances de l'espèce, de démontrer que le comportement en cause est susceptible de produire un désavantage concurrentiel. Dans les cas où aucun désavantage potentiel dans la concurrence, entendu comme l'affectation des intérêts d'un opérateur du fait d'une pratique discriminatoire d'une entreprise en position dominante, n'a pu être démontré au regard des conditions juridiques et économiques concrètes du fonctionnement du marché concerné, il n'est pas possible de retenir une qualification d'abus de position dominante. • Aut. conc. n° 18-D-11 du 4 juill. 2018.

9. Abus automatique de position dominante. La théorie de l'abus automatique de position dominante, issue du droit européen, permet aux juridictions administratives d'annuler des dispositions structurellement génératrices d'abus : l'annulation de l'acte implique que l'opérateur concerné dispose d'une position dominante sur un marché, que ce soit de son fait ou à l'initiative d'une autorité publique, et surtout, qu'il soit démontré que c'est la mesure elle-même, et non le comportement de l'opérateur sur le marché, qui conduit à l'exploitation abusive d'une position dominante. • Aut. conc. n° 17-D-17 du 27 sept. 2017.

10. Abus d'exploitation. Sur cette notion, V. Bosco, *CCC 2020, n° 46, obs. ss.* • Aut. conc. n° 19-D-26 du 19 déc. 2019.

11. Abus de position dominante et concentrations. Il ressort de la jurisprudence et de la pratique décisionnelle de l'Autorité que les procédures applicables aux concentrations d'une part, et à la répression des pratiques anticoncurrentielles d'autre part, sont incompatibles et inconciliables entre elles. L'Autorité ne peut donc, sur le fondement de l'art. L. 420-2, considérer qu'une concentration, même si celle-ci n'atteint pas les seuils nationaux fixés à l'art. L. 430-2, constitue, en elle-même, un abus de position dominante. • Aut. conc. n° 20-D-01 du 16 janv. 2020. ♦ L'art. L. 430-9 permet quant à lui à l'Autorité, en cas d'exploitation abusive d'une position dominante ou d'un état de dépendance économique, d'enjoindre, par décision motivée, à l'entreprise ou au groupe d'entreprises en cause de modifier, de compléter ou de résilier, dans un délai déterminé, tous accords et tous actes par lesquels s'est réalisée la concentration de la puissance économique qui a permis les abus, même si ces actes ont fait l'objet de la procédure prévue au présent titre. L'application de cet article est néanmoins subordonnée à l'existence d'un abus détachable de la concentration en elle-même, ce qui n'est pas démontré en l'espèce. La position retenue par les services d'instruction est en effet fondée sur une mise en cause de l'opération de concentration elle-même, et non sur la démonstration de pratiques abusives qui auraient été détachables de cette concentration. • Même décision. ♦ Ainsi, en l'état actuel du droit, une opération de concentration ne peut constituer, en elle-même, un abus de position dominante en application des art. 102 TFUE et L. 420-2 C. com., et ce alors même qu'elle n'aurait pas été soumise à notification obligatoire devant l'Autorité de la concurrence ou la Commission européenne, en application des seuils définis par les art. L. 430-2 C. com. et 1er du Règl. nº 139/2004. • Même décision. ♦ V. aussi note 3 ss. art. L. 420-1.

1° ABUS DE COMPORTEMENT

12. *Cessation d'approvisionnement.* Une personne qui décide de cesser de s'approvisionner chez un commerçant, cette abstention fût-elle avec l'intention de nuire, ne fait qu'exercer la liberté fondamentale de s'approvisionner chez un commerçant et ne commet pas un abus de droit. • Com. 5 juill. 1994, nº 92-20.064 P : *JCP 1994. II. 22323, note Léonnet ; Gaz. Pal. 1995. 1. 90, note Dureuil.* ♦ Comp., pour une cessation d'approvisionnement constitutive d'un abus de droit : • Com. 28 févr. 1995, nº 93-14.437 P : *D. 1997. Somm. 64, obs. Ferrier.* – V. Mainguy, *Cah. dr. entr. 1995, nº 6, p. 28.* ♦ La rupture avant le terme contractuellement défini d'une relation commerciale exclusive relève du contentieux commercial et peut éventuellement donner lieu à réparation sur ce terrain ; mais, en ce qui concerne le droit de la concurrence, celui-ci ne trouve à s'appliquer que si la rupture brutale de la relation commerciale a un objet ou des effets anticoncurrentiels, qu'ils soient avérés ou potentiels, sur la structure ou le fonctionnement du secteur ou du marché en cause au détriment du bien-être des clients, des utilisateurs des produits ou services en cause ou encore des consommateurs. • Aut. conc. nº 13-D-07 du 28 févr. 2013.

13. *Refus de vente.* V. C. consom., art. L. 121-11. – **C. consom.** ♦ Trois conditions liminaires doivent être remplies afin d'examiner si un refus d'accès ou de fourniture est constitutif d'un abus de position dominante, à savoir le caractère indispensable (ou objectivement nécessaire) du produit ou service auquel l'accès est refusé, l'affectation de la concurrence résultant du refus d'accès ou de fourniture et le caractère novateur du produit offert par le demandeur d'accès. • Aut. conc. nº 12-D-01 du 10 janv. 2012.

14. *Refus d'accorder un droit exclusif.* **BIBL.** Idot, *LPA 25 nov. 2005* (droits exclusifs et abus de position dominante). – Gstalter, *RDLC 2007, nº 3, p. 46* (*open source*, interopérabilité et concurrence). ♦ La détention d'un droit de propriété intellectuelle n'exempte nullement du respect des règles de la concurrence. • Aut. conc. nº 10-D-16 du 17 mai 2010 : *CCC 2010, nº 183, obs. Bosco ; Gaz. Pal. 2011. 589, note Rousset ; RDLC 2010, nº 3, p. 94, note Marty ; RLC juill.-sept. 2010. 20, note Arhel.* ♦ L'exploitation d'un droit de propriété intellectuelle par une entreprise en position dominante peut être considérée, eu égard aux circonstances particulières de l'espèce, comme restreignant le droit des concurrents d'exploiter leur propre capacité d'innovation et peut, partant, constituer un abus. • Aut. conc. nº 12-D-01 du 10 janv. 2012. ♦ Le refus, opposé par une entreprise en position dominante et qui est titulaire d'un droit exclusif, d'octroyer une licence pour l'utilisation de ce droit à une autre entreprise, constitue un abus de position dominante dès lors que les conditions suivantes sont réunies : l'entreprise qui a demandé la licence a l'intention d'offrir, sur le marché en cause, des produits ou des services nouveaux que le titulaire du droit de propriété intellectuelle n'offre pas et pour lesquels il existe une demande potentielle de la part des consommateurs ; le refus n'est pas justifié par des considérations objectives ; le refus est de nature à réserver à l'entreprise titulaire du droit exclusif le marché en cause, en excluant toute concurrence sur celui-ci. • CJCE 29 avr. 2004, nº C-418/01 : *D. 2004. 2366, note Sardain ; JCP E 2004, nº 49, p. 1927, obs. Sardain ; Gaz. Pal. 2005. Somm. 2069, obs. L. C. F. ; RJDA 2004, nº 1053 ; CCE 2004, nº 69, obs. Caron ; Lettre distrib. 5/2004, p. 1, obs. Mainguy ; RTD com. 2004. 491, obs. Pollaud-Dulian.* ♦ Sur l'affaire *Microsoft*, V. • TPICE 17 sept. 2007, nº T-201/04 : *D. 2007. Point de vue 3082, obs. Laine ; RTD com. 2007. 715, obs. Pollaud-Dulian ; JCP E 2007, nº 43-44, p. 21, note Debroux ; CCC 2007, nº 279, obs. Bosco ; LPA 21 nov. 2007, note Arhel ; Gaz. Pal. 2008. 298, note Marcellesi ; RJDA 2007, nº 1154 ; RDLC 2007, nº 4, p. 78, obs. Prieto ; RLC janv.-mars 2008. 22, note Lévêque.* ♦ L'art. 102 TFUE doit être interprété en ce sens que le titulaire d'un brevet essentiel à une norme établie par un organisme de normalisation, qui s'est engagé irrévocablement envers cet organisme à octroyer aux tiers une licence à des conditions équitables, raisonnables et non discriminatoires, dites « FRAND » *(fair, reasonable and non-discriminatory)*, n'abuse pas de sa position dominante au sens de cet article en introduisant une action en contrefaçon tendant à la cessation de l'atteinte à son brevet ou au rappel des produits pour la fabrication desquels ce brevet a été utilisé alors que le contrefacteur n'avait souscrit aucune licence d'utilisation aux conditions FRAND. • CJUE 16 juill. 2015, nº C-170/13 : *D. 2015. 2482, note Roda ; RTD eur. 2015. 826, obs. Idot ; JCP E 2015, nº 1454, note Latil ; CCC 2015, nº 234, obs. Decocq ; CCE 2015, nº 65, obs. Caron.*

15. *Ventes liées.* Il y a vente liée lorsque la vente d'un produit donné (le produit liant) est subordonnée à l'achat d'un autre produit (le produit lié) à l'entreprise dominante. Une vente liée peut constituer un abus de position dominante si l'entreprise occupe une position dominante sur le marché liant, si les produits liants et les produits liés sont des produits distincts et si la vente liée débouche sur une éviction anticoncurrentielle. Les pratiques permettant de mettre en œuvre la vente liée peuvent être de nature commerciale, juridique ou technique et peuvent être utilisées de manière cumulative et se renforcer réciproquement. En l'absence de la démonstration de l'existence d'une justification objective ou de gains d'efficience qui en résulteraient, des modifications répétées des produits liants ou liés (machine et capsule Nespresso) sont susceptibles de constituer un moyen à caractère technique de mettre en œuvre une vente liée, qualifiable d'abus de position dominante, potentiellement renforcé par des modalités juridique ou commerciale. • Aut. conc. n° 14-D-09 du 4 sept. 2014 : *D. actu. 9 sept. 2014, obs. Delpech ; CCC 2014, n° 253, obs. Bosco ; RDC 2015. 110, obs. Prieto.*

16. Prix imposés et augmentations de tarifs. Le seul fait pour un opérateur occupant une position dominante sur un marché de relever ses tarifs est insuffisant pour caractériser un abus de cette position. • Paris, 3 oct. 2000 : *CCE 2001, n° 9, obs. Decocq* (conf. par • Com. 24 sept. 2002, n° 00-21.074 : *CCE 2003, n° 9, obs. Decocq ; Gaz. Pal. 2004. 446, note L'Hénoret-Marcellesi*). ♦ Mais l'Autorité de la concurrence peut, dans certaines circonstances, s'assurer, sur la base de l'art. L. 420-2, que les conditions commerciales pratiquées par une entreprise en position dominante ne sont pas manifestement abusives et que, notamment, les prix pratiqués par l'entreprise en position dominante ne sont pas inéquitables. • Aut. conc. n° 18-D-17 du 20 sept. 2018 : *RDC 2018. 595, obs. Prieto* (réformé par • Paris, 14 nov. 2019 : *BRDA 2020, n° 1, p. 23, obs. Marie*). ♦ Une pratique de prix abusivement élevés peut être établie s'il existe une disproportion manifeste entre ce prix et la valeur du service correspondant, et que cette disproportion ne s'appuie sur aucune justification économique. Ainsi, en principe, l'appréciation d'un prix abusivement élevé doit au premier abord s'apprécier au regard des coûts de la prestation ; s'il n'est pas possible d'établir cette disproportion par examen des coûts, il est permis de recourir à une évaluation par comparaison avec les prix pratiqués par des entreprises placées dans des situations équivalentes. • Aut. conc. n° 09-D-38 du 17 déc. 2009.

17. Conditions de transaction inéquitables. S'agissant plus spécifiquement du a) du 2e al. de l'art. 102 TFUE, son application ne se limite pas à l'hypothèse dans laquelle l'acteur dominant impose des prix non équitables ou excessifs, mais couvre aussi, comme l'article y fait expressément référence, le cas où cet acteur impose, de façon directe ou indirecte, d'« autres conditions de transaction non équitables ». Le standard de preuve consiste, d'une part, à examiner les modalités selon lesquelles les conditions de transaction ont été conclues, les termes du a) du 2e al. de l'art. 102 précisant que la pratique abusive peut consister à « imposer » des conditions, et, d'autre part, à apprécier le caractère inéquitable de ces conditions, en examinant plus particulièrement si les comportements de l'entreprise dominante ont été accomplis dans une « mesure raisonnable ». Au regard de ce qui précède, il apparaît que les modalités de mise en œuvre par Google de la L. n° 2019-775 du 24 juill. 2019 sur les droits voisins sont susceptibles d'être qualifiées d'imposition de conditions de transaction inéquitables au sens de l'art. 102 a) du TFUE et de l'art. L. 420-2 C. com. • Aut. conc. n° 20-MC-01 du 9 avr. 2020 : *D. 2020. 1181, note Roda ; Dalloz IP/IT 2020. 560, obs. Dormont ; RLC juin 2020. 21, note Titone et Chanalet-Quercy* (conf. par • Paris, 8 oct. 2020, n° 20/08071 : *D. 2020. 2176, obs. Roda*). ♦ Google, par son seul comportement, paraît en capacité de priver la loi sur les droits voisins d'une grande partie de son effectivité. Un tel comportement est donc susceptible de constituer une pratique contraire aux art. L. 420-2 C. com. et 102 TFUE. En effet, les juridictions européennes ont considéré qu'une entreprise en position dominante pouvait commettre un abus lorsque, sans violer formellement une loi, elle en détourne les finalités sans justification objective. Un comportement « naturel, prudent et raisonnable » pour un opérateur dominant comme Google, sur lequel repose une responsabilité particulière, aurait pu consister à entrer dans des négociations préalables de bonne foi avec les éditeurs et agences de presse ; de telles négociations auraient permis à Google de respecter la volonté du législateur, tout en préservant ses intérêts. • Même décision. ♦ S'agissant de l'imposition de conditions de transaction non équitables, la démonstration d'effets anticoncurrentiels de la pratique n'est pas requise. • Aut. conc. n° 19-D-26 du 19 déc. 2019.

18. Conditions de vente discriminatoires. BIBL. Sautel, *RLC nov. 2016. 43* (la discrimination en prix : la position des autorités de concurrence à la lumière de la théorie économique). ♦ Les pratiques de discrimination et de favoritisme, lorsqu'elles sont le fait d'une entreprise en position dominante, sont susceptibles d'être contraires à l'art. L. 420-2. • Aut. conc. n° 13-D-04 du 14 févr. 2013. ♦ La discrimination peut d'abord consister à renforcer de manière artificielle l'entreprise qui la met en œuvre dans la compétition qu'elle livre sur le marché dominé ou sur un autre marché (abus dit d'éviction) ; la discrimination peut aussi porter atteinte au jeu concurrentiel sans que l'entreprise la mettant en œuvre soit directement partie prenante sur le marché affecté (abus dit d'exploitation). • Aut. conc. n° 13-D-07 du 28 févr. 2013 : *CCE 2013, n° 91, obs. Chagny.* ♦ La notion de « désavantage dans la concurrence », au sens de l'art. 102, 2e al., sous c), TFUE, doit être interprétée en ce sens qu'elle vise, dans l'hypothèse où une entreprise dominante applique des prix discriminatoires à des partenaires commerciaux sur le marché en aval, la situation dans laquelle ce comportement est susceptible d'avoir pour effet une distorsion de la concurrence entre ces partenaires commerciaux. La constatation d'un tel « désavantage dans la concurrence » ne requiert pas la preuve d'une détérioration effective et quantifiable de la position concurrentielle, mais doit se fonder sur une analyse de l'ensemble des circonstances pertinentes de l'espèce qui permet de conclure que ledit comportement a une influence sur les coûts, sur les bénéfices, ou sur un autre intérêt pertinent d'un ou de plusieurs desdits partenaires, de sorte que ce comportement est de nature à affecter ladite position. • CJUE 19 avr. 2018, n° C-525/16 : *RTD eur. 2018. 812, obs. Idot ; RLC oct. 2018. 23, note Parmentier ; RJ com. 2018. 384, note Decocq.*

19. Action en justice. Une entreprise, même lorsqu'elle occupe une position dominante, doit être en mesure d'ester en justice afin de défendre ses intérêts lorsqu'elle estime ceux-ci menacés par le comportement jugé déloyal d'un concurrent. • Aut. conc. n° 11-D-15 du 16 nov. 2011 : *D. actu. 29 nov. 2011, obs. Chevrier ; CCC 2012, n° 48, obs. Bazex ; RLC janv.-mars 2012. 24, obs. Cholet.* ♦ Le fait pour plusieurs personnes d'agir en justice de concert ne pourrait être qualifié de pratique anticoncurrentielle que dans des circonstances tout à fait exceptionnelles. • Cons. conc. n° 99-D-77 du 7 déc. 1999 : *CCE 2001, n° 2, obs. Caron.* ♦ Il en va ainsi lorsque l'action en justice est, dans une perspective objective, manifestement dépourvue de fondement et qu'elle a été conçue dans le cadre d'un plan ayant pour but d'éliminer la concurrence. • TPICE 17 juill. 1998, n° T-111/96 : *JCP 1998. I. 189, n° 2, obs. Boutard-Labarde.* ♦ Tel n'est en revanche pas le cas si l'action est seulement mal fondée. • Cons. conc. n° 02-D-35 du 13 juin 2002 : *CCC 2002, n° 174, obs. Malaurie-Vignal.*

20. Pratique de dénigrement. Parmi les actes qui peuvent être regardés comme abusifs figure le dénigrement, qui consiste à jeter publiquement le discrédit sur une personne, un produit ou un service identifiés. Tout dénigrement mis en œuvre par une entreprise en position dominante, s'il peut relever de la concurrence déloyale et engager la responsabilité de l'entreprise vis-à-vis de ses concurrents, n'est pas nécessairement constitutif d'un abus sanctionné au titre de l'art. L. 420-2. Pour qu'un dénigrement puisse être qualifié d'abus de position dominante, il convient que soit établi un lien entre la domination de l'entreprise et la pratique de dénigrement. • Aut. conc. n° 09-D-14 du 25 mars 2009 : *RDLC 2009, n° 2, p. 126, obs. Sibony ; RLC juill.-août 2009. 31, obs. Sélinsky et Cholet* • n° 13-D-11 du 14 mai 2013 : *JCP E 2013, n° 1333 ; CCC 2013, n° 157, obs. Malaurie-Vignal ; RJDA 2013. 638, note Luc ; RLC juill.-sept. 2013. 31, obs. Cholet.* ♦ L'Autorité de la concurrence souligne que l'abus de position dominante ne se confond pas avec une pratique de concurrence déloyale. • Paris, 23 mars 2010 : *D. 2010. Pan. 2546, obs. Picod ; JCP E 2010, n° 1411, obs. Malaurie-Vignal ; CCC 2010, n° 130, obs. Decocq ; RDLC 2010, n° 2, p. 82, obs. Wachsmann.*

2° ABUS DE STRUCTURE

21. Rétention et utilisation d'informations. Si l'utilisation de l'information stratégique détenue dans des bases de clientèle constituées dans le cadre du monopole historique est susceptible de créer des effets d'éviction sur un marché concurrentiel de diversification, normalement substantiellement différent du marché de l'ex-monopole, même s'il en est connexe, une telle utilisation peut créer davantage encore de tels effets d'éviction, s'il s'agit du même produit, vendu en offres de marché en même temps qu'en tarifs réglementés. Dans ce cas en effet, les informations de la base de données en monopole, et tout le savoir-faire acquis pour les exploiter, seraient intégralement utilisables et particulièrement efficaces pour la conquête d'abonnés sur le même marché devenu concurrentiel. • Aut. conc. n° 14-MC-02 du 9 sept. 2014. ♦ L'utilisation, par une entreprise en position dominante, d'informations confidentielles des entreprises concurrentes à des fins stratégiques et commerciales, obtenues dans l'exercice d'une mission particulière qu'elle détient en plus de ses activités concurrentielles peut constituer un abus de cette position dominante. • Aut. conc. n° 12-D-25 du 18 déc. 2012 : *CCC 2013, n° 59, obs. Bosco ; RLC avr.-juin 2013. 19, note Sélinsky.* ♦ Inversement, en s'abstenant de communiquer à ses concurrents des informations dont elle disposait et qu'elle aurait dû porter à leur connaissance dans des conditions objectives et transparentes, une société s'est réservée un avantage injustifié, ce qui a, corrélativement, entravé la capacité des autres entreprises à lui livrer concurrence. • Même décision. ♦ Le verrouillage, par une entreprise en position dominante, de l'accès à des fonctions essentielles des appareils qu'elle fabrique, sans nécessité objective, au risque d'éliminer toute concurrence dans la maintenance ou la réparation de ces appareils, peut constituer un abus prohibé par l'art. L. 420-2. • Cons. conc. n° 06-D-35 du 21 nov. 2006 : *CCC 2007, n° 25, obs. Decocq ; RDLC 2007, n° 1, p. 95, obs. Prieto.* ♦ Si tout opérateur économique, y compris lorsqu'il jouit d'une position dominante, a en principe droit au respect de son secret des affaires, en l'espèce, la rétention d'information par la société, qu'elle seule détenait, a empêché tout autre opérateur de la concurrencer utilement à l'occasion de l'appel public à la concurrence pour le renouvellement de la convention d'occupation domaniale. Dans la mesure où la communication de ces informations aux concurrents éventuels était l'unique moyen d'ouvrir ce marché, tout refus de les transmettre, fussent-elles couvertes par le secret des affaires, aurait constitué une exploitation abusive de sa position dominante. • Paris, 12 oct. 2017, n° 15/14038 : *CCC 2018, n° 12, obs. Decocq.* ♦ Sur la protection du secret des affaires, V. C. com., art. L. 151-1 s. – **C. com.**

22. Clause d'exclusivité. BIBL. Grynfogel et Marthan, *RJDA 1/2010, p. 3* (le clair-obscur de l'obligation d'exclusivité : de quelques singularités dans l'appréciation de l'Autorité de la concurrence). ♦ Afin d'apprécier l'effet de verrouillage du marché que des clauses d'exclusivité peuvent tendre à produire, il convient de prendre en compte notamment leur durée effective, qui peut être plus longue que la durée inscrite au contrat du fait de l'existence de clause de tacite reconduction, de clause de promotion et de non-concurrence ou d'une intégration technique rendant plus difficile la rupture de la relation. • Aut. conc. n° 13-D-06 du 28 févr. 2013. ♦ L'imposition systématique d'une clause d'exclusivité sans justification réelle ou objective, conjuguée d'une part avec la rétention des codes-barres comme moyen de pression sur les clients et l'interdiction d'un double codage, et d'autre part avec des propositions tarifaires destinées à maintenir des relations d'exclusivité afin d'empêcher l'accès au marché à un concurrent, constitue un abus de position dominante. • Cons. conc. n° 02-D-33 du 10 juin 2002 : *BRDA 2002, n° 13, p. 13.* ♦ Si une entreprise dominante peut proposer à ses clients des conditions d'obligation d'achat exclusif conformes à ses propres intérêts, ces pratiques d'exclusivité ne sont pas pour autant dénuées d'effets anticoncurrentiels dès lors que les conditions favorables proposées aux clients ont précisément pour but de les détourner des concurrents et de freiner leur entrée ou leur développement sur le marché. • Aut. conc. n° 16-D-14 du 23 juin 2016 (conf. par • Paris, 17 mai 2018, n° 2016/16621 : *D. 2019. Pan. 785, obs. Ferrier*; *CCC 2018, n° 137, obs. Decocq*).

23. Prix prédateurs. **BIBL.** Cousin et Boillot, *CCC 2016. Dossier 14* (politique tarifaire des entreprises en position dominante depuis l'arrêt *Post Danmark II*). – Sautel et Muños, *RLC juill.-août 2017. 36* (le test de ciseau tarifaire en pratique : les défis de son implémentation). ♦ La prédation est une pratique tarifaire consistant, pour un opérateur dominant, à vendre en dessous de ses coûts de production dans le but d'éliminer, d'affaiblir ou de discipliner ses concurrents sous réserve de la possibilité de récupérer à terme, et sous quelque forme que ce soit, les pertes accumulées délibérément. • Cons. conc. n° 04-D-17 du 11 mai 2004 : *RDLC déc. 2004. 60, obs. Spector ; CCC 2004, n° 160, obs. Poillot-Peruzzetto.* ♦ Comp., refusant d'ériger la possibilité de récupération des pertes en condition nécessaire à la qualification de prix de prédation : • CJCE 2 avr. 2009, n° C-202/07 : *AJDA 2009. 986, obs. Broussy, Donnat et Lambert*; *CCC 2009, n° 167, obs. Decocq ; CCE 2009, n° 65, obs. Chagny ; RJDA 2009, n° 896 ; RDLC 2009, n° 2, p. 112, obs. Sibony.* ♦ Si les analyses économiques récentes ont souligné qu'un aspect déterminant dans la qualification de prédation était moins la détention d'une position dominante, appréciée par référence à une part de marché, que la crédibilité du scénario de prédation, c'est-à-dire la stratégie de l'entreprise expliquant que celle-ci consente rationnellement des pertes afin d'éliminer un concurrent, cette crédibilité dépend toutefois fortement du pouvoir de marché initial de l'entreprise. • Cons. conc. n° 07-D-39 du 23 nov. 2007 : *JCP 2007. Act. 597 ; CCC 2008, n° 21, obs. Bosco ; RLC janv.-mars 2008. 30, obs. Sélinsky ; RDLC 2008, n° 1, p. 119, obs. Wachsmann.* ♦ En effet, la stratégie mise en œuvre suppose que l'entreprise ait la capacité financière de supporter les pertes initiales, ce qui ne peut être le cas que d'entreprises financièrement puissantes et disposant d'un pouvoir de marché tel qu'elles peuvent, en réalité, dominer ce dernier. • Même décision. ♦ En tout état de cause, il n'appartient pas à l'Autorité de la concurrence de juger la pertinence des choix stratégiques des opérateurs, sauf lorsque ceux-ci conduisent à des pertes injustifiées qui pourraient révéler une stratégie de prédation ou impliquer des effets d'éviction anticoncurrentiels. Il est à cet égard difficile d'avancer de manière générale une durée maximale « rationnelle » de compensation des pertes. En effet, selon les caractéristiques d'une activité, son risque, le niveau de rentabilité espérée, etc., l'horizon de récupération des investissements initiaux pourra être d'une durée très différente. • Aut. conc. n° 17-D-08 du 1er juin 2017.

Une stratégie de prédation n'est profitable que si les concurrents évincés n'ont pas la possibilité de rentrer de nouveau sur le marché à l'issue de la période de prédation ; dans cette logique, une telle stratégie limitée à un segment de marché apparaît économiquement peu plausible puisqu'elle ne permettrait pas d'évincer un concurrent de manière durable, ce dernier pouvant aisément proposer à nouveau son offre à l'instant même où l'opérateur dominant décide de relever ses prix pour compenser ses pertes. • Aut. conc. n° 09-D-33 du 10 nov. 2009 : *D. actu. 13 nov. 2009, obs. Chevrier ; RDLC 2010, n° 1, p. 102, obs. Marty.* ♦ L'art. 82 du traité CE [art. 102 TFUE] doit être interprété en ce sens qu'une politique de prix bas appliqués à l'égard de certains anciens clients importants d'un concurrent par une entreprise occupant une position dominante ne peut être considérée comme constitutive d'une pratique d'éviction abusive au seul motif que le prix appliqué par cette entreprise à l'un de ces clients se situe à un niveau inférieur aux coûts totaux moyens imputés à l'activité concernée, mais supérieur aux coûts incrémentaux moyens afférents à celle-ci ; encore faut-il qu'une telle politique ait pour résultat l'éviction effective ou probable de ce concurrent. • CJUE 27 mars 2012, n° C-209/10 : *D. 2013. Pan. 734, obs. Ferrier*; *RTD eur. 2012. 450, obs. Blaise*; *CCC 2012, n° 154, obs. Decocq.*

24. Primes de fidélité et remises. Le fait, pour une entreprise détenant une position dominante sur un marché, d'offrir une prime de fidélité à ceux de ses clients qui pourraient être tentés de devenir également clients d'une entreprise concurrente, plutôt que de jouer le jeu d'une concurrence par les mérites en abaissant sans discrimination son tarif unitaire de vente ou en améliorant la qualité de ses produits pour les rendre plus compétitifs, constitue une pratique prohibée par l'art. 8 [C. com., art. L. 420-2]. • Cons. conc. n° 96-D-10 du 20 févr. 1996. ♦ Mais le seul fait qu'elle soit en position dominante n'interdit pas à une entreprise, par principe, le recours à des remises purement quantitatives dès lors que l'effet de forclusion de ces remises ne résulte d'aucun élément du dossier et ne saurait se déduire du seul fait qu'elles ont accompagné d'autres pratiques restrictives de concurrence. • Paris, 4 avr. 2006 : *LPA 13 nov. 2006, obs. Baccichetti ; RDLC 2006, n° 3, p. 95, obs. Spector et Wachsmann ; RLC juill.-sept. 2006. 21, obs. Winckler et Genevaz.* ♦ Les rabais d'exclusivité supposent qu'une entreprise dominante conditionne l'octroi de remises à une exclusivité d'approvisionnement, pour une part importante des besoins de l'acheteur. • Aut. conc. n° 19-D-07 du 25 avr. 2019.

25. Théorie des « infrastructures essentielles ». Une infrastructure est considérée comme essentielle et un refus d'accès à celle-ci comme abusif – si elle ne peut être reproduite dans des conditions raisonnables par les concurrents de l'entreprise qui la gère, l'accès à cette infrastructure est refusé ou autorisé dans des conditions restrictives, l'accès à l'infrastructure est néanmoins possible (notamment sur le plan technique) et l'accès à l'infrastructure est strictement nécessaire (ou indispensable) pour exercer une activité concurrente sur un marché amont, aval ou complémentaire de celui sur lequel le détenteur de l'infrastructure est en situation de position dominante. • Aut. conc. n° 19-D-16 du 24 juill. 2019. ♦ L'accès demandé n'est pas strictement nécessaire ou indispensable s'il existe des produits ou des services constituant des solutions alternatives, même si elles sont moins avantageuses ; ou s'il est raisonnablement possible pour une entreprise entendant opérer sur ledit marché de créer, éventuellement en collaboration avec d'autres opérateurs, des produits ou services alternatifs. L'existence d'obstacles économiques s'entend de manière limitative puisque la rentabilité du service envisagé doit être analysée au regard d'une production à une échelle comparable à celle de l'entreprise contrôlant le produit ou le service existant. • Aut. conc. n° 20-D-02 du 23 janv. 2020. ♦ Lorsque l'exploitant monopolistique d'une « infrastructure essentielle » est en même temps le concurrent potentiel d'une entreprise offrant un service exigeant le recours à cette facilité, cet exploitant peut restreindre ou fausser le jeu de la concurrence sur le marché aval du service en abusant de sa position dominante ou de la situation de dépendance dans laquelle se trouvent ses concurrents à son égard en établissant un prix d'accès injustifié à cette facilité. • Cons. conc. n° 96-D-51 du 3 sept. 1996 : *CCC 1997, n° 31, obs. Vogel* (conf. par • Paris, 9 sept. 1997 : *D. Affaires 1997. 1416*). ♦ En présence d'une infrastructure essentielle, le refus même de contracter peut, sous certaines conditions, tenant notamment à l'absence de justifications objectives au refus opposé, être constitutif d'un abus de dépendance économique ou de position dominante. • Cons. conc. n° 08-D-08 du 29 avr. 2008 : *CCC 2008, n° 168, obs. Decocq ; RDLC 2008, n° 3, p. 100, obs. Wachsman.* ♦ Dans certaines situations très spécifiques, une entreprise en position dominante doit non seulement s'abstenir de certaines pratiques mais également promouvoir activement la concurrence en accordant à des concurrents potentiels l'accès à des installations qu'elle a développées. • Paris, 23 févr. 2010 : *CCC 2010, n° 99, obs. Decocq ; RLC avr.-juin 2010. 55, note Destours ; RDLC 2010, n° 2, p. 81, obs. Wachsmann.* ♦ Jugeant qu'il ne suffit pas que les solutions alternatives soient moins avantageuses pour qualifier la ressource d'essentielle, V. • Com. 12 juill. 2005, n° 04-12.388 P : *D. 2005. AJ 2144, obs. Chevrier ; RTD civ. 2005. 773, obs. Mestre et Fages ; JCP E 2005, n° 47, p. 1994, note François ; CCC 2005, n° 190, obs. Malaurie-Vignal ; RDLC 2005, n° 4, p. 77, obs. Wachsmann et Bouin ; RJDA 2006, n° 202.*

II. EXPLOITATION ABUSIVE D'UN ÉTAT DE DÉPENDANCE ÉCONOMIQUE

26. Conformité au droit communautaire. L'infraction d'abus de dépendance économique de l'art. L. 420-2, al. 2, constitue une catégorie d'infractions distincte de celles des ententes anticoncurrentielles et n'a pas d'équivalent en droit communautaire de la concurrence. • Aut. conc. n° 10-D-08 du 3 mars 2010 : *cité note 2 ss. art. 3 du Règl. n° 1/2003 du 16 déc. 2002, infra, II, Règles européennes.*

27. Notion d'état de dépendance économique. L'abus de dépendance économique, comme l'abus de position dominante, ne requiert pas la démonstration d'une intention anticoncurrentielle. • Com. 20 mai 2014, n° 12-26.705 P : *D. 2014. Pan. 2492, obs. Dorandeu ; AJCA 2014. 242, note Luciani ; RTD civ. 2014. 656, obs. Barbier ; JCP E 2014, n° 1337 ; CCC 2014, n° 192, obs. Mathey ; RLDA juill.-août 2014. 42, obs. Chelliah.* ♦ L'état de dépendance économique se définit comme l'impossibilité, pour une entreprise, de disposer d'une solution techniquement et économiquement équivalente aux relations contractuelles qu'elle a nouées avec une autre entreprise. • Com. 12 févr. 2013, n° 12-13.603 P : *D. 2013. Actu. 494 ; JCP E 2013, n° 1454, spéc. n° 12, obs. Grignon ; CCC 2013, n° 114, obs. Malaurie-Vignal ; RJDA 2013, n° 365 ; RDC 2013. 988, obs. Grimaldi.* ♦ La seule circonstance de réaliser une part importante, voire exclusive, de son activité auprès d'un seul partenaire ne suffit pas à caractériser l'état de dépendance économique. • Paris, 10 déc. 2014, n° 11/13313 : *AJCA 2015. 234, obs. Regnault .* ♦ L'état de dépendance économique caractérise une situation dans laquelle une entreprise est obligée de poursuivre des relations commerciales avec une autre lorsqu'il lui est impossible de s'approvisionner en produits substituables dans des conditions équivalentes. V. • Paris, 5 juill. 1991 : *D. 1991. IR 247* • 22 janv. 1992 : *D. 1992. IR 123* • Versailles, 27 janv. 2000 : *D. 2000. AJ 157*; *JCP E 2000, n° 23, p. 872* (conf. par • Com. 9 avr. 2002, n° 00-13.921 : *RTD com. 2003. 75, obs. Claudel*; *LPA 3 juill. 2003, obs. Malaurie-Vignal*).

28. Dépendance économique du distributeur à l'égard du fournisseur. Si l'existence d'un état de dépendance économique s'apprécie en tenant compte de la notoriété de la marque du fournisseur, il convient également de tenir compte de l'importance de sa part dans le marché considéré et dans le chiffre d'affaires du revendeur ainsi que de l'impossibilité pour ce dernier d'obtenir d'autres fournisseurs des produits équivalents. • Com. 12 oct. 1993, n° 91-16.988 P • Paris, 30 mars 1992 : *D. 1992. IR 176*. – V. aussi • Paris, 16 oct. 1992 : *D. 1993. IR 28* • Com. 3 oct. 1995, n° 94-10.206 : *CCC 1995, n° 203*. ♦ La jurisprudence ne reconnaît normalement pas la dépendance économique collective d'un ensemble de sociétés du seul fait qu'elles ont en commun d'être en relation avec le même fournisseur. • Aut. conc. n° 18-D-22 du 17 oct. 2018. ♦Toutefois, l'état de dépendance économique s'apprécie *in concreto*, soit dans la relation bilatérale entre deux opérateurs économiques soit, plus largement, dans les relations entre un fournisseur et son réseau de distribution pourvu que ce réseau constitue un groupe d'entreprises aux caractéristiques suffisamment homogènes, dont les membres sont placés, à l'égard de ce fournisseur, dans la même position économique et juridique. • Aut. conc. n° 10-D-08 du 3 mars 2010.

29. Dépendance économique du fournisseur à l'égard du distributeur. Une forte dépendance d'un fournisseur à l'égard des commandes d'un acheteur donné peut caractériser l'existence d'un état de dépendance économique. • Aut. conc. n° 12-D-11 du 6 avr. 2011. ♦ L'état de dépendance économique d'un fournisseur vis-à-vis d'un distributeur doit s'apprécier au regard de plusieurs critères et, notamment, de l'importance de la part du chiffre d'affaires réalisé par ce fournisseur avec le distributeur, de l'importance du distributeur dans la commercialisation des produits concernés, des facteurs ayant conduit à la concentration des ventes du fournisseur auprès du distributeur (choix stratégique ou nécessité technique), de l'existence et de la diversité éventuelle de solutions alternatives pour le fournisseur. • Cons. conc. n° 93-D-21 du 8 juin 1993 : *D. 1993. IR 192*; *RJDA 1993, n° 1055* (conf. par • Paris, 25 mai 1994 : *CCC 1994, n° 119, obs. Vogel*) • Cons. conc. n° 94-D-60 du 13 déc. 1994 : *CCC 1995, n° 35, obs. Vogel*, conf. par • Paris, 13 déc. 1995 : *D. 1997. Somm. 108, obs. Paulin* et par • Com. 27 janv. 1998, n° 96-11.080 : *D. 1998. IR 85*.

30. Recevabilité. Une entreprise ne peut valablement invoquer le bénéfice de l'art. L. 420-2 qu'à la condition de démontrer s'être trouvée dans un rapport de client à fournisseur, ce qui n'est pas le cas d'un actionnaire majoritaire ou minoritaire d'une société dans les rapports qu'entretient celle-ci avec son fournisseur. • Versailles, 22 nov. 2001 : *D. 2002. 1824, note Zeidenberg*, conf. par • Com. 7 janv. 2004, n° 02-11.014 P : *D. 2004. AJ 346*; *JCP E 2004, n° 10, p. 351*; *CCC 2004, n° 39, obs. Malaurie-Vignal*; *LPA 27 juin 2005, obs. Baccichetti et Dom*; *RJ com. 2004. 101, obs. Decocq*; *RTD com. 2004. 466, obs. Claudel*; *RJDA 2004, n° 632*. ♦ Les sociétés actionnaires qui invoquent un préjudice par ricochet ne seraient recevables à en demander réparation qu'à la condition que la société, dont elles détiennent une partie du capital, ait été jugée elle-même victime d'un abus de dépendance économique. • Mêmes arrêts.

Art. L. 420-2-1 *(L. n° 2012-1270 du 20 nov. 2012, art. 5-I)* **Sont prohibés, dans les collectivités relevant de l'article 73 de la Constitution et dans les collectivités d'outre-mer de Saint-Barthélemy, de Saint-Martin, de Saint-Pierre-et-Miquelon et de Wallis-et-Futuna, les accords ou pratiques concertées ayant pour objet ou pour effet d'accorder des droits exclusifs d'importation à une entreprise ou à un groupe d'entreprises.** *— V. le III de l'art. L. 420-4.*

(L. n° 2020-1508 du 3 déc. 2020, art. 37) **« Est également prohibé dans les collectivités mentionnées au premier alinéa du présent article le fait, pour une entreprise exerçant une activité de grossiste importateur ou de commerce de détail ou pour un groupe d'entreprises dont au moins une des entités exerce une de ces activités, d'appliquer à l'encontre d'une entreprise dont elle ne détient aucune part du capital des conditions discriminatoires relatives à des produits ou services pour lesquels existe une situation d'exclusivité d'importation de fait. »**

L'art. L. 420-2-1 s'applique aux accords ou pratiques concertées en cours. Les parties à ces accords ou pratiques disposent d'un délai de quatre mois à compter de la promulgation de la L. n° 2012-1270 du 20 nov. 2012 pour se mettre en conformité avec les dispositions de ce même article (L. préc., art. 5-II).

BIBL. ▶ ARHEL, *JCP E 2012. Actu. 733* (volet « prix et concurrence » de la L. n° 2012-1270 du 20 nov. 2012). – COMERT, *BRDA 2012, n° 23, p. 12* (même thème). – MANNA, *RLC avr.-juin 2013. 125* (les bases d'un droit de la concurrence ultramarin). – MONTET et VENAYRE, *ibid. 131* (contre la vie chère en outre-mer : une construction difficile entre concurrence et administration des prix).

1. *Droits exclusifs d'importation.* L'infraction à l'art. L. 420-2-1, qui consiste à accorder des droits exclusifs d'importation à une entreprise ou à un groupe d'entreprises en outre-mer, non justifiés par l'intérêt des consommateurs a, en elle-même, un impact négatif sur la concurrence intramarque et empêche l'animation de la concurrence sur les marchés intermédiaires; une telle pratique ne saurait cependant revêtir le même caractère de gravité que les ententes et les abus de position dominante. • Aut. conc. nº 16-D-15 du 6 juill. 2016 • nº 17-D-14 du 27 juill. 2017.

2. *Notion d'importation.* Selon l'art. 294 CGI instaurant la taxe sur la valeur ajoutée dans les territoires d'outre-mer, une importation est constituée par « l'entrée dans les départements » d'outre-mer d'un bien provenant de la métropole, d'un État membre de l'Union ou d'un autre territoire d'outre-mer. Dès lors, contrairement à ce que soutiennent les mises en cause, l'existence d'une importation n'implique pas un transfert de propriété, la seule entrée d'une marchandise sur le territoire suffisant à déclencher le paiement des droits et taxes attachés à l'importation des produits. • Aut. conc. nº 18-D-03 du 20 févr. 2018 : *cité note 3.*

3. *Produit de grande consommation.* L'art. L. 420-2-1 ne limite nullement l'application de l'interdiction des exclusivités d'importation aux produits de grande consommation. A défaut d'une restriction expresse inscrite dans la loi, sa portée doit être considérée comme générale. • Aut. conc. nº 18-D-03 du 20 févr. 2018 : *RLC avr. 2018. 22, note Venayre.*

4. *Engagements.* Les entreprises concernées ont proposé d'aller au-delà de leurs obligations légales, qui se limitent à ne pas mettre en place d'accords d'exclusivité sans justification suffisante, et se sont engagées sur des mesures qui conduisent à généraliser le mécanisme d'appel public aux opérateurs dans l'ensemble des territoires visés par les préoccupations de concurrence, sont de nature à renforcer la concurrence intra-marque entre les opérateurs ultramarins. • Aut. conc. nº 15-D-14 du 10 sept. 2015 : *RLC oct.-déc. 2015. 115, note Titone et Pihéry.*

5. *Sanction.* En cas de violation des dispositions de l'art. L. 420-2-1, l'Autorité de la concurrence sanctionne tant les fournisseurs, pour avoir octroyé de tels droits exclusifs d'importation, que les grossistes-importateurs, pour en avoir bénéficié. • Aut. conc. nº 19-D-20 du 8 oct. 2019.

Art. L. 420-3 Est nul tout engagement, convention ou clause contractuelle se rapportant à une pratique prohibée par les articles L. 420-1 *(L. nº 2012-1270 du 20 nov. 2012, art. 5-I)* **« , L. 420-2 »** *(L. nº 2016-1920 du 29 déc. 2016, art. 3, en vigueur le 1er mars 2017)* **« , L. 420-2-1 et L. 420-2-2 ».** – *[Ord. nº 86-1243 du 1er déc. 1986, art. 9.]*

Sur les actions en dommages et intérêts du fait des pratiques anticoncurrentielles, V. C. com., art. L. 481-1 s. — V. aussi Dir. 2014/104/UE du 26 nov. 2014 relative à certaines règles régissant les actions en dommages et intérêts en droit national pour les infractions aux dispositions du droit de la concurrence des États membres et de l'Union européenne. — ***C. com.***

1. *Titulaire de l'action en nullité.* Sur le droit d'agir en nullité des concurrents, V. • Com. 24 oct. 2000, nº 98-14.382 P : *D. 2000. AJ 429, obs. Marmontel ; CCC 2001, nº 7, obs. Malaurie-Vignal ; RTD com. 2001. 427, obs. Claudel.*

2. *Stipulations nulles.* Pour application de l'art. 9 [C. com., art. L. 420-3], l'annulation d'une convention se rapportant à une pratique anticoncurrentielle prohibée peut être prononcée même si tous les cocontractants n'y ont pas participé ou n'en ont pas eu connaissance. • Com. 24 oct. 2000, nº 98-14.382 P : *préc. note 1.* ♦ Mais encore faut-il apporter la preuve que les conventions avaient pour objet ou pouvaient avoir pour effet de restreindre la concurrence sur un marché pertinent. • Com. 26 juin 2007, nº 05-21.378 P : *JCP E 2007, nº 38, p. 19 ; CCC 2007, nos 214 et 245, obs. Malaurie-Vignal ; RJDA 2007, nº 1152.* ♦ Seuls encourent l'annulation, sur le fondement des art. L. 420-3 C. com. et 101 § 1 et 2 TFUE, les engagements, accords ou décisions constituant des pratiques anticoncurrentielles au sens de ces textes ; les engagements qui peuvent être annulés en application de ces textes sont seulement ceux qui ont caractérisé les échanges d'informations sanctionnés par l'Autorité de concurrence, les contrats de fourniture passés postérieurement par la société ne sont pas, par eux-mêmes, des accords interdits, dès lors qu'ils ne correspondent pas aux pratiques anticoncurrentielles sanctionnées et n'en ont pas été les instruments. • Com. 13 sept. 2017, nº 15-22.837 : *CCC 2017, nº 231, obs. Decocq ; RJDA 2018, nº 184 ; RJ com. 2017. 566, obs. Chagny.*

3. *Absence d'autre sanction civile.* L'illicéité d'une clause anticoncurrentielle ne peut être sanctionnée que par sa nullité. • Com. 29 janv. 2002, nº 00-11.951 : *D. 2002. AJ 1550 ; LPA 3 juill. 2003, obs. Malaurie-Vignal.* ♦ L'art. 9 [C. com., art. L. 420-3] ne prévoit pas la possibilité pour le juge d'ordonner la conclusion d'un contrat ou son renouvellement. • Com. 24 oct. 2000, nº 98-14.382 P : *préc. note 1.*

4. *Effets de la nullité.* La nullité d'un contrat se rapportant à une pratique prohibée par l'art. 7 [C. com., art. L. 420-1] a pour conséquence de le priver rétroactivement de tout effet. • Com. 3 janv.

1996, n° 94-13.169 : *RJDA 1996, n° 806.* ♦ Prononçant la restitution des sommes d'argent payées sur le fondement d'une clause résultant d'une entente illicite et l'allocation de dommages-intérêts, V. • Paris, 14 déc. 2011 : *CCC 2012, n° 69, obs. Decocq ; RLC avr.-juin 2012. 35, obs. Robin.*

5. Prescription. V. • Paris, 26 juin 2013 : *RJDA 2013, n° 948 ; RLDA oct. 2013. 46, obs. Lalot ; RLC oct.-déc. 2013. 33, obs. Cholet ; RJ com. 2013. 490, obs. Chagny* • 2 juill. 2015, n° 13/22609 : *AJCA 2015. 475, obs. Amaro ; RLC oct.-déc. 2015. 72, note Amaro.*

Art. L. 420-4 I. — **Ne sont pas soumises aux dispositions des articles L. 420-1 et L. 420-2 les pratiques :**

1° Qui résultent de l'application d'un texte législatif ou d'un texte réglementaire pris pour son application ;

2° Dont les auteurs peuvent justifier qu'elles ont pour effet d'assurer un progrès économique *(L. n° 2001-420 du 15 mai 2001)* **« , y compris par la création ou le maintien d'emplois, » et qu'elles réservent aux utilisateurs une partie équitable du profit qui en résulte, sans donner aux entreprises intéressées la possibilité d'éliminer la concurrence pour une partie substantielle des produits en cause. Ces pratiques qui peuvent consister à organiser, pour les produits agricoles ou d'origine agricole, sous une même marque ou enseigne, les volumes et la qualité de production ainsi que la politique commerciale, y compris en convenant d'un prix de cession commun ne doivent imposer des restrictions à la concurrence, que dans la mesure où elles sont indispensables pour atteindre cet objectif de progrès.**

II. — Certaines catégories d'accords ou certains accords, notamment lorsqu'ils ont pour objet d'améliorer la gestion des entreprises moyennes ou petites, peuvent être reconnus comme satisfaisant à ces conditions par décret pris après avis conforme de l'Autorité de la concurrence. — *V. art. R. 420-1 et R. 420-2.*

(L. n° 2012-1270 du 20 nov. 2012, art. 5-I) **« III. — Ne sont pas soumis aux dispositions** *(L. n° 2016-1920 du 29 déc. 2016, art. 3, en vigueur le 1er mars 2017)* **« des articles L. 420-2-1 et L. 420-2-2 » les accords ou pratiques** *(Abrogé par L. n° 2016-1920 du 29 déc. 2016, art. 3, à compter du 1er mars 2017) « concertées »* **dont les auteurs peuvent justifier qu'ils sont fondés sur des motifs objectifs tirés de l'efficacité économique et qui réservent aux consommateurs une partie équitable du profit qui en résulte. »**

(L. n° 2016-1920 du 29 déc. 2016, art. 3, en vigueur le 1er mars 2017) **« Certaines catégories d'accords ou de pratiques, certains accords ou certaines pratiques, notamment lorsqu'ils ont pour objet de favoriser l'apparition d'un nouveau service, peuvent être reconnus comme satisfaisant aux conditions mentionnées au premier alinéa du présent III, par arrêté conjoint des ministres chargés de l'économie et des transports, pris après avis conforme de l'Autorité de la concurrence et pour une durée ne pouvant excéder cinq ans. »** — *[Ord. n° 86-1243 du 1er déc. 1986, art. 10.]*

Les dispositions issues de la L. n° 2016-1920 du 29 déc. 2016 sont applicables aux contrats conclus avant le 1er mars 2017 (L. préc., art. 3-II).

BIBL. ▸ J.-L. FOURGOUX et DJAVADI, *Cah. dr. entr. 2009, n° 3, p. 20* (l'exemption en période de crise économique). – DE JUVIGNY et FAIVRE, *ibid., p. 24* (quelle politique de sanction en période de crise ?). – GUGLER et SCHALLER, *RDLC 2009, n° 3, p. 26* (le pouvoir compensateur : un nouveau motif d'efficacité économique en droit de la concurrence ?). – RAFFIER, *Dr. adm. 2016. Étude 10* (l'exemption individuelle des pratiques anticoncurrentielles en droit européen et français : quelle conception de l'intérêt général ?).

I. APPLICATION D'UN TEXTE

1. Dispositions légales. L'art. L. 420-4, 1°, ne peut exonérer que les pratiques constituant une conséquence nécessaire de l'application de textes législatifs ou réglementaires. • Aut. conc. n° 10-D-04 du 26 janv. 2010 : *RLC avr.-juin 2010. 35, obs. Sélinsky ; Gaz. Pal. 2010. 3042, et les obs.* ♦ Cette exception ne peut être retenue que si la législation ne laisse subsister aucune possibilité à l'entreprise d'adopter un comportement autonome conforme aux règles de concurrence. • Cons. conc. n° 07-D-50 du 20 déc. 2007. ♦ Une pratique résulte d'un texte législatif ou d'un texte réglementaire pris pour son application lorsque ces textes imposent un comportement déterminé à des opérateurs. • Aut. conc. n° 13-D-23 du 30 déc. 2013 : *AJCA 2014. 36, obs. Luc ; CCE 2014, n° 18, obs. Chagny ; RLC avr.-juin 2014. 36, obs. Rodriguez.* ♦ La compromission ou la tolérance des pouvoirs publics dans la mise en œuvre de pratiques anticoncurrentielles ne fait pas obstacle à l'application de l'art. L. 420-1. • Aut. conc. n° 10-D-13 du 15 avr. 2010. ♦ Un usage professionnel n'empêche pas l'application des dispositions du titre III de l'Ord. du 1er déc. 1986. • Cons. conc. n° 95-D-39 du 30 mai 1995 : *CCC 1995, n° 166.* ♦ A supposer même établie l'existence d'usages encourageant les entreprises à procéder à des échanges d'informations dans le cadre des appels d'offres lancés par les maîtres d'ouvrage, une société ne peut utilement se prévaloir du 1° de l'art. L. 420-1 dès lors que l'exonération qu'il prévoit ne s'applique qu'aux pratiques constituant une conséquence nécessaire de l'application d'un texte législatif ou réglementaire. Par ailleurs, la compromission ou la tolérance des pouvoirs publics dans la mise en œuvre de pratiques anticoncurrentielles ne fait pas obstacle à l'application de l'art. L. 420-1. • Aut. conc. n° 11-D-02 du 26 janv. 2011.

2. Déréglementation. L'existence d'un cadre réglementaire spécifique assurant la régulation de l'ouverture à la concurrence d'un secteur ne place pas celui-ci en dehors du champ d'application des dispositions du livre IV du code de commerce. • Com. 23 oct. 2007, n° 06-17.852. ♦ Si le législateur a prévu un certain nombre d'incitations à la production d'électricité par les énergies renouvelables, cette circonstance ne peut avoir pour effet de contraindre juridiquement, ou de créer une quelconque obligation pour l'opérateur historique, de promouvoir directement les offres commerciales de ses filiales opérant dans la filière des énergies renouvelables. • Aut. conc. n° 09-MC-01 du 8 avr. 2009 : *RLC juill.-sept. 2009. 59, obs. Destours; RDLC 2009, n° 3, p. 92, note Wachsmann.*

II. PROGRÈS ÉCONOMIQUE

3. Critères. Quatre critères doivent être satisfaits pour octroyer une exemption à une pratique jugée anticoncurrentielle dans le cadre du 2° du I de l'art. L. 420-4 : la réalité du progrès économique, le caractère indispensable et adapté des pratiques en cause pour l'obtenir, l'existence d'un bénéfice pour les consommateurs et l'absence d'élimination de toute concurrence. Chacune de ces quatre conditions doit être remplie pour que le bénéfice d'une exemption individuelle soit admissible. • Aut. conc. n° 13-D-14 du 11 juin 2013 : *RLC oct.-déc. 2013. 32, obs. Cholet.*

4. Charge de la preuve. Il appartient aux auteurs des pratiques anticoncurrentielles d'apporter la preuve des faits qui, en vertu de l'art. 10 [C. com., art. L. 420-4], seraient propres à justifier ces pratiques. • Com. 6 nov. 1990, n° 89-13.116 P : *D. 1990. IR 300; RTD com. 1991. 431, obs. Bouloc*. ♦ Il leur appartient ainsi de démontrer, non seulement que ces actions comportent des avantages économiques, mais encore que ceux-ci sont suffisants pour compenser les incidences des pratiques sur la concurrence. • Cons. conc. n° 07-D-08 du 12 mars 2007. ♦ Ces principes s'appliquent aussi aux demandes des entreprises qui souhaitent bénéficier des dispositions du III de l'art. L. 420-4 issues de la loi Lurel. • Aut. conc. n° 18-D-03 du 20 févr. 2018 : *cité note 3 ss. art. L. 420-2-1.* ♦ L'Autorité de la concurrence est uniquement tenue, aux fins de déterminer si un accord contribue à améliorer la production ou la distribution des produits ou à promouvoir le progrès technique ou économique, d'examiner les arguments de fait et les éléments de preuve fournis par l'entreprise dans le cadre de sa demande d'exemption. • Aut. conc. n° 12-D-09 du 13 mars 2012.

5. Événements conjoncturels. En ce sens qu'une situation de crise de secteur peut justifier l'application de l'art. 10 (2) [C. com., art. L. 420-4 (I), 2°] à condition que les atteintes à la concurrence soient accompagnées de dispositions d'ordre structurel touchant à la production et à la commercialisation des produits concernés, V. • Cons. conc. n° 95-D-77 du 5 déc. 1995 : *CCC 1996, n° 61, obs. Vogel.*

6. Compensation. Les entreprises ne peuvent compenser les désavantages concurrentiels qu'elles estiment supporter en mettant en œuvre des pratiques anticoncurrentielles prohibées, que ce soit en se concertant avec leurs concurrents ou en abusant de la position dominante qu'elles détiennent sur un marché. • Cons. conc. n° 09-D-04 du 27 janv. 2009 : *JCP E 2009, n° 11, p. 27, obs. Derieux; CCE 2009, n° 45, obs. Chagny; RLC avr.-juin 2009. 29, obs. Arhel; RDLC 2009, n° 2, p. 120, obs. Wachsmann.* ♦ L'anticipation d'éventuelles difficultés économiques qui seraient consécutives à une animation du jeu de la concurrence entre opérateurs économiques ne peut justifier la conclusion d'accords anticoncurrentiels. • Aut. conc. n° 15-D-19 du 15 déc. 2015.

7. Maintien de l'emploi. BIBL. Pirovano, *D. 2002. 62* (droit de la concurrence et progrès social). ♦ L'Autorité de la concurrence, pleinement consciente de l'impact que des conflits sociaux font courir sur l'économie insulaire, ne peut cependant prendre à son compte la thèse avancée par les parties selon laquelle le maintien d'un « niveau de salaires (...) particulièrement élevé » d'une catégorie de personnels, afin de « pérenniser la paix sociale », est compatible avec l'objectif de maintien de l'emploi tel qu'introduit par le législateur dans l'art. L. 420-4, I, 2°, au nombre des exemples des manifestations du progrès économique. • Aut. conc. n° 11-D-01 du 18 janv. 2011 : *D. actu. 21 janv. 2011, obs. Chevrier; RLDA mars 2011. 36, obs. Lecourt.*

8. Articulation avec le droit de l'Union. Lorsque sont en cause des pratiques susceptibles d'affecter le commerce entre États membres, le bénéfice de l'exemption prévue par l'art. L. 420-4 ne peut être accordé que pour autant que les conditions prévues par l'art. 101, § 3, TFUE soient cumulativement réunies, lorsqu'elles en diffèrent; tel n'est pas le cas des conditions de l'exemption prévue au titre du 2° du I de l'art. L. 420-4, qui sont en substance identiques à celles prévues au titre de l'art. 101 précité, si bien que l'Autorité conduit, en principe, une analyse concomitante de l'exemption éventuelle d'une pratique restrictive au titre de ces deux dispositions. • Aut. conc. n° 12-D-08 du 6 mars 2012.

Art. L. 420-6 Est puni d'un emprisonnement de quatre ans et d'une amende de 75 000 € le fait, pour toute personne physique, de prendre frauduleusement une part personnelle et déterminante dans la conception, l'organisation ou la mise en œuvre de pratiques visées aux articles L. 420-1 *(L. nº 2016-1920 du 29 déc. 2016, art. 3, en vigueur le 1er mars 2017)* **«, L. 420-2 et L. 420-2-2».**

Le tribunal peut ordonner que sa décision soit publiée intégralement ou par extraits dans les journaux qu'il désigne, aux frais du condamné. – *[Ord. nº 86-1243 du 1er déc. 1986, art. 17.]*

(L. nº 2001-420 du 15 mai 2001) **« Les actes interruptifs de la prescription devant l'Autorité de la concurrence en application** *(Ord. nº 2021-649 du 26 mai 2021, art. 2-II)* **« du troisième alinéa » de l'article L. 462-7 sont également interruptifs de la prescription de l'action publique. »**

BIBL. ▶ DE GILES, *JCP E 2003, nº 1, p. 20, et nº 2, p. 68* (droit pénal de la concurrence en Europe). – FOURGOUX, *RSC 2004. 651* (survivance du droit pénal dans l'antitrust). – BOULOC, *LPA 20 janv. 2005* (sanction judiciaire des pratiques anticoncurrentielles par la voie pénale). – PRUNET, *Gaz. Pal. 2005. 3786* (concurrence et responsabilité pénale des personnes morales : un effet inattendu de la loi Perben II). – M.-P. et C. LUCAS DE LEYSSAC, *Mél. Bouloc, Dalloz, 2006, p. 651* (l'inquiétant art. L. 420-6 et comment se rassurer). – MATSOPOULOU, *RLC janv.-mars 2008. 187* (l'exercice de l'action civile devant le juge répressif en matière d'ententes). – MOUNIER et DIENY, *JCP E 2008, nº 7-8, p. 20* (responsabilité des dirigeants et collaborateurs de l'entreprise dans le cadre des pratiques anticoncurrentielles). – D. BLANC, *AJ pénal 2008. 69* (droit de la concurrence : la dépénalisation n'est pas la solution). – BLAISE, *JCP E 2013, nº 1170* (sanction pénale). – HAERI, MUNOZ-PONS et BORREL-PRAT, *RICEA 2020, nº 3, p. 16* (développement des poursuites pénales en matière de pratiques anticoncurrentielles - enjeux et risques pour les entreprises).

1. Part personnelle et déterminante. V., appliquant l'art. 17 [C. com., art. L. 420-6] à un dirigeant, à propos d'une entente tendant à une soumission concertée à une offre de marché public, • Crim. 20 févr. 2008, nº 02-82.676 P : *D. 2008. AJ 779, obs. Chevrier ; RTD com. 2008. 880, obs. Bouloc ; JCP 2008. IV. 1579 ; CCC 2008, nº 110, obs. Decocq ; RJDA 2008, nº 578 ; RLC oct.-déc. 2008. 91, note Bouloc ; RDLC 2008, nº 3, p. 136, obs. Lemaire* (affaire des marchés publics d'Île-de-France) • 9 nov. 1995, nº 94-84.204 P : *BRDA 1995, nº 24, p. 10.* ♦ ... A un dirigeant d'une société d'HLM ayant pour objet la construction de logements sociaux et qui n'a pas respecté l'obligation de mise en concurrence imposée par l'art. L. 433-1 CCH, V. • Douai, 27 oct. 2005 : *CCC 2006, nº 91, obs. Malaurie-Vignal.*

2. Charge de la preuve. Il appartient aux parties civiles de rapporter la preuve que par leurs agissements personnels les prévenus se sont rendus coupables de pratiques anticoncurrentielles (à propos de l'exploitation abusive d'une position dominante non prouvée). • Crim. 21 nov. 1991, nº 91-81.064 P : *Gaz. Pal. 1992. 1. 256, note Fourgoux.*

3. Prescription. Compte tenu des liens étroits entre les faits à la source du délit pénal de l'art. L. 420-6 et les infractions au droit de la concurrence des art. L. 420-1 et L. 420-2, les actes afférents à l'instruction pénale, en ce qu'ils portent sur des faits dont la matérialité a une incidence directe sur la constitution de l'infraction de concurrence des art. L. 420-1 et L. 420-2, tendent à la recherche, à la constatation ou à la sanction des pratiques anticoncurrentielles. • Cons. conc. nº 05-D-69 du 15 déc. 2005. ♦ Il en résulte que les actes d'instruction tendant à établir la matérialité du délit de l'art. L. 420-6 sont interruptifs de la prescription au sens de l'art. L. 462-7. • Même décision. ♦ Jurisprudence confirmée par le 2e al. de l'art. L. 462-7, introduit par l'Ord. nº 2008-1161 du 13 nov. 2008. ♦ Il ne s'agit pas d'appliquer un principe selon lequel le criminel tiendrait l'administratif en l'état, qui signifierait que le Conseil ne pourrait pas statuer sur les pratiques anticoncurrentielles avant que les faits objet de la procédure pénale n'aient été jugés par le juge pénal, ce que le Conseil a toujours écarté, les deux procédures étant distinctes, mais de faire application d'un texte spécial, l'art. L. 462-7, qui définit les actes interruptifs de prescription en fonction de leur objet ou de leur finalité sans préciser quels en sont les auteurs. • Cons. conc. nº 06-D-07 du 21 mars 2006 : *D. 2006. AJ 1165, obs. Chevrier ; RJDA 2006, nº 838 ; RLC juill.-sept. 2006. 86, note Cheynel.*

4. Autorité de la chose jugée. En principe, l'autorité de la chose jugée au pénal ne s'impose aux autorités administratives qu'en ce qui concerne les constatations de fait que les juges répressifs ont retenues et qui sont le support nécessaire de leurs décisions. Il convient de constater que l'Autorité n'est liée dans la présente affaire par aucune constatation de fait retenue par le juge pénal à l'appui d'une décision revêtue de l'autorité de la chose jugée. En tout état de cause, si les constatations de fait qui sont le support nécessaire d'une décision pénale s'imposent à elle, il appartient à l'Autorité de donner aux faits qui lui sont soumis leur qualification juridique au regard des dispositions des art. L. 420-1 et L. 420-2, sous le contrôle de la cour d'appel de Paris. • Aut. conc.

n° 11-D-02 du 26 janv. 2011 : *D. 2011. Actu. 437, obs. Chevrier ; CCC 2011, n° 75, obs. Prébissy-Schnall; RDLC 2011, n° 2, p. 106, obs. Jalabert-Doury; RLC avr.-juin 2011. 67, obs. Mexis.*

Art. L. 420-6-1 *(Ord. n° 2021-649 du 26 mai 2021, art. 2-III)* **Les directeurs, gérants et autres membres du personnel de l'entreprise ou association d'entreprises qui ont pris une part personnelle et déterminante dans la conception, l'organisation ou la mise en œuvre de pratiques mentionnées à l'article L. 420-1 sont exempts des peines prévues par l'article L. 420-6 si cette entreprise ou association d'entreprises a bénéficié d'une exonération totale des sanctions pécuniaires en application de la procédure prévue au IV de l'article L. 464-2 au titre de ces pratiques, et s'il est établi qu'ils ont activement coopéré avec l'Autorité de la concurrence et le ministère public.**

La coopération active d'une personne est appréciée au regard des critères suivants :

1° La personne se tient à la disposition des services d'enquête et de l'Autorité de la concurrence pour répondre à toute question pouvant contribuer à établir les faits ;

2° La personne s'abstient de détruire, de falsifier ou de dissimuler des informations ou des preuves pertinentes ;

3° La personne apporte des éléments de preuve de nature à établir l'infraction et à en identifier les autres auteurs ou complices.

L'exemption de peine n'est pas accordée aux directeurs, gérants et autres membres du personnel qui, au moment de la demande d'exonération des sanctions pécuniaires formée par l'entreprise ou l'association d'entreprises pour laquelle ils travaillent en application de la procédure prévue au IV de l'article L. 464-2, avaient connaissance d'une procédure administrative ou judiciaire relative à leur participation aux pratiques mentionnées à l'article L. 420-1 faisant l'objet de cette demande d'exonération.

Art. L. 420-7 *(Ord. n° 2004-1173 du 4 nov. 2004, art. 1er)* **Sans préjudice des articles L. 420-6, L. 462-8, L. 463-1 à L. 463-4, L. 463-6, L. 463-7 et L. 464-1 à L. 464-8, les litiges relatifs à l'application des règles contenues dans les articles L. 420-1 à L. 420-5 ainsi que dans les articles 81 et 82 du traité instituant la Communauté européenne** *[art. 101 et 102 TFUE]* **et ceux dans lesquels ces dispositions sont invoquées sont attribués, selon le cas et sous réserve des règles de partage de compétences entre les ordres de juridiction,** *(Ord. n° 2011-337 du 29 mars 2011, art. 7, en vigueur le 1er avr. 2011)* **« aux juridictions civiles ou commerciales » dont le siège et le ressort sont fixés par décret en Conseil d'État. Ce décret détermine également le siège et le ressort de la ou des cours d'appel appelées à connaître des décisions rendues par ces juridictions.** – *V. art. R. 420-3 à R. 420-5.*

BIBL. ▶ CHEYNEL, *RLC 2006, n° 6, p. 71* (spécialisation des juridictions judiciaires). – CHAGNY, *Procédures 2011. Dossier 10* (restriction de compétence matérielle et droit de la concurrence). – AMARO, *CCC 2015. Étude 4* (les questions de compétence matérielle laissées sans réponse). – PIHÉRY, *AJCA 2016. 235* (les clauses attributives de juridiction à l'épreuve du droit de la concurrence).

1. Spécialisation des juridictions. V. notes ss. art. R. 420-3 et R. 420-5, *infra.*

2. Compétence exclusive. S'agissant d'un moyen de défense, l'art. 49 C. pr. civ. n'attribue compétence à la juridiction visée à l'art. L. 420-7 C. com. que si cette compétence est exclusive. Concernant l'art. 82 de la L. n° 2001-420 du 15 mai 2001 (qui a inséré l'art. L. 420-7 dans sa rédaction antérieure à l'Ord. n° 2004-1173 du 4 nov. 2004), le législateur a entendu conférer une compétence exclusive aux tribunaux spécialisés dans le contentieux des pratiques anticoncurrentielles. • Poitiers, 27 oct. 2009 : *JCP E 2009, n° 48, p. 29; CCC 2010, n° 5, obs. Malaurie-Vignal* (conf. par • Com. 9 nov. 2010, n° 10-10.937 P : *D. 2010. Actu. 2764, obs. Chevrier ; JCP E 2010, n° 2110; CCC 2011, n° 5, obs. Malaurie-Vignal; RJDA 2011, n° 267; RLC avr.-juin 2011. 75, obs. Barbier de la Serre*). ♦ Dès lors que l'examen de la demande initiale et celui du moyen en défense relèvent concurremment de la compétence exclusive de la juridiction spécialisée, l'intégralité du litige doit être renvoyée à sa connaissance. • Même arrêt.

3. Référés. En référence aux dispositions de l'art. 872 C. pr. civ., le juge des référés ne peut prescrire les mesures conservatoires ou de remise en état qui s'imposent que dans la limite de la compétence du tribunal. Or, il s'infère des art. L. 420-7 et R. 430-3 C. com. et plus précisément de l'annexe 4-2 du même code que le tribunal de commerce d'Albi n'est pas compétent pour statuer en la matière (y compris, donc, s'agissant du contentieux des référés). • T. com. Albi, réf., 28 oct. 2009 : *CCC 2010, n° 11, obs. Bosco; RJDA 2010, n° 561.*

4. *Fin de non-recevoir.* L'inobservation des art. L. 420-7 et R. 420-5 est sanctionnée par une fin de non-recevoir. • Com. 21 févr. 2012, n° 11-13.276 P : *D. 2012. Actu. 677, obs. Chevrier ; RTD civ. 2012. 566, obs. Théry ; JCP E 2012, n° 1237 ; RJDA 2012, n° 620.* – V. aussi : • Com. 10 juill. 2018, n° 17-16.365 P : *D. 2018. 2171, note Amaro ; ibid. Chron. C. cass. 2443, obs. Le Bras ; JCP E 2018, n° 1446 ; RJDA 2018, n° 775.*

TITRE III DE LA CONCENTRATION ÉCONOMIQUE

RÉP. COM. v° *Concentration*, par ARHEL.

BIBL. GÉN. ▸ CHOMÉ et PFISTER, *RLC janv.-mars 2010. 103* (contrôle des concentrations et concurrence spatiale). – BOY, *Mél. Guichard, Dalloz, 2010, p. 505* (entre contrôle juridictionnel et gouvernement des juges en droit de la concentration). – PUEL, *RDLC 2010, n° 4, p. 69* (échanges d'informations, droit de la concurrence et préparation d'une opération de concentration). – FLOCHEL, *RDLC 2011, n° 1, p. 30* (contrôle des concentrations horizontales : les tests UPP, GUPPI et IPR). – RODA, *RTD com. 2013. 439* (le contrat, instrument de sécurisation d'une opération de concentration). – GENEVAZ, *CCC 2015. Dossier 7* (renouvellement des méthodes en contrôle des concentrations). – ODINET, *RLDA janv. 2016. 40* (le Conseil d'État, juge des concentrations). – DE DROUAS, *CCC 2016. Étude 8* (intervention des tiers lors de l'examen d'une concentration). – KALAANI, *RLDA nov. 2016. 35* (les obligataires dans les opérations de concentration). – FERRIER et THOMAS, *RDBF 2018. Étude 9* (le *gun jumping*). – COUSIN, *CCC 2018. Dossier 4* (droit des concentrations : faut-il réformer pour mieux contrôler ?). – DE SILVA, *JCP E 2018, n° 1460* (modernisation et simplification du contrôle des concentrations). – LE ROUX, *RLC mai 2019. 27* (marché biface et effets de réseau croisés). – BOUDOU, *RJDA 7/2019. 595* (contrôle des concentrations et prohibition des pratiques anticoncurrentielles : entre compétences antagonistes et compétences complémentaires). – DIETRICH, *JCP E 2021, n° 1211* (contrôle des investissements étrangers et des concentrations : de nouveaux impératifs pour les opérations de M&A).

COMMENTAIRE

I. DÉFINITION DES CONCENTRATIONS

La réglementation des concentrations en droit français figure dans le code de commerce (art. L. 430-1 à L. 430-10 et art. R. 430-2 à R. 430-10) et dans les lignes directrices de l'Autorité de la concurrence (V. *infra*, B. Autorité de la concurrence).

Une concentration se définit comme la prise de contrôle de tout ou partie d'une entreprise, quel qu'en soit le moyen, de fait ou de droit. Il peut s'agir d'une fusion (entre entreprises qui étaient indépendantes) ou d'une acquisition (Aut. conc. n° 09-DCC-15 du 30 juin 2009 ; Aut. conc. n° 11-DCC-11 du 27 janv. 2011 ; Aut. conc. n° 11-DCC-97 du 29 juin 2011 ; Aut. conc. n° 11-DCC-215 du 29 déc. 2011 ; Aut. conc. n° 15-DCC-16 du 25 févr. 2015 ; Aut. conc. n° 15-DCC-102 du 30 juill. 2015).

La prise de contrôle se définie comme la capacité d'influer sur les décisions stratégiques de l'entreprise cible, par exemple *via* la participation au capital (soit majoritaire soit minoritaire si majorité qualifiée ou droit de veto), *via* un pacte d'associés. Mais cela peut aussi venir de liens économiques ou financiers. Il peut ainsi s'agir d'une reprise d'actifs de sociétés en difficulté dans le cadre d'une procédure de redressement judiciaire (Aut. conc. n° 11-DCC-189 du 9 déc. 2011 ; Aut. conc. n° 12-DCC-51 du 20 avr. 2012) ou d'une prise de contrôle « négatif » lorsque la diminution du nombre d'administrateurs permet à une société de bloquer seul les décisions stratégiques d'une autre (Aut. conc. n° 14-DCC-167 du 13 nov. 2014).

La concentration peut aussi naître de la création d'une entreprise commune (Aut. conc. n° 14-DCC-63 du 9 mai 2014).

II. CONTRÔLE DES CONCENTRATIONS

Toutes les concentrations n'appellent pas un contrôle. La loi prévoit des seuils pour qualifier les concentrations les plus importantes.

Le contrôle est assuré par l'Autorité de la concurrence (V. *infra*, B. Autorité de la concurrence). On notera par ailleurs que le droit français ne sera compétent que si la concentration ne relève pas du contrôle de l'Union européenne (Aut. conc. n° 15-DCC-150 du 17 nov. 2015).

L'opération doit être notifiée à l'Autorité. Cette notification est suspensive : les entités doivent suspendre les opérations dans l'attente de la décision de l'Autorité de la concurrence, sauf dérogation exceptionnelle.

L'Autorité peut ainsi constater l'existence d'une concentration qui ne lui a pas été préalablement notifiée (« *gun jumping* »). Conformément à l'article L. 430-9 du code de commerce, elle « peut, en cas d'exploitation abusive d'une position dominante ou d'un état de dépendance économique, enjoindre, par décision motivée, à l'entreprise ou au groupe d'entreprises en cause de modifier, de compléter ou de résilier, dans un délai déterminé, tous accords et tous actes par lesquels s'est réalisée la concentration de la puissance économique qui a permis les abus même si ces actes ont fait l'objet de la procédure prévue au présent titre ».

En cas d'inexécution des mesures ordonnées dans le cadre d'une opération de concentration (injonction, prescription ou engagement, pris envers elle ou envers le ministre), l'Autorité peut retirer la décision d'autorisation, enjoindre sous astreinte d'exécuter les mesures non exécutées dans un certain délai, infliger une sanction pécuniaire.

Art. L. 430-1 *(L. nº 2001-420 du 15 mai 2001)* **I. — Une opération de concentration est réalisée :**

1º Lorsque deux ou plusieurs entreprises antérieurement indépendantes fusionnent ;

2º Lorsqu'une ou plusieurs personnes, détenant déjà le contrôle d'une entreprise au moins ou lorsqu'une ou plusieurs entreprises acquièrent, directement ou indirectement, que ce soit par prise de participation au capital ou achat d'éléments d'actifs, contrat ou tout autre moyen, le contrôle de l'ensemble ou de parties d'une ou *[de]* **plusieurs autres entreprises.**

II. — La création d'une entreprise commune accomplissant de manière durable toutes les fonctions d'une entité économique autonome constitue une concentration au sens du présent article.

III. — Aux fins de l'application du présent titre, le contrôle découle des droits, contrats ou autres moyens qui confèrent, seuls ou conjointement et compte tenu des circonstances de fait ou de droit, la possibilité d'exercer une influence déterminante sur l'activité d'une entreprise, et notamment :

— des droits de propriété ou de jouissance sur tout ou partie des biens d'une entreprise ;

— des droits ou des contrats qui confèrent une influence déterminante sur la composition, les délibérations ou les décisions des organes d'une entreprise.

BIBL. ▶ LAURENT-BELLUE et BOURGEOIS, *BJB 2003. 741* (cession de bloc de contrôle au regard du droit boursier et de la concurrence). - DE MONTALEMBERT et ANCELIN, *JCP E 2004, nº 42, p. 1626* (contrôle des concentrations appliqué aux opérations de capital-investissement). - TAYAR, *RDLC 2009, nº 3, p. 62* (entreprises communes et risques de coordination des sociétés mères en contrôle des concentrations). - CHARPIN et POUILLE, *RLC févr. 2019. 31* (fusions horizontales : deux pistes d'amélioration du contrôle des concentrations).

1. Entreprise commune. Pour un exemple d'entreprise commune, dont la création relève du droit des concentrations, mais relève également du droit des pratiques anticoncurrentielles, V. • Cons. conc. nº 02-D-44 du 11 juill. 2002 : *JCP E 2003, nº 5, p. 224, note Arhel ; CCC 2002, nº 157, obs. Malaurie-Vignal* (conf. par • Paris, 18 févr. 2003 : *JCP E 2003, nº 14, p. 612, note Arhel*). ♦ Une filiale commune à plusieurs entreprises ne peut être regardée comme une concentration que si elle assure de manière durable toutes les fonctions d'une entité économique autonome. • CE 31 mai 2000, nº 213161 : *D. 2000. AJ 336, obs. Marmontel ; RTD com. 2000. 875, obs. Orsoni*.

2. Fusion d'entreprises. Une concentration peut avoir lieu lorsqu'une entreprise est absorbée par une autre et, dans ce cas, elle entraîne la disparition de la personnalité morale de l'entreprise absorbée. • Aut. conc. nº 13-D-01 du 31 janv. 2013.

3. Exception d'entreprise défaillante. BIBL. de Montalembert et Niedolistek, *JCP E 2005, nº 8, p. 314* (approche comparée). - Winckler, *RLC juill.-sept. 2009. 9* (la théorie de l'entreprise défaillante : une renaissance dans la crise ?). ♦ S'agissant de la reprise, par un concurrent, d'une société en difficulté, le ministre de l'Économie doit autoriser l'opération sans l'assortir de prescriptions lorsqu'il apparaît que les effets de cette opération sur la concurrence ne seraient pas plus défavorables que ceux qui résulteraient de la disparition de l'entreprise en difficulté, c'est-à-dire s'il est établi, en premier lieu, que ces difficultés entraîneraient la disparition rapide de la société en l'absence de reprise, en deuxième lieu, qu'il n'existe pas d'autre offre de reprise moins dommageable pour la concurrence, portant sur la totalité ou une partie substantielle de l'entreprise et, en troisième lieu, que la disparition de la société en difficulté ne serait pas moins dommageable pour les consommateurs que la reprise projetée. • CE 6 févr. 2004, n° 249267 : *D. 2004. AJ 695* ; *JCP E 2004, n° 10, p. 349* ; *CCC 2004, n° 59, obs. Malaurie-Vignal* ; *RJDA 2004, p. 607, concl. Glaser* ; *RTD com. 2004. 260, obs. Orsoni* ; *RDLC déc. 2004. 76, obs. Cot.*

4. Influence déterminante. Dans le contrôle des concentrations, il y a lieu de tenir compte pour l'appréciation du caractère déterminant de l'influence d'une entreprise sur une autre, des rapports entre les actionnaires de la société acheteuse. • CE 31 janv. 2007, n° 294896 : *D. 2007. AJ 500, obs. Chevrier* ; *JCP E 2007, n° 18, p. 30, note Marson* ; *CCC 2007, n° 95, obs. Bazex et Blazy* ; *RJDA 2007, n° 408 et p. 307, concl. Glaser* ; *RLDA avr. 2007. 45, note Théophile et Renaudeau* ; *RJ com. 2007. 144, note Decocq.* – V. aussi Decocq, *RJ com. 2007. 410* (concentration entre groupes de presse régionaux). ♦ Il y a lieu de tenir compte, pour l'appréciation du caractère déterminant de l'influence d'une entreprise sur une autre, non seulement des effets virtuels des accords au moment de leur examen, comme par exemple une simple participation minoritaire dans le capital, mais également des « effets potentiels » de ces accords, comme par exemple les incidences d'une importante créance ou encore des droits de conversion d'obligations, de préemption ou d'options sur l'émission possible d'actions nouvelles. • Cons. conc., avis n° 95-A-13 du 11 juill. 1995 : *CCC 1995, n° 167, obs. Vogel.*

Art. L. 430-2 *(L. n° 2008-776 du 4 août 2008, art. 96-I, A)* **I. — Est soumise aux dispositions des articles L. 430-3 et suivants du présent titre toute opération de concentration, au sens de l'article L. 430-1, lorsque sont réunies les trois conditions suivantes :**

— le chiffre d'affaires total mondial hors taxes de l'ensemble des entreprises ou groupes de personnes physiques ou morales parties à la concentration est supérieur à 150 millions d'euros ;

— le chiffre d'affaires total hors taxes réalisé en France par deux au moins des entreprises ou groupes de personnes physiques ou morales concernés est supérieur à 50 millions d'euros ;

— l'opération n'entre pas dans le champ d'application du règlement (CE) n° 139/2004 du Conseil du 20 janvier 2004 relatif au contrôle des concentrations entre entreprises.

II. — Lorsque deux au moins des parties à la concentration exploitent un ou plusieurs magasins de commerce de détail, est soumise aux dispositions des articles L. 430-3 et suivants du présent titre toute opération de concentration, au sens de l'article L. 430-1, lorsque sont réunies les trois conditions suivantes :

— le chiffre d'affaires total mondial hors taxes de l'ensemble des entreprises ou groupes de personnes physiques ou morales parties à la concentration est supérieur à 75 millions d'euros ;

— le chiffre d'affaires total hors taxes réalisé en France dans le secteur du commerce de détail par deux au moins des entreprises ou groupes de personnes physiques ou morales concernés est supérieur à 15 millions d'euros ;

— l'opération n'entre pas dans le champ d'application du règlement (CE) n° 139/2004 du Conseil du 20 janvier 2004 précité.

III. — Lorsqu'au moins une des parties à la concentration exerce tout ou partie de son activité dans un ou plusieurs départements d'outre-mer *(Ord. n° 2011-337 du 29 mars 2011, art. 7, en vigueur le 1er avr. 2011)* **« , dans le Département de Mayotte** *(Ord. n° 2014-487 du 15 mai 2014, art. 2)* **« , dans les îles Wallis-et-Futuna » ou dans les collectivités d'outre-mer de Saint-Pierre-et-Miquelon, » Saint-Martin et Saint-Barthélemy, est soumise aux dispositions des articles L. 430-3 et suivants du présent titre toute opération de concentration, au sens de l'article L. 430-1, lorsque sont réunies les trois conditions suivantes :**

— le chiffre d'affaires total mondial hors taxes de l'ensemble des entreprises ou groupes de personnes physiques ou morales parties à la concentration est supérieur à 75 millions d'euros ;

— le chiffre d'affaires total hors taxes réalisé individuellement dans au moins un des départements ou collectivités territoriales concernés par deux au moins des entreprises ou groupes de personnes physiques ou morales concernés est supérieur à 15 millions d'euros *(L. n° 2010-853 du 23 juill. 2010, art. 41)* **« , ou à** *(L. n° 2012-1270 du 20 nov. 2012, art. 9)* **« 5 » millions d'euros** *[précédemment 7,5 millions d'euros]* **dans le secteur du commerce de détail »** *(L. n° 2015-990 du 6 août 2015, art. 215-1°)* **« sans**

qu'il soit nécessaire que ce seuil soit atteint par l'ensemble des entreprises concernées dans le même département ou la même collectivité territoriale » ;

– l'opération n'entre pas dans le champ d'application du règlement (CE) n° 139/2004 du Conseil du 20 janvier 2004 précité.

IV. – Une opération de concentration visée au*[aux]* **I, II ou III entrant dans le champ du règlement (CE) du Conseil n° 139/2004 du 20 janvier 2004 précité qui a fait l'objet d'un renvoi total ou partiel à l'Autorité de la concurrence est soumise, dans la limite de ce renvoi, aux dispositions du présent titre.**

V. – Les chiffres d'affaires visés aux I, II et III sont calculés selon les modalités définies par l'article 5 du règlement (CE) du Conseil n° 139/2004 du 20 janvier 2004 précité. – *V. le Règl. préc., II. Règles européennes.*

BIBL. ▸ VILMART et LEGUIN, *JCP E 2008, n° 31-34, p. 17, spéc. p. 22* (tentative encore inachevée de modernisation du droit français de la concurrence). – ARHEL, *LPA 7 août 2008* (nouvelle réforme du droit de la concurrence).

Indifférence de l'impact concurrentiel. L'argument tenant au faible impact de l'opération de concentration sur la concurrence compte tenu des parts de marché et de la position des parties sur les différents marchés concernés par l'opération est sans incidence sur l'application des art. L. 430-1 et L. 430-2, le caractère contrôlable d'une opération de concentration ne s'appréciant qu'au regard de seuils exprimés en termes de chiffres d'affaires des entreprises. • Aut. conc. n° 13-D-22 du 20 déc. 2013 : *cité note 6 ss. art. L. 430-8.*

Art. L. 430-3 *(L. n° 2001-420 du 15 mai 2001 ; L. n° 2004-1343 du 9 déc. 2004, art. 83-II)* **« L'opération de concentration doit être notifiée** *(L. n° 2008-776 du 4 août 2008, art. 96-I, B, 1°)* **« à l'Autorité de la concurrence » avant sa réalisation. La notification peut intervenir dès lors que la ou les parties concernées sont en mesure de présenter un projet suffisamment abouti pour permettre l'instruction du dossier et notamment lorsqu'elles ont conclu un accord de principe, signé une lettre d'intention ou dès l'annonce d'une offre publique. Le renvoi** *(L. n° 2008-776 du 4 août 2008, art. 96-I, B, 1°)* **« à l'Autorité de la concurrence » de tout ou partie d'un cas de concentration notifié à la Commission européenne vaut notification au sens du présent article. »**

L'obligation de notification incombe aux personnes physiques ou morales qui acquièrent le contrôle de tout ou partie d'une entreprise ou, dans le cas d'une fusion ou de la création d'une entreprise commune, à toutes les parties concernées qui doivent alors notifier conjointement. Le contenu du dossier de notification est fixé par décret.

La réception de la notification d'une opération, ou le renvoi total ou partiel d'une opération *(L. n° 2015-990 du 6 août 2015, art. 215-2°)* **« relevant de la compétence de l'Union européenne », fait l'objet d'un communiqué publié par** *(L. n° 2008-776 du 4 août 2008, art. 96-I, B, 2°)* **« l'Autorité de la concurrence » selon des modalités fixées par décret.**

(L. n° 2008-776 du 4 août 2008, art. 96-I, B, 3°) **« Dès réception du dossier, l'Autorité de la concurrence en adresse un exemplaire au ministre chargé de l'économie. »** – *V. art. R. 430-4, infra.*

BIBL. ▸ COT, *RDLC 2005, n° 1, p. 79* (projet de concentration). – MOUY, TAYAR et JALABERT-DOURY, *RDLC 2012, n° 4, p. 12 s.* (procédure de prénotification). – DURAND, *RLC janv. 2017. 38* (croissance externe et contrôle des concentrations : maîtriser la notification).

Notification. V. notes ss. art. L. 430-8.

Art. L. 430-4 *(L. n° 2008-776 du 4 août 2008, art. 96-I, C, 1°)* **« La réalisation effective d'une opération de concentration ne peut intervenir qu'après l'accord de l'Autorité de la concurrence ou, lorsqu'il a évoqué l'affaire dans les conditions prévues à l'article L. 430-7-1, celui du ministre chargé de l'économie. »**

(L. n° 2001-420 du 15 mai 2001) **« En cas de nécessité particulière dûment motivée, les parties qui ont procédé à la notification peuvent demander** *(L. n° 2008-776 du 4 août 2008, art. 96-I, C, 2°)* **« à l'Autorité de la concurrence » une dérogation leur permettant de procéder à la réalisation effective de tout ou partie de la concentration sans attendre la décision mentionnée au premier alinéa et sans préjudice de celle-ci.**

(L. nº 2015-990 du 6 août 2015, art. 215-3º) **« L'octroi de cette dérogation peut être assorti de conditions.**

« La dérogation mentionnée au deuxième alinéa cesse d'être valable si, dans un délai de trois mois à compter de la réalisation effective de l'opération, l'Autorité de la concurrence n'a pas reçu la notification complète de l'opération. » – *V. art. R. 430-5, infra.*

Art. L. 430-5 *(L. nº 2008-776 du 4 août 2008, art. 96-I, D, 1º)* **« I. – L'Autorité de la concurrence se prononce sur l'opération de concentration dans un délai de vingt-cinq jours ouvrés à compter de la date de réception de la notification complète. »**

(L. nº 2001-420 du 15 mai 2001) **« II. – Les parties à l'opération peuvent s'engager à prendre des mesures visant notamment à remédier, le cas échéant, aux effets anti-concurrentiels de l'opération soit à l'occasion de la notification de cette opération, soit à tout moment avant l'expiration du délai de** *(L. nº 2008-776 du 4 août 2008, art. 96-I, D, 1º)* **« vingt-cinq jours ouvrés » à compter de la date de réception de la notification complète, tant que la décision prévue au I n'est pas intervenue. »**

(L. nº 2008-776 du 4 août 2008, art. 96-I, D, 2º, b et c) **« Si des engagements sont reçus par l'Autorité de la concurrence, le délai mentionné au I est prolongé de quinze jours ouvrés. »**

(L. nº 2015-990 du 6 août 2015, art. 215-4º) **« L'Autorité de la concurrence peut suspendre le délai mentionné au I du présent article lorsque les parties ayant procédé à la notification ont manqué de l'informer dès sa survenance d'un fait nouveau, qui aurait dû être notifié s'il s'était produit avant une notification au sens de l'article L. 430-3, ou ont manqué de lui communiquer tout ou partie des informations demandées dans le délai imparti, ou lorsque des tiers ont manqué de lui communiquer, pour des raisons imputables aux parties ayant procédé à la notification, les informations demandées. Le délai reprend son cours dès la disparition de la cause ayant justifié la suspension. »**

(L. nº 2008-776 du 4 août 2008, art. 96-I, D, 2º, b) et c) **« En cas de nécessité particulière, telle que la finalisation des engagements mentionnés à l'alinéa précédent, les parties peuvent demander à l'Autorité de la concurrence de suspendre les délais d'examen de l'opération dans la limite de quinze jours ouvrés. »**

III. – *(L. nº 2008-776 du 4 août 2008, art. 96-I, D, 3º, a)* **« L'Autorité de la concurrence peut : »**

(L. nº 2001-420 du 15 mai 2001) **– soit constater, par décision motivée, que l'opération qui lui a été notifiée n'entre pas dans le champ défini par les articles L. 430-1 et L. 430-2 ;**

– soit autoriser l'opération, en subordonnant éventuellement, par décision motivée, cette autorisation à la réalisation effective des engagements pris par les parties.

(L. nº 2008-776 du 4 août 2008, art. 96-I, D, 3º, b) **« – soit, si elle estime qu'il subsiste un doute sérieux d'atteinte à la concurrence, engager un examen approfondi dans les conditions prévues à l'article L. 430-6 ».**

(L. nº 2008-776 du 4 août 2008, art. 96-I, D, 4º) **« IV. – Si l'Autorité de la concurrence ne prend aucune des trois décisions prévues au III dans le délai mentionné au I, éventuellement prolongé en application du II, elle en informe le ministre chargé de l'économie. L'opération est réputée avoir fait l'objet d'une décision d'autorisation au terme du délai ouvert au ministre chargé de l'économie par le I de l'article L. 430-7-1. »** – *V. art. R. 430-6 s., infra.*

BIBL. ▶ COUARD, *RTD com. 2011. 201* (technique des « joyaux de la couronne » en droit des concentrations). – THÉOPHILE et AUBRON, *AJCA 2014. 212* (l'arbitrage dans les engagements en matière de concurrence).

1. Motivation. Ni l'art. L. 430-5, ni aucune autre disposition ou principe n'imposent à l'Autorité de la concurrence de transmettre un projet de décision à un tiers à une opération de concentration, aux fins de le mettre en mesure de présenter ses observations. • CE 6 juill. 2016, nº 390457 : *AJDA 2016. 1855, obs. Nicinski ; CCC 2016, nº 217, obs. Decocq ; RJDA 2016, nº 907.*

2. Engagement alternatif. Lorsqu'elle est saisie par les parties à une opération de concentration d'un engagement relatif à la cession d'un actif, l'Autorité de la concurrence peut être conduite à examiner s'il y a lieu d'accepter, par exemple lorsqu'il existe des incertitudes sur la cessibilité, la viabilité ou la compétitivité de l'actif dont la cession est proposée, que cet engagement soit assorti d'un « engagement alternatif » consistant en la cession d'un actif dont la cessibilité et la viabilité posent *a priori* moins de difficultés. Lorsqu'elle accepte un tel engagement alternatif, celui-ci constitue, tout autant que l'engagement auquel il est, le cas échéant, appelé à se substituer, un élément de sa décision d'autorisation, qui ne saurait, sans qu'il soit porté atteinte à la possibilité de contester la légalité de celle-ci devant le juge de l'excès de pouvoir, rester confidentiel. • CE 15 avr. 2016, n° 390457 : *AJCA 2016. 349, obs. Redon et Lorieul* ; *AJDA 2016. 1871, note Blanc* ; *RJDA 2016, n° 736.*

3. Marché pertinent. BIBL. Charpin, *RLC sept. 2016. 49* (marchés locaux et calcul des parts de marché). ♦ Dès lors que les positions des parties à l'opération de concentration ont été déterminées à partir du nombre de leurs points de vente, en le rapportant au nombre total de distributeurs présents sur chacune des zones de chalandise, celles-ci étant constituées par les centres-villes et les centres commerciaux dans lesquels les enseignes sont implantées, que les zones de chalandise ainsi délimitées ont été élargies dans plusieurs cas, quand des opérateurs concurrents étaient présents à proximité de ces centres, il en résulte que ces éléments font état de façon suffisamment détaillée des critères en fonction desquels, faute de données statistiques qui auraient permis de délimiter des zones isochrones, le périmètre des zones de chalandise a été évalué. • CE 26 mai 2010, n° 313764 : *RJDA 2011, n° 351.* ♦ L'analyse des effets d'une opération de concentration ne peut se réduire au constat des parts de marché détenues lors de l'opération mais doit s'étendre à leur potentiel d'évolution ultérieure, compte tenu de tous les éléments susceptibles de compenser ou d'accroître l'ampleur des parts conférées aux parties à la concentration. S'il convient ainsi de tenir compte, pour anticiper les effets de l'opération sur chacun des marchés locaux identifiés, des facteurs d'évolution générale du marché et des barrières à l'entrée sur le marché, liés notamment aux spécificités du régime juridique des baux commerciaux, le ministre n'est en revanche pas tenu de procéder à une analyse prospective des disponibilités en matière de locaux commerciaux dans chacune des zones de chalandise identifiées. • Même arrêt. ♦ Si l'Autorité de la concurrence n'est pas compétente pour se prononcer sur les effets éventuels d'une opération de concentration sur un marché ne comprenant pas le territoire français, elle est, en principe, compétente pour apprécier les répercussions que pourraient avoir, sur le marché pertinent comprenant ce territoire, les effets produits par cette opération dans le reste du monde. • CE 25 mai 2018, n° 404382 : *RJDA 2018, n° 776.*

Art. L. 430-6 *(L. n° 2008-776 du 4 août 2008, art. 96-I, E)* **Lorsqu'une opération de concentration fait l'objet, en application du dernier alinéa du III de l'article L. 430-5, d'un examen approfondi, l'Autorité de la concurrence examine si elle est de nature à porter atteinte à la concurrence, notamment par création ou renforcement d'une position dominante ou par création ou renforcement d'une puissance d'achat qui place les fournisseurs en situation de dépendance économique. Elle apprécie si l'opération apporte au progrès économique une contribution suffisante pour compenser les atteintes à la concurrence.**

La procédure applicable à cet examen approfondi de l'opération par l'Autorité de la concurrence est celle prévue au deuxième alinéa de l'article L. 463-2 et aux articles L. 463-4, L. 463-6 et L. 463-7. Toutefois, les parties qui ont procédé à la notification et le commissaire du Gouvernement doivent produire leurs observations en réponse à la communication du rapport dans un délai de quinze jours ouvrés.

Avant de statuer, l'autorité peut entendre des tiers en l'absence des parties qui ont procédé à la notification. Les comités d'entreprise des entreprises parties à l'opération de concentration sont entendus à leur demande par l'autorité dans les mêmes conditions.

1. Progrès économique. Le développement du progrès économique peut s'entendre également d'une contribution à la lutte contre la pollution de l'environnement. • Cons. conc., avis n° 94-A-18 du 17 mai 1994 : *CCC 1994, n° 173.* ♦ Pour une opération de concentration considérée comme n'ayant que des effets très limités, tant du point de vue de la concurrence que de celui du progrès économique, V. • Cons. conc., avis n° 93-A-17 du 16 nov. 1993.

2. Principe de la contradiction. La procédure prévue à l'art. L. 430-6 n'est pleinement contradictoire qu'à l'égard des parties à l'opération de concentration ; il en résulte que les concurrents qui contestent cette opération et qui, n'étant pas partie à celle-ci, doivent être regardés comme des tiers, n'ont pas à recevoir communication du rapport établi par les rapporteurs. • CE 19 oct. 2005, n° 285648 : *RJDA 2006, n° 68.* ♦ Les investigations auxquelles se livre le Conseil de la concurrence pour apprécier la portée économique d'une concentration impliquent qu'il prenne connaissance d'informations couvertes par le secret des affaires, ce qui exclut que les concurrents hostiles à cette concentration y soient contradictoirement associés. • CE 13 févr. 2006, n° 279180 : *RFDA 2006. 702, concl. Glaser* ; *JCP E 2006, n° 39, p. 1615, obs. Decocq ; CCC 2007 Chron. 2, n° 4, obs. Marson ; RJDA 2006, n° 711 ; RDLC 2006, n° 2, p. 111, obs. Philippe ; RLC 2006, n° 7, p. 12, obs. Girgenson.*

3. Position dominante. Sur la notion de position dominante collective en matière de contrôle des concentrations, V. • CE 31 juill. 2009, n° 305903 : *RTD com. 2010. 69, obs. Orsoni ; CCC 2009, n° 249, obs. Bosco ; RJDA 2010, n° 785 ; RLDA nov. 2009. 35, note Hubert et de Douchet ; RLC oct.-déc. 2009. 9, note Spector.*

4. Pouvoir de marché. BIBL. Deffains et Pellefigue, *RTD com. 2018. 555* (vraiment pertinent ? une analyse économique des marchés pertinents). ♦ L'appréciation du pouvoir de marché d'un groupe de distribution aux fins de procéder à l'analyse des effets concurrentiels d'une opération de concentration réalisée entre deux réseaux de distribution, qui est distincte de l'appréciation de l'existence d'une influence déterminante aux fins d'identifier une opération de concentration, exige la prise en compte de tous les magasins adhérents des réseaux, dès lors que leur politique commerciale n'est pas suffisamment autonome. • CE 23 déc. 2010, n° 337533 : *RTD com. 2011. 323, obs. Orsoni ; AJDA 2011. 654, obs. Glaser ; JCP E 2011, n° 1079 ; CCC 2011. Chron. 2, spéc. n° 7, par Bosco ; RJDA 2011, n° 350 ; RLDA mars 2011. 31, note Oster ; RLC avr.-juin 2011. 18, obs. de Bure.*

5. Engagements. Il incombe à l'Autorité de la concurrence d'user des pouvoirs d'interdiction, d'injonction, de prescription ou de subordination de son autorisation à la réalisation effective d'engagements pris devant elle par les parties, qui lui sont conférés par les dispositions des art. L. 430-6 s., à proportion de ce qu'exige le maintien d'une concurrence suffisante sur les marchés affectés par l'opération ; il suit de là que l'Autorité n'est pas tenue, lorsqu'elle identifie un effet anticoncurrentiel de l'opération, d'adopter des mesures correctives de nature à le supprimer intégralement, pourvu que ces mesures permettent d'assurer le maintien d'une concurrence suffisante. • CE 23 déc. 2013, n° 363702 : *cité note 2 ss. art. L. 430-7.* ♦ Il ne résulte pas des dispositions du 2ᵉ al. de l'art. L. 430-6 que, lorsque les parties à l'opération de concentration proposent de nouveaux engagements à l'Autorité au cours de la procédure d'examen approfondi, le rapporteur général ou le rapporteur général adjoint soit tenu de produire un rapport complémentaire avant que le collège ne se prononce sur ces engagements. • CE 5 nov. 2014, n° 373065 : *cité note 1 ss. art. L. 430-9.*

Art. L. 430-7 *(L. n° 2008-776 du 4 août 2008, art. 96-I, F)* **I. — Lorsqu'une opération de concentration fait l'objet d'un examen approfondi, l'Autorité de la concurrence prend une décision dans un délai de soixante-cinq jours ouvrés à compter de l'ouverture de celui-ci.**

II. — Après avoir pris connaissance de l'ouverture d'un examen approfondi en application du dernier alinéa du III de l'article L. 430-5, les parties peuvent proposer des engagements de nature à remédier aux effets anticoncurrentiels de l'opération. *(L. n° 2015-990 du 6 août 2015, art. 215-5°)* **« Lorsque des engagements ou des modifications apportées à des engagements déjà proposés » sont transmis à l'Autorité de la concurrence moins de vingt jours ouvrés avant la fin du délai mentionné au I, celui-ci expire vingt jours ouvrés après** *(L. n° 2015-990 du 6 août 2015, art. 215-5°)* **« leur réception, dans la limite de quatre-vingt-cinq jours ouvrés à compter de l'ouverture de l'examen approfondi ».**

En cas de nécessité particulière, telle que la finalisation des engagements mentionnés à l'alinéa précédent, les parties peuvent demander à l'Autorité de la concurrence de suspendre les délais d'examen de l'opération dans la limite de vingt jours ouvrés. Ces délais peuvent également être suspendus à l'initiative de l'Autorité de la concurrence lorsque les parties ayant procédé à la notification ont manqué de l'informer d'un fait nouveau dès sa survenance ou de lui communiquer, en tout ou partie, les informations demandées dans le délai imparti, ou que des tiers ont manqué de lui communiquer, pour des raisons imputables aux parties ayant procédé à la notification, les informations demandées. En ce cas, le délai reprend son cours dès la disparition de la cause ayant justifié sa suspension.

III. — L'Autorité de la concurrence peut, par décision motivée :

— soit interdire l'opération de concentration et enjoindre, le cas échéant, aux parties de prendre toute mesure propre à rétablir une concurrence suffisante ;

— soit autoriser l'opération en enjoignant aux parties de prendre toute mesure propre à assurer une concurrence suffisante ou en les obligeant à observer des prescriptions de nature à apporter au progrès économique une contribution suffisante pour compenser les atteintes à la concurrence.

Les injonctions et prescriptions mentionnées aux deux alinéas précédents s'imposent quelles que soient les clauses contractuelles éventuellement conclues par les parties.

Le projet de décision est transmis aux parties intéressées auxquelles un délai raisonnable est imparti pour présenter leurs observations.

IV. — Si l'Autorité de la concurrence n'entend prendre aucune des décisions prévues au III, elle autorise l'opération par une décision motivée. L'autorisation peut être subordonnée à la réalisation effective des engagements pris par les parties qui ont procédé à la notification.

V. — Si aucune des décisions prévues aux III et IV n'a été prise dans le délai mentionné au I, éventuellement prolongé en application du II, l'Autorité de la concurrence en informe le ministre chargé de l'économie. L'opération est réputée avoir fait l'objet d'une décision d'autorisation au terme du délai ouvert au ministre chargé de l'économie par le II de l'article L. 430-7-1. — *V. art. R. 430-6 s., infra.*

1. Injonctions. Les appréciations que l'Autorité de la concurrence porte, dans les motifs de la décision par laquelle elle statue sur la demande d'autorisation d'une opération de concentration, sur l'exercice, par des personnes physiques ou morales autres que les parties notifiantes, d'un contrôle sur ces mêmes parties afin, s'il y a lieu, de tenir compte, dans l'analyse des effets anticoncurrentiels de l'opération sur les marchés pertinents qu'elle a identifiés, de l'activité de l'ensemble des personnes concernées par l'opération, ne sont pas détachables du dispositif de cette décision, dont elles constituent le soutien. Elles ne sauraient être regardées comme constituant une décision distincte de la décision par laquelle l'Autorité a autorisé l'opération de concentration et qui serait susceptible de faire l'objet d'un recours pour excès de pouvoir. • CE 9 avr. 2014, n° 364192 : *AJDA 2014. 1242, obs. Lombard ; RJDA 2014, n° 798.*

2. Collégialité. Il résulte des dispositions combinées des art. L. 430-7, L. 461-1 et L. 461-3 que les décisions prévues à l'art. L. 430-7 doivent être adoptées par l'Autorité de la concurrence siégeant soit en formation plénière, soit en sections, soit en commission permanente, mais ne peuvent être adoptées, contrairement aux décisions relatives à des concentrations ne faisant pas l'objet d'un examen approfondi, par le seul président ou un vice-président désigné par lui. • CE 23 déc. 2013, n° 363702 : *AJDA 2014. 4, obs. Pastor ; JCP 2014, n° 32, obs. Derieux ; CCC 2014, n° 71, obs. Decocq ; RJDA 2014, n° 869 ; CCE 2014, n° 19, obs. Pironon ; RLC avr.-juin 2014. 11, note Medina.*

3. Modification d'une injonction. En vertu de l'art. L. 430-7, il appartient à l'Autorité de la concurrence de veiller à la bonne exécution des engagements pris par les parties devant elle aux fins de remédier aux effets anticoncurrentiels d'une opération de concentration, des injonctions dont elle a assorti aux mêmes fins l'autorisation de l'opération, ou des prescriptions, imposées aux parties, de nature à apporter au progrès économique une contribution suffisante pour compenser les atteintes à la concurrence, tout au long de la période d'exécution de ces engagements, injonctions ou prescriptions. Elle tire de ces dispositions la faculté de les modifier pour en réduire ou même en supprimer la portée en fonction de l'évolution de la situation des marchés pertinents et de l'utilité de la poursuite de l'exécution de ces engagements, injonctions ou prescriptions. Il suit de là qu'elle peut également, dans les mêmes conditions, modifier la portée pratique de ces engagements, injonctions ou prescriptions. • CE 21 mars 2016, n° 390023 : *D. 2017. Pan. 881, obs. Ferrier ; AJCA 2016. 302, obs. Pelé ; RTD com. 2016. 711, obs. Lombard ; Rev. sociétés 2016. 608, note Dexant-de-Bailliencourt ; JCP 2016, n° 623, note Perroud ; CCC 2016, n° 125, obs. Bosco ; RJDA 2016, n° 484 ; LPA 15-16 sept. 2016, note Chaltiel.*

Art. L. 430-7-1 *(L. n° 2008-776 du 4 août 2008, art. 96-I, G)* I. — Dans un délai de cinq jours ouvrés à compter de la date à laquelle il a reçu la décision de l'Autorité de la concurrence ou en a été informé en vertu de l'article L. 430-5, le ministre chargé de l'économie peut demander à l'Autorité de la concurrence un examen approfondi de l'opération dans les conditions prévues aux articles L. 430-6 et L. 430-7.

II. — Dans un délai de vingt-cinq jours ouvrés à compter de la date à laquelle il a reçu la décision de l'Autorité de la concurrence ou en a été informé en vertu de l'article L. 430-7, le ministre chargé de l'économie peut évoquer l'affaire et statuer sur l'opération en cause pour des motifs d'intérêt général autres que le maintien de la concurrence et, le cas échéant, compensant l'atteinte portée à cette dernière par l'opération.

Les motifs d'intérêt général autres que le maintien de la concurrence pouvant conduire le ministre chargé de l'économie à évoquer l'affaire sont, notamment, le développement industriel, la compétitivité des entreprises en cause au regard de la concurrence internationale ou la création ou le maintien de l'emploi.

Lorsqu'en vertu du présent II le ministre chargé de l'économie évoque une décision de l'Autorité de la concurrence, il prend une décision motivée statuant sur l'opération en cause après avoir entendu les observations des parties à l'opération de concentration. Cette décision peut éventuellement être conditionnée à la mise en œuvre effective d'engagements.

Cette décision est transmise sans délai à l'Autorité de la concurrence.

(L. nº 2015-990 du 6 août 2015, art. 215-6º) « Si le ministre chargé de l'économie estime que les parties n'ont pas exécuté dans les délais fixés un engagement figurant dans sa décision, il peut prendre les décisions prévues aux 1º à 3º du IV de l'article L. 430-8. » — *V. art. R. 430-6 s., infra.*

BIBL. ▶ DE BURE et GIRGENSON, *RLC janv.-mars 2009. 9* (le pouvoir d'intervention du ministre de l'économie en matière de contrôle des concentrations). – GLAIS, *RTD com. 2019. 259* (l'utilisation par le ministre de l'économie de son « pouvoir d'évocation »).

Intervention du ministre. En application du 7º de l'art. R. 311-1 CJA, le Conseil d'État est compétent pour connaître en premier et dernier ressort des recours dirigés contre les décisions prises par le ministre chargé de l'économie sur le fondement de l'art. L. 430-7-1 C. com. dans le cadre du contrôle des concentrations économiques organisé par ce code, mais aussi des recours dirigés contre une décision ministérielle, prise dans le cadre de pouvoirs de contrôle autres que ceux qui sont prévus à l'art. L. 430-7-1, accordant ou refusant d'autoriser une prise de participation qui relève d'une opération de concentration notifiée à une autorité de concurrence au titre du contrôle des concentrations économiques. • CE 23 déc. 2011, nº 340834 : *RLC avr.-juin 2012. 63, obs. Clamour.*

Art. L. 430-8 *(L. nº 2001-420 du 15 mai 2001)* I. — *(L. nº 2008-776 du 4 août 2008, art. 96-I, H, 1º)* « Si une opération de concentration a été réalisée sans être notifiée, l'Autorité de la concurrence enjoint sous astreinte, dans la limite prévue au II de l'article L. 464-2, aux parties de notifier l'opération, à moins de revenir à l'état antérieur à la concentration. La procédure prévue aux articles L. 430-5 à L. 430-7 est alors applicable.

« En outre, l'autorité peut infliger aux personnes auxquelles incombait la charge de la notification une sanction pécuniaire dont le montant maximum s'élève, pour les personnes morales, à 5 % de leur chiffre d'affaires hors taxes réalisé en France lors du dernier exercice clos, augmenté, le cas échéant, de celui qu'a réalisé en France durant la même période la partie acquise et, pour les personnes physiques, à 1,5 million d'euros. »

II. — Si une opération de concentration notifiée et ne bénéficiant pas de la dérogation prévue au deuxième alinéa de l'article L. 430-4 a été réalisée avant l'intervention de la décision prévue au premier alinéa du même article, *(L. nº 2008-776 du 4 août 2008, art. 96-I, H, 2º)* « l'Autorité de la concurrence » peut infliger aux personnes ayant procédé à la notification une sanction pécuniaire qui ne peut dépasser le montant défini au I.

III. — En cas d'omission ou de déclaration inexacte dans une notification, *(L. nº 2008-776 du 4 août 2008, art. 96-I, H, 2º)* « l'Autorité de la concurrence » peut infliger aux personnes ayant procédé à la notification une sanction pécuniaire qui ne peut dépasser le montant défini au I. »

Cette sanction peut s'accompagner du retrait de la décision ayant autorisé la réalisation de l'opération. A moins de revenir à l'état antérieur à la concentration, les parties sont alors tenues de notifier de nouveau l'opération dans un délai d'un mois à compter du retrait de la décision, sauf à encourir les sanctions prévues au I.

(L. nº 2008-776 du 4 août 2008, art. 96-I, H, 3º, a) « IV. — Si elle estime que les parties n'ont pas exécuté dans les délais fixés une injonction, une prescription ou un engagement figurant dans sa décision *(Abrogé par L. nº 2015-990 du 6 août 2015, art. 215-7º)* « *ou dans la décision du ministre ayant statué sur l'opération en application de l'article L. 430-7-1* », l'Autorité de la concurrence constate l'inexécution. Elle peut : »

1º Retirer la décision ayant autorisé la réalisation de l'opération. A moins de revenir à l'état antérieur à la concentration, les parties sont tenues de notifier de nouveau l'opération dans un délai d'un mois à compter du retrait de la décision, sauf à encourir les sanctions prévues au I ;

2º Enjoindre sous astreinte *(L. nº 2008-776 du 4 août 2008, art. 96-I, H, 3º, b)* « , dans la limite prévue au II de l'article L. 464-2, » aux parties auxquelles incombait l'obligation non exécutée d'exécuter dans un délai *(L. nº 2015-990 du 6 août 2015, art. 215-7º)* « qu'elle fixe » les injonctions, prescriptions ou engagements *(L. nº 2015-990 du 6 août 2015, art. 215-7º)* « figurant dans la décision ;

« 3° Enjoindre sous astreinte, dans la limite prévue au II de l'article L. 464-2, aux parties auxquelles incombait l'obligation, d'exécuter dans un délai qu'elle fixe des injonctions ou des prescriptions en substitution de l'obligation non exécutée. »

(L. n° 2008-776 du 4 août 2008, art. 96-I, H, 3°, c) « En outre, l'Autorité de la concurrence peut infliger aux personnes auxquelles incombait l'obligation non exécutée une sanction pécuniaire qui ne peut dépasser le montant défini au I.

« La procédure applicable est celle prévue au deuxième alinéa de l'article L. 463-2 et aux articles L. 463-4, L. 463-6 et L. 463-7. Toutefois, les parties qui ont procédé à la notification et le commissaire du Gouvernement doivent produire leurs observations en réponse à la communication du rapport dans un délai de quinze jours ouvrés.

« L'Autorité de la concurrence se prononce dans un délai de soixante-quinze jours ouvrés.

« V. — Si une opération de concentration a été réalisée en contravention des décisions prises en application des articles L. 430-7 et L. 430-7-1, l'Autorité de la concurrence enjoint sous astreinte, dans la limite prévue au II de l'article L. 464-2, aux parties de revenir à l'état antérieur à la concentration.

« En outre, l'Autorité de la concurrence peut infliger aux personnes auxquelles les décisions précitées s'imposaient la sanction pécuniaire prévue au I. »

BIBL. ▶ Galmiche et Lucas, *CCC 2012. Étude 6* (suivi des engagements en matière de contrôle des concentrations) ; *JCP E 2012, n° 1295* (comment assurer le suivi des engagements ?).

1. Défaut d'exécution. La décision par laquelle le ministre [ancienne rédaction], constatant que les parties à l'opération de concentration n'ont pas exécuté dans les délais fixés une injonction, une prescription ou un engagement, retirerait, après avis du Conseil de la concurrence, l'autorisation accordée ou enjoindrait aux parties de s'y conformer sur le fondement du IV de l'art. L. 430-8, constitue un acte administratif dont la légalité ne peut être appréciée que par le Conseil d'État. • Cons. conc. n° 06-D-31 du 20 oct. 2006 : *D. 2006. AJ 2909, obs. Chevrier ; RJDA 2007, n° 198 ; RLC janv.-mars 2007. 12, obs. Girgenson ; RDLC 2007, n° 1, p. 143, obs. Lemaire.*

2. Suivi des engagements. A la différence des injonctions imposées par l'Autorité de la concurrence, les engagements sont proposés par les parties à l'opération de concentration ; celles-ci sont alors tenues de s'assurer dès ce stade que les engagements retenus peuvent effectivement être exécutés, dès lors que ces derniers conditionnent la délivrance de l'autorisation de l'opération. Dans ces conditions, les parties ne sauraient invoquer, au stade du contrôle de leur exécution, l'impossibilité ou la difficulté de se conformer aux engagements souscrits, dont elles ont elles-mêmes approuvé le contenu et le délai de mise en œuvre. • Aut. conc. n° 11-D-12 du 20 sept. 2011 : *D. 2011. Actu. 2270, obs. Chevrier ; CCC 2012. Chron. 1, spéc. n° 4, par Bosco ; CCE 2011, n° 113, obs. Chagny ; RLDA nov. 2011. 35, note Adam ; RLC oct.-déc. 2011. 8, note Nouët.*

Lorsqu'elle contrôle l'exécution d'engagements en application des dispositions du IV de l'art. L. 430-8, l'Autorité de la concurrence tient compte de l'ensemble des circonstances particulières à l'opération de concentration. Son appréciation dépend notamment de la nature des engagements souscrits et de leur pertinence au regard du diagnostic qui a conduit à y subordonner l'autorisation de l'opération. • Aut. conc. n° 16-D-07 du 19 avr. 2016. ♦ Ni la jurisprudence du Conseil d'État ni la pratique décisionnelle de l'Autorité ne permettent de soutenir que le respect des engagements pris pour obtenir une autorisation de concentration s'apprécie au terme d'une pesée globale des différents engagements ou des différents volets d'un même engagement. Faute d'indication en ce sens dans le texte des engagements ou dans la décision d'autorisation, une telle approche reviendrait à laisser à l'entreprise le soin de choisir elle-même les critères à partir desquels elle pourrait pondérer l'importance de chaque engagement pour en faire une application globale qui soit acceptable à ses yeux, privant ainsi d'effectivité des mesures dont elles auraient estimé, hors de tout contrôle, qu'elles ont moins d'importance. • Même décision.

3. Sanction du non-respect des engagements. Jugeant conforme à la Constitution le IV de l'art. L. 430-8, V. • Cons. const., QPC, 12 oct. 2012 : *D. 2013. Pan. 1588, obs. Jacquinot ; JCP 2012, n° 1135 ; CCC 2013. Chron. 1, n° 3, obs. Bosco ; Gaz. Pal. 2013. 1138, obs. Piazzon ; CCE 2012, n° 134, obs. Pironon ; RJDA 2012, n° 1107 ; RLC janv.-mars 2013. 78, obs. Chassaing.* ♦ Il n'est pas nécessaire de démontrer qu'un manquement ait eu des effets réels sur la concurrence, même si la preuve de tels effets peut naturellement être prise en compte. C'est en effet, en premier lieu, par rapport à l'objectif ayant conduit à la prise de l'engagement qu'il convient de raisonner : plus le risque que l'engagement était destiné à prévenir est important, plus le manquement est de nature, toutes choses égales par ailleurs, lui-même à avoir, actuellement ou potentiellement, des conséquences importantes. • Aut. conc. n° 12-D-15 du 9 juill. 2012.

Il résulte de l'économie de l'art. L. 430-8 que le prononcé d'une décision de retrait et celui d'une injonction constituent des options alternatives ouvertes à l'Autorité de la concurrence. En effet, l'injonction d'exécuter l'obligation non respectée peut difficilement se concevoir si la décision de rendre celle-ci obligatoire est retirée dans le même temps. • Aut. conc. n° 11-D-12 du 20 sept. 2011 : *préc. note 2.* ♦ Le recours à telle ou telle des options ouvertes par l'art. L. 430-8 est effectué par l'Autorité en tenant compte, notamment, de la nature des manquements constatés, en appréciant leur gravité et l'atteinte à la concurrence que la décision d'autorisation avait pour objet de prévenir. Elle peut également prendre en compte la nature des engagements souscrits, leur importance dans l'économie générale de la décision d'autorisation de l'opération de concentration, ou encore le temps écoulé depuis l'opération de concentration et la durée des engagements restant à courir à la date à laquelle elle statue. • Aut. conc. n° 12-D-15 du 9 juill. 2012. ♦ Pour apprécier, dans ce cadre, la proportionnalité des injonctions sous astreinte, il y a lieu de tenir compte de l'importance des engagements en tout ou partie non respectés au regard de l'ensemble des mesures correctives adoptées et des effets anticoncurrentiels qu'ils entendaient prévenir, de l'ampleur des manquements et de la nécessité d'assurer le maintien d'une concurrence suffisante sur les marchés concernés. • CE 28 sept. 2017, n° 409770 : *AJDA 2017. 1868, obs. Nicinski ; CCC 2017, n° 254, obs. Decocq ; RJDA 2018, n° 185.*

La sanction pécuniaire doit être déterminée de telle sorte que l'entreprise ayant pris les engagements ne soit pas incitée à se livrer à un calcul économique consistant à les proposer à l'Autorité en vue d'obtenir l'autorisation de la concentration, mais sans vouloir les exécuter effectivement ou sans prendre les mesures nécessaires à cet effet. Il importe donc que la sanction pécuniaire soit fixée à un niveau suffisant pour dissuader les intéressés de ne pas exécuter leurs engagements. • Aut. conc. n° 11-D-12 du 20 sept. 2011 : *préc.* ♦ A la différence des sanctions que l'Autorité de la concurrence peut prononcer en application des dispositions des 1°, 2° et 3° du IV de l'art. L. 430-8, la sanction financière qu'elle peut, en outre, infliger en cas d'absence de réalisation effective d'engagements pris par les parties à une opération de concentration a un objet purement répressif. Eu égard à cet objet, il incombe à l'Autorité, ainsi qu'au juge saisi d'un recours de pleine juridiction, d'apprécier la proportionnalité d'une telle sanction au regard de la gravité des manquements constatés, c'est-à-dire de l'importance des engagements non respectés dans l'ensemble des mesures correctrices adoptées afin de prévenir les effets anticoncurrentiels de l'opération de concentration, du comportement de l'entreprise dans la mise en œuvre des engagements souscrits ainsi que de sa situation particulière, notamment de sa situation financière. • CE 7 nov. 2019, n° 424702 : *AJDA 2020. 444, note Le Coq ; RJDA 2020, n° 110.*

4. Notification. La règle posée par les dispositions combinées des art. L. 430-3 et L. 430-1 est suffisamment claire et elle définit avec assez de précision l'obligation qu'elles prévoient pour permettre aux professionnels concernés, d'une part, de déterminer si l'opération à laquelle ils sont parties est une opération de concentration et de prévoir qu'un défaut de notification préalable de cette opération constitue un manquement susceptible d'être sanctionné en application des dispositions de l'art. L. 430-8, d'autre part, d'identifier la ou les parties à l'opération de concentration sur lesquelles pèse l'obligation de notification. • CE 24 juin 2013, n° 360949 : *JCP E 2013. Actu. 494 ; CCC 2014. Chron. 1, spéc. n° 3, par Bosco ; RJDA 2014, n° 568 ; RLC oct.-déc. 2013. 17, obs. Schrameck.*

La compétence des autorités nationales pour statuer sur une opération de concentration fait l'objet d'une contestation sérieuse, eu égard au montant des chiffres d'affaires des groupes concernés et à la répartition du chiffre d'affaires au sein de la Communauté européenne ; d'ailleurs, les groupes parties à l'opération de concentration ont informé la Commission européenne de pourparlers pouvant déboucher sur un pacte d'actionnaires et sur une notification au titre du Règl. n° 139/2004 du 20 janv. 2004. Ainsi, l'injonction sollicitée au titre des pouvoirs conférés au ministre [ancienne rédaction], par l'art. L. 430-8 ne peut être prononcée. • CE, ord., 18 févr. 2008, n° 312534 : *AJDA 2008. 1130, obs. Nicinski ; JCP E 2008, n° 12-13, p. 8 ; RJDA 2008, n° 952.*

5. Prescription. La prescription quinquennale prévue par le 1er al. de l'art. L. 462-7 est applicable aux faits relevant du I de l'art. L. 430-8. • Aut. conc. n° 12-D-12 du 11 mai 2012. ♦ Dans la mesure où les faits visés à cette disposition concernent l'omission d'une notification devant intervenir à un moment précis et où la réalisation d'une opération de concentration intervient en un trait de temps, il y a lieu de considérer que la réalisation d'une opération de concentration sans qu'elle ait été notifiée préalablement constitue une infraction permanente soumise au régime des infractions instantanées, de telle sorte que la prescription commence à courir au jour où se matérialise le changement de contrôle. • Même décision. ♦ V. aussi s'agissant du IV de l'art. L. 430-8 : • Cons. const., QPC, 12 oct. 2012 : *préc. note 3.*

6. Sanction du défaut de notification. Un manquement à l'obligation de notification d'une opération de concentration constitue, en tant que tel et quelle que soit l'importance des effets anticoncurrentiels de cette opération sur le ou les marchés pertinents concernés, un manquement grave. • Aut. conc. n° 13-D-22 du 20 déc. 2013 : *D. actu. 16 janv. 2014, obs. Chevrier ; JCP 2014, n° 151, obs. Kos'isaka.* ♦ La caractérisation du manquement sanctionné par le I de l'art. L. 430-8 ne nécessite donc pas la démonstration d'une atteinte à la concurrence qui pourrait être provoquée par la concentration non notifiée. • Aut. conc. n° 12-D-12 du 11 mai 2012. ♦ Pour la détermination de la sanction il doit être tenu compte, notamment, du caractère plus ou moins évident de la contrôlabilité de l'opération, de la taille de l'entreprise et des moyens, notamment juridiques, dont celle-ci pouvait disposer, ou de l'éventuelle volonté délibérée de ses responsables de contourner l'obligation légale de notification, en particulier lorsque l'opération était susceptible de porter une atteinte substantielle à la concurrence. • Même décision. ♦ Le mode de calcul de la sanction prévue au I de l'art. L. 430-8 est directement lié à la nature de l'infraction réprimée ; il appartient à l'Autorité de la concurrence, sous le contrôle du juge, de tenir compte des circonstances de chaque espèce, y compris de la gravité du manquement, pour déterminer le montant de l'amende dans la limite du plafond, qui n'est pas manifestement disproportionné, fixé par les dispositions contestées. • CE 16 juill. 2014, n° 375658 : *CCC 2015. Chron. 1, spéc. n° 7, obs. Bosco ; RJDA 2014, n° 868 ; RLC oct.-déc. 2014. 12, obs. Verney.*

7. Réalisation anticipée de l'opération. La réalisation d'une opération de concentration pendant la période suspensive peut être qualifiée d'effective lorsque la propriété de tout ou partie des actifs de la cible et les droits qui y sont attachés sont effectivement transférés à l'acquéreur avant l'autorisation de l'Autorité, auquel cas la situation de fait (le contrôle) se confond avec la situation de droit (les titres de propriété). Elle peut également être qualifiée d'effective lorsque, sans que la propriété des actifs ne soit transférée (ou avant même le transfert de ces actifs), l'acquéreur acquiert néanmoins une influence déterminante sur tout ou partie des activités de la cible. La réalisation anticipée de l'opération (*gun jumping*) pourra être caractérisée au regard, notamment, d'un changement structurel, de la mise en œuvre de relations commerciales ou d'échanges d'informations. • Aut. conc. n° 16-D-24 du 8 nov. 2016 : *RLC avr. 2017. 15, note Audran.* ♦ La réalisation anticipée de l'opération de concentration peut se déduire des clauses préparatoires du SPA accordant à l'acquéreur un droit de veto sur certaines décisions stratégiques pendant la période transitoire entre le *signing* et le *closing*, soit avant la décision de l'Autorité de la concurrence. La mise en œuvre anticipée de la concentration a pu être considérée à la fois comme une violation de l'obligation de notification et comme une violation de l'obligation de suspension, appelant ainsi deux sanctions distinctes. • Trib. UE, 22 sept. 2021, n° T-425/18 : *CCC 2021, n° 171, obs. Bosco ; Europe 2021, n° 394, obs. Idot.*

Art. L. 430-9 *(L. n° 2008-776 du 4 août 2008, art. 96-I, I)* **« L'Autorité de la concurrence peut, en cas d'exploitation abusive d'une position dominante ou d'un état de dépendance économique, enjoindre, par décision motivée, à l'entreprise ou » au groupe d'entreprises en cause de modifier, de compléter ou de résilier, dans un délai déterminé, tous accords et tous actes par lesquels s'est réalisée la concentration de la puissance économique qui a permis les abus même si ces actes ont fait l'objet de la procédure prévue au présent titre.** – *Anc. art. L. 430-6 (L. n° 2001-420 du 15 mai 2001).*

BIBL. ▶ THOUVENIN, *CCC 2005. Chron. 19, spéc. n°s 34 s.* (l'art. L. 430-9 et l'acte faisant grief). – BOUDOU, *RJDA 7/2019. 595* (contrôle des concentrations et prohibition des pratiques anticoncurrentielles : entre compétences antagonistes et compétences complémentaires).

1. Conditions. Pour apprécier si une opération de concentration présente le risque de produire des effets coordonnés de la part d'opérateurs en situation de puissance économique collective, il incombe à l'Autorité de la concurrence de s'interroger, dans le cadre d'une analyse prospective du marché pertinent, sur sa probabilité, en appréhendant le mécanisme économique global d'une éventuelle coordination. • CE 5 nov. 2014, n° 373065 : *JCP E 2014, n° 1641 ; CCC 2015. Chron. 1, spéc. n° 3, obs. Prieto ; RJDA 2015, n° 309 ; RLC juill.-sept. 2015. 18, obs. Bary.*

2. Application : remise en cause de la concentration. En vertu de l'art. L. 430-9, l'Autorité de la concurrence peut, en cas d'exploitation abusive d'une position dominante ou d'un état de dépendance économique, enjoindre aux entreprises concernées de modifier, compléter ou résilier tous accords et tous actes par lesquels s'est réalisée la concentration de la puissance économique, même s'ils ont fait l'objet d'une procédure d'autorisation de concentration. • CE 23 déc. 2013, n° 363702.

3. Recours. Les décisions prises sur le fondement de l'art. L. 430-9 ne sont susceptibles que d'un recours devant le juge administratif. • Com. 12 juill. 2004, n° 03-12.409 P : *D. 2004. AJ 2374, obs. Chevrier ; JCP E 2004, n° 48, p. 1883, obs. Decocq ; CCC 2004, n° 173, obs. Malaurie-Vignal ; RDLC déc. 2004. 92, obs. Momège ; RJDA 2004, n° 1270 ; RLC 2005, n° 1, p. 15, obs. Sélinsky.* – V. aussi : • CE 7 nov. 2005, n° 271982 : *D. 2005. AJ 3084, obs. Chevrier ; RTD com. 2006. 312, obs. Orsoni ; JCP 2006. I. 120, n° 25, obs. Boiteau ; RJDA 2006, n° 67 ; RJ com. 2006. 124, obs. Decocq.*

Art. L. 430-10 *(L. n° 2008-776 du 4 août 2008, art. 96-I, J)* **Lorsqu'ils interrogent des tiers au sujet de l'opération, de ses effets et des engagements proposés par les parties, et rendent publique leur décision dans des conditions fixées par décret, l'Autorité de la concurrence et le ministre chargé de l'économie tiennent compte de l'intérêt légi-**

time des parties qui procèdent à la notification ou des personnes citées à ce que leurs secrets d'affaires ne soient pas divulgués. — *V. art. R. 463-15-1.* — ***C. com.***

TITRE VI DE L'AUTORITÉ DE LA CONCURRENCE *(L. nº 2008-776 du 4 août 2008, art. 95-I, 1º, en vigueur le 13 nov. 2008).*

SOLUTION COMPLIANCE v[is] *Procédures devant l'Autorité de la concurrence ; Les enquêtes DGCCRF et ADLC.*

BIBL. GÉN. ▸ DEBROUX, *CCC 2008. Alerte 45* (la création d'une Autorité de la concurrence aux compétences élargies : une réforme majeure et quelques scories). – FOURGOUX, *RJ com. 2008. 251* (sur une autorité de la concurrence moderne ?). – BOSCO, *CCC 2008. Dossier 8* (la nouvelle Autorité de la concurrence). – SÉLINSKY, *RLC oct.-déc. 2008. 202* (Autorité de la concurrence unique : une réforme à parfaire). ▸ Ord. nº 2008-1162 du 13 nov. 2008 : BOSCO, *CCC 2008, nº 273* (premières vues sur l'ordonnance de modernisation de la régulation de la concurrence). – FLAICHER-MANEVAL, B. PHILIPPE et REDON, *BRDA 2008, nº 24, p. 11* (pratiques anticoncurrentielles et contrôle des concentrations : aperçu de la réforme). – VILMART, *JCP E 2009, nº 4, p. 20* (naissance de l'Autorité de la concurrence : une réforme fondamentale mais inachevée). – POÉSY, *AJDA 2009. 347* (nature juridique de l'Autorité de la concurrence). – IDOT et LEMAIRE, *JCP 2009. I. 125* (le nouveau visage de la régulation de la concurrence en France). – ANADON et MARCHAND, *RLC janv.-févr. 2009. 100* (l'Autorité de la concurrence de A à Z). – CLAUDEL, *RTD com. 2009. 92* (la réforme institutionnelle : la création d'une Autorité de la concurrence aux compétences élargies). – FERRIER et BIANCONE, *D. 2009. 1031* (l'Autorité de la concurrence). – LASSERRE, *RJ com. 2009. 96* (la transformation du Conseil de la concurrence en Autorité de la concurrence, clé de voûte d'une régulation de la concurrence moderne, juste et efficace). – NICINSKI, *RFDA 2009. 1237* (l'Autorité de la concurrence). ▸ L. nº 2015-990 du 6 août 2015 : FOURGOUX, *AJCA 2015. 404* (l'Autorité de la concurrence transfigurée par la loi Macron ?). – LACRESSE et MARX, *RLC janv. 2016. 19* (loi Macron et Autorité de la concurrence : une autorité [encore] plus efficace ?).

CHAPITRE IV *DES DÉCISIONS ET DES VOIES DE RECOURS*

Art. L. 464-1 *(L. nº 2001-420 du 15 mai 2001)* **L'Autorité de la concurrence peut, à la demande du ministre chargé de l'économie, des personnes mentionnées au dernier alinéa de l'article L. 462-1 ou des entreprises** *(Ord. nº 2021-649 du 26 mai 2021, art. 2-XVII)* **« ou de sa propre initiative » et après avoir entendu les parties en cause et le commissaire du Gouvernement, prendre les mesures conservatoires qui lui sont demandées ou celles qui lui apparaissent nécessaires.** — *V. C. com., art. R. 463-8, R. 464-1, R. 464-6 et R. 464-8.* — ***C. com.***

Ces mesures ne peuvent intervenir que si la pratique *(Ord. nº 2021-649 du 26 mai 2021, art. 2-XVII)* **« en cause** *[ancienne rédaction : dénoncée]* **» porte une atteinte grave et immédiate à l'économie générale, à celle du secteur intéressé, à l'intérêt des consommateurs ou** *(Ord. nº 2021-649 du 26 mai 2021, art. 2-XVII)* **« le cas échéant, » à l'entreprise plaignante.**

Elles peuvent comporter la suspension de la pratique concernée ainsi qu'une injonction aux parties de revenir à l'état antérieur. Elles doivent rester strictement limitées à ce qui est nécessaire pour faire face à l'urgence *(Ord. nº 2021-649 du 26 mai 2021, art. 2-XVII)* **« dans l'attente d'une décision au fond ».**

(Abrogé par Ord. nº 2008-1161 du 13 nov. 2008, art. 2-X) ***« Les mesures conservatoires sont publiées au Bulletin officiel de la concurrence, de la consommation et de la répression des fraudes. »*** — *[Ord. nº 86-1243 du 1er déc. 1986, art. 12, al. 1er à 3 et 6.]* – *Sur les modalités de publicité des décisions, V. C. com., art. L. 490-11.* — ***C. com.***

BIBL. ▸ LUCAS DE LEYSSAC, *Mél. Gavalda, Dalloz, 2001, p. 215* (le juge, l'urgence et la concurrence). – RAPP, *AJDA 2001. 560* (NRE). – DEPREZ et BONNET, *JCP E 2013, nº 1299* (exigences probatoires inhérentes à la procédure de mesures conservatoires). – BILLARD, *RLC mars 2017. 22* (le référé de droit commun, alternative aux demandes de mesures conservatoires devant l'Autorité de la concurrence ?).

Art. L. 464-2 *(L. nº 2001-420 du 15 mai 2001)* **I. — L'Autorité de la concurrence peut ordonner aux intéressés de mettre fin aux pratiques anticoncurrentielles dans un délai déterminé ou** *(Ord. nº 2021-649 du 26 mai 2021, art. 2-XVIII-1º)* **« leur imposer**

toute mesure corrective de nature structurelle ou comportementale proportionnée à l'infraction commise et nécessaire pour faire cesser effectivement l'infraction [*ancienne rédaction : imposer des conditions particulières*] **».** *(Ord. nº 2004-1173 du 4 nov. 2004, art. 10)* **« Elle peut aussi accepter des engagements** *(Ord. nº 2021-649 du 26 mai 2021, art. 2-XVIII-1º)* **« , d'une durée déterminée ou indéterminée, proposés par les entreprises ou associations d'entreprises** [*ancienne rédaction : proposés par les entreprises ou organismes*] **» et de nature à mettre un terme »** *(Ord. nº 2008-1161 du 13 nov. 2008, art. 2-XI)* **« à ses préoccupations de concurrence susceptibles de constituer des pratiques prohibées visées aux articles L. 420-1 »** *(L. nº 2016-1920 du 29 déc. 2016, art. 3, en vigueur le 1er mars 2017)* **« à L. 420-2-2 »** *(L. nº 2012-1270 du 20 nov. 2012, art. 6)* **« et L. 420-5 ou contraires aux mesures prises en application de l'article L. 410-3 ».** *— V. art. R. 464-2, infra.*

(Ord. nº 2021-649 du 26 mai 2021, art. 2-XVIII) **« Elle peut infliger une sanction pécuniaire lorsqu'une entreprise ou association d'entreprises a commis des pratiques anticoncurrentielles, ou en cas d'inexécution des injonctions ou de non-respect des engagements qu'elle a acceptés. Elle peut, de sa propre initiative ou sur demande de l'auteur de la saisine, du ministre chargé de l'économie ou de toute entreprise ou association d'entreprises ayant un intérêt à agir, modifier, compléter les engagements qu'elle a acceptés ou y mettre fin :**

« *a)* Si l'un des faits sur lesquels la décision d'engagements repose a subi un changement important, ou

« *b)* Si la décision d'engagements repose sur des informations incomplètes, inexactes ou trompeuses fournies par les parties à la procédure. » *— Ancienne rédaction : Elle peut infliger une sanction pécuniaire applicable soit immédiatement, soit en cas d'inexécution des injonctions soit en cas de non-respect des engagements qu'elle a acceptés.*

(Ord. nº 2021-649 du 26 mai 2021, art. 2-XVIII-3º) **« Les sanctions pécuniaires sont appréciées au regard de la gravité et de la durée de l'infraction, de la situation de l'association d'entreprises ou de l'entreprise sanctionnée ou du groupe auquel l'entreprise appartient et de l'éventuelle réitération de pratiques prohibées par le présent titre** [*ancienne rédaction : Les sanctions pécuniaires sont proportionnées à la gravité des faits reprochés, à l'importance du dommage causé à l'économie, à la situation de l'organisme ou de l'entreprise sanctionné ou du groupe auquel l'entreprise appartient et à l'éventuelle réitération de pratiques prohibées par le présent titre.*] **» Elles sont déterminées individuellement pour chaque entreprise ou organisme sanctionné et de façon motivée pour chaque sanction.** *(Ord. nº 2017-303 du 9 mars 2017, art. 7)* **« L'Autorité de la concurrence peut décider de réduire le montant de la sanction pécuniaire infligée à une entreprise ou à un organisme lorsque cette entreprise ou cet organisme a, en cours de procédure devant l'Autorité, versé à la victime de la ou des pratiques anticoncurrentielles sanctionnées une indemnité due en exécution d'une transaction au sens de l'article 2044 du code civil. »**

(Ord. nº 2021-649 du 26 mai 2021, art. 2-XVIII-4º) **« Le montant maximum de la sanction est, pour une entreprise, de 10 % du montant du chiffre d'affaires mondial hors taxes le plus élevé réalisé au cours d'un des exercices clos depuis l'exercice précédant celui au cours duquel les pratiques ont été mises en œuvre. Si les comptes de l'entreprise concernée ont été consolidés ou combinés en vertu des textes applicables à sa forme sociale, le chiffre d'affaires pris en compte est celui figurant dans les comptes consolidés ou combinés de l'entreprise consolidante ou combinante.** *— Sur la communication du chiffre d'affaires aux fins de sanction, V. art. R. 463-10.* **— *C. com.***

« Le montant maximum de la sanction est, pour une association d'entreprises, de 10 % du montant du chiffre d'affaires mondial hors taxes le plus élevé réalisé au cours d'un des exercices clos depuis l'exercice précédant celui au cours duquel les pratiques ont été mises en œuvre.

« Lorsque l'infraction d'une association d'entreprises a trait aux activités de ses membres, le montant maximal de la sanction pécuniaire est égal à 10 % de la somme du chiffre d'affaires mondial total réalisé par chaque membre actif sur le marché affecté par l'infraction de l'association.

« Toutefois, la responsabilité financière de chaque entreprise en ce qui concerne le paiement de la sanction ne peut excéder le montant maximal fixé conformément au quatrième alinéa. » *— Ancienne rédaction : Si le contrevenant n'est pas une entreprise, le montant* *maximum de la sanction est de 3 millions d'euros. Le montant maximum de la sanction est, pour une entreprise, de 10 % du montant du chiffre d'affaires mondial hors taxes le plus élevé réalisé au cours d'un des exercices clos depuis l'exercice précédant celui au cours duquel les pratiques ont été mises en œuvre. Si les comptes de l'entreprise concernée ont été consolidés ou combinés en vertu des textes applicables à sa forme sociale, le chiffre d'affaires pris en compte est celui figurant dans les comptes consolidés ou combinés de l'entreprise consolidante ou combinante.*

L'Autorité de la concurrence peut ordonner la publication, la diffusion ou l'affichage de sa décision ou d'un extrait de celle-ci selon les modalités qu'elle précise. Elle peut également ordonner l'insertion de la décision ou de l'extrait de celle-ci dans le rapport établi sur les opérations de l'exercice par les gérants, le conseil d'administration ou le directoire de l'entreprise. Les frais sont supportés par la personne intéressée. — *Sur les modalités de publicité des décisions, V. aussi C. com., art. L. 490-11.* — **C. com.**

(L. nº 2012-1270 du 20 nov. 2012, art. 7) « Les entreprises ou groupements d'entreprises ayant fait l'objet d'une injonction de l'Autorité de la concurrence en raison de pratiques contraires aux mesures prises en application de l'article L. 410-3 doivent rendre publique cette injonction en la publiant, à leurs frais, dans la presse quotidienne locale, selon des modalités précisées par l'Autorité de la concurrence. Cette publication mentionne, le cas échéant, l'existence d'un recours formé à l'encontre de l'injonction. »

(Ord. nº 2004-1173 du 4 nov. 2004, art. 10) « II. — L'Autorité de la concurrence peut infliger aux intéressés des astreintes dans la limite de 5 % du chiffre d'affaires *(Ord. nº 2021-649 du 26 mai 2021, art. 2-XVIII)* « mondial total » journalier moyen, par jour de retard à compter de la date qu'elle fixe, pour les contraindre :

« *a)* A exécuter une décision les ayant obligés à mettre fin aux pratiques anticoncurrentielles, à exécuter une décision ayant imposé des conditions particulières ou à respecter une décision ayant rendu un engagement obligatoire en vertu du I ;

« *b)* A respecter les mesures prononcées en application de l'article L. 464-1.

« Le chiffre d'affaires pris en compte est calculé sur la base des comptes de l'entreprise relatifs au dernier exercice clos à la date de la décision. L'astreinte est liquidée par l'Autorité de la concurrence qui en fixe le montant définitif. » *(Ord. nº 2021-649 du 26 mai 2021, art. 2-XVIII)* « Si les comptes de l'entreprise concernée ont été consolidés ou combinés en vertu des textes applicables à sa forme sociale, le chiffre d'affaires pris en compte est celui figurant dans les comptes consolidés ou combinés de l'entreprise consolidante ou combinante. » — *V. art. R. 464-3, infra.*

(L. nº 2015-990 du 6 août 2015, art. 218-I-1º) « III. — Lorsqu'un *[une] (Ord. nº 2021-649 du 26 mai 2021, art. 2-XVIII)* « association d'entreprises *[ancienne rédaction : organisme]* » ou une entreprise ne conteste pas la réalité des griefs qui lui sont notifiés, le rapporteur général peut lui soumettre une proposition de transaction fixant le montant minimal et le montant maximal de la sanction pécuniaire envisagée. Lorsque l'entreprise ou l'*(Ord. nº 2021-649 du 26 mai 2021, art. 2-XVIII)* « association d'entreprises *[ancienne rédaction : organisme]* » s'engage à modifier son comportement, le rapporteur général peut en tenir compte dans sa proposition de transaction. Si, dans un délai fixé par le rapporteur général, *(Ord. nº 2021-649 du 26 mai 2021, art. 2-XVIII)* « l'entreprise ou l'association d'entreprises *[ancienne rédaction : l'organisme ou l'entreprise]* » donne son accord à la proposition de transaction, le rapporteur général propose à l'Autorité de la concurrence, qui entend l'entreprise ou l'*(Ord. nº 2021-649 du 26 mai 2021, art. 2-XVIII)* « association d'entreprises *[ancienne rédaction : organisme]* » et le commissaire du Gouvernement sans établissement préalable d'un rapport, de prononcer la sanction pécuniaire prévue au I dans les limites fixées par la transaction. »

(Ord. nº 2004-1173 du 4 nov. 2004, art. 10) « IV. — » Une exonération totale ou partielle des sanctions pécuniaires peut être accordée à une entreprise ou à *(Ord. nº 2021-649 du 26 mai 2021, art. 2-XVIII)* « une association d'entreprises *[ancienne rédaction : un organisme]* » qui a, avec d'autres, mis en œuvre une pratique prohibée par les dispositions de l'article L. 420-1 s'il a contribué à établir la réalité de la pratique prohibée et à identifier ses auteurs, en apportant des éléments d'information dont l'Autorité ou l'administration ne disposaient pas antérieurement. *(Ord. nº 2021-649 du 26 mai 2021, art. 2-XVIII)* « A cette fin, l'entreprise ou l'association d'entreprises peut soumettre les déclarations qu'elle effectue au titre de cette

démarche en langue française ou dans une autre langue officielle de l'Union européenne convenue entre elle et l'Autorité de la concurrence ou l'administration. Si l'entreprise ou l'association d'entreprises sollicite du rapporteur général l'attribution d'une place dans l'ordre d'arrivée en vue de bénéficier d'une exonération de sanctions pécuniaires, cette demande peut être présentée en langue française ou dans une autre langue officielle de l'Union européenne convenue entre elle et l'Autorité de la concurrence ou l'administration. » *(L. nº 2020-1508 du 3 déc. 2020, art. 37)* « Le rapporteur général informe le commissaire du Gouvernement de la démarche engagée par l'entreprise. Il informe l'entreprise par écrit, le cas échéant, de son éligibilité à une exonération totale ou partielle des sanctions pécuniaires encourues et lui indique les conditions de coopération définies par l'Autorité de la concurrence. Lors de la décision prise en application du I du présent article, l'Autorité peut, si ces conditions ont été respectées, accorder une exonération de sanctions pécuniaires proportionnée à la contribution apportée à l'établissement de l'infraction. Un décret en Conseil d'État précise les modalités d'organisation et d'application de cette procédure. » — *V. art. R. 464-5, infra.*

(Ord. nº 2021-649 du 26 mai 2021, art. 2-XVIII) « Lorsqu'une exonération totale des sanctions pécuniaires a été accordée à une entreprise ou une association d'entreprises en application de la procédure prévue au présent IV et lorsque les faits lui paraissent de nature à justifier l'application de l'article L. 420-6, l'Autorité de la concurrence en informe le procureur de la République et lui transmet le dossier, en mentionnant, le cas échéant, les personnes physiques qui lui paraissent éligibles à une exemption de peine. » — *V. art. L. 420-6-1.*

(Ord. nº 2008-1161 du 13 nov. 2008, art. 2-XI) « V. — *(Ord. nº 2021-649 du 26 mai 2021, art. 2-XVIII)* « Hors les cas où la force publique peut être requise, lorsqu'une entreprise ou une association d'entreprises refuse de se soumettre à une visite ou *[ancienne rédaction : Lorsqu'une entreprise ou un organisme]* » ne défère pas à une convocation ou ne répond pas dans le délai prescrit à une demande de renseignements ou de communication de pièces formulée par un des agents visés au I de l'article L. 450-1 dans l'exercice des pouvoirs qui lui sont conférés par les titres V et VI du livre IV, l'Autorité peut, à la demande du rapporteur général, prononcer à son encontre une injonction assortie d'une astreinte, dans la limite prévue au II.

« Lorsqu'une entreprise *(Ord. nº 2021-649 du 26 mai 2021, art. 2-XVIII)* « ou une association d'entreprises » a fait obstruction à l'investigation ou à l'instruction, notamment en fournissant des renseignements incomplets ou inexacts, ou en communiquant des pièces incomplètes ou dénaturées, l'Autorité peut, à la demande du rapporteur général, et après avoir entendu l'entreprise en cause et le commissaire du Gouvernement, décider de lui infliger une sanction pécuniaire. Le montant maximum de cette dernière ne peut excéder 1 % du montant du chiffre d'affaires mondial hors taxes le plus élevé réalisé au cours d'un des exercices clos depuis l'exercice précédant celui au cours duquel les pratiques ont été mises en œuvre. » — *V. note 51 ss. art. L. 464-2.*

(Ord. nº 2021-649 du 26 mai 2021, art. 2-XVIII) « Si les comptes de l'entreprise concernée ont été consolidés ou combinés en vertu des textes applicables à sa forme sociale, le chiffre d'affaires pris en compte est celui figurant dans les comptes consolidés ou combinés de l'entreprise consolidante ou combinante.

« Lorsqu'il est fait application des dispositions du deuxième alinéa, l'entreprise ou l'association d'entreprises concernée ne peut faire l'objet de poursuites pénales au titre des mêmes faits.

« VI. — Lorsqu'une sanction pécuniaire est infligée à une association d'entreprises en tenant compte du chiffre d'affaires de ses membres et que l'association n'est pas solvable, l'Autorité de la concurrence peut lui enjoindre de lancer à ses membres un appel à contributions pour couvrir le montant de la sanction pécuniaire.

« Dans le cas où ces contributions ne sont pas versées intégralement à l'association d'entreprises dans un délai fixé par l'Autorité de la concurrence, celle-ci peut exiger directement le paiement de la sanction pécuniaire par toute entreprise dont les représentants étaient membres des organes décisionnels de cette association.

« Lorsque cela est nécessaire pour assurer le paiement intégral de la sanction pécuniaire, après avoir exigé le paiement par ces entreprises, l'Autorité de la concurrence

peut également exiger le paiement du montant impayé de la sanction pécuniaire par tout membre de l'association qui était actif sur le marché sur lequel l'infraction a été commise. Ce paiement n'est toutefois pas exigé des entreprises qui démontrent qu'elles n'ont pas appliqué la décision litigieuse de l'association et qui en ignoraient l'existence ou qui s'en sont activement désolidarisées avant l'ouverture de la procédure. »

Les modifications résultant du 1° et des 3ᵉ et 4ᵉ al. du 4° du XVIII de l'art. 2 de l'Ord. n° 2021-649 du 26 mai 2021 ne sont pas applicables aux pratiques anticoncurrentielles ayant pris fin avant l'entrée en vigueur de ladite ordonnance. Toutefois, dans les cas où leur application a pour effet de réduire le montant maximal de la sanction encourue par l'association d'entreprises concernée, elles s'appliquent immédiatement aux procédures de sanction en cours. Les modifications résultant du 3° du XVIII de l'art. 2 préc. ne sont applicables qu'aux procédures pour lesquelles des griefs sont notifiés, en application de l'art. L. 463-2 C. com., après l'entrée en vigueur de l'Ord. n° 2021-649 du 26 mai 2021 (Ord. préc., art. 6).

RÉP. COM. v° *Pratiques anticoncurrentielles : injonctions et sanctions*, par ARHEL.

BIBL. ▶ CLAUDEL, *LPA 20 janv. 2005* (les injonctions). – CHATAIN-AUTAJON, *RLC oct.-déc. 2006. 95* (pratiques anticoncurrentielles et restructurations : qui supporte la sanction ?). – ANCELIN-MENAIS, *JCP E 2008, n° 14, p. 15* (l'imputabilité des pratiques anticoncurrentielles). – TERCINET, *RLC janv.-mars 2010. 110* (évolution du risque concurrentiel dans une économie globalisée). – CHEYNEL, *ibid. 134* (*public enforcement* du droit de la concurrence : un risque concurrentiel grandissant) ; *ibid. 146* (*criminal enforcement* du droit de la concurrence : un risque concurrentiel émergent). – FOSSIER, *RLDA juin 2010. 71* (le *sentencing* en droit de la concurrence). – LASSERRE, *RLC juill.-sept. 2010. 74* (rôle de la sanction pécuniaire en droit de la concurrence). – FOSSIER et ONILLON, *RLC juill.-sept. 2012. 107* (PAC : sanctionner plus ? sanctionner mieux !). – Dossier, *JCP E 2013, n°s 1168 à 1172* (les sanctions du droit de la concurrence). – GRALL et CROUY-FOURNIER, *RLC avr.-juin 2013. 176* (l'intention du cartelliste : un facteur de diversification des sanctions ?). – TOLOT, *RLC juill.-août 2013. 147* (le prix de l'appartenance à un groupe en cas de sanction de la filiale). – CLAUDEL, *CCC 2014. Dossier 13* (l'essor des sanctions en droit de la concurrence). – Colloque, *RLC avr.-juin 2015. 127* (la sanction en droit des pratiques anticoncurrentielles). – PRUNET, *Cah. dr. entr. 2017, n° 1. Dossier 3* (sanction adéquate en droit de la concurrence). – RIFFAULT-SILK, *Rev. dr. et aff. 2017. 100* (la détermination du quantum des sanctions par les juges). – DUMARÇAY, *RLC déc. 2017. 37* (entreprise « mono-produit » cause de minoration de la sanction des pratiques anticoncurrentielles en droit français et de l'UE).

▶ Clémence, engagements et transaction : ARHEL, *LPA 1er juin 2001* (instauration d'une procédure de clémence) ; *ibid. 22 févr. 2002* (procédures de clémence dans les droits européens de la concurrence). – IDOT, *Europe 2002, n° 146* (nouveau programme de clémence communautaire). – LUC, CERUTTI, DAVIES et DE BROUSSE, *RDLC 2005, n° 1, p. 9* (à propos de la pratique des engagements). – L. et J. VOGEL, *JCP E 2005, n° 23, p. 971* (du droit à la régulation de la concurrence : les programmes de clémence). – KOEHLER DE MONTBLANC et BIANCONE, *ibid., n° 35, p. 1374* (procédure de transaction devant le Conseil de la concurrence). – Colloque, *Gaz. Pal. 2005. Doctr. 3195* (clémence et transaction en matière de concurrence). LEMAIRE, *RDLC 2005, n° 3, p. 19* (de la loi NRE au programme de clémence). – SÉLINSKY, *Mél. Bouloc, Dalloz, 2006, p. 1043* (nouveaux instruments relatifs à la sanction des pratiques portant atteinte au jeu de la concurrence en droit français). – CLAUDEL, *RTD com. 2006. 568* (le programme de clémence français). – PHILIPPE, MASON, DOMINGUEZ et BORET, *CCC 2006. Dossier 28* (avènement des procédures de coopération devant le Conseil de la concurrence). – FABRE et DOWDING, *Cah. dr. entr. 2007, n° 1, p. 22* (la clémence : le cœur et la raison). – LEBEAU-MARIANNA et VASSET, *ibid., p. 27* (clémence et droit de contrôle de l'employeur). – OSTER, *ibid., p. 33* (la gestion des demandes de clémence dans un contexte international). – REDON, *Gaz. Pal. 2007. 740* (libres propos sur la procédure de clémence : loyauté, dénonciation et droit de la concurrence). – ARBAULT et LUC, *RLC avr.-juin 2008. 152* (procédures alternatives : les apports des nouveaux textes). – BACCICHETTI, *ibid. 159* (comment choisir entre clémence et transaction ?). – BARBIER DE LA SERRE et SAINT-ESTEBEN, *ibid. 162* (pour ou contre la procédure d'engagement ?). – LEMAIRE, *ibid. 180* (la transaction : analyse juridique). – FLOCHEL, *ibid. 187* (... analyse économique). – LASSERRE, *RDLC 2008, n° 2, p. 93* (non-contestation des griefs : bilan et perspectives d'un outil pionnier). – DRUMMEN, *JCP E 2010, n° 1443* (modes alternatifs de règlement des conflits en droit de la concurrence). – SÉLINSKY, *RLC juill.-sept. 2010. 88* (procédures négociées et/ou alternatives à la sanction : quel choix pour les entreprises ?). – KIPIANI, *CCC 2010. Étude 13* (engagements : vers un droit « négocié » en matière de pratiques anticoncurrentielles). – DAVID, *RDLC 2011, n° 1, p. 67* (incidence des procédures alternatives sur l'établissement des pratiques anticoncurrentielles). – GRANDVUILLEMIN, *JCP E 2011, n° 1344* (les procédures négociées en droit français des pratiques anticoncurrentielles). – BRAULT et MAULIN, *RDLC 2011, n° 2, p. 80* (la procédure de non-contestation des griefs : un succès non contestable). – DAHAN et LEMAIRE, *RDLC 2012, n° 1, p. 15* (le respect des engagements en droit antitrust doit-il être soumis à une règle de raison ?). – RODA, *CCC 2012. Dossier 4* (actualité des procédures négociées). – TERCINET, *RLC avr.-juin 2012. 182* (le laboratoire du droit processuel de la concurrence). – CHAGNY, *CCE 2013, n° 116* (vers une régulation privée devant l'Autorité de la concurrence : le sort d'un accord transactionnel entre les parties). – THÉOPHILE et AUBRON, *AJCA 2014. 212* (l'arbitrage dans les engagements en matière de concurrence). – PUEL et REBEYROTTE, *JCP E 2015, n° 1298* (engager une procédure de clémence suite à un audit de concurrence). – PUEL et FRANÇOIS-MARTIN, *ibid., n° 1355* (procédures d'engagements en droit de la concurrence européen et français). – PUEL et DE GOUVILLE, *ibid., n° 1356* (procédures de transaction en droit de la concurrence français et européen). – CATELAN, *AJ pénal 2015. 467* (les transactions devant l'ADLC et l'AMF). – RUY, *RLC avr. 2016. 19* (loi Macron : les questions soulevées par la procédure de transaction). – DE BURE et BARY, *RLC oct. 2016. 36* (retour sur la politique d'engagements des autorités de la concurrence, dix ans après). – KRENZER, *RLC nov. 2016. 26* (actualité de l'évolution des procédures de coopération). – CLAUDEL, *RTD com. 2017. 865* (procédure de transaction « à la française » : l'heure d'un premier bilan). – FOURNIER DE CROUY, *RLC juin 2018. 14* (la transaction en droit de la concurrence : comment [ré]concilier célérité et dissuasion ?). – THILL-TAYARA et PROVOST, *RLDA mai 2019. 44* (transaction devant l'Autorité de la concurrence : au-delà des apparences, les entreprises ont-elles vraiment à y gagner ?). – BARBA, *RLC févr. 2020. 25* (la possibilité d'une clémence privée en droit de la concurrence – le décalque de la clémence publique dans le cadre du *private enforcement*). – TERCINET, *RLC sept. 2021. 45* (la procédure de clémence française à la faveur de la transposition de la directive ECN+). – SUBRÉMON, *RLC nov. 2021. 17* (transiger avec ses clients victimes de pratiques anticoncurrentielles en cours de procédure devant l'Autorité de la concurrence : vraie solution ou fausse bonne idée ?).

I. LOI APPLICABLE

1. *Saisines multiples.* En présence de saisines multiples portant sur les mêmes pratiques et qui ont été jointes, le fait que l'une d'elles soit postérieure à la date d'entrée en vigueur de la loi plus sévère est sans incidence sur l'antériorité, par rapport à cette même date, des autres saisines qui demeurent soumises à l'examen du Conseil dans le cadre du même contentieux. • Cons. conc. n° 05-D-49 du 28 juill. 2005 : *D. 2005. AJ 2379, obs. Chevrier ; RDLC 2005, n° 4, p. 68, obs. Claudel ; RLC 2005, n° 5, p. 31, obs. Arhel.* ♦ Afin d'assurer l'application d'un régime unique aux pratiques visées dans des saisines jointes et le respect du principe de non-rétroactivité des lois à caractère punitif plus sévère, il convient de retenir la date de saisine la plus ancienne pour déterminer la loi applicable. • Même décision. ♦ Les pratiques relevées étant constitutives d'une pratique continue, commencée antérieurement et terminée postérieurement à l'entrée en vigueur de la L. n° 2001-420 du 15 mai 2001, et le Conseil ayant été saisi postérieurement à cette entrée en vigueur, les dispositions applicables sont celles de la loi précitée. • Cons. conc. n° 05-D-55 du 12 oct. 2005.

2. *Principes directeurs du droit répressif.* La L. du 15 mai 2001 ne dispose pas sur le sort des saisines postérieures à son entrée en vigueur ; mais il n'est pas permis d'en déduire, par un a contrario, que toutes les saisines postérieures peuvent donner lieu à l'application des nouvelles sanctions en contradiction avec le principe dégagé par l'art. 8 Conv. EDH. Il faut alors, pour les hypothèses que ne règle pas l'art. 94 de la loi, revenir aux principes directeurs du droit répressif et s'attacher, pour déterminer la date des faits répréhensibles, au point de savoir si l'on est en présence d'un comportement complexe et continu, le dernier fait répréhensible déterminant la loi applicable à l'ensemble du comportement anticoncurrentiel. • Paris, 19 janv. 2010 : *cité note 37.*

3. *Communiqué « sanctions ».* V. le texte, *infra*, B. Autorité de la concurrence. ♦ Le communiqué de l'Autorité de la concurrence du 16 mai 2011 relatif à la méthode de détermination des sanctions pécuniaires ne peut être mis en œuvre dans la présente décision, la séance s'étant tenue à une date trop rapprochée de sa publication pour avoir permis au contradictoire de s'être déroulé. • Aut. conc. n° 11-D-13 du 5 oct. 2011 : *D. actu. 13 oct. 2011, obs. Chevrier ; RLC janv.-mars 2012. 26, obs. Cholet.* ♦ Le communiqué est assimilable à une simple directive au sens de la jurisprudence administrative. Il se borne à décrire et à expliciter, à droit constant, la méthode suivie par l'Autorité quant à la détermination des sanctions. Cette méthode, exclusivement fondée sur les différents éléments énoncés par le code de commerce, s'inscrit bien, sans le modifier, dans le cadre légal existant, de telle sorte que le communiqué ne peut recevoir la qualification de « texte à valeur normative » comportant, le cas échéant, des dispositions plus sévères que les dispositions en vigueur. Il en résulte que les moyens tirés de la violation des principes de légalité des peines et de non-rétroactivité de la loi pénale plus sévère, au motif que la publication du communiqué est intervenue postérieurement aux pratiques poursuivies, sont inopérants. • Paris, 10 oct. 2013 : *RTD com. 2014. 78, note Claudel*; *CCC 2014, n° 18, obs. Bosco* • 30 janv. 2014, n° 2012/00723. ♦ Le communiqué, qui n'institue pas un barème mécanique permettant d'anticiper le montant précis des sanctions et soumet son application à l'examen concret des circonstances propres à chaque cas d'espèce, ne permet pas de postuler qu'une aggravation des sanctions découle automatiquement de sa mise en œuvre. • Com. 17 mars 2015, n° 13-26.003 : *cité note 33.*

Le communiqué publié par l'Autorité relativement à la méthode qu'elle suit pour mettre en œuvre ces critères au cas par cas, et donc pour déterminer les sanctions pécuniaires, précise qu'il lui est opposable, sauf à ce que l'Autorité explique, dans la motivation de sa décision, les circonstances particulières ou les raisons d'intérêt général la conduisant à s'en écarter dans un cas donné. • Paris, 25 sept. 2014 : *RLC janv.-mars 2015. 45, obs. Sélinsky.* ♦ Lors de l'exercice de sa compétence de pleine juridiction, la cour d'appel n'est pas liée par le communiqué de l'Autorité qui ne préjuge pas de l'appréciation de la sanction par cette cour ; celle-ci peut notamment, dans l'exercice de cette compétence, substituer ses propres appréciations à celle de l'Autorité. • Même arrêt. ♦ Il revient ainsi seulement à la cour d'apprécier si, en définitive, l'Autorité a bien déterminé les sanctions en application des dispositions de l'art. L. 464-2. • Paris, 6 nov. 2014, n° 2013/01128. ♦ Si la cour d'appel doit vérifier que la sanction a été prononcée conformément aux règles définies par la loi, elle ne peut se dispenser, lorsqu'elle en est requise, de s'assurer préalablement que l'Autorité a respecté le communiqué de sanction qu'elle a publié et qui s'impose à elle ; c'est donc à tort que la cour a retenu qu'il lui revenait seulement d'apprécier si l'Autorité avait déterminé les sanctions pécuniaires infligées aux requérantes conformément aux dispositions de l'art. L. 464-2. • Com. 18 oct. 2016, n° 15-10.384 P : *D. 2016. Actu. 2164, obs. Chevrier*; *JCP E 2016, n° 1604*; *RJDA 2017, n° 121.* ♦ En l'espèce, la cour d'appel a fait ressortir qu'eu égard à la particularité d'une situation qui n'avait pas été envisagée par son communiqué, l'Autorité en avait adapté les modalités dans le respect de l'art. L. 464-2 et des objectifs poursuivis par le législateur ; il suit de là que, nonobstant l'erreur commise par la cour, la cassation n'est pas encourue dès lors que ses motifs établissent que l'Autorité a respecté les termes de son communiqué, en précisant les raisons d'intérêt général et la situation particulière des entreprises en cause qui l'ont conduite à en aménager l'application. • Même décision. ♦ Même si elle n'y est pas tenue, la cour de Paris juge approprié d'appliquer également les modalités exposées dans le communiqué « sanctions ». En effet, ce communiqué vise à accroître la transparence, or ce besoin de prévisibilité et de dissuasion n'est pas moins grand devant la cour, saisie sur recours, que devant l'Autorité. • Paris, 23 mai 2017, n° 15/08224.

C'est au terme d'une analyse globale tenant compte du fonctionnement du secteur économique en cause, de la nature des pratiques sanctionnées et, dans les circonstances particulières de la présente affaire, de l'efficacité relative des sanctions pécuniaires et des engagements pour rétablir une situation normale de concurrence sur le marché, que l'Autorité peut apprécier, au cas d'espèce, s'il y a lieu ou non de s'écarter des méthodes de détermination et réduction de sanction décrites respectivement dans le communiqué sanctions et le communiqué sur la non-contestation des griefs. • Aut. conc. n° 15-D-08 du 5 mai 2015 : *cité note 7.* ♦ Le prononcé de sanctions et l'acceptation d'engagements pris par les entreprises sont deux outils qui répondent au même objectif de rétablissement pour l'avenir d'une situation normale de concurrence. En l'espèce, l'Autorité considère que l'engagement pris est susceptible d'avoir une plus grande efficacité que des sanctions pécuniaires calculées par sa méthode habituelle. Pour ces raisons, à la fois exceptionnelles et tout à fait spécifiques au cas de l'espèce, l'Autorité fera de cet engagement, dans le respect des critères prévu par l'art. L. 464-2, un élément décisif de l'appréciation des sanctions qu'elle prononcera sans faire application des méthodes de détermination et de réduction de sanctions telles qu'elles sont exposées dans le communiqué sanctions et le communiqué sur la non-contestation de griefs. • Même décision. ♦ Les circonstances particulières résultant de la mise en œuvre, en l'espèce, de la procédure de transaction fondée sur le III de l'art. L. 464-2 justifient que les sanctions prononcées ne soient pas motivées par référence à la méthode de détermination des sanctions pécuniaires énoncée dans le communiqué du 16 mai 2011. • Aut. conc. n° 17-D-20 du 18 oct. 2017 : *cité note 24.*

II. IMPUTABILITÉ DES PRATIQUES ANTICONCURRENTIELLES

4. Notion d'entreprise. BIBL. Ancelin-Menais, *JCP E 2008, n° 14, p. 15* (l'imputabilité des pratiques anticoncurrentielles). – Patat et Guibert, *RLC juill.-sept. 2011. 126* (imputabilité du comportement anticoncurrentiel d'une filiale dont la totalité du capital est détenue par sa société mère). – Le Corre et Daoud, *RLDA nov. 2012. 83* (présomption d'influence déterminante). – Dossier, *AJCA 2015. 55* (société, groupe, entreprise... : qui est responsable en droit de la concurrence ?). – Lemaire, *CCC 2017. Dossier 5* (responsabilité concurrentielle des groupes de sociétés). – Claudel, *Cah. dr. entr. 2017, n° 5, p. 23* (responsabilité au sein des groupes en droit de la concurrence). ♦ Jugeant conforme à la Constitution le régime des sanctions des pratiques anticoncurrentielles : • Cons. const. 7 janv. 2016, n° 2015-510 QPC : *D. 2016. Actu. 68*; *Constitutions 2016. 107, obs.*

Le Bot ; *CCC 2016, n° 75, obs. Bosco* ; *RJDA 2016, n° 324* ; *RLDC mars 2016. 18, note Arcelin* (sur une QPC de • Com. 6 oct. 2015, n° 15-15.005 : *D. actu. 30 oct. 2015, obs. Chapuis* ; *RJDA 2016, n° 59*). ♦ La notion d'entreprise et les règles d'imputabilité relèvent des règles matérielles du droit de la concurrence de l'Union ; l'interprétation qu'en donnent les juridictions de l'Union s'impose donc à l'autorité nationale de concurrence lorsqu'elle applique ce droit. • Aut. conc. n° 12-D-09 du 13 mars 2012. ♦ Le droit de la concurrence vise à sanctionner les infractions contraires à l'exercice de la libre concurrence et, à ce titre, de façon dérogatoire au droit commun laquelle est justifiée par ses objectifs de police économique, ce droit vise les activités des entreprises indépendamment de la personnalité morale des sociétés qui peuvent composer celles-ci. Ainsi, la notion d'entreprise désigne toute entité exerçant une activité économique, indépendamment de son statut juridique et de son mode de financement. • Paris, 18 déc. 2014 : *cité note 40.* ♦ Les art. 101 TFUE et L. 420-1 C. com. visent les entreprises et non les personnes morales ; les autorités de concurrence doivent en conséquence identifier les entités qui doivent être déclarées auteurs des infractions. • Paris, 27 oct. 2016, n° 15/01673. ♦ Les références dans l'art. L. 464-2 aux notions de groupe et aux comptes consolidés ou combinés n'excluent pas le caractère opérationnel de la notion d'unité économique pour caractériser l'entreprise dans le cadre de la recherche de l'imputabilité des pratiques. Le fait qu'au sein d'un groupe de sociétés l'unité économique puisse comporter plusieurs entreprises, selon les degrés d'influence de la société mère sur ses filiales, ne saurait avoir pour conséquence que la société filiale auteur de pratiques anticoncurrentielles et sa mère exerçant sur elle une influence déterminante ne constituent pas une entité économique caractéristique d'une entreprise. • Même décision. ♦ En tout état de cause, les sanctions prévues par l'art. L. 464-2 C. com. ne peuvent être prononcées qu'à l'encontre de personnes physiques ou d'entreprises ou d'organismes pourvus de la personnalité juridique ; or, tel n'est pas le cas du « Groupe Caisse des dépôts et consignations », au sens de l'art. L. 518-2 C. mon. fin., visé par la décision, seule la Caisse des dépôts et consignations ayant la qualité de sujet de droit. • Paris, 26 oct. 2017, n° 2017/01658.

5. Principe de la personnalité des peines. BIBL. Kovar, *Rev. UE 2015. 362* (sanction des pratiques anticoncurrentielles et personnalité des peines). ♦ La condamnation à une amende civile prononcée à l'encontre d'une société en raison du comportement imputable à la société qu'elle a absorbée ne porte pas atteinte au principe de la personnalité des peines en raison du principe de la continuité économique et fonctionnelle de l'entreprise. • CEDH, 1er oct. 2019, n° 37858/14 : *D. 2019. 475, note Gallois* . ♦ Les sanctions administratives prononcées par le Conseil de la concurrence ne revêtent pas de caractère pénal, de sorte que la référence au principe de personnalité des peines est inappropriée. • Paris, 19 janv. 1999 : *CCC 1999, n° 41, obs. Malaurie-Vignal.* ♦ Si le Conseil est tenu de prendre en compte la situation de l'entreprise pour apprécier, d'une manière individuelle, la sanction à lui infliger, il ne peut lui être reproché d'avoir retenu, pour certaines, leur qualité de filiales ainsi que la connaissance qu'elles devaient avoir des sanctions encourues en raison de leur lien de dépendance avec des sociétés déjà condamnées, dès lors qu'il n'a pas tiré de cette appartenance à un groupe comprenant des entreprises sanctionnées l'existence d'une réitération de la pratique incriminée. • Même arrêt.

Lorsqu'une décision concerne une pluralité de destinataires et pose un problème d'imputabilité de l'infraction, celle-ci doit comporter une motivation suffisante à l'égard de chacun des destinataires, particulièrement pour ceux d'entre eux qui, aux termes de cette décision, doivent supporter la charge de cette infraction. Ainsi, pour être suffisamment motivée à l'égard des sociétés mères des filiales ayant commis l'infraction, la décision doit contenir un exposé circonstancié des motifs de nature à justifier l'imputabilité de l'infraction à ces sociétés. Ainsi, il importe, sous peine de violation des droits de la défense des parties mises en cause, que la communication des griefs indique précisément en quelle qualité une entreprise se voit reprocher les faits allégués. • Aut. conc. n° 15-D-04 du 26 mars 2015.

6. Présomption d'imputabilité : droit européen. La notion d'entreprise au sens du droit communautaire de la concurrence doit être comprise comme désignant une unité économique même si, du point de vue juridique, cette unité économique est constituée de plusieurs personnes physiques ou morales. Dans le cas particulier où une société mère détient 100 % du capital de sa filiale ayant commis une infraction aux règles communautaires de la concurrence, il existe une présomption réfragable selon laquelle ladite société mère exerce effectivement une influence déterminante sur le comportement de sa filiale. Dans ces conditions, il suffit que la Commission européenne prouve que la totalité du capital d'une filiale est détenue par sa société mère pour présumer que cette dernière exerce une influence déterminante sur la politique commerciale de cette filiale. • CJCE 10 sept. 2009, n° C-97/08 : *RTD com. 2010. 144, obs. Champaud et Danet* ; *RLC janv.-mars 2010. 75, obs. Barbier de la Serre* ; *BJS 2010. 69, note Prieto.* ♦ Pour la présomption pesant sur une holding détenant 100 % d'une société interposée, qui possède à son tour la totalité du capital d'une filiale de son groupe, auteur d'une pratique anticoncurrentielle, V. • CJUE 30 avr. 2014, n° C-238/12 : *AJCA 2014. 182, obs. Luc* . ♦ Il résulte de la jurisprudence communautaire que lorsqu'une société mère détient 100 % des parts de sa filiale, il existe une présomption selon laquelle cette filiale ne détermine pas de façon autonome son comportement sur le marché et forme avec sa société mère une entreprise au sens du droit communautaire de la concurrence. C'est pourquoi la société mère peut être tenue responsable du comportement de sa filiale, sans qu'il soit nécessaire de démontrer qu'elle a effectivement exercé un pouvoir de direction sur celle-ci dans le cadre de la mise en œuvre des pratiques reprochées. • Aut. conc. n° 09-D-36 du 9 déc. 2009 : *D. actu. 14 déc. 2009, obs. Chevrier; RLC avr.-juin 2010. 31, note Arhel; RDLC 2010, n° 1, p. 107, obs. Sibony.* ♦ L'imputation des pratiques d'une filiale à sa société mère, qui ne constitue qu'une faculté, peut intervenir lorsque la filiale ne détermine pas de façon autonome sa ligne d'action sur le marché, mais applique les instructions qui lui sont imparties par la société mère. • Paris, 28 oct. 2010 : *CCC 2011, n° 14, obs. Decocq; RDLC 2011, n° 1, p. 85, obs. Jalabert-Doury.*

7. Présomption d'imputabilité : droit interne. Le régime jurisprudentiel de l'imputabilité aux sociétés mères de pratiques mises en œuvre par leurs filiales ne porte pas atteinte au principe d'autonomie de la personne morale ou encore aux principes fondamentaux de la personnalité des peines, de la légalité des délits et des peines, de la présomption d'innocence, des droits de la défense et du droit à un procès équitable. En effet, ce régime d'imputabilité ne consacre pas un cas de responsabilité du fait d'autrui puisque la responsabilité de la société mère du fait du comportement de sa filiale n'est encourue qu'en raison du fait que ces entités juridiques distinctes constituent une même entité économique et, partant, forment une seule entreprise au sens de l'art. 101 TFUE, entité qui engage sa responsabilité personnelle lorsqu'elle enfreint les règles de la concurrence définies par cette disposition. • Aut. conc. n° 15-D-08 du 5 mai 2015 : *AJCA 2015. 325, obs. Constantin ; CCC 2015, n° 180, obs. Bosco; RLC juill.-août 2015. 38, obs. Sélinsky.* ♦ Il ne saurait être exigé de la part de l'Autorité de la concurrence qu'elle étaye la présomption d'imputabilité d'un second élément autre que la détention de la totalité ou quasi-totalité du capital de la filiale; rien n'indique en effet dans la jurisprudence de l'Union qu'un élément supplémentaire devrait être rapporté. • Aut. conc. n° 13-D-21 du 18 déc. 2013.

8. Renversement de la présomption d'imputabilité. Sous peine de rendre cette présomption irréfragable, le juge est tenu d'exposer de manière adéquate les raisons pour lesquelles les éléments de fait et de droit invoqués n'ont pas suffi à la renverser. • CJUE 29 sept. 2011, n° C-521/09 : *JCP E 2011, n° 515; RDLC 2011, n° 4, p. 87, obs. Jalabert-Doury; RLC janv.-mars 2012. 26, obs. Robin.* ♦ Pour renverser cette présomption, il ne suffit pas à une société de soutenir qu'elle n'est pas impliquée dans les infractions mises en œuvre par sa filiale, mais il lui appartient de démontrer, indépendamment des comportements reprochés, qu'elle n'exerçait pas une influence déterminante sur sa filiale, et ce en justifiant d'un ensemble d'éléments – relatifs aux liens économiques, organisationnels et juridiques l'ayant unie à sa filiale – de nature à démontrer que ces deux personnes morales ne constituaient pas une entité économique unique. • Paris, 4 juill. 2013, n° 2012/05160. ♦ Il n'est en effet pas exigé pour imputer à une société mère les actes commis par sa filiale de prouver que la société mère a été directement impliquée dans, ou a eu connaissance, des comportements incriminés. • Aut. conc. n° 14-D-16 du 18 nov. 2014 : *cité note 18.* ♦ L'absence de chevauchement de dirigeants entre la société mère et la filiale ne constitue pas un indice suffisant permettant de démontrer l'autonomie de la filiale, pas plus que le fait que la société mère et sa filiale soient actives sur des marchés distincts. • Même décision.

La possibilité d'imputer une infraction à une société mère ne dépend, en aucune façon, des moyens financiers dont dispose sa filiale, auteur des pratiques, ou le successeur juridique de cette dernière. Par ailleurs, ce n'est pas une relation d'instigation relative à l'infraction entre la société mère et sa filiale ni, à plus forte raison, une implication de la première dans l'infraction, mais le fait qu'elles constituent une seule entreprise qui permet à l'autorité de concurrence d'imputer l'infraction à la société mère. • Aut. conc. n° 14-D-19 du 18 déc. 2014 : *cité note 25.* ♦ Le fait que l'entité détenant la totalité ou la quasi-totalité du capital d'une autre entité ou contrôlant la totalité ou la quasi-totalité des parts sociales de cette autre entité soit constituée sous la forme juridique d'une holding purement financière ou d'une fondation plutôt que d'une société n'est pas suffisant pour renverser la présomption. • Aut. conc. n° 16-D-17 du 21 juill. 2016. ♦ Si la loi instaure une séparation organique entre les activités d'intérêt général de la Caisse des dépôts et consignations et les activités commerciales et concurrentielles de ses filiales, on ne saurait considérer qu'il en résulte, d'une façon générale, l'impossibilité pour la première d'exercer une influence sur les secondes, et en particulier une influence déterminante. L'existence de ce dispositif n'est donc pas de nature à écarter la présomption. • Paris, 26 oct. 2017, n° 2017/01658.

La requérante ne saurait soutenir, pour renverser la présomption, la diversité des activités exercées, la configuration du groupe et l'éloignement géographique qui lui interdirait en fait de pouvoir déterminer ou influencer le comportement ou la politique commerciale de ses filiales. La présomption étant applicable en vertu des seules relations capitalistiques, l'Autorité n'avait pas à démontrer qu'elle exerçait une influence déterminante sur sa filiale, ni qu'elle connaissait les pratiques reprochées à celle-ci. • Paris, 19 mai 2016, n° 2014/25803 : *AJCA 2016. 350, obs. Constantin ; RLC sept. 2016. 19, note Dumarçay* (conf. par • Com. 18 oct. 2017, n° 16-19.120 P : *D. 2018. Pan. 866, obs. Ferrier ; JCP E 2018, n° 1051, note El Mejri; CCC 2018, n° 13, obs. Decocq; RJDA 2018,* n° 283 ; BJS 2017. 732, obs. Claudel). ♦ Le fait, pour la société mère, d'avoir contesté les griefs, contrairement à sa filiale, qui a choisi la voie procédurale de la non-contestation des griefs ne saurait davantage démontrer l'autonomie de la filiale. En effet, pour une entreprise composée comme en l'espèce de deux sociétés, ne pas se présenter comme un seul interlocuteur, tant au cours de la procédure administrative qu'au stade contentieux, ne permet pas de conclure que la filiale concernée est autonome par rapport à sa ou ses sociétés mères, les choix procéduraux relevant de chaque personne morale. • Paris, 19 mai 2016, n° 2014/25803 : *préc.*

III. INJONCTIONS

9. Limites du pouvoir d'injonction. Le prononcé d'injonctions au fond est soumis au principe de proportionnalité, ce qui signifie que les mesures ordonnées ne doivent pas excéder ce qui est strictement nécessaire pour faire cesser l'atteinte à la concurrence. • Aut. conc. n° 10-D-13 du 15 avr. 2010. ♦ Le prononcé d'injonctions apparaît néanmoins particulièrement nécessaire lorsque l'atteinte à la concurrence résulte des stipulations d'un contrat toujours en vigueur à la date de la décision de l'Autorité. • Même décision. ♦ Afin de s'assurer de la mise à jour rapide des contrats en cause, il convient de faire application des dispositions du I de l'art. L. 464-2 et d'enjoindre aux sociétés de modifier, dans un délai de deux mois, les contrats de distribution signés avec leurs importateurs-grossistes dans les territoires ultramarins pour y supprimer toute disposition instaurant une exclusivité d'importation ou toute clause ayant un effet équivalent. • Aut. conc. n° 18-D-03 du 20 févr. 2018. ♦ Il n'entre dans la compétence ni du Conseil de la concurrence, ni de la cour de Paris, de prononcer la dissolution d'un GIE. • Paris, 17 sept. 1992 : *CCC 1992, n° 207, obs. Vogel.*

10. Interprétation stricte. Une injonction, constituant par nature une mesure contraignante pour celui qui la subit, est d'interprétation stricte et doit être formulée en des termes clairs, précis et exempts d'incertitude quant à son exécution. • Paris, 10 sept. 1996 : *RJDA 1997, n° 73.* ♦ S'agissant des modalités d'exécution des injonctions, seule la décision du Conseil est applicable, le communiqué mis en ligne étant sans incidence sur ce point. • Paris, 24 août 2007 : *BOCC 3 août 2009.* ♦ Dans le cadre précis du III de l'art. L. 464-2, l'Autorité de la concurrence n'a pas le pouvoir de donner des injonctions. • Paris, 23 févr. 2010, n° 2009/05544.

11. Exécution des injonctions. Les injonctions du Conseil de la concurrence doivent être exécutées dans un délai raisonnable à compter de leur notification (sanctionnant la non-exécution après quatorze mois). • Paris, 29 mars 1996 : *BOCC 24 mai 1996.* ♦ Le non-respect d'une injonction prononcée par le Conseil constitue déjà en soi une pratique qui présente un caractère de gravité exceptionnelle. • Cons. conc. n° 04-D-18 du 13 mai 2004 (conf. par • Paris, 11 janv. 2005 : *RLC 2005, n° 3, p. 83, obs. B. C. ; Gaz. Pal. 2005. 2683, note Misse et Colas-Bernié*). ♦ La cour d'appel, qui s'est prononcée sur la gravité des faits découlant du non-respect de l'injonction, a pu estimer, dans son pouvoir souverain d'appréciation de la proportionnalité de la sanction, qu'eu égard au caractère délibéré du non-respect de l'injonction claire et précise adressée par le Conseil, la sanction prononcée par celui-ci devait être aggravée. • Com. 14 mars 2006, n° 05-11.232 : *RLC juill.-sept. 2006. 40, obs. Sélinsky ; RDLC 2006, n° 2, p. 146, obs. Momège.* ♦ Un retard de respectivement quatre et dix mois apporté à la réalisation d'une publication n'a pas créé d'autre dommage qu'un retard dans l'information du public et de la profession ; au cas d'espèce, s'agissant d'une publication qui n'avait pas un caractère d'urgence particulier au regard de ses effets attendus sur le marché, le dommage à l'économie peut être considéré comme faible. • Cons. conc. n° 08-D-07 du 9 avr. 2008 : *CCC 2008, n° 162, obs. Decocq ; LPA 28 oct. 2008, obs. A. G.*

12. Astreinte. Le Conseil de la concurrence ne tient d'aucun texte le pouvoir de prononcer des injonctions sous astreinte. • Cons. conc. n° 92-MC-08 du 14 avr. 1992. – V. désormais les II et V de l'art. L. 464-2. ♦ Le Conseil, auquel est reconnu le pouvoir d'infliger une sanction pécuniaire en cas d'inexécution d'une injonction, est le « juge » de l'exécution des injonctions qu'il prononce. • Paris, 30 mars 2000 : *BOCC 18 oct. 2000.* ♦ Le JEX n'est pas compétent pour assortir d'une astreinte une décision d'injonction prononcée par le Conseil ou par la cour d'appel de Paris, statuant dans le cadre de la procédure de recours formé contre cette décision, pour laquelle il existe un régime juridique de sanction spécifique et exclusif mis en œuvre par cette autorité administrative indépendante. • Com. 3 nov. 2004, n° 00-19.247 P : *D. 2004. AJ 3064, obs. Chevrier ; RTD civ. 2005. 175, obs. Théry ; JCP E 2004, n° 50, p. 1955 ; CCC 2005, n° 9, obs. Malaurie-Vignal ; RDLC 2005, n° 1, p. 108, obs. Amsellem ; RJDA 2005, n° 332.* ♦ Pour un exemple d'injonctions sous astreinte : • Cons. conc. n° 06-D-06 du 17 mars 2006 : *CCC 2006, n° 92, obs. Decocq ; RDLC 2006, n° 2, p. 93, obs. Prieto.*

IV. PROCÉDURE D'ENGAGEMENTS

13. Typologie des comportements. Le code de commerce et le Règl. n° 1/2003 n'interdisent pas le recours à la procédure d'engagements pour certaines catégories particulières de comportements susceptibles de porter atteinte à la concurrence. • Aut. conc. n° 11-D-11 du 7 juill. 2011. ♦ Mais si le code de commerce ne précise pas la typologie des comportements susceptibles de faire l'objet d'engagements, l'Autorité de la concurrence n'applique pas la procédure d'engagements dans les cas où, en tout état de cause, l'atteinte à l'ordre public économique impose le prononcé de sanctions pécuniaires, notamment lorsque le dommage à l'économie généré est important. • Aut. conc. n° 10-D-06 du 26 févr. 2010. ♦ ... Et/ou la taille du marché est importante. • Aut. conc. n° 12-D-04 du 23 janv. 2012. ♦ Si le recours aux engagements n'est pas envisageable en présence de cartels et n'est en principe pas opportun dans les cas d'accords horizontaux, d'accords verticaux ou de pratiques unilatérales susceptibles de revêtir une particulière gravité ou d'avoir d'ores et déjà porté une atteinte caractérisée à la concurrence et à l'économie, il peut en revanche s'avérer pertinent lorsque, eu égard à la nature des faits, à leurs caractéristiques et à leurs conséquences actuelles ou potentielles sur la concurrence, le cas se prête à ce que l'Autorité privilégie un objectif de maintien ou de rétablissement volontaire de la concurrence. • Aut. conc. n° 12-D-17 du 5 juill. 2012 : *RDLC 2012, n° 4, p. 69, obs. Jalabert-Doury ; RLC oct.-déc. 2012. 26, obs. Cholet.* ♦ Ni la durée de l'instruction ni la réitération d'un éventuel comportement soulevant des préoccupations de concurrence ne justifient d'écarter le recours à la procédure d'engagements. • Aut. conc. n° 20-D-06 du 2 avr. 2020 : *RICEA 2020, n° 3, p. 33, obs. Soavi.*

14. *Initiative.* L'initiative d'une procédure d'engagements revient à l'entreprise mise en cause et non aux services d'instruction. • Aut. conc. n° 13-D-20 du 17 déc. 2013. ♦ La procédure d'engagement ne procède pas d'un accord auquel sont parvenues les parties à la procédure, mais d'engagements pris par les entreprises ou organismes en cause vis-à-vis de l'Autorité qui a en charge de faire respecter l'ordre public économique. • Aut. conc. n° 10-D-20 du 25 juin 2010. ♦ La simple promesse de respecter la loi pour l'avenir n'a pas de valeur d'engagement au sens de la procédure prévue par le I de l'art. L. 464-2. • Aut. conc. n° 11-D-01 du 18 janv. 2011.

15. *Atteinte actuelle à la concurrence.* Les textes applicables, qui supposent seulement la constatation d'une atteinte actuelle à la concurrence, n'exigent nullement que celle-ci soit récente. • Paris, 6 nov. 2007 : *cité ss. art. R. 464-8.* ♦ Le recours à la procédure d'engagements offre l'intérêt de privilégier un rétablissement volontaire rapide de la concurrence sur le marché. • Aut. conc. n° 11-D-14 du 20 oct. 2011 : *RDLC 2012, n° 1, p. 108, obs. Marty ; RLC janv.-mars 2012. 27, obs. Cholet.* ♦ La procédure d'engagements permet de mettre fin à des situations susceptibles d'être préjudiciables à la concurrence dans des délais procéduraux plus rapides que ceux conduisant à un constat d'infraction. Les préoccupations de concurrence identifient donc les atteintes actuelles aux règles de la concurrence. • Aut. conc. n° 17-D-12 du 26 juill. 2017.

16. *Pouvoir d'appréciation.* Dans le cadre d'une procédure d'engagements, il ne revient pas au Conseil de la concurrence de se prononcer sur une réforme statutaire allant au-delà des remèdes nécessaires pour mettre fin aux problèmes de concurrence préalablement identifiés. • Cons. conc. n° 05-D-16 du 26 avr. 2005 : *D. 2005. AJ 1354, obs. Daleau ; RTD com. 2005. 731, obs. Pollaud-Dulian ; RDLC 2005, n° 3, p. 79, obs. Spector ; CCE 2005, n° 107, obs. Decocq.* ♦ ... Ni de se prononcer, lors de l'examen d'une proposition d'engagements touchant à la fixation de prix, sur le caractère anticoncurrentiel du niveau absolu des tarifs proposés ; en revanche, et dans la limite de la procédure d'engagements, le Conseil peut se prononcer sur la structure des barèmes proposés. • Cons. conc. n° 06-D-01 du 7 févr. 2006 : *RLC 2006, n° 7, p. 21, obs. Sélinsky ; CCE 2006, n° 49, obs. Decocq.* ♦ Il n'est pas nécessaire que l'appréciation du Conseil s'étende aux stipulations précises du contrat qui sera conclu entre les parties. • Cons. conc. n° 08-D-04 du 25 févr. 2008 : *JCP E 2008, n° 38, p. 23, obs. Chérigny ; RLC avr.-juin 2008. 27, obs. Sélinsky ; RDLC 2008, n° 2, p. 120, obs. Sibony.* ♦ Faisant application du pouvoir d'appréciation que lui confère l'art. L. 464-2, le Conseil n'est jamais tenu de décider de rendre obligatoires les engagements proposés. • Aut. conc. n° 09-MC-01 du 8 avr. 2009 : *RDLC 2009, n° 2, p. 190, obs. Lescop ; RLC juill.-août 2009. 32, obs. Sélinsky.* ♦ La décision d'entrer en procédure d'acceptation d'engagements est un choix qui appartient à l'Autorité pour mesurer la politique de concurrence qui lui est confiée et qui lui laisse une importante marge d'appréciation dans le recours aux différents instruments prévus par le code de commerce. • Aut. conc. n° 15-D-06 du 21 avr. 2015 : *RLDA juill.-août 2015. 35, obs. Costes ; RLC juill.-sept. 2015. 28, note Sélinsky.* ♦ De même que les pratiques anticoncurrentielles identifiées peuvent se renforcer l'une l'autre, les engagements se complètent et se renforcent et forment un ensemble dont l'efficacité est supérieure à celle de chaque engagement pris isolément ; chacun d'entre eux doit donc être apprécié en tenant compte du dispositif global dans lequel il s'insère, celui-ci devant être proportionné et pertinent pour répondre aux préoccupations de concurrence exprimées, et resté équilibré en permettant de ne pas freiner l'innovation tout en prévenant l'affaiblissement de la concurrence sur le marché. • Aut. conc. n° 14-D-09 du 4 sept. 2014.

17. *Procédure d'engagement.* Les décisions aux termes desquelles les services d'instruction devront poursuivre l'instruction au fond n'imposent en aucune manière à ces derniers de recourir à telle ou telle voie procédurale parmi celles définies par le I de l'art. L. 464-2, et notamment pas le recours à une procédure pouvant conduire au prononcé d'une sanction plutôt qu'à une procédure pouvant déboucher sur l'acceptation d'engagements. Ainsi, la procédure d'engagements constitue bien une voie de résolution contentieuse d'un dossier devant l'Autorité de la concurrence, celle-ci disposant alors d'un large pouvoir d'appréciation pour déterminer la voie procédurale la plus adaptée, et notamment pour opter entre la procédure d'acceptation d'engagements et la procédure de sanction. • Aut. conc. n° 17-D-16 du 7 sept. 2017 : *D. actu. 15 sept. 2017, obs. Chevrier.* ♦ Sur la coexistence des procédures d'engagements et de contrôle au titre des concentrations, V. • Aut. conc. n° 17-D-26 du 21 déc. 2017. ♦ Jugeant que le recours contre le refus de l'Autorité d'ouvrir la procédure d'engagements doit être formé devant la cour d'appel de Paris, V. • CE 11 oct. 2017, n° 402268 : *AJDA 2018. 198* ; *RJDA 2018, n° 182.* ♦ Sur les modalités d'application de la procédure d'engagement, V. art. R. 464-2, *infra.*

V. PROCÉDURE DE TRANSACTION OU DE NON-CONTESTATION DES GRIEFS

18. Domaine de la transaction. La procédure de transaction ne saurait s'appliquer lorsque aucun grief n'a été notifié. • Cons. conc. n° 04-D-76 du 22 déc. 2004 : *RTD com. 2005. 67, obs. Claudel* . ♦ La procédure de non-contestation des griefs prévue au III de l'art. L. 464-2 peut, en principe, intervenir à tout moment, entre la réception de la notification de griefs et la notification du rapport aux parties, y compris une fois le délai de remise des observations expiré, dès lors que le rapport du rapporteur n'est pas encore notifié. • Cons. conc. n° 06-D-03 du 9 mars 2006. ♦ L'un des effets de la non-contestation des griefs étant la dispense d'établissement du rapport, la procédure de transaction n'a plus d'intérêt une fois franchie cette étape de l'instruction. • Cons. conc. n° 07-D-50 du 20 déc. 2007. ♦ Dès lors que la notification des griefs est adressée à des sociétés ayant une personnalité juridique distincte, chacune d'entre elles doit avoir le choix de sa défense. Ainsi, toute société doit pouvoir être libre de ses choix procéduraux, indépendamment des choix de défense opérés par sa société mère. • Aut. conc. n° 14-D-16 du 18 nov. 2014 : *RLC janv.-mars 2015. 85, obs. Farache.* ♦ La loi ne permet pas de recevoir favorablement une demande d'exemption de la part d'une entreprise ayant opté pour la procédure de non-contestation des griefs. • Aut. conc. n° 15-D-19 du 15 déc. 2015. ♦ La procédure de non-contestation des griefs constitue uniquement une option procédurale, tant pour les mises en cause que pour l'Autorité. Les conditions entourant cette procédure ne peuvent être contraires aux principes du procès équitable, dès lors que les entreprises ont toujours la possibilité de contester les griefs et de faire valoir devant l'Autorité l'ensemble des arguments qu'elles estiment pertinents. • Même décision.

Sur le bénéfice de la procédure de non-contestation des griefs prévue au III de l'art. L. 464-2 au profit d'entreprises ayant pris l'initiative de collaborer avec les autorités de concurrence alors que le dispositif de « clémence », qui est désormais prévu au IV du même texte, ne figurait pas encore dans le corpus législatif des règles de concurrence nationales, V. • Cons. conc. n° 07-D-02 du 23 janv. 2007 : *D. 2007. AJ 441, obs. Chevrier* ; *RTD com. 2008. 60, obs. Claudel* ; *RLC avr.-juin 2007. 30, obs. Cholet* ; *RDLC 2007, n° 2, p. 155, obs. Momège et Carpentier.* – V. aussi • Cons. conc. n° 07-D-40 du 23 nov. 2007 : *RTD com. 2008. 60, obs. Claudel* ; *RDLC 2008, n° 1, p. 115, obs. Claudel.* ♦ Sur le cumul des procédures de transaction et de clémence, V. note 29.

19. Pouvoir d'appréciation. Les services d'instruction ne sont pas tenus d'effectuer au stade de la notification de griefs une évaluation quantifiée du dommage à l'économie à seule fin de permettre aux parties d'apprécier le montant de la sanction encourue, et, partant, l'opportunité de demander le bénéfice de la procédure de non-contestation des griefs. • Aut. conc. n° 10-D-28 du 20 sept. 2010 : *cité note 44.* ♦ La procédure de non-contestation des griefs n'est pas un droit pour les entreprises puisqu'elle peut éventuellement être mise en œuvre sur proposition du rapporteur général, au regard des gains procéduraux pouvant en être attendus. • Aut. conc. n° 15-D-19 du 15 déc. 2015. ♦ Même si le III de l'art. L. 464-2 laisse un large pouvoir d'appréciation au rapporteur général, cette situation ne fait pas obstacle à ce que le Conseil exerce un contrôle, même restreint, sur l'usage qu'il fait de cette faculté, dans la mesure où cette appréciation rejaillit sur le montant de la sanction finalement décidée. • Cons. conc. n° 06-D-09 du 11 avr. 2006 : *cité note 25.* ♦ Il résulte du III de l'art. L. 464-2 que l'engagement de la procédure de non-contestation des griefs relève du pouvoir d'appréciation du rapporteur général, sous réserve du contrôle de l'erreur manifeste par l'Autorité, de sorte que les parties ne disposent d'aucun droit à la mise en œuvre de cette procédure. • Paris, 23 févr. 2012, n° 2010/20555. ♦ Le rapporteur général n'est pas tenu de donner une suite favorable à une demande de mise en œuvre du III de l'art. L. 464-2, dans la mesure où ce texte lui reconnaît un pouvoir d'appréciation lui permettant de déterminer, d'une part, si cette demande porte sur une affaire dans laquelle la mise en œuvre de la procédure de non-contestation des griefs lui paraît opportune au regard de l'économie procédurale et, d'autre part, si la demande elle-même lui paraît pertinente. • Aut. conc. n° 14-D-16 du 18 nov. 2014 : *préc. note 18.* ♦ Il revient au collège de s'assurer de la régularité de la procédure préalable à la prise de sa décision. Celui-ci peut être ainsi conduit à vérifier que le rapporteur général n'a pas commis, dans son appréciation de l'opportunité de recourir ou non à la procédure de non-contestation des griefs en ce qui le concerne, et le cas échéant de tenir compte de propositions d'engagements, d'erreur manifeste rejaillissant sur le montant de la sanction pécuniaire pouvant lui être imposée. • Même décision. ♦ Le rapporteur général dispose de la faculté de soumettre une proposition de transaction, sans que cela constitue une obligation pour lui. À cet égard, il dispose d'une large faculté d'appréciation, dépendant notamment des objectifs de la procédure de transaction rappelés dans le communiqué de procédure de l'Autorité du 21 déc. 2018. • Aut. conc. n° 20-D-05 du 23 mars 2020.

20. Portée de la transaction. La non-contestation des griefs, qui fait partie intégrante de la procédure suivie devant le Conseil, ne constitue, en soi, ni un aveu ni une reconnaissance de responsabilité. • Paris, 29 janv. 2008, n° 2006/07820. ♦ La mise en œuvre de la procédure de transaction n'empêche pas les entreprises en cause de présenter au Conseil des éléments tendant à démontrer que les griefs retenus n'ont pas de caractère de gravité et n'ont pas causé de dommage à l'économie. • Cons. conc. n° 03-D-45 du 25 sept. 2003 : *cité note 23.* ♦ ... En revanche elle est incompatible avec le fait d'invoquer la « nullité » de la notification de griefs au motif qu'elle n'aurait pas été adressée à la bonne société. • Cons. conc. n° 08-D-32 du 16 déc. 2008 : *cité note 26.* ♦ Il n'y a pas lieu de prendre en considération le comportement d'une entreprise dans une procédure distincte concernant une autre pratique anticoncurrentielle qui lui était imputée, dans laquelle elle a trouvé à propos, contre une minoration de la sanction encourue, de ne pas contester les griefs qui lui étaient imputés et de prendre des engagements, cette procédure étant dépourvue de tout rapport avec la présente affaire. • Paris, 8 oct. 2008 : *RDLC 2008, n° 4, p. 80, obs. Claudel.* ♦ L'intéressé doit renoncer à contester non seulement la réalité des pratiques visées par la notification des griefs, mais également la qualification qui en a été donnée par les services d'instruction de l'Autorité au regard des dispositions du code de commerce, et leur responsabilité dans la mise en œuvre de ces pratiques ; cette renonciation devant, sur l'ensemble de ces points, être claire, complète et dépourvue d'ambiguïté. • Aut. conc. n° 12-D-06 du 26 janv. 2012 : *RLC avr.-juin 2012. 16, note Venayre.* ♦ Mais la renonciation à contester les griefs ne limite pas la possibilité pour les entreprises de contester la détermination par la décision des sanctions en fonction des critères de l'art. L. 464-2, I et III. • Paris, 25 sept. 2014 : *préc. note 3.* – V. aussi • Paris, 13 juin 2019 : *CCC 2019, n° 144, obs. Decocq ; RJDA 2019, n° 71.* ♦ Si la mise en conformité d'une clause statutaire avec le droit de la concurrence ne constitue pas en soi un engagement susceptible de faire l'objet d'une rétribution dans le cadre d'une transaction, les parties qui s'engagent dans cette voie procédurale se doivent d'apporter des garanties suffisantes, notamment en termes de délais de mise en conformité, pour que la pratique faisant l'objet d'un grief notifié cesse dans les meilleurs délais après la transaction. • Aut. conc. n° 19-D-21 du 28 oct. 2019.

21. Respect du contradictoire. Sur l'application du principe de la contradiction à la procédure de transaction, V. • Paris, 21 sept. 2004 : *cité note 23* (conf. par • Com. 22 nov. 2005, n° 04-19.102 P : *D. 2006. AJ 139, obs. Chevrier ; JCP E 2006, n° 1, p. 34 ; CCC 2006, n° 49, obs. Malaurie-Vignal ; RJDA 2006, n° 462 ; RLC 2006, n° 6, p. 70, obs. Nourissat*, jugeant que si l'entreprise ne peut subordonner son absence de contestation des griefs et ses engagements à condition, elle dispose devant le Conseil de la faculté de présenter toutes observations et de produire toutes pièces utiles à l'appréciation par cette autorité de la sanction pécuniaire qu'elle prononcera). ♦ Sur la confidentialité entourant la transaction, V. notes ss. art. R. 464-4.

22. Liberté de négociation. Comme pour toute négociation, les positions sont libres tant qu'un accord n'est pas signé, sous la forme d'un procès-verbal de non contestation de griefs signé conjointement par l'entreprise concernée et par le rapporteur général, et la prudence impose d'envisager dès le départ la possibilité d'un non-aboutissement. • Cons. conc. n° 09-D-05 du 2 févr. 2009 : *cité note 38.* ♦ S'il peut être tenu compte, de façon générale, dans le cadre de la mise en œuvre de la procédure de transaction, des engagements proposés par les entreprises pour modifier leur comportement à l'avenir, en l'espèce, les procès-verbaux de transaction signés par le rapporteur général et les parties n'ont pas retenu les propositions de mise en place ou d'amélioration de programmes de conformité présentées par les entreprises. Il n'y a donc pas lieu pour l'Autorité de prendre en compte les propositions d'engagements formulées par les entreprises au stade des discussions avec les services d'instruction pour fixer le montant des sanctions. • Aut. conc. n° 17-D-20 du 18 oct. 2017 : *cité note 24.*

23. Taux de réfaction. La réfaction prévue par l'art. L. 464-2-II [désormais L. 464-2-III] est applicable au plafond légal puisqu'il renvoie au montant maximal de la sanction encourue et non pas à la sanction que le Conseil aurait, conformément aux critères posés au I du même art., déterminée. • Paris, 21 sept. 2004 : *D. 2004. AJ 2712 ; RTD com. 2005. 68, obs. Claudel ; JCP E 2004, n° 48, p. 1881, obs. Decocq ; RDLC déc. 2004. 89, obs. Michel-Amsellem ; RLC 2005, n° 1, p. 94, obs. Cheynel.* ♦ L'art. L. 464-2-II [désormais L. 464-2-III] a pour objet de garantir aux entreprises que, si le Conseil accepte les engagements qu'elles ont pris, le plafond légal applicable aux sanctions qu'il édicte est divisé par deux par rapport au régime de droit commun ; toutefois, ces dispositions ne font pas obstacle à ce que, dans la limite de ce nouveau plafond, le Conseil apprécie le montant de la sanction qui aurait été encourue par chaque entreprise et y applique le taux de réfaction qu'il retient compte tenu des propositions faites par le rapporteur général. • Cons. conc. n° 03-D-10 du 20 févr. 2003 : *JCP E 2004, n° 48, p. 1881, obs. Decocq ; CCC 2003, n° 127, obs. Malaurie-Vignal ; LPA 2 mai 2003, note Arhel* • n° 03-D-45 du 25 sept. 2003 : *D. 2003. AJ 2831 ; JCP E 2004, n° 3, p. 83, note Arhel ; CCC 2004, n° 7, obs. Malaurie-Vignal ; RJDA 2004, n° 103 ; RDLC déc. 2004. 89, obs. Michel-Amsellem.*

Sur l'application dite « en cascade » plutôt que cumulative des taux de réfaction lorsque les procédures de clémence et de transaction se cumulent, V. • Paris, 27 oct. 2016, nº 15/01673.

24. Critères de la réfaction. Lorsque est mise en œuvre la procédure prévue au III de l'art. L. 464-2, la décision du Conseil, qui examine la proposition du rapporteur général relative à l'aménagement de la sanction pécuniaire éventuellement encourue, tient compte à la fois de la non-contestation des griefs et des engagements pris pour l'avenir. Toutefois, la simple renonciation à contester les griefs, qui a principalement pour effet d'alléger et d'accélérer le travail de l'instruction en dispensant de la rédaction du rapport, ne peut conduire à accorder aux entreprises en cause qu'une réduction forfaitaire et relativement limitée de la sanction encourue ; c'est la qualité des engagements qui peut permettre d'accorder des contreparties plus substantielles dans le cadre de cette procédure. • Cons. conc. nº 07-D-21 du 26 juin 2007 : *RTD com. 2008. 57, obs. Claudel* ; *CCC 2007, nº 220, obs. G. D.* ; *RJDA 2007, nº 1016* ; *RLC oct.-déc. 2007. 24, obs. Sélinsky* ; *RDLC 2007, nº 3, p. 144, obs. Lemaire.* ♦ L'élaboration et la mise en œuvre de programmes de conformité ont vocation à s'insérer dans la gestion courante des entreprises, particulièrement lorsque celles-ci sont de taille conséquente. Les engagements portant sur la mise en œuvre de tels programmes de conformité n'ont, par suite, pas vocation, de façon générale, à justifier une atténuation des sanctions encourues au titre des infractions au droit de la concurrence, tout spécialement s'agissant d'infractions d'une particulière gravité telles que les ententes et échanges d'informations sur les prix futurs et la politique commerciale. • Aut. conc. nº 17-D-20 du 18 oct. 2017 : *BRDA 2017, nº 21, p. 16.*

Le bénéfice tiré de la non-contestation ne doit pas être forfaitaire pour toutes les entreprises qui ne contestent pas, dans la mesure où l'abattement dépend expressément dans la loi de la réalité des engagements pris personnellement par chacune des entreprises qui ont opté pour ce processus. Par ailleurs, l'abattement offert aux entreprises qui ne contestent pas ne peut dépendre de la fourchette négociée au titre de la clémence avec telle ou telle autre entreprise puisque, et même si à engagements comparables, la clémence rend plus de services à la protection de la concurrence que la non-contestation de griefs, l'accord de clémence est inopposable, en droit et en fait, aux entreprises qui n'y sont pas parties. Enfin, pour les entreprises qui ne contestent pas les griefs, la loi préconise un écrêtement, non pas de la sanction prononcée comme dans le cas de la clémence, mais du plafond de la sanction encourue. • Paris, 19 janv. 2010 : *cité note 37.* ♦ En acceptant une transaction, les sociétés ont par principe estimé que les fourchettes de sanction définies dans leurs procès-verbaux de transaction respectifs étaient compatibles avec leur situation financière. Elles ne peuvent donc soutenir ensuite que l'application de sanctions dans les limites de ces fourchettes serait incompatible avec leur capacité contributive, sauf à ce que celle-ci se soit dégradée postérieurement à la signature des procès-verbaux de transaction. • Aut. conc. nº 19-D-21 du 28 oct. 2019. ♦ Pour une comparaison avec les sanctions prononcées dans le cadre de la procédure de clémence, V. note 28.

VI. PROCÉDURE DE CLÉMENCE

25. Conditions de la clémence. L'entreprise demandant le bénéfice de la clémence doit apporter au Conseil tous éléments d'information, sans qu'il en soit précisé la forme et la nature, lui permettant d'établir la pratique dénoncée et d'identifier ses auteurs ; ces éléments d'information peuvent être constitués de preuves documentaires (documents internes à l'entreprise, comptes rendus de réunions, ...) que l'entreprise peut compléter par des explications synthétisées dans un ou plusieurs mémoires versés à l'appui de sa demande, ou de déclarations orales. • Cons. conc. nº 06-D-09 du 11 avr. 2006 : *D. 2006. AJ 1231, obs. Chevrier* ; *RTD com. 2006. 328, obs. Claudel* ; *JCP E 2006, nº 19, p. 847, obs. Taillandier* ; *CCC 2006, nº 110, obs. Decocq* ; *LPA 13 nov. 2006, p. 14, obs. Baccichetti* ; *RJDA 2006, nº 708* ; *RDLC 2006, nº 2, p. 144, obs. Momège.* – Sur cette décision, V. aussi Sélinsky et Cholet, *RLDA juin 2006. 55* ; Barbier de la Serre, *RLC juill.-sept. 2006. 77.* ♦ La présentation d'une demande de clémence suppose nécessairement que l'entreprise informe l'Autorité, premièrement, de la nature et du champ matériel, géographique et temporel de l'entente visée par cette demande, deuxièmement, de sa propre responsabilité dans cette entente et, troisièmement, de l'identité des autres entreprises ou organismes auteurs des pratiques en cause. • Aut. conc. nº 13-D-12 du 28 mai 2013 : *cité note 1 ss. art. R. 464-5.* ♦ Mais le fait d'avoir omis un participant sur la grande quantité des entreprises concernées, qui ont en outre évolué au fil du temps, n'est pas, en l'espèce, de nature à invalider l'appréciation de la qualité de la coopération du demandeur de clémence. • Paris, 20 nov. 2014 : *AJCA 2015. 28, note Ponsard* ; *CCC 2015, nº 39, obs. Decocq* ; *RLC janv.-mars 2015. 37, obs. Sélinsky.* ♦ Imposant, pour bénéficier de la clémence, à la société dénonciatrice : d'apporter des éléments concernant la période non prescrite permettant de contribuer à établir la réalité des pratiques dénoncées et à en identifier les auteurs ; de coopérer de manière totale, permanente et rapide tout au long de la procédure d'enquête et d'instruction ; de mettre fin à sa participation aux activités illégales dénoncées et de ne pas avoir pris de mesures pour contraindre d'autres entreprises à participer aux infractions ; de ne pas informer de sa démarche les entreprises susceptibles d'être mises en cause dans le cadre des pratiques dénoncées. • Cons. conc. nº 06-D-09 du 11 avr. 2006 :

préc. ♦ Mais le statut de demandeur de clémence ne lui interdit pas de mettre au dossier d'instruction, accessible aux parties, les éléments dont elle dispose et qui pourraient venir atténuer la portée des pratiques dénoncées ou encore minorer la participation de telle ou telle entreprise, dès lors que ces informations sont fournies dans les meilleurs délais, sont sincères et sont présentées de manière impartiale; la fourniture de telles informations ne pouvant en aucun cas conduire l'Autorité à conclure que le demandeur de clémence romprait son obligation de coopération. • Aut. conc. n° 14-D-19 du 18 déc. 2014 : *D. actu. 27 janv. 2015, obs. Constantin; RLC avr.-juin 2015. 18, obs. Sélinsky.*

La pratique de l'Autorité consiste à subordonner l'octroi effectif de l'exonération de sanction pécuniaire envisagée dans ses avis de clémence à la condition que le demandeur coopère activement à l'ensemble de la procédure d'enquête et d'instruction, y compris en fournissant tout élément de preuve en relation avec l'infraction suspectée qui viendrait en sa possession au cours de l'instruction. Le IV de l'art. L. 464-2 appréhende en effet la procédure de clémence comme une contribution active et volontaire, non seulement à leur détection par l'Autorité, par le biais de la production d'éléments de preuve, mais également, en aval, à l'instruction de l'affaire par les services d'instruction. En pratique, l'obligation impose au demandeur de coopérer avec l'Autorité jusqu'à la séance, y compris donc après la délivrance de l'avis de clémence. • Aut. conc. n° 15-D-19 du 15 déc. 2015. ♦ Quand bien même l'Autorité ne serait-elle pas dans l'obligation d'adopter un principe de procédure défini par le droit de l'Union européenne, l'application cohérente du droit de l'Union constitue un objectif propre à légitimement fonder la décision qu'elle a prise d'appliquer le principe selon lequel la société mère d'une filiale, qui ne l'est plus au moment où cette filiale dépose une demande de clémence, ne peut bénéficier de la clémence accordée à cette filiale. • Paris, 2 févr. 2017, ♘ n° 2013/13058 : *JCP E 2017, n° 1200, note Wilhelm et Dumur; CCC 2017, n° 107, obs. Decocq* (conf. par • Com. 10 juill. 2018, ♘ n° 17-13.973 : *CCC 2018, n° 181, obs. Bosco; RJDA 2018, n° 871*). ♦ La procédure de clémence est instituée afin de faciliter pour les autorités de concurrence la connaissance et l'appréhension de pratiques anticoncurrentielles; il est, dans cet objectif, légitime que soit bénéficiaire de ce dispositif l'entreprise qui accomplit la démarche et non celle qui aurait pu la décider, mais s'en est abstenue. Le fait que certaines sociétés mères seraient trop éloignées de leurs filiales ou n'auraient pas la possibilité d'avoir connaissance des pratiques incriminées relève sur ce point de leur propre responsabilité organisationnelle et n'a pas à être pris en compte. • Paris, 2 févr. 2017, ♘ n° 2013/13058 : *préc.*

26. Pièces et déclarations. Les pièces et déclarations communiquées dans les conditions fixées par le IV de l'art. L. 464-2, sont recevables sans qu'il soit besoin de rechercher la motivation de l'entreprise qui les apporte : il appartient seulement d'apprécier leur vraisemblance, en les confrontant aux autres pièces du dossier; l'examen de la valeur probante des déclarations, distinct de celui de leur recevabilité, est fait lors de l'analyse du bien-fondé des griefs notifiés. • Cons. conc. n° 08-D-32 du 16 déc. 2008 : *D. actu. 19 déc. 2008, obs. Chevrier; RDLC 2009, n° 1, p. 110, obs. Debroux et Rieu; RLC avr.-juin 2009. 26, obs. Cholet.* ♦ Saisi d'une demande de clémence, le rapporteur général ne peut, lors du dépôt, n'en contrôler que sommairement le contenu et il ne se trouve pas en mesure de rejeter tel ou tel élément avant que le rapporteur chargé du dossier puisse débuter un examen approfondi et des investigations. De même, il ne peut en soi être reproché au rapporteur du dossier, d'une part, d'avoir reçu des déclarations ou des pièces contenant des accusations contre une personne physique, quel que soit son titre, si celles-ci pouvaient être en lien avec les infractions, d'autre part, d'en avoir consigné la réception dans un procès-verbal et, enfin, s'agissant de pièces comportant des indications utiles à la manifestation de la vérité, de les avoir maintenues au dossier. Mais il lui appartient néanmoins de veiller à la sauvegarde des droits fondamentaux de ces personnes. • Paris, 2 févr. 2017, ♘ n° 2013/13058 : *préc. note 25.* ♦ Le fait que les notes de synthèse et autres documents contiennent des accusations contre une personne précisément dénommée ne rend pas l'intégralité de ces documents, qui comportent d'autres informations utiles pour l'enquête, illégale. En effet, si ces documents n'auraient pas dû comporter des accusations graves dépourvues de preuve, ceci n'en altère la validité que pour cette partie individuelle, mais n'en affecte pas l'ensemble. De même, les documents de la procédure, avis de clémence et notification de griefs, qui se sont référés à ces pièces sans toutefois citer, ni même faire référence, aux passages portant atteinte à la réputation d'une personne ne sont pas, de ce fait, entachés de nullité. • Même arrêt.

27. Droits de la défense. L'exercice concret des droits de la défense doit être appréhendé en tenant compte de l'obligation incombant à l'entreprise qui a bénéficié d'un avis conditionnel de clémence de coopérer de manière rapide, totale, permanente et véritable au traitement de l'affaire, et ce tout au long de la phase préliminaire d'enquête et de la procédure d'instruction. Cette coopération vise à faciliter la démonstration de l'entente telle que visée par l'avis de clémence et s'oppose à ce que l'intéressé réoriente l'instruction vers une autre pratique qui chapeauterait ou compléterait celle visée par la procédure. Dès lors est-il important d'examiner, d'une part, la nature des liens existant entre les pièces dont le transfert est demandé à la Commission européenne et l'objet de l'affaire pour laquelle leur transfert a été sollicité et de rechercher, d'autre part, en quoi ces pièces pourraient influencer concrètement l'exercice des droits de la défense par l'entreprise en cause. • Aut. conc. nº 11-D-17 du 8 déc. 2011 : *cité note 29.* ♦ Par son existence même, la procédure de clémence a pour effet de placer les parties à une entente dans des positions différentes dans la procédure de sanction de ces pratiques. Cependant, cette situation, voulue par le législateur, n'instaure pas une inégalité des armes au sens de l'art. 6 Conv. EDH dans la mesure où ces parties ne sont pas adversaires les unes des autres et que l'autorité poursuivante respecte pour chacune d'elles les principes fondamentaux des droits de la défense. • Paris, 27 oct. 2016, nº 15/01673.

28. Réduction des sanctions pécuniaires. L'art. L. 464-2 définit les conditions d'octroi de l'exonération et confient à l'Autorité de la concurrence, dans l'exercice de son pouvoir de sanction, l'appréciation, à l'issue d'une procédure contradictoire, et par une décision motivée soumise au contrôle du juge, de l'étendue de l'exonération à accorder au demandeur de clémence, sur la base de critères objectifs, liés à la nature et à l'importance de la contribution apportée par celui-ci à l'établissement de l'infraction et en considération des données individuelles propres à chaque entreprise ou organisme, conformément au principe d'individualisation de la peine (non-transmission d'une QPC). • Com., QPC, 4 mars 2015, ⚖ nº 14-40.052 : *D. actu. 13 mars 2015, obs. Chevrier ; JCP 2015, nº 322.* ♦ Le niveau des réductions de sanctions pécuniaires accordées dans le cadre du programme de clémence pour les demandeurs qui ne peuvent bénéficier de l'exonération totale doit rester plus incitatif que celui pratiqué dans le cadre de la non-contestation des griefs. L'espérance de gain doit nécessairement rester inférieure dans ce deuxième cas pour que les deux dispositifs soient cohérents et que l'incitation à opter pour la clémence soit préservée. • Cons. conc. nº 07-D-21 du 26 juin 2007 : *préc. note 24.* ♦ L'art. L. 464-2-IV n'autorise pas les parties à l'accord à prévoir un simple écrêtement de la sanction encourue, la loi prescrivant exclusivement, dans un souci évident de transparence et de sécurité juridique, une exonération totale ou partielle de la sanction prononcée. Dès lors, la pratique doit s'établir d'une évaluation de la sanction en fonction de critères dégagés pour toutes les entreprises poursuivies, et ensuite d'un abattement qui apparaisse clairement, du moins si l'Autorité entend y faire droit dans la fourchette convenue entre elle et l'entreprise. • Paris, 19 janv. 2010 : ⚖ *cité note 37.* ♦ L'Autorité, à son initiative, peut accorder à l'issue de l'instruction une réévaluation du taux maximal lorsqu'il apparaît notamment que la valeur ajoutée des pièces remises par le demandeur avait été sous-évaluée au stade de l'avis. Mais en tout état de cause, l'application du point 19 du communiqué de procédure du 2 mars 2009 ne peut aboutir, « en principe », à une exonération partielle de sanction supérieure à 50 %. • Aut. conc. nº 14-D-19 du 18 déc. 2014 : *préc. note 25.* ♦ Par ailleurs, seule l'unité économique ayant déposé une demande de clémence et transmis les preuves décisives peut en bénéficier, à savoir la filiale et la société mère qui la détient au moment de cette demande. • Même décision. ♦ Les manquements à l'obligation de coopération, s'ils n'impliquent pas nécessairement la perte intégrale de l'exonération de sanction envisagée au stade de l'avis de clémence, justifient une réduction proportionnée de celle-ci. • Paris, 19 juill. 2018, nº 16/01270 : *CCC 2018, nº 195, obs. Decocq.* ♦ Sur l'examen de l'avis de clémence, V. note 2 ss. art. R. 464-5.

29. Cumul des procédures de clémence et de transaction. La coexistence du III et du IV de l'art. L. 464-2 n'exclut pas la possibilité, pour le rapporteur général, de proposer à l'Autorité de tenir compte du fait qu'une entreprise ayant présenté une demande de clémence renonce ultérieurement à contester les griefs qui lui auraient été notifiés dans l'intervalle. • Aut. conc. nº 11-D-17 du 8 déc. 2011 : *D. actu. 19 déc. 2011, obs. Constantin ; JCP 2011, nº 1411 ; RDLC 2012, nº 1, p. 98, obs. Jalabert-Doury ; RLC avr.-juin 2012. 69, note Patat et Guibert.* ♦ Lorsqu'une entreprise ayant obtenu le bénéfice conditionnel d'une exonération totale ou partielle de sanction en application de la procédure de clémence sollicite ensuite la mise en œuvre de la procédure de non-contestation des griefs, il faut admettre que le rapporteur général puisse tenir compte de cette séquence procédurale. Il lui est en particulier loisible d'apprécier les suites qu'il entend réserver à la demande de mise en œuvre du III à la lumière du contenu respectif de la demande de clémence, d'une part, et des griefs notifiés, d'autre part. • Même décision. ♦ Ainsi, lorsque le champ des griefs notifiés diffère sur un ou plusieurs points importants de l'entente telle que décrite par le demandeur de clémence au vu de l'ensemble des informations et des éléments de preuve dont il pouvait disposer, la mise en œuvre de la procédure de non-contestation des griefs à son égard peut revêtir un intérêt certain ; en revanche, lorsque le périmètre des griefs notifiés correspond au contenu de l'entente tel qu'il a été décrit par le demandeur de clémence, le rapporteur général peut, sans commettre d'erreur manifeste d'appréciation et à condition de respecter par ailleurs le principe d'égalité de traitement, estimer que la mise en œuvre de cette procédure n'apporte pas de valeur ajoutée suffisante au traitement de l'affaire. • Même décision.

Il résulte du point 6 du communiqué de procédure du 10 févr. 2012 que s'il fait référence à un cumul, celui-ci porte sur les procédures, mais ne laisse nullement penser que l'Autorité procéderait à un cumul des taux. Il convient en conséquence de rejeter le moyen par lequel les requérantes soutiennent que l'application « en cascade » des taux de réduction serait contraire à cette disposition.

• Paris, 27 oct. 2016, n° 15/01673. ♦ Lorsque l'Autorité décide de mettre en œuvre les deux procédures conjointement, il se déduit des dispositions précitées qu'elle doit d'abord appliquer au montant de base l'exonération totale ou partielle accordée au titre de la clémence avant de faire application de la réduction accordée au titre de la non-contestation des griefs; cette application en cascade des deux réductions n'aboutissant pas à une inégalité de traitement au détriment des bénéficiaires de la procédure de clémence dès lors que l'exonération totale ou partielle dont ceux-ci bénéficient est nécessairement supérieure à la réduction pouvant être accordée au titre de la non-contestation des griefs afin de ne pas nuire à l'attractivité de cette première procédure. • Même arrêt.

VII. SANCTIONS

A. RESPECT DES DROITS FONDAMENTAUX

30. Garanties du procès équitable. Les prescriptions de l'art. 6 Conv. EDH (délai raisonnable, présomption d'innocence, etc.) s'appliquent aux sanctions pécuniaires prévues par l'art. 13 [C. com., art. L. 464-2], qui, bien que de nature administrative, visent comme en matière pénale, par leur montant élevé et la publicité qui leur est donnée, à punir les auteurs des faits contraires aux dispositions des art. 7 et 8 [C. com., art. L. 420-1 et L. 420-2], et à dissuader les agents économiques de se livrer à de telles pratiques. • Paris, 6 mai 1997 : *D. Affaires 1997. 1036; LPA 11 mars 1998, obs. Arhel.* ♦ Toutefois, ainsi que l'a jugé la CEDH, des impératifs de souplesse et d'efficacité peuvent justifier l'intervention préalable, dans la procédure suivie, d'une autorité administrative qui, comme le Conseil de la concurrence, ne satisfait pas, sur tous leurs aspects, aux prescriptions de forme de l'art. 6, § 1, de la Conv., dès lors que les décisions prises par celle-ci subissent *a posteriori*, sur les points de fait, les questions de droit ainsi que sur la proportionnalité de la sanction prononcée avec la gravité de la faute commise, le contrôle effectif d'un organe judiciaire offrant toutes les garanties d'un tribunal au sens dudit art. 6. • Même arrêt. ♦ Comp. considérant que, dans l'exercice de son pouvoir de sanction, le Conseil de la concurrence est tenu au respect des garanties énoncées par l'art. 6 Conv. EDH : • Paris, 15 juin 1999 : *D. 1999. IR 184; JCP E 1999, n° 49, p. 1966, note Fourgoux* • 29 juin 1999 : *BOCC 25 août 1999.* ♦ Jugeant que la sanction qui s'attache à la violation de l'obligation pour le Conseil de se prononcer dans un délai raisonnable résultant de la Conv. EDH n'est pas l'annulation ou la réformation de la décision mais la réparation du préjudice résultant de la durée excessive de la procédure : • Paris, 20 nov. 2001 : *préc. note 34.* ♦ En matière d'infractions au droit de la concurrence, la cour d'appel pouvant être saisie d'un recours contre les décisions du Conseil de la concurrence, il est satisfait à l'impératif lié à l'existence d'un double degré de juridiction, les décisions motivées émanant du Conseil subissant un contrôle effectif, tant en ce qui concerne la motivation que le respect du principe de la contradiction et des droits de la défense, d'une juridiction de recours répondant à toutes les exigences posées par le Pacte international et la Convention européenne. • Paris, 28 janv. 1997 : *cité note 31.*

31. Cumul des sanctions. Lorsque des faits reprochés sur le fondement de l'art. 8 [C. com., art. L. 420-2] ont déjà été sanctionnés en tant qu'ils ont donné lieu à des pratiques prohibées par l'art. 7 [C. com., art. L. 420-1], il convient de tenir compte de cette précédente décision pour déterminer le montant de la sanction applicable. • Cons. conc. n° 96-D-40 du 14 mai 1996. ♦ En cas de poursuites d'un comportement ou d'une série homogène de comportements sous plusieurs qualifications (abus de position dominante et entente), le fait de retenir une double qualification ne conduit pas à une modification de l'appréciation de la sanction qui sera prononcée. • Aut. conc. n° 17-D-02 du 10 févr. 2017 : *CCC 2017, n° 84, obs. Bosco.* ♦ Sur le cumul des sanctions pécuniaires prononcées par le Conseil de la concurrence et des réparations civiles prononcées par une juridiction de droit commun, V. • Cons. conc. 27 mars 1990 : *Gaz. Pal. 1990. 1. 345, note Marchi; RTD com. 1990. 663, obs. Bouzat*. ♦ La compétence du Conseil, limitée à la connaissance des atteintes portées à la concurrence et lui permettant de prononcer des sanctions administratives à l'encontre de leurs auteurs, sans pour autant pouvoir allouer des dommages et intérêts à leurs éventuelles victimes, est distincte de la compétence reconnue aux juridictions répressives (non-application de la règle *non bis in idem*). • Paris, 28 janv. 1997 : *BOCC 31 déc. 1997.* ♦ Le principe *non bis in idem* interdit de punir deux fois les mêmes faits. Sont différentes les pratiques anticoncurrentielles, dont la sanction est régie par les dispositions de l'art. L. 464-2, de celles qui consistent dans l'inexécution d'injonction, comportement réprimé par les dispositions de l'art. L. 464-3 qui renvoient à celles de l'art. L. 464-2 pour fixer les limites de la sanction applicable. • Cons. conc. n° 05-D-59 du 7 nov. 2005 : *D. 2005. AJ 3012, obs. Chevrier; CCC 2005, n° 207, obs. Malaurie-Vignal* (conf. par • Com. 23 oct. 2007, n° 06-17.852). ♦ La circonstance que, pour respecter les critères fixés par l'art. L. 464-2 auxquels renvoi implicitement l'art. L. 464-3, la cour d'appel ait tenu compte de « l'importance du dommage causé à l'économie » par le refus de respecter les injonctions du Conseil, dommage qui se confond en partie avec celui né des pratiques en cause, n'interdit pas au Conseil de prononcer une sanction pour réprimer ces dernières; en effet, aucun obstacle juridique ne s'oppose à ce que deux sanctions successives, infligées à raison de pratiques différentes, prennent en compte, pour calculer leur montant, un critère partiellement commun. • Même décision. ♦ La règle *non bis in idem* ne peut valablement être invoquée pour échapper à des situations dans lesquelles deux personnes morales distinctes sont poursuivies pour les mêmes faits, tels les entreprises adhérentes d'un groupement et le groupement lui-même. • Cons. conc. n° 06-D-03 du 9 mars 2006 : *D. 2006. AJ 1040, obs. Chevrier ; CCC 2006, n° 89, obs. Malaurie-Vignal ; RLC juill.-sept. 2006. 23, note Sélinsky.* ♦ Il est possible de retenir la responsabilité personnelle d'un organisme collectif, parallèlement à celle de ses membres, dès lors que cet organisme collectif adopte un comportement anticoncurrentiel distinct et autonome de celui de ces membres. • Aut. conc. n° 12-D-06 du 26 janv. 2012.

B. DÉTERMINATION DE LA SANCTION

32. *Motivation et individualisation.* L'art. L. 464-2 laisse à l'autorité administrative indépendante, sous le contrôle du juge, le soin de fixer le montant de la sanction pécuniaire, dans la limite du maximum déterminé par les dispositions contestées, et de proportionner cette sanction à la gravité des faits reprochés, à l'importance du dommage causé à l'économie, à la situation de l'entreprise sanctionnée ou du groupe auquel elle appartient et à l'éventuelle réitération de pratiques prohibées. Par suite, le grief tiré de la méconnaissance du principe d'individualisation des peines doit être écarté. • Cons. const. 14 oct. 2015, n° 2015-489 QPC : *cité note 38.* ♦ L'Autorité de la concurrence doit apporter un soin tout particulier à la motivation s'agissant de l'individualisation et tempérer le propos de sorte que les bases d'évaluation des sanctions n'apparaissent ni stéréotypées ni exclusivement défavorables. • Paris, 19 janv. 2010 : *cité note 37.* ♦ Si les sanctions doivent tenir compte des rôles respectifs joués par chaque entreprise, elles doivent néanmoins être fixées de manière individuelle et non relativement à celles prononcées à l'encontre d'autres entreprises. • Paris, 24 juin 2008, n° 2006/06913. ♦ La seule circonstance que le Conseil ait retenu, pour calculer le montant de la sanction prononcée, un pourcentage du chiffre d'affaires égal à celui pris comme référence dans l'appréciation des sanctions prononcées contre d'autres parties dans la même cause ne suffit pas à caractériser le reproche de manquement à l'obligation d'individualiser la sanction prescrite par l'art. L. 464-2, la commune unité de mesure ne faisant pas l'unité de l'objet mesuré. • Paris, 4 mars 2008 : *cité note 33.* ♦ Le principe d'égalité de traitement ou de non-discrimination exige que des situations comparables ne soient pas traitées de manière différente et que des situations différentes ne soient pas traitées de manière égale, à moins qu'un tel traitement ne soit objectivement justifié. • Paris, 25 sept. 2014 : *préc. note 3.* ♦ Le fait qu'une entreprise détienne une position de *leadership* constitue, aux termes du § 46 du communiqué du 16 mai 2011, une circonstance aggravante, ce dont ne se déduit pas l'existence d'une circonstance atténuante liée à la taille réduite d'une société. • Aut. conc. n° 14-D-16 du 18 nov. 2014 : *préc. note 18.* ♦ Si le § 48 du même communiqué permet à l'Autorité d'adapter à la baisse la sanction pour tenir compte du fait que l'entreprise concernée mène l'essentiel de son activité sur le secteur ou le marché en relation avec l'infraction, il apparaît que 50 % ne suffit pas à constituer « l'essentiel » de l'activité d'une entreprise. • Même décision. ♦ A la lecture des § 44 et 45 du communiqué, il ne fait aucun doute qu'a été réservée la possibilité de qualifier de circonstances atténuantes, ouvrant droit à une réduction de la sanction, des circonstances non expressément prévues dans ce communiqué. Tel est notamment le cas de la moindre gravité de la participation à une infraction unique ainsi que de l'éventuelle variation de cette gravité dans le temps. En tout état de cause, pour pouvoir être prise en considération, une circonstance atténuante doit être démontrée par l'entreprise ou l'organisme qui l'allègue. • Paris, 23 mai 2017, n° 15/08224. ♦ Mais si le communiqué « sanctions » ne comporte pas une liste exhaustive des circonstances atténuantes, et si le fait que celui-ci ne prévoie pas expressément qu'une coopération effective d'une entreprise en dehors de la procédure de clémence suffit à en exclure le caractère atténuant, il n'en demeure pas moins que la jurisprudence française ne récompense pas les entreprises pour leur coopération, aussi active soit-elle, hors de la procédure de clémence. • Même arrêt. ♦ Une attitude de franc-tireur, consistant à adopter durablement un comportement concurrentiel, constitue une circonstance atténuante. S'il n'est pas exigé que l'intéressé se soit publiquement distancié de l'infraction, il n'est néanmoins pas suffisant qu'il ait violé, de façon ponctuelle ou partielle, la discipline commune. • Aut. conc. n° 14-D-19 du 18 déc. 2014 : *préc. note 25.* ♦ S'il ne résulte pas du communiqué « sanctions » que la reconnaissance de la qualité de franc-tireur serait réservée à la première entreprise ayant adopté un comportement concurrentiel durable, ni qu'il serait exigé du franc-tireur qu'il sorte de l'entente, il est toutefois nécessaire, pour pouvoir bénéficier de cette circonstance atténuante, que le non-respect des obligations de l'entente ait été réalisé de façon visible et « considérable » et qu'il ait eu pour effet d'en perturber le fonctionnement. • Paris, 23 mai 2017, n° 15/08224. ♦ La notion de distanciation publique est utilisée aux fins d'apprécier si, et à quel moment, une entreprise a cessé de participer à une entente ; elle ne constitue pas, en revanche, une circonstance atténuante autonome. • Même arrêt. ♦ Le principe d'individualisation des sanctions doit conduire à prendre en compte le choix procédural différencié de la société mère et de sa filiale, la première ayant contesté les griefs, la seconde ayant opté pour la non-contestation des griefs qui l'a fait bénéficier, seule, d'une réduction de l'amende. • Paris, 19 mai 2016, n° 2014-25803 : *préc. note 8.*

Si l'Autorité peut imposer plusieurs sanctions à une entreprise ayant commis plusieurs infractions, il lui est néanmoins loisible, si elle l'estime opportun eu égard à l'identité ou à la connexité des secteurs ou des marchés en cause, d'une part, et à l'objet général des pratiques, d'autre part, d'infliger une seule sanction au titre de plusieurs infractions. • Paris, 6 nov. 2014, n° 2013/01128. ♦ La circonstance que les infractions diffèrent en ce qui concerne leur durée, leur gravité et les dommages qui en résultent ne fait nullement obstacle à ce que l'Autorité prononce une sanction unique et, de la même façon, la possibilité de prononcer une sanction unique pour plusieurs infractions n'est pas subordonnée à l'existence d'une stratégie globale d'éviction. • Même décision. ♦ Dans la situation particulière de l'espèce où l'Autorité choisit de prononcer une sanction unique pour deux griefs distincts, dont le premier absorbe entièrement dans le temps le second, il paraît équitable de retenir un coefficient multiplicateur tenant compte de la durée du seul premier grief plutôt que de cumuler les durées des deux griefs. • Aut. conc. n° 15-D-03 du 11 mars 2015 : *AJCA 2015. 277, obs. Luc ; CCC 2015, n° 126, obs. Bosco ; RLC juill.-août 2015. 37, obs. Sélinsky.*

33. Critères. En se déterminant, sans préciser les éléments propres à déterminer le montant maximum de la sanction prévue par l'art. 13, al. 3 [4] [C. com., art. L. 464-2, al. 4], et, sans apprécier s'il existait une proportionnalité entre la peine prononcée et la gravité des faits relevés et le dommage porté à l'économie du marché de référence, une cour d'appel ne donne pas de base légale à sa décision. • Com. 10 mars 1992, n° 90-16.298 P : *D. 1992. 355, note Gavalda* • 23 avr. 2003, n° 01-16.124. – Comp. : • Com. 21 juin 1994, n° 92-17.598 P. – V. aussi • Com. 6 oct. 1992, n° 90-16.755 P : *CCC 1992, n° 205, obs. Vogel* • 8 déc. 1992, n° 90-20.352 P. ♦ La pratique répressive de la Commission européenne n'est pas un des critères énoncés par l'art. L. 464-2-I (facteur multiplicateur). • Paris, 24 nov. 2009 : *RLC avr.-juin 2010. 74, obs. Barbier de la Serre.* ♦ En référence à son montant maximum, la sanction pécuniaire doit être fixée en fonction du nombre, de la durée, de la gravité des pratiques en cause, de la part prise par l'entreprise dans leur conception et leur mise en œuvre et de l'atteinte qu'elles ont portée à l'économie. • Paris, 1er juill. 1992 : *BOCC 31 juill. 1992.* ♦ La sanction doit être proportionnée, notamment, à la gravité des faits reprochés et à l'importance du dommage causé à l'économie ; le deuxième critère ne se confondant pas avec le premier de sorte que si, comme en l'espèce, le dommage causé à l'économie peut être qualifié de limité, les faits peuvent en eux-mêmes revêtir un caractère certain de gravité. • Paris, 4 mars 2008 : *D. 2008. AJ 913, obs. Chevrier ; CCC 2008, n° 135, obs. Decocq ; RDLC 2008, n° 2, p. 108, obs. Claudel.* ♦ Si les infractions les plus graves, c'est-à-dire celles pour lesquelles l'expérience et la théorie enseignent qu'elles sont le plus susceptibles de causer un dommage à l'économie, sont, en règle générale, celles qui causent le dommage le plus grand, les données disponibles ne permettent pas toujours de le mettre en évidence quantitativement. • Paris, 23 mai 2017, n° 15/08224. ♦ L'art. L. 464-2 n'exclut pas que les éléments caractérisant le dommage à l'économie puissent également être retenus pour apprécier les autres critères d'individualisation de la sanction. • Com. 21 oct. 2014, n° 13-16.602 P : *cité note 40.* ♦ Le communiqué sanction ne prévoit pas la prise en compte des difficultés financières particulières de l'entreprise mise en cause au stade de la détermination du montant de base de la sanction, cette question étant examinée au titre de la capacité contributive (V. note 39). • Aut. conc. n° 16-D-28 du 6 déc. 2016 : *CCC 2017, n° 21, obs. Bosco.*

En application du I de l'art. L. 464-2, le montant de base de la sanction de chaque entreprise en cause est déterminé en fonction de la gravité des faits et de l'importance du dommage causé à l'économie, critères qui se rapportent tous deux à l'infraction en cause. La durée des pratiques constituant un facteur pertinent pour apprécier tant la gravité des faits que l'importance du dommage causé à l'économie, elle doit faire l'objet d'une prise en compte sous ce double angle. Les autres éléments d'individualisation pertinents relatifs à la situation et au comportement de chacune des entreprises en cause doivent être pris en considération dans un second temps. • Aut. conc. n° 11-D-17 du 8 déc. 2011 : *préc. note 29.* ♦ La durée de mise en œuvre des pratiques est un critère indicatif tant de la gravité que du dommage à l'économie ; pour avoir un sens, l'appréciation de la durée de mise en œuvre ne saurait être déconnectée de celle des effets de la pratique lorsque ceux-ci ont perduré dans le temps au-delà des faits en cause. • Paris, 18 déc. 2014 : *cité note 40.* ♦ Le 3e al. de l'art. L. 464-2-I, qui prévoit que les sanctions sont proportionnées à la gravité des faits et à l'importance du dommage qu'ils ont causé à l'économie, ne fait pas obstacle à ce que la durée des pratiques, facteur pertinent pour apprécier ces deux éléments, soit prise en considération à ce double titre. • Com. 17 mars 2015, n° 13-26.003 : *CCC 2015, n° 124, obs. Decocq ; RLC juill. août 2015. 42, obs. Cholet.* ♦ La circonstance que le Conseil n'a pas prononcé les mesures conservatoires demandées, faute d'une atteinte grave et immédiate à l'économie générale, à celle du secteur intéressé, à l'intérêt des consommateurs ou à l'entreprise plaignante, n'est pas de nature à atténuer la gravité des comportements constatés. • Cons. conc. n° 09-D-07 du 12 févr. 2009. ♦ Lorsque le comportement d'une personne publique a eu pour effet d'inciter à une entente dans un marché public, il y a lieu d'en tenir compte pour la détermination des sanctions. • Paris, 27 sept. 1996 : *D. Affaires 1997. 17.*

34. Principe de proportionnalité. Sur l'appréciation concrète des juges du fond sur la proportionnalité de la sanction prononcée à la gravité des faits reprochés, au dommage à l'économie et à la situation de chacune des entreprises concernées, V. • Com. 14 déc. 1999, ⚖ n° 98-13.401 : *CCC 2000, n° 44, obs. Malaurie-Vignal* • Paris, 20 nov. 2001 : *Gaz. Pal. 3-5 mars 2002, p. 34.* ♦ Une partie sanctionnée, qui ne peut revendiquer que la prise en compte des principes et critères mentionnés par l'art. L. 464-2, al. 2, n'est pas recevable à contester sa condamnation au prétexte d'une appréciation, selon elle discriminatoire de la part du Conseil, de la sanction infligée à une autre entreprise également poursuivie. • Paris, 24 avr. 2007 : *CCC 2007, n° 155, obs. Decocq; RLC juill.-août 2007. 32, obs. Sélinsky et Cholet; RDLC 2007, n° 3, p. 92, obs. Claudel.* – V. aussi • Paris, 28 janv. 2009 : ⚖ *cité note 14 ss. art. L. 420-1.* ♦ L'art. L. 464-2 commandent seulement de vérifier que la sanction prononcée répond au principe de proportionnalité selon les critères qu'il énumère, sans qu'il y ait lieu de comparer l'application qui en a été faite à d'autres entreprises également sanctionnées ou de se référer aux lignes directrices pour le calcul des amendes que la Commission européenne a publiées pour son seul usage. • Paris, 20 nov. 2007, ⚖ n° 2006/21159. ♦ L'art. L. 464-2 ne commande pas, au titre de la détermination individuelle de la sanction, de justifier celle-ci au regard de celles prononcées envers d'autres entreprises également sanctionnées dans la même affaire. • Paris, 11 mai 2010 : ⚖ *CCC 2010, n° 184, obs. Decocq.* ♦ Le fait d'avoir prononcé la sanction proposée sur la base de quatre griefs notifiés alors que deux griefs avaient été abandonnés ne peut constituer une atteinte au principe de proportionnalité dès lors qu'il n'est pas établi que les pratiques abandonnées auraient eu des effets anticoncurrentiels autonomes par rapport à ceux engendrés par celles sanctionnées. • Paris, 19 mai 1998 : *BOCC 18 juin 1998.*

35. Principe de la contradiction. Il incombe au Conseil de la concurrence de faire connaître aux sociétés poursuivies le montant qu'il entend prendre en compte à titre de référence, pour l'application de l'art. 13, al. 3 [4] [C. com., art. L. 464-2, al. 4], pour leur permettre de présenter, le cas échéant, toutes observations et, faute par lui de l'avoir fait, les sanctions prononcées doivent être annulées. • Paris, 22 avr. 1992 : *BOCC 30 avr. 1992.*

36. Dommage causé à l'économie. Pour tenir compte du dommage causé à l'économie, le Conseil de la concurrence n'est tenu ni d'en chiffrer le montant, ni de quantifier l'incidence des pratiques constatées sur les prix, mais seulement de fournir les éléments permettant d'en apprécier l'incidence économique. • Paris, 25 janv. 1994 : *D. 1994. IR 46.* ♦ Ainsi, l'art. L. 464-2 n'exige pas une évaluation précise du dommage causé à l'économie. • Cons. conc. n° 08-D-29 du 3 déc. 2008. ♦ ... Celui-ci ne devant pas être précisément chiffré, et ne pouvant se réduire aux seules conséquences directes et monétaires. • Aut. conc. n° 09-D-19 du 10 juin 2009. ♦ Pour un arrêt retenant que le dommage porté à l'économie peut résulter de la mise en œuvre d'agissements anticoncurrentiels commis pour renforcer les barrières à l'entrée des marchés concernés alors que le législateur avait décidé de l'ouverture de ces marchés à la concurrence d'entreprises privées, V. • Com. 6 avr. 1999, ⚖ n° 97-12.776 P. ♦ En ce sens que l'appréciation du dommage à l'économie tient compte de la notoriété des entreprises concernées, qui peut entraîner des entreprises de plus petite taille à adopter les mêmes comportements anticoncurrentiels, V. • Cons. conc. n° 96-D-64 du 20 nov. 1996. ♦ S'il y a lieu pour mesurer l'importance du dommage à l'économie de tenir compte de la sensibilité de la demande du prix, les motifs retenus par le Conseil et tirés de l'importance de la taille du marché ainsi que de l'implication de la totalité des opérateurs intervenant sur ce marché oligopolistique sont également pertinents. • Paris, 30 juin 2011 : ⚖ *CCC 2011, n° 218, obs. Decocq; RDLC 2011, n° 4, p. 99, obs. Jalabert-Doury* (conf. par • Com. 30 mai 2012, ⚖ n° 11-22.144 : *CCC 2012, n° 181, obs. Decocq; RLC juill.-sept. 2012. 26, obs. Sélinsky*). ♦ Lorsque l'Autorité examine dans une seule et même décision deux abus de position dominante de même nature mais mis en œuvre par des opérateurs différents, elle apprécie, en principe, de manière séparée l'importance du dommage causé par chacune de ces infractions. • Aut. conc. n° 12-D-24 du 13 déc. 2012 : *D. actu. 15 janv. 2013, obs. Chevrier; CCE 2013, n° 55, obs. Chagny; RLC avr.-juin 2013. 31, obs. Sélinsky.* ♦ Lorsque plusieurs entreprises sont en cause, il suffit au Conseil de caractériser l'importance du dommage global causé à l'économie, sans rechercher la part de ce dommage imputable à chaque entreprise. • Cons. conc. n° 08-D-06 du 2 avr. 2008 : *cité note 37.* ♦ S'il incombe à l'Autorité d'apprécier la gravité des faits et l'importance du dommage causé à l'économie, afin d'y proportionner le montant des sanctions qu'elle prononce, elle n'est nullement tenue d'y procéder par la voie d'une quantification qui prendrait la forme d'un chiffrage ou d'un coefficient multiplicateur. • Paris, 6 juill. 2017, ⚖ n° 2016/22365. ♦ Un chiffrage précis de la valeur du dommage causé à l'économie n'est pas exigé par l'art. L. 464-2, qui prévoit que les sanctions soient « proportionnées à l'importance du dommage » • Cons. conc. n° 05-D-59 du 7 nov. 2005, ⚖. ♦ L'art. L. 464-2 n'impose pas de rechercher la part de marché affectée par la pratique en cause, ni de préciser la part spécifique et personnelle des entreprises sanctionnées sur ce marché, il exige seulement de déterminer l'ordre de grandeur du dommage à l'économie afin d'en tenir compte dans la fixation proportionnelle de la sanction. • Paris, 29 avr. 2009, ⚖ n° 2008/11907. ♦ L'Autorité n'est pas tenue de chiffrer précisément le dommage à l'économie, qui en tout état de cause ne saurait se limiter au surprofit, comme le ferait le juge de la réparation; il ne s'agit donc que de donner un ordre de grandeur d'un surprix ou d'une surmarge, et non pas de les mesurer de manière incontestable. • Aut. conc. n° 10-D-39 du 22 déc. 2010 : *RLC avr.-juin 2011. 39, obs. Sélinsky.* ♦ Le dommage causé à l'économie, qu'il n'est pas nécessaire d'évaluer précisément, est distinct du préjudice financier éventuellement subi par la victime directe de l'entente et s'apprécie en fonction de la perturbation générale apportée au fonctionnement normal des marchés ; il n'y a donc pas lieu de circonscrire au seul marché pertinent l'appréciation de ce dommage. • Cons. conc. n° 08-D-13 du 11 juin 2008 : *CCC 2008, n° 181, obs. Bosco ; RDLC 2008, n° 3, p. 91, obs. Claudel ; RLC oct.-déc. 2008. 31, obs. Sélinsky et Cholet.* ♦ Ainsi, il y a lieu de tenir compte, pour apprécier l'incidence économique de la pratique en cause, de l'ampleur de l'infraction, telle que caractérisée, entre autres, par sa couverture géographique ou par la part de marché cumulée des participants sur le secteur ou le marché concerné, de sa durée, de ses conséquences conjoncturelles ou structurelles, ainsi que des caractéristiques économiques pertinentes du secteur ou du marché concerné. • Aut. conc. n° 14-D-06 du 8 juill. 2014, . ♦ Le fait qu'à certains égards, une entente présente des effets analogues à ceux d'une fusion n'implique pas pour autant que les critères utilisés pour en évaluer l'ampleur doivent nécessairement être identiques ou qu'ils aient la même importance dans l'analyse. • Aut. conc. n° 15-D-19 du 15 déc. 2015. ♦ Un contre-pouvoir de négociation élevé, combiné à l'asymétrie entre les participants à la pratique, à l'absence de mécanisme de surveillance et à l'existence de surcapacités structurelles, peut diminuer le dommage en empêchant les participants d'imposer les hausses de prix envisagées à leurs clients. • Même décision. ♦ Même si le très fort contre-pouvoir des distributeurs comme la contestabilité modérée de la position des industriels présents sur le marché ont certainement eu pour effet de limiter l'effet des pratiques, il ne peut néanmoins être d'emblée affirmé qu'ils ont empêché tout dommage à l'économie, compte tenu, d'une part, de l'ampleur des pratiques – les entreprises concernées représentant plus de 90 % du marché – et, d'autre part, de l'existence de barrières à l'entrée telles que seule une société aurait été susceptible de perturber l'entente si elle avait décidé de revenir sur le marché en cause, ce qui ne s'est pas produit. • Paris, 23 mai 2017, n° 15/08224.

37. *Gravité des pratiques.* La gravité des pratiques en cause s'apprécie globalement, non pas du point de vue de chacun des acteurs de l'entente, mais au regard de la volonté infractionnelle d'ensemble que présente l'entente et du point de vue de la légalité et des catégories économiques que la loi protège. • Paris, 19 janv. 2010, n° 2009/00334 : *D. 2010. AJ 261, obs. Chevrier ; RTD com. 2010. 289, obs. Claudel ; JCP E 2010. Actu. 130, obs. Vilmart ; CCC 2010, n° 79, obs. Decocq ; RJDA 2010, n° 680 ; RLDA mars 2010. 37, note Ferré et Biancone ; RLC avr.-juin 2010. 21, note Boy ; RDLC 2010, n° 2, p. 68, obs. Debroux.* ♦ La pratique décisionnelle établit une gradation des comportements anticoncurrentiels par ordre de gravité – même si la loi ne fait pas de même – entre abus de position dominante, entente verticale et entente horizontale, ce dernier comportement étant considéré comme le plus préoccupant. • Même arrêt. ♦ Si la jurisprudence classe les pratiques d'entente verticale à un degré de moindre gravité par rapport aux ententes horizontales, la combinaison des deux pratiques contribue à en renforcer la gravité. • Aut. conc. n° 16-D-17 du 21 juill. 2016. ♦ Le nombre, le cumul et l'interaction des comportements anticoncurrentiels mis en œuvre en même temps constituent un facteur qui doit être pris en compte au titre de la gravité des faits. • Aut. conc. n° 09-D-36 du 9 déc. 2009 : *préc. note 6.* ♦ Même si la gravité des faits s'entend habituellement de leur répétition, de leur durée, de leur ancienneté et de leur ampleur, leur caractère ponctuel peut, par son immédiateté et sa brutalité, avoir un effet anticoncurrentiel, entraînant ainsi l'éviction d'un concurrent qui tente de pénétrer sur le marché par l'utilisation d'un produit voisin. • Paris, 21 oct. 1997 : *D. Affaires 1997. 1350.* ♦ Si la durée de la pratique est un critère à prendre en compte pour apprécier la gravité de l'infraction, la durée pertinente n'est toutefois pas la durée du déroulement de l'appel d'offres lui-même mais la durée de son exécution pendant laquelle sont ressentis les effets sur le marché. • Paris, 24 nov. 2009, n° 2009/00315 : *préc. note 33.* ♦ Ainsi, s'agissant d'un marché d'appel d'offres, par nature instantané, la durée à prendre en considération est celle du temps pendant lequel les prix et les parts de marché ont échappé, du fait de l'accord de volontés, au jeu normal qui serait résulté d'une compétition non faussée au départ. • Com. 20 janv. 2015, n° 13-16.745 P : *cité note 1 ss. art. 3 du Règl. CE n° 1/2003 du 16 déc. 2002, II. Règles européennes.* ♦ La durée de la pratique peut résulter d'une infraction unique et répétée. Le caractère unique de l'infraction sur l'ensemble de la période, avant et après la suspension des pratiques, se déduit de l'identité des modalités de mise en œuvre, de l'identité des participants aux réunions, de l'identité des objectifs des pratiques, de l'identité des produits concernés et de l'identité du champ géographique concerné. • Aut. conc. n° 18-D-24 du 5 déc. 2018 : *RLC janv. 2019. 19, note Trifounovirch ; ibid. févr. 2019. 36, note Dumarçay.* ♦ La gravité de la pratique doit aussi s'apprécier en tenant compte des possibilités ouvertes à ses victimes de s'y soustraire. • Cons. conc. n° 08-D-06 du 2 avr. 2008 : *CCC 2008, n° 164, obs. Decocq ; RDLC 2008, n° 2, p. 105, obs. Debroux ; RLC oct.-déc. 2008. 208, note Deschamps et Marty.* ♦ La gravité du comportement ne se confond pas avec la réalité de l'abus de position dominante mais doit procéder d'une analyse des méthodes utilisées par l'opérateur pour parvenir à ses fins, d'une mesure des parts de marché que détient l'entreprise poursuivie, d'un examen de la durée du comportement anticoncurrentiel, de l'étendue ou la complexité des processus anticoncurrentiels, de l'affectation directe des prix, jusques et y compris les prix de détail, d'une analyse des marchés concernés, selon qu'il s'agit de marchés sensibles ou qui le sont moins, de marchés touchant directement le consommateur final ou pas, de l'identification de clients personnes physiques ou petites entreprises, ou de clients vulnérables (enfants, personnes âgées, malades...) ou d'une clientèle captive au sens économique, de la continuation du comportement anticoncurrentiel après la saisine de l'Autorité, ou encore du fait qu'il s'agisse d'un marché public. • Paris, 23 mars 2010, n° 2009/09599. ♦ V. aussi, prenant en considération la nature de l'infraction en cause (entente, abus de domination), la nature du ou des paramètres de la concurrence concernés (prix, clientèle, production), la nature des activités, des secteurs ou des marchés en cause (marché public, marché émergeant, ouverture à la concurrence), la nature des personnes susceptibles d'être affectées (PME, consommateur), les caractéristiques objectives de l'infraction (secret, sophistication, représaille) : • Aut. conc. n° 14-D-20 du 22 déc. 2014 : *RLC avr.-juin 2015. 11, note Venayre* (conf. par • Paris, 14 avr. 2016, n° 2015/01855 : *AJCA 2016. 351, obs. Utzschneider et Mussi*) • Aut. conc. n° 18-D-06 du 23 mai 2018. ♦ En faussant par leurs devis de complaisance le processus de mise en concurrence, les entreprises en cause ont non seulement violé l'art. L. 420-1, mais sont également responsables d'une mauvaise utilisation de deniers publics en cherchant à faire échec à une réglementation, ce qui a pour effet d'accroître la gravité des pratiques en cause. • Aut. conc. n° 14-D-16 du 18 nov. 2014 : *préc. note 18.*

Sur la question de savoir si la nouveauté de l'infraction, dans son principe et sa caractérisation, peut militer en faveur d'une limitation de sa gravité, en vertu du principe de sécurité juridique, V. • Paris, 15 mai 2015, n° 2014/05554 : *AJCA 2015. 326, obs. Fourgoux ; CCC 2015, n° 179, obs. Decocq ; RLC juill.-août 2015. 40, obs. Sélinsky.* ♦ La connaissance par l'entreprise du caractère illicite des pratiques qu'elle a commises constitue un facteur aggravant, l'expertise d'un juriste n'étant nullement une condition nécessaire à la prise de conscience que les concertations et échanges d'informations entre entreprises soumissionnaires à un appel d'offres sont par principe prohibés. • Paris, 21 janv. 2016, n° 2014/22811 : *cité note 40.* ♦ Les éléments aux dossiers témoignent de la parfaite connaissance que les distributeurs avaient du caractère illicite de leur comportement, ce qui accroît le degré de gravité des pratiques mises en œuvre. • Aut. conc. n° 18-D-15 du 26 juill. 2018. ♦ La complexité du test de différenciation tarifaire mis en œuvre, pas plus que le caractère, à certains égards, inédit de l'application de la qualification d'abus de position dominante aux faits en cause ne font disparaître en aucune manière, ni même n'atténuent la contrariété au droit de la concurrence des pratiques reprochées, avec les conséquences qui s'y attachent en ce qui concerne la responsabilité des opérateurs. En revanche, la cour juge qu'il y a lieu de considérer ces circonstances, et leurs effets en termes de prévisibilité pour les opérateurs, comme étant, au cas d'espèce, de nature à diminuer le montant des sanctions pécuniaires prononcées. • Paris, 19 mai 2016, n° 2013/01006 : *AJCA 2016. 346, obs. Amaro* . ♦ Mais l'incertitude tenant à la matière conduit à relativiser la gravité de la pratique. • Aut. conc. n° 17-D-06 du 21 mars 2017.

38. Assiette de la sanction : chiffre d'affaires. En prévoyant de réprimer les pratiques anticoncurrentielles d'une entreprise au moyen d'une sanction pécuniaire dont le montant maximal correspond à 10 % du chiffre d'affaires, le législateur n'a pas institué une peine manifestement disproportionnée au regard, d'une part, de la nature des agissements réprimés et, d'autre part, du fait qu'ils ont pu et peuvent encore, alors même qu'ils ont cessé, continuer de procurer des gains illicites à l'entreprise. Il en résulte que les dispositions de la 2e phrase du 4e al. de l'art. L. 464-2 ne méconnaissent pas les principes de nécessité et de proportionnalité des peines. • Cons. const. 14 oct. 2015, n° 2015-489 QPC : *D. 2015. Actu. 2068 ; RTD com. 2015. 703, obs. Claudel ; CCC 2015, n° 289, obs. Bosco ; RJDA 2016, n° 324.* ♦ En prévoyant que, lorsque les comptes de l'entreprise ont été consolidés ou combinés en vertu des textes applicables à sa forme sociale, le chiffre d'affaires pris en compte pour calculer le maximum de la sanction encourue est celui figurant dans les comptes consolidés ou combinés de l'entreprise consolidante ou combinante, le législateur a entendu prévenir des stratégies consistant à réduire, par des restructurations du capital des sociétés, le chiffre d'affaires des entreprises se livrant à des pratiques anticoncurrentielles afin de minorer le maximum de la sanction encourue dans l'hypothèse où ces pratiques seraient sanctionnées ; cette disposition vise en outre à prendre en compte la taille et les capacités financières de l'entreprise visée dans l'appréciation du montant maximal de la sanction. Eu égard à l'objectif ainsi poursuivi, les dispositions de la 3e phrase du 4e al. de l'art. L. 464-2 ne méconnaissent pas les principes de nécessité et de proportionnalité des peines. • Même décision. ♦ La prise en compte du chiffre d'affaires figurant dans les comptes consolidés ou combinés de l'entreprise consolidante ou combinante n'est pas subordonnée au constat que cette dernière a exercé une influence déterminante sur le comportement de l'entreprise sanctionnée. Le plafond légal sera donc calculé par rapport à ce chiffre d'affaires, même lorsque l'entreprise sanctionnée a agi de façon autonome. Par ailleurs, la prise en compte du chiffre d'affaires figurant dans les comptes consolidés ou combinés n'est pas davantage subordonnée au constat préalable que l'appartenance de l'entreprise sanctionnée à un groupe a joué un rôle dans la mise en œuvre des pratiques anticoncurrentielles ou est de nature à influer sur l'appréciation de leur gravité, de sorte que ledit chiffre d'affaires doit servir de base au calcul du plafond légal, que la sanction ait ou non été majorée en raison de l'appartenance de l'entreprise sanctionnée à un groupe. • Paris, 23 mai 2017, n° 15/08224. ♦ Ainsi, la jurisprudence énonçant les conditions dans lesquelles l'Autorité peut user de la faculté de rehaussement de la sanction à raison de l'appartenance de l'entreprise concernée à un groupe (V. note 40) est étrangère à la détermination du plafond légal. • Même arrêt.

Si toute entité exerçant une activité économique peut, quelle que soit sa forme juridique, faire l'objet d'une sanction, il n'en demeure pas moins que, dans le cadre de la méthode de détermination des sanctions relevant de l'autonomie procédurale reconnue aux États membres, l'art. L. 464-2 institue un plafond de sanctions différent selon que l'entité est ou non une entreprise. • Paris, 26 févr. 2015, n° 2013/06663 : *AJCA 2015. 228, obs. Fourgoux ; CCC 2015, n° 122, obs. Decocq.* ♦ Compte tenu du fait que l'entité, qui est une association de type loi de 1901, ne dispose pas d'un chiffre d'affaires propre ou de valeur des ventes en relation avec les prestations des agences de mannequins, sa sanction pécuniaire doit être déterminée selon des modalités propres au cas d'espèce ; l'Autorité prendra en compte, pour donner une traduction chiffrée à l'appréciation des critères légaux de détermination de la sanction prévus par le code de commerce, le montant des cotisations professionnelles perçues. • Aut. conc. n° 16-D-20 du 29 sept. 2016. ♦ En se référant à la notion d'entreprise, le législateur a entendu distinguer les personnes condamnées en fonction de la nature de leurs facultés contributives respectives. Il a ainsi fixé un montant maximal de la sanction pécuniaire, proportionné au montant du chiffre d'affaires pour celles qui sont constituées selon l'un des statuts ou formes juridiques propres à la poursuite d'un but lucratif et fixé en valeur absolue pour les autres contrevenants. Après avoir relevé que le contrevenant était une entité exerçant une activité économique, comme telle soumise aux dispositions de l'art. L. 420-2, c'est à bon droit que la cour d'appel a retenu que cette association, régie par la L. du 1er juill. 1901, n'était pas pour autant une entreprise au sens de l'art. L. 464-2-I, al. 4, et qu'elle en a déduit qu'en déterminant la sanction au regard du maximum légal de trois millions d'euros, l'Autorité de la concurrence avait fait l'exacte application de ce texte, qui ne distingue pas selon que le contrevenant, qui n'est pas une entreprise, réalise ou non un chiffre d'affaires. • Com. 8 févr. 2017, n° 15-15.005 P : *D. 2017. Actu. 404 ; JCP E 2017, n° 1136 ; CCC 2017, n° 105, obs. Decocq ; RJDA 2017, n° 371.* ♦ L'art. L. 464-2 ne prévoit pas que le chiffre d'affaires des entreprises constitue l'assiette exclusive des sanctions que le Conseil peut infliger : il ne fait référence au chiffre d'affaires que pour déterminer le montant maximum de la sanction qui peut être prononcée. • Cons. conc. n° 09-D-05 du 2 févr. 2009 : *Gaz. Pal. 2010. 470, et les obs.*

Si le code de commerce, en ne se référant pas au chiffre d'affaires lié au marché en cause, mais uniquement au chiffre d'affaires mondial consolidé ou combiné, n'impose pas à l'Autorité de procéder de la sorte, il n'en résulte pas moins que la valeur des ventes de l'ensemble des catégories de produits en relation avec l'infraction effectuées en France par chacune des entreprises en cause, durant son dernier exercice comptable complet de participation à l'infraction, peut être utilement retenue comme assiette de leurs sanctions respectives. • Aut. conc. n° 11-D-17 du 8 déc. 2011 : *préc. note 29.* ♦ Selon les § 33 et 34 du communiqué sur les sanctions du 16 mai 2011, les ventes à prendre en compte sont « toutes celles réalisées en France » dans les « catégories de produits ou de services en relation avec l'infraction » et non les seules ventes effectivement affectées par l'infraction ; l'Autorité n'a donc pas à prouver une affectation directe de chaque vente par l'infraction lorsqu'elle détermine le montant de la valeur des ventes. • Aut. conc. n° 16-D-11 du 6 juin 2016. ♦ Pour un arrêt approuvant dans le cadre d'une entente anticoncurrentielle, une « sanction pécuniaire globale », prenant en considération le chiffre d'affaires réalisé à l'échelle d'un ensemble de sociétés ayant souscrit un contrat de franchisage : • Com. 27 janv. 1998, n° 96-10.694 : *JCP E 1998, n° 7, p. 263.* ♦ ... Ou en raison des ententes horizontale et verticale auxquelles l'entreprise sanctionnée avait participé : • Com. 22 nov. 2005, n° 04-19.102 P : *préc. note 21.* ♦ Il n'y a pas lieu de se limiter au chiffre d'affaires concernant les produits constituant le marché de référence sur lequel ont été constatées les pratiques prohibées. • Com. 21 juin 1994, n° 92-17.598 P : *préc. note 33* • 3 mai 1995, n° 93-17.144 P • 13 mai 1997, n° 95-14.035 P • Paris, 15 sept. 1995 : *D. 1996. Somm. 177, obs. Gavalda et Lucas de Leyssac ; CCC 1996, n° 26.* – V. aussi • Paris, 24 mai 1996 : *D. 1996. IR 158 ; D. Affaires 1996. 832.* ♦ L'exercice de référence est le dernier exercice clos au moment où le Conseil de la concurrence sanctionne les agissements de l'entreprise poursuivie. • Com. 30 mai 1995, n° 93-18.670 P : *D. 1995. IR 186 .* ♦ ... Peu important que la décision de celui-ci ait été ultérieurement annulée. • Com. 13 juill. 2004, n° 03-11.430 P : *D. 2004. AJ 2375 ; JCP E 2004, n° 41, p. 1564 ; RLC 2005, n° 1, p. 92, obs. Cheynel.* ♦ Jugeant qu'en l'absence de chiffre d'affaires déterminé, la sanction peut être assise sur des éléments représentant l'activité économique (en l'espèce, pour des établissements de crédit, le produit brut bancaire) dans la limite du plafond légal. • Com. 23 juin 2004, n° 01-17.896 P : *RLC 2005, n° 2, p. 38, obs. Peyre et Sélinsky.* – V. aussi • Aut. conc. n° 10-D-28 du 20 sept. 2010 : *cité note 44.* ♦ Pour la difficile détermination de l'assiette de la sanction en présence d'une opération de fusion proche de la décision du Conseil de la concurrence, V. • Paris, 14 janv. 2009 :

CCC 2009, n° 80, obs. Decocq. ♦ Jugeant que l'ancienneté des faits et la durée de la procédure ne constituent pas un moyen de réduction de la sanction ; qu'aucune distinction ne doit être opérée quant aux branches d'activité de l'entreprise, et que l'on ne saurait dès lors restreindre le chiffre d'affaires de référence aux prestations dédiées à une catégorie de clientèle déterminée ; que le chiffre d'affaires à prendre en considération est celui du dernier exercice clos, peu important que l'augmentation sensible de ce chiffre d'affaires soit la conséquence du rachat de plusieurs sociétés : • Paris, 29 janv. 2008, n° 2006/07820. ♦ La circonstance que le chiffre d'affaires se soit accru depuis la survenance des faits est sans incidence sur le montant du chiffre d'affaires de référence, constitué par le dernier connu au moment du prononcé de la sanction. • Paris, 10 avr. 2014 : *BOCC 7 juill. 2014.* ♦ Estimant que les débours ne sont pas retirés du chiffre d'affaires de l'entreprise pour le calcul, V. • Aut. conc. n° 14-D-16 du 18 nov. 2014 : *préc. note 18.* ♦ ... Pas plus que les coûts ne sont à déduire du chiffre d'affaires servant de base au calcul des sanctions (prise en compte du chiffre d'affaires « double net »). • Paris, 27 oct. 2016, n° 15/01673. ♦ Le requérant ne saurait confondre l'année prise en compte pour le chiffre d'affaires servant à déterminer la valeur des ventes et l'année prise en compte pour définir le maximum légal de sanction. • Paris, 20 nov. 2014 : *AJCA 2015. 28, note Ponsard ; CCC 2015, n° 39, obs. Decocq ; RLC janv.-mars 2015. 37, obs. Sélinsky.* ♦ Dans la mesure où seules les règles comptables françaises s'imposent à l'ensemble des opérateurs qui exercent une activité économique en France, la notion de chiffre d'affaires renvoie nécessairement au chiffre d'affaires tel que calculé selon ces normes comptables. • Aut. conc. n° 14-D-19 du 18 déc. 2014 : *préc. note 25.* ♦ La méthode la plus pertinente pour écarter tout risque de double sanction consiste, pour les entreprises concernées par une précédente décision, à exclure de l'assiette de l'amende la valeur des ventes correspondant aux produits, pour la période au cours de laquelle les deux infractions ont eu lieu simultanément. • Même décision. ♦ La circonstance que, sur le marché des produits laitiers frais vendus sous MDD, le lien commercial entre fabricants et distributeurs soit moins une relation de distribution qu'une relation de sous-traitance, ne prive pas de pertinence la référence à la valeur des ventes affectées par l'entente. • Paris, 23 mai 2017, n° 15/08224.

39. Calcul de la sanction : difficulté économique. Il convient de tenir compte, pour chacune des entreprises, de ses capacités contributives, de la part prise dans les comportements sanctionnés ainsi que de l'atteinte portée aux règles de la concurrence dans le cas du marché concerné. • Cons. conc. n° 92-D-22 du 17 mars 1992 : *CCC 1992, n° 101, obs. Vogel.* ♦ Les éventuelles difficultés du secteur économique concerné par les griefs ou l'action des pouvoirs publics ne figurent pas parmi les critères à prendre en considération pour la détermination des sanctions. • Aut. conc. n° 15-D-19 du 15 déc. 2015. ♦ En effet, l'art. L. 464-2, s'il précise que les sanctions pécuniaires sont notamment proportionnées à la gravité des faits et à la situation de l'organisme ou de l'entreprise sanctionné, ne met pas au nombre des critères de proportionnalité de la sanction les éventuelles difficultés générales du secteur concerné par l'infraction. • Paris, 23 mai 2017, n° 15/08224. ♦ Ainsi, les difficultés économiques susceptibles d'être prises en compte pour l'appréciation de la sanction sont seulement les difficultés individuelles dans la mesure où elles affecteraient la capacité contributive d'une entreprise et non la situation de crise économique du secteur. • Paris, 29 sept. 2009 : *D. actu. 5 oct. 2009, obs. Chevrier ; Gaz. Pal. 2010. 1696, et les obs.* ♦ La diminution des résultats nets ne constitue pas nécessairement l'indice de difficultés économiques mais, tout au plus, d'une diminution de rentabilité, qui ne constitue pas un critère de détermination de la sanction fixé par l'art. L. 464-2. • Aut. conc. n° 13-D-12 du 28 mai 2013 : *cité note 1 ss. art. R. 464-5.* ♦ Jugeant que le Conseil peut réduire le montant de la sanction pour tenir compte des résultats déficitaires de l'entreprise, V. • Cons. conc. n° 07-D-48 du 18 déc. 2007. ♦ Ayant relevé que l'Autorité de la concurrence avait, pour fixer le montant de la sanction, tenu compte de la détérioration de la situation financière de la société, la cour d'appel a, à juste titre, refusé de modifier la sanction pour tenir compte d'une nouvelle détérioration tenant au paiement de ladite sanction, cette circonstance ayant nécessairement été prise en considération par l'Autorité. • Com. 7 oct. 2014, n° 13-19.476. ♦ L'Autorité n'est pas tenue, pour apprécier la capacité contributive d'une entreprise, de prendre en compte, en soi, l'éventualité de condamnations à la suite de poursuites engagées par d'autres autorités de la concurrence, et les conséquences des condamnations pécuniaires ne peuvent être prises en considération, le cas échéant, que dans le cadre général de l'analyse d'éléments financiers et comptables. • Paris, 20 nov. 2014 : *AJCA 2015. 28, note Ponsard ; CCC 2015, n° 39, obs. Decocq ; RLC janv.-mars 2015. 37, obs. Sélinsky.* ♦ Des études de cabinets d'audit, si elles font ressortir des difficultés à s'acquitter entièrement de l'amende, un état de trésorerie « très tendu », voire un risque d'« insolvabilité latente » en cas d'exigibilité immédiate de l'amende, ne constituent cependant pas pour autant des éléments constituant des preuves fiables, complètes et objectives attestant l'existence de difficultés réelles et actuelles empêchant l'entreprise de s'acquitter, en tout ou partie, de la sanction pécuniaire pouvant lui être imposée. • Même décision. ♦ La circonstance que l'amende soit équivalente à cinq années d'exécution du contrat litigieux et aboutisse à confisquer le bénéfice tiré de l'infraction n'est pas en soi critiquable, car la confiscation du profit fait partie du risque encouru par les entreprises qui mettent en œuvre des pratiques anticoncurrentielles et participe à l'effet dissuasif de la sanction, la société ne versant aux débats aucun élément de nature à démontrer qu'elle serait, par ailleurs, dans l'impossibilité manifeste de s'acquitter de cette amende. • Paris, 15 sept. 2016, nº 2015/06968. ♦ La part que représente la sanction au regard des capitaux propres, du résultat net comptable moyen, de la capacité d'autofinancement moyenne et de l'investissement annuel moyen de la requérante ne constitue pas un critère opérant de la démonstration de difficultés financières susceptibles de justifier une diminution de la sanction. En effet, la capacité contributive s'apprécie – au jour auquel la cour statue – au regard de l'actif mobilisable pour le paiement de la sanction et de la capacité de l'entreprise à générer des ressources pour en assurer le paiement. • Paris, 23 mai 2017, nº 15/08224. ♦ Jugeant que la signature d'une clause de garantie de passif entre sociétés n'est pas un élément opérant quant à l'appréciation des facultés contributives de la société sanctionnée, et que la circonstance qu'une société a provisionné le montant de la sanction sur des exercices antérieurs ne saurait témoigner de l'absence de ses difficultés contributives, V. • Même arrêt.

40. Calcul de la sanction : appartenance à un groupe. BIBL. Dossier, *AJCA 2015. 55* (société, groupe, entreprise… : qui est responsable en droit de la concurrence ?). – Bernardeau, *RLC janv.-mars 2015. 74* (*like mother, like daughter*, (sauf) en droit de la concurrence ?). – Claudel, *RTD com. 2015. 84* (l'appartenance à un groupe au crible du principe d'individualisation des sanctions en l'absence d'unité économique). – Appel, *RLC avr.-juin 2015. 79* (entreprise, amendes solidaires… et personnelles). – Dumarçay, *RLC janv. 2017. 20* (retour sur la méthode de fixation du maximum légal de l'amende encourue au titre d'une pratique anticoncurrentielle). ♦ L'organisation juridique d'un groupe de sociétés ne doit pas permettre aux entreprises, ou être pour elles l'occasion, de minorer les sanctions qu'elles encourent. Par ailleurs, la prise en compte de la puissance économique d'une entreprise pour caractériser sa position dominante ne constitue pas un obstacle à ce que cet élément soit aussi pris en compte dans le calcul de la sanction au titre d'une majoration. • Paris, 18 déc. 2014 : *AJCA 2015. 131, obs. Ancelin et de Bakker* ; *CCC 2015, nº 66, obs. Decocq*; *RLC avr.-juin 2015. 19, obs. Cholet* (conf. par • Com. 18 oct. 2016, nº 15-10.384 P : *préc. note 3*). ♦ L'appartenance à un groupe constitue une cause de majoration de la sanction en ce que cette circonstance est de nature à accroître l'ampleur et la portée économique de l'infraction et favorise un effet d'exemplarité. De plus, et nonobstant le principe d'autonomie de la personne morale, cette appartenance constitue un caractère propre à permettre à la filiale concernée d'assumer la charge d'une sanction plus élevée qu'elle ne le serait pour une entreprise de moindre envergure. • Paris, 18 déc. 2014 : *préc.* ♦ L'art. L. 464-2 évoque le chiffre d'affaires du groupe pour hausser le maximum légal de la sanction, mais aussi pour tenir compte de la taille de l'opérateur, de la possibilité qu'a l'entreprise fautive de s'adosser juridiquement et économiquement à un ensemble plus puissant. Cependant, la loi n'indique pas qu'il faille s'abstraire du chiffre d'affaires de la société personnellement poursuivie ; cette référence devra même être préférée lorsque l'appartenance au groupe n'a joué aucun rôle significatif dans la pratique anticoncurrentielle et lorsque la capacité contributive de l'entreprise poursuivie n'est pas susceptible d'être dépassée par la sanction. • Paris, 19 janv. 2010 : *préc. note 37.* ♦ En retenant qu'en raison de son appartenance à un groupe dont le chiffre d'affaires est particulièrement important, une société n'est pas fondée à se prévaloir de difficultés financières particulières affectant sa capacité contributive, une cour d'appel, qui n'a pas recherché si cette société avait la faculté de mobiliser les fonds nécessaires au règlement de la sanction auprès du groupe auquel elle appartient alors qu'elle s'était comportée de manière autonome sur le marché, a privé sa décision de base légale. • Com. 18 févr. 2014, nº 12-27.643 P : *D. 2014. Chron. C. cass. 1010, obs. Le Bras* ; *ibid. 1359, note Martin* ; *AJCA 2014. 88, obs. Arcelin* ; *JCP E 2014, nº 1168* ; *CCC 2014, nº 100, obs. Decocq* ; *RJDA 2014. 379, note Tréard* ; *LPA 16 oct. 2014, obs. Teffo* ; *RLC juill.-sept. 2014. 31, obs. Cholet* (et sur renvoi : • Paris, 28 mai 2015, nº 2014/09272 : *AJCA 2015. 380, obs. Arcelin*). ♦ En retenant que l'appartenance d'une société à un groupe dont le chiffre d'affaires est particulièrement important constitue une circonstance individuelle conduisant à majorer le montant de la sanction sans rechercher si cette appartenance avait joué un rôle dans la mise en œuvre des pratiques anticoncurrentielles ou était de nature à influer sur l'appréciation de la gravité de ces pratiques, une cour d'appel a privé sa décision de base légale. • Même décision. ♦ L'individualisation de la sanction exclut, à l'égard d'une entreprise ayant agi de manière autonome, le relèvement automatique de la sanction en raison de sa seule appartenance à un groupe. • Com. 21 oct. 2014, nº 13-16.602 P : *D. 2014. Actu. 2172* ; *RTD com. 2015. 84, obs. Claudel* ; *JCP E 2014, nº 1610* ; *CCC 2015, nº 15, obs. Decocq* ; *RJDA 2015, nº 51* ; *RLC janv.-mars 2015. 38, obs. Cholet.* ♦ Ainsi, le constat qu'une entreprise appartient à un groupe ne saurait conduire, à lui seul, à relever le montant de la sanction qui lui est infligée. • Paris, 21 janv. 2016, nº 2014/22811 : *D. 2017. Pan. 882, obs. Ferrier* ; *AJCA 2016. 205, obs. Constantin* ; *CCC 2016, nº 72, obs. Decocq.* ♦ L'existence de liens capitalistiques unissant un grand nombre d'entreprises dans un groupe très important au sein duquel elles consolident leurs comptes respectifs, atteste de ce que l'autonomie patrimoniale des personnes juridiques qui le composent s'appuie sur des synergies, et que le groupe peut compter sur des partenariats qui en justifient l'intérêt même. C'est à ce titre qu'il peut être considéré comme suffisamment établi qu'une filiale a bien les moyens de mobiliser les fonds nécessaires au règlement de la sanction auprès du groupe auquel elle appartient, au développement et à la puissance duquel elle contribue. • Aut. conc. n° 15-D-04 du 26 mars 2015. ♦ Comp. jugeant qu'afin d'assurer le caractère à la fois proportionné et dissuasif de la sanction, il peut être tenu compte de l'appartenance de l'entreprise à un groupe disposant d'une taille ou d'une puissance économique importante, indépendamment du point de savoir si ce groupe a joué ou non un rôle dans l'accomplissement des pratiques anticoncurrentielles : • Paris, 10 oct. 2013 : *préc. note 3.*

Dès lors qu'il est établi que deux sociétés qui se sont livrées à une entente illicite ont dirigé chacune la stratégie commerciale de leur groupe, le chiffre d'affaires à retenir pour calculer le plafond de la sanction pécuniaire applicable à ces deux sociétés doit être déterminé sur la base du chiffre d'affaires consolidé de chacun de ces groupes. • Cons. conc. n° 92-D-20 du 10 mars 1992. ♦ Le fait que la société consolidante soit britannique ne fait pas obstacle à ce que soient retenus ses comptes consolidés pour le calcul du plafond de la sanction (les comptes consolidés publiés par une société dans un État membre sont reconnus dans un autre État membre à condition que celle-ci applique les normes comptables internationales, ce qui est le cas pour toute société côtée en bourse). • Cons. conc. n° 07-D-21 du 26 juin 2007 : *préc. note 24.* ♦ Sur la détermination du plafond légal en présence de plusieurs entreprises d'un même groupe ayant participé à la même entente (absence de plafond unique de sanction). • Cons. conc. n° 08-D-32 du 16 déc. 2008 : *préc. note 26.* ♦ Sur le mécanisme de solidarité en matière de paiement de l'amende au regard de la notion d'entreprise, V. • CJUE 10 avr. 2014, n° C-231/11 : *AJCA 2014. 138, obs. Arcelin ; RTD eur. 2014. 944, obs. Idot ; RLC juill.-sept. 2014. 111, note Bernardeau ; RDC 2014. 735, note Béhar-Touchais.* ♦ Jugeant que le Trib. UE a commis une erreur de droit en n'appliquant pas à la société mère la réduction de l'amende infligée à la filiale du fait de sa participation à une entente : • CJUE 17 sept. 2015, n° C-597/13 : *AJCA 2015. 480, obs. Luc ; CCC 2015, n° 263, obs. Decocq ; Europe 2015, n° 439, obs. Idot.*

C. RÉITÉRATION DES PRATIQUES

41. *Notion de réitération.* **BIBL.** Idot, *Mél. Bouloc, Dalloz, 2006, p. 457* (réflexions sur l'application de certains principes et notions du droit pénal en droit des pratiques anticoncurrentielles). – Dossier, *RDLC 2010, n° 4, p. 13* (ombres et lumières du traitement de la récidive par le droit des pratiques anticoncurrentielles). ♦ La question posée ne présente pas de caractère sérieux en ce que les termes « réitération de pratiques prohibées » contenus à l'art. L. 464-2 sont suffisamment précis au regard de l'exigence constitutionnelle de clarté de la loi qui s'applique à toute sanction ayant le caractère d'une punition. • Cass., QPC, 17 sept. 2010, n° 10-13.686 : *D. actu. 7 oct. 2010, obs. Chevrier.* ♦ Si la lettre de l'art. L. 464-2 (sixième titre du livre IV) envisage la prise en compte de « l'éventuelle réitération de pratiques prohibées par le présent titre », il vise en réalité les pratiques prohibées par le deuxième titre du livre IV intitulé « Des pratiques anticoncurrentielles » et non le sixième titre du livre IV intitulé « Du conseil de la concurrence ». • Cons. conc. n° 07-D-33 du 15 oct. 2007 : *D. 2007. AJ 2668, obs. Chevrier ; RTD com. 2008. 63, obs. Claudel ; CCC 2007, n° 307, obs. Bosco ; CCE 2007, n° 134, obs. Chagny ; RDLC 2007, n° 4, p. 131, obs. Momège ; RLC janv.-mars 2008. 18, note Arhel.* ♦ La notion de réitération en droit de la concurrence connaît un régime juridique *sui generis* qui doit être distingué des notions de récidive et de réitération en droit pénal. • Même décision. ♦ Si le droit pénal exige, pour que la récidive puisse être retenue, que la première condamnation soit devenue définitive avant la commission de faits nouveaux, une telle exigence ne saurait être posée pour la qualification d'une réitération en droit de la concurrence en raison de l'absence d'effet suspensif des recours devant la cour d'appel de Paris. • Même décision.

42. *Période de la réitération.* Le législateur n'a pas fixé de limite à la prise en compte de décisions antérieures pour établir la réitération. En conséquence, le Conseil dispose d'une marge d'appréciation pour déterminer les périodes au cours desquelles il tiendra compte des infractions précédemment constatées. • Cons. conc. n° 07-D-33 du 15 oct. 2007 : *préc. note 41.* ♦ Cette décision appelle à une modulation de la sanction en fonction du délai séparant la pratique litigieuse originelle de la pratique réitérée, sans inférer qu'une réitération de pratiques constatées depuis plus de vingt ans n'ait aucune incidence en terme d'amende. • Cons. conc. n° 08-D-13 du 11 juin 2008 : *préc. note 36.* ♦ Si un délai de vingt et un ans ne fait pas juridiquement obstacle à ce que soit prise en compte la réitération, le Conseil n'entend pas opposer cette dernière aux entreprises au-delà de vingt ans. • Cons. conc. n° 08-D-32 du 16 déc. 2008 : *préc. note 26.* ♦ Un délai de onze ans est inférieur au délai de quinze ans au-delà duquel l'Autorité de la concurrence n'entend pas retenir la réitération à l'encontre d'une entreprise, conformément au point 51 de son communiqué du 16 mai 2011. Cette période relativement longue entre le précédent constat d'infraction et la pratique en cause est toutefois prise en compte par l'Autorité, dans un sens favorable à l'entreprise, pour limiter le quantum de la réitération. • Aut. conc. n° 15-D-01 du 5 févr. 2015.

43. *Imputabilité de la réitération.* **BIBL.** Roda, *Dr. sociétés 2017. Dossier 15* (droit de la concurrence, groupe de sociétés et récidive : quels enjeux ? quelles solutions ?). ♦ La réitération vise le renouvellement des pratiques, indépendamment de toute référence au contexte interne, nécessairement évolutif, de l'entreprise ; c'est la personne morale qui assume la continuité juridique ou économique de l'entreprise auteur de la première infraction qui, en renouvelant les pratiques, commet une réitération. • Cons. conc. n° 08-D-32 du 16 déc. 2008 : *préc. note 26.* ♦ En effet, les règles en matière de réitération doivent suivre celles appliquées en matière d'imputabilité. • Aut. conc. n° 09-D-36 du 9 déc. 2009 : *préc. note 6* • Paris, 4 juill. 2013, ☎ n° 2012/05160. ♦ Mais l'imputabilité d'un comportement anticoncurrentiel répréhensible ne se confond avec – ni ne se résume à – l'imputabilité de la sanction. • Paris, 23 sept. 2010 : *D. actu. 5 oct. 2010, obs. Chevrier ; JCP E 2010, n° 1895 ; CCC 2010, n° 277, obs. Decocq ; RLC janv.-févr. 2011. 29, obs. Robin ; RDC 2011. 122, obs. Prieto.*

44. Application de la réitération. Avant l'entrée en vigueur de la L. du 15 mai 2001, qui prend en compte expressément la réitération des pratiques, la cour d'appel de Paris a admis la possibilité, pour le Conseil, de prendre en considération, dans la fixation de la sanction pécuniaire infligée à une entreprise, la réitération des pratiques. • Cons. conc. n° 07-D-08 du 12 mars 2007. ♦ Il résulte de la pratique décisionnelle du Conseil, confirmée par la jurisprudence de la cour d'appel de Paris, que toute entreprise condamnée à des sanctions pécuniaires ou déclarée coupable d'une infraction par une décision du Conseil de la concurrence, d'une autorité nationale de concurrence européenne ou de la Commission européenne, peut se voir opposer la réitération des pratiques, concernant des pratiques similaires ou commises sur des marchés identiques ou connexes. • Même décision. ♦ Toutefois, pour respecter pleinement les droits de défense des entreprises mises en cause, ces condamnations doivent être mentionnées lors de la notification des griefs ou dans le rapport. • Même décision. ♦ Le facteur d'aggravation de la sanction résultant de la réitération n'est pas celui de la commission de pratiques antérieures, mais celui de la mise en œuvre de pratiques du même type que les précédentes postérieurement à l'entrée en vigueur de la L. du 15 mai 2001. • Paris, 4 juill. 2013, ☎ n° 2012/05160. ♦ La circonstance que les pratiques aient débuté avant qu'une précédente infraction ne fasse l'objet d'un constat ne suffit pas à priver l'Autorité de la concurrence de la possibilité de retenir la réitération au titre des circonstances aggravantes, lorsque les pratiques, de nature continue, se sont poursuivies après ce premier constat d'infraction. • Aut. conc. n° 10-D-28 du 20 sept. 2010 : *D. actu. 6 oct. 2010, obs. Constantin ; CCC 2010, n° 278, obs. Decocq ; RLDA déc. 2010. 49, note Jalabert-Doury ; RDLC 2010, n° 4, p. 108, note Nicolas-Vullierme ; RLC janv.-févr. 2011. 26, obs. Sélinsky* • n° 10-D-39 du 22 déc. 2010 : *préc. note 36.* ♦ L'exigence d'une décision précédente qualifiant le comportement de l'entreprise mise en cause de pratiques anticoncurrentielles conduit à écarter toutes les affaires ayant mis hors de cause l'entreprise ou ses filiales ainsi que celles ayant prononcé des mesures conservatoires au terme d'une analyse *prima facie* de l'espèce. • Aut. conc. n° 09-D-24 du 28 juill. 2009. ♦ Il n'est possible de retenir la réitération d'éventuelles pratiques prohibées par le titre II du livre IV que si ces pratiques ont déjà fait l'objet d'un constat d'infraction ; n'entrent pas dans cette catégorie les pratiques qui ont justifié le prononcé de mesure conservatoire, ni celles qui ont donné lieu à des décisions acceptant et rendant obligatoires, sur le fondement du I de l'art. L. 464-2, des engagements proposés par les entreprises. • Cons. conc. n° 07-D-33 du 15 oct. 2007 : ☎ *préc. note 41.* ♦ En revanche, toute décision constatant une infraction doit être prise en compte au titre de la réitération, quelle que soit la suite à laquelle elle a donné lieu (injonction, amende, publication, ...). • Même décision. ♦ Il importe peu que l'entreprise n'ait pas, dans une première affaire ayant conduit à une condamnation, contesté les griefs en vertu du III de l'art. L. 464-2, dès lors que le choix procédural n'emporte aucune conséquence sur l'existence même du constat d'infraction effectué par l'Autorité, qui est caractérisé dans tous ses aspects, constatation des faits, qualification juridique de ces faits et responsabilité de l'entreprise en cause. • Paris, 6 nov. 2014, ☎ n° 2013/01128.

Les pratiques peuvent être identiques ou similaires par leur même objet anticoncurrentiel, critère qui renvoie pour l'essentiel à la base légale utilisée pour les qualifier ; mais elles peuvent aussi être identiques ou similaires par leur même effet anticoncurrentiel, critère qui transcende au contraire les qualifications légales pour s'attacher davantage à la finalité du comportement poursuivi. • Cons. conc. n° 07-D-33 du 15 oct. 2007 : ☎ *préc.* ♦ Dès lors, des pratiques d'entente et des comportements unilatéraux peuvent rechercher le même effet d'éviction à l'égard de concurrents sur un marché, sans pour autant relever du même régime de prohibition. • Aut. conc. n° 12-D-24 du 13 déc. 2012 : *préc. note 36.* ♦ La qualification de la réitération n'exige pas que les infractions commises soient identiques quant à la pratique mise en œuvre ou quant au marché concerné, qu'il s'agisse du marché de produits ou services ou du marché géographique. • Paris, 4 juill. 2013 : ☎ *préc.* • Com. 22 nov. 2016, ☎ n° 14-28.224 • 27 sept. 2017, ☎ n° 15-20.087 : *CCC 2017, n° 252, obs. Decocq ; RJDA 2018, n° 183.*

45. Taux de majoration. La détermination du taux de majoration de la sanction n'est pas le reflet arithmétique du nombre de constats d'infraction antérieurs, mais résulte d'une appréciation globale par l'Autorité, qui témoignent, au vu de l'ensemble des éléments de réitération, de la forte propension de l'entreprise à s'affranchir des règles de la concurrence. • Aut. conc. n° 12-D-24 du 13 déc. 2012 : *préc. note 36.* ♦ Si le Conseil doit prendre en compte la réitération de pratiques anticoncurrentielles au titre des critères aggravants de la sanction, l'absence d'infraction antérieure constitue une circonstance normale dont l'autorité de concurrence n'a pas à tenir compte comme circonstance atténuante. • Cons. conc. n° 07-D-48 du 18 déc. 2007. ♦ Si la réitération des pratiques et leur poursuite malgré l'enquête sont un facteur d'aggravation de la sanction, l'absence de réitération comme l'arrêt des pratiques à la suite de l'enquête ne sauraient constituer en elles-mêmes des circonstances atténuantes. • Cons. conc. n° 08-D-12 du 21 mai 2008.

VIII. PUBLICATION

46. Peine complémentaire. BIBL. Faure-Mossmann, *LPA 23 avr. 2012* (les peines complémentaires de publicité, publication-sanction, en droit boursier et en droit de la concurrence). ♦ Bien que l'art. 13, al. 4 [C. com., art. L. 464-2, al. 4], ne prévoie la publication dans les journaux que pour les décisions du Conseil de la concurrence et que l'art. 15 [C. com., art. L. 464-8] ne prescrive la publication des décisions de la cour d'appel que dans le *BOCC*, la cour d'appel, qui a retenu qu'il était légitime que les professionnels avisés du recours formé contre la décision du Conseil aient également connaissance de la décision de la cour d'appel, n'a pas excédé son pouvoir en ordonnant la publication d'un communiqué dans des journaux. • Com. 14 janv. 1992, n° 89-21.462 P : *RJDA 1992, n° 365.* ♦ Comp., jugeant que la publication est une sanction complémentaire et que, dès lors que la décision déférée n'y recourt pas, il n'est pas permis à la cour de Paris d'y procéder en aggravant ainsi le sort des entreprises concernées : • Paris, 19 janv. 2010 : *D. actu. 28 janv. 2010, obs. Chevrier ; CCC 2010, n° 78, obs. Decocq ; RLC avr.-juin 2010. 60, obs. Destours.*

47. Principe fondamental. La faculté d'imposer une publication de la décision procède du principe fondamental de la publicité des décisions à forme et à contenu juridictionnel ; elle ajoute à l'exemplarité de la sanction et participe à l'effectivité du respect des règles de la concurrence ; en soi elle n'est pas de nature à porter atteinte au crédit ou à la considération des personnes visées, sauf caractère excessif. • Paris, 29 sept. 2009 : *préc. note 39.*

48. Distinction entre publication et communiqué de presse. La diffusion par le Conseil de la concurrence d'un communiqué de presse annonçant le prononcé de sa décision ne constitue pas une mesure de publication au sens de l'art. 13 [C. com., art. L. 464-2] et ne peut par conséquent faire l'objet d'un recours devant la cour d'appel de Paris. • Paris, 15 juin 1999 : *CCC 1999, n° 142, obs. Malaurie-Vignal.* ♦ La couverture médiatique à laquelle une décision du Conseil a donné lieu quand elle a été rendue ne peut juridiquement se substituer à la publication qui a été ordonnée par le Conseil ni dispenser les entreprises concernées de leur obligation de respecter l'injonction. • Cons. conc. n° 05-D-08 du 9 mars 2005 : *D. 2005. AJ 1349, obs. Chevrier ; RTD com. 2005. 278, obs. Claudel ; RDLC 2005, n° 2, p. 93, obs. Michel-Amsellem ; RLC 2005, n° 3, p. 83, obs. B. C.*

49. Modalités de la publication. Le Conseil de la concurrence qui ordonne la publication de sa décision sous un titre qui précise l'objet et l'identité de la personne sanctionnée et correspond à la teneur de la décision qu'il prononce ne fait qu'user du pouvoir d'ordonner la publication de ses décisions prévu à l'art. L. 464-2. • Com. 9 mai 2001, n° 98-22.150 P : *JCP E 2001, n° 27, p. 1115 ; RJDA 2001, n° 1264.* ♦ La mesure de publication forcée de la décision est de nature à entraîner un préjudice irréparable à l'entreprise en cause et à donner aux professionnels concernés, comme au public, destinataires de cette publicité, une information incomplète, si elle n'est accompagnée de l'indication du recours dont ladite décision fait l'objet. • Paris, ord., 11 juin 1992 : *Gaz. Pal. 1992. 2. Somm. 330* • 10 juill. 1996 : *BOCC 27 juill. 1996.* ♦ L'injonction d'adresser un résumé de la décision du Conseil, en ce qu'elle est destinée à des personnes qui ne sont pas concernées directement par les pratiques dont il s'agit, est injustifiée. • Paris, 12 déc. 2006 : *D. 2007. AJ 221, obs. Chevrier ; RTD com. 2007. 50, obs. Claudel ; CCC 2007, n° 49, obs. Malaurie-Vignal ; RLDA févr. 2007. 55, obs. Cheynel.* ♦ Sur le secret des affaires, V. art. L. 464-8, al. 2.

50. Communiqué annonçant un arrêt en réformation. La cour d'appel qui retient qu'il y a lieu de faire connaître son arrêt réformant une décision qui a elle-même été portée à la connaissance du public par son auteur n'excède pas son pouvoir en ordonnant la publication d'un communiqué dans des conditions identiques à celles de la décision réformée, peu important que l'arrêt confirme ou infirme la sanction imposée par la décision. • Com. 17 janv. 2012, n° 11-13.067 P.

IX. OBSTRUCTION À INSTRUCTION

51. Conformité à la Constitution. BIBL. Bouloc, *RLC nov. 2021. 4* (regard sur le nouveau droit de l'opposition aux fonctions et la responsabilité pénale d'une personne morale). ♦ La répression administrative prévue par les dispositions contestées du 2e al. du V de l'art. L. 464-2 et la répression pénale organisée par l'art. L. 450-8 relèvent de corps de règles identiques protégeant les mêmes intérêts sociaux aux fins de sanctions de même nature. Les dispositions contestées méconnaissent donc le principe de nécessité et de proportionnalité des peines. Elles doivent donc être déclarées contraires à la Constitution. Afin de faire cesser l'inconstitutionnalité constatée à compter de la publication de la présente décision, il y a lieu de juger que, dans les procédures en cours fondées sur les dispositions contestées, la déclaration d'inconstitutionnalité peut être invoquée lorsque l'entreprise poursuivie a préalablement fait l'objet de poursuites sur le fondement de l'art. L. 450-8. • Cons. const. 26 mars 2021, n° 2021-892 QPC : *AJDA 2021. 1509, note Merino ; RTD com. 2021. 312, obs. Claudel ; Rev. sociétés 2021. 459, note Bouloc ; RSC 2021. 849, obs. Sordino ; RJDA 2021, n° 527 ; Banque et Dr. 5-6/2021. 39, obs. Rouaud.* – Pour une espèce où les sociétés n'ont pas préalablement fait l'objet de poursuites sur le fondement de l'art. L. 450-8 et où, en conséquence, la déclaration d'inconstitutionnalité ne leur est pas applicable, V. • Com. 1er déc. 2021, n° 20-16.849 B : *cité note 54.* ♦ V., désormais, les VIII et IX de l'art. 2 de l'Ord. n° 2021-649 du 26 mai 2021 qui restreignent le champ d'application de l'art. L. 450-8 afin de se conformer à cette décision. La modification opérée à l'art. L. 450-8 et la création des art. L. 450-9 et L. 450-10 permettent de tirer les conséquences de la décision du Conseil constitutionnel tout en maintenant le V de l'art. L. 464-2 dans sa version actuelle (Rapp. relatif à l'Ord. n° 2021-649, *JO 27 mai*).

52. Notion d'obstruction. Les manquements de l'entreprise, constitutifs de l'obstruction, s'apprécient au regard de son obligation de collaboration active et loyale avec les services d'instruction. L'obstruction, dont les formes ne sont pas limitativement définies, recouvre tout comportement de l'entreprise tendant, de propos délibéré ou par négligence, à faire obstacle aux actes d'instruction. • Aut. conc. n° 17-D-27 du 21 déc. 2017. ♦ L'obstruction prévue à l'art. L. 464-2 se distingue du délit pénal d'opposition à fonction, incriminé par les dispositions de l'art. L. 450-8. La loi ne comporte aucune référence à un élément intentionnel frauduleux de la part de l'entreprise ; l'infraction d'obstruction peut donc résulter d'une simple négligence. • Même décision. ♦ La nécessité des renseignements demandés s'apprécie en fonction des finalités en vue desquelles les pouvoirs d'enquête ont été conférés ; l'entreprise ne saurait ainsi se faire juge de la pertinence des mesures d'instruction qui lui sont adressées. • Même décision. ♦ Les demandes de renseignement des services d'instruction, qui sont des mesures d'enquête « simple », utilisées dans la phase d'instruction d'une affaire, ne portent en elles-mêmes aucune atteinte aux droits de la défense de l'entreprise et, notamment, au droit de l'entreprise de ne pas s'incriminer elle-même. Sauf à priver de tout effet utile les pouvoirs d'enquête « simple » que les rapporteurs tiennent du code de commerce, les entreprises ne sauraient refuser de répondre aux demandes des services d'instruction et échapper à l'infraction d'obstruction en alléguant l'atteinte portée à leurs droits. • Même décision.

L'infraction d'obstruction est une infraction autonome, définie par la loi, sanctionnant le non-respect des obligations qui pèsent sur l'entreprise faisant l'objet d'une investigation ou d'une instruction. En cas de méconnaissance de ces obligations, l'entreprise s'expose à une sanction qui tend à garantir l'efficacité des pouvoirs d'enquête dévolus aux services d'instruction. • Aut. conc. n° 19-D-09 du 22 mai 2019 : *CCC 2019, n° 128, obs. Bosco ; RLC déc. 2019. 52, note Vertut.* ♦ L'infraction d'« obstruction à l'investigation ou à l'instruction » est définie de manière suffisamment précise par l'al. 2 du V de l'art. L. 464-2 au regard des obligations pesant sur la définition des sanctions administratives. En effet, aux termes de cet article, l'obstruction peut « notamment » résulter de la fourniture par l'entreprise de renseignements incomplets ou inexacts, ou de la communication de pièces incomplètes ou dénaturées. Dans un souci d'explicitation, le législateur a estimé utile de préciser certains des cas dans lesquels une obstruction pourrait être, le cas échéant, constatée, mais cette énumération n'est toutefois pas limitative. • Même décision. ♦ L'Autorité de la concurrence peut sanctionner des faits constitutifs d'une obstruction pouvant, le cas échéant, également faire l'objet d'une sanction pénale. Ainsi, le refus de communication des informations ou documents demandés peut donner lieu à trois types de sanctions, de nature administrative ou pénale, distinctes les unes des autres : une injonction sous astreinte prononcée par l'Autorité, une amende administrative prononcée par cette autorité ou une sanction pénale. • Même décision.

V., cependant, note 51.

53. Bris de scellé. Le seul fait du bris de scellé fait disparaître l'effet de sauvegarde de celui-ci et suffit donc à constituer l'infraction. Il importe ainsi peu que le bris de scellé ait pu être commis par négligence par un salarié, dès lors qu'il appartient à l'entreprise de prendre toutes les mesures nécessaires afin de prévenir ce type d'incident. Ainsi, dès lors que la matérialité du bris de scellé est constatée et incontestée, l'infraction d'obstruction, qui n'est subordonnée à aucun élément intentionnel, est établie. Cette conclusion n'est pas remise en cause par le fait que les enquêteurs n'ont pas jugé nécessaire que l'entreprise ferme à clé les portes des bureaux placés sous scellé, dès lors qu'une telle mesure n'aurait pas été suffisante pour garantir la préservation des preuves, notamment en raison de l'existence éventuelle de doubles des clés dans l'entreprise. En effet, un bris de scellé entraîne nécessairement un risque de déperdition ou d'altération des preuves et l'Autorité n'est nullement tenue de démontrer une disparition ou une manipulation de preuves dans le local placé sous scellé. • Aut. conc. n° 19-D-09 du 22 mai 2019 : *préc. note 52.*

54. Poursuites. Le V de l'art. L. 464-2 ne prévoit aucune condition particulière à l'engagement des poursuites en cas d'obstruction à l'instruction. Les rapporteurs ne sont nullement tenus de faire mention desdites dispositions légales dans leurs demandes de renseignement adressées aux entreprises, qui sont censées ne pas ignorer la loi.

L'engagement des poursuites pour obstruction n'est soumis par les dispositions qui les régissent à aucune condition de mise en demeure ou d'injonction sous astreinte préalable. • Aut. conc. n° 17-D-27 du 21 déc. 2017. ♦ En matière d'infractions procédurales, comme en matière de pratiques anticoncurrentielles, il ressort de la pratique décisionnelle et de la jurisprudence nationale et européenne que la personne morale est responsable des actes commis par ses représentants, que ceux-ci agissent pour le compte de l'entreprise ou pour leur propre compte. • Aut. conc. n° 19-D-09 du 22 mai 2019 : *préc. note 52.* ♦ Après avoir exactement énoncé que l'al. 2 du V de l'art. L. 464-2 s'applique à tous les comportements de l'entreprise qui tendent, de propos délibéré ou par négligence, à faire obstacle aux actes d'investigation ou d'instruction, l'arrêt relève qu'à l'instar du I de l'art. L. 464-2 qui dote l'Autorité du pouvoir d'infliger une sanction pécuniaire à l'entreprise qui s'est livrée à des pratiques anticoncurrentielles, ce même article, en son V, al. 2, dote l'Autorité du pouvoir d'infliger une sanction pécuniaire à l'entreprise qui a fait obstruction à l'investigation ou à l'instruction qui la concerne. Il observe que ces dispositions se réfèrent, l'une et l'autre, à la notion d'« entreprise », laquelle doit être comprise au sens du droit de la concurrence, et retient qu'il y a donc lieu, pour des raisons de cohérence, d'interpréter cette notion de la même manière, qu'il s'agisse de sanctionner une infraction aux règles de fond ou de réprimer une obstruction à une enquête destinée à rechercher une telle infraction, et d'appliquer, en conséquence, les mêmes règles d'imputabilité à ces deux types d'infraction. Il en déduit que la responsabilité de l'entreprise à raison d'actes d'obstruction commis par un ou plusieurs de ses salariés est engagée dans les mêmes conditions que sa responsabilité à raison de pratiques anticoncurrentielles commises par ses salariés et rappelle que l'imputation à une entreprise d'une infraction à l'art. L. 420-1 ne suppose pas une action ou même une connaissance de cette infraction par les associés ou des gérants principaux de l'entreprise concernée, mais l'action d'une personne qui est autorisée à agir pour le compte de l'entreprise. • Com. 1er déc. 2021, n° 20-16.849 B : *JCP E 2021, n° 1562 ; RJDA 2022, n° 115.*

55. Sanctions. Les dispositions du V de l'art. L. 464-2 fixent le plafond de la sanction pécuniaire susceptible d'être infligée, mais l'Autorité n'a pas adopté de lignes directrices énonçant la méthode de calcul qui s'imposerait à elle pour la fixation des amendes en cas d'obstruction. Pour apprécier la proportionnalité de la sanction et procéder à son individualisation, l'Autorité tiendra compte de la gravité du comportement reproché et des circonstances particulières de l'espèce, des effets de ce comportement sur le déroulement de l'instruction, et plus généralement, de ses conséquences sur l'ordre public économique que l'Autorité a pour mission de préserver. • Aut. conc. n° 17-D-27 du 21 déc. 2017. ♦ L'infraction d'obstruction est, en soi, une infraction particulièrement grave, dès lors que, par nature, elle met en péril, voire peut faire échec à la finalité de l'instruction des saisines contentieuses de l'Autorité, qui est de constater les infractions au droit de la concurrence, national et européen, d'en établir la preuve et de les sanctionner, et au rétablissement du bon fonctionnement concurrentiel du marché, ce qui préjudicie tant à l'ordre public économique qu'aux entreprises ou acteurs victimes des pratiques anticoncurrentielles. • Aut. conc. n° 19-D-09 du 22 mai 2019 : *préc. note 52.*

Art. L. 464-3 *(Ord. n° 2004-1173 du 4 nov. 2004, art. 11)* **Si les mesures, injonctions ou engagements prévus aux articles L. 464-1 et L. 464-2 ne sont pas respectés, l'Autorité de la concurrence peut prononcer une sanction pécuniaire dans les limites fixées à l'article L. 464-2.** — *[Ord. n° 86-1243 du 1er déc. 1986, art. 14.] — V. art. R. 464-9, infra.*

Art. L. 464-4 Les sanctions pécuniaires *(Ord. n° 2004-1173 du 4 nov. 2004, art. 12)* **« et les astreintes » sont recouvrées comme les créances de l'État étrangères à l'impôt et au domaine.** — *[Ord. n° 86-1243 du 1er déc. 1986, art. 16.]*

Art. L. 464-5 *(Abrogé par L. n° 2020-1508 du 3 déc. 2020, art. 37) (L. n° 2001-420 du 15 mai 2001)* ***L'Autorité de la concurrence, lorsqu'elle statue selon la procédure simplifiée prévue à l'article L. 463-3, peut prononcer les mesures prévues au I de l'article L. 464-2. Toutefois, la sanction pécuniaire ne peut excéder 750 000 euros pour chacun des auteurs de pratiques prohibées.***

Transaction et sanction. Dans le cas de mise en œuvre cumulative des procédures simplifiées et de transaction, et quel que soit l'ordre chronologique de cette mise en œuvre, le montant de la sanction qui sera infligée doit être calculé conformément aux dispositions de l'art. L. 464-2-III, sans pouvoir dépasser le seuil fixé par l'art. L. 464-5. • Cass., avis, 11 juill. 2005, n° 05-00.006 P : *BICC 1er oct. 2005, p. 4, rapp. Favre, obs. Main ; D. 2005. AJ 2216, obs. Chevrier ; JCP E 2006, n° 1, p. 30, obs. Decocq ; CCC 2005, n° 192, obs. Malaurie-Vignal ; RDLC 2005, n° 4, p. 116, obs. Michel-Amsellem ; RLC 2005, n° 5, p. 67, obs. Nourissat.* ♦ Au regard de l'ensemble des dispositions de l'art. L. 464-2-I et II [désormais I et III], les sanctions pécuniaires ne peuvent dépasser 5 % du chiffre d'affaires mondial hors taxe le plus élevé réalisé au cours d'un des exercices clos depuis l'exercice précédant celui au cours duquel les pratiques ont été mises en œuvre, sans préjudice du plafond spécifique qui s'impose lorsque est applicable la procédure simplifiée prévue à l'art. L. 463-3. • Cons. conc. n° 04-D-65 du 30 nov. 2004 : *CCC 2005, n° 29, obs. Malaurie-Vignal ; RLC 2005, n° 2, p. 76, obs. Cheynel* • n° 04-D-37 du 27 juill. 2004 : *RTD com. 2005. 67, obs. Claudel ; RDLC déc. 2004. 89, obs. Michel-Amsellem.*

Art. L. 464-5-1 *(L. n° 2016-731 du 3 juin 2016, art. 82-V)* **Les sanctions pécuniaires prononcées en application des articles L. 464-2, L. 464-3 et L. 464-5 peuvent faire l'objet d'une majoration, dans la limite de 10 % de leur montant, mise à la charge de l'organisme ou de l'entreprise sanctionné et destinée à financer l'aide aux victimes.**

Le troisième alinéa du I de l'article L. 464-2 est applicable à cette majoration et les motifs qu'il énonce sont appréciés pour en moduler le montant.

BIBL. ▸ BOSCO, *CCC 2016, n° 241* (des sanctions antitrust majorées pour venir en aide aux victimes).

Art. L. 464-6 *(L. n° 2001-420 du 15 mai 2001)* **Lorsque aucune pratique de nature à porter atteinte à la concurrence sur le marché n'est établie, l'Autorité de la concurrence peut décider, après que l'auteur de la saisine et le commissaire du Gouvernement ont été mis à même de consulter le dossier et de faire valoir leurs observations, qu'il n'y a pas lieu de poursuivre la procédure.** *(Ord. n° 2004-274 du 25 mars 2004, art. 24-I)* **« Cette décision est motivée. »** — *V. art. R. 464-7 et R. 464-8, infra.*

Art. L. 464-6-1 *(Ord. n° 2004-274 du 25 mars 2004, art. 24-II)* **L'Autorité de la concurrence peut également décider, dans les conditions prévues à l'article L. 464-6, qu'il n'y a pas lieu de poursuivre la procédure lorsque les pratiques mentionnées à l'article L. 420-1 ne visent pas des contrats passés en application du** *(Ord. n° 2018-1074 du 26 nov. 2018, art. 17)* **« code de la commande publique » et que la part de marché cumulée détenue par les entreprises ou organismes parties à l'accord ou à la pratique en cause ne dépasse pas soit :**

***a)* 10 % sur l'un des marchés affectés par l'accord ou la pratique lorsqu'il s'agit d'un accord ou d'une pratique entre des entreprises ou organismes qui sont des concurrents, existants ou potentiels, sur l'un des marchés en cause ;**

***b)* 15 % sur l'un des marchés affectés par l'accord ou la pratique lorsqu'il s'agit d'un accord ou d'une pratique entre des entreprises ou organismes qui ne sont pas concurrents existants ou potentiels sur l'un des marchés en cause.**

V. Communic. CE concernant les accords d'importance mineure qui ne restreignent pas sensiblement le jeu de la concurrence au sens de l'art. 101, § 1, TFUE (JOUE C 291 du 30 août 2014) : AJCA 2014. 284, obs. Arcelin ; BRDA 2014, n° 18, p. 9 ; RDC 2014. 728, obs. Idot.

Sur la poursuite des micro-pratiques anticoncurrentielles par le ministre chargé de l'économie, V. art. L. 464-9, infra.

BIBL. ▸ DESTOURS et RESPAUD, *Lettre distrib. 4/2004, p. 1* (règle de minimis). – CLAUDEL, *RDLC déc. 2004. 56* (seuil de sensibilité en droit français).

1. Marché pertinent. L'application de l'art. L. 464-6-1 peut nécessiter une définition précise des marchés. • Cons. conc. n° 07-D-41 du 28 nov. 2007 : *RLC janv.-mars 2008. 98, obs. Nourissat ; RDLC 2008, n° 1, p. 114, obs. Claudel.*

2. Simple faculté. L'emploi du verbe « peut » montre que la décision de ne pas poursuivre prise en application de l'art. L. 464-6-1 n'est qu'une faculté pour l'Autorité de la concurrence, qui peut décider de poursuivre même si les critères permettant une exemption sont réunis. • Paris, 23 févr. 2010 : *CCC 2010, n° 103, obs. Decocq ; CCE 2010, n° 73, obs. Chagny ; RLC avr.-juin 2010. 37, obs. Sélinsky et Dumarçay ; RDLC 2010, n° 2, p. 73, obs. Nicolas-Vullierme ; RLC juill.-sept. 2010. 54, obs. Christol.* – V. aussi : • Com. 16 avr. 2013, n° 10-14.881 P : *D. 2014. Pan. 893, obs. Ferrier ; RTD com. 2013. 518, obs. Claudel ; JCP E 2013, n° 1279 ; CCC 2013, n° 140, obs. Decocq ; RJDA 2013, n° 548 ; RLDA juill.-août 2013. 41, note Dieny.* ♦ L'art. L. 464-6-1 a introduit dans le code de commerce les mêmes seuils et critères que ceux figurant à l'art. 7 de la communication CE du 22 déc. 2001, laquelle précise qu'elle est dépourvue de force contraignante à l'égard des juridictions et autorités des États membres, lesquels demeurent donc libres de poursuivre des pratiques se situant en deçà des seuils figurant dans la communication. • Même arrêt. ♦ Par ailleurs, l'art. 3, § 1, du Règl. n° 1/2003 du 16 déc. 2002 (*V. infra*, II. Règles européennes) n'interdit pas aux autorités nationales de poursuivre des pratiques quand bien même les entreprises auteurs de ces pratiques rempliraient les critères susceptibles d'autoriser une exemption de poursuite en application de l'art. L. 464-6-1. • Même arrêt.

3. Champ d'application. La communication *de minimis* qui se borne à définir, au moyen de seuils de parts de marché, ce qui ne constitue pas une restriction sensible de la concurrence au sens de l'art. 101 TFUE [équivalent à l'art. L. 420-1 C. com.], n'est pas applicable aux abus de position dominante, prévus à l'art. 1012 TFUE [équivalent à l'art. L. 420-2 C. com.]. Par ailleurs, la CJUE a jugé que la fixation d'un seuil de sensibilités en vue de déterminer une exploitation abusive d'une position dominante, ne se justifie pas, car cette pratique anticoncurrentielle est, de par sa nature même, susceptible de provoquer des restrictions de concurrence non négligeables, voire d'éliminer la concurrence sur le marché sur lequel opère l'entreprise concernée. • Paris, 12 oct. 2017, n° 15/14038.

Art. L. 464-6-2 *(Ord. n° 2004-274 du 25 mars 2004, art. 24-II)* **Toutefois, les dispositions de l'article L. 464-6-1 ne s'appliquent pas aux accords et pratiques qui contiennent l'une quelconque des restrictions caractérisées de concurrence suivantes :**

a) **Les restrictions qui, directement ou indirectement, isolément ou cumulées avec d'autres facteurs sur lesquels les parties peuvent influer ont pour objet la fixation de prix de vente, la limitation de la production ou des ventes, la répartition de marchés ou des clients ;**

b) **Les restrictions aux ventes non sollicitées et réalisées par un distributeur en dehors de son territoire contractuel au profit d'utilisateurs finaux ;**

c) **Les restrictions aux ventes par les membres d'un réseau de distribution sélective qui opèrent en tant que détaillants sur le marché, indépendamment de la possibilité d'interdire à un membre du système de distribution d'opérer à partir d'un lieu d'établissement non autorisé ;**

d) **Les restrictions apportées aux livraisons croisées entre distributeurs à l'intérieur d'un système de distribution sélective, y compris entre les distributeurs opérant à des stades différents du commerce.**

Exception à la règle de minimis. L'art. L. 464-6-2 prévoit que les dispositions de l'art. L. 464-6-1 ne s'appliquent pas aux accords et pratiques qui, directement ou indirectement, ont pour objet la répartition de marchés ou des clients. • Paris, 20 janv. 2011 : *CCC 2011, n° 74, obs. Decocq*. – V. aussi • Aut. conc. n° 18-D-05 du 13 mars 2018.

Art. L. 464-7 **La décision de l'Autorité de la concurrence prise au titre de l'article L. 464-1 peut faire l'objet d'un recours en annulation ou en réformation par les parties en cause et le commissaire du Gouvernement devant la cour d'appel de Paris au maximum dix jours après sa notification. La cour statue dans le mois du recours.** *– V. art. R. 464-8, infra.*

Le recours n'est pas suspensif. Toutefois, le premier président de la cour d'appel de Paris peut ordonner qu'il soit sursis à l'exécution des mesures conservatoires, si celles-ci sont susceptibles d'entraîner des conséquences manifestement excessives ou s'il est intervenu, postérieurement à leur notification, des faits nouveaux d'une exceptionnelle gravité. *– [Ord. n° 86-1243 du 1er déc. 1986, art. 12, al. 4 et 5.] – V. art. R. 464-20 s., infra.*

FORM. PR. COM. V^is *Assignation devant le premier président de la cour d'appel de Paris à fin de sursis à exécution d'une décision de mesures conservatoires ; Requête afin d'assigner à jour fixe dans une procédure de sursis à exécution d'une décision de mesures conservatoires*, par CASANOVA.

BIBL. ▸ ROSEAU, *RDLC 2007, n° 3, p. 72* (la cour d'appel de Paris et le contentieux objectif du droit de la concurrence).

Art. L. 464-8 **Les décisions de l'Autorité de la concurrence mentionnées aux articles L. 462-8,** *(Abrogé par L. n° 2001-1168 du 11 déc. 2001)* **« L. 464-1, » L. 464-2, L. 464-3,** *(Abrogé par L. n° 2020-1508 du 3 déc. 2020, art. 37)* **« L. 464-5, »** *(Ord. n° 2004-274 du 25 mars 2004, art. 24-III)* **« L. 464-6 »** *(L. n° 2012-1270 du 20 nov. 2012, art. 10-II)* **« , L. 464-6-1 et L. 752-27 » sont notifiées aux parties en cause et au ministre chargé de l'économie, qui peuvent, dans le délai d'un mois, introduire un recours en annulation ou en réformation devant la cour d'appel de Paris.**

(Abrogé par Ord. n° 2008-1161 du 13 nov. 2008, art. 2-XII) ***« Les décisions sont publiées au Bulletin officiel de la concurrence, de la consommation et de la répression des fraudes.*** *(Ord. n° 2004-1173 du 4 nov. 2004, art. 13)* ***« Les décisions peuvent prévoir une publication limitée pour tenir compte de l'intérêt légitime des parties à ce que leurs secrets d'affaires***

ne soient pas divulgués. » Le ministre chargé de l'économie veille à leur exécution. » – *Sur les modalités de publicité des décisions, V. C. com., art. L. 490-11. – V. aussi C. com., art. R. 462-4.* – **C. com.**

Le recours n'est pas suspensif. Toutefois, le premier président de la cour d'appel de Paris peut ordonner qu'il soit sursis à l'exécution de la décision si celle-ci est susceptible d'entraîner des conséquences manifestement excessives ou s'il est intervenu, postérieurement à sa notification, des faits nouveaux d'une exceptionnelle gravité. – *V. art. R. 464-22 s., infra.*

Le pourvoi en cassation, formé le cas échéant, contre l'arrêt de la cour, est exercé dans un délai d'un mois suivant sa notification.

(Ord. nº 2008-1161 du 13 nov. 2008, art. 2-XII) **« Le président de l'Autorité de la concurrence peut former un pourvoi en cassation contre l'arrêt de la cour d'appel de Paris ayant annulé ou réformé une décision de l'Autorité. »**

(L. nº 2004-1343 du 9 déc. 2004, art. 83-II) **« Le ministre chargé de l'économie peut, dans tous les cas, former un pourvoi en cassation contre l'arrêt de la cour d'appel de Paris. »**

(Ord. nº 2008-1161 du 13 nov. 2008, art. 2-XII) **« L'Autorité de la concurrence veille à l'exécution de ses décisions. »** – *[Ord. nº 86-1243 du 1er déc. 1986, art. 15.]*

FORM. PR. COM. V^is *Assignation devant le premier président de la cour d'appel de Paris à fin de sursis à exécution d'une décision au fond ; Requête afin d'assigner à jour fixe dans une procédure de sursis à exécution d'une décision au fond*, par CASANOVA.

BIBL. ▶ TRUCHET, *Mél. Jeanneau, Dalloz, 2002, p. 539* (le mythe de l'unification du contentieux de la concurrence). – ROSEAU, *RDLC 2007, nº 3, p. 72* (la cour d'appel de Paris et le contentieux objectif du droit de la concurrence). – ANCELIN et FOSSATI-KOTZ, *JCP E 2011, nº 1458* (l'appel des décisions de l'Autorité de la concurrence).

Art. L. 464-8-1 *(L. nº 2016-1547 du 18 nov. 2016, art. 96)* **Les décisions prises par le rapporteur général de l'Autorité de la concurrence en application de l'article L. 463-4 de refuser la protection du secret des affaires ou de lever la protection accordée peuvent faire l'objet d'un recours en réformation ou en annulation devant le premier président de la cour d'appel de Paris ou son délégué.**

L'ordonnance du premier président de la cour d'appel de Paris statuant sur ce recours est susceptible d'un pourvoi en cassation.

Ce recours et ce pourvoi sont instruits et jugés en chambre du conseil.

Un décret en Conseil d'État précise les modalités de ce recours et de ce pourvoi. – *V. art. R. 464-24-1 s., infra.*

BIBL. ▶ BOSCO, *CCC 2017, nº 20* (les recours contre les décisions du rapporteur général quant au secret des affaires incombent à la cour d'appel de Paris).

Art. L. 464-8-2 *(Ord. nº 2021-649 du 26 mai 2021, art. 2-XIX)* **Sans préjudice des compétences exclusives du juge de l'exécution, le recours relatif à la validité de la notification par l'Autorité de la concurrence des actes mentionnés au IV de l'article L. 462-9-1 est porté devant une cour d'appel spécialement désignée par décret dans le délai d'un mois à compter de cette notification. Le recours n'est pas suspensif.**

Le président de l'Autorité de la concurrence peut former un pourvoi en cassation contre l'arrêt de la cour d'appel.

Art. L. 464-9 *(Ord. nº 2008-1161 du 13 nov. 2008, art. 2-XIII)* **Le ministre chargé de l'économie peut enjoindre aux entreprises de mettre un terme aux pratiques visées aux articles L. 420-1** *(L. nº 2016-1920 du 29 déc. 2016, art. 3, en vigueur le 1er mars 2017)* **« à L. 420-2-2 »** *(L. nº 2012-1270 du 20 nov. 2012, art. 6)* **« et L. 420-5 ou contraires aux mesures prises en application de l'article L. 410-3 » dont elles sont les auteurs lorsque ces pratiques** *(Abrogé par L. nº 2020-1508 du 3 déc. 2020, art. 37)* ***« affectent un marché de dimension locale, »*** **ne concernent pas des faits relevant des articles** *(L. nº 2020-1508 du 3 déc. 2020, art. 37)* **« 101 et 102 du traité sur le fonctionnement de l'Union européenne » et sous réserve que le chiffre d'affaires que chacune d'entre elles a réalisé en France lors du dernier exercice clos ne dépasse pas 50 millions d'euros et que leurs chiffres d'affaires cumulés ne dépassent pas** *(L. nº 2014-344 du 17 mars 2014, art. 109)* **« 200 » millions d'euros.**

Le ministre chargé de l'économie peut également, dans les mêmes conditions, leur proposer de transiger. Le montant de la transaction ne peut excéder *(L. n° 2014-344 du 17 mars 2014, art. 109)* **« 150 000 » € ou 5 % du dernier chiffre d'affaires connu en France si cette valeur est plus faible. Les modalités de la transaction sont fixées par décret en Conseil d'État. L'exécution dans les délais impartis des obligations résultant de l'injonction et de l'acceptation de la transaction éteint toute action devant l'Autorité de la concurrence pour les mêmes faits. Le ministre chargé de l'économie informe l'Autorité de la concurrence des transactions conclues.** — *V. art. R. 464-9-1 s., infra.*

(L. n° 2022-1158 du 16 août 2022, art. 20) **« L'injonction mentionnée au premier alinéa du présent article et la transaction mentionnée au deuxième alinéa peuvent faire l'objet d'une mesure de publicité, dans des conditions fixées par décret en Conseil d'État.**

« Dans ce cas, le professionnel est informé, lors de la procédure contradictoire préalable au prononcé de l'injonction, de la nature et des modalités de la publicité envisagée. La publicité est effectuée aux frais du professionnel qui fait l'objet de l'injonction ou accepte la transaction. »

Il ne peut proposer de transaction ni imposer d'injonction lorsque les mêmes faits ont, au préalable, fait l'objet d'une saisine de l'Autorité de la concurrence par une entreprise ou un organisme visé au deuxième alinéa de l'article L. 462-1 *(L. n° 2015-990 du 6 août 2015, art. 217-2°)* **« , sauf si l'Autorité de la concurrence a rejeté la saisine sur le fondement du troisième alinéa de l'article L. 462-8 ».**

En cas de refus de transiger, le ministre chargé de l'économie saisit l'Autorité de la concurrence. Il saisit également l'Autorité de la concurrence en cas d'inexécution des injonctions prévues au premier alinéa ou des obligations résultant de l'acceptation de la transaction. — *V. C. com., art. L. 461-3, al. 4.* — ***C. com.***

Les sommes issues de la transaction sont versées au Trésor public et recouvrées comme les créances étrangères à l'impôt et au domaine.

BIBL. ▶ FERRÉ, BIANCONE et FRANÇOIS-MARTIN, *RLDA févr. 2009. 45* (le nouveau traitement des micro-pratiques anticoncurrentielles en droit français). - PICOT et BOMBARDIER, *RLDA avr. 2013. 36; RLC juill.-août 2013. 177* (mode d'emploi du dispositif d'injonction et de transaction en matière de pratiques anticoncurrentielles locales). - MARIE, *BRDA 2014, n° 11, p. 13* (le point sur le contrôle des pratiques anticoncurrentielles locales). - DELPECH, *AJCA 2015. 396* (micro PAC : « jurisprudence » de la DGCCRF).

Micro PAC. La compétence du ministre de l'Économie pour traiter directement une pratique anticoncurrentielle est soumise à trois conditions cumulatives : que le marché soit de dimension locale, que le droit européen ne s'applique pas et que le chiffre d'affaires des entreprises en cause soit inférieur à 50 millions d'euros ; ces conditions sont réunies en l'espèce. • Aut. conc. n° 17-D-22 du 29 nov. 2017.

Art. L. 464-10 *(Ord. n° 2021-649 du 26 mai 2021, art. 2-XX)* **I. — L'accès aux déclarations effectuées en vue d'obtenir le bénéfice de la procédure d'exonération de sanction pécuniaire prévue au IV de l'article L. 464-2 ou par des dispositions équivalentes du droit national d'un autre État membre n'est accordé qu'aux parties à la procédure concernée.**

Les informations tirées de ces déclarations et qui ne peuvent être obtenues que par l'accès au dossier de la procédure peuvent être utilisées par une partie ayant eu accès à ce dossier uniquement pour l'exercice des droits de la défense dans le cadre d'une procédure relative à un recours formé contre une décision de l'Autorité de la concurrence mentionné à l'article L. 464-8 du code de commerce.

II. — L'accès à la proposition de transaction faite dans le cadre de la procédure prévue au III de l'article L. 464-2 ou du deuxième alinéa de l'article L. 464-9 n'est accordé qu'à la partie concernée par cette proposition.

Les informations tirées de cette proposition peuvent être utilisées par cette partie uniquement pour l'exercice des droits de la défense dans le cadre d'un recours formé contre une décision de l'Autorité de la concurrence mentionné à l'article L. 464-8 ou devant la juridiction administrative statuant sur un recours contre une proposition de transaction du ministre chargé de l'économie.

DEUXIÈME PARTIE : *RÉGLEMENTAIRE*

LIVRE IV DE LA LIBERTÉ DES PRIX ET DE LA CONCURRENCE

TITRE II DES PRATIQUES ANTICONCURRENTIELLES

Art. R. 420-1 Les accords présentés au ministre chargé de l'économie, en application du II de l'article L. 420-4, sont accompagnés des informations suivantes :

1° L'identification détaillée des entreprises parties à l'accord ;
2° Les objectifs fixés par l'accord ;
3° La délimitation du marché concerné par l'accord ;
4° Les produits, biens ou services concernés ;
5° Les produits, biens ou services substituables ;
6° Les parts de marché détenues par chaque partie à l'accord (en volume et en chiffre d'affaires) ;
7° L'impact sur la concurrence.

Si les entreprises estiment que certains des documents inclus dans ce dossier présentent un caractère confidentiel, elles peuvent porter sur ce document la mention : "secret des affaires". Dans ce cas, le ministre chargé de l'économie leur demande de lui indiquer les informations dont elles souhaitent qu'il ne soit pas fait mention dans le décret et dans l'avis de l'Autorité de la concurrence. – *[Décr. n° 2002-689 du 30 avr. 2002, art. 1er, al. 1er à 9.]*

RÉP. COM. v° *Entente*, par ARHEL.

Art. R. 420-2 Un mois avant leur transmission à l'Autorité de la concurrence, les projets de décret prévus au II de l'article L. 420-4 doivent faire l'objet d'une publication au *Bulletin officiel de la concurrence, de la consommation et de la répression des fraudes*. Les observations éventuelles des personnes intéressées, recueillies dans ce délai, sont communiquées à l'Autorité de la concurrence. – *[Décr. n° 2002-689 du 30 avr. 2002, art. 1er, al. 10.]*

Art. R. 420-3 Pour l'application de l'article L. 420-7, le siège et le ressort des juridictions commerciales compétentes en métropole et dans les départements d'outre-mer sont fixés conformément aux tableaux de l'annexe 4-2 du présent livre. – *[COJ, art. R. 411-1, al. 3, et art. R. 921-6, al. 3.] – V. annexe 4-2.*

Pour l'application de l'art. L. 420-7, la liste des TGI compétents, ainsi que le siège et le ressort des juridictions commerciales compétentes sont fixés conformément aux tableaux des annexes 4-1 et 4-2 du livre IV de la partie réglementaire du code de commerce (JO 27 mars). – Ces tableaux fixent de manière identique, pour les commerçants ou non-commerçants et pour les artisans ou non-artisans, les juridictions compétentes ; il s'agit de : Marseille, Bordeaux, Lille, Fort-de-France, Lyon, Nancy, Paris et Rennes. – V. les annexes 4-1 et 4-2 pour connaître en détail le ressort des cours d'appel.

Le Décr. n° 2005-1756 du 30 déc. 2005 est entré en vigueur le 1er janv. 2006 (art. 23 du décret). La juridiction compétente primitivement saisie demeure compétente pour statuer sur les procédures introduites antérieurement à la date d'entrée en vigueur du décret précité (art. 22 du décret).

ANNEXE 4-2

JURIDICTIONS COMPÉTENTES POUR CONNAÎTRE, EN APPLICATION DE L'ARTICLE L. 420-7, DES PROCÉDURES APPLICABLES AUX PERSONNES QUI SONT COMMERÇANTS OU ARTISANS

(mod. par Décr. n° 2011-1877 du 14 déc. 2011, art. 6, en vigueur le 1er janv. 2012)

SIÈGE DES TRIBUNAUX DE COMMERCE ET DES TRIBUNAUX MIXTES DE COMMERCE	RESSORT
Marseille	Le ressort des cours d'appel d'Aix-en-Provence, Bastia, Montpellier et Nîmes.
Bordeaux	Le ressort des cours d'appel d'Agen, Bordeaux, Limoges, Pau et Toulouse.

SIÈGE DES TRIBUNAUX DE COMMERCE ET DES TRIBUNAUX MIXTES DE COMMERCE	RESSORT
Lille	Le ressort des cours d'appel d'Amiens, Douai, Reims et Rouen.
Fort-de-France	Le ressort des cours d'appel de Basse-Terre, Cayenne et de Fort-de-France.
Lyon	Le ressort des cours d'appel de Chambéry, Grenoble, Lyon et Riom.
Nancy	Le ressort des cours d'appel de Besançon, Colmar, Dijon, Metz et Nancy.
Paris	Le ressort des cours d'appel de Bourges, Paris, Orléans, Saint-Denis-de la Réunion et Versailles.
Rennes	Le ressort des cours d'appel d'Angers, Caen, Poitiers et Rennes.

Spécialisation des juridictions. En application de l'art. L. 420-7 C. com. et du Décr. n° 2005-1756 du 30 déc. 2005, les litiges relatifs à l'application des règles contenues dans les art. L. 420-1 à L. 420-5 du même code, ont été attribués au tribunal de commerce de Lille et non au TGI de Béthune. En revanche, pour les autres demandes ne portant pas spécifiquement sur ces articles, ce TGI est compétent. • TGI Béthune, 4 avr. 2007 : *RDLC 2007, n° 3, p. 136, obs. Lemaire ; Europe 2007, n° 316, obs. Idot.* ♦ Les fondements juridiques et les faits en cause étant totalement distincts, il ne peut être fait application de l'art. 101 NCPC [renommé C. pr. civ.]. • Même décision. ♦ Saisie d'un contredit, la cour d'appel de Douai a estimé au contraire qu'il convenait de faire jouer l'art. 101 C. pr. civ. • Douai, 2 févr. 2008 : *Europe 2008, n° 209, obs. L. I.* ♦ Les litiges relatifs à des comportements visés par l'art. L. 442-6 [ancien] relèvent de la compétence de droit commun, dès lors qu'ils n'ont pas pour effet de restreindre ou d'affecter la concurrence sur le marché (abandon de l'art. L. 420-2 comme fondement explicite de la demande qui aurait justifié, en application des art. L. 420-7 et R. 420-3, la compétence du tribunal de Paris). • T. com. Nanterre, 22 juin 2007 : *Gaz. Pal. 2008. 436, et les obs. ; RLC oct.-déc. 2007. 76, obs. Nourissat.* ♦ Si l'action engagée ne tend pas à faire juger que le concurrent est l'auteur d'un abus de position dominante, l'assignation introductive d'instance invoque l'art. L. 420-2 ; cette invocation entre dans les prévisions de l'art. L. 420-7 et induit la compétence de la juridiction spécialisée instituée par ce texte. • Poitiers, 27 oct. 2009 : *cité note 2 ss. art. L. 420-7.* ♦ En défense, il est invoqué la théorie économique selon laquelle la connaissance exhaustive des prix pratiqués par les concurrents, obtenue par la pratique des relevés de prix, induit, dans un marché oligopolistique, une fixation des prix qui ne relève pas du libre jeu de la concurrence, une telle pratique s'analysant alors en une pratique anticoncurrentielle relevant, là encore, de la compétence de la juridiction visée par l'art. L. 420-7. • Même décision.

Art. R. 420-4 **Pour l'application de l'article L. 420-7, la liste des** *(Décr. n° 2019-966 du 18 sept. 2019, art. 8, en vigueur le 1er janv. 2020)* **« tribunaux judiciaires** *[ancienne rédaction : tribunaux de grande instance]* **» compétents en métropole et dans les départements d'outre-mer est fixée conformément aux tableaux de l'annexe 4-1 du présent livre.** — *[COJ, art. R. 311-7, al. 3, et art. R. 921-5-1, al. 2.]* — *V. annexe 4-1.*

ANNEXE 4-1

JURIDICTIONS COMPÉTENTES POUR CONNAÎTRE, EN APPLICATION DE L'ARTICLE L. 420-7, DES PROCÉDURES APPLICABLES AUX PERSONNES QUI NE SONT NI COMMERÇANTS NI ARTISANS

(mod. par Décr. n° 2011-1877 du 14 déc. 2011, art. 6, en vigueur le 1er janv. 2012)

SIÈGE DES TRIBUNAUX JUDICIAIRES *[ANCIENNE RÉDACTION : TRIBUNAUX DE GRANDE INSTANCE]*	RESSORT
Marseille	Le ressort des cours d'appel d'Aix-en-Provence, Bastia, Montpellier et Nîmes.

SIÈGE DES TRIBUNAUX JUDICIAIRES *[ANCIENNE RÉDACTION : TRIBUNAUX DE GRANDE INSTANCE]*	RESSORT
Bordeaux	Le ressort des cours d'appel d'Agen, Bordeaux, Limoges, Pau et Toulouse.
Lille	Le ressort des cours d'appel d'Amiens, Douai, Reims et Rouen.
Fort-de-France	Le ressort des cours d'appel de Basse-Terre, Cayenne et de Fort-de-France.
Lyon	Le ressort des cours d'appel de Chambéry, Grenoble, Lyon et Riom.
Nancy	Le ressort des cours d'appel de Besançon, Colmar, Dijon, Metz et Nancy.
Paris	Le ressort des cours d'appel de Bourges, Paris, Orléans, Saint-Denis de la Réunion et Versailles.
Rennes	Le ressort des cours d'appel d'Angers, Caen, Poitiers et Rennes.

Art. R. 420-5 **Pour l'application de la deuxième phrase de l'article L. 420-7, la cour d'appel de Paris est compétente.** – *[COJ, art. R. 212-1, al. 3, art. R. 921-5-1, al. 2, et art. R. 921-6, al. 3.]*

Compétence exclusive. L'art. L. 420-7 C. com. doit, comme toute exception, être interprété de manière restrictive. • Versailles, 24 mai 2007 : *Europe 2007, nº 316, obs. Idot.* ♦ La cour d'appel de Paris n'est compétente que dans la mesure où les règles des art. L. 420-1 à L. 420-5 C. com. et les art. 81 et 82 CE sont invoqués à l'appui d'une demande en justice, qu'elle soit principale ou reconventionnelle, et non simplement comme un moyen de défense à une demande. • Même arrêt. – Comp., toutefois, le texte de l'art. L. 420-7 qui englobe les litiges « dans lesquels ces dispositions sont invoquées ».

TITRE III DE LA CONCENTRATION ÉCONOMIQUE

RÉP. COM. vº *Concentration*, par ARHEL.

Art. R. 430-1 *Abrogé par Décr. nº 2009-139 du 10 févr. 2009, art. 1er. – V. désormais le V de l'art. L. 430-2, supra.*

Art. R. 430-2 **Le dossier de notification mentionné à l'article L. 430-3 comprend les éléments énumérés aux annexes 4-3 à 4-5 du présent livre. Il est adressé** *(Décr. nº 2021-715 du 2 juin 2021, art. 1er)* **« soit par dépôt au siège de l'Autorité de la concurrence en un exemplaire, soit par l'intermédiaire d'une plateforme d'échanges sécurisés de documents électroniques** *[ancienne rédaction : en un exemplaire]* **».** – *V. ces annexes, ci-dessous.*

Lorsque *(Décr. nº 2009-139 du 10 févr. 2009, art. 1er)* **« l'Autorité de la concurrence » constate que le dossier est incomplet ou que certains de ses éléments ne sont pas conformes aux définitions retenues dans les annexes susmentionnées, notamment en ce qui concerne la délimitation des marchés concernés, elle demande que le dossier soit complété ou rectifié.**

La notification complète fait l'objet d'un accusé de réception. – *[Décr. nº 2002-689 du 30 avr. 2002, art. 3.]*

ANNEXE 4-3

DOSSIER DE NOTIFICATION D'UNE OPÉRATION DE CONCENTRATION

1. Description de l'opération, comprenant :

a) Une copie des actes soumis à notification et des comptes rendus des organes délibérants relatifs à la concentration accompagnée, si nécessaire, d'une traduction en langue française de ces documents ;

b) Une présentation des aspects juridiques et financiers de l'opération, mentionnant, le cas échéant, le montant de l'acquisition ;

c) Une présentation des objectifs économiques de l'opération, comportant notamment une évaluation des avantages attendus ;

d) La liste des États dans lesquels l'opération a été ou sera notifiée et les dates des différentes notifications ;

e) Le cas échéant, le mandat des conseils ou personnes chargées de la notification ;

f) Un résumé de l'opération ne contenant ni information confidentielle ni secret d'affaires, destiné à être publié sur le site internet *(Décr. nº 2019-339 du 18 avr. 2019, art. 2)* « de l'Autorité de la concurrence » en application de l'article L. 430-3.

2. Présentation des entreprises concernées et des groupes auxquels elles appartiennent, comprenant, pour chacune des entreprises ou groupes :

a) Les comptes sociaux et, lorsqu'ils existent, les comptes consolidés et le dernier rapport annuel ;

b) La liste des principaux actionnaires, les pactes d'actionnaire, ainsi que la liste et le montant des participations détenues par l'entreprise ou ses actionnaires dans d'autres entreprises, si cette participation confère directement ou indirectement au moins une minorité de blocage ou la faculté de nommer au moins un membre du conseil d'administration ;

c) Un tableau récapitulatif de données financières pour les trois derniers exercices clos, selon le modèle figurant en annexe 4-4, et, pour la ou les activités sur lesquelles porte l'opération qui ne disposaient pas, avant ladite opération, de la personnalité juridique, un tableau récapitulatif selon le modèle figurant en annexe 4-5 ;

d) La liste des opérations de concentration réalisées au cours des trois dernières années ;

e) La liste et la description de l'activité des entreprises avec lesquelles les entreprises ou groupes concernés et les groupes auxquels elles appartiennent entretiennent des liens contractuels significatifs et durables sur les marchés concernés par l'opération, la nature et la description de ces liens.

3. Marchés concernés.

Un marché concerné se définit comme un marché pertinent, défini en termes de produits et en termes géographiques, sur lequel l'opération notifiée a une incidence directe ou indirecte.

Un marché pertinent de produits comprend tous les produits ou services que le consommateur considère comme interchangeables ou substituables en raison de leurs caractéristiques, de leur prix et de l'usage auquel ils sont destinés. Des produits, sans être substituables au sens de la phrase précédente, peuvent être regardés comme relevant d'un même marché, dès lors qu'ils requièrent la même technologie pour leur fabrication et qu'ils font partie d'une gamme de produits de nature à caractériser ce marché.

Un marché pertinent géographique est un territoire sur lequel sont offerts et demandés des biens et des services, sur lequel les conditions de concurrence sont suffisamment homogènes et qui peut être distingué de zones géographiques voisines, parce que, en particulier, les conditions de concurrence y diffèrent de manière appréciable.

La notification comprend une définition de chaque marché concerné ainsi qu'une description précise des arguments ayant conduit à la délimitation proposée et, pour chaque marché concerné, les informations suivantes :

a) Part de marché des entreprises concernées et des groupes auxquels elles appartiennent ;

b) Part de marché des principaux opérateurs concurrents.

4. Marchés affectés.

Un marché concerné est considéré comme affecté :

— si deux ou plusieurs entreprises ou groupes visés au point 2 du présent formulaire exercent des activités sur ce marché et que leurs parts cumulées atteignent 25 % ou plus ;

— ou si une entreprise au moins visée au point 2 exerce des activités sur ce marché et qu'une autre de ces entreprises ou groupe exerce des activités sur un marché situé en amont ou en aval ou connexe, qu'il y ait ou non des relations de fournisseur à client entre ces entreprises, dès lors que, sur l'un ou l'autre de ces marchés, l'ensemble des entreprises ou groupes visés au point 2 atteignent *(Décr. nº 2019-339 du 18 avr. 2019, art. 2)* « 30 % *[ancienne rédaction : 25 %]* » ou plus.

Un marché peut également être affecté du fait de la disparition d'un concurrent potentiel due à l'opération.

Pour chaque marché affecté, les entreprises notifiantes fournissent les informations suivantes :

a) Une estimation de l'importance du marché en valeur et en volume ;

b) La part de marché des entreprises concernées et des groupes auxquels elles appartiennent ;

c) La part de marché, l'identité, l'adresse, les numéros de télécopieur et de téléphone, et l'adresse électronique des responsables compétents des principaux opérateurs concurrents ;

d) L'identité, l'adresse, les numéros de télécopieur et de téléphone des principaux clients, et l'adresse électronique des responsables compétents des principaux clients, ainsi que la part que représente chacun de ces clients dans le chiffre d'affaires de chacune des entreprises ou groupes visés au point 2 ;

e) L'identité, l'adresse, les numéros de télécopieur et de téléphone, et l'adresse électronique des responsables compétents des principaux fournisseurs ainsi que la part que représente chacun de ces fournisseurs dans le total des achats de chacune des entreprises ou groupes visés au point 2 ;

f) Les accords de coopération (horizontaux et verticaux) conclus par les entreprises ou groupes visés au point 2 sur les marchés affectés, tels que les accords de recherche et développement, les accords de licence, de fabrication en commun, de spécialisation, de distribution, d'approvisionnement à long terme et d'échanges d'information ;

g) Les facteurs susceptibles d'avoir une incidence sur l'accès aux marchés concernés (dispositions réglementaires, conditions d'accès aux matières premières, importance des dépenses de recherche et développement et de publicité, existence de normes, de licences, de brevets ou d'autres droits, importance des économies d'échelle, caractère spécifique de la technologie mise en œuvre...) ;

h) Une description des canaux de distribution et des réseaux de service après-vente existant sur le marché ;

i) Les principaux facteurs contribuant à la détermination des prix et l'évolution de ceux-ci sur les cinq dernières années ;

j) Une estimation des capacités de production existant sur le marché et de leur taux moyen d'utilisation, ainsi qu'une évaluation de leur taux d'utilisation par les entreprises ou groupes visés au point 2 ;

k) Une analyse de la structure de la demande (degré de concentration de la demande, typologie des demandeurs, poids des collectivités et entreprises publiques, importance de la marque pour le consommateur, importance de la capacité à fournir une gamme complète de produits ou services...) ;

l) La liste et les coordonnées des principales organisations professionnelles.

5. Déclaration concluant la notification.

La notification se conclut par la déclaration suivante, signée par ou au nom de toutes les entreprises notifiantes, au sens de l'article L. 430-3 du présent code :

"Les soussignés déclarent que les informations fournies dans la présente notification sont, à leur connaissance, sincères, exactes et complètes, que toutes les estimations sont présentées comme telles et constituent les estimations les plus précises des faits en cause, et que tous les avis exprimés sont sincères.

"Ils connaissent les dispositions de l'article L. 430-8 du code de commerce, notamment du III de cet article."

ANNEXE 4-4

Tableau récapitulatif des données financières pour les trois derniers exercices à joindre au dossier de notification d'une opération de concentration

(Décr. nº 2019-339 du 18 avr. 2019, art. 2)

Nom de l'entité : ....

N° SIREN (dans le cas d'une société française) : ....

Données consolidées: oui non (rayer la mention inutile).

	Exercice N clos le :	**Exercice N-1 clos le :**	**Exercice N-2 clos le :**
Chiffre d'affaires total hors taxes Chiffre d'affaires hors taxes réalisé auprès des clients situés dans l'Union européenne Chiffre d'affaires hors taxes réalisé auprès des clients situés en France Résultat net (1)			

(1) Dans le cas de données consolidées, il s'agit du résultat de l'ensemble consolidé.

ANNEXE 4-5

TABLEAU RÉCAPITULATIF DES DONNÉES FINANCIÈRES CONCERNANT UNE ACTIVITÉ SANS PERSONNALITÉ JURIDIQUE À JOINDRE AU DOSSIER DE NOTIFICATION D'UNE OPÉRATION DE CONCENTRATION

(Décr. n° 2019-339 du 18 avr. 2019, art. 2)

	Exercice N clos le :		**Exercice N-1 clos le :**		**Exercice N-2 clos le :**	
Comptes de résultat						
Chiffre d'affaires total hors taxes						
Chiffre d'affaires hors taxes réalisé auprès des clients situés dans l'Union européenne						
Chiffre d'affaires hors taxes réalisé auprès des clients situés en France						
Valeur ajoutée brute						
Excédent brut d'exploitation						
Éléments du bilan	Brut	Net	Brut	Net	Brut	Net
Immobilisations incorporelles utilisées pour l'activité						
Immobilisations corporelles utilisées pour l'activité						
Créances de l'actif circulant pour l'activité						
Disponibilités relatives à l'activité						
Dettes financières relatives à l'activité						
Autres dettes relatives à l'activité						

Art. R. 430-3 **Si la Commission européenne décide, en application de l'article 9 du règlement (CE) n° 139/2004 du Conseil du 20 janvier 2004 relatif au contrôle des concentrations entre entreprises, de renvoyer aux autorités françaises tout ou partie d'une concentration de dimension** *(Décr. n° 2019-339 du 18 avr. 2019, art. 1er)* **« européenne », les entreprises concernées communiquent sans délai** *(Décr. n° 2009-139 du 10 févr. 2009, art. 1er)* **« à l'Autorité de la concurrence »** *(Décr. n° 2019-339 du 18 avr. 2019, art. 1er)* **« un exemplaire » du dossier de notification de l'opération qu'elles ont adressé à la Commission.** — *[Décr. n° 2002-689 du 30 avr. 2002, art. 4.]*

Art. R. 430-4 **Le communiqué prévu au troisième alinéa de l'article L. 430-3 contient notamment les éléments suivants :**

1° Les noms des entreprises concernées et des groupes auxquels elles appartiennent ;

2° La nature de l'opération ;

3° Les secteurs économiques concernés ;

4° Les éléments renvoyés, dans le cas d'un renvoi partiel d'une opération de dimension *(Décr. n° 2019-339 du 18 avr. 2019, art. 1er)* **« européenne » par la Commission européenne ;**

5° Le délai dans lequel les tiers intéressés sont invités à faire connaître leurs observations ;

6° Le résumé non confidentiel de l'opération fourni par les parties.

Ce communiqué est rendu public dans les cinq jours *(Décr. n° 2019-339 du 18 avr. 2019, art. 1er)* **« ouvrés » suivant la date de réception du dossier de notification ou la date à laquelle** *(Décr. n° 2009-139 du 10 févr. 2009, art. 1er)* **« l'Autorité de la concurrence est informée » de la décision de renvoi de la Commission européenne.** — *[Décr. n° 2002-689 du 30 avr. 2002, art. 5.]*

Art. R. 430-5 Lorsqu'une concentration est réalisée par achat ou échange de titres sur un marché réglementé, sa réalisation effective, au sens de l'article L. 430-4, intervient lorsque sont exercés les droits attachés aux titres. L'absence de décision *(Décr. nº 2009-139 du 10 févr. 2009, art. 1er)* « de l'Autorité de la concurrence » ne fait pas obstacle au transfert desdits titres. – *[Décr. nº 2002-689 du 30 avr. 2002, art. 6.]*

Art. R. 430-6 *(Décr. nº 2009-139 du 10 févr. 2009, art. 1er)* Lorsqu'une décision a été prise en application des articles L. 430-5, L. 430-7, L. 430-7-1, L. 430-8 ou L. 430-9, l'Autorité de la concurrence ou, le cas échéant, le ministre chargé de l'économie en rendent public le sens dans les cinq jours ouvrables suivant la décision.

Art. R. 430-7 *(Décr. nº 2009-139 du 10 févr. 2009, art. 1er)* Les décisions mentionnées à l'article L. 430-5 sont notifiées à l'auteur ou aux auteurs de la notification de l'opération de concentration mentionnée à l'article L. 430-3, ainsi qu'au ministre chargé de l'économie.

Lorsqu'elles reçoivent notification des décisions prises en application des articles L. 430-5, L. 430-7, L. 430-7-1, L. 430-8 et L. 430-9, les entreprises concernées disposent d'un délai de quinze jours pour indiquer à l'Autorité de la concurrence ou, le cas échéant, au ministre chargé de l'économie les mentions qu'elles considèrent comme relevant du secret des affaires.

Art. D. 430-8 *(Décr. nº 2009-186 du 17 févr. 2009, art. 1er ; rect. JO 21 févr.)* Les décisions de l'Autorité de la concurrence et du ministre chargé de l'économie relatives aux opérations de concentration sont rendues publiques.

L'Autorité de la concurrence assure la publicité de ses décisions par une diffusion sur son site internet. La liste des opérations réputées avoir fait l'objet d'une décision d'autorisation est également diffusée sur ce site internet.

La publicité des décisions motivées du ministre chargé de l'économie est assurée par une publication dans l'édition électronique du *Bulletin officiel de la concurrence, de la consommation et de la répression des fraudes.*

Les décisions de l'Autorité de la concurrence et du ministre sont publiées dans le respect de l'intérêt légitime des parties qui procèdent à la notification et de celui des personnes citées à ce que leurs secrets d'affaires ne soient pas divulgués.

Art. R. 430-9 *(Décr. nº 2009-139 du 10 févr. 2009, art. 1er)* En cas d'annulation totale ou partielle d'une décision prise par l'Autorité de la concurrence ou par le ministre chargé de l'économie sur le fondement des articles L. 430-5, L. 430-7, L. 430-7-1, L. 430-8 ou L. 430-9 et s'il y a lieu à réexamen du dossier, les entreprises concernées qui ont procédé à la notification soumettent une notification actualisée dans un délai de deux mois à compter de la date de notification de la décision du Conseil d'État.

Annulation différée et non rétroactive. Compte tenu des effets excessifs pour l'ordre public économique d'une annulation immédiate de la décision attaquée, et au regard de l'intérêt général qui s'attache à la préservation d'une concurrence suffisante, il y a lieu, compte tenu des motifs de l'annulation et alors qu'aucun autre moyen n'est de nature à justifier l'annulation de l'acte attaqué, de différer l'annulation de la décision de concentration. • CE 23 déc. 2013, nº 363702. ♦ L'annulation rétroactive de la décision attaquée, qui serait de nature à priver l'Autorité de la concurrence de la capacité de sanctionner d'éventuels manquements aux engagements qui y sont annexés, aurait, dans les circonstances de l'espèce, des conséquences manifestement excessives ; dans ces conditions, sans qu'il y ait lieu de prononcer une mesure d'injonction, il y a lieu de limiter dans le temps les effets de l'annulation et de prévoir que, sous réserve des actions contentieuses engagées à la date de la présente décision contre les actes pris sur son fondement, les effets de la décision attaquée antérieurement à son annulation doivent être regardés comme définitifs. • Même décision.

Art. R. 430-10 Les sanctions pécuniaires prononcées en application de l'article L. 430-8 sont recouvrées comme les créances de l'État étrangères à l'impôt et au domaine.

Les astreintes prononcées par *(Décr. nº 2009-139 du 10 févr. 2009, art. 1er)* « l'Autorité de la concurrence » en application du même article sont recouvrées dans les mêmes conditions. *(Abrogé par Décr. nº 2009-139 du 10 févr. 2009, art. 1er)* *« Elles ne peuvent excéder un montant de vingt mille euros par jour de retard. »* – *[Décr. n° 2002-689 du 30 avr. 2002, art. 11.]*

TITRE VI DE L'AUTORITÉ DE LA CONCURRENCE

CHAPITRE IV *DES DÉCISIONS ET DES VOIES DE RECOURS*

SECTION 1 *Des décisions*

Art. R. 464-1 **La demande de mesures conservatoires mentionnée à l'article L. 464-1 ne peut être formée qu'accessoirement à une saisine au fond de l'Autorité de la concurrence. Elle peut être présentée à tout moment de la procédure et doit être motivée.** – *[Décr. n° 2002-689 du 30 avr. 2002, art. 42.]*

FORM. PR. COM. v^is^ *Saisine par lettre recommandée AR avec demande de mesures conservatoires ; Saisine par dépôt au bureau de la procédure avec demande de mesures conservatoires*, par CASANOVA.

Art. R. 464-2 **Lorsque l'Autorité de la concurrence envisage de faire application du I de l'article L. 464-2 relatif à l'acceptation d'engagements proposés par les entreprises, le rapporteur fait connaître aux entreprises ou organismes concernés son évaluation préliminaire des pratiques en cause.** *(Décr. n° 2021-715 du 2 juin 2021, art. 1er)* **« Cette évaluation peut soit être notifiée par procès-verbal transmis par courrier ou par l'intermédiaire d'une plateforme d'échanges sécurisés de documents électroniques, soit, lorsque l'Autorité est saisie d'une demande de mesures conservatoires, être présentée oralement en séance** *[ancienne rédaction : Cette évaluation peut être faite par courrier, par procès-verbal ou, lorsque l'Autorité est saisie d'une demande de mesures conservatoires, par la présentation d'un rapport oral en séance]* **». Une copie de l'évaluation est adressée à l'auteur de la saisine et au commissaire du Gouvernement, sauf lorsqu'elle est présentée oralement lors d'une séance en présence des parties.**

(Décr. n° 2021-715 du 2 juin 2021, art. 1er) **« Le délai imparti aux entreprises ou organismes pour formaliser leurs engagements à l'issue de l'évaluation préliminaire est fixé soit par le rapporteur dans le cas où cette évaluation a été notifiée par procès-verbal transmis par courrier ou par l'intermédiaire d'une plateforme d'échanges sécurisés de documents électroniques, soit par l'Autorité de la concurrence dans le cas où cette évaluation a été présentée oralement en séance** *[ancienne rédaction : Le délai imparti aux entreprises ou organismes pour formaliser leurs engagements à l'issue de l'évaluation préliminaire est fixé, soit par le rapporteur dans le cas où l'évaluation a été faite par courrier ou par procès-verbal, soit par l'Autorité de la concurrence dans le cas où cette évaluation a été présentée oralement en séance]* **». Ce délai ne peut, sauf accord des entreprises ou organismes concernés, être inférieur à un mois.**

A réception des engagements proposés par les entreprises ou organismes concernés à l'issue du délai mentionné au deuxième alinéa, le rapporteur général communique leur contenu à l'auteur ou aux auteurs de la saisine ainsi qu'au commissaire du Gouvernement. Il publie également, par tout moyen, un résumé de l'affaire et des engagements pour permettre aux tiers intéressés de présenter leurs observations. Il fixe un délai, qui ne peut être inférieur à un mois à compter de la date de communication ou de publication du contenu des engagements, pour la production des observations des parties, du commissaire du Gouvernement et, le cas échéant, des tiers intéressés. Ces observations sont versées au dossier.

(Décr. n° 2021-715 du 2 juin 2021, art. 1er) **« Les parties et le commissaire du Gouvernement sont convoqués à la séance trois semaines au moins avant le jour de la séance, soit par l'envoi d'une lettre du rapporteur général, soit par l'intermédiaire d'une plateforme d'échanges sécurisés de documents électroniques. La convocation est accompagnée de la proposition d'engagements. Les parties et le commissaire du Gouvernement peuvent présenter des observations orales lors de la séance** *[ancienne rédaction : Les parties et le commissaire du Gouvernement sont convoqués à la séance par l'envoi d'une lettre du rapporteur général accompagnée de la proposition d'engagements trois semaines au moins avant le jour de la séance. Ils peuvent présenter des observations orales lors de la séance]* **».** – *[Décr. n° 2002-689 du 30 avr. 2002, art. 42-1.]*

BIBL. ▶ Cheynel, *RLC 2006, n° 6, p. 74* (formalisation de la procédure d'acceptation des engagements). – Momège, *RDLC 2006, n° 1, p. 183* (modalités d'application de la procédure d'engagements). – Grandvuillemin, *JCP E 2009, n° 22, p. 16* (procédure d'engagements : état des lieux après le communiqué de procédure du 2 mars 2009). – Rameau, *RLC juin 2019. 44* (le contentieux indemnitaire après des engagements en matière de concurrence : quelle valeur probatoire accorder à la décision de la Commission européenne ou de l'Autorité de la concurrence ?).

1. Moment des engagements. Des sociétés ne sont pas fondées à demander, après la notification du rapport, le bénéfice de la procédure d'engagement, qui, conformément à la pratique du Conseil consacrée par le Décr. du 27 déc. 2005, a pour objet de répondre à des préoccupations de concurrence résultant d'une « évaluation préliminaire » nécessairement antérieure à la notification des griefs. • Cons. conc. n° 06-D-18 du 28 juin 2006 : *D. 2006. AJ 2098, obs. Chevrier ; JCP E 2006, n° 43-44, p. 1831, note Dieny ; RDLC 2006, n° 3, p. 92, obs. Claudel.* ♦ Si la procédure d'engagements ne peut, en droit interne, être mise en œuvre qu'avant toute notification de griefs, cette procédure peut être mise en œuvre après que le rapporteur a fait connaître aux entreprises concernées son évaluation préliminaire des pratiques en cause. • Paris, 19 déc. 2013 : *cité note 10.* ♦ La pratique décisionnelle de l'Autorité ne tient compte de la mise en place de programmes de conformité que lorsque l'entreprise recourt à la procédure de non-contestation des griefs et prend des engagements. • Aut. conc. n° 12-D-27 du 20 déc. 2012 : *D. actu. 24 janv. 2013, obs. Chevrier ; CCC 2013, n° 62, obs. Bosco ; CCE 2013, n° 56, obs. Pironon ; RLC avr.-juin 2013. 34, obs. Sélinsky.*

2. Évaluation préliminaire. L'évaluation préliminaire de concurrence sur laquelle se fonde la procédure ne saurait se confondre avec une qualification des pratiques telle que cette qualification peut être retenue dans une décision du Conseil, ni même avec la qualification proposée par les services d'instruction dans une notification de griefs. Dans ces conditions, l'acceptation par une entreprise d'entrer dans une procédure d'engagements afin de répondre à une préoccupation de concurrence exprimée par le Conseil n'est en rien assimilable à une reconnaissance de pratique anticoncurrentielle de la part de l'entreprise proposant des engagements ; de même, la décision du Conseil conduisant, le cas échéant, à accepter ces engagements, ne peut être assimilée à une décision qualifiant une pratique au regard du titre III du code de commerce. • Cons. conc. n° 06-D-20 du 13 juill. 2006 : *CCC 2006, n° 199, obs. Decocq ; RLC oct.-déc. 2006. 32, obs. Sélinsky.*

La procédure d'engagement présente des spécificités, et en particulier des mesures d'instruction allégées par rapport à la procédure habituelle, comportant une simple évaluation préliminaire des pratiques en cause en vue d'identifier des préoccupations de concurrence, sans qu'il soit nécessaire de procéder à la qualification de comportements au sens des art. L. 420-1 ou L. 420-2, ni *a fortiori* à la constatation d'une infraction à ces dispositions, et ne nécessitant dès lors pas la détermination exacte du marché pertinent. • Paris, 16 oct. 2007 : *D. 2007. AJ 2729, obs. Chevrier ; CCC 2007, n° 297, obs. Malaurie-Vignal ; RJDA 2007, n° 1282 ; CCE 2007, n° 152, obs. Chagny ; RLC janv.-mars 2008. 85, note Cheynel.*

L'évaluation préliminaire à laquelle se livre le rapporteur n'a pas pour objet de prouver ou d'écarter la réalité et l'imputabilité d'infractions au droit de la concurrence en vue de les sanctionner. • Com. 12 mai 2015, n° 14-10.792 P : *D. 2015. Actu. 1149 ; JCP E 2015, n° 1267 ; CCC 2015, n° 183, obs. Decocq ; RJDA 2015, n° 530 ; RLC juill.-août 2015. 44, obs. Sélinsky.* ♦ La cour d'appel, ayant fait ressortir que l'Autorité avait, au terme d'une procédure autonome, épuisé sa saisine, a, sans méconnaître les exigences des art. 6 de la Conv. EDH, 47 de la Charte des droits fondamentaux de l'UE et 5 du Règl. n° 1/2003, justement retenu que la décision critiquée n'était pas constitutive d'un non-lieu partiel et ne s'inscrivait pas dans le champ d'application des art. L. 462-8 et L. 464-6. • Même décision.

Le § 16 du communiqué de procédure du 2 mars 2009, qui synthétise la pratique décisionnelle, ne méconnaît pas les art. L. 464-2 et R. 464-2 lorsqu'il se borne à rappeler qu'il appartient au rapporteur de ne pas établir d'évaluation préliminaire s'il estime nécessaire de notifier des griefs à l'entreprise concernée ou s'il n'est pas en mesure d'identifier des préoccupations de concurrence sans mettre en œuvre des mesures d'instruction ou d'investigation approfondies. En effet, c'est aux services d'instruction de se prononcer, au cours de l'instruction conduite sous la seule direction du rapporteur général, sur la question de savoir s'il convient de mettre en œuvre la procédure d'engagements prévue aux art. L. 464-2 et R. 464-2. • Aut. conc. n° 16-D-14 du 23 juin 2016 : *RDC 2016. 727, obs. Prieto.*

3. Négociation des engagements. Le fait que le Conseil a pris une part active dans le débat entre les parties sur les engagements proposés, qui tient au caractère consensuel de cette phase de la procédure et à ce qu'il apprécie, en définitive, la pertinence des engagements et leur donne force exécutoire, ne caractérise nulle immixtion de sa part dans l'instruction de l'affaire. • Paris 6 nov. 2007 : *cité note ss. art. R. 464-8.* ♦ Les prévisions de l'art. R. 464-2 s'inscrivent dans le cadre bien déterminé d'une procédure souple et rapide qui vise, non point à emporter l'adhésion du plaignant dont les demandes pourraient excéder ce qui est strictement nécessaire ou règlement des préoccupations de concurrence, mais uniquement à apporter une réponse satisfaisante de l'autorité publique à ces dernières. Il s'agit donc d'un outil de pure régulation et non d'une procédure de sanction ; l'esprit des textes réglementant cette dernière procédure étant d'ailleurs bien de donner au principe d'égalité des armes un autre relief que dans la procédure d'engagements. • Paris, 6 oct. 2009 : *RLC janv.-mars 2010. 72 et 73, obs. Cheynel ; Gaz. Pal. 2010. 1697, et les obs.* ♦ La mission de défense de l'ordre public économique de l'Autorité l'habilite à rendre des décisions d'engagements, non pas pour satisfaire la demande d'une partie plaignante, mais pour mettre fin à des situations susceptibles d'être préjudiciables à la concurrence. • Aut. conc. n° 12-D-18 du 20 sept. 2012 : *RDLC 2012, n° 4, p. 159, obs. Tran Thiet et Berg ; RLC oct.-déc. 2013. 127, note Guibert et Patat.* ♦ Ainsi, la procédure d'engagements ne vise pas à emporter la conviction des plaignants dont les demandes pourraient excéder ce qui est strictement nécessaire au règlement de préoccupations de concurrence, mais uniquement à apporter une réponse satisfaisante de l'Autorité à ces dernières. • Paris, 19 déc. 2013 : *cité note 10.* ♦ Il en résulte que les parties plaignantes ne peuvent, sauf erreur manifeste, remettre en cause devant la cour d'appel les appréciations de la décision de l'Autorité selon lesquelles certains faits dénoncés ne suscitent pas, en l'état des éléments du dossier, de préoccupations de concurrence. • Même décision. ♦ Il appartient à l'Autorité de vérifier que les engagements proposés sont de nature à mettre un terme au risque identifié ; l'Autorité devant par ailleurs s'assurer que les conditions de mise en œuvre de ces engagements les rendent effectifs et garantissent à court terme un bénéfice réel pour le fonctionnement de la concurrence sur le marché (difficultés engendrées par une mise en œuvre progressive des engagements). • Aut. conc. n° 09-D-32 du 26 oct. 2009 : *RDLC 2010, n° 1, p. 105, obs. Wachsmann et Thomas ; RDC 2010. 635, obs. Prieto.*

4. *Contradictoire.* Lorsque la procédure d'engagements est mise en œuvre, les parties à la procédure doivent, sous réserve des dispositions de l'art. L. 463-4, avoir accès à l'intégralité des documents sur lesquels s'est fondé le rapporteur pour établir l'évaluation préliminaire et à l'intégralité de ceux soumis au Conseil pour statuer sur les engagements. • Com. 4 nov. 2008, n° 07-21.275 P : *D. 2008. AJ 2863, obs. Chevrier ; JCP E 2008, n° 49, p. 27 ; CCC 2008, n° 274, obs. Bazex ; RJDA 2009, n° 272 ; RLC janv.-mars 2009. 66, note Cheynel ; RDLC 2009, n° 1, p. 189, obs. Lemaire.* – Et pour une application intransigeante : • Paris, 26 nov. 2008 : *D. actu. 2 déc. 2008, obs. Chevrier ; CCC 2009, n° 15, obs. Bosco ; RDC 2009. 122, obs. Prieto* (cassée par • Com. 2 févr. 2010, n° 08-70.450 : *CCC 2010, n° 106, obs. Bosco ; RDLC 2010, n° 2, p. 135, obs. Lemaire et Naudin*). ♦ Il appartient à la cour d'appel, saisie par une partie d'une demande tendant à l'annulation de la décision du Conseil faute pour elle d'avoir eu accès à l'intégralité du dossier, de vérifier, au besoin d'office, si le défaut de communication de certaines pièces a porté atteinte à ses intérêts. • Com. 4 nov. 2008, n° 07-21.275 P : *préc.* – V. aussi • Com. 2 févr. 2010, n° 08-70.449 P : *D. 2010. AJ 437, obs. Chevrier ; JCP E 2010, n° 1266 ; CCC 2010, n° 106, obs. Bosco ; RJDA 2010, n° 560 ; RDLC 2010, n° 2, p. 135, obs. Lemaire et Naudin ; RLC avr.-juin 2010. 78, obs. Barbier de la Serre.* ♦ Il convient d'écarter les arguments soutenant que le principe du contradictoire n'a pas été violé au motif que les parties ont reçu communication des mêmes pièces, le complet respect de la contradiction commandant que toutes les parties à la procédure aient accès à l'intégralité des documents visés par la décision d'engagements. • Paris, 1er juin 2010 : *D. actu. 7 juin 2010, obs. Chevrier ; JCP E 2010, n° 1580 ; CCC 2010, n° 217, obs. Decocq ; RDLC 2010, n° 3, p. 161, obs. Lemaire ; RLC oct.-déc. 2010. 62, obs. Christol.* ♦ Comp. : la cour ne peut pas s'arrêter à la faculté qui aurait été offerte au requérant d'obtenir communication des documents mais doit bien au contraire vérifier, au besoin d'office, si le défaut de communication de certaines pièces a concerné également la partie mise en cause et porté concrètement atteinte au principe de la contradiction. • Paris, 6 oct. 2009 : *préc. note 3.* ♦ S'il ne convient pas, à ce stade du raisonnement consistant à déterminer si l'accès aux documents a été intégral, d'apprécier l'utilité des pièces au regard des actes adoptés, la considération que l'intégralité des pièces n'a pas été communiquée ne suffit en revanche pas à la cour si elle ne peut s'assurer en outre de ce que le défaut de communication de certaines pièces a porté concrètement atteinte aux intérêts d'une des parties. • Paris, 1er juin 2010 : *préc.* ♦ Le défaut de communication de pièces en violation du principe du contradictoire n'est susceptible de constituer une atteinte concrète à l'intérêt des parties que s'il est établi qu'en l'absence de cette irrégularité les engagements n'auraient pas été adoptés ou auraient eu un contenu différent. • Même arrêt.

Contra, jugeant que lorsque est mise en œuvre la procédure d'engagements, au cours de laquelle il n'est pas procédé à la qualification des comportements au sens de l'art. L. 420-1 ou L. 420-2, ni *a fortiori* à la constatation d'une infraction aux mêmes dispositions, le contradictoire est assuré dès lors que les parties ont accès aux pièces qui renseignent sur la teneur des pratiques en cause, c'est-à-dire aux éléments qui fondent les préoccupations de concurrence qui leur sont adressées ; il s'agit, outre la saisine et ses annexes, de l'évaluation préliminaire et de l'ensemble des observations versées au dossier. • Cons. conc. n° 07-D-45 du 13 déc. 2007 : *RDLC 2008, n° 1, p. 112, obs. Debroux* (annulée par • Paris, 26 nov. 2008 : *D. actu. 2 déc. 2008, obs. Chevrier ; CCC 2009, n° 15, obs. Bosco ; RDC 2009. 122, obs. Prieto* ; cassée par • Com. 2 févr. 2010, n° 08-70.449 P : *préc.*).

5. Réexamen des engagements. En matière d'engagements, le Conseil raisonne dans une situation de marché donnée ; si des changements significatifs interviennent sur le marché, il peut être amené à réexaminer la pertinence des engagements acceptés au vu des nouvelles circonstances de fait. • Cons. conc. n° 07-D-46 du 13 déc. 2007 : *RDLC 2008, n° 1, p. 112, obs. Debroux* (annulée par • Paris, 26 nov. 2008 : *D. actu. 2 déc. 2008, obs. Chevrier ; CCC 2009, n° 15, obs. Bosco ; RDC 2009. 122, obs. Prieto*). ♦ L'entreprise peut, conformément au point 46 du communiqué de procédure du 2 mars 2009, apporter à tout moment à l'Autorité des éléments tendant à démontrer la nécessité d'une révision des engagements avant le terme fixé, au regard des changements intervenus sur le marché en cause, tels par exemple qu'un changement important des éléments de fait ou de droit sur lesquels repose la décision. • Aut. conc. n° 10-D-30 du 28 oct. 2010 : *D. actu. 5 nov. 2010, obs. Constantin ; RLC janv.-févr. 2011. 33, obs. Cholet.* ♦ Le fait de demander une révision ne saurait garantir que cette révision soit accordée ; lorsqu'elle est saisie d'une telle demande, l'Autorité apprécie les éléments de droit ou de fait qui sont avancés pour motiver la demande ; en tout état de cause, il ne saurait y avoir d'automaticité dans la révision des engagements souscrits. • Aut. conc. n° 13-D-17 du 20 sept. 2013 : *D. 2013. Actu. 2268, obs. Delpech ; RDC 2014. 102, obs. Prieto.* – V. aussi • Aut. conc. n° 13-D-18 du 20 sept. 2013 : *eod. loc.*

6. Suivi des engagements. La procédure prévue au I de l'art. L. 464-2 met fin à la procédure et aucune disposition ne prévoit la participation du saisissant au suivi des engagements pris vis-à-vis de l'Autorité de la concurrence. • Aut. conc. n° 09-D-11 du 18 mars 2009. ♦ Un mandataire chargé du suivi des engagements ne peut en aucun cas se substituer à l'Autorité pour en apprécier leur portée, ni lier l'Autorité dans l'appréciation qu'elle peut porter sur un non-respect des engagements pris devant elle. • Aut. conc. n° 20-D-07 du 7 avr. 2020. ♦ Si l'une des parties à la procédure ne respecte pas un ou plusieurs de ses engagements, ce non-respect pourra être sanctionné mais en aucun cas, il ne pourra délier l'autre partie de ses propres engagements. • Aut. conc. n° 10-D-01 du 11 janv. 2010 : *cité note 7.* ♦ Le principe d'interprétation stricte des injonctions s'étend aux engagements. • Aut. conc. n° 10-D-21 du 30 juin 2010 : *D. actu. 20 juill. 2010, obs. Chevrier ; RDLC 2010, n° 4, p. 207, obs. Lemaire et Cousin.* ♦ Le contrôle de l'exécution de la décision doit porter sur le respect des engagements pris individuellement et dont chacun a valeur obligatoire. La circonstance que certains engagements aient été partiellement respectés ne saurait faire échec à un constat d'inexécution. Le respect formel de la lettre d'un engagement peut également être insatisfait s'il s'avère que des modifications parallèles aboutissent à le vider en tout ou partie de sa portée. • Aut. conc. n° 15-D-02 du 26 févr. 2015 : *D. actu. 10 mars 2015, obs. Constantin ; RLC avr.-juin 2015. 23, obs. Sélinsky* • n° 18-D-09 du 21 juin 2018. ♦ Les engagements, comme les injonctions, sont d'interprétation stricte. Cette interprétation ne peut cependant avoir pour effet de limiter l'appréciation du respect d'un engagement comme d'une injonction à des considérations purement formelles. • Aut. conc. n° 20-D-03 du 20 févr. 2020. ♦ L'examen du respect des engagements est centré dans un premier temps et à titre principal sur le respect formel des engagements, dont la vérification est distincte d'un réexamen des engagements au regard des évolutions de marché. L'interprétation stricte des engagements s'appuie à cet égard sur une analyse rigoureuse des termes utilisés dans le libellé de l'engagement. Cependant, l'effet du manquement sur la concurrence que les engagements visaient à préserver sera, le cas échéant, pris en considération si les parties ont adopté un comportement de contournement, ayant pour effet de limiter la portée des engagements et de produire les effets anticoncurrentiels que ces engagements devaient prévenir. L'effet du manquement sur la concurrence peut également être utilisé pour apprécier la gravité du non-respect. Ce n'est que lorsque l'Autorité est amenée à examiner si l'entreprise a pris des mesures susceptibles de constituer un contournement de ses engagements de nature à limiter leur portée qu'il est nécessaire de les examiner au regard de la finalité des engagements. • Aut. conc. n° 20-D-07 du 7 avr. 2020.

L'appréciation de la gravité du non-respect des engagements peut s'analyser à la lumière de la jurisprudence applicable au non-respect d'injonctions. Au même titre que le non-respect d'injonctions, le non-respect d'engagements constitue donc une pratique grave en elle-même ; une telle pratique est d'autant plus grave que la prise d'engagements a lieu à l'initiative des parties mises en cause qui les proposent, et qu'en contrepartie de ceux-ci elles peuvent bénéficier d'une réduction de sanction importante. • Aut. conc. n° 10-D-21 du 30 juin 2010 : *préc.* ♦ Indépendamment de la gravité intrinsèque de l'infraction, il convient d'apprécier l'incidence que le comportement a pu avoir sur la concurrence que les engagements visaient à préserver. Cet exercice ne se confond pas avec un examen des effets actuels ou même potentiels de l'infraction constatée, sur le marché ou plus généralement sur l'économie ; indépendamment de tels effets, qui peuvent éventuellement être pris en considération, c'est nécessairement par rapport à la situation concurrentielle que la décision visait à préserver qu'il faut raisonner. • Aut. conc. n° 15-D-02 du 26 févr. 2015 : *préc.*

7. Domaine des engagements. La procédure d'engagement ne doit résoudre que les préoccupations de concurrence identifiées dans l'évaluation préliminaire. • Aut. conc. n° 12-D-17 du 5 juill. 2012 : *cité note 13 ss. art. L. 464-2.* ♦ La délimitation, par le rapporteur, du champ des préoccupations de concurrence relève des pouvoirs d'appréciation des services d'instruction. La décision par laquelle l'Autorité rend obligatoires les engagements proposés par les parties atteste que ceux-ci ont été considérés comme mettant un terme aux préoccupations de concurrence identifiées, et clôt la saisine au fond. Mais aucun effet juridique supplémentaire ne saurait être conféré à cette décision; en particulier, cette décision ne préjuge en rien de l'appréciation que l'Autorité pourrait éventuellement porter sur les autres aspects des contrats de distribution en cause, que ceux-ci aient été ou non évoqués dans la saisine ou lors de la séance. • Aut. conc. n° 10-D-01 du 11 janv. 2010 : *D. actu. 15 janv. 2010, obs. Chevrier; CCE 2010, n° 24, obs. Chagny.* – V. aussi note 10. ♦ En principe, l'Autorité de la concurrence ne rend pas obligatoires des engagements qui excèdent la résolution des préoccupations de concurrence, bien qu'elle puisse, au besoin, donner acte de mesures complémentaires proposées par l'entreprise concernée, par exemple pour faciliter la mise en œuvre des engagements acceptés. • Aut. conc. n° 10-D-30 du 28 oct. 2010 : *préc. note 5.* ♦ Si les engagements rendus obligatoires sont effectivement souscrits pour l'avenir, ils résultent de préoccupations de concurrence relatives à des pratiques antérieures susceptibles de donner lieu à des infractions au droit de la concurrence; comme tels, ils doivent être différenciés de la régulation sectorielle qui peut conduire une autorité spécialisée à énoncer *ex ante* un standard applicable aux opérateurs intéressés. • Paris, 19 déc. 2013 : ♔ *cité note 10.* ♦ Si l'Autorité peut être amenée à s'exprimer dans un avis sur la structure et le fonctionnement d'un marché sans que sa compétence soit *a priori* limitée, la procédure d'engagements ne lui permet pas d'imposer à un acteur des engagements qui iraient au-delà des préoccupations de concurrence relevées. Ainsi, les engagements proposés, qu'ils soient comportementaux ou structurels, se doivent d'être pertinents, crédibles, vérifiables et proportionnels (c'est-à-dire à la fois nécessaires et suffisants) pour mettre un terme à toutes les préoccupations de concurrence identifiées, de telle sorte qu'ils apparaissent comme strictement dépendants du cadre juridique particulier de l'affaire. • Aut. conc. n° 14-D-11 du 2 oct. 2014 : *RDC 2015. 112, obs. Prieto.*

8. Tiers certificateur. Il n'existe *a priori* aucun obstacle juridique à ce que soit prévu un tiers certificateur dans des engagements acceptés par l'Autorité de la concurrence. Toutefois, les demandes concernant l'intervention d'un tiers certificateur excèdent, en l'espèce, ce qui est nécessaire pour dissiper les préoccupations de concurrence exprimées sur ce point et il n'est donc pas utile de modifier les engagements à cet égard. • Aut. conc. n° 10-D-20 du 25 juin 2010.

9. Valeur d'exemple. La nature particulière de la publicité s'appliquant en matière d'engagements et le terme rapide de la procédure qui peut résulter de leur adoption sont de nature à favoriser un audit des pratiques dans les entreprises placées dans une situation comparable et le cas échéant l'application de remèdes dans l'esprit des engagements qui auront été publiés. • Aut. conc. n° 12-D-29 du 21 déc. 2012.

10. Effets des engagements. Si l'Autorité accepte les engagements, elle clôt la procédure avant toute appréciation et qualification définitive des faits; il en résulte notamment qu'une décision d'engagements ne peut être utilisée comme premier terme d'une réitération, qu'elle n'exclut pas l'exercice d'une action en justice par une des parties à la procédure et qu'elle ne permet pas à l'Autorité, si elle est saisie d'une plainte visant des pratiques ayant déjà fait l'objet d'une décision d'engagements, de classer cette plainte sur le fondement du principe *non bis in idem.* • Paris, 19 déc. 2013 : ♔ *D. actu. 13 janv. 2014, obs. Chevrier; CCC 2014, n° 48, obs. Decocq.* ♦ L'adoption d'une décision d'acceptation d'engagement n'a aucunement vocation de certifier la conformité au droit de la concurrence des pratiques en cause; identifiant des préoccupations de concurrence, la décision d'engagements peut contenir des éléments suffisant en soi à fonder une action en responsabilité sur le terrain du droit commun. • Paris, 12 sept. 2018, ♔ n° 18/04914 : *RLC nov. 2018. 4, obs. Baudu.*

Art. R. 464-3 **Pour l'application des dispositions relatives à la liquidation de l'astreinte prévues au II de l'article L. 464-2, l'Autorité de la concurrence se prononce après sa saisine dans les conditions prévues à l'article L. 462-5. Sa décision est précédée de l'établissement d'un rapport évaluant le montant définitif de l'astreinte. Ce rapport est adressé aux parties et au commissaire du Gouvernement, qui disposent d'un délai d'un mois pour présenter leurs observations écrites. Les parties et le commissaire du Gouvernement peuvent également présenter des observations orales lors de la séance.** – *[Décr. n° 2002-689 du 30 avr. 2002, art. 42-2.]*

Art. R. 464-4 **Lorsque le rapporteur général propose à l'Autorité de la concurrence de faire application des dispositions du III de l'article L. 464-2, les parties et le commissaire du Gouvernement en sont informés** *(Décr. n° 2021-715 du 2 juin 2021, art. 1er)* **« soit » par l'envoi d'une lettre du rapporteur général** *(Décr. n° 2021-715 du 2 juin 2021, art. 1er)* **« , soit par l'intermédiaire d'une plateforme d'échanges sécurisés de documents électroniques, » trois semaines au moins avant le jour de la séance.** – *[Décr. n° 2002-689 du 30 avr. 2002, art. 43.]*

1. Observations préalables à la transaction. Dès lors que la société a choisi de ne pas contester la réalité des griefs notifiés et d'accepter la proposition de transaction que lui a soumise le rapporteur général, elle a renoncé aux observations précédemment déposées, par lesquelles elle avait contesté les griefs. C'est donc à juste titre que ce document, devenu sans objet et sans portée procédurale, a été retiré du dossier dans lequel il avait été coté lors de sa réception par les services de l'Autorité. Il ne peut donc être transmis aux autres parties à la procédure. • Paris, 6 juill. 2017, n° 2017/07296.

2. Confidentialité entourant la transaction. Les échanges des parties mises en cause avec les services d'instruction afin d'aboutir à une transaction doivent demeurer confidentiels, ce que justifient les impératifs de la mission de protection de l'ordre public économique, dont est investie l'Autorité. En effet, dans le cadre de cette procédure spécifique, l'entreprise en cause accepte de ne pas contester les griefs, ainsi que le montant même de la sanction infligée, ce qui revient à une renonciation à ses droits de la défense et à son droit au recours sur ces points. Cette renonciation requiert, pour être efficace, que cette partie puisse bénéficier d'une confidentialité des échanges qui se déroulent entre elle et l'Autorité. Il s'ensuit que les échanges entre les services d'instruction et la société, à laquelle des griefs avaient été notifiés, afin de mener à bien la transaction et qui ne figurent pas au dossier, quand bien même certains d'entre eux auraient-ils été consignés par écrit, sont confidentiels. • Paris, 6 juill. 2017, n° 2017/07296.

3. Procès-verbal de transaction. La confidentialité de la procédure de transaction légitime que le procès-verbal de celle-ci ne soit pas communiqué à la partie saisissante. En effet, aucune disposition légale n'impose d'adresser aux autres parties, avant le rapport ou avant la séance, ce procès-verbal, qui n'engage que l'entreprise qui le signe. Il s'ensuit que les pièces relatives à la procédure de transaction, dont le procès-verbal qui le consigne, n'ont pas vocation à être communiquées aux autres parties, qui ne bénéficient que d'un droit à être informées de la proposition qu'entend formuler le rapporteur général à l'Autorité de faire application des dispositions du III de l'art. L. 464-2. Et il s'en déduit que la confidentialité de la transaction est indépendante de la procédure de protection du secret des affaires et qu'il est dès lors inopérant que cette protection n'ai pas été demandée. • Paris, 6 juill. 2017, n° 2017/07296. ♦ Le procès-verbal n'a pas vocation à être porté à la connaissance de tiers à la procédure de transaction, et c'est à juste titre que l'Autorité ne l'a pas communiqué à la requérante. Il n'en résulte, pour autant, aucune atteinte au principe du contradictoire, puisque cet acte ne comporte pas d'examen des pratiques en cause, ni quant à leur réalité, ni quant à leur qualification juridique, et se borne à attester l'accord des intéressées à la proposition de transaction du rapporteur général, laquelle, selon les termes mêmes de l'art. L. 464-2-III, a pour seul objet de fixer « le montant minimal et le montant maximal de la sanction pécuniaire envisagée ». • Paris, 26 oct. 2017, n° 2017/01658.

Art. R. 464-5 *(Décr. n° 2021-568 du 10 mai 2021, en vigueur le 11 juin 2021)* **« La démarche mentionnée au IV de l'article L. 464-2 est effectuée par le biais d'une demande adressée soit au directeur général de la concurrence, de la consommation et de la répression des fraudes, soit au rapporteur général de l'Autorité de la concurrence. La demande est adressée par lettre recommandée avec demande d'avis de réception, par l'intermédiaire d'une plateforme d'échanges sécurisés de documents électroniques, oralement ou par tout autre moyen approprié prévu par l'administration ou par l'Autorité de la concurrence.**

« Le directeur général de la concurrence, de la consommation et de la répression des fraudes, le rapporteur général de l'Autorité de la concurrence ou un rapporteur désigné par lui à cet effet accuse, par écrit, réception de cette demande. Par dérogation à l'article R. 112-5 du code des relations entre le public et l'administration, cet accusé de réception ne mentionne que la date et l'heure de réception.

« La déclaration du demandeur est recueillie par un enquêteur de la direction générale de la concurrence, de la consommation et de la répression des fraudes ou un rapporteur de l'Autorité de la concurrence et fait l'objet d'un procès-verbal de déclaration. »

Le directeur général de la concurrence, de la consommation et de la répression des fraudes et le rapporteur général s'informent réciproquement de toute démarche faite auprès d'eux en application du premier alinéa du présent article ainsi que de l'existence d'une éventuelle enquête ou instruction se rapportant aux pratiques en cause et déjà en cours avant cette démarche.

(Abrogé par Décr. n° 2021-568 du 10 mai 2021, à compter du 11 juin 2021) « Un rapporteur de l'Autorité de la concurrence élabore des propositions d'exonération de sanctions et précise les conditions auxquelles l'Autorité de la concurrence pourrait soumettre cette exonération dans son avis de clémence. Son rapport est adressé, au moins trois semaines

avant la séance, à l'entreprise ou organisme concerné et au commissaire du Gouvernement. »

Lorsque le bénéfice des dispositions du IV de l'article L. 464-2 a été demandé, le rapport d'enquête ou la notification de griefs et le rapport du rapporteur peuvent comporter une appréciation *(Décr. nº 2021-568 du 10 mai 2021, en vigueur le 11 juin 2021)* **« du respect par le demandeur des conditions qui s'imposent à lui ».** — *[Décr. nº 2002-689 du 30 avr. 2002, art. 44.]*

V. le communiqué de procédure de l'Autorité de la concurrence du 3 avr. 2015 relatif au programme de clémence français, infra, B. Autorité de la concurrence.

1. Demande de clémence. Le Décr. nº 2002-689 du 30 avr. 2002, notamment son art. 44, d'une part, et le communiqué de procédure du 11 avr. 2006, d'autre part, ne soumettent la représentation de l'entreprise ou de l'organisme effectuant une demande de clémence à aucun formalisme. • Aut. conc. nº 13-D-12 du 28 mai 2013 : *RLDA juill.-août 2013. 47, obs. Farache; RLC juill.-sept. 2013. 28, obs. Sélinsky.* ♦ Il n'appartient pas au demandeur de clémence mais à l'Autorité, sous le contrôle juridictionnel de la cour d'appel de Paris, elle-même placée sous celui de la Cour de cassation, de qualifier des pratiques d'anticoncurrentielles. • Même décision. ♦ La coopération attendue du demandeur n'est pas épuisée par le seul fait de présenter sa demande de clémence ; elle reste nécessaire tout au long de la période séparant le dépôt de cette demande de la tenue de la séance du collège, en passant par les différentes étapes de la phase préliminaire d'enquête et de la procédure d'instruction. • Même décision.

2. Avis de clémence. Si l'avis de clémence, qui est le seul acte par lequel ont été définies les conditions auxquelles est subordonnée l'exonération de sanction, doit être versé au dossier au stade de la notification de griefs afin que toutes les parties puissent en avoir connaissance, le rapport préalable, qui se borne à élaborer des propositions d'exonération de sanctions en les soumettant au Conseil de la concurrence, ne doit être adressé qu'à l'entreprise demanderesse à l'octroi du bénéfice de la clémence sans être communiqué aux parties destinataires de la notification de griefs, selon les dispositions de l'art. 44 du Décr. nº 2002-689 du 30 avr. 2002 [C. com., art. R. 464-5]. • Cons. conc. nº 06-D-09 du 11 avr. 2006 : ♔ *cité note 25 ss. art. L. 464-2* (conf. par • Paris, 24 avr. 2007 : *cité note 34 ss. art. L. 464-2*). ♦ Le point 27 du communiqué de procédure du 11 avr. 2006, en précisant que l'entreprise transmet aux autorités de concurrence françaises les informations et preuves relatives à l'entente présumée nécessaires à l'examen de sa demande de clémence, n'empêche pas la communication de documents postérieurement au délai de marqueur, mais seulement avant l'avis de clémence. • Aut. conc. nº 13-D-12 du 28 mai 2013 : *préc. note 1.*

3. Ordre de clémence. Le procès-verbal consignant une demande de clémence, puis l'avis de clémence délivré au bénéfice d'une partie à la procédure qui se déroulera ensuite, détermine à tout le moins le positionnement de cette partie dans l'ordre de celles qui peuvent ensuite accomplir la même démarche. Le procès-verbal de réception des pièces communiquées fait, par ailleurs, entrer l'Autorité en possession de celles-ci, qui permettront ensuite d'apprécier la valeur ajoutée d'autres pièces qui seraient déposées par des demandeurs de clémence ultérieurs. En tant que tels, ces actes ont donc un impact sur la place des demandeurs de clémence ultérieurs dans l'ordre d'entrée dans cette procédure et, s'ils ne peuvent faire l'objet d'un recours immédiat, leur irrégularité procédurale doit pouvoir être contestée par ceux-ci, dans le cadre du recours formé contre la décision de sanction, dès lors qu'ils remplissent les conditions de qualité et d'intérêt à agir. • Paris, 2 févr. 2017, ♔ nº 2013/13058 : *cité note 25 ss. art. L. 464-2.*

4. Communiqué « clémence ». Le communiqué de procédure du 2 mars 2009 n'a pas valeur législative ou réglementaire et constitue une grille d'analyse pour les parties et l'Autorité. Dans cette mesure, son application n'est pas soumise aux principes d'applicabilité de la loi dans le temps et il est sans effet qu'il ait été adopté postérieurement aux pratiques et à l'avis de clémence dont a bénéficié la société. En revanche, et puisqu'il comporte des règles applicables à une sanction, une partie peut invoquer son application en vertu du principe selon lequel une disposition relative à une sanction plus douce que le régime antérieur doit être mise en œuvre de façon immédiate. • Paris, 27 oct. 2016, nº 15/01673.

Art. R. 464-5-1 *(Décr. nº 2021-568 du 10 mai 2021, en vigueur le 11 juin 2021)* **I. — L'exonération totale des sanctions pécuniaires prévue au IV de l'article L. 464-2 est accordée lorsque les conditions suivantes sont remplies :**

1º Le demandeur satisfait aux conditions fixées à l'article R. 464-5-4 ;

2º Il révèle sa participation à une pratique prohibée par l'article L. 420-1 ;

3º Il est le premier à fournir des éléments d'information qui :

a) **Soit permettent, au moment où la direction générale de la concurrence, de la consommation et de la répression des fraudes ou l'Autorité de la concurrence reçoivent la demande, de procéder à des opérations de visite et de saisie ou à des**

perquisitions dans le cadre d'une procédure pénale en rapport avec la pratique en cause, à condition qu'elles n'aient pas déjà en leur possession des éléments d'information qu'elles estiment suffisants pour permettre de procéder à de telles opérations de visite et de saisie ou qu'il n'ait pas déjà été procédé à de telles opérations ou perquisitions ;

b) Soit sont suffisants pour permettre à l'Autorité de la concurrence d'établir l'existence de la pratique en cause, à condition que la direction générale de la concurrence, de la consommation et de la répression des fraudes ou l'Autorité de la concurrence n'aient pas déjà en leur possession des éléments d'information que cette dernière estime suffisants pour lui permettre d'établir l'existence de cette pratique et qu'aucun autre demandeur n'ait déjà rempli les conditions pour bénéficier de l'exonération totale de sanctions pécuniaires en application du *a* du présent 3°.

II. — Un demandeur ayant pris des mesures pour contraindre d'autres entreprises ou associations d'entreprises à participer à la pratique en cause ou à continuer à y participer est exclu du bénéfice de l'exonération totale de sanctions pécuniaires.

Art. R. 464-5-2 *(Décr. nº 2021-568 du 10 mai 2021, en vigueur le 11 juin 2021)* I. — L'exonération partielle de sanctions pécuniaires prévue au IV de l'article L. 464-2 est accordée lorsque les conditions suivantes sont remplies :

1° Le demandeur satisfait aux conditions fixées à l'article R. 464-5-4 ;

2° Il révèle sa participation à une pratique prohibée par l'article L. 420-1 ;

3° Il fournit des éléments d'information qui comportent une valeur ajoutée significative afin d'établir l'existence de la pratique en cause, par rapport à ceux qui se trouvent déjà en la possession de la direction générale de la concurrence, de la consommation et de la répression des fraudes ou de l'Autorité de la concurrence au moment de la demande.

II. — Lorsqu'un demandeur est le premier à fournir des éléments d'information décisifs permettant à l'Autorité d'établir des éléments de fait supplémentaires conduisant à une augmentation des sanctions pécuniaires infligées aux participants à la pratique en cause par rapport à celles qui auraient été infligées en l'absence de ces éléments, l'Autorité de la concurrence ne le prend pas en compte pour déterminer le montant de la sanction infligée au demandeur ayant fourni ces éléments d'information.

Art. R. 464-5-3 *(Décr. nº 2021-568 du 10 mai 2021, en vigueur le 11 juin 2021)* I. — Le demandeur peut solliciter du directeur général de la concurrence, de la consommation et de la répression des fraudes ou du rapporteur général de l'Autorité de la concurrence l'attribution d'une place dans l'ordre d'arrivée en vue de bénéficier de l'exonération totale ou partielle de sanctions pécuniaires mentionnée au IV de l'article L. 464-2. Les autorités saisies fixent un délai afin de permettre au demandeur de rassembler les éléments d'information requis.

II. — Les éléments d'information fournis par le demandeur durant le délai mentionné au I sont réputés avoir été communiqués à la date de réception de la demande, telle que constatée dans le courrier ou le procès-verbal marquant sa place dans l'ordre d'arrivée.

III. — Le demandeur fournit les éléments d'information dont il dispose en lien avec la pratique en cause, notamment :

1° Son nom et son adresse ;

2° Les circonstances ayant conduit à l'introduction de la demande ;

3° Les noms de toutes les autres entreprises ou associations d'entreprises qui participent ou ont participé à la pratique en cause ;

4° Les produits et les territoires concernés ;

5° La durée et la nature de la pratique en cause ;

6° Des renseignements sur toute autre demande d'exonération totale ou partielle de sanctions pécuniaires présentée par le passé ou susceptible d'être présentée à l'avenir à toute autre autorité de concurrence concernant la pratique en cause.

Art. R. 464-5-4 *(Décr. nº 2021-568 du 10 mai 2021, en vigueur le 11 juin 2021)* Afin de se voir accorder une exonération totale ou partielle de sanctions pécuniaires, le demandeur est tenu de remplir l'ensemble des conditions suivantes :

1° Il doit mettre fin à sa participation à la pratique prohibée sans délai et au plus tard immédiatement après avoir déposé sa demande, sauf pour ce qui serait, de l'avis du rapporteur général de l'Autorité de la concurrence, raisonnablement nécessaire à la préservation de l'intégrité de l'enquête ;

2° Il doit apporter à l'Autorité de la concurrence une coopération véritable, totale, permanente et rapide dès le dépôt de sa demande et tout au long de la procédure d'enquête et d'instruction, ce qui implique en particulier de :

a) Lui fournir sans délai tous les éléments d'information de la nature de ceux mentionnés au III de l'article R. 464-5-3 supplémentaires concernant la pratique en cause, qui viendraient en sa possession ou auxquels il pourrait avoir accès, comprenant notamment une description détaillée de cette pratique et de sa nature, de la nature et de l'usage des produits en cause, des territoires sur lesquels cette pratique est susceptible de produire des effets, ainsi qu'une estimation de sa durée de mise en œuvre ;

b) Se tenir à la disposition de l'Autorité de la concurrence pour répondre rapidement à toute demande de sa part visant à contribuer à l'établissement des faits constitutifs de la pratique en cause ;

c) Mettre ses représentants légaux et salariés actuels à la disposition de l'Autorité de la concurrence, et fournir des efforts raisonnables pour en faire de même avec ses anciens représentants légaux et salariés ;

d) S'abstenir de détruire, de falsifier ou de dissimuler des informations ou des éléments de preuves pertinents se rapportant à la pratique en cause ;

e) S'abstenir de divulguer l'existence ou la teneur de sa demande avant que l'Autorité de la concurrence n'ait communiqué ses griefs aux parties, sauf si elle y donne préalablement son accord ;

f) Ne remettre en cause à aucun moment devant l'Autorité de la concurrence, et ce jusqu'au terme de la procédure, les éléments d'information qu'il lui a révélés dans le cadre de la procédure, notamment en ce qui concerne la matérialité des faits qu'il a dénoncés ou l'existence même de la pratique ;

3° Lorsqu'il envisage d'adresser une demande à l'Autorité de la concurrence, le demandeur ne doit pas avoir détruit ou falsifié de preuves de la pratique en cause, ni avoir divulgué son intention de présenter une demande ou la teneur de celle-ci, sauf à d'autres autorités de concurrence.

Art. R. 464-5-5 *(Décr. nº 2021-568 du 10 mai 2021, en vigueur le 11 juin 2021)* I. — Un demandeur ayant sollicité une exonération totale ou partielle de sanctions pécuniaires auprès de la Commission européenne, soit pour l'attribution d'une place dans l'ordre d'arrivée en vue de bénéficier d'une telle exonération, soit par le dépôt d'une demande complète, peut, si cette demande se réfère à une pratique prohibée couvrant les territoires de plus de trois États membres, soumettre à l'Autorité de la concurrence une demande sommaire concernant la même pratique.

II. — La demande sommaire mentionnée au I, qui est soumise aux conditions prévues aux trois premiers alinéas de l'article R. 464-5, comporte les éléments mentionnés aux 1° et 3° à 6° du III de l'article R. 464-5-3, ainsi que la mention des État membres où les preuves de la pratique en cause sont susceptibles de se trouver.

Les clarifications que l'Autorité de la concurrence peut demander lorsqu'elle est saisie d'une demande sommaire ne peuvent concerner que les éléments mentionnés à l'alinéa précédent.

III. — Lorsqu'elle est saisie d'une demande sommaire, l'Autorité de la concurrence vérifie si elle a déjà reçu une autre demande, sommaire ou complète, de la part d'un autre demandeur, concernant la même pratique. En l'absence d'une telle autre demande, et si elle estime que la demande sommaire dont elle est saisie comporte les éléments mentionnés au premier alinéa du II du présent article, le rapporteur général ou un rapporteur désigné par lui informe le demandeur de l'acceptation de sa demande.

IV. — Lorsque la Commission européenne a informé l'Autorité de la concurrence de ce qu'elle n'a pas l'intention d'instruire l'affaire en tout ou en partie, le demandeur a la possibilité de soumettre au rapporteur général de l'Autorité de la concurrence une demande complète. A titre exceptionnel, lorsque cela s'avère strictement nécessaire pour la délimitation d'une affaire ou pour son attribution, le rapporteur général ou un rapporteur désigné par lui peut inviter le demandeur à soumettre une demande complète avant que la Commission européenne n'ait informé l'Autorité de la concurrence de ce qu'elle n'a pas l'intention d'instruire l'affaire en tout ou en partie.

V. — Le rapporteur général de l'Autorité de la concurrence peut fixer au demandeur un délai maximal pour le dépôt de sa demande complète ainsi que des éléments d'information correspondants.

Lorsque le demandeur dépose sa demande complète dans le délai imparti, celle-ci est réputée avoir été déposée au moment du dépôt de la demande sommaire, pour autant que cette dernière porte sur les mêmes produits et les mêmes territoires et sur la même durée de la pratique en cause que la demande introduite auprès de la Commission européenne, qui peut avoir été mise à jour.

Art. R. 464-6 *(Décr. nº 2021-715 du 2 juin 2021, art. 1er)* « Les convocations aux séances de l'Autorité de la concurrence sont adressées trois semaines au moins avant le jour de la séance, soit par lettres recommandées avec demande d'avis de réception, soit par l'intermédiaire d'une plateforme d'échanges sécurisés de documents électroniques *[ancienne rédaction : Les convocations aux séances de l'Autorité de la concurrence sont adressées par envois recommandés avec demande d'avis de réception trois semaines au moins avant le jour de la séance]*. » Ce délai peut être réduit par le rapporteur général lorsque l'Autorité de la concurrence se réunit pour statuer en application de l'article L. 464-1.

Le rapporteur qui a instruit une affaire peut présenter des observations orales lors de la séance au cours de laquelle elle est examinée.

Les parties qui souhaitent l'audition d'une personne lors de la séance doivent en faire la demande au président de l'Autorité de la concurrence quinze jours au moins avant cette séance. – *[Décr. nº 2002-689 du 30 avr. 2002, art. 39.]*

Art. R. 464-7 Pour l'application de l'article L. 464-6, l'auteur de la saisine et le commissaire du Gouvernement disposent d'un délai de deux mois pour faire valoir leurs observations écrites. Ils peuvent présenter des observations orales lors de la séance. – *[Décr. nº 2002-689 du 30 avr. 2002, art. 45.]*

Art. R. 464-8 *(Décr. nº 2009-185 du 17 févr. 2009, art. 1er)* « I. — » Les décisions de l'Autorité de la concurrence sont notifiées *(Décr. nº 2021-715 du 2 juin 2021, art. 1er)* « soit par lettre recommandée avec demande d'avis de réception, soit par l'intermédiaire d'une plateforme d'échanges sécurisés de documents électroniques » :

1º Pour les décisions mentionnées à l'article L. 464-1, à l'auteur de la demande de mesures conservatoires, aux personnes contre lesquelles la demande est dirigée et au commissaire du Gouvernement ;

2º Pour les décisions mentionnées à l'article L. 462-8, à l'auteur de la saisine et au ministre chargé de l'économie ;

3º Pour les décisions mentionnées à l'article L. 464-6, à l'auteur de la saisine, aux personnes dont les agissements ont été examinés par le rapporteur au regard *(Décr. nº 2017-483 du 6 avr. 2017, art. 13)* « des articles L. 420-1, L. 420-2, L. 420-2-1, L. 420-2-2 et L. 420-5 » ainsi que, le cas échéant, des articles 81 et 82 du traité instituant la Communauté européenne *[art. 101 et 102 TFUE]* et au ministre chargé de l'économie ;

4º Pour les décisions prises suivant les modalités prévues par les articles L. 463-2, L. 463-3, L. 464-2, L. 464-3 et L. 464-5, aux personnes destinataires de la notification de griefs ou du rapport ainsi qu'aux entreprises ou organismes ayant souscrit des engagements et au ministre chargé de l'économie ; – *[Décr. nº 2002-689 du 30 avr. 2002, art. 46.]*

(Décr. nº 2009-139 du 10 févr. 2009, art. 3) « 5º Pour les décisions mentionnées au dernier alinéa de l'article L. 461-3 prises à la suite d'une saisine du ministre chargé de l'économie en application du quatrième alinéa de l'article L. 464-9, aux parties concernées et au ministre chargé de l'économie. »

(Abrogé par Décr. nº 2009-312 du 20 mars 2009, art. 1er) (Décr. nº 2009-185 du 17 févr. 2009, art. 1er) « ***II. — Les décisions de l'Autorité de la concurrence mentionnées à l'article L. 470-7-1 sont publiées sur le site internet de l'Autorité. Leur publicité peut être limitée***

pour tenir compte de l'intérêt légitime des parties et des personnes citées à ce que leurs secrets d'affaires ne soient pas divulgués. » — *V. art. D. 464-8-1.*

Engagements. Il s'évince de la combinaison des art. L. 464-2 et L. 464-8, nonobstant la rédaction plus limitée de l'art. R. 464-8 qui restreint la notification de la décision d'acceptation des engagements aux entreprises ou organismes ayant souscrit des engagements, qu'une société, qui est en cause devant le Conseil en qualité de partie saisissante, et qui justifie d'un intérêt dès lors que les engagements contenus dans la décision sont susceptibles de produire des effets juridiques sur sa situation personnelle, est recevable à exercer un recours contre la décision d'acceptation des engagements. • Paris, 6 nov. 2007 : *CCC 2008, n° 18, obs. Decocq; RJDA 2008, n° 86; RLC janv.-mars 2008. 85, note Cheynel; RDLC 2008, n° 1, p. 127, obs. Prieto* (décision cassée par : • Com. 4 nov. 2008, n° 07-21.275 P : *cité note 4 ss. art. R. 464-2*).

Art. D. 464-8-1 *(Décr. n° 2009-312 du 20 mars 2009, art. 2)* **Les décisions de l'Autorité de la concurrence mentionnées à l'article** *(Décr. n° 2017-305 du 9 mars 2017, art. 2-II)* « **L. 490-11** *[ancienne rédaction : L. 470-7-1]* » **sont publiées sur le site internet de l'Autorité. Leur publicité peut être limitée pour tenir compte de l'intérêt légitime des parties et des personnes citées à ce que leurs secrets d'affaires ne soient pas divulgués.**

BIBL. ▸ CHEYNEL, *RLC avr.-juin 2009. 90* (publicité des décisions en matière de pratiques anticoncurrentielles et de contrôle des concentrations). – FAURE-MOSSMANN, *LPA 23 avr. 2012* (les peines complémentaires de publicité, publication-sanction, en droit boursier et en droit de la concurrence).

Art. R. 464-9 **Pour l'application de l'article L. 464-3, l'Autorité de la concurrence se prononce après avoir été saisie dans les conditions prévues par l'article L. 462-5. Sa décision est précédée de l'établissement d'un rapport qui est adressé aux parties et au commissaire du Gouvernement, qui disposent d'un délai de deux mois pour présenter leurs observations écrites. En cas d'urgence, ce délai peut être ramené à un mois par le rapporteur général. Les parties et le commissaire du Gouvernement peuvent également présenter des observations orales lors de la séance.** — *[Décr. n° 2002-689 du 30 avr. 2002, art. 47.]*

Art. R. 464-9-1 *(Décr. n° 2009-140 du 10 févr. 2009, art. 1er)* **Le ministre chargé de l'économie communique, par lettre recommandée avec demande d'avis de réception, aux entreprises qu'il soupçonne de pratiques mentionnées** *(Décr. n° 2017-483 du 6 avr. 2017, art. 13)* « **aux articles L. 420-1, L. 420-2, L. 420-2-1, L. 420-2-2 et L. 420-5** » **et qui répondent aux conditions de chiffres d'affaires spécifiées au premier alinéa de l'article L. 464-9 les faits constatés de nature à constituer les infractions qui leur sont imputées. Cette communication est accompagnée d'un rapport administratif d'enquête. Ce rapport met en évidence les faits constatés, leur qualification juridique et leur imputabilité. Les entreprises concernées sont informées des mesures envisagées à leur égard, à savoir une injonction et une somme à verser au Trésor public à titre de transaction, ou l'une de ces deux mesures seulement. Les entreprises destinataires peuvent consulter le dossier sous réserve de la protection du secret des affaires.**

Les entreprises destinataires sont invitées à formuler des observations écrites et disposent pour ce faire d'un délai de deux mois à compter de la réception du courrier. Ce délai peut être prorogé à leur demande d'une nouvelle période ne pouvant excéder deux mois. Les entreprises peuvent également présenter dans le délai imparti des observations orales au signataire du courrier. Elles peuvent se faire assister d'un conseil.

BIBL. ▸ NOURISSAT, *RLC avr.-juin 2009. 94* (décret de procédure pour les micro-PAC : de sous-garanties pour un droit de seconde zone ?). – CLAUDEL, *RTD com. 2009. 558* (une ébauche de procédure contradictoire pour les micro-PAC).

Art. R. 464-9-2 *(Décr. n° 2009-140 du 10 févr. 2009, art. 1er)* **Après examen des observations reçues, le ministre chargé de l'économie informe, par lettre recommandée avec demande d'avis de réception, chaque entreprise concernée de sa décision. Il peut classer l'affaire ou enjoindre aux entreprises de prendre les mesures de nature à**

mettre fin aux pratiques anticoncurrentielles constatées et leur indiquer la somme proposée à titre de transaction, ou l'une de ces deux dernières mesures seulement.

Pour chaque entreprise concernée, la décision indique les délais dans lesquels l'entreprise doit exécuter l'injonction et payer la somme proposée à titre de transaction au Trésor public.

L'entreprise destinataire de la décision dispose d'un délai d'un mois à compter de la notification de celle-ci pour l'accepter en la contresignant. A défaut de réponse dans ce délai, l'entreprise est réputée avoir refusé de transiger et d'exécuter l'injonction.

L'Autorité de la concurrence est informée de chaque injonction prononcée et de chaque transaction conclue.

Art. R. 464-9-3 *(Décr. nº 2009-140 du 10 févr. 2009, art. 1er)* **Dans le cas où l'entreprise a refusé les mesures notifiées ou n'a pas exécuté l'injonction ou encore n'a pas versé la somme prévue par la transaction, le ministre chargé de l'économie saisit l'Autorité de la concurrence. Les observations formulées par les entreprises destinataires de l'injonction ou de la transaction dans le cadre de la procédure ne sont pas transmises à l'Autorité de la concurrence.**

Le refus ou l'acceptation d'une ou de plusieurs entreprises concernées est sans effet sur la situation des autres entreprises ayant fait l'objet de la même procédure.

Procédure de transaction. Conformément à l'art. R. 464-9-3, le refus ou l'acceptation d'une transaction par une ou par plusieurs des entreprises concernées est sans effet sur la situation des autres entreprises ayant fait l'objet de la même procédure. • Aut. conc. nº 16-D-02 du 27 janv. 2016 : *BRDA 2016, nº 5, p. 12.* ♦ La communication des observations des parties, dans le cadre de la saisine de l'Autorité par le ministre de l'économie à la suite d'un refus de transaction, est explicitement exclue par l'art. R. 464-9-3. Dès lors, cette non-transmission du mémoire d'observation déposé par les parties est légalement justifiée et les entreprises en cause ne peuvent se prévaloir d'une quelconque atteinte à leurs droits. • Même décision.

Art. R. 464-9-4 *(Décr. nº 2014-1109 du 30 sept. 2014, art. 34)* **Pour l'exercice des compétences prévues aux articles R. 464-9-1 et R. 464-9-2, peuvent signer au nom du ministre et par délégation :**

1º Les *(Décr. nº 2020-1545 du 9 déc. 2020, art. 28, en vigueur le 1er avr. 2021)* **« directeurs régionaux de l'économie, de l'emploi, du travail et des solidarités » ;**

2º Les *(Décr. nº 2020-1545 du 9 déc. 2020, art. 28, en vigueur le 1er avr. 2021)* **« directeurs de l'économie, de l'emploi, du travail et des solidarités » ;**

3º Les chefs des pôles "concurrence, consommation et répression des fraudes".

SECTION 2 *Des recours exercés devant la cour d'appel de Paris contre les décisions de l'Autorité de la concurrence* (Ord. nº 2008-1161 du 13 nov. 2008, art. 4).

Art. R. 464-10 Par dérogation aux dispositions du titre VI du livre II du *(Décr. nº 2008-484 du 22 mai 2008, art. 22)* **« code de procédure civile », les recours exercés devant la cour d'appel de Paris contre les décisions de l'Autorité de la concurrence sont formés, instruits et jugés conformément aux dispositions de la présente section** *(Décr. nº 2017-823 du 5 mai 2017, art. 1er)* **« et de la section 4 ».** – *[Décr. nº 87-849 du 19 oct. 1987, art. 1er.]*

Art. R. 464-11 *(Décr. nº 2012-840 du 29 juin 2012, art. 1er)* **L'Autorité de la concurrence est partie à l'instance selon les modalités prévues au présent chapitre.**

BIBL. ▶ Bosco, *CCC 2012, nº 260* (mise en conformité du code de commerce avec la jurisprudence *VEBIC*, une réforme en trompe-l'œil ?). – LEMAIRE et NAUDIN, *RDLC 2012, nº 4, p. 148* (qualité de partie à l'instance devant la cour d'appel). – CLAUDEL, *RTD com. 2012. 736* (qualité de partie à l'instance officiellement reconnue à l'Autorité de la concurrence).

SOUS-SECTION 1 *Des recours prévus à l'article L. 464-8*

Art. R. 464-12 Les recours prévus à l'article L. 464-8 sont formés par une déclaration écrite en triple exemplaire déposée contre récépissé au greffe de la cour d'appel de Paris contenant, à peine de nullité :

1° Si le demandeur est une personne physique, ses nom, prénoms, profession *(Décr. n° 2017-823 du 5 mai 2017, art. 2)* « , domicile, nationalité, date et lieu de naissance ainsi que, le cas échéant, le numéro unique d'identification de l'entreprise ; si le demandeur est une personne morale, sa dénomination, sa forme, son siège social et l'organe qui la représente ainsi que le numéro unique d'identification de l'entreprise *[ancienne rédaction : et domicile ; si le demandeur est une personne morale, sa dénomination, sa forme, son siège social et l'organe qui la représente]* » ; dans le cas où la déclaration est faite au nom du ministre chargé de l'économie, elle indique la dénomination et l'adresse du service mentionné au deuxième alinéa de l'article R. 464-26 ;

2° L'objet du recours *(Décr. n° 2017-823 du 5 mai 2017, art. 2)* « ainsi que, le cas échéant, la partie de la décision sur laquelle porte la demande de réformation ».

(Décr. n° 2017-823 du 5 mai 2017, art. 2) « Le demandeur au recours joint à la déclaration une copie de la décision de l'Autorité de la concurrence *[ancienne rédaction : Lorsque la déclaration ne contient pas l'exposé des moyens invoqués, le demandeur doit, à peine d'irrecevabilité prononcée d'office, déposer cet exposé au greffe dans les deux mois qui suivent la notification de la décision de l'Autorité de la concurrence]*. » — *[Décr. n° 87-849 du 19 oct. 1987, art. 2.]*

FORM. PR. COM. v° *Déclaration de recours devant la cour d'appel de Paris*, par CASANOVA.

Art. R. 464-13 *(Décr. n° 2017-823 du 5 mai 2017, art. 3)* Dans les cinq jours qui suivent le dépôt de la déclaration et à peine de caducité de cette dernière relevée d'office, le demandeur en adresse une copie, par lettre recommandée avec demande d'avis de réception, d'une part, aux parties auxquelles la décision de l'Autorité de la concurrence a été notifiée, mentionnées en annexe de la lettre de notification prévue au deuxième alinéa de l'article R. 464-30, et d'autre part, à l'Autorité de la concurrence et au ministre chargé de l'économie. Dans le même délai et sous la même sanction, il justifie auprès du greffe de ces notifications. — *Reprise de la substance de l'anc. art. R. 464-14.*

FORM. PR. COM. v° *Lettre recommandée AR informant les parties qu'un recours au fond a été introduit contre une décision de l'Autorité de la concurrence*, par CASANOVA.

Art. R. 464-14 *(Décr. n° 2017-823 du 5 mai 2017, art. 4)* L'Autorité de la concurrence, dès qu'elle est avisée du recours, transmet au greffe de la cour le dossier de l'affaire qui comporte les procès-verbaux et rapports d'enquête, les griefs, les observations, le rapport, les documents et les mémoires mentionnés à l'article L. 463-2. — *Anc. 2e al. de l'art. R. 464-15.*

Art. R. 464-15 *(Décr. n° 2017-823 du 5 mai 2017, art. 5)* Lorsque la déclaration de recours ne contient pas l'exposé des moyens invoqués, le demandeur dépose au greffe, à peine de caducité relevée d'office, des observations écrites contenant cet exposé dans les deux mois qui suivent la notification de la décision de l'Autorité de la concurrence.

Sous la même sanction et dans le même délai, le demandeur dépose en outre au greffe la liste des pièces et documents justificatifs qu'il entend produire ainsi que les pièces et documents énumérés dans cette liste.

Sous la même sanction et dans le même délai, le demandeur adresse, par lettre recommandée avec demande d'avis de réception, copie de ses observations écrites et de la liste des pièces et documents justificatifs produits aux parties auxquelles la décision de l'Autorité de la concurrence a été notifiée, à l'Autorité de la concurrence ainsi qu'au ministre chargé de l'économie s'il n'est pas demandeur au recours, et justifie auprès du greffe de cette notification.

Sous la même sanction, dans le même délai et dans les mêmes formes, il adresse en outre à l'Autorité de la concurrence et au ministre chargé de l'économie s'il n'est pas demandeur au recours une copie des pièces et documents justificatifs produits, et justifie auprès du greffe de cette notification.

Art. R. 464-15-1 *(Décr. n° 2017-823 du 5 mai 2017, art. 6)* Lorsque le demandeur au recours n'est pas représenté, il informe sans délai le greffe de la cour, les parties devant la juridiction de recours ainsi que le ministre chargé de l'économie, lorsqu'il n'est pas partie à l'instance, de tout changement de domicile.

Art. R. 464-16 Un recours incident peut être formé alors même que son auteur serait forclos pour exercer un recours à titre principal. Dans ce dernier cas, le recours n'est toutefois pas recevable s'il est formé plus d'un mois après la réception de la *(Décr. nº 2017-823 du 5 mai 2017, art. 7)* « notification prévue au troisième alinéa de l'article R. 464-15 » ou si le recours principal n'est pas lui-même recevable.

Le recours incident est formé selon les modalités prévues à l'article R. 464-12. Il est dénoncé, dans les conditions prévues à l'article *(Décr. nº 2017-823 du 5 mai 2017, art. 7)* « R. 464-13, aux parties devant la juridiction de recours et au ministre chargé de l'économie lorsqu'il n'est pas partie à l'instance ». – *[Décr. nº 87-849 du 19 oct. 1987, art. 6.]*

(Décr. nº 2017-823 du 5 mai 2017, art. 7) « A peine de caducité du recours incident relevée d'office, le demandeur à ce recours dépose au greffe, dans les deux mois de la notification qui lui a été faite en application du troisième alinéa de l'article R. 464-15, les documents énumérés au premier et au deuxième alinéas du même article.

« Sous la même sanction et dans le même délai, il adresse, par lettre recommandée avec demande d'avis de réception, copie de ses observations écrites et de la liste des pièces et documents justificatifs qu'il entend produire aux parties devant la juridiction de recours ainsi qu'au ministre chargé de l'économie lorsqu'il n'est pas partie à l'instance, et justifie auprès du greffe de cette notification.

« Sous la même sanction, dans le même délai et dans les mêmes formes, il adresse en outre à l'Autorité de la concurrence et au ministre chargé de l'économie, lorsqu'il n'est pas partie à l'instance, une copie des pièces et documents justificatifs produits, et justifie auprès du greffe de cette notification. »

Art. R. 464-17 *(Décr. nº 2017-823 du 5 mai 2017, art. 8)* « Lorsque le recours risque d'affecter les droits ou les charges d'autres personnes qui étaient parties en cause devant l'Autorité de la concurrence, ces personnes peuvent intervenir à l'instance devant la cour d'appel.

« L'intervention volontaire est formée, à peine d'irrecevabilité relevée d'office, par déclaration écrite et motivée déposée au greffe dans les conditions prévues à l'article R. 464-12 dans le délai d'un mois à compter de la réception de la notification prévue au troisième alinéa de l'article R. 464-15.

« Sous la même sanction et dans le même délai, la partie intervenante notifie, par lettre recommandée avec demande d'avis de réception, son intervention aux parties devant la juridiction de recours ainsi qu'au ministre chargé de l'économie lorsqu'il n'est pas partie à l'instance.

« A peine d'irrecevabilité de l'intervention relevée d'office, la partie intervenante dépose au greffe, dans les deux mois de la notification qui lui a été faite en application du troisième alinéa de l'article R. 464-15, les documents énumérés au premier et au deuxième alinéas du même article.

« Sous la même sanction, dans le même délai et dans les mêmes formes, elle adresse, par lettre recommandée avec demande d'avis de réception, copie de ses observations écrites et de la liste des pièces et documents justificatifs qu'elle entend produire aux parties devant la juridiction de recours ainsi qu'au ministre chargé de l'économie lorsqu'il n'est pas partie à l'instance et justifie auprès du greffe de cette notification.

« Sous la même sanction et dans le même délai, elle adresse en outre à l'Autorité de la concurrence et au ministre chargé de l'économie lorsqu'il n'est pas partie à l'instance une copie des pièces et documents justificatifs produits, et justifie auprès du greffe de cette notification.

« Les demandes de communication ou de production de pièces ou de catégories de pièces formées en vue d'une action en dommages et intérêts par la partie intervenante, qu'elle ait été partie ou non devant l'Autorité de la concurrence, sont régies par les dispositions de l'alinéa 2 de l'article L. 483-1 et par celles des articles L. 483-4 à L. 483-11. »

A tout moment, le premier président ou son délégué ou la cour peut mettre d'office en cause ces mêmes personnes. Le greffe notifie la décision de mise en cause par lettre recommandée avec demande d'avis de réception.

Art. R. 464-18 *(Décr. nº 2017-823 du 5 mai 2017, art. 9)* Le premier président de la cour d'appel ou son délégué fixe les délais dans lesquels les parties à l'instance se communiquent leurs observations écrites, les adressent au ministre chargé de l'économie lorsqu'il n'est pas partie à l'instance et en déposent copie au greffe de la cour.

Il fixe les délais dans lesquels le ministre chargé de l'économie, lorsqu'il n'est pas partie à l'instance, peut produire des observations écrites. Il fixe également la date des débats.

Le greffe notifie ces délais aux parties ainsi qu'au ministre chargé de l'économie lorsqu'il n'est pas partie à l'instance et les convoque à l'audience prévue pour les débats par lettre recommandée avec demande d'avis de réception.

Le ministre chargé de l'économie, lorsqu'il n'est pas partie à l'instance, notifie aux parties à l'instance ses observations écrites par lettre recommandée avec demande d'avis de réception.

Art. R. 464-19 *(Décr. nº 2012-840 du 29 juin 2012, art. 1er)* Le ministre chargé de l'économie, lorsqu'il n'est pas partie à l'instance, et l'Autorité de la concurrence peuvent présenter des observations orales à l'audience à leur demande ou à la demande du premier président ou de la cour.

SOUS-SECTION 2 *Des recours prévus à l'article L. 464-7*

Art. R. 464-20 Les recours prévus à l'article L. 464-7 sont portés devant la cour d'appel par voie d'assignation à une audience préalablement indiquée par le premier président ou son délégué.

A peine de nullité, l'assignation contient, outre les mentions prescrites pour les actes d'huissier de justice, l'objet du recours avec un exposé des moyens.

(Décr. nº 2017-823 du 5 mai 2017, art. 10) « Sous la même sanction, une copie de la décision attaquée est jointe à l'assignation.

« A peine de caducité du recours relevée d'office, l'assignation est délivrée à toutes les parties auxquelles la décision de l'Autorité de la concurrence a été notifiée, mentionnées en annexe de la lettre de notification prévue au deuxième alinéa de l'article R. 464-30, ainsi qu'au ministre chargé de l'économie.

« Sous la même sanction, une copie de l'assignation est déposée en triple exemplaire au greffe de la cour d'appel au plus tard dans les cinq jours qui suivent celui de sa signification.

« Par ailleurs, une copie » de l'assignation est immédiatement notifiée à la diligence de l'huissier de justice à l'Autorité de la concurrence par lettre recommandée avec demande d'avis de réception.

Art. R. 464-21 *(Décr. nº 2012-840 du 29 juin 2012, art. 1er)* Le ministre chargé de l'économie, lorsqu'il n'est pas partie à l'instance, et l'Autorité de la concurrence ont la faculté de présenter des observations écrites et orales. Ces dernières sont présentées à leur demande ou à la demande du premier président ou de la cour.

SOUS-SECTION 3 *Des demandes de sursis à exécution*

Art. R. 464-22 Les demandes de sursis à exécution prévues *(Décr. nº 2017-823 du 5 mai 2017, art. 11)* « aux articles L. 464-7 et L. 464-8 *[ancienne rédaction : à l'article L. 464-8]* » sont portées par voie d'assignation devant le premier président de la cour d'appel de Paris, selon les modalités du deuxième alinéa de l'article 485 du *(Décr. nº 2008-484 du 22 mai 2008, art. 22)* « code de procédure civile ». – *[Décr. nº 87-849 du 19 oct. 1987, art. 12.]*

FORM. PR. COM. v^is *Assignation devant le premier président de la cour d'appel de Paris à fin de sursis à exécution d'une décision au fond ; Requête afin d'assigner à jour fixe dans une procédure de sursis à exécution d'une décision au fond,* par CASANOVA.

Art. R. 464-23 A peine de nullité, l'assignation contient, outre les mentions prescrites pour les actes d'huissier de justice, l'exposé des moyens invoqués à l'appui de la demande de sursis.

Sous la même sanction, elle précise la date à laquelle a été formé le recours contre la décision dont le sursis à exécution est demandé. – *[Décr. nº 87-849 du 19 oct. 1987, art. 13.]*

Art. R. 464-24 *(Décr. nº 2017-823 du 5 mai 2017, art. 12)* « A peine de caducité de la demande relevée d'office », l'assignation est délivrée à *(Abrogé par Décr. nº 2017-823 du 5 mai 2017, art. 12)* « ***toutes les parties en cause devant*** » l'Autorité de la concurrence et au ministre chargé de l'économie. *(Abrogé par Décr. nº 2017-823 du 5 mai 2017, art. 12)* « ***Une copie de l'assignation est immédiatement notifiée à la diligence de l'huissier de justice à l'Autorité de la concurrence par lettre recommandée avec demande d'avis de réception.*** » – *[Décr. nº 87-849 du 19 oct. 1987, art. 14.]*

SECTION 3 *Des recours exercés devant le premier président de la cour d'appel de Paris contre certaines décisions du rapporteur général de l'Autorité de la concurrence*

(Décr. nº 2017-823 du 5 mai 2017, art. 13)

Art. R. 464-24-1 Par dérogation aux dispositions du titre VI du livre II du code de procédure civile, les recours prévus à l'article L. 464-8-1 sont formés, instruits et jugés conformément aux dispositions de la présente section et de la section 4.

Art. R. 464-24-2 Le rapporteur général de l'Autorité de la concurrence est partie à l'instance selon les modalités prévues à la présente section et de la section 4.

Art. R. 464-24-3 Le recours prévu à l'article L. 464-8-1 est formé dans un délai de dix jours à compter de la notification de la décision du rapporteur général de l'Autorité de la concurrence. Il est porté devant le premier président de la cour d'appel ou son délégué par voie d'assignation à une audience préalablement indiquée par ce dernier.

A peine de nullité, l'assignation contient, outre les mentions prescrites pour les actes d'huissier de justice, l'objet du recours avec un exposé des moyens.

Sous la même sanction, une copie de la décision attaquée est jointe à l'assignation.

A peine de caducité du recours relevée d'office, l'assignation est délivrée au rapporteur général ainsi que, le cas échéant, à la partie mise en cause ayant demandé au rapporteur général l'accès à la version confidentielle d'une pièce qu'elle estime nécessaire à l'exercice de ses droits, dans le délai fixé par l'ordonnance du premier président ou de son délégué.

Sous la même sanction, une copie de l'assignation est déposée en triple exemplaire au greffe de la cour d'appel au plus tard dans les cinq jours qui suivent celui de sa signification.

Le premier président de la cour d'appel de Paris ou son délégué statue dans le mois du recours.

Art. R. 464-24-4 Le délai de recours et le recours exercé dans ce délai à l'encontre de la décision du rapporteur général de l'Autorité de la concurrence refusant la protection du secret des affaires ou levant la protection accordée ne sont pas suspensifs.

Toutefois, le premier président de la cour d'appel de Paris ou son délégué peut ordonner qu'il soit sursis à exécution de la décision si celle-ci est susceptible d'entraîner des conséquences manifestement excessives.

Art. R. 464-24-5 La demande de sursis à exécution est portée par voie d'assignation selon les modalités du second alinéa de l'article 485 du code de procédure civile.

Art. R. 464-24-6 A peine de nullité, l'assignation contient, outre les mentions prescrites pour les actes d'huissier de justice, l'exposé des moyens invoqués à l'appui de la demande de sursis.

Sous la même sanction, elle précise la date à laquelle a été formé le recours contre la décision dont le sursis à exécution est demandé.

Art. R. 464-24-7 **A peine de caducité de la demande relevée d'office, l'assignation est délivrée au rapporteur général de l'Autorité de la concurrence ainsi que, le cas échéant, à la partie mise en cause ayant demandé au rapporteur général l'accès à la version confidentielle d'une pièce qu'elle estime nécessaire à l'exercice de ses droits.**

Art. R. 464-24-8 **Le pourvoi en cassation prévu à l'article L. 464-8-1 est formé dans un délai de dix jours à compter de la notification de l'ordonnance du premier président ou de son délégué.**

Le pourvoi est instruit et jugé selon les règles applicables à la procédure avec représentation obligatoire sous réserve des délais de remise et de notification des mémoires prévus aux articles 978 et 982 du code de procédure civile qui sont réduits à un mois.

SECTION 4 ***Dispositions communes aux différentes demandes*** *(Décr. nº 2017-823 du 5 mai 2017, art. 15).*

Art. R. 464-25 **Les notifications entre parties ont lieu par lettre recommandée avec demande d'avis de réception ou par notification directe entre les avocats** *(Abrogé par Décr. nº 2012-634 du 3 mai 2012, art. 21)* ***« ou les avoués »*** **des parties. Les pièces de procédure doivent être déposées au greffe en triple exemplaire.** – *[Décr. nº 87-849 du 19 oct. 1987, art. 15.]*

Art. R. 464-25-1 *(Décr. nº 2017-823 du 5 mai 2017, art. 16)* **Les parties comparantes qui présentent leurs prétentions par écrit et sont assistées ou représentées par un avocat sont tenues de formuler expressément leurs prétentions et les moyens de fait et de droit sur lesquels chacune de ces prétentions est fondée avec indication pour chaque prétention des pièces invoquées et de leur numérotation.**

Un bordereau énumérant les pièces justifiant ces prétentions est annexé à leurs observations écrites.

Ces observations écrites comprennent distinctement un exposé des faits et de la procédure, une discussion des prétentions et des moyens ainsi qu'un dispositif récapitulant les prétentions.

Les moyens qui n'auraient pas été formulés dans les écritures précédentes doivent être présentés de manière formellement distincte. La cour d'appel ou son premier président ne statue que sur les prétentions énoncées au dispositif et n'examine les moyens au soutien de ces prétentions que s'ils sont invoqués dans la discussion.

Les parties doivent reprendre, dans leurs dernières écritures, les prétentions et moyens précédemment présentés ou invoqués dans leurs observations écrites antérieures. A défaut, elles sont réputées les avoir abandonnés et la cour d'appel ou son premier président ne statue que sur les dernières écritures déposées.

Art. R. 464-26 *(Décr. nº 2017-823 du 5 mai 2017, art. 17)* **« Devant la cour d'appel ou son premier président, les parties se défendent elles-mêmes. Elles ont la faculté de se faire assister ou représenter par un avocat. »**

Le ministre chargé de l'économie est représenté par le directeur général de la concurrence, de la consommation et de la répression des fraudes ou son délégué. – *[Décr. nº 87-849 du 19 oct. 1987, art. 16.]*

Art. R. 464-27 **Le ministère public peut prendre communication des affaires dans lesquelles il estime devoir intervenir.** – *[Décr. nº 87-849 du 19 oct. 1987, art. 17.]*

Art. R. 464-28 **Les décisions de la cour d'appel de Paris ou de son premier président sont notifiées par lettre recommandée avec demande d'avis de réception par le greffe de la cour aux parties à l'instance** *(Décr. nº 2017-823 du 5 mai 2017, art. 18)* **« et, le cas échéant, au ministre chargé de l'économie lorsqu'il n'est pas partie à l'instance. »**

(Abrogé par Décr. nº 2012-840 du 29 juin 2012, art. 1er) ***« Elles sont portées à la connaissance*** *(Ord. nº 2008-1161 du 13 nov. 2008, art. 4)* ***« de l'Autorité de la concurrence » par lettre simple à l'initiative du greffe. »***

(Décr. nº 2009-139 du 10 févr. 2009, art. 3) **« L'Autorité de la concurrence veille à l'exécution de ses décisions et les publie sur son site internet. Cette publication fait courir le délai de recours à l'égard des tiers. »** – *[Décr. nº 87-849 du 19 oct. 1987, art. 18.]*

Art. R. 464-29 *(Décr. nº 2015-521 du 11 mai 2015, art. 1er)* **Les décisions prises par le rapporteur général de l'Autorité de la concurrence en application de l'article L. 463-4 qui accordent la protection du secret des affaires ou qui refusent la levée de ce secret ne peuvent faire l'objet d'un recours qu'avec la décision de l'Autorité sur le fond.**

BIBL. ▸ NDLR, *BRDA 2015, nº 10, p. 13* (Décr. nº 2015-521 du 11 mai 2015). – LENOIR, *RLDA juin 2015. 46* (consécration d'un nouveau contentieux autonome des décisions de l'Autorité de la concurrence en matière de levée des secrets d'affaires).

Art. R. 464-30 **Les décisions de l'Autorité de la concurrence** *(Décr. nº 2017-823 du 5 mai 2017, art. 19)* **« et du rapporteur général » sont notifiées par lettre recommandée avec demande d'avis de réception.**

A peine de nullité, la lettre de notification indique le délai de recours ainsi que les modalités selon lesquelles celui-ci peut être exercé. Elle comporte en annexe les noms, qualités et adresses des parties auxquelles la décision de l'Autorité de la concurrence *(Décr. nº 2017-823 du 5 mai 2017, art. 19)* **« ou du rapporteur général » a été notifiée.** – *[Décr. nº 87-849 du 19 oct. 1987, art. 20.]*

Art. R. 464-31 **Les augmentations de délais prévues à l'article 643 du** *(Décr. nº 2008-484 du 22 mai 2008, art. 22)* **« code de procédure civile » ne s'appliquent pas aux recours présentés en vertu des dispositions du présent chapitre.** – *[Décr. nº 87-849 du 19 oct. 1987, art. 21.]*

B Autorité de la concurrence

COMMENTAIRE

La loi nº 2008-776 du 4 août 2008 de modernisation de l'économie (« LME ») a substitué au Conseil de la concurrence l'Autorité de la concurrence, autorité administrative indépendante composée d'un collège de dix-sept membres : un président, quatre vice-présidents et douze membres non permanents. L'Autorité comporte également un rapporteur général (qui dirige les services d'enquêtes et d'instruction, des rapporteurs généraux adjoints, des rapporteurs permanents et non permanents) et intervient auprès d'elle un commissaire du gouvernement qui représente l'intérêt public (en général le directeur général de la concurrence, de la consommation et de la répression des fraudes).

L'Autorité de la concurrence est indépendante, ce qui est conforme à la directive (UE) 2019/1 du 11 décembre 2018 qui oblige chaque État membre à s'assurer que l'autorité nationale de concurrence dispose de garanties d'indépendance, de ressources et de pouvoirs de coercition et de fixation d'amendes nécessaires à l'application effective des articles 101 et 102 TFUE (V. *infra*, II. Règles européennes).

I. RÔLE ET POUVOIRS DE L'AUTORITÉ DE LA CONCURRENCE

L'Autorité de la concurrence a pour rôle de sanctionner les pratiques anticoncurrentielles définies aux articles L. 420-1, L. 420-2 et L. 420-5 du code de commerce et aux articles 101 et 102 du traité sur le fonctionnement de l'Union européenne (TFUE). En revanche, elle n'a pas compétence pour ordonner la réparation d'un préjudice résultant de ces pratiques ; cela relève des juridictions civiles et commerciales. D'ailleurs, l'Autorité n'a pas une compétence exclusive ; interviennent ainsi également la Commission européenne et les juridictions européennes pour le droit européen de la concurrence.

On notera que l'Autorité de la concurrence est compétente pour statuer sur les activités économiques de personnes situées hors du territoire national, dès lors que leurs activités ont un effet sur celui-ci.

Le pouvoir de l'Autorité de la concurrence est très étendu : mesures conservatoires, acceptation d'engagements, clémence, injonction, sanctions pécuniaires… Les recours contre ses décisions en la matière sont portés devant la cour d'appel de Paris. Son statut est ambigu : elle est considérée, au sens de l'article 6, § 1 de la CEDH comme un « tribunal » (Com. 5 oct. 1999, n° 97-15.617 P), mais la CJUE lui refuse la qualification de juridiction pouvant lui soumettre une question préjudicielle (CJCE 31 mai 2005, n° C-53/03).

L'Autorité de la concurrence est par ailleurs l'autorité unique pour le contrôle des concentrations en France. Elle a ainsi publié le 16 décembre 2009 des lignes directrices en matière de contrôle des concentrations, révisées le 10 juillet 2013 puis de nouveau le 23 juillet 2020 (V. *infra*). Ainsi, conformément à l'article L. 430-2 du code de commerce, les entreprises atteignant certains seuils doivent notifier une opération de concentration devant l'Autorité de la concurrence pour obtenir son autorisation (V. *supra*, A. Droit préventif et répressif). Lorsque l'opération a été réalisée sans notification préalable, l'Autorité de la concurrence peut enjoindre les parties sous astreinte de notifier l'opération, voire de revenir à l'état antérieur à la concentration (C. com., art. L. 430-8, I, al. 1er). Elle peut aussi prononcer une sanction pécuniaire, de même que lorsque l'opération est réalisée après sa notification mais avant son autorisation (sauf dérogation demandée en vertu de l'art. L. 430-4, al. 2, C. com.).

L'Autorité de la concurrence exerce également une fonction consultative, obligatoire ou facultative selon les cas, et a même, depuis la réforme de 2008, un pouvoir d'autosaisine pour émettre des avis.

II. COMPÉTENCE DES AUTRES JURIDICTIONS

L'Autorité de la concurrence n'a pas de compétence exclusive pour contrôler et sanctionner les atteintes aux règles en matière de concurrence.

A. JURIDICTIONS CIVILES ET COMMERCIALES

Les juridictions compétentes en matière de concurrence sont en nombre limité. Ne sont compétents que les tribunaux judiciaires et tribunaux de commerce de Bordeaux, Fort-de-France, Lille, Lyon, Marseille, Nancy, Paris et Rennes. Les recours sont tous postés devant la cour d'appel de Paris.

Ces juridictions peuvent saisir pour avis l'Autorité de la concurrence sur les pratiques anticoncurrentielles définies aux articles L. 420-1 et L. 420-2 du code de commerce et aux articles 101 et 102 du TFUE.

B. JURIDICTIONS ADMINISTRATIVES

Conformément à l'article L. 410-1 du code de commerce, les règles relatives à la liberté des prix et de la concurrence s'appliquent à toutes les activités de production, de distribution et de services, « y compris celles qui sont le fait de personnes publiques ».

Le Conseil d'État a accepté de contrôler la légalité des actes administratifs qui lui étaient soumis au regard des règles du droit de la concurrence (CE 3 nov. 1997, n° 169907).

C. JURIDICTIONS PÉNALES

Conformément à l'article L. 420-6 du code de commerce, « Est puni d'un emprisonnement de quatre ans et d'une amende de 75 000 euros le fait, pour toute personne physique, de prendre frauduleusement une part personnelle et déterminante dans la conception, l'organisation ou la mise en œuvre de pratiques visées aux articles L. 420-1, L. 420-2 et L. 420-2-2 ».

III. COMPLIANCE ET SANCTIONS DEVANT L'AUTORITÉ DE LA CONCURRENCE

A. PROGRAMME DE CLÉMENCE

Issue de la loi NRE, la clémence est un outil de détection des ententes : une entreprise qui en dénonce spontanément l'existence bénéficiera en contrepartie d'une exonération totale ou partielle des sanctions pécuniaires encourues. C'est une inspiration des *leniency programs* des États-Unis.

Les infractions susceptibles de bénéficier du programme de clémence sont les ententes anticoncurrentielles « les plus graves » (V. Communiqué de procédure de l'Autorité de la concurrence du 3 avr. 2015, *infra*).

Le demandeur de clémence bénéficie de l'anonymat dans le dossier transmis aux entreprises mises en cause (Crim. 7 mars 2012, n° 11-80.127).

L'immunité n'est garantie sans conditions que dans deux hypothèses :

– clémence de « type I » : l'immunité d'amende peut être accordée lorsque l'Autorité de la concurrence ne dispose pas d'informations sur l'entente présumée ou, si elle en a déjà, lorsque l'entreprise fournit la première des éléments de preuve suffisants pour établir l'existence d'une infraction ;

– clémence de « type II » : les entreprises qui ne remplissent pas les conditions de type I peuvent bénéficier d'une exonération partielle d'amende si les éléments de preuves fournis apportent une valeur ajoutée significative par rapport aux éléments dont l'Autorité dispose déjà.

B. PROCÉDURE D'ENGAGEMENTS COMPORTEMENTAUX

Le I de l'article L. 464-2 du code de commerce dispose que l'Autorité de la concurrence peut « accepter des engagements proposés par les entreprises ou organismes et de nature à mettre un terme à ses préoccupations de concurrence susceptibles de constituer des pratiques prohibées visées aux articles L. 420-1, L. 420-2 et L. 420-5 » (V. *supra*, A. Droit préventif et répressif).

Les engagements peuvent, notamment, porter sur la mise en place d'un programme de conformité. Toutefois, suivant l'Union européenne, l'Autorité n'accorde plus automatiquement de réduction de 10 % de la sanction pécuniaire encourue si l'entreprise a mis en œuvre un programme de conformité, estimant que ces programmes résultent de la gestion courante de l'entreprise (Aut. conc. n° 17-D-20 du 18 oct. 2017).

La procédure d'engagements ne s'applique pas dans les cas où l'atteinte à l'ordre public économique impose le prononcé de sanctions pécuniaires (cartels ou abus de position dominante ayant causé un dommage à l'économie important).

En cas de non-respect des engagements souscrits, l'Autorité peut infliger aux intéressés des astreintes jusqu'à 5 % du chiffre d'affaires journalier moyen par jour de retard. L'Autorité peut également sanctionner le non-respect d'engagements par le cumul d'une amende et d'une astreinte (Aut. conc. n° 15-D-02 du 26 févr. 2015 ; confirmée par Paris, 6 oct. 2016, n° 2015/06776).

C. PROCÉDURE DE TRANSACTION

Une procédure de transaction s'est substituée à la procédure de non-contestation des griefs (V. le communiqué de procédure relatif à la procédure de transaction du 21 déc. 2018, *infra*).

Dans le cadre de cette procédure, l'entreprise renonce à contester les griefs qui lui ont été notifiés. Le rapporteur général soumet une proposition de transaction fixant le montant minimal et le montant maximal de la sanction pécuniaire envisagée. Cette proposition peut également tenir compte d'engagements à modifier son comportement. Si l'entreprise donne son accord à la proposition de transaction, le rapporteur général propose à l'Autorité de la concurrence de prononcer la sanction pécuniaire dans les limites fixées par la transaction.

L'Autorité n'exclut pas un cumul de réduction avec la procédure de clémence, à supposer toutefois que les gains procéduraux d'un cumul de procédure lui apparaissent suffisants (Aut. conc. n° 11-D-17 du 8 déc. 2011 ; Aut. conc. n° 13-D-12 du 28 mai 2013 ; Aut. conc. n° 15-D-03 du 11 mars 2015 ; Aut. conc. n° 17-D-20 du 18 oct. 2017). ❑

Communiqué de procédure de l'Autorité de la concurrence du 2 mars 2009,

Relatif aux engagements en matière de concurrence.

Base légale

1. L'article 5 du règlement n° 1/2003 du Conseil du 16 décembre 2002, relatif à la mise en œuvre des règles de concurrence prévues aux articles 81 et 82 du traité CE *[Règl. (CE) n° 1/2003 du Conseil du 16 déc. 2002 relatif à la mise en œuvre des règles de concurrence prévues aux art. 81 et 82 du traité CE]*, **prévoit que les autorités de concurrence des États membres sont compétentes pour "accepter des engagements".**

2. Le I de l'article L. 464-2 du code de commerce *[art. 10 de l'Ord. n° 2004-1173 du 4 nov. 2004 portant adaptation de certaines dispositions du code de commerce au droit communautaire de la concurrence, codifié à l'art. L. 464-2 C. com.]*, **modifié par l'article 2 de l'ordonnance n° 2008-1161 du 13 novembre 2008 portant modernisation de la régulation**

de la concurrence, a doté l'Autorité de la concurrence (ci-après, "l'Autorité") du pouvoir d'"accepter des engagements proposés par les entreprises ou organismes et de nature à mettre un terme à ses préoccupations de concurrence susceptibles de constituer des pratiques prohibées visées aux articles L. 420-1, L. 420-2 et L. 420-5".

3. Cette disposition est complétée par l'article R. 464-2 du code de commerce *[la procédure suivie devant l'Autorité a été fixée par l'art. 42-1 du Décr. n° 2005-1668 du 27 déc. 2005 portant modification du Décr. n° 2002-689 du 30 avr. 2002 fixant les conditions d'application du livre IV du code de commerce relatif à la liberté des prix et de la concurrence. Cette disposition a été codifiée à l'art. R. 464-2 C. com. par le Décr. n° 2007-431 du 25 mars 2007]*, qui prévoit que : "Lorsque l'Autorité de la concurrence envisage de faire application du I de l'article L. 464-2 relatif à l'acceptation d'engagements proposés par les entreprises, le rapporteur fait connaître aux entreprises ou organismes concernés son évaluation préliminaire des pratiques en cause. Cette évaluation peut être faite par courrier, par procès-verbal ou, lorsque l'Autorité est saisie d'une demande de mesures conservatoires, par la présentation d'un rapport oral en séance. Une copie de l'évaluation est adressée à l'auteur de la saisine et au commissaire du Gouvernement, sauf lorsqu'elle est présentée oralement lors d'une séance en présence des parties.

Le délai imparti aux entreprises ou organismes pour formaliser leurs engagements à l'issue de l'évaluation préliminaire est fixé, soit par le rapporteur dans le cas où l'évaluation a été faite par courrier ou par procès-verbal, soit par l'Autorité de la concurrence dans le cas où cette évaluation a été présentée oralement en séance. Ce délai ne peut, sauf accord des entreprises ou organismes concernés, être inférieur à un mois.

A réception des engagements proposés par les entreprises ou organismes concernés à l'issue du délai mentionné au deuxième alinéa, le rapporteur général communique leur contenu à l'auteur ou aux auteurs de la saisine ainsi qu'au commissaire du Gouvernement. Il publie également, par tout moyen, un résumé de l'affaire et des engagements pour permettre aux tiers intéressés de présenter leurs observations. Il fixe un délai, qui ne peut être inférieur à un mois à compter de la date de communication ou de publication du contenu des engagements, pour la production des observations des parties, du commissaire du Gouvernement et, le cas échéant, des tiers intéressés. Ces observations sont versées au dossier.

Les parties et le commissaire du Gouvernement sont convoqués à la séance par l'envoi d'une lettre du rapporteur général accompagnée de la proposition d'engagements trois semaines au moins avant le jour de la séance. Ils peuvent présenter des observations orales lors de la séance."

4. En application de ces dispositions, qui introduisent un système comparable à celui prévu en droit communautaire par les articles 9 et 27, paragraphe 4, du règlement n° 1/2003, le Conseil de la concurrence, auquel succède l'Autorité de la concurrence, a progressivement développé sa pratique des engagements. Le présent communiqué de procédure a pour objet de synthétiser cette pratique décisionnelle, éclairée par les premiers arrêts des juridictions nationales et communautaires. Il décrit successivement les objectifs de cet outil (II), son champ d'application (III), la procédure et ses étapes (IV), et enfin, la nature et la portée des décisions adoptées au terme de sa mise en œuvre (V). Il pourra être ultérieurement enrichi, au vu des développements éventuels de la pratique décisionnelle de l'Autorité et de la jurisprudence des juridictions de contrôle.

II Objectifs

5. La procédure d'engagements fait partie de la gamme des outils permettant à l'Autorité d'assurer sa mission, qui consiste à garantir le fonctionnement de la concurrence sur les marchés. La décision acceptant des engagements et les rendant obligatoires (ci-après, la "décision d'engagements") intervient à l'issue d'une procédure plus rapide et plus flexible que celle conduisant à un constat d'infraction. Elle a pour but d'obtenir que l'entreprise cesse ou modifie de son plein gré, pour l'avenir, des comportements ayant suscité des préoccupations de concurrence, à la différence

d'une décision de condamnation, qui constate le caractère anticoncurrentiel du comportement en cause, en impose la cessation ou la modification, et le sanctionne le cas échéant.

6. Sa mise en œuvre représente donc une économie de ressources pour l'autorité de concurrence et pour l'entreprise ou organisme (ci-après, "l'entreprise") qui prend des engagements. Elle permet à l'autorité :

– d'accélérer la résolution des affaires ne portant pas sur des pratiques dont la nature ou les effets sont tels qu'ils appellent *a priori* le prononcé d'une sanction,

– de privilégier le maintien ou le rétablissement volontaire de la concurrence sur le marché dans les cas qui s'y prêtent, et

– de libérer, par conséquent, davantage de moyens pour l'examen des infractions les plus graves.

7. Elle permet, dans le même temps, à l'entreprise :

– de bénéficier d'une accélération de la procédure et de contribuer volontairement à la recherche des solutions appropriées aux préoccupations de concurrence identifiées, et

– d'obtenir la clôture de l'affaire avant toute appréciation et toute qualification définitives des faits.

8. La mission de défense de l'ordre public économique de l'Autorité l'habilite à rendre des décisions d'engagements, non pas pour satisfaire la demande d'une partie plaignante, mais pour mettre fin à des situations susceptibles d'être préjudiciables à la concurrence.

III Champ d'application

9. La procédure d'engagements s'applique à des situations qui soulèvent des préoccupations de concurrence encore actuelles et auxquelles il peut être mis fin rapidement au moyen d'engagements. Ainsi que la cour d'appel de Paris l'a précisé dans l'arrêt Canal 9 précité, "les textes applicables (...) supposent seulement la constatation d'une atteinte actuelle à la concurrence".

10. Le code de commerce ne précise pas la typologie des comportements susceptibles de faire l'objet d'engagements. Pour autant, la pratique décisionnelle a permis d'identifier des comportements ou des situations en présence desquels le recours à cette procédure s'avère particulièrement adaptée.

11. L'Autorité n'applique pas la procédure d'engagements dans les cas où, en tout état de cause, l'atteinte à l'ordre public économique impose le prononcé de sanctions pécuniaires, ce qui exclut notamment *a priori* les ententes particulièrement graves comme les cartels et certains abus de position dominante ayant déjà causé un dommage à l'économie important.

12. Les pratiques concernées par les décisions d'engagements rendues à ce jour sont essentiellement certaines pratiques unilatérales ou verticales dont l'effet serait de nature à restreindre l'accès à un marché *[la mise en œuvre de la procédure d'engagements s'est notamment avérée adaptée dans les situations suivantes : – pour assurer l'articulation entre le droit de la concurrence et les droits de propriété intellectuelle, par exemple en cas de refus d'accès à des ressources rares, telles que le système de diagnostic d'un constructeur automobile non accessible aux réparateurs indépendants (décision n° 07-D-31 du 9 oct. 2007, relative à des pratiques mises en œuvre par un constructeur automobile) ou l'étude de mesure d'audience des journaux éditée par un organisme de mesure d'audience de la presse quotidienne (décision n° 05-D-12 du 17 mars 2005, relative à des pratiques mises en œuvre sur le marché de la mesure d'audience dans la presse quotidienne nationale et sur le marché connexe de la publicité dans ce secteur) ; – pour assurer l'effectivité de la concurrence sur un marché en cours de libéralisation, lorsque la présence de clauses d'exclusivité ou d'effets potentiels de ciseau tarifaire risque de verrouiller un marché qui s'ouvre à la pleine concurrence, dans le secteur de la diffusion audiovisuelle (décision n° 07-D-30 du 5 oct. 2007, relative à des pratiques mises en œuvre dans le secteur de la diffusion hertzienne terrestre des services audiovisuels en mode analogique) ou encore lorsque des risques similaires de ciseau tarifaire résultent de pratiques tarifaires de l'opérateur historique de l'électricité, empêchant les négociants concurrents de vendre l'électricité au détail à des professionnels à un tarif compétitif (décision*

n° 07-D-43 du 10 déc. 2007, relative à des pratiques mises en œuvre par l'opérateur historique de l'électricité) ; – ou bien encore, en présence d'évolutions technologiques, pour éviter que des clauses contractuelles établies par un fournisseur n'empêchent ses distributeurs de vendre sur Internet ou n'apportent à cette vente des conditions indûment restrictives (décisions n° 07-D-07 du 8 mars 2007, relative à des pratiques mises en œuvre dans le secteur de la distribution des produits cosmétiques et d'hygiène corporelle, n° 06-D-24 du 24 juill. 2006, relative à la distribution de montres commercialisées sur Internet et n° 06-D-28 du 5 oct. 2006, relative à des pratiques mises en œuvre dans le secteur de la distribution sélective de matériels Hi-fi et Home cinéma)].

IV Mise en œuvre de la procédure

IV.1 *Évaluation préliminaire*

A *Moment*

13. L'article R. 464-2 du code de commerce prévoit que des engagements sont proposés au regard d'une "évaluation préliminaire des pratiques en cause", nécessairement préalable à toute notification de griefs *[à la différence de la procédure de non-contestation de griefs prévue au III de l'art. L. 464-2 C. com., qui ne peut être engagée qu'après notification de ces derniers]*. **Il ne peut donc plus être recouru aux engagements à partir du moment où une notification des griefs est émise** *[sans préjudice de la possibilité de présenter des engagements dans le cadre d'une procédure de non-contestation des griefs]*.

14. En revanche, l'entreprise dont les comportements font l'objet d'une saisine de l'Autorité a, dès qu'elle a connaissance de cette saisine et tant que des griefs n'ont pas été notifiés, le loisir de se rapprocher des services d'instruction pour explorer la possibilité d'un recours à des engagements *[en pratique, cela peut être fait, notamment, à l'occasion des auditions ou en réponse aux demandes de renseignements adressées par le rapporteur]*.

15. En pareil cas, l'évaluation préliminaire ne peut cependant être formulée, sous réserve des spécificités propres aux procédures d'urgence évoquées au point 19 ci-dessous, que si l'entreprise concernée fait savoir aux services d'instruction qu'elle est disposée à proposer des engagements, si les circonstances de l'affaire s'y prêtent et si l'offre initiale d'engagements communiquée par l'entreprise semble, en première analyse, susceptible d'autoriser un aboutissement satisfaisant de la procédure. Ces démarches préparatoires de l'entreprise concernée peuvent demeurer informelles (contacts téléphoniques ou électroniques par exemple), pourvu qu'elles attestent que l'entreprise est déterminée à explorer sérieusement la voie des engagements.

16. En tout état de cause, le rapporteur n'établit pas d'évaluation préliminaire s'il estime nécessaire de notifier des griefs à l'entreprise concernée ou s'il n'est pas en mesure d'identifier des préoccupations de concurrence sans mettre en œuvre des mesures d'instruction ou d'investigation approfondies.

B *Contenu*

17. Comme l'a relevé la Cour de cassation dans l'arrêt Canal 9 du 4 novembre 2008 *[arrêt de la Cour de cassation du 4 nov. 2008 (Canal 9)]*, **l'évaluation préliminaire "ne constitue pas un acte d'accusation au sens de l'article 6 § 1 de la convention de sauvegarde des droits de l'Homme et des libertés fondamentales" car elle "n'a pas pour objet de prouver la réalité et l'imputabilité d'infractions au droit de la concurrence en vue de les sanctionner", contrairement à la notification des griefs.**

18. Dans cette évaluation rédigée au terme de mesures d'instruction allégées, le rapporteur précise en quoi les atteintes à la concurrence relevées à ce stade de la procédure sont "susceptibles de constituer une pratique prohibée" *[arrêt Canal 9 de la Cour de cassation, préc.]*. **Le degré de caractérisation des pratiques exigé dans ces préoccupations de concurrence est comparable à celui des mesures conservatoires, ce qui explique que les deux procédures puissent être combinées dans le temps** *[dans un arrêt du 8 nov. 2005, Société Neuf Télécom, la Cour de cassation a en effet jugé que des mesures conservatoires peuvent être décidées "dès lors que les faits dénoncés (...) apparaissent susceptibles, en l'état des éléments produits aux débats, de constituer une pratique contraire aux art. L. 420-1* *ou L. 420-2 C. com. (...)"]*. En conséquence, la caractérisation des pratiques doit, en toute hypothèse, être suffisante pour permettre le contrôle du caractère approprié des engagements.

19. L'évaluation préliminaire est portée à la connaissance de l'entreprise concernée par le rapporteur sous la forme d'un courrier, d'une déclaration actée dans un procès-verbal ou, à l'occasion de l'examen d'une demande de mesures conservatoires, lors de la présentation d'un rapport oral du rapporteur en séance. A l'exception de ce dernier cas, une copie de l'évaluation est adressée à l'auteur de la saisine et au commissaire du Gouvernement *[art. R. 464-2 C. com.]*. Dans le cas où l'évaluation préliminaire intervient dans le cadre de l'examen d'une demande de mesures conservatoires, elle est précédée, au plus tard la veille de la séance, d'un contact informel par lequel le rapporteur indique à l'entreprise concernée le sens de la position qu'il présentera à sujet.

20. Ayant pris connaissance des préoccupations de concurrence exprimées dans l'évaluation préliminaire, l'entreprise concernée formalise ou, dans le cadre d'une procédure d'urgence, indique au rapporteur si elle demande le bénéfice de la procédure d'engagements. Elle transmet ses propositions en ce sens, ce qui ne préjuge pas de la décision de l'Autorité d'enclencher formellement ou non la procédure, cette faculté relevant de son appréciation en opportunité.

IV.2 *Déroulement de la procédure*

A *Offre d'engagements*

21. L'entreprise qui sollicite le recours aux engagements doit être en mesure d'apporter une réponse aux préoccupations de concurrence identifiées dans le cadre de l'évaluation préliminaire. Les engagements proposés doivent donc être pertinents, crédibles et vérifiables *[les engagements susceptibles d'être proposés peuvent notamment prendre la forme de modifications de clauses contractuelles (décisions nº 07-D-30, préc. et nº 07-D-17 du 10 mai 2007, relative à des pratiques mises en œuvre dans le secteur de l'exploitation des films en salles de cinéma), de l'octroi d'un accès à des informations nécessaires à l'activité des opérateurs dans un secteur donné de l'économie (décisions nº 08-D-04 du 25 févr. 2008 relative à des pratiques mises en œuvre dans le secteur de la distribution de la presse, nº 07-D-31, préc., nº 06-D-20 du 13 juill. 2006, relative à des pratiques mises en œuvre dans le secteur des services de renseignements par téléphone et par Internet et nº 05-D-25 du 31 mai 2005, relative à des pratiques mises en œuvre sur le marché des catalogues de cotation de timbres-poste), ou encore de clarifications relatives aux conditions contractuelles d'appartenance à un réseau de distribution sélective sur Internet (décisions nº 07-D-07, nº 06-D-28 et nº 06-D-24, préc.)]*.

22. Aux termes de l'article R. 464-2 du code de commerce, l'entreprise doit formaliser son offre initiale d'engagements dans un délai courant à compter de l'évaluation préliminaire, un tel délai étant imparti soit par le rapporteur, soit par le collège lorsque l'évaluation est présentée oralement à l'occasion de l'examen d'une demande de mesures conservatoires. Ce délai ne peut, sauf accord de l'entreprise concernée, être inférieur à un mois. L'offre d'engagements ainsi reçue est communiquée, par le rapporteur général, à l'auteur de la saisine et au commissaire du Gouvernement.

23. L'Autorité veille à ce que les tiers dont il apparaît que les intérêts peuvent être affectés puissent faire valoir leurs observations concernant l'offre d'engagements et contribuer à son examen.

B *Test de marché*

24. A la réception des engagements proposés par l'entreprise et après avoir communiqué leur contenu à l'auteur de la saisine ainsi qu'au commissaire du Gouvernement, le rapporteur général fait publier, à l'intention des tiers intéressés, un communiqué comprenant un résumé de l'affaire et l'offre d'engagements, qui peut être effectué par tout moyen, mais qui est, en pratique, assuré sur le site Internet de l'Autorité. Cette communication met les tiers intéressés en mesure de présenter leurs observations dans un délai qui ne peut pas être inférieur à un mois à compter de sa publication.

25. Les parties à la procédure et le commissaire du Gouvernement sont également invités à présenter leurs observations sur les engagements proposés dans un délai d'un mois à compter de la date de communication du contenu des engagements.

26. L'ensemble de ces observations est versé au dossier et communiqué aux parties à la procédure ainsi qu'au commissaire du Gouvernement. Cette étape constitue un "test de marché" auquel l'Autorité attache une importance particulière afin de vérifier si les engagements proposés sont, d'une part, pertinents, crédibles et vérifiables, comme mentionné au point 21, et, d'autre part, proportionnés aux préoccupations de concurrence exprimées dans l'évaluation préliminaire *[TPICE, 11 juill. 2007, nº T-170/06, Alrosa/Commission, sous pourvoi]*.

C *Accès au dossier*

27. Le saisissant et l'entreprise concernée (ci-après, les "parties à la procédure") ont "accès à l'intégralité des documents sur lesquels s'est fondé le rapporteur pour établir l'évaluation préliminaire et à l'intégralité de ceux soumis *[à l'autorité]* pour statuer sur les engagements" *[arrêt Canal 9 de la Cour de cassation, préc.]*, c'est-à-dire au moins l'évaluation préliminaire et les observations des tiers versées au dossier en réponse au test de marché.

28. La Cour de cassation a par ailleurs jugé, dans l'arrêt Canal 9 du 4 novembre 2008, "qu'il appartient à la Cour d'appel, saisie par une partie d'une demande tendant à l'annulation de la décision *[d'engagements de l'autorité]* faute pour elle d'avoir eu accès à l'intégralité du dossier, de vérifier, au besoin d'office, si le défaut de communication de certaines pièces a porté atteinte à ses intérêts".

29. Cet accès est donné sous réserve de l'intérêt légitime des entreprises à ce que leurs secrets d'affaires ne soient pas divulgués. Les différentes communications peuvent donc, le cas échéant, donner lieu à l'application des procédures de protection des secrets d'affaires prévues aux articles L. 463-4 et R. 463-13 du code de commerce.

30. A l'issue du test de marché, les parties à la procédure et le commissaire du Gouvernement sont convoqués en séance et ont, lors de celle-ci, à nouveau l'occasion de s'exprimer sur la proposition d'engagements que le rapporteur général leur fait parvenir trois semaines au moins avant cette date.

D *Négociation des engagements*

31. Pour être effective, la procédure doit garantir aux entreprises concernées que les propositions négociées en amont avec le rapporteur en charge du dossier seront acceptées comme base de discussion par l'Autorité en séance, sans préjudice de modifications ultérieures.

32. Une procédure souple, associant le collège au rapporteur dès le début de la négociation des engagements, a par conséquent été adoptée par l'Autorité afin de garantir un niveau de sécurité juridique optimal pour les entreprises.

33. La Cour de cassation, dans son arrêt Canal 9 du 4 novembre, a jugé "que le fait pour *[l'autorité]*, d'avoir pris une part active aux discussions ayant eu lieu après l'évaluation préliminaire dans les conditions de l'article R. 464-2 du code de commerce, tient au caractère négocié de cette phase de la procédure et ne caractérise pas une immixtion *[de l'autorité]* dans l'instruction de l'affaire". En effet, l'Autorité doit apprécier la pertinence des engagements et, le cas échéant, leur donner force exécutoire.

34. L'Autorité, qui dans un premier temps examine le caractère pertinent, crédible et vérifiable de l'offre d'engagements de l'entreprise, s'assure dans un deuxième temps, de leur caractère proportionné. Le critère de proportionnalité suppose que les engagements soient à la fois nécessaires et suffisants pour mettre un terme à toutes les préoccupations de concurrence identifiées.

35. En séance, l'Autorité peut subordonner l'acceptation des engagements proposés à certaines modifications ou les rejeter lorsqu'elle estime que ceux-ci ne répondent pas aux préoccupations de concurrence. Elle apprécie aussi leur impact en tenant compte des observations du saisissant, de l'entreprise concernée, du commissaire du Gouvernement et des tiers intéressés.

36. En pratique, une suspension de séance peut intervenir lorsque l'entreprise concernée accepte de modifier les engagements sur-le-champ. La séance reprend son cours dès que les engagements sont finalisés.

37. Le collège peut également ordonner qu'il soit sursis à statuer, pour un délai fixé en séance, lorsque les modifications à opérer sont plus substantielles et que l'entreprise concernée souhaite disposer d'un délai plus long, afin de prendre une décision sur une nouvelle proposition d'engagements ou lorsqu'une décision définitive ne peut être prise à l'issue de la séance. Une décision sera rendue par l'Autorité sur la version finale des engagements proposés lors d'une nouvelle séance, à l'issue du délai imparti.

38. Les engagements pris par l'entreprise pour répondre aux préoccupations de concurrence sont variés, mais ne peuvent lier qu'elle-même. Si ces engagements produisent des effets juridiques directs et immédiats sur la situation juridique d'une entreprise tierce, de nature à affecter substantiellement sa position concurrentielle sur le marché concerné, il est souhaitable d'appeler cette entreprise dans la procédure afin qu'elle puisse s'associer aux engagements souscrits ; dans le cas contraire, la procédure d'engagements a peu de chance de prospérer [*dans la première procédure d'engagements dont il a eu à connaître, le Conseil a ainsi appelé en la cause les partenaires d'un organisme de mesure d'audience de la presse quotidienne sans l'accord desquels les engagements souscrits par celui-ci, consistant à intégrer les quotidiens gratuits dans la mesure d'audience gérée par ses trois partenaires, ne pouvaient prospérer (décision nº 05-D-12 du 17 mars 2005, préc.)*].

39. L'Autorité ne rend pas obligatoires des engagements qui excèdent la résolution des préoccupations de concurrence, bien qu'elle puisse, au besoin, donner acte de mesures complémentaires proposées par l'entreprise concernée, par exemple pour faciliter la mise en œuvre des engagements acceptés. C'est ainsi qu'il a été donné acte de la tarification proposée par un constructeur automobile dans son offre aux réparateurs indépendants [*décision nº 07-D-31 du 9 oct. 2007, relative à des pratiques mises en œuvre par un constructeur automobile*].

40. L'Autorité n'est jamais tenue de décider de rendre obligatoires des engagements plutôt que d'agir par voie de sanction ou d'injonction à l'encontre des entreprises. Dans les cas où, faute d'accord avec les entreprises, les engagements ne peuvent pas être acceptés, les propositions d'engagements et les observations des tiers intéressés à leur sujet sont retirées du dossier. La procédure d'instruction reprend son cours.

V Décisions rendant des engagements obligatoires

V.1 *Effets*

41. A l'issue de la discussion, si l'Autorité considère que les engagements proposés répondent aux préoccupations de concurrence identifiées dans l'évaluation préliminaire, elle adopte une décision rendant ces engagements obligatoires et mettant fin à la procédure.

42. Même si elle est précédée par une procédure comportant nécessairement des aspects négociés, la décision par laquelle le collège accepte et rend obligatoires les engagements revêt le caractère d'une décision unilatérale, mettant fin à une situation potentiellement contraire au droit de la concurrence.

43. Cette décision ne statue pas sur le bien-fondé d'accusations en matière pénale au sens de l'article 6, § 1 de la Convention européenne de sauvegarde des droits de l'Homme. Elle ne se prononce pas sur la culpabilité de l'entreprise et ne peut être utilisée comme le premier terme d'une réitération de faits. Elle ne saurait non plus interdire à l'une des parties à la procédure d'engager une action en justice.

44. Si l'Autorité est saisie d'une plainte à l'encontre de pratiques qui ont déjà fait l'objet d'une décision d'engagements, elle ne peut classer cette plainte sur le fondement du principe *non bis in idem*, en l'absence de toute qualification des pratiques en cause dans la décision d'engagements. Toutefois, l'Autorité constatera, le cas échéant, qu'il n'y a plus lieu à agir, compte tenu de la cessation des faits en cause, sans préjudice des circonstances évoquées au point 46 ci-dessous.

45. La décision d'engagements peut être adoptée pour une durée indéterminée lorsqu'il doit être remédié aux préoccupations de concurrence de manière durable ou, au contraire, limitée, lorsque le rétablissement de la concurrence est prévisible, auquel cas l'Autorité y fixe un terme.

46. Il revient à l'Autorité d'apprécier la nécessité de révision des engagements et d'une saisine d'office, au regard des changements intervenus sur le marché en cause. L'Autorité peut être saisie de comportements ayant fait l'objet d'une décision d'engagements, sur demande du saisissant, du ministre de l'économie, de toute autre entreprise ayant un intérêt à agir, ou se saisir de sa propre initiative :

a) si l'un des faits sur lesquels la décision repose subit un changement important ;

b) si les entreprises concernées contreviennent à leurs engagements, ou

c) si la décision d'engagements repose sur des informations incomplètes, inexactes ou dénaturées fournies par les parties à la procédure.

47. Les décisions d'engagements peuvent, dans le délai d'un mois à compter de leur notification, faire l'objet d'un recours en annulation ou en réformation de la part du saisissant ou du ministre de l'économie devant la cour d'appel de Paris. Ainsi qu'il a été précisé dans l'arrêt Canal 9, "nonobstant la rédaction plus limitée de l'article R. 468-4 *[du code de commerce, une partie]* en cause devant *[l'autorité]* en qualité de saisissante, et qui justifie d'un intérêt dès lors que les engagements contenus dans la décision sont susceptibles de produire des effets sur sa situation personnelle, est recevable à exercer un recours contre la décision d'acceptation des engagements (...)" *[confirmé, à cet égard, par l'arrêt Canal 9 de la Cour de cassation, préc.]*.

V.2 *Suivi*

48. Pour assurer l'effet utile de la décision, l'entreprise concernée peut être amenée à s'engager à rendre compte à l'Autorité de l'exécution des engagements rendus obligatoires. Cette obligation peut, par exemple, prendre la forme d'un rapport destiné aux services d'instruction de l'Autorité, élaboré au fur et à mesure de la mise en œuvre des engagements, en vertu d'un calendrier préétabli par l'Autorité dans sa décision.

49. S'ils l'estiment nécessaire, les services d'instruction de l'Autorité peuvent demander des informations complémentaires sur la base du rapport transmis par l'entreprise ou au regard de toute autre source d'information et réaliser une enquête. Lorsque les informations ainsi recueillies font apparaître une inexécution des engagements ou un changement de situation, l'Autorité peut se saisir d'office (points 46 a) et b) du présent communiqué).

50. En vertu du II de l'article L. 464-2 du code de commerce, l'Autorité de la concurrence peut assortir une décision rendant un engagement obligatoire d'astreintes "dans la limite de 5 % du chiffre d'affaires journalier moyen, par jour de retard à compter de la date qu'elle fixe (...)".

51. Le saisissant, le ministre de l'économie ou toute autre entreprise ayant un intérêt à agir peut également saisir l'Autorité en cas de non-respect des engagements (point 46 b) du présent communiqué).

52. La violation ou l'inexécution des engagements peut, conformément à l'article L. 464-3 du code de commerce, être sanctionnée par une amende dont le montant maximum est de 10 % du montant du chiffre d'affaires mondial hors taxe de l'entreprise concernée.

Règlement intérieur de l'Autorité de la concurrence du 30 mars 2009

Charte de déontologie de l'Autorité de la concurrence du 30 mars 2009

Communiqué de procédure de l'Autorité de la concurrence du 3 avril 2015,

Relatif au programme de clémence français.

BIBL. GÉN. ▶ OSTER, *RLDA avr. 2015. 64* (projet de communiqué : plus précis mais pas plus attractif). – SAINT-ESTEBEN, *AJCA 2015. 192* (un projet à revoir). – NDLR, *BRDA 2015, n° 7, p. 13* (ententes illicites : révision du programme de clémence). – BOSCO, *CCC 2015, n° 154* (nouvelle révision du communiqué de procédure). – PUEL, *AJCA 2015. 279* (quelles nouveautés pour les entreprises ?). – CLAUDEL, *RTD com. 2015. 251* (promouvoir la clémence à la française). – KRENZER, *CCC 2015. Étude 8* (l'Autorité de la concurrence révise son programme de clémence).

I Origine

1. Le programme de clémence français (ci-après le "programme de clémence") trouve son origine dans la loi, à la différence des programmes de clémence applicables dans de nombreux autres États, qui résultent de communications adoptées par les autorités de concurrence.

2. Le IV de l'article L. 464-2 du code de commerce, qui en fixe le principe et les grandes lignes, dispose : "Une exonération totale ou partielle des sanctions pécuniaires peut être accordée à une entreprise ou à un organisme qui a, avec d'autres, mis en œuvre une pratique prohibée par les dispositions de l'article L. 420-1 s'il a contribué à établir la réalité de la pratique prohibée et à identifier ses auteurs, en apportant des éléments d'information dont l'Autorité ou l'administration ne disposaient pas antérieurement. A la suite de la démarche de l'entreprise ou de l'organisme, l'Autorité de la concurrence, à la demande du rapporteur général ou du ministre chargé de l'économie, adopte à cette fin un avis de clémence, qui précise les conditions auxquelles est subordonnée l'exonération envisagée, après que le commissaire du Gouvernement et l'entreprise ou l'organisme concerné ont présenté leurs observations ; cet avis est transmis à l'entreprise ou à l'organisme et au ministre, et n'est pas publié. Lors de la décision prise en application du I du présent article, l'Autorité peut, si les conditions précisées dans l'avis de clémence ont été respectées, accorder une exonération de sanctions pécuniaires proportionnée à la contribution apportée à l'établissement de l'infraction".

3. L'article R. 464-5 du code de commerce, qui complète cette disposition, énonce : "L'entreprise ou l'organisme qui effectue la démarche mentionnée au IV de l'article L. 464-2 s'adresse soit au directeur général de la concurrence, de la consommation et de la répression des fraudes, soit au rapporteur général de l'Autorité de la concurrence. La démarche est effectuée par courrier adressé en recommandé avec demande d'avis de réception ou oralement. Dans ce dernier cas, le directeur général de la concurrence, de la consommation et de la répression des fraudes ou le rapporteur général de l'Autorité de la concurrence constate par écrit la date de la démarche. La déclaration du représentant de l'entreprise ou de l'organisme est recueillie dans les délais les plus brefs par procès-verbal de déclaration par un enquêteur de la direction générale de la concurrence, de la consommation et de la répression des fraudes ou un rapporteur de l'Autorité de la concurrence.

Le directeur général de la concurrence, de la consommation et de la répression des fraudes et le rapporteur général s'informent réciproquement de toute démarche faite auprès d'eux en application du premier alinéa du présent article ainsi que de l'existence d'une éventuelle enquête ou instruction se rapportant aux pratiques en cause et déjà en cours avant cette démarche.

Un rapporteur de l'Autorité de la concurrence élabore des propositions d'exonération de sanctions et précise les conditions auxquelles l'Autorité de la concurrence pourrait soumettre cette exonération dans son avis de clémence. Son rapport est adressé, au moins trois semaines avant la séance, à l'entreprise ou organisme concerné et au commissaire du Gouvernement.

Lorsque le bénéfice des dispositions du IV de l'article L. 464-2 a été demandé, le rapport d'enquête ou la notification de griefs et le rapport du rapporteur peuvent comporter une appréciation sur le respect par l'entreprise ou l'organisme bénéficiaire de l'avis de clémence des conditions prévues par celui-ci."

4. Le 11 avril 2006, le Conseil de la concurrence (ci-après le "Conseil") a adopté un communiqué de procédure relatif au programme de clémence français, dans lequel il a précisé la manière dont il mettait en œuvre ces dispositions.

5. Le 29 septembre 2006, le réseau européen de concurrence (ci-après le "REC") s'est accordé sur un programme modèle en matière de clémence (ci-après le "programme modèle" *[le programme modèle du REC peut être consulté sur le site Internet de l'Autorité de la concurrence (www.autoritedelaconcurrence.fr]*) préparé par un groupe de travail co-présidé par les autorités française et britannique de concurrence. Ainsi que l'indique le point 2 du programme modèle, celui-ci a notamment pour objet d'éviter que les entreprises susceptibles de solliciter le bénéfice de la clémence n'en soient dissuadées par des divergences entre programmes de clémence applicables au sein du REC et, à cette fin, d'établir des principes communs de traitement des demandes de clémence, au respect desquels ces entreprises peuvent s'attendre de la part de toute autorité de concurrence membre du REC. Ainsi que l'indique le point 3 du programme modèle, les autorités de concurrence membres du REC se sont engagées à mettre tout en œuvre, dans la limite de leur compétence, pour homogénéiser leur programme de clémence respectif avec le programme modèle.

6. En vue de respecter l'engagement souscrit dans le cadre du REC, le Conseil a publié, le 29 janvier 2007, un projet de communiqué de procédure révisé et a invité les intéressés à lui faire part de leurs observations à ce sujet. Cette consultation publique s'est achevée le 1er mars 2007.

7. Le 17 avril 2007, le Conseil a adopté la version révisée de ce communiqué de procédure.

8. Le 2 mars 2009, l'Autorité de la concurrence (ci-après, "l'Autorité") créée par la loi n° 2008-776 du 4 août 2008 de modernisation de l'économie a adopté un nouveau communiqué de procédure.

9. Le programme modèle en matière de clémence a fait l'objet d'une révision et une nouvelle version du programme a été adoptée le 22 novembre 2012. Cette nouvelle version renforce tout particulièrement le système de demandes sommaires, au bénéfice des entreprises et des autorités de concurrence.

II Objectif et domaine

10. En vertu du programme de clémence, l'Autorité peut accorder une exonération totale ou partielle des sanctions pécuniaires encourues par une entreprise ou un organisme (ci-après, ensemble, une "entreprise") participant à une entente si cette entreprise contribue à en établir l'existence. Les ententes concernées sont, en principe, les cartels entre entreprises consistant notamment à fixer des prix, des quotas de production ou de vente et à répartir les marchés, y compris lors d'appels d'offres, ou tout autre comportement anticoncurrentiel similaire entre concurrents et notamment les pratiques concertées mises en place par l'intermédiaire d'acteurs en relation verticale avec les auteurs de la pratique ("***hub and spoke***" *[V. le point 55 des lignes directrices sur l'applicabilité de l'art. 101 TFUE aux accords de coopération horizontale (2011/C 11/01)]*). Ces infractions relèvent toutes des dispositions de l'article L. 420-1 du code de commerce et, le cas échéant, de l'article 101 du traité sur le fonctionnement de l'Union européenne ("TFUE").

11. Avant l'entrée en vigueur de ce programme de clémence, les entreprises qui souhaitaient mettre fin à leur participation à de telles ententes illicites et informer l'Autorité de leur existence pouvaient en être dissuadées par les sanctions pécuniaires élevées qu'elles risquaient de se voir infliger. Depuis lors, ces entreprises sont, à l'inverse, incitées à entreprendre cette démarche.

12. Le législateur a considéré qu'il est de l'intérêt de l'économie française, et notamment des consommateurs, de faire bénéficier d'un traitement favorable les entreprises qui informent l'Autorité de la concurrence de l'existence d'ententes illicites et qui coopèrent avec elles afin d'y mettre fin. En effet, ces ententes sont néfastes pour les économies nationales : elles portent une atteinte grave aux intérêts des consommateurs, en particulier quand elles conduisent à un accroissement artificiel des prix ou à une limitation de l'offre sur le marché, et elles soustraient les entreprises à la pression qui, normalement, les incite à innover. Le bénéfice que tirent les consommateurs et les citoyens de l'assurance de voir les ententes plus sûrement et plus fréquemment détectées et interdites est plus important que l'intérêt qu'il peut y avoir à sanctionner pécuniairement toutes les entreprises ayant participé à l'entente, y compris celle-là même qui, en la révélant, permet à l'Autorité de découvrir et de sanctionner de telles pratiques.

13. Afin d'encourager les entreprises à coopérer avec l'Autorité, dans le cadre défini au point 8, celle-ci accordera une exonération totale des sanctions pécuniaires encourues en cas de violation des articles L. 420-1 du code de commerce et, le cas échéant, de l'article 101 TFUE à toute entreprise qui, la première, formule une demande de clémence et qui satisfait aux conditions énoncées aux III.1, A ou B, et IV ci-dessous. Dans les autres cas, l'Autorité pourra également accorder une exonération partielle des sanctions pécuniaires à toute entreprise qui formule une demande de clémence et qui satisfait aux conditions énoncées aux III.2 et IV ci-dessous.

14. Enfin, afin de remédier à l'asymétrie d'informations existant entre les entreprises non visitées et les entreprises visitées dans le cadre d'opération de visite et saisies et assurer ainsi l'égalité d'accès au programme de clémence pour ces entreprises, l'Autorité publie, sauf circonstances particulières, un communiqué de presse à l'issue des opérations de visite et saisie. Ce communiqué ne mentionne pas l'identité des entreprises visitées et ne porte pas atteinte à la présomption d'innocence. Si, postérieurement à la publication de ce communiqué, l'Autorité décide qu'il n'y a pas lieu de poursuivre l'enquête ou clôt l'affaire au bénéfice des entreprises visitées, elle en informera le public par un nouveau communiqué de presse.

III Conditions d'éligibilité

III.1 Exonération totale de sanctions pécuniaires (ci-après « cas de type 1 »)

A *Cas dans lequel l'Autorité ne dispose pas d'informations sur l'entente présumée (ci-après « cas de type 1 A »)*

15. L'Autorité accordera le bénéfice conditionnel d'une exonération totale des sanctions pécuniaires à toute entreprise qui lui fournit, la première, des informations et des éléments de preuves de l'existence d'une entente si les deux conditions suivantes sont réunies :

– l'Autorité ne disposait pas antérieurement d'informations et d'éléments de preuves suffisants pour procéder ou faire procéder de sa propre initiative à des mesures d'investigation ciblée au titre de l'article L. 450-4 du code de commerce, et

– du point de vue de l'Autorité, les informations et les éléments de preuves fournis par cette entreprise à l'appui de sa demande de clémence lui permettent de faire procéder à de telles mesures.

16. Afin de remplir la seconde condition énoncée au paragraphe précédent, l'entreprise doit au minimum fournir, par écrit ou oralement :

– le nom et l'adresse de l'entité juridique sollicitant l'exonération totale, étant rappelé que lors du dépôt de la demande de clémence, le demandeur doit indiquer précisément les entités couvertes par la demande *[il est à cet égard rappelé que seules les entités appartenant, au moment du dépôt de la demande, à une même unité économique au sens de la jurisprudence de la CJUE (V. notamment arrêt Hydrotherm du 12 juill. 1984, n° C-170/83) peuvent être couvertes par la clémence, ce qui exclut notamment la ou les anciennes société(s) mère(s)]* ;

– le nom et l'adresse des autres participants à l'entente présumée ;
– une description détaillée de l'entente présumée, qui doit préciser notamment la nature et l'usage des produits en cause, les territoires sur lesquels les pratiques en cause sont susceptibles de produire des effets, la nature de ces pratiques et une estimation de leur durée de mise en œuvre, et
– des informations sur toute demande de clémence relative à l'entente présumée qu'elle a adressée ou prévoit d'adresser à d'autres autorités de concurrence,
ainsi que les éléments de preuves documentaires ou de toute autre nature en sa possession ou dont elle peut disposer au moment de sa demande, qui peuvent par exemple consister en des informations permettant d'identifier les lieux, les dates et l'objet des contacts ou des réunions entre les participants à l'entente présumée.

B *Cas dans lequel l'Autorité dispose déjà d'informations sur l'entente présumée (ci-après « cas de type 1 B »)*

17. Dans l'hypothèse où l'Autorité dispose déjà d'informations relatives à l'entente présumée, elle accordera le bénéfice conditionnel d'une exonération totale de sanctions pécuniaires si les trois conditions suivantes sont réunies :
– l'entreprise est la première à fournir des éléments de preuves qui, de l'avis de l'Autorité, sont suffisants pour lui permettre d'établir l'existence d'une infraction à l'article L. 420-1 du code de commerce et, le cas échéant, à l'article 101 TFUE caractérisant l'existence d'une entente ;
– au moment de la demande, l'Autorité ne disposait pas d'éléments de preuves suffisants pour lui permettre d'établir l'existence d'une infraction à l'article L. 420-1 du code de commerce et, le cas échéant, à l'article 101 TFUE caractérisant l'existence d'une entente, et
– aucune entreprise n'a obtenu d'avis conditionnel d'exonération totale de type 1 A pour l'entente présumée.

III.2 Exonération partielle de sanctions pécuniaires (ci-après « cas de type 2 »)

18. Les entreprises qui ne remplissent pas les conditions prévues dans les cas de type 1 A ou 1 B peuvent toutefois bénéficier, sous certaines conditions, d'une exonération partielle des sanctions pécuniaires.

19. Afin de prétendre à une telle exonération, une entreprise doit fournir à l'Autorité des éléments de preuves de l'existence de l'entente présumée apportant une valeur ajoutée significative par rapport aux éléments de preuves dont celle-ci dispose déjà. La notion de valeur ajoutée vise la mesure dans laquelle les éléments de preuves fournis renforcent, par leur nature même et/ou par leur niveau de précision, la capacité de l'Autorité à établir l'existence de l'entente présumée. En principe, l'Autorité estimera notamment que :
– les éléments de preuves écrits contemporains de l'entente présumée ont une valeur supérieure aux éléments établis ultérieurement ;
– les éléments de preuves à charge se rattachant directement aux faits en cause ont une valeur supérieure aux éléments s'y rapportant indirectement, et
– les éléments de preuves incontestables ont une valeur supérieure aux éléments devant être corroborés en cas de contestation.

20. Pour déterminer le niveau d'exonération des sanctions pécuniaires auquel une entreprise peut prétendre, l'Autorité prendra en compte le rang de la demande, le moment où elle a été présentée et le degré de valeur ajoutée significative que les éléments de preuves fournis par cette entreprise ont apporté.

21. L'exonération partielle des sanctions pécuniaires accordée à une entreprise ayant apporté une valeur ajoutée significative ne saurait en principe excéder 50 % du montant de la sanction qui lui aurait été imposée si elle n'avait pas bénéficié de la clémence. Afin d'offrir une plus grande sécurité juridique aux demandeurs de clémence de type 2 tout en s'assurant que la valeur ajoutée significative des demandes soient prises en compte de manière adéquate, des fourchettes de réduction d'amende en fonction du rang de dépôt des demandes de type 2 sont fixées dans le présent

communiqué de procédure. En tenant compte des éléments qui viennent d'être rappelés, la réduction d'amende sera comprise en principe dans les fourchettes suivantes :

— Première entreprise à fournir une valeur ajoutée significative : réduction comprise entre 25 et 50 % ;

— Deuxième entreprise à fournir une valeur ajoutée significative : réduction comprise entre 15 et 40 % ;

— Autre entreprise à fournir une valeur ajoutée significative : réduction maximale de 25 %.

22. Par ailleurs, si l'entreprise qui présente la demande est la première à fournir des preuves incontestables permettant à l'Autorité d'établir des éléments de fait supplémentaires ayant une incidence directe sur la détermination du montant des sanctions pécuniaires infligées aux participants à l'entente, l'Autorité ne tiendra pas compte de ces faits pour fixer le montant de l'amende infligée à l'entreprise qui les fournis.

IV Conditions de fond

23. Outre les conditions d'éligibilité énoncées précédemment, les conditions cumulatives suivantes doivent être remplies dans tous les cas pour ouvrir droit à une exonération totale ou partielle des sanctions pécuniaires :

(i) l'entreprise doit, en principe, mettre fin à sa participation à l'entente présumée sans délai et au plus tard à compter de la notification de l'avis de clémence de l'Autorité. Toutefois, pour maintenir la confidentialité de la démarche et préserver l'efficacité des mesures d'enquête, l'Autorité peut décider de reporter cette date ;

(ii) l'entreprise doit apporter à l'Autorité une coopération véritable, totale, permanente et rapide dès le dépôt de sa demande et tout au long de la procédure d'enquête et d'instruction, ce qui signifie en particulier :

— fournir sans délai à l'Autorité toutes les informations et tous les éléments de preuves qui viendraient en sa possession ou dont elle peut disposer sur l'entente présumée ;

— ne remettre en cause à aucun moment devant l'Autorité, et ce jusqu'au terme de la procédure, les éléments factuels qu'elle a révélés à l'Autorité dans le cadre de la procédure de clémence et qui fondent l'avis de clémence, la matérialité des faits qu'elle a dénoncés ou l'existence même des pratiques.

— se tenir à la disposition de l'Autorité pour répondre rapidement à toute demande de sa part visant à contribuer à l'établissement des faits en cause ;

— mettre à la disposition de l'Autorité, pour les interroger, ses représentants légaux et ses salariés actuels, ainsi que, dans la mesure du possible, ses anciens représentants légaux et salariés ;

— s'abstenir de détruire, de falsifier ou de dissimuler des informations ou des éléments de preuves utiles se rapportant à l'entente présumée, et

— s'abstenir de divulguer l'existence ou la teneur de sa demande de clémence avant que l'Autorité n'ait communiqué ses griefs aux parties, sauf si l'Autorité y donne son accord ;

(iii) lorsqu'elle envisage d'adresser une demande à l'Autorité, l'entreprise ne doit pas avoir détruit ou falsifié de preuves de l'entente présumée, ni avoir divulgué son intention de présenter une demande ni la teneur de celle-ci, sauf à d'autres autorités de concurrence.

24. Aucune exonération totale de sanction pécuniaire ne sera accordée au titre du programme de clémence à une entreprise qui aura pris des mesures pour contraindre une autre entreprise à participer à l'infraction.

V Procédure

V.1 Approche de l'Autorité de la concurrence

25. L'Autorité de la concurrence accepte d'avoir des contacts préalables et anonymes avec un demandeur de clémence potentiel ou son conseil qui souhaiterait

obtenir des informations générales sur la mise en œuvre de la procédure de clémence. Le conseiller clémence de l'Autorité peut être contacté à cet effet, soit par téléphone (+33 (0).1.55.04.02.00), soit par l'intermédiaire de l'adresse clemence@autoritedelaconcurrence.fr.

26. L'entreprise qui effectue une demande de clémence auprès de l'Autorité s'adresse au rapporteur général.

27. La démarche est effectuée par courrier adressé en recommandé avec demande d'avis de réception. L'entreprise utilise à cette fin les coordonnées indiquées sur la page du site Internet de l'institution dédiée à la clémence *[ces coordonnées sont accessibles sur la page suivante du site Internet de l'Autorité de la concurrence : http://www.autoritedelaconcurrence.fr/user/standard.php?id_rub=292]*.

28. Alternativement, la démarche peut être effectuée oralement, auquel cas le rapporteur général en constate par écrit la date et l'heure.

29. Pour accomplir cette démarche, l'entreprise doit fournir à l'Autorité, outre son nom et son adresse, des informations dénuées d'ambiguïté sur les circonstances ayant conduit à l'introduction de sa demande de clémence, le(s) produit(s) en cause et le(s) territoire(s) sur lesquels l'entente présumée est susceptible de produire ses effets, l'identité des auteurs de cette entente, sa nature et sa durée estimée, ainsi que sur toute demande de clémence relative à cette entente présumée qui a été ou sera formulée auprès d'autres autorités de concurrence.

30. La réception du courrier adressé en recommandé avec demande d'avis de réception ou l'établissement d'un procès-verbal par le rapporteur général permet de marquer l'ordre d'arrivée des demandes de clémence, à condition que l'entreprise ait fourni les informations visées au point précédent.

31. Un numéro de téléphone spécialement dédié à la prise de rendez-vous en vue du dépôt d'une demande de clémence est mis à disposition (+33 (0).1.55.04.02.00). Les rendez-vous demandés seront accordés dans l'ordre chronologique de leur formulation afin de garantir le traitement des demandes dans l'ordre d'arrivée en cas de demandes multiples. A l'issue de l'appel, le Conseiller clémence accuse réception avec la date et l'heure par courriel et organisera un rendez-vous de dépôt de demande de clémence avec le rapporteur général ou l'un de ses adjoints. La demande de clémence sera réputée avoir été formulée à l'heure et la date du passage des représentants de l'entreprise dans les locaux de l'Autorité.

32. Dans l'hypothèse où une entreprise souhaite déposer une demande de clémence alors que des opérations de visite et saisie sont en cours dans l'affaire concernée, elle peut contacter l'Autorité dans les conditions prévues au point précédent du présent communiqué de procédure afin d'obtenir un rendez-vous pour le dépôt oral de sa demande. Ce rendez-vous sera fixé postérieurement à la clôture de l'ensemble des opérations en cours. En cas de dépôts de plusieurs demandes de rendez-vous pendant le déroulement des opérations de visite et saisie, ces demandes seront enregistrées dans l'ordre chronologique de soumission à l'Autorité. Les demandes de clémence seront réputées avoir été soumises au moment du rendez-vous avec l'Autorité.

33. Le rapporteur général accorde à l'entreprise un délai, dont il fixe la durée, pendant lequel le rang d'arrivée de la demande est maintenu, afin de permettre à l'entreprise de réunir les informations et les éléments de preuves relatifs à l'entente présumée qui seront nécessaires à l'examen de sa demande de clémence par l'Autorité. Si elle respecte les délais impartis, les informations et éléments de preuves fournis seront considérés comme ayant été communiqués à la date de réception de la demande, constatée dans le courrier ou le procès-verbal marquant son rang d'arrivée.

V.2 Instruction de la demande de clémence

34. Une fois la demande de clémence enregistrée, soit par réception du courrier adressé en recommandé avec demande d'avis de réception, soit par l'établissement d'un procès-verbal, la déclaration écrite ou orale du représentant de l'entreprise est recueillie, dans les délais fixés par le rapporteur général de l'Autorité, dans un procès-verbal de déclaration.

35. Dans le délai imparti par le rapporteur général au moment du dépôt de la demande de clémence, l'entreprise transmet à l'Autorité l'ensemble des informations et des éléments de preuves qu'elle estime être de nature à fonder sa demande de clémence. Ces informations et éléments de preuves peuvent comprendre des pièces, des fichiers électroniques et des déclarations des cadres et des employés. Avant l'adoption de l'avis de clémence, l'entreprise peut fournir, à titre complémentaire des éléments venant préciser ceux remis dans le délai prévu au point 33 du présent communiqué.

36. Le rapporteur désigné pour instruire la demande de clémence prépare un rapport, sur la base des informations et éléments de preuve transmis par le demandeur de clémence dans les conditions prévues au point précédent du présent communiqué, ainsi que, le cas échéant, sur la base des clarifications apportées sur ceux-ci, par l'entreprise et à la demande du rapporteur, dans lequel il vérifie que les conditions fixées par l'Autorité pour obtenir le bénéfice conditionnel d'une exonération totale ou partielle des sanctions pécuniaires sont réunies et élabore, le cas échéant, des propositions d'exonération de sanctions. Il confirme dès que possible à l'entreprise demanderesse que sa demande de clémence constitue un cas de type 1 A ou non.

37. Son rapport est adressé, au moins trois semaines avant la séance, à l'entreprise demanderesse et au commissaire du Gouvernement. Toutefois, ce délai peut être abrégé avec l'accord de l'entreprise et du commissaire du Gouvernement.

V.3 Avis de clémence

38. Sur la base du rapport établi par le rapporteur, le demandeur est convoqué à la séance devant l'Autorité.

39. Après la séance, l'Autorité adopte un avis dans lequel elle indique à l'entreprise si elle accorde une exonération totale ou partielle des sanctions pécuniaires, ainsi que, dans ce dernier cas, le taux de cette exonération, et précise les conditions auxquelles cette exonération est subordonnée.

40. Dans le cas où l'Autorité estime que les conditions posées ne sont pas réunies et émet en conséquence un avis défavorable, les informations et les éléments de preuves fournis sont restitués à l'entreprise si celle-ci en fait la demande.

V.4 La prise de décision par le Collège

41. Dans le cas où, lors de l'examen de l'affaire au fond, l'Autorité estime que les conditions posées ont été respectées par l'entreprise, elle accorde l'exonération, totale ou partielle, des sanctions pécuniaires telle qu'elle était indiquée dans l'avis de clémence. Dans le cas de l'exonération partielle, elle en fixe le niveau exact.

42. Dans le cas où, lors de l'examen de l'affaire au fond, l'Autorité estime que les conditions posées dans l'avis conditionnel conformément au point 23 du présent communiqué n'ont pas été remplies, elle peut en tirer les conséquences soit, en cas de manquement grave, en retirant le bénéfice de l'exonération totale ou partielle de sanction, soit, dans l'hypothèse d'un manquement de moindre gravité, en accordant une réduction inférieure à celle fixée dans l'avis conditionnel.

V.5 Demandes sommaires

43. L'Autorité accepte les demandes sommaires, dans les conditions du programme modèle rappelées ci-après :

– la Commission européenne est particulièrement bien placée pour examiner une affaire conformément au point 14 de la communication relative à la coopération *[communication 2004/C 101/03 de la Commission du 27 avr. 2004, relative à la coopération au sein du réseau des autorités de concurrence]* ;

– l'entreprise a présenté ou s'apprête à présenter une demande d'immunité ou de réduction d'amende à la Commission européenne pour la même entente présumée que celle objet de la demande sommaire, et

– l'entreprise fournit son nom et son adresse, l'identité des autres participants à l'entente présumée et, sous forme succincte, les informations permettant d'identifier le ou les produit(s) en cause, le ou les territoire(s) affectés, la nature et la durée de l'entente présumée, le ou les États membres où les éléments de preuves sont susceptibles de se trouver et les informations sur toute demande de clémence relative à cette entente qui a été ou sera formulée auprès d'autres autorités de concurrence.

44. Cette démarche est effectuée par courrier adressé en recommandé avec demande d'avis de réception ou par déclaration orale. Le rapporteur général constate par écrit la date et l'heure de la démarche.

45. La réception du courrier ou l'établissement du procès-verbal permet de marquer l'ordre d'arrivée de la demande sommaire. Lorsque c'est le cas, le rapporteur général confirme à l'entreprise intéressée qu'elle est la première à solliciter l'immunité. La demande sommaire sera considérée par l'Autorité comme une démarche effectuée dans les conditions prévues dans le présent communiqué de procédure pour déposer une demande de clémence.

46. Après le dépôt d'une demande sommaire, l'entreprise reste tenue de fournir à l'Autorité les renseignements complémentaires que celle-ci pourrait solliciter. Il est par ailleurs de la responsabilité de l'entreprise intéressée d'informer l'Autorité (i) de toute information nouvelle fournie à la Commission européenne qui, avant que l'Autorité ne décide d'agir dans l'affaire, est de nature à modifier de façon significative la demande sommaire, notamment en ce qui concerne la nature, le champ et la durée de l'entente présumée et (ii) du rejet de sa demande de clémence principale par la Commission européenne.

47. Si l'Autorité décide d'agir dans l'affaire pour laquelle la demande sommaire a été présentée, l'entreprise devra fournir la totalité des informations et des éléments de preuves nécessaires pour l'examen de sa demande dans les conditions fixées aux points 29 et suivants du présent communiqué de procédure, y compris l'ensemble des informations et des éléments de preuve précédemment fournis à la Commission européenne si le rapporteur général l'estime pertinent.

48. Pour faciliter le traitement d'une demande sommaire, et notamment des questions linguistiques susceptibles d'être soulevées, l'Autorité recommande de prendre au préalable l'attache du conseiller clémence ou du rapporteur général.

VI Considérations générales

49. Consciente du fait que les entreprises qui coopèrent avec l'Autorité peuvent souhaiter que leur coopération demeure confidentielle, celle-ci préservera, dans la limite de ses obligations nationales et communautaires, la confidentialité de l'identité du demandeur de clémence pendant la durée de la procédure, jusqu'à l'envoi de la notification des griefs aux parties concernées.

50. L'Autorité de la concurrence appartient, depuis le 1er mai 2004, au REC mis en place par le règlement n° 1/2003 *[Règl. (CE) n° 1/2003 du Conseil, du 16 déc. 2002, relatif à la mise en œuvre des règles de concurrence prévues aux art. 81 et 82 du traité]*. Au sein du REC, les autorités de concurrence coopèrent étroitement. Des règles relatives à la division efficace du travail et des mécanismes de coopération pour l'attribution des affaires et l'assistance entre autorités ont été adoptées. Ces règles, qui comprennent des principes relatifs à la protection des personnes ayant demandé à bénéficier des mesures de clémence, ont été précisées par la Commission dans la communication relative à la coopération, que l'Autorité s'est engagée à respecter. Par ailleurs, cette dernière ne transmettra les déclarations orales faites dans le cadre du présent programme de clémence à d'autres autorités de concurrence, conformément à l'article 12 du règlement n° 1/2003, que si les conditions établies dans la communication relative à la coopération sont remplies et pour autant que la confidentialité assurée par l'autorité de concurrence destinataire soit équivalente à celle garantie par l'Autorité.

51. Mention de la coopération de la ou des entreprises avec l'Autorité pendant la procédure sera faite dans la décision afin d'expliquer la raison de l'exonération totale ou partielle des sanctions pécuniaires encourues par cette ou ces entreprises.

52. L'exonération totale ou partielle des sanctions pécuniaires accordée par l'Autorité à une entreprise ne la protège pas des conséquences civiles qui peuvent résulter de sa participation à une infraction à l'article L. 420-1 du code de commerce et/ou à l'article 101 TFUE.

53. En application du deuxième alinéa de l'article L. 462-6 du code de commerce, l'Autorité peut, lorsque les faits lui paraissent de nature à justifier l'application de l'article L. 420-6 du même code, adresser le dossier au procureur de la République. L'article L. 420-6 ne s'applique que si trois conditions cumulatives sont réunies : la personne physique doit avoir pris frauduleusement une part personnelle et déterminante dans la conception et l'organisation ou la mise en œuvre de pratiques visées notamment à l'article L. 420-1. L'Autorité considère que la clémence est au nombre des motifs légitimes qui justifient la non transmission au parquet d'un dossier dans lequel les personnes physiques, appartenant à l'entreprise qui a bénéficié d'une exonération de sanctions pécuniaires, seraient susceptibles de faire aussi l'objet de telles poursuites.

54. Le présent communiqué de procédure remplace le communiqué de procédure du 2 mars 2009. Il sera appliqué, à compter de la date de sa publication sur le site Internet de l'Autorité de la concurrence, pour le traitement de toutes les demandes d'exonération de sanctions pécuniaires reçues à partir de cette date et concernant des affaires dans lesquelles aucune entreprise n'a déjà présenté de demande d'exonération de sanctions pécuniaires au titre du communiqué de procédure du 2 mars 2009.

Communiqué de l'Autorité de la concurrence du 19 octobre 2017,

Relatif à la procédure de transaction et aux programmes de conformité.

1 La procédure de transaction

La loi n° 2015-990 du 6 août 2015 pour la croissance, l'activité et l'égalité des chances économiques a modifié les dispositions du III de l'article L. 464-2 du code de commerce, en créant une nouvelle procédure de transaction qui a remplacé l'ancienne procédure de non-contestation des griefs.

Le III de l'article L. 464-2 prévoit désormais : "lorsqu'un organisme ou une entreprise ne conteste pas la réalité des griefs qui lui sont notifiés, le rapporteur général peut lui soumettre une proposition de transaction fixant le montant minimal et le montant maximal de la sanction pécuniaire envisagée. Lorsque l'entreprise ou l'organisme s'engage à modifier son comportement, le rapporteur général peut en tenir compte dans sa proposition de transaction. Si, dans un délai fixé par le rapporteur général, l'organisme ou l'entreprise donne son accord à la proposition de transaction, le rapporteur général propose à l'Autorité de la concurrence, qui entend l'entreprise ou l'organisme et le commissaire du Gouvernement sans établissement préalable d'un rapport, de prononcer la sanction pécuniaire prévue au I dans les limites fixées par la transaction".

La nouvelle procédure de transaction est applicable aux procédures dans lesquelles des griefs ont été notifiés postérieurement au 7 août 2015, en vertu des dispositions d'entrée en vigueur figurant à l'article 218 de la loi n° 2015-990 du 6 août 2015.

L'entrée en vigueur de ces nouvelles dispositions législatives, qui abrogent les anciennes dispositions relatives à la procédure de non-contestation de grief, a rendu caduc le communiqué de procédure du 10 février 2012 relatif à la non-contestation des griefs.

Pour les mêmes raisons, sont désormais caduques les références à l'ancienne procédure de non-contestation des griefs contenues dans le communiqué du 16 mai 2011 relatif à la méthode de détermination des sanctions pécuniaires ou dans le document-

cadre du 10 février 2012 sur les programmes de conformité aux règle[s] de la concurrence.

En outre, la mise en œuvre de la procédure de transaction fondée sur les nouvelles dispositions du III de l'article L. 464-2 du code de commerce justifie qu'en principe, les sanctions prononcées ne soient pas motivées par référence à la méthode de détermination des sanctions pécuniaires énoncée dans le communiqué du 16 mai 2011 de l'Autorité (V. en ce sens, point 452 de la décision n° 17-D-20 du 18 octobre 2017 relative à des pratiques dans le secteur des revêtements de sols résilients).

Un document relatif aux conditions de mise en œuvre de la nouvelle procédure de transaction sera publié par l'Autorité. – *V. Communiqué de procédure du 21 nov. 2018 relatif à la procédure de transaction, infra.*

2 Les programmes de conformité

Le document-cadre du 10 février 2012 sur les programmes de conformité aux règles de concurrence, dont le principe avait été évoqué par le communiqué du 16 mai 2011 relatif à la méthode de détermination des sanctions pécuniaires (voir note de bas de page n° 1 p. 1), prévoyait la possibilité pour l'Autorité de tenir compte de propositions d'engagements de mise en place de programmes de conformité aux règles de concurrence présentées par les entreprises dans le cadre de la procédure de non-contestation des griefs, en accordant une réduction de sanction pécuniaire si ces engagements étaient pertinents, crédibles et vérifiables.

L'Autorité réaffirme l'importance qu'elle attache aux programmes de conformité, et continuera, d'une part, à encourager les entreprises à y recourir et, d'autre part, à proposer aux entreprises des ressources documentaires ou pédagogiques en ce sens, fondées notamment sur sa pratique décisionnelle.

L'Autorité entend toutefois souligner qu'elle estime désormais que l'élaboration et la mise en œuvre de programmes de conformité ont vocation à s'insérer dans la gestion courante des entreprises, tout particulièrement lorsque celles-ci sont de taille conséquente. Les engagements portant sur la mise en œuvre de tels programmes de conformité n'ont par suite, pas vocation, de façon générale, à justifier une atténuation des sanctions encourues au titre des infractions au droit de la concurrence, tout spécialement s'agissant d'infractions d'une particulière gravité telles que les ententes et échanges d'informations sur les prix futurs et la politique commerciale (V. en ce sens, point 464 de la décision n° 17-D-20 du 18 octobre 2012 relative à des pratiques dans le secteur des revêtements de sols résilients).

Compte tenu de ce qui précède, le document-cadre du 10 février 2012 est retiré.

Communiqué de procédure de l'Autorité de la concurrence du 21 décembre 2018,

Relatif à la procédure de transaction.

BIBL. GÉN. ▸ NDLR, *BRDA 2019, n° 2, p. 19*. – BAUDU, *RLC févr. 2019. 5* (des réponses, mais encore quelques questions). – RUY, *RLC avr. 2019. 16* (communiqué de procédure sur la transaction : aperçu commenté). – CLAUDEL, *RTD com. 2019. 57* (la transaction à la française : une procédure attractive ?). – DUMARÇAY, *LPA 1er-2 mai 2019* (à propos du communiqué de procédure relatif à la transaction).

Préambule : objectifs de la procédure de transaction

Le recours à la procédure de transaction permet à l'entreprise ou l'organisme (ci-après, ensemble, une "entreprise") mis en cause de conclure la procédure plus rapidement, de réaliser des gains procéduraux, et lui apporte une prévisibilité renforcée sur la sanction encourue. L'entreprise mise en cause recourt à la procédure de transaction pour des raisons qui lui sont propres, dont elle n'a pas à faire état. En sollicitant le bénéfice de la procédure de transaction, l'entreprise mise en cause peut toutefois, le cas échéant, mettre en avant son attitude constructive et s'engager plus

rapidement dans la voie d'une mise en conformité de ses pratiques avec le droit de la concurrence.

Du point de vue de l'Autorité de la concurrence, le recours à la procédure de transaction peut lui permettre d'obtenir un gain procédural au regard de l'utilisation de l'ensemble de ses ressources et de ses moyens. En outre, la transaction est de nature à faciliter l'adoption de décisions dans des délais réduits par rapport à ceux de la procédure de droit commun, et permet des gains sur les moyens consacrés aux éventuels recours contentieux.

I Le cadre juridique

1. La loi n° 2015-990 du 6 août 2015 pour la croissance, l'activité et l'égalité des chances économiques a modifié les dispositions du III de l'article L. 464-2 du code de commerce, en créant une nouvelle procédure de transaction qui a remplacé l'ancienne procédure de non-contestation des griefs.

2. Le III de l'article L. 464-2 prévoit désormais : "lorsqu'un organisme ou une entreprise ne conteste pas la réalité des griefs qui lui sont notifiés, le rapporteur général peut lui soumettre une proposition de transaction fixant le montant minimal et le montant maximal de la sanction pécuniaire envisagée. Lorsque l'entreprise ou l'organisme s'engage à modifier son comportement, le rapporteur général peut en tenir compte dans sa proposition de transaction. Si, dans un délai fixé par le rapporteur général, l'organisme ou l'entreprise donne son accord à la proposition de transaction, le rapporteur général propose à l'Autorité de la concurrence, qui entend l'entreprise ou l'organisme et le commissaire du Gouvernement sans établissement préalable d'un rapport, de prononcer la sanction pécuniaire prévue au I dans les limites fixées par la transaction".

3. La nouvelle procédure de transaction est applicable aux procédures dans lesquelles des griefs ont été notifiés postérieurement au 7 août 2015, en vertu des dispositions d'entrée en vigueur figurant à l'article 218 de la loi n° 2015-990 du 6 août 2015.

4. Comme l'a relevé le communiqué du 19 octobre 2017 relatif à la procédure de transaction et aux programmes de conformité, l'entrée en vigueur de ces nouvelles dispositions législatives, qui abrogent les anciennes dispositions relatives à la procédure de non-contestation de grief, a rendu caduc le communiqué de procédure du 10 février 2012 relatif à la non-contestation des griefs.

5. Le présent communiqué a pour objet de préciser les conditions de mise en œuvre de la nouvelle procédure de transaction. Il explique, en tenant compte de la pratique décisionnelle et de la jurisprudence en la matière, les modalités suivies en pratique par l'Autorité lorsqu'elle met en œuvre cette procédure.

6. Le présent communiqué revêt le caractère de lignes directrices au sens de la jurisprudence administrative. Il est opposable à l'Autorité, sauf circonstances particulières ou raisons d'intérêt général la conduisant à s'en écarter.

II Le champ d'application

7. Il résulte des dispositions de l'article L. 464-2 du code de commerce que les affaires susceptibles de donner lieu, le cas échéant, à la mise en œuvre de la procédure de transaction prévue au III de cet article sont celles qui sont relatives aux infractions aux règles de concurrence prévues par les articles L. 410-3, L. 420-1 à L. 420-2-2 et L. 420-5 du code de commerce et par les articles 101 et 102 du Traité sur le fonctionnement de l'Union européenne (ci-après le "TFUE") et dans lesquelles des griefs ont été notifiés à un(e) ou plusieurs entreprise(s), en application de l'article L. 463-2 du même code.

8. La procédure de transaction peut être mise en œuvre conjointement avec la procédure de clémence prévue au IV de l'article L. 464-2 du code de commerce. S'il l'estime opportun, notamment au regard du comportement de l'entreprise ayant obtenu le bénéfice conditionnel de la procédure de clémence et de l'objectif de simplification et d'accélération des procédures, le rapporteur général peut proposer la mise

en œuvre de la procédure de transaction à une entreprise bénéficiant du programme de clémence. L'entreprise qui sollicite le recours à la transaction conserve, dans le cadre de la mise en œuvre de la procédure de transaction, le bénéfice de l'avis de clémence.

9. Si ces deux procédures s'inscrivent dans une démarche de coopération de la part des entreprises concernées, elles ne contribuent pas toutefois dans les mêmes proportions à l'établissement des faits et au traitement des affaires. Alors que la mise en œuvre de la procédure de clémence permet de révéler l'existence d'une pratique à l'Autorité, d'en établir la réalité et d'en identifier les auteurs, la procédure de transaction intervient après que les services d'instruction ont notifié des griefs aux entreprises concernées, sur la base de l'enquête qu'ils ont réalisée. Pour ces raisons, le bénéfice qui résulte pour une entreprise de la mise en œuvre d'une procédure de transaction ne peut être équivalent au bénéfice d'une exonération, totale ou partielle, de sanction accordée au titre de la clémence.

III La demande de mise en œuvre de la procédure de transaction

10. Il appartient à l'entreprise destinataire d'une notification de griefs de déterminer si elle souhaite renoncer à contester les griefs et solliciter, auprès du rapporteur général, la mise en œuvre de la procédure de transaction, sans avoir à expliquer les raisons d'une telle démarche. Une information préalable sur le déroulement de la procédure peut avoir lieu à cette fin, à l'initiative du rapporteur général, y compris avant l'envoi de la notification de griefs. L'entreprise en cause peut, de son côté et dès avant l'envoi de la notification de griefs, se rapprocher des services d'instruction de l'Autorité afin d'explorer la possibilité de recourir à cette procédure.

11. L'entreprise qui souhaite bénéficier de la procédure de transaction doit en faire la demande au rapporteur général le plus rapidement possible afin qu'un procès-verbal de transaction puisse être signé dans les deux mois qui suivent la réception de la notification de griefs. L'Autorité n'entend pas prendre en considération les demandes n'ayant pas abouti à l'expiration de ce délai, sauf circonstances exceptionnelles.

12. Si l'entreprise souhaite proposer, en outre, des engagements, sa demande de transaction doit en faire état et être accompagnée des éléments nécessaires pour permettre au rapporteur général d'apprécier le caractère substantiel, crédible et vérifiable de ces propositions.

IV Les conditions d'éligibilité à la procédure de transaction

13. L'entreprise qui décide de solliciter le bénéfice de la procédure de transaction doit renoncer à contester les griefs qui lui ont été notifiés. Cette renonciation, qui est retranscrite dans le procès-verbal décrit au point 29, prend la forme d'une déclaration par laquelle son auteur indique, en des termes clairs, complets, dépourvus d'ambiguïté et inconditionnels, qu'il ne conteste ni la réalité de l'ensemble des pratiques en cause, ni leur qualification juridique, telle qu'elle résulte de la notification de grief, ni leur imputabilité. La renonciation à contester la réalité des pratiques doit porter à la fois sur leur matérialité, sur leur durée, sur leur champ géographique et sur la participation de l'intéressé aux pratiques. La renonciation à contester la qualification juridique des faits doit porter sur tous les éléments constitutifs de l'infraction et, en particulier, l'objet ou l'effet anticoncurrentiel de la pratique.

14. La renonciation à contester les griefs implique nécessairement que l'entreprise en cause ne conteste ni la régularité ni le bien-fondé de la notification de griefs. Si l'intéressé, qui a volontairement fait le choix de renoncer à contester les griefs, présente ultérieurement des arguments remettant en cause, directement ou indirectement, la validité, tant sur le fond que sur la forme, de la notification de griefs, le collège de l'Autorité considérera que l'intéressé renonce au bénéfice de la transaction telle qu'elle résulte du procès-verbal signé avec le rapporteur général.

15. L'entreprise conserve néanmoins la faculté de présenter des observations sur les éléments susceptibles d'être pris en considération par le collège pour déterminer

le montant de la sanction pécuniaire qui pourrait être prononcée à l'intérieur de la fourchette retenue par le procès-verbal de transaction, dès lors que ces observations sont conformes aux principes rappelés au point précédent.

16. Le fait de renoncer à contester les griefs ne constitue, en soi, ni un aveu, ni une reconnaissance de responsabilité de la part de l'intéressé *[en ce sens, V. Paris, 29 janv. 2008, nº 2006/07820, Le Goff Confort SAS et a. à propos de la procédure de non-contestation des griefs]*.

V Le déroulement de la procédure devant les services d'instruction

A *L'appréciation de l'opportunité du recours à la transaction*

17. Le rapporteur général n'est pas tenu de donner une suite favorable à une demande de mise en œuvre de la procédure de transaction. Conformément aux dispositions du III de l'article L. 464-2 du code de commerce, il dispose d'un large pouvoir d'appréciation sur l'opportunité du recours à cette procédure dans une affaire déterminée et sur la pertinence de chaque demande présentée par une entreprise. L'existence d'échanges entre le rapporteur général et l'entreprise ayant sollicité le bénéfice de la procédure de transaction ne préjuge en rien de la suite de la procédure.

18. Le pouvoir d'appréciation dont dispose le rapporteur général s'exerce au cas par cas, au regard des éléments propres à chaque affaire et à chaque demande de mise en œuvre de la procédure de transaction. Ces éléments tiennent, en outre, à l'apport susceptible de résulter de la mise en œuvre de la procédure de transaction en termes, notamment, d'accélération et de simplification du traitement du dossier.

19. Dans le cas où les griefs sont imputés à plusieurs entreprises, le nombre de parties mises en cause souhaitant bénéficier de la procédure de la transaction est également un élément pertinent. En effet, les avantages liés à la mise en œuvre d'une telle procédure à l'égard d'une ou plusieurs parties sont généralement plus réduits lorsque, dans la même affaire, une ou plusieurs autres parties contestent les griefs notifiés. L'Autorité entend donc, de façon générale, privilégier la mise en œuvre de la procédure de transaction dans les affaires dans lesquelles l'ensemble des parties renoncent à contester les griefs et sollicitent le recours à une telle procédure.

B *Les discussions préparatoires*

20. Lorsque le rapporteur général estime qu'une affaire se prête à la mise en œuvre de la procédure de transaction et qu'il reçoit des demandes en ce sens de la part d'une ou plusieurs parties, il peut nouer des discussions avec chacun des intéressés, en particulier sur la réduction de sanction susceptible de découler de la mise en œuvre de la procédure de transaction. Le rapporteur général peut informer les autres destinataires de la notification de griefs de l'existence de discussions en cours avec une ou plusieurs entreprises en cause, en vue de la signature d'un procès-verbal de transaction. Il reste libre de mettre fin à ces discussions à tout moment, tout comme les entreprises concernées ont la possibilité de renoncer à poursuivre la procédure.

21. Dans ce cadre, il appartient au rapporteur général de s'assurer que la renonciation à contester les griefs de la part de chaque entreprise concernée est à la fois claire, complète, dépourvue d'ambiguïté et inconditionnelle. A défaut, il peut mettre fin à la procédure de transaction.

22. En ce qui concerne la détermination de la fourchette de sanction, les principes de détermination des sanctions pécuniaires dont s'inspire le communiqué du 16 mai 2011 de l'Autorité peuvent constituer un point de référence pertinent lorsque s'engage la discussion entre le rapporteur général et les entreprises concernées.

23. Dans le cas où l'entreprise en cause a, en outre, proposé des engagements, il appartient au rapporteur général d'apprécier s'il est pertinent de les prendre en compte au regard des circonstances particulières de l'affaire et, notamment, de la nature des griefs retenus. Si tel est le cas, le rapporteur général s'assure ensuite du caractère substantiel, crédible et vérifiable des engagements proposés.

24. Aucun document ou pièce transmis par les parties et se rapportant à la mise en œuvre de la procédure de transaction ne sera versé au dossier d'instruction. Il en va de même lorsque la procédure mise en œuvre n'a pas abouti à la signature d'un procès-verbal de transaction. En outre, le procès-verbal de transaction signé par une entreprise n'est pas communicable aux autres parties à la procédure non plus qu'à des tiers *[Paris, 6 juill. 2017, nº 2017/07296, Direct Energie]*.

C La signature du procès-verbal

25. S'il estime que la transaction peut être mise en œuvre, le rapporteur général soumet à l'entreprise concernée une proposition de transaction fixant le montant minimal et le montant maximal de la sanction pécuniaire envisagée. Le montant de la réduction de sanction attachée à la mise en œuvre de la procédure de transaction n'est pas prédéterminé. Il dépend des circonstances de chaque espèce.

26. Lorsque l'entreprise a obtenu le bénéfice conditionnel de la procédure de clémence, le rapporteur général tient dûment compte de l'avis de clémence et de l'apport du demandeur de clémence à l'instruction lorsqu'il établit sa proposition de transaction.

27. S'il estime pertinent de proposer à l'Autorité de rendre obligatoire les engagements présentés par l'entreprise, le rapporteur général en tient également compte dans sa proposition de transaction.

28. Si, dans un délai fixé par le rapporteur général, l'entreprise en cause donne son accord à la proposition de transaction, le rapporteur général lui indique qu'il proposera à l'Autorité de prononcer une sanction pécuniaire dans les limites fixées par la transaction.

29. L'accord entre l'entreprise en cause, d'une part, et le rapporteur général, d'autre part, est consigné dans un procès-verbal de transaction. Ce procès-verbal contient la déclaration de non-contestation des griefs évoquée au point 13 ci-dessus. Le cas échéant, il contient également le texte du dernier état des engagements proposés par l'intéressé. Il indique, enfin, la proposition de montant minimal et de montant maximal de sanction que le rapporteur général présentera au collège. La signature du procès-verbal par l'intéressé et le rapporteur général doit intervenir, sauf circonstances exceptionnelles, dans un délai de deux mois à compter de la notification des griefs, comme prévu au point 11.

30. Le rapporteur général peut informer les autres parties mises en cause de la signature d'un procès-verbal, lorsqu'elles n'ont pas sollicité la mise en œuvre du III de l'article L. 464-2 du code de commerce, afin de leur permettre de déterminer si elles souhaitent présenter une demande à cette fin, dans le délai prévu au point 11 ci-dessus.

31. Conformément aux dispositions de l'article R. 464-4 du code de commerce, le rapporteur général informe, trois semaines au moins avant la séance, l'ensemble des parties et le commissaire du Gouvernement qu'il va proposer à l'Autorité de faire application du III de l'article L. 464-2 du même code.

VI La décision du collège

32. Le collège, saisi d'une affaire ayant donné lieu à l'application de la procédure de transaction examine, d'une part, les faits et les griefs notifiés, et, d'autre part, le procès-verbal de transaction. S'il estime que les conditions pour le prononcé d'une sanction sont réunies, il prononce une sanction comprise dans les limites de la fourchette fixée par le procès-verbal de transaction. En déterminant ce montant, il tient le cas échéant compte du respect des conditions prévues par l'avis de clémence et de l'apport du demandeur de clémence à l'instruction.

33. Si au regard, d'une part, des faits et des griefs notifiés, et, d'autre part, du procès-verbal de transaction, le collège estime que les conditions pour le prononcé d'une sanction dans la fourchette indiquée dans le procès-verbal de transaction ne sont pas réunies ou que le ou les griefs ne sont pas fondés, il peut décider d'un renvoi

à l'instruction selon la procédure de droit commun. Ce renvoi à l'instruction rend alors caduc le procès-verbal de transaction précédemment signé.

34. Avant de statuer, l'Autorité vérifie que la déclaration par laquelle l'intéressé renonce à contester les griefs répond à toutes les conditions décrites aux points 13 et 14 ci-dessus. Le non-respect d'une de ces conditions fait obstacle à la mise en œuvre de la procédure de transaction et entraîne le retour à la procédure de droit commun prévue par les articles L. 463-1 et suivants du code de commerce.

35. Lorsque la procédure de transaction concerne plusieurs entreprises mises en cause, le collège peut décider d'organiser la séance en deux temps. La première partie de la séance du collège peut, dans ce cadre, être commune à toutes les entreprises mises en cause. Elle porte sur les griefs notifiés ainsi que sur les faits et la qualification des pratiques.

Lors d'une deuxième partie de la séance, chacune des entreprises ayant signé un procès-verbal de transaction est entendue par le collège, en présence du commissaire du Gouvernement, et hors la présence des autres mis en cause. L'entreprise peut alors faire part de ses observations sur la fixation du montant de la sanction au sein des limites prévues par le procès-verbal de transaction, sans que ses observations puissent remettre en cause, de quelque manière que ce soit, les faits et qualifications retenues par la notification des griefs.

36. Dans les cas où un saisissant est présent à la procédure, et bien que les dispositions du code de commerce ne le prévoient pas, l'Autorité peut, si elle le juge utile, autoriser le saisissant à assister à la première partie de la séance et à présenter des observations. Dans cette perspective, le collège peut transmettre au saisissant le texte des engagements proposés par l'entreprise concernée. Le saisissant n'assiste pas à la deuxième partie de la séance consacrée à l'examen du montant de la sanction de chaque entreprise.

37. Pour chaque entreprise bénéficiant de la procédure de transaction, l'Autorité détermine le montant de la sanction pécuniaire en faisant application des critères et plafond légaux figurant au I de l'article L. 464-2 du code de commerce. Si les principes de détermination des sanctions pécuniaires dont s'inspire le communiqué du 16 mai 2011 de l'Autorité peuvent constituer un point de référence pertinent lorsque s'engage la discussion entre le rapporteur général et les entreprises en vue de la signature du procès-verbal de transaction, en revanche, la méthode de détermination des sanctions décrite dans ce communiqué n'a pas vocation à être mise en œuvre dans la décision du collège, qui prononce une sanction à l'intérieur de la fourchette fixée par le procès-verbal de transaction.

38. Lorsque le rapporteur général lui a également proposé de tenir compte d'engagements souscrits par l'intéressé, le collège vérifie que ces engagements sont substantiels, crédibles et vérifiables. Dans le cas où le collège estime en séance que les engagements ne sont pas acceptables en l'état, mais que l'entreprise propose des modifications permettant qu'ils le deviennent, le collège peut rendre obligatoires les engagements ainsi améliorés et prononcer une sanction pécuniaire tenant compte du montant minimal et du montant maximal figurant dans le procès-verbal de transaction.

Lignes directrices de l'Autorité de la concurrence du 23 juillet 2020,

Relatives au contrôle des concentrations.

BIBL. GÉN. ▶ Lignes directrices 2013 : VILMART, *CCC 2013. Étude 13.* – REDON et COURSIÈRE-PLUNTZ, *BRDA 2013, n° 17, p. 16.* – REDON et NASSER EL DINE-POMAR, *D. 2013. 2540* (précisions sur les opérations notifiables et le risque financier). – CHARPIN et MUNOZ, *RLDC mars 2016. 38* (simulation des effets unilatéraux d'une concentration horizontale). ▶ Lignes directrices 2020 : NDLR, *BRDA 2020, n° 18, p. 23* (concentrations : les nouvelles lignes directrices de l'Autorité de la concurrence). – COURSIÈRE-PLUNTZ, REDON et LORIEUL, *JCP E 2020, n° 1470* (contrôle des concentrations : quelles évolutions dans la pratique de l'Autorité de la concurrence ?).

COMMENTAIRE

Ces lignes directrices, qui font suite à une consultation réalisée en 2019, adoptent une présentation pédagogique du champ d'application du contrôle des concentrations en France, du déroulement de la procédure devant l'Autorité de la concurrence et des objectifs, critères et méthodes employés pour les analyses au fond. Elles intègrent l'expérience et l'évolution de la jurisprudence de l'Autorité depuis la version précédente et comportent de nouvelles annexes.

L'objectif est de servir de guide pour permettre aux entreprises d'anticiper les éléments qui seront pris en compte par l'Autorité lors de l'examen d'une opération. Elles rappellent ainsi les contraintes qui pèsent sur les entreprises lors du dépôt d'un projet de concentration et les comportements qu'elles doivent adopter lors de la période de préparation de l'opération. Par ailleurs, elles identifient les opérations qui ne sont, *a priori*, pas susceptibles de générer de préoccupations de concurrence.

Afin d'anticiper la notification d'une opération de concentration, les entreprises peuvent désormais se rapprocher du service des concentrations en vue de formuler une demande de désignation d'une équipe responsable de l'examen du dossier. A la suite de cette demande, le nom de l'adjoint au chef de service chargé de l'examen du dossier est communiqué à la partie notifiante dans un délai de cinq jours ouvrés. L'Autorité de la concurrence s'engage, en outre, à ce qu'une réponse concernant le caractère complet des dossiers de notification soit généralement apportée dans un délai de dix jours ouvrés après la notification. L'Autorité introduit également un délai indicatif de dix jours ouvrés pour confirmer si une opération pourra être traitée selon la procédure simplifiée, ce qui confère à la partie notifiante davantage de visibilité pour organiser le calendrier de finalisation de son opération.

Les lignes directrices incluent également de nouvelles annexes, avec un modèle d'engagement structurel et un modèle de contrat de mandat à jour des évolutions récentes de la pratique décisionnelle et des précisions sur les demandes de documents internes susceptibles d'être formulées par l'Autorité en cours d'instruction. ❑

INTRODUCTION

Les présentes lignes directrices sont conçues comme un outil pédagogique et dynamique, qui éclaire sur la procédure et la pratique de l'Autorité de la concurrence en matière de contrôle des concentrations.

1. Le présent document, dépourvu par lui-même de toute portée normative, a pour objectif de fournir aux entreprises et à leurs conseils une présentation pédagogique sur le champ d'application du contrôle des concentrations en France, sur le déroulement de la procédure devant l'Autorité de la concurrence ("l'Autorité") et sur les objectifs, critères et méthodes employés pour les analyses au fond. Il se substitue aux lignes directrices publiées en juillet 2013, en s'appuyant sur dix ans de pratique du contrôle des concentrations par l'Autorité.

2. Ce guide ne saurait exposer en détail toutes les applications possibles de la méthode d'analyse de l'Autorité en matière de contrôle des concentrations. Il constitue, pour l'Autorité, une directive opposable aux entreprises et invocable par elles. Afin de leur garantir le maximum de sécurité juridique, l'Autorité s'engage à appliquer les lignes directrices pour examiner une concentration, sous réserve notamment qu'aucune circonstance particulière à cette opération ou aucune considération d'intérêt général ne justifient qu'il y soit dérogé.

3. Afin de tenir compte des évolutions dans sa pratique décisionnelle, des modifications réglementaires ou législatives ou de la jurisprudence, des mises à jour partielles du présent document peuvent intervenir.

Les sources du droit des concentrations en France

4. Le contrôle des concentrations a été créé en France par la loi du 19 juillet 1977. Les règles qui lui sont applicables ont été modifiées notamment par l'ordonnance du 1er décembre 1986 relative à la liberté des prix et de la concurrence, par la loi du 15 mai 2001 relative aux nouvelles régulations économiques, par la loi du 4 août 2008 de modernisation de l'économie, qui a transféré ce pouvoir du ministre chargé de l'économie à l'Autorité, qui l'exerce depuis le 2 mars 2009, et par la loi n° 2015-990 du 6 août 2015 pour la croissance, l'activité et l'égalité des chances économiques.

5. Le contrôle des concentrations s'inscrit dans le cadre légal défini par les articles L. 430-1 à L. 430-10 du code de commerce. Sa mise en œuvre est précisée par les articles R. 430-2 à R. 430-10 de la partie réglementaire du code de commerce.

6. Certaines dispositions du règlement (CE) n° 139/2004 du 20 janvier 2004 du Conseil, relatif au contrôle des opérations de concentration entre entreprises ("le règlement 139/2004") sont également directement applicables, notamment :

– l'article premier, qui fixe la limite des compétences respectives de la Commission européenne ("la Commission") et des autorités de concurrence nationales en fonction des chiffres d'affaires des entreprises concernées par la concentration ;

– l'article 5, qui précise le mode de calcul des chiffres d'affaires mentionnés à l'article L. 430-2 du code de commerce ;

– les articles 4 (paragraphes 4 et 5), 9 et 22, qui prévoient les mécanismes de renvoi d'une concentration entre la Commission et les autorités nationales de concurrence des États membres.

7. Les autres dispositions du règlement 139/2004 ne sont pas directement applicables au contrôle des concentrations par l'Autorité. Toutefois, dans un souci de cohérence et d'harmonisation avec la pratique européenne, l'Autorité se réfère, pour déterminer la portée des différentes notions relatives au contrôle des concentrations utilisées dans le code de commerce, aux notions mentionnées par le règlement 139/2004. Les différentes communications publiées par la Commission sur ces sujets constituent, en outre, pour l'Autorité, des guides d'analyse utiles.

8. Par ailleurs, l'organisation de l'Autorité, ses attributions, les règles générales de procédure, de décision et de recours sont définies par le titre VI du livre IV, relatif à la liberté des prix et à la concurrence, du code de commerce. Le règlement intérieur de l'Autorité apporte pour sa part des précisions sur certaines modalités pratiques de la procédure.

9. L'application de ces textes a été éclairée par la jurisprudence du Conseil d'État, juge en matière de décisions de contrôle des concentrations.

10. L'Autorité se réfère en outre, lorsqu'elle se prononce, à sa pratique décisionnelle et à celle de la Commission, ainsi qu'à la jurisprudence du Tribunal *[Tribunal de l'Union européenne, anciennement Tribunal de première instance des communautés européennes]* et de la Cour de justice de l'Union européenne *[anciennement Cour de justice des communautés européennes ("CJCE")]* ("CJUE").

11. Enfin, pour garantir l'effectivité du contrôle des concentrations, lorsque la lettre d'une disposition ne permet pas d'en apprécier la portée exacte, il convient de l'interpréter en se fondant tant sur sa finalité que sur son économie globale au regard du contrôle des concentrations.

12. A l'exception des décisions prises au titre de l'article L. 430-8 du code de commerce, les décisions de l'Autorité prises en application du titre III du livre IV du code de commerce ne sont pas des sanctions et n'entrent pas dans le champ d'application de l'article 6 de la convention européenne des droits de l'homme.

I Le champ d'application du contrôle des concentrations

13. Le champ d'application du contrôle des concentrations est précisé aux articles L. 430-1 et L. 430-2 du code de commerce. L'article L. 430-1 définit ce qu'est une concentration. L'article L. 430-2 fixe les seuils de chiffre d'affaires pour lesquels le contrôle national des concentrations est applicable.

14. Ces dispositions sont applicables en France métropolitaine, dans les départements et collectivités d'outre-mer, à l'exception de la Polynésie française, conformément à l'article L. 940-1.

15. Ces dispositions, ainsi que l'ensemble du livre IV du code de commerce, ne s'appliquent pas à la Nouvelle-Calédonie, comme le précise l'article L. 930-1.

A *La notion de concentration*

16. Pour déterminer si une opération est une concentration, l'Autorité analyse aussi bien les circonstances de fait que de droit, conformément au III de l'article

L. 430-1. En effet, le contrôle des concentrations ne pourrait être efficace si l'examen se limitait aux seuls éléments de droit : toute opération, dès l'instant où elle constitue une concentration économique, ayant pour effet de modifier la structure des marchés, doit être soumise au contrôle de l'Autorité, quels que soient les montages juridiques retenus.

1 *Les notions d'entreprise et de personne*

a) *La notion d'entreprise*

17. Une entreprise peut être définie comme "toute entité exerçant une activité économique, indépendamment du statut juridique de cette entité et de son mode de financement" *[arrêt de la CJCE C-41/90 du 23 avr. 1991 Höfner et Elser]*, l'activité économique étant entendue comme "consistant à offrir des biens et des services sur le marché" *[arrêt de la CJCE 118/85 du 16 juin 1987 Commission européenne c/ Italie]*.

18. Une concentration peut porter sur une ou plusieurs entreprises, mais aussi sur des éléments d'actifs constituant une partie d'une entreprise, comme des marques ou des brevets, dès l'instant où ces éléments d'actifs constituent une activité économique se traduisant par une présence sur un marché à laquelle un chiffre d'affaires peut être rattaché sans ambiguïté *[Décis. de la Commission M. 3867 du 22 déc. 2005 Vattenfall/Elsam and E2 Assets et de l'Autorité n° 18-DCC-192 du 6 nov. 2018 relative à la prise de contrôle exclusif de six fonds de commerce "PSA Assur" par ECL]*.

19. Tel est notamment le cas lorsque les actifs concernés par l'opération sont susceptibles, de manière certaine, de générer un chiffre d'affaires dans un délai raisonnable. Par exemple, l'acquisition d'actifs immobiliers constitue une concentration lorsque ces actifs génèrent, au moment de l'acquisition, un chiffre d'affaires (notamment des loyers) avec un ou plusieurs tiers indépendants des parties. Lorsque l'actif immobilier ne génère pas de chiffre d'affaires au moment de l'acquisition du contrôle, l'opération ne constitue une concentration que lorsque l'existence d'un chiffre d'affaires est rendue certaine à terme, par exemple dans un délai maximal de trois ans à compter de l'acquisition. C'est notamment le cas d'une "pré-commercialisation", même partielle, du bien auprès d'un ou plusieurs tiers indépendants des parties *[Décis. de l'Autorité n° 15-DCC-156 du 7 déc. 2015 relative à la prise de contrôle conjoint d'un actif immobilier à usage de bureaux par Sogecap et Predica]*. En revanche, lorsqu'aucun *[lorsque aucun]* chiffre d'affaires ne peut être rattaché à l'actif, par exemple dans le cadre d'un ensemble immobilier non pré-commercialisé, cet actif n'est pas une entreprise et l'opération ne constitue pas une concentration au sens de l'article L. 430-1.

20. Dans la suite du présent guide, le terme d'"entreprise" sera utilisé de manière générique, qu'il s'agisse d'une entreprise dans son ensemble ou seulement d'éléments d'actifs répondant aux critères ci-dessus ou d'une activité économique contrôlée par une personne.

b) *La notion de personne*

21. Une "personne", au sens de l'article L. 430-1, comprend les personnes morales de droit privé, les organismes de droit public *[Décis. de la Commission IV/M.157 du 5 oct. 1992 Air France/Sabena en ce qui concerne l'État belge ou Décis. de l'Autorité n° 12-DCC-129 du 5 sept. 2012 relative à la prise de contrôle exclusif du groupe Keolis par la société SNCF-Participation]*, y compris l'État lui-même, lorsqu'ils agissent par l'intermédiaire d'une entreprise *[le point 193 de la communication consolidée de la Commission ne doit pas être lu comme excluant l'État ou les entreprises publiques de la notion d'entreprise ou de personne. En effet, lorsqu'il est précisé que si "les États membres ou d'autres organismes de droit public ne sont pas considérés comme des entreprises, au sens de l'article 5, paragraphe 4, pour la simple raison qu'ils ont des intérêts dans d'autres entreprises remplissant les conditions énoncées à l'article 5, paragraphe 4", ce n'est qu'aux fins du calcul du chiffre d'affaires. Il se poursuit d'ailleurs comme suit : "Le calcul du chiffre d'affaires des entreprises publiques ne prend donc en considération que les entreprises appartenant au même ensemble économique doté du même pouvoir de décision autonome."]*, et les personnes physiques. Cependant, une prise de contrôle ou la création d'une entreprise commune par des personnes physiques n'est susceptible de constituer une concentration que si ces personnes exercent des activités économiques pour leur compte propre ou si elles contrôlent au moins une autre entreprise avant l'opération.

Exemple : dans sa lettre n° 09-DCC-73 du 9 décembre 2009, l'Autorité a considéré que la prise de contrôle conjoint de la société Ormoison par la société ITM Entreprises, d'une part, et M. et Mme Somnard, personnes physiques, d'autre part, n'entrait pas dans le champ d'application de l'article L. 430-1 du code de commerce, dans la mesure où M. et Mme Somnard ne détenaient le contrôle d'aucune entreprise au moment de l'opération.

2 *La notion de fusion*

22. Selon les dispositions de l'article L. 430-1, une concentration est constituée "lorsque deux ou plusieurs entreprises antérieurement indépendantes fusionnent".

a) *La fusion de droit*

23. Aux termes du premier alinéa de l'article 1844-4 du code civil, "une société [...] peut être absorbée par une autre société ou participer à la constitution d'une société nouvelle, par voie de fusion".

24. Ainsi, les fusions de droit se réalisent selon ces deux modalités. En cas d'absorption, l'opération entraîne la disparition de la personnalité morale de l'entreprise absorbée (l'entreprise A absorbe l'entreprise B qui disparaît au sein de A) tandis que la fusion conduit à la disparition de la personnalité morale de l'ensemble des entreprises qui fusionnent (l'entreprise A et l'entreprise B deviennent l'entreprise C).

b) *La fusion de fait*

25. Les fusions de fait sont soumises au contrôle des concentrations comme les fusions de droit, lorsque l'opération conduit à la réunion d'activités d'entreprises antérieurement indépendantes au sein d'un seul et même ensemble économique. En effet, il peut y avoir fusion d'un point de vue économique sans qu'il y ait fusion au sens juridique. Tel est notamment le cas lorsque les entreprises parties à l'opération conservent chacune leur personnalité juridique.

Exemple : dans sa décision n° 17-DCC-115 du 21 juillet 2017, l'Autorité a considéré que l'acquisition de la société Hopps Group par MM. Pommier et Pons constituait une fusion de fait entre Hopps Group et la société Colis Privé, elle-même détenue par MM. Pommier et Pons, ces derniers ayant ainsi accès à des informations détaillées et stratégiques sur les activités de chaque entreprise.

26. L'existence d'une gestion économique unique et durable est une condition nécessaire et suffisante pour déterminer si l'on est en présence d'une telle concentration. A cette fin, l'Autorité prend en considération toutes les circonstances de droit et de fait permettant de qualifier l'opération. Elle peut, de plus, tenir compte dans son appréciation de différents facteurs, tels que l'existence de participations croisées, la consolidation de leurs comptes, la compensation des profits et des pertes entre les entreprises réunies par l'opération, la répartition des recettes entre les différentes entités, l'existence de dirigeants communs, la responsabilité solidaire des différentes entités, ainsi qu'une politique d'ensemble, notamment en termes de communication.

27. Le fait pour une entreprise d'adhérer à une association sommitale, à un groupement d'intérêt économique (GIE) ou à toute structure permettant notamment la mutualisation de moyens financiers, le dépôt de comptes combinés, le développement de solidarités financières et dont le conseil d'administration définit les orientations stratégiques des adhérents, doit être analysé comme une fusion.

Exemple 1 : dans sa décision n° 17-DCC-104 du 5 juillet 2017, l'Autorité a considéré que la création d'une UMG (union mutualiste de groupe) prévoyant une concertation sur les orientations stratégiques de ses membres, la mise en place d'une gouvernance centralisée, la création de mécanismes de solidarité financière et la combinaison des comptes afin d'assurer une coordination centralisée sur les décisions financières, constituait une fusion de fait.

Exemple 2 : dans sa décision n° 11-DCC-154 du 24 octobre 2011, l'Autorité a pris en compte le fait qu'un GIE assurait pour ses membres un certain nombre de prestations, telles que la direction financière et juridique, le secrétariat général, la direction du personnel, la direction technique et la recherche et développement, que le conseil d'administration du GIE était chargé de la prise de décisions commerciales stratégiques pour le compte de ses membres, qu'il exerçait également un pouvoir de sanction et était composé majoritairement de membres des conseils d'administration de ses membres. Par ailleurs, tous les membres du GIE avaient le même directeur général et le GIE intervenait dans le recrutement des personnels dirigeants.

28. Dans le secteur mutualiste, les structures utilisées pour le rapprochement (union mutualiste de groupe (UMG) ou société de groupe d'assurance mutuelle (SGAM)), qui impliquent des liens de solidarité financière importants et durables entre les entités concernées et la combinaison de leurs comptes, sont généralement constitutives de fusions de fait.

Exemple : dans sa décision n° 13-D-01 du 31 janvier 2013, l'Autorité a considéré qu'une convention de partenariat entre deux groupes paritaires de protection sociale, instituant un comité de pilotage étudiant les synergies possibles entre ses membres, constituait une fusion de fait.

29. Une fusion de fait peut enfin être caractérisée en tenant compte de la portée de certaines dispositions légales définissant des catégories particulières de sociétés, telles que l'article L. 931-2-2 du code de la sécurité sociale ou certaines dispositions du code monétaire et financier.

Exemple : dans sa décision n° 16-DCC-185 du 2 décembre 2016, et suite à l'adoption de l'ordonnance n° 2015-378 du 2 avril 2015 sur l'accès aux activités de l'assurance et de la réassurance qui a permis au groupe paritaire de prévoyance Confluent de se transformer en société de groupe assurantiel de protection sociale (ci-après "SGAPS", entreprise au sens du droit de la concurrence) nommé Apicil, l'Autorité a considéré que l'entrée de la Mutuelle du bâtiment et des travaux publics du Sud-Est et de la Mutuelle du bâtiment et des travaux public du Nord au sein de la SGAPS Apicil constituait une fusion de fait, car elle conduisait à la réunion d'activités d'entreprises antérieurement indépendantes au sein d'un même ensemble économique.

3 *La notion de contrôle*

30. Dans un arrêt C-248/16 du 7 septembre 2017, la CJUE a rappelé que la notion de concentration doit être définie de telle sorte qu'elle couvre les opérations entraînant un changement durable du contrôle des entreprises concernées et donc de la structure d'un marché.

31. La détermination de l'indépendance antérieure des entreprises en cause est un point essentiel, une opération pouvant s'avérer n'être qu'une restructuration interne d'un groupe, auquel cas elle ne constitue pas une concentration au sens de l'article L. 430-1.

> **Exemple** : dans sa lettre n° 09-DCC-44 du 10 septembre 2009, l'Autorité a considéré que l'affiliation de MutRé Union à la société MutRé SA constituait une restructuration interne, dans la mesure où ces deux entités agissaient antérieurement à l'opération comme un seul et même ensemble économique.

32. Cette détermination repose sur la notion de contrôle, qui s'apprécie selon les principes exposés ci-après. Si aucune des entreprises impliquées ne subit un changement en ce qui concerne l'identité des entreprises ou personnes qui la contrôle ou la qualité de ce contrôle (contrôle exclusif ou contrôle conjoint), l'opération n'est pas une concentration.

33. Une entreprise est contrôlée par une autre entreprise si l'entreprise contrôlante peut exercer une influence déterminante sur l'activité de l'entreprise contrôlée. Cette possibilité doit être réelle, mais il n'est néanmoins pas nécessaire de démontrer que l'influence déterminante est ou sera effectivement exercée. Par ailleurs, le contrôle ne suppose pas que l'entreprise contrôlante ait le pouvoir de déterminer la gestion courante de l'entreprise contrôlée. Ce qui importe, c'est son pouvoir de contrôle sur les décisions stratégiques de l'entreprise contrôlée.

34. Ces notions de "contrôle" et d'"influence déterminante" sont spécifiques au droit national et européen du contrôle des concentrations, qui en retiennent la même définition. La notion de "contrôle" en droit national du contrôle des concentrations n'est en revanche pas identique à la notion de "contrôle" au sens du droit des sociétés ou d'autres domaines tels que les règles prudentielles, la fiscalité, le transport aérien ou les médias. La notion d'"influence déterminante" ne se confond pas non plus avec celle d'"influence notable", utilisée en matière de consolidation comptable.

a) *Les critères d'appréciation d'une influence déterminante*

Les droits conférés à l'actionnaire

35. L'existence d'une influence déterminante s'apprécie au regard du pouvoir dont dispose une entreprise sur la prise des décisions stratégiques d'une autre entreprise, lesquelles concernent :

— les décisions relatives au plan stratégique ;

— les décisions relatives aux investissements en-deçà d'un certain montant *[le point 71 de la communication consolidée de la Commission souligne à cet égard : "lorsque le niveau des investissements soumis à l'approbation des entreprises fondatrices est extrêmement élevé, le droit de veto tient davantage de la protection normale des intérêts d'un actionnaire minoritaire que d'un droit conférant un pouvoir de codécision sur la politique commerciale de l'entreprise commune." Ce montant est apprécié au cas d'espèce, en particulier en tenant compte du secteur économique concerné et des montants des investissements réalisés par l'entreprise concernée au cours des trois dernières années]* ;

— les décisions relatives au budget ;

— les décisions relatives à la nomination et à la révocation des principaux dirigeants.

36. Ce sont généralement les droits de vote conférés à l'actionnaire majoritaire pour plusieurs de ces décisions qui déterminent l'exercice du contrôle sur une entreprise. Toutefois, un actionnaire minoritaire peut disposer d'une influence déterminante. Exceptionnellement, une entreprise peut disposer d'une influence déterminante sans aucune participation au capital.

> **Exemple** : dans son avis n° 91-A-09 du 15 octobre 1991, le Conseil de la concurrence a considéré que la détention par Gillette d'obligations convertibles en actions d'Eemland, qui détenait la marque Wilkinson, ainsi que l'existence d'accords permettant à Gillette d'influencer la politique commerciale de la marque Wilkinson, bien que ne conférant aucun droit de vote, conféraient à Gillette une influence déterminante sur Eemland et devait *[devaient]* s'analyser comme une concentration.

37. D'autres éléments, telles des relations contractuelles ou des relations financières, ajoutés aux droits conférés à un actionnaire minoritaire, peuvent établir un contrôle de fait.

38. L'ensemble de ces critères est apprécié par l'Autorité selon la technique du faisceau d'indices convergents de nature juridique ou économique, même si chacun de ces indices pris isolément ne suffirait pas à lui seul à conférer une influence déterminante.

39. En particulier, il ressort de la pratique décisionnelle de l'Autorité que, dans le cas de certains réseaux de distribution, la combinaison de participations très minoritaires au capital des sociétés d'exploitation, des dispositions des statuts-type*[s]* qui leur sont imposés et de celles des contrats d'enseigne, confère à la tête de réseau un contrôle conjoint sur ces sociétés.

40. Dans le cas du réseau E. Leclerc, une influence déterminante a été constatée alors que la tête de réseau ne détient aucune participation au capital des sociétés d'exploitation mais impose aux adhérents de l'Association des centres distributeurs E. Leclerc des statuts-types très spécifiques qui se combinent avec les dispositions du contrat d'enseigne. Outre les précisions apportées ci-dessous, les questions spécifiques aux réseaux de distribution et au contrôle exercé par la tête de réseau sur les magasins indépendants sont abordées à l'annexe B du présent document.

41. Une participation minoritaire peut également permettre à un actionnaire d'exercer une influence déterminante si elle est assortie de droits qui excèdent ce qui est normalement consenti à des actionnaires minoritaires afin de protéger leurs intérêts financiers ou si ces droits, examinés selon la méthode du faisceau d'indices, sont de nature à démontrer l'existence d'une influence déterminante.

Exemple : dans sa décision n° 11-DCC-10 du 25 janvier 2011, l'Autorité a considéré que la détention, par un actionnaire minoritaire, d'un droit de veto sur l'approbation du budget annuel de la cible ainsi que sur la modification du plan d'affaires de celle-ci, afin de protéger ses intérêts financiers, lui conférait la possibilité d'exercer une influence déterminante sur la cible.

42. Pour déterminer si un actionnaire minoritaire dispose d'une influence déterminante, l'Autorité examine, en premier lieu, les droits qui lui sont conférés et leurs modalités d'exercice. Ainsi, un droit de veto portant sur le plan stratégique, la nomination des principaux dirigeants, les investissements ou le budget, peut suffire à conférer une influence déterminante. L'Autorité tient également compte, par exemple :

– de la possibilité de bénéficier de droits particuliers conférant, immédiatement ou dans le futur, une part déterminante dans les décisions de l'entreprise ;

– de la possibilité de nommer certains responsables au sein des organes dirigeants de l'entreprise ;

– de la possibilité de monter dans le capital ultérieurement, soit du fait d'accords particuliers, soit par la détention de titres convertibles en actions, ou encore en raison de l'existence d'options d'achat ; en elles-mêmes, de telles options ne peuvent conférer un contrôle sur la période antérieure à leur exercice, à moins que cette option ne s'exerce dans un proche avenir conformément à des accords juridiquement contraignants, mais elles peuvent venir conforter d'autres indices d'une influence déterminante ;

– de la détention de droits de préemption ou de préférence ;

– de la possibilité d'obtenir des informations détaillées sur les activités de l'entreprise, en particulier celles généralement réservées aux dirigeants ou à l'actionnaire majoritaire.

43. L'Autorité analyse aussi si l'éparpillement de l'actionnariat est susceptible de donner à la participation de l'actionnaire minoritaire un impact concret plus important dans les délibérations. En cas de nécessité, cet examen s'appuie sur les procès-verbaux des conseils d'administration sur plusieurs années, qui peuvent être utilisés pour déterminer la répartition et l'influence réelle des votes des actionnaires.

Exemple 1 : dans sa décision M.4994 du 29 avril 2008, la Commission a considéré qu'Electrabel, bien qu'actionnaire minoritaire, détenait le contrôle exclusif de CNR, dès lors qu'il était le premier actionnaire face à un actionnariat dispersé et qu'il détenait la majorité absolue des droits de vote présents ou représentés.

Exemple 2 : dans sa décision n° 11-DCC-182 du 2 décembre 2011, l'Autorité a considéré qu'un actionnaire minoritaire pouvait détenir la majorité des votes exprimés en assemblée générale ordinaire, en raison d'un droit de vote double, lui permettant fréquemment de représenter plus de la moitié des votes exprimés lors de l'assemblée générale.

44. Dans certains cas, il est nécessaire d'apprécier si certains actionnaires sont amenés à coordonner leurs décisions :

— en raison d'un pacte d'actionnaires ou de tout autre accord exprès les conduisant à agir de concert ou à faciliter la coordination de leurs votes *[Décis. de l'Autorité n° 12-DCC-98 du 20 juill. 2012 relative à la prise de contrôle exclusif des sociétés Financière TWLC, Swiss Fashion Time, PT Switzerland, PE Time Design, Swiss Watch Group FZCO, Fortune Concept Limited et PT Far East Limited par la société L Capital Management SAS et n° 13-DCC-37 du 26 mars 2013 relative à la création d'une entreprise commune regroupant les activités d'alimentation animale d'Unicor, Qualisol et InVivo dans le sud de la France]* ;

— en raison d'intérêts communs suffisamment puissants les conduisant à ne pas s'opposer les uns aux autres dans l'exercice de leurs droits *[Décis. de l'Autorité n° 10-DCC-06 du 21 janv. 2010 relative à la prise de contrôle exclusif de la société Thémis Grains par le groupe coopératif Unéal. Dans cette décision, l'Autorité a écarté le contrôle conjoint de Cérémis (union de coopératives agricoles), ayant considéré, au regard du faible enjeu stratégique que peuvent représenter les actifs en cause, que les participations détenues par les coopératives (Océal, Céréna, Ax'ion, Force 5, Capafrance) ne pouvaient pas générer d'intérêts communs suffisamment puissants pour les conduire à ne pas s'opposer les unes aux autres dans l'exercice de leurs droits. Ainsi, l'Autorité a retenu le contrôle exclusif de Cérémis par le groupe coopératif Unéal]*.

Les relations contractuelles

45. A elles seules, des relations contractuelles ne sont susceptibles de conférer une influence déterminante sur une entreprise que dans des cas très particuliers. Ainsi, le point 18 de la communication consolidée de la Commission rappelle que "afin de conférer un contrôle, le contrat doit conduire à un contrôle de la gestion et des ressources de l'autre entreprise équivalant à celui obtenu par l'acquisition d'actions ou d'éléments d'actifs. Outre le transfert du contrôle de la direction et des ressources, ces contrats doivent se caractériser par une durée extrêmement longue (habituellement sans possibilité de dénonciation anticipée par la partie octroyant les droits contractuels)."

46. Le III de l'article L. 430-1, de même que l'article 3, paragraphe 2, point a) du règlement 139/2004 mentionnent les droits de jouissance sur tout ou partie des biens d'une entreprise comme pouvant entraîner le contrôle de cette entreprise. Ainsi, une convention de location-gérance, par laquelle l'acquéreur acquiert le contrôle de la gestion et des ressources en dépit du fait que les droits de propriété ou les actions ne sont pas transférés, peut constituer une prise de contrôle dès lors que cette convention induit une modification structurelle du marché.

Exemple 1 : dans sa décision n° 09-DCC-46 du 28 septembre 2009, l'Autorité a considéré que la prise en location-gérance de l'hypermarché cible constituait une opération de concentration dans la mesure où le contrat conférait au locataire le contrôle de la direction et des ressources et modifiait structurellement le marché.

Exemple 2 : dans sa décision n° 18-DCC-65 du 27 avril 2018, l'Autorité a considéré que le contrat de location-gérance de la cible n'induisait pas une modification structurelle du marché, en raison de la durée limitée de la relation contractuelle, de la brièveté du préavis pour résilier le contrat et de la faculté de dénonciation par chacune des parties.

47. En ce qui concerne plus particulièrement les contrats de franchise, comme l'indique la Commission dans sa communication consolidée, "les accords de franchise ne permettent pas, en principe, au franchiseur de contrôler les activités du franchisé. Le franchisé exploite généralement les ressources de l'entreprise pour son compte propre, même lorsque l'essentiel des éléments d'actifs appartiennent au franchiseur". Pour plus de précisions concernant les contrats de franchise, il convient de se rapporter à l'annexe B du présent document.

Les autres éléments susceptibles de permettre l'exercice d'un contrôle

48. L'Autorité tient aussi compte, dans son appréciation, des liens économiques entre les entreprises, comme, par exemple :

– le fait d'être le principal actionnaire industriel d'une entreprise, actif sur son secteur ou dans des secteurs connexes, alors que les autres actionnaires sont des investisseurs financiers ou des actionnaires disposant d'une part faible des droits de vote ;

– l'existence d'importants contrats de livraison à long terme avec l'entreprise ;

– l'existence de relations commerciales très privilégiées, tels des contrats commerciaux exclusifs, des droits d'usage ou de partage de marques, de brevets, de réseaux de distribution, d'unités de production ;

Exemple : dans sa décision n° 13-DCC-37 du 26 mars 2013, l'Autorité a considéré que la conclusion d'un contrat de fourniture avec licence de marque et d'un contrat de fourniture avec exclusivité ne suffisaient pas à caractériser une influence déterminante.

– le fait de représenter une part très élevée du chiffre d'affaires de l'entreprise au point qu'une rupture des relations commerciales mettrait en péril, à court terme, sa survie ;

– le fait d'intervenir de manière significative en tant que prêteur auprès de l'entreprise.

Exemple : Dans une décision du 31 janvier 2007, le Conseil d'État a ainsi considéré que la société BFCM exerçait une influence déterminante sur la société EBRA en tenant compte de ses droits de veto et de son rôle de prêteur : "[...] qu'en outre, la BFCM a financé seule, pour un montant total de 189 millions d'euros, la reprise de la SA Delaroche par la société EBRA, dont le capital ne dépasse pas 38 000 euros ; que cette situation de prêteur conforte son pouvoir d'influence sur les décisions stratégiques de cette dernière, alors surtout qu'elle est par ailleurs en mesure, compte tenu des règles de vote prévues en la matière par l'article 19 des statuts de la société, de s'opposer, au sein de l'assemblée des actionnaires, à toute augmentation des fonds propres ; que la circonstance que, par une convention de compte courant en date du 22 mai 2006, la BFCM s'est engagée à ne pas exiger de remboursement de son prêt avant l'expiration d'une période de trois ans n'est pas de nature à réduire ce pouvoir compte tenu, notamment, de l'ampleur des difficultés financières rencontrées par la SA Delaroche et de l'importance du prêt par rapport au chiffre d'affaires annuel de cette dernière".

b) *Les modalités d'exercice du contrôle*

49. Le contrôle peut être exclusif, c'est-à-dire exercé par une entreprise agissant seule, ou conjoint, lorsque qu'il [*sic*] est exercé par au moins deux entreprises indépendantes. Il peut également ne pas exister de contrôle au sens du droit des concentrations.

50. L'analyse de la nature du contrôle exercé sur une entreprise (ou de l'absence de contrôle) s'apprécie sur la base d'éléments de droit et de fait.

Le contrôle exclusif

51. Une entreprise dispose d'un contrôle exclusif lorsqu'elle peut exercer, seule, une influence déterminante sur l'activité d'une autre entreprise. Deux modalités d'exercice de ce type de contrôle peuvent être distinguées :

— lorsqu'une entreprise détient seule le pouvoir de prendre les décisions stratégiques d'une autre entreprise ("contrôle exclusif positif") ;

— lorsqu'elle est la seule en mesure de bloquer les décisions stratégiques de l'autre entreprise, sans être toutefois en mesure d'imposer, à elle seule, ces décisions ("contrôle exclusif négatif").

> **Exemple :** dans sa décision nº 12-DCC-98 du 20 juillet 2012, l'Autorité a considéré qu'un contrôle exclusif négatif était caractérisé par l'existence d'un droit de veto sur les prises de décisions stratégiques.

52. Lorsqu'une opération permet au détenteur d'un contrôle exclusif négatif de passer à un contrôle exclusif positif, la qualité du contrôle n'est pas considérée comme étant modifiée par l'opération, qui n'est pas une concentration, au sens de l'article L. 430-1 *[a fortiori, le passage d'un contrôle exclusif "positif" à un contrôle exclusif négatif n'est pas une concentration]*.

53. Un contrôle exclusif est généralement acquis lorsqu'une entreprise obtient la majorité du capital et des droits de vote d'une société ou de la société mère d'un groupe de sociétés. Un contrôle exclusif peut également découler, de droit, d'une participation minoritaire au capital, lorsque des droits de vote spéciaux sont attachés à cette dernière comme des droits de vote double par exemple, ou lorsque l'actionnaire minoritaire dispose, du fait de dispositions inscrites dans les statuts ou dans un pacte d'actionnaires, de droits de veto spécifiques, ou lorsque les statuts lui permettent de disposer d'une majorité dans les organes dirigeants de l'entreprise.

> **Exemple :** dans sa décision nº 11-DCC-13 du 31 janvier 2011, l'Autorité a considéré qu'un actionnaire pouvant désigner le directeur général ainsi que 3 des 5 membres du conseil d'administration, qui prend les décisions stratégiques à la majorité simple des votes, acquérait le contrôle exclusif de la cible.

54. Un actionnaire qui ne dispose pas de la majorité absolue des droits de vote peut, sous certaines conditions, détenir un contrôle exclusif de fait. C'est, par exemple, le cas lorsqu'il a la quasi-certitude d'obtenir la majorité à l'assemblée générale, compte tenu du niveau de sa participation et de la présence effective des actionnaires à l'assemblée générale au cours des années antérieures, généralement au cours des trois années précédant la modification de la participation au capital susceptible de matérialiser l'acquisition du contrôle.

> **Exemple 1 :** dans sa décision M.4994 du 10 juin 2009, la Commission a considéré qu'en raison du taux de participation aux assemblées générales, Electrabel, bien que ne disposant pas de la majorité absolue des droits de vote, détenait de fait cette majorité absolue et donc le contrôle de fait de la CNR.
>
> **Exemple 2 :** dans sa décision nº 11-DCC-182 du 2 décembre 2011, l'Autorité a considéré qu'un actionnaire minoritaire pouvait détenir la majorité absolue en assemblée générale, avec ou sans droit de vote double et ainsi détenir un contrôle exclusif de fait.
>
> **Exemple 3 :** dans sa décision nº 19-DCC-36 du 28 février 2019, l'Autorité a considéré que l'acquéreur, Cofepp, allait détenir le contrôle exclusif de la société MBWS, car compte tenu du niveau de participation à l'assemblée générale de cette société au cours des trois années précédant l'augmentation de capital à laquelle s'est engagée à souscrire la société Cofepp, celle-ci allait disposer de la majorité des voix exprimées. Les taux de participation s'élevaient à 55,76 % en 2015, à 64,32 % en 2016, et à 65,52 % en 2017.

55. A l'inverse, une participation majoritaire n'emporte pas forcément un contrôle exclusif ou même conjoint, même si ce cas de figure est rare.

56. Les entreprises doivent être attentives au moment où elles sont susceptibles d'acquérir le contrôle exclusif. Dans un arrêt du 26 octobre 2017 *[confirmé par l'arrêt de la CJUE en date du 4 mars 2020, C-10/18, Marine Harvest ASA]*, T-704/14 – Marine

Harvest ASA/Commission européenne, le Tribunal de l'Union européenne a validé l'interprétation de la Commission selon laquelle une entreprise avait acquis le contrôle exclusif d'une autre entreprise lors de la prise de participation minoritaire au capital de cette dernière et non lors de l'acquisition de la majorité du capital et des droits de vote en raison du fait qu'elle avait la quasi-certitude d'obtenir une majorité aux assemblées générales des actionnaires.

Le contrôle conjoint (ou contrôle en commun)

57. Lorsque deux ou plusieurs entreprises ont la possibilité d'exercer une influence déterminante sur une autre entreprise, le contrôle est conjoint. Chacune des entreprises contrôlantes doit avoir la possibilité de bloquer les décisions stratégiques de l'entreprise contrôlée et les actionnaires sont donc appelés à collaborer et à s'entendre sur la stratégie de l'entreprise contrôlée.

58. Le contrôle conjoint s'apprécie sur la base de toutes circonstances de droit et de fait. La forme la plus classique du contrôle conjoint est celle où deux entreprises contrôlantes se partagent à parité les droits de vote d'une entreprise contrôlée. Néanmoins, une situation de contrôle conjoint peut également advenir en l'absence de parité entre les deux entreprises contrôlantes en termes de votes ou de représentation dans les organes de décision ou lorsque plus de deux entreprises contrôlantes se partagent ce contrôle.

Exemple : dans sa décision n° 10-DCC-34 du 22 avril 2010, l'Autorité a considéré que l'actionnaire minoritaire, détenant autant de représentants que l'actionnaire majoritaire au sein du conseil d'orientation, qui délibérait sur les décisions stratégiques à la majorité simple, disposait du contrôle conjoint avec l'actionnaire majoritaire.

59. L'entrée d'un nouvel actionnaire au capital d'une entreprise, qui faisait auparavant l'objet d'un contrôle exclusif ou conjoint, constitue une concentration par le biais d'une prise de contrôle conjoint si, postérieurement à cette opération, le nouvel actionnaire, au*[x]* côté*[s]* du ou des anciens, dispose du pouvoir de bloquer les décisions stratégiques de l'entreprise. Dans ce cas, seuls les actionnaires disposant du pouvoir de bloquer les décisions stratégiques de l'entreprise seront considérés comme détenant le contrôle conjoint de cette dernière.

60. Lorsque deux ou plusieurs entreprises acquièrent une entreprise cible en vue d'en répartir dès la réalisation de l'opération, et de façon durable, les actifs entre elles, l'opération n'est pas constitutive d'une prise de contrôle conjoint, mais d'une prise de contrôle exclusif par chacune des entreprises contrôlantes sur les actifs qu'elle acquiert. Il s'agit alors de deux opérations distinctes du point de vue du contrôle des concentrations.

L'absence de contrôle

61. Il est possible que certaines entreprises ne soient pas contrôlées, au sens du droit des concentrations, lorsqu'aucun *[lorsque aucun]* actionnaire ou aucune autre entreprise n'est en mesure d'exercer une influence déterminante. Tel est le cas, notamment, lorsque le capital est réparti équitablement entre plusieurs actionnaires, sans qu'aucun élément de droit ou de fait ne permette de dégager une majorité stable au cours de la procédure de prise de décision et qu'une majorité peut se dégager au coup par coup suivant les combinaisons possibles des voix des actionnaires minoritaires. L'entreprise est alors soumise à une majorité fluctuante.

Exemple : dans sa décision n° 17-DCC-104 du 5 juillet 2017, l'Autorité a considéré que dans une union mutualiste de groupe, le fait que chaque adhérent soit représenté par un nombre de délégué*[s]* proportionnel à sa contribution au fonds d'établissement ne permettait à aucun d'eux de détenir seul la majorité absolue lors de l'assemblée générale.

62. L'acquisition d'un contrôle exclusif ou conjoint sur une entreprise non contrôlée constitue une concentration. En revanche, si l'entrée d'un ou plusieurs nouveaux

actionnaires au capital d'une entreprise se traduit par une situation d'absence de contrôle, cette opération ne constitue pas une concentration.

4 *La notion d'entreprise commune de plein exercice*

63. Le II de l'article L. 430-1 dispose que "la création d'une entreprise commune accomplissant de manière durable toutes les fonctions d'une entité économique autonome constitue une concentration au sens [de cet] article". La création d'une telle entreprise commune peut résulter :

– de la création d'une structure commune totalement nouvelle ;

– de l'apport d'actifs que les sociétés mères détenaient auparavant à titre individuel à une entreprise commune déjà existante, dès l'instant où ces actifs, qu'il s'agisse de contrats, d'un savoir-faire ou d'autres actifs, permettent à l'entreprise commune d'étendre ses activités ;

– de l'acquisition par un ou plusieurs nouveaux actionnaires du contrôle conjoint d'une entreprise existante.

64. Dans un arrêt du 7 septembre 2017, C-248/16 – *Austria Asphalt GmbH & Co. OG/Bundeskartellanwalt*, la CJUE a jugé "qu'une concentration n'est réputée réalisée à l'issue du changement de la nature du contrôle exercé sur une entreprise existante, qui, antérieurement exclusif, devient conjoint, qu'à la condition que l'entreprise commune issue d'une telle opération accomplisse de manière durable toutes les fonctions d'une entité économique autonome". Ainsi, pour le passage d'un contrôle exclusif à un contrôle conjoint sur une entreprise, dans le cas où l'entreprise qui contrôlait antérieurement l'entreprise cible de manière exclusive continue à exercer un contrôle sur cette dernière, l'Autorité considère que les critères de l'entreprise commune de plein exercice doivent être remplis afin de pouvoir qualifier cette opération de concentration.

65. L'Autorité peut également être compétente en cas d'extension de l'activité d'une entreprise commune existante. Ainsi, la communication consolidée de la Commission européenne précise au point 106 : "Les sociétés mères peuvent décider d'élargir le champ d'activité d'une entreprise commune existante. Cette extension des activités sera considérée comme une nouvelle concentration susceptible d'entraîner une obligation de notification si elle implique l'acquisition de l'ensemble ou de parties d'une autre entreprise auprès des sociétés mères qui, prise isolément, serait assimilée à une concentration".

66. Une entreprise commune est réputée de plein exercice lorsque (a.) elle est contrôlée conjointement, (b.) elle fonctionne de manière durable et (c.) elle accomplit toutes les fonctions d'une entité économique autonome.

a) *L'entreprise doit être commune*

67. L'entreprise doit être contrôlée conjointement par au moins deux entreprises indépendantes. Le test du caractère conjoint du contrôle est celui exposé aux paragraphes 57 et suivants ci-dessus.

b) *L'entreprise doit avoir un caractère durable*

68. L'entreprise commune doit fonctionner de manière durable. Ainsi, si elle est constituée pour une période déterminée de courte durée, comme la construction d'un ouvrage d'art, et destinée à être dissoute au terme de ce projet, sa création n'est pas une concentration, au sens de l'article L. 430-1.

69. *A contrario*, le fait que l'accord passé entre les sociétés mères prévoie la dissolution de l'entreprise commune en cas d'échec ne fait pas obstacle à sa qualification de concentration.

c) *L'entreprise doit accomplir toutes les fonctions d'une entité économique autonome*

70. Pour être qualifiée de plein exercice, l'entreprise commune doit opérer sur un marché, en y accomplissant toutes les fonctions qui sont normalement exercées par les autres entreprises présentes sur ce marché.

71. Cette notion de plein exercice ne se confond pas avec celle de l'autonomie par rapport à sa société mère telle qu'elle a été définie par l'Autorité en contentieux des pratiques anticoncurrentielles. Ainsi, comme le précise la communication consolidée de la Commission au point 93, "le fait qu'une entreprise commune puisse être une entreprise de plein exercice et donc, du point de vue fonctionnel, économiquement autonome ne signifie pas qu'elle jouisse d'une autonomie en ce qui concerne l'adoption de ses décisions stratégiques. Dans le cas contraire, une entreprise contrôlée en commun ne pourrait jamais être considérée comme une entreprise commune de plein exercice et, en conséquence, la condition énoncée à l'article 3, paragraphe 4, ne serait jamais remplie. Il suffit dès lors, pour le critère de plein exercice, que l'entreprise commune soit autonome sur le plan fonctionnel."

72. Premièrement, l'entreprise commune est de plein exercice si elle bénéficie de ressources suffisantes pour opérer de façon indépendante sur un marché et notamment de tous les éléments structurels nécessaires au fonctionnement de sociétés autonomes (ressources humaines, budget, responsabilité commerciale). Les moyens nécessaires à son activité peuvent être transférés par ses sociétés mères : il peut s'agir notamment du personnel, des actifs incorporels (marques...), ou encore de leur expertise dans le domaine de la conception, de la fabrication et de la commercialisation, par transfert de l'ensemble de leurs activités dans ce secteur, des contrats, des salariés, ainsi que de tous les droits nécessaires à l'exercice de l'activité.

Exemple : dans sa décision n° 11-DCC-171 du 25 novembre 2011, l'Autorité a considéré que le fait de déterminer de manière autonome la politique commerciale et de mise en marché en adoptant le budget annuel, le plan d'affaire, la politique tarifaire, la qualité des services auprès des clients, les opérations promotionnelles ou les campagnes publicitaires conférait une autonomie suffisante à l'entreprise commune pour la considérer de plein exercice.

73. Deuxièmement, l'entreprise commune doit avoir une activité allant au-delà d'une fonction spécifique pour les sociétés mères. Comme le souligne le point 95 de la communication consolidée de la Commission, une "entreprise commune n'est pas 'de plein exercice'lorsqu'elle ne reprend qu'une seule fonction spécifique parmi les activités économiques de ses sociétés mères, sans disposer de son propre accès au marché ou être elle-même présente sur le marché". C'est le cas, par exemple, des centrales d'achat agissant pour le compte de leurs sociétés mères ou des entreprises communes dont le rôle se limite à la recherche et au développement ou à la production, comme l'a jugé le Conseil d'État dans une décision du 31 mai 2000.

74. Troisièmement, l'entreprise commune ne doit pas être totalement tributaire de ses sociétés mères, que ce soit pour ses ventes ou ses achats. Ainsi, le point 98 de la communication consolidée de la Commission indique que "[s]i l'entreprise commune réalise plus de 50 % de son chiffre d'affaires avec des tiers, cela constitue une indication de son caractère de plein exercice." Dans le cas où les ventes, ou les achats, de l'entreprise commune à ses sociétés mères présentent un caractère durable (au-delà de sa phase de démarrage), l'Autorité examine si l'entreprise commune est appelée à jouer un rôle actif sur le marché indépendamment de ces ventes et peut être considérée comme étant économiquement autonome d'un point de vue fonctionnel.

Exemple : dans sa décision n° 09-DCC-94 du 31 décembre 2009, l'Autorité a considéré qu'une entreprise ne pouvait être considérée comme étant commune de plein exercice dès lors qu'elle ne réalisait des prestations que pour le compte de ses mères, ces dernières déterminant par ailleurs le prix des prestations.

75. Toutefois, le fait que les sociétés mères représentent une part importante des ventes ou des achats de l'entreprise commune ne fait pas obstacle à la qualification de concentration, sous réserve que l'entreprise commune traite, sur le plan commercial, avec ses sociétés mères de la même manière qu'avec les tiers et entretienne avec elles des relations commerciales aux conditions de marché. Comme le souligne le

point 98 de la communication consolidée de la Commission, "si, sur le plan commercial, l'entreprise commune traite ses sociétés mères de la même manière que les tiers, 20 % des prévisions de ventes de l'entreprise commune attribués aux tiers peuvent suffire" pour attester d'un rôle actif de l'entreprise commune sur le marché.

Exemple : dans sa décision n° 14-DCC-86 du 23 juin 2014, l'Autorité a considéré que le fait que la filiale commune disposait d'un personnel propre et s'approvisionne auprès de ses mères aux conditions de marché lui permettait de disposer des ressources nécessaires pour opérer de façon indépendante sur le marché.

76. Le point 97 de la communication consolidée de la Commission précise que "le fait que, pendant une phase de démarrage uniquement, l'entreprise commune soit presque totalement tributaire des ventes à ses sociétés mères ou des achats auprès de celles-ci ne remet normalement pas en cause son caractère de 'plein exercice' ", cette phase de démarrage ne devant pas, en principe, dépasser une durée de trois ans, en fonction des conditions spécifiques du marché concerné.

Exemple : dans sa décision n° 12-DCC-13 du 1er février 2012, l'Autorité a considéré que si une entreprise commune réalisait à long terme seulement un quart de ses ventes auprès de tiers, les mères s'étant engagées à s'approvisionner exclusivement chez la filiale commune, alors la filiale commune ne pouvait être considérée comme étant de plein exercice.

5 *Cas particuliers*

a) *Les opérations interdépendantes*

77. Le considérant 20 du règlement 139/2004 précise qu'il convient de traiter comme une concentration unique les opérations étroitement liées en ce qu'elles font l'objet d'un lien conditionnel.

78. L'Autorité considère, en ligne avec les paragraphes 38 et suivants de la communication consolidée de la Commission, que des opérations multiples constituent une seule et même concentration dès lors qu'elles sont interdépendantes, au sens où une opération n'aurait pas été effectuée sans l'autre. En revanche, si les opérations ne sont pas interdépendantes, c'est-à-dire dans le cas où les parties peuvent mener à son terme l'une des opérations même en cas d'échec des autres, elles doivent être évaluées individuellement et chaque opération constitue une concentration distincte.

79. Pour être qualifiées d'interdépendantes, les opérations doivent remplir trois conditions cumulatives : (i) il doit exister un lien conditionnel entre les opérations, (ii) les opérations doivent être réalisées par le même acquéreur et (iii) chaque opération doit constituer, en elle-même, une concentration.

80. Premièrement, afin de déterminer s'il existe un lien conditionnel entre les opérations, l'Autorité prend en compte leurs aspects juridiques et économiques. Les opérations peuvent être considérées comme liées entre elles en droit, lorsque les accords eux-mêmes sont liés par une conditionnalité réciproque.

Exemple 1 : dans sa décision n° 14-DCC-82 du 12 juin 2014, l'Autorité a considéré que deux opérations de prise de contrôle conjoint, liées par une conditionnalité réciproque et réalisées simultanément par les mêmes acquéreurs, étaient interdépendantes.

Exemple 2 : dans sa décision n° 17-DCC-94 du 27 juin 2017, l'Autorité a considéré que quatre opérations de prise de contrôle auprès de quatre cédants différents constituaient des opérations interdépendantes lorsque pour chaque opération, la réalisation des trois autres constituait une condition suspensive.

81. La démonstration du caractère interdépendant de plusieurs opérations peut également découler d'éléments attestant que, sur le plan économique, les opérations

ne peuvent se faire l'une sans l'autre et, partant, s'inscrivent dans le cadre d'un projet global.

> **Exemple : dans sa décision n° 17-DCC-139 du 25 août 2017, l'Autorité a considéré que les acquisitions des sociétés Terrena grand Public et Agralys Distribution par la société InVivo Retail s'inscrivaient dans un projet économique global. En effet, le procès-verbal du conseil d'administration du groupe InVivo présentait ces deux opérations comme faisant partie d'un même projet, intitulé "Solstice".**

82. Afin de déterminer si plusieurs opérations sont effectivement interdépendantes, l'Autorité peut prendre en considération différents éléments, tels que la formalisation des opérations au sein d'un seul et même instrument *[Décis. de l'Autorité n° 15-DCC-84 du 8 juill. 2015 relative à la prise de contrôle exclusif des sociétés Avenir Danton Défense et Avenir Grande Armée par la société Gecina]*, **la conclusion simultanée de leurs accords** *[le point 43 de la communication consolidée de la Commission souligne à cet égard qu'une "absence manifeste de simultanéité pour des opérations faisant juridiquement l'objet d'un lien conditionnel sera [...] de nature à susciter le doute quant à leur véritable interdépendance"]* **ou les déclarations faites par les parties elles-mêmes, sous toute forme de communication (documents internes, déclarations publiques, etc.)** *[Décis. de l'Autorité n° 11-DCC-117 du 26 juill. 2011 relative à la fusion par absorption d'Eovi Mutuelle creusoise, Eovi Mutuelle du Limousin, Eovi la Mif, Eovi Roanne Mutuelle, Eovi Mutuelles Présence, Eovi Mutuelle Drôme Arpica par Eovi Novalia Mutuelle et à l'apport de portefeuille d'Eovi Languedoc Mutualité, union de mutuelles, à Eovi Novalia Mutuelle]*.

83. Deuxièmement, des opérations ne peuvent être considérées comme une concentration unique que si, pour chacune d'elles, le contrôle est acquis par la ou les mêmes entreprises (ou des entreprises appartement *[appartenant]* **au même groupe)** *[Décis. de l'Autorité n° 17-DCC-122 du 4 août 2017 relative à la prise de contrôle exclusif d'actifs de la société Eurosic par la société Gecina]*. **Par exemple, lorsque plusieurs entreprises se partagent des actifs, l'Autorité considère chaque opération de façon distincte, même si chacune de ces acquisitions est conditionnée par la réalisation des autres.**

84. Troisièmement, chacune des opérations doit constituer individuellement une concentration. Des opérations qui n'emportent pas une prise de contrôle, comme, par exemple l'acquisition de participations minoritaires non contrôlantes, ne remplissent pas les critères pour être intégrées dans des opérations interdépendantes.

b) *Les opérations successives*

85. Aux fins du calcul des chiffres d'affaires des entreprises concernées, l'article 5, paragraphe 2, second alinéa, du règlement 139/2004 prévoit que deux ou plusieurs opérations "qui ont eu lieu au cours d'une période de deux années entre les mêmes personnes ou entreprises sont à considérer comme une seule concentration intervenant à la date de la dernière opération". La mesure du délai écoulé entre deux opérations successives doit être faite entre les dates de signature des accords juridiquement contraignants relatifs à ces opérations (voir paragraphe 112 ci-dessous).

86. En application de cet article, des opérations successives (chacune d'entre elles entraînant une prise de contrôle) effectuées au cours d'une période de deux années entre les mêmes entreprises, ou par des entreprises appartenant aux mêmes groupes, doivent être traitées comme une seule concentration même si ces opérations ne sont pas subordonnées les unes aux autres.

> **Exemple : dans sa décision n° 11-DCC-150 du 10 octobre 2011, l'Autorité a considéré que la cession d'une branche d'activité intervenue moins de deux ans avant la fusion des parties à la cession devait être inclue** *[incluse]* **dans le périmètre de l'opération à examiner en l'espèce, alors même que la cession n'était pas notifiable en elle-même.**

87. Selon la communication consolidée de la Commission, cette règle ne s'applique pas "lorsqu'à ces mêmes personnes ou entreprises se joignent d'autres personnes ou entreprises pour certaines seulement des opérations en question".

88. Elle précise par ailleurs que "dans les situations impliquant une double opération débouchant, l'une, sur un contrôle exclusif et, l'autre, sur un contrôle en commun, l'article 5, paragraphe 2, second alinéa, ne s'applique pas, à moins que l'autre ou les autres sociétés mères exerçant un contrôle en commun, parties à cette dernière opération, soient la ou les cédantes de la participation conférant le contrôle exclusif dans le cadre de la première opération".

> **Exemple :** dans sa décision n° 11-DCC-150 du 10 octobre 2011, l'Autorité a considéré que l'absorbée ayant cédé deux ans plus tôt une branche d'activité à l'absorbante, qui en avait donc pris le contrôle exclusif, il y avait donc bien lieu d'examiner les deux opérations successives comme une seule et même concentration.

c) *Les opérations transitoires*

Acquisition par un établissement de crédit ou autre établissement financier aux fins de la revente, dites [dite] "opération de portage"

89. L'article 3, paragraphe 5, du règlement 139/2004 précise qu'une opération de concentration n'est pas réalisée "lorsque des établissements de crédits, d'autres établissements financiers ou des sociétés d'assurances, dont l'activité normale inclut la transaction et la négociation de titres pour compte propre ou pour compte d'autrui, détiennent, à titre temporaire, des participations qu'ils ont acquises dans une entreprise en vue de leur revente, pour autant qu'ils n'exercent pas les droits de vote attachés à ces participations en vue de déterminer le comportement concurrentiel de cette entreprise ou pour autant qu'ils n'exercent ces droits de vote qu'en vue de préparer la réalisation de tout ou partie de cette entreprise ou de ses actifs, ou la réalisation de ces participations, et que cette réalisation intervient dans un délai d'un an à compter de la date de l'acquisition ; ce délai peut être prorogé sur demande par la Commission lorsque ces établissements ou ces sociétés justifient que cette réalisation n'a pas été raisonnablement possible dans le délai imparti".

90. La Commission a fait application de cette disposition dans sa décision M.2978 du 7 janvier 2004, confirmée par un arrêt T-279/04 du 13 septembre 2010 du Tribunal de l'Union européenne.

91. L'Autorité s'inspire de cette pratique décisionnelle européenne pour apprécier dans quelle mesure l'acquisition provisoire d'un actif cible par un établissement financier, un établissement de crédit ou une société d'assurance, en vue de sa revente à un tiers, constitue une concentration ou non. Elle vérifie pour cela que l'acquéreur à titre provisoire ne peut exercer, seul ou conjointement, une influence déterminante sur les actifs cibles pendant la durée du portage. Par exemple, soit il n'exerce pas les droits de vote attachés aux titres qu'il a acquis, soit il est représenté par un ou plusieurs administrateurs indépendants. Dans la mesure où il n'acquiert pas une influence déterminante sur les actifs cibles, leur acquisition provisoire ne constitue pas une opération de concentration. Comme la Commission, l'Autorité considère que cette acquisition est provisoire si le portage des actifs ainsi réalisé par l'établissement financier ne dépasse pas un an. Seule l'opération de concentration consistant en la revente de ces actifs à l'acquéreur final est donc susceptible d'être notifiée à l'Autorité si les seuils de chiffres d'affaires mentionnés à l'article L. 430-2 sont atteints.

92. L'Autorité vérifie également, en application de l'article L. 430-4, que l'opération de portage ne confère pas à l'acquéreur final, avant le débouclage final, une influence déterminante sur les actifs cibles *[dans l'hypothèse où le tiers pressenti pour être l'acquéreur final exerçait déjà un contrôle conjoint sur la cible, l'Autorité veille à ce que le portage ne lui permette pas d'acquérir le contrôle exclusif de ces actifs]*, entraînant une réalisation sans autorisation de l'opération. Par ailleurs, le dénouement de l'opération de portage*[,]* et donc la revente des actifs à l'acquéreur final*[,]* ne peut intervenir avant que l'Auto-

rité ait rendu sa décision. Celle-ci peut être subordonnée à des engagements ou être assortie d'injonctions.

Autres cas d'opérations transitoires

93. Une concentration implique une modification durable du contrôle sur une entreprise. Deux conditions cumulatives doivent être remplies pour apprécier si une opération transitoire constitue une modification non durable du contrôle. D'une part, le caractère transitoire de l'opération doit être convenu entre les différents acquéreurs de manière juridiquement contraignante, et, d'autre part, il ne doit pas exister de doute quant à la célérité de la deuxième étape. Si ces deux conditions ne sont pas remplies, il y a lieu de considérer la première étape comme une concentration distincte.

> **Exemple 1 :** dans sa décision n° 15-DCC-145 du 27 octobre 2015, l'Autorité a considéré que l'exercice par une société d'une influence déterminante sur la cible pendant une période de plus de trois ans avant la prise de contrôle exclusif n'était pas une opération purement transitoire.
>
> **Exemple 2 :** dans sa décision n° 17-DCC-32 du 14 mars 2017, l'Autorité a considéré que l'exercice d'un contrôle conjoint pendant plus de deux ans avant l'acquisition d'un contrôle exclusif ne revêtait pas le caractère d'une opération transitoire.

94. Il est également envisagé le cas où la revente n'est que partielle "[...] dans le cadre d'opérations en série, une entreprise accepte de prendre d'abord le contrôle exclusif d'une entreprise cible, pour ensuite directement céder certaines parties de la participation acquise dans l'entreprise cible à une autre entreprise, les deux acquéreurs contrôlant finalement en commun la société cible. Si les deux acquisitions font l'objet d'un lien conditionnel, les deux opérations constituent une concentration unique et seule l'acquisition du contrôle en commun, qui est le résultat final des opérations, sera examinée par la Commission" *[Communic. consolidée de la Commission, point 47]*

95. L'Autorité s'inspire de ces dispositions pour apprécier la contrôlabilité de prises de contrôle d'actifs destinés à être revendus à courte échéance. Contrairement à ce qui se passe dans le cas de l'acquisition provisoire par un établissement financier dans le cadre d'une opération de portage, l'opération transitoire confère bien à l'acquéreur provisoire une influence déterminante sur les actifs acquis et le caractère juridiquement contraignant du dénouement du portage ainsi que sa célérité sont des éléments essentiels. L'Autorité considère ainsi que l'acquisition par la tête de réseau d'un groupement de commerçants indépendants d'une société d'exploitation en vue de sa revente à de nouveaux exploitants n'a pas à être notifiée dès lors que l'acquisition par un acquéreur identifié est certaine et qu'elle doit intervenir dans un délai inférieur à un an. Seule cette seconde opération est éventuellement notifiable si elle constitue une opération de concentration et si les seuils de chiffres d'affaires mentionnés à l'article L. 430-2 sont atteints.

> **Exemple :** dans sa décision n° 10-DCC-07 du 25 janvier 2010, l'Autorité a considéré que le fait pour la tête de réseau d'acquérir les titres de la société d'un franchisé pour les revendre le jour même à un tiers ne constituait qu'une seule et même opération de concentration.

B Les seuils de contrôle

1 Les seuils applicables au contrôle national des concentrations

96. Aux côtés des seuils applicables à l'ensemble des opérations (a), il existe des seuils spécifiques (b) pour les opérations impliquant des entreprises exploitant des magasins de commerce de détail et (c) pour les opérations impliquant des entreprises exerçant leur activité dans les départements et certaines collectivités d'outre-mer.

a) *Les seuils applicables à l'ensemble des opérations*

97. En vertu de l'article L. 430-2 du code du commerce qui définit les seuils du contrôle national des concentrations et de l'article 3 du règlement 139/2004 qui définit les seuils européens, une concentration est soumise au contrôle de l'Autorité si les trois conditions suivantes sont cumulativement remplies :

– le chiffre d'affaires total mondial hors taxes de l'ensemble des entreprises ou groupes de personnes physiques ou morales parties à la concentration est supérieur à 150 millions d'euros ;

– le chiffre d'affaires total hors taxes réalisé individuellement en France par deux au moins des entreprises ou groupes de personnes physiques ou morales concernés est supérieur à 50 millions d'euros ; et

– l'opération ne rentre pas dans le champ de compétence de la Commission (elle n'est pas de "dimension européenne").

98. Aux termes de l'article premier, paragraphes 2 et 3 du règlement 139/2004, une opération est de dimension européenne si :

"2. a) le chiffre d'affaires total réalisé sur le plan mondial par l'ensemble des entreprises concernées représente un montant supérieur à 5 milliards d'euros, et

b) le chiffre d'affaires total réalisé individuellement dans la Communauté par au moins deux des entreprises concernées représente un montant supérieur à 250 millions d'euros, à moins que chacune des entreprises concernées réalise plus des deux tiers de son chiffre d'affaires total dans la Communauté à l'intérieur d'un seul et même État membre.

3. Une concentration qui n'atteint pas les seuils fixés au paragraphe 2 est de dimension communautaire lorsque :

– le chiffre d'affaires total réalisé sur le plan mondial par l'ensemble des entreprises concernées représente un montant supérieur à 2,5 milliards d'euros ;

– dans chacun d'au moins trois États membres, le chiffre d'affaires total réalisé par toutes les entreprises concernées est supérieur à 100 millions d'euros ;

– dans chacun d'au moins trois États membres inclus aux fins du point b), le chiffre d'affaires total réalisé individuellement par au moins deux des entreprises concernées est supérieur à 25 millions d'euros, et

– le chiffre d'affaires total réalisé individuellement dans la Communauté par au moins deux des entreprises concernées représente un montant supérieur à 100 millions d'euros, à moins que chacune des entreprises concernées réalise plus des deux tiers de son chiffre d'affaires total dans la Communauté à l'intérieur d'un seul et même État membre."

b) *Les seuils applicables aux entreprises actives dans le commerce de détail*

99. Le commerce de détail fait l'objet de dispositions spécifiques en ce qui concerne les seuils applicables à la contrôlabilité des concentrations dans ce secteur.

100. Selon le II de l'article L. 430-2 :

"II.– Lorsque deux au moins des parties à la concentration exploitent un ou plusieurs magasins de commerce de détail, est soumise aux dispositions des articles L. 430-3 et suivants du présent titre toute opération de concentration, au sens de l'article L. 430-1, lorsque sont réunies les trois conditions suivantes :

– le chiffre d'affaires total mondial hors taxes de l'ensemble des entreprises ou groupes de personnes physiques ou morales parties à la concentration est supérieur à 75 millions d'euros ;

– le chiffre d'affaires total hors taxes réalisé en France dans le secteur du commerce de détail par deux au moins des entreprises ou groupes de personnes physiques ou morales concernés est supérieur à 15 millions d'euros ;

– l'opération n'entre pas dans le champ d'application du règlement (CE) nº 139/2004 du Conseil, du 20 janvier 2004, précité."

101. Cette disposition permet à l'Autorité de contrôler des concentrations non soumises au contrôle des concentrations en vertu des seuils du I de l'article L. 430-2

qui pourraient affaiblir substantiellement la concurrence dans certaines zones de chalandise locales.

102. Pour vérifier qu'une opération excède le premier seuil de 75 millions d'euros, il convient de tenir compte de l'ensemble des activités des entreprises concernées, et pas seulement celles relatives au commerce de détail. En revanche, le second seuil de 15 millions d'euros ne s'applique qu'aux activités de commerce de détail elles-mêmes.

103. La notion de commerce de détail doit être définie par référence aux règles applicables en matière d'équipement commercial. Un magasin de commerce de détail s'entend comme un magasin qui effectue, pour plus de la moitié de son chiffre d'affaires, de la vente de marchandises à des consommateurs pour un usage domestique. Est incluse la vente d'objets d'occasion (brocante, dépôts vente, etc.). Sont traditionnellement assimilés à du commerce de détail, bien que ne constituant pas de la vente de marchandises, un certain nombre de prestations de service à caractère artisanal : pressing, coiffure et esthétique, cordonnerie, photographie, entretien de véhicules et montage de pneus.

104. Sont toujours exclues de la notion de commerce de détail les prestations de service à caractère immatériel ou intellectuel (comme les banques, l'assurance, ou les agences de voyage), ainsi que les établissements de service ou de location de matériel (comme les laveries automatiques, les vidéothèques ou les salles de sport), et les restaurants.

105. Sont également exclues de la notion de commerce de détail les entreprises qui réalisent la totalité de leurs ventes en ligne ou par correspondance, ou encore via des livraisons directes aux consommateurs, le II de l'article L. 430-2 précisant que ne sont concernées que les entreprises qui exploitent au moins un magasin.

Exemple : dans sa lettre n° 10-DCC-141 du 25 octobre 2010, l'Autorité a considéré que les seuils définis au II de l'article L. 430-2 du code de commerce ne pouvaient être appliqués, dans la mesure où l'activité de la cible consistait en la distribution de fioul domestique et de lubrifiant à des particuliers et entreprises, par livraison directe aux utilisateurs avec des camions citernes et non par l'intermédiaire de magasins.

106. Enfin, même si une entreprise exploite au moins un magasin de commerce de détail, le chiffre d'affaires qu'elle réalise le cas échéant via la vente en ligne, par correspondance ou par livraisons directes aux consommateurs ne sera pas pris en compte au titre du II de l'article L. 430-2 pour le calcul du seuil de 15 millions d'euros.

Exemple 1 : une opération impliquant deux entreprises, l'une réalisant 30 millions d'euros de chiffre d'affaires au total, exclusivement dans le commerce de détail, l'autre réalisant 50 millions d'euros de chiffre d'affaires au total, dont 20 millions d'euros dans le commerce de détail, sera soumise au contrôle des concentrations. En effet, l'ensemble des entreprises concernées réalisent un chiffre d'affaires total supérieur à 75 millions d'euros. Le premier seuil est donc franchi (même si elles ne réalisent, au total, que 50 millions d'euros de chiffre d'affaires dans le commerce de détail). Chacune réalisant plus de 15 millions d'euros de chiffre d'affaires dans le commerce de détail, le second seuil est également franchi.

Exemple 2 : une entreprise détient un ensemble de magasins réalisant ensemble 17 millions d'euros de chiffre d'affaires, dont 12 millions d'euros en vendant des marchandises à des consommateurs pour un usage domestique, le solde provenant d'activités connexes réalisées sur les mêmes surfaces de vente, telles que des ventes à des clients professionnels ou de la location de matériel. Dans la mesure où les magasins de l'entreprise réalisent plus de la moitié de leur chiffre d'affaires en vendant des marchandises à des consommateurs pour un usage domestique, ceux-ci sont donc considérés comme des magasins de commerce de détail. Leur chiffre d'affaires étant supérieur à 15 millions d'euros, l'entreprise franchit le second seuil prévu au II de l'article L. 430-2.

Exemple 3 : un fabricant de produits manufacturés à destination des particuliers vend une partie de ses produits dans des magasins détenus en propre, une autre via des distributeurs indépendants. Si ce fabricant réalise un chiffre d'affaires total de 50 millions d'euros, dont 10 millions d'euros dans ses propres magasins, l'entreprise ne franchit pas le second seuil prévu au II de l'article L. 430-2. En effet, elle ne réalise que 10 millions d'euros de chiffre d'affaires dans le secteur du commerce de détail.

Exemple 4 : si une entreprise réalise 10 millions d'euros de chiffres d'affaires via un ensemble de magasins auprès de consommateurs pour un usage domestique et 8 millions d'euros par la vente en ligne, cette entreprise ne réalise qu'un chiffre d'affaires de 10 millions d'euros dans le secteur du commerce de détail et, par conséquent, ne franchit pas le second seuil du II de l'article L. 430-2.

107. Les seuils prévus au II de l'article L. 430-2 ne s'appliquent qu'aux entreprises exploitant au moins un magasin de commerce de détail en France. Une entreprise qui exploite des magasins de commerce de détail à l'étranger, mais aucun en France, ne sera pas soumise aux seuils du II de l'article L. 430-2. Elle reste, en revanche, soumise aux seuils applicables à l'ensemble des opérations, prévus au I de l'article L. 430-2.

c) *Les seuils applicables aux entreprises actives dans les départements et certaines collectivités d'outre-mer*

108. Pour les concentrations qui concernent les départements et certaines collectivités d'outre-mer, le III de l'article L. 430-2 précise :

"III. – Lorsque au moins une des parties à la concentration exerce tout ou partie de son activité dans un ou plusieurs départements d'outre-mer, dans le Département de Mayotte, dans les îles Wallis-et-Futuna ou dans les collectivités d'outre-mer de Saint-Pierre-et-Miquelon, Saint-Martin et Saint-Barthélemy, est soumise aux dispositions des articles L. 430-3 et suivants du présent titre toute opération de concentration, au sens de l'article L. 430-1, lorsque sont réunies les trois conditions suivantes :

– le chiffre d'affaires total mondial hors taxes de l'ensemble des entreprises ou groupes de personnes physiques ou morales parties à la concentration est supérieur à 75 millions d'euros ;

– le chiffre d'affaires total hors taxes réalisé individuellement dans au moins un des départements ou collectivités territoriales concernés par deux au moins des entreprises ou groupes de personnes physiques ou morales concernés est supérieur à 15 millions d'euros, ou à 5 millions d'euros dans le secteur du commerce de détail sans qu'il soit nécessaire que ce seuil soit atteint par l'ensemble des entreprises concernées dans le même département ou la même collectivité territoriale ;

– l'opération n'entre pas dans le champ d'application du règlement (CE) nº 139/2004 du Conseil, du 20 janvier 2004, précité."

109. Le seuil individuel qui doit être réalisé dans au moins un département ou collectivité territoriale doit être franchi par au moins deux entreprises. Pour apprécier si ce second seuil est franchi, il convient de prendre en compte le chiffre d'affaires total réalisé par l'entreprise concernée dans chacun des départements d'outre-mer et des collectivités d'outre-mer pris isolément.

Exemple 1 : si une entreprise réalise 8 millions d'euros de chiffre d'affaires total hors taxes à la Réunion, et 8 millions d'euros de chiffre d'affaires total hors taxes à Mayotte, cette entreprise ne franchit pas le seuil de 15 millions d'euros.

Exemple 2 : si l'une des entreprises réalise un chiffre d'affaires total hors taxes supérieur à 15 millions d'euros à la Réunion, tandis que l'autre entreprise n'a pas d'activité sur ce territoire mais réalise un chiffre d'affaires total hors taxes supérieur à 15 millions d'euros à Mayotte, alors le second seuil est franchi.

2 *Les modalités de calcul du chiffre d'affaires*

110. Le V de l'article L. 430-2 dispose que les modalités de calcul de chiffre d'affaires applicables au contrôle national des concentrations sont celles énoncées à l'article 5 du règlement 139/2004. Ces modalités ont été commentées et explicitées par la Commission, dans sa communication consolidée aux points 157 à 220.

111. L'ensemble de ces dispositions vise à faire en sorte que les chiffres d'affaires calculés reflètent la force économique réelle et actuelle des entreprises concernées sur le marché, tout en restant de mise en œuvre relativement aisée afin de permettre aux entreprises de déterminer facilement si une opération est contrôlable, et si elle est de dimension européenne ou nationale.

112. L'article 5, paragraphe 2, du règlement 139/2004 comporte une disposition spécifique permettant d'assurer que des entreprises ne scindent pas une opération en une série de cessions d'actifs réparties dans le temps, afin d'échapper au contrôle des concentrations en passant sous les seuils de contrôlabilité : il s'agit du cas particulier des opérations successives.

113. Dans le cas d'opérations successives, la concentration doit être notifiée à l'Autorité dès que le chiffre d'affaires consolidé des entreprises concernées atteint les seuils de notification obligatoire, en ce qui concerne tant le chiffre d'affaires total mondial hors taxes de l'ensemble des entreprises concernées, que leurs chiffres d'affaires individuels. La mesure du délai écoulé entre deux opérations successives doit être faite entre les dates de signature des accords juridiquement contraignants relatifs à ces opérations dans la mesure où la date à laquelle la contrôlabilité d'une opération doit être appréciée est celle de la notification à l'Autorité et où une opération de concentration peut être notifiée dès lors qu'un accord suffisamment contraignant est conclu.

> **Exemple** : dans sa décision n° 11-DCC-150 du 10 octobre 2011, l'Autorité a considéré que constituaient des opérations successives une cession d'actifs conclue le 30 juin 2009 et un projet de traité de fusion en date du 15 février 2011. La cession d'actifs intervenue deux ans plus tôt a donc été intégrée au périmètre de la concentration.

114. Le présent document se limite à rappeler les points clefs du calcul des chiffres d'affaires, le lecteur étant invité à se reporter à la communication consolidée de la Commission pour toute question plus spécifique que soulèverait un cas d'espèce (notamment les paragraphes 157 et suivants).

a) *La notion d'entreprise concernée*

115. Alors que le code de commerce utilise l'expression d'"entreprises ou groupes de personnes physiques ou morales parties à la concentration", le règlement 139/2004 utilise celle d'"entreprises concernées". Dans la mesure où ces deux expressions recouvrent la même réalité, cette dernière expression est utilisée dans le présent guide.

116. L'identité d'une entreprise concernée dépend du type de concentration examinée :

– dans le cas d'une fusion, les entreprises concernées sont les entreprises qui fusionnent ;

– dans le cas d'une prise de contrôle exclusif, les entreprises concernées sont l'entreprise qui acquiert le contrôle et l'entreprise cible ;

– dans le cas d'une prise de contrôle conjoint sur une entreprise déjà existante, les entreprises concernées sont les entreprises qui acquièrent le contrôle et l'entreprise préexistante acquise *[cette règle s'applique également dans le cas du passage d'un contrôle conjoint à un autre contrôle conjoint, comme le mentionne la communication consolidée de la Commission aux points 143 et 144]* ; toutefois, lorsque la société préexistante se trouvait sous le contrôle exclusif d'une société et qu'un ou plusieurs nouveaux actionnaires en prennent le contrôle en commun, alors que la société mère initiale subsiste, les entreprises concernées sont chacune des sociétés exerçant le contrôle en commun (y compris donc l'actionnaire initial). En ce cas, la société cible n'est pas une entreprise concernée et son chiffre d'affaires fait partie de celui de la société mère initiale ;

— dans le cas d'une transformation d'un contrôle conjoint en contrôle exclusif, les entreprises concernées sont l'entreprise qui acquiert le contrôle et l'entreprise cible, les entreprises cédantes n'étant pas considérées comme concernées ;

— dans le cas d'une prise de contrôle conjoint sur une entreprise commune nouvellement créée, les entreprises concernées sont les entreprises contrôlantes. L'entreprise nouvellement créée n'est pas considérée comme "concernée", n'ayant pas de chiffre d'affaires qui lui est propre avant l'opération. Si l'une des entreprises contrôlantes apporte à l'entreprise nouvellement créée des actifs, le chiffre d'affaires qui leur est rattaché est pris en compte dans le calcul du chiffre d'affaires de cette entreprise contrôlante.

117. Dans le cas particulier des opérations interdépendantes auprès de vendeurs différents, les seuils individuels de chiffres d'affaires sont calculés pour chacune des entreprises cibles.

> **Exemple :** dans le cas d'acquisitions par l'entreprise A des entreprises cibles B et C contrôlées par des sociétés ne faisant pas partie d'un même groupe, qualifiées de "concentration unique", les "entreprises concernées" sont A, B et C. En conséquence, dans l'hypothèse où ni le chiffre d'affaires individuel réalisé par B ni celui réalisé par C n'atteint les seuils individuels de chiffre d'affaires prévus par l'article L. 430-2, l'opération de "concentration unique" en cause n'a pas à faire l'objet d'une notification à l'Autorité dans la mesure où les seuils de chiffre d'affaires individuels ne sont pas atteints par au moins deux des entreprises concernées. En revanche, si B ou C atteint le seuil individuel, l'opération est notifiable, même si la deuxième entreprise cible n'atteint pas ce seuil.

b) *La notion de chiffre d'affaires*

118. Le calcul des chiffres d'affaires doit permettre d'apprécier la force économique de l'entreprise concernée dans son ensemble, et pas seulement celles des entités juridiques impliquées dans le montage de l'opération.

119. Dans le cadre d'une prise de contrôle, pour chacun des acquéreurs, le calcul doit prendre en compte toutes les activités du groupe et non celles des seules filiales directement impliquées dans l'opération ou celles relatives aux marchés concernés ou affectés par l'opération. Pour le cédant, seul le chiffre d'affaires de l'entreprise cédée est pris en compte, le paragraphe 2 de l'article 5 du règlement 139/2004 disposant que "lorsque la concentration consiste en l'acquisition de parties, constituées ou non en entités juridiques, d'une ou plusieurs entreprises, seul le chiffre d'affaires se rapportant aux parties qui sont l'objet de la concentration est pris en considération dans le chef du ou des cédants".

120. Le paragraphe 4 de l'article 5 du règlement 139/2004 précise que le chiffre d'affaires total à prendre en compte pour une entreprise concernée est déterminé comme suit :

"Sans préjudice du paragraphe 2, le chiffre d'affaires total d'une entreprise concernée au sens du présent règlement résulte de la somme des chiffres d'affaires :

a) de l'entreprise concernée ;

b) des entreprises dans lesquelles l'entreprise concernée dispose directement ou indirectement ;

i) soit de plus de la moitié du capital ou du capital d'exploitation ;

ii) soit du pouvoir d'exercer plus de la moitié des droits de vote ;

iii) soit du pouvoir de désigner plus de la moitié des membres du conseil de surveillance ou d'administration ou des organes représentant légalement l'entreprise ;

iv) soit du droit de gérer les affaires de l'entreprise ;

c) des entreprises qui disposent, dans une entreprise concernée, des droits ou pouvoirs énumérés au point b) ;

d) des entreprises dans lesquelles une entreprise visée au point c) dispose des droits ou pouvoirs énumérés au point b) ;

e) des entreprises dans lesquelles plusieurs entreprises visées aux points a) à d) disposent conjointement des droits ou pouvoirs énumérés au point b)".

121. Les critères utilisés pour identifier les entreprises dont le chiffre d'affaires peut être attribué à l'entreprise concernée sont différents des critères de l'influence déterminante utilisés pour établir l'exercice d'un contrôle. En effet, une entreprise peut exercer une influence déterminante sur une autre entreprise sans disposer de la moitié du capital, du pouvoir d'exercer la moitié des droits de vote, du pouvoir de désigner plus de la moitié des membres du conseil de surveillance ou d'administration ou des organes représentant légalement l'entreprise ou du droit de gérer les affaires de l'entreprise.

122. Les aides publiques accordées aux entreprises doivent entrer dans le calcul du chiffre d'affaires, dès l'instant où elles sont directement liées à la vente de produits et de services de cette entreprise, puisqu'elles renforcent le poids économique de l'entreprise sur le marché en lui permettant de vendre à des prix inférieurs à ceux qu'elle pourrait pratiquer en l'absence de ces aides publiques.

c) *Le traitement du chiffre d'affaires "interne"*

123. Le paragraphe 1 de l'article 5 du règlement 139/2004 précise que "le chiffre d'affaires total d'une entreprise concernée ne tient pas compte des transactions intervenues entre les entreprises visées au paragraphe 4 du présent article". Cette exclusion des activités intra-groupe a pour objet d'éviter la double comptabilisation du chiffre d'affaires concerné lorsque l'ensemble des activités du groupe doit être pris en considération. Ne pas exclure les ventes intragroupes reviendrait en effet à surévaluer artificiellement le poids économique des entreprises sur les marchés puisque les échanges intra-groupes seraient comptabilisés une première fois au niveau de l'entreprise amont alors que ces produits sont destinés à être revendus (éventuellement après transformation) et entrent donc aussi dans le calcul du chiffre d'affaires de l'entreprise aval.

124. En revanche, lorsqu'une partie seulement d'une entité économique est vendue, l'exclusion du chiffre d'affaires interne entre la partie cédée et la partie cédante empêcherait la prise en compte d'une partie, voire de la quasi-totalité, de l'activité économique de la partie vendue, ce qui est contraire au principe général selon lequel le calcul du chiffre d'affaires est destiné à mesurer le poids économique réel de chaque entreprise impliquée dans une concentration. Le point 163 de la communication consolidée de la Commission précise que lorsqu'une entité n'avait que des revenus internes dans le passé, et que son acquisition constitue une concentration, le chiffre d'affaires doit normalement être calculé en se fondant sur le chiffre d'affaires que ces activités réalisaient précédemment en interne, sauf si celui-ci apparaît décorrélé de la valeur de marché des activités en question.

Exemple : dans sa décision nº 11-DCC-214 du 29 décembre 2011, l'Autorité a considéré que lorsqu'une partie d'une entité économique était vendue, l'exclusion du chiffre d'affaires interne entre la partie cédée et la partie cédante empêchait la prise en compte de l'activité économique de la partie vendue.

125. C'est également le cas lorsque certaines activités auparavant assurées en interne sont externalisées, les actifs qui leur sont associés faisant l'objet d'une prise de contrôle par un tiers.

126. Lorsque l'opération se traduit par le passage d'un contrôle conjoint à un contrôle exclusif d'une entreprise exercé par l'une des sociétés mères, afin d'éviter une double imputation du chiffre d'affaires de l'entreprise commune, le chiffre d'affaires de l'entreprise acquérant le contrôle exclusif doit être calculé sans prendre en compte le chiffre d'affaires de l'entreprise cible et le chiffre d'affaires de l'entreprise cible doit être calculé sans prendre en compte celui de l'actionnaire acquéreur.

Exemple : dans sa décision n° 09-DCC-18 du 20 juillet 2009, l'Autorité a considéré que dans le passage d'un contrôle commun à un contrôle exclusif, les entreprises concernées dont le chiffre d'affaires devait être pris en compte étaient l'acquéreur et l'entreprise commune.

127. Dans le cas particulier d'entreprises communes entre plusieurs entreprises concernées, le chiffre d'affaires des entreprises communes réalisé auprès de tiers est imputé à parts égales aux différentes entreprises concernées, quelle que soit la part du capital ou des droits de vote qu'elles détiennent.

d) *Les ajustements du chiffre d'affaires*

128. La partie notifiante doit fournir des chiffres d'affaires qui reflètent la situation économique des entreprises concernées au moment de la signature de l'acte contraignant ou du projet suffisamment abouti qui permet la notification. Tous les chiffres d'affaires doivent être évalués à la date du dernier exercice clos sur la base des comptes vérifiés. Ils ne peuvent être corrigés, le cas échéant, que pour tenir compte de modifications permanentes de la réalité économique de l'entreprise, à la suite d'opérations de fusion, de cession ou d'acquisition ou à la suite de fermetures d'activité survenues postérieurement.

Exemple : dans sa décision n° 10-DCC-44 du 25 mai 2010, l'Autorité a considéré que lorsqu'une société avait acquis, l'année précédant l'opération notifiée, un fonds de commerce, le chiffre d'affaires de ce dernier, bien que non encore certifié, devait être pris en compte dans le chiffre d'affaires réalisé par l'acquéreur.

129. De même, lorsqu'une entreprise a été créée en cours d'année, la prise en compte du chiffre d'affaires sur une durée de quelques mois ne permet pas de rendre compte de la réalité économique de l'entreprise. Une année complète à cheval sur deux exercices peut alors être prise en compte.

Exemple : dans sa décision n° 09-DCC-45 du 28 septembre 2009, l'Autorité a considéré que, pour tenir compte de la réalité économique d'une entreprise, il fallait prendre en compte une année complète d'activité. Aussi, pour une entreprise dont l'activité n'avait débuté qu'au mois de juin 2008, l'Autorité a retenu le chiffre d'affaires réalisé entre juin 2008 et mai 2009.

130. En revanche, conformément à la communication consolidée de la Commission, lorsque des accords de vente d'actifs de l'entreprise ont été signés mais que la vente n'a pas encore été réalisée, ces accords ne sont pas pris en compte à moins que la vente ne soit une condition préalable à l'opération notifiée.

e) *L'affectation géographique du chiffre d'affaires*

131. En ce qui concerne l'affectation géographique du chiffre d'affaires, celui-ci doit être affecté au lieu où la concurrence s'exerce, c'est-à-dire, en règle générale, au lieu où se trouve le client. En ce qui concerne la vente de biens, le lieu où le contrat a été conclu et le lieu de livraison priment sur l'adresse de facturation. En ce qui concerne les services, c'est leur lieu de fourniture qui doit être pris en compte.

132. En outre, le contrôle des concentrations s'applique à toutes les entreprises, quelles que soient leur nationalité ou leur localisation, qu'elles possèdent ou non des actifs ou une structure en France, et que l'opération soit réalisée ou non en dehors du territoire national, dès lors qu'elles réalisent un chiffre d'affaires en France et dépassent les seuils de contrôlabilité.

Exemple : dans sa décision nº 12-DCC-83 du 13 juin 2012, l'Autorité a considéré que la fusion entre plusieurs coopératives agricoles allemandes était notifiable en France, deux des parties à la fusion ayant réalisé plus de 50 millions d'euros de chiffre d'affaires en France.

f) *Les secteurs d'activités spécifiques*

133. Dans le cas particulier des établissements de crédit et des établissements financiers, l'article 5 paragraphe 3 du règlement 139/2004 précise que le chiffre d'affaires est remplacé par la somme des intérêts et produits assimilés, des revenus de titres (revenus d'actions, de parts et d'autres titres à revenu variable, revenus de participations, revenus de parts dans des entreprises liées), des commissions perçues, du bénéfice net provenant d'opérations financières, et des autres produits d'exploitation, déduction faite, le cas échéant, de la taxe sur la valeur ajoutée et d'autres impôts liés à ces produits, par le produit bancaire brut.

134. Pour les entreprises d'assurance, selon le même article, la notion de chiffre d'affaires est remplacée par "la valeur des primes brutes émises qui comprennent tous les montants reçus et à recevoir au titre de contrats d'assurance établis par elles ou pour leur compte, y compris les primes cédées aux réassureurs et après déduction des impôts ou des taxes parafiscales perçus sur la base du montant des primes ou du volume total de celui-ci".

135. Dans certains secteurs d'activité, tels que les voyages à forfait ou la publicité, où la vente du service peut s'effectuer à travers des intermédiaires, le point 159 de la communication consolidée de la Commission indique que "même si l'intermédiaire facture la totalité du montant au client final, le chiffre d'affaires de l'entreprise intervenant comme intermédiaire repose uniquement sur le montant de sa commission. En ce qui concerne les voyages à forfait, l'ensemble du montant payé par le client final est attribué au voyagiste qui utilise l'agence de voyages comme réseau de distribution. Pour la publicité, seuls les montants reçus (sans la commission) sont considérés comme constituant le chiffre d'affaires de la chaîne de télévision ou du magazine, étant donné que les agences de presse, en leur qualité d'intermédiaires, ne représentent pas le canal de distribution des vendeurs d'espace publicitaire, mais sont choisies par les clients, c'est-à-dire les entreprises désireuses de placer de la publicité."

136. Dans le cas des réseaux de distribution impliquant des adhérents indépendants coordonnés par une tête de réseau (réseaux de franchise, coopératives, etc.), les modalités générales d'affectation du chiffre d'affaires prévues au paragraphe 4 de l'article 5 du règlement 139/2004 s'appliquent (voir paragraphe 123 ci-avant). En règle générale, le chiffre d'affaires de la tête de réseau n'inclut donc pas les ventes réalisées par les adhérents auprès du public. Il inclut en revanche les ventes réalisées par la tête de réseau à ses adhérents pour les approvisionner ou la rémunération des prestations de services que la tête de réseau facture à ses adhérents.

g) *Le cas des entreprises publiques*

137. Dans son considérant 22, le règlement 139/2004 pose le principe de non-discrimination entre secteurs public et privé. Toutefois, si, comme le précise la communication consolidée de la Commission, les États membres ne sont pas, en soi, considérés comme des "entreprises", ils peuvent détenir des intérêts dans des entreprises remplissant les conditions énoncées à l'article 5, paragraphe 4. Il convient, dans ce cas, de calculer le chiffre d'affaires de l'entreprise concernée.

138. Pour les besoins du contrôle des concentrations, "le calcul du chiffre d'affaires des entreprises publiques ne prend [...] en considération que les entreprises appartenant au même ensemble économique doté du même pouvoir de décision autonome". Il convient donc, pour le calcul du chiffre d'affaires des entreprises publiques concernées par une opération de concentration, d'aller au-delà du critère de détention de plus de la moitié du capital ou des droits de vote.

139. Le caractère autonome du pouvoir de décision d'une entreprise publique est déterminé en se fondant sur divers indices selon le cas d'espèce (analyse de la gouvernance et des pactes d'actionnaires, présence ou non d'administrateurs communs aux entreprises, mode de gestion des participations par l'État, dispositions régissant la communication d'informations et de documents stratégiques, constatations sur le comportement concurrentiel passé des entreprises concernées, etc.). En revanche, l'exercice des pouvoirs de contrôle par l'État n'exclura pas la capacité de cette entreprise à définir sa stratégie de manière autonome lorsque ces pouvoirs sont limités à la protection d'intérêts analogues à ceux d'un actionnaire minoritaire.

Exemple : dans sa décision M.7850 du 10 mars 2016 autorisant l'acquisition de NBB par EDF et GCN, la Commission a rappelé que deux entreprises publiques n'appartiennent pas au même ensemble économique si elles ont un pouvoir de décision indépendant l'une de l'autre et si elles sont indépendantes par rapport à l'État auquel elles appartiennent. Elle a rappelé que l'évaluation du pouvoir de décision autonome incluait l'évaluation de l'autonomie de l'entreprise publique par rapport à l'État pour décider de sa stratégie, son plan d'affaires et son budget ainsi que l'évaluation de la possibilité pour l'État de coordonner la conduite commerciale des entreprises en imposant ou en facilitant leur coordination (notamment au regard de l'existence de postes d'administrateurs communs entre les entreprises et de clauses garantissant que les informations commercialement sensibles ne sont pas partagées entre ces entreprises).

140. Ainsi, dans les cas où une entreprise est acquise par une entreprise publique, afin de déterminer le périmètre à prendre en compte pour le calcul du chiffre d'affaires, il convient de suivre les étapes suivantes :

– premièrement, il est nécessaire de savoir si l'entreprise cible aura, après opération, un pouvoir autonome de décision (en cas de réponse positive, l'opération ne constitue pas une concentration) ;

– deuxièmement, si l'entreprise cible ne constitue pas, à elle seule, un ensemble économique doté d'un pouvoir de décision autonome, il convient de déterminer quelle sera "l'entité acquérante" qui constituera avec cette entreprise cible un ensemble économique doté d'un pouvoir de décision autonome. L'appartenance à un même ensemble économique s'analyse au regard de l'identité de l'entité étatique de tête et des liens existants entres les établissements publics concernés ;

– troisièmement, il convient de déterminer quelles entreprises ou unités détenues par cette "entité acquérante" doivent être prises en compte pour le calcul du chiffre d'affaires.

II La procédure

A *L'obligation de notification*

141. Dès qu'une opération de concentration est contrôlable au sens des articles L. 430-1 et L. 430-2 du code du commerce, elle doit être notifiée à l'Autorité.

142. Conformément à l'article L. 430-3, l'obligation de notification "incombe aux personnes physiques ou morales qui acquièrent le contrôle de tout ou partie d'une entreprise ou, dans le cas d'une fusion ou de la création d'une entreprise commune, à toutes les parties concernées qui doivent alors notifier conjointement". Dans le cas particulier de l'entrée de nouveaux actionnaires qui acquièrent un contrôle conjoint, l'ensemble des parties disposant du contrôle conjoint, y compris celles qui disposaient déjà du contrôle avant l'opération, doivent notifier conjointement. Par ailleurs, le renvoi à l'Autorité de tout ou partie d'une concentration notifiée à la Commission, sur le fondement de l'article 9 du règlement 139/2004, vaut notification au sens de l'article L. 430-3.

143. En vertu du premier alinéa de l'article L. 430-3, "l'opération de concentration doit être notifiée à l'Autorité de la concurrence avant sa réalisation. La notification peut intervenir dès lors que la ou les parties concernées sont en mesure de

présenter un projet suffisamment abouti pour permettre l'instruction du dossier et notamment lorsqu'elles ont conclu un accord de principe, signé une lettre d'intention ou dès l'annonce d'une offre publique". L'appréciation du caractère d'un projet "suffisamment abouti" se fait au cas par cas. De façon générale, l'Autorité pourra déclarer recevable la notification d'un projet de concentration si la partie notifiante fournit à l'Autorité des éléments attestant de son intention de conclure un engagement ferme, en apportant la preuve, indiquant l'objet et les modalités de la concentration envisagée, l'identité des parties à l'opération, le périmètre de la concentration et son calendrier prévisionnel.

144. Si aucune disposition ne limite dans le temps la validité des autorisations accordées par l'Autorité, les opérations doivent néanmoins être réalisées dans un délai raisonnable et, en toute hypothèse, sans subir de modifications de droit ou de fait. Si un projet est autorisé, mais subit des modifications significatives avant sa réalisation, la décision d'autorisation n'est plus valable. En effet, dans ce cas, l'Autorité se sera prononcée sur un projet différent de celui qui a été réalisé concrètement. La partie notifiante est donc invitée à notifier à nouveau l'opération, avant sa réalisation, afin d'obtenir l'autorisation du projet qui sera réellement mis en œuvre. Pour vérifier le respect de ces dispositions, l'Autorité peut demander à la partie ayant bénéficié d'une décision d'autorisation sur la base d'un projet d'accord de lui communiquer les accords irrévocables une fois ceux-ci signés.

B *L'effet suspensif de la procédure et les dérogations*

145. En vertu de l'article L. 430-4, "la réalisation effective d'une opération de concentration ne peut intervenir qu'après l'accord de l'Autorité de la concurrence ou, lorsqu'il a évoqué l'affaire dans les conditions prévues à l'article L. 430-7-1, celui du ministre chargé de l'économie". Cette disposition contraint la partie notifiante concernée à notifier l'opération avant sa réalisation, comme exposé ci-dessus, mais également, une fois que l'opération est notifiée, à ne pas réaliser l'opération avant que l'Autorité ou, le cas échéant le ministre chargé de l'économie, ait rendu une décision.

146. La réalisation d'une opération est effective dès l'instant où le contrôle, au sens du III de l'article L. 430-1, est constitué. Par exemple, dans une opération où les droits de jouissance sur l'entreprise cible sont transmis avant les droits de propriété, l'opération est réalisée dès le transfert des droits de jouissance.

1 *La dérogation à l'effet suspensif du contrôle prévue à l'article L. 430-4*

147. Le deuxième alinéa de l'article L. 430-4 prévoit qu'"en cas de nécessité particulière dûment motivée, les parties qui ont procédé à la notification peuvent demander à l'Autorité de la concurrence une dérogation leur permettant de procéder à la réalisation effective de tout ou partie de la concentration sans attendre la décision mentionnée au premier alinéa et sans préjudice de celle-ci". L'octroi d'une telle dérogation est, par définition, exceptionnel. Les offres de reprise sur des entreprises en liquidation ou redressement judiciaire font partie des hypothèses pouvant conduire à l'octroi d'une dérogation.

148. Il appartient à la partie notifiante, au moment du dépôt du dossier de notification, de préciser les raisons de la demande de dérogation. En particulier, cette demande écrite, distincte du dossier de notification, doit préciser le contexte de l'opération, les procédures en cours et leur calendrier. Outre la question de la viabilité de l'entreprise concernée, le caractère urgent nécessitant l'octroi de la dérogation doit également être dûment justifié. Cette demande de dérogation peut également être déposée ultérieurement dans le cours de la procédure. La demande de dérogation revêtant un caractère exceptionnel, elle n'a, en tout état de cause, pas lieu d'être présentée lorsque les délais prévisibles d'examen de la demande d'autorisation sont compatibles avec les exigences propres au calendrier de l'opération notifiée.

149. Il est demandé aux entreprises qui souhaiteraient bénéficier de cette dérogation d'en faire la demande dès qu'elles ont connaissance de la cause pouvant justifier

leur demande, et en tout état de cause dans un délai suffisant avant la survenue de l'événement devant intervenir, par exemple au moins cinq jours ouvrés avant la prise de décision du tribunal de commerce en cas d'offre présentée en vue d'une reprise. A cette demande doit être joint un dossier de notification (et non un dossier de pré-notification), aussi complet que possible, qui inclut, *a minima*, une présentation des parties et de l'opération, la justification de la demande de dérogation, une analyse concurrentielle préliminaire sur les effets de l'opération et le mandat des conseils, le cas échéant.

150. Dans le cas de la reprise d'entreprises en difficulté, un acquéreur potentiel peut être amené à envisager le dépôt d'une offre sur tout ou partie d'une activité, sans avoir accès à de nombreuses informations, et notamment sans pouvoir s'assurer de la valeur de chiffre d'affaires associée à la cible envisagée. Dans la mesure où le repreneur potentiel n'est pas en mesure d'exclure que l'opération envisagée soit soumise à l'obligation de notification, une notification pourra alors être déposée même si elle n'inclut pas le chiffre d'affaires de la cible, notification qui pourra*[,]* le cas échéant, être retirée. Dans une telle circonstance, la partie notifiante devra néanmoins communiquer certaines données permettant d'obtenir une première estimation du chiffre d'affaires de la cible.

151. Durant l'instruction de cette demande, le rapporteur peut échanger avec la partie notifiante et lui demander tous documents professionnels jugés nécessaires. Par ailleurs, dès l'envoi du courrier d'octroi de la dérogation, l'Autorité peut signaler l'existence de risques de concurrence potentiels anticipés dans cette opération.

152. L'octroi d'une dérogation par l'Autorité ne préjuge toutefois en rien de la décision finale qui sera prise par le tribunal compétent. Il est possible qu'une entreprise en procédure collective fasse l'objet de plusieurs offres de reprise concurrentes. L'Autorité peut ainsi, le cas échéant, octroyer plusieurs dérogations pour procéder à l'acquisition d'une même entreprise. Il est également possible que le tribunal retienne l'offre d'une entreprise qui n'était pas soumise à l'obligation de notifier l'opération (dans le cas où les entreprises concernées ne franchissaient pas les seuils de contrôlabilité). Dans l'hypothèse où le tribunal de commerce retiendrait une offre de reprise faite par une entreprise ayant bénéficié d'une dérogation, le service des concentrations instruirait cette opération sans considération de ce fait, l'octroi d'une dérogation étant neutre du point de vue de l'analyse concurrentielle des effets de l'opération.

153. Outre les documents listés à l'annexe 4-3 du code de commerce, détaillant le contenu d'un dossier de notification complet, dans le cas de procédures devant le tribunal de commerce, le jugement du tribunal doit également être impérativement transmis à l'Autorité, dès sa réception par l'entreprise notifiante, afin que le dossier puisse être déclaré complet.

154. L'octroi d'une dérogation par l'Autorité ne préjuge pas du sens de la décision finale qui sera prise à l'issue de l'instruction. L'Autorité pourra ainsi imposer des mesures correctives, voire même interdire l'opération si celle-ci porte atteinte à la concurrence. Dans ce cas particulier, l'exécution de la décision de l'Autorité impliquera donc que l'opération de rachat soit défaite.

> **Exemple** : dans sa décision n° 18-DCC-95 du 14 juin 2018, l'Autorité a considéré, après un examen approfondi que, bien qu'une dérogation à l'effet suspensif du contrôle des concentrations ait été accordée à Cofigeo, l'opération était susceptible de dégrader fortement la concurrence. Afin d'autoriser l'opération, elle a fait usage de son pouvoir d'injonction et a enjoint Cofigeo à céder une marque et des capacités de production.

155. La partie notifiante doit donc veiller, pendant la période précédant la décision finale, à s'abstenir de prendre des actes ou de mettre en œuvre des mesures qui seraient de nature à modifier la structure de l'opération comme, par exemple, procéder à des cessions d'actifs appartenant à la cible ou mettre en œuvre l'opération de manière irréversible.

156. La dérogation porte sur l'interdiction de réaliser l'opération avant qu'elle ait été autorisée et n'a pas pour effet de dispenser l'opération de cette autorisation. Les dérogations accordées par l'Autorité sont donc d'office caduques si, dans un délai de trois mois après la réalisation de l'opération, le dossier de notification n'a pas fait l'objet de l'accusé de réception prévu au troisième alinéa de l'article R. 430-2, c'est-à-dire s'il n'a pas été complété par la partie notifiante, empêchant ainsi son examen par l'Autorité.

2 ***La dérogation à l'effet suspensif du contrôle prévue à l'article R. 430-5***

157. Un second dispositif dérogatoire à l'effet suspensif de la procédure est prévu par l'article R. 430-5 : "Lorsqu'une concentration est réalisée par achat ou échange de titres sur un marché réglementé, sa réalisation effective, au sens de l'article L. 430-4, intervient lorsque sont exercés les droits attachés aux titres. L'absence de décision de l'Autorité de la concurrence ne fait pas obstacle au transfert desdits titres". Ainsi, le transfert de propriété des titres ne valant pas réalisation de la concentration, il peut être effectué avant que l'opération soit approuvée par l'Autorité.

158. Cette dérogation ne s'applique pas à l'usage des droits de vote associés au transfert de titres. Aussi longtemps que l'opération n'a pas été autorisée par l'Autorité, l'exercice de ces droits, sauf en cas de dérogation individuelle prévue au second alinéa de l'article L. 430-4, réalise la concentration et, de ce fait, est passible d'une sanction en vertu de l'article L. 430-8. Ce mécanisme s'applique pour les offres publiques d'achat (OPA), les offres publiques d'échange (OPE), ou l'acquisition d'un contrôle par simple achat de titres sur un marché réglementé sans lancement d'OPA.

159. Dans le cas où le contrôle est obtenu par simple acquisition de titres sur un marché réglementé sans lancement d'une OPA (ou sans que celle-ci, si elle est rendue obligatoire par le droit boursier, soit nécessaire pour l'obtention du contrôle), la partie notifiante peut également bénéficier de la dérogation automatique s'agissant du seul transfert des titres.

160. Un autre cas de figure peut résulter de l'acquisition, par un accord de gré à gré, d'une participation dite "de contrôle" entraînant une obligation de dépôt d'une OPA sur le capital restant. Le caractère indissociable des différentes étapes de prise de contrôle découle dans ce cas de la loi ou des règles de place (en France, le code monétaire et financier). Le fait générateur du contrôle de la concentration est alors constitué par les deux événements pris ensemble, qui se succèdent d'ailleurs à courte échéance, à savoir la conclusion de l'accord hors marché et le dépôt de l'OPA. De telles opérations de transfert de titres en deux étapes indissociables peuvent être notifiées au stade de la conclusion de l'accord hors marché, si le projet de concentration est suffisamment abouti, ou à l'issue du lancement de l'OPA, lorsque la concentration est engagée de façon irrévocable. Dans ce cas, la suspension de la réalisation effective de l'opération au sens de l'article L. 430-4 s'applique aussi bien à l'exercice des droits attachés aux titres acquis hors marché qu'à celui des droits attachés aux titres faisant l'objet de l'offre publique.

161. Dans l'hypothèse d'offres "privées" sur des marchés non soumis aux règles d'OPA relatives aux marchés réglementés (marché libre ou hors cote), aucune dérogation automatique n'est prévue à la suspension de la réalisation de l'opération. En conséquence, contrairement aux opérations en deux étapes donnant lieu à intervention sur un marché réglementé (OPA), les opérations analogues mais dont la seconde étape ne consisterait qu'en une offre dite "privée" de rachat de titres sur un marché hors cote, sont soumises à l'obligation de notification dès l'acquisition du contrôle par tout moyen.

162. A l'instar du cas de dérogation prévu à l'article L. 430-4 du code de commerce, la partie notifiante doit veiller, pendant la période précédant la décision finale, à s'abstenir de prendre des actes ou de mettre en œuvre des mesures qui seraient de nature à modifier la structure de l'opération comme, par exemple, procéder à des cessions d'actifs appartenant à la cible ou mettre en œuvre l'opération de manière irréversible.

C Les sanctions prévues à l'article L. 430-8 du code de commerce

1 Le défaut de notification (I de l'article L. 430-8)

163. Les entreprises qui réaliseraient une opération de concentration contrôlable sans l'avoir préalablement notifiée s'exposent aux sanctions prévues au I de l'article L. 430-8 :

"I. Si une opération de concentration a été réalisée sans être notifiée, l'Autorité de la concurrence enjoint sous astreinte, dans la limite prévue au II de l'article L. 464-2, aux parties de notifier l'opération, à moins de revenir à l'état antérieur à la concentration. La procédure prévue aux articles L. 430-5 à L. 430-7 est alors applicable.

En outre, l'Autorité peut infliger aux personnes auxquelles incombait la charge de la notification une sanction pécuniaire dont le montant maximum s'élève, pour les personnes morales, à 5 % de leur chiffre d'affaires hors taxes réalisé en France lors du dernier exercice clos, augmenté, le cas échéant, de celui qu'a réalisé en France durant la même période la partie acquise et, pour les personnes physiques, à 1,5 million d'euros".

164. Ce dispositif sanctionne aussi bien une infraction intentionnelle qu'une omission par simple négligence. L'Autorité tient notamment compte, dans son appréciation, des circonstances ayant mené au défaut de notification et du comportement des entreprises.

165. L'application de cet article fait l'objet d'une procédure contradictoire devant le collège de l'Autorité. En application du III de l'article L. 462-5, le rapporteur général propose à l'Autorité de se saisir d'office de la situation de l'entreprise concernée au regard du I de l'article L. 430-8. Si l'Autorité se saisit, un rapport est communiqué aux entreprises concernées, qui ont deux mois pour présenter leurs observations en réponse. Les entreprises sont ensuite entendues en séance par le collège de l'Autorité. La décision est notifiée à la partie notifiante et publiée sur le site de l'Autorité.

166. La conformité de cette procédure "aux principes d'indépendance et d'impartialité indissociables de l'exercice de pouvoirs de sanction par une autorité administrative indépendante" a été validée par le Conseil constitutionnel dans la décision n° 2012-280 QPC du 12 octobre 2012 *Groupe Canal Plus et autre*.

167. Depuis sa création, l'Autorité a sanctionné à trois reprises des groupes qui avaient omis de notifier une opération relevant de l'application des dispositions des articles L. 430-1 et suivants *[Décis. de l'Autorité n° 12-D-12 du 11 mai 2012 relative à la situation du groupe Colruyt au regard du I de l'article L. 430-8 du code de commerce, n° 13-D-01 du 31 janv. 2013 relative à la situation des groupes Réunica et Arpège au regard du I de l'article L. 430-8 du code de commerce et n° 13-D-22 du 20 nov. 2013 relative à la situation du groupe Castel au regard du I de l'article L. 430-8 du code de commerce. La décision n° 13-D-22 a cependant été partiellement réformée, par arrêt du 15 avr. 2016 du Conseil d'État : la sanction de 4 millions d'euros infligée par l'Autorité a été ramenée à 3 millions d'euros. En effet, d'une part, la notification de l'opération avait été effectuée dans un bref délai après les premières demandes de justifications de l'Autorité et, d'autre part, il a été tenu compte de l'absence d'intention de contourner les règles de la concurrence en réalisant sans notification préalable l'opération]*.

168. L'Autorité a considéré qu'il résultait de l'économie des articles L. 430-1, L. 430-3 et L. 430-8 que le défaut de notification d'une opération de concentration doit être imputé à la ou aux personne(s) physique(s) ou morale(s) sur laquelle (lesquelles) pesait l'obligation de notification, c'est-à-dire à celle(s) acquérant de façon ultime le contrôle de la cible, et non à la seule personne juridiquement signataire de l'accord d'acquisition.

169. Sur ce point, dans une décision du 14 décembre 2012, le Conseil d'État a rejeté la demande de renvoi devant le Conseil constitutionnel d'une question prioritaire de constitutionnalité présentée à l'appui d'une requête en annulation dirigée contre la décision n° 12-D-12 de l'Autorité du 11 mai 2012. Il a en particulier considéré que les articles L. 430-3 et le I de l'article L. 430-8 désignaient de façon suffisamment claire l'auteur du manquement à l'obligation de notification d'une opération de concentration, qui est également la personne physique ou morale susceptible d'être sanctionnée.

170. Par ailleurs, l'Autorité a considéré qu'en l'absence de disposition relative à la prescription spécifique à l'application du I de l'article L. 430-8, l'article L. 462-7 disposant que "l'Autorité ne peut être saisie de faits remontant à plus de cinq ans s'il n'a été fait aucun acte tendant à leur recherche, leur constatation ou leur sanction" visait, sans distinction, l'ensemble des "faits" que l'Autorité peut être conduite à sanctionner. En conséquence, la prescription quinquennale est applicable aux faits relevant du I de l'article L. 430-8 *[dans la décision n° 2012-280 QPC du 12 oct. 2012, le Conseil constitutionnel a considéré que l'article L. 462-7 s'appliquait aux faits relevant du IV de l'article L. 430-8]*.

171. S'agissant du point de départ de cette prescription, l'Autorité a considéré que les faits visés au I de l'article L. 430-8 concernent l'omission d'une notification devant intervenir à un moment précis, et que la réalisation d'une concentration intervient en un trait de temps, même si ses effets sont appelés à se poursuivre. En conséquence, la réalisation d'une concentration sans qu'elle ait été notifiée préalablement constitue une infraction permanente dont la prescription commence à courir au jour où se matérialise le changement de contrôle.

Exemple : dans sa décision n° 12-D-12 du 11 mai 2012, l'Autorité a retenu un délai de prescription quinquennale pour l'infraction prévue au I de l'article L. 430-8. Elle a considéré que cette infraction était permanente, et que la prescription avait donc commencé à courir au jour de la formation des contrats de cessions des titres, matérialisant le changement de contrôle des sociétés.

172. Afin de déterminer la sanction, l'Autorité prend en compte la gravité des faits, eu égard aux circonstances de l'espèce et à la situation individuelle des entreprises en cause. Le non-respect de l'obligation prévue à l'article L. 430-3 constitue, par nature, une infraction grave à l'ordre public économique, dans la mesure où ce manquement prive l'Autorité de toute possibilité de contrôler un projet de concentration préalablement à sa réalisation, et ce, quels que puissent être les effets possibles de l'opération projetée sur la concurrence. La caractérisation du manquement sanctionné par le I de l'article L. 430-8 ne nécessite donc pas la démonstration d'une atteinte à la concurrence qui pourrait être provoquée par la concentration non notifiée. L'Autorité n'en tient pas moins compte, dans la détermination du montant de la sanction, des circonstances concrètes du cas d'espèce, qu'elles soient aggravantes ou atténuantes, parmi lesquelles :

— le caractère plus ou moins évident de la contrôlabilité de l'opération ;
— la taille de l'entreprise et les moyens, notamment juridiques, dont elle dispose ;
— le fait que l'entreprise a spontanément porté l'absence de notification à l'attention de l'Autorité ;
— l'éventuelle volonté de ses responsables de contourner l'obligation légale de notification, en particulier lorsque l'opération était susceptible de porter une atteinte substantielle à la concurrence ; ou
— la coopération apportée par l'entreprise au cours de la procédure.

Exemple : dans sa décision n° 12-D-12 du 11 mai 2012, l'Autorité a considéré que l'acquéreur avait délibérément ignoré son obligation légale de notification, afin de réaliser rapidement la concentration envisagée.

Au contraire, dans la décision du 15 avril 2016, faisant suite au recours formulé par la société Copagef contre la décision n° 13-D-22, le Conseil d'État a considéré que l'Autorité n'avait pas apporté la preuve suffisante de l'intention de contourner les règles de concurrence. De plus, selon lui, le fait que l'entreprise ait finalement notifié l'opération peu de temps après les premières questions posées par l'Autorité aurait dû être pris en compte au titre des circonstances atténuantes. Le Conseil d'État a ainsi réduit la sanction infligée par l'Autorité de 4 à 3 millions d'euros.

2 *L'infraction de mise en œuvre anticipée d'une concentration, ou « gun jumping » (II de l'article L. 430-8)*

173. Le II de l'article L. 430-8 dispose que "si une opération de concentration notifiée et ne bénéficiant pas de la dérogation prévue au deuxième alinéa de l'article L. 430-4 a été réalisée avant l'intervention de la décision prévue au premier alinéa du même article, l'Autorité de la concurrence peut infliger aux personnes ayant procédé à la notification une sanction pécuniaire qui ne peut dépasser le montant défini au I", soit, pour les personnes morales, 5 % du chiffre d'affaires hors taxes réalisé en France lors du dernier exercice clos, augmenté, le cas échéant, de celui qu'a réalisé en France durant la même période la partie acquise, et, pour les personnes physiques, 1,5 million d'euros.

174. Cette disposition vise à garantir l'exercice effectif, par l'Autorité, de son pouvoir de contrôle de l'opération qui lui est notifiée et à éviter toute modification structurelle des marchés concernés par l'opération dans l'hypothèse où la partie notifiante viendrait à y renoncer, en tout ou en partie, de son propre fait ou du fait même de la procédure de contrôle des concentrations.

175. L'objectif de cet article est d'empêcher que les parties à l'opération cessent, avant la date d'autorisation, de se comporter comme des concurrents pour agir comme une entité unique et que l'acquéreur exerce de manière anticipée un contrôle de droit ou de fait sur la cible.

176. Lorsqu'elle apprécie si une opération a été réalisée de façon anticipée, l'Autorité analyse notamment si le comportement de l'acheteur l'a conduit, d'une quelconque façon, à exercer une influence déterminante sur la cible de façon anticipée, en s'appuyant sur une grille d'analyse analogue à celle qui est utilisée pour apprécier le caractère concentratif d'une opération. Pour cela, elle prend notamment en compte le comportement concret des parties à l'opération, afin d'apprécier dans quelle mesure elles ont continué à se comporter comme des concurrentes qui défendent leurs intérêts respectifs ou, au contraire, comme une entité unique partageant d'ores et déjà un objectif unique.

177. Cerains comportements requièrent, à cet égard, une vigilance toute particulière de la part des entreprises.

178. Ainsi la conclusion de protocoles d'accord entre l'acquéreur et la cible afin de régir leurs relations pendant la période courant jusqu'à la conclusion ou l'autorisation de l'opération, par exemple dans le but de protéger la valeur de l'investissement de l'acquéreur, ne conduit pas, en elle-même, à caractériser une mise en œuvre anticipée de l'opération. Les parties doivent toutefois s'assurer que ce type d'accord ne conduise pas l'acquéreur à prendre le contrôle de tout ou partie de la cible avant l'autorisation de l'opération par l'Autorité. A cet égard, lorsqu'elle apprécie la compatibilité d'un protocole d'accord avec les dispositions du III de l'article L. 430-8, l'Autorité prend en compte la lettre du contrat – sa portée, son objet – mais également les modalités concrètes de son application. Les informations échangées avant l'opération entre l'acquéreur et la cible nécessitent également une vigilance particulière quant à la nature des données échangées, aux personnes à qui elles sont communiquées et aux modalités pratiques desdits échanges. Afin d'apprécier l'adéquation des informations échangées au cadre juridique applicable, les parties peuvent utilement se référer à la jurisprudence en matière d'échanges d'informations sensibles entre concurrents.

179. Par ailleurs, il convient, afin d'éviter toute situation de mise en œuvre anticipée de la concentration, que l'acquéreur s'abstienne d'interférer dans la gestion interne de la cible ou de réduire son autonomie ; ainsi, la situation dans laquelle un acheteur attribuerait effectivement des fonctions à un nouveau responsable de la cible, pendant la période suspensive, constituerait un indice fort de son influence déterminante.

180. Enfin, la période préparatoire à l'opération ne doit pas conduire les parties à adopter des comportements commerciaux qu'elles n'auraient pas adoptés avant

l'opération, par exemple en concluant des accords commerciaux qui dérogeraient à la pratique normale de marché.

181. Pour déterminer le montant de la sanction, l'Autorité tient compte, notamment, des circonstances ayant abouti à la prise de contrôle et du comportement des entreprises en cause.

182. Le II de l'article L. 430-8 a été mis en œuvre dans une seule affaire à ce jour.

> Dans sa décision n° 16-D-24 du 8 novembre 2016, l'Autorité a établi que les comportements mis en œuvre par les sociétés Altice Luxembourg et SFR Group ont conduit à la réalisation avant autorisation des opérations de prise de contrôle exclusif par le groupe Altice de la société SFR, d'une part, et du groupe Omer Telecom Limited, d'autre part. L'Autorité a notamment constaté le rôle actif du groupe Altice dans la gestion opérationnelle à la fois des sociétés SFR et Omer Telecom Limited et l'existence d'échanges d'informations stratégiques entre les parties. S'agissant de la prise de contrôle de la société SFR, l'Autorité a notamment constaté que, pendant la période suspensive du contrôle des concentrations, le groupe Altice est intervenu dans la gestion opérationnelle de la société SFR avant autorisation (validation de décisions stratégiques, suspension de promotion), que les parties se sont coordonnées pour le rachat du groupe Omer Telecom Limited et ont, plus généralement, renforcé leurs liens économiques afin de mettre en place des stratégies coordonnées et qu'elles ont échangé des informations stratégiques. Concernant la prise de contrôle de la société Omer Telecom Limited, l'Autorité a constaté que, pendant la période suspensive du contrôle des concentrations, le groupe Altice a été amené à prendre des décisions stratégiques et a mis en place une surveillance hebdomadaire des performances économiques. En outre, le groupe Altice a eu accès à des informations commercialement sensibles. L'Autorité a tenu compte de l'ampleur et de l'importance particulière des activités concernées, de la durée de l'infraction, des risques d'effets anticoncurrentiels des comportements mis en cause et de la volonté des responsables de contourner de manière délibérée l'obligation légale de suspension. En conséquence, l'Autorité a sanctionné le groupe Altice à hauteur de 80 millions d'euros *[cette décision n'a pas fait l'objet de recours devant le Conseil d'État]*. Ce montant de sanction tenait compte d'une atténuation, l'entreprise mise en cause ayant accepté une transaction.

183. Il convient enfin de rappeler que la mise en œuvre anticipée d'une opération de concentration peut également conduire à la sanction des entreprises en cause au titre de la prohibition des pratiques anticoncurrentielles, qu'il s'agisse de la qualification d'entente illicite ou d'abus de position dominante. Un tel risque est d'autant plus important en présence d'une opération entre concurrents.

3 *L'omission ou la déclaration inexacte (III de l'article L. 430-8)*

184. Le III de l'article L. 430-8 prévoit qu'"en cas d'omission ou de déclaration inexacte dans une notification, l'Autorité de la concurrence peut infliger aux personnes ayant procédé à la notification une sanction pécuniaire". Cette sanction, en vertu du I de l'article L. 430-8, peut s'élever jusqu'à 5 % du chiffre d'affaires pour les personnes morales.

185. Pour déterminer le montant de l'amende, l'Autorité tient compte, notamment, des circonstances ayant abouti à l'omission ou à la déclaration inexacte, et du comportement des entreprises en cause au cours de la procédure. La mise en œuvre de ce dispositif de sanction fait l'objet d'une procédure contradictoire devant le collège de l'Autorité.

186. En outre, lorsque l'omission ou l'inexactitude entachant la notification est constatée postérieurement à la décision autorisant la réalisation de l'opération, la sanction peut s'accompagner du retrait de cette décision. En ce cas, "à moins de revenir à l'état antérieur à la concentration, les parties sont alors tenues de notifier de nouveau l'opération dans un délai d'un mois à compter du retrait de la décision",

sauf à encourir les sanctions prévues pour réalisation d'une opération sans notification préalable.

> Dans sa lettre C2006-96 du 13 novembre 2006, le ministre chargé de l'économie a sanctionné la société Vico à hauteur de 10 000 euros, pour avoir omis de signaler l'acquisition d'une autre société exerçant son activité sur le même marché de produits que celui concerné par l'opération. En outre, la société Vico avait déclaré à tort que la cible n'était pas présente sur certains segments d'activité. Toutefois, les inexactitudes et omissions ont été relevées à l'initiative des parties et avant que l'opération soit réalisée, ce qui témoignait de leur caractère involontaire. De plus, les inexactitudes et les omissions relevées n'étaient pas de nature à modifier le sens de la décision. Le ministre chargé de l'économie a ainsi tenu compte de ces circonstances pour le calcul du montant de l'amende en infligeant à la société Vico une sanction modérée. Comme le ministre avait déjà rendu sa décision d'autorisation en se fondant sur des motifs erronés, il a procédé à son retrait et adopté une nouvelle décision.

D *Les différentes phases de la procédure*

187. Le contrôle des concentrations est caractérisé par différentes phases, généralement encadrées par des délais légaux, qui se succèdent : demande de désignation d'un rapporteur (1.), pré-notification (2.), phase 1 (3.), phase 2 (4.), évocation du ministre chargé de l'économie (5.). A tout moment de la procédure, la partie notifiante peut retirer son dossier (6.).

1 *La demande de désignation d'un rapporteur*

188. Afin d'anticiper la notification prochaine d'une opération de concentration, les entreprises peuvent se rapprocher du service des concentrations en vue de formuler une demande de désignation d'un rapporteur, qui sera en charge de l'examen du dossier.

189. Cette demande, qui est facultative, doit être adressée directement par courrier électronique à l'adresse : controle.concentrations@autoritedelaconcurrence.fr. Elle doit comporter les éléments suivants :

– les coordonnées des parties et, le cas échéant, de leurs conseils ;

– des informations précises sur le type de dossier concerné (demande de confort, notification d'une opération avec ou sans phase de pré-notification, en procédure normale ou simplifiée, à la suite d'un renvoi de la Commission européenne) ;

– les entreprises concernées et leurs chiffres d'affaires respectifs ;

– la description précise de l'opération envisagée (nature de l'opération, activité des parties, marchés concernés et, le cas échéant, affectés, présentation des effets concurrentiels résultant de l'opération) ;

– le cas échéant, les autres États membres dans lesquels l'opération est également notifiable ;

– la date prévisible d'envoi du projet de pré-notification ou de notification.

190. A la suite de cette demande, le nom de l'adjoint au chef de service chargé de l'examen du dossier est communiqué à la partie notifiante dans un délai de cinq jours ouvrés.

2 *La phase de pré-notification*

191. La phase de pré-notification, qui est facultative, est déclenchée à l'initiative des entreprises qui souhaiteraient présenter leur projet de concentration au service des concentrations, en particulier lorsque des incertitudes pèsent sur la contrôlabilité de l'opération ou pour anticiper des discussions sur des délimitations de marché ou une analyse concurrentielle complexe. Une pré-notification peut également être faite lorsque la partie notifiante envisage un renvoi à la Commission.

192. Cette phase de pré-notification permet aux entreprises d'échanger de manière informelle avec le service des concentrations pour compléter leur dossier de notification et être en mesure de présenter un dossier susceptible de recevoir l'accusé de réception prévu par l'article R. 430-2 au jour de son dépôt. L'expérience de l'Autorité montre qu'un dossier de notification ayant fait l'objet d'une phase de pré-notification efficace, au cours de laquelle une version préliminaire du dossier de notification conforme à l'annexe 4-3 du code de commerce a été transmise et au terme de laquelle l'entreprise a été informée que les informations communiquées étaient jugées suffisantes pour son instruction, est généralement déclaré complet au jour où il est déposé.

193. La phase de pré-notification est par ailleurs utile pour l'analyse des effets anticoncurrentiels.

194. Pour déclencher cette phase, la partie notifiante adresse une présentation détaillée de l'opération, comprenant une description des entreprises concernées et de l'opération envisagée, ainsi qu'une analyse de la contrôlabilité de la concentration, complétée par des informations relatives aux marchés pertinents, concurrents, et parts de marché. Cette présentation peut prendre la forme d'une version préliminaire du dossier de notification conforme à l'annexe 4-3 du code de commerce.

195. Le dossier de pré-notification peut être adressé directement par courrier électronique à l'adresse : controle.concentrations@autoritedelaconcurrence.fr. Il n'est pas nécessaire de joindre l'intégralité des annexes envisagées. Elles pourront être transmises ultérieurement, à la demande du rapporteur, s'il estime qu'elles sont nécessaires à l'examen du dossier au stade de la pré-notification. A la suite de cet envoi le nom du ou des rapporteurs chargés de l'examen de la notification est communiqué à la partie notifiante dans un délai de cinq jours ouvrés si elle n'a pas fait usage du mécanisme de demande de désignation d'un rapporteur décrit précédemment. Ce délai sera plus bref si la partie notifiante a fait usage du mécanisme de demande de désignation d'un rapporteur.

196. La phase de pré-notification peut être initiée par les entreprises quel que soit le degré d'aboutissement du projet de concentration. Celui-ci doit toutefois être suffisamment avancé pour ne pas constituer une opération théorique. Cependant, si le principal objectif poursuivi par la partie notifiante est de minimiser le risque d'incomplétude du dossier de notification, la consultation du service des concentrations doit être engagée suffisamment en amont de la date à laquelle la partie notifiante a prévu de notifier l'opération, sur la base d'éléments d'information relatifs à l'opération et aux marchés concernés aussi détaillés que possible, et enfin le projet de dossier de notification doit effectivement être complété en fonction des questions posées par le rapporteur.

197. Lorsque les interrogations de la partie notifiante portent sur la contrôlabilité d'une opération, le service des concentrations examine les éléments fournis. S'il s'avère, au vu de ces éléments, que l'opération envisagée n'est pas contrôlable par l'Autorité, la partie notifiante en est informée par l'envoi d'une lettre de confort signée du chef du service des concentrations. Néanmoins, si la contrôlabilité pose des questions nouvelles, les entreprises peuvent être invitées à notifier l'opération afin que ces questions puissent être tranchées par l'Autorité dans le cadre d'un examen formel.

198. Les services de l'Autorité ne sont néanmoins pas habilités à répondre à des demandes de consultation juridique, et ne peuvent donc répondre à des demandes, notamment de contrôlabilité, portant sur des cas théoriques.

199. Lorsque la partie notifiante envisage de joindre à son dossier de notification des études économiques *ad hoc*, des réunions de travail peuvent être organisées avec le service des concentrations et le service économique, en particulier pour s'assurer que la méthodologie proposée est suffisamment robuste pour que les résultats des études puissent être admis dans le cadre de l'instruction. Plus ces réunions interviennent en amont de la procédure, plus elles sont susceptibles de permettre une contribution efficace des études économiques à l'analyse réalisée par l'Autorité. Pour

de plus amples détails, il convient de se reporter aux recommandations formulées par l'Autorité pour la soumission d'études économiques.

200. L'ensemble de la phase de pré-notification est strictement confidentiel : elle ne donne lieu ni à publicité sur le site Internet de l'Autorité, ni à des contacts avec des tiers. Néanmoins, sous réserve de l'accord préalable écrit de la partie notifiante, une consultation de marché (test de marché) peut être effectuée afin de réunir des informations plus précises sans attendre la notification et de contribuer ainsi à minimiser le risque d'incomplétude de la notification ou à anticiper d'éventuels problèmes de concurrence.

3 *La phase 1*

a) *Le dépôt du dossier de notification*

201. Pour les dossiers qui ne sont pas éligibles à la procédure de notification dématérialisée *[la procédure de notification dématérialisée est décrite aux paragraphes 234 et suivants ci-dessous]*, un exemplaire en version papier du dossier de notification doit être adressé au service des concentrations à l'adresse suivante :

> *Autorité de la concurrence*
> *A l'attention du chef de service des concentrations*
> *11, rue de l'Échelle F–75001 Paris (France)*

202. Le dossier de notification peut aussi être déposé les jours ouvrés entre 9 heures et 19 heures à la réception de l'Autorité, 11 rue de l'Échelle, à Paris. Lors de leur réception ou de leur dépôt, les dossiers de notification sont marqués d'un timbre indiquant leur date d'arrivée à l'Autorité.

203. De plus, l'article 27 du règlement intérieur de l'Autorité précise qu'un exemplaire doit être également fourni en version numérique au format PDF. Cet exemplaire peut être joint à l'exemplaire en version papier, sur un support matériel, ou adressé directement et concomitamment au dépôt du dossier papier à l'adresse controle.concentrations@autoritedelaconcurrence.fr en mentionnant, le cas échéant, la référence du dossier sous laquelle la demande de désignation d'un rapporteur ou la pré-notification a été enregistrée.

204. Dès réception du dossier de notification, l'Autorité en adresse un exemplaire numérique au ministre chargé de l'économie (article L. 430-3).

205. A la suite de ce dépôt, si la partie notifiante n'a pas fait usage du mécanisme de demande de désignation d'un rapporteur décrit précédemment et si l'opération n'a pas été pré-notifiée, le nom du ou des rapporteurs chargés de l'examen de la notification est communiqué à la partie notifiante dans un délai de cinq jours ouvrés.

206. Lorsque certains documents requis par l'annexe 4-3 de la partie réglementaire du code de commerce sont rédigés dans une langue étrangère, la traduction desdits documents exigée par le point 1. a) de l'annexe précitée peut se limiter aux passages nécessaires pour permettre à l'Autorité d'exercer son office en matière de contrôle des opérations de concentrations.

207. Le service des concentrations vérifie que le dossier est complet et envoie en ce cas un accusé de réception mentionnant la date du dépôt de la notification à la partie notifiante en vertu du III de l'article R. 430-2. Si le dossier est incomplet, le service des concentrations adresse à la partie notifiante une lettre d'incomplétude détaillant les éléments devant être complétés ou rectifiés. L'accusé de réception de complétude du dossier ou la lettre d'incomplétude est généralement envoyé dans un délai de dix jours ouvrés après la notification. La comptabilisation des délais d'instruction démarre à 0 heure du jour ouvré suivant celui mentionné sur l'accusé de réception.

b) *Le contenu du dossier de notification*

208. L'article R. 430-2 précise que "[l]e dossier de notification mentionné à l'article L. 430-3 comprend les éléments énumérés aux annexes 4-3 à 4-5 du présent

livre." Un formulaire type de notification est disponible sur le site Internet de l'Autorité. Il comprend cinq parties :

— une description de l'opération ;

— la présentation des entreprises concernées et des groupes auxquels elles appartiennent ;

— la présentation des marchés concernés (délimitation des marchés, parts de marché des parties) ;

— une présentation détaillée de chacun des marchés affectés ;

— une déclaration sur l'exactitude et la complétude des informations fournies.

209. La description de l'opération doit inclure un résumé non confidentiel de l'opération, destiné à être publié sur le site Internet de l'Autorité comme détaillé au c) ci-dessous. Ce résumé, limité à 500 mots, vise essentiellement à expliciter le périmètre de l'opération pour que les tiers soient en mesure de formuler leurs observations sur la concentration envisagée. Il doit à ce titre préciser toutes les informations permettant aux tiers d'identifier aisément les entreprises concernées et leurs activités. Ce résumé ne doit pas contenir d'éléments préliminaires d'appréciation sur les effets de l'opération.

210. Au titre de la description de l'opération, la partie notifiante doit également préciser la liste des États dans lesquels l'opération a été ou sera notifiée et les dates des différentes notifications. Si l'opération est notifiable dans d'autres États de l'Union européenne, l'Autorité informera rapidement les autorités des autres États membres et la Commission qu'un dossier de notification a été déposé et leur précisera le nom et les coordonnées du rapporteur en charge du dossier à l'Autorité, conformément au guide de procédure du Réseau des autorités européennes de concurrence (ECA) sur les échanges d'informations mutuels dans les notifications multiples. Cet échange peut éventuellement permettre aux autorités compétentes de coordonner leurs calendriers, autant qu'il est possible, ainsi que d'échanger un certain nombre d'éléments non confidentiels, comme par exemple une appréciation sur les définitions des marchés pertinents. Avec l'accord des parties, elles peuvent procéder à des échanges d'informations confidentielles. Par ailleurs, ce mécanisme peut aussi faciliter la mise en œuvre conjointe du renvoi de l'opération à la Commission prévu par l'article 22 du Règlement 139/2004.

211. Une présentation détaillée des marchés n'est demandée que lorsqu'un marché est affecté, au sens de l'annexe 4-3, afin d'alléger le dossier de notification pour les opérations les plus simples.

212. Par ailleurs, lorsque l'instruction le nécessite, l'analyse concurrentielle de zones locales pourra s'appuyer, pour les marchés affectés, sur des cartes délimitant ces zones, figurant la localisation des sites depuis lesquels les parties sont actives et de leurs concurrents et indiquant les courbes isochrones pertinentes pour le marché considéré (c'est-à-dire les courbes en temps de trajet à partir des sites considérés).

213. S'agissant des marchés affectés, la partie notifiante doit apporter une attention particulière aux indications relatives à leurs principaux concurrents, clients et fournisseurs. Ces informations doivent être soigneusement vérifiées car elles serviront, le cas échéant, à l'envoi de questionnaires pour la réalisation d'un test de marché. La partie notifiante doit fournir les coordonnées (adresse électronique individuelle et numéro de téléphone d'une ligne directe) d'interlocuteurs qualifiés ou, à défaut, du responsable des entreprises concernées.

214. Enfin, il convient de joindre au dossier de notification une copie des actes juridiques nécessaires à la bonne compréhension de l'opération, comme, par exemple, les accords entre les parties, les contrats de distribution, les contrats de franchise, la décision de tribunal du commerce dans le cas des entreprises reprises dans le cadre des procédures collectives, etc. Dans une décision du 9 avril 1999, le Conseil d'État, amené à se prononcer sur la nature de ces informations, a notamment inclus les "informations nécessaires pour identifier les entreprises avec lesquelles la société The Coca Cola Company se trouve économiquement liée ainsi que pour déterminer les marchés à prendre en compte et pour calculer les parts détenues sur ces marchés par les parties à l'opération de concentration".

215. En cas de doute sur le contenu précis du dossier, la partie notifiante peut contacter le service des concentrations, en amont de la notification, par exemple dans le cadre d'une pré-notification, afin de préciser quels sont les éléments nécessaires à l'examen de la concentration envisagée.

216. En tout état de cause, il convient de rappeler qu'il appartient à la partie notifiante de communiquer, dans le cadre de son dossier de notification, des informations exactes, exhaustives et vérifiées. En effet, la communication d'informations inexactes ou incomplètes dans un dossier de notification constitue une infraction qui peut être sanctionnée au titre du III de l'article L. 430-8 du code de commerce.

217. Le dossier de notification est strictement confidentiel à l'égard des tiers. La Commission d'accès aux documents administratifs ("CADA") a estimé que les éléments du dossier de notification, autres que le résumé dont la publication est prévue à l'article L. 430-3, et ses annexes, relèvent soit du secret des informations économiques et financières, soit du secret des stratégies commerciales et qu'ils sont à ce titre protégés par le II de l'article 6 de la loi du 17 juillet 1978 relative à la communication des documents administratifs *[avis de la CADA n° 20141669 du 22 mai 2014]*. Par ailleurs, la loi n° 2011-525 du 17 mai 2011 de simplification et d'amélioration de la qualité du droit, a exempté l'ensemble des "documents élaborés ou détenus par l'Autorité de la concurrence dans le cadre de l'exercice de ses pouvoirs d'enquête, d'instruction et de décision" du champ d'application des dispositions organisant l'accès aux documents administratifs.

Les marchés concernés

218. Selon la définition énoncée à l'annexe 4-3, un marché concerné est un "marché pertinent, défini en termes de produits et en termes géographiques, sur lequel l'opération notifiée a une incidence directe ou indirecte".

219. La notification doit ainsi comprendre une définition de chaque marché concerné, ainsi qu'une description précise des arguments ayant conduit à la délimitation proposée, compte-tenu notamment de la pratique décisionnelle antérieure des autorités nationales et européennes de concurrence.

220. Les informations liées à la définition des marchés et aux parts de marché représentent le motif le plus fréquent d'incomplétude d'un dossier et doivent donc faire l'objet d'une attention particulière. La partie notifiante doit présenter les parts de marché des parties et celles des concurrents en considérant l'ensemble des segmentations possibles retenues ou envisagées par la pratique décisionnelle des autorités nationale et européenne de concurrence.

Les marchés affectés

221. Selon l'annexe 4-3, un marché concerné est considéré comme affecté si au moins l'une des trois conditions suivantes est vérifiée :

– deux ou plusieurs entreprises concernées ou groupes auxquels elles appartiennent exercent des activités sur ce marché et leurs parts de marché cumulées atteignent 25 % ou plus ;

– une entreprise concernée au moins exerce des activités sur ce marché et une autre de ces entreprises ou groupes exerce des activités sur un marché situé en amont, en aval ou connexe, qu'il y ait ou non des relations de fournisseur à client entre ces entreprises, dès lors que, sur l'un ou l'autre de ces marchés, l'ensemble de ces entreprises ou groupes détiennent plus de 30 % de parts de marché ;

– l'opération conduit à la disparition d'un concurrent potentiel sur l'un des marchés sur lesquels les parties sont actives.

222. Pour chaque marché affecté, la partie notifiante doit fournir une présentation détaillée du marché et des entreprises qui y sont actives. L'annexe 4-3 énumère les informations devant obligatoirement figurer dans le dossier.

223. Lorsque la partie notifiante rencontre des difficultés pour réunir les informations requises, elle le signale rapidement au rapporteur désigné, notamment, le cas échéant, au cours de la phase de pré-notification du dossier.

Le calcul des parts de marché

224. Pour chaque marché concerné et affecté, la partie notifiante doit estimer les parts de marché des entreprises concernées et des groupes auxquels elles appartiennent, ainsi que celles de leurs principaux concurrents.

225. Afin de permettre une instruction rapide du dossier, la partie notifiante est invitée à présenter les parts de marché des parties et celles des concurrents en considérant l'ensemble des segmentations possibles, envisagées ou retenues par la pratique décisionnelle des autorités de concurrence, en particulier les plus étroites, même si elle ne partage pas l'analyse ayant conduit à ces délimitations.

226. En règle générale, la part de marché d'une entreprise se calcule, en valeur, en rapportant son chiffre d'affaires hors taxes au chiffre d'affaires hors taxes réalisé par l'ensemble des opérateurs sur le marché concerné. Néanmoins, dans certains cas, il n'est pas possible ou peu pertinent de ne prendre en compte dans l'analyse que la part de marché en valeur calculée à partir des chiffres d'affaires. Des données en volume ou en capacité peuvent parfois offrir une mesure alternative de la position des entreprises. Par exemple, il est usuel, pour les marchés de la distribution au détail (en magasins physiques), d'analyser les parts de marché calculées à partir des surfaces de vente, en plus ou à défaut des parts de marchés *[marché]* en valeur. La partie notifiante peut proposer des modes alternatifs de calcul des parts de marché en justifiant sa proposition et en indiquant clairement les hypothèses utilisées, sans que cela la dispense de soumettre des parts de marché calculées selon la méthode usuelle.

227. L'appréciation des parts de marché dépend de la fiabilité des données sources utilisées. La partie notifiante est invitée à indiquer de façon précise toutes les étapes du calcul, à préciser quelles sont ses sources, et, le cas échéant, à joindre les données correspondantes, qu'il s'agisse de données publiques, de statistiques professionnelles, d'études de marché ou de toute autre source.

228. L'Autorité peut être amenée à confronter les estimations fournies par la partie notifiante avec des informations obtenues auprès de ses concurrents, fournisseurs ou clients. Ce travail de recoupement est réalisé en protégeant le secret des affaires des parties et des tiers interrogés. Il est donc important que la partie notifiante précise si les sources utilisées sont publiques et disponibles pour l'ensemble des entreprises sur un marché (comme, par exemple, les données publiées par l'Arcep dans les télécommunications) ou si elles sont confidentielles.

Le tronc commun au dossier de notification

229. Le contenu du dossier de notification peut être allégé pour les entreprises qui procèdent à un nombre important de notifications par an, comme des fonds d'investissement ou des acteurs importants du commerce de détail. Elles peuvent, après la clôture des comptes annuels, fournir au service des concentrations un tronc commun en format électronique, contenant les informations générales susceptibles d'être répétées dans toutes les notifications de l'année à venir. Elles peuvent ensuite limiter le contenu de leur notification aux informations spécifiques à l'opération, sauf s'il survient un événement majeur en cours d'année et sous réserve de l'actualisation des chiffres d'affaires à la suite des acquisitions (ou des cessions) réalisées.

Le dossier simplifié

230. Le contenu du dossier de notification peut également être allégé pour les opérations suivantes, dont il est supposé *a priori* qu'elles ne sont pas susceptibles de porter atteinte à la concurrence et qui sont éligibles à une procédure dite simplifiée :

— lorsque la part de marché cumulée des entreprises concernées est inférieure à 25 % sur des marchés définis de manière constante par la pratique décisionnelle ;

— en cas de chevauchement d'activité entre les parties, lorsque la part de marché cumulée des entreprises concernées est inférieure à 50 % et l'addition de parts de marché résultant de l'opération inférieure à 2 points sur des marchés définis de manière constante par la pratique décisionnelle ;

— en cas de présence sur des marchés liés verticalement, lorsque la part de marché cumulée des entreprises concernées sur ces marchés est inférieure à 30 % sur des marchés définis de manière constante par la pratique décisionnelle ;

— en cas de présence sur des marchés connexes, lorsque les parts de marché des entreprises concernées sur les marchés liés sont inférieures à 30 % sur des marchés définis de manière constante par la pratique décisionnelle ;

— en cas d'acquisition de contrôle exclusif d'entreprises, lorsque l'acquéreur exerçait un contrôle conjoint de la cible préalablement à l'opération ;

— lorsque l'opération porte sur la création d'une entreprise commune de plein exercice exclusivement active en dehors du territoire national ;

— lorsque l'opération concerne la prise de contrôle conjoint d'un actif immobilier en vente en l'état futur d'achèvement (VEFA).

231. Pour ces opérations, la partie notification peut, aux points suivants du formulaire de notification prévu à l'annexe 4-3 :

— au point 2c, ne donner un tableau récapitulatif des données financières que pour le dernier exercice clos ;

— au point 2e, ne pas fournir "la liste et la description de l'activité des entreprises avec lesquelles les entreprises ou groupes concernés et les groupes auxquels elles appartiennent entretiennent des liens contractuels significatifs et durables sur les marchés concernés par l'opération, la nature et la description de ces liens".

232. Le service des concentrations vérifie le plus rapidement possible que l'opération remplit les conditions exposées précédemment et est éligible à la procédure simplifiée. Dans l'affirmative, la partie notifiante en sera informée concomitamment à l'envoi de l'accusé de réception de complétude prévu par le III de l'article R. 430-2.

233. Cependant, quand bien même une opération remplirait, *prima facie,* les conditions susvisées, un dossier complet, conforme aux dispositions de l'annexe 4-3, peut toujours être demandé à la partie notifiante si les spécificités de l'espèce le justifient. Dans ce cas, la transmission des informations complémentaires demandées sera exigée préalablement à l'envoi d'un accusé de réception du dossier.

La notification dématérialisée

234. Certaines des opérations mentionnées ci-dessus peuvent être notifiées de manière dématérialisée. Il s'agit de :

— toute opération notifiée en application du II de l'article L. 430-2 sous réserve qu'elle n'entraîne pas un changement d'enseigne du ou des magasins de commerce de détail concernés ;

— toute opération qui ne se traduit pas par un chevauchement d'activités entre les parties, qu'il soit de nature horizontale, verticale ou conglomérale.

235. La première condition couvre essentiellement les nombreuses opérations réalisées par les têtes de réseau des grands groupes de distribution à dominante alimentaire pour la gestion de ces réseaux. En ce qui concerne les opérations concernant des concessions automobiles, les marques de véhicules des concessionnaires automobiles peuvent être considérées comme une enseigne et les opérations relatives à l'acquisition de concessions automobiles peuvent bénéficier de cette procédure dématérialisée.

236. La seconde condition englobe la plupart des opérations menées par des fonds d'investissement. Elle est également remplie quand les entreprises concernées ne comptent aucun fonds d'investissement mais ne sont pas présentes simultanément sur les mêmes marchés ou sur des marchés connexes ou reliés verticalement. En revanche, les opérations qui concernent des fonds d'investissement détenant des participations contrôlantes dans des entreprises situées sur les mêmes marchés ou sur des marchés connexes ou reliés verticalement à ceux des actifs cibles ne bénéficient pas de cette procédure dématérialisée.

237. Les opérations concernant les départements d'outre-mer, le département de Mayotte, dans les îles Wallis-et-Futuna ou les collectivités d'outre-mer de Saint-Pierre-et-Miquelon, Saint-Martin et Saint-Barthélemy bénéficient de cette procédure dématérialisée si les conditions exposées ci-dessus sont remplies.

238. Cependant, l'Autorité peut, lorsqu'elle l'estime nécessaire, décider d'établir une décision en dehors de cette procédure, même si l'opération remplit les conditions précisées ci-dessus.

239. Pour chaque type d'opération, il existe un formulaire de pré-notification permettant des échanges entre la partie notifiante et le rapporteur en charge du dossier, et un formulaire de notification :

— Formulaire de dépôt de pré-notification d'une opération de concentration relevant de la procédure dématérialisée – secteur de la distribution alimentaire ;

– Formulaire de dépôt de notification d'une opération de concentration relevant de la procédure dématérialisée – secteur de la distribution alimentaire ;
– Formulaire de dépôt de pré-notification d'une opération de concentration relevant de la procédure dématérialisée – secteur automobile ;
– Formulaire de dépôt de notification d'une opération de concentration relevant de la procédure dématérialisée – secteur automobile ;
– Formulaire de dépôt de pré-notification d'une opération de concentration relevant de la procédure dématérialisée – absence de chevauchement d'activité ;
– Formulaire de dépôt de notification d'une opération de concentration relevant de la procédure dématérialisée – absence de chevauchement d'activité.

240. Pour chacun de ces formulaires, les informations demandées sont les suivantes :
– le mandat ou les coordonnées du représentant de la partie notifiante ;
– les actes soumis à notification ;
– le résumé de l'opération ne contenant aucune information confidentielle, destiné à être publié sur le site Internet de l'Autorité ;
– la description des aspects juridiques de l'opération ;
– les pays dans lesquels l'opération sera notifiée ;
– la présentation des entreprises concernées et des groupes auxquels elles appartiennent : description des entreprises et comptes sociaux ou comptes consolidés ;
– le tableau récapitulatif des données financières du dernier exercice clos (un modèle est disponible en ligne) ;
– la liste des opérations de concentration réalisées au cours des deux dernières années (un modèle est disponible en ligne) ;
– les marchés concernés identifiés par la pratique décisionnelle et l'analyse concurrentielle (un modèle est disponible en ligne) ;
– la déclaration concluant la notification.

c) *La publication du communiqué relatif au dépôt du dossier*

241. L'article L. 430-3 prévoit que l'Autorité publie un communiqué lors de la réception d'un dossier de notification ou du renvoi total ou partiel d'une opération de concentration de dimension européenne, dans un délai de cinq jours ouvrés. Ce communiqué est mis en ligne sur le site Internet de l'Autorité.

242. Ce communiqué contient les éléments prévus à l'article R. 430-4 :
– les noms des entreprises concernées et des groupes auxquels elles appartiennent ;
– la nature de l'opération (fusion, prise de contrôle, création d'entreprise commune) ;
– les secteurs économiques concernés ;
– le délai dans lequel les tiers intéressés sont invités à faire connaître leurs observations ;
– le résumé non confidentiel de l'opération fourni par la partie notifiante sous leur *[son]* entière responsabilité et qui doit permettre, comme indiqué au paragraphe 209 ci-dessus, d'identifier aisément les entreprises concernées et leurs activités ; et
– une mention spécifique s'il s'agit d'un renvoi d'une opération de concentration de dimension européenne.

243. Les tiers intéressés sont invités à transmettre leurs observations par courrier électronique (controle.concentrations@autoritedelaconcurrence.fr) en précisant les références de l'opération sur laquelle ils désirent apporter une contribution. Ils peuvent également contacter le service des concentrations par téléphone en appelant au +33 1 55 04 01 72.

244. Le délai dans lequel les tiers intéressés sont invités à faire connaître leurs observations est généralement de quinze jours ouvrés à compter de la date de cette publication. Il est généralement réduit à dix jours ouvrés lorsque l'opération est éligible à une procédure simplifiée. Ce délai peut être réduit lorsque les particularités du dossier le justifient.

245. Ce délai n'est pas impératif : toutes observations parvenues à l'Autorité avant que sa décision ne soit rendue sont susceptibles d'être prises en compte dans l'examen de l'opération. Néanmoins, compte tenu toutefois des délais internes de traitement des dossiers, une observation reçue au-delà du délai court le risque de ne pouvoir être prise en compte dans la décision.

246. La partie notifiante est invitée à prendre en compte les conséquences de cette publication dans l'organisation de la communication relative à son opération, en particulier vis-à-vis des représentants du personnel des entreprises concernées.

d) *Les délais d'examen*

247. Les délais qui régissent le contrôle des concentrations sont exprimés en jours ouvrés. Les jours ouvrés ne comprennent ni les samedis et dimanches, ni les jours fériés. La liste des jours fériés est celle donnée par l'article L. 3133-1 du code du travail dans la rédaction en vigueur le jour du dépôt de la notification.

L'encadrement des phases de procédure

248. La phase 1 débute le jour ouvré suivant la date de réception par l'Autorité du dossier de notification complet et dure vingt-cinq jours ouvrés (I de l'article L. 430-5). Cette date est matérialisée par un accusé de réception du dossier complet adressé à la partie notifiante. La phase 1 est automatiquement prolongée de quinze jours ouvrés en cas de réception par l'Autorité d'engagements proposés par la partie notifiante (II de l'article L. 430-5) *[les délais peuvent aussi être suspendus en cas de mise en œuvre de l'article 22 du règlement 139/200.]*. Ce délai représente un délai maximal qui peut se voir réduit lorsque les circonstances de l'espèce le permettent. Toutefois, le délai ne pourra jamais être inférieur au délai dans lequel les tiers intéressés sont invités à faire connaître leurs observations, qui est précisé dans le communiqué de l'Autorité mis en ligne sur son site Internet.

249. En cas de procédure simplifiée, le délai dans lequel l'Autorité rend sa décision est de quinze jours ouvrés en moyenne.

250. La phase 2 dure soixante-cinq jours ouvrés (I de l'article L. 430-7). L'ouverture de l'examen approfondi est matérialisée par une décision d'ouverture d'examen approfondi. Lorsque la partie notifiante transmet des engagements ou des modifications à des engagements déjà proposés moins de vingt jours ouvrés avant la fin du délai de phase 2, le délai de phase 2 expire vingt jours ouvrés après leur réception dans la limite de quatre-vingt-cinq jours ouvrés à compter de l'ouverture de l'examen approfondi (II de l'article L. 430-7).

La suspension des délais à l'initiative de l'Autorité

251. En vertu des articles L. 430-5 et L. 430-7, l'Autorité dispose, à son initiative, d'une procédure dite "d'arrêt des pendules". Ce mécanisme permet de suspendre le délai d'examen de l'opération dans deux cas :

– Si la partie notifiante manque à une obligation d'information de tout fait nouveau dès sa survenance au cours de l'instruction, le délai peut être suspendu à partir de la survenance du fait nouveau et ce jusqu'à la date à laquelle la partie notifiante informe l'Autorité. Ce dispositif est proche de celui retenu en droit européen. En effet, l'article 9, paragraphe 3, c) du règlement (CE) n° 802/2004 précise que lorsque la partie notifiante omet d'informer la Commission de modifications des faits ou d'informations nouvelles, les délais sont suspendus "pendant la période comprise entre la modification des faits en question et la réception des informations complètes et exactes". L'article 9, paragraphe 4 du même règlement dispose en outre que : "La suspension des délais commence le jour suivant celui de la survenance du motif de suspension. Elle expire à la fin du jour de la disparition du motif de la suspension. Si ce jour n'est pas un jour ouvrable, la suspension expire à la fin du premier jour ouvrable qui suit." ;

– Si la partie notifiante ne fournit pas à l'Autorité, en tout ou en partie, les informations qui leur ont été demandées dans le délai fixé ou si les parties empêchent, de quelque façon que ce soit, des tiers de répondre à des demandes d'informations formulées par l'Autorité, les délais peuvent être suspendus pendant la période comprise entre la fin du délai fixé dans la demande d'informations et la réception des informations complètes et exactes requises dans cette demande.

252. Lorsque l'un ou l'autre de ces cas justifiant la mise en œuvre de cette procédure se présente, la partie notifiante est informée de la suspension des délais au moyen d'une lettre du chef du service des concentrations.

253. Dans tous les cas, les délais ne courent à nouveau que lorsque la cause génératrice de la suspension aura disparu, des informations complètes et exactes ayant été communiquées à l'Autorité. La partie notifiante est avisée de la fin de la suspension des délais par une lettre du chef du service des concentrations.

La suspension des délais à l'initiative de la partie notifiante

254. La partie notifiante peut également demander une suspension des délais d'examen dans la limite de quinze jours ouvrés (II de l'article L. 430-5 et article L. 430-7). Cette demande peut intervenir "en cas de nécessité particulière, telle que la finalisation des engagements". Elle doit, par conséquent, être motivée.

e) *La conduite de l'examen de phase 1*

255. Compte tenu de son caractère très bref, justifié par le souci de ne pas retarder de façon non nécessaire la réalisation d'opérations de concentration sur lesquelles pèsent de fortes contraintes économiques, l'examen de phase 1 est nécessairement conduit dans un esprit de coopération entre les parties et l'Autorité afin des réunir les éléments nécessaires à une décision motivée.

256. L'examen de l'opération envisagée est réalisé par le service des concentrations. Le service des concentrations s'appuie, en tant que de besoin, sur le service économique et le service juridique de l'Autorité.

257. Conformément à l'article L. 450-1, les rapporteurs du service des concentrations, en tant qu'agents des services d'instruction de l'Autorité habilités à cet effet par le rapporteur général, peuvent procéder à toute enquête nécessaire à l'application des dispositions du titre III (concentration économique) du code de commerce, sur l'ensemble du territoire national.

258. En application de l'article L. 450-3, les rapporteurs peuvent demander communication de tous documents professionnels et recueillir les renseignements et justifications qu'ils jugent nécessaires à l'instruction des affaires dont ils ont la charge, aussi bien auprès des parties que des tiers. En l'absence de questionnaire adressé sur le fondement des articles L. 430-5 et L. 430-7 du code de commerce, les demandes d'informations complémentaires faites à la partie notifiante ne suspendent pas le délai déclenché à la date mentionnée par l'accusé de réception de complétude d'un dossier de notification, mais la partie notifiante est invitée à y répondre avec toute la diligence requise afin de lever les doutes résultant d'une information incomplète, sous peine d'engager sa responsabilité. Si besoin, un tel questionnaire pourrait être transformé en questionnaire relevant de la procédure dite "d'arrêt des pendules".

259. Le V de l'article L. 464-2 prévoit que "lorsqu'une entreprise ou un organisme ne défère pas à une convocation ou ne répond pas dans le délai prescrit à une demande de renseignements ou de communication de pièces formulée par un des agents visés au I de l'article L. 450-1 dans l'exercice des pouvoirs qui lui sont conférés par les titres V et VI du livre IV, l'Autorité peut, à la demande du rapporteur général, prononcer à son encontre une injonction assortie d'une astreinte, dans la limite prévue au II. Lorsqu'une entreprise a fait obstruction à l'investigation ou à l'instruction, notamment en fournissant des renseignements incomplets ou inexacts, ou en communiquant des pièces incomplètes ou dénaturées, l'Autorité peut, à la demande du rapporteur général, et après avoir entendu l'entreprise en cause et le commissaire du Gouvernement, décider de lui infliger une sanction pécuniaire. Le montant maximum de cette dernière ne peut excéder 1 % du montant du chiffre d'affaires mondial hors taxes le plus élevé réalisé au cours d'un des exercices clos depuis l'exercice précédant celui au cours duquel les pratiques ont été mises en œuvre."

260. Par ailleurs, l'article L. 450-8 précise qu'"est puni d'un emprisonnement de deux ans et d'une amende de 300 000 euros le fait pour quiconque de s'opposer, de

quelque façon que ce soit, à l'exercice des fonctions dont les agents mentionnés à l'article L. 450-1 sont chargés en application du présent livre".

261. Le rapporteur désigné vérifie si l'opération est contrôlable en vertu des articles L. 430-1 et L. 430-2, analyse si la délimitation des marchés pertinents proposée par la partie notifiante est adaptée, évalue les effets de l'opération sur la concurrence, et, le cas échéant, la pertinence des engagements proposés. Les objectifs, méthodes et critères utilisés pour les analyses au fond sont détaillés au III du présent document.

262. Le président de l'Autorité, qui est compétent en phase 1 pour prendre la décision au nom de l'Autorité, peut déléguer un vice-président pour statuer sur une opération. Il peut également, dans tous les cas, désigner un ou plusieurs référents, choisis parmi les vice-présidents ou les membres du collège, pour l'éclairer par un avis informel.

263. Pour mener son analyse, le rapporteur s'appuie sur les données et les arguments fournis par la partie notifiante. Au cours de son instruction, il peut demander à la partie notifiante des informations complémentaires nécessaires à l'approfondissement de certains aspects de la concentration. Il confronte ces informations avec la pratique décisionnelle des autorités de concurrence, toutes les informations publiques disponibles et tout élément porté à sa connaissance par des tiers, en particulier dans le cadre d'un test de marché. Lorsque le secteur concerné par l'opération le justifie, le rapporteur peut également contacter les autorités administratives indépendantes ou les services administratifs compétents pour l'éclairer sur le fonctionnement d'un secteur et les enjeux de l'opération étudiée *[V. en ce sens la décision nº 19-DCC-157 du 12 août 2019 relative à la création d'une entreprise commune par les sociétés France Télévisions, TF1 et Métropole Télévision dans le cadre de laquelle l'Autorité s'est appuyée sur l'avis nº 2019-05 du 17 juill. 2019 du Conseil supérieur de l'audiovisuel]*.

264. L'Autorité considère que le partage rapide du diagnostic concurrentiel et l'échange franc et constructif avec la partie notifiante, notamment lorsque des mesures correctives sont envisageables, constituent un gage de succès du contrôle des concentrations. L'organisation de réunions avec la partie notifiante à des points clefs de la procédure peut contribuer à cet objectif. Cette démarche volontaire et facultative peut en effet aider l'Autorité à compléter son information, lui donner l'opportunité de faire le point sur le dossier avec la partie notifiante et permettre à cette dernière d'anticiper la préparation des étapes ultérieures de la procédure. L'Autorité pourra donc être amenée à prendre l'initiative d'organiser de telles réunions au cas par cas.

265. Lorsque l'instruction le nécessite, le rapporteur peut réaliser divers actes de procédure, notamment :

— l'envoi de questionnaires à la partie notifiante, incluant éventuellement la communication de documents internes de la partie notifiante ;

— la réalisation d'un test de marché auprès de clients, de fournisseurs et de concurrents des parties, incluant éventuellement la communication de documents internes des tiers ;

— l'audition de la partie notifiante ou de tout autre acteur du marché.

266. Les entreprises actives sur des secteurs sur lesquels une concentration est envisagée sont vivement invitées à communiquer toute information et tout commentaire quant aux risques que pourrait faire courir l'opération pour la concurrence afin de permettre à l'Autorité de nourrir son analyse concurrentielle, comme indiqué ci-dessus au c). Néanmoins, l'objectif du contrôle des concentrations est de préserver la concurrence et non les concurrents considérés individuellement. Par conséquent, les tiers ne peuvent se prévaloir d'un droit à ce que leurs observations soient reprises dans les analyses de l'Autorité, ou d'un droit à obtenir certaines mesures correctives ou certains types de décision.

267. Conformément à l'article L. 430-10, les tiers peuvent demander la confidentialité pour leurs réponses aux questionnaires, comme pour leurs auditions ou les observations transmises à l'Autorité.

268. Par conséquent, les tiers sont invités à joindre à leurs contributions une version non confidentielle susceptible d'être communiquée à la partie notifiante. Les tiers peuvent également demander l'anonymat de leurs réponses.

269. En matière de gestion du secret des affaires, un régime particulier est prévu pour le contrôle des concentrations, à l'article R. 463-15-1. Il différe *[diffère]* de celui applicable aux autres procédures de l'Autorité, afin d'éviter des délais préjudiciables pour les entreprises.

270. Ainsi, s'il y a lieu de communiquer à des tiers ou à la partie notifiante des documents qui, dans une version complète, comportent des informations couvertes par un secret d'affaires signalé par les personnes ayant apporté ces éléments à l'Autorité, le rapporteur peut préparer une version non confidentielle des documents concernés ou transmettre directement la version non confidentielle préparée par ces dernières.

271. A la demande de la partie notifiante, un résumé des réponses des tiers au test de marché, tenant compte des demandes de confidentialité éventuellement faites, peut lui être fourni, en général par oral.

272. Lorsque l'instruction laisse subsister des doutes sérieux quant aux effets de l'opération sur la concurrence, le service des concentrations fait part de son analyse à la partie notifiante et la met en mesure de donner son point de vue et éventuellement de le soutenir par la communication d'éléments complémentaires.

273. La partie notifiante est informée oralement du fait que l'opération soulève des doutes sérieux dans un délai raisonnable avant la fin du délai prévu à l'article L. 430-5.

f) *Les engagements de phase 1*

274. Le II de l'article L. 430-5 précise : "les parties à l'opération peuvent s'engager à prendre des mesures visant notamment à remédier, le cas échéant, aux effets anticoncurrentiels de l'opération soit à l'occasion de la notification de cette opération, soit à tout moment avant l'expiration du délai de vingt-cinq jours ouvrés à compter de la date de réception de la notification complète, tant que la décision prévue au I n'est pas intervenue".

275. Ces engagements peuvent être proposés à tout moment au cours de l'instruction. Ils peuvent être discutés en pré-notification, joints au dossier de notification ou proposés durant le déroulement de la phase 1, le plus tôt possible dans la procédure afin de faciliter leur prise en compte dans l'analyse.

276. Lorsque des engagements paraissent nécessaires mais que la partie notifiante n'en a pas proposés *[proposé]*, l'Autorité l'invite à le faire.

277. Le dépôt d'engagements signés prolonge automatiquement le délai maximal de phase 1 de quinze jours ouvrés. Par ailleurs, les délais d'examen peuvent être suspendus, sur demande de la partie notifiante, dans la limite de quinze jours ouvrés en cas de nécessité particulière, telle que la finalisation des engagements.

278. Les engagements prennent la forme d'une lettre, signée par le représentant légal ou les conseils de la partie notifiante, qui doit comporter une liste précise, détaillée et exhaustive des actions ou comportements auxquels la partie notifiante s'engage pour pouvoir réaliser l'opération envisagée.

279. En cas d'engagements structurels, la partie notifiante doit prévoir les moyens permettant de garantir, pendant la période transitoire entre l'autorisation de l'opération et la réalisation des cessions, l'indépendance, la viabilité économique, la valeur et la compétitivité de ces actifs.

280. En cas d'engagements comportementaux, la partie notifiante doit démontrer leur faisabilité opérationnelle et les moyens proposés pour en assurer la vérification.

281. Quels que soient les engagements proposés, ils doivent explicitement faire référence aux moyens de leur suivi par l'Autorité. Pour plus de détails sur la nature des engagements, il convient de se reporter à la section sur les mesures correctives.

282. Le service des concentrations évalue la recevabilité des engagements proposés, en fonction des atteintes à la concurrence que l'opération est susceptible de provoquer. Ces engagements peuvent être testés auprès d'acteurs des marchés

concernés, dans le respect du secret des affaires des parties. Pour ce faire, la partie notifiante doit transmettre une version non confidentielle de ses engagements.

g) *Les décisions de phase 1*

283. Le III de l'article L. 430-5 prévoit que : "l'Autorité de la concurrence peut :
– soit constater, par décision motivée, que l'opération qui lui a été notifiée n'entre pas dans le champ défini par les articles L. 430-1 et L. 430-2 ;
– soit autoriser l'opération, en subordonnant éventuellement, par décision motivée, cette autorisation à la réalisation effective des engagements pris par les parties ;
– soit, si elle estime qu'il subsiste un doute sérieux d'atteinte à la concurrence, engager un examen approfondi dans les conditions prévues à l'article L. 430-6".

284. Le IV de l'article L. 461-3 précise que les décisions prévues à l'article L. 430-5 peuvent être prises par le président ou un vice-président qu'il désigne.

285. La décision est notifiée à la partie notifiante ainsi qu'au ministre chargé de l'économie (article R. 430-7).

286. La publication des décisions de l'Autorité se fait dans le respect de l'intérêt légitime de la partie notifiante et des personnes citées dans la décision à ce que leurs secrets d'affaires ne soient pas divulgués (article D. 430-8).

287. La protection des secrets d'affaires des tiers est assurée par l'Autorité, en tenant notamment compte des demandes formulées au cours de l'instruction. La partie notifiante dispose d'un délai de quinze jours calendaires pour indiquer, par courriel, les mentions relevant du secret des affaires qu'elle souhaite voir occultées (article R. 430-7).

288. La détermination de ce qui relève ou non du secret des affaires est toujours appréciée au cas par cas. Il est par conséquent impératif que la partie notifiante qui demande l'occultation de certaines données le fasse d'une manière précise et circonstanciée. Les éléments pour lesquels l'occultation demandée n'aura pas été justifiée, ou aura été appuyée par des justifications considérées comme insuffisantes, ne seront pas occultés. Lorsque les demandes d'occultation de la partie notifiante ne sont pas acceptées dans leur intégralité, le service des concentrations lui adresse une version aménagée de la décision, avant sa publication, afin qu'elle puisse faire ses observations.

289. Certains éléments ne peuvent pas, en principe, être occultés :
– les informations dont la publication est obligatoire en application de la réglementation en vigueur en France ou dans un autre pays de l'Union européenne. Si une obligation de publicité pèse sur les entreprises en vertu de la réglementation, mais que les entreprises n'ont pas déféré à cette obligation (ex. : dépôt annuel des comptes au registre du commerce et des sociétés), les entreprises ne pourront pas alléguer leur manquement pour justifier du caractère confidentiel d'une donnée ;
– les informations divulguées par l'entreprise elle-même, au-delà de ses obligations légales et réglementaires : rapports annuels, site Internet ;
– les informations aisément accessibles, notamment celles issues d'un retraitement des données publiques (informations figurant sur des banques de données Internet, informations accessibles par le biais d'instituts chargés d'études, etc.) ;
– les informations ayant perdu leur importance commerciale (par l'écoulement du temps ou pour toute autre raison). En principe, il n'y a pas lieu d'occulter les données datant de cinq ans et plus ;
– les informations faisant partie de l'analyse concurrentielle ou la description des engagements consentis par la partie notifiante, ces derniers faisant partie intégrante de la décision d'autorisation.

290. Les demandes d'occultation peuvent notamment porter sur :
– les informations non chiffrées qui auraient par exemple trait à des secrets de fabrication, des secrets industriels, à l'organisation interne ou à la stratégie commerciale de l'entreprise ;
– les données chiffrées : chiffres d'affaires qui ne sont pas publics, parts de marché, nombre de salariés, informations financières (coût de production, prix de revient, marges, projets d'investissement...), délais de réalisation des engagements

structurels. Sauf cas particulier, les niveaux de parts de marché sont remplacés par les fourchettes suivantes :
- entre 0 et 4,99 % : [0-5] % ;
- entre 5 et 9,99 % : [5-10] % ;
- entre 10 et 19,99 % : [10-20] % ;
- entre 20 et 29,99 % : [20-30] % ;
- entre 30 et 39,99 % : [30-40] % ;
- etc.

291. Afin de tenir compte des intérêts légitimes de tiers à ce que leurs secrets d'affaires ne soient pas divulgués, le service des concentrations peut également occulter ou remplacer par des fourchettes certains aspects de la décision, y compris alors qu'ils ne lui auraient pas été signalées par la partie notifiante.

292. En tout état de cause, l'Autorité n'est pas liée par les demandes d'occultation formulées par la partie notifiante, et il lui appartient de concilier l'intérêt légitime de la partie notifiante à protéger ses secrets d'affaires et l'intérêt des tiers et du marché à être informés correctement de ses décisions. En particulier, il ne pourra pas être déféré aux demandes d'occultation d'éléments qui sont le support nécessaire de la décision et dont l'occultation priverait ladite décision de son sens à l'égard des tiers.

293. Le ministre peut, en vertu du I de l'article L. 430-7-1, demander à l'Autorité l'ouverture d'une phase 2 dans un délai de cinq jours ouvrés. L'échéance de ce délai est précisée à la partie notifiante dans le courrier adressé par le service des concentrations.

294. En outre, conformément au IV de l'article L. 430-5, si l'Autorité n'a pris aucune décision dans le délai qui lui était imparti, elle en informe le ministre. L'opération est alors réputée avoir fait l'objet d'une décision d'autorisation, au terme du délai ouvert au ministre par le I de l'article L. 430-7-1 (autorisation dite par "accord tacite").

295. En vertu de l'article R. 430-6, l'Autorité rend public le sens de la décision dans les cinq jours ouvrés qui suivent son adoption, en publiant sur son site Internet l'information selon laquelle l'opération a fait l'objet (i) d'une constatation de l'inapplicabilité de son contrôle, (ii) d'une autorisation, (iii) d'une autorisation sous réserve d'engagements, (iv) d'un accord tacite ou (v) d'un examen en phase 2.

4 *La phase 2 (ou phase d'examen approfondi)*

a) *Le déclenchement de la phase 2*

296. Le déclenchement de la phase 2 peut intervenir :

– soit à l'initiative de l'Autorité, conformément au III de l'article L. 430-5, lorsque subsiste un doute sérieux d'atteinte à la concurrence à l'issue de la phase 1 ;

– soit à la demande du ministre chargé de l'économie. Le I de l'article L. 430-7-1 énonce en effet que "dans un délai de cinq jours ouvrés à compter de la date à laquelle il a reçu la décision de l'Autorité de la concurrence ou en a été informé en vertu de l'article L. 430-5, le ministre chargé de l'économie peut demander à l'Autorité de la concurrence un examen approfondi de l'opération dans les conditions prévues aux articles L. 430-6 et L. 430-7". La décision de l'Autorité prise à l'issue de la phase 1 étant communiquée simultanément à la partie notifiante et au ministre, la date à laquelle le ministre reçoit la décision est la même que celle de sa notification à la partie notifiante.

297. S'agissant de la demande d'un examen approfondi par le ministre, l'Autorité, qui a le statut d'une autorité administrative indépendante, examine le bien-fondé d'une telle demande, mais n'est pas tenue d'y accéder. L'Autorité se prononce sur une éventuelle demande dans un délai de cinq jours ouvrés à compter de sa réception. Elle informe la partie notifiante de l'existence de cette demande dès sa réception et lui communique sa décision en même temps qu'au ministre. En revanche, l'Autorité n'informe pas la partie notifiante de l'absence de mise en œuvre de cette disposition par le ministre.

298. Un doute sérieux d'atteinte à la concurrence peut, notamment, subsister lorsque :

– la pratique décisionnelle n'est pas suffisamment établie sur les marchés concernés ou que des évolutions importantes et récentes sur les marchés concernés sont susceptibles de justifier une modification significative de la pratique décisionnelle ;

– l'analyse concurrentielle soulève des enjeux particulièrement complexes et nécessite d'être approfondie à l'issue de la phase 1, par exemple en ce qui concerne la définition des marchés pertinents, l'importance des barrières à l'entrée, l'existence d'une atteinte à la concurrence ou de gains d'efficacité ;

– malgré les atteintes à la concurrence identifiées en phase 1, la partie notifiante n'a pas proposé d'engagements ou a proposé des engagements insuffisants ou dont la mise en œuvre opérationnelle est incertaine.

299. L'ouverture d'une phase 2 peut, dans certains cas, emporter des conséquences juridiques. Par exemple, l'article 231-11 du règlement général de l'Autorité des marchés financiers ("AMF") permet aux entreprises d'introduire dans leurs offres publiques une condition suspensive liée à l'obtention d'une autorisation de phase 1. Les parties peuvent également avoir prévu ce type de disposition dans leurs accords contractuels. Dans l'hypothèse où une telle condition a été stipulée, la décision de passage en phase 2 entraîne automatiquement la caducité de l'offre. Malgré cette caducité, l'instruction du dossier de concentration peut poursuivre son cours lorsque l'offreur fait connaître à l'Autorité son intention de poursuivre son projet.

b) *La conduite de l'examen en phase 2*

300. Afin d'accroître la visibilité de la partie notifiante sur le déroulé de l'examen de l'opération en phase 2, le service des concentrations lui communique, au début de la phase 2, un calendrier prévisionnel indicatif retraçant les principales étapes de la procédure à venir (par exemple, questionnaires complémentaires, réunions d'états des lieux le cas échéant, date anticipée d'envoi du rapport et de tenue de la séance). Ce calendrier est toutefois susceptible d'être modifié, notamment dans l'hypothèse où de nouvelles informations susceptibles d'influencer l'analyse concurrentielle de l'opération par l'Autorité seraient versées au dossier.

301. Le déroulement de la phase 2 est encadré par l'article L. 430-6. Durant cette phase de l'instruction, le rapporteur approfondit les points clefs de la définition des marchés pertinents et de l'analyse concurrentielle sur lesquels la phase 1 n'avait pas permis de conclure. Les objectifs, critères et méthodes utilisés pour l'analyse au fond sont détaillés au chapitre III du présent guide.

302. Des engagements peuvent également être proposés par la partie notifiante au cours de la phase 2. Le II de l'article L. 430-7 énonce qu'"après avoir pris connaissance de l'ouverture d'un examen approfondi en application du dernier alinéa du III de l'article L. 430-5, les parties peuvent proposer des engagements de nature à remédier aux effets anticoncurrentiels de l'opération".

303. Si la partie notifiante les transmet à l'Autorité moins de vingt jours ouvrés avant la fin du délai d'instruction, celui-ci expire vingt jours ouvrés après la date de réception des engagements dans la limite de quatre-vingt-cinq jours ouvrés.

304. Le formalisme à respecter et la procédure du test des engagements sont les mêmes qu'en phase 1.

305. Les actes de procédure de phase 2 suivent les mêmes modalités qu'en phase 1, notamment en ce qui concerne la protection du secret des affaires.

306. L'Autorité peut recueillir l'avis de l'autorité de régulation sectorielle compétente. L'Autorité saisit les autorités administratives compétentes par l'envoi d'un document présentant l'opération.

307. Cette consultation permet de clarifier certains aspects du fonctionnement des marchés concernés, qui sont soumis à des réglementations particulières, mais aussi de mieux articuler le contrôle des concentrations et les procédures de régulation propres à ces secteurs [*une telle démarche a notamment été suivie dans le cadre de la décision nº 17-DCC-92 du 22 juin 2017 portant réexamen des injonctions de la décision nº 12-DCC-100 du 23 juill. 2012 relative à la prise de contrôle exclusif de TPS et CanalSatellite par Vivendi SA et*

Groupe Canal Plus, dans laquelle l'Autorité a consulté pour avis l'ARCEP (avis nº 2016-1551 du 16 nov. 2016 de l'Autorité de régulation des communications électroniques et des postes). Il convient de noter que, dans ce dossier, le CSA a également été saisi et s'est prononcé dans le cadre de l'avis nº 2017-04 du 22 févr. 2017].

308. Le cas échéant, l'autorité de régulation sectorielle interrogée dispose alors, pour faire part de ses observations éventuelles, d'un délai réduit à un mois pour cause d'urgence.

309. Les observations sont jointes au dossier. L'Autorité n'est pas tenue d'obtenir l'avis d'une autorité de régulation sectorielle pour rendre sa décision. Cette procédure de consultation n'induit aucune incidence sur les délais impartis à l'Autorité.

310. Cette procédure est spécifiquement prévue pour le secteur audiovisuel (le Conseil supérieur de l'audiovisuel étant consulté en vertu de l'article 41-4 de la loi nº 86-1067 du 30 septembre 1986) et le secteur de la banque et de l'assurance (l'Autorité de contrôle prudentiel étant consultée en vertu de l'article L. 612-22 de l'ordonnance nº 2010-76 du 21 janvier 2010 portant fusion des autorités d'agrément et de contrôle de la banque et de l'assurance).

311. L'instruction de phase 2 donne lieu à la rédaction d'un rapport qui présente les parties, l'opération, les marchés pertinents, l'analyse concurrentielle de l'opération et, le cas échéant, ses gains d'efficacité économique et une analyse des engagements proposés par la partie notifiante et des mesures correctives envisagées par l'Autorité. Le service des concentrations veille, dans la rédaction du rapport, à la protection du secret des affaires des parties comme à celui des tiers, conformément aux prescriptions de l'article L. 463-4.

312. Ce rapport est ensuite transmis à la partie notifiante, ainsi qu'au commissaire du Gouvernement, qui disposent d'un délai de quinze jours ouvrés pour faire part de leurs observations en réponse. Conformément à l'article L. 463-2, le rapport est accompagné des documents sur lesquels se fonde l'appréciation du service des concentrations.

313. Le président de l'Autorité attribue le cas, lorsqu'il est en état d'être examiné par le collège, à une des formations énumérées au deuxième alinéa de l'article L. 461-3. Une séance est ensuite organisée selon les modalités énoncées par l'article L. 463-7 et le titre IV du règlement intérieur de l'Autorité. Au cours de la séance, le rapporteur expose les conclusions de son instruction. Le rapporteur général, ou le rapporteur général adjoint, ainsi que le commissaire du Gouvernement présentent leurs observations. Le collège peut également entendre, au cours de la séance, des tiers intéressés, ainsi que les comités d'entreprise des entreprises parties à l'opération. Ces témoins, qui sont invités à répondre aux questions des membres du collège, n'assistent pas à la totalité de la séance. Ils sont entendus en l'absence de la partie notifiante, invitée à quitter la salle des séances. Le collège entend enfin la partie notifiante qui peut présenter sa propre analyse et répondre aux questions des membres de la formation.

c) *Les décisions de phase 2*

314. La formation compétente de l'Autorité délibère selon les règles définies au titre V du règlement intérieur.

315. Lorsqu'à *[Lorsque à]* l'issue d'une analyse approfondie, le collège de l'Autorité envisage de prononcer une décision d'autorisation sous réserve d'injonctions ou une décision d'interdiction, le projet de décision est transmis à la partie notifiante afin qu'elle puisse faire ses observations, dans un délai raisonnable. Ce délai est apprécié en tenant compte notamment de la date à laquelle la partie notifiante a transmis les dernières informations nécessaires à la prise de décision de l'Autorité.

316. L'Autorité notifie sa décision à la partie notifiante, ainsi qu'au ministre chargé de l'économie.

317. Comme pour les décisions de phase 1 (voir paragraphes 286 et suivants ci-dessus), après réception de la décision, la partie notifiante dispose d'un délai de quinze jours calendaires pour indiquer les mentions relevant du secret des affaires qu'elle souhaite voir occultées (article R. 430-7). Comme pour les décisions de phase 1, la publication se fait dans le respect de l'intérêt légitime des parties et des tiers.

318. En outre, conformément au V de l'article L. 430-7, si l'Autorité n'a pris aucune des décisions prévues aux III et IV dans le délai qui lui était imparti, elle en informe le ministre chargé de l'économie. L'opération est alors réputée avoir fait l'objet d'une décision d'autorisation au terme du délai ouvert au ministre chargé de l'économie par le II de l'article L. 430-7-1 (décision dite d'"accord tacite").

319. Quelle que soit la décision finale prise en application de l'article L. 430-7, l'Autorité en rend public le sens dans les cinq jours ouvrés suivant la décision (article R. 430-6) : (i) autorisation, (ii) autorisation sous réserve d'engagements, (iii) autorisation sous réserve d'injonctions et prescriptions, (iv) interdiction ou (v) accord tacite.

320. Enfin, l'Autorité assure la publicité de ses décisions par leur mise en ligne sur son site Internet, y compris pour les accords tacites, une fois purgées des mentions occultées au titre de la protection du secret des affaires.

5 *Le pouvoir d'évocation du ministre chargé de l'économie*

321. Ce pouvoir est prévu au II de l'article L. 430-7-1.

322. La date à laquelle le ministre reçoit la décision de l'Autorité est en général la même que celle de la notification de la décision à la partie notifiante, la décision étant transmise parallèlement au ministre et à la partie notifiante.

323. Dans les cinq jours ouvrés suivant sa décision, le ministre en rend public le sens (article R. 430-6).

324. Les décisions motivées du ministre sont également rendues publiques dans l'édition électronique du *Bulletin officiel de la concurrence, de la consommation et de la répression des fraudes* (article D. 430-8). La publication des décisions du ministre se fait dans le respect de l'intérêt légitime des parties et des personnes citées à ce que leurs secrets d'affaires ne soient pas divulgués (article D. 430-8).

325. Depuis l'adoption en 2008 du nouveau cadre législatif applicable au contrôle des concentrations, le ministre chargé de l'économie a fait usage de son pouvoir d'évocation à une seule reprise au terme de l'examen de phase 2, dans une décision du 21 juin 2018 relative à la prise de contrôle exclusif d'une partie du pôle plats cuisinés ambiants du groupe Agripole par Financière Cofigeo. Cette opération, autorisée par l'Autorité sous réserve d'une injonction de cession de marque et d'une usine, a été évoquée par le ministre de l'économie qui s'est fondé sur des motifs d'intérêt général autres que le maintien de la concurrence, à savoir le maintien de l'emploi et le développement industriel. Dans une décision du 19 juillet 2018, le ministre a finalement autorisé l'opération sans retenir la condition de la cession des actifs initialement imposée par l'Autorité, mais sous réserve d'un engagement relatif au maintien de l'emploi.

326. Les décisions du ministre prises en application du II de l'article L. 430-7-1 sont susceptibles de recours devant le Conseil d'État. Dans une décision du 21 décembre 2012, ce dernier a confirmé que, dans la mesure où la décision de l'Autorité nº 12-DCC-10 du 23 juillet 2012 ne préjudiciait pas à l'intérêt général lié au maintien de l'emploi ou à un intérêt général autre que le maintien de la concurrence, le ministre n'avait commis ni erreur de droit, ni erreur manifeste d'appréciation en décidant de ne pas faire usage de son pouvoir d'évocation.

6 *Les retraits de dossiers*

327. A tout moment de la procédure, la partie notifiante peut retirer son dossier. Si celui-ci a déjà été notifié, elle devra transmettre tout document attestant de l'abandon du projet.

E *Les renvois et la coopération entre autorités de concurrence*

1 *Les renvois*

328. Le règlement 139/2004 définit les seuils de chiffre d'affaires fixant la limite des compétences respectives de la Commission et des autorités de concurrence des

États membres en matière de contrôle des concentrations. Cependant, il prévoit en outre à l'article 4, paragraphes 4 et 5, à l'article 9 et à l'article 22 des mécanismes de renvoi permettant, dans certains cas particuliers, l'examen d'opérations de dimension nationale par la Commission et, inversement, l'examen d'opérations de dimension européenne par les autorités nationales de concurrence. L'application des procédures de renvoi prévues par les articles 4(4) et 4(5) peut être demandée par les entreprises au stade de la pré-notification. Le renvoi prévu par les articles 9 et 22 est demandé par les États membres après réception de la notification.

329. Ces mécanismes de renvoi répondent à deux objectifs : permettre qu'une concentration soit examinée par l'autorité de concurrence la mieux placée pour mener l'examen ou permettre aux entreprises de bénéficier, le cas échéant, d'un "guichet unique", rôle joué par la Commission, dans les opérations impliquant des notifications multiples dans l'Union européenne.

330. Les conditions d'application de ces mécanismes de renvoi sont précisées par la communication de la Commission sur le renvoi d'affaires en matière de concentrations du 5 mars 2005.

a) *Les renvois aux autorités nationales*

331. Les renvois d'affaires de dimension européenne vers les autorités nationales de concurrence peuvent être effectués soit à la demande des entreprises, soit à la demande des États membres, éventuellement sur invitation de la Commission.

L'article 4(4)

332. La partie notifiante concernée par une opération de concentration entrant dans le champ d'application du règlement 139/2004 peut demander à la Commission le renvoi, total ou partiel, de l'opération envisagée aux autorités compétentes d'un État membre, en vertu de l'article 4 paragraphe 4 du règlement 139/2004. Pour ce faire, avant même de notifier la concentration, la partie notifiante doit informer la Commission au moyen d'un mémoire motivé (dénommé "Formulaire RS") "que la concentration risque d'affecter de manière significative la concurrence sur un marché à l'intérieur d'un État membre qui présente toutes les caractéristiques d'un marché distinct et qu'elle doit par conséquent être examinée, en tout ou partie, par cet État membre". La Commission transmet alors sans délai le mémoire à tous les États membres. L'État membre visé dans le mémoire motivé doit, dans un délai de quinze jours ouvrables suivant la réception du mémoire, exprimer son accord ou son désaccord sur la demande de renvoi de l'affaire. Au-delà de ce délai, il est réputé avoir accepté le renvoi. La Commission rend sa décision de renvoyer ou non l'affaire vers les autorités nationales dans un délai de vingt-cinq jours ouvrables à compter de la date où elle a reçu le mémoire motivé. En cas d'acceptation par la Commission d'une demande de renvoi d'une opération vers l'Autorité, le droit national des concentrations s'applique. Il appartient dès lors à la partie notifiante de déposer un dossier de notification auprès de l'Autorité. En cas de refus par la Commission de la demande, la partie notifiante doit notifier l'opération auprès de la Commission.

L'article 9

333. Le renvoi, total ou partiel, d'une opération de concentration notifiée à la Commission peut être demandé par les autorités compétentes d'un État membre en application des paragraphes 1, 2 et 3 de l'article 9 du règlement 139/2004 lorsque "la concentration menace d'affecter de manière significative la concurrence dans un marché à l'intérieur de cet État membre qui présente toutes les caractéristiques d'un marché distinct" (article 9.2.a), ou qu'"une concentration affecte la concurrence dans un marché à l'intérieur de cet État membre qui présente toutes les caractéristiques d'un marché distinct et qui ne constitue pas une partie substantielle du marché commun" (article 9.2.b), ce dernier cas visant notamment les marchés de dimension géographique régionale ou locale. L'État membre peut décider de demander le renvoi de l'affaire pour examen de la totalité des marchés de produits ou services situés sur son territoire ou d'une partie d'entre eux seulement. La demande ne peut porter sur des marchés pertinents situés hors du territoire national. Néanmoins, le renvoi

d'affaires affectant des marchés locaux dans les zones frontalières est possible si, pour des raisons liées au fonctionnement du marché, seule la partie nationale doit être incluse dans le marché pertinent.

> **Exemple 1 :** dans sa décision M.2898 du 13 décembre 2002 la Commission a considéré que sur les marchés de la vente au détail, les autorités nationales étaient mieux placées pour examiner les effets de l'opération Leroy Merlin/Brico, en raison des caractéristiques locales des marchés concernés.
>
> **Exemple 2 :** dans sa décision M.3373 du 4 juin 2004, la Commission a considéré que la demande de renvoi partiel de la France sur le marché des casinos dans l'opération Accor-Barrière était recevable, car ce marché était local et dans les zones affectées, les éléments tendaient à montrer que les casinos étrangers n'exerçaient aucune pression concurrentielle sur les casinos français.

334. La demande doit être formulée dans les quinze jours ouvrables qui suivent la réception par l'autorité nationale concernée de la copie de la notification déposée par la partie notifiante à la Commission. Elle peut être faite à l'initiative de l'État membre, exercée en France par l'Autorité, ou sur invitation de la Commission. La demande doit être motivée "selon une analyse préliminaire" par l'État membre requérant. La Commission apprécie la pertinence et le bien-fondé de la demande au regard des conditions posées par l'article 9. Toutefois, dans le cas d'une demande fondée sur l'article 9.2.b, si la Commission constate que les conditions sont réunies, elle ne dispose pas de la faculté de refuser le renvoi demandé. En cas d'acceptation par la Commission de la demande de renvoi, la décision de la Commission vaut notification en droit national, les délais du contrôle national commencent donc à courir à partir de la date de la décision de renvoi.

335. Le fait qu'une demande de renvoi selon l'article 9 est fondée sur une menace d'affectation significative de la concurrence ne préjuge en rien, si le renvoi est accepté, des conclusions de l'examen qui sera mené au fond par l'Autorité. Le tribunal de première instance des Communautés européennes l'a rappelé dans son arrêt T-119/02 *Royal Philips Electronics NV contre Commission européenne* du 3 avril 2003. Des concurrents de la société Seb avaient contesté la décision de renvoi de la Commission vers la France, en invoquant la contradiction existant entre la motivation de la décision de renvoi, fondée sur une atteinte à la concurrence, et la décision du ministre chargé de l'économie, qui avait autorisé l'opération sans conditions, considérant que l'argument de l'entreprise défaillante s'appliquait. La partie notifiante soutenait que les autorités de concurrence françaises étaient liées par les termes de la décision de renvoi et qu'elles ne pouvaient pas approuver l'opération sans demander des engagements. Le tribunal a rejeté ce moyen, aux motifs que les deux décisions en cause n'avaient pas le même objet et qu'il n'existait pas de lien entre elles. Le tribunal a confirmé que l'examen de la situation concurrentielle, effectué par la Commission à l'occasion du renvoi, était un examen *prima facie*, qui avait uniquement pour but de déterminer si les conditions du renvoi étaient réunies : "la Commission ne saurait, sous peine de priver l'article 9, paragraphe 3, premier alinéa sous b de sa substance, se livrer à un examen de la compatibilité de la concentration de nature à lier les autorités nationales concernées quant au fond, mais elle doit se borner à vérifier, au terme d'un examen *prima facie*, si, sur la base des éléments dont elle dispose au moment de l'appréciation du bien-fondé de la demande de renvoi, la concentration faisant l'objet de la demande de renvoi menace de créer ou de renforcer une position dominante sur les marchés concernés". Les résultats de cet examen *prima facie* ne préjugent donc pas des conclusions des autorités nationales de concurrence à l'issue de l'analyse détaillée qu'elles pourront faire de l'opération.

336. En vertu de l'article L. 430-3, le renvoi total ou partiel d'une opération de dimension européenne fait l'objet d'un communiqué publié par l'Autorité. Ces opérations sont publiées sur le site Internet de l'Autorité, sous la rubrique dédiée aux opérations en cours d'examen, au même titre que les opérations notifiées directement à l'Autorité.

b) *Les renvois vers la Commission*

337. Des concentrations de dimension nationale peuvent être renvoyées devant la Commission à la demande des entreprises en vertu du paragraphe 5 de l'article 4 du règlement 139/2004 ou à la demande des États membres en vertu de l'article 22.

L'article 4(5)

338. Lorsqu'une concentration n'est pas de dimension européenne mais devrait être notifiée dans trois États membres ou plus, le règlement 139/2004, dans le souci de "garantir que des notifications multiples d'une concentration donnée sont évitées dans toute la mesure du possible", permet à la partie notifiante de demander un renvoi à la Commission avant toute notification aux autorités nationales compétentes.

339. La partie notifiante doit informer la Commission au moyen d'un mémoire motivé ("formulaire RS") qu'elle souhaite lui notifier l'opération. Cette demande peut être adressée à la Commission dès lors que la concentration est susceptible d'être examinée par au moins trois États membres, aucune autre justification n'étant nécessaire. La Commission transmet sans délai le mémoire de la partie notifiante à tous les États membres. Tout État membre compétent pour examiner la concentration en application de son droit national peut alors, dans un délai de quinze jours ouvrables suivant la réception du mémoire, exprimer son désaccord sur la demande de renvoi. Faute de réponse dans ce délai, l'autorité nationale est réputée avoir donné son accord. Lorsqu'au *[Lorsque au]* moins un État membre a exprimé son désaccord dans le délai requis, la Commission en informe la partie notifiante et les États membres et l'opération n'est pas renvoyée : la partie notifiante doit alors la notifier auprès de chacune des autorités de concurrence des États membres concernés. Si, en revanche, aucun État membre ne s'oppose au renvoi, la partie notifie l'opération auprès de la Commission. Le droit européen du contrôle des concentrations s'applique alors.

L'article 22

340. L'article 22 du règlement 139/2004 prévoit la possibilité pour un ou plusieurs États membres de demander à la Commission d'examiner une concentration qui n'est pas de dimension européenne mais qui "affecte le commerce entre États membres et menace d'affecter de manière significative la concurrence sur le territoire du ou des États membres qui formulent cette demande". Ainsi qu'elle l'a indiqué dans sa décision n° 20-D-01 du 16 janvier 2020 relative à une pratique mise en œuvre dans le secteur de la diffusion de la télévision numérique terrestre, l'Autorité considère que cette disposition "trouve, en principe, à s'appliquer alors même que l'opération de concentration concernée ne serait pas soumise à une notification obligatoire dans l'État membre à l'initiative du renvoi" *[l'Autorité a précisé, à l'occasion de sa contribution au débat sur la politique de concurrence et les enjeux numériques publiée le 19 févr. 2020, que "le recours au renvoi prévu par ces dispositions permettrait aux autorités nationales de solliciter le renvoi à la Commission européenne pour examen d'un nombre limité d'opérations de concentration sous les seuils mais soulevant des enjeux concurrentiels forts."]*.

341. Les membres de l'ECA (European Competition Authorities) ont défini comme suit les principaux critères justifiant la mise en œuvre de l'article 22 :

"– la dimension géographique du (des) marché(s) pertinent(s) affecté(s) par la concentration est plus large que nationale, et le principal effet de la concentration sur la concurrence est en rapport avec ce(s) marché(s) ;

– les autorités nationales de concurrence s'attendent à rencontrer des difficultés dans la collecte des informations en raison de la localisation des parties concernées ou des principales parties tierces en dehors de leur État membre ;

– il existe des risques potentiellement significatifs d'atteinte à la concurrence sur un certain nombre de marchés nationaux ou régionaux de l'EEE, et les autorités nationales de concurrence s'attendent à rencontrer des difficultés pour identifier et/ou appliquer si nécessaire les remèdes appropriés et proportionnés, en particulier dans les cas où les remèdes adéquats ne peuvent être mis en œuvre par les autorités nationales de concurrence en application de leur droit national ou en établissant une coopération entre elles".

342. La Commission informe de cette demande les autorités compétentes des États membres mais aussi les entreprises concernées. Les autres États membres disposent alors de quinze jours ouvrables pour se joindre à la demande initiale. Ainsi, l'Autorité peut mettre en œuvre l'article 22 du règlement 139/2004 pour des opérations prenant place en France, qu'elles aient ou non été notifiées à l'Autorité de la concurrence, ou pour des opérations dans un autre État membre *[V. la décision n° 20-D-01 du 16 janv. 2020 relative à une pratique mise en œuvre dans le secteur de la diffusion de la télévision numérique terrestre, § 125]*.

> **Exemple** : en 2018, l'Autorité de la concurrence s'est jointe à la demande de renvoi formulée par l'autorité de la concurrence autrichienne s'agissant de la prise de contrôle de la société Shazam par la société Apple *[V. la décision de la commission européenne du 6 févr. 2018 prise dans l'affaire M. 8788]*. La même année, l'Autorité a formulé une demande de renvoi concernant la prise de contrôle exclusif de la société Les Chantiers de l'Atlantique par la société Fincantieri, à laquelle l'autorité allemande s'est jointe *[V. la décision de la commission européenne du 8 janv. 2019 prise dans l'affaire M. 9162]*.

343. Au terme de ce délai de quinze jours ouvrables, la Commission doit décider sous dix jours ouvrables d'examiner ou non la concentration et en informer les États membres et les entreprises concernées. Par défaut, sans décision formelle, la Commission est réputée avoir accepté la demande. Les délais nationaux sont suspendus jusqu'à cette décision. Dès qu'un État membre informe la Commission et les entreprises concernées qu'il ne souhaite pas se joindre à la demande, la suspension de ses délais nationaux prend fin. Si la Commission accepte le renvoi, tous les États membres ayant demandé ou s'étant joints à la demande cessent d'appliquer leur droit national à la concentration concernée. En outre, la Commission peut demander aux entreprises concernées de lui notifier l'opération.

344. Un éventuel recours à un renvoi sur le fondement de l'article 22 sera évoqué le plus tôt possible avec la partie notifiante, le cas échéant dans le cadre de la phase de pré-notification.

2 *La coopération entre autorités de concurrence*

345. Comme le précise le considérant 14 du règlement 139/2004, afin d'assurer l'examen des opérations par l'autorité la plus appropriée tout en évitant les notifications multiples dans toute la mesure du possible, il est nécessaire de disposer d'un mécanisme efficace d'échanges d'informations et de consultation.

346. Chaque État membre est destinataire de toutes les notifications reçues par la Commission et des dispositions assurent la diffusion de l'information en ce qui concerne la mise en œuvre des mécanismes de renvoi.

– Pour les opérations faisant l'objet de notifications parallèles dans plusieurs États membres, les États membres réunis au sein de l'ECA ont organisé depuis 2001 un dispositif systématisant l'échange du minimum d'informations destinées à permettre des contacts plus approfondis lorsque cela est nécessaire. Pour toutes les opérations qui sont notifiables dans plusieurs États, les États membres compétents établissent, à la réception de la notification, une fiche qui décrit l'opération et donne un contact utile. Cette fiche est diffusée à l'ensemble des États membres et à la Commission ;

– Enfin, un guide des bonnes pratiques sur la coopération entre autorités nationales de concurrence en matière de contrôle des concentrations a été élaboré dans le cadre du Réseau Européen de Concurrence (REC) et publié le 8 novembre 2011. Les autorités nationales de concurrence peuvent ainsi s'assurer qu'elles disposent d'informations convergentes et échanger leurs points de vue sur les opérations, les caractéristiques et le fonctionnement des marchés concernés, ainsi que les remèdes envisagés et limiter ainsi les risques de décisions discordantes. La protection des secrets d'affaires communiqués par les entreprises est assurée. En particulier, l'accord des entreprises est demandé pour échanger des informations sur les opérations qui n'ont pas encore été notifiées mais pour lesquelles les entreprises concernées ont pris des contacts dans le cadre d'une pré-notification. Cette coopération peut également s'étendre entre autorités nationales et Commission.

347. En tant que de besoin, l'Autorité de la concurrence peut également demander des informations à des autorités non membres du REC.

3 *La protection des intérêts légitimes nationaux dans le cadre des concentrations européennes*

348. Le règlement 139/2004 rappelle au paragraphe 3 de l'article 21 que la Commission dispose d'une compétence exclusive pour le contrôle des opérations entrant dans son champ de compétence. Les États membres ne peuvent pas appliquer leur propre législation sur la concurrence à ces opérations, sauf en cas de renvoi par la Commission.

349. Toutefois, pour les concentrations de dimension européenne, en vertu du paragraphe 4 de ce même article 21, les États membres "peuvent prendre les mesures appropriées pour assurer la protection d'intérêts légitimes autres que ceux qui sont pris en considération par le présent règlement et compatibles avec les principes généraux et les autres dispositions du droit [européen].

Sont considérés comme intérêts légitimes [...] la sécurité publique, la pluralité des médias et les règles prudentielles.

Tout autre intérêt public doit être communiqué par l'État membre concerné à la Commission et reconnu par celle-ci après examen de sa compatibilité avec les principes généraux et les autres dispositions du droit [européen] avant que les mesures visées ci-dessus puissent être prises. La Commission notifie sa décision à l'État membre concerné dans un délai de vingt-cinq jours ouvrables à dater de ladite communication."

350. La Commission a déjà admis que d'autres champs pouvaient légitimement faire l'objet d'une application du paragraphe 4 de l'article 21.

> **Exemple** : dans sa décision M.567 du 21 décembre 1995, la Commission a qualifié d'intérêt légitime le fait pour la Grande-Bretagne d'invoquer le respect de la réglementation relative au service essentiel de la distribution d'eau et à la protection spécifique des consommateurs en la matière.

F *Les mesures correctives*

1 *Principes relatifs aux mesures correctives*

a) *Définitions*

351. Lorsqu'une concentration porte atteinte à la concurrence de manière significative, que les gains d'efficacité économique qu'elle apporte sont insuffisants pour compenser cette atteinte et que l'argument de l'entreprise défaillante *[V. infra, paragraphes 785 et suivants]* ne peut être retenu, l'opération ne peut être autorisée que si elle est corrigée par des mesures remédiant ou compensant les atteintes à la concurrence. Celles-ci sont très diverses et peuvent être rassemblées en deux catégories : structurelles et comportementales, les premières modifiant directement et par elles-mêmes la structure de marché, les secondes se limitant à réguler les comportements de leurs souscripteurs. L'Autorité a publié, en 2020, une étude sur les engagements comportementaux destinée à faire le point sur la pratique décisionnelle de l'Autorité de la concurrence en matière d'engagements comportementaux et à nourrir une réflexion plus vaste à leur sujet. Elle fournit ainsi des outils de compréhension aux entreprises confrontées à la préparation d'opérations de concentration qui pourraient découler sur une décision d'autorisation conditionnée à des remèdes.

352. Ces mesures peuvent prendre la forme d'engagements pris par la partie notifiante au titre du II de l'article L. 430-5 en phase 1 ou du II de l'article L. 430-7 en phase 2. Elles peuvent alternativement prendre la forme d'injonctions et de prescrip-

tions, lesquelles sont imposées par l'Autorité au titre du III de l'article L. 430-7 à l'issue d'une procédure contradictoire, en phase 2 uniquement.

353. C'est la partie notifiante qui est tenue de proposer des engagements suffisants pour remédier aux problèmes de concurrence identifiés par l'Autorité et de fournir les informations nécessaires aux fins de l'appréciation de ces engagements. L'Autorité peut toutefois estimer que les engagements proposés sont insuffisants, notamment en ce qu'ils ne permettent pas de remédier aux risques d'atteinte à la concurrence identifiés.

354. De façon plus précise, pour être acceptés, les engagements doivent être appréciés globalement et répondre à plusieurs critères :

— ils doivent être nécessaires et efficaces, c'est-à-dire qu'ils permettent effectivement de remédier aux atteintes à la concurrence identifiées *[Décis. du Conseil d'État nº 390457 du 15 avr. 2016 et nº 390774 du 6 juill. 2016 annulant partiellement la décision nº 15-DCC-53 du 15 mai 2015]*. Il est notamment impératif que l'efficacité des engagements ne puisse dépendre de la diligence de la partie notifiante ;

— ils doivent être proportionnés ; en particulier, un engagement n'a pas vocation à accroître le degré de concurrence qui existait sur un marché avant l'opération de concentration *[Décis. du Conseil d'État nº 373065 du 5 nov. 2014 Société Wienerberger]* ;

— leur mise en œuvre ne doit pas soulever de doute, ce qui implique qu'ils soient rédigés de manière précise, sans ambiguïté et que les modalités opérationnelles pour les réaliser soient suffisamment détaillées *[arrêt du Tribunal de l'Union européenne T-342/07 du 6 juill. 2010 Ryanair Holdings plc c. Commission]* ;

— leur mise en œuvre doit être rapide, la concurrence n'étant pas préservée tant qu'ils ne sont pas réalisés ;

— ils doivent être contrôlables. La partie notifiante doit prévoir un dispositif de contrôle, le cas échéant en proposant la nomination d'un mandataire indépendant, permettant à l'Autorité de s'assurer de leur réalisation effective.

355. Le recours aux injonctions et prescriptions est rare. En effet, l'Autorité n'envisage d'imposer ce type de remèdes que lorsque la partie notifiante refuse de proposer des engagements alors que l'opération porte atteinte à la concurrence de manière significative ou que les engagements proposés sont insuffisants.

356. L'Autorité veille à ce que :

— les injonctions soient neutres : leur objectif est de protéger la concurrence en tant que telle, et non des concurrents spécifiques. En particulier, le pouvoir d'injonction de l'Autorité n'est pas un outil protectionniste visant à protéger des acteurs économiques nationaux ;

— les injonctions soient nécessaires et proportionnées, c'est-à-dire que les charges imposées aux entreprises, qui vont à l'encontre du principe de liberté d'entreprendre, soient strictement nécessaires pour maintenir ou rétablir une concurrence suffisante *[à cet égard, le Conseil d'État a rappelé, dans sa décision nº 362347 rendue dans l'affaire Groupe Canal Plus, qu'"il incombe à l'Autorité de la concurrence d'user des pouvoirs d'interdiction, d'injonction, de prescription ou de subordination de son autorisation à la réalisation effective d'engagements pris devant elle par les parties, qui lui sont conférés par les dispositions des articles L. 430-6 et suivants du code de commerce, à proportion de ce qu'exige le maintien d'une concurrence suffisante sur les marchés affectés par l'opération".]* et que le même résultat ne peut pas être obtenu par d'autres mesures moins contraignantes *[Décis. de l'Autorité nº 12-DCC-100 du 23 juill. 2012 relative à la prise de contrôle exclusif de TPS et Canal Satellite par Vivendi et Groupe Canal Plus et décision du Conseil d'État nº 362347 du 21 déc. 2013]*. En prononçant des injonctions, l'Autorité veille à remédier aux préoccupations de concurrence qu'elle a identifiées, tout en permettant le maintien de l'intérêt économique de l'opération pour les parties *[Décis. de l'Autorité nº 18-DCC-95 du 14 juin 2018 relative à la prise de contrôle exclusif d'une partie du pôle "plats cuisinés" ambiants du groupe Agripole par la société Financière Cofigeo]*. Le fait que l'exécution de ces injonctions puisse imposer aux parties de modifier leur structure juridique ne saurait être considéré comme un motif suffisant pour considérer que celles-ci sont, *a priori*, inenvisageables.

357. De manière générale, tant pour les engagements que pour les injonctions, il n'y a pas lieu de tenir compte des éventuels gains d'efficacité éventuellement liés à

l'opération lors de l'analyse de la proportionnalité des remèdes auxquels la décision d'autorisation est subordonnée. Néanmoins, dès lors qu'il est possible de remédier tout aussi efficacement aux effets anticoncurrentiels de l'opération tout en préservant ces gains d'efficacité, les mesures correctives correspondantes ont *a priori* la préférence de l'Autorité.

b) *Principes généraux de procédure*

Procédure de dépôt des engagements

358. Les engagements peuvent être proposés par la partie notifiante à tout moment de la procédure, étant précisé que l'Autorité invite la partie notifiante à proposer des engagements le plus tôt possible dans la procédure, afin que leur caractère suffisant puisse être apprécié dans les meilleures conditions possibles. Ceux-ci peuvent donc être déposés :

– dès la phase de pré-notification ;

– à l'occasion de la notification ;

– à tout moment avant l'expiration du délai de la procédure de phase 1, tant que la décision de l'Autorité n'est pas intervenue ; lorsque les engagements sont reçus par l'Autorité, le délai de la procédure est automatiquement prolongé de quinze jours ouvrés. Pour finaliser ses engagements, la partie notifiante peut également demander à l'Autorité de suspendre les délais d'examen de l'opération dans la limite de quinze jours ouvrés ;

– en cas de procédure de phase 2, après avoir pris connaissance de l'ouverture d'un examen approfondi et à tout moment avant l'expiration du délai de la procédure de phase 2, tant que la décision de l'Autorité n'est pas intervenue ; lorsque des engagements ou des modifications apportées à des engagements déjà proposés sont transmis à l'Autorité moins de vingt jours ouvrés avant la fin du délai de soixante-cinq jours initialement prévu, le délai dans lequel elle doit prendre sa décision expire vingt jours ouvrés après la date de leur réception, dans la limite de quatre-vingt-cinq jours ouvrés à compter de l'ouverture de l'examen approfondi ;

– en cas d'évocation de l'affaire par le ministre chargé de l'économie, dont la décision peut être conditionnée à leur mise en œuvre effective. L'objet des engagements acceptés dans ce cadre peut éventuellement être élargi aux motifs d'intérêt général (autres que le maintien de la concurrence, notamment le développement industriel, la compétitivité des entreprises en cause au regard de la concurrence internationale ou la création ou le maintien de l'emploi) sur le fondement desquels le ministre statue sur l'opération en cause. Tel a été le cas dans la décision du ministre du 19 juillet 2018, dans laquelle l'opération a été autorisée sous réserve d'un engagement relatif au maintien de l'emploi.

359. La teneur des engagements dépend de la phase à laquelle ils sont proposés. Les engagements de phase 1 ne doivent pas répondre au même standard de preuve que ceux de phase 2, dans la mesure où les premiers ont pour objectif de dissiper des doutes, alors que les seconds visent à empêcher la réalisation d'une restriction de concurrence *[arrêt du Tribunal de l'Union européenne du 4 juill. 2006 T-177/04 EasyJet Airline Co. Ltd]*. Les engagements pris à l'issue d'une décision de phase 2 ont en effet pour objet de prévenir une atteinte à la concurrence, notamment par la création ou le renforcement d'une position dominante, alors que les engagements de phase 1 ont pour finalité de dissiper tout doute sérieux à ce sujet *[arrêt du Tribunal de l'Union européenne du 7 juin 2013 T-405/08 Spar Österreichische Warenhandels]*.

360. Les engagements proposés, s'ils ne sont pas *prima facie* insuffisants, sont susceptibles d'être testés auprès des acteurs du marché. Par ailleurs, les présenter à un stade trop tardif de la procédure peut entraîner l'interdiction de l'opération ou nécessiter l'imposition d'injonctions.

361. Un modèle d'engagement de cession figure en annexe F des présentes lignes directrices. En raison de la diversité des engagements comportementaux, un tel modèle n'est pas proposé pour ces derniers. La partie notifiante s'inspirera du modèle d'engagement de cession s'agissant notamment des parties relatives au mandataire et à la révision des engagements.

Procédure du prononcé des injonctions par l'Autorité

Injonction pour défaut d'engagements suffisants

362. A l'issue d'une procédure de phase 2, en cas d'absence d'engagement ou d'engagements insuffisants et si une décision d'interdiction de l'opération apparaît disproportionnée au regard des effets anticoncurrentiels identifiés, l'Autorité peut imposer des mesures ciblées adéquates pour compenser ces effets.

363. L'Autorité peut imposer des injonctions si elle considère, sur la base des éléments réunis au cours de l'instruction, que la proposition d'engagements n'est pas de nature à répondre aux préoccupations de concurrence identifiées.

364. Les injonctions ainsi imposées ne sauraient excéder ce qui est nécessaire au rétablissement d'une concurrence suffisante, conformément à ce qu'a jugé le Conseil d'État dans une décision du 21 décembre 2012 relative au recours formulé contre la décision n° 12-DCC-100 par la société Groupe Canal Plus.

365. A l'instar des engagements, ces mesures pourront être testées auprès des acteurs du marché.

Injonction pour inexécution d'engagements

366. Depuis la loi n° 2015-990 du 6 août 2015 pour la croissance, l'activité et l'égalité des chances économiques, le troisième alinéa du IV de l'article L. 430-8 prévoit qu'en cas d'inexécution d'un engagement, l'Autorité peut "[e]njoindre sous astreinte, dans la limite prévue au II de l'article L. 464-2, aux parties auxquelles incombait l'obligation, d'exécuter dans un délai qu'elle fixe des injonctions ou des prescriptions en substitution de l'obligation non exécutée".

367. En vertu de ces dispositions, lorsque l'Autorité constate qu'un engagement pris n'a pas été respecté, elle peut être amenée à le remplacer par une ou des injonctions nouvelles qui fixent un nouveau calendrier d'exécution des obligations souscrites dans les premiers engagements en plaçant leur exécution éventuellement sous le contrôle d'un mandataire. A ces injonctions, l'Autorité peut ajouter une sanction pécuniaire.

Exemple 1 : dans la décision n° 17-D-04 du 8 mars 2017 relative au respect de l'engagement figurant dans la décision autorisant l'acquisition de SFR par le groupe Altice relatif à l'accord conclu avec Bouygues Telecom le 9 novembre 2010, l'Autorité a sanctionné le groupe Altice à hauteur de 40 millions d'euros pour ne pas avoir respecté l'un des engagements souscrits lors de l'acquisition de SFR. Altice s'était en effet engagé à poursuivre le déploiement du réseau cofinancé par Bouygues Telecom et notamment réaliser les prestations de raccordement final de son réseau aux immeubles. Or l'Autorité a constaté que le rythme des adductions s'était très fortement ralenti après la réalisation de l'opération, et n'avait véritablement repris qu'au bout d'un an, générant un retard substantiel par rapport à ce qui avait été prévu. L'Autorité a également constaté que la maintenance de son réseau n'avait pas été réalisée dans des conditions satisfaisantes, contrairement aux engagements souscrits. En sus de la sanction financière imposée à Altice, l'Autorité a prononcé plusieurs injonctions pour empêcher la poursuite de ce comportement. Elle a notamment fixé à Altice un nouveau calendrier de réalisation de ces raccordements, assorti d'astreinte en cas de retard.

Exemple 2 : dans la décision n° 18-D-16 du 27 juillet 2018 relative au respect des engagements annexés à la décision n° 16-DCC-111 du 27 juillet 2016 relative à la prise de contrôle exclusif de Darty par Fnac, l'Autorité a sanctionné Fnac Darty à hauteur de 20 millions d'euros pour ne pas avoir cédé trois des six magasins visés par les engagements dans les délais qui lui étaient impartis. Elle l'a enjoint à céder, en lieu et place de ces magasins, deux autres points de vente.

Publicité des mesures correctives

368. Les mesures correctives, en ce qu'elles constituent un élément de la décision d'autorisation, sont publiées sur le site Inte rnet de l'Autorité.

369. La publicité donnée aux mesures correctives diffère selon leur type. Certains éléments des mesures structurelles peuvent être soumis au secret (le calendrier des

cessions, par exemple), alors que les mesures comportementales sont généralement rendues publiques dans leur intégralité, ce qui permet aux autres acteurs du marché d'être informés des obligations qui pèsent sur l'entreprise concernée, dont certaines peuvent avoir un effet sur leur propre situation.

370. Toutes les informations utiles concernant le suivi des mesures correctives sont également publiées sur le site Internet de l'Autorité.

c) *Les mesures structurelles*

Objectifs spécifiques des mesures structurelles

371. Les mesures correctives structurelles ont généralement pour objectif de garantir des structures de marché compétitives par des cessions d'activité ou de certains actifs à un acquéreur approprié, susceptible d'exercer une concurrence réelle, ou l'élimination de liens capitalistiques entre des concurrents. Ce type de mesures est particulièrement pertinent pour remédier à des problèmes de concurrence horizontaux.

372. L'ensemble des mesures suivantes peut répondre à ce type d'objectifs, en fonction des circonstances de l'espèce :

– cession d'actifs matériels : filiales, magasins, usines, dépôts, agences ;
– cession d'actifs immatériels : contrats, marques, autorisations d'exploitation ;
– rupture d'un contrat de franchise ;
– non-acquisition d'un actif inclus dans le périmètre initial ;
– modification définitive de clauses statutaires ou contractuelles ;
– suppression d'un lien structurel avec un concurrent ;
– cession de participation capitalistique minoritaire.

373. Cette liste et les exemples qui suivent ne sont pas limitatifs, des mesures correctives spécifiques pouvant être adaptées à chaque cas d'espèce.

374. Les principales mesures structurelles sont détaillées ci-après.

La cession d'activité

Les caractéristiques de l'activité cédée

375. Pour qu'une cession d'activité puisse constituer un remède efficace, elle doit comprendre tous les actifs et l'ensemble du personnel nécessaires à son bon fonctionnement.

376. Ce périmètre doit être décrit, avec précision et sans ambiguïté, dans la mesure corrective. Les immobilisations corporelles et incorporelles cédées (marques, droits de propriété intellectuelle, savoir-faire et fonds de commerce) doivent être détaillées. La partie notifiante doit préciser quels sont les licences, permis et autorisations délivrés par les organismes publics, nécessaires au développement de l'activité cédée, et les inclure explicitement dans le périmètre de cession. Elle doit expliciter quels sont les contrats clients transmis. Elle doit aussi indiquer, de manière générale, quel est le personnel transféré, y compris le personnel détaché, et mentionner les équipes ou les membres essentiels à la viabilité et la compétitivité de l'activité qu'elle s'engage à transférer avec la propriété de l'activité et à ne pas débaucher postérieurement à la réalisation de la cession, cette mesure étant généralement prise pour une période de deux ans. Enfin, elle doit mentionner la détention par des tiers de droits leur permettant de s'opposer à la cession ou d'en contraindre les termes (associés, bailleurs, partenaires dans l'exécution d'un contrat important pour la viabilité de l'entreprise, etc.) et, de façon plus générale, tout risque, avéré ou potentiel, de nature à mettre en cause la viabilité, la compétitivité ou la cessibilité des actifs (procédures contentieuses en cours, changements de réglementation, mise aux normes, etc.).

377. Afin d'apprécier si ces critères sont remplis, l'Autorité peut demander à la partie notifiante de lui communiquer les informations prévues par l'article L. 141-1 du code de commerce qui dresse la liste des mentions obligatoires à faire figurer sur l'acte de cession d'un point de vente, en particulier :

– l'état des privilèges et nantissements grevant le fonds ;
– le chiffre d'affaires réalisé durant les trois exercices comptables précédant celui de la vente ;
– les résultats d'exploitation réalisés pendant le même temps ;

– le bail, sa date, sa durée, le nom et l'adresse du bailleur et du cédant, s'il y a lieu.

378. L'actif objet de la mesure corrective doit présenter toutes les caractéristiques structurelles de nature à garantir *prima facie* la mise en œuvre de ladite mesure sans difficulté. Ainsi, par exemple, l'Autorité pourra interroger la partie notifiante sur la viabilité économique de l'actif objet de la mesure corrective en analysant notamment ses comptes sociaux et son rapport annuel ou en demandant la production de comptes proforma. L'actif cédé ne pourra pas faire face à des difficultés économiques, sauf à apporter des éléments de preuve suffisants relatifs à la cessibilité dudit actif. Afin de lever tout doute sur la cessibilité de l'actif, la partie notifiante peut envisager de soumettre à l'Autorité un engagement de type "règlement préalable" (ou "*fix-it-first*") ou "acquéreur initial" (ou "*upfront buyer*"), consistant respectivement en une réalisation des engagements avant l'adoption de la décision ou après l'adoption de la décision mais avant la réalisation de l'opération. Elle peut également s'engager à procéder à des investissements ou à réaliser des travaux, prévus avant le projet d'opération.

379. Il est demandé aux cédants de s'engager à préserver, jusqu'à la réalisation de la cession, la viabilité des actifs cédés.

380. Sur les marchés sur lesquels la concurrence s'organise essentiellement autour d'appels d'offres, les cessions peuvent comprendre, avec l'accord des autorités organisatrices, les contrats détenus par les opérateurs, éventuellement accompagnés des actifs nécessaires à leur mise en œuvre.

Exemple 1 : dans sa décision n° 10-DCC-198 du 30 décembre 2010, l'Autorité a considéré que le fait de céder des délégations de service public et les actifs afférant à ces réseaux permettait à de nouveaux acteurs ou des concurrents existants de contourner les barrières à l'entrée et d'acquérir une expérience valorisable dans de futurs appels d'offres, où le nombre de candidatures devrait augmenter à l'avenir.

Exemple 2 : dans sa décision n° 11-DCC-34 du 25 février 2011, l'Autorité a considéré que le fait de proposer aux collectivités locales de résilier unilatéralement les contrats de délégation de service public permettait de donner aux concurrents une opportunité d'implantation locale et ainsi de résoudre les problèmes de concurrence.

381. La cession peut aussi porter sur des actifs incorporels comme des brevets, des licences ou des marques, de façon autonome si cette cession est suffisante pour remédier aux atteintes à la concurrence identifiées ou en complément de la cession d'autres types d'actifs.

Exemple : dans sa décision n° 18-DCC-95 du 14 juin 2018, l'Autorité a conditionné la prise de contrôle exclusif d'Agripole par Cofigeo, notamment, à la cession de l'une des marques détenues par la nouvelle entité (Zapetti) afin de résoudre les problèmes de concurrence identifiés sur les marchés de la fabrication et de la commercialisation de plats cuisinés italiens et exotiques en conserve.

382. L'Autorité a également accepté, afin de remédier à des effets horizontaux, l'engagement d'une entreprise consistant à céder son portefeuille de clients et à ne pas solliciter ou réaliser de ventes auprès des clients cédés pendant une période de cinq ans.

Exemple : dans sa décision n° 17-DCC-12 du 31 janvier 2017, l'Autorité a considéré que la cession d'un portefeuille client, avec rupture des contrats des clients refusant le transfert, et l'interdiction de renouer une relation commerciale avec les clients cédés pendant cinq ans, accompagnée d'une proposition de licence exclusive pour fabriquer et vendre les produits sur les marchés affectés par l'opération, permettait d'écarter les risques d'atteinte à la concurrence.

383. La partie notifiante peut s'engager à céder des actifs de substitution, par exemple lorsqu'il existe des incertitudes sur la cessibilité *[Décis. de l'Autorité nº 18-DCC-148 du 24 août 2018, relative à la prise de contrôle exclusif de la société Jardiland par la société InVivo Retail]*, la viabilité ou la compétitivité des actifs proposés par la partie notifiante *[Décis. de l'Autorité nº 19-DCC-36 du 28 févr. 2019 relative à la prise de contrôle du groupe Marie Brizard par la société Cofepp]*. Dans une décision du 15 avril 2016 relative au recours de la société Primagaz contre la décision nº 15-DCC-53, le Conseil d'État a précisé toutefois que, lorsque l'Autorité accepte un engagement de substitution, celui-ci constitue un "élément de sa décision d'autorisation, qui ne saurait, sans qu'il soit porté atteinte à la possibilité de contester la légalité de celle-ci devant le juge de l'excès de pouvoir, rester confidentiel". Dès lors, les engagements de substitution et leurs modalités de mise en œuvre sont rendus publics à l'égard des tiers.

384. L'engagement de substitution peut consister en la substitution *stricto sensu* de l'objet de l'engagement par un autre, si et seulement si le second permet de résoudre, de manière au moins équivalente au premier, le problème de concurrence observé. Un tel engagement de substitution peut également consister en l'extension du périmètre du premier engagement, lorsque celui-ci n'est pas réalisé dans un délai déterminé.

Exemple : dans sa décision nº 19-DCC-36 du 28 février 2019, l'Autorité a considéré que l'extension du périmètre de cession d'une marque au niveau mondial si jamais la cession au niveau national n'intervenait pas dans les délais constituait un engagement de substitution valable.

385. Par ailleurs, la partie notifiante peut s'engager à céder un actif, parmi plusieurs, lesquels sont tous considérés par l'Autorité comme résolvant le problème de concurrence identifié.

Exemple : dans sa décision nº 17-DCC-95 du 23 juin 2017, l'Autorité a considéré qu'Elsan pouvait s'engager à céder une clinique parmi une liste de trois afin de résoudre les risques d'atteintes à la concurrence dans la région Auvergne.

386. Enfin, les mesures correctives doivent prévoir que les cédants ne fassent pas l'acquisition des actifs qu'ils ont cédés pendant une période généralement fixée à dix ans à compter de la décision de l'Autorité.

Les caractéristiques de l'acquéreur approprié

387. Une cession d'activité n'est efficace que si l'acquéreur est approprié, c'est-à-dire à tout le moins si :

– il est indépendant de la partie notifiante, d'un point de vue capitalistique et contractuel ;

– il possède les compétences et la capacité financière adéquates pour exploiter de manière pérenne et développer l'activité qu'il a acquise et concurrencer efficacement la partie notifiante ;

– l'acquisition n'est pas susceptible de créer de nouvelles atteintes à la concurrence.

388. L'Autorité ne choisit pas elle-même l'acquéreur. Elle ne dispose que de la possibilité d'agréer ou non un acquéreur qui lui est présenté et de vérifier qu'il est un concurrent actuel ou potentiel viable, indépendant de la partie notifiante et sans aucun lien avec elle, qui possède des ressources financières, des compétences confirmées et la motivation nécessaire pour pouvoir préserver et développer la capacité de l'activité, mais également concurrencer activement la partie notifiante. Dans le cadre de l'instruction de cette demande d'agrément, l'Autorité prend en compte l'activité actuelle du repreneur envisagé, mais aussi son projet pour l'exploitation de l'actif repris, afin de vérifier que ce repreneur est en mesure de rétablir une concurrence effective et suffisante sur le(s) marché(s) concerné(s). L'Autorité fonde sa décision relative à la demande d'agrément sur les termes de la décision d'autorisation, en particulier au regard des effets que les engagements visaient à résoudre *[Décis. du Conseil d'État du 26 juill. 2018 nº 414657 et 414654 Fnac et M. A et autres]*.

389. L'identification de l'acquéreur peut se faire selon trois modalités :

– avant l'adoption de la décision (résolution anticipée des engagements, dite "règlement préalable" ou "*fix-it-first*") ;

– après l'adoption de la décision d'autorisation par l'Autorité, mais avant la réalisation de l'opération (engagement de cession préalable, dit "acquéreur initial" ou "*upfront buyer*") ;

– dans un délai fixé après l'adoption de la décision par l'Autorité et la réalisation de l'opération.

L'engagement de type "règlement préalables" ("fix-it-first")

390. La partie notifiante peut notifier l'opération en présentant d'emblée un acquéreur pour l'activité ou la partie de l'activité dont l'acquisition pose des problèmes de concurrence. Dans ce cas, l'Autorité apprécie les effets de l'opération en tenant compte de la cession prévue.

> **Exemple** : dans sa décision nº 19-DCC-15 du 29 janvier 2019, l'Autorité a considéré que la proposition de Dr. Oetker de conclure un contrat de licence de la marque Ancel pour les desserts à préparer avec Sainte Lucie, avant la prise de contrôle effective d'Alsa, constituait un engagement proportionné et répondant aux problématiques de concurrence.

391. Les mesures de règlement préalable peuvent s'imposer lorsque l'identité de l'acquéreur est essentielle à l'efficacité de la mesure corrective proposée. La communication consolidée de la Commission précise à ce sujet qu'"il s'agit de situations dans lesquelles, compte tenu des circonstances, seul un nombre très restreint d'acquéreurs potentiels peuvent être jugés appropriés, eu égard notamment au fait que l'activité cédée n'est pas viable en tant que telle mais ne pourra l'être que grâce à certains actifs de l'acquéreur, ou dans lesquelles l'acquéreur doit présenter des caractéristiques spécifiques pour que la mesure corrective permette de résoudre les problèmes de concurrence".

392. La cession peut ne pas être encore réalisée, voire être conditionnée à la réalisation de l'opération notifiée, mais elle ne doit pas être une simple hypothèse et doit avoir fait l'objet d'accords contraignants. En fonction de l'état d'avancement de la réalisation de cette cession, elle peut soit faire partie des éléments notifiés, tout retour en arrière mettant alors en cause la sincérité de la notification elle-même, soit faire explicitement l'objet d'engagements. La solution du règlement préalable présente pour la partie notifiante l'avantage de pouvoir négocier la cession des actifs concernés en dehors de la contrainte liée à l'existence d'engagements pris devant l'Autorité, qui peuvent encourager des comportements attentistes ou opportunistes de la part d'acquéreurs potentiels. L'Autorité est cependant attentive à ce que cette solution ne favorise pas une coordination des comportements sur les marchés en cause.

L'engagement de type "acquéreur initial" ("up-front buyer")

393. La décision d'autorisation peut être prise sous réserve que la partie notifiante s'engage à ne pas procéder à la réalisation effective de l'opération avant que l'Autorité ait agréé un acquéreur approprié pour les actifs concernés. Cette modalité modifie les incitations de la partie notifiante et limite le risque qu'elle s'engage à céder des actifs lorsqu'elle a connaissance de difficultés particulières susceptibles de s'opposer à la cession alors que ces difficultés n'ont pas été explicitement portées à la connaissance de l'Autorité.

> **Exemple** : dans sa lettre C2002-14 du 17 mai 2002, le ministre chargé de l'économie a considéré qu'en raison des doutes sur la possibilité de trouver un repreneur viable pour les actifs que Panzani s'engageait à céder, ce dernier devait suspendre la réalisation de la prise de contrôle de Lustucru jusqu'à ce que l'Autorité agrée un repreneur pour les actifs cédés.

394. Les engagements de type "règlement préalable" ou "acquéreur initial" pourront être favorisés lorsque les circonstances le justifient, en particulier :

– lorsqu'aucun *[lorsque aucun]* acquéreur potentiel n'a pu être identifié pendant l'instruction ;

– lorsqu'il existe des incertitudes liées à des droits de préemption détenus par des tiers, à la possibilité de transférer des contrats clés ou des droits de propriété intellectuelle ;

– lorsqu'il existe de sérieux doutes sur la viabilité et la cessibilité des actifs ou des risques de dégradation de la valeur de l'activité.

L'acquéreur identifié après l'adoption de la décision et la réalisation de l'opération, dans un délai fixé

395. Lorsque les mesures doivent être mises en œuvre dans un délai fixé par les engagements, la partie notifiante, une fois l'acquéreur identifié, doit en informer l'Autorité qui donne son agrément si cet acquéreur répond aux conditions ci-dessus. Cette modalité a été la plus couramment utilisée jusqu'à présent.

396. L'expérience de l'Autorité en la matière montre néanmoins que les incitations de la partie notifiante à proposer de céder des actifs, libres de toute contrainte quant à leur cessibilité et suffisamment viables et compétitifs pour intéresser d'éventuels repreneurs, sont alors plus faibles que dans les deux autres modalités.

397. L'Autorité est donc particulièrement vigilante dans son analyse de la viabilité et de la compétitivité des actifs proposés afin de garantir une réalisation rapide du remède. En effet, la cession vise à remédier aux effets de l'opération, lesquels perdurent tant qu'elle n'a pas été réalisée. De plus, le maintien de la viabilité des actifs dépend souvent de la rapidité avec laquelle la cession est exécutée. Un engagement de substitution, portant sur des actifs dont la cessibilité et la viabilité posent *a priori* moins de difficultés, peut constituer une solution de second rang satisfaisante et actionnable rapidement en cas d'échec de la cession d'un premier ensemble d'actifs dans les délais fixés par les engagements.

Les délais de cession

398. Les délais de cession, dans le cas où ils sont fixés par les mesures correctives sans que la réalisation effective de l'opération soit conditionnée à l'agrément d'un acquéreur, doivent être les plus brefs possibles. En effet, la concurrence n'est pas préservée tant que la cession n'est pas réalisée et l'efficacité de mesures de transition visant à maintenir la viabilité et la compétitivité des actifs ne peut être assurée que pendant une période limitée. Pour apprécier le délai de cession proposé, l'Autorité tient compte des circonstances de l'espèce et de l'intérêt légitime des parties à protéger la valeur de leurs actifs.

399. Ce délai varie selon la complexité de la mise en œuvre de l'opération, mais il est généralement inférieur à un an.

La suppression de liens structurels entre des concurrents

400. Dans certains cas, pour rompre le lien avec un concurrent important, les mesures correctives peuvent prévoir la cession de participations minoritaires chez ce concurrent ou dans une entreprise détenue en commun, afin de réduire ou supprimer les effets d'un chevauchement de parts de marché ou les effets de la présence des parties sur un marché verticalement relié ou connexe.

401. Les mesures correctives peuvent aussi, à titre exceptionnel, consister en un renoncement aux droits liés à des parts minoritaires, sans céder ces parts. Le renoncement doit avoir les mêmes effets concurrentiels qu'une cession de part. Il doit être permanent et couvrir tous les droits susceptibles d'avoir une influence sur les comportements concurrentiels, tels que la représentation à un conseil d'administration, des droits de veto et des droits à l'information.

402. Des mesures correctives visant à supprimer les liens structurels entre des concurrents ont été mises en œuvre dans différentes opérations.

Exemple 1 : dans sa décision M.2690 du 9 avril 2002, la Commission a accepté un engagement de sortie d'une entreprise commune qui visait à rompre certains liens structurels susceptibles de favoriser l'adoption et la stabilité d'un comportement coordonné.

Exemple 2 : dans sa décision M.2567 du 8 novembre 2001, la Commission a accepté un engagement consistant en la suppression de représentants de Nordbanken au conseil d'administration d'une entreprise concurrente, Privatgirot.

Exemple 3 : une telle mesure a également fait l'objet d'une injonction de l'Autorité dans sa décision nº 12-DCC-100 du 23 juillet 2012, s'agissant de la participation minoritaire détenue par la société Groupe Canal Plus dans la société Orange Cinéma Séries. À défaut d'une suppression des liens structurels au moyen d'une cession des participations minoritaires détenues, la société Groupe Canal Plus devait remplacer ses représentants au sein de l'organe de direction par le mandataire ou des personnes indépendantes désignées par ce dernier et agréées par l'Autorité.

La résiliation des contrats de franchise

403. L'objet des mesures correctives structurelles peut également porter sur les relations contractuelles entre une entreprise franchiseur et un ou plusieurs de ses magasins franchisés. Afin de supprimer un chevauchement d'activités et permettre à un concurrent d'exercer une pression concurrentielle sur les magasins de la nouvelle entité, la partie notifiante peut proposer la résiliation unilatérale par le franchiseur (la partie notifiante ou la cible) du contrat de franchise du point de vente faisant l'objet desdites mesures. Cette résiliation doit être réalisée dans un délai fixé par la lettre d'engagements ou par les injonctions, à compter de la date de notification de la décision. Compte tenu des incertitudes de mise en œuvre pesant sur ce type d'engagements, ils ne seront en général acceptés que si des cessions d'actifs sont impossibles.

404. La partie notifiante doit rechercher, aux côtés de l'entité qui exploite le ou les magasins concernés, une solution de remplacement auprès d'un franchiseur concurrent, actif sur le même marché que celui affecté par l'opération.

d) *Les mesures comportementales*

Les objectifs spécifiques des mesures comportementales

405. Les mesures correctives comportementales ont généralement pour objectif de préserver ou de favoriser l'accès des concurrents actuels ou potentiels au marché. Cet accès est généralement menacé par des risques de verrouillage des marchés amont ou aval, directement liés aux effets verticaux de l'opération, ou par l'exercice d'un effet de levier lié aux effets congloméraux de l'opération. Plus rarement, des mesures visant à abaisser les barrières à l'entrée sur un marché peuvent permettre de remédier aux effets d'une addition de parts de marché en l'absence de mesures structurelles adaptées.

406. L'ensemble des mesures suivantes peut répondre à ce type d'objectifs en fonction des circonstances de l'espèce :

– l'octroi de l'accès à des réseaux ou des infrastructures, de manière non discriminatoire et transparente [*Décis. de l'Autorité nº 15-DCC-54 du 13 mai 2015 relative à la prise de contrôle exclusif de la Société Anonyme de la Raffinerie des Antilles par la société Rubis et nº 15-DCC-104 du 30 juill. 2015 relative à la prise de contrôle exclusif de la Société Réunionnaise de Produits Pétroliers par la société Rubis*] ;

– l'interdiction de ventes couplées [*Décis. de l'Autorité nº 17-DCC-12 du 31 janv. 2017 relative à la prise de contrôle exclusif du groupe Anios par le groupe Ecolab et nº 16-DCC-55 du 22 avr. 2016 relative à la prise de contrôle conjoint de la société Groupe Aqualande par la société Labeyrie Fine Foods et la coopérative agricole Les Aquaculteurs Landais*] ;

– l'octroi de l'accès à des licences, brevets, marques ou technologies [*Décis. de la Commission M.8124 du 6 déc. 2016 Microsoft/LinkedIn*] ;

– la modification de clauses statutaires ou contractuelles pour une durée déterminée [*Décis. de l'Autorité nº 17-DCC-210 du 13 déc. 2017 relative à la fusion par absorption de la société Coopérative des Agriculteurs de la Mayenne par la coopérative agricole Terrena*] ;

– l'aménagement des conditions de distribution, ou d'approvisionnement d'un produit [*Décis. de l'Autorité nº 13-DCC-101 du 26 juill. 2013 relative à la prise de contrôle exclusif des actifs "matériaux de structure" de la société Imerys TC par la société Bouyer-Leroux*] ;

– l'encadrement de comportements commerciaux *[Décis. de l'Autorité n° 18-DCC-142 du 23 août 2018 relative à la prise de contrôle exclusif des sociétés SDRO et Robert II par la société Groupe Bernard Hayot]* ;

– l'encadrement de l'organisation d'appels d'offres privés *[Décis. de l'Autorité n° 16-DCC-167 du 31 oct. 2016 relative à la prise de contrôle exclusif de la société Aéroports de Lyon par la société Vinci Airports]* ;

– la non-divulgation d'informations sensibles *[Décis. de l'Autorité n° 09-DCC-16 du 22 juin 2009 relative à la fusion entre les groupes Caisse d'Épargne et Banque Populaire]* ;

– la divulgation d'informations sur une base non exclusive ;

– la séparation juridique, commerciale ou comptable des entités concernées *[Décis. de l'Autorité n° 12-DCC-100 du 23 juill. 2012 relative à la prise de contrôle exclusif de TPS et CanalSatellite par Vivendi et Groupe Canal Plus]*.

407. Cette liste et les exemples qui suivent ne sont pas limitatifs, des mesures correctives spécifiques pouvant être adaptées à chaque cas d'espèce et certaines d'entre elles pouvant faire l'objet d'une mesure de règlement préalable.

408. En ce qui concerne l'accès des concurrents aux intrants, les mesures peuvent, par exemple, porter sur l'accès à des infrastructures, à des informations ou à tout autre type d'intrant, directement ou via la limitation des exclusivités dont peut bénéficier la nouvelle entité.

Exemple 1 : dans sa décision n° 10-DCC-02 du 12 janvier 2010, l'Autorité a accepté un engagement consistant à garantir aux concurrents de l'opérateur de transport de personnes urbain et interurbain un accès non-discriminatoire aux informations et services propres à favoriser l'intermodalité entre transport routier et transport ferroviaire.

Exemple 2 : dans sa décision n° 17-DCC-42 du 3 avril 2017, l'Autorité a accepté un engagement de la partie notifiante consistant à mettre à disposition des concurrents potentiels un ensemble d'informations nécessaires pour formuler la demande d'agrément permettant d'entrer sur le marché ou d'exercer la mission d'éco-organisme, une fois agréé.

Exemple 3 : dans ses décisions n° 11-DCC-134 du 2 septembre 2011 et n° 18-DCC-142 du 23 août 2018, l'Autorité a considéré que la position du Groupe Bernard Hayot sur les marchés de l'approvisionnement en produits de grande consommation à la Martinique justifiait des engagements visant à préserver l'accès de ses concurrents sur les marchés de la distribution à dominante alimentaire aux produits et aux budgets de coopération commerciale.

409. En ce qui concerne l'accès à la clientèle, l'Autorité a également accepté à plusieurs reprises des engagements comportementaux.

Exemple 1 : dans sa décision n° 09-DCC-54 du 16 octobre 2009, l'Autorité a accepté les engagements pris par le groupe SNCF à l'occasion de la prise de contrôle de la société Novatrans s'agissant de l'organisation d'une mise en concurrence par voie d'appel d'offres entre les différentes entreprises ferroviaires pour la traction des trains.

Exemple 2 : dans sa décision n° 16-DCC-167 du 21 octobre 2016, l'Autorité a accepté que la société Vinci Airports s'engage à appliquer des règles précises lors de la passation de marchés de travaux, de fourniture et de services afin de prévenir des effets verticaux.

410. En ce qui concerne les mesures comportementales visant à empêcher l'exercice d'un effet de levier, elles consistent souvent en un encadrement des pratiques commerciales des entreprises concernées.

Exemple 1 : dans sa décision n° 09-DCC-54 du 16 octobre 2009, l'Autorité a accepté un engagement visant à mettre en place une commercialisation séparée des espaces publicitaires sur TF1, d'une part, et TMC-NT1, d'autre part, par des régies distinctes.

Exemple 2 : dans sa décision n° 12-DCC-20 du 7 février 2012, l'Autorité a accepté que la société Électricité de Strasbourg s'engage à ne pas commercialiser d'offres couplées s'appuyant sur sa capacité à offrir des tarifs réglementés en gaz ou en électricité.

Exemple 3 : dans sa décision n° 14-DCC-50 du 2 avril 2014, l'Autorité a considéré que sur les marchés de la télévision payante et gratuite, les mesures correctives consistant en des interdictions d'achats couplés étaient nécessaires pour prévenir l'exercice par le groupe Canal Plus d'un effet de levier entre sa puissance d'achat sur les marchés de la télévision payante et ses acquisitions de droits de diffusion pour la télévision gratuite.

411. Des mesures correctives comportementales visant à limiter les barrières à l'entrée pour de nouveaux entrants ont été mises en œuvre dans le cadre notamment de la décision n° 12-DCC-100 du 23 juillet 2012 concernant une fusion sur un marché en duopole, ainsi que dans les décisions n° 14-DCC-160 du 30 octobre 2014, n° 15-DCC-104 du 30 juillet 2015 et n° 15-DCC-54 du 13 mai 2015.

412. Dans certains cas, des atteintes à la concurrence par effets coordonnés ont été corrigées par l'octroi d'une garantie d'accès, visant à renforcer des opérateurs rivaux. De telles mesures ont, par exemple, été acceptées par la Commission dans le cadre de sa décision M.2389 du 20 décembre 2001.

La durée des mesures comportementales

413. Les mesures correctives comportementales sont toujours prévues pour une durée déterminée. Sauf circonstances exceptionnelles, une durée minimale de cinq ans, éventuellement renouvelable à l'issue d'une nouvelle analyse concurrentielle, est généralement jugée nécessaire pour compenser les effets sur la structure des marchés d'une opération de concentration. Toutefois, la durée des mesures correctives peut être plus longue pour préserver le maintien d'une concurrence suffisante sur les marchés concernés.

Exemple : dans sa décision n° 16-DCC-167 du 31 octobre 2016, l'Autorité a considéré que les engagements comportementaux de Vinci dans le cadre de la prise de contrôle exclusif d'Aéroports de Lyon devaient durer le temps du contrat de concession, soit 30 ans. Dans sa décision n° 20-DCC-38 du 28 février 2020, l'Autorité a accepté des engagements comportementaux proposés par Elsan pour une durée de 10 ans.

e) *L'articulation entre les mesures comportementales et les mesures structurelles*

414. A l'instar de la Commission, l'Autorité recherche, en priorité, des mesures structurelles qui visent à garantir des structures de marché compétitives par des cessions d'activités ou de certains actifs à un acquéreur approprié, susceptible d'exercer une concurrence réelle, ou l'élimination de liens capitalistiques entre des concurrents.

415. Les mesures structurelles peuvent être complétées par des mesures comportementales qui visent à réguler le comportement concurrentiel de l'entreprise résultant de l'opération.

416. Le choix du type de mesure corrective le plus adapté est néanmoins fonction des effets de l'opération. Lorsque l'opération porte atteinte à la concurrence essentiellement en raison du chevauchement horizontal des activités entre les parties, les cessions d'actifs sont les mesures correctives les plus efficaces. En revanche, lorsqu'il faut remédier à des risques de verrouillage de marchés en amont ou en aval, des mesures comportementales visant à garantir l'accès des concurrents aux intrants ou à la clientèle peuvent s'avérer suffisantes, tout en préservant les gains d'efficacité liés à l'intégration verticale. Il en est de même pour les concentrations conglomérales.

Les mesures comportementales assorties de mesures structurelles de substitution

417. Afin d'assurer l'efficacité des remèdes comportementaux, il peut être prévu une mesure structurelle de substitution au cas où la partie notifiante ne parviendrait pas au résultat voulu grâce à la mesure comportementale initiale.

418. Les mesures comportementales peuvent également être envisagées comme un préalable à des mesures structurelles, en particulier lorsqu'une cession est difficilement envisageable à brève échéance après la réalisation de l'opération.

Les mesures comportementales en complément des mesures structurelles

419. Les mesures comportementales peuvent être envisagées en complément de mesures structurelles. Par exemple, pour plusieurs opérations sur lesquelles la Commission a conclu qu'elles portaient atteinte à la concurrence du fait de la disparition d'un concurrent potentiel, des engagements combinant cessions d'actifs et obligations de conférer l'accès à des infrastructures essentielles ont été pris afin de renforcer la crédibilité des concurrents restant sur le marché.

Exemple 1 : dans sa décision M.1630 du 18 janvier 2000, la Commission a considéré que la désignation d'un tiers par Air Liquide pour gérer une participation dans une entreprise commune, l'octroi de licences sur des brevets dans des conditions non discriminatoires ainsi que des cessions d'actifs permettaient d'écarter le risque de création d'une position dominante collective sur les marchés de gros de l'hélium et des gaz spéciaux destinés à l'industrie électronique.

Exemple 2 : dans sa décision M.1853, du 7 février 2001, la Commission a considéré que l'engagement d'EDF de renoncer à ses droits de vote et son siège au conseil d'administration de CNR permettait à cette dernière de devenir une force concurrentielle, et que cet engagement ainsi que l'accès donné aux concurrents d'EDF à ses capacités de production par le biais d'enchères permettaient d'éliminer le renforcement de la position dominante d'EDF sur le marché français.

Exemple 3 : dans sa décision M.1439 du 13 octobre 1999, la Commission a considéré que l'engagement de Telia et Telenor de laisser à leurs concurrents l'accès à la boucle locale dans des conditions non discriminatoires combiné avec des cessions dans le secteur de la télévision par câble permettait aux consommateurs de profiter du dégroupage de la boucle locale.

Exemple 4 : dans sa décision M.7353 du 26 novembre 2014, la Commission a autorisé la création d'une entreprise commune entre les sociétés Airbus et Safran dans les secteurs de l'aérospatiale et de la défense sous réserve non seulement du maintien dans une structure distincte de l'activité de propulsion électrique de satellite, mais aussi de la conclusion d'un accord cadre de fourniture avec le principal client actuel de la société Safran.

2 *Le suivi des mesures correctives*

a) *Les principes généraux relatifs au suivi des mesures correctives*

Le suivi des mesures correctives par l'Autorité

420. L'Autorité est chargée du suivi des mesures correctives prises dans le cadre d'une décision du contrôle des concentrations. Elle est ainsi seule responsable de la constatation d'un éventuel manquement aux engagements ou d'un non-respect des injonctions prononcées. Cette mission de l'Autorité a été consacrée par le Conseil d'État dans une décision du 21 mars 2016, Numericable – Groupe Canal Plus : "Considérant qu'en vertu de ces dispositions [article L. 430-7 du code de commerce] il appartient à l'Autorité de la concurrence de veiller à la bonne exécution des engagements pris par les parties devant elle aux fins de remédier aux effets anticoncurrentiels d'une opération de concentration, des injonctions dont elle a assorti aux mêmes fins l'autorisation de l'opération, ou des prescriptions, imposées aux parties, [...], tout au long de la période d'exécution de ces engagements, injonctions ou prescriptions [...]".

421. Les modalités du suivi des mesures correctives doivent être précisées dans la lettre d'engagements de la partie notifiante ou dans les injonctions. Celles-ci incluent si nécessaire la désignation d'un mandataire.

422. Afin de vérifier le respect de l'exécution des mesures correctives, le service des concentrations peut adresser des demandes d'informations à la partie notifiante comme aux tiers et s'appuyer sur toute information spontanément fournie par les

tiers ou fournie régulièrement par le mandataire. L'Autorité peut également, de sa propre initiative ou à la demande de la partie notifiante, adresser le cas échéant au mandataire toute instruction visant à assurer la réalisation de la mesure corrective.

423. Si le recours à un mandataire n'est pas prévu par les mesures correctives *[V. par exemples décisions n° 18-DCC-142 du 23 août 2018 relative à la prise de contrôle exclusif des sociétés SDRO et Robert II par la société Groupe Bernard Hayot et décision n° 19-DCC-244 du 11 déc. 2019 relative à la prise de contrôle exclusif de la société Audilab et de ses filiales par le groupe William Demant]*, la partie notifiante doit fournir toute information relative au suivi des mesures directement à l'Autorité.

L'intervention d'un mandataire

Nomination et révocation du mandataire

424. Il est généralement demandé à la partie notifiante de prévoir le recours à un mandataire chargé de surveiller la bonne exécution des mesures correctives, structurelles ou comportementales, et d'en rendre compte à l'Autorité.

425. Les stipulations relatives aux conditions de nomination et révocation du mandataire sont largement communes aux deux types de mesures correctives.

426. La partie notifiante doit, dans un délai défini par la lettre d'engagements ou par les injonctions, généralement fixé à un mois, proposer une liste d'au moins trois personnes ou sociétés qui pourront être désignées mandataires. L'Autorité agrée alors un ou plusieurs mandataires des proposés. Dans le cas où plusieurs mandataires sont agréés par l'Autorité, la partie notifiante est libre de choisir le mandataire en charge du suivi de l'engagement ou de l'injonction. Si l'Autorité n'agrée aucun des mandataires proposés, une nouvelle liste doit être soumise par la partie notifiante dans un délai d'une semaine. En cas de nouveau refus, l'Autorité désigne elle-même, et aux frais de la partie notifiante, le mandataire de son choix.

427. Un mandataire doit répondre à trois conditions pour être agréé par l'Autorité. Il doit être indépendant des parties, avoir les compétences requises et les moyens suffisants pour mener à bien sa mission, et ne pas faire ou devenir l'objet d'un conflit d'intérêts.

428. L'Autorité dispose d'un pouvoir d'appréciation pour l'approbation du contrat de mandat proposé, sous réserve de toutes modifications qu'elle estime nécessaires pour l'accomplissement de ses obligations.

429. Les décisions d'agrément ou de refus d'agrément de mandataires, ainsi que le nom et les coordonnées du mandataire finalement retenu par la partie notifiante, sont rendus publics sur le site Internet de l'Autorité, dans la page où la décision concernée par les engagements ou les injonctions a été publiée.

430. Le mandat prend fin lorsque l'Autorité constate que l'ensemble des mesures correctives a été réalisé pour la durée prévue par la lettre d'engagements ou par les injonctions. Le mandat peut également être révoqué par (i) le mandataire pour une cause justifiée et en fournissant un préavis écrit à la partie notifiante et une copie à l'Autorité, (ii) la partie notifiante après autorisation de l'Autorité et (iii) l'Autorité de sa propre initiative si elle considère que le mandataire n'exerce pas sa mission de façon adéquate.

Missions du mandataire

431. Le mandataire agit pour le compte de l'Autorité afin de garantir le respect par la partie notifiante des mesures correctives. Il accomplit les tâches visées dans le contrat de mandat en conformité avec le plan de travail et ses versions révisées, approuvés par l'Autorité. Il assure, en outre, le maintien de son indépendance vis-à-vis de la partie notifiante et respecte les dispositions du contrat de mandat relatives aux conflits d'intérêt.

432. La partie notifiante apporte au mandataire chargé du suivi des mesures correctives coopération et assistance administrative et de gestion en lui fournissant toute information requise pour l'accomplissement de ses tâches.

433. Le mandataire peut proposer à la partie notifiante toute mesure qu'il considère nécessaire pour assurer le respect des mesures correctives. Il peut notamment

proposer à l'Autorité des mesures nécessaires, dans l'hypothèse où la partie notifiante ne respecterait pas les propositions du mandataire dans les délais qu'il a fixés.

434. D'une façon générale, le mandataire établit régulièrement des rapports sur le suivi des mesures correctives à l'attention de l'Autorité et lui soumet toute difficulté rencontrée dans le cadre de ses missions. Néanmoins, les appréciations portées par le mandataire sur le suivi des remèdes n'engagent pas l'Autorité *[V. en ce sens la décision du Conseil d'État nº 424702 du 7 nov. 2019, Société Fnac Darty, § 13]*.

435. La partie notifiante est seule responsable de la mise en œuvre des mesures correctives. Il appartient à la partie notifiante de se rapprocher du service des concentrations en cas de difficulté anticipée ou constatée.

b) *Le suivi spécifique des mesures structurelles*

436. Comme présenté au paragraphe 379, il est demandé à la partie notifiante de s'engager au maintien, jusqu'à la réalisation de la cession, de la viabilité économique, de la valeur marchande et de la capacité compétitive des actifs à céder, notamment en s'abstenant de toute mesure ayant un impact défavorable sur leur valeur économique, sur leur gestion ou portant préjudice à leur périmètre d'activité.

437. Dans un premier temps, un mandataire peut être chargé de veiller à ce maintien ("mandataire chargé du contrôle") et, en particulier, à minimiser, autant que possible, le risque de perte de compétitivité des actifs du fait d'un changement dans la gestion courante, la stratégie industrielle ou commerciale, la politique d'investissement ou la disponibilité des ressources nécessaires, notamment en personnel clé. Il s'assure aussi que les actifs cédés sont gérés de façon indépendante, distincte et séparée des activités non cédées. A cet effet, il peut être amené à représenter les intérêts de la partie cédante dans les organes de direction des activités à céder. Lorsque les mesures correctives prévoient qu'une première période est laissée aux parties pour trouver elles-mêmes un acquéreur ("première période de cession"), le mandataire chargé du contrôle vérifie également l'état d'avancement du processus de cession et de la recherche d'acquéreurs potentiels, en veillant notamment à ce que ceux-ci reçoivent une information suffisante. Le mandataire établit régulièrement des rapports de suivi à l'Autorité relatifs à la fois au maintien de la viabilité des actifs à céder et à l'état d'avancement des cessions à réaliser. Par ailleurs, il établit un rapport sur la viabilité et la capacité à animer la concurrence de l'acquéreur proposé à l'agrément de l'Autorité.

438. Dans un second temps, un mandataire peut être chargé de permettre la réalisation de la cession d'actifs en trouvant un repreneur adéquat ("mandataire chargé de la cession"). Au plus tard un mois avant la fin de la première période de cession, la partie notifiante doit alors soumettre à l'Autorité pour agrément une liste d'au moins trois personnes qui pourront être désignée(s) mandataire chargé de la cession. Le processus d'agrément du mandataire, qui peut être le mandataire chargé du contrôle, est identique au processus d'agrément de ce dernier. Le mandataire chargé de la cession établit un rapport sur la viabilité et la capacité à animer la concurrence de l'acquéreur proposé pour agrément à l'Autorité. La partie notifiante doit accorder au mandataire tous les pouvoirs nécessaires afin de formaliser contractuellement la ou les cessions auxquels *[auxquelles]* elles se sont engagées et qui n'auraient pas été réalisées au cours de la première période de cession.

439. Dans tous les cas, le mandataire proposé par les parties doit être agréé par l'Autorité, au regard des critères décrits au paragraphe 427 ci-dessus.

440. Pour favoriser la réalisation rapide de la cession, ce ou ces mandataires doivent être nommés le plus rapidement possible. Lorsque des risques particuliers pèsent sur le maintien de la viabilité et de la cessibilité des actifs à céder, il peut être souhaitable de réduire la durée de la phase qui s'ouvre à l'issue de la décision jusqu'à l'agrément du mandataire par l'Autorité. Il peut alors être demandé aux parties de ne pas réaliser l'opération avant qu'un délai raisonnable se soit écoulé pour permettre la désignation du mandataire.

Exemple : dans sa décision M.5984 du 26 janvier 2011, la Commission a considéré que le fait qu'Intel ne réalise le *closing* (réalisation effective de l'opération) du rachat de McAfee que vingt jours ouvrés suite à l'autorisation de l'opération offrait une durée jugée raisonnable pour trouver et agréer un mandataire.

c) *Le suivi spécifique des mesures comportementales*

441. Un mandataire peut être chargé du contrôle de la mise en œuvre de ces engagements mais aussi des procédures mises en place par les parties pour respecter leurs engagements. Le mandataire peut aussi éclairer les services de l'Autorité sur des plaintes exprimées par des tiers. L'Autorité n'est pas liée par les appréciations portées par le mandataire.

3 *Le réexamen des mesures correctives*

442. Les demandes de réexamen peuvent porter aussi bien sur des engagements pris devant l'Autorité que sur des engagements pris devant le ministre chargé de l'économie antérieurement au transfert de compétences à l'Autorité ou sur des injonctions. Une demande motivée doit être adressée à cet effet au président de l'Autorité.

443. Le réexamen de mesures correctives peut intervenir dans deux cas de figure :

— Le réexamen à échéance de mesures correctives dont la durée était renouvelable intervient à l'issue de la première période d'exécution, en application d'une clause de rendez-vous. L'Autorité doit alors mener une nouvelle analyse concurrentielle afin de déterminer si les circonstances de droit ou de fait ayant motivé la décision initiale ont évolué au point de remettre en cause les justifications des mesures correctives. Un tel réexamen est généralement prévu dans la lettre d'engagements ou dans les injonctions et nécessite de recueillir les observations des parties.

— Le réexamen avant le terme de l'exécution des mesures correctives :

— Dans l'hypothèse où les parties considèrent que l'évolution des circonstances de droit ou de fait ayant motivé la décision initiale remet en cause la pertinence des mesures correctives (généralement des mesures comportementales) courant sur une longue durée, elles peuvent être conduites à en proposer le réexamen par l'Autorité ;

— Les parties peuvent également être amenées à considérer que les objectifs poursuivis par les mesures pourraient être mieux satisfaits par des mesures différentes ;

— S'agissant plus particulièrement des mesures structurelles, si des parties, qui s'étaient engagées à céder une activité dans un délai imparti, envisagent de demander une prolongation de ce délai, il leur appartient de démontrer que le non-respect de cette mesure résulte de raisons totalement indépendantes de leur volonté et qu'elles restent en mesure de céder l'activité dans un délai rapide à un repreneur agréable ;

— Dans des circonstances exceptionnelles, les parties sont également susceptibles de demander la substitution d'actifs à céder.

444. La possibilité de demander le réexamen des mesures correctives par les parties est généralement prévue par la lettre d'engagements ou par les injonctions. Il appartient aux parties d'adresser à l'Autorité une demande motivée afin de démontrer le bien-fondé du réexamen et de proposer, le cas échéant, des mesures alternatives.

445. Dans une décision du 21 mars 2016, Numericable – Groupe Canal Plus, le Conseil d'État a reconnu la possibilité pour l'Autorité de modifier ou d'abroger des mesures correctives au cours de leur exécution, en considérant que cette prérogative découle des dispositions qui permettent à l'Autorité de subordonner son autorisation à la réalisation effective d'engagements ou au prononcé d'injonctions faites à la partie notifiante de prendre des mesures propres à assurer une concurrence suffisante : "En vertu de ces dispositions [de l'article L. 430-7], il appartient à l'Autorité de la concurrence de veiller à la bonne exécution des engagements pris par les parties devant elle aux fins de remédier aux effets anticoncurrentiels d'une opération de concentration, des injonctions dont elle a assorti aux mêmes fins l'autorisation de l'opération, ou des prescriptions, imposées aux parties, de nature à apporter au progrès économique une contribution suffisante pour compenser les atteintes à la concurrence, tout au long de la période d'exécution de ces engagements, injonctions ou prescriptions ; qu'elle tire de ces dispositions la faculté de les modifier pour en réduire ou même en supprimer la portée en fonction de l'évolution de la situation des marchés pertinents et de l'utilité de la poursuite de l'exécution de ces engagements, injonctions ou prescriptions."

446. Dans le même sens, dans une décision du 28 septembre 2017, Société Altice Luxembourg et Société SFR Group, le Conseil d'État a rappelé et précisé les conditions dans lesquelles les parties pouvaient demander la modification des mesures correctives conditionnant la décision d'autorisation d'une concentration :

"Les parties notifiantes à l'opération de concentration peuvent, si elles s'y croient fondées, faire état devant l'Autorité de la concurrence de circonstances de droit ou de fait nouvelles de nature à justifier qu'elles soient déliées, par une décision de l'Autorité, de tout ou partie des obligations découlant des engagements, injonctions ou prescriptions dont est assortie une autorisation de concentration, en raison soit de l'évolution de la situation des marchés pertinents et des conséquences pouvant en résulter sur la pertinence de ces engagements, injonctions ou prescriptions, soit de ce que de telles circonstances rendent l'exécution de ces engagements, injonctions ou prescriptions impossible ou particulièrement difficile."

447. Au même titre que les mesures correctives initiales, les mesures correctives modifiées à l'issue d'un réexamen devront être adaptées, nécessaires et proportionnées au regard des effets anticoncurrentiels identifiés. Dans ce cadre, l'Autorité peut être amenée soit à supprimer une mesure corrective, si elle constate que celle-ci n'est plus nécessaire pour prévenir les effets anticoncurrentiels identifiés lors de l'examen initial de l'opération, soit à l'alléger ou à la modifier, si elle constate qu'elle n'est plus proportionnée aux objectifs poursuivis. Dans une décision du 21 mars 2016, Numericable – Groupe Canal Plus, le Conseil d'État a, en effet, reconnu à l'Autorité "la faculté de modifier [les mesures correctives] pour en réduire ou en supprimer la portée" au cours de l'exécution de la décision de concentration.

448. Afin de mener son analyse concurrentielle, dans le cadre du réexamen à échéance ou du réexamen avant le terme de l'exécution des mesures correctives, l'Autorité a la possibilité d'interroger les tiers intéressés sur les évolutions de marché constatées et sur la pertinence des mesures correctives telles qu'envisagées. L'analyse concurrentielle repose sur les évolutions de marché constatées depuis la décision initiale et contient également une analyse prospective de ces évolutions.

449. L'Autorité peut également solliciter l'avis du mandataire chargé du suivi des engagements, notamment pour recueillir ses observations sur les conditions de mise en œuvre des engagements au cours de la période précédente. La version non-confidentielle de cet avis est transmise aux parties.

450. Lorsqu'à *[Lorsque à]* l'issue de son analyse concurrentielle, l'Autorité estime que les mesures correctives doivent être reconduites, en tout ou en partie, parce que demeurent des effets liés à l'opération, le service des concentrations fait part de son analyse aux parties. L'Autorité les met en mesure de donner leur point de vue et éventuellement de le soutenir par la communication d'éléments complémentaires.

451. Les décisions de réexamen de mesures correctives issues d'une décision initiale de phase 1 sont prises par le président ou un vice-président de l'Autorité. S'agissant des décisions de réexamen de mesures correctives issues d'une décision initiale de phase 2, l'alinéa 4 de l'article L. 461-3 dispose que "Le président, ou un vice-président désigné par lui, peut adopter seul les (...) décisions prévues à l'article L. 430-5, [l]es décisions de révision des mesures mentionnées aux III et IV de l'article L. 430-7 ou [l]es décisions nécessaires à la mise en œuvre de ces mesures".

452. La conformité à la Constitution des dispositions du dernier alinéa de l'article L. 461-3, prises dans leur rédaction issue de l'article 215-8 de la loi n° 2015-990 du 6 août 2015 pour la croissance, l'activité et l'égalité des chances économiques a été

confirmée par le Conseil constitutionnel dans une décision 2018-702 QPC du 20 avril 2018. Le Conseil constitutionnel a relevé que les dispositions précitées n'étaient pas entachées d'incompétence négative et ne méconnaissaient ni la liberté contractuelle, ni le droit de propriété, ni aucun autre droit ou liberté que la Constitution garantit. Il a considéré que ces dispositions étaient justifiées par la nécessité d'assurer l'exécution effective et rapide des décisions de l'Autorité, en particulier lorsque "l'affaire ne présente pas de difficultés particulières ou lorsque des exigences de délai le justifient".

453. Dans cette même décision, le Conseil constitutionnel a également constaté que "[l]e président peut également renvoyer à une formation collégiale de l'Autorité de la concurrence le soin de prendre une telle décision".

454. Les décisions prises au terme du réexamen des mesures correctives sont publiées sur le site de l'Autorité, à l'exception des modifications mineures ou de celles qui ne modifient pas les mesures correctives sur le fond, comme par exemple les décisions relatives à une demande de prolongation des délais de cession. Avant la publication, les entreprises sont mises en mesure d'indiquer les mentions qu'elles considèrent comme relevant du secret des affaires dans les conditions prévues à l'article R. 430-7.

455. Outre ces décisions de réexamen, au cours du suivi des mesures correctives, il peut exceptionnellement arriver que la partie notifiante sollicite l'Autorité afin d'obtenir des éclaircissements sur la portée des mesures adoptées. Dans cette hypothèse, le contenu de la mesure corrective n'est pas modifié, l'Autorité précise uniquement son application et sa portée. Dans une décision du 21 mars 2016, Numericable – Groupe Canal Plus, le Conseil d'État a estimé qu'une telle prise de position de l'Autorité pouvait, dans certaines hypothèses, faire l'objet d'un recours pour excès de pouvoir.

4 *Le non-respect des mesures correctives*

456. Si le suivi des mesures correctives fait apparaître un doute sérieux sur l'inexécution des engagements, injonctions ou prescriptions, le rapporteur général peut proposer à l'Autorité d'ouvrir une procédure de non-respect des mesures correctives qui s'imposaient à la partie notifiante. Une telle procédure peut être engagée aussi bien pour des opérations autorisées par l'Autorité pour que des opérations autorisées sous le régime antérieur à l'entrée en vigueur des nouvelles dispositions des articles L. 430-1 et suivants, intervenue le 2 mars 2009.

a) *La procédure*

457. En vertu des derniers alinéas du IV de l'article L. 430-8, la procédure applicable est "celle prévue au deuxième alinéa de l'article L. 463-2 et aux articles L. 463-4, L. 463-6 et L. 463-7. Toutefois, les parties qui ont procédé à la notification et le commissaire du Gouvernement doivent produire leurs observations en réponse à la communication du rapport dans un délai de quinze jours ouvrés. L'Autorité de la concurrence se prononce dans un délai de soixante-quinze jours ouvrés".

458. Pour instruire la procédure de non-respect des obligations qui incombaient à la partie notifiante, un ou plusieurs rapporteurs sont désignés par le rapporteur général ou le rapporteur général adjoint. Un rapport est rédigé conformément au deuxième alinéa de l'article L. 463-2 et est notifié aux parties, au commissaire du Gouvernement et aux ministres intéressés. Il est accompagné de l'ensemble des éléments sur lesquels se sont fondés les rapporteurs. La partie notifiante et le commissaire du Gouvernement disposent de quinze jours ouvrés pour présenter un mémoire en réponse. Une séance contradictoire est ensuite organisée devant le collège de l'Autorité selon les modalités énoncées par l'article L. 463-7 et le règlement intérieur de l'Autorité.

459. Au terme de cette procédure, si elle estime que les parties n'ont pas exécuté dans les délais fixés une injonction, une prescription ou un engagement figurant dans

sa décision ou dans la décision du ministre ayant statué sur l'opération, l'Autorité prend l'une des décisions prévues au IV de l'article L. 430-8.

460. La loi n° 2015-990 du 6 août 2015 pour la croissance, l'activité et l'égalité des chances économiques a introduit la possibilité pour l'Autorité de prononcer des injonctions en substitution de l'obligation inexécutée par les parties. L'Autorité peut ainsi imposer des mesures correctives permettant de remédier aux problèmes anticoncurrentiels identifiés dans la décision d'autorisation plutôt qu'enjoindre le respect d'engagements jusqu'alors inexécutés par la partie notifiante.

461. L'Autorité peut également prononcer une sanction pécuniaire pouvant s'élever au maximum, pour les personnes morales, à 5 % de leur chiffre d'affaires hors taxes réalisé en France lors du dernier exercice clos, augmenté, le cas échéant, de celui qu'a réalisé en France durant la même période la partie acquise. Le montant des astreintes qui peuvent être infligées ne peut dépasser la limite de 5 % de leur chiffre d'affaires journalier moyen par jour de retard à compter de la date fixée par l'Autorité.

462. La conformité de ces dispositions législatives à la Constitution, dans leur version antérieure à leur modification par la loi n° 2015-990 du 6 août 2015 pour la croissance, l'activité et l'égalité des chances économiques, a été confirmée par le Conseil constitutionnel dans une décision 2012-280 QPC du 12 octobre 2012. Il a relevé en particulier que ces injonctions visaient à garantir le respect effectif des mesures correctives et avaient pour objet d'assurer un fonctionnement concurrentiel du marché dans les secteurs affectés par l'opération de concentration.

b) *La mise en œuvre de la procédure de non-respect des mesures correctives*

463. Depuis le 2 mars 2009, l'Autorité a sanctionné à cinq reprises des entreprises pour le non-respect des engagements pris devant elle ou le ministre.

Exemple 1 : dans sa décision n° 12-D-15 du 9 juillet 2012, l'Autorité a constaté le non-respect d'un des engagements pris par la société Bigard devant le ministre de l'économie. En effet, alors que cette société s'était engagée à signer un contrat de licence portant sur l'utilisation de la marque Valtéro pour les produits de viande bovine vendus en grandes surfaces, elle a tenté de reporter la notoriété de cette marque vers une autre marque, ce qui était de nature à décourager les candidats susceptibles d'être intéressés par la licence de marque. Une sanction pécuniaire d'un million d'euros a été prononcée à l'encontre de cette société.

Exemple 2 : dans sa décision n° 11-D-12 du 20 septembre 2011, l'Autorité a constaté le non-respect par le groupe Canal Plus des engagements qu'il avait pris dans le cadre de la fusion de son bouquet satellite de télévision payante avec celui de la société TPS. Elle a en conséquence, outre une sanction pécuniaire de 30 millions d'euros, retiré la décision du 30 août 2006 par laquelle le ministre avait autorisé cette opération. Dans la mesure où le bouquet satellite TPS avait disparu et où ses abonnés avaient été transférés sur les offres du groupe Canal Plus, il n'était plus possible de revenir à l'état antérieur à la concentration. L'opération de 2006 a été notifiée à nouveau le 24 octobre 2011 et autorisée, sous réserve d'injonctions par une décision n° 12-DCC-100 du 23 juillet 2012.

464. La décision de sanction n° 11-D-12 a été confirmée pour l'essentiel par le Conseil d'État par une décision du 21 décembre 2012. Il a notamment précisé la portée du principe de l'interprétation stricte des engagements en relevant que "l'Autorité de la concurrence est en droit de rechercher si, alors même que serait assuré le respect formel des critères expressément prévus par un engagement que l'évolution du marché n'a pas privé de son objet, les parties ayant pris cet engagement auraient adopté des mesures ou un comportement ayant pour conséquence de le priver de toute portée et de produire des effets anticoncurrentiels qu'il entendait prévenir".

465. Le Conseil d'État a, dans la même décision, confirmé que la décision de retrait devait être proportionnée à la gravité des manquements constatés, notamment à

l'importance des engagements en tout ou partie non respectés au regard de l'ensemble des mesures correctives adoptées, aux effets anticoncurrentiels qu'ils entendaient prévenir, à l'ampleur des manquements, ainsi qu'à la nécessité d'assurer le maintien d'une concurrence suffisante sur les marchés concernés. Il a, en l'espèce, constaté que le groupe Canal Plus avait manqué à des engagements qui se trouvaient au cœur du dispositif des mesures correctives prévues par la décision d'autorisation et dont la méconnaissance a eu des effets majeurs sur l'équilibre concurrentiel des marchés concernés. Il a donc confirmé la légalité du retrait de l'autorisation de 2006.

Exemple 1 : dans sa décision n° 16-D-07 du 19 avril 2016, confirmée par le Conseil d'État, l'Autorité a constaté le non-respect par les sociétés Altice Luxembourg et SFR Group d'un des engagements auxquels été subordonnée la décision d'autorisation du rachat de la société SFR par le groupe Altice. L'Autorité a prononcé à l'encontre de ces entreprises une sanction pécuniaire d'un montant de 15 millions d'euros.

Exemple 2 : dans sa décision n° 17-D-04 du 8 mars 2017, l'Autorité a constaté le non-respect par ces mêmes sociétés d'un autre engagement pris devant l'Autorité dans le cadre de la même décision d'autorisation. L'Autorité a prononcé à l'encontre de ces entreprises une sanction pécuniaire d'un montant de 40 millions d'euros, assortie de plusieurs injonctions afin de s'assurer qu'elles s'abstiennent de poursuivre les comportements constatés ou d'adopter un comportement dont l'objectif ou les effets seraient équivalents.

Exemple 3 : dans sa décision n° 18-D-16 du 27 juillet 2018, l'Autorité a constaté le manquement à plusieurs engagements de cession de magasins souscrits par le groupe Fnac à l'occasion de la prise de contrôle de la société Darty. Trois magasins n'avaient pas été cédés à un repreneur agréé par l'Autorité à l'issue de la période de cession prévue par les engagements. Outre une sanction pécuniaire de 20 millions d'euros, l'Autorité a prononcé des injonctions structurelles, en substitution des engagements de cession non exécutés, consistant en la cession de deux nouveaux magasins, en lieu et place des trois magasins initialement prévus, afin de rétablir une structure concurrentielle des marchés satisfaisante dans les zones de chalandise concernées par l'absence de cession des magasins initialement prévus.

c) *L'appréciation des sanctions*

466. Pour apprécier les mesures, parmi celles prévues par le IV de l'article L. 430-8, qu'appelle une inexécution des mesures correctives d'une décision d'autorisation, l'Autorité prend en compte l'ensemble des circonstances de l'espèce. Elle examine notamment la nature des manquements constatés, en appréciant leur gravité et l'atteinte à la concurrence que la décision d'autorisation avait pour objet de prévenir. L'Autorité peut également prendre en compte la nature des mesures correctives souscrites, leur importance dans l'économie générale de la décision d'autorisation, ou encore le temps écoulé depuis l'opération de concentration et la durée des mesures correctives restant à courir à la date à laquelle elle statue.

467. En outre, lorsqu'elle prononce une sanction sur le fondement des dispositions du IV de l'article L. 430-8, l'Autorité prend en compte, si elles sont établies, les éventuelles difficultés particulières que les parties allèguent avoir rencontrées pour exécuter leurs obligations. Dans une décision du 28 septembre 2017, Société Altice Luxembourg et Société SFR Group, le Conseil d'État a ainsi jugé que "dans le cadre d'une procédure de sanction pour manquements, les parties sanctionnées peuvent, pour soutenir que les manquements commis ne justifiaient pas la sanction prononcée, faire valoir des difficultés particulières qu'elles auraient rencontrées pour respecter leurs engagements".

468. Enfin, les injonctions et sanctions prononcées par l'Autorité doivent être proportionnées aux manquements constatés. Plus précisément, les injonctions prononcées doivent être proportionnées à la gravité des manquements constatés et aux exigences de maintien ou de rétablissement d'un niveau de concurrence suffisant sur les marchés concernés. A cet égard, dans sa décision précitée du 28 septembre 2017, le Conseil d'État a jugé que "[e]u égard à leur objet qui, outre sa portée punitive, est la préservation de l'ordre public économique, les sanctions prévues par le 1° et le 2° du IV de l'article L. 430-8 du code de commerce, qui sont distinctes de la sanction pécuniaire prévue au quatrième alinéa de ce IV, doivent être proportionnées à la gravité des manquements constatés et aux exigences de maintien ou de rétablissement d'un niveau de concurrence suffisant sur les marchés concernés. Pour apprécier, dans ce cadre, la proportionnalité des injonctions sous astreinte, il y a lieu de tenir compte de l'importance des engagements en tout ou partie non respectés au regard de l'ensemble des mesures correctives adoptées et des effets anticoncurrentiels qu'ils entendaient prévenir, de l'ampleur des manquements et de la nécessité d'assurer le maintien d'une concurrence suffisante sur les marchés concernés." Quant à la sanction pécuniaire, elle doit également être proportionnée aux circonstances de l'espèce. La nature particulière du manquement tenant au non-respect de mesures correctives s'inscrivant dans le cadre d'une autorisation d'une opération de concentration doit être prise en compte. Il importe donc que la sanction pécuniaire imposée en cas de non-respect de mesures correctives soit fixée à un niveau suffisant pour dissuader les entreprises concernées de ne pas exécuter leurs engagements ou de proposer sciemment des engagements difficilement exécutables.

d) *L'absence de droit d'accès aux éléments du dossier par les tiers*

469. Conformément à l'article L. 311-5 du code des relations entre le public et l'administration, les documents élaborés ou détenus par l'Autorité dans le cadre de l'exercice de ses pouvoirs d'enquête, d'instruction et de décision ne sont pas communicables.

470. Ainsi, si, à la suite d'une opération de concentration dans le cadre de laquelle ont été prévues des mesures correctives, la nouvelle entité n'a pas correctement mis en œuvre ces dernières, un tiers qui s'estime lésé par le non-respect de ces engagements ou injonctions ne peut exiger de l'Autorité la transmission du rapport adressé par les services d'instruction à la partie notifiante, au collège de l'Autorité et au ministre. Par conséquent, il n'existe pas de droit d'accès au dossier pour les tiers à la procédure. Le tiers intéressé peut toutefois être entendu par les rapporteurs en charge du dossier dans le cadre de leur instruction et ses observations, versées au dossier sous couvert de la protection du secret des affaires, peuvent être prises en compte au cours de l'instruction.

G *Les recours*

471. Le Conseil d'État est la juridiction compétente pour connaître des décisions de l'Autorité au regard de la nature juridique de celle-ci (autorité administrative indépendante) et du 4° de l'article R. 311-1 du code de justice administrative. Par exception à cette règle, l'article L. 464-8 du code de commerce énumère les décisions de l'Autorité relevant de la compétence de la cour d'appel de Paris, dont sont exclues les décisions prises au titre des articles L. 430-5, L. 430-7 et L. 430-8. Le Conseil d'État est également compétent pour tout recours relatif à une décision du ministre prise dans le cadre de son pouvoir d'évocation. Le Conseil d'État est donc compétent pour connaître des décisions de l'Autorité en matière de concentrations.

472. Toutes les décisions portant sur l'autorisation ou l'interdiction d'opérations de concentration, la sanction de leur réalisation sans notification préalable *[Décis. du Conseil d'État n° 375658 du 15 avr. 2016 Société COPAGEF]* ou avant la décision de l'Autorité, d'omissions ou d'inexactitudes dans la notification ou du non-respect d'engagements, mais aussi certaines décisions connexes, notamment en matière de publication, de suivi d'injonctions *[Ord. du Conseil d'État n° 390640 du 24 juin 2015 Société NC Numericable]*, ainsi que les décisions prises dans le cadre de la mise en œuvre des décisions de concentration, tels que le refus d'agrément d'un repreneur d'actifs ou le refus de prolongation du délai d'exécution d'un engagement *[Décis. du Conseil d'État*

nos 414654, 414689, 414657 et 414693 du 26 juill. 2018 Fnac Darty et de M. A... et autres], sont susceptibles de recours.

473. Dans deux décisions du 9 avril 2014 *[Décis. du Conseil d'État nos 367285 et 364192 du 9 avr. 2014 Association des centres distributeurs Édouard Leclerc]*, le Conseil d'État a cependant précisé qu'une requête visant seulement à annuler les appréciations portées par l'Autorité dans les motifs de sa décision d'autorisation n'était pas recevable dans la mesure où les motifs ne sont pas détachables du dispositif de la décision, dont ils constituent le soutien.

474. Un recours peut être introduit par les parties, comme par tout tiers ayant un intérêt à agir. Les règles relatives à la recevabilité et à la procédure des recours en matière de décisions de concentration relèvent du droit commun du contentieux administratif devant le Conseil d'État.

475. Le Conseil d'État a eu l'occasion de se prononcer sur l'intérêt à agir des tiers en raisonnant par catégorie de requérants. Par exemple, il a reconnu l'intérêt à agir des concurrents des entreprises bénéficiaires de l'autorisation de concentration *[Décis. du Conseil d'État no 404382 du 25 mai 2018 Société OCEA et no 362347 du 21 déc. 2012 Société Groupe Canal Plus]* ou des entreprises clientes des parties *[Décis. du Conseil d'État no 279180 du 13 févr. 2006 Société Fiducial Informatique et Société Fiducial Expertise]*. Il a également admis le recours formé par une association regroupant les concurrents des parties *[Décis. du Conseil d'État no 394117 du 21 oct. 2016 Association des entreprises de biologie médicales]* ou encore par un actionnaire d'une entreprise bénéficiaire d'une autorisation de concentration *[Décis. du Conseil d'État no 294896 du 31 janv. 2007 Société France Antilles]*. A l'inverse, le Conseil d'État a jugé irrecevable le recours formé par le bailleur d'un magasin devant être cédé à titre d'engagement, jugeant que ce tiers n'exerçait son activité sur aucun des marchés concernés par l'opération de concentration *[Décis. du Conseil d'État no 403732 du 25 mai 2018 Beaugrenelle Patrimoine]*.

1 *Les délais de recours*

476. Le délai pour former un recours contre une décision de l'Autorité prise en matière de contrôle des concentrations est de deux mois.

477. Le point de départ du délai de recours varie selon la qualité du requérant, personne visée ou tiers.

478. Une décision de l'Autorité prise en matière de contrôle des concentrations est un acte individuel ; elle est donc rendue opposable à celui qu'elle concerne par la voie de la notification. En conséquence, pour la partie notifiante, le délai de recours court à compter du jour de la notification de la décision par l'Autorité à l'intéressé.

479. Pour les tiers, le point de départ du délai opposable correspond à la date de publication de la décision, comme le spécifie l'article R. 464-28. Cette publication est assurée par la mise en ligne de la décision de l'Autorité sur son site Internet, conformément à l'article D. 430-8. La publication du sens de la décision, préalable à la mise en ligne de la décision, ne constitue pas le point de départ du délai de recours contentieux pour les tiers.

2 *Les référés*

480. Concomitamment à l'exercice d'un recours au fond, la requérante dispose de la possibilité de former une demande en référé tendant à suspendre la décision en cause. Deux types de référés ont d'ores et déjà été mis en œuvre devant le Conseil d'État en matière de contrôle des concentrations : le référé "suspension" et le référé "conservatoire" ou "mesures utiles".

a) *Le référé suspension*

481. Le référé suspension est prévu à l'article L. 521-1 du code de justice administrative. Pour ce référé, un recours au principal est nécessaire. Il faut donc former une requête en annulation et y adjoindre une demande de référé. Trois conditions doivent être simultanément remplies par la demande de référé :

— La décision de l'Autorité en cause doit encore **produire des effets juridiques** au jour de la demande pour pouvoir être suspendue.

Par exemple, dans une ordonnance du 1er juin 2006, le juge des référés a rejeté la demande en référé suspension comme irrecevable, la décision d'autorisation étant entièrement exécutée à la date de la requête.

Autre illustration, dans une ordonnance du 27 novembre 2013, le juge des référés a considéré, s'agissant de la prise de contrôle exclusif des actifs "matériaux de structure" de la société Imerys TC par la société Bouyer Leroux, que la prise de contrôle exclusif étant pleinement réalisée, les conclusions tendant à la suspension de l'exécution de la décision étaient devenues sans objet.

Le juge des référés peut également prononcer un non-lieu si l'opération de concentration s'est réalisée postérieurement à l'introduction de la requête *[Ord. du Conseil d'État nº 403730 du 17 oct. 2016 SAS Soufflet Agriculture et SAS Sobra]*. En revanche, le juge devra statuer sur une demande relative à des mesures correctives si celles-ci produisent encore des effets au moment où il se prononce *[Ord. du Conseil d'État nos 390454 et 390772 du 9 juill. 2015 Sociétés Compagnie des Gaz de Pétrole Primagaz et Vitogaz France]*.

— **Une condition d'urgence**. Le juge des référés estime de manière constante que "L'urgence justifie la suspension de l'exécution d'un acte administratif lorsque celui-ci porte atteinte de manière suffisamment grave et immédiate à un intérêt public, à la situation du requérant ou aux intérêts qu'il entend défendre. Il appartient au juge des référés d'apprécier concrètement, compte tenu des justifications fournies par le requérant, si les effets de l'acte contesté sont de nature à caractériser une urgence justifiant que, sans attendre le jugement de la requête au fond, l'exécution de la décision soit suspendue. L'urgence doit être appréciée objectivement et compte tenu de l'ensemble des circonstances de l'affaire." *[Ord. du Conseil d'État nº 409771 du 27 avr. 2017 Altice Luxembourg et société SFR Group]* Il a notamment fait application de ces principes dans les affaires suivantes :

Dans une ordonnance du 19 mai 2005, Sociétés Fiducial Informatique et Fiducial Expertise, le juge des référés a justifié l'urgence "eu égard à l'objet de la décision contestée et à ses effets sur le marché qui sont difficilement réversibles" et "tant au regard de l'intérêt public en cause qui est le maintien d'une concurrence effective sur le marché [...] qu'à celui des sociétés requérantes qui sont présentes sur le même marché en tant que concurrents ou clients potentiels [...]".

En revanche, dans une ordonnance du 22 avril 2010, Métropole Télévision, le juge des référés a estimé, concernant l'acquisition par TF1 des chaînes TMC et NT1, que la condition d'urgence n'était pas remplie eu égard aux parts relativement peu élevées des chaînes TMC et NT1 dans l'audience des chaînes de télévision et les recettes publicitaires et au caractère progressif de l'incidence de la concentration sur les marchés concernés.

De même, dans une ordonnance du 9 juillet 2015, Compagnie des Gaz de Pétrole Primagaz, le juge des référés a estimé que la condition d'urgence n'était pas vérifiée dans la mesure où les engagements n'apparaissaient pas, par leur nature ou leur inadéquation, de nature à générer une atteinte grave et immédiate à la situation de la concurrence sur les marchés du gaz et de la distribution de pétrole liquéfié. Par ailleurs, le juge des référés a estimé que les requérantes n'apportaient pas la preuve que les engagements seraient inadaptés ou insuffisants au point de porter atteinte de manière grave et immédiate à leur propre situation économique.

Dans une ordonnance du 27 novembre 2013, Société Wienerberger, le juge des référés a considéré, s'agissant de la prise de contrôle exclusif des actifs "matériaux de structure" de la société Imerys TC par la société Bouyer Leroux, que l'opération de concentration en cause n'apparaissait pas, par elle-même, de nature à porter à la situation de la concurrence sur le marché une atteinte telle que les engagements aient, par leur insuffisance ou leur inadéquation, été de nature à permettre une atteinte grave et immédiate à la concurrence sur le marché en cause ou à la situation de la requérante au point de justifier la mise en œuvre des pouvoirs prévus à l'article L. 521-1 du code de justice administrative. En l'espèce, le marché, qui ne représentait que 1,3 % du chiffre d'affaires en France de la requérante, laquelle était, par ailleurs, le premier acteur mondial du secteur, se caractérisait, avant même l'opération, par une situation dans laquelle il n'existait qu'un seul site de production régional.

Dans une ordonnance du 27 avril 2017, Société Altice Luxembourg et société Group SFR, le juge des référés a également considéré que cette condition n'est pas remplie si le Conseil d'État était en mesure de rendre une décision au fond dans un délai relativement bref.

— L'existence d'un moyen propre à créer, en l'état de l'instruction, un doute sérieux quant à la légalité de la décision.

Dans une ordonnance du 19 mai 2005, le juge des référés a considéré que l'argumentation du ministre était insuffisante "au regard du caractère probable, suffisamment rapide et durable, et suffisant, de l'entrée de nouveaux concurrents susceptibles de contrecarrer des effets anticoncurrentiels potentiels de l'opération en cause", ce qui créait un doute sérieux quant à la légalité de la décision.

En revanche, dans une ordonnance du 17 octobre 2016, le juge des référés a estimé que la condition tenant à l'existence d'un doute sérieux quant à la légalité de la décision n'était pas vérifiée dans la mesure où il ne saurait être fait grief aux engagements de ne pas accroître le degré de concurrence préexistant à l'opération. Dans la même affaire, le juge des référés a également relevé que l'absence de raccordement ferroviaire des silos proposés à la cession et la vétusté de trois d'entre eux ne remettaient pas en cause leur viabilité et que la possibilité pour les agriculteurs de continuer à vendre leur grain dans le cadre du négoce non coopératif était sans incidence sur l'appréciation du caractère suffisant des engagements.

b) *Le référé conservatoire*

482. Le référé conservatoire ou "mesures utiles" est quant à lui prévu à l'article L. 521-3 du code de justice administrative, qui dispose : "En cas d'urgence et sur simple requête qui sera recevable même en l'absence de décision administrative préalable, le juge des référés peut ordonner toutes autres mesures utiles sans faire obstacle à l'exécution d'aucune décision administrative." Par exemple, le juge des référés a considéré que cette procédure pouvait être utilisée pour enjoindre à une entreprise de notifier une opération qui avait été réalisée sans avoir été notifiée : "cette procédure est susceptible de s'appliquer lorsque, une opération de concentration ayant été réalisée sans être notifiée, le ministre chargé de l'économie est tenu, en vertu des dispositions précitées de l'article L. 430-8 du code de commerce, d'enjoindre la notification de l'opération" *[Ord. du Conseil d'État n° 312534 du 18 févr. 2008 Fédération Nationale des Transporteurs Routiers]*. Il a cependant estimé que, dans les circonstances de l'espèce, une telle injonction ne se justifiait pas.

3 *Les recours au fond*

483. Les recours dirigés contre les décisions prises en matière de contrôle des concentrations sont des recours pour excès de pouvoir susceptibles de conduire à l'annulation des décisions concernées. Les recours dirigés contre les décisions sanctionnant des manquements aux obligations imposées par le droit des concentrations tels que, par exemple, des non-respects d'engagements, relèvent du plein contentieux et sont susceptibles de conduire à l'annulation ou à la réformation des décisions visées.

484. A l'occasion de ces recours, le Conseil d'État examine la légalité externe (compétence, respect de certaines garanties de forme ou de procédure) et la légalité interne (contrôle de la violation de la loi ou de l'erreur de droit ou de fait, avec examen de la qualification juridique des faits) des décisions attaquées.

485. Par exemple, le Conseil d'État a été amené à examiner :

— la régularité de la procédure *[Décis. du Conseil d'État n° 249267 du 6 févr. 2004 Philips France, n° 278652 du 27 juin 2007 Métropole Télévision, n° 401059 du 31 mars 2017 Altice Luxembourg et Numericable-SFR et n° 404382 du 25 mai 2018 OCEA]* ;

– **la contrôlabilité de l'opération de concentration** *[Décis. du Conseil d'État n° 201853 du 9 avr. 1999 Coca-Cola et n° 294896 du 31 janv. 2007 France Antilles]* ;

– **la délimitation des marchés pertinents** *[Décis. du Conseil d'État n° 278796 du 13 févr. 2006 Delonghi, n° 283479 du 30 juin 2006 Fiducial, n° 278652 du 27 juin 2007 Métropole Télévision, n° 394117 du 21 oct. 2016 AEBM et n° 404382 du 25 mai 2018 OCEA]* ;

– **l'appréciation des effets de l'opération** *[Id.]* ;

– **la prise en compte des contributions au progrès économique susceptibles de compenser les atteintes à la concurrence identifiées** *[Décis. du Conseil d'État n° 201853 du 9 avr. 1999 Coca-Cola]* ;

– **la prise en compte de l'argument de l'entreprise défaillante** *[Décis. du Conseil d'État n° 249267 du 6 févr. 2004 Philips France]* ;

– **le caractère suffisant des engagements acceptés par l'Autorité** *[Décis. du Conseil d'État n° 201853 du 9 avr. 1999 Coca-Cola, n° 278652 du 27 juin 2007 Métropole Télévision, n° 338197 du 30 déc. 2010 Métropole Télévision, n° 395284, 395247 et 395278 du 14 juin 2017 CCIRPP et n° 403732 du 25 mai 2018 SAS Soufflet Agriculture et SAS Sobra]* ;

– **l'intention de contourner les règles de concurrence dans l'hypothèse d'un défaut de notification** *[Décis. du Conseil d'État n° 375658 du 15 avr. 2016 Société COPAGEF]*.

486. Le Conseil d'État a en revanche considéré que des tiers ne pouvaient critiquer la régularité du choix de l'Autorité d'adopter une décision d'autorisation assortie d'engagements, sans recourir à un examen approfondi *[Décis. du Conseil d'État nos 390454 et 390772 du 9 juill. 2015 Sociétés Compagnie des Gaz de Pétrole Primagaz et Vitogaz France et n° 403730 du 17 oct. 2016 Société Soufflet Agriculture]*

487. Le Conseil d'État exerce un contrôle entier sur les décisions. Ainsi, il a déclaré licite une décision attaquée après avoir réétudié les parts de marché des parties, les obstacles au pouvoir de marché de la nouvelle entité et vérifié le bilan concurrentiel et les gains d'efficacité de l'opération *[Décis. du Conseil d'État n° 279180 du 13 févr. 2006 Société Fiducial Informatique et Société Fiducial Expertise]*. Cette approche économique dans l'examen de la légalité d'une décision en matière de concentration a conduit le Conseil d'État à apprécier cette légalité non seulement au regard de la situation de fait et de droit existant au jour où la décision a été prise, mais aussi au regard des effets constatés ou potentiels de l'opération autorisée, examen pouvant inclure des faits nouveaux, comme l'arrivée d'un nouvel opérateur sur le marché.

488. Plus récemment, dans une décision du 6 juillet 2016, Primagaz et Vitogaz – Totalgaz, le Conseil d'État a jugé, au terme d'un contrôle entier, que l'Autorité n'avait pas commis d'erreur d'appréciation en estimant que l'acquisition de la société Totalgaz par la société UGI Bordeaux Holding n'avait pas d'effet anticoncurrentiel sur les marchés de la distribution de GPL combustible en moyen et gros vrac, de la distribution de GPL combustible conditionné en bouteilles et de la distribution de GPL utilisé comme carburant. En revanche, l'analyse concurrentielle effectuée sur le marché de la distribution de GPL combustible en petit vrac a été jugée insuffisante. En effet, le Conseil d'État a relevé que, dès lors que la nouvelle entité deviendrait le seul acteur disposant d'infrastructures de stockage secondaire couvrant l'ensemble du territoire, l'Autorité avait commis une erreur d'appréciation en n'examinant pas la faculté que la nouvelle entité aurait à s'extraire des réseaux de contrats d'échange de capacités qui existaient avant l'opération entre opérateurs.

489. Dans une décision du 25 mai 2018, OCEA – DCNS et Piriou, le Conseil d'État a rejeté la requête en annulation formée à l'encontre de la décision autorisant la création d'une entreprise commune de plein exercice entre les sociétés DCNS et Piriou. Le Conseil d'État a notamment procédé à une analyse de la pertinence de la délimitation du marché en cause opérée par l'Autorité, tant au niveau des produits que dans sa dimension géographique. Il a également vérifié la méthode retenue par l'Autorité pour le calcul de la part de marché de l'entreprise commune, ainsi que son appréciation des effets verticaux de l'opération.

490. Le respect des droits des tiers est également contrôlé par le Conseil d'État. Par une décision du 9 avril 1999, Interbrew, ce dernier a ainsi annulé l'arrêté ministériel autorisant le rachat de la société Fischer par la société Heineken au motif que les droits de la société Interbrew, qui n'était pas partie à l'opération, n'avaient pas été respectés. Dans cette affaire, les engagements pris par la société Heineken prévoyaient la cession d'un nombre significatif d'entrepôts au bénéfice d'acheteurs juridiquement et financièrement indépendants de certains brasseurs importants, dont la société Interbrew. Cette décision privait donc cette dernière de la possibilité d'acheter les entrepôts vendus par la société Heineken. Le Conseil d'État a annulé la décision, en application du principe général des droits de la défense, la société Interbrew n'ayant pas été mise en mesure de présenter ses observations.

4 *L'annulation ou la réformation d'une décision par le Conseil d'État*

491. Lorsqu'il est saisi d'un recours en annulation, le Conseil d'État peut, après avoir exercé son contrôle, décider de rejeter la requête ou, à l'inverse, prononcer l'annulation totale ou partielle de la décision attaquée.

492. L'article R. 430-9 énonce qu'"en cas d'annulation totale ou partielle d'une décision prise par l'Autorité de la concurrence ou par le ministre chargé de l'économie sur le fondement des articles L. 430-5, L. 430-7, L. 430-7-1, L. 430-8 ou L. 430-9 et s'il y a lieu à réexamen du dossier, les entreprises concernées qui ont procédé à la notification soumettent une notification actualisée dans un délai de deux mois à compter de la date de notification de la décision du Conseil d'État".

493. Ainsi, les parties doivent procéder à une notification actualisée de l'opération lorsque la décision de l'Autorité a été annulée. Dans une décision du 6 février 2004, par laquelle il a annulé la décision du ministre chargé de l'économie autorisant la reprise de la société Moulinex par la société Seb, le Conseil d'État a précisé les conséquences de cette annulation et indiqué au ministre qu'il restait saisi du renvoi de la Commission et disposait du délai de droit commun pour se prononcer en fonction des éléments de faits tels qu'ils existeraient à la date de sa nouvelle décision, tout en prenant en compte les règles de fond et de procédure de l'ordonnance de 1986, lesquelles demeuraient irrévocablement applicables.

494. Le Conseil d'État peut également prononcer l'annulation partielle d'une décision de l'Autorité. Dans une décision du 6 juillet 2016, il a ainsi annulé la décision de l'Autorité relative à l'acquisition du contrôle exclusif de la société Totalgaz par la société UGI Bordeaux Holding, mais seulement en tant que l'Autorité n'avait pas examiné l'ensemble des effets anticoncurrentiels de l'opération et que les engagements n'étaient pas suffisants pour remédier aux problèmes de concurrence identifiés. L'annulation ainsi prononcée par le Conseil d'État n'a pas remis en cause l'autorisation de l'opération.

495. En principe, l'annulation d'une décision administrative implique, au moment de son prononcé par le juge, sa disparition immédiate avec effet rétroactif.

496. Toutefois, le Conseil d'État peut moduler dans le temps les effets d'une annulation s'il apparaît que l'effet rétroactif de l'annulation est de nature à emporter des conséquences manifestement excessives en raison tant des effets que la décision attaquée a produits et des situations qui ont pu se constituer lorsqu'elle était en vigueur, que de l'intérêt général pouvant s'attacher à un maintien temporaire de ses effets. Il appartient ainsi au juge administratif de prendre en considération, d'une part, les conséquences de la rétroactivité de l'annulation pour les divers intérêts publics ou privés en présence et, d'autre part, les inconvénients que présenterait, au regard du principe de légalité et du droit des justiciables à un recours effectif, une limitation dans le temps des effets de l'annulation.

497. Ainsi, dans une décision du 23 décembre 2013 relative au recours formulé par la société Métropole télévision et TF1 contre la décision n° 12-DCC-101, le Conseil d'État a considéré que l'annulation de la décision attaquée aurait nécessairement eu pour conséquence de conduire l'Autorité à réexaminer la concentration litigieuse et avait ôté toute valeur contraignante aux engagements pris par les parties. Il a dès lors décidé que, compte tenu des effets excessifs d'une annulation immédiate de la décision attaquée pour l'ordre public économique et au regard de l'intérêt général qui s'attache à la préservation d'une concurrence suffisante, il y avait lieu de différer à une date ultérieure fixée par ses soins l'annulation de la décision de l'Autorité.

498. Lorsqu'il est saisi d'un recours en réformation dirigé contre une décision de sanction, le Conseil d'État vérifie le bien fondé des manquements retenus par l'Autorité à l'encontre des entreprises concernées ainsi que la proportionnalité des sanctions prononcées au regard de ces manquements.

499. Dans une décision du 21 décembre 2012, Groupe Canal Plus, le Conseil d'État a ainsi considéré que deux manquements avaient été retenus à tort à l'encontre du groupe Canal Plus et qu'il convenait de ramener le montant de la sanction pécuniaire de 30 à 27 millions d'euros. De même, dans une décision du 15 avril 2016, COPAGEF, le Conseil d'État a procédé à l'examen des manquements reprochés à la société COPAGEF et a réformé la sanction prononcée au motif que l'Autorité avait, à tort, retenu l'absence de coopération de cette société.

H *La mise en œuvre de l'article L. 430-9*

500. L'article L. 430-9 dispose que : "l'Autorité de la concurrence peut, en cas d'exploitation abusive d'une position dominante ou d'un état de dépendance économique, enjoindre, par décision motivée, à l'entreprise ou au groupe d'entreprises en cause de modifier, de compléter ou de résilier, dans un délai déterminé, tous accords et tous actes par lesquels s'est réalisée la concentration de la puissance économique qui a permis les abus même si ces actes ont fait l'objet de la procédure prévue au présent titre".

501. Cet article est applicable pour tout abus ayant été rendu possible par une opération de concentration, qu'elle ait fait, ou non, l'objet d'une procédure d'autorisation devant l'Autorité de la concurrence ou, antérieurement, le ministre.

> **Exemple :** dans sa décision n° 02-D-44 du 11 juillet 2002, seule affaire à ce jour où cette disposition a été mise en œuvre, le Conseil de la concurrence après s'être saisi d'office, dans le cadre de ses attributions relatives au contrôle des pratiques anticoncurrentielles, de la situation des marchés de l'eau et de l'assainissement, a établi que la Compagnie générale des eaux (CGE) et la société Lyonnaise des eaux (SLDE) détenaient une position dominante collective sur ces marchés *[la CGE et la SLDE détenaient environ 85 % de ces marchés et ces deux groupes avaient créé au fil du temps, à la demande des collectivités concernées, sept filiales communes. Dans le courant de l'année 2009, le processus de décroisement de l'ensemble de ces filiales communes a été mis en œuvre]* et qu'elles en avaient abusé *[lors de plusieurs appels d'offres publics lancés par des collectivités, à partir de juin 1997, les sociétés mères s'étaient abstenues de présenter leur candidature et donc de se positionner en concurrence avec leurs filiales communes, limitant ainsi l'intensité de la concurrence]*. Le Conseil a alors demandé au ministre chargé de l'économie, sur le fondement des dispositions de l'article L. 430-9 dans sa version antérieure à la loi du 4 août 2008 de modernisation de l'économie, d'enjoindre aux sociétés intéressées de modifier, compléter ou résilier les accords qui les avaient conduites à associer leurs moyens dans le cadre de filiales communes.

III L'examen au fond d'une opération de concentration

502. Le test appliqué par l'Autorité pour apprécier les effets d'une concentration sur la concurrence est celui défini à l'article L. 430-6, selon lequel l'Autorité examine si l'opération "est de nature à porter atteinte à la concurrence, notamment par création ou renforcement d'une position dominante ou par création ou renforcement d'une puissance d'achat qui place les fournisseurs en situation de dépendance économique".

503. L'Autorité doit caractériser cette atteinte, et les risques de réduction significative de concurrence qu'elle engendre, à partir d'une analyse prospective tenant compte de l'ensemble de données pertinentes et se fondant sur un scénario économique plausible *[Décis. du Conseil d'État nos 362347, 363542 et 363703 du 21 déc. 2012 Société Groupe Canal Plus et autres]*. En effet, seule la situation antérieure à l'opération est observable et les effets probables de la concentration doivent être présumés. Cette analyse s'appuie sur les caractéristiques du marché pertinent et du fonctionnement

de la concurrence sur celui-ci, telles qu'elles existent au moment du contrôle mais aussi compte-tenu des évolutions envisageables.

504. Lorsqu'elle détermine le scénario économique plausible qu'elle utilise pour apprécier les effets d'une opération de concentration, l'Autorité intègre dans son analyse les évolutions anticipées de la structure du marché, lorsque celles-ci revêtent un caractère suffisamment certain. Ainsi, lorsque les éléments disponibles attestent, de façon crédible, de l'entrée, du développement ou de la sortie d'un opérateur du marché, l'Autorité en tient compte dans son analyse concurrentielle. Son appréciation du scénario contrefactuel crédible prend notamment en compte les capacités financières de l'entreprise considérée ou sa présence sur des marchés proches.

Exemple 1 : dans la décision n° 18-DCC-18, l'Autorité a analysé l'argument des parties selon lequel la nouvelle entité serait confrontée, à l'issue de l'opération, à la concurrence d'opérateurs comme Google, Amazon et Facebook. Elle a constaté qu'aucun élément ne faisait état d'une entrée certaine et rapide de ces opérateurs sur le marché français des petites annonces immobilières en ligne. Elle a notamment constaté qu'aucun document interne remis par la partie notifiante n'analysait une potentielle entrée de Facebook sur ce marché en France, attestant du fait que cet opérateur ne constituait pas une menace pour les autres opérateurs actifs sur le marché.

Exemple 2 : dans sa décision n° 20-DCC-38, l'Autorité a analysé l'argument de la partie notifiante selon lequel l'opération n'a en réalité qu'un effet marginal sur le marché de l'offre de diagnostics et de soins hospitaliers, puisqu'en l'absence de l'opération, l'acquéreur aurait fermé sa principale clinique nîmoise compte tenu de sa situation économique difficile, limitant très sensiblement les chevauchements d'activité dans la zone. L'Autorité a considéré que ce scénario n'était pas suffisamment certain puisque les difficultés décrites par la partie notifiante n'étaient pas nouvelles et que la situation financière de la clinique avait plutôt eu tendance à s'améliorer au cours des années précédentes.

505. Une opération de concentration est susceptible d'engendrer des effets :

— de nature horizontale lorsque les parties sont, à titre principal, des concurrents, actuels ou potentiels, sur un ou plusieurs marchés pertinents ;

— de nature verticale lorsque les parties sont actives sur des marchés situés à des stades différents d'une chaîne de valeur d'un produit ou d'un service, par exemple lorsqu'un fabricant fusionne avec l'un de ses distributeurs ;

— de nature conglomérale lorsque les parties ne sont pas présentes sur les mêmes marchés ou sur des marchés verticalement intégrés mais que l'opération conduit, par exemple, à étendre ou renforcer la présence de la nouvelle entité sur des marchés ou segments de marchés distincts mais dont la connexité peut lui permettre d'accroître un pouvoir de marché.

506. Lorsqu'elle implique des groupes aux activités multiples, une même concentration peut avoir des effets à la fois horizontaux, verticaux et conglomÉraux.

507. Une concentration peut porter atteinte à la concurrence de manière significative sur les marchés affectés de deux manières :

— par des effets non coordonnés, à savoir des effets résultant du comportement des acteurs du marché, agissant indépendamment les uns des autres ;

— par des effets coordonnés lorsqu'elle est de nature à modifier le jeu de la concurrence sur le marché de telle sorte que les entreprises qui, avant l'opération, ne coordonnaient pas leur comportement concurrentiel, soient désormais en mesure de le faire ou, si elles coordonnaient déjà leurs comportements, puissent le faire plus facilement. On parle alors de création ou renforcement d'une position dominante collective. Dans le cas spécifique de la création d'une entreprise commune, l'Autorité analyse en particulier les risques de coordination du comportement concurrentiel de ses sociétés mères.

508. Des gains d'efficacité économique sont généralement attendus d'une concentration. Lorsque l'Autorité constate que l'opération est de nature à porter atteinte à la

concurrence sur un marché, elle évalue alors dans quelle mesure les gains d'efficacité escomptés pourront bénéficier aux consommateurs et s'ils sont suffisants pour compenser l'atteinte à la concurrence identifiée.

509. Dans des cas exceptionnels, une opération qui porte atteinte à la concurrence et dont les gains d'efficacité économique ne sont pas suffisants pour compenser cette atteinte peut néanmoins être autorisée, parce que l'entreprise rachetée est une entreprise défaillante, qu'il n'y a pas de meilleur acquéreur potentiel crédible du point de vue de l'analyse concurrentielle et que l'atteinte à la concurrence ne serait pas moins grave si l'entreprise avait disparu. Ces éléments doivent être étayés par des éléments tangibles.

510. Pour réaliser son examen sur le fond d'une opération de concentration, l'Autorité suit une démarche systématique, qui commence par la délimitation des marchés pertinents (A). Elle analyse le cas échéant le fonctionnement du ou des marchés concernés afin d'en apprécier les caractéristiques essentielles (B). Une fois ces caractéristiques identifiées, elle est en mesure d'identifier les effets des opérations, selon que l'opération revêt une dimension horizontale (C), verticale (D) ou conglomérale (E). Dans les cas qui le justifient, l'Autorité analyse également les risques de création ou renforcement d'une puissance d'achat plaçant les fournisseurs dans une situation de dépendance économique (F). L'Autorité apprécie aussi les effets coordonnés susceptibles d'apparaître en raison de l'opération (G). Elle tient compte des gains d'efficacité économique prouvés qu'apporte l'opération aux consommateurs (H) et, le cas échéant, de l'argument de l'entreprise défaillante lorsqu'il est applicable (I). Elle peut être enfin amenée à se prononcer sur les restrictions accessoires à une opération (J).

A *La délimitation des marchés pertinents*

1 *L'objectif*

511. La définition des marchés pertinents constitue une étape essentielle du contrôle des concentrations, dans la mesure où elle permet d'identifier le périmètre à l'intérieur duquel s'exerce la concurrence entre entreprises et d'apprécier, dans un second temps, leur pouvoir de marché.

512. Si la demande pour les produits et services de la nouvelle entité ne peut pas se reporter, pour une part suffisante, sur des produits ou services alternatifs offerts par des concurrents, la concentration est susceptible de porter atteinte à la concurrence de manière significative. Il est donc nécessaire, pour établir le bilan concurrentiel d'une concentration, de délimiter des marchés pertinents, qui comprennent l'ensemble des produits ou services offerts par la partie notifiante et ceux de ses concurrents, considérés comme suffisamment substituables par les clients pour exercer une pression concurrentielle significative sur les marchés concernés.

513. Le Conseil de la concurrence a donné la définition suivante d'un marché pertinent dans son rapport annuel pour l'année 2001 : "Un marché pertinent est défini comme le lieu sur lequel se rencontrent l'offre et la demande pour un produit ou un service spécifique. En théorie, sur un marché pertinent, les unités offertes sont parfaitement substituables pour les consommateurs qui peuvent ainsi arbitrer entre les offreurs lorsqu'il y en a plusieurs, ce qui implique que chaque offreur est soumis à la concurrence par les prix des autres. A l'inverse, un offreur sur un marché pertinent n'est pas directement contraint par les stratégies de prix des offreurs sur des marchés différents, parce que ces derniers commercialisent des produits ou des services qui ne répondent pas à la même demande et qui ne constituent donc pas, pour les consommateurs, des produits substituables. Une substituabilité parfaite entre produits ou services s'observant rarement, le Conseil regarde comme substituables et comme se trouvant sur un même marché les produits ou services dont on peut raisonnablement penser que les demandeurs les considèrent comme des moyens alternatifs entre lesquels ils peuvent arbitrer pour satisfaire une même demande".

514. Sur un tel ensemble de produits et services, une entreprise qui serait seule à les offrir ou en offrirait une part conséquente serait en mesure d'exercer un pouvoir

de marché, qui consisterait, par exemple, à augmenter ses prix au-dessus du niveau concurrentiel indépendamment de la réaction de ses clients et concurrents ou de modifier les conditions de commercialisation des produits ou services offerts, indépendamment de ses clients et de ses concurrents. Le raisonnement est celui tenu dans le test du monopoleur hypothétique *[le test est également appelé "SSNIP" ("Small but Signifi[c]ant Non-transitory Increase in Price" : augmentation faible mais significative et non transitoire des prix)]*. Dans ce test, la question est de savoir "si les clients des parties se tourneraient vers des produits de substitution facilement accessibles ou vers des fournisseurs implantés ailleurs, en cas d'augmentation légère (de 5 à 10 %), mais permanente, des prix relatifs des produits considérés dans les territoires concernés. Si la substitution suffit, en raison du recul des ventes qui en découlerait, à ôter tout intérêt à une augmentation de prix, des produits de substitution et des territoires supplémentaires sont intégrés dans le marché en cause. On procède ainsi jusqu'à ce que l'ensemble de produits de la zone géographique retenus soient tels qu'il devient rentable de procéder à des hausses légères mais permanentes des prix relatifs." *[Communic. de la Commission sur la définition du marché en cause aux fins du droit communautaire de la concurrence, JOCE C372 du 9 déc. 1997.]* En d'autres termes, il s'agit d'évaluer dans quelle mesure une augmentation faible mais significative et non transitoire des prix d'un produit qui n'est proposé que par un seul offreur (monopoleur) serait profitable pour celui-ci compte tenu des réactions de ses clients à cette hausse de prix. Si une part suffisante des clients opte pour un substitut ou se reporte sur d'autres zones géographiques, alors la hausse de prix ne sera pas profitable *[il convient cependant de tenir compte également de l'effet sur la profitabilité du monopoleur de la baisse des coûts induite par la baisse d'activité liée au report d'une partie de la demande sur des produits concurrents]*.

515. Le test du monopoleur hypothétique est un test quantitatif dont la mise en œuvre peut exiger un grand nombre de données. Souvent, ces données ne sont pas disponibles ou ne peuvent être rassemblées et traitées dans les délais contraints du contrôle des concentrations. Néanmoins, ce test fournit le cadre conceptuel d'analyse dans lequel il convient de structurer le raisonnement relatif à la délimitation des marchés pertinents et d'interpréter les divers indices qualitatifs et quantitatifs disponibles. En particulier, le raisonnement tenu permet de comprendre que la délimitation des marchés pertinents est une affaire de degré. Pour appartenir au même marché pertinent, deux produits doivent être considérés comme suffisamment substituables par un nombre suffisant d'acheteurs.

516. En outre, pour apprécier l'impact d'une concentration sur la concurrence, l'Autorité peut utiliser des outils analytiques ne nécessitant pas de définir précisément des marchés pertinents. Une telle approche peut s'avérer particulièrement justifiée lorsque les produits concernés par l'opération ne sont pas homogènes, ce qui rend difficile la fixation *a priori* de la frontière entre les produits qui appartiennent à un même marché et les autres. Cependant, l'identification de biens ou services substituables à ceux offerts par les entreprises concernées par l'opération constitue toujours une étape nécessaire au raisonnement de l'Autorité.

517. Lorsque la délimitation des marchés pertinents n'est pas indispensable à la décision de l'Autorité, en particulier lorsqu'il apparaît que l'opération n'est pas de nature à porter atteinte à la concurrence, quelle que soit la segmentation examinée, l'Autorité peut, dans sa décision, laisser ouverte tout ou partie de la question de la délimitation exacte des marchés pertinents.

2 *Les critères d'analyse*

518. Pour la délimitation des marchés pertinents dans le cadre du contrôle des concentrations, l'analyse est prospective : elle prend en compte les évolutions en cours ou anticipées à un horizon raisonnable, qui dépend des spécificités du secteur. Elle diffère ainsi de l'analyse menée en matière de pratiques anticoncurrentielles, qui s'attache à décrire un marché contemporain des pratiques et est donc rétrospective.

519. La substituabilité entre différents produits ou services du point de vue de la demande constitue le critère déterminant de délimitation d'un marché pertinent.

L'Autorité peut cependant prendre en compte la substituabilité de l'offre pour délimiter les marchés pertinents, dans la mesure où les caractéristiques de l'offre peuvent expliquer le comportement de la demande. La prise en compte de la substituabilité de l'offre afin d'élargir à deux segments, A et B, un marché qui, défini du seul point de vue de la demande, se limiterait au seul segment A, se justifie dans la mesure où elle peut faire obstacle à l'exercice d'un pouvoir de marché par un monopole limité au segment A. Le fait que la plupart des offreurs sur le segment A sont également présents sur le segment B peut, dans certains cas, suggérer que cette substituabilité de l'offre est suffisante pour les regrouper dans un même marché pertinent. Par ailleurs, les stratégies de commercialisation mises en place par les entreprises, comme la différenciation des produits ou celle des modes de distribution, peuvent avoir un impact direct sur la substituabilité du point de vue des clients et fonder une distinction des marchés pertinents.

Exemple 1 : dans sa décision n° 10-DCC-21 du 15 mars 2010, l'Autorité a considéré que le fait que la plupart des producteurs de champignons en conserves ne fabriquent aucune autre conserve de légumes constituait un indice de la spécificité de ce type de production.

Exemple 2 : dans sa décision n° 12-DCC-42 du 26 mars 2012, l'Autorité a considéré que, dans la mesure où les agriculteurs utilisaient les silos de collecte indifféremment pour stocker tout type de grains (céréales, oléagineux, protéagineux), il y avait lieu de mener l'analyse concurrentielle sur un marché unique de la collecte, englobant ces différents produits.

520. La possibilité qu'auraient les offreurs présents sur le seul segment A d'adapter rapidement et facilement leur offre aux produits ou services du segment B, en raison de la proximité des segments A et B, peut également être prise en compte pour conclure que la substituabilité du point de vue de l'offre justifie d'élargir le marché aux deux segments A et B. Cette proximité peut être prise en compte, soit au stade de la délimitation des marchés, soit au stade de l'analyse de la concurrence potentielle exercée sur les offreurs du segment A par ceux du segment B.

Exemple : dans sa décision n° 09-DCC-67 du 23 novembre 2009, l'Autorité a relevé que les fabricants de produits panés à base de volaille fournissant la RHD (restauration hors domicile) pouvaient facilement reporter leur offre vers les produits MDD (marques de distributeurs) à destination des GMS (grandes et moyenne surfaces).

521. L'Autorité tient compte, dans son analyse, des décisions antérieures de contrôle des concentrations des autorités de concurrence européenne et nationales portant sur les marchés concernés ou, lorsqu'elle l'estime approprié, des délimitations de marchés pertinents développées dans les décisions portant sur des pratiques anticoncurrentielles et dans les avis des autorités nationales de régulation sectorielle. Toutefois, l'évolution des marchés peut rendre obsolète une délimitation antérieure, par exemple lorsque de nouveaux produits sont apparus ou lorsque les marchés se sont internationalisés, ou encore sous l'effet d'évolutions technologiques majeures. C'est pourquoi l'Autorité vérifie si les décisions et analyses antérieures restent pertinentes et peut être amenée à délimiter les marchés pertinents d'une manière différente. Dans de nombreux cas, la pratique décisionnelle antérieure a laissé la question de la délimitation précise des marchés ouverte, dans la mesure où, même en retenant la délimitation la plus étroite, l'opération ne soulevait aucun problème de concurrence. La délimitation proposée n'est alors qu'une première approximation, qui doit être précisée si cela s'avère nécessaire, au vu des problèmes envisageables dans le cas d'espèce.

522. La mise en œuvre du test du monopoleur hypothétique nécessite de connaître l'élasticité-prix simple de la demande ainsi que les marges sur coûts variables du monopoleur hypothétique considéré à chaque stade de l'analyse et éventuellement

les élasticités-prix croisées avec d'autres produits ou services s'il y a lieu d'élargir à ceux-ci le marché pertinent. Lorsque les données permettant la mise en œuvre rigoureuse de ce test ne sont pas disponibles, l'Autorité apprécie la substituabilité des produits et services en analysant l'ensemble des indices quantitatifs et qualitatifs disponibles. Dans certains cas enfin, il est également possible de s'appuyer sur des méthodes quantitatives permettant d'éclairer la délimitation des marchés pertinents.

3 *La prise en compte d'indices qualitatifs et quantitatifs*

523. Pour réunir ces indices, l'Autorité s'appuie sur :
- les études, données et analyses internes transmises par la partie notifiante ;
- celles obtenues auprès d'autres entreprises dans le cadre d'un test de marché ;
- toutes informations publiques ou études de marché et analyses disponibles ;
- des études de marché et analyses réalisées dans le cadre de l'instruction.

a) *Pour la délimitation des marchés de produits ou de services*

524. Compte-tenu de la diversité des produits et services, il n'est pas possible de dresser une liste exhaustive des indices que l'Autorité est susceptible de prendre en compte pour délimiter ces marchés. Cependant, les caractéristiques les plus couramment utilisées pour conduire cette analyse sont présentées ci-dessous.

Les caractéristiques physiques d'un produit ou d'un service

525. Elles constituent des éléments essentiels dans le choix des clients et, à ce titre, sont analysées pour comprendre leur comportement.

526. Cependant, des produits ou des services différents d'un point de vue physique ou technique, mais ayant la même fonction ou destinés à la même utilisation ou à répondre au même besoin, peuvent être considérés comme substituables par les clients.

> **Exemple :** dans sa décision nº 10-DCC-98 du 20 août 2010, l'Autorité a considéré qu'il existait une substituabilité entre les différents types de granulats, leur utilisation étant indifférente pour certaines applications industrielles. Cette substituabilité était cependant imparfaite, la réglementation imposant l'usage d'une catégorie de granulats pour certains enrobés de routes.

527. *A contrario*, des produits ou des services présentant des similitudes physiques ou techniques, mais n'ayant pas le même usage, peuvent ne pas appartenir au même marché.

> **Exemple :** dans sa décision nº 10-DCC-110 du 1er septembre 2010, l'Autorité a considéré que le fromage à raclette ne pouvait être substitué par un autre fromage à pâte pressée non cuite (PPNC), dans la mesure où le fromage à raclette était majoritairement consommé chaud comme plat principal en hiver, alors que les autres PPNC étaient essentiellement des fromages de plateau, présentés à la fin du repas, sans saisonnalité particulière.

Les besoins ou les préférences des clients

528. Lorsque les produits sont commercialisés auprès de clients dont les besoins ou les préférences diffèrent, les autorités de concurrence peuvent être amenées à délimiter des marchés distincts par type de clientèle. Parfois, ce sont certaines caractéristiques mêmes du produit qui sont différentes en fonction du type de clients auxquels il est destiné, mais les spécificités peuvent aussi ne porter que sur le mode de commercialisation, de livraison, de conditionnement du produit et justifier des prix différents.

> **Exemple 1 :** s'agissant de la fabrication des produits alimentaires, une distinction est généralement faite selon que les produits sont destinés aux grandes et moyennes surfaces, à la restauration hors foyer ou aux industries agroalimentaires. L'Autorité peut aussi prendre en compte les préférences subjectives

des clients, y compris lorsque les caractéristiques des produits sont relativement similaires.

Exemple 2 : dans une lettre du 11 février 2004, le ministre chargé de l'économie a tenu compte de la nature différenciée et hétérogène des titres de presse jeunesse et de la structure oligopolistique de l'offre. Il a procédé à un inventaire des titres de presse édités par les opérateurs concurrents et constituant des substituts proches ou éloignés de ceux des parties. Ce mode d'analyse a permis de regrouper des titres de presse jeunesse selon les critères de l'âge du public visé et de la thématique du magazine. Les catégories ainsi identifiées ne correspondent pas à des marchés pertinents de produits mais à des modalités de regroupement des magazines selon leur degré de substituabilité (apprécié selon le prix, le format, le contenu éditorial, le positionnement, l'ancienneté sur le marché et la diffusion payée qui permettent de mesurer la notoriété du titre, le réseau de distribution, etc.) afin de déterminer vers quels magazines interviendrait le report de demande en cas d'augmentation unilatérale du prix d'une catégorie de magazines par la nouvelle entité.

Les différences de prix

529. Un écart de prix substantiel durable entre différents produits peut constituer un indice de substituabilité imparfaite entre ces derniers et donc de non-appartenance au même marché.

530. Les niveaux de prix ne constituent cependant qu'un indice, à corroborer avec les autres caractéristiques des marchés. En effet, des écarts de prix significatifs ne suffisent pas nécessairement à démontrer une absence de substituabilité, une hausse du prix relatif de l'un des produits pouvant entraîner un report vers un produit appartenant à une autre gamme de prix. Ainsi, des produits peuvent avoir des prix différents et néanmoins appartenir au même marché notamment lorsqu'ils sont verticalement différenciés.

Exemple : dans son avis n° 06-A-20 du 20 octobre 2006, le Conseil de la concurrence a noté que "le saumon d'Écosse bénéficie d'une meilleure image et d'une appréciation de qualité plus grande que le saumon de Norvège auprès des consommateurs, prêts à payer un supplément de prix pour ce surplus de qualité perçues *[perçu]*". Il a toutefois conclu, après avoir analysé et pondéré l'ensemble des critères susceptibles de fonder une distinction de marché, que "le fait qu'un groupe de consommateurs puisse ne pas considérer l'ensemble de produits répondant aux mêmes besoins comme substituables n'exclut cependant pas que ces produits puissent appartenir au même marché pertinent. Compte tenu de la stabilité et de l'interdépendance des prix relatifs, de l'absence de véritable différence objective ainsi que de la possibilité pour une proportion suffisante des acheteurs de reporter tout ou partie de leur demande d'une origine à une autre, le Conseil est d'avis que les différentes origines du saumon Atlantique d'élevage appartiennent au même marché pertinent."

531. De même, les entreprises qui disposent d'informations sur le pouvoir d'achat de leurs clients peuvent pratiquer des prix différents selon les catégories de clients.

Les canaux de distribution

532. Les stratégies de distribution des entreprises peuvent avoir un impact direct sur la substituabilité des produits, du point de vue de leurs clients, et peuvent ainsi fonder une distinction des marchés. La dématérialisation progressive des transactions au profit de la vente à distance rend un tel critère de segmentation particulièrement pertinent à analyser. L'Autorité analyse ainsi au cas par cas la pertinence d'une segmentation entre ventes à distance et ventes en magasin physique. L'appréciation par l'Autorité de la pression concurrentielle exercée par les ventes en ligne sur les magasins physiques est décrite en annexe D des présentes lignes directrices.

Le positionnement commercial

533. Les produits, notamment alimentaires, vendus par les acteurs de la grande distribution peuvent être commercialisés sous marque de fabricant (MDF), marque de distributeurs (MDD), marque de *hard discounter* (MHD) et marque de premier prix (MPP). La substituabilité des produits vendus sous MDF, MDD, MPP ou MHD diffère selon les produits concernés et l'Autorité procède à une analyse au cas par cas afin de déterminer s'ils appartiennent ou non à des marchés de produits différents.

534. Dans le secteur de la grande distribution, la chaîne d'approvisionnement comprend généralement deux niveaux : un niveau amont mettant en relation les fournisseurs et les distributeurs, et un niveau aval mettant en relation les distributeurs et le consommateur final. Afin de déterminer dans quelle mesure le marché amont de l'approvisionnement doit être segmenté selon le positionnement commercial des produits concernés, l'Autorité prend en compte le processus d'approvisionnement lui-même et les caractéristiques de l'offre. Ainsi, l'achat des MDD fait l'objet d'appels d'offres spécifiques sur la base de cahiers des charges maîtrisés par les distributeurs, ce qui tend à les distinguer des MDF. Mais, sur certains marchés, ce sont les fabricants de MDF qui fabriquent également les MDD tandis que sur d'autres, l'offre de MDD et l'offre de MDF sont distinctes. Le fait que les mêmes fournisseurs fabriquent à la fois des produits MDF et MDD peut être un indice d'une substituabilité de l'offre et être pris en compte. L'Autorité tient également compte du fait que la pression concurrentielle que peuvent éventuellement exercer les uns sur les autres les fournisseurs en MDF et MDD est étroitement influencée par le comportement des consommateurs sur les marchés aval, et donc par la substituabilité, du point de vue des consommateurs, entre les différents produits. En effet, les négociations entre les distributeurs et leurs fournisseurs en MDF et MDD prennent place dans un contexte concurrentiel différent selon le degré de différenciation des produits en termes de goût, de qualité ou d'emballage et selon la notoriété des marques de fabricants. Le taux de pénétration des MDD pour une gamme de produits, l'ampleur des investissements des MDF dans la publicité ou la composition des produits sont des indicateurs utiles pour évaluer le caractère distinctif des MDF.

Exemple : dans sa décision n° 18-DCC-95 du 14 juin 2018, l'Autorité a considéré que la substituabilité entre les MDF et MDD était limitée du côté de l'offre en raison des dépenses allouées aux MDF et des différences en termes de coûts variables qui rendaient le passage de la fabrication de MDD à celle de MDF complexe. Du côté de la demande, les écarts de prix importants entre MDF et MDD ainsi que les faibles taux de report constatés ne permettaient pas de dire que les MDF et MDD sont substituables. La segmentation entre MDF et MDD ne pouvait dès lors être exclue sur le marché des plats cuisinés.

L'environnement juridique

535. L'existence d'une norme légale ou d'une réglementation spécifique est également susceptible d'influencer le comportement de la demande, dans la mesure où elle peut influencer le prix des produits, leur qualité ou la perception que les demandeurs en ont.

Exemple 1 : dans sa décision n° 10-DCC-198 du 30 décembre 2010, l'Autorité a considéré que l'analyse de la demande de transport urbain ou interurbain émanant de collectivités publiques devait tenir compte des spécificités des procédures d'appels d'offre, les modalités d'obtention de ces contrats étant l'élément déterminant du jeu concurrentiel entre transporteurs.

Exemple 2 : dans sa décision n° 10-DCC-51 du 28 mai 2010, l'Autorité a considéré que l'analyse de concurrence sur le marché de l'approvisionnement en canne à sucre devait tenir compte des spécificités du règlement européen "Sucre" et de la convention tripartite "Industriel-Planteur-État", prévoyant des aides directes aux planteurs.

b) *Pour la délimitation des marchés géographiques*

536. Comme pour la définition des marchés de produits ou de services, le cadre d'analyse applicable à la délimitation géographique des marchés est celui du test du monopoleur hypothétique, qui vise à apprécier la pression concurrentielle exercée par des offreurs situés dans des zones géographiques plus ou moins éloignées. C'est dans ce cadre conceptuel que l'Autorité analyse les différents éléments qualitatifs ou quantitatifs de nature à estimer la propension des clients à se tourner vers des offreurs situés dans d'autres zones géographiques.

537. Pour procéder à la délimitation géographique des marchés, l'Autorité apprécie notamment la réalité des flux d'échanges, la distance effectivement parcourue par les offreurs ou par les demandeurs jusqu'au point de rencontre de l'offre et de la demande, la disponibilité des biens en cause pour les consommateurs d'une zone géographique, les coûts de transports ou encore les écarts de prix d'une zone à l'autre. Elle peut s'appuyer sur des données communiquées par la partie notifiante, mais également sur des tests de marché ou sur des sondages.

538. Les marchés définis sont parfois de dimension géographique très restreinte (quelques dizaines de kilomètres de rayon pour le béton prêt à l'emploi ou les enrobés bitumineux, par exemple). *A contrario*, les effets de l'harmonisation européenne, de la concentration des entreprises et de la globalisation des échanges conduisent de plus en plus à définir des marchés européens, voire mondiaux.

539. Certains marchés peuvent par ailleurs faire l'objet d'une analyse à plusieurs niveaux, en particulier au niveau national et à un échelon local.

Exemple 1 : dans sa décision n° 09-DCC-16 du 22 juin 2009, l'Autorité a confirmé que l'analyse concurrentielle des marchés de la banque de détail et de certains marchés de la banque commerciale, s'agissant des PME, pouvait être effectuée à la fois au niveau national et au niveau local. Elle a en effet considéré que le pouvoir de marché des banques s'appuyait, d'une part sur la taille des groupes, de nombreux services bancaires étant caractérisés par des économies d'échelle et de gamme qui favorisent les banques disposant d'une très large base de clientèle, et d'autre part, sur leur proximité et la qualité de leur relation avec le client. De plus, l'Autorité a noté que, contrairement à ce qui a été constaté par la Commission sur d'autres marchés nationaux, ces marchés présentent, en France, un certain degré d'hétérogénéité géographique, tant en ce qui concerne l'implantation des différents groupes que les conditions tarifaires pratiquées au sein d'un même groupe.

Exemple 2 : dans sa décision n° 16-DCC-111, l'Autorité a constaté que les opérateurs actifs sur le marché de la vente au détail de produits électrodomestiques élaboraient leurs stratégies commerciales pour l'ensemble du territoire national, mais que celle-ci était adaptée, au niveau local, pour prendre en compte les spécificités de chaque zone de chalandise. Elle a donc procédé à une analyse du marché de la vente au détail de produits électrodomestiques à la fois au niveau local et au niveau national.

540. Pour délimiter géographiquement les marchés, différentes caractéristiques listées ci-dessous, peuvent être prises en compte par l'Autorité.

Les coûts de transport

541. Les contraintes physiques peuvent être liées au coût du transport rapporté à la valeur des produits, comme c'est le cas pour les produits pondéreux. Ainsi, dans un arrêt n° 91-14.295 du 29 juin 1993, la Cour de cassation a confirmé l'analyse du Conseil et de la cour d'appel en relevant "que les tuiles et briques fabriquées sur place dans la région alsacienne" ne sont pas substituables aux autres "du fait de" l'incidence contraignante du coût du transport "sur des éléments de construction pondéreux et de faible valeur".

La distance ou le temps de parcours des consommateurs ou des acheteurs

542. Ils peuvent constituer un élément important de délimitation des marchés géographiques, notamment lorsque ces marchés sont limités à une zone locale.

L'analyse peut alors s'appuyer sur la "zone de chalandise" des magasins, en particulier s'agissant des secteurs de la distribution au détail ou de la livraison de matériaux pondéreux. Il s'agit de délimiter une zone géographique théorique, calculée à partir d'un temps de parcours déterminé autour du magasin concerné (zone dite "isochrone"), d'où est présumé provenir l'essentiel de leur *[sa]* clientèle, même s'il n'est pas exclu que des offreurs situés à l'extérieur de cette zone de chalandise, s'ils exercent une contrainte concurrentielle suffisamment importante, puissent être intégrés au marché géographique.

> **Exemple** : pour la distribution de détail à dominante alimentaire, les conditions de la concurrence entre hypermarchés sont successivement analysées sur deux zones différentes :
> — un marché où se rencontrent la demande des consommateurs et l'offre des supermarchés et formes de commerce équivalentes situés à moins de 15 minutes de temps de déplacement en voiture du magasin cible. Ces dernières formes de commerce peuvent comprendre, outre les supermarchés, les hypermarchés situés à proximité des consommateurs et les magasins discompteurs ;
> — un second marché où se rencontrent la demande des consommateurs et l'offre des hypermarchés situés à moins de 30 minutes de déplacement en voiture du magasin cible.

543. Néanmoins, afin de tenir compte des effets de seuil que ces isochrones peuvent introduire, l'Autorité complète en général cette analyse, en tenant compte le cas échéant des magasins à proximité immédiate de la limite de la zone, par exemple ceux situés à moins de 2 minutes de trajet de cette limite et qui constituent ainsi une "bordure" de la zone.

544. L'évaluation de la distance ou du temps de parcours peut être pondérée en fonction des caractéristiques du réseau routier, de la fréquence des déplacements nécessaires, de l'attractivité que présente un point de vente, à travers la taille de ce dernier, de l'étendue des différentes gammes proposées et de la qualité des infrastructures qui lui sont attachées (autres services à proximité du lieu de vente, parking). L'étendue des zones de chalandise à Paris intra-muros est ainsi limitée à un rayon de 300 à 5 00 mètres compte tenu des contraintes de déplacement et des caractéristiques des magasins. Les spécificités topographiques des zones étudiées peuvent également être prises en compte dans l'analyse, par exemple lorsque ces zones sont situées dans les départements et collectivités d'outre-mer.

545. Cette zone de chalandise peut toutefois également être appréciée sur la base du comportement réel des consommateurs sur une zone donnée, déterminé grâce aux informations collectées par les points de vente sur la localisation de leurs clients, en particulier au moyen de programmes de fidélité. La zone de chalandise réelle d'un point de vente peut ainsi être assimilée à celle qui regroupe les consommateurs représentant un certain pourcentage du chiffre d'affaires de ce point de vente, ou à défaut, un certain pourcentage de l'ensemble des clients de ce point de vente. La pratique décisionnelle de l'Autorité retient généralement que la zone de chalandise d'un magasin peut être limitée à celle où résident réellement les clients à l'origine de 80 % des ventes du magasin ou, à défaut, celle où résident 80 % de ses clients. Le pourcentage de consommateurs non retenu pour l'analyse est assimilé à une clientèle ponctuelle et non significative, parfois très éloignée du point de vente : il peut notamment s'agir de clients "de passage" et non réguliers. L'application de cette méthode dite "d'empreinte réelle" permet d'obtenir une photographie précise des clients qui fréquentent habituellement le magasin et, par construction, d'une zone de chalandise.

546. Toutefois, cette méthode ne permet pas de délimiter la zone étendue à des magasins, non présents dans la zone de chalandise retenue, mais susceptibles, en cas d'augmentation de prix ou de dégradation de la qualité des services rendus du magasin examiné, de constituer des offres alternatives crédibles vers lesquels *[lesquelles]* les consommateurs se tourneraient. A cet égard, le calcul des parts de marché sur des zones de chalandise locales peut être sensible à des effets de seuil. L'Autorité vérifie

s'il convient d'intégrer des concurrents situés au-delà de la zone de chalandise identifiée mais qui exercent une pression concurrentielle sur le magasin examiné.

Exemple 1 : dans son avis n° 12-A-01 du 11 janvier 2012, le Conseil de la concurrence a considéré que les zones de chalandises *[chalandise]* des points de vente de distribution alimentaire localisés dans les arrondissements périphériques de Paris devaient inclure les hypermarchés de banlieue exerçant une pression concurrentielle sur ces points de vente.

Exemple 2 : dans sa décision n° 16-DCC-111 du 26 juillet 2016, l'Autorité a considéré que des acteurs situés à la limite de certaines zones de chalandise exerçaient tout de même une pression concurrentielle sur le magasin cible sans que les parts de marché estimées par la méthode standard ne le reflète*[nt]*. L'Autorité a alors inclus ces magasins dans les zones de chalandise en question.

547. Elle peut aussi avoir recours à des méthodes plus sophistiquées susceptibles de répondre à ce problème et qui apportent un éclairage complémentaire. Ainsi, il est possible, pour apprécier les effets de l'opération, de calculer les parts de marché du point de vue de chacun des clients, réels ou hypothétiques, de la zone de chalandise analysée (c'est-à-dire dans une zone centrée sur ce client et de rayon identique à celui de la zone de chalandise), puis d'agréger ces parts de marché avec une pondération appropriée.

Exemple : dans sa décision n° 20-DCC-38 du 28 février 2020 relative à une concentration dans le secteur des établissements de santé, les parts de marché ont été calculées en prenant en compte les patients résidant dans la zone géographique concernée et en intégrant les établissements dans lesquels lesdits patients se sont rendus, y compris les établissements qui ne se situent pas dans cette zone géographique (à l'exclusion des établissements fréquentés uniquement de façon marginale). L'Autorité n'a en revanche pas pris en compte les séjours réalisés par des patients ne résidant pas dans la zone géographique concernée, quand bien même l'établissement était situé dans cette zone géographique.

Les catégories de demandeurs

548. L'étendue du marché géographique peut être différente selon les catégories de demandeurs. La demande des entreprises peut ainsi s'adresser à des offreurs situés sur une zone géographique plus large que celle déterminée par la demande des particuliers. Il peut en être de même selon la taille des entreprises.

Exemple : dans le secteur des voyages d'affaires, si le marché géographique est national pour les PME/PMI, il pourrait être de dimension plus large pour les entreprises multinationales dans la mesure où elles cherchent à avoir un fournisseur unique pour l'ensemble de leur groupe, capable de couvrir, par sa prestation, plusieurs pays européens ("*one stop shopping*").

Les contraintes légales ou réglementaires

549. Certains marchés sont géographiquement limités par des contraintes légales ou réglementaires.

Exemple : dans sa décision n° 10-DCC-198 du 30 décembre 2010, l'Autorité a considéré que les spécificités des procédures d'appel d'offre, leur diffusion dans des journaux en langue française et les délais de réponse brefs constituaient des obstacles à l'entrée de concurrents étrangers sur les marchés du transport public urbain ailleurs que dans les très grandes villes.

550. Les normes nationales en vigueur peuvent constituer un critère de délimitation des marchés.

Exemple : dans sa décision n° 09-DCC-54 du 16 octobre 2009, l'Autorité a considéré que la délimitation du marché des services ferroviaires devait tenir compte du cadre réglementaire français où l'autorisation permettant de circuler n'était pas délivrée pour l'ensemble du réseau mais ligne par ligne. Aussi, l'échelle de la ligne et non du réseau national pouvait être l'échelon d'analyse pertinent.

Les préférences subjectives des clients

551. Des considérations subjectives relatives au comportement de la demande, telles que les préférences et les habitudes régionales ou nationales ou l'attachement aux marques expliquent que certains produits d'origine géographique différente ne soient pas, du point de vue de la demande, substituables aux produits locaux. L'élasticité croisée de la demande entre deux produits peut ainsi être différente d'une zone géographique à l'autre en raison d'habitudes locales.

Exemple 1 : dans sa lettre C2005-12 du 27 février 2006, le ministre chargé de l'économie a considéré que le foie gras était un produit du terroir consommé de manière uniforme en France et que le marché aval de la distribution de foie gras était donc de dimension nationale.

Exemple 2 : dans sa décision n° 13-DCC-101 du 26 juillet 2013, l'Autorité a considéré que sur le marché des matériaux de construction des murs porteurs, il existait un marché régional de la brique en Aquitaine, en raison de la préférence locale très nette pour ce matériau de construction, comparé au reste de la France.

4 *Les méthodes quantitatives*

552. Au-delà de la prise en compte des indices qualitatifs et quantitatifs évoqués ci-dessus, la délimitation des marchés pertinents peut s'appuyer sur des méthodes quantitatives permettant de mesurer le degré de substituabilité entre différents produits ou services ou le pouvoir de marché détenu par un offreur sur un ensemble de produits ou services sur un territoire donné.

553. Le test du monopoleur hypothétique renseigne directement sur le caractère pertinent du marché considéré. A chaque étape du raisonnement, pour le marché examiné, la rentabilité d'une hausse de prix du point de vue d'un monopoleur hypothétique est calculée à partir de l'élasticité-prix simple de sa demande (qui doit parfois être calculée à partir des élasticités-prix croisées entre les biens regroupés dans le marché candidat) et de sa marge sur coûts variables. L'absence de rentabilité d'une telle hausse de prix peut indiquer que des produits extérieurs au marché examiné sont suffisamment substituables avec ceux étudiés pour que les clients préfèrent reporter leur consommation vers ces produits plutôt que de subir la hausse de prix. Le marché pertinent doit alors être élargi et il convient d'identifier les substituts les plus proches, qui seront inclus dans le nouveau marché examiné à l'étape suivante du test. Cette sélection peut se faire en comparant les élasticités croisées ou les ratios de diversion vers d'autres produits ou services. Le ratio de diversion d'un produit A vers un produit B indique la fraction des ventes perdues par le produit A à la suite d'une hausse de son prix qui se reportent vers le produit B en cas de hausse de prix légère mais permanente. Plus ce ratio de diversion est élevé, plus les produits sont des substituts proches. La méthodologie de calcul de ces ratios de diversion est présentée *infra*.

554. Ce test peut nécessiter la collecte d'une grande quantité de données. Les élasticités-prix peuvent être estimées économétriquement ou, à défaut, être évaluées à partir de la littérature économique ou des études de marché existantes ou sur la base de questions posées aux acheteurs.

555. Par ailleurs, la méthode du test du monopole hypothétique n'est valable que lorsque les prix observés, à partir desquels sont réalisées les simulations de hausses des prix, sont des prix suffisamment concurrentiels. Elle devient en effet plus délicate à mettre en œuvre si les prix observés s'éloignent des prix concurrentiels.

556. L'exemple typique (dit "*cellophane fallacy*" *[en référence à l'affaire United States v. E. I. DuPont de Nemours & Co., 351 US 377 de 1956 dans laquelle la Cour suprême des États-Unis a donné raison à Du Pont, et à sa filiale Cellophane, qui était poursuivi pour abus de position dominante ("monopolisation") par le département de la Justice des États-Unis, sur la base du Sherman Act. Le raisonnement de la Cour suprême a été largement depuis considéré comme fautif]*) est celui d'un monopole ou d'un oligopole parfaitement collusif sur le produit dont on cherche à vérifier s'il constitue ou non un marché pertinent distinct. Un monopoleur est capable de pratiquer son prix de monopole, c'est-à-dire le prix qui maximise son profit. A ce prix, toute augmentation de prix est susceptible de réduire le profit. Le test conduit alors automatiquement à élargir le marché au-delà de sa véritable dimension et donc à sous-estimer le pouvoir de marché de la nouvelle entité et les effets d'une concentration.

557. Le niveau de prix observé pourrait aussi être supérieur au niveau de prix attendu en l'absence de fusion (qui constitue le contrefactuel adapté), par exemple du fait de l'entrée prochaine de concurrents sur un marché récemment libéralisé ; dans ce cas, la baisse de prix sur ce marché pourrait conduire les clients à ne plus considérer comme des alternatives pertinentes les substituts plus éloignés. Ceux-ci ne doivent donc pas être inclus dans le marché, contrairement à ce que préconiserait un test du monopoleur hypothétique effectué à partir du niveau de prix actuel.

558. Enfin, l'existence d'un cas de "*cellophane fallacy*", en poussant à élargir à tort le marché pertinent et à minimiser le pouvoir de marché des parties sur celui-ci, pourrait conduire à sous-estimer les effets verticaux ou conglomeraux liés à une concentration.

559. A défaut de pouvoir mettre en œuvre rigoureusement le test du monopoleur hypothétique, d'autres méthodes quantitatives peuvent être utilisées pour apprécier la délimitation des marchés pertinents. Dans certains cas, le degré de substituabilité ou la proximité des produits peut être évalué directement à partir du calcul de ratios de diversion.

560. Par ailleurs, l'observation des évolutions des prix peut fournir des indications quantitatives précieuses sur la substituabilité des produits car des produits différents qui répondent à une même demande peuvent présenter des écarts de prix, mais ceux-ci doivent en théorie évoluer de façon similaire dans le temps. Les données utilisées dans ces études de corrélation doivent s'étendre sur une période suffisamment longue (par exemple, au moins deux ans pour des données mensuelles). Elles doivent être corrigées des variations saisonnières qui peuvent affecter l'offre ou la demande sur certains marchés, ainsi que des évolutions des facteurs de coûts communs.

561. Des indications quantitatives sur le degré de substituabilité des produits peuvent également être obtenues en analysant l'impact de chocs qui ont affecté le marché, tels que l'entrée d'un nouveau concurrent, le lancement d'un nouveau produit, une variation des taux de change ou une augmentation ou diminution soudaine de la capacité de production d'une entreprise sur le marché. Toutefois, un choc qui conduit l'essentiel ou la totalité de la demande à se reporter vers d'autres produits pourrait engendrer des ratios de diversion différents de ceux qui résulteraient du report de la demande des consommateurs les plus sensibles aux prix à la suite d'une hausse de prix de 5 à 10 %. Ainsi, l'analyse des effets de l'opération à partir d'un choc trop important pourrait conduire à surestimer l'importance de la clientèle qui choisirait de se reporter vers des produits concurrents en cas de hausse des prix de 5 à 10 %.

562. Pour toutes les modélisations quantitatives, les parties sont invitées à détailler la méthodologie suivie ainsi qu'à joindre les données utilisées et, plus généralement, à suivre les recommandations formulées par l'Autorité en la matière.

B *L'analyse concurrentielle*

1 *Identification des caractéristiques des marchés concernés*

563. Après avoir défini les marchés pertinents, l'Autorité identifie les principales caractéristiques des marchés concernés par l'opération afin d'être en mesure

d'apprécier si la nouvelle entité détiendra un pouvoir de marché significatif. Comme le rappelle la Commission dans ses lignes directrices sur l'appréciation des concentrations horizontales et non horizontales, il faut entendre par pouvoir de marché "la capacité d'une ou de plusieurs entreprises de, profitablement, augmenter les prix, réduire la production, le choix ou la qualité des biens et des services, diminuer l'innovation ou exercer, d'une autre manière, une influence sur les facteurs de la concurrence" *[paragraphe 10]*.

564. L'Autorité procède à cette analyse au cas par cas, en fonction des circonstances de l'espèce. Les principales caractéristiques retenues usuellement sont développées ci-après. Après avoir calculé la part de marché des parties à l'opération et apprécié le degré de concentration du marché concerné (a), l'Autorité identifie les caractéristiques des opérateurs présents sur le marché (b), des produits ou services qui y sont offerts (c) et des clients ou des fournisseurs (d). Les modalités de fonctionnement du marché, résultant de certaines de ses caractéristiques intrinsèques, constituent également des propriétés pertinentes pour apprécier les effets d'une concentration (e). Enfin, l'Autorité recherche s'il existe des concurrents potentiels susceptibles de contraindre la nouvelle entité (f).

a) *Les parts de marché des parties et le degré de concentration du marché*

565. Les parts de marché des parties et de leurs concurrents et le degré de concentration du marché concerné donnent une première indication utile à la détermination du pouvoir de marché de la nouvelle entité.

Les parts de marché

566. Plus la part de marché de la nouvelle entité est élevée par rapport à celles de ses concurrents, plus la probabilité qu'elle confère ou renforce un pouvoir de marché est forte.

567. L'Autorité se réfère également aux parts de marché disponibles les plus récentes. Elle peut prendre en considération les parts de marché au cours des deux années précédentes, par exemple si elles ont fortement évolué. La part de marché de la nouvelle entité est calculée en additionnant celle des parties. L'addition des parts de marché des parties ne tient cependant pas compte des phénomènes de report sur les concurrents de la demande qui s'adressait auparavant aux parties. En effet, si l'intensité de ce report peut faire l'objet d'une appréciation qualitative, en fonction du type de concurrence que se livraient les entreprises avant l'opération, l'estimation chiffrée de l'effet de ce report nécessite des travaux quantitatifs plus sophistiqués. Cette estimation peut éventuellement être corrigée d'estimations d'évolution de marché, en particulier lorsque celui-ci est en développement rapide. L'Autorité s'appuie sur les parts de marché fournies par les parties dans leur dossier de notification, qui peuvent reposer, en l'absence de sources fiables, sur leurs meilleures estimations. Elle peut toutefois remettre en cause les estimations fournies en s'appuyant sur des sources tierces, en particulier à la suite d'un test de marché.

568. Les parts de marché sont analysées en valeur ou en volume selon les modalités de fonctionnement du marché.

> **Exemple :** dans sa décision n° 18-DCC-18 du 1er février 2018, l'Autorité, après avoir considéré que les critères du nombre d'annonces, du chiffre d'affaires et de l'audience étaient tous pertinents, a estimé que la part de marché en valeur était le meilleur indicateur puisqu'il permettait de refléter la performance d'un opérateur, qui dépend de l'importance et de la qualité de l'audience, et le nombre d'annonces publiées sur le portail. Elle n'a en revanche retenu que le chiffre d'affaires lié à la vente des produits et services issus du placement de petites annonces immobilières, à l'exclusion des revenus liés à la publicité, ceux-ci ne traduisant pas la qualité de l'audience pour les agences immobilières.

569. L'Autorité utilise les indicateurs de volume pertinents en fonction du marché examiné, comme les surfaces en m² dans la distribution ou le nombre de concessions dans la vente de véhicules neufs. Dans les secteurs bancaire et immobilier, l'Autorité

a également estimé les parts de marché des entreprises à partir du nombre de leurs agences.

570. Afin de prendre en compte le fonctionnement réel du marché, la méthode de calcul des parts de marché peut être adaptée.

Exemple 1 : dans sa décision n° 14-DCC-160 du 30 octobre 2014, l'Autorité a considéré qu'une approche en termes de points de vente n'était pas suffisante pour refléter la réalité du marché. Le calcul des parts de marché a été revu en pondérant le nombre de boutiques des opérateurs actifs sur le marché de la distribution de produits et services de téléphonie mobile par le nombre d'actes de vente moyen réalisé par point de vente dans le but de refléter les spécificités de chaque réseau de boutique et, *in fine*, leur capacité à attirer, recruter et fidéliser les consommateurs.

Exemple 2 : dans sa décision n° 13-DCC-90 du 11 juillet 2013, l'Autorité a appliqué la méthode du consommateur hypothétique dans le secteur de la distribution à dominante alimentaire pour estimer la position de la nouvelle entité. Cette méthode consiste à calculer les parts de marché des entreprises à partir du point de vue de consommateurs situés de façon régulière sur tout le territoire analysé (en l'espèce, la ville de Paris). Cette méthode apporte un éclairage différent de celui qui résulte de l'analyse usuelle des zones de chalandise autour de chaque magasin puisqu'elle permet d'apprécier l'étendue et la diversité de l'offre à laquelle les consommateurs sont confrontés, selon leur localisation.

571. Le calcul des parts de marché peut parfois nécessiter des retraitements significatifs afin de tenir compte de la diversité des activités des entreprises présentes sur le marché.

Exemple 1 : dans sa décision n° 16-DCC-11 du 27 juillet 2016, l'Autorité a écarté la méthode usuelle de calcul de part de marché en surface qui conduisait, selon elle, à sous-estimer le poids de chacun des opérateurs des zones de chalandise. Elle a eu recours à une estimation des parts de marché en valeur, corrigées pour prendre en compte les ventes en ligne. Considérant que les acteurs spécialisés dans la vente en ligne ("*pure players*") exerçaient une pression concurrentielle relativement homogène sur tout le territoire français, l'Autorité a estimé le poids des opérateurs de vente en ligne dans les zones de chalandise locales en supposant qu'elles étaient égales à leurs parts de marché nationales.

Exemple 2 : dans sa décision n° 18-DCC-95 du 14 juin 2018, afin d'apprécier fidèlement le poids des fabricants de produits vendus sous MDF et MDD, l'Autorité a considéré qu'il ne fallait pas, pour le calcul des parts de marché, traiter différemment les productions MDD par rapport aux productions MDF et a ainsi calculé les parts de marché en rattachant à chaque opérateur fabricant à la fois des MDD et des MDF les ventes réalisées sous sa marque propre et les ventes réalisées sous MDD.

572. Enfin, la part de marché de la nouvelle entité n'est pas toujours la plus adaptée pour évaluer son poids sur un marché.

Exemple : dans sa décision n° 17-DCC-11 du 30 janvier 2017, compte tenu de l'existence de centrale*[s]* d'achats qui offrent à leurs adhérents des conditions d'achat identiques, l'Autorité a pris en compte, en sus de la part de marché des seules enseignes concernées par l'opération, celle des centrales d'achat*[s]* auxquelles elles appartiennent.

Le degré de concentration du marché

573. Les risques d'atteintes à la concurrence sont en général plus importants sur un marché concentré. Pour apprécier le degré de concentration du marché, l'indice Herfindahl-Hirschman*[n]* (IHH ou HHI) peut être calculé. Cet indice est égal à la somme des carrés des parts de marché de chacune des entreprises présentes sur le

marché. Lorsqu'il n'est pas possible, faute d'information disponible, d'intégrer dans le calcul toutes les entreprises présentes sur le marché pertinent, il convient de se limiter aux principaux opérateurs dont les parts de marché peuvent être identifiées, l'impact des petits acteurs sur la valeur de l'IHH étant réduit. Le niveau de l'indice après l'opération et sa variation par rapport à la situation antérieure (appelée delta) sont pris en compte.

b) *Les caractéristiques des entreprises*

574. En présence de parts de marché significatives, l'Autorité apprécie les principales caractéristiques des entreprises actives sur le marché examiné et les contraintes susceptibles d'influencer leur comportement concurrentiel. Ces différents éléments permettent d'apprécier l'intensité de la pression concurrentielle sur la nouvelle entité.

La taille des entreprises et l'étendue de leurs activités sur le marché concerné

575. L'Autorité peut analyser le volume de biens ou services produits par les entreprises actives sur un marché afin d'apprécier les conséquences du poids de certains opérateurs sur le fonctionnement du marché. Elle apprécie également la diversité des produits ou services offerts (produits ou services d'une même gamme ou non) ainsi que la puissance de leurs marques.

Les activités d'entreprises sur des marchés connexes

576. L'Autorité vérifie si des entreprises sont également actives, simultanément ou non, sur d'autres marchés, soit parce qu'elles sont verticalement intégrées, soit parce qu'elles proposent des biens distincts mais appartenant à des marchés connexes.

La structure des coûts et le niveau de marges des entreprises

577. Ces indicateurs sont de nature à influencer la rentabilité d'une activité sur un marché et, par suite, les incitations des concurrents à augmenter leurs prix. À titre d'exemple, l'existence de coûts fixes dans un secteur économique donné génère des économies d'échelles *[d'échelle]* qui sont susceptibles d'inciter les opérateurs économiques actifs sur le marché à augmenter leur production en cas de hausse de la demande.

Les capacités de production

578. L'analyse des capacités de production disponibles sur un marché permet d'apprécier les contraintes concurrentielles qui pèsent sur les entreprises. En effet, l'existence de capacités de production non utilisées sur un marché est une source de pression concurrentielle supplémentaire susceptible, le cas échéant, de discipliner la nouvelle entité. L'Autorité apprécie également la possibilité, pour les concurrents des parties, de développer leurs capacités de production.

> **Exemple :** dans sa décision n° 13-DCC-101 du 26 juillet 2013, l'Autorité a constaté que le développement de nouvelles capacités de production par les concurrents déjà actifs sur le marché examiné était peu probable en raison de certaines barrières à l'expansion de l'activité, liées notamment à l'accès à la matière première, au coût capitalistique d'une usine et à la complexité des produits concernés.

Le comportement des entreprises

579. Au-delà des caractéristiques intrinsèques des entreprises, l'Autorité analyse leur comportement, actuel ou passé, y compris pour ce qui concerne les parties. Elle vérifie, par exemple, s'il existe, sur le marché, des entreprises susceptibles de discipliner la nouvelle entité en raison de leur comportement.

> **Exemple :** dans sa décision n° 18-DCC-18 du 1er février 2018, l'Autorité a analysé les entrées récentes sur le marché des annonces immobilières en ligne. Elle a considéré que le succès commercial des opérateurs récemment entrés sur le marché devait être relativisé puisque la plupart des nouveaux entrants n'ont pas une audience suffisante ou un nombre d'annonces suffisamment important pour être assurés de maintenir leur activité, à terme. Elle a en revanche estimé

que le site Bien'ici devait être considéré comme un nouvel entrant crédible. Sa politique tarifaire offensive, l'accès privilégié aux annonces de ses actionnaires et les services innovants qu'il propose lui ont permis d'accroître son volume de petites annonces et son nombre de visiteurs. Toutefois, l'Autorité a considéré que la capacité de Bien'ici à exercer une pression concurrentielle réelle sur les autres opérateurs devait être relativisée en raison des difficultés rencontrées par le site pour acquérir une notoriété suffisante face aux opérateurs historiques du marché.

580. L'existence d'un franc-tireur sur le marché examiné, qui adopte un comportement concurrentiel offensif vis-à-vis de ses concurrents est un élément important qui peut être intégré par l'Autorité dans son analyse des effets d'une opération.

Les liens entre les entreprises

581. L'existence de liens entre des entreprises sur le marché examiné, comme l'existence de postes d'administrateurs communs, ou de nature structurelle, tels que des participations croisées ou des participations dans des entreprises communes, sont de nature à influencer le comportement des opérateurs économiques sur un marché, qui doivent être pris en compte lors de l'analyse des effets de l'opération.

582. L'Autorité tient également compte de l'existence d'accords de coopération, notamment horizontale, entre les entreprises.

Exemple : dans sa décision n° 15-DCC-53 du 15 mai 2015, l'Autorité a mis en évidence l'existence de contrats d'échanges de capacité de stockage du GPL entre les principaux opérateurs du secteur, qui revêtaient un caractère structurant pour l'organisation du marché *[par un arrêt en date du 6 juill. 2016, le Conseil d'État a partiellement annulé la décision n° 15-DCC-53 de l'Autorité de la concurrence du 15 mai 2015 en tant qu'elle ne comporte pas d'analyse des effets, sur le marché de la distribution de GPL en petit vrac, de la capacité de l'entité issue de l'opération de concentration à s'extraire du réseau de contrats d'échange de volumes de GPL dans les marchés locaux dans lesquels l'une ou l'autre des société UGI et Totalgaz disposait d'une position dominante avant l'opération de concentration, et en tant qu'elle ne comporte pas d'engagement suffisant pour prévenir l'effet anticoncurrentiel de l'opération de concentration sur le système de contrats d'échange de volumes de GPL dans certaines zones]*.

Les capacités d'expansion ou le risque de déclin des entreprises

583. Lorsqu'elle apprécie la pression concurrentielle exercée sur la nouvelle entité, l'Autorité prend en compte les capacités d'expansion ou, au contraire, le risque de déclin des entreprises présentes sur le marché examiné.

Exemple : dans sa décision n° 17-DCC-92 du 22 juin 2017, l'Autorité a considéré que le groupe Altice, nouvel entrant sur le marché, avait vocation à exercer, à l'avenir, une pression concurrentielle croissante sur les marchés de l'acquisition de droit de diffusion de films et séries américains pour la télévision payante. Elle a également pris en compte son entrée récente sur le marché de l'édition de chaînes premium, notamment cinématographiques, au travers de la création annoncée d'une chaîne de télévision payante. L'Autorité a enfin considéré que la pression concurrentielle exercée par le groupe Altice sur ces marchés avait vocation à s'accroître, en raison des moyens financiers conséquents dont elle *[il]* disposait et de sa volonté de renforcer sa stratégie de convergence. En revanche, elle a écarté l'existence d'une pression concurrentielle suffisante exercée par le groupe Altice sur les marchés de l'acquisition de droits de diffusion de films français pour la télévision payante. L'Autorité a en effet considéré que les éléments relatifs à son activité sur ce marché se cantonnaient à des projets, en nombre relativement limité, et étaient donc insuffisants, au jour de sa décision, pour attester de l'exercice d'une pression concurrentielle suffisante sur le groupe Canal Plus à moyen terme.

c) *Les caractéristiques des produits ou des services*

584. Les caractéristiques intrinsèques des produits ou services concernés sont des paramètres essentiels dans l'analyse concurrentielle réalisée par l'Autorité.

585. En premier lieu, s'agissant de marchés de produits, les effets d'une concentration sont appréciés différemment selon la place qu'ils occupent dans la chaîne de production. En effet, s'il s'agit d'un intrant essentiel pour élaborer un produit fini, l'opération est susceptible d'avoir un effet sur d'autres marchés que celui sur lequel les parties sont actives.

586. En deuxième lieu, l'Autorité identifie les caractéristiques propres aux produits ou services concernés, qui sont de nature à contraindre les échanges. Ainsi, l'existence de coûts de transports significatifs ou les propriétés physiques (produits dangereux, instables, produits non périssables susceptibles d'être stockés) sont susceptibles d'exercer une influence sur le fonctionnement d'un marché. L'Autorité recherche également s'il existe, sur le marché, des infrastructures qui revêtent un rôle incontournable, par exemple parce qu'il s'agit d'infrastructures essentielles ou qu'elles sont un point d'entrée indispensable sur le territoire national.

> **Exemple** : dans sa décision n° 15-DCC-53 du 15 mai 2015, l'Autorité a considéré que la nouvelle entité contrôlerait exclusivement les deux principaux dépôts maritimes de la façade Nord de la France et le seul dépôt d'importation du Sud-Ouest, ce qui lui permettait de bénéficier de points de chargement majeurs pour ses camions de GPL de gros et moyen vrac [*par un arrêt en date du 6 juill. 2016, le Conseil d'État a partiellement annulé la décision n° 15-DCC-53 de l'Autorité de la concurrence du 15 mai 2015 en tant qu'elle ne comporte pas d'analyse des effets, sur le marché de la distribution de GPL en petit vrac, de la capacité de l'entité issue de l'opération de concentration à s'extraire du réseau de contrats d'échange de volumes de GPL dans les marchés locaux dans lesquels l'une ou l'autre des société UGI et Totalgaz disposait d'une position dominante avant l'opération de concentration, et en tant qu'elle ne comporte pas d'engagement suffisant pour prévenir l'effet anticoncurrentiel de l'opération de concentration sur le système de contrats d'échange de volumes de GPL dans certaines zones*].

587. En troisième lieu, le degré de différenciation des biens ou services offerts sur le marché permet d'apprécier la proximité concurrentielle entre les parties et leurs concurrents. Le caractère différencié ou homogène des biens ou services concernés par l'opération dépend de leur degré de substituabilité, qui peut être apprécié par une analyse qualitative, résultant d'un faisceau d'indices, ou de manière quantitative en calculant les ratios de diversion entre les différents biens ou services offerts sur le marché (la méthode de calcul de ces ratios de diversion est présentée *infra*).

588. Les ratios de diversion peuvent être obtenus de différentes manières :

— à partir des élasticités-prix et élasticités-prix croisées de la demande des différents produits. Ces élasticités peuvent elles-mêmes être estimées économétriquement, par exemple à partir de données de type "sortie de caisse" ;

— directement au travers de sondages réalisés auprès des consommateurs ou des entreprises clientes. Une attention particulière doit être apportée à la formulation des questions posées, les résultats obtenus pouvant y être sensibles. Dans l'hypothèse où la partie notifiante envisagerait de recourir à un sondage, cette dernière est donc invitée à se rapprocher du rapporteur en charge du dossier afin d'échanger sur la méthodologie suivie ;

— à partir du suivi d'un panel de consommateurs dans le temps. Toutefois, ce type de données ne permet généralement pas de s'assurer que les modifications d'habitudes de consommation sont bien dues à des variations de prix et ne donnent donc qu'une mesure relativement imprécise des réels ratios de diversion.

> **Exemple 1** : dans sa décision n° 16-DCC-111 du 27 juillet 2016, l'Autorité s'est appuyée sur un sondage réalisé par le groupe Fnac destiné à évaluer les reports de demande vers des concurrents dans différents scénarios, pour évaluer ces ratios de diversion.

Exemple 2 : dans sa décision n° 18-DCC-95 du 14 juin 2018, l'Autorité a adressé aux GMS des questionnaires destinés à savoir si et comment ils adapteraient leur comportement d'achat si l'une ou l'autre des parties augmentait le prix de ses produits.

d) *Les caractéristiques des clients ou des fournisseurs des parties*

589. Le comportement d'une entreprise est également susceptible d'être influencé par ses partenaires contractuels. L'Autorité s'intéresse donc à la structure de l'offre et au fonctionnement des marchés sur lesquels sont actifs les clients ou fournisseurs de la nouvelle entité.

590. Le nombre et le degré de concentration des clients ou des fournisseurs de la nouvelle entité constituent des paramètres importants pour estimer son pouvoir de marché. En effet, plus les clients ou les fournisseurs sont concentrés, moins la nouvelle entité sera en mesure de s'affranchir de leurs demandes et de se comporter de manière autonome.

591. La capacité des clients à discipliner les entreprises sur un marché de gros est plus forte que sur un marché de détail. En effet, sur un marché de gros, les clients sont des professionnels, et non des particuliers. Ils ont une meilleure connaissance des conditions commerciales proposées par les concurrents, ce qui leur confère un pouvoir de négociation plus important. En outre, les clients professionnels sont susceptibles de représenter une part significative du marché et de discipliner la nouvelle entité. Le type de clients avec lequel la nouvelle entité a vocation à entretenir des relations commerciales constitue donc un élément essentiel de l'analyse des effets de l'opération.

592. Enfin, lorsqu'elle analyse les caractéristiques d'un marché, l'Autorité tient compte de la sensibilité de la demande au prix dans la mesure où, moins la demande est sensible au prix, moins les clients sont susceptibles de discipliner le comportement concurrentiel de la nouvelle entité. Une telle situation est donc de nature à accroître les risques concurrentiels générés par une opération.

Exemple : dans sa décision n° 13-DCC-101 du 26 juillet 2013, l'Autorité a constaté que le niveau des marges sur coût variable des parties était un indice de la faible élasticité de la demande sur le marché des matériaux de construction de murs porteurs, ce qui était de nature à générer un risque de hausse de prix à l'issue de l'opération.

e) *Les caractéristiques du marché et ses modalités de fonctionnement*

593. Les caractéristiques économiques et juridiques propres au marché examiné et ses modalités de fonctionnement sont de nature à influencer les effets d'une concentration. Elles peuvent donc faire l'objet d'une analyse approfondie de la part de l'Autorité.

594. En premier lieu, la stabilité du marché facilite la coordination entre les entreprises, susceptible d'aggraver les effets anticoncurrentiels d'une concentration. En effet, elle incite les entreprises à s'aligner sur l'éventuelle hausse de prix des produits ou des services fournis par la nouvelle entité. Corrélativement, les facteurs susceptibles de réduire cette stabilité, comme le poids de l'innovation sur le marché, constituent des éléments pertinents dans l'analyse réalisée par l'Autorité.

595. En deuxième lieu, l'Autorité apprécie le degré de transparence du marché, qui est également susceptible de faciliter la coordination entre les entreprises. Elle recherche par exemple s'il existe des contraintes dans l'accès à certaines données de marché, relatives à l'évolution de la demande ou des prix. *A fortiori*, l'existence de règles de tarification communes est susceptible de faire émerger un point focal, générant un risque de hausse généralisée des prix à l'issue de l'opération.

596. En troisième lieu, la nature des relations existantes entre les offreurs et les demandeurs est de nature à influencer le pouvoir de marché de la nouvelle entité, en rendant plus ou moins fluide le marché examiné. Ainsi, le nombre de transactions

auxquelles la nouvelle entité est partie prenante, les modalités de négociation de ces contrats (appels d'offres ou de gré à gré), la fréquence des renouvellements contractuels, le caractère exclusif ou sélectif des réseaux dans lesquels les produits concernés par l'opération sont distribués ou la durée des contrats sont autant d'éléments pertinents pour permettre à l'Autorité d'apprécier les effets d'une concentration.

Exemple 1 : dans sa décision n° 16-DCC-111 du 27 juillet 2016, l'Autorité a tenu compte de l'existence de réseaux de distribution sélective, puisque ceux-ci étaient de nature à empêcher certains concurrents des parties d'avoir accès à certains produits ou à permettre aux enseignes les plus importantes d'obtenir de meilleures conditions tarifaires ou des exclusivités.

Exemple 2 : dans ses décisions n° 14-DCC-50 du 2 avril 2014 et n° 17-DCC-93 du 22 juin 2017, l'Autorité s'est appuyée sur le fonctionnement du marché et le déroulé des négociations contractuelles entre les entreprises actives sur le marché pour identifier un risque d'effets conglomeraux et verticaux. Elle a notamment constaté que, du côté des détenteurs de droit*[s]*, les négociations pour la diffusion de contenus diffusés en télévision payante et gratuite faisaient intervenir les mêmes interlocuteurs et étaient susceptibles de conduire à la conclusion d'accords globaux intégrant ces deux types de droits.

597. En particulier, les possibilités de réaction des concurrents ou des parties peuvent être contraintes par la durée importante des contrats ou l'existence de coûts importants de changement de fournisseur ("*switching costs*") pour les clients (en raison d'abonnements ou de contrats dont la rupture est coûteuse). La contrainte sur l'intensité concurrentielle du marché est particulièrement forte en présence de coûts favorisant la reconduction de ces contrats à leur terme.

598. En quatrième lieu, le cadre réglementaire applicable sur le marché examiné est analysé avec attention par l'Autorité puisqu'il a une influence significative sur son mode de fonctionnement et sur le comportement des entreprises. Il peut notamment imposer l'adoption par les entreprises de certains comportements concurrentiels et orienter l'analyse des effets d'une concentration.

Exemple : dans sa décision n° 14-DCC-15 du 10 février 2014, l'Autorité a pris en compte les injonctions prononcées à l'encontre du groupe Canal Plus dans le cadre de la décision n° 12-DCC-100 du 23 juillet 2012 relative à la prise de contrôle exclusif de TPS et CanalSatellite par Vivendi et Groupe Canal Plus pour écarter certains risques d'effets verticaux ou conglomeraux sur les marchés concernés par l'opération.

599. En cinquième lieu, l'Autorité apprécie si le marché concerné présente un caractère biface. En effet, en présence de marchés bifaces, l'équilibre économique sur un marché ne peut être appréhendé indépendamment des conditions prévalant sur un autre marché. Les deux marchés, bien qu'éventuellement distincts, fonctionnent en effet de façon interdépendante, spécificité qui peut être prise en compte aussi bien au stade de la délimitation du marché que de l'analyse des effets de l'opération sur la concurrence et des gains d'efficience.

Exemple : dans sa décision n° 18-DCC-18, l'Autorité a constaté, au stade de la définition du marché pertinent, que le marché des petites annonces immobilières en ligne comprenait une face amont, qui met en relation les annonceurs et leurs portails, et une face aval, qui met en relation des portails et les annonceurs. Après s'être interrogée sur la nécessité d'analyser les effets de l'opération sur un marché unique ou sur deux marchés distincts, correspondants chacun à l'une des faces de ce marché, l'Autorité a mené son analyse en retenant l'existence d'un marché unique.

Lors de son analyse des effets de l'opération, elle a pris en compte les caractéristiques propres au marché, en particulier les effets de réseau croisés. Elle a en effet constaté que les annonceurs ont une préférence pour les portails disposant d'une audience élevée et que les visiteurs ont une préférence pour les portails présentant un nombre d'annonces important, ce qui peut modifier les incitations des parties à pratiquer des hausses de prix, puisqu'une hausse de prix sur une face du marché peut modifier l'attractivité sur l'autre face du marché.

600. En dernier lieu, l'Autorité recherche si le marché examiné est caractérisé par l'existence d'une coordination actuelle ou passée, tacite ou explicite, susceptible de se reproduire et d'accroître le risque de hausse des prix lié à la concentration.

f) *Les sources de concurrence potentielle*

601. Pour apprécier les effets d'une concentration sur un marché, l'Autorité identifie les sources de concurrence potentielle, susceptibles de discipliner le comportement concurrentiel de la nouvelle entité. En effet, lorsque l'entrée sur un marché est relativement aisée, il est peu probable qu'une concentration soulève d'importants problèmes de concurrence. L'existence ou non de barrières à l'entrée sur le marché en cause est donc un facteur important de l'analyse. Il convient toutefois de s'assurer que ces entrées sont possibles dans des délais raisonnables et sur une échelle suffisante pour exercer une réelle contrainte.

602. Les barrières à l'entrée peuvent prendre des formes très diverses.

603. En premier lieu, l'entrée des concurrents sur le marché peut être rendue plus difficile par des barrières liées à la réglementation, à la protection de la propriété intellectuelle ou à l'accès à certaines données.

Exemple 1 : dans sa décision n° 13-DCC-90 du 11 juillet 2013, l'Autorité a considéré que la combinaison du régime d'autorisation administrative pour les ouvertures de magasin d'une surface supérieure à 1 000 m^2 et des autorisations légales et réglementaires prévues pour ouvrir un magasin contribuaient à freiner les implantations de magasins. Dans le cas spécifique du marché parisien, ces barrières à l'entrée étaient, selon l'Autorité, renforcées par les difficultés liées à l'obtention d'un permis de construire et des autorisations de travaux s'agissant du foncier à bâtir, et les contraintes du plan local d'urbanisme s'agissant du foncier bâti.

Exemple 2 : dans sa décision n° 16-DCC-111 du 27 juillet 2016, l'Autorité a identifié un ensemble de barrières à l'entrée au marché de la vente au détail de produits électrodomestiques, comme la maturité du marché, la réglementation environnementale, la rareté du foncier et les contraintes réglementaires relatives à l'installation d'équipements commerciaux. Elle a considéré que l'exercice d'une activité de vente en ligne de ce type de produits était également confronté à des barrières à l'entrée importantes, liées notamment aux coûts des moyens de paiement ainsi qu'aux contraintes logistiques et marketing qui pèsent sur les concurrents potentiels. Les concurrents des parties avaient également invoqué les difficultés liées à l'accès aux produits pour les nouveaux entrants, dans le cadre de réseaux de distribution sélective.

604. En deuxième lieu, de nouvelles entrées sont d'autant moins probables qu'elles sont risquées. Or, le risque associé à l'entrée sur un marché croît avec la part des coûts engagés qui ne pourra être récupérée en cas d'échec. Les dépenses de publicité constituent par exemple des coûts irrécupérables. Le fait qu'un nouvel entrant sur le marché ne puisse y exercer une concurrence significative sans engager d'importantes dépenses publicitaires pour soutenir sa marque est donc considéré comme un frein à l'entrée.

Exemple : dans sa décision M.833 du 11 septembre 1997, la Commission a relevé que "l'image de marque joue un rôle essentiel pour l'augmentation des ventes dans le domaine des BGSA, et des sociétés comme TCCC et Pepsico ont réussi à fidéliser leur clientèle grâce à des investissements très lourds qui leur ont permis de maintenir la bonne image de leurs marques. L'introduction d'une nouvelle marque nécessiterait donc des dépenses de publicité et de promotion très élevées, afin de persuader des clients fidèles de renoncer à leurs marques habituelles de boissons gazeuses sans alcool. De plus, en raison de la fidélité des consommateurs aux marques connues, un nouveau fournisseur aurait beaucoup de difficultés à persuader la clientèle des détaillants de changer de fournisseur, ce qui constituerait une entrave supplémentaire à l'entrée. De telles dépenses de publicité et de promotion sont des coûts perdus et accroîtraient considérablement les risques qu'implique l'accès à ce marché."

605. L'Autorité évalue également l'importance des coûts fixes et les conditions dans lesquelles ils peuvent être récupérés, c'est-à-dire la combinaison de parts de marché et de temps nécessaire à l'amortissement de l'investissement initial. Plus la production implique d'importants coûts fixes, plus l'entrée sur le marché, pour être rentable, doit se faire à grande échelle. L'intensité capitalistique d'un métier, en raison de ses coûts fixes de recherche et développement, de production ou de marketing, l'impossibilité de bénéficier d'économies d'échelle suffisantes pour être concurrentiel, ou les désavantages liés à l'inexpérience et au manque de savoir-faire peuvent conduire des entrants potentiels à considérer que les coûts irrécupérables en cas d'échec constituent des barriers impossibles à franchir.

Exemple : dans son avis n° 03-A-15 du 25 juillet 2003, le Conseil de la concurrence a estimé que l'investissement nécessaire pour pénétrer le marché du traitement des chèques était relativement mineur, au regard des perspectives de rentabilité. Il a par ailleurs tenu compte de l'évolution technologique majeure en cours dans le secteur, à savoir la dématérialisation des opérations de compensation de chèques, apparue avec la mise en place de l'Échange image chèque (EIC). Le Conseil de la concurrence a estimé que cette évolution avait deux effets : d'une part, elle rend de moins en moins nécessaire la proximité géographique entre les centres de traitement et les agences bancaires et réduit l'intérêt d'une couverture nationale. D'autre part, elle entraîne une diminution des investissements nécessaires à l'installation d'un centre, en rendant les trieuses inutiles. Le Conseil de la concurrence a ainsi conclu que "si les contraintes liées à la taille d'un opérateur compétitif constituent l'un des facteurs explicatifs de la concentration, elles ne constituent pas pour autant un obstacle dirimant à l'accès au marché".

606. Un marché de produits présente des effets de réseau lorsque l'utilité globale du produit pour les clients qui l'utilisent dépend non seulement de l'usage personnel qu'ils en font, mais également du nombre des autres clients qui utilisent ce produit. Un tel effet de réseau est un effet de réseau direct. L'existence d'effets de réseau, s'ils sont positifs (c'est-à-dire si l'utilité du produit augmente avec le nombre d'autres clients qui l'utilisent), peut constituer un obstacle difficile à franchir pour un nouvel entrant.

607. Il y a effet de réseau indirect lorsque la valeur d'un bien pour un utilisateur augmente à mesure que le nombre et la variété des produits complémentaires ou le nombre d'autres types d'utilisateurs augmentent.

Exemple : dans une lettre du 27 avril 2000, le ministre chargé de l'économie a relevé que de tels effets jouent un rôle important dans le transport aérien. Ainsi "[l]e fait pour une compagnie de disposer d'un réseau étendu, offrant des fréquences élevées et des connexions rapides structurées autour d'un 'hub', peut constituer une barrière à l'entrée importante pour des compagnies concurrentes qui ne bénéficieraient pas d'un réseau aussi attractif."

608. Par ailleurs, certains avantages, dont bénéficient des entreprises actives sur le marché, sont difficilement reproductibles par de nouveaux entrants.

Exemple 1 : dans sa décision n° 13-DCC-96 du 23 juillet 2013, l'Autorité a considéré que, compte tenu de l'importance accordée par les clients à la fiabilité et à la précision des conseils fournis sur le marché du négoce de matériaux de construction (appartenant aux familles de produits suivantes : gros-œuvre et maçonnerie, couverture et étanchéité, bois et panneaux, menuiserie intérieure et extérieure, plâtrerie, plafonds, isolation, outillage et quincaillerie, sanitaire, chauffage, carrelage, aménagements extérieurs), un nouvel entrant était susceptible de se trouver confronté à un problème de notoriété, en ce qui concerne la compétence et le savoir-faire de ses vendeurs.

Exemple 2 : dans sa décision n° 16-DCC-208 du 9 décembre 2016, l'Autorité a considéré que, malgré l'absence de barrières réglementaires à l'entrée, les contraintes d'approvisionnement qui pesaient sur les producteurs de bovins sous AOC "Bœuf de Charolles", au bénéfice de la nouvelle entité, lui permettaient de verrouiller l'accès aux intrants à tout nouvel entrant. Elle a donc écarté l'existence d'une pression concurrentielle exercée par des entrants potentiels, susceptible de discipliner la nouvelle entité.

609. D'une façon plus générale, l'existence de "*switching costs*" peut non seulement limiter le report des clients vers d'autres concurrents déjà présents sur le marché, mais *a fortiori* vers de nouveaux entrants.

Exemple : dans sa décision n° 13-DCC-90 du 11 juillet 2013, l'Autorité a estimé que les dispositifs contractuels et capitalistiques qu'entretiennent les groupes de la grande distribution avec leurs affiliés, en particulier les durées de contrat longues ou les clauses de non-réaffiliation et de non-concurrence post-contractuelles, constituent une barrière à l'entrée ou à l'expansion qui est dirimante dans les zones où l'une des parties a déjà un poids économique important.

610. Les barrières à l'entrée peuvent résulter de la capacité d'entreprises à maintenir des contrats d'approvisionnement ou de distribution de très longue durée.

611. La constatation de l'absence d'une entrée réussie ne suffit pas à établir l'existence de barrières de même que les entrées récentes ne suffisent pas, en elles-mêmes, à démontrer l'absence de barrière, dans la mesure où tant l'absence d'entrées que la constatation d'entrées peuvent revêtir un caractère exceptionnel. L'observation des entrées passées peut tout au plus constituer un indice qui doit être confronté aux autres éléments de l'analyse.

Exemple : dans son avis n° 03-A-15 du 25 juillet 2003, le Conseil de la concurrence a considéré que l'absence d'entrée sur un marché ne suffisait pas à elle seule à caractériser l'existence d'une barrière à l'entrée, cette absence pouvant résulter de nombreux autres facteurs. Pour le marché du traitement des chèques, la mise en place de l'Échange d'images-chèques (EIC) avait induit des coûts d'adaptation et une baisse des opérations susceptibles d'être rémunérées, causant une baisse de la rentabilité pour les opérateurs.

612. Certaines de ces barrières à l'entrée peuvent être plus aisément franchissables pour certains concurrents potentiels que pour d'autres. De ce fait, l'identification précise de candidats potentiels à l'entrée sur le marché accroît la vraisemblance de ces entrées.

613. Enfin, la dimension temporelle dans laquelle une entrée sur le marché apparaît raisonnablement prévisible est un élément essentiel de l'analyse. Cette dimension temporelle dépend des caractéristiques du secteur concerné, certains secteurs se caractérisant par des évolutions plus rapides de la situation concurrentielle.

Exemple : dans sa décision n° 18-DCC-18 du 1er février 2018, l'Autorité a écarté la pression concurrentielle susceptible d'être exercée par Amazon et Google sur le marché français des petites annonces immobilières en ligne, considérant qu'aucun élément du dossier présenté ne faisait état d'une entrée certaine et à court terme de ces opérateurs sur le marché.

2 Les effets horizontaux d'une concentration

a) La nature des effets horizontaux

614. Un risque d'atteinte à la concurrence, au sens de l'article L. 430-6, peut être constaté lorsqu'une concentration confère un pouvoir de marché à la nouvelle entité ou renforce un pouvoir de marché que l'une des parties détenait avant l'opération, c'est-à-dire lorsque l'opération confère à la nouvelle entité le pouvoir de faire obstacle au maintien d'une concurrence effective sur le marché en cause en lui fournissant la possibilité de comportements indépendants dans une mesure appréciable vis-à-vis de ses concurrents, et de ses clients. La nouvelle entité serait ainsi en mesure d'augmenter significativement ses prix, de réduire la diversité des produits ou services disponibles sur le marché ou son rythme d'innovation.

615. L'appréciation des effets d'une concentration horizontale ne se limite pas au risque d'augmentation des prix. Elle prend également en compte les effets hors prix susceptibles de se matérialiser à l'issue de l'opération, résultant par exemple d'une diminution de la qualité des produits vendus ou d'une baisse de l'innovation.

Exemple 1 : dans sa décision n° 17-DCC-95 du 23 juin 2017, après avoir constaté que, compte tenu des mécanismes spécifiques de fixation des prix des soins hospitaliers en France, la concurrence tarifaire entre établissements de santé était limitée aux prestations annexes, l'Autorité a analysé les effets non tarifaires liés à la concentration examinée. Elle a notamment estimé qu'une concentration horizontale dans le secteur de la santé était susceptible de dégrader l'offre et la diversité des soins.

Exemple 2 : dans sa décision n° 16-DCC-111 du 27 juillet 2016, l'Autorité a apprécié les risques de la concentration sur la qualité de service rendu par les distributeurs de produits électroniques. En s'appuyant sur un sondage réalisé auprès des acheteurs de produits électroniques distribués par les parties, l'Autorité a constaté que l'opération était susceptible de dégrader les services offerts par les magasins aux consommateurs lors de leur expérience d'achat, tels que les conditions d'accueil, de conseil, les services après-vente et les horaires d'ouverture des magasins. L'Autorité a également considéré que l'opération était susceptible de conduire à une réduction de l'offre pour le consommateur.

616. A plusieurs reprises, les autorités de concurrence ont examiné des opérations se traduisant par la constitution de monopoles. En France, certaines opérations examinées avant 2009 par le ministre chargé de l'économie ont été interdites pour ces raisons. Les autres opérations n'ont été autorisées que sous réserve d'engagements ou d'injonctions visant à limiter leurs effets sur les prix ou la qualité des produits offerts ainsi que sur les conditions d'accès de nouveaux acteurs aux marchés concernés.

Exemple : dans sa décision n° 13-DCC-46 du 16 avril 2013, l'Autorité a constaté que l'opération conduisait à la création de monopoles sur certains marchés générant un risque de perte de qualité et de diversité des titres de presse, d'autant plus importants *[important]* que les marchés étaient déclinants et qu'il existait d'importantes barrières à l'entrée. Les parties ont proposé des engagements destinés à maintenir la diversité éditoriale des différents titres, en empêchant l'harmonisation des contenus locaux ou régionaux entre les différents titres appartenant à la nouvelle entité.

617. Sans aller jusqu'à la création ou au renforcement d'une position dominante au profit de la nouvelle entité, une concentration entre deux entreprises présentes sur un même marché peut porter atteinte à la concurrence du seul fait de l'élimination de la concurrence entre elles. Il est en effet possible que la nouvelle entité puisse, de façon profitable, augmenter ses prix ou réduire le volume ou la qualité de sa production, alors qu'avant l'opération un tel comportement aurait conduit à une réduction trop importante des ventes au profit d'autres entreprises (y compris l'une des parties à l'opération). Un tel effet a, par exemple, été mis en relief à plusieurs reprises dans le secteur de la distribution.

Exemple 1 : dans sa décision n° 11-DCC-187 du 13 décembre 2011, l'Autorité a relevé que lorsque les marchés concernés par la concentration sont des marchés de produits ou de services différenciés (ce qui était le cas du rhum agricole, caractérisé par une certaine diversité de l'offre en termes d'origine, de marque, de degré d'alcool et de couleur), la proximité des offres des parties à l'opération constitue l'un des facteurs susceptibles d'influer sur la probabilité qu'une opération entraîne des effets horizontaux significatifs. L'Autorité relève en effet que dans ce contexte, l'élimination de la concurrence entre les parties à la concentration peut rendre profitable une hausse des prix substantielle (ou une réduction du volume ou de la qualité de sa production) de l'entité issue de l'opération, celle-ci bénéficiant du caractère captif d'une partie importante des clients alors qu'auparavant, une hausse des prix de l'une des parties aurait conduit à un report important vers l'autre partie.

Exemple 2 : dans sa décision n° 12-DCC-57 du 4 mai 2012 relative à la prise de contrôle exclusif par ITM Alimentaire Nord de sociétés exploitant des magasins de commerce de détail à dominante alimentaire, l'Autorité a relevé que la pression concurrentielle s'exerçant sur les magasins ITM, qui aurait un effet contraignant sur les prix et la qualité des services proposés, était très faible du fait des parts de marché très élevées (supérieures à 60 %) d'ITM et du nombre réduit de concurrents (deux enseignes). Afin de lever les doutes sérieux quant aux effets de l'opération sur la concurrence, les parties ont proposé la cession à un concurrent d'un hypermarché, permettant ainsi de réduire la part de marché d'ITM et l'entrée d'une nouvelle enseigne sur la zone de chalandise en cause.

618. En retour, la réaction des autres entreprises présentes sur le même marché et qui ne sont pas parties à la concentration est susceptible, indépendamment de tout phénomène de coordination des comportements concurrentiels, de contribuer à affaiblir l'intensité de la concurrence. La disparition d'un concurrent peut en effet déplacer significativement le point d'équilibre concurrentiel sur tout ou partie du marché considéré, l'ensemble des entreprises présentes étant alors en mesure de bénéficier de prix plus élevés. Cet effet pourra être particulièrement sensible dans le cas où l'une des parties était un franc-tireur. La perte de bien-être qui en résulte pour les consommateurs peut être prise en compte par les autorités de concurrence, même si l'opération ne crée pas ou ne renforce pas une position dominante au profit de la nouvelle entité.

Exemple : dans son avis n° 06-A-20 du 20 octobre 2006, le Conseil de la concurrence a estimé qu'une concentration sur le marché du saumon Atlantique d'élevage était de nature à avoir un effet dommageable sur les prix et les quantités du saumon produit en Écosse.

b) *Les critères d'analyse*

619. La probabilité qu'une concentration entraîne des effets unilatéraux est fonction des caractéristiques présentées par le fonctionnement de la concurrence sur les marches concernés et, particulièrement, de l'analyse du pouvoir de marché déjà détenu par les parties antérieurement à l'opération. Tous les facteurs susceptibles de contribuer à un tel pouvoir de marché peuvent donc être pris en compte lors de l'appréciation des effets anticoncurrentiels de l'opération. Tel est notamment le cas des éléments suivants :

— la part de marché des parties et le degré de concentration du marché à l'issue de l'opération ;

— le niveau de différenciation des produits des parties ;

— la pression concurrentielle que sont en mesure d'exercer les concurrents actuels ;

— la probabilité que d'autres offreurs, non encore présents sur le marché, viennent concurrencer les acteurs actuels ;

— la puissance d'achat des clients.

620. Ces effets s'apprécient indépendamment des gains d'efficacité que la concentration est susceptible de générer. Dans le cadre d'un examen approfondi, l'Autorité examine si des gains d'efficience liés à l'opération sont susceptibles de compenser les atteintes à la concurrence identifiées.

Les parts de marché des parties et le degré de concentration du marché post-opération

621. L'addition des parts de marché sur les marchés sur lesquels les parties sont simultanément présentes donne une première indication sur les effets d'une concentration horizontale.

622. L'existence de parts de marché d'une grande ampleur est un élément important dans l'appréciation du pouvoir de marché d'une entreprise. Des parts de marché post-opération élevées, de l'ordre de 50 % et plus, peuvent faire présumer l'existence d'un pouvoir de marché important. Une telle présomption est toutefois réfutable. Dans son avis n° 02-A-07 du 15 mai 2002, le Conseil de la concurrence a ainsi estimé que "les parts de marché désormais détenues par SEB sur certains marchés sont importantes, mais la part de marché n'est cependant que l'un des facteurs susceptibles de conférer à une entreprise une position dominante [...]. D'autres facteurs peuvent constituer des obstacles à l'exercice de ce pouvoir de marché. En particulier, la pression concurrentielle à laquelle sera soumis le groupe SEB après la réalisation de l'opération ne dépendra pas seulement de l'état actuel des marchés, mais aussi des possibilités de développement des autres opérateurs, et donc des facilités d'accès aux marchés concernés."

623. Dans le cas où l'une des parties à l'opération détient des parts de marché extrêmement faibles (généralement inférieures à 2 %), l'opération n'emporte *a priori* pas d'atteinte à la concurrence, à moins que ces parts de marché ne viennent conforter une position déjà très forte ou que l'opération ne se traduise par la disparition d'un franc-tireur.

624. Lorsque la part de marché de la nouvelle entité est inférieure à 25 %, il est présumé que l'opération ne porte pas atteinte à la concurrence par le biais d'effets unilatéraux.

625. En sus de la part de marché détenue par la nouvelle entité, l'Autorité analyse également le degré de concentration des marchés concernés par l'opération.

626. Le caractère oligopolistique du marché peut être de nature à soulever des préoccupations de concurrence, alors même que la nouvelle entité n'occupera pas une position dominante sur un marché. Dans une telle configuration, les parts de marché de chacune des entreprises actives sur le marché sont élevées et la fusion de deux d'entre elles est susceptible de réduire de façon significative la pression concurrentielle subie tant par la nouvelle entité que par les entreprises subsistantes sur le marché. De façon plus générale, le degré de concentration du marché et l'effet du cumul de parts de marché sur ce degré de concentration sont des facteurs importants de l'analyse menée par l'Autorité.

627. L'Autorité peut s'appuyer sur des seuils d'IHH lorsqu'elle apprécie les effets d'une concentration horizontale. Elle considère qu'il est peu probable qu'une concentration génère des effets horizontaux sur un marché dont l'IHH post-opération est inférieur à 1 000. Ces marchés n'exigent généralement pas une analyse approfondie. Il est également peu probable qu'une opération génère des effets horizontaux sur un marché lorsque l'IHH post-opération est compris entre 1 000 et 2 000 et que le delta est inférieur à 250, ou lorsque l'IHH post-opération est supérieur à 2 000, mais que le delta est inférieur à 150. *A contrario*, l'existence d'effets horizontaux est présumée lorsque l'IHH post-opération est compris entre 1 000 et 2 000 et que le delta est supérieur à 250, ou lorsque l'IHH post-opération est supérieur à 2 000 et que le delta est supérieur à 150.

628. Cependant, l'Autorité réserve la possibilité qu'une opération puisse produire des effets horizontaux, même en deçà de ces seuils, dans les cas de figure suivants :

– l'une des parties est un entrant potentiel ou un concurrent entré récemment sur le marché dont la part de marché est faible, mais susceptible de croître rapidement ;

– une ou plusieurs parties sont des entreprises innovantes importantes ou détiennent des données particulièrement valorisées sur certains marchés, ce que ne révèle pas leur part de marché ;

– il existe d'importantes participations croisées entre les entreprises présentes sur le marché ;

– l'une des parties à la concentration est un franc-tireur ;

– il existe des indices de l'existence, sur le marché, d'une coordination passée ou actuelle ou de pratiques facilitant la coordination des comportements concurrentiels des entreprises ;

– l'une des parties détient, avant la concentration, une part de marché supérieure ou égale à 50 %.

629. Lorsqu'elle apprécie la position concurrentielle de la nouvelle entité, l'Autorité prend également en compte les contraintes légales ou réglementaires qui pèsent sur cette entité et qui sont susceptibles d'exclure tout risque anticoncurrentiel lié à l'opération.

Exemple : dans sa décision n° 16-DCC-167 du 31 octobre 2016, l'Autorité a considéré que, compte tenu de l'encadrement légal et réglementaire des tarifs sur le marché des services d'utilisation des infrastructures aéroportuaires, qui exigeait notamment un avis conforme sur les contrats de régulation économique conclus entre l'État et les gestionnaires d'aéroport et une homologation des tarifs des redevances aéroportuaires, tout risque d'atteinte à la concurrence résultant de l'opération sur ce marché devait être exclu.

La pression concurrentielle exercée par les concurrents subsistants sur le marché

630. Le nombre, les parts de marché et les atouts concurrentiels des concurrents des parties sont autant de facteurs essentiels dans l'analyse des effets horizontaux d'une concentration. En particulier, l'Autorité évalue la capacité des concurrents actuels à réagir face à la nouvelle situation créée par l'opération. La taille des concurrents, leurs capacités de production disponibles ou susceptibles d'être développées, l'écart entre leurs parts de marché et celle de l'entreprise issue de l'opération, la proximité concurrentielle entre les parties et les tiers constituent des indices importants pour apprécier si les concurrents pourront absorber un report de la demande dans l'hypothèse où la nouvelle entité augmenterait ses prix ou si les concurrents pourront mettre sur le marché des quantités supérieures dans l'hypothèse où elle réduirait sa production.

631. Lorsqu'elle analyse les opérateurs actifs sur un marché, l'Autorité peut, selon les circonstances de l'espèce, tenir compte d'entreprises qui, sans être géographiquement implantées dans la zone concernée, exercent une partie de leur activité au sein de cette zone.

Exemple : dans sa décision n° 16-DCC-208 du 9 décembre 2016, l'Autorité a tenu compte de la concurrence exercée sur le marché de la collecte des bovins par des abattoirs situés en dehors de la zone définie selon la méthode des empreintes réelles, mais qui collectaient néanmoins des bovins dans celle-ci et disposaient d'une capacité suffisante pour accroître le volume de leur collecte et de leur abattage.

632. L'Autorité tient compte non seulement de la capacité des concurrents à réagir, mais également de leur incitation et donc de leur intérêt à le faire. En effet, les concurrents qui bénéficient d'une hausse de la demande du fait de la hausse du prix de la nouvelle entité, peuvent trouver eux-mêmes intérêt, même en l'absence de comportement coordonné, à procéder à leur tour à des hausses de prix (ou des réduc-

tions de volume) et suivre ainsi, tout au moins partiellement, les hausses de prix (ou les réductions de volume) de la nouvelle entité.

Exemple 1 : dans sa décision nº 13-DCC-101 du 26 juillet 2013, l'Autorité a apprécié les incitations des concurrents des parties à suivre une éventuelle hausse des prix mise en œuvre par la nouvelle entité sur le marché des matériaux de construction en s'appuyant notamment sur les caractéristiques du marché (faible élasticité*[-]*prix de la demande) et sur les déclarations des concurrents.

Exemple 2 : dans sa décision M.6471 du 7 novembre 2012, la Commission a ainsi analysé que "même si les producteurs européens auront des capacités disponibles suffisantes pour réagir à une hausse de prix de la nouvelle entité, il n'est pas certain que les concurrents européens restants seront incités à le faire en baissant leurs prix. En effet, les concurrents aussi pourront bénéficier d'une réduction de la pression concurrentielle qui résulterait de l'opération, puisqu'une hausse de prix de la nouvelle entité entraînerait un report d'une partie de la demande vers les concurrents qui pourraient de ce fait trouver profitable d'augmenter leurs prix. Cette hypothèse est particulièrement crédible sur un marché où la demande est particulièrement inélastique comme le marché [de l'acier laminé à froid]."

Exemple 3 : dans son avis nº 06-A-20 du 20 octobre 2006, le Conseil de la concurrence a considéré, s'agissant des producteurs de saumon d'Atlantique d'élevage, que "[e]n théorie, leur intérêt est de produire plus que ce qu'ils n'auraient fait dans l'état antérieur du marché afin de profiter du déficit d'offre par rapport à une situation sans fusion. Les concurrents n'ont toutefois pas non plus intérêt à compenser totalement ce déficit. L'effet cumulé de l'opération, prenant en compte une production inférieure des parties ainsi qu'une production supérieure des concurrents, est donc toujours négatif : à la suite d'une opération de concentration, la quantité totale offerte est inférieure à ce qu'elle aurait été sans l'opération et par conséquent, le prix de marché est supérieur à ce qu'il aurait été sans l'opération. Encore faut-il que les concurrents aient la capacité de réagir. S'ils sont contraints en capacités disponibles, le déficit d'offre et les tensions sur les prix seront plus importants."

633. Les possibilités de réaction des concurrents peuvent aussi être freinées par la nouvelle entité, qui contrôlerait, par exemple, des ressources nécessaires à la production, des données essentielles permettant d'améliorer la qualité des services qu'elle commercialise, l'accès à des contenus dans le secteur des médias, des brevets ou des droits de propriété intellectuelle essentiels pour les concurrents, ou encore d'importantes capacités de distribution des biens ou services concernés.

Exemple 1 : dans sa décision nº 17-DCC-210 du 13 décembre 2017, l'Autorité a constaté que les adhérents de la nouvelle entité se voyaient imposer contractuellement une obligation d'apport et d'approvisionnement à un niveau élevé sur les marchés de la distribution de produits d'agrofourniture. Elle a considéré que cette contrainte contractuelle était susceptible de renforcer les effets de l'opération sur le marché en dissuadant les clients de s'approvisionner auprès des concurrents de la nouvelle entité.

Exemple 2 : dans sa décision nº 18-DCC-18 du 1er février 2018, l'Autorité a analysé les conséquences de la détention, par la nouvelle entité, de données relatives à l'activité des agences immobilières et des internautes, susceptibles de lui permettre d'améliorer son offre en proposant des services non réplicables par les portails concurrents.

634. Le fait que les parties soient des entreprises verticalement intégrées sur des marchés amont et aval, ou soient présentes sur des marchés connexes, est également de nature à renforcer les effets horizontaux des cumuls de parts de marché. Par exemple, le verrouillage, par la nouvelle entité, de marchés verticalement intégrés ou connexes peut conduire à renforcer sa position sur des marchés sur lesquels les deux parties à l'opération sont simultanément actives avant l'opération.

635. Les possibilités de réaction des concurrents peuvent par ailleurs être contraintes par des coûts de changement de fournisseur importants pour les clients, par un environnement réglementaire particulier qui contraint leurs capacités de production ou par la faible disponibilité d'intrants nécessaires au développement de leur activité (accès à une matière première, à des espaces de stockage, à des données essentielles pour l'exercice d'une activité, etc.).

Exemple 1 : dans sa décision n° 11-DCC-187 du 13 décembre 2011, l'Autorité a considéré que le système de contingentement du rhum des DOM limitait la capacité des opérateurs alternatifs à exporter plus de rhum des départements d'outre-mer vers la métropole.

Exemple 2 : dans sa décision n° 17-DCC-12 du 31 janvier 2017, l'Autorité a considéré que la capacité des clients de reporter leur demande vers des fournisseurs concurrents était contrainte par des coûts et des délais de mise en œuvre importants, résultant notamment du processus de validation interne d'un tel changement destiné à s'assurer de la compatibilité des produits de nettoyage avec les formules cosmétiques des clients.

636. Enfin, la faible élasticité-prix croisée de la demande, générant des reports limités entre les entreprises actives sur le marché, constitue également un frein à la possibilité, pour les concurrents, de discipliner la nouvelle entité.

Exemple : dans sa décision n° 13-DCC-101 du 26 juillet 2013, l'Autorité a constaté que, malgré la présence éventuelle de capacités de production résiduelles chez les concurrents des parties, la faible mobilité du marché, caractérisée par des niveaux d'élasticité-prix de la demande résiduelle et des taux de report vers les concurrents faibles, créait un risque de fuite limité de la demande vers les concurrents, qui ne permettait pas d'écarter les incitations de la nouvelle entité à augmenter ses prix.

La concurrence potentielle

637. Le pouvoir de marché d'une entreprise, même si elle dispose d'une part de marché élevée, peut être efficacement limité non seulement par les réactions des concurrents déjà présents sur le marché, mais également par le fait que le marché est contestable, c'est-à-dire qu'il est relativement facile pour de nouveaux acteurs d'entrer sur le marché en cause (absence de barrières à l'entrée). Lorsque c'est le cas, la dégradation des conditions initiales de marché liée à la concentration pourra être regardée comme une opportunité pour de nouveaux entrants, susceptibles, par leur comportement, de rétablir les conditions initiales de concurrence. La concurrence, même potentielle, exerce donc une pression sur les comportements des acteurs en place.

638. Toutefois, le constat de l'absence de barrière à l'entrée ne suffit pas à démontrer l'existence d'une pression concurrentielle exercée par des opérateurs qui ne sont pas encore actifs sur le marché. Il convient en effet de s'assurer que les clients ou fournisseurs de ces opérateurs sont susceptibles de se tourner vers le nouvel entrant, en cas de hausse des prix de vente ou de baisse des prix d'achat offerts par la nouvelle entité.

639. Par ailleurs, même lorsqu'une concentration n'emporte aucun cumul de parts de marché, elle peut avoir pour effet de porter atteinte à la concurrence sur un ou plusieurs marchés dans la mesure où l'une des parties, bien que non présente sur les mêmes marchés que l'autre, était susceptible d'y entrer facilement et exerçait ainsi une pression concurrentielle sur le ou les marchés concernés.

640. Pour que la disparition d'un concurrent potentiel soit considérée par l'Autorité comme une atteinte à la concurrence, il faut que :

— le concurrent potentiel pèse déjà sensiblement sur le comportement des autres entreprises ou qu'il existe une forte probabilité que ce concurrent devienne un moteur important de la concurrence ;

— le nombre d'autres concurrents potentiels, capables de maintenir des pressions concurrentielles suffisantes à l'issue de la concentration, soit insuffisant.

> **Exemple :** dans sa décision n° 17-DCC-42 du 3 avril 2017, l'Autorité a considéré que l'opération était susceptible de soulever des problèmes de concurrence puisqu'elle conduisait à la réunion, au sein d'une entité unique, de deux éco-organismes qui étaient, jusqu'à présent, en charge, respectivement, de la seule filière emballages ménagers pour la société Eco-emballages et de la seule filière papier pour la société Ecofolio. Après avoir constaté que chaque éco-organisme disposait des capacités nécessaires pour entrer sur le marché de l'autre opérateur, et que leur décision de se cantonner à un unique marché résultait d'une option stratégique qui était susceptible d'être modifiée à tout moment, l'Autorité a considéré que l'opération conduisait à supprimer, sur chacune des deux filières, un concurrent potentiel. Elle a ensuite constaté que cette disparition n'était pas susceptible d'être compensée par l'entrée d'autres opérateurs sur le marché, faute pour eux de disposer de certaines données nécessaires pour obtenir l'agrément requis pour accéder au marché et exercer efficacement, de façon immédiate, l'activité d'éco-organisme une fois l'agrément obtenu. En conséquence, l'Autorité a considéré que la disparation d'un concurrent potentiel consécutive à l'opération n'était pas susceptible d'être compensée par l'entrée d'autres opérateurs, compte tenu des barrières existant pour accéder au marché.

Le niveau de différenciation des produits et la proximité concurrentielle entre les différents opérateurs

641. Le niveau de différenciation des produits constitue un paramètre essentiel de l'analyse des effets d'une concentration à un double titre.

642. Il permet, dans un premier temps, d'apprécier l'étendue de la pression concurrentielle exercée par les tiers sur la nouvelle entité. Dans son analyse, l'Autorité accorde davantage d'importance à la pression concurrentielle exercée par des proches concurrents que par des concurrents qui offrent des produits ou des services plus différenciés de ceux des parties.

> **Exemple :** dans la décision n° 16-DCC-111 du 27 juillet 2016, Fnac/Darty, l'Autorité a mesuré l'intensité concurrentielle existant dans chaque zone de chalandise à l'issue de l'opération en recourant à une méthode de scores. Elle a ainsi attribué à chaque concurrent un score compris entre 0,25 et 3, en fonction de la proximité concurrentielle de ce concurrent vis-à-vis des parties. Après avoir identifié l'ensemble des concurrents des parties actifs dans la zone et leur avoir attribué un score, celui-ci a été pondéré selon la distance de ce point de vente par rapport au magasin cible. À partir de l'ensemble de ces éléments, un score total a été calculé pour chaque zone de chalandise, permettant d'apprécier l'intensité de la pression concurrentielle exercée sur la nouvelle entité à l'issue de l'opération. Au cas d'espèce, l'Autorité a considéré qu'un score supérieur à 10 permettait d'écarter les risques d'atteinte à la concurrence dans la zone analysée.

643. Lorsqu'elle analyse une concentration dans le secteur des produits de grande consommation, l'Autorité peut prendre en compte, dans certains cas, selon les caractéristiques de chaque cas d'espèce, la pression concurrentielle exercée par les produits commercialisés sous marques de fabricants (MDF) sur les produits commercialisés sous marque de distributeurs (MDD). L'intensité de la pression concurrentielle existante entre ces différents produits dépend notamment de l'attachement des consommateurs aux marques et de leur notoriété.

Exemple : dans sa décision n° 16-DCC-26 du 15 février 2016, l'Autorité a estimé que les panés de volailles vendus sous MDD exerçaient une forte pression concurrentielle sur les panés vendus sous MDF*[,]* ce qu'elle a pris en considération dans son analyse des effets de l'opération.

644. Le niveau de différenciation des biens ou services produits par les parties constitue le second aspect essentiel de l'analyse des effets d'une concentration. En effet, lorsque le ou les marchés concernés sont des marchés de produits ou de services différenciés, la proximité des offres des parties à l'opération constitue l'un des facteurs susceptibles d'influer sur la probabilité qu'une opération entraîne un risque d'atteinte à la concurrence : une concentration sera d'autant plus susceptible d'emporter des effets unilatéraux que les produits des entreprises concernées sont des substituts proches.

Exemple 1 : dans sa décision n° 14-DCC-173, l'Autorité a relevé que, malgré la faible proximité concurrentielle existant, avant l'opération, entre les sociétés Carrefour et Dia, le projet de la société Carrefour de transformer les magasins Dia en magasins Carrefour était de nature à accroître les effets de l'opération puisqu'une fois celle-ci réalisée, la nouvelle entité serait en mesure de développer une stratégie multiformat.

Exemple 2 : dans sa décision n° 18-DCC-18 du 1er février 2018, l'Autorité a en revanche considéré que les effets horizontaux de l'opération étaient atténués du fait que les portails de petites annonces immobilières Se Loger et Logic Immo n'étaient pas les plus proches concurrents sur le marché et que les ratios de diversion entre ces deux opérateurs, avant l'opération, étaient faibles. En conséquence, l'Autorité a considéré que l'opération envisagée n'était pas susceptible de conduire à une hausse des prix de la nouvelle entité, le gain possible lié à une telle hausse de prix étant limité. Cependant, compte tenu du caractère différencié des services proposés par les sociétés Se Loger et Logic Immo, l'Autorité a analysé les risques d'éviction résultant d'une éventuelle stratégie de couplage entre leurs différentes prestations.

645. Sur un marché de produits ou services différenciés, l'Autorité étudie les incitations des entreprises fusionnées à pratiquer des hausses tarifaires consécutives au regroupement de la production de biens et services différenciés au sein d'un même ensemble économique.

646. A l'issue d'une concentration, la nouvelle entité va en effet prendre en compte le fait qu'une fraction plus ou moins grande des ventes perdues sur le produit sur lequel elle augmenterait son prix se reporte sur des produits qu'elle détient maintenant du fait de l'opération. Cette fraction est d'autant plus grande que les produits des parties sont des substituts proches. Dès lors, une hausse de prix qui n'était pas profitable avant l'opération peut le devenir puisque les pertes liées à la diminution des ventes du produit dont le prix augmente sont compensées par la hausse de marge sur ce produit (comme avant l'opération), mais aussi par la hausse des ventes – et donc des profits – sur les produits acquis du fait de la concentration. Cette internalisation des effets d'une hausse de prix sur les produits acquis à la suite de l'opération devrait donc générer, pour la nouvelle entité, une incitation à augmenter ses prix.

647. Dans un tel contexte, afin d'évaluer la vraisemblance d'un risque d'effet unilatéral sur un marché de produits différenciés, l'Autorité prend notamment en compte les éléments suivants :

– La proximité concurrentielle des entreprises concernées par la concentration. En cas de hausse de prix, plus les produits des parties sont substituables, plus la part des ventes perdues que sera en mesure de recouvrer la nouvelle entité sera importante. Pour apprécier cette proximité concurrentielle, l'Autorité peut s'appuyer sur des documents internes aux parties (par exemple, des comptes rendus de négociation commerciale, des documents destinés à élaborer la stratégie commerciale des entreprises concernées, etc.). Elle peut également quantifier le niveau de pression concurrentielle qu'exerce un produit vendu par l'une des parties à la fusion sur un produit vendu par une autre partie en estimant le ratio de diversion du premier produit vers le second. Plus ce ratio de diversion est élevé, plus le risque d'effet unilatéral est fort (voir les développements *supra* pour la méthode de calcul des ratios de diversion).

– Les marges unitaires (sur coûts variables) des parties vers lesquelles se reporte une fraction de la demande à la suite de la hausse des prix d'une des parties.

648. Lorsque les données le permettent, une première évaluation du risque d'effet unilatéral peut être obtenue en procédant à des tests quantitatifs tels que les tests "UPP" ("*upward pricing pressure*"), "GUPPI" ("*gross upward pricing pressure index*") ou "IPR" ("*illustrative price rise*"). Ces tests ne permettent pas de mesurer précisément l'ampleur de la hausse de prix qui pourrait résulter de la concentration puisqu'ils reposent sur des modèles simplifiés qui n'intègrent pas l'ensemble des interactions concurrentielles, et notamment la réaction des concurrents. Toutefois, ces différents indicateurs présentent l'avantage de pouvoir être calculés sans qu'il soit besoin de définir précisément le marché pertinent, ce qui est particulièrement utile lorsque les produits sont différenciés et qu'il n'est pas évident *a priori* de fixer la limite entre les produits qui appartiennent à un même marché et les autres. L'Autorité encourage les parties qui souhaiteraient utiliser ces tests au soutien de leur analyse concurrentielle à prendre contact au préalable avec les services d'instruction afin de discuter des orientations méthodologiques et du test qu'il serait envisageable d'utiliser compte tenu de la spécificité du dossier.

649. Le **test UPP** consiste à prendre en compte les incitations de la nouvelle entité à augmenter ses prix du fait de l'internalisation des effets d'une hausse de prix sur les produits acquis à la suite de l'opération, mais aussi les incitations à la baisse des prix qui pourraient résulter des gains d'efficience (baisse des coûts variables) générés par la concentration. Le test consiste à analyser le signe de l'effet net : si ce dernier est positif, l'opération est susceptible de conduire à une hausse des prix, tandis que si l'effet net est négatif, l'opération devrait plutôt être favorable aux consommateurs.

650. Dans la version la plus simple du test (c'est-à-dire, fusion entre deux entreprises mono-produit A et B), les incitations nettes à augmenter le prix du produit A dépendent du signe de l'expression $(p_B-(1-E)c_B)RD_{A/B}-Ec_A$, où c_B et p_B sont respectivement le coût (marginal) et le prix du produit B (avant l'opération), c_A est le coût marginal du produit A, $RD_{A/B}$ mesure le ratio de diversion de A vers B (c'est-à-dire, la proportion des ventes perdues par A à la suite de la hausse du prix du produit A qui se reportent sur le produit B) et E correspond au "crédit" de gains d'efficience retenu par l'Autorité. L'idée est ici que lorsque, à la suite d'une hausse de son prix, le produit A génère des ventes en moins, une fraction $RD_{A/B}$ de ces ventes se reporte sur le produit B qui génère désormais une marge pour la nouvelle entité. Comme cette marge n'était pas internalisée par l'entreprise A avant l'opération, et qu'elle est maintenant plus élevée du fait de la prise en compte des gains d'efficacité abaissant le coût du produit B, cette marge additionnelle crée une incitation à augmenter les prix du produit A. Cette incitation à la hausse est toutefois contrebalancée par le fait que, en raison des gains d'efficacité abaissant le coût du produit A (et donc augmentant la marge sur ce produit), les ventes perdues sur le produit A sont désormais plus coûteuses.

651. Le test UPP ne mesure donc pas l'amplitude de la hausse des prix possible, mais se contente d'indiquer si une hausse des prix est à craindre. Par ailleurs, si le test tient compte de gains d'efficacité, il ne s'agit pas d'estimer précisément les gains d'efficacité que l'opération est susceptible de générer, mais d'accorder un "crédit" (par exemple, une baisse des coûts marginaux de 5 à 10 %) et de vérifier, si malgré ce "crédit", la concentration est susceptible de nuire aux consommateurs.

652. Contrairement au test UPP, l'**indice GUPPI** ne prend pas en compte de gains d'efficacité : il constitue seulement un indice de pression à la hausse des prix. Dans le cas simple d'une concentration entre deux entreprises mono-produits *[produit]*, l'indice GUPPI pour le produit A s'écrit $(p_B-c_B)RD_{A/B}/p_A$. Il s'agit donc, à la suite de la hausse du prix du produit A, du ratio entre le profit généré par les ventes perdues par le produit qui se reportent sur le produit B et le chiffre d'affaires perdu sur le

produit A. Un indice GUPPI élevé indique ainsi une forte propension de la nouvelle entité à augmenter ses prix. Par ailleurs, cet indice peut permettre de mesurer l'amplitude de la hausse de prix, à condition de disposer de données précises sur le taux de répercussion des variations de coûts (taux de *pass-on*) par les entreprises avant l'opération. En effet, le produit de ce taux de répercussion et de l'indice GUPPI donne une estimation directe de la hausse de prix que l'opération est susceptible d'engendrer en l'absence de tout gain d'efficacité. Cette mesure du taux de répercussion peut, par exemple, être obtenue à partir de données historiques de coûts variables et de prix des parties. En l'absence d'une telle mesure, l'indice pourra servir de filtre afin de vérifier si l'opération est susceptible de générer des effets importants. Une valeur limite de 5 à 10 % pourrait ainsi être retenue pour un tel filtre.

653. Au cours des dernières années, l'Autorité a eu recours à plusieurs reprises au calcul d'indices GUPPI pour estimer le risque de hausse des prix lié à une opération *[V. notamment les décisions de l'Autorité n° 13-DCC-90 du 11 juill. 2013 relative à la prise de contrôle exclusif de la société Monoprix par la société Casino Guichard-Perrachon, n° 14-DCC-57 du 17 avr. 2014 relative à la prise de contrôle exclusif par la société Orlait, filiale de Sodiaal, de l'activité lait de consommation longue conservation de la coopérative Terra Lacta, n° 15-DCC-76 du 30 juin 2015 relative à la prise de contrôle conjoint de la société Allopneus par le groupe Michelin et la société Hevea et n° 18-DCC-95 du 14 juin 2018 relative à la prise de contrôle exclusif d'une partie du pôle plats cuisinés ambiants du groupe Agripole par la société Financière Cofigeo]*.

654. Le **test IPR** permet une première estimation de la hausse de prix anticipée (en l'absence de gains d'efficacité) à partir des mêmes données que celles utilisées pour un test UPP. Toutefois, ceci n'est possible qu'en retenant une formulation spécifique pour la demande des consommateurs pour un produit donné. Ainsi, il est possible d'obtenir des formules explicites donnant la hausse de prix en fonction des ratios de diversion et des marges des parties, en supposant que les demandes sont des fonctions linéaires des prix (pour une hausse de prix donnée, la variation des demandes ne dépend pas des niveaux de prix initiaux) ou que les élasticités-prix des fonctions de demande ne dépendent pas des niveaux de prix (demandes isoélastiques). Les formules des tests IPR doivent être adaptées au cas par cas pour tenir compte du caractère multi-produits des entreprises ou prendre en compte des gains d'efficacité engendrant des baisses de coût variable, mais elles ne nécessitent pas de données additionnelles. Enfin, comme les autres tests, le test IPR ne prend pas en compte la réaction des concurrents et ne constitue donc pas une simulation des effets globaux de l'opération.

655. Ces tests présentent l'avantage de ne nécessiter que des données concernant l'offre des parties. Il faut ainsi disposer des prix et des coûts (variables) unitaires de l'ensemble des produits des parties, ainsi que des ratios de diversion entre ces différents produits.

656. Si les prix sont en général faciles à obtenir, il n'en va pas nécessairement de même pour les coûts. Il s'agit en effet de disposer d'information sur les coûts variables unitaires (des coûts qui dépendent des quantités produites) pour chacun des produits. Ceci est souvent complexe pour les entreprises multi-produits car leur calcul pose la question de l'allocation des coûts communs. Tel est également le cas pour les ratios de diversion dont l'estimation peut prendre beaucoup de temps et être difficilement compatible avec les délais restreints du contrôle des concentrations, à moins d'être préparée très en amont (notamment lors d'une phase de pré-notification).

657. Lorsque les résultats de ces tests sont présentés par les parties au soutien de leur analyse concurrentielle, l'Autorité estime indispensable que ces dernières fournissent également les intervalles de confiance associés aux ratios de diversion, de façon à pouvoir apprécier la précision des résultats. En effet, les ratios de diversion étant généralement estimés sur la base d'un échantillon de la population, les intervalles de confiance correspondants sont donc nécessaires à la parfaite information de l'Autorité.

658. Enfin, lorsque des données suffisamment détaillées sont disponibles, et si les délais le permettent, il est possible de recourir, à titre complémentaire, à des outils

d'analyse approfondie tels que les modèles de simulation, reposant sur l'estimation de la fonction de demande, qui visent à estimer les effets de l'opération grâce à une modélisation plus sophistiquée des interactions concurrentielles sur le marché.

> **Exemple :** dans sa décision n° 18-DCC-95 du 14 juin 2018, l'Autorité a analysé l'étude économique de simulation de fusion proposée par les parties, destinée à modéliser l'offre et la demande de plats cuisinés appertisés puis à simuler les effets de l'opération.

659. En tout état de cause, compte tenu des limites méthodologiques tenant principalement à la qualité des données disponibles, mais aussi à la nature même de ces tests, ces résultats quantitatifs ne peuvent à eux seuls permettre à l'Autorité de conclure sur les effets de l'opération et ne sont pas utilisés de façon mécanique pour exclure ou retenir l'existence de problèmes concurrentiels. Ils peuvent, lorsqu'ils sont utilisés, fournir une indication sur les interactions concurrentielles auxquelles devra faire face la nouvelle entité, mais ils doivent être mis en regard d'autres éléments d'analyse, tels que la puissance d'achat des clients et l'importance des barrières à l'entrée.

660. Enfin, lorsqu'elle apprécie les incitations de la nouvelle entité à augmenter ses prix, l'Autorité peut également s'appuyer sur des données relatives au comportement réel des entreprises actives sur le marché concerné préalablement à l'opération, qui constituent une expérience naturelle.

> **Exemple :** dans sa décision n° 16-DCC-111 du 27 juillet 2016, l'Autorité a constaté qu'il existait des pratiques d'ajustement tarifaire au niveau local, notamment de la part des magasins sous enseigne Darty. Ces pratiques conduisaient les magasins de produits électrodomestiques à procéder à une veille concurrentielle des opérateurs situés dans la zone de chalandise et, le cas échéant, à baisser leurs prix par rapport à ceux recommandés par leur enseigne au niveau national pour s'adapter à la situation concurrentielle locale. L'Autorité a considéré que compte tenu de la réduction de la pression concurrentielle s'exerçant sur la nouvelle entité dans certaines zones de chalandise, l'opération risquait de réduire les incitations des opérateurs à recourir à des ajustements de prix spécifiques et, *in fine*, de conduire à des hausses de prix dans certaines zones.

La puissance d'achat des clients

661. Le pouvoir de marché d'une entreprise peut être efficacement limité par la puissance d'achat ou, plus généralement, le pouvoir de négociation des acheteurs, sous réserve que des alternatives subsistent. Les effets d'une concentration pourront être appréciés différemment selon que les clients des parties sont des particuliers ou d'autres entreprises, ou selon que le marché est un marché de détail ou un marché de gros. Lorsqu'il s'agit d'entreprises, la concentration des acheteurs, leur taille, la diversité de leurs achats, sont des facteurs susceptibles de leur conférer une puissance d'achat compensatrice. En revanche, lorsque les prix sont négociés avec chaque client, la puissance d'achat de certains clients ne limite pas le pouvoir de marché de l'entreprise vis-à-vis de clients moins puissants.

> **Exemple :** dans son avis n° 09-A-01 du 6 février 2009, le Conseil de la concurrence a relevé que les éditeurs détenaient un pouvoir de marché non négligeable, pour plusieurs raisons : l'édition est concentrée entre un petit nombre d'acteurs puissants, les éditeurs ont la possibilité de fragmenter l'impression d'un même magazine entre plusieurs imprimeurs et il existait d'importantes capacités de production excédentaires chez les imprimeurs. Le Conseil de la concurrence a considéré que ce pouvoir de marché était susceptible de contrebalancer celui dont pourrait disposer la nouvelle entité sur un segment de marché de l'impression des magazines limité aux cahiers "chauds".

662. Au cours des dernières années, l'Autorité a analysé à plusieurs reprises la question du contre-pouvoir exercé par les opérateurs de la grande distribution vis-à-vis de leurs fournisseurs. Elle écarte le constat systématique de l'existence d'un contre-pouvoir des distributeurs vis-à-vis de leurs fournisseurs et procède à une analyse casuistique, en deux étapes. Elle vérifie, en premier lieu, que les distributeurs disposent de sources alternatives d'approvisionnement et, en second lieu, qu'ils peuvent aisément changer de fournisseurs.

En effet, le contre-pouvoir de la demande n'existe que dans la mesure où celle-ci est en mesure de menacer de se tourner, dans un délai raisonnable, vers des sources alternatives d'approvisionnement, si le fournisseur décide d'augmenter ses prix.

Exemple 1 : dans sa décision n° 18-DCC-95 du 14 juin 2018, l'Autorité n'a pas conclu à l'existence d'un pouvoir disciplinant de la grande distribution sur la nouvelle entité. Elle a notamment constaté l'absence d'alternatives à disposition des enseignes de la grande distribution sur le marché des plats cuisinés appertisés, compte tenu de la position acquise par la nouvelle entité et du caractère incontournable des plats cuisinés appertisés dans les magasins. Ce deuxième élément a conduit l'Autorité à écarter l'existence d'alternatives aux produits commercialisés par la nouvelle entité en dehors du marché des plats cuisinés appertisés.

Exemple 2 : dans sa décision n° 16-DCC-26 du 15 février 2016, l'Autorité a en revanche écarté les risques d'effets horizontaux liés à l'opération sur les marchés des panés de volailles en s'appuyant notamment sur le contre-pouvoir des acheteurs de la grande distribution. Elle a en effet constaté que les clients de la nouvelle entité peuvent changer de fournisseurs sans rencontrer de difficultés majeures, compte tenu, notamment, du fait que ses concurrents étaient en mesure d'augmenter leurs productions rapidement et sans surcoût majeur.

Exemple 3 : dans sa décision n° 19-DCC-36 du 28 février 2019, l'Autorité a considéré que la grande distribution avait le pouvoir de faire pression à la baisse sur les prix des boissons alcoolisées de marque d'entrée de gamme, en menaçant de les déréférencer. En effet, les consommateurs n'étaient pas fidèles à des marques en particulier et il existait de nombreuses alternatives, ce qui rendait la menace crédible, d'autant plus que certains distributeurs l'avaient déjà mise en œuvre par le passé.

663. Dans une moindre mesure, l'Autorité considère que le recours à l'autoconsommation de la part des clients est susceptible de contraindre le comportement de la nouvelle entité et peut leur conférer, s'il est important, une certaine forme de contre-pouvoir.

Exemple : dans la décision n° 15-DCC-127 du 22 septembre 2015, l'analyse concurrentielle des effets horizontaux de l'opération sur le marché de la distribution au détail de produits d'agrofourniture dans le département de la Mayenne a permis de souligner que 50 % des besoins des agriculteurs en semences de céréales dans ce département étaient satisfaits par l'autoconsommation, ce qui était susceptible d'exercer une pression concurrentielle sur les distributeurs de semence.

Analyse des effets d'une concentration horizontale sur les marchés bifaces

664. Dans le cas de marchés bifaces, l'équilibre économique sur une face du marché ne peut être appréhendé indépendamment des conditions prévalant sur l'autre face. Les deux faces, bien que distinctes, fonctionnent en effet de façon interdépendante, spécificité qui peut être prise en compte aussi bien au stade de la délimitation du marché que de l'analyse des effets de l'opération sur la concurrence et des gains d'efficience. Dans un tel contexte, le renforcement d'un acteur à l'issue d'une opération de concentration horizontale sur l'une des faces est susceptible de se transmettre à l'autre face, amorçant ainsi un processus dynamique pouvant conduire à l'exclusion de ses concurrents. L'existence et l'ampleur de cet effet dépendent des caractéris-

tiques de fonctionnement du marché telles que, par exemple, le recours à la multidomiciliation ("*multihoming*") par les usagers ou la portabilité et l'interopérabilité entre les services.

Exemple 1 : dans sa décision n° 18-DCC-18 du 1er février 2018, l'Autorité a constaté que le marché des petites annonces immobilières en ligne était caractérisé par des effets de réseau croisés dans la mesure où les annonceurs ont une préférence pour les portails disposant d'une audience élevée et où les visiteurs ont une préférence pour les portails présentant un nombre d'annonces important. Elle a donc étudié les risques concurrentiels sur ce marché en prenant en compte les effets d'une hausse de prix sur les deux faces du marché. Dans cette affaire, l'Autorité a tout d'abord établi l'existence et l'ampleur des effets de réseaux croisés sur chaque face du marché. Elle a ainsi constaté que si l'existence de tels effets était démontrée par l'existence d'une corrélation positive entre l'audience des portails et le nombre d'annonces qu'ils publient, leur ampleur était limitée. Elle a notamment constaté qu'une évolution du nombre d'annonceurs n'avait qu'un effet limité sur l'audience. Compte tenu de cette caractéristique du marché, l'Autorité a considéré que le caractère biface du marché avait peu de conséquences sur l'analyse concurrentielle des effets de l'opération puisque, même si une hausse éventuelle des prix conduisait à une baisse du nombre d'annonces publiées sur un portail, cette baisse n'aurait pas nécessairement d'effet significatif sur l'audience réalisée par ledit portail.

Exemple 2 : dans sa décision n° 13-DCC-46 du 16 avril 2013, l'Autorité a en revanche considéré que le lien entre les deux faces du marché permettait d'écarter le risque de hausse de prix. Elle a en effet constaté que, compte tenu de la forte sensibilité des lecteurs de la presse quotidienne régionale au prix des journaux, toute hausse des prix des journaux était susceptible de conduire à une perte de lectorat et, par voie de conséquence, à une perte parallèle d'annonceurs conduisant à une chute des recettes publicitaires.

Analyse des effets d'une concentration horizontale sur un marché d'appel d'offres

665. Dans un certain nombre de secteurs, notamment ceux relatifs à la production de produits intermédiaires, la confrontation de l'offre et de la demande prend place dans le cadre de procédures d'adjudication par lesquelles les demandeurs mettent en concurrence différents offreurs.

666. Dans un tel environnement, un opérateur qui n'a pas été sélectionné lors d'une procédure mais qui demeure capable de présenter une candidature crédible continue d'exercer une pression concurrentielle sur le vainqueur. L'analyse du positionnement de chaque offreur doit donc tenir compte de cette dynamique, puisque l'opérateur perdant aujourd'hui est le concurrent de demain. Or, les parts de marché des offreurs ne permettent pas de mesurer correctement cet aspect du fonctionnement concurrentiel : même si la part de marché d'un opérateur perdant à l'issue d'une procédure d'appel d'offres demeure modeste, celui-ci, tant qu'il conserve sa capacité à présenter des offres sérieuses, reste susceptible d'exercer une pression concurrentielle significative sur le titulaire du contrat lors de son renouvellement.

667. Selon la nature des procédures d'appel d'offres et des produits qui en font l'objet, des indicateurs supplémentaires peuvent donc être utilisés. L'analyse concurrentielle pourra notamment porter sur la fréquence de rencontre des parties au cours d'un même appel d'offres, la probabilité que l'une des parties remporte l'appel d'offres selon que l'autre partie est candidate ou non, la crédibilité des concurrents demeurant sur le marché après l'opération ou encore l'existence de facteurs susceptibles de restreindre leur capacité à animer la concurrence. L'analyse du classement des offres par l'entité adjudicatrice, lorsque celui-ci est disponible, peut apporter un éclairage utile sur le degré de pression concurrentielle qu'exercent l'une sur l'autre les parties.

Exemple : dans sa décision n° 18-DCC-229 du 28 décembre 2018, l'Autorité s'est appuyée sur une analyse fine des résultats des appels d'offres antérieurs de travaux ferroviaires auxquels les parties ont soumissionné. Elle a ainsi étudié leurs taux de rencontre et leurs taux de victoire pour caractériser la structure concurrentielle du marché. Le taux de rencontre permet d'identifier la proportion de cas où les entreprises soumissionnent aux mêmes appels d'offres, montrant ainsi qu'elles exercent l'une sur l'autre une pression concurrentielle. Le taux de victoire permet d'identifier, plus globalement, les concurrents crédibles qui remportent un nombre significatif d'appels d'offres afin d'apprécier le poids des parties, ainsi que l'existence de concurrents crédibles. Dans cette décision, l'Autorité a également analysé le taux de classement en premier et deuxième rang des parties et l'écart entre le prix de la deuxième offre et le prix de la troisième offre. Ces derniers éléments permettent d'apprécier les effets concrets susceptibles de résulter de l'opération sur ces marchés puisque, dans ces cas spécifiques, elle conduit à la suppression de la pression concurrentielle exercée par le deuxième sur le premier, qui est remplacé par le troisième.

3 *Les effets verticaux d'une concentration*

a) *La nature de ces effets*

668. Les effets verticaux d'une concentration sont étudiés lorsque l'opération réunit des acteurs présents à différents niveaux de la chaîne de valeur. Ce peut être l'acquisition par un producteur de moyens de distribution (ou l'inverse) ou encore l'acquisition, par une entreprise déjà active en amont et en aval, de capacités supplémentaires situées sur l'un de ces niveaux, ou sur les deux.

669. Une concentration verticale est généralement susceptible de générer des gains d'efficacité et de favoriser la concurrence (intégration d'activités complémentaires, internalisation des doubles marges, réduction des coûts de transaction, meilleure organisation du processus de production, etc.).

670. Mais une concentration verticale peut également restreindre la concurrence en rendant plus difficile l'accès aux marchés sur lesquels la nouvelle entité sera active, voire en évinçant potentiellement les concurrents ou en les pénalisant par une augmentation de leurs coûts. On parle alors de "verrouillage" ou de "forclusion" des marchés. Une telle situation accroît le pouvoir de marché de la nouvelle entité et lui permet d'augmenter ses prix ou de réduire les quantités ou la qualité offertes.

Exemple : dans sa décision n° 15-DCC-76 du 30 juin 2015, l'Autorité a décrit différentes formes de verrouillage de l'accès au marché susceptibles d'être rencontrées sur les marchés de la fabrication et de la distribution de pneumatiques : refus de vente, hausse de prix, mais aussi octroi d'exclusivités, y compris temporaires.

671. Le renforcement des barrières à l'entrée pour les concurrents potentiels est particulièrement dommageable lorsque la structure du marché leur impose d'entrer eux aussi à la fois sur les marchés aval et amont.

Exemple : dans sa décision n° 12-DCC-101 du 23 juillet 2012, l'Autorité a ainsi précisé que "l'entrée sur le marché de l'acquisition de droits portant sur des films EOF [expression originale française] pour une diffusion en télévision payante nécessite d'éditer une chaîne thématique cinéma pour exploiter et rentabiliser les contenus acquis. Les investissements dans l'achat de droits sont toutefois très importants et interviennent, pour tout éventuel nouvel entrant, avant même de pouvoir bénéficier de la base d'abonnés nécessaire à leur amortissement." *[par un arrêt en date du 23 déc. 2013, le Conseil d'État a annulé la décision n° 12-DCC-101 de l'Autorité de la concurrence]*

672. Dans les lignes directrices de la Commission sur l'appréciation des concentrations non horizontales, deux types de verrouillages sont distingués :

– Dans le premier cas, l'entreprise intégrée refuse de vendre un intrant à ses concurrents en aval ou alors le fournit à un prix élevé, dans des conditions défavorables ou à un niveau de qualité dégradé (verrouillage de l'accès aux intrants). Cette forclusion peut être totale, lorsque les concurrents ne sont plus du tout approvisionnés, ou partielle, lorsque le durcissement des conditions tarifaires entraîne une augmentation des coûts des concurrents *[paragraphes 31 à 57]*.

Exemple : dans sa décision n° 15-DCC-54 du 13 mai 2015, l'Autorité a considéré que l'opération créait un risque de refus d'accès ou de discrimination dans l'accès des concurrents de la société Rubis à ses capacités de stockage de carburants marins et de carburéacteurs, non régulés.

– Dans le second cas, la branche aval de l'entreprise intégrée refuse d'acheter ou de distribuer les produits des fabricants actifs en amont et réduit ainsi leurs débouchés commerciaux (verrouillage de l'accès à la clientele) *[paragraphes 58 à 72]*.

673. D'autres risques liés aux concentrations verticales ont été identifiés par les autorités de concurrence. Par exemple, un opérateur dominant sur un marché aval peut obtenir, à travers l'acquisition d'une entreprise fournissant un intrant important pour ses concurrents sur ledit marché aval, la possibilité d'avoir une connaissance précise des coûts et des consommations desdits concurrents, ce qui peut constituer un avantage concurrentiel décisif, en lui permettant d'adapter sa politique tarifaire en aval et ainsi d'évincer ses rivaux.

Exemple : dans sa décision M.3440 du 9 décembre 2004, la Commission a considéré que la société EDP, principal producteur d'électricité au Portugal, était en mesure de connaître les coûts de fourniture en gaz (et les consommations) de son principal concurrent sur le marché de l'électricité.

b) *Les critères d'analyse*

674. L'Autorité évalue la probabilité d'un scénario de verrouillage des intrants d'une part, et celle du verrouillage de l'accès à la clientèle, d'autre part, en examinant, premièrement, si l'entité issue de la fusion aurait, après la fusion, la capacité de verrouiller l'accès aux intrants ou à la clientèle de manière significative, deuxièmement, si les incitations à le faire sont suffisantes et, troisièmement, si une stratégie de verrouillage aurait un effet significatif sur les marchés en cause, en fonction de leurs caractéristiques propres.

675. En pratique, ces trois contraintes sont étroitement liées et sont examinées ensemble. Elles sont déterminées par la plupart des paramètres également pris en compte dans l'analyse des concentrations horizontales. Dans son avis n° 04-A-08 du 18 mai 2004, le Conseil de la concurrence a ainsi résumé l'analyse : "La faisabilité et l'intérêt de pratiques de forclusion dépendent [...], en premier lieu, du pouvoir de marché de l'entreprise intégrée. De même, la présence sur les marchés amont et aval d'autres entreprises verticalement intégrées est à prendre en compte pour évaluer le degré de fermeture de ces marchés à la suite de l'intégration. En second lieu, pour que ces pratiques aient pour effet de fermer l'accès d'un concurrent au marché aval, il faut que l'entrée sur celui-ci soit difficile et qu'il n'existe pas d'alternatives suffisantes à la distribution par l'entreprise intégrée. Les critiques qui mettent en doute l'intérêt de ces pratiques pour l'entreprise intégrée observent, certes, que, dans l'hypothèse où des pratiques de forclusion existeraient, les entreprises non intégrées peuvent se protéger en contractant avec d'autres firmes indépendantes ou en en prenant le contrôle. Encore faut-il que ces entreprises indépendantes existent ou puissent être créées." La Commission insiste de même sur l'importance des barrières à l'entrée : "Dans la mesure où il est relativement facile pour des fournisseurs concurrents de créer de nouveaux débouchés ou de trouver des acheteurs alternatifs pour le produit considéré, le verrouillage ne devrait pas poser de réel problème"

(point 144 des lignes directrices). Elle insiste également sur la capacité de faire contrepoids dont disposent les acheteurs qui, s'ils sont suffisamment puissants, ne laisseront pas facilement écarter l'offre de biens ou de services concurrents.

676. L'application spécifique de ces critères à l'analyse des risques, tant de verrouillage des intrants que de verrouillage de la clientèle, sera examinée ci-dessous.

Le pouvoir de marché de la nouvelle entité

677. L'intégration verticale d'une entreprise ou son renforcement peut porter atteinte à la concurrence lorsque celle-ci détient, sur un ou plusieurs des marchés concernés, un pouvoir de marché substantiel qui peut servir de point d'appui à un effet de levier (sur le marché amont pour un verrouillage par les intrants et sur le marché aval pour un verrouillage de la clientèle).

678. L'Autorité considère qu'il est peu probable qu'une entreprise ayant une part de marché inférieure à 30 % sur un marché concerné puisse verrouiller un marché en aval ou en amont de celui-ci.

679. Dans le même sens, l'Autorité considère qu'il est, en général, peu probable qu'une opération soulève des problèmes de concurrence, si l'IHH sur chacun des marchés concernés après la concentration est inférieur à 2 000.

680. L'Autorité peut toutefois réaliser un examen plus approfondi de ce type de concentration verticale dans certains cas où ces deux critères sont remplis, en raison, par exemple, des spécificités du marché ou de l'opération concernée.

681. Lorsqu'il s'agit d'apprécier le pouvoir de marché de la nouvelle entité dans le cadre d'une concentration verticale, l'autoconsommation peut être prise en considération. En effet, la production interne peut revêtir une très grande importance dans l'analyse concurrentielle des effets verticaux d'une opération en tant que contrainte concurrentielle ou facteur qui renforce la position d'une entreprise sur le marché.

Exemple : dans son avis n° 06-A-13 du 13 juillet 2006, le Conseil de la concurrence a considéré que la relation entre le groupe Canal Plus et son partenaire de distribution ne relevait pas de l'autoconsommation, c'est-à-dire de la fabrication par une entreprise d'un bien intermédiaire aux fins de sa propre consommation, mais a néanmoins précisé à ce sujet : "[...] si la distribution de la chaîne Canal + devait être considérée comme relevant de l'autoconsommation, l'analyse concurrentielle n'en serait pas changée, dès lors que l'autoconsommation doit être prise en compte pour évaluer le pouvoir de marché de la nouvelle entité".

682. Outre la part de marché détenue, le pouvoir de marché de la nouvelle entité peut être renforcé ou au contraire, limité, par les caractéristiques du marché sur lequel elle sera active.

683. **En premier lieu**, les caractéristiques du produit concerné peuvent contribuer à accroître, ou au contraire, atténuer, le pouvoir de marché détenu par la nouvelle entité. En particulier, lorsqu'il s'agit d'un verrouillage par les intrants, il est nécessaire que l'intrant concerné par le verrouillage soit important pour les entreprises situées à l'aval.

684. C'est le cas, par exemple, lorsque l'intrant est un élément critique entrant dans la composition des produits ou services des entreprises en aval ou lorsqu'il permet aux concurrents d'exercer leur activité sur un territoire donné. La détention d'une marque notoire par la nouvelle entité est également de nature à générer des effets verticaux en cas de verrouillage des intrants.

Exemple 1 : dans sa décision n° 14-DCC-50 du 2 avril 2014, l'Autorité a considéré que "la mise en œuvre par [le groupe Canal Plus] d'une stratégie de verrouillage verticale pourrait avoir un impact significatif sur l'audience des nouvelles chaînes indépendantes de la TNT. D'après les données communiquées par les chaînes au cours de l'instruction, les contenus cinématographiques représentent en effet entre 30 et 60 % des 100 meilleures audiences réalisées par les chaînes de la TNT en 2012" *[par un arrêt en date du 23 déc. 2013, le Conseil d'État a annulé la décision n° 12-DCC-101 de l'Autorité de la concurrence]*.

Exemple 2 : dans sa décision n° 15-DCC-54 du 13 mai 2015, l'Autorité a relevé que "l'accès aux infrastructures de la SARA est nécessaire aux opérateurs pétroliers pour leur permettre de respecter leurs obligation de stockage stratégique et d'importer directement des produits finis". L'Autorité a ainsi considéré que l'opération permettrait à la nouvelle entité, qui détient ces infrastructures, d'y interdire l'accès et, par suite, de pérenniser les monopoles de fait de sa filiale sur les importations de produits pétroliers.

Exemple 3 : dans sa décision n° 14-DCC-160 du 30 octobre 2014, l'Autorité a constaté que le groupe Altice bénéficierait, à l'issue de l'opération, d'un avantage important dans l'accès aux clients sur le marché de détail de la fourniture d'accès à Internet en métropole dans la mesure où le raccordement au réseau pourrait être réalisé facilement, avec des travaux limités, voire sans aucun*[s]* travaux dans les logements. Outre l'avantage logistique que cela représente, l'Autorité a mis en évidence un écart significatif dans les délais de mise en service des accès Internet entre le réseau câblé et le réseau FttH ("*Fiber to the Home*", ou réseaux fibre de bout en bout), au profit du premier. Combiné à une amélioration de la performance commerciale de la nouvelle entité, elle a considéré que cet avantage technique lui permettrait d'améliorer sa capacité d'acquisition de clientèle, au détriment de ses concurrents.

685. Symétriquement, pour un verrouillage de la clientèle, la nouvelle entité doit pouvoir contrôler des débouchés essentiels pour les acteurs en amont.

Exemple : dans son avis n° 04-A-20 du 22 octobre 2004 relatif à une concentration dans le secteur des arts de la table, le Conseil de la concurrence a rappelé que "pour s'imposer comme point de passage obligé entre fournisseurs et client final, et être en mesure de fermer l'accès des fabricants concurrents aux marchés avals, l'entreprise intégrée doit disposer d'un pouvoir de marché sur les marchés de la distribution".

686. **En deuxième lieu**, lorsqu'elle apprécie le pouvoir de marché de la nouvelle entité, l'Autorité prend également en compte le contexte réglementaire susceptible de contraindre son comportement.

Exemple 1 : dans sa décision n° 14-DCC-167 du 13 novembre 2014, l'Autorité a écarté tout risque d'atteinte à la concurrence sur le marché du transport de pétrole brut et de naphta en raison, notamment, de l'encadrement réglementaire de l'activité. En effet, les oléoducs exploités par les parties sont qualifiés de "conduites d'intérêt général" dont l'exploitation est contrainte par un décret encadrant les tarifs applicables et régissant l'approvisionnement des sociétés tierces. Ce texte prévoit notamment une obligation de non-discrimination entre les actionnaires et les tiers. En conséquence, l'Autorité a considéré que la nouvelle entité ne serait pas en mesure d'empêcher l'approvisionnement des tiers ou de modifier les prix qui leur étaient applicables sur le marché aval.

Exemple 2 : dans la décision n° 14-DCC-179 du 27 novembre 2014, l'Autorité a également pris en compte le cadre réglementaire et les engagements des opérateurs possédant un réseau mobile (MNO) vis-à-vis des opérateurs de réseau mobile virtuel (MVNO) pour écarter la capacité de l'acquéreur à verrouiller l'accès des concurrents de la cible à son réseau.

Exemple 3 : dans la décision n° 16-DCC-167 du 31 octobre 2016, l'Autorité a considéré en revanche que l'opération était susceptible de générer des problèmes de concurrence de nature verticale sur les marchés d'entretien des infrastructures aéroportuaires, dans la mesure où le cahier des charges type applicable à la concession d'aéroport n'imposait pas que les marchés de fournitures et de service fassent l'objet d'une procédure de mise en concurrence lorsqu'ils étaient confiés par l'entité adjudicatrice à une entreprise liée. Ainsi, à l'issue de l'opération, le groupe Vinci, agissant en qualité d'entité adjudicatrice, aurait pu allouer la très grande majorité des besoins en fourniture et en services de l'aéroport de Lyon à une de ses filiales, sans mise en concurrence préalable. En outre, même si le groupe Vinci décidait de recourir à une procédure de mise en concurrence, faute de commission d'appels d'offres indépendante placée auprès du gestionnaire d'aéroport, la nouvelle entité assurerait à la fois le rôle d'entité adjudicatrice et de soumissionnaire, ce qui ne permettait pas, sans mesures correctives, de garantir son impartialité.

Exemple 4 : dans sa décision n° 17-DCC-76 du 13 juin 2017, l'Autorité a considéré que le risque d'effets verticaux liés à la diffusion d'événements sportifs d'importance majeure sur la chaîne Numéro 23 acquise par le groupe Altice dans le cadre de l'opération étaient limités *[limité]* compte tenu, notamment, du cadre réglementaire applicable aux chaînes semi-généralistes qui empêche la diffusion d'un nombre important d'événements sportifs sur une base régulière.

687. **En troisième lieu**, le pouvoir de marché de la nouvelle entité est susceptible d'être limité par les contrats conclus entre les parties et leurs partenaires commerciaux. En effet, ceux-ci peuvent contenir des clauses protectrices des intérêts des cocontractants.

Exemple : dans sa décision n° 16-DCC-10 du 21 janvier 2016, l'Autorité a écarté le risque de verrouillage dans l'accès aux contenus en raison de la présence de droits spécifiques qui protégeaient les intérêts des diffuseurs, notamment pour les programmes les plus emblématiques.

Les capacités de réaction des concurrents

688. S'agissant de concentrations verticales, les capacités de réaction des concurrents dépendent de leur propre intégration verticale, de leur capacité de production, de leur efficacité, des contre-stratégies qu'ils peuvent élaborer, des alternatives qu'ils peuvent proposer, des débouchés alternatifs qu'ils peuvent trouver, mais aussi de la fluidité du marché, notamment des contrats d'exclusivité ou de long terme noués entre les différents acteurs du marché.

Exemple : dans sa décision n° 14-DCC-160 du 30 octobre 2014, lorsque l'Autorité a apprécié la capacité d'Altice à verrouiller l'accès au marché de gros des offres activées généralistes de très haut débit, elle a constaté qu'à l'exception de la nouvelle entité, aucun autre opérateur ne serait en mesure d'offrir ce type d'offre sur tout le territoire national, à l'issue de l'opération. En effet, compte tenu du déploiement limité des réseaux FttH ("*Fiber to the Home*", ou réseaux fibre de bout en bout) de la part des fournisseurs d'accès à Internet, ces derniers ne disposeraient pas, même à moyenne échéance, d'une empreinte comparable à celle du réseau câblé de la nouvelle entité.

689. La présence sur les marchés amont et aval d'autres entreprises verticalement intégrées est à prendre en compte pour évaluer le degré de fermeture de ces marchés à la suite d'une concentration verticale. Le verrouillage sera peu probable si les concurrents de la nouvelle entité sont eux-mêmes verticalement intégrés et s'ils disposent de capacités de production ou de débouchés en interne qui leur permettent de subvenir à leurs besoins.

Exemple : dans sa décision n° 14-DCC-50 du 2 avril 2014, l'Autorité a considéré que les effets de verrouillage des droits relatifs aux événements sportifs d'importance majeure étaient d'autant plus susceptibles de se concrétiser que le groupe Canal Plus était le seul opérateur disposant d'une offre de télévision payante, lui permettant de rentabiliser la fraction d'une compétition s'adressant aux passionnés, et d'une offre gratuite, pour la partie la plus événementielle de la compétition. En conséquence, aucun autre opérateur du marché n'était en mesure de dupliquer une telle stratégie.

A l'inverse, ce même critère a été utilisé par l'Autorité dans sa décision n° 17-DCC-93 du 22 juin 2017 pour écarter les effets verticaux sur le marché de l'acquisition de diffusion d'événements sportifs d'importance majeure. Constatant que, en sus d'être détenteur d'un nombre limité de droits de diffusion d'événements sportifs d'importance majeure, le groupe Canal Plus n'était plus le seul opérateur actif à la fois sur les marchés de la télévision payante et gratuite, l'Autorité a considéré que le groupe Canal Plus n'était plus en mesure de verrouiller l'accès à ce type de programme et a levé les contraintes comportementales qui avaient été imposées dans la décision suscitée.

690. Lorsque les concurrents situés à l'aval dépendent des parties pour leur approvisionnement, il est nécessaire de déterminer s'ils pourront disposer d'une source alternative d'intrants, en examinant si les concurrents à l'amont de la nouvelle entité ont la capacité d'augmenter leur production ou au contraire s'ils sont soumis à des contraintes de capacité ou à un risque de diminution de leurs rendements d'échelle. De plus, il est nécessaire de prendre en compte les éventuelles capacités des concurrents à l'amont rendues disponibles par l'intégration de la nouvelle entité. En effet, la division aval, en s'approvisionnant à l'issue de l'opération exclusivement auprès de sa division amont, est susceptible de libérer des capacités du côté des autres fournisseurs de l'intrant.

691. En particulier, lorsqu'elle apprécie la capacité de réactions des concurrents, l'Autorité prend en compte leur capacité à se procurer les biens auprès de grossistes ou d'intermédiaires en tenant compte du rôle de ces intermédiaires dans l'ensemble des ventes de la nouvelle entité.

Exemple : dans sa décision n° 15-DCC-76 du 30 juin 2015, l'Autorité a considéré qu'un risque de refus d'approvisionnement des acteurs spécialisés était peu probable, compte tenu de l'existence de grossistes qui étaient susceptibles de les fournir en pneus Michelin. Elle a également écarté le risque que ces grossistes se trouvent visés par une stratégie de verrouillage de la part de Michelin, puisque, compte tenu du faible poids des acteurs spécialisés dans les ventes réalisées par les grossistes, une telle stratégie affecterait principalement les ventes à d'autres débouchés que les acteurs spécialisés et ne serait donc pas rentable.

692. Dans le cas du verrouillage de la clientèle, il s'agit de déterminer si les concurrents situés en amont pourront disposer de débouchés alternatifs.

693. Enfin, les risques de verrouillage vertical peuvent être influencés par la fluidité du marché. Ainsi, les contrats conclus entre la nouvelle entité et des concurrents peuvent renforcer la dépendance de ces derniers à la nouvelle entité ou au contraire limiter le pouvoir de marché de la nouvelle entité et protéger ses concurrents en leur assurant des approvisionnements ou des débouchés alternatifs crédibles.

Exemple 1 : dans son avis n° 04-A-20 du 22 octobre 2004, le Conseil de la concurrence a indiqué qu'"au surplus, les barrières à l'entrée de l'activité de grossiste en arts de la table sont faibles. Les contrats entre fournisseurs et distributeurs sont renégociés annuellement, ce qui assure une certaine fluidité au marché."

Exemple 2 : dans sa décision M.4854 du 14 mai 2008, la Commission a relevé que l'existence de contrats à long terme protégeait le principal concurrent de la nouvelle entité : "Garmin, qui est le concurrent le plus important de TomTom dans le marché des appareils de navigation portables, est largement protégé des augmentations de prix des bases de données grâce à son contrat à long terme avec NAVTEQ, [...]. Cette protection de Garmin contre un refus d'approvisionnement limitera les profits que TomTom pourrait capturer dans le marché en aval si elle s'engageait dans une stratégie de refus d'approvisionnement d'intrants."

Exemple 3 : dans sa décision n° 14-DCC-160 du 30 octobre 2014, l'Autorité a constaté en revanche que le contrat entre les groupes Bouygues et Numericable conférait à ce dernier la capacité de dégrader les conditions tarifaires et la qualité de service dont la société Bouygues Telecom bénéficiait avant l'opération, provoquant ainsi une dégradation de sa position concurrentielle sur le marché aval.

694. Enfin, lorsqu'elle apprécie les risques de verrouillage vertical, l'Autorité peut prendre en compte la capacité, pour la nouvelle entité, à ralentir davantage les capacités de réaction de ses concurrents à ses tentatives de verrouillage des marchés amont.

Exemple : dans sa décision n° 14-DCC-160 du 30 octobre 2014, l'Autorité a constaté que le verrouillage de l'accès au marché de gros des offres activées généralistes de très haut débit étaient amplifiés *[était amplifié]*, en l'espèce, par les effets négatifs de l'opération sur l'incitation de la nouvelle entité à investir dans le développement d'un réseau FttH ("*Fiber to the Home*", ou réseaux fibre de bout en bout) très haut débit. L'Autorité a en effet constaté qu'avant l'opération, la société SFR était un acteur important du co-financement des réseaux FttH. En revanche, une fois l'opération réalisée, celle-ci disposerait du réseau câblé de la société Numericable, qui lui permettrait d'offrir des offres d'accès à Internet en très haut débit sur tout le territoire. Elle ne serait donc plus incitée à dupliquer une infrastructure très haut débit sur toute l'empreinte du câble, ce qui était susceptible de ralentir, au global, le déploiement du réseau très haut débit sur tout le territoire national et donc la pression concurrentielle susceptible d'être exercée par les concurrents de la nouvelle entité sur le segment des offres d'accès à Internet très haut débit.

La concurrence potentielle

695. Comme dans l'analyse des effets horizontaux, le rôle des barrières à l'entrée est également primordial dans l'analyse concurrentielle. En effet, si les barrières à l'entrée sont faibles et si l'entrée de nouveaux fournisseurs concurrents en amont ou de nouveaux acheteurs à l'aval est relativement facile, le verrouillage des marchés concernés est peu probable. L'Autorité tient donc compte de la possibilité que des concurrents potentiels viennent remettre en cause le pouvoir de marché de la nouvelle entité. Pour que la pression exercée par des concurrents potentiels soit jugée suffisante, il faut que leur entrée soit vraisemblable, qu'elle puisse se produire dans un délai court et que ces concurrents soient en mesure d'exercer une réelle pression.

696. L'existence de coûts de transfert peut jouer un rôle important, dans la mesure où ils conditionnent la capacité des concurrents à changer de fournisseur ou de distributeur.

Exemple : dans son avis n° 04-A-08 du 18 mai 2004, le Conseil de la concurrence a mis en évidence de tels coûts de transfert : "Le poids des contrats de bière limite, par ailleurs, la capacité des détaillants CHR à changer de distributeur et de fournisseur rapidement. La forte proportion des CHR liées *[liés]* par un contrat de bière d'une durée de cinq ans, à un brasseur, a été soulignée [...] (environ 70 à 80 %)."

697. D'une manière générale, le degré de fluidité du marché, résultant notamment de la durée des contrats dans le secteur concerné, du mode de renouvellement de ces contrats (reconduction tacite ou non) ou encore des éventuelles pénalités en cas de rupture anticipée, est un facteur important de l'analyse.

Le contre-pouvoir des acheteurs

698. L'Autorité tient également compte du contre-pouvoir des acheteurs dans l'analyse des effets verticaux d'une concentration. En effet, si les acheteurs sont puissants, ils seront en mesure de contrer les effets d'une éventuelle stratégie de verrouillage de la nouvelle entité, en encourageant notamment le développement de nouveaux concurrents. Par exemple, si la clientèle d'une entreprise située en aval valorise l'offre d'une gamme de produits (de marques différentes notamment), cette entreprise devra conserver un approvisionnement diversifié auprès des différents fournisseurs en amont.

Exemple 1 : dans sa décision M.3943 du 9 novembre 2005, la Commission a considéré que les réseaux de distribution tels Point P devaient offrir à leur clientèle une gamme très étendue de produits et que, de ce fait, la société Point P ne pourrait pas limiter son offre de produits à base de plâtre à ceux de la société BPB.

Exemple 2 : dans sa lettre lettre C2007-22 du 14 mai 2007, le ministre chargé de l'économie a relevé que l'activité de la société Emofer, filiale de la société Spie Rail, active sur le marché de la production et de la commercialisation de traverses en béton, était dépendante des achats du principal donneur d'ordre du marché, le groupe SNCF/RFF, qui n'avait pas d'intérêt à perdre les avantages de sa position de monopsone et à ne dépendre que d'un seul fournisseur.

699. Au contraire, dans certains cas, le comportement des clients est susceptible de figer l'évolution du marché et de renforcer d'éventuels effets verticaux.

Exemple : dans sa décision n° 14-DCC-160 du 30 octobre 2014, l'Autorité a considéré que le verrouillage de l'accès au marché de gros des offres de la société Numericable était d'autant plus plausible que l'opération pouvait permettre à la nouvelle entité de préempter le marché de l'accès à Internet très haut débit, sur lequel les clients sont faiblement mobiles.

La probabilité de l'adoption de scénarios de verrouillage

700. Au-delà des caractéristiques du marché, l'Autorité analyse la probabilité de l'adoption de stratégies de verrouillage par la nouvelle entité. Pour ce faire, elle prend en considération tant les incitations à adopter de tels comportements que les facteurs de nature à diminuer, voire à éliminer, de telles incitations. Ceux-ci peuvent résulter, par exemple, de contraintes réglementaires qui pèsent sur la nouvelle entité, de ses règles de gouvernance, des modalités de fonctionnement du marché sur lequel les parties à l'opération sont actives ou du caractère illégal de ces comportements.

Exemple 1 : dans sa décision n° 16-DCC-10 du 21 janvier 2016, l'Autorité a considéré que la nouvelle entité ne serait pas incitée à verrouiller l'accès à ses droits de programmes télévisuels pour s'en réserver l'accès puisqu'elle était contrainte par son obligation d'investissement dans la production indépendante. En conséquence, tout accroissement des achats du groupe TF1 auprès de la cible devrait être compensé par une baisse des achats internes auprès de sa filiale TF1 Production, soit par une hausse de son enveloppe d'investissement globale.

Exemple 2 : dans sa décision n° 14-DCC-167 du 13 novembre 2014, l'Autorité a analysé les incitations de la nouvelle entité à rendre plus complexe l'accès des opérateurs aval aux marchés du transport et du stockage d'hydrocarbures, en raison des règles de gouvernance applicables à la nouvelle entité. Considérant que seule l'une des deux mères (en l'espèce, la société Total), pouvait être incitée à verrouiller l'accès des opérateurs aval aux infrastructures de la cible, l'Autorité a spécifiquement analysé son rôle dans le processus de décision. Elle a ainsi écarté le risque d'effets anticoncurrentiels sur le marché du transport de pétrole brut et de naphta, la société Total ne pouvant qu'empêcher une modification des prix sur ce marché (et non en proposer une). En revanche, compte tenu de son influence sur les mécanismes d'allocation de stockage, l'Autorité a considéré que l'opération générait un problème de concurrence sur le marché du stockage d'hydrocarbure.

701. Il s'agit de démontrer dans un premier temps que la nouvelle entité verticalement intégrée sera incitée à verrouiller le marché. Cette incitation dépend de la rentabilité du verrouillage envisagé.

702. Ainsi, dans le cas d'un verrouillage par les intrants, la baisse des ventes d'intrants aux concurrents situés en aval a, dans un premier temps, des effets négatifs sur la rentabilité de la nouvelle entité. Cependant, dans un second temps, la nouvelle entité peut bénéficier du recul des ventes de ses concurrents en aval, du fait du

manque de disponibilité d'intrants et de ses effets sur la qualité de leurs produits et leurs coûts, et augmenter le prix facturé aux consommateurs ou développer sa part de marché aval.

Exemple 1 : dans sa décision n° 10-DCC-98 du 20 août 2010, l'Autorité a relevé que dans les zones sur lesquelles la nouvelle entité détenait des positions fortes sur les marchés des granulats, et dans la mesure où les sources d'approvisionnement alternatives étaient insuffisantes, une augmentation de ses prix ou une limitation des quantités de granulats offertes ne se traduiraient pas par une baisse de la marge réalisée en amont par la nouvelle entité mais porteraient atteinte à la concurrence sur les marchés aval des enrobés bitumineux et des travaux routiers en réduisant ou renchérissant l'approvisionnement en granulats des concurrents.

Exemple 2 : dans sa décision n° 14-DCC-179 du 27 novembre 2014, l'Autorité a considéré en revanche que la société SFR ne serait pas incitée à verrouiller l'accès des MVNO à son réseau de téléphonie mobile en raison des coûts fixes liés à l'entretien de son réseau, dont la capacité n'est pas intégralement utilisée pour répondre à la demande de ses propres abonnés. La commercialisation aux MVNO de l'accès au réseau de téléphonie mobile des opérateurs qui en détiennent un en propre constituait donc une source de revenus essentielle dont la société SFR ne serait pas incitée à se passer. L'Autorité a considéré qu'une telle stratégie était d'autant moins probable que la majorité des MVNO s'adressait à une demande spécifique, complémentaire aux offres des opérateurs MNO, et donc moins susceptible de se reporter sur les offres de la société SFR.

703. Lorsqu'elle apprécie les incitations de la nouvelle entité à verrouiller l'accès à certains intrants qu'elle commercialise ou les effets anticoncurrentiels d'une telle stratégie, l'Autorité peut prendre en compte la situation spécifique de certains clients.

Exemple 1 : dans sa décision n° 14-DCC-50 du 2 avril 2014, l'Autorité a procédé à une analyse différenciée des incitations à mettre en œuvre un effet de levier entre les activités amont et aval de la nouvelle entité. Après avoir écarté le risque de verrouillage généralisé de l'accès aux films de catalogue, compte tenu du poids que représentent les grands groupes audiovisuels français (comme TF1 et France Télévisions) dans le chiffre d'affaires de la société StudioCanal, elle a considéré qu'un tel comportement ne pouvait être exclu vis-à-vis des chaînes de la TNT non adossées à un groupe historique de télévision. Elle a en effet estimé que la dépendance de ces chaînes en films de catalogue, combinée à leur faible poids dans le chiffre d'affaires de la société StudioCanal, étaient de nature à inciter le groupe Canal Plus à complexifier l'accès à ses programmes, générant ainsi un risque d'éviction pour ce seul type de chaînes.

Exemple 2 : dans sa décision n° 15-DCC-54 du 13 mai 2015, l'Autorité a également procédé à une analyse différenciée des incitations de la société Rubis à verrouiller l'accès aux infrastructures de transport de produits pétroliers. Si elle a écarté cette incitation sur le segment des clients industriels, qui ne sont pas en concurrence avec la société Rubis sur le marché aval, elle a en revanche considéré que de telles incitations existaient vis-à-vis des GIE aéroportuaires en Guadeloupe puisqu'un tel comportement permettrait à Rubis d'être le seul opérateur susceptible d'honorer des contrats de fourniture de carburants sur ce territoire.

704. Dans le cas d'un verrouillage de l'accès aux débouchés ou verrouillage de la clientèle, le fait de cesser de se fournir auprès de ses concurrents en amont peut entraîner pour la nouvelle entité des surcoûts ou une baisse de ses ventes en aval, qui doivent être mis en regard des gains attendus en amont. Ces gains seront d'autant plus élevés que les concurrents sur le marché amont seront conduits à proposer une offre moins attractive, par exemple parce qu'ils doivent recouvrer des coûts fixes

élevés sur un plus petit nombre de clients, voire, à l'extrême, si ces concurrents sont contraints de sortir du marché concerné.

705. Divers facteurs peuvent ainsi limiter les incitations de la nouvelle entité. En particulier le niveau des bénéfices et donc des marges réalisées en amont et en aval est un élément important. En effet, il est peu probable qu'une entreprise consente des pertes importantes sur un marché sur lequel elle réalise des marges élevées pour développer sa part de marché sur un marché sur lequel les marges sont faibles.

Exemple : dans sa décision n° 14-DCC-160 du 30 octobre 2014, l'Autorité a utilisé les données relatives aux marges amont et aval de la nouvelle entité ainsi que le taux de report entre les produits des parties pour estimer les gains susceptibles d'être retirés en cas de mise en œuvre d'une stratégie de forclusion totale et apprécier les incitations de la nouvelle entité à développer une telle stratégie.

706. Par ailleurs, lorsque la demande se détourne des concurrents situés à l'aval, il est nécessaire de déterminer quelle part de cette demande la nouvelle entité pourra attirer. Cette part dépendra notamment des capacités disponibles de la nouvelle entité, du degré de substituabilité existant entre les produits de la nouvelle entité et ceux de ses concurrents, etc.

Exemple 1 : dans sa décision M.3943 du 9 novembre 2005, dans la mesure où l'expansion des capacités de distribution de la société Saint-Gobain aurait été difficile, la Commission a considéré comme peu probable que la société BPB, principal fournisseur de plaques de plâtre au Royaume-Uni, réduise ses livraisons aux distributeurs concurrents de la société Saint-Gobain.

Exemple 2 : dans sa décision n° 15-DCC-76 du 30 juin 2015, l'Autorité a constaté que, compte tenu de la faiblesse du réseau physique de la cible, la nouvelle entité ne disposait pas d'un réseau de points de vente physiques suffisant pour permettre un report efficace des ventes perdues par ses concurrents à la suite de la mise en œuvre d'une stratégie de verrouillage. Elle a donc écarté toute incitation à mettre en place une telle stratégie.

707. La diversité des gammes de produits ou services offerts, sur le marché concerné ou sur des marchés connexes, est également susceptible d'avoir un impact sur la rentabilité de la stratégie de la nouvelle entité.

708. En outre, la nouvelle entité verticalement intégrée se heurte à la nécessité d'écouler sa production.

Exemple : dans sa décision M.1874 du 7 avril 2000, la Commission a considéré qu'il ne serait pas possible pour la société Lafarge, acteur majeur du marché aval du béton en Angleterre, de se réserver l'intégralité de la production très importante de la société Blue Circle, au détriment de ses concurrents.

709. L'Autorité peut également prendre en compte, pour nourrir son analyse, le type de stratégie et les comportements adoptés dans le passé par la nouvelle entité. Les documents stratégiques internes peuvent également fournir un éclairage sur les stratégies envisagées. Dans son arrêt GE/Commission du 14 décembre 2005, le TPICE a indiqué que : "[...] des preuves solides pouvaient, en principe, être constituées soit par des documents attestant l'intention ferme de la direction de la requérante et/ou de celle d'Honeywell de poursuivre l'exploitation commerciale, sur les marchés des produits avioniques et non avioniques, de la puissance de GECAS et de GE Capital de la façon décrite ci-dessus sur le marché des réacteurs pour avions commerciaux de grande taille à la suite de la concentration, soit par une analyse économique démontrant qu'un tel comportement aurait été objectivement dans l'intérêt commercial de l'entité fusionnée".

> **Exemple 1 :** dans son avis n° 98-A-14 du 31 août 1998, le Conseil de la concurrence a appuyé son analyse sur un procès-verbal d'un conseil d'administration.
> **Exemple 2 :** dans sa décision n° 14-DCC-160 du 30 octobre 2014, l'Autorité s'est également appuyée sur des documents internes aux parties pour démontrer les incitations de la nouvelle entité à verrouiller l'accès de ses concurrents à certaines infrastructures qu'elle détenait.

710. Enfin, dans des arrêts T-80/02 du 25 octobre 2002 *[arrêt du Tribunal de première instance des Communautés européennes T-80/02 du 25 oct. 2002 Tetra Laval/Commission]* et T-210/01 du 14 décembre 2005, le TPICE a rappelé qu'il appartient à l'autorité de concurrence, dans le cadre de son appréciation, de prendre en compte l'effet dissuasif que pourrait avoir le caractère clairement ou très probablement illicite, au regard du droit tant européen que national, des pratiques mises en œuvre par la nouvelle entité : "la Commission doit, en principe, prendre en considération le caractère éventuellement illégal, et, partant, susceptible d'être sanctionné, d'un comportement en tant que facteur de nature à diminuer, voire à éliminer, les incitations pour une entreprise à adopter un comportement donné".

> **Exemple :** dans sa décision n° 16-DCC-111 du 27 juillet 2016, l'Autorité a rappelé l'articulation existant entre le contrôle des concentrations et le droit des pratiques anticoncurrentielles. Elle a notamment indiqué que "les conditions préférentielles accordées aux parties par les fournisseurs, qui demeurent exceptionnelles en l'état du fonctionnement des marchés concernés sans que l'opération ne modifie, en soi, les incitations des fournisseurs à changer leurs comportements, ne sont pas de nature à engendrer l'éviction des concurrents sur les marchés de la distribution de produits électrodomestiques. En outre, il convient de rappeler que la nouvelle entité et ses fournisseurs demeureront soumis aux règles du droit de la concurrence prohibant les ententes et abus de position dominante qui pourraient être caractérisées, le cas échéant."

4 *Les effets conglomérаux d'une concentration*

a) *La nature de ces effets*

711. Une concentration produit des effets non coordonnés de nature conglomérale lorsqu'elle permet à la nouvelle entité de restreindre ou d'empêcher l'accès à un ou plusieurs marchés. En effet, une entreprise qui bénéficie ou renforce une position forte sur un marché peut être en mesure de verrouiller l'accès à un ou plusieurs marchés connexes en exploitant un effet de levier, c'est-à-dire, notamment, la capacité pour une entreprise d'augmenter les ventes d'un produit ou d'un service sur un marché en exploitant la forte position sur le marché d'un autre produit ou service auquel le premier produit ou service est lié, connexe ou groupé.

712. Le lien de connexité entre les marchés concernés peut notamment découler de l'appartenance des produits ou services à une même gamme ou de l'existence de marques générant un certain degré de différenciation entre les produits des parties à l'opération.

713. Les effets conglomérаux peuvent également être liés aux données, en cas de rapprochement entre entreprises présentes sur des marchés distincts, lorsque les données recueillies sur chacun des marchés peuvent être utiles pour la politique commerciale menée sur l'autre marché.

> **Exemple :** dans sa décision M. 8124, Microsoft/LinkedIn, la Commission a relevé une complémentarité entre le logiciel de gestion de la relation client spécialisé dans la gestion des ventes commercialisé par Microsoft et le service d'intelligence de vente qui exploite des bases de données, commercialisé par LinkedIn. Elle s'est donc interrogée sur le risque d'effet conglomeral consécutif à l'opération. À l'issue de son instruction, elle a certes constaté que la grande qualité du produit proposé par LinkedIn résultait notamment de la précision et de l'actualité des

données utilisées pour l'élaborer, qui sont directement issues de l'exploitation des informations de la base de données des utilisateurs LinkedIn. Elle a toutefois considéré que ce produit ne constituait qu'une offre au sein d'un marché très fragmenté et différencié proposant de nombreuses alternatives. Cette analyse, combinée à d'autres éléments, a conduit la Commission à écarter tout risque de verrouillage du marché des logiciels spécialisés dans la gestion des ventes lié à la position de LinkedIn sur les marchés des services d'intelligence de vente, résultant notamment de l'accès dont elle dispose aux données d'usage de ses utilisateurs.

714. De façon générale, lorsqu'une concentration produit des effets congloméraux, elle ouvre la possibilité de développer des synergies entre les différents éléments constitutifs du regroupement. Certaines de ces synergies peuvent être pro-concurrentielles. En effet, en accroissant l'efficacité de la production de l'ensemble, elles permettent des baisses de coûts, puis de prix, dont bénéficie la demande finale. La nouvelle entité peut bénéficier de coûts fixes communs importants ou de la complémentarité de plusieurs produits et services. Ce type d'opération peut aussi générer des économies d'envergure, permettre une plus grande compatibilité des composants complémentaires, ou encore conduire à une internalisation des effets positifs d'une baisse de prix sur un produit sur la vente d'un produit complémentaire ("effet Cournot").

715. Certaines concentrations qui produisent des effets congloméraux peuvent néanmoins restreindre la concurrence, notamment lorsqu'elles permettent de lier, techniquement ou commercialement, les ventes ou les achats des éléments constitutifs du regroupement de façon à verrouiller le marché et à en évincer les concurrents.

716. Les effets congloméraux sont susceptibles de se concrétiser notamment dans le cadre d'offres liant ou groupant des biens ou services produits sur des marchés distincts. Ce type d'offre peut être de différente nature. Il convient de distinguer :

– les offres groupées pures ("*pure bundling*"), c'est-à-dire les offres liées du fait de l'imposition d'une obligation d'acheter ou de vendre deux ou plusieurs produits ensemble ; cette obligation peut être purement commerciale ou prendre la forme d'une intégration technique des produits ("*technical bundling*") ; et

– les offres groupées mixtes ("*mixed bundling*"), cas où des offres séparées existent mais où l'entreprise propose de vendre ou d'acheter plusieurs produits ensemble à de meilleures conditions que celles proposées si les produits sont vendus ou achetés séparément.

717. Le recours à des offres liées ou groupées peut conférer à une entreprise la capacité et la motivation d'exploiter, par un effet de levier, la forte position qu'elle occupe sur un marché et d'évincer ses concurrents. De plus, il convient d'examiner si un tel comportement aurait une incidence négative significative sur la concurrence, par exemple en évinçant du marché les concurrents ou en les marginalisant.

b) *Les critères d'analyse*

718. Les lignes directrices sur les concentrations non horizontales de la Commission donnent, pour les risques de verrouillage dans les concentrations conglomérales, le même schéma d'analyse que pour les effets verticaux. De même l'Autorité examine si la nouvelle entité aurait, après la concentration, la possibilité de verrouiller l'accès à un ou des marchés, si elle serait incitée à le faire et si une stratégie de verrouillage aurait un effet significatif sur les marchés en cause. En pratique, ces trois conditions sont étroitement liées.

719. Les facteurs évoqués dans les sections précédentes (pouvoir de marché de la nouvelle entité, capacités de réaction des concurrents, barrières à l'entrée sur le marché et contre-pouvoir des acheteurs) font l'objet d'une adaptation spécifique aux effets congloméraux.

720. Comme pour les concentrations verticales, il est peu probable qu'une concentration emporte un risque d'effet congloméral si la nouvelle entité ne bénéficie pas d'une forte position sur un marché à partir duquel elle pourra faire jouer un effet de levier. Cette condition est remplie si la nouvelle entité détient des parts de marché

inférieures à 30 % sur les marchés concernés ou si l'IHH post-concentration est inférieur à 2 000.

721. Mais, pour l'analyse d'effets conglomérats, le pouvoir de marché peut aussi résulter de la possession par les parties d'un ou plusieurs actifs, produits ou services, ou d'une ou plusieurs marques, considérés par de nombreux clients comme particulièrement importants, voire incontournables, et qui ne possèdent que peu de substituts acceptables en raison, par exemple, de la différenciation des produits ou des contraintes de capacité auxquelles sont soumis les concurrents.

722. En outre, une offre groupée ou liée ne peut avoir un effet sur la concurrence sur les marchés concernés que si une part suffisante des acheteurs est susceptible d'être intéressée par l'achat simultané des produits en cause.

Exemple : dans sa décision n° 17-DCC-12 du 31 janvier 2017, l'Autorité a considéré que le segment de la distribution de produits d'hygiène et d'entretien à destination des professionnels de la santé était connexe à d'autres marchés de la distribution de produits à destination de professionnels institutionnels. Or, compte tenu de la structuration croissante de la fonction "achats" au sein des hôpitaux, renforcée par le programme "performance hospitalière pour des achats responsables", l'Autorité a constaté que les établissements hospitaliers tendaient à identifier un responsable achat unique par établissement. Elle a considéré que cette organisation était susceptible de renforcer la capacité de la nouvelle entité à lier les ventes de ses différents produits, lui conférant ainsi un avantage concurrentiel non-réplicable par ses concurrents.

723. En outre, pour apprécier la probabilité que des effets conglomérats se matérialisent, l'Autorité peut tenir compte du nombre de clients ou de fournisseurs ainsi que de la nature et du contenu des contrats passés avec eux.

Exemple : dans sa décision n° 14-DCC-50 du 2 avril 2014, l'Autorité a considéré que le groupe Canal Plus était d'autant plus susceptible de faire jouer un effet de levier entre sa position sur le marché de l'acquisition de droits de films américains récents pour une diffusion en télévision payante et celle sur le marché de l'acquisition de ce même type de droits pour une diffusion en télévision gratuite que la commercialisation de ce type de droits était en général organisée par des contrats-cadres susceptibles de concerner à la fois les droits pour la diffusion en télévision payante et gratuite, couvrant l'ensemble de la production des studios concernés, négociés auprès des mêmes interlocuteurs. Le risque de verrouillage était, en l'espèce, d'autant plus élevé que le nombre de détenteurs de droits actifs sur le marché était limité à six opérateurs significatifs.

724. L'Autorité étudie ensuite la crédibilité des scénarios de ventes liées. Dans sa décision General Electric contre Commission du 14 décembre 2005, T-210/01 le TPICE a évoqué trois types de preuve susceptibles d'appuyer la probabilité d'un scénario de ventes liées :

– les comportements passés pouvant indiquer que les parties ont déjà trouvé intérêt à des ventes groupées.

Exemple 1 : dans sa décision n° 13-DCC-101 du 26 juillet 2013, l'Autorité a constaté que les parties disposaient d'équipements commerciaux distincts pour les ventes de chaque type de produits en terre cuite et qu'il n'existait donc pas de lien entre les ventes de briques de mur et celles de briques de cloison.

Exemple 2 : dans sa décision n° 17-DCC-53 du 27 avril 2017, l'Autorité a écarté le risque d'effet de portefeuille en constatant que la distribution de véhicules de loisirs ne s'était pas construite sur un modèle de distribution sélective et que la nouvelle entité ne serait pas en mesure de modifier cette situation unilatéralement à l'issue de l'opération.

Il est cependant généralement probable que ces comportements passés aient été constatés sur des marchés différents de ceux qui pourraient faire l'objet de telles ventes postérieurement à l'opération, ce qui en relativise la portée ;

– des documents attestant de l'intention des parties d'adopter de tels comportements ou de l'intérêt qu'ils représentent pour la nouvelle entité ;

– une analyse économique démontrant qu'un tel comportement serait objectivement dans l'intérêt commercial de la nouvelle entité.

725. Cette dernière preuve repose sur une étude de la profitabilité d'une stratégie d'offres liées. Du côté des gains, une telle stratégie peut permettre de protéger les ventes sur le marché liant, comme de développer les ventes sur le marché lié. Les gains peuvent provenir de l'augmentation des parts de marché ou de l'augmentation des prix. Du côté des coûts, il convient de prendre en compte les remises destinées à favoriser les ventes groupées ou, éventuellement, la baisse des ventes due à la perte des clients non intéressés par l'offre liée. La mise en place d'une intégration technique des produits (ventes groupées techniques) suscite quant à elle des coûts de développement.

726. L'efficacité d'une stratégie de verrouillage conglomeral peut être renforcée par le nombre restreint de produits concernés.

Exemple : dans sa décision n° 14-DCC-50 du 2 avril 2014, l'Autorité a considéré que la capacité du groupe Canal Plus à mettre en œuvre un effet de levier entre ses achats de droits de programmes EOF pour une diffusion en télévision payante et en télévision gratuite était renforcée par le fait que les programmes ayant un fort potentiel d'audience et de succès étaient peu nombreux. La mise en place d'une stratégie d'achats de droits groupés susceptible de déstabiliser le marché était donc particulièrement efficace puisque la nouvelle entité pouvait se focaliser sur un nombre limité de programmes.

727. Comme dans le cas des effets verticaux, il est en général peu probable que la nouvelle entité coure le risque de perdre des ventes sur un marché très rentable pour développer sa position sur un marché moins rentable.

Exemple : dans sa décision n° 18-DCC-18 du 1er février 2018, l'Autorité a indiqué qu'une stratégie de vente liée qui consisterait en l'octroi de remises sur les petites annonces en ligne en contrepartie de l'achat d'annonces immobilières dans la presse écrite paraissait peu crédible compte tenu de la position forte de la nouvelle entité sur les petites annonces immobilières en ligne et de la faible rentabilité des petites annonces dans la presse écrite.

728. L'Autorité examine également si le fait de proposer une gamme de produits ou services diversifiée constitue un avantage concurrentiel et, le cas échéant, dans quelle mesure les concurrents sont susceptibles d'offrir une gamme aussi complète de produits ou de services ou un éventail de marques aussi attractives.

Exemple 1 : dans sa décision n° 17-DCC-92 du 22 juin 2017, l'Autorité a considéré que le groupe Canal Plus n'était plus en mesure de faire jouer un effet de levier entre ses acquisitions de contenus américains pour une diffusion en télévision linéaire et pour une diffusion en télévision non-linéaire, en raison de l'émergence d'acteurs internationaux puissants qui investissaient dans des droits de diffusion en télévision non-linéaire sur une base mondiale. Compte tenu de leur poids au niveau mondial, ces opérateurs étaient en mesure de contrecarrer les tentatives du groupe Canal Plus de lier ses achats de droits pour une diffusion en télévision linéaire et non-linéaire sur le seul territoire français, en liant leurs propres achats de droits pour plusieurs territoires.

Exemple 2 : dans sa décision n° 18-DCC-95 du 14 juin 2018, l'Autorité a écarté le risque d'effet conglomeral entre le marché des plats cuisinés appertisés d'une part et les marchés des légumes appertisés, des sauces chaudes et des pâtés d'autre part, en raison de la présence, sur ces derniers marchés, d'opérateurs significatifs détenant des marques notoires qui étaient également dotés d'une dimension conglomérale.

729. L'Autorité analyse également les stratégies mises en œuvre par les clients pour diversifier et sécuriser leurs approvisionnements.

Exemple : dans son avis n° 02-A-07 du 15 mai 2002, le Conseil de la concurrence a analysé en détail le contrepoids que représentait la grande distribution face à ses fournisseurs, en insistant notamment sur la forte concentration de la grande distribution en France et la puissance d'achat qu'elle conférait aux enseignes, qui se traduisait par un fort pouvoir de négociation des distributeurs vis-à-vis des fournisseurs, ainsi que sur la volonté des distributeurs de diversifier leurs sources d'approvisionnement face au renforcement des parts de marché d'un fournisseur.

730. Enfin, comme évoqué dans la section précédente sur les effets verticaux, l'Autorité prend en compte le contexte réglementaire susceptible de contraindre la nouvelle entité et l'effet dissuasif que pourrait avoir le caractère clairement ou très probablement illicite d'une stratégie de la nouvelle entité pour apprécier la probabilité d'effets congloméraux.

5 *La création ou le renforcement d'une puissance d'achat*

731. Une concentration peut renforcer la puissance d'achat de la nouvelle entité au point de mettre en situation de dépendance économique ses fournisseurs. Ce cas d'atteinte à la concurrence est spécifiquement visé par l'article L. 430-6.

732. Ce type d'examen est effectué en particulier pour les opérations intervenant dans les secteurs de la grande distribution.

Exemple : dans sa décision M.1221 du 3 février 1999, la Commission a analysé la dépendance des fournisseurs vis-à-vis de la centrale d'achat*[s]* de la nouvelle entité Rewe/Meinl. Certains modèles économiques montrent en effet qu'au-delà d'un certain "seuil de menace", fonction de la part que représente ce débouché dans l'ensemble des ventes du fournisseur, le distributeur peut, en stoppant ses achats, pousser son fournisseur plus ou moins rapidement vers une situation financière très difficile, voire vers une faillite. Le niveau de ce seuil n'est pas fixe et dépend d'un grand nombre de paramètres spécifiques aux secteurs concernés, à la structure et à la situation financière des entreprises, et surtout à l'existence ou au coût d'éventuelles solutions alternatives.

733. L'Autorité analyse ce type de risque lorsqu'elle examine des concentrations entre des distributeurs, en particulier dans la grande distribution à dominante alimentaire. Elle a en général considéré que, sur le fondement d'un seuil de menace identique à celui retenu par la Commission dans la décision précitée, compte tenu de la position de la nouvelle entité en tant qu'acheteur et du faible renforcement de cette position liée à l'opération, tout risque d'atteinte à la concurrence pouvait être écarté. Pour autant, ce risque de création ou de renforcement de dépendance économique de fournisseurs a déjà été identifié dans d'autres secteurs.

Exemple 1 : dans sa lettre C2008-100 du 17 février 2009, le ministre chargé de l'économie a mis en évidence un risque de création d'une puissance d'achat du fait d'une concentration dans le secteur de la viande : "[...] la nouvelle entité disposera de fortes positions concernant l'achat de bovins vifs (hors veaux) sur une zone Nord de la France, quel que soit l'abattoir et la taille de la zone de chalandise considérés. L'offre alternative d'abattage dans cette zone étant limitée et les coûts ainsi que les délais de construction d'un abattoir très importants (estimés à plus de deux ans et à environ 40 millions d'euros), les risques de création d'une puissance d'achat à l'issue de l'opération plaçant les fournisseurs de bovins en situation de dépendance économique ne peuvent être écartés." Des engagements de cessions d'abattoirs ont permis de lever le risque identifié.

Exemple 2 : dans sa décision n° 16-DCC-208 du 9 décembre 2016, l'Autorité a constaté que la nouvelle entité détiendrait un monopole sur le marché de la collecte en vue de l'abattage des bovins sous l'AOC "Bœuf de Charolles" et serait donc en mesure de verrouiller l'accès aux intrants pour tout abattoir désireux d'obtenir la certification "Bœuf de Charolles". Faute de concurrents présents sur la zone et en l'absence de toute concurrence potentielle susceptible de s'exercer sur la nouvelle entité, l'Autorité a considéré que l'opération était susceptible de générer un risque de dépendance économique des producteurs et des organisations de producteurs qui fournissent des bovins sous l'AOC "Bœuf de Charolles". Afin de répondre à ce risque, les parties se sont engagées à ne pas imposer à leurs sociétaires de livrer ou de commercialiser à la nouvelle entité un volume minimum de bœufs sous AOC "Bœuf de Charolles". Ce remède, qui permet l'entrée d'un nouvel opérateur sur le marché, conduit ainsi à réduire la puissance d'achat de la nouvelle entité.

734. En elle-même, la dépendance économique ne constitue cependant une atteinte à la concurrence que si elle a un effet sur la concurrence sur un marché et, finalement, sur le surplus du consommateur, et non simplement sur un ou plusieurs fournisseurs. L'objectif d'une autorité de concurrence n'est en effet pas de protéger une entreprise en tant que telle, qu'elle soit concurrente, cliente ou fournisseur. Or, le renforcement de la puissance d'achat a, en règle générale, tendance à s'exercer au bénéfice des consommateurs, dès lors qu'il n'affecte pas les structures des marchés amont et aval.

735. Mais, dans la mesure où elle *[il]* peut diminuer les capacités financières ou les capacités d'innovation et de recherche de certaines entreprises, et les amener à terme à sortir d'un marché, le renforcement d'une dépendance vis-à-vis d'un (ou de plusieurs) opérateur(s) peut porter atteinte à la concurrence sur un marché. En particulier, lorsqu'elle a pour corollaire ou pour origine un accroissement du pouvoir de marché sur le marché aval, il est peu probable que la puissance d'achat accrue dont bénéficie la nouvelle entité puisse compenser la réduction de la concurrence constatée sur le marché aval. Elle peut même encore réduire l'intensité de la concurrence à l'aval.

736. Ces effets doivent être appréciés au cas par cas, en fonction des caractéristiques de chaque filière. De ce fait une application trop générale pourrait amener certains acheteurs ou utilisateurs de sous-traitance à renoncer *ex-ante* à certaines relations économiques, ce qui pourrait aussi générer des problèmes, en empêchant certaines petites entreprises d'accéder soit aux marchés amont de la grande distribution soit à la sous-traitance de grands fabricants.

6 *Les effets coordonnés*

a) *La nature de ces effets*

737. Une concentration peut modifier la nature de la concurrence sur un marché de telle sorte que les entreprises qui, jusque-là, ne coordonnaient pas leur comportement, soient beaucoup plus susceptibles de le faire ou, si elles coordonnaient déjà leurs comportements, puissent le faire plus facilement. On parle alors d'effets coordonnés, de création ou renforcement d'une position dominante collective ou d'un oligopole collusif, l'opération augmentant les incitations et la capacité des entreprises présentes sur le marché à maintenir tacitement un équilibre collusif. De tels effets peuvent être de nature horizontale, verticale ou conglomérale. La coordination dont il s'agit ici est "tacite" et non "expresse", chaque entreprise étant supposée continuer à se comporter d'une manière indépendante, en fonction de ses intérêts propres.

738. De tels effets sont possibles lorsque, sur un marché oligopolistique ou sur un marché fortement concentré, une concentration a pour résultat que, prenant conscience des intérêts communs, chaque membre de l'oligopole concerné considérerait possible, économiquement rationnel et donc préférable, d'adopter durablement une même ligne d'action sur le marché, par exemple dans le but de vendre au-dessus des prix concurrentiels, sans devoir procéder à la conclusion d'un accord ou recourir à une pratique concertée au sens des articles L. 420-1 ou 101 du TFUE, et ce sans que les concurrents actuels ou potentiels, ou encore les clients et les consommateurs, puissent réagir de manière effective.

b) *Les critères d'analyse*

739. Dans son arrêt T-342/99 du 6 juin 2002, le TPICE a identifié trois conditions nécessaires aux fins d'appréciation des effets coordonnés lors d'une opération de concentration :

– "En premier lieu, chaque membre de l'oligopole dominant doit pouvoir connaître le comportement des autres membres, afin de vérifier s'ils adoptent ou non la même ligne d'action. Comme la Commission l'admet expressément, il ne suffit pas que chaque membre de l'oligopole dominant soit conscient que tous peuvent tirer profit d'un comportement interdépendant sur le marché, mais il doit aussi disposer d'un moyen de savoir si les autres opérateurs adoptent la même stratégie et s'ils la maintiennent. La transparence sur le marché devrait, dès lors, être suffisante pour permettre à chaque membre de l'oligopole dominant de connaître, de manière suffisamment précise et immédiate, l'évolution du comportement sur le marché de chacun des autres membres." (condition de détection) ;

– "En deuxième lieu, il est nécessaire que la situation de coordination tacite puisse se maintenir dans la durée, c'est-à-dire qu'il doit exister une incitation à ne pas s'écarter de la ligne de conduite commune sur le marché. Comme le fait observer la Commission, ce n'est que si tous les membres de l'oligopole dominant maintiennent un comportement parallèle qu'ils peuvent en profiter. Cette condition intègre donc la notion de représailles en cas de comportement déviant de la ligne d'action commune. Les parties partagent ici l'idée que pour qu'une situation de position dominante collective soit viable, il faut qu'il y ait suffisamment de facteurs de dissuasion pour assurer durablement une incitation à ne pas s'écarter de la ligne de conduite commune, ce qui revient à dire qu'il faut que chaque membre de l'oligopole dominant sache qu'une action fortement concurrentielle de sa part destinée à accroître sa part de marché provoquerait une action identique de la part des autres, de sorte qu'il ne retirerait aucun avantage de son initiative." (condition de dissuasion) ;

– "En troisième lieu, pour démontrer à suffisance de droit l'existence d'une position dominante collective, la Commission doit également établir que la réaction prévisible des concurrents actuels et potentiels ainsi que des consommateurs ne remettrait pas en cause les résultats attendus de la ligne d'action commune." (condition de non-contestation).

740. La CJCE a confirmé cette analyse dans son arrêt C-413/06P du 10 juillet 2008, en soulignant de plus qu'une telle coordination n'était possible que si les entreprises étaient en mesure de comprendre l'objectif commun et les moyens d'y parvenir et en précisant le lien entre cette "condition de compréhension" et les trois conditions rappelées ci-dessus : "La probabilité d'une telle coordination tacite est plus forte si les concurrents peuvent facilement parvenir à une perception commune de la manière dont doit fonctionner la coordination, notamment des paramètres susceptibles de faire l'objet de la coordination envisagée. En effet, sans pouvoir arriver tacitement à une compréhension partagée des modalités de la coordination, les concurrents devraient éventuellement recourir à des pratiques prohibées par l'article 81 CE pour pouvoir adopter une ligne commune d'action sur le marché. En outre, compte tenu notamment de l'éventuelle tentation qui peut exister pour chaque participant à une coordination tacite d'en dévier afin d'augmenter son profit à court terme, il convient d'apprécier si une telle coordination est susceptible d'être durable. A cet égard, les entreprises qui coordonnent leur comportement doivent être capables de surveiller dans une mesure

suffisante si les modalités de la coordination sont respectées. La transparence sur le marché devrait, dès lors, être suffisante pour permettre, notamment, à chaque entreprise concernée de connaître, de manière suffisamment précise et immédiate, l'évolution du comportement sur le marché de chacun des autres participants à la coordination. De plus, la discipline impose qu'il existe une forme de mécanisme de dissuasion crédible qui puisse être mise en œuvre si un comportement déviant est détecté. En outre, les réactions d'entreprises qui ne participent pas à la coordination, telles que les concurrents actuels ou futurs, ainsi que les réactions des clients, ne devraient pas pouvoir remettre en cause les résultats attendus de la coordination."

741. Cet arrêt ajoute également une mise en garde : "dans le cadre de l'application de tels critères, il y a lieu d'éviter une démarche mécanique consistant à vérifier séparément chacun desdits critères pris isolément, en ignorant le mécanisme économique global d'une hypothétique coordination tacite". Une approche cohérente des critères concernés peut être favorisée par l'identification d'un scénario de coordination tacite (ligne d'action commune portant sur des écarts de prix ou sur leur évolution, sur le niveau des capacités de production ou des parts de marché ou encore sur la répartition des types de clientèle, des zones géographiques ou des appels d'offres).

742. Dans une décision du 31 juillet 2009, les trois critères dégagés par la jurisprudence européenne ont été repris par le Conseil d'État : "considérant que les comportements d'opérateurs en situation oligopolistique sur un marché peuvent, en l'absence même de toute entente formelle, être implicitement coordonnés, de sorte que le pouvoir de ces opérateurs sur le marché s'en trouve accru, au détriment, notamment, des consommateurs ; que l'identification d'une telle position dominante collective suppose que, compte tenu des différents indices et éléments de preuve qui peuvent être relevés, il apparaisse que chacun des membres de l'oligopole est en mesure de connaître de manière suffisamment précise et immédiate l'évolution du comportement des autres, qu'il existe des menaces de représailles crédibles en cas de déviation de la ligne d'action implicitement approuvée par tous et que les réactions prévisibles des consommateurs et des concurrents actuels ou potentiels de l'oligopole ne peuvent suffire à remettre en cause les résultats attendus de la collusion tacite".

743. Dans son analyse des effets coordonnés, l'Autorité s'appuie sur cette grille d'analyse et sur l'ensemble des éléments susceptibles de l'éclairer sur les effets de la concentration sur le fonctionnement des marchés concernés.

La nécessité d'une compréhension commune du modèle de coordination

744. Il est d'autant plus raisonnable d'anticiper une coordination des comportements sur un marché, qu'il est simple pour les entreprises concernées de parvenir à une appréciation commune des modalités de fonctionnement de la coordination. Pour cela, ces entreprises doivent partager une même vision s'agissant des stratégies qui peuvent être considérées comme conformes à la ligne de conduite commune, ainsi que de celles qui ne le sont pas. La probabilité de voir émerger une compréhension mutuelle est donc d'autant plus forte que le marché, ainsi que l'environnement dans lequel il s'inscrit, sont stables et peu complexes. Aussi, dans son analyse des effets coordonnés, l'Autorité tient notamment compte des éléments suivants :

— le nombre d'opérateurs sur le marché : il est plus simple de s'entendre sur les modalités d'une coordination lorsque les participants potentiels sont peu nombreux ;

— la symétrie des entreprises : une définition commune de la manière dont doit fonctionner la coordination est d'autant plus facile à obtenir que les entreprises concernées sont semblables. La symétrie peut exister notamment au niveau de la structure des coûts, des parts de marchés *[marché]*, des capacités de production ou du degré d'intégration verticale ;

Exemple : dans sa décision n° 14-DCC-71 du 4 juin 2014, l'Autorité a écarté le risque de coordination entre les opérateurs actifs sur le marché de la vente au détail de parfums et cosmétiques de luxe en constatant des différences dans les modèles d'organisation de leurs réseaux de distribution (magasins en propre et franchises pour la nouvelle entité, réseaux intégrés pour les deux principaux concurrents restants).

– l'homogénéité du produit : un accord de coordination sur les prix est plus aisé à mettre en place si celui-ci concerne des produits homogènes. Lorsqu'il existe une forte différenciation des produits, la coordination est rendue périlleuse par la dispersion des niveaux de prix qui en résulte ;

Exemple : dans sa décision n° 18-DCC-18 du 1er février 2018, l'Autorité a constaté que les sociétés Se Loger et Le Bon Coin présentaient des différences de positionnement importantes, qui les empêchaient de parvenir à une appréciation commune des modalités de fonctionnement d'une coordination anticoncurrentielle (notamment, en termes de différence de clientèle, de contenu des offres commerciales, de nature des services complémentaires offerts et d'audience).

– la stabilité de la demande : de fortes fluctuations de la demande modifient constamment l'ampleur des incitations à la déviation et contraignent les entreprises à un ajustement permanent des modalités de la coordination. *A contrario*, une demande stable facilite l'émergence d'une ligne de conduite commune et pérenne ;

Exemple : dans sa décision n° 17-DCC-210 du 13 décembre 2017, l'Autorité a écarté le risque d'effets coordonnés sur les marchés de la collecte de céréales, oléagineux et protéagineux en raison de la forte volatilité du marché, qui empêche que les offres d'achat faites aux agriculteurs puissent être connues à l'avance.

– l'importance de l'innovation : l'innovation étant source d'instabilité, un marché sur lequel celle-ci est peu présente constitue un terrain favorable à l'émergence d'une vision commune s'agissant des conditions de coordination.

Exemple : dans sa décision M.2111 du 27 octobre 2000, la Commission a constaté que l'important degré d'innovation technologique sur le marché de l'aluminium plat roulé utilisé dans l'industrie aérospatiale contribuait à rendre peu probable l'apparition d'effets coordonnés.

745. La complexité ainsi que l'instabilité du cadre économique dans lequel prend place la coordination peuvent toutefois être surmontées par les entreprises concernées notamment grâce à :

– l'existence de liens structurels : de tels liens fédèrent les intérêts des entreprises et favorisent ainsi la convergence de leur vision respective quant aux modalités de coordination. Par ailleurs, ces liens facilitent l'échange d'informations ;

Exemple : dans sa décision M.1673 du 13 juin 2000, la Commission a estimé que la présence de participations croisées pouvait favoriser l'adoption de comportements coordonnés.

– l'existence de règles de tarification communes : ces règles (qui peuvent par exemple prendre la forme de prix de référence) constituent un ensemble de points focaux qui facilitent l'adoption de stratégies coordonnées ;

– l'accès aux données de marché : les informations que peuvent obtenir et échanger les entreprises, notamment sur l'évolution de la demande ou des prix, via par exemple les observatoires ou les associations professionnelles, favorisent l'émergence d'une ligne de conduite commune.

Exemple : dans sa décision M.1383 du 29 septembre 1999 Exxon/Mobil, la Commission a considéré la publication des prix des carburants au départ des raffineries (par des organisations telle*[s]* que Platt's), mais également à tous les autres stades de la chaîne de distribution jusqu'à la commercialisation "à la pompe", comme un facteur favorisant la coordination des entreprises.

La condition de détection

746. Afin que les entreprises puissent coordonner efficacement leurs comportements, elles doivent être en mesure de surveiller le fonctionnement du marché sur lequel elles sont actives. La transparence de ce dernier doit en effet être suffisante pour que chacune d'entre elles puisse, dans des délais utiles :

— observer la stratégie suivie par ses concurrents ;

— apprécier si un comportement imprévu constitue effectivement une violation de la ligne de conduite commune.

747. La transparence du marché s'apprécie par rapport au scénario de coordination identifié. Les éléments suivants peuvent notamment être pris en compte :

— l'homogénéité des produits : une variation dans la stratégie de prix suivie par une entreprise membre d'un oligopole collusif peut se justifier par le degré de différenciation des produits qu'elle distribue, par rapport aux autres membres de l'oligopole. Dès lors, il est plus difficile de détecter efficacement une éventuelle déviation. En revanche, en cas de forte différenciation, la violation de la ligne de conduite commune est moins profitable : l'entreprise déviante ne peut espérer gagner une part de marché très importante, à moins de baisser considérablement ses prix ;

— l'accès aux données de marché : les informations à disposition des entreprises (notamment par l'intermédiaire des associations professionnelles), portant notamment sur l'évolution de la demande ou des prix, facilitent la détection d'un comportement déviant ;

Exemple 1 : dans sa décision M.2498 du 21 novembre 2001, la Commission a ainsi précisé que sur les marchés du papier journal et du papier pour magazines avec bois, les associations de professionnels, telles que la CEPIPRINT, contribuaient à la transparence des marchés précités.

Exemple 2 : dans sa décision n° 17-DCC-53 du 27 avril 2017, l'Autorité a écarté le risque de coordination sur le marché de la construction et de la commercialisation de camping-cars en relevant notamment que les prix de vente n'étaient pas publics et résultaient de négociations bilatérales et confidentielles entre les constructeurs et leurs distributeurs, empêchant une surveillance des comportements tarifaires des entreprises susceptibles de se coordonner.

— les liens structurels : parce qu'ils facilitent les échanges informationnels (qui peuvent concerner, par exemple, les politiques tarifaires ou d'investissement), les liens structurels que peuvent partager les entreprises membres d'un oligopole améliorent la contrôlabilité, par chacune d'entre elles, de leurs comportements ;

Exemple : dans sa décision n° 07-D-13 du 6 avril 2007, le Conseil de la concurrence a souligné, lors de son analyse d'une possible position dominante collective, l'existence "de liens ou facteurs de corrélation structurels" et s'est interrogée *[interrogé]* sur la possibilité que ces liens soient de nature à "réunir les entreprises ainsi liées autour d'une ligne d'action commune".

— l'existence d'une clientèle réduite : celle-ci peut constituer un vecteur de transmission d'informations d'un concurrent à l'autre ;

— la dimension géographique du marché.

Exemple : dans sa décision n° 14-DCC-71 du 4 juin 2014, l'Autorité a estimé que la dimension locale des marchés rendait peu probable une coordination tacite entre les opérateurs. En effet, la multiplicité des marchés complexifiait la surveillance d'une éventuelle coordination entre les principaux acteurs du marché, d'autant plus qu'ils n'étaient pas systématiquement présents dans toutes les zones, rendant plus complexe une tentative de coordination.

La condition de dissuasion

748. Pour qu'une coordination soit stable, les éventuelles déviations doivent être sévèrement punies. Les menaces de représailles en cas de comportement déviant

doivent être crédibles (la déviation détectée, leur mise en œuvre ne doit faire aucun doute) et suffisamment importantes pour qu'il soit dans l'intérêt de chaque oligopoleur de se conformer à la ligne de conduite commune.

749. Quel que soit l'environnement dans lequel s'inscrit la coordination, l'existence d'un mécanisme punitif crédible est toujours garantie par le simple retour à l'équilibre concurrentiel. Dès lors, la question posée par la condition de dissuasion ne porte pas tant sur l'existence de représailles que sur leur puissance dissuasive. En effet, si dans certains cas la reprise de comportements concurrentiels constitue une menace suffisante, dans d'autres cas, des punitions plus sévères sont nécessaires pour assurer la stabilité de la coordination. La théorie économique a ainsi montré que des mesures punitives extrêmement fortes, entraînant pour les entreprises concernées des pertes, appliquées sur une période de temps finie, qui sont donc plus dissuasives que le simple retour à l'équilibre concurrentiel, pouvaient s'avérer crédibles.

750. L'étude des effets coordonnés s'intéresse donc aux différents éléments permettant d'apprécier le pouvoir dissuasif d'éventuelles représailles. Sont ainsi pris en compte notamment :

– les capacités de production des entreprises : une capacité de production excédentaire (ou dans certain cas, des stocks importants) confère aux entreprises membres d'un oligopole les moyens nécessaires à la mise en œuvre de punitions sévères et constitue, par conséquent, un puissant outil de dissuasion. Cependant, la présence de surcapacités de production peut témoigner d'une asymétrie susceptible de nuire à la stabilité de la coordination. En effet, l'entreprise disposant d'un excédent de capacité est incitée à dévier, ce qui sera d'autant plus profitable pour elle que les autres membres de l'oligopole, n'ayant pas une puissance productive comparable, auront des difficultés à la punir ;

– l'existence de contacts multi-marchés : lorsque les entreprises sont simultanément présentes sur plusieurs marchés, une déviation sur l'un d'entre eux peut entraîner des représailles sur d'autres. Dès lors, les contacts multi-marchés sont susceptibles d'augmenter la sévérité des punitions et avec elle la stabilité de la coordination tacite. Il convient cependant de souligner que dans le cas de contacts multiples, si un membre de l'oligopole peut dévier sur un marché, il peut également dévier sur l'ensemble des marchés, réalisant ainsi un profit instantané beaucoup plus important. Les contacts multi-marchés sont, par conséquent, également susceptibles d'accroître les incitations à la déviation au détriment de la coordination. La probabilité d'adoption d'une ligne de conduite commune qui découle de contacts multiples doit donc faire l'objet d'une appréciation au cas par cas ;

Exemple : dans ses décisions M.2498 et M.2499 du 21 novembre 2001, la Commission a estimé que les contacts multi marchés des parties pouvaient sensiblement améliorer la stabilité d'une coordination.

– le délai dans lequel la dissuasion peut intervenir : une punition est d'autant plus efficace qu'elle intervient rapidement après la déviation. A cet égard, un marché sur lequel les transactions sont peu nombreuses et espacées dans le temps présente une structure incitative particulièrement favorable aux comportements déviants, la punition ne prenant effet que très longtemps après. Un tel marché est donc peu favorable à l'adoption de stratégies communes.

La condition de non-contestation

751. Pour que la coordination soit profitable aux entreprises qui y prennent part, elle ne doit pas être perturbée par les autres acteurs présents, ou potentiellement présents, sur le marché. L'émergence ou le renforcement d'effets coordonnés dépend donc de l'efficacité avec laquelle la ligne de conduite commune peut être remise en cause, aussi bien par des clients que par des concurrents. Ainsi, l'Autorité prend notamment en considération :

– la concurrence actuelle : la présence, après réalisation de la concentration, d'opérateurs de la frange concurrentielle (qualifiés de "francs-tireurs" ou "*mavericks*") capables de modifier significativement la position des membres de l'oligopole peut nuire fortement à la stabilité de la coordination ;

Exemple 1 : dans sa décision n° 10-DCC-198 du 30 décembre 2010, l'Autorité a estimé que la présence de la RATP, nouvel entrant sur les marché du transport hors Île-de-France, déstabiliserait une éventuelle coordination entre la société Keolis et la nouvelle entité.

Exemple 2 : dans sa décision n° 14-DCC-71 du 4 juin 2014, l'Autorité a constaté que la présence, sur le marché de la vente au détail de parfums et cosmétiques de luxe, d'opérateurs de plus petite taille que les trois principaux acteurs mais présents sur tout le territoire français, et d'opérateurs régionaux significatifs, était susceptible de perturber toute tentative de coordination tacite.

— la concurrence potentielle : des concurrents potentiels peuvent également déstabiliser la coordination. La capacité de ces concurrents à entrer sur les marchés concernés est cependant conditionnée par le niveau des barrières à l'entrée ;

Exemple : dans sa décision M.7758 du 1er septembre 2016, Hutchison 3G Italy/Wind/JV, la Commission a analysé le risque d'effet coordonné résultant de la création d'une entreprise commune entre deux opérateurs de téléphonie mobile sur le marché de la vente au détail de service de télécommunication mobile. Dans le cadre de cette analyse, elle a notamment apprécié si des entrants potentiels étaient susceptibles de venir remettre en cause la capacité des opérateurs restant sur le marché à coordonner leurs comportements sur le marché. Après avoir constaté que le marché italien de la vente au détail de services de téléphonie mobile était caractérisé par des barrières à l'entrée importantes, la Commission a écarté toute possibilité que le comportement des opérateurs actifs sur le marché de la vente au détail de service de télécommunication mobile soit contraint par celui de nouveaux opérateurs de réseaux mobiles, virtuels ou non. Elle a donc estimé que le risque d'effet coordonné entre ces acteurs résultant de l'opération ne pouvait pas être écarté.

— l'existence d'une puissance d'achat compensatrice : des acheteurs suffisamment importants peuvent perturber la coordination des membres d'un oligopole en persuadant l'un d'entre eux de dévier. Les critères d'appréciation de la puissance d'achat sont les mêmes que s'agissant des effets non coordonnés.

Exemple : dans sa décision M.1673 du 13 juin 2000, la Commission a estimé que l'absence de puissance d'achat suffisamment importante était susceptible de favoriser l'émergence de comportements coordonnés.

c) *L'analyse des effets coordonnés spécifiques aux concentrations verticales et conglomérales*

752. Les lignes directrices relatives aux concentrations non horizontales soulignent que lorsque la Commission démontre qu'une telle opération peut entraîner un verrouillage des marchés, celui-ci peut se traduire par une réduction du nombre de concurrents susceptibles de créer des conditions plus favorables à une coordination. Par ailleurs, l'intégration verticale peut modifier les conditions de transparence du marché et les incitations de la nouvelle entité et de ses concurrents. Elle peut aussi avoir un effet sur l'efficacité des mécanismes de surveillance et de représailles. Ces effets sont cependant ambigus.

753. Par exemple, un fournisseur non intégré est moins incité à baisser ses prix lorsqu'il fait face à des concurrents intégrés. En effet, les distributeurs intégrés continueront vraisemblablement à s'approvisionner en interne (au moins partiellement), même si un fournisseur non intégré propose des conditions plus avantageuses. Ainsi, une concentration verticale réduit les débouchés des fournisseurs non intégrés, ce

qui diminue d'autant leurs profits de déviation, et, par voie de conséquence, leurs incitations à dévier. Cet effet de baisse des débouchés favorise la collusion tacite.

754. D'un autre côté, les entreprises intégrées réalisent généralement, dans les phases de punition, plus de profits que les entreprises non intégrées. En effet, même si, lors d'une telle phase, les prix sont très proches des coûts à l'un des niveaux de la chaîne verticale, une entreprise intégrée peut réaliser des profits positifs à l'autre niveau de la chaîne. Une telle entreprise est donc moins vulnérable aux punitions qu'une entreprise non intégrée. De ce point de vue, l'intégration verticale réduit les possibilités de collusion tacite.

d) *L'analyse des effets coordonnés spécifiques à la création d'entreprises communes de plein exercice*

755. Lorsque deux entreprises indépendantes créent une entreprise commune, les liens ainsi institués entre elles risquent de les inciter à coordonner leur comportement, non seulement au sein de l'entreprise commune, mais de façon plus large, sur l'ensemble des marchés sur lesquels sociétés mères et filiales sont présentes, en renforçant les échanges d'informations entre elles ou en facilitant la compréhension d'objectifs communs.

756. Le contrôle des concentrations permet d'appréhender ces risques lorsque l'entreprise commune est de plein exercice. Lorsque ce n'est pas le cas, le comportement des entreprises est analysé au regard de l'application des articles L. 420-1 et 101 du TFUE.

Exemple 1 : dans sa lettre C2006-45 du 10 août 2006, le ministre chargé de l'économie a vérifié, lorsque le groupe Banque Populaires et le groupe Caisse d'Épargne ont créé une filiale commune, Natixis, dans le secteur de la banque d'investissement et de financement, que cette opération ne risquait pas d'entraîner une coordination des comportements des deux groupes bancaires sur les marchés de la banque de détail et sur ceux de la banque commerciale, y compris au niveau local.

Exemple 2 : dans sa décision n° 18-DCC-235 du 28 décembre 2018, l'Autorité a vérifié que les conditions de la création d'une entreprise commune entre Global Blue et Planet Payment ayant pour but d'exploiter des agences proposant des services de remboursement de TVA dans les aéroports parisiens ne permettraient pas aux sociétés mères de priver leurs propres concurrents de l'accès aux services de remboursement de la TVA dans les aéroports ou bien de dégrader fortement le service qui leur serait fourni.

757. Les modalités d'analyse des effets sur la concurrence d'une concentration résultant de la création d'une entreprise commune par deux sociétés mères ont été précisées par le Conseil de la concurrence, dans son avis n° 07-A-09 du 2 août 2007. Le Conseil a rappelé qu'aucun test spécifique à cette analyse n'était prévu en droit national et que le test applicable était donc le test général de l'article L. 430-6, visant à identifier les opérations de concentration "de nature à porter atteinte à la concurrence notamment par création ou renforcement d'une position dominante ou par création ou renforcement d'une puissance d'achat qui place les fournisseurs en situation de dépendance économique" et qui n'apportent pas "au progrès économique une contribution suffisante pour compenser les atteintes à la concurrence".

758. La situation dans laquelle la création d'une entreprise commune inciterait ses sociétés mères à coordonner leurs comportements sur les marchés où elles sont simultanément actives pourrait conduire à constater que l'atteinte à la concurrence en résultant serait incompatible avec les dispositions de l'article L. 430-6, quelle que soit la forme de cette coordination : expresse, au sens qui lui est donné dans le droit des ententes, ou tacite, dans l'acception retenue par la pratique décisionnelle relative à la position dominante collective. En effet, il ne peut être exclu *a priori* que la création d'une entreprise commune renforce les liens structurels entre ses maisons-mères qui seraient unies par une relation d'interdépendance leur permettant d'anti-

ciper leurs comportements, d'aligner leurs stratégies et de faire converger leurs objectifs, sans pour autant qu'elles adoptent des comportements prohibés par le droit des ententes. Les caractéristiques structurelles des marchés qui sont de nature à favoriser une entente expresse recouvrent d'ailleurs en partie les critères permettant d'apprécier la vraisemblance de la création ou du renforcement d'une position dominante collective. L'analyse de ce dernier risque implique toutefois que soit prise en compte la réaction des autres concurrents actifs sur le marché.

759. Une telle atteinte peut être envisagée si les sociétés mères restent simultanément présentes sur les mêmes marchés ou sur des marchés verticalement reliés à ceux sur lesquels l'entreprise commune opère. Elle ne peut être exclue *a priori* lorsque les sociétés mères sont simultanément présentes sur un marché distinct de celui sur lequel leur filiale commune est ou sera active, le contact multi-marchés entre des entreprises étant également susceptible de faciliter la coordination de leurs comportements. Ce risque de coordination des sociétés mères lié à la création d'une entreprise commune doit être distingué des effets non coordonnés d'une telle opération, liés au cumul d'activités au sein de l'entreprise commune elle-même et au cumul d'activités entre cette entreprise commune et chacune de ses sociétés mères qui exercent sur elle une influence déterminante.

760. Les risques de coordination entre sociétés mères à l'occasion de la création d'une entreprise commune sont analysés au regard de trois critères cumulatifs :
— un lien de causalité doit exister entre la création de l'entreprise commune et l'apparition de risques de coordination de ses sociétés mères ou son renforcement;
— la coordination doit revêtir un certain degré de vraisemblance, c'est-à-dire qu'elle doit être possible et présenter un intérêt économique pour les sociétés mères ;
— cette coordination doit avoir un effet sensible sur la concurrence.

Le lien de causalité

761. Le lien causal peut être établi si l'activité de l'entreprise commune revêt une importance essentielle pour les marchés sur lesquels ses sociétés mères sont actives. Cependant, il ne peut être exclu que, dans certains cas, d'autres facteurs puissent être à l'origine d'une interdépendance accrue entre les sociétés mères.

Exemple : dans sa lettre C2006-45 du 10 août 2006, le ministre chargé de l'économie a considéré que la création de la société Natixis était de nature à créer les conditions d'une coordination entre ses sociétés mères sur certains marchés. L'analyse a souligné le fait que les produits de la société NatIxis étaient un facteur de production essentiel dans l'activité des sociétés mères sur plusieurs de leurs marchés. Mais le ministre a aussi relevé que "concernant l'organisation générale de l'entité composée de NatIxis et de ses sociétés mères, il ressort de l'instruction que les réseaux interviendront généralement comme apporteurs d'affaires pour les produits et services bancaires dont la production sera centralisée au niveau de Natixis. A ce titre, leur rémunération prendra la forme de commissions. Par conséquent, le fait que les deux réseaux partagent la même plate-forme de production et se voient proposer les mêmes modes de rémunération pour les affaires apportées à NatIxis peut être de nature à faire converger leurs comportements sur le marché."

Les conditions de vraisemblance et d'effet sensible sur la concurrence

762. Les critères de vraisemblance et d'effet sensible sur la concurrence sont étroitement liés : la coordination des comportements concurrentiels sera d'autant plus vraisemblable qu'elle sera rentable et donc qu'elle aura un effet sensible sur les marchés. Leur appréciation repose sur une analyse du fonctionnement concurrentiel des marchés sur lesquels les sociétés mères sont en concurrence et sur lesquels elles pourraient coordonner leurs comportements.

763. La coordination des sociétés mères d'une entreprise commune sera d'autant plus vraisemblable si ces sociétés peuvent facilement parvenir à une appréciation commune des modalités de fonctionnement de la coordination et si l'existence de l'entreprise commune leur permet aisément de se surveiller mutuellement. Son effet

sera d'autant plus sensible que les sociétés mères occupent des positions fortes sur les marchés concernés et que la ligne de conduite commune ne peut être efficacement remise en cause, aussi bien par des clients que par des concurrents.

764. Ces critères rejoignent ceux utilisés pour apprécier la probabilité de la création ou du renforcement d'une position dominante collective. Dans une décision du 27 juin 2007, Métropole Télévision – TF1 et AB, le Conseil d'État a confirmé ce raisonnement :

"Sur les risques de coordination entre les sociétés TF1 et AB

Considérant que s'il appartenait au ministre d'examiner, dans le cadre de la procédure prévue par les articles L. 430-1 et suivants du code de commerce, si l'opération conjointe de rachat de la société TMC qui lui était soumise était de nature à faire naître un risque de coordination des comportements des sociétés mères sur les marchés concernés, il ressort des pièces du dossier qu'à la date à laquelle le ministre a pris la décision attaquée et compte tenu, d'une part de la concurrence très vive existant sur les marchés de l'exploitation et de la commercialisation des chaînes thématiques et de l'achat des droits de diffusion, d'autre part des engagements pris par les sociétés TF1 et AB en ce qui concerne la publicité télévisée, l'opération considérée n'était pas par elle -même de nature à créer ou renforcer une position dominante collective de ces sociétés ; que, si le comportement des deux sociétés fait ultérieurement apparaître de tels risques, il appartiendra aux autorités de concurrence de mettre en œuvre, le cas échéant, les procédures adéquates".

765. L'examen porte, en premier lieu, sur les parts de marché des sociétés mères, les risques d'atteinte à la concurrence pouvant, dans de nombreux cas, être écartés en raison de la faiblesse de la position des sociétés mères. Les risques d'atteinte à la concurrence ne peuvent toutefois pas être écartés *a priori* sur un marché donné au motif que les sociétés mères (ou l'une d'entre elles seulement) ont des parts de marché faibles ou nulles, dès lors que les sociétés mères ont des projets de pénétrer ce marché.

766. Si les positions des sociétés mères ne sont pas suffisamment faibles pour que le risque d'atteinte à la concurrence par coordination de leur comportement puisse être écarté, l'Autorité prend en compte, dans son analyse, tous les éléments de fait et de droit susceptibles de déterminer si la coordination des sociétés mères est vraisemblable et aura un effet sensible sur la concurrence. En particulier, l'Autorité peut tenir compte de la symétrie des parts de marché des sociétés mères, de l'homogénéité de leurs produits, de la stabilité de la demande, du rythme d'innovation dans le secteur, de l'existence de règles de tarification communes ou encore de la possibilité pour chaque société mère d'accéder à des informations concernant l'autre société mère, notamment du fait de la création ou du renforcement de l'entreprise commune. De plus, l'Autorité apprécie si la pression des concurrents actuels ou potentiels sur les sociétés mères et la puissance d'achat de leurs clients sont susceptibles d'empêcher que la coordination soit vraisemblable ou qu'elle ait un effet sensible.

Exemple : dans la décision nº 19-DCC-157, l'Autorité a analysé les risques d'effets coordonnés entre France Télévision, TF1 et M6 lors de la création de la plate-forme Salto, qui distribue des services de télévision et de médias audiovisuels à la demande et édite une offre de vidéos à la demande par abonnement.

Dans cette décision, l'Autorité a analysé le risque de coordination, à la fois horizontal et vertical, entre les sociétés mères sur certains marchés concernés par l'opération. Par exemple, sur le marché de l'édition et de la commercialisation de chaînes de télévision gratuite, l'Autorité a constaté que, compte tenu de la structure de gouvernance de Salto et du contenu des accords de distribution, l'opération était particulièrement susceptible de conduire à une coordination des comportements des trois sociétés mères. En effet, celles-ci siégeant au conseil de surveillance, elles étaient susceptibles de disposer d'informations sur les contrats de distribution de chaînes signées *[signés]* par Salto avec chacune de ses mères, ce qui aurait été d'autant plus préjudiciable que ces contrats contiennent des clauses de non-discrimination qui sont de nature à conduire à une certaine harmonisation de leur contenu.

L'Autorité a également analysé le risque de coordination entre sociétés mères dans le cadre de son analyse des effets verticaux et conglomераux de l'opération. Elle a ainsi constaté que, même si, individuellement, chaque société mère n'était pas en mesure de verrouiller l'accès à certains contenus au détriment des concurrents de leur filiale commune, l'opération était susceptible d'aligner leurs incitations à adopter un tel comportement dans leurs rapports avec les détenteurs de droit de diffusion ou les distributeurs de services de télévision. Elle a donc considéré qu'il y avait lieu d'analyser le poids combiné des sociétés mères sur les différents marchés concernés pour apprécier, d'une part, les risques liés à un couplage des achats de droits linéaires et non-linéaires et, d'autre part, les risques liés à un verrouillage de l'accès aux chaînes gratuites éditées par les mères, ainsi qu'à leurs services associés.

7 *Les contributions au progrès économique*

a) *L'objectif*

767. L'article L. 430-6 précise que, en phase d'examen approfondi, l'Autorité "apprécie si l'opération apporte au progrès économique une contribution suffisante pour compenser les atteintes à la concurrence". L'Autorité apprécie, en particulier, si les gains d'efficacité économique de la concentration peuvent accroître l'incitation de la nouvelle entité à adopter un comportement favorable à la concurrence.

768. Il incombe alors aux parties de construire un argumentaire étayé et quantifié démontrant que les gains d'efficacité économique de l'opération sont susceptibles de contrebalancer ses effets anticoncurrentiels et de fournir tous les éléments de preuve utiles pour soutenir cette démonstration. A titre indicatif, la Commission indique dans ses lignes directrices sur l'appréciation des concentrations horizontales que "les éléments de preuve utiles pour l'appréciation des gains d'efficacité comprennent notamment les documents internes que les dirigeants des entreprises ont utilisés pour prendre la décision de lancer une telle opération, les déclarations de la direction aux propriétaires et aux marchés financiers concernant les gains d'efficacité escomptés, des exemples de gains d'efficacité et d'avantages pour les consommateurs générés par le passé, ainsi que les études réalisées par des experts extérieurs avant l'opération de concentration et portant sur le type et l'ampleur des gains d'efficacité et sur l'importance des avantages que les consommateurs sont susceptibles d'en retirer" *[paragraphe 88]*.

769. Au-delà de la description précise des gains d'efficacité économique attendus, les parties doivent s'attacher à démontrer dans quelle mesure les critères d'appréciation de ces gains, présentés ci-après, sont remplis. Les développements consacrés par les entreprises aux gains d'efficacité apportés par une concentration sont généralement très limités, alors qu'elles sont les seules à maîtriser l'ensemble des éléments nécessaires à leur évaluation et qu'il y a de bonnes raisons de penser que certaines opérations de concentration peuvent générer des gains d'efficience susceptibles de profiter aux consommateurs. Il y a donc un intérêt à engager des discussions sur les gains d'efficacité avec l'Autorité très en amont et non pas après l'identification d'un risque d'atteinte à la concurrence et, *a fortiori*, après le passage en phase d'examen approfondi.

b) *Les critères d'analyse*

770. La jurisprudence du Conseil d'État et la pratique décisionnelle de l'Autorité permettent de dégager trois critères applicables à la prise en compte des gains d'efficacité économique :

– ces gains doivent être quantifiables et vérifiables ;
– ils doivent être spécifiques à la concentration ;
– une part de ces gains doit être transférée aux consommateurs.

771. Ce troisième critère exclut les avantages ne bénéficiant qu'aux parties, comme l'a indiqué le Conseil d'État, dans une décision du 9 avril 1999 : "si le déve-

loppement de la société Pernod-Ricard serait susceptible d'être favorisé grâce aux disponibilités financières dégagées par l'opération de cession envisagée, un tel développement ne constitue pas en tant que tel, et n'apporte pas à lui seul, une contribution au progrès économique et social de nature à compenser les effets anticoncurrentiels de l'opération projetée". Le Conseil d'État a précisé dans cette même décision "qu'une telle compensation ne peut davantage être regardée comme constituée par le produit fiscal susceptible d'être encaissé par le Trésor public si l'opération se réalise ou par les investissements dont la réalisation serait rendue possible dans cette hypothèse."

772. Pour apprécier dans quelle mesure les gains d'efficacité économique répondant aux trois critères ci-dessus contrebalancent les effets anticoncurrentiels d'une concentration, l'Autorité tient notamment compte de leur ampleur comparativement à l'importance des effets anticoncurrentiels identifiés et de la vitesse à laquelle ces gains sont susceptibles de se réaliser.

773. En ce qui concerne l'ampleur des gains d'efficacité économique, la Commission rappelle dans ses lignes directrices sur l'appréciation des concentrations horizontales que "l'incitation de la nouvelle entité issue de l'opération à répercuter les gains d'efficacité sur les consommateurs est souvent liée à l'existence de pressions concurrentielles exercées par les autres entreprises présentes sur le marché et par les concurrents potentiels. Plus les effets négatifs potentiels sur la concurrence sont importants, plus la Commission doit s'assurer que les gains d'efficacité allégués sont élevés, que leur matérialisation est probable et qu'ils seront répercutés suffisamment sur les consommateurs. Il est hautement improbable qu'une opération qui débouche sur une position proche du monopole, ou sur un niveau de pouvoir de marché comparable, puisse être déclarée compatible avec le marché commun au motif que les gains d'efficacité suffiraient à contrebalancer ses effets anticoncurrentiels potentiels." Ainsi, à plusieurs reprises, l'Autorité a considéré que, compte tenu de la structure du marché post-concentration et de la faible sensibilité des acheteurs aux prix, il était peu probable que la nouvelle entité soit incitée à transférer aux consommateurs tout ou partie des gains d'efficacité susceptibles de résulter de l'opération.

Exemple : dans sa décision n° 16-DCC-111 du 27 juillet 2016, l'Autorité a considéré qu'aucun élément ne permettait de présumer que les économies de coûts attendues de l'opération seraient répercutées aux consommateurs, compte tenu de la stabilité des prix pratiqués par l'enseigne Fnac au cours des trois dernières années, ceux-ci étant, en moyenne, alignés sur ceux des acteurs spécialisés dans la vente en ligne.

774. En qui concerne la vitesse de réalisation des gains attendus, la Commission rappelle dans ses lignes directrices sur l'appréciation des concentrations horizontales que "d'une manière générale, plus les gains d'efficacité projetés seront éloignés dans le temps, moins la Commission pourra leur accorder de poids. Cela signifie que, pour être considérés comme un facteur de contrepoids, les gains d'efficacité doivent intervenir en temps utile."

775. Cette évaluation peut se faire dans le cadre de la construction de scénarios prospectifs, tenant compte à la fois des effets anticoncurrentiels et proconcurrentiels de la concentration.

c) *Exemples de contributions au progrès économique*

776. L'Autorité est susceptible de prendre en compte dans son analyse toutes les contributions au progrès économique, répondant aux critères ci-dessus, dès l'instant où elles sont démontrées par les parties. Sont illustrées, ci-dessous, les contributions les plus souvent invoquées par les parties.

Les gains de coût

777. De nombreuses concentrations conduisent à la réalisation, au sein de la nouvelle entité, de gains de coût, qu'il s'agisse de gains par effet d'échelle ou de gains de productivité. Il appartient alors aux parties de démontrer que les gains de coût envi-

sagés répondent aux critères ci-dessus, en particulier qu'ils seront transférés, au moins en partie, à la collectivité dans son ensemble ou aux consommateurs, sous forme de baisse de prix, d'amélioration de la qualité de l'offre ou d'enrichissement du choix proposé au consommateur.

Exemple 1 : dans la décision n° 13-DCC-101 du 26 juillet 2013, l'Autorité a considéré que la simple mise en commun, entre les parties, d'un savoir-faire particulier détenu avant l'opération par une seule d'entre elles ne suffisait pas à établir l'existence d'un gain de coût spécifiquement lié à la concentration. En effet, l'acquisition de ce savoir-faire spécifique pouvait être faite autrement, par exemple par une réorganisation de la structure des coûts de production et de la logistique des entreprises concernées.

Exemple 2 : dans sa lettre C2005-18 du 28 octobre 2005, le ministre a relevé, en revanche, qu'"au plan économique, il ressort des éléments du dossier que l'opération va entraîner des économies de coûts substantielles. Ces économies résulteront de la mutualisation des informations par nature indifférenciées, de la mise en commun des régies publicitaires, des réseaux de distribution et des prestations de pré-presse et du transfert de l'impression de Presse Océan sur l'outil industriel de Ouest-France." Le transfert aux consommateurs des gains réalisés résultait du fait que, comme l'avait indiqué le Conseil de la concurrence dans son avis n° 05-A-18 du 11 octobre 2005, "les économies réalisées apparaissent de nature à replacer les trois titres acquis dans une situation durablement viable". En effet, "la nouvelle entité a économiquement tout intérêt à amortir les coûts fixes de son activité sur un volume maximum de ventes. En outre, compte tenu du fort attachement des lecteurs de PQR [presse quotidienne régionale] à leur titre de prédilection, le groupe Ouest-France tirera avantage à poursuivre l'édition des titres acquis. Cette double incitation est donc de nature à garantir à tout le moins le maintien du tirage actuel. Il s'ensuit que les annonceurs locaux et les particuliers continueront d'avoir accès à plusieurs supports différenciés largement diffusés. La distribution du titre Presse Océan, qui est irrégulière aujourd'hui en raison de sa situation financière très fragile, sera également pérennisée et rationalisée. Les annonceurs locaux et les particuliers profiteront donc de cette nouvelle régularité dans la diffusion du journal. Enfin, les annonceurs des titres du pôle Ouest bénéficieront d'une amélioration de la qualité des journaux (augmentation du nombre de pages couleurs), et de l'élargissement de l'audience (possibilité de consulter les petites annonces sur Internet ; rationalisation de la distribution des titres, mettant fin aux incertitudes actuelles quant à la livraison des titres de PQR le matin dans certains départements). L'ensemble de ces éléments, participant à l'amélioration de la qualité des titres de la nouvelle entité, accroissent l'attractivité de ces derniers. Ainsi, sur les marchés de la publicité et des petites annonces, cette attractivité est en mesure de compenser, pour les annonceurs locaux et les particuliers, une éventuelle augmentation des prix des espaces publicitaires."

Exemple 3 : dans sa lettre C2002-21 du 20 janvier 2003, le ministre a considéré que le transfert à la collectivité des gains de coût espérés liés à la fusion entre deux opérateurs actifs sur le marché de la distribution de médicaments n'avait pas été démontré par les parties. En l'espèce, compte tenu de la prédominance des coûts fixes dans l'économie du secteur, de la faible incitation qu'auraient les parties à répercuter des gains éventuels à leurs clients, compte tenu du caractère oligopolistique du marché et de sa faible pression concurrentielle, de la faible élasticité prix de la demande finale et des contraintes réglementaires sur les prix finaux, le ministre a considéré que des gains d'efficacité éventuels ne seraient pas transférés aux consommateurs.

778. Il convient de noter, comme l'illustre notamment l'exemple 3 ci-dessus, qu'il est plus probable que les gains d'efficacité conduisant à des réductions des coûts variables ou marginaux entraînent une baisse des prix à la consommation que les réductions de coûts fixes, le rapport entre les coûts fixes et les prix à la consomma-

tion étant habituellement moins direct, au moins à court terme. Néanmoins, et comme le montre l'exemple 2 ci-dessus, il est possible de prendre en compte l'effet de l'opération sur les coûts fixes même s'il est moins aisé de démontrer que ces gains de coûts fixes seront répercutés sur les consommateurs.

L'enrichissement et l'amélioration de la qualité des produits et services offerts aux consommateurs

779. Il s'agit d'une autre source de contribution au progrès économique susceptible d'être retenue dans le bilan d'une concentration, en particulier si elle produit des effets congloméraux.

> **Exemple** : dans sa décision n° 10-DCC-11 du 26 janvier 2010, l'Autorité n'a pas retenu les gains d'efficacité mis en avant par les parties, liés à la possibilité de diffuser sur les chaînes TMC et NT1 des programmes qui ne pouvaient être valorisés sur la chaîne TF1 parce qu'ils n'étaient pas susceptibles d'atteindre des scores d'audience suffisants pour la chaîne historique. Ils n'ont pas été jugé suffisants pour compenser les effets de l'opération sur la concurrence, d'une part, parce que leur redistribution aux annonceurs sur les marchés de la publicité était peu compatible avec les objectifs de restauration des marges du groupe TF1 présentés comme l'un des objectifs majeurs de l'opération, et d'autre part, parce qu'il n'était pas démontré que l'opération était le seul moyen de valoriser les droits de diffusion concernés.

Les retombées économiques pour la collectivité

780. Ces retombées peuvent prendre de nombreuses formes, que l'Autorité apprécie en fonction des spécificités des marchés concernés.

> **Exemple 1** : dans sa lettre C2007-14 du 13 novembre 2007, le ministre a pris en compte les retombées économiques pour la collectivité que pouvait permettre le rapprochement des sites de foires et salons des parties : "il paraît bien établi que les activités de foires, salons et congrès créent des externalités positives pour les marchés géographiques où elles se tiennent, ce qui explique d'ailleurs pourquoi les collectivités locales potentiellement bénéficiaires acceptent assez souvent de contribuer à l'effort d'investissement pour la création ou la modernisation des sites."
>
> **Exemple 2** : dans son avis n° 02-A-04 du 11 avril 2002, le Conseil a noté qu'"une mutualisation accrue des pylônes cédés contribue au développement des marchés de la téléphonie mobile, et notamment à l'ouverture du marché de l'UMTS, en réduisant les besoins en investissement de chacun des opérateurs concernés", qu'"un partage des sites et des éléments passifs permettrait de réaliser, en moyenne, une économie de 20 à 30 % sur les coûts d'investissements du réseau" et que "la mutualisation [pouvait] donc être considérée comme un objectif d'intérêt général". Toutefois, le Conseil de la concurrence a considéré que cette mutualisation ne pouvait être acceptée du point de vue du droit de la concurrence que si elle s'exerçait de manière complète, transparente et non-discriminatoire.

L'amélioration des capacités d'innovation et le renforcement des moyens de recherche et développement (ci-après "R&D")

> **Exemple** : dans son avis n° 05-A-01 du 7 janvier 2005, le Conseil de la concurrence a écarté l'argument présenté par les parties. Selon ces dernières, l'opération permettrait de dégager des ressources financières pour la R&D, le développement de l'homéopathie contribuerait à la réduction du déficit de la sécurité sociale, les progrès scientifiques attendus des investissements de R&D profiteraient aux consommateurs et contribueraient à la promotion de l'homéopathie en général, et donc, à l'entité fusionnée aussi bien qu'à ses concurrents actuels et potentiels. Le Conseil de la concurrence a considéré que l'augmentation des moyens financiers consacrés à la R&D était effectivement "de nature à accroître la probabilité d'obtention de résultats, et ce faisant la probabilité de transmission des gains aux

consommateurs", même si, par nature, la contribution au progrès économique des investissements de R&D est toujours difficile à évaluer compte-tenu des aléas inhérents à la recherche. Par ailleurs, les enseignements de la littérature économique démontrent que la concentration des marchés et l'innovation ne vont pas toujours ensemble. Ainsi, les entreprises les plus innovantes ne sont pas forcément celles qui interviennent dans les marchés les plus concentrés, ni même les entreprises les plus importantes. Aussi, le simple fait que les parties soient actives dans des secteurs dans lesquels les investissements en R&D sont parfois très importants ne pouvait suffire à démontrer que la concentration était susceptible d'engendrer des gains d'efficacité importants permettant de compenser les effets anticoncurrentiels potentiels identifiés par l'Autorité.

L'amélioration de la compétitivité internationale

781. L'amélioration de la compétitivité internationale de la nouvelle entité peut aussi constituer une contribution au progrès économique si elle est susceptible de bénéficier aux consommateurs français. Dans une décision du 6 octobre 2000, Pernod-Ricard – Coca-Cola Company, le Conseil d'État a précisé : "la société requérante fait état des perspectives de développement qui seraient ouvertes à la marque 'Orangina'à l'étranger grâce à l'opération projetée, des possibilités de développement qu'offrirait au groupe Pernod-Ricard le produit de la cession de ses actifs relatifs aux boissons 'Orangina'et des effets bénéfiques de cette cession pour la collectivité ; que, toutefois, dès lors que cette cession des actifs relatifs aux boissons 'Orangina'pour ce qui concerne les activités internationales n'est pas interdite, le développement à l'étranger de cette marque, qui au demeurant ne bénéficierait que de manière limitée à l'économie française, peut être assuré sans que soient cédés les actifs concernant le marché national."

Les gains d'efficacité économique spécifiques aux concentrations verticales et conglomérales

782. Les concentrations verticales, en permettant une meilleure articulation des décisions prises entre fournisseurs et distributeurs, peuvent générer des gains d'efficacité qui leur sont spécifiques. En effet, les relations entre fournisseurs et distributeurs peuvent être sujettes à des externalités que l'intégration permet d'internaliser. En particulier, lorsqu'un fournisseur choisit son prix de gros, il tient compte de sa propre marge (marge de gros), mais ne prend pas en compte celle du ou des distributeur(s) non intégrés (marge de détail). En choisissant un prix de gros plus élevé, le fabricant réduit, toutes choses égales par ailleurs, la marge de détail des distributeurs, exerçant ainsi sur eux une externalité négative. L'addition des deux marges, de gros et de détail, conduit à des prix plus élevés que ceux que choisirait la structure intégrée. Cette dernière prend en effet en compte la marge totale, somme des marges de gros et de détail, ce que ne fait pas le fournisseur non intégré. L'intégration verticale permet donc de supprimer l'inefficacité de double marginalisation, ce qui, dans certains cas, peut profiter aux consommateurs.

783. De la même façon, une entreprise intégrée est *a priori* plus encline à investir en amont dans des dépenses dont les bénéfices sont surtout attendus en aval, par exemple, à concevoir ses produits, adopter des modèles, des processus de production ou des présentations qui favorisent les économies de coût de distribution. Symétriquement, les branches aval sont plus fortement incitées à assurer la promotion des produits.

Exemple : dans son avis n° 04-A-08 du 18 mai 2004, le Conseil de la concurrence a examiné les gains d'efficacité que l'intégration entre un brasseur et un distributeur de boissons est susceptible de générer. Selon la société Kronenbourg, une telle intégration permettait de supprimer la double marginalisation mais également de mieux coordonner les efforts du brasseur et du distributeur en ce qui concerne la qualité et la promotion des produits vendus. Néanmoins dans ce cas, le Conseil de la concurrence a constaté que les relations tarifaires entre le brasseur et les entrepositaires présentaient certaines spécificités qui ne favorisaient pas la suppression de la double marge et que, de ce fait, les gains d'efficacité allégués ne pouvaient être attendus de la concentration.

784. Dans les concentrations conglomérales, des économies de gamme sont généralement attendues et les consommateurs peuvent directement bénéficier du regroupement de leurs achats auprès d'un seul interlocuteur ("*one-stop shopping*") *[V. les Lignes directrices sur l'appréciation des concentrations non horizontales au regard du règlement du Conseil relatif au contrôle des concentrations entre entreprises (2008/C265/07), en particulier le paragraphe 104]*.

8 *L'exception de l'entreprise défaillante*

785. Dans le cas particulier de la reprise par un concurrent d'une entreprise qui disparaîtrait à brève échéance si l'opération n'était pas réalisée, l'Autorité peut envisager d'autoriser l'opération, même si elle porte atteinte à la concurrence. La pratique décisionnelle de l'Autorité s'inspire à cet égard de la jurisprudence de la CJCE depuis un arrêt du 31 mars 1998, qui considère qu'en cas de reprise, par un concurrent, d'une entreprise en difficulté, l'opération peut être autorisée sans être assortie de remèdes, lorsqu'il apparaît que les effets de la concentration ne seraient pas plus défavorables que ceux qui résulteraient de la disparition de l'entreprise en difficulté.

786. Les trois critères cumulatifs définis par la CJCE dans cet arrêt ont été repris par le Conseil d'État, dans une décision du 6 février 2004. Il peut ainsi être considéré que les effets d'une concentration ne seraient pas plus dommageables pour la concurrence que la disparition de l'entreprise en difficulté lorsque :

– ces difficultés entraîneraient la disparition rapide de la société en l'absence de reprise ;

– il n'existe pas d'autre offre de reprise moins dommageable pour la concurrence, portant sur la totalité ou une partie substantielle de l'entreprise ;

– la disparition de la société en difficulté ne serait pas moins dommageable pour les consommateurs que la reprise projetée.

787. La charge de la preuve de ces trois conditions cumulatives repose sur les parties. En outre, la réunion de ces trois conditions est appréciée strictement.

788. Le Conseil d'État a, dans cette décision, précisé ces critères d'application : "s'agissant de la reprise, par un concurrent, d'une société en difficulté, [le ministre] doit autoriser l'opération sans l'assortir de prescriptions lorsqu'il apparaît au terme de ce bilan que les effets de cette opération sur la concurrence ne seraient pas plus défavorables que ceux qui résulteraient de la disparition de l'entreprise en difficulté, c'est-à-dire s'il est établi, en premier lieu, que ces difficultés entraîneraient la disparition rapide de la société en l'absence de reprise, en deuxième lieu, qu'il n'existe pas d'autre offre de reprise moins dommageable pour la concurrence, portant sur la totalité ou une partie substantielle de l'entreprise et, en troisième lieu, que la disparition de la société en difficulté ne serait pas moins dommageable pour les consommateurs que la reprise projetée".

789. Les trois critères doivent s'analyser selon un enchaînement logique, et visent, *in fine*, à établir que la dégradation de la situation concurrentielle se serait produite même en l'absence de la concentration. L'exception de l'entreprise défaillante ne s'applique qu'à l'entreprise reprise et ne peut être appliquée à l'acquéreur. En revanche, l'Autorité peut prendre en compte le risque de disparition de l'acquéreur, s'il présente un degré de certitude suffisant, au titre du scénario contrefactuel servant de base à l'analyse des effets concurrentiels de l'opération.

790. L'argument de l'entreprise défaillante a fait l'objet d'un examen dans un nombre restreint de décisions, qui permettent d'illustrer la manière dont les trois critères énoncés par le Conseil d'État sont susceptibles d'être analysés.

a) *La disparition rapide de la société en l'absence de reprise*

791. Il s'agit, pour l'Autorité, de vérifier que l'entreprise n'était pas en mesure de poursuivre son activité en l'absence de reprise par un tiers. La satisfaction de ce critère s'appuie généralement sur le fait que les sociétés cibles étaient en situation de cessation de paiement et avaient fait l'objet d'une procédure collective devant un tribunal de commerce. En l'absence de procédure collective, l'Autorité peut être conduite à apprécier si la défaillance est "radicale" (de simples difficultés ne mettant pas en jeu la continuité de l'exploitation ne seraient pas suffisantes), avérée et se manifestera à brève échéance.

b) *L'absence d'offres de reprise moins dommageables pour la concurrence*

792. Ce critère permet d'établir qu'aucune autre offre moins dommageable pour la concurrence n'aurait permis d'assurer la continuité de l'activité de l'entreprise cible. Afin d'être retenue par l'Autorité, l'offre présentée doit :
– être crédible ;
– porter sur l'ensemble du périmètre repris ou sur une partie substantielle de ce périmètre ;
– être moins dommageable pour la concurrence que celle des parties.

793. Il convient tout d'abord de vérifier que le processus de cession garantit une certaine publicité afin que les acteurs du marché aient pu faire part de leur intérêt pour la reprise. Les procédures encadrées par le tribunal de commerce permettent en général de présumer un niveau suffisant de publicité.

794. Ensuite, si, lorsqu'elle apprécie l'existence d'offres alternatives, l'Autorité peut s'appuyer sur les recherches de repreneurs réalisées par les parties prenantes au processus de cession (notamment les conciliateurs ou les tribunaux de commerce), elle n'est pas tenue par les conclusions de ces procédures. En effet, l'Autorité analyse de manière autonome et au cas par cas les procédures, pour estimer si un ou plusieurs repreneurs alternatifs crédibles se sont manifestés, puisque l'appréciation qu'elle porte sur le processus de reprise repose sur des critères concurrentiels, qui peuvent être distincts de ceux retenus par les autres parties prenantes à la procédure de cession.

795. Enfin, l'Autorité ne prend pas uniquement en compte les offres équivalentes. Elle peut également prendre en compte une offre moins-disante, dès lors que celle-ci porte sur l'ensemble du périmètre repris ou sur une partie substantielle de celui-ci.

> **Exemple 1 :** dans son avis n° 05-A-01 du 7 janvier 2005, le Conseil de la concurrence a considéré que ce deuxième critère n'était pas rempli : "en l'absence de procédure collective, avec appel public à repreneur, il appartient aux parties de démontrer, par tous moyens, qu'il n'existait pas d'autre alternative d'achat des laboratoires Dolisos". Les éléments fournis par les parties se sont en effet avérés insuffisants pour démontrer la satisfaction de cette condition. De plus, une société étrangère avait déclaré son intérêt à pénétrer le marché français, la société Dolisos constituant une cible d'acquisition possible. Enfin, il existait de nombreux concurrents étrangers susceptibles d'être intéressés par cette acquisition, même s'ils ne s'étaient pas déclarés au moment de l'instruction.
>
> **Exemple 2 :** dans sa décision n° 18-DCC-95 du 14 juin 2018, l'Autorité a également considéré qu'il existait une offre alternative crédible à celle de la partie notifiante des parties, moins dommageable pour la concurrence. Après une analyse fine de l'intégralité du processus de reprise, y compris de la période antérieure à l'ouverture de la procédure de redressement judiciaire, l'Autorité a pris en compte tous les repreneurs qui s'étaient manifestés, dès lors qu'ils avaient émis une intention sérieuse d'acquérir la cible quand bien même leur offre n'avait, *in fine*, pas été déposée au tribunal de commerce. Dans le cadre de ce dossier, l'Autorité a également vérifié que les offres alternatives étaient effectivement moins dommageables que celle de la partie notifiante, en réalisant une analyse concurrentielle *prima facie* de ces offres afin de les comparer à celle de la société Cofigeo.

c) *La neutralité pour les consommateurs*

796. Ce dernier critère vise à s'assurer que la disparition de l'entreprise cible (dans sa configuration antérieure à l'opération) n'est pas moins dommageable pour le

consommateur que l'opération notifiée. Il repose donc sur l'analyse des scénarios contrefactuels crédibles en cas de non-réalisation de la concentration. Son analyse nécessite d'identifier ces scénarios et leur crédibilité, avant d'analyser leurs effets sur la structure concurrentielle des marchés concernés. En particulier, des offres qui ont été écartées au titre du deuxième critère, en raison de leur manque de crédibilité ou de leur caractère partiel, peuvent être prises en compte au stade de ce troisième critère. L'Autorité peut également être conduite à apprécier les effets de la sortie du marché de certains actifs de l'entreprise cible. En particulier, elle peut être amenée à rechercher si le renforcement de la position du repreneur n'aurait pas découlé de la simple absorption des parts de marché de l'entreprise cible une fois celle-ci sortie du marché. Ainsi que la CJUE l'a souligné dans un arrêt du 31 mars 1998 : "l'introduction de ce critère vise à assurer que l'existence d'un lien de causalité entre la concentration et la détérioration de la structure concurrentielle du marché ne peut être exclue qu'au cas où la détérioration de la structure concurrentielle, faisant suite à l'opération de concentration, se produirait pareillement même en l'absence de cette opération."

Exemple : dans son avis n° 02-A-15 du 23 décembre 2002, le Conseil de la concurrence a examiné différents scénarios prospectifs pour déterminer si la reprise de la société ORP par la société ASD était moins dommageable que sa disparition pour la concurrence et les consommateurs. Les scénarios établis ont pris en compte la possible création d'une position dominante collective, que la société ORP disparaisse ou soit rachetée, les stratégies non coordonnées que la société ASD pouvait envisager, le fait que la concentration créait une asymétrie dans l'oligopole susceptible de le déstabiliser, le fait que les concurrents de la nouvelle entité étaient cependant à même de recréer la symétrie en élargissant leurs offres, et les risques d'éviction des acteurs de la frange concurrentielle. Il est ressorti de cette analyse que la disparition de la société ORP "serait aussi préjudiciable au fonctionnement de la concurrence que sa reprise par ASD". En conséquence, le troisième critère a été considéré comme rempli.

797. Dans une décision du 6 février 2004, le Conseil d'État a considéré, en revanche, que le troisième critère n'était pas rempli. Il a en effet considéré qu'"en estimant qu'une éventuelle acquisition des marques détenues par la société Moulinex, sans reprise des actifs industriels, ne modifiait pas l'analyse, le ministre a méconnu les possibilités offertes par une telle acquisition à un opérateur désireux de pénétrer le marché français du petit électroménager, sur lequel, d'après le ministre lui-même, la principale barrière à l'entrée était constituée par les marques". Ainsi, un scénario éventuellement moins dommageable pour la concurrence, et plus favorable aux consommateurs que la reprise projetée, pouvait être envisagé.

9 *Les restrictions accessoires*

798. Le règlement 139/2004 dispose que toute décision déclarant une concentration compatible avec le marché commun "est réputée couvrir les restrictions directement liées et nécessaires à la réalisation de la concentration". Dans sa communication relative aux restrictions directement liées et nécessaires à la réalisation des opérations de concentration, la Commission précise : "Une opération de concentration comprend des arrangements contractuels et des accords établissant un contrôle au sens de l'article 3, paragraphe 2, du règlement CE sur les concentrations. Tous les accords qui exécutent l'objet principal de la concentration, tels que ceux relatifs à la vente d'actions ou d'actifs d'une entreprise, font partie intégrante de la concentration. Outre ces arrangements et ces accords, les parties à la concentration peuvent conclure d'autres accords qui ne font pas partie intégrante de la concentration mais qui peuvent limiter la liberté d'action des parties sur le marché. Si ces accords comportent des restrictions accessoires, celles-ci sont automatiquement couvertes

par la décision déclarant la concentration compatible avec le marché commun." Dans la mesure où les restrictions sont directement liées et nécessaires à la réalisation de la concentration, le règlement 139/2004 est applicable. En revanche, pour les restrictions qui ne peuvent être considérées comme directement liées et nécessaires à la réalisation de la concentration, les articles 101 et 102 du TFUE restent potentiellement applicables.

799. Ce règlement ne s'applique qu'aux concentrations relevant du contrôle européen : il ne vise pas celles soumises au droit national. Néanmoins, la réunion au sein d'une même autorité, des compétences relatives, d'une part, à l'application du droit européen et national des pratiques anticoncurrentielles et, d'autre part, du contrôle des concentrations, permet à l'Autorité d'effectuer un examen de telles restrictions dans le cadre des autorisations rendues en application des articles L. 430-5 ou L. 430-7.

800. Les parties n'ont pas l'obligation de porter l'existence d'une restriction accessoire à la connaissance de l'Autorité. Néanmoins, elles peuvent avoir intérêt à attirer son attention sur l'existence d'une restriction dont la compatibilité avec le droit de la concurrence peut susciter des doutes, eu égard à sa forme, à sa portée ou à sa combinaison avec d'autres restrictions, ou encore au regard du contexte concurrentiel des marchés concernés.

801. Lorsque de telles restrictions sont portées à sa connaissance, et qu'il y a lieu de les examiner, l'Autorité apprécie elle-même si elles sont directement liées et nécessaires à la réalisation de l'opération, sans être liée par la position des parties. Des restrictions sont considérées comme directement liées et nécessaires lorsque, en leur absence, la concentration ne pourrait pas être réalisée ou que sa viabilité serait remise en cause. Dans la mesure où les restrictions de concurrence excéderaient ce qui est directement lié et nécessaire à l'opération, la mise en œuvre par le rapporteur général des dispositions du III de l'article L. 462-5, qui lui permettent de proposer à l'Autorité de se saisir d'office des pratiques anticoncurrentielles mentionnées à l'article L. 420-1, pourrait être envisagée, faute pour les parties de renoncer à ces restrictions.

Exemple : dans sa décision n° 15-DCC-53 du 15 mai 2015, l'Autorité s'est prononcée sur la qualification de restriction accessoire de plusieurs contrats conclus entre la société UGI, l'acheteur, et la société Total, le vendeur. S'agissant du contrat de référencement de bouteilles de GPL et de revente au détail de GPL, contenant des clauses d'exclusivité sans aucune indication de quantité, l'Autorité a considéré que ces accords ne constituaient pas des restrictions directement liées et accessoires. En effet, l'Autorité a considéré qu'une telle clause générale, sur une quantité indéterminée, n'était pas strictement nécessaire à la réalisation de l'opération. En revanche, le contrat de mise à disposition de capacité de stockage de butane portait sur une quantité précise. L'Autorité a donc estimé qu'il était lié à l'opération et nécessaire puisqu'il permettait au vendeur de continuer à alimenter l'une de ses usines. En conséquence, elle l'a déclaré couvert au titre des restrictions directement liées et nécessaires à la réalisation de la concentration, dès lors qu'il n'était pas renouvelé au-delà de cinq ans.

IV Annexes

A La procédure du contrôle des concentrations

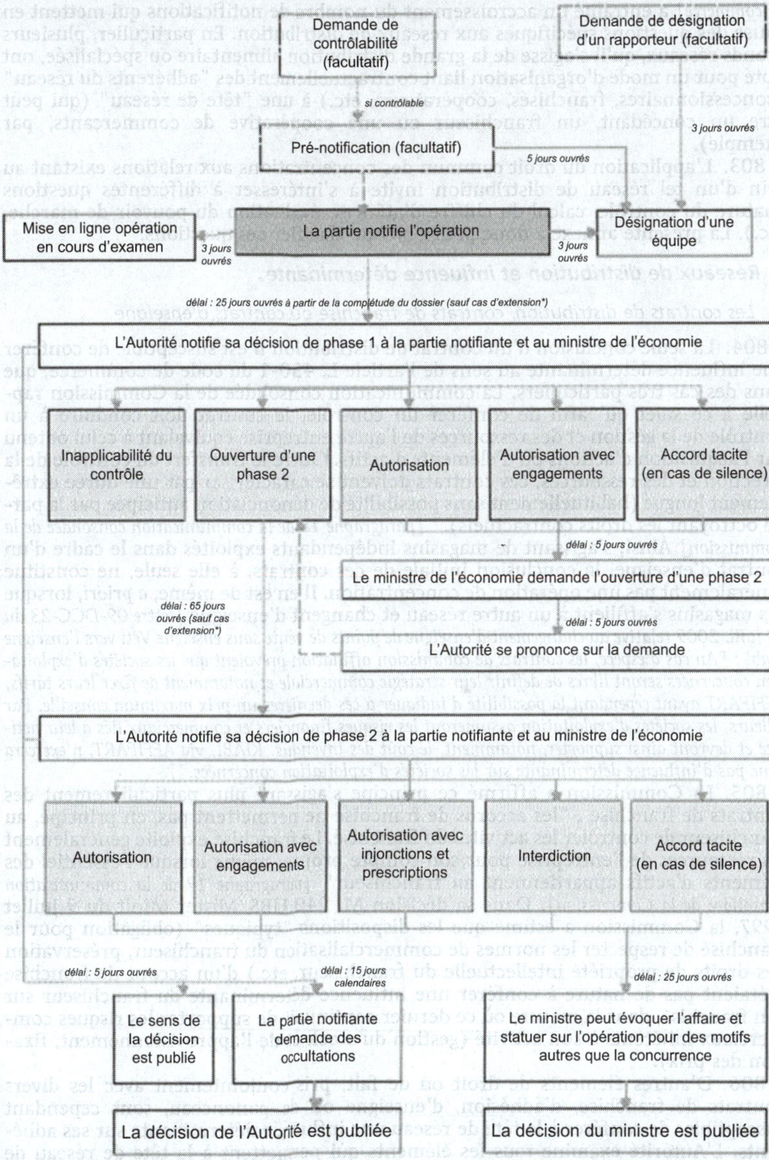

B *L'analyse des réseaux de distribution*

802. L'introduction, par la loi du 4 août 2008 de modernisation de l'économie, de seuils de contrôlabilité spécifiques au commerce de detail *[II de l'article L. 430-2 du code de commerce]* a entraîné un accroissement du nombre de notifications qui mettent en cause des questions spécifiques aux réseaux de distribution. En particulier, plusieurs grands réseaux, qu'il s'agisse de la grande distribution alimentaire ou spécialisée, ont opté pour un mode d'organisation liant contractuellement des "adhérents du réseau" (concessionnaires, franchisés, coopérateurs, etc.) à une "tête de réseau" (qui peut être un concédant, un franchiseur ou une coopérative de commerçants, par exemple).

803. L'application du droit commun des concentrations aux relations existant au sein d'un tel réseau de distribution invite à s'intéresser à différentes questions (nature du contrôle, calcul du chiffre d'affaires, évaluation du pouvoir de marché, etc.). La présente annexe a donc pour objet de clarifier ces questions.

1 *Réseaux de distribution et influence déterminante*

a) *Les contrats de distribution, contrats de franchise ou contrats d'enseigne*

804. La seule conclusion d'un contrat de distribution n'est susceptible de conférer une influence déterminante au sens de l'article L. 430-1 du code de commerce, que dans des cas très particuliers. La communication consolidée de la Commission rappelle à ce sujet qu'"afin de conférer un contrôle, le contrat doit conduire à un contrôle de la gestion et des ressources de l'autre entreprise équivalant à celui obtenu par l'acquisition d'actions ou d'éléments d'actifs. Outre le transfert du contrôle de la direction et des ressources, ces contrats doivent se caractériser par une durée extrêmement longue (habituellement sans possibilité de dénonciation anticipée par la partie octroyant les droits contractuels)." *[paragraphe 18 de la communication consolidée de la Commission]* Ainsi, s'agissant de magasins indépendants exploités dans le cadre d'un contrat d'enseigne, la conclusion initiale de ces contrats, à elle seule, ne constitue généralement pas une opération de concentration. Il en est de même, ***a priori***, lorsque ces magasins s'affilient à un autre réseau et changent d'enseigne *[lettre 09-DCC-23 du 23 juill. 2009 relative au changement d'enseigne de points de vente sous enseigne Vêti vers l'enseigne Kiabi : "Au cas d'espèce, les contrats de commission affiliation prévoient que les sociétés d'exploitation concernées seront libres de définir leur stratégie commerciale et notamment de fixer leurs tarifs, AFFIPART ayant cependant la possibilité d'indiquer à ces dernières un prix maximum conseillé. Par ailleurs, les sociétés d'exploitation assumeront les risques financiers et commerciaux liés à leur activité et devront ainsi supporter, notamment, le coût des invendus. KIABI, via AFFIPART, n'exercera donc pas d'influence déterminante sur les sociétés d'exploitation concernées."]*.

805. La Commission a affirmé ce principe s'agissant plus particulièrement des contrats de franchise : "les accords de franchise ne permettent pas, en principe, au franchiseur de contrôler les activités du franchisé. Le franchisé exploite généralement les ressources de l'entreprise pour son compte propre, même lorsque l'essentiel des éléments d'actifs appartiennent au franchiseur" *[paragraphe 19 de la communication consolidée de la Commission]*. Dans sa décision M. 940 UBS/Mister Minit du 9 juillet 1997, la Commission a estimé que les dispositions "typiques" (obligation pour le franchisé de respecter les normes de commercialisation du franchiseur, préservation des droits de propriété intellectuelle du franchiseur, etc.) d'un accord de franchise n'étaient pas de nature à conférer une influence déterminante du franchiseur sur son franchisé, dans la mesure où ce dernier continuait de supporter les risques commerciaux inhérents à son activité (gestion du stock et de l'approvisionnement, fixation des prix).

806. D'autres éléments de droit ou de fait, pris conjointement avec les divers contrats de franchise, d'adhésion, d'enseigne ou de panonceau, sont cependant susceptibles de conférer à la tête de réseau une influence déterminante sur ses adhérents. L'Autorité examine tous les éléments qui permettent à la tête de réseau de limiter la marge de manœuvre de l'adhérent, tant dans la conduite de sa politique

commerciale que dans les possibilités de changer de réseau, et détermine s'ils sont suffisants pour conférer à la "tête de réseau" une influence déterminante sur l'entreprise de son "adhérent". Elle prend notamment en compte les critères suivants : la possibilité de la tête de réseau de fixer des prix maximum à ses adhérents impactant la liberté de l'adhérent de fixer ses prix de manière indépendante (i), les obligations d'approvisionnement des adhérents auprès du groupement pour une part importante de leurs achats (ii), l'obligation de respecter des clauses de préemption, de substitution et de préférence au profit du groupement en cas de cession de leur magasin en dehors du périmètre familial (iii), l'obligation de participer à un certain nombre d'opérations promotionnelles par an, durant lesquelles les adhérents doivent mettre en vente les produits au prix indiqué sur les documents publicitaires (iv), l'obligation de référencer plus de 50 % des lignes de produits de la tête de réseau (v), et la durée plus ou moins longue des contrats (vi) *[V., par exemple, les décisions n° 15-DCC-115 du 18 sept. 2015 relative à la prise de contrôle exclusif de la société Audika Groupe et de ses filiales par le groupe William Demant, n° 13-DCC-115, n° 14-DCC-173 du 21 nov. 2014 relative à la prise de contrôle exclusif de la société Dia France SAS par la société Carrefour France SAS, n° 14-DCC-179 du 27 nov. 2014 relative à la prise de contrôle d'Omer Telecom Limited par Numericable Group dans laquelle l'Autorité a appliqué cette grille d'analyse pour les distributeurs monomarques SFR non-intégrés, les boutiques de La Poste et les boutiques Virgin Mobile]*.

807. La possibilité, pour la tête de réseau, d'exercer une influence déterminante sur ses adhérents explique que, lorsqu'un même opérateur exploite, sous franchise, deux magasins sous enseignes différentes, il soit en mesure de mettre en œuvre une politique commerciale différente dans ses deux points de vente, dictée par la tête de réseau. L'Autorité peut donc considérer, *in fine*, que cet opérateur est en mesure d'entretenir une relation concurrentielle entre ses différents magasins*[,]* ce qu'elle prend en compte dans son analyse concurrentielle. Une telle situation a, par exemple, été constatée par l'Autorité dans la décision n° 14-DCC-173 du 21 novembre 2014 relative à la prise de contrôle exclusif de la société Dia France SAS par la société Carrefour France SAS.

b) Les prises de participation et les statuts des sociétés d'exploitation

808. La tête du réseau de distribution peut, notamment, prendre une participation au capital de la société d'exploitation du point de vente de l'adhérent. Combinées aux dispositions des contrats d'enseigne, ces participations peuvent conférer à la tête de réseau une influence déterminante même si elles restent très minoritaires. De façon plus exceptionnelle, la tête de réseau peut, par la combinaison d'un système de gouvernance de ces sociétés d'exploitation très dérogatoire et des dispositions du contrat d'enseigne, détenir sur ces sociétés une influence déterminante sans aucune participation au capital.

809. En effet, si les droits conférés aux actionnaires minoritaires ont généralement pour objectif de protéger leurs intérêts financiers en tant qu'investisseurs et ne suffisent, *a priori*, pas à conférer à la tête de réseau une influence déterminante sur l'adhérent, dans certains réseaux de distribution, les sociétés d'exploitation sont tenues d'adopter des statuts-types spécifiques. L'Autorité apprécie dans ce cas dans quelle mesure certaines clauses de ces statuts sont susceptibles de conférer à l'actionnaire minoritaire une influence déterminante sur l'adhérent.

810. Par exemple, si ces statuts précisent l'enseigne sous laquelle l'adhérent doit mener son activité, et ne peuvent être modifiés qu'avec l'accord de l'actionnaire minoritaire, ils permettent à la tête du réseau de distribution d'empêcher l'adhérent de sortir du réseau. L'Autorité considère alors que cette participation minoritaire, jointe au contrat de distribution, confère à la tête de réseau une influence déterminante *[V. par exemple la décision de l'Autorité n° 09-DCC-06 du 20 mai 2009, ITM/Evolis]*. Il en est de même lorsque des stipulations des statuts fixent une durée très longue pendant laquelle l'adhérent ne peut sortir du réseau, ou empêchent, *de facto*, l'adhérent de sortir du réseau pendant une durée très longue. De telles dispositions peuvent être la contrepartie de participations égales à une simple minorité de blocage (34 % dans une SA, 26 % dans une SARL), voir même de la détention d'une seule

action de préférence *[V. la décision de l'Autorité n° 09-DCC-064 du 17 nov. 2009 : "ITM détenait une seule action de préférence de la société Mikery exploitant un point de vente à l'enseigne Intermarché mais les statuts de l'entreprise avaient été modifiés et conféraient à ITM Entreprises, pendant une durée de [supérieure à 10 ans], la possibilité de bloquer tout changement d'enseigne, de s'opposer à toute mutation d'actions et d'obliger les actionnaires majoritaires à céder le fonds de commerce dès l'instant où ils exploiteraient un fonds de commerce similaire sous une enseigne concurrente ; un droit de préférence en cas de cession du fonds de commerce à un prix calculé selon une formule prédéterminée. Enfin, après [supérieur à 10 ans], si ITM Entreprises n'a plus la possibilité de bloquer tout changement d'enseigne ou de s'opposer à toute mutation d'actions, ITM Entreprises conservait un droit de préférence sur toute vente de titres pendant 5 années supplémentaires."]*.

811. Dans un autre cas de figure, l'Autorité a constaté que les statuts-types des sociétés d'exploitation prévoient que ces sociétés comptent, parmi leurs associés, les membres d'un "conseil de parrainage", titulaires du contrat d'enseigne, et confèrent, dans la plupart des cas, à ce conseil de parrainage un pouvoir de nomination et de révocation du président de la société. Les statuts-types prévoient aussi qu'un associé peut être exclu par un vote à la majorité des trois-quarts du nombre d'associés. La perte du droit d'usage de l'enseigne est un motif de révocation du président et d'exclusion de l'associé. En cas d'exclusion, l'associé exclu est tenu de céder ses actions aux autres associés. Le président de la société, même détenant une très large majorité du capital, peut être exclu en application de cette disposition. L'Autorité a considéré que ces statuts-types, associés aux dispositions du contrat d'enseigne, permettent à la tête de réseau d'exercer une influence déterminante sur les sociétés d'exploitation car celle-ci dispose ainsi, à la fois, du pouvoir d'accorder et de retirer le droit d'usage de l'enseigne et de déterminer les termes du contrat d'enseigne qui définit la stratégie du réseau et encadre la politique commerciale des adhérents *[V. la décision n° 12-DCC-125 du 27 août 2012 relative à la prise de contrôle conjoint de 28 magasins de commerce de détail à dominante alimentaire par l'Union des Coopérateurs d'Alsace et l'Association des Centres Distributeurs E. Leclerc]*.

c) *Prise de contrôle exclusif et prise de contrôle conjoint*

812. En fonction des prérogatives sur la gestion de l'entreprise éventuellement conférées par les statuts à l'actionnaire minoritaire et des stipulations du contrat d'enseigne, le contrôle exercé par la tête de réseau sur l'adhérent peut être conjoint, les deux parties devant nécessairement s'entendre sur la politique commerciale du ou des points de vente, ou exclusif, la tête de réseau détenant seule la possibilité de déterminer cette politique.

813. Lorsque la tête de réseau exerce déjà un contrôle conjoint sur l'adhérent, constitue également une concentration l'opération par laquelle la tête de réseau acquiert un contrôle exclusif de l'adhérent. Confrontée à ce type d'opération lors de la prise de contrôle exclusif des sociétés Zormat, Les Chaînes et Puech Eco par la société Carrefour Supermarchés France (décision n° 18-DCC-65), l'Autorité a considéré que l'opération notifiée était susceptible de créer un problème de concurrence potentielle inter-marque puisqu'elle empêchait l'exploitant du fonds de commerce acquis par la société Carrefour Supermarchés France de changer d'enseigne et d'exploiter le magasin sous une enseigne concurrente, une fois le contrat d'enseigne arrivé à échéance.

d) *Les opérations transitoires*

814. Certaines prises de contrôle par la tête de réseau, de sociétés exploitant des magasins de commerce de détail affiliés au réseau, sont faites à titre transitoire, la tête de réseau prévoyant, à plus ou moins courte échéance, de céder tout ou partie du contrôle acquis à un repreneur indépendant. Deux cas de figure sont alors envisageables :

— lorsque ce repreneur est connu, que des actes juridiques contraignants ont été signés entre le repreneur et la tête de réseau et que la revente doit intervenir à courte échéance (moins d'un an), alors les deux opérations, celle par laquelle la tête de

réseau acquiert un contrôle exclusif et celle par laquelle elle cède tout ou partie de ce contrôle à un tiers, peuvent être considérées comme une opération unique. Dans ce cas, les deux opérations peuvent être notifiées conjointement à l'Autorité. La première opération à caractère transitoire est, dans ce cas, considérée comme n'ayant pas d'effets sur la structure de la concurrence, seuls les effets de la deuxième opération faisant alors l'objet d'une analyse concurrentielle ;

– dans les autres cas, l'opération par laquelle la tête de réseau acquiert un contrôle exclusif du ou des points de vente, doit être notifiée de façon isolée à l'Autorité qui en appréciera les effets sur la structure concurrentielle du marché.

2 *Le calcul du chiffre d'affaires*

815. Le chiffre d'affaires d'une tête de réseau (franchiseur, concédant, coopérative, etc.) comprend les ventes de ses succursales aux clients finals, les ventes à ses adhérents indépendants afin de les approvisionner et la rémunération versée par les adhérents indépendants pour toutes les prestations de services fournies par la tête de réseau. Ces services, rémunérés par une redevance ou d'autres dispositifs, peuvent prendre plusieurs formes : savoir-faire, marque, assistance, études de marché et d'assortiments, actions de formation, séminaires, etc.

816. En revanche, le chiffre d'affaires de la tête de réseau ne comprend pas les ventes au public réalisées par les adhérents indépendants, dans la mesure où la tête de réseau ne dispose pas du droit de gérer les affaires de l'adhérent au sens de l'article 5 du règlement communautaire (CE) n° 139/2004, auquel renvoie explicitement l'article L. 430-2 du code de commerce. Ce point a été établi dans la décision M. 940 UBS/Mister Minit précitée.

3 *L'appréciation du pouvoir de marché*

817. Les notions d'influence déterminante et de pouvoir de marché ne se recouvrent pas. De ce fait, même si la tête de réseau ne contrôle pas le magasin d'un adhérent (franchisés, concessionnaires, adhérents coopérateurs, etc.), les ventes de ce dernier pourront être agrégées avec celles des magasins exploités en propre pour les besoins de l'analyse concurrentielle *[Décis. M. 1221 Rewe/Meinl et M. 1684 Carrefour /Promodes ; Avis du Conseil de la concurrence n° 00-A-06 et arrêté du ministre C2000-03, Carrefour Promodes]*, en fonction du degré d'autonomie de la politique commerciale menée par les adhérents indépendants du réseau.

818. L'Autorité examine, au cas par cas, s'il convient de considérer que, sur une même zone de chalandise, les magasins contrôlés par la tête de réseau, d'une part, et ceux exploités sous la même enseigne, mais que la tête de réseau ne contrôle pas, d'autre part, sont susceptibles d'exercer une pression concurrentielle les uns sur les autres.

819. Une telle analyse a, par exemple, été menée par l'Autorité dans l'affaire Mr Bricolage/société Passerelle et confirmée par le Conseil d'État *[Décis. n° 10-DCC-01 du 12 janv. 2010 relative à la prise de contrôle exclusif par Mr Bricolage de la société Passerelle et décision du Conseil d'État du 23 déc. 2010 n° 337533]*, qui a relevé que l'appréciation du pouvoir de marché d'un groupe de distribution, aux fins de procéder à l'analyse des effets concurrentiels d'une opération de concentration réalisée entre deux réseaux de distribution, est distincte de l'appréciation de l'existence d'une influence déterminante, aux fins d'identifier une opération de concentration, et exige la prise en compte de tous les magasins adhérents des réseaux, dès lors que leur politique commerciale n'est pas suffisamment autonome. Le Conseil d'État a estimé que l'Autorité n'avait pas commis une erreur de droit en procédant à une analyse concrète des contrats propres aux deux réseaux en cause en l'espèce, et en retenant, pour apprécier l'autonomie commerciale des différentes catégories d'adhérents, des éléments tels que le respect de la politique du franchiseur en matière de communication publicitaire, la participation à des campagnes promotionnelles, l'exclusivité d'approvisionnement auprès de fournisseurs référencés par le franchiseur pour une partie des achats, l'interdiction de modifier un point de vente sans l'autorisation du franchi-

seur, la possibilité, pour le franchiseur, de fixer un prix maximum, l'obligation de référencement d'une partie des lignes de produits du franchiseur ou encore l'existence de clauses de préemption, de substitution et de préférence au profit du franchiseur en cas de cession d'un magasin franchisé.

4 *Le contenu du dossier de notification et la procédure simplifiée*

820. Comme indiqué précédemment aux points 230 et suivants, le contenu du dossier de notification est allégé pour les opérations relatives au commerce de détail, lorsqu'elles ne soulèvent, *a priori*, pas de problèmes de concurrence. Pour ces opérations, les parties peuvent transmettre un dossier dont le contenu est restreint.

821. En revanche, les éléments suivants sont indispensables pour permettre un examen rapide et complet du dossier :

– une étude détaillée des zones de chalandise affectées par l'opération. Cette étude doit être accompagnée d'une carte sur laquelle figurent la localisation et l'enseigne de chacun des magasins concurrents mais également des magasins liés (indépendants ou succursales) au réseau de distribution concerné par l'opération ;

– copie des contrats de distribution (de franchise, de concession, d'adhésion à une coopérative, etc.) ;

– copie des statuts et du règlement intérieur de la tête du réseau de distribution (franchiseur, concédant, coopérative, etc.) ;

– nom des adhérents sortis du réseau de distribution et raison de leur sortie sur les trois années précédant la date de l'opération notifiée.

C *L'analyse locale dans les concentrations dans le secteur du commerce de détail*

822. Les opérations de concentration dans le secteur du commerce de détail constituent une partie significative de l'activité de l'Autorité de la concurrence. L'expérience qu'elle a acquise dans ce domaine lui a permis d'élaborer une méthodologie pour analyser les effets de ce type d'opération au niveau local.

823. Sans préjudice des éventuelles modifications à venir de la pratique décisionnelle résultant d'une modification du fonctionnement du marché, la présente annexe a vocation à présenter les grandes lignes de cette méthodologie, à date, afin de faciliter la notification de ce type d'opération par les opérateurs concernés. Il convient, par ailleurs, de noter que l'Autorité peut être amenée à adapter sa pratique afin de prendre en compte les spécificités propres à chaque dossier.

824. La méthodologie décrite ci-dessous doit être reproduite pour chacun des points de vente concernés par l'opération et être adaptée au secteur d'activité de l'entreprise cible.

1re étape : délimitation de la zone locale concernée par l'opération

825. La zone locale analysée est centrée sur le point de vente cible. Autour de ce point de vente, est délimitée une zone, dite " isochrone", dont la taille varie selon le secteur concerné et la nature du point de vente. Cette zone est le plus souvent calculée en distance (mètre ou kilomètre) ou en temps de déplacement en voiture *[lorsque les zones retenues sont calculées à partir d'un temps de parcours en voiture, celui-ci doit être calculé sans trafic et sans utilisation des routes à péage]*.

Exemple 1 : pour le commerce de détail à dominante alimentaire, en dehors de Paris, l'Autorité apprécie les effets de l'opération de la façon suivante :

– un premier marché où se rencontrent la demande des consommateurs d'une zone et l'offre des hypermarchés auxquels ils ont accès en moins de 30 minutes de déplacement en voiture et qui sont, de leur point de vue, substituables entre eux ;

– un second marché où se rencontrent la demande de consommateurs et l'offre des supermarchés et formes de commerce équivalentes situés à moins de 15 minutes de temps de déplacement en voiture. Ces dernières formes de commerce peuvent comprendre, outre les supermarchés, les hypermarchés situés à proximité des consommateurs et les magasins discompteurs.

L'Autorité considère que l'analyse concurrentielle ne porte que sur le second marché lorsque le magasin cible est un supermarché, le premier marché n'étant pris en compte que lorsque le magasin cible est un hypermarché.

Exemple 2 : pour le commerce de détail à dominante alimentaire, à Paris, l'Autorité retient des zones de 3 00 mètres autour du point de vente cible pour les surfaces inférieures à 4 00 m^2 et de 5 00 mètres autour du point de vente cible pour les magasins dont la surface est supérieure à 4 00 m^2.

Exemple 3 : pour le commerce de détail à dominante alimentaire, en proche banlieue parisienne, l'Autorité retient des zones de 10 minutes en voiture autour du point de vente cible.

Exemple 4 : pour la distribution de véhicules automobiles, l'Autorité retient des zones de 45 minutes en voiture autour du point de vente cible pour les véhicules à destination des particuliers et de 60 minutes pour les véhicules automobiles particuliers neufs destinés à une clientèle de professionnels.

Exemple 5 : pour la vente au détail de produits de décoration et de bazar, l'Autorité retient des zones locales de :

– 20 minutes de trajet en voiture autour du point de vente cible en province ;

– 1 à 2 km autour du point de vente cible à Paris intra-muros ;

– 20, 30 et 45 minutes de trajet en voiture autour du point de vente cible dans les DROM.

Exemple 6 : pour la vente au détail de produits électrodomestiques, l'Autorité retient des zones locales de :

– 30 minutes de trajet en voiture autour du point de vente cible en province, en dehors des grandes villes ;

– 20 minutes de trajet en voiture autour du point de vente cible en province, en région parisienne et dans les grandes villes ;

– 3 km autour du point de vente cible à Paris intra-muros

Exemple 7 : pour la vente d'articles de jardinage, d'animalerie, de bricolage et d'aménagement intérieur, l'Autorité retient des zones locales de 20 minutes en voiture autour du point de vente.

2e étape : identification des opérateurs actifs dans la zone

826. Une fois la zone "isochrone" délimitée, il appartient à la partie notifiante d'identifier l'ensemble des points de vente exerçant une pression concurrentielle sur les points de vente des parties situés dans cette zone, en s'appuyant sur la pratique décisionnelle propre à chaque secteur. À cette occasion, la notification distingue :

– les points de vente de la zone appartenant à la cible ;

– les points de vente de la zone appartenant à l'acquéreur ;

– les points de vente de la zone appartenant aux concurrents, l'identité de ces derniers devant être précisément identifiée.

827. Afin de permettre à l'Autorité de contrôler ces deux premières étapes, la partie notifiante lui remet la liste exhaustive des concurrents identifiés dans la zone analysée, accompagnée des données suffisantes pour permettre de les localiser (adresses précises ou, si besoin, coordonnées GPS).

3e étape : analyse de la situation concurrentielle dans la zone concernée

828. Ces deux premières étapes permettent de calculer la part de marché de la nouvelle entité dans la zone identifiée : pour cela, la partie notifiante ajoute la part de marché du magasin centre de zone à celles des autres points de vente détenus par la cible et par l'acquéreur. La partie notifiante calcule également la part de marché des autres opérateurs actifs dans la zone.

829. A ce jour, ces parts de marché sont, en général, calculées à partir de la surface des points de vente concernés, à l'exception du secteur automobile pour lequel les parts de marché sont calculées en nombre de concessions.

830. Une fois ces parts de marché calculées, l'Autorité peut, dans certains cas (notamment, dans le commerce de détail avec changement d'enseigne), avoir recours à des filtres destinés à classer les zones en différentes catégories.

831. Ces différents filtres sont adaptés pour tenir compte des spécificités propres à certains secteurs ou à certains dossiers.

4e étape : analyse qualitative affinée pour les zones les plus problématiques

832. Lorsqu'à *[Lorsque à]* l'issue de l'analyse présentée ci-dessus, la part de marché de la nouvelle entité dans la zone concernée est supérieure à 50 %, ou lorsqu'elle l'estime nécessaire, compte tenu des spécificités du cas de l'espèce, l'Autorité procède à une analyse plus qualitative de la situation concurrentielle sur la zone considérée.

833. Cette quatrième étape lui permet de prendre en compte les spécificités locales de la zone concernée, comme la présence de concurrents locaux significatifs susceptibles d'exercer une pression concurrentielle de nature à contraindre la nouvelle entité. L'Autorité vérifie également la proximité géographique entre les différents magasins de la cible et de l'acquéreur pour apprécier l'ampleur de la réduction de la concurrence liée à l'opération. Enfin, l'Autorité peut intégrer dans son analyse des magasins situés en bordure de zone, lorsque ceux-ci, sans être présents dans la zone "isochrone" préalablement identifiée, sont susceptibles d'exercer une pression concurrentielle sur la nouvelle entité.

834. A cette occasion, l'Autorité prend également en compte la concurrence potentielle qui est susceptible de s'exercer sur la nouvelle entité. Elle peut par exemple intégrer dans son analyse l'entrée de nouveaux opérateurs ou l'agrandissement de certains opérateurs existants, lorsque ces événements sont certains. Les décisions des commissions départementales d'aménagement du territoire, toujours valables et purgées de tout recours, constituent à cet égard un indice important de nature à établir le renforcement de la concurrence dans la zone concernée ou, le cas échéant, le renforcement de la position de la nouvelle entité.

Cas particulier : les empreintes réelles

835. Lorsque la partie notifiante dispose des informations suffisantes, l'Autorité peut également procéder à l'analyse des effets d'une opération de concentration dans le commerce de détail en s'appuyant non pas sur des zones "isochrones" mais sur des "empreintes réelles". L'empreinte réelle constitue la zone de chalandise réelle du magasin cible, puisqu'elle représente la zone géographique dans laquelle résident effectivement les clients à l'origine de 80 % des ventes du magasin ou, à défaut, celle où résident 80 % de ses clients. Elle permet d'obtenir une photographie précise des clients qui fréquentent habituellement le magasin et, par construction, d'une zone de chalandise.

836. Lorsque les empreintes réelles des magasins cibles sont communiquées par la partie notifiante dans le dossier de notification, l'Autorité peut les utiliser en remplacement des zones isochrones.

837. L'Autorité ne retient de tels éléments que si elle estime qu'ils sont suffisamment fiables pour fonder son analyse concurrentielle. En particulier, l'empreinte réelle peut être influencée, à dessein, par la partie notifiante avant la notification de l'opération (par exemple, en orientant ses efforts publicitaires dans une zone donnée). L'Autorité peut donc refuser des données si elle estime que celles-ci ne correspondent pas à la réalité du marché concerné.

D *La prise en compte des ventes en ligne*

838. Lorsqu'elle analyse les effets d'une opération de concentration dans le secteur de la distribution au détail, l'Autorité envisage la nécessité d'une segmentation du marché selon le canal de distribution, notamment entre les ventes à distance et celles en points de vente physiques.

839. Traditionnellement, l'Autorité considérait que les ventes en magasin physique et les ventes en ligne appartenaient à deux marchés distincts. Toutefois, au cours des dernières années, elle a fait évoluer sa pratique à plusieurs reprises en intégrant les ventes en ligne et les ventes en magasin physique au sein d'un unique marché de la

distribution au détail, à l'issue d'une analyse des spécificités propres à la demande des produits concernés *[l'Autorité a également publié, en 2020, une étude sur la concurrence et le commerce en ligne destinée à faire un panorama d'ensemble des différentes questions posées par le développement du commerce en ligne et à expliciter sa vision, afin d'éclairer les entreprises]*. Il s'agit notamment des décisions n° 16-DCC-111 du 27 juillet 2016 relative à la prise de contrôle exclusif de Darty par la Fnac pour les produits électro-domestiques, n° 19-DCC-65 du 17 avril 2019 relative à la prise de contrôle conjoint de la société Luderix International par la société Jellej Jouets et l'indivision résultant de la succession de M. Stéphane Mulliez pour les jouets et n° 19-DCC-132 du 16 juillet 2019 relative à la prise de contrôle exclusif de la société Nature & Découvertes par le groupe Fnac Darty pour les livres.

840. Dans ces décisions, l'Autorité a identifié différents indices qu'elle est susceptible de prendre en compte pour apprécier l'existence d'une substituabilité entre les ventes en ligne et les ventes en magasin physique. Sans que la liste suivante ne revête un caractère limitatif ou exhaustif, sont notamment pris en compte les éléments suivants :

— Le taux de pénétration des ventes en ligne : l'Autorité apprécie s'il est "important et pérenne". Par exemple, dans la décision n° 19-DCC-65 précitée, l'Autorité a constaté que les ventes de jouets en ligne ont représenté, en 2017, 19,2 % des ventes totales de jouets et que "la part des dépenses réalisées en ligne dans l'achat de jouets en France est en moyenne de 36 % par consommateur interrogé". Dans la décision n° 16-DCC-111, l'Autorité a constaté que "les ventes en ligne de produits électroniques constituent à tout le moins entre 20 et 30 % des ventes totales de ces produits".

— L'organisation interne des opérateurs du secteur, notamment l'adoption d'une stratégie omnicanale. Ainsi, dans les deux décisions précitées, l'Autorité a constaté que les opérateurs interrogés avaient modifié leur organisation interne à la faveur d'une direction commerciale unique, sans distinction selon les canaux de distribution.

— L'intégration du comportement des opérateurs en ligne dans la détermination de la stratégie commerciale et tarifaire des opérateurs traditionnels : dans la décision n° 19-DCC-65, l'Autorité a notamment constaté que les parties notifiantes investissaient dans des outils internet destinés à adapter leurs stratégies commerciales pour prendre en compte la concurrence exercée par les acteurs spécialisés dans la vente en ligne. Elle a également noté que l'une des parties avait augmenté ses budgets dédiés à la visibilité de son site internet et à l'achat de jouets en ligne.

— L'existence de spécificités propres aux gammes de produits et aux services offerts en magasin par rapport à ceux présents en ligne : pour apprécier ce critère, l'Autorité prend notamment en compte le taux de produits communs, commercialisés par les opérateurs à la fois en ligne et en magasin.

— L'uniformisation tarifaire entre les différents canaux : en particulier, l'utilisation, par les entreprises, de relevés des prix pratiqués par les opérateurs en ligne constitue un indice pour prouver l'existence d'une telle uniformisation tarifaire. Ainsi, dans la décision n° 19-DCC-65, l'Autorité a constaté que les écarts de prix pratiqués par les opérateurs en ligne et par les points de vente physique*[s]* tendaient à diminuer et étaient, au jour de la décision, inférieurs à 10 %. Les politiques de retour des produits et de remboursement de la différence tarifaire si le consommateur trouve le même produit moins cher chez un concurrent, physique ou en ligne, constituent également des éléments permettant d'établir une convergence, notamment tarifaire, entre vente en ligne et vente en magasin.

— Le développement d'un modèle de distribution "omnicanal" : l'Autorité vérifie si les consommateurs naviguent entre les deux canaux de vente lorsqu'ils réalisent leurs achats de jouets, en particulier en comparant les prix en ligne et en magasin ou en ayant recours à des achats hybrides, alliant achat en ligne et retrait en magasin. A titre d'exemple, dans la décision n° 19-DCC-65, l'Autorité a soulevé l'existence d'une stratégie de digitalisation des magasins de la part des opérateurs, qui s'appuyait sur la possibilité de retirer dans les magasins des produits achetés en ligne ou sur la possibilité, pour les vendeurs en magasin, de commander en ligne des produits indisponibles sur place.

— Les taux de report existants entre les points de vente en ligne et les magasins physiques.

841. Lorsque l'Autorité considère que les ventes en magasin et les ventes en ligne appartiennent au même marché, les parts de marché des opérateurs disposant de magasins et effectuant des ventes en ligne sont calculées en prenant en compte les ventes en magasin et les ventes sur internet. Dans le cadre des trois précédents précités, l'Autorité a attribué à chaque opérateur effectuant des ventes en ligne un chiffre d'affaires des ventes en ligne au prorota de ses parts de marché en vente en ligne au niveau national, y compris pour les acteurs spécialisés dans la vente en ligne. Cette méthodologie repose sur l'hypothèse selon laquelle la pression concurrentielle exercée par les ventes en ligne est homogène dans l'ensemble des zones de chalandise concernées.

E *Les demandes de documents internes*

842. Lorsqu'elle analyse les effets d'une opération de concentration, l'Autorité peut considérer que les éléments fournis dans le cadre de la pré-notification ou de la notification ne sont pas suffisamment étayés pour permettre l'instruction du dossier.

843. Dans ce cas, l'Autorité peut demander aux parties la communication de documents internes afin de compléter le dossier dont elle dispose. En effet, les documents internes permettent de renseigner l'Autorité sur l'analyse faite par les parties de l'opération, sur le fonctionnement et les modes de prise de décision des entreprises des parties ainsi que sur la vision des parties de l'environnement concurrentiel dans lequel elles évoluent.

Exemple : L'analyse des documents internes permet notamment à l'Autorité :

— D'éclairer la définition de marché : dans la décision n° 19-DCC-36 du 28 février 2019, l'analyse des documents internes relatifs à la stratégie de la partie notifiante a contribué à étayer l'existence d'une segmentation en prix sur le marché de la distribution de vodka à la grande distribution.

— De déterminer la proximité concurrentielle des parties : dans la décision n° 18-DCC-95 du 14 juin 2018, l'analyse des documents internes et notamment des comptes rendus de négociation avec la grande distribution a contribué à documenter la forte proximité concurrentielle entre les parties à l'opération.

— D'identifier des concurrents : dans la décision n° 18-DCC-18 du 1er février 2018, l'analyse des documents internes par l'Autorité a permis de confirmer la pression concurrentielle, mise en avant par les parties, exercée par Le Bon Coin sur Se Loger.

— De prendre connaissance des motivations de la partie notifiante pour réaliser l'opération : dans la décision n° 20-DCC-38 du 28 février 2020, sur la base des documents internes de la partie notifiante, l'Autorité a constaté que l'opération devait conduire au regroupement des cliniques détenues par la nouvelle entité sur deux sites au lieu de trois avant l'opération. Elle a ainsi analysé les effets de cette restructuration sur les marchés concernés.

844. Les documents internes dont l'Autorité peut demander communication sont notamment des présentations, des documents de travail, des notes internes, des tableurs et autres recueils de données, des études (réalisées en interne ou par un prestataire extérieur) ou des courriels. Il convient de noter que la présente annexe ne constitue pas une liste exhaustive des documents internes pouvant être demandés dans la mesure où la nature et le périmètre de ces derniers varient selon l'opération, les secteurs d'activité et les entreprises concernées.

845. Lorsqu'elle formule une demande de documents internes, l'Autorité peut par exemple cibler (i) des documents internes spécifiques (ex. : comptes rendus de négociation ou documents relatifs à des appels d'offres), (ii) des documents internes permettant de décrire un processus de décision au sein des entreprises des parties (ex. :

documents internes relatifs à la prise de décisions tarifaires) ou (iii) des documents internes permettant de traduire la vision des parties de leur environnement concurrentiel (ex. : documents internes portant sur la veille concurrentielle réalisée par les parties).

846. L'Autorité veille à ce que les demandes de documents internes soient proportionnées aux exigences de l'instruction du dossier. Ainsi, lorsque les demandes de documents internes concernent des processus récurrents au sein des entreprises (mécanismes de fixation des prix, veille concurrence), l'Autorité circonscrit sa demande à une période donnée.

847. Les demandes de documents internes font partie des outils à la disposition de l'Autorité dans le cadre de la mise en œuvre du contrôle des concentrations. Toutefois, ces demandes ne revêtent pas un caractère systématique et sont à l'initiative de l'Autorité. Elle peut formuler de telles demandes en phase de pré-notification et de notification (en phase 1 comme en phase 2). Lorsque ces demandes ont lieu en phase de notification, elles peuvent être intégrées à une procédure d'arrêt des pendules. L'Autorité précise que les documents internes transmis dans ce cadre sont utilisés exclusivement pour l'instruction du dossier.

848. Dans le cadre d'une réponse à une demande de documents internes provenant de l'Autorité, les parties peuvent indiquer que les documents internes demandés contiennent des éléments couverts par le secret de la correspondance entre un avocat et son client. Le cas échéant, les parties fournissent à l'Autorité une version des documents internes occultant les passages concernés, indiquent la nature des informations occultées (par exemple, communication écrite avec un conseil extérieur de l'entreprise liée à l'exercice des droits de la défense dans un dossier de concurrence, notes internes qui rapportent un échange avec un conseil extérieur, autres) et produisent un résumé de ces informations en termes non-privilégiés.

F *Modèle d'engagement de cession devant l'autorité de la concurrence*

Engagements de [la partie notifiante] dans le cadre [description de l'opération : par exemple, la prise de contrôle, ...].

(Affaire XX-XXX)

Conformément à *[l'article L. 430-5, II en cas d'engagements en phase 1] [l'article L. 430-7, II en cas d'engagements [en] phase 2], [indiquer le nom de l'entreprise qui a proposé les Engagements]* (ci-après la "partie notifiante") soumet par la présente les engagements suivants (ci-après les "Engagements") en vue de permettre à l'Autorité de la concurrence (ci-après l'"Autorité") d'autoriser *[description de l'opération : par exemple l'acquisition de ..., la création d'une entreprise commune entre ... et ...]* par une décision fondée sur *[l'article L. 430-5, III en cas d'engagements en phase 1] [l'article L. 430-7, III en cas d'engagements en phase 2]* du code de commerce (ci-après la "Décision").

Les Engagements prendront effet à la date de notification de la Décision.

Ce texte sera interprété à la lumière de la Décision, dans la mesure où les Engagements constituent des conditions et obligations qui y sont attachées, du cadre général du droit français, et en particulier du code de commerce, et en référence aux lignes directrices de l'Autorité relatives au contrôle des concentrations.

1 *Définitions*

849. Dans le cadre de ces Engagements, les termes ci-dessous auront le sens suivant, qu'ils soient utilisés au singulier ou au pluriel :

[X] : *[indiquer le nom abrégé de l'entreprise qui désinvestit son/ses activité(s) au titre des engagements]* société de droit [•], dont le siège social est situé à [•], immatriculée au [•] sous le numéro [•].

(Pour chacune des entités concernées par l'opération)

Acquéreur : entité approuvée par l'Autorité en tant qu'acquéreur d'un ou plusieurs *[actifs corporels : par exemple, des magasins [Il peut s'agir de magasins, stations-service, centre auditifs, silos, cidreries, carrières, réseaux ADSL, abattoirs, etc.] ou actifs incorporels : par exemple,* *des contrats [Il peut s'agir de contrats de gestion de réseau, de capital, de droit de propriété intellectuelle, etc.]]* Cédés conformément aux critères définis à l'article [...] des présents Engagements.

Activité Cédée : la ou les activités telles que définies au titre [...] et dans les annexes aux engagements, que les parties s'engagent à désinvestir.

Gestionnaire chargé de garantir la séparation des activités : la personne désignée par [X], responsable de la gestion quotidienne de l'activité cédée sous la supervision du mandataire chargé de la cession.

Réalisation de la cession : transfert à l'Acquéreur du titre légal de l'Actif Cédé.

Contrat de cession : contrat par lequel *[la partie notifiante]* cède tout ou partie des *[actifs corporels et/ou incorporels]* Cédés à un Acquéreur.

Date d'effet : date de notification de la Décision.

Date de Réalisation de l'Opération : date de transfert à *[la partie notifiante]* des titres de *[la société cible]*.

Exigences requises de l'Acquéreur : critères cumulatifs mentionnés à l'article 2.4 a) des présents Engagements que devra respecter chaque Acquéreur d'un *[actif corporel et/ou incorporel]* Cédé.

Filiale : entreprise contrôlée par les parties et/ou par les sociétés qui contrôlent les parties, y compris l'entreprise commune *[uniquement si l'opération est la création d'une entreprise commune]* conformément à l'article L. 430-1 du code de commerce et à la lumière des lignes directrices de l'Autorité relatives au contrôle des concentrations.

[Actifs corporels ou incorporels] **Cédés :** ensemble des actifs correspondant aux *[actifs corporels ou incorporels]* figurant sur la liste communiquée en **Annexe X** des présents Engagements ou, le cas échéant, l'ensemble des titres des sociétés détenant ces *[actifs corporels ou incorporels]*, et que la partie notifiante s'engage à céder.

Mandataire(s) : le mandataire chargé du contrôle et le mandataire chargé de la cession.

Mandataire chargé de la cession : une ou plusieurs personnes(s) morale(s), représentée(s) par une plusieurs personne(s) physique(s), indépendante(s) des parties, approuvée(s) par l'Autorité et désignée(s) par [X] et qui a (ont) reçu de [X] le mandat exclusif de mener à bien la cession de l'activité cédée.

Mandataire chargé du contrôle : une ou plusieurs personnes(s) morale(s), représentée(s) par une [ou] plusieurs personne(s) physique(s), indépendante(s) des parties, approuvé(s) par l'Autorité et désigné(s) par [X] et qui est (sont) chargée(s) de vérifier le respect par [X] des conditions et obligations annexées à la décision.

Période de cession : période de neuf mois à partir de la Date d'effet.

Phase d'intervention du mandataire chargé de la cession : période de trois mois commençant à la date d'expiration de la première période de cession.

Première période de cession : période de six mois à partir de la Date d'effet.

Personnel : l'ensemble du personnel actuellement employé par l'activité cédée, y compris le personnel essentiel, le personnel détaché à l'activité cédée, le personnel partagé, tels que définis dans les annexes aux engagements.

Personnel essentiel : l'ensemble du personnel nécessaire au maintien de la viabilité et de la compétitivité de l'activité cédée *[employé par les actifs corporels Cédés]*.

2 *Engagements de [la partie notifiante]*

850. Afin de répondre aux préoccupations de concurrence identifiées par l'Autorité sur *[le marché géographique concerné : par exemple, les zones de chalandises concernées, ...]* et de restaurer une situation de concurrence effective, la partie notifiante s'engage à céder les actifs ou les titres correspondant aux *[actifs corporels ou incorporels]* Cédés figurant en Annexe X selon les modalités prévues à l'article 2.1 des présents Engagements.

2.1 *Principe*

851. *[la partie notifiante]* s'engage à conclure avant la fin de la Période de cession, un ou plusieurs Contrat(s) de cession avec un ou plusieurs Acquéreur(s) couvrant

l'ensemble des *[actifs corporels ou incorporels]* Cédés figurant en Annexe X et approuvé(s) par l'Autorité conformément à la procédure décrite à l'article 2.1.4 b) des présents Engagements.

852. *[la partie notifiante]* sera réputée avoir respecté le présent Engagement si, (i) dans le cadre de la Période de cession, *[la partie notifiante]* a conclu un ou des Contrat(s) de cession portant sur l'ensemble des *[actifs corporels ou incorporels]* Cédés, (ii) si l'Autorité approuve le ou les Acquéreur(s) et les termes du ou des Contrat(s) de cession et (iii) si le *closing* est intervenu dans les trois mois après l'approbation du ou des Acquéreur(s) et des termes du ou des Contrats de cession par l'Autorité.

853. Dans le cas où la Réalisation de la (ou des) cession(s) serait soumise à une condition suspensive liée à l'obtention par l'Acquéreur d'une autorisation préalable au titre du contrôle des concentrations et que la levée de cette condition interviendrait au-delà de ce délai de trois mois, la Réalisation de la (ou des) cession(s) interviendrait le dernier jour du mois suivant la date d'obtention de l'autorisation en question.

2.2 *Objet de l'Engagement de cession des [actifs corporels ou incorporels] Cédés*

854. Dans le cas où un *[actif corporel ou incorporel]* Cédé est détenu par une personne morale dont elle constitue le seul actif, la cession portera soit sur les actifs des *[actifs corporels ou incorporels]* Cédés, soit sur l'ensemble des titres de cette société détenue, directement ou indirectement, par *[la partie notifiante et/ou la cible]* et permettant d'en transférer le contrôle à l'Acquéreur.

855. Dans le cas où la cession d'un *[actif corporel ou incorporel]* Cédé porte sur des actifs, les actifs cédés comprendront les éléments suivants :

(a) toutes les immobilisations corporelles et incorporelles affectées à l'exploitation du *[actif corporel ou incorporel]* Cédé, qui contribuent au fonctionnement actuel ou sont nécessaires pour garantir la viabilité et la compétitivité du *[actif corporel ou incorporel]* Cédé ;

(b) toutes les licences, permis et autorisations délivrés par les organismes et administrations compétentes au bénéfice du *[actif corporel ou incorporel]* Cédé, pour autant qu'ils soient cessibles ;

(c) le bénéfice et la charge de tous les contrats, baux, engagements et commandes de clients en cours dans le cadre de l'exploitation du *[actif corporel ou incorporel]* Cédé, pour autant qu'ils soient cessibles ;

(d) le bénéfice et la charge de tous les contrats, droits et obligations afférents au Personnel du *[actif corporel ou incorporel]* Cédé.

2.3 *Engagements liés*

a) Préservation de la viabilité, de la valeur marchande et de la compétitivité des [actifs corporels ou incorporels] Cédés

856. A partir de la Date d'effet et jusqu'à la Réalisation de la (ou des) cession(s), *[la partie notifiante]* préservera la viabilité économique, la valeur marchande et la compétitivité des *[actifs corporels ou incorporels]* Cédés, conformément aux bonnes pratiques commerciales et fera ses meilleurs efforts pour éviter tout risque de perte de compétitivité des *[actifs corporels ou incorporels]* Cédés. En particulier, *[la partie notifiante]* s'engage à :

(a) ne pas mener d'actions sous sa propre responsabilité qui produiraient un effet négatif significatif sur la valeur, la gestion ou la compétitivité des *[actifs corporels ou incorporels]* Cédés, ou qui pourraient altérer la nature et le périmètre des *[actifs corporels ou incorporels]* Cédés, ou la stratégie commerciale ou industrielle ainsi que la politique d'investissement des *[actifs corporels ou incorporels]* Cédés ;

(b) mettre à disposition des *[actifs corporels ou incorporels]* Cédés les ressources suffisantes nécessaires à leur exploitation, sur la base et dans la continuité des plans d'entreprise existant*[s]* ;

(c) entreprendre toutes les actions nécessaires pour encourager l'ensemble du Personnel essentiel à rester avec les *[actifs corporels ou incorporels]* Cédés.

b) Non-sollicitation du Personnel essentiel

857. *[la partie notifiante]* **s'engage à ne pas solliciter et à s'assurer que ses Filiales ne sollicitent pas le Personnel essentiel transféré avec les** *[actifs corporels ou incorporels]* **Cédés, pendant un délai de [•] mois après la Réalisation de la (ou des) cession(s).**

c) Examen préalable (« due diligence »)

858. Afin de permettre aux acquéreurs potentiels de se livrer à un examen préalable des *[actifs corporels ou incorporels]* **Cédés, sous réserve des précautions d'usage en matière de confidentialité et en fonction de l'avancement du processus de cession,** *[la partie notifiante]* **fournira aux acquéreurs potentiels les informations utiles leur permettant de faire une offre sur les** *[actifs corporels ou incorporels]* **Cédés.**

859. *[la partie notifiante]* **informera l'Autorité de la préparation de la documentation pour la salle des données ("*data room*"), ainsi que de l'état d'avancement de la procédure d'examen préalable et soumettra une copie des memoranda d'information à l'Autorité avant leur transmission aux acquéreurs potentiels.**

d) Établissement de rapports

860. *[la partie notifiante]* **soumettra à l'Autorité et au Mandataire des rapports écrits en français concernant les acquéreurs potentiels des** *[actifs corporels ou incorporels]* **Cédés, ainsi que des informations sur l'évolution des négociations avec ces acquéreurs potentiels, au plus tard quinze jours après la fin de chaque mois suivant la Date de Réalisation de l'Opération (ou, le cas échéant, à la demande de l'Autorité).**

2.4 *Les Acquéreurs*

a) Exigences requises de l'Acquéreur

861. Chaque Acquéreur devra :

(a) ne pas être contrôlé au sens du droit des concentrations par *[la partie notifiante et ses Filiales]* **;**

(b) posséder les ressources financières, les compétences adéquates confirmées, la motivation nécessaire pour pouvoir préserver et développer de manière viable la capacité des *[actifs corporels ou incorporels]* **Cédés à concurrencer activement** *[la partie notifiante]* **et ses Filiales dans le secteur de** *[préciser le secteur concerné]* **;**

(c) ne pas être susceptible, à la lumière des informations à la disposition de l'Autorité, de donner lieu à des problèmes de concurrence, en particulier être raisonnablement susceptible d'obtenir toutes les approbations nécessaires des autorités réglementaires compétentes pour l'acquisition des *[actifs corporels ou incorporels]* **Cédés.**

Les critères mentionnés aux points (a) à (c) ci-dessus concernant l'Acquéreur sont ci-après dénommés "Exigences requises de l'Acquéreur".

b) Approbation de l'Autorité

862. Lorsque *[la partie notifiante]* **est parvenu à un accord avec un acquéreur potentiel, il doit soumettre à l'Autorité une proposition motivée et documentée accompagnée d'une copie de la version finale du projet de Contrat de cession.** *[la partie notifiante]* **est tenu de démontrer à l'Autorité que l'acquéreur potentiel satisfait aux Exigences requises de l'Acquéreur et que les termes de la cession projetée des** *[actifs corporels ou incorporels]* **Cédés sont conformes aux Engagements.**

863. Aux fins de cette approbation, l'Autorité vérifie que l'Acquéreur proposé remplit les Exigences requises de l'Acquéreur et que la cession projetée des *[actifs corporels ou incorporels]* **Cédés est conforme aux Engagements. L'Autorité pourra approuver la cession partielle des** *[actifs corporels ou incorporels]* **Cédés, c'est-à-dire le transfert d'une partie des actifs ou du personnel, à condition que cela n'affecte pas la viabilité et la compétitivité des** *[actifs corporels ou incorporels]* **Cédés après sa cession, en tenant compte de l'Acquéreur proposé.**

864. L'approbation d'un Acquéreur par l'Autorité, au sens du présent article, n'implique pas une éventuelle approbation au titre du contrôle des concentrations.

A cet effet, le Contrat de cession pourra être conclu sous la condition suspensive de l'obtention par l'Acquéreur de toute autorisation préalable obligatoire au titre du contrôle des concentrations.

2.5 *Garantie de l'efficacité de l'Engagement*

865. Afin de préserver l'effet structurel des engagements, *[la partie notifiante]* ne pourra, pendant une période de dix ans à partir de la Date d'effet, acquérir une influence directe ou indirecte sur tout ou partie des sociétés exploitant les *[actifs corporels ou incorporels]* Cédés ou leurs actifs, sauf accord préalable de l'Autorité en application de l'article 3 des présents Engagements.

3 *Mandataire*

3.1 *Procédure de désignation*

866. *[la partie notifiante]* désignera un Mandataire chargé du contrôle pour accomplir les fonctions précisées dans les Engagements.

867. Si *[la partie notifiante]* n'a pas conclu un contrat contraignant concernant les *[actifs corporels ou incorporels]* Cédés dans un délai d'un mois avant le terme de la Première Période de cession ou si l'Autorité a rejeté un Acquéreur proposé par *[la partie notifiante]* à cette date ou par la suite, *[la partie notifiante]* désignera un Mandataire chargé de la cession des *[actifs corporels ou incorporels]* Cédés pour accomplir les fonctions précisées dans l'Engagement de cession. La désignation du Mandataire chargé de la cession prendra effet au début de la Phase d'intervention du Mandataire chargé de la cession.

868. Le Mandataire chargé du contrôle et, le cas échéant, le Mandataire chargé de la cession devront être indépendants de *[la partie notifiante]*, posséder les qualifications requises pour remplir leur mandat (par exemple en tant que banque d'affaires, consultant ou société d'audit) et ne devront pas faire ou devenir l'objet d'un conflit d'intérêts. Chaque Mandataire sera rémunéré par *[la partie notifiante]* selon des modalités qui ne porteront pas atteinte à l'accomplissement indépendant et effectif de ses missions. En particulier, lorsque la rémunération du Mandataire chargé de la cession inclut une prime de résultat liée à la valeur de vente finale des *[actifs corporels ou incorporels]* Cédés, la prime devra aussi être liée à la réalisation de la ou des cession(s) durant la Phase d'intervention du Mandataire chargé de la cession.

3.1.1 *Proposition par [la partie notifiante]*

869. Au plus tard quatre semaines après la Date d'effet, *[la partie notifiante]* soumettra à l'Autorité, pour approbation, une liste d'au moins trois personnes que *[la partie notifiante]* propose de désigner comme Mandataire chargé du contrôle. Le cas échéant au plus tard un mois avant la fin de la Première Période de cession, *[la partie notifiante]* soumettra à l'Autorité, pour approbation, une liste d'une ou plusieurs personnes que *[la partie notifiante]* propose de désigner comme Mandataire chargé de la cession, étant entendu que le Mandataire chargé du contrôle et le Mandataire chargé de la cession pourront être les mêmes personnes.

870. La proposition devra comprendre les informations suffisantes pour permettre à l'Autorité de vérifier que le Mandataire proposé remplit les conditions détaillées à l'article 3 des présents Engagements et devra inclure :

(a) le texte intégral du projet de mandat, comprenant toutes les dispositions nécessaires pour permettre au Mandataire d'accomplir ses fonctions au titre des Engagements ;

(b) l'ébauche de plan de travail décrivant la façon dont le Mandataire entend mener sa mission ;

(c) une indication sur le point de savoir si le Mandataire proposé est destiné à agir comme Mandataire chargé du contrôle et comme Mandataire chargé de la cession ou si deux Mandataires distincts sont proposés pour les deux fonctions.

3.1.2 *Approbation ou rejet par l'Autorité*

871. L'Autorité disposera d'un pouvoir d'appréciation pour l'approbation ou le rejet du Mandataire proposé et pour l'approbation du mandat proposé, sous réserve de toutes modifications qu'elle estime nécessaires pour l'accomplissement de ses obligations. Si un seul nom est approuvé, *[la partie notifiante]* devra désigner ou faire désigner la personne ou l'institution concernée comme Mandataire, selon les termes du mandat approuvé par l'Autorité. Si plusieurs noms sont approuvés, *[la partie notifiante]* sera libre de choisir le Mandataire à désigner parmi les noms approuvés. Le Mandataire sera désigné dans un délai d'une semaine suivant l'approbation de l'Autorité selon les termes du mandat approuvé par l'Autorité.

3.1.3 *Nouvelle proposition par [la partie notifiante]*

872. Si tous les Mandataires proposés sont rejetés, *[la partie notifiante]* soumettra les noms d'au moins deux autres personnes ou institutions dans un délai d'une semaine à compter de la date à laquelle elle est informée du rejet par l'Autorité, selon les conditions et la procédure décrites à l'article 3 des présents Engagements.

3.1.4 *Mandataire(s) désigné(s) par l'Autorité*

873. Si, tous les Mandataires proposés dans cette nouvelle proposition sont rejetés par l'Autorité, cette dernière désignera elle-même un ou plusieurs Mandataire(s) avec lequel *[la partie notifiante]* conclura un mandat selon les termes approuvé par l'Autorité.

3.1.5 *Communication à l'Autorité du contrat de mandat signé*

874. Une fois le Mandataire identifié, *[la partie notifiante]* devra, dans un délai d'une semaine suivant l'approbation de l'Autorité, lui communiquer une version du contrat de mandat signé par *[la partie notifiante]* et par le Mandataire.

875. Une fois le mandat signé, *[la partie notifiante]* et le Mandataire ne pourront apporter aucune modification à ce mandat sans l'accord de l'Autorité.

3.2 *Missions du Mandataire*

876. Le Mandataire assumera ses obligations spécifiques afin d'assurer le respect des Engagements.

877. L'Autorité peut, de sa propre initiative ou à la demande du Mandataire ou de *[la partie notifiante]*, donner tout ordre ou instruction au Mandataire afin d'assurer le respect des conditions et obligations découlant de la Décision.

3.2.1 *Devoirs et obligations du Mandataire chargé du contrôle*

878. Le Mandataire chargé du contrôle devra :

(i) proposer dans son premier rapport à l'Autorité un plan de travail détaillé décrivant comment il prévoit de vérifier le respect des obligations et conditions résultant de la Décision ;

(ii) s'assurer de la préservation de la viabilité économique, de la valeur marchande et de la compétitivité des *[actifs corporels ou incorporels]* Cédés, et le respect par *[la partie notifiante]* des autres conditions et obligations définies au point 2.3 ;

(iii) contrôler la gestion des *[actifs corporels ou incorporels]* Cédés en tant qu'entités distinctes et susceptibles d'être cédées ;

(iv) assumer les autres missions données au Mandataire chargé du contrôle conformément aux conditions et obligations des présents Engagements ;

(v) proposer à *[la partie notifiante]* les mesures que le Mandataire chargé du contrôle juge nécessaires afin d'assurer le respect par *[la partie notifiante]* des conditions et obligations qui résultent des présents Engagements, en particulier le maintien de la viabilité, de la valeur marchande ou de la compétitivité des *[actifs corporels ou incorporels]* Cédés ;

(vi) examiner et évaluer les Acquéreurs potentiels ainsi que l'état d'avancement des Engagements et vérifier, en fonction de l'état d'avancement de la mise en œuvre des Engagements que les Acquéreurs potentiels reçoivent des informations suffisantes sur les *[actifs corporels ou incorporels]* Cédés et le personnel, en particulier en examinant, si ces éléments sont disponibles, la documentation contenue en salle des données ("*data room*"), les notes d'information et le processus d'examen préalable ;

(vii) fournir, dans les deux semaines suivant la fin de chaque mois, un rapport écrit à l'Autorité, en transmettant, parallèlement et dans les mêmes délais, une version non confidentielle de ce rapport à *[la partie notifiante]*. Ce rapport couvrira l'exploitation et la gestion des *[actifs corporels ou incorporels]* Cédés de telle sorte que l'Autorité pourra examiner si ces *[actifs corporels ou incorporels]* Cédés sont gérés conformément aux Engagements, l'état d'avancement de la mise en œuvre des Engagements, ainsi que les principales caractéristiques des Acquéreurs potentiels.

En plus de ces rapports, le Mandataire chargé du contrôle informera l'Autorité, par écrit et sans délai, en transmettant parallèlement et dans les mêmes délais à *[la partie notifiante]* une version non confidentielle des documents transmis à l'Autorité, s'il considère, sur la base d'éléments raisonnablement justifiés, que *[la partie notifiante]* manque au respect des Engagements ; et

(viii) dans le délai d'une semaine à compter de la transmission par *[la partie notifiante]* au Mandataire chargé du contrôle d'une proposition documentée d'Acquéreur potentiel, remettre à l'Autorité un avis motivé sur le caractère approprié de l'Acquéreur proposé, sur la viabilité de l'*[actif corporel ou incorporel]* Cédé après la cession et si cette proposition est réalisée de façon conforme aux conditions et obligations des présents Engagements et préciser en particulier, le cas échéant selon l'Acquéreur proposé, si le transfert de l'*[actif corporel ou incorporel]* Cédé sans un ou plusieurs éléments d'actifs ou sans une partie du personnel affecte ou non la viabilité de l'*[actif corporel ou incorporel]* Cédé après la Cession, en prenant en considération l'Acquéreur proposé.

3.2.2 *Devoirs et obligations du Mandataire chargé de la cession*

879. Pendant la phase d'intervention du Mandataire chargé de la cession, celui-ci doit vendre, sans qu'un prix minimum ne soit fixé, les *[actifs corporels ou incorporels]* Cédés à un Acquéreur, dès lors que l'Autorité aura approuvé l'Acquéreur potentiel et l'accord contraignant et définitif de cession selon la procédure énoncée à l'article 2.1.4. Le Mandataire chargé de la cession inclura dans le contrat de cession toutes les modalités et conditions qu'il estime appropriées pour la conclusion d'une vente rapide pendant la Phase d'intervention du Mandataire chargé de la cession. En particulier, le Mandataire chargé de la cession pourra inclure dans le contrat de cession toutes les déclarations usuelles sur l'état de l'activité, les garanties et les indemnités requises afin d'effectuer la cession. Le Mandataire chargé de la cession protégera les intérêts financiers légitimes de *[la partie notifiante]* sous réserve de l'obligation inconditionnelle de *[la partie notifiante]* de procéder à la cession sans qu'un prix minimum ne soit fixé pendant la Phase d'intervention du Mandataire chargé de la cession.

880. Pendant la Phase d'intervention du Mandataire chargé de la cession ou, le cas échéant, à la demande de l'Autorité, le Mandataire chargé de la cession fournira à l'Autorité un rapport mensuel détaillé en français sur l'état d'avancement de la procédure de cession des *[actifs corporels ou incorporels]* Cédés. Ces rapports seront soumis dans les deux semaines suivant la fin de chaque mois, une copie étant transmise parallèlement et dans les mêmes délais au Mandataire chargé du contrôle et une version non confidentielle à *[la partie notifiante]*.

3.3 *Devoirs et obligations de [la partie notifiante]*

881. *[la partie notifiante]*, directement ou par l'intermédiaire de ses conseils, apportera au Mandataire coopération et assistance et lui fournira toute information raisonnablement requise par le Mandataire pour l'accomplissement de ses tâches. Le Mandataire aura un accès complet à l'ensemble des livres comptables, registres, documents, membres de direction ou du personnel, infrastructures, sites et informations techniques de *[la partie notifiante]* ou des *[actifs corporels ou incorporels]* Cédés et

qui seraient nécessaires pour l'accomplissement de ses devoirs au titre des Engagements. *[la partie notifiante]* et les *[actifs corporels ou incorporels]* Cédés fourniront au Mandataire, à sa demande, copie de tout document. *[la partie notifiante]* et les *[actifs corporels ou incorporels]* Cédés mettront à la disposition du Mandataire un ou plusieurs bureaux au sein de leurs locaux et devront être disponibles pour des réunions afin de fournir au Mandataire les informations nécessaires à l'exécution de sa mission.

882. *[la partie notifiante]* fournira au Mandataire chargé du contrôle toute assistance administrative et de gestion que ce dernier pourra raisonnablement requérir dans l'exercice de ses missions. *[la partie notifiante]* fournira et fera fournir par ses conseils au Mandataire chargé du contrôle, à sa demande, les informations remises aux Acquéreurs potentiels, en particulier la documentation de la salle des données ("*data room*"), et toute autre information mise à disposition des Acquéreurs potentiels dans le cadre de la procédure d'examen préalable. *[la partie notifiante]* informera le Mandataire chargé du contrôle sur les Acquéreurs potentiels, lui fournira une liste de ces Acquéreurs et tiendra le Mandataire chargé du contrôle informé de toute évolution de la procédure de cession.

883. *[la partie notifiante]* accordera ou fera accorder par ses Filiales au Mandataire chargé de la cession tous les pouvoirs, dûment authentiques, afin de réaliser les cessions des *[actifs corporels ou incorporels]* Cédés, la Réalisation de la (ou des) cession(s) et toutes les actions et déclarations que le Mandataire chargé de la cession estime nécessaires ou appropriées aux fins de la réalisation des cessions ou du la Réalisation de la (ou des) cession(s), y compris la nomination de conseils pour l'assister dans le processus de cession. A la demande du Mandataire chargé de la cession, *[la partie notifiante]* prendra toutes les mesures juridiques nécessaires afin que les documents requis pour effectuer les transferts et le *closing* soient dûment authentifiés.

884. *[la partie notifiante]* indemnisera les Mandataires ainsi que leurs employés et agents (individuellement une "Partie indemnisée") et garantira chaque Partie indemnisée contre toute responsabilité née de l'exécution des fonctions de Mandataire au titre des Engagements, sauf dans la mesure où cette responsabilité résulterait d'un manquement délibéré, d'une imprudence, d'une faute ou de la mauvaise foi du Mandataire, de ses employés ou de ses conseils et agents.

885. Aux frais de *[la partie notifiante]*, le Mandataire pourra désigner des conseils (en particulier pour des avis juridiques ou financiers), sous réserve de l'accord de *[la partie notifiante]* (qui ne pourra pas s'y opposer ou retarder son accord sans justification) dès lors qu'il considérera cette désignation comme nécessaire ou appropriée pour l'accomplissement de ses devoirs et obligations en vertu du mandat, et à la condition que les dépenses exposées par le Mandataire à cette occasion soient raisonnables. Si *[la partie notifiante]* refuse d'approuver les conseils proposés par le Mandataire, l'Autorité pourra, après avoir entendu *[la partie notifiante]*, approuver à sa place la désignation des conseils. Les dispositions du paragraphe précédent s'appliqueront *mutatis mutandis*. Durant la Phase d'intervention du Mandataire chargé de la cession, celui-ci pourra avoir recours aux mêmes conseils que ceux utilisés par *[la partie notifiante]* pendant la Première Période de cession s'il considère que c'est dans l'intérêt d'une vente rapide.

3.4 *Remplacement, décharge et renouvellement de la nomination du Mandataire*

886. Si un Mandataire cesse d'accomplir ses fonctions au titre des Engagements ou pour tout autre motif légitime, y compris pour des raisons de conflit d'intérêts du Mandataire :

(a) l'Autorité peut, après avoir entendu le Mandataire, exiger que *[la partie notifiante]* remplace le Mandataire ; ou

(b) *[la partie notifiante]* peut, avec l'autorisation préalable de l'Autorité, remplacer le Mandataire en cause.

887. Il peut être exigé du Mandataire révoqué conformément au paragraphe précédent qu'il continue à exercer ses fonctions jusqu'à ce qu'un nouveau Mandataire, à qui le Mandataire révoqué aura transféré l'ensemble des informations et documents

pertinents, soit en fonction. Le nouveau Mandataire sera désigné selon la procédure mentionnée à l'article 3.1.

888. Mis à part le cas de révocation au sens du présent article, le Mandataire ne pourra cesser d'agir comme Mandataire qu'après que l'Autorité l'aura déchargé de ses fonctions, après la réalisation de tous les Engagements dont le Mandataire en question est chargé. Cependant, l'Autorité pourra à tout moment demander que le Mandataire chargé du contrôle soit à nouveau désigné si elle estime que les Engagements concernés n'ont pas été entièrement ou correctement mis en œuvre.

4 *Clause de réexamen*

889. L'Autorité pourra, le cas échéant et en réponse à une demande écrite de *[la partie notifiante]* exposant des motifs légitimes :

(a) accorder une prolongation des délais prévus par les engagements ; et/ou

(b) lever, modifier ou remplacer un ou plusieurs engagements si les circonstances de droit ou de fait prises en compte à l'occasion de l'examen de l'Opération venaient à être modifiées de manière significative au point de remettre en cause l'analyse concurrentielle sur les marchés concernés et donc la nécessité des Engagements.

890. Parmi les circonstances nouvelles ou exceptionnelles qui, à la demande de *[la partie notifiante]*, pourront être examinées au cas par cas par l'Autorité afin d'apprécier, après avoir entendu *[la partie notifiante]*, la pertinence d'une éventuelle demande de levée, modification ou remplacement de l'un ou des Engagement(s) au vu de l'analyse de la situation concurrentielle dans le marché pertinent menée par l'Autorité, figurent notamment toute évolution de la structure concurrentielle du ou des *[marchés géographiques concernés]* qui pourrait résulter par exemple *[de l'ouverture de points de vente concurrents]*.

891. Dans le cas où *[la partie notifiante]* demande une prolongation de délais, elle doit soumettre une requête dans ce sens à l'Autorité au plus tard un mois avant l'expiration du délai concerné, exposant ses motifs légitimes. *[la partie notifiante]* pourra demander une prolongation au cours du dernier mois du délai, seulement si des circonstances exceptionnelles le justifient.

Fait à Paris, le ___ 20XX

Pour *[l'acquéreur]*

G *Modèle de contrat de mandat*

ENTRE :

[X] *[Indiquer le nom de l'entreprise qui cède son activité]* (ci-après "[X]"), société de droit *[Indiquer le droit applicable à la société]*, *dont le siège social est situé à [Indiquer l'adresse complète]*, représentée par *[Indiquer le nom et la qualité de la personne représentant X pour le mandat]*,

ci-après dénommée "**l'entreprise mandante**", d'une part,

ET

[X] *[Insérer la dénomination sociale de l'entreprise]*, (ci-après "[X]"), dont le siège social est situé à *[Indiquer l'adresse complète]*, représentée par *[Indiquer le nom et la qualité de la personne représentant X pour le mandat]*,

ci-après dénommé "**le mandataire**", d'autre part.

L'entreprise mandante et le mandataire sont collectivement dénommés "**les parties**".

IL EST PRÉALABLEMENT EXPOSÉ CE QUI SUIT :

Dans le cadre de l'opération de concentration n° *[numéro et nom de l'affaire]*, et conformément à l'article *[L. 430-5 (phase 1), ou L. 430-7 (phase 2)]* du code de commerce, l'entreprise mandante a proposé des engagements (les "**engagements**"), dont une copie figure en annexe [•], afin de permettre à l'Autorité de la concurrence ("**l'Autorité**") d'autoriser *[Description de l'opération : par exemple la prise de contrôle exclusif de ... ; la création d'une entreprise commune entre ... et ...]*. L'Autorité a donc autorisé l'opération par une décision n° *[numéro et date de la décision]* (la "**décision**"), sous réserve de la réalisation des engagements.

Conformément aux engagements, l'entreprise mandante s'est engagée à céder *[activité qui doit être cédée]* (**"l'activité cédée"**). Dans l'attente de la cession de l'activité cédée, l'entreprise mandante s'est engagée à préserver sa viabilité économique, sa valeur marchande et sa compétitivité.

L'entreprise mandante s'est engagée à désigner un mandataire chargé de contrôler le respect des engagements (**"mandataire chargé du contrôle"**) et un mandataire chargé de mener à bien la cession de l'activité cédée dans l'hypothèse où celle-ci n'aurait pas fait l'objet d'un contrat de cession à l'issue de la première période de cession (**"mandataire chargé de la cession"**). Par le présent contrat de mandat, l'entreprise mandante investit le mandataire en tant que mandataire chargé du contrôle et, le cas échéant à compter du *[date de fin de la première période de cession]*, en tant que mandataire chargé de la cession.

La désignation du mandataire et les termes de ce mandat ont été agréés par l'Autorité par lettre du *[Indiquer la date de la lettre d'agrément]*.

En cas de doute ou de contradiction, le mandat sera interprété conformément i) à la décision et aux engagements, ii) au cadre général du droit français, en particulier le code de commerce, et iii) aux lignes directrices de l'Autorité relatives au contrôle des concentrations.

CECI ÉTANT EXPOSÉ, LES PARTIES ONT CONVENU CE QUI SUIT :

1 *Définitions*

892. Dans le cadre des engagements et pour les besoins du présent mandat, les termes ci-dessous seront définis de la manière suivante :

Acquéreur : la ou les entité(s) approuvée(s) par l'Autorité en tant qu'acquéreur(s) de l'activité conformément aux critères définis dans les engagements.

Activité cédée : les actifs, tels que définis dans le texte des engagements, que l'entreprise mandante s'est engagée à céder.

Cession : la conclusion d'un contrat définitif de vente de l'activité cédée à l'acquéreur.

Conflit d'intérêts : un conflit d'intérêts naît d'une situation dans laquelle le mandataire, les entreprises liées au mandataire ou les membres de l'équipe du mandataire possèdent des intérêts qui pourraient être de nature à influer sur la manière dont il s'acquitte de ses fonctions.

Entreprises liées au mandataire : les autres entreprises appartenant au même groupement d'individus ou d'entreprises que le mandataire.

Équipe du mandataire : les personnes clés responsables de l'exécution des tâches confiées par le mandat et identifiées à l'article 4.

Mandataire : le mandataire chargé du contrôle ou chargé de la cession.

Plan de travail : document soumis à l'Autorité par le mandataire avant son agrément et détaillant l'organisation de ses travaux. Ce document figure en annexe [•] de ce mandat et une version plus détaillée sera soumise à l'Autorité par le mandataire dans le mois suivant la signature du présent contrat de mandat.

Première période de cession : période de [•] mois commençant à la date de décision de l'Autorité, se terminant le *[date]*.

Réalisation de la cession : le transfert de propriété effectif de l'activité cédée à l'acquéreur.

2 *Désignation du mandataire*

893. Par le présent mandat, l'entreprise mandante confie au mandataire un mandat exclusif pour exercer les missions de mandataire chargé du contrôle et de mandataire chargé de la cession conformément aux engagements. Le mandataire accepte cette désignation conformément aux termes du présent mandat.

894. Les fonctions du mandataire prennent effet à la date de signature du présent contrat, à l'exception de sa fonction de mandataire chargé de la cession qui prendra effet à l'issue de la première période de cession.

895. L'équipe du mandataire est composée des personnes suivantes : *[Indiquer le nom et le titre de chacune des personnes]*. Le mandataire ne remplacera pas les membres de l'équipe du mandataire sans agrément préalable de l'Autorité et de l'entreprise mandante.

3 *Devoirs et obligations du mandataire*

896. Le mandataire agit pour le compte de l'Autorité afin de garantir le respect par l'entreprise mandante de ses engagements et assume les fonctions qui incombent à un *[mandataire chargé du contrôle et/ou un mandataire chargé de la cession]* conformément aux engagements. Il accomplit les tâches visées dans le présent contrat en conformité avec le plan de travail et ses versions révisées, approuvés par l'Autorité.

897. L'Autorité pourra, de sa propre initiative ou à la demande du mandataire ou de l'entreprise mandante, adresser au mandataire toute instruction visant à assurer la réalisation des engagements. En aucun cas, l'entreprise mandante ne pourra donner d'instructions au mandataire.

898. Le mandataire pourra proposer à l'entreprise mandante toute mesure qu'il considérera nécessaire pour assurer le respect des engagements, et pourra proposer à l'Autorité des mesures nécessaires, dans l'hypothèse où l'entreprise mandante ne respecterait pas les propositions du mandataire dans les délais fixés par le mandataire.

899. Le mandataire devra garantir, tout au long de l'exécution de sa (ses) mission(s), son indépendance totale, ainsi que celle de ses salariés, vis-à-vis de l'entreprise mandante, afin d'éviter qu'un conflit d'intérêts puisse naître au cours de la réalisation d'une de ses tâches.

3.1 *Devoirs et obligations du mandataire chargé du contrôle*

3.1.1 *Contrôle de l'activité cédée*

900. Le mandataire chargé du contrôle doit, conformément aux engagements, superviser la gestion courante de l'activité cédée afin de s'assurer de la préservation de sa viabilité, de sa valeur marchande et de sa compétitivité, et de contrôler le respect par l'entreprise mandante de ses engagements. A cette fin et jusqu'à la réalisation de la cession, le mandataire chargé du contrôle doit en particulier :

a) Contrôler (i) la préservation de la viabilité économique, de la valeur marchande et de la compétitivité de l'activité cédée conformément aux bonnes pratiques commerciales, (ii) la minimisation, autant que possible, de tout risque de perte de compétitivité potentielle de l'activité cédée ; (iii) l'absence d'actions sous sa propre responsabilité qui produiraient un effet négatif significatif sur la valeur, la gestion ou la compétitivité de l'activité cédée, ou la stratégie industrielle ou commerciale ainsi que la politique d'investissement de l'activité cédée ; (iv) la mise à disposition de l'activité cédée par l'entreprise mandante des ressources suffisantes nécessaires à son développement, sur la base et dans la continuité des plans d'entreprise existants ; (v) l'accomplissement par l'entreprise mandante de toutes les actions nécessaires, notamment des systèmes d'incitation adéquats (conformes aux pratiques du secteur concerné), pour encourager l'ensemble du personnel essentiel à rester avec l'activité cédée ;

b) Contrôler que l'activité cédée est gérée comme une entité distincte et cessible, séparée de l'activité de l'entreprise mandante ou de ses filiales,

c) En consultation avec l'entreprise mandante, (i) déterminer toutes les mesures nécessaires pour garantir que l'entreprise mandante ne pourra pas, après la date d'effet, obtenir de quelconques secrets d'affaires, savoir-faire, informations commerciales ou toute autre information de nature confidentielle ou protégée concernant l'activité cédée, et (ii) décider si de telles informations peuvent être divulguées à l'entreprise mandante dans la mesure où elles seraient nécessaires pour lui permettre de mettre en œuvre la cession ou dans la mesure où cette divulgation serait requise par la loi.

3.1.2 *Contrôle de la cession*

901. Le mandataire chargé du contrôle assistera l'Autorité dans le cadre de son contrôle du processus de cession et de l'examen des acquéreurs proposés. Par conséquent, le mandataire chargé du contrôle devra pendant la première période de cession :

a) Examiner et évaluer l'état d'avancement du processus de cession et de la recherche d'acquéreurs potentiels ;

b) Vérifier, en fonction de l'étape du processus de cession, (i) que les acquéreurs potentiels reçoivent des informations suffisantes sur l'activité cédée (en examinant si ces documents sont disponibles, la documentation contenue en salle des données ("*data room*"), les notes d'information et le processus d'examen préalable) ; (ii) que les acquéreurs potentiels aient un accès adéquat au personnel ;

902. Une fois que l'entreprise mandante aura soumis à l'Autorité une proposition documentée pour un acquéreur, le mandataire devra, dans le délai d'une semaine à compter de la réception de la proposition documentée, soumettre à l'Autorité un avis motivé sur le caractère approprié et l'indépendance de l'acquéreur proposé, sur la viabilité de l'activité cédée après la cession et sur la conformité de la vente de l'activité cédée aux engagements.

3.2 *Devoirs et obligations du mandataire chargé de la cession*

903. A l'issue de la première période de cession, l'entreprise mandante donne un mandat exclusif au mandataire pour permettre la vente de l'activité cédée à un acquéreur agréé par l'Autorité. Il doit trouver un acquéreur adéquat qui sera ultérieurement agréé par l'Autorité.

904. Le mandataire chargé de la cession doit vendre l'activité cédée, sans qu'un prix minimum ne soit fixé, à un ou plusieurs acquéreur(s) approuvé(s) par l'Autorité.

905. Le mandataire chargé de la cession inclura dans le contrat de cession toutes les modalités et conditions qu'il estime appropriées pour la conclusion d'une vente rapide. En particulier, le mandataire chargé de la cession peut inclure dans le contrat de vente des déclarations habituelles, garanties et indemnités pouvant être requis de manière raisonnable pour effectuer la cession. Dans le même temps, le mandataire chargé de la cession protégera les intérêts financiers légitimes de l'entreprise mandante.

3.3 *Obligations d'établissement de rapports*

906. Le mandataire chargé du contrôle devra fournir, dans les quinze jours suivant la fin de chaque mois, un rapport écrit à l'Autorité, en transmettant, parallèlement et dans les mêmes délais, une version non confidentielle de ce rapport à l'entreprise mandante.

907. Le rapport fera un point sur le respect par le mandataire chargé du contrôle de ses obligations en application du mandat et le respect par l'entreprise mandante des engagements. Les rapports doivent couvrir en particulier les sujets suivants :

a) Proposition d'un plan de travail détaillé dans le premier rapport ainsi que d'éventuelles modifications dans les rapports ultérieurs ou toute difficulté rencontrée dans l'établissement du plan de travail.

b) Performance opérationnelle et financière de l'activité cédée dans la période visée par le rapport ; contrôle de la préservation de la viabilité économique, de la valeur marchande et de la compétitivité de l'activité cédée et du respect par l'entreprise mandante des obligations de maintien séparé de l'activité cédée ;

c) État d'avancement de la procédure de cession, incluant une liste des acquéreurs potentiels, leurs principales caractéristiques, l'état des négociations et toute autre information reçue par l'entreprise mandante concernant la cession ;

d) Toute difficulté apparue au cours de l'exécution de son mandat, en particulier toute difficulté relative à la non-exécution par l'entreprise mandante de ses engagements ;

e) Estimation du calendrier à venir.

908. A l'issue de la première période de cession, le mandataire chargé de la cession, devra fournir tous les mois un rapport écrit à l'Autorité, en transmettant, parallèlement et dans les mêmes délais, une version non confidentielle de ce rapport à l'entreprise mandante. Le rapport fera un point sur le respect par le mandataire chargé de la cession de ses obligations en application du mandat et le respect par l'entreprise mandante des engagements. Les rapports doivent couvrir en particulier les sujets suivants :

a) Proposition d'un plan de travail détaillé dans le premier rapport ainsi que d'éventuelles modifications dans les rapports ultérieurs ou toute difficulté rencontrée dans l'établissement du plan de travail.

b) L'état d'avancement de la procédure de désinvestissement, notamment bilan des négociations avec chacun des acquéreurs potentiels, liste des acquéreurs potentiels et avis préliminaire sur chacun d'eux ;

c) Toute difficulté ou tout problème concernant la cession de l'activité cédée, incluant toute difficulté et tout problème concernant la négociation des accords nécessaires ;

d) Le besoin de se faire assister d'un conseiller pour la cession de l'activité cédée et une liste des conseils sélectionnés par le mandataire dans ce but ;

909. A tout moment, le mandataire fournira à l'Autorité, à la demande de celle-ci (ou à l'initiative du mandataire), un rapport oral ou écrit sur les questions relevant de son mandat. L'entreprise mandante devra recevoir parallèlement une version non confidentielle des rapports écrits additionnels et devra être informé*[e]* rapidement du contenu non confidentiel de tout rapport oral.

910. En plus des rapports, le mandataire informera l'Autorité, par écrit et sans délai, en transmettant parallèlement et dans les mêmes délais à l'entreprise mandante une version non confidentielle des documents transmis à l'Autorité, s'il considère, sur la base d'éléments raisonnablement justifiés, que l'entreprise mandante manque au respect des engagements.

911. Le mandataire pourra, si cela est nécessaire pour l'exécution de sa (ses) mission(s), adresser à l'Autorité toute demande visant à interpréter la décision d'autorisation, la lettre des engagements pris par l'entreprise mandante, ou généralement la manière dont sa (ses) mission(s) doive(nt) être exécutée(s).

4 *Devoirs et obligations de l'entreprise mandante*

912. L'entreprise mandante, directement ou par l'intermédiaire de ses conseils *[conseil à identifier]*, apportera au mandataire coopération et assistance, et lui fournira toute information raisonnablement requise par le mandataire pour l'accomplissement de ses tâches. Concernant spécifiquement l'activité cédée, le mandataire aura un accès complet à l'ensemble des livres comptables, registres, documents, membres de direction ou du personnel, infrastructures, sites et informations techniques de l'entreprise mandante ou de l'activité cédée qui s'avèrent nécessaires pour l'accomplissement de ses tâches au titre des engagements. L'entreprise mandante et l'activité cédée fourniront au mandataire, à sa demande, copie de tout document. L'entreprise mandante et l'activité cédée mettront à la disposition du mandataire, si nécessaire, un ou plusieurs bureaux au sein de leurs locaux et devront être disponibles pour des réunions afin de fournir au mandataire les informations nécessaires à l'exécution de leur mission.

913. L'entreprise mandante fournira au mandataire chargé du contrôle toute assistance administrative et de gestion que ce dernier pourra raisonnablement requérir, par exemple les fonctions de support administratif relatives à l'activité cédée. L'entreprise mandante fournira ou fera fournir par ses conseils au mandataire chargé du contrôle, à sa demande, les informations remises aux acquéreurs potentiels et toute autre information mise à disposition des acquéreurs potentiels dans le cadre de la procédure d'examen préalable. L'entreprise mandante informera le mandataire chargé du contrôle sur les acquéreurs potentiels, lui fournira une liste de ces acquéreurs, et le tiendra informé de tout développement dans la procédure de cession.

914. A l'issue de la première période de cession, l'entreprise mandante accordera au mandataire chargé de la cession tous les pouvoirs nécessaires afin de formaliser contractuellement et réaliser la cession et toutes les actions et déclarations que le mandataire chargé de la cession estime nécessaires ou appropriées aux fins de la réalisation de la cession.

915. Aux frais de l'entreprise mandante, le mandataire pourra désigner des conseils (en particulier pour des avis juridiques, financiers ou techniques), sous réserve de l'accord de l'entreprise mandante (qui ne pourra pas s'y opposer ou retarder son accord sans justification), dès lors qu'il considérera cette désignation comme nécessaire ou appropriée pour l'accomplissement de ses devoirs et obligations en vertu du mandat, et à la condition que les dépenses exposées par le mandataire à cette occasion soient raisonnables. Si l'entreprise mandante refuse d'approuver les conseils proposés par le mandataire, l'Autorité pourra, après avoir entendu l'entreprise mandante, approuver à sa place la désignation des conseils. Le mandataire sera seul habilité à transmettre des instructions à ces conseils. A l'issue de la première période de cession, le mandataire chargé de la cession pourra avoir recours aux mêmes conseils que ceux utilisés par l'entreprise mandante durant la première période de cession s'il considère que c'est dans l'intérêt d'une vente rapide.

5 *Stipulations relatives au mandataire*

5.1 *Conflit d'intérêts*

916. Les relations actuelles entre, d'un côté, l'entreprise mandante et ses filiales et, d'un autre côté, le mandataire, l'équipe du mandataire, et les entreprises liées au mandataire sont déclarées en annexe [•] de ce mandat. Sur cette base, le mandataire certifie que lui-même et chaque membre de son équipe sont indépendants de l'entreprise mandante et ses filiales, et qu'aucun conflit d'intérêts ne porte atteinte à son objectivité et à sa capacité d'exécuter avec indépendance les missions qui lui sont confiées aux termes du présent mandat.

917. Le mandataire s'engage à ne créer aucun conflit d'intérêts durant l'exécution du mandat. Le mandataire, les membres de son équipe et les entreprises liées au mandataire ne peuvent pas au cours de l'exécution de ce mandat :

a) occuper ou accepter tout emploi, fonction ou mandat social au sein de l'entreprise mandante ou de ses filiales, à l'exception des nominations éventuelles relatives à la mise en œuvre et l'exécution du mandat ;

b) exécuter ou accepter toute mission ou toute relation d'affaires ou avoir tout intérêt financier avec l'entreprise mandante ou ses filiales qui pourrait donner lieu à un conflit d'intérêts. Si le mandataire, les entreprises liées au mandataire ou les membres de l'équipe du mandataire souhaitent s'engager dans une mission, une relation d'affaires ou un investissement avec l'entreprise mandante ou ses filiales, la personne concernée doit d'abord obtenir l'accord de l'Autorité.

918. Si le mandataire est informé de l'existence d'un conflit d'intérêts, il doit en informer immédiatement l'entreprise mandante et l'Autorité. Dans l'hypothèse où l'entreprise mandante est informée de l'existence, potentielle ou avérée, d'un conflit d'intérêts, il doit en informer le mandataire et l'Autorité. Quand un conflit d'intérêts apparaît au cours du mandat, le mandataire s'engage à y mettre fin immédiatement. Dans l'hypothèse où le conflit d'intérêts ne peut être ou n'est pas résolu par le mandataire dans les meilleurs délais, il pourra être mis fin au mandat dans les conditions définies au paragraphe [•] ci-après.

919. Pour la durée de l'exécution du mandat, et pour une période d'un an à compter de la fin du mandat, le mandataire, son équipe et ses filiales s'engagent à ne pas fournir à l'entreprise mandante ou ses filiales de prestations de service de toute nature, et notamment de conseil, et plus généralement s'engage à n'accepter aucun emploi, fonction ou mandat social au sein de l'entreprise mandante ou ses filiales, sans en avoir informé au préalable l'Autorité de la concurrence.

920. En outre le mandataire s'engage à mettre en place les mesures nécessaires afin de garantir son indépendance ainsi que celle des membres de son équipe.

Préalablement à leur mise en œuvre, ces mesures seront communiquées à l'Autorité qui pourra procéder à toute modification.

5.2 *Rémunération*

921. [C'est aux parties au contrat de mandat de s'accorder sur une structure d'honoraires appropriée. Le mandataire doit être rémunéré d'une manière qui n'affecte pas son indépendance et son efficacité dans l'exécution du mandat. En ce qui concerne le mandataire chargé de la cession, l'Autorité est en faveur des structures d'honoraires qui, au moins dans une mesure significative, sont fonction de l'accomplissement par le mandataire chargé de la cession d'une cession dans les meilleurs délais. En particulier, si la rémunération globale inclut une prime de réussite liée à la valeur de la vente finale de l'activité cédée, les honoraires doivent aussi être liée *[liés]* **à une cession dans la phase d'intervention du mandataire chargé de la cession comme défini dans les engagements. Il faut noter que la structure des honoraires, comme le mandat dans son entier, est soumise à l'agrément de l'Autorité. Les éventuels frais supplémentaires qui pourraient apparaître au cours de l'exécution de la (des) mission(s) du mandataire, tels que le recours à des experts sectoriels, seront à la charge de l'entreprise mandante.]**

5.3 *Garantie*

922. L'entreprise mandante garantit le mandataire contre toute responsabilité née de l'exécution de ses fonctions de mandataire au titre des engagements, sauf dans la mesure où cette responsabilité résulterait d'une faute lourde ou intentionnelle ou de la mauvaise foi du mandataire ou des membres de son équipe.

923. Cette garantie restera applicable pendant une durée de cinq ans après l'expiration du mandat.

5.4 *Confidentialité*

924. Le mandataire reconnaît être tenu à la plus stricte confidentialité concernant l'ensemble des aspects du présent mandat et de son exécution. A ce titre, et sans préjudice des autres dispositions du présent contrat, le mandataire s'engage, dès son entrée en vigueur, à ne divulguer à aucune personne tierce, à l'exception des services de l'Autorité, des membres de son équipe et des éventuels conseils extérieurs de l'entreprise mandante, pour quelque cause que ce soit :

a) le contenu de son mandat, y compris ses annexes et éventuels avenants ;

b) les actes et informations de toute nature (industrielle, commerciale, fiscale, juridique et administrative) dont il aura eu connaissance dans le cadre de l'exécution de sa mission et concernant l'entreprise mandante ;

c) le contenu de ses communications et rapports à l'Autorité relatifs au respect et à la réalisation des engagements et à l'exécution de sa mission ;

d) plus généralement, toute information non publique concernant l'entreprise mandante.

925. Le mandataire s'engage à faire respecter et se porte garant du respect de cet engagement de confidentialité par les membres de son équipe.

926. Le présent engagement de confidentialité ne fait pas obstacle :

a) à la communication par le mandataire des informations et documents précités à l'Autorité, et des versions non-confidentielles de ces informations et documents à l'entreprise mandante dans les conditions prévues par le présent contrat ;

b) à la communication par le mandataire des documents et informations nécessaires à l'exécution de sa mission à ses conseils soumis à des règles de déontologie professionnelle prévoyant des obligations de confidentialité pendant la durée du présent contrat ; et

c) à la communication d'informations exigée par la loi.

927. Cette obligation de confidentialité restera applicable pendant une durée de cinq ans après l'expiration du mandat.

6 *Cessation du mandat*

928. Le mandat prendra fin dans les conditions définies ci-après :

6.1 *Cessation du mandat dans des conditions normales*

929. Le mandat prendra automatiquement fin dès que l'Autorité constatera que l'ensemble des engagements a été réalisé et déchargera par écrit le mandataire de ses obligations.

930. L'entreprise mandante reconnaît que l'Autorité pourra à tout moment exiger que le mandataire soit nommé à nouveau s'il apparaissait ultérieurement que les engagements n'ont pas été complètement exécutés. En acceptant le présent mandat, le mandataire accepte sa re-désignation éventuelle conformément aux termes et conditions de ce mandat.

6.2 *Révocation du mandat avant son terme normal*

931. L'entreprise mandante pourra mettre fin au mandat, avant la décharge du mandataire, uniquement dans les conditions définies par les engagements (paragraphe [•]). Le mandataire peut mettre fin à son mandat uniquement pour une cause justifiée, en fournissant un préavis écrit à l'entreprise mandante et une copie à l'Autorité.

932. L'Autorité pourra également, à tout moment, mettre fin au mandat, de sa propre initiative si elle considère que le mandataire n'exerce pas sa mission de façon adéquate, notamment en cas de non-respect d'une des dispositions du présent contrat de mandat.

933. Il peut être exigé du mandataire révoqué qu'il continue à exercer ses fonctions jusqu'à ce qu'un nouveau mandataire, à qui le mandataire révoqué aura transféré l'ensemble des informations et documents pertinents, soit en fonction. Le nouveau mandataire sera désigné selon la procédure susmentionnée.

7 *Autres dispositions*

7.1 *Révisions du contrat de mandat*

934. Le mandat ne peut être révisé que par écrit et avec l'autorisation préalable de l'Autorité. L'Autorité peut par ailleurs demander, après échanges contradictoires, à l'entreprise mandante et au mandataire d'amender le contrat de mandat, de façon à assurer le strict respect des engagements.

7.2 *Loi applicable et règlement des différends*

935. En cas de doute ou de contradiction, le présent contrat doit être interprété conformément aux engagements et à leurs annexes et à la décision de l'Autorité *[nº et date de la décision]*, et plus largement au droit français auquel il est expressément soumis.

936. Tout litige relatif à son interprétation ou son exécution relève de la compétence exclusive du tribunal de commerce de [XXX].

7.3 *Détachabilité*

937. La nullité ou le caractère non-opposable de l'une des dispositions du présent contrat n'entraînera pas la nullité ou le défaut d'opposabilité des autres dispositions.

7.4 *Élection de domicile*

938. Toute communication envoyée en application du présent contrat sera effectuée par écrit et sera réputée avoir été valablement effectuée si elle a été remise en mains propres à la partie au mandat à laquelle elle est adressée, ou si elle a été transmise par courrier recommandé avec accusé de réception, ou, lorsqu'elle a été envoyée par télécopie ou par courrier électronique, s'il en a été accusé réception par écrit ou par courrier électronique. Toute communication devra être effectuée aux personnes et adresses suivantes : [XXX].

Communiqué de l'Autorité de la concurrence du 30 juillet 2021,

Relatif à la méthode de détermination des sanctions pécuniaires.

BIBL. GÉN. ▶ ARHEL, *LPA 27 oct. 2010* (le rapport sur l'appréciation de la sanction en matière de pratiques anticoncurrentielles). – DUFOUR, *LPA 2 déc. 2010* (le calcul des sanctions en matière de pratiques anticoncurrentielles suscite le débat). – SAINT-ESTEBEN, *RLDA déc. 2010. 39* (réflexions sur le rapport sur la sanction des pratiques anticoncurrentielles). – CLAUDEL, *RTD com. 2011. 70* (rapport sur la détermination des sanctions : la réflexion est lancée).

▶ Communiqué du 16 mai 2011 : CONSTANTIN, *D. 2011. Actu. 1478* (sanction des pratiques anticoncurrentielles : méthode de calcul). – ARHEL, *JCP E 2011, n° 279*. – CLAUDEL, *RTD com. 2011. 74* (un texte utile, mais perfectible). – DUFOUR, *LPA 31 mai 2011* (des sanctions déterminées dans la transparence). – REDON et D'HUART, *BRDA 2011, n° 12, p. 14* (détermination des sanctions pécuniaires : mode d'emploi). – DECOCQ, *CCC 2011, n° 171* (présentation générale). – ROSKIS et DORÉMUS, *JCP E 2011, n° 1538*; *CCC 2011. Étude 11* (vers plus de prévisibilité et de transparence ?). – COUSIN, *RLDA juill.-août 2011. 41* (réflexions sur le communiqué du 16 mai 2011). – DE MUIZON, *ibid. 47* (pourquoi refuser de mobiliser les outils de la théorie économique ?). – PRIETO, *RDLC 2011, n° 3, p. 54* (tenants et aboutissants de la méthode retenue par l'Autorité de la concurrence). – LEMÉTAYER, *RLC juill.-sept. 2011. 102* (incidence sur la réflexion menée par la Commission européenne concernant l'articulation des actions publique et civile). – PATAT, *RLC oct.-déc. 2014. 39* (bilan de trois années d'application du communiqué sur les sanctions).

▶ Communiqué du 30 juill. 2021 : NDLR, *BRDA 2021, n° 17, p. 21* (l'Autorité de la concurrence modifie sa méthodologie pour déterminer les sanctions pécuniaires). – CLAUDEL, *RTD com. 2021. 583* (vers un durcissement des sanctions prononcées par l'Autorité de la concurrence ?). – SUBRÉMON, *RLC nov. 2021. 17* (transiger avec ses clients victimes de pratiques anticoncurrentielles en cours de procédure devant l'Autorité de la concurrence : vraie solution ou fausse bonne idée ?). – COURSIÈRE-PLUNTZ, *JCP E 2022, n° 1036* (anticiper les risques financiers associés à la commission d'infractions au droit de la concurrence).

Le présent document abroge et remplace le communiqué relatif à la méthode de détermination des sanctions pécuniaires du 16 mai 2011. Ce nouveau communiqué s'appuie sur la pratique décisionnelle des dix dernières années de l'Autorité de la concurrence et sur la jurisprudence de ses juridictions de contrôle pour en tirer les leçons en matière de détermination des sanctions pécuniaires. Il tient compte, par ailleurs, des modifications législatives résultant de la directive (UE) 2019/1 du Parlement européen et du Conseil du 11 décembre 2018 visant à doter les autorités de concurrence des États membres des moyens de mettre en œuvre plus efficacement les règles de concurrence et à garantir le bon fonctionnement du marché intérieur (ci-après, la "Directive ECN+"), transposée en droit français par la loi n° 2020-1508 du 3 décembre 2020 portant diverses dispositions d'adaptation au droit de l'Union européenne en matière économique et financière (ci-après la "Loi DDADUE") et par l'ordonnance n° 2021-649 du 26 mai 2021 relative à la transposition de la Directive ECN+. Il s'inscrit pleinement dans la volonté du législateur européen de promouvoir un renforcement et un approfondissement du réseau européen de concurrence (le "REC") et, plus particulièrement, une plus grande harmonisation du régime des sanctions prises par les autorités nationales de concurrence sur le fondement des articles 101 et 102 TFUE et de leur droit national. L'article 13 de la directive impose ainsi aux États membres de garantir que les autorités nationales de concurrence puissent prononcer ou requérir des amendes "effectives, proportionnées et dissuasives" lorsque les entreprises et associations d'entreprises méconnaissent les articles 101 et 102 du TFUE. L'article 14 impose, pour sa part, que ces autorités "prennent en considération la gravité de l'infraction ainsi que la durée de celle-ci lorsqu'elles déterminent le montant de l'amende".

Par le présent communiqué, l'Autorité entend renouveler son attachement aux sanctions pécuniaires, qui ont une fonction répressive, mais aussi dissuasive, et constituent un élément essentiel de la lutte contre les pratiques anticoncurrentielles. L'Autorité entend aussi marquer une étape supplémentaire dans la convergence du droit européen et du droit français de la concurrence, en se rapprochant des prin-

cipes appliqués par la Commission européenne lorsqu'elle détermine le montant des sanctions pécuniaires.

I. Les dispositions applicables à la détermination des sanctions pécuniaires

1. Le deuxième alinéa du I de l'article L. 464-2 du code de commerce et l'article 5 du règlement (CE) nº 1/2003 du Conseil du 16 décembre 2002 relatif à la mise en œuvre des règles de concurrence prévues aux articles 81 et 82 du traité CE (devenus les articles 101 et 102 du traité sur le fonctionnement de l'Union européenne, ci-après le "TFUE") habilitent l'Autorité de la concurrence (ci-après l'"Autorité") à infliger des sanctions pécuniaires aux entreprises et aux associations d'entreprises *[l'Ord. nº 2021-649 du 26 mai 2021 relative à la transposition de la Dir. (UE) 2019/1 du 11 déc. 2018 visant à doter les autorités de concurrence des États membres des moyens de mettre en œuvre plus efficacement les règles de concurrence et à garantir le bon fonctionnement du marché intérieur, publiée au JO le 27 mai 2021, a introduit en droit français la notion d'association d'entreprises en remplacement de la notion d'organisme. Cette notion n'est pas définie en droit européen. Comme l'a relevé l'avocat général Léger au point 61 de ses conclusions présentées le 10 juill. 2001 dans l'affaire CJUE C-309/99 Wouters, "en règle générale, l'association regroupe des entreprises de la même branche et se charge de représenter et de défendre leurs intérêts communs à l'égard des autres opérateurs économiques, des organismes gouvernementaux et du public en général". La notion d'association d'entreprises recoupe ainsi la notion d'organisme, entendue comme désignant "les organisations qui ont vocation à regrouper l'ensemble des entreprises d'une même profession, ou d'un même secteur, et les organisations syndicales représentant les entreprises" (V. notamment en ce sens le point 2 de l'étude de janvier 2021 que l'Autorité a consacrée aux "organismes professionnels"). Conformément à la jurisprudence européenne, il convient de relever que "la notion d'association d'entreprises doit être interprétée comme pouvant également appréhender des associations elles-mêmes constituées d'associations d'entreprises (V., en ce sens, arrêt du Tribunal du 26 janv. 2005, Piau/Commission, T 193/02, Rec. p. II 209, point 69 ; V. également, par analogie, arrêt du Tribunal du 11 mars 1999, Eurofer/Commission, T 136/94, Rec. p. II 263, point 9)" (arrêt du Tribunal du 13 décembre 2006, FNSEA, T-217/03 et T-245/03)]* qui se livrent à des pratiques anticoncurrentielles interdites par les articles L. 420-1, L. 420-2 et L. 420-5 du code de commerce, ainsi que par les articles 101 et 102 TFUE.

2. Ce pouvoir d'imposer des sanctions pécuniaires constitue l'un des moyens attribués à l'Autorité en vue de lui permettre d'accomplir la mission de régulation concurrentielle que lui confie l'article L. 461-1 du code de commerce. Cette mission contribue à faire en sorte que la liberté dont disposent les acteurs économiques pour innover, produire et diffuser des biens et des services de qualité au meilleur prix ne donne pas lieu à des ententes ou à des abus portant atteinte au fonctionnement concurrentiel de l'économie ainsi qu'à d'autres entreprises, aux consommateurs et, finalement, à la croissance et au bien-être de la collectivité dans son ensemble. Elle implique de poursuivre une politique de surveillance des marchés et d'orientation des comportements dans le sens du respect des règles de concurrence, mais également de prévention, de détection, de correction et de sanction des infractions à ces règles.

3. Le cinquième alinéa du I de l'article L. 464-2 du code de commerce, relatif aux critères de détermination des sanctions pécuniaires, dispose que : "Les sanctions pécuniaires sont appréciées au regard de la gravité et de la durée de l'infraction, de la situation de l'association d'entreprises ou de l'entreprise sanctionnée ou du groupe auquel l'entreprise appartient et de l'éventuelle réitération de pratiques prohibées par le présent titre. Elles sont déterminées individuellement pour chaque entreprise ou organisme sanctionné et de façon motivée pour chaque sanction. L'Autorité de la concurrence peut décider de réduire le montant de la sanction pécuniaire infligée à une entreprise ou à un organisme lorsque cette entreprise ou cet organisme a, en cours de procédure devant l'Autorité, versé à la victime de la ou des pratiques anticoncurrentielles sanctionnées une indemnité due en exécution d'une transaction au sens de l'article 2044 du code civil."

4. Les sixième, septième et huitième alinéas du I du même article, relatifs au montant maximum des sanctions pécuniaires, tels que modifiés par l'ordonnance

n° 2021-649 du 26 mai 2021 précitée, disposent que : "Le montant maximum de la sanction est, pour une entreprise, de 10 % du montant du chiffre d'affaires mondial hors taxes le plus élevé réalisé au cours d'un des exercices clos depuis l'exercice précédant celui au cours duquel les pratiques ont été mises en œuvre. Si les comptes de l'entreprise concernée ont été consolidés ou combinés en vertu des textes applicables à sa forme sociale, le chiffre d'affaires pris en compte est celui figurant dans les comptes consolidés ou combinés de l'entreprise consolidante ou combinante.

"Le montant maximum de la sanction est, pour une association d'entreprises, de 10 % du montant du chiffre d'affaires mondial hors taxes le plus élevé réalisé au cours d'un des exercices clos depuis l'exercice précédant celui au cours duquel les pratiques ont été mises en œuvre.

"Lorsque l'infraction d'une association d'entreprises a trait aux activités de ses membres, le montant maximal de la sanction pécuniaire est égal à 10 % de la somme du chiffre d'affaires mondial total réalisé par chaque membre actif sur le marché affecté par l'infraction de l'association."

II. L'objet et le champ d'application du présent communiqué

5. Le présent communiqué rappelle les objectifs des sanctions, apporte des précisions procédurales, et détaille la méthode suivie en pratique par l'Autorité lorsqu'elle détermine les sanctions pécuniaires qu'elle impose aux entreprises et aux associations d'entreprises auxquelles sont imputées des pratiques anticoncurrentielles. Il ne s'applique pas, en revanche, aux sanctions infligées lorsqu'une entreprise a fait obstruction à l'investigation ou à l'instruction (cas prévu par le deuxième alinéa du V de l'article L. 464-2), en cas de non-respect d'engagements ou d'injonctions (article L. 464-3) et dans les cas visés à l'article L. 430-8, concernant des manquements relatifs à une opération de concentration. En outre, les circonstances particulières résultant de la mise en œuvre de la procédure de transaction, sur le fondement des dispositions du III de l'article L. 464-2 du code de commerce, justifient que les sanctions prononcées dans le cadre d'une procédure de transaction ne soient pas motivées par référence à la méthode de détermination des sanctions pécuniaires énoncée dans le présent communiqué *[il convient de se référer au communiqué de procédure de l'Autorité de la concurrence du 21 déc. 2018 pour ce qui concerne la mise en œuvre de la procédure de transaction et la détermination de la sanction dans ce cadre]*.

6. Il engage l'Autorité, qui souhaite se référer, dans le cas général, à une méthode cohérente qui guide la détermination des sanctions pécuniaires qu'elle impose. L'Autorité peut toutefois, après une analyse globale des circonstances particulières de l'espèce, notamment au regard des caractéristiques des pratiques en cause, de l'activité des parties concernées et du contexte économique et juridique de l'affaire, ou pour des raisons d'intérêt général, décider de s'en écarter, en motivant ce choix.

III. Les objectifs de la sanction

7. La loi confère à l'Autorité un large pouvoir d'appréciation lui permettant de déterminer au cas par cas, en vertu de l'exigence légale d'individualisation et conformément au principe de proportionnalité, les sanctions pécuniaires qu'elle prononce en application des critères prévus par le I de l'article L. 464-2 du code de commerce.

8. Ces sanctions visent à punir les auteurs d'infractions aux règles de concurrence et à dissuader les agents économiques de se livrer à de telles pratiques. Leur détermination au cas par cas, en vertu des critères prévus par le code de commerce et dans le respect des principes généraux du droit, répond à un double objectif de répression et de dissuasion tant individuelle, c'est-à-dire vis-à-vis de l'entreprise ou de l'association d'entreprises concernée, que générale, c'est-à-dire vis-à-vis des autres agents économiques. Les sanctions contribuent ainsi à rétablir et préserver l'ordre public économique. La motivation des décisions de sanction, comme celle de l'ensemble des décisions prononcées par l'Autorité, contribue, en outre, à l'information générale du public et des entreprises et participe à la bonne compréhension et à la diffusion du droit de la concurrence.

9. Eu égard à leur nature répressive et dissuasive, mais en aucun cas réparatrice, les sanctions pécuniaires imposées aux auteurs de pratiques anticoncurrentielles ne sauraient se confondre avec les dommages et intérêts destinés à indemniser le préjudice qu'ont pu subir les personnes victimes de l'infraction. Il ne relève en effet pas des missions de l'Autorité de la concurrence de procéder à l'évaluation des dommages et intérêts destinés à réparer des préjudices subis par des victimes de pratiques anticoncurrentielles. Cette tâche relève de l'office du juge du fond, qui dispose à cet égard d'un pouvoir souverain d'appréciation. Il convient de relever par ailleurs qu'une pratique anticoncurrentielle dont l'existence et l'imputation sont constatées par une décision de l'Autorité qui ne peut plus faire l'objet d'une voie de recours ordinaire (appel ou opposition) pour la partie relative à ce constat, ou de la juridiction de recours est présumée établie de manière irréfragable, conformément aux dispositions du premier alinéa de l'article L. 481-2 du code de commerce.

10. L'Autorité est compétente pour appliquer les articles 101 et 102 TFUE, parallèlement aux articles L. 420-1 et L. 420-2 du code de commerce, lorsqu'une pratique anticoncurrentielle est susceptible d'affecter les échanges entre les États membres de l'Union. La Cour de justice a jugé à cet égard que : "[l]'effectivité des sanctions infligées par les autorités de concurrence nationales ou [de l'Union] sur le fondement de l'article [103, paragraphe 2, sous a), TFUE] est une condition de l'application cohérente des articles [101 et 102 TFUE]". Eu égard à ces impératifs, l'Autorité, dans la méthode qu'elle suit pour exercer son pouvoir d'appréciation à l'intérieur du cadre prévu par le I de l'article L. 464-2 du code de commerce, s'inscrit dans une démarche d'application homogène du droit européen de la concurrence.

11. La mise en œuvre de l'article L. 464-2 du code de commerce conduit l'Autorité à faire état, dans ses décisions imposant des sanctions pécuniaires aux entreprises ou aux associations d'entreprises ayant enfreint les règles de concurrence, des principaux éléments pris en considération pour les déterminer. La motivation de ces décisions, de même que celle des arrêts rendus par les juridictions de contrôle, contribue à assurer la transparence sur la façon dont le pouvoir d'appréciation conféré à l'Autorité est exercé au cas par cas. Cette motivation est nécessairement liée aux faits et au contexte propres à chaque espèce, et ne saurait préjuger de la façon dont l'Autorité peut être conduite à déterminer les sanctions pécuniaires dans d'autres affaires.

12. Dans ce contexte, le présent communiqué, qui revêt le caractère de lignes directrices au sens de la jurisprudence administrative, vise à accroître la transparence, en faisant connaître par avance la façon dont l'Autorité exerce son pouvoir de sanction, à l'intérieur du cadre prévu par le I de l'article L. 464-2 du code de commerce. Elle permet aux intéressés de mieux comprendre comment sont fixées les sanctions pécuniaires, à tous les acteurs économiques d'anticiper les risques financiers associés à la commission d'infractions, et aux juridictions d'effectuer plus aisément leur mission de contrôle.

13. L'Autorité décrit dans le présent communiqué la méthode qu'elle suit à cet effet. Les différentes étapes de cette méthode structurent la façon dont l'Autorité exerce son pouvoir d'appréciation, sans se substituer à l'examen individualisé auquel elle procède dans chaque affaire, en fonction des circonstances propres à celle-ci et conformément à l'exigence légale d'individualisation. Il n'est donc ni possible, ni souhaitable, tant du point de vue de l'Autorité que dans l'intérêt des entreprises et des associations d'entreprises concernées, de concevoir un barème automatique permettant de prévoir par avance le montant précis des sanctions encourues. Le montant applicable à chaque espèce donne lieu à une décision spécifique, qui tient compte de l'ensemble des motifs pertinents de la décision concernée et du contexte de l'affaire en cause.

IV. L'ouverture du contradictoire et les modalités procédurales

14. Les services d'instruction de l'Autorité signalent à l'entreprise ou à l'association d'entreprises concernée les principaux éléments de droit et de fait du dossier

susceptibles d'influer, de leur point de vue, sur la détermination de la sanction par le collège, afin de mettre l'intéressée en mesure de présenter des observations à cet égard.

15. Cette communication intervient au stade de la notification des griefs, conformément à l'article L. 463-3 du code de commerce, ou à l'occasion du rapport notifié, conformément au deuxième alinéa de l'article L. 463-2 du même code. Le rapport peut se référer, en tant que de besoin, aux éléments déjà portés à la connaissance des intéressés, en particulier dans la notification des griefs.

16. Les réponses aux observations des parties portant sur les éléments mentionnés aux points 14 et 15 peuvent faire l'objet d'une appréciation des services d'instruction dans le rapport oral présenté en séance. Il appartient à l'entreprise ou à l'association d'entreprises concernée d'apporter tous les éléments pertinents relatifs à la sanction préalablement à la séance. Si les débats contradictoires en séance le justifient, l'entreprise ou l'association d'entreprise peut être autorisée par le collège, le cas échéant, à présenter, dans un délai précisé par le président de séance, une note en délibéré relative à ces éléments. L'appréciation portée sur ces différents éléments, et la détermination du montant de la sanction qui en découle, relèvent de la délibération du collège, dont la décision motive les principales étapes du raisonnement suivi à cet effet.

17. L'Autorité de la concurrence se prononce sur le montant de la sanction au vu des éléments pertinents dont elle dispose au jour de la séance, notamment ceux lui permettant d'évaluer la valeur des ventes, ou, à défaut, sur le chiffre d'affaires total de l'entreprise ou de l'association d'entreprises concernée ou sur la somme du chiffre d'affaires de chaque membre d'une association actif sur le marché affecté par les pratiques en cause, lorsque l'infraction de cette association porte sur les activités de ces membres.

V. La méthode suivie pour déterminer les sanctions pécuniaires

18. Le cinquième alinéa du I de l'article L. 464-2 du code de commerce prévoit que les sanctions pécuniaires sont appréciées en fonction de quatre critères :

– la gravité des faits ;

– la durée des pratiques ;

– la situation de l'association d'entreprises ou de l'entreprise sanctionnée ou du groupe auquel l'entreprise appartient ; et

– l'éventuelle réitération de pratiques prohibées par les règles de concurrence.

19. La méthode suivie par l'Autorité pour déterminer les sanctions pécuniaires est la suivante. L'Autorité détermine d'abord le montant de base de la sanction pécuniaire pour chaque entreprise ou association d'entreprises concernée, en prenant en considération la gravité des faits et la durée des pratiques, critères qui concernent tous deux la ou les infraction(s) en cause (A). Ce montant est ensuite adapté pour prendre en considération les éléments propres au comportement et à la situation individuelle de chaque entreprise ou association d'entreprises concernée, à l'exception de la réitération, dont la loi a fait un critère autonome (B). Ce montant est ensuite augmenté, pour chaque entreprise ou association d'entreprises concernée, en cas de réitération (C). Le montant ainsi obtenu est comparé au maximum légal, avant d'être réduit pour tenir compte, le cas échéant, de la clémence, puis ajusté, lorsqu'il y a lieu, au vu de la capacité contributive de l'entreprise ou de l'association d'entreprises qui a présenté une demande à cet effet (D). Dans les cas où il résulte des éléments dont dispose l'Autorité qu'il n'y a pas lieu d'infliger une sanction pécuniaire compte tenu des difficultés financières de l'entreprise ou de l'association d'entreprises concernée, il lui est loisible de ne pas détailler les différentes étapes mentionnées ci-dessus.

A. *Le montant de base de la sanction*

20. Le montant de base de la sanction est déterminé par une proportion de la valeur des ventes du ou des produit(s) ou service(s) en relation avec l'infraction (1),

et est fonction de l'appréciation portée par l'Autorité sur la gravité des faits (2) et de la durée de l'infraction (3).

1) ***La valeur des ventes***

21. La valeur des ventes constitue une référence appropriée et objective pour déterminer le montant de base de la sanction pécuniaire, dans la mesure où elle permet d'en proportionner l'assiette à l'ampleur économique des infractions en cause, d'une part, et au poids relatif, sur les secteurs ou marchés concernés, de chaque entreprise ou association d'entreprises concernée, d'autre part.

22. La référence prise par l'Autorité est la valeur de l'ensemble des catégories de produits ou de services en relation directe ou indirecte *[comme par exemple, pour des accords de prix horizontaux portant sur un produit donné, lorsque le prix de ce produit sert ensuite de base pour le prix de produits de qualité supérieure ou inférieure]* avec l'infraction, ou s'il y a lieu avec les infractions, vendues par l'entreprise ou l'association d'entreprises concernée durant son dernier exercice comptable complet de participation à celle(s)-ci, sous réserve du point 25 ci-dessous. La qualification de l'infraction ou des infractions effectuée par l'Autorité, au regard de leur objet ou de leurs effets anticoncurrentiels, détermine ces catégories de produits ou de services.

23. Les ventes en cause sont toutes celles réalisées en France. Leur valeur correspond au chiffre d'affaires relatif aux produits ou services en cause.

24. Comme indiqué au point 16 ci-dessus, l'entreprise ou l'association d'entreprises concernée fournit la valeur de ses ventes à l'Autorité, ainsi que l'ensemble des données nécessaires pour lui permettre d'en vérifier l'exactitude. Lorsque l'intéressée ne transmet pas ces données, ou qu'elles apparaissent incomplètes ou insuffisamment fiables, l'Autorité n'est pas en mesure de recourir utilement à la valeur des ventes. Elle peut alors être conduite à se déterminer à partir des données dont elle dispose ou qui sont disponibles publiquement, comme le chiffre d'affaires total de l'entreprise, même si ces données sont moins directement en rapport avec l'infraction ou les infractions commises, et sont donc moins favorables à l'intéressée.

25. Dans les cas où elle considère que le dernier exercice comptable complet de participation à l'infraction ne constitue manifestement pas une référence représentative, l'Autorité retient un exercice qu'elle estime plus approprié, ou une moyenne d'exercices, en motivant ce choix. Lorsque l'infraction d'une association d'entreprises porte sur les activités de ses membres, l'Autorité tient compte de la somme des ventes de biens et de services en relation directe ou indirecte avec l'infraction qui sont réalisées par les entreprises membres de l'association durant leur dernier exercice comptable complet de participation à l'infraction, sous réserve, le cas échéant, de ce qui précède. Lorsqu'une sanction est infligée non seulement à l'association d'entreprises mais également à ses membres, le chiffre d'affaires des membres auxquels une amende est infligée n'est pas pris en compte lors du calcul de l'amende infligée à l'association d'entreprises.

26. La méthode décrite ci-dessus peut être adaptée dans les cas particuliers où l'Autorité estime que la référence à la valeur des ventes, ou ses modalités de prise en compte, aboutiraient à un résultat ne reflétant manifestement pas de façon appropriée l'ampleur économique de l'infraction ou le poids relatif de chaque entreprise ou association d'entreprises qui y a pris part. Il peut par exemple en être ainsi lorsque :

— l'infraction consiste à s'entendre sur des commissions par lesquelles des entreprises se rémunèrent à l'occasion de la vente de certains produits ou services, auquel cas l'Autorité peut retenir ces commissions comme référence ;

— l'infraction consiste, pour une entreprise, à s'entendre avec d'autres entreprises pour s'abstenir d'effectuer des ventes en France, auquel cas l'Autorité peut tenir compte des ventes réalisées ailleurs dans l'Espace économique européen (EEE) ;

— l'infraction porte sur un marché biface ou multiface dont les particularités permettent à l'entreprise concernée de monétiser une face du marché par une ou plusieurs autres faces, auquel cas l'Autorité peut tenir compte de la valeur des ventes réalisées par l'entreprise concernée sur les marchés amont, aval et connexe, lorsque ces derniers sont en lien direct ou indirect avec l'infraction.

2) *L'appréciation de la gravité des faits*

27. L'Autorité apprécie la gravité des faits de façon objective et concrète, au vu de l'ensemble des éléments pertinents du cas d'espèce. Dans le cas d'une infraction ou, s'il y a lieu, d'infractions commises par plusieurs entreprises ou associations d'entreprises, elle apprécie globalement la gravité des faits, sans préjudice des éléments propres au comportement et à la situation individuelle de chacun d'entre eux, qui sont pris en considération ultérieurement.

28. Pour apprécier la gravité des faits, l'Autorité peut notamment tenir compte des éléments suivants, en fonction de leur pertinence :

— la nature de l'infraction ou des infractions en cause et des faits retenus pour la ou les caractériser, ainsi que la nature du ou des paramètres de la concurrence concernés (prix, volume, diversité, qualité, coût, innovation, production, environnement, etc.) ;

— la nature des activités, des secteurs ou des marchés en cause (activité de service public, santé, marché public, secteur ouvert depuis peu à la concurrence, marché innovant, etc.) ;

— la nature des personnes susceptibles d'être affectées (petites et moyennes entreprises, consommateurs vulnérables, acheteurs captifs, etc.) ;

— les caractéristiques objectives de l'infraction ou des infractions (caractère secret ou non, degré de sophistication, connaissance du caractère infractionnel de la pratique en cause, existence de mécanismes de police ou de mesures de représailles, détournement d'une législation, étendue géographique, etc.).

29. Cette liste n'est pas limitative et peut être complétée par l'Autorité au regard des circonstances de l'espèce.

30. La proportion de la valeur des ventes réalisées que l'Autorité retient au cas par cas, en considération de la gravité des faits, est comprise entre 0 et 30 %. Les ententes horizontales de fixation de prix, de répartition de marché et de limitation de production comptent, par leur nature même, parmi les restrictions de concurrence les plus graves et la proportion des ventes prise en compte pour de telles infractions sera généralement située entre 15 et 30 %.

31. L'Autorité peut, dans les affaires d'abus de position dominante, ainsi que dans les affaires d'ententes horizontales les plus graves, telles que les accords de fixation de prix, de répartition de marché et de limitation de production, ajouter au montant précédemment défini en application du point 30, une somme comprise entre 15 % et 25 % de la valeur des ventes, afin de dissuader les entreprises de participer à de telles pratiques.

3) *L'appréciation de la durée de l'infraction*

32. La durée de l'infraction joue un rôle significatif dans la détermination du montant approprié de la sanction. Elle a en effet nécessairement un impact sur les conséquences potentielles de l'infraction sur le marché. Il est dès lors important que l'amende reflète également le nombre d'années pendant lesquelles l'entreprise a participé à l'infraction.

33. La combinaison de la valeur des ventes en relation avec l'infraction et de la durée reflète l'importance économique de l'infraction, ainsi que le poids relatif de chaque entreprise participant à l'infraction.

34. Afin de prendre pleinement en compte la durée de la participation de chaque entreprise à l'infraction, le montant déterminé en fonction de la valeur des ventes, conformément aux points *(Rect. 15 nov. 2021)* « 27 à 30 », est multiplié par le nombre d'années de participation à l'infraction. Les périodes de moins d'une année sont prises en compte au *prorata temporis* de la durée de participation de l'entreprise ou de l'association d'entreprises à l'infraction.

B. *L'individualisation*

35. L'Autorité ajuste ensuite le montant obtenu en application de la méthode décrite dans la section A ci-dessus pour tenir compte de circonstances atténuantes

ou aggravantes, s'il y a lieu (1), et des autres éléments d'individualisation pertinents tenant à la situation de chaque entreprise ou association d'entreprises (2).

1) *Les circonstances atténuantes ou aggravantes*

36. L'Autorité peut prendre en considération l'existence de circonstances atténuantes ou aggravantes, sur le fondement d'une appréciation qui tient compte de l'ensemble des éléments pertinents du cas d'espèce.

37. Les circonstances atténuantes en considération desquelles l'Autorité peut réduire le montant de base de la sanction pécuniaire, pour une entreprise ou une association d'entreprises, peuvent notamment tenir au fait que l'entreprise ou l'association d'entreprises apporte la preuve :

– qu'elle a mis fin à l'infraction dès les premières interventions de l'Autorité, étant précisé que cette circonstance atténuante n'est pas applicable aux accords ou pratiques de nature secrète, en particulier les cartels ;

– qu'elle a durablement adopté un comportement concurrentiel, pour une part substantielle des produits ou services en cause, au point d'avoir perturbé, en tant que franc-tireur, le fonctionnement même de la pratique en cause ;

– qu'elle a été contrainte à participer à l'infraction ;

– qu'elle coopère effectivement avec l'Autorité, en allant au-delà des obligations auxquelles elle est juridiquement soumise et en dehors du champ d'application de la procédure de clémence ;

– que l'infraction a été autorisée, sollicitée ou encouragée par les autorités publiques ;

– qu'elle a mis en œuvre, en cours de procédure, des mesures de réparation bénéficiant spécifiquement aux victimes de la pratique, notamment le versement à ces dernières d'une indemnité due en exécution d'une transaction au sens de l'article 2044 du code civil.

38. Les circonstances aggravantes en considération desquelles l'Autorité peut augmenter le montant de base de la sanction pécuniaire, pour une entreprise ou une association d'entreprises, peuvent notamment tenir au fait que :

– l'entreprise ou l'association d'entreprises a joué un rôle de meneur ou d'incitateur, ou a joué un rôle particulier dans la conception ou la mise en œuvre de l'infraction ;

– l'entreprise ou l'association d'entreprises a pris des mesures en vue d'en contraindre d'autres à participer à l'infraction, ou a pris des mesures de rétorsion à leur encontre en vue de faire respecter celle-ci ;

– l'entreprise ou l'association d'entreprises jouit d'une capacité d'influence ou d'une autorité morale particulières, notamment parce qu'elle est chargée d'une mission de service public.

2) *Les autres éléments d'individualisation*

39. Afin d'assurer le caractère à la fois dissuasif et proportionné de la sanction pécuniaire, l'Autorité peut ensuite adapter, à la baisse ou à la hausse, le montant obtenu après l'ajustement prévu aux points 37 à 38 ci-dessus en prenant en considération d'autres éléments objectifs propres à la situation de l'entreprise ou de l'association d'entreprises concernée.

40. En particulier, elle peut l'adapter à la baisse pour tenir compte du fait que :

– l'entreprise concernée mène l'essentiel de son activité sur le secteur ou marché en relation avec l'infraction (entreprise "mono-produit") ;

– l'entreprise ou l'association d'entreprises concernée rencontre des difficultés financières particulières affectant sa capacité contributive ; cet ajustement est opéré au stade et selon les modalités prévus par la section D. 3 ci-dessous.

41. Elle peut aussi l'adapter à la hausse pour tenir compte du fait que :

– l'entreprise concernée dispose d'une taille, d'une puissance économique ou de ressources globales importantes, notamment par rapport aux autres auteurs de l'infraction ;

– le groupe auquel appartient l'entreprise concernée dispose lui-même d'une taille, d'une puissance économique ou de ressources globales importantes, cet élément étant pris en compte, en particulier, dans le cas où l'infraction est également imputable à la société qui la contrôle au sein du groupe.

42. L'Autorité peut également décider de majorer la sanction lorsqu'il résulte des éléments à sa disposition que les gains illicites estimés réalisés par l'entreprise ou l'association d'entreprises concernée grâce à l'infraction ou les infractions en cause sont supérieurs au montant de la sanction pécuniaire qu'elle pourrait prononcer.

C. *La réitération*

43. La réitération est une circonstance aggravante dont la loi prévoit, compte tenu de son importance particulière, qu'elle doit faire l'objet d'une prise en compte autonome, de manière à permettre à l'Autorité d'apporter une réponse proportionnée, en termes de répression et de dissuasion, à la propension de l'entreprise ou de l'association d'entreprises concernée à s'affranchir des règles de concurrence. L'existence même d'une situation de réitération démontre en effet que le précédent constat d'infraction et la sanction pécuniaire dont il a pu être assorti n'ont pas suffi à conduire l'intéressée à respecter les règles de concurrence.

44. Pour apprécier l'existence d'une réitération, l'Autorité tient compte de quatre éléments cumulatifs :

– l'existence d'une décision constatant une infraction au droit français et/ou européen de la concurrence, y compris si cette décision n'est pas assortie d'une sanction pécuniaire, portant sur des pratiques de même nature, et adoptée tant au niveau national qu'européen, par une autorité en charge de l'application du droit de la concurrence ou une juridiction d'un État membre de l'Union européenne ou par la Commission européenne, avant la fin de la nouvelle pratique ;

– la nouvelle pratique doit être identique ou similaire, par son objet ou ses effets, à celle ayant donné lieu au précédent constat d'infraction ;

– le constat d'infraction doit avoir acquis un caractère définitif à la date à laquelle l'Autorité statue sur la nouvelle pratique ; et

– le délai écoulé entre le précédent constat d'infraction et le début de la nouvelle pratique est inférieur ou égal à 15 ans ; en effet, l'Autorité n'entend pas opposer la réitération à une entreprise ou à une association d'entreprises lorsque le délai en question est supérieur à 15 ans.

45. En cas de réitération, le montant intermédiaire de la sanction pécuniaire, tel qu'il résulte de l'individualisation du montant de base effectuée suivant la méthode décrite à la section B ci-dessus, peut être augmenté dans une proportion comprise entre 15 et 50 %, en fonction notamment du délai séparant le début de la nouvelle pratique du précédent constat d'infraction et de la nature des différentes infractions en cause.

D. *Les ajustements finaux*

46. Le montant de la sanction pécuniaire obtenu en application des sections A, B et C ci-dessus est comparé au maximum légal (1). Il intègre ensuite, le cas échéant, l'exonération totale ou partielle accordée au titre de la clémence (2). Il est enfin ajusté, lorsqu'il y a lieu, au vu de la capacité contributive de l'entreprise ou de l'association d'entreprises en cause (3).

47. Les ajustements individuels visés par la section 2 ci-dessous sont effectués après la vérification que le montant de la sanction n'excède pas le maximum légal, dans le but d'assurer en tout état de cause aux entreprises ou associations d'entreprises concernées le bénéfice concret de l'exonération ou de la réduction de sanction accordée au titre de la clémence. Les ajustements visés par la section 3 ci-dessous ont quant à eux pour objet de garantir la prise en compte d'une capacité contributive amoindrie au moment de la prise de décision par l'Autorité.

1) *La vérification du respect du maximum légal*

48. L'Autorité vérifie que le montant de la sanction pécuniaire, tel qu'il résulte de l'individualisation du montant de base effectuée suivant la méthode décrite à la section B de la partie V ci-dessus ou, s'il y a lieu, de la prise en compte de la réitération selon les modalités décrites à la section C de la partie V ci-dessus, n'excède pas le maximum légal.

49. Conformément au sixième alinéa du I de l'article L. 464-2 du code de commerce, lorsque le contrevenant est une entreprise, le montant maximum de la sanction pécuniaire est de 10 % du chiffre d'affaires mondial hors taxes le plus élevé réalisé au cours d'un des exercices clos depuis l'exercice précédant celui au cours duquel les pratiques ont été mises en œuvre. Si les comptes de l'entreprise concernée ont été consolidés ou combinés en vertu des textes applicables à sa forme sociale, le chiffre d'affaires pris en compte est celui figurant dans les comptes consolidés ou combinés de l'entreprise consolidante ou combinante.

50. Conformément au septième alinéa du I de l'article L. 464-2 du code de commerce, lorsque le contrevenant est une association d'entreprises, le montant maximum de la sanction pécuniaire est de 10 % du chiffre d'affaires mondial hors taxes le plus élevé réalisé au cours d'un des exercices clos depuis l'exercice précédant celui au cours duquel les pratiques ont été mises en œuvre. Toutefois, conformément au huitième alinéa du I de l'article L. 464-2, lorsque l'infraction d'une association d'entreprises a trait aux activités de ses membres, le montant maximal de la sanction pécuniaire est égal à 10 % de la somme du chiffre d'affaires mondial total réalisé par chaque membre actif sur le marché affecté par l'infraction de l'association.

51. La responsabilité financière de chaque entreprise en ce qui concerne le paiement de l'amende ne peut excéder le montant maximal fixé conformément au point 49.

52. Si elle excède le montant maximum applicable, la sanction pécuniaire est ramenée à ce chiffre.

2) *La prise en considération de la clémence*

53. S'il y a lieu, l'Autorité réduit ensuite le montant de la sanction pécuniaire pour tenir compte de l'exonération totale ou partielle qui peut être accordée au titre de la clémence en application du IV de l'article L. 464-2 du code de commerce. Cette réduction est appliquée selon les modalités indiquées par le communiqué de procédure relatif au programme de clémence français.

3) *La capacité contributive*

a. *Prise en compte des difficultés rencontrées individuellement par les entreprises*

54. Si les éventuelles difficultés générales du secteur concerné par les infractions ne figurent pas parmi les critères énumérés par l'article L. 464-2 du code de commerce, les difficultés rencontrées individuellement par les entreprises peuvent être prises en compte dans le cadre de la détermination de leur sanction, si celles-ci rapportent la preuve, chacune en ce qui la concerne, de difficultés financières particulières affectant leur capacité contributive.

55. Lorsqu'une entreprise entend se prévaloir de l'existence de difficultés financières particulières affectant sa capacité contributive, elle en fait la demande écrite à l'Autorité, qui apprécie ces difficultés selon les modalités suivantes.

56. Pour permettre à l'Autorité de tenir compte de telles difficultés, l'entreprise concernée doit, tout d'abord, en faire état à l'occasion de sa réponse au rapport prévu par le deuxième alinéa de l'article L. 463-2 du code de commerce ou, en cas de mise en œuvre de l'article L. 463-3 ou du III de l'article L. 464-2 du même code, au plus tard un mois avant la séance. Au cas où ces difficultés surviennent ultérieurement, il doit en être fait état dès leur survenance, et au plus tard à l'occasion de la séance prévue par l'article L. 463-7 de ce code.

57. Il appartient, ensuite, à l'entreprise concernée de justifier l'existence des difficultés financières particulières dont elle se prévaut et leur incidence sur sa capacité contributive, en s'appuyant notamment sur les éléments figurant dans le questionnaire mis à sa disposition à cet effet sur le site de l'Autorité *[V. ci-dessous]*. Une réduction du montant final de la sanction pécuniaire ne peut être accordée à ce titre que si les éléments transmis constituent des preuves fiables, complètes et objectives attestant de l'existence de difficultés réelles et actuelles empêchant l'entreprise en cause de s'acquitter, en tout ou partie, de la sanction pécuniaire pouvant lui être imposée. La situation de l'intéressée s'apprécie au jour de la prise de la décision de l'Autorité, et au regard de l'ensemble des exercices pertinents.

58. L'Autorité peut, par ailleurs, imposer une sanction pécuniaire symbolique dans certains cas particuliers, comme celui d'une entreprise unipersonnelle.

Questionnaire de l'Autorité de la concurrence,

Relatif à la capacité contributive des entreprises et des organismes.

Les entreprises *[le questionnaire vaut également, mutatis mutandis, pour les organismes visés par l'art. L. 464-2 C. com.]* faisant état de difficultés financières particulières affectant leur capacité contributive *[V. la section 4.D. 3 du communiqué de l'Autorité de la concurrence relatif à la méthode de détermination des sanctions pécuniaires]* doivent, au minimum, fournir, par envoi séparé, les éléments suivants ainsi que l'ensemble des justificatifs s'y rapportant.

Ces éléments seront considérés comme relevant du secret des affaires.

I POUR TOUTES LES ENTREPRISES

1. Doivent être fournis, pour les trois derniers exercices sociaux, les comptes annuels individuels et consolidés (le cas échéant) comprenant les bilans, les comptes de résultats, leurs annexes et les tableaux des flux de trésorerie (s'ils ne sont pas intégrés dans les annexes), accompagnés le cas échéant des rapports annuels généraux et spéciaux du commissaire aux comptes.

2. Doivent également être fournis :

a) une synthèse des conventions financières conclues entre l'entreprise et ses banques, ainsi que les copies de ces conventions ;

b) le montant des facilités bancaires non utilisées disponibles le dernier jour de chacun des trois derniers exercices certifiés, et, pour le dernier exercice clos et pour l'exercice en cours, le dernier jour de chaque trimestre ;

c) pour le dernier exercice clôturé et pour l'exercice en cours, le montant de :

i) toute provision constituée pour le paiement d'une éventuelle sanction pécuniaire pour pratique anticoncurrentielle en France ;

ii) toute provision constituée pour le paiement de toute autre éventuelle sanction pécuniaire ou amende pour pratique anticoncurrentielle ;

iii) toute autre provision constituée.

Pour les provisions mentionnées sous i) et sous ii), il est nécessaire d'indiquer la date à laquelle elles ont été constituées à l'origine et, le cas échéant, la date à laquelle elles ont été ultérieurement modifiées ainsi que le montant de ces modifications.

II POUR LES SEULES ENTREPRISES ÉTRANGÈRES ET POUR CELLES N'AYANT PAS RECOURS À UN COMMISSAIRE AUX COMPTES

1. Doivent être fournis, pour le dernier exercice social clôturé et pour l'exercice social en cours :

a) tous les prêts, comptes courants, avances ou liens financiers similaires autres que les liens de participation émanant des actionnaires et/ou des entreprises avec lesquels il existe des liens de participation ;

b) tous les prêts, comptes courants, avances ou liens financiers similaires autres que les liens de participation destinés à des actionnaires et/ou des entreprises avec lesquels il existe des liens de participation.

Il est nécessaire, dans les deux cas, d'indiquer :

— la ou les rubriques du bilan sous lesquels ils figurent ;

— s'ils ont été créés après le début du premier exercice pour lequel les informations sont demandée*[s]*. En cas de réponse positive, il est nécessaire d'indiquer la date à laquelle la relation de crédit a commencé.

2. Il doit être indiqué, en outre, s'il y a eu, au cours du dernier exercice social clôturé et/ou de l'exercice social en cours, des opérations autres que des paiements de dividendes entre l'entreprise ou l'une de ses filiales, d'une part, et l'un de ses actionnaires et/ou l'une des entreprises avec lesquels il existe des liens de participation (minoritaires), d'autre part. Dans l'affirmative, ces opérations doivent être décrites en détail.

III AUTRES ÉLÉMENTS DE CONTEXTE

L'entreprise est invitée à préciser les éventuelles difficultés individuelles qui seraient de nature à affecter sa capacité contributive, notamment les éléments de contexte ou les autres événements qui lui sont propres. Ces éléments doivent au préalable avoir été visés par un expert-comptable.

Le cas échéant, l'entreprise fournit en particulier :

— les documents semestriels obligatoires prévus par loi n° 84-148 du 1er mars 1984 relative à la prévention et au règlement amiable des difficultés entre entreprises : situation de l'actif réalisable et disponible et du passif exigible, compte de résultat prévisionnel, plan de financement prévisionnel et un tableau des flux de trésorerie ;

— l'état de suivi des "covenants" bancaires *[clauses d'un contrat de prêt qui, en cas de non-respect des objectifs (ratios financiers tel que frais financiers/résultat d'exploitation), peut entraîner le remboursement anticipé du prêt. Le covenant permet donc au prêteur d'exiger le remboursement anticipé des prêts dans la mesure où les prévisions financières de l'entreprise ne sont pas tenues et dans la mesure où la structure financière de l'emprunteur se dégrade (non-respect de ratios)]* prévus aux contrats de financement et l'attestation du commissaire aux comptes correspondante.

L'entreprise indique également si :

— elle a eu recours, pour des besoins de trésorerie immédiats, à des services de "factoring" ou si elle a cédé des créances dans le cadre de la loi n° 81-1 du 2 janvier 1981, dite Dailly, facilitant le crédit aux entreprises ;

— une procédure d'alerte a été déclenchée par le commissaire aux comptes, le comité d'entreprise ou le président du tribunal de commerce ;

— une procédure conciliatoire a été initiée : mandat *ad hoc*, conciliation, etc. (articles L. 611-3 et suivant*[s]* du code de commerce).

b. *Régime applicable en cas d'insolvabilité d'une association d'entreprises*

59. Lorsqu'une association d'entreprises entend se prévaloir de l'existence de difficultés financières particulières affectant sa capacité contributive concernant une sanction financière prononcée à son encontre sans tenir compte du chiffre d'affaires de ses membres, elle en fait la demande écrite à l'Autorité, qui apprécie ces difficultés selon les modalités pratiques définies aux points 56 à 58 ci-dessus.

60. Lorsqu'une sanction pécuniaire est infligée à une association d'entreprises en tenant compte du chiffre d'affaires de ses membres et que l'association n'est pas solvable, l'Autorité de la concurrence peut lui enjoindre de lancer un appel à contributions auprès de ses membres pour couvrir le montant de la sanction pécuniaire.

61. Dans le cas où ces contributions ne sont pas versées intégralement à l'association d'entreprises dans un délai fixé par l'Autorité, cette dernière peut exiger directement le paiement de la sanction pécuniaire par toute entreprise dont les représentants étaient membres des organes décisionnels de cette association au moment de l'infraction ou des infractions en cause. Lorsque cela est nécessaire pour assurer le paiement intégral de la sanction pécuniaire, après avoir exigé le paiement par ces entreprises, l'Autorité peut également exiger le paiement du montant impayé de la sanction pécuniaire par tout membre de l'association qui était actif sur le marché sur lequel l'infraction ou les infractions en cause ont été commises. Ce paiement n'est toutefois pas exigé des entreprises qui démontrent qu'elles n'ont pas appliqué la déci-

sion litigieuse de l'association et qui en ignoraient l'existence, ou qui s'en sont activement désolidarisées avant l'ouverture de la procédure.

VI. L'adaptation de la méthode suivie pour déterminer les sanctions pécuniaires dans le cas de certaines pratiques mises en œuvre à l'occasion d'appels d'offres

62. La méthode décrite à la section 5.A.1 ci-dessus sera adaptée dans les cas de pratiques anticoncurrentielles portant sur un ou plusieurs appels d'offres ponctuels et ne relevant pas d'une infraction complexe et continue. En effet, la valeur des ventes ne constitue pas un indicateur approprié de l'ampleur économique de ces pratiques et du poids relatif de chaque entreprise ou association d'entreprises qui y prend part, en particulier lorsque leur implication consiste à réaliser des offres de couverture ou à s'abstenir de soumissionner.

63. Le montant de base de la sanction pécuniaire résultera alors de l'application d'un coefficient, déterminé en fonction de la gravité des faits, du chiffre d'affaires total réalisé en France par l'association d'entreprises ou par l'entreprise en cause, ou par le groupe auquel l'entreprise appartient, en principe pendant l'exercice comptable complet au cours duquel a eu lieu l'infraction, ou du dernier exercice comptable complet, s'il en existe plusieurs. Ce coefficient tiendra compte du fait que ces pratiques, qui visent à tromper les maîtres d'ouvrage sur l'effectivité même de la procédure d'appel d'offres, se rangent, par leur nature même, parmi les infractions les plus graves aux règles de concurrence, et sont parmi les plus difficiles à détecter, en raison de leur caractère secret.

Document-cadre de l'Autorité de la concurrence du 24 mai 2022,

Sur les programmes de conformité aux règles de concurrence.

COMMENTAIRE

La publication du document-cadre du 24 mai 2022 intervient dix ans après le précédent document-cadre du 10 février 2012, ce dernier ayant été retiré à la suite de l'introduction de la procédure de transaction.

Le document-cadre de 2012 prévoyait la possibilité pour l'Autorité de la concurrence de réduire la sanction pécuniaire si l'entreprise faisant l'objet d'une procédure de non-contestation des griefs (devenue procédure de transaction) proposait de s'engager à mettre en place un programme de conformité. Mais, à l'occasion d'une décision rendue en 2017, l'Autorité avait considéré que les programmes de conformité avaient vocation à s'insérer dans la gestion courante des entreprises et que, dès lors, ils n'avaient pas vocation à justifier que les sanctions soient atténuées en cas de pratiques anticoncurrentielles (Aut. conc. n° 17-D-20 du 18 oct. 2017, pt. 464). Le document-cadre de 2012 avait alors été retiré du site de l'Autorité.

En 2020, un groupe d'experts du secteur privé et de représentants de l'Autorité de la concurrence a été constitué pour identifier un ensemble de bonnes pratiques en matière de conformité. La publication du nouveau document-cadre fait suite aux travaux de ce groupe.

L'Autorité de la concurrence considère que les bénéfices des programmes de conformité aux règles de concurrence sont de trois ordres : ils contribuent à une concurrence libre et non faussée, ils permettent de prévenir certains risques et ils facilitent la détection d'infractions. On retrouve là les avantages classiques de la compliance au regard des autorités.

Pour être efficaces, les dispositifs doivent, selon l'Autorité de la concurrence, poursuivre trois objectifs : prévenir les risques d'infraction, donner les moyens de détecter les cas qui n'ont pu être évités et être régulièrement mis à jour.

Elle insiste sur la nécessité de construire un programme « sur mesure », c'est-à-dire qui soit adapté à l'entreprise (organisation, gouvernance, culture interne) et à son écosystème (marché, activités, produits). Ce programme devra comprendre « une analyse des risques, qui conduit à l'établissement d'une cartographie des risques identifiés ».

Elle énonce plusieurs « points clés » ou « piliers » : un engagement public de l'entreprise, surtout des dirigeants, des relais internes (responsables conformité), des actions de formation et de sensibilisation, des mécanismes de contrôle et d'alertes, et un dispositif de suivi.

On retrouve, en fait, ici, une partie des éléments classiques d'une démarche de conformité, tels ceux énoncés à l'article 17 de la loi du 9 décembre 2016 en matière de corruption (V. v° *Corruption*), le document-cadre étant bien moins développé et précis que les Recommandations de l'Agence française anticorruption (V. *eod. loc.*), dont les développements peuvent en pratique parfaitement accompagner la démarche de conformité en matière de concurrence. ❑

BIBL. ▶ Baccichetti et Nicolas, *Option Finance, 24 févr. 2022* (évolution des programmes de conformité en droit de la concurrence). – Ronzano, *Concurrences 2/2022, n° 106983* (réforme : l'Autorité de la concurrence adopte son nouveau document-cadre sur les programmes de conformité aux règles de concurrence). – Catala-Marty, *ActuEL Direction juridique, 4 juill. 2022* (le nouveau document-cadre sur les programmes de conformité aux règles de concurrence : quelles conséquences ?).

La conformité, terme désormais bien ancré dans la pratique (également sous son nom anglais de "compliance") désigne à la fois un processus et un objectif. L'objectif de la conformité consiste, pour une entreprise, à défendre des valeurs et encourager des comportements vertueux pour pleinement respecter les règles, notamment de concurrence. C'est une démarche éthique qui favorise un fonctionnement concurrentiel libre et non faussé de l'économie et permet pour les entreprises une gestion optimisée des risques, qu'ils soient financiers ou réputationnels. Le terme conformité renvoie, également, à un processus interne mis en place de façon permanente au sein même des entreprises, qui s'appuie notamment sur les "programmes de conformité".

La conformité désigne, à cet égard, les actions internes mises en place qui visent à diffuser la culture de concurrence, à assurer le respect des règles et la responsabilisation des acteurs économiques en faveur d'une concurrence basée sur les mérites. Les programmes de conformité s'appliquent aussi bien à prévenir les risques d'infraction aux règles de concurrence qu'à détecter les infractions éventuelles et à y remédier. Ils sont, en outre, amenés à évoluer au gré des besoins et des changements intervenus. La conformité combine, ainsi, trois composantes : préventive, curative et évolutive.

Dix ans après son document-cadre du 10 février 2012, l'Autorité de la concurrence (ci-après l'"Autorité") souhaite adopter un nouveau document marquant l'importance des programmes de conformité aux règles de concurrence et donnant à tous les acteurs des points de repère sur les objectifs, la définition et la mise en œuvre de ces programmes. Elle considère, en effet, que si le développement de la conformité et de la culture de la concurrence au cours des dernières années a dû permettre aux acteurs économiques de se munir de programmes de conformité aux règles de concurrence, il convient, néanmoins, de continuer à encourager les entreprises à se doter d'un tel programme, que ce soit de manière autonome ou en l'intégrant à une politique générale de conformité aux normes (en matière de lutte contre le blanchiment et la corruption, de protection des données personnelles, de responsabilité sociale, sociétale et environnementale, etc.) et à y consacrer les moyens nécessaires pour en assurer le succès.

La conformité est l'affaire de tous. L'Autorité estime qu'il est du devoir, et de l'intérêt, des acteurs économiques de prendre toutes les mesures nécessaires pour conduire leurs activités en conformité avec les règles de concurrence.

Elle met, ainsi, à leur disposition, dans le présent document-cadre, une série de principes directeurs permettant de contribuer à l'efficacité de ces programmes. Ces principes directeurs sont complétés par un ensemble plus large de ressources que l'Autorité met, par ailleurs, à la disposition des entreprises et associations d'entreprises afin de soutenir leurs efforts de conformité. Ces ressources additionnelles sont présentées dans la dernière partie du document-cadre.

La conformité et la mise en œuvre par l'Autorité de ses moyens d'action institutionnels

1. Les dispositions législatives régissant l'Autorité ne font pas référence en tant que telles à la conformité. Toutefois, l'article L. 461-1 du code de commerce charge

l'Autorité de veiller au bon fonctionnement concurrentiel de l'économie. Cette mission consiste à faire en sorte que la liberté dont disposent les acteurs économiques pour innover, produire et diffuser des biens et des services de qualité au meilleur prix ne donne pas lieu à des ententes ou à des abus portant atteinte au fonctionnement concurrentiel de l'économie, ainsi qu'à d'autres entreprises, aux consommateurs et, finalement, à la croissance et au bien-être de la collectivité dans son ensemble. Elle implique de poursuivre une politique de surveillance des marchés et d'orientation des comportements dans le sens du respect des règles de concurrence, mais également de favoriser la prévention, détection, correction et sanction des infractions à ces règles.

2. Le code de commerce attribue différents moyens à l'Autorité pour mener à bien cette politique. Ces outils ne sont pas tous de même nature, bien qu'ils aient pour but commun d'inciter les acteurs économiques à conduire et à développer leur activité en conformité avec les objectifs fondant les règles de concurrence établies par la loi et par le Traité sur le fonctionnement de l'Union européenne (ci-après le "TFUE"), d'une part, et de les dissuader d'enfreindre ces règles, d'autre part. Certains de ces instruments sont de nature essentiellement répressive ou curative. D'autres prennent en compte, sous les conditions qu'ils précisent, certaines initiatives prises par les acteurs économiques pour prévenir les infractions, pour y remédier ou pour aider l'Autorité à les détecter, à les faire cesser et à les sanctionner.

3. Le premier et deuxième alinéa du point I de l'article L. 464-2 du code de commerce donnent à l'Autorité le pouvoir d'ordonner aux entreprises et associations d'entreprises qui se livrent à des pratiques anticoncurrentielles interdites par les articles L. 420-1, L. 420-2 et L. 420-5 du code de commerce, ainsi que par les articles 101 et 102 TFUE, d'y mettre fin et de leur infliger des sanctions pécuniaires *[les modalités pratiques de fixation des sanctions pécuniaires sont décrites dans le communiqué de l'Autorité de la concurrence du 30 juill. 2021 relatif à la méthode de détermination des sanctions pécuniaires, V. supra]*.

4. La procédure de transaction, prévue par le point III de l'article L. 464-2, permet aux entreprises qui ne contestent pas les faits qui leur sont reprochés d'obtenir le prononcé d'une sanction pécuniaire à l'intérieur d'une fourchette proposée par le rapporteur général et ayant donné lieu à un accord des parties.

5. Le point IV de l'article L. 464-2 du code de commerce donne la possibilité à l'Autorité d'accorder, au titre de la clémence, une exonération totale ou partielle de sanction pécuniaire à une entreprise ou association d'entreprises contribuant à la détection et à l'incrimination d'une entente à laquelle elle a participé *[les modalités pratiques de cette procédure sont décrites dans le communiqué de l'Autorité de la concurrence du 3 avr. 2015 relatif au programme de clémence français ; V. supra. Ce document a vocation à être actualisé sur le fondement du Décr. n° 2021-568 du 10 mai 2021 relatif à la procédure d'exonération totale ou partielle des sanctions pécuniaires prévue au IV de l'art. L. 464-2 C. com.]*. En outre, depuis la transposition de la directive ECN+, l'incitation pour les entreprises à mettre au jour d'éventuelles ententes secrètes est renforcée puisqu'une immunité, ou une réduction, de sanction pénale peut également être obtenue, sous conditions, par les personnes physiques appartenant au personnel de l'entreprise qui a, la première, formé une demande de clémence.

6. Après un rappel des bénéfices des programmes de conformité (I), ce document précise les conditions et critères qui doivent, selon l'Autorité, être remplis afin de garantir leur efficacité (II) ; enfin, il présente le rôle que peuvent jouer les différents acteurs de la conformité qui contribuent à sa réussite générale (III).

I. Des programmes de conformité aux règles de concurrence : POURQUOI ?

7. Les programmes de conformité sont des programmes par lesquels des entreprises ou des associations d'entreprises expriment leur attachement à certaines règles, ainsi qu'aux valeurs ou aux objectifs qui les fondent, et mettent en place des mesures concrètes destinées à développer une culture de respect des normes afin de prévenir d'éventuels manquements, de les détecter et d'y mettre fin.

8. Ces programmes sont l'illustration tangible de stratégies de gouvernance volontaristes, par lesquelles les acteurs économiques expriment leur détermination à insuffler une culture éthique interne afin non seulement d'assurer la conformité de leur comportement aux règles de droit, mais également de prévenir les risques d'infraction à ces règles et d'y faire face sans attendre lorsque l'infraction n'a pu être évitée.

9. Les bénéfices des programmes de conformité aux règles de concurrence sont de trois ordres : ils contribuent à établir une concurrence libre et non faussée (A), ils permettent de prévenir certains risques avérés (B) et facilitent la détection d'infractions (C).

A. *Permettre une concurrence libre et non faussée*

10. La conformité aux règles de concurrence permet l'instauration du libre jeu de la concurrence, qui encourage les entreprises à satisfaire au mieux les attentes de leurs clients, qu'ils soient consommateurs ou entreprises. Cette dynamique concurrentielle peut prendre différentes formes : les entreprises peuvent s'affronter sur le terrain des prix ; elles peuvent également se différencier les unes des autres par leurs innovations, qui favorisent l'émergence d'une offre plus diversifiée tant en termes de produits que de services. Cette compétition, qui vise à conquérir de nouveaux marchés, contribue à créer des nouvelles opportunités de croissance et d'emplois tout en garantissant des prix attractifs pour les consommateurs.

B. *Prévenir les risques financiers et d'atteinte à la réputation*

11. La méconnaissance des règles de concurrence entraîne non seulement des risques financiers conséquents, mais également un risque significatif d'atteinte à la réputation des entreprises et associations d'entreprises mises en cause, ce qu'un programme de conformité doit permettre d'éviter.

12. Sur le plan financier, la violation des règles de concurrence, telles que prévues par le droit français et par le droit de l'Union, peut exposer les personnes morales à des sanctions pécuniaires importantes, pouvant aller jusqu'à 10 % de leur chiffre d'affaires mondial. Les personnes publiques et privées victimes d'une entente ou d'un abus de position dominante sont, en outre, en droit d'obtenir la réparation de leur préjudice, exposant les entreprises condamnées à la charge supplémentaire de devoir s'acquitter du versement de dommages-intérêts. Ce risque a été décuplé ces dernières années, compte-tenu *[compte tenu]* notamment de la modification du cadre législatif applicable résultant de la directive dommages (article L. 481-1 du code de commerce). En outre, la directive ECN+ *[Dir. (UE) 2019/1 du Parlement européen et du Conseil du 11 déc. 2018 visant à doter les autorités de concurrence des États membres des moyens de mettre en œuvre plus efficacement les règles de concurrence et à garantir le bon fonctionnement du marché intérieur]*, transposée le 26 mai 2021 *[Ord. n° 2021-649 du 26 mai 2021]*, a rendu le risque financier beaucoup plus important à l'égard des associations dont les entreprises sont membres *[Étude sur les organismes professionnels, consultable sur le site Internet de l'Autorité]*.

13. Il est, par ailleurs, rappelé que l'article L. 420-6 du code de commerce prévoit des peines pouvant aller jusqu'à quatre ans d'emprisonnement et 75 000 € d'amende pour les personnes physiques ayant pris frauduleusement une part personnelle et déterminante dans la conception, l'organisation ou la mise en œuvre de pratiques anticoncurrentielles.

C. *Faciliter la détection des infractions pour se mettre en conformité*

14. La double fonction des programmes de conformité est de diffuser une culture de respect des règles et de faciliter la détection des infractions à ces règles lorsqu'elles adviennent. C'est ainsi que les programmes de conformité permettent d'assurer non seulement le respect des règles mais également la mise en conformité aux règles en cas de manquement constaté.

15. La détection est essentielle car elle va permettre à l'entreprise ou l'association d'entreprises d'identifier les faits potentiellement contraires au droit de la concur-

rence. C'est au regard de l'analyse des faits, et des textes juridiques applicables, que l'entreprise sera en mesure de décider de la réponse à apporter afin de se mettre en conformité.

16. Les règles de concurrence offrent aux entreprises et associations d'entreprises le choix, selon les circonstances de l'espèce, entre différentes options afin de se mettre en conformité. Le recours aux procédures de transaction et de clémence, qui ont déjà été citées, constitue un exemple de réponses possibles.

II. Des programmes de conformité aux règles de concurrence : COMMENT ?

17. L'Autorité estime qu'il est du devoir des acteurs économiques eux-mêmes, et dans leur intérêt, de prendre toutes les mesures possibles pour conduire leur activité en conformité avec les règles de concurrence et pour prévenir de possibles manquements à ces règles. Elle considère que la mise en place d'un programme de conformité efficace peut jouer un rôle clé en ce sens, tout en donnant des garanties accrues de responsabilité et de sécurité aux actionnaires et au grand public, en particulier lorsque l'entreprise, ou le groupe auquel elle appartient, est cotée en bourse ou contrôlée par l'État.

18. L'Autorité, qui attache une grande importance à la dimension pédagogique et préventive de sa mission de régulation concurrentielle, invite donc les acteurs économiques disposant d'ores et déjà d'un programme de conformité à s'assurer qu'il inclut un ensemble de mesures concernant les règles de concurrence. Elle encourage ceux qui n'en disposeraient pas encore à s'en doter, en soulignant que la conformité aux règles de concurrence n'est qu'un aspect parmi d'autres de la problématique globale de la conformité, qui peut mériter un traitement intégré.

19. Pour que les programmes de conformité puissent être efficaces, l'Autorité estime qu'ils doivent s'attacher à poursuivre trois objectifs : prévenir les risques d'infraction, donner les moyens de détecter et de traiter les cas d'infraction qui n'ont pas pu être évités, prévoir des mises à jour régulières.

20. L'impulsion et la diffusion d'une culture de respect des règles doit constituer la pierre angulaire des programmes de conformité.

21. Ces programmes ne sauraient donc se limiter à prévoir des mesures destinées à informer les mandataires sociaux, les dirigeants, les cadres, les autres salariés et agents de l'entreprise ou de l'association d'entreprises en cause de la teneur des règles et de la nécessité de les respecter.

22. Cette première approche devra être complétée par un ensemble de mesures concrètes et effectives établissant que l'entreprise ou l'association d'entreprises s'investit de façon réelle et volontariste, à tous les niveaux hiérarchiques, pour faire vivre une culture de conformité aux règles de concurrence, pour détecter les cas de non-conformité et pour y apporter les réponses adéquates. À défaut, les incitations internes à respecter l'obligation d'agir conformément à la loi demeureraient faibles et le programme de conformité pourrait être jugé inefficace, voire artificiel. C'est donc sur la combinaison de composantes préventive, curative et évolutive que repose la valeur ajoutée des programmes de conformité.

23. Les acteurs économiques retireront, ainsi, les bénéfices attendus d'un programme de conformité si ce dernier est conçu par et pour l'entreprise (A) et inclut tous les éléments nécessaires à son efficacité (B).

A. *Un programme de conformité conçu par et pour l'entreprise*

24. Un programme de conformité aux règles de concurrence a vocation à s'insérer dans un programme de conformité global qui rassemble l'ensemble des dispositifs préventifs mis en place par l'entreprise (en matière de lutte contre le blanchiment et la corruption, de protection des données personnelles, de responsabilité sociale, sociétale et environnementale, etc.).

25. Il est déterminant pour le succès d'un programme de conformité aux règles de concurrence que celui-ci soit conçu par et pour l'entreprise : c'est un projet "sur-mesure", qui doit être adapté aux marchés, aux activités et produits, à l'organisation

et la culture internes, ainsi qu'à la chaîne décisionnelle et au mode de gouvernance. Ce travail nécessite de procéder à une analyse des risques, qui conduit à l'établissement d'une cartographie des risques identifiés.

26. Il est, également, essentiel pour l'entreprise d'anticiper les nouveaux risques qui peuvent se présenter à elle. Il convient, dès lors, d'être proactif, en menant une veille régulière, qui permettra de prendre en compte les grandes questions en matière de conformité concurrence, qui peuvent, d'ailleurs, fluctuer au fil du temps, en fonction de l'évolution du cadre législatif, de la jurisprudence ou de la pratique décisionnelle des autorités de concurrence, mais aussi de la situation propre à l'entreprise et aux marchés au sein desquels elle opère. Une entreprise qui ne l'était pas jusqu'alors peut devenir dominante à la suite d'un accroissement de ses parts de marché et devoir, ainsi, faire preuve d'une vigilance particulière sur les comportements qu'elle adopte. La cartographie des risques établie doit être régulièrement mise à jour au vu des évolutions qui auront été examinées afin de garantir une amélioration continue du programme de conformité. Ces évaluations successives et les modifications qui en découlent doivent être documentées.

27. Au-delà des outils traditionnels de la conformité se développe une numérisation des processus de conformité. Le recours à des outils numériques innovants comme, par exemple, les algorithmes programmant une approche de conformité dès la conception ("compliance by design") peut, également, être exploré.

B. *Un programme de conformité construit sur des points-clés*

28. L'Autorité considère que cinq piliers doivent guider les entreprises dans l'élaboration de leur programme de conformité aux règles de concurrence : un engagement public de l'entreprise (1), des relais et experts internes (2), une information, formation et sensibilisation (3), des mécanismes de contrôle et d'alerte (4) et, enfin, un dispositif de suivi (5). Ces piliers pourront être adaptés selon la diversité des acteurs concernés afin de tenir compte des caractéristiques propres à chaque entreprise ou association d'entreprises, par exemple si une entreprise est une petite ou moyenne entreprise (PME) *[Guide à destination des PME, « Mieux comprendre les règles de concurrence », consultable sur le site Internet de l'Autorité]*.

1. *Un engagement public de l'entreprise*

29. Une prise de position claire, ferme et publique des organes de direction et, plus généralement, de l'ensemble des dirigeants et mandataires sociaux sur la nécessité de respecter les règles de concurrence et de soutenir le programme de conformité de l'entreprise est le premier pilier du succès.

30. Une impulsion de la direction est indispensable afin d'impliquer l'ensemble des équipes et conduire l'entreprise à s'engager effectivement dans la conformité. Tous les niveaux organisationnels de l'entreprise doivent être impliqués : la direction générale, les directions techniques (responsable juridique, responsable des systèmes d'information et de la stratégie numérique notamment), ainsi que les équipes commerciales sur le terrain.

2. *Des relais et experts internes*

31. La désignation, par les organes de direction, quand la structure de l'entreprise le permet, de personnes responsables en interne de la gestion du programme de conformité constitue également une clé de réussite.

32. Les responsables de la conformité devront :

– être désignés par les organes de direction et disposer d'une autorité et d'une compétence suffisantes pour promouvoir la conformité et en assurer le respect au sein de l'entreprise ou de l'association d'entreprises ;

– disposer du temps et des pouvoirs nécessaires, ainsi que de moyens humains et financiers suffisants pour assurer la mise en œuvre effective du programme de conformité ;

— avoir la capacité d'accéder directement aux organes de direction de l'entreprise ou de l'association d'entreprises (par exemple, en cas de découverte d'une infraction) ;

— bénéficier de l'autonomie et de l'indépendance nécessaires pour mener à bien leur mission (par exemple, en ne dépendant pas d'une unité opérationnelle).

3. *Information, formation et sensibilisation*

33. La mise en œuvre de mesures d'information, formation et sensibilisation auprès des salariés de l'entreprise ou membres de l'association d'entreprises est le troisième pilier d'un programme de conformité efficace.

34. Ces mesures d'information portent sur :

— l'existence, la raison d'être et le contenu du programme de conformité ;

— le sens et la portée pratique des règles de concurrence ;

— l'importance et l'intérêt de se conformer à ces règles dans le cadre de l'activité professionnelle ;

— les mécanismes internes permettant d'obtenir des conseils ou d'alerter sur l'existence d'infractions avérées ou possibles à ces règles.

Toutes les catégories de personnel ne sont pas nécessairement destinataires des mêmes informations.

35. L'information doit, en outre, s'accompagner d'actions de formation et de sensibilisation sur les règles de concurrence et le fonctionnement concret du programme de conformité. Toutes les catégories de personnel ne sont pas nécessairement destinataires des mêmes actions, qu'il convient d'adapter en fonction des métiers et de leur exposition au risque. Procéder à une évaluation des risques est, ainsi, une étape préalable nécessaire aux exercices de formation et de sensibilisation.

4. *Des mécanismes de contrôle et d'alerte*

36. La fonction de contrôle, d'une part, et la fonction d'alerte, d'autre part, obéissent à des finalités distinctes qui nécessitent, pour chacune, un traitement spécifique au sein du programme de conformité. La mise en œuvre de ces mécanismes constitue, également, un élément-clé de l'efficacité d'un programme de conformité.

37. Les mécanismes de contrôle doivent permettre de s'assurer du respect du programme de conformité à tous les niveaux de l'entreprise. Ils peuvent, par exemple, prendre la forme de dispositions intégrées au règlement intérieur, de clauses insérées dans les contrats de travail ou encore d'attestations individuelles de conformité.

38. Les mécanismes d'alerte *[L. n° 2022-401 du 21 mars 2022 visant à améliorer la protection des lanceurs d'alerte, transposant la Dir. (UE) 2019/1937 du Parlement européen et du Conseil du 23 oct. 2019 sur la protection des personnes qui signalent des violations du droit de l'Union]* doivent, quant à eux, réunir les conditions nécessaires pour permettre aux salariés de l'entreprise ou aux membres de l'association d'entreprises de communiquer de manière appropriée avec les personnes désignées responsables de la conformité, qu'il s'agisse de leur demander conseil ou de les alerter sur des infractions avérées ou possibles. La mise à disposition d'un « guichet », permettant la transmission et le traitement de l'information, selon des procédures établies, est un exemple en la matière.

5. *Un dispositif de suivi et de mise à jour*

39. Le succès d'un programme de conformité dépend, enfin, de la capacité de l'entreprise ou de l'association d'entreprises d'assurer un suivi de sa mise en œuvre.

Un tel dispositif doit comprendre l'établissement d'une procédure de traitement des demandes de conseil et des alertes (quel examen en est fait et quelle réponse est donnée) et d'une procédure de sanction en cas de non-respect du programme de conformité.

Il est, en outre, rappelé que le programme de conformité doit être régulièrement mis à jour au vu des évolutions intervenues afin de garantir son amélioration continue.

III. Des programmes de conformité aux règles de concurrence : QUI ?

40. L'Autorité reconnaît le rôle capital que jouent les acteurs de la conformité, qui, chacun à leur niveau, contribuent de façon spécifique à la diffusion d'une culture de la conformité : entreprises et experts externes (A), organismes professionnels (B) et partenaires institutionnels (C).

A. *Entreprises et experts externes*

41. Les entreprises sont au cœur du processus de la conformité. Si la fonction conformité nécessite une impulsion claire donnée par la direction générale, elle repose, en pratique, sur l'action de responsables de la conformité qui assurent au quotidien cette mission. Il est important que ces derniers disposent de tous les moyens nécessaires à cette fin. Tout responsable de la conformité exerce un métier exigeant, qui requiert de l'expertise et fait appel aussi bien à des qualités de pédagogie que d'autorité : facultés de conseil et de dialogue, capacité d'adaptation à la culture et la technicité de chaque échelon interne de l'entreprise et, dans le même temps, capacité de contrôle de l'activité des services et de prise de décisions.

42. La connaissance unique du produit, du service, du marché, du secteur que possède l'entreprise peut être renforcée par des conseils d'experts externes, notamment de cabinets d'avocats, qui apportent un savoir-faire supplémentaire au service de la conformité.

43. Les experts externes, et en particulier les avocats spécialisés en droit de la concurrence, peuvent s'impliquer à différents stades. Il peut s'agir de conseiller l'entreprise ou l'association d'entreprises lors de la conception de sa politique générale de conformité, d'aider à la mise en œuvre concrète des programmes de conformité, d'expliquer ces programmes et de sensibiliser l'ensemble du personnel à leurs objectifs par le biais de formations, de procéder à une évaluation régulière des programmes de conformité et du comportement des entreprises ou associations d'entreprises par des audits juridiques afin de déceler et de corriger de possibles dysfonctionnements de leur programme ou infractions au droit de la concurrence. Les experts externes ont, également, un rôle essentiel de conseil pour que l'entreprise ou l'association d'entreprises adopte les bons réflexes lorsqu'une infraction a été détectée.

44. Dans le cas de PME, le recours à des experts externes peut, en outre, permettre de pallier l'absence d'une fonction conformité internalisée.

B. *Organismes professionnels*

45. Les organismes professionnels ont vocation à regrouper l'ensemble des entreprises d'une même profession, ou d'un même secteur, et les organisations syndicales représentant les entreprises. Leur objectif premier est de représenter et de défendre les intérêts de l'ensemble des entreprises d'une profession ou d'un secteur donné.

46. Ces organismes peuvent pleinement contribuer à la diffusion de bonnes pratiques auprès de leurs membres et peuvent les orienter en matière de conformité. Afin qu'un tel échange soit fructueux, il est important que les entreprises fassent connaître leurs besoins, d'une part, et que les associations professionnelles organisent leur assistance selon des modalités adaptées *[cf. Étude sur les organismes professionnels, mentionnée supra]*, d'autre part.

47. Par ailleurs, de même que pour les entreprises, il est du devoir des organismes professionnels de prendre toutes les mesures nécessaires pour conduire leurs activités en conformité avec les règles de concurrence.

C. *Partenaires institutionnels*

48. L'Autorité de la concurrence et la DGCCRF sont des institutions partenaires des entreprises et des organismes professionnels. Elles tiennent, toutes deux, un rôle important d'animatrices d'une culture de conformité, et ce à plusieurs titres.

49. L'Autorité accompagne les acteurs économiques dans leurs efforts de conformité à plusieurs égards :

— *En produisant une pratique décisionnelle de référence*

L'Autorité se prononce sur de nombreuses affaires contentieuses. Cette pratique décisionnelle sert de référentiel pour l'application des règles de concurrence. Les décisions sont motivées et peuvent éclairer, au-delà de l'acteur mis en cause, l'ensemble des acteurs qui pourraient être concernés.

— *En développant une pratique consultative diversifiée*

L'Autorité produit des avis et conduit des enquêtes sectorielles, dans lesquels elle émet des recommandations, qui offrent une grille de lecture sur des problématiques identifiées. L'Autorité fournit, ainsi, des diagnostics sur les fonctionnements de certains marchés, ce qui permet d'accompagner les acteurs qui peuvent corriger ou anticiper leurs comportements sur ces marchés.

— *En mettant à disposition des outils de conformité ciblés*

L'Autorité rédige régulièrement des guides et des études, qui détaillent son analyse et sa pratique afin d'orienter les acteurs sur des enjeux actuels et d'être au plus près de leurs préoccupations. L'étude sur les organismes professionnels et le guide à l'attention des PME ont déjà été cités. D'autres publications portent, par exemple, sur les concentrations, la distribution et le numérique.

— *En mettant en œuvre une politique de communication pour un large public*

L'Autorité communique largement dans l'intérêt du public et des parties prenantes sur les règles de concurrence et leurs vertus, ainsi que sur ses décisions et avis.

Elle inclut dans ses communiqués de presse des encadrés "Conformité" afin de davantage sensibiliser les opérateurs sur des points de vigilance.

Son site Internet dispose, de plus, d'un espace entièrement dédié à la "Conformité" dans la rubrique "La concurrence et vous". Ces pages comprennent de nombreux supports à vocation pédagogique, telles que les publications déjà citées, mais également des infographies et vidéos qui s'adressent à différents types de publics.

L'Autorité mobilise, ainsi, un éventail de ressources afin de diffuser une culture de conformité auprès du plus grand nombre.

50. La DGCCRF agit, de même, pour la promotion des démarches de conformité aux règles de concurrence au plus près des territoires, en particulier auprès des acteurs de la commande publique et des PME.

Décision de l'Autorité de la concurrence du 22 juin 2022,

Portant organisation de l'Autorité de la concurrence .

II RÈGLES EUROPÉENNES

COMMENTAIRE

I. CHAMP D'APPLICATION

A. CHAMP D'APPLICATION TERRITORIAL

Le critère central de répartition des compétences entre droit européen de la concurrence et droits nationaux est l'affectation (réelle ou potentielle) du commerce entre États membres. Dès lors qu'une pratique est susceptible d'affecter les échanges entre les États membres, les dispositions communautaires s'appliquent (V. les Lignes directrices relatives à la notion d'affectation du commerce du 27 avr. 2004, *infra*).

Les règles s'appliquent à l'ensemble de l'Espace économique européen, donc à l'Islande, au Liechtenstein et à la Norvège, pays qui ne font pas partie de l'UE (CJUE 6 sept. 2017, n° C-413/14). Le droit européen sanctionne les effets anticoncurrentiels qui se manifestent sur le territoire de l'UE, y compris d'entreprises situées dans des États non membres de l'UE (CJCE 25 nov. 1971, n° C-22/71). Il faut néanmoins « un point de rattachement matériel sous forme de participation active aux pratiques litigieuses qui justifie la poursuite des comportements d'origine extérieure » (CJCE 14 nov. 1996, n° C-333/94).

La Commission sanctionne également des entreprises situées dans l'UE pour les effets anticoncurrentiels qu'elles produisent dans des États tiers avec lesquels l'UE a signé des accords spécifiques (États-Unis, Canada, Japon, Chine, Corée du Sud, Brésil, Russie, Inde et Suisse).

B. NOTION D'ENTREPRISE

Le droit européen s'applique aux entreprises, définies comme le support d'activités économiques, peu important le statut juridique (CJCE 23 avr. 1991, n° C-41/90 ; CJUE 26 oct. 2017, n° C-457/16 ; CJCE 5 mars 2009, n° C-350/07). Peu importe également que l'entité ait un but non lucratif (CJUE 28 févr. 2013, n° C-1/12).

Sont en revanche exclues les entreprises exerçant des prérogatives de puissance publique (CJCE 26 mars 2009, n° C-113/07) et les organismes de sécurité sociale (CJCE 11 juill. 2006, n° 205/03 ; CJCE 5 mars 2009, n° C-350/07).

C. MARCHÉ

La notion de marché (« marché en cause ») est fondamentale, en particulier pour l'appréciation de positions dominantes ou de concentrations. Une appréciation géographique et matérielle sera nécessaire (le marché de produits).

En matière d'ententes, la délimitation du marché a pour unique finalité de rechercher si l'accord en cause est susceptible d'affecter le commerce entre les États membres et a pour objet ou pour effet d'empêcher, de restreindre ou de fausser le jeu de la concurrence à l'intérieur de l'UE. Cette délimitation n'est obligatoire que si elle est nécessaire à cette recherche.

En revanche, en matière d'abus de position dominante, la délimitation du marché dans le cadre de l'application de l'article 102 du TFUE est toujours obligatoire (CJCE 11 juill. 2013, n° C-440/11).

D. CRITÈRE D'AFFECTATION

Les articles 101 et 102 du TFUE ne s'appliquent que dans la mesure où l'entente illicite ou l'abus de position dominante est « susceptible d'affecter le commerce entre États membres » ; « susceptible » signifiant que l'affectation peut n'être que probable. En revanche, elle doit être sensible (CJCE 23 avr. 2009, n° C-425/07).

II. INSTANCES COMPÉTENTES

A. PLURALITÉ DE COMPÉTENCES

Sont compétentes les institutions européennes (Commission, Tribunal de l'UE et CJUE) mais aussi les juridictions nationales (en France, l'Autorité de la concurrence, les juridictions civiles, commerciales, administratives et répressives).

Les autorités et juridictions nationales sont les juges de droit commun du droit de l'UE. Elles ont, en outre, l'obligation d'appliquer le droit de l'Union, lorsque le critère d'applicabilité du droit de l'UE est rempli, même lorsqu'elles n'entendent pas appliquer leur droit national.

En revanche, lorsque la Commission décide d'engager elle-même une procédure en vue d'adopter une décision de constatation et de cessation d'infraction, d'acceptation d'engagements, de constatation d'inapplication ou encore des mesures provisoires, les autorités nationales sont automatiquement dessaisies et ne peuvent plus appliquer directement les articles 101 et 102 TFUE. Ainsi, le président de l'Autorité de la concurrence doit prendre acte des dessaisissements effectués par la Commission (C. com., art. L. 462-8, al. 6).

De manière générale, les autorités coopèrent. Saisie d'une affaire mettant en cause le droit européen de la concurrence, l'autorité nationale doit notamment en informer la Commission qui pourra, le cas échéant, user de son pouvoir d'évocation (dessaisissement) ; elle doit aussi échanger les informations dont elle dispose avec les autres autorités membres du réseau européen de la concurrence (REC) et la Commission, ne pas prendre une décision contraire à une décision de la Commission statuant sur des pratiques examinées dans cette affaire et l'informer avant toute prise de décision. Parallèlement, la Commission doit transmettre aux autorités nationales de concurrence (ANC) une copie des pièces les plus importantes qu'elle a recueillies en vue de l'adoption d'une décision.

B. PROCÉDURE DEVANT LA COMMISSION EUROPÉENNE

La Commission peut se saisir d'office pour constater une infraction ou être saisie par toute personne physique ou morale justifiant d'un intérêt légitime à le faire. Le 16 mars 2017, la Commission a mis en place un outil de lancement d'alertes anonyme qui complète le programme de clémence et vise à augmenter les chances de détection et de poursuite des pratiques anticoncurrentielles.

La Commission peut se livrer à des enquêtes ou procéder à des demandes de renseignements auxquelles les entreprises sont tenues de répondre, à peine de sanctions. Les renseignements demandés doivent être proportionnés et circonscrits aux indices détenus par la Commission (CJUE 10 mars 2016, n^os^ C-247/14, C-248/14, C-267/14 et C-268/14, décisions mettant fin à la pratique de demandes massives de renseignements).

La procédure est contradictoire et assure le respect des droits de la défense.

C. ISSUE DE LA PROCÉDURE ET SANCTIONS

La Commission peut adopter trois types de décisions : décision de constatation et de cessation d'infraction ; décision faisant suite à des engagements de la part des entreprises ; décision de constatation d'inapplication.

Des amendes peuvent être prononcées pour des infractions de procédure, elles sont limitées à 1 % du chiffre d'affaires total réalisé au cours de l'exercice social précédent, ou pour les infractions de fond, la limite est alors de 10 %.

Des astreintes peuvent aussi être prononcées, jusqu'à 5 % du chiffre d'affaires journalier moyen réalisé au cours de l'exercice précédent par jour de retard.

D. NE BIS IN IDEM

La Cour de justice jugeait que, en matière de concurrence, l'application du principe *ne bis in idem* était soumise à une triple condition d'identité des faits, du contrevenant et de l'intérêt juridique protégé (V. CJCE 7 janv. 2004, n° C-204/00 P, pts. 338 à 340). Pourtant, dans d'autres domaines, la Cour ne retenait que deux conditions (faits et contrevenant) ; il en allait ainsi en matière d'articulation de procédures fiscales et de procédures répressives (CJUE 20 mars 2018, n° C-524/15).

Dans un arrêt du 22 mars 2022, la Cour opère un revirement, se référant précisément à sa jurisprudence *Menci* du 20 mars 2018 et faisant ainsi coïncider sa jurisprudence en droit de la concurrence avec celle de droit commun. Le point 33 de l'arrêt est à cet égard sans ambiguïté : « l'application du principe *ne bis in idem* dans le cadre des procédures relevant du droit de la concurrence est soumise à une double condition, à savoir, d'une part, qu'il y ait une décision antérieure définitive (condition "*bis*") et, d'autre part, que le même comportement soit visé par la décision antérieure et par les poursuites ou les décisions postérieures (condition "*idem*") » (CJUE, 22 mars 2022, n° C-151/20).

III. COMPLIANCE ET ALTERNATIVES AUX SANCTIONS

A. PROCÉDURE D'ENGAGEMENTS

Les entreprises suspectées de pratiques anticoncurrentielles peuvent soumettre des offres d'engagements à la Commission – qui reste libre de les accepter ou non – afin d'échapper à la condamnation.

Mais une décision d'acceptation d'engagements ne fait pas obstacle à ce qu'un juge national constate la nullité éventuelle d'un contrat couvert par la décision (CJUE 23 nov. 2017, n° C-547/16).

B. CLÉMENCE OU NON-CONTESTATION DES GRIEFS OU TRANSACTION

Dans le cadre d'une procédure de clémence, une entreprise dénonce elle-même le manquement en échange d'une immunité ou d'une réduction de l'amende encourue (TPICE 6 mai 2009, n° T-116/04).

L'entreprise peut aussi renoncer à contester les griefs en échange d'une réduction de l'amende encourue.

Le comportement de l'entreprise doit témoigner d'un véritable esprit de coopération ; à défaut, la réduction d'amende peut être annulée par la Cour.

IV. DIGITAL SERVICES ACT PACKAGE

Le 5 juillet 2022, le Parlement européen a procédé au vote final relatif à la nouvelle législation sur les services numériques (DSA) ainsi qu'à la législation sur les marchés numériques (DMA). Les deux textes, qui forment le « Digital Services Act package », et qui doivent tous deux être adoptés par le Conseil de l'Union européenne en septembre 2022, visent à faire face aux effets sociétaux et économiques des entreprises du secteur technologique grâce à l'établissement de normes relatives à leur manière de fonctionner et de fournir des services au sein de l'UE.

A. DIGITAL SERVICES ACT

Le DSA vise à améliorer les mécanismes de suppression des contenus illicites et de protection efficace des droits fondamentaux des utilisateurs en ligne, notamment la liberté d'expression. Il crée également une surveillance publique plus forte des plateformes en ligne, en particulier pour les plateformes qui touchent plus de 10 % de la population de l'UE.

Cela se traduit ainsi par des mesures pour contrer les biens, services ou contenus illégaux en ligne, de nouvelles obligations en matière de traçabilité des utilisateurs professionnels afin d'aider à identifier les vendeurs de biens illégaux, la possibilité pour les utilisateurs de contester les décisions de modération de contenu des plateformes, l'interdiction de certains types de publicités sur les plateformes en ligne (lorsqu'elles ciblent les enfants ou utilisent des catégories particulières de données à caractère personnel, telles que l'origine ethnique, les opinions politiques, l'orientation sexuelle).

S'y ajoutent des mesures de transparence pour les plateformes en ligne, notamment sur les algorithmes utilisés pour les recommandations et l'obligation pour les très grandes plateformes et les très grands moteurs de recherche en ligne de prévenir l'utilisation abusive de leurs systèmes en prenant des mesures de compliance fondées sur les risques et en procédant à des audits indépendants de leurs systèmes de gestion des risques (V. à ce sujet l'affaire *Google Shopping* : Trib. UE, 10 nov. 2021, n° T-612/17 : *Europe 2022, n° 17, obs. Idot*).

B. DIGITAL MARKET ACT

Le DMA cible les grandes entreprises fournissant des services de plateforme « essentiels », sujets aux pratiques commerciales déloyales, comme les réseaux sociaux ou les moteurs de recherche. Les plus grands services de messagerie (tels que Whatsapp, Facebook Messenger ou iMessage) devront notamment s'ouvrir et être interopérables avec les plus petites plateformes de messagerie, si elles en font la demande. Les utilisateurs des petites ou grandes plateformes pourront alors échanger des messages, envoyer des fichiers ou passer des appels vidéo sur toutes les applications de messagerie, ce qui leur donnera un choix plus large. ❑

Traité sur le fonctionnement de l'Union européenne (2016)

Règles de concurrence applicables aux entreprises

RÉP. EUR. v^is *Abus de position dominante,* par BOSCO ; *Concurrence (mise en œuvre par les autorités et juridictions nationales),* par ARHEL ; *Concurrence (procédure devant la Commission),* par COLLIN, MARCINKOWSKI et LAJNET ; *Ententes,* par BLAISE ; *Politique de concurrence,* par KOVAR et POILLOT-PERUZZETTO ; *Restrictions horizontales de concurrence,* par MOREAU ; *Restrictions verticales de concurrence,* par FERRIER.

RÉP. COM. v° *Accords de distribution (droit de la concurrence),* par ARHEL.

BIBL. GÉN. ▶ LAURENT, CCC *1993. Chron. 6* (nouveau régime des plaintes fondées sur les art. 85 et 86 [art. 101 et 102]). – IDOT, *RTD eur. 1993. 581* (les mesures provisoires en droit de la concurrence) ; *D. 1994. Chron. 37* (principe de subsidiarité). – DEVELLENNES et KIRIAZIS, *LPA 18 déc. 2001* (vers un réseau international de la concurrence). – VIENNOIS, *RTD com. 2002. 1* (portée du droit communautaire de la concurrence et le mythe du champ d'application exclusif du droit national). – BRIAND-MÉLÉDO, *ibid. 2004. 205* (droit de la concurrence, droit constitutionnel substantiel de l'UE). – PRIÉTO, *RDLC 2005, n° 1, p. 20* (quelle concurrence face à la mondialisation économique ?). – DURANDE et MONTESA LLOREDA, *RDLC 2005, n° 4, p. 34* (les droits des tiers dans les procédures concurrences devant la Commission européenne). – PRIÉTO, *D. 2006. 1603* (pouvoir de marché et liberté des entreprises, les fondements de la politique de concurrence). – COUTRELIS et GIACOBBO, *RDLC 2006, n° 2, p. 66* (accès au dossier en droit communautaire de la concurrence). – DE BROCA, *ibid., n° 4, p. 37* (nouvelles lignes directrices de la Commission en matière d'amendes). – PRIETO, *JCP 2007. I. 132* (l'Europe et le droit de la concurrence). – CHEYNEL, *RLC oct.-déc. 2007. 33* (l'autonomie procédurale des juridictions nationales en train de se réduire comme peau de chagrin ?). – RUBIO, *RTD eur. 2007. 597* (les instruments de *soft law* dans les politiques communautaires : vecteur d'une meilleure articulation entre la politique de la concurrence et la politique de cohésion économique et sociale). – RIVEL, *D. 2008. 237* (la règle de raison et le droit communautaire de la concurrence, « *inelegantia juris ?* »). – DEBROUX, *RDLC 2008, n° 1, p. 42* (sanction des cartels en droit communautaire). – IDOT, *Mél. Gaudemet-Tallon, Dalloz, 2008, p. 85* (réflexions sur la *soft law* en droit de la concurrence). – BARBIER DE LA SERRE, *RLC juill.-août 2008. 56* (place des tiers dans le référé communautaire en matière de concurrence). – VON DANWITZ, *RDLC 2008, n° 4, p. 31* (la protection des droits fondamentaux lors de la mise en œuvre décentralisée du droit communautaire de la concurrence). – ARCELIN-LÉCUYER, *RLDA avr. 2010. 57* (l'entreprise et le groupe de sociétés en droit communautaire de la concurrence). – BARBIER DE LA SERRE, *RLC janv.-mars 2010. 57* (le traité de Lisbonne, les droits fondamentaux et le droit processuel de la concurrence). – IDOT, *RSC 2012. 315* (répression des pratiques anticoncurrentielles par les institutions de l'UE). – MELLONI, *RLDA sept. 2013. 141* (quantification du préjudice dans les actions en dommages et intérêts fondées sur les infractions aux art. 101 ou 102 TFUE). – RASSAFI-GUIBAL, *Rev. UE 2014. 85* (de quelques aspects des usages des instruments de *soft law* comme vecteurs de normativité économique). – DE BEAUFORT (dir.), *ibid. 110* (compétitivité, concurrence et réciprocité). – IDOT, *Europe 2014. Prat. 3* (quelle voie d'action pour la victime d'une pratique contraire aux art. 101 et/ou 102 TFUE ?). – CHONÉ-GRIMALDI et GODIVEAU, *RJ com. 2014. 456* (l'entreprise, interface des rapports entre l'UE et les États membres : le droit antitrust). – Colloque, *Rev. UE 2015. 277* (l'effectivité du droit européen de la concurrence).

Sur l'action de groupe intervenant en matière de pratiques anticoncurrentielles au sens des art. 101 et 102 TFUE, V. C. consom., art. L. 623-1, L. 623-24 à L. 623-26. — ***C. consom.***

COMMENTAIRE

Les règles de mise en œuvre des articles 101 et 102 du TFUE sont fixées par plusieurs textes, dont le principal est le règlement 1/2003 du 16 décembre 2002, entré en vigueur le 1er mai 2004 (V. *infra*). On citera également le règlement (UE) 2022/720 du 10 mai 2022 concernant l'application de l'article 101, paragraphe 3, du traité sur le fonctionnement de l'Union européenne à des catégories d'accords verticaux et de pratiques concertées (V. au **C. com.**), qui remplace celui de 2010 (n° 330/2010) pour intégrer la vente en ligne et les derniers développements de la jurisprudence de la Cour. Il s'accompagne de nouvelles lignes directrices (*JOUE C 248 du 30 juin 2022*).

Art. 101 **1. Sont incompatibles avec le marché commun et interdits tous accords entre entreprises, toutes décisions d'associations d'entreprises, et toutes pratiques concertées, qui sont susceptibles d'affecter le commerce entre États membres et qui ont pour objet ou pour effet d'empêcher, de restreindre ou de fausser le jeu de la concurrence à l'intérieur du marché commun, et notamment ceux qui consistent à :**

a) Fixer de façon directe ou indirecte les prix d'achat ou de vente ou d'autres conditions de transaction ;

b) Limiter ou contrôler la production, les débouchés, le développement technique ou les investissements ;

c) Répartir les marchés ou les sources d'approvisionnement ;

d) Appliquer, à l'égard de partenaires commerciaux, des conditions inégales à des prestations équivalentes en leur infligeant de ce fait un désavantage dans la concurrence ;

e) Subordonner la conclusion de contrats à l'acceptation, par les partenaires, de prestations supplémentaires qui, par leur nature ou selon les usages commerciaux, n'ont pas de lien avec l'objet de ces contrats.

2. Les accords ou décisions interdits en vertu du présent article sont nuls de plein droit.

3. Toutefois, les dispositions du paragraphe 1 peuvent être déclarées inapplicables :

— à tout accord ou catégorie d'accords entre entreprises,

— à toute décision ou catégorie de décisions d'associations d'entreprises et

— à toute pratique concertée ou catégorie de pratiques concertées,

qui contribuent à améliorer la production ou la distribution des produits ou à promouvoir le progrès technique ou économique, tout en réservant aux utilisateurs une partie équitable du profit qui en résulte, et sans :

a) Imposer aux entreprises intéressées des restrictions qui ne sont pas indispensables pour atteindre ces objectifs ;

b) Donner à ces entreprises la possibilité, pour une partie substantielle des produits en cause, d'éliminer la concurrence. – *[Traité CE, art. 81.]*

BIBL. ▸ LIANOS, *RTD eur. 2000. 239* (la confusion des infractions de l'art. 81, § 1). – ARHEL, *LPA 4 déc. 2000* (modernisation des règles relatives aux ententes et abus de position dominante). – HALIMI-DECHELETTE, *CCC 2000. Chron. 6* (même thème). – FOURGOUX, *JCP E 2001, n° 20-21, p. 821* (modernisation du droit communautaire de la concurrence). – POILLOT-PERUZZETTO, *CCC 2002. Chron. 32* (nouvelle communication sur les accords d'importance mineure). – MUGUET-POULLENNEC et BARBIER DE LA SERRE, *RLC oct.-déc. 2008. 17* (sanction des contributions actives et conscientes à la réalisation d'un cartel). – GALOKHO, *RTD eur. 2013. 727* (preuves indirectes de l'existence d'une entente et sécurité juridique en droit européen de la concurrence). – GRYNFOGEL, *RJDA 2014. 627* (la notion d'« objet concurrentiel » et la sécurité juridique des entreprises).

COMMENTAIRE

En matière d'ententes, le droit de l'Union prévaut. Ainsi, un accord illicite en application de l'article 101 du TFUE ne peut pas être considéré comme licite en vertu du droit d'un État membre et, à l'inverse, les accords licites dans le droit de l'Union ne peuvent pas être interdits par le droit national.

Les éléments constitutifs de l'entente sont un concours de volontés, un objet ou effet anticoncurrentiel et une atteinte à la concurrence.

I. CONCOURS DE VOLONTÉS

Le concours de volonté peut prendre trois formes : un accord, une pratique concertée, des décisions d'associations d'entreprises.

L'accord peut être un écrit, un contrat (TPICE 8 juill. 2004, n° T-44/00). Il importe peu que l'accord soit tacite (TPICE 26 oct. 2000, n° T-41/96 ; CJCE 6 janv. 2004, n° C-2/01), non signé (Comm. CE 5 sept. 1979, *BP Kemi-DDSF*), conclu sous conditions (Comm. CE 18 juill. 2001, *SAS/Maersk Air*), conclu contre l'intérêt économique de l'une des parties (Comm. CE 18 déc. 1987, *Fisher-Price/Quaker Oats*).

La pratique concertée réside dans une coordination comportementale qui ne nécessite pas une convention (CJCE 14 juill. 1972, n^os^ C-48, 49, 51 à 57/69 ; CJUE 21 janv. 2016, n° C-74/14). La preuve peut résulter de la participation à des réunions entre concurrents. La simple présence à une réunion pourra caractériser la pratique concertée, sauf s'il y a eu ensuite distanciation publique (TPICE 5 déc. 2006, n° T-303/02). Cette distanciation doit être exprimée avec précision et ne peut être formulée en termes généraux (CJUE 3 mai 2012, n° C-290/11).

Les décisions d'associations d'entreprises sont des décisions de groupements, qui peuvent prendre toute forme, y compris de syndicats ou d'ordres professionnels (pour des exemples : CJUE 11 sept. 2014, n° C-382/12 ; CJUE 18 juill. 2013, n° C-136/12 ; Trib. UE 10 déc. 2014, n° T-90/11).

Il est nécessaire d'établir « l'invitation d'une partie à l'accord à mettre en œuvre une pratique illicite et l'acquiescement de l'autre à cette invitation » (Aut. conc. n° 21-D-24 du 12 oct. 2021).

II. OBJET OU EFFET ANTICONCURRENTIEL

L'article 101 TFUE prohibe les ententes ayant pour objet « ou » pour effet de fausser le jeu de la concurrence. L'examen se fait alors en deux étapes successives : les autorités vérifient d'abord l'objet et, s'il n'est pas démontré, elles s'intéresseront à l'effet (CJCE 30 juin 1966, n° C-56/65 ; CJUE 16 juill. 2015, n° C-172/14).

Les ententes par objet sont en effet si graves « qu'il est inutile, aux fins de l'application de l'article 81 § 1 [actuel 101 § 1], de démontrer qu'elles ont des effets concrets sur le marché » (Comm. CE n° 2004/C 101/08, 27 avr. 2004, Lignes directrices concernant l'application de l'article 81 § 3 du traité).

On citera des ententes sur la fixation des prix, sur le partage du marché ou sur la diffusion d'informations trompeuses (CJUE 23 janv. 2018, n° C-179/16 ; CJUE 14 mars 2013, n° C-32/11 ; CJUE 13 oct. 2011, n° C-439/09). A défaut d'objet restrictif, seules sont interdites les ententes ayant un effet sensible sur la concurrence (CJUE 24 oct. 1995, n° C-70/93 ; CJUE 28 avr. 1998, n° C-306/96 ; CJUE 2 avr. 2009, n° C-260/07 ; CJUE 13 déc. 2012, n° C-226/11).

La Commission a défini des seuils de parts de marché en deçà desquels les accords ne constituent pas une restriction sensible du jeu de la concurrence (Communication *de minimis* du 25 juin 2014). Mais les accords dépassant les seuils ne constituent pas nécessairement une restriction sensible du jeu de la concurrence (CJUE 21 janv. 1999, n^{os} C-215/96 et C-216/96).

Quant à l'atteinte à la concurrence, l'article 101 TFUE donne lui-même des exemples : accords de fixation des prix, quotas de production, répartition des marchés, accords discriminatoires… Notons une première condamnation opérée sur le fondement du « développement technique » prévu au 1, b de l'article 101 (Comm. UE, Décis. n° C (2021), 4955 final, 8 juill. 2021, affaire AT.40178 : sanction de plusieurs constructeurs automobiles allemands qui s'étaient entendus pour limiter leur concurrence en matière d'innovation verte [« Green Deal »]).

III. EXEMPTIONS

Les dispositions du § 1 de l'article 101 sont inapplicables lorsque ces accords ou pratiques ont des effets économiques favorables (amélioration de la production ou de la distribution des produits, promotion du progrès technique ou économique) et qu'une partie équitable du profit qui en résulte bénéficie aux consommateurs.

Un relevé d'interdiction de l'entente est pris, conformément à l'article 101, § 3, TFUE, si elle génère plus d'avantages que d'inconvénients pour la concurrence. Il en est ainsi des ententes « qui contribuent à améliorer la production ou la distribution des produits ou à promouvoir le progrès technique ou économique, tout en réservant aux utilisateurs une partie équitable du profit qui en résulte, sans imposer aux entreprises intéressées des restrictions non indispensables pour atteindre ces objectifs et sans donner à ces entreprises la possibilité, pour une partie substantielle des produits en cause, d'éliminer la concurrence ».

L'entente doit donc remplir les quatre conditions cumulatives pour pouvoir obtenir l'exemption.

IV. SANCTIONS

Les sanctions des ententes sont la nullité de plein droit, des amendes mais aussi des dommages-intérêts pour les victimes (Dir. 2014/104/UE, relative à certaines règles régissant les actions en dommages et intérêts en droit national pour les infractions aux dispositions du droit de la concurrence des États membres et de l'Union européenne ; V. ***C. com.***). ❑

Art. 102 Est incompatible avec le marché commun et interdit, dans la mesure où le commerce entre États membres est susceptible d'en être affecté, le fait pour une ou plusieurs entreprises d'exploiter de façon abusive une position dominante sur le marché commun ou dans une partie substantielle de celui-ci.

Ces pratiques abusives peuvent, notamment, consister à :

a) Imposer de façon directe ou indirecte des prix d'achat ou de vente ou d'autres conditions de transaction non équitables ;

b) Limiter la production, les débouchés ou le développement technique au préjudice des consommateurs ;

c) Appliquer à l'égard de partenaires commerciaux des conditions inégales à des prestations équivalentes, en leur infligeant de ce fait un désavantage dans la concurrence ;

d) Subordonner la conclusion de contrats à l'acceptation, par les partenaires, de prestations supplémentaires, qui, par leur nature ou selon les usages commerciaux, n'ont pas de lien avec l'objet de ces contrats. – *[Traité CE, art. 82.]*

BIBL. ▸ HAWK, *RDLC 2005, n° 3, p. 33* (regards croisés sur l'art. 82 CE et la section 2 du Sherman Act). - LÉVÊQUE, *RLC avr.-juin 2007. 111* (quel test de preuve pour l'art. 82 ?). - CHONÉ, *Europe 2009. Étude 3* (premiers regards sur les orientations de la Commission pour l'application de l'art. 82 CE aux pratiques d'éviction). - SIBONY, *RDLC 2009, n° 1,* *p. 118* (intégration de l'analyse économique à la qualification d'abus de position dominante). – Montet, *RLC avr.-juin 2009. 118* (appliquer l'art. 82 CE aux évictions abusives).

COMMENTAIRE

Ce n'est pas la position dominante qui est interdite, mais l'abus qu'en fait l'entreprise.

Contrairement aux ententes, un abus de position dominante ne peut jamais être exempté sur la base des dispositions du TFUE. Néanmoins, l'entreprise dominante peut, dans des circonstances exceptionnelles, se justifier en démontrant que son comportement est objectivement nécessaire ou qu'il produit des gains d'efficacité substantiels (Comm. CE du 24 févr. 2009 sur les pratiques d'éviction abusives des entreprises dominantes, pts 28 à 30 ; CJUE 27 mars 2012, n° C-209/10).

I. NOTION DE POSITION DOMINANTE

La position dominante est appréciée au niveau individuel (l'entreprise seule) ou à un niveau collectif (par exemple, des entreprises contractant entre elles des engagements d'exclusivité). Une entreprise jouit nécessairement d'une position dominante lorsqu'elle est en situation de monopole. Il en va ainsi des monopoles de fait (CJCE 13 juill. 1989, n° C-395/87 ; CJCE 13 juill. 1989, n^os^ C-110/88, 241 et 242/88) et des monopoles de droit (CJCE 23 avr. 1991, n° C-41/90) ; sachant qu'un monopole légal n'est pas une violation de l'article 102 TFUE si l'entité est investie d'une mission d'intérêt général.

Sera appréciée la position de l'entité sur le marché. Par exemple, la Cour de justice estime que la détention par une entreprise de plus de 50 % du marché constitue un indice suffisant de sa position dominante (TPICE 12 déc. 1991, n° T-30/89 ; CJCE 2 mars 1994, n° C-53/92). A l'inverse, il n'y a pas de position dominante pour une entité ne représentant que 10 % de parts de marché (CJCE 22 oct. 1986, n° C-75/84).

La position dominante peut également être collective (TPICE 26 janv. 2005, n° T-193/02 ; TPICE 7 oct. 1999, n° T-228/97).

II. NOTION D'ABUS

Selon la Cour de justice, « la notion d'exploitation abusive est une notion objective qui vise les comportements d'une entreprise en position dominante qui sont de nature à influencer la structure d'un marché où, à la suite précisément de la présence de l'entreprise en question, le degré de concurrence est déjà affaibli et qui ont pour effet de faire obstacle, par le recours à des moyens différents de ceux qui gouvernent une compétition normale des produits ou services sur la base des prestations des opérateurs économiques, au maintien du degré de concurrence existant encore sur le marché ou au développement de cette concurrence » (CJCE 13 févr. 1979, n° C-85/76 ; CJCE 3 juill. 1991, n° C-62/86).

L'article 102 TFUE ne donne pas de définition précise de l'exploitation abusive mais une liste indicative. Les abus de comportement peuvent consister, notamment, en l'imposition de prix d'achat ou de vente, des limitations de production au détriment des consommateurs (pour des exemples : TPICE 9 sept. 2009, n° T-301/04 ; TPICE 2 avr. 2009, n° T-202/07 ; Trib. UE 9 sept. 2010, n° T-155/06 ; CJUE 6 déc. 2012, n° C-457/10). Il en va ainsi pour des contrats couplés ou « ventes liées » (TPICE 17 sept. 2007, n° T-201/04 ; Comm. UE, décis. du 18 juill. 2018, n° AT-40099) ou pour des discriminations sur la nationalité (CJCE 2 mars 1983, n° C-7/82). La Cour de cassation considère que le seul argumentaire développé auprès de l'autorité de régulation par un laboratoire commercialisant un médicament princeps lors d'une procédure de mise sur le marché d'un générique pouvait constituer en soi un abus de position dominante (Com. 1er juin 2022, n° 19-20.999 B) et qu'il pouvait exister un abus par favoritisme (Trib. UE, 10 nov. 2021, n° T-612/17 : *Europe 2022, n° 17, obs. Idot*). ❑

Art. 103 **1. Les règlements ou directives utiles en vue de l'application des principes figurant aux articles 101 et 102 sont établis par le Conseil, statuant sur proposition de la Commission et après consultation du Parlement européen.**

2. Les dispositions visées au paragraphe 1 ont pour but notamment :

a) d'assurer le respect des interdictions visées à l'article 101, paragraphe 1, et à l'article 102, par l'institution d'amendes et d'astreintes,

b) de déterminer les modalités d'application de l'article 101, paragraphe 3, en tenant compte de la nécessité, d'une part, d'assurer une surveillance efficace et, d'autre part, de simplifier dans toute la mesure du possible le contrôle administratif,

c) de préciser, le cas échéant, dans les diverses branches économiques, le champ d'application des dispositions des articles 101 et 102,

d) de définir le rôle respectif de la Commission et de la Cour de justice de l'Union européenne dans l'application des dispositions visées dans le présent paragraphe,

e) de définir les rapports entre les législations nationales, d'une part, et, d'autre part, les dispositions de la présente section ainsi que celles adoptées en application du présent article. – *[Traité CE, art. 83.]*

Art. 104 Jusqu'au moment de l'entrée en vigueur des dispositions prises en application de l'article 103, les autorités des États membres statuent sur l'admissibilité d'ententes et sur l'exploitation abusive d'une position dominante sur le marché intérieur, en conformité du droit de leur pays et des dispositions des articles 101, notamment paragraphe 3, et 102. – *[Traité CE, art. 84.]*

Art. 105 1. Sans préjudice de l'article 104, la Commission veille à l'application des principes fixés par les articles 101 et 102. Elle instruit, sur demande d'un État membre ou d'office, et en liaison avec les autorités compétentes des États membres qui lui prêtent leur assistance, les cas d'infraction présumée aux principes précités. Si elle constate qu'il y a eu infraction, elle propose les moyens propres à y mettre fin.

2. S'il n'est pas mis fin aux infractions, la Commission constate l'infraction aux principes par une décision motivée. Elle peut publier sa décision et autoriser les États membres à prendre les mesures nécessaires, dont elle définit les conditions et les modalités pour remédier à la situation.

3. La Commission peut adopter des règlements concernant les catégories d'accords à l'égard desquelles le Conseil a adopté un règlement ou une directive conformément à l'article 103, paragraphe 2, point b). – *[Traité CE, art. 85.]*

Art. 106 1. Les États membres, en ce qui concerne les entreprises publiques et les entreprises auxquelles ils accordent des droits spéciaux ou exclusifs, n'édictent ni ne maintiennent aucune mesure contraire aux règles des traités, notamment à celles prévues aux articles 18 et 101 à 109 inclus.

2. Les entreprises chargées de la gestion de services d'intérêt économique général ou présentant le caractère d'un monopole fiscal sont soumises aux règles des traités, notamment aux règles de concurrence, dans les limites où l'application de ces règles ne fait pas échec à l'accomplissement en droit ou en fait de la mission particulière qui leur a été impartie. Le développement des échanges ne doit pas être affecté dans une mesure contraire à l'intérêt de l'Union.

3. La Commission veille à l'application des dispositions du présent article et adresse, en tant que de besoin, les directives ou décisions appropriées aux États membres. – *[Traité CE, art. 86.]*

Communication de la Commission du 9 décembre 1997,

Sur la définition du marché en cause aux fins du droit communautaire de la concurrence 🏛.

Règlement (CE) nº 1/2003 du 16 décembre 2002,

Relatif à la mise en œuvre des règles de concurrence prévues aux articles 81 et 82 du traité de Rome du 25 mars 1957 (actuels art. 101 et 102 TFUE, depuis l'entrée en vigueur du traité de Lisbonne).

RÉP. EUR. vº *Concurrence (procédure devant la Commission)*, par COLLIN, MARCINKOWSKI et LAJNET.

BIBL. GÉN. ▶ ARHEL, *LPA 4 déc. 2000* (modernisation des règles relatives aux ententes et abus de position dominante). – J.-C. FOURGOUX, *RJ com. 2002. 51* (nouvel antitrust européen : espoirs et craintes). – IDOT, *Europe 2003. Chron. 2* (premières vues sur le nouveau règlement antitrust). – REIFEGERSTE, *JCP 2003. I. 125* (articulation du droit communautaire et du droit national de la concurrence). – VIENNOIS, *Cah. dr. entr. 2003, nº 5, p. 1* (rapports entre droit communautaire de la concurrence et droit national). – ARHEL, *ibid. 30 déc. 2003, p. 4* (réseau européen de la concurrence). – FAVRET, *AJDA 2004. 177* (renforcement du rôle des autorités nationales). – RIOU, *Cah. dr. entr. 2004, nº 2, p. 28* (mise en œuvre par les autorités nationales de concurrence, révolution ou évolution ?). – MEFFRE et LAMY, *D. 2004.*

1295 (réflexions du praticien). - Poillot-Peruzzetto, *CCC 2004. Chron. 8* (les réformes de fond à l'occasion des réformes de procédure en droit communautaire de la concurrence). - Decocq, *RJ com. 2004. 274* (réforme du droit processuel européen des pratiques anticoncurrentielles). - Riffault-Silk, *Cah. dr. entr. 2004, no 3, p. 1* (quel modèle pour l'application des nouvelles règles communautaires ?). - Béhar-Touchais, *LPA 5 oct. 2004* (internormativité et droit de la concurrence). - Canivet, *RDLC déc. 2004. 21* (organisation des juridictions nationales pour l'application du droit communautaire de la concurrence). - Arhel, *JCP E 2004, no 51, p. 2010* (adaptation du droit national au droit communautaire de la concurrence). - Meffre et Guet, *D. 2005. 361* (contrôle *a posteriori* de la licéité des accords par le juge national : questions de procédure). - Paulis et Gauer, *RDLC 2005, no 1, p. 32* (principe du *ne bis in idem*). - Idot, *Europe 2005. Chron. 4* (réforme du droit antitrust en Europe : un an de pratique). - Lasserre, *RDLC 2005, no 3, p. 42* (le Conseil de la concurrence dans le réseau communautaire). - J.-C. Fourgoux, *RLC août-oct. 2005. 123* (quel rôle désormais pour les juridictions nationales ?). - Geradin et N. Petit, *RTD eur. 2005. 795* (droit de la concurrence et recours en annulation à l'ère post-modernisation). - Riffault-Silk, *RLC janv.-mars 2006. 84* (les actions privées en droit de la concurrence). - Barbier de la Serre, *RLC oct.-déc. 2006. 14* (lignes directrices de 2006 pour le calcul des amendes). - Lemaire, *Europe 2006. Étude 12* (la clémence : nouvelle étape de la convergence des droits de la concurrence en Europe). - Monéger, *CCC 2006. Dossier 29* (relations entre les autorités communautaires et nationales). - Battista et Roques, *RLC janv.-mars 2008. 136* (les inspections communautaires en matière de concurrence). - Krenzer, *RDLC 2008, no 3, p. 55* (premières applications des nouvelles lignes directrices communautaires pour le calcul des amendes). - Lemaire, *LPA 17 déc. 2009* (premier bilan de l'application du Règl. no 1/2003). - Christ et Gauer, *RDLC 2012, no 4, p. 29* (infractions procédurales en droit européen de la concurrence). - Idot, *RSC 2013. 167* (procédures quasi répressives en droit européen de la concurrence).

CHAPITRE I *PRINCIPES*

Art. 1er *Application des articles 81 et 82 [101 et 102] du traité.* **1. Les accords, décisions et pratiques concertées visés à l'article 81, paragraphe 1, du traité** *[art. 101, § 1]* **qui ne remplissent pas les conditions de l'article 81, paragraphe 3, du traité** *[art. 101, § 3]* **sont interdits, sans qu'une décision préalable soit nécessaire à cet effet.**

2. Les accords, décisions et pratiques concertées visés à l'article 81, paragraphe 1, du traité *[art. 101, § 1]* **qui remplissent les conditions de l'article 81, paragraphe 3, du traité** *[art. 101, § 3]* **ne sont pas interdits, sans qu'une décision préalable soit nécessaire à cet effet.**

3. L'exploitation abusive d'une position dominante visée à l'article 82 du traité *[art. 102]* **est interdite, sans qu'une décision préalable soit nécessaire à cet effet.**

Restriction par objet. **BIBL.** Vogel, *CCC 2015. Dossier 2* (une nouvelle venue sur la scène du droit de la concurrence : la restriction par objet). - Petit, *AJCA 2015. 422* (la rationalisation au long cours de la restriction de concurrence par objet dans la jurisprudence de la CJUE). - Lacresse et Ferré, *RLC févr. 2017. 18* (l'arrêt *Toshiba* de la CJUE : l'objet ne fait plus effet). ♦ Des accords verticaux contraires à l'art. 101, § 1, TFUE peuvent être anticoncurrentiels « par objet » au sens de cette disposition si, à la suite d'un examen individuel et concret de la teneur et de l'objectif de ces accords ainsi que du contexte économique et juridique dans lequel ils s'inscrivent, il apparaît que ceux-ci sont, par leur nature même, nuisibles au bon fonctionnement du jeu normal de la concurrence sur l'un des marchés concernés. • CJUE 14 mars 2013, no C-32/11 : *RLDA juin 2013. 41, obs. Lalot; RLC juill.-sept. 2013. 30, obs. Robin.* ♦ Estimant qu'une telle restriction de la concurrence « par objet » doit être interprétée de manière restrictive, le critère juridique essentiel à prendre en considération étant le degré de nocivité de l'accord entre entreprises à l'égard de la concurrence eu égard aux objectifs de l'entente, au contexte économique dans lequel elle s'est déroulée, à la nature des biens ou des services affectés et aux conditions réelles du fonctionnement et de la structure du marché : • CJUE 11 sept. 2014, no C-67/13 : *D. 2015. Pan. 943, obs. Ferrier; AJCA 2014. 334, obs. Milchior; RTD eur. 2014. 935, obs. Idot; CCC 2014, no 250, obs. Bosco; RJDA 2015. 71, note Luc; RLDA nov. 2014. 43, note Giraud.*

Art. 2 *Charge de la preuve.* **Dans toutes les procédures nationales et communautaires d'application des articles 81 et 82 du traité** *[art. 101 et 102]*, **la charge de la preuve d'une violation de l'article 81, paragraphe 1, ou de l'article 82 du traité** *[art. 101, § 1 ou art. 102]* **incombe à la partie ou à l'autorité qui l'allègue. En revanche, il incombe à l'entreprise ou à l'association d'entreprises qui invoque le bénéfice des dispositions**

de l'article 81, paragraphe 3, du traité *[art. 101, § 3]* **d'apporter la preuve que les conditions de ce paragraphe sont remplies.**

BIBL. ▶ SIBONY et BARBIER DE LA SERRE, *RTD eur. 2007. 205* (charge de la preuve et théorie du contrôle en droit communautaire de la concurrence : pour un changement de perspective).

Art. 3 *Rapport entre les articles 81 et 82 du traité [art. 101 et 102] et les droits nationaux de la concurrence.* **1. Lorsque les autorités de concurrence des États membres ou les juridictions nationales appliquent le droit national de la concurrence à des accords, des décisions d'associations d'entreprises ou des pratiques concertées au sens de l'article 81, paragraphe 1, du traité** *[art. 101, § 1]* **susceptibles d'affecter le commerce entre États membres au sens de cette disposition, elles appliquent également l'article 81 du traité** *[art. 101]* **à ces accords, décisions ou pratiques concertées. Lorsque les autorités de concurrence des États membres ou les juridictions nationales appliquent le droit national de la concurrence à une pratique abusive interdite par l'article 82 du traité, elles appliquent également l'article 82 du traité** *[art. 102]*.

2. L'application du droit national de la concurrence ne peut pas entraîner l'interdiction d'accords, de décisions d'associations d'entreprises ou de pratiques concertées qui sont susceptibles d'affecter le commerce entre États membres, mais qui n'ont pas pour effet de restreindre la concurrence au sens de l'article 81, paragraphe 1, du traité *[art. 101, § 1]*, **ou qui satisfont aux conditions énoncées à l'article 81, paragraphe 3, du traité** *[art. 101, § 3]* **ou qui sont couverts par un règlement ayant pour objet l'application de l'article 81, paragraphe 3, du traité** *[art. 101, § 3]*. **Le présent règlement n'empêche pas les États membres d'adopter et de mettre en œuvre sur leur territoire des lois nationales plus strictes qui interdisent ou sanctionnent un comportement unilatéral d'une entreprise.**

3. Sans préjudice des principes généraux et des autres dispositions du droit communautaire, les paragraphes 1 et 2 ne s'appliquent pas lorsque les autorités de concurrence et les juridictions des États membres appliquent la législation nationale relative au contrôle des concentrations, et ils n'interdisent pas l'application de dispositions de droit national qui visent à titre principal un objectif différent de celui visé par les articles 81 et 82 du traité *[art. 101 et 102]*.

1. Affectation du commerce communautaire.

BIBL. Bosco, Luc, Rincazaux et Cardonnel, *RDLC 2011, nº 2, p. 17* (affectation du commerce entre États membres : une question d'actualité). ♦ Il appartient à la défenderesse de faire la démonstration que l'accord est susceptible d'affecter le commerce entre États membres et a pour objet ou pour effet d'empêcher, de restreindre ou de fausser le jeu de la concurrence à l'intérieur du marché commun. • TGI Strasbourg, 3 févr. 2005: *CCC 2005, nº 139, obs. crit. Poillot-Peruzzetto ; RDC 2005. 1033, obs. Idot.* ♦ Les termes « susceptible d'affecter » énoncés par les art. 101 et 102 TFUE supposent que l'accord ou la pratique abusive en cause permette, sur la base d'un ensemble d'éléments objectifs de droit ou de fait, d'envisager avec un degré de probabilité suffisant qu'il puisse exercer une influence directe ou indirecte, actuelle ou potentielle, sur les courants d'échanges entre États membres, sans que soit exigée la constatation d'un effet réalisé sur le commerce intracommunautaire. • Com. 31 janv. 2012, nº 10-25.772 P : *D. 2013. Pan. 733, obs. Ferrier ; JCP E 2012, nº 1165 ; CCC 2012, nº 103, obs. Decocq ; RJDA 2012, nº 531 ; RLC avr.-juin 2012. 33, obs. Cholet.* – Et sur renvoi, concluant finalement à une affectation des échanges intracommunautaires, V. • Paris, 4 juill. 2013 : *cité note 7 ss. C. com., art. L. 420-2.* ♦ Une potentialité d'affectation indirecte suffit pour imposer l'application du droit de l'Union, à condition par ailleurs que cette potentialité d'affectation puisse être caractérisée et qu'elle soit sensible. • Aut. conc. nº 11-D-07 du 24 févr. 2011 : *RLC juill.-août 2011. 15, note Venayre.* ♦ Il n'est pas nécessaire, pour que le droit de l'Union soit applicable à une entente verticale, de démontrer que les distributeurs qu'elle concerne sont implantés en tous points du territoire national ; il doit en revanche être relevé que la politique commerciale de l'entreprise porte sur une gamme de produits susceptibles d'être vendus sur l'ensemble du territoire et tend à régir les relations de cette entreprise avec la généralité de ses revendeurs, indépendamment de leur point d'implantation géographique exact. • Aut. conc. nº 11-D-19 du 15 déc. 2011. ♦ Une entente s'étendant à l'ensemble du territoire d'un État membre, ayant, par sa nature même, pour effet de consolider des cloisonnements de caractère national, induit une forte présomption d'affectation du commerce entre les États membres, qui ne peut être écartée que si l'analyse des caractéristiques de l'accord et du contexte économique dans lequel il s'insère démontre le contraire. • Com. 7 oct. 2014, nº 13-19.476. – V. aussi • Aut. conc. nº 12-D-24 du 13 déc. 2012 : *cité note 36 ss. C. com., art. L. 464-2.*

En se déterminant par des motifs pris de la seule taille des entreprises et du lieu de leurs activités, insuffisants à établir le caractère sensible de l'affectation du commerce entre États membres, lequel, en l'état d'une entente ne couvrant qu'une partie d'un tel État, devait être apprécié en priorité au regard du volume de ventes affecté par la pratique par rapport au volume de ventes global des produits en cause à l'intérieur de cet État, la cour d'appel a privé sa décision de base légale. • Com. 1er mars 2011, n° 09-72.655 P : *RTD eur. 2011. 420, obs. Idot ; JCP E 2011. Actu. 128 ; CCC 2011, n° 120, obs. Bosco ; RJDA 2011, n° 579 ; RLC avr.-juin 2011. 30, obs. Sélinsky et Cholet* (sur renvoi • Paris, 28 mars 2013). ♦ Comp., jugeant qu'en l'état de pratiques cumulées d'entente et d'abus de position dominante commises sur une partie seulement d'un État membre le caractère sensible de l'affectation du commerce intracommunautaire résulte d'un ensemble de critères, parmi lesquels la nature des pratiques, la nature des produits concernés et la position de marché des entreprises en cause, le volume de ventes global concerné par rapport au volume national n'étant qu'un élément parmi d'autres : • Com. 31 janv. 2012, n° 10-25.775 P : *préc.* ♦ Ainsi, il ne peut être soutenu qu'une analyse multicritères ne serait pas nécessaire pour vérifier le caractère sensible de l'affectation du commerce entre États membres et ce, que ce soit en l'état de pratiques cumulées d'entente et d'abus de position dominante commises sur une partie seulement d'un État membre ou en l'état d'une entente ne couvrant qu'une partie d'un État membre, et que le seul fait que le volume des ventes affecté par la pratique n'ait représenté que 1,24 % du volume de ventes global en France durant la même période est insuffisant pour établir que l'accord en cause n'avait pas la « capacité » d'affecter de façon sensible le commerce entre États membres. • Com. 20 janv. 2015, n° 13-16.745 P : *AJCA 2015. 169, note Parleani ; RTD com. 2015. 258, obs. Claudel ; JCP E 2015, n° 1218, obs. Mainguy ; CCC 2015, n° 96, obs. Decocq ; RJDA 2015, n° 308.*

2. *Loi nationale plus stricte.* L'art. 3 (2) précise que le présent règlement n'empêche pas les États membres d'adopter et de mettre en œuvre sur leur territoire des lois nationales plus strictes. L'art. L. 420-2, al. 2, C. com. vise les pratiques d'abus de dépendance économique qui constituent une catégorie d'infractions distincte de celle des ententes anticoncurrentielles prévue par les art. L. 420-1 C. com. et 81 du traité CE (art. 101 TFUE). Par ailleurs, l'infraction d'abus de dépendance économique de l'art. L. 420-2, al. 2, C. com. n'a pas d'équivalent en droit communautaire de la concurrence. Dans ces conditions, les pratiques dénoncées peuvent être appréciées au regard de l'art. L. 420-2, sans en rechercher au préalable la conformité avec les art. L. 420-1 C. com., 81 du traité CE (art. 101 TFUE) et le Règl. n° 2790/1999 du 22 déc. 1999. • Aut. conc. n° 10-D-08 du 3 mars 2010 : *CCC 2010, n° 123, obs. Malaurie-Vignal ; RLC avr.-juin 2010. 93, note Boy.*

Les art. 101, § 1, TFUE et 3, § 2, du Règl. n° 1/2003 doivent être interprétés en ce sens qu'ils ne s'opposent pas à ce qu'une autorité nationale de concurrence applique l'art. 101, § 1, à un accord entre entreprises qui est susceptible d'affecter le commerce entre États membres, mais qui n'atteint pas les seuils fixés par la Commission européenne dans sa communication concernant les accords d'importance mineure (*de minimis*), pourvu que cet accord constitue une restriction sensible de la concurrence au sens de cette disposition. • CJUE 13 déc. 2012, n° C-226/11 : *D. 2013. 473, note Vincent ; JCP E 2013, n° 1020, note Maréchal ; CCC 2013, n° 41, obs. Decocq ; RJDA 2013, n° 261 ; CCE 2013, n° 28, obs. Chagny ; RJ com. janv.-févr. 2013. 52, note Decocq ; RLC avr.-juin 2013. 26, obs. Robin.* – Réponse à une question préjudicielle de : • Com. 10 mai 2011, n° 10-14.881 : *D. actu. 19 mai 2011, obs. Chevrier ; RJDA 2011, n° 843 ; RDLC 2011, n° 3, p. 105, obs. Debroux ; RDC 2011. 1208, note Idot.*

L'art. L. 442-6-I-5° [ancien] C. com. doit être interprété et appliqué en considération du droit communautaire dont les impératifs priment les règles générales et spéciales du droit français ; ces impératifs résultant de la combinaison des règles de la concurrence des art. 81 et 82 du traité de Rome [art. 101 et 102 TFUE] et du Règl. n° 1400/2002 du 31 juill. 2002 justifient le préavis abrégé d'un an, peu importa nt la durée des relations antérieures entre les parties. • Paris, 11 mai 2011 : *RDLC 2011, n° 3, p. 123, obs. Éréséo.* – Comp. • Versailles, 4 sept. 2012 : *D. 2012. Actu. 2445, obs. Chevrier ; CCC 2012, n° 278, obs. Mathey ; RJDA 2012, n° 1109 ; RDC 2013. 179, obs. Béhar-Touchais.*

3. *Question prioritaire de constitutionnalité.* Ne sont pas des dispositions législatives entrant dans le champ de la QPC les règlements communautaires, de telle sorte que la question posée qui tend à contester la conformité à la Constitution du Règl. CE n° 1/2003 n'est pas recevable. • Cass., QPC, 18 juin 2010, n° 09-72.655 P : *RLC janv.-févr. 2011. 68, note Mexis.*

CHAPITRE II *COMPÉTENCES*

Art. 4 *Compétences de la Commission.* **Pour l'application des articles 81 et 82 du traité** *[art. 101 et 102]*, **la Commission dispose des compétences prévues par le présent règlement.**

Art. 5 *Compétence des autorités de concurrence des États membres.* **Les autorités de concurrence des États membres sont compétentes pour appliquer les articles 81 et**

82 du traité *[art. 101 et 102]* **dans des cas individuels. A cette fin, elles peuvent, agissant d'office ou saisies d'une plainte, adopter les décisions suivantes :**
— ordonner la cessation d'une infraction,
— ordonner des mesures provisoires,
— accepter des engagements,
— infliger des amendes, astreintes ou toute autre sanction prévue par leur droit national.

Lorsqu'elles considèrent, sur la base des informations dont elles disposent, que les conditions d'une interdiction ne sont pas réunies, elles peuvent également décider qu'il n'y a pas lieu pour elles d'intervenir.

RÉP. EUR. v° *Concurrence (mise en œuvre par les autorités et juridictions nationales)*, par ARHEL.

BIBL. ▸ IDOT, *Europe 2014. Prat.* 4 (quelle voie d'action pour la victime d'une pratique contraire aux art. 101 et/ou 102 TFUE ? qui saisir au sein du REC ?).

Compétence des autorités nationales. L'art. 5 du Règl. n° 1/2003 du 16 déc. 2002 doit être interprété en ce sens qu'il s'oppose à ce qu'une autorité de concurrence nationale, lorsque, afin d'appliquer l'art. 102 TFUE, elle examine si les conditions d'application de cet article sont réunies et que, à la suite de cet examen, elle estime qu'une pratique abusive n'a pas eu lieu, puisse prendre une décision concluant à l'absence de violation dudit article. • CJUE 3 mai 2011, n° C-375/09 : *RTD eur. 2011. 841, obs. Blaise ; JCP 2011, n° 597, obs. Picod ; CCC 2011, n° 173, obs. Decocq ; RJDA 2011, n° 963 ; RLC juill.-sept. 2011. 23, obs. Robin ; RJ com. 2011. 473, note Decocq ; RDC 2011. 1201, note Idot.* ♦ L'art. 5, al. 2, est d'application directe et s'oppose à l'application d'une règle de droit national qui imposerait de clore une procédure relative à l'application de l'art. 102 TFUE par une décision constatant l'absence de violation dudit article. • Même arrêt. ♦ L'art. 101 TFUE doit être interprété en ce sens qu'une entreprise ayant enfreint cette disposition ne peut pas échapper à l'infliction d'une amende lorsque ladite infraction a pour origine une erreur de cette entreprise sur la licéité de son comportement en raison de la teneur d'un avis juridique d'un avocat ou de celle d'une décision d'une autorité nationale de concurrence. • CJUE 18 juin 2013, n° C-681/11 : *D. 2014. Pan. 894, obs. Ferrier ; JCP E 2013. Actu. 493 ; CCC 2013, n° 193, obs. Decocq ; RJDA 2013, n° 841 ; RLDA sept. 2013. 79, note Robert ; RJ com. 2013. 411, note Decocq ; RLC oct.-déc. 2013. 25, obs. Robin.* ♦ L'art. 101 TFUE ainsi que les art. 5 et 23, § 2, du Règl. n° 1/2003 du 16 déc. 2002, doivent être interprétés en ce sens que, dans le cas où l'existence d'une infraction à l'art. 101 TFUE est établie, les autorités nationales de concurrence peuvent exceptionnellement se limiter à constater cette infraction sans infliger une amende lorsque l'entreprise concernée a participé à un programme national de clémence. • Même décision. ♦ Sur le principe de confiance légitime : • Aut. conc. n° 18-D-23 du 24 oct. 2018.

Art. 6 *Compétence des juridictions nationales.* **Les juridictions nationales sont compétentes pour appliquer les articles 81 et 82 du traité** *[art. 101 et 102]*.

CHAPITRE III *DÉCISIONS DE LA COMMISSION*

Art. 7 *Constatation et cessation d'une infraction.* **1. Si la Commission, agissant d'office ou saisie d'une plainte, constate l'existence d'une infraction aux dispositions de l'article 81 ou 82 du traité** *[art. 101 ou 102]*, **elle peut obliger par voie de décision les entreprises et associations d'entreprises intéressées à mettre fin à l'infraction constatée. A cette fin, elle peut leur imposer toute mesure corrective de nature structurelle ou comportementale, qui soit proportionnée à l'infraction commise et nécessaire pour faire cesser effectivement l'infraction. Une mesure structurelle ne peut être imposée que s'il n'existe pas de mesure comportementale qui soit aussi efficace ou si, à efficacité égale, cette dernière s'avérait plus contraignante pour l'entreprise concernée que la mesure structurelle. Lorsque la Commission y a un intérêt légitime, elle peut également constater qu'une infraction a été commise dans le passé.**

2. Sont habilités à déposer une plainte aux fins du paragraphe 1 les personnes physiques ou morales qui font valoir un intérêt légitime et les États membres.

Art. 8 *Mesures provisoires.* **1. Dans les cas d'urgence justifiés par le fait qu'un préjudice grave et irréparable risque d'être causé à la concurrence, la Commission, agissant d'office, peut, par voie de décision et sur la base d'un constat *prima facie* d'infraction, ordonner des mesures provisoires.**

2. Une décision prise en application du paragraphe 1 est applicable pour une durée déterminée et est renouvelable dans la mesure où cela est nécessaire et opportun.

Art. 9 *Engagements.* 1. Lorsque la Commission envisage d'adopter une décision exigeant la cessation d'une infraction et que les entreprises concernées offrent des engagements de nature à répondre aux préoccupations dont la Commission les a informées dans son évaluation préliminaire, la Commission peut, par voie de décision, rendre ces engagements obligatoires pour les entreprises. La décision peut être adoptée pour une durée déterminée et conclut qu'il n'y a plus lieu que la Commission agisse.

2. La Commission peut rouvrir la procédure, sur demande ou de sa propre initiative :

a) si l'un des faits sur lesquels la décision repose subit un changement important ;

b) si les entreprises concernées contreviennent à leurs engagements, ou

c) si la décision repose sur des informations incomplètes, inexactes ou dénaturées fournies par les parties.

BIBL. ▶ Muguet-Poullennec et Barbier de la Serre, *RLC oct.-déc. 2007. 66* (ombres et lumière sur la procédure d'engagements prévue par l'art. 9 du Règl. n° 1/2003). – Decocq, *RJ com. 2008. 285* (les pouvoirs de la Commission européenne dans la procédure d'engagement). – Puel et François-Martin, *JCP E 2015, n° 1355* (procédures d'engagements en droit de la concurrence européen et français).

Proportionnalité. L'application du principe de proportionnalité ne doit pas être appréciée, s'agissant des décisions adoptées au titre de l'art. 9 du Règl. n° 1/2003 (procédure d'engagements), par référence à la manière dont elle l'est dans le cadre de l'examen des décisions prises en vertu de l'art. 7 de ce même règlement (adoption de mesures correctives), dès lors que ces deux dispositions répondent à des logiques différentes. • CJUE 29 juin 2010, n° C-441/07 P : *RTD eur. 2010. 664, obs. Idot ; JCP E 2010, n° 1908, note Decocq ; Gaz. Pal. 2011. 415, et les obs. ; RJDA 2010, n° 1111 ; RLC oct.-déc. 2010. 36, note Muguet-Poullennec et Barbier de la Serre ; RDC 2010. 1276, obs. Idot.*

Art. 10 *Constatation d'inapplication.* Lorsque l'intérêt public communautaire concernant l'application des articles 81 et 82 du traité *[art. 101 et 102]* le requiert, la Commission, agissant d'office, peut constater par voie de décision que l'article 81 du traité *[art. 101]* est inapplicable à un accord, une décision d'association d'entreprises ou une pratique concertée soit parce que les conditions de l'article 81, paragraphe 1, du traité *[art. 101, § 1]* ne sont pas remplies, soit parce que les conditions de l'article 81, paragraphe 3, du traité *[art. 101, § 3]* sont remplies.

La Commission peut également faire une telle constatation en ce qui concerne l'article 82 du traité *[art. 102]*.

CHAPITRE IV *COOPÉRATION*

Art. 11 *Coopération entre la Commission et les autorités de concurrence des États membres.* 1. La Commission et les autorités de concurrence des États membres appliquent les règles communautaires de concurrence en étroite collaboration.

2. La Commission transmet aux autorités de concurrence des États membres une copie des pièces les plus importantes qu'elle a recueillies en vue de l'application des articles 7, 8, 9 et 10 et de l'article 29, paragraphe 1. Si l'autorité de concurrence d'un État membre en fait la demande, la Commission lui fournit une copie des autres documents existants qui sont nécessaires à l'appréciation de l'affaire.

3. Lorsqu'elles agissent en vertu de l'article 81 ou 82 du traité *[art. 101 et 102]*, les autorités de concurrence des États membres informent la Commission par écrit avant ou sans délai après avoir initié la première mesure formelle d'enquête. Cette information peut également être mise à la disposition des autorités de concurrence des autres États membres.

4. Au plus tard trente jours avant l'adoption d'une décision ordonnant la cessation d'une infraction, acceptant des engagements ou retirant le bénéfice d'un règlement d'exemption par catégorie, les autorités de concurrence des États membres informent la Commission. A cet effet, elles communiquent à la Commission un résumé de l'affaire, la décision envisagée ou, en l'absence de celle-ci, tout autre document exposant l'orientation envisagée. Ces informations peuvent aussi être mises à la disposition des autorités de concurrence des autres États membres. Sur demande de la Commission, l'autorité de concurrence concernée met à la disposition de la Commission d'autres documents en sa possession nécessaires à l'appréciation de

l'affaire. Les informations fournies à la Commission peuvent être mises à la disposition des autorités de concurrence des autres États membres. Les autorités nationales de concurrence peuvent également échanger entre elles les informations nécessaires à l'appréciation d'une affaire qu'elles traitent en vertu de l'article 81 ou 82 du traité *[art. 101 ou 102]*.

5. Les autorités de concurrence des États membres peuvent consulter la Commission sur tout cas impliquant l'application du droit communautaire.

6. L'ouverture par la Commission d'une procédure en vue de l'adoption d'une décision en application du chapitre III dessaisit les autorités de concurrence des États membres de leur compétence pour appliquer les articles 81 et 82 du traité *[art. 101 et 102]*. **Si une autorité de concurrence d'un État membre traite déjà une affaire, la Commission n'intente la procédure qu'après avoir consulté cette autorité nationale de concurrence.**

BIBL. ▶ ZARKA, *D. 2007. 1738* (à propos du rôle prépondérant de la commission dans la recherche des infractions aux règles de concurrence). – ZIVY, *RDLC 2007, n° 4, p. 50* (quel schéma institutionnel pour la régulation de la concurrence ? Portrait de famille européenne).

1. Consultation. Aucun texte n'impose au Conseil de la concurrence d'informer la Commission européenne de la procédure en cours dès lors qu'il envisageait de prendre une décision de non-lieu, l'art. 11 § 4 ne prévoyant pas l'obligation d'informer la Commission dans cette hypothèse. • Paris, 23 janv. 2007 : *D. 2007. AJ 576, obs. Chevrier ; CCC 2007, n° 73, obs. Malaurie-Vignal ; RJDA 2007, n° 557 ; RLC avr.-juin 2007. 79, obs. Cheynel.*

2. Information. En l'absence d'affectation du commerce entre les États membres, le droit communautaire n'est pas applicable et par voie de conséquence la procédure d'information prévue à l'art. 11 § 3 n'a pas à être mise en œuvre tandis que la Commission européenne n'a pas compétence pour dessaisir le Conseil de la concurrence. • Cons. conc. n° 08-D-12 du 21 mai 2008 : *RDLC 2008, n° 3, p. 143, obs. Gstalter.* ♦ ... Par ailleurs, cette abstention ne peut pas être considérée comme portant atteinte aux droits de la défense des entreprises visées, dès lors que les chances d'obtenir une décision plus favorable au niveau communautaire sont purement hypothétiques. • Paris, 29 sept. 2009 : *D. actu. 5 oct. 2009, obs. Chevrier ; RLC janv.-mars 2010. 72, obs. Cheynel.*

3. Accès aux pièces. C'est en acceptant d'aller au-delà du débat contradictoire organisé par le code de commerce que l'Autorité de la concurrence a demandé à la Commission européenne, sur le fondement des art. 11 et 12 du Règl. n° 1/2003, qui pourtant ne régissent pas l'accès des parties ou des tiers à un dossier ouvert par une autorité membre du REC, mais organisent la coopération, et notamment l'échange d'informations confidentielles, entre autorités de concurrence et à l'initiative de ces dernières, de transférer à l'Autorité les pièces du dossier que la Commission européenne avait constitué. • Aut. conc. n° 11-D-17 du 8 déc. 2011. ♦ Si les droits de la défense des parties concernées doivent être pleinement assurés dans le déroulement de la procédure d'engagements, aucune disposition du code de commerce ou du Règl. n° 1/2003 ne prévoit que le droit des parties d'accès au dossier de l'Autorité s'étend aux documents internes à la Commission ou des autorités de concurrence des États membres et, en particulier, à la correspondance qui a pu être échangée entre la Commission et les autorités de concurrence des États membres ou entre ces derniers en application de l'art. 11. • Paris, 19 déc. 2013 : *cité note 10 ss. C. com., art. R. 464-2.* ♦ Les échanges institutionnels entre l'Autorité de la concurrence et la Commission européenne, relevant de documents internes, n'ayant pas été utilisés par les services d'instruction ni opposés aux parties concernées par l'affaire, la cour d'appel a pu en déduire que le défaut de communication de tels échanges ne portait pas atteinte aux intérêts des sociétés. • Com. 12 mai 2015, n° 14-10.792 P : *cité note 2 ss. C. com., art. R. 464-2.* ♦ La divulgation des documents transmis au titre de l'art. 11, § 4, du Règl. n° 1/2003 porte, en principe, atteinte à la protection des intérêts commerciaux des entreprises sur lesquelles portent les informations en cause et aux objectifs des activités d'enquête de l'autorité nationale de concurrence. • Trib. UE, 12 mai 2015, n° T-623/13 : *D. 2016. Pan. 966, obs. Ferrier ; AJCA 2015. 328, obs. Ponsard ; RLC juill.-août 2015. 86, obs. Robin.*

4. Dessaisissement. L'ouverture par la Commission européenne d'une procédure, au titre du chapitre III du Règl. n° 1/2003, à l'encontre d'une entente ne dessaisit pas, en vertu de l'art. 11, § 6, lu en combinaison avec l'art. 3, § 1, du même règlement, l'autorité de concurrence de l'État membre concerné de sa compétence pour sanctionner, par application du droit national de la concurrence, les effets anticoncurrentiels produits par cette entente sur le territoire dudit État membre au cours de périodes antérieures à l'adhésion de ce dernier à l'Union européenne. • CJUE 14 févr. 2012, n° C-17/10 : *RTD eur. 2012. 453, obs. Idot ; CCC 2012, n° 99, obs. Decocq ; RLC avr.-juin 2012. 81, obs. Barbier de la Serre.* ♦ Le principe *ne bis in idem* ne fait pas obstacle à ce que les entreprises ayant participé à une entente soient condamnées à des amendes par l'autorité nationale de concurrence de l'État membre concerné, aux fins de sanctionner les effets produits par cette entente sur le territoire de ce dernier avant qu'il n'adhère à l'Union européenne, dès lors que les amendes infligées aux membres de cette entente par une décision de la Commission européenne prise avant l'adoption de la décision de ladite autorité nationale de concurrence n'avaient pas pour objet de réprimer lesdits effets. • Même arrêt. ♦ La position clairement et précisément exprimée par la Commission européenne sur le caractère distinct des infractions poursuivies au niveau européen et au niveau français et les conséquences qu'elle en tire en décidant qu'elle n'inclurait pas dans le champ de sa propre saisine et de la procédure suivie devant elle les faits visés par la procédure en cours d'instruction devant l'Autorité de la concurrence, et qu'en définitive c'est l'autorité française qui était la mieux placée pour continuer à poursuivre l'infraction nationale en France, suffit à établir que celle-ci était en droit de sanctionner les pratiques dont elle était saisie sans encourir alors, *a priori*, le grief de violation du principe *non bis in idem*. • Paris, 30 janv. 2014 : *cité note 5 ss. C. com., art. L. 420-1.* ♦ L'art. 11, § 6, 1re phrase, du Règl. (CE) n° 1/2003 du 16 déc. 2002 doit être interprété en ce sens que les autorités de concurrence des États membres sont dessaisies de leur compétence pour appliquer les art. 101 et 102 TFUE lorsque la Commission européenne ouvre une procédure aux fins de l'adoption d'une décision constatant une infraction à ces dispositions, pour autant que cet acte formel porte sur les mêmes violations présumées des art. 101 et 102 TFUE, commises par la ou les mêmes entreprises sur le ou les mêmes marchés de produits et le ou les mêmes marchés géographiques, au cours de la ou des mêmes périodes, que celles visées par la ou les procédures préalablement ouvertes par ces autorités. • CJUE 25 févr. 2021, n° C-857/19 : *D. 2021. Actu. 420*. ♦ Le principe *ne bis in idem*, tel que consacré à l'art. 50 de la charte des droits fondamentaux de l'Union européenne, doit être interprété en ce sens qu'il s'applique à des infractions au droit de la concurrence, telles que l'abus de position dominante visé à l'art. 102 TFUE, et interdit qu'une entreprise soit condamnée ou poursuivie une nouvelle fois du fait d'un comportement anticoncurrentiel du chef duquel elle a été sanctionnée ou dont elle a été déclarée non responsable par une décision antérieure qui n'est plus susceptible de recours. En revanche, ce principe ne trouve pas à s'appliquer lorsqu'une entreprise est poursuivie et sanctionnée séparément et indépendamment par une autorité de concurrence d'un État membre et par la Commission européenne pour des violations de l'art. 102 TFUE portant sur des marchés de produits ou des marchés géographiques distincts ou lorsqu'une autorité de concurrence d'un État membre est dessaisie de sa compétence en application de l'art. 11, § 6, 1re phrase, du Règl. n° 1/2003. • Même arrêt.

5. Coexistence des programmes de clémence. L'art. 101 TFUE et le Règl. n° 1/2003 doivent être interprétées en ce sens que les instruments adoptés dans le cadre du REC, notamment le programme modèle de ce réseau en matière de clémence, n'ont pas d'effet contraignant à l'égard des autorités nationales de concurrence. • CJUE 20 janv. 2016, n° C-428/14 : *AJCA 2016. 196, obs. Saint-Esteben ; RTD eur. 2016. 830, obs. Idot ; RJDA 2016, n° 483 ; RLDA mars 2016. 28, obs. Soltani ; RLC mai 2016. 16, note Roskis et Macé de Gastines ; RJ com. 2016. 247, note Decocq.* ♦ Ces mêmes dispositions doivent être interprétées en ce sens qu'il n'existe aucun lien juridique entre la demande d'immunité qu'une entreprise a présentée ou s'apprête à présenter à la Commission européenne et la demande sommaire présentée à une autorité nationale de concurrence pour la même entente, obligeant cette autorité à apprécier la demande sommaire à la lumière de la demande d'immunité. La circonstance que la demande sommaire reflète fidèlement ou non le contenu de la demande présentée à la Commission est, à cet égard, dénuée de pertinence. De la même façon, une autorité nationale de concurrence peut accepter une demande sommaire d'immunité d'une entreprise qui a présenté à la Commission, non pas une demande d'immunité totale, mais une demande de réduction d'amendes. • Même décision.

Art. 12 *Échanges d'informations.* **1. Aux fins de l'application des articles 81 et 82 du traité** *[art. 101 ou 102]*, **la Commission et les autorités de concurrence des États membres ont le pouvoir de se communiquer et d'utiliser comme moyen de preuve tout élément de fait ou de droit, y compris des informations confidentielles.**

2. Les informations échangées ne peuvent être utilisées comme moyen de preuve qu'aux fins de l'application de l'article 81 ou 82 du traité *[art. 101 ou 102]* **et pour l'objet pour lequel elles ont été recueillies par l'autorité qui transmet l'information. Toutefois, lorsque le droit national de la concurrence est appliqué dans la même affaire et parallèlement au droit communautaire de la concurrence, et qu'il aboutit au même résultat, les informations échangées en vertu du présent article peuvent également être utilisées aux fins de l'application du droit national de la concurrence.**

3. Les informations transmises en vertu du paragraphe 1 ne peuvent être utilisées comme moyen de preuve pour infliger une sanction à une personne physique que lorsque :

— la loi de l'autorité qui transmet l'information prévoit des sanctions similaires en cas de violation de l'article 81 ou 82 du traité *[art. 101 ou 102]* **ou, si tel n'est pas le cas, lorsque**

la juridiction compétente de l'État membre afin qu'elle leur transmette ou leur fasse transmettre tout document nécessaire à l'appréciation de l'affaire.

4. Le présent article est sans préjudice des pouvoirs plus étendus que le droit national confère aux autorités de concurrence des États membres de présenter des observations aux juridictions.

BIBL. ▸ CLAUDEL, *RDLC 2012, n° 4, p. 38* (procédure d'*amicus curiae* : bilan en demi-teinte de la pratique européenne et française). – PIETRINI, *CCC 2013. Dossier 10* (relations entre juges de droit commun et autorités de concurrence : approche européenne).

Amicus curiae. Pour une application du § 3 de l'art. 15 par la Commission européenne, V. • Paris, 7 juin 2007 : *Gaz. Pal. 2008. 423, et les obs.* • Paris, 29 oct. 2009 : *RDLC 2010, n° 1, p. 161, obs. Momège.* ♦ L'art. 15 § 3, 1er al., 3e phrase, doit être interprété en ce sens qu'il autorise la Commission européenne à soumettre d'office des observations écrites à une juridiction d'un État membre dans une procédure relative à la possibilité de déduire des bénéfices imposables le montant d'une amende ou une partie de celle-ci que la Commission a infligée pour la violation de l'art. 81 CE ou 82 CE (art. 101 et 102 TFUE). • CJCE 11 juin 2009, n° C-429/07 : *JCP 2010, n° 5, p. 248, obs. Bringuier-Fau; Gaz. Pal. 2009. 3183, obs. Vialens; CCC 2009, n° 199, obs. Decocq; RDLC 2009, n° 3, p. 120, note Maitrepierre; RLC oct.-déc. 2009. 68, note Barbier de la Serre et Lavedan.*

Art. 16 *Application uniforme du droit communautaire de la concurrence.* **1. Lorsque les juridictions nationales statuent sur des accords, des décisions ou des pratiques relevant de l'article 81 ou 82 du traité** *[art. 101 ou 102]* **qui font déjà l'objet d'une décision de la Commission, elles ne peuvent prendre de décisions qui iraient à l'encontre de la décision adoptée par la Commission. Elles doivent également éviter de prendre des décisions qui iraient à l'encontre de la décision envisagée dans une procédure intentée par la Commission. A cette fin, la juridiction nationale peut évaluer s'il est nécessaire de suspendre sa procédure. Cette obligation est sans préjudice des droits et obligations découlant de l'article 234 du traité** *[art. 267]*.

2. Lorsque les autorités de concurrence des États membres statuent sur des accords, des décisions ou des pratiques relevant de l'article 81 ou 82 du traité *[art. 101 ou 102]* **qui font déjà l'objet d'une décision de la Commission, elles ne peuvent prendre de décisions qui iraient à l'encontre de la décision adoptée par la Commission.**

Principe de primauté. Ayant relevé que les juridictions communautaires avaient confirmé la décision de la Commission dont le dispositif énonçait que la société avait enfreint les dispositions de l'art. 81 du traité CE, c'est sans méconnaître le droit au procès équitable, le principe de la primauté du droit communautaire et l'effet relatif qui s'attache à l'autorité de la chose jugée par les juridictions communautaires que la cour d'appel a retenu que le fait qu'elle ne soit pas condamnée par les décisions communautaires n'interdit pas à la juridiction nationale d'apprécier, au regard des éléments qui lui sont soumis, notamment des décisions communautaires, les éléments de son comportement constitutifs d'une faute. • Com. 6 oct. 2015, n° 13-24.854 P : *AJCA 2015. 526, obs. Saint-Esteben; JCP E 2015, n° 1532; CCC 2016, n° 18, obs. Decocq; RJDA 2016, n° 323; RJ com. 2015. 558, note Chagny.*

CHAPITRE V *POUVOIRS D'ENQUÊTE*

Art. 17 *Enquêtes par secteur économique et par type d'accords.* **1. Lorsque l'évolution des échanges entre États membres, la rigidité des prix ou d'autres circonstances font présumer que la concurrence peut être restreinte ou faussée à l'intérieur du marché commun, la Commission peut mener son enquête sur un secteur particulier de l'économie ou un type particulier d'accords dans différents secteurs. Dans le cadre de cette enquête, la Commission peut demander aux entreprises ou aux associations d'entreprises concernées les renseignements nécessaires à l'application des articles 81 et 82 du traité** *[art. 101 et 102]* **et effectuer les inspections nécessaires à cette fin.**

La Commission peut notamment demander aux entreprises ou associations d'entreprises concernées de lui communiquer tous accords, décisions et pratiques concertées.

La Commission peut publier un rapport sur les résultats de son enquête portant sur des secteurs particuliers de l'économie ou des types particuliers d'accords dans différents secteurs et inviter les parties intéressées à faire part de leurs observations.

2. Les articles 14, 18, 19, 20, 22, 23 et 24 s'appliquent ***mutatis mutandis.***

Art. 18 *Demandes de renseignements.* **1. Pour l'accomplissement des tâches qui lui sont assignées par le présent règlement, la Commission peut, par simple demande ou par voie de décision, demander aux entreprises et associations d'entreprises de fournir tous les renseignements nécessaires.**

2. Lorsqu'elle envoie une simple demande de renseignements à une entreprise ou à une association d'entreprises, la Commission indique la base juridique et le but de la demande, précise les renseignements demandés et fixe le délai dans lequel ils doivent être fournis. Elle indique aussi les sanctions prévues à l'article 23 au cas où un renseignement inexact ou dénaturé serait fourni.

3. Lorsque la Commission demande par décision aux entreprises et associations d'entreprises de fournir des renseignements, elle indique la base juridique et le but de la demande, précise les renseignements demandés et fixe le délai dans lequel ils doivent être fournis. Elle indique également les sanctions prévues à l'article 23 et indique ou inflige les sanctions prévues à l'article 24. Elle indique encore le droit de recours ouvert devant la Cour de justice contre la décision.

4. Sont tenus de fournir les renseignements demandés, au nom de l'entreprise ou de l'association d'entreprises concernées, les propriétaires des entreprises ou leurs représentants et, dans le cas de personnes morales, de sociétés ou d'associations n'ayant pas la personnalité juridique, les personnes chargées de les représenter selon la loi ou les statuts. Les avocats dûment mandatés peuvent fournir les renseignements demandés au nom de leurs mandants. Ces derniers restent pleinement responsables du caractère complet, exact et non dénaturé des renseignements fournis.

5. La Commission transmet sans délai une copie de la simple demande ou de la décision à l'autorité de concurrence de l'État membre sur le territoire duquel est situé le siège de l'entreprise ou de l'association d'entreprises et à l'autorité de concurrence de l'État membre dont le territoire est concerné.

6. A la demande de la Commission, les gouvernements et les autorités de concurrence des États membres fournissent à la Commission tous les renseignements nécessaires à l'accomplissement des tâches qui lui sont assignées par le présent règlement.

Communications entre avocats et clients. **BIBL.** Cheynel, *RLC janv.-mars 2008. 148* (*vade-mecum* pratique du « *legal privilege* ». – Cretenet et Savouré, *RDLC 2007, n° 4, p. 1* (les juristes sont-ils condamnés à ne rien pouvoir écrire ?) ; *RDLC 2008, n° 3, p. 184* (*legal privilege* et déontologie). – Buyle, Brophy et McInnes, *RLC juill.-sept. 2012. 111* (des correspondances échangées entre avocats peuvent-elles être saisies par la Commission ?). ♦ Sur les pouvoirs de vérification de la Commission européenne sur des documents susceptibles d'être couverts par la protection de la confidentialité des communications entre avocats et clients, V. • TPICE 17 sept. 2007, n° T-125/03 : *D. 2007. AJ 2467* ; *RSC 2008. 175, obs. Idot* ; *JCP E 2007, n° 49, p. 24, note Dieny* ; *JCP 2007. I. 206, n° 5, obs. Lévy* ; *ibid. II. 10201, note Prieto* ; *LPA 24 déc. 2007, obs. Arhel* ; *CCC 2007, n° 278, obs. Decocq* ; *Gaz. Pal. 2008. 430, et les obs.* ; *RJDA 2007, n° 1155* ; *Dr. et patr. 11/2007. 6, obs. Garnerie* ; *RLDA oct. 2007. 55, obs. Anadon* ; *RDLC 2007, n° 4, p. 126, obs. Momège* ; *RLC janv.-mars 2008. 89, note Cheynel* ; *Europe 2007, n° 311, obs. Idot* ; *Lettre distrib. 12/2007, p. 1, obs. Sélinsky*. – Conf. par • CJUE 14 sept. 2010, n° C-550/07 : *D. actu. 24 sept. 2010, obs. Avena-Robardet* ; *D. 2010. Actu. 2149* ; *RTD civ. 2010. 814, obs. Théry* ; *RTD eur. 2011. 412, obs. Idot* ; *JCP E 2010, n° 1942, note Gorny et Wachtel* ; *JCP 2010, n° 954, obs. F. Picod* ; *ibid., n° 1068, spéc. n° 3, obs. Jamin* ; *Gaz. Pal. 2011. 416, et les obs.* ; *RJDA 2010, n° 1188* ; *CCC 2010, n° 259, obs. Decocq* ; *ibid., n° 260, obs. Bosco* ; *Procédures 2010, n° 375, obs. Nourissat* ; *RLC oct.-déc. 2010. 87, note Puel et Ferré* ; *ibid. janv.-févr. 2011. 58, note Barbier de la Serre et Winckler* ; *RDLC 2010, n° 4, p. 192, note Maitrepierre* ; *Journ. sociétés 10/2010. 7, obs. Debroux* ; *Europe 2010, n° 370, obs. Idot* ; *RCA 2010. Alerte 21, par Rajot.*

Art. 19 *Pouvoir de recueillir des déclarations.* **1. Pour l'accomplissement des tâches qui lui sont assignées par le présent règlement, la Commission peut interroger toute personne physique ou morale qui accepte d'être interrogée aux fins de la collecte d'informations relatives à l'objet d'une enquête.**

2. Lorsque l'entretien prévu au paragraphe 1 est réalisé dans les locaux d'une entreprise, la Commission informe l'autorité de concurrence de l'État membre sur le territoire duquel l'entretien a lieu. Les agents de l'autorité de concurrence de l'État membre concerné peuvent, si celle-ci le demande, prêter assistance aux agents et aux autres personnes les accompagnant mandatés par la Commission pour conduire l'entretien.

chargés de procéder aux inspections, ainsi que les agents mandatés ou désignés par celles-ci, exercent leurs pouvoirs conformément à leur législation nationale.

Les agents et les autres personnes les accompagnant mandatés par la Commission peuvent, sur sa demande ou sur celle de l'autorité de concurrence de l'État membre sur le territoire duquel l'inspection doit être effectuée, prêter assistance aux agents de l'autorité concernée.

BIBL. ▶ DAVID, *RDLC 2008, n° 4, p. 39* (la coopération entre autorités nationales au sein du réseau européen de concurrence). – BARREAU, *CCC 2011. Étude 13* (participation française au réseau européen de concurrence après la LME : une inopportune divergence ?) – KRENZER, *RLC oct.-déc. 2011. 135* (coopération des autorités de concurrence en matière d'inspections dans l'UE). – PHILIPPE, TRABUCCHI et GORDON, *RLC avr.-juin 2013. 120* (avancées et prochains défis des programmes de clémence au sein du REC).

Réseau européen de concurrence. Les dispositions de l'art. 22 organisent, en ce qui concerne les inspections supposant l'emploi de moyens coercitifs, trois étapes qui relèvent d'un contrôle distinct : la demande d'assistance formulée par l'autorité qui souhaite en bénéficier ; l'autorisation et le déroulement de l'inspection mise en œuvre par l'autorité destinataire de la demande d'assistance ; l'utilisation des informations obtenues par l'autorité pour le compte de laquelle l'inspection a été réalisée. La première et la troisième étape sont soumises au droit national applicable dans l'État demandeur de l'assistance, sous le contrôle des juridictions compétentes de cet État ; la deuxième est régie par le droit national applicable dans l'État destinataire de la demande d'assistance, sous le contrôle des juridictions compétentes de cet autre État. • Cons. conc. n° 08-D-30 du 4 déc. 2008 : *CCC 2009, n° 56, obs. Decocq ; RDLC 2009, n° 1, p. 109, obs. Nicolas-Vullierme ; RLC avr.-juin 2009. 67, note Barbier de la Serre.* ♦ L'autorité de concurrence qui accepte d'exécuter sur son territoire une mesure d'enquête y procède en appliquant son droit national et non celui du pays de l'autorité demanderesse au nom et pour le compte de laquelle la mesure est effectuée, et il n'appartient pas au juge français d'autoriser ou de contrôler le déroulement de mesures d'enquête sur d'autres territoires que son territoire national. • Com. 20 janv. 2015, n° 13-16.745 P : *cité note 1 ss. art. 3.*

En l'absence de toute disposition fixant les conditions dans lesquelles une demande d'assistance doit être établie, il revient au rapporteur général de l'Autorité de la concurrence de présenter les informations qui lui paraissent essentielles pour que l'autorité sollicitée puisse se déterminer. • Paris, 24 nov. 2009 : *D. actu. 30 nov. 2009, obs. Chevrier ; CCC 2010, n° 16, obs. Decocq ; RDLC 2010, n° 1, p. 160, obs. Momège ; RLC avr.-juin 2010. 74, obs. Barbier de la Serre.* ♦ Les dispositions des art. L. 450-1 et L. 452-4 C. com. ne subordonnent pas à une autorisation judiciaire préalable la demande d'assistance formée par le rapporteur de l'Autorité de la concurrence auprès d'une autorité d'un autre État membre dans le cadre de la procédure d'entraide prévue par l'art. 22 du Règl. n° 1/2003 ; en outre, ce règlement ne subordonne pas l'exécution d'une mesure d'enquête à l'autorisation préalable d'un juge de l'État pour le compte duquel la mesure est effectuée. • Paris, 28 mars 2013. ♦ Les dispositions des art. 22 du Règl. n° 1/2003 et L. 450-1 C. com. n'interdisent pas en son principe l'assistance des agents qui exécutent une mesure d'enquête par des agents de l'État membre au nom et pour le compte duquel est effectuée la mesure. • Même arrêt.

CHAPITRE VI *SANCTIONS*

Art. 23 *Amendes.* **1. La Commission peut, par voie de décision, infliger aux entreprises et associations d'entreprises des amendes jusqu'à concurrence de 1 % du chiffre d'affaires total réalisé au cours de l'exercice social précédent lorsque, de propos délibéré ou par négligence :**

a) elles fournissent un renseignement inexact ou dénaturé en réponse à une demande faite en application de l'article 17 ou de l'article 18, paragraphe 2 ;

b) en réponse à une demande faite par voie de décision prise en application de l'article 17 ou de l'article 18, paragraphe 3, elles fournissent un renseignement inexact, incomplet ou dénaturé ou ne fournissent pas un renseignement dans le délai prescrit ;

c) elles présentent de façon incomplète, lors des inspections effectuées au titre de l'article 20, les livres ou autres documents professionnels requis, ou ne se soumettent pas aux inspections ordonnées par voie de décision prise en application de l'article 20, paragraphe 4 ;

d) en réponse à une question posée conformément à l'article 20, paragraphe 2, point e),

– elles fournissent une réponse incorrecte ou dénaturée, ou

– elles omettent de rectifier dans un délai fixé par la Commission une réponse incorrecte, incomplète ou dénaturée donnée par un membre du personnel, ou

– elles omettent ou refusent de fournir une réponse complète sur des faits en rapport avec l'objet et le but d'une inspection ordonnée par une décision prise conformément à l'article 20, paragraphe 4 ;

e) des scellés apposés en application de l'article 20, paragraphe 2, point d), par les agents ou les autres personnes les accompagnant mandatés de la Commission, ont été brisés.

2. La Commission peut, par voie de décision, infliger des amendes aux entreprises et associations d'entreprises lorsque, de propos délibéré ou par négligence :

a) elles commettent une infraction aux dispositions de l'article 81 ou 82 du traité *[art. 101 ou 102]*, ou

b) elles contreviennent à une décision ordonnant des mesures provisoires prises au titre de l'article 8, ou

c) elles ne respectent pas un engagement rendu obligatoire par décision en vertu de l'article 9.

Pour chaque entreprise et association d'entreprises participant à l'infraction, l'amende n'excède pas 10 % de son chiffre d'affaires total réalisé au cours de l'exercice social précédent.

Lorsque l'infraction d'une association porte sur les activités de ses membres, l'amende ne peut dépasser 10 % de la somme du chiffre d'affaires total réalisé par chaque membre actif sur le marché affecté par l'infraction de l'association.

3. Pour déterminer le montant de l'amende, il y a lieu de prendre en considération, outre la gravité de l'infraction, la durée de celle-ci.

4. Lorsqu'une amende est infligée à une association d'entreprises en tenant compte du chiffre d'affaires de ses membres et que l'association n'est pas solvable, elle est tenue de lancer à ses membres un appel à contributions pour couvrir le montant de l'amende.

Si ces contributions n'ont pas été versées à l'association dans un délai fixé par la Commission, celle-ci peut exiger le paiement de l'amende directement par toute entreprise dont les représentants étaient membres des organes décisionnels concernés de l'association.

Après avoir exigé le paiement au titre du deuxième alinéa, lorsque cela est nécessaire pour garantir le paiement intégral de l'amende, la Commission peut exiger le paiement du solde par tout membre de l'association qui était actif sur le marché sur lequel l'infraction a été commise.

Cependant, la Commission n'exige pas le paiement visé aux deuxième et troisième alinéas auprès des entreprises qui démontrent qu'elles n'ont pas appliqué la décision incriminée de l'association et qu'elles en ignoraient l'existence ou s'en sont activement désolidarisées avant que la Commission n'entame son enquête.

La responsabilité financière de chaque entreprise en ce qui concerne le paiement de l'amende ne peut excéder 10 % de son chiffre d'affaires total réalisé au cours de l'exercice social précédent.

5. Les décisions prises en application des paragraphes 1 et 2 n'ont pas un caractère pénal.

BIBL. ▶ BARBIER DE LA SERRE, *RLC oct.-déc. 2006. 14* (lignes directrices de 2006 pour le calcul des amendes). – SCHWARZE, *RTD eur. 2007. 1* (les sanctions imposées pour les infractions au droit européen de la concurrence selon l'art. 23 du Règl. n° 1/2003 à la lumière des principes généraux de droit). – KRENZER, *RDLC 2008, n° 3, p. 55* (premières applications des nouvelles lignes directrices communautaires pour le calcul des amendes). – IDOT, *RDLC 2012, n° 1, p. 55* (responsabilité pénale des personnes morales : les leçons du droit européen de la concurrence). – APPEL, *RLC oct.-déc. 2013. 96* (rédaction de l'assiette du montant de base dans la clémence : une troisième voie en trompe-l'œil ?).

1. Bris de scellés. Pour un exemple d'application de l'art. 23, § 1-e, V. • CJUE 22 nov. 2012, n° C-89/11 : *CCC 2013, n° 13, obs. Decocq; RJDA 2013, n° 165; RLDA janv. 2013. 40, obs. Mathonnière; RLC janv.-mars 2013. 82, obs. Muguet-Poullennec.*

2. Plafond. La notion d'« entreprise participant à l'infraction » au sens de l'art. 23 § 2 du Règl. CE n° 1/2003 doit nécessairement être la même aux fins de l'application de l'art. 81 CE [art. 101 TFUE], une telle notion ne pouvant pas être interprétée de manière différente aux fins de l'imputation de l'infraction et aux fins de l'application du plafond de 10 %. Ainsi, lorsque, comme dans le cas d'espèce, une entreprise considérée par la Commission comme responsable d'une violation de l'art. 81 CE est acquise par une autre entreprise au sein de laquelle elle conserve, en tant que filiale, la qualité d'entité économique distincte, la Commission doit tenir compte du chiffre d'affaires propre à chacune de ces entités économiques afin de leur appliquer, le cas échéant, le plafond de 10 %. • CJUE 4 sept. 2014, n° C-408/12 : *AJCA 2014. 339, obs. Constantin ; CCC 2014, n° 252, obs. Decocq.* ♦ Estimant que le chiffre d'affaires servant à déterminer le montant de l'amende doit comprendre les ventes effectuées tant avec des tiers indépendants qu'avec des entités appartenant à l'entreprise participante, V. • CJUE 12 nov. 2014, n° C-580/12 : *AJCA 2015. 40, obs. Luc ; CCC 2015, n° 16, obs. Decocq ; RJDA 2015, n° 219 ; Europe 2015, n° 20, obs. Idot.* – V. aussi : • CJUE 23 avr. 2015, n° C-227/14 : *D. 2016. Pan. 965, obs. Ferrier ; CCC 2015, n° 181, obs. Decocq.*

Art. 24 *Astreintes.* **1. La Commission peut, par voie de décision, infliger aux entreprises et associations d'entreprises des astreintes jusqu'à concurrence de 5 % du chiffre d'affaires journalier moyen réalisé au cours de l'exercice social précédent par jour de retard à compter de la date qu'elle fixe dans sa décision, pour les contraindre :**

a) à mettre fin à une infraction aux dispositions de l'article 81 ou 82 du traité *[art. 101 ou 102]* **conformément à une décision prise en application de l'article 7 ;**

b) à respecter une décision ordonnant des mesures provisoires prises en application de l'article 8 ;

c) à respecter un engagement rendu obligatoire par décision en vertu de l'article 9 ;

d) à fournir de manière complète et exacte un renseignement qu'elle a demandé par voie de décision prise en application de l'article 17 ou de l'article 18, paragraphe 3 ;

e) à se soumettre à une inspection qu'elle a ordonnée par voie de décision prise en application de l'article 20, paragraphe 4.

2. Lorsque les entreprises ou les associations d'entreprises ont satisfait à l'obligation pour l'exécution de laquelle l'astreinte a été infligée, la Commission peut fixer le montant définitif de celle-ci à un chiffre inférieur à celui qui résulte de la décision initiale. Les dispositions de l'article 23, paragraphe 4, s'appliquent ***mutatis mutandis.***

CHAPITRE VII *PRESCRIPTION*

Art. 25 *Prescription en matière d'imposition de sanctions.* **1. Le pouvoir conféré à la Commission en vertu des articles 23 et 24 est soumis aux délais de prescription suivants :**

a) trois ans en ce qui concerne les infractions aux dispositions relatives aux demandes de renseignements ou à l'exécution d'inspections ;

b) cinq ans en ce qui concerne les autres infractions.

2. La prescription court à compter du jour où l'infraction a été commise. Toutefois, pour les infractions continues ou répétées, la prescription ne court qu'à compter du jour où l'infraction a pris fin.

3. La prescription en matière d'imposition d'amendes ou d'astreintes est interrompue par tout acte de la Commission ou d'une autorité de concurrence d'un État membre visant à l'instruction ou à la poursuite de l'infraction. L'interruption de la prescription prend effet le jour où l'acte est notifié à au moins une entreprise ou association d'entreprises ayant participé à l'infraction. Constituent notamment des actes interrompant la prescription :

a) les demandes de renseignements écrites de la Commission ou de l'autorité de concurrence d'un État membre ;

b) les mandats écrits d'inspection délivrés à ses agents par la Commission ou par l'autorité de concurrence d'un État membre ;

c) l'engagement d'une procédure par la Commission ou par une autorité de concurrence d'un État membre ;

d) la communication des griefs retenus par la Commission ou par une autorité de concurrence d'un État membre.

4. L'interruption de la prescription vaut à l'égard de toutes les entreprises et associations d'entreprises ayant participé à l'infraction.

5. La prescription court à nouveau à partir de chaque interruption. Toutefois, la prescription est acquise au plus tard le jour où un délai égal au double du délai de

prescription arrive à expiration sans que la Commission ait prononcé une amende ou astreinte. Ce délai est prorogé de la période pendant laquelle la prescription est suspendue conformément au paragraphe 6.

6. La prescription en matière d'imposition d'amendes ou d'astreintes est suspendue aussi longtemps que la décision de la Commission fait l'objet d'une procédure pendante devant la Cour de justice.

Interruption de la prescription. Sur les effets sur la prescription d'une décision accordant une immunité conditionnelle à un demandeur en clémence, V. • Trib. UE 6 oct. 2015, nº T-250/12 : *CCC 2015, nº 288, obs. Decocq.*

Art. 26 *Prescription en matière d'exécution des sanctions.* 1. Le pouvoir de la Commission d'exécuter les décisions prises en application des articles 23 et 24 est soumis à un délai de prescription de cinq ans.

2. La prescription court à compter du jour où la décision est devenue définitive.

3. La prescription en matière d'exécution des sanctions est interrompue :

a) par la notification d'une décision modifiant le montant initial de l'amende ou de l'astreinte ou rejetant une demande tendant à obtenir une telle modification ;

b) par tout acte de la Commission ou d'un État membre, agissant à la demande de la Commission, visant au recouvrement forcé de l'amende ou de l'astreinte.

4. La prescription court à nouveau à partir de chaque interruption.

5. La prescription en matière d'exécution des sanctions est suspendue :

a) aussi longtemps qu'un délai de paiement est accordé ;

b) aussi longtemps que l'exécution forcée du paiement est suspendue en vertu d'une décision de la Cour de justice.

CHAPITRE VIII *AUDITIONS ET SECRET PROFESSIONNEL*

Art. 27 *Audition des parties, des plaignants et des autres tiers.* 1. Avant de prendre les décisions prévues aux articles 7, 8 et 23 et à l'article 24, paragraphe 2, la Commission donne aux entreprises et associations d'entreprises visées par la procédure menée par la Commission l'occasion de faire connaître leur point de vue au sujet des griefs retenus par la Commission. La Commission ne fonde ses décisions que sur les griefs au sujet desquels les parties concernées ont pu faire valoir leurs observations. Les plaignants sont étroitement associés à la procédure.

2. Les droits de la défense des parties concernées sont pleinement assurés dans le déroulement de la procédure. Elles ont le droit d'avoir accès au dossier de la Commission sous réserve de l'intérêt légitime des entreprises à ce que leurs secrets d'affaires ne soient pas divulgués. Le droit d'accès au dossier ne s'étend pas aux informations confidentielles et aux documents internes de la Commission ou des autorités de concurrence des États membres. En particulier, le droit d'accès ne s'étend pas à la correspondance entre la Commission et les autorités de concurrence des États membres ou entre ces dernières, y compris les documents établis en application des articles 11 et 14. Aucune disposition du présent paragraphe n'empêche la Commission de divulguer et d'utiliser des informations nécessaires pour apporter la preuve d'une infraction.

3. Si la Commission le juge nécessaire, elle peut également entendre d'autres personnes physiques ou morales. Si des personnes physiques ou morales justifiant d'un intérêt suffisant demandent à être entendues, il doit être fait droit à leur demande. Les autorités de concurrence des États membres peuvent également demander à la Commission d'entendre d'autres personnes physiques ou morales.

4. Lorsque la Commission envisage d'adopter une décision en application de l'article 9 ou 10, elle publie un résumé succinct de l'affaire et le principal contenu des engagements ou de l'orientation proposée. Les tierces parties intéressées peuvent présenter leurs observations dans un délai qui est fixé par la Commission dans sa publication et qui ne peut pas être inférieur à un mois. La publication tient compte de l'intérêt légitime des entreprises à la protection de leurs secrets d'affaires.

Art. 28 *Secret professionnel.* 1. Sans préjudice des articles 12 et 15, les informations recueillies en application des articles 17 à 22 ne peuvent être utilisées qu'aux fins auxquelles elles ont été recueillies.

2. Sans préjudice de l'échange et de l'utilisation des informations prévus aux articles 11, 12, 14, 15 et 27, la Commission et les autorités de concurrence des États membres, leurs fonctionnaires, agents et les autres personnes travaillant sous la supervision de ces autorités, ainsi que les agents et fonctionnaires d'autres autorités des États membres sont tenus de ne pas divulguer les informations qu'ils ont recueillies ou échangées en application du présent règlement et qui, par leur nature, sont couvertes par le secret professionnel. Cette obligation s'applique également à tous les représentants et experts des États membres assistant aux réunions du comité consultatif en application de l'article 14.

BIBL. ▶ TASSO-DE PANAFIEU, *RLDA sept. 2012. 45* (protection de la divulgation des documents relatifs aux procédures de clémence).

CHAPITRE IX *RÈGLEMENTS D'EXEMPTION*

Art. 29 *Retrait individuel.* **1. Si la Commission, en vertu de la compétence que lui confère un règlement du Conseil, tel que les règlements n° 19/65/CEE, (CEE) n° 2821/71, (CEE) n° 3976/87, (CEE) n° 1534/91 ou (CEE) n° 479/92, pour appliquer par voie de règlement les dispositions de l'article 81, paragraphe 3, du traité** *[art. 101, § 3]*, **a déclaré l'article 81, paragraphe 1** *[art. 101, § 1]*, **inapplicable à certaines catégories d'accords, de décisions d'associations d'entreprises ou de pratiques concertées, elle peut d'office ou sur plainte retirer le bénéfice d'un tel règlement d'exemption lorsqu'elle estime dans un cas déterminé qu'un accord, une décision ou une pratique concertée visé par ce règlement d'exemption produit néanmoins des effets qui sont incompatibles avec l'article 81, paragraphe 3, du traité.**

2. Lorsque, dans un cas déterminé, des accords, des décisions d'associations d'entreprises ou des pratiques concertées auxquels s'applique un règlement de la Commission visé au paragraphe 1 produisent des effets incompatibles avec l'article 81, paragraphe 3, du traité *[art. 101, § 3]* **sur le territoire d'un État membre, ou sur une partie de ce territoire, qui présente toutes les caractéristiques d'un marché géographique distinct, l'autorité de concurrence de cet État membre peut retirer le bénéfice de l'application du règlement d'exemption par catégorie en cause sur ce territoire.**

CHAPITRE X *DISPOSITIONS GÉNÉRALES*

Art. 30 *Publication des décisions.* **1. La Commission publie les décisions qu'elle prend en vertu des articles 7 à 10 et des articles 23 et 24.**

2. La publication mentionne le nom des parties intéressées et l'essentiel de la décision, y compris les sanctions imposées. Elle doit tenir compte de l'intérêt légitime des entreprises à ce que leurs secrets d'affaires ne soient pas divulgués.

Art. 31 *Contrôle de la Cour de justice.* **La Cour de justice statue avec compétence de pleine juridiction sur les recours formés contre les décisions par lesquelles la Commission a fixé une amende ou une astreinte. Elle peut supprimer, réduire ou majorer l'amende ou l'astreinte infligée.**

1. Compétence de pleine juridiction. La compétence de pleine juridiction dont dispose le Tribunal sur le fondement de l'art. 31 du Règl. n° 1/2003 du 16 déc. 2002 concerne la seule appréciation par celui-ci de l'amende infligée par la Commission, à l'exclusion de toute modification des éléments constitutifs de l'infraction légalement constatée par la Commission dans la décision dont le Tribunal est saisi. • CJUE 21 janv. 2016, n° C-603/13 : *AJCA 2016. 151, obs. Luc ; Europe 2016, n° 107, obs. Idot.*

2. Effectivité du contrôle. Jugeant que le contrôle juridictionnel des décisions de la Commission infligeant des sanctions en matière de cartel, tel qu'il est envisagé par l'art. 261 TFUE et par l'art. 31 du Règl. n° 1/2003, est compatible avec le principe de protection juridictionnelle effective consacré par l'art. 47 de la Charte des droits fondamentaux de l'Union européenne, V. • CJUE 8 déc. 2011, n° C-272/09 : *RLC juill.-sept. 2012. 57, note Muguet-Poullennec, Domenicucci et Hoseinian.*

Art. 32 *Abrogé par Règl. (CE) n° 1419/2006 du 25 sept. 2006, art. 2.*

Art. 33 *Dispositions d'application.* 1. La Commission est autorisée à arrêter toute disposition utile en vue de l'application du présent règlement. Ces dispositions peuvent notamment concerner :

a) la forme, la teneur et les autres modalités des plaintes présentées en application de l'article 7, ainsi que la procédure applicable aux rejets de plaintes ;

b) les modalités de l'information et de la consultation prévues à l'article 11 ;

c) les modalités des auditions prévues à l'article 27.

2. Avant d'arrêter une disposition en vertu du paragraphe 1, la Commission en publie le projet et invite toutes les parties intéressées à lui soumettre leurs observations dans un délai qu'elle fixe et qui ne peut être inférieur à un mois. Avant de publier un projet de disposition et d'adopter celle-ci, la Commission consulte le comité consultatif en matière d'ententes et de positions dominantes.

CHAPITRE XI *DISPOSITIONS TRANSITOIRES, MODIFICATIVES ET FINALES*

Art. 34 *Dispositions transitoires.* 1. Les demandes présentées à la Commission en application de l'article 2 du règlement n° 17 et les notifications faites en application des articles 4 et 5 dudit règlement, ainsi que les demandes et notifications correspondantes faites en application des règlements (CEE) n° 1017/68 *[abrogé et remplacé par Règl. CE n° 169/2009 du 26 févr. 2009]*, (CEE) n° 4056/86 et (CEE) n° 3975/87, sont caduques à compter de la date d'application du présent règlement.

2. Les actes de procédure accomplis en application du règlement n° 17 et des règlements (CEE) n° 1017/68 *[abrogé et remplacé par Règl. CE n° 169/2009 du 26 févr. 2009]*, (CEE) n° 4056/86 et (CEE) n° 3975/87 conservent leurs effets pour l'application du présent règlement.

Art. 35 *Désignation des autorités de concurrence des États membres.* 1. Les États membres désignent l'autorité ou les autorités de concurrence compétentes pour appliquer les articles 81 et 82 du traité *[art. 101 et 102]* de telle sorte que les dispositions du présent règlement soient effectivement respectées. Les mesures nécessaires pour doter ces autorités du pouvoir d'appliquer lesdits articles sont prises avant le 1er mai 2004. Des juridictions peuvent figurer parmi les autorités désignées.

2. Lorsque l'application du droit communautaire en matière de concurrence est confiée à des autorités administratives et judiciaires nationales, les États membres peuvent assigner différentes compétences et fonctions à ces différentes autorités nationales, qu'elles soient administratives ou judiciaires.

3. Les effets de l'article 11, paragraphe 6, s'appliquent aux autorités désignées par les États membres, y compris aux juridictions qui exercent des fonctions portant sur la préparation et l'adoption des types de décisions prévus à l'article 5. Les effets de l'article 11, paragraphe 6 ne s'appliquent pas aux juridictions lorsqu'elles statuent en qualité d'instances de recours contre les types de décisions visés à l'article 5.

4. Nonobstant le paragraphe 3, dans les États membres où, en vue de l'adoption de certains types de décisions visés à l'article 5, une autorité saisit une autorité judiciaire distincte et différente de l'autorité chargée des poursuites, et pour autant que les conditions énoncées au présent paragraphe soient remplies, les effets de l'article 11, paragraphe 6, sont limités à l'autorité chargée des poursuites en question, qui doit retirer sa demande auprès de l'autorité judiciaire lorsque la Commission ouvre une procédure. Ce retrait doit effectivement mettre fin à la procédure nationale.

Autorité de concurrence nationale. L'art. 35 du Règl. n° 1/2003 doit être interprété en ce sens qu'il s'oppose à une réglementation nationale qui n'accorde pas la faculté à une autorité de concurrence nationale de participer, en tant que partie défenderesse, à une procédure judiciaire dirigée contre la décision dont cette autorité est l'auteur. Il appartient aux autorités de concurrence nationales de mesurer la nécessité et l'utilité de leur intervention au regard de l'application effective du droit de la concurrence de l'Union. Toutefois, la non-comparution systématique de l'autorité de concurrence nationale à de telles procédures judiciaires compromet l'effet utile des art. 101 et 102 TFUE. • CJUE 7 déc. 2010, n° C-439/08 : *AJDA 2011. 272, obs. Aubert, Broussy et Donnat ; RTD eur. 2011. 418, obs. Idot ; JCP E 2011, n° 1301, spéc. n° 38, obs. Decocq ; CCC 2011, n° 37, obs. Decocq ; RDLC 2011, n° 1, p. 179, note Maitrepierre ; RLC avr.-juin 2011. 477, obs. Barbier de la Serre.* ♦ En l'absence de réglementation de l'Union, les États membres demeurent compétents, conformément au principe de l'autonomie procédurale, pour désigner le ou les organes relevant de l'autorité de concurrence nationale qui disposent de la faculté de participer, en tant que partie défenderesse, à une procédure devant une juridiction nationale dirigée contre la décision dont cette autorité est l'auteur, tout en garantissant le respect des droits fondamentaux et la pleine effectivité du droit de la concurrence de l'Union. • Même décision. ♦ Sur les conséquences de cette décision en droit interne, V. C. com., art. R. 464-11, R. 464-19, R. 464-21, R. 464-28.

Art. 36 *Modification du règlement (CEE) n° 1017/68.*

Art. 37 *Modification du règlement (CEE) n° 2988/74.*

Art. 38 *Modification du règlement (CEE) n° 4056/86.*

Art. 39 *Modification du règlement (CEE) n° 3975/87.*

Art. 40 *Modification des règlements n° 19/65/CEE, (CEE) n° 2821/71 et (CEE) n° 1534/91.*

Art. 41 *Modification du règlement (CEE) n° 3976/87.*

Art. 42 *Modification du règlement (CEE) n° 479/92.*

Art. 43 *Abrogations des règlements n° 17 et n° 141.* **Le règlement n° 17 est abrogé, sauf pour ce qui est de l'article 8, paragraphe 3, qui continue de s'appliquer aux décisions adoptées en vertu de l'article 81, paragraphe 3, du traité** *[art. 101, § 3]* **avant la date d'application du présent règlement, jusqu'à l'expiration desdites décisions.**

2. Le règlement n° 141 est abrogé.

3. Les références faites aux règlements abrogés s'entendent comme faites au présent règlement.

Art. 44 *Rapport sur l'application du présent règlement.* **Cinq ans après la date d'application du présent règlement, la Commission fait rapport au Parlement européen et au Conseil sur le fonctionnement du présent règlement, et notamment sur l'application de son article 11, paragraphe 6, et de son article 17.**

Sur la base de ce rapport, la Commission évalue s'il est opportun de proposer au Conseil une révision du présent règlement.

Art. 45 *Entrée en vigueur.* **Le présent règlement entre en vigueur le vingtième jour suivant celui de sa publication au *Journal officiel des Communautés européennes*** *[JOCE L 1 du 4 janv. 2003.]*

Il est applicable à partir du 1er mai 2004.

Règlement CE n° 139/2004 du 20 janvier 2004,

Relatif au contrôle des opérations de concentration entre entreprises.

RÉP. COMMUNAUTAIRE v° *Concentrations*, par PERUZZETTO-POILLOT.

RÉP. COM. v° *Concentrations*, par BOLZE et ARHEL.

BIBL. GÉN. ▶ BRUNET, *RTD eur. 2004. 1* (la double réforme du contrôle communautaire des concentrations). – DECOCQ, *RJ com. 2004. 270* (refonte du contrôle des concentrations). – LOWE, *LPA 13 juill. 2004* (principes et perspectives du contrôle communautaire des concentrations). – JORDA, *AJDA 2005. 179* (modernisation du droit communautaire des concentrations). – BARBIER DE LA SERRE, *RLC 2006, n° 6, p. 56* (contrôle des concentrations et procédure accélérée). – WILHELM et Vever, *CCC 2007. Étude 13* (la notion de concentration en droit interne et communautaire : tentative de définition). – LÜBKING, *RLC juill.-sept. 2012. 8* (acquisitions de participations minoritaires : une lacune des règles européennes sur les concentrations ?). – LEVY et DE BURE, *RLC janv.-mars 2015. 11* (contrôle des concentrations et participations minoritaires non contrôlantes : une réforme est-elle vraiment nécessaire ?). – DE BROUSSE et GORDON, *JCP E 2017, n° 1199* (faut-il élargir les seuils de notification des concentrations devant la Commission européenne ?).

COMMENTAIRE

Le contrôle des opérations de concentration dans l'Union européenne est institué par le règlement du Conseil n° 139/2004 du 20 janvier 2004, complété par le règlement de la

Commission n° 802/2004 du 21 avril 2004 (V. *infra*), modifié par le règlement n° 1003/2008 du 20 octobre 2008 et le règlement d'exécution (UE) n° 1269/2013 du 5 décembre 2013, précisant les règles de procédure. S'y ajoutent les communications et lignes directrices de la Commission.

Le but du contrôle des concentrations n'est pas d'interdire, ni même de décourager, par principe, des opérations de concentration dont beaucoup demeurent nécessaires au renforcement des structures industrielles, mais de faire obstacle à celles dont les inconvénients sur le plan de la concurrence excéderaient les avantages économiques et sociaux, c'est-à-dire d'éviter la constitution d'une entreprise mettant en danger la concurrence au niveau communautaire.

I. OPÉRATIONS CONCERNÉES

Trois hypothèses de concentration sont visées à l'article 3 du règlement n° 139/2004 du 20 janvier 2004 : la prise de contrôle d'une entreprise indépendante par une autre, la fusion de deux entreprises indépendantes et la création d'une entreprise commune par deux entreprises indépendantes (V. les développements relatifs au droit français pour des exemples, les interprétations par les instances européennes étant sensiblement les mêmes).

L'article 1er, § 2 du règlement établit des seuils cumulatifs à partir desquels la dimension imposant un contrôle est atteinte. Toutefois, toutes les concentrations dépassant les seuils ne sont pas illicites. Ne sont incompatibles que les concentrations qui entraveraient de manière significative une concurrence effective dans le Marché intérieur ou une partie substantielle de celui-ci, notamment du fait de la création ou du renforcement d'une position dominante.

Ainsi, les concentrations qui n'entraînent qu'un affaiblissement de la concurrence ne sont pas illicites (CJCE 13 févr. 1979, n° C-85/76). L'appréciation se fera au regard du marché concerné.

II. MODALITÉS DU CONTRÔLE

Le dépassement de ces seuils attribue compétence exclusive à la Commission pour apprécier l'opération de concentration.

Les entreprises impliquées dans un projet de concentration doivent le notifier à la Commission (cela peut être précédé d'une phase informelle de deux semaines avant la notification). La notification doit être antérieure à la réalisation de la concentration. L'opération est suspendue dans l'attente de la décision de la Commission ; ne pas attendre la décision constitue un « *gun jumping* ».

Ont ainsi été sanctionnées des entreprises pour avoir réalisé l'acquisition du contrôle d'une société sans autorisation préalable (Trib. UE 12 déc. 2012, n° 332/09 ; CJUE 3 juill. 2014, n° 84/13 ; Trib. UE 26 oct. 2017, n° 704/14). Par ailleurs, la Commission européenne a infligé à une entreprise deux amendes de 10 millions d'euros pour s'être abstenue de notifier une opération de concentration et l'avoir réalisée sans son autorisation, bien que l'entreprise ait fait valoir que cette double condamnation était contraire à la règle *non bis in idem*. La Cour de justice de l'Union européenne a rejeté l'argument (CJUE 4 mars 2020, n° 10/18).

Pour mener son enquête, la Commission bénéficie des plus larges pouvoirs. Elle peut notamment recueillir tous les renseignements nécessaires auprès des entreprises et des tiers, de même qu'elle peut procéder à toutes les inspections nécessaires avec l'assistance, au besoin, des agents de l'autorité de l'État membre concerné.

III. DÉCISION

La Commission peut prendre une décision déclarant le projet de concentration compatible ou incompatible avec le Marché intérieur ou, lorsque celle-ci a déjà été réalisée, ordonner le rétablissement de la situation de droit antérieure.

La Commission peut assortir sa décision de conditions et charges destinées à assurer que les entreprises concernées respectent les engagements qu'elles ont pris à son égard en vue de rendre la concentration compatible avec le Marché intérieur.

Si une concentration est réalisée malgré l'interdiction de la Commission, une amende jusqu'à 10 % du chiffre d'affaires total est encourue. ❑

Art. 1er *Champ d'application.* **1. Sans préjudice de l'article 4, paragraphe 5, et de l'article 22, le présent règlement s'applique à toutes les concentrations de dimension communautaire telles qu'elles sont définies au présent article.**

2. Une concentration est de dimension communautaire lorsque :

a) le chiffre d'affaires total réalisé sur le plan mondial par l'ensemble des entreprises concernées représente un montant supérieur à 5 milliards d'euros, et

b) le chiffre d'affaires total réalisé individuellement dans la Communauté par au moins deux des entreprises concernées représente un montant supérieur à 250 millions d'euros,

à moins que chacune des entreprises concernées réalise plus des deux tiers de son chiffre d'affaires total dans la Communauté à l'intérieur d'un seul et même État membre.

3. Une concentration qui n'atteint pas les seuils fixés au paragraphe 2 est de dimension communautaire lorsque :

a) le chiffre d'affaires total réalisé sur le plan mondial par l'ensemble des entreprises concernées représente un montant supérieur à 2,5 milliards d'euros ;

b) dans chacun d'au moins trois États membres, le chiffre d'affaires total réalisé par toutes les entreprises concernées est supérieur à 100 millions d'euros ;

c) dans chacun d'au moins trois États membres inclus aux fins du point b), le chiffre d'affaires total réalisé individuellement par au moins deux des entreprises concernées est supérieur à 25 millions d'euros, et

d) le chiffre d'affaires total réalisé individuellement dans la Communauté par au moins deux des entreprises concernées représente un montant supérieur à 100 millions d'euros,

à moins que chacune des entreprises concernées réalise plus des deux tiers de son chiffre d'affaires total dans la Communauté à l'intérieur d'un seul et même État membre.

4. Sur la base des données statistiques susceptibles d'être régulièrement fournies par les États membres, la Commission fait rapport au Conseil sur la mise en œuvre des seuils et critères figurant aux paragraphes 2 et 3 avant le 1er juillet 2009, et peut présenter des propositions conformément au paragraphe 5.

5. A la suite du rapport visé au paragraphe 4 et sur proposition de la Commission, les seuils et les critères mentionnés au paragraphe 3 peuvent être révisés par le Conseil statuant à la majorité qualifiée.

Art. 2 *Appréciation des concentrations.* 1. Les concentrations visées par le présent règlement sont appréciées en fonction des objectifs du présent règlement et des dispositions qui suivent en vue d'établir si elles sont ou non compatibles avec le marché commun.

Dans cette appréciation, la Commission tient compte :

a) de la nécessité de préserver et de développer une concurrence effective dans le marché commun au vu notamment de la structure de tous les marchés en cause et de la concurrence réelle ou potentielle d'entreprises situées à l'intérieur ou à l'extérieur de la Communauté ;

b) de la position sur le marché des entreprises concernées et de leur puissance économique et financière, des possibilités de choix des fournisseurs et des utilisateurs, de leur accès aux sources d'approvisionnement ou aux débouchés, de l'existence en droit ou en fait de barrières à l'entrée, de l'évolution de l'offre et de la demande des produits et services concernés, des intérêts des consommateurs intermédiaires et finals ainsi que de l'évolution du progrès technique et économique pour autant que celle-ci soit à l'avantage des consommateurs et ne constitue pas un obstacle à la concurrence.

2. Les concentrations qui n'entraveraient pas de manière significative une concurrence effective dans le marché commun ou une partie substantielle de celui-ci, notamment du fait de la création ou du renforcement d'une position dominante, doivent être déclarées compatibles avec le marché commun.

3. Les concentrations qui entraveraient de manière significative une concurrence effective dans le marché commun ou une partie substantielle de celui-ci, notamment du fait de la création ou du renforcement d'une position dominante, doivent être déclarées incompatibles avec le marché commun.

4. Pour autant que la création d'une entreprise commune constituant une concentration au sens de l'article 3 ait pour objet ou pour effet la coordination du comporte-

ment concurrentiel d'entreprises qui restent indépendantes, cette coordination est appréciée selon les critères de l'article 81, paragraphes 1 et 3, du traité *[art. 101, § 1 et 3]* en vue d'établir si la concentration est compatible ou non avec le marché commun.

5. Dans cette appréciation, la Commission tient notamment compte de :

— la présence significative et simultanée de deux entreprises fondatrices ou plus sur le même marché que celui de l'entreprise commune, sur un marché situé en amont ou en aval de ce marché ou sur un marché voisin étroitement lié à ce marché,

— la possibilité donnée aux entreprises concernées par leur coordination résultant directement de la création de l'entreprise commune d'éliminer la concurrence pour une partie substantielle des produits et services en cause.

Art. 3 *Définition de la concentration.* 1. Une concentration est réputée réalisée lorsqu'un changement durable du contrôle résulte :

a) de la fusion de deux ou de plusieurs entreprises ou parties de telles entreprises, ou

b) de l'acquisition, par une ou plusieurs personnes détenant déjà le contrôle d'une entreprise au moins ou par une ou plusieurs entreprises, du contrôle direct ou indirect de l'ensemble ou de parties d'une ou de plusieurs autres entreprises, que ce soit par prise de participations au capital ou achat d'éléments d'actifs, contrat ou tout autre moyen.

2. Le contrôle découle des droits, contrats ou autres moyens qui confèrent, seuls ou conjointement et compte tenu des circonstances de fait ou de droit, la possibilité d'exercer une influence déterminante sur l'activité d'une entreprise, et notamment :

a) des droits de propriété ou de jouissance sur tout ou partie des biens d'une entreprise ;

b) des droits ou des contrats qui confèrent une influence déterminante sur la composition, les délibérations ou les décisions des organes d'une entreprise.

3. Le contrôle est acquis par la ou les personnes ou entreprises :

a) qui sont titulaires de ces droits ou bénéficiaires de ces contrats, ou

b) qui, n'étant pas titulaires de ces droits ou bénéficiaires de ces contrats, ont le pouvoir d'exercer les droits qui en découlent.

4. La création d'une entreprise commune accomplissant de manière durable toutes les fonctions d'une entité économique autonome constitue une concentration au sens du paragraphe 1, point *b)*.

5. Une convention n'est pas réputée réalisée :

a) lorsque des établissements de crédits, d'autres établissements financiers ou des sociétés d'assurances, dont l'activité normale inclut la transaction et la négociation de titres pour compte propre ou pour compte d'autrui, détiennent, à titre temporaire, des participations qu'ils ont acquises dans une entreprise en vue de leur revente, pour autant qu'ils n'exercent pas les droits de vote attachés à ces participations en vue de déterminer le comportement concurrentiel de cette entreprise ou pour autant qu'ils n'exercent ces droits de vote qu'en vue de préparer la réalisation de tout ou partie de cette entreprise ou de ses actifs, ou la réalisation de ces participations, et que cette réalisation intervient dans un délai d'un an à compter de la date de l'acquisition ; ce délai peut être prorogé sur demande par la Commission lorsque ces établissements ou ces sociétés justifient que cette réalisation n'a pas été raisonnablement possible dans le délai imparti ;

b) lorsque le contrôle est acquis par une personne mandatée par l'autorité publique en vertu de la législation d'un État membre relative à la liquidation, à la faillite, à l'insolvabilité, à la cessation de paiement, au concordat ou à une autre procédure analogue ;

c) lorsque les opérations visées au paragraphe 1, point b), sont réalisées par des sociétés de participation financière visées à l'article 5, paragraphe 3, de la quatrième directive 78/660/CEE du Conseil du 25 juillet 1978 fondée sur l'article 54, paragraphe 3, point g), du traité et concernant les comptes annuels de certaines formes de sociétés *[JO L 222 du 14 août 1978, p. 11. Directive modifiée en dernier lieu par la directive 2009/49/CE du 18 juin 2009, JOUE L 164 du 26 juin 2009]*, sous la restriction toutefois que les droits de vote attachés aux participations détenues ne soient exercés, notamment par la voie de la nomination des membres des organes de direction et de surveillance des entreprises dont elles détiennent des participations, que pour sauvegarder la pleine valeur de ces investissements et non pour déterminer directement ou indirectement le comportement concurrentiel de ces entreprises.

Art. 4 *Notification préalable des concentrations et renvoi en prénotification à la demande des parties notifiantes.* 1. Les concentrations de dimension communautaire visées par le présent règlement doivent être notifiées à la Commission avant leur réalisation et après la conclusion de l'accord, la publication de l'offre publique d'achat ou d'échange ou l'acquisition d'une participation de contrôle.

La notification peut également être faite lorsque les entreprises concernées démontrent de bonne foi à la Commission leur intention de conclure un accord ou, dans le cas d'une offre publique d'achat ou d'échange, lorsqu'elles ont annoncé publiquement leur intention de faire une telle offre, à condition que l'accord ou l'offre envisagés aboutisse à une concentration de dimension communautaire.

Aux fins du présent règlement, l'expression "concentration notifiée" vise aussi les projets de concentration notifiés au titre du deuxième alinéa. Aux fins des paragraphes 4 et 5 du présent article, le terme "concentration" comprend les projets de concentrations au sens du deuxième alinéa.

2. Les concentrations qui consistent en une fusion au sens de l'article 3, paragraphe 1, point a), ou dans l'établissement d'un contrôle en commun au sens de l'article 3, paragraphe 1, point b), doivent être notifiées conjointement par les parties à la fusion ou à l'établissement du contrôle en commun. Dans les autres cas, la notification doit être présentée par la personne ou l'entreprise qui acquiert le contrôle de l'ensemble ou de parties d'une ou de plusieurs entreprises.

3. Lorsque la Commission constate qu'une concentration notifiée relève du présent règlement, elle publie le fait de la notification, en indiquant les noms des entreprises concernées, leur pays d'origine, la nature de la concentration ainsi que les secteurs économiques concernés. La Commission tient compte de l'intérêt légitime des entreprises à ce que leurs secrets d'affaires ne soient pas divulgués.

4. Avant la notification d'une concentration au sens du paragraphe 1, les personnes ou entreprises visées au paragraphe 2 peuvent informer la Commission, au moyen d'un mémoire motivé, que la concentration risque d'affecter de manière significative la concurrence sur un marché à l'intérieur d'un État membre qui présente toutes les caractéristiques d'un marché distinct et qu'elle doit par conséquent être examinée, en tout ou en partie, par cet État membre.

La Commission transmet sans délai ce mémoire à tous les États membres. L'État membre visé dans le mémoire motivé doit, dans un délai de quinze jours ouvrables suivant la réception du mémoire, exprimer son accord ou son désaccord sur la demande de renvoi de l'affaire. Lorsque cet État membre ne prend pas de décision dans ce délai, il est réputé être d'accord.

Sauf si cet État membre exprime son désaccord, la Commission, lorsqu'elle considère qu'un tel marché distinct existe et que la concurrence sur ce marché risque d'être affectée de manière significative par la concentration, peut décider de renvoyer tout ou partie de l'affaire aux autorités compétentes de cet État membre en vue de l'application du droit national de la concurrence de cet État.

La décision de renvoyer ou de ne pas renvoyer l'affaire en application du troisième alinéa doit être prise dans un délai de vingt-cinq jours ouvrables à compter de la réception du mémoire motivé par la Commission. La Commission informe de sa décision les autres États membres et les personnes ou les entreprises concernées. Si elle ne prend pas de décision dans ce délai, elle est réputée avoir adopté une décision de renvoi de l'affaire conformément au mémoire présenté par les personnes ou entreprises concernées.

Si la Commission décide ou est réputée avoir décidé, conformément aux troisième et quatrième alinéas, de renvoyer l'ensemble de l'affaire, il n'y a pas lieu de procéder à une notification conformément au paragraphe 1 et le droit national de la concurrence s'applique. L'article 9, paragraphes 6 à 9, est applicable *mutatis mutandis*.

5. Dans le cas d'une concentration telle que définie à l'article 3, qui n'est pas de dimension communautaire au sens de l'article 1er et qui est susceptible d'être exami-

née en vertu du droit national de la concurrence d'au moins trois États membres, les personnes ou entreprises visées au paragraphe 2 peuvent, avant toute notification aux autorités compétentes, informer la Commission, au moyen d'un mémoire motivé, que la concentration doit être examinée par elle.

La Commission transmet sans délai ce mémoire à tous les États membres.

Tout État membre compétent pour examiner la concentration en vertu de son droit national de la concurrence peut, dans un délai de quinze jours ouvrables suivant la réception du mémoire motivé, exprimer son désaccord sur la demande de renvoi.

Lorsque au moins un État membre a exprimé son désaccord conformément au troisième alinéa dans le délai de quinze jours ouvrables, l'affaire n'est pas renvoyée. La Commission informe alors sans délai tous les États membres et les personnes ou entreprises concernées du désaccord exprimé.

Lorsque aucun État membre n'a exprimé son désaccord conformément au troisième alinéa dans le délai de quinze jours ouvrables, la concentration est réputée avoir une dimension communautaire et doit être notifiée à la Commission conformément aux paragraphes 1 et 2. Dans ce cas, aucun État membre n'applique son droit national de la concurrence à cette concentration.

6. La Commission fait rapport au Conseil sur la mise en œuvre des paragraphes 4 et 5 avant le 1er juillet 2009. Suivant ce rapport, et sur proposition de la Commission, le Conseil, statuant à la majorité qualifiée, peut réviser les paragraphes 4 et 5.

Art. 5 *Calcul du chiffre d'affaires.* 1. Le chiffre d'affaires total au sens du présent règlement comprend les montants résultant de la vente de produits et de la prestation de services réalisées par les entreprises concernées au cours du dernier exercice et correspondant à leurs activités ordinaires, déduction faite des réductions sur ventes ainsi que de la taxe sur la valeur ajoutée et d'autres impôts directement liés au chiffre d'affaires. Le chiffre d'affaires total d'une entreprise concernée ne tient pas compte des transactions intervenues entre les entreprises visées au paragraphe 4 du présent article.

Le chiffre d'affaires réalisé soit dans la Communauté, soit dans un État membre, comprend les produits vendus et les services fournis à des entreprises ou des consommateurs soit dans la Communauté, soit dans cet État membre.

2. Par dérogation au paragraphe 1, lorsque la concentration consiste en l'acquisition de parties, constituées ou non en entités juridiques, d'une ou de plusieurs entreprises, seul le chiffre d'affaires se rapportant aux parties qui sont l'objet de la concentration est pris en considération dans le chef du ou des cédants.

Cependant, deux ou plusieurs opérations au sens du premier alinéa qui ont eu lieu au cours d'une période de deux années entre les mêmes personnes ou entreprises sont à considérer comme une seule concentration intervenant à la date de la dernière opération.

3. Le chiffre d'affaires est remplacé :

a) pour les établissements de crédit et autres établissements financiers, par la somme des postes de produits suivants, tels qu'ils sont définis dans la directive 86/635/CEE du Conseil *[JO L 372 du 31 déc. 1986, p. 1. Directive modifiée en dernier lieu par la directive 2003/51/CE du Parlement européen et du Conseil]*, déduction faite, le cas échéant, de la taxe sur la valeur ajoutée et d'autres impôts directement liés auxdits produits :

i) intérêts et produits assimilés ;

ii) revenus de titres :

– revenus d'actions, de parts et d'autres titres à revenu variable,

– revenus de participations,

– revenus de parts dans des entreprises liées ;

iii) commissions perçues ;

iv) bénéfice net provenant d'opérations financières ;

v) autres produits d'exploitation.

Le chiffre d'affaires d'un établissement de crédit ou d'un établissement financier dans la Communauté ou dans un État membre comprend les postes de produits, tels que définis ci-dessus, de la succursale ou de la division dudit établissement établie dans la Communauté ou dans l'État membre en question, selon le cas.

b) pour les entreprises d'assurances, par la valeur des primes brutes émises qui comprennent tous les montants reçus et à recevoir au titre de contrats d'assurance établis par elles ou pour leur compte, y compris les primes cédées aux réassureurs et après déduction des impôts ou des taxes parafiscales perçus sur la base du montant des primes ou du volume total de celui-ci ; en ce qui concerne l'article 1er, paragraphe 2, point b), et paragraphe 3, points b), c) et d), et la dernière partie de phrase desdits deux paragraphes, il est tenu compte respectivement des primes brutes versées par des résidents de la Communauté et par des résidents d'un État membre.

4. Sans préjudice du paragraphe 2, le chiffre d'affaires total d'une entreprise concernée au sens du présent règlement résulte de la somme des chiffres d'affaires :

a) de l'entreprise concernée ;

b) des entreprises dans lesquelles l'entreprise concernée dispose directement ou indirectement :

i) soit de plus de la moitié du capital ou du capital d'exploitation ;

ii) soit du pouvoir d'exercer plus de la moitié des droits de vote ;

iii) soit du pouvoir de désigner plus de la moitié des membres du conseil de surveillance ou d'administration ou des organes représentant légalement l'entreprise ;

iv) soit du droit de gérer les affaires de l'entreprise ;

c) des entreprises qui disposent, dans une entreprise concernée, des droits ou pouvoirs énumérés au point b) ;

d) des entreprises dans lesquelles une entreprise visée au point c) dispose des droits ou pouvoirs énumérés au point b) ;

e) des entreprises dans lesquelles plusieurs entreprises visées aux point*[s]* a) à d) disposent conjointement des droits ou pouvoirs énumérés au point b).

5. Lorsque des entreprises concernées par la concentration disposent conjointement des droits ou pouvoirs énumérés au paragraphe 4, point b), il y a lieu, dans le calcul du chiffre d'affaires des entreprises concernées au sens du présent règlement :

a) de ne pas tenir compte du chiffre d'affaires résultant de la vente de produits et de la prestation de services réalisées entre l'entreprise commune et chacune des entreprises concernées ou toute autre entreprise liée à l'une d'entre elles au sens du paragraphe 4, points b) à e) ;

b) de tenir compte du chiffre d'affaires résultant de la vente de produits et de la prestation de services réalisées entre l'entreprise commune et toute entreprise tierce. Ce chiffre d'affaires est imputé à parts égales aux entreprises concernées.

Art. 6 *Examen de la notification et engagement de la procédure.* 1. La Commission procède à l'examen de la notification dès sa réception.

a) Si elle aboutit à la conclusion que la concentration notifiée ne relève pas du présent règlement, elle le constate par voie de décision.

b) Si elle constate que la concentration notifiée, bien que relevant du présent règlement, ne soulève pas de doutes sérieux quant à sa compatibilité avec le marché commun, elle décide de ne pas s'y opposer et la déclare compatible avec le marché commun.

La décision déclarant la concentration compatible est réputée couvrir les restrictions directement liées et nécessaires à la réalisation de la concentration.

c) Sans préjudice du paragraphe 2, si la Commission constate que la concentration notifiée relève du présent règlement et soulève des doutes sérieux quant à sa compatibilité avec le marché commun, elle décide d'engager la procédure. Sans préjudice de l'article 9, cette procédure sera close par voie de décision conformément à l'article 8, paragraphes 1 à 4, à moins que les entreprises concernées n'aient démontré, à la satisfaction de la Commission, qu'elles ont abandonné la concentration.

2. Si la Commission constate que, après modifications apportées par les entreprises concernées, une concentration notifiée ne soulève plus de doutes sérieux au sens du paragraphe 1, point c), elle déclare la concentration compatible avec le marché commun, conformément au paragraphe 1, point b).

La Commission peut assortir la décision qu'elle prend en vertu du paragraphe 1, point b), de conditions et de charges destinées à assurer que les entreprises concernées respectent les engagements qu'elles ont pris à son égard en vue de rendre la concentration compatible avec le marché commun.

3. La Commission peut révoquer la décision qu'elle a prise en vertu du paragraphe 1, point a) ou b) :

a) si la décision repose sur des indications inexactes dont une des entreprises concernées est responsable ou si elle a été obtenue par tromperie, ou

b) si les entreprises concernées contreviennent à une charge dont est assortie sa décision.

4. Dans les cas visés au paragraphe 3, la Commission peut prendre une décision en vertu du paragraphe 1, sans être tenue par les délais visés à l'article 10, paragraphe 1.

5. La Commission informe sans délai de sa décision les entreprises concernées ainsi que les autorités compétentes des États membres.

Art. 7 *Suspension de la concentration.* 1. Une concentration de dimension communautaire telle que définie à l'article 1er ou qui doit être examinée par la Commission en vertu de l'article 4, paragraphe 5, ne peut être réalisée ni avant d'être notifiée ni avant d'avoir été déclarée compatible avec le marché commun par une décision prise en vertu de l'article 6, paragraphe 1, point b), ou de l'article 8, paragraphes 1 ou 2, ou sur la base de la présomption établie à l'article 10, paragraphe 6.

2. Le paragraphe 1 ne fait pas obstacle à la réalisation d'une offre publique d'achat ou d'échange ou d'opérations par lesquelles le contrôle au sens de l'article 3 est acquis par l'intermédiaire de plusieurs vendeurs au moyen d'une série de transactions sur titres, y compris sur ceux qui sont convertibles en d'autres titres admis à être négociés sur un marché tel qu'une bourse de valeurs pour autant :

a) que la concentration soit notifiée sans délai à la Commission conformément à l'article 4, et

b) que l'acquéreur n'exerce pas les droits de vote attachés aux participations concernées ou ne les exerce qu'en vue de sauvegarder la pleine valeur de son investissement et sur la base d'une dérogation octroyée par la Commission conformément au paragraphe 3.

3. La Commission peut, sur demande, octroyer une dérogation aux obligations prévues aux paragraphes 1 ou 2. La demande d'octroi d'une dérogation doit être motivée. Lorsqu'elle se prononce sur la demande, la Commission doit prendre en compte notamment les effets que la suspension peut produire sur une ou plusieurs entreprises concernées par la concentration ou sur une tierce partie, et la menace que la concentration peut présenter pour la concurrence. Cette dérogation peut être assortie de conditions et de charges destinées à assurer des conditions de concurrence effective. Elle peut être demandée et accordée à tout moment, que ce soit avant la notification ou après la transaction.

4. La validité de toute transaction qui serait réalisée en ne respectant pas le paragraphe 1 dépend de la décision prise en application de l'article 6, paragraphe 1, point b), ou de l'article 8, paragraphes 1, 2 ou 3, ou de la présomption établie à l'article 10, paragraphe 6.

Toutefois, le présent article n'a aucun effet sur la validité des transactions sur des titres, y compris ceux convertibles en d'autres titres, qui sont admis à être négociés sur un marché tel qu'une bourse de valeurs, sauf si les acheteurs et les vendeurs savent ou devraient savoir que la transaction est réalisée en ne respectant pas le paragraphe 1.

Notion de concentration. L'art. 7, § 1, du Règl. (CE) n° 139/2004 du 20 janv. 2004 doit être interprété en ce sens qu'une concentration n'est réalisée que par une opération qui, en tout ou en partie, en fait ou en droit, contribue au changement de contrôle de l'entreprise cible. La dénonciation d'un accord de coopération, dans des circonstances telles que celles au principal, qu'il appartient à la juridiction de renvoi de vérifier, ne peut pas être considérée comme entraînant la réalisation d'une concentration, et ce indépendamment de la question de savoir si cette dénonciation a produit des effets sur le marché. • CJUE 31 mai 2018, n° C-633/16 : *CCC 2018, n° 158, obs. Decocq ; RJDA 2018, n° 777 ; RLC oct. 2018. 10, note Brunet et Verney ; Europe 2018, n° 276, obs. Idot ; RDC 2018. 424, obs. Idot.*

Art. 8 *Pouvoirs de décision de la Commission.* 1. Lorsque la Commission constate qu'une concentration notifiée répond au critère défini à l'article 2, paragraphe 2, et, dans les cas visés à l'article 2, paragraphe 4, aux critères de l'article 81, paragraphe 3, du traité *[art. 101, § 3]*, elle prend une décision déclarant la concentration compatible avec le marché commun.

La décision déclarant la concentration compatible est réputée couvrir les restrictions directement liées et nécessaires à la réalisation de la concentration.

2. Lorsque la Commission constate qu'une concentration notifiée, après modifications apportées par les entreprises concernées, répond au critère défini à l'article 2, paragraphe 2, et, dans les cas visés à l'article 2, paragraphe 4, aux critères définis à l'article 81, paragraphe 3, du traité *[art. 101, § 3]*, elle prend une décision déclarant la concentration compatible avec le marché commun.

La Commission peut assortir sa décision de conditions et de charges destinées à assurer que les entreprises concernées se conforment aux engagements qu'elles ont pris à son égard en vue de rendre la concentration compatible avec le marché commun.

La décision déclarant la concentration compatible est réputée couvrir les restrictions directement liées et nécessaires à la réalisation de la concentration.

3. Lorsque la Commission constate qu'une concentration répond au critère défini à l'article 2, paragraphe 3, ou, dans les cas visés à l'article 2, paragraphe 4, ne répond pas aux critères de l'article 81, paragraphe 3, du traité *[art. 101, § 3]*, elle prend une décision déclarant la concentration incompatible avec le marché commun.

4. Si la Commission constate qu'une concentration :

a) a déjà été réalisée et qu'elle a été déclarée incompatible avec le marché commun, ou

b) a été réalisée en violation d'une condition dont est assortie une décision prise en vertu du paragraphe 2 et indiquant que, faute de respecter cette condition, la concentration répondrait au critère énoncé à l'article 2, paragraphe 3, ou que, dans les cas visés à l'article 2, paragraphe 4, elle ne répondrait pas aux critères énoncés à l'article 81, paragraphe 3, du traité *[art. 101, § 3]*,

la Commission peut :

— ordonner aux entreprises concernées de dissoudre la concentration, notamment par la séparation des entreprises fusionnées ou la cession de la totalité des actions ou actifs acquis, afin de rétablir la situation antérieure à la réalisation de la concentration. Dans le cas où un tel rétablissement ne serait pas possible, la Commission peut prendre toute autre mesure appropriée pour rétablir, dans la mesure du possible, la situation antérieure à la réalisation de la concentration,

— ordonner toute autre mesure appropriée afin que les entreprises concernées dissolvent la concentration ou prennent des mesures visant à rétablir la situation antérieure à la réalisation de la concentration, comme requis dans sa décision.

Dans les cas relevant du premier alinéa, point a), ces mesures peuvent être imposées sous la forme d'une décision prise en vertu du paragraphe 3 ou d'une décision distincte.

5. La Commission peut prendre des mesures provisoires appropriées pour rétablir ou maintenir les conditions d'une concurrence effective lorsqu'une concentration :

a) a été réalisée en violation de l'article 7 et qu'aucune décision n'a encore été prise concernant sa compatibilité avec le marché commun ;

b) a été réalisée en violation d'une condition dont est assortie une décision prise en vertu de l'article 6, paragraphe 1, point b), ou du paragraphe 2 du présent article ;

c) a déjà été réalisée et est déclarée incompatible avec le marché commun.

6. La Commission peut révoquer la décision qu'elle a prise au titre des paragraphes 1 ou 2 :

a) si la déclaration de compatibilité repose sur des indications inexactes dont une des entreprises concernées est responsable ou si elle a été obtenue frauduleusement, ou

b) si les entreprises concernées contreviennent à une charge dont est assortie sa décision.

7. La Commission peut prendre une décision au titre des paragraphes 1 à 3 sans être tenue par les délais visés à l'article 10, paragraphe 3, dans les cas où :

a) elle constate qu'une concentration a été réalisée :

i) en violation d'une condition dont est assortie une décision prise en vertu de l'article 6, paragraphe 1, point b), ou

ii) en violation d'une condition dont est assortie une décision prise en vertu du paragraphe 2 et conformément à l'article 10, paragraphe 2, aux termes de laquelle le non-respect de cette condition soulèverait de sérieux doutes quant à la compatibilité de cette concentration avec le marché commun, ou

b) une décision a été révoquée conformément au paragraphe 6.

8. La Commission informe sans délai de sa décision les entreprises concernées ainsi que les autorités compétentes des États membres.

Art. 9 *Renvoi aux autorités compétentes des États membres.* 1. La Commission peut, par voie de décision qu'elle notifie sans délai aux entreprises concernées et dont elle informe les autorités compétentes des autres États membres, renvoyer aux autorités compétentes de l'État membre concerné un cas de concentration notifiée, dans les conditions suivantes.

2. Dans le délai de quinze jours ouvrables à compter de la réception de la copie de la notification, un État membre peut, de sa propre initiative ou sur invitation de la Commission, faire savoir à la Commission, qui en informe les entreprises concernées, que :

a) une concentration menace d'affecter de manière significative la concurrence dans un marché à l'intérieur de cet État membre qui présente toutes les caractéristiques d'un marché distinct, ou

b) une concentration affecte la concurrence dans un marché à l'intérieur de cet État membre qui présente toutes les caractéristiques d'un marché distinct et qui ne constitue pas une partie substantielle du marché commun.

3. Si la Commission considère que, compte tenu du marché des produits ou services en cause et du marché géographique de référence au sens du paragraphe 7, un tel marché distinct et une telle menace existent :

a) soit elle traite elle-même le cas conformément au présent règlement ;

b) soit elle renvoie tout ou partie du cas aux autorités compétentes de l'État membre concerné en vue de l'application du droit national de la concurrence dudit État.

Si, au contraire, la Commission considère qu'un tel marché distinct ou une telle menace n'existent pas, elle prend une décision à cet effet qu'elle adresse à l'État membre concerné et traite elle-même le cas conformément au présent règlement.

Dans les cas où un État membre informe la Commission, conformément au paragraphe 2, point b), qu'une concentration affecte un marché distinct à l'intérieur de son territoire, qui n'est pas une partie substantielle du marché commun, la Commission renvoie tout ou partie du cas afférent à ce marché distinct, si elle considère qu'un tel marché distinct est affecté.

4. Les décisions de renvoi ou de refus de renvoi prises conformément au paragraphe 3 interviennent :

a) soit, en règle générale, dans le délai prévu à l'article 10, paragraphe 1, deuxième alinéa, lorsque la Commission n'a pas engagé la procédure conformément à l'article 6, paragraphe 1, point b) ;

b) soit dans un délai maximal de soixante-cinq jours ouvrables à compter de la notification de la concentration concernée, lorsque la Commission a engagé la procédure conformément à l'article 6, paragraphe 1, point c), sans entreprendre les démarches préparatoires à l'adoption des mesures nécessaires au titre de l'article 8, paragraphes 2, 3 ou 4, pour préserver ou rétablir une concurrence effective sur le marché concerné.

5. Si, dans le délai de soixante-cinq jours ouvrables visé au paragraphe 4, point b), la Commission, en dépit d'un rappel de l'État membre concerné, n'a ni pris les décisions de renvoi ou de refus de renvoi prévues au paragraphe 3 ni entrepris les démarches préparatoires visées au paragraphe 4, point b), elle est réputée avoir décidé de renvoyer le cas à l'État membre concerné, conformément au paragraphe 3, point b).

6. Les autorités compétentes de l'État membre concerné statuent sur l'affaire dans les meilleurs délais.

Dans un délai de quarante-cinq jours ouvrables après le renvoi par la Commission, les autorités compétentes de l'État membre concerné informent les entreprises concernées des résultats de l'analyse concurrentielle préliminaire et des mesures supplémentaires qu'elles proposent de prendre le cas échéant. L'État membre concerné peut exceptionnellement suspendre ce délai lorsque les informations nécessaires ne lui ont pas été fournies par les entreprises concernées conformément à son droit national de la concurrence.

Lorsqu'une notification est demandée en vertu du droit national, le délai de quarante-cinq jours ouvrables court à partir du jour ouvrable suivant celui de la réception d'une notification complète par les autorités compétentes de cet État membre.

7. Le marché géographique de référence est constitué par un territoire sur lequel les entreprises concernées interviennent dans l'offre et la demande de biens et de services, sur lequel les conditions de concurrence sont suffisamment homogènes et qui peut être distingué des territoires voisins, en particulier en raison des conditions de concurrence sensiblement différentes de celles prévalant sur ces territoires. Dans cette appréciation, il convient notamment de tenir compte de la nature et des caractéristiques des produits ou services concernés, de l'existence de barrières à l'entrée, de préférences des consommateurs, ainsi que de l'existence, entre le territoire concerné et les territoires voisins, de différences considérables de parts de marché des entreprises ou de différences de prix substantielles.

8. Pour l'application du présent article, l'État membre concerné ne peut prendre que les mesures strictement nécessaires pour préserver ou rétablir une concurrence effective sur le marché concerné.

9. Conformément aux dispositions pertinentes du traité, tout État membre peut former un recours devant la Cour de justice et demander en particulier l'application de l'article 243 du traité *[art. 279]*, aux fins de l'application de son droit national de la concurrence.

Art. 10 *Délais d'engagement de la procédure et des décisions.* 1. Sans préjudice de l'article 6, paragraphe 4, les décisions visées à l'article 6, paragraphe 1, doivent intervenir dans un délai maximal de vingt-cinq jours ouvrables. Ce délai court à partir du jour ouvrable suivant celui de la réception de la notification ou, si les renseignements à fournir lors de la notification sont incomplets, à partir du jour ouvrable suivant celui de la réception des renseignements complets.

Ce délai est porté à trente-cinq jours ouvrables lorsque la Commission est saisie d'une demande d'un État membre conformément à l'article 9, paragraphe 2, ou lorsque les entreprises concernées proposent, conformément à l'article 6, paragraphe 2, des engagements afin de rendre la concentration compatible avec le marché commun.

2. Les décisions de l'article 8, paragraphe 1 ou 2, concernant des concentrations notifiées, doivent être prises dès qu'il apparaît que les doutes sérieux visés à l'article 6, paragraphe 1, point c), sont levés, notamment en raison de modifications apportées par les entreprises concernées, et au plus tard dans le délai fixé au paragraphe 3.

3. Sans préjudice de l'article 8, paragraphe 7, les décisions de l'article 8, paragraphes 1 à 3, concernant des concentrations notifiées, doivent être prises dans un délai maximal de quatre-vingt-dix jours ouvrables à compter de la date d'ouverture de la procédure. Ce délai est porté à cent cinq jours ouvrables lorsque les entreprises concernées proposent des engagements en vue de rendre la concentration compatible avec le marché commun conformément à l'article 8, paragraphe 2, deuxième alinéa, à moins que ces engagements n'aient été proposés moins de cinquante-cinq jours ouvrables suivant l'ouverture de la procédure.

Les délais fixés au premier alinéa sont également prolongés si les parties notifiantes présentent une demande à cet effet au plus tard quinze jours ouvrables suivant l'ouverture de la procédure en vertu de l'article 6, paragraphe 1, point c). Les parties notifiantes ne peuvent présenter qu'une seule demande à cet effet. De même, à tout moment après l'ouverture de la procédure, les délais fixés au premier alinéa peuvent être prolongés par la Commission sous réserve de l'accord des parties notifiantes. La durée totale des prolongations accordées conformément au présent alinéa ne dépasse pas vingt jours ouvrables.

4. Les délais fixés aux paragraphes 1 et 3 sont exceptionnellement suspendus lorsque la Commission, en raison de circonstances dont une des entreprises participant à la concentration est responsable, a été contrainte de demander un renseigne-

ment par voie de décision en application de l'article 11 ou d'ordonner une inspection par voie de décision en application de l'article 13.

Le premier alinéa s'applique également au délai visé à l'article 9, paragraphe 4, point b).

5. Lorsque la Cour de justice rend un arrêt qui annule en tout ou en partie une décision de la Commission qui fait l'objet d'un délai fixé par le présent article, cette dernière réexamine la concentration en vue d'adopter une décision en vertu de l'article 6, paragraphe 1.

La concentration est réexaminée à la lumière des conditions prévalant alors sur le marché.

Les parties notifiantes soumettent une nouvelle notification ou complètent la notification originale sans délai si la notification originale est devenue incomplète à cause de changements des conditions du marché ou des faits présentés dans la notification. Lorsqu'il n'y a pas de changement, les parties le certifient sans délai.

Les délais fixés au paragraphe 1 commencent à courir le jour ouvrable suivant celui de la réception des renseignements complets dans une nouvelle notification, une notification complétée ou une certification au sens du troisième alinéa.

Les deuxième et troisième alinéas s'appliquent également dans les cas visés à l'article 6, paragraphe 4, et à l'article 8, paragraphe 7.

6. Si la Commission n'a pas pris de décision au titre de l'article 6, paragraphe 1, points b) ou c), ou au titre de l'article 8, paragraphes 1, 2 ou 3, dans les délais respectivement déterminés aux paragraphes 1 et 3, la concentration est réputée déclarée compatible avec le marché commun, sans préjudice de l'article 9.

Art. 11 *Demande de renseignements.* 1. Pour l'accomplissement des tâches qui lui sont assignées par le présent règlement, la Commission peut, par une simple demande ou par voie de décision, demander aux personnes visées à l'article 3, paragraphe 1, point b), ainsi qu'aux entreprises et associations d'entreprises, de fournir tous les renseignements nécessaires.

2. Lorsqu'elle envoie une simple demande de renseignements à une personne, à une entreprise ou à une association d'entreprises, la Commission indique la base juridique et le but de la demande, précise les renseignements demandés et fixe le délai dans lequel ils doivent être fournis, ainsi que les sanctions prévues à l'article 14 au cas où un renseignement inexact ou dénaturé serait fourni.

3. Lorsque la Commission demande par une décision à une personne, à une entreprise ou à une association d'entreprises de fournir des renseignements, elle indique la base juridique et l'objet de la demande, précise les renseignements demandés et fixe le délai dans lequel ils doivent être fournis. Elle indique également les sanctions prévues à l'article 14 et indique ou inflige les sanctions prévues à l'article 15. Elle indique aussi le droit de recours ouvert devant la Cour de justice contre la décision.

4. Sont tenus de fournir les renseignements demandés, au nom des entreprises concernées, les propriétaires des entreprises ou leurs représentants et, dans le cas de personnes morales, d'entreprises ou d'associations n'ayant pas la personnalité juridique, les personnes chargées de les représenter selon la loi ou les statuts. Les personnes dûment mandatées peuvent fournir les renseignements demandés au nom de leurs mandants. Ces derniers restent pleinement responsables du caractère complet, exact et non dénaturé des renseignements fournis.

5. La Commission transmet sans délai une copie de toute décision prise en vertu du paragraphe 3 aux autorités compétentes de l'État membre sur le territoire duquel est situé le domicile de la personne ou le siège de l'entreprise ou association d'entreprises et à l'autorité compétente de l'État membre dont le territoire est affecté. A la demande expresse de l'autorité compétente d'un État membre, la Commission transmet également à cette dernière des copies des simples demandes d'informations relatives à une concentration notifiée.

6. A la demande de la Commission, les gouvernements et autorités compétentes des États membres fournissent à la Commission tous les renseignements nécessaires à l'accomplissement des tâches qui lui sont assignées par le présent règlement.

7. Pour l'accomplissement des tâches qui lui sont assignées par le présent règlement, la Commission peut entendre toute personne physique ou morale qui accepte

c) elles réalisent une concentration déclarée incompatible avec le marché commun par voie de décision prise en vertu de l'article 8, paragraphe 3, ou ne prennent pas les mesures ordonnées par voie de décision prise en vertu de l'article 8, paragraphe 4 ou 5 ;

d) elles contreviennent à une condition ou une charge imposée par décision prise en vertu de l'article 6, paragraphe 1, point b), de l'article 7, paragraphe 3, ou de l'article 8, paragraphe 2, deuxième alinéa.

3. Pour fixer le montant de l'amende, il y a lieu de prendre en considération la nature, la gravité et la durée de l'infraction.

4. Les décisions prises en vertu des paragraphes 1, 2 et 3 n'ont pas un caractère pénal.

Art. 15 *Astreintes.* **1. La Commission peut, par voie de décision, infliger aux personnes visées à l'article 3, paragraphe 1, point b), et aux entreprises ou associations d'entreprises des astreintes jusqu'à concurrence de 5 % du chiffre d'affaires total journalier moyen de l'entreprise ou association d'entreprises concernée au sens de l'article 5 par jour ouvrable de retard à compter de la date qu'elle fixe dans sa décision, pour les contraindre :**

a) à fournir d'une manière complète et exacte un renseignement qu'elle a demandé par voie de décision prise en application de l'article 11, paragraphe 3 ;

b) à se soumettre à une inspection qu'elle a ordonnée par voie de décision prise en application de l'article 13, paragraphe 4 ;

c) à exécuter une charge imposée par décision prise en application de l'article 6, paragraphe 1, point b), de l'article 7, paragraphe 3, ou de l'article 8, paragraphe 2, deuxième alinéa, ou

d) à prendre les mesures ordonnées par une décision prise en application de l'article 8, paragraphes 4 ou 5.

2. Lorsque les personnes visées à l'article 3, paragraphe 1, point b), les entreprises ou les associations d'entreprises ont satisfait à l'obligation pour l'exécution de laquelle l'astreinte a été infligée, la Commission peut fixer le montant définitif de celle-ci à un chiffre inférieur à celui qui résulte de la décision initiale.

Art. 16 *Contrôle de la Cour de justice.* **La Cour de justice statue avec compétence de pleine juridiction au sens de l'article 229 du traité** *[art. 261]* **sur les recours intentés contre les décisions par lesquelles la Commission fixe une amende ou une astreinte ; elle peut supprimer, réduire ou majorer l'amende ou l'astreinte infligée.**

Art. 17 *Secret professionnel.* **1. Les informations recueillies en application du présent règlement ne peuvent être utilisées que dans le but poursuivi par la demande de renseignements, le contrôle ou l'audition.**

2. Sans préjudice de l'article 4, paragraphe 3, et des articles 18 et 20, la Commission et les autorités compétentes des États membres ainsi que leurs fonctionnaires et autres agents et les autres personnes travaillant sous le contrôle de ces autorités, ainsi que les fonctionnaires et agents d'autres autorités des États membres sont tenus de ne pas divulguer les informations qu'ils ont recueillies en application du présent règlement et qui, par leur nature, sont couvertes par le secret professionnel.

3. Les paragraphes 1 et 2 ne s'opposent pas à la publication de renseignements généraux ou d'études ne comportant pas d'indications individuelles sur les entreprises ou associations d'entreprises.

Accès aux documents. Jugeant que le Règl. n° 1049/2001 du 30 mai 2001 sur l'accès aux documents, interprété à la lumière de la réglementation spécifique en matière de contrôle des concentrations entre entreprises, permet à la Commission de refuser l'accès à tous les documents litigieux afférents aux procédures de contrôle des concentrations, échangés entre la Commission et les entreprises notifiantes ainsi que les tiers, sans procéder au préalable à un examen concret et individuel de ces documents, V. • CJUE 28 juin 2012, n° C-404/10 : *D. 2012. Actu. 1733 ; AJDA 2012. 1581, obs. Aubert, Broussy et Donnat ; CCC 2012. Alerte 46 ; RLDA sept. 2012. 52, obs. Mathonnière ; RDLC 2012, n° 4, p. 143, obs. Lacresse ; RLC oct.-déc. 2012. 42, note Muguet-Poullennec ; RLC janv.-mars 2013. 9, note de Bure et Pinçon ; Europe 2012, n° 327, obs. Idot.* ♦ Sur la question, V. aussi : • CJUE 10 sept. 2013, n° C-278/13 : *Europe 2013, n° 471, obs. Idot.*

Art. 18 *Audition des intéressés et des tiers.* **1. Avant de prendre les décisions prévues à l'article 6, paragraphe 3, à l'article 7, paragraphe 3, à l'article 8, paragraphes 2 à 6, ainsi qu'aux articles 14 et 15, la Commission donne aux personnes, entreprises et**

associations d'entreprises intéressées l'occasion de faire connaître, à tous les stades de la procédure jusqu'à la consultation du comité consultatif, leur point de vue au sujet des objections retenues à leur encontre.

2. Par dérogation au paragraphe 1, les décisions rendues en vertu de l'article 7, paragraphe 3, et de l'article 8, paragraphe 5, peuvent être prises à titre provisoire, sans donner aux personnes, entreprises et associations d'entreprises intéressées l'occasion de faire connaître leur point de vue au préalable, à condition que la Commission leur en fournisse l'occasion le plus rapidement possible après avoir pris sa décision.

3. La Commission ne fonde ses décisions que sur les objections au sujet desquelles les intéressés ont pu faire valoir leurs observations. Les droits de la défense des intéressés sont pleinement assurés dans le déroulement de la procédure. L'accès au dossier est ouvert au moins aux parties directement intéressées tout en respectant l'intérêt légitime des entreprises à ce que leurs secrets d'affaires ne soient pas divulgués.

4. Dans la mesure où la Commission ou les autorités compétentes des États membres l'estiment nécessaire, elles peuvent aussi entendre d'autres personnes physiques ou morales. Si des personnes physiques ou morales justifiant d'un intérêt suffisant, et notamment des membres des organes d'administration ou de direction des entreprises concernées ou des représentants reconnus des travailleurs de ces entreprises, demandent à être entendues, il est fait droit à leur demande.

Art. 19 *Liaison avec les autorités des États membres.* 1. La Commission transmet dans un délai de trois jours ouvrables aux autorités compétentes des États membres copie des notifications ainsi que, dans les meilleurs délais, les pièces les plus importantes qui lui sont adressées ou qui sont émises par elle en application du présent règlement. Ces pièces incluent les engagements proposés par les entreprises concernées à la Commission en vue de rendre la concentration compatible avec le marché commun conformément à l'article 6, paragraphe 2, ou l'article 8, paragraphe 2, deuxième alinéa.

2. La Commission mène les procédures visées au présent règlement en liaison étroite et constante avec les autorités compétentes des États membres qui sont habilitées à formuler toutes observations sur ces procédures. Aux fins de l'application de l'article 9, elle recueille les communications des autorités compétentes de l'État membre visées au paragraphe 2 dudit article et leur donne l'occasion de faire connaître leur point de vue à tous les stades de la procédure jusqu'à l'adoption d'une décision au titre du paragraphe 3 dudit article, en leur ouvrant à cet effet l'accès à son dossier.

3. Un comité consultatif en matière de concentrations entre entreprises est consulté préalablement à toute décision en application de l'article 8, paragraphes 1 à 6, ainsi que de l'article 14 ou 15, à l'exception des décisions provisoires prises conformément à l'article 18, paragraphe 2.

4. Le comité consultatif est composé de représentants des autorités compétentes des États membres. Chaque État membre désigne un ou deux représentants qui peuvent être remplacés en cas d'empêchement par un autre représentant. L'un au moins de ces représentants doit être compétent en matière de pratiques restrictives de concurrence et de positions dominantes.

5. La consultation a lieu au cours d'une réunion commune sur invitation de la Commission qui en assume la présidence. A cette invitation sont annexés un exposé de l'affaire avec indication des pièces les plus importantes et un avant-projet de décision pour chaque cas à examiner. La réunion a lieu au plus tôt dix jours ouvrables après l'envoi de la convocation. La Commission peut exceptionnellement abréger ce délai de manière appropriée en vue d'éviter un préjudice grave à une ou plusieurs entreprises concernées par une concentration.

6. Le comité consultatif émet son avis sur le projet de décision de la Commission, le cas échéant en procédant à un vote. Le comité consultatif peut émettre un avis, même si des membres sont absents et n'ont pas été représentés. Cet avis est consigné par écrit et sera joint au projet de décision. La Commission tient le plus grand compte de l'avis émis par le comité. Elle informe le comité de la façon dont elle a tenu compte de cet avis.

7. La Commission communique l'avis du comité consultatif, accompagné de la décision, aux destinataires de celle-ci. Elle rend publics l'avis et la décision, en tenant compte de l'intérêt légitime des entreprises à la protection de leurs secrets d'affaires.

Art. 20 *Publication des décisions.* 1. La Commission publie au *Journal officiel de l'Union européenne* les décisions qu'elle arrête en application de l'article 8, paragraphes 1 à 6, et des articles 14 et 15, à l'exception des décisions provisoires prises en application de l'article 18, paragraphe 2, accompagnées de l'avis du comité consultatif.

2. La publication mentionne les parties intéressées et l'essentiel de la décision ; elle doit tenir compte de l'intérêt légitime des entreprises à ce que leurs secrets d'affaires ne soient pas divulgués.

Art. 21 *Application du règlement et compétence.* 1. Le présent règlement est seul applicable aux concentrations telles que définies à l'article 3, et les règlements du Conseil (CE) n° 1/2003 *[JO L 1 du 4 janv. 2003, p. 1]*, (CEE) n° 1017/68 *[abrogé et remplacé par Règl. CE n° 169/2009 du 26 févr. 2009]* (CEE) n° 4056/86 *[JO L 378 du 31 déc. 1986, p. 4. Règlement modifié en dernier lieu par le règlement (CE) n° 1/2003]*, et (CEE) n° 3975/87 *[JO L 374 du 31 déc. 1987, p. 1. Règlement modifié en dernier lieu par le règlement (CE) n° 1/2003]* ne sont pas applicables, sauf aux entreprises communes qui n'ont pas de dimension communautaire et qui ont pour objet ou pour effet la coordination du comportement concurrentiel d'entreprises qui restent indépendantes.

2. Sous réserve du contrôle de la Cour de justice, la Commission a compétence exclusive pour arrêter les décisions prévues au présent règlement.

3. Les États membres n'appliquent pas leur législation nationale sur la concurrence aux concentrations de dimension communautaire.

Le premier alinéa ne préjuge pas du pouvoir des États membres de procéder aux enquêtes nécessaires à l'application de l'article 4, paragraphe 4, de l'article 9, paragraphe 2, et de prendre, après renvoi, conformément à l'article 9, paragraphe 3, premier alinéa, point b), ou paragraphe 5, les mesures strictement nécessaires en application de l'article 9, paragraphe 8.

4. Nonobstant les paragraphes 2 et 3, les États membres peuvent prendre les mesures appropriées pour assurer la protection d'intérêts légitimes autres que ceux qui sont pris en considération par le présent règlement et compatibles avec les principes généraux et les autres dispositions du droit communautaire.

Sont considérés comme intérêts légitimes, au sens du premier alinéa, la sécurité publique, la pluralité des médias et les règles prudentielles.

Tout autre intérêt public doit être communiqué par l'État membre concerné à la Commission et reconnu par celle-ci après examen de sa compatibilité avec les principes généraux et les autres dispositions du droit communautaire avant que les mesures visées ci-dessus puissent être prises. La Commission notifie sa décision à l'État membre concerné dans un délai de vingt-cinq jours ouvrables à dater de ladite communication.

BIBL. ▸ Winckler, *RLC juill.-sept. 2008. 9* (concentration et champions nationaux : du nouveau sur l'art. 21).

Art. 22 *Renvoi à la Commission.* 1. Un ou plusieurs États membres peuvent demander à la Commission d'examiner toute concentration, telle que définie à l'article 3, qui n'est pas de dimension communautaire au sens de l'article 1er, mais qui affecte le commerce entre États membres et menace d'affecter de manière significative la concurrence sur le territoire du ou des États membres qui formulent cette demande.

Une telle demande doit être présentée au plus tard dans un délai de quinze jours ouvrables à compter de la date de notification de la concentration ou, si aucune notification n'est requise, de sa communication à l'État membre intéressé.

2. La Commission informe sans délai les autorités compétentes des États membres et les entreprises concernées de toute demande reçue conformément au paragraphe 1.

Tout autre État membre a le droit de se joindre à la demande initiale dans un délai de quinze jours ouvrables à compter de la date à laquelle la Commission l'a informé de la demande initiale.

Tous les délais nationaux relatifs à la concentration sont suspendus jusqu'à ce que, conformément à la procédure prévue au présent article, le lieu d'examen de la concentration ait été fixé. Dès qu'un État membre informe la Commission et les entreprises concernées qu'il ne souhaite pas se joindre à la demande, la suspension de ses délais nationaux prend fin.

3. La Commission peut, dans un délai de dix jours ouvrables suivant l'expiration du délai fixé au paragraphe 2, décider d'examiner la concentration si elle estime que celle-ci affecte le commerce entre États membres et menace d'affecter de manière significative la concurrence sur le territoire du ou des États membres qui formulent la demande. Si la Commission ne prend pas de décision dans ce délai, elle est réputée avoir adopté une décision d'examen de la concentration conformément à la demande.

La Commission informe tous les États membres et les entreprises concernées de sa décision. Elle peut demander qu'une notification lui soit faite conformément à l'article 4.

Le ou les États membres ayant formulé la demande n'appliquent plus leur droit national de la concurrence à la concentration concernée.

4. L'article 2, l'article 4, paragraphes 2 et 3, les articles 5 et 6 ainsi que les articles 8 à 21 sont applicables lorsque la Commission examine une concentration conformément au paragraphe 3. L'article 7 est applicable pour autant que la concentration n'ait pas été réalisée à la date à laquelle la Commission informe les entreprises concernées qu'une demande a été déposée.

Lorsqu'une notification au sens de l'article 4 n'est pas requise, le délai fixé à l'article 10, paragraphe 1, pendant lequel la procédure peut être ouverte court à compter du jour ouvrable suivant celui où la Commission informe les entreprises concernées qu'elle a décidé d'examiner la concentration en vertu du paragraphe 3.

5. La Commission peut informer un ou plusieurs États membres qu'elle considère qu'une concentration répond aux critères énoncés au paragraphe 1. Dans ce cas, elle peut inviter ce ou ces États membres à présenter une demande sur la base du paragraphe 1.

V. les orientations de la Commission européenne (2021/C 113/01) concernant l'application du mécanisme de renvoi établi à l'art. 22 du règlement sur les concentrations à certaines catégories d'affaires (JOUE C 113 du 31 mars 2021).

BIBL. ▶ OSTER, *JCP E 2006, n° 11, p. 517* (la menace du recours à l'art. 22). – KIRCH et LIO SOON SHUN, *RDLC 2007, n° 4, p. 45* (mise en œuvre de l'art. 22 : le point de vue français est-il contraire à la pratique communautaire ?). – RÉBIER, *D. actu. 28 avr. 2021* (concentrations d'entreprises : la Commission européenne accepte le premier « renvoi de l'art. 22 »). – DE DROUAS et NACHBAUR, *CCC 2021. Étude 5* (révolution du contrôle des concentrations au sein de l'UE : le chiffre d'affaires n'est plus le seul critère).

Art. 23 *Dispositions d'application.* 1. La Commission est autorisée à arrêter, conformément à la procédure visée au paragraphe 2 :

a) des dispositions d'application concernant la forme, la teneur et les autres modalités de notifications et mémoires présentés en application de l'article 4 ;

b) des dispositions d'application concernant les délais prévus à l'article 4, paragraphes 4 et 5, ainsi qu'aux articles 7, 9, 10 et 22 ;

c) la procédure et les délais pour la présentation et l'exécution des engagements en application de l'article 6, paragraphe 2, et de l'article 8, paragraphe 2 ;

d) des dispositions d'application concernant les auditions visées à l'article 18.

2. La Commission est assistée d'un comité consultatif composé des représentants des États membres.

a) Avant de publier le projet de dispositions d'application et avant d'adopter ces dispositions, la Commission consulte le comité consultatif.

b) La consultation a lieu lors d'une réunion convoquée à l'invitation de la Commission et présidée par celle-ci. Le texte du projet de dispositions d'application à adopter est transmis avec l'invitation. La réunion se déroule au plus tôt dix jours ouvrables après l'envoi de l'invitation.

c) Le comité consultatif rend un avis sur le projet de dispositions d'application, en procédant à un vote si nécessaire. La Commission tient le plus grand compte de l'avis rendu par le comité.

Art. 24 *Relations avec les pays tiers.* 1. Les États membres informent la Commission des difficultés d'ordre général que rencontrent leurs entreprises dans leurs concentrations définies à l'article 3 dans un pays tiers.

2. La Commission établit, pour la première fois un an au plus tard après l'entrée en vigueur du présent règlement et ensuite périodiquement, un rapport examinant le traitement réservé aux entreprises ayant leur siège ou leurs principaux domaines d'activité dans la Communauté, au sens des paragraphes 3 et 4, en ce qui concerne les concentrations dans les pays tiers. La Commission transmet ces rapports au Conseil, le cas échéant assortis de recommandations.

3. Lorsque la Commission constate, soit sur la base des rapports mentionnés au paragraphe 2, soit sur la base d'autres informations, qu'un pays tiers n'accorde pas aux entreprises, ayant leur siège ou leurs principaux domaines d'activité dans la Communauté, un traitement comparable à celui qu'offre la Communauté aux entreprises de ce pays tiers, elle peut soumettre des propositions au Conseil en vue d'obtenir un mandat de négociation approprié pour obtenir des possibilités de traitement comparables pour les entreprises ayant leur siège ou leurs principaux domaines d'activité dans la Communauté.

4. Les mesures prises au titre du présent article devront être conformes aux obligations qui incombent à la Communauté ou aux États membres, sans préjudice de l'article 307 du traité, en vertu d'accords internationaux, tant bilatéraux que multilatéraux.

Art. 25 *Dispositions abrogatoires.* 1. Sans préjudice de l'article 26, paragraphe 2, les règlements (CEE) n° 4064/89 et (CE) n° 1310/97 sont abrogés avec effet au 1er mai 2004.

2. Les références aux règlements abrogés s'entendent comme faites au présent règlement et sont à lire selon le tableau de correspondance figurant à l'annexe.

Art. 26 *Entrée en vigueur et dispositions transitoires.* 1. Le présent règlement entre en vigueur le vingtième jour suivant celui de sa publication au *Journal officiel de l'Union européenne.*

Il est applicable à partir du 1er mai 2004.

2. Le règlement (CEE) n° 4064/89 reste applicable à toute concentration qui a fait l'objet d'un accord ou d'une annonce ou pour laquelle le contrôle a été acquis au sens de l'article 4, paragraphe 1, de ce règlement avant la date d'application du présent règlement, sous réserve, notamment, des dispositions en matière d'applicabilité fixées à l'article 25, paragraphes 2 et 3, du règlement (CEE) n° 4064/89 et à l'article 2 du règlement (CE) n° 1310/97.

3. En ce qui concerne les concentrations auxquelles le présent règlement s'applique du fait de l'adhésion, la date de l'adhésion remplace la date d'application du présent règlement.

Règlement CE n° 773/2004 du 7 avril 2004,

Relatif aux procédures mises en œuvre par la Commission en application des articles 81 et 82 du traité CE (actuels art. 101 et 102 TFUE, depuis l'entrée en vigueur du traité de Lisbonne).

BIBL. GÉN. ▸ ARHEL, *JCP E 2008, n° 28-29, p. 3* (la Commission se dote d'un système de transaction). – NDLR, *BRDA 2008, n° 13, p. 10* (procédure de transaction communautaire). – LEDOUX et RODA, *CCC 2008. Étude 10* (adoption par la Commission d'une procédure de « transaction » en matière d'ententes). – BARBIER DE LA SERRE, *RLC oct.-déc. 2008. 95* (dispositif communautaire en matière de transactions). – JAZOTTES, *RTD com. 2009. 230* (procédure dite de transaction).

CHAPITRE I *OBJET ET CHAMP D'APPLICATION*

Art. 1er *Objet et champ d'application.* Le présent règlement est applicable aux procédures mises en œuvre par la Commission en application des articles 81 et 82 du traité *[101 et 102].*

CHAPITRE II *OUVERTURE DE LA PROCÉDURE*

Art. 2 *Ouverture de la procédure. (Règl. CE n° 622/2008 du 30 juin 2008 art. 1er)* 1. « La Commission peut décider d'ouvrir la procédure en vue d'adopter une décision en application du chapitre III du règlement (CE) n° 1/2003 à tout moment, mais au plus tard à la date à laquelle elle rend une évaluation préliminaire au sens de l'article 9, paragraphe 1, dudit règlement, émet une communication des griefs ou adresse aux parties une demande de manifestation d'intérêt à prendre part à des discussions en vue de parvenir à une transaction, ou bien à la date de publication d'une communication en application de l'article 27, paragraphe 4, dudit règlement, selon celle de ces dates qui vient en premier. »

2. La Commission peut rendre l'ouverture de la procédure publique par tout moyen approprié. Elle en informe au préalable les parties concernées.

3. La Commission peut exercer ses pouvoirs d'enquête en application du chapitre V du règlement (CE) n° 1/2003 avant d'ouvrir une procédure.

4. La Commission peut rejeter une plainte en application de l'article 7 du règlement (CE) n° 1/2003 sans ouvrir une procédure.

CHAPITRE III *ENQUÊTES MENÉES PAR LA COMMISSION*

Art. 3 *Pouvoir de recueillir des déclarations.* 1. Lorsque la Commission interroge une personne avec son consentement, conformément à l'article 19 du règlement (CE) n° 1/2003, elle indique, au début de l'entretien, sur quelle base juridique celui-ci est fondé ainsi que son objectif, et elle en rappelle le caractère volontaire. Elle informe aussi la personne interrogée de son intention d'enregistrer l'entretien.

2. L'entretien peut être réalisé par tout moyen de communication, y compris par téléphone ou par voie électronique.

3. La Commission peut enregistrer sous toute forme les déclarations faites par les personnes interrogées. Une copie de tout enregistrement est mise à la disposition de la personne interrogée pour approbation. La Commission fixe, au besoin, un délai dans lequel la personne interrogée peut communiquer toute correction à apporter à la déclaration.

Art. 4 *Questions orales pendant les inspections.* 1. Lorsque, en application de l'article 20, paragraphe 2, point e), du règlement (CE) n° 1/2003, des agents ou des personnes les accompagnant mandatés par la Commission demandent des explications aux représentants ou aux membres du personnel d'une entreprise ou d'une association d'entreprises, les explications fournies peuvent être enregistrées sous toute forme.

2. Une copie de tout enregistrement effectué conformément au paragraphe 1 est mise à la disposition de l'entreprise ou de l'association d'entreprises concernée après l'inspection.

3. Dans les cas où des explications ont été demandées à un membre du personnel d'une entreprise ou d'une association d'entreprises qui n'est pas ou n'était pas autorisé par ladite entreprise ou association d'entreprises à fournir de telles explications en son nom, la Commission impartit à l'entreprise ou à l'association d'entreprises un délai dans lequel elle peut communiquer à la Commission tout rectificatif, modification ou supplément aux explications fournies par ce membre du personnel. Le rectificatif, la modification ou le supplément sont ajoutés aux explications enregistrées conformément au paragraphe 1.

Art. 4 *bis* *Le programme de clémence de la Commission. (Règl. UE 2015/1348 du 3 août 2015, art. 1er-1)* 1. La Commission peut fixer les exigences et les conditions de coopération sur la base desquelles elle peut récompenser les entreprises qui participent ou ont participé à des ententes secrètes, pour leur contribution à la dénonciation de l'entente et à la constatation d'une infraction, en leur accordant une immunité d'amendes ou une réduction de l'amende qui, à défaut, leur aurait été infligée en vertu de l'article 23, paragraphe 2, du règlement (CE) n° 1/2003 (le programme de clémence de la Commission).

L'immunité d'amendes peut être accordée à l'entreprise qui est la première à fournir des éléments de preuve qui, de l'avis de la Commission, lui permettront d'effectuer une inspection ciblée ou de constater une infraction à l'article 101 du traité en rapport avec l'entente présumée. Une réduction d'amendes peut être accordée aux entreprises qui fournissent à la Commission des preuves de l'infraction présumée qui représentent une valeur ajoutée significative par rapport aux éléments de preuve qui sont déjà en sa possession.

La Commission n'accordera l'immunité d'amendes ou une réduction de leur montant au titre de son programme de clémence que si, au terme de la procédure administrative, l'entreprise remplit les exigences et les conditions de coopération établies dans le programme de clémence. Celles-ci peuvent porter, notamment, sur le type d'informations et d'éléments de preuve que les entreprises doivent fournir et sur la coopération ultérieure attendue de ces entreprises au cours de la procédure administrative.

2. Pour pouvoir bénéficier d'une immunité d'amendes ou d'une réduction de l'amende qui, à défaut, leur serait infligée, les entreprises communiquent spontanément à la Commission ce qu'elles savent d'une entente secrète et décrivent le rôle qu'elles y ont joué, ce qui peut aussi se faire en présentant spontanément ce que savent des salariés ou des représentants, anciens ou toujours en fonction, de l'entreprise (déclarations d'entreprise effectuées en vue d'obtenir la clémence). Ces déclarations sont établies spécifiquement pour être présentées à la Commission en vue d'obtenir une immunité ou une réduction d'amendes au titre de son programme de clémence.

3. La Commission proposera aux parties des moyens appropriés pour fournir des déclarations d'entreprise effectuées en vue d'obtenir la clémence autrement que par écrit, notamment oralement. Les déclarations orales des entreprises peuvent être enregistrées et transcrites dans les locaux de la Commission. Les entreprises ont la possibilité de vérifier l'exactitude technique de l'enregistrement de leur déclaration orale dans les locaux de la Commission et, s'il y a lieu, de corriger sans délai la teneur de leur déclaration. Les dispositions du présent règlement relatives aux déclarations d'entreprise effectuées en vue d'obtenir la clémence s'appliquent à ces déclarations quel qu'en soit le support. Les informations préexistantes, à savoir les preuves existant indépendamment de la procédure de la Commission et présentées à celle-ci par une entreprise dans le cadre de sa demande d'immunité ou de réduction d'amendes, ne sont pas considérées comme faisant partie d'une déclaration d'entreprise effectuée en vue d'obtenir la clémence.

CHAPITRE IV *TRAITEMENT DES PLAINTES*

Art. 5 *Recevabilité des plaintes.* **1. Les personnes physiques ou morales doivent faire valoir un intérêt légitime pour être habilitées à déposer une plainte aux fins de l'article 7 du règlement (CE) n° 1/2003.**

Une telle plainte doit contenir les informations prévues au formulaire C figurant à l'annexe. La Commission peut lever cette obligation pour une partie des informations, y compris les documents, prévues au formulaire C.

2. Trois copies sur papier et, si possible, une copie électronique de la plainte sont soumises à la Commission. Le plaignant soumet également une version non confidentielle de sa plainte si la confidentialité est demandée pour une partie de celle-ci.

3. Les plaintes sont déposées dans l'une des langues officielles de la Communauté.

Art. 6 *Participation des plaignants à la procédure. (Règl. CE n° 622/2008 du 30 juin 2008, art. 1er)* **1. « Lorsque la Commission émet une communication des griefs relative à une affaire au sujet de laquelle elle a été saisie d'une plainte, elle fournit au plaignant une copie de la version non confidentielle de la communication des griefs, excepté dans les affaires auxquelles s'applique la procédure de transaction, auquel cas elle informe le plaignant, par écrit, de la nature et de l'objet de la procédure. La Commission lui impartit également un délai pour présenter ses observations par écrit. »**

2. La Commission peut, le cas échéant, donner aux plaignants qui en font la demande dans leurs observations écrites l'occasion d'exprimer leur point de vue lors de l'audition des parties auxquelles une communication des griefs a été adressée.

Art. 7 *Rejet de plaintes.* **1. Lorsque la Commission considère que, sur la base des informations dont elle dispose, il n'existe pas de motifs suffisants pour donner suite à une plainte, elle informe le plaignant de ses raisons et lui impartit un délai pour faire connaître son point de vue par écrit. La Commission n'est pas tenue de prendre en considération les observations écrites reçues après l'expiration de ce délai.**

2. Si le plaignant fait connaître son point de vue dans le délai fixé par la Commission et que ses observations écrites ne mènent pas à une appréciation différente de la plainte, la Commission rejette la plainte par voie de décision.

3. Si le plaignant ne fait pas connaître son point de vue dans le délai fixé par la Commission, la plainte est réputée avoir été retirée.

Art. 8 *Accès à l'information.* **1. Lorsque la Commission a informé le plaignant de son intention de rejeter la plainte en application de l'article 7, paragraphe 1, le plaignant peut demander l'accès aux documents sur lesquels la Commission fonde son appréciation provisoire. A cet effet, le plaignant ne peut cependant pas avoir accès aux secrets d'affaires et autres informations confidentielles appartenant à d'autres parties à la procédure.**

(Abrogé par Règl. UE 2015/1348 du 3 août 2015, art. 1er-2) ***« 2. Les documents auxquels le plaignant a eu accès dans le cadre de procédures menées par la Commission en application des articles 81 et 82 du traité** [art. 101 et 102] **ne peuvent être utilisés par le plaignant qu'aux fins de procédures judiciaires ou administratives ayant pour objet l'application de ces dispositions du traité. »***

Art. 9 *Rejet de plaintes en application de l'article 13 du règlement (CE) nº 1/2003.* **Lorsque la Commission rejette une plainte en application de l'article 13 du règlement (CE) nº 1/2003, elle indique sans délai au plaignant quelle autorité de concurrence nationale traite ou a déjà traité l'affaire.**

CHAPITRE V *EXERCICE DU DROIT D'ÊTRE ENTENDU*

Art. 10 *Communication des griefs et réponse. (Règl. CE nº 622/2008 du 30 juin 2008, art. 1er)* **« 1. La Commission informe les parties en cause des griefs soulevés à leur encontre. La communication des griefs est notifiée par écrit à chacune des parties contre lesquelles des griefs sont soulevés. »**

2. Lors de la notification de la communication des griefs, la Commission donne aux parties concernées la possibilité de l'informer par écrit de leur point de vue dans un délai qu'elle fixe. La Commission n'est pas tenue de prendre en considération les observations écrites reçues après l'expiration de ce délai.

3. Dans leurs observations écrites, les parties peuvent exposer tous les faits dont elles ont connaissance et qui entrent en ligne de compte dans leur défense contre les griefs soulevés par la Commission. Elles joignent en annexe tout document attestant les faits exposés. Elles fournissent un original papier ainsi qu'une copie électronique de leurs observations et des documents qui y sont joints, ou, à défaut de copie électronique, *(Règl. UE nº 519/2013 du 21 févr. 2013)* **« 31 » copies sur papier. Elles peuvent proposer que la Commission entende des personnes susceptibles de corroborer les faits exposés dans leurs observations.**

Art. 10 *bis* *Procédure de transaction dans les affaires d'entente. (Règl. CE nº 622/2008 du 30 juin 2008, art. 1er)* **1. Après l'ouverture de la procédure prévue à l'article 11, paragraphe 6, du règlement (CE) nº 1/2003, la Commission peut impartir aux parties un délai pour lui faire savoir par écrit si elles sont disposées à prendre part à des discussions en vue de parvenir à une transaction, afin de présenter, le cas échéant, des propositions de transaction. La Commission n'est pas tenue de prendre en considération les réponses reçues après l'expiration de ce délai.**

Si deux parties au moins appartenant à la même entreprise font savoir qu'elles sont disposées à prendre part à des discussions en vue de parvenir à une transaction conformément au premier alinéa, elles doivent désigner une représentation com-

mune habilitée à prendre part, en leur nom, à des discussions avec la Commission. Lorsqu'elle fixe le délai visé au premier alinéa, la Commission indique aux parties concernées qu'elles ont été identifiées comme appartenant à la même entreprise, à la seule fin de leur permettre de respecter cette disposition.

2. La Commission peut informer les parties prenant part aux discussions en vue d'une transaction :

a) des griefs qu'elle envisage de soulever à leur encontre ;

b) des preuves utilisées pour formuler les griefs envisagés ;

c) des versions non confidentielles de tout document accessible figurant dans le dossier de l'affaire à ce moment-là, pour autant que la demande de la partie en cause se justifie pour lui permettre de préciser sa position concernant une période donnée ou tout autre aspect de l'entente ;

d) et de la fourchette des amendes probables.

Chaque partie est tenue de respecter la confidentialité des informations qui lui sont transmises par la Commission vis-à-vis des tiers, à moins que celle-ci ne leur ait, au préalable, explicitement donné l'autorisation de les communiquer.

(Règl. UE 2015/1348 du 3 août 2015, art. 1er-3) **« Si les discussions en vue d'une transaction progressent, la Commission peut impartir aux parties un délai pour s'engager éventuellement à suivre la procédure de transaction en présentant des propositions de transaction reflétant les résultats des discussions menées à cet effet et reconnaissant leur participation à une infraction à l'article 101 du traité, ainsi que leur responsabilité. Ces propositions de transaction sont spécifiquement établies par les entreprises concernées sous forme de demande formelle adressée à la Commission pour qu'elle adopte une décision dans leur affaire selon la procédure de transaction. Avant que la Commission ne fixe un délai pour l'introduction des propositions de transaction, les parties en cause ont le droit, si elles en font la demande, d'obtenir la communication rapide des informations mentionnées au premier alinéa. La Commission n'est pas tenue de prendre en considération les propositions de transaction reçues après l'expiration de ce délai.**

« La Commission proposera aux parties des moyens appropriés pour fournir des propositions de transaction autrement que par écrit, notamment oralement. Les propositions de transaction orales peuvent être enregistrées et transcrites dans les locaux de la Commission. Les entreprises ont la possibilité de vérifier l'exactitude technique de l'enregistrement de leur proposition orale dans les locaux de la Commission et, s'il y a lieu, de corriger sans délai la teneur de leur proposition. Les dispositions du présent règlement relatives aux propositions de transaction s'appliquent à ces propositions quel qu'en soit le support. »

3. Lorsque la communication des griefs notifiée aux parties reprend la teneur de leurs propositions de transaction, les parties en cause doivent, dans le délai fixé par la Commission, confirmer, dans leur réponse écrite à cette communication des griefs, que cette dernière reflète la teneur de leurs propositions de transaction. La Commission peut alors adopter une décision en vertu des articles 7 et 23 du règlement (CE) nº 1/2003, après consultation du comité consultatif en matière d'ententes et de positions dominantes conformément à l'article 14 du règlement (CE) nº 1/2003.

4. La Commission peut décider, à toute étape de la procédure, de mettre fin aux discussions menées en vue d'une transaction, pour l'ensemble d'un dossier spécifique ou à l'égard d'une ou plusieurs parties concernées, si elle considère qu'il est probable que l'efficacité de la procédure est menacée.

BIBL. ▶ ARHEL, *JCP E 2008, nº 28-29, p. 3* (la Commission européenne se dote d'un système de transaction). – NDLR, *BRDA 2008, nº 13, p. 10* (procédure de transaction communautaire). – LEDOUX et RODA, *CCC 2008. Étude 10* (adoption par la Commission européenne d'une procédure de « transaction » en matière d'ententes). – BARBIER DE LA SERRE, *RLC oct.-déc. 2008. 95* (le dispositif communautaire en matière de transactions). – N. PETIT, *RDLC 2009, nº 1, p. 231* (schéma synoptique). – JAZOTTES, *RTD com. 2009. 230* (procédure dite de transaction).

Art. 11 *Droit des parties d'être entendues. (Règl. CE nº 622/2008 du 30 juin 2008, art. 1er)* **« 1. La Commission donne aux parties auxquelles elle adresse une communication des griefs la possibilité d'être entendues avant de consulter le comité consultatif visé à l'article 14, paragraphe 1, du règlement (CE) nº 1/2003. »**

2. Dans ses décisions, la Commission ne retient que les griefs au sujet desquels les parties visées au paragraphe 1 ont eu l'occasion de présenter des observations.

Art. 12 *Droit à une audition. (Règl. CE n° 622/2008 du 30 juin 2008, art. 1er)* 1. La Commission donne aux parties auxquelles elle adresse une communication des griefs la possibilité de développer leurs arguments lors d'une audition, si elles en font la demande dans leurs observations écrites.

2. Toutefois, lorsqu'elles présentent des propositions de transaction, les parties confirment à la Commission qu'elles ne demanderont à développer leurs arguments lors d'une audition que si la communication des griefs ne reflète pas la teneur de leurs propositions de transaction.

Art. 13 *Audition des tiers.* 1. Si des personnes physiques ou morales autres que celles qui sont visées aux articles 5 et 11 demandent à être entendues et justifient d'un intérêt suffisant, la Commission les informe par écrit de la nature et de l'objet de la procédure et elle leur donne la possibilité de faire connaître leur point de vue par écrit dans un délai qu'elle fixe.

2. La Commission peut, le cas échéant, inviter les personnes visées au paragraphe 1 à développer leurs arguments lors de l'audition des parties auxquelles une communication des griefs a été adressée, si elles en font la demande dans leurs observations écrites.

3. La Commission peut inviter toute autre personne à exprimer son point de vue par écrit et à assister à l'audition des parties auxquelles une communication des griefs a été adressée. La Commission peut aussi inviter ces personnes à exprimer leur point de vue au cours de cette audition.

Art. 14 *Conduite des auditions.* 1. Les auditions sont conduites en toute indépendance par un conseiller-auditeur.

2. La Commission invite les personnes qui doivent être entendues à assister à l'audition à la date qu'elle fixe.

3. La Commission invite les autorités de concurrence des États membres à prendre part à l'audition. Elle peut également inviter les fonctionnaires et agents d'autres autorités des États membres.

4. Les personnes invitées à se présenter comparaissent en personne ou sont représentées, selon le cas, par des représentants légaux ou statutaires. Les entreprises et associations d'entreprises peuvent aussi être représentées par un mandataire dûment habilité et choisi dans leur personnel permanent.

5. Les personnes entendues par la Commission peuvent être assistées par leurs conseillers juridiques ou par d'autres personnes qualifiées admises par le conseiller-auditeur.

6. L'audition n'est pas publique. Toute personne peut être entendue séparément ou en présence d'autres personnes invitées à assister à l'audition, compte tenu de l'intérêt légitime des entreprises à ce que leurs secrets d'affaires et autres informations confidentielles ne soient pas divulgués.

7. Le conseiller-auditeur peut autoriser les parties auxquelles une communication des griefs a été adressée, les plaignants, les tiers invités à l'audition, les services de la Commission et les autorités des États membres à poser des questions pendant l'audition.

8. Les déclarations faites par chaque personne entendue sont enregistrées. Sur demande, l'enregistrement de l'audition est mis à la disposition des personnes qui y ont assisté. Il est tenu compte de l'intérêt légitime des parties à ce que leurs secrets d'affaires et autres informations confidentielles ne soient pas divulgués.

CHAPITRE VI *ACCÈS AU DOSSIER ET TRAITEMENT DES INFORMATIONS CONFIDENTIELLES*

Art. 15 *(Règl. UE 2015/1348 du 3 août 2015, art. 1er-4) « Accès au dossier ».* 1. Sur demande, la Commission accorde l'accès au dossier aux parties auxquelles elle a adressé une communication des griefs. L'accès est accordé après la notification de la communication des griefs.

(Règl. UE 2015/1348 du 3 août 2015, art. 1er-4) « 1 *bis*. Après l'ouverture de la procédure en vertu de l'article 11, paragraphe 6, du règlement (CE) n° 1/2003 et afin de permettre aux parties de présenter des propositions de transaction, la Commission leur communique, sur demande et sous réserve du respect des conditions fixées dans les alinéas applicables, les éléments de preuve et les documents visés à l'article 10 *bis*, paragraphe 2. A cet effet, lorsqu'elles présentent leurs propositions de transaction, les parties confirment à la Commission qu'elles ne demanderont l'accès au dossier en vertu du paragraphe 1, après réception de la communication des griefs, que si celle-ci ne reflète pas la teneur de leurs propositions de transaction. Lorsque les discussions en vue d'une transaction ont été interrompues avec une ou plusieurs des parties, celle ou celles-ci se voient accorder l'accès au dossier en vertu du paragraphe 1 lorsqu'une communication des griefs lui ou leur a été adressée.

« 1 *ter*. L'accès, en vertu du paragraphe 1 ou 1 *bis*, à une déclaration d'entreprise effectuée en vue d'obtenir la clémence au sens de l'article 4 *bis*, paragraphe 2, ou à une proposition de transaction au sens de l'article 10 *bis*, paragraphe 2, n'est accordé que dans les locaux de la Commission. Les parties et leurs représentants ne peuvent prendre des copies des déclarations d'entreprise effectuées en vue d'obtenir la clémence ou des propositions de transaction par aucun moyen mécanique ou électronique. »

2. Le droit d'accès au dossier ne s'étend pas aux secrets d'affaires et autres informations confidentielles ni aux documents internes de la Commission ou des autorités de concurrence des États membres. Il ne s'étend pas non plus à la correspondance entre la Commission et les autorités de concurrence des États membres ou entre ces dernières lorsque cette correspondance est contenue dans le dossier de la Commission.

3. Aucune disposition du présent règlement n'empêche la Commission de divulguer et d'utiliser des informations nécessaires à l'établissement de la preuve d'une infraction aux articles 81 ou 82 du traité *[art. 101 ou 102]*.

(Abrogé par Règl. UE 2015/1348 du 3 août 2015, art. 1er-4) ***« 4. Les documents obtenus par le biais de l'accès au dossier conformément au présent article ne sont utilisés qu'aux fins de procédures judiciaires ou administratives ayant pour objet l'application des articles 81 et 82 du traité*** *[art. 101 et 102]* ***».***

Art. 16 *Identification et protection des informations confidentielles.* 1. Les informations, y compris les documents, ne sont pas communiquées ni rendues accessibles par la Commission dans la mesure où elles contiennent des secrets d'affaires ou d'autres informations confidentielles appartenant à une personne quelconque.

2. Toute personne qui fait connaître son point de vue conformément à l'article 6, paragraphe 1, à l'article 7, paragraphe 1, à l'article 10, paragraphe 2, ou à l'article 13, paragraphes 1 et 3, ou qui fournit des informations complémentaires à la Commission à un stade ultérieur de la même procédure, signale clairement toute information qu'elle considère comme confidentielle, en indiquant ses raisons, et fournit une version non confidentielle séparée au plus tard à la date d'expiration du délai qui lui a été imparti par la Commission pour faire connaître son point de vue.

3. Sans préjudice du paragraphe 2 du présent article, la Commission peut exiger de toute entreprise ou association d'entreprises qui produit des documents ou des déclarations conformément au règlement (CE) n° 1/2003 qu'elle signale les documents ou les parties de documents qu'elle considère comme contenant des secrets d'affaires ou d'autres informations confidentielles lui appartenant et qu'elle désigne les entreprises vis-à-vis desquelles ces documents doivent être considérés comme confidentiels. La Commission peut également exiger des entreprises ou des associations d'entreprises qu'elles signalent toute partie d'une communication des griefs, d'un résumé succinct de l'affaire établi conformément à l'article 27, paragraphe 4, du règlement (CE) n° 1/2003 ou d'une décision adoptée par la Commission qui contient, selon elles, des secrets d'affaires.

La Commission peut impartir aux entreprises ou aux associations d'entreprises un délai pour :

a) justifier leur demande de confidentialité en ce qui concerne chaque document ou partie de document, déclaration ou partie de déclaration ;

b) fournir à la Commission une version non confidentielle des documents ou des déclarations, dans lesquels les passages confidentiels sont supprimés ;

c) fournir une description concise de chaque passage supprimé.

4. Si des entreprises ou des associations d'entreprises ne se conforment pas aux paragraphes 2 et 3, la Commission peut supposer que les documents ou les déclarations concernés ne contiennent pas d'informations confidentielles.

CHAPITRE VI *BIS* *LIMITES À L'UTILISATION DES INFORMATIONS OBTENUES AU COURS D'UNE PROCÉDURE DE LA COMMISSION*

(Règl. UE 2015/1348 du 3 août 2015, art. 1er-5)

Art. 16 *bis* 1. Les informations obtenues en vertu du présent règlement sont utilisées exclusivement aux fins des procédures judiciaires ou administratives ayant pour objet l'application des articles 101 et 102 du traité.

2. L'accès aux déclarations d'entreprise effectuées en vue d'obtenir la clémence, au sens de l'article 4 *bis*, paragraphe 2, ou aux propositions de transaction, au sens de l'article 10 *bis*, paragraphe 2, est accordé exclusivement aux fins de l'exercice des droits de la défense dans une procédure engagée devant la Commission. Les informations tirées de ces déclarations et propositions ne peuvent être utilisées par la partie qui a obtenu l'accès au dossier que lorsque cela est nécessaire pour l'exercice de ses droits de la défense dans le cadre d'une action :

a) introduite devant les juridictions de l'Union européenne contre une décision de la Commission ; ou

b) introduite devant les juridictions des États membres dans une affaire directement liée à celle pour laquelle l'accès a été accordé, et qui concerne :

i) la répartition entre les participants à une entente d'une amende qui leur a été infligée solidairement par la Commission ; ou

ii) le contrôle juridictionnel d'une décision par laquelle une autorité de concurrence d'un État membre constate une infraction à l'article 101 du TFUE.

3. Les catégories suivantes d'informations obtenues en vertu du présent règlement ne peuvent être utilisées dans les procédures engagées devant les juridictions nationales qu'une fois que la Commission a clos sa procédure contre toutes les parties faisant l'objet de l'enquête en adoptant une décision en vertu de l'article 7, 9 ou 10 du règlement (CE) nº 1/2003, ou clos sa procédure d'une autre manière :

a) les informations préparées par d'autres personnes physiques ou morales expressément aux fins de la procédure engagée devant la Commission ; et

b) les informations établies par la Commission et envoyées aux parties au cours de sa procédure.

CHAPITRE VII *DISPOSITIONS GÉNÉRALES ET FINALES*

Art. 17 *Délais. (Règl. CE nº 622/2008 du 30 juin 2008, art. 1er)* « 1. Pour fixer les délais prévus à l'article 3, paragraphe 3, à l'article 4, paragraphe 3, à l'article 6, paragraphe 1, à l'article 7, paragraphe 1, à l'article 10, paragraphe 2, à l'article 10 *bis*, paragraphe 1, à l'article 10 *bis*, paragraphe 2, à l'article 10 *bis*, paragraphe 3, et à l'article 16, paragraphe 3, la Commission tient compte à la fois du temps nécessaire à l'élaboration des observations et de l'urgence de l'affaire. »

2. Les délais visés à l'article 6, paragraphe 1, à l'article 7, paragraphe 1, et à l'article 10, paragraphe 2, sont d'au moins quatre semaines. Toutefois, pour les procédures ouvertes en vue d'adopter des mesures provisoires conformément à l'article 8 du règlement (CE) nº 1/2003, le délai peut être ramené à une semaine.

(Règl. CE nº 622/2008 du 30 juin 2008, art. 1er) « 3. Les délais visés à l'article 4, paragraphe 3, à l'article 10 *bis*, paragraphe 1, à l'article 10 *bis*, paragraphe 2, et à l'article 16, paragraphe 3, sont d'au moins deux semaines. Le délai visé à l'article 3, paragraphe 3, est d'au moins deux semaines, excepté en ce qui concerne les propositions de transaction, pour lesquelles les corrections doivent être faites dans un délai d'une semaine. Le délai visé à l'article 1 *bis*, paragraphe 3, est d'au moins deux semaines. »

4. Les délais peuvent, le cas échéant, être prorogés sur demande motivée introduite avant l'expiration du délai initial.

Art. 18 *Abrogations.* **Les règlements (CE) n° 2842/98, (CE) n° 2843/98 et (CE) n° 3385/94 sont abrogés.**

Les références aux règlements abrogés s'entendent comme faites au présent règlement.

Art. 19 *Dispositions transitoires.* **Les mesures de procédure prises en application des règlements (CE) n° 2842/98 et (CE) n° 2843/98 continuent de produire leurs effets aux fins de l'application du présent règlement.**

Art. 20 *Entrée en vigueur.* **Le présent règlement entre en vigueur le 1er mai 2004.**

Le présent règlement est obligatoire dans tous ses éléments et directement applicable dans tout État membre.

ANNEXE

FORMULAIRE C

DÉPÔT DE PLAINTE EN VERTU DE L'ARTICLE 7, PARAGRAPHE 2, DU RÈGLEMENT (CE) N° 1/2003

I. Informations concernant le plaignant et l'entreprise, les entreprises ou l'association d'entreprises donnant lieu à la plainte

1 Veuillez fournir des informations complètes sur l'identité de la personne physique ou morale qui dépose plainte. Si le plaignant est une entreprise, veuillez identifier le groupe de sociétés auquel elle appartient et fournir un bref aperçu de la nature et de la portée de ses activités économiques. Indiquez les coordonnées (numéro de téléphone, adresse postale et adresse électronique) d'une personne de contact auprès de qui des explications supplémentaires peuvent être obtenues.

2 Veuillez identifier l'entreprise, les entreprises ou l'association d'entreprises dont le comportement fait l'objet de la plainte, en fournissant, le cas échéant, toutes les informations disponibles sur le groupe de sociétés auquel appartiennent lesdites entreprises, ainsi que sur la nature et la portée de leurs activités économiques. Situez le plaignant par rapport à l'entreprise, aux entreprises ou à l'association d'entreprises visées par la plainte (par exemple client, concurrent).

II. Renseignements concernant l'infraction présumée et preuves

3 Veuillez exposer en détail les faits dont on peut inférer, selon vous, qu'il y a infraction à l'article 81 ou 82 du traité *[art. 101 ou 102]* et/ou à l'article 53 ou 54 de l'accord de EEE. Veuillez notamment indiquer la nature des produits (biens ou services) affectés par les infractions présumées et expliquer, le cas échéant, les relations commerciales dont ces produits font l'objet. Veuillez fournir toutes les informations disponibles sur les accords ou les pratiques des entreprises ou des associations d'entreprises visées par la plainte. Veuillez indiquer, dans la mesure du possible, les positions respectives desdites entreprises sur le marché.

4 Veuillez soumettre tous les documents en votre possession qui se rapportent ou sont directement liés aux faits exposés dans la plainte (par exemple, texte d'accords, comptes rendus de négociations ou de réunions, conditions de transaction, documents commerciaux, circulaires, correspondance, résumés de conversations téléphoniques, etc.). Veuillez indiquer le nom et l'adresse des personnes capables de témoigner des faits exposés dans la plainte, et notamment des personnes lésées par l'infraction présumée. Veuillez communiquer les statistiques ou les autres données en votre possession qui se rapportent aux faits exposés, en particulier celles qui mettent en évidence des évolutions sur le marché (par exemple, des informations concernant les prix et les tendances des prix, les barrières à l'entrée de nouveaux fournisseurs sur le marché, etc.).

5 Veuillez exposer votre point de vue sur la portée géographique de l'infraction présumée et expliquer, si ce n'est pas évident, dans quelle mesure le commerce entre États membres ou entre la Communauté et un ou plusieurs États de l'AELE qui sont parties contractantes de l'accord EEE peut être affecté par le comportement dénoncé.

III. Résultat escompté de l'intervention de la commission et intérêt légitime

6 Veuillez expliquer le résultat que vous escomptez, en termes de conclusions ou de mesures, de la procédure engagée par la Commission.

7 Veuillez exposer les motifs en vertu desquels vous faites valoir un intérêt légitime en tant que plaignant conformément à l'article 7 du règlement (CE) n° 1/2003. Veuillez indiquer, en particulier, en quoi vous êtes lésé par le comportement dénoncé et expliquer comment, selon vous, l'intervention de la Commission serait de nature à redresser les griefs allégués.

IV. Procédures devant les autorités de concurrence ou les juridictions nationales

8 Veuillez spécifier si vous avez effectué une démarche auprès d'une autre autorité de concurrence et/ou si un procès a été intenté devant une juridiction nationale pour les mêmes motifs ou des motifs apparentés. Si tel est le cas, veuillez fournir des informations complètes concernant l'autorité administrative ou judiciaire en question et les allégations que vous leur avez soumises.

Déclaration selon laquelle les renseignements contenus dans le présent formulaire et dans ses annexes sont fournis de toute bonne foi.

Date et signature.

Règlement CE n° 802/2004 du 21 avril 2004,

Concernant la mise en œuvre du règlement CE n° 139/2004 du Conseil relatif au contrôle des concentrations entre entreprises.

CHAPITRE I *CHAMP D'APPLICATION*

Art. 1er *Champ d'application.* Le présent règlement s'applique au contrôle des concentrations effectué conformément au règlement (CE) n° 139/2004.

CHAPITRE II *NOTIFICATIONS ET AUTRES DOCUMENTS*

Art. 2 *Personnes habilitées à déposer des notifications.* 1. L'obligation de notifier s'impose aux personnes ou entreprises visées à l'article 4, paragraphe 2, du règlement (CE) n° 139/2004.

(Règl. UE n° 1269/2013 du 5 déc. 2013, en vigueur le 1er janv. 2014) « 2. Lorsque la notification est signée par des représentants extérieurs mandatés de personnes ou d'entreprises, ces représentants doivent prouver par un écrit leur pouvoir de représentation. »

3. Les notifications conjointes devraient être déposées par un représentant commun investi du pouvoir de transmettre et de recevoir des documents au nom de toutes les parties notifiantes.

Art. 3 *Dépôt des notifications.* 1. Les notifications sont déposées de la manière prescrite dans le formulaire CO figurant à l'annexe I. Dans les conditions précisées à l'annexe II, les notifications peuvent être déposées sous une forme simplifiée définie dans cette même annexe. Les notifications conjointes sont déposées à l'aide d'un seul et même formulaire.

(Règl. UE n° 1269/2013 du 5 déc. 2013, en vigueur le 1er janv. 2014) « 2. Le formulaire CO et les documents annexes doivent être déposés à la Commission dans le format et le nombre de copies précisés périodiquement par la Commission au *Journal officiel de l'Union européenne*. La notification doit être déposée à l'adresse mentionnée à l'article 23, paragraphe 1. »

3. Les documents annexes sont des originaux ou des copies d'originaux ; s'il s'agit de copies, les parties notifiantes doivent attester qu'elles sont exactes et complètes.

4. Les notifications sont rédigées dans l'une des langues officielles de la Communauté. Pour les parties notifiantes, cette langue est dès lors la langue de procédure ainsi que de toute procédure ultérieure relative à la même opération de concentration. Les documents annexes sont déposés dans la langue originale. Si celle-ci n'est pas l'une des langues officielles de la Communauté, une traduction dans la langue de procédure est jointe au document.

5. Les notifications qui sont faites en application de l'article 57 de l'accord sur l'Espace économique européen peuvent aussi être rédigées dans l'une des langues officielles des États de l'Association européenne de libre-échange (AELE) ou dans la langue de travail de l'Autorité de surveillance de l'AELE. Lorsque la langue retenue n'est pas une langue officielle de la Communauté, les parties notifiantes joignent à chaque document une traduction dans une des langues officielles de la Communauté. La langue choisie pour la traduction détermine la langue de procédure utilisée par la Commission à l'égard des parties notifiantes.

Art. 4 *Informations et documents à communiquer. (Règl. UE n° 1269/2013 du 5 déc. 2013, en vigueur le 1er janv. 2014)* « 1. Les notifications contiennent les informations et documents demandés dans les formulaires pertinents figurant aux annexes I et II du présent règlement. Les informations fournies doivent être exactes et complètes. »

2. La Commission peut dispenser de l'obligation de communiquer une information ou un document dans la notification, ainsi que de toute autre exigence définie aux annexes I et II, si le respect de ces obligations et exigences ne lui paraît pas nécessaire pour l'examen de l'affaire.

3. La Commission délivre sans délai aux parties notifiantes ou à leurs représentants un accusé de réception de la notification, ainsi que de toute réponse à une lettre qu'elle aura adressée en vertu de l'article 5, paragraphes 2 et 3.

BIBL. ▶ VIALA et DE L'ESTANG, CCC *2019. Étude 8* (communication d'informations inexactes ou dénaturées : la Commission rappelle aux entreprises leur devoir de vigilance).

Art. 5 *Prise d'effet des notifications.* 1. Sans préjudice des paragraphes 2, 3 et 4, les notifications prennent effet à la date à laquelle elles sont reçues par la Commission.

2. Si la Commission constate que les informations figurant dans la notification ou dans les documents annexes sont incomplètes sur un point essentiel, elle en informe sans délai et par écrit les parties notifiantes ou leurs représentants. Dans ce cas, la notification prend effet à la date où la Commission reçoit les informations complètes.

3. Si les faits rapportés dans la notification subissent, après la notification, des modifications essentielles dont les parties notifiantes ont ou auraient dû avoir connaissance, ou font l'objet, après la notification, d'informations nouvelles dont les parties notifiantes ont ou auraient dû avoir connaissance et qui auraient dû être notifiées si elles avaient été connues au moment de la notification, ces modifications ou informations sont communiquées à la Commission sans délai. Dans ce cas, lorsque ces modifications essentielles ou informations nouvelles peuvent influer de manière significative sur son appréciation de l'opération de concentration, la Commission peut considérer que la notification prend effet à la date de la réception des informations pertinentes en question ; la Commission en informe sans délai et par écrit les parties notifiantes ou leurs représentants.

4. Les informations inexactes ou mensongères sont considérées comme incomplètes.

5. Lorsque la Commission publie le fait de la notification conformément à l'article 4, paragraphe 3, du règlement (CE) n° 139/2004, elle précise la date de réception de la notification. Si, par suite de l'application des paragraphes 2, 3 et 4 du présent article, la date de prise d'effet de la notification est postérieure à la date qui a été publiée, la Commission publie un nouvel avis indiquant la nouvelle date de prise d'effet.

Art. 6 *Dispositions spécifiques relatives aux mémoires motivés, aux compléments et aux certifications.* 1. Les mémoires motivés au sens de l'article 4, paragraphes 4 et 5, du règlement (CE) n° 139/2004 doivent contenir les informations et documents demandés à l'annexe III du présent règlement.

(Règl. UE n° 1269/2013 du 5 déc. 2013, en vigueur le 1er janv. 2014) « 2. L'article 2, l'article 3, paragraphe 1, troisième phrase, l'article 3, paragraphes 2 à 5, l'article 4, l'article 5, paragraphes 1 à 4, l'article 21 et l'article 23 du présent règlement s'appliquent *mutatis mutandis* aux mémoires motivés au sens de l'article 4, paragraphes 4 et 5, du règlement (CE) n° 139/2004. »

L'article 2, l'article 3, paragraphe 1, troisième phrase, et paragraphes 2 à 5, l'article 4, l'article 5, paragraphes 1 à 4, l'article 21 et l'article 23 du présent règlement s'appliquent *mutatis mutandis* aux compléments des notifications et aux certifications au sens de l'article 10, paragraphe 5, du règlement (CE) nº 139/2004.

CHAPITRE III *DÉLAIS*

Art. 7 *Début des délais.* Les délais courent à partir du jour ouvrable, tel que défini à l'article 24 du présent règlement, suivant l'événement auquel fait référence la disposition pertinente du règlement (CE) nº 139/2004.

Art. 8 *Expiration des délais.* Un délai calculé en jours ouvrables expire à la fin du dernier jour ouvrable.

Un délai fixé par la Commission en termes de date d'expiration expire à la fin du jour qui correspond à cette date.

Art. 9 *Suspension des délais.* 1. Les délais visés à l'article 9, paragraphe 4, ainsi qu'à l'article 10, paragraphes 1 et 3, du règlement (CE) nº 139/2004 sont suspendus lorsque la Commission, en application de l'article 11, paragraphe 3, ou de l'article 13, paragraphe 4, dudit règlement, est contrainte d'adopter une décision pour l'un des motifs suivants :

a) les informations que la Commission a demandées, en vertu de l'article 11, paragraphe 2, du règlement (CE) nº 139/2004, à l'une des parties notifiantes ou à une autre partie intéressée au sens de l'article 11 du présent règlement ne lui sont pas communiquées ou ne lui sont pas communiquées intégralement dans le délai qu'elle a fixé ;

b) les informations que la Commission a demandées, en vertu de l'article 11, paragraphe 2, du règlement (CE) nº 139/2004, à un tiers au sens de l'article 11 du présent règlement ne lui sont pas communiquées ou ne lui sont pas communiquées intégralement dans le délai qu'elle a fixé, en raison de circonstances dont est responsable l'une des parties notifiantes ou une autre partie intéressée au sens de l'article 11 du présent règlement ;

c) l'une des parties notifiantes ou une autre partie intéressée, au sens de l'article 11 du présent règlement, a refusé de se soumettre à une inspection jugée nécessaire par la Commission en vertu de l'article 13, paragraphe 1, du règlement (CE) nº 139/2004, ou de coopérer à cette inspection conformément à l'article 13, paragraphe 2, dudit règlement ;

d) les parties notifiantes ont omis d'informer la Commission de modifications essentielles des faits rapportés dans la notification ou de toute autre information nouvelle du type visé à l'article 5, paragraphe 3, du présent règlement.

2. Les délais visés à l'article 9, paragraphe 4, et à l'article 10, paragraphes 1 et 3, du règlement (CE) nº 139/2004 sont suspendus lorsque la Commission doit prendre une décision en application de l'article 11, paragraphe 3, dudit règlement, sans passer par une simple demande de renseignements, en raison de circonstances dont une des entreprises parties à la concentration est responsable.

3. Les délais visés à l'article 9, paragraphe 4, et à l'article 10, paragraphes 1 et 3, du règlement (CE) nº 139/2004 sont suspendus :

a) dans les cas visés au paragraphe 1, points a) et b), pendant la période comprise entre la fin du délai fixé dans la simple demande d'informations et la réception des informations complètes et exactes requises par voie de décision ;

b) dans les cas visés au paragraphe 1, point c), pendant la période comprise entre la tentative infructueuse d'inspection et l'aboutissement de l'inspection ordonnée par voie de décision ;

c) dans les cas visés au paragraphe 1, point d), pendant la période comprise entre la modification des faits en question et la réception des informations complètes et exactes ;

d) dans les cas visés au paragraphe 2, pendant la période comprise entre la fin du délai fixé dans la décision et la réception des informations complètes et exactes requises par voie de décision.

4. La suspension des délais commence le jour suivant celui de la survenance du motif de la suspension. Elle expire à la fin du jour de la disparition du motif de la

suspension. Si ce jour n'est pas un jour ouvrable, la suspension expire à la fin du premier jour ouvrable qui suit.

Art. 10 *Respect des délais.* **1. Les délais visés à l'article 4, paragraphe 4, quatrième alinéa, à l'article 9, paragraphe 4, à l'article 10, paragraphes 1 et 3, ainsi qu'à l'article 22, paragraphe 3, du règlement (CE) n° 139/2004 sont considérés comme respectés lorsque la Commission a pris la décision concernée avant la fin de la période.**

2. Les délais visés à l'article 4, paragraphe 4, deuxième alinéa, et paragraphe 5, troisième alinéa, à l'article 9, paragraphe 2, ainsi qu'à l'article 22, paragraphe 1, deuxième alinéa, et paragraphe 2, deuxième alinéa, du règlement (CE) n° 139/2004 sont considérés comme respectés par un État membre concerné lorsque cet État membre informe la Commission par écrit ou dépose ou joint la demande par écrit, selon le cas, avant la fin de la période.

3. Le délai visé à l'article 9, paragraphe 6, du règlement (CE) n° 139/2004 est considéré comme respecté lorsque l'autorité compétente d'un État membre concerné informe les entreprises intéressées de la manière prescrite dans ladite disposition avant la fin de la période.

CHAPITRE IV *EXERCICE DU DROIT À ÊTRE ENTENDU ET AUDITIONS*

Art. 11 *Parties et tiers à entendre.* **Le droit à être entendu en application de l'article 18 du règlement (CE) n° 139/2004 est ouvert aux parties et tiers définis comme suit :**

a) les parties notifiantes, à savoir les personnes ou entreprises qui déposent une notification en vertu de l'article 4, paragraphe 2, du règlement (CE) n° 139/2004 ;

b) les autres parties intéressées, à savoir les parties au projet de concentration autres que les parties notifiantes, par exemple le vendeur ou l'entreprise qui est la cible de l'opération ;

c) les tiers, à savoir les personnes physiques ou morales justifiant d'un intérêt suffisant, notamment les clients, fournisseurs et concurrents au sens de l'article 18, paragraphe 4, deuxième phrase, du règlement (CE) n° 139/2004, ce qui est le cas notamment

— des membres des organes d'administration ou de direction des entreprises concernées et des représentants reconnus des travailleurs de ces entreprises,

— des associations de consommateurs, lorsque le projet de concentration concerne des produits ou services utilisés par les consommateurs finals,

d) les parties à l'encontre desquelles la Commission a l'intention de prendre une décision fondée sur l'article 14 ou l'article 15 du règlement (CE) n° 139/2004.

Association de consommateurs. Pour un arrêt précisant les droits dont disposent les associations de consommateurs dans le cadre de la procédure administrative de la Commission visant l'examen d'une concentration, V. • Trib. UE, 12 oct. 2011, n° T-224/10 : *D. actu. 23 nov. 2011, obs. Demunck ; CCC 2011, n° 261, obs. Decocq ; RLDA nov. 2011. 42, obs. Mathonnière ; RDLC 2012, n° 1, p. 188, obs. Cardonnel ; RLC mars-avr. 2012. 13, obs. de Bure et Bary ; Europe 2011, n° 473, obs. Idot.*

Art. 12 *Décisions concernant la suspension d'opérations de concentration.* **1. Lorsque la Commission a l'intention de prendre, en vertu de l'article 7, paragraphe 3, du règlement (CE) n° 139/2004, une décision préjudiciable à l'une ou à plusieurs des parties, elle communique ses objections par écrit aux parties notifiantes et aux autres parties intéressées, conformément à l'article 18, paragraphe 1, du même règlement, et leur fixe un délai pour lui faire connaître leur point de vue.**

2. Lorsque, en application de l'article 18, paragraphe 2, du règlement (CE) n° 139/2004, la Commission prend à titre provisoire une décision au sens du paragraphe 1 du présent article, sans avoir donné aux parties notifiantes et aux autres parties intéressées l'occasion de lui faire connaître leur point de vue, elle leur communique sans délai le texte de cette décision provisoire et leur fixe un délai pour lui faire connaître leur point de vue.

(Règl. UE n° 1269/2013 du 5 déc. 2013, en vigueur le 1er janv. 2014) **« Lorsque les parties notifiantes et les autres parties intéressées ont fait connaître leur point de vue, la Commission prend une décision définitive qui abroge, modifie ou confirme la**

décision provisoire. » Si les parties n'ont pas fait connaître leur point de vue par écrit dans le délai imparti, la décision provisoire de la Commission devient définitive à l'expiration de ce délai.

Art. 13 *Décisions au fond.* 1. Lorsque la Commission envisage de prendre une décision en vertu de l'article 6, paragraphe 3, ou de l'article 8, paragraphes 2 à 6, du règlement (CE) n° 139/2004, elle procède, avant de consulter le comité consultatif en matière de concentrations, à l'audition des parties, conformément à l'article 18, paragraphes 1 et 3, dudit règlement.

L'article 12, paragraphe 2, du présent règlement s'applique *mutatis mutandis* lorsque, en application de l'article 18, paragraphe 2, du règlement (CE) n° 139/2004, la Commission a pris une décision en vertu de l'article 8, paragraphe 5, dudit règlement, à titre provisoire.

2. La Commission fait part de ses objections par écrit aux parties notifiantes.

En communiquant ses objections, la Commission indique aux parties notifiantes le délai dans lequel elles peuvent lui faire connaître leur point de vue par écrit.

La Commission informe les autres parties intéressées, par écrit, des objections retenues.

La Commission fixe aussi le délai dans lequel les autres parties intéressées peuvent lui faire connaître leur point de vue par écrit.

La Commission n'est pas tenue de prendre en considération les observations reçues après l'expiration d'un délai qu'elle a fixé.

(Règl. UE n° 1269/2013 du 5 déc. 2013, en vigueur le 1er janv. 2014) « 3. Les parties auxquelles la Commission a fait part de ses objections ou qui ont été informées des objections retenues peuvent exprimer leur point de vue par écrit et dans le délai imparti. Dans leurs observations écrites, elles peuvent exposer tous les faits pertinents pour leur défense et joindre en annexe tous les documents utiles pour étayer ces faits. Elles peuvent aussi proposer que la Commission entende des personnes pouvant confirmer les faits invoqués. Les observations doivent parvenir à la Commission à l'adresse visée à l'article 23, paragraphe 1. Le format dans lequel les observations doivent être présentées ainsi que le nombre de copies requis sont précisés périodiquement par la Commission au *Journal officiel de l'Union européenne*. La Commission transmet sans délai des copies de ces observations écrites aux autorités compétentes des États membres. »

4. Lorsque la Commission envisage de prendre une décision fondée sur l'article 14 ou l'article 15 du règlement (CE) n° 139/2004, elle procède, avant de consulter le comité consultatif en matière de concentrations, à l'audition des parties visées par cette décision conformément à l'article 18, paragraphes 1 et 3, dudit règlement.

La procédure prévue au paragraphe 2, premier et deuxième alinéas, et au paragraphe 3, est applicable *mutatis mutandis*.

Art. 14 *Auditions.* 1. Lorsque la Commission envisage de prendre une décision en vertu de l'article 6, paragraphe 3, ou de l'article 8, paragraphes 2 à 6, du règlement (CE) n° 139/2004, elle donne aux parties notifiantes qui en auront fait la demande dans leurs observations écrites l'occasion de présenter leurs arguments dans le cadre d'une audition formelle. Elle peut également, à d'autres stades de la procédure, leur donner l'occasion de lui faire connaître leur point de vue verbalement.

2. Lorsque la Commission envisage de prendre une décision en vertu de l'article 6, paragraphe 3, ou de l'article 8, paragraphes 2 à 6, du règlement (CE) n° 139/2004, elle donne aux autres parties intéressées qui en auront fait la demande dans leurs observations écrites l'occasion de présenter leurs arguments dans le cadre d'une audition formelle. Elle peut également, à d'autres stades de la procédure, leur donner l'occasion de lui faire connaître leur point de vue verbalement.

3. Lorsque la Commission envisage de prendre une décision fondée sur l'article 14 ou l'article 15 du règlement (CE) n° 139/2004, elle donne aux parties auxquelles elle envisage d'infliger une amende ou une astreinte, qui en auront fait la demande dans leurs observations écrites, l'occasion de présenter leurs arguments dans le cadre d'une audition formelle. Elle peut également, à d'autres stades de la procédure, leur donner l'occasion de lui faire connaître leur point de vue verbalement.

Art. 15 *Tenue des auditions formelles.* 1. Les auditions formelles sont conduites en toute indépendance par le conseiller-auditeur.

2. La Commission invite les personnes qui doivent être entendues à assister à l'audition formelle à la date qu'elle fixe.

3. La Commission invite les autorités compétentes des États membres à participer à l'audition formelle.

4. Les personnes invitées à se présenter comparaissent elles-mêmes ou sont représentées, selon le cas, par des représentants légaux ou statutaires. Les entreprises et les associations d'entreprises peuvent aussi être représentées par une personne dûment mandatée choisie parmi les membres de leur personnel permanent.

5. Les personnes que la Commission entend peuvent être assistées par leur conseiller juridique ou par d'autres personnes qualifiées et dûment autorisées admises par le conseiller-auditeur.

6. L'audition formelle n'est pas publique. Chaque personne peut être entendue séparément ou en présence d'autres personnes invitées, en tenant compte de l'intérêt légitime des entreprises à ce que leurs secrets d'affaires et autres informations confidentielles soient protégés.

7. Le conseiller-auditeur peut autoriser toutes les parties au sens de l'article 11, les services de la Commission et les autorités compétentes des États membres à poser des questions pendant l'audition formelle.

Le conseiller-auditeur peut organiser une réunion préparatoire avec les parties et les services de la Commission afin de faciliter l'organisation de l'audition formelle.

8. Les déclarations de chaque personne entendue sont enregistrées. Sur demande, l'enregistrement de l'audition formelle est mis à la disposition des personnes qui y ont assisté. Il est tenu compte de l'intérêt légitime des entreprises à ce que leurs secrets d'affaires et autres informations confidentielles soient protégés.

Art. 16 *Auditions de tiers.* 1. Si des tiers demandent, par écrit, à être entendus conformément à l'article 18, paragraphe 4, deuxième phrase, du règlement (CE) n° 139/2004, la Commission les informe, par écrit, de la nature et de l'objet de la procédure et leur fixe un délai pour lui faire connaître leur point de vue.

2. Les tiers visés au paragraphe 1 expriment leur point de vue par écrit dans le délai imparti. La Commission peut, le cas échéant, donner aux tiers qui en auront fait la demande dans leurs observations écrites l'occasion de participer à une audition formelle. Elle peut en tout état de cause leur donner l'occasion de lui faire connaître leur point de vue verbalement.

3. Elle peut aussi inviter toute autre personne physique ou morale à lui faire part de son point de vue, tant par écrit que verbalement, y compris lors d'une audition formelle.

CHAPITRE V *ACCÈS AU DOSSIER ET TRAITEMENT DES INFORMATIONS CONFIDENTIELLES*

Art. 17 *Accès au dossier et utilisation des documents.* 1. Sur demande, la Commission accorde l'accès au dossier aux parties auxquelles elle a fait part de ses objections, afin qu'elles puissent exercer leurs droits de la défense. L'accès est accordé après notification de la communication des griefs.

2. La Commission peut aussi, sur demande, donner accès au dossier aux autres parties intéressées qui ont été informées des objections retenues, dans la mesure où cela leur est nécessaire pour présenter leurs observations.

(Règl. UE n° 1269/2013 du 5 déc. 2013, en vigueur le 1er janv. 2014) « 3. Le droit d'accès au dossier ne s'étend pas aux informations confidentielles ni aux documents internes de la Commission ou des autorités compétentes des États membres. Il ne s'étend pas non plus à la correspondance entre la Commission et les autorités compétentes des États membres, entre les autorités compétentes des États membres ou entre la Commission et d'autres autorités de la concurrence. »

4. Les documents obtenus par le biais de l'accès au dossier en application du présent article ne peuvent être utilisés que pour les besoins de la procédure concernée conformément au règlement (CE) n° 139/2004.

Art. 18 *Informations confidentielles.* 1. Les informations recueillies, y compris les documents annexes, ne peuvent en aucun cas être communiquées ou rendues accessibles par la Commission lorsqu'elles contiennent des secrets d'affaires ou d'autres informations confidentielles dont la divulgation n'est pas considérée par la Commission comme nécessaire pour les besoins de la procédure.

2. Toute personne faisant connaître son point de vue ou ses observations conformément aux articles 12, 13 et 16 du présent règlement ou fournissant des informations conformément à l'article 11 du règlement (CE) n° 139/2004 ou communiquant ultérieurement d'autres informations à la Commission dans le cadre de la même procédure signale clairement tous les éléments qu'elle juge confidentiels, explications à l'appui, et fournit séparément une version non confidentielle de ces documents, dans le délai imparti par la Commission.

3. Sans préjudice du paragraphe 2, la Commission peut demander aux personnes visées à l'article 3 du règlement (CE) n° 139/2004, aux entreprises et aux associations d'entreprises qui produisent ou ont produit des documents ou des déclarations conformément audit règlement, de signaler les documents ou les parties de documents qu'elles considèrent comme contenant des secrets d'affaires ou d'autres informations confidentielles leur appartenant et d'identifier les entreprises vis-à-vis desquelles ces documents doivent être considérés comme confidentiels.

La Commission peut également demander aux personnes visées à l'article 3 du règlement (CE) n° 139/2004, aux entreprises ou aux associations d'entreprises de signaler toute partie d'une communication des griefs, d'un résumé succinct de l'affaire ou d'une décision adoptée par la Commission qui contient, selon elles, des secrets d'affaires.

Lorsqu'elles signalent des secrets d'affaires ou d'autres informations confidentielles, les personnes, entreprises et associations d'entreprises doivent donner des explications et fournir séparément une version non confidentielle des documents, dans le délai imparti par la Commission.

(Règl. n° 1033/2008 du 20 oct. 2008) « 4. Si les personnes, les entreprises ou les associations d'entreprises ne se conforment pas aux paragraphes 2 ou 3, la Commission peut considérer que les documents ou les déclarations en cause ne contiennent pas d'informations confidentielles. »

CHAPITRE VI *ENGAGEMENTS PRÉSENTÉS PAR LES ENTREPRISES CONCERNÉES*

Art. 19 *Délais de présentation des engagements.* 1. Les engagements que les entreprises concernées proposent conformément à l'article 6, paragraphe 2, du règlement (CE) n° 139/2004 doivent être communiqués à la Commission dans un délai de 20 jours ouvrables à compter de la date de réception de la notification.

(Règl. UE n° 1269/2013 du 5 déc. 2013, en vigueur le 1er janv. 2014) « 2. Les engagements que les entreprises concernées proposent conformément à l'article 8, paragraphe 2, du règlement (CE) n° 139/2004 doivent être communiqués à la Commission dans un délai de 65 jours ouvrables à compter de la date d'engagement de la procédure.

« Lorsque les entreprises concernées proposent les premiers engagements dans un délai inférieur à 55 jours ouvrables à compter de la date d'engagement de la procédure et soumettent ensuite une version modifiée de ces engagements dans un délai égal ou supérieur à 55 jours ouvrables à compter de cette même date, les engagements modifiés sont considérés comme des engagements nouveaux aux fins de l'application de l'article 10, paragraphe 3, deuxième phrase, du règlement (CE) n° 139/2004. »

Lorsque, conformément à l'article 10, paragraphe 3, deuxième alinéa, du règlement (CE) n° 139/2004, le délai d'adoption d'une décision en vertu de l'article 8, paragraphes 1, 2 et 3, est prorogé, la période de 65 jours ouvrables pour la présentation des engagements est automatiquement prorogée d'un nombre identique de jours ouvrables.

Dans des cas exceptionnels, la Commission peut accepter des engagements proposés après l'expiration du délai de présentation au sens du présent paragraphe, pour autant que la procédure prévue à l'article 19, paragraphe 5, du règlement (CE) n° 139/2004 soit respectée.

3. Les articles 7 à 9 s'appliquent *mutatis mutandis.*

Art. 20 *Procédure de présentation des engagements. (Règl. UE n° 1269/2013 du 5 déc. 2013, en vigueur le 1er janv. 2014)* « 1. Les engagements proposés par les entreprises concernées, visés à l'article 6, paragraphe 2, ou à l'article 8, paragraphe 2, du règlement (CE) n° 139/2004, dans le format et le nombre de copies précisés périodiquement par la Commission au *Journal officiel de l'Union européenne* sont envoyés à la Commission à l'adresse visée à l'article 23, paragraphe 1. La Commission transmet sans délai une copie de ces engagements aux autorités compétentes des États membres.

« 1 *bis*. Outre les obligations établies au paragraphe 1, les entreprises concernées, lorsqu'elles proposent des engagements visés à l'article 6, paragraphe 2, ou à l'article 8, paragraphe 2, du règlement (CE) n° 139/2004, fournissent en même temps un original des informations et des documents requis dans le formulaire RM relatif aux mesures correctives (formulaire RM) figurant à l'annexe IV du présent règlement, ainsi que le nombre de copies précisés *[précisé]* périodiquement par la Commission au *Journal officiel de l'Union européenne*. Ces informations doivent être exactes et complètes. »

2. Lorsqu'elles proposent des engagements conformément à l'article 6, paragraphe 2, ou à l'article 8, paragraphe 2, du règlement (CE) n° 139/2004, les entreprises concernées signalent clairement les informations qu'elles jugent confidentielles, explications à l'appui, et fournissent séparément une version non confidentielle.

Art. 20 *bis* *Mandataires. (Règl. n° 1033/2008 du 20 oct. 2008)* 1. Les engagements présentés par les entreprises concernées conformément à l'article 6, paragraphe 2, ou à l'article 8, paragraphe 2, du règlement (CE) n° 139/2004 peuvent inclure, aux frais de ces entreprises, la désignation d'un ou de plusieurs mandataires indépendants chargés d'aider la Commission à surveiller le respect par les parties de leurs engagements ou ayant reçu mandat de mettre en œuvre ces engagements. Le mandataire peut être désigné par les parties, après approbation de la Commission, ou par la Commission. Il remplit ses tâches sous le contrôle de cette dernière.

2. La Commission peut assortir sa décision de telles dispositions des engagements relatives à la désignation de mandataires, à titre de conditions et de charges au sens de l'article 6, paragraphe 2, ou de l'article 8, paragraphe 2, du règlement (CE) n° 139/2004.

CHAPITRE VII *DISPOSITIONS DIVERSES*

Art. 21 *Communication de documents. (Règl. UE n° 1269/2013 du 5 déc. 2013, en vigueur le 1er janv. 2014)* « 1. La Commission peut transmettre les documents et invitations aux destinataires par l'une des voies suivantes :

« a) remise par porteur contre reçu ;

« b) lettre recommandée avec accusé de réception ;

« c) télécopie avec demande d'accusé de réception ;

« d) courrier électronique avec demande d'accusé de réception. »

2. Sauf disposition contraire du présent règlement, le paragraphe 1 s'applique également aux documents communiqués à la Commission par les parties notifiantes, par d'autres parties intéressées et par des tiers.

(Règl. UE n° 1269/2013 du 5 déc. 2013, en vigueur le 1er janv. 2014) « 3. En cas d'envoi par télécopieur ou par courrier électronique, le document est présumé être reçu par son destinataire le jour de son expédition. »

Art. 22 *Fixation des délais.* Pour fixer les délais prévus conformément à l'article 12, paragraphes 1 et 2, à l'article 13, paragraphe 2, et à l'article 16, paragraphe 1, la Commission tient compte du temps nécessaire à l'élaboration des déclarations et de l'urgence de l'affaire. Elle prend aussi en compte les jours ouvrables ainsi que les jours fériés légaux dans le pays où la communication de la Commission est reçue.

Les délais sont fixés avec indication de leur date d'expiration.

Art. 23 *Réception de documents par la Commission.* 1. Conformément aux dispositions de l'article 5, paragraphe 1, du présent règlement, les notifications sont déposées à la Commission à l'adresse de la direction générale de la concurrence, telle qu'elle est publiée par la Commission au *Journal officiel de l'Union européenne*.

2. Les renseignements supplémentaires demandés pour compléter les notifications doivent parvenir à la Commission à l'adresse visée au paragraphe 1.

3. Les observations écrites sur les communications de la Commission visées à l'article 12, paragraphes 1 et 2, à l'article 13, paragraphe 2, et à l'article 16, paragraphe 1, du présent règlement doivent parvenir à la Commission ou lui être remises à l'adresse visée au paragraphe 1 avant l'expiration du délai fixé dans chaque cas d'espèce.

(Règl. UE nº 1269/2013 du 5 déc. 2013, en vigueur le 1er janv. 2014) « 4. Lorsque la Commission indique que les documents et toute copie supplémentaire de ceux-ci doivent lui parvenir par voie électronique, elle en précise le format périodiquement au *Journal officiel de l'Union européenne*. Les transmissions effectuées par courrier électronique sont envoyées à l'adresse électronique publiée périodiquement par la Commission au *Journal officiel de l'Union européenne*. »

Art. 24 *Définition des jours ouvrables.* Par "jours ouvrables" au sens du règlement (CE) nº 139/2004 et du présent règlement, on entend tous les jours autres que les samedis, les dimanches et les jours de congé de la Commission publiés au *Journal officiel de l'Union européenne* avant le début de chaque nouvelle année.

Art. 25 *Abrogation et disposition transitoire.* 1. Sans préjudice des paragraphes 2 et 3, le règlement (CE) nº 447/98 est abrogé avec effet au 1er mai 2004.

Les références au règlement abrogé s'entendent comme faites au présent règlement.

2. Le règlement (CE) nº 447/98 continue à s'appliquer à toute concentration relevant du champ d'application du règlement (CE) nº 4064/89.

3. Aux fins du paragraphe 2, les sections 1 à 12 de l'annexe du règlement (CE) nº 447/98 sont remplacées par les sections 1 à 11 de l'annexe I du présent règlement. Dans ces cas, les références dans ces sections au règlement CE sur les concentrations et au règlement d'application s'entendent comme faites aux dispositions correspondantes du règlement (CE) nº 4064/89 et du règlement (CE) nº 447/98, respectivement.

Art. 26 *Entrée en vigueur.* Le présent règlement entre en vigueur le 1er mai 2004.

Le présent règlement est obligatoire dans tous ses éléments et directement applicable dans tout État membre.

ANNEXE I

FORMULAIRE CO RELATIF À LA NOTIFICATION D'UNE CONCENTRATION CONFORMÉMENT AU RÈGLEMENT (CE) Nº 139/2004 DU CONSEIL

(Règl. UE nº 1269/2013 du 5 déc. 2013, en vigueur le 1er janv. 2014)

INTRODUCTION

1.1. Objet du présent formulaire CO

Le présent formulaire CO indique les informations que doivent fournir les parties lorsqu'elles notifient à la Commission européenne un projet de fusion, d'acquisition ou d'autre concentration. Le système de contrôle des concentrations de l'Union européenne est défini dans le règlement (CE) nº 139/2004 du Conseil du 20 janvier 2004 relatif au contrôle des concentrations entre entreprises ("le règlement CE sur les concentrations") ainsi que dans le règlement (CE) nº 802/2004 de la Commission (ci-après le "règlement d'application") auquel le présent formulaire CO est annexé. Le texte de ces règlements ainsi que d'autres documents pertinents figurent sur la page "Concurrence" du site Europa de la Commission. Il y a lieu de se référer aux dispositions correspondantes de l'accord sur l'Espace économique européen (ci-après l'"accord EEE").

Afin de limiter le temps et les ressources nécessaires pour se conformer aux diverses procédures de contrôle des concentrations dans les différents pays, l'Union européenne a mis en place un système de contrôle des concentrations qui permet à la Commission européenne d'apprécier les concentrations de dimension de l'Union *[en règle générale, lorsque les parties à la concentration atteignent certains seuils de chiffre d'affaires]* dans le cadre d'une procédure unique (principe du "guichet unique"). Les opérations de concentration qui n'atteignent pas les seuils de chiffre d'affaires peuvent relever de la compétence des autorités des États membres et/ou des États de l'AELE chargées du contrôle des concentrations.

Aux termes du règlement CE sur les concentrations, la Commission est tenue de prendre une décision dans un délai légal. Dans une première phase, elle dispose normalement de 25 jours ouvrables pour décider soit d'autoriser la concentration, soit de "lancer la procédure", c'est-à-dire d'ouvrir une enquête approfondie. Si la Commission décide d'ouvrir la procédure, elle doit normalement prendre une décision définitive sur l'opération dans un délai maximal de 90 jours ouvrables à compter de la date d'ouverture de la procédure.

Compte tenu de ces délais et afin de garantir l'efficacité du principe du "guichet unique", il est essentiel que la Commission reçoive, en temps utile, les informations nécessaires pour mener l'enquête requise et évaluer l'impact de la concentration sur les marchés concernés. Une certaine quantité d'informations doit pour cela être fournie lors de la notification.

1.2. Contacts préalables à la notification

Il est indéniable que les informations requises dans le présent formulaire CO sont substantielles. Toutefois, l'expérience a montré que, en fonction des spécificités de l'affaire, toutes les informations ne sont pas toujours nécessaires pour un examen adéquat du projet de concentration. De ce fait, si vous estimez qu'une information spécifique requise par le présent formulaire CO n'est pas indispensable à l'examen de l'affaire, vous êtes encouragés *[encouragé]* à demander à la Commission de vous dispenser de l'obligation de fournir cette information. *[Voir le point 1. 4 g) de la présente introduction pour plus de détails.]*

La possibilité d'établir des contacts préalables à la notification est un service offert par la Commission aux parties notifiantes sur une base volontaire en vue de la préparation de l'examen formel de la concentration. En tant que tels, les contacts préalables à la notification, même s'ils ne sont pas obligatoires, peuvent être particulièrement utiles tant aux parties notifiantes qu'à la Commission afin notamment de déterminer avec précision la quantité d'informations à fournir lors de la notification et ont pour effet, dans la plupart des cas, de réduire sensiblement les informations requises.

En conséquence, bien qu'elles soient les seules à décider de l'établissement de contacts préalables à la notification et du moment auquel elles procéderont à celle-ci, les parties sont encouragées à consulter la Commission sur une base volontaire quant à la pertinence de la portée des informations et au type d'informations sur lesquelles elles entendent fonder leur notification.

En outre, il convient de noter que certaines concentrations, qui sont peu susceptibles de soulever des problèmes de concurrence, peuvent être notifiées à l'aide d'un formulaire CO simplifié, joint à l'annexe II du règlement d'application.

Les parties notifiantes peuvent consulter le code de bonnes pratiques sur le déroulement de la procédure de l'Union européenne en matière de contrôle des concentrations (*Best Practices on the conduct of EC merger control proceedings*, ci-après "le code de bonnes pratiques") publié par la Direction générale de la concurrence (DG Concurrence) sur son site web et mis périodiquement à jour, qui fournit des conseils sur les contacts préalables à la notification et la préparation des notifications.

1.3. Qui doit notifier ?

Dans le cas d'une fusion au sens de l'article 3, paragraphe 1, point a), du règlement CE sur les concentrations, ou de l'acquisition du contrôle en commun d'une entreprise au sens de l'article 3, paragraphe 1, point b), du même règlement, toutes les parties à la fusion, ou acquérant le contrôle en commun, selon le cas, doivent présenter une notification conjointe.

Dans le cas de l'acquisition, par une entreprise, d'une participation de contrôle dans une autre entreprise, c'est l'acquéreur qui doit remplir la notification.

Dans le cas de l'acquisition, par une entreprise, d'une participation de contrôle dans une autre entreprise, c'est l'acquéreur qui doit remplir la notification.

Toute partie qui remplit la notification est responsable de l'exactitude des informations qu'elle contient.

1.4. Nécessité d'une notification complète et exacte

Toutes les informations demandées dans le présent formulaire CO doivent être complètes et exactes. Elles doivent être fournies dans la section appropriée du présent formulaire CO.

Veuillez notamment prendre note de ce qui suit :

a) conformément à l'article 10, paragraphe 1, du règlement CE sur les concentrations et à l'article 5, paragraphes 2 et 4, du règlement d'application, les délais du règlement CE sur les concentrations concernant la notification ne commencent à courir que lorsque la Commission a reçu toutes les informations à joindre à la notification. Cette obligation vise à permettre à la Commission d'examiner la concentration notifiée dans les délais stricts prévus par le règlement CE sur les concentrations ;

b) en préparant leur notification, la ou les parties notifiantes doivent vérifier que les noms et numéros des personnes à contacter communiqués à la Commission et, en particulier, les numéros de télécopieur et les adresses électroniques sont exacts, pertinents et à jour ;

c) les informations inexactes ou mensongères seront considérées comme incomplètes (article 5, paragraphe 4, du règlement d'application) ;

d) si une notification est incomplète, la Commission en informe par écrit et sans délai les parties notifiantes ou leurs représentants. La notification ne prend effet qu'à la date de la réception, par la Commission, des informations complètes et exactes (article 10, paragraphe 1, du règlement CE sur les concentrations *[,]* et article 5, paragraphes 2 et 4, du règlement d'application) ;

e) conformément à l'article 14, paragraphe 1, point a), du règlement CE sur les concentrations, les parties notifiantes qui, de propos délibéré ou par négligence, fournissent des informations inexactes ou mensongères sont passibles d'amendes jusqu'à concurrence de 1 % du chiffre d'affaires total réalisé par l'entreprise concernée. Le règlement CE sur les concentrations dispose également, à l'article 6, paragraphe 3, point a), et à l'article 8, paragraphe 6, point a), que la Commission peut révoquer sa décision sur la compatibilité avec le marché intérieur d'une concentration notifiée si cette déclaration de compatibilité repose sur des informations inexactes dont une des entreprises concernées est responsable ;

f) vous pouvez demander par écrit à la Commission de considérer la notification comme complète, bien que vous ne fournissiez pas toutes les informations demandées dans le présent formulaire CO, si vous ne pouvez raisonnablement les obtenir en tout ou en partie (par exemple, parce que les informations relatives à une société faisant l'objet d'une offre inamicale ne sont pas disponibles).

La Commission examinera cette demande, sous réserve que vous indiquiez les raisons de la non-disponibilité de ces informations et que vous fournissiez vos estimations les plus précises des données manquantes, en précisant les sources de ces estimations. Veuillez également indiquer, dans la mesure du possible, où la Commission pourrait se procurer les informations demandées que vous n'avez pu obtenir ;

g) conformément à l'article 4, paragraphe 2, du règlement d'application, la Commission peut dispenser de l'obligation de communiquer toute information ou document dans la notification ainsi que de toute autre exigence précisée dans le présent formulaire CO si le respect de ces obligations et exigences ne lui paraît pas nécessaire à l'examen de l'affaire. En conséquence, vous pouvez, au stade de la prénotification, demander par écrit à la Commission de vous dispenser de l'obligation de fournir de telles informations si vous estimez qu'elles ne sont pas nécessaires à l'examen de votre notification par la Commission.

L'expérience de la Commission montre que certaines catégories d'informations demandées dans le présent formulaire CO, bien que nécessaires à l'examen par la Commission de certaines affaires, peuvent ne pas l'être à celui de nombreuses autres affaires. Ces catégories d'informations sont spécifiquement indiquées dans le présent formulaire CO. Veuillez en particulier examiner s'il convient de demander une dispense pour l'une de ces catégories d'informations.

Les demandes de dispense doivent être présentées en même temps qu'un projet de formulaire CO afin de permettre à la Commission de déterminer si les informations visées par ces demandes sont ou non nécessaires à l'examen de l'affaire. Ces demandes doivent être soit formulées dans le projet de formulaire CO même, soit présentées par courriel ou par lettre adressés au gestionnaire du dossier et/ou au chef d'unité.

La Commission examinera les demandes de dispense sous réserve que vous indiquiez dûment les raisons pour lesquelles les informations en question ne sont pas nécessaires à l'examen de l'affaire. Les demandes de dispense seront traitées dans le cadre de l'examen du projet de formulaire CO. En conséquence, conformément au code de bonnes pratiques, il faudra en principe cinq jours ouvrables à la DG Concurrence pour répondre aux demandes de dispense.

Pour éviter toute ambiguïté, il convient de noter que le fait, pour la Commission, d'admettre qu'une information spécifique demandée dans le présent formulaire CO n'est pas nécessaire aux fins de la notification complète d'une concentration (au moyen dudit formulaire) ne l'empêche nullement de réclamer cette information à tout moment, au moyen notamment d'une demande de renseignements conformément à l'article 11 du règlement CE sur les concentrations.

1.5. Procédure à suivre pour la notification

La notification doit être présentée dans l'une des langues officielles de l'Union européenne. Cette langue sera ensuite la langue de procédure pour toutes les parties notifiantes. Si la notification est effectuée, conformément à l'article 12 du protocole 24 de l'accord EEE, dans une langue officielle d'un État de l'AELE qui n'est pas une langue officielle de l'Union, elle doit être simultanément accompagnée d'une traduction dans une langue officielle de l'Union.

Les informations demandées dans le présent formulaire CO doivent être présentées en utilisant les numéros des sections et des points du formulaire CO, en signant la déclaration prévue à la section 11 et en annexant les documents justificatifs. L'original du présent formulaire CO doit être signé par les personnes habilitées par la loi à agir au nom de chaque partie notifiante ou par un ou plusieurs représentants extérieurs mandatés de la ou des parties notifiantes. Pour compléter les sections 7 à 9 du présent formulaire CO, les parties notifiantes sont invitées à examiner si, dans un souci de clarté, il est préférable de présenter ces sections par ordre numérique ou de les regrouper pour chacun des marchés concernés (ou groupe de marchés concernés).

Dans un souci de clarté, certaines informations peuvent être communiquées en annexe. Toutefois, il est essentiel que toutes les informations fondamentales et, en particulier, les données relatives aux parts de marché des parties et de leurs principaux concurrents figurent dans le corps du formulaire CO. Les annexes doivent uniquement servir à compléter les informations fournies dans le formulaire CO même.

Les coordonnées doivent être présentées selon le modèle fourni par la DG Concurrence sur son site web. Pour une enquête appropriée, il est essentiel que les coordonnées fournies soient exactes. Une notification contenant de nombreuses coordonnées inexactes peut être considérée comme incomplète.

Les documents justificatifs doivent être remis dans leur langue originale. Si celle-ci n'est pas l'une des langues officielles de l'Union, ils doivent être traduits dans la langue de procédure (article 3, paragraphe 4, du règlement d'application).

Les documents justificatifs peuvent être des originaux ou des copies. Dans ce cas, la partie notifiante doit attester que les copies sont conformes et complètes.

Veuillez fournir à la DG Concurrence l'original et le nombre requis de copies du formulaire CO et des documents justificatifs. Le nombre et le format (papier et/ou électronique) requis des copies seront publiés périodiquement au *Journal officiel de l'Union européenne* ainsi que sur le site web de la DG Concurrence.

La notification doit être remise à l'adresse mentionnée à l'article 23, paragraphe 1, du règlement d'application. Cette adresse est publiée au *Journal officiel de l'Union européenne* et peut être consultée sur le site web de la DG Concurrence. La notification doit être remise à la Commission durant les jours ouvrables définis à l'article 24 du règlement d'application durant les heures d'ouverture indiquées sur le site web de la DG Concurrence. Il y a lieu de respecter les consignes de sécurité indiquées sur le site web de la DG Concurrence.

Toutes les copies électroniques du formulaire CO et des documents justificatifs doivent être fournies dans un format exploitable et consultable comme indiqué sur le site web de la DG Concurrence.

1.6. Confidentialité

En vertu de l'article 17, paragraphe 2, du règlement CE sur les concentrations et des dispositions correspondantes de l'accord EEE, la Commission, les États membres, l'Autorité de surveillance AELE et les États de l'AELE ainsi que leurs fonctionnaires et autres agents sont tenus de ne pas divulguer les informations qu'ils ont recueillies en application de ce règlement et qui, par leur nature, sont couvertes par le secret professionnel. Ce principe doit également s'appliquer pour garantir la confidentialité entre les parties notifiantes.

Si vous estimez que vos intérêts seraient lésés si certaines des informations que vous êtes invités *[invité]* à fournir étaient publiées ou divulguées d'une autre manière aux autres parties, veuillez fournir ces informations séparément, en apposant clairement sur chaque page la mention "secret d'affaires". Veuillez en outre indiquer les raisons pour lesquelles ces informations ne doivent pas être divulguées ou publiées.

Dans le cas de fusions ou d'acquisitions en commun, ou lorsque la notification est remplie par plus d'une partie, les secrets d'affaires peuvent être communiqués sous enveloppe séparée et mentionnés dans le formulaire de notification en tant qu'annexe. Toutes ces annexes doivent accompagner la notification pour que celle-ci puisse être considérée comme complète.

1.7. Définitions et instructions pour les besoins du présent formulaire CO

"Partie(s) notifiante(s)" : la notification pouvant être, dans certains cas, présentée par une seule des entreprises parties à l'opération de concentration, l'expression "partie(s) notifiante(s)" désigne exclusivement l'entreprise qui présente effectivement la notification.

"Partie(s) à la concentration" ou "parties" : cette expression désigne à la fois la ou les parties qui acquièrent et la ou les parties qui font l'objet de l'acquisition, ou les parties qui fusionnent, y compris toutes les entreprises dans lesquelles est acquise une participation de contrôle ou qui font l'objet d'une offre publique d'achat.

Sauf dispositions contraires, les expressions "partie(s) notifiante(s)" et "partie(s) à la concentration" englobent toutes les entreprises appartenant aux mêmes groupes que les "parties".

"Marchés affectés" : la section 6 du présent formulaire CO impose aux parties notifiantes de définir les marchés de produits en cause et d'indiquer ceux de ces marchés qui sont susceptibles d'être affectés par l'opération notifiée. Cette définition des marchés affectés conditionne un certain nombre d'autres questions posées dans le présent formulaire CO. Cette expression peut désigner soit un marché de produits, soit un marché de services.

"Année" : dans le présent formulaire CO, sauf indication contraire, le mot "année" signifie "année civile" et toutes les informations demandées se rapportent, sauf indication contraire, à l'année précédant celle de la notification.

Les données financières exigées à la section 4 doivent être exprimées en euros, par application des taux de change en vigueur pendant les années ou autres périodes considérées.

Toutes les références à des dispositions juridiques contenues dans le présent formulaire CO renvoient aux articles et paragraphes du règlement CE sur les concentrations, sauf indication contraire.

1.8. Description des données économiques quantitatives collectées par les entreprises concernées

Lorsqu'il peut s'avérer utile de réaliser une analyse économique quantitative des marchés affectés, veuillez décrire brièvement les données que chacune des entreprises concernées collecte et conserve dans le cours normal de ses activités et qui pourraient être utiles aux fins de cette analyse.

Les trois exemples suivants illustrent les situations pouvant justifier ainsi que les données pouvant être utiles à une analyse économique quantitative : une concentration entre deux prestataires de services proposés à une clientèle commerciale sur la base de procédures de passation de marchés structurées dans le cadre desquelles les candidats fournisseurs soumettent des offres concurrentes et les fournisseurs ou clients collectent des données relatives aux soumissions d'offres, c'est-à-dire des données sur les participants, les offres et l'issue de procédures de passation de marché antérieures ; une concentration entre producteurs de produits de détail vendus à des consommateurs finals, dans le cadre de laquelle des "données scannées" sur les achats effectués par les consommateurs en magasin sont collectées pendant un laps de temps significatif ; une concentration entre prestataires de services de téléphonie mobile destinés aux consommateurs finals, dans le cadre de laquelle les autorités de régulation des télécommunications collectent des données sur les changements de fournisseurs de tels services.

La description des données portera notamment sur le type de données (informations sur les ventes ou les soumissions d'offres, les marges bénéficiaires, les procédures de passation de marchés, etc.), le niveau de désagrégation (par pays, produit, client, contrat, etc.), la période durant laquelle les données sont disponibles ainsi que le format de celles-ci.

Les informations demandées au point 1.8 de la présente introduction ne sont pas nécessaires pour que le formulaire CO soit considéré comme complet. Étant donné, toutefois, les délais réglementaires impartis aux fins du contrôle des concentrations dans l'Union, les parties notifiantes sont encouragées à fournir ces renseignements le plus rapidement possible pour les situations et les marchés concernant lesquels une analyse quantitative pourrait s'avérer utile.

4.3. le chiffre d'affaires réalisé dans l'EEE (Union et AELE)

4.4. le chiffre d'affaires réalisé dans chaque État membre (le cas échéant, l'État membre dans lequel ont été réalisés plus des deux tiers du chiffre d'affaires au niveau de l'Union) ;

4.5. le chiffre d'affaires réalisé dans l'AELE ;

4.6. le chiffre d'affaires réalisé dans chaque État de l'AELE (le cas échéant, l'État de l'AELE dans lequel ont été réalisés plus des deux tiers du chiffre d'affaires au niveau de l'AELE ; veuillez également indiquer si le chiffre d'affaires total réalisé par les entreprises concernées sur le territoire des États de l'AELE est égal ou supérieur à 25 % de leur chiffre d'affaires total sur le territoire de l'EEE).

Les données relatives au chiffre d'affaires doivent être fournies au moyen du tableau type de la Commission figurant sur le site web de la DG Concurrence.

SECTION 5 Documents à joindre à la notification

La ou les parties notifiantes doivent transmettre les documents suivants :

5.1. des copies des versions définitives, ou des versions les plus récentes, de tout document constitutif de la concentration, qu'il s'agisse d'un accord entre les parties à la concentration, de l'acquisition d'une participation de contrôle ou d'une offre publique d'achat ;

5.2. dans le cas d'une offre publique d'achat, une copie de l'offre. Si ce document n'est pas disponible au moment de la notification, une copie du document le plus récent attestant le projet de publication d'une offre publique d'achat doit être fournie et une copie du dossier d'offre doit être remise dès que possible et au plus tard lorsqu'il est adressé aux actionnaires ;

5.3. une indication de l'adresse internet, le cas échant *[échéant]*, à laquelle *[où]* les rapports et comptes annuels les plus récents des parties à la concentration peuvent être consultés ou, en l'absence d'adresse internet, des copies des rapports et comptes annuels les plus récents des parties à la concentration ; et

5.4. des copies des documents suivants, préparés par ou pour, ou reçus par un ou des membres du conseil d'administration, de l'organe de direction, ou de l'organe de surveillance, selon la structure de gouvernance de l'entreprise, ou toute autre personne exerçant des fonctions similaires (ou à laquelle de telles fonctions ont été déléguées ou confiées) ou de l'assemblée générale des actionnaires :

i) comptes rendus des réunions du conseil d'administration de l'organe de surveillance et de l'assemblée générale des actionnaires durant lesquelles l'opération a été discutée, ou extraits de ces comptes rendus se rapportant à cette discussion ;

ii) analyses, rapports, études, enquêtes, présentations et tout document comparable afin d'évaluer ou d'analyser la concentration du point de vue de son motif (y compris les documents traitant de l'opération en relation avec d'autres acquisitions potentielles), des parts de marché, des conditions de concurrence, des concurrents (réels et potentiels), du potentiel d'accroissement des ventes ou d'expansion sur d'autres marchés de produits ou marchés géographiques et/ou de la situation générale du marché ;

iii) analyses, rapports, études, enquêtes et tout document comparable des deux dernières années afin d'évaluer tout marché affecté du point de vue des parts de marché, des conditions de concurrence, des concurrents (effectifs et potentiels) et/ou du potentiel de croissance des ventes ou de l'expansion vers d'autres marchés de produits ou marchés géographiques.

Veuillez fournir une liste des documents mentionnés dans ce point 5.4, en indiquant pour chacun d'entre eux la date d'élaboration ainsi que le nom et la fonction de son ou ses destinataires.

SECTION 6 Définitions des marchés

Les marchés de produits en cause et les marchés géographiques en cause permettent de déterminer le cadre dans lequel le pouvoir de marché de la nouvelle entité qui résultera de l'opération de concentration doit être apprécié. Lorsque la ou les parties notifiantes présentent les marchés de produits et les marchés géographiques en cause, elles doivent fournir, outre les définitions des marchés de produits et des marchés géographiques qu'elles jugent pertinentes, toutes les autres définitions possibles des marchés de produits et des marchés géographiques. D'autres définitions de marchés de produits et de marchés géographiques possibles peuvent être établies sur la base de décisions antérieures de la Commission et d'arrêts rendus par les juridictions de l'Union ainsi que (notamment en l'absence de décisions de la Commission ou de jurisprudence des juridictions de l'Union) de rapports sectoriels, d'études de marché et de documents internes fournis par les parties notifiantes.

La ou les parties notifiantes doivent fournir les informations requises dans le présent formulaire CO en se rapportant aux définitions suivantes :

6.1. "Marchés de produits en cause"

Un "marché de produits en cause" comprend tous les produits et/ou services que le consommateur considère comme interchangeables ou substituables en raison de leurs caractéristiques, de leur prix et de l'usage auquel ils sont destinés. Un marché de produits en cause peut, dans certains cas, se composer de plusieurs produits et/ou services qui présentent des caractéristiques physiques ou techniques en grande partie identiques et sont interchangeables.

La délimitation du marché de produits en cause passe notamment par une analyse, sur la base de la définition ci- dessus, des raisons pour lesquelles les produits ou les services de ces marchés sont inclus et d'autres exclus, en tenant compte, notamment, de la substituabilité des produits et services, des prix, de l'élasticité croisée de la demande ou d'autres facteurs pertinents (tels que la substituabilité du côté de l'offre dans des cas appropriés).

6.2. "Marchés géographiques en cause"

Le "marché géographique en cause" comprend le territoire sur lequel les entreprises concernées offrent et demandent les biens et les services en cause, sur lequel les conditions de concurrence sont suffisamment homogènes et qui peut être distingué de zones géographiques voisines parce que, en particulier, les conditions de concurrence y diffèrent de manière appréciable.

Les facteurs pertinents pour la délimitation du marché géographique en cause incluent notamment la nature et les caractéristiques des produits ou des services en cause, l'existence de barrières à l'entrée, les préférences des consommateurs, des différences appréciables de parts de marché entre zones géographiques voisines ou des écarts de prix substantiels.

6.3. "Marchés affectés"

Pour les besoins des informations demandées dans le présent formulaire CO, par "marchés affectés", on entend tous les marchés de produits et marchés géographiques en cause ainsi que les autres marchés de produits et marchés géographiques en cause possibles, sur la base desquels, dans le territoire de l'EEE :

a) deux ou plusieurs parties à la concentration exercent des activités sur le même marché en cause, lorsque la concentration est de nature à créer une part de marché cumulée de 20 % ou plus. Il s'agit alors de relations horizontales ;

b) une ou plusieurs parties à la concentration exercent des activités sur un marché en cause situé en amont ou en aval par rapport à un marché en cause sur lequel une autre partie exerce son activité, lorsque la part de marché de l'une ou de l'ensemble de ces parties est de 30 % ou plus, qu'il y ait ou non une relation de fournisseur à client entre les parties à la concentration. Il s'agit alors de relations verticales.

En vous référant aux définitions et aux seuils de parts de marché établis à la section 6, veuillez identifier chaque marché affecté.

6.4. Autres marchés sur lesquels l'opération notifiée pourrait avoir un impact significatif

En vous référant aux définitions établies à la section 6, veuillez décrire, en termes de produits et d'étendue géographique conformément à toutes les autres définitions possibles de marchés, les marchés (lorsque ces marchés englobent la totalité ou une partie de l'EEE) autres que les marchés affectés indiqués au point 6.1 de la section 6 sur lesquels l'opération notifiée pourrait avoir un impact significatif, par exemple, lorsque :

a) une des parties à la concentration détient une part de marché supérieure à 30 % et une autre des parties à la concentration est un concurrent potentiel sur ce marché. Une partie peut être considérée comme un concurrent potentiel en particulier lorsqu'elle envisage d'entrer sur un marché ou s'est fixé ou a poursuivi un tel objectif au cours des trois dernières années ;

b) une des parties à la concentration détient une part de marché supérieure à 30 % et une autre des parties à la concentration détient d'importants droits de propriété intellectuelle pour ce marché ;

c) une des parties à la concentration est présente sur un marché de produits qui est un marché voisin étroitement lié à un marché de produits sur lequel opère toute autre partie à la concentration, lorsque leur part de marché individuelle ou cumulée sur un de ces marchés s'élève à 30 % ou plus. Les marchés de produits sont des marchés voisins étroitement liés lorsque les produits sont complémentaires ou lorsqu'ils appartiennent à une gamme de produits qui est généralement acquise par la même série de clients pour le même usage final.

Afin de permettre à la Commission d'examiner, dès le départ, l'impact concurrentiel du projet de concentration sur les marchés indiqués au point 6.4, les parties notifiantes sont invitées à communiquer les informations demandées aux sections 7 et 8 du présent formulaire CO pour ces marchés également.

SECTION 7 Informations concernant les marchés affectés

Pour chaque marché affecté horizontalement, pour chaque marché affecté verticalement et pour chacun des autres marchés sur lesquels l'opération notifiée pourrait avoir un impact significatif, veuillez indiquer, pour chacune des trois dernières années :

7.1. pour chacune des parties à la concentration, la nature des activités de l'entreprise, les principales filiales et/ou marques ainsi que les noms des produits et/ou marques déposées utilisés sur chacun de ces marchés ;

7.2. une estimation de la taille totale du marché en termes de ventes réalisées, en valeur (en euros) et en volume (en unités). Indiquez les bases de calcul et les sources utilisées à cet effet et fournissez, lorsqu'ils sont disponibles, les documents nécessaires pour confirmer ce calcul ;

7.3. les ventes réalisées en valeur et en volume ainsi qu'une estimation des parts de marché détenues par chacune des parties à la concentration ;

7.4. une estimation de la part de marché, en valeur (et, le cas échéant, en volume), de tous les concurrents (y compris les importateurs) qui détiennent au moins 5 % du marché considéré. Mentionnez les sources utilisées pour calculer ces parts de marché et fournissez, lorsqu'ils sont disponibles, les documents nécessaires pour confirmer ce calcul ;

7.5. une estimation de la capacité totale au niveau de l'Union et au niveau de l'EEE. Pendant les trois dernières années, comment s'est répartie cette capacité entre les différentes parties à la concentration et quel en a été leur taux d'utilisation respectif ? Le cas échéant, veuillez indiquer l'emplacement et la capacité des installations de production de chacune des parties à la concentration sur les marchés affectés.

SECTION 8 Structure de l'offre sur les marchés affectés

8.1. Veuillez décrire brièvement la structure de l'offre sur chacun des marchés affectés. Veuillez notamment indiquer :

a) la manière dont les parties à la concentration produisent, facturent et vendent les produits et/ou les services ; veuillez préciser, par exemple, si la fabrication, la commercialisation et la facturation s'effectuent localement ;

b) la nature et le degré d'intégration verticale de chacune des parties à la concentration par rapport à leurs concurrents les plus importants ;

c) les systèmes de distribution existants et leur importance sur ces marchés ainsi que la mesure dans laquelle la distribution est assurée par des tiers et/ou des entreprises appartenant au même groupe que les parties, de même que l'importance des contrats de distribution exclusive et d'autres types de contrats à long terme ; et

d) les réseaux de service après-vente existants (par exemple, les services d'entretien et de réparation) et leur importance sur ces marchés. Dans quelle mesure ces services sont-ils assurés par des tiers et/ou par des entreprises appartenant au même groupe que les parties ?

Veuillez fournir tous les autres renseignements relatifs à l'offre qui vous semblent pertinents.

Structure de la demande sur les marchés affectés

8.2. Veuillez décrire brièvement la structure de la demande sur chacun des marchés affectés, en indiquant notamment :

a) les différentes phases que traversent les marchés, par exemple, décollage, expansion, maturité et déclin, ainsi que le taux de croissance prévisible de la demande ;

b) l'importance des préférences des clients, par exemple, en termes de fidélité à une marque, de services avant et après-vente, de fourniture d'une gamme complète de produits ou d'effets de réseau ;

c) l'importance des coûts (en termes de temps et de dépenses) de changement de fournisseur pour le client en ce qui concerne :

i) les produits existants ; et

ii) les nouveaux produits remplaçant des produits existants (y compris l'échéance normale des contrats clients) ;

d) le degré de concentration ou de fragmentation du marché du côté de la demande ;

e) le comportement d'achat des produits ou services en question des consommateurs, et plus particulièrement l'utilisation éventuelle de techniques d'achat telles que les demandes de propositions et les appels d'offres.

Différenciation des produits et intensité de la concurrence

8.3. Veuillez décrire brièvement le degré de différenciation des produits sur chacun des marchés affectés, en indiquant notamment :

a) le rôle et l'importance de la différenciation des produits en termes de qualité (différenciation "verticale") et d'autres caractéristiques des produits (différenciation "horizontale" et "spatiale") ;

b) la répartition éventuelle de la clientèle entre différents groupes, en décrivant le "client type" de chaque groupe ; et

c) la rivalité entre les parties à la concentration en général ainsi que le degré de substituabilité des produits des parties à la concentration, y compris pour chacun des groupes de clients recensés et "clients types" indiqués en réponse à la description demandée au point b).

Entrée et sortie du marché

8.4. Au cours des cinq dernières années, y a-t-il eu une entrée importante sur l'un des marchés affectés ?

Dans l'affirmative, veuillez identifier ces entreprises et fournir une estimation de leur part de marché actuelle.

8.5. De l'avis des parties notifiantes, existe-t-il des entreprises (y compris celles qui, actuellement, exercent leurs activités uniquement sur les marchés extérieurs à l'Union ou à l'EEE) qui pourraient entrer sur un éventuel marché affecté ?

Dans l'affirmative, veuillez expliquer les raisons pour lesquelles cette entrée sur le marché est vraisemblable et fournir une estimation des délais prévisibles de cette entrée.

8.6. Veuillez décrire brièvement les principaux facteurs qui influencent l'entrée sur chacun des marchés affectés, tant sous l'angle géographique que sur le plan des produits. Pour ce faire, veuillez tenir compte, lorsqu'il y a lieu :

a) du coût total de l'entrée sur le marché (recherche et développement, production, systèmes de distribution nécessaires, promotion, publicité, service après-vente, etc.) à une échelle équivalant à celle d'un concurrent viable et important, avec indication de la part de marché qu'aurait ce concurrent ;

b) des barrières légales ou réglementaires à l'entrée, telles que l'autorisation des pouvoirs publics ou l'existence de normes, quelles qu'elles soient ;

c) des éventuelles barrières à l'accès aux consommateurs résultant notamment des procédures de certification des produits ou de l'importance de la réputation et d'une expérience avérée ;

d) de la nécessité et de la possibilité éventuelles d'obtenir un accès aux brevets, au savoir-faire et à d'autres droits de propriété intellectuelle sur ces marchés ;

e) de la mesure dans laquelle chacune des parties à la concentration est titulaire, donneur ou preneur de licences de brevet, de savoir-faire et d'autres droits sur les marchés en cause ;

f) de l'importance des économies d'échelle et de gamme ainsi que des effets de réseau pour la fabrication ou la distribution de produits et/ou de services sur les marchés affectés ; et

g) de l'accès aux sources d'approvisionnement, comme, par exemple, la disponibilité des matières premières et des infrastructures nécessaires.

8.7. Veuillez préciser si l'une des parties à la concentration ou l'un des concurrents dispose de produits susceptibles d'être mis sur le marché à court ou moyen terme (produits en cours de développement) ou envisage d'étendre sa capacité de production ou de vente sur l'un des marchés affectés. Dans l'affirmative, veuillez fournir une estimation des ventes et des parts de marché escomptées des parties à la concentration pour les trois à cinq prochaines années.

8.8. Au cours des cinq dernières années, une entreprise a-t-elle quitté l'un des marchés affectés ?

Dans l'affirmative, veuillez mentionner cette entreprise et fournir une estimation de sa part de marché au cours de l'année précédant celle de son départ.

Recherche et développement

8.9. Veuillez préciser, pour les marchés affectés, l'importance de la recherche et du développement dans la capacité de l'entreprise à soutenir la concurrence à long terme. Veuillez expliquer la nature des travaux de recherche et de développement réalisés, sur les marchés affectés, par les entreprises parties à la concentration.

Pour ce faire, veuillez tenir compte, s'il y a lieu, des points suivants :

a) l'évolution et l'intensité de la recherche et du développement sur ces marchés et pour les parties à la concentration ;

b) l'évolution de la technologie sur ces marchés pendant une période d'une durée appropriée (notamment la fréquence d'introduction de nouveaux produits et/ou services, l'évolution des produits et/ou des services, des procédés de fabrication, des systèmes de distribution, etc.) ; et

c) les prévisions et priorités des parties en matière de recherche au cours des trois prochaines années.

Accords de coopération

8.10. Dans quelle mesure existe-t-il des accords de coopération (horizontaux, verticaux ou autres) sur les marchés affectés ?

8.11. Dans l'affirmative, veuillez donner des précisions sur les accords de coopération les plus importants conclus par les parties à la concentration sur les marchés affectés, tels que les accords de recherche et de développement, les accords de licence, de fabrication en commun, de spécialisation, de distribution, d'approvisionnement à long terme et d'échange d'informations et joindre, si vous le jugez utile, une copie de ces accords.

Échanges entre États membres et importations provenant de pays extérieurs à l'EEE

8.12. Veuillez indiquer dans quelle mesure les échanges de produits en cause sur le territoire de l'EEE sont affectés par les coûts de transport et d'autres coûts.

8.13. Pour les marchés affectés, veuillez fournir une estimation du total, en valeur et en volume, des importations sur le territoire de l'EEE ainsi que leur provenance, en précisant :

a) la part de ces importations qui est imputable aux groupes auxquels appartiennent les parties à la concentration ;

b) une estimation de la mesure dans laquelle des quotas ainsi que des entraves tarifaires et non tarifaires aux échanges affectent ces importations ; et

c) une estimation de la mesure dans laquelle les coûts de transport et d'autres coûts affectent ces importations.

Associations professionnelles

8.14. En ce qui concerne les associations professionnelles sur les marchés affectés :

a) veuillez donner la liste de celles dont les parties à la concentration sont membres ;

b) veuillez indiquer les associations professionnelles les plus importantes dont sont membres les clients des parties à la concentration ; et

c) pour toutes les associations professionnelles énumérées à la présente section, veuillez donner le nom, l'adresse, les numéros de téléphone et de télécopieur ainsi que l'adresse électronique de la personne compétente à contacter.

Coordonnées

8.15. Veuillez donner le nom, l'adresse, les numéros de téléphone et de télécopieur ainsi que l'adresse électronique du responsable du service juridique (ou de toute autre personne exerçant des fonctions similaires ou du directeur général si cette personne n'existe pas) pour :

a) les concurrents mentionnés au point 7.4 ;

b) chacun des cinq principaux clients des parties sur chaque marché affecté ;

c) les entreprises arrivées récemment sur le marché mentionnées au point 8.4 ; et

d) les entreprises susceptibles d'arriver sur le marché mentionnées au point 8.5.

Les coordonnées doivent être fournies suivant le modèle de la Commission figurant sur le site web de la DG Concurrence.

SECTION 9 Gains d'efficacité

Si vous souhaitez que la Commission examine spécifiquement, dès le départ, si les gains d'efficacité induits par la concentration sont susceptibles d'améliorer la capacité de la nouvelle entité de favoriser la concurrence au profit des consommateurs ainsi que son incitation à le faire, veuillez fournir une description de chaque gain d'efficacité (y compris les économies de coûts, les introductions de nouveaux produits et les améliorations apportées aux produits ou services) qui, selon les parties, devrait résulter du projet de concentration pour chaque produit en cause et fournir les documents annexes correspondants.

Pour chaque gain d'efficacité allégué, veuillez fournir :

i) une explication détaillée de la façon dont le projet de concentration permettrait à la nouvelle entité d'obtenir le gain d'efficacité. Précisez les mesures que les parties envisagent de prendre à cette fin, les risques que cela implique ainsi que le temps et les coûts requis ;

ii) lorsque cela est raisonnablement possible, une quantification du gain d'efficacité et une explication détaillée du mode de calcul de cette quantification. Le cas échéant, veuillez fournir également une estimation de l'importance des gains d'efficacité liés à l'introduction de nouveaux produits ou aux améliorations de la qualité. Pour les gains d'efficacité supposant des économies de coûts, veuillez indiquer séparément les économies de coûts fixes ponctuelles, récurrentes et variables (en euros par unité et en euros par an) ;

iii) la mesure dans laquelle les clients sont susceptibles de bénéficier du gain d'efficacité et une explication détaillée des éléments permettant d'aboutir à cette conclusion ; et

iv) la raison pour laquelle la ou les parties ne peuvent obtenir le *[de]* gain d'efficacité dans une mesure analogue par un moyen autre que le projet de concentration et d'une manière qui n'est pas susceptible de soulever des problèmes de concurrence.

SECTION 10 Dimension coopérative d'une entreprise commune

Dans le cas des entreprises communes, aux fins de l'article 2, paragraphe 4, du règlement CE sur les concentrations, veuillez répondre aux questions suivantes :

a) Deux sociétés mères ou plus continuent-elles d'exercer des activités d'une certaine ampleur sur le même marché que l'entreprise commune, sur un marché situé en amont ou *[en]* aval ou sur un marché voisin qui lui est étroitement lié ?

Dans l'affirmative, veuillez indiquer, pour chacun des marchés en question :

— le chiffre d'affaires réalisé par chaque société mère durant l'exercice précédent ;

— l'importance économique des activités de l'entreprise commune par rapport à ce chiffre d'affaires ;

— la part de marché de chaque société mère.

b) Si vous avez répondu affirmativement à la question du point a) et si vous estimez que la création de l'entreprise commune n'aboutit pas à une coordination entre entreprises indépendantes tendant à restreindre la concurrence au sens de l'article 101, paragraphe 1, du TFUE, et, le cas échéant, des dispositions correspondantes de l'accord EEE, veuillez expliquer pourquoi.

c) Quelles que soient les réponses aux questions posées aux points a) et b), et pour permettre à la Commission de se prononcer en toute connaissance de cause, veuillez indiquer en quoi, selon vous, les critères de l'article 101, paragraphe 3, du TFUE, et, le cas échéant, les dispositions correspondantes de l'accord EEE s'appliquent au cas d'espèce. En vertu de l'article 101, paragraphe 3, du TFUE, les dispositions de l'article 101, paragraphe 1, du TFUE peuvent être déclarées inapplicables lorsque l'opération de concentration :

i) contribue à améliorer la production ou la distribution des produits, ou à promouvoir le progrès technique ou économique,

ii) tout en réservant aux utilisateurs une partie équitable du profit qui en résulte ;

iii) sans imposer aux entreprises intéressées des restrictions qui ne sont pas indispensables pour atteindre ces objectifs ; et

iv) ni donner à ces entreprises la possibilité, pour une partie substantielle des produits en cause, d'éliminer la concurrence.

SECTION 11 Déclaration

La notification doit se conclure par la déclaration suivante, qui doit être signée par ou au nom de toutes les parties notifiantes :

"La ou les parties notifiantes déclarent que les informations fournies dans la présente notification sont, à leur connaissance, sincères, exactes et complètes, qu'elles ont transmis des copies conformes et complètes des documents qui sont demandés dans le formulaire CO, que toutes les estimations sont présentées comme telles et constituent leurs estimations les plus précises des faits en cause, et que tous les avis exprimés sont sincères.

"Elles connaissent les dispositions de l'article 14, paragraphe 1, point a), du règlement CE sur les concentrations."

ANNEXE II

Formulaire CO simplifié de notification d'une concentration conformément au règlement (CE) n° 139/2004 du Conseil

(Règl. UE n° 1269/2013 du 5 déc. 2013, en vigueur le 1er janv. 2014)

INTRODUCTION

1.1. Objet du formulaire CO simplifié

Le formulaire CO simplifié indique les informations que doivent fournir les parties lorsqu'elles notifient à la Commission européenne certains projets de fusion, d'acquisition ou d'autre concentration qui sont peu susceptibles de soulever des problèmes de concurrence.

Pour remplir le présent formulaire CO simplifié, vous êtes invités *[invité]* à vous référer au règlement (CE) n° 139/2004 du Conseil du 20 janvier 2004 relatif au contrôle des concentrations entre entreprises ("le règlement CE sur les concentrations") et au règlement (CE) n° 802/2004 de la Commission (ci-après le "règlement d'application") auquel le présent formulaire est annexé. Les textes de ces règlements ainsi que d'autres documents pertinents figurent sur la page "Concurrence" du site web Europa de la Commission. Votre attention est également attirée sur les dispositions correspondantes de l'accord sur l'Espace économique européen (ci-après l'"accord EEE"). Pour remplir le présent formulaire CO simplifié, votre attention est également attirée sur la communication de la Commission relative à une procédure simplifiée de traitement de certaines opérations de concentration.

D'une façon générale, le formulaire CO simplifié peut être utilisé pour la notification de concentrations lorsque l'une des conditions suivantes est remplie :

1) dans le cas d'une entreprise commune, celle-ci n'exerce ou ne prévoit d'exercer aucune activité autre que négligeable sur le territoire de l'Espace économique européen (EEE). Il en est ainsi lorsque :

a) le chiffre d'affaires de l'entreprise commune et/ou celui des activités cédées est inférieur à 100 millions d'euros sur le territoire de l'EEE à la date de la notification ; et

b) la valeur totale des actifs cédés à l'entreprise commune est inférieure à 100 millions d'euros sur le territoire de l'EEE à la date de la notification ;

2) deux ou plusieurs entreprises fusionnent, ou une ou plusieurs entreprises acquièrent le contrôle exclusif ou le contrôle en commun d'une autre entreprise, pour autant qu'aucune des parties à la concentration n'exerce d'activités commerciales sur le même marché de produits et le même marché géographique ou sur un marché de produits qui se situe en amont ou en aval d'un marché de produits sur lequel opère une autre partie à la concentration ;

3) deux entreprises ou plus fusionnent, ou une ou plusieurs entreprises acquièrent le contrôle exclusif ou en commun d'une autre entreprise, et :

a) la part de marché cumulée de l'ensemble des parties à la concentration exerçant des activités commerciales sur le même marché de produits et le même marché géographique (relations horizontales) n'atteint pas 20 % ; et

b) aucune part de marché individuelle ou cumulée de l'ensemble des parties à la concentration exerçant des activités commerciales sur un marché de produits en amont ou en aval d'un marché de produits sur lequel opère toute autre partie à la concentration (relations verticales) n'est égale ou supérieure à 30 %.

En ce qui concerne les conditions des point 3 a) et b), en cas d'acquisition d'un contrôle en commun, les relations existant uniquement entre les entreprises qui acquièrent ce contrôle en commun ne sont pas considérées comme étant de nature horizontale ou verticale aux fins du présent formulaire CO simplifié, mais peuvent être considérées comme des concentrations pour lesquelles un problème de coordination se pose ;

4) une partie acquiert le contrôle exclusif d'une entreprise dont elle possède déjà le contrôle en commun.

La Commission peut également accepter un formulaire CO simplifié lorsque deux parties à la concentration ou plus entretiennent des relations horizontales, pour autant que l'accroissement ("delta") de l'indice Herfindahl-Hirschman ("IHH") résultant de la concentration soit inférieur à 150 et que la part cumulée des parties soit inférieure à 50 %. Elle décidera au cas par cas si, dans les circonstances particulières du cas d'espèce, l'accroissement du degré de concentration du marché indiqué par le delta IHH est tel qu'un formulaire CO simplifié peut être accepté. La Commission est moins encline à accepter un formulaire CO simplifié dans l'un des cas particuliers mentionnés dans ses lignes directrices sur l'appréciation des concentrations horizontales, à savoir, par exemple – mais pas uniquement –, dans le cas d'un marché déjà concentré, d'une concentration conduisant à l'élimination d'un important moteur de la concurrence, d'une concentration entre deux entreprises innovantes importantes ou d'une concentration impliquant une entreprise dont les produits en cours de développement sont prometteurs.

La Commission peut toujours demander un formulaire CO lorsqu'il apparaît que les conditions requises pour l'utilisation du formulaire CO simplifié ne sont pas remplies ou, à titre exceptionnel, lorsque ces conditions sont effectivement remplies mais que la Commission estime néanmoins qu'une notification à l'aide du formulaire CO s'impose pour pouvoir apprécier correctement les problèmes de concurrence qui peuvent découler de l'opération.

Parmi les exemples de cas pour lesquels une notification à l'aide du formulaire CO peut s'avérer nécessaire, figurent les concentrations où il est difficile de définir les marchés en cause (par exemple, sur les marchés émergents ou lorsqu'il n'existe pas de pratiques établies) ; lorsqu'une partie est un arrivant nouveau ou potentiel sur le marché ou un titulaire important de brevets ; lorsqu'il s'avère impossible de déterminer de manière adéquate les parts de marché des parties ; sur les marchés caractérisés par de fortes barrières à l'entrée, un degré élevé de concentration ou d'autres problèmes de concurrence notoires ; lorsque deux parties au moins à la concentration sont présentes sur des marchés voisins étroitement liés ; ainsi que les concentrations pour lesquelles un problème de coordination se pose, au sens de l'article 2, paragraphe 4, du règlement CE sur les concentrations. De même, un formulaire CO peut être exigé lorsqu'une partie acquiert le contrôle exclusif d'une entreprise commune dont elle possède actuellement le contrôle en commun ou lorsque l'acquéreur et l'entreprise commune sont ensemble en position de force sur le marché ou occupent une forte position sur des marchés liés verticalement.

1.2. Retour à la procédure normale et notification au moyen du formulaire CO

Afin d'évaluer si une concentration peut être notifiée à l'aide du formulaire CO simplifié, la Commission s'assurera que toutes les circonstances à prendre en considération sont établies de manière suffisamment claire. A cet égard, il incombe aux parties notifiantes de fournir des informations complètes et exactes.

Si, une fois la concentration notifiée, la Commission estime que l'opération ne se prête pas à une notification simplifiée, elle peut exiger une notification détaillée ou, le cas échéant, partielle à l'aide du formulaire CO lorsque :

a) il apparaît que les conditions requises pour utiliser le formulaire CO simplifié ne sont pas remplies ;

b) bien que les conditions requises pour utiliser le formulaire CO simplifié soient remplies, une notification détaillée ou partielle à l'aide du formulaire CO paraît nécessaire pour pouvoir apprécier correctement les problèmes de concurrence qui peuvent découler de l'opération ou établir que l'opération est une concentration au sens de l'article 3 du règlement CE sur les concentrations ;

c) le formulaire CO simplifié contient des informations inexactes ou mensongères ;

d) un État membre ou un État de l'AELE exprime des doutes motivés sur la concentration notifiée dans les 15 jours ouvrables de la réception de la copie de la notification ; ou

e) un tiers exprime des doutes fondés dans le délai fixé par la Commission pour présenter ses observations.

Dans les cas précités, la notification peut être considérée comme incomplète sur un point essentiel au sens de l'article 5, paragraphe 2, du règlement d'application. La Commission en informe par écrit et sans délai les parties notifiantes ou leurs représentants. La notification ne prend effet qu'à la date de réception de toutes les informations requises.

1.3. Contacts préalables à la notification

Il est indéniable que les informations requises dans le présent formulaire CO simplifié sont substantielles. Toutefois, l'expérience a montré que, en fonction des spécificités de l'affaire, toutes les informations ne sont pas toujours nécessaires pour un examen adéquat du projet de concentration. De ce fait, si vous estimez qu'une information spécifique requise par le présent formulaire CO simplifié n'est pas indispensable à l'examen de l'affaire, vous êtes encouragés *[encouragé]* à demander à la Commission de vous dispenser de l'obligation de la fournir ("dérogation"). *[Voir point 1.6 g) de la présente introduction pour plus de détails.]*

En vertu du règlement CE sur les concentrations, les parties notifiantes sont habilitées à notifier une concentration à tout moment, pour autant que la notification soit complète. La possibilité d'établir des contacts préalables est un service offert par la Commission aux parties notifiantes, qui peuvent y recourir dans le cadre de la préparation de l'examen formel de la concentration. En tant que tels, les contacts préalables, même s'ils ne sont pas obligatoires, peuvent être particulièrement utiles pour permettre aux parties notifiantes et à la Commission de déterminer avec précision la quantité d'informations à fournir dans la notification et ont pour effet, dans la plupart des cas, de réduire sensiblement la quantité d'informations requises.

En conséquence, bien qu'elles soient les seules à décider de l'établissement de contacts préalables à la notification et du moment auquel elles procéderont à celle-ci, les parties sont encouragées à consulter la Commission sur une base volontaire quant à l'adéquation de la portée et du type des *[d']* informations sur lesquelles elles entendent fonder leur notification. De même, il est conseillé aux parties d'établir des contacts préalables avec la Commission lorsqu'elles souhaitent présenter un formulaire CO simplifié, afin d'examiner si l'affaire se prête à une telle notification.

Il est également conseillé aux parties notifiantes de recourir aux contacts préalables avec la Commission lorsqu'elles souhaitent présenter un formulaire CO simplifié quand deux parties à la concentration ou plus entretiennent des relations horizontales et que le delta IHH résultant de l'opération est inférieur à 150.

Néanmoins, les contacts préalables à la notification, et notamment la présentation d'un projet de notification, peuvent être moins utiles dans les cas relevant du point 5 b) de la communication de la Commission relative à une procédure simplifiée de traitement de certaines opérations de concentration. Ces cas sont ceux dans lesquels les parties n'exercent pas d'activités sur le même marché de produits et le même marché géographique ou sur un marché de produits qui se situe en amont ou en aval d'un marché de produits sur lequel opère une autre partie à la concentration. Dans ces circonstances, les parties notifiantes peuvent choisir de procéder immédiatement à une notification sans soumettre de projet de notification au préalable.

Les parties notifiantes peuvent consulter le code de bonnes pratiques sur le déroulement de la procédure de l'Union européenne en matière de contrôle des concentrations (*Best Practices on the conduct of EC merger control proceedings*), publié par la direction générale de la concurrence (DG Concurrence) sur son site web et actualisé à intervalles réguliers. Ce code fournit des conseils sur les contacts préalables et la préparation des notifications.

1.4. Qui doit notifier ?

Dans le cas d'une fusion au sens de l'article 3, paragraphe 1, point a), du règlement CE sur les concentrations, ou de l'acquisition du contrôle en commun d'une entreprise au sens de l'article 3, paragraphe 1, point b), du même règlement, toutes les parties à la fusion ou acquérant le contrôle en commun, selon le cas, doivent présenter une notification conjointe.

Dans le cas de l'acquisition, par une entreprise, d'une participation de contrôle dans une autre entreprise, c'est l'acquéreur qui doit remplir la notification.

Dans le cas d'une offre publique d'achat (OPA) d'une entreprise, c'est l'entreprise qui fait l'offre qui doit remplir la notification.

Toute partie qui remplit la notification est responsable de l'exactitude des informations qu'elle contient.

1.5. Renseignements à fournir

Différentes sections du présent formulaire CO simplifié doivent être remplies, en fonction des raisons pour lesquelles la concentration se prête à un traitement simplifié et à une notification à l'aide du formulaire CO simplifié :

a) les sections 1, 2, 3, 4, 5 et 10 doivent être remplies dans tous les cas. La section 9 doit être remplie dans le cas des entreprises communes ;

b) si la concentration entraîne la création d'un ou de plusieurs marchés à déclarer, les sections 6 et 7 doivent être complétées ;

c) si la concentration n'entraîne pas la création d'un ou de plusieurs marchés à déclarer, la section 8 doit être complétée. Les sections 6 et 7 ne doivent pas être complétées.

1.6. Nécessité d'une notification complète et exacte

Toutes les informations demandées dans le présent formulaire CO simplifié doivent être complètes et exactes. Les informations demandées doivent être fournies dans la section appropriée du présent formulaire CO simplifié.

Veuillez notamment prendre note de ce qui suit :

a) conformément à l'article 10, paragraphe 1, du règlement CE sur les concentrations et à l'article 5, paragraphes 2 et 4, du règlement d'application, les délais du règlement CE sur les concentrations concernant la notification ne commencent à courir que lorsque la Commission a reçu toutes les informations à joindre à la notification. Cette obligation vise à permettre à la Commission d'examiner la concentration notifiée dans les délais stricts prévus par le règlement CE sur les concentrations ;

b) en préparant leur notification, la ou les parties notifiantes doivent vérifier que les noms et numéros des personnes à contacter indiqués à la Commission, et en particulier les numéros de télécopieur et les adresses électroniques, sont exacts, pertinents et à jour ;

c) les informations inexactes ou mensongères seront considérées comme incomplètes (article 5, paragraphe 4, du règlement d'application) ;

d) si une notification est incomplète, la Commission en informe par écrit et sans délai les parties notifiantes ou leurs représentants. La notification ne prend effet qu'à la date de la réception, par la Commission, des informations complètes et exactes (article 10, paragraphe 1, du règlement CE sur les concentrations *[,]* et article 5, paragraphes 2 et 4, du règlement d'application) ;

e) conformément à l'article 14, paragraphe 1, point a), du règlement CE sur les concentrations, les parties notifiantes qui, de propos délibéré ou par négligence, fournissent des informations inexactes ou mensongères sont passibles d'amendes jusqu'à concurrence de 1 % du chiffre d'affaires total réalisé par l'entreprise concernée. Le règlement CE sur les concentrations dispose également, à l'article 6, paragraphe 3, point a), et à l'article 8, paragraphe 6, point a), que la Commission peut révoquer sa décision sur la compatibilité avec le marché intérieur d'une opération de concentration notifiée, si cette déclaration de compatibilité repose sur des informations inexactes dont une des entreprises concernées est responsable ;

f) vous pouvez demander par écrit à la Commission de considérer la notification comme complète bien que vous ne fournissiez pas toutes les informations demandées dans le présent formulaire CO simplifié, si vous ne pouvez raisonnablement les obtenir en tout ou en partie (par exemple, parce que les informations relatives à une société faisant l'objet d'une offre inamicale ne sont pas disponibles).

La Commission examinera cette demande, sous réserve que vous indiquiez les raisons de la non-disponibilité de ces informations et que vous fournissiez vos estimations les plus précises des données manquantes, en précisant les sources de ces estimations. Veuillez également indiquer, dans la mesure du possible, où la Commission pourrait se procurer les informations demandées que vous n'avez pu obtenir ;

g) conformément à l'article 4, paragraphe 2, du règlement d'application, la Commission peut dispenser de l'obligation de communiquer une information spécifique dans la notification, y compris dans les documents, ainsi que de toute autre exigence définie dans le présent formulaire CO, si le respect de ces obligations et exigences ne lui paraît pas nécessaire à l'examen de l'affaire. En conséquence, vous pouvez, au stade de la prénotification, demander par écrit à la Commission de vous dispenser de l'obligation de fournir cette information si vous estimez qu'elle n'est pas nécessaire à l'examen de votre notification par la Commission.

Les demandes de dérogation doivent être présentées en même temps que le projet de formulaire CO simplifié afin de permettre à la Commission de déterminer si les informations visées par ces demandes sont ou non nécessaires à l'examen de l'affaire. Ces demandes doivent être soit formulées dans le projet de formulaire CO simplifié même, soit présentées par courriel ou par lettre adressés au gestionnaire du dossier et/ou au chef d'unité.

La Commission examinera les demandes de dérogation, sous réserve que vous indiquiez dûment les raisons pour lesquelles les informations en question ne sont pas nécessaires à l'examen de l'affaire. Les demandes de dérogation seront traitées dans le cadre de l'examen du projet de formulaire CO simplifié. En conséquence, conformément au code de bonnes pratiques sur le déroulement de la procédure de l'Union européenne en matière de contrôle des concentrations, il faudra en principe cinq jours ouvrables à la DG Concurrence pour répondre aux demandes de dérogation.

Afin d'éviter toute ambiguïté, il convient de noter que ni le fait qu'une section ne soit pas mentionnée au point 1.5 de la présente introduction ni le fait que la Commission ait pu admettre, conformément au point 1.6, qu'un renseignement spécifique demandé dans le présent formulaire CO simplifié n'était pas nécessaire aux fins de la notification complète d'une concentration (à l'aide du formulaire CO simplifié) n'empêchent nullement la Commission de réclamer ce renseignement à tout moment, notamment au moyen d'une demande de renseignements adressée conformément à l'article 11 du règlement CE sur les concentrations.

1.7. Procédure à suivre pour la notification

La notification doit être présentée dans l'une des langues officielles de l'Union européenne. Cette langue sera ensuite la langue de procédure applicable à toutes les parties notifiantes. Si la notification est effectuée, conformément à l'article 12 du protocole 24 de l'accord EEE, dans une langue officielle d'un État de l'AELE qui n'est pas une langue officielle de l'Union, elle doit être accompagnée d'une traduction dans une langue officielle de l'Union.

En ce qui concerne la présentation des informations demandées dans le présent formulaire CO simplifié, veuillez utiliser les numéros des sections et des points du formulaire CO simplifié, signer la déclaration prévue à la section 10 et annexer les documents à joindre à la notification. L'original du présent formulaire CO simplifié doit être signé par les personnes habilitées par la loi à agir au nom de chaque partie notifiante ou par un ou plusieurs représentants extérieurs mandatés de la ou des parties notifiantes. Pour remplir la section 7 du présent formulaire CO simplifié, les parties notifiantes sont invitées à examiner si, dans un souci de clarté, il est préférable de présenter les informations par ordre numérique ou de les regrouper pour chacun des marchés à déclarer (ou groupe de marchés à déclarer).

Dans un souci de clarté, certaines informations peuvent être communiquées en annexe. Toutefois, il est essentiel que toutes les informations fondamentales et, en particulier, les données relatives aux parts de marché des parties et de leurs principaux concurrents figurent dans le corps du présent formulaire CO simplifié. Les annexes doivent uniquement servir à compléter les informations fournies dans le formulaire même.

Les coordonnées doivent être fournies selon le modèle fourni par la DG Concurrence sur son site web. Pour une enquête appropriée, il est essentiel que les coordonnées fournies soient exactes. Une notification contenant de nombreuses coordonnées inexactes peut être considérée comme incomplète.

Les documents annexes doivent être remis dans leur langue originale. Si celle-ci n'est pas l'une des langues officielles de l'Union, ils doivent être traduits dans la langue de procédure (article 3, paragraphe 4, du règlement d'application).

Les documents annexes peuvent être des originaux ou des copies. Dans ce cas, la partie notifiante doit attester que les copies sont conformes et complètes.

Veuillez fournir à la DG Concurrence l'original et le nombre requis de copies du présent formulaire CO simplifié et des documents annexes. La Commission a publié le nombre et le format (papier ou électronique) requis des copies au *Journal officiel de l'Union européenne* ainsi que sur le site web de la DG Concurrence.

La notification doit être remise à l'adresse mentionnée à l'article 23, paragraphe 1, du règlement d'application. Cette adresse est publiée au *Journal officiel de l'Union européenne* et peut être consultée sur le site web de la DG Concurrence. La notification doit être remise à la Commission durant les jours ouvrables définis à l'article 24 du règlement d'application durant les heures d'ouverture indiquées sur le site web de la DG Concurrence. Il y a lieu de respecter les consignes de sécurité indiquées sur le site web de la DG Concurrence.

Toutes les copies électroniques du formulaire CO simplifié et des documents annexes doivent être fournies dans un format exploitable et consultable tel que précisé sur le site web de la DG Concurrence.

1.8. Confidentialité

Conformément à l'article 339 du traité sur le fonctionnement de l'Union européenne ("TFUE") et à l'article 17, paragraphe 2, du règlement CE sur les concentrations, ainsi qu'aux dispositions correspondantes de l'accord EEE, la Commission, les États membres, l'Autorité de surveillance AELE et les États de l'AELE ainsi que leurs fonctionnaires et autres agents sont tenus de ne pas divulguer les informations qu'ils ont recueillies en application de ce règlement et qui, par leur nature, sont couvertes par le secret professionnel. Ce principe doit également s'appliquer pour garantir la confidentialité entre les parties notifiantes.

Si vous estimez que vos intérêts seraient lésés si certaines des informations que vous êtes invités *[invité]* à fournir étaient publiées ou divulguées d'une autre manière aux autres parties, veuillez fournir cette information séparément, en apposant clairement sur chaque page la mention "secret d'affaires". Veuillez en outre indiquer les raisons pour lesquelles ces informations ne doivent pas être divulguées ou publiées.

Dans le cas de fusions ou d'acquisitions en commun, ou lorsque la notification est remplie par plus d'une partie, les secrets d'affaires peuvent être communiqués sous enveloppe séparée et mentionnés dans le formulaire de notification en tant qu'annexe. Toutes ces annexes doivent accompagner la notification pour que celle-ci puisse être considérée comme complète.

1.9. Définitions et instructions pour les besoins du présent formulaire CO simplifié

"Partie(s) notifiante(s)" : la notification pouvant être, dans certains cas, présentée par une seule des entreprises parties à l'opération de concentration, l'expression "partie(s) notifiante(s)" désigne exclusivement l'entreprise qui présente effectivement la notification.

"Partie(s) à la concentration" ou "parties" : cette expression désigne à la fois les parties qui acquièrent et la ou les parties qui font l'objet de l'acquisition ou les parties qui fusionnent, y compris toutes les entreprises dans lesquelles est acquise une participation de contrôle ou qui font l'objet d'une offre publique d'achat.

Sauf dispositions contraires, les expressions "partie(s) notifiante(s)" et "partie(s) à la concentration" englobent toutes les entreprises appartenant aux mêmes groupes que les "parties".

"Année" : dans le présent formulaire CO simplifié, sauf indication contraire, le mot "année" signifie "année civile" et toutes les informations demandées se rapportent à l'année précédant celle de la notification.

Les données financières exigées à la section 4 doivent être exprimées en euros, par application des taux de change en vigueur pendant les années ou autres périodes considérées.

Toutes les références contenues dans le présent formulaire CO simplifié renvoient aux articles et paragraphes du règlement CE sur les concentrations, sauf indication contraire.

1.10. Coopération internationale entre la Commission et les autres autorités de la concurrence

La Commission encourage les entreprises concernées à faciliter la coopération à l'échelle internationale entre la Commission et les autres autorités de la concurrence qui examinent la même concentration. L'expérience acquise par la Commission montre qu'une bonne coopération entre la Commission et les autorités de la concurrence de juridictions en dehors de l'EEE offre des avantages substantiels aux entreprises concernées. A cette fin, la Commission encourage les parties notifiantes à présenter, conjointement avec le présent formulaire CO simplifié, une liste des juridictions en dehors de l'EEE devant autoriser la concentration, avant ou après sa réalisation, en vertu des règles en matière de contrôle des concentrations.

1.11. Information des salariés et de leurs représentants

La Commission tient à attirer l'attention sur les obligations auxquelles les parties à une concentration peuvent être soumises en vertu des règles de l'Union et/ou nationales sur l'information et la consultation des salariés et/ou de leurs représentants dans le cadre d'opérations de nature concentrative.

SECTION 1 Description de la concentration

1.1. Veuillez fournir un résumé de l'opération de concentration précisant les parties à l'opération, la nature de celle-ci (par exemple, fusion, acquisition, entreprise commune), les domaines d'activité des parties à la concentration, les marchés sur lesquels la concentration aura un impact *[y compris les principaux marchés à déclarer]* ainsi que les raisons stratégiques et économiques à l'origine de l'opération.

1.2. Veuillez fournir une synthèse non confidentielle (500 mots au maximum) des informations fournies au point 1.1. Il est entendu que cette synthèse sera publiée sur le site web de la DG Concurrence le jour de la notification. Elle doit être rédigée de façon à ne pas contenir d'informations confidentielles ou de secrets d'affaires.

1.3. Veuillez préciser les raisons pour lesquelles la concentration peut faire l'objet d'un traitement simplifié en vous référant aux dispositions pertinentes de la communication de la Commission relative à une procédure simplifiée de traitement de certaines opérations de concentration en application du règlement (CE) n° 139/2004 du Conseil.

SECTION 2 Informations sur les parties

Veuillez indiquer, pour chaque partie notifiante ainsi que pour toute autre partie à la concentration :

2.1.1. le nom de l'entreprise ;

2.1.2. le nom, l'adresse, les numéros de téléphone et de télécopieur, l'adresse électronique ainsi que la fonction de la personne compétente à contacter ; l'adresse indiquée doit être un domicile élu auquel *[où]* les documents, et, notamment, les décisions de la Commission et d'autres documents procéduraux, peuvent être notifiés et la personne à contacter doit être considérée comme étant la personne autorisée à recevoir toutes significations ;

2.1.3. en cas de désignation d'un ou de plusieurs représentants extérieurs mandatés, le ou les représentants auxquels les documents, et, notamment, les décisions et autres documents procéduraux de la Commission, peuvent être notifiés :

2.1.3.1. le nom, le domicile élu, les numéros de téléphone et de télécopieur, l'adresse électronique ainsi que la fonction de chaque représentant ; et

2.1.3.2. l'original de la preuve écrite de l'habilitation de chaque représentant extérieur mandaté (basé sur la procuration type disponible sur le site web de la DG Concurrence).

SECTION 3 Renseignements concernant la concentration, la propriété et le contrôle

Les informations demandées dans la présente section peuvent être illustrées par des organigrammes ou diagrammes présentant la structure de propriété et de contrôle des entreprises avant et après la réalisation de la concentration.

3.1. Veuillez décrire la nature de la concentration notifiée. Veuillez, en vous fondant sur les critères pertinents indiqués dans le règlement CE sur les concentrations et la communication juridictionnelle codifiée de la Commission :

3.1.1. indiquer les entreprises ou les personnes qui détiennent le contrôle exclusif ou en commun, direct ou indirect, de chacune des entreprises concernées et indiquer la structure de propriété et de contrôle de chacune de ces entreprises avant la réalisation de la concentration ;

3.1.2. préciser si la concentration envisagée :

i) est une véritable fusion ;

ii) est une prise de contrôle exclusif ou en commun ; ou

iii) résulte d'un contrat ou d'un autre moyen de contrôle direct ou indirect au sens de l'article 3, paragraphe 2, du règlement CE sur les concentrations ; ou

iv) est une entreprise commune de plein exercice au sens de l'article 3, paragraphe 4, du règlement CE sur les concentrations, auquel cas il convient d'expliquer les raisons pour lesquelles l'entreprise commune est considérée comme étant de plein exercice ;

3.1.3. préciser les modalités de mise en œuvre de la concentration (par exemple, au moyen de la conclusion d'un accord, du lancement d'une offre publique d'achat, etc.) ;

3.1.4. indiquer, en vous fondant sur l'article 4, paragraphe 1, du règlement CE sur les concentrations, si l'un des événements suivants s'est produit au moment de la notification :

i) conclusion d'un accord ;

ii) acquisition d'une participation de contrôle ;

iii) publication d'une offre publique d'achat (ou d'un projet d'offre publique d'achat) ; ou

iv) démonstration de bonne foi, par les entreprises concernées, de leur intention de conclure un accord ;

3.1.5. indiquer la date prévisible de tout événement important dans la réalisation de la concentration ;

3.1.6. indiquer la structure de propriété et de contrôle de chacune des entreprises concernées après la réalisation de la concentration.

3.2. Veuillez décrire les raisons économiques de la concentration.

3.3. Veuillez indiquer la valeur de l'opération *[prix d'achat (ou valeur de tous les actifs concernés, selon le cas) ; veuillez préciser s'il s'agit de fonds propres, de liquidités ou d'autres actifs]*.

3.4. Veuillez décrire toute aide financière ou autre reçue des autorités publiques par l'une des parties ainsi que la nature et le montant de cette aide.

SECTION 4 Chiffre d'affaires

Pour chacune des entreprises concernées, veuillez fournir les informations suivantes pour le dernier exercice :

4.1. le chiffre d'affaires réalisé au niveau mondial ;

4.2. le chiffre d'affaires réalisé dans l'Union européenne ;

4.3. le chiffre d'affaires réalisé dans l'EEE (UE et AELE) ;

4.4. le chiffre d'affaires réalisé dans chaque État membre de l'Union européenne (le cas échéant, l'État membre dans lequel ont été réalisés plus des deux tiers du chiffre d'affaires au niveau de l'Union européenne) ;

4.5. le chiffre d'affaires réalisé dans l'AELE ;

4.6. le chiffre d'affaires réalisé dans chaque État de l'AELE (le cas échéant, l'État de l'AELE dans lequel ont été réalisés plus des deux tiers du chiffre d'affaires au niveau de l'AELE ; veuillez également indiquer si le chiffre d'affaires total réalisé par les entreprises concernées sur le territoire des États de l'AELE est égal ou supérieur à 25 % de leur chiffre d'affaires total sur le territoire de l'EEE).

Les données relatives au chiffre d'affaires doivent être fournies au moyen du tableau type figurant sur le site web de la DG Concurrence.

SECTION 5 Documents à joindre à la notification

Les parties notifiantes doivent transmettre les documents suivants :

5.1. des copies des versions définitives, ou les plus récentes, de tout document constitutif de la concentration, qu'il s'agisse d'un accord entre les parties à la concentration, de l'acquisition d'une participation de contrôle ou d'une offre publique d'achat ; et

5.2. une indication de l'adresse internet, le cas échant *[échéant]*, à laquelle *[où]* les rapports et comptes annuels les plus récents des parties à la concentration peuvent être consultés ou, en l'absence d'adresse internet, des copies des rapports et comptes annuels les plus récents des parties à la concentration.

5.3. Les informations suivantes doivent être fournies uniquement lorsque la concentration entraîne la création d'un ou de plusieurs marchés à déclarer dans l'EEE : des copies de toutes les présentations préparées par ou pour un ou des membres du conseil d'administration ou de l'organe de surveillance ou reçus par un ou des membres du conseil d'administration ou de l'organe de surveillance, selon la structure de la gouvernance d'entreprise, ou toute autre personne exerçant des fonctions similaires (ou à laquelle de telles fonctions ont été déléguées ou confiées) ou de l'assemblée générale des actionnaires analysant la concentration notifiée.

Veuillez fournir une liste des documents mentionnés au présent point 5. 3, en indiquant pour chacun d'entre eux la date d'élaboration ainsi que le nom et la fonction de son ou de ses destinataires.

SECTION 6 Définitions des marchés

La présente section doit être complétée pour les concentrations débouchant sur la création d'un ou de plusieurs marchés à déclarer.

6.1. Définitions des marchés

Les marchés de produits en cause et les marchés géographiques en cause permettent de déterminer le cadre dans lequel le pouvoir de marché de la nouvelle entité qui résultera de l'opération de concentration doit être apprécié.

La ou les parties notifiantes doivent fournir les informations requises dans le présent formulaire CO simplifié en se rapportant aux définitions suivantes :

6.1.1. "Marchés de produits en cause"

Un "marché de produits en cause" comprend tous les produits et/ou services que le consommateur considère comme interchangeables ou substituables en raison de leurs caractéristiques, de leur prix et de l'usage auquel ils sont destinés. Un marché de produits en cause peut, dans certains cas, se composer de plusieurs produits et/ou services qui présentent des caractéristiques physiques ou techniques en grande partie identiques et qui sont interchangeables.

La délimitation du marché de produits en cause passe notamment par une analyse, sur la base de la définition, des raisons pour lesquelles les produits ou les services de ces marchés sont inclus et d'autres exclus, en tenant compte, notamment, de leur substituabilité, des prix, de l'élasticité croisée de la demande ou d'autres facteurs pertinents (par exemple, la substituabilité du côté de l'offre dans des cas appropriés).

6.1.2. "Marchés géographiques en cause"

Le "marché géographique en cause" comprend le territoire sur lequel les entreprises concernées offrent et demandent les biens et les services en cause, sur lequel les conditions de concurrence sont suffisamment homogènes et qui peut être distingué de zones géographiques voisines parce que, en particulier, les conditions de concurrence y diffèrent de manière appréciable.

Les facteurs pertinents pour la délimitation du marché géographique en cause incluent notamment la nature et les caractéristiques des produits ou des services en cause, l'existence de barrières à l'entrée, les préférences des consommateurs, des différences appréciables de parts de marché entre zones géographiques voisines ou des écarts de prix substantiels.

6.2. "Marchés à déclarer"

Pour les besoins des informations demandées dans le présent formulaire CO simplifiés, par "marchés à déclarer", on entend tous les marchés de produits et marchés géographiques en cause ainsi que les autres marchés de produits et marchés géographiques en cause possibles lorsque, sur le territoire de l'EEE :

a) deux ou plusieurs parties à la concentration (soit, en cas de prise de contrôle en commun dans une entreprise commune, cette dernière et au moins une des parties acquéreuses de ce contrôle en commun) exercent des activités commerciales sur le même marché en cause (relations horizontales) ;

b) une ou plusieurs des parties à la concentration (en cas de prise de contrôle en commun dans une entreprise commune, l'entreprise commune et au moins une des parties acquéreuses) exercent des activités commerciales sur un marché de produits qui se situe en amont ou en aval par rapport à un marché sur lequel une autre partie exerce son activité, qu'il y ait ou non une relation de fournisseur à client entre les parties à la concentration (relations verticales).

Sur la base des définitions données dans la présente section 6, veuillez indiquer tous les marchés à déclarer.

Si la concentration entre dans le champ d'application du point 5 c) de la communication de la Commission relative à une procédure simplifiée de traitement de certaines opérations de concentration en application du règlement (CE) n° 139/2004 du Conseil, veuillez confirmer qu'aucun marché tel que défini au point 6.3. du formulaire CO simplifié n'est affecté dans le cas d'une définition possible des marchés de produits et *[des]* marchés géographiques

SECTION 7 Informations concernant les marchés

La présente section doit être complétée pour les concentrations débouchant sur la création d'un ou de plusieurs marchés à déclarer.

7.1. Pour chaque marché à déclarer décrit à la section 6 et pour l'année précédant l'opération, veuillez fournir les informations suivantes :

7.1.1. pour chacune des parties à la concentration, la nature des activités de l'entreprise, les principales filiales et/ou marques ainsi que les noms des produits et/ou marques déposées utilisés sur chacun de ces marchés ;

7.1.2. une estimation de la taille totale du marché en termes de ventes réalisées, en valeur (en euros) et en volume (en unités). Indiquez les bases de calcul et les sources utilisées à cet effet et fournissez, lorsqu'ils sont disponibles, les documents nécessaires pour confirmer ce calcul ;

7.1.3. les ventes réalisées, en valeur et en volume, ainsi qu'une estimation des parts de marché détenues par chacune des parties à la concentration. Indiquez si les ventes et les parts de marchés *[marché]* ont sensiblement évolué au cours des trois derniers exercices ; et

7.1.4. pour les relations horizontales et verticales, une estimation de la part de marché en valeur (et, le cas échéant, en volume) des trois principaux concurrents (en indiquant la base des estimations). Veuillez communiquer le nom, l'adresse, les numéros de téléphone et de télécopieur ainsi que l'adresse électronique du responsable du service juridique (ou de toute autre personne exerçant des fonctions similaires ou du directeur général si cette personne n'existe pas) pour ces concurrents.

7.2. Si la concentration entre dans le champ d'application du point 6 de la communication de la Commission relative à une procédure simplifiée de traitement de certaines opérations de concentration en application du règlement (CE) n° 139/2004 du Conseil, veuillez fournir les précisions suivantes pour chaque marché à déclarer sur lequel les parties détiennent une part de marché horizontale cumulée de 20 % ou plus :

7.2.1. veuillez indiquer si l'un des cas particuliers mentionnés au point 20 des lignes directrices de la Commission sur l'appréciation des concentrations horizontales est présent, à savoir, notamment, le degré de concentration du marché, le fait que la concentration envisagée réunisse des entreprises innovantes importantes, la suppression d'une force concurrentielle importante et le fait que la concentration envisagée implique une entreprise ayant des produits en cours de développement prometteurs ;

7.2.2. veuillez indiquer les ventes réalisées, en valeur et en volume, ainsi qu'une estimation des parts de marché détenues par chacune des parties à la concentration pour chacune des trois dernières années ;

7.2.3. veuillez, pour chaque partie à la concentration, fournir une brève description de :

7.2.3.1. l'intensité de la recherche et du développement ;

7.2.3.2. les principales innovations en termes de produits et/ou de services mis sur le marché au cours des trois dernières années, les produits en cours de développement devant être mis sur le marché au cours des trois prochaines années ainsi que les droits de propriété intellectuelle importants détenus ou contrôlés.

SECTION 8 Activités commerciales de la cible en l'absence de marchés à déclarer

La présente section doit être complétée pour les concentrations ne débouchant pas sur la création d'un marché à déclarer.

8.1. Activités commerciales de la partie ou des parties acquérant le contrôle

Veuillez décrire, pour chaque partie acquérant le contrôle, la nature des activités de l'entreprise.

8.2. Activités commerciales de l'entreprise cible

8.2.1. Veuillez indiquer les activités actuelles et futures de la ou des entreprises dont le contrôle est acquis.

8.2.2. Dans le cas d'une entreprise commune n'exerçant actuellement ou ne prévoyant d'exercer aucune activité sur le territoire de l'EEE au sens du point 5 a) de la communication de la Commission relative à une procédure simplifiée de traitement de certaines opérations de concentration en application du règlement (CE) n° 139/2004 du Conseil, il suffit d'indiquer :

8.2.2.1. les produits ou services actuels et futurs de l'entreprise commune ; et

8.2.2.2. les raisons pour lesquelles l'entreprise commune ne devrait avoir aucun effet, direct ou indirect, sur les marchés dans l'EEE.

8.3. Absence de marchés à déclarer

Veuillez expliquer pourquoi la concentration envisagée ne débouche pas, selon vous, sur la création d'un marché à déclarer dans l'EEE.

SECTION 9 Dimension coopérative d'une entreprise commune

Dans le cas d'une entreprise commune, aux fins de l'article 2, paragraphe 4, du règlement CE sur les concentrations, veuillez répondre aux questions suivantes :

a) Deux sociétés mères ou plus continuent-elles d'exercer des activités d'une certaine ampleur sur le même marché que l'entreprise commune, sur un marché situé en amont ou *[en]* aval ou sur un marché voisin qui lui est étroitement lié ?

Dans l'affirmative, veuillez indiquer, pour chacun des marchés en question :

i) le chiffre d'affaires réalisé par chaque société mère durant l'exercice précédent ;

ii) l'importance économique des activités de l'entreprise commune par rapport à ce chiffre d'affaires ;

iii) la part de marché de chaque société mère.

b) Si vous avez répondu affirmativement à la question posée au point a) et si vous estimez qu'il n'est pas satisfait aux critères de l'article 101, paragraphe 1, du TFUE, et, le cas échéant, aux dispositions correspondantes de l'accord EEE, veuillez expliquer pourquoi.

c) Quelles que soient les réponses aux questions posées aux points a) et b), et pour permettre à la Commission de se prononcer en toute connaissance de cause, veuillez indiquer en quoi, selon vous, les critères de l'article 101, paragraphe 3, du TFUE, et, le cas échéant, les dispositions correspondantes de l'accord EEE, s'appliquent au cas d'espèce. En vertu de l'article 101, paragraphe 3, du TFUE, les dispositions de l'article 101, paragraphe 1, du TFUE peuvent être déclarées inapplicables lorsque l'opération de concentration :

i) contribue à améliorer la production ou la distribution des produits ou à promouvoir le progrès technique ou économique ;

ii) réserve aux utilisateurs une partie équitable du profit qui en résulte ;

iii) n'impose pas aux entreprises intéressées des restrictions qui ne sont pas indispensables pour atteindre ces objectifs ; et

iv) ne donne pas à ces entreprises la possibilité, pour une partie substantielle des produits en cause, d'éliminer la concurrence.

SECTION 10 Déclaration

La notification doit se conclure par la déclaration suivante, qui doit être signée par ou au nom de toutes les parties notifiantes :

"La ou les parties notifiantes déclarent que les informations fournies dans la présente notification sont, à leur connaissance, sincères, exactes et complètes, qu'elles ont transmis des copies conformes et complètes des documents qui sont demandés dans le formulaire CO, que toutes les estimations sont présentées comme telles et constituent leurs estimations les plus précises des faits en cause et que tous les avis exprimés sont sincères.

"Elles connaissent les dispositions de l'article 14, paragraphe 1, point a), du règlement CE sur les concentrations."

ANNEXE III

[RS — *REASONED SUBMISSION* = MÉMOIRE MOTIVÉ CONFORMÉMENT À L'ARTICLE 4, PARAGRAPHES 4 ET 5, DU RÈGLEMENT (CE) N° 139/2004 DU CONSEIL] FORMULAIRE RS RELATIF AUX MÉMOIRES MOTIVÉS CONFORMÉMENT À L'ARTICLE 4, PARAGRAPHES 4 ET 5, DU RÈGLEMENT (CE) N° 139/2004

(Règl. UE n° 1269/2013 du 5 déc. 2013, en vigueur le 1er janv. 2014)

INTRODUCTION

1.1. Objet du présent formulaire RS

Le présent formulaire RS indique les informations que les parties doivent fournir lorsqu'elles présentent, au moyen d'un mémoire motivé, un renvoi en prénotification au titre de l'article 4, paragraphe 4 ou 5, du règlement (CE) n° 139/2004 du Conseil du 20 janvier 2004 relatif au contrôle des concentrations entre entreprises ("le règlement CE sur les concentrations").

Il y a lieu de se référer au règlement CE sur les concentrations et au règlement (CE) n° 802/2004 de la Commission (ci-après "le règlement d'application"), auquel le présent formulaire RS est annexé. Les textes de ces règlements ainsi que d'autres documents pertinents figurent sur la page "Concurrence" du site web Europa de la Commission. Il y a lieu également de se référer aux dispositions correspondantes de l'accord sur l'Espace économique européen (ci-après "l'accord EEE").

Il est indéniable que les informations demandées dans le présent formulaire RS sont substantielles. Toutefois, l'expérience a montré que, en fonction des spécificités de l'affaire, toutes les informations ne sont pas toujours nécessaires aux fins d'un mémoire motivé adéquat. De ce fait, si vous estimez qu'une information spécifique demandée dans le présent formulaire RS n'est pas indispensable aux fins du mémoire motivé en l'espèce, vous êtes encouragés *[encouragé]* à demander à la Commission de vous dispenser de l'obligation de la fournir. *[Voir le point 1. 3 e) de la présente introduction pour plus de détails.]*

La possibilité d'établir des contacts préalables est un service offert par la Commission aux parties présentant un mémoire, qui peuvent y recourir, si elles le désirent, dans le cadre de l'élaboration de la présentation formelle du présent formulaire RS. Les contacts préalables sont particulièrement utiles pour permettre aux parties présentant un mémoire et à la Commission de déterminer avec précision la quantité d'informations à fournir dans le mémoire motivé et auront pour effet, dans la plupart des cas, de réduire sensiblement la quantité des informations demandées. Les parties sont donc encouragées à consulter la Commission et l'État membre/les États membres ou l'État de l'AELE/les États de l'AELE concernés sur une base volontaire quant à l'adéquation de la portée et du type d'informations sur lesquelles elles entendent fonder leur mémoire motivé.

Les parties peuvent consulter le code de bonnes pratiques concernant le déroulement de la procédure en matière de contrôle des concentrations (*Best Practices on the conduct of EC merger control proceedings*), publié par la direction générale de la concurrence (DG Concurrence) sur son site web et actualisé à intervalles réguliers, qui fournit des conseils sur les contacts préalables et l'élaboration des notifications et des mémoires motivés.

1.2. Personnes habilitées à présenter un mémoire motivé

Dans le cas d'une fusion au sens de l'article 3, paragraphe 1, point a), du règlement CE sur les concentrations ou de l'acquisition du contrôle en commun d'une entreprise au sens de l'article 3, paragraphe 1, point b), du même règlement, les parties à la fusion ou acquérant le contrôle en commun, selon le cas, doivent présenter un mémoire motivé conjoint.

Dans le cas de l'acquisition, par une entreprise, d'une participation de contrôle dans une autre entreprise, c'est l'acquéreur qui doit remplir le mémoire motivé.

Dans le cas d'une offre publique d'achat (OPA) d'une entreprise, c'est l'entreprise qui fait l'offre qui doit remplir le mémoire motivé.

Toute partie qui remplit un mémoire motivé est responsable de l'exactitude des informations qu'il contient.

1.3. Nécessité d'un mémoire motivé complet et exact

Toutes les informations demandées dans le présent formulaire RS doivent être exactes et complètes. Elles doivent être fournies dans la section appropriée du présent formulaire RS.

Les informations inexactes ou mensongères figurant dans le mémoire motivé seront considérées comme incomplètes (article 5, paragraphe 4, du règlement d'application).

Veuillez notamment prendre note de ce qui suit :

a) conformément à l'article 4, paragraphes 4 et 5, du règlement CE sur les concentrations, la Commission est tenue de transmettre les mémoires motivés sans délai aux États membres et aux États de l'AELE. Les délais d'examen d'un mémoire motivé commencent à courir à compter de la réception du mémoire par l'État membre/les États membres ou l'État de l'AELE/les États de l'AELE concernés. La décision d'accepter ou non un mémoire motivé est normalement prise sur la base des informations qu'il contient, sans autre enquête par les autorités concernées ;

b) les parties présentant le mémoire doivent donc vérifier, lors de la préparation de leur mémoire motivé, que tous les arguments et informations sur lesquels elles s'appuient sont suffisamment étayés par des sources indépendantes ;

c) conformément à l'article 14, paragraphe 1, point a), du règlement CE sur les concentrations, les parties présentant un mémoire motivé qui, de propos délibéré ou par négligence, fournissent des informations inexactes ou dénaturées, sont passibles d'amendes jusqu'à concurrence de 1 % du chiffre d'affaires total réalisé par l'entreprise concernée ;

d) conformément au règlement d'application, la Commission peut dispenser de l'obligation de communiquer une information dans le mémoire motivé ainsi que de toute autre exigence définie dans le présent formulaire RS. Vous pouvez, par conséquent, demander par écrit à la Commission de vous dispenser de l'obligation de fournir cette information si vous ne pouvez raisonnablement l'obtenir en tout ou en partie (par exemple, parce que les informations relatives à une société faisant l'objet d'une offre inamicale ne sont pas disponibles).

Les demandes de dérogation doivent être présentées en même temps que le projet de formulaire RS. Elles doivent être présentées soit dans le texte même du projet de formulaire RS, soit par courriel ou par lettre adressés au gestionnaire du dossier et/ou au chef d'unité.

La Commission examinera ces demandes, sous réserve que vous indiquiez les raisons de l'absence de ces informations et que vous donniez vos estimations les plus précises sur les données manquantes, en précisant les sources de ces estimations. Veuillez également indiquer, dans la mesure du possible, où la Commission ou l'État membre/les États membres ou l'État de l'AELE/les États de l'AELE concernés pourraient se procurer les informations demandées que vous n'avez pu obtenir.

Les demandes de dérogation seront traitées conformément au code de bonnes pratiques de la DG Concurrence concernant le déroulement de la procédure en matière de contrôle des concentrations. Il faudra en principe cinq jours ouvrables à la DG Concurrence pour y répondre ;

e) conformément au règlement d'application, la Commission peut dispenser de l'obligation de communiquer une information ainsi que de toute autre exigence définie dans le présent formulaire RS si le respect de ces obligations et exigences ne lui paraît pas nécessaire pour l'examen de la demande de renvoi en prénotification. Vous pouvez, par conséquent, demander par écrit à la Commission de vous dispenser de l'obligation de fournir cette information si vous estimez qu'elle n'est pas nécessaire à l'examen de la demande de renvoi en prénotification par la Commission ou par l'État membre/les États membres ou l'État de l'AELE/les États de l'AELE concernés.

Les demandes de dérogation doivent être présentées en même temps que le projet de formulaire RS, afin de permettre à la Commission de déterminer si les informations faisant l'objet de la demande de dérogation sont nécessaires à l'examen de la demande de renvoi en prénotification. Ces demandes de dérogation doivent être présentées soit dans le texte même du projet de formulaire RS, soit par courriel ou par lettre adressés au gestionnaire du dossier et/ou au chef d'unité.

La Commission examinera les demandes de dérogation sous réserve que vous indiquiez dûment pourquoi l'information en question n'est pas nécessaire à l'examen de la demande de renvoi en prénotification. La Commission peut consulter l'autorité ou les autorités des États membres ou des États de l'AELE avant de décider d'accéder ou non à ces demandes.

Les demandes de dérogation seront traitées conformément au code de bonnes pratiques de la DG Concurrence concernant le déroulement de la procédure en matière de contrôle des concentrations. Il faudra en principe cinq jours ouvrables à la DG Concurrence pour y répondre.

Afin d'éviter toute ambiguïté, il convient de noter que le fait que la Commission puisse avoir admis qu'une information spécifique demandée dans le présent formulaire RS n'était pas nécessaire aux fins d'un mémoire motivé complet relatif à une concentration n'empêche nullement la Commission de réclamer cette information à tout moment, notamment au moyen d'une demande de renseignements adressée conformément à l'article 11 du règlement CE sur les concentrations.

1.4. Procédure à suivre pour présenter un mémoire motivé

Le mémoire motivé doit être complété dans l'une des langues officielles de l'Union européenne. Cette langue sera ensuite la langue de procédure applicable à toutes les parties présentant le mémoire.

Afin de faciliter le traitement du formulaire RS par les autorités des États membres et des États de l'AELE, les parties sont vivement encouragées à fournir à la Commission une traduction de leur mémoire motivé dans une langue ou des langues comprises par tous les destinataires de l'information. Dans le cas de demandes *[demande]* de renvoi à un ou à plusieurs États membres ou à un ou à plusieurs États de l'AELE, les parties requérantes sont vivement encouragées à joindre une copie de la demande dans la ou les langues de l'État membre/des États membres et de l'État de l'AELE/des États de l'AELE visés par la demande de renvoi.

En ce qui concerne la présentation des informations demandées dans le présent formulaire RS, veuillez utiliser les numéros des sections et des points du formulaire, signer la déclaration prévue à la fin et annexer les documents à joindre au mémoire. L'original du formulaire RS doit être signé par les personnes habilitées par la loi à agir au nom de chaque partie présentant un mémoire ou par un ou plusieurs des mandataires de la ou des parties présentant un mémoire.

Dans un souci de clarté, certaines informations peuvent être communiquées en annexe. Toutefois, il est essentiel que toutes les informations fondamentales figurent dans le corps du formulaire RS. Les annexes doivent seulement servir de complément aux informations fournies dans le formulaire même.

Les documents annexes doivent être remis dans leur langue originale. Si celle-ci ne fait pas partie des langues officielles de l'Union européenne, ils doivent être traduits dans la langue de procédure.

Les documents annexes peuvent être des originaux ou des copies. Dans ce cas, la partie présentant le mémoire doit attester que les copies sont conformes et complètes.

Veuillez fournir à la Commission l'original et le nombre requis de copies du présent formulaire RS et des documents annexes. Le nombre et le format (papier ou électronique) requis des copies seront publiés à intervalles réguliers au *Journal officiel de l'Union européenne* ainsi que sur le site web de la DG Concurrence.

Le mémoire doit être remis à l'adresse mentionnée à l'article 23, paragraphe 1, du règlement d'application, qui est publiée au *Journal officiel de l'Union européenne* et qui peut être consultée sur le site web de la DG Concurrence. Il doit être remis à la Commission durant les jours ouvrables définis à l'article 24 du règlement d'application, durant les heures d'ouverture indiquées sur le site web de la DG Concurrence. Il y a lieu de respecter les consignes de sécurité indiquées sur le site web de la DG Concurrence.

Toutes les copies électroniques du formulaire RS et des documents annexes doivent être fournies dans un format exploitable et consultable tel qu'indiqué sur le site web de la DG Concurrence.

1.5. Confidentialité

Conformément à l'article 287 du traité et à l'article 17, paragraphe 2, du règlement CE sur les concentrations, ainsi qu'aux dispositions correspondantes de l'accord EEE, la Commission, les États membres, l'autorité de surveillance de l'AELE, les États de l'AELE ainsi que leurs fonctionnaires et autres agents sont tenus de ne pas divulguer les informations qu'ils ont recueillies en application de ce règlement et qui, par leur nature, sont couvertes par le secret professionnel. Ce principe doit également s'appliquer pour garantir la confidentialité entre les parties présentant un mémoire.

Si vous estimez que vos intérêts seraient lésés si certaines des informations fournies étaient publiées ou divulguées d'une autre manière aux autres parties, veuillez fournir cette information séparément, en apposant clairement sur chaque page la mention "secret d'affaires". Veuillez en outre indiquer les raisons pour lesquelles ces informations ne doivent pas être divulguées ou publiées.

Dans les cas de fusions ou d'acquisitions en commun, ou lorsque le mémoire motivé est rempli par plus d'une partie, les secrets d'affaires peuvent être communiqués dans des annexes distinctes et mentionnés dans le mémoire en tant qu'annexe. Toutes ces annexes doivent accompagner le mémoire motivé.

1.6. Définitions et instructions pour les besoins du présent formulaire RS

"Partie(s) présentant le mémoire" : le mémoire motivé pouvant être, dans certains cas, présenté par une seule des entreprises parties à l'opération, l'expression "parties présentant le mémoire" désigne exclusivement l'entreprise qui présente effectivement celui-ci.

"Partie(s) à la concentration ou parties" : cette expression désigne à la fois les parties qui acquièrent et les parties faisant l'objet de l'acquisition ou les parties qui fusionnent, y compris toutes les entreprises dans lesquelles est acquise une participation de contrôle ou qui font l'objet d'une offre publique d'achat.

Sauf dispositions contraires, les expressions "partie(s) présentant le mémoire" et "partie(s) à la concentration" englobent toutes les entreprises appartenant aux mêmes groupes que ces "parties".

"Marchés affectés" : la section 4 du présent formulaire RS impose aux parties présentant le mémoire de définir les marchés de produits en cause et d'indiquer ceux de ces marchés qui sont susceptibles d'être affectés par l'opération. Cette définition des marchés affectés conditionne un certain nombre d'autres questions posées dans le présent formulaire RS. Les marchés ainsi définis par les parties présentant le mémoire sont désignés dans le présent formulaire RS par l'expression "marché(s) affecté(s)". Cette expression peut désigner soit un marché de produits, soit un marché de services.

"Année" : dans le présent formulaire RS, sauf indication contraire, le mot "année" signifie "année civile" et toutes les informations demandées se rapportent, sauf indication contraire, à l'année précédant celle du mémoire motivé.

Les données financières exigées dans le présent formulaire RS doivent être exprimées en euros, par application des taux de change en vigueur pendant les années ou autres périodes considérées.

Toutes les références à des dispositions législatives contenues dans le présent formulaire RS renvoient aux articles et paragraphes du règlement CE sur les concentrations, sauf indication contraire.

1.7. Coopération internationale entre la Commission et les autres autorités de la concurrence

La Commission encourage les entreprises concernées à faciliter la coopération à l'échelle internationale entre la Commission et les autres autorités de la concurrence qui examinent la même concentration. L'expérience acquise par la Commission montre qu'une bonne coopération entre cette dernière et les autorités de la concurrence de juridictions situées en dehors de l'EEE comporte des avantages substantiels pour les entreprises concernées. A cette fin, la Commission encourage les parties présentant un mémoire à présenter, conjointement avec le présent formulaire RS, une liste des juridictions situées en dehors de l'EEE devant autoriser la concentration, avant ou après sa réalisation, en vertu des règles en matière de contrôle des concentrations.

SECTION 1

1.1. Contexte

1.1.1. Veuillez fournir un résumé de l'opération de concentration, précisant les parties à l'opération, la nature de celle-ci (par exemple, fusion, acquisition, entreprise commune), les domaines d'activité des parties à la concentration, les marchés sur lesquels la concentration aura un impact (y compris les principaux marchés affectés) ainsi que les raisons stratégiques et économiques à l'origine de l'opération.

1.1.2. Veuillez indiquer si le mémoire motivé est présenté au titre de l'article 4, paragraphe 4 ou 5, du règlement CE sur les concentrations et/ou conformément aux dispositions de l'accord EEE :

— renvoi à l'État membre/aux États membres au titre de l'article 4, paragraphe 4, et/ou renvoi à l'État de l'AELE/aux États de l'AELE ;

— renvoi à la Commission au titre de l'article 4, paragraphe 5.

1.2. Informations sur la ou les parties présentant le mémoire et les autres parties à la concentration

Pour chaque partie présentant le mémoire motivé ainsi que pour chaque autre partie à la concentration, veuillez indiquer :

1.2.1. le nom de l'entreprise ;

1.2.2. le nom, l'adresse, les numéros de téléphone et de télécopieur, l'adresse électronique ainsi que la fonction de la personne compétente à contacter ; l'adresse indiquée doit être un domicile élu auquel les documents, et, notamment, les décisions de la Commission et d'autres documents procéduraux, peuvent être notifiés et la personne à contacter doit être considérée comme étant la personne autorisée à recevoir toutes significations ;

1.2.3. en cas de désignation d'un ou de plusieurs représentants extérieurs mandatés, auxquels les documents, et, notamment, les décisions et autres documents procéduraux de la Commission, peuvent être notifiés :

1.2.3.1. le nom, l'adresse, les numéros de téléphone et de télécopieur, l'adresse électronique ainsi que la fonction de chaque représentant ; et

1.2.3.2. l'original de la preuve écrite de l'habilitation de chaque représentant extérieur mandaté (basé sur la procuration type disponible sur le site web de la DG Concurrence).

SECTION 2 Contexte général et renseignements concernant la concentration

Les informations demandées dans la présente section peuvent être illustrées par des organigrammes ou diagrammes présentant la structure de propriété et de contrôle des entreprises.

2.1. Veuillez décrire la nature de la concentration notifiée. Veuillez, en vous fondant sur les critères pertinents indiqués dans le règlement CE sur les concentrations et la communication juridictionnelle codifiée de la Commission :

2.1.1. indiquer les entreprises ou les personnes qui détiennent le contrôle exclusif ou en commun, direct ou indirect, de chacune des entreprises concernées, avant la réalisation de la concentration ;

2.1.2. préciser si la concentration envisagée :

i) est une véritable fusion ;

ii) est une prise de contrôle exclusif ou en commun ; ou

iii) résulte d'un contrat ou d'un autre moyen de contrôle direct ou indirect au sens de l'article 3, paragraphe 2, du règlement CE sur les concentrations ;

iv) est une entreprise commune de plein exercice au sens de l'article 3, paragraphe 4, du règlement CE sur les concentrations, auquel cas il convient d'expliquer les raisons pour lesquelles l'entreprise commune est considérée comme étant de plein exercice ;

2.1.3. préciser les modalités de mise en œuvre de la concentration (par exemple, au moyen de la conclusion d'un accord, du lancement d'une offre publique d'achat, etc.) ;

2.1.4. indiquer, en vous fondant sur l'article 4, paragraphe 1, du règlement CE sur les concentrations, si l'un des événements suivants s'est produit au moment de la notification :

i) conclusion d'un accord ;

ii) acquisition d'une participation de contrôle ;

iii) publication d'une offre publique d'achat (ou d'un projet d'offre publique d'achat) ; ou

iv) démonstration de bonne foi, par les entreprises concernées, de leur intention de conclure un accord ;

2.1.5. indiquer la date prévisible de tout événement important dans la réalisation de la concentration ;

2.1.6. indiquer la structure de propriété et de contrôle de chacune des entreprises concernées après la réalisation de la concentration.

2.2. Veuillez décrire les raisons économiques de la concentration.

2.3. Veuillez indiquer la valeur de la concentration *[prix d'achat (ou valeur de tous les actifs concernés, selon le cas) ; veuillez préciser s'il s'agit de fonds propres, de liquidités ou d'autres actifs]*.

2.4. Veuillez décrire toute aide financière ou autre reçue des autorités publiques par l'une des parties ainsi que la nature et le montant de cette aide.

2.5. Veuillez fournir des données financières ou autres données suffisantes pour montrer que la concentration atteint ou n'atteint pas les seuils de compétence visés à l'article 1er du règlement CE sur les concentrations en indiquant, pour chacune des entreprises concernées par la concentration, pour le dernier exercice :

2.5.1. le chiffre d'affaires réalisé au niveau mondial ;

2.5.2. le chiffre d'affaires réalisé dans l'Union européenne ;

2.5.3. le chiffre d'affaires réalisé dans l'EEE (Union et AELE) ;

2.5.4. le chiffre d'affaires réalisé dans chaque État membre (le cas échéant, l'État membre dans lequel ont été réalisés plus des deux tiers du chiffre d'affaires au niveau de l'Union européenne) ;

2.5.5. le chiffre d'affaires réalisé dans l'AELE ;

2.5.6. le chiffre d'affaires réalisé dans chaque État de l'AELE (le cas échéant, l'État dans lequel ont été réalisés plus des deux tiers du chiffre d'affaires au niveau de l'AELE) ; veuillez également indiquer si le chiffre d'affaires total réalisé par les entreprises concernées sur le territoire des États de l'AELE est égal ou supérieur à 25 % de leur chiffre d'affaires total sur le territoire de l'EEE.

Les données relatives au chiffre d'affaires doivent être fournies au moyen du tableau type figurant sur le site web de la DG Concurrence.

SECTION 3 Définitions des marchés

3.1. "Marchés de produits en cause"

Les marchés de produits en cause et les marchés géographiques en cause permettent de déterminer le cadre dans lequel le pouvoir de marché de la nouvelle entité qui résultera de l'opération de concentration doit être apprécié. Lorsque la ou les parties présentant un mémoire présentent les marchés de produits et les marchés géographiques en cause, elles doivent fournir, outre les définitions des marchés de produits et des marchés géographiques qu'elles jugent pertinentes, toutes les autres définitions possibles des marchés de produits et des marchés géographiques. D'autres définitions de marchés de produits et de marchés géographiques possibles peuvent être établies sur la base de décisions antérieures de la Commission et d'arrêts rendus par les juridictions de l'Union ainsi que (notamment en l'absence de décisions de la Commission ou de jurisprudence de la Cour de justice) de rapports sectoriels, d'études de marché et de documents internes fournis par les parties présentant un mémoire.

La ou les parties présentant le mémoire motivé doivent fournir les informations demandées dans le présent formulaire RS en se rapportant aux définitions suivantes.

Un "marché de produits en cause" comprend tous les produits et/ou services que le consommateur considère comme interchangeables ou substituables en raison de leurs caractéristiques, de leur prix et de l'usage auquel ils sont destinés. Un marché de produits en cause peut, dans certains cas, se composer de plusieurs produits et/ou services qui présentent des caractéristiques physiques ou techniques en grande partie identiques et qui sont interchangeables.

La délimitation du marché de produits en cause passe notamment par une analyse, sur la base de la définition, des raisons pour lesquelles les produits ou les services de ces marchés sont inclus et d'autres exclus, en tenant compte, notamment, de leur substituabilité, des prix, de l'élasticité croisée de la demande ou d'autres facteurs pertinents (par exemple, la substituabilité du côté de l'offre dans des cas appropriés).

3.2. "Marchés géographiques en cause"

Le "marché géographique en cause" comprend le territoire sur lequel les entreprises concernées offrent et demandent les biens et les services en cause, sur lequel les conditions de concurrence sont suffisamment homogènes et qui peut être distingué de zones géographiques voisines parce que, en particulier, les conditions de concurrence y diffèrent de manière appréciable.

Les facteurs pertinents pour la délimitation du marché géographique en cause incluent notamment la nature et les caractéristiques des produits ou des services en cause, l'existence de barrières à l'entrée, les préférences des consommateurs, des différences appréciables de parts de marché entre zones géographiques voisines ou des écarts de prix substantiels.

3.3. "Marchés affectés"

Pour les besoins des informations demandées dans le présent formulaire RS, par "marchés affectés", on entend tous les marchés de produits et marchés géographiques en cause ainsi que les autres marchés de produits et marchés géographiques en cause possibles. Sur la base de cette définition, lorsque, sur le territoire de l'EEE :

a) deux ou plusieurs parties à la concentration exercent des activités commerciales sur le même marché en cause et que la concentration est de nature à créer une part de marché cumulée de 20 % ou plus, on parle de "relations horizontales" ;

b) une ou plusieurs des parties à la concentration exercent des activités commerciales sur un marché en cause situé en amont ou en aval par rapport à un marché en cause sur lequel une autre partie à la concentration exerce son activité et que la part de marché de l'une ou de l'ensemble de ces parties est de 30 % ou plus, qu'il y ait ou non une relation de fournisseur à client entre les parties à la concentration, on parle de "relations verticales".

En vous référant aux définitions données dans la section 3 (y compris toutes les autres définitions de marché possibles) et aux seuils de parts de marché, veuillez indiquer chaque marché affecté.

SECTION 4 Informations concernant les marchés affectés

Pour chaque marché affecté et pour l'année précédant l'opération, veuillez fournir les informations suivantes :

4.1. pour chacune des parties à la concentration, la nature des activités de l'entreprise, les principales filiales et/ou marques ainsi que les noms des produits et/ou marques déposées utilisés sur chacun de ces marchés ;

4.2. une estimation de la taille totale du marché en termes de ventes réalisées, en valeur (en euros) et en volume (en unités). Indiquez les bases de calcul et les sources utilisées à cet effet et fournissez, lorsqu'ils sont disponibles, les documents nécessaires pour confirmer ce calcul ;

4.3. les ventes réalisées, en valeur et en volume, ainsi qu'une estimation des parts de marché détenues par chacune des parties à la concentration ; si, en réponse à cette question, vous n'indiquez pas les parts de marché au niveau des États membres, veuillez indiquer, pour chacune des parties à la concentration, la localisation géographique des cinq principaux clients ;

4.4. une estimation de la part de marché en valeur (et, le cas échéant, en volume) des trois principaux concurrents (en indiquant la base des estimations) ;

4.5. si la concentration est une entreprise commune, veuillez préciser si deux sociétés mères ou plus continuent d'exercer des activités d'une certaine ampleur sur le même marché que cette entreprise commune ou sur un marché situé en amont ou *[en]* aval ;

4.6. veuillez décrire l'incidence probable du projet de concentration sur la concurrence sur les marchés affectés et la façon dont ce projet est susceptible d'affecter les intérêts des consommateurs intermédiaires et des consommateurs finals.

SECTION 5 Informations détaillées sur la demande de renvoi et raisons pour lesquelles l'affaire devrait être renvoyée

5.1. Veuillez indiquer si le mémoire motivé est présenté au titre de l'article 4, paragraphe 4, ou de l'article 4, paragraphe 5, du règlement CE sur les concentrations et/ou conformément aux dispositions de l'accord EEE et ne remplir que la sous-section pertinente :

— renvoi à l'État membre/aux États membres au titre de l'article 4, paragraphe 4, et/ou renvoi à l'État de l'AELE/aux États de l'AELE ;

— renvoi à la Commission au titre de l'article 4, paragraphe 5.

5.2. (Renvois au titre de l'article 4, paragraphe 4, et/ou renvois conformément aux dispositions de l'accord EEE :)

5.2.1. Veuillez indiquer l'État membre/les États membres et l'État/les États de l'AELE qui, selon vous, devraient examiner la concentration conformément à l'article 4, paragraphe 4, du règlement CE sur les concentrations, en précisant si vous avez pris ou non des contacts informels avec cet État membre/ces États membres et/ou cet État de l'AELE/ces États de l'AELE.

5.2.2. Veuillez préciser si vous demandez le renvoi de l'affaire en tout ou en partie.

Si vous demandez le renvoi d'une partie de l'affaire, veuillez indiquer clairement la ou les parties concernées.

Si vous demandez le renvoi de la totalité de l'affaire, veuillez confirmer qu'il n'existe pas de marchés affectés en dehors du territoire de l'État membre/des États membres et de l'État de l'AELE/des États de l'AELE visés par la demande de renvoi.

5.2.3. Veuillez expliquer en quoi chacun des marchés affectés dans l'État membre/les États membres et l'État de l'AELE/les États de l'AELE visés par la demande de renvoi présente toutes les caractéristiques d'un marché distinct au sens de l'article 4, paragraphe 4, du règlement CE sur les concentrations.

5.2.4. Veuillez expliquer en quoi la concurrence pourrait être affectée de manière significative sur chacun des marchés distincts mentionnés ci-dessus au sens de l'article 4, paragraphe 4, du règlement CE sur les concentrations.

5.2.5. Si un ou plusieurs États membres et/ou un ou plusieurs États de l'AELE deviennent compétents pour examiner l'affaire en tout ou en partie à la suite d'un renvoi effectué au titre de l'article 4, paragraphe 4, du règlement CE sur les concentrations, consentez-vous à ce que l'État membre/les États membres et/ou l'État de l'AELE/les États de l'AELE en question se fondent sur les informations contenues dans le présent formulaire RS pour les besoins de la procédure nationale relative à l'affaire ou à une partie de celle-ci ? "Oui" ou "Non".

5.3. (Renvois au titre de l'article 4, paragraphe 5, et/ou renvois conformément aux dispositions de l'accord EEE :)

5.3.1. Veuillez préciser si chaque État membre et/ou État de l'AELE est à même d'examiner la concentration en vertu de son droit national de la concurrence. Cette information doit être fournie au moyen du tableau type figurant sur le site web de la DG Concurrence. Veuillez cocher une case pour chaque État membre et/ou État de l'AELE.

5.3.2. Veuillez, pour chaque État membre et/ou État de l'AELE, fournir des données financières ou d'autres données suffisantes pour montrer que la concentration remplit ou ne remplit pas les critères de compétence correspondants pour l'application du droit national.

5.3.3. Veuillez expliquer pourquoi l'affaire devrait être examinée par la Commission. Indiquez notamment si l'opération pourrait affecter la concurrence au-delà du territoire d'un État membre et/ou d'un État de l'AELE.

SECTION 6 Déclaration

Le mémoire motivé doit se conclure par la déclaration suivante, qui doit être signée par ou au nom de toutes les parties présentant le mémoire :

"La ou les parties présentant le mémoire déclarent que, après une vérification rigoureuse, les informations fournies dans le présent mémoire motivé sont, à leur connaissance, sincères, exactes et complètes, qu'elles ont transmis des copies conformes et complètes des documents qui sont demandés dans le formulaire RS, que toutes les estimations sont présentées comme telles et constituent leurs estimations les plus précises des faits en cause et que tous les avis exprimés sont sincères.

"Elles connaissent les dispositions de l'article 14, paragraphe 1, point a), du règlement CE sur les concentrations."

ANNEXE IV

Formulaire RM relatif aux renseignements relatifs aux engagements proposés conformément à l'article 6, paragraphe 2, et à l'article 8, paragraphe 2, du règlement (CE) n° 139/2004

FORMULAIRE RM RELATIF AUX MESURES CORRECTIVES

(Règl. nº 1033/2008 du 20 oct. 2008)

INTRODUCTION

Le présent formulaire indique les renseignements et les documents que les entreprises concernées doivent fournir, en même temps, lorsqu'elles proposent des engagements conformément à l'article 6, paragraphe 2, ou à l'article 8, paragraphe 2, du règlement (CE) n° 139/2004. Ces renseignements sont nécessaires pour permettre à la Commission d'examiner si les engagements soumis sont de nature à rendre la concentration compatible avec le marché commun en empêchant la création d'une entrave significative à l'exercice d'une concurrence effective. La Commission peut dispenser ces entreprises de l'obligation de fournir des renseignements précis concernant leurs engagements, dont des documents, ou de toute autre condition établie dans le présent formulaire si elle considère que le respect de ces obligations ou conditions n'est pas requis aux fins de l'appréciation des engagements proposés. Les renseignements requis varieront en fonction de la nature et de la structure de la mesure corrective proposée. A titre d'exemple, la cession d'une partie de l'entreprise étroitement liée à ses autres activités nécessitera normalement des renseignements plus détaillés que celle d'un établissement autonome. La Commission est disposée à discuter au préalable avec les parties de l'étendue des renseignements requis. Si vous estimez que certains renseignements demandés dans ce formulaire ne sont pas indispensables pour l'examen de la Commission, vous pouvez lui demander de vous dispenser de certaines conditions, en justifiant dûment votre demande.

SECTION 1 Description de l'engagement

1.1. Veuillez fournir des renseignements détaillés sur :

i) l'objet des engagements proposés et

ii) les conditions d'exécution de ces engagements.

1.2. Lorsque les engagements proposés consistent en la cession d'une activité, les renseignements demandés figurent à la section 5.

SECTION 2 Engagements de nature à résoudre les problèmes de concurrence

2. Veuillez fournir des renseignements démontrant que les engagements proposés sont de nature à supprimer toute entrave significative à l'exercice d'une concurrence effective relevée par la Commission.

SECTION 3 Écart par rapport aux textes types

3. Veuillez signaler tout écart entre les engagements proposés et les modèles d'engagements publiés par les services de la Commission, qui sont visés périodiquement, et en expliquer les raisons.

SECTION 4 Résumé des engagements

4. Veuillez fournir un résumé non confidentiel de la nature et de la portée des engagements proposés et indiquer les raisons pour lesquelles ces engagements sont, selon vous, de nature à supprimer toute entrave significative à l'exercice d'une concurrence effective. La Commission pourra utiliser ce résumé auprès de tiers dans le cadre de la consultation des acteurs du marché sur ces engagements.

SECTION 5 Informations sur l'activité à céder

5. Lorsque les engagements proposés consistent en la cession d'une activité, veuillez fournir les renseignements et documents suivants.

Renseignements généraux sur l'activité à céder

Veuillez fournir les renseignements suivants sur l'exploitation actuelle de l'activité à céder, ainsi que les changements déjà programmés :

5.1. Veuillez présenter dans les grandes lignes l'activité à céder, y compris les entités qui en font partie, leur siège et celui de leur direction, les autres sites éventuels de production ou de prestation de services, la structure organisationnelle globale et toute autre information pertinente relative à la structure administrative de l'activité à céder.

5.2. Veuillez décrire les éventuels obstacles juridiques au transfert de l'activité à céder ou des actifs, dont les droits des tiers et les autorisations administratives requises.

5.3. Veuillez décrire les produits ou services fournis, notamment leurs caractéristiques techniques ou autres caractéristiques, les marques concernées, le chiffre d'affaires généré par chacun de ces produits ou services, de même que toute innovation ou tout produit ou service nouveau prévu.

5.4. Veuillez préciser le niveau auquel les fonctions essentielles de l'activité à céder sont exercées, lorsqu'elles ne le sont pas au niveau de l'activité en question, notamment les fonctions telles que la recherche et le développement, la production, la commercialisation et la vente, la logistique, les relations avec les clients et les fournisseurs, les systèmes informatiques, etc. Veuillez indiquer dans cette description le rôle joué par ces autres niveaux, leurs relations avec l'activité à céder, de même que les ressources (personnel, actifs, ressources financières, etc.) affectées à chaque fonction.

5.5. Veuillez présenter de façon circonstanciée les liens existant entre l'activité à céder et d'autres entreprises contrôlées par les parties notifiantes (quel que soit le sens du lien), tels que :

— la fourniture, la production, la distribution, la prestation de services ou d'autres contrats,

— les immobilisations corporelles ou incorporelles communes,

— le personnel commun ou détaché,

— les systèmes informatiques ou autres systèmes communs, et

— les clients communs.

5.6. Veuillez décrire dans les grandes lignes l'ensemble des immobilisations corporelles et incorporelles utilisées par l'activité à céder et/ou appartenant à celle-ci, dont, en tout état de cause, les droits de propriété intellectuelle et les marques.

5.7. Veuillez fournir un organigramme précisant le nombre de salariés actuellement affectés à chacune des fonctions de l'activité à céder, ainsi qu'une liste des personnes nécessaires au fonctionnement de cette activité, en expliquant leurs fonctions respectives.

5.8. Veuillez décrire la clientèle de l'activité à céder et, notamment, fournir une liste de clients, indiquer les registres disponibles et indiquer, pour chacun de ces clients, le chiffre d'affaires total réalisé par l'activité à céder (en euros et en pourcentage du chiffre d'affaires total de l'activité à céder)

5.9. Veuillez fournir des données financières relatives à l'activité à céder, notamment ses chiffres d'affaires et EBITDA (résultat avant impôts, intérêts, amortissements et provisions) des deux dernières années, ainsi que les prévisions pour les deux prochaines années.

5.10. Veuillez indiquer tout changement survenu au cours des deux dernières années dans l'organisation de l'activité à céder ou dans les liens entre celle-ci et d'autres entreprises contrôlées par les parties notifiantes.

5.11. Veuillez indiquer tout changement prévu pour les deux prochaines années dans l'organisation de l'activité à céder ou dans les liens entre celle-ci et d'autres entreprises contrôlées par les parties notifiantes.

Renseignements de nature générale sur l'activité à céder telle qu'elle est présentée dans les engagements

5.12. Veuillez indiquer tous les domaines éventuels dans lesquels l'activité à céder, telle qu'elle est présentée dans les engagements proposés, diffère, par sa nature et sa portée, de l'activité telle qu'elle est actuellement exploitée.

Acquisition par un acquéreur approprié

5.13. Veuillez expliquer pourquoi, selon vous, l'activité sera acquise par un acquéreur approprié dans les délais prévus dans les engagements proposés.

Lignes directrices de la Commission européenne du 27 avril 2004,

Relatives à la notion d'affectation du commerce figurant aux articles 81 et 82 du traité.

Communication de la Commission du 24 février 2009,

Relative aux orientations sur les priorités retenues par la Commission pour l'application de l'article 82 du traité CE aux pratiques d'éviction abusives des entreprises dominantes.

Lignes directrices de la Commission européenne du 14 janvier 2011,

Sur l'applicabilité de l'article 101 du traité sur le fonctionnement de l'Union européenne aux accords de coopération horizontale.

Décision du Président de la Commission européenne du 13 octobre 2011,

Relative à la fonction et au mandat du conseiller-auditeur dans certaines procédures de concurrence.

Communication de la Commission du 20 octobre 2011,

Concernant les bonnes pratiques relatives aux procédures d'application des articles 101 et 102 du TFUE.

BIBL. ▸ NDLR, *BRDA 2011, nº 20, p. 10* (pratiques anticoncurrentielles : procédure applicable par la Commission européenne). – BARBIER DE LA SERRE et CHASSAING, *RLC janv.-mars 2012. 67* (nouvel élan donné au principe de bonne administration et au conseiller-auditeur).

Directive (UE) 2019/1 du Parlement européen et du Conseil du 11 décembre 2018,

Visant à doter les autorités de concurrence des États membres des moyens de mettre en œuvre plus efficacement les règles de concurrence et à garantir le bon fonctionnement du marché intérieur.

BIBL. ▸ NDLR, *BRDA 2019, nº 3, p. 16* (vers un renforcement des pouvoirs de l'Autorité de la concurrence). – CLAUDEL, *CCC 2019. Dossier 9* (quelles nouveautés procédurales à la suite de la directive ECN+ ?). – KRENZER, *RLC oct. 2019. 14* (vers une assistance européenne renforcée).

CHAPITRE I *OBJET, CHAMP D'APPLICATION ET DÉFINITIONS*

Art. 1er *Objet et champ d'application.* 1. La présente directive énonce certaines règles pour garantir que les autorités nationales de concurrence disposent des garanties d'indépendance, des ressources et des pouvoirs de coercition et de fixation d'amendes nécessaires à l'application effective des articles 101 et 102 du traité sur le fonctionnement de l'Union européenne afin que la concurrence dans le marché intérieur ne soit pas faussée et que les consommateurs et les entreprises ne soient pas désavantagés par des législations et des mesures nationales qui empêchent les autorités nationales de concurrence de mettre efficacement en œuvre les règles de concurrence.

2. La présente directive couvre l'application des articles 101 et 102 du traité sur le fonctionnement de l'Union européenne et l'application parallèle des dispositions du droit national de la concurrence dans la même affaire. En ce qui concerne l'article 31, paragraphes 3 et 4, de la présente directive, la présente directive couvre également l'application isolée des dispositions du droit national de la concurrence.

3. La présente directive fixe certaines règles en matière d'assistance mutuelle de manière à préserver le bon fonctionnement du marché intérieur ainsi que le bon fonctionnement du système de coopération étroite au sein du réseau européen de la concurrence.

Art. 2 *Définitions.* 1. Aux fins de la présente directive, on entend par :

1) "autorité nationale de concurrence" : une autorité compétente pour appliquer les articles 101 et 102 du traité sur le fonctionnement de l'Union européenne, désignée par un État membre en vertu de l'article 35 du règlement (CE) nº 1/2003 ; les États membres peuvent désigner une ou plusieurs autorités de concurrence administratives (autorités nationales de concurrence administratives) et une ou plusieurs autorités judiciaires (autorités nationales de concurrence judiciaires) ;

2) "autorité nationale de concurrence administrative" : une autorité administrative désignée par un État membre pour exercer la totalité ou une partie des fonctions d'une autorité nationale de concurrence ;

3) "autorité nationale de concurrence judiciaire" : une autorité judiciaire désignée par un État membre pour exercer une partie des fonctions d'une autorité nationale de concurrence ;

4) "autorité de concurrence" : une autorité nationale de concurrence, la Commission ou les deux, selon le contexte ;

5) "réseau européen de la concurrence" : le réseau d'autorités publiques formé par les autorités nationales de concurrence et la Commission pour offrir un espace de discussion et de coopération en matière d'application et de mise en œuvre des articles 101 et 102 du traité sur le fonctionnement de l'Union européenne ;

6) "droit national de la concurrence" : les dispositions du droit national qui poursuivent principalement le même objectif que les articles 101 et 102 du traité sur le fonctionnement de l'Union européenne et qui sont appliquées à la même affaire et parallèlement au droit de la concurrence de l'Union en vertu de l'article 3, para-

graphe 1, du règlement (CE) n° 1/2003, ainsi que les dispositions du droit national qui poursuivent principalement les mêmes objectifs que les articles 101 et 102 du traité sur le fonctionnement de l'Union européenne et qui sont appliquées isolément en ce qui concerne l'article 31, paragraphes 3 et 4, de la présente directive, à l'exclusion des dispositions du droit national qui imposent des sanctions pénales aux personnes physiques ;

7) "juridiction nationale" : toute juridiction d'un État membre au sens de l'article 267 du traité sur le fonctionnement de l'Union européenne ;

8) "instance de recours" : une juridiction nationale habilitée à réexaminer, par les moyens de recours ordinaires, les décisions d'une autorité nationale de concurrence ou à réexaminer les jugements se prononçant sur ces décisions, que cette juridiction soit ou non compétente elle-même pour constater une infraction au droit de la concurrence ;

9) "procédure de mise en œuvre" : la procédure devant une autorité de concurrence pour l'application de l'article 101 ou 102 du traité sur le fonctionnement de l'Union européenne, jusqu'à ce que cette autorité de concurrence ait clos cette procédure en prenant une décision en vertu de l'article 10, 12 ou 13 de la présente directive, dans le cas d'une autorité nationale de concurrence, ou en prenant une décision en vertu de l'article 7, 9 ou 10 du règlement (CE) n° 1/2003, dans le cas de la Commission, ou aussi longtemps que l'autorité de concurrence n'a pas conclu qu'il n'y a plus lieu qu'elle agisse ;

10) "entreprise" : au sens des articles 101 et 102 du traité sur le fonctionnement de l'Union européenne, toute entité exerçant une activité économique, indépendamment de son statut juridique et de son mode de financement ;

11) "entente" : tout accord ou toute pratique concertée entre deux ou plusieurs concurrents visant à coordonner leur comportement concurrentiel sur le marché ou à influencer les paramètres de la concurrence par des pratiques consistant notamment, mais pas uniquement, à fixer ou à coordonner des prix d'achat ou de vente ou d'autres conditions de transaction, y compris au regard des droits de la propriété intellectuelle, à attribuer des quotas de production ou de vente, à répartir des marchés et des clients, notamment en présentant des soumissions concertées lors de marchés publics, à restreindre l'importation ou l'exportation ou à prendre des mesures anticoncurrentielles dirigées contre d'autres concurrents ;

12) "entente secrète" : une entente dont l'existence est partiellement ou totalement dissimulée ;

13) "immunité d'amendes" : l'exonération d'amendes qui auraient normalement été infligées à une entreprise pour sa participation à une entente secrète, afin de la récompenser de sa coopération avec une autorité de concurrence dans le cadre d'un programme de clémence ;

14) "réduction d'amendes" : une réduction du montant de l'amende qui aurait normalement été infligée à une entreprise pour sa participation à une entente secrète, afin de la récompenser de sa coopération avec une autorité de concurrence dans le cadre d'un programme de clémence ;

15) "clémence" : à la fois l'immunité d'amendes et la réduction d'amendes ;

16) "programme de clémence" : un programme concernant l'application de l'article 101 du traité sur le fonctionnement de l'Union européenne ou d'une disposition correspondante du droit national de la concurrence, sur la base duquel un participant à une entente secrète, indépendamment des autres entreprises participant à l'entente, coopère avec l'autorité de concurrence dans le cadre de son enquête en présentant spontanément des éléments concernant sa connaissance de l'entente et le rôle qu'il y joue, en échange de quoi ce participant bénéficie, par voie de décision ou du fait de l'arrêt de la procédure, d'une immunité d'amendes ou d'une réduction d'amendes pour sa participation à l'entente ;

17) "déclaration effectuée en vue d'obtenir la clémence" : tout exposé oral ou écrit, ou toute transcription d'un tel exposé, présenté spontanément à une autorité de concurrence par une entreprise ou une personne physique, ou en leur nom, qui décrit la connaissance qu'a cette entreprise ou cette personne physique d'une entente et qui décrit leur rôle dans cette entente, dont la présentation a été établie expressément pour être soumise à l'autorité de concurrence en vue d'obtenir une immunité

d'amendes ou une réduction d'amendes dans le cadre d'un programme de clémence, toute preuve qui existe indépendamment de la procédure de mise en œuvre, qu'elle figure ou non dans le dossier d'une autorité de concurrence, en étant exclue, à savoir les informations préexistantes ;

18) "proposition de transaction" : la présentation spontanée par une entreprise, ou au nom de celle-ci, à une autorité de concurrence d'une déclaration reconnaissant la participation de cette entreprise à une infraction à l'article 101 ou 102 du traité sur le fonctionnement de l'Union européenne ou au droit national de concurrence et sa responsabilité dans cette infraction, ou renonçant à contester une telle participation et la responsabilité qui en découle, établie spécifiquement pour permettre à l'autorité de concurrence d'appliquer une procédure simplifiée ou accélérée ;

19) "demandeur" : une entreprise qui demande l'immunité ou une réduction d'amendes au titre d'un programme de clémence ;

20) "autorité requérante" : une autorité nationale de concurrence qui demande une assistance mutuelle telle qu'elle est prévue à l'article 24, 25, 26, 27 ou 28 ;

21) "autorité requise" : une autorité nationale de concurrence saisie d'une demande d'assistance mutuelle et, dans le cas d'une demande d'assistance visée à l'article 25, 26, 27 ou 28, il s'agit de l'organisme public compétent qui assume la responsabilité principale de la mise en œuvre de telles décisions en vertu des dispositions législatives et réglementaires et des pratiques administratives nationales ;

22) "décision définitive" : une décision qui ne peut pas ou ne peut plus faire l'objet d'un recours par les voies ordinaires.

2. Toutes les références à l'application des articles 101 et 102 du traité sur le fonctionnement de l'Union européenne ou aux infractions auxdits articles dans la présente directive sont comprises comme incluant l'application parallèle du droit national de la concurrence à la même affaire.

CHAPITRE II *DROITS FONDAMENTAUX*

Art. 3 *Garanties.* 1. Les procédures concernant des infractions à l'article 101 ou 102 du traité sur le fonctionnement de l'Union européenne, y compris l'exercice des pouvoirs prévus dans la présente directive par les autorités nationales de concurrence, sont conformes aux principes généraux du droit de l'Union et à la Charte des droits fondamentaux de l'Union européenne.

2. Les États membres s'assurent que l'exercice des pouvoirs visés au paragraphe 1 est subordonné à des garanties appropriées pour ce qui concerne les droits de la défense des entreprises, y compris le droit d'être entendu et le droit à un recours effectif devant un tribunal.

3. Les États membres veillent à ce que les procédures de mise en œuvre engagées par les autorités nationales de concurrence soient conclues dans un délai raisonnable. Les États membres veillent à ce que, avant de prendre une décision en vertu de l'article 10 de la présente directive, les autorités nationales de concurrence adoptent une communication des griefs.

CHAPITRE III *INDÉPENDANCE ET RESSOURCES*

Art. 4 *Indépendance.* 1. Pour garantir l'indépendance des autorités nationales de concurrence administratives lors de l'application des articles 101 et 102 du traité sur le fonctionnement de l'Union européenne, les États membres font en sorte que lesdites autorités s'acquittent de leurs fonctions et exercent leurs pouvoirs en toute impartialité et dans l'intérêt d'une application effective et uniforme de ces dispositions, sous réserve d'obligations proportionnées de rendre des comptes et sans préjudice d'une étroite coopération entre les autorités de concurrence au sein du réseau européen de la concurrence.

2. En particulier, les États membres veillent, au minimum, à ce que les membres du personnel et les personnes qui prennent des décisions dans le cadre de l'exercice des pouvoirs visés aux articles 10 à 13 et à l'article 16 de la présente directive au sein des autorités nationales de concurrence administratives :

a) soient en mesure de s'acquitter de leurs fonctions et d'exercer leurs pouvoirs en vue de l'application des articles 101 et 102 du traité sur le fonctionnement de l'Union européenne en toute indépendance à l'égard de toute influence extérieure, politique ou autre ;

b) ne sollicitent ni n'acceptent aucune instruction d'un gouvernement ou de toute autre entité publique ou privée lorsqu'ils s'acquittent de leurs fonctions et exercent leurs pouvoirs en vue de l'application des articles 101 et 102 du traité sur le fonctionnement de l'Union européenne, sans préjudice du droit d'un gouvernement d'un État membre d'arrêter, le cas échéant, des orientations de politique générale qui sont sans rapport avec des enquêtes sectorielles ou avec une procédure de mise en œuvre particulière ; et

c) s'abstiennent de toute action incompatible avec l'exécution de leurs fonctions et/ou l'exercice de leurs pouvoirs en vue de l'application des articles 101 et 102 du traité sur le fonctionnement de l'Union européenne et sont soumis aux procédures visant à garantir que, pendant une période de temps raisonnable après la cessation de leurs fonctions, ils s'abstiennent de traiter de procédures de mise en œuvre qui pourraient donner naissance à des conflits d'intérêts.

3. Les personnes qui prennent des décisions en exerçant les pouvoirs visés aux articles 10 à 13 et à l'article 16 de la présente directive, au sein des autorités nationales de concurrence administratives, ne sont pas révoquées de ces autorités pour des raisons liées à la bonne exécution de leurs fonctions ou au bon exercice de leurs pouvoirs dans le cadre de l'application des articles 101 et 102 du traité sur le fonctionnement de l'Union européenne tels qu'ils sont définis à l'article 5, paragraphe 2, de la présente directive. Elles ne peuvent être révoquées que si elles ne remplissent plus les conditions requises pour exercer leurs fonctions ou si elles ont été jugées coupables d'avoir commis une faute grave selon le droit national. Les conditions requises pour exercer leurs fonctions et la définition de ce qui constitue une faute grave sont préalablement arrêtées dans le droit national, en tenant compte de la nécessité d'assurer une mise en œuvre efficace.

4. Les États membres veillent à ce que les membres de l'organe décisionnel des autorités nationales de concurrence administratives soient choisis, recrutés ou nommés conformément à des procédures claires et transparentes préalablement établies dans le droit national.

5. Les autorités nationales de concurrence administratives ont le pouvoir de fixer leurs priorités afin de s'acquitter des tâches nécessaires à l'application des articles 101 et 102 du traité sur le fonctionnement de l'Union européenne, visées à l'article 5, paragraphe 2, de la présente directive. Dans la mesure où les autorités nationales de concurrence administratives sont tenues d'examiner les plaintes formelles, ces autorités ont le pouvoir de rejeter de telles plaintes au motif qu'elles ne les considèrent pas comme une priorité. Cette disposition est sans préjudice du pouvoir des autorités nationales de concurrence administratives de rejeter des plaintes pour d'autres motifs définis par le droit national.

Art. 5 *Ressources.* 1. Les États membres veillent, au minimum, à ce que les autorités nationales de concurrence disposent d'un nombre suffisant de membres du personnel qualifiés ainsi que des ressources financières, techniques et technologiques suffisantes, nécessaires à l'exécution effective de leurs fonctions et à l'exercice effectif de leurs pouvoirs, en vue de l'application des articles 101 et 102 du traité sur le fonctionnement de l'Union européenne comme prévu au paragraphe 2 du présent article.

2. Aux fins du paragraphe 1, les autorités nationales de concurrence sont, au minimum, en mesure de mener des enquêtes aux fins de l'application des articles 101 et 102 du traité sur le fonctionnement de l'Union européenne, d'adopter des décisions relatives à l'application de ces dispositions sur la base de l'article 5 du règlement (CE) n° 1/2003 et de coopérer étroitement au sein du réseau européen de la concurrence afin de garantir l'application effective et uniforme des articles 101 et 102 du traité sur le fonctionnement de l'Union européenne. Dans la mesure prévue par le droit national, les autorités nationales de concurrence sont également en mesure de donner des conseils, le cas échéant, aux institutions et organismes publics concernant

des mesures législatives, réglementaires et administratives qui sont susceptibles d'avoir une incidence sur la concurrence dans le marché intérieur, ainsi que de favoriser la sensibilisation du public aux articles 101 et 102 du traité sur le fonctionnement de l'Union européenne.

3. Sans préjudice des règles et procédures budgétaires nationales, les États membres veillent à ce que les autorités nationales de concurrence puissent dépenser le budget alloué en toute indépendance aux fins de l'accomplissement de leurs fonctions, énoncées au paragraphe 2.

4. Les États membres veillent à ce que les autorités nationales de concurrence administratives soumettent des rapports périodiques sur leurs activités et leurs ressources à un organisme gouvernemental ou parlementaire. Les États membres veillent à ce que ces rapports contiennent des informations sur les nominations et les révocations des membres de l'organe décisionnel, sur le montant des ressources attribuées au cours de l'année concernée et sur toute modification de ce montant par rapport aux années précédentes. Lesdits rapports sont rendus accessibles au public.

CHAPITRE IV *POUVOIRS*

Art. 6 *Pouvoir en matière d'inspection de locaux professionnels.* 1. Les États membres veillent à ce que les autorités nationales de concurrence administratives soient en mesure de procéder à toutes les inspections inopinées nécessaires des entreprises et associations d'entreprises en vue de l'application des articles 101 et 102 du traité sur le fonctionnement de l'Union européenne. Les États membres veillent à ce que les agents et les autres personnes les accompagnant mandatées *[mandatés]* ou nommées *[nommés]* par les autorités nationales de concurrence pour procéder à ces inspections soient au minimum investis des pouvoirs suivants :

a) accéder à tous les locaux, terrains et moyens de transport des entreprises et associations d'entreprises ;

b) contrôler les livres ainsi que tout autre document liés à l'activité de l'entreprise, quel qu'en soit le support, et avoir le droit d'accéder à toutes les informations auxquelles a accès l'entité faisant l'objet de l'inspection ;

c) prendre ou obtenir, sous quelque forme que ce soit, copie ou extrait de ces livres ou documents et, s'ils le jugent opportun, poursuivre ces recherches d'information et la sélection des copies ou extraits dans les locaux des autorités nationales de concurrence ou dans tous autres locaux désignés ;

d) apposer des scellés sur tous les locaux commerciaux et livres ou documents pendant la durée de l'inspection et dans la mesure où cela est nécessaire aux fins de celle-ci ;

e) demander à tout représentant ou membre du personnel de l'entreprise ou association d'entreprises des explications sur des faits ou documents en rapport avec l'objet et le but de l'inspection et enregistrer ses réponses.

2. Les États membres veillent à ce que les entreprises et associations d'entreprises soient tenues de se soumettre aux inspections visées au paragraphe 1. Les États membres veillent également à ce que, lorsqu'une entreprise ou association d'entreprises s'oppose à une inspection qui a été ordonnée par une autorité nationale de concurrence administrative et/ou qui a été autorisée par une autorité judiciaire nationale, les autorités nationales de concurrence puissent obtenir l'assistance nécessaire de la force publique ou d'une autorité disposant d'un pouvoir de contrainte équivalent, pour leur permettre d'exécuter leur mission d'inspection. Cette assistance peut également être demandée à titre préventif.

3. Le présent article s'applique sans préjudice des obligations prévues dans le droit national concernant l'autorisation préalable de ces inspections donnée par une autorité judiciaire nationale.

Art. 7 *Pouvoir en matière d'inspection d'autres locaux.* 1. Les États membres veillent à ce que s'il existe un soupçon raisonnable que des livres ou autres documents liés à l'activité de l'entreprise et à l'objet de l'inspection, qui pourraient être pertinents pour prouver une infraction à l'article 101 ou 102 du traité sur le fonctionnement de l'Union européenne, sont conservés dans des locaux, sur des terrains et dans des moyens de transport autres que ceux visés à l'article 6, paragraphe 1, point a), de la présente directive, y compris au domicile des chefs d'entreprises, des dirigeants et des autres membres du personnel des entreprises ou associations d'entreprises, les autorités nationales de concurrence administratives puissent procéder à des inspections inopinées dans ces locaux, sur ces terrains et dans ces moyens de transport.

2. Ces inspections ne sont pas effectuées sans l'autorisation préalable d'une autorité judiciaire nationale.

3. Les États membres veillent à ce que les agents et les autres personnes les accompagnant mandatés ou désignés par les autorités nationales de concurrence pour procéder à une inspection conformément au paragraphe 1 du présent article disposent au minimum des pouvoirs définis à l'article 6, paragraphe 1, points a), b) et c), et à l'article 6, paragraphe 2.

Art. 8 *Demandes d'information.* Les États membres veillent à ce que les autorités nationales de concurrence administratives puissent demander aux entreprises et associations d'entreprises de fournir tous les renseignements nécessaires à l'application des articles 101 et 102 du traité sur le fonctionnement de l'Union européenne dans un délai déterminé et raisonnable. Ces demandes de renseignements sont proportionnées et n'obligent pas le destinataire de la demande à admettre l'existence d'une infraction aux articles 101 et 102 du traité sur le fonctionnement de l'Union européenne. L'obligation de fournir tous les renseignements nécessaires couvre les renseignements auxquels a accès ladite entreprise ou association d'entreprises. Les autorités nationales de concurrence sont en outre habilitées à demander à toute autre personne physique ou morale de fournir des renseignements susceptibles d'être pertinents en vue de l'application des articles 101 et 102 du traité sur le fonctionnement de l'Union européenne dans un délai déterminé et raisonnable.

Art. 9 *Entretiens.* Les États membres veillent à ce que les autorités nationales de concurrence administratives soient, au minimum, habilitées à convoquer à un entretien tout représentant d'une entreprise ou d'une association d'entreprises, tout représentant d'autres personnes morales ainsi que toute personne physique lorsque ledit représentant ou ladite personne serait susceptible de posséder des informations pertinentes en vue de l'application des articles 101 et 102 du traité sur le fonctionnement de l'Union européenne.

Art. 10 *Constatation et cessation d'une infraction.* 1. Les États membres veillent à ce que, lorsque les autorités nationales de concurrence constatent une infraction aux dispositions de l'article 101 ou 102 du traité sur le fonctionnement de l'Union européenne, elles puissent obliger par voie de décision les entreprises et associations d'entreprises concernées à mettre fin à cette infraction. A cette fin, elles peuvent leur imposer toute mesure corrective de nature structurelle ou comportementale proportionnée à l'infraction commise et nécessaire pour faire cesser effectivement l'infraction. Lorsqu'elles ont à choisir entre deux mesures correctives d'une efficacité égale, les autorités nationales de concurrence optent pour la mesure corrective qui est la moins contraignante pour l'entreprise, conformément au principe de proportionnalité.

Les États membres veillent à ce que les autorités nationales de concurrence soient habilitées à constater qu'une infraction à l'article 101 ou 102 du traité sur le fonctionnement de l'Union européenne a été commise dans le passé.

2. Lorsque, après en avoir informé la Commission conformément à l'article 11, paragraphe 3, du règlement (CE) n° 1/2003, les autorités nationales de concurrence décident qu'il n'y a pas lieu de poursuivre la procédure de mise en œuvre et mettent donc fin à celle-ci, les États membres veillent à ce que lesdites autorités nationales de concurrence en informent en conséquence la Commission.

Art. 11 *Mesures provisoires.* 1. Les États membres veillent à ce qu'au moins dans les cas d'urgence justifiés par le fait qu'un préjudice grave et irréparable risque d'être causé à la concurrence, les autorités nationales de concurrence soient habilitées à agir de leur propre initiative, pour ordonner, par voie de décision sur la base d'un constat *prima facie* d'infraction aux dispositions de l'article 101 ou 102 du traité sur le fonctionnement de l'Union européenne, l'imposition de mesures provisoires aux entreprises et associations d'entreprises. Cette décision est proportionnée et s'applique, soit pour une durée déterminée, qui peut être renouvelée dans la mesure où cela est nécessaire et opportun, soit jusqu'à ce que la décision définitive soit prise. Les autorités nationales de concurrence informent le réseau européen de la concurrence de l'imposition de ces mesures provisoires.

2. Les États membres veillent à ce que la légalité, y compris la proportionnalité, des mesures provisoires visées au paragraphe 1 puisse être réexaminée dans le cadre de procédures de recours accélérées.

Art. 12 *Engagements.* 1. Les États membres veillent à ce que, dans les procédures de mise en œuvre ouvertes dans la perspective de l'adoption d'une décision exigeant la cessation d'une infraction aux dispositions de l'article 101 ou 102 du traité sur le fonctionnement de l'Union européenne, les autorités nationales de concurrence puissent, par voie de décision, après avoir consulté les acteurs du marché, de manière formelle ou informelle, rendre contraignants les engagements offerts par les entreprises ou associations d'entreprises, lorsque ces engagements sont de nature à répondre aux préoccupations exprimées par les autorités nationales de concurrence. Cette décision peut être adoptée pour une durée déterminée et conclut qu'il n'y a plus lieu que l'autorité nationale de concurrence concernée agisse.

2. Les États membres veillent à ce que les autorités nationales de concurrence disposent de pouvoirs effectifs leur permettant de contrôler la mise en œuvre des engagements visés au paragraphe 1.

3. Les États membres veillent à ce que les autorités nationales de concurrence puissent rouvrir la procédure de mise en œuvre lorsque l'un des faits sur la base desquels repose la décision visée au paragraphe 1 subit un changement substantiel, lorsque des entreprises ou associations d'entreprise contreviennent à leurs engagements, ou lorsqu'une décision visée au paragraphe 1 repose sur des informations incomplètes, inexactes ou trompeuses fournies par les parties.

CHAPITRE V *AMENDES ET ASTREINTES*

Art. 13 *Amendes infligées aux entreprises et associations d'entreprises.* 1. Les États membres veillent à ce que les autorités nationales de concurrence administratives puissent soit infliger par voie de décision dans leur propre procédure de mise en œuvre, soit requérir dans une procédure judiciaire autre que pénale que soient infligées des amendes effectives, proportionnées et dissuasives aux entreprises et associations d'entreprises lorsque, de propos délibéré ou par négligence, elles enfreignent l'article 101 ou 102 du traité sur le fonctionnement de l'Union européenne.

2. Les États membres veillent, au minimum, à ce que les autorités nationales de concurrence administratives puissent soit infliger par voie de décision dans leur propre procédure de mise en œuvre, soit requérir dans une procédure judiciaire autre que pénale que soient infligées aux entreprises et associations d'entreprises des amendes effectives, proportionnées et dissuasives. Ces amendes sont déterminées en proportion de leur chiffre d'affaires mondial total lorsque, de propos délibéré ou par négligence :

a) elles refusent de se conformer à une inspection visée à l'article 6, paragraphe 2 ;

b) des scellés apposés par les agents ou les autres personnes les accompagnant mandatés ou désignés par les autorités nationales de concurrence comme prévu à l'article 6, paragraphe 1, point d), ont été brisés ;

c) en réponse à une question visée à l'article 6, paragraphe 1, point e), elles fournissent une réponse incorrecte ou trompeuse, elles omettent ou refusent de fournir une réponse complète ;

d) elles fournissent un renseignement inexact, incomplet ou trompeur en réponse à une demande visée à l'article 8 ou ne fournissent pas de renseignements dans le délai fixé ;

e) elles refusent de se présenter à un entretien visé à l'article 9 ;

f) elles refusent de se conformer à une décision visée aux articles 10, 11 et 12.

3. Les États membres veillent à ce que la procédure visée aux paragraphes 1 et 2 permette l'imposition d'amendes effectives, proportionnées et dissuasives.

4. Le présent article est sans préjudice des dispositions législatives nationales qui permettent l'imposition de sanctions dans le cadre de procédures judiciaires, pour autant que l'application de ces dispositions ne porte pas atteinte à l'application effective et uniforme des articles 101 et 102 du traité sur le fonctionnement de l'Union européenne.

5. Les États membres veillent à ce que, aux fins d'infliger des amendes aux sociétés mères et aux successeurs juridiques et économiques des entreprises, la notion d'entreprise soit appliquée.

Art. 14 *Calcul des amendes.* 1. Les États membres veillent à ce que les autorités nationales de concurrence prennent en considération, la gravité de l'infraction ainsi que la durée de celle-ci lorsqu'elles déterminent le montant de l'amende à infliger pour infraction à l'article 101 ou 102 du traité sur le fonctionnement de l'Union européenne.

2. Les États membres veillent à ce que les autorités nationales de concurrence puissent prendre en considération la réparation versée à la suite d'un règlement consensuel lorsqu'elles déterminent le montant de l'amende devant être infligée pour une infraction à l'article 101 ou 102 du traité sur le fonctionnement de l'Union européenne, en application de l'article 18, paragraphe 3, de la directive 2014/104/UE.

3. Les États membres veillent à ce que, lorsqu'une amende pour infraction à l'article 101 ou 102 du traité sur le fonctionnement de l'Union européenne est infligée à une association d'entreprises en tenant compte du chiffre d'affaires de ses membres et que l'association n'est pas solvable, cette dernière soit tenue de lancer à ses membres un appel à contributions pour couvrir le montant de l'amende.

4. Les États membres veillent à ce que, lorsque les contributions visées au paragraphe 3 n'ont pas été versées intégralement à l'association d'entreprises dans un délai fixé par les autorités nationales de concurrence, les autorités nationales de concurrence puissent exiger directement le paiement de l'amende par toute entreprise dont les représentants étaient membres des organes décisionnels de cette association. Lorsque cela est nécessaire pour assurer le paiement intégral de l'amende, après avoir exigé le paiement par ces entreprises, les autorités nationales de concurrence peuvent également exiger le paiement du montant impayé de l'amende par tout membre de l'association qui était actif sur le marché sur lequel l'infraction a été commise. Cependant, le paiement visé au présent paragraphe n'est pas exigé des entreprises qui démontrent qu'elles n'ont pas appliqué la décision incriminée de l'association et qui en ignoraient l'existence ou qui s'en sont activement désolidarisés avant l'ouverture de l'enquête.

Art. 15 *Montant maximal de l'amende.* 1. Les États membres veillent à ce que le montant maximal de l'amende que des autorités nationales de concurrence peuvent infliger à chaque entreprise ou association d'entreprises participant à une infraction à l'article 101 ou 102 du traité sur le fonctionnement de l'Union européenne ne soit pas inférieure à 10 % du chiffre d'affaires mondial total de l'entreprise ou de l'association d'entreprises réalisé au cours de l'exercice social précédent la décision visée à l'article 13, paragraphe 1.

2. Lorsqu'une infraction d'une association d'entreprises a trait aux activités de ses membres, le montant maximal de l'amende n'est pas inférieur à 10 % de la somme du chiffre d'affaires mondial total réalisé par chaque membre actif sur le marché affecté par l'infraction de l'association. Toutefois, la responsabilité financière de chaque entreprise en ce qui concerne le paiement de l'amende ne peut excéder le montant maximal fixé conformément au paragraphe 1.

Art. 16 *Astreintes.* 1. Les États membres veillent à ce que les autorités nationales de concurrence administratives puissent, par voie de décision, infliger aux entreprises et associations d'entreprises des astreintes effectives, proportionnées et dissuasives. Ces astreintes sont déterminées proportionnellement au chiffre d'affaires mondial total journalier moyen de ces entreprises ou associations d'entreprises, réalisé au cours de l'exercice social précédent par jour de retard à compter de la date fixée dans ladite décision, pour contraindre ces entreprises ou associations d'entreprises au moins :

a) à fournir de manière complète et exacte des renseignements demandés en vertu de l'article 8 ;

b) à se présenter à un entretien visé à l'article 9.

2. Les États membres veillent à ce que les autorités nationales de concurrence puissent, par voie de décision, infliger aux entreprises et associations d'entreprises des astreintes effectives, proportionnées et dissuasives. Ces astreintes sont déterminées proportionnellement au chiffre d'affaires mondial total journalier moyen desdites entreprises ou associations d'entreprises, réalisé au cours de l'exercice social précédent par jour de retard à compter de la date fixée dans la décision, pour les contraindre au moins :

a) à se soumettre à une inspection visée à l'article 6, paragraphe 2 ;

b) à se conformer à une décision visée aux articles 10, 11 et 12.

CHAPITRE VI *PROGRAMMES DE CLÉMENCE POUR LES ENTENTES SECRÈTES*

Art. 17 *Immunité d'amendes.* 1. Les États membres veillent à ce que les autorités nationales de concurrence disposent d'un programme de clémence leur permettant d'accorder une immunité d'amendes aux entreprises pour la divulgation de leur participation à des ententes secrètes. Cette disposition est sans préjudice du fait que les autorités nationales de concurrence aient mis en place des programmes de clémence pour des infractions autres que des ententes secrètes ou des programmes de clémence leur permettant d'accorder une immunité d'amendes à des personnes physiques.

2. Les États membres veillent à ce que l'immunité d'amendes soit accordée uniquement lorsque le demandeur :

a) remplit les conditions fixées à l'article 19 ;

b) révèle sa participation à une entente secrète ; et

c) est le premier à fournir des preuves qui :

i) au moment où l'autorité nationale de concurrence reçoit la demande, permettent à l'autorité nationale de concurrence de procéder à une inspection ciblée en rapport avec l'entente secrète, pour autant que l'autorité nationale de concurrence n'ait pas déjà en sa possession des preuves suffisantes lui permettant de procéder à ladite inspection ou qu'elle n'ait pas déjà procédé à une telle inspection ; ou

ii) de l'avis de l'autorité nationale de concurrence, sont suffisantes pour lui permettre de constater une infraction relevant du programme de clémence, pour autant que l'autorité n'ait pas déjà en sa possession des preuves suffisantes lui permettant de constater une telle infraction et qu'aucune autre entreprise n'ait déjà rempli les conditions pour bénéficier de l'immunité d'amendes en vertu du point i) pour cette entente secrète.

3. Les États membres veillent à ce que toutes les entreprises puissent prétendre au bénéfice de l'immunité d'amendes, à l'exception des entreprises qui ont pris des mesures pour contraindre d'autres entreprises à rejoindre une entente secrète ou à continuer à en faire partie.

4. Les États membres veillent à ce que les autorités nationales de concurrence informent le demandeur si l'immunité d'amendes conditionnelle lui est accordée ou non. Le demandeur peut demander d'être informé par écrit par les autorités nationales de concurrence du résultat de la demande qu'il a formulée. En cas de rejet par l'autorité nationale de concurrence d'une demande d'immunité d'amendes, le demandeur concerné peut demander à ladite autorité nationale de concurrence de réexaminer sa demande en vue d'obtenir une réduction d'amendes.

Art. 18 *Réduction d'amendes.* 1. Les États membres veillent à ce que les autorités nationales de concurrence disposent de programmes de clémence leur permettant d'accorder une réduction d'amendes à des entreprises qui ne remplissent pas les conditions pour bénéficier de l'immunité d'amendes. Cette disposition est sans préjudice du fait que les autorités nationales de concurrence aient mis en place des programmes de clémence pour des infractions autres que des ententes secrètes ou des programmes de clémence leur permettant d'accorder une réduction d'amendes à des personnes physiques.

2. Les États membres veillent à ce qu'une réduction d'amendes ne soit accordée que si le demandeur :

a) remplit les conditions fixées à l'article 19 ;

b) révèle sa participation à une entente secrète ; et

c) fournit des preuves de l'entente secrète présumée représentant une valeur ajoutée significative aux fins d'établir l'existence d'une infraction relevant du programme de clémence, par rapport aux preuves qui se trouvent déjà en la possession de l'autorité nationale de concurrence au moment de la demande.

3. Les États membres veillent à ce que, si le demandeur apporte des preuves incontestables que l'autorité nationale de concurrence utilise pour établir des faits supplémentaires conduisant à une augmentation des amendes par rapport à celles qui auraient été infligées aux participants à l'entente secrète en l'absence de ces preuves, l'autorité nationale de concurrence ne tient pas compte de ces faits supplémentaires pour fixer le montant de l'amende infligée au demandeur d'une réduction d'amendes qui a fourni ces preuves.

Art. 19 *Conditions générales de la clémence.* Les États membres veillent à ce que, pour pouvoir bénéficier de la clémence pour participation à des ententes secrètes, le demandeur soit tenu de remplir les conditions suivantes :

a) il a mis fin à sa participation à l'entente secrète présumée au plus tard immédiatement après avoir déposé sa demande de clémence, sauf pour ce qui serait, de l'avis de l'autorité nationale de concurrence, raisonnablement nécessaire à la préservation de l'intégrité de son enquête ;

b) il coopère véritablement, pleinement, constamment et rapidement avec l'autorité nationale de concurrence dès le dépôt de sa demande jusqu'à ce que l'autorité ait clos sa procédure de mise en œuvre contre toutes les parties faisant l'objet de l'enquête en adoptant une décision ou ait clos sa procédure d'une autre manière ; cette coopération comprend :

i) la fourniture sans délai par le demandeur à l'autorité nationale de concurrence de tous les renseignements et éléments de preuve pertinents au sujet de l'entente secrète présumée qui viendraient en la possession du demandeur ou auxquels il pourrait avoir accès, en particulier :

– le nom et l'adresse du demandeur,

– les noms de toutes les autres entreprises qui participent ou ont participé à l'entente secrète présumée,

– une description détaillée de l'entente secrète présumée, y compris les produits et les territoires concernés, la durée et la nature de l'entente secrète présumée,

– des renseignements sur toute autre demande de clémence présentée par le passé ou susceptible d'être présentée à l'avenir à toutes autres autorités de concurrence ou aux autorités de concurrence de pays tiers au sujet de l'entente secrète présumée ;

ii) de se tenir à la disposition de l'autorité nationale de concurrence pour répondre à toute question pouvant contribuer à établir les faits ;

iii) de mettre les directeurs, les gérants et les autres membres du personnel à la disposition de l'autorité nationale de concurrence en vue d'entretiens et de faire des efforts raisonnables pour mettre les anciens directeurs, gérants et autres membres du personnel à la disposition de l'autorité nationale de concurrence en vue d'entretiens ;

iv) de s'abstenir de détruire, de falsifier ou de dissimuler des informations ou des preuves pertinentes ; et

v) de s'abstenir de divulguer l'existence ou la teneur de sa demande de clémence avant que l'autorité nationale de concurrence n'ait émis des griefs dans le cadre de la procédure de mise en œuvre dont elle est saisie, sauf s'il en a été convenu autrement ; et

c) au cours de la période où il envisage de déposer une demande de clémence auprès de l'autorité nationale de concurrence, il ne peut avoir :

i) détruit, falsifié ou dissimulé des preuves de l'entente secrète présumée ; ou

ii) divulgué son intention de présenter une demande ni la teneur de celle-ci, sauf à d'autres autorités de concurrence ou à des autorités de concurrence de pays tiers.

Art. 20 *Forme des déclarations effectuées en vue d'obtenir la clémence.* **1.** Les États membres veillent à ce que les demandeurs puissent soumettre par écrit des déclarations effectuées en vue d'obtenir la clémence en rapport avec des demandes complètes ou sommaires, et à ce que les autorités nationales de concurrence disposent en outre d'un système leur permettant d'accepter celles-ci soit oralement, soit par d'autres moyens permettant aux demandeurs de ne pas prendre la possession, la garde ou le contrôle des déclarations ainsi présentées.

2. A la requête du demandeur, l'autorité nationale de concurrence accuse réception de la demande de clémence complète ou sommaire par écrit, en indiquant la date et l'heure de la réception.

3. Les demandeurs peuvent soumettre des déclarations de clémence en rapport avec des demandes complètes ou sommaires dans la langue officielle ou dans l'une des langues officielles de l'État membre de l'autorité nationale de concurrence concernée ou dans une autre langue officielle de l'Union convenue bilatéralement entre l'autorité nationale de concurrence et le demandeur.

Art. 21 *Marqueurs pour les demandes d'immunité d'amendes.* **1.** Les États membres veillent à ce que les entreprises qui souhaitent solliciter l'immunité d'amendes puissent, dans un premier temps, se voir octroyer, à leur demande, une place dans l'ordre d'arrivée en vue de l'octroi de la clémence, pendant un délai qui sera précisé au cas par cas par l'autorité nationale de concurrence, afin que le demandeur puisse rassembler les renseignements et éléments de preuve nécessaires pour atteindre le niveau de preuve requis pour l'immunité d'amendes.

2. Les États membres veillent à ce que les autorités nationales de concurrence puissent décider d'accéder ou non à la demande présentée en vertu du paragraphe 1.

L'entreprise qui soumet une telle demande fournit des renseignements, lorsqu'ils sont disponibles, à l'autorité nationale de concurrence, notamment :

a) le nom et l'adresse du demandeur ;

b) les circonstances ayant conduit à l'introduction de la demande ;

c) les noms de toutes les autres entreprises qui participent ou ont participé à l'entente secrète présumée ;

d) les produits et les territoires concernés ;

e) la durée et la nature de l'entente secrète présumée ;

f) des renseignements sur toute autre demande de clémence présentée par le passé ou susceptible d'être présentée à l'avenir à toute autre autorité de concurrence ou autorité de concurrence de pays tiers au sujet de l'entente secrète présumée.

3. Les États membres veillent à ce que toute information et tout élément de preuve fournis par le demandeur dans le délai imparti conformément au paragraphe 1 soient considérés comme ayant été communiqués à la date de la demande initiale.

4. Le demandeur peut présenter une demande conformément au paragraphe 1 dans la langue officielle ou dans l'une des langues officielles de l'État membre de l'autorité nationale de concurrence concernée ou dans une autre langue officielle de l'Union convenue bilatéralement entre l'autorité nationale de concurrence et le demandeur.

5. Les États membres peuvent en outre prévoir la possibilité, pour les entreprises qui souhaitent soumettre une demande visant à obtenir une réduction d'amendes, de demander, dans un premier temps, une place dans l'ordre d'arrivée aux fins de l'octroi de la clémence.

Art. 22 *Demandes sommaires.* 1. Les États membres veillent à ce que les autorités nationales de concurrence acceptent les demandes sommaires adressées par des demandeurs qui ont sollicité la clémence auprès de la Commission, soit en demandant un marqueur, soit en déposant une demande complète concernant la même entente présumée, pour autant que lesdites demandes couvrent plus de trois États membres en tant que territoires concernés.

2. Les demandes sommaires comportent une brève description de chacun des éléments suivants :

a) le nom et l'adresse du demandeur ;

b) les noms des autres parties à l'entente secrète présumée ;

c) les produits et territoires concernés ;
d) la durée et la nature de l'entente secrète présumée ;
e) le ou les États membres où les preuves de l'entente secrète présumée sont susceptibles de se trouver ; et
f) les renseignements sur toute autre demande de clémence présentée par le passé ou susceptible d'être présentée à l'avenir à toute autre autorité de concurrence ou autorité de concurrence de pays tiers au sujet de l'entente secrète présumée.

3. Lorsque la Commission reçoit une demande complète et que les autorités nationales de concurrence reçoivent des demandes sommaires relatives à la même entente présumée, la Commission intervient en tant que principal interlocuteur du demandeur, en particulier en fournissant des instructions au demandeur sur la conduite de toute nouvelle enquête interne, pendant la période précédant le moment où des clarifications seront apportées sur la question de savoir si la Commission instruira l'affaire en tout ou en partie. Au cours de cette période, la Commission informe les autorités nationales de concurrence concernées de la situation sur demande de celles-ci.

Les États membres veillent à ce que les autorités nationales de concurrence ne puissent demander des clarifications spécifiques au demandeur qu'en ce qui concerne les éléments énumérés au paragraphe 2 avant d'exiger le dépôt d'une demande complète en vertu du paragraphe 5.

4. Les États membres veillent à ce que les autorités nationales de concurrence qui reçoivent des demandes sommaires vérifient si elles ont déjà reçu une demande sommaire ou une demande complète provenant d'un autre demandeur concernant la même entente secrète présumée au moment de la réception desdites demandes. Si une autorité nationale de concurrence n'a pas reçu une telle demande d'un autre demandeur, et si elle estime que la demande sommaire répond aux exigences du paragraphe 2, elle en informe le demandeur en conséquence.

5. Les États membres veillent à ce que, une fois que la Commission a informé les autorités nationales de concurrence concernées qu'elle n'a pas l'intention d'instruire l'affaire en tout ou en partie, les demandeurs aient la possibilité de soumettre aux autorités nationales de concurrence concernées des demandes complètes. Dans des circonstances exceptionnelles uniquement, lorsque cela s'avère strictement nécessaire pour la délimitation d'une affaire ou pour son attribution, une autorité nationale de concurrence peut inviter le demandeur à soumettre une demande complète avant que la Commission n'ait informé les autorités nationales de concurrence concernées qu'elle n'a pas l'intention d'instruire l'affaire en tout ou en partie. Les autorités nationales de concurrence ont le pouvoir de spécifier un délai raisonnable pour le dépôt, par le demandeur, de la demande complète ainsi que des éléments de preuve et des renseignements correspondants. Cette disposition est sans préjudice du droit qu'a le demandeur de soumettre volontairement une demande complète à un stade antérieur.

6. Les États membres veillent à ce que, si le demandeur dépose la demande complète conformément au paragraphe 5, dans le délai imparti par l'autorité nationale de concurrence, la demande complète est considérée comme ayant été soumise au moment où la demande sommaire l'a été, pour autant que la demande sommaire porte sur le ou les mêmes produits et le ou les mêmes territoires concernés ainsi que sur la même durée de l'entente secrète présumée que la demande de clémence introduite auprès de la Commission, qui peut avoir été mise à jour.

Art. 23 *Interaction entre les demandes d'immunité d'amendes et les sanctions infligées aux personnes physiques.* 1. Les États membres veillent à ce que les actuels et anciens directeurs, gérants et autres membres du personnel des entreprises sollicitant une immunité d'amendes auprès des autorités de concurrence soient intégralement protégés contre les sanctions infligées dans le cadre de procédures administratives et judiciaires non pénales relatives à leur participation à l'entente secrète faisant l'objet de la demande d'immunité d'amendes, concernant des violations de dispositions législatives nationales qui poursuivent principalement les mêmes objectifs que l'article 101 du traité sur le fonctionnement de l'Union européenne, si :

a) la demande d'immunité d'amendes de l'entreprise adressée à l'autorité de concurrence qui instruit l'affaire satisfait aux exigences visées à l'article 17, paragraphe 2, points b) et c) ;

b) ces actuels et anciens directeurs, gérants et autres membres du personnel coopèrent activement à cet égard avec l'autorité de concurrence qui instruit l'affaire ; et

c) la demande d'immunité d'amendes de l'entreprise est antérieure à la date à laquelle ces actuels et anciens directeurs, les gérants et les autres membres du personnel concernés ont été informés par les autorités compétentes des États membres des procédures conduisant à l'imposition de sanctions visées au présent paragraphe.

2. Les États membres veillent à ce que les actuels et anciens directeurs, gérants et autres membres du personnel des entreprises sollicitant une immunité d'amendes auprès des autorités de concurrence soient protégés contre les sanctions infligées dans le cadre de procédures pénales relatives à leur participation à l'entente secrète faisant l'objet de la demande d'immunité d'amendes, concernant des violations de dispositions législatives nationales qui poursuivent principalement les mêmes objectifs que l'article 101 du traité sur le fonctionnement de l'Union européenne, s'ils remplissent les conditions énoncées au paragraphe 1 et coopèrent activement avec l'autorité compétente chargée des poursuites. Si la condition de la coopération avec l'autorité compétente chargée des poursuites n'est pas remplie, ladite autorité peut procéder à l'enquête.

3. Afin d'assurer le respect des principes de base existant dans leur système juridique, les États membres peuvent prévoir, par dérogation au paragraphe 2, que les autorités compétentes peuvent n'infliger aucune sanction ou peuvent seulement atténuer la sanction à infliger dans le cadre de procédures pénales, dans la mesure où l'intérêt que présente la contribution des personnes, visées au paragraphe 2, à la détection et à l'enquête concernant l'entente secrète l'emporte sur l'intérêt qu'il y a poursuivre et/ou à sanctionner ces personnes.

4. Afin de permettre que la protection visée aux paragraphes 1, 2 et 3 puisse être effective dans des situations impliquant plus d'une juridiction, les États membres prévoient que, dans les cas où l'autorité compétente chargée des sanctions ou des poursuites se trouve dans une autre juridiction que celle de l'autorité de concurrence qui instruit l'affaire, les contacts nécessaires entre celles-ci sont assurés par l'autorité nationale de concurrence de la juridiction de l'autorité compétente chargée des sanctions ou des poursuites.

5. Le présent article ne porte pas atteinte au droit dont disposent les victimes ayant subi un préjudice causé par une infraction au droit de la concurrence de demander réparation intégrale de ce préjudice, conformément à la directive 2014/104/UE.

CHAPITRE VII *ASSISTANCE MUTUELLE*

Art. 24 *Coopération entre les autorités nationales de concurrence.* 1. Les États membres veillent à ce que, lorsque les autorités nationales de concurrence administratives procèdent à une inspection ou à un entretien au nom et pour le compte d'autres autorités nationales de concurrence conformément à l'article 22 du règlement (CE) nº 1/2003, les agents et les autres personnes les accompagnant mandatés ou désignés par l'autorité nationale de concurrence requérante soient autorisés à assister à l'inspection ou à l'entretien mené par l'autorité nationale de concurrence requise, sous la surveillance des agents de l'autorité nationale de concurrence requise, et à y contribuer activement, lorsque l'autorité nationale de concurrence requise exerce les pouvoirs visés aux articles 6, 7 et 9 de la présente directive.

2. Les États membres veillent à ce que les autorités nationales de concurrence administratives soient habilitées à exercer, sur leur propre territoire, les pouvoirs visés aux articles 6 à 9 de la présente directive, conformément à leur droit national, au nom et pour le compte d'autres autorités nationales de concurrence, afin d'établir si des entreprises ou des associations d'entreprises ont refusé de se soumettre aux mesures d'enquête et aux décisions prises par l'autorité nationale de concurrence requérante, visées à l'article 6 et aux articles 8 à 12 de la présente directive. L'autorité nationale de concurrence requérante et l'autorité nationale de concurrence requise

ont le pouvoir d'échanger des informations et de les utiliser à titre de preuve à cette fin, sous réserve des garanties prévues à l'article 12 du règlement (CE) n° 1/2003.

Art. 25 *Demandes de notification des griefs préliminaires et d'autres documents.* Sans préjudice des autres formes de notification par une autorité requérante, conformément aux règles en vigueur dans son État membre, les États membres veillent à ce que, à la demande de l'autorité requérante, l'autorité requise notifie au destinataire, au nom de l'autorité requérante :

a) tous griefs préliminaires relatifs à l'infraction présumée à l'article 101 ou 102 du traité sur le fonctionnement de l'Union européenne et toutes décisions appliquant ces articles ;

b) tout autre acte procédural adopté dans le cadre de procédures de mise en œuvre, qui devrait être notifié conformément au droit national ; et

c) tout autre document pertinent lié à l'application de l'article 101 ou 102 du traité sur le fonctionnement de l'Union européenne, y compris les documents relatifs à l'exécution des décisions infligeant des amendes ou des astreintes.

Art. 26 *Demandes d'exécution des décisions infligeant des amendes ou des astreintes.* 1. Les États membres veillent à ce que, à la demande de l'autorité requérante, l'autorité requise exécute les décisions infligeant des amendes ou des astreintes adoptées en vertu des articles 13 et 16 par l'autorité requérante. Cette disposition ne s'applique que dans la mesure où, après avoir fait des efforts raisonnables sur son propre territoire, l'autorité requérante a établi que l'entreprise ou l'association d'entreprises à l'encontre de laquelle l'amende ou l'astreinte peut faire l'objet d'une exécution forcée ne possède pas suffisamment d'actifs dans l'État membre de l'autorité requérante pour permettre le recouvrement de ladite amende ou astreinte.

2. Pour les cas ne relevant pas du paragraphe 1 du présent article, en particulier les cas où l'entreprise ou l'association d'entreprises à l'encontre de laquelle l'amende ou l'astreinte peut faire l'objet d'une exécution forcée n'est pas établie dans l'État membre de l'autorité requérante, les États membres prévoient que l'autorité requise peut faire exécuter des décisions infligeant des amendes et des astreintes adoptées conformément aux articles 13 et 16 par l'autorité requérante, lorsque l'autorité requérante le demande.

L'article 27, paragraphe 3, point d), ne s'applique pas aux fins du présent paragraphe.

3. L'autorité requérante peut uniquement demander l'exécution forcée d'une décision définitive.

4. Les questions concernant les délais de prescription applicables à l'exécution des amendes ou des astreintes sont régies par le droit national de l'État membre de l'autorité requérante.

Art. 27 *Principes généraux en matière de coopération.* 1. Les États membres veillent à ce que les demandes visées aux articles 25 et 26 soient exécutées par l'autorité requise conformément au droit national de l'État membre de l'autorisé requise.

2. Les demandes visées aux articles 25 et 26 sont exécutées sans retard injustifié au moyen d'un instrument uniforme, qui est accompagné d'une copie de l'acte à notifier ou à exécuter. Ledit instrument uniforme doit contenir les éléments suivants :

a) le nom, l'adresse connue du destinataire et toute autre information pertinente aux fins de l'identification de celui-ci ;

b) un résumé des faits et circonstances pertinents ;

c) un résumé de la copie de l'acte joint à notifier ou à exécuter ;

d) le nom, l'adresse et les coordonnées de l'autorité requise ; et

e) la période au cours de laquelle la notification ou l'exécution devrait avoir lieu, notamment les délais réglementaires ou les délais de prescription.

3. Pour les demandes visées à l'article 26, outre les exigences énoncées au paragraphe 2 du présent article, l'instrument uniforme contient les éléments suivants :

a) les informations relatives à la décision permettant l'exécution dans l'État membre de l'autorité requérante ;

b) la date à laquelle la décision est devenue définitive ;

c) le montant de l'amende ou de l'astreinte ; et

d) les informations montrant que l'autorité requérante a fait des efforts raisonnables pour exécuter la décision sur son propre territoire.

4. L'instrument uniforme permettant l'exécution par l'autorité requise constitue le seul fondement des mesures d'exécution adoptées par l'autorité requise, sous réserve des exigences énoncées au paragraphe 2. Aucun acte visant à le faire reconnaître, à le compléter ou à le remplacer n'est nécessaire dans l'État membre de l'autorité requise. L'autorité requise prend toutes les mesures nécessaires en vue de l'exécution de cette demande, sauf si elle invoque le paragraphe 6 du présent article.

5. L'autorité requérante veille à ce que l'instrument uniforme soit transmis à l'autorité requise dans la langue officielle ou dans une des langues officielles de l'État membre de l'autorité requise, sauf si l'autorité requise et l'autorité requérante conviennent bilatéralement au cas par cas que l'instrument uniforme peut être envoyé dans une autre langue. Lorsque le droit national de l'État membre de l'autorité requise l'exige, l'autorité requérante fournit une traduction de l'acte à notifier ou de la décision permettant l'exécution forcée de l'amende ou de l'astreinte dans la langue officielle ou dans une des langues officielles de l'État membre de l'autorité requise. Cela s'entend sans préjudice du droit de l'autorité requise et de l'autorité requérante de convenir bilatéralement au cas par cas que ladite traduction peut être fournie dans une langue différente.

6. L'autorité requise n'est pas tenue d'exécuter une demande visée à l'article 25 ou 26 si :

a) la demande n'est pas conforme aux exigences du présent article ; ou

b) l'autorité requise est en mesure de démontrer raisonnablement que l'exécution de la demande serait manifestement contraire à l'ordre public dans l'État membre où l'exécution est demandée.

Si l'autorité requise a l'intention de rejeter une demande d'assistance visée à l'article 25 ou 26 ou si elle souhaite obtenir des informations complémentaires, elle contacte l'autorité requérante.

7. Les États membres veillent à ce que, lorsqu'elle est sollicitée par l'autorité requise, l'autorité requérante supporte pleinement l'intégralité des coûts raisonnables supplémentaires, y compris les coûts de traduction, les coûts de la main-d'œuvre et les coûts administratifs, liés aux mesures prises en vertu de l'article 24 ou 25.

8. L'autorité requise peut recouvrer l'intégralité des frais exposés pour la mesure prise en vertu de l'article 26 à partir des recettes provenant des amendes ou des astreintes qu'elle a collectées au nom de l'autorité requérante, y compris les coûts de traduction, les coûts de la main-d'œuvre et les coûts administratifs. Si l'autorité requise ne parvient pas à collecter les amendes ou les astreintes, elle peut demander à l'autorité requérante de supporter les frais exposés.

Les États membres sont libres de prévoir que l'autorité requise peut également recouvrer les coûts résultant de l'exécution forcée de ces décisions en s'adressant à l'entreprise à l'encontre de laquelle l'amende ou l'astreinte peut faire l'objet d'une exécution.

L'autorité requise recouvre les montants dus dans la monnaie de l'État membre requis, conformément à la législation, à la réglementation et aux procédures ou pratiques administratives applicables dans ledit État membre.

Au besoin, l'autorité requise, conformément à son droit et à ses pratiques nationales, convertit les amendes ou les astreintes dans la monnaie de l'État membre de l'autorité requise au taux de change applicable à la date à laquelle les amendes ou les astreintes ont été infligées.

Art. 28 *Litiges liés aux demandes de notification ou d'exécution des décisions infligeant des amendes ou des astreintes.* 1. Les litiges relèvent de la compétence des organes compétents de l'État membre de l'autorité requérante et sont régis par le droit dudit État membre, en ce qui concerne :

a) la légalité d'un acte à notifier conformément à l'article 25 ou d'une décision à exécuter conformément à l'article 26 ; et

b) la légalité de l'instrument uniforme permettant l'exécution dans l'État membre de l'autorité requise.

2. Les litiges concernant les mesures d'exécution prises dans l'État membre de l'autorité requise ou concernant la validité d'une notification effectuée par l'autorité requise relèvent de la compétence des organes compétents de l'État membre de l'autorité requise et sont régis par le droit dudit État membre.

CHAPITRE VIII *DÉLAIS DE PRESCRIPTION*

Art. 29 *Règles relatives aux délais de prescription applicables à l'imposition d'amendes et d'astreintes.* 1. Les États membres veillent à ce que les délais de prescription applicables à l'imposition d'amendes ou d'astreintes par les autorités nationales de concurrence en vertu des articles 13 et 16 soient suspendus ou interrompus pendant la durée des procédures de mise en œuvre engagées devant les autorités nationales de concurrence d'autres États membres ou la Commission pour une infraction concernant le même accord, la même décision d'une association, la même pratique concertée ou une autre conduite interdite par l'article 101 ou 102 du traité sur le fonctionnement de l'Union européenne.

La suspension du délai de prescription débute ou l'interruption du délai de prescription prend effet à compter de la notification de la première mesure d'enquête formelle à au moins une entreprise visée par la procédure de mise en œuvre. La suspension ou l'interruption de la prescription vaut à l'égard de toutes les entreprises et associations d'entreprises ayant participé à l'infraction.

La suspension ou l'interruption prend fin le jour où l'autorité de concurrence concernée clôt sa procédure de mise en œuvre en adoptant une décision au titre de l'article 10, 12 ou 13 de la présente directive ou en vertu de l'article 7, 9 ou 10 du règlement (CE) n° 1/2003, ou le jour où elle a conclu qu'il n'y a plus lieu qu'elle agisse. La durée de cette suspension ou d'interruption est sans préjudice des délais de prescription absolus prévus par le droit national.

2. Le délai de prescription en matière d'imposition d'amendes ou d'astreintes par une autorité nationale de concurrence est suspendu ou interrompu aussi longtemps que la décision de cette autorité nationale de concurrence fait l'objet d'une procédure pendante devant une instance de recours.

3. La Commission veille à ce que soit mise à la disposition des autres autorités nationales de concurrence au sein du réseau européen de la concurrence la notification de la première mesure formelle d'enquête transmise par une autorité nationale de concurrence en vertu de l'article 11, paragraphe 3, du règlement (CE) n° 1/2003.

CHAPITRE IX *DISPOSITIONS GÉNÉRALES*

Art. 30 *Rôle des autorités nationales de concurrence administratives devant les juridictions nationales.* 1. Les États membres qui désignent à la fois une autorité nationale de concurrence administrative et une autorité nationale de concurrence judiciaire comme responsables de l'application des articles 101 et 102 du traité sur le fonctionnement de l'Union européenne, veillent à ce que les actions menées devant l'autorité nationale de concurrence judiciaire puissent être introduites directement par l'autorité nationale de concurrence administrative.

2. Dans la mesure où les juridictions nationales agissent dans le cadre de procédures engagées contre des décisions prises par des autorités nationales de concurrence dans l'exercice des pouvoirs visés au chapitre IV et aux articles 13 et 16 de la présente directive aux fins de l'application de l'article 101 ou 102 du traité sur le fonctionnement de l'Union européenne, y compris l'exécution des amendes et astreintes infligées dans ce cadre, les États membres veillent à ce que l'autorité nationale de concurrence administrative soit pleinement autorisée, en tant que telle, à prendre part, le cas échéant, à ces procédures en qualité de procureur ou de partie défenderesse et à jouir des mêmes droits que ces parties publiques à ces procédures.

3. L'autorité nationale de concurrence administrative est habilitée à former des recours en jouissant des mêmes droits, comme prévu au paragraphe 2, contre :

a) les décisions de juridictions nationales statuant sur des décisions prises par des autorités nationales de concurrence visées au chapitre IV et aux articles 13 et 16 de la présente directive, concernant l'application de l'article 101 ou 102 du traité sur le fonctionnement de l'Union européenne, y compris l'exécution d'amendes et d'astreintes infligées dans ce cadre ; et

b) le refus d'une autorité judiciaire nationale d'accorder l'autorisation préalable pour une inspection visée aux articles 6 et 7 de la présente directive, dans la mesure où une telle autorisation est requise.

Art. 31 *Accès des parties au dossier et limites à l'utilisation des informations.* 1. Les États membres peuvent prévoir que, lorsqu'une autorité nationale de concurrence demande à une personne physique de fournir des informations sur la base des mesures visées à l'article 6, paragraphe 1, point e), à l'article 8 ou à l'article 9, ces informations ne sont pas utilisées comme preuves pour infliger des sanctions à l'encontre de cette personne physique ou de ses proches parents.

2. Les États membres veillent à ce que les autorités nationales de concurrence, leurs fonctionnaires, leurs agents et les autres personnes travaillant sous leur supervision ne dévoilent pas les informations qui ont été obtenues sur la base des pouvoirs visés dans la présente directive, lesquelles sont, de par leur nature, couvertes par le secret professionnel, à moins que cette divulgation ne soit autorisée par le droit national.

3. Les États membres veillent à ce que l'accès aux déclarations effectuées en vue d'obtenir la clémence ou aux propositions de transaction ne soit accordé qu'aux parties visées par les procédures concernées et aux seules fins de l'exercice de leurs droits de la défense.

4. Les États membres veillent à ce que la partie qui a obtenu l'accès au dossier de la procédure de mise en œuvre des autorités nationales de concurrence puisse uniquement utiliser les informations tirées des déclarations effectuées en vue d'obtenir la clémence et des propositions de transaction lorsque cela est nécessaire pour l'exercice de ses droits de la défense dans le cadre de procédures devant des juridictions nationales, dans des affaires qui ont un lien direct avec celle dans laquelle l'accès a été accordé, et uniquement lorsque ces procédures concernent :

a) la répartition, entre les participants à une entente, d'une amende qui leur est infligée solidairement par une autorité nationale de concurrence ; ou

b) un recours contre une décision par laquelle une autorité nationale de concurrence a constaté une infraction à l'article 101 ou 102 du traité sur le fonctionnement de l'Union européenne ou à des dispositions du droit national de la concurrence.

5. Les États membres veillent à ce que les catégories suivantes d'informations obtenues par une partie au cours d'une procédure de mise en œuvre devant une autorité nationale de concurrence ne soient pas utilisées par ladite partie dans le cadre d'une procédure devant des juridictions nationales tant que l'autorité nationale de concurrence n'a pas clos sa procédure de mise en œuvre à l'égard de toutes les parties concernées par l'enquête en adoptant une décision visée à l'article 10 ou à l'article 12, ou clos sa procédure d'une autre manière :

a) les informations préparées par d'autres personnes physiques ou morales expressément aux fins de la procédure de mise en œuvre engagée par l'autorité nationale de concurrence ;

b) les informations établies par l'autorité nationale de concurrence et envoyées aux parties au cours de sa procédure de mise en œuvre ; et

c) les propositions de transaction qui ont été retirées.

6. Les États membres veillent à ce que les déclarations effectuées en vue d'obtenir la clémence soient échangées entre les autorités nationales de concurrence en vertu de l'article 12 du règlement (CE) n° 1/2003, uniquement aux conditions suivantes :

a) soit avec l'accord du demandeur ;

b) soit, lorsque l'autorité nationale de concurrence destinataire de la déclaration effectuée en vue d'obtenir la clémence a également reçu, du même demandeur, une demande de clémence concernant la même infraction que l'autorité nationale de concurrence qui transmet la déclaration effectuée en vue d'obtenir la clémence, à condition que, au moment de la transmission de la déclaration effectuée en vue d'obtenir la clémence, le demandeur n'ait pas la faculté de retirer les informations

qu'il a communiquées à l'autorité nationale de concurrence destinataire de la déclaration effectuée en vue d'obtenir la clémence.

7. Les modalités selon lesquelles les déclarations effectuées en vue d'obtenir la clémence sont soumises en vertu de l'article 20 ne portent pas atteinte à l'application des paragraphes 3 à 6 du présent article.

Art. 32 *Recevabilité des preuves devant les autorités nationales de concurrence.* **Les États membres veillent à ce que les types de preuves recevables devant une autorité nationale de concurrence comprennent les documents, les déclarations orales, les messages électroniques, les enregistrements et tout autre élément contenant des informations, quel qu'en soit la forme et le support.**

Art. 33 *Fonctionnement du réseau européen de la concurrence.* **1. Les dépenses supportées par la Commission en liaison avec la maintenance et le développement du système central d'information du réseau européen de la concurrence (système du réseau européen de la concurrence) et en liaison avec la coopération au sein de ce dernier sont à la charge du budget général de l'Union dans la limite des crédits disponibles.**

2. Le réseau européen de la concurrence est en mesure d'élaborer et, le cas échéant, de publier des bonnes pratiques et des recommandations sur des questions telles que l'indépendance, les ressources, les pouvoirs, les amendes et l'assistance mutuelle.

CHAPITRE X *DISPOSITIONS FINALES*

Art. 34 *Transposition.* **1. Les États membres mettent en vigueur les dispositions législatives, réglementaires et administratives nécessaires pour se conformer à la présente directive au plus tard le 4 février 2021. Ils en informent immédiatement la Commission.**

Lorsque les États membres adoptent ces dispositions, celles-ci contiennent une référence à la présente directive ou sont accompagnées d'une telle référence lors de leur publication officielle. Les modalités de cette référence sont arrêtées par les États membres.

2. Les États membres communiquent à la Commission le texte des dispositions essentielles de droit interne qu'ils adoptent dans le domaine régi par la présente directive.

Art. 35 *Réexamen.* **Au plus tard le 12 décembre 2024, la Commission présente au Parlement européen et au Conseil un rapport sur sa transposition et sa mise en œuvre. La Commission peut réexaminer la présente directive, s'il y a lieu, et présenter une proposition législative, si nécessaire.**

Art. 36 *Entrée en vigueur.* **La présente directive entre en vigueur le vingtième jour suivant celui de sa publication au *Journal officiel de l'Union européenne*** *[JOUE L 11 du 14 janv. 2019].*

III RÈGLES ÉTRANGÈRES

COMMENTAIRE

Les textes en matière d'antitrust des États-Unis sont les précurseurs du droit de la concurrence moderne. Les trois principales lois antitrust fédérales sont le *Sherman Act* du 2 juillet 1890, le *Federal Trade Commission Act* du 26 septembre 1914 et le *Clayton Act* du 15 octobre 1914. Ces trois textes, toujours en vigueur, ont un même objectif fondamental : protéger la concurrence et les consommateurs. ❑

Sherman Act du 2 juillet 1890

COMMENTAIRE

Le *Sherman Act*, codifié au titre 15 « *Commerce and Trade* » de l'United States Code (USC), était historiquement destiné à faire obstacle aux grands trusts qui tendaient à dominer l'économie américaine à l'époque, détruisant la concurrence et imposant leurs prix aux usagers, en contournant les lois des États.

Avec le trust, les actionnaires de plusieurs sociétés transféraient leurs actions à un seul groupe de fiduciaires ; en échange, les actionnaires recevaient un certificat leur donnant droit à une part déterminée des bénéfices consolidés des sociétés gérées en commun.

L'exemple type est celui du *Standard Oil Trust* créé en 1882 par John D. Rockefeller. Chaque actionnaire recevait vingt certificats de fiducie pour chaque action de la *Standard Oil*. Tous les bénéfices des sociétés constitutives étaient envoyés aux neuf fiduciaires ou syndics, qui déterminaient les dividendes. Les neuf fiduciaires élisaient les directeurs et les responsables de toutes les sociétés qui les composaient. Cela a permis à la *Standard Oil* de fonctionner comme un monopole puisque les neuf fiduciaires dirigeaient ensemble toutes les sociétés qui la composaient.

Le *Sherman Act* a permis au gouvernement fédéral d'agir concrètement contre les trusts et de les dissoudre en édictant deux interdictions complémentaires, formulées en termes assez vagues pour laisser une faculté d'appréciation aux juges. La section 1 interdit ainsi toute organisation sous forme de trust ou autre qui entrave les échanges ou le commerce (*restraint of trade*) entre les différents États ou avec des nations étrangères. La section 2 interdit toute situation de monopole, tentative de création d'un monopole entre les différents États de l'Union ou avec les pays étrangers. Cette interdiction, apparemment absolue et générale, a été précisée par la jurisprudence : on ne saurait condamner une entreprise qui, pour avoir développé un moteur de recherche efficace ou un médicament innovant, finit par dominer le marché alors qu'il ne s'agit là que de la récompense de l'innovation et de l'esprit d'entreprise. Il faut en fait deux critères : la situation effective de monopole et le fait que cette situation soit volontaire au lieu de découler de la croissance, du développement, d'un produit supérieur, du sens des affaires ou d'un accident historique (« *the willful acquisition or maintenance of [monopoly] power as distinguished from growth or development as a consequence of a superior product, business acumen, or historic accident* » : US Supreme Court, *United States v. Grinnell Corp.*, 384 U.S. 563 [1966]).

On notera que la section 7 permet une application extraterritoriale du *Sherman Act*, les juges étant compétents pour les entreprises étrangères et les restrictions au commerce pratiquées en dehors des États-Unis dès lors qu'elles ont des effets directs, substantiels et raisonnablement prévisibles sur le commerce américain.

La loi Sherman a été initialement conçue en matière de transport, d'industrie et de commerce et dans des affaires interétatiques et non intraétatiques, ces dernières ne relevant pas de la compétence fédérale. Ainsi, la Cour a-t-elle pu décider que l'*American Sugar Refining Company* n'avait pas violé la loi, même si la société contrôlait environ 98 % de l'ensemble du raffinage du sucre aux États-Unis dans la mesure où, d'une part, la loi ne s'appliquait pas à l'industrie manufacturière et, d'autre part, l'acquisition de raffineries à Philadelphie n'impliquait qu'un commerce intraétatique. Dès lors, le trust n'avait pas conduit au contrôle du commerce interétatique et ne l'affectait donc « qu'accessoirement et indirectement » (US Supreme Court, *United States v. E. C. Knight Company*, 156 US 1 [1895]).

L'arrêt E. C. Knight n'a pas entravé l'utilisation du *Sherman Act* qui a conduit au démantèlement de la *Northern Securities Company*, de la *Standard Oil Company* et de l'*American Tobacco Company* et aura servi, bien plus récemment, contre la société *Microsoft*.

Les sanctions encourues sont importantes : toute personne coupable d'avoir violé les sections 1 ou 2 peut être condamnée à une peine de dix ans de prison ou à une amende d'un montant d'un million de dollars, portée à cent millions de dollars pour les sociétés.

I. MÉTHODES D'INTERPRÉTATION DES JUGES

Le *Sherman Act* adopte des formulations très générales. Un encadrement est donc intervenu avec la jurisprudence, les tribunaux ne sanctionnant que les restrictions « déraisonnables » à la concurrence. Pour apprécier ce caractère déraisonnable, les juges appliqueront l'une des trois approches suivantes : la règle *per se*, la règle de la raison (« *rule of reason* ») ou l'examen « *quick look* ».

A. LA RÈGLE PER SE

La règle *per se* concerne les restrictions si intrinsèquement anticoncurrentielles et dommageables pour le marché qu'elles méritent d'être condamnées sans autre enquête sur leurs effets sur le marché ou sur l'existence d'une justification concurrentielle objective.

Ainsi, les accords visant à fixer les prix dans le commerce interétatique sont illégaux en soi en vertu de la loi Sherman, et aucune démonstration d'abus ou de méfaits prétendus concurrentiels que les accords ont été conçus pour éliminer ou atténuer ne peut être interposée comme moyen de défense (US Supreme Court, *United States v. Socony-Vacuum Oil Co.*, 310 U.S. 150 [1940]).

Outre son préjudice, un plaignant devra alors seulement prouver l'existence du comportement anticoncurrentiel ; nul besoin de démontrer ses effets négatifs. Les défendeurs ne seront pas autorisés à justifier leur comportement sur la base de justifications concurrentielles objectives.

Comme pratiques illégales *per se*, on citera par exemple : les accords horizontaux de fixation des prix ou de répartition des marchés ou les truquages d'offres entre concurrents (US Supreme Court, *United States v. Socony-Vacuum Oil Co.*, 310 U.S. 150 [1940]) ; un accord de vente, par lequel une partie accepte de vendre un produit uniquement à condition que l'acheteur achète également un produit différent (ou lié), ou du moins accepte de ne pas acheter ce produit auprès d'un autre fournisseur (US Supreme Court, *Northern Pac. Ry. Co. v. United States*, 356 U.S. [1940]) ; des restrictions horizontales arrangées par les titulaires de licence (US Supreme Court, *United States v. Sealy, Inc.*, 388 U.S. 350 [1967]) ; un système d'attribution de territoires pour minimiser la concurrence au niveau du commerce de détail (US Supreme Court, *United States v. Topco Associates Inc.*, 405 U.S. 596 [1972]).

B. LA RULE OF REASON

Un contrat ou une organisation qui restreint le commerce mais qui n'entre pas dans la catégorie *per se* est généralement analysé selon la règle de la « *rule of reason* ».

Ainsi, un monopole ne sera considéré comme illégal que s'il a pour effet de restreindre de manière déraisonnable les échanges. Cette règle est apparue avec la décision *Addyston Pipe and Steel Co.* de 1899 (V. aussi US Supreme Court, *Standard Oil Company of New Jersey v. United States*, 221 U.S. [1911] ; US Supreme Court, *Continental T.V., Inc. v. GTE Sylvania Inc.*, 433 U.S. 26, 49 [1977] ; US Supreme Court, *State Oil v. Kahn*, 522 U.S. 3, 10 [1997]).

Il sera alors nécessaire, pour apprécier le caractère illicite, de mener une étude approfondie du marché, du pouvoir des entreprises poursuivies sur le marché en cause et de l'existence d'effets anticoncurrentiels. Le tribunal transfère alors la charge de la preuve aux défendeurs pour qu'ils démontrent une justification objective en matière de concurrence.

Les juges prendront en considération divers facteurs, notamment l'intention de la restriction, la position concurrentielle du défendeur, la structure et les conditions de concurrence du marché en cause (US Supreme Court, *State Oil v. Kahn*, 522 U.S. 3, 10 [1997]), l'existence d'une justification objective de la restriction (US Supreme Court, *California Dental Ass'n v. FTC*, 526 U.S. 756 [1999]), notamment.

Aucun de ces facteurs n'est décisif, et les tribunaux doivent les mettre en balance pour déterminer si une restriction particulière au commerce est déraisonnable sur le plan de la concurrence (US Supreme Court, *Leegin Creative Leather Products Inc. v. PSKS Inc.*, 127 S. Ct US [2007]).

C. LE QUICK LOOK

Le « *quick look* » est une version abrégée de l'analyse de la règle de raison. Le tribunal peut appliquer une analyse rapide lorsque le comportement du défendeur semble tellement susceptible d'avoir des effets anticoncurrentiels qu'il est inutile pour un tribunal de procéder à une analyse complète. La Cour suprême des États-Unis, dans l'affaire *National Collegiate Athletic Ass'n v. Board of Regents of University of Oklahoma* (468 U.S. 85 [1984]), a indiqué que ce *quick look* peut parfois être appliqué en « un clin d'œil » (« *the twinkling of an eye* »).

La Cour suprême, dans l'affaire *California Dental Ass'n v. FTC* (526 U.S. 756 [1999]), a jugé qu'un tribunal ne devait appliquer le test de l'examen rapide que lorsqu'un observateur ayant une compréhension même rudimentaire de l'économie pouvait conclure que l'accord en question aurait un effet anticoncurrentiel sur les clients et le marché.

II. SANCTIONS

Les sanctions prévues au *Sherman Act* sont de dix ans de détention et 1 000 000 de dollars pour les personnes physiques, 100 000 000 de dollars pour les personnes morales.

On notera l'existence du *Leniency Program* du *Department of Justice* (programme de clémence) : les sociétés et les personnes qui signalent leur activité d'entente et qui coopèrent à l'enquête du DOJ sur l'entente signalée peuvent éviter une condamnation pénale, des amendes et des peines de prison si elles répondent aux exigences spécifiques du programme. Ces conditions sont détaillées, notamment, par la *Corporate Leniency Policy* (1993) et la *Leniency policy for Individuals* (1994).

A. CORPORATE LENIENCY POLICY

Le DOJ a pour politique d'accorder sa clémence aux entreprises qui signalent leurs activités antitrust illégales à un stade précoce, selon certaines conditions.

La clémence sera accordée à une société qui signale des activités illégales avant le début d'une enquête, si ces six conditions sont remplies :
– au moment où la société se présente pour signaler l'activité illégale, le DOJ n'a pas reçu d'informations sur l'activité illégale qui est signalée par toute autre source ;
– la société, après avoir découvert l'illégalité de l'activité signalée, a pris des mesures rapides et efficaces pour mettre fin à sa participation à l'activité ;
– la société signale l'acte répréhensible avec franchise et fournit des informations complètes, continues et exhaustives, coopérant avec le DOJ tout au long de l'enquête ;
– l'aveu d'un acte répréhensible est véritablement un acte de l'entreprise, se distinguant d'aveux isolés de cadres individuels ;
– dans la mesure du possible, la société restitue aux parties lésées ;
– la société n'a pas incité une autre partie à participer à l'activité illégale et n'était manifestement pas le chef de file ou l'initiateur de l'activité.

Si une société peut bénéficier de la clémence dans les conditions ci-dessus, tous les administrateurs, dirigeants et employés de la société qui admettent leur implication dans l'activité antitrust illégale dans le cadre de l'aveu de la société bénéficient également de la clémence.

Si la société ne remplit pas les six conditions précédentes et se présente avant ou après le début d'une enquête pour signaler une infraction à la législation antitrust, elle pourra bénéficier de de la clémence si sept conditions sont remplies :
– la société est la première à se présenter pour bénéficier de la clémence en ce qui concerne l'activité illégale qui a été signalée ;
– le DOJ, au moment où la société intervient, ne dispose pas encore de preuves contre l'entreprise qui sont susceptibles de se traduire par des poursuites ;
– la société, après avoir découvert l'illégalité de l'activité signalée, a pris des mesures rapides et efficaces pour mettre fin à sa participation à l'activité ;
– la société signale l'acte répréhensible avec franchise et fournit des informations complètes, continues et exhaustives permettant une coopération qui fait progresser le DOJ dans son enquête ;
– l'aveu d'un acte répréhensible est véritablement un acte d'entreprise, se distinguant d'aveux isolés de cadres individuels ;
– dans la mesure du possible, la société restitue aux parties lésées ;
– le DOJ estime que l'octroi de la clémence ne sera pas injuste envers les autres personnes concernées, compte tenu de la nature de l'illégalité de l'activité, du rôle de la société confessante dans cette activité et du moment où elle se présente.

B. LENIENCY POLICY FOR INDIVIDUALS

La politique de clémence pour les particuliers s'applique à toutes les personnes qui s'adressent au DOJ en leur nom propre, et non dans le cadre d'une offre ou d'un aveu de l'entreprise, pour demander la clémence pour avoir signalé une activité antitrust illégale dont la division n'a pas été informée auparavant. Les personnes physiques (administrateur, dirigeant ou employé) demandant à bénéficier de la clémence en se présentant et avouant en même temps qu'une entreprise relèveront des dispositions spécifiques de la politique de clémence des entreprises.

La « clémence » signifie que la personne ne sera pas poursuivie pour l'activité signalée.

La clémence sera accordée à une personne signalant une activité antitrust illégale avant le début d'une enquête, si les trois conditions suivantes sont remplies :

– au moment où la personne se présente pour signaler l'activité illégale, le DOJ n'a reçu aucune information sur l'activité illégale signalée d'une autre source ;

– la personne signale l'acte répréhensible avec « franchise et exhaustivité » et apporte une coopération totale, continue et complète à la division tout au long de l'enquête ; et

– l'individu n'a pas incité une autre personne à participer à l'activité illégale et n'était pas l'initiateur de l'activité.

Une personne ne remplissant pas les conditions requises pour bénéficier de la clémence sera susceptible de bénéficier d'une immunité contre des poursuites pénales, la décision étant prise au cas par cas par le DOJ dans l'exercice de l'opportunité des poursuites.

III. IMPACT DES PROGRAMMES DE COMPLIANCE SUR LES PROCÉDURES CRIMINELLES

La question de l'impact des règles de compliance sur les poursuites est fondamentale.

Le *Department of Justice* a précisément publié un guide, en juillet 2019, intitulé « *Evaluation of Corporate Compliance Programs in Criminal Antitrust Investigations* », rappelant les modalités de prise en compte par le DOJ des programmes de compliance pour apprécier de l'opportunité des poursuites, de la peine sollicitée et des modalités de prise en compte par les juges dans la fixation de la peine (V. *infra*). ❑

United States Code

TITLE 15 *Commerce and trade*

CHAPTER 1 *Monopolies and combinations in restraint of trade*

§ 1 *Trusts, etc., in restraint of trade illegal; penalty.*

Every contract, combination in the form of trust or otherwise, or conspiracy, in restraint of trade or commerce among the several States, or with foreign nations, is declared to be illegal. Every person who shall make any contract or engage in any combination or conspiracy hereby declared to be illegal shall be deemed guilty of a felony, and, on conviction thereof, shall be punished by fine not exceeding $100,000,000 if a corporation, or, if any other person, $1,000,000, or by imprisonment not exceeding 10 years, or by both said punishments, in the discretion of the court.

(July 2, 1890, ch. 647, § 1, 26 Stat. 209; Aug. 17, 1937, ch. 690, title VIII, 50 Stat. 693; July 7, 1955, ch. 281, 69 Stat. 282; Pub. L. 93-528, § 3, Dec. 21, 1974, 88 Stat. 1708; Pub. L. 94-145, § 2, Dec. 12, 1975, 89 Stat. 801; Pub. L. 101-588, § 4(a), Nov. 16, 1990, 104 Stat. 2880; Pub. L. 108-237, title II, § 215(a), June 22, 2004, 118 Stat. 668.)

Amendments: 2004 Pub. L. 108-237 substituted "$100,000,000" for "$10,000,000", "$1,000,000" for "$350,000", and "10" for "three". - 1990 Pub. L. 101-588 substituted "$10,000,000" for "one million dollars" and "$350,000" for "one hundred thousand dollars". - 1975 Pub. L. 94-145 struck out from first sentence two provisos granting anti-trust exemption to State fair trade laws. - 1974 Pub. L. 93-528 substituted "a felony, and, on conviction thereof, shall be punished by fine not exceeding one million dollars if a corporation, or, if any other person, one hundred thousand dollars, or by imprisonment not exceeding three years" for "a misdemeanor, and on conviction thereof, shall be punished by fine not exceeding fifty thousand dollars, or by imprisonment not exceeding one year". - 1955 Act July 7, 1955, substituted "fifty thousand dollars" for "five thousand dollars". - 1937 Act Aug. 17, 1937, inserted two provisos.

§ 2 *Monopolizing trade a felony; penalty.*

Every person who shall monopolize, or attempt to monopolize, or combine or conspire with any other person or persons, to monopolize any part of the trade or commerce among the several States, or with foreign nations, shall be deemed guilty of a felony, and, on conviction thereof, shall be punished by fine not exceeding $100,000,000 if a corporation, or, if any other person, $1,000,000, or by imprison-

ment not exceeding 10 years, or by both said punishments, in the discretion of the court.

(July 2, 1890, ch. 647, § 2, 26 Stat. 209; July 7, 1955, ch. 281, 69 Stat. 282; Pub. L. 93-528, § 3, Dec. 21, 1974, 88 Stat. 1708; Pub. L. 101-588, § 4(b), Nov. 16, 1990, 104 Stat. 2880; Pub. L. 108-237, title II, § 215(b), June 22, 2004, 118 Stat. 668.)

Amendments: 2004 Pub. L. 108-237 substituted "$100,000,000" for "$10,000,000", "$1,000,000" for "$350,000", and "10" for "three". - 1990 Pub. L. 101-588 substituted "$10,000,000" for "one million dollars" and "$350,000" for "one hundred thousand dollars". - 1974 Pub. L. 93-528 substituted "a felony, and, on conviction thereof, shall be punished by fine not exceeding one million dollars if a corporation, or, if any other person, one hundred thousand dollars, or by imprisonment not exceeding three years" for "a misdemeanor, and, on conviction thereof, shall be punished by fine not exceeding fifty thousand dollars, or by imprisonment not exceeding one year". - 1955—Act July 7, 1955, substituted "fifty thousand dollars" for "five thousand dollars".

BIBL. ▶ RODA, *D. 2020. 2176* (Google dans la tourmente concurrentielle).

§ 3 *Trusts in Territories or District of Columbia illegal; combination a felony.*

(a) Every contract, combination in form of trust or otherwise, or conspiracy, in restraint of trade or commerce in any Territory of the United States or of the District of Columbia, or in restraint of trade or commerce between any such Territory and another, or between any such Territory or Territories and any State or States or the District of Columbia, or with foreign nations, or between the District of Columbia and any State or States or foreign nations, is declared illegal. Every person who shall make any such contract or engage in any such combination or conspiracy, shall be deemed guilty of a felony, and, on conviction thereof, shall be punished by fine not exceeding $100,000,000 if a corporation, or, if any other person, $1,000,000, or by imprisonment not exceeding 10 years, or by both said punishments, in the discretion of the court.

(b) Every person who shall monopolize, or attempt to monopolize, or combine or conspire with any other person or persons, to monopolize any part of the trade or commerce in any Territory of the United States or of the District of Columbia, or between any such Territory and another, or between any such Territory or Territories and any State or States or the District of Columbia, or with foreign nations, or between the District of Columbia, and any State or States or foreign nations, shall be deemed guilty of a felony, and, on conviction thereof, shall be punished by fine not exceeding $100,000,000 if a corporation, or, if any other person, $1,000,000, or by imprisonment not exceeding 10 years, or by both said punishments, in the discretion of the court.

(July 2, 1890, ch. 647, § 3, 26 Stat. 209; July 7, 1955, ch. 281, 69 Stat. 282; Pub. L. 93-528, § 3, Dec. 21, 1974, 88 Stat. 1708; Pub. L. 101-588, § 4(c), Nov. 16, 1990, 104 Stat. 2880; Pub. L. 107-273, div. C, title IV, § 14102(b), Nov. 2, 2002, 116 Stat. 1921; Pub. L. 108-237, title II, § 215(c), June 22, 2004, 118 Stat. 668.)

Amendments: 2004 Pub. L. 108-237, which directed the substitution of "$100,000,000" for "$10,000,000", "$1,000,000" for "$350,000", and "10" for "three", was executed by making each substitution in both subsecs. (a) and (b) to reflect the probable intent of Congress. - 2002 Pub. L. 107-273 designated existing provisions as subsec. (a) and added subsec. (b). - 1990 Pub. L. 101-588 substituted "$10,000,000" for "one million dollars" and "$350,000" for "one hundred thousand dollars". - 1974 Pub. L. 93-528 substituted "a felony, and, on conviction thereof, shall be punished by fine not exceeding one million dollars if a corporation, or, if any other person, one hundred thousand dollars, or by imprisonment not exceeding three years" for "a misdemeanor, and, on conviction thereof, shall be punished by fine not exceeding fifty thousand dollars, or by imprisonment not exceeding one year". - 1955 Act July 7, 1955, substituted "fifty thousand dollars" for "five thousand".

§ 4 *Jurisdiction of courts; duty of United States attorneys; procedure.*

The several district courts of the United States are invested with jurisdiction to prevent and restrain violations of sections 1 to 7 of this title; and it shall be the duty of the several United States attorneys, in their respective districts, under the direction

of the Attorney General, to institute proceedings in equity to prevent and restrain such violations. Such proceedings may be by way of petition setting forth the case and praying that such violation shall be enjoined or otherwise prohibited. When the parties complained of shall have been duly notified of such petition the court shall proceed, as soon as may be, to the hearing and determination of the case; and pending such petition and before final decree, the court may at any time make such temporary restraining order or prohibition as shall be deemed just in the premises.

(July 2, 1890, ch. 647, § 4, 26 Stat. 209; Mar. 3, 1911, ch. 231, § 291, 36 Stat. 1167; June 25, 1948, ch. 646, § 1, 62 Stat. 909.)

§ 5 *Bringing in additional parties.*

Whenever it shall appear to the court before which any proceeding under section 4 of this title may be pending, that the ends of justice require that other parties should be brought before the court, the court may cause them to be summoned, whether they reside in the district in which the court is held or not; and subpoenas to that end may be served in any district by the marshal thereof.

(July 2, 1890, ch. 647, § 5, 26 Stat. 210.)

§ 6 *Forfeiture of property in transit.*

Any property owned under any contract or by any combination, or pursuant to any conspiracy (and being the subject thereof) mentioned in section 1 of this title, and being in the course of transportation from one State to another, or to a foreign country, shall be forfeited to the United States, and may be seized and condemned by like proceedings as those provided by law for the forfeiture, seizure, and condemnation of property imported into the United States contrary to law.

(July 2, 1890, ch. 647, § 6, 26 Stat. 210.)

§ 6a *Conduct involving trade or commerce with foreign nations.*

Sections 1 to 7 of this title shall not apply to conduct involving trade or commerce (other than import trade or import commerce) with foreign nations unless—

(1) such conduct has a direct, substantial, and reasonably foreseeable effect—

(A) on trade or commerce which is not trade or commerce with foreign nations, or on import trade or import commerce with foreign nations ; or

(B) on export trade or export commerce with foreign nations, of a person engaged in such trade or commerce in the United States; and

(2) such effect gives rise to a claim under the provisions of sections 1 to 7 of this title, other than this section.

If sections 1 to 7 of this title apply to such conduct only because of the operation of paragraph (1)(B), then sections 1 to 7 of this title shall apply to such conduct only for injury to export business in the United States.

(July 2, 1890, ch. 647, § 7, as added Pub. L. 97-290, title IV, § 402, Oct. 8, 1982, 96 Stat. 1246.)

§ 7 *"Person" or "persons" defined.*

The word "person", or "persons", wherever used in sections 1 to 7 of this title shall be deemed to include corporations and associations existing under or authorized by the laws of either the United States, the laws of any of the Territories, the laws of any State, or the laws of any foreign country.

§ 8 *Trusts in restraint of import trade illegal; penalty.*

Every combination, conspiracy, trust, agreement, or contract is declared to be contrary to public policy, illegal, and void when the same is made by or between two or more persons or corporations, either of whom, as agent or principal, is engaged in importing any article from any foreign country into the United States, and when such combination, conspiracy, trust, agreement, or contract is intended to operate in restraint of lawful trade, or free competition in lawful trade or commerce, or to increase the market price in any part of the United States of any article or articles imported or intended to be imported into the United States, or of any manufacture into which such imported article enters or is intended to enter. Every person who shall be engaged in the importation of goods or any commodity from any foreign country in violation of this section, or who shall combine or conspire with another to violate the same, is guilty of a misdemeanor, and on conviction thereof in any court of the United States such person shall be fined in a sum not less than $100 and not exceeding $5,000, and shall be further punished by imprisonment, in the discretion of the court, for a term not less than three months nor exceeding twelve months.

(Aug. 27, 1894, ch. 349, § 73, 28 Stat. 570; Feb. 12, 1913, ch. 40, 37 Stat. 667.)

Amendments: 1913 Act Feb. 12, 1913, inserted "as agent or principal".

§ 9 *Jurisdiction of courts; duty of United States attorneys; procedure.*

The several district courts of the United States are invested with jurisdiction to prevent and restrain violations of section 8 of this title; and it shall be the duty of the several United States attorneys, in their respective districts, under the direction of the Attorney General, to institute proceedings in equity to prevent and restrain such violations. Such proceedings may be by way of petitions setting forth the case and praying that such violations shall be enjoined or otherwise prohibited. When the parties complained of shall have been duly notified of such petition the court shall proceed, as soon as may be, to the hearing and determination of the case; and pending such petition and before final decree, the court may at any time make such temporary restraining order or prohibition as shall be deemed just in the premises.

(Aug. 27, 1894, ch. 349, § 74, 28 Stat. 570; Mar. 3, 1911, ch. 231, § 291, 36 Stat. 1167; June 25, 1948, ch. 646, § 1, 62 Stat. 909.)

§ 10 *Bringing in additional parties.*

Whenever it shall appear to the court before which any proceeding under section 9 of this title may be pending, that the ends of justice require that other parties should be brought before the court, the court may cause them to be summoned, whether they reside in the district in which the court is held or not; and subpoenas to that end may be served in any district by the marshal thereof.

(Aug. 27, 1894, ch. 349, § 75, 28 Stat. 570.)

§ 11 *Forfeiture of property in transit.*

Any property owned under any contract or by any combination, or pursuant to any conspiracy, and being the subject thereof, mentioned in section 8 of this title, imported into and being within the United States or being in the course of transportation from one State to another, or to or from a Territory or the District of Columbia, shall be forfeited to the United States, and may be seized and condemned by like proceedings as those provided by law for the forfeiture, seizure, and condemnation of property imported into the United States contrary to law.

(Aug. 27, 1894, ch. 349, § 76, 28 Stat. 570; Feb. 12, 1913, ch. 40, 37 Stat. 667.)

Amendments: 1913 Act Feb. 12, 1913, substituted "imported into and being within the United States or" for "and".

Federal Trade Commission Act du 26 septembre 1914

COMMENTAIRE

Ce texte complète l'ensemble de la législation antitrust américaine en créant la *Federal Trade Commission* (Commission fédérale du commerce), agence fédérale indépendante chargée de veiller au respect des règles assurant la liberté de la concurrence.

La section 5 de cette loi interdit, de manière très générale, toute pratique restreignant la concurrence. La Cour suprême a jugé à plusieurs reprises que cette disposition visait non seulement les pratiques anticoncurrentielles du *Sherman Act* et du *Clayton Act*, mais également toutes celles non prévues par ces lois que la Commission pourrait juger attentatoires à la liberté de la concurrence et contre lesquelles elle voudrait engager des poursuites. ❑

Clayton Act du 15 octobre 1914

COMMENTAIRE

Le *Clayton Act* est venu préciser les conditions d'application du *Sherman Act* (V. *supra*), en interdisant certaines pratiques restrictives de concurrence dans un secteur commercial donné.

La pratique de prix discriminatoires est ainsi prohibée (section 2, amendée par le *Robinson-Patman Act* de 1936), sauf s'ils sont justifiés par le besoin de faire face à la concurrence ou s'ils correspondent aux différences dans le coût de production ou de vente résultant des quantités achetées ou de la méthode de vente (discriminations entre petits détaillants et gros distributeurs par exemple).

Les contrats liés (« *tyings* ») et les clauses d'approvisionnement exclusif (section 3) sont également interdits, les contrats liés pouvant également constituer une violation de la section 1 du *Sherman Act* dans la mesure où ils constituent des pratiques restreignant la liberté du commerce.

Par ailleurs, les fusions et acquisitions (section 7, modifiée par le *Celler-Kefauver Act* du 29 déc. 1950) dont l'effet pourrait substantiellement diminuer la concurrence sont interdites. Depuis 1978, un contrôle préventif est organisé : tout projet de fusion ou d'acquisition d'une certaine importance doit être notifié préalablement (« *premerger notification* ») à la division Antitrust du département de la Justice et à la *Federal Trade Commission*, auxquelles doivent être communiquées les informations nécessaires en vue d'analyser les effets de l'opération.

Enfin, est prohibée la direction par une même personne de sociétés concurrentes, si cela revient à violer les règles antitrust. ❑

United States Code

TITLE 15 *Commerce and trade*

CHAPTER 1 *Monopolies and combinations in restraint of trade*

§ 12 *Definitions; short title.*

(a) "Antitrust laws," as used herein, includes the Act entitled "An Act to protect trade and commerce against unlawful restraints and monopolies," approved July second, eighteen hundred and ninety; sections seventy-three to seventy-six, inclusive, of an Act entitled "An Act to reduce taxation, to provide revenue for the Government, and for other purposes," of August twenty-seventh, eighteen hundred and ninety-four; an Act entitled "An Act to amend sections seventy-three and seventy-six of the Act of August twenty-seventh, eighteen hundred and ninety-four, entitled 'An Act to reduce taxation, to provide revenue for the Government, and for other purposes,'?" approved February twelfth, nineteen hundred and thirteen; and also this Act.

"Commerce," as used herein, means trade or commerce among the several States and with foreign nations, or between the District of Columbia or any Territory of the United States and any State, Territory, or foreign nation, or between any insular possessions or other places under the jurisdiction of the United States, or between any such possession or place and any State or Territory of the United States or the District of Columbia or any foreign nation, or within the District of Columbia or any Territory or any insular possession or other place under the jurisdiction of the United States: Provided, That nothing in this Act contained shall apply to the Philippine Islands.

The word "person" or "persons" wherever used in this Act shall be deemed to include corporations and associations existing under or authorized by the laws of

either the United States, the laws of any of the Territories, the laws of any State, or the laws of any foreign country.

(b) This Act may be cited as the "Clayton Act".

(Oct. 15, 1914, ch. 323, § 1, 38 Stat. 730; Pub. L. 94-435, title III, § 305(b), Sept. 30, 1976, 90 Stat. 1397; Pub. L. 107-273, div. C, title IV, § 14102(c)(2)(A), Nov. 2, 2002, 116 Stat. 1921.)

Amendments: 2002 Subsec. (a). Pub. L. 107-273 substituted "seventy-three to seventy-six" for "seventy-three to seventy-seven" in first par. - 1976 Pub. L. 94-435 designated existing provisions as subsec. (a) and added subsec. (b).

§ 13 *Discrimination in price, services, or facilities.*

(a) Price; selection of customers

It shall be unlawful for any person engaged in commerce, in the course of such commerce, either directly or indirectly, to discriminate in price between different purchasers of commodities of like grade and quality, where either or any of the purchases involved in such discrimination are in commerce, where such commodities are sold for use, consumption, or resale within the United States or any Territory thereof or the District of Columbia or any insular possession or other place under the jurisdiction of the United States, and where the effect of such discrimination may be substantially to lessen competition or tend to create a monopoly in any line of commerce, or to injure, destroy, or prevent competition with any person who either grants or knowingly receives the benefit of such discrimination, or with customers of either of them: Provided, That nothing herein contained shall prevent differentials which make only due allowance for differences in the cost of manufacture, sale, or delivery resulting from the differing methods or quantities in which such commodities are to such purchasers sold or delivered: Provided, however, That the Federal Trade Commission may, after due investigation and hearing to all interested parties, fix and establish quantity limits, and revise the same as it finds necessary, as to particular commodities or classes of commodities, where it finds that available purchasers in greater quantities are so few as to render differentials on account thereof unjustly discriminatory or promotive of monopoly in any line of commerce; and the foregoing shall then not be construed to permit differentials based on differences in quantities greater than those so fixed and established: And provided further, That nothing herein contained shall prevent persons engaged in selling goods, wares, or merchandise in commerce from selecting their own customers in bona fide transactions and not in restraint of trade: And provided further, That nothing herein contained shall prevent price changes from time to time where in response to changing conditions affecting the market for or the marketability of the goods concerned, such as but not limited to actual or imminent deterioration of perishable goods, obsolescence of seasonal goods, distress sales under court process, or sales in good faith in discontinuance of business in the goods concerned.

(b) Burden of rebutting prima-facie case of discrimination

Upon proof being made, at any hearing on a complaint under this section, that there has been discrimination in price or services or facilities furnished, the burden of rebutting the prima-facie case thus made by showing justification shall be upon the person charged with a violation of this section, and unless justification shall be affirmatively shown, the Commission is authorized to issue an order terminating the discrimination: Provided, however, That nothing herein contained shall prevent a seller rebutting the prima-facie case thus made by showing that his lower price or the furnishing of services or facilities to any purchaser or purchasers was made in good faith to meet an equally low price of a competitor, or the services or facilities furnished by a competitor.

(c) Payment or acceptance of commission, brokerage, or other compensation

It shall be unlawful for any person engaged in commerce, in the course of such commerce, to pay or grant, or to receive or accept, anything of value as a commission, brokerage, or other compensation, or any allowance or discount in lieu thereof, except for services rendered in connection with the sale or purchase of goods, wares,

or merchandise, either to the other party to such transaction or to an agent, representative, or other intermediary therein where such intermediary is acting in fact for or in behalf, or is subject to the direct or indirect control, of any party to such transaction other than the person by whom such compensation is so granted or paid.

(d) Payment for services or facilities for processing or sale

It shall be unlawful for any person engaged in commerce to pay or contact for the payment of anything of value to or for the benefit of a customer of such person in the course of such commerce as compensation or in consideration for any services or facilities furnished by or through such customer in connection with the processing, handling, sale, or offering for sale of any products or commodities manufactured, sold, or offered for sale by such person, unless such payment or consideration is available on proportionally equal terms to all other customers competing in the distribution of such products or commodities.

(e) Furnishing services or facilities for processing, handling, etc.

It shall be unlawful for any person to discriminate in favor of one purchaser against another purchaser or purchasers of a commodity bought for resale, with or without processing, by contracting to furnish or furnishing, or by contributing to the furnishing of, any services or facilities connected with the processing, handling, sale, or offering for sale of such commodity so purchased upon terms not accorded to all purchasers on proportionally equal terms.

(f) Knowingly inducing or receiving discriminatory price

It shall be unlawful for any person engaged in commerce, in the course of such commerce, knowingly to induce or receive a discrimination in price which is prohibited by this section.

(Oct. 15, 1914, ch. 323, § 2, 38 Stat. 730; June 19, 1936, ch. 592, § 1, 49 Stat. 1526.)
Amendments: 1936 Act June 19, 1936, amended section generally.

§ 13a *Discrimination in rebates, discounts, or advertising service charges; underselling in particular localities; penalties.*

It shall be unlawful for any person engaged in commerce, in the course of such commerce, to be a party to, or assist in, any transaction of sale, or contract to sell, which discriminates to his knowledge against competitors of the purchaser, in that, any discount, rebate, allowance, or advertising service charge is granted to the purchaser over and above any discount, rebate, allowance, or advertising service charge available at the time of such transaction to said competitors in respect of a sale of goods of like grade, quality, and quantity; to sell, or contract to sell, goods in any part of the United States at prices lower than those exacted by said person elsewhere in the United States for the purpose of destroying competition, or eliminating a competitor in such part of the United States; or, to sell, or contract to sell, goods at unreasonably low prices for the purpose of destroying competition or eliminating a competitor.

Any person violating any of the provisions of this section shall, upon conviction thereof, be fined not more than $5,000 or imprisoned not more than one year, or both.

(June 19, 1936, ch. 592, § 3, 49 Stat. 1528.)

§ 13b *Cooperative association; return of net earnings or surplus.*

Nothing in this Act shall prevent a cooperative association from returning to its members, producers, or consumers the whole, or any part of, the net earnings or surplus resulting from its trading operations, in proportion to their purchases or sales from, to, or through the association.

(June 19, 1936, ch. 592, § 4, 49 Stat. 1528.)

§ 13c *Exemption of non-profit institutions from price discrimination provisions.*

Nothing in the Act approved June 19, 1936, known as the Robinson-Patman Antidiscrimination Act, shall apply to purchases of their supplies for their own use by schools, colleges, universities, public libraries, churches, hospitals, and charitable institutions not operated for profit.

(May 26, 1938, ch. 283, 52 Stat. 446.)

§ 14 *Sale, etc., on agreement not to use goods of competitor.*

It shall be unlawful for any person engaged in commerce, in the course of such commerce, to lease or make a sale or contract for sale of goods, wares, merchandise, machinery, supplies, or other commodities, whether patented or unpatented, for use, consumption, or resale within the United States or any Territory thereof or the District of Columbia or any insular possession or other place under the jurisdiction of the United States, or fix a price charged therefor, or discount from, or rebate upon, such price, on the condition, agreement, or understanding that the lessee or purchaser thereof shall not use or deal in the goods, wares, merchandise, machinery, supplies, or other commodities of a competitor or competitors of the lessor or seller, where the effect of such lease, sale, or contract for sale or such condition, agreement, or understanding may be to substantially lessen competition or tend to create a monopoly in any line of commerce.

(Oct. 15, 1914, ch. 323, § 3, 38 Stat. 731.)

§ 15 *Suits by persons injured.*

(a) Amount of recovery; prejudgment interest

Except as provided in subsection (b), any person who shall be injured in his business or property by reason of anything forbidden in the antitrust laws may sue therefor in any district court of the United States in the district in which the defendant resides or is found or has an agent, without respect to the amount in controversy, and shall recover threefold the damages by him sustained, and the cost of suit, including a reasonable attorney's fee. The court may award under this section, pursuant to a motion by such person promptly made, simple interest on actual damages for the period beginning on the date of service of such person's pleading setting forth a claim under the antitrust laws and ending on the date of judgment, or for any shorter period therein, if the court finds that the award of such interest for such period is just in the circumstances. In determining whether an award of interest under this section for any period is just in the circumstances, the court shall consider only–

(1) whether such person or the opposing party, or either party's representative, made motions or asserted claims or defenses so lacking in merit as to show that such party or representative acted intentionally for delay, or otherwise acted in bad faith;

(2) whether, in the course of the action involved, such person or the opposing party, or either party's representative, violated any applicable rule, statute, or court order providing for sanctions for dilatory behavior or otherwise providing for expeditious proceedings; and

(3) whether such person or the opposing party, or either party's representative, engaged in conduct primarily for the purpose of delaying the litigation or increasing the cost thereof.

(b) Amount of damages payable to foreign states and instrumentalities of foreign states

(1) Except as provided in paragraph (2), any person who is a foreign state may not recover under subsection (a) an amount in excess of the actual damages sustained by it and the cost of suit, including a reasonable attorney's fee.

(2) Paragraph (1) shall not apply to a foreign state if–

(A) such foreign state would be denied, under section 1605(a)(2) of title 28, immunity in a case in which the action is based upon a commercial activity, or an act, that is the subject matter of its claim under this section;

(B) such foreign state waives all defenses based upon or arising out of its status as a foreign state, to any claims brought against it in the same action;

(C) such foreign state engages primarily in commercial activities; and

(D) such foreign state does not function, with respect to the commercial activity, or the act, that is the subject matter of its claim under this section as a procurement entity for itself or for another foreign state.

(c) Definitions

For purposes of this section–

(1) the term "commercial activity" shall have the meaning given it in section 1603(d) of title 28, and

(2) the term "foreign state" shall have the meaning given it in section 1603(a) of title 28.

(Oct. 15, 1914, ch. 323, § 4, 38 Stat. 731; Pub. L. 96-349, § 4(a)(1), Sept. 12, 1980, 94 Stat. 1156; Pub. L. 97-393, Dec. 29, 1982, 96 Stat. 1964.)

Amendments: 1982 Pub. L. 97-393 designated existing provisions as subsec. (a), inserted "Except as provided in subsection (b),", and added subsecs. (b) and (c). - 1980 Pub. L. 96-349 inserted provisions respecting award of prejudgment interest including considerations for the court in determining whether an award is just under the circumstances.

§ 15a *Suits by United States; amount of recovery; prejudgment interest.*

Whenever the United States is hereafter injured in its business or property by reason of anything forbidden in the antitrust laws it may sue therefor in the United States district court for the district in which the defendant resides or is found or has an agent, without respect to the amount in controversy, and shall recover threefold the damages by it sustained and the cost of suit. The court may award under this section, pursuant to a motion by the United States promptly made, simple interest on actual damages for the period beginning on the date of service of the pleading of the United States setting forth a claim under the antitrust laws and ending on the date of judgment, or for any shorter period therein, if the court finds that the award of such interest for such period is just in the circumstances. In determining whether an award of interest under this section for any period is just in the circumstances, the court shall consider only–

(1) whether the United States or the opposing party, or either party's representative, made motions or asserted claims or defenses so lacking in merit as to show that such party or representative acted intentionally for delay or otherwise acted in bad faith;

(2) whether, in the course of the action involved, the United States or the opposing party, or either party's representative, violated any applicable rule, statute, or court order providing for sanctions for dilatory behavior or otherwise providing for expeditious proceedings;

(3) whether the United States or the opposing party, or either party's representative, engaged in conduct primarily for the purpose of delaying the litigation or increasing the cost thereof; and

(4) whether the award of such interest is necessary to compensate the United States adequately for the injury sustained by the United States.

(Oct. 15, 1914, ch. 323, § 4A, as added July 7, 1955, ch. 283, § 1, 69 Stat. 282; amended Pub. L. 96-349, § 4(a)(2), Sept. 12, 1980, 94 Stat. 1156; Pub. L. 101-588, § 5, Nov. 16, 1990, 104 Stat. 2880.)

Amendments: 1990 Pub. L. 101-588 substituted "threefold the" for "actual". - 1980 Pub. L. 96-349 inserted provisions respecting award of prejudgment interest including considerations for the court in determining whether an award is just under the circumstances.

§ 15b *Limitation of actions.*

Any action to enforce any cause of action under section 15, 15a, or 15c of this title shall be forever barred unless commenced within four years after the cause of action accrued. No cause of action barred under existing law on the effective date of this Act shall be revived by this Act.

(Oct. 15, 1914, ch. 323, § 4B, as added July 7, 1955, ch. 283, § 1, 69 Stat. 283; amended Pub. L. 94-435, title III, § 302(1), Sept. 30, 1976, 90 Stat. 1396.)

Amendments: 1976 Pub. L. 94-435 substituted "section 15, 15a, or 15c" for "sections 15 or 15a".

§ 15c *Actions by State attorneys general.*

(a) Parens patriae; monetary relief; damages; prejudgment interest

(1) Any attorney general of a State may bring a civil action in the name of such State, as parens patriae on behalf of natural persons residing in such State, in any district court of the United States having jurisdiction of the defendant, to secure monetary relief as provided in this section for injury sustained by such natural persons to their property by reason of any violation of sections 1 to 7 of this title. The court shall exclude from the amount of monetary relief awarded in such action any amount of monetary relief (A) which duplicates amounts which have been awarded for the same injury, or (B) which is properly allocable to (i) natural persons who have excluded their claims pursuant to subsection (b)(2) of this section, and (ii) any business entity.

(2) The court shall award the State as monetary relief threefold the total damage sustained as described in paragraph (1) of this subsection, and the cost of suit, including a reasonable attorney's fee. The court may award under this paragraph, pursuant to a motion by such State promptly made, simple interest on the total damage for the period beginning on the date of service of such State's pleading setting forth a claim under the antitrust laws and ending on the date of judgment, or for any shorter period therein, if the court finds that the award of such interest for such period is just in the circumstances. In determining whether an award of interest under this paragraph for any period is just in the circumstances, the court shall consider only–

(A) whether such State or the opposing party, or either party's representative, made motions or asserted claims or defenses so lacking in merit as to show that such party or representative acted intentionally for delay or otherwise acted in bad faith;

(B) whether, in the course of the action involved, such State or the opposing party, or either party's representative, violated any applicable rule, statute, or court order providing for sanctions for dilatory behavior or other wise providing for expeditious proceedings; and

(C) whether such State or the opposing party, or either party's representative, engaged in conduct primarily for the purpose of delaying the litigation or increasing the cost thereof.

(b) Notice; exclusion election; final judgment

(1) In any action brought under subsection (a)(1) of this section, the State attorney general shall, at such times, in such manner, and with such content as the court may direct, cause notice thereof to be given by publication. If the court finds that notice given solely by publication would deny due process of law to any person or persons, the court may direct further notice to such person or persons according to the circumstances of the case.

(2) Any person on whose behalf an action is brought under subsection (a)(1) may elect to exclude from adjudication the portion of the State claim for monetary relief attributable to him by filing notice of such election with the court within such time as specified in the notice given pursuant to paragraph (1) of this subsection.

(3) The final judgment in an action under subsection (a)(1) shall be res judicata as to any claim under section 15 of this title by any person on behalf of whom such action was brought and who fails to give such notice within the period specified in the notice given pursuant to paragraph (1) of this subsection.

(c) Dismissal or compromise of action

An action under subsection (a)(1) shall not be dismissed or compromised without the approval of the court, and notice of any proposed dismissal or compromise shall be given in such manner as the court directs.

(d) Attorneys'fees

In any action under subsection (a)–

(1) the amount of the plaintiffs'attorney's fee, if any, shall be determined by the court; and

(2) the court may, in its discretion, award a reasonable attorney's fee to a prevailing defendant upon a finding that the State attorney general has acted in bad faith, vexatiously, wantonly, or for oppressive reasons.

(Oct. 15, 1914, ch. 323, § 4C, as added Pub. L. 94-435, title III, § 301, Sept. 30, 1976, 90 Stat. 1394; amended Pub. L. 96-349, § 4(a)(3), Sept. 12, 1980, 94 Stat. 1157.)

Amendments: 1980 Subsec. (a)(2). Pub. L. 96-349 inserted provisions respecting award of prejudgment interest including considerations for the court in determining whether an award is just under the circumstances.

§ 15d *Measurement of damages.*

In any action under section 15c(a)(1) of this title, in which there has been a determination that a defendant agreed to fix prices in violation of sections 1 to 7 of this title, damages may be proved and assessed in the aggregate by statistical or sampling methods, by the computation of illegal overcharges, or by such other reasonable system of estimating aggregate damages as the court in its discretion may permit without the necessity of separately proving the individual claim of, or amount of damage to, persons on whose behalf the suit was brought.

(Oct. 15, 1914, ch. 323, § 4D, as added Pub. L. 94-435, title III, § 301, Sept. 30, 1976, 90 Stat. 1395.)

§ 15e *Distribution of damages.*

Monetary relief recovered in an action under section 15c(a)(1) of this title shall—

(1) be distributed in such manner as the district court in its discretion may authorize; or

(2) be deemed a civil penalty by the court and deposited with the State as general revenues;

subject in either case to the requirement that any distribution procedure adopted afford each person a reasonable opportunity to secure his appropriate portion of the net monetary relief.

(Oct. 15, 1914, ch. 323, § 4E, as added Pub. L. 94-435, title III, § 301, Sept. 30, 1976, 90 Stat. 1395.)

§ 15f *Actions by Attorney General.*

(a) Notification to State attorney general

Whenever the Attorney General of the United States has brought an action under the antitrust laws, and he has reason to believe that any State attorney general would be entitled to bring an action under this Act based substantially on the same alleged violation of the antitrust laws, he shall promptly give written notification thereof to such State attorney general.

(b) Availability of files and other materials

To assist a State attorney general in evaluating the notice or in bringing any action under this Act, the Attorney General of the United States shall, upon request by such State attorney general, make available to him, to the extent permitted by law, any investigative files or other materials which are or may be relevant or material to the actual or potential cause of action under this Act.

(Oct. 15, 1914, ch. 323, § 4F, as added Pub. L. 94-435, title III, § 301, Sept. 30, 1976, 90 Stat. 1395.)

§ 15g *Definitions.*

For the purposes of sections 15c, 15d, 15e, and 15f of this title :

(1) The term "State attorney general" means the chief legal officer of a State, or any other person authorized by State law to bring actions under section 15c of this title, and includes the Corporation Counsel of the District of Columbia, except that such term does not include any person employed or retained on–

(A) a contingency fee based on a percentage of the monetary relief awarded under this section; or

(B) any other contingency fee basis, unless the amount of the award of a reasonable attorney's fee to a prevailing plaintiff is determined by the court under section 15c(d)(1) of this title.

(2) The term "State" means a State, the District of Columbia, the Commonwealth of Puerto Rico, and any other territory or possession of the United States.

(3) The term "natural persons" does not include proprietorships or partnerships.

(Oct. 15, 1914, ch. 323, § 4G, as added Pub. L. 94-435, title III, § 301, Sept. 30, 1976, 90 Stat. 1396.)

§ 15h *Applicability of parens patriae actions.*

Sections 15c, 15d, 15e, 15f, and 15g of this title shall apply in any State, unless such State provides by law for its nonapplicability in such State.

(Oct. 15, 1914, ch. 323, § 4H, as added Pub. L. 94-435, title III, § 301, Sept. 30, 1976, 90 Stat. 1396.)

§ 16 *Judgments.*

(a) Prima facie evidence; collateral estoppel

A final judgment or decree heretofore or hereafter rendered in any civil or criminal proceeding brought by or on behalf of the United States under the antitrust laws to the effect that a defendant has violated said laws shall be prima facie evidence against such defendant in any action or proceeding brought by any other party against such defendant under said laws as to all matters respecting which said judgment or decree would be an estoppel as between the parties thereto: Provided, That this section shall not apply to consent judgments or decrees entered before any testimony has been taken. Nothing contained in this section shall be construed to impose any limitation on the application of collateral estoppel, except that, in any action or proceeding brought under the antitrust laws, collateral estoppel effect shall not be given to any finding made by the Federal Trade Commission under the antitrust laws or under section 45 of this title which could give rise to a claim for relief under the antitrust laws.

(b) Consent judgments and competitive impact statements; publication in Federal Register; availability of copies to the public

Any proposal for a consent judgment submitted by the United States for entry in any civil proceeding brought by or on behalf of the United States under the antitrust laws shall be filed with the district court before which such proceeding is pending and published by the United States in the Federal Register at least 60 days prior to the effective date of such judgment. Any written comments relating to such proposal and any responses by the United States thereto, shall also be filed with such district court and published by the United States in the Federal Register within such sixty-day period. Copies of such proposal and any other materials and documents which the United States considered determinative in formulating such proposal, shall also be made available to the public at the district court and in such other districts as the court may subsequently direct. Simultaneously with the filing of such proposal, unless otherwise instructed by the court, the United States shall file with the district court, publish in the Federal Register, and thereafter furnish to any person upon request, a competitive impact statement which shall recite—

(1) the nature and purpose of the proceeding;

(2) a description of the practices or events giving rise to the alleged violation of the antitrust laws;

(3) an explanation of the proposal for a consent judgment, including an explanation of any unusual circumstances giving rise to such proposal or any provision contained therein, relief to be obtained thereby, and the anticipated effects on competition of such relief;

(4) the remedies available to potential private plaintiffs damaged by the alleged violation in the event that such proposal for the consent judgment is entered in such proceeding;

(5) a description of the procedures available for modification of such proposal; and

(6) a description and evaluation of alternatives to such proposal actually considered by the United States.

(c) Publication of summaries in newspapers

The United States shall also cause to be published, commencing at least 60 days prior to the effective date of the judgment described in subsection (b) of this section, for 7 days over a period of 2 weeks in newspapers of general circulation of the district in which the case has been filed, in the District of Columbia, and in such other districts as the court may direct–

(i) a summary of the terms of the proposal for consent judgment,

(ii) a summary of the competitive impact statement filed under subsection (b),

(iii) and a list of the materials and documents under subsection (b) which the United States shall make available for purposes of meaningful public comment, and the place where such materials and documents are available for public inspection.

(d) Consideration of public comments by Attorney General and publication of response

During the 60-day period as specified in subsection (b) of this section, and such additional time as the United States may request and the court may grant, the United States shall receive and consider any written comments relating to the proposal for the consent judgment submitted under subsection (b). The Attorney General or his designee shall establish procedures to carry out the provisions of this subsection, but such 60-day time period shall not be shortened except by order of the district court upon a showing that (1) extraordinary circumstances require such shortening and (2) such shortening is not adverse to the public interest. At the close of the period during which such comments may be received, the United States shall file with the district court and cause to be published in the Federal Register a response to such comments. Upon application by the United States, the district court may, for good cause (based on a finding that the expense of publication in the Federal Register exceeds the public interest benefits to be gained from such publication), authorize an alternative method of public dissemination of the public comments received and the response to those comments.

(e) Public interest determination

(1) Before entering any consent judgment proposed by the United States under this section, the court shall determine that the entry of such judgment is in the public interest. For the purpose of such determination, the court shall consider–

(A) the competitive impact of such judgment, including termination of alleged violations, provisions for enforcement and modification, duration of relief sought, anticipated effects of alternative remedies actually considered, whether its terms are ambiguous, and any other competitive considerations bearing upon the adequacy of such judgment that the court deems necessary to a determination of whether the consent judgment is in the public interest; and

(B) the impact of entry of such judgment upon competition in the relevant market or markets, upon the public generally and individuals alleging specific injury from the violations set forth in the complaint including consideration of the public benefit, if any, to be derived from a determination of the issues at trial.

(2) Nothing in this section shall be construed to require the court to conduct an evidentiary hearing or to require the court to permit anyone to intervene.

(f) Procedure for public interest determination

In making its determination under subsection (e), the court may–

(1) take testimony of Government officials or experts or such other expert witnesses, upon motion of any party or participant or upon its own motion, as the court may deem appropriate;

(2) appoint a special master and such outside consultants or expert witnesses as the court may deem appropriate; and request and obtain the views, evaluations, or

advice of any individual, group or agency of government with respect to any aspects of the proposed judgment or the effect of such judgment, in such manner as the court deems appropriate;

(3) authorize full or limited participation in proceedings before the court by interested persons or agencies, including appearance amicus curiae, intervention as a party pursuant to the Federal Rules of Civil Procedure, examination of witnesses or documentary materials, or participation in any other manner and extent which serves the public interest as the court may deem appropriate;

(4) review any comments including any objections filed with the United States under subsection (d) concerning the proposed judgment and the responses of the United States to such comments and objections; and

(5) take such other action in the public interest as the court may deem appropriate.

(g) Filing of written or oral communications with the district court

Not later than 10 days following the date of the filing of any proposal for a consent judgment under subsection (b), each defendant shall file with the district court a description of any and all written or oral communications by or on behalf of such defendant, including any and all written or oral communications on behalf of such defendant by any officer, director, employee, or agent of such defendant, or other person, with any officer or employee of the United States concerning or relevant to such proposal, except that any such communications made by counsel of record alone with the Attorney General or the employees of the Department of Justice alone shall be excluded from the requirements of this subsection. Prior to the entry of any consent judgment pursuant to the antitrust laws, each defendant shall certify to the district court that the requirements of this subsection have been complied with and that such filing is a true and complete description of such communications known to the defendant or which the defendant reasonably should have known.

(h) Inadmissibility as evidence of proceedings before the district court and the competitive impact statement

Proceedings before the district court under subsections (e) and (f) of this section, and the competitive impact statement filed under subsection (b) of this section, shall not be admissible against any defendant in any action or proceeding brought by any other party against such defendant under the antitrust laws or by the United States under section 15a of this title nor constitute a basis for the introduction of the consent judgment as prima facie evidence against such defendant in any such action or proceeding.

(i) Suspension of limitations

Whenever any civil or criminal proceeding is instituted by the United States to prevent, restrain, or punish violations of any of the antitrust laws, but not including an action under section 15a of this title, the running of the statute of limitations in respect to every private or State right of action arising under said laws and based in whole or in part on any matter complained of in said proceeding shall be suspended during the pendency thereof and for one year thereafter: Provided, however, That whenever the running of the statute of limitations in respect of a cause of action arising under section 15 or 15c of this title is suspended hereunder, any action to enforce such cause of action shall be forever barred unless commenced either within the period of suspension or within four years after the cause of action accrued.

(Oct. 15, 1914, ch. 323, § 5, 38 Stat. 731; July 7, 1955, ch. 283, § 2, 69 Stat. 283; Pub. L. 93-528, § 2, Dec. 21, 1974, 88 Stat. 1706; Pub. L. 94-435, title III, § 302(2), Sept. 30, 1976, 90 Stat. 1396; Pub. L. 96-349, § 5(a), Sept. 12, 1980, 94 Stat. 1157; Pub. L. 108-237, title II, § 221(b), June 22, 2004, 118 Stat. 668.)

Amendments: 2004 Subsec. (d). Pub. L. 108-237, § 221(b)(1), inserted at end "Upon application by the United States, the district court may, for good cause (based on a finding that the expense of publication in the Federal Register exceeds the public interest benefits to be gained from such publication), authorize an alternative method of public dissemination of the public comments received and the response to those comments." – 2004 Subsec. (e). Pub. L. 108-237, § 221(b)(2), designated introductory provisions as par. (1), substituted "court shall" for "court may", added subpars. (A) and (B) and par. (2), and struck out former pars. (1) and (2) which read as follows: "(1) the competitive impact of such judgment, including termination of alleged violations, provisions for enforcement and modification, duration or relief sought, anticipated effects of alternative remedies actually considered, and any other considerations bearing upon the adequacy of such judgment; "(2) the impact of entry of such judgment upon the public generally and individuals alleging specific injury from the violations set forth in the complaint including consideration of the public benefit, if any, to be derived from a determination of the issues at trial." - Subsec. (g). Pub. L. 108-237, § 221(b)(3), inserted "by any officer, director, employee, or agent of such defendant" before", or other person" in first sentence. - 1980 Subsec. (a). Pub. L. 96-349 made collateral estoppel inapplicable in any action or proceeding brought under the antitrust laws to any finding made by the Commission under the antitrust laws or under section 45 of this title which could give rise to a claim for relief under the antitrust laws; struck out "or by the United States under section 15a of this title," after "under said laws"; and deleted from proviso "or to judgments or decrees entered in actions under section 15a of this title" after "testimony has been taken". - 1976 Pub. L. 94-435 substituted "private or State right of action" for "private right of action" and "section 15 or 15c" for "section 15". - 1974 Subsecs. (b) to (i). Pub. L. 93-528 added subsecs. (b) to (h) and redesignated former subsec. (b) as (i). - 1955 Act July 7, 1955, substituted subsec. (a) for first paragraph, to provide that final judgments in actions under the antitrust laws by the United States shall be prima facie evidence in damage suits by the United States as well as in private damage suits, and substituted subsec. (b) for second paragraph, to provide for a one-year suspension of limitations.

§ 17 *Antitrust laws not applicable to labor organizations.*

The labor of a human being is not a commodity or article of commerce. Nothing contained in the antitrust laws shall be construed to forbid the existence and operation of labor, agricultural, or horticultural organizations, instituted for the purposes of mutual help, and not having capital stock or conducted for profit, or to forbid or restrain individual members of such organizations from lawfully carrying out the legitimate objects thereof; nor shall such organizations, or the members thereof, be held or construed to be illegal combinations or conspiracies in restraint of trade, under the antitrust laws.

(Oct. 15, 1914, ch. 323, § 6, 38 Stat. 731.)

§ 18 *Acquisition by one corporation of stock of another.*

No person engaged in commerce or in any activity affecting commerce shall acquire, directly or indirectly, the whole or any part of the stock or other share capital and no person subject to the jurisdiction of the Federal Trade Commission shall acquire the whole or any part of the assets of another person engaged also in commerce or in any activity affecting commerce, where in any line of commerce or in any activity affecting commerce in any section of the country, the effect of such acquisition may be substantially to lessen competition, or to tend to create a monopoly.

No person shall acquire, directly or indirectly, the whole or any part of the stock or other share capital and no person subject to the jurisdiction of the Federal Trade Commission shall acquire the whole or any part of the assets of one or more persons engaged in commerce or in any activity affecting commerce, where in any line of commerce or in any activity affecting commerce in any section of the country, the effect of such acquisition, of such stocks or assets, or of the use of such stock by the voting or granting of proxies or otherwise, may be substantially to lessen competition, or to tend to create a monopoly.

This section shall not apply to persons purchasing such stock solely for investment and not using the same by voting or otherwise to bring about, or in attempting to bring about, the substantial lessening of competition. Nor shall anything contained in this section prevent a corporation engaged in commerce or in any activity affecting commerce from causing the formation of subsidiary corporations for the actual carrying on of their immediate lawful business, or the natural and legitimate branches or extensions thereof, or from owning and holding all or a part of the stock of such subsidiary corporations, when the effect of such formation is not to substantially lessen competition.

Nor shall anything herein contained be construed to prohibit any common carrier subject to the laws to regulate commerce from aiding in the construction of branches or short lines so located as to become feeders to the main line of the company so aiding in such construction or from acquiring or owning all or any part of the stock of such branch lines, nor to prevent any such common carrier from acquiring and owning all or any part of the stock of a branch or short line constructed by an independent company where there is no substantial competition between the company owning the branch line so constructed and the company owning the main line acquiring the property or an interest therein, nor to prevent such common carrier from extending any of its lines through the medium of the acquisition of stock or otherwise of any other common carrier where there is no substantial competition between the company extending its lines and the company whose stock, property, or an interest therein is so acquired.

Nothing contained in this section shall be held to affect or impair any right heretofore legally acquired: Provided, That nothing in this section shall be held or construed to authorize or make lawful anything heretofore prohibited or made illegal by the antitrust laws, nor to exempt any person from the penal provisions thereof or the civil remedies therein provided.

Nothing contained in this section shall apply to transactions duly consummated pursuant to authority given by the Secretary of Transportation, Federal Power Commission, Surface Transportation Board, the Securities and Exchange Commission in the exercise of its jurisdiction under section 79j of this title, the United States Maritime Commission, or the Secretary of Agriculture under any statutory provision vesting such power in such Commission, Board, or Secretary.

(Oct. 15, 1914, ch. 323, § 7, 38 Stat. 731; Dec. 29, 1950, ch. 1184, 64 Stat. 1125; Pub. L. 96-349, § 6(a), Sept. 12, 1980, 94 Stat. 1157; Pub. L. 98-443, § 9(l), Oct. 4, 1984, 98 Stat. 1708; Pub. L. 104-88, title III, § 318(1), Dec. 29, 1995, 109 Stat. 949; Pub. L. 104-104, title VI, § 601(b)(3), Feb. 8, 1996, 110 Stat. 143.)

Amendments: 1996 Pub. L. 104-104, in sixth par., struck out "Federal Communications Commission," after "Secretary of Transportation,". - 1995 Pub. L. 104-88, in sixth par., substituted "Surface Transportation Board" for "Interstate Commerce Commission" and inserted ", Board," after "vesting such power in such Commission". - 1984 Pub. L. 98-443 substituted "Secretary of Transportation" for "Civil Aeronautics Board" and "Commission or Secretary" for "Commission, Secretary, or Board" in sixth par. - 1980 Pub. L. 96-349, substituted "person" for "corporation" wherever appearing in first and second pars.; substituted "persons" for "corporations" in second par. and first sentence of third par.; and inserted "or in any activity affecting commerce" after "commerce" wherever appearing in first, second, and third pars. - 1950 Act Dec. 29, 1950, amended section generally so as to prohibit the acquisition of the whole or any part of the assets of another corporation when the effect of the acquisition may substantially lessen competition or tend to create a monopoly.

§ 18a *Premerger notification and waiting period.*

(a) Filing

Except as exempted pursuant to subsection (c), no person shall acquire, directly or indirectly, any voting securities or assets of any other person, unless both persons (or in the case of a tender offer, the acquiring person) file notification pursuant to rules under subsection (d)(1) and the waiting period described in subsection (b)(1) has expired, if—

(1) the acquiring person, or the person whose voting securities or assets are being acquired, is engaged in commerce or in any activity affecting commerce; and

(2) as a result of such acquisition, the acquiring person would hold an aggregate total amount of the voting securities and assets of the acquired person—

(A) in excess of $200,000,000 (as adjusted and published for each fiscal year beginning after September 30, 2004, in the same manner as provided in section 19(a)(5) of this title to reflect the percentage change in the gross national product for such fiscal year compared to the gross national product for the year ending September 30, 2003); or

(B)(i) in excess of $50,000,000 (as so adjusted and published) but not in excess of $200,000,000 (as so adjusted and published); and

(ii)(I) any voting securities or assets of a person engaged in manufacturing which has annual net sales or total assets of $10,000,000 (as so adjusted and published) or more are being acquired by any person which has total assets or annual net sales of $100,000,000 (as so adjusted and published) or more;

(II) any voting securities or assets of a person not engaged in manufacturing which has total assets of $10,000,000 (as so adjusted and published) or more are being acquired by any person which has total assets or annual net sales of $100,000,000 (as so adjusted and published) or more; or

(III) any voting securities or assets of a person with annual net sales or total assets of $100,000,000 (as so adjusted and published) or more are being acquired by any person with total assets or annual net sales of $10,000,000 (as so adjusted and published) or more.

In the case of a tender offer, the person whose voting securities are sought to be acquired by a person required to file notification under this subsection shall file notification pursuant to rules under subsection (d).

(b) Waiting period; publication; voting securities

(1) The waiting period required under subsection (a) shall–

(A) begin on the date of the receipt by the Federal Trade Commission and the Assistant Attorney General in charge of the Antitrust Division of the Department of Justice (hereinafter referred to in this section as the "Assistant Attorney General") of–

(i) the completed notification required under subsection (a), or

(ii) if such notification is not completed, the notification to the extent completed and a statement of the reasons for such noncompliance,

from both persons, or, in the case of a tender offer, the acquiring person; and

(B) end on the thirtieth day after the date of such receipt (or in the case of a cash tender offer, the fifteenth day), or on such later date as may be set under subsection (e)(2) or (g)(2).

(2) The Federal Trade Commission and the Assistant Attorney General may, in individual cases, terminate the waiting period specified in paragraph (1) and allow any person to proceed with any acquisition subject to this section, and promptly shall cause to be published in the Federal Register a notice that neither intends to take any action within such period with respect to such acquisition.

(3) As used in this section–

(A) The term "voting securities" means any securities which at present or upon conversion entitle the owner or holder thereof to vote for the election of directors of the issuer or, with respect to unincorporated issuers, persons exercising similar functions.

(B) The amount or percentage of voting securities or assets of a person which are acquired or held by another person shall be determined by aggregating the amount or percentage of such voting securities or assets held or acquired by such other person and each affiliate thereof.

(c) Exempt transactions

The following classes of transactions are exempt from the requirements of this section–

(1) acquisitions of goods or realty transferred in the ordinary course of business;

(2) acquisitions of bonds, mortgages, deeds of trust, or other obligations which are not voting securities;

(3) acquisitions of voting securities of an issuer at least 50 per centum of the voting securities of which are owned by the acquiring person prior to such acquisition;

(4) transfers to or from a Federal agency or a State or political subdivision thereof;

(5) transactions specifically exempted from the antitrust laws by Federal statute;

(6) transactions specifically exempted from the antitrust laws by Federal statute if approved by a Federal agency, if copies of all information and documentary material

filed with such agency are contemporaneously filed with the Federal Trade Commission and the Assistant Attorney General;

(7) transactions which require agency approval under section 1467a(e) of title 12, section 1828(c) of title 12, or section 1842 of title 12, except that a portion of a transaction is not exempt under this paragraph if such portion of the transaction (A) is subject to section 1843(k) of title 12; and (B) does not require agency approval under section 1842 of title 12;

(8) transactions which require agency approval under section 1843 of title 12 or section 1464 of title 12, if copies of all information and documentary material filed with any such agency are contemporaneously filed with the Federal Trade Commission and the Assistant Attorney General at least 30 days prior to consummation of the proposed transaction, except that a portion of a transaction is not exempt under this paragraph if such portion of the transaction (A) is subject to section 1843(k) of title 12; and (B) does not require agency approval under section 1843 of title 12;

(9) acquisitions, solely for the purpose of investment, of voting securities, if, as a result of such acquisition, the securities acquired or held do not exceed 10 per centum of the outstanding voting securities of the issuer;

(10) acquisitions of voting securities, if, as a result of such acquisition, the voting securities acquired do not increase, directly or indirectly, the acquiring person's per centum share of outstanding voting securities of the issuer;

(11) acquisitions, solely for the purpose of investment, by any bank, banking association, trust company, investment company, or insurance company, of (A) voting securities pursuant to a plan of reorganization or dissolution; or (B) assets in the ordinary course of its business; and

(12) such other acquisitions, transfers, or transactions, as may be exempted under subsection (d)(2)(B).

(d) Commission rules

The Federal Trade Commission, with the concurrence of the Assistant Attorney General and by rule in accordance with section 553 of title 5, consistent with the purposes of this section—

(1) shall require that the notification required under subsection (a) be in such form and contain such documentary material and information relevant to a proposed acquisition as is necessary and appropriate to enable the Federal Trade Commission and the Assistant Attorney General to determine whether such acquisition may, if consummated, violate the antitrust laws; and

(2) may—

(A) define the terms used in this section;

(B) exempt, from the requirements of this section, classes of persons, acquisitions, transfers, or transactions which are not likely to violate the antitrust laws; and

(C) prescribe such other rules as may be necessary and appropriate to carry out the purposes of this section.

(e) Additional information; waiting period extensions

(1) (A) The Federal Trade Commission or the Assistant Attorney General may, prior to the expiration of the 30-day waiting period (or in the case of a cash tender offer, the 15-day waiting period) specified in subsection (b)(1) of this section, require the submission of additional information or documentary material relevant to the proposed acquisition, from a person required to file notification with respect to such acquisition under subsection (a) of this section prior to the expiration of the waiting period specified in subsection (b)(1) of this section, or from any officer, director, partner, agent, or employee of such person.

(B)(i) The Assistant Attorney General and the Federal Trade Commission shall each designate a senior official who does not have direct responsibility for the review of any enforcement recommendation under this section concerning the transaction at issue, to hear any petition filed by such person to determine—

(I) whether the request for additional information or documentary material is unreasonably cumulative, unduly burdensome, or duplicative; or

(II) whether the request for additional information or documentary material has been substantially complied with by the petitioning person.

(ii) Internal review procedures for petitions filed pursuant to clause (i) shall include reasonable deadlines for expedited review of such petitions, after reasonable negotiations with investigative staff, in order to avoid undue delay of the merger review process.

(iii) Not later than 90 days after December 21, 2000, the Assistant Attorney General and the Federal Trade Commission shall conduct an internal review and implement reforms of the merger review process in order to eliminate unnecessary burden, remove costly duplication, and eliminate undue delay, in order to achieve a more effective and more efficient merger review process.

(iv) Not later than 120 days after December 21, 2000, the Assistant Attorney General and the Federal Trade Commission shall issue or amend their respective industry guidance, regulations, operating manuals and relevant policy documents, to the extent appropriate, to implement each reform in this subparagraph.

(v) Not later than 180 days after December 21, 2000, the Assistant Attorney General and the Federal Trade Commission shall each report to Congress–

(I) which reforms each agency has adopted under this subparagraph;

(II) which steps each has taken to implement such internal reforms; and

(III) the effects of such reforms.

(2) The Federal Trade Commission or the Assistant Attorney General, in its or his discretion, may extend the 30-day waiting period (or in the case of a cash tender offer, the 15-day waiting period) specified in subsection (b)(1) of this section for an additional period of not more than 30 days (or in the case of a cash tender offer, 10 days) after the date on which the Federal Trade Commission or the Assistant Attorney General, as the case may be, receives from any person to whom a request is made under paragraph (1), or in the case of tender offers, the acquiring person, (A) all the information and documentary material required to be submitted pursuant to such a request, or (B) if such request is not fully complied with, the information and documentary material submitted and a statement of the reasons for such noncompliance. Such additional period may be further extended only by the United States district court, upon an application by the Federal Trade Commission or the Assistant Attorney General pursuant to subsection (g)(2).

(f) Preliminary injunctions ; hearings

If a proceeding is instituted or an action is filed by the Federal Trade Commission, alleging that a proposed acquisition violates section 18 of this title, or section 45 of this title, or an action is filed by the United States, alleging that a proposed acquisition violates such section 18 of this title, or section 1 or 2 of this title, and the Federal Trade Commission or the Assistant Attorney General (1) files a motion for a preliminary injunction against consummation of such acquisition pendente lite, and (2) certifies the United States district court for the judicial district within which the respondent resides or carries on business, or in which the action is brought, that it or he believes that the public interest requires relief pendente lite pursuant to this subsection, then upon the filing of such motion and certification, the chief judge of such district court shall immediately notify the chief judge of the United States court of appeals for the circuit in which such district court is located, who shall designate a United States district judge to whom such action shall be assigned for all purposes.

(g) Civil penalty; compliance; power of court

(1) Any person, or any officer, director, or partner thereof, who fails to comply with any provision of this section shall be liable to the United States for a civil penalty of not more than $10,000 for each day during which such person is in violation of this section. Such penalty may be recovered in a civil action brought by the United States.

(2) If any person, or any officer, director, partner, agent, or employee thereof, fails substantially to comply with the notification requirement under subsection (a) or any request for the submission of additional information or documentary material under subsection (e)(1) of this section within the waiting period specified in subsec-

tion (b)(1) and as may be extended under subsection (e)(2), the United States district court—

(A) may order compliance;

(B) shall extend the waiting period specified in subsection (b)(1) and as may have been extended under subsection (e)(2) until there has been substantial compliance, except that, in the case of a tender offer, the court may not extend such waiting period on the basis of a failure, by the person whose stock is sought to be acquired, to comply substantially with such notification requirement or any such request; and

(C) may grant such other equitable relief as the court in its discretion determines necessary or appropriate,

upon application of the Federal Trade Commission or the Assistant Attorney General.

(h) Disclosure exemption

Any information or documentary material filed with the Assistant Attorney General or the Federal Trade Commission pursuant to this section shall be exempt from disclosure under section 552 of title 5, and no such information or documentary material may be made public, except as may be relevant to any administrative or judicial action or proceeding. Nothing in this section is intended to prevent disclosure to either body of Congress or to any duly authorized committee or subcommittee of the Congress.

(i) Construction with other laws

(1) Any action taken by the Federal Trade Commission or the Assistant Attorney General or any failure of the Federal Trade Commission or the Assistant Attorney General to take any action under this section shall not bar any proceeding or any action with respect to such acquisition at any time under any other section of this Act or any other provision of law.

(2) Nothing contained in this section shall limit the authority of the Assistant Attorney General or the Federal Trade Commission to secure at any time from any person documentary material, oral testimony, or other information under the Antitrust Civil Process Act *[15 U.S.C. 1311 et seq.]*, the Federal Trade Commission Act *[15 U.S.C. 41 et seq.]*, or any other provision of law.

(j) Omitted

(k) Extensions of time

If the end of any period of time provided in this section falls on a Saturday, Sunday, or legal public holiday (as defined in section 6103(a) of title 5), then such period shall be extended to the end of the next day that is not a Saturday, Sunday, or legal public holiday.

(Oct. 15, 1914, ch. 323, § 7A, as added Pub. L. 94-435, title II, § 201, Sept. 30, 1976, 90 Stat. 1390; amended Pub. L. 98-620, title IV, § 402(10)(A), Nov. 8, 1984, 98 Stat. 3358; Pub. L. 101-73, title XII, § 1214, Aug. 9, 1989, 103 Stat. 529; Pub. L. 106-102, title I, § 133(c), Nov. 12, 1999, 113 Stat. 1383; Pub. L. 106-553, § 1(a)(2) [title VI, § 630(a), (c), (d)], Dec. 21, 2000, 114 Stat. 2762, 2762A-108, 2762A-110.)

Amendments: 2000 Subsec. (a). Pub. L. 106-553, § 1(a)(2) [title VI, § 630(a)], amended subsec. (a) generally, reenacting introductory provisions, par. (1), and concluding provisions without change, adding par. (2), and striking out former pars. (2) and (3) which read as follows: "(2)(A) any voting securities or assets of a person engaged in manufacturing which has annual net sales or total assets of $10,000,000 or more are being acquired by any person which has total assets or annual net sales of $100,000,000 or more; "(B) any voting securities or assets of a person not engaged in manufacturing which has total assets of $10,000,000 or more are being acquired by any person which has total assets or annual net sales of $100,000,000 or more; or "(C) any voting securities or assets of a person with annual net sales or total assets of $100,000,000 or more are being acquired by any person with total assets or annual net sales of $10,000,000 or more; and "(3) as a result of such acquisition, the acquiring person would hold— "(A) 15 per centum or more of the voting securities or assets of the acquired person, or "(B) an aggregate total amount of the voting securities and assets of the acquired person in excess of $15,000,000." - 2000 Subsec. (e)(1). Pub. L. 106-553, § 1(a)(2) [title VI, § 630(c)], designated existing provisions as subpar. (A) and added subpar. (B). - 2000 Subsec. (e)(2). Pub. L. 106-553, § 1(a)(2) [title VI, § 630(d)(1)], substituted "30 days" for "20 days". - 2000 Subsec. (k). Pub. L. 106-553, § 1(a)(2) [title VI, § 630(d)(2)], added subsec. (k). - 1999 Subsec. (c)(7). Pub. L. 106-102, § 133(c)(1), inserted before semicolon at end", except that a *portion of a transaction is not exempt under this paragraph if such portion of the transaction (A) is subject to section 1843(k) of title 12; and (B) does not require agency approval under section 1842 of title 12". - 1999 Subsec. (c)(8). Pub. L. 106-102, § 133(c)(2), inserted before semicolon at end", except that a portion of a transaction is not exempt under this paragraph if such portion of the transaction (A) is subject to section 1843(k) of title 12; and (B) does not require agency approval under section 1843 of title 12". - 1989 Subsec. (c)(7). Pub. L. 101-73, § 1214(1), inserted reference to section 1467a(e) of title 12. - 1989 Subsec. (c)(8). Pub. L. 101-73, § 1214(2), struck out reference to section 1726 or 1730a(e) of title 12. - 1984 Subsec. (f)(2). Pub. L. 98-620 struck out designation "(A)" before "upon the filing", and struck out subpar. (B) which had provided that if the Federal Trade Commission or the Assistant Attorney General certified that he or it believed that the public interest required relief pendente lite pursuant to this subsection, the motion for a preliminary injunction had to be set down for hearing by the district judge so designated at the earliest practicable time, would take precedence over all matters except older matters of the same character and trials pursuant to section 3161 of title 18, and had to be in every way expedited.*

§ 19 *Interlocking directorates and officers.*

(a)(1) no person shall, at the same time, serve as a director or officer in any two corporations (other than banks, banking associations, and trust companies) that are–

(A) engaged in whole or in part in commerce; and

(B) by virtue of their business and location of operation, competitors, so that the elimination of competition by agreement between them would constitute a violation of any of the antitrust laws;

if each of the corporations has capital, surplus, and undivided profits aggregating more than $10,000,000 as adjusted pursuant to paragraph (5) of this subsection.

(2) Notwithstanding the provisions of paragraph (1), simultaneous service as a director or officer in any two corporations shall not be prohibited by this section if–

(A) the competitive sales of either corporation are less than $1,000,000, as adjusted pursuant to paragraph (5) of this subsection;

(B) the competitive sales of either corporation are less than 2 per centum of that corporation's total sales; or

(C) the competitive sales of each corporation are less than 4 per centum of that corporation's total sales.

For purposes of this paragraph, "competitive sales" means the gross revenues for all products and services sold by one corporation in competition with the other, determined on the basis of annual gross revenues for such products and services in that corporation's last completed fiscal year. For the purposes of this paragraph, "total sales" means the gross revenues for all products and services sold by one corporation over that corporation's last completed fiscal year.

(3) The eligibility of a director or officer under the provisions of paragraph (1) shall be determined by the capital, surplus and undivided profits, exclusive of dividends declared but not paid to stockholders, of each corporation at the end of that corporation's last completed fiscal year.

(4) For purposes of this section, the term "officer" means an officer elected or chosen by the Board of Directors.

(5) For each fiscal year commencing after September 30, 1990, the $10,000,000 and $1,000,000 thresholds in this subsection shall be increased (or decreased) as of October 1 each year by an amount equal to the percentage increase (or decrease) in the gross national product, as determined by the Department of Commerce or its successor, for the year then ended over the level so established for the year ending September 30, 1989. As soon as practicable, but not later than January 31 of each year, the Federal Trade Commission shall publish the adjusted amounts required by this paragraph.

(b) When any person elected or chosen as a director or officer of any corporation subject to the provisions hereof is eligible at the time of his election or selection to act for such corporation in such capacity, his eligibility to act in such capacity shall not be affected by any of the provisions hereof by reason of any change in the capital,

surplus and undivided profits, or affairs of such corporation from whatever cause, until the expiration of one year from the date on which the event causing ineligibility occurred.

(Oct. 15, 1914, ch. 323, § 8, 38 Stat. 732; May 15, 1916, ch. 120, 39 Stat. 121; May 26, 1920, ch. 206, 41 Stat. 626; Mar. 9, 1928, ch. 165, 45 Stat. 253; Mar. 2, 1929, ch. 581, 45 Stat. 1536; Aug. 23, 1935, ch. 614, § 329, 49 Stat. 717; Pub. L. 101-588, § 2, Nov. 16, 1990, 104 Stat. 2879; Pub. L. 103-203, § 1, Dec. 17, 1993, 107 Stat. 2368.)

Amendments: 1993 Subsec. (a)(5). Pub. L. 103-203 substituted "January 31" for "October 30". - 1990 Pub. L. 101-588 amended section generally, completely revising it in form by substituting text divided into a subsec. (a) consisting of five numbered paragraphs and a subsec. (b) consisting of a single unnumbered paragraph for former provisions which had consisted of a series of five undesignated paragraphs, and in substance by increasing the jurisdictional threshold for application of the section to corporations from $1,000,000 in net worth to $10,000,000 in net worth, creating three "de minimis" exceptions to applications of the section in cases of insignificant competitive overlaps, and expanding the section to cover officers elected or chosen by the Board of Directors. - 1935 Act Aug. 23, 1935, amended section generally. - 1929 Act Mar. 2, 1929, amended second par. - 1928 Act Mar. 9, 1928, amended second par.

§ 21 *Enforcement provisions.*

(a) Commission, Board, or Secretary authorized to enforce compliance

Authority to enforce compliance with sections 13, 14, 18, and 19 of this title by the persons respectively subject thereto is vested in the Surface Transportation Board where applicable to common carriers subject to jurisdiction under subtitle IV of title 49; in the Federal Communications Commission where applicable to common carriers engaged in wire or radio communication or radio transmission of energy; in the Secretary of Transportation where applicable to air carriers and foreign air carriers subject to part. A of subtitle VII of title 49; in the Board of Governors of the Federal Reserve System where applicable to banks, banking associations, and trust companies; and in the Federal Trade Commission where applicable to all other character of commerce to be exercised as follows:

(b) Issuance of complaints for violations; hearing; intervention; filing of testimony; report; cease and desist orders; reopening and alteration of reports or orders

Whenever the Commission, Board, or Secretary vested with jurisdiction thereof shall have reason to believe that any person is violating or has violated any of the provisions of sections 13, 14, 18, and 19 of this title, it shall issue and serve upon such person and the Attorney General a complaint stating its charges in that respect, and containing a notice of a hearing upon a day and at a place therein fixed at least thirty days after the service of said complaint. The person so complained of shall have the right to appear at the place and time so fixed and show cause why an order should not be entered by the Commission, Board, or Secretary requiring such person to cease and desist from the violation of the law so charged in said complaint. The Attorney General shall have the right to intervene and appear in said proceeding and any person may make application, and upon good cause shown may be allowed by the Commission, Board, or Secretary, to intervene and appear in said proceeding by counsel or in person. The testimony in any such proceeding shall be reduced to writing and filed in the office of the Commission, Board, or Secretary. If upon such hearing the Commission, Board, or Secretary, as the case may be, shall be of the opinion that any of the provisions of said sections have been or are being violated, it shall make a report in writing, in which it shall state its findings as to the facts, and shall issue and cause to be served on such person an order requiring such person to cease and desist from such violations, and divest itself of the stock, or other share capital, or assets, held or rid itself of the directors chosen contrary to the provisions of sections 18 and 19 of this title, if any there be, in the manner and within the time fixed by said order. Until the expiration of the time allowed for filing a petition for review, if no such petition has been duly filed within such time, or, if a petition for review has been filed within such time then until the record in the proceeding has been filed in a court of appeals of the United States, as hereinafter provided, the Commission, Board, or Secretary may at any time, upon such notice and in such manner as it shall deem proper, modify or set aside, in whole or in part, any report or any order made or issued by it under this section. After the expiration of the time allowed for filing a petition for review, if no such petition has been duly filed within such time, the Commission, Board, or Secretary may at any time, after notice and opportunity for hearing, reopen and alter, modify, or set aside, in whole or in part, any report or order made or issued by it under this section, whenever in the opinion of the Commission, Board, or Secretary conditions of fact or of law have so changed as to require such action or if the public interest shall so require: Provided, however, That the said person may, within sixty days after service upon him or it of said report or order entered after such a reopening, obtain a review thereof in the appropriate court of appeals of the United States, in the manner provided in subsection (c) of this section.

(c) Review of orders; jurisdiction; filing of petition and record of proceeding; conclusiveness of findings; additional evidence; modification of findings; finality of judgment and decree

Any person required by such order of the commission, board, or Secretary to cease and desist from any such violation may obtain a review of such order in the court of appeals of the United States for any circuit within which such violation occurred or within which such person resides or carries on business, by filing in the court, within sixty days after the date of the service of such order, a written petition praying that the order of the commission, board, or Secretary be set aside. A copy of such petition shall be forthwith transmitted by the clerk of the court to the commission, board, or Secretary, and thereupon the commission, board, or Secretary shall file in the court the record in the proceeding, as provided in section 2112 of title 28. Upon such filing of the petition the court shall have jurisdiction of the proceeding and of the question determined therein concurrently with the commission, board, or Secretary until the filing of the record, and shall have power to make and enter a decree affirming, modifying, or setting aside the order of the commission, board, or Secretary, and enforcing the same to the extent that such order is affirmed, and to issue such writs as are ancillary to its jurisdiction or are necessary in its judgment to prevent injury to the public or to competitors pendente lite. The findings of the commission, board, or Secretary as to the facts, if supported by substantial evidence, shall be conclusive. To the extent that the order of the commission, board, or Secretary is affirmed, the court shall issue its own order commanding obedience to the terms of such order of the commission, board, or Secretary. If either party shall apply to the court for leave to adduce additional evidence, and shall show to the satisfaction of the court that such additional evidence is material and that there were reasonable grounds for the failure to adduce such evidence in the proceeding before the commission, board, or Secretary, the court may order such additional evidence to be taken before the commission, board, or Secretary, and to be adduced upon the hearing in such manner and upon such terms and conditions as to the court may seem proper. The commission, board, or Secretary may modify its findings as to the facts, or make new findings, by reason of the additional evidence so taken, and shall file such modified or new findings, which if supported by substantial evidence, shall be conclusive, and its recommendation, if any, for the modification or setting aside of its original order, with the return of such additional evidence. The judgment and decree of the court shall be final, except that the same shall be subject to review by the Supreme Court upon certiorari, as provided in section 1254 of title 28.

(d) Exclusive jurisdiction of Court of Appeals

Upon the filing of the record with its jurisdiction of the court of appeals to affirm, enforce, modify, or set aside orders of the commission, board, or Secretary shall be exclusive.

(e) Liability under antitrust laws

No order of the commission, board, or Secretary or judgment of the court to enforce the same shall in anywise relieve or absolve any person from any liability under the antitrust laws.

(f) Service of complaints, orders and other processes

Complaints, orders, and other processes of the commission, board, or Secretary under this section may be served by anyone duly authorized by the commission, board, or Secretary, either (1) by delivering a copy thereof to the person to be served, or to a member of the partnership to be served, or to the president, secretary, or other executive officer or a director of the corporation to be served; or (2) by leaving a copy thereof at the residence or the principal office or place of business of such person; or (3) by mailing by registered or certified mail a copy thereof addressed to such person at his or its residence or principal office or place of business. The verified return by the person so serving said complaint, order, or other process setting forth the manner of said service shall be proof of the same, and the return post office receipt for said complaint, order, or other process mailed by registered or certified mail as aforesaid shall be proof of the service of the same.

(g) Finality of orders generally

Any order issued under subsection (b) shall become final—

(1) upon the expiration of the time allowed for filing a petition for review, if no such petition has been duly filed within such time; but the commission, board, or Secretary may thereafter modify or set aside its order to the extent provided in the last sentence of subsection (b); or

(2) upon the expiration of the time allowed for filing a petition for certiorari, if the order of the commission, board, or Secretary has been affirmed, or the petition for review has been dismissed by the court of appeals, and no petition for certiorari has been duly filed; or

(3) upon the denial of a petition for certiorari, if the order of the commission, board, or Secretary has been affirmed or the petition for review has been dismissed by the court of appeals; or

(4) upon the expiration of thirty days from the date of issuance of the mandate of the Supreme Court, if such Court directs that the order of the commission, board, or Secretary be affirmed or the petition for review be dismissed.

(h) Finality of orders modified by Supreme Court

If the Supreme Court directs that the order of the commission, board, or Secretary be modified or set aside, the order of the commission, board, or Secretary rendered in accordance with the mandate of the Supreme Court shall become final upon the expiration of thirty days from the time it was rendered, unless within such thirty days either party has instituted proceedings to have such order corrected to accord with the mandate, in which event the order of the commission, board, or Secretary shall become final when so corrected.

(i) Finality of orders modified by Court of Appeals

If the order of the commission, board, or Secretary is modified or set aside by the court of appeals, and if (1) the time allowed for filing a petition for certiorari has expired and no such petition has been duly filed, or (2) the petition for certiorari has been denied, or (3) the decision of the court has been affirmed by the Supreme Court then the order of the commission, board, or Secretary rendered in accordance with the mandate of the court of appeals shall become final on the expiration of thirty days from the time such order of the commission, board, or Secretary was rendered, unless within such thirty days either party has instituted proceedings to have such order corrected so that it will accord with the mandate, in which event the order of the commission, board, or Secretary shall become final when so corrected.

(j) Finality of orders issued on rehearing ordered by Court of Appeals or Supreme Court

If the Supreme Court orders a rehearing; or if the case is remanded by the court of appeals to the commission, board, or Secretary for a rehearing, and if (1) the time allowed for filing a petition for certiorari has expired, and no such petition has been duly filed, or (2) the petition for certiorari has been denied, or (3) the decision of the court has been affirmed by the Supreme Court, then the order of the commission, board, or Secretary rendered upon such rehearing shall become final in the same manner as though no prior order of the commission, board, or Secretary had been rendered.

(k) "Mandate" defined

As used in this section the term "mandate", in case a mandate has been recalled prior to the expiration of thirty days from the date of issuance thereof, means the final mandate.

(l) Penalties

Any person who violates any order issued by the commission, board, or Secretary under subsection (b) after such order has become final, and while such order is in effect, shall forfeit and pay to the United States a civil penalty of not more than $5,000 for each violation, which shall accrue to the United States and may be recovered in a civil action brought by the United States. Each separate violation of any such order shall be a separate offense, except that in the case of a violation through continuing failure or neglect to obey a final order of the commission, board, or Secretary each day of continuance of such failure or neglect shall be deemed a separate offense.

(Oct. 15, 1914, ch. 323, § 11, 38 Stat. 734; June 19, 1934, ch. 652, title VII, § 702(d), formerly title VI, § 602(d), 48 Stat. 1102; renumbered Pub. L. 98-549, § 6(a), Oct. 30, 1984, 98 Stat. 2804; Aug. 23, 1935, ch. 614, § 203(a), 49 Stat. 704; June 23, 1938, ch. 601, § 1107(g), 52 Stat. 1028; June 25, 1948, ch. 646, § 32(a), 62 Stat. 991; May 24, 1949, ch. 139, § 127, 63 Stat. 107; Dec. 29, 1950, ch. 1184, 64 Stat. 1125; Pub. L. 85-726, title XIV, § 1401(b), Aug. 23, 1958, 72 Stat. 806; Pub. L. 85-791, § 4, Aug. 28, 1958, 72 Stat. 943; Pub. L. 86-107, § 1, July 23, 1959, 73 Stat. 243; Pub. L. 98-443, § 9(m), Oct. 4, 1984, 98 Stat. 1708; Pub. L. 98-620, title IV, § 402(10)(B), Nov. 8, 1984, 98 Stat. 3358; Pub. L. 104-88, title III, § 318(2), Dec. 29, 1995, 109 Stat. 949.)

Amendments: 1995 Subsec. (a). Pub. L. 104-88 substituted "Surface Transportation Board where applicable to common carriers subject to jurisdiction under subtitle IV of title 49" for "Interstate Commerce Commission where applicable to common carriers subject to the Interstate Commerce Act, as amended". - 1984 Subsec. (a). Pub. L. 98-443, § 9(m)(1), substituted "Secretary of Transportation where applicable to air carriers and foreign air carriers subject to the Federal Aviation Act of 1958" for "Civil Aeronautics Board where applicable to air carriers and foreign air carriers subject to the Civil Aeronautics Act of 1938". - 1984 Subsec. (b). Pub. L. 98-443, § 9(m)(2), substituted "Commission, Board, or Secretary" for "Commission or Board" wherever appearing. - 1984 Subsecs. (c), (d). Pub. L. 98-443, § 9(m)(3), substituted "commission, board, or Secretary" for "commission or board" wherever appearing. - 1984 Subsec. (e). Pub. L. 98-620 struck out provision that such proceedings in the court of appeals had to be given precedence over other cases pending therein, and had to be in every way expedited. - 1984 Pub. L. 98-443, § 9(m)(3), substituted "commission, board, or Secretary" for "commission or board". - 1984 Subsecs. (f) to (j), (l). Pub. L. 98-443, § 9(m)(3), substituted "commission, board, or Secretary" for "commission or board" wherever appearing. - 1959 Pub. L. 86-107 amended section generally, and among other changes, authorized the Commission or Board, upon notice and opportunity for hearing, in cases where a petition for review has not been filed within the time allowed, to reopen and alter, modify, or set aside, in whole or in part, any report or order, whenever conditions of fact or law have so changed as to require such action or if the public interest so requires, and added subsecs. (g) to (k), providing for finality of orders, and subsec. (l), prescribing the civil penalty for violation of orders. - 1958 Pub. L. 85-791, § 4(a), struck out "a transcript of" after "Until" in last sentence of second par. - 1958 Pub. L. 85-791, § 4(b), substituted in first sentence of third par., "file the record in the proceeding, as provided in section 2112 of title 28" for "certify and file with its application a transcript of the entire record in the proceeding, including all the testimony taken and the report and order of the Commission or Board", and in second sentence of third par., struck out "and transcript" after "application", inserted "concurrently with the Commission or Board until the filing of the record", and struck out "upon the pleadings, testimony, and proceedings set forth in such transcript" after "make and enter". - 1958 Pub. L. 85-791, § 4(c), substituted in second sentence of fourth par., "transmitted by the clerk of the court to" for "served upon" and "shall file in the court the record in the proceeding, as provided in section 2112 of title 28" for "forthwith shall certify and file in the court a transcript of the record in the proceeding, as hereinbefore provided", and in third sentence of fourth paragraph substituted "such petition" for "the transcript" and inserted "determined as provided in section 1009(e) of title 5,". - 1958 Pub. L. 85-791, § 4(d), substituted in fifth par., "Upon the filing of the record with it the" for "The". - 1950 Act Dec. 29, 1950, amended section generally to allow the Attorney General to intervene and appear in any proceeding brought by any Commission or Board to enforce sections 13, 14, 18, and 19 of this title, but the amendment in nowise affects the jurisdiction of the Department of Justice to enforce these sections in the courts. - 1938 Act June 23, 1938, inserted "in the Civil Aeronautics Authority where applicable to air carriers and foreign air carriers subject to the Civil Aeronautics Act of 1938", and "authority" after "commission" wherever appearing. - 1935Act

Aug. 23, 1935, changed the name of Federal Reserve Board to Board of Governors of the Federal Reserve System. - 1934 Act June 19, 1934, amended first par.

§ 21a *Actions and proceedings pending prior to June 19, 1936 ; additional and continuing violations.*

Nothing herein contained shall affect rights of action arising, or litigation pending, or orders of the Federal Trade Commission issued and in effect or pending on review, based on section 13 of this title, prior to June 19, 1936 : Provided, That where, prior to June 19, 1936, the Federal Trade Commission has issued an order requiring any person to cease and desist from a violation of section 13 of this title, and such order is pending on review or is in effect, either as issued or as affirmed or modified by a court of competent jurisdiction, and the Commission shall have reason to believe that such person has committed, used or carried on, since June 19, 1936, or is committing, using or carrying on, any act, practice or method in violation of any of the provisions of said section 13 of this title, it may reopen such original proceedings and may issue and serve upon such person its complaint, supplementary to the original complaint, stating its charges in that respect. Thereupon the same proceedings shall be had upon such supplementary complaint as provided in section 21 of this title. If upon such hearing the Commission shall be of the opinion that any act, practice, or method charged in said supplementary complaint has been committed, used, or carried on since June 19, 1936, or is being committed, used or carried on, in violation of said section 13 of this title, it shall make a report in writing in which it shall state its findings as to the facts and shall issue and serve upon such person its order modifying or amending its original order to include any additional violations of law so found. Thereafter the provisions of section 21 of this title, as to review and enforcement of orders of the Commission shall in all things apply to such modified or amended order. If upon review as provided in said section 21 of this title the court shall set aside such modified or amended order, the original order shall not be affected thereby, but it shall be and remain in force and effect as fully and to the same extent as if such supplementary proceedings had not been taken.

(June 19, 1936, ch. 592, § 2, 49 Stat. 1527.)

§ 22 *District in which to sue corporation.*

Any suit, action, or proceeding under the antitrust laws against a corporation may be brought not only in the judicial district whereof it is an inhabitant, but also in any district wherein it may be found or transacts business; and all process in such cases may be served in the district of which it is an inhabitant, or wherever it may be found.

(Oct. 15, 1914, ch. 323, § 12, 38 Stat. 736.)

§ 23 *Suits by United States; subpoenas for witnesses.*

In any suit, action, or proceeding brought by or on behalf of the United States subpoenas for witnesses who are required to attend a court of the United States in any judicial district in any case, civil or criminal, arising under the antitrust laws may run into any other district: Provided, That in civil cases no writ of subpoena shall issue for witnesses living out of the district in which the court is held at a greater distance than one hundred miles from the place of holding the same without the permission of the trial court being first had upon proper application and cause shown.

(Oct. 15, 1914, ch. 323, § 13, 38 Stat. 736.)

§ 24 *Liability of directors and agents of corporation.*

Whenever a corporation shall violate any of the penal provisions of the antitrust laws, such violation shall be deemed to be also that of the individual directors, officers, or agents of such corporation who shall have authorized, ordered, or done any

of the acts constituting in whole or in part such violation, and such violation shall be deemed a misdemeanor, and upon conviction therefor of any such director, officer, or agent he shall be punished by a fine of not exceeding $5,000 or by imprisonment for not exceeding one year, or by both, in the discretion of the court.

(Oct. 15, 1914, ch. 323, § 14, 38 Stat. 736.)

§ 25 *Restraining violations; procedure.*

The several district courts of the United States are invested with jurisdiction to prevent and restrain violations of this Act, and it shall be the duty of the several United States attorneys, in their respective districts, under the direction of the Attorney General, to institute proceedings in equity to prevent and restrain such violations. Such proceedings may be by way of petition setting forth the case and praying that such violation shall be enjoined or otherwise prohibited. When the parties complained of shall have been duly notified of such petition, the court shall proceed, as soon as may be, to the hearing and determination of the case; and pending such petition, and before final decree, the court may at any time make such temporary restraining order or prohibition as shall be deemed just in the premises. Whenever it shall appear to the court before which any such proceeding may be pending that the ends of justice require that other parties should be brought before the court, the court may cause them to be summoned whether they reside in the district in which the court is held or not, and subpoenas to that end may be served in any district by the marshal thereof.

(Oct. 15, 1914, ch. 323, § 15, 38 Stat. 736; June 25, 1948, ch. 646, § 1, 62 Stat. 909.)

§ 26 *Injunctive relief for private parties; exception; costs.*

Any person, firm, corporation, or association shall be entitled to sue for and have injunctive relief, in any court of the United States having jurisdiction over the parties, against threatened loss or damage by a violation of the antitrust laws, including sections 13, 14, 18, and 19 of this title, when and under the same conditions and principles as injunctive relief against threatened conduct that will cause loss or damage is granted by courts of equity, under the rules governing such proceedings, and upon the execution of proper bond against damages for an injunction improvidently granted and a showing that the danger of irreparable loss or damage is immediate, a preliminary injunction may issue: Provided, That nothing herein contained shall be construed to entitle any person, firm, corporation, or association, except the United States, to bring suit for injunctive relief against any common carrier subject to the jurisdiction of the Surface Transportation Board under subtitle IV of title 49. In any action under this section in which the plaintiff substantially prevails, the court shall award the cost of suit, including a reasonable attorney's fee, to such plaintiff.

(Oct. 15, 1914, ch. 323, § 16, 38 Stat. 737; Pub. L. 94-435, title III, § 302(3), Sept. 30, 1976, 90 Stat. 1396; Pub. L. 104-88, title III, § 318(3), Dec. 29, 1995, 109 Stat. 949.)

Amendments: 1995 Pub. L. 104-88 substituted "for injunctive relief against any common carrier subject to the jurisdiction of the Surface Transportation Board under subtitle IV of title 49" for "in equity for injunctive relief against any common carrier subject to the provisions of the Act to regulate commerce, approved February fourth, eighteen hundred and eighty-seven, in respect of any matter subject to the regulation, supervision, or other jurisdiction of the Interstate Commerce Commission." – 1976 Pub. L. 94-435 inserted provision authorizing court to award costs, including attorneys'fees, to a successful plaintiff.

§ 26a *Restrictions on the purchase of gasohol and synthetic motor fuel.*

(a) Limitations on the use of credit instruments; sales, resales, and transfers

Except as provided in subsection (b), it shall be unlawful for any person engaged in commerce, in the course of such commerce, directly or indirectly to impose any condition, restriction, agreement, or understanding that—

(1) limits the use of credit instruments in any transaction concerning the sale, resale, or transfer of gasohol or other synthetic motor fuel of equivalent usability in

any case in which there is no similar limitation on transactions concerning such person's conventional motor fuel; or

(2) otherwise unreasonably discriminates against or unreasonably limits the sale, resale, or transfer of gasohol or other synthetic motor fuel of equivalent usability in any case in which such synthetic or conventional motor fuel is sold for use, consumption, or resale within the United States.

(b) Credit fees; equivalent conventional motor fuel sales; labeling of pumps; product liability disclaimers; advertising support; furnishing facilities

(1) Nothing in this section or in any other provision of law in effect on December 2, 1980, which is specifically applicable to the sale of petroleum products shall preclude any person referred to in subsection (a) from imposing a reasonable fee for credit on the sale, resale, or transfer of the gasohol or other synthetic motor fuel referred to in subsection (a) if such fee equals no more than the actual costs to such person of extending that credit.

(2) The prohibitions in this section shall not apply to any person who makes available sufficient supplies of gasohol and other synthetic motor fuels of equivalent usability to satisfy his customers'needs for such products, if the gasohol and other synthetic fuels are made available on terms and conditions which are equivalent to the terms and conditions on which such person's conventional motor fuel products are made available.

(3) Nothing in this section shall–

(A) preclude any person referred to in subsection (a) from requiring reasonable labeling of pumps dispensing the gasohol or other synthetic motor fuel referred to in subsection (a) to indicate, as appropriate, that such gasohol or other synthetic motor fuel is not manufactured, distributed, or sold by such person;

(B) preclude such person from issuing appropriate disclaimers of product liability for damage resulting from use of the gasohol or other synthetic motor fuel;

(C) require such person to provide advertising support for the gasohol or other synthetic motor fuel; or

(D) require such person to furnish or provide, at such person's own expense, any additional pumps, tanks, or other related facilities required for the sale of the gasohol or other synthetic motor fuel.

(c) "United States" defined

As used in this section, "United States" includes the several States, the District of Columbia, any territory of the United States, and any insular possession or other place under the jurisdiction of the United States.

(Oct. 15, 1914, ch. 323, § 26, as added Pub. L. 96-493, § 2, Dec. 2, 1980, 94 Stat. 2568.)

§ 26b *Application of antitrust laws to professional major league baseball.*

(a) Major league baseball subject to antitrust laws

Subject to subsections (b) through (d), the conduct, acts, practices, or agreements of persons in the business of organized professional major league baseball directly relating to or affecting employment of major league baseball players to play baseball at the major league level are subject to the antitrust laws to the same extent such conduct, acts, practices, or agreements would be subject to the antitrust laws if engaged in by persons in any other professional sports business affecting interstate commerce.

(b) Limitation of section

No court shall rely on the enactment of this section as a basis for changing the application of the antitrust laws to any conduct, acts, practices, or agreements other than those set forth in subsection (a). This section does not create, permit or imply a cause of action by which to challenge under the antitrust laws, or otherwise apply the antitrust laws to, any conduct, acts, practices, or agreements that do not directly relate to or affect employment of major league baseball players to play baseball at the major league level, including but not limited to–

(1) any conduct, acts, practices, or agreements of persons engaging in, conducting or participating in the business of organized professional baseball relating to or affecting employment to play baseball at the minor league level, any organized professional baseball amateur or first-year player draft, or any reserve clause as applied to minor league players;

(2) the agreement between organized professional major league baseball teams and the teams of the National Association of Professional Baseball Leagues, commonly known as the "Professional Baseball Agreement", the relationship between organized professional major league baseball and organized professional minor league baseball, or any other matter relating to organized professional baseball's minor leagues;

(3) any conduct, acts, practices, or agreements of persons engaging in, conducting or participating in the business of organized professional baseball relating to or affecting franchise expansion, location or relocation, franchise ownership issues, including ownership transfers, the relationship between the Office of the Commissioner and franchise owners, the marketing or sales of the entertainment product of organized professional baseball and the licensing of intellectual property rights owned or held by organized professional baseball teams individually or collectively;

(4) any conduct, acts, practices, or agreements protected by Public Law 87-331 (15 U.S.C. § 1291 et seq.) (commonly known as the "Sports Broadcasting Act of 1961");

(5) the relationship between persons in the business of organized professional baseball and umpires or other individuals who are employed in the business of organized professional baseball by such persons; or

(6) any conduct, acts, practices, or agreements of persons not in the business of organized professional major league baseball.

(c) Standing to sue

Only a major league baseball player has standing to sue under this section. For the purposes of this section, a major league baseball player is—

(1) a person who is a party to a major league player's contract, or is playing baseball at the major league level; or

(2) a person who was a party to a major league player's contract or playing baseball at the major league level at the time of the injury that is the subject of the complaint; or

(3) a person who has been a party to a major league player's contract or who has played baseball at the major league level, and who claims he has been injured in his efforts to secure a subsequent major league player's contract by an alleged violation of the antitrust laws: Provided however, That for the purposes of this paragraph, the alleged antitrust violation shall not include any conduct, acts, practices, or agreements of persons in the business of organized professional baseball relating to or affecting employment to play baseball at the minor league level, including any organized professional baseball amateur or first-year player draft, or any reserve clause as applied to minor league players; or

(4) a person who was a party to a major league player's contract or who was playing baseball at the major league level at the conclusion of the last full championship season immediately preceding the expiration of the last collective bargaining agreement between persons in the business of organized professional major league baseball and the exclusive collective bargaining representative of major league baseball players.

(d) Conduct, acts, practices, or agreements subject to antitrust laws

(1) As used in this section, "person" means any entity, including an individual, partnership, corporation, trust or unincorporated association or any combination or association thereof. As used in this section, the National Association of Professional Baseball Leagues, its member leagues and the clubs of those leagues, are not "in the business of organized professional major league baseball".

(2) In cases involving conduct, acts, practices, or agreements that directly relate to or affect both employment of major league baseball players to play baseball at the major league level and also relate to or affect any other aspect of organized profes-

sional baseball, including but not limited to employment to play baseball at the minor league level and the other areas set forth in subsection (b), only those components, portions or aspects of such conduct, acts, practices, or agreements that directly relate to or affect employment of major league players to play baseball at the major league level may be challenged under subsection (a) and then only to the extent that they directly relate to or affect employment of major league baseball players to play baseball at the major league level.

(3) As used in subsection (a), interpretation of the term "directly" shall not be governed by any interpretation of section 151 et seq. of title 29, United States Code (as amended).

(4) Nothing in this section shall be construed to affect the application to organized professional baseball of the nonstatutory labor exemption from the antitrust laws.

(5) The scope of the conduct, acts, practices, or agreements covered by subsection (b) shall not be strictly or narrowly construed.

(Oct. 15, 1914, ch. 323, § 27, as added Pub. L. 105-297, § 3, Oct. 27, 1998, 112 Stat. 2824.)

§ 27 *Effect of partial invalidity.*

If any clause, sentence, paragraph, or part of this Act shall, for any reason, be adjudged by any court of competent jurisdiction to be invalid, such judgment shall not affect, impair, or invalidate the remainder thereof, but shall be confined in its operation to the clause, sentence, paragraph, or part thereof directly involved in the controversy in which such judgment shall have been rendered.

(Oct. 15, 1914, ch. 323, § 28, formerly § 26, 38 Stat. 740; renumbered § 27, Pub. L. 96-493, § 2, Dec. 2, 1980, 94 Stat. 2568; renumbered § 28, Pub. L. 107-273, div. C, title IV, § 14102(d), Nov. 2, 2002, 116 Stat. 1922.)

TITLE 29 *Labor*

CHAPTER 5 *Labor disputes; mediation and injuctive relief*

§ 52 *Statutory restriction of injunctive relief.*

No restraining order or injunction shall be granted by any court of the United States, or a judge or the judges thereof, in any case between an employer and employees, or between employers and employees, or between employees, or between persons employed and persons seeking employment, involving, or growing out of, a dispute concerning terms or conditions of employment, unless necessary to prevent irreparable injury to property, or to a property right, of the party making the application, for which injury there is no adequate remedy at law, and such property or property right must be described with particularity in the application, which must be in writing and sworn to by the applicant or by his agent or attorney.

And no such restraining order or injunction shall prohibit any person or persons, whether singly or in concert, from terminating any relation of employment, or from ceasing to perform any work or labor, or from recommending, advising, or persuading others by peaceful means so to do; or from attending at any place where any such person or persons may lawfully be, for the purpose of peacefully obtaining or communicating information, or from peacefully persuading any person to work or to abstain from working; or from ceasing to patronize or to employ any party to such dispute, or from recommending, advising, or persuading others by peaceful and lawful means so to do; or from paying or giving to, or withholding from, any person engaged in such dispute, any strike benefits or other moneys or things of value; or from peaceably assembling in a lawful manner, and for lawful purposes; or from doing any act or thing which might lawfully be done in the absence of such dispute by any party thereto; nor shall any of the acts specified in this paragraph be considered or held to be violations of any law of the United States.

(Oct. 15, 1914, ch. 323, § 20, 38 Stat. 738.)

§ 53 *"Person" or "persons" defined.*

The word "person" or "persons" wherever used in section 52 of this title shall be deemed to include corporations and associations existing under or authorized by the laws of either the United States, the laws of any of the Territories, the laws of any State, or the laws of any foreign country.

(Oct. 15, 1914, ch. 323, § 1, 38 Stat. 730.)

Lignes directrices DOJ (juillet 2019),

Evaluation of Corporate Compliance Programs in Criminal Antitrust Investigations.

COMMENTAIRE

La division Antitrust du *Department of Justice* (DOJ) a publié un guide, en juillet 2019, intitulé « *Evaluation of Corporate Compliance Programs in Criminal Antitrust Investigations* » qui explique précisément l'impact que peuvent avoir les programmes de compliance sur les poursuites éventuelles, d'une part, et sur les sanctions qu'un juge pourrait prononcer, d'autre part.

Lorsqu'ils décident d'engager ou non des poursuites pénales contre une entreprise, les procureurs de la division Antitrust du DOJ doivent tenir compte de divers principes figurant dans le *Justice Manual* (anciennement *United States Attorneys'Manual*) : les Principes de poursuite fédérale (*Principles of Federal Prosecution, JM 9-27.000*) et les Principes de poursuite fédérale des organisations commerciales (*Principles of Federal Prosecution of Business Organizations, JM 9-28.000*). Ce sont ces principes, évoqués également dans les parties relatives au FCPA et aux Conventions judiciaires d'intérêt public (V. v° *Corruption*), qui leur permettent d'accepter ou non de négocier des *plea bargainings*, des *non prosecution agreements* ou des *deferred prosecution agreements*.

Ils doivent également tenir compte, en matière antitrust, de la politique de clémence (V. *supra*, le commentaire du *Sherman Act*).

Dans ce cadre, les procureurs prennent en compte un certain nombre de facteurs, notamment « l'adéquation et l'efficacité du programme de conformité de la société au moment de l'infraction, ainsi qu'au moment de la décision d'inculpation ».

Le *Justice Manual* demande aux procureurs de tenir compte de trois questions fondamentales dans leur évaluation : le programme de conformité de l'entreprise est-il bien conçu ? ; le programme est-il appliqué avec sérieux et en toute bonne foi ? ; le programme de conformité de l'entreprise fonctionne-t-il ?

On retrouve cette question de l'effectivité en droit de la concurrence français (V. *supra*, I. Règles internes) comme en matière de lutte anticorruption (V. v° *Corruption*), l'enjeu étant d'éviter les programmes « cosmétiques ».

De fait, trois questions préliminaires doivent se poser aux procureurs avant toute enquête : le programme de conformité de l'entreprise traite-t-il et interdit-il les infractions pénales aux règles antitrust ? ; le programme de conformité aux règles antitrust a-t-il permis de détecter et de faciliter la notification rapide de l'infraction ? ; dans quelle mesure la direction de l'entreprise a-t-elle été impliquée dans l'infraction ?

Après avoir rappelé ces questions, le guide « *Evaluation of Corporate Compliance Programs in Criminal Antitrust Investigations* » va donner les critères d'efficacité attendus d'un programme : la conception et l'exhaustivité du programme ; la culture de conformité au sein de l'entreprise ; la responsabilité et les ressources consacrées à la conformité aux règles antitrust ; les techniques d'évaluation des risques antitrust ; la formation en matière de conformité et la communication aux employés ; les techniques de contrôle et d'audit, notamment l'examen, l'évaluation et la révision continus du programme de conformité aux règles antitrust ; les mécanismes de révélation des faits (dispositifs d'alertes) ; les mesures d'incitation et de discipline en matière de conformité ; les méthodes de correction.

On retrouve en fait les mêmes attentes et mécanismes qu'en matière de lutte contre la corruption (V. v° *Corruption*), démontrant clairement que la législation antitrust est véritablement au cœur des questions de compliance.

Chacun des éléments qui précède est détaillé dans le guide.

Ce dernier consacre, enfin, un développement à la prise en compte des dispositifs de compliance par les juges dans l'appréciation et la fixation de la peine, en cas de poursuite, conformément aux *U.S. Sentencing Guidelines*.

Ces *guidelines* donnent un cadre, avec des méthodes d'appréciation et de critères harmonisés, sur lequelle le juge s'appuiera dans des instances fédérales, pour déterminer la sanction applicable. Précisément, les *US Sentencing Guidelines* aboutissent à un calcul de points s'ajoutant ou se retranchant pour préconiser des peines plus ou moins lourdes. Plusieurs critères concernent les programmes de compliance : existence d'un code d'éthique, création d'une fonction conformité avec des pouvoirs et des moyens effectifs, système de *whistleblowing*, etc. Ces *guidelines* ne sont pas impératives mais doivent néanmoins être prises en compte, sinon la peine sera considérée comme « non raisonnable » (US Supreme Court, *United States v. Booker*, 543 U.S. 220 [2005]) ; à l'inverse les cours d'appel peuvent présumer qu'une peine fixée selon les *guidelines* est « raisonnable » (US Supreme Court, *Rita v. United States*, 551 U.S. 338 [2007]).

Les *US Sentencing Guidelines* prévoient ainsi une réduction de trois points du score de culpabilité d'une entreprise défenderesse si celle-ci dispose d'un programme de conformité « efficace ». Des règles s'appliquent également pour les fixations d'amendes (U.S.C. § 3572(a)(8)) selon des critères comme le « *tone at the top* » ou engagement des instances dirigeantes, les améliorations apportées au programme existant à la suite de la révélation d'un manquement, voire la création d'un programme de conformité s'il n'existait pas, et enfin la mise en œuvre de procédures disciplinaires. ❑

U.S. Department of Justice Antitrust Division

Introduction *[This guidance document offers the views of the Antitrust Division of the Department of Justice and has no force or effect of law. It is not intended to be, and may not be, relied upon to create any rights, substantive or procedural, enforceable at law by any party. Nothing in this document should be construed as mandating a particular outcome in any specific case, and nothing in this document limits the discretion of the U.S. Department of Justice or any U.S. government agency to take any action, or not to take action, with respect to matters under its jurisdiction.]*

Antitrust compliance programs promote vigorous competition in a free market economy by creating a culture of good corporate citizenship within a company that seeks to prevent antitrust violations. Although an antitrust compliance program may not prevent every violation, an effective compliance program should be able to detect and address potential antitrust violations. Moreover, effective antitrust compliance programs not only prevent, detect, and address antitrust violations, they also further remedial efforts and help foster corporate and individual accountability by facilitating a corporation's prompt self-reporting and timely and thorough cooperation in the Antitrust Division's investigations. Indeed, a truly effective antitrust compliance program gives a company the best chance to obtain the significant benefits available under the Division's Corporate Leniency program. *[See Leniency Program Page, U.S. DEP'T JUSTICE, ANTITRUST DIV., https://www.justice.gov/atr/leniency-program.]*

This guidance document focuses on the evaluation of compliance programs in the context of criminal violations of the Sherman Act such as price fixing, bid rigging, and market allocation. It is intended to assist Division prosecutors in their evaluation of antitrust compliance programs at the charging and sentencing phases of an investigation. Although the evaluation of antitrust compliance programs is an important factor in the prosecutorial decision-making process at both charging and sentencing, a number of other important factors not addressed by this compliance - specific guidance also must be considered.

This document is based on the Division's experience and expertise evaluating antitrust compliance programs, along with resources within the Department of Justice concerning the evaluation of corporate compliance programs, including the Justice Manual, see, e.g., JM § 9-28.800, and Criminal Division Guidance on the Evaluation of Corporate Compliance Programs. *[U.S. DEP'T JUSTICE, CRIMINAL DIV., EVALUATION OF*

CORPORATE COMPLIANCE PROGRAMS (Apr. 2019), https://www.justice.gov/criminal-fraud/page/file/937501/download [hereinafter CRIMINAL DIVISION COMPLIANCE GUIDANCE].]

It also draws on the United States Sentencing Guidelines' evaluation of effective compliance programs. See U.S.S.G. § 8B2.1.

I Evaluating a Corporate Antitrust Compliance Program at the Charging Stage

When deciding whether and to what extent to bring criminal charges against a corporation, Division prosecutors must consider the Principles of Federal Prosecution and the Principles of Federal Prosecution of Business Organizations (collectively hereinafter referred to as "Principles") and the Division's Leniency Policy. See JM §§ 9-27.001, et seq.; 9-28.300-2 8.400. *[A more detailed discussion of the Division's approach to charging can be found in Chapter Three of the Antitrust Division Manual, https://www.justice.gov/atr/file/761141/download.]* **Under the Principles, prosecutors consider a number of factors, including "the adequacy and effectiveness of the corporation's compliance program at the time of the offense, as well as at the time of the charging decision." JM § 9-28.800.**

Although the Department has no formulaic requirements regarding the evaluation of corporate compliance programs, the Justice Manual asks prosecutors to consider three "fundamental" questions in their evaluation :

1. "Is the corporation's compliance program well designed?"

2. "Is the program being applied earnestly and in good faith?"

3. "Does the corporation's compliance program work?"

JM § 9-28.800.

This document addresses these questions in the criminal antitrust context by identifying elements of an effective antitrust compliance program. Although Division prosecutors should consider these factors when evaluating antitrust compliance programs, the factors are not a checklist or formula. Indeed, not all factors will be relevant in every case, and some factors in the Division's analysis are relevant to more than one question. Moreover, the Division recognizes that a company's size affects the resources allocated to antitrust compliance and the breadth of the company's compliance program. *[See U.S.S.G. § 8B2.1 note 2(C) ("The formality and scope of actions that an organization shall take to [implement an effective compliance program]... including the necessary features of the organization's standards and procedures, depend on the size of the organization... A large organization generally shall devote more formal operations and greater resources... than shall a small organization... [A] small organization may [rely on]... less formality and fewer resources.").]*

Division prosecutors should evaluate compliance programs throughout the course of their investigation, including asking relevant compliance - related questions of witnesses, and should not wait for companies to offer a compliance presentation before beginning their evaluation of a company's antitrust compliance program.

A *Preliminary Questions*

At the outset of any inquiry into the efficacy of an antitrust compliance program, Division prosecutors should ask three preliminary questions about a company's compliance efforts:

1) Does the company's compliance program address and prohibit criminal antitrust violations?

2) Did the antitrust compliance program detect and facilitate prompt reporting of the violation?

3) To what extent was a company's senior management involved in the violation?

These questions are intended to help Division prosecutors focus the analysis discussed below on the factors most relevant to the specific circumstances under review.

B *Elements of an Effective Compliance Program*

The goal of an effective antitrust compliance program is to prevent and detect violations. While the best outcome is to prevent antitrust violations from occurring, the Division recognizes that "no compliance program can ever prevent all criminal activity by a corporation's employees." JM § 9-28.800. According to the Justice Manual, the "critical factors in evaluating any program are whether the program is adequately designed for maximum effectiveness in preventing and detecting wrongdoing by employees and whether corporate management is enforcing the program or is tacitly encouraging or pressuring employees to engage in misconduct." Id. Indeed, "[t]he keys for successful [antitrust] compliance [programs] in general are efficiency, leadership, training, education, information and due diligence." *[ORGANISATION FOR ECONOMIC CO-OPERATION AND DEVELOPMENT, DIRECTORATE FOR FINANCIAL AND ENTERPRISE AFFAIRS, COMPETITION COMMITTEE, PROMOTING COMPLIANCE WITH COMPETITION LAW 12 (2012), http://www.oecd.org/daf/competition/Promotingcompliancewithcompetitionlaw2011.pdf [hereinafter OECD COMPLIANCE PAPER].]*

The factors that Division prosecutors should consider when evaluating the effectiveness of an antitrust compliance program include: (1) the design and comprehensiveness of the program; (2) the culture of compliance within the company; (3) responsibility for, and resources dedicated to, antitrust compliance; (4) antitrust risk assessment techniques; (5) compliance training and communication to employees; (6) monitoring and auditing techniques, including continued review, evaluation, and revision of the antitrust compliance program; (7) reporting mechanisms; (8) compliance incentives and discipline; and (9) remediation methods. *[See JM § 9-28.800; CRIMINAL DIVISION COMPLIANCE GUIDANCE; INTERNATIONAL CHAMBER OF COMMERCE, THE ICC ANTITRUST COMPLIANCE TOOLKIT 2 (2013), https://cdn.iccwbo.org/content/uploads/sites/3/2013/04/ICC-Antitrust-Compliance-Toolkit-ENGLISH.pdf [hereinafter ICC COMPLIANCE TOOLKIT].]* Questions relevant to each of these considerations are set forth below.

1 *Design and Comprehensiveness*

Although a Code of Conduct can be an effective tool for communicating a company's antitrust-related policies and procedures, the Justice Manual also requires prosecutors to evaluate whether a compliance program "is merely a 'paper program' or whether it was designed, implemented, reviewed, and revised, as appropriate, in an effective manner." JM § 9-28.800. Division prosecutors should consider the design, format, and comprehensiveness of the antitrust compliance program. With respect to this analysis, key considerations are the adequacy of the program's integration into the company's business and the accessibility of antitrust compliance resources to employees and agents (hereinafter "employees and agents" will be collectively referred to as "employees").

☐ Before becoming aware of any investigation, did the company have an antitrust compliance program establishing standards and procedures to prevent and detect criminal conduct? When was the company's antitrust compliance program first implemented? How often is it updated? Is it periodically reviewed and does it seek feedback from employees? Are compliance materials updated with recent developments and periodically refreshed so they do not become stale?

☐ What is the format of the antitrust compliance program? Is it in writing?

☐ Who is responsible for integrating antitrust policies and procedures into the company's business practices? In what specific ways are antitrust compliance policies and procedures reinforced through the company's internal controls? For example, does the company have a way of tracking business contacts with competitors or attendance at trade association meetings, trade shows, and other meetings attended by competitors? Is that tracking system regularly monitored?

☐ What guidance has been provided to employees who could flag potential antitrust violations (e.g., those with approval authority for pricing changes and participation in industry meetings, certification responsibilities for bidding activity, or human resources/hiring authority)? Do they know what antitrust risks the company faces and what conduct potentially indicates an antitrust violation?

☐ What guidance has been provided to employees about document destruction and obstruction of justice? Does the company have clear document retention guidelines and does it educate employees on the ramifications of document destruction and obstruction of justice?

2 *Culture of Compliance*

An effective compliance program will "promote an organizational culture that encourages ethical conduct and a commitment to compliance with the law." U.S.S.G. § 8B2.1(a). Support of the program from the company's top management is critical to the success of an antitrust compliance program. The Division has recognized that "[i]f senior management does not actively support and cultivate a culture of compliance, a company will have a paper compliance program, not an effective one." *[Brent Snyder, Deputy Assistant Att'y Gen., U.S. Dep't Justice, Antitrust Div., Compliance is a Culture, Not Just a Policy, Remarks as Prepared for the International Chamber of Commerce/United States Council of International Business Joint Antitrust Compliance Workshop 4-5 (September 9, 2014), https://www.justice.gov/atr/file/517796/download.]* Indeed, employees should be "convinced of the corporation's commitment to *[the compliance program]*." JM § 9-28.800.

Division prosecutors should examine the extent to which corporate management has clearly articulated – and conducted themselves in accordance with – the company's commitment to good corporate citizenship. *[See U.S.S.G. § 8B2.1(b)(2)(A)-(B) (the company's "governing authority shall be knowledgeable about the content and operation of the compliance and ethics program and shall exercise reasonable oversight" of it; "[h]igh-level personnel. .. shall ensure that the organization has an effective compliance and ethics program.").]*

☐ What is the company's senior leadership doing to convey the importance of antitrust compliance to company employees? How have senior leaders, through their words and actions, encouraged (or discouraged) antitrust compliance? What concrete actions have they taken to demonstrate leadership in the company's antitrust compliance or remediation efforts if relevant?

☐ Have senior managers tolerated antitrust violations in pursuit of new business, greater revenues, or maintaining customers? Were senior managers involved in the violation(s)?

☐ Has there been personal accountability by senior leadership for failures in the company's antitrust compliance?

☐ What else is the company's senior leadership doing to set the tone from the top or bring about culture change throughout the company?

3 *Responsibility for the Compliance Program*

For the antitrust compliance program to be effective, those with operational responsibility for the program must have sufficient autonomy, authority, and seniority within the company's governance structure, as well as adequate resources for training, monitoring, auditing and periodic evaluation of the program. See U.S.S.G. § 8B2.1(b)(2)(C) ("To carry out such operational responsibility, such individual(s) shall be given adequate resources, appropriate authority, and direct access to the governing authority or an appropriate subgroup of the governing authority.")

☐ Who has overall responsibility for the antitrust compliance program? Is there a chief compliance officer or executive within the company responsible for antitrust compliance? If so, to whom does the individual report, e.g., the Board of Directors, audit committee, or other governing body? How often does the compliance officer or executive meet with the Board, audit committee, or other governing body? How does the company ensure the independence of its compliance personnel?

☐ How does the compliance function compare with other functions in the company in terms of stature, compensation levels, rank/title, reporting line, resources, and access to key decision-makers? Is the compliance function sufficiently senior within the organization to command respect and adequate resources?

☐ Are compliance personnel dedicated to compliance responsibilities, or do they have other, non-compliance responsibilities within the company? If so, what proportion of their time is dedicated to compliance responsibilities? Why has the company chosen the compliance structure it has in place? Has the company's size impacted that decision?

☐ Do compliance personnel report to top management regarding the effectiveness of antitrust compliance? What is the format of their report? See U.S.S.G. § 8B2.1(2)(b)(2)(C).

☐ Who is delegated day-to-day operational responsibility for the antitrust compliance program? Do compliance personnel responsible for antitrust compliance have adequate experience and familiarity with antitrust law? Has the level of experience and qualifications in these roles changed over time?

☐ Does the company allocate sufficient compliance resources to educating employees on antitrust law? Are such resources allocated efficiently by focusing on high antitrust risk areas? For example, does the compliance program identify and adequately train employees who have frequent contact with competitors?

☐ Who reviews the effectiveness of the compliance function and what is the review process?

4 *Risk Assessment*

A well-designed corporate compliance program is "designed to detect the particular types of misconduct most likely to occur in a particular corporation's line of business." JM § 9-28.800. Thus, an effective antitrust compliance program should be appropriately tailored to account for antitrust risk. *[See U.S.S.G. § 8B2.1, application note 7 ("If, because of the nature of an organization's business, there is a substantial risk that certain types of criminal conduct may occur, the organization shall take reasonable steps to prevent and detect that type of criminal conduct. For example, an organization that, due to the nature of its business, employs sales personnel who have flexibility to set prices shall establish standards and procedures designed to prevent and detect price-fixing.")]*

☐ Is the company's antitrust compliance program tailored to the company's various industries/business lines and consistent with industry best practice? Does the compliance program provide specialized antitrust compliance training for human resources personnel and executives responsible for overseeing recruitment and hiring? What efforts has the company made to implement antitrust-related policies and procedures that reflect and address the antitrust risks it faces, including legal and technical changes in the way the company conducts business? For example, as employees utilize new methods of electronic communication, what is the company doing to evaluate and manage the antitrust risk associated with these new forms of communication?

☐ What information or metrics has the company collected and used to help detect antitrust violations? How has the information or metrics informed the company's antitrust compliance program, e.g., through training, modifications, or internal controls? For example, if the company bids on contracts, is bid information subject to evaluation to detect possible bid-rigging? Does the company evaluate pricing changes for possible price-fixing?

☐ Is the company's antitrust risk assessment current and subject to periodic review? Have there been any updates to antitrust policies and procedures in light of lessons learned or marketplace, legal, technological, or other developments? Do these updates account for risks discovered through prior antitrust violations or compliance incidents?

5 *Training and Communication*

An effective antitrust compliance program will include adequate training and communication so that employees understand their antitrust compliance obligations. "Ideally, *[antitrust compliance training]* empowers employees to do business confidently insofar as they are clearer on what is and is not permissible, and can resist pressures more effectively (whether these are internal or external)." *[ICC COMPLIANCE TOOLKIT at 12.]* For example, training can teach relevant personnel that competitor communications could signal an antitrust violation if they are not part of a legitimate joint venture or other procompetitive or competitively neutral collaboration. In addition, training should instruct employees involved in such collaboration that a legitimate collaboration between competitors can become problematic if it develops into an exchange of competitively sensitive business information or future pricing information, or if other antitrust violations occur. Training should address what to do when an employee thinks activity is potentially unlawful.

☐ How has the company communicated its antitrust policies and procedures to all employees? Did the company introduce antitrust policies in a way that promotes and ensures employees'understanding? In what specific ways are antitrust compliance policies and procedures reinforced through the company's internal controls?

☐ If the company has a Code of Conduct, are antitrust policies and principles included in the document? If the company has foreign subsidiaries, are there cultural, linguistic, or other barriers to implementing the company's antitrust compliance polices, and how are those barriers addressed?

☐ What mechanisms does the company have in place to ensure that employees follow its compliance program? See U.S.S.G. § 8B2.1(b)(5)(A). How is the compliance program distributed to employees? Are the compliance program and related training materials easily accessible to employees, e.g., via a prominent location on the company's intranet?

☐ Must employees certify that they have read the compliance policy? If so, how? Do the certification policies apply to all employees? Do they apply to members of the Board of Directors? How often must employees certify their antitrust compliance?

☐ Does the company provide antitrust compliance training? In what form is the antitrust training and who provides it? Is the training provided online or in-person (or both), and what is the company's rationale for its choice?

☐ Who receives antitrust compliance training? What analysis has the company undertaken to determine whom to train and to tailor training to the company's lines of business and antitrust risks?

☐ Does training include senior management/supervisors and the Board of Directors? What is the lowest level employee who must receive antitrust compliance training? Are contractors or agents included in the training?

☐ How often does antitrust compliance training occur? Is antitrust compliance training required when an employee begins work? Is antitrust compliance training required prior to attendance at trade shows or trade association or other meetings with competitors? Are employees required to certify their completion of the training program? See U.S.S.G. § 8B2.1(b)(4). If so, how? How is attendance at the training recorded and preserved? Who ensures that employees attended the required training and certified their attendance?

☐ How does the training test the level of employees'understanding of the antitrust laws ? Is training tailored to the employee's duties and does it provide examples that could arise in the business unit he or she is a part of? For example, if the company bids on contracts, does the company's compliance program educate employees on bid rigging and market allocation? Are those with pricing authority educated about price fixing?

☐ How often is antitrust training updated to reflect marketplace, legal, technological, or other developments? Has the training addressed lessons learned from prior antitrust violations or compliance incidents?

6 *Periodic Review, Monitoring and Auditing*

A critical part of an effective antitrust compliance program is the effort to review the compliance program and ensure that it continues to address the company's antitrust risks. See U.S.S.G. § 8B2.1(b)(5). An effective compliance program includes monitoring and auditing functions to ensure that employees follow the compliance program. *[See U.S.S.G. § 8B2.1(b)(5)(A). [See also ICC COMPLIANCE TOOLKIT at 65-70.]*

"Periodically assessing whether parts of [a] company's business or certain business practices are complying with antitrust laws in practice allows senior managers to know whether the company is moving closer to its antitrust compliance objectives." *[ICC COMPLIANCE TOOLKIT at 68.]* Such periodic testing also "helps ensure that there is continued, clear and unambiguous commitment to antitrust compliance from the top down, that the antitrust risks identified or the assessment of these risks have not changed (or if they have changed, to reassess controls) and that the risk mitigation activities/controls remain appropriate and effective." *[Id.]* Review also may help "identify substantive antitrust concerns, rectify any illegal [behavior], and to assess if it is appropriate to apply to one or more antitrust agency for [leniency]." *[Id.]*

☐ What methods does the company use to evaluate the effectiveness of its antitrust compliance program? Who evaluates the antitrust compliance program? For example, is there a compliance committee that meets periodically? How often is the program evaluated? See U.S.S.G. § 8B2.1(b)(5)(B). Has the company revised its compliance program in light of any prior antitrust violations or compliance incidents?

☐ What monitoring or auditing mechanisms does the company have in place to detect antitrust violations? See U.S.S.G. § 8B2.1(b)(5)(A). For example, are there routine or unannounced audits (e.g., a periodic review of documents/communications from specific employees; performance evaluations and employee self-assessments for specific employees; interviews of specific employees)? Does the company use any type of screen, communications monitoring tool, or statistical testing designed to identify potential antitrust violations?

☐ What is the company's process for designing and implementing revisions to its antitrust compliance policy, and has that process changed over time? Does the company consult business units prior to making changes?

7 *Reporting*

An effective compliance program includes reporting mechanisms that employees can use to report potential antitrust violations anonymously or confidentially and without fear of retaliation. Confidential reporting mechanisms can facilitate the company's detection of an antitrust violation and are an integral element of an effective compliance program. *[See JM § 9-28.900 (requiring prosecutors to evaluate whether the company has "established an information and reporting system in the organization reasonably designed to provide management and directors with timely and accurate information sufficient to allow them to reach an informed decision regarding the organization's compliance with the law.").]*

☐ Is there a publicized system in place whereby employees may report or seek guidance about potentially illegal conduct? Are there positive or negative incentives for reporting antitrust violations?

☐ Do supervisors or employees who become aware of a potential antitrust violation have a duty to report it to those with responsibility for compliance? What disciplinary measures does the company have for those who fail to report such conduct?

☐ Does the company periodically analyze reports or investigation findings for patterns or other red flags of a potential antitrust violation?

☐ What mechanisms does the company have in place to allow employees to report or seek guidance regarding potential criminal conduct without fear of retaliation? May employees make anonymous and confidential reports?

8 *Incentives and Discipline*

Also relevant to an antitrust compliance program's effectiveness are the "systems of incentives and discipline [] that ensure the compliance program is well-integrated into the company's operations and workforce." *[CRIMINAL DIVISION COMPLIANCE GUIDANCE, at 2.]*

☐ What incentives does the company provide to promote performance in accordance with the compliance program? *See* U.S.S.G. § 8B2.1(b)(6)(A).

☐ Has the company considered the implications on antitrust compliance of its incentives, compensation structure, and rewards? Does the company incentivize antitrust compliance? Have there been specific examples of actions taken (e.g., promotions or awards denied, or bonuses clawed back) because of compliance considerations? Who determines the compensation, including bonuses, as well as discipline and promotion of compliance personnel?

☐ What disciplinary measures does the company have for those who engage in antitrust violations or those who fail to take reasonable steps to prevent or detect violations? *See* U.S.S.G. § 8B2.1(b)(6)(B).

☐ Has the company disciplined anyone because of an antitrust violation? Has there been any management turnover because of the company's participation in the violation? Were the actual reasons for discipline communicated to employees? If not, why not?

☐ Are antitrust violations disciplined in the same manner as other types of misconduct? Can the company provide examples or data on this point?

☐ What is the employment status of culpable executives who have not cooperated and accepted responsibility for antitrust violations? If the company still employs culpable executives, what are their positions? What role do they have with regard to pricing, the company's compliance and internal investigation, and supervision of any potential witnesses in the government's investigation?

9 *Remediation and Role of the Compliance Program in the Discovery of the Violation*

Although a compliance program may not detect every antitrust violation in the first instance, remedial efforts and improvements to the company's compliance program may prevent recurrence of an antitrust violation. The Justice Manual directs prosecutors to consider "any remedial actions taken by the corporation, including. .. revisions to corporate compliance programs in light of lessons learned." JM § 9-28.800. The thoroughness of the company's remedial efforts is relevant to whether the antitrust compliance program was effective at the time of the antitrust violation.

Remedial efforts are also relevant to whether the compliance program was effective at the time of a charging decision or sentencing recommendation. Therefore, Division prosecutors should assess whether and how the company conducted a comprehensive review of its compliance training, monitoring, auditing, and risk control functions following the antitrust violation. Division prosecutors should also consider what modifications and revisions the company has implemented to help prevent similar violations from reoccurring, and what methods the company will use to evaluate the effectiveness of its antitrust compliance program going forward.

In addition, early detection and self-policing are hallmarks of an effective compliance program and frequently will enable a company to be the first applicant for leniency under the Division's Corporate Leniency Policy. Early detection and self-policing are also relevant at the charging stage of an investigation. As articulated in the Justice Manual, "the Department encourages such corporate self-policing, including voluntary disclosures to the government of any problems that a corporation discovers on its own." JM § 9-28.800; see JM § 9-28.900. "If a compliance program did effectively identify misconduct, including allowing for timely remediation and self-reporting, a prosecutor should view the occurrence as a strong indicator that the compliance program was working effectively." *[CRIMINAL DIVISION COMPLIANCE GUIDANCE, at 13.]*

☐ What role did the antitrust compliance program play in uncovering the antitrust violation?

☐ Did anyone who had responsibility to report misconduct to the compliance group/officer know of the antitrust violation? If so, when was the violation discovered, by whom, and how was it uncovered? If not, why not?

☐ Has the company conducted an analysis to detect why the antitrust compliance program failed to detect the antitrust violation earlier?

☐ Has the company revised its antitrust compliance program as a result of the antitrust violation and lessons learned? How did the company address, and determine how to address, failures in the compliance program? Was outside counsel or an advisor involved?

☐ What role did the senior leadership play in addressing the antitrust violation and revising the compliance program to better detect the conduct that resulted in the antitrust violation?

☐ Does the company believe that changes to the antitrust compliance program will prevent the recurrence of an antitrust violation? What modifications and revisions did the company make? How will the company evaluate the continued effectiveness of its antitrust compliance training?

☐ How did the company convey the changes to antitrust policies and procedures to employees? Were employees required to certify they understood the new policies?

☐ Does the antitrust compliance program provide guidance on how to respond to a government investigation? Does the program educate employees on the ramifications of document destruction and obstruction of justice?

☐ Did the compliance program assist the company in promptly reporting the illegal conduct? Did the company report the antitrust violation to the government before learning of a government investigation? How long after becoming aware of the conduct did the company report it to the government?

II Sentencing Considerations

In accordance with the U.S. Sentencing Guidelines and 18 U.S.C. § 3572, when a decision is made to charge a company, Division prosecutors should evaluate whether to recommend a sentencing reduction based on a company's effective antitrust compliance program.

A *Guidelines Credit for an Effective Compliance Program*

The Sentencing Guidelines provide several avenues for a company to receive credit for an effective compliance program. U.S.S.G. § 8C2.5(f) provides for a three-point reduction in a corporate defendant's culpability score if the company has an "effective" compliance program. The existence and effectiveness of a compliance program also may be relevant to determining whether a company should be sentenced to probation pursuant to U.S.S.G. § 8D1.1. In addition, a compliance program may be relevant to determining the appropriate corporate fine to recommend within the Guidelines range or whether to recommend a fine below the Guidelines range. See U.S.S.G. § 8C2.8; 18 U.S.C. § 3572. The Sentencing Guidelines'criteria are minimum requirements. As explained above, the Department has no formulaic requirements regarding corporate compliance programs. Compliance programs are to be evaluated on a case-by-case basis and will depend on the company's specific compliance program and its implementation and operation.

The Sentencing Guidelines are clear that a sentencing reduction for an effective compliance program does not apply in cases in which there has been an unreasonable delay in reporting the illegal conduct to the government. See U.S.S.G. § 8C2.5(f)(2). In addition, there is a rebuttable presumption that a compliance program is not effective when certain "high-level personnel" or "substantial authority personnel" "participated in, condoned, or [were] willfully ignorant of the offense." U.S.S.G. § 8C2.5(f)(3)(A)-(C). Under the Sentencing Guidelines, "high-level personnel" and "substantial authority personnel" include individuals in charge of sales units, plant managers, sales managers, or those who have the authority to negotiate or set prices or negotiate or approve significant contracts. U.S.S.G. § 8A1.2, application note 3(B)-(C).

Division prosecutors should consider whether the Guidelines'presumption that a compliance program is not effective applies and, if it does, whether the presumption can be rebutted under U.S.S.G. § 8C2.5 (f)(3)(C)(i)-(iv). Relevant to this inquiry is whether : (i) individuals with operational responsibility for the compliance program had direct reporting obligations to the governing authority of the company (e.g., an audit committee of the Board of Directors if applicable); (ii) the compliance program detected the antitrust violation before discovery outside of the company or before such discovery was reasonably likely; (iii) the company promptly reported the violation to the Antitrust Division; and, (iv) no individual with operational responsibility for the compliance program "participated in, condoned, or was willfully ignorant" of the antitrust violation. U.S.S.G. § 8C2.5.

Division prosecutors must assess application of the rebuttable presumption on a case-by-case basis. For antitrust violations, whether and when the company applied for a leniency marker under the Division's Corporate Leniency Policy often will be a key factor in assessing whether or not the presumption can be rebutted.

B *Compliance Considerations Relevant to Recommending Probation under U.S.S.G. § 8D1.1*

In each criminal case in which a company will be sentenced, Division prosecutors must also recommend whether a corporate defendant be placed on probation pursuant to U.S.S.G.

§ 8D1.1. The Division generally will not seek corporate probation for corporations that cooperate with the investigation and accept responsibility, except in limited circumstances, such as when a company has left culpable individuals in positions of authority, or has received a "Penalty Plus" fine adjustment for failing to report other cartel conduct at the time of a prior plea. In contrast, when a company is found guilty at trial, the Division may seek probation if the company does not accept responsibility and declines to take measures to implement or improve its antitrust compliance program. *See*, e.g., U.S.S.G. § 8D1.1(a)(3).

If a company did not have a pre-existing antitrust compliance program at the time of the antitrust violation, Division prosecutors should inquire whether the company has put in place a compliance program that meets the requirements of an effective compliance program under U.S.S.G.

§ 8B2.1. If the company has not established an adequate compliance program, the Division may recommend probation and, in appropriate cases, periodic compliance reports as a condition of probation. The Division also will consider whether an external monitor is necessary to ensure implementation of a compliance program and timely reports. Moreover, if the Division will recommend that the company receive a "Penalty Plus" fine enhancement for the recurrence of antitrust violations, the Division is likely to seek probation and recommend periodic compliance reports as a condition of probation.

C *Statutory Fine Reduction for Recurrence Prevention Efforts*

In addition to the Sentencing Guidelines, Title 18 of the United States Code also provides a mechanism for recognizing remedial efforts and reducing a corporation's fine. In determining whether to impose a fine, and the amount and timing of that fine, courts shall consider any measure taken by a company to discipline personnel responsible for the offense and to prevent recurrence of the offense. See 18 U.S.C. § 3572(a)(8). Division prosecutors thus should consider whether a company's extraordinary post-violation compliance efforts warrant a fine reduction. *[See Makan Delrahim, Assistant Att'y Gen., U.S. Dep't Justice, Antitrust Div., Don't "Take the Money and Run" : Antitrust in the Financial Sector 12-13 (May 1, 2019), https://www.justice.gov/opa/speech/file/1159346/download.]* A dedicated effort by the company's senior management to change company culture after the antitrust violation and corporate actions to prevent the recurrence of an antitrust violation are relevant to whether staff should recommend such a fine reduction under 18 U.S.C. § 3572(a)(8). In making a recommendation for a fine reduction under 18 U.S.C. § 3572, Division prosecutors should consider:

☐ **Tone at the Top** – What steps has senior management taken to require and incentivize lawful behavior and participation in compliance training? Has the company demonstrated that ensuring future compliance and culture change is paramount? Has senior management accepted personal accountability for the violation (e.g., accepted a reduced bonus, included antitrust compliance in the company's compliance program, actively participated in and encouraged antitrust-related training)? Did senior management participate in the revision and implementation of a more robust compliance program in response to the antitrust violation?

□ **Improvements to Pre-Existing Compliance Program** – Has the company conducted a comprehensive review of its compliance, training, monitoring, auditing, and risk control functions following the antitrust violation? How did the company modify and revise its compliance program to prevent similar conduct from reoccurring? What methods will the company use to evaluate the effectiveness of its antitrust compliance training going forward?

□ **Creation of Compliance Program** – If the company had no antitrust compliance program in place prior to the charged antitrust violation, did the company create a robust program tailored to the company's business and aimed at preventing recurrence of an antitrust violation? Does the company's new antitrust compliance program educate employees about the illegal conduct that occurred as well as other antitrust risks? Does the compliance program provide guidance on how to respond to a government investigation? What resources are devoted to antitrust compliance? Did the company hire outside counsel or an advisor to assist the company in creating the program? What methods will the company use to evaluate the effectiveness of its antitrust compliance program going forward?

□ **Disciplinary Procedure** – Did the company have or create disciplinary procedures for employees who violate the law or the company's compliance program? Did the company discipline employees who engaged in the violation?

BLANCHIMENT

SOLUTION COMPLIANCE v° *La sécurité financière.*

BIBL. GÉN. ▶ Larguier et Conte, Droit pénal des affaires, *Armand Colin, coll. U, 11e éd., 2004.* – Jeandidier, Droit pénal des affaires, *Dalloz, Précis, 6e éd., 2013.* – Dreyer, Droit pénal spécial, *Ellipses, Cours magistral, 3e éd., 2016.* – Véron, Droit pénal spécial, *Sirey U, 16e éd., 2017.* – Malabat, Droit pénal spécial, *Dalloz, HyperCours, 8e éd., 2018.* – Ambroise-Casterot, Droit pénal spécial et droit pénal des affaires, *Gualino, 2018.* – Boursier, Droit pénal des affaires internationales, Compliance et mondialisation, *Lextenso, Précis Joly, 2e éd., 2020.*

COMMENTAIRE

Les enjeux majeurs d'une lutte efficace contre le blanchiment de capitaux et le financement du terrorisme, liés, outre la question centrale de la lutte contre le terrorisme et son financement, aux risques de déstabilisation des économies et d'atteinte au caractère démocratique des États, expliquent la densité du cadre préventif et répressif international tant institutionnel que substantiel qui influence directement le cadre interne préventif et répressif.

Le blanchiment d'argent est un processus de dissimulation de l'origine criminelle de biens tendant à leur conférer une source apparemment licite. Il vise à l'intégration du produit d'activités illégales dans les circuits économiques légaux, c'est-à-dire pris en compte par la comptabilité nationale, grâce à une source apparemment licite. Le blanchiment désigne le processus à l'issue duquel les fonds obtenus au moyen de la commission d'infractions pénales sont réinjectés dans l'économie légale.

Techniquement, le blanchiment désigne l'ensemble des méthodes, utilisées en connaissance de cause, permettant de modifier le statut de l'argent provenant d'activités illicites. Il consiste à convertir ou transférer des biens d'origine illicite. Il prend la forme d'une dissimulation de l'origine, de l'emplacement des biens ou des droits dont l'auteur sait qu'ils proviennent d'une infraction ou encore de l'acquisition, la détention ou l'utilisation de biens dont on sait, au moment où on les reçoit, qu'ils proviennent de la commission d'une infraction.

Le blanchiment d'argent est essentiellement transnational, issu des grands trafics internationaux. Il concerne directement l'activité des entreprises opératrices du commerce international, en tant qu'instruments ou auteurs, pour les fonds provenant, soit de capitaux exportés en infraction aux réglementations sur le contrôle des changes et les sorties de devises, soit de capitaux issus de la fraude fiscale, soit de capitaux issus d'autres délits susceptibles d'être commis dans le cadre de leurs activités licites (corruption, délits d'initiés, abus de biens sociaux, travail dissimulé).

Surtout, la lutte contre le blanchiment de capitaux et le financement du terrorisme (LBC/FT) concerne directement les entreprises opératrices du commerce international basées en France – et notamment l'ensemble des réseaux bancaires et d'assurance – dans le cadre de son important volet préventif qui impose une mise en conformité de leur système de prévention et de détection du blanchiment qui fait partie intégrante de leurs obligations en matière de compliance.

Pour lutter efficacement contre ce phénomène de blanchiment d'argent et de financement du terrorisme, les autorités internationales, régionales et nationales investies dans la lutte contre le blanchiment d'argent établissent des typologies du blanchiment pour tenir compte des nouvelles « tendances » qui permettent aux États et aux opérateurs économiques d'en assurer une application concrète et de rechercher une efficacité réelle dans la mise en œuvre des normes. Il s'agit de faire face aux nouvelles menaces liées à l'utilisation de nouveaux montages juridiques, de nouvelles opportunités et au développement des nouvelles technologies.

Les opportunités créées par le développement des technologies sont réelles. La monnaie électronique est un mode de paiement émergent avec ou sans support physique – cartes prépayées ou serveur électronique. Les cartes prépayées sont créditées d'un certain montant, et peuvent être émises par des banques, des enseignes commerciales ou encore des prestataires indépendants. Or, elles sont utilisées comme des cartes bancaires sans être rattachées à un compte. La monnaie électronique peut également être émise et distribuée sur des serveurs électroniques. Enfin, les cartes rechargeables – achetées en espèces ou par SMS *via* un opérateur téléphonique – peuvent être utilisées comme moyen de paiement, y compris sur Internet, pour recharger des cartes de paiement ou pour retirer des espèces. Les nouvelles technologies permettent aussi l'émergence de systèmes informatiques de paiement comme le Bitcoin et sa monnaie, qui échappent à tout mécanisme étatique et bancaire. La valeur du bitcoin est déterminée par son usage économique sur le marché des changes et ses règles d'émission monétaire dépendent d'un code informatique libre hors de toute infrastructure centralisée. Certaines banques centrales ont lancé des mises en garde sur l'usage du bitcoin, insistant sur son caractère hautement spéculatif, sur les risques juridiques qu'il engendre du fait de son statut de monnaie non régulée et sur sa possible utilisation à des fins criminelles en raison de l'anonymat qu'il assure à ses détenteurs favorisant les opérations de blanchiment et de financement du terrorisme.

Les services de paiement à distance et les transferts d'argent électroniques, beaucoup plus développés, cristallisent le même type de dangers. Ils sont soumis à une réglementation de plus en plus exigeante afin de pallier les risques de blanchiment. Les difficultés d'identification des donneurs d'ordres, le suivi des transferts et la possibilité de fractionner les envois constituent autant d'obstacles à la LBC/FT.

Plus globalement, le développement des transactions sur Internet représente un risque accru de blanchiment. Dès lors, la recherche d'efficacité et d'effectivité constitue un critère important des travaux d'évaluations mutuelles mis en œuvre dans la cadre des instances internationales et régionales de lutte contre le blanchiment d'argent.

La législation est mouvante suivant les modes opératoires du blanchiment sans cesse renouvelés par les criminels pour échapper aux législations en matière de LBC/FT. Elle est de plus en plus contraignante, mais en protégeant des secteurs sensibles, elle repousse mécaniquement les opérations de blanchiment vers des secteurs non, ou moins, protégés comme les activités *via* Internet, tout en accroissant leur technicité et leur opacité. Elle s'adapte également à la sensibilité du marché européen et à ses contraintes spécifiques liées à la liberté de circulation des personnes, des capitaux, des marchandises et des prestations de services.

L'impact du blanchiment en termes d'intégrité du commerce international, de conduite des affaires, de risques de déstabilisation de la finance internationale, d'atteintes concurrentielles majeures et d'atteintes démocratiques, du fait de ses liens étroits avec la corruption et le terrorisme, incite les États à transférer une partie de leur souveraineté pénale. La prise de conscience de ces risques a permis de dépasser les réticences historiques liées à une perte de souveraineté et parfois à une volonté d'attractivité, fiscale notamment. Les enjeux de sécurité dépassent les considérations économiques et politiques et justifient les contraintes fortes imposées à un nombre croissant d'opérateurs liées au volet préventif du blanchiment : mise en conformité, service de détection et de prévention, obligation de déclaration de soupçon.

En définitive, la LBC/FT concerne à trois titres les entreprises opératrices du commerce international. D'abord, en raison des liens étroits entre le blanchiment et certaines infractions comme l'évasion fiscale et la corruption facilitées par l'activité des entreprises opérant dans le commerce international. Ensuite, en tant que victimes de clients, de fournisseurs ou d'employés par l'instrumentalisation de leur infrastructure et de leurs activités à des fins de blanchiment. Enfin, en tant qu'acteurs économiques en raison de l'obligation de conformité aux règles de détection et de déclaration qui leur sont imposées. Toute méconnaissance de ces obligations constitue un risque concurrentiel et pénal sur le territoire français et, de plus en plus souvent, devant les juridictions étrangères, en raison du nombre croissant de législations en matière de LBC/FT et anticorruption à vocation extraterritoriale.

Les opérateurs du commerce international implantés sur le territoire français sont soumis à l'évolution des règles internationales conventionnelles et issues des organisations internationales. Elles sont, elles-mêmes, intégrées dans les directives européennes puis dans la législation interne. Leur particularité tient à un corpus directement ou indirectement contraignant, imposant la mise en œuvre de processus de prévention à nombre d'entreprises sous peine de sanctions pénales, administratives ou concurrentielles.

La directive n° 2015/689/UE du 20 mai 2015 du Parlement européen et du Conseil relative à la prévention de l'utilisation du système financier aux fins de blanchiment de capitaux et de financement du terrorisme, et la directive (UE) 2018/1673 du Parlement européen et du Conseil du 23 octobre 2018 visant à lutter contre le blanchiment de capitaux au moyen du droit pénal (V. ces textes *infra*, II. Règles européennes), ainsi que le nouveau corpus de règles annoncées par la Commission européenne dans le cadre d'un plan d'action européen visant à intensifier la lutte contre le blanchiment de capitaux par le biais d'un paquet législatif anti-blanchiment présenté en 2021, démontrent l'imbrication des normes substantielles préventives et répressives internationales et européennes qui revêtiront un caractère obligatoire en droit interne. Le plan d'action, notamment, est composé de trois règlements et d'une directive visant à une refonte complète du cadre européen en la matière avec une harmonisation par voie de règlement des mesures mises en œuvre par le secteur privé, l'apport de précisions supplémentaires sur le fonctionnement des dispositifs étatiques de LBC/FT (registres des bénéficiaires effectifs, cellules de renseignement financier…) et la création d'une nouvelle agence européenne de supervision pour mieux lutter contre le blanchiment. Ces règles fixant le cadre préventif de la LBC/FT s'ajoutent aux règles internes répressives en matière de blanchiment en créant un cadre préventif de lutte contre le blanchiment de capitaux et le financement du terrorisme. ❑

I RÈGLES INTERNES

A Droit préventif et répressif

COMMENTAIRE

Historiquement créée en matière de lutte contre le trafic de stupéfiants, aujourd'hui visée à l'article 222-38 du code pénal, l'incrimination de blanchiment a été étendue à l'ensemble des crimes et délits par l'article 324-1 du code pénal et complétée, notamment, par l'article 415 du code des douanes visant spécifiquement les infractions douanières. Ces incriminations s'accompagnent de dispositions de procédure pénale en lien avec les agents habilités à diligenter des enquêtes fiscales et douanières et aux modalités de procédure applicables à la grande criminalité.

Les infractions de blanchiment du code pénal, textes susceptibles de s'appliquer dans le cadre des activités transfrontalières des sociétés françaises ou étrangères opérant sur le territoire français lorsqu'une infraction sous-jacente a été commise – de nature criminelle et délictuelle pour la première incrimination ou spécifiquement douanière pour la seconde –, illustrent ainsi la nature du délit de blanchiment qui constitue une infraction de conséquence puisque sa finalité tient à la volonté de donner une apparence licite à des fonds illicites provenant d'une activité illégale afin de les réintégrer dans les circuits financiers officiels.

S'y ajoute l'incrimination de financement du terrorisme qui tend à constituer une infraction obstacle embrassant l'ensemble des comportements tenant au financement d'opérations terroristes qu'elles soient ou non effectivement exécutées.

Au-delà des poursuites judiciaires devant les juridictions pénales fondées sur ces infractions, la Cour de cassation considère qu'il appartient au juge de l'exequatur des sentences arbitrales de rechercher si la reconnaissance ou l'exécution de la sentence est de nature à entraver l'objectif de lutte contre le blanchiment fixé par la convention de Mérida et de contrevenir ainsi à l'ordre public international (V. *infra*, III. Règles internationales).

I. INFRACTION SOUS-JACENTE AUX DÉLITS DE BLANCHIMENT

Si la qualification de l'infraction principale varie selon l'application de l'incrimination générale ou de l'une des incriminations spéciales de blanchiment, elle répond aux mêmes conditions de fond. L'ensemble de ses éléments constitutifs doit être relevé par les juges du fond, peu important, en revanche, que l'auteur de l'infraction originaire soit poursuivi, sanctionné, en fuite ou qu'il bénéficie d'une immunité personnelle ou d'une cause de non-imputabilité. Ces dispositions sont en phase avec la directive (UE) 2018/1673 du Parlement européen et du Conseil du 23 octobre 2018 visant à lutter contre le blanchiment de capitaux au moyen du droit pénal (V. *infra*, II. Règles européennes).

II. PRINCIPE DE L'AUTONOMIE DE L'INFRACTION DE BLANCHIMENT

La question de l'autonomie de l'infraction de blanchiment a été réglée, d'une part, à l'issue du règlement d'un conflit de qualification avec l'infraction de recel avec laquelle elle ne se cumule pas. Il faut cependant noter que la directive 2018/1673 introduit une nouvelle difficulté en invitant les États à incriminer sous la qualification d'infraction de blanchiment « l'acquisition, la détention ou l'utilisation de biens, dont celui qui s'y livre sait, au moment où il les réceptionne, qu'ils proviennent d'une activité criminelle ». La directive absorbe donc la notion de recel dans la qualification de blanchiment alors même qu'elle n'est qu'un élément constitutif de cette dernière dans la jurisprudence de la chambre criminelle de la Cour de cassation. La seconde affirmation de l'autonomie de l'infraction de blanchiment tient, d'autre part, au cumul possible à l'encontre du même auteur des qualifications de l'infraction originaire et de l'infraction de blanchiment. Ainsi, le prévenu qui a commis une fraude fiscale avant de blanchir son produit peut être poursuivi sous ces deux qualifications, et ce pour les deux modalités prévues de blanchiment : le concours de l'infracteur à une opération de placement, de dissimulation ou de conversion ou la facilitation de la justification mensongère des biens et revenus de l'auteur.

En ce qui concerne l'infraction de blanchiment du produit d'une fraude fiscale, la question du respect de l'article L. 228 du livre des procédures fiscales imposant à l'administration fiscale, à peine d'irrecevabilité, de déposer une plainte sur avis conforme de la Commission des infractions fiscales a été résolue par la chambre criminelle. Cette dernière considère que le blanchiment du produit d'une fraude fiscale peut être poursuivi tant que les éléments constitutifs de la fraude fiscale peuvent être relevés par les juges du fond sans aucune autre condition procédurale. ❑

Code pénal

PREMIÈRE PARTIE : *LÉGISLATIVE*

LIVRE II DES CRIMES ET DÉLITS CONTRE LES PERSONNES

TITRE II DES ATTEINTES À LA PERSONNE HUMAINE

CHAPITRE II *DES ATTEINTES À L'INTÉGRITÉ PHYSIQUE OU PSYCHIQUE DE LA PERSONNE*

SECTION 4 *Du trafic de stupéfiants*

Art. 222-38 (*L. nº 96-392 du 13 mai 1996*) **Est puni de dix ans d'emprisonnement et de 750 000 € d'amende le fait de faciliter, par tout moyen, la justification mensongère de l'origine des biens ou des revenus de l'auteur de l'une des infractions mentionnées aux articles 222-34 à 222-37 ou d'apporter son concours à une opération de placement, de dissimulation ou de conversion du produit de l'une de ces infractions. La peine d'amende peut être élevée jusqu'à la moitié de la valeur des biens ou des fonds sur lesquels ont porté les opérations de blanchiment.**

Lorsque l'infraction a porté sur des biens ou des fonds provenant de l'un des crimes mentionnés aux articles 222-34, 222-35 et 222-36, deuxième alinéa, son auteur est puni des peines prévues pour les crimes dont il a eu connaissance.

Les deux premiers alinéas de l'article 132-23 relatifs à la période de sûreté sont applicables aux infractions prévues par le présent article.

BIBL. ▸ VAUBAILLON, *RSC 1997. 35* (politique de poursuites en matière d'usage et de trafic de stupéfiants).

1. Opération immobilière. Justifie légalement sa décision la cour d'appel qui, pour déclarer un notaire coupable de blanchiment de fonds provenant d'un trafic de stupéfiants, après avoir énoncé qu'il a reçu la visite, sous un nom d'emprunt, d'un trafiquant international de stupéfiants souhaitant acquérir un appartement, relève qu'ayant été informé de l'arrestation de cet individu, des motifs de celle-ci et de sa véritable identité, il a néanmoins régularisé l'acte de vente au profit de la concubine de ce trafiquant, en lui conseillant de payer le prix de l'appartement par des virements bancaires internationaux et non par des transferts de devises, afin de présenter l'opération comme plus transparente, et retient encore que le prévenu savait que certains des documents utilisés lors de cette acquisition étaient falsifiés et, qu'en sa qualité de notaire, son attention a été attirée sur le recyclage des fonds provenant du trafic des stupéfiants, d'où la cour déduit que le notaire connaissait la nature exacte des fonds au moyen desquels l'acquisition était envisagée et qu'il a apporté sciemment son concours à une opération de placement du produit d'un trafic de stupéfiants ;

de plus, l'art. 2 de la L. n° 90-614 du 12 juill. 1990 fait obligation à toutes les personnes qui, dans l'exercice de leur profession, réalisent, contrôlent ou conseillent des opérations entraînant des mouvements de capitaux, de déclarer au procureur de la République les opérations dont elles ont connaissance, portant sur des sommes qu'elles savent provenir de stupéfiants ou d'organisations criminelles. • Crim. 7 déc. 1995, n° 95-80.888 P : *RJDA 1996, n° 589; Dr. pénal 1996, n° 139, obs. Véron; RSC 1996. 666, obs. Delmas Saint-Hilaire*.

2. Opérations sur comptes bancaires. Caractérise le délit de blanchiment au sens de l'art. 222-38 C. pén., la cour d'appel, qui retient que participe à une opération de placement, de dissimulation ou de conversion du produit d'un trafic de stupéfiants celui qui, connaissant l'origine des fonds, alimente un compte bancaire ouvert à son nom au moyen de versements en espèces ou de chèques, dont certains obtenus d'une tierce personne en échange de sommes en numéraire, et transfère ces fonds à l'étranger sous le couvert de mandats postaux. • Crim. 23 oct. 1997, n° 96-85.048 P : *Dr. pénal 1998, n° 31, obs. Véron.* ♦ Caractérise en tous ses éléments, tant matériels qu'intentionnels, le délit de blanchiment du produit d'un trafic de stupéfiants la cour d'appel qui relève que les témoignages recueillis au cours de l'enquête et de l'information, ainsi que certaines déclarations des prévenus, démontrent qu'ils savaient que l'auteur du trafic de stupéfiants, avec qui ils entretenaient des relations familiales et d'affaires, se livrait à cette activité ; que, pendant la période de ce trafic, ils se sont trouvés en possession d'importantes sommes d'argent qu'ils ont, d'une part, utilisées pour acquérir des biens immobiliers, et d'autre part, déposées sur de nombreux comptes bancaires, ouverts à leur demande, par des membres de leur famille ; que le grand nombre de mouvements effectués sur ces comptes ne constitue qu'un montage destiné à rendre impossible toute investigation cohérente ; que le patrimoine des prévenus est très supérieur aux revenus qu'ils déclarent avoir perçus à l'époque des faits et qu'il ne peut provenir des revenus tirés de leur activité professionnelle non déclarés à l'administration des impôts ; que ces éléments démontrent que les prévenus savaient que l'argent qu'ils plaçaient avait pour origine un trafic de stupéfiants. • Cass., ass. plén., 4 oct. 2002, n° 93-81.533 P : *BICC 15 nov. 2002, p. 7, avis Benmakhlouf et rapp. Dulin; JCP 2004. I. 157, obs. Véron; Dr. pénal 2003, n° 34, obs. Véron.* ♦ A commis le délit de blanchiment de fonds provenant d'un trafic de stupéfiants le prévenu qui a placé des sommes d'argent importantes sur ses comptes bancaires espagnols, sans ignorer la provenance des sommes en cause, qui lui avaient été remises par un codétenu par l'intermédiaire de sa concubine ; si le prévenu a reconnu que les fonds provenaient en partie de ses anciennes activités illégales personnelles, il n'en demeure pas moins qu'il connaissait pertinemment l'origine frauduleuse du reste des sommes qui lui avaient été confiées, puisqu'il connaissait parfaitement les motifs pour lesquels le propriétaire des fonds avait été placé en détention provisoire lors de leur rencontre dans une maison d'arrêt ; ainsi, il a donc apporté sciemment son concours à une opération de placement du produit d'un trafic de stupéfiants. • Toulouse, 8 nov. 2006 : *JCP 2007. IV. 1745.*

LIVRE III DES CRIMES ET DÉLITS CONTRE LES BIENS

TITRE II DES AUTRES ATTEINTES AUX BIENS

CHAPITRE IV *DU BLANCHIMENT*

RÉP. PÉN. v° *Blanchiment*, par Segonds.

BIBL. GÉN. ▶ Barbe, *D. 2002. 1922* (protocole anti-blanchiment à la convention du 29 mai 2000 d'entraide judiciaire en matière pénale de l'Union européenne). – Bouloc, *RDBF 2002. 151* (quelques aspects du délit de blanchiment). – Ducouloux-Favard, *Gaz. Pal. 2003. 1. Doctr. 15* (recel et blanchiment : deux délits de conséquence). – Estève, *Gaz. Pal. 2004. 2. Doctr. 2846* (blanchiment : extension du champ de la lutte). – Conte, *JCP 2005. I. 126* (aspect pénal des obligations de vigilance tendant à prévenir le blanchiment). – Cutajar, *Gaz. Pal. 2005. 1. Doctr. 294* (blanchiment d'argent : quel risque pénal en cas d'inobservation par les professionnels des obligations de vigilance ?). – Skornicki, *Gaz. Pal. 2007. 1. Doctr. 736* (loyauté, dénonciation et ordre public pénal). – J.-H. Robert, *JCP 2008. I. 146* (réflexions sur la nature de l'infraction de blanchiment d'argent). – Guérin, *Dr. pénal 2009. Étude 21* (rigueur du blanchiment; indispensable garantie de capitaux licites). – Feugère, *Gaz. Pal. 2010. 1. Dossier 1840* (l'avocat mandataire en transactions immobilières face au blanchiment). – Michaud, *Gaz. Pal. 2012. 1. Doctr. 1333* (vers une nouvelle, mais encore secrète, politique pénale ?). – Segonds, *AJ pénal 2016. 168* (les métamorphoses de l'infraction de blanchiment... ou les enjeux probatoires de la lutte contre le blanchiment). – Duteil, *ibid. 171* (modes opératoires et évolutions). – Goguel-Nyegaard, *ibid. 186* (blanchiment de fraude fiscale, les glissements dérangeants de la répression). – Botton, *ibid. 190* (les aspects procéduraux du blanchiment : une infraction formellement dépendante). – BEAUSSONIE, *ibid.* 192 (quelques observations à partir de (et non sur) l'« auto-blanchiment »). – SEGONDS, *Dr. pénal 2019. Étude 10* (de l'incrimination *a minima* du blanchiment. A propos de la pertinence de l'art. 3 de la Dir. du 23 oct. 2018 visant à lutter contre le blanchiment de capitaux au moyen du droit pénal). – BAUEUR, *LPA 15 oct. 2019* (le blanchiment, un enjeu national et européen).

SECTION 1 *Du blanchiment simple et du blanchiment aggravé*

COMMENTAIRE

I. ÉLÉMENTS CONSTITUTIFS DU DÉLIT GÉNÉRAL DE BLANCHIMENT DANS SES DEUX MODALITÉS DE RÉALISATION

L'infraction de blanchiment suppose des actes positifs portant, selon les deux modalités prévues par l'alinéa 1er de l'article 324-1 du code pénal, sur la justification mensongère de l'origine des fonds ou sur le concours à une opération de placement, de dissimulation, ou de conversion de fonds provenant, directement ou indirectement, d'une infraction d'origine criminelle ou délictuelle dont la provenance illégale est présumée à certaines conditions.

A. FACILITATION DE LA JUSTIFICATION MENSONGÈRE DE L'ORIGINE DES BIENS ET REVENUS DE L'AUTEUR D'UN CRIME OU D'UN DÉLIT

L'alinéa 1er de l'article 324-1 du code pénal retient une définition suffisamment large pour concerner tous les biens et revenus de l'infracteur provenant directement de l'infraction originaire comme indirectement en incluant les profits en cascade. La jurisprudence et les typologies de blanchiment établies par TRACFIN et par les autorités de régulation relèvent un certain nombre de techniques de justification mensongère de la provenance des fonds blanchis. Les modalités suivantes sont couramment utilisées : les faux en écriture, la souscription de bons anonymes, ou encore les fausses factures, notamment.

L'élément intentionnel suppose la connaissance par l'infracteur de la provenance illicite des fonds et l'accomplissement des actes justificatifs en connaissance de cause. La directive 2018/1673 du 23 octobre 2018 invite, quant à elle, les États membres à incriminer pénalement les comportements matériels visés en réservant la possibilité de retenir une qualification pénale lorsque « l'auteur de l'infraction soupçonnait ou aurait dû savoir que les biens provenaient d'une activité criminelle ».

B. CONCOURS APPORTÉ À UNE OPÉRATION DE PLACEMENT, DE DISSIMULATION OU DE CONVERSION

L'alinéa 2 de l'article 324-1 du code pénal suppose un concours apporté à une opération de blanchiment qui est plus ou moins sophistiquée selon l'ampleur des fonds à blanchir. Il peut s'agir d'un comportement unique dans une opération de blanchiment simple ou de comportements multiples dans une opération de blanchiment sophistiquée dans le cadre de trafics internationaux : utilisation de structures sociétaires multiples localisées en partie dans des pays non coopératifs et/ou des paradis fiscaux, utilisation de sociétés écrans, sans activités réelles, avec des prises de participation majoritaires du ou des prévenus, notamment.

Les actes de placement, de dissimulation ou de conversion des fonds sont trois modalités alternatives dont le contenu, précisé par la jurisprudence, suit l'évolution des techniques utilisées par les infracteurs.

Les actes de placement ont pour but d'introduire les sommes illégalement acquises dans le système financier légal. Il peut s'agir de fractionnement de sommes à blanchir et de dépôts en espèces dans des agences bancaires, d'introduction d'espèces dans la comptabilité de petits commerces, d'achats de produits de luxe, notamment.

Les actes de dissimulation ont pour but de faire subir aux fonds une série de traitements afin de dissimuler leur origine illicite et d'empêcher ainsi leur traçabilité. Cette étape est qualifiée d'« empilement » : transferts de fonds sur différents comptes bancaires, achats de biens ou de services, utilisation de cartes prépayées, notamment.

Les actes de conversion ont pour but d'intégrer l'argent dans les circuits financiers licites et de le réintroduire dans des activités économiques légitimes : créations d'entreprises, investissements immobiliers, placements en bourse, notamment.

L'élément intentionnel suppose la connaissance, par l'infracteur, de l'origine illicite des fonds investis dans l'opération à laquelle il apporte son concours. Cette preuve peut s'avérer délicate, mais l'édiction d'une présomption d'illicéité des fonds influera *de facto* sur l'appréciation par les juges du fond de l'intention des prévenus. Elle rejoint les dispositions de la directive 2018/1673 tendant à présumer l'existence de l'élément intentionnel.

C. PRÉSOMPTION D'ORIGINE ILLICITE DES FONDS

Une présomption d'origine illicite des fonds est prévue par l'article 324-1-1 du code pénal, créé par la loi n° 2013-1117 du 6 décembre 2013 relative à la lutte contre la fraude fiscale et la grande délinquance économique et financière. La charge probatoire sera allégée pour la partie poursuivante dans le cadre de l'alinéa 2 de l'article 324-1, qui semble seul concerné au regard du texte.

La jurisprudence devra se prononcer sur les conditions justifiant la présomption. Les éléments prétoriens déjà relevés tels que le recours aux sociétés écrans, aux pays non coopératifs, au défaut d'activité, en feront partie.

II. RÉPRESSION ET SANCTION DE L'INFRACTION DE BLANCHIMENT

A. PRESCRIPTION DES FAITS DE BLANCHIMENT

La chambre criminelle de la Cour de cassation a finalement jugé qu'il se déduit de la définition du blanchiment posée par l'article 324-1 du code pénal que ce délit, qui s'exécute en un trait de temps, constitue une infraction instantanée sans exclure l'application de la règle du report du point de départ du délai de prescription issue de la jurisprudence en matière d'escroquerie et de blanchiment.

Par ailleurs, cette même chambre opère une distinction entre les différents cas de blanchiment afin de déterminer s'ils ont un caractère occulte. Ainsi, lorsque le blanchiment consiste à faciliter la justification mensongère de l'origine de biens ou de revenus ou à apporter un concours à une opération de dissimulation du produit direct ou indirect d'un crime ou d'un délit, elle considère qu'il a pour objet de masquer le bénéficiaire ou le caractère illicite des fonds ou des biens sur lesquels il porte, à la victime comme à l'autorité judiciaire. Le blanchiment constitue dans ces deux cas une infraction occulte par nature. *A contrario*, lorsque le blanchiment consiste à apporter son concours à une opération de placement ou de conversion du produit direct ou indirect d'un crime ou d'un délit, la Cour de cassation considère qu'il ne constitue pas une infraction occulte par nature. Dès lors, dans ce cas, la prescription commencera à courir le jour de sa commission, à moins que les faits en cause aient été eux-mêmes sciemment cachés, ce qui permettrait de recourir à la notion d'infractions dissimulées repoussant le point de départ du délai de prescription au jour de sa découverte sans qu'il puisse excéder douze années révolues (C. pr. pén., art. 9-1, al. 3 et 5).

B. SANCTION DE FAITS DE BLANCHIMENT

L'article 324-1, alinéa 3, du code pénal punit de cinq ans d'emprisonnement et de 375 000 euros d'amende la commission du délit. L'article 324-2 du même code punit de dix ans d'emprisonnement et de 750 000 euros d'amende la commission du délit lorsqu'elle est accompagnée des circonstances aggravantes de commission habituelle, de commission grâce aux facilités procurées par l'exercice d'une activité professionnelle et de commission en bande organisée. Dans ces cas, l'amende peut être portée jusqu'à la moitié de la valeur des biens ou des fonds objet du blanchiment (C. pén., art. 324-3).

De même, si l'infraction originaire est punie d'une peine privative de liberté supérieure à celle encourue au titre des articles 324-1 ou 324-2 du code pénal, l'infraction sera punie des peines attachées à l'infraction originaire et des circonstances aggravantes de celle-ci lorsque l'auteur en a eu connaissance (C. pén., art. 324-4).

L'ensemble des peines complémentaires prévues aux articles 324-7 et 324-8 du code pénal est applicable, dont les peines complémentaires concernant les personnes morales visées par l'article 131-9 du code pénal, et la tentative de l'infraction est punissable. □

Art. 324-1 Le blanchiment est le fait de faciliter, par tout moyen, la justification mensongère de l'origine des biens ou des revenus de l'auteur d'un crime ou d'un délit ayant procuré à celui-ci un profit direct ou indirect.

Constitue également un blanchiment le fait d'apporter un concours à une opération de placement, de dissimulation ou de conversion du produit direct ou indirect d'un crime ou d'un délit.

Le blanchiment est puni de cinq ans d'emprisonnement et de 375 000 € d'amende.

BIBL. ▶ LEVERBE, *Dr. pénal 2004. Chron. 4* (le banquier et l'art. 324-1 C. pén.).

1. QPC. La question prioritaire de constitutionnalité est ainsi rédigée : « L'art. 324-1, al. 2, en tant qu'il sanctionne l'auteur du blanchiment du produit d'une infraction qu'il a lui-même commise, bien qu'il ne vise que "le fait", nécessairement pour un tiers complice, "d'apporter un concours à une opération de placement, de dissimulation ou de conversion du produit direct ou indirect d'un crime ou d'un délit", est-il contraire au principe de légalité des délits et des peines issus de l'art. 8 DDH ? » ; ladite question ne présente pas, à l'évidence, un caractère sérieux dès lors que les dispositions visées, rédigées en termes suffisamment clairs et précis pour permettre leur interprétation et leur sanction, qui entrent dans l'office du juge pénal, sans risque d'arbitraire, ne portent pas atteinte au principe constitutionnel de la légalité des délits et des peines. • Crim. 27 mars 2013, n° 12-85.115 P : *D. actu. 26 avr. 2013, obs. Auffray; D. 2013. Pan. 1655, obs. Mascala ; ibid. 2014. Pan. 2424, obs. Garé et Roujou de Boubée ; JCP 2013, n° 623, obs. Mathieu* • 27 mars 2013, n° 12-84.189. ♦ La question prioritaire de constitutionnalité est ainsi rédigée : « Alors que l'art. 324-1 est rédigé en des termes suffisamment clairs et précis pour permettre sa compréhension sans déformation, l'interprétation jurisprudentielle qu'en donne de manière constante depuis 2004 la chambre criminelle de la Cour de cassation, affirmant que cette incrimination de blanchiment est également applicable à l'auteur de l'infraction d'origine, est-elle conforme à l'art. 8 DDH, c'est-à-dire au principe de légalité des délits et des peines et à son corollaire le principe d'interprétation stricte de la loi pénale ? » ; la question est irrecevable en ce qu'elle ne concerne pas la compatibilité de la portée d'une disposition législative résultant d'une interprétation jurisprudentielle constante de la Cour de cassation avec les droits et libertés que la Constitution garantit ; elle ne revient, en effet, qu'à contester la conformité de cette interprétation avec le libellé du texte législatif en cause. • Crim. 16 sept. 2015, n° 15-83.204 P : *JCP 2016, n° 381, obs. Claverie-Rousset; Dr. pénal 2016, n° 136, obs. Conte.*

2. *Crime ou délit principal.* Le prévenu ayant été déclaré coupable de blanchiment de sommes provenant de vols et non de blanchiment de fonds provenant d'une fraude douanière ou fiscale ou d'infractions aux règles relatives à la facturation commerciale, les moyens, qui discutent l'existence de ces dernières infractions, sont inopérants. • Crim. 3 déc. 2003, n° 02-84.646 P : *AJ pénal 2004. 116, obs. Girault ; RTD com. 2004. 382, obs. Bouloc ; RSC 2004. 636, obs. Fortis ; JCP 2004. II. 10066, note Cutajar.* ♦ La caractérisation du délit de blanchiment, si elle n'implique pas que les auteurs de l'infraction principale soient connus, ni les circonstances de la commission de celle-ci entièrement déterminées, nécessite que soit établie l'origine frauduleuse des biens blanchis (fraude fiscale). • Crim. 18 mars 2020, n° 18-86.491 P : *D. 2020. Chron. C. cass. 1750, obs. Fouquet ; ibid. Pan. 1809, obs. Mascala ; AJ pénal 2020. 298, obs. Lassalle ; RTD com. 2020. 517, obs. Bouloc ; RSC 2020. 945, obs. Matsopoulou ; JCP 2020 n° 415 ; Dr. fisc. 2020, n° 309, obs. Claverie-Rousset.*

3. Il résulte de l'arrêt attaqué que les prévenus ont été renvoyés devant le tribunal correctionnel du chef de blanchiment de biens et revenus représentant le produit direct ou indirect d'un crime ou d'un délit, en l'espèce des fonds d'origine frauduleuse provenant notamment des délits de fraude fiscale, escroquerie et faux qu'aurait commis l'un d'entre eux, M.S., faits prévus et réprimés par l'art. 324-1 ; pour les relaxer, la cour d'appel énonce, notamment, que la poursuite n'articule à l'encontre de F.Z. aucun fait précis, postérieur à l'entrée en vigueur de la loi sur le blanchiment dont est issu l'art. 324-1, pouvant constituer le délit, et que la preuve n'est pas rapportée qu'A.S., en acceptant d'être le gérant de la société S. dirigée en réalité par son frère M.S., ait sciemment aidé à la justification mensongère de l'origine frauduleuse des biens et revenus de ce dernier, l'investissement au profit de cette entreprise de fonds provenant des délits de fraude fiscale, escroquerie et faux n'étant pas établis ; elle retient, en ce qui concerne E.C., que fait défaut l'élément intentionnel du délit de blanchiment, caractérisé par la connaissance de l'origine délictueuse des fonds, et qu'il appartenait à la partie poursuivante d'établir d'une manière précise l'existence d'une action qualifiée délit, imputable à M.S., et d'en relever les éléments constitutifs, la simple imputation d'escroqueries ou de fraude fiscale étant, à cet égard, insuffisante ; en l'état de ces seules énonciations, abstraction faite de motifs erronés retenant que la qualité d'auteur de l'infraction principale était exclusive de celle d'auteur de l'infraction de blanchiment consécutive, et dès lors que ce délit nécessite que soient relevés précisément les éléments constitutifs d'un crime ou d'un délit principal ayant procuré à son auteur un profit direct ou indirect, la cour d'appel a justifié sa décision. • Crim. 25 juin 2003, n° 02-86.182 : *RSC 2004. 350, obs. Ottenhof ; Dr. pénal 2003, n° 142, obs. Véron.*

4. Il résulte de l'arrêt attaqué que le prévenu, ministre du pétrole du Nigéria de 1995 à 1999, a perçu, de la part de compagnies pétrolières, des commissions en contrepartie de l'octroi de concessions ou de licences d'exploitation ; les fonds provenant de ces commissions, après avoir transité sur divers comptes ouverts à Genève et à Gibraltar, ont été déposés en espèces, en 1999 et 2000, pour un montant de 16 millions d'euros, au Crédit agricole Indosuez et à sa filiale, la Banque de gestion privée Indosuez, à Paris ; le prévenu a fait émettre des chèques par ces établissements bancaires, dans lesquels il n'était titulaire d'aucun compte, pour acquérir en France des biens mobiliers et immobiliers ; il est poursuivi du chef de blanchiment aggravé pour avoir, de façon habituelle, fait transiter, circuler et convertir le produit de la corruption active et passive au Nigéria ; pour déclarer le prévenu coupable de ce délit, l'arrêt énonce que les fonds transférés sur le territoire national, où ils ont été blanchis, étaient la contrepartie d'actes de sa fonction accomplis par lui au Nigéria ; les juges relèvent que de tels faits sont réprimés en France sous la qualification de corruption d'un dépositaire de l'autorité publique; ils ajoutent que les textes qui définissent le délit de blanchiment n'imposent ni que l'infraction ayant permis d'obtenir les sommes blanchies ait eu lieu sur le territoire national ni que les juridictions françaises soient compétentes pour la poursuivre; en l'état de ces énonciations, et dès lors que le délit de blanchiment est une infraction générale, distincte et autonome, la cour d'appel a justifié sa décision. • Crim. 24 févr. 2010, n° 09-82.857 P : *JCP 2010, n° 629, note Cutajar; RJDA 2010, n° 776; Gaz. Pal. 2010. II. 2322, note Morel-Maroger; Dr. pénal 2010, n° 42, obs. Véron.*

5. Le délit de blanchiment étant une infraction générale, distincte et autonome, les juridictions françaises demeurent compétentes pour le juger alors même qu'elles se révèlent incompétentes pour statuer sur l'infraction principale. • Crim. 16 janv. 2013, n° 11-83.689 P : *D. actu. 5 févr. 2013, obs. Léna; D. 2013. Pan. 1654, obs. Mascala; RTD com. 2013. 359, obs. Bouloc; LPA 24 juin 2013, note Boursier; Dr. pénal 2013, n° 34, obs. Véron.* ♦ L'art. 324-1, instituant une infraction générale et autonome de blanchiment, distincte, dans ses éléments matériel et intentionnel, du crime ou du délit ayant généré un produit, réprime, quel qu'en soit leur auteur, des agissements spécifiques de placement, dissimulation ou conversion de ce produit, de sorte que cette disposition est applicable à celui qui blanchit le produit d'une infraction qu'il a commise; le prévenu ne saurait faire grief à l'arrêt de le déclarer coupable, cumulativement, du délit d'abus de confiance aggravé et du délit de blanchiment, ceux-ci ne procédant pas, en l'espèce, de manière indissociable d'une action unique caractérisée par une seule intention coupable. • Crim. 14 juin 2017, n° 16-84.921 : *D. 2017. Pan. 2504, obs. Roujou de Boubée; RSC 2017. 750, obs. Matsopoulou; JCP 2017, n° 1173, obs. Claverie-Rousset; Dr. pénal 2017, n° 120, obs. Conte.* – V. aussi • Crim. 26 oct. 2016, n° 15-84.552 P : *cité note 12.*

6. Matérialité. S'est rendue coupable du délit de blanchiment la prévenue qui a accepté de recevoir des virements frauduleux sur son compte bancaire personnel, et de procéder au transfert des fonds ainsi obtenus vers des tiers bénéficiaires résidant en Russie, la prévenue ayant ainsi apporté un concours personnel actif, et en toute connaissance de cause, à une opération pour laquelle elle a servi d'intermédiaire. • Toulouse, 16 janv. 2007 : *JCP 2007. IV. 1744.* ♦ Il est reproché au prévenu d'avoir, d'août 1998 à février 1999, facilité la justification mensongère de l'origine des biens ou des revenus de l'auteur de délits d'introduction de viandes anglaises en violation de l'embargo du 21 mars 1996, de tromperies aggravées et de falsifications, en établissant la comptabilité de sociétés sans activité réelle, en déposant les statuts d'une société fictive, en effectuant des opérations de versements et de retraits en espèces sur les comptes d'autres sociétés; en l'état de ces énonciations relevant de l'appréciation souveraine par les juges du fond des éléments de preuve contradictoirement débattus devant eux, qui caractérisent en tous leurs éléments constitutifs les délits principaux de falsifications et de fraudes aggravées et qui établissent que le prévenu avait connaissance de l'origine délictueuse des fonds, la cour d'appel a justifié sa décision. • Crim. 7 oct. 2009, n° 08-884.348 : *D. 2010. Pan. 1663, obs. Mascala; RSC 2010. Chron. 631, obs. Matsopoulou; Dr. pénal 2010, n° 22, obs. Véron.* ♦ Ne caractérise pas un fait de blanchiment imputable au prévenu l'arrêt qui, pour déclarer le demandeur coupable de blanchiment, énonce qu'afin de ne pas attirer l'attention des employés d'agence, les chèques contrefaits étaient déposés dans des automates situés à des endroits différents, les fonds d'origine frauduleuse étant ainsi mélangés avec des revenus légaux et non déclarés fiscalement. • Crim. 17 févr. 2016, n° 14-86.969 P : *D. actu. 17 mars 2016, obs. Benelli de Bénazé; D. 2016. Pan. 2435, obs. Mirabail; Gaz. Pal. 26 avr. 2016, p. 63, note Detraz; Dr. pénal 2016, n° 75, obs. Conte.* ♦ Le transfert à l'étranger de fonds non déclarés en douane constitue une opération de dissimulation établissant un blanchiment, mais ne suffit pas à caractériser le délit de fraude fiscale ayant procuré les sommes blanchies. • Crim. 18 mars 2020, n° 18-86.491 P : *préc. note 2.*

7. Produit de l'infraction. Pour relaxer le prévenu du chef de blanchiment, pour avoir apporté son concours à une opération de placement, dissimulation ou de conversion du produit direct ou indirect des délits de travail clandestin et de fraude fiscale, la cour d'appel énonce que l'auteur principal ne peut être poursuivi pour blanchiment des sommes produites par sa propre activité illicite et qu'en l'espèce, il n'est pas établi que les fonds proviennent d'infractions commises par d'autres personnes; en statuant ainsi, la cour d'appel a méconnu les dispositions de l'art. 324-1, al. 2, qui est applicable à l'auteur du blanchiment du produit d'une infraction qu'il a lui-même commise. • Crim. 14 janv. 2004, n° 03-81.165 P : *D. 2004. 1377, note Cutajar; RTD com. 2004. 623, obs. Bouloc; RSC 2004. 350, obs. Ottenhof; JCP 2004. II. 10081, note Matsopoulou; JCP E 2004, n° 1248, note Rouquié; Gaz. Pal. 2004. 1. 1171, note Raynaud; Dr. pénal 2004, n° 48, obs. Véron.*

8. Pour déclarer le prévenu coupable de blanchiment de fraude fiscale, l'arrêt, après avoir relevé les éléments de son train de vie et retenu qu'il n'avait jamais déclaré à l'administration fiscale des sommes sujettes à l'impôt, constituées de revenus occultes, énonce, notamment, qu'il s'est rendu coupable du délit de facilitation de blanchiment d'une fraude fiscale, en investissant ces sommes dans la souscription de bons anonymes et en les utilisant comme enjeux dans les casinos, pour les transformer en ressources licites et non imposables ; pour retenir la culpabilité du prévenu des chefs de complicité et recel du délit de blanchiment de fraude fiscale imputé à l'un de ses comparses, l'arrêt retient que ce dernier a accepté d'acquérir, d'immatriculer, d'assurer à son nom et de financer par l'emprunt l'achat d'une automobile, appartenant en réalité au prévenu, qui a remis à son complice la somme de 300 000 F en espèces, en règlement d'une partie du prix, et qu'il lui a remboursé les mensualités du prêt souscrit pour payer la différence ; les juges relèvent que le prévenu n'avait, en 2001, année de cette acquisition, déclaré aucun revenu ; ils ajoutent que ce stratagème avait pour objet de dissimuler des revenus occultes ; en l'état de ces énonciations, et dès lors que, d'une part, les faits poursuivis sous la qualification de blanchiment de fraude fiscale sont distincts de ceux de complicité et recel de blanchiment, d'autre part, le complice de l'auteur principal d'un délit peut, lorsque l'infraction est consommée, en être le receleur, enfin, l'art. 324-1 est applicable à l'auteur du blanchiment du produit d'une infraction qu'il a lui-même commise, a justifié sa décision la cour d'appel qui a répondu aux chefs péremptoires des conclusions dont elle était saisie et caractérisé en tous leurs éléments, tant matériels qu'intentionnels, les délits dont elle a déclaré le prévenu coupable. • Crim. 20 févr. 2008, n° 07-82.977 P : *D. 2008. 1585, note Cutajar ; ibid. Pan. 1577, obs. Mascala ; ibid. 2009. Pan. 131, obs. Garé ; RSC 2008. 607, obs. Matsopoulou ; AJ pénal 2008. 234, note Darsonville ; JCP 2008. II. 10103, note Lasserre Capdeville ; Dr. pénal 2008, n° 67, obs. Véron ; Gaz. Pal. 2008. Somm. 1906, note Teissèdre ; ibid. 2009. 1. Somm. 1440, note Monnet.*

9. Le prévenu a servi d'intermédiaire dans la revente d'engins de travaux publics, qui provenaient de vols, en fabriquant de faux certificats de vente, des attestations mensongères et des factures fictives, les fonds étant utilisés pour l'acquisition d'aéronefs par M. Serge A..., destinataire des documents mensongers ; sur le renvoi ordonné par un juge d'instruction, il est poursuivi du chef de blanchiment pour « avoir apporté son concours à une opération de placement, de dissimulation ou de conversion du produit direct ou indirect de crimes ou de délits, en l'espèce en servant d'intermédiaire pour la vente d'engins de chantier volés » ; en l'état de ces énonciations, dépourvues d'insuffisance comme de contradiction, la cour d'appel a caractérisé en tous ses éléments, tant matériels qu'intentionnels, le délit dont elle a déclaré le prévenu coupable ; les moyens, qui se bornent à remettre en question l'appréciation souveraine, par les juges du fond, des faits et des circonstances de la cause, ainsi que des éléments de preuve contradictoirement débattus, ne sauraient être admis. • Crim. 26 janv. 2011, n° 10-84.081 : *D. 2011. Pan. 1867, obs. Mascala ; Dr. pénal 2011, n° 44, obs. Véron ; RTD com. 2011. 654, obs. Bouloc ; RSC 2011. 840, obs. Matsopoulou .*

10. En l'état d'énonciations, d'où il résulte que l'intéressé a déposé le produit des impositions éludées sur différents comptes bancaires ouverts à son nom ou à celui de son épouse, et que les fonds ainsi placés ont été affectés, non seulement au financement des dépenses courantes du ménage, mais également à l'acquisition de véhicules d'occasion ainsi qu'à la constitution du capital d'une société, la cour d'appel, qui a ainsi caractérisé l'existence d'une opération de placement et de conversion du produit du délit originaire de fraude fiscale, a justifié sa décision au regard de l'art. 324-1, al. 2. • Crim. 27 mars 2018, n° 16-87.585 P : *D. 2018. Actu. 724 ; Dr. pénal 2018, n° 111, obs. J.-H. Robert.*

11. Intention. Pour caractériser l'élément intentionnel de l'infraction de blanchiment de fonds provenant de vols, la cour d'appel relève que le prévenu, assureur conseil en gestion de patrimoine, était le conseiller financier de l'auteur de la fraude fiscale, auquel il a fait souscrire divers contrats permettant de placer, à l'étranger et de manière anonyme, d'importantes sommes d'argent remises en liquide, dont il savait qu'elles avaient une origine illicite ; la déclaration mensongère faite par le prévenu dans des courriers confidentiels fait ressortir sa volonté de présenter son client comme étant digne de foi ; la cour d'appel a implicitement mais nécessairement écarté l'argument du prévenu invoquant sa bonne foi. • Crim. 3 déc. 2003, n° 02-84.646 P : *JCP 2004. II. 10066, note Cutajar.*

12. *Conflit de qualifications.* Des faits qui procèdent de manière indissociable d'une action unique caractérisée par une seule intention coupable ne peuvent donner lieu, contre le même prévenu, à deux déclarations de culpabilité de nature pénale, fussent-elles concomitantes ; pour déclarer le prévenu coupable de recel, l'arrêt retient que des fonds provenant de l'escroquerie commise par sa compagne ont été versés sur son compte ; en statuant ainsi, alors que le versement effectué sur le compte du prévenu ne constituait, au moins en partie, qu'une opération préalable nécessaire à l'achat du bien réalisé par ses soins et pour lequel il a été déclaré coupable de blanchiment, la cour d'appel a méconnu le principe *ne bis in idem*. • Crim. 26 oct. 2016, n° 15-84.552 P : *D. actu. 7 nov. 2016, obs. Fucini ; D. 2017. Pan. 2503, obs. Roujou de Boubée ; AJ pénal 2017. 35, obs. Gallois ; JCP 2017, n° 16, note Catelan ; ibid., n° 355, obs. Claverie-Rousset ; Gaz. Pal. 2017. 413, obs. Detraz ; Dr. pénal 2017, n° 4, obs. Conte ; RSC 2016. 778, obs. Matsopoulou ; Banque et Dr. 11-12/2016. 77, obs. Lasserre Capdeville.* ♦ Pour une décision autorisant le cumul de qualifications entre l'infraction d'association de malfaiteurs et l'infraction préparée – en l'espèce, l'infraction de blanchiment – lorsqu'elle est commise en bande organisée, alors que les faits retenus pour établir l'association de malfaiteurs sont identiques à ceux caractérisant la bande organisée, V. • Crim. 9 juin

2022, n° 21-80.237 B : *D. actu. 30 juin 2022, obs. de Foucher et Méléard ; D. 2022. Actu. 1153*.

13. Poursuites. Pour écarter l'exception d'irrecevabilité des poursuites du chef de blanchiment de fraude fiscale, prise par le prévenu de ce que l'administration n'avait pas préalablement porté plainte pour le délit de fraude fiscale, après avis conforme de la Commission des infractions fiscales, l'arrêt, par motifs propres et adoptés des premiers juges, énonce que l'art. 324-1 C. pén. n'impose pas que des poursuites aient été préalablement engagées ni qu'une condamnation ait été prononcée du chef du crime ou du délit ayant permis d'obtenir les sommes d'argent blanchies mais qu'il suffit que soient établis les éléments constitutifs de l'infraction principale ayant procuré les sommes litigieuses ; ils retiennent qu'en l'espèce, le délit de fraude fiscale résulte de la dissimulation de sommes sujettes à l'impôt, notamment par l'omission de déclaration de ressources ou la perception de recettes occultes, ces dissimulations excédant la somme de 153 €, et que l'intention coupable se déduit de l'abstention réitérée de déclaration, de l'importance des sommes dissimulées et de la volonté de soustraire des revenus à l'administration fiscale ; en l'état de ces énonciations, dépourvues d'insuffisance comme de contradiction, et dès lors que la poursuite du délit de blanchiment, infraction générale, distincte et autonome, n'est pas soumise aux dispositions de l'art. L. 228 LPF, le grief ne saurait être admis. • Crim. 20 févr. 2008, n° 07-82.977 P : *D. 2008. 1585, note Cutajar ; ibid. Pan. 1577, obs. Mascala ; RSC 2008. 607, obs. Matsopoulou ; AJ pénal 2008. 234, obs. Darsonville ; JCP 2008. II. 10103, note Lasserre Capdeville ; Gaz. Pal. 2008. 1898, note Huchet ; ibid. 1906, note Teissedre ; ibid. 2009. 1440, note Monnet ; Dr. pénal 2008, n° 67, obs. Véron.* ♦ La réserve d'interprétation, émise par le Cons. const. au § 21 de sa Décis. n° 2016-546 QPC du 24 juin 2016, est dépourvue d'incidence sur la règle selon laquelle la poursuite du délit de blanchiment, infraction générale, distincte et autonome, n'est pas soumise aux dispositions de l'art. L. 228 LPF ; d'où il suit que le grief, qui revient à invoquer un défaut de conformité de l'art. 324-1 C. pén. aux droits et libertés que la Constitution garantit, en ce que ce texte ne soumet pas la poursuite dudit délit à la procédure prévue par ledit art. L. 228, sans qu'une question prioritaire de constitutionnalité ait été régulièrement posée à cet effet, ne saurait être admis. • Crim. 27 mars 2018, n° 16-87.585 P : *D. 2018. Actu. 724 ; Dr. pénal 2018, n° 111, obs. J.-H. Robert.* ♦ Les textes qui définissent le délit de blanchiment, qui est une infraction générale, distincte et autonome, n'imposent ni que l'infraction ayant permis d'obtenir les sommes blanchies ait eu lieu sur le territoire national ni que les juridictions françaises soient compétentes pour la poursuivre. L'interprétation qui aboutirait à interdire au procureur de la République financier de connaître du délit de blanchiment de sommes provenant d'infractions commises à l'étranger et susceptibles de correspondre à celles constituant la catégorie des atteintes à la probité, va à l'encontre de la volonté du législateur qui, en votant la L. n° 2013-1115 du 6 déc. 2013, a souhaité doter l'organisation judiciaire d'un parquet hautement spécialisé dont l'objet, à la faveur d'une centralisation des moyens et des compétences, est de lutter contre les formes les plus complexes de la délinquance économique et financière à dimension, notamment, internationale. Elle est également en contradiction avec la volonté des instances européennes et internationales qui tendent à favoriser la dimension internationale des poursuites en matière de blanchiment. La Cour de cassation étant en mesure de s'assurer que les faits constituant l'infraction d'origine du délit de blanchiment, commis en Russie et consistant dans le détournement de fonds au préjudice de personnes publiques, peuvent recevoir, en France, la qualification de détournements de biens publics, faits prévus et réprimés par l'art. 432-15 C. pén., c'est à bon droit que le procureur de la République financier a diligenté, en France, une enquête préliminaire sur le blanchiment de fonds qui en constitue le produit. • Crim. 1er avr. 2020, n° 19-80.875 P : *D. 2020. Pan. 1811, obs. Mascala ; ibid. 1564, note Daïeff et Poissonnier ; RJDA 2020, n° 402 ; Gaz. Pal. 2020. 2722, obs. Detraz.*

14. Prescription. Pour confirmer l'ordonnance du juge d'instruction ayant rejeté la demande tendant à la constatation de la prescription de l'action publique, présentée par une personne mise en examen notamment du chef de blanchiment aggravé du délit de banqueroute, l'arrêt attaqué énonce que le délit de blanchiment est une infraction autonome et que si le délit de banqueroute par détournement d'actifs, délit d'origine, était prescrit lors du déclenchement des poursuites du chef de blanchiment et ne peut être reproché au mis en examen, les faits de blanchiment afférents à la période visée dans les réquisitoires introductif et supplétif ne sont atteints par aucune prescription ; en statuant ainsi, la chambre de l'instruction a fait l'exacte application des art. 324-1 à 324-9 C. pén., 8, 591 et 593 C. pr. pén., dès lors que le blanchiment constituant un délit distinct, la prescription qui le concerne est indépendante de celle qui s'applique à l'infraction originaire. • Crim. 31 mai 2012, n° 12-80.715 P : *D. 2012. Actu. 1678, obs. Lavric ; Dr. pénal 2012, n° 117, obs. Véron ; Gaz. Pal. 2012. 2267, obs. Robaczewski ; RTD com. 2012. 628, obs. Bouloc ; RSC 2012. 868, obs. Matsopoulou ; Dr. sociétés 2012, n° 173, obs. Salomon.*

15. Infraction instantanée. Le délit de blanchiment prévu et réprimé par l'art. 324-1 C. pén., qui s'exécute en un trait de temps, est une infraction instantanée. Encourt la censure l'arrêt qui, pour retenir à l'encontre du prévenu, poursuivi du chef de blanchiment, des opérations tenant à la création et au fonctionnement d'un compte antérieurement à la période de prévention, sans constater que le prévenu avait accepté d'être jugé sur des faits de blanchiment commis au moyen de ces opérations, énonce que le blanchiment est une infraction continue, qui perdure après l'ouverture des comptes et le dépôt sur ceux-ci des sommes dissimulées au fisc, quelle que soit leur utilisation ultérieure ou leur absence d'utilisation. • Crim. 11 sept. 2019, n° 18-81.040 P : *D. 2020. Pan. 571, obs. Fouquet ; AJ pénal 2019. 498, obs. Lasserre Capdeville ; RTD com. 2020. 506, obs. Saenko ; JCP E 2019, n° 1500, note Sauphanor et Moirignot ; JCP 2019, n° 1086, note Detraz et Dezeuze ; Dr. pénal 2019, n° 181, obs. Conte ; Banque et Dr. 11-12/2019. 16, note J.-H. Robert ; ibid. 76, obs. Lasserre Capdeville ; RLDA févr. 2020. 56, note H. Robert ; Gaz. Pal. 22 oct. 2019, p. 14, note Dezeuze et Horion ; ibid. 19 nov. 2019, p. 46, note Dreyer.* ♦ Néanmoins, le délit de blanchiment constitue également, lorsqu'il consiste à faciliter la justification mensongère de l'origine de biens ou de revenus ou à apporter un concours à une opération de dissimulation du produit direct ou indirect d'un crime ou d'un délit, une infraction occulte par nature en ce qu'il a pour objet de masquer le bénéficiaire ou le caractère illicite des fonds ou des biens sur lesquels il porte. En conséquence, dans ces hypothèses, le délai de prescription de l'action publique commence à courir du jour où l'infraction apparaît et peut être constatée dans des conditions permettant l'exercice de l'action publique. Si c'est à tort qu'il a qualifié le blanchiment de délit continu, n'encourt cependant pas la censure l'arrêt qui, pour écarter l'exception de prescription de l'action publique soulevée par le prévenu, énonce que la prescription n'a commencé à courir qu'à compter du jour où les faits ont été portés à la connaissance du procureur de la République par une note de TRACFIN, dès lors que, s'agissant d'une opération de blanchiment par dissimulation, le point de départ de la prescription doit être fixé au jour où les personnes susceptibles de mettre en mouvement l'action publique ont eu connaissance de l'infraction. • Crim. 11 sept. 2019, n° 18-83.484 P : *eod. loc.*

16. Solidarité. Les fonds blanchis par le prévenu étant le produit d'infractions de vol et de recel dont ont été déclarés coupables les prévenus, c'est à bon droit que la cour d'appel les a condamnés solidairement avec lui. • Crim. 3 déc. 2003, n° 02-84.646 P : *préc. note 11.*

17. Infraction de blanchiment et refus d'exequatur d'une sentence arbitrale violant l'ordre public international. Il résulte de l'art. 1520, 5°, C. pr. civ. que le juge de l'annulation doit rechercher si la reconnaissance ou l'exécution de la sentence est compatible avec l'ordre public international. Sur ce fondement, il appartenait à la cour d'appel de rechercher si la reconnaissance ou l'exécution de la sentence était de nature à entraver l'objectif de lutte contre le blanchiment en faisant bénéficier une partie du produit d'activités illicites, telles que définies par la convention de Mérida. Une telle recherche n'était ni limitée aux éléments de preuve produits devant les arbitres ni liée par les constatations, appréciations et qualifications opérées par eux, son seul office à cet égard consistant à s'assurer que la production des éléments de preuve devant elle respectait le principe de la contradiction et celui d'égalité des armes. La cour d'appel a estimé souverainement qu'il en résultait des indices graves, précis et concordants de ce qu'Insan Bank avait été reprise par M. afin de développer, dans un État où ses relations privilégiées avec le détenteur du pouvoir économique lui garantissaient l'absence de contrôle réel de ses activités, des pratiques de blanchiment qui n'avaient pu s'épanouir dans l'environnement moins favorable de la Lettonie. Elle en a exactement déduit que la reconnaissance ou l'exécution de la sentence, qui aurait pour effet de faire bénéficier M. du produit d'activités délictueuses, violait de manière caractérisée l'ordre public international, de sorte qu'il y avait lieu d'en prononcer l'annulation. • Civ. 1re, 23 mars 2022, n° 17-17.981 B : *D. actu. 10 mai 2022, note Chantebout ; D. 2022. Actu. 660 ; JCP 2022, n° 676, note Remy ; Banque et Dr. 5-6/2022. 49, obs. Chacornac.*

Art. 324-1-1 *(L. n° 2013-1117 du 6 déc. 2013, art. 8)* **Pour l'application de l'article 324-1, les biens ou les revenus sont présumés être le produit direct ou indirect d'un crime ou d'un délit dès lors que les conditions matérielles, juridiques ou financières de l'opération de placement, de dissimulation ou de conversion ne peuvent avoir d'autre justification que de dissimuler l'origine ou le bénéficiaire effectif de ces biens ou revenus.**

BIBL. ▶ MERVILLE, *RLDA juin 2014. 75* (l'art. 324-1-1 a-t-il des conséquences pour les établissements financiers en matière de blanchiment d'argent ?). – LÉTOCART, *JCP 2015, n° 899* (revitalisation du traitement judiciaire du blanchiment). – GOLDSZLAGIER et LE TEURNIER, *AJ pénal 2021. 465* (la lutte contre le blanchiment à l'épreuve de la territorialité des crypto-actifs).

Présomption d'origine illicite. A justifié sa décision, par des motifs relevant de son appréciation souveraine des faits, la cour d'appel qui, pour appliquer la présomption d'origine illicite des fonds, a relevé, notamment, les incohérences dans le récit fait par le prévenu de son voyage entre l'Allemagne et la France, l'absence de justification des raisons de celui-ci et l'importance de la somme non déclarée, et énonce que les conditions matérielles de l'opération de dissimulation de la somme de 49 500 € en possession de laquelle il a été trouvé lors de son passage à la frontière entre la Suisse et la France ne peuvent avoir d'autre justification que de dissimuler l'origine ou le bénéficiaire effectif de cette somme. • Crim. 6 mars 2019, n° 18-81.059 P : *D. 2019. Pan. 1864, obs. Mascala ; AJ pénal 2019. 323, obs. Goldszlagier.* ♦ Le blanchiment peut être légalement caractérisé alors même que les auteurs de l'infraction principale ne sont pas connus et les circonstances de la commission de celle-ci pas entièrement déterminées. • Crim. 4 déc. 2019, n° 19-82.469 P : *D. actu. 24 janv. 2020, obs. Gallois ; D. 2019. Actu. 2353 ; Gaz. Pal. 12 mai 2020, p. 49, obs. Dreyer ; RICEA 2020, n° 2, p. 23, obs. Segonds.* ♦ V. aussi, consacrant explicitement le recours à la présomption d'origine illicite : • Crim. 12 janv. 2022, n° 20-85.849.

Art. 324-2 Le blanchiment est puni de dix ans d'emprisonnement et de 750 000 € d'amende :

1° Lorsqu'il est commis de façon habituelle ou en utilisant les facilités que procure l'exercice d'une activité professionnelle ;

2° Lorsqu'il est commis en bande organisée.

Avocat. Est coupable de blanchiment aggravé l'avocat qui utilise les facilités que lui procurait sa profession d'avocat pour apporter sciemment son concours au placement de sommes d'argent dont il savait qu'elles avaient été prélevées sur des comptes bloqués. • Crim. 4 mai 2011, n° 10-84.456 P : *D. 2012. Pan. 1706, obs. Mascala ; RTD com. 2011. 807, obs. Bouloc ; RSC 2011. 840, obs. Matsopoulou ; JCP E 2011, n° 1617, note Cutajar ; JCP 2011, n° 894, note Dreyer ; Dr. pénal 2011, n° 101, obs. Véron.*

Code de procédure pénale Art. 706-73-1 *(L. n° 2015-993 du 17 août 2015, art. 11)* Le présent titre, à l'exception de l'article 706-88, est également applicable à l'enquête, à la poursuite, à l'instruction et au jugement des délits suivants :

1° Délit d'escroquerie en bande organisée, prévu au dernier alinéa de l'article 313-2 du code pénal *(L. n° 2016-731 du 3 juin 2016, art. 28)* « , délit d'atteinte aux systèmes de traitement automatisé de données à caractère personnel mis en œuvre par l'État commis en bande organisée, prévu à l'article 323-4-1 du même code et délit d'évasion commis en bande organisée prévu au second alinéa de l'article 434-30 dudit code » ;

2° Délits de dissimulation d'activités ou de salariés, de recours aux services d'une personne exerçant un travail dissimulé, de marchandage de main-d'œuvre, de prêt illicite de main-d'œuvre ou d'emploi d'étranger sans titre de travail, commis en bande organisée, prévus aux 1° et 3° de l'article L. 8221-1 et aux articles L. 8221-3, L. 8221-5, L. 8224-1, L. 8224-2, L. 8231-1, L. 8234-1, L. 8234-2, L. 8241-1, L. 8243-1, L. 8243-2, L. 8251-1 et L. 8256-2 du code du travail ;

3° Délits de blanchiment, prévus *(L. n° 2016-731 du 3 juin 2016, art. 30)* « à l'article 324-1 » du code pénal, ou de recel, prévus aux articles 321-1 et 321-2 du même code, du produit, des revenus ou des choses provenant des infractions mentionnées aux 1° et 2° du présent article ;

(L. n° 2016-731 du 3 juin 2016, art. 30) « 3° *bis* Délits de blanchiment prévus à l'article 324-2 du code pénal, à l'exception de ceux mentionnés au 14° de l'article 706-73 du présent code ; »

4° Délits d'association de malfaiteurs, prévus à l'article 450-1 du code pénal, lorsqu'ils ont pour objet la préparation de l'une des infractions mentionnées aux 1° à 3° du présent article ;

5° Délit de non-justification de ressources correspondant au train de vie, prévu à l'article 321-6-1 du code pénal, lorsqu'il est en relation avec l'une des infractions mentionnées aux 1° à 4° du présent article ;

(L. n° 2016-731 du 3 juin 2016, art. 29) « 6° Délits d'importation, d'exportation, de transit, de transport, de détention, de vente, d'acquisition ou d'échange d'un bien culturel prévus à l'article 322-3-2 du code pénal » ;

(L. n° 2016-1087 du 8 août 2016, art. 164) « 7° Délits d'atteintes au patrimoine naturel commis en bande organisée, prévus à l'article L. 415-6 du code de l'environnement ;

« 8° Délits de trafic de produits phytopharmaceutiques commis en bande organisée, prévus au 3° de l'article L. 253-17-1, au II des articles L. 253-15 et L. 253-16 et au III de l'article L. 254-12 du code rural et de la pêche maritime ;

« 9° Délits relatifs aux déchets mentionnés au I de l'article L. 541-46 du code de l'environnement commis en bande organisée, prévus au VII du même article » ;

(L. n° 2017-257 du 28 févr. 2017, art. 34) « 10° Délit de participation à la tenue d'une maison de jeux *(Ord. n° 2019-1015 du 2 oct. 2019, art. 34, en vigueur le 1er janv. 2020)* « d'argent et de hasard » commis en bande organisée, prévu au premier alinéa de l'article L. 324-1 du code de la sécurité intérieure et délits d'importation, de fabrication, de détention, de mise à disposition de tiers, d'installation et d'exploitation d'appareil de jeux *(Ord. n° 2019-*

1015 du 2 oct. 2019, art. 34, en vigueur le 1er janv. 2020) « d'argent et de hasard » ou d'adresse commis en bande organisée, prévu *[prévus]* au premier alinéa de l'article *(Ord. n° 2019-1015 du 2 oct. 2019, art. 34, en vigueur le 1er janv. 2020)* « L. 324-4 » du même code » ;

(L. n° 2017-1510 du 30 oct. 2017, art. 9) « 11° Délits portant atteinte aux intérêts fondamentaux de la nation prévus aux articles 411-5, 411-7 et 411-8, aux deux premiers alinéas de l'article 412-2, à l'article 413-1 et au troisième alinéa de l'article 413-13 du code pénal. »

COMMENTAIRE

Les infractions de blanchiment au regard de leur gravité et de leurs liens avec les infractions de la grande criminalité, dont le trafic de stupéfiants, se voient appliquer une procédure dérogatoire spécifique à la criminalité et à la délinquance organisées. L'article 706-73-1 du code de procédure pénale étend les dispositions spécifiques de procédure pénale applicables à la criminalité et à la délinquance organisées, à l'exception de l'article 706-88 du même code, à l'enquête, à la poursuite, à l'instruction et au jugement des délits de blanchiment, prévus aux articles 324-1 et 324-2 du code pénal. ❑

Art. 324-3 **Les peines d'amende mentionnées aux articles 324-1 et 324-2 peuvent être élevées jusqu'à la moitié de la valeur des biens ou des fonds sur lesquels ont porté les opérations de blanchiment.**

Amende. L'assiette de l'amende définie à l'art. 324-3 C. pén. ne peut être calculée qu'en prenant pour base le montant du produit direct ou indirect de l'infraction d'origine. Il se déduit par ailleurs de l'art. 1741 CGI que le produit de la fraude fiscale est constitué de l'économie qu'elle a permis de réaliser et dont le montant est équivalent à celui des impôts éludés. En l'espèce, pour condamner le prévenu à une amende d'un million d'euros, l'arrêt attaqué énonce que les dispositions de l'art. 324-3 C. pén. permettent de retenir comme base de calcul le montant global des sommes créditant les comptes ouverts au nom de la société sur la période de référence et dont le prévenu était en réalité le propriétaire. En statuant ainsi, la cour d'appel a méconnu les textes susvisés dans la mesure où devait être pris comme base de calcul de l'amende prononcée le montant des seuls droits éludés. • Crim. 11 sept. 2019, n° 18-81.040 P : *cité note 15 ss. art. 324-1 C. pén.*

Art. 324-4 **Lorsque le crime ou le délit dont proviennent les biens et les fonds sur lesquels ont porté les opérations de blanchiment est puni d'une peine privative de liberté d'une durée supérieure à celle de l'emprisonnement encouru en application des articles 324-1 ou 324-2, le blanchiment est puni des peines attachées à l'infraction dont son auteur a eu connaissance et, si cette infraction est accompagnée de circonstances aggravantes, des peines attachées aux seules circonstances dont il a eu connaissance.**

Art. 324-5 **Le blanchiment est assimilé, au regard de la récidive, à l'infraction à l'occasion de laquelle ont été commises les opérations de blanchiment.**

Récidive. L'infraction de blanchiment est assimilable, au regard de la récidive, à l'infraction de recel de vol dont elle procède. • Crim. 21 janv. 2020, n° 18-84.899 P : *D. actu. 20 févr. 2020, obs. Roques ; D. 2020. Actu. 152 ; AJ pénal 2020. 309, obs. Miranda ; Gaz. Pal. 12 mai 2020, p. 62, obs. Fourment.*

Art. 324-6 **La tentative des délits prévus à la présente section est punie des mêmes peines.**

Art. 324-6-1 *(L. n° 2013-1117 du 6 déc. 2013, art. 5)* **Toute personne qui a tenté de commettre les infractions prévues à la présente section est exempte de peine si, ayant averti l'autorité administrative ou judiciaire, elle a permis d'éviter la réalisation de l'infraction et d'identifier, le cas échéant, les autres auteurs ou complices.**

La peine privative de liberté encourue par l'auteur ou le complice d'une des infractions prévues à la présente section est réduite de moitié si, ayant averti l'autorité administrative ou judiciaire, il a permis de faire cesser l'infraction ou d'identifier, le cas échéant, les autres auteurs ou complices.

BIBL. ▶ Dossier, *AJ pénal 2013. 637 s.* (la lutte contre la délinquance financière).

SECTION 2 *Peines complémentaires applicables aux personnes physiques et responsabilité pénale des personnes morales*

Art. 324-7 Les personnes physiques coupables des infractions définies aux articles 324-1 et 324-2 encourent également les peines complémentaires suivantes :

1° *(L. n° 2008-776 du 4 août 2008, art. 70)* « L'interdiction, suivant les modalités prévues par l'article 131-27, soit d'exercer une fonction publique ou d'exercer l'activité professionnelle ou sociale dans l'exercice ou à l'occasion de l'exercice de laquelle l'infraction a été commise, cette interdiction étant définitive ou provisoire dans le cas prévu à l'article 324-2 et pour une durée de cinq ans au plus dans le cas prévu à l'article 324-1, soit d'exercer une profession commerciale ou industrielle, de diriger, d'administrer, de gérer ou de contrôler à un titre quelconque, directement ou indirectement, pour son propre compte ou pour le compte d'autrui, une entreprise commerciale ou industrielle ou une société commerciale. Ces interdictions d'exercice peuvent être prononcées cumulativement ; »

2° L'interdiction de détenir ou de porter, pour une durée de cinq ans au plus, une arme soumise à autorisation ;

3° L'interdiction, pour une durée de cinq ans au plus, d'émettre des chèques autres que ceux qui permettent le retrait de fonds par le tireur auprès du tiré ou ceux qui sont certifiés et d'utiliser les cartes de paiement ;

4° La suspension, pour une durée de cinq ans au plus, du permis de conduire, cette suspension pouvant être limitée à la conduite en dehors de l'activité professionnelle ;

5° L'annulation du permis de conduire avec l'interdiction de solliciter la délivrance d'un nouveau permis pendant cinq ans au plus ;

6° La confiscation d'un ou plusieurs véhicules appartenant au condamné ;

7° La confiscation d'une ou plusieurs armes dont le condamné est le propriétaire ou dont il a la libre disposition ;

8° La confiscation de la chose qui a servi ou était destinée à commettre l'infraction ou de la chose qui en est le produit, à l'exception des objets susceptibles de restitution *(L. n° 2021-1729 du 22 déc. 2021, art. 51, en vigueur le 31 déc. 2021)* « et sous réserve du dernier alinéa de l'article 131-21 » ; — *Sur l'abrogation du 8° avant sa modification résultant de la L. n° 2021-1729 du 22 déc. 2021, V. Cons. const. 23 sept. 2021, n° 2021-932 QPC (JO 24 sept.).*

9° L'interdiction, suivant les modalités prévues *(L. n° 2013-907 du 11 oct. 2013, art. 27)* « aux articles 131-26 et 131-26-1 », des droits civiques, civils et de famille ;

10° L'interdiction de séjour suivant les modalités prévues par l'article 131-31 ;

11° L'interdiction, pour une durée de cinq ans au plus, de quitter le territoire de la République ;

(L. n° 2001-420 du 15 mai 2001) « 12° La confiscation de tout ou partie des biens du condamné *(L. n° 2012-409 du 27 mars 2012, art. 13-I-4°)* « ou, sous réserve des droits du propriétaire de bonne foi, dont il a la libre disposition », quelle qu'en soit la nature, meubles ou immeubles, divis ou indivis. »

Les dispositions de cet article sont applicables à Mayotte, en Nouvelle-Calédonie, dans les îles Wallis-et-Futuna et en Polynésie française (L. n° 2001-1062 du 15 nov. 2001, art. 71).

BIBL. ▶ THONY, *Mél. Ottenhof, Dalloz, 2006* (quelques expériences nationales et internationales de confiscation des biens en matière de blanchiment ou de terrorisme).

1. Confiscation de véhicules (art. 324-7-6°). Justifie sa décision de se déclarer incompétente pour « poursuivre le recouvrement de la confiscation » de véhicules saisis la cour d'appel qui, après avoir retenu que la décision prise par le tribunal suisse était susceptible d'être exécutée en France en application de la Conv. relative au blanchiment, au dépistage, à la saisie et à la confiscation des produits du crime, énonce qu'il doit être procédé à cette mise à exécution selon les règles internes de procédure et « qu'aucune disposition légale ou réglementaire française ne donne compétence à la juridiction d'instruction » à cet effet, la cour n'ayant à se prononcer, ni sur la régularité de la demande de confiscation présentée, ni sur le mérite de la demande de restitution présentée par le requérant ; en effet, d'une part, il résulte des art. 13 et 14 de la convention précitée, faite à Strasbourg le 8 nov. 1990, applicable dans les relations entre la France et la Suisse, qu'une partie, qui a reçu de l'autre partie une demande de confiscation concernant des instruments ou des produits situés sur son territoire, est tenue de l'exécuter, dans les conditions prévues par le texte conventionnel, en suivant les procédures organisées par son droit interne ; d'autre part, aux termes de l'art. 12 de la L. n° 96-392 du 13 mai 1996 relative à la lutte contre le blanchiment et le trafic de stupéfiants et à la coopération internationale en matière de saisie et de confiscation des produits du crime, lorsqu'elle fait l'objet d'une demande présentée en application des articles précités de la Conv. du 8 nov. 1990, l'exécution sur le territoire français d'une décision de confiscation prononcée par une juridiction de l'un des autres États parties à cette convention est autorisée par le tribunal correctionnel, lequel est saisi, à cette fin, par le procureur de la République. • Crim. 25 mars 2003, n° 02-82.079 P.

2. Confiscation du produit de l'infraction (art. 324-7-8°). Le tribunal de Milan a prononcé, à titre de mesure préventive, la confiscation d'un immeuble sis en France, décision confirmée par la Cour suprême de cassation italienne qui a considéré comme suffisants les indices permettant d'établir que l'immeuble en cause était le produit du blanchiment de capitaux provenant du trafic de stupéfiants ; en application de la Conv. du 8 nov. 1990 relative au blanchiment, au dépistage, à la saisie et à la confiscation des produits du crime et de la L. du 13 mai 1996, les autorités judiciaires italiennes ont saisi le procureur de la République près le tribunal de grande instance d'une requête aux fins d'autoriser sur le territoire français l'exécution de la décision étrangère ; la cour d'appel a justifié sa décision, faisant droit à leur demande, en constatant que les conditions prévues pour cette exécution par les art. 12 à 14 de la L. du 13 mai 1996 sont réunies; la cour relève que la décision de confiscation est définitive et exécutoire et le bien confisqué est susceptible de l'être dans des circonstances analogues selon la loi française, en ses art. 131-21 et 324-7 C. pén. ; enfin, elle ajoute que l'exécution de cette décision ne peut porter atteinte à l'ordre public dès lors que la requête tend à la confiscation d'un immeuble acquis par le blanchiment des sommes issues d'une organisation criminelle ; en effet, il résulte de la convention, applicable dans les relations entre la France et l'Italie, qu'une partie, ayant reçu de l'autre partie une demande de confiscation concernant des produits situés sur son territoire, est tenue de l'exécuter lorsque les conditions prévues par le texte conventionnel et la loi de l'État sont réunies. • Crim. 13 nov. 2003, n° 03-80.371 P : *D. 2003. IR 3008* ; *Gaz. Pal. 2004. 1. 1871, note Ducouloux-Favard ; ibid. 1948, note Monnet ; JCP 2004. IV. 1115 ; LPA 19 nov. 2004, avis Chemithe.*

3. Confiscation des biens du condamné (art. 324-7-12°). La QPC est ainsi rédigée : « L'article 324-7-12°, C. pén. est-il contraire au principe de légalité des délits et des peines issu de l'art. 8 DDH 1789 ? » ; ladite question ne présente pas, à l'évidence, un caractère sérieux dès lors que les dispositions visées, rédigées en termes suffisamment clairs et précis pour permettre leur interprétation et leur sanction, qui entrent dans l'office du juge pénal, sans risque d'arbitraire, ne portent pas atteinte au principe constitutionnel de la légalité des délits et des peines. • Crim. 27 mars 2013, n° 12-85.115 P : *cité note 1 ss. art. 324-1.* ♦ Aux termes de l'art. 324-7-12°, C. pén., les personnes physiques coupables de blanchiment encourent, à titre de peine complémentaire, la confiscation de tout ou partie de leurs biens, quelle qu'en soit la nature, meubles ou immeubles, divis ou indivis, sans qu'il soit exigé que le bien sur lequel elle porte soit l'objet ou le produit direct ou indirect de l'infraction ; justifient leur décision, sans méconnaître l'art. 1er du Prot. add. Conv. EDH, les juges qui, prononçant la confiscation d'un bien immobilier, n'ont fait qu'user de leur pouvoir d'appréciation de la nécessité de l'atteinte portée au droit de propriété d'une prévenue, au regard de la gravité des faits et de la situation personnelle de l'intéressée. • Crim. 30 mars 2016, n° 15-81.550 P : *D. actu. 2 mai 2016, obs. Goetz ; D. 2016. Pan. 2430, obs. Ginestet* .

4. Caractérise la libre disposition d'un bien, propriété d'une société immobilière, par la personne physique mise en examen du chef de blanchiment, de nature à en permettre la saisie en application des art. 131-21, al. 6, et 324-7-12°, le recours à l'interposition de cette société entre le mis en examen et son patrimoine immobilier, ainsi qu'à des prête-noms de l'entourage familial pour exercer les fonctions ou les rôles de dirigeants de droit, d'administrateurs et d'associés, joint à une gestion de fait de la société par l'intéressé. • Crim. 8 nov. 2017, n° 17-82.632 P : *D. 2018. Chron. C. cass. 200, obs. Pichon* ; *AJ pénal 2018. 101, obs. Violeau* ; *Rev. sociétés 2018. 463, obs. Bouloc* .

5. Application dans le temps. Pour prononcer la confiscation du bien immobilier appartenant en indivision au prévenu à hauteur de 14 %, l'arrêt énonce que la confiscation de tout ou partie du patrimoine des personnes condamnées est possible s'agissant du délit de blanchiment ; en statuant ainsi, alors que l'infraction de blanchiment dont le prévenu a été déclaré coupable est antérieure à l'entrée en vigueur de la L. du 15 mai 2001, qui a institué la peine complémentaire de confiscation de tout ou partie des biens du condamné à l'art. 324-7-12°, la cour d'appel, qui n'a pas recherché si le bien immobilier confisqué était le produit de l'infraction au sens de l'art. 324-7-8°, n'a pas justifié sa décision. • Crim. 25 nov. 2015, n° 14-84.985 P : *D. actu. 17 déc. 2015, obs. Fucini ; D. 2015. Actu. 2503* ; *Banque et Dr. 1-2/2016. 89, obs. Lasserre Capdeville.*

Art. 324-8 **L'interdiction du territoire français peut être prononcée dans les conditions prévues par l'article 131-30, soit à titre définitif, soit pour une durée de dix ans au plus, à l'encontre de tout étranger coupable de l'une des infractions définies aux articles 324-1 et 324-2.**

Art. 324-9 *(L. n° 2009-526 du 12 mai 2009, art. 124-I)* **« Les personnes morales déclarées responsables pénalement, dans les conditions prévues par l'article 121-2, des infractions définies aux articles 324-1 et 324-2 encourent, outre l'amende suivant les modalités prévues par l'article 131-38, les peines prévues par l'article 131-39** *(L. n° 2013-1117 du 6 déc. 2013, art. 21)* **« ainsi que la confiscation de tout ou partie de leurs biens ou, sous réserve des droits du propriétaire de bonne foi, de ceux dont elles ont la libre disposition, quelle qu'en soit la nature, meubles ou immeubles, divis ou indivis ». »**

L'interdiction mentionnée au 2° de l'article 131-39 porte sur l'activité dans l'exercice ou à l'occasion de l'exercice de laquelle l'infraction a été commise.

BIBL. ▶ Dossier, *AJ pénal 2013. 637 s.* (la lutte contre la délinquance financière).

LIVRE IV DES CRIMES ET DÉLITS CONTRE LA NATION, L'ÉTAT ET LA PAIX PUBLIQUE

TITRE II DU TERRORISME

CHAPITRE I *DES ACTES DE TERRORISME*

Art. 421-2-2 *(L. n° 2001-1062 du 15 nov. 2001, art. 33 ; L. n° 2003-239 du 18 mars 2003, art. 31)* **Constitue également un acte de terrorisme le fait de financer une entreprise terroriste en fournissant, en réunissant ou en gérant des fonds, des valeurs ou des biens quelconques ou en donnant des conseils à cette fin, dans l'intention de voir ces fonds, valeurs ou biens utilisés ou en sachant qu'ils sont destinés à être utilisés, en tout ou partie, en vue de commettre l'un quelconque des actes de terrorisme prévus au présent chapitre, indépendamment de la survenance éventuelle d'un tel acte.**

Les dispositions de cet art. sont applicables en Nouvelle-Calédonie, dans les îles Wallis-et-Futuna et en Polynésie française (L. n° 2001-1062 du 15 nov. 2001, art. 71).

RÉP. PÉN. v^is^ *Terrorisme – Infractions, Terrorisme – Prévention, Terrorisme – Poursuites et indemnisation*, par MAYAUD.

BIBL. ▶ DESGENS-PASANAU, *Gaz. Pal. 2004. 1. Doctr. 222* (la lutte contre le blanchiment d'argent et le financement du terrorisme : quels enjeux pour la vie privée de la clientèle bancaire ?).

COMMENTAIRE

L'infraction de terrorisme par son financement est le fruit de l'évolution de la lutte contre le financement du terrorisme à la suite des attentats du 11 septembre 2001 aux États-Unis, et dont le principe a été fixé par la loi n° 2001-1062 du 15 novembre 2001, ensuite pérennisé par la loi n° 2003-239 du 18 mars 2003 pour la sécurité intérieure.

Cette infraction se fonde sur la convention pour la répression du financement du terrorisme, adoptée le 9 décembre 1999 par l'Assemblée générale des Nations unies (V. *infra*, III. Règles internationales), ensuite amendée à l'issue des attentats de 2001. Elle est reprise par le protocole additionnel à la convention du Conseil de l'Europe pour la prévention du terrorisme, ratifié par la loi n° 2017-1248 du 9 août 2017. Cet instrument propose aux États parties d'intégrer dans leur législation nationale le financement des voyages à l'étranger à des fins de terrorisme, visant « la fourniture ou la collecte, par quelque moyen que ce soit, directement ou indirectement, de fonds permettant totalement ou partiellement à toute personne de se rendre à l'étranger à des fins de terrorisme […], sachant que les fonds ont, totalement ou partiellement, pour but de servir ces fins » (art. 5).

L'objectif de l'incrimination est préventif. L'incrimination retient des faits pouvant caractériser des opérations variées, depuis la fourniture jusqu'à la gestion des fonds, valeurs ou biens servant de support au financement, en passant par de simples conseils, mais encore, et surtout, dans ce qu'ils traduisent de délinquance terroriste en soi, indépendamment de la réalisation des actes qu'ils sont destinés à couvrir. Il s'agit donc d'une infraction formelle constituée par la seule réalisation de l'un des comportements décrits en dehors de tout résultat éventuel, c'est-à-dire de la réalisation ou non d'un acte terroriste. Elle permet d'atteindre en amont toutes les personnes apportant une logistique de financement à un acte de terrorisme, en évitant le relais de la complicité, et donc les risques d'une impunité lorsque aucun acte de terrorisme n'est ensuite mis à exécution. ❑

1. Financement d'entreprise terroriste. Pour un exemple de condamnation d'une association pour financement de terrorisme (et association de malfaiteurs en relation avec une entreprise terroriste) : • Crim. 21 mai 2014, n° 13-83.758 P : *D. 2014. 1205 ; AJ pénal 2014. 528, obs. de Combles de Nayves ; Dr. pénal 2014, n° 106, obs. Véron ; Gaz. Pal. 2014. 1663, note Mésa ; ibid. 2332, note Dreyer.* ♦ Il résulte des dispositions de l'art. 421-2-2 qu'il suffit pour que les faits soient susceptibles d'être établis que l'auteur du financement sache que les fonds fournis sont destinés à être utilisés par l'entreprise terroriste en vue de commettre un acte terroriste, que cet acte survienne ou non, peu important en outre qu'il n'ait pas l'intention de voir les fonds utilisés à cette fin. • Crim. 7 sept. 2021, n° 19-87.367 B : *D. actu. 13 sept. 2021, obs. Daoud et Sebbah ; D. 2022. 45, note Saenko ; Rev. sociétés 2022. 102, note Matsopoulou ; AJ pénal 2021. 469, note Lasserre Capdeville ; RSC 2021. 827, obs. Mayaud ; JCP E 2021, n° 1497, note Stasiak ; JCP 2021, n° 1096, note Detraz ; RLDA oct. 2021. 46, note Daoud et Boudjellal.*

2. Partie civile. L'infraction de financement d'entreprise terroriste incriminée par l'art. 421-2-2 n'est pas susceptible de provoquer directement un dommage. Il en résulte que les victimes que l'association requérante regroupe ne peuvent être regardées comme ayant pu subir un préjudice direct à raison des faits de financement d'entreprise terroriste, seule infraction à caractère terroriste dont le juge d'instruction est saisi, en sorte que l'intéressée n'a pas qualité à exercer les droits de la partie civile dans ladite information. • Crim. 7 sept. 2021, n° 19-87.036 B : *D. actu. 13 sept. 2021, obs. Daoud et Sebbah ; D. 2022. 45, note Saenko ; AJ pénal 2021. 469, note Lasserre Capdeville ; RSC 2022. 87, obs. Parizot ; JCP E 2021, n° 1497, note Stasiak ; JCP 2021, n° 1096, note Detraz ; RLDA oct. 2021. 46, note Daoud et Boudjellal.*

Code monétaire et financier

PREMIÈRE PARTIE : *LÉGISLATIVE*

LIVRE V LES PRESTATAIRES DE SERVICES

TITRE VI OBLIGATIONS RELATIVES À LA LUTTE CONTRE LE BLANCHIMENT DES CAPITAUX, LE FINANCEMENT DES ACTIVITÉS TERRORISTES, LES LOTERIES, JEUX ET PARIS PROHIBÉS ET L'ÉVASION ET LA FRAUDE FISCALES

(L. n° 2017-1775 du 28 déc. 2017, art. 56).

RÉP. COM. v° *Blanchiment de capitaux et financement du terrorisme,* par BERR.

RÉP. PÉN. v° *Blanchiment,* par SEGONDS.

DP AFF. v° *Blanchiment des capitaux.*

DP COMPLIANCE v° *Lutte contre le blanchiment de capitaux et le financement du terrorisme.*

BIBL. GÉN. ▶ Dossier spécial, *LPA 20 juin 2001* (secret et lutte contre le blanchiment). – JEANDIDIER, *Dr. et patr. 12/2001. 58* (apports de la loi NRE à la lutte contre le blanchiment). – FULGÉRAS, *D. 2002. 789* (lutte contre le blanchiment dans les banques). – BARBE, *D. 2002. 1922* (protocole (anti-blanchiment) à la Convention d'entraide judiciaire en matière pénale de l'Union européenne). – BOULOC, *RDBF 2002. 151* (de quelques aspects du délit de blanchiment) ; *ibid. 2002. 359* (prévention du blanchiment d'argent). – MATSOPOULOU, *ibid. 2002. 362* (répression du blanchiment d'argent). – BARBIÈRI, *LPA 4 mars 2003* (mission du commissaire aux comptes en matière de blanchiment). – Dossier spécial, *Banque et Dr. 3-4/2003. 3* (lutte contre le blanchiment des capitaux). – Dossier spécial, *Cah. dr. entr. 2003, n° 4.* – RAYNAUD, *Gaz. Pal. 2003. Doctr. 3398* (application des règles de prévention du blanchiment aux professions juridiques et aux professions du chiffre). – VIGNAL, *Dr. et patr. 1/2004. 69* (L. n° 2003-706 de sécurité financière). – Colloque ACE, *Gaz. Pal. 2004. Doctr. 105* (l'avocat conseil d'entreprises et le blanchiment). – DESGENS-PASANAU, *ibid. 222* (enjeux pour la vie privée de la clientèle bancaire). – MATSOPOULOU, *RDBF 2004. 50* (le banquier face au juge pénal français). – LEVERBE, *Dr. pénal 2004. Chron. 4* (le banquier et l'art. 324-1 C. pén.). – CUTAJAR, *BJB 2004. 563* (bilan et préconisation à l'aube de la 3e directive). – JASSON, *BJS 2005. 162* (nécessité d'une adaptation conjointe de la législation et du comportement du commissaire aux comptes).

– BONNEAU, *RDBF 2005. 41* (responsabilité du banquier : panorama de jurisprudence). – CONTE, *JCP 2005. I. 126* (aspect pénal des obligations de vigilance tendant à prévenir le blanchiment). – JUNCU, *LPA 14 juin 2005* (la lutte contre le blanchiment des capitaux confrontée au secret professionnel de l'avocat et du notaire). – BAILLET, *Gaz. Pal. 2005. Doctr. 3187* (blanchiment : l'état de la législation). – GASTEBLED, *Banque et Dr. 1-2/2006. 3* (état du dispositif juridique préventif de lutte contre le blanchiment au lendemain de l'adoption de la 3e directive européenne). – CHATAIN, *JCP E 2006, n° 9, p. 398* (à la recherche du bénéficiaire effectif). – BOLLÉ, *RLDA avr. 2006. 53* (responsabilité et évolution de l'infraction de blanchiment de capitaux). – BÈGUE, *ibid. 56* (extension des obligations de déclaration de soupçon et de contrôle). – MASCALA, *Europe 2006. Chron. 5* (une nouvelle directive en attente de transposition). – MASCALA, *Dr. et patr. 6/2006. 75* (rôle des professionnels dans la lutte contre le blanchiment). – LOPES DE LIMA, *RSC 2006. 567* (le groupe d'action financière (GAFI) et sa « liste noire » : punir sans juger). – NÉRAC, *AJ pénal 2006. 440* (répression de l'infraction générale de blanchiment). – MATSOPOULOU, *RDBF nov.-déc. 2006. 47* (nouvelles règles européennes sur le contrôle de l'argent liquide et la lutte contre le blanchiment de capitaux). – BÈGUE, *RTDF 2007, n° 1, p. 47* (conséquences en droit interne de la mise en œuvre de la Dir. 2005/06/CE). – BOUGARTCHEV et GAUDIN, *RDBF sept.-oct. 2007. 36* (la fiducie à l'épreuve de la lutte contre le blanchiment de capitaux). – DEZEUZE, *ibid. nov.-déc. 2007. 20* (responsabilité pénale). – Y. GÉRARD, *ibid. 29* (responsabilité civile). – BÈGUE, *Banque et Dr. 1-2/2008. 9* (transferts de fonds et prévention du blanchiment). – CHILSTEIN, *Dr. et patr. 3/2008. 24* (la prévention du blanchiment et les praticiens du droit). – H. ROBERT, *JCP 2008. I. 146* (réflexions sur la nature de l'infraction de blanchiment d'argent). – CUTAJAR, *LPA 18 juin 2008* (le blanchiment). – FEUGÈRE, *RLDA suppl. sept. 2011. 22* (aspects pratiques de la lutte contre le blanchiment, observations d'un avocat). – LE CORRE, *RLDA juin 2013. 75* (blanchiment et organismes financiers). – CUTAJAR, *Banque et Dr. juin 2013. Hors-série. 59* (la banque en ligne et la réalisation en ligne des obligations imposées en matière de lutte contre le blanchiment). – POULLE et AUBERT, *RDBF 2014. Étude 5* (lutte contre le blanchiment : l'esprit de l'approche par les risques est-il menacé ?). – Dossier, *Rev. UE 2015. 216* (la lutte contre le blanchiment dans l'Union européenne). – BOURSIER, *JCP E 2016, n° 1193* (ACPR : un an de jurisprudence... de lutte contre le blanchiment de capitaux et le financement du terrorisme). – Dossier, *AJ pénal 2016. 167* (blanchiment : nouvelles questions, nouveaux défis). – BOURSIER, *JCP E 2017, n° 1239* (ACPR : un an de jurisprudence en matière de LCB-FT et de gel des avoirs). – GAKOUÉ, *RTDF 2017, n° 2, p. 92* (les règles « *know your customer* » et la prévention du blanchiment de capitaux par les banques). – BOURSIER, *JCP E 2019, n° 1278* (ACPR : un an de jurisprudence en matière de LCB-FT). – Dossier, *AJ pénal 2019* (les investigations financières). – BOURSIER, *JCP E 2020, n° 1128* (ACPR : un an de jurisprudence en matière de LCB-FT). – LACROIX-DE-SOUSA, *RTD com. 2020. 741* (l'ingénierie patrimoniale confrontée au blanchiment d'argent et au financement du terrorisme : éthique 2.0). – BOURSIER, *JCP E 2021, n° 1317* (ACPR : un an de jurisprudence en matière de LCB-FT). – CLÉMENT et LELIEUR, *RSC 2021. 15* (la conformité anti-blanchiment face aux crypto-actifs). – LASSALLE, *JCP E 2022, n° 1186* (LCB-FT : renforcer les échanges d'informations entre le secteur public et le secteur privé).

▸ Ord. n° 2009-104 du 30 janv. 2009 : BONNARD, *JCP E 2009, n° 12, p. 11* (ce qui change pour le secteur bancaire et financier). – CUTAJAR, *D. 2009. 821* (une ordonnance nécessaire mais à parfaire). – HUMBERT, *Dr. et patr. 4/2009. 32* (une réglementation qui se précise, mais qui reste à parfaire). – H. ROBERT, *RLDA mai 2009. 71* (nouvelles normes de détection). – Dossier, *Dr. et patr. 6/2009. 59* (quelles incidences pratiques pour les professionnels ?). – Dossier, *RDBF mai-juin 2009. 84* (la prévention du blanchiment et du financement du terrorisme). – MICHAUD, *JCP E 2009, n° 42, p. 11* (TRACFIN, blanchiment et fraude fiscale : les déclarations de soupçon). – DEFFERRARD, *Gaz. Pal. 2009. 2953* (les métamorphoses de la législation française « anti-blanchiment »). – LEDAN-CABARROQUE, *JCP N 2011, n° 1151* (du véritable apport du dispositif antiblanchiment sur la pratique notariale).

▸ Ord. n° 2016-1635 du 1er déc. 2016 : H. ROBERT, *RLDA févr. 2017. 16* (l'Ord. du 1er déc. 2016 renforçant le dispositif de lutte anti-blanchiment). – BOURSIER, *BJB 2017. 6* (impact de l'Ord. du 1er déc. 2016 sur la cartographie des risques des entreprises). – DAOUD et JACQUIN, *D. avocats 2017. 64* (suite et prolongation de la lutte anti-blanchiment pour les avocats). – FEFERMAN et PELOSI, *AJDI 2017. 167* (transposition de la 4e directive et extension des obligations de lutte anti-blanchiment dans le secteur immobilier). – LEGEAIS, *RTD com. 2017. 146* (commentaire de l'Ord. du 1er déc. 2016 relative à la LCB-FT). – BOURSIER, *JCP E 2017, n° 1314* (impacts opérationnels sur l'organisation et perspectives d'évolution). – MARION, *RTDF 2017, n° 3, p. 22* (transposition de la 4e directive LCB-FT : entre crainte et espoir).

▸ L. n° 2016-1691 du 9 déc. 2016 : Boursier, *JCP E 2016, n° 1622* (anticorruption et anti-blanchiment, les nouveaux risques pesant sur les entreprises) ; *RDBF 2016. Étude 32* (l'impact de la loi relative à la transparence, à la lutte contre la corruption et à la modernisation de la vie économique sur la corruption dans le secteur bancaire et financier : de la sécurisation à l'innovation).

▸ Ord. n° 2020-115 du 12 févr. 2020 : Boursier, *JCP E 2020. Actu. 153* (transposition en droit français de la 5e directive de lutte contre le blanchiment de capitaux et le financement du terrorisme : le renforcement du système) ; *JCP N 2020. Actu. 234* (évolution de la lutte contre le blanchiment de capitaux et le financement du terrorisme pour tous les professionnels de l'immobilier). – Roussille, *Banque et Dr. 3-4/2020. 56* (le cadre de la LCB-FT s'affûte). – Battistini, *LPA 8 avr. 2020* (le domaine d'application de la lutte contre le blanchiment de capitaux et le financement du terrorisme aux professionnels de l'immobilier est réduit). – Broussolle, *LPA 17 juin 2020* (principales dispositions de l'Ord. n° 2020-115 du 12 févr. 2020). – H. Robert, *RLDA juin 2020. 15* (transposition en droit français de la Dir. 2018/843/UE du 30 mai 2018). – Storck, *RTD com. 2020. 393* (LCB/FT : nouvelles dispositions applicables aux sociétés de gestion de portefeuille). – Roussille, *BJB 7-8/2020. 22* (impact du renforcement du cadre de la LCB-FT pour les PSI). – Nourissat, *Defrénois 3 sept. 2020, p. 37* (lutte contre le blanchiment : à nouveau du changement en perspectives...).

▸ Ord. n° 2020-1544 du 9 déc. 2020 : Boursier, *JCP E 2021, n° 42* (évolution des règles relatives aux actifs numériques en matière LCB/FT applicable aux prestataires de services en actifs numériques) ; *JCP N 2021, n° 175* (encadrement renforcé des prestataires de services sur actifs numériques en matière de LCB/FT).

▸ Boursier, Droit pénal des affaires, compliance et mondialisation, *Lextenso, Précis Joly, 2e éd., 2020.*

COMMENTAIRE

Le système préventif actuel de lutte contre le blanchiment de capitaux – auquel s'ajoutent quelques dispositions répressives en lien avec les obligations des assujettis dans le cadre de la méconnaissance de ces dernières ou des mesures de contrôle diligentées par les autorités de tutelle – est le fruit d'une législation inaugurée par la loi n° 90-614 du 12 juillet 1990 relative à la participation des organismes financiers à la lutte contre le blanchiment des capitaux provenant du trafic de stupéfiants. Il a été maintes fois amendé par la transposition des directives européennes dont la cinquième directive 849/2018 introduite en droit interne par l'ordonnance n° 2020-115 du 12 février 2020 renforçant le dispositif national de lutte contre le blanchiment de capitaux et le financement du terrorisme et ses décrets d'application n° 2020-118 et n° 2020-119 du 12 février 2020. L'ensemble de ces dispositions est transposé aux articles L. 561-1 et suivants et R. 561-1 et suivants du code monétaire et financier qui fixe l'architecture des institutions, d'une part, et les règles applicables directement aux opérateurs assujettis à la lutte contre le blanchiment de capitaux et le financement du terrorisme (LBC/FT), d'autre part.

Il est complété par un volet répressif composé d'incriminations de blanchiment général de tous les produits du crime en lien soit avec les infractions douanières, soit avec les infractions de fraude fiscale. Le droit substantiel est complété par des dispositions de procédure pénale, d'une part, liées aux prérogatives d'agents des administrations des douanes et des services fiscaux et, d'autre part, de dispositions relatives aux modalités procédurales de poursuite et d'enquête.

I. ARCHITECTURE INSTITUTIONNELLE INTERNE DE LA LBC/FT

TRACFIN, cellule de renseignement financier française, est un acteur majeur intégré au sein de la communauté du renseignement, chargé de l'aspect opérationnel de la législation en matière de LBC/FT, tandis que les autorités de tutelle des professionnels soumis à la législation sanctionnent la méconnaissance des obligations qui leur incombent. Ces dernières assurent également un rôle d'information et de conseil auprès des professionnels assujettis.

A la suite de la création du GAFI, la France a mis en place, en 1990, des structures de lutte contre le blanchiment. D'une part, le service de traitement du renseignement et action contre les circuits financiers clandestins (TRACFIN), chargé du volet préventif du dispositif, d'autre part, l'Office central de répression de la grande délinquance financière, chargé du volet répressif, tandis qu'un organe interministériel, la commission d'orientation et de lutte contre le blanchiment et le financement du terrorisme, est dédié à la coordination des différentes parties prenantes à la LBC/FT et notamment des différents opérateurs soumis à la législation (V. COLB, Analyse nationale des risques de blanchiment de capitaux et de financement du terrorisme en France, 2019).

Le contrôle du suivi de l'application du dispositif de LBC/FT par les professionnels qui y sont soumis est quant à lui le fait des autorités de contrôle et/ou de régulation des assujettis. L'article L. 561-36 du code monétaire et financier désigne des autorités de contrôle chargées de veiller à la bonne application du dispositif pour la majorité des professions soumises au dispositif. Ce sont les ordres professionnels et les autorités sectorielles de régulation qui doivent contrôler l'application de ces obligations et, s'il y a lieu, réprimer tout manquement par des sanctions administratives ou disciplinaires « effectives, proportionnées et dissuasives ». Ces autorités émettent des instructions, positions, lignes directrices, principes d'application sectoriels qui ont pour objectif de faciliter la mise en œuvre des normes LBC/FT par les assujettis qu'elles contrôlent. Les correspondants TRACFIN désignés par ces derniers sont leurs interlocuteurs pour toute demande.

Il s'agit, pour les opérateurs assujettis, de règles de nature administrative qui ont pour objet de prévenir et de détecter des faits de blanchiment dans le cadre de leur structure et de leurs activités. L'article L. 561-2 du code monétaire et financier détermine les entreprises et professionnels assujettis aux règles en matière de LBC/FT. Les entreprises du secteur financier et de l'assurance, considérées comme particulièrement sensibles du fait de la technique rudimentaire du placement, de l'empilement et de l'intégration puis des techniques plus élaborées, ont été les premières visées, avant que l'évolution et la sophistication des techniques de blanchiment conduisent à imposer les règles de LBC/FT à des entreprises et des professionnels du secteur non financier dont les activités ou les compétences sont susceptibles de faciliter les opérations de blanchiment.

II. RÈGLES PRÉVENTIVES INTERNES DE LBC/FT

Les opérateurs privés soumis à la législation en raison de la sensibilité de leur activité se doivent de mettre en place un plan de LBC/FT sous le contrôle des autorités nationales et de leurs autorités de tutelle. L'élaboration d'un système interne de gestion des risques de blanchiment de capitaux et de financement du terrorisme a pour objectif de permettre aux assujettis de mettre en œuvre les deux obligations essentielles imposées par la loi : collecter des informations et alerter les autorités publiques de toutes tentatives d'instrumentalisation de leurs structures à des fins de blanchiment ou de financement du terrorisme. Ces opérateurs sont par ailleurs redevables de la mise en place d'une organisation et de procédures internes pour la mise en œuvre des mesures de gel des avoirs et d'interdiction de mise à disposition ou d'utilisation des fonds ou ressources économiques. Ces mesures s'appliquent également aux succursales établies en dehors du territoire national et à toute autre forme de libre établissement relevant d'un groupe (V. aussi v° *Sanctions économiques et embargos*).

A. OBLIGATION DE VIGILANCE À L'ÉGARD DE LA CLIENTÈLE

L'obligation de vigilance, qui se décline en plusieurs obligations d'intensité variable, se trouve au cœur du dispositif de LBC/FT en permettant la détection des opérations de blanchiment sur le fondement de la classification des risques établie par l'assujetti. Les obligations de vigilance sont multiples par leur objet : le client, l'objet de l'opération, la relation d'affaires. Elles sont multiples par leur nature : vigilance standard, vigilance standard avec des mesures complémentaires, allégée ou renforcée. L'obligation de vigilance consiste à identifier son client au moment de l'entrée en relation d'affaires, à actualiser cette connaissance tout au long de celle-ci, à comprendre les raisons de ses opérations. La vigilance permet également d'apprécier la cohérence et la logique des opérations réalisées mais également de renforcer la surveillance, notamment en cas de doute sur une opération. Il s'agit d'être en mesure d'informer TRACFIN de tout soupçon de blanchiment. Cette gradation des obligations est le fait conjugué du législateur et, dans une moindre mesure, de chaque assujetti chargé d'adapter le corpus de règles à son entreprise pour assurer l'efficacité du système. Elle est fondée sur l'identification de trois degrés de risques auxquels répondent trois degrés de vigilance : la vigilance standard à laquelle peuvent s'ajouter des mesures de vigilance complémentaires, la vigilance allégée et renforcée.

B. OBLIGATION DE DÉCLARATION DE SOUPÇON

L'objectif de la réalisation de l'obligation de vigilance est de permettre de détecter en amont la réalisation de faits éventuels de blanchiment, de financement du terrorisme, voire de fraude fiscale. La décision de déclaration de soupçon (DS), dont la pertinence est appréciée par les assujettis et qui est réalisée auprès de TRACFIN, prolonge les obligations de vigilance lorsque les assujettis soupçonnent ou ont de bonnes raisons de soupçonner que les sommes ou les opérations portant sur des fonds inscrits dans leurs livres proviennent d'infractions passibles d'une peine privative de liberté supérieure à un an ou participent au financement du terrorisme. Le champ de l'obligation s'étend *de facto* à la plupart des infractions d'atteinte aux biens et d'atteinte aux personnes. Le déclarant n'est pas tenu de qualifier les faits dès lors qu'un soupçon naît des anomalies relevées et des informations recueillies dans l'exercice de son devoir de vigilance. L'obligation déclarative est générale en fonction de l'infraction originaire ou spéciale en matière de fraude fiscale, mais toujours fondée sur une appréciation d'opportunité, sauf lorsqu'elle revêt un caractère systématique en ce qui concerne les communications systématiques d'informations (COSI).

C. MISE EN PLACE D'UN SYSTÈME D'ÉVALUATION ET DE GESTION DES RISQUES DE BC/FT

La mise en place d'un système de gestion des risques de blanchiment de capitaux et de financement du terrorisme a pour objectif d'imposer aux assujettis une obligation déclarative, obligation de déclaration de soupçon auprès de TRACFIN fruit des obligations de vigilance imposées aux assujettis.

Le système d'évaluation et de gestion des risques est donc la pierre angulaire de l'application de ces règles. En effet, il appartient aux assujettis de réaliser une classification de l'ensemble des risques auxquels leur structure est soumise, ou l'ensemble de leurs structures dans le cadre d'un groupe de sociétés. Une fois cette classification réalisée, l'objectif du système est d'établir une cartographie des risques se présentant sous la forme d'un tableau relevant les risques et leur affectant une intensité. A chaque degré de risque identifié répond alors une procédure de vigilance d'un niveau suffisant pour permettre de minimiser au maximum la réalisation de ce risque. ❑

CHAPITRE I *OBLIGATIONS RELATIVES À LA LUTTE CONTRE LE BLANCHIMENT DES CAPITAUX ET LE FINANCEMENT DU TERRORISME*

(Ord. n° 2009-104 du 30 janv. 2009, art. 2)

SECTION 1 *Personnes soumises à une obligation de déclaration au procureur de la République*

Art. L. 561-1 Les personnes autres que celles mentionnées à l'article L. 561-2 qui, dans l'exercice de leur profession, réalisent, contrôlent ou conseillent des opérations entraînant des mouvements de capitaux, sont tenues de déclarer au procureur de la République les opérations dont elles ont connaissance et qui portent sur des sommes qu'elles savent provenir de l'une des infractions mentionnées à l'article L. 561-15.

Lorsqu'elles ont fait de bonne foi une telle déclaration, ces personnes bénéficient des dispositions de l'article L. 561-22.

Les dispositions de l'article L. 574-1 leur sont applicables lorsqu'elles portent à la connaissance du propriétaire de ces sommes ou de l'auteur de ces opérations l'existence de cette déclaration ou donnent des informations sur les suites qui lui ont été réservées.

Le procureur de la République informe le service mentionné à l'article L. 561-23 qui lui fournit tous renseignements utiles. – *V. Délib. n° 2009-429 du 2 juill. 2009 (JO 15 août).*

BIBL. ▸ P. MOUSSERON, *Cah. dr. entr. 2003, n° 4, p. 3* (les professionnels du droit face au blanchiment de capitaux).

1. Information du procureur de la République. Si les établissements de crédit doivent, en application des art. L. 561-1 s., dans leur rédaction applicable en la cause, déclarer les opérations susceptibles de relever de la lutte contre le blanchiment de capitaux et le financement des activités terroristes, ils ne sont pas tenus d'une obligation générale d'informer le procureur de la République des faits délictueux dont ils peuvent soupçonner la commission par leurs clients, dans les affaires desquels, à défaut d'anomalie apparente, ils n'ont pas à s'immiscer. • Com. 15 nov. 2016, n° 15-14.133 : *JCP E 2017, n° 1246, obs. Mathey; Gaz. Pal. 24 janv. 2017, p. 14, note Lasserre Capdeville; Banque et Dr. 5-6/2017. 29, obs. Bonneau; RDBF 2017, n° 2, obs. Samin et Torck.*

2. Notaire. Commet le délit de blanchiment de capitaux provenant d'un trafic de stupéfiants

(C. pén., art. 222-38) le notaire qui favorise l'achat d'un immeuble au moyen de fonds qu'il sait provenir d'un tel trafic, alors qu'il lui incombait de porter cette acquisition à la connaissance du procureur de la République. • Crim. 7 déc. 1995, nº 95-80.888 P : *RJDA 1996, nº 589 ; Dr. pénal 1996, nº 139, obs. Véron.* – V. Rouzet, *Dr. et patr. 11/1996. 20.*

SECTION 2 *Personnes assujetties aux obligations de lutte contre le blanchiment des capitaux et le financement du terrorisme*

Art. L. 561-2 *(Ord. nº 2016-1635 du 1er déc. 2016, art. 2-I)* **Sont assujettis aux obligations prévues par les dispositions des sections II à VII du présent chapitre :**

1º Les organismes, institutions et services régis par les dispositions du titre I du présent livre, y compris les succursales des établissements de crédit mentionnés à l'article L. 511-22 *(Ord. nº 2020-115 du 12 févr. 2020, art. 2)* **« et des établissements financiers mentionnés à l'article L. 511-23 » ;**

1º *bis* Les établissements de paiement régis par les dispositions du chapitre II du titre II du présent livre y compris les succursales des établissements de paiement mentionnés au II de l'article L. 522-13 ;

1º *ter* Les établissements de monnaie électronique régis par le chapitre VI du titre II du présent livre y compris les succursales des établissements de monnaie électronique mentionnés à l'article *(L. nº 2018-700 du 3 août 2018, art. 6)* **« L. 526-24 » ;**

1º *quater* Les établissements de crédit, les établissements de paiement et les établissements de monnaie électronique ayant leur siège social dans un autre État membre de l'Union européenne ou partie à l'Espace économique européen en tant qu'ils exercent leur activité sur le territoire national en ayant recours aux services d'un ou *[de]* **plusieurs agents pour la fourniture de services de paiement en France ou d'une ou** *[de]* **plusieurs personnes en vue de distribuer en France de la monnaie électronique au sens de l'article L. 525-8 ;** *– V. Instr. ACPR nº 2018-I-20 du 12 nov. 2018, ci-dessous.*

2º Les entreprises mentionnées aux articles L. 310-1 et L. 310-2 du code des assurances ;

2º *bis* Les institutions ou unions régies par le titre III du livre IX du code de la sécurité sociale ;

2º *ter* Les mutuelles et unions réalisant des opérations mentionnées au 1º du I de l'article L. 111-1 du code de la mutualité ;

(Ord. nº 2017-484 du 6 avr. 2017, art. 3) **« 2º *quater* Les fonds de retraite professionnelle supplémentaire mentionnés à l'article L. 381-1 du code des assurances ;**

« 2º *quinquies* Les mutuelles ou unions de retraite professionnelle supplémentaire mentionnées à l'article L. 214-1 du code de la mutualité ;

« 2º *sexies* Les institutions de retraite professionnelle supplémentaire mentionnées à l'article L. 942-1 du code de la sécurité sociale ; »

3º Les intermédiaires en opérations de banque et en services de paiement mentionnés à l'article L. 519-1 lorsqu'ils agissent en vertu d'un mandat délivré par un client et qu'ils se voient confier des fonds en tant que mandataire des parties ;

3º *bis* Les intermédiaires d'assurance définis à l'article L. 511-1 du code des assurances sauf ceux qui agissent sous l'entière responsabilité de l'organisme ou du courtier d'assurance ;

4º Les intermédiaires en financement participatif mentionnés à l'article L. 548-2 ;

5º La Banque de France, l'institut d'émission des départements d'outre-mer mentionné à l'article *(Ord. nº 2022-230 du 15 févr. 2022, art. 4)* **« L. 721-7 » du présent code et l'institut d'émission d'outre-mer mentionné** *(Ord. nº 2022-230 du 15 févr. 2022, art. 4)* **« aux articles L. 721-18 et L. 721-19 » du même code ;**

6º Les entreprises d'investissement *(Abrogé par Ord. nº 2017-1107 du 22 juin 2017, art. 10, à compter du 3 janv. 2018) « autres que les sociétés de gestion de portefeuille »*, **y compris les succursales d'entreprises d'investissement mentionnées à l'article L. 532-18-1** *(Ord. nº 2020-115 du 12 févr. 2020, art. 2)* **« ainsi que les succursales d'entreprises d'investissement mentionnées à l'article L. 532-48 », les personnes mentionnées à l'article L. 440-2, les entreprises de marché mentionnées à l'article L. 421-2, les dépositaires centraux** *(L. nº 2021-1308 du 8 oct. 2021, art. 45)* **« mentionnés aux 1º et 2º du I de l'article L. 441-1 » et gestionnaires de systèmes de règle-**

ment et de livraison d'instruments financiers, les conseillers en investissements financiers, *(Ord. n° 2021-1735 du 22 déc. 2021, art. 23)* « les prestataires de services de financement participatif au titre de leurs activités mentionnées à l'article L. 547-4 *[ancienne rédaction : les conseillers en investissements participatifs]* » et les intermédiaires habilités mentionnés à l'article L. 211-4, ainsi que les placements collectifs mentionnés au I de l'article L. 214-1 et les sociétés de gestion de placements collectifs mentionnées à l'article L. 543-1 *(Ord. n° 2020-115 du 12 févr. 2020, art. 2)* « et les succursales des sociétés de gestion européennes d'OPCVM et de FIA mentionnées aux articles L. 532-20-1 et L. 532-21-3 ; »

6° *bis* Les prestataires de services d'investissement ayant leur siège social dans un autre État membre de l'Union européenne en tant qu'ils exercent leur activité sur le territoire national en ayant recours à des agents liés mentionnés à l'article L. 545-1 du code monétaire et financier *(Abrogé par Ord. n° 2020-115 du 12 févr. 2020, art. 2)* ***« lorsque ces derniers effectuent des opérations pour leur clientèle en France »*** ;

7° Les changeurs manuels ;

(L. n° 2019-486 du 22 mai 2019, art. 85 et 86) « 7° *bis* Les prestataires des services mentionnés aux *(Ord. n° 2020-1544 du 9 déc. 2020, art. 4)* « 1° à 4° » de l'article L. 54-10-2 ;

« 7° *ter* Les émetteurs de jetons ayant obtenu le visa mentionné à l'article L. 552-4 dans le cadre de l'offre ayant fait l'objet du visa et dans la limite des transactions avec les souscripteurs prenant part à cette offre ;

« 7° *quater* Les prestataires agréés au titre de l'article L. 54-10-5, à l'exception des prestataires mentionnés au 7° *bis* du présent article ; »

8° *(Ord. n° 2020-115 du 12 févr. 2020, art. 2)* « Les personnes exerçant les activités mentionnées » *(Ord. n° 2020-1342 du 4 nov. 2020, art. 1er)* « au 1°, mais concernant leur activité de location uniquement en exécution d'un mandat de transaction de biens immeubles dont le loyer mensuel est supérieur ou égal à 10 000 euros, ainsi qu'aux 2°, 4°, 5° et 8° » de l'article 1er de la loi n° 70-9 du 2 janvier 1970 réglementant les conditions d'exercice des activités relatives à certaines opérations portant sur les immeubles et les fonds de commerce ; — *V. **C. copr.***

(Ord. n° 2019-1015 du 2 oct. 2019, art. 31, en vigueur le 1er janv. 2020) « 9° Les opérateurs de jeux ou de paris autorisés sur le fondement de l'article L. 321-1 et L. 321-3 du code de la sécurité intérieure, du V de l'article 34 de la loi n° 2017-257 du 28 février 2017 relative au statut de Paris et à l'aménagement métropolitain et leurs représentants légaux et directeurs responsables ;

« 9° *bis* Les opérateurs de jeux ou de paris autorisés sur le fondement de l'article 21 de la loi n° 2010-476 du 12 mai 2010 relative à l'ouverture à la concurrence et à la régulation du secteur des jeux d'argent et de hasard en ligne et leurs représentants légaux, de l'article 5 de la loi du 2 juin 1891, ayant pour objet de réglementer l'autorisation et le fonctionnement des courses de chevaux, de l'article 137 de la loi n° 2019-486 du 22 mai 2019 relative à la croissance et la transformation des entreprises ; »

(Ord. n° 2020-115 du 12 févr. 2020, art. 2) « 10° Les personnes qui négocient des œuvres d'art et des antiquités ou agissent en qualité d'intermédiaires dans le commerce des œuvres d'art et d'antiquités, y compris lorsque celui-ci est réalisé par des galeries d'art, lorsque la valeur de la transaction ou d'une série de transactions liées est d'un montant égal ou supérieur à 10 000 euros et les personnes qui entreposent ou négocient des œuvres d'art ou agissent en qualité d'intermédiaires dans le commerce des œuvres d'art quand celui-ci est réalisé dans des ports francs ou zones franches, lorsque la valeur de la transaction ou d'une série de transactions liées est d'un montant égal ou supérieur à 10 000 euros ; »

11° Les personnes acceptant des paiements en espèces ou au moyen de monnaie électronique d'un montant supérieur à un seuil fixé par décret et se livrant au commerce de biens *(Abrogé par Ord. n° 2020-115 du 12 févr. 2020, art. 2)* ***« suivants : pierres précieuses, métaux précieux, bijoux, objets d'ameublement et de décoration d'intérieur, produits cosmétiques, produits textiles, maroquinerie, produits gastronomiques, horlogerie, arts de la table »*** ; — *V. art. D. 561-10-1, infra.*

(Ord. n° 2020-1342 du 4 nov. 2020, art. 1er) « 11° *bis* Les personnes, autres que celles mentionnées aux 1° à 7°, se livrant à titre habituel et principal au commerce

de métaux précieux ou de pierres précieuses, lorsque la valeur de la transaction ou d'une série de transactions liées est d'un montant égal ou supérieur à 10 000 euros ; »

12° Les experts-comptables, les salariés autorisés à exercer la profession d'expert-comptable en application des articles 83 *ter* et 83 *quater* de l'ordonnance n° 45-2138 du 19 septembre 1945 portant institution de l'ordre des experts-comptables et réglementant les titres et la profession d'expert-comptable ;

12° *bis* Les commissaires aux comptes ;

13° Les avocats au Conseil d'État et à la Cour de cassation, les avocats, les notaires, les *(Ord. n° 2016-1635 du 1er déc. 2016, art. 21-I, en vigueur le 1er juill. 2022)* **« commissaires** *[ancienne rédaction : huissiers]* **» de justice, les administrateurs judiciaires** *(Ord. n° 2016-1635 du 1er déc. 2016, art. 21-I, en vigueur le 1er juill. 2022)* **« et les mandataires judiciaires** *[ancienne rédaction :, les mandataires judiciaires et les commissaires-priseurs judiciaires]* **», dans les conditions prévues à l'article L. 561-3 ;**

14° Les opérateurs de ventes volontaires de meubles aux enchères publiques *(Ord. n° 2020-115 du 12 févr. 2020, art. 2)* **« lorsque la valeur de la transaction ou d'une série de transactions liées est d'un montant égal ou supérieur à 10 000 euros » ;** – *V. C. com., art. L. 321-4 s.* – ***C. com.***

15° Les personnes exerçant l'activité de domiciliation mentionnée aux articles L. 123-11-2 et suivants du code de commerce ;

16° Les personnes exerçant l'activité d'agents sportifs mentionnés à l'article L. 222-7 du code du sport ;

17° Les personnes autorisées au titre du I de l'article L. 621-18-5 ;

(Ord. n° 2020-115 du 12 févr. 2020, art. 2) **« 18° Les caisses des règlements pécuniaires des avocats créées en application du 9° de l'article 53 de la loi n° 71-1130 du 31 décembre 1971 au titre des fonds, effets ou valeurs déposés par les avocats pour le compte de leurs clients dans le cadre des activités mentionnées au I de l'article L. 561-3 ;**

« 19° Les greffiers des tribunaux de commerce mentionnés à l'article L. 741-1 du code de commerce. »

Les personnes assujetties mentionnées aux 1° à *(Ord. n° 2020-115 du 12 févr. 2020, art. 2)* **« 19° » comprennent les personnes physiques et les personnes morales.**

Sur le caractère accessoire des activités de banque ou d'assurance, V. art. L. 561-4 et R. 561-4, infra.

BIBL. ▸ MATSOPOULOU, *Gaz. Pal. 2004. Doctr. 1825* (obligation de déclaration : du secret à la révélation). – BAUMGARTNER et P. MOUSSERON, *JCP E 2006, n° 40, p. 1671* (blanchiment, contrats et opinions juridiques). – LASSERRE CAPDEVILLE, *AJ pénal 2006. 429* (évolution des obligations du banquier). – H. ROBERT, *LPA 17 juill. 2008* (obligation de déclaration de soupçon). – HUCHET, *JCP E 2008, n° 44, p. 9* (du doute au soupçon dans le cadre de l'activité de *Correspondent banking*). – H. ROBERT, *JCP 2010, n° 202* (professions juridiques et prévention du blanchiment. Après la transposition de la Dir. n° 2005/60 du 26 oct. 2005) ; *RDBF 2010. Étude 6* (les établissements de crédit et le nouveau cadre de la LCB-FT). – DEFFERRARD, *Gaz. Pal. 2010. 1473* (l'« internetalisation » du jeu et la lutte contre le blanchiment). – H. ROBERT, *JCP 2011, n° 255* (les avocats et la lutte anti-blanchiment). – Journée franco-suisse de droit bancaire, *RLDA juill.-août 2014. 67* (le banquier et la lutte contre le blanchiment d'argent). – POLROT, *RICEA 2020, n° 1, Étude 38* (la régulation LCB-FT face à l'émergence des cryptomonnaies). – O'RORKE, *ibid., Étude 39* (la mise en œuvre des obligations de LCB-FT par l'industrie « crypto »). – BATTISTINI, *LPA 8 avr. 2020* (le domaine d'application de la LB/FT aux professionnels de l'immobilier est réduit). – BOURSIER, *JCP N 2020. Actu. 234* (évolution de la lutte contre le blanchiment de capitaux et le financement du terrorisme pour tous les professionnels de l'immobilier). – MOUSSERON, *D. 2020. 898* (et si le Conseil national des barreaux unifiait les règles et usages en matière de déclaration de soupçon ?). – DAOUD et BOYER, *D. avocats 2020. 255* (renforcement de la LBC/FT. Conséquences pour les avocats de l'Ord. n° 2020-115 du 12 févr. 2020). – CLÉMENT et LELIEUR, *RSC 2021. 15* (la conformité anti-blanchiment face aux crypto-actifs). – BOURSIER, *JCP E 2021, n° 42* (évolution des règles relatives aux actifs numériques en matière LCB/FT applicable aux prestataires de services en actifs numériques) ; *JCP N 2021, n° 175* (encadrement renforcé des prestataires de services sur actifs numériques en matière de LCB/FT). – MENJUCQ, ALMASEANU, DOUCÈDE et LEDAN-CABARROQUE, *RPC 2021. Table ronde 2* (les praticiens des procédures collectives confrontés au dispositif anti-blanchiment de capitaux). – LAGRAULET, *AJDI 2021. 329* (professionnels de l'immobilier : lutte contre le blanchiment d'argent et le financement du terrorisme). – LARTIGUE,

D. actu. 5 *avr.* 2022 (sanctions contre la Russie et obligation de vigilance des avocats : les CARPA aux avant-postes).

COMMENTAIRE

L'article L. 561-2 du code monétaire et financier détermine les entreprises et professionnels assujettis aux règles en matière de LBC/FT. Les entreprises du secteur financier et de l'assurance, considérées comme particulièrement sensibles, ont été les premières visées, avant que l'évolution et la sophistication des techniques de blanchiment conduisent à imposer les règles de LBC/FT à des entreprises et des professionnels du secteur non financier dont les activités ou les compétences sont susceptibles de faciliter les opérations de blanchiment.

I. ASSUJETTIS DU SECTEUR FINANCIER ET DE L'ASSURANCE

Il s'agit des entreprises et institutions déclarantes visées aux 1° à 7° de l'article L. 561-2, c'est-à-dire les personnes morales établissements bancaires, financiers et d'assurance, sous toutes leurs formes, et les personnes morales ou physiques se livrant à une activité de change. Seules sont exclues les personnes qui exercent l'une de ces activités à titre accessoire lorsque leur activité principale est exemptée des mesures de LBC/FT.

A. BANQUES, ÉTABLISSEMENTS DE CRÉDIT ET COMPAGNIES D'ASSURANCE

Les organismes, institutions et services régis par les dispositions du titre I du livre V du code monétaire et financier sont les premiers assujettis au dispositif au titre du 1° de l'article L. 561-2. Il s'agit notamment : des établissements de crédit visés à l'article L. 511-1 du code monétaire et financier, des banques mutualistes ou coopératives, des caisses de crédit municipal, des sociétés financières et des compagnies financières au sens de l'article L. 517-1 du code monétaire et financier et des établissements financiers mentionnés à l'article L. 511-23 du même code.

La Banque de France, l'Institut d'émission des départements d'outre-mer et l'Institut d'outre-mer sont assujettis aux obligations de lutte contre le blanchiment d'argent et le financement du terrorisme, selon le 5° de l'article L. 561-2.

Les établissements de paiement sont des personnes morales prestataires de services de paiement autres qu'un établissement de crédit ou que la Banque de France, l'Institut d'émission des départements d'outre-mer, le Trésor public, la Caisse des dépôts et consignations. Ils sont autorisés à exercer par un agrément délivré par l'Autorité de contrôle prudentiel et de résolution.

Les compagnies d'assurance et les intermédiaires d'assurance que sont les établissements mentionnés à l'article L. 310-1 du code des assurances et les intermédiaires d'assurance comme les agents généraux sont soumis aux obligations anti-blanchiment comme les institutions et unions citées à l'article L. 561-3 du code monétaire et financier. Il en va de même pour les mutuelles et unions pratiquant des opérations d'assurance, de réassurance et de capitalisation. Le texte soumet également les institutions de retraite complémentaire et les institutions de prévoyance à ce régime au titre du code de la sécurité sociale et du code rural et de la pêche maritime pour les salariés agricoles.

B. CHANGEURS MANUELS

Les changeurs manuels sont des personnes physiques ou morales qui échangent des billets ou des monnaies libellés en devises étrangères. Les mouvements de fonds entre la France et l'étranger, c'est-à-dire les pays hors de la zone euro, s'effectuent par leur intermédiaire. Le Comité des établissements de crédit et des entreprises d'investissement (CECEI), chargé de publier la liste des professionnels exerçant cette activité, leur délivre une autorisation préalable d'exercice.

C. AUTRES SOCIÉTÉS FINANCIÈRES VISÉES

Sont assujettis les sociétés d'investissement, les sociétés de gestion de portefeuilles, les gestionnaires de systèmes de règlement et de livraison d'instruments financiers, les conseillers en investissements financiers, les intervenants sur les marchés, les succursales d'entreprises d'investissement mentionnées à l'article L. 532-48 et les succursales des sociétés de gestion européennes d'OPCVM et de FIA mentionnées aux articles L. 532-20-1 et L. 532-21-3. Sont également assujettis les sociétés de financement participatif et les prestataires de services d'échange entre monnaies virtuelles. Le champ d'application des assujettis aux obligations LBC/FT élargi par la loi transcrite dans la mise à jour du Règlement général de l'AMF en mai

2021 concerne également les gestionnaires d'« autres FIA » mentionnés au 3° du III de l'article L. 214-24 du code monétaire et financier, les gestionnaires de fonds de capital-risque européens (EUVECA) et d'entrepreneuriat social européens (EUSEF) ainsi que les succursales établies en France par des sociétés de gestion européennes pour la gestion d'OPCVM ou de FIA français.

II. ASSUJETTIS DU SECTEUR NON FINANCIER

Les assujettis du secteur non financier sont des professionnels identifiés comme sensibles aux risques de blanchiment du fait de leurs activités liées au domaine juridique, au chiffre, à la pierre ou encore aux domaines dans lesquels les volumes d'argent et les possibilités d'anonymat sont importants.

A. PROFESSIONNELS DU DROIT

Les avocats aux Conseils et les avocats sont assujettis à la LBC/FT mais bénéficient d'un régime particulier. Après des difficultés liées à leur entrée dans le périmètre de la LBC/FT, en raison de la spécificité de leur mission de défense supposant le strict respect du secret professionnel liant l'avocat à son client, la Cour européenne des droits de l'Homme a mis en exergue leur « mission fondamentale dans une société démocratique » de défense des justiciables (CEDH 6 déc. 2012, *Michaud c/ France*, n° 12323/11), renforçant une décision de la Cour de justice des Communautés européennes à propos de la directive n° 2005/60/CE du 27 octobre 2005 (CJCE 27 juin 2007, n° C-305/05). La loi a donc cherché un équilibre entre cet impératif de protection des droits de la défense et le constat sociologique de l'instrumentalisation dont les avocats peuvent être l'objet en tant que facilitateurs (*gate keepers*) pour des opérations de blanchiment de capitaux ou de financement du terrorisme.

Dès lors, le I de l'article L. 561-3 du code monétaire et financier soumet les avocats et les avocats aux Conseils au respect des obligations préventives dans deux hypothèses. En premier lieu, lorsqu'ils agissent en qualité de fiduciaire et se livrent, au nom et pour le compte de leurs clients, à toute opération financière ou immobilière. En second lieu, lorsqu'ils assistent leur client dans la préparation ou la réalisation de certaines transactions. Sont visées les opérations d'achat et de vente de biens immeubles ou de fonds de commerce, de gestion de fonds, titres ou autres actifs appartenant au client, d'ouverture de comptes bancaires, d'épargne, de titres ou de contrats d'assurance, d'organisation des apports nécessaires à la création des sociétés, de constitution, de gestion ou de direction des sociétés, de constitution, de gestion ou de direction de fiducies, régies par les articles 2011 à 2031 du code civil ou par un droit étranger, ou de toute autre structure similaire et enfin de constitution ou de gestion de fonds de dotation. Dans ces deux cas, les modalités déclaratives sont cependant encadrées par des règles supplémentaires permettant de garantir le respect du principe du secret des échanges entre l'avocat et son client (art. L. 561-17).

En conséquence, l'article L. 561-3 tient compte de la spécificité de la profession en instaurant une exonération des règles relatives au système préventif pour les activités de défense, de conseil et de consultation de l'avocat. D'une part, il exonère les avocats et les avocats aux Conseils de toute obligation préventive pour leurs activités précédant, suivant ou accompagnant une procédure juridictionnelle, y compris pour l'activité de conseil portant sur la façon d'engager ou d'éviter une procédure judiciaire. Cette exonération vise également, en vertu du II, les activités soumises au système déclaratif visées au I, qui donnent lieu à une activité de conseil précédant ou suivant une instance juridictionnelle. D'autre part, il les exonère également pour toute activité de consultation, sauf lorsque la consultation a précisément pour objet la commission d'une infraction de blanchiment.

Les caisses de règlements pécuniaires des avocats (CARPA), au sein desquelles transitent tous les flux financiers entre les avocats et leurs clients, qui étaient jusqu'alors exclusivement concernées par le droit de communication de TRACFIN, sont désormais assujetties aux obligations de LBC/FT issues du code monétaire et financier. Pour ces dernières, la notion de relation d'affaires qui définit le périmètre des obligations d'assujettissement s'entend comme le mandat qui leur est confié, en application des règles relatives aux garanties et au contrôle des conditions de la réception de fonds de leurs clients par les avocats.

Les autres professions juridiques telles que les notaires, les huissiers de justice, les administrateurs judiciaires, les mandataires judiciaires, les commissaires-priseurs judiciaires sont soumises au dispositif de LBC/FT en vertu du 13° de l'article L. 561-2. Elles bénéficient cependant d'une exonération pour les activités entrant normalement dans son champ pour les consultations réalisées à la demande du client dans ce cadre, à l'exception de celles fournies à des fins de blanchiment. Le client s'entend de toute personne visée par la procédure ou de la personne qui se porte acquéreur du bien offert à la vente ou qui dépose une offre de reprise partielle ou totale de l'entreprise. Enfin, les greffiers des tribunaux de commerce sont nouvellement assujettis à ces dispositions.

B. PROFESSIONNELS DU CHIFFRE

Les experts-comptables, salariés autorisés à exercer la profession d'expert et commissaires aux comptes sont également soumis à la législation. Le Haut Conseil du commissariat aux comptes a émis une norme d'exercice professionnel homologuée par un arrêté du 20 avril 2010 relative à la mise en œuvre des obligations déclaratives pesant sur ces professionnels. Le texte précise ses conditions d'application et son articulation avec l'obligation de déclaration de l'article L. 823-12, alinéa 2, du code de commerce relatif à l'obligation de dénonciation de faits délictueux au procureur de la République. Ainsi, les commissaires aux comptes doivent faire une déclaration simultanée au procureur de la République et à TRACFIN en cas de faits de blanchiment avérés. En revanche, en cas de simples soupçons, ils saisissent exclusivement TRACFIN. La déclaration de soupçon de l'article L. 561-15 du code monétaire et financier intervient en amont du mécanisme délictuel permettant ainsi à TRACFIN de faire opposition à la réalisation d'une opération.

Les commissaires aux comptes, les experts-comptables et les salariés autorisés à exercer la profession d'expert sont exemptés des obligations préventives lorsqu'ils procèdent à des consultations dans les limites prévues pour les professionnels du droit.

C. PROFESSIONNELS DU SECTEUR DE L'IMMOBILIER

Les intermédiaires immobiliers se livrant à l'une des activités visées à l'article 1er de la loi n° 70-9 du 2 janvier 1970 relative aux conditions d'exercice des activités portant sur les immeubles et les fonds de commerce uniquement en ce qui concerne leur activité de location en exécution d'un mandat de transaction de biens immeubles dont le loyer mensuel est supérieur ou égal à 10 000 euros, sont assujettis aux obligations de LBC/FT. Il s'agit des activités suivantes : l'achat, la vente, la recherche, l'échange, la location ou sous-location, saisonnière ou non, en nu ou en meublé d'immeubles bâtis ou non bâtis ; l'achat, la vente ou la location-gérance de fonds de commerce ; la souscription, l'achat, la vente d'actions ou de parts de sociétés immobilières ou de sociétés d'habitat participatif donnant vocation à une attribution de locaux en jouissance ou en propriété ; l'achat, la vente de parts sociales non négociables lorsque l'actif social comprend un immeuble ou un fonds de commerce ; la conclusion de tout contrat de jouissance d'immeuble à temps partagé régi par les articles L. 121-60 et suivants du code de la consommation. Seules sont exclues du périmètre d'assujettissement de ces professionnels les activités d'échange, la location et la sous-location d'un bien immobilier lorsque ce dernier est loué pour un montant situé au-dessous d'un certain seuil.

D. PROFESSIONNELS DU SECTEUR DU JEU

La loi n° 2010-476 du 12 mai 2010 relative à l'ouverture à la concurrence et à la régulation du secteur des jeux d'argent et de hasard en ligne autorisant notamment les opérateurs de paris en ligne, rappelle que les jeux d'argent et de hasard ne sont ni un commerce ordinaire ni un service ordinaire, ce qui justifie un encadrement strict au regard des enjeux d'ordre public, de sécurité publique et de protection de la santé et des mineurs. Les risques de blanchiment sont importants du fait de l'utilisation d'espèces et d'absence de présence physique dans les jeux en ligne. L'ensemble de ces opérateurs, représentants et responsables des opérateurs de jeux ou de paris autorisés en matière de courses de chevaux, casinos, et opérateurs de paris en ligne autorisés, est soumis au respect des obligations en matière de LBC/FT. Les modifications législatives majeures créant, le 1er janvier 2020, la nouvelle Autorité nationale des jeux (ANJ) remplaçant l'ARJEL en augmentant le périmètre de ses compétences s'accompagnent du renforcement des dispositions relatives au secteur des jeux.

L'ordonnance n° 2019-1015 du 2 octobre 2019 réformant la régulation des jeux d'argent et de hasard a remodelé le régime auquel les assujettis opérateurs de jeux et paris physiques et en ligne des 9° et 9° *bis* de l'article L. 561-2 du code monétaire et financier sont soumis. L'ANJ contrôle le respect par les opérateurs de jeux en ligne et les opérateurs titulaires de droits exclusifs de leurs obligations en matière de lutte contre la fraude et contre le blanchiment de capitaux et le financement du terrorisme, fixées par le code monétaire et financier. En amont, les opérateurs soumettent chaque année à l'approbation de l'Autorité leur plan d'action en matière de lutte contre la fraude et contre le blanchiment des capitaux et le financement du terrorisme. Ils rendent compte, à cette occasion, de la mise en œuvre du plan de l'année précédente. Le plan est établi dans le respect du cadre de référence prévu par la loi. L'ANJ évalue les résultats des actions menées par les opérateurs de jeux ou de paris en ligne et les opérateurs titulaires de droits exclusifs en matière de lutte contre la fraude et contre le blanchiment de capitaux et le financement du terrorisme et peut leur adresser des prescriptions à ce sujet.

L'Autorité nationale des jeux procède à une évaluation des risques présentés par les opérateurs de jeux ou de paris en ligne et les opérateurs titulaires de droits exclusifs, et adapte l'intensité et la fréquence de ses contrôles sur pièces et sur place en fonction des risques identifiés. Des fonctionnaires et agents habilités par le directeur général de l'ANJ procèdent, sous sa direction, aux enquêtes administratives nécessaires au contrôle du respect de leurs obligations par les opérateurs de jeux ou de paris en ligne et les opérateurs titulaires de droits exclusifs. L'Autorité et les services compétents du ministère de l'intérieur se communiquent les renseignements et documents utiles à l'accomplissement de leurs missions respectives, y compris ceux couverts par le secret professionnel. Il est dressé un procès-verbal des manquements d'un opérateur agréé ou d'un opérateur titulaire de droits exclusifs à ses obligations en matière de LBC/FT et la procédure d'inspection est immédiatement transmise à la Commission nationale des sanctions prévue à l'article L. 561-38 du code monétaire et financier.

E. PERSONNES SE LIVRANT HABITUELLEMENT AU COMMERCE OU ORGANISANT LA VENTE DE PIERRES PRÉCIEUSES, DE MATÉRIAUX PRÉCIEUX, D'ANTIQUITÉS OU D'ŒUVRES D'ART

Il s'agit des personnes qui négocient des œuvres d'art et des antiquités ou agissent en qualité d'intermédiaires dans le commerce des œuvres d'art et d'antiquités, y compris lorsque celui-ci est réalisé par des galeries d'art, lorsque la valeur de la transaction ou d'une série de transactions liées est d'un montant égal ou supérieur à 10 000 euros. Il s'agit également des personnes qui entreposent ou négocient des œuvres d'art ou agissent en qualité d'intermédiaires dans le commerce des œuvres d'art quand celui-ci est réalisé dans des ports francs ou zones franches, lorsque la valeur de la transaction ou d'une série de transactions liées est d'un montant égal ou supérieur à 10 000 euros. Elles exercent leur profession dans un secteur particulièrement sensible avec des biens de valeurs importantes et un marché international permettant leur revente en tous lieux. Leur assujettissement est désormais conditionné à l'existence d'une transaction ou d'une série de transactions liées d'un montant égal ou supérieur à 10 000 euros. Ce sont les seuls professionnels qui, à l'heure actuelle, ne sont pas soumis à une autorité de contrôle, fût-ce une autorité de contrôle *ad hoc* comme les professions orphelines que sont les intermédiaires dans l'immobilier et les sociétés de domiciliation soumis au contrôle de la Commission nationale des sanctions.

F. PERSONNES ACCEPTANT LES PAIEMENTS EN ESPÈCES OU EN MONNAIE ÉLECTRONIQUE SE LIVRANT AU COMMERCE DE BIENS

Les personnes acceptant des paiements en espèces ou au moyen de monnaie électronique hors de tout commerce particulier sont concernées. Jusqu'alors, la loi visait en effet exclusivement les personnes se livrant au commerce de pierres précieuses, métaux précieux, bijoux, objets d'ameublement et de décoration d'intérieur, produits cosmétiques, produits textiles, maroquinerie, produits gastronomiques, horlogerie, arts de la table. Toutes les personnes répondant aux conditions de seuil fixées par décret sont maintenant concernées, quelle que soit la nature des biens en cause.

G. PERSONNES SE LIVRANT HABITUELLEMENT AU COMMERCE DE MÉTAUX PRÉCIEUX OU DE PIERRES PRÉCIEUSES

Issu de l'ordonnance nº 2020-1342 du 4 novembre 2020, l'alinéa 11° *bis* réintroduit après sa suppression par l'ordonnance nº 2020-115 du 12 février 2020 l'assujettissement des personnes, autres que celles mentionnées aux 1° à 7°, se livrant à titre habituel et principal au commerce de métaux précieux ou de pierres précieuses, lorsque la valeur de la transaction ou d'une série de transactions liées est d'un montant égal ou supérieur à 10 000 €.

H. SOCIÉTÉS DE VENTES VOLONTAIRES DE MEUBLES AUX ENCHÈRES PUBLIQUES

Elles se livrent, en tant que mandataires des propriétaires de biens, à l'estimation de biens mobiliers, à l'organisation et à la réalisation de ventes volontaires de meubles aux enchères publiques. Elles sont régies par les articles L. 321-4 et suivants du code de commerce et soumises au regard des facilités que représentent ces actes pour des opérations de blanchiment aux obligations en matière de LBC/FT. Leur assujettissement est à présent conditionné à l'existence d'une transaction ou d'une série de transactions dont le montant est égal ou supérieur à 10 000 €.

I. SOCIÉTÉS DE DOMICILIATION ET AGENTS SPORTIFS

Ils sont respectivement soumis à la législation préventive au titre des 15° et 16° de l'article L. 561-2. Les premières favorisent, en effet, l'anonymat et l'opacité des sociétés et notamment la création de sociétés écrans intervenant dans les circuits de blanchiment au cours de la phase d'éloignement de l'argent de sa source. Les seconds négocient des contrats avec les clubs internationaux portant sur des sommes d'argent très importantes dans des conditions non exemptes de risques de corruption et de paiement de rétrocommissions.

J. CAISSES AUTONOMES DE RÈGLEMENT DES AVOCATS

Il est ajouté à l'article L. 561-2 un 18° prévoyant l'assujettissement des caisses des règlements pécuniaires des avocats, caisses créées en application du 9° de l'article 53 de la loi n° 71-1130 du 31 décembre 1971 au titre des fonds, effets ou valeurs déposés par les avocats pour le compte de leurs clients dans le cadre de certaines activités. Lorsque les avocats participent, au nom et pour le compte de leur client, à toute transaction financière ou immobilière ou agissent en qualité de fiduciaire et lorsqu'ils assistent leur client dans la préparation ou la réalisation des transactions concernant certaines opérations dont l'ouverture de comptes bancaires, l'organisation des apports nécessaires à la création de sociétés notamment.

K. GREFFIERS DES TRIBUNAUX DE COMMERCE

Sont également concernés les greffiers des tribunaux de commerce mentionnés à l'article L. 741-1 du code de commerce dans le cadre de l'exercice de leur mission de police économique de recueil d'informations contrôlées et qualifiées. ❑

Instruction ACPR n° 2018-I-20 du 12 novembre 2018,

Relative aux informations sur le dispositif de prévention du blanchiment de capitaux et du financement des activités terroristes des organismes visés au 1° quater de l'article L. 561-2 du code monétaire et financier.

COMMENTAIRE

L'ACPR a l'occasion de sanctionner, dans le cadre des procédures disciplinaires conduites par sa commission des sanctions sur le fondement des dispositions relatives à la lutte contre le blanchiment de capitaux et le financement du terrorisme, la transmission d'informations erronées. L'instruction impose en effet aux assujettis de transmettre au secrétariat général un tableau nommé « BLANCHIMT » dans lequel figurent des informations relatives à leur dispositif de LBC/FT. Cette obligation fonde la sanction de la société, établissement de monnaie électronique, qui a déclaré, à l'occasion de la transmission de ce tableau, vérifier que ses procédures étaient bien mises en œuvre par ses prestataires. En l'espèce, à l'occasion de contrôles réalisés par les inspecteurs de l'ACPR, dans le cadre de l'application des mesures LBC/FT, il s'est avéré que les dispositions de l'instruction n'avaient pas été respectées (V. Décis. ACPR n° 2018-03 du 2 juill. 2019 ; Décis. ACPR n° 2018-05 du 8 avr. 2019). ❑

Art. 1er Sont assujettis à la présente instruction les organismes mentionnés au 1° *quater* de l'article L. 561-2 du code monétaire et financier, dénommés ci-après "les organismes assujettis".

Art. 2 Les organismes assujettis remettent au Secrétariat général de l'Autorité de contrôle prudentiel et de résolution (SGACPR) les tableaux BLANCHIMENT suivants de l'annexe I à la présente instruction, dans un délai de 30 jours à compter du commencement de leur activité sur le territoire français :

— B2-1— Données statistiques relatives à la désignation d'un représentant permanent ;

— B2-2— Identité du représentant permanent et, le cas échéant, de la personne physique responsable ou, à défaut, identité du (des) correspondant(s) et déclarant(s) Tracfin.

En cas de désignation ou de changement, en cours d'année civile, du représentant permanent ou d'un ou plusieurs déclarants ou correspondants Tracfin au sens des articles R. 561-23 et R. 561-24 du code monétaire et financier, les organismes assujettis en informent le SGACPR en lui transmettant, sans délai, le tableau BLANCHIMENT B2-2 figurant à l'annexe I à la présente instruction.

Art. 3 I. Les organismes assujettis transmettent au SGACPR les tableaux BLANCHIMENT suivants de l'annexe I à la présente instruction :

— B1 — Évaluation des risques par l'organisme

— B2 — Organisation du dispositif de LCB-FT

— B3 — Contrôle interne du dispositif LCB-FT

— B4 — Mesures de vigilance adaptées aux risques BC-FT et détection des opérations suspectes

— B6 — Gel des avoirs et mesures restrictives

— B7 — Données statistiques relatives aux dispositifs LCB-FT et de gel des avoirs

— B8 — Déclaration PSP défaillant

— B12 — Commentaires libres

II. Les organismes assujettis qui fournissent des services de paiement sur le territoire français remettent également le tableau BLANCHIMENT B5-1 — Services de paiement.

Lorsqu'ils fournissent le service mentionné au 6° du II de l'article L. 314-1 du code monétaire et financier, ils remettent en outre le tableau BLANCHIMENT B10 — Statistiques relatives à l'activité de transmission de fonds. A défaut, ils remettent le tableau BLANCHIMENT B9 — Statistiques relatives aux services de paiement effectués, à l'exclusion de la transmission de fonds.

III. Les organismes assujettis qui distribuent de la monnaie électronique sur le territoire français remettent également les tableaux BLANCHIMENT B5-2 — Émission et gestion de monnaie électronique et B11 — Statistiques relatives à l'activité d'émission et de gestion de monnaie électronique anonyme.

Art. 4 Sauf lorsqu'il en est disposé différemment dans les tableaux BLANCHIMENT figurant en annexe I de la présente instruction, les informations fournies dans les tableaux B1 à B7 et B9 à B12 mentionnés à l'article 3 sont arrêtées le 31 décembre de chaque année civile.

Les tableaux BLANCHIMENT mentionnés à l'article 3 sont adressés au plus tard le 31 mars de chaque année au SGACPR.

Par exception, le tableau B9 mentionné à l'article 3 est adressé au SGACPR en cas d'identification d'un prestataire de services de paiement qui omet de manière répétée de fournir les informations requises sur le donneur d'ordre ou le bénéficiaire, en application des dispositions des articles 8(2) et 12(2) du règlement (UE) 2015/847 du 20 mai 2015 susvisé *[sur les informations accompagnant les transferts de fonds]*, selon une fréquence trimestrielle.

Les tableaux BLANCHIMENT figurant à l'annexe I à la présente instruction sont signés par le représentant permanent mentionné au VI de l'article L. 561-3 du code monétaire et financier ou, à défaut, par les personnes assurant la direction effective de l'organisme assujetti.

Art. 5 Les organismes assujettis transmettent au SGACPR, le cas échéant, par l'intermédiaire de leur représentant permanent mentionné à l'article 2, les résultats financiers concernant l'ensemble de l'activité exercée en France au moyen d'un ou plusieurs agents mentionnés à l'article L. 523-1 du code monétaire et financier ou d'une ou plusieurs personnes en vue de distribuer de la monnaie électronique au sens de l'article L. 525-8.

Ces résultats financiers sont remis au SGACPR au plus tard le 31 mars de chaque année, concernant l'activité réalisée au cours du dernier exercice clos.

Art. 6 Les informations remises en application de la présente instruction sont à adresser sur support papier à l'adresse suivante :

Secrétariat général de l'Autorité de contrôle prudentiel et de résolution
Pôle de contrôle permanent LCB-FT
66-2760
4, Place de Budapest — CS 92459
75436 Paris Cedex 09

En complément de la remise sur support papier, les établissements assujettis remettent également ces informations sous forme électronique à l'adresse suivante :

2760-pole-lcbft-ut@acpr.banque-france.fr

Art. 7 Les organismes assujettis conservent, à la disposition du SGACPR, les informations collectées ainsi que tous les documents ayant servi à leur élaboration pendant une durée de cinq ans à compter de leur date de remise.

Art. 8 L'instruction n° 2013-I-08 du 24 juin 2013 relative aux informations à remettre en application du VI de l'article L. 561-3 et du III de l'article D. 561-3-1 du code monétaire et financier est abrogée.

Art. 9 Les questions n° 7.080, 7.090, 7.150 et 7.160 figurant dans le tableau B7 en annexe I à la présente instruction entrent en vigueur pour la remise effectuée au plus tard le 31 mars 2020 au titre de l'exercice 2019.

ANNEXE I

Annexe non reproduite.

Code monétaire et financier

Changeurs manuels.

COMMENTAIRE

Le recours à des opérations impliquant l'usage d'espèces, au-delà de la transmission de fonds et de la monnaie électronique, concerne également les changeurs manuels soumis à ce titre à la législation en matière de lutte contre le blanchiment de capitaux et le financement du terrorisme.

Les changeurs manuels sont des personnes physiques ou morales, autres que des établissements de crédit et paiement, qui échangent des billets ou des monnaies libellées en devises étrangères à titre habituel. Les mouvements de fonds entre la France et l'étranger, c'est-à-dire les pays hors de la zone euro, s'effectuent par leur intermédiaire. Leur activité représente plusieurs centaines de millions d'euros chaque année. La menace en matière de blanchiment de capitaux et de financement du terrorisme est donc particulièrement élevée dans ce secteur.

Les exigences en matière de vigilance LBC/FT pour les activités de change manuel et de transmission de fonds ont été renforcées. Alors que le seuil d'identification et de vérification de l'identité du client occasionnel est fixé à 15 000 euros, la réglementation française applique un traitement différencié et plus strict à ces deux activités au regard des risques identifiés. Elle impose ainsi une identification et une vérification de l'identité au premier euro pour le change manuel à distance et la transmission de fonds, et un seuil de 1 000 euros pour le change manuel.

L'action de contrôle de l'ACPR, notamment dans le cadre des contrôles diligentés en matière de LBC/FT et des sanctions prises en cas de manquements constatés, contribue à rendre plus efficace l'application des mesures LBC/FT à l'égard des changeurs manuels notamment dans le cadre de la lutte contre le financement du terrorisme. ❑

Art. L. 524-1 *(Ord. n° 2009-104 du 30 janv. 2009, art. 1er)* I. — Constitue une opération de change manuel l'échange immédiat de billets ou monnaies libellés en devises différentes. Constitue également une opération de change manuel le fait d'accepter, en échange des espèces délivrées à un client, un règlement par un autre moyen de paiement, sous réserve que celui-ci soit libellé dans une devise différente.

II. — Les changeurs manuels sont des personnes physiques ou morales, autres que les établissements de crédit, *(Ord. n° 2013-544 du 27 juin 2013, art. 4, en vigueur le 1er janv. 2014)* « les sociétés de financement, » *(L. n° 2013-100 du 28 janv. 2013, art. 10-X)* « les établissements de monnaie électronique, » *(Ord. n° 2009-866 du 15 juill. 2009, art. 10-III, en vigueur le 1er nov. 2009)* « les établissements de paiement » et les institutions et services mentionnés à l'article L. 518-1, qui effectuent à titre de profession habituelle des opérations de change manuel.

Toutefois, ne constitue pas l'exercice de la profession de changeur manuel le fait de réaliser, à titre occasionnel ou pour des montants limités, des opérations de change manuel dans des conditions définies par décret.

Blanchiment des capitaux. L'activité des changeurs manuels, consistant à échanger immédiatement des billets ou monnaies libellés en devises différentes ou à accepter, en échange d'espèces délivrées à un client, un règlement dans une devise différente par un autre moyen de paiement ou à remettre des euros en espèces, en contrepartie de chèques de voyage libellés en euros, est particulièrement exposée au risque de participation à des opérations de blanchiment. Lorsque leur intervention est sollicitée pour des montants inhabituellement élevés, notamment, ils doivent donc systématiquement en rechercher les motifs, l'absence d'assurance raisonnable alors obtenue sur la licéité de l'origine ou de la destination des fonds constitue « une bonne raison de soupçonner », au sens de l'art. L. 561-15, que s'applique l'obligation de saisir TRACFIN. • Décis. ACPR n° 2014-06 du 22 déc. 2014.

Art. L. 524-2 *(Ord. n° 2009-104 du 30 janv. 2009, art. 1er)* I. — Par dérogation à l'interdiction édictée à l'article L. 511-5, les changeurs manuels peuvent remettre des euros en espèces en contrepartie de chèques de voyage libellés en euros.

II. — Les personnes exerçant l'activité de change manuel à titre occasionnel ou pour des montants limités dans les conditions prévues au dernier alinéa de l'article L. 524-1 sont tenues d'adresser à l'Autorité de contrôle prudentiel et de résolution une déclaration par laquelle elles certifient qu'elles respectent ces conditions. Les modalités et la périodicité de cette déclaration sont fixées par un arrêté du ministre chargé de l'économie. — *V. Arr. du 10 sept. 2009, art. 9, ss. art. D. 524-2.*

Art. L. 524-3 *(Ord. n° 2009-104 du 30 janv. 2009, art. 1er)* I. — Avant d'exercer leur activité, les changeurs manuels obtiennent une autorisation délivrée par l'Autorité de contrôle prudentiel et de résolution qui vérifie si l'entreprise satisfait aux obligations suivantes :

a) Elle est inscrite au registre du commerce et des sociétés ;

b) Elle justifie soit d'un capital libéré, soit d'une caution d'un établissement de crédit *(Ord. n° 2013-544 du 27 juin 2013, art. 4, en vigueur le 1er janv. 2014)* « , d'une société de financement » ou d'une entreprise d'assurances, d'un montant au moins égal à une somme fixée par un arrêté du ministre chargé de l'économie ; — *V. Arr. du 10 sept. 2009, art. 2, ss. art. D. 524-2.*

c) Ses dirigeants et ses bénéficiaires effectifs justifient qu'ils possèdent l'honorabilité et la compétence nécessaires, dans des conditions définies par décret et selon des modalités fixées par un arrêté du ministre chargé de l'économie.

II. — Toute modification affectant le respect par un changeur manuel des obligations prévues au I doit faire l'objet, selon le cas, d'une autorisation préalable de l'Autorité de contrôle prudentiel et de résolution, d'une déclaration ou d'une notification, dans les conditions fixées par un arrêté du ministre chargé de l'économie. — *V. Arr. du 10 sept. 2009, art. 3, ss. art. D. 524-2.*

III. — L'Autorité de contrôle prudentiel et de résolution peut retirer l'autorisation dont est titulaire un changeur manuel, soit à la demande de l'établissement, soit d'office, lorsque le changeur manuel n'a pas fait usage de cette autorisation dans un délai de douze mois ou n'exerce plus son activité depuis au moins six mois.

IV. — L'Autorité de contrôle prudentiel et de résolution publie la liste des changeurs manuels selon des modalités définies par arrêté du ministre chargé de l'économie. — *V. art. D. 524-1, D. 524-2, et Arr. du 10 sept. 2009 ss. les art. préc.*

Radiation du changeur manuel. Les mesures correctrices doivent intervenir rapidement après la détection des défaillances révélées au cours des opérations de contrôle pour être prises en compte en tant que facteur atténuant de la sanction prononcée. A défaut, des mesures tardives et insuffisantes au regard des carences constatées (absence totale d'identification des clients et de suivi d'opérations nécessitant une vigilance renforcée) ne permettent pas une atténuation de la sanction et entraînent la radiation de la liste des changeurs manuels prévue à l'art. L. 612-21 C. mon. fin. • Décis. ACPR n° 2018-05 du 8 avr. 2019.

Art. L. 524-4 *(Ord. n° 2009-104 du 30 janv. 2009, art. 1er)* L'exercice de la profession de changeur manuel est interdit à toute personne n'ayant pas reçu une autorisation préalable de l'Autorité de contrôle prudentiel et de résolution.

L'exercice de l'activité de change manuel ou la direction de droit ou de fait d'une entreprise exerçant une telle activité est interdit à toute personne qui a fait l'objet de la sanction prévue au *(Ord. n° 2020-115 du 12 févr. 2020, art. 1er)* « V de l'article L. 561-36-1 ».

(L. n° 2009-888 du 22 juill. 2009, art. 9-II) « Les personnes exerçant ces activités sont soumises aux incapacités énoncées à l'article L. 500-1. »

Art. L. 524-5 *(Ord. n° 2009-104 du 30 janv. 2009, art. 1er)* Il est interdit à toute entreprise qui n'a pas la qualité de changeur manuel d'utiliser une dénomination, une raison sociale, une publicité ou tout autre procédé laissant croire qu'elle est autorisée en cette qualité ou de créer une confusion à cet égard.

Art. L. 524-6 *(Ord. n° 2009-104 du 30 janv. 2009, art. 1er)* I. — Les changeurs manuels sont tenus à tout moment de justifier du respect des conditions mentionnées à l'article *(Ord. n° 2009-866 du 15 juill. 2009, art. 10-II, en vigueur le 1er nov. 2009)* « L. 524-3 » ainsi que du respect de l'ensemble des dispositions auxquelles ils sont assujettis, notamment de celles des dispositions du titre VI qui leur sont applicables.

Les changeurs manuels tiennent un registre de leurs transactions.

Le ministre chargé de l'économie peut, par arrêté, les soumettre à des règles et conditions particulières relatives à leurs obligations prévues par le titre VI et par le présent titre, ainsi qu'à des règles d'exécution des opérations de change manuel, d'organisation et de contrôle interne propres à en assurer le respect. — *V. Arr. du 10 sept. 2009, art. 4, ss. art. D. 524-2.*

II. — L'Autorité de contrôle prudentiel et de résolution exerce le pouvoir disciplinaire sur les changeurs manuels dans les conditions prévues au *(L. n° 2019-486 du 22 mai 2019, art. 206-VII-B)* « V de l'article L. 561-36-1 ». — *Sur les sanctions, V. art. L. 613-21-1.* — ***C. mon. fin.***

L'Autorité de contrôle prudentiel et de résolution exerce le contrôle, notamment sur place, des changeurs manuels dans les conditions prévues *(Ord. n° 2010-76 du 21 janv. 2010, art. 5)* « aux articles L. 612-17 et L. 612-23 à L. 612-27 ». Les agents chargés du contrôle sur place peuvent procéder au contrôle de caisse.

Les agents des douanes ayant au moins le grade de contrôleur peuvent également exercer, pour le compte de l'Autorité de contrôle prudentiel et de résolution, le contrôle sur place des changeurs manuels dans les conditions prévues à l'article *(Ord. n° 2009-866 du 15 juill. 2009, art. 10-II, en vigueur le 1er nov. 2009)* « L. 524-7 ».

(Abrogé par Ord. n° 2020-115 du 12 févr. 2020, art. 1er) « Nonobstant toute disposition législative contraire, l'Autorité de contrôle prudentiel et de résolution et l'administration des douanes peuvent, pour l'application des dispositions du présent titre et du titre VI du présent livre, se communiquer les informations nécessaires. » — *V. Arr. du 10 sept. 2009 ss. art. D. 524-2.*

1. Sensibilité particulière de l'activité de changeurs manuels. L'activité de change manuel étant particulièrement risquée, les changeurs manuels doivent dès lors être particulièrement vigilants. • Décis. ACPR n° 2015-07 du 4 juill. 2016 • n° 2018-05 du 8 avr. 2019.

2. Identification et vérification de l'identité du client occasionnel et du bénéficiaire effectif. Sur le rejet des arguments développés par la société soutenant qu'à défaut d'avoir enregistré la copie des pièces d'identité dans son système informatique, elle en avait toutefois conservé une version papier, alors qu'il est relevé qu'en fait seuls trois justificatifs d'identité sur les 42 clients concernés par les opérations ont été fournis : • Décis. ACPR n° 2018-05 du 8 avr. 2019.

3. Conséquences d'une obligation non sanctionnée. Les dispositions légales relatives aux changeurs manuels ne prévoient pas la sanction de la méconnaissance d'une mise en demeure prononcée à l'issue d'un contrôle (au contraire des autres organismes visés par les art. L. 612-39 et L. 612-40 C. mon. fin.). Toutefois, en l'espèce, la commission des sanctions reprend explicitement ce fait dans la motivation de la sanction prononcée comme un élément de contexte aggravant la situation de l'assujetti : • Décis. ACPR n° 2016-03 du 15 déc. 2016.

4. Sanctions. Il résulte des termes des art. L. 520-2 et L. 520-3 C. mon. fin. [dans leur rédaction antérieure à l'Ord. n° 2009-104 du 30 janv. 2009 ; ces art. sont aujourd'hui les art. L. 524-2 et L. 524-3] que les sanctions prononcées par la Commission bancaire [devenue Autorité de contrôle prudentiel] à l'encontre des changeurs manuels sur le fondement de ces dispositions ont le caractère de décisions juridictionnelles. • CE 30 juill. 2003 : *JCP E 2003, n° 39, p. 1508.* ♦ Les sanctions prononcées par la Commission bancaire [devenue Autorité de contrôle prudentiel] sur le fondement de l'art. 25 de la L. n° 90-614 du 12 juill. 1990 [C. mon. fin., art. L. 520-3 ancien] doivent respecter le principe de publicité des audiences posé par l'art. 6 § 1 de la Conv. EDH, lequel implique que le jugement soit rendu publiquement. • CE 29 nov. 1999, n° 194721 : *D. 2000. AJ 52, obs. V. A.-R.* ; *RTD com. 2000. 155, obs. Cabrillac* ; *RDBF 2000, n° 35, obs. Frison-Roche, Germain, Marin et Pénichon.*

Art. L. 524-7 *(Ord. n° 2009-104 du 30 janv. 2009, art. 1er)* I. — Les agents des douanes ayant au moins le grade de contrôleur sont habilités à rechercher et constater les manquements aux règles applicables aux changeurs manuels, prévues par le présent titre et par le titre VI ou les textes réglementaires pris pour leur application.

II. — A cette fin, les agents des douanes mentionnés au I ont accès, durant les heures d'activité professionnelle des changeurs manuels, aux locaux à usage professionnel à l'exclusion des parties de ces locaux affectées au domicile privé.

Ils peuvent se faire communiquer les registres et les documents professionnels que les changeurs manuels sont tenus d'établir en application du présent titre et *(L. n° 2009-888 du 22 juill. 2009, art. 9-II)* « de l'article L. 561-12 ».

Ils peuvent se faire délivrer copie des documents susmentionnés.

Ils peuvent procéder au contrôle de caisse.

Ils peuvent recueillir sur place ou sur convocation des renseignements et justifications. Les auditions des changeurs manuels, auxquelles l'application des dispositions qui précèdent peut donner lieu, font l'objet de comptes rendus écrits.

III. — Lorsqu'il est fait application des dispositions du II en vue de rechercher et constater les infractions pénales prévues à l'article L. 572-1, le procureur de la République est préalablement informé des opérations envisagées. Il peut s'y opposer dans un délai fixé par voie réglementaire.

IV. — A l'issue des contrôles, les agents des douanes établissent un procès-verbal.

La liste des documents dont une copie a été délivrée lui est annexée.

Le procès-verbal est signé par les agents des douanes ayant procédé au contrôle ainsi que par le changeur manuel ou, s'il s'agit d'une personne morale, son représentant. La personne intéressée peut faire valoir ses observations dans un délai de trente jours. Celles-ci sont jointes au dossier. En cas de refus de signer, mention en est faite au procès-verbal. Copie de celui-ci est remise à l'intéressé.

V. — Le procès-verbal ainsi que le ou les comptes rendus d'audition et les observations du changeur manuel sont transmis dans les meilleurs délais à l'Autorité de contrôle prudentiel et de résolution.

Art. L. 572-1 *(Ord. nº 2009-104 du 30 janv. 2009, art. 4)* Est puni de deux ans d'emprisonnement et de 30 000 € d'amende le fait, pour toute personne, agissant soit pour son propre compte, soit pour le compte d'une personne morale, de méconnaître l'une des interdictions prévues *(L. nº 2009-888 du 22 juill. 2009, art. 9-II)* « à » l'article *(Ord. nº 2009-866 du 15 juill. 2009, art. 10-II, en vigueur le 1er nov. 2009)* « L. 524-4 ».

Est puni de la même peine le fait, pour toute personne, de méconnaître l'interdiction prescrite par l'article *(Ord. nº 2009-866 du 15 juill. 2009, art. 10-II, en vigueur le 1er nov. 2009)* « L. 524-5 ».

Est puni d'un an d'emprisonnement et de 15 000 € d'amende le fait, pour toute personne soumise à l'obligation de déclaration mentionnée au II de l'article *(Ord. nº 2009-866 du 15 juill. 2009, art. 10-II, en vigueur le 1er nov. 2009)* « L. 524-2 », de ne pas la souscrire ou de communiquer des renseignements inexacts à l'Autorité de contrôle prudentiel et de résolution. – *[L. nº 90-614 du 12 juill. 1990, art. 25-IV, al. 1er.]*

Art. L. 572-2 Est puni des peines prévues à l'article L. 571-4, le fait, pour toute personne, agissant soit pour son propre compte, soit pour le compte d'une personne morale et faisant profession habituelle d'effectuer des opérations de change manuel, de ne pas répondre, après mise en demeure, aux demandes d'informations de l'Autorité de contrôle prudentiel et de résolution, de mettre obstacle de quelque manière que ce soit à l'exercice de sa mission de contrôle ou de lui communiquer des renseignements inexacts. – *[L. nº 90-614 du 12 juill. 1990, art. 25 (IV), al. 2.]*

Art. L. 572-3 Les dispositions de l'article L. 571-2 sont applicables aux procédures relatives aux infractions prévues aux articles L. 572-1 et L. 572-2. – *[L. nº 90-614 du 12 juill. 1990, art. 25 (IV), al. 3.]*

Art. L. 572-4 Est puni d'un emprisonnement de six mois et d'une amende de 7 500 €, le fait, pour toute personne, de s'opposer à l'exercice par les agents des douanes des pouvoirs qu'ils tiennent de l'article *(L. nº 2009-888 du 22 juill. 2009, art. 9-II)* « L. 524-7 ». – *[L. nº 90-614 du 12 juill. 1990, art. 25 bis-V (en partie).]*

Art. D. 524-1 *(Décr. nº 2009-1108 du 10 sept. 2009, art. 1er)* Ne constituent pas l'exercice de la profession de changeur manuel :

1. L'activité de change manuel par les personnes citées à l'article L. 561-2, autres que celles mentionnées *(Décr. nº 2013-372 du 2 mai 2013, art. 1er)* « aux 1º, 1º *bis*, 1º *ter*, 5º et 7º » de l'article L. 561-2, lorsque la somme de leurs opérations d'achat et de vente de devises n'excède pas la contre-valeur de 100 000 euros au cours d'un même exercice comptable ;

2. L'activité de change manuel par les personnes autres que celles mentionnées à l'article L. 561-2 lorsqu'elle est exercée dans les conditions suivantes :

— l'activité bénéficie aux seuls clients de l'activité professionnelle principale et en lien direct avec cette activité principale ;

— la somme des opérations d'achat et de vente de devises effectuées sur un exercice comptable est inférieure à une contre-valeur de 50 000 euros et ne dépasse pas 5 % du chiffre d'affaires réalisé pour l'ensemble des activités sur le même exercice comptable ;

— le montant en valeur absolue de chaque opération de change manuel n'excède pas 1 000 euros, que celle-ci soit effectuée en une seule opération ou en plusieurs opérations apparaissant liées. — *V. Arr. du 10 sept. 2009, ss. art. D. 524-2.*

Art. D. 524-2 *(Décr. n° 2009-1108 du 10 sept. 2009, art. 1er) (Décr. n° 2018-284 du 18 avr. 2018, art. 2)* « I. — Pour l'application du *c* du I de l'article L. 524-3, le ou les bénéficiaires effectifs sont la ou les personnes physiques définies selon les modalités prévues à l'article R. 561-1. »

II. — Les dirigeants et les bénéficiaires effectifs mentionnés au *c* du I de l'article *(Décr. n° 2018-284 du 18 avr. 2018, art. 2)* « L. 524-3 » justifient auprès de l'Autorité de contrôle prudentiel et de résolution de leur compétence selon l'une des modalités suivantes :

— avoir préalablement exercé une activité de change manuel chez un changeur manuel pendant au moins six mois ;

— disposer, dans les domaines de la comptabilité ou des activités bancaires ou d'autres activités financières, d'une expérience d'au moins six mois ou d'une formation qualifiante.

En outre, un arrêté prévoit les modalités selon lesquelles l'Autorité de contrôle prudentiel et de résolution s'assure de l'honorabilité des mêmes personnes au regard notamment de l'article L. 500-1. — *V. Arr. du 10 sept. 2009, ci-dessous.*

Arrêté du 10 septembre 2009,

Relatif à l'activité de changeur manuel.

Art. 1er Avant d'exercer leur activité, les changeurs manuels adressent *(Arr. du 22 oct. 2015, art. 1er, en vigueur le 1er janv. 2016)* « à l'Autorité de contrôle prudentiel et de résolution » une demande qui est établie d'après un dossier type, publié au *(Arr. du 22 oct. 2015, art. 1er, en vigueur le 1er janv. 2016)* « registre officiel de l'Autorité de contrôle prudentiel et de résolution.

« L'Autorité de contrôle prudentiel et de résolution » notifie sa décision au requérant dans un délai de trois mois à compter de la date de réception de la demande.

Lorsque *(Arr. du 22 oct. 2015, art. 1er, en vigueur le 1er janv. 2016)* « l'Autorité de contrôle prudentiel et de résolution » demande au requérant des éléments d'information complémentaires, le délai, qui lui est imparti pour notifier sa décision, est suspendu jusqu'à réception de ces éléments complémentaires.

Art. 2 Le montant du capital libéré ou de la caution mentionné à l'article *(Arr. du 22 oct. 2015, art. 2, en vigueur le 1er janv. 2016)* « L. 524-3 » est au moins égal à 38 000 euros.

Les dirigeants et bénéficiaires effectifs déclarent ne pas tomber sous le coup des interdictions énoncées à l'article L. 500-1.

Art. 3 I. — En application des dispositions du II de l'article *(Arr. du 22 oct. 2015, art. 3, en vigueur le 1er janv. 2016)* « L. 524-3 » :

1. Sont soumises à déclaration dans un délai de cinq jours ouvrés à compter de leur réalisation :

a) La désignation de tout nouveau dirigeant ;

b) Les incapacités mentionnées à l'article L. 500-1 qui frappent les dirigeants ou les bénéficiaires effectifs ;

c) La cessation d'activité.

2. Sont soumises à déclaration dans un délai d'un mois à compter de leur réalisation les modifications portant sur les éléments suivants :

a) Acquisition de la qualité de bénéficiaire effectif ;

b) Montant du capital ou de la caution ;

c) Identité de la caution ;

d) Forme juridique de l'entreprise ;

e) Dénomination sociale ;

f) Nom commercial ;

g) Adresse du siège social ;

h) Adresse du principal lieu d'exploitation et des lieux d'exploitation secondaires.

(Arr. du 22 oct. 2015, art. 3, en vigueur le 1er janv. 2016) « L'Autorité de contrôle prudentiel et de résolution » dispose d'un délai de deux mois à compter de la réception de la déclaration modificative concernant la désignation de tout nouveau dirigeant ou l'acquisition de la qualité de bénéficiaire effectif pour faire savoir à l'entreprise assujettie que la modification n'est pas compatible avec l'autorisation précédemment délivrée.

II. — *(Arr. du 22 oct. 2015, art. 3, en vigueur le 1er janv. 2016)* « Lorsque l'Autorité de contrôle prudentiel et de résolution décide l'ouverture d'une procédure disciplinaire à l'égard d'un changeur manuel, elle peut suspendre l'examen de la demande de retrait d'autorisation jusqu'à la décision de la Commission des sanctions. »

Lorsque *(Arr. du 22 oct. 2015, art. 3, en vigueur le 1er janv. 2016)* « l'Autorité de contrôle prudentiel et de résolution » a demandé au requérant des éléments d'information complémentaires, le délai, qui lui est imparti pour notifier sa décision, est suspendu jusqu'à réception de ces éléments complémentaires.

Art. 4 En application des dispositions du troisième alinéa du I de l'article *(Arr. du 22 oct. 2015, art. 4, en vigueur le 1er janv. 2016)* « L. 524-6 », les opérations de change manuel sont immédiatement inscrites sur un bordereau dont un exemplaire est remis au client et un autre conservé par le changeur manuel. Ce bordereau indique la nature de l'opération, la ou les devises concernées, les sommes changées et les cours pratiqués. Les bordereaux sont horodatés et numérotés par ordre chronologique.

Les indications contenues sur ces bordereaux sont transcrites, au plus tard à la fin de chaque journée, sur le registre prévu à l'article *(Arr. du 22 oct. 2015, art. 4, en vigueur le 1er janv. 2016)* « L. 524-6 », qui peut être tenu sous forme papier ou dématérialisée. Lorsque le registre est tenu sous forme dématérialisée, un procédé technique inviolable d'authentification des données est utilisé.

(Arr. du 22 oct. 2015, art. 4, en vigueur le 1er janv. 2016) « Sans préjudice des dispositions du *(Arr. du 6 janv. 2021, art. 29, en vigueur le 1er mars 2021)* « 4° du II de l'article R. 561-10 » du code monétaire et financier, lorsque le montant d'une opération ponctuelle, que cette dernière soit réalisée en une seule fois ou en plusieurs opérations qui paraissent liées, réalisée avec un client occasionnel excède la somme de 1 000 euros, les indications relatives à cette opération sont immédiatement portées sur une partie spécifique du registre mentionné à l'article L. 524-6. »

Lorsque le changeur manuel a pour contrepartie une personne mentionnée à l'article L. 561-2 du code monétaire et financier ou toute personne effectuant à titre de profession habituelle du commerce de devises avec l'étranger, mention de cette qualité est portée sur le registre.

(Arr. du 6 janv. 2021, art. 29, en vigueur le 1er mars 2021) « Ces dispositions s'appliquent aux organismes mentionnés à l'article L. 561-2 du code monétaire et financier qui réalisent des opérations de change manuel. »

Registre. Dès lors qu'il est constaté que toute saisie dans l'outil peut être modifiée ou supprimée par tout employé sans qu'une telle intervention laisse de trace, que, par ailleurs, le double papier des bordereaux d'opérations transcrivant les indications relatives à chacune des opérations de change manuel exécutées n'est pas conservé, que, de plus, les récapitulatifs sous forme papier des opérations de change générés quotidiennement par l'outil ne permettent pas de retracer le détail de chaque opération réalisée dans la mesure où ils agrègent le cumul des achats et le cumul des ventes de la journée par devise, il en résulte qu'il n'est possible de s'assurer ni de l'exhaustivité ni de la fiabilité des opérations enregistrées. • Décis. ACPR n° 2015-01 du 21 mai 2015. ♦ Relevant la déficience de la transcription des opérations de change dans le registre dès lors que sur le site principal de l'activité, les opérations sont enregistrées de manière manuscrite, dans d'anciens agendas recyclés à cet effet, que les données chiffrées qui y figurent sont inexploitables, que les informations requises par la réglementation n'y sont pas mentionnées (nature des opérations, devises concernées, sommes changées ou cours pratiqués), que sur le site secondaire, l'enregistrement des opérations est effectué sur un fichier Excel qui n'indique ni la nature des opérations ni les cours pratiqués, et ne mentionne que les opérations en euros et dollars US, alors que des opérations de change manuel portant sur d'autres devises sont effectuées : • Décis. ACPR n° 2015-07 du 4 juill. 2016 : *Banque et Dr. 9-10/2016. 66, obs. Nicolet; RDBF 2016, n° 229, obs. Mathey; Rev. Banque 2016, n° 799, p. 94, obs. Kovar* et *Lasserre Capdeville.*

Art. 5 *(Arr. du 6 janv. 2021, art. 29, en vigueur le 1er mars 2021)* I. — En application des dispositions de l'article L. 561-32 du code monétaire et financier, les changeurs manuels se dotent d'une organisation comptable, de règles écrites et de procédures internes de contrôle propres à assurer le respect des dispositions de l'article précité et des obligations relatives à la lutte contre le blanchiment de capitaux et le financement du terrorisme.

Ces procédures, qui sont destinées notamment à assurer le respect des obligations de lutte contre le blanchiment de capitaux et le financement du terrorisme, décrivent les diligences à accomplir pour l'application des dispositions susmentionnées, en donnant des indications sur :

1° L'enregistrement des opérations mentionnées à l'article 4 et de leurs caractéristiques ;

2° Les conditions dans lesquelles le changeur manuel entre en relation d'affaires avec son client au sens de l'article L. 561-2-1 du code monétaire et financier ;

3° Les modalités d'identification et de vérification de l'identité du client et, le cas échéant, du bénéficiaire effectif, dans les conditions prévues respectivement aux articles R. 561-5, R. 561-5-1 et R. 561-7 du même code ;

4° Le montant et la nature des opérations qui doivent faire l'objet d'une vigilance particulière en raison de leurs caractéristiques et au regard de la classification des risques de blanchiment de capitaux et de financement du terrorisme mentionnée au deuxième alinéa, ainsi que les modalités de détection des opérations liées, au sens du 4° du II de l'article R. 561-10 du même code ;

5° La conservation des documents nécessaires au respect des obligations relatives à la lutte contre le blanchiment de capitaux et le financement du terrorisme conformément aux articles L. 561-12 et R. 561-22 du même code ;

6° L'identité des dirigeants ou préposés qui remplissent les missions prévues aux articles R. 561-23 et R. 561-24 du même code.

II. — Le chapitre 3 de l'arrêté du 6 janvier 2021 relatif au dispositif et au contrôle interne en matière de lutte contre le blanchiment de capitaux et le financement du terrorisme et de gel des avoirs et d'interdiction de mise à disposition ou d'utilisation des fonds ou ressources économiques s'applique aux changeurs manuels.

III. — Les changeurs manuels mettent en place des procédures qui définissent :

— la fréquence et la nature des contrôles périodiques et permanents destinés à s'assurer de la mise en œuvre effective des procédures en matière de lutte contre le blanchiment de capitaux et le financement du terrorisme et de gel des avoirs et d'interdiction de mise à disposition ou d'utilisation des fonds ou ressources économiques ;

— les procédures de surveillance qui sont élaborées à l'intention des différents membres du personnel chargés des contrôles mentionnés au précédent tiret.

IV. — Les changeurs manuels mettent en œuvre les obligations prévues aux I, II et III selon les modalités adaptées à leur taille et à la nature de leur clientèle.

V. — Les articles 27 et 28 de l'arrêté du 6 janvier 2021 relatif au dispositif et au contrôle interne en matière de lutte contre le blanchiment de capitaux et le financement du terrorisme et de gel des avoirs et d'interdiction de mise à disposition ou d'utilisation des fonds ou ressources économiques s'appliquent aux changeurs manuels.

Procédures de contrôle. Les explications, selon lesquelles les notes internes ne s'adressent pas à des juristes mais à des cambistes et doivent s'apprécier au regard de la structure du changeur manuel qui ne saurait être comparée à un établissement bancaire, ne le dispensent pas de mettre en place des règles écrites couvrant la totalité de ses obligations en matière de LCB/FT. • Décis. ACP nº 2012-05 du 5 févr. 2013. ♦ Est incomplet le manuel de procédures internes qui ne précise pas les critères permettant de distinguer le client occasionnel du client en relation d'affaires, les modalités d'identification et de vérification de l'identité du bénéficiaire effectif et les obligations déclaratives à TRACFIN, notamment celles prévues aux III et V de l'art. L. 561-15. • Décis. ACPR nº 2015-07 du 4 juill. 2016 : *préc. ss. art. 4.*

Art. 6 La liste des changeurs manuels est publiée au *(Arr. du 22 oct. 2015, art. 6, en vigueur le 1er janv. 2016)* « registre officiel de l'Autorité de contrôle prudentiel et de résolution ».

Art. 7 *(Arr. du 22 oct. 2015, art. 7, en vigueur le 1er janv. 2016)* L'Autorité de contrôle prudentiel et de résolution établit, par voie d'instruction, les modalités de transmission de l'identité du ou des déclarants ou correspondants désignés en application des dispositions des articles R. 561-23 et R. 561-24 du code monétaire et financier. — *V. Instr. ACPR nº 2013-I-10 du 3 oct. 2013, ss. art. D. 524-2.*

Art. 8 Les changeurs manuels adressent au secrétariat général de *(Arr. du 22 oct. 2015, art. 8, en vigueur le 1er janv. 2016)* « l'Autorité de contrôle prudentiel et de résolution » dans les trois mois qui suivent la date de clôture de l'exercice comptable une déclaration statistique qui indique le montant des ventes et des achats de devises effectués pendant l'exercice clos. — *V. Instr. ACPR nº 2013-I-10 du 3 oct. 2013, infra.*

Les billets étrangers et règlements effectués, au moyen d'un instrument de paiement libellé dans une devise autre que l'euro, reçus en paiement de marchandises ou de prestations de service sont exclus de la déclaration mentionnée à l'alinéa précédent.

Art. 9 Les personnes mentionnées à l'article D. 524-1 du code monétaire et financier adressent chaque année au secrétariat général de *(Arr. du 22 oct. 2015, art. 9, en vigueur* *le 1er janv. 2016)* « l'Autorité de contrôle prudentiel et de résolution », dans les trois mois qui suivent la clôture de l'exercice comptable, une déclaration sur l'honneur, à l'aide d'un modèle type par lequel ils attestent ne pas exercer l'activité de changeur manuel au sens du II de l'article *(Arr. du 22 oct. 2015, art. 9, en vigueur le 1er janv. 2016)* « L. 524-1 » et qu'ils respectent les conditions prévues à l'article D. 524-1. — *V. Instr. no 2010-03 du 1er févr. 2010 de la Commission bancaire, ss. art. L. 524-2. —* ***C. mon. fin.***

Art. 10 L'arrêté du 26 juillet 1991 relatif aux obligations de déclarations statistiques des changeurs manuels et le règlement n° 91-11 du 1er juillet 1991 relatif aux conditions d'activité des changeurs manuels sont abrogés.

Art. 11 Les personnes ayant déclaré l'activité de changeur manuel avant l'entrée en vigueur du régime d'autorisation, dont les modalités sont définies par le présent arrêté, doivent adresser à l'Autorité de contrôle prudentiel et de résolution une attestation d'exercice, selon le modèle publié en annexe.

Art. 11-1 *(Arr. du 6 janv. 2021, art. 31, en vigueur le 1er mars 2021)* Les dispositions du présent arrêté sont applicables en Nouvelle-Calédonie, en Polynésie française et dans les îles Wallis-et-Futuna, dans leur rédaction résultant de l'arrêté du 6 janvier 2021 relatif au dispositif et au contrôle interne en matière de lutte contre le blanchiment de capitaux et le financement du terrorisme et de gel des avoirs et d'interdiction de mise à disposition ou d'utilisation des fonds ou ressources économiques, sous réserve des adaptations suivantes :

1° Pour l'application de l'article 2, les mots : "38 000 euros" sont remplacés par les mots : "4 534 400 francs CFP" ;

2° Pour l'application de l'article 4 :

a) Les mots : "1 000 euros" sont remplacés par les mots : "119 300 francs CFP" ;

b) Après les mots : "l'article L. 561-2 du code monétaire et financier", sont insérés les mots : "à l'exception des 1° *quater*, 6° *bis*, 9° *bis* uniquement pour les opérateurs de jeux ou de paris autorisés sur le fondement de l'article 21 de la loi n° 2010-476 du 12 mai 2010 relative à l'ouverture à la concurrence et à la régulation du secteur des jeux d'argent et de hasard en ligne et leurs représentants légaux et 17°" ;

3° Pour l'application de l'article 5, après la référence : "L. 561-5-1" sont insérés les mots : "à l'exception du 1°".

ANNEXE

V. au ***C. mon. fin.***

Instruction ACPR n° 2013-I-10 du 3 octobre 2013,

Relative aux informations sur le dispositif de prévention du blanchiment de capitaux et du financement des activités terroristes des changeurs manuels.

Art. 1er Sont dénommés ci-après "organismes assujettis", les changeurs manuels mentionnés au *(Instr. ACPR no 2017-I-17 du 3 oct. 2017, art. 1er)* « 7° de l'article L. 561-2 du code monétaire et financier ».

Les organismes assujettis doivent remettre les tableaux BLANCHIMENT de l'annexe à la présente instruction dans les conditions précisées aux articles 2 et 3 de la présente instruction :

— B1 : *(Instr. ACPR no 2017-I-17 du 3 oct. 2017, art. 1er)* « Identité du (des) déclarant(s) et correspondant(s) Tracfin, ainsi que du responsable de la mise en œuvre du dispositif de LCB-FT » ;

— B2 : Dispositif de lutte contre le blanchiment des capitaux et le financement du terrorisme (LCB-FT) ;

— B3 : Données quantitatives ;

— B4 : Déclaration statistique annuelle ;

— B5 : Commentaires.

Art. 2 Les informations fournies dans les tableaux B1, B2 et B3 mentionnés à l'article 1er sont arrêtées le 31 décembre de chaque année civile.

Concernant le tableau B4, les organismes assujettis renseignent les montants des achats et des ventes de devises effectués au cours du dernier exercice comptable clos.

Art. 3 *(Instr. ACPR n° 2016-I-12 du 6 juin 2016, art. 2)* « Les tableaux B1, B2, B3, B4 et B5 sont remis sur support papier à l'adresse suivante :

« Secrétariat général de l'Autorité de contrôle prudentiel et de résolution
« Pôle de contrôle permanent LCB-FT
« 66-2760
« 61, rue Taitbout
« 75436 Paris Cedex 09 »

Ils sont signés par le dirigeant de l'organisme assujetti.

(Instr. ACPR n° 2017-I-17 du 3 oct. 2017, art. 2) « En complément de la remise sur support papier, les organismes assujettis saisissent les tableaux B1, B2, B3, B4 et B5 sous forme électronique sur le portail ONEGATE. »

Les tableaux B1, B2, B3 et B5 sont adressés au Secrétariat général de l'Autorité de contrôle prudentiel et de résolution au plus tard le 31 mars de chaque année. *(Instr. ACPR n° 2017-I-17 du 3 oct. 2017, art. 2)* « Par dérogation, leur remise au titre de l'exercice 2017 est effectuée au plus tard le 30 juin 2018. »

Le tableau B4 est adressé au Secrétariat général de l'Autorité de contrôle prudentiel et de résolution dans les trois mois qui suivent la date de clôture de l'exercice comptable.

En cas de cessation par un ou plusieurs déclarants ou correspondants de leurs fonctions ou en cas de désignation d'un ou de plusieurs déclarants ou correspondants en cours d'année, le tableau B1 est communiqué sans délai au Secrétariat général de l'Autorité de contrôle prudentiel et de résolution.

Dès l'obtention de l'autorisation d'exercer leur activité, les organismes assujettis communiquent sans délai le tableau B1 au Secrétariat général de l'Autorité de contrôle prudentiel et de résolution.

Art. 4 Les organismes assujettis conservent à la disposition de l'Autorité de contrôle prudentiel et de résolution les informations collectées ainsi que tous les documents ayant servi à l'élaboration des tableaux BLANCHIMENT pendant une durée de cinq ans à compter de leur date de remise. – *Anc. art. 5 (Instr. ACPR n° 2016-I-12 du 6 juin 2016, art. 4).*

Art. 5 La présente instruction abroge l'instruction n° 2011-I-04 du 28 mars 2011. – *Anc. art. 6 (Instr. ACPR n° 2016-I-12 du 6 juin 2016, art. 5). – V. ce texte au* ***C. mon. fin.****, éd. 2013 et antérieures.*

ANNEXE

V. annexe sur le site internet de l'ACPR.

Art. L. 561-2-1 *(Ord. n° 2016-1635 du 1er déc. 2016, art. 2-II)* **« Pour l'application du présent chapitre, la notion de relation d'affaires s'entend de la relation professionnelle ou commerciale avec le client, et inclut** *[,]* **le cas échéant** *[,]* **le bénéficiaire effectif. Dans les contrats d'assurance vie et de capitalisation, la relation d'affaires inclut le bénéficiaire du contrat, et, le cas échéant, le bénéficiaire effectif du bénéficiaire du contrat mentionné au III de l'article L. 561-5. »**

(Ord. n° 2009-104 du 30 janv. 2009, art. 2) **« Une relation d'affaires est nouée lorsqu'une personne mentionnée à l'article L. 561-2 engage une relation professionnelle ou commerciale qui est censée, au moment où le contact est établi, s'inscrire dans une certaine durée. La relation d'affaires peut être prévue par un contrat selon lequel plusieurs opérations successives seront réalisées entre les cocontractants ou qui crée à ceux-ci des obligations continues. Une relation d'affaires est également nouée lorsqu'en l'absence d'un tel contrat un client bénéficie de manière régulière de l'intervention d'une personne susmentionnée pour la réalisation de plusieurs opérations ou d'une opération présentant un caractère continu ou, s'agissant des personnes mentionnées au 12°** *(Ord. n° 2016-1635 du 1er déc. 2016, art. 2-II)* **« et au 12°** ***bis*** **» de l'article L. 561-2, pour l'exécution d'une mission légale. »**

(Ord. n° 2020-115 du 12 févr. 2020, art. 2) **« S'agissant des personnes mentionnées au 18° de l'article L. 561-2, la notion de relation d'affaires s'entend de la relation qui est nouée à l'occasion du dépôt par les avocats, pour le compte de leurs clients, des fonds, effets ou valeurs en application des dispositions du 9° de l'article 53 de la loi n° 71-1130 du 31 décembre 1971. »**

COMMENTAIRE

La notion de relation d'affaires visée à l'article L. 561-2-1 du code monétaire et financier est essentielle car elle permet de fixer le périmètre et l'intensité des obligations pesant sur les assujettis à la LBC/FT. Elle est définie comme la relation nouée entre l'assujetti et son client et s'entend plus précisément comme la relation professionnelle ou commerciale avec le client sur la base d'un contrat ou hors de tout contrat – incluant le cas échéant le bénéficiaire effectif – qui s'inscrit dans une certaine durée.

La relation d'affaires constitue ainsi le point de départ et d'achèvement du critère d'application du dispositif global de LBC/FT. Les assujettis sont en effet soumis à une obligation de vigilance à l'égard de leurs clients, et le cas échéant des bénéficiaires effectifs de leurs clients. Dès lors, l'assujetti doit décliner l'obligation de vigilance à l'égard de ses clients dès les prémices de l'entrée en relation d'affaires en procédant à l'identification et à la vérification d'identité du client (art. L. 561-6 ; et ce, sauf report éventuel postérieur à l'entrée en relation d'affaires : art. R. 561-6), en appliquant des mesures supplémentaires lorsque la relation d'affaires se noue en l'absence physique du client. L'assujetti doit également assurer le suivi de la relation d'affaires (art. R. 561-12) au titre de son obligation de vigilance constante ; vigilance qui s'exerce avec une intensité variable en fonction des critères de risques identifiés par l'assujetti tant légaux (personne politiquement exposée, pays tiers à haut risque, instruments favorisant l'anonymat…) que propres à l'assujetti (nature de l'activité de l'assujetti, lieux d'exploitation, particularités de sa clientèle…). Au-delà de la relation d'affaires, ces règles imposent également une obligation de conservation des documents recueillis dans le cadre de la relation d'affaires dans les cinq années suivant la fin de celle-ci.

La notion de relation d'affaires délimite par ailleurs, en contrepoint, la notion de client occasionnel. Ce dernier est identifié au regard du caractère ponctuel des opérations réalisées avec l'assujetti (V. Recomm. n° 10 du GAFI qui distingue le client qui noue une relation d'affaires pérenne du client occasionnel dont l'identification dépend d'un seuil fixé pour l'opération – en une fois ou sur une certaine période). Au contraire du client suivi dans le cadre d'une relation d'affaires, la qualification de client occasionnel justifie un allègement, dans certaines circonstances, des obligations de vigilance pesant sur les assujettis (V. comm. de la Recomm. n° 16 du GAFI relative aux virements électroniques). L'enjeu de la qualification de client occasionnel est donc majeur puisqu'elle permet de fixer l'étendue des obligations imposées aux assujettis. Il faut cependant noter que l'exonération d'une partie des obligations de vigilance à l'égard du client occasionnel est tempérée par l'existence de facteurs de risque entourant une part importante des opérations réalisées à titre occasionnel. L'existence de ces facteurs de risques conduit alors à restaurer des règles plus complètes d'identification et de vérification d'identité du client occasionnel. Par ailleurs, la commission des sanctions de l'ACPR applique rigoureusement les critères posés par le texte qui permettent de s'exonérer à ce titre de certaines obligations de vigilance. Elle a eu ainsi l'occasion de préciser que les clients d'une société de transfert de fonds ayant réalisé au moins sept opérations en dix mois sont nécessairement des clients en relation d'affaires et non des clients occasionnels, justifiant l'ensemble des diligences requises par la loi (Décis. ACPR n° 2017-07 du 13 juin 2018). ❑

1. *Existence d'une relation d'affaires.* Il résulte des dispositions des art. L. 561-2-1, L. 561-5, L. 561-8 et R. 561-14 que c'est lorsqu'elle s'engage, et en vue de l'accomplissement de diligences qui s'imposent dès ce stade, que doit être appréciée l'existence d'une relation d'affaires. • Décis. ACPR n° 2016-05 du 30 mars 2017 : *JCP E 2018, n° 1209, spéc. n° 5, obs. Boursier ; Banque et Dr. 5-6/2017. 58, obs. Storrer ; ibid. 77, obs. Nicolet ; RDBF 2017, n° 106, obs. Mathey.* ♦ Les conditions générales d'utilisation du « Porte-Monnaie Rakuten » précisaient, pour les acheteurs, que leur porte-monnaie électronique avait pour objet de permettre « d'effectuer des achats sur la plateforme Rakuten » (art. 1er). Dès lors qu'un porte-monnaie électronique, même inactif, pouvait être utilisé à tout moment par un acheteur pour régler des achats ou pour commencer à vendre des biens sur la plateforme de commerce en ligne, une relation d'affaires était nécessairement établie entre l'établissement de crédit Rakuten et les utilisateurs de ladite plateforme. • Décis. ACPR n° 2020-08 du 14 oct. 2021.

2. *Identification des clients en relation d'affaires.* S'il n'est pas interdit à un établissement d'utiliser un dispositif non automatisé de vérification du respect des seuils, qu'il définit, à partir desquels la clientèle occasionnelle est considérée comme une relation d'affaires, il lui appartient de mettre en place une organisation permettant efficacement de s'assurer du respect de ces seuils et des conséquences qui leur sont attachées. • Décis. ACPR n° 2015-06 du 29 avr. 2016 : *Banque et Dr. 7-8/2016. 77, obs. Nicolet ; RDBF 2016, n° 192, obs. Mathey.* ♦ L'obligation de vérification de l'identité des personnes agissant au nom du client ne se limite pas aux seuls mandataires légaux de ce dernier. L'organisateur d'une cagnotte en ligne agit pour le compte des contributeurs. Cette cagnotte est assimilée à un compte de monnaie électronique composé de sous-comptes ouverts au nom de chaque participant dans les livres de la société. Ce compte est administré par l'organisateur suivant les conditions convenues avec les contributeurs. Dès lors, la société doit recueillir l'identité des contributeurs de la cagnotte. • Décis. ACPR n° 2019-06 du 22 déc. 2020.

Art. L. 561-2-2 *(Ord. n° 2016-1635 du 1er déc. 2016, art. 2-III)* **Pour l'application du présent chapitre, le bénéficiaire effectif est la ou les personnes physiques :**

1° Soit qui contrôlent en dernier lieu, directement ou indirectement, le client ;

2° Soit pour laquelle *[lesquelles]* **une opération est exécutée ou une activité exercée.**

Un décret en Conseil d'État précise la définition et les modalités de détermination du bénéficiaire effectif. — *V. art. R. 561-1 à R. 561-3, infra.*

RÉP. COM. v° *Bénéficiaire effectif*, par LASSERRE CAPDEVILLE.

BIBL. ▸ TRÉHEL et BONNARD, *Banque et Dr. 3-4/2010. 3* (les notions de bénéficiaire effectif et les comptes de « fonds de tiers »). – DEDIEU, *BJB 2013. 255* (le bénéficiaire effectif et la tierce introduction à la lumière des nouvelles lignes directrices de l'AMF). – CUTAJAR, *JCP 2015, n° 554* (identification du bénéficiaire réel, un leurre au sein de la 4e directive blanchiment ?). – CHATAIN, *JCP E 2006, n° 1328* (blanchiment de capitaux : à la recherche du bénéficiaire effectif). – ZABALA, *BJS 2018. 368* (le régime des bénéficiaires effectifs et les sociétés : des interrogations majeures persistent). – MORTIER, *Dr. sociétés 2018, n° 99* (bénéficiaires effectifs : l'ultime décret est arrivé !).

COMMENTAIRE

L'architecture du dispositif de lutte contre le blanchiment et le financement du terrorisme repose sur les obligations de vigilance que doivent déployer les assujettis à l'égard de leur clientèle, qu'il s'agisse de clients en relation d'affaires ou de clients occasionnels. Or, les premiers textes internationaux en matière de LBC/FT ont reconnu immédiatement la nécessité, au-delà des apparences, d'identifier la personne qui bénéficie réellement de la relation d'affaires et des opérations réalisées pour le compte des clients par les assujettis (V. Recomm. n° R (80) du 27 juin 1980 du Conseil de l'Europe, *infra*, II. Règles européennes). Aujourd'hui, les obligations de vigilance à l'égard de la clientèle nécessitent donc de tenir compte non seulement de la personne qui se présente comme le client de l'assujetti et contracte avec lui, mais également, s'il y a lieu, du bénéficiaire effectif des opérations réalisées dans le cadre de cette relation d'affaires ou ponctuellement par un client occasionnel agissant en lieu et place d'un bénéficiaire effectif.

I. NOTION DE BÉNÉFICIAIRE EFFECTIF

Le bénéficiaire effectif est défini comme la personne qui, en dernier lieu, possède ou contrôle un client ou la personne physique pour le compte de laquelle une opération est réalisée mais aussi comme la personne qui exerce un contrôle effectif sur une personne morale ou une construction juridique (sur les critères de contrôle, V. art. R. 561-1).

La commission des sanctions de l'ACPR a eu l'occasion de préciser, à propos de deux sociétés dont les extraits K-Bis ont été produits très postérieurement à l'ouverture des comptes et dont le rachat à hauteur de plus de 25 % par une société tierce n'a pas donné lieu à des recherches sur le bénéficiaire effectif, que ces faits marquent un manquement effectif à ses obligations de la part de la banque assujettie (Décis. ACPR n° 2016-08 du 6 déc. 2017).

La commission des sanctions a, par ailleurs, rappelé le caractère alternatif du critère de détermination du bénéficiaire effectif. Il s'agit soit d'une détection par les seuils de détention du capital social soit d'une détection par l'exercice par tout autre moyen d'un pouvoir de contrôle sur les organes de direction de la société (art. R. 561-1). Dès lors, le fait qu'une société coopérative cliente de l'assujetti prévoit dans ses statuts l'impossibilité pour tout sociétaire de détenir plus de 0,5 % du capital social ne suffit pas à exonérer l'assujetti de ses obligations. Il lui appartient en effet de rechercher si une ou plusieurs personnes exerçaient en fait un pouvoir de contrôle au sein de la société (Décis. ACPR n° 2015-08 du 8 déc. 2016).

A défaut de pouvoir identifier le bénéficiaire effectif en fonction de ces critères, la législation répute, en l'absence de soupçon de blanchiment de capitaux et de financement du terrorisme, le dirigeant personne physique de la société bénéficiaire effectif de la société (art. R. 561-1).

La notion de bénéficiaire effectif, lorsqu'il s'agit d'une personne morale ou d'une construction juridique, fait donc l'objet d'une attention particulière (V. Recomm. GAFI n° 10 et sa note interprétative, *infra*, III. Règles internationales). Le GAFI impose notamment un accès aux informations liées au contrôle effectif des structures, et en particulier pour les personnes morales émettant des actions au porteur ou des bons de souscription d'actions au porteur et pour celles qui autorisent les actionnaires ou les administrateurs agissant pour le compte d'une autre personne (V. Recomm. GAFI n° 24, *eod. loc.*). De même, les pays doivent permettre un accès suffisant à l'information afin d'identifier le bénéficiaire effectif d'une construction juridique (V. Recomm. GAFI n° 25, *eod. loc.*). Faute de répondre à ces obligations, l'institution financière devrait refuser la relation d'affaires ou y mettre fin et envisager de faire une déclaration de soupçon auprès de TRACFIN (V. Recomm. GAFI n° 20, *eod. loc.*).

II. ÉVOLUTION DU DROIT EUROPÉEN EN MATIÈRE D'ACCÈS AUX INFORMATIONS RELATIVES AUX BÉNÉFICIAIRES EFFECTIFS

L'évolution récente des directives européennes (V. comm. de la Dir. 2015/849, *infra*, II. Règles européennes) conduit à renforcer l'identification du bénéficiaire effectif (art. 3, § 6 relatif aux seuils de propriété directe et indirecte) et à consacrer un nouveau chapitre aux informations sur les bénéficiaires effectifs. La directive appelle à la création d'un fichier central dans chaque État membre destiné à conserver les informations adéquates, exactes et actuelles recueillies sur les bénéficiaires effectifs (art. 30 à 31 *bis*). Le fichier est accessible aux cellules de renseignement financier, aux entités assujetties dans le cadre de leur obligation de vigilance et à toute personne ou organisation démontrant un intérêt légitime (art. 30). Le fichier central complète l'approche par les risques mise en œuvre par les États membres sans s'y substituer. L'interconnexion de l'ensemble des fichiers centraux des États membres sera réalisée *via* une plate-forme centrale européenne (art. 30, § 10).

La règle de la transparence sur le bénéficiaire effectif des trusts et fiducies est également posée. La directive précise que le bénéficiaire effectif de la structure est le constituant, le fiduciaire ou trustee, le protecteur le cas échéant, et toute personne physique exerçant un contrôle sur la structure selon le critère de la propriété directe ou indirecte. Au contraire des bénéficiaires effectifs des opérations et transactions réalisées, la transparence relative au bénéficiaire réel des trusts est plus réduite. Les fiduciaires et les trustees doivent obtenir et conserver des informations adaptées sur les bénéficiaires, informations transmises aux assujettis entrant en relation d'affaires ou réalisant une opération pour l'entité (art. 10, b, c et d de la directive). Les informations sont mises à la disposition des cellules de renseignement financier en temps utile. Les informations sont enregistrées dans le registre central national exclusivement lorsque le trust est soumis à des obligations fiscales. En ce cas, le registre n'est accessible au titre de la version initiale de la directive (avant les modifications intégrées par la Dir. de 2018) qu'aux autorités compétentes et aux cellules de renseignement financier.

L'accès du public aux informations sur les bénéficiaires effectifs et les structures de contrôle des entreprises permet un contrôle accru des informations par la société civile, notamment la presse. Il contribue ainsi à préserver la confiance dans l'intégrité des transactions commerciales et du système financier. Cet accès est également nécessaire à la conduite des enquêtes sur le blanchiment de capitaux, sur les infractions sous-jacentes qui y sont associées et sur le financement du terrorisme. Pour ces raisons, la directive impose aux États membres d'ouvrir l'accès aux informations sur les bénéficiaires effectifs de façon suffisamment cohérente et coordonnée pour que les tiers puissent identifier, dans l'ensemble de l'Union, qui sont les bénéficiaires effectifs des sociétés et autres entités juridiques, ainsi que de certains types de fiducies, trusts et de constructions juridiques similaires (art. 30).

Afin de limiter l'atteinte au droit au respect de la vie privée, en général, et à la protection des données à caractère personnel, en particulier, des bénéficiaires effectifs des sociétés et autres entités juridiques et des fiducies ou trusts et des constructions juridiques similaires, ces informations doivent porter essentiellement sur le statut des bénéficiaires effectifs et concerner strictement le domaine d'activité économique dans lequel ils opèrent. Les registres doivent faire apparaître clairement si le dirigeant principal a été identifié comme étant le bénéficiaire effectif uniquement *ex officio* et non pas en raison de sa participation ou de l'exercice d'un contrôle par un autre moyen. Des dérogations à la divulgation d'informations sur les bénéficiaires effectifs peuvent être mises en place comme des mesures d'identification du demandeur à la consultation du registre.

L'accès aux informations contenues dans le registre des bénéficiaires effectifs des trusts et fiducies et la définition de l'intérêt légitime à accéder à ces informations sont régis par le droit de l'État membre dans lequel est établi ou réside le fiduciaire ou trustee d'une fiducie ou d'un trust ou la personne occupant une position équivalente dans une construction juridique similaire (art. 31).

Ces règles sont accompagnées par l'organisation de l'interconnexion *via* la plate-forme centrale européenne (Dir. (UE) 2017/1132 du 14 juin 2017) des registres centraux des États membres contenant des informations sur les bénéficiaires effectifs. Elle nécessite la coordination des systèmes nationaux. Il appartient à la Commission, au titre de sa compétence d'exécution, de veiller à la faisabilité de cette interconnexion (art. 31 *bis*). Le règlement (UE) 2016/679 du 27 avril 2016 s'applique au traitement des données à caractère personnel dans le cadre de cette directive (V. ***C. données personnelles***). Dès lors, les personnes physiques dont les données à caractère personnel sont conservées dans des registres nationaux en tant que bénéficiaires effectifs doivent en être informées. Les États membres peuvent juger opportun de mettre à la disposition du bénéficiaire effectif des informations relatives au demandeur ainsi que la base juridique sur laquelle s'appuie la demande relative aux informations qui le concernent.

III. ÉVOLUTION DU DISPOSITIF INTERNE RELATIF AUX INFORMATIONS SUR LES BÉNÉFICIAIRES EFFECTIFS

Les bénéficiaires effectifs, personnes physiques qui contrôlent *in fine* les personnes morales et autres entités, sont tenus à ce titre, sous peine de nouvelles sanctions pénales, de fournir les informations permettant de les identifier à la société ou à l'entité soumise à l'obligation de déclaration aux fins de renseigner les registres mis en place dans le prolongement de la directive 2015/849.

L'accès au public du registre des bénéficiaires effectifs est consacré, alors que cet accès était jusqu'alors conditionné à la démonstration de l'existence d'un motif légitime devant le juge en chargé de la tenue du registre (C. mon. fin., art. R. 561-59 ancien). L'article L. 561-46 limite cependant le champ des informations accessibles au public. Il dispose en effet que cet accès concerne exclusivement « les informations relatives aux nom, nom d'usage, pseudonyme, prénoms, mois, année de naissance, pays de résidence et nationalité des bénéficiaires effectifs ainsi qu'à la nature et à l'étendue des intérêts effectifs qu'ils détiennent dans la société ou l'entité ». Il exclut dès lors l'accès aux informations relatives aux autres éléments d'identification, au domicile personnel de ces bénéficiaires ainsi qu'aux modalités du contrôle que ces derniers exercent sur la société ou l'entité.

L'accès à l'ensemble des informations contenues dans le registre des bénéficiaires effectifs est en revanche évidemment maintenu dans toute sa plénitude pour les autorités engagées en matière de LBC/FT et les assujettis. En effet, les magistrats, agents des douanes, membres de TRACFIN et membres de l'ACPR ont accès à l'ensemble des informations comme les représentants des ordres professionnels soumis à la législation LBC/FT (art. R. 561-57). S'y ajoutent les personnes assujetties lorsque leur demande est en lien avec leurs obligations en matière de LBC/FT (art. R. 561-58).

Les autorités de contrôle comme les assujettis à la LBC/FT mentionnés à l'article L. 561-2 du code monétaire et financier signalent au greffier du tribunal de commerce l'absence d'enregistrement ou toute divergence constatée entre les informations inscrites dans le registre et celles dont ils disposent (art. L. 561-47-1). L'absence de déclaration est assortie de sanctions pénales issues des dispositions des articles L. 574-5 et L. 574-6 du code monétaire et financier entraînant l'application éventuelle de peines d'amende et de peine d'interdiction de gérer et de privation partielle de droits civils et politiques. Enfin, des garanties de protection sont apportées aux personnes ayant signalé une divergence sur l'identité des bénéficiaires effectifs ou un soupçon de blanchiment ou de financement du terrorisme dans le cadre des procédures internes. ❑

Art. L. 561-2-3 *(Ord. nº 2017-1252 du 9 août 2017, art. 18, en vigueur le 13 janv. 2018)* **Les personnes mentionnées aux 1°, 1° *bis*, 1° *ter* et 1° *quater* de l'article L. 561-2 ne sont pas soumises aux dispositions du présent chapitre pour leurs seules activités de fourniture du service mentionné au 8° du II de l'article L. 314-1.**

(Ord. nº 2021-1735 du 22 déc. 2021, art. 24) **« Les personnes mentionnées au 4° de l'article L. 561-2 ne sont pas soumises aux dispositions du présent chapitre pour les**

projets dont le financement correspond à des montants inférieurs à un seuil fixé par décret. » – *V. art. D. 561-4-1, infra.*

Art. L. 561-3 I. – Les personnes mentionnées au 13° de l'article L. 561-2 sont soumises aux dispositions du présent chapitre lorsque, dans le cadre de leur activité professionnelle :

1° Elles participent au nom et pour le compte de leur client à toute transaction financière ou immobilière ou agissent en qualité de fiduciaire ; – *Sur la fiducie, V. C. civ., art. 2011 s.* – ***C. civ.***

2° Elles assistent leur client dans la préparation ou la réalisation des transactions concernant :

a) L'achat et la vente de biens immeubles ou de fonds de commerce ;

b) La gestion de fonds, titres ou autres actifs appartenant au client ;

c) L'ouverture de comptes bancaires, d'épargne ou de titres ou de contrats d'assurance ;

d) L'organisation des apports nécessaires à la création des sociétés ;

e) La constitution, la gestion ou la direction des sociétés ;

f) La constitution, la gestion ou la direction de fiducies, régies par les articles 2011 à 2031 du code civil ou de droit étranger, ou de toute autre structure similaire ;

g) La constitution ou la gestion de fonds de dotation *(Ord. n° 2020-115 du 12 févr. 2020, art. 2)* « ou de fonds de pérennité ». – *Sur ces fonds de dotation, V. L. n° 2008-776 du 4 août 2008, art. 140, Décr. n° 2009-158 du 11 févr. 2009 et Circ. du 19 mai 2009 (JO 19 juin).* – ***C. assoc.***

(Ord. n° 2020-115 du 12 févr. 2020, art. 2) « 3° Elles fournissent, directement ou par toute personne interposée à laquelle elles sont liées, des conseils en matière fiscale. »

II. – *(Ord. n° 2020-115 du 12 févr. 2020, art. 2)* « Les avocats au Conseil d'État et à la Cour de cassation, les avocats et les personnes mentionnées au 18° de l'article L. 561-2 dans l'exercice d'une activité mentionnée au I ne sont pas soumis aux dispositions de la section 4 du présent chapitre et de l'article L. 561-25 » lorsque l'activité se rattache à une procédure juridictionnelle, que les informations dont ils disposent soient reçues ou obtenues avant, pendant ou après cette procédure, y compris dans le cadre de conseils relatifs à la manière d'engager ou d'éviter une telle procédure, non plus que lorsqu'ils donnent des consultations juridiques, à moins qu'elles n'aient été fournies à des fins de blanchiment de capitaux ou de financement du terrorisme ou en sachant que le client les demande aux fins de blanchiment de capitaux ou de financement du terrorisme.

III. – Les autres personnes mentionnées au 13° de l'article L. 561-2, dans l'exercice d'une activité relative aux transactions mentionnées au I, ne sont pas soumises aux dispositions de la section 4 du présent chapitre lorsqu'elles donnent des consultations juridiques, à moins qu'elles n'aient été fournies à des fins de blanchiment de capitaux ou de financement du terrorisme ou en sachant que le client les demande aux fins de blanchiment de capitaux ou de financement du terrorisme.

(L. n° 2010-853 du 23 juill. 2010, art. 23-I) « IV. – Les experts-comptables ainsi que les salariés autorisés à exercer la profession d'expert-comptable en application des articles 83 *ter* et 83 *quater* de l'ordonnance n° 45-2138 du 19 septembre 1945 portant institution de l'ordre des experts-comptables et réglementant le titre et la profession d'expert-comptable ne sont pas soumis à la section 4 du présent chapitre lorsqu'ils donnent des consultations juridiques conformément à l'article 22 de l'ordonnance précitée, à moins que ces consultations n'aient été fournies à des fins de blanchiment de capitaux ou de financement du terrorisme ou en sachant que le client les demande aux fins de blanchiment de capitaux ou de financement du terrorisme. »

(L. n° 2011-331 du 28 mars 2011, art. 21) « V. – Dans l'exercice des missions dont ils sont chargés par décision de justice, les administrateurs judiciaires, les mandataires judiciaires et les commissaires-priseurs judiciaires sont soumis aux dispositions du présent chapitre, sous réserve que celles-ci soient compatibles avec leur mandat. Le client s'entend alors de la personne visée par la procédure et, le cas échéant, de la personne qui se porte acquéreur du bien offert à la vente ou qui dépose une offre de reprise partielle ou totale de l'entreprise. »

(Ord. nº 2016-1635 du 1er déc. 2016, art. 2-IV) « VI. – *(Ord. nº 2016-1635 du 1er déc. 2016, art. 22-I)* « **A. – L'ACPR veille au respect de l'application des dispositions de la norme technique de réglementation prise en application des articles 45.9 et 45.10 de la directive nº 2015/849 du Parlement européen et du Conseil du 20 mai 2015 relative à la prévention de l'utilisation du système financier aux fins du blanchiment de capitaux ou du financement du terrorisme pour la désignation du représentant permanent par les personnes mentionnées au 1° quater de l'article L. 561-2 et les fonctions confiées à cette personne. Un décret précise les conditions dans lesquelles l'ACPR veille au respect de ces dispositions. »**

« B. – Les fonctions du représentant permanent sont exercées par une personne spécialement désignée à cet effet.

« Le représentant permanent procède au nom et pour le compte de la personne mentionnée au 1° ***quater*** **de l'article L. 561-2 aux déclarations et** *(L. nº 2019-486 du 22 mai 2019, art. 206-VII-B)* **« aux communications d' » informations prescrites par les articles L. 561-15 et L. 561-15-1 ainsi qu'aux déclarations de mise en œuvre d'une mesure prise en application du chapitre II du présent titre ou d'un règlement pris sur le fondement des articles 75 ou 215 du traité sur le fonctionnement de l'Union européenne. Il répond aux demandes formulées par le service mentionné à l'article L. 561-23 en application du présent chapitre, ainsi qu'à toute demande émanant de l'Autorité de contrôle prudentiel et de résolution, de l'autorité chargée de la mise en œuvre des mesures prises en application du chapitre II du présent titre ou d'un règlement pris sur le fondement des articles 75 ou 215 du traité sur le fonctionnement de l'Union européenne, ainsi que de l'autorité judiciaire et des officiers de police judiciaire. »**

V. les Fiches pratiques TRACFIN du 23 mars 2022 sur le dispositif LCB-FT appliqué à la profession du notariat.

BIBL. ▶ P. Mousseron, *JCP E 2004, nº 24, p. 948* (le blanchiment sociétaire). – Lasserre Capdeville, *AJ pénal 2006. 434* (extension aux avocats du régime préventif de lutte contre le blanchiment d'argent). – Bougartchev et Gaudin, *JCP E 2007, nº 36, p. 26* (la fiducie à l'épreuve de la lutte contre le blanchiment de capitaux). – Perrier, *Gaz. Pal. 2009. 2848* (le secret professionnel de l'avocat et la transposition de la 3e directive anti-blanchiment). – Cutajar et Beaussier, *JCP 2009, nº 48, p. 11* (les avocats et la lutte contre le blanchiment). – H. Robert, *JCP 2010, nº 202* (professions juridiques et prévention du blanchiment). – Mascala, *D. 2011. Pan. 1869* (extension des personnes assujetties à la déclaration de soupçon). – Buisine, *RPC 2011. Étude 26* (la difficile conciliation de l'exercice du mandat de justice et du dispositif de lutte contre le blanchiment de capitaux). – Belzidsky, *RJ com. 2011. 539* (quelques propos sur le blanchiment de fraude fiscale). – A. Robert, *LPA 28 mars 2012* (LCB-FT : obligations et responsabilités des commissaires aux comptes et experts-comptables). – Cuissot, *RLDA juin 2013. 90* (blanchiment et notaire). – Ghrénassia, *ibid. 96* (blanchiment et avocat : de la confiance au soupçon). – Michaud, *Gaz. Pal. 2013. 2224* (l'avocat et la prévention du blanchiment : une déontologie responsable de l'intérêt général). – Daoud, *AJ pénal 2013. 648* (la fraude fiscale, le blanchiment et l'avocat). – Cassin et Nicoulaud, *JCP N 2014, nº 1096* (cadre législatif et réglementaire et obligations légales des notaires pour lutter contre le blanchiment). – Ledan-Cabarroque, *BJE 2016. 64* (la portée de la norme anti-blanchiment sur les missions des administrateurs et des mandataires judiciaires). – Daoud, *D. avocats 2016. 201* (lutte contre la délinquance économique et financière : les avocats en ligne de mire). – Feugère, *ibid. 2018. 366* (secret professionnel de l'avocat et lutte contre le blanchiment : l'impératif de prévention et de vigilance). – Daoud et Boyer, *D. avocats 2020. 255* (renforcement de la LBC/FT. Conséquences pour les avocats de l'Ord. nº 2020-115 du 12 févr. 2020).

COMMENTAIRE

Les avocats aux Conseils et les avocats sont assujettis à la LBC/FT mais bénéficient d'un régime dérogatoire eu égard aux spécificités entourant les droits de la défense. Après des difficultés liées à leur entrée dans le périmètre de la LBC/FT, en raison de la spécificité de leur mission de défense supposant le strict respect du secret professionnel liant l'avocat à son client, la Cour européenne des droits de l'Homme a mis en exergue leur « mission fondamentale dans une société démocratique » de défense des justiciables (CEDH 6 déc. 2012, *Michaud c/ France*, nº 12323/11), renforçant une décision de la Cour de justice des Communautés européennes à propos de la directive nº 2005/60/CE du 27 octobre 2005 (CJCE 27 juin 2007, nº C-305/05). La loi a donc cherché un équilibre entre cet impératif de protection des droits de la défense et le constat sociologique de l'instrumentalisation dont les avocats peuvent être l'objet en tant que facilitateurs (*gate keepers*) pour des opérations de blanchiment de capitaux ou de financement du terrorisme.

Le I de l'article L. 561-3 du code monétaire et financier soumet les avocats et les avocats aux Conseils au respect des obligations préventives dans deux hypothèses. En premier lieu, lorsqu'ils agissent en qualité de fiduciaire et se livrent, au nom et pour le compte de leurs clients, à toute opération financière ou immobilière. En second lieu, lorsqu'ils assistent leur client dans la préparation ou la réalisation de certaines transactions. Sont visées les opérations d'achat et de vente de biens immeubles ou de fonds de commerce, de gestion de fonds, titres ou autres actifs appartenant au client, d'ouverture de comptes bancaires, d'épargne, de titres ou de contrats d'assurance, d'organisation des apports nécessaires à la création des sociétés, de constitution, de gestion ou de direction des sociétés, de constitution, de gestion ou de direction de fiducies, régies par les articles 2011 à 2031 du code civil ou par un droit étranger, ou de toute autre structure similaire et enfin de constitution ou de gestion de fonds de dotation. Dans ces deux cas, les modalités déclaratives sont cependant encadrées par des règles supplémentaires permettant de garantir le respect du principe de confidentialité dans le cadre de l'intervention de l'avocat.

L'article L. 561-3 tient compte de la spécificité de la profession. D'une part, il exonère les avocats et les avocats aux Conseils de toute obligation préventive pour leurs activités précédant, suivant ou accompagnant une procédure juridictionnelle, y compris pour l'activité de conseil portant sur la façon d'engager ou d'éviter une procédure judiciaire. Cette exonération vise également, en vertu du II, les activités soumises au système déclaratif visées au I, qui donnent lieu à une activité de conseil précédant ou suivant une instance juridictionnelle. D'autre part, il les exonère également pour toute activité de consultation, sauf lorsque la consultation a précisément pour objet la commission d'une infraction de blanchiment. ❑

1. Déclaration par les avocats. Pour des précisions sur les activités donnant lieu à déclaration de soupçon par les avocats, V. • CJCE 26 juin 2007, nº C-305/05 : *D. 2008. Pan. 950, obs. Blanchard ; JCP E 2007, nº 38, p. 3, note Cutafar ; Gaz. Pal. 2007. 2193, note Vatier ; BJB 2007. 654, note Cutajar* • Cons. const. Belgique, 23 janv. 2008 : *D. 2008. Pan. 950, obs. Blanchard ; JCP 2008. I. 140, nº 8, obs. Levy ; Gaz. Pal. 2008. 327, note Vatier.* ♦ Sur l'obligation de vigilance d'un avocat dans le cadre d'une consultation juridique ayant pour objet des montages fiscaux légaux : • Paris, 19 mai 2017, nº 15/03218 : *AJ pénal 2017. 445, obs. Daoud et Chatelin .* – V. aussi, TRACFIN, Rapport d'activité 2019, 1er juill. 2020.

2. Secret professionnel. Eu égard, d'une part, à l'intérêt général qui s'attache à la lutte contre le blanchiment de capitaux et, d'autre part, à la garantie que représente l'exclusion de son champ d'application des informations reçues ou obtenues par les avocats à l'occasion de leurs activités juridictionnelles, ainsi que de celles reçues ou obtenues dans le cadre d'une consultation juridique, sous les seules réserves exposées au II de l'art. L. 561-3, la soumission des avocats à l'obligation de déclaration de soupçon ne porte pas une atteinte excessive au secret professionnel. • CE 14 oct. 2011, nº 332126 : *cité note 1 ss. art. D. 561-32-1.* ♦ Si, eu égard à l'indépendance et au caractère libéral de la profession d'avocat, il est inhérent à son exercice que ses membres apprécient librement s'ils doivent mettre fin à la relation contractuelle les unissant à leur client, il ne résulte pas des dispositions attaquées, qui assurent la transposition de la Dir. du 26 oct. 2005 faisant interdiction de divulguer les informations transmises au titre des obligations de déclaration qu'elle impose, qu'elles fassent obstacle à cette libre appréciation. • Même décision. ♦ V. aussi, jugeant que la législation française imposant à l'avocat la déclaration de soupçon n'est pas contraire à l'art. 8 Conv. EDH : • CEDH 6 déc. 2012, nº 12323/11 : *D. 2013. 284, note Defferrard ; AJ pénal 2013. 160, note Lasserre Capdeville ; D. avocats 2013. 96, note Feugère ; JCP 2013, nº 187, note H. Robert ; Gaz. Pal. 2012. 3353, note Repiquet.* – V. aussi, Muguet-Poullennec et Cheynel, *RLC avr.-juin 2013. 86.*

Art. L. 561-4 Les personnes physiques ou morales qui exercent, en lien direct avec leur activité principale, une activité financière accessoire qui relève d'une des catégories mentionnées aux 1° à *(Ord. nº 2020-115 du 12 févr. 2020, art. 2)* **« 7°** ***quater*** **» de l'article L. 561-2 et qui présente peu de risques de blanchiment de capitaux ou de financement du terrorisme sont exemptées des obligations du présent chapitre.** *(Ord. nº 2020-115 du 12 févr. 2020, art. 2)* **« Un décret en Conseil d'État définit limitativement les activités financières susceptibles d'être regardées comme accessoires en tenant compte de la nature, du volume et du montant des opérations qu'elles recouvrent.**

« Le premier alinéa ne s'applique pas aux personnes physiques ou morales qui fournissent le service mentionné au 6° du II de l'article L. 314-1. »
(Abrogé par Ord. nº 2020-115 du 12 févr. 2020, art. 2) ***« Un décret en Conseil d'État définit les activités financières accessoires en fonction de leur nature, de leur volume et du montant des opérations. »*** – *V. art. R. 561-4, infra.*

COMMENTAIRE

Les entreprises et institutions déclarantes visées aux 1° à 7° de l'article L. 561-2 du code monétaire et financier, c'est-à-dire les personnes morales établissements bancaires, financiers et d'assurance sous toutes leurs formes et les personnes morales ou physiques se livrant à une activité de change, sont soumises aux dispositions du code monétaire et financier à l'exclusion des personnes qui exercent l'une de ces activités à titre accessoire lorsque leur activité principale est, elle-même, exemptée des mesures de LBC/FT. Le caractère accessoire des activités de banque ou d'assurance est défini par des critères réglementaires liés notamment au volume des opérations traitées en vertu des articles L. 561-4 et R. 561-4 du code monétaire et financier ❑

SECTION 3 *Obligations de vigilance à l'égard de la clientèle*

COMMENTAIRE

L'obligation de vigilance, qui se décline en plusieurs obligations de vigilance d'intensité variable, se trouve au cœur du dispositif de LBC/FT en permettant la détection des opérations de blanchiment sur le fondement de la classification des risques établie par l'assujetti. Les obligations de vigilance sont multiples par leur objet : le client, l'objet de l'opération, la relation d'affaires. Elles sont multiples par leur nature : vigilance standard, vigilance standard avec des mesures complémentaires, allégée ou renforcée. L'obligation de vigilance consiste à identifier son client au moment de l'entrée en relation d'affaires, à actualiser cette connaissance tout au long de celle-ci, à comprendre les raisons de ses opérations et à en apprécier la cohérence et la logique mais également à renforcer la surveillance en cas de doute sur une opération. Il s'agit d'être en mesure d'informer la cellule de renseignement financier TRACFIN de tout soupçon de blanchiment. Cette gradation des obligations est le fait conjugué du législateur et, dans une moindre mesure, de chaque assujetti chargé d'adapter le corpus de règles à son entreprise pour assurer l'efficacité du système. Elle est fondée sur l'identification de quatre degrés de risques auxquels répondent quatre degrés de vigilance : la vigilance standard à laquelle peuvent s'ajouter des mesures de vigilance complémentaires (l'obligation de vigilance standard avec des mesures complémentaires), la vigilance allégée et, à l'opposé, la vigilance renforcée lorsque des facteurs de risques particuliers sont identifiés par la loi ou par l'entreprise dans le cadre de la personnalisation de sa cartographie des risques.

I. PÉRIMÈTRE D'APPLICATION DE L'OBLIGATION DE VIGILANCE

Le contenu de ces différentes déclinaisons de l'obligation de vigilance s'appréhende en fonction du cadre et des acteurs auxquels elles s'appliquent. La vigilance s'applique dans toute sa plénitude à l'égard de la relation d'affaires définie à l'article L. 561-2-1 du code monétaire et financier comme la relation professionnelle ou commerciale avec le client sur la base d'un contrat ou hors de tout contrat – incluant le cas échéant le bénéficiaire effectif – qui s'inscrit dans une certaine durée. Son application peut au contraire être allégée dans des conditions cependant très restrictives lorsque l'assujetti est en relation avec un client occasionnel. L'obligation de vigilance s'applique enfin non seulement à la personne qui se présente comme le client de l'assujetti et contracte avec lui, mais également, s'il y a lieu, au bénéficiaire effectif de l'opération menée dans le cadre de cette relation d'affaires. Il s'agit de la personne qui, en dernier lieu, possède ou contrôle un client ou la personne physique pour le compte de laquelle une opération est réalisée mais aussi de la personne qui exerce un contrôle effectif sur une personne morale ou une construction juridique.

II. GRADATION DE L'OBLIGATION DE VIGILANCE FONDÉE SUR L'ÉVALUATION ET LA CARTOGRAPHIE DES RISQUES RÉALISÉES PAR LES ASSUJETTIS

Une fois la classification des risques et la cartographie des risques élaborées par l'assujetti, ce dernier est en mesure d'identifier, en fonction des critères légaux liés à la gradation de l'obligation de vigilance, quel type de vigilance est requis en fonction des clients, des opérations ou encore de la localisation de la relation d'affaires. L'intérêt de la mise en place d'un système d'évaluation et de gestion des risques est parfaitement illustré : il s'agit alors d'allouer les moyens déployés par l'assujetti en priorité aux situations les plus risquées tout en préservant sa compétitivité grâce à l'allègement des procédures liées à une clientèle ou à des opérations qui ne présenteraient que peu de risques de blanchiment de capitaux. L'obligation de vigilance variera en fonction des risques identifiés, tout comme les procédures qui seront mises en place pour minimiser le risque de réalisation d'infractions de blanchiment ou de financement du terrorisme.

III. MODALITÉS DE RÉALISATION DE L'OBLIGATION DE VIGILANCE

Il appartient aux assujettis de réaliser les diligences requises dans le cadre de l'obligation de vigilance sous peine d'engager leur responsabilité disciplinaire voire pénale à ce titre (V. comm. ss. art. L. 574-1 s.). Cependant, à l'instar du droit européen, les assujettis peuvent recourir à un tiers pour déférer à leurs obligations de vigilance en vertu de l'article L. 561-7 du code monétaire et financier. L'intérêt du mécanisme, dit de tierce introduction, tient, d'une part, à la rationalisation du processus de connaissance des clients qui ne sera réalisé qu'une fois par le tiers sollicité en faveur de l'assujetti et, d'autre part, au droit ainsi ouvert aux assujettis du secteur financier de se communiquer, entre assujettis, les informations recueillies dans le cadre de leurs obligations de vigilance en matière de LBC/FT. Dans le cadre du premier aspect, la tierce introduction impose de remplir certaines conditions relatives aux tiers et aux modalités de délégation afin de s'assurer que la tierce introduction ne nuit pas à l'accessibilité des informations susceptibles d'être communiquées à TRACFIN. Il faut également que le recours à la tierce introduction n'induise pas un degré de protection moindre que celui qui serait directement assuré par l'assujetti, notamment par rapport à la confidentialité des informations et au respect de la protection des données personnelles. En tout état de cause, le mécanisme de la tierce introduction n'exonère pas l'assujetti de son éventuelle responsabilité disciplinaire en cas de manquement aux obligations imposées par la loi.

S'ajoute, par ailleurs, à ce mécanisme de délégation d'une partie de ses obligations de vigilance, la faculté ouverte aux assujettis de se communiquer les informations recueillies dans le cadre des diligences requises pour déférer à leur obligation de vigilance. Cette possibilité est essentielle notamment au sein des groupes de sociétés qui doivent assurer une connaissance consolidée de leurs clients. Ainsi, dans le prolongement de la possibilité ouverte aux assujettis du secteur financier de se communiquer des informations recueillies dans le cadre de l'exercice des diligences requises par la loi, l'ordonnance n° 2020-115 du 12 février 2020 a ouvert aux avocats la possibilité de communiquer, et de se voir communiquer, des informations entre avocats assujettis dans le cadre des diligences réalisées pour l'application des articles L. 561-5, L. 561-5-1, L. 561-6, L. 561-9 à L. 561-10-2, et ce dans les conditions prévues par l'article L. 561-21 du code monétaire et financier. ❑

Art. L. 561-4-1 *(Ord. n° 2016-1635 du 1er déc. 2016, art. 3-I)* **Les personnes mentionnées à l'article L. 561-2 appliquent les mesures de vigilance destinées à mettre en œuvre les obligations qu'elles tiennent du présent chapitre en fonction de l'évaluation des risques présentés par leurs activités en matière de blanchiment de capitaux et de financement du terrorisme.**

A cette fin, elles définissent et mettent en place des dispositifs d'identification et d'évaluation des risques de blanchiment des capitaux et de financement du terrorisme auxquels elles sont exposées ainsi qu'une politique adaptée à ces risques. Elles élaborent en particulier une classification des risques en question en fonction de la nature des produits ou services offerts, des conditions de transaction proposées, des canaux de distribution utilisés, des caractéristiques des clients, ainsi que du pays ou du territoire d'origine ou de destination des fonds.

Lorsqu'elles appartiennent à un groupe *(Ord. n° 2020-115 du 12 févr. 2020, art. 3)* **« au sens de l'article L. 561-33 », et que l'entreprise mère du groupe a son siège social en France, elles mettent en place un dispositif d'identification et d'évaluation des risques existant** *[existants]* **au niveau du groupe ainsi qu'une politique adaptée, définis par celle-ci.**

Pour l'identification et l'évaluation des risques de blanchiment des capitaux et de financement du terrorisme auxquelles elles sont exposées, les personnes mentionnées

ci-dessus tiennent compte des facteurs inhérents aux clients, aux produits, services, transactions et canaux de distribution, ainsi qu'aux facteurs géographiques, précisés par arrêté du ministre chargé de l'économie, ainsi que des recommandations de la Commission européenne issues du rapport prévu par l'article 6 *(Ord. n° 2020-115 du 12 févr. 2020, art. 3)* **« et des facteurs de risque mentionnés aux annexes II et III » de la directive 2015/849 du Parlement européen et du Conseil du 20 mai 2015 relative à la prévention de l'utilisation du système financier aux fins du blanchiment de capitaux ou du financement du terrorisme, ainsi que de l'analyse des risques effectuée au plan national dans des conditions fixées par décret.**

Pour les hippodromes, les sociétés de courses peuvent être dispensées d'établir la classification des risques prévue à l'art. L. 561-4-1 et les procédures de contrôle interne prévues à l'art. L. 561-32, de façon individuelle, au profit d'une mise en place commune au niveau de la Fédération nationale des courses hippiques qui en rend compte à l'Autorité nationale des jeux en mentionnant la liste des sociétés de courses et hippodromes concernés. Si des risques spécifiques existent eu égard notamment à l'importance de l'offre de paris et au montant des enjeux, les procédures doivent être adaptées en conséquence. L'Autorité nationale des jeux peut demander à chaque société de course la transmission de tout document complémentaire ou information lui permettant d'apprécier le respect de ses obligations en matière de LBC/FT (Décr. n° 2020-1349 du 4 nov. 2020, art. 3).

V. Rapport d'activité de la commission nationale des sanctions, 2018 (illustration pratique de la réalisation d'une cartographie des risques).

BIBL. ▸ KEREBEL et DEDIEU, *JCP E 2010, n° 1929* (procédure interne de lutte anti-blanchiment et cartographie des risques). – FRISON-ROCHE, *D. 2019. 2432* (théorie juridique de la cartographie des risques, centre du droit de la compliance). – DOUTRELEAU et WEKSTEIN, *RLDA nov. 2021. 45* (lutte contre le blanchiment de capitaux et le financement du terrorisme : le prix de la vigilance).

1. *Classification des risques.* Pour une classification des risques jugée insuffisante dès lors qu'elle ne prenait pas suffisamment en compte la nationalité ou le pays de résidence, alors même que 36 % des clients en relation d'affaires étaient de nationalité étrangère, V. • Décis. ACPR n° 2019-04 du 4 févr. 2020. ♦ Le critère de la nationalité est en effet pertinent pour évaluer des risques, y compris lorsque les clients n'effectuent de transactions qu'au sein de l'espace unique de paiement en euros. • Même décision. ♦ Pour une classification des risques ne tenant pas assez compte de la nature des projets financés, notamment du fait que les projets humanitaires, médicaux, éducatifs et cultuels ou les projets qui concernent des personnes incarcérées ou encourant une peine d'emprisonnement présentent des risques accrus nécessitant une vigilance particulière, V. • Décis. ACPR n° 2019-08 du 27 janv. 2021 : *Banque et Dr. 3-4/2021. 75, obs. Nicolet.* ♦ Relevant aussi les lacunes de la classification des risques qui ne tenait pas suffisamment compte de l'origine et de la destination des fonds, ce qui se traduisait par une absence d'informations sur le pays ou le territoire d'origine des fonds versés par les participants au projet (absence d'une liste exhaustive des pays sous embargo, sensibles ou en guerre, qui se traduisait par le fait que certains projets visaient au financement d'opérations à destination de pays qui figurent sur la liste du GAFI, dont le Yémen et la Tunisie et sur la liste de la Commission européenne des pays tiers à haut risque présentant des carences stratégiques en matière de LCB-FT) : • Même décision. ♦ La commission des sanctions apprécie la pertinence de la classification des risques notamment au regard de la littérature existant sur la question. Ainsi, le niveau de risque faible choisi pour l'activité de « financement participatif dons contre dons » est jugé inadapté, cette activité ayant été identifiée par le GAFI (2013) et par Tracfin (2015) comme exposée à un risque élevé de LBC/FT. En ce qui concerne la classification des risques liés à ses clients finaux, le risque spécifique présenté par les associations n'était pas pris en considération par la société au moment du contrôle, alors même que dans son rapport « Tendances et analyse des risques de blanchiment des capitaux et de financement du terrorisme » de 2016, Tracfin avait mentionné que les associations, à vocation humanitaire, culturelle ou cultuelle pouvaient être des « points de convergence de flux financiers destinés à financer des réseaux djihadistes » et ce quelle que soit la part de ces associations dans sa clientèle. • Décis. ACPR n° 2019-06 du 22 déc. 2020.

2. *Liberté d'appréciation.* S'il leur appartient de mettre en œuvre les dispositions qui leur sont applicables en matière de LCB-FT en tenant compte des spécificités de leurs activités, les organismes assujettis ne sauraient se prévaloir d'une « liberté d'appréciation » indéterminée : ils ne peuvent être regardés comme ayant respecté leurs obligations que si les dispositifs et procédures mis en place répondent aux exigences qui justifient les obligations auxquelles ils sont soumis. Dans le cas contraire, dès lors que les dispositions sur lesquelles se fonde la poursuite font « référence à des obligations identifiables sans ambiguïté et connues des professionnels » (CE 5 nov. 2014, n° 371585), ils peuvent être sanctionnés pour ne pas les avoir respectées, sans méconnaissance du principe de légalité des délits et des peines. • Décis. ACPR n° 2020-01 du 24 déc. 2020.

Art. L. 561-5 *(Ord. nº 2016-1635 du 1er déc. 2016, art. 3-II)* **I. — Avant d'entrer en relation d'affaires avec leur client ou de l'assister dans la préparation ou la réalisation d'une transaction, les personnes mentionnées à l'article L. 561-2 :**

1º Identifient leur client et, le cas échéant, le bénéficiaire effectif au sens de l'article L. 561-2-2 ;

2º Vérifient ces éléments d'identification sur présentation de tout document écrit à caractère probant.

II. — Elles identifient et vérifient dans les mêmes conditions que celles prévues au I l'identité de leurs clients occasionnels et, le cas échéant, de leurs bénéficiaires effectifs, lorsqu'elles soupçonnent qu'une opération pourrait participer au blanchiment des capitaux ou au financement du terrorisme ou lorsque les opérations sont d'une certaine nature ou dépassent un certain montant.

III. — Lorsque le client souscrit ou adhère à un contrat d'assurance vie ou de capitalisation, les personnes concernées identifient et vérifient également l'identité des bénéficiaires de ces contrats et*[,]* **le cas échéant***[,]* **des bénéficiaires effectifs de ces bénéficiaires.**

IV. — Par dérogation au I, lorsque le risque de blanchiment des capitaux ou de financement du terrorisme paraît faible et que c'est nécessaire pour ne pas interrompre l'exercice normal de l'activité, les obligations mentionnées au 2º dudit I peuvent être satisfaites durant l'établissement de la relation d'affaires.

V. — Les conditions d'application du présent article sont précisées par décret en Conseil d'État. — *V. art. R. 561-5 s., infra.*

BIBL. ▸ LASSERRE CAPDEVILLE, *Banque et Dr. 3-4/2005. 11* (que reste-t-il du devoir de non-ingérence du banquier ?) ; *AJ pénal 2006. 429* (évolution des obligations du banquier). – TRÉHEL et BONNARD, *Banque et Dr. 3-4/2010. 3* (les notions de bénéficiaire effectif et les comptes de « fonds de tiers »). – DEDIEU, *BJB 2013. 255* (le bénéficiaire effectif et la tierce introduction à la lumière des nouvelles lignes directrices de l'AMF). – STORRER, *Banque et Dr. 5-6/2018. 45* (l'avènement de la vérification d'identité au moyen de l'identification électronique). – BOURSIER, *JCP E 2020, Actu. 153* (la transposition en droit français de la 5e directive de lutte contre le blanchiment de capitaux et le financement du terrorisme : le renforcement du système).

COMMENTAIRE

L'article L. 561-5 du code monétaire et financier impose aux assujettis d'identifier leur client ou le bénéficiaire effectif de leur client – personne physique ou personne morale – avant d'entrer en relation d'affaires ou de l'assister dans la préparation ou la réalisation d'une transaction dans les conditions prévues à l'article R. 561-5, tandis que l'article R. 561-5-1 précise les modalités de vérification de l'identité des clients. Ils doivent par ailleurs identifier et vérifier l'identité des personnes agissant pour le compte de leurs clients dans les mêmes conditions, tout en vérifiant leur pouvoir (art. R. 561-5-1).

I. IDENTIFICATION ET VÉRIFICATION D'IDENTITÉ DU CLIENT EN RELATION D'AFFAIRES, DU CLIENT OCCASIONNEL ET DU BÉNÉFICIAIRE EFFECTIF

Les clients personnes physiques doivent présenter un document officiel en cours de validité avec une photographie (carte d'identité nationale, passeport…) et l'assujetti doit noter les nom, prénoms, date, lieu de naissance ainsi que les nom et qualité de l'émetteur du document. Les clients personnes morales doivent communiquer un original ou une copie de tout extrait de registre officiel datant de moins de trois mois et constatant la dénomination, la forme juridique, l'adresse du siège social (art. R. 561-5) et l'identité des associés et des dirigeants sociaux ou de leurs équivalents dans les droits étrangers.

Lorsque les mesures d'identification prévues à l'article R. 561-5-1 ne peuvent pas être mises en œuvre, les assujettis doivent alors vérifier l'identité de leur client par au moins deux des mesures prévues à l'article R. 561-5-2 (certification de copie d'un document officiel, confirmation de l'identité du client de la part d'un tiers introducteur).

L'identité du client occasionnel doit être établie pour tout client demandant la réalisation d'une opération ponctuelle, soit lorsque l'assujetti soupçonne une infraction de blanchiment conformément à l'article L. 561-5, alinéa 2, en fonction d'une approche par les risques, soit dans les cas déterminés par décret, en fonction d'une approche statique selon des critères ou des seuils prédéfinis. La loi impose l'identification du client occasionnel dans les cas suivants :

lorsque le montant de l'opération dépasse 15 000 euros, pour les personnes autres que les changeurs manuels, pour les intermédiaires immobiliers ou dirigeants de casinos ; lorsque l'opération excède 1 000 euros pour les changeurs manuels, et quel que soit le montant pour toute opération de transfert de fonds ou de change manuel en cas d'absence physique du client, et quel que soit le montant pour les opérations visées à l'article L. 561-15-1 (il s'agit notamment des opérations de transmission de fonds effectuées à partir d'un versement d'espèces ou au moyen de monnaie électronique).

L'identification et la vérification d'identité du bénéficiaire effectif doivent être établies par tout justificatif approprié et les assujettis doivent pouvoir justifier de leur diligence auprès de l'autorité de contrôle (art. R. 561-7).

Un régime spécifique s'applique pour les clients de sociétés de jeux et paris et de casinos. L'ancienne rédaction de l'article L. 561-13 du code monétaire et financier prévoyant que les casinos, cercles et sociétés de jeux doivent tenir un registre spécial identifiant leurs clients échangeant tous modes de paiement, plaques, jetons ou tickets, ou gagnant des sommes supérieures à 2 000 euros par séance, a été abrogée par l'ordonnance n° 2020-115 du 12 février 2020. Désormais, il est précisé que les assujettis enregistrent les opérations d'échange de tous modes de paiement, plaques, jetons, tickets dont le montant excède un certain seuil fixé par décret. Le système d'identification et de vérification de l'identité des joueurs de sociétés opérateurs de jeux ou de paris est désormais précisé dans des dispositions spécifiques (art. R. 561-10, R. 561-5-3 et R. 561-22-2).

Des outils sont mis à la disposition des assujettis, notamment pour les sociétés commerciales, par le groupement d'intérêt économique des greffes des tribunaux de commerce français. Infogreffe, plateforme de services en ligne destinée aux entreprises, a lancé le portail *Know Your Customer* (KYC) dédié à la connaissance du client. Il s'agit d'un outil de surveillance accessible à tous les professionnels assujettis aux obligations en matière de LBC/FT qui ouvre un accès direct aux bases de données certifiées par les greffiers des tribunaux de commerce, diffusées par Infogreffe et mises à jour quotidiennement. Concrètement, ce portail permet aux assujettis de vérifier l'ensemble des documents certifiés relatifs à leurs clients, prospects et partenaires afin de répondre à leurs obligations en matière de LBC/FT grâce aux données issues des registres légaux tenus par les greffiers. Les utilisateurs du service peuvent constituer une base documentaire organisée autour de cinq axes de connaissance client : identité de l'entreprise et des personnes mentionnées au *Kbis*, connaissance des bénéficiaires effectifs, connaissance des associés et de la répartition du capital, connaissance de la situation financière ou encore identification de l'activité et de sa localisation.

II. SITUATIONS PARTICULIÈRES D'ABSENCE DU CLIENT LORS DE L'ENTRÉE EN RELATION D'AFFAIRES ET DE REPORT DE L'IDENTIFICATION

Une mesure de vigilance complémentaire s'imposait en cas d'absence physique du client ou du représentant de la personne morale lors de l'entrée en relation au regard du risque que représente cette situation. Cette obligation est désormais écartée du fait des modifications législatives et réglementaires réalisées dans le cadre des travaux de transposition de la cinquième directive (UE) anti-blanchiment 2018/843 du 30 mai 2018 *via* l'ordonnance n° 2020-115 et les décrets n° 2020-118 et n° 2020-119 du 12 février 2020, qui ont supprimé l'obligation de diligenter des mesures de vigilance complémentaires pour les entrées en relation d'affaires à distance des assujettis.

Par ailleurs, dans certains cas, le principe d'identification avant l'entrée en relation d'affaires connaît un aménagement en permettant le report dans le temps de l'identification du client, du client occasionnel ou du bénéficiaire effectif. L'article R. 561-6 prévoit, en effet, dans le cadre de l'ouverture d'un compte, la possibilité de différer la vérification d'identité au plus tard avant la première opération, et pour la conclusion d'un contrat au plus tard au moment de celle-ci ou avant l'opération qui en est l'objet, et ce sous réserve de justifier de cette décision par la nécessité de poursuivre la relation et la faiblesse du risque de blanchiment. Deux autres situations sont prévues : en cas de souscription d'un contrat d'assurance, la vérification de l'identité du bénéficiaire du contrat a lieu au plus tard au moment du paiement de la prestation au bénéficiaire du contrat ou au moment où celui-ci entend exercer les droits conférés par le contrat ; en cas d'opération liée au financement d'actifs physiques dont la propriété n'est pas transférée ou ne l'est qu'à la cessation de la relation contractuelle, la vérification de l'identité du bénéficiaire du contrat a lieu au plus tard au moment du paiement du premier loyer ou de la première redevance.

Enfin, au regard de la nécessité rappelée d'actualisation de la connaissance du client et de la relation d'affaires, une nouvelle identification du client s'impose si l'assujetti a des raisons de croire que les renseignements recueillis initialement ne sont plus pertinents.

I. IDENTIFICATION DU CLIENT POUR DES PRODUITS NE PRÉSENTANT PAS DE RISQUE PARTICULIER

1. *Diligences basiques d'identification et de connaissance du client.* Les informations relatives à la connaissance du client tenant notamment à ses revenus, à son patrimoine ou encore à sa profession sont indispensables au titres de diligences requises par la loi. Elles doivent être fiables et actualisées. • Décis. ACPR n° 2017-05 du 17 avr. 2018 • n° 2020-08 du 14 oct. 2021. ♦ La vérification d'identité du client par la prise d'une pièce d'identité des personnes physiques agissant pour leur propre compte, comme des personnes physiques agissant en qualité de mandataires d'une société est incontournable. Il en va de même de la qualité de la saisie des profils client par l'opérateur de transferts de fonds. • Décis. ACPR n° 2016-10 du 8 nov. 2017. ♦ De même, la défaillance d'identification du client et du bénéficiaire effectif à propos de deux sociétés dont les extraits K-*Bis* ont été produits très postérieurement à l'ouverture des comptes et dont le rachat à hauteur de plus de 25 % par une société tierce n'a pas donné lieu à des recherches sur le bénéficiaire effectif de ces comptes marque un manquement effectif à ces obligations. • Décis. ACPR n° 2016-08 du 6 déc. 2017. ♦ Les exigences de l'art. L. 561-5 impliquent de vérifier l'identité de tous les clients, qu'ils soient vendeurs ou acquéreurs. • Décis. CNS n° 2015-15 du 21 mars 2016 • n° 2015-16 du 12 avr. 2016 • n° 2017-05 du 26 juill. 2017 • n° 2017-04 du 23 août 2017 • n° 2017-01 du 30 août 2017 • n° 2017-16 du 15 nov. 2017 • n° 2017-26 du 25 juill. 2018. ♦ Le fait pour l'agent immobilier de se limiter à l'égard des clients personnes morales à demander un extrait du K*bis* lorsque le dossier concerne un étranger ou un dossier atypique, l'adresse et la profession des acquéreurs sans formaliser le recueil de ces éléments est insuffisant pour permettre d'identifier les éventuels bénéficiaires effectifs de la vente. • Décis. CNS n° 2019-13 du 4 mai 2021. ♦ L'identification doit porter sur des éléments utiles liés à l'état civil des acheteurs et des vendeurs d'un agent immobilier. Une fiche intitulée « pièces du dossier de vente », qui contenait essentiellement des éléments techniques, ne peut se substituer aux diligences requises par la loi au titre de l'obligation d'identification et de vérification de l'identité du client. • Décis. CNS n° 2019-44 du 26 juin 2020.

2. *Identification de l'ensemble des clients d'une même opération.* Dans le cadre de l'activité de création de cagnottes en ligne, l'établissement de monnaie électronique (EME) ne vérifiait pas l'identité des créateurs qui n'en étaient pas également bénéficiaires, ce qui représentait 17,7 % des cagnottes alors même que le créateur d'une cagnotte agissait en vertu d'un mandat donné par les participants à celle-ci. De même la société ne vérifiait pas systématiquement l'identité des contributeurs à une cagnotte, notamment lorsque la société ne bénéficiait pas de l'exonération prévue pour les opérations de moins de 250 € par contributeur et par cagnotte sur une période de 30 jours (art. R. 561-16, 5°). La commission des sanctions précise que l'obligation de vérification de l'identité des personnes agissant au nom du client ne se limite pas aux seuls mandataires légaux de ce dernier. L'organisateur de la cagnotte agit pour le compte des contributeurs et la cagnotte est assimilée à un compte de monnaie électronique composé de sous-comptes ouverts au nom de chaque participant dans les livres de la société, compte que l'organisateur administre suivant les conditions convenues avec les contributeurs. Dès lors, la société aurait dû recueillir l'identité des contributeurs de cagnotte hors de l'exonération rappelée ci-dessus. • Décis. ACPR n° 2019-06 du 22 déc. 2020.

3. *Complétude de la collecte des éléments d'identité.* Jugeant que les arguments liés au défaut d'utilité de l'ensemble des éléments liées à l'identité ne permettent pas d'écarter le grief. • Décis. ACPR n° 2017-10 du 10 janv. 2019. ♦ Les fiches de renseignement identifiant les clients doivent être datées et mentionner le lieu de naissance du client, ainsi que la nature, la date et le lieu de délivrance du document présenté pour l'identification et la vérification de l'identité du client. • Décis. CNS n° 2015-15 du 21 mars 2016.

4. *Obligations des sociétés de gestion en matière d'identification de certains clients.* Les souscripteurs de l'un des principaux fonds communs de placement gérés par la société de gestion étaient, à hauteur de 82 %, des clients d'une société étrangère, ainsi que deux fonds *off shore* immatriculés dans un pays étranger, au sujet desquels la société ne disposait d'aucun élément plus précis d'identification. Elle a ainsi manqué aux dispositions de l'art. 315-56 Règl. gén. AMF selon lesquelles les sociétés doivent apporter une attention particulière à l'identité des personnes résidant dans des États ou territoires où la législation est jugée insuffisante. • Décis. AMF n° 2009-22 du 15 janv. 2009.

5. *Exemples de manquements.* En ce qui concerne une cliente qui avait donné procuration notariée de recevoir et placer les sommes issues de la succession de son fils, la mise en cause s'est contentée de recueillir des informations auprès du titulaire de cette procuration sans exiger de justificatifs portant sur l'origine des fonds à placer, alors même que les pouvoirs du titulaire dépendaient de celle-ci. Par ailleurs, elle n'a pas réagi en exigeant de tels justificatifs lorsque les premiers chèques, tirés sur le compte de l'office notarié et adressés à l'établissement teneur de comptes, sont revenus impayés. • Décis. AMF n° 2014-10 du 3 juin 2014. ♦ La société mise en cause a été dans l'impossibilité de présenter le dossier complet d'une cliente et, si elle a pu finalement justifier avoir recueilli un certain nombre d'informations lors de l'entrée en relation, aucun élément du dossier ne permet d'établir que le suivi bi-annuel prévu par la lettre de mission aurait été accompli ni qu'une mise à jour du dossier aurait été effectuée alors même que cette cliente avait été placée sous le régime de protection de la curatelle renforcée, ce que la mise en cause a déclaré avoir ignoré. Dès lors, il est établi que la mise en cause n'a pas exercé sur la relation d'affaires nouée « une vigilance constante » au sens de l'art. L. 561-6. • Décis. AMF n° 2014-10 du 3 juin 2014. ♦ S'agissant de la relation d'affaires nouée avec l'un des clients de la mise en cause, la déclaration d'origine des deniers indique qu'ils provenaient d'une activité salariée alors que le client était gérant de société. Ne figure au dossier qu'une lettre de mission spécifique antérieure à l'émission du chèque en question, indiquant pourtant : « le client à émi[s] un chèque de sa banque + nous avons contacté son conseill[er] clientèle pour vérifier si les fonds provenai[en]t bien de son compte ». • Même décision. ♦ Dès lors qu'il est constaté que 696 clients titulaires de comptes ont déclaré un revenu mensuel supérieur à 10 000 €, qui était incompatible avec la situation professionnelle qu'ils avaient indiquée (401 employés, 176 demandeurs d'emploi, 87 techniciens et 32 étudiants) et que 234 clients, nés avant 1950, ont mentionné, au moment de leur entrée en relation d'affaires, une situation professionnelle incohérente avec leur âge, il en résulte une incohérence des éléments recueillis relatifs à la connaissance du clients qui constitue ainsi un manquement. • Décis. ACPR n° 2020-05 du 7 mai 2021. ♦ L'agent immobilier, ayant apporté son concours à plusieurs opérations de vente sans rechercher la provenance des fonds, méconnaît son obligation de recueillir des éléments sur la connaissance du client et de la relation d'affaires. • Décis. CNS n° 2019-20 du 6 juill. 2020.

6. Intervention d'un courtier partenaire. Il ressort des différents éléments communiqués par la mise en cause qu'un grand nombre de personnes étaient susceptibles d'intervenir préalablement, lors de l'entrée en relation et pendant la relation d'affaires, sans que le rôle de chacun puisse être identifié. Ni les documents, ni les explications fournies par la mise en cause, ne permettent d'établir les modalités d'intervention de ces personnes. La société n'était dès lors pas dotée des procédures requises par l'art. 315-51 du Règl. gén. AMF, notamment en ce qui concerne la possibilité d'avoir recours à un tiers pour la mise en œuvre des diligences prévues aux art. L. 561-5 et L. 561-6 C. mon. fin. • Décis. AMF n° 2014-10 du 3 juin 2014.

7. Absence d'exonération du fait de la connaissance de la clientèle. Le fait d'avoir une clientèle de proximité n'exonère pas le professionnel de son obligation de vigilance. • Décis. CNS n° 2015-17 du 23 sept. 2015 • n° 2015-34 du 10 mai 2017. ♦ La connaissance personnelle de certains clients par des collaborateurs de la société ou par son dirigeant n'est pas de nature à l'en exonérer. • Décis. CNS n° 2015-15 du 21 mars 2016 ♙ • n° 2015-16 du 12 avr. 2016 • n° 2016-07 du 20 avr. 2017 • n° 2016-17 du 28 juin 2017 • n° 2017-15 du 7 févr. 2018 • n° 2017-30 du 23 mai 2018 • n° 2017-55 du 19 déc. 2018. ♦ L'existence de relations antérieures entre le professionnel et son client ne l'exonère pas non plus de ses obligations de vigilance. • Décis. CNS n° 2015-16 du 12 avr. 2016 • n° 2017-01 du 30 août 2017. ♦ La connaissance des clients, qu'ils soient vendeurs ou acquéreurs, fût-ce de longue date et antérieurement à la vente, n'exonère pas l'agent immobilier de ses obligations en matière d'identification et de vérification d'identité des clients. • Décis. CNS n° 2019-19 du 30 juill. 2020.

8. Indifférence d'autres éléments exonératoires. L'absence de doute ou de risque particulier n'est pas de nature à exonérer le professionnel de son obligation. • Décis. CNS n° 2017-06 du 23 août 2017. ♦ Une affirmation de sincérité n'est pas un document officiel répondant aux exigences de l'art. L. 561-5. • Décis. CNS n° 2015-09 du 10 juin 2015. ♦ La seule remise d'un chèque n'est pas de nature à satisfaire à l'obligation imposant au professionnel assujetti de demander un document écrit, probant, permettant de vérifier l'identité de son client. • Décis. CNS n° 2014-07 du 25 mars 2015 • n° 2014-06 du 4 mars 2015. ♦ L'intervention d'un notaire lors d'une opération immobilière dont le client, le produit ou la transaction présente un risque élevé de blanchiment des capitaux et de financement du terrorisme, et pour laquelle l'art. L. 561-10-2 exige que soient renforcées les mesures prévues aux art. L. 561-5 et L. 561-6, n'est pas de nature à exonérer le professionnel de cette obligation. • Décis. CNS n° 2015-16 du 12 avr. 2016. ♦ L'intervention d'un tiers n'est pas de nature à exonérer le professionnel. • Décis. CNS n° 2017-06 du 23 août 2017 • n° 2017-16 du 15 nov. 2017 • n° 2017-17 du 28 mars 2018 • n° 2017-21 du 9 avr. 2018 • n° 2017-22 du 5 juin 2018.

9. Date de la vérification. Une vérification au moment de la signature du compromis de vente ne satisfait pas à cette exigence en raison de son caractère tardif, l'art. L. 561-5 prévoyant qu'elle doit intervenir, en principe, avant l'entrée en relation d'affaires. • Décis. CNS n° 2014-06 du 4 mars 2015. ♦ Une vérification préalablement à la signature du compromis chez un notaire présente aussi un caractère tardif. • Décis. CNS n° 2017-35 du 14 nov. 2018.

10. Preuve de la vigilance et défaillance entraînant la reconnaissance de plusieurs griefs. Conséquence de l'absence d'identification du client et de la vérification de son identité, l'absence d'identification du client peut entraîner de fait celle de l'identification des personnes politiquement exposées. • Décis. CNS n° 2018-03 du 2 juill. 2019. ♦ Il en va de même en cas de méconnaissance des obligations d'identification et de vérification de l'identité des clients et des bénéficiaires effectifs qui entraîne *de facto* la méconnaissance de l'obligation de conservation des documents relatifs, notamment, à l'identification constituant ainsi un autre grief. • Décis. CNS n° 2018-08 du 24 sept. 2019.

II. IDENTIFICATION DU CLIENT POUR DES PRODUITS PRÉSENTANT UN RISQUE PARTICULIER

11. Bon au porteur. L'art. R. 561-19 impose l'identification et la vérification de l'identité du porteur de bons anonymes dans le cadre des mesures de vigilance supplémentaires applicables à certains produits présentant un risque particulier en raison notamment de l'anonymat inhérent à ces instruments (art. L. 561-10) et le cas échéant du bénéficiaire effectif. • Décis. ACPR n° 2017-01 du 26 juill. 2018 • n° 2017-02 du 26 juill. 2018 • n° 2017-03 du 26 juill. 2018. ♦ Un émetteur d'un bon au porteur ne peut s'exonérer de son obligation de remboursement, en l'absence de toute opposition régulière, que dans l'hypothèse d'un détournement de propriété du bon litigieux, la seule circonstance que le porteur n'agit pas pour son compte et refuse de fournir les renseignements requis par l'art. 12 de la L. n° 90-614 du 12 juill. 1990 [C. mon. fin., art. L. 563-1, désormais art. L. 561-5] étant insuffisante pour caractériser un tel risque et rendre l'obligation sérieusement contestable. • Com. 21 janv. 2004, n° 01-10.928 P : *D. 2004. IR 609* ; *JCP 2004. I. 133, obs. Cadiet* ; *RJDA 2004, n° 836* (violation de l'art. 873, al. 2, C. pr. civ.). ♦ La présomption de détention licite retenue par le juge judiciaire, en application de laquelle « un émetteur d'un bon au porteur ne peut s'exonérer de son obligation de remboursement, en l'absence de toute opposition régulière, que dans l'hypothèse d'un détournement du bon litigieux », n'a pas pour effet de dispenser un organisme assujetti des exigences de vigilance et de déclaration qui lui incombent, qui sont de nature différente. Une lecture extensive de l'arrêt du 21 janv. 2004 mènerait, pour ce qui concerne les bons de capitalisation au porteur, à un comportement passif des organismes assujettis ; s'agissant d'un produit présentant un risque élevé de BC-FT, il incombe au contraire à l'organisme assujetti de concilier ses obligations vis-à-vis du porteur du bon et celles relatives à la LCB/FT. • Décis. ACPR n° 2015-08 du 8 déc. 2016 : *citée note 4 3 ss. art. R. 561-38.* ♦ La recherche d'informations sur les circonstances dans lesquelles le porteur est entré en possession des bons au porteur qu'il présente au remboursement peut, dans certains cas, être nécessaire au respect de ces obligations, notamment de celles qui imposent d'effectuer un examen renforcé ou d'adresser une déclaration à TRACFIN. • Décis. ACPR n° 2017-02 du 26 juill. 2018 : *citée note 8 ss. art. L. 561-15.*

12. Risques spécifiques liés aux bitcoins. L'établissement de paiement qui fournit des services de paiement pour effectuer des opérations d'achats et de ventes de bitcoins sur le site de son agent doit mettre en œuvre les diligences nécessaires à la connaissance du client, et ce fût-ce antérieurement à la position de l'ACPR du 29 janvier 2014 sur les bitcoins et en l'absence d'un statut légal des bitcoins en raison des dangers prévisibles qu'ils recèlent. • Décis. ACPR n° 2016-05 du 30 mars 2017.

13. Risque faible de BC-FT. Le fait que la procédure intitulée « absence de justificatif(s) lors d'une entrée en relation avec un tiers particulier », permettant à un directeur d'agence d'octroyer des moyens de paiement à un client même si ce dernier n'avait présenté aucun justificatif d'identité, de domicile ou de signature, ne s'applique qu'au profit de personnes disposant d'un lien de famille avec un client existant ou de personnes connues par les employés des caisses locales, est inopérant, de tels liens ou une telle connaissance n'impliquant pas nécessairement un risque faible de blanchiment des capitaux ou de financement du terrorisme. • Décis. ACPR n° 2017-04 du 3 juill. 2018.

Art. L. 561-5-1 *(Ord. n° 2016-1635 du 1er déc. 2016, art. 3-III)* **Avant d'entrer en relation d'affaires, les personnes mentionnées à l'article L. 561-2 recueillent les informations relatives à l'objet et à la nature de cette relation et tout autre élément d'information pertinent. Elles actualisent ces informations pendant toute la durée de la relation d'affaires.**

Les modalités d'application de cet article sont précisées par décret en Conseil d'État. – *V. art. R. 561-12, infra.*

I. OBLIGATION DE CONNAISSANCE ACTUALISÉE DU CLIENT

1. Actualisation. La démarche d'actualisation n'est pas suffisamment structurée et régulière dès lors que l'établissement s'était doté d'un dispositif informatisé d'actualisation de la connaissance clientèle qui n'était pas efficace puisque une alerte difficilement visible lors de la consultation du « Dossier réglementaire client », non contraignante et non bloquante, se déclenchait sur la base de la date de scan d'un document, et non du document lui-même. • Décis. ACPR n° 2018-04 du 13 juin 2019 : *Banque et Dr. 7-8/2019. 86, obs. Nicolet.* ♦ Au-delà de l'identification du client entrant en relation d'affaires, l'assujetti doit être en mesure de connaître son client en accédant notamment à des informations vérifiées relatives à son patrimoine et à son domicile. • Décis. ACPR n° 2016-10 du 8 nov. 2017. ♦ Cette connaissance et son actualisation passent nécessairement par les informations tenant notamment aux revenus des clients et imposent d'actualiser leur connaissance. • Décis. ACPR n° 2016-09 du 30 juin 2017.

II. OBLIGATION DE CONNAISSANCE CONTINUE DE LA RELATION D'AFFAIRES

2. Vigilance renforcée et connaissance consolidée de la relation d'affaires. L'assujetti doit être en mesure de suivre la relation d'affaires en assurant – notamment dans le cadre d'application de seuils faisant entrer l'opération dans une vigilance renforcée – une connaissance consolidée du client. Tel n'est pas le cas en présence de clients ayant plusieurs identifiants ne permettant pas d'avoir une connaissance globale des opérations réalisées (défaut de connaissance agrégée). • Décis. ACPR n° 2016-05 du 30 mars 2017. ♦ Les seuils déclenchant une vigilance renforcée étaient inadaptés puisque le montant moyen des versements d'espèces effectués par ses clients – plus de 32 000 dépôts en espèces en 2017 – était d'environ 170 €, avec seulement 95 versements d'espèces d'un montant supérieur ou égal à 1 500 € et 4 versements en espèces seulement d'un montant de 3 000 €. Il en résulte que le système de vigilance renforcée mis en place par l'opérateur couvrait moins de 1 % du total des opérations en 2017, justifiant de retenir le grief. • Décis. ACPR n° 2019-04 du 4 févr. 2020.

3. Complétude des activités soumises au dispositif. Le fait pour l'assujetti de ne pas intégrer dans son dispositif de suivi de la relation d'affaires l'un des réseaux distribuant 20 % de la monnaie électronique émise sur le support Ticket premium faute d'avoir été raccordé au système informatique de la société assujettie, ne permet pas de respecter l'obligation légale. De plus, le réseau par l'intermédiaire duquel le produit est distribué – réseau distribuant plus de 40 % du volume total des transactions sur le produit *Direct Payment* permettant de régler des achats sur les sites internet partenaires – n'a pas répondu aux demandes de l'assujetti relatives à une série de ventes réalisées durant l'année 2016, ne le mettant pas en mesure de traiter les alertes générées par son dispositif. • Décis. ACPR n° 2018-03 du 2 juill. 2019.

4. Application à l'agent immobilier et à la société de domiciliation. L'art. R. 123-68 C. com., auquel sont assujetties les sociétés de domiciliation, n'exonère pas ces professionnels de leur obligation prévue par l'art. L. 561-6 C. mon. fin. • Décis. ACPR n° 2014-07 du 30 avr. 2015. ♦ L'application de l'obligation de connaissance continue de la relation d'affaires n'est pas conditionnée à l'existence d'un besoin de financement du client par emprunt et doit être systématique. • Décis. CNS n° 2014-05 du 18 févr. 2015. ♦ Un titre de propriété ou des informations dans le compromis de vente figurant dans un paragraphe sur l'origine des fonds ne suffisent pas pour fournir l'ensemble des éléments d'information exigés par l'art. R. 561-12 et par l'Arr. du 2 sept. 2009 pris en application de ce texte. • Décis. CNS n° 2014-06 du 4 mars 2015. ♦ Il en est de même pour une fiche de paye. • Décis. CNS n° 2015-06 du 8 juill. 2015. ♦ Les pièces fournies par les personnes mises en cause doivent être suffisantes pour établir la matérialité des contrôles exercés sur la relation d'affaires ainsi que leur conformité aux exigences légales. • Décis. CNS n° 2015-15 du 21 mars 2016.

L'origine des fonds est identifiée lorsque la société a examiné et conservé des éléments d'information relatifs aux revenus du client, à son patrimoine, ou, dans le cas d'une transaction immobilière, à l'apport de l'acquéreur. Les procès-verbaux d'assemblée générale d'une copropriété et la copie de la taxe foncière ne suffisent pas pour exécuter valablement cette obligation. • Décis. CNS n° 2015-16 du 12 avr. 2016. ♦ L'intervention d'un notaire lors d'une opération immobilière dont le client, le produit ou la transaction présente un risque élevé de blanchiment des capitaux et de financement du terrorisme, et pour laquelle l'art. L. 561-10-2 exige que soient renforcées les mesures prévues aux art. L. 561-5 et L. 561-6, n'est pas de nature à exonérer le professionnel de cette obligation. • Même décision.

Pour une société exploitant une agence immobilière, n'employant aucun salarié et travaillant avec un agent commercial, avec portefeuille de plus d'une centaine de biens proposés à la vente, sanctionnée pour avoir apporté son concours à une opération de vente avec paiement au comptant dont le gérant savait que les fonds provenaient d'une SCI sans avoir approfondi le lien entre cette société et le client, V. • Décis. CNS n° 2019-58 du 30 déc. 2020. ♦ Pour un manquement résultant de la défaillance dans l'obligation de recueillir des informations sur le client et la relation d'affaires, l'agent immobilier ayant apporté son concours à plusieurs opérations de vente sans rechercher la provenance des fonds, V. • Décis. CNS n° 2019-20 du 6 juill. 2020.

Art. L. 561-6 *(Abrogé par Ord. n° 2016-1635 du 1er déc. 2016, art. 3-IV)* ***« Avant d'entrer en relation d'affaires avec un client, les personnes mentionnées à l'article L. 561-2 recueillent les informations relatives à l'objet et à la nature de cette relation et tout autre élément d'information pertinent sur ce client. »***

(Ord. n° 2016-1635 du 1er déc. 2016, art. 3-IV) **« Pendant toute la durée de la relation d'affaires » et dans les conditions fixées par décret en Conseil d'État, ces personnes exercent** *(Abrogé par Ord. n° 2016-1635 du 1er déc. 2016, art. 3-IV)* ***« sur la relation***

***d'affaires*», dans la limite de leurs droits et obligations, une vigilance constante et pratiquent un examen attentif des opérations effectuées en veillant à ce qu'elles soient cohérentes avec la connaissance actualisée qu'elles ont de leur** *(Ord. n° 2016-1635 du 1er déc. 2016, art. 3-IV)* **« relation d'affaires ».** – *V. art. R. 561-12-1, infra.*

1. Dossier client. Figurent parmi les éléments susceptibles d'être demandés aux clients personnes physiques la provenance et la destination des fonds, les activités professionnelles actuellement exercées, les revenus ou tout élément permettant d'estimer les autres ressources ainsi que tout élément permettant d'apprécier leur patrimoine. En l'espèce, il n'est pas reproché à l'établissement de crédit de ne pas demander systématiquement de tels justificatifs, mais de disposer de dossiers clients incomplets, y compris alors que, selon ses propres explications, l'établissement a présenté vainement une telle demande. • Décis. ACP n° 2010-05 du 26 mai 2011. ♦ Sont constitués de graves lacunes les dossiers présentant un défaut de justificatif de domicile et un défaut ou une inexactitude de la profession renseignée pour les clients, personnes physiques, détenteurs d'un compte, ainsi que l'absence d'information du revenu indicatif. • Décis. ACPR n° 2013-06 du 26 janv. 2015 : *citée ss. art. L. 561-7.*

2. Revue des dossiers clients. Le défaut de procédure en matière de révision des dossiers clients ne peut être sanctionné sur la base des art. L. 561-6 et R. 561-12 qui, respectivement, imposent l'obligation de vigilance aux établissements assujettis et précisent la teneur des diligences à mettre en œuvre en matière de connaissance des clients. • Décis. ACP n° 2011-02 du 24 oct. 2012.

3. Obligation de vigilance. L'argument, selon lequel le manquement à l'obligation de vigilance ne peut être sanctionné que s'il est établi que cette obligation a été acquittée de mauvaise foi ou à contretemps, ne peut être retenu, une telle restriction, dont il n'est précisé ni le fondement ni les contours, n'étant prévue par aucun texte. • Décis. ACP nos 2012-04 et 2012-04 *bis* du 10 janv. 2013 : *D. 2013. Pan. 2420, obs. Synvet ; Gaz. Pal. 2013. 1171, obs. Roussille; Banque et Dr. 3-4/2013. 26, obs. Bonneau ; RDBF 2013, n° 73, obs. Gaudemet; BJB 2013. 168, note Morel-Maroger; LEDB mars 2013, obs. Kovar; Rev. ACP févr.-mars 2013. 9.* ♦ Manque à son obligation de vigilance un établissement de crédit qui ne recherche aucune explication quant à la provenance de fonds d'un montant conséquent et qui ne décide d'aucune mesure de suivi sur les comptes de ce client. • Même décision. ♦ Il appartient à la Banque postale, en application des dispositions de l'art. L. 561-6, d'exercer sur la relation d'affaires une vigilance constante ainsi qu'un examen attentif des opérations effectuées en veillant à ce qu'elles soient cohérentes avec la connaissance actualisée qu'elle a de son client. Le même article lui fait l'obligation d'identifier le bénéficiaire effectif de la relation d'affaires et l'art. L. 561-10-2-II précise que lorsqu'une opération apparaît particulièrement complexe ou d'un montant inhabituellement élevé ou ne paraissant pas avoir de justification économique ou d'objet licite, elle doit se renseigner auprès du client sur l'origine des fonds et la destination des sommes ainsi que sur l'objet de l'opération et l'identité de la personne qui en bénéficie. • Nancy, 29 sept. 2015, n° 14/00018 : *JCP 2015, n° 1339, obs. Henry.* ♦ L'obligation prévue à l'art. L. 561-6 ne porte pas uniquement sur l'activité du client. • Décis. CNS n° 2014-07 du 30 avr. 2015 ♦ Une société qui a déclaré « juger de l'honorabilité de l'acheteur à partir de la réputation de ce dernier sur internet » et qui a affirmé ne pas pouvoir aller plus loin, car elle n'était pas officier de police judiciaire ou un service d'enquête, ne se conforme pas à l'obligation de l'art. L. 561-6. • Décis. CNS n° 2015-15 du 21 mars 2016. ♦ L'échange oral sur l'origine des fonds, l'appel à un courtier afin de veiller à la fiabilité des informations financières et les précisions apportées au notaire sur le contexte de la vente lorsque l'agent immobilier recevait un paiement au comptant caractérisent le grief, faute d'avoir obtenu des éléments concrets permettant d'identifier l'origine des fonds. • Décis. CNS n° 2019-44 du 26 juin 2020.

4. Identification de la clientèle de casino. Il résulte de l'art. 21 de l'Arr. du 14 mai 2007 relatif à la réglementation des jeux dans les casinos que l'identité de toutes les personnes souhaitant pénétrer dans les salles doit être vérifiée au préalable et que toutes les salles de jeux du casino doivent être équipées d'un système de vidéosurveillance qui doit couvrir les tables, les machines à sous, les caisses, la salle des coffres, la salle de comptée et, pour les entrées, permettre la reconnaissance des personnes. En outre, un dispositif d'enregistrement du son doit couvrir les entrées, les tables et les caisses. Les enregistrements sont conservés une semaine au minimum et 28 jours pour ceux concernant les entrées des salles de jeux, les caisses, les salles de coffres et de comptée. Dès lors, le grief est établi, l'assujetti ne pouvant invoquer l'inapplicabilité des dispositions relatives à l'identification et à la vérification d'identité aux clients occasionnels. • Décis. CNS n° 2018-12 du 6 nov. 2020.

5. Utilisation d'un algorithme. La société de transferts de fond qui déploie pour exercer une vigilance constante sur ses clients en relation d'affaires, à l'exclusion de ses clients occasionnels, un outil informatique source de multiples erreurs est exonérée de sa responsabilité sur ce fondement. En l'espèce, les données brutes relatives à près de 75 000 clients sur lesquelles le Collège de l'ACPR s'appuie pour fonder la poursuite sur le grief de défaut de vigilance constante sur la relation d'affaires laissaient apparaître des défaillances, le Collège faisant état de nombreux cas de sous-correspondance, c'est-à-dire de clients qui avaient au moins deux identifiants, ou de sur-correspondance, c'est-à-dire de l'existence d'un identifiant attribué à deux clients au moins. Toutefois, la commission des sanctions accueille la démonstration de la société relative à l'utilisation d'un algorithme (Jaro-Winckler) qui détecte d'éventuels doublons et qui, appliqué à deux échantillons de 2 400 et 1 100 clients en sous ou sur-correspondance, relève qu'en réalité 51 % et 90 % de ces cas respectifs ne l'étaient pas. Dès lors, la Commission retient que les près de 75 000 cas relevés par le Collège ne distinguaient en réalité pas les clients occasionnels – non soumis à l'obligation en cause – et les clients en relation d'affaires. Dès lors, le grief doit être écarté dans la mesure où seule la démonstration d'une insuffisance au regard d'un échantillon significatif de clients en relation d'affaires aurait permis d'entrer en voie de condamnation sur ce point. • Décis. ACPR n° 2017-10 du 10 janv. 2019.

Art. L. 561-7 **I. — Pour les personnes mentionnées aux 1° à 6°** *(Ord. n° 2020-1544 du 9 déc. 2020, art. 4)* **« et au 7° *bis* » de l'article L. 561-2, les obligations prévues** *(Ord. n° 2016-1635 du 1er déc. 2016, art. 3-V)* **« aux I et III de l'article L. 561-5 et à l'article L. 561-5-1 » peuvent être mises en œuvre par un tiers** *(Ord. n° 2016-1635 du 1er déc. 2016, art. 3-V)* **« dans l'un ou l'autre des deux cas suivants :**

« 1° Le tiers est une personne mentionnée aux 1° à 2° *ter* ou aux 3° *bis*, 5°, 6°, 12°, 12° *bis* ou 13° de l'article L. 561-2 *(Ord. n° 2020-1544 du 9 déc. 2020, art. 4)* **« ou la personne est un prestataire de services mentionné aux 1° et 2° de l'article L. 54-10-2 », exerçant sa profession ou son activité ou ayant son siège social en France, ou une personne appartenant à une catégorie équivalente sur le fondement d'un droit étranger et située dans un autre État membre de l'Union européenne, dans un État partie à l'Espace économique européen ou dans un pays tiers imposant des obligations équivalentes en matière de lutte contre le blanchiment et le financement du terrorisme** *(Abrogé par Ord. n° 2020-115 du 12 févr. 2020, art. 3)* ***« figurant sur une liste déterminée par arrêté du ministre chargé de l'économie »*** **;**

« 2° Le tiers est une personne mentionnée aux 1° à 2° *ter* ou aux 3° *bis*, 5°, 6° ou 8° de l'article L. 561-2 *(Ord. n° 2020-1544 du 9 déc. 2020, art. 4)* **« ou la personne est un prestataire de services mentionné aux 1° et 2° de l'article L. 54-10-2 », ou une personne appartenant à une catégorie équivalente sur le fondement d'un droit étranger, qui appartient au même groupe au sens de l'article L. 511-20, à l'exclusion des groupes mixtes, à un conglomérat financier au sens de l'article L. 517-3 ou** *[à]* **un groupe au sens des articles L. 322-1-2, L. 322-1-3 et L. 356-2 du code des assurances ou au sens de l'article L. 111-4-2 du code de la mutualité ou au sens de l'article L. 931-2-2 du code de la sécurité sociale. Le groupe applique les mesures prévues au présent chapitre conformément à l'article L. 561-33 lorsque l'entreprise mère a son siège social en France ou des mesures équivalentes lorsque ce n'est pas le cas. En outre, lorsque le tiers se situe dans un pays tiers qui figure sur la liste publiée par la Commission européenne en application de l'article 9 de la directive (UE) 2015/849 du 20 mai 2015 relative à la prévention de l'utilisation du système financier aux fins du blanchiment de capitaux ou du financement du terrorisme, le groupe notifie à l'Autorité de contrôle prudentiel et de résolution le recours à ce tiers ainsi que les documents justifiant que le groupe s'assure bien de la mise en œuvre par ce tiers des procédures groupes mentionnées à l'article L. 561-33. »**

(Abrogé par Ord. n° 2016-1635 du 1er déc. 2016, art. 3-V) ***« b) »*** **La personne assujettie a accès aux informations recueillies par le tiers dans les conditions prévues par un décret en Conseil d'État.** — *V. art. R. 561-13, infra.*

La personne assujettie qui se repose sur les diligences effectuées par un tiers demeure responsable du respect de ses obligations.

II. — Les personnes mentionnées aux 1° à 6° *(Ord. n° 2020-1544 du 9 déc. 2020, art. 4)* **« et au 7° *bis* » de l'article L. 561-2 peuvent communiquer les informations recueillies pour la mise en œuvre** *(Ord. n° 2016-1635 du 1er déc. 2016, art. 3-V)* **« de l'article L. 561-5 et de l'article L. 561-5-1 » à une autre personne mentionnée aux 1° à 6°** *(Ord. n° 2020-1544 du 9 déc. 2020, art. 4)* **« et au 7° *bis* » de l'article L. 561-2 située ou ayant son siège social en France. Elles peuvent également communiquer ces informations à un établissement proposant des activités financières équivalentes à celles exercées par les personnes mentionnées aux 1° à 6°** *(Ord. n° 2020-1544 du 9 déc. 2020, art. 4)* **« et au 7° *bis* » de l'article L. 561-2,** *(Ord. n° 2016-1635 du 1er déc. 2016, art. 3-V)* **« si les conditions suivantes sont remplies :**

« 1° Le tiers destinataire est situé dans un autre État membre de l'Union européenne, dans un État partie à l'accord sur l'Espace économique européen ou dans un pays tiers imposant des obligations équivalentes en matière de lutte contre le blanchiment et le financement des activités terroristes *(Abrogé par Ord. n° 2020-115 du 12 févr. 2020, art. 3)* **« *figurant sur la liste déterminée par arrêté du ministre chargé de l'économie* », ou fait partie d'un groupe ou d'un conglomérat financier ayant mis en place une organisation et des procédures mentionnées à l'article L. 561-33.**

« 2° » Le traitement par le tiers destinataire des données à caractère personnel garantit un niveau de protection suffisant de la vie privée et des libertés et droits fondamentaux des personnes, conformément aux articles *(Ord. n° 2018-1125 du 12 déc. 2018, art. 11, en vigueur le 1er juin 2019)* **« 122 et 123 » de la loi n° 78-17 du 6 janvier 1978 relative à l'informatique, aux fichiers et aux libertés.**

(Ord. n° 2009-866 du 15 juill. 2009, art. 14, en vigueur le 1er nov. 2009) **« Pour l'application du présent article, les personnes mentionnées aux 1° à 6° de l'article L. 561-2 s'entendent à l'exclusion des personnes mentionnées au 1° *bis* du même article qui fournissent principalement le service mentionné au 6° du II de l'article L. 314-1. »**

(Ord. n° 2020-115 du 12 févr. 2020, art. 3) **« Les modalités d'application du présent article sont précisées par décret en Conseil d'État. »**

V. la Position-recommandation AMF n° 2019-616 portant lignes directrices sur les obligations de vigilance à l'égard des clients et de leurs bénéficiaires effectifs (DOC-2019-16), infra, C. Autorité des marchés financiers.

BIBL. ▶ DEDIEU, *BJB 2013. 255* (le bénéficiaire effectif et la tierce introduction à la lumière des nouvelles lignes directrices de l'AMF).

COMMENTAIRE

Les institutions financières assujetties peuvent faire appel à un tiers afin de réaliser les opérations d'identification visées aux articles L. 561-5, L. 561-5-1 et L. 561-6 du code monétaire et financier lorsque le tiers est lui-même une institution financière, à l'exception des personnes visées au 1° *bis* fournissant principalement des services de transmission de fonds, ou un professionnel du droit ou du chiffre établi en France, dans un pays de l'Union européenne ou dans un pays tiers imposant des obligations équivalentes en matière de LBC/FT. Il s'agit d'institutions présentant un risque faible de blanchiment (art. L. 561-9, II, 2).

Les établissements de crédit peuvent externaliser l'identification des clients en recourant à des prestataires de services pour les opérations de crédit à la consommation et de crédit immobilier (art. R. 561-13).

Les assujettis déléguant ces obligations doivent avoir accès, sans délai, aux informations recueillies par le tiers pour être en mesure de procéder, en temps utile, à une déclaration de soupçon ou de répondre à une demande d'information de l'autorité de contrôle ou de TRACFIN. Ces conditions doivent être précisées dans le contrat liant l'assujetti et le tiers introducteur ou dans la procédure prévue à cet effet par l'entité. En effet, le décret n° 2020-118 du 12 février 2020 renforçant le dispositif national de lutte contre le blanchiment de capitaux et le financement du terrorisme prévoit, outre la possibilité de recourir à la tierce introduction par la voie contractuelle, la possibilité de recourir à la mise en place d'une procédure au niveau du groupe. Les entités du groupe peuvent communiquer leurs informations à un homologue, voire à un homologue installé dans un pays tiers, à la double condition que ce pays assure un degré équivalent d'application des mesures de LBC/FT et qu'existent des mesures de protection des données à caractère personnel satisfaisantes au regard de la loi n° 78-17 du 6 janvier 1978 relative à l'informatique, aux fichiers et aux libertés.

Les assujettis demeurent responsables de la réalisation de leurs obligations de vigilance. *In fine*, l'utilité de ce mécanisme tient à l'allègement des charges pesant sur l'assujetti en assurant une meilleure fluidité de ses relations commerciales avec un client déjà identifié par une autre entité assurant un degré équivalent d'application des normes LBC/FT. ❑

Tierce introduction. Ne satisfait pas à l'art. L. 561-7 l'établissement qui met en place une procédure prévoyant la délégation des obligations de vigilance à d'autres entités du groupe en Afrique pour l'ouverture des comptes de leurs clients communs dès lors que ces tiers introducteurs ne sont pas situés dans un pays imposant des obligations équivalentes en matière de LCB/FT puisqu'ils ne sont pas cités par les dispositions de l'Arr. du 27 juill. 2011 relatif à la liste de pays tiers équivalents. • Décis. ACPR n° 2013-06 du 26 janv. 2015 : *Rev. Banque 2015, n° 782, p. 90, obs. Kovar et Lasserre Capdeville.*

Art. L. 561-7-1 *(Ord. nº 2020-115 du 12 févr. 2020, art. 3)* **Les avocats et les personnes mentionnées au 18º de l'article L. 561-2 peuvent se communiquer mutuellement les informations recueillies pour la mise en œuvre des articles L. 561-5, L. 561-5-1, L. 561-6, L. 561-9 à L. 561-10-2.**

Art. L. 561-8 *(Ord. nº 2016-1635 du 1er déc. 2016, art. 3-VI)* **I. — Lorsqu'une personne mentionnée à l'article L. 561-2 n'est pas en mesure de satisfaire** *(L. nº 2019-486 du 22 mai 2019, art. 206-VII-B ; Ord. nº 2020-115 du 12 févr. 2020, art. 3)* **« aux obligations » prévues à l'article L. 561-5** *(Ord. nº 2020-115 du 12 févr. 2020, art. 3)* **« ou à l'article L. 561-5-1 », elle n'exécute aucune opération, quelles qu'en soient les modalités,** *(Ord. nº 2020-115 du 12 févr. 2020, art. 3)* **« n'établit ni ne poursuit aucune relation d'affaires et peut transmettre la déclaration prévue à l'article L. 561-15 dans les conditions prévues à cet article ». Si celle-ci a déjà été établie en application du IV de l'article L. 561-5, elle y met un terme et la déclaration prévue à l'article L. 561-15 s'effectue dans les conditions prévues à cet article.**

(Ord. nº 2020-115 du 12 févr. 2020, art. 3) **« Les personnes mentionnées aux 12º à 13º de l'article L. 561-2 ne sont pas soumises aux dispositions du premier alinéa lorsque leur activité se rattache à une procédure juridictionnelle, y compris dans le cadre de conseils relatifs à la manière d'engager ou d'éviter une telle procédure, et lorsqu'elles donnent des consultations juridiques. »**

II. — Le I s'applique également lorsqu'un établissement de crédit a été désigné par la Banque de France sur le fondement de l'article L. 312-1 et que l'établissement n'a pas pu satisfaire *(L. nº 2019-486 du 22 mai 2019, art. 206-VII-B)* **« à l'une des obligations » prévues à l'article L. 561-5** *(Ord. nº 2020-115 du 12 févr. 2020, art. 3)* **« ou à l'article L. 561-5-1 ».**

III. — Un décret en Conseil d'État précise les modalités d'application du I lorsque la conclusion ou la résiliation du contrat auquel il est mis fin en application du présent article est régie par des dispositions législatives spécifiques.

1. Caractère impératif. Si la revue de l'ACPR de mars-avril 2015, dans une présentation des principes d'application sectorielle de février 2015, mentionnait d'éventuelles difficultés d'interruption de la relation d'affaires relativement aux contrats d'assurance sur la vie, elle n'en rappelait pas moins l'obligation, en cas d'impossibilité d'identifier le client ou de connaître l'objet et la nature de la relation d'affaires, de ne pas exécuter une opération de versement libre. Dans ces principes était notamment rappelé le caractère impératif des dispositions de l'art. L. 561-8. • Décis. ACPR nº 2014-08 du 19 juin 2015.

2. Assurance vie. L'argument selon lequel le risque de BC-FT serait « mieux maîtrisable » dans le cas d'une souscription que d'un rachat, outre qu'il n'est pas étayé, est sans conséquence sur le grief, l'art. L. 561-8 ne comportant pas une telle distinction. • Décis. ACPR nº 2014-08 du 19 juin 2015.

Art. L. 561-9 *(Ord. nº 2016-1635 du 1er déc. 2016, art. 3-VII)* **Les personnes mentionnées à l'article L. 561-2 peuvent mettre en œuvre les dispositions des articles L. 561-5, L. 561-5-1 et L. 561-6 sous la forme de mesures de vigilance simplifiées dans l'un ou l'autre des cas suivants :**

1º Le risque de blanchiment des capitaux et de financement du terrorisme leur paraît faible ;

(Ord. nº 2020-115 du 12 févr. 2020, art. 3) **« 2º Les clients, les services ou les produits figurent sur la liste des personnes, services ou produits présentant un faible risque de blanchiment de capitaux ou de financement du terrorisme et il n'existe pas de soupçon de blanchiment ou de financement du terrorisme.**

« Un décret en Conseil d'État fixe les conditions d'application du présent article ainsi que la liste mentionnée au 2º. » — *V. art. R. 561-14 s., infra.*

COMMENTAIRE

L'approche par les risques autorise une vigilance allégée, voire une absence de vigilance, à géométrie variable en fonction du client, de l'opération et des facteurs de risques identifiés par l'assujetti. Son application entraîne, soit une exonération automatique des obligations de vigilance, soit une exonération des obligations de vigilance fondée sur la démonstration de l'existence de critères légaux. En tout état de cause, ces exonérations sont conditionnées, au-delà du recueil d'informations requises, à l'absence de tout soupçon de blanchiment. L'approche par les risques peut, par ailleurs, engendrer un allègement des obligations de vigilance laissé à l'appréciation des opérateurs assujettis.

I. EXONÉRATION COMPLÈTE ET AUTOMATIQUE DE L'OBLIGATION DE VIGILANCE

Le 2° de l'article L. 561-9 du code monétaire et financier exonère de leur obligation de vigilance les personnes soumises au dispositif de LBC/FT lorsque les clients, les services ou les produits présentent un faible risque de blanchiment de capitaux ou de financement du terrorisme et qu'il n'existe pas de soupçon de blanchiment ou de financement du terrorisme.

La démonstration de l'absence de tout soupçon de blanchiment impose dès lors à l'assujetti un devoir de vigilance « extra-légal » se concrétisant par un devoir de diligence dans la connaissance de son environnement et des événements ayant potentiellement un impact sur le client. S'y ajoute un devoir de suivi de la relation d'affaires afin de pouvoir prouver que les moyens nécessaires pour exclure tout soupçon de blanchiment ont été mis en œuvre. Il doit notamment être attentif aux alertes lancées par TRACFIN sur son site Internet ou par voie de presse concernant un pays donné ou une situation géopolitique particulière (ce fut le cas pour les opérations conclues avec Kiev durant la crise avec la Russie en 2014 ; V. TRACFIN, Lettre d'information n° 10, sept. 2014) ; ou encore aux clients faisant l'objet de mesures de gel des avoirs (V. comm. des art. L. 562-2 et L. 562-3).

L'article R. 561-15 définit les clients et les bénéficiaires effectifs à faible risque : les institutions assujetties aux règles de LBC/FT établies en France et celles de même forme établies dans un État membre de l'Union européenne ou dans un État partie à l'accord sur l'Espace économique européen (EEE) ou dans un pays tiers respectant les obligations de LBC/FT (il s'agit d'États inscrits sur une liste établie dans le cadre de l'exonération prévue au 2° de l'art. par le ministère des Finances et des Comptes publics) ; les sociétés cotées intervenant dans les mêmes territoires ; une autorité publique ou un organisme public, désigné comme tel par un instrument communautaire, par un État membre de l'Union européenne ou par un autre engagement international de la France. Cet organisme public doit revêtir la triple spécificité d'une identité certaine, d'activités transparentes et de soumission à un contrôle approprié de son activité par une institution communautaire ou être soumis à l'autorité d'un État membre.

L'article R. 561-15 considère que les bénéficiaires effectifs de sommes déposées pour le compte de tiers par les notaires, huissiers et membres d'une profession juridique indépendante établis en France et dans l'un des pays définis précédemment sont à faible risque. Ce classement est soumis à la condition que les informations sur l'identité du bénéficiaire effectif soient transmises aux établissements dépositaires de ces comptes sur simple demande.

II. EXONÉRATION DE CERTAINS PRODUITS D'ASSURANCE

L'article R. 561-16 du code monétaire et financier établit la liste des produits d'assurance exonérés de toute obligation de vigilance au titre du 2° de l'article L. 561-9 à condition qu'il n'existe pas de soupçon de blanchiment. Sont par exemple concernés les contrats d'assurance-vie à prime annuelle ou unique, respectivement de 1 000 ou 2 500 euros, ou encore pour la monnaie électronique exclusivement utilisée pour l'acquisition de biens ou de services et en présence physique de l'utilisateur et de montant limité (supports de 250 euros au maximum ou, en cas de recharge, de 2 500 euros au maximum sur une année civile), ou encore des sommes versées sur des plans d'épargne retraite.

III. EXONÉRATION PARTIELLE DE L'OBLIGATION DE VIGILANCE À RAISON D'UNE APPRÉCIATION DE LA FAIBLESSE DU RISQUE FONDÉE SUR DES CRITÈRES LÉGAUX

L'article L. 561-9-1 du code monétaire et financier exonère les organismes financiers soumis à l'obligation de vigilance pour des prestations de services de paiement en ligne sous réserve de tout soupçon de blanchiment lorsque le risque paraît faible. L'allègement consiste à ne pas vérifier l'identité du client ou du bénéficiaire effectif de l'opération si les conditions de l'article R. 561-16-1 du même code sont réunies. Ainsi, l'opération doit porter sur la fourniture de certains services de paiement, en vue d'opérations de paiement par Internet. Les fonds du client doivent provenir d'un compte ouvert à son nom auprès d'un organisme visé aux paragraphes 1° et 1° *bis* de l'article L. 561-2, organisme établi ou ayant son siège en France, dans un État membre de l'Union européenne, dans un État partie à l'accord sur l'EEE ou dans un pays tiers imposant des obligations équivalentes en matière de LBC/FT. Par ailleurs, les fonds doivent être à destination d'un compte ouvert dans le même type d'entité. Enfin, l'opération ne doit pas dépasser la somme unitaire de 150 euros. ❑

1. *Liste limitative.* La clientèle de particuliers ne présentait pas un faible risque de BC-FT, au sens du 2° de l'art. L. 561-9, permettant de déroger aux obligations de vérification de l'identité et de connaissance de la clientèle, puisque ces clients n'entraient dans aucune des catégories de personnes énumérées à l'art. R. 561-15 comme présentant un risque faible. • Décis. ACPR n° 2020-08 du 14 oct. 2021.

2. *Monnaie électronique.* Les conditions relatives à la monnaie électronique dite « anonyme » énumérées à l'art. R. 561-16-1 ne sont pas remplies dès lors que le 1° de cet article prévoit que la monnaie électronique doit être utilisée pour la seule acquisition de biens ou de services de consommation, alors que celle qui est stockée en l'espèce sur les portes-monnaies électroniques tenus par REB peut être transférée sur un compte de paiement (« payout ») tenu par un prestataire de services de paiement. • Décis. ACPR n° 2020-08 du 14 oct. 2021.

Art. L. 561-9-1 *(Ord. n° 2016-1635 du 1er déc. 2016, art. 3-VIII)* **S'il n'existe pas de soupçon de blanchiment ou de financement du terrorisme, les personnes qui émettent de la monnaie électronique mentionnées aux 1°, 1° *ter* et 1° *quater* de l'article L. 561-2 ne sont pas soumises aux obligations de vigilance prévues aux articles L. 561-5 et L. 561-5-1, sous réserve du respect de conditions notamment de seuils définies par décret en Conseil d'État.** – *V. art. R. 561-16-1, infra.*

Art. L. 561-10 **Les personnes mentionnées à l'article L. 561-2 appliquent des mesures de vigilance complémentaires à l'égard de leur client, en sus des mesures prévues aux articles L. 561-5 et** *(Ord. n° 2016-1635 du 1er déc. 2016, art. 3-IX)* **« L. 561-5-1 », lorsque :**

(Abrogé par Ord. n° 2020-115 du 12 févr. 2020, art. 3) ***« 1° Le client ou son représentant légal n'est pas physiquement présent aux fins de l'identification*** *(Ord. n° 2016-1635 du 1er déc. 2016, art. 3-IX)* ***« au moment de l'établissement de la relation d'affaires » ; »***

(Ord. n° 2020-115 du 12 févr. 2020, art. 3) **« 1° » Le client** *(Ord. n° 2016-1635 du 1er déc. 2016, art. 3-IX, en vigueur le 26 juin 2017)* **« , le cas échéant son bénéficiaire effectif, le bénéficiaire d'un contrat d'assurance vie ou de capitalisation, le cas échéant son bénéficiaire effectif, » est une personne** *(Abrogé par Ord. n° 2016-1635 du 1er déc. 2016, art. 3-IX, à compter du 26 juin 2017)* ***« résidant dans un autre État membre de l'Union européenne ou un pays tiers et »*** **qui est exposée à des risques particuliers en raison des fonctions politiques, juridictionnelles ou administratives qu'elle exerce ou a exercées** *(Abrogé par Ord. n° 2020-115 du 12 févr. 2020, art. 3)* ***« pour le compte d'un autre État »*** **ou de celles qu'exercent ou ont exercées des membres directs de sa famille ou des personnes connues pour lui être étroitement associées** *(Ord. n° 2016-1635 du 1er déc. 2016, art. 3-IX, en vigueur le 26 juin 2017)* **« ou le devient en cours de relation d'affaires » ;**

(Ord. n° 2020-115 du 12 févr. 2020, art. 3) **« 2° »** *(Ord. n° 2016-1635 du 1er déc. 2016, art. 3-IX)* **« Le produit ou l'opération présente, par sa nature, un risque particulier de blanchiment de capitaux ou de financement du terrorisme, notamment lorsqu'ils favorisent l'anonymat » ;**

(Ord. n° 2020-115 du 12 févr. 2020, art. 3) **« 3° » L'opération est une opération pour compte propre ou pour compte de tiers effectuée avec des personnes physiques ou morales, y compris leurs filiales ou établissements** *(Ord. n° 2020-115 du 12 févr. 2020, art. 3)* **« ou toute autre entité », domiciliées, enregistrées ou établies dans un État ou un territoire** *(L. n° 2013-672 du 26 juill. 2013, art. 8-I)* **« figurant sur les listes publiées par le Groupe d'action financière parmi ceux dont la législation ou les pratiques font obstacle à la lutte contre le blanchiment des capitaux et le financement du terrorisme »** *(Ord. n° 2016-1635 du 1er déc. 2016, art. 3-IX)* **« ou par la Commission européenne en application de l'article 9 de la directive (UE) 2015/849 du 20 mai 2015 relative à la prévention de l'utilisation du système financier aux fins du blanchiment de capitaux ou du financement du terrorisme.** – *V. infra, II. Règles européennes.*

« S'il n'existe pas de soupçon de blanchiment des capitaux ou de financement du terrorisme, les personnes mentionnées à l'article L. 561-2 peuvent ne pas appliquer aux clients mentionnés *(Ord. n° 2020-115 du 12 févr. 2020, art. 3)* **« au 1° » les mesures de vigilance complémentaires prévues par le présent article lorsque la relation d'affaires est établie avec une personne mentionnée au 2° de l'article L. 561-9**

ou est établie exclusivement pour un ou plusieurs produits mentionnés *(L. nº 2019-486 du 22 mai 2019, art. 206-VII-B)* **« au même » 2º de l'article L. 561-9. »**

Un décret en Conseil d'État précise les catégories de personnes mentionnées au *(Ord. nº 2020-115 du 12 févr. 2020, art. 3)* **« 1º », la liste des produits et des opérations mentionnées au** *(Ord. nº 2020-115 du 12 févr. 2020, art. 3)* **« 2º », ainsi que les mesures de vigilance complémentaires.** — *V. art. R. 561-18 s., infra.*

BIBL. ▸ CUTAJAR, *Banque et Dr. juin 2013. Hors-série. 59* (la banque en ligne et la réalisation en ligne des obligations imposées en matière de lutte contre le blanchiment). – CUTAJAR, *BJB 2013. 625* (volet anti-blanchiment de la L. nº 2013-672 du 26 juill. 2013).

COMMENTAIRE

L'article L. 561-10 du code monétaire et financier définit les personnes, au premier rang desquelles les personnes politiquement exposées (PPE) étrangères ou nationales identifiées par les institutions internationales et européennes comme particulièrement sensibles à une instrumentalisation possible pour des faits de blanchiment ou des infractions en lien étroit avec ces faits, telles que les actes de corruption, et les situations présentant un risque accru en termes de réalisation de faits de blanchiment et/ou de faits de financement du terrorisme.

L'identification de ces facteurs de risques suppose de la part des assujettis la démonstration de leur faculté à les détecter (mise en place d'un système de connaissance du client permettant de détecter les PPE de sa clientèle) avant d'appliquer à ces personnes ou dans ces situations des obligations complémentaires de vigilance qui se distinguent des situations visées par la loi entraînant l'application d'une obligation de vigilance renforcée (art. L. 561-10-1).

I. NOTION DE PERSONNES POLITIQUEMENT EXPOSÉES

Il existe trois catégories de personnes politiquement exposées dont la sensibilité particulière au blanchiment justifie l'application d'un régime de surveillance plus étroite par les assujettis.

La personne politiquement exposée étrangère désigne une personne qui exerce ou qui a exercé d'importantes fonctions publiques dans un pays étranger. Il s'agit notamment, selon la définition issue du glossaire du GAFI (V. *infra*, III. Règles internationales), des chefs d'État et de gouvernement, des politiciens de haut rang, des hauts responsables au sein des pouvoirs publics, des magistrats ou militaires de haut rang, des dirigeants d'entreprises publiques et des hauts responsables des partis politiques.

La personne politiquement exposée nationale désigne la personne physique qui exerce ou qui a exercé d'importantes fonctions publiques dans le pays ; par exemple, les chefs d'État et de gouvernement, les politiciens de haut rang, les hauts responsables au sein des pouvoirs publics, les magistrats et militaires de haut rang, les dirigeants d'entreprises publiques et les hauts responsables de partis politiques.

Les membres d'organisations internationales assimilés aux PPE sont des personnes qui exercent ou ont exercé d'importantes fonctions au sein ou pour le compte d'une organisation internationale, à savoir les membres de la haute direction de ces organisations : directeurs, directeurs adjoints, membres du conseil d'administration et toutes les personnes exerçant des activités équivalentes. Elles sont assimilées aux PPE nationales et étrangères.

Le cercle des personnes politiquement exposées s'élargit par ailleurs aux personnes qui leur sont assimilées. Il en est ainsi des membres directs de leur famille : conjoint, concubin, partenaire d'un pacte civil de solidarité ou d'un équivalent étranger, et des personnes ascendant ou descendant en ligne directe de la PPE. Il s'agit également des personnes connues pour être étroitement associées au client : bénéficiaire effectif d'une personne morale ou encore personne entretenant des liens d'affaires étroits avec lui.

Le GAFI considère que ces personnes sont particulièrement sensibles, volontairement ou involontairement, à la participation à des opérations de blanchiment en raison des immunités et/ou facilités données par leurs fonctions et des sollicitations qu'elles entraînent comme la corruption ou le trafic d'influence.

Les PPE étrangères sont soumises à ce titre à des obligations de vigilance complémentaires. Les assujettis doivent les identifier et obtenir l'accord de la haute direction de l'institution financière sollicitée pour entrer en relation d'affaires ou poursuivre cette relation d'affaires avec ces personnes. Ils ont l'obligation de prendre les mesures nécessaires pour établir l'origine des fonds, et enfin sont tenus d'assurer une surveillance renforcée de cette relation d'affaires.

Ces obligations complémentaires devraient s'appliquer aux PPE nationales et aux membres de la direction des organisations internationales assimilés auxdites personnes politiquement exposées, et pour ces trois catégories aux membres de leur famille ou aux personnes qui leur sont étroitement associées.

II. AUTRES FACTEURS DE RISQUES IMPOSANT L'APPLICATION D'UNE VIGILANCE COMPLÉMENTAIRE

Les produits ou opérations favorisant l'anonymat justifient également l'application de mesures complémentaires. Il s'agit, selon l'article R. 561-19 du code monétaire et financier, des produits et opérations portant sur les bons et les titres anonymes qui justifient, à ce titre, l'application de mesures complémentaires de vigilance.

Il s'agit également des opérations avec des personnes établies dans un territoire qualifié de non coopératif par le GAFI et dorénavant par la Commission européenne dans une liste dédiée. Il s'agit de toute opération menée avec le concours d'une personne physique ou morale, ainsi qu'avec ses filiales ou établissements, ayant un point de contact avec un pays ou un territoire considéré comme ne coopérant pas, du fait de sa législation ou de ses pratiques, à la LBC/FT (V. comm. *supra* sur les pays et territoires non coopératifs).

III. MESURES COMPLÉMENTAIRES DE VIGILANCE APPLIQUÉES PAR LES ASSUJETTIS

Jusqu'alors, l'article R. 561-20 du code monétaire et financier imposait trois séries de mesures complémentaires en application de l'article L. 561-10 du même code lorsque la situation justifiait une vigilance complémentaire. Les situations visées sont donc les situations favorisant l'anonymat, l'intervention de PPE et l'intervention de personnes et opérations impliquant un contact avec des pays non coopératifs en matière de LBC/FT. Ces obligations s'ajoutent aux obligations standard d'identification du client, d'analyse et de suivi de la relation d'affaires. L'article R. 561-20-4 du code monétaire et financier précise la mesure des diligences devant être réalisées par l'assujetti dans les situations de risque visées par l'article L. 561-10.

A. SITUATIONS FAVORISANT L'ANONYMAT VISÉES À L'ARTICLE L. 561-10, 2° DU CODE MONÉTAIRE ET FINANCIER

Les situations favorisant l'anonymat imposent aux opérateurs une, voire deux obligations complémentaires dans le processus d'ouverture d'un compte. L'opérateur choisissait parmi les obligations suivantes : obtenir une pièce justificative supplémentaire de l'identité du client ; vérifier et faire certifier la copie d'un document officiel justificatif ; exiger que le premier paiement des opérations provenait ou soit destiné à un compte ouvert au nom du client auprès d'un établissement financier soumis à la législation en matière de LBC/FT situé en France ou dans un pays satisfaisant aux critères de la LBC/FT ou en provienne. Enfin, il peut obtenir la confirmation de l'identité du client par l'une des personnes mentionnées et, si elle est établie en France, obtenir une confirmation directe par l'une de ses filiales ou succursales établies à l'étranger, sous réserve d'avoir justifié auprès de son autorité de contrôle qu'elle applique des règles de LBC/FT au moins équivalentes en matière d'identification du client et de conservation des documents (art. L. 561-36).

B. SITUATIONS IMPLIQUANT DES PERSONNES POLITIQUEMENT EXPOSÉES VISÉES À L'ARTICLE L. 561-10, 1° DU CODE MONÉTAIRE ET FINANCIER

Pour les personnes politiquement exposées *ab initio* ou devenant PPE au cours de la relation d'affaires, l'opérateur devait appliquer les trois mesures complémentaires suivantes : établir des procédures de détection permettant d'identifier précisément une PPE ; soumettre la décision d'entrer en relation d'affaires avec une PPE au niveau exécutif de son organisation ; rechercher l'origine des fonds impliqués dans la relation d'affaires ou dans la transaction.

C. SITUATIONS IMPLIQUANT UN CONTACT AVEC DES PAYS NON COOPÉRATIFS VISÉES À L'ARTICLE L. 561-10, 3° DU CODE MONÉTAIRE ET FINANCIER

Le II de l'article R. 561-20 du code monétaire et financier prévoyait trois séries d'obligations complémentaires tenant, d'une part, à la définition et à la mise en œuvre de procédures de détection de ces situations et, d'autre part, à l'obligation, en cas d'exécution d'une telle opération, d'évaluer le niveau de risque de blanchiment et de financement du terrorisme.

En cas de risque élevé, les assujettis appliquent les mesures suivantes à la relation d'affaires : l'obtention de l'autorisation d'un membre de l'organe exécutif de la société ou de son représentant, le recueil d'informations complémentaires relatives à la connaissance du client, à l'objet et à la nature de l'opération, le renforcement de la fréquence de la mise à jour de la connaissance du client et, le cas échéant, du bénéficiaire effectif de la relation d'affaires. Ces obligations complémentaires sont accomplies sous le contrôle de l'Autorité des marchés financiers ou de l'Autorité de contrôle prudentiel et de résolution pour les opérateurs bancaires et d'assurance visés aux 1° à 6° de l'article L. 561-2 du code monétaire et financier.

D. ÉVOLUTION DE LA LÉGISLATION ISSUE DE L'ORDONNANCE N° 2020-115 DU 12 FÉVRIER 2020

Les nouvelles dispositions de l'article R. 561-20-4 du code monétaire et financier prévoient, pour les opérations favorisant l'anonymat (art. L. 561-10, 3°), des mesures de vigilance complémentaires dont l'intensité varie selon l'approche par les risques et les spécificités de l'opération. Il s'agit notamment de la nécessité de recueillir des informations supplémentaires, de renforcer la surveillance de la relation d'affaires et de mesures de signalement et de limiter les relations d'affaires ou les opérations avec des personnes physiques ou entités qui se trouvent dans des pays ou territoires non coopératifs.

L'article L. 561-11 du code monétaire et financier prévoit la possibilité de soumettre, par arrêté, à des conditions spécifiques, de restreindre ou d'interdire l'activité, ou tout ou partie des relations d'affaires et des opérations réalisées, avec des personnes physiques ou morales établies dans des pays tiers à haut risque recensés par la Commission européenne ou encore à l'égard des États et territoires figurant sur les listes publiées par le GAFI. Dans son prolongement, le nouvel article R. 561-20-5 dispose que ces arrêtés prévoient un certain nombre de mesures possibles dont l'interdiction d'établir des filiales, succursales ou bureaux de représentation dans l'un de ces territoires, de renforcer l'obligation pour les assujettis en matière de contrôle interne ou d'audit externe pour les filiales et succursales établies dans ces territoires notamment.

A contrario, les établissements bancaires et d'assurance sont exonérés de l'accomplissement de ces mesures complémentaires lorsque les opérations visées proviennent de filiales ou de succursales établies à l'étranger pour lesquelles ils peuvent justifier auprès de leur autorité de contrôle du respect de mesures, au moins équivalentes aux obligations de droit interne relativement à la connaissance du client et à la conservation des documents (art. R. 561-20-4, III). ❑

1. Détection du PPE et du client devenant PPE. Le classement du client en PPE entraîne l'application de mesures de vigilance complémentaires au regard du risque que représente ce statut. Cela suppose l'existence de mécanismes de détection des PPE suffisamment fiables. Or, l'assujetti n'était pas systématiquement informé en temps utile du statut de PPE de son prospect par les deux réseaux de distribution de ses produits et n'était donc pas en mesure d'autoriser l'entrée en relation d'affaires avec une PPE et d'appliquer les mesures idoines. • Décis. ACPR n° 2017-01 du 26 juill. 2018. ♦ L'obligation de vigilance complémentaire s'applique pour toute PPE en relation d'affaires avec l'établissement, quelle que soit la nature de cette relation et l'importance des opérations réalisées ; le caractère éventuellement secondaire du compte ouvert dans les livres de l'établissement au regard d'autres comptes détenus par le client est donc sans conséquence sur les obligations de l'établissement. • Décis. ACPR n° 2016-09 du 30 juin 2017 : *citée note 2 ss. art. L. 561-10-2.* ♦ Sur des carences du dispositif de détection des PPE, V. aussi : • Décis. ACPR n° 2012-08 du 2 déc. 2013 : *citée note 5 ss. art. L. 561-10-2.*

2. Insuffisance du dispositif d'identification des PPE. Le dispositif de détection des PPE mis en place par la société est insuffisant en ce qu'il ne s'applique pas à la clientèle d'une partie de ses produits, dont les clients du support Ticket premium. La commission des sanctions retient par ailleurs que le système de détection des PPE et des personnes sous mesures de gel des avoirs, mis en place par la société sur ses autres produits, dont *Direct Payment*, est inopérant en raison des carences de la base de données de ses clients. Ce produit non rechargeable est approvisionné exclusivement par carte bancaire avec un plafond de 10 000 euros. Or, la date de naissance de plus de 80 % des clients est fictive (même date renseignée soit le 1er janv. 1990), de même le lieu de naissance des clients n'est pas précisé et l'orthographe de leur patronyme contient de nombreuses fautes, la base de données de l'établissement n'ayant pas intégré l'alphabet norvégien alors que les citoyens norvégiens constituent la majorité de la clientèle de ce produit utilisé pour alimenter des comptes de joueurs. • Décis. ACPR n° 2018-03 du 2 juill. 2019. ♦ Des modalités de filtrage (balayage), reposant sur l'utilisation fréquente de critères orthographiques restrictifs (fonction « *exact match* ») qui ne permet pas de repérer les clients dont le prénom ou le nom peut être orthographié de plusieurs façons, ne permettent pas de détecter de manière satisfaisante, lors de l'entrée en relation d'affaires, les personnes politiquement exposées (PPE). • Décis. ACPR n° 2011-02 du 24 oct. 2012. ♦ Le dispositif de détection des PPE mis en place au sein de la société était inefficace au moment du contrôle dès lors qu'aucune périodicité n'avait été prévue pour le filtrage intégral de la base clients afin de détecter les PPE, le dernier filtrage ayant été effectué à l'été 2018. De plus, sur les 69 PPE détectées par l'assujetti au sein de sa clientèle, 41 l'avaient été à l'occasion de ce filtrage, alors qu'elles avaient cette qualité depuis 2017 au moins. En outre, le dispositif de détection ne prévoyait pas, lorsqu'une PPE était détectée, de vérifier si la société était également en relation d'affaires avec des membres directs de sa famille. • Décis. ACPR n° 2020-05 du 7 mai 2021.

3. Illégalité d'un seuil à la détection des PPE. La mise en place, par la société assujettie, d'un seuil de détection en-deçà duquel des personnes politiquement exposées ne sont pas détectées, possibilité non ouverte par la législation et excluant une part importante des personnes en relation d'affaires avec elle, emporte la reconnaissance du grief. Il appartient en effet aux assujettis de détecter les PPE dans l'ensemble de leur clientèle. • Décis. ACPR n° 2014-07 du 24 juill. 2015 • n° 2015-08 du 8 déc. 2016. ♦ La société prévoyant un seuil de détection du statut de PPE aux seules personnes ayant réalisé des opérations d'un montant unitaire de 6 000 euros ou aux clients faisant déjà l'objet de procédures internes particulières, encourt dès lors une condamnation sur ce fondement. • Décis. ACPR n° 2017-10 du 10 janv. 2019.

4. Système manuel versus système automatisé de détection. Un client non résident sur le territoire français est susceptible de répondre aux critères de définition des PPE. Même si les non-résidents ne représentent qu'un pourcentage des millions de clients de l'établissement, et qu'il n'est pas interdit que leur détection relève des déclarations des clients eux-mêmes, elle doit cependant être corroborée par des recherches réalisées par l'assujetti. Or, en l'absence d'un dispositif automatisé, il doit démontrer sa capacité à les détecter ce qui n'est pas le cas en l'espèce. • Décis. ACPR n° 2015-08 du 8 déc. 2016. ♦ Le passage d'une procédure manuelle à une procédure automatisée de détection des PPE paraît de nature à corriger les défauts retenus par la commission des sanctions. • Décis. ACPR n° 2016-05 du 30 mars 2017.

5. Obligation de vigilance renforcée en cas de risque de BC/FT élevé. Si la procédure interne TRACFIN produite par la mise en cause prévoit certains cas dans lesquels « il convient [...] d'être vigilant », aucune procédure spécifique prise en application de l'obligation renforcée de vigilance prévue par les textes n'a pu être identifiée. En particulier, la mise en cause n'a pas pu justifier avoir mis en œuvre la moindre procédure particulière concernant l'absence d'investissement pendant deux ans des sommes déposées par un client sur son compte-titres ou s'agissant de la situation d'une autre cliente. Il est ainsi établi que la société mise en cause n'avait ni prévu ni mis en œuvre une organisation, des procédures internes et un dispositif de contrôle renforcé qui soient pertinents et adaptés au risque rencontré, en violation des art. L. 561-10-2 C. mon. fin. et 315-51, 315-53 et 315-55 Règl. gén. AMF. • Décis. ACPR n° 2014-10 du 3 juin 2014. ♦ L'obligation prévue par l'art. L. 561-8 est applicable avant toute rédaction d'acte. Cette obligation est applicable à l'agent immobilier qui, dans l'exercice de son activité, apporte son concours au vendeur et à l'acquéreur et reçoit à ce titre une rémunération en cas de réalisation de la vente, alors même que la personne mise en cause avait indiqué que les avant-contrats avaient toujours été rédigés par les notaires des parties, sans que la société soit intervenue pour leur rédaction. • Décis. CNS n° 2015-15 du 21 mars 2016. ♦ L'intervention du notaire n'exonère pas le professionnel qui, dans l'exercice de son activité, apporte son concours au vendeur et à l'acquéreur et reçoit à ce titre une rémunération en cas de réalisation de la vente. • Décis. CNS n° 2015-15 du 21 mars 2016. ♦ Le fait que le client, ou son représentant légal, ne soit pas physiquement présent, aux fins de son identification, à la signature d'un compromis de vente doit justifier de la part du professionnel la mise en place de mesures de vigilance complémentaires. • Décis. CNS n° 2017-08 du 6 déc. 2017 • n° 2016-15 du 14 févr. 2018. – V. aussi pour la signature d'un contrat de domiciliation : • Décis. CNS n° 2016-05 du 28 juill. 2017 • n° 2016-16 du 25 oct. 2017 • n° 2017-10 du 5 sept. 2018. ♦ L'activité de correspondance bancaire transfrontalière présente des risques élevés de LBC/FT au titre des recommandations n°s 10 et 13 du GAFI et de l'art. 19 de la Dir. (UE) 2015/849 du 20 mai 2015. De plus, les orientations communes des Autorités européennes de surveillance (AES) sur les facteurs de risque précisent que ces relations bancaires transfrontalières présentent un risque élevé. La classification des risques de l'établissement présentait d'ailleurs cette activité comme à risque élevé, mais il n'en avait tiré aucune conséquence, notamment en ne déployant pas les moyens nécessaires à une vigilance complémentaire, voire renforcée. • Décis. ACPR n° 2020-01 du 24 déc. 2020. – Même motivation à propos des risques engendrés par l'activité de transfert de fonds notamment à destination de zones de conflits. • Décis. ACPR n° 2021-01 du 1er mars 2022. ♦ Le fait que six dossiers de PPE sur les soixante-et-un dossiers examinés par la mission d'inspection ne comportaient aucune information précise sur le patrimoine des personnes en cause ou sur l'origine des fonds impliqués dans la relation d'affaires ou la transaction entraîne la caractérisation du grief. • Même décision.

La seule circonstance que la transaction immobilière ait été conclue au profit de la République d'Égypte ne peut suffire pour que la condition du 2° de l'art. L. 561-10 soit considérée comme remplie. Par ailleurs, comme l'exposent les requérants, tant l'inspectrice de la DPP que le rapporteur auprès de la CNS se sont fondés sur l'absence de l'un des vendeurs au moment de la signature de la promesse de vente, absence qu'ils ont considérée comme justifiant la mise en place de vigilance renforcée, alors que cette personne était représentée par son époux aux termes d'une procuration jointe à l'acte. La décision de la CNS doit donc être annulée sur ce point. • TA Paris, 31 mai 2021, n° 1920409/2-2.

6. Obligation d'abstention en cas de refus du client d'indiquer l'origine des fonds. S'agissant de l'ouverture d'un compte-titres dans les livres du teneur de comptes partenaire de la mise en cause et du dépôt d'une certaine somme, il n'a été dans un premier temps fourni à la mission de contrôle qu'une lettre par laquelle le client indiquait qu'il ne souhaitait pas divulguer les éléments touchant à son patrimoine. Si par la suite différents documents ont été adressés, aucun élément ne permet de justifier de l'origine des fonds. En réponse au rapport de contrôle, la mise en cause a indiqué que « tous les clients font un chèque provenant de leur compte bancaire (vous avez déjà la provenance des fonds) ». Les documents complémentaires transmis durant l'instruction qui n'ont pas date certaine ne permettent pas en toute hypothèse de déterminer avec précision l'origine des fonds déposés sur le compte-titres ouvert sur les conseils de la mise en cause. • Décis. AMF n° 2014-10 du 3 juin 2014.

7. Anonymat. Dès lors qu'ils favorisent l'anonymat au sens du 3° des art. L. 561-10 et R. 561-19, les bons de capitalisation au porteur (BCP) doivent nécessairement être placés en risque élevé dans la classification des risques d'un établissement qui en émet ou en a émis ; le traitement en client occasionnel ou en relation d'affaires du porteur d'un BCP qui en demande le remboursement étant sans conséquence sur l'obligation d'intégrer cette opération dans la classification des risques, dont les dispositions légales et réglementaires ne limitent pas le champ aux seules opérations effectuées par des relations d'affaires. • Décis. ACPR n° 2015-08 du 8 déc. 2016 : *citée note 3 ss. art. R. 561-38.* ♦ Les BCP sont des produits qui favorisent l'anonymat au sens du 3° de l'art. L. 561-10. Les diligences prévues par cet article, qui sont précises, se distinguent de celles résultant de la procédure appliquée par les Trésoreries publiques qui mentionne seulement qu'en cas de présentation au guichet, « la plus grande prudence s'impose ». De même, le rappel, dans la procédure de l'établissement à destination du réseau commercial, de ce que les opérations de rachat ou de réinvestissement concernant ce produit nécessitaient « une grande vigilance » et la vérification de l'authenticité du BCP, n'est pas de nature à répondre au grief. • Décis. ACPR n° 2017-02 du 26 juill. 2018 : *citée note 8 ss. art. L. 561-15.*

Art. L. 561-10-1 *(Ord. n° 2016-1635 du 1er déc. 2016, art. 3-X)* **I. — Lorsque le risque de blanchiment des capitaux et de financement du terrorisme présenté par une relation d'affaires, un produit ou une opération leur paraît élevé, les personnes mentionnées à l'article L. 561-2 mettent en œuvre les dispositions des articles L. 561-5, L. 561-5-1 et L. 561-6 sous la forme de mesures de vigilance renforcées.**

II. — La mise en œuvre des mesures de vigilance complémentaires prévues à l'article L. 561-10 ne fait pas obstacle à l'application des dispositions du I ci-dessus.

COMMENTAIRE

Dans le cadre de l'approche par les risques, au-delà des risques particuliers identifiés par la loi et appelant la mise en place de mesures de vigilance complémentaires, il appartient aux opérateurs d'apprécier, en fonction de leurs propres analyses systémiques, la nature des catégories composant leur clientèle. Les assujettis s'appuient sur des indicateurs, notamment ceux émis par les autorités nationales (typologies, rapports de tendance, rapport annuel du COLB, lignes directrices, principes d'application sectoriels), mais restent responsables de la pertinence de leurs choix pour lesquels ils sont susceptibles d'engager leur responsabilité. Une fois identifiée, la catégorie des opérations ou clients présentant des risques élevés justifie l'application de mesures de vigilance renforcée, notamment dans le degré et la nature de la surveillance : informations supplémentaires sur les raisons de l'opération, sur la nature des fonds, augmentation du nombre de contrôles (V. les notes interprétatives des Recomm. GAFI nos 10, 26, 28, *infra*, III. Règles internationales).

1. Obligation de vigilance renforcée. L'assujetti doit respecter les conséquences de sa propre classification des risques notamment lorsque sa mise en œuvre impose une obligation de vigilance renforcée qui doit se traduire par un examen approfondi des opérations de ses clients et notamment la collecte de pièces justificatives des opérations réalisées. • Décis. ACPR n° 2015-10 du 20 juill. 2016. ♦ Toute opération particulièrement complexe ou d'un montant inhabituellement élevé ou ne paraissant pas avoir de justification économique ou d'objet licite nécessite un examen renforcé tendant notamment à obtenir du client des informations sur l'origine des fonds et la destination de ces sommes ainsi que sur l'objet de l'opération et l'identité de la personne qui en bénéficie. En l'espèce, dans les dix dossiers retenus, chaque client a exécuté, dans des délais très brefs de quelques minutes, des opérations de change pour des montants cumulés importants (entre 7 900 et 15 000 euros) largement supérieurs au montant moyen des opérations habituellement exécutées par la société (soit entre 2015 et 2017 respectivement 225 euros pour les achats et 818 euros pour les ventes). En l'absence de toute information sur les revenus, le patrimoine et la situation professionnelle des clients, comme sur l'objet de l'opération, la société aurait dû procéder à un examen renforcé de ces opérations. • Décis. ACPR n° 2018-05 du 8 avr. 2019. ♦ Le faible nombre de dossiers concernés par un manquement ne saurait conduire à le remettre en cause, les exigences de l'art. L. 561-10-2 devant être respectées dans tous les cas. • Décis. ACPR n° 2013-06 du 26 janv. 2015. ♦ Ainsi, de tels faits, même s'ils ne portent que sur une seule opération, sont constitutifs d'un manquement. • Décis. ACPR n° 2015-01 du 21 mai 2015 : *Gaz. Pal. 2015. 2349, obs. Morel-Maroger; Rev. Banque 2015, n° 786, p. 78, obs. Kovar et Lasserre Capdeville.*

S'il est vrai que des opérations de transfert de fonds par une clientèle de personnes physiques ne satisfont généralement pas le critère de complexité mentionné par l'art. L. 561-10-2, il suffit, pour caractériser un défaut d'examen renforcé, que les opérations visées remplissent un seul des autres critères énumérés à cet article, qui sont alternatifs. • Décis. ACPR n° 2017-06 du 13 juin 2018 : *Banque et Dr. 7-8/2018. 58, obs. Nicolet.* ♦ La circonstance que les fonds ayant servi à la souscription d'un contrat d'assurance-vie provenaient de comptes ouverts dans des établissements assujettis à des obligations en matière de LCB/FT ne dispense pas l'organisme contrôlé de ses propres obligations dans ce domaine. Il en va également ainsi lorsque les fonds utilisés pour la souscription ont été versés par chèque tiré sur un établissement de crédit français. • Décis. ACPR n° 2015-10 du 29 juill. 2016 : *Banque et Dr. 9-10/2016. 67, obs. Nicolet; RDBF 2016, n° 230, obs. Mathey.* ♦ L'affirmation selon laquelle les fonds utilisés proviendraient de comptes courants d'actionnaires est sans conséquence sur la nécessité, dans ce cas, d'effectuer un examen renforcé des opérations de ce client afin d'en préciser la justification économique et de vérifier la licéité de leur objet. • Décis. ACPR n° 2016-01 du 28 déc. 2016. ♦ Mais le seul fait qu'un client dispose de revenus très élevés n'implique pas nécessairement un soupçon sur les opérations qu'il effectue. • Même décision. ♦ Si le II de l'art. L. 561-10-2 ne comporte ni critère objectif permettant d'identifier les opérations devant faire l'objet d'un examen renforcé, ni élément précis sur la nature des mesures à mettre en œuvre dans le cadre d'un tel examen, il appartient à l'ACPR d'apprécier si, dans un ou plusieurs dossiers particuliers, il y a lieu ou non d'engager un examen renforcé, et non simplement de s'assurer de l'absence de « carence manifeste » dans les diligences effectuées. • Décis. ACPR n° 2016-10 du 8 nov. 2017. ♦ La présomption de bonne foi du porteur de bons de capitalisation au porteur (BCP) qui, selon le juge civil, restreint les possibilités de refus de paiement, est sans conséquence sur l'obligation qui pèse sur l'émetteur, le cas échéant, de procéder à un examen renforcé de certains remboursements. • Décis. ACPR n° 2017-01 du 26 juill. 2018. ♦ L'absence d'identification du souscripteur de BCP, notamment lorsque la souscription est très ancienne, n'est pas en tant que tel un critère d'examen renforcé mais s'analyse comme une circonstance devant conduire l'organisme concerné à s'interroger sur la licéité de l'opération. • Décis. ACPR n° 2017-01 du 26 juill. 2018.

2. Défaut de connaissance consolidée de la relation d'affaires entraînant l'impossibilité d'appliquer une vigilance renforcée. L'assujetti doit être en mesure de suivre la relation d'affaires en assurant – notamment dans le cadre d'application de seuils faisant entrer l'opération dans une vigilance renforcée – une connaissance consolidée du client. Tel n'est pas le cas en l'espèce, les clients ayant plusieurs identifiants ne permettant pas d'avoir une connaissance globale des opérations réalisées (défaut de connaissance agrégée du client). • Décis. ACPR n° 2016-05 du 30 mars 2017. ♦ La connaissance consolidée du client était d'ores et déjà une exigence du superviseur notamment dans le cadre de l'obligation de communication des informations dans les groupes de sociétés : • Décis. ACPR n° 2014-08 du 19 juin 2015 • n° 2013-06 du 26 janv. 2015. ♦ Manque à l'obligation de renforcer l'intensité des mesures de vigilance, l'agent immobilier ayant apporté son concours à une opération de vente avec paiement au comptant dont il savait que les fonds venaient, non pas directement du vendeur, mais d'une SCI dont il ne savait pas comment elle était liée à son client. • Décis. CNS n° 2019-58 du 30 déc. 2020. ♦ Le dispositif de suivi des relations d'affaires de la société reposait, au moment du contrôle, d'une part, sur des seuils unitaires en montant d'opérations dits « seuils en boutique », au-delà desquels le vendeur devait demander une justification et, d'autre part, sur des requêtes mensuelles effectuées *a posteriori* à partir de ces seuils, et formalisées dans un fichier d'alertes et analysées. Or, les seuils retenus par la société couvraient moins de 1 % du total des opérations, méconnaissant ainsi l'obligation de vigilance renforcée. • Décis. ACPR n° 2019-04 du 4 févr. 2020.

3. Nécessité d'un examen renforcé en présence d'éléments flous, imprécis ou non vérifiés. Le fait pour la société de prévoir un seuil déclenchant l'examen renforcé d'une opération d'un montant élevé par rapport aux montants moyens des opérations de transfert de fonds réalisées, et qui peut par ailleurs être facilement contourné par les techniques de fractionnement, engage la responsabilité de l'établissement au titre de sa défaillance dans la mise en œuvre de l'obligation d'examen renforcé. • Décis. ACPR n° 2017-10 du 10 janv. 2019. ♦ Le recueil d'éléments flous et imprécis, ou non vérifiés, démontre la carence de l'établissement. Ainsi l'exécution d'une opération portant sur plusieurs milliers d'euros, pour un motif familial par une personne qui s'est déclarée salariée à 17 reprises et chômeuse à 25 reprises sans susciter de réaction de la part de la société, démontre l'absence d'examen renforcé prévu à l'art. L. 561-10-2-II dans sa version applicable au jour du contrôle. • Même décision.

4. Examen renforcé d'une opération de prêt à la consommation. L'établissement de crédit doit assurer une vigilance renforcée lorsque les éléments du dossier montrent le caractère anormal du comportement de la cliente. Le fait de demander, à la suite d'un crédit à la consommation, le déplafonnement de sa carte bancaire, alors que les demandes insistantes et répétées de la cliente ont donné lieu à un accrochage avec le directeur de l'agence bancaire, et ce alors même qu'il existait des signaux faibles pouvant créer un doute sur les liens de la cliente avec le financement du terrorisme, doit amener à mettre en œuvre une obligation de vigilance constante et d'examen renforcé. • Décis. ACPR n° 2017-08 du 22 mars 2018 : *Banque et Dr. 5-6/2018. 74, obs. Nicolet.*

5. Disproportion entre les revenus, le patrimoine du client et les opérations réalisées. Les manquements à l'obligation d'examen renforcé pour toute opération particulièrement complexe ou d'un montant inhabituellement élevé ou ne paraissant pas avoir de justification économique ou d'objet licite sont caractérisés pour des opérations réalisées par des clients dont la profession, les revenus et le patrimoine déclarés sont sans commune mesure avec les mouvements enregistrés sur leurs comptes *via* de nombreux dépôts de chèques et d'espèces pour des montants élevés. • Décis. ACPR n° 2017-05 du 17 avr. 2018.

6. Critère du montant moyen des opérations réalisées par l'assujetti. La réception en France de fonds en provenance de la république du Congo ou du Gabon pour des montants sous le seuil de détection (1 525,50 €) mais supérieurs en valeur absolue sur l'ensemble des opérations cumulées (de 9 000 à 23 000 €) aurait dû donner lieu à un examen renforcé. En effet, leur caractère inhabituel tient, d'une part, au montant très largement supérieur au montant moyen des opérations exécutées (à hauteur de 474 €) et *a fortiori* si l'on cumule les opérations réalisées sur un court laps de temps par le même client ou au bénéfice de la même personne (référence au montant moyen des transactions de l'organisme de transfert de fonds pour des clients qui n'ouvrent pas de compte et qui procèdent à des opérations occasionnelles). • Décis. ACPR n° 2016-03 du 15 déc. 2016.

7. Caractère inhabituel de l'opération réalisée par le client occasionnel. Le caractère inhabituel d'une opération qui impose une DS, ou à tout le moins un examen renforcé, s'interprète nécessairement dans le cadre d'opérations inhabituelles réalisées par une clientèle occasionnelle par la comparaison de cette opération au montant moyen des opérations réalisées par l'assujetti au regard de la catégorie de clientèle ou du type d'activité concernés. Le fait que les textes dont les lignes directrices conjointes de l'ACPR et de TRACFIN du 19 nov. 2015 aient explicité postérieurement aux opérations contrôlées cette obligation n'est pas un obstacle à la reconnaissance du grief dans la mesure ou son application était prévisible. La référence au caractère inhabituel d'une opération par rapport à la situation financière du client alors qu'il s'agit d'une clientèle occasionnelle (changeur manuel) ne revêt en effet pas de sens. • Décis. ACPR n° 2016-03 du 15 déc. 2016.

8. Vigilance renforcée des opérations avec des pays tiers à haut risque. Doit être sanctionnée la société de paiement pour ne pas avoir mis en œuvre des mesures de vigilance renforcées à l'égard de douze clients ayant réalisé des opérations de transmission de fonds pour des montants agrégés de 20 000 à presque 75 000 € à destination de bénéficiaires dans des pays figurant sur la liste des juridictions à haut risque et non coopératives du GAFI et dans un pays classé par l'établissement lui-même comme un pays à risque (Turquie), la société ne démontrant pas avoir diligenté les mesures supplémentaires et particulières que les circonstances imposaient. • Décis. ACPR n° 2017-10 du 10 janv. 2019. ♦ Pour des risques engendrés par l'activité de transfert de fonds, notamment à destination de zones de conflits, V. • Décis. ACPR n° 2021-01 du 1er mars 2022.

Art. L. 561-10-2 *(Abrogé par Ord. n° 2016-1635 du 1er déc. 2016, art. 3-XI)* *« I. — Lorsque le risque de blanchiment des capitaux et de financement du terrorisme présenté par un client, un produit ou une transaction leur paraît élevé, les personnes mentionnées à l'article L. 561-2 renforcent l'intensité des mesures prévues aux articles L. 561-5 et L. 561-6. — V. désormais art. L. 561-10-1.*

« II. — » Les personnes mentionnées à l'article L. 561-2 effectuent un examen renforcé de toute opération particulièrement complexe ou d'un montant inhabituellement élevé ou ne paraissant pas avoir de justification économique ou d'objet licite. Dans ce cas, ces personnes se renseignent auprès du client sur l'origine des fonds et la destination de ces sommes ainsi que sur l'objet de l'opération et l'identité de la personne qui en bénéficie. — *V. art. R. 561-22.*

1. Caractérisation d'un risque élevé. L'intervention d'une société « auprès du même acquéreur, non domicilié en France » pour deux opérations conclues la même année, portant chacune sur un montant de quatre millions d'euros et étant financées en totalité par apport personnel, peut caractériser l'existence d'un risque élevé de blanchiment des capitaux et de financement du terrorisme justifiant la mise en place d'obligations renforcées. • Décis. CNS nº 2015-16 du 12 avr. 2016. ♦ L'intervention d'une société pour plusieurs ventes portant sur des montants supérieurs à dix millions d'euros et étant réalisées en utilisant des montages juridiques complexes *via* des pays étrangers peut caractériser l'existence d'un risque élevé de BC/FT justifiant la mise en place d'obligations renforcées. • Décis. CNS nº 2016-17 du 28 juin 2017. ♦ L'acquisition financée sans recours à un prêt immobilier, contrairement à ce qui était stipulé dans le compromis de vente signé avec le concours du professionnel, alors que plusieurs tiers étaient intervenus et que le dossier présentait une incohérence dans le nom de l'acquéreur orthographié de différentes manières suivant les documents, peut caractériser l'existence d'une opération particulièrement complexe justifiant la mise en place d'obligations renforcées. • Décis. CNS nº 2017-08 du 6 déc. 2017. ♦ L'intervention d'une société domiciliée n'ayant jamais eu d'activité réelle au regard des éléments d'information détenus par le domiciliataire, sans indication de la provenance des fonds constituant son capital social, et avec un représentant légal résidant à l'étranger, peut caractériser l'existence d'un risque élevé de blanchiment des capitaux et de financement du terrorisme justifiant la mise en place d'obligations renforcées. • Décis. CNS nº 2016-11 du 20 déc. 2017. ♦ L'acquisition, financée sans emprunt et faisant intervenir lors de la rédaction du compromis de vente deux acquéreurs différents, sans justification économique de la provenance des fonds peut, pour le professionnel, caractériser une opération à risque de BC/FT justifiant la mise en place d'obligations renforcées. • Décis. CNS nº 2017-34 du 9 mai 2018. ♦ Le financement de l'opération réalisée par le recours à un emprunt impliquant l'acquisition d'obligations à un taux variable auprès d'un établissement de crédit suédois ayant une succursale au Luxembourg peut, pour le professionnel, justifier de la mise en œuvre d'obligations renforcées. • Décis. CNS nº 2017-35 du 14 nov. 2018.

L'intervention d'un notaire n'exonère pas le professionnel de l'application de cette obligation de vigilance renforcée. • Décis. CNS nº 2015-16 du 12 avr. 2016. ♦ La connaissance personnelle du client par le professionnel, lui assurant qu'il n'existe pas de risque de BC/FT relativement à ce client, n'est pas de nature à exonérer le professionnel de son obligation. • Décis. CNS nº 2015-21 du 12 oct. 2016. ♦ Un examen renforcé s'impose au titre de l'art. L. 561-10-2 dans un dossier à propos duquel 43 opérations ont été réalisées sur une plateforme de vente de vêtements d'occasion pour un montant total supérieur à 43 000 €, dont deux opérations d'un montant élevé, et ce, alors même que la société n'avait pas collecté d'éléments relatifs à la connaissance du client. • Décis. ACPR nº 2019-06 du 22 déc. 2020. ♦ Jugeant que la souscription d'un contrat faisant suite au rachat partiel d'un contrat détenu auprès d'un autre organisme suivie, un an plus tard, du rachat total du contrat souscrit auprès de l'assujetti aurait dû le conduire à s'interroger sur leur justification économique : • Décis. ACPR nº 2020-03 du 29 avr. 2021. ♦ Dès lors que l'acquéreur était un État et non un particulier (acquisition, par la République d'Égypte, d'un bâtiment destiné à accueillir son futur consulat), le fait de s'appuyer sur la circonstance que l'acquisition s'est faite sans recours à un emprunt bancaire est dépourvu de pertinence. • TA Paris, 31 mai 2021, ♈ nº 1920409/2-2.

2. Modalités de l'examen renforcé. L'examen renforcé d'une opération au sens du II de l'art. L. 561-10-2 s'entend comme une analyse détaillée, qui repose sur une connaissance actualisée du client et doit être, le cas échéant, étayée par des justificatifs de l'opération examinée. Les diligences faites doivent tendre à la réunion d'éléments suffisants et déboucher, au vu de leur résultat, soit sur un classement, soit sur l'envoi d'une déclaration de soupçon à TRACFIN ; étant étendu que l'obligation de consigner par écrit et de conserver les résultats de cet examen résulte des dispositions de l'art. R. 561-22. • Décis. ACPR nº 2016-09 du 30 juin 2017 : *JCP E 2018, nº 1209, spéc. nº 7, obs. Boursier ; Banque et Dr. 9-10/2017. 77, obs. Nicolet ; RDBF 2017, nº 204, obs. Mathey.* ♦ Dès lors que l'établissement ne disposait pas d'éléments de connaissance du client lui permettant de vérifier la cohérence des opérations de celui-ci ou s'est contenté de ses déclarations, non étayées par des pièces justificatives, ou encore n'a effectué aucune analyse de ses opérations, il ne peut être utilement soutenu qu'un examen renforcé a été correctement pratiqué. • Même décision. ♦ La fixation d'un seuil fixe de transactions en dessous duquel aucun examen renforcé n'est effectué, n'est, en elle-même, pas compatible avec les dispositions légales ci-dessus rappelées en ce qu'elle conduit à écarter d'un tel examen des opérations qui ne paraîtraient pas avoir de justification économique ou d'objet licite. • Décis. ACPR nº 2017-10 du 10 janv. 2019 : *Banque et Dr. 3-4/2019. 97, obs. Nicolet.* ♦ Les diligences faites au sujet du motif de l'opération, qui ont consisté en un recueil d'informations orales, ne peuvent tenir lieu à examen renforcé. • Même décision.

3. Déclaration. Si les vérifications imposées par l'art. L. 563-3 [ancien] ne permettent pas d'établir l'origine licite des sommes, l'organisme financier, qui ne peut alors exclure que ces sommes puissent provenir du trafic de stupéfiants ou de l'activité d'organisations criminelles, doit procéder à la déclaration exigée par l'art. L. 562-2 [ancien] C. mon. fin., alors même que ce dernier ne gérait pas les comptes de ses clients et agissait principalement pour le compte d'autre organisme financier également soumis aux mêmes dispositions. • CE 31 mars

2004, n° 256355 : *JCP E 2005, n° 782, obs. Coudert; RDBF 2004, n° 188, obs. Crédot et Gérard; BJB 2004. 627, note Cutajar.* ♦ En estimant que la présentation par un dirigeant de société, dans un court laps de temps, de trois chèques d'un montant inhabituellement élevé par rapport aux mouvements du compte concerné et à la situation, cette année-là, de la société dont le dirigeant détenait la moitié du capital et était cogérant, aurait dû conduire la société à ne pas écarter le soupçon que ces sommes puissent provenir d'un trafic de stupéfiants ou d'activités d'organisations criminelles, et donc à effectuer une déclaration, la Commission bancaire *[devenue Autorité de contrôle prudentiel et de résolution]* s'est livrée à une appréciation souveraine des pièces du dossier, exempte de dénaturation et d'erreur de droit. • CE 25 juill. 2007, n° 266735 : *RFDA 2007. 1211, concl. Guyomar ; JCP E 2007, n° 45, p. 12, obs. Stoufflet; Banque et Dr. 3-4/2008. 26, et les obs.; RJDA 2008, n° 834.*

4. Justification du client. Le refus du client d'apporter les justifications demandées par la banque constitue une faute grave compte tenu du risque de sanction pénale auquel la banque est exposée en application de l'art. 324-1 C. pén. (V. ce texte ss. art. L. 574-4). Le comportement du client, ne respectant pas les obligations que lui impose la législation sur le blanchiment et empêchant la banque d'accomplir les formalités qui lui incombent, constitue une faute contractuelle. • Amiens, 12 oct. 2004 : *JCP E 2006, n° 22, p. 962, obs. Stoufflet.*

5. Clôture de compte. La simple clôture du compte, en l'absence de tout examen approfondi des opérations qui y ont été enregistrées, ne suffit pas à assurer le respect des obligations de vigilance de l'établissement; ce respect ne pouvant, par ailleurs, au regard des dispositions du II de l'art. L. 561-10-2, être vérifié que si des justificatifs des diligences entreprises sont conservées par l'établissement mis en cause. • Décis. ACPR n° 2012-08 du 2 déc. 2013 : *Gaz. Pal. 2014. 1055, obs. Morel-Maroger; Banque 2014, n° 769, p. 92; BJB 2014. 104, note Cutajar.*

Art. L. 561-10-3 *(Ord. n° 2020-115 du 12 févr. 2020, art. 3)* **I. — Lorsqu'une personne mentionnée au 1° à 1° *quater* ou au 5° à 6° *bis* de l'article L. 561-2 entretient avec un organisme financier situé dans un pays non membre de l'Union européenne ou qui n'est pas partie à l'accord sur l'Espace économique européen une relation transfrontalière de correspondant avec exécution de paiement ou une relation en vue de la réalisation d'opérations sur titres ou de transferts de fonds, la personne assujettie met en œuvre vis-à-vis de l'organisme financier étranger avec lequel elle est en relation, outre les mesures prévues aux articles L. 561-5, L. 561-5-1 et L. 561-6, des mesures de vigilance complémentaires définies par décret en Conseil d'État.**

Il est interdit aux personnes mentionnées aux 1° à 1° *quater* et au 5° à 6° *bis* de l'article L. 561-2 de nouer ou maintenir une relation de correspondant avec un établissement exerçant des activités équivalentes constitué dans un pays où il n'a aucune présence physique effective permettant que s'exercent des activités de direction et de gestion, s'il n'est pas rattaché à un établissement ou à un groupe réglementé.

Les personnes mentionnées aux 1° à 1° *quater* et au 5° à 6° *bis* de l'article L. 561-2 prennent des mesures appropriées pour s'assurer qu'elles ne nouent ni ne maintiennent une relation de correspondant avec une personne entretenant elle-même des relations de correspondant permettant à un établissement constitué dans les conditions mentionnées à l'alinéa précédent d'utiliser ses comptes.

II. — Pour l'application des dispositions du I, la notion de relation de correspondant désigne la réalisation d'opérations de banque, par une personne mentionnée au 1° ou au 5° de l'article L. 561-2 exerçant en qualité de correspondant, y compris la mise à disposition d'un compte courant et la fourniture des services qui y sont liés, tels que la gestion de trésorerie, les transferts internationaux de fonds, la compensation de chèques, les comptes de passage et les services de change à une autre personne mentionnée au 1° ou au 5° de l'article L. 561-2 qui est son client.

Cette notion désigne également les relations entre et parmi les personnes mentionnées aux 1° à 1° *quater* et 5° à 6° *bis* de l'article L. 561-2, y compris lorsque des services similaires sont fournis par un établissement correspondant avec un établissement client, et comprenant les relations établies pour des opérations sur titres ou des transferts de fonds.

Les comptes de passage mentionnés au premier alinéa désignent des comptes de correspondants utilisés directement par des tiers pour réaliser des opérations pour leur propre compte.

BIBL. ▶ LEFIN et SOULIGNAC, *Banque et Dr. 9-10/2010. 16* (lutte antiblanchiment : dans le labyrinthe des listes d'États et territoires).

Précision et complétude des informations. En matière de transfert de fonds, les règles issues du Règl. (UE) 2015/847 du 20 mai 2015 « relatives aux mesures que les prestataires de services de paiement doivent prendre pour détecter des informations manquantes ou incomplètes sur le donneur d'ordre ou le bénéficiaire, ainsi que les procédures devant être mises en place pour gérer un transfert de fonds qui n'est pas accompagné des informations requises », précisent que les informations dépourvues de sens devaient être traitées comme des informations manquantes. C'est donc au regard des dispositions du Règl. (UE) 2015/847, telles que précisées par ces orientations, et non au regard de ces dernières seules que, contrairement à ce que soutient la société, les faits reprochés au titre du grief sont qualifiés. Il y a lieu de relever par ailleurs, ainsi que le rappelle la poursuite, que les principes d'application sectoriels de l'ACPR relatifs aux virements de fonds, publiés en octobre 2010, mentionnaient déjà que « les PSP sont incités à mettre en œuvre des mesures de contrôle (« filtres ») [...] des champs relatifs aux informations concernant le donneur d'ordre [...] permettant de détecter les informations manquantes, incomplètes ou clairement non pertinentes ». • Décis. ACPR n° 2020-02 du 24 févr. 2021 : *Banque et Dr. 3-4/2021. 74, obs. Nicolet.*

Art. L. 561-11 *(Ord. nº 2020-115 du 12 févr. 2020, art. 3)* **I. – Dans les conditions fixées par décret en Conseil d'État, le ministre chargé de l'économie arrête les mesures visant à soumettre à des conditions spécifiques, à restreindre ou à interdire l'activité, ou tout ou partie des relations d'affaires et des opérations réalisées pour leur propre compte ou pour compte de tiers, des personnes mentionnées à l'article L. 561-2 avec des personnes physiques ou morales, y compris leurs filiales ou établissements, entretenant des liens avec l'un des pays tiers à haut risque recensé par la Commission européenne en application de l'article 9 de la directive (UE) 2015/849 du 20 mai 2015.**

II. – Le ministre chargé de l'économie peut arrêter les mesures mentionnées au I à l'encontre des États ou territoires figurant sur les listes publiées par le Groupe d'action financière, parmi ceux dont la législation ou les pratiques font obstacle à la lutte contre le blanchiment des capitaux et le financement du terrorisme.

COMMENTAIRE

Les pays tiers à haut risque sont identifiés comme des localisations amplifiant les risques de blanchiment de capitaux et de financement du terrorisme tant du fait qu'ils n'appliquent pas *a priori* le même degré de protection et de respect des standards internationaux, que du fait qu'ils proposent souvent des sociétés écrans qui participent activement aux circuits de blanchiment.

Les dispositions du code monétaire et financier renforcent, dans le cadre de la transposition de la directive 2015/849, modifiée par la directive 2018/843, les obligations de vigilance complémentaires et les contre-mesures prises à l'égard des pays tiers à haut risque recensés par la Commission européenne et le Groupe d'action financière. Un décret interviendra pour régir les relations des établissements avec les pays tiers à haut risque recensés par la Commission européenne.

En revanche, les entrées en relation d'affaires à distance ne sont plus considérées comme présentant systématiquement un risque fort de blanchiment des capitaux nécessitant la mise en œuvre de mesures de vigilance complémentaires. Les marges de manœuvre, et donc les risques, pesant sur les assujettis dans l'élaboration de leur cartographie des risques s'en trouvent accrus. Par ailleurs, les notions de correspondance bancaire et de compte de passage qui font l'objet d'une attention particulière en raison des risques inhérents à ces procédés sont clairement définies par l'article L. 561-10-3 du code monétaire et financier.

L'article L. 561-11 du code monétaire et financier prévoit la possibilité de soumettre, par arrêté, à des conditions spécifiques, de restreindre ou d'interdire l'activité, ou tout ou partie des relations d'affaires et des opérations réalisées, avec des personnes physiques ou morales établies dans des pays tiers à haut risque recensés par la Commission européenne selon une méthodologie renouvelée en 2020 ou encore à l'égard des États et territoires figurant sur les listes publiées par le GAFI. Dans son prolongement, l'article R. 561-20-5 dispose que ces arrêtés prévoient un certain nombre de mesures possibles dont l'interdiction d'établir des filiales, succursales ou bureaux de représentation dans l'un de ces territoires, de renforcer l'obligation pour les assujettis en matière de contrôle interne ou d'audit externe pour les filiales et succursales établies dans ces territoires notamment.

A contrario, les établissements bancaires et d'assurance sont exonérés de l'accomplissement de ces mesures complémentaires lorsque les opérations visées proviennent de filiales ou de succursales établies à l'étranger pour lesquelles ils peuvent justifier auprès de leur autorité de contrôle du respect de mesures, au moins équivalentes, aux obligations de droit interne relativement à la connaissance du client et à la conservation des documents démontrant la réalisation des diligences requises par la loi. ❑

Art. L. 561-12 **Sous réserve de dispositions plus contraignantes, les personnes mentionnées à l'article L. 561-2 conservent pendant cinq ans à compter de la clôture de leurs comptes ou de la cessation de leurs relations avec eux les documents** *(L. nº 2016-731 du 3 juin 2016, art. 31-II)* **« et informations, quel qu'en soit le support, » relatifs** *(Ord. nº 2020-115 du 12 févr. 2020, art. 3)* **« à leurs relations d'affaires ou clients occasionnels, ainsi qu'aux mesures de vigilance mises en œuvre ». Elles conservent également, dans la limite de leurs attributions, pendant cinq ans à compter de leur exécution,** *(L. nº 2016-731 du 3 juin 2016, art. 31)* **« quel qu'en soit le support, les documents et informations » relatifs aux opérations faites par ceux-ci, ainsi que les documents consignant les caractéristiques des opérations mentionnées** *(Ord. nº 2016-1635 du 1er déc. 2016, art. 3-XIV)* **« à l'article L. 561-10-2 ».**

(L. nº 2016-731 du 3 juin 2016, art. 31-II) **« Sans préjudice des obligations mentionnées au premier alinéa du présent article, les** *(Ord. nº 2016-1635 du 1er déc. 2016, art. 3-XIV)* **« personnes mentionnées aux 1°, 1°** ***ter*** **et 1°** ***quater*** **de l'article L. 561-2 » recueillent les informations et les données techniques relatives à l'activation, au chargement et à l'utilisation de la monnaie électronique au moyen d'un support physique et les conservent pendant une durée de cinq ans à compter de l'exécution de ces opérations. »** *(Abrogé par Ord. nº 2020-115 du 12 févr. 2020, art. 3)* ***« Un arrêté du ministre chargé de l'économie précise les informations et les données techniques qui sont recueillies et conservées. »***

(Abrogé par Ord. nº 2016-1635 du 1er déc. 2016, art. 3-XIV) ***« Les personnes mentionnées au 9° de l'article L. 561-2 satisfont*** *(L. nº 2016-731 du 3 juin 2016, art. 31-II)* ***« aux obligations prévues au premier alinéa du présent article » en appliquant les mesures prévues à l'article L. 561-13. »***

BIBL. ▶ MARCELLIN, *Banque et Dr. 9-10/2010. 29* (dimension juridique de l'archivage électronique).

COMMENTAIRE

Les assujettis doivent conserver l'ensemble des documents relatifs à l'identification de leur client, occasionnel ou non, et du bénéficiaire effectif, et tous les documents liés au suivi de la relation d'affaires pendant cinq années à compter de la clôture de leur compte ou de la fin de la relation d'affaires.

L'obligation de conservation poursuit deux objectifs. Elle permet à l'assujetti de répondre à toute demande de communication émanant de l'autorité de contrôle ou de TRACFIN et *in fine* dans le cadre d'enquêtes qui seraient diligentées par les autorités judiciaires. Cet objectif explique que, dans certains cas, notamment lorsque des enquêtes sont en cours, ces documents peuvent être conservés pendant un délai supplémentaire de cinq années maximum. L'équilibre entre la nécessité du respect de la vie privée des clients et l'efficacité des poursuites judiciaires est relativement favorable à la seconde. L'obligation de conservation met, par ailleurs, l'assujetti en mesure de démontrer qu'il a rempli ses obligations au titre des articles L. 561-5, L. 561-5-1 et L. 561-6 du code monétaire et financier et réalisé les diligences nécessaires. Il s'agit en effet de documenter l'ensemble des diligences réalisées au titre des dispositions légales et des procédures internes mises en place pour remédier aux risques identifiés. ❑

1. Obligation de conservation des documents. Le professionnel doit, dans l'exercice de son activité et après être entré en relation d'affaires avec un client, conserver durant cinq ans les éléments d'identité de ce dernier, mais aussi toute information concernant la ou les opérations qu'il serait amené à effectuer avec lui, afin de pouvoir les vérifier et les actualiser par la suite si besoin. • Décis. CNS nº 2015-16 du 12 avr. 2016 • nº 2017-05 du 26 juill. 2017 • nº 2017-16 du 15 nov. 2017 • nº 2017-34 du 9 mai 2018.

2. Défaut de conservation des données conséquence de l'absence du recueil de ces données. Le recueil des informations sur le mode de règlement des opérations de chargement de cartes prépayées auprès des points de vente n'étant pas effectué pour l'achat de coupons représentant l'immense majorité des opérations, la conservation de ces informations faisait *de facto* défaut. Les arguments de la société tenant aux difficultés techniques rencontrées pour le recueil et la conservation de ces informations du fait notamment de l'intervention de ses distributeurs ne permettent pas d'écarter le grief. Le défaut d'identification et de vérification d'identification du client implique l'impossibilité de respecter l'obligation de conservation de ces mêmes informations, obligation prévue à l'art. L. 561-12. • Décis. ACPR nº 2018-08 du 24 sept. 2019.

3. Conséquences de l'identité de faits entre le grief de défaut de conservation et un autre grief. Sur le caractère atténuant de l'identité de faits fondant plusieurs griefs dans la mesure où la méconnaissance d'une obligation entraîne *de facto* celle d'autres obligations : • Décis. ACPR nº 2018-08 du 24 sept. 2019.

4. Délai de conservation et prescription des manquements. Comme l'a jugé le Conseil constitutionnel dans sa décision nº 2011-199 QPC du 25 nov. 2011, aucune règle ou principe constitutionnel n'impose que les poursuites disciplinaires soient nécessairement soumises à une règle de prescription ; cette décision a seulement invité l'autorité disciplinaire à veiller au respect du principe de proportionnalité des peines, qui implique que le temps écoulé entre la faute et la condamnation puisse être retenu pour atténuer la sanction. A cet égard, sont sans incidence au regard de cette question les dispositions de l'art. L. 561-12 qui fixent une durée minimale de conservation de certains documents pour les besoins de la LCB/FT. • Décis. ACPR nº 2014-11 du 20 juill. 2015. ♦ La commission des sanctions fixe implicitement le délai de prescription des manquements en combinant le délai de conservation des documents probants – délai de cinq années – prévu par l'art. L. 561-12 et le principe de la charge de la preuve des manquements pesant sur la commission des sanctions. • Décis. ACPR nº 2015-08 du 8 déc. 2016.

Art. L. 561-13 *(Ord. nº 2020-115 du 12 févr. 2020, art. 3)* **Les personnes mentionnées au 9º et 9º *bis* de l'article L. 561-2 enregistrent les opérations d'échange de tous modes de paiement, plaques, jetons, tickets dont le montant excède un certain seuil. Les modalités d'application du présent article sont fixées par décret.**

COMMENTAIRE

L'article L. 561-13 du code monétaire et financier prévoyant que les casinos, cercles et sociétés de jeux doivent tenir un registre spécial identifiant leurs clients échangeant tous modes de paiement, plaques, jetons ou tickets, ou gagnant des sommes supérieures à 2 000 euros par séance, a été réécrit par l'ordonnance nº 2020-115 du 12 février 2020. La nouvel rédaction précise que les assujettis enregistrent les opérations d'échange de tous modes de paiement, plaques, jetons, tickets dont le montant excède un certain seuil fixé par décret.

Le système d'identification et de vérification de l'identité des joueurs de sociétés opérateurs de jeux ou de paris est désormais précisé dans des dispositions spécifiques (art. R. 561-10, R. 561-5-3, R. 561-22-2). ❑

Art. L. 561-14 **Les personnes mentionnées aux 1º à** *(Ord. nº 2020-1544 du 9 déc. 2020, art. 4)* **« 7º *bis* » de l'article L. 561-2 ne tiennent pas de comptes ni de livrets d'épargne anonymes.**

Art. L. 561-14-1 *(Abrogé par L. nº 2017-1837 du 30 déc. 2017, art. 28)* ***Les dispositions de l'article L. 561-5 s'appliquent aux*** *(Ord. nº 2016-1635 du 1er déc. 2016, art. 3-XVI)* ***« bons, titres et contrats » mentionnés à l'article 990 A du code général des impôts.***

Art. L. 561-14-2 **Les dispositions du deuxième alinéa de l'article 537 du code général des impôts ne font pas obstacle à l'application de l'article L. 561-5 du présent code. Toutefois, les informations mentionnées à ce dernier article sont portées sur un registre distinct de celui institué par l'article 537 du code général des impôts.**

Lorsque le client n'a pas autorisé l'organisme financier à communiquer son identité et son domicile fiscal à l'administration fiscale, le droit de communication prévu aux articles L. 83, L. 85, L. 87 et L. 89 du livre des procédures fiscales ne s'applique ni au registre institué par le présent article ni aux documents justificatifs mentionnés *(Abrogé par L. nº 2017-1837 du 30 déc. 2017, art. 28)* ***« à l'article L. 561-5 établis en raison des opérations sur les bons, titres et contrats mentionnés à l'article 990 A du code général des impôts et »*** **au deuxième alinéa de l'article 537** *(L. nº 2017-1837 du 30 déc. 2017, art. 28)* **« du code général des impôts ».**

COMMENTAIRE

La tenue de registres pour les achats, ventes, livraisons par les fabricants et les marchands d'or, d'argent et de platine ouvrés ou non ouvrés ou d'alliages de ces métaux et, d'une manière générale, toutes les personnes qui détiennent des matières de l'espèce pour l'exercice de leur profession, s'accompagne pour les transactions d'un montant égal ou supérieur à 15 000 € qui portent sur l'or d'investissement de l'obligation d'indiquer l'identité des parties. Il en est de même lorsque ces transactions sont réalisées au cours de ventes publiques ou lorsque le client en fait la demande. Le texte assure dès lors la compatibilité entre les obligations du code général des impôts et les obligations issues de la législation LBC/FT. ❑

SECTION 4 ***Obligations de déclaration et d'information*** *(Ord. n° 2016-1635 du 1er déc. 2016, art. 4-I).*

Art. L. 561-15 **I. — Les personnes mentionnées à l'article L. 561-2 sont tenues, dans les conditions fixées par le présent chapitre, de déclarer au service mentionné à l'article L. 561-23 les sommes inscrites dans leurs livres ou les opérations portant sur des sommes dont elles savent, soupçonnent ou ont de bonnes raisons de soupçonner qu'elles proviennent d'une infraction passible d'une peine privative de liberté supérieure à un an ou** *(Ord. n° 2016-1635 du 1er déc. 2016, art. 4-II)* **« sont liées » au financement du terrorisme.**

II. — Par dérogation au I, les personnes mentionnées à l'article L. 561-2 déclarent au service *(L. n° 2010-853 du 23 juill. 2010, art. 23-I)* **« mentionné à l'article L. 561-23 » les sommes ou opérations dont ils** *[elles]* **savent, soupçonnent ou ont de bonnes raisons de soupçonner qu'elles proviennent d'une fraude fiscale lorsqu'il y a présence d'au moins un critère défini par décret.** *— V. art. D. 561-32-1. — V. aussi LPF, art. 84 D.*

III. — A l'issue de l'examen renforcé prescrit *(Ord. n° 2016-1635 du 1er déc. 2016, art. 4-II)* **« à »** *(L. n° 2010-853 du 23 juill. 2010, art. 23-I)* **« l'article L. 561-10-2 », les personnes mentionnées à l'article L. 561-2 effectuent, le cas échéant, la déclaration prévue au I du présent article.**

(Ord. n° 2016-1635 du 1er déc. 2016, art. 4-II) **« IV. — » Toute information de nature à infirmer, conforter ou modifier les éléments contenus dans la déclaration est portée, sans délai, à la connaissance du service mentionné à l'article L. 561-23.**

(Ord. n° 2016-1635 du 1er déc. 2016, art. 4-II) **« V. — »** *(L. n° 2013-672 du 26 juill. 2013, art. 12-I)* **« Les tentatives d'opérations mentionnées aux I et II du présent article font l'objet d'une déclaration au service mentionné à l'article L. 561-23. »**

(Ord. n° 2016-1635 du 1er déc. 2016, art. 4-II) **« VI. — La déclaration mentionnée au présent article est établie par écrit. Elle peut toutefois être recueillie verbalement, sauf pour les personnes mentionnées à l'article L. 561-17, par le service mentionné à l'article L. 561-23, dans des conditions permettant à ce dernier de s'assurer de sa recevabilité.**

« Ce service accuse réception de la déclaration, sauf si la personne mentionnée à l'article L. 561-2 a indiqué expressément ne pas le souhaiter.

« VII. — Un décret en Conseil d'État précise les conditions d'application du présent article et notamment le contenu et les modalités de transmission de la déclaration ainsi que les conditions dans lesquelles le service accuse réception de la déclaration et s'assure de sa recevabilité. » *— V. art. R. 561-23 s., infra.*

BIBL. ▸ PÈRE, *RLDA mars 2010. 76* (la déclaration de soupçon, quelles modalités ?). - NEAU-LEDUC, *RDC 2010. 185* (déclaration en cas de soupçon de fraude fiscale). - BERTHIER et CUTAJAR, *Gaz. Pal. 2011. 2721* (experts-comptables : faut-il déclarer tous les soupçons de fraude fiscale à TRACFIN ?). - LASSERRE CAPDEVILLE, *RDBF 2012. Étude 34* (le banquier face au délit d'abus de faiblesse). - MOINIER, *RLDA juin 2013. 86* (professionnels du chiffre et lutte anti-blanchiment). - BROUSSOLLE, *LPA 3-4 sept. 2013* (conditions de recevabilité de la déclaration de soupçon). - CUTAJAR, *BJB 2013. 625* (volet anti-blanchiment de la L. n° 2013-672 du 26 juill. 2013). - LASSERRE CAPDEVILLE, *RLDA juill.-août 2014. 87* (obligations de déclaration et d'information du banquier).

COMMENTAIRE

L'obligation déclarative est générale en fonction de l'infraction originaire ou spéciale en matière de fraude fiscale, mais toujours fondée sur une appréciation d'opportunité, sauf lorsqu'elle revêt un caractère systématique en ce qui concerne les communications systématiques d'informations (COSI).

I. PRINCIPE D'OPPORTUNITÉ DE LA DÉCLARATION DE SOUPÇON PAR L'ASSUJETTI

La décision de déclaration de soupçon (DS), dont la pertinence est appréciée par les assujettis, réalisée auprès de TRACFIN, prolonge les obligations de vigilance lorsque les assujettis soupçonnent ou ont de bonnes raisons de soupçonner que les sommes ou les opérations portant sur des fonds inscrits dans leurs livres proviennent d'infractions passibles d'une peine privative de liberté supérieure à un an ou participent au financement du terrorisme. Le champ de l'obligation déclarative s'étend *de facto* à la plupart des infractions d'atteinte aux biens et d'atteinte aux personnes. Le déclarant n'est pas tenu de qualifier les faits qu'il soupçonne d'être infractionnels dès lors que le soupçon naît des anomalies relevées et des informations recueillies dans l'exercice de son devoir de vigilance.

Le III de l'article L. 561-15 du code monétaire et financier tire les conséquences de l'obligation de vigilance renforcée des assujettis confrontés à toute opération particulièrement complexe, d'un montant inhabituellement élevé ou ne paraissant pas avoir de justification économique ou d'objet licite visé à l'article L. 561-10-2. Il prévoit en effet une déclaration à l'opérateur, le cas échéant, lorsque les diligences supplémentaires n'ont pas permis d'écarter le soupçon.

Pour les commissaires aux comptes, l'obligation de déclaration de soupçon se superpose à l'obligation de révélation de faits délictueux de l'article L. 820-7 du code de commerce. Les normes professionnelles distinguent les soupçons simples engageant à une DS et la connaissance avérée d'une situation conduisant à une déclaration d'opération suspecte (DOS) et entraînant l'obligation de révélation. Le critère tient à l'intensité du soupçon.

II. DÉCLARATION DE SOUPÇON PORTANT SUR DES FAITS DE FRAUDE FISCALE

L'obligation de déclaration de soupçon portant sur le blanchiment du produit d'une fraude fiscale répond quant à elle à un régime plus strict. Les assujettis doivent relever, outre les éléments de fait issus de l'exécution de leur obligation de vigilance, la présence d'un critère supplémentaire défini par décret. Il s'agit d'aider les assujettis à détecter la fraude fiscale afin d'éviter l'afflux de déclarations de « couverture » auprès de TRACFIN.

L'article D. 561-32-1 du code monétaire et financier définit seize critères destinés à conforter le contexte de fraude fiscale. Il vise les procédés facilitateurs utilisés dans ce type de fraude : lieux, types d'opération, personnes impliquées qui concourent à opacifier les circuits financiers, à mener des opérations avec ou dans des pays tiers ne respectant pas les obligations de LBC/FT, notamment.

Dès lors, les critères requis pour une déclaration d'opération suspecte en cas d'infraction sous-jacente de fraude fiscale sont notamment liés à l'utilisation de sociétés écrans, au recours à l'interposition de personnes, à la réalisation d'opérations incohérentes, à la constatation d'anomalies dans les factures, à des opérations financières internationales sans cause juridique ou économique apparente ou encore à l'utilisation régulière par des personnes physiques domiciliées et ayant une activité en France de comptes détenus par des sociétés étrangères. Si l'assujetti soupçonne une opération de blanchiment d'argent issu d'une fraude fiscale sans relever l'un de ces critères, il ne peut procéder à une déclaration d'opération suspecte, mais il se trouve néanmoins, par précaution, dans l'obligation de refuser l'exécution de l'opération afin d'éviter toute poursuite disciplinaire, voire pénale, pour complicité. Et ce sans pouvoir invoquer l'article L. 561-16 du code monétaire et financier et *in fine* l'exonération de sa responsabilité contractuelle à raison du préjudice subi du fait de l'inexécution contractuelle de l'opération demandée par le client.

III. PARTICULARITÉ DES DÉCLARATIONS DE SOUPÇON RÉALISÉES PAR LES PROFESSIONS DU DROIT ET DU CHIFFRE

Les professions juridiques et les experts-comptables sont soumis à l'obligation de déclaration d'opération suspecte dans des conditions aménagées, comme pour leurs obligations déclaratives, en vertu des III et IV de l'article L. 561-3 du code monétaire et financier. Ils sont exonérés de cette obligation dans le cadre de leur activité de consultation juridique, sauf en cas de fourniture de conseils à des fins de blanchiment ou en connaissance de cause.

Dès lors, les professionnels du droit qui soupçonnent une opération de blanchiment sont soumis à la DOS soit dans l'exercice d'opérations financières ou immobilières, soit dans le périmètre de leur obligation déclarative pour sept catégories d'actes exclusivement, tels l'achat et la vente de biens immobiliers ou de fonds de commerce, l'aide à la constitution et à la direction de sociétés, l'activité en matière de conseil fiscal notamment (V. comm. ss. art. L. 561-2).

IV. CONTENU DE LA DÉCLARATION DE SOUPÇON

L'article R. 561-31 du code monétaire et financier précise les éléments déclaratifs nécessaires à une déclaration de soupçon tenant, d'une part, à l'identification du déclarant et, d'autre part, à celle du client ou du bénéficiaire effectif, à la nature et à l'objet de leur relation, à l'opération soupçonnée de constituer une infraction de blanchiment et, s'il y a lieu, au délai d'exécution de l'opération. Ces informations sont accompagnées de toute pièce utile.

La sanction du non-respect de ces obligations déclaratives en l'absence de régularisation dans le mois suivant la demande de TRACFIN est sévère, car elle exclut le déclarant du principe d'immunité pénale et civile de l'article L. 561-22 du code monétaire et financier.

Certaines opérations sont soumises à des mentions obligatoires complémentaires. Les opérations d'un montant unitaire de 1 000 euros ou de 2 000 euros cumulés par client et par mois effectuées sur un compte de paiement défini par l'article L. 314-1 du code monétaire et financier à partir d'un versement d'espèces ou par un moyen de paiement électronique doivent comporter les mentions prévues à l'article D. 561-31-1 du même code. Il reprend les mentions précédentes d'identification en y ajoutant le type, la référence et la date de l'opération, son montant, la désignation de l'établissement de contrepartie de son client. Ces informations doivent être adressées par voie électronique ou, en cas d'impossibilité, sur un support numérique *via* le formulaire *ad hoc* au plus tard dans les trente jours de l'exécution de l'opération.

Les déclarations réalisées dans le cadre de la dérogation accordée aux avocats non fiduciaires et aux avocats aux Conseils, notamment par l'article L. 561-17 du code monétaire et financier, doivent être faites dans les huit jours francs à compter de la déclaration déposée auprès de l'autorité désignée, président de l'ordre des avocats au Conseil d'État et à la Cour de cassation ou bâtonnier de l'ordre.

Ces déclarations doivent, le cas échéant, être complétées par les pièces utiles en la possession des déclarants qui restent tenus, à tout moment, de déclarer tout élément nouveau de nature à donner une information utile ou à conforter les soupçons en vertu du V de l'article L. 561-15 du code monétaire et financier.

V. MODALITÉS DE LA DÉCLARATION DE SOUPÇON

A. DÉCLARANT TRACFIN

La déclaration doit être réalisée par une personne appelée « déclarant TRACFIN », désignée par l'institution ou le membre de la profession concernée, selon des modalités variables en fonction du statut de l'assujetti.

1. DÉCLARANT DANS LES ORGANISMES FINANCIERS

Les organismes financiers désignent, auprès de TRACFIN et de leur autorité de contrôle, la personne habilitée à faire une déclaration d'opération suspecte et ce avant même toute déclaration, à en recevoir l'accusé de réception, à répondre aux demandes de ces deux organismes, à diffuser l'information, l'avis ou les recommandations générales émises par ces autorités. Comme pour le correspondant TRACFIN chargé plus largement de répondre aux demandes de TRACFIN et de l'organe de contrôle dont dépend son organisation, le remplacement du déclarant TRACFIN doit être signalé sans délai à ces deux organismes.

Dans le cadre d'un groupe de sociétés composé d'organismes financiers visés aux 1° à 6° de l'article L. 561-2, un seul déclarant et correspondant TRACFIN peut être habilité pour l'ensemble du groupe à condition d'exercer ses fonctions en France. Il est désigné conjointement par les membres du groupe, à charge pour chacun d'entre eux de se communiquer les informations et demandes émanant de TRACFIN.

2. DÉCLARANT TRACFIN DES ASSUJETTIS DU SECTEUR NON FINANCIER

Des règles particulières de désignation du déclarant et du correspondant TRACFIN sont prévues dans les organismes non financiers. Pour le premier, l'assujetti a l'obligation de joindre à la première déclaration d'opération suspecte un document distinct précisant l'identité et la qualité du déclarant qui n'est pas communiquée préalablement à toute déclaration de soupçon. Les professionnels du chiffre et du droit s'acquittent personnellement de cette obligation. Pour le second, l'ensemble de ces professionnels, mis à part les avocats aux Conseils et les avocats non fiduciaires, doit répondre à toute demande de TRACFIN. Pour ces derniers, le récipiendaire de l'obligation d'information et de réception de l'accusé de réception de la déclaration est soit le président de l'ordre des avocats aux Conseils, soit le bâtonnier de l'ordre concerné, qui transmet immédiatement au professionnel concerné – sauf si ce dernier a précisé ne pas vouloir être destinataire de l'accusé de réception de la déclaration d'opération suspecte.

B. TRANSMISSION DE LA DÉCLARATION DE SOUPÇON

Les déclarations sont, en principe, écrites et signées mais peuvent être orales, sauf pour les avocats et les avocats aux Conseils, en raison du régime protecteur auquel ils sont soumis. Le déclarant dûment identifié peut cependant se déplacer dans les locaux de TRACFIN, qui ne peut exploiter les informations collectées auprès de certaines personnes publiques qu'à cette fin.

Lorsqu'elles sont écrites, les déclarations doivent être dactylographiées à partir du formulaire mis en ligne sur le site, signées et envoyées par courrier ou par télécopie à TRACFIN.

Par exception, le I de l'article R. 561-31 du code monétaire et financier impose aux assujettis du secteur financier, à l'exception des intermédiaires d'assurance et des conseillers en investissements financiers, une déclaration *via* Internet et la plate-forme d'échanges de renseignements par messages en environnement sécurisé dite « ERMES ».

VI. EFFETS DE LA DÉCLARATION DE SOUPÇON

A. ARRÊT DE PRINCIPE DES OPÉRATIONS SUSPECTES

Le soupçon et *a fortiori* la déclaration de soupçon imposent au déclarant de s'abstenir de réaliser toute opération suspectée de blanchiment, sauf à la réaliser pour des raisons d'efficacité lorsque le report d'exécution de l'opération risque de faire obstacle aux investigations ou lorsque TRACFIN ne s'y est pas opposé dans les conditions de l'article L. 561-25 du code monétaire et financier. L'opération peut en effet être réalisée soit en l'absence d'opposition de TRACFIN, soit lorsque aucune décision du président du tribunal judiciaire ne lui est parvenue. Les assujettis sont alors exempts de toutes poursuites en vertu du IV de l'article L. 561-22.

La responsabilité du banquier en cas de réalisation de l'opération suspecte peut être engagée. Si l'assujetti ne démontre pas qu'il a respecté les conditions de réalisation de l'opération tenant à l'efficacité des investigations ou à l'absence d'opposition de TRACFIN, il peut être poursuivi pour blanchiment par collusion frauduleuse avec son client. La question du droit de maintenir les relations commerciales se résout *de facto*. Le droit au maintien n'existe qu'en cas de soupçon injustifié. Il est exclu en cas contraire.

En revanche, en ce qui concerne le droit au compte (DAC), l'article L. 561-22 du code monétaire et financier règle la question des établissements de crédit désignés par la Banque de France pour accueillir un client sans établissement bancaire. Il régit également la situation d'un établissement bancaire accueillant un mandataire financier de candidat à une élection législative sans établissement bancaire en vertu de la loi n° 2011-412 du 14 avril 2011 relative à la transparence de la vie politique. Ces établissements sont exonérés de toute responsabilité pénale pour recel ou blanchiment en cas d'ouverture du compte, sauf concertation frauduleuse avec son titulaire.

B. IMMUNITÉ DES ASSUJETTIS À L'ORIGINE DES DÉCLARATIONS DE SOUPÇON

Au-delà de l'immunité prévue en faveur du déclarant du fait de l'exécution d'une opération suspecte ou de l'ouverture d'un compte bancaire, l'article L. 561-22 prévoit un principe d'immunité civile, professionnelle et pénale, quelles que soient les suites données à la déclaration d'opération suspecte ou aux informations transmises dans le cadre du droit de communication de TRACFIN.

Le déclarant bénéficie d'une immunité pénale. Elle écarte toute poursuite sous les qualifications de dénonciation calomnieuse ou de violation du secret professionnel visées aux articles 226-10, 226-13 et 226-14 du code pénal à l'encontre de l'ensemble des personnes soumises à l'obligation de déclaration de soupçon ou de communication d'informations à TRACFIN, spontanément ou sur demande, dans le cadre des articles L. 561-2, L. 561-27 et L. 561-30 du code monétaire et financier. L'immunité bénéficie aux assujettis, aux instances ordinales visées pour les procédures déclaratives dérogatoires des avocats non fiduciaires et des avocats aux Conseils, aux autorités de contrôle, aux personnes appartenant aux administrations de l'État et des collectivités territoriales notamment, aux membres de l'autorité judiciaire, aux officiers de police judiciaire, aux membres des juridictions financières.

Le déclarant bénéficie également d'une immunité civile et professionnelle. Elle est garantie au II du même article. Tout préjudice subi du fait d'une telle déclaration doit dès lors être réparé par l'État.

Enfin, le défaut de déclaration de soupçon dans les conditions imposées par les textes n'est pas incriminé pénalement au contraire d'autres pays. Cependant, le défaut de déclaration, sans démontrer à lui seul l'élément intentionnel du délit de blanchiment, constitue dans la jurisprudence criminelle un élément permettant de le conforter dans le cadre d'éventuelles poursuites pour complicité ou recel de blanchiment. ❑

1. Critère du soupçon et obligation de déclaration. Le seul fait qu'un client ne respecte pas un devoir déontologique d'informer son employeur de l'ouverture d'un compte titres personnel ne suffit pas, en l'absence d'autres éléments, à impliquer l'illicéité de l'opération, alors que, correspondant à l'optimisation du rendement d'actifs jusqu'alors placés sur le marché monétaire, déstabilisé, au profit d'un instrument émis par une grande banque européenne, elle avait une justification économique pertinente, et concordait avec le profil du client. Dans ces conditions cette opération n'entrait pas dans les prévisions des art. L. 561-15 et L. 561-16 et la responsable de l'activité titres pouvait, comme elle l'a fait, se borner à actualiser le dossier du client pour y mentionner la nature nouvelle du placement pratiqué par cet investisseur averti. • Décis. ACP n° 2010-05 du 26 mai 2011. ♦ Le dispositif mis en place impose d'informer la cellule de renseignement financier de ses soupçons et non uniquement de ses certitudes quant à des faits susceptibles de relever du financement du terrorisme. De la même façon, l'obligation de déclarer un tel soupçon ne peut davantage être limitée à des personnes listées comme faisant partie d'organisations terroristes. • Décis. ACP n°s 2012-04 et 2012-04 *bis* du 10 janv. 2013 : *citée note 3 ss. art. L. 561-6.* ♦ En se bornant à refuser d'exécuter l'opération, sans enquêter plus avant sur les motifs réels des transferts envisagés, une banque n'a pas satisfait à ses obligations qui impliquaient la saisine de TRACFIN de cette opération restée inexpliquée. • Décis. ACP n° 2011-03 du 27 nov. 2012. ♦ L'activité des changeurs manuels est particulièrement exposée au risque de participation à des opérations de blanchiment ; lorsque leur intervention est sollicitée pour des montants inhabituellement élevés, ils doivent donc systématiquement en rechercher les motifs, et l'absence d'assurance raisonnable alors obtenue sur la licéité de l'origine ou de la destination des fonds constitue « une bonne raison de soupçonner » que s'applique l'obligation de saisir TRACFIN. • Décis. ACP n° 2012-05 du 5 févr. 2013. ♦ Des soupçons doivent exister lorsque les dossiers se caractérisent par une incohérence entre la profession déclarée et les opérations effectuées par le client, qui ont consisté en des versements d'espèces, ou en des remises de chèques suivies de retraits d'espèces, pour des montants importants au regard des informations réunies par l'établissement sur l'activité et les revenus de l'intéressé ; d'autant que la seule mention dans le dossier client d'activités telles que « commerçant », « employé de commerce » ou « manager » ne constitue pas une information suffisamment précise pour que les obligations déclaratives de l'établissement puissent être satisfaites. • Décis. ACPR n° 2013-06 du 26 janv. 2015 : *citée ss. art. L. 561-7.* ♦ L'objet de l'art. L. 561-15 n'est pas de mettre en place une obligation de « traçabilité complète » des fonds des clients mais d'obliger les organismes assujettis à déclarer les sommes présentant les caractéristiques énumérées, qui peuvent ne représenter qu'une partie des souscriptions ou des retraits du client, tandis que les autres ont été justifiés ; à cet égard, le silence du client en réponse aux demandes de justification de ses opérations est de nature, sauf circonstances particulières dont il appartient, le cas échéant, à l'établissement de justifier, à susciter le soupçon. • Décis. ACPR n° 2014-08 du 19 juin 2015. ♦ Le manque de coopération dont a fait preuve le client, quel qu'ait été le contexte, ou la « perte de confiance en l'établissement » dont il aurait fait état, pour motiver le rachat de son contrat, ne peut conduire à écarter le soupçon que les sommes versées proviennent d'une des infractions mentionnées au I de l'art. L. 561-15, compte tenu des montants en cause et des éléments de connaissance du client dont l'établissement disposait. • Décis. ACPR n° 2014-07 du 24 juill. 2015 : *Banque et Dr. sept.-oct 2015. 88, obs. Nicolet.* ♦ Les dispositions du II de l'art. L. 561-15 ne soumettent pas, en cas de soupçon de fraude fiscale, l'obligation d'adresser une déclaration à TRACFIN, à une condition liée au montant des opérations en cause mais au respect de critères définis au II de l'art. D. 561-32-1, dont aucun ne se réfère à un montant fixe ; en raison de cette approche par critères, des défauts de déclaration de soupçon peuvent être établis pour des opérations pouvant être regardées comme « mineures ». • Décis. ACPR n° 2016-09 du 30 juin 2017 : *citée note 2 ss. art. L. 561-10-2.* ♦ En effet, les obligations déclaratives s'appliquent sans considération de seuil. • Décis. ACPR n° 2017-04 du 3 juill. 2018 : *citée note 6 ss. art. L. 561-5.* ♦ Les opérations des clients de l'assujetti consistant soit en des virements de montants élevés en provenance de donneurs d'ordre différents, soit en des dépôts d'espèces, semblent incohérentes avec la situation professionnelle connue des intéressés – « sans emploi », « sans emploi/retraité », « pasteur évangéliste », « fonctionnaire », ou « comptable » –, alors même qu'il ignorait les revenus et le patrimoine de ses clients, caractérisant ainsi le manquement à l'obligation de DS. • Décis. ACPR n° 2019-04 du 4 févr. 2020. ♦ Le montant élevé des opérations réalisées au regard des revenus connus du client, des opérations impliquant des mouvements d'espèces importants au regard des revenus, l'absence de tout justificatif ou de justificatif probant de l'origine des fonds, le secteur d'activité (restauration) dans lequel exerce le client, l'enregistrement de mouvements importants au crédit d'un compte dont le titulaire est mineur et le virement des sommes ainsi placées sur un compte ouvert à l'étranger par l'un des deux parents, sont autant d'éléments qui auraient dû conduire à une DS. • Décis. ACPR n° 2020-01 du 24 déc. 2020.

2. Défaut de DS initiale. L'absence d'envoi d'une DS à TRACFIN s'analyse au regard de l'objet inconnu des transactions et de leurs montants unitaires ou cumulés comme un dysfonctionnement majeur du dispositif LCB/FT de l'assujetti. • Décis. ACPR n° 2017-07 du 13 juin 2018. ♦ Le manquement à l'obligation de déclarer ses soupçons est établi lorsque l'agent immobilier, qui est intervenu sur une période de moins d'un an pour deux ventes de quatre millions d'euros chacune, conclues par le même acquéreur ne résidant pas en France et qui les a financées en totalité par apport personnel, alors que le professionnel ne disposait pas de renseignements suffisants et de justificatifs probants, en particulier sur les revenus et le patrimoine du client. • Décis. CNS n° 2015-16 du 12 avr. 2016. ♦ Le manquement à l'obligation de déclarer ses soupçons est établi lorsque l'agent immobilier a reçu mandat pour vendre un bien acquis quatre mois avant et que les modalités de financement avaient été modifiées après la signature du compromis de vente, que l'acquisition avait été réalisée en totalité par apport personnel, que plusieurs tiers étaient intervenus et que plusieurs documents étaient incohérents, alors que le professionnel ne disposait pas de renseignements suffisants et de justificatifs probants, en particulier sur la profession, les revenus et le patrimoine de l'acquéreur. • Décis. CNS n° 2017-08 du 6 déc. 2017. ♦ Le manquement à l'obligation de déclarer ses soupçons est établi lorsque l'agent immobilier a apporté son concours à une opération de vente qui présente une certaine complexité en sa nature, faisant intervenir une société acheteuse implantée à l'étranger, représentée par un administrateur étranger, au bénéfice d'une délégation étrangère, et n'a pas effectué de recherches suffisantes quant à l'identification de ses clients et bénéficiaires effectifs parties à cette transaction. • Décis. CNS n° 2017-15 du 7 févr. 2018. ♦ Le manquement à l'obligation de déclarer ses soupçons est établi lorsque l'agent immobilier a apporté son concours à une opération financée sans emprunt et faisant intervenir lors de la rédaction du compromis de vente deux acquéreurs différents, sans justification économique de la provenance des fonds. Une telle opération aurait dû, pour le professionnel, caractériser une opération à risque de blanchiment de capitaux et financement du terrorisme justifiant la mise en place d'obligations renforcées. • Décis. CNS n° 2017-34 du 9 mai 2018.

Le manquement à l'obligation de déclarer ses soupçons est établi lorsque le même client du domiciliataire a domicilié dix-sept sociétés différentes auprès du professionnel et procédé lui-même à la liquidation anticipée de plusieurs de ces sociétés, alors que le professionnel ne disposait pas d'éléments probants d'identification du bénéficiaire effectif et de l'origine des fonds suffisants pour plusieurs de ces sociétés. La connaissance personnelle du client par le professionnel n'est pas de nature à l'exonérer de son obligation. • Décis. CNS n° 2015-21 du 12 oct. 2016. ♦ Le manquement à l'obligation de déclarer ses soupçons est établi lorsque le domiciliataire a conclu un contrat de domiciliation avec une société représentée par une personne physique qui est aussi représentante légale d'une autre société implantée dans un pays à fiscalité privilégiée, et détenant un document officiel d'identité périmé en provenance d'un paradis fiscal, et ne disposait pas d'éléments probants d'identification du client et du bénéficiaire effectif et de l'origine des fonds suffisants. • Décis. CNS n° 2016-13 du 28 mars 2018. ♦ Le manquement à l'obligation de déclarer ses soupçons de l'établissement de crédit est caractérisé lorsqu'un client enregistré comme un particulier sur une place de marché électronique – dont l'établissement est une filiale – réalise un très grand nombre d'opérations (26 429 achats et 6 ventes en moins de trois années), financées par des fonds dont l'origine n'était pas connue ; élément auquel s'ajoute le fait que la connexion du client était établie à partir d'une adresse IP en Thaïlande, alors qu'il était domicilié en France. • Décis. ACPR n° 2020-08 du 14 oct. 2021. ♦ Pour une société de domiciliation ayant une clientèle composée de plus d'une centaine de sociétés sanctionnée, notamment, pour un manquement à l'obligation de déclarer ses soupçons pour un domiciliataire d'origine non européenne qui souhaitait acheter de la marchandise en Belgique pour la revendre au Royaume-Uni via le port de Calais, V. • Décis. CNS n° 2018-34 du 11 mai 2020.

3. Constat de dossiers comportant des incohérences sans DS subséquente. Une cliente de 28 ans dont la profession n'est pas renseignée qui dépose en espèces 18 000 € en n'apportant pas de justificatif crédible de l'origine de ces fonds, puis qui effectue de nombreuses remises de chèques pour un montant de 45 000 € sur une période de 18 mois sans apporter d'information sur ses revenus et son patrimoine, doit conduire à une DS. • Décis. ACPR n° 2017-05 du 17 avr. 2018.

4. Anomalies dans le traitement des dossiers justifiant une DS. Le défaut d'information sur le patrimoine et les revenus des clients, qui ne permettait pas d'analyser l'objet de l'opération exécutée, ainsi que des rechargements en espèces ou par coupon réalisés pour des montants élevés, alors qu'aucun élément relatif à l'origine des fonds n'a été recueilli, permettent de considérer que les opérations auraient dû donner lieu à des déclarations de soupçon. • Décis. ACPR n° 2018-08 du 24 sept. 2019. ♦ Du fait de l'insuffisance de son outil de surveillance, la société n'a pas détecté de versements sur des contrats d'assurance vie qui étaient atypiques au regard des revenus ou du patrimoine des clients et de sa propre classification des risques, et qui auraient donc dû faire l'objet d'une alerte, d'un examen renforcé ou d'une DS. • Décis. ACPR n° 2020-03 du 29 avr. 2021 : *Banque et Dr. 5-6/2021. 69, obs. Nicolet.*

5. Étude au cas par cas du défaut de DS initiale. Il est reproché à la société de ne pas avoir procédé à des déclarations de soupçon notamment dans le cas d'un client ayant réalisé, entre janvier 2014 et juin 2016, 45 opérations de transmission de fonds, pour un montant total supérieur à 75 000 euros. Le franchissement du seuil de surveillance, selon les critères de l'assujetti, par la réalisation de six opérations ou plus en 30 jours à destination du Mali, du Ghana, du Nigeria, du Pakistan, de la Côte d'Ivoire, de la Chine, de la Roumanie, de la Thaïlande, de la Turquie, du Vietnam, du Cameroun et du Sénégal et l'absence quasi totale de tout élément de connaissance du client – à l'exception d'une déclaration de sa part selon laquelle il serait « *senior executive* » – justifiait une déclaration de soupçon. • Décis. ACPR n° 2017-10 du 10 janv. 2019.

6. Mauvaise gestion des DS par le directeur de la conformité. Des déclarations de soupçon auprès de la *National Crime Agency* britannique auraient dû également être réalisées auprès de TRACFIN ; les mesures correctrices ensuite diligentées ne permettant pas d'écarter le grief. • Décis. ACPR n° 2018-08 du 24 sept. 2019.

7. Délais excessifs de traitement des alertes. Le stock des alertes s'élevant encore à 11 945 alertes en janvier 2018 après la mise en place d'un nouvel outil, et le délai moyen de traitement des alertes étant resté élevé en 2017 (112 jours), malgré une diminution (269 jours en 2016), les délais moyens d'envoi des DS à Tracfin, déjà élevés, ont encore progressé en 2017, caractérisant le manquement de l'assujetti à ses obligations. • Décis. ACPR n° 2020-03 du 29 avr. 2021 : *préc. note 4.* ♦ Le délai excessif et le traitement insuffisant des alertes est retenu lorsque, sur les 8 111 alertes déclenchées entre le 3 sept. 2018 et le 19 juin 2019, 12 % ont été traitées plus de six mois après avoir été déclenchées, dont 490 six à sept mois après, 370 sept à huit mois après et 125 huit à neuf mois après. En outre, il est constaté que toutes les alertes ne faisaient pas l'objet d'une analyse suffisamment détaillée avant clôture : ainsi, pour 58 % des 8 111 alertes ci-dessus mentionnées, l'alerte n'a été suivie d'aucun commentaire et, dans près de 30 % des cas, le commentaire effectué a été succinct. • Décis. ACPR n° 2020-08 du 14 oct. 2021.

8. Absence d'exclusion des bons au porteur du champ de la DS. Les particularités des bons de capitalisation au porteur (BCP) pour lesquels tout a été « construit dans la législation afin d'éviter que la personne ne soit traçable », de même que la promotion dont ils ont pu faire l'objet par le passé ne peuvent conduire à exclure les opérations portant sur ce produit du dispositif de LCB/FT, faute de disposition particulière le prévoyant ; les dispositions légales relatives aux obligations déclaratives ne prévoyant pas, par ailleurs, d'alléger celles-ci en raison de la taxation qui est applicable à ces produits. • Décis. ACPR n° 2017-02 du 26 juill. 2018 : *Banque et Dr. 9-10/2018. 69, obs. Nicolet.*

9. Déclaration de soupçon complémentaire. Une fois la DS dûment réalisée l'assujetti a le devoir de transmettre une DS complémentaire lorsque la société continue d'effectuer des virements dont certains à destination de pays étrangers et ce sans justification économique apparente. • Décis. ACPR n° 2015-06 du 29 avr. 2016. ♦ D'éventuels obstacles techniques à la transmission d'une DS complémentaire ne permettent pas de justifier un délai trop long (en l'espèce la mise en place de la plateforme sécurisée Ermes non encore effective n'empêchait pas l'assujetti d'envoyer une déclaration sous forme papier). • Même décision.

10. Défaut de DS complémentaire. L'assujetti doit apporter tous les éléments d'identification du client et le cas échéant du bénéficiaire effectif. Ainsi lorsque l'assujetti adresse à TRACFIN une DS regroupant les opérations réalisées par plusieurs clients au profit d'un même bénéficiaire, il doit mentionner systématiquement les éléments d'identification de l'ensemble des clients expédiant des fonds. Une difficulté liée à la plateforme de déclaration ERMES qui limite à dix le nombre de champs destinés à renseigner les noms des donneurs d'ordre alors que certaines opérations concernaient plus de dix personne n'est pas suffisante pour justifier la carence de l'assujetti. Il appartenait en effet de procéder à une DS complémentaire afin de renseigner parfaitement la CRF. • Décis. ACPR n° 2017-07 du 13 juin 2018.

11. Transmission d'éléments nouveaux à l'issue d'une première DS. Si le transfert, à 53 reprises en trois mois, de fonds vers la Bulgarie, pays d'origine de la cliente, qui avait indiqué qu'elle était sans emploi, et ce pour un montant total de 9 460 euros, avait donné lieu à l'envoi d'une déclaration de soupçon, la cliente, placée sous surveillance par l'assujetti, avait par la suite réalisé 151 autres transactions en un an et demi pour un montant total de 26 125 euros vers 14 bénéficiaires, dont tous ne portaient pas son patronyme. En l'absence de déclaration complémentaire le grief est établi. • Décis. ACPR n° 2017-10 du 10 janv. 2019.

12. Déclarations infirmatives. Les dispositions du V de l'art. L. 561-15 n'imposent pas explicitement de fournir des documents justificatifs à l'appui des « déclarations infirmatives » adressées au service TRACFIN. Dès lors, le défaut de communication au service TRACFIN de tels documents ne peut être reproché au visa de ce texte. • Décis. ACPR n° 2017-07 du 24 juill. 2015 : *préc. note 1.*

13. Déclarations de soupçon tardives. La date à retenir pour apprécier le caractère tardif d'une déclaration de soupçon ne saurait être que celle à partir de laquelle les opérations ont pu apparaître comme suspectes et non celle du déclenchement d'une alerte interne lorsque celle-ci est elle-même tardive. Tout retard dans l'envoi à TRACFIN de ces déclarations par rapport à la date à laquelle l'opération suspecte a été réalisée doit dès lors être justifié par l'énoncé, dûment documenté, des diligences accomplies pour passer du doute au soupçon. • Décis. ACPR n° 2011-01 du 29 juin 2012. ♦ La nécessité d'écarter toute déclaration systématique à TRACFIN n'implique pas la possibilité, pour un établissement assujetti, d'attendre plusieurs mois avant de déclarer des opérations suspectes. Une déclaration tardive équivaut à un défaut de déclaration. • Décis. ACPR n°s 2012-04 et 2012-04 *bis* du 10 janv. 2013. ♦ Le délai écoulé entre la transmission de la pré-déclaration de soupçon (système propre à l'assujetti revenant à une alerte humaine) et la DS par les agences du réseau au service LAB étant de 191 jours et ce délai ne s'expliquant pas par la réalisation de diligences approfondies par l'assujetti, il est donc trop long au regard de l'exigence légale. • Décis. ACPR n° 2017-05 du 17 avr. 2018. ♦ Un délai de six mois, voire d'une année entre l'exécution d'une année, depuis l'exécution de l'opération suspecte déclarée par un organisme d'assurance, constitue une DS tardive. • Décis. ACPR n° 2017-01 du 26 juill. 2018. ♦ Un délai de deux ans entre les rachats de BCP pour un montant supérieur à 400 000 € et la DS constitue nécessairement une DS tardive. • Décis. ACPR n° 2017-03 du 26 juill. 2018. ♦ Le délai moyen écoulé entre l'exécution d'une opération suspecte (au regard des facteurs de risque légaux ou propres à l'établissement inscrits dans la classification des risques de l'établissement) et la DS passant de 285 jours en 2013 à 413 jours en 2015, les délais de réaction de l'opérateur entre les opérations suspectées de constituer du blanchiment de capitaux ou du financement du terrorisme et les DS éventuelles et les délais de traitement à proprement parler de ces DS (avec en l'occurrence un stock de DS en attente de traitement important) sont tardifs. • Décis. ACPR n° 2016-06 du 30 mai 2017. ♦ Les DS réalisées dans un délai compris entre cinq mois et plus d'un an après l'exécution de l'opération suspecte, sans motifs liés à l'exécution de quelconques diligences, constitue un délai tardif. • Décis. ACPR n° 2016-01 du 28 déc. 2016.

Une organisation dans laquelle les opérations atypiques des clients sont d'abord examinées au sein du réseau afin de passer du doute au soupçon, avant que les propositions issues de cet examen soient à leur tour analysées et donnent lieu, le cas échéant, à l'envoi d'une DS à TRACFIN par une unité à laquelle la fonction de déclaration a été confiée à titre exclusif, n'est pas en elle-même incompatible avec l'obligation d'une information « sans délai » sur les opérations déjà réalisées. • Décis. ACPR n° 2016-07 du 19 juill. 2017 : *JCP E 2018, n° 1209, spéc. n° 21, obs. Boursier ; Banque et Dr. 9-10/2017. 78, obs. Nicolet.* ♦ Mais l'organisation retenue, qui comporte une distinction entre les propositions de DS « prioritaires » et celles qui ne le seraient pas, selon un tri effectué par un comité à périodicité hebdomadaire, ainsi que la fixation de délais maximums respectifs d'un mois et de trois mois pour leur traitement, ne garantit pas une information de TRACFIN aussi rapide que possible sur toute opération suspecte déjà réalisée. • Même décision. ♦ L'établissement ne peut utilement faire valoir que son délai moyen d'envoi des DS à TRACFIN était de soixante jours en 2015, contre quatre-vingt-quatre pour les sept plus grands établissements de la place en moyenne, dès lors qu'en l'espèce le reproche porte seulement sur les retards constatés dans huit dossiers. • Décis. ACPR n° 2017-04 du 3 juill. 2018 : *citée note 6 ss. art. L. 561-5.* ♦ Les délais constatés dans cinq dossiers étant présentés par la poursuite comme une illustration d'un dispositif défectueux, ils ne sauraient au demeurant être sanctionnés en tant que tels. • Décis. ACPR n° 2017-10 du 10 janv. 2019 : *cité note 2 ss. art. L. 561-10-2.*

Le point de départ à retenir pour apprécier le caractère éventuellement tardif d'une DS ne peut être systématiquement retardé jusqu'au déclenchement d'une alerte interne, laquelle peut elle-même être tardive. *A fortiori*, cette date ne peut être systématiquement repoussée à l'établissement d'une proposition de DS qui peut, dans certains cas, être tardive en raison de retards dans la détection puis dans l'analyse d'une opération suspecte. • Décis. ACPR n° 2016-07 du 19 juill. 2017 : *cité note 13.* ♦ Les délais moyens dans lesquels l'établissement adresse à TRACFIN ses DS, tels que le délai de 145 jours constaté en 2014, calculé en jours ouvrés et à compter de « l'événement initial », et non de l'exécution de l'opération, sont excessifs et caractérisent donc par eux-mêmes un manquement à l'obligation imposée par l'art. L. 561-16 d'informer « sans délai » TRACFIN des opérations suspectes qui ont déjà été exécutées, quel que soit le sens que l'on donne à ces termes. • Même décision. ♦ Le délai moyen de transmission des DS à Tracfin, calculé par la société à partir du stock d'alertes non traitées au-delà de 60 jours, est élevé et s'est même dégradé (193 jours en 2016, 237 jours en 2017 et enfin 434 jours au premier semestre 2018), caractérisant ainsi le manquement. • Décis. ACPR n° 2020-03 du 29 avr. 2021 : *préc. note 4.* ♦ L'échantillon analysé par la mission de contrôle révèle que 11 DS ont été envoyées tardivement, le délai moyen de transmission à Tracfin, calculé par la mission de contrôle, étant de 104 jours en 2018 et de 180 jours au premier semestre 2019. En outre, parmi les DS transmises à Tracfin au premier semestre 2019, 12 % l'ont été dans un délai supérieur à 360 jours, emportant le caractère tardif de ces transmissions. • Décis. ACPR n° 2020-05 du 7 mai 2021.

14. Qualité des déclarations de soupçon. Il appartient à l'assujetti de fournir dans ses DS toutes les informations utiles pour TRACFIN qui n'a pas à se rapprocher de ses partenaires, notamment dans le cadre de conventions de délégation de gestion, afin d'obtenir lui-même ces informations. Le fait que la CRF ne considère pas ces DS comme irrecevables ne vaut pas quitus de sa part sur la qualité de leur contenu. • Décis. ACPR n° 2017-01 du 26 juill. 2018. ♦ La mention dans une DS du nom d'une autre personne physique sans que soit précisé en quoi une telle mention est pertinente au regard des faits signalés et des informations erronées se rapportant à la connaissance du client ou à la nature des opérations effectuées constituent des manquements aux dispositions du III de l'art. R. 561-31. • Décis. ACPR n° 2020-03 du 29 avr. 2021 : *préc. note 4.* ♦ L'erreur d'environ un mois sur la date à laquelle une opération de rachat de BCP a été effectuée par un client doit être regardée, en l'espèce, comme un manquement aux dispositions de l'art. L. 561-15. • Même décision. ♦ Mais l'absence de mention, dans une DS, d'un rachat partiel précédant de deux mois un rachat total, au sujet duquel la société produit les éléments justificatifs recueillis, ne constitue pas, en raison de la courte période qui séparait ces opérations et de leurs caractéristiques, un manquement aux obligations d'exactitude et de précision auxquelles la société est assujettie. • Même décision.

15. Réquisition judiciaire. Aucun texte ne prévoit de dispense de DS dans le cas où un établissement a été destinataire d'une réquisition judiciaire ou d'un droit de communication de TRACFIN. En tout état de cause, un manquement aux obligations déclaratives est établi lorsque, à la date à laquelle une réquisition judiciaire ou un droit de communication est reçu, l'organisme aurait déjà dû adresser une DS à TRACFIN ou que sa réponse n'englobe pas toutes les opérations suspectes dont il a connaissance. • Décis. ACPR n° 2016-06 du 30 mai 2017 : *JCP 2017, n° 861, note Boursier ; Banque et Dr. 7-8/2017. 73, obs. Nicolet ; RDBF 2017, n° 203, obs. Mathey.* ♦ Mais la réception par la banque d'une réquisition judiciaire concernant un client ne rend pas nécessairement suspectes les opérations de celui-ci. • Décis. ACP n°s 2012-04 et 2012-04 *bis* du 10 janv. 2013 : *préc. note 1.*

16. Champs des obligations déclaratives. Le placement sous « surveillance totale » des opérations suspectes ne peut se substituer au respect des obligations déclaratives. Par ailleurs, s'agissant de l'examen d'un manquement aux obligations déclaratives, il n'importe pas, contrairement à ce que soutient l'établissement, que « la déclaration de soupçon ait été faite soit de mauvaise foi soit à contretemps » mais uniquement de déterminer si une opération devant être déclarée à TRACFIN l'a effectivement été. • Décis. ACP n°s 2012-04 et 2012-04 *bis* du 10 janv. 2013 : *citée note 3 ss. art. L. 561-6.* ♦ La simple clôture d'un compte sur lequel sont enregistrées des opérations incohérentes avec les informations dont dispose un établissement, sans envoi d'une déclaration de soupçons, ne répond pas au grief et constitue une réaction inappropriée en ce qu'elle permet à l'intéressé, par l'entremise d'autres établissements, de continuer à effectuer des opérations susceptibles d'entrer dans le champ de l'art. L. 561-15 sans que cela soit connu. • Décis. ACPR n° 2012-08 du 2 déc. 2013 : *citée note 5 ss. art. L. 561-10-2.* ♦ Le blocage du client ou du bénéficiaire ou la cessation des relations avec les agents intervenus dans la réalisation de certains transferts ne peuvent se substituer à l'information de TRACFIN sur des opérations suspectes. • Décis. ACPR n° 2017-07 du 13 juin 2018 : *citée ss. art. R. 561-12.* ♦ De même, l'avertissement adressé par la caisse à la cliente de cesser les opérations suspectes ne peut se substituer à l'envoi d'une DS. • Décis. ACPR n° 2017-04 du 3 juill. 2018 : *citée note 6 ss. art. L. 561-5.* ♦ De la même façon, le blocage de la carte du client ne peut se substituer au respect par l'établissement de ses obligations déclaratives. • Décis. ACPR n° 2018-08 du 24 sept. 2019.

17. Qualification de l'infraction. Si l'établissement soutient qu'aucun texte législatif ou réglementaire ne prévoit l'obligation pour les organismes d'assurance de collecter des informations relatives aux liens unissant le souscripteur du bon à son porteur, le I de l'art. L. 561-15 leur impose de déclarer au service TRACFIN toute opération dont ils ne peuvent exclure qu'elle porte sur des sommes provenant d'une infraction sanctionnée d'une peine d'emprisonnement supérieure à un an ou participant au financement du terrorisme. De telles dispositions permettent que soient sanctionnées les carences d'un établissement qui omettrait, quel que soit le produit financier concerné, d'effectuer les diligences nécessaires, lesquelles n'incluent cependant pas la recherche ni la qualification de l'infraction pouvant faire l'objet de blanchiment. • Décis. ACPR n° 2014-07 du 24 juill. 2015 : *préc. note 1.*

18. Neutralité de l'absence de réaction de TRACFIN. L'absence de demande complémentaire de TRACFIN dans des dossiers dans lesquels les déclarations de soupçon sont insuffisantes ne conduit pas à exclure les manquements reprochés. • Décis. ACPR n° 2020-03 du 29 avr. 2021 : *préc. note 4.*

Art. L. 561-15-1 *(Ord. n° 2016-1635 du 1er déc. 2016, art. 4-III)* **« I. – Les personnes mentionnées à l'article L. 561-2 adressent au service mentionné à l'article L. 561-23 les éléments d'information relatifs à certaines opérations présentant un risque élevé de blanchiment ou de financement du terrorisme en raison du pays ou du territoire d'origine ou de destination des fonds, de la nature des opérations en cause ou des structures juridiques impliquées dans ces opérations. Un décret en Conseil d'État fixe les conditions d'application du présent article en ce qui concerne notamment les personnes et les opérations concernées ainsi que les modalités de transmission de l'information.** – *V. art. R. 561-31-1.*

« II. – » *(L. n° 2013-672 du 26 juill. 2013, art. 12-II)* **« Les informations adressées en application du présent article sont faites sans préjudice des déclarations éventuellement faites en application de l'article L. 561-15. »**

BIBL. ▶ LASSERRE CAPDEVILLE, *LPA 27 sept. 2013* (L. n° 2013-672 du 26 juill. 2013 : évolutions en matière de lutte contre les paradis fiscaux et le blanchiment des capitaux). – CUTAJAR, *BJB 2013. 625* (volet anti-blanchiment de la L. n° 2013-672 du 26 juill. 2013).

COMMENTAIRE

Les communications systématiques d'informations (COSI) constituent une nouvelle modalité de communication imposée aux assujettis par l'article L. 561-15-1. Il s'agit de communiquer à TRACFIN des données factuelles et objectives qui permettront d'enrichir la conduite d'enquêtes financières ou d'enquêtes relatives à la commission de différentes infractions.

Cette obligation de communication pèse sur les professionnels visés aux 1°, 1° *bis* et 1° *ter* de l'article L. 561-2 du code monétaire et financier, et les établissements mentionnés au VI de l'article L. 561-3 du même code. Elle porte sur toutes les informations relatives aux opérations de transmission de fonds effectuées à partir d'un versement d'espèces ou au moyen de monnaie électronique.

La COSI ne nécessite pas d'analyse de la part de l'assujetti et ne suppose pas l'existence d'un soupçon. Se distinguant de la déclaration de soupçon par son automaticité elle se fonde par la conduite d'investigations, l'exonération de responsabilité pénale, civile et professionnelle du déclarant. Les informations communiquées dans ce cadre permettront, en revanche, d'enrichir les investigations en cours. Elle s'effectue sans préjudice d'une éventuelle déclaration de soupçon.

Les conditions de réalisation des COSI sont fixées à l'article D. 561-31-1. ❑

Sanction du défaut de COSI. L'obligation de transmission systématique d'informations à TRACFIN concerne tous les versements et retraits d'espèces supérieurs à 10 000 € sur un mois civil (art. L. 561-15-1 et R. 561-31-2). La commission retient ce défaut au regard de quatre séries de retraits d'espèces effectués par trois clients entre avr. 2016 et oct. 2017 qui auraient dû faire l'objet de COSI. Elle souligne cependant leur faible nombre ainsi que le fait que le dépassement reproché s'élevait à 40 € seulement. • Décis. ACPR n° 2019-04 du 4 févr. 2020.

Art. L. 561-16 **Les personnes mentionnées à l'article L. 561-2 s'abstiennent d'effectuer toute opération** *(Ord. n° 2016-1635 du 1er déc. 2016, art. 4-IV, en vigueur le 1er janv. 2017)* **« portant sur des sommes dont elles savent, soupçonnent ou ont de bonnes raisons de soupçonner qu'elles proviennent d'une infraction passible d'une peine privative de liberté supérieure à un an ou sont liées au financement du terrorisme » jusqu'à ce qu'elles aient fait la déclaration prévue à l'article L. 561-15. Elles ne peuvent alors procéder à la réalisation de l'opération que si les conditions prévues au quatrième alinéa de l'article** *(Ord. n° 2016-1635 du 1er déc. 2016, art. 4-IV, en vigueur le 1er janv. 2017)* **« L. 561-24 » sont réunies.**

Lorsqu'une opération devant faire l'objet de la déclaration prévue à l'article L. 561-15 a déjà été réalisée, soit parce qu'il a été impossible de surseoir à son exécution, soit que son report aurait pu faire obstacle à des investigations portant sur une opération suspectée de blanchiment des capitaux ou de financement du terrorisme, soit qu'il est apparu postérieurement à sa réalisation qu'elle était soumise à cette déclaration, la personne mentionnée à l'article L. 561-2 en informe sans délai le service prévu à l'article L. 561-23.

COMMENTAIRE

Le soupçon et, *a fortiori*, la déclaration de soupçon imposent au déclarant de s'abstenir de réaliser toute opération suspectée de blanchiment, sauf à la réaliser pour des raisons d'efficacité lorsque le report d'exécution de l'opération risque de faire obstacle aux investigations ou lorsque TRACFIN ne s'y est pas opposé dans les conditions de l'article L. 561-25 du code monétaire et financier. L'opération peut en effet être réalisée soit en l'absence d'opposition de TRACFIN, soit lorsque aucune décision du président du tribunal judiciaire ne lui est parvenue. Les assujettis sont alors exempts de toutes poursuites en vertu du IV de l'article L. 561-22.

Si l'assujetti ne démontre pas qu'il a respecté les conditions de réalisation de l'opération tenant à l'efficacité des investigations ou à l'absence d'opposition de TRACFIN (art. L. 561-16 et L. 561-25), il peut être poursuivi pour blanchiment par collusion frauduleuse avec son client. La question du droit de maintenir les relations commerciales se résout *de facto*. Le droit au maintien n'existe qu'en cas de soupçon injustifié. Il est exclu en cas contraire.

En revanche, l'article L. 561-22 du code monétaire et financier règle la question des établissements de crédit désignés par la Banque de France pour accueillir un client sans établissement bancaire (C. mon. fin., art. L. 312-1). Il régit également la situation d'un établissement bancaire accueillant un mandataire financier de candidat à une élection législative sans établissement bancaire en vertu de la loi n° 2011-412 du 14 avril 2011 relative à la transparence de la vie politique. Ces établissements sont exonérés de toute responsabilité pénale pour recel ou blanchiment en cas d'ouverture du compte, sauf concertation frauduleuse avec son titulaire (à propos de la collusion entre le banquier et le client, V. TGI Paris, 11e ch., 11 juill. 2006, n° 981969316 : *Banque et Dr. 2007, n° 115, p. 46, obs. Rebut*). ❑

Art. L. 561-17 **Par dérogation aux articles L. 561-15 et L. 561-16, l'avocat au Conseil d'État et à la Cour de cassation** *(L. n° 2011-94 du 25 janv. 2011, art. 31-II, en vigueur le 1er janv. 2012)* **« ou l'avocat »** *(Ord. n° 2020-115 du 12 févr. 2020, art. 4)* **« ou la caisse des règlements pécuniaires des avocats » communique la déclaration, selon le cas, au président de l'ordre des avocats au Conseil d'État et à la Cour de cassation** *(L. n° 2011-94 du 25 janv. 2011, art. 31-II, en vigueur le 1er janv. 2012)* **« ou au bâtonnier de l'ordre auprès duquel l'avocat est inscrit »** *(Ord. n° 2020-115 du 12 févr. 2020, art. 4)* **« ou au bâtonnier de l'ordre auprès duquel est inscrit l'avocat ayant déposé les fonds, effets ou valeurs faisant l'objet de cette déclaration ». Dès lors que les conditions fixées à l'article L. 561-3 sont remplies, ces autorités transmettent la déclaration au service mentionné à l'article L. 561-23, dans les délais et selon les modalités définis par décret en Conseil d'État.** — *V. art. R. 561-32.*

Lorsqu'une déclaration a été transmise en méconnaissance de ces dispositions, le service mentionné à l'article L. 561-23 en refuse la communication et informe dans les meilleurs délais, selon le cas, le président de l'ordre des avocats au Conseil d'État et à la Cour de cassation *(L. n° 2011-94 du 25 janv. 2011, art. 31-II, en vigueur le 1er janv. 2012)* **« ou le bâtonnier de l'ordre auprès duquel l'avocat déclarant est inscrit ».**

Cette dérogation ne s'applique pas à l'avocat agissant en qualité de fiduciaire. — *Sur la fiducie, V. C. civ., art. 2011.* — ***C. civ.***

BIBL. ▶ MATTÉOLI, *Gaz. Pal. 2011. 2788* (l'arrêt du 22 sept. 2011 [n° 10-21.219] et la déclaration de soupçon, quel secret professionnel ?).

Art. L. 561-18 *(Ord. n° 2016-1635 du 1er déc. 2016, art. 4-V)* **La déclaration mentionnée à l'article L. 561-15 est confidentielle.**

Sous réserve des dispositions de l'article *(Ord. n° 2018-1125 du 12 déc. 2018, art. 11, en vigueur le 1er juin 2019)* **« 19 » de la loi n° 78-17 du 6 janvier 1978 mentionnée ci-dessus, il est interdit, sous peine des sanctions prévues à l'article L. 574-1, aux dirigeants et préposés d'organismes financiers, aux personnes mentionnées à l'article L. 561-2, au président de l'ordre des avocats au Conseil d'État et à la Cour de cassation** *(L. n° 2011-94 du 25 janv. 2011, art. 31-II, en vigueur le 1er janv. 2012)* **« ou au bâtonnier de l'ordre auprès duquel l'avocat est inscrit », de porter à la connaissance du propriétaire des sommes ou de l'auteur de l'une des opérations mentionnées à l'article L. 561-15 ou à des tiers, autres que les autorités de contrôle, ordres professionnels et instances représentatives nationales visées à l'article L. 561-36, l'existence et le contenu d'une déclaration faite auprès du service mentionné à l'article**

L. 561-23 et de donner des informations sur les suites qui ont été réservées à cette déclaration.

Le fait, pour les personnes mentionnées au 13° de l'article L. 561-2, de s'efforcer de dissuader leur client de prendre part à une activité illégale ne constitue pas une divulgation au sens de l'alinéa précédent. – *Anc. I de l'art. L. 561-19 (Ord. n° 2016-1635 du 1er déc. 2016, art. 4-V).*

COMMENTAIRE

L'article L. 561-18 du code monétaire et financier consacre le principe de confidentialité des déclarations de soupçon dont le non-respect est sanctionné pénalement par l'article L. 574-1 du même code. Il s'impose au déclarant à l'égard du client pour des raisons évidentes d'efficacité de la répression. Il interdit au déclarant de révéler au propriétaire des sommes et à toute autre personne l'existence de la déclaration et de ses suites. La confidentialité imposée aux avocats et avocats aux Conseils n'exclut pas la possibilité pour ces derniers de dissuader leur client de prendre part à une opération soupçonnée de blanchiment. Le principe de confidentialité s'impose également à TRACFIN qui reçoit les déclarations et doit préserver en toutes circonstances leur confidentialité, notamment l'identité du déclarant.

Le principe de confidentialité fait cependant l'objet d'aménagements. Ainsi, la confidentialité de la déclaration d'opération suspecte ne constitue pas un obstacle au droit des autorités de contrôle, des ordres professionnels, des instances représentatives nationales et de la Commission nationale de l'informatique et des libertés (CNIL), de prendre connaissance de la déclaration d'opération suspecte dans l'exercice de leurs missions de contrôle ou dans la mise en œuvre du traitement informatique des données par les récipiendaires.

En outre, il existe, en vertu des articles L. 561-20 et L. 561-21 du code monétaire et financier, une faculté d'échange d'informations dans des conditions sécurisées entre les sociétés financières et d'assurance ou entre professionnels du droit et experts-comptables traitant avec un même client pour une même opération. Le droit est conditionné à la localisation des personnes en France, dans l'Union européenne, dans l'Espace économique européen ou dans un pays figurant sur la liste des pays présentant un degré équivalent de protection en matière de LBC/FT. A défaut, l'échange d'informations est possible au sein du groupe, si l'entité ou le groupe établit qu'il applique dans ce pays des mesures équivalentes aux mesures prévues par le code monétaire et financier. Il dépend également du fait que les personnes impliquées dans l'échange d'informations, et non basées en France, soient soumises à des obligations équivalentes en matière de secret professionnel, que les informations échangées soient exclusivement utilisées à des fins professionnelles, et que le traitement des informations réalisé dans un pays tiers garantisse le même degré de protection de la vie privée et des données à caractère personnel que le droit interne.

Les assujettis organismes financiers et d'assurance visés aux 1° à 7° de l'article L. 561-2 du code monétaire et financier sont autorisés à informer l'autorité judiciaire et les officiers de police judiciaire délégataires de l'existence d'une déclaration. L'autorité judiciaire peut obtenir la déclaration sur réquisition judiciaire, si cela s'avère nécessaire, pour engager la responsabilité des assujettis soupçonnés d'avoir participé à l'opération qu'ils ont déclarée.

Dans le prolongement de la possibilité ouverte aux assujettis du secteur financier de se communiquer des informations recueillies dans la cadre de l'exercice des diligences requises par la loi, l'ordonnance n° 2020-115 du 12 février 2020 a ouvert aux avocats la possibilité de communiquer et de se voir communiquer des informations entre avocats assujettis dans le cadre des diligences réalisées pour l'application des articles L. 561-5, L. 561-5-1, L. 561-6, L. 561-9 à L. 561-10-2 et ce dans les conditions prévues par l'article L. 561-21 du code monétaire et financier. ❑

Art. L. 561-19 *(Ord. n° 2016-1635 du 1er déc. 2016, art. 4-VI)* **Les dirigeants et préposés des personnes mentionnées aux 1° à** *(Ord. n° 2020-115 du 12 févr. 2020, art. 4)* **«** ***7° quater*** **» de l'article L. 561-2 peuvent révéler à l'autorité judiciaire ou aux officiers de police judiciaire agissant sur délégation que des informations ont été transmises au service mentionné à l'article L. 561-23 en application de l'article L. 561-15. Dans ce cas, l'autorité judiciaire ou les officiers de police judiciaire peuvent demander confirmation à ce service de l'existence de cette déclaration.**

La déclaration prévue à l'article L. 561-15 n'est accessible à l'autorité judiciaire que sur réquisition auprès du service mentionné à l'article L. 561-23 et dans les seuls cas

où cette déclaration est nécessaire à la mise en œuvre de la responsabilité des personnes mentionnées à l'article L. 561-2, de leurs dirigeants et préposés ou de celle des autorités mentionnées à l'article L. 561-17 et lorsque l'enquête judiciaire fait apparaître qu'ils peuvent être impliqués dans le mécanisme de blanchiment de capitaux ou de financement du terrorisme qu'ils ont révélé. – *Anc. II de l'art. L. 561-19 (Ord. n° 2016-1635 du 1er déc. 2016, art. 4-V).*

Art. L. 561-20 *(Ord. n° 2016-1635 du 1er déc. 2016, art. 4-VII) (Ord. n° 2020-1544 du 9 déc. 2020, art. 4)* « I. – Par dérogation à l'article L. 561-18 et sauf opposition du service mentionné à l'article L. 561-23, les personnes mentionnées aux 1° à 7° *bis* et au 7° *quater* de l'article L. 561-2, ainsi que leurs filiales et succursales, s'informent de l'existence et du contenu de la déclaration prévue à l'article L. 561-15 lorsque les conditions suivantes sont réunies : »

a) Les informations ne sont échangées qu'entre personnes d'un même groupe soumises à l'obligation de déclaration prévue à l'article L. 561-15 ;

b) Les informations divulguées sont nécessaires à l'exercice, au sein du groupe, de la vigilance en matière de lutte contre le blanchiment des capitaux et le financement du terrorisme et seront exclusivement utilisées à cette fin ;

(Ord. n° 2020-115 du 12 févr. 2020, art. 4) « *c)* Les informations sont divulguées à une personne ou un établissement établi dans l'Union européenne ou l'Espace économique européen ou dans un pays tiers à condition que l'entité du groupe établie dans ce pays tiers applique les mesures prévues au présent chapitre conformément à l'article L. 561-33 ou des mesures équivalentes ;

« *d)* Le traitement des informations mentionnées aux *a* à *c* garantit un niveau de protection suffisant de la vie privée et des libertés et droits fondamentaux des personnes conformément aux articles 122 et 123 de la loi n° 78-17 du 6 janvier 1978. »

II. – Par dérogation à l'article L. 561-18 *(Ord. n° 2020-115 du 12 févr. 2020, art. 4)* « et sauf opposition du service mentionné à l'article L. 561-23 », les personnes mentionnées aux 12°, 12° *bis*, 13° de l'article L. 561-2, qui appartiennent au même réseau ou à une même structure d'exercice professionnel, s'informent au sein du réseau ou de la structure d'exercice professionnel de l'existence et du contenu de la déclaration prévue à l'article L. 561-15 lorsque les conditions suivantes sont réunies :

a) Les informations ne sont échangées qu'entre personnes d'un même réseau ou d'une même structure d'exercice professionnel soumises à l'obligation de déclaration prévue à l'article L. 561-15 ;

b) Les informations divulguées sont nécessaires à l'exercice, au sein du réseau ou de la structure d'exercice professionnel, de la vigilance en matière de lutte contre le blanchiment des capitaux et le financement du terrorisme et seront exclusivement utilisées à cette fin ;

c) Les informations sont divulguées à une personne ou *[à]* un établissement situé en France ou dans un autre État membre de l'Union européenne, dans un État partie à l'Espace économique européen ou dans un pays tiers imposant des obligations équivalentes en matière de lutte contre le blanchiment et le financement du terrorisme *(Abrogé par Ord. n° 2020-115 du 12 févr. 2020, art. 4)* « *figurant sur une liste fixée par arrêté du ministre chargé de l'économie* » ;

d) Le traitement des informations réalisé dans le pays mentionné au *c)* garantit un niveau de protection suffisant de la vie privée et des libertés et droits fondamentaux des personnes conformément aux articles *(Ord. n° 2018-1125 du 12 déc. 2018, art. 11, en vigueur le 1er juin 2019)* « 122 et 123 » de la loi n° 78-17 du 6 janvier 1978.

(Ord. n° 2020-1544 du 9 déc. 2020, art. 4) « III. – Par dérogation à l'article L. 561-18 et sauf opposition du service mentionné à l'article L. 561-23, les entreprises mères de groupes mentionnées au I de l'article L. 561-33 ont accès aux informations relatives à l'existence et au contenu des déclarations prévues à l'article L. 561-15 réalisées par les entités du groupe, lorsque les conditions suivantes sont remplies :

« *a)* Les entreprises mères sont établies dans un État membre de l'Union européenne ou dans un État partie à l'accord sur l'Espace économique européen ou dans un pays tiers imposant des obligations équivalentes en matière de lutte contre le blanchiment de capitaux et le financement du terrorisme ;

« *b)* Ces informations sont nécessaires pour la mise en œuvre des obligations prévues à l'article L. 561-33 ou à des obligations équivalentes prévues par la réglementation locale et seront exclusivement utilisées à cette fin ;

« *c)* Le traitement des informations réalisé dans ce pays garantit un niveau de protection suffisant de la vie privée et des libertés et droits fondamentaux des personnes conformément aux articles 122 et 123 de la loi n° 78-17 du 6 janvier 1978. »

(Ord. n° 2020-115 du 12 févr. 2020, art. 4) « Un décret en Conseil d'État précise les modalités d'application du présent article. »

Remontée d'information. S'agissant de la remontée d'informations relatives aux déclarations de soupçon effectuées par des entités situées en dehors du territoire national, les faits reprochés, selon lesquels le département LCB de la cellule centrale de la conformité du groupe n'aurait reçu aucun élément d'information sur les déclarations de soupçon réalisées par les entités autres que l'entité française, ne peuvent être qualifiés au regard des dispositions de l'art. L. 561-20, qui porte sur les échanges d'informations relatives aux déclarations de soupçon adressées à TRACFIN. • Décis. ACP n° 2011-02 du 24 oct. 2011.

Art. L. 561-21 Par dérogation à l'article *(Ord. n° 2016-1635 du 1er déc. 2016, art. 4-VIII)* « L. 561-18 », les personnes mentionnées *(Ord. n° 2020-115 du 12 févr. 2020, art. 4)* « aux 1° à 7° *quater* et aux 12°, 12° *bis*, 13°, 18° et 19° » de l'article L. 561-2 peuvent, lorsqu'elles interviennent pour un même client et dans une même *(Ord. n° 2016-1635 du 1er déc. 2016, art. 4-VIII)* « opération » *(L. n° 2012-387 du 22 mars 2012, art. 73)* « ou lorsqu'elles ont connaissance, pour un même client, d'une même opération », s'informer mutuellement *(L. n° 2012-387 du 22 mars 2012, art. 73)* « , et par tout moyen sécurisé, » de l'existence et du contenu de la déclaration prévue à l'article L. 561-15. *(Ord. n° 2020-115 du 12 févr. 2020, art. 4)* « Ces échanges d'informations ne sont autorisés, parmi les personnes énumérées à l'article L. 561-2, qu'entre celles mentionnées aux 1° à 7° ou entre celles mentionnées aux 1° *bis*, 1° *ter* et 1° *quater* qui fournissent principalement le service mentionné au 6° du II de l'article L. 314-1, ou entre celles mentionnées aux 7° *bis* à 7° *quater*. Ils sont également autorisés entre les personnes mentionnées aux 12°, 12° *bis*, 13° à 19° du même article L. 561-2 ou entre celles mentionnées à son 18° et les avocats mentionnés au 13°, si les conditions suivantes sont réunies :

« *a)* Les personnes mentionnées aux 1° à 7° *quater* et aux 12°, 12° *bis*, 13°, 18° et 19° de l'article L. 561-2 sont situées en France, dans un État membre de l'Union européenne ou partie à l'accord sur l'Espace économique européen ; »

b) *(L. n° 2012-387 du 22 mars 2012, art. 73)* « Lorsque l'échange d'informations implique des personnes qui ne sont pas situées en France, celles-ci » sont soumises à des obligations équivalentes en matière de secret professionnel ;

c) Les informations échangées sont utilisées exclusivement à des fins de prévention du blanchiment des capitaux et du financement du terrorisme ;

d) Le traitement des informations communiquées, lorsqu'il est réalisé dans un pays tiers, garantit un niveau de protection suffisant de la vie privée et des libertés et droits fondamentaux des personnes, conformément aux articles *(Ord. n° 2018-1125 du 12 déc. 2018, art. 11, en vigueur le 1er juin 2019)* « 122 et 123 » de la loi n° 78-17 du 6 janvier 1978 mentionnée ci-dessus.

(Abrogé par L. n° 2010-853 du 23 juill. 2010, art. 23-I) *« Pour l'application du présent article, les personnes mentionnées aux 1° à 6° de l'article L. 561-2, à l'exception* *(Ord. n° 2009-866 du 15 juill. 2009, art. 14)* *« des établissements de paiement fournissant principalement le service mentionné au 6° du II de l'article L. 314-1 », constituent une seule et même catégorie professionnelle. »*

Art. L. 561-22 I. – Aucune poursuite fondée sur les articles 226-10, 226-13 et 226-14 du code pénal ne peut être intentée contre :

a) Les personnes mentionnées à l'article L. 561-2 ou leurs dirigeants et préposés ou les autorités mentionnées à l'article L. 561-17 lorsqu'ils ont, de bonne foi, fait la déclaration prévue à l'article L. 561-15 dans les conditions prescrites par les dispositions législatives ou réglementaires applicables ou lorsqu'ils ont communiqué des informations au service mentionné à l'article L. 561-23 en application de l'article *(Ord. n° 2016-1635 du 1er déc. 2016, art. 4-IX, en vigueur le 1er janv. 2017)* « L. 561-25 »

(Ord. n° 2020-115 du 12 févr. 2020, art. 4) « ou lorsqu'ils ont, de bonne foi, signalé une divergence en application de l'article L. 561-47-1 » ;

b) Les autorités de contrôle qui ont transmis des informations au service mentionné à l'article L. 561-23 en application *(L. n° 2010-853 du 23 juill. 2010, art. 23-I)* « du II de l'article » *(Ord. n° 2016-1635 du 1er déc. 2016, art. 4-IX, en vigueur le 1er janv. 2017)* « L. 561-28 » *(Ord. n° 2020-115 du 12 févr. 2020, art. 4)* « ou qui ont signalé une divergence en application de l'article L. 561-47-1 » ;

c) Les personnes qui ont transmis des informations à ce service en application de l'article *(L. n° 2010-853 du 23 juill. 2010, art. 23-I)* « L. 561-27 et du III de l'article » *(Ord. n° 2016-1635 du 1er déc. 2016, art. 4-IX, en vigueur le 1er janv. 2017)* « L. 561-28 » ;

(Ord. n° 2020-115 du 12 févr. 2020, art. 4) « *d)* Les préposés ou les dirigeants des personnes mentionnées à l'article L. 561-2 lorsqu'ils ont signalé un soupçon de blanchiment de capitaux ou de financement du terrorisme dans le cadre du dispositif de contrôle interne prévu à l'article L. 561-32. »

II. — Aucune action en responsabilité civile ne peut être intentée ni aucune sanction professionnelle *(Ord. n° 2020-115 du 12 févr. 2020, art. 4)* « ou mesure préjudiciable ou discriminatoire en matière d'emploi, parmi celles mentionnées au deuxième alinéa de l'article L. 1132-3-3 du code du travail, » prononcée contre :

a) Les personnes mentionnées à l'article L. 561-2 ou leurs dirigeants et préposés ou les autorités mentionnées à l'article L. 561-17, lorsqu'ils ont, de bonne foi, fait la déclaration prévue à l'article L. 561-15 dans les conditions prescrites par les dispositions législatives ou réglementaires applicables, notamment par l'article L. 561-16, ou lorsqu'ils ont communiqué des informations au service mentionné à l'article L. 561-23 en application de l'article *(Ord. n° 2016-1635 du 1er déc. 2016, art. 4-IX, en vigueur le 1er janv. 2017)* « L. 561-25 » *(Ord. n° 2020-115 du 12 févr. 2020, art. 4)* « ou lorsqu'ils ont, de bonne foi, signalé une divergence en application de l'article L. 561-47-1 » ;

b) Les autorités de contrôle qui ont transmis des informations au service mentionné à l'article L. 561-23 en application *(L. n° 2010-853 du 23 juill. 2010, art. 23-I)* « du II de l'article » *(Ord. n° 2016-1635 du 1er déc. 2016, art. 4-IX, en vigueur le 1er janv. 2017)* « L. 561-28 » *(Ord. n° 2020-115 du 12 févr. 2020, art. 4)* « ou qui ont signalé une divergence en application de l'article L. 561-47-1 » ;

c) Les personnes qui ont transmis des informations à ce service en application de l'article *(L. n° 2010-853 du 23 juill. 2010, art. 23-I)* « L. 561-27 et du III de l'article » *(Ord. n° 2016-1635 du 1er déc. 2016, art. 4-IX, en vigueur le 1er janv. 2017)* « L. 561-28 » ;

(Ord. n° 2020-115 du 12 févr. 2020, art. 4) « *d)* Les préposés ou les dirigeants des personnes mentionnées à l'article L. 561-2 lorsqu'ils ont signalé un soupçon de blanchiment de capitaux ou de financement du terrorisme dans le cadre du dispositif de contrôle interne prévu à l'article L. 561-32. »

En cas de préjudice résultant directement d'une telle déclaration ou communication, l'État répond du dommage subi.

III. — Les dispositions du présent article s'appliquent même si la preuve du caractère délictueux des faits à l'origine de la déclaration mentionnée à l'article L. 561-15, de l'information transmise en application des articles L. 561-27 et *(Ord. n° 2016-1635 du 1er déc. 2016, art. 4-IX, en vigueur le 1er janv. 2017)* « L. 561-28 » ou de l'exercice du droit de communication prévu à l'article *(Ord. n° 2016-1635 du 1er déc. 2016, art. 4-IX, en vigueur le 1er janv. 2017)* « L. 561-25 » n'est pas rapportée ou si les poursuites engagées en raison de ces faits ont été closes par une décision de non-lieu, de relaxe ou d'acquittement.

IV. — Lorsque l'opération a été exécutée comme il est prévu aux articles L. 561-16 ou *(Ord. n° 2016-1635 du 1er déc. 2016, art. 4-IX, en vigueur le 1er janv. 2017)* « L. 561-24 » et sauf concertation frauduleuse avec le propriétaire des sommes ou l'auteur de l'opération, les personnes mentionnées à l'article L. 561-2 sont dégagées de toute responsabilité et aucune poursuite pénale ne peut être engagée à leur encontre de ce chef par application des articles 222-34 à 222-41, 321-1, 321-2, 321-3, 324-1, 324-2 et 421-2-2 du code pénal ou de l'article 415 du code des douanes.

V. — Sauf concertation frauduleuse avec le propriétaire des sommes ou l'auteur de l'opération, la responsabilité pénale des personnes mentionnées au 1° de l'article L. 561-2 ne peut être engagée, par application des articles 222-34 à 222-41, 321-1, 321-2, 321-3, 324-1 *(Ord. nº 2016-1635 du 1er déc. 2016, art. 4-IX, en vigueur le 1er janv. 2017)* **« [,] 324-2 et 421-2-2 du code pénal » ou de l'article 415 du code des douanes, lorsqu'elles ouvrent un compte sur désignation de la Banque de France conformément à l'article L. 312-1 du présent code** *(L. nº 2011-412 du 14 avr. 2011, art. 13-II ; L. nº 2017-1339 du 15 sept. 2017, art. 27-II)* **« et à l'article L. 52-6-1 du code électoral ».**

Il en va de même pour des opérations réalisées par la personne ainsi désignée lorsque le client a fait l'objet d'une déclaration mentionnée à l'article L. 561-15 *(L. nº 2010-853 du 23 juill. 2010, art. 23-I)* **« et qu'elle a respecté les obligations de vigilance prévues »** *(Ord. nº 2016-1635 du 1er déc. 2016, art. 4-IX, en vigueur le 1er janv. 2017)* **« au II de l'article L. 561-10-1 et à l'article L. 561-10-2 ».**

(L. nº 2016-1691 du 9 déc. 2016, art. 68) **« VI. — Lorsque, à la suite d'une désignation effectuée par le service mentionné à l'article L. 561-23 en application du 2° de l'article** *(L. nº 2019-486 du 22 mai 2019, art. 206-VII-B)* **« L. 561-26 », les personnes mentionnées à l'article L. 561-2 poursuivent la relation d'affaires, ni leur responsabilité civile ou professionnelle, ni leur responsabilité pénale en application des articles 222-34 à 222-41, 321-1 à 321-3, 324-1, 324-2, 421-2-2 et du troisième alinéa de l'article 421-5 du code pénal ou de l'article 415 du code des douanes ne peuvent être engagées.**

« Le premier alinéa du présent VI s'applique sauf concertation frauduleuse avec le propriétaire des sommes ou l'auteur de l'opération et sous réserve de la mise en œuvre de bonne foi des obligations de vigilance et de déclaration des personnes mentionnées à l'article L. 561-2. »

BIBL. ▸ MILLET, *RLDA mars 2010. 79* (absence de concertation frauduleuse : quelle démonstration ?).

COMMENTAIRE

Le déclarant bénéficie d'un principe d'immunité civile, professionnelle et pénale, quelles que soient les suites données à la déclaration d'opération suspecte ou aux informations transmises dans le cadre du droit de communication de TRACFIN (art. L. 561-26, L. 561-27 et L. 561-30).

L'immunité pénale du déclarant écarte toute poursuite sous les qualifications de dénonciation calomnieuse ou de violation du secret professionnel visées aux articles 226-10, 226-13 et 226-14 du code pénal à l'encontre de l'ensemble des personnes soumises à l'obligation de déclaration de soupçon ou de communication d'informations à TRACFIN, spontanément ou sur demande, dans le cadre des articles L. 561-2, L. 561-27 et L. 561-30 du code monétaire et financier. L'immunité bénéficie aux assujettis, aux instances ordinales visées pour les procédures déclaratives dérogatoires des avocats non fiduciaires et des avocats aux Conseils, aux autorités de contrôle, aux personnes appartenant aux administrations de l'État et des collectivités territoriales notamment, aux membres de l'autorité judiciaire, aux officiers de police judiciaire, aux membres des juridictions financières.

L'immunité civile et professionnelle du déclarant est garantie au II de l'article L. 561-22. Tout préjudice subi du fait d'une telle déclaration doit dès lors être réparé par l'État. ❑

1. *Irresponsabilité civile.* Une banque, ayant refusé d'accepter un virement et dont la responsabilité a été mise en cause par le donneur d'ordre, ne peut pas utilement invoquer les dispositions du 2e al. de l'art. L. 562-8 [désormais II de l'art. L. 561-22] exonérant de toute responsabilité civile les banques qui ont, de bonne foi, fait une déclaration de soupçon, dans la mesure où, si les dispositions du code monétaire et financier donnent le pouvoir à TRACFIN de s'opposer à l'exécution d'une opération, elles ne prévoient pas la possibilité pour une banque de refuser de sa propre initiative une telle exécution. • Paris, 9 avr. 2004 : *JCP E 2005, nº 21, p. 864, obs. Coudert ; RDBF 2004, nº 187, obs. Crédot et Gérard ; RJDA 2004, nº 1028 ; BJB 2004. 477, note Ducouloux-Favard.*

2. *Irresponsabilité pénale.* Pour une application de l'al. 4 de l'art. L. 562-8 [désormais III de l'art. L. 561-22], V. • Crim. 3 déc. 2003, nº 02-84.646 P : *AJ pénal 2004. 116, obs. Girault ; JCP 2004. II. 10066, note Cutajar ; Dr. et patr. 4/2004, p. 129, obs. P. Mousseron.* ♦ Pour le rejet de la cause d'irresponsabilité pénale prévue à l'al. 4 de l'art. L. 562-8, V. • TGI Paris, 11 juill. 2006 : *Banque et Dr. 9-10/2007. 46, note Rebut.*

Art. L. 561-22-1 *(Abrogé par Ord. nº 2020-115 du 12 févr. 2020, art. 4) (L. nº 2017-1837 du 30 déc. 2017, art. 109, en vigueur le 1er janv. 2018)* ***Le droit de communication de l'administration fiscale auprès des personnes mentionnées à l'article L. 561-2 du présent code s'exerce dans les conditions prévues à l'article L. 88 du livre des procédures fiscales.***

SECTION 5 *La cellule de renseignement financier nationale*

SOUS-SECTION 1 *Organisation et mission (Ord. nº 2016-1635 du 1er déc. 2016, art. 5-I, en vigueur le 1er janv. 2017).*

DP COMPLIANCE vº *TRACFIN.*

BIBL. GÉN. ▶ H. ROBERT, *AJ pénal 2006. 437* (TRACFIN : du soupçon déclaré d'opération illicite à la présomption d'infraction) ; *RDBF 2007. Étude 25* (TRACFIN, « clé de voûte » de la lutte anti-blanchiment en France). – VERNIER et GAUDIN, *Banque et Dr. 9-10/2008. 3* (la coopération judiciaire en matière de lutte anti-blanchiment existe-t-elle ?). – H. ROBERT, *RDBF 2009. Dossier 17* (TRACFIN après l'Ord. nº 2009-104 du 30 janv. 2009). – PERROTIN, *LPA 12 avr. 2012* (TRACFIN et lutte contre le blanchiment d'argent : le rapport de la Cour des comptes). – BOURSIER, *JCP 2016, Libres propos 3* (les 25 ans de TRACFIN, enjeux et défis). – PERROTIN, *LPA 26 sept. 2017* (TRACFIN : la lutte contre le blanchiment d'argent s'intensifie). – BOURSIER, *JCP E 2017, nº 1314* (Ord. du 1er déc. 2016 : impacts opérationnels sur l'organisation et perspectives d'évolution).

COMMENTAIRE

TRACFIN concourt officiellement, en tant que cellule de renseignement financier, au développement d'une économie saine en luttant contre les circuits financiers clandestins, le blanchiment d'argent et le financement du terrorisme. La cellule, dirigée par un magistrat de l'ordre judiciaire, est composée d'agents spécialement habilités par le ministère de l'Économie.

La cellule de renseignement financier est un service à compétence nationale depuis le 6 décembre 2006, placé sous la tutelle du ministre des Finances et des Comptes publics et fait partie de la communauté du renseignement avec la Direction générale de la sécurité intérieure (DGSI), la Direction générale de la sécurité extérieure (DGSE), la Direction du renseignement militaire (DRM), la Direction du renseignement et de la sécurité de la Défense (DRSD), la Direction nationale du renseignement et des enquêtes douanières (DNRED) au sein de laquelle il prend une place importante au titre du renseignement financier.

Depuis 2021, TRACFIN est structuré autour de quatre nouveaux départements métiers et d'une cellule spécialisée.

Le département « renseignement et lutte contre le terrorisme » (DRLT) est en charge de la défense et de la promotion des intérêts fondamentaux de la Nation. Partenaire prioritaire des services de la communauté du renseignement, ce département contribue activement à l'exécution de la doctrine nationale énoncée par le plan national d'orientation du renseignement (PNOR). Il intervient ainsi dans les domaines de la lutte anti-terroriste, de la contre-prolifération, du renseignement d'intérêt économique, de la lutte contre toute forme d'ingérence criminelle, notamment dans le cadre de la lutte contre la criminalité organisée transnationale.

Le département « lutte contre la criminalité économique et financière » (DCEFI) se compose de divisions généralistes incorporant chacune des cellules spécialisées en matière d'atteintes à la probité, d'usage de vecteurs spécialisés (domaines des jeux, de l'art, du secteur immobilier, etc.) et des réseaux criminels économiques et financiers complexes.

Le département « affaires institutionnelles et internationales » (DAII) assure l'animation des relations institutionnelles au niveau national avec les professionnels assujettis aux obligations du dispositif LCB/FT, leurs autorités de contrôle, et au niveau international, avec les partenaires étrangers et les entités intervenant dans le domaine de la coopération internationale. Ce département est également en charge de la gestion des flux d'informations entrantes et de l'analyse typologique ou thématique destinée à orienter les capteurs du Service. Enfin, il assure la coopération internationale dans sa dimension opérationnelle.

La cellule « Cyber », rattachée à la direction de Tracfib, retrace les transactions financières effectuées sur la blockchain et identifie les flux financiers résultant d'opérations délictueuses commises sur le *deep* ou le *dark web*. La cellule assure également un rôle transversal en apportant son expertise à l'ensemble du Service sur tous les aspects de la cybercriminalité et des crypto-actifs.

Dans le cadre de la lutte contre le financement du terrorisme, un comité *ad hoc*(comité LFT) a été créé en 2019, qui s'est tenu en 2020, puis en 2022. Il rassemble dans l'esprit des partenariats public-privé, les déclarants du secteur financier et des autorités publiques dédiées.

Ces dernières années, la consécration européenne de l'indépendance et de l'autonomie opérationnelle des cellules de renseignements financiers (CRF) par la quatrième directive européenne (UE) 2015/849 du 20 mai 2015 relative à la prévention de l'utilisation du système financier aux fins de blanchiment de capitaux ou du financement du terrorisme, modifiée par la cinquième directive européenne (Dir. (UE) nº 2018/843 du 30 mai 2018), a été l'occasion de renforcer significativement les pouvoirs institutionnels et opérationnels de TRACFIN dans plusieurs directions. La loi nº 2016-731 du 3 juin 2016 renforçant la lutte contre le crime organisé, le terrorisme et leur financement, et améliorant l'efficacité et les garanties de la procédure pénale avait déjà largement conforté ses pouvoirs avec le nouveau mécanisme de signalement de situations générales et individuelles, par la désignation nominative d'une ou plusieurs personnes, entraînant une obligation de vigilance particulière des assujettis. Sans compter le droit de communication de TRACFIN aux entités chargées de gérer les systèmes de paiement et d'accès au fichier des antécédents judiciaires (C. mon. fin., art. L. 561-27, al. 2) et son extension aux gestionnaires d'un système de cartes de paiement ou de retrait (C. mon. fin., art. L. 561-26, II *ter*). En l'occurrence, l'article L. 561-23 clarifie le rôle et l'expertise de TRACFIN notamment dans le traitement des renseignements recueillis au titre des déclarations de soupçon mais également dans le cadre de ses pouvoirs de contrôle sur place et sur pièces des assujettis, des informations recueillies auprès des autorités publiques, des autorités de contrôle et de régulation ou encore de leurs homologues étrangères (C. mon. fin., art. L. 561-25, L. 561-25-1, L. 561-27, L. 561-28 et L. 561-29). ❑

Art. L. 561-23 **I. — Une cellule de renseignement financier nationale exerce les attributions prévues au présent chapitre. Elle est composée d'agents spécialement habilités par le ministre chargé de l'économie. Les conditions de cette habilitation ainsi que l'organisation et les modalités de fonctionnement de ce service sont définies par décret** *(Abrogé par Ord. nº 2016-1635 du 1er déc. 2016, art. 5-II, à compter du 1er janv. 2017)* ***« en Conseil d'État ».*** *— V. art. D. 561-33 s., infra.*

(Ord. nº 2016-1635 du 1er déc. 2016, art. 5-II, en vigueur le 1er janv. 2017) **« II. — Le service mentionné au I reçoit les déclarations prévues à l'article L. 561-15 et les informations mentionnées aux articles L. 561-15-1, L. 561-25, L. 561-25-1, L. 561-27, L. 561-28 et L. 561-29.**

« III. — Ce service recueille, analyse, enrichit et exploite tout renseignement propre à établir l'origine ou la destination des sommes ou la nature des opérations ayant fait l'objet d'une déclaration mentionnée à l'article L. 561-15 ou d'une information reçue au titre des articles L. 561-25, L. 561-25-1, L. 561-27, L. 561-28 ou L. 561-29. »

Loi nº 2013-907 du 11 octobre 2013, *relative à la transparence de la vie publique.* **Art. 18** Le président de la Commission nationale des comptes de campagne et des financements politiques a l'obligation de déclarer au service mentionné à l'article L. 561-23 du code monétaire et financier, dès qu'il en a connaissance, les faits dont il soupçonne qu'ils sont en relation avec une infraction à la législation fiscale.

SOUS-SECTION 2 *Pouvoirs et prérogatives (Ord. nº 2016-1635 du 1er déc. 2016, art. 5-III, en vigueur le 1er janv. 2017).*

Art. L. 561-24 *(Ord. nº 2016-1635 du 1er déc. 2016, art. 5-IV, en vigueur le 1er janv. 2017) (Ord. nº 2020-115 du 12 févr. 2020, art. 5)* **« I. — » Le service mentionné à l'article L. 561-23 peut s'opposer à l'exécution d'une opération non encore exécutée, dont il a eu connaissance à l'occasion des informations qui lui ont été communiquées dans le cadre des articles L. 561-15, L. 561-25, L. 561-25-1, L. 561-27, L. 561-28 et L. 561-29.** *(L. nº 2021-1109 du 24 août 2021, art. 89)* **« Cette opposition peut également s'étendre, par anticipation, à l'exécution de toute autre opération liée à celle ayant fait l'objet de la déclaration ou de l'information et portant sur les sommes inscrites dans les livres de la personne mentionnée à l'article L. 561-2 chargée de ces**

opérations. Cette personne reçoit du service mentionné à l'article L. 561-23 notification de son opposition. »

Dans *(L. nº 2021-1109 du 24 août 2021, art. 89)* **« ces cas, sous réserve qu'il soit possible de surseoir à leur exécution, dans des conditions définies par décret, les opérations sont reportées » d'une durée de dix jours ouvrables à compter du jour d'émission de la notification de cette opposition. Toutefois, lorsque l'opération est le paiement d'un chèque, ce délai court à compter de la présentation en paiement par la banque bénéficiaire auprès de la banque tirée.**

Le président du *(Ord. nº 2019-964 du 18 sept. 2019, art. 35, en vigueur le 1er janv. 2020)* **« tribunal judiciaire** *[ancienne rédaction : tribunal de grande instance]* **» de Paris peut, sur requête du service mentionné à l'article L. 561-23, après avis du procureur de la République de ce siège, proroger le délai prévu au deuxième alinéa du présent article ou ordonner le séquestre provisoire des fonds, comptes ou titres concernés par la déclaration. Le procureur de la République peut présenter une requête ayant le même objet. L'ordonnance qui fait droit à la requête est exécutoire sur minute avant toute notification à la personne mentionnée à l'article L. 561-2 chargée** *(L. nº 2021-1109 du 24 août 2021, art. 89)* **« des opérations.**

« Les opérations reportées peuvent être exécutées » si le service n'a pas notifié d'opposition ou si, au terme du délai ouvert par la notification de l'opposition, aucune décision du président du *(Ord. nº 2019-964 du 18 sept. 2019, art. 35, en vigueur le 1er janv. 2020)* **« tribunal judiciaire** *[ancienne rédaction : tribunal de grande instance]* **» de Paris n'est parvenue à la personne mentionnée à l'article L. 561-2 chargée** *(L. nº 2021-1109 du 24 août 2021, art. 89)* **« des opérations ».**

(Ord. nº 2020-115 du 12 févr. 2020, art. 5) **« Il est interdit, sous peine des sanctions prévues à l'article L. 574-1, à la personne chargée** *(L. nº 2021-1109 du 24 août 2021, art. 89)* **« des opérations mentionnées » au premier alinéa, de porter à la connaissance de quiconque les informations provenant de l'exercice par le service mentionné à l'article L. 561-23 du droit d'opposition prévu au même alinéa.**

« II. — Sous réserve des dispositions de l'article 44 de la loi nº 78-17 du 6 janvier 1978, il est interdit, sous peine des sanctions prévues à l'article L. 574-1, aux dirigeants et préposés d'organismes financiers, aux personnes mentionnées à l'article L. 561-2, au président de l'ordre des avocats au Conseil d'État et à la Cour de cassation ou au bâtonnier de l'ordre auprès duquel l'avocat est inscrit, de porter à la connaissance de l'auteur *(L. nº 2021-1109 du 24 août 2021, art. 89)* **« des opérations » ou à des tiers, autres que les autorités de contrôle, ordres professionnels et instances représentatives nationales mentionnées au I de l'article L. 561-36, l'existence de l'opposition** *(L. nº 2021-1109 du 24 août 2021, art. 89)* **« prévue » au premier alinéa du I. »**

(L. nº 2021-1109 du 24 août 2021, art. 89) **« Par dérogation au premier alinéa du présent II, dans les seuls cas où une action en responsabilité civile, commerciale ou pénale des personnes mentionnées au même premier alinéa est engagée, ces dernières peuvent révéler à l'autorité judiciaire ou aux officiers de police judiciaire agissant sur délégation que le service mentionné à l'article L. 561-23 a notifié son opposition en application du premier alinéa du I du présent article. Dans ce cas, l'autorité judiciaire ou les officiers de police judiciaire peuvent en demander la confirmation à ce service.**

« III. — Lorsqu'une ou plusieurs opérations ne sont pas exécutées consécutivement à l'exercice de l'opposition prévue au premier alinéa du I, la personne chargée des opérations est dégagée de toute responsabilité.

« IV. — » Un décret en Conseil d'État fixe les modalités d'application du présent article.

COMMENTAIRE

TRACFIN peut notifier par écrit, directement ou par tout moyen, à l'assujetti ou à son intermédiaire – pour les avocats aux Conseils et avocats non fiduciaires – son opposition à l'exécution de l'opération justifiant la déclaration d'opération suspecte. La notification reporte l'exécution de l'opération de dix jours ouvrables à compter de son émission. Au-delà de ce délai, et après avis du procureur de la République, TRACFIN ou le procureur de la République peuvent saisir le président du tribunal judiciaire pour proroger le délai ou ordonner le séquestre provisoire des fonds, comptes ou titres concernés par la déclaration d'opération suspecte. ❑

Art. L. 561-25 *(Ord. nº 2016-1635 du 1er déc. 2016, art. 5-V, en vigueur le 1er janv. 2017)* I. — Pour l'application du présent chapitre, le service mentionné à l'article L. 561-23 peut demander que les documents, informations ou données, quel que soit le support utilisé, conservés en application de l'article L. 561-10-2 et des articles L. 561-12 et L. 561-13 lui soient *(L. nº 2019-486 du 22 mai 2019, art. 206-VII-B)* « communiqués » *(Ord. nº 2020-115 du 12 févr. 2020, art. 5)* « directement » dans les délais qu'il fixe. Ce droit s'exerce sur pièces ou sur place pour les personnes mentionnées aux 1º à 7º de l'article L. 561-2, et sur pièces pour les autres personnes mentionnées à cet article, dans le but de reconstituer l'ensemble des opérations faites par une personne physique ou morale liées à une opération ayant fait l'objet d'une déclaration mentionnée à l'article L. 561-15 ou à une information reçue au titre des articles *(Ord. nº 2020-115 du 12 févr. 2020, art. 5)* « L. 561-15-1, » L. 561-27, L. 561-28 ou L. 561-29, ainsi que dans le but de renseigner, dans les conditions prévues à *(L. nº 2019-486 du 22 mai 2019, art. 206-VII-B)* « l'article L. 561-29-1 », des cellules de renseignement financier homologues étrangères.

II. — Par dérogation au I, les demandes de communication de documents, informations ou données effectuées auprès des avocats au Conseil d'État et à la Cour de cassation et des avocats sont présentées par le service, selon le cas, au président de l'ordre des avocats au Conseil d'État et à la Cour de cassation ou au bâtonnier de l'ordre auprès duquel l'avocat est inscrit.

L'avocat au Conseil d'État et à la Cour de cassation ou l'avocat communique à l'autorité dont il relève les documents, informations ou données qu'elle lui demande. L'autorité les transmet au service selon les modalités prévues à l'article L. 561-17.

A défaut du respect de cette procédure, l'avocat au Conseil d'État et à la Cour de cassation ou l'avocat est en droit de s'opposer à la communication des documents, informations ou données demandés par le service mentionné à l'article L. 561-23.

Cette dérogation ne s'applique pas à l'avocat agissant en qualité de fiduciaire en application du deuxième alinéa de l'article 2015 du code civil.

II *bis*. — Le service mentionné à l'article L. 561-23 peut demander à toute entreprise de transport routier, ferroviaire, maritime ou aérien, à tout opérateur de voyage ou de séjour, ou à toute entreprise de location de véhicules de transport terrestre, maritime ou aérien, les éléments d'identification des personnes ayant payé ou bénéficié d'une prestation ainsi que les dates, les heures et les lieux de départ et d'arrivée de ces personnes et, s'il y a lieu, les éléments d'information en sa possession relatifs aux bagages et aux marchandises transportés.

II *ter*. — Le service mentionné à l'article L. 561-23 peut demander toutes les informations nécessaires à l'accomplissement de sa mission aux gestionnaires d'un système de cartes de paiement ou de retrait.

II *quater*. — Le service mentionné à l'article L. 561-23 peut demander toutes les informations nécessaires à l'accomplissement de sa mission à toute personne qui met en relation, au moyen d'un site internet, les porteurs d'un événement ou d'un projet et les personnes finançant, totalement ou partiellement, cet événement ou ce projet.

III. — Il est interdit, sous peine des sanctions prévues à l'article L. 574-1, aux dirigeants et aux personnes mentionnées *[mentionnés]* au *[aux]* II *bis* à II *quater* du présent article et à l'article L. 561-2, au président de l'ordre des avocats au Conseil d'État et à la Cour de cassation ou au bâtonnier de l'ordre auprès duquel l'avocat est inscrit de porter à la connaissance du propriétaire des sommes ou de l'auteur de l'une des opérations mentionnées à l'article L. 561-15 ou à des tiers, autres que les autorités de contrôle, ordres professionnels et instances représentatives nationales mentionnées *[mentionnés]* à l'article L. 561-36, les informations provenant de l'exercice par le service mentionné à l'article L. 561-23 du droit de communication prévu à l'article L. 561-25.

Le fait pour les personnes mentionnées au 13º de l'article L. 561-2 de s'efforcer de dissuader leur *[leurs]* client *[clients]* de prendre part à une activité illégale ne constitue pas une divulgation au sens de l'alinéa qui précède.

Art. L. 561-25-1 *(Ord. nº 2016-1635 du 1er déc. 2016, art. 5-VI, en vigueur le 1er janv. 2017)* I. — Le service mentionné à l'article L. 561-23 peut demander aux caisses créées en application du 9º de l'article 53 de la loi nº 71-1130 du 31 décembre 1971,

les informations relatives au montant, à la provenance et à la destination des fonds, effets ou valeurs déposés par un avocat, l'identité de l'avocat concerné et l'indication de la nature de l'affaire enregistrée par la caisse.

Ces caisses communiquent les informations demandées au service mentionné à l'article L. 561-23 par l'intermédiaire du bâtonnier de l'ordre auprès duquel l'avocat concerné est inscrit.

II. – Il est interdit, sous peine des sanctions prévues à l'article L. 574-1, aux personnes mentionnées au I de porter à la connaissance de quiconque les informations provenant de l'exercice par le service mentionné à l'article L. 561-23 du droit de communication prévu au présent article.

BIBL. ▶ BÉRENGER, *D. 2017. 400* (CARPA : leur rôle consacré par le code monétaire et financier). – BOURSIER, *JCP E 2017, n° 1314* (Ord. du 1er déc. 2016 : impacts opérationnels sur l'organisation et perspectives d'évolution). – LARTIGUE, *D. actu. 5 avr. 2022* (sanctions contre la Russie et obligation de vigilance des avocats : les CARPA aux avant-postes).

COMMENTAIRE

TRACFIN est doté de pouvoirs d'enquête pour mener à bien sa mission de détection et de répression du blanchiment. Il dispose d'un droit de communication auprès des professionnels déclarants (qui porte sur tous documents type relevés de comptes, factures…) sur demande ou sur place pour les organismes financiers, afin de reconstituer l'ensemble des transactions réalisées par une personne ou une société ayant fait l'objet d'un signalement.

TRACFIN peut fixer un délai pour la transmission des éléments dont la communication est requise. Il faut noter que les avocats bénéficient d'un régime dérogatoire global qui s'illustre, notamment, à propos du droit de communication exclusivement exercé par l'intermédiaire du bâtonnier de l'ordre auprès duquel l'avocat est inscrit.

Enfin, TRACFIN est habilité à demander et à recevoir des informations provenant des administrations d'État, des collectivités territoriales, des établissements publics (C. mon. fin., art. L. 561-27) et dans le cadre de la loi renforçant la lutte contre le crime organisé, le terrorisme et leur financement, et améliorant l'efficacité et les garanties de la procédure pénale, auprès d'entités chargées de gérer les systèmes de paiement comme le GIE des cartes bancaires. ❑

Art. L. 561-26 *(Ord. n° 2016-1635 du 1er déc. 2016, art. 5-VII, en vigueur le 1er janv. 2017)* **Le service mentionné à l'article L. 561-23 peut, pour une durée maximale de six mois renouvelable, désigner aux personnes mentionnées à l'article L. 561-2, pour la mise en œuvre de leurs obligations de vigilance à l'égard de la clientèle énoncées au présent chapitre :**

1° Les opérations qui présentent, eu égard à leur nature particulière ou aux zones géographiques déterminées à partir desquelles, à destination desquelles ou en relation avec lesquelles elles sont effectuées, un risque important de blanchiment de capitaux ou de financement du terrorisme ;

2° Des personnes qui présentent un risque important de blanchiment de capitaux ou de financement du terrorisme.

Il est interdit, sous peine des sanctions prévues à l'article L. 574-1, aux personnes mentionnées à l'article L. 561-2, au président de l'ordre des avocats au Conseil d'État et à la Cour de cassation ou au bâtonnier de l'ordre auprès duquel l'avocat est inscrit de porter à la connaissance de leurs clients ou à la connaissance de tiers autres que les autorités de contrôle, ordres professionnels et instances représentatives nationales mentionnés à l'article L. 561-36, les informations transmises par le service mentionné à l'article L. 561-23 lorsqu'il procède à une désignation en application du 2° du présent article.

Un décret en Conseil d'État fixe les modalités d'application du présent article. – *V. art. R. 561-36-1.*

COMMENTAIRE

Le droit d'alerte est précisé après sa toute récente introduction par la loi n° 2016-731 du 3 juin 2016, permettant à TRACFIN de désigner aux assujettis, pour une période de six mois renouvelables, les opérations qui présentent, eu égard à leur nature particulière ou aux zones géographiques déterminées à partir desquelles, à destination desquelles ou en relation avec lesquelles elles sont effectuées, un risque important de blanchiment de capitaux ou de financement du terrorisme. Il concerne également les personnes qui présentent un risque important de BC/FT.

Cette innovation permet de passer d'un mécanisme d'alertes générales diffusées sur son site internet à des alertes beaucoup plus ciblées destinées aux assujettis afin qu'ils paramètrent leurs systèmes internes de détection des faits de blanchiment de capitaux et de financement du terrorisme. Ces alertes permettent une surveillance en temps réel. ❑

SOUS-SECTION 3 *Échanges d'informations (Ord. nº 2016-1635 du 1er déc. 2016, art. 5-VIII, en vigueur le 1er janv. 2017).*

BIBL. GÉN. ▶ BOURSIER, *JCP E 2016, nº 1622* (anticorruption et anti-blanchiment, les nouveaux risques pesant sur les entreprises. Loi Sapin II : les entreprises assujetties à un programme de conformité anticorruption).

COMMENTAIRE

L'échange d'informations entre TRACFIN, ses interlocuteurs nationaux et ses homologues étrangers s'intensifie.

D'une part, auprès de ses interlocuteurs nationaux, TRACFIN dispose d'un droit d'accès aux informations recueillies dans le cadre des déclarations à destination des autorités judiciaires compétentes, de l'administration des douanes, de la police judiciaire et de l'administration fiscale. Les dispositions réservent, par exception au droit fiscal commun, le cas de la détection d'une infraction sous-jacente de fraude fiscale qui ne nécessite pas de plainte préalable de l'administration fiscale sur avis conforme de la Commission des infractions fiscales pour la poursuite des faits de blanchiment.

Par ailleurs, les dispositions de la loi nº 2016-731 du 3 juin 2016 ont étendu le droit d'information au-delà des autorités publiques à l'accès direct aux fichiers de l'administration fiscale et au traitement de données à caractère personnel du fichier TAJ (traitement d'antécédents judiciaires ; C. pr. pén., art. 230-6), y compris pour les données portant sur des procédures judiciaires en cours. Il ouvre toujours la possibilité, pour les autorités judiciaires et les juridictions financières mais également pour les officiers de police judiciaire, de rendre TRACFIN destinataire de ces informations (C. mon. fin., art. L. 561-27).

En ce qui concerne l'échange d'informations avec les cellules de renseignement financier étrangères, ses homologues, TRACFIN peut leur communiquer, à son initiative ou à leur demande, les informations qu'il détient sur des sommes ou des opérations semblant avoir pour objet le blanchiment du produit d'une infraction punie d'une peine privative de liberté supérieure à un an ou le financement du terrorisme. Celles-ci sont soumises à une obligation de confidentialité. Il conduit également une politique d'accords bilatéraux avec les CRF étrangères et participe, entre autres, au groupe Egmont comme au cercle, récemment créé, des cellules de renseignement financier francophones. Les obligations de TRACFIN à l'égard de la communication et du traitement des demandes des CRF étrangères ne font que se renforcer afin de faciliter la circulation des informations aux plans européen et mondial. En effet, TRACFIN donne le plus large accord possible à la dissémination d'informations à la demande d'une CRF étrangère. Ces demandes ne peuvent être refusées que s'il existe des motifs particuliers justifiant un refus de dissémination par TRACFIN, tels qu'une entrave possible à une enquête en cours ou une atteinte à la souveraineté ou aux intérêts nationaux, à la sécurité ou à l'ordre public.

Dans tous les cas, le traitement des informations communiquées doit garantir un niveau de protection suffisant de la vie privée et des libertés et droits fondamentaux des personnes conformément aux dispositions de la loi nº 78-17 du 6 janvier 1978 relative à l'informatique, aux fichiers et aux libertés. ❑

Art. L. 561-27 *(Ord. nº 2016-1635 du 1er déc. 2016, art. 5-IX, en vigueur le 1er janv. 2017)* **Le service mentionné à l'article L. 561-23 reçoit, à l'initiative des administrations de l'État, des collectivités territoriales, des établissements publics, des organismes mentionnés à l'article L. 134-1 du code des juridictions financières et de toute autre personne chargée d'une mission de service public, toutes les informations nécessaires à l'accomplissement de sa mission ou les obtient** *(Ord. nº 2021-958 du 19 juill. 2021, art. 1er)* **« [,] en temps utile, » de ceux-ci à sa demande.**

Il dispose, pour les besoins de l'accomplissement de sa mission :

1° D'un droit d'accès direct aux fichiers utilisés par les services en charge de l'établissement de l'assiette, du contrôle et du recouvrement des impôts ;

2° D'un droit d'accès direct aux traitements de données à caractère personnel mentionnés à l'article 230-6 du code de procédure pénale, y compris pour les données portant sur des procédures judiciaires en cours et à l'exclusion de celles relatives aux personnes enregistrées en qualité de victimes.

L'autorité judiciaire, les juridictions financières *(Ord. n° 2020-115 du 12 févr. 2020, art. 5)* « , les officiers de police judiciaire et les services de renseignement mentionnés aux articles L. 811-2 et L. 811-4 du code de la sécurité intérieure » peuvent le rendre destinataire de toute information aux mêmes fins.

Art. L. 561-28 *(Ord. n° 2009-104 du 30 janv. 2009, art. 2)* I. – Le service mentionné à l'article L. 561-23 échange avec les autorités de contrôle, les ordres professionnels et instances représentatives nationales mentionnées à l'article L. 561-36 toute information utile à l'accomplissement de leurs missions respectives pour l'application du présent chapitre.

II. – Lorsque, dans l'accomplissement de leur mission, les autorités de contrôle et les ordres professionnels découvrent des faits susceptibles d'être liés au blanchiment des capitaux ou au financement du terrorisme *(L. n° 2013-672 du 26 juill. 2013, art. 11)* « ou toute somme ou opération visées à l'article L. 561-15, ils en informent sans délai », le service mentionné à l'article L. 561-23.

Ce service en accuse réception et peut, sur leur demande, les tenir informés des suites qui ont été réservées à ces informations. – *V. art. D. 561-34-1, infra.*

III. – Par dérogation au II, lorsque, dans l'accomplissement de ses missions, le conseil de l'ordre des avocats *(Abrogé par L. n° 2011-94 du 25 janv. 2011, art. 32, à compter du 1er janv. 2012)* ***« ou la chambre de la compagnie des avoués »*** a connaissance de faits susceptibles d'être liés au blanchiment des capitaux ou au financement du terrorisme, le bâtonnier *(Abrogé par L. n° 2011-94 du 25 janv. 2011, art. 32, à compter du 1er janv. 2012)* ***« ou le président, selon le cas, »*** en informe le procureur général près la cour d'appel qui transmet cette information sans délai au service mentionné à l'article L. 561-23.

Le président du conseil de l'ordre des avocats au Conseil d'État et à la Cour de cassation informe des faits de même nature dont l'ordre aurait connaissance le procureur général près la Cour de cassation, qui transmet cette information sans délai à ce service. – *Anc. art. L. 561-30 (Ord. n° 2016-1635 du 1er déc. 2016, art. 5-X, en vigueur le 1er janv. 2017).*

Art. L. 561-29 *(Ord. n° 2020-115 du 12 févr. 2020, art. 5)* Le service mentionné à l'article L. 561-23 reçoit, à sa demande ou à leur initiative, les informations et les demandes des cellules de renseignement financier homologues étrangères nécessaires à l'accomplissement de sa mission. Il les traite dans les meilleurs délais et en faisant usage des pouvoirs et prérogatives prévues au présent titre qu'il met habituellement en œuvre au plan national.

Ce service ne peut transmettre à une autre autorité compétente les informations qui lui ont été ainsi communiquées par une cellule de renseignement financier homologue qu'après autorisation préalable de cette dernière.

Art. L. 561-29-1 *(Ord. n° 2016-1635 du 1er déc. 2016, art. 5-XII, en vigueur le 1er janv. 2017)* I. – Le service mentionné à l'article L. 561-23 peut également communiquer *(Ord. n° 2021-958 du 19 juill. 2021, art. 1er)* « dans les meilleurs délais », sur leur demande ou à son initiative, aux cellules de renseignement financier homologues étrangères les informations qu'il détient sur des sommes ou opérations qui paraissent avoir pour objet le blanchiment du produit d'une infraction punie d'une peine privative de liberté supérieure à un an ou le financement du terrorisme, sous réserve de réciprocité, même si la nature de l'infraction sous-jacente associée susceptible d'être en cause n'est pas identifiée au moment où l'échange se produit, et si les conditions suivantes sont réunies :

a) Les autorités étrangères sont soumises à des obligations de confidentialité au moins équivalentes ;

b) Le traitement des informations communiquées garantit un niveau de protection suffisant de la vie privée et des libertés et droits fondamentaux des personnes, conformément aux articles *(Ord. n° 2018-1125 du 12 déc. 2018, art. 11, en vigueur le 1er juin 2019)* **« 122 et 123 » de la loi n° 78-17 du 6 janvier 1978.**

La décision de communiquer une information à une cellule de renseignement financier étrangère et de restreindre, le cas échéant, son utilisation reste de la compétence exclusive du service mentionné à l'article L. 561-23.

La communication de ces informations ne peut avoir lieu si elle porte atteinte à la souveraineté ou aux intérêts nationaux, à la sécurité ou à l'ordre public.

(Ord. n° 2020-115 du 12 févr. 2020, art. 5) **« II. — Le service mentionné à l'article L. 561-23 donne, dans les meilleurs délais et dans la plus large mesure possible, son accord préalable à la transmission, par la cellule de renseignement financier homologue à ses autorités compétentes, des informations mentionnées au I, quelle que soit la nature de l'infraction sous-jacente associée. Le service ne peut s'opposer, par une réponse motivée, à cette transmission, que si celle-ci n'entre pas dans le champ d'application des dispositions nationales applicables en matière de lutte contre le blanchiment de capitaux et de financement du terrorisme, qu'elle est susceptible d'entraver une enquête ou qu'elle est contraire aux droits et libertés garantis par la Constitution. »**

Art. L. 561-29-2 *(Ord. n° 2016-1635 du 1er déc. 2016, art. 5-XIII, en vigueur le 1er janv. 2017)* **Lorsque le service mentionné à l'article L. 561-23 reçoit une déclaration faite conformément à l'article L. 561-15 qui concerne un autre État membre de l'Union européenne, il transmet sans délai cette déclaration à la cellule de renseignement financier homologue dudit État membre, suivant des modalités précisées par décret en Conseil d'État.**

SOUS-SECTION 4 *Transmission d'informations (Ord. n° 2016-1635 du 1er déc. 2016, art. 5-XIV, en vigueur le 1er janv. 2017).*

COMMENTAIRE

Le principe de transmission des informations soumis au respect de la finalité de lutte contre le blanchiment de capitaux et le financement du terrorisme qui préside à leur recueil est renforcé depuis 2016 par le développement de deux nouveaux éléments liés à la protection des sources des informations transmises et au droit de communication dont bénéficient les assujettis.

L'article L. 561-31 étend ainsi considérablement le champ des transmissions d'informations susceptibles d'être réalisées par TRACFIN. Il dépasse désormais institutionnellement le champ de l'article 40 du code de procédure pénale pour concerner tant les services de renseignement que l'administration fiscale et plus largement les autorités impliquées dans la LCB/FT. Matériellement, il dépasse par ailleurs le blanchiment pour concerner d'autres fléaux comme la corruption ou les fraudes sociales. L'ensemble de ces informations, à l'exception de celles transmises sur le fondement de l'article 40 précité, est confidentiel (C. mon. fin., art. L. 561-31-1).

L'article L. 561-30-1 du code monétaire et financier assure l'anonymat de l'origine des informations transmises par TRACFIN dans le cadre de la saisine du procureur de la République par une note d'information sur le fondement de l'article 40 du code de procédure pénale. Cette note ne mentionne donc pas l'origine des informations.

Les dispositions relatives à l'information de TRACFIN sur les suites données aux signalements judiciaires répondent à une faiblesse identifiée de notre système interne relevée lors du dernier rapport d'évaluation de la France par le GAFI. Le législateur institue, à la charge du procureur de la République ou du procureur général, l'obligation d'informer le service de l'engagement d'une procédure judiciaire, du classement sans suite ou des décisions prononcées par la juridiction répressive. Ces retours d'informations sont extrêmement précieux pour la connaissance des typologies de blanchiment, la présentation des dossiers et l'orientation des investigations.

Le droit à l'information permet, par ailleurs, par un jeu de miroir, d'imposer cette même obligation à TRACFIN à l'égard de ses assujettis déclarants, ce qui leur apportera des éléments d'appréciation importants afin de profiler leurs déclarations de soupçon (C. mon. fin., art. L. 561-30-2). Il s'agit pour les assujettis d'analyser grâce aux suites données à leurs DS les critères et la pertinence de celles-ci.

Art. L. 561-30 *(Ord. nº 2016-1635 du 1er déc. 2016, art. 5-XV, en vigueur le 1er janv. 2017)* Sous réserve de l'application de l'article 40 du code de procédure pénale, les informations détenues par le service mentionné à l'article L. 561-23 ne peuvent être utilisées à d'autres fins que celles prévues au présent chapitre.

Leur divulgation est interdite, sans qu'il soit fait obstacle cependant à l'application des dispositions de l'article *(Ord. nº 2018-1125 du 12 déc. 2018, art. 11, en vigueur le 1er juin 2019)* « 19 » de la loi nº 78-17 du 6 janvier 1978.

Art. L. 561-30-1 *(Ord. nº 2016-1635 du 1er déc. 2016, art. 5-XVI, en vigueur le 1er janv. 2017)* Lorsque les investigations du service mentionné à l'article L. 561-23 mettent en évidence des faits susceptibles de relever du blanchiment du produit d'une infraction punie d'une peine privative de liberté supérieure à un an ou du financement du terrorisme, ce service saisit le procureur de la République par note d'information. Cette note ne comporte pas de mention de l'origine des informations. — *V. art. D. 561-34-1, infra.*

Dans les affaires ayant fait l'objet d'une note d'information en application du présent article *[,]* le procureur de la République ou le procureur général informe le service de l'engagement d'une procédure judiciaire, du classement sans suite ainsi que des décisions prononcées par une juridiction répressive.

Art. L. 561-30-2 *(Ord. nº 2016-1635 du 1er déc. 2016, art. 5-XVII, en vigueur le 1er janv. 2017)* I. — Lorsque, sur le fondement d'une déclaration faite conformément à l'article L. 561-15, le service mentionné à l'article L. 561-23 saisit le procureur de la République, il en informe, selon des modalités fixées par décret, la personne mentionnée à l'article L. 561-2 qui a effectué la déclaration.

Lorsque la déclaration lui a été transmise par le président de l'ordre des avocats au Conseil d'État et à la Cour de cassation ou le bâtonnier de l'ordre des avocats, en application de l'article L. 561-17, le service informe ces autorités de la transmission de la déclaration au procureur de la République.

Les modalités de cette information sont fixées par décret.

II. — Le service mentionné à l'article L. 561-23 peut, si les circonstances l'exigent, informer les personnes qui lui ont transmis des informations en application du premier alinéa de l'article L. 561-27 qu'il a saisi le procureur de la République sur la base de ces informations.

Art. L. 561-31 *(Ord. nº 2016-1635 du 1er déc. 2016, art. 5-XVIII, en vigueur le 1er janv. 2017)* Outre l'application de l'article L. 561-30-1 et de l'article 40 du code de procédure pénale, le service est autorisé à transmettre des informations qu'il détient aux autorités judiciaires et aux services de police judiciaire sous réserve qu'elles soient en relation avec leurs missions.

(Ord. nº 2020-115 du 12 févr. 2020, art. 5) « Il peut également transmettre aux services mentionnés aux articles L. 811-2 et L. 811-4 du code de la sécurité intérieure des informations qu'il détient sous réserve que celles-ci soient en relation avec la ou les finalités poursuivies par ces services telles que mentionnées à l'article L. 811-3 du même code. »

Il peut aussi transmettre à l'administration fiscale, qui peut les utiliser pour l'exercice de ses missions, des informations sur des faits susceptibles de relever de l'infraction définie à l'article 1741 du code général des impôts ou du blanchiment du produit de cette infraction.

Pour l'exercice de leurs missions respectives, le service peut également transmettre des informations :

1º Aux juridictions financières, par l'intermédiaire de leur ministère public ;

2º A la Haute Autorité pour la transparence de la vie publique ;

3º A l'Autorité de contrôle prudentiel et de résolution ;

4º A l'Autorité des marchés financiers ;

(L. nº 2019-486 du 22 mai 2019, art. 206-VII-B) « 5º A l'Agence française anticorruption ; »

6º A l'administration des douanes ;

7° Aux services de l'État chargés de préparer et de mettre en œuvre une mesure de gel ou d'interdiction de mouvement ou de transfert des fonds, des instruments financiers et des ressources économiques ;

8° Aux services de l'État chargés de la politique publique en matière de protection et de promotion des intérêts économiques, industriels et scientifiques de la Nation ;

9° Aux services de l'État chargés de la concurrence, de la consommation et de la répression des fraudes ;

10° Au service de police chargé du contrôle et de la surveillance des courses et des jeux ;

11° Aux organismes mentionnés à l'article L. 114-12 du code de la sécurité sociale ;

(L. nº 2019-1147 du 8 nov. 2019, art. 36) **« 12° Aux fonctionnaires et agents mentionnés à l'article L. 222-9 du code de l'énergie. »**

(Ord. nº 2020-115 du 12 févr. 2020, art. 5) **« Les transmissions effectuées en application du présent article ne comportent pas de mention de l'origine des informations.**

« Les destinataires de ces transmissions informent le service mentionné à l'article L. 561-23 de l'utilisation qu'ils en font et du résultat des actions engagées sur la base de ces transmissions. »

Livre des procédures fiscales Art. L. 228 A Lorsque la commission des infractions fiscales mentionnée à l'article L. 228 examine les affaires soumises par le ministre du budget en application *(L. nº 2019-486 du 22 mai 2019, art. 206-VII-D)* « du troisième alinéa de l'article L. 561-31 » du code monétaire et financier, elle émet un avis sur le caractère raisonnablement suffisant des soupçons de fraude fiscale déclarés au service mentionné à l'article L. 561-23 du même code, en application du II de l'article L. 561-15.

Avant sa modification par l'art. 206 de la L. nº 2019-486 du 22 mai 2019, le présent art. avait été déclaré sans objet par l'art. 1er du Décr. nº 2018-501 du 20 juin 2018.

BIBL. ▶ MICHAUD, *Dr. fisc. 2009, nº 40. Étude 485* (blanchiment et fraude fiscale : les déclarations de soupçon, de nouvelles obligations pour les juristes et fiscalistes). – DEFFERRARD, *D. 2013. 284* (l'avocat, le secret et le blanchiment).

COMMENTAIRE

En ce qui concerne l'infraction de blanchiment du produit d'une fraude fiscale, la question du respect de l'article L. 228 du livre des procédures fiscales imposant à l'administration fiscale, à peine d'irrecevabilité, de déposer une plainte sur avis conforme de la Commission des infractions fiscales a été résolue par la Chambre criminelle, qui considère que le blanchiment du produit d'une fraude fiscale s'applique tant que les éléments constitutifs de la fraude fiscale peuvent être relevés par les juges du fond sans aucune autre condition procédurale.

Autonomie procédurale de l'infraction de blanchiment de fraude fiscale. La poursuite du délit de blanchiment, infraction générale, distincte et autonome, n'est pas soumise aux dispositions de l'art. L. 228 imposant une plainte préalable de l'administration fiscale sur avis conforme de la Commission des infractions fiscales. • Crim. 14 janv. 2004, nº 03-81.165 P : *D. 2004. 1377, note Cutajar ; RTD com. 2004. 623, obs. Bouloc ; JCP E 2004, nº 1248, note Rouquié ; JCP 2004. II. 10081, note Matsopoulou ; Dr. pén. 2004, nº 48, obs. Véron.* ♦ Pour écarter l'exception d'irrecevabilité des poursuites du chef de blanchiment de fraude fiscale, prise par le prévenu de ce que l'administration n'avait pas préalablement porté plainte pour le délit de fraude fiscale, après avis conforme de la Commission des infractions fiscales, l'arrêt, par motifs propres et adoptés des premiers juges, énonce que l'art. 324-1 C. pén. n'impose pas que des poursuites aient été préalablement engagées ni qu'une condamnation ait été prononcée du chef du crime ou du délit ayant permis d'obtenir les sommes d'argent blanchies mais qu'il suffit que soient établis les éléments constitutifs de l'infraction principale ayant procuré les sommes litigieuses. Les juges retiennent retiennent qu'en l'espèce, le délit de fraude fiscale résulte de la dissimulation de sommes sujettes à l'impôt, notamment par l'omission de déclaration de ressources ou la perception de recettes occultes, ces dissimulations excédant la somme de 153 euros, et que l'intention coupable se déduit de l'abstention réitérée de déclaration, de l'importance des sommes dissimulées et de la volonté de soustraire des revenus à l'administration fiscale. En l'état de ces énonciations, dépourvues d'insuffisance comme de contradiction, et dès lors que la poursuite du délit de blanchiment, infraction générale, distincte et autonome, n'est pas soumise aux dispositions de l'art. L. 228 LPF, le grief ne saurait être admis. • Crim. 20 févr. 2008, nº 07-82.977 P : *D. 2008. 1585, note Cutajar ; RTD* *com. 2008. 879, obs. Bouloc ; JCP E 2008, nº 1861, note Lasserre Capdeville ; RJF 2008, nº 745 ; Dr. pén. 2008, nº 67, obs. Véron.* ♦ V. également, rejettant la question relative à l'interprétation jurisprudentielle qui étend l'art. 324-1 C. pén. à l'auto-blanchiment : • Crim. 16 sept. 2015, nº 15-83.204 : *JCP 2016, nº 381, obs. Claverie-Rousset ; Dr. pén. 2015, nº 136, obs. Conte.*

Art. L. 561-31-1 *(Ord. nº 2016-1635 du 1er déc. 2016, art. 5-XVIII, en vigueur le 1er janv. 2017)* **Les informations transmises en application des articles L. 561-28 et L. 561-31, à l'exception de celles mentionnées au premier alinéa de l'article L. 561-31, sont confidentielles. Il est interdit aux destinataires de ces informations d'en révéler l'existence et le contenu ou de les transmettre à une autre autorité sans l'autorisation préalable du service mentionné à l'article L. 561-23.**

Art. L. 561-31-2 *(Ord. nº 2021-958 du 19 juill. 2021, art. 1er)* **I. — En réponse à des demandes dûment justifiées présentées au cas par cas par Europol dans les limites de ses responsabilités et pour l'accomplissement de ses missions, le service mentionné à l'article L. 561-23 peut lui transmettre les informations et analyses financières dont il dispose en vertu des II et III de cet article. Il traite ces demandes dans les meilleurs délais.**

Les demandes d'Europol, et les réponses qui y sont apportées par le service, sont effectuées par l'intermédiaire de l'unité nationale d'Europol mentionnée au paragraphe 2 de l'article 7 du règlement 2016/794 du 11 mai 2016 relatif à l'Agence de l'Union européenne pour la coopération des services répressif*[s]* **(Europol) et suivant des modalités fixées par décret.** — *V. art. R. 561-36-3, infra.*

II. — Le service mentionné à l'article L. 561-23 peut refuser de donner suite aux demandes mentionnées au I dans les cas prévus au paragraphe 7 de l'article 7 précité du règlement 2016/794 ou lorsqu'il existe des raisons objectives de penser que la communication des informations sollicitées aurait un impact négatif sur des enquêtes ou des analyses en cours ou, dans des circonstances exceptionnelles, lorsque leur divulgation serait manifestement disproportionnée par rapport aux intérêts légitimes d'une personne physique ou morale ou ne serait pas pertinente par rapport aux finalités pour lesquelles elle a été demandée. Ce refus est dûment justifié.

SECTION 6 *Procédures et contrôle interne*

Art. L. 561-32 *(Ord. nº 2016-1635 du 1er déc. 2016, art. 6-I)* **I. — Les personnes mentionnées à l'article L. 561-2 mettent en place une organisation et des procédures internes pour lutter contre le blanchiment des capitaux et le financement du terrorisme, tenant compte de l'évaluation des risques prévue à l'article L. 561-4-1. En tenant compte du volume et de la nature de leur activité ainsi que des risques présentés par les relations d'affaires qu'elles établissent, elles déterminent un profil de la relation d'affaires permettant d'exercer la vigilance constante prévue à l'article L. 561-6.**

Lorsque les personnes mentionnées ci-dessus appartiennent à un groupe défini à l'article L. 561-33, et si l'entreprise mère du groupe a son siège social en France, cette dernière définit au niveau du groupe l'organisation et les procédures mentionnées ci-dessus et veille à leur respect.

Les personnes mentionnées ci-dessus mettent en place un dispositif de gestion des risques permettant de détecter les personnes mentionnées au *(Ord. nº 2020-115 du 12 févr. 2020, art. 5)* **« 1° » et les opérations mentionnées au** *(Ord. nº 2020-115 du 12 févr. 2020, art. 5)* **« 3° » de l'article L. 561-10 ainsi que celles mentionnée** *[mentionnées]* **aux articles L. 561-10-2 et L. 561-15.**

Elles désignent, en tenant compte de la taille et de la nature de leur activité, une personne occupant une position hiérarchique élevée et possédant une connaissance suffisante de leurs expositions au risque de blanchiment de capitaux et de financement du terrorisme comme responsable de la mise en œuvre du dispositif de lutte contre le blanchiment des capitaux et le financement du terrorisme. Le cas échéant, une telle personne est également désignée au niveau du groupe défini à l'article L. 561-33.

II. — Pour veiller au respect des obligations prévues au chapitre I du présent titre, les personnes mentionnées à l'article L. 561-2 mettent également en place des mesures de contrôle interne. — *V. art. R. 561-38-3, infra.*

Dans leur politique de recrutement de leur personnel, elles prennent en compte les risques que présentent les personnes au regard de la lutte contre le blanchiment de capitaux et le financement du terrorisme.

III. — Les conditions d'application du présent article sont définies par décret en Conseil d'État. *(L. nº 2019-486 du 22 mai 2019, art. 206-VII-B)* **« En outre, pour les personnes mentionnées aux 1° à 7° de l'article L. 561-2, des arrêtés du ministre chargé de l'économie ou, pour celles de ces personnes mentionnées au 2° du I de l'article L. 561-36, le règlement général de l'Autorité des marchés financiers précisent en tant que de besoin la nature et la portée des procédures internes prévues ci-dessus. »**

V. 1re note ss. C. mon. fin., art. L. 561-4-1.

BIBL. ▶ Kerebel et Dedieu, *JCP E 2010, nº 1929* (procédure interne de lutte anti-blanchiment et cartographie des risques). – Frison-Roche, *D. 2019. 2432* (théorie juridique de la cartographie des risques, centre du droit de la compliance). – de Tocqueville et Ollivry, *JCP E 2021, nº 1517* (application des mécanismes de lutte anti-blanchiment et contre le financement du terrorisme dans le cadre du droit au compte).

COMMENTAIRE

La mise en place d'un système personnalisé de détection et de lutte contre le blanchiment de capitaux et le financement du terrorisme par les assujettis est la pierre angulaire du système. Il s'agit en effet pour les assujettis de collecter les informations relatives à leurs clients et à leurs opérations pour le compte des autorités publiques, à charge de leur transmettre ces informations *via* les déclarations de soupçon. Ce système est élaboré sur le fondement d'une classification et d'une cartographie des risques, de procédures internes qui sont destinées à réduire voire à éluder la réalisation des risques. Les assujettis historiques à la LBC/FT que sont les institutions bancaires et financières sont par ailleurs soumis aux règles relatives au contrôle interne qui s'ajoutent à ces dispositions.

I. ÉLABORATION D'UNE CLASSIFICATION DES RISQUES

La classification des risques fait coexister les risques légalement identifiés et les risques propres à la structure et à l'activité de l'assujetti. Elle fonde la nécessité d'établir une classification puis une cartographie personnalisée, spécifique à l'assujetti.

A. RISQUES INSTITUTIONNALISÉS INTÉGRÉS À LA CLASSIFICATION DES RISQUES DE L'ASSUJETTI

La loi elle-même identifie des risques, qui sont alors institutionnalisés et doivent se trouver dans les classifications élaborées par les assujettis. Ce sont des personnes, des produits ou des services ou canaux de distribution dont les organisations internationales et régionales et les pays considèrent qu'ils sont *a priori* risqués. Sont ainsi identifiés comme particulièrement à risque les personnes politiquement exposées, les produits favorisant l'anonymat, les contacts avec des pays et territoires non coopératifs, les contacts avec des territoires notoirement connus pour être des zones d'activité de grands groupes terroristes, notamment. Ces risques sont alors intégrés dans la législation comme devant nécessairement faire l'objet d'une vigilance accrue en raison de leur sensibilité potentielle au risque de BC/FT. Ces risques sont institutionnalisés *via* les typologies des risques émises par le GAFI, la Commission européenne, le Conseil d'orientation de la lutte contre le blanchiment de capitaux et le financement du terrorisme, la cellule française de renseignement financier TRACFIN. L'assujetti a dès lors l'obligation de les introduire dans la classification des risques de son institution (C. mon. fin., art. L. 561-10, R. 561-13-1).

B. RISQUES PROPRES À L'ASSUJETTI INTÉGRÉS DANS LA CLASSIFICATION DES RISQUES DE SA STRUCTURE

Il s'agit de risques personnalisés en fonction d'une approche spécifique à l'activité de l'assujetti : client avec un droit au compte, client faisant l'objet d'une réquisition judiciaire, implantation géographique dans une zone notoirement connue pour abriter des activistes terroristes, notamment. Il appartient donc à l'assujetti en analysant la structure de la clientèle, la nature des opérations, ses lieux de distribution, de cartographier ses risques propres. Ces derniers lorsqu'ils sont communs à un secteur deviennent potentiellement des risques qui feront l'objet d'une institutionnalisation lorsqu'ils sont considérés comme suffisamment significatifs.

II. ÉTABLISSEMENT D'UNE CARTOGRAPHIE DES RISQUES ET DE PROCÉDURES INTERNES

La cartographie des risques établie par l'assujetti va permettre d'affecter aux risques identifiés dans la classification préalable une intensité en fonction de leur nature et des procédures mises en place pour y remédier ou tout au moins les minimiser.

A. CARTOGRAPHIE DES RISQUES

Une fois la classification des risques établie, il appartient à l'assujetti d'élaborer une cartographie des risques permettant de faire correspondre à chaque scénario de risque, c'est-à-dire à chaque hypothèse rencontrée ou suspectée par l'assujetti dans laquelle un certain nombre de critères a conduit à une déclaration de soupçon et dont l'occurrence est suffisamment pertinente pour justifier son intégration dans sa cartographie, une action adaptée tendant à minimiser au maximum sa réalisation. Pour ce faire, toute situation jugée risquée donnera lieu à une alerte traitée par le service de conformité de l'entreprise qui jugera de la pertinence de réaliser une déclaration de soupçon auprès de TRACFIN.

La difficulté tient pour les assujettis à la finesse nécessaire de la cartographie : elle doit être suffisamment précise pour constituer un système efficace permettant de minimiser les risques de blanchiment de capitaux et de financement du terrorisme sous peine de sanctions disciplinaires. En revanche, elle ne doit pas conduire à un phénomène de *surcompliance*, voire de *derisking* qui est doublement pénalisant par le coût impliqué et par les difficultés commerciales engendrées.

B. PROCÉDURES MISES EN PLACE POUR RÉDUIRE OU DÉTECTER LES RISQUES IDENTIFIÉS

La mise en place de procédures permettant de remédier ou de minimiser les risques identifiés grâce à la cartographie élaborée par l'assujetti s'appuie sur une recherche d'efficacité. Une fois identifiés, les risques bruts – conséquences des éléments de faits entourant le client ou l'opération – sont réduits par l'application de procédures spécifiques laissant apparaître des risques nets de réalisation de l'acte redouté qui feront l'objet de toutes les attentions. La méthode a dès lors pour objectif de réduire les risques bruts de survenance de l'infraction par l'application de mesures de vigilance adaptées, à l'issue desquelles resteront des risques nets qui pourraient faire l'objet d'une déclaration de soupçon.

L'obligation de résultat porte sur la méthode, c'est-à-dire la démonstration de la mise en place d'une procédure qui répond à ces objectifs, et non sur le résultat lui-même, c'est-à-dire la garantie d'absence de réalisation de l'infraction. L'entreprise doit démontrer la mise en place d'un système de conformité effectif – auprès de son régulateur pour les établissements bancaires ou financier ou de ses autorités ordinales pour les professions non financières ou encore d'autorités *ad hoc* pour les professions orphelines dénuées d'ordres professionnels telles que les professions immobilières. ❑

I. OBLIGATION DE SE DOTER D'UN SYSTÈME D'ÉVALUATION ET DE GESTION DES RISQUES

1. *Obligation de désigner un responsable LBC/FT.* Si le directeur administratif et financier de la société mise en cause apparaît comme « correspondant » TRACFIN dans le document interne « TRACFIN – procédure interne », aucun élément du dossier ne permet d'établir que l'AMF et TRACFIN ont été informés de cette désignation. Le manquement aux dispositions de l'art. R. 561-24 C. mon. fin. et de l'art. 315-52 Règl. gén. AMF est ainsi caractérisé. • Décis. AMF n° 2014-10 du 3 juin 2014. ♦ Un responsable de la LBC/FT ne bénéficie pas d'un positionnement hiérarchique suffisamment élevé pour lui permettre de veiller efficacement à la mise en œuvre des obligations de vigilance, notamment dans le réseau d'agences où elles sont appliquées par les guichetiers et conseillers, eux-mêmes placés sous l'autorité du directeur du réseau des ventes, dont le niveau hiérarchique est de surcroît plus élevé que celui du responsable de la LBC/FT. • Décis. ACPR n° 2020-11 du 9 févr. 2022.

2. *Obligation de mettre en œuvre des moyens humains suffisants.* Jugeant que l'assujetti ne s'est pas doté de moyens humains suffisants pour traiter les alertes déclenchées par son dispositif de LCB/FT dès lors qu'il est constaté lors du contrôle que son pôle LCB/FT était doté de 6,8 équivalents temps plein répartis en trois niveaux d'analyse et, qu'en moyenne, entre mai 2018 et la fin de la mission de contrôle, 130 alertes ont été traitées quotidiennement pour 470 nouvelles alertes déclenchées, ce dont il est résulté, au 30 sept. 2019, soit plus d'un an après la mise en œuvre par l'assujetti d'un premier plan de remédiation, un stock de 100 000 alertes non traitées, ainsi que 900 dossiers susceptibles de faire l'objet d'une DS et qui devaient être traités par la seule personne chargée des examens renforcés. • Décis. ACPR n° 2020-05 du 7 mai 2021. ♦ Les moyens sont nécessairement insuffisants dès lors qu'il est notamment constaté que le responsable de la LBC/FT ne consacre qu'une très faible part de son temps de travail à cette mission (6,5 % en 2018), part de surcroît en forte diminution par rapport aux années 2016 (50 %) et 2017 (52 %). • Décis. ACPR n° 2020-11 du 9 févr. 2022.

3. *Classification des risques et marge de manœuvre de l'assujetti.* D'une part, la classification des risques doit être adaptée aux opérations réalisées par l'organisme, aux produits proposés et aux caractéristiques de sa clientèle et, d'autre part, l'ensemble des obligations des assujettis procèdent nécessairement d'une bonne classification. L'absence d'un critère dans la classification des risques constitue une source de sanction si ce critère aurait permis de caractériser et de traiter des produits, services ou opérations qui sont porteurs de risques particuliers. Les assujettis ont une certaine marge de manœuvre ; dès lors, fort de cette marge de liberté, l'assujetti n'a pas à tirer de tout incident dans un dossier individuel une nouvelle catégorie dans sa classification des risques. • Décis. ACPR n° 2015-08 du 8 déc. 2016. ♦ Une classification des risques doit comporter non seulement un recensement mais aussi une évaluation des risques, notamment selon les caractéristiques des clients. • Décis. ACPR n° 2020-02 du 24 févr. 2021 : *Banque et Dr. 3-4/2021. 74, obs. Nicolet.*

4. *Liberté d'appréciation des assujettis.* S'il leur appartient de mettre en œuvre les dispositions qui leur sont applicables en matière de LCB/FT en tenant compte des spécificités de leurs activités, les organismes assujettis ne sauraient se prévaloir d'une liberté d'appréciation indéterminée : ils ne peuvent être regardés comme ayant respecté leurs obligations que si les dispositifs et procédures mis en place répondent aux exigences qui justifient les obligations auxquelles ils sont soumis. Dans le cas contraire, dès lors que les dispositions sur lesquelles se fonde la poursuite font « référence à des obligations identifiables sans ambiguïté et connues des professionnels », ils peuvent être sanctionnés pour ne pas les avoir respectées, sans méconnaissance du principe de légalité des délits et des peines. • Décis. ACPR n° 2020-01 du 24 déc. 2020. ♦ La société ne bénéficie pas d'une liberté totale d'appréciation afin d'élaborer la classification des risques, qui certes doit être personnalisée, mais qui doit également tenir compte des risques identifiés par les différentes autorités impliquées dans la LBC/FT. • Décis. ACPR n° 2020-03 du 29 avr. 2021.

5. *Exemples de défaillances de la cartographie des risques.* Les seuls documents remis au service enquêteur sont les annexes 9.1 et 9.2 respectivement dénommées : Protocole LBC/FT et Listing pratique LCB/FT. Or ces deux documents succincts ne proposent pas d'évaluation et de classification par les risques, si ce n'est de se référer au rapport d'activité de TRACFIN. Il n'existe ainsi aucun processus d'analyse et de classification par les risques, ni d'actions qui en résultent, fondant ainsi le grief à l'encontre de l'agence immobilière et de son gérant. • Décis. CNS n° 2019-07 du 29 mars 2021. ♦ La classification des risques ne permet pas d'appréhender de façon adaptée les risques de BC/FT liés à ses produits, notamment aux prêts à la consommation, en raison de l'absence de critères relatifs au montant des prêts accordés ou aux retraits en espèces associés, alors même que, dès 2015, dans son rapport d'activité « Tendances et analyse », TRACFIN rappelait les risques de BC/FT associés à de telles opérations. De plus, l'existence d'informations ou de recommandations publiques sur la nécessité de prendre en compte le risque d'utilisation d'un crédit à la consommation à des fins de financement du terrorisme a déjà été rappelée par la Commission. • Décis. ACPR n° 2020-02 du 24 févr. 2021 : *préc. note 3.* ♦ Le secteur automobile n'était pas analysé par l'assujetti comme présentant un risque particulier alors que, selon TRACFIN, le commerce de véhicules est exposé à des risques particulièrement élevés de BC/FT, caractérisant ainsi une défaillance dans la cartographie des risques. • Même décision. ♦ En ce qui concerne la destination des fonds, la Commission a déjà rappelé que les risques devaient être appréciés « en fonction du lieu de résidence du bénéficiaire des fonds transférés, dès lors que certains pays de destination des fonds étaient porteurs d'un risque particulier ». • Décis. ACPR n° 2019-08 du 27 janv. 2021 : *Banque et Dr. 3-4/2021. 75, obs. Nicolet.* ♦ L'assujetti doit établir un profil de la relation d'affaires suffisamment discriminant, permettant une vigilance accrue pour celles qui présentaient des risques plus élevés, ce qui n'est pas le cas lorsque la quasi-totalité des clients (98,77 % des clients particuliers et 98,62 % des clients « Small business services ») étaient classés en risque « faible ». • Décis. ACPR n° 2020-06 du 12 juill. 2021. ♦ De même, la concentration des scénarios automatisés de détection des opérations atypiques sur les opérations en espèces (retraits et dépôts), alors que celles-ci ne représentaient que 1 % des opérations exécutées par AECF et que d'autres opérations, notamment certaines modalités de règlement des soldes débiteurs qui présentaient des risques, auraient dû aussi être prises en compte, caractérise une défaillance du dispositif de surveillance. • Même décision. ♦ Il doit être tenu compte des alertes des autorités nationales et internationales sur la sensibilité particulière de certaines activités ou secteurs géographiques, *a fortiori* lorsque ces deux critères se combinent dans une même situation. Le manquement est donc caractérisé dans le cadre d'une activité de transfert de fonds, elle-même considérée comme à risque. • Décis. ACPR n° 2020-01 du 24 déc. 2020. ♦ ... Et à destination de zones telles que le Mali qui faisait face à un risque important de financement du terrorisme. • Décis. ACPR n° 2021-01 du 1er mars 2022.

6. Obligation pour les sociétés de gestion de procéder à l'évaluation des risques BC/FT. Il résulte des dispositions de l'art. 322-61 Règl. gén. AMF (reprises intégralement à l'art. 315-58 du même règlement) que la société de gestion doit, dans le cadre de son activité, veiller à évaluer le risque de BC/FT. Dès lors qu'il a été constaté, tant dans le rapport annuel de contrôle transmis à l'AMF que lors des diligences des contrôleurs du service de contrôle des prestataires et des infrastructures de marché, que la société de gestion mise en cause ne disposait d'aucune procédure de contrôle en matière de LBC/FT, le manquement aux dispositions précitées est constitué. • Décis. AMF n° 2009-01 du 2 oct. 2008.

7. Obligation des sociétés de gestion de se doter d'une organisation et de procédures internes de LCB/FT. En l'absence quasi totale d'organisation et de procédures internes destinées à la lutte contre le blanchiment (les procédures écrites se résumant à l'époque des faits à une note intitulée « Contrôle interne – contrôle anti-blanchiment » rappelant, sans autre précision, la possibilité d'un contrôle du responsable TRACFIN pour les opérations d'un montant supérieur à 12 500 euros), la société a manqué aux dispositions des art. 322-52 et 322-55 Règl. gén. AMF. • Décis. AMF n° 2009-22 du 15 janv. 2009.

8. Formalisation des systèmes d'évaluation et de gestion des risques BC/FT par les professionnels de l'immobilier. De simples « pratiques » au sein de l'agence immobilière ou de la société de domiciliation ne suffisent pas. • Décis. CNS n° 2014-07 du 30 avr. 2015 • n° 2014-01 du 12 nov. 2014 • n° 2017-04 du 23 août 2017 • n° 2016-15 du 14 févr. 2018 • n° 2017-25 du 25 avr. 2018. ♦ L'organisation de simples réunions de travail ne permet pas de se conformer à cette obligation. • Décis. CNS n° 2015-18 du 14 oct. 2015 • n° 2015-34 du 10 mai 2017.

9. Réorganisation interne et adaptation du système LCB/FT. Le système LCB/FT doit impérativement être adapté, et dans les meilleurs délais, aux changements internes de l'entreprise. Tel n'est pas le cas d'un système dépourvu de mise à jour pourtant nécessaire afin de tenir compte de l'importante réorganisation interne décidée par l'établissement. • Décis. ACPR n° 2016-06 du 30 mai 2017.

10. Adaptation nécessaire de la classification des risques. La classification des risques réalisée par l'assujetti doit tenir compte, au sein du groupe menant plusieurs types d'activités, de la particularité de chaque activité et notamment de celles comportant des risques particuliers. C'est le cas notamment des opérations réalisées par la clientèle de la banque privée au regard de ses caractéristiques. L'activité de banque privée présente en effet des risques spécifiques soulignés par les lignes directrices en matière de gestion de fortune publiées par l'ACPR en 2014. • Décis. ACPR n° 2016-09 du 30 juin 2017. ♦ Les dispositions de l'art. L. 561-32 imposent aux organismes de mettre en place une organisation et des procédures internes adaptées aux risques de BC/FT qui résultent des opérations de leurs clients en relation d'affaires. Il convient, dans une approche par les risques, de tenir compte du montant moyen des transactions et d'apprécier les écarts par rapport à ce montant ; à l'aune de cette exigence, il résulte des indications chiffrées que les seuils utilisés par l'établissement étaient manifestement inadaptés dans la mesure où ni les pratiques locales alléguées d'utilisation plus importante des espèces, ni la possibilité, sous certaines conditions, de régler les salaires sous cette forme, ne permettaient de justifier le choix de tels seuils. • Décis. ACPR n° 2019-04 du 4 févr. 2020 : *Banque et Dr. 3-4/2020. 85, obs. Nicolet.*

11. Adaptation nécessaire du paramétrage du système de détection des opérations de blanchiment. L'assujetti doit réévaluer périodiquement la pertinence de son système d'alerte. Celui-ci fonctionne en se fondant sur différents scénarios paramétrés, scénarios eux-mêmes échafaudés grâce à l'identification et à la classification des risques réalisés en amont. Le fait que l'un des scénarios n'ait pas provoqué d'alerte en 2014 démontre le défaut de pertinence du seuil retenu par la banque, seuil qui aurait donc dû être adapté afin d'être opérationnel. • Décis. ACPR n° 2016-09 du 30 juin 2017.

12. Adaptation des outils informatiques. Le profil de la relation d'affaires était déterminé au moyen de deux applications informatiques sans lien entre elles : [X] qui attribuait, lors de l'entrée en relation, un profil de risque et [Y], utilisé pour la surveillance des opérations et qui déclenche des alertes. Or, l'utilisation de ces deux outils pouvait conduire à l'attribution à un même client de profils de risque différents et incohérents, en raison notamment de pondérations différentes de facteurs tels que la qualité de PPE ou la catégorie socio-professionnelle. • Décis. ACPR n° 2020-03 du 29 avr. 2021.

II. CONTENU DES SYSTÈMES D'ÉVALUATION ET DE GESTION DES RISQUES DE BC/FT ET PROTOCOLES INTERNES

13. Mise en place d'un système d'évaluation et de gestion des risques personnalisé. La mise en cause a indiqué avoir utilisé comme modèles les procédures de l'ANACOFI et de ses partenaires du secteur de l'assurance et transmis, au titre de son dispositif interne de LBC/FT, un document intitulé

« TRACFIN – Procédure interne – [...] ». Ce document se borne à rappeler les mesures de vigilance sans fournir aucune indication sur la nature des risques propres à l'activité et à la clientèle de la société. Il ne peut dès lors être assimilé à une classification des risques. Si ce document prévoit un seuil de 150 000 euros au-delà duquel l'intensité des obligations de vigilance devait s'accroître, aucune mesure concrète ne permet de déterminer l'étendue des obligations de vigilance accrue. La mise en cause n'a donc pas recherché si, dans le cadre de son activité de conseil en investissements financiers, et en fonction de sa clientèle, elle s'exposait à des risques particuliers (violation des art. 315-51, 315-54 et 315-55 Règl. gén. AMF). • Décis. AMF n° 2014-10 du 3 juin 2014. ♦ Les systèmes d'évaluation et de gestion des risques de BC/FT ou « protocoles internes » doivent être individualisés et adaptés à la situation du professionnel concerné. Un document transmis par un réseau dont le professionnel est membre, ayant un caractère général et étant destiné à l'information de l'ensemble de ses membres sans prendre en compte la situation propre du professionnel assujetti à cette obligation, n'est pas conforme aux exigences légales. • Décis. CNS n° 2014-05 du 18 févr. 2015.

Le document doit contenir une classification des risques suffisante et adaptée à la société lui permettant d'apprécier les risques auxquels elle est exposée dans son activité : • Décis. CNS n° 2015-15 du 21 mars 2016 ♔ • n° 2015-16 du 12 avr. 2016 • n° 2017-06 du 23 août 2017 • n° 2017-25 du 25 avr. 2018 • n° 2017-30 du 23 mai 2018 • n° 2017-10 du 5 sept. 2018. ♦ N'est pas conforme aux art. L. 561-32 et R. 561-38 un document se limitant à une présentation du cadre légal et réglementaire applicable. • Décis. CNS n° 2014-06 du 4 mars 2015 • n° 2015-17 du 23 sept. 2015 • n° 2017-34 du 9 mai 2018. ♦ Une note affichée dans les locaux de la société relative aux relations commerciales de la société avec ses clients ne permet pas de se conformer à l'obligation de l'art. L. 561-32. • Décis. CNS n° 2014-07 du 30 avr. 2015. ♦ Une fiche client certifiant que les sommes engagées dans l'opération ne seraient pas d'origine délictueuse est insuffisante pour répondre aux exigences de cette obligation. • Décis. ACPR n° 2015-05 du 24 juin 2015 • n° 2017-21 du 9 avr. 2018. ♦ Les informations relatives au revenu et au patrimoine constituent des éléments essentiels des dispositifs de surveillance des clients en relation d'affaires. Le défaut d'utilisation de telles informations dans les scénarios de l'outil automatisé de surveillance *a posteriori* et de détection des opérations atypiques de la société ne peut être pallié par un dispositif manuel pour un établissement de cette taille. • Décis. ACPR n° 2020-03 du 29 avr. 2021.

14. Insuffisances des procédures et des outils mis en place. Les procédures de l'assujetti intitulées « Procédures de contrôle permanent et de lutte contre le blanchiment et le financement du terrorisme » et « Procédures d'examen renforcé » étaient très incomplètes, en ce qu'elles ne comportaient aucun élément relatif à la détection des PPE, à la mise en œuvre des mesures de vigilance complémentaires en raison d'une entrée en relation d'affaires à distance ou de la détection de PPE, à la mise à jour des éléments de connaissance de la relation d'affaires, à la consignation par écrit et aux modalités de conservation des résultats des examens renforcés et aux modalités de réalisation des DS. • Décis. ACPR n° 2019-08 du 27 janv. 2021. ♦ Alors que la société dispose d'une clientèle patrimoniale et en gestion de fortune pouvant présenter des risques élevés de BC/FT et classe en risque élevé l'incohérence entre le montant des versements et les éléments relatifs au revenu et au patrimoine du client, aucun des 16 scénarios de surveillance *a posteriori* dans l'outil, à l'exception du scénario n° 33 relatif aux versements programmés, ne prend en compte ces éléments. Le paramétrage de l'outil de surveillance *a posteriori* utilisé par la société n'est donc pas pertinent. • Décis. ACPR n° 2020-03 du 29 avr. 2021.

15. Sensibilité particulière des associations. La sensibilité particulière des associations aux risques de LCB/FT justifie, même si elles représentent une part très réduite de la clientèle de l'assujetti, de constituer un critère dans la classification des risques à part entière. • Décis. ACPR n° 2015-08 du 8 déc. 2016.

16. Risques liés aux Fintech. Sur le risque particulier lié, outre les bitcoins, aux activités de financement participatif et de cartes prépayées qui ne peuvent souffrir de seuils trop élevés de détection afin de les faire passer en risque élevé et/ou se contenter de l'encadrement législatif déjà existant, V. • Décis. ACPR n° 2015-08 du 8 déc. 2016.

17. Choix proscrits fondés sur des seuils trop élevés et produits dangereux. La fixation de seuils de versements unitaires trop élevés est contraire à la législation lorsqu'ils excluent l'essentiel des opérations des clients. De même, certains produits doivent systématiquement être classés comme étant à risque élevé comme les bons de capitalisation au porteur particulièrement sensibles aux risques LCB/FT. • Décis. ACPR n° 2015-08 du 8 déc. 2016.

Art. L. 561-33 *(Ord. n° 2016-1635 du 1er déc. 2016, art. 6-II)* **I. — Lorsque les personnes mentionnées à l'article L. 561-2 font partie d'un groupe au sens de l'article L. 511-20** *(Abrogé par Ord. n° 2020-115 du 12 févr. 2020, art. 6)* ***« à l'exclusion des groupes mixtes dont l'entreprise mère est une compagnie holding mixte ou une entreprise mère mixte de société de financement »*****, d'un conglomérat financier au sens de l'article L. 517-3, d'un groupe au sens des articles L. 322-1-2, L. 322-1-3 et L. 356-2 du code des assurances, au sens**

de l'article L. 111-4-2 du code de la mutualité ou au sens de l'article L. 931-2-2 du code de la sécurité sociale, ou d'un groupe défini comme un ensemble de sociétés dont l'une contrôle les autres au sens de l'article L. 233-3 du code de commerce, elles mettent en place au niveau du groupe une organisation et des procédures qui tiennent compte des risques identifiés par la classification des risques mentionnée à l'article L. 561-4-1. L'organisation et les procédures au niveau du groupe sont définies par l'entreprise mère du groupe lors que celle-ci a son siège social en France.

Ces procédures prévoient le partage des informations au sein du groupe, y compris pour l'application de l'article L. 511-34, la protection des *(Ord. nº 2018-1125 du 12 déc. 2018, art. 11, en vigueur le 1er juin 2019)* **« données à caractère personnel » ainsi que les mesures de contrôle interne.** – *V. art. R. 561-29, infra.*

II. – 1° Les personnes mentionnées à l'article L. 561-2 et*[,]* **le cas échéant** *[,]* **l'entreprise mère du groupe appliquent dans leurs succursales et filiales situées dans les pays tiers des mesures équivalentes à celles prévues au présent chapitre en matière de vigilance à l'égard du client, de partage et de conservation des informations et de protection des données ;**

2° Lorsque le droit applicable localement ne leur permet pas de mettre en œuvre dans leurs succursales et filiales situées dans les pays tiers les mesures équivalentes, mentionnées ci-dessus, elles veillent à ce que ces succursales et filiales appliquent des mesures de vigilance spécifiques. Elles en informent le service mentionné à l'article L. 561-23 et l'autorité de contrôle mentionnée à l'article L. 561-36 dont ils *[elles]* **relèvent. Si elle estime que les mesures spécifiques sont insuffisantes, cette autorité de contrôle impose des mesures de surveillance supplémentaires, en exigeant notamment que le groupe n'établisse pas de relations d'affaires ou qu'il y mette fin, qu'il n'effectue pas d'opérations et** *[,]* **le cas échéant** *[,]* **qu'il cesse ses activités dans le pays tiers concerné ;**

3° Les personnes mentionnées à l'article L. 561-2 qui exploitent des succursales dans un autre État membre de l'Union européenne ou partie à l'accord sur l'Espace économique européen veillent à ce que ces succursales respectent les dispositions applicables dans cet État.

(Ord. nº 2020-115 du 12 févr. 2020, art. 6) **« III. – Les dispositions du présent article ne s'appliquent pas aux personnes mentionnées à l'article L. 561-2 qui font partie d'un groupe dont l'entreprise mère est une compagnie holding mixte ou une entreprise mère mixte de société de financement définies à l'article L. 517-4-1 ou une société de groupe mixte d'assurance définie à l'article L. 322-1-2 du code des assurances. »**

COMMENTAIRE

Dans le prolongement des dispositions européennes, les groupes de sociétés font l'objet de mesures spécifiques pour le déploiement des dispositions de lutte contre le blanchiment de capitaux et le financement du terrorisme. D'une part, ces groupes doivent mettre en œuvre ces dispositions dans l'ensemble de leurs filiales et, à défaut, s'assurer que le droit du pays d'implantation présente un niveau de protection équivalent à celui de l'Union européenne. Cette question fait écho, notamment, à celle de l'implantation de filiales et succursales dans des pays tiers à haut risque. D'autre part, ces groupes doivent veiller au respect des politiques et des procédures LBC/FT dans l'ensemble de leurs filiales et de leurs succursales établies dans des États membres ou dans des pays tiers, en assurant notamment la transmission des informations au sein du groupe et la consolidation de la connaissance du client.

Les entités assujetties, qui font partie d'un groupe, sont soumises au respect des normes LBC/FT de l'État membre d'installation transposant la directive. Dans les filiales et les succursales installées dans des pays tiers à l'Union européenne dans lesquels les obligations minimales en matière de LBC/FT sont moins strictes, les sociétés assujetties doivent appliquer la législation de la société mère du groupe implantée dans un État membre dans la mesure où elle est compatible avec le droit de l'État tiers.

A défaut, les entités doivent appliquer des mesures supplémentaires de surveillance et de traitement du risque de blanchiment. Les autorités de sécurité européennes sont habilitées à établir des normes techniques afin de préciser les mesures supplémentaires et les actions que doivent engager les établissements de crédit et les établissements financiers lorsque le droit du pays ne respecte pas les obligations de la directive. Si ces mesures sont insuffisantes, l'État membre d'origine peut exiger que le groupe ne réalise pas de transactions, voire cesse toute activité dans le pays tiers concerné (V. Dir. (UE) 2015/849 du 20 mai 2015, art. 45, § 1 et 5, *infra*, II. Règles européennes).

Les mesures de vigilance renforcée s'imposant à l'égard des pays tiers à haut risque peuvent être écartées si les succursales ou les filiales d'entités assujetties établies dans l'Union européenne qui sont implantées dans ces pays respectent intégralement les politiques et procédures en vigueur à l'échelle du groupe (Dir. (UE) 2015/849 du 20 mai 2015, art. 18, § 2). De même, dans le cadre de l'exécution par des tiers des obligations de vigilance, l'interdiction de recourir à des tiers établis dans des pays tiers à haut risque est écartée pour les filiales et les succursales respectant intégralement les politiques et les procédures à l'échelle du groupe (Dir. (UE) 2015/849 du 20 mai 2015, art. 26, § 2).

Les États membres doivent autoriser le partage d'informations au sein du groupe concernant les déclarations de soupçon de blanchiment transmises à la cellule de renseignement financier, et ce sauf opposition de celle-ci.

La désignation d'un point de contact central par les émetteurs de monnaie électronique et les prestataires de services de paiement peut être imposée par l'État membre sur le territoire duquel il est implanté sous une autre forme qu'une filiale ou qu'une succursale et dont le siège se trouve dans un autre État membre (Dir. (UE) 2015/849 du 20 mai 2015, art. 45, § 9). Le point de contact est chargé de veiller au respect des règles en matière de LBC/FT et de fournir les informations utiles aux autorités compétentes.

Enfin, dans le prolongement de l'article L. 561-11 du code monétaire et financier qui prévoit la possibilité de soumettre, par arrêté, à des conditions spécifiques, de restreindre ou d'interdire l'activité, ou tout ou partie des relations d'affaires et des opérations réalisées, avec des personnes physiques ou morales établies dans des pays tiers à haut risque recensés par la Commission européenne ou encore à l'égard des États et territoires figurant sur les listes publiées par le GAFI, l'article R. 561-20-5 dispose que ces arrêtés prévoient un certain nombre de mesures possibles dont l'interdiction d'établir des filiales, succursales ou bureaux de représentation dans l'un de ces territoires et de renforcer l'obligation pour les assujettis en matière de contrôle. ❑

1. *Conformité à la Constitution.* Il résulte des termes mêmes des dispositions de l'art. L. 561-33 que celles-ci font reposer sur les personnes assujetties aux obligations de LBC/FT en application de l'art. L. 561-2 l'obligation de déterminer et de faire connaître à leurs personnels et préposés, par des actions de formation et d'information régulières et en tenant notamment compte du niveau hiérarchique et de la nature des fonctions de ces derniers, les obligations professionnelles auxquelles elles sont assujetties, en vue d'assurer le respect des obligations prévues par le code monétaire et financier en matière de LBC/FT et de gel des avoirs, l'absence de mise en œuvre de telles actions donnant lieu aux sanctions prévues par l'art. L. 561-40. Ces dispositions définissent ainsi avec suffisamment de précision le champ de l'obligation dont la méconnaissance est susceptible d'être sanctionnée en application des art. L. 561-37 et L. 561-40. • CE 30 sept. 2020, n° 440228.

2. *Connaissance consolidée de la relation d'affaires.* L'assujetti doit être en mesure de suivre la relation d'affaires en assurant, notamment dans le cadre d'application de seuils faisant entrer l'opération dans une vigilance renforcée, une connaissance consolidée du client. • Décis. ACPR n° 2014-08 du 19 juin 2015 • n° 2013-06 du 26 janv. 2015.

3. *Échanges d'informations sur l'ensemble de la clientèle.* Il est nécessaire que les échanges d'informations au sein des procédures internes des groupes de sociétés concernent l'ensemble des clients et pas seulement les clients qui ont fait l'objet d'une déclaration de soupçon. • Décis. ACPR n° 2015-08 du 8 déc. 2016.

4. *Contrôle interne.* Dès lors qu'il est constaté que moins d'un tiers des contrôles permanents qualifiés de « deuxième niveau » par l'assujetti sont assurés par son contrôleur interne (25 sur 77), les autres contrôles étant le fait d'une consultante externe (21 contrôles) placée sous la responsabilité de la directrice de production, ou encore le fait de la directrice de production elle-même (9 contrôles) et du directeur adjoint des opérations (9 contrôles), il en résulte que le contrôle interne de second niveau n'étant pas exercé par des agents dédiés, leur indépendance à l'égard des services opérationnels n'était pas assurée en contravention avec les exigences légales. • Décis. ACPR n° 2019-04 du 4 févr. 2020.

5. *Conditions de l'externalisation des contrôles.* A l'exception de deux missions de contrôle permanent de second niveau réalisées par le pôle « contrôle permanent et risques opérationnels » au sein des succursales belge et néerlandaise, les contrôles réalisés par les « correspondants conformité et contrôle interne pays » des succursales sur leur dispositif de LCB/FT n'ont pas fait l'objet de contrôles permanents de second niveau. De plus, le dispositif de LCB/FT de 12 agences françaises ou européennes de la société n'a pas fait l'objet d'un contrôle périodique depuis 2013 et, pour l'une d'entre elles au moins, depuis 2012 et 6 agences n'ont jamais fait l'objet d'un contrôle périodique. Il en résulte un manquement aux obligations légales. • Décis. ACPR n° 2020-01 du 24 déc. 2020.
♦ Retenant des conditions irrégulières de l'externalisation du contrôle interne : • Décis. ACPR n° 2020-06 du 12 juill. 2021.

Art. L. 561-34 *(Ord. nº 2016-1635 du 1er déc. 2016, art. 6-III)* **En vue d'assurer le respect des obligations prévues aux chapitres I et II du présent titre, les personnes mentionnées à l'article L. 561-2 assurent l'information régulière de leurs personnels.**

Dans le même but, elles mettent en place toute action de formation utile.

Pour l'application du présent article, les agents mentionnés à l'article L. 523-1 et les personnes auxquelles les établissements de monnaie électronique ont recours en vue de distribuer de la monnaie électronique, au sens de l'article L. 525-8, sont assimilés aux personnels des personnes mentionnées à l'article L. 521-1.

COMMENTAIRE

L'obligation d'information et de formation du personnel s'applique à tous les salariés et dirigeants d'entreprise. Il s'agit de deux niveaux différents : l'information sur la LBC/FT concerne tous les salariés tandis que la formation concerne les salariés en lien direct avec des missions susceptibles de participer aux activités de l'entreprise sensibles aux faits de blanchiment. La nature et le cadre des formations ne sont précisés ni dans la loi ni dans les dispositions réglementaires et peuvent faire l'objet d'intervention de prestataires extérieurs ou de formations internes à l'entreprise. Il appartient en tout état de cause à l'assujetti de démontrer l'existence et le suivi de la formation pour l'ensemble des salariés concernés en produisant un calendrier, des fiches d'émargement, le programme de la formation. ❑

1. Obligation générale de formation. L'obligation de formation s'impose tant à l'égard des salariés d'une société qu'à l'égard de toutes les personnes concourant à son activité, y compris ses dirigeants. • Décis. CNS nº 2015-07 du 16 sept. 2015 • nº 2015-23 du 24 févr. 2016 • nº 2017-12 du 19 sept. 2018. ♦ La société de gestion a manqué à ses obligations professionnelles, et a ainsi méconnu l'art. 315-59 Règl. gén. AMF, en ne dispensant pas de formation suffisante à ses salariés en matière de lutte contre le blanchiment de capitaux et en ne leur remettant par ailleurs aucun document destiné à assurer une formation continue. • Décis. AMF nº 2009-22 du 15 janv. 2009.

2. Actualisation des formations. Les interventions des agents de conformité de l'établissement assujetti auprès de ses collaborateurs doivent être documentées. De même, un délai de cinq années depuis la dernière formation de directeurs d'agences bancaires doit être considéré comme anormal au regard des obligations légales. • Décis. ACPR nº 2017-08 du 22 mars 2018.

3. Personnalisation des formations. La simple adhésion à un syndicat professionnel qui informe, par sa documentation, le professionnel des risques de blanchiment des capitaux et de financement du terrorisme liés à son activité, ne permet pas de satisfaire, en l'absence de formation réellement dispensée auprès du personnel et des collaborateurs, aux exigences de cette obligation. • Décis. CNS nº 2017-30 du 23 mai 2018.

4. Preuve de la formation dispensée. En l'absence de tout autre document probant, la formation dispensée au seul directeur administratif et financier antérieurement à l'ordonnance ayant transposé la 3e directive anti-blanchiment du 26 oct. 2005 ne permet pas de considérer que la société a assuré « à son personnel, lors de son embauche, et de manière régulière ensuite, une information et une formation portant notamment sur la réglementation applicable et ses modifications, sur les techniques de blanchiment utilisées, sur les mesures de prévention et de détection ainsi que sur les procédures et modalités de mise en œuvre mentionnées à l'article 315-52 » au sens de l'art. 315-58 Règl. gén. AMF. • Décis. AMF nº 2014-10 du 3 juin 2014. ♦ Un document doit attester de la présence de l'ensemble des collaborateurs de la société concernée aux formations et établir le contenu de ces formations. • Décis. CNS nº 2015-15 du 21 mars 2016 ♣ • nº 2015-16 du 12 avr. 2016 • nº 2017-04 du 23 août 2017.

Art. L. 561-35 Les personnes énumérées à l'article L. 561-2 et les autorités de contrôle mentionnées à l'article L. 561-36 reçoivent du service prévu à l'article L. 561-23 les informations dont celui-ci dispose sur les mécanismes de blanchiment des capitaux ou de financement du terrorisme.

V. Typologies en matière de criminalité organisée, de manquements au devoir de probité, de fraude fiscale et sociale, des spécificités des DROM-COM, de cybercriminalité financière et la lutte contre le financement du terrorisme, Rapp. TRACFIN, Tendances et analyses de risques BC/FT 2018-2019.

COMMENTAIRE

La cellule de renseignement financier TRACFIN établi des typologies de risques qui ont pour but de faire progresser l'efficacité de la LBC/FT à l'instar des typologies établies par le groupe Egmont ou le GAFI. Il s'agit de cas pratiques regroupés en catégories homogènes permettant d'alerter les pouvoirs publics et les professionnels soumis à la LBC/FT sur les nouveaux risques et *modus operandi* de blanchiment. Le rapport annuel de TRACFIN comprend des éléments statistiques sur son activité, des typologies et critères d'alerte sur la base d'analyses de circuits opaques. Il produit des études comprenant des recommandations, une lettre d'information à destination des professionnels assujettis contenant des études de cas et des conseils pratiques, par exemple sur les modalités de la déclaration de soupçon en ligne dite « ERMES ». ❑

SECTION 7 *Les autorités de contrôle et les sanctions administratives*

SOUS-SECTION 1 *Dispositions générales*

Art. L. 561-36 *(Ord. nº 2016-1635 du 1er déc. 2016, art. 7-I)* **I. — Le contrôle du respect, par les personnes mentionnées à l'article L. 561-2, des obligations prévues aux chapitres I et II du présent titre** *(Ord. nº 2020-1342 du 4 nov. 2020, art. 2)* **« , des dispositions européennes directement applicables en matière de lutte contre le blanchiment des capitaux et le financement du terrorisme, y compris celles des règlements européens portant mesures restrictives pris en application des articles 75 ou 215 du traité sur le fonctionnement de l'Union européenne, ainsi que celles prises en application du même article 215 à d'autres fins » et, le cas échéant, le pouvoir de sanction en cas de non-respect de celles-ci sont assurés :**

1° Par l'Autorité de contrôle prudentiel et de résolution dans les conditions définies à l'article L. 561-36-1 ;

2° Par l'Autorité des marchés financiers sur *(Abrogé par Ord. nº 2017-1107 du 22 juin 2017, art. 10, à compter du 3 janv. 2018)* ***« les sociétés de gestion et »*** *(Ord. nº 2020-115 du 12 févr. 2020, art. 7)* **« les sociétés de gestion de placements collectifs mentionnées à l'article L. 543-1, sur les succursales des sociétés de gestion européennes d'OPCVM et de FIA mentionnées aux articles L. 532-20-1 et L. 532-21-3, sur les placements collectifs mentionnés au I de l'article L. 214-1, sur les personnes mentionnées au 7 de l'article L. 440-2, pour celles d'entre elles qui relèvent de la compétence de l'Autorité des marchés financiers », sur les dépositaires centraux** *(L. nº 2021-1308 du 8 oct. 2021, art. 45)* **« mentionnés aux 1° et 2° du I de l'article L. 441-1 » et les gestionnaires de systèmes de règlement et de livraison d'instruments financiers, sur les personnes autorisées au titre de l'article L. 621-18-5, sur les conseillers en investissements financiers** *(L. nº 2019-486 du 22 mai 2019, art. 85 et 86)* **« , sur les** *(Ord. nº 2021-1735 du 22 déc. 2021, art. 25)* **« prestataires de services de financement participatif au titre de leurs activités mentionnées à l'article L. 547-4** *[ancienne rédaction : conseillers en investissements participatifs]* **» et sur les émetteurs de jetons mentionnés au 7°** ***ter*** **de l'article L. 561-2 ainsi que les prestataires mentionnés au 7°** ***quater*** **de l'article L. 561-2 » ;**

3° Par le conseil de l'ordre du barreau auprès duquel les avocats sont inscrits, conformément à l'article 17 de la loi nº 71-1130 du 31 décembre 1971 portant réforme de certaines professions judiciaires et juridiques. Il peut être assisté dans sa mission de contrôle par le Conseil national des barreaux conformément à l'article 21-1 de la même loi ; — *V.* ***C. avocat.***

4° Par les chambres des notaires sur les notaires de leur ressort, conformément à l'article 4 de l'ordonnance nº 45-2590 du 2 novembre 1945 relative au statut du notariat. *(L. nº 2021-1729 du 22 déc. 2021, art. 43, en vigueur le 1er juill. 2022)* **« Elles peuvent être assistées dans leur mission de contrôle par le Conseil supérieur du notariat, conformément à l'article 6 de la même ordonnance ; »** — *V.* ***C. pr. civ.***

(Ord. nº 2016-1635 du 1er déc. 2016, art. 21-I, en vigueur le 1er juill. 2022) **« 5° Sous réserve du 8° ci-dessous***[,]* **par la chambre régionale des commissaires de justice sur les commissaires de justice de leur ressort, conformément à l'article 15 de l'ordonnance nº 2016-728 du 2 juin 2016 relative au statut de commissaire de justice** *[ancienne rédaction : 5° Sous réserve des dispositions du 8° ci-dessous, par les chambres régionales des huissiers de justice sur les huissiers de justice de leur ressort, conformément à l'article 7 de l'ordonnance nº 45-2592 du 2 novembre 1945 relative au statut des huissiers de justice]* **».** *(L. nº 2021-1729 du 22 déc. 2021, art. 43, en vigueur le 1er juill. 2022)* **« Elles peuvent être assistées dans leur mission de contrôle par la** *[chambre]* **nationale des commissaires de justice, conformément à l'article 16 de la même ordonnance ; »** — *V.* ***C. pr. civ.***

(Abrogé par Ord. nº 2016-1635 du 1er déc. 2016, art. 21-I, à compter du 1er juill. 2022) ***« 6° Sous réserve des dispositions du 8° ci-dessous, par la chambre de discipline des commis-***

saires-priseurs judiciaires sur les commissaires-priseurs judiciaires de leur ressort, conformément à l'article 8 de l'ordonnance n° 45-2593 du 2 novembre 1945 relative au statut des commissaires-priseurs judiciaires ; »

7° Par le conseil de l'ordre des avocats au Conseil d'État et à la Cour de cassation sur les avocats au Conseil d'État et à la Cour de cassation, conformément à l'article 13-1 de l'ordonnance du 10 septembre 1817 qui réunit, sous la dénomination d'ordre des avocats au Conseil d'État et à la Cour de cassation, l'ordre des avocats aux Conseils et le collège des avocats à la Cour de cassation, fixe irrévocablement le nombre des titulaires et contient des dispositions pour la discipline intérieure de l'ordre ; – *V. **C. avocat**.*

8° Dans les conditions définies au titre I du livre VIII du code de commerce pour les administrateurs judiciaires, les mandataires judiciaires et les personnes mentionnées au III de l'article L. 812-2 du code de commerce ;

9° Dans les conditions définies au titre II du livre VIII du code de commerce pour les commissaires aux comptes ;

10° Par l'ordre des experts-comptables sur les experts-comptables et les salariés autorisés à exercer la profession d'expert-comptable en application des articles 83 *ter* et 83 *quater* de l'ordonnance n° 45-2138 du 19 septembre 1945 portant institution de l'ordre des experts-comptables et réglementant le titre et la profession d'experts-comptables *[expert-comptable]*, conformément à l'article 1er de cette ordonnance ;

*(Abrogé par Ord. n° 2020-115 du 12 févr. 2020, art. 7) **« 11° Par le conseil des ventes volontaires de meubles aux enchères publiques sur les opérateurs de ventes volontaires de meubles aux enchères publiques, conformément aux articles L. 321-18 et L. 321-22 du code de commerce ; »***

12° Par l'administration des douanes pour les personnes mentionnées *(Ord. n° 2020-115 du 12 févr. 2020, art. 7 ; Ord. n° 2020-1342 du 4 nov. 2020, art. 2)* « aux 10°, 11° *bis* et 14° » de l'article L. 561-2 ;

13° Par les fédérations sportives conformément à l'article L. 222-7 du code du sport pour les personnes mentionnées au 16° de l'article L. 561-2 ;

14° Par l'autorité administrative compétente telle que désignée par décret en Conseil d'État en application de l'article L. 561-36-2, pour les personnes mentionnées aux 8°, 9°, 9 *bis*, 11° et 15° de l'article L. 561-2 ; – *V. art. R. 561-39 et R. 561-40, infra.*

(Ord. n° 2020-115 du 12 févr. 2020, art. 7) « 15° Par la commission de contrôle des caisses des règlements pécuniaires des avocats pour les personnes mentionnées au 18° de l'article L. 561-2 ;

« 16° Par le conseil national des greffiers des tribunaux de commerce, dans les conditions définies au titre IV du livre VII du code de commerce, pour les greffiers des tribunaux de commerce mentionnés à l'article L. 741-1 du même code. »

II. – En cas de manquement par une personne mentionnée à l'article L. 561-2 à tout ou partie des obligations lui incombant en vertu du présent titre, l'autorité compétente peut engager à l'égard de cette personne une procédure de sanction. Une telle procédure est engagée dans tous les cas lorsqu'il existe des faits susceptibles de constituer des manquements graves, répétés ou systématiques à ces obligations.

En cas de manquement par une personne mentionnée à l'article L. 561-2 à tout ou partie des obligations lui incombant en vertu du présent titre, l'autorité compétente peut également sanctionner les dirigeants de cette personne ainsi que les autres personnes physiques salariées, préposées, ou agissant pour le compte de cette personne, du fait de leur implication personnelle.

Dans le cas où l'autorité compétente engage une procédure de sanction, elle en avise le procureur de la République. Par dérogation, pour les avocats au Conseil d'État et à la Cour de cassation *(Ord. n° 2020-115 du 12 févr. 2020, art. 7)* « , les avocats et les personnes mentionnées au 18° de l'article L. 561-2 », elle en avise, selon le cas, le procureur général près la Cour de cassation ou le procureur général près la cour d'appel.

III. – Les autorités de contrôle mentionnées au I contrôlent le respect des obligations prévues au présent titre par les personnes assujetties ayant leur siège social dans un autre État membre de l'Union européenne ou partie à l'Espace économique européen en tant qu'elles exploitent des établissements sur le territoire national ou y exercent leur activité dans les conditions prévues aux articles 1° *quater* ou 6 *bis* de l'article L. 561-2.

Chaque autorité de contrôle reçoit de son homologue situé dans cet État membre ou communique à celui-ci, les informations nécessaires à l'accomplissement de sa mission.

(Ord. n° 2020-115 du 12 févr. 2020, art. 7) **« IV. – Les autorités de contrôle mentionnées au I veillent à disposer d'une bonne compréhension des risques de blanchiment de capitaux et de financement du terrorisme. Dans le cadre de leurs contrôles sur pièces et sur place, elles ont notamment accès à toutes les informations relatives aux risques nationaux et internationaux liés aux clients et à l'activité des personnes relevant de leur compétence. Elles évaluent le profil de risques de blanchiment de capitaux et de financement du terrorisme des personnes relevant de leur compétence, y compris les risques de non-respect par celles-ci de la réglementation. Elles procèdent au réexamen de cette évaluation de façon périodique ou lorsque des changements majeurs interviennent dans la gestion ou les activités de ces personnes.**

« Ces autorités déterminent la fréquence et l'intensité de leurs contrôles sur pièces et sur place, en tenant compte notamment du profil de risque des personnes relevant de leur compétence et des risques de blanchiment de capitaux et de financement du terrorisme.

« Elles examinent les évaluations des risques mises en place par les personnes relevant de leur compétence en application de l'article L. 561-4-1 ainsi que la mise en œuvre et le caractère adéquat, selon une approche par les risques, de l'organisation, des procédures internes et des mesures de contrôle interne que ces personnes mettent en place à cette fin en application de l'article L. 561-32.

« V. – Sous réserve de l'application des articles L. 561-18, L. 561-25 et L. 561-25-1, les autorités de contrôle mentionnées aux 3° à 11° du I publient un rapport annuel relatif à leurs activités de contrôle et de sanction. Ce rapport contient des éléments quantitatifs, rendus anonymes, relatifs aux échanges d'informations avec le service mentionné à l'article L. 561-23. Un décret en Conseil d'État précise le contenu et le mode de publication de ce rapport. »

BIBL. ▶ BOURSIER, Le principe du contradictoire en droit bancaire et financier, actes du colloque « Le droit bancaire et financier à l'épreuve de la procédure », Université de Clermont-Ferrand, 8 oct. 2021, *Éditions Institut Varenne, juin 2022*.

COMMENTAIRE

Le contrôle du respect, par les personnes mentionnées à l'article L. 561-2, des obligations prévues en matière de lutte contre le blanchiment de capitaux et le financement du terrorisme s'étend aux dispositions européennes directement applicables en matière de LBC/FT, y compris celles des règlements européens portant mesures restrictives prises en application des articles 75 ou 215 du traité sur le fonctionnement de l'Union européenne, ainsi que celles prises en application du même article 215 à d'autres fins et, le cas échéant, au pouvoir de sanction de ces autorités en cas de non-respect de ces dispositions : contrôle de la bonne application des mesures de gel des avoirs, respect des obligations réglementaires européennes en matière de transfert de fonds (pour une illustration : Décis. ACPR n° 2021-01 du 1er mars 2022), notamment (V. C. mon. fin., art. L. 562-1 s. ; V. aussi v° *Sanctions économiques et embargos*). Les obligations des assujettis au titre de la LBC/FT et celles relatives au gel des avoirs et à l'interdiction de mise à disposition sont donc étroitement liées (C. mon. fin., art. L. 562-1 à L. 562-15).

L'article L. 561-36 du code monétaire et financier désigne des autorités de contrôle chargées de veiller à la bonne application du dispositif pour la majorité des professions soumises au dispositif. Ce sont les ordres professionnels et les autorités sectorielles de régulation qui doivent veiller à l'application de ces obligations et, s'il y a lieu, sanctionner tout manquement par des sanctions administratives ou disciplinaires « effectives, proportionnées et dissuasives ». Ces autorités émettent des instructions, positions, lignes directrices, principes d'application sectoriels qui ont pour objectif de faciliter la mise en œuvre des normes LBC/FT par les assujettis qu'elles contrôlent. Les correspondants TRACFIN désignés par ces derniers sont leurs interlocuteurs pour toute demande. ❑

I. DROITS FONDAMENTAUX

1. Absence d'atteinte irrémédiable aux droits de la défense. Seule une atteinte irrémédiable aux droits de la défense peut engendrer la remise en cause de la procédure préalable aux poursuites devant la commission des sanctions. Dès lors, les critiques relatives au rapport de contrôle formulées par la société sont écartées lorsqu'elle ne démontre pas une telle atteinte dans le cadre de la procédure disciplinaire. • Décis. ACPR n° 2018-03 du 2 juill. 2019.

2. Obligation de loyauté des agents de l'ACPR au cours de la mission de contrôle. La critique du faible échantillonnage de dossiers ou d'opérations étudiées considéré comme statistiquement non suffisamment signifiant est, dans la plupart des cas, écartée : • Décis. ACPR n° 2016-03 du 15 déc. 2016 • n° 2014-07 du 24 juill. 2015 • n° 2014-08 du 19 juin 2015.

3. Appréciation de l'impartialité de la procédure préalable de contrôle des agents de l'ACPR. Il n'appartient pas à la commission des sanctions de se prononcer sur la présence de contrôleurs au cours de la séance du Collège ayant décidé de l'ouverture de la procédure disciplinaire. De même, le fait que le chef de service du contrôleur qui a réalisé le contrôle indique, à l'issue de la réunion de restitution, que la suite du contrôle « ne serait pas classique » relève d'un simple avis personnel qui ne saurait révéler un défaut d'impartialité dans la conduite préalable du contrôle. • Décis. ACPR n° 2015-10 du 20 juill. 2016.

4. Obligation de coopérer versus droit de ne pas participer à sa propre incrimination. Sur le rejet du droit de ne pas s'auto-incriminer : • Décis. ACPR n° 2014-08 du 19 juin 2015. ♦ La société, qui est tenue de produire des documents relatifs à certains dossiers qui démontrent *in fine* qu'elle n'a pas réalisé les diligences nécessaires à ses obligations de vigilance et déclaratives, ne constitue pas une atteinte aux obligations conventionnelles. • Décis. ACPR n° 2015-10 du 20 juill. 2016. ♦ Sur la question de l'obligation de coopération des personnes contrôlées dans le cadre d'une mission de surveillance sectorielle à visée préventive, déjà posée pour le passage d'un contrôle préventif à une mesure sanctionnatrice sous le prisme d'une atteinte potentielle – et non reconnue – au principe de loyauté : • Décis. ACPR n° 2014-08 du 19 juin 2015. ♦ Le Conseil d'État validant cette articulation laissant cependant intacte la question du passage d'une procédure non répressive à une procédure répressive. • CE 20 janv. 2016, n° 374950.

5. Célérité de la procédure. Le principe du court délai prévu à l'art. 6, § 3 de la CESLFDH et imposé dans le cadre de toute accusation en matière pénale ne s'applique pas à la phase antérieure à la notification des griefs. Dès lors, le délai d'un an entre la signature du rapport de contrôle et la décision du Collège de l'ACPR ouvrant une procédure disciplinaire (contrôle du 31 mars 2014 au 13 avr. 2015 et notification des griefs le 28 avr. 2015) n'entre donc pas dans le champ de la disposition. • Décis. ACPR n° 2014-07 du 24 juill. 2015.

II. COMPÉTENCE TERRITORIALE ET MATÉRIELLE

6. Compétence territoriale. En l'espèce, la société poursuivie est une société de droit luxembourgeois agréée en 2013 par la Commission de surveillance du secteur financier (CSSF) du Luxembourg en tant qu'établissement de monnaie électronique (EME) et habilitée à fournir des services de paiement. Son activité d'émission de monnaie électronique (ME) est réalisée en libre établissement (LE) *via* un réseau de partenaires agissant en tant que distributeurs, avec lesquels la société conclut un contrat pour la ME qu'elle émet et gère sous forme de portefeuilles ou *wallets*. Ses principaux partenaires distributeurs de ME sont soit des « places de marché », qui mettent en relation des acheteurs et des vendeurs sur un site marchand, soit des plateformes de financement participatif et des sites de cagnottes en ligne. Son activité de prestataire de services de paiement (PSP) est exercée, en France, en LE avec des partenaires qui, au moment du premier contrôle sur place, étaient déclarés en qualité d'agent de prestataire de service de paiement (APSP) auprès de la CSSF luxembourgeoise, qu'il s'agisse de plateformes ou de conseillers en investissement participatif et d'intermédiaires en financement participatif. Les dispositions du 1° *quater* de l'art. L. 561-2 sont applicables aux activités exercées en France en LE, les activités exercées en France en libre prestation de service (LPS) relevant de l'autorité compétente du pays du siège social de la société, soit en l'occurrence de la CSSF luxembourgeoise. L'ACPR est donc compétente, peu important la « dénotification » relative au statut des APSP intervenue postérieurement au contrôle sur place dont la société assujettie a fait l'objet. • Décis. ACPR n° 2019-06 du 22 déc. 2020.

7. Territorialité des manquements LBC/FT. Sur l'application du caractère territorial des règles de la LBC/FT, V. • Décis. ACPR n° 2015-10 du 20 juill. 2016.

8. Compétence matérielle. A propos de l'assujettissement d'un EPIC des services postaux, des services de télécommunications et des services financiers opérant sur le territoire de la Nouvelle-Calédonie, V. • Décis. ACPR n° 2020-11 du 9 févr. 2022.

9. Saisine in rem du Collège de l'ACPR. Le principe de saisine *in rem* par l'acte de notification des griefs suffit à justifier une éventuelle qualification alternative dans la mesure ou les assujettis sont en mesure de se défendre sur les différents griefs. • Décis. ACPR n° 2016-01 du 28 déc. 2016 • n° 2016-03 du 15 déc. 2016. ♦ L'absence, dans le rapport de contrôle, d'observations relatives à un défaut de vigilance renforcée, ne lie pas le Collège à qui il appartient, au regard des constatations soumises à son appréciation, de retenir la qualification des faits qui lui semble appropriée. • Décis. ACPR n° 2017-10 du 10 janv. 2019. ♦ Le Collège est seul compétent pour qualifier les faits reprochés à un organisme mis en cause et pour retenir à son encontre des griefs (l'assujetti soulignait en l'espèce que le nombre de DS que le Collège analysait comme tardives était très supérieur à celui que mentionne le rapport de contrôle). • Décis. ACPR n° 2020-05 du 7 mai 2021.

10. Matière disciplinaire et principe non bis in idem. En matière disciplinaire, le Conseil d'État a jugé que « (...) si une sanction administrative reposant sur plusieurs manquements doit être conforme au principe de proportionnalité, le principe du *non bis in idem* découlant du principe de nécessité des délits et des peines garanti par l'art. 8 DDH ne fait pas obstacle à ce que, dans le cadre d'une même poursuite conduisant à une même décision de sanction, plusieurs manquements distincts puissent résulter de mêmes faits » (CE 6 nov. 2019, n° 418463, pt. 18). • Décis. ACPR n° 2020-03 du 29 avr. 2021 • n° 2020-05 du 7 mai 2021.

11. Clarté et précision des textes appliqués et principe de sécurité juridique. Le grief tenant au fait que la commission des sanctions apprécie elle-même la conformité de la situation de la banque par rapport aux textes applicables doit être écarté dans la mesure où il ne peut s'agir d'un préjugement mais qu'il relève au contraire de l'exercice de son pouvoir d'appréciation et de la mission qui lui est confiée. Ainsi les termes « largement » ou « partiellement conforme » relèvent-ils de la mise en relation des textes avec la situation concrète de l'assujetti et ne peuvent être considérés comme des atteintes au principe de sécurité juridique. • Décis. ACPR n° 2015-06 du 29 avr. 2016. ♦ En matière de gel des avoirs, le renvoi à des mesures d'application qui n'ont pas encore été prises ne fait pas obstacle à l'entrée en vigueur des dispositions d'une loi ou d'un règlement lorsqu'elles sont suffisamment précises pour recevoir une application immédiate. En l'espèce, le manquement reproché à la société en matière de gel des avoirs est fondé sur les dispositions du I de l'art. L. 562-4, issu de l'Ord. n° 2016-1575 du 24 nov. 2016, reprenant les termes de l'anc. art. L. 562-3 comme l'avait déjà précisé la commission et justifiant ainsi l'application de ces règles. • Décis. ACPR n° 2019-06 du 22 déc. 2020.

12. Faculté d'apporter des précisions sur l'application des textes. L'exigence de clarté et de précision des textes applicables ne fait pas obstacle à ce qu'à l'occasion de la première application d'une règle, la commission des sanctions précise la portée de ces textes dans le respect de cette exigence appréciée *in concreto*. • CE 20 janv. 2016, n° 374950 • Décis. ACPR n° 2013-01 du 25 nov. 2013.

13. Temps de transposition et d'adaptation des différents instruments légaux et réglementaires. La Commission ne porte pas d'appréciation générale sur les conditions d'entrée en vigueur et de mise en œuvre des dispositions issues de la transposition de la 4e directive anti-blanchiment mais, le cas échéant, procède à un examen de chacune des dispositions au visa desquelles les faits sont qualifiés dans la notification des griefs. La clarté de ces dispositions en l'absence, à la date du contrôle, de mesures réglementaires en précisant la teneur et la portée, de même que les conséquences éventuelles de l'absence de mise à jour de l'Arr. du 3 nov. 2014 doivent faire l'objet d'une analyse à l'occasion de l'examen de chacun des griefs pour lesquels la question peut se poser. • Décis. ACPR n° 2018-03 du 2 juill. 2019. ♦ Écartant le reproche formulé par l'assujetti (établissement de monnaie électronique) relatif à l'instabilité du corps de règles LBC/FT applicables entre la publication de l'Ord. du 1er déc. 2016 et celle du Décr. du 18 avr. 2018 qui en précise les aspects réglementaires : • Même décision. ♦ Le temps de transposition ne constitue pas, en lui-même, un motif permettant d'écarter l'application des dispositions nouvelles. • Même décision.

La question récurrente du délai écoulé entre la publication de l'Ord. n° 2016-1635 du 1er déc. 2016 transposant la 4e directive anti-blanchiment et celle de son décret d'application n° 2018-284 du 18 avr. 2018 est à nouveau posée en lien avec les exonérations dont bénéficiaient un temps les établissements de monnaies électroniques. La Commission souligne que le durcissement des conditions d'exonération est issu du Décr. n° 2016-1523 du 10 nov. 2016 dont les dispositions sont entrées en vigueur au 1er janv. 2017. Un professionnel averti et de bonne foi, qui exerçait en outre ses activités dans tous les pays de l'UE, était nécessairement conscient de ce que, entre le 1er déc. 2016 et le 1er oct. 2018, la faculté d'être exonéré des obligations de vigilance à l'égard de la clientèle, ouverte par l'art. L. 561-9-1, ne pouvait être exercée que dans des conditions conformes aux exigences de la 4e directive anti-blanchiment, lesquelles étaient définies, depuis le 10 nov. 2016, par l'art. R. 561-16. • Décis. ACPR n° 2019-06 du 22 déc. 2020. ♦ Sur l'absence d'incidence du fait que les lignes directrices conjointes de l'ACPR et de TRACFIN sur les obligations de déclaration et d'information à TRACFIN, présentant les textes législatifs et réglementaires entrés en vigueur au 1er oct. 2018, soient postérieures au contrôle : • Décis. ACPR n° 2019-04 du 4 févr. 2020. ♦ Le fait que les dispositions de l'Arr. du 3 nov. 2014 relatif au contrôle interne des entreprises du secteur de la banque, des services de paiement et des services d'investissement soumises au contrôle de l'ACPR n'aient pas été actualisées pour tenir compte des dispositions issues de cette transposition ne constitue pas, en soi, un motif rendant la poursuite infondée. • Même décision.

14. Opportunité des poursuites disciplinaires devant la commission des sanctions. La séparation des fonctions de poursuite et de sanction au sein de l'ACPR exclut que la commission des sanctions se prononce sur les circonstances dans lesquelles le Collège a décidé d'ouvrir une procédure disciplinaire. • Décis. ACPR n° 2018-03 du 2 juill. 2019. ♦ Il lui appartient, en effet, exclusivement de statuer sur les faits soumis à son examen au vu des arguments échangés par écrit au cours de la procédure ou lors de l'audience. • Décis. ACPR n° 2014-08 du 19 juin 2015. ♦ D'autant que que les obligations légales et réglementaires pesant sur les assujettis ne constituent pas en elles-mêmes un risque injustifié. • Décis. ACPR n° 2018-03 du 2 juill. 2019.

III. RECOURS

15. Voies de recours. Sur un recours de plein contentieux devant le Conseil d'État, V. • CE 20 janv. 2016 n° 374950.

16. Annulation d'une décision prise sur le fondement de lignes directrices illégales. Le demandeur est fondé à demander l'annulation de la décision de la Commission nationale des sanctions prononçant à son encontre un avertissement et une sanction pécuniaire dans la mesure où cette décision est fondée sur les lignes directrices conjointes entre le service central des courses et jeux et TRACFIN déclarées illégales. • TA Paris, 29 sept. 2020, n° 1714993/2-1. – Sur cette annulation, V. • CE 4 mai 2018, n° 408288.

Art. L. 561-36-1 *(Ord. n° 2016-1635 du 1er déc. 2016, art. 7-II)* **I. — L'Autorité de contrôle prudentiel et de résolution dispose en matière de lutte contre le blanchiment des capitaux et le financement du terrorisme, sur les personnes mentionnées du 1° au** *(L. n° 2019-486 du 22 mai 2019, art. 86)* **« 7° *bis* » de l'article L. 561-2 et sur les entreprises mères de groupe mentionnées à l'article L. 561-33 pour les obligations qui leur incombent, à l'exclusion des personnes mentionnées au 5° ainsi que de celles relevant du contrôle de l'Autorité des marchés financiers en application du 2° du I de l'article L. 561-36, du pouvoir de contrôle sur pièces et sur place défini à la section 5 du chapitre II du titre I du livre VI.**

Elle dispose également du pouvoir de prendre des mesures de police administrative et du pouvoir de sanction dans les conditions prévues ci-après.

Elle peut en outre porter à la connaissance du public toute information qu'elle estime nécessaire à l'accomplissement de sa mission, sans que lui soit opposable le secret professionnel mentionné à l'article L. 612-17.

II. — L'Autorité de contrôle prudentiel et de résolution veille au respect des dispositions des chapitres I et II du présent titre et des dispositions réglementaires prises pour leur application, des dispositions européennes directement applicables en matière de lutte contre le blanchiment des capitaux et le financement du terrorisme, y compris les normes techniques de réglementation prises en application de la directive 2015/849 du Parlement européen et du Conseil du 20 mai 2015 relative à la prévention de l'utilisation du système financier aux fins du blanchiment de capitaux ou du financement du terrorisme, ainsi que des règlements européens portant mesures restrictives pris en application des articles 75 ou 215 du Traité sur le fonctionnement de l'Union européenne.

III. — Pour assurer le respect des dispositions mentionnées au II, elle peut mettre en demeure, dans les conditions prévues à l'article L. 612-31 du présent code, toute personne mentionnée au I de prendre, dans un délai déterminé, toute mesure destinée à régulariser sa situation.

Elle peut également, lorsqu'elle constate des insuffisances caractérisées du dispositif de lutte contre le blanchiment des capitaux et le financement du terrorisme, un grave défaut de vigilance, une carence sérieuse dans l'organisation du dispositif ou des procédures de contrôle ou une exposition non maîtrisée au risque en matière de lutte contre le blanchiment des capitaux et le financement du terrorisme, prendre les mesures conservatoires prévues aux 1° à 3°, 5°, 6°, 11° et 12° du I de l'article L. 612-33, ainsi que celles prévues au 2° du II de l'article L. 561-33.

Elle peut également conformément au I de l'article L. 612-34 nommer un administrateur provisoire lorsque la gestion de la personne assujettie ne peut plus être assurée dans des conditions normales et ne lui permet pas de respecter les dispositions mentionnées au II.

Les mesures de police mentionnées ci-dessus sont prononcées dans les conditions prévues aux articles L. 612-35 à L. 612-37 et *[,]* **le cas échéant** *[,]* **au II de l'article L. 612-14.**

IV. — Lorsque l'Autorité de contrôle prudentiel et de résolution constate des manquements aux dispositions mentionnées au II par les personnes mentionnées au I, à l'exclusion des personnes mentionnées aux 3°, 3° *bis*, 4° *(L. n° 2019-486 du 22 mai 2019, art. 86)* **« , 7° et 7° *bis* » de l'article L. 561-2, ou si ces personnes n'ont pas déféré à une mise en demeure de se conformer à ces dispositions, le pouvoir de**

sanction mentionné au I s'exerce dans les conditions prévues aux articles L. 612-38 et L. 612-39.

Elle peut également prononcer, soit à la place, soit en sus des sanctions prévues à l'article L. 612-39, une sanction pécuniaire dont le montant peut être fixé dans la limite du plus élevé des deux plafonds suivants : cent millions d'euros et dix pour cent du chiffre d'affaires total au sens du V de l'article L. 612-40.

Lorsque la responsabilité directe et personnelle dans les manquements mentionnés au présent article est établie à l'encontre des dirigeants ou de toute autre personne mentionnée au I et au II de l'article L. 612-23-1 ou, dans le cas d'un établissement de paiement ou de monnaie électronique exerçant des activités hybrides, des personnes déclarées responsables respectivement de la gestion des activités de services de paiement, des activités d'émission et de gestion de monnaie électronique, la commission des sanctions peut également prononcer à l'encontre de ces personnes les sanctions disciplinaires prévues aux 4° et 5° de l'article L. 612-39. Ces sanctions ne peuvent excéder une durée de dix ans. La commission des sanctions peut prononcer, soit à la place, soit en sus de ces sanctions, la sanction disciplinaire prévue au VIII de l'article L. 612-40, selon les modalités définies aux IX et XI du même article.

Lorsque la responsabilité directe et personnelle dans les manquements mentionnés au présent article est établie à l'encontre de la personne mentionnée au quatrième alinéa de l'article L. 561-32, la commission des sanctions peut également prononcer à l'encontre de cette personne une interdiction d'exercer des fonctions de direction au sein des personnes mentionnées à l'article L. 561-2 qui ne saurait excéder cinq ans. Elle peut prononcer, soit à la place, soit en sus de cette sanction, la sanction disciplinaire prévue au VIII de l'article L. 612-40, selon les modalités définies aux IX et XI dudit article.

Les dispositions de l'alinéa ci-dessus s'appliquent également au représentant permanent mentionné au VI *[de]* l'article L. 561-3 au titre des fonctions qui lui sont confiées par les dispositions de la norme technique de réglementation prise en application des articles 45.9 et 45.10 de la directive 2015/849 du Parlement européen et du Conseil du 20 mai 2015 relative à la prévention de l'utilisation du système financier aux fins de blanchiment de capitaux ou du financement du terrorisme.

(L. n° 2019-486 du 22 mai 2019, art. 86) « V. — Lorsque l'Autorité de contrôle prudentiel et de résolution constate des manquements aux dispositions mentionnées au II du présent article ainsi qu'à celles du chapitre IV du titre II du livre V du présent code ou de l'article L. 54-10-3 et des *[aux]* dispositions réglementaires prises pour son application par les personnes mentionnées aux 7° et 7° *bis* de l'article L. 561-2 ou si ces personnes n'ont pas déféré à une mise en demeure de se conformer à ces dispositions, le collège de supervision peut, dans les conditions définies à l'article L. 612-38, décider de l'ouverture d'une procédure disciplinaire à leur encontre.

« La commission des sanctions peut prononcer à l'encontre de ces personnes l'une des sanctions disciplinaires suivantes : »

1° L'avertissement ;

2° Le blâme ;

3° La radiation de la liste mentionnée à l'article L. 612-21 *(Ord. n° 2020-115 du 12 févr. 2020, art. 7)* « ou à l'article L. 54-10-3 ».

Elle peut prononcer soit à la place, soit en sus de ces sanctions, une sanction pécuniaire fixée en fonction de la gravité du manquement et qui ne peut excéder cinq millions d'euros. Lorsque *(L. n° 2019-486 du 22 mai 2019, art. 86)* « la personne sanctionnée » est une personne morale, la commission des sanctions peut décider que ses dirigeants de droit ou de fait seront tenus solidairement au paiement de la sanction pécuniaire prononcée.

La commission des sanctions peut assortir la sanction d'une astreinte, dont elle fixe le montant et la date d'effet. Un décret en Conseil d'État fixe la procédure applicable, le montant journalier maximum de l'astreinte et les modalités selon lesquelles, en cas d'inexécution totale ou partielle ou de retard d'exécution, il est procédé à la liquidation de l'astreinte.

Lorsque la responsabilité directe et personnelle des dirigeants *(L. n° 2019-486 du 22 mai 2019, art. 86)* « des personnes mentionnées aux 7° et 7° *bis* » de l'article L. 561-2 dans les manquements mentionnés ci-dessus est établie, la commission des sanctions peut également prononcer à leur encontre une interdiction d'exercice, directement ou indirectement, *(L. n° 2019-486 du 22 mai 2019, art. 86)* « de la profession de changeur manuel ou de prestataire mentionné au 7° *bis* du même article L. 561-2 » pour une durée qui ne peut excéder dix ans. Elle peut prononcer, soit à la place, soit en sus de cette sanction, la sanction disciplinaire prévue au VIII de l'article L. 612-40, selon les modalités définies aux IX et XI du même article.

Lorsque la responsabilité directe et personnelle dans les manquements mentionnés au présent article est établie, au sein *(L. n° 2019-486 du 22 mai 2019, art. 86)* « des personnes mentionnées aux 7° et 7° *bis* » de l'article L. 561-2, à l'encontre de la personne mentionnée au quatrième alinéa du I de l'article L. 561-32, la commission des sanctions peut également prononcer à l'encontre de cette dernière une interdiction d'exercer des fonctions de direction au sein des personnes mentionnées à l'article L. 561-2 qui ne saurait excéder cinq ans. Elle peut prononcer, soit à la place, soit en sus de cette sanction, la sanction disciplinaire prévue au VIII de l'article L. 612-40, selon les modalités définies aux IX et XI dudit article.

VI. — Lorsque l'Autorité de contrôle prudentiel et de résolution constate des manquements aux dispositions mentionnées au II des personnes mentionnées aux 3°, 3° *bis* et 4° de l'article L. 561-2 ou si ces personnes n'ont pas déféré à une mise en demeure de se conformer à ces dispositions, le collège de supervision peut, dans les conditions définies à l'article L. 612-38, décider de l'ouverture d'une procédure disciplinaire à leur encontre.

La commission des sanctions peut prononcer à l'encontre de ces personnes une ou plusieurs sanctions définies au I de l'article L. 612-41 selon les modalités définies audit article. Elle peut prononcer, soit à la place, soit en sus de ces sanctions, une sanction pécuniaire dont le montant peut être porté dans la limite du plus élevé des deux plafonds suivants : cent millions d'euros et dix pour cent du chiffre d'affaires total au sens du V de l'article L. 612-40 du code monétaire et financier.

Lorsque la responsabilité directe et personnelle des dirigeants des personnes mentionnées au premier alinéa du présent VI dans les manquements mentionnés au même alinéa est établie, la commission des sanctions peut également prononcer les sanctions disciplinaires prévues aux 4° et 5° de l'article L. 612-39. Ces sanctions ne peuvent excéder une durée de dix ans. La commission des sanctions peut prononcer, soit à la place, soit en sus de ces sanctions, la sanction disciplinaire prévue au VIII de l'article L. 612-40, selon les modalités définies aux IX et XI du même article.

Lorsque la responsabilité directe et personnelle dans les manquements ou infractions mentionnés au présent article est établie au sein des personnes mentionnées au premier alinéa du présent VI, à l'encontre de la personne mentionnée au quatrième alinéa du I de l'article L. 561-32, la commission des sanctions peut également prononcer à l'encontre de cette dernière une interdiction d'exercer des fonctions de direction au sein des personnes mentionnées à l'article L. 561-2 qui ne saurait excéder cinq ans. Elle peut prononcer, soit à la place, soit en sus de cette sanction, la sanction disciplinaire prévue au VIII de l'article L. 612-40, selon les modalités définies aux IX et XI du même article.

VII. — L'Autorité de contrôle prudentiel et de résolution veille au respect par la Caisse des dépôts et consignations des dispositions mentionnées au II et exerce sur elle un pouvoir de sanction. A cette fin, le contrôle de l'Autorité de contrôle prudentiel et de résolution s'exerce dans les conditions prévues par l'article L. 612-17 selon les modalités prévues par les articles L. 612-23 à L. 612-27, L. 612-31, L. 612-38, L. 612-44, ainsi qu'aux 1° et 2° de l'article L. 612-39. Pour la mise en œuvre du présent article, les articles L. 571-4, L. 613-20-1 et L. 613-20-2 sont également applicables au groupe de la Caisse des dépôts et consignations et à ses dirigeants.

L'Autorité de contrôle prudentiel et de résolution peut adresser à la Caisse des dépôts et consignations des recommandations ou la mettre en demeure de prendre les mesures appropriées pour se conformer aux obligations issues des dispositions mentionnées ci-dessus.

Lorsque l'Autorité de contrôle prudentiel et de résolution constate de graves manquements de la Caisse des dépôts et consignations aux obligations mentionnées ci-dessus ou si cette dernière n'a pas déféré à une mise en demeure de se conformer à ces obligations, le collège de supervision peut, dans les conditions définies à l'article

L. 612-38, décider de l'ouverture d'une procédure disciplinaire à l'encontre de la Caisse des dépôts et consignations.

La commission des sanctions peut prononcer à l'encontre de la Caisse des dépôts et consignations une sanction prévue aux 1° et 2° de l'article L. 612-39. Elle peut prononcer, soit à la place, soit en sus de ces sanctions, une sanction pécuniaire au plus égale à cent millions d'euros. Les sommes correspondantes sont recouvrées par le Trésor public et versées au budget de l'État.

Lorsque la responsabilité directe et personnelle de la personne mentionnée à l'article L. 518-11 dans les manquements ou infractions aux dispositions mentionnés *[mentionnées]* **au premier alinéa du présent VII est établie, la commission des sanctions peut également prononcer à l'encontre de cette personne une sanction pécuniaire prévue au VIII de l'article L. 612-40 selon les modalités définies au** *[aux]* **IX et XI du même article.**

Lorsque la responsabilité directe et personnelle dans les manquements ou infractions mentionnés au présent article est établie à l'encontre de la personne mentionnée au quatrième alinéa du I de l'article L. 561-32, la commission des sanctions peut également prononcer à l'encontre de cette dernière une interdiction d'exercer des fonctions de direction au sein des personnes mentionnées à l'article L. 561-2 qui ne saurait excéder cinq ans. Elle peut prononcer, soit à la place, soit en sus de cette sanction, la sanction disciplinaire prévue au VIII de l'article L. 612-40, selon les modalités définies aux IX et XI du même article.

Lorsque l'Autorité de contrôle prudentiel et de résolution adresse des recommandations ou une mise en demeure à la Caisse des dépôts et consignations ou lorsque le collège de supervision est saisi d'un examen de situation en vue de l'ouverture d'une procédure disciplinaire à son encontre ou à l'encontre de la personne mentionnée à l'article L. 518-11, elle recueille préalablement l'avis de la commission de surveillance mentionnée aux articles L. 518-4 à L. 518-10.

VIII. — Les décisions de la commission des sanctions au titre du IV, du V, du VI et du VII du présent article sont publiées dans les conditions prévues au XII de l'article L. 612-40.

BIBL. ▶ BOURSIER, *JCP E 2017, n° 1239* (ACPR. Un an de jurisprudence en matière de LBC/FT et de gel des avoirs) ; *ibid. 2018, n° 1209* (même thème) ; *ibid. 2019, n° 1278* (même thème) ; *ibid. 2020, n° 1128* (même thème).

COMMENTAIRE

L'Autorité des marchés financiers, compétente pour les sociétés d'investissement, les sociétés de gestion de portefeuilles, les gestionnaires de systèmes de règlement et de livraison d'instruments financiers, les conseillers en investissements financiers, les intervenants sur les marchés, contrôle et sanctionne, s'il y a lieu, les manquements à la mise en œuvre de leurs obligations en matière de LBC/FT dans le cadre des missions visées à l'article L. 621-1 du code monétaire et financier et des règles de procédures applicables devant la commission des sanctions de l'AMF.

La part la plus importante de l'activité concernant les sociétés du secteur financier relève de l'Autorité de contrôle prudentiel et de résolution. Elle est en effet compétente pour les sociétés du secteur bancaire et mutualiste et revêt à ce titre une importance essentielle dans l'architecture interne de lutte contre le blanchiment de capitaux et le financement du terrorisme. Son statut et son fonctionnement sont régis par les articles L. 511-4 et suivants du code monétaire et financier. Elle comprend notamment, au titre de l'article L. 612-4 du code monétaire et financier, un collège de supervision dans le cadre de ses activités de contrôle et une commission des sanctions compétente en cas de défaillance des assujettis dans la mise en œuvre de leurs obligations en matière de LBC/FT. Les obligations de LBC/FT étoffent les obligations liées au contrôle interne des établissements de crédit prévues aux articles L. 511-55 à L. 511-70 du code monétaire et financier dans leur rédaction issue de l'ordonnance n° 2014-158 du 20 février 2014 modifiant le règlement n° 97-02 relatif au contrôle interne. Les décisions de la commission des sanctions revêtent un caractère de précédent créant une véritable jurisprudence tendant à constituer une source incontournable de règles de *soft law* pour les assujettis, sur laquelle s'appuient TRACFIN et l'ACPR pour l'élaboration de leurs lignes directrices.

L'ordonnance du 1er décembre 2016 a innové quant au choix des sanctions en ouvrant une alternative à la commission des sanctions qui peut désormais prononcer, outre l'amende d'un montant maximum de 100 millions d'euros, une amende dans la limite de 10 % du chiffre d'affaires total de la société (C. mon. fin., art. L. 612-40-V). Reste à savoir dans quelle mesure cette nouvelle possibilité sera utilisée sachant qu'elle suscite, malgré le principe de proportionnalité, une certaine réserve du juge constitutionnel et du juge administratif (V. Cons. const., 16 mars 2017, n° 2016-618 QPC, sanctionnant les dispositions de l'art. 1649 AB CGI). Les décisions rendues montrent cependant que, pour l'heure, le premier plafond est manifestement suffisant, puisque l'amende la plus élevée prononcée jusqu'alors par la commission des sanctions s'élève à 10 millions d'euros.

I. BILAN CHIFFRÉ DE L'ACTIVITÉ DE LA COMMISSION DES SANCTIONS DE L'ACPR

Outre les questions de procédure (V. comm. ss. art. L. 561-36) le bilan chiffré et les modalités choisies par la commission des sanctions sont relativement homogènes. La commission des sanctions, depuis la montée en puissance de son activité en 2011, rend en moyenne cinq décisions par an en matière de LBC/FT. La durée moyenne de la procédure entre la notification des griefs et le prononcé de la décision s'élève à douze mois et les demandes de huis clos pour la tenue des audiences sont très généralement accordées. L'écart entre le montant des amendes prononcées est très important (entre 40 000 et 10 millions d'euros) tandis qu'un blâme est quasiment systématiquement prononcé (voire dans certains cas un retrait d'agrément).

II. PUBLICATION NOMINATIVE DES DÉCISIONS DE L'ACPR

Le principe est celui de la publication nominative des décisions de la commission des sanctions de l'ACPR. Les demandes d'anonymisation prospèrent donc difficilement. En effet, la valeur pédagogique de la publication est importante et la commission des sanctions demeure exigeante sur ces demandes de publication anonyme en précisant que l'assujetti doit produire des éléments permettant de démontrer que la publication nominative de la décision lui causerait un préjudice disproportionné. Elle vérifie également que cette publication n'est pas de nature à perturber gravement les marchés financiers.

A contrario, la commission des sanctions estime que les efforts consentis dans la mise à niveau du système et les obstacles liés à la difficulté de mettre en place un mécanisme utile de lutte contre le financement du terrorisme à petite échelle justifient d'accorder à l'assujetti la publication anonyme de la décision. Cette motivation semble relever plus de la bonne foi, pourtant totalement inopérante en la matière, que de raisons objectives démontrées par l'assujetti du préjudice que lui causerait une publication nominative, critère dont la démonstration est exigée par la commission des sanctions. Dans deux dossiers, la publication non nominative est le fruit de la fusion-absorption dont ont fait l'objet les deux sociétés attraites excluant cette publication nominative au titre du caractère personnel de la responsabilité pénale et du principe de personnalité de la peine.

III. FACTEURS DE CLÉMENCE RETENUS PAR LA COMMISSION DES SANCTIONS DE L'ACPR

En germe dès les premières décisions, la prise en compte des mesures correctives des assujettis prises à l'issue du contrôle réalisé par les inspecteurs de l'ACPR afin d'atténuer la sanction éventuelle se confirme d'année en année. La commission des sanctions retient, concrètement, la rapidité de réaction des assujettis après le contrôle, le budget consacré aux remédiations dont la nécessité est apparue à ce moment-là et les résultats déjà obtenus avant de conclure qu'elle devra « tenir compte de ces éléments dans une certaine mesure ».

Ces mesures correctrices doivent intervenir rapidement après la détection des défaillances révélées au cours des opérations de contrôle pour être prises en compte en tant que facteur atténuant de la sanction prononcée. A défaut, la commission des sanctions considère que des mesures tardives et insuffisantes au regard des carences constatées (absence totale d'identification des clients et de suivi d'opérations nécessitant une vigilance renforcée) ne permettent pas une atténuation de la sanction.

IV. FACTEURS ATTÉNUANTS RETENUS PAR LA COMMISSION DES SANCTIONS DE L'ACPR

Sur le plan factuel, la commission des sanctions tient compte de difficultés de mise en place de systèmes de détection partagées par la place. Elle considère que l'insuffisante adaptation de l'outil automatisé de détection de l'assujetti pour traiter du risque de financement du terrorisme à petite échelle est apprécié au regard des établissements de taille comparable qui, au moment du contrôle, étaient en phase de réflexion et d'échange sur la réponse appropriée à ce risque tandis que les débats de place se sont poursuivis postérieurement sur la bonne configuration de ces dispositifs de détection

Sur le plan juridique, la commission des sanctions tient compte de l'identité de faits fondant plusieurs griefs. En 2019, la commission des sanctions souligne, pour la première fois à notre connaissance, le caractère atténuant de l'identité de faits fondant plusieurs griefs. Il s'agit d'une problématique récurrente de la législation LBC/FT : la méconnaissance d'une obligation entraîne *de facto* celle d'autres obligations. Ainsi, l'absence d'identification du client peut entraîner, de fait, celle de l'identification des personnes politiquement exposées. Il en va de même en cas de méconnaissance des obligations d'identification et de vérification de l'identité des clients et des bénéficiaires effectifs qui entraîne *de facto* la méconnaissance de l'obligation de conservation des documents relatifs notamment à cette identification. ❑

1. *Valeur de précédent des décisions de la commission des sanctions.* V. • Décis. ACPR n° 2015-07 du 4 juill. 2016 • n° 2018-05 du 8 avr. 2019.

2. *Demande d'anonymisation de la décision de sanction.* Estimant que le demandeur doit démontrer le préjudice irrémédiable que représenterait la publication nominative de la sanction qui est le principe : • Décis. ACPR n° 2017-05 du 17 avr. 2018 • n° 2017-08 du 22 mars 2018 • n° 2017-05 du 17 avr. 2018. ♦ Sur l'exclusion de la publication nominative en cas de fusion-absorption de la société au titre du principe du caractère personnel de la responsabilité disciplinaire de la société, V. • Décis. ACPR n° 2017-02 du 26 juill. 2018 • n° 2017-03 du 26 juill. 2018. ♦ Une opération de fusion-absorption ne peut, eu égard à la mission de régulation de l'ACPR, avoir pour conséquence d'empêcher la sanction d'une personne morale ayant absorbé une autre personne morale pour des manquements commis par cette dernière avant cette opération. Si le principe de responsabilité personnelle et de personnalité des peines fait obstacle à ce qu'une sanction non pécuniaire soit prononcée à l'encontre de la société absorbante pour des manquements commis par la société absorbée avant son absorption, une sanction pécuniaire peut en revanche être prononcée à son encontre, qui devra être publiée sous une forme ne permettant pas de l'identifier. • Décis. ACPR n° 2017-02 du 26 juill. 2018.

3. *Mise en place de mesures correctives.* Sur le facteur atténuant de la mise en place de mesures correctives, V. • Décis. ACPR n° 2014-07 du 24 juill. 2015 • n° 2014-08 du 19 juin 2015 • n° 2014-10 du 16 oct. 2015. ♦ Le fait de mettre en place de nouveaux systèmes *via* un plan d'action puis d'audit pour un montant de près de 27 millions d'euros entre la fin du contrôle et la sanction conduit à atténuer la gravité de la sanction. • Décis. ACPR n° 2015-08 du 8 déc. 2016. ♦ Sur la prise en compte des actions correctives mises en place par la société (refonte de sa classification des risques, amélioration du dispositif de détection et d'analyse des opérations atypiques, meilleure prise en compte des risques liés à l'activité de correspondance bancaire, actions de formation du personnel et de renforcement des directions des risques et de la conformité) témoignant d'une volonté de mise à niveau du dispositif de LCB/FT de cet établissement : • Décis. ACPR n° 2020-01 du 24 déc. 2020. ♦ Sur le critère de la rapidité des mesures correctives réalisées par l'assujetti à l'issu du contrôle révélant les dysfonctionnements dans la mise en œuvre des dispositions LBC/FT, V. • Décis. ACPR n° 2016-09 du 30 juin 2017 • n° 2016-06 du 30 mai 2017 • n° 2017-02 du 26 juill. 2018 • n° 2017-02 du 26 juill. 2018 • n° 2018-03 du 2 juill. 2019. ♦ *A contrario* pour des mesures prises trop tardivement : • Décis. ACPR n° 2018-05 du 8 avr. 2019.

4. *Nature des mesures correctives.* Le fait que la société ait interrompu ses relations d'affaires avec une plateforme ne présentant pas les garanties nécessaires en matière de cartes prépayées et encore renforcé son équipe conformité qui atteint à présent un quart de la masse salariale de l'entreprise, a été jugé comme des mesures correctives satisfaisantes devant être prises en considération. • Décis. ACPR n° 2016-05 du 30 mars 2017. ♦ Il en va de même des mises à jour et modifications des systèmes à l'issue des contrôles mises en place et attestées par un cabinet d'audit. • Décis. ACPR n° 2016-01 du 28 déc. 2016. ♦ Le renforcement des moyens mis en œuvre, la formation, l'amélioration de la connaissance client, la diffusion d'une nouvelle procédure démontrent également la volonté de l'assujetti de mettre son dispositif au niveau requis. • Décis. ACPR n° 2015-10 du 20 juill. 2016 • n° 2015-06 du 29 avr. 2016.

5. *Prise en compte de la valeur relative de l'échantillon utilisé.* La commission retient que le constat par les inspecteurs des manquements en matière de connaissance du client a été établi à partir d'un échantillon de dossiers dont les caractéristiques ne peuvent faire l'objet d'une extrapolation à l'ensemble de la clientèle. En effet, cet échantillon a été constitué à partir du fichier des alertes tenu par la société – examens renforcés et clients ayant réalisé de nombreuses opérations en espèces –, dossiers qui ne constituaient eux-mêmes qu'une part très réduite de la clientèle par rapport au nombre de clients et d'opérations réalisées. • Décis. ACPR n° 2019-04 du 4 févr. 2020.

6. Prise en compte du caractère récent de la société et de la nature innovante des activités. La commission relève comme facteur d'atténuation le fait que l'entreprise concernée était de création récente et avait fait l'objet d'une croissance rapide. Elle reprend également l'argumentation de l'assujetti qui fait valoir des difficultés à identifier avec certitude ce qu'impliquaient exactement, pour les activités et produits innovants qu'il développait, les obligations en matière de LCB/FT. • Décis. ACPR n° 2019-06 du 22 déc. 2020.

7. Prise en compte du faible nombre de dossiers concernés et du faible montant des dépassements constatés. L'absence de communication systématique d'informations doit être relativisée au regard du faible nombre d'opérations concernées par rapport aux opérations réalisées par l'assujetti – soit 7 cas sur plus de 32 000 opérations – et au dépassement très modeste du seuil concerné – soit 40 € au-delà du seuil de déclaration systématique fixé à 10 000 €. • Décis. ACPR n° 2019-04 du 4 févr. 2020.

8. Prise en compte de l'ampleur des mesures de remédiation mises en place. Les ressources techniques, financières et humaines mobilisées révèlent l'implication de la direction générale de l'établissement : plus de 2 000 DS envoyées à TRACFIN depuis le début de l'année 2020 ; nouvelle interface permettant de se connecter aux outils de l'assujetti dédiés à l'identification des PPE et de celles qui sont visées par une mesure restrictive ; forte amélioration en matière de gel des avoirs avec un filtrage quotidien de l'ensemble de la base clients ; abandon de l'exigence d'une correspondance orthographique exacte pour les personnes visées par des mesures de gel des avoirs. • Décis. ACPR n° 2019-06 du 22 déc. 2020. ♦ Il convient de tenir compte, dans une certaine mesure, de ce que la société a mis en œuvre un plan d'actions qui comporte une refonte de son dispositif de LCB/FT et une amélioration de ses outils de filtrage de ses bases clients en vue de détecter ceux qui font l'objet d'une mesure restrictive, ainsi que des projets informatiques de grande ampleur (plus de 27 millions d'euros dépensés entre 2016 et 2019, auxquels devaient s'ajouter 5 millions d'euros en 2020 et 2021). • Décis. ACPR n° 2020-03 du 29 avr. 2021. ♦ Il convient de tenir compte dans le choix de la sanction du plan de remédiation volontariste mis en œuvre par la société. Ainsi, si ce plan n'a été décidé qu'en mars 2020, il a été précédé de mesures significatives, antérieures à l'ouverture de la procédure disciplinaire (engagement de plus de 3,4 millions d'euros à ce titre dont 2,9 millions d'euros de dépenses d'exploitation et environ 0,5 million d'euros de dépenses d'investissement). • Décis. ACPR n° 2020-05 du 7 mai 2021.

9. Prise en compte des difficultés à mettre en œuvre certaines obligations partagées par l'ensemble des assujettis. Il a notamment été tenu compte des difficultés à mettre en œuvre les outils idoines pour la détection d'opérations terroristes par des micro-financements : • Décis. ACPR n° 2017-08 du 22 mars 2018.

10. Prise en compte du contexte de crise sanitaire due à la covid-19. Retenant le fait que l'assujetti intervient sur des marchés particulièrement dynamiques entraînant une certaine fragilité financière due un contexte de très vive concurrence, fragilité aggravée en 2020 par la crise sanitaire : • Décis. ACPR n° 2019-06 du 22 déc. 2020.

11. Prise en compte de la pluralité de griefs fondés sur les mêmes faits. Le défaut du système d'identification des clients entraîne *de facto* le défaut de détection des personnes politiquement exposées ou des bénéficiaires effectifs des clients. • Décis. ACPR n° 2018-03 du 2 juill. 2019 • n° 2018-08 du 24 sept. 2019. ♦ En matière disciplinaire, le Conseil d'État a jugé que si une sanction administrative reposant sur plusieurs manquements doit être conforme au principe de proportionnalité, le principe du *non bis in idem* découlant du principe de nécessité des délits et des peines garanti par l'art. 8 DDH ne fait pas obstacle à ce que, dans le cadre d'une même poursuite conduisant à une même décision de sanction, plusieurs manquements distincts puissent résulter de mêmes faits. • Décis. ACPR n° 2020-03 du 29 avr. 2021 • n° 2020-03 du 7 mai 2021.

12. Récidive. L'état de récidive de la société ne semble pas pris en compte par la commission des sanctions : • Décis. ACPR n° 2018-03 du 2 juill. 2019. ♦ Absence de facteur d'aggravation du fait d'un contrôle précédent non suivi d'effets suffisants, la commission ne mentionnant pas au titre d'un quelconque facteur aggravant l'existence d'un contrôle sur place diligenté en 2012, à l'issue duquel ladite société avait été mise en demeure de remédier aux manquements constatés par la mission de contrôle en matière de contrôle interne et de LCB/FT. La commission ne s'appuie pas plus sur la mission de suivi de la mise en demeure conduite en 2014 qui avait constaté que le projet de remédiation n'était pas finalisé, même si l'établissement avait mis en œuvre plusieurs actions correctives. • Décis. ACPR n° 2020-01 du 24 déc. 2020.

13. Principe de la publication nominative des décisions. La valeur pédagogique de la publication des décisions de sanction est importante. L'assujetti doit produire des éléments permettant de démontrer que la publication nominative de la décision lui causerait un préjudice disproportionné ou que cette publication est de nature à perturber gravement les marchés financiers (art. L. 612-39). • Décis. ACPR n° 2017-05 du 17 avr. 2018. ♦ Sur la durée de la publication nominative sur le site de l'ACPR : • Décis. ACPR n° 2019-04 du 4 févr. 2020 • n° 2020-01 du 24 déc. 2020 • n° 2019-06 du 22 déc. 2020.

SCHÉMA DE LA PROCÉDURE DU CONTRÔLE DE L'ACPR À LA DÉCISION DE LA COMMISSION DES SANCTIONS.

1. *Du contrôle de l'ACPR à la saisine de la commission des sanctions.*

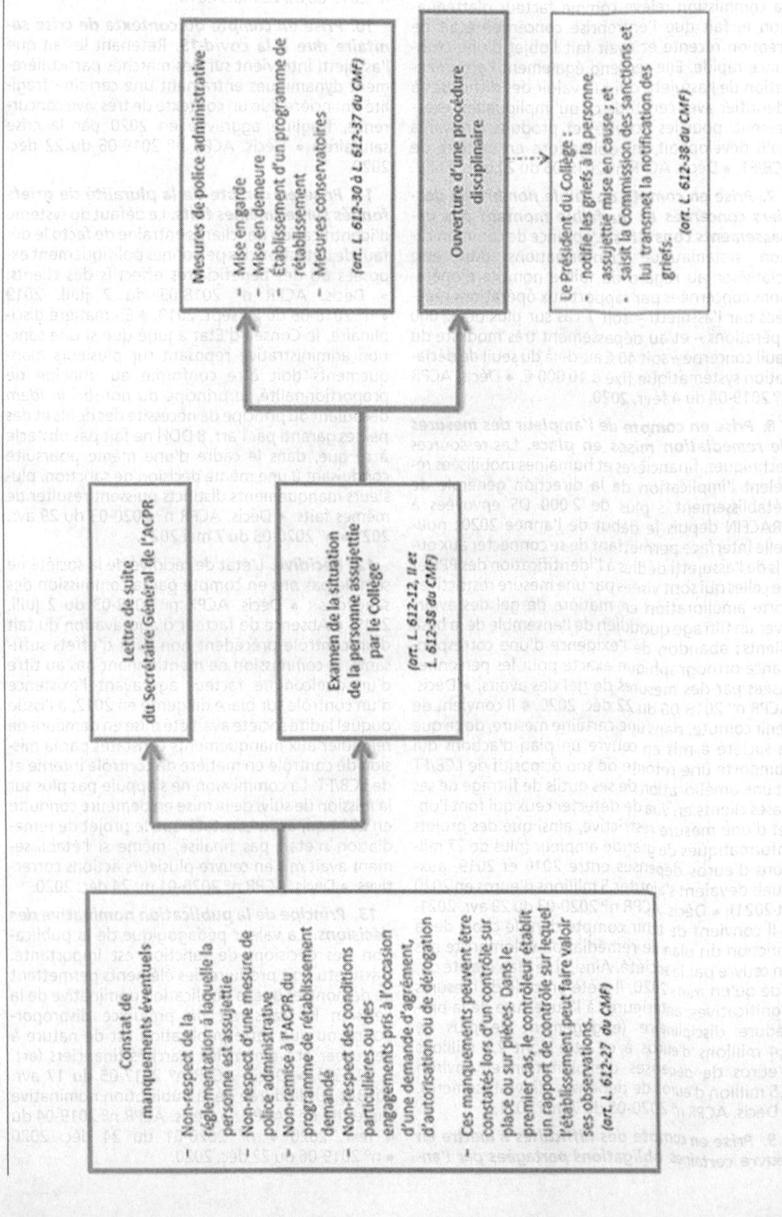

2. De la saisine de la commission des sanctions à sa décision.

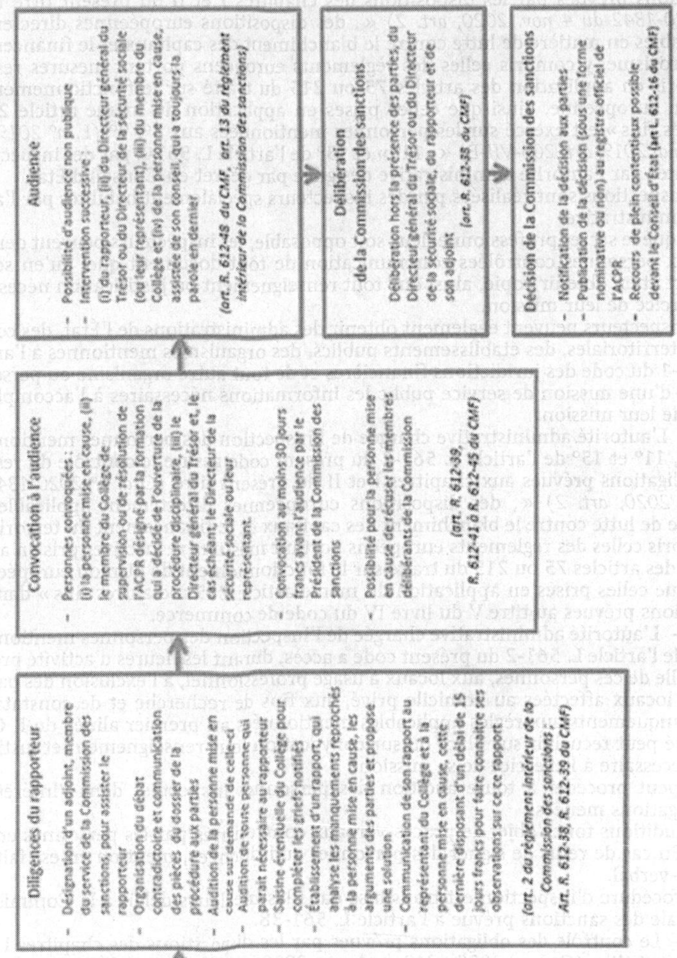

Art. L. 561-36-2 *(Ord. nº 2016-1635 du 1er déc. 2016, art. 7-III)* I. — Le contrôle des obligations prévues par les dispositions des chapitres I et II du présent titre *(Ord. nº 2020-1342 du 4 nov. 2020, art. 2)* « , des dispositions européennes directement applicables en matière de lutte contre le blanchiment des capitaux et le financement du terrorisme, y compris celles des règlements européens portant mesures restrictives pris en application des articles 75 ou 215 du traité sur le fonctionnement de l'Union européenne, ainsi que celles prises en application du même article 215 à d'autres fins » est exercé sur les personnes mentionnées aux 8°, 9° *(L. nº 2019-486 du 22 mai 2019, art. 206-VII-B)* « , 11° » et 15° de l'article L. 561-2 par des inspections conduites par l'autorité administrative désignée par décret en Conseil d'État.

Les inspections sont réalisées par des inspecteurs spécialement habilités par l'autorité administrative.

Sans que le secret professionnel leur soit opposable, les inspecteurs peuvent demander aux personnes contrôlées communication de tout document quel qu'en soit le support et en obtenir copie, ainsi que tout renseignement ou justification nécessaire à l'exercice de leur mission.

Les inspecteurs peuvent également obtenir des administrations de l'État, des collectivités territoriales, des établissements publics, des organismes mentionnés à l'article L. 134-1 du code des juridictions financières et de tout autre organisme ou personne chargé d'une mission de service public les informations nécessaires à l'accomplissement de leur mission.

II. — L'autorité administrative chargée de l'inspection des personnes mentionnées aux 8°, 11° et 15° de l'article L. 561-2 du présent code assure le contrôle du respect des obligations prévues aux chapitres I et II du présent titre *(Ord. nº 2020-1342 du 4 nov. 2020, art. 2)* « , des dispositions européennes directement applicables en matière de lutte contre le blanchiment des capitaux et le financement du terrorisme, y compris celles des règlements européens portant mesures restrictives pris en application des articles 75 ou 215 du traité sur le fonctionnement de l'Union européenne, ainsi que celles prises en application du même article 215 à d'autres fins » dans les conditions prévues au titre V du livre IV du code de commerce.

III. — L'autorité administrative chargée de l'inspection des personnes mentionnées au 9° de l'article L. 561-2 du présent code a accès, durant les heures d'activité professionnelle de ces personnes, aux locaux à usage professionnel, à l'exclusion des parties de ces locaux affectées au domicile privé, aux fins de recherche et de constatation des manquements aux règles applicables mentionnées au premier alinéa du I. Cette autorité peut recueillir sur place ou sur convocation tout renseignement et justification nécessaire à l'exercice de sa mission.

Elle peut procéder à toute audition des personnes inspectées dans l'intérêt des investigations menées.

Les auditions font l'objet de procès-verbaux contresignés par les personnes entendues. En cas de refus de signer des personnes auditionnées, mention en est faite au procès-verbal.

La procédure d'inspection est transmise dans les meilleurs délais à la Commission nationale des sanctions prévue à l'article L. 561-38.

IV. — Le contrôle des obligations prévues par les dispositions des chapitres I et II du présent titre *(Ord. nº 2020-1342 du 4 nov. 2020, art. 2)* « , des dispositions européennes directement applicables en matière de lutte contre le blanchiment des capitaux et le financement du terrorisme, y compris celles des règlements européens portant mesures restrictives pris en application des articles 75 ou 215 du traité sur le fonctionnement de l'Union européenne, ainsi que celles prises en application du même article 215 à d'autres fins » est exercé sur les personnes mentionnées au 9° *bis* de l'article L. 561-2 par l'*(Ord. nº 2019-1015 du 2 oct. 2019, art. 31, en vigueur le 1er janv. 2020)* « Autorité nationale des jeux ».

Ce contrôle est effectué dans les conditions prévues à l'article *[aux articles 38 et]* 42 de la loi nº 2010-476 du 12 mai 2010 relative à l'ouverture à la concurrence et à la régulation du secteur des jeux d'argent et de hasard en ligne. — *La modification prévue par l'Ord. nº 2019-1015 du 2 oct. 2019 (art. 31) au IV de l'art. L. 561-38-2, inexistant, concerne selon nous le 2e al. du IV de l'art. L. 561-36-2.*

V. – Le contrôle des obligations prévues par les dispositions des chapitres I et II du présent titre *(Ord. nº 2020-1342 du 4 nov. 2020, art. 2)* **«, des dispositions européennes directement applicables en matière de lutte contre le blanchiment des capitaux et le financement du terrorisme, y compris celles des règlements européens portant mesures restrictives pris en application des articles 75 ou 215 du traité sur le fonctionnement de l'Union européenne, ainsi que celles prises en application du même article 215 à d'autres fins» est assuré sur les personnes mentionnées** *(Ord. nº 2020-115 du 12 févr. 2020, art. 7; Ord. nº 2020-1342 du 4 nov. 2020, art. 2)* **«aux 10°, 11° *bis* et 14°» de l'article L. 561-2 par l'autorité administrative compétente dans les conditions prévues au titre II du code des douanes.**

VI. – L'autorité administrative chargée de l'inspection des personnes mentionnées au 16° *(Ord. nº 2020-1342 du 4 nov. 2020, art. 2)* **«de» l'article L. 561-2 du présent code assure le contrôle des obligations prévues par les dispositions des chapitres I et II du présent titre** *(Ord. nº 2020-1342 du 4 nov. 2020, art. 2)* **«, des dispositions européennes directement applicables en matière de lutte contre le blanchiment des capitaux et le financement du terrorisme, y compris celles des règlements européens portant mesures restrictives pris en application des articles 75 ou 215 du traité sur le fonctionnement de l'Union européenne, ainsi que celles prises en application du même article 215 à d'autres fins» dans les conditions prévues au titre III du code du sport.**

VII. – Les autorités administratives chargées de l'inspections *[inspection]* **des personnes mentionnées aux 8°, 9°, 9 *bis*, 10°, 11°,** *(Ord. nº 2020-1342 du 4 nov. 2020, art. 2)* **«11° *bis*,» 15° et 16° de l'article L. 561-2 peuvent adresser aux personnes inspectées l'injonction de prendre les mesures appropriées pour se mettre en conformité avec leurs obligations, sans préjudice des sanctions qui peuvent être prononcées par la Commission nationale des sanctions.**

COMMENTAIRE

Les professions non financières sont soumises au contrôle d'autorités administratives désignées par décret dans le cadre d'inspections diligentées pour vérifier le respect de la législation en matière de lutte contre le blanchiment et le financement du terrorisme. Ainsi, les agents de la Direction générale de la concurrence, de la consommation et de la répression des fraudes sont compétents pour diligenter des inspections auprès des professionnels de l'immobilier et des sociétés de domiciliation. A l'issue des inspections, le ministre de l'Économie et des Finances saisit, s'il y a lieu, la Commission nationale des sanctions compétente pour un certain nombre de professionnels qui ne sont pas dotés d'un ordre professionnel (agents immobiliers, sociétés de domiciliation, personnes acceptant des paiements en espèces ou au moyen de monnaie électronique d'un montant supérieur à un seuil fixé par décret et se livrant au commerce des biens suivants : pierres précieuses, métaux précieux, bijoux, objets d'ameublement et de décoration d'intérieur, produits cosmétiques, produits textiles, maroquinerie, produits gastronomiques, horlogerie, arts de la table, casinos et sociétés de jeux et paris). Les résultats des inspections menées auprès des opérateurs de jeux qui conduisent au constat de manquements d'un opérateur agréé ou d'un opérateur titulaire de droits exclusifs à ses obligations en matière de LBC/FT est immédiatement transmis à la Commission nationale des sanctions. Il est dressé un procès-verbal des manquements d'un opérateur agréé ou d'un opérateur titulaire de droits exclusifs à ses obligations en matière de LBC/FT et la procédure d'inspection est immédiatement transmise à la Commission nationale des sanctions. L'administration des douanes est, quant à elle, compétente pour le contrôle des personnes se livrant habituellement au commerce d'antiquités et d'œuvres d'art et des opérateurs de ventes volontaires de meubles aux enchères publiques.

Les manquements constatés à l'issue de ces procédures administratives de contrôle peuvent ensuite donner lieu à la saisine des autorités de sanction qui relèvent soit d'ordres professionnels, soit d'autorités *ad hoc* : Haut Conseil aux commissaires aux comptes, Ordre des avocats au Conseil d'État et à la Cour de cassation, Commission de contrôle des caisses des règlements pécuniaires des avocats pour les CARPA, Conseil national des greffiers des tribunaux de commerce. Les modalités de sanction des manquements relevés à l'encontre des experts-comptables, des salariés autorisés à exercer la profession d'expert-comptable, des avocats au Conseil d'État et à la Cour de cassation, des avocats, notaires, commissaires de justice, administrateurs judiciaires et mandataires judiciaires, des opérateurs de ventes volontaires de meubles aux enchères publiques selon le montant des opérations mais également les caisses des règlements pécuniaires des avocats et les greffiers des tribunaux de commerce sont soumis à un régime de sanction dont l'application dépend de leurs ordres professionnels respectifs ou autorités de contrôle respectives. Ces autorités ont d'ailleurs l'obligation de prévoir la mise en place de procédures leur permettant le signalement, par des canaux de communication sécurisés et garantissant l'anonymat des personnes communiquant des informations à cette fin, de tout manquement aux obligations LBC/FT. La Commission nationale des sanctions, autorité *ad hoc*, est quant à elle compétente pour les casinos, les sociétés de jeux et de paris, les sociétés de domiciliation et les agents immobiliers professionnels de l'immobilier dans les conditions fixées par les articles L. 561-37 et suivants du code monétaire et financier. ❑

Art. L. 561-36-3 *(Ord. nº 2016-1635 du 1er déc. 2016, art. 7-IV)* **I. — Tout manquement aux obligations prévues par les dispositions des sections III à VI du présent chapitre** *(Ord. nº 2020-1342 du 4 nov. 2020, art. 2)* **« , du chapitre II du présent titre, des dispositions européennes directement applicables en matière de lutte contre le blanchiment des capitaux et le financement du terrorisme, y compris celles des règlements européens portant mesures restrictives pris en application des articles 75 ou 215 du traité sur le fonctionnement de l'Union européenne, ainsi que celles prises en application du même article 215 à d'autres fins » par les personnes mentionnées aux 12°,** *(Ord. nº 2020-115 du 12 févr. 2020, art. 7)* **« 13°, 14° 18°, et 19° » de l'article L. 561-2 peut donner lieu aux mesures et sanctions suivantes :**

1° Une injonction ordonnant à l'une de ces personnes de mettre un terme au comportement en cause et lui interdisant de le réitérer ;

2° Une interdiction temporaire d'exercice de responsabilités dirigeantes au sein d'une de ces personnes ;

3° Une sanction pécuniaire dont le montant ne peut être supérieur à un million d'euros. Lorsque l'avantage retiré du manquement peut être déterminé, cette sanction peut être au plus le double du montant de cet avantage.

En cas de manquement par une personne mentionnée au premier alinéa à tout ou partie des obligations lui incombant en vertu du présent titre, l'autorité compétente peut également sanctionner les dirigeants de cette personne ainsi que les autres personnes physiques salariées, préposées, ou agissant pour le compte de cette personne, du fait de leur implication personnelle dans les manquements en cause.

II. — Le montant et le type de la sanction infligée en cas de manquement aux dispositions des sections III à VI du présent chapitre par les personnes mentionnées au premier alinéa du I sont fixés en tenant compte, notamment :

1° De la gravité et de la durée des manquements ;

2° Du degré de responsabilité de l'auteur des manquements, de sa situation financière, de l'importance des gains qu'il a obtenus ou des pertes qu'il a évitées, de son degré de coopération lors du contrôle et de la procédure ainsi que des manquements qu'il a précédemment commis ;

3° S'ils peuvent être déterminés, des préjudices subis par des tiers du fait des manquements.

III. — Dans les conditions fixées par un décret en Conseil d'État, la décision de l'autorité de sanction, le cas échéant le recours contre cette décision, l'issue du recours, de même que la décision d'annulation d'une sanction précédemment imposée sont rendues *[rendus]* **publiques dans les publications, journaux ou supports désignés par cette autorité dans un format proportionné à la faute commise et à la sanction infligée. Les frais sont supportés par les personnes sanctionnées.** — *V. art. R. 561-42-1 et R. 561-42-2, infra.*

Toutefois, les décisions mentionnées ci-dessus sont publiées de manière anonyme dans les cas suivants :

1° Lorsque la publication sous une forme non anonyme compromettrait une enquête pénale en cours ;

2° Lorsqu'il ressort d'éléments objectifs et vérifiables fournis par la personne sanctionnée que le préjudice qui résulterait pour elle d'une publication sous une forme non anonyme serait disproportionné.

Lorsque les situations mentionnées aux 1° et 2° sont susceptibles de cesser d'exister dans un court délai, l'autorité de sanction peut différer la publication pendant ce délai.

L'autorité de sanction peut mettre à la charge de la personne sanctionnée tout ou partie des frais occasionnés par les mesures de contrôle ayant permis la constatation des faits ayant donné lieu à sanction.

IV. — Les dispositions qui précèdent ne font pas obstacle à la mise en œuvre, du fait des manquements mentionnés au premier alinéa du I, aux *[des]* **dispositions particulières applicables aux personnes mentionnées à ce même alinéa.**

Art. L. 561-36-4 *(Ord. nº 2020-115 du 12 févr. 2020, art. 7)* **Les autorités de contrôle mentionnées aux 3° à 16° du I de l'article L. 561-36 mettent en place des procédures permettant que leur soit signalé par des canaux de communication sécurisés et garantissant l'anonymat des personnes communiquant des informations à cette fin, tout manquement aux obligations définies au présent titre et dont la surveillance est assurée par l'une ou l'autre de ces autorités.**

SOUS-SECTION 2 *La commission nationale des sanctions*

COMMENTAIRE

La Commission nationale des sanctions (CNS) est une institution indépendante chargée de sanctionner les manquements aux obligations issues du dispositif de lutte contre le blanchiment des capitaux et le financement du terrorisme commis par les professions, dites orphelines, soumises à ce dispositif mais qui n'appartiennent pas au secteur financier et qui ne disposent pas d'un ordre professionnel ou d'un organisme disciplinaire. Ces professions sont considérées par le législateur comme particulièrement sensibles à une instrumentalisation pour la réalisation de faits de blanchiment ou de financement du terrorisme.

Les professionnels relevant de la compétence de la CNS sont les intermédiaires de l'immobilier, pour une part importante de leurs activités, les personnes exerçant l'activité de domiciliation, les professionnels du secteur des jeux et paris, les professionnels du secteur des jeux et paris en ligne, les personnes se livrant habituellement au commerce d'antiquités et d'œuvres d'art, les personnes acceptant des paiements en espèces ou au moyen de monnaie électronique d'un montant supérieur à un seuil fixé par décret à 10 000 euros et se livrant au commerce de certains biens (pierres précieuses, métaux précieux, bijoux, objets d'ameublement et de décoration d'intérieur, produits cosmétiques, produits textiles, maroquinerie, produits gastronomiques, horlogerie et arts de la table), et, depuis l'ordonnance du 1er décembre 2016, les personnes exerçant l'activité d'agents sportifs mentionnées à l'article L. 222-7 du code du sport. La Commission nationale des sanctions est saisie à l'issue des procédures d'inspections pour juger des manquements administratifs réalisés par les assujettis attraits devant elle (C. mon. fin., art. L. 561-36-2 et L. 561-36-3).

Dans le cadre de la mise en œuvre de sa mission, la CNS peut, en application de l'article L. 561-27 du code monétaire et financier, communiquer à TRACFIN les informations qui pourraient être nécessaires à l'accomplissement de la mission de ce service et dont elle aurait connaissance. Elle doit, par ailleurs, comme toute autorité constituée, saisir le procureur de la République dans le cas où des faits portés à sa connaissance lui paraîtraient susceptibles d'être qualifiés pénalement. ❑

Art. L. 561-37 *(Ord. nº 2016-1635 du 1er déc. 2016, art. 7-V)* **Tout manquement aux dispositions des sections III, IV, V et VI du présent chapitre** *(Ord. nº 2020-1342 du 4 nov. 2020, art. 2)* **«, du chapitre II du présent titre, des dispositions européennes directement applicables en matière de lutte contre le blanchiment des capitaux et le financement du terrorisme, y compris celles des règlements européens portant mesures restrictives pris en application des articles 75 ou 215 du traité sur le fonctionnement de l'Union européenne, ainsi que celles prises en application du même article 215 à d'autres fins» par les personnes mentionnées aux 8°, 9°, 9°** ***bis*****, 10°, 11°,** *(Ord. nº 2020-1342 du 4 nov. 2020, art. 2)* **« 11°** ***bis*****, »** *(Ord. nº 2020-115 du 12 févr. 2020, art. 7)* **« 14°, » 15° et 16° de l'article L. 561-2 peut donner lieu aux sanctions prévues par l'article L. 561-40.**

BIBL. ▶ BOURSIER, *JCP N 2017, n° 1178* (premier bilan d'application des règles de LBC/FT aux professionnels de l'immobilier : une année de jurisprudence de la Commission nationale des sanctions) ; *JCP N 2020. Actu. 234* (évolution de la lutte contre le blanchiment de capitaux et le financement du terrorisme pour tous les professionnels de l'immobilier).

Art. L. 561-38 *(Ord. n° 2016-1635 du 1er déc. 2016, art. 7-VI)* **Il est institué auprès du ministre chargé de l'économie une Commission nationale des sanctions chargée de prononcer les sanctions prévues à l'article L. 561-40. Elle est saisie des manquements constatés lors des contrôles effectués en application de l'article L. 561-36-2 :**

1° Par le ministre chargé de l'économie ou le ministre chargé du budget pour les personnes mentionnées au 8° de l'article L. 561-2 ;

2° Par le ministre de l'intérieur, le ministre chargé de l'économie ou le ministre chargé du budget pour les personnes mentionnées au 9° de l'article L. 561-2 ;

2° *bis* Par l'*(Ord. n° 2019-1015 du 2 oct. 2019, art. 31, en vigueur le 1er janv. 2020)* **« Autorité nationale des jeux » pour les personnes mentionnées au 9° *bis* du même article L. 561-2 ;**

3° Par le ministre chargé de l'économie pour les personnes mentionnées au 15° du même article ;

4° Par le ministre chargé de l'économie ou le ministre chargé du budget pour les personnes mentionnées au *[aux] (Ord. n° 2020-115 du 12 févr. 2020, art. 7 ; Ord. n° 2020-1342 du 4 nov. 2020, art. 2)* **« 10°, 11°, 11° *bis* et 14° » de l'article L. 561-2 ;**

5° Par une fédération sportive pour les personnes mentionnées au 16° de l'article L. 561-2.

La dissolution de la personne morale, la cessation d'activité ou la démission d'une personne mentionnée aux 8°, 9°, 9° *bis*, 10°, 11°, *(Ord. n° 2020-1342 du 4 nov. 2020, art. 2)* **« 11° *bis*, »** *(Ord. n° 2020-115 du 12 févr. 2020, art. 7)* **« 14°, » 15° et 16° de l'article L. 561-2 ne fait pas obstacle à la poursuite de la procédure de sanction à son encontre si les faits qui lui sont reprochés ont été commis pendant qu'elle était en activité.**

BIBL. ▶ DOUVRELEUR, *RTDF 2013, n° 3, p. 106* (une nouvelle AAI, la Commission nationale des sanctions).

Art. L. 561-39 **I. — La Commission nationale des sanctions est composée d'un** *(L. n° 2019-222 du 23 mars 2019, art. 102)* **« membre du Conseil » d'État, président, désigné par le vice-président du Conseil d'État, d'un** *(L. n° 2019-222 du 23 mars 2019, art. 102)* **« membre de » la Cour de cassation, désigné par le premier président de la Cour de cassation et d'un** *(L. n° 2019-222 du 23 mars 2019, art. 102)* **« magistrat de » la Cour des comptes, désigné par le premier président de la Cour des comptes, ainsi que de quatre personnalités qualifiées en matière juridique ou économique.**

II. — Le président et les membres de la commission ainsi que leurs suppléants sont nommés par décret pour un mandat de cinq ans, renouvelable une fois. Ils sont tenus au secret professionnel.

III. — La commission statue à la majorité des membres présents. En cas de partage égal des voix, celle du président est prépondérante.

(Ord. n° 2016-1635 du 1er déc. 2016, art. 7-VII) **« IV. — Le secrétaire général de la commission est nommé après avis du président, par arrêté conjoint du ministre chargé de l'économie et du ministre de l'intérieur.**

« V. — » Un décret en Conseil d'État précise les conditions de fonctionnement de la commission.

Les dispositions issues de la L. n° 2019-222 du 23 mars 2019 entrent en vigueur à compter du prochain renouvellement de la commission (L. préc., art. 109-XXIV).

Art. L. 561-40 *(Ord. n° 2016-1635 du 1er déc. 2016, art. 7-VIII)* **I. — La Commission nationale des sanctions peut prononcer l'une des sanctions administratives suivantes :**

1° L'avertissement ;

2° Le blâme ;

3° L'interdiction temporaire d'exercice de l'activité ou d'exercice de responsabilités dirigeantes au sein d'une personne morale exerçant cette activité pour une durée n'excédant pas cinq ans ;

4° Le retrait d'agrément ou de la carte professionnelle.

La sanction prévue au 3° peut être assortie du sursis. Si, dans le délai de cinq ans à compter du prononcé de la sanction, la personne sanctionnée commet une infraction ou une faute entraînant le prononcé d'une nouvelle sanction, celle-ci entraîne, sauf décision motivée, l'exécution de la première sanction sans confusion possible avec la seconde.

La commission peut prononcer, soit à la place, soit en sus de ces sanctions, une sanction pécuniaire dont le montant ne peut être supérieur à cinq millions d'euros ou, lorsque l'avantage retiré du manquement peut être déterminé, au double de ce dernier. Les sommes sont recouvrées par le Trésor public.

En cas de manquement par une personne mentionnée à l'article L. 561-37 à tout ou partie des obligations lui incombant en vertu du présent titre, la Commission nationale des sanctions peut également sanctionner les dirigeants de cette personne ainsi que les autres personnes physiques salariées, préposées, ou agissant pour le compte de cette personne, du fait de leur implication personnelle dans ces manquements.

II. — Le montant et le type de la sanction infligée au titre du présent article sont fixés en tenant compte, notamment, le cas échéant :

1° De la gravité et de la durée des manquements ;

2° Du degré de responsabilité de l'auteur des manquements, de sa situation financière, de l'importance des gains qu'il a obtenus ou des pertes qu'il a évitées, de son degré de coopération lors du contrôle et de la procédure devant la commission ainsi que des manquements qu'il a précédemment commis ;

3° S'ils peuvent être déterminés, des préjudices subis par des tiers du fait des manquements.

III. — Dans les conditions fixées par décret en Conseil d'État, la décision de la commission, le cas échéant le recours contre cette décision, l'issue du recours, la décision d'annulation d'une sanction précédemment imposée sont rendus publiques dans les publications, journaux ou supports désignés par la commission dans un format proportionné à la faute commise et à la sanction infligée. Les frais sont supportés par les personnes sanctionnées. — *V. art. R. 561-50-1 et R. 561-50-2.*

Toutefois, les décisions de la commission sont publiées de manière anonyme dans les cas suivants :

1° Lorsque la publication sous une forme non anonyme compromettrait une enquête pénale en cours ;

2° Lorsqu'il ressort d'éléments objectifs et vérifiables fournis par la personne sanctionnée que le préjudice qui résulterait pour elle d'une publication sous une forme non anonyme serait disproportionné.

Lorsque les situations mentionnées aux 1° et 2° sont susceptibles de cesser d'exister dans un court délai, la commission peut décider de différer la publication pendant ce délai.

La commission peut décider de mettre à la charge de la personne sanctionnée tout ou partie des frais occasionnés par les mesures de contrôle ayant permis la constatation des faits sanctionnés.

BIBL. ▶ FEFERMAN et PELOSI, *AJDI 2018. 493* (nouveau renforcement du dispositif de LCB/FT). - BOURSIER, *Revue du GRASCO 2021, n° 32* (la Commission nationale des sanctions : entre accompagnement et répression – Rapports annuels de la Commission nationale des sanctions).

1. Gravité des manquements. La détermination de la sanction et de son quantum dépend de la gravité des manquements et de leur caractère répété. • Décis. CNS n° 2015-15 du 21 mars 2016 • n° 2016-05 du 26 juill. 2017 • n° 2017-08 du 6 déc. 2017 • n° 2016-12 du 20 déc. 2017 • n° 2017-15 du 7 févr. 2018.

2. Existence de mesures correctives. Prise en compte des mesures correctives mises en place par les personnes mises en cause après le contrôle en vue de se conformer à leurs obligations en matière de LBC/FT : • Décis. CNS n° 2016-03 du 26 juill. 2017 • n° 2016-05 du 28 juill. 2017 • n° 2017-04 du 23 août 2017 • n° 2017-07 du 30 août 2017 • n° 2016-11 du 20 déc. 2017 • n° 2017-24 du 28 mars 2018.

3. Répétition des manquements. La répétition des manquements, en dépit de contrôles précédents suivis de rappels de la réglementation, est un facteur aggravant : • Décis. CNS n° 2015-15 du 21 mars 2016 • n° 2016-05 du 26 juill. 2017 • n° 2017-15 du 7 févr. 2018 • n° 2017-21 du 9 avr. 2018.

4. Contrôle antérieur. L'existence d'un contrôle antérieur à celui sur la base duquel la Commission nationale des sanctions a été saisie est de nature à justifier la condamnation à la prise en charge de manière forfaitaire d'une partie des frais de contrôle occasionnés. • Décis. CNS n° 2015-21 du 12 oct. 2016.

5. Risques particuliers. Une activité portant sur des biens immobiliers de luxe et de prestige présente des risques particuliers de blanchiment de capitaux et de financement du terrorisme et justifie une attention particulière au respect des obligations applicables en la matière. • Décis. CNS n° 2015-15 du 21 mars 2015 • n° 2015-16 du 12 avr. 2016 • n° 2017-16 du 15 nov. 2017 • n° 2017-21 du 9 avr. 2018 • n° 2017-35 du 14 nov. 2018.

6. Proportionnalité de la sanction. L'exigence de proportionnalité de la sanction impose que l'assise financière de la société et les revenus de son dirigeant soient également pris en compte. • Décis. CNS n° 2015-15 du 21 mars 2016 • n° 2017-16 du 15 nov. 2017 • n° 2017-08 du 6 déc. 2017 • n° 2016-04 du 20 déc. 2017 • n° 2017-15 du 7 févr. 2018 • n° 2017-30 du 23 mai 2018 • n° 2017-10 du 5 sept. 2018 • n° 2020-08 du 14 oct. 2021 • n° 2020-11 du 9 févr. 2022.

Art. L. 561-41 *(Ord. n° 2016-1635 du 1er déc. 2016, art. 7-IX)* **I. — La Commission nationale des sanctions reçoit les rapports ou les procédures établis à la suite des contrôles effectués par les autorités administratives mentionnées à l'article L. 561-36-2.**

II. — Le secrétaire général de la commission notifie les griefs susceptibles d'être retenus par la commission à la personne mise en cause. Lorsque les griefs sont notifiés à une personne morale, ils sont également notifiés à ses représentants légaux et, s'agissant des personnes mentionnées aux 9° et 9° *bis* de l'article L. 561-2, également à ses directeurs responsables.

Le cas échéant, ces griefs sont également notifiés à l'organisme central auquel est affiliée ou liée la personne en cause et portés à la connaissance de l'association professionnelle à laquelle elle adhère.

Dans l'exercice de ces attributions, le secrétaire général de la commission ne peut recevoir aucune instruction.

Impartialité. Les art. L. 561-41 et L. 561-42, dans leur rédaction issue respectivement de la L. n° 2009-526 du 12 mai 2009 et de l'Ord. n° 2009-104 du 30 janv. 2009, n'opèrent aucune séparation au sein de la Commission nationale des sanctions entre, d'une part, les fonctions de poursuite et d'instruction des éventuels manquements et, d'autre part, les fonctions de jugement de ces mêmes manquements. Il en résulte qu'elles méconnaissent le principe d'impartialité. Par conséquent, les dispositions contestées sont contraires à la Constitution. • Cons. const. 9 mars 2017, n° 2016-616/617 QPC : *D. 2017. Actu. 564 ; Constitutions 2017. 278, obs. Le Bot ; RJDA 2017, n° 600.*

Art. L. 561-42 *(Ord. n° 2016-1635 du 1er déc. 2016, art. 7-X)* **« Le président de la Commission nationale des sanctions désigne un rapporteur. Celui-ci ne peut recevoir aucune instruction. La Commission » statue par décision motivée, hors la présence du rapporteur de l'affaire. Aucune sanction ne peut être prononcée sans que la personne concernée ou son représentant ait été entendu ou, à défaut, dûment convoqué.**

Art. L. 561-43 **Les recours formés contre les décisions de la Commission nationale des sanctions sont des recours de pleine juridiction.**

Art. L. 561-44 **Les conditions d'application de la présente sous-section, notamment les conditions de récusation des membres de la Commission nationale des sanctions, sont définies par décret en Conseil d'État.**

SECTION 8 *Droit d'accès indirect aux données*

Art. L. 561-45 **Lorsque des données à caractère personnel font l'objet d'un traitement aux seules fins de l'application des articles L. 561-5 à L. 561-23 par une personne mentionnée à l'article L. 561-2, le droit d'accès s'exerce auprès de la Commission nationale de l'informatique et des libertés.**

La commission désigne l'un de ses membres appartenant ou ayant appartenu au Conseil d'État, à la Cour de cassation ou à la Cour des comptes pour mener les investigations utiles et faire procéder aux modifications nécessaires. Celui-ci peut se faire assister d'un agent de la commission.

Les données peuvent être communiquées au demandeur lorsque la commission constate, en accord avec le service mentionné à l'article L. 561-23 et après avis du

responsable du traitement, que leur communication n'est susceptible ni de révéler l'existence d'une déclaration prévue à l'article L. 561-15 ou des suites qui lui ont été données, ou l'exercice par le service mentionné à l'article L. 561-23 de son droit de communication prévu à l'article L. 561-26, ni de mettre en cause la finalité de lutte contre le blanchiment des capitaux et le financement du terrorisme lorsque les données sont relatives au demandeur et détenues dans le cadre de la mise en œuvre des dispositions des articles L. 561-8, L. 561-9 et L. 561-10.

Lorsque la communication des données est susceptible de mettre en cause la finalité du traitement, la Commission nationale de l'informatique et des libertés, saisie par le demandeur, l'informe qu'il a été procédé aux vérifications nécessaires.

BIBL. ▶ BANCK, *Banque et Dr. hors-série mars 2012. 38* (LCB-FT : la CNIL se prononce sur les traitements à mettre en œuvre). – LACROIX-DE SOUSA, *Rev. sociétés 2021. 351* (les sociétés face au RGPD : les enjeux de la compliance). – EYNARD et MONTEIL, *D. actu. 4 oct. 2021* (vers une réforme des règles européennes LCB-FT : attention à la protection des données personnelles).

COMMENTAIRE

L'effectivité des obligations déclaratives pesant sur les professionnels dépend directement du traitement interne des informations collectées sur les clients dans les cadre des obligations d'identification et de vigilance. La constitution de fichiers informatiques de traitement automatisé des données relevait jusqu'alors de l'article 25 de la loi n° 78-17 du 6 janvier 1978 et devait, à ce titre, être autorisée par la CNIL. L'ordonnance n° 2018-1125 du 12 décembre 2018, introduisant le règlement (UE) 2016/679 du 27 avril 2016 relatif à la protection des personnes physiques à l'égard du traitement des données à caractère personnel et à la libre circulation de ces données (RGPD) a fait évoluer le système d'un régime d'autorisation préalable à un régime de mise en conformité du traitement des données personnelles collectées par les assujettis.

L'information des clients et un droit d'accès indirect au fichier doivent être assurés dans le cadre de la réalisation de ces diligences. A ce titre, les personnes sont informées du fait que le responsable du traitement met en œuvre un traitement de surveillance ayant pour finalité la LBC/FT (et l'application des sanctions financières et gels des avoirs). Le droit d'accès s'exerce auprès de la CNIL *via* la procédure de droit d'accès indirect, procédure aménagée pour les avocats, et à l'exception des traitements mis en œuvre afin d'identifier les personnes faisant l'objet d'une mesure de gel des avoirs ou d'une sanction financière. Celles-ci sont par hypothèse informées et soumises à la procédure de droit commun de l'article 39 de la loi n° 78-17 du 6 janvier 1978. *A contrario*, le droit d'accès indirect a donc pour but de préserver la confidentialité des déclarations d'opération suspecte et l'efficacité des mesures d'enquête. ❑

SECTION 9 *Informations sur les bénéficiaires effectifs* *(Ord. n° 2020-115 du 12 févr. 2020, art. 8).*

(Ord. n° 2016-1635 du 1er déc. 2016, art. 8)

Les art. L. 561-46, L. 561-47, L. 561-48 et L. 561-49, dans leur rédaction issue de l'art. 8 de l'Ord. n° 2016-1635 du 1er déc. 2016, entrent en vigueur à une date fixée par décret et au plus tard huit mois suivant celle de la publication (JO 2 déc.) de ladite ordonnance (Ord. préc., art. 21-IV).

RÉP. COM. v° *Bénéficiaire effectif*, par LASSERRE CAPDEVILLE.

BIBL. GÉN. ▶ NDLR, *BRDA 2017, n° 4, p. 6* (information sur les bénéficiaires effectifs des sociétés immatriculées : quel régime appliquer ?). – LOPEZ et HUTTEAU, *Journ. sociétés 2/2017. 53* (création du registre des bénéficiaires effectifs, nouvel outil dans la lutte contre la corruption et le blanchiment de capitaux). – QUIROGA-GALDO, *JCP E 2017. Actu. 262* (entrée en vigueur du registre des bénéficiaires effectifs : un « sac d'embrouilles »). – LECOURT, *RTD com. 2017. 377* (information sur les bénéficiaires effectifs des sociétés immatriculées : désordre). – AMAN, *Journ. sociétés 9/2017. 56* (ainsi naquit le registre des bénéficiaires effectifs...). – ZABALA et ROHMERT, *JCP E 2017, n° 1585* (le régime des bénéficiaires effectifs appliqué aux sociétés). – LECOURT, *Rev. sociétés 2017. 667* (nouvelle obligation d'information des sociétés : mise en place du registre des bénéficiaires effectifs des personnes morales). – NDLR, *BRDA 2017, n° 21, p. 21* (identification des bénéficiaires effectifs des sociétés non cotées : des questions en suspens). – MORTIER et BOL, *Dr. sociétés 2017. Étude 11* (le registre des bénéficiaires effectifs). – QUIROGA-GALDO, *LPA 8 déc. 2017* (le registre des bénéficiaires effectifs : de nouvelles obligations LAB/FT à respecter pour 99 %

des sociétés !). – Mortier et Bol, *JCP 2017, n° 1354* (le registre des bénéficiaires effectifs). – Lasserre Capdeville, *Rev. sociétés 2018. 7* (l'identification du bénéficiaire effectif en droit des sociétés). – Le Nabasque, *BJS 2018. 8* (retour sur la notion de « bénéficiaires effectifs »). – Lamidon et Le Moigne, *RLDA mars 2018. 46* (les nouvelles obligations relatives aux bénéficiaires effectifs : conseils pratiques). – Curtet, *LPA 29 mars 2018* ; *JCP E 2018. Actu. 241* (LCB/FT et registre des bénéficiaires effectifs : compte à rebours pour déclarer). – Lasserre Capdeville, *Rev. sociétés 2018. 423* (le Décr. du 18 avr. 2018 à propos de l'identification du bénéficiaire effectif en droit des sociétés). – Delattre, *BJE 11-12/2019. 31* (utilisation du document relatif au bénéficiaire effectif dans les procédures collectives). – Boursier, *JCP E 2020. Actu. 153* (transposition en droit français de la 5e directive de lutte contre le blanchiment de capitaux et le financement du terrorisme : le renforcement du système). – Rocher, *Rev. sociétés 2020. 139* (les données personnelles de bénéficiaires effectifs de sociétés). – Lasserre Capdeville, *ibid. 399* (le renforcement du droit régissant l'identification du bénéficiaire effectif en droit des sociétés). – Dondero, *JCP E 2020, n° 1330* (le degré d'identification du bénéficiaire effectif : synthèse de l'acquis jurisprudentiel).

COMMENTAIRE

La création du registre des bénéficiaires effectif est le fait du décret n° 2017-1094 du 12 juin 2017 pris pour l'application des articles L. 561-46 à L. 561-50 du code monétaire et financier et de l'article L. 123-6 du code de commerce.

I. DÉPÔT D'INFORMATIONS RELATIVES AUX BÉNÉFICIAIRES EFFECTIFS DES SOCIÉTÉS

La création de ce registre impose à toutes les sociétés de procéder à la formalité de dépôt des éléments d'identification de leurs bénéficiaires effectifs auprès du juge du tribunal de commerce en charge de la tenue du registre. Pour les sociétés créées, un document relatif au bénéficiaire effectif doit être déposé au greffe du tribunal de commerce, pour être annexé au RCS, lors de la demande d'immatriculation à ce registre ou au plus tard dans un délai de quinze jours à compter de la délivrance du récépissé de dépôt de dossier de création d'entreprise. Un nouveau document doit également être déposé dans les trente jours suivant tout fait ou acte rendant nécessaire la rectification ou le complément des informations qui y sont mentionnées (C. mon. fin., art. R. 561-55).

La société ou l'entité juridique doivent déposer les informations relatives à leur dénomination ou raison sociale, leur forme juridique, l'adresse de leur siège social et, le cas échéant, leur numéro unique d'identification complété par la mention RCS suivie du nom de la ville où se trouve le greffe où elles sont immatriculées. En ce qui concerne le bénéficiaire effectif, les sociétés doivent préciser les nom, nom d'usage, pseudonyme, prénoms, date et lieu de naissance, nationalité, adresse personnelle de la ou des personnes physiques bénéficiaires effectifs, les modalités du contrôle exercé sur la société ou l'entité juridique et la date à laquelle la ou les personnes physiques sont devenues bénéficiaires effectifs de la société ou de l'entité juridique.

II. ACCÈS DES AUTORITÉS ET DU PUBLIC AU REGISTRE DES BÉNÉFICIAIRES EFFECTIFS DES SOCIÉTÉS

Les autorités, magistrats, agents des douanes, membres de TRACFIN, membres de l'ACPR notamment, les représentants des ordres professionnels soumis à la législation LBC/FT (C. mon. fin., art. R. 561-57) et les personnes assujetties lorsque la demande est en lien avec leurs obligations en matière de LBC/FT (C. mon. fin., art. R. 561-58) ont accès à l'ensemble des informations requises des sociétés contenues dans le document relatif au bénéficiaire effectif.

L'accès au registre des bénéficiaires effectifs était, encore récemment, limité car il était conditionné à la démonstration de l'existence d'un motif légitime à la demande présentée au juge en charge de la tenue du registre (C. mon. fin., art. R. 561-59 ancien). L'ordonnance n° 2020-115 et le décret n° 2020-118 du 12 février 2020 ont consacré le droit d'accès au registre des bénéficiaires effectifs du public. Les nouvelles dispositions suivent ainsi la prescription de la cinquième directive que l'ordonnance transpose.

L'article L. 561-46 limite, cependant, le champ des informations accessibles au public. Il dispose que cet accès concerne exclusivement « les informations relatives aux nom, nom d'usage, pseudonyme, prénoms, mois, année de naissance, pays de résidence et nationalité des bénéficiaires effectifs ainsi qu'à la nature et à l'étendue des intérêts effectifs qu'ils détiennent dans la société ou l'entité ». Il exclut dès lors l'accès aux informations relatives aux éléments d'identification, au domicile personnel de ces bénéficiaires ainsi qu'aux modalités du contrôle que ces derniers exercent sur la société ou l'entité.

III. ABSENCE D'INFORMATION OU DIVERGENCE D'INFORMATIONS ENTRE LES MENTIONS DU REGISTRE DES BÉNÉFICIAIRES EFFECTIFS ET LES INFORMATIONS DÉTENUES PAR LES ASSUJETTIS ET LES AUTORITÉS PUBLIQUES

Les autorités de contrôle, comme les assujettis à la LBC/FT mentionnés à l'article L. 561-2 du code monétaire et financier, signalent au greffier du tribunal de commerce l'absence d'enregistrement ou toute divergence constatées entre les informations inscrites dans le registre et celles dont elles disposent (C. mon. fin., art. L. 561-47-1).

L'absence de déclaration est assortie de sanctions pénales issues des articles L. 574-5 et L. 574-6 du code monétaire et financier entraînant l'application éventuelle de peines d'amende et de peine d'interdiction de gérer et de privation partielle des droits civils et politiques. ❑

Art. L. 561-45-1 *(Ord. nº 2020-115 du 12 févr. 2020, art. 8)* **Sont tenus d'obtenir et de conserver des informations exactes et actualisées sur leurs bénéficiaires effectifs définis à l'article L. 561-2-2 :**

1º Lorsqu'elles sont établies sur le territoire français conformément à l'article L. 123-11 du code de commerce, les sociétés et entités mentionnées aux 2º, 3º et 5º du I de l'article L. 123-1 du même code autres que les sociétés dont les titres sont admis à la négociation sur un marché réglementé en France ou dans un autre État partie à l'accord sur l'Espace économique européen ou qui sont soumises à des obligations de publicité conformes au droit de l'Union ou qui sont soumises à des normes internationales équivalentes garantissant la transparence adéquate pour les informations relatives à la propriété du capital ;

2º Les placements collectifs ;

3º Les associations, fondations, fonds de dotation, fonds de pérennité, groupements d'intérêt collectif établis sur le territoire français ainsi que les fiduciaires au sens de l'article 2011 du code civil et les administrateurs de tout autre dispositif juridique comparable relevant d'un droit étranger.

Les sociétés et entités mentionnées aux 1º à 3º sont tenues de fournir aux personnes mentionnées à l'article L. 561-2 les informations relatives aux bénéficiaires effectifs recueillies dans le cadre des mesures de vigilance prévues au présent chapitre.

Le fait pour ces sociétés et entités de ne pas fournir aux personnes mentionnées à l'article L. 561-2, dans le cadre des mesures de vigilance prévues à la section 3 du présent chapitre *[,]* **ou de transmettre des informations inexactes ou incomplètes est puni des peines prévues à l'article L. 574-5.**

Art. L. 561-45-2 *(Ord. nº 2020-115 du 12 févr. 2020, art. 8)* **A la demande de la société ou de l'entité mentionnée aux 1º à 3º de l'article L. 561-45-1, le bénéficiaire effectif lui fournit toutes les informations nécessaires au respect de l'obligation mentionnée au premier alinéa du même article.**

Ces informations sont transmises par le bénéficiaire effectif dans un délai fixé par décret en Conseil d'État.

Lorsque ce délai n'est pas respecté, ou lorsque les informations fournies par le bénéficiaire effectif sont incomplètes ou erronées, la société ou l'entité peut saisir le président du tribunal statuant en référé aux fins de voir ordonner, au besoin sous astreinte, la transmission de ces informations.

Art. L. 561-46 *(Ord. nº 2020-115 du 12 févr. 2020, art. 8)* **Les sociétés et entités mentionnées au 1º de l'article L. 561-45-1 déclarent au registre du commerce et des sociétés, par l'intermédiaire de l'organisme mentionné au deuxième alinéa de l'article 2 de la loi nº 94-126 du 11 février 1994 relative à l'initiative et à l'entreprise individuelle, les informations relatives aux bénéficiaires effectifs. Ces informations portent sur les éléments d'identification et le domicile personnel de ces bénéficiaires ainsi que sur les modalités du contrôle que ces derniers exercent sur la société ou l'entité.**

Seules sont accessibles au public, les informations relatives aux nom, nom d'usage, pseudonyme, prénoms, mois, année de naissance, pays de résidence et nationalité des bénéficiaires effectifs ainsi qu'à la nature et à l'étendue des intérêts effectifs qu'ils détiennent dans la société ou l'entité.

Ont accès à l'intégralité des informations relatives aux bénéficiaires effectifs :

1° Les sociétés ou entités mentionnées au premier alinéa pour les seules informations qu'elles ont déclarées ;

2° Sans restriction, les autorités suivantes dans le cadre de leur mission :

***a)* Les autorités judiciaires ;**

***b)* La cellule de renseignement financier nationale mentionnée à l'article L. 561-23 ;**

***c)* Les agents de l'administration des douanes agissant sur le fondement des prérogatives conférées par le code des douanes ;**

***d)* Les agents habilités de l'administration des finances publiques chargés du contrôle et du recouvrement en matière fiscale ;**

***e)* Les officiers habilités de police judiciaire de la police nationale et de la gendarmerie nationale, ainsi que les agents des douanes et des services fiscaux habilités à effectuer des enquêtes judiciaires en application des articles 28-1 et 28-2 du code de procédure pénale ;**

***f)* Les autorités de contrôle mentionnées à l'article L. 561-36 ;**

3° Les personnes assujetties à la lutte contre le blanchiment et le financement du terrorisme mentionnées à l'article L. 561-2 dans le cadre d'une au moins des mesures de vigilance mentionnées aux articles L. 561-4-1 à L. 561-14-2.

Les autorités mentionnées au 2° communiquent en temps utile aux autorités homologues des États membres de l'Union européenne, de leur propre initiative ou sur demande, les informations mentionnées au premier alinéa nécessaires à l'accomplissement des missions de ces autorités.

L'accès aux informations relatives aux bénéficiaires effectifs est gratuit, quelles que soient les modalités de consultation ou de communication de ces informations.

A la date fixée en application du VIII de l'art. 1er de la L. n° 2019-486 du 22 mai 2019 relative à la croissance et la transformation des entreprises, au 1er al. de l'art. L. 561-46, dans sa rédaction résultant de l'Ord. n° 2020-115 du 12 févr. 2020, les mots : « 2 de la loi n° 94-126 du 11 février 1994 relative à l'initiative et à l'entreprise individuelle » sont remplacés par les mots : « L. 123-33 du code de commerce » (Ord. préc., art. 18-III).

Art. L. 561-47 (*Ord. n° 2016-1635 du 1er déc. 2016, art. 8*) **Le greffier du tribunal de commerce vérifie que les informations relatives au bénéficiaire effectif mentionnées au premier alinéa de** *[l'article]* **L. 561-46 sont complètes et conformes aux dispositions législatives et réglementaires, correspondent aux pièces justificatives et pièces déposées en annexe et sont compatibles, dans le cas d'une demande de modification** (*Ord. n° 2020-115 du 12 févr. 2020, art. 8*) **« ou de radiation », avec l'état du dossier.**

(*Ord. n° 2020-115 du 12 févr. 2020, art. 8*) **« Les informations mentionnées au premier alinéa font partie des inscriptions mentionnées » au II de l'article L. 123-1 du code de commerce** (*Abrogé par Ord. n° 2021-1189 du 15 sept. 2021, art. 29, à compter du 1er janv. 2023*) ***« et transmis par le greffier du tribunal de commerce par voie électronique à l'Institut national de la propriété industrielle en application des deuxième et troisième alinéas de l'article L. 123-6 du même code.***

« (*Ord. n° 2020-115 du 12 févr. 2020, art. 8*) ***« Elles » font également partie des informations qui, en application du 2° de l'article L. 411-1 du code de la propriété intellectuelle, sont contenues dans le registre national du commerce et des sociétés. »***

Le greffier de chaque tribunal de commerce transmet au plus tard le 1er avr. 2020 à l'INPI, par voie électronique, les résultats des retraitements des informations sur les bénéficiaires effectifs contenues à cette date dans les inscriptions au RCS et dans les actes et pièces qui y sont déposés. Cette transmission est effectuée dans un format informatique ouvert de nature à favoriser l'interopérabilité de ces retraitements et leur réutilisation dans les conditions prévues au titre II du livre III du CRPA et à assurer leur compatibilité avec le registre national dont l'INPI assure la centralisation en application du 2° de l'art. L. 411-1 CPI. Les modalités de cette transmission sont définies par décret (Ord. n° 2020-115 du 12 févr. 2020, art. 18-I).

La transmission prévue au I de l'art. 18 de l'Ord. n° 2020-115 du 12 févr. 2020 est réalisée préalablement à toute diffusion ou mise à disposition de ces informations à des tiers, sans préjudice de la communication prévue aux art. R. 123-150 à R. 123-154-1 C. com. Les informations sont transmises sous la forme de fichiers de rediffusion et de métadonnées. Les fichiers de rediffusion sont transmis au format texte ou au format image, selon des dispositions et conformément à des normes définies par arrêté conjoint du garde des sceaux, ministre de la justice, et du ministre chargé de la propriété industrielle. Cette transmission consiste en la mise à disposition des documents et informations sur un serveur désigné par l'INPI. Le greffier signale, dans cette transmission, le caractère confidentiel des informations relatives au bénéficiaire effectif autres que celles mentionnées au 2e al. de l'art. L. 561-46 C. mon. fin., selon des modalités définies par arrêté conjoint du garde des sceaux, ministre de la justice et du ministre chargé de la propriété industrielle. Préalablement à leur transmission, les informations sont contrôlées et, le cas échéant, complétées et corrigées (Décr. no 2020-119 du 12 févr. 2020, art. 11).

Les fichiers de rediffusion mentionnés au 1er al. de l'art. 11 du Décr. no 2020-119 du 12 févr. 2020 sont transmis au format texte pour les résultats des retraitements des informations contenues dans les inscriptions ainsi que pour les résultats des retraitements des actes et pièces. Ces fichiers sont conformes à la norme ISO/CEI-8859-1. Ils sont accompagnés de leurs empreintes MD5 ainsi que de la documentation technique associée complète et à jour. Ces fichiers intègrent l'ensemble des informations saisies, notamment la dénomination sociale, le numéro SIREN, l'adresse, la date d'inscription ou du dépôt au greffe, le type d'acte, le type d'évènement, le type de document, la nature du document, le code du greffe, le numéro de gestion, le numéro du dépôt, les nom, type, taille et nombre de pages des fichiers. Les fichiers de rediffusion mentionnés au 1er al. de l'art. 11 du Décr. no 2020-119 du 12 févr. 2020 sont transmis au format image pour les résultats des retraitements des informations contenues dans les inscriptions, actes et pièces. Ces fichiers sont conformes à la norme ISO 19005-1. Ils sont accompagnés des métadonnées essentielles à leur indexation, notamment la dénomination sociale, le numéro SIREN, l'adresse, la date d'inscription ou du dépôt au greffe, le type d'acte, le type d'évènement, le type de document, la nature du document, le code du greffe, le numéro de gestion, le numéro du dépôt, les nom, type, taille et nombre de pages des fichiers, les index de pages des informations relatives aux bénéficiaires effectifs en cas de déclaration prévue au 1er al. de l'art. L. 561-46 C. mon. fin (Arr. du 23 juin 2020).

Contrôle du greffier du tribunal de commerce. Le document relatif aux bénéficiaires effectifs est déposé au greffe du tribunal de commerce pour être annexé au RCS, de sorte que le registre des bénéficiaires effectifs n'a pas d'existence distincte du RCS ; il en résulte que le greffier dispose des mêmes pouvoirs de contrôle au registre des bénéficiaires effectifs que ceux qui lui sont reconnus, s'agissant du RCS, aux termes notamment des art. R. 123-94, R. 123-95 et R. 123-100. • T. com. Bobigny, 18 mai 2018 : *RTD com. 2018. 928, obs. A. Lecourt ; RJDA 2018, no 832 ; Dr. sociétés 2018, no 161, obs. Mortier ; BJS 2018. 397, note Da et Tournier.* ♦ Lorsque les actes déposés en annexe au registre le permettent, le greffier doit notamment s'assurer de la conformité des informations concernant l'identité des personnes physiques désignées en qualité de bénéficiaire effectif, le cas échéant, du pourcentage de parts sociales ou actions qu'elles indiquent détenir en capital et/ou droits de vote au titre des modalités de contrôle. Doit notamment être refusé l'enregistrement de la déclaration lorsque les bénéficiaires déclarés ne correspondent pas aux associés connus et inscrits sur le K*bis* d'une société dont les associés sont indéfiniment ou indéfiniment et solidairement responsables des dettes sociales, mais également lorsque les adresses du domicile des bénéficiaires effectifs mentionnées au registre ne correspondent pas à celles indiquées dans la déclaration. • Même jugement. ♦ De la même manière, le greffier doit refuser le dépôt du document relatif aux bénéficiaires effectifs au motif de l'insuffisance des informations relatives aux modalités de contrôle, notamment dans le cas d'une absence d'indication des pourcentages de détention directs et/ou indirects par le bénéficiaire effectif du capital et/ou droits de vote dans la société déclarante, ainsi que, le cas échéant, d'une absence de détail des modalités de détention indirecte. • Même jugement. – V. aussi • Lyon, 12 sept. 2019 : *RJDA 2020, no 77.*

Art. L. 561-47-1 *(Ord. no 2020-115 du 12 févr. 2020, art. 8)* **Les personnes mentionnées à l'article L. 561-2 et, dans la mesure où cela s'inscrit dans l'exercice normal de leurs contrôles, les autorités mentionnées au I de l'article L. 561-36, signalent au greffier du tribunal de commerce toute divergence qu'elles constatent entre les informations inscrites dans le registre des bénéficiaires effectifs mentionné à l'article L. 561-46 et les informations sur les bénéficiaires effectifs dont elles disposent, y compris l'absence d'enregistrement de ces informations.**

Le greffier invite dans ces cas la société ou l'entité immatriculée à régulariser leur *[son]* **dossier. Faute pour la société ou l'entité de déférer à cette invitation dans le délai d'un mois à compter de cette dernière, le greffier saisit le président du tribunal.**

Art. L. 561-48 *(Ord. no 2016-1635 du 1er déc. 2016, art. 8)* **Le président du tribunal, d'office ou sur requête du procureur de la République ou de toute personne justifiant**

y avoir intérêt, peut enjoindre, au besoin sous astreinte, à toute société ou entité juridique mentionnée au premier alinéa de l'article L. 561-46 de procéder ou faire procéder *(Ord. n° 2020-115 du 12 févr. 2020, art. 8)* **« soit aux déclarations des informations relatives au bénéficiaire effectif, soit à la rectification de ces informations lorsqu'elles sont inexactes ou incomplètes ». Lorsque la personne ne défère pas à l'injonction délivrée par le président, le greffier en avise le procureur de la République et lui adresse une expédition de la décision.** – *V. art. R. 561-60 s., infra.*

Dans les mêmes conditions, le président peut désigner un mandataire chargé d'accomplir ces formalités. Si la société ou l'entité juridique mentionnée à l'alinéa précédent a désigné un commissaire aux comptes, le mandataire peut obtenir de ce dernier communication de tous renseignements nécessaires.

Art. L. 561-49 *(Abrogé par Ord. n° 2020-115 du 12 févr. 2020, art. 8) (Ord. n° 2016-1635 du 1er déc. 2016, art. 8)* ***Le fait de ne pas déposer au registre du commerce et des sociétés le document relatif au bénéficiaire effectif requis en application du deuxième alinéa de l'article L. 561-46 ou de déposer un document comportant des informations inexactes ou incomplètes est puni de six mois d'emprisonnement et de 7 500 € d'amende.***

Les personnes physiques déclarées coupables de l'infraction prévue au premier alinéa encourent également les peines d'interdiction de gérer prévue [prévues] ***à l'article 131-27 du code pénal et de privation partielle des droits civils et civiques prévue au 2° de l'article 131-26 du même code.***

Les personnes morales déclarées pénalement responsables, dans les conditions prévues par l'article 121-2 du code pénal, de l'infraction prévue au premier alinéa encourent, outre l'amende suivant les modalités prévues par l'article 131-38 du code pénal, les peines prévues aux 1°, 3°, 4°, 5°, 6°, 7° et 9° de l'article 131-39 du même code.

Art. L. 561-50 *(Ord. n° 2016-1635 du 1er déc. 2016, art. 8)* **Les modalités d'application de la présente section sont déterminées par décret en Conseil d'État.** – *V. art. R. 561-55 s., infra.*

CHAPITRE II *DISPOSITIONS RELATIVES AU GEL DES AVOIRS ET À L'INTERDICTION DE MISE À DISPOSITION*

(Ord. n° 2016-1575 du 24 nov. 2016, art. 1er)

Les dispositions issues de l'Ord. n° 2016-1575 du 24 nov. 2016 entrent en vigueur à une date fixée par décret et au plus tard le 1er juill. 2017 (Ord. préc., art. 3).

BIBL. GÉN. ▶ BOUTEILLER, *RLDA mars 2006. 29* (procédure administrative de gel des avoirs bancaires). – CUTAJAR, *BJB 2006. 352* (le gel des avoirs terroristes). – PAYAN, *LPA 1er-2 sept. 2011* (saisie européenne des avoirs bancaires et transparence patrimoniale : les jalons posés par le Parlement européen). – NDLR, *Rev. ACP mai-juin 2012. 13* (les mesures de sanctions internationales appelées « mesures restrictives »). – CUTAJAR, *AJ pénal 2013. 455* (le gel des avoirs terroristes en application du Règl. (UE) n° 2580/2001). – BURRIEZ, *RFDA 2017. 139* (le dispositif national de gel des avoirs : discrète mais contestable mesure de police administrative en matière de lutte contre le terrorisme). – BOURSIER, *JCP E 2017, n° 1239* (ACPR. Un an de jurisprudence en matière de LBC/FT et de gel des avoirs) ; *ibid. 2018, n° 1209* (même thème) ; *ibid. 2019, n° 1278* (même thème) ; *ibid. 2020, n° 1128* (même thème). – NEVO, *JCP 2021, n° 1073* (les implications juridiques de l'Ord. du 4 nov. 2020 portant sur le gel des avoirs vis-à-vis des ONG acteurs de l'aide). – BOUHARCHICH, *RDBF 3-4/2022, p. 15* (les mesures de gel des avoirs applicables en France : actualités). – CHACORNAC, *Banque et Dr. 3-4/2022. 67* (guerre en Ukraine : nature et fondement des mesures restrictives de gels des avoirs). – DONDERO et REYGROBELLET, *BRDA 2022, n° 8, p. 29* (sanctions contre la Russie : les effets potentiellement très larges du dispositif de gel des avoirs). – D'ORNANO, *Rev. crit. DIP 2022. 449* (sur le gel d'avoirs).

V. infra, Lignes directrices conjointes de la direction générale du Trésor et de l'Autorité de contrôle prudentiel et de résolution sur la mise en œuvre des mesures de gel des avoirs, B. *Autorité de contrôle prudentiel et de résolution.*

V. aussi v° Sanctions économiques et embargos et v° Loi de blocage et extraterritorialité.

COMMENTAIRE

Les mesures de gel des avoirs relèvent du régime des sanctions économiques ou financières dont elles sont une catégorie. Ces mesures sont décidées par l'Organisation des Nations unies (dans le cadre du Conseil de sécurité des Nations unies, CSNU), l'Union européenne (elles sont alors appelées mesures restrictives) ou par les États afin de restreindre les relations économiques et financières avec un pays, des personnes, des entités ou des groupements de fait. Ces mesures participent à la lutte contre le terrorisme, la prolifération des armes de destruction massive, la violation grave des droits de l'homme ou des actes menaçant la paix. Les mesures de gel prises dans le cadre de la lutte contre le terrorisme, qu'elles soient internationales, européennes ou nationales, impliquent pour les personnes assujetties aux obligations de lutte contre le blanchiment de capitaux et le financement du terrorisme (LCB/FT) de geler sans délai les fonds et autres biens des personnes ou entités désignées par ces mesures, et de s'assurer qu'aucun fonds ou autre bien ne soit mis, directement ou indirectement, à la disposition ou utilisés au profit de ces personnes ou entités. Ces mesures complètent le dispositif préventif de LCB/FT en ce qui concerne la lutte contre le financement du terrorisme.

Les mesures de gel des avoirs constituent une restriction temporaire au droit de propriété des personnes soumises, désignées par une autorité administrative ou une organisation internationale. Le gel s'entend de toute action – voire abstention – dont l'effet est de priver une personne, un organisme ou une entité atteints par une mesure de gel de son pouvoir de contrôle sur la chose gelée ou de la possibilité de bénéficier ou de jouir de la chose gelée.

Deux catégories de gel sont identifiées : le gel des fonds et le gel de ressources économiques. Le « gel des fonds » se définit comme toute action visant à empêcher tout mouvement, transfert, modification, utilisation ou manipulation de fonds qui aurait pour conséquence un changement de leur volume, de leur montant, de leur localisation, de leur propriété, de leur possession, de leur nature, de leur destination ou toute autre modification qui pourrait en permettre l'utilisation, notamment la gestion de portefeuilles. Le « gel de ressources économiques » se définit quant à lui comme toute action visant à empêcher l'utilisation de ressources économiques afin d'obtenir des fonds, des biens ou des services de quelque manière que ce soit, et notamment, mais pas exclusivement, leur vente, leur location ou leur mise sous hypothèque.

Les mesures de gel n'entraînent donc pas de mutation de la propriété. Elles se distinguent des saisies ou confiscations prononcées par les autorités judiciaires. Ces mesures de gel des avoirs sont sujettes à des aménagements et peuvent faire l'objet d'un recours gracieux ou contentieux.

La direction générale du Trésor (DG Trésor) est l'autorité compétente en matière de mise en œuvre des mesures de gel tandis que l'ACPR est compétente pour contrôler le respect, par les organismes financiers, de la bonne mise en œuvre de ces mesures. Les assujettis aux mesure de gel des avoirs relèvent en effet de sa compétence et sont, pour nombre d'entre eux, également soumis à la législation en matière de LBC/FT. L'ordonnance n° 2020-1342 du 4 novembre 2020, qui complète sur ce point la transposition de la directive (UE) 2018/843 du 30 mai 2018, lie plus étroitement encore les obligations des assujettis au titre de la LBC/FT et celles relatives au gel des avoirs et à l'interdiction de mise à disposition. Elle étend donc le contrôle du respect, par les personnes mentionnées à l'article L. 561-2, des obligations prévues en matière de LBC/FT aux dispositions européennes directement applicables, y compris celles des règlements européens portant mesures restrictives prises en application des articles 75 ou 215 du traité sur le fonctionnement de l'Union européenne, ainsi que celles prises en application du même article 215 à d'autres fins (V. v° *Sanctions économiques et embargos*). L'article L. 561-36 du code monétaire et financier désigne ainsi les autorités de contrôle chargées de veiller à la bonne application du dispositif pour la majorité des professions soumises au dispositif. Les organismes assujettis mettent dès lors en place des outils communs et/ou complémentaires pour la réalisation de ces deux finalités. Le changement du périmètre d'application des mesures nationales de gel – inclusion de l'assujettissement de toute personne physique ou moral ayant un lien avec le territoire national conformément aux recommandations de l'ONU – demeure sans incidence pour les entreprises, ces mesures étant déjà applicables par les professionnels. Les modifications introduites au titre du contrôle interne du respect de ces mesures recouvrent et formalisent des obligations réglementaires déjà existantes et/ou des lignes directrices élaborées par les autorités de contrôle et mises en œuvre par les assujettis. Cependant, au contraire des mesures liées à la LBC/FT, les mesures de gel des avoirs imposent aux assujettis une obligation de résultat dont le non-respect est susceptible de sanctions pénales.

Si l'exécution d'une mesure de gel des avoirs européenne ou nationale constitue une obligation de résultat, il est en revanche interdit, au titre de l'article 5 du règlement n° 2271/96 du 22 novembre 1996 (dit « règlement de blocage » ; V v° *Loi de blocage et extraterritorialité*), aux opérateurs économiques nationaux, directement ou par filiale interposée, de se conformer à des mesures de gel émises par des autorités étrangères, et notamment les États-Unis, prévoyant des sanctions extraterritoriales en cas de non-respect de ces sanctions. Cette interdiction est cependant tempérée par la note d'orientation de la Commission européenne relative au règlement de blocage précisant que les opérateurs économiques restent libres de choisir de commencer à travailler, poursuivre ou cesser leurs activités dans les pays visés par ces sanctions extraterritoriales, et de s'engager ou non dans un secteur économique sur la base de leur évaluation de la situation économique.

En tout état de cause, les listes de gel publiées par d'autres États, notamment les États limitrophes, peuvent constituer, au regard de leurs activités, implantations et clientèles, des éléments d'informations permettant aux organismes financiers d'alimenter leur connaissance du client et contribuer à la mise en œuvre des obligations de vigilance LCB/FT.

Les mesures nationales de gel des avoirs sont prises sur le fondement des articles L. 562-2 et suivants (et art. R. 562-1 s.) du code monétaire et financier et sur le fondement des règlements européens adoptés au titre de la politique extérieure et de sécurité commune (PESC) de l'Union européenne afin de transposer dans son ordre juridique les résolutions du CSNU prévoyant des mesures de gel et d'imposer des mesures de gel indépendamment de toute action des Nations unies. Ces règlements, qui font l'objet de modifications régulières, sont immédiatement applicables dans l'ordre juridique interne. S'y ajoutent des arrêtés de mise en œuvre pour les pays et territoires d'outre-mer (V. v° *Sanctions économiques et embargos*).

I. ORGANISMES ASSUJETTIS ET CHAMP D'APPLICATION DES MESURES DE GEL DES AVOIRS

A. ORGANISMES DÉSIGNÉS PAR LE CODE MONÉTAIRE ET FINANCIER

Les mesures de gel doivent être mises en œuvre par les organismes des secteurs de la banque, de l'assurance, des services d'investissement, des services de paiement, de monnaie électronique et les changeurs manuels dès leur entrée en vigueur. Les organismes financiers assujettis aux mesures nationales de gel sont les organismes assujettis aux obligations en matière de LBC/FT et les organismes qui détiennent ou reçoivent des fonds ou ressources économiques pour le compte d'un client et sont soumis au contrôle de l'ACPR. Les succursales établies en France des organismes financiers dont le siège social est situé dans l'EEE sont également assujetties à ces obligations. Il en est de même des établissements de crédit, de paiement et de monnaie électronique européens qui exercent en France en libre établissement en ayant recours à des agents ou des distributeurs ainsi que des prestataires de services.

Dans les groupes de sociétés, les organismes s'assurent que leurs succursales mettent en œuvre les mesures nationales et européennes de gel des avoirs. De surcroît, conformément à l'article R. 562-1, qui renvoie aux dispositions de l'article R. 561-38-7, l'entreprise mère de groupe s'assure dans le cadre du dispositif de contrôle interne qu'elle met en place au niveau du groupe que les entités concernées du groupe mettent bien en œuvre les mesures nationales et européennes de gel.

Dans le prolongement des Recommandations 6 et 7 du GAFI (V. *III. Règles internationales*), l'ordonnance n° 2020-1342 du 4 novembre 2020 précise l'obligation, pour les personnes mentionnées à l'article L. 561-2, de mettre en place une organisation et des procédures internes pour la mise en œuvre des mesures de gel des avoirs et d'interdiction de mise à disposition ou d'utilisation des fonds ou ressources économiques. Ces mesures s'appliquent également aux succursales établies en dehors du territoire national ou toute autre forme de libre établissement relevant d'un groupe.

B. CHAMP D'APPLICATION DES MESURES DE GEL DES AVOIRS

Le gel des avoirs au titre des mesures prises dans le cadre des articles L. 562-2 et L. 562-3 vise très largement les fonds ou ressources économiques susceptibles d'être gelés. Les fonds peuvent être : les fonds remboursables du public détenus ou versés sur des comptes de dépôts ou des comptes courants ou des comptes d'épargne tels que les livrets A, les livrets de développement durable ; les fonds déposés ou détenus sur des comptes de paiement ; les fonds versés pour charger des instruments de monnaie électronique et les valeurs monétaires stockées sur ces instruments ; les fonds versés dans le cadre d'un contrat individuel ou collectif de gestion d'actifs ; les intérêts et autres revenus d'actifs financiers de toute nature (rémunération sur les comptes à vue, comptes d'épargne, parts d'OPCVM, actions de SICAV) ; les primes ou cotisations versées dans le cadre d'un contrat d'assurance et les indemnisations versées ; les contrats d'assurance-vie ou de capitalisation (encours et versements) ; les titres et contrats financiers visés à l'article L. 211-1 ainsi que leurs équivalents émis ou conclus sur le fondement d'un droit étranger, y inclus les bons de capitalisation ; les intérêts et autres revenus des titres ou contrats financiers ou tout autre titre ou contrat émis ou conclu sur le fondement d'un droit étranger ; les créances ; les crédits, le droit à compensation, les garanties, les garanties de bonne exécution ou autres engagements financiers ; les lettres de crédit, les contrats de vente ; les documents attestant la détention de parts d'un fonds ou de ressources financières ; les autres instruments de financement à l'exportation.

Les ressources économiques visent notamment tous les biens, meubles ou immeubles, qui peuvent être utilisés pour obtenir des fonds, d'autres biens ou des services. Les organismes financiers doivent geler les ressources économiques des personnes ou entités listées dont ils sont les dépositaires ou dont ils ont la garde. Cela vise notamment les biens de toute nature (bijoux, or, pierres précieuses, œuvres d'art) qui pourraient avoir été déposés en gage ou dans un coffre-fort ; l'assurance non-vie est aussi définie comme une ressource économique car elle permet d'obtenir des fonds.

II. MÉCANISMES MIS EN ŒUVRE POUR L'EXÉCUTION D'UNE MESURE DE GEL DES AVOIRS

A. MISE EN ŒUVRE DE LA MESURE DE GEL DES AVOIRS ET SES AMÉNAGEMENTS

L'article L. 562-5 du code monétaire et financier et certains règlements européens prévoient une interdiction d'utilisation des fonds ou ressources économiques au profit des personnes faisant l'objet d'une mesure de gel des avoirs. Cette interdiction peut s'accompagner de celle de fournir certains services financiers – notamment assurance et réassurance – dans le cadre de la lutte contre le terrorisme (Règl. n° 2580/2001 du 27 déc. 2001 concernant l'adoption de mesures restrictives spécifiques à l'encontre de certaines personnes et entités dans le cadre de la lutte contre le terrorisme ; V. v° *Sanctions économiques et embargos*).

En pratique, malgré la notification systématique de la mesure de gel à la personne ou à l'entité désignée, les organismes financiers sont invités à informer leur client que le refus d'exécuter une opération, le blocage de leurs avoirs ou encore la suspension de l'exécution d'un contrat procède d'une décision administrative ou européenne de gel des avoirs à laquelle ils doivent se conformer. Ils peuvent aussi informer le client de son droit à contester la mesure de gel selon les modalités indiquées dans le Guide de bonne conduite/Foire aux questions relatifs à la mise en œuvre des sanctions économiques et financières de la DG Trésor (V. v° *Sanctions économiques et embargos*). Ils l'informent également de la possibilité d'obtenir, auprès de la DG Trésor, des autorisations de dégel afin de subvenir à des besoins fondamentaux.

La DG Trésor autorise d'ailleurs *ex ante*, de manière générale et automatique, les organismes financiers à exécuter certaines opérations, en particulier le paiement de dépenses de base – autorisation automatique qui peut en revanche faire l'objet d'une opposition de la DG Trésor. Dans tous les autres cas, il appartient à la personne ou à l'entité désignée de solliciter une autorisation spécifique et préalable à la réalisation de l'opération et de la remettre à l'organisme financier. L'autorisation accordée est communiquée par la DG Trésor directement à l'organisme concerné. Il est cependant admis que l'organisme financier puisse également demander à la DG Trésor une autorisation spécifique et préalable.

B. LEVÉE DES MESURES DE GEL DES AVOIRS ET DILIGENCES REQUISES DE L'ASSUJETTI

Une mesure de gel peut être abrogée par l'autorité administrative ou l'organisation internationale (ONU, UE) qui l'a décidée, arriver à échéance ou être annulée par une juridiction administrative ou européenne. Les mesures européennes de gel sont abrogées ou suspendues par un autre règlement européen. La suspension produit tous les effets d'une abrogation.

Dès la levée d'une mesure de gel, les organismes financiers lèvent toutes les restrictions sur les comptes, contrats et opérations, sans attendre une confirmation de la DG Trésor. Par ailleurs, les assujettis réévaluent le profil de risque de leurs relations d'affaires avec les personnes ou entités concernées, et mettent en œuvre des mesures de vigilance adaptées.

De même, en cas d'annulation ou de suspension de la mesure de gel par un juge, les organismes sont tenus de mettre en œuvre la décision juridictionnelle au jour de la publication du jugement, jour auquel les listes électroniques de la DG Trésor et de l'Union européenne sont mises à jour.

III. MISE EN PLACE D'UN SYSTÈME INTERNE PAR LES ASSUJETTIS AFIN D'EXÉCUTER LES MESURES DE GEL DES AVOIRS

A. DISPOSITIF DE FILTRAGE MIS EN ŒUVRE PAR LES ASSUJETTIS

La détection des personnes et entités soumises à des mesures de gel des avoirs est fondamentale. Elle suppose d'identifier les personnes physiques ou morales visées par les mesures de gel. Pour ce faire, les assujettis doivent se référer aux annexes des règlements européens ou des arrêtés concernant les mesures nationales. Pour les groupements de fait, tels que les groupes terroristes, les assujettis doivent geler les avoirs des personnes physiques ou morales dont ils savent qu'ils agissent pour le compte de ces groupements, en particulier lorsque cela est expressément indiqué dans le règlement européen ou l'arrêté.

La DG Trésor publie des listes électroniques des personnes et entités désignées. La liste unique reprend les personnes visées par les mesures nationales et européennes tandis que la liste « consolidée » de l'Union européenne publiée sur le site relatif à la PESC et reprise sur le site de la DG Trésor ne couvre que les personnes et entités listées dans les règlements européens.

Une fois les personnes et entités connues, les assujettis doivent les rechercher dans les bases clientèle (« le stock ») et les opérations de réception/mise à disposition de fonds – ou ressources économiques (« les flux »). Le dispositif de détection prend dès lors la forme d'un outil de filtrage pour permettre, dans tous les cas, l'application des mesures de gel et d'interdiction de toute opération entrant dans le champ de ces mesures nationales et européennes (Décis. ACPR nº 2018-01 du 24 déc. 2018).

Il n'est pas imposé systématiquement de se doter d'outils automatisés de filtrage des bases clientèle et des opérations, le recours à un outil de filtrage manuel pouvant faire l'objet d'une justification auprès de l'ACPR, un dispositif automatisé est cependant très souhaitable. Un tel dispositif devient en revanche nécessaire lorsque la taille de l'organisme ainsi que la nature et le volume de ses activités ne permettent pas une détection manuelle en temps réel.

En tout état de cause, l'outil de filtrage doit être un paramétrage efficace du dispositif, d'une fréquence de filtrage suffisante, de délais de traitement des alertes efficaces.

1. DIFFICULTÉS LIÉES AU PARAMÉTRAGE ET CONCORDANCES ORTHOGRAPHIQUES

Le dispositif automatisé utilisé par les organismes financiers permet de détecter les personnes ou les entités dont le nom, le prénom ou l'alias ou la dénomination sociale sont identiques ou se rapprochent, avec un taux raisonnable de concordance, des éléments d'identification d'une personne ou entité désignée. Des critères orthographiques trop restrictifs dans le paramétrage de l'outil de filtrage ne permettent pas une détection efficace des opérations au profit des personnes ou entités désignées.

Les organismes financiers sont invités à définir un taux de concordance qui permet de détecter les différentes variations orthographiques des éléments d'identification des personnes ou entités désignées en particulier lorsque ceux-ci sont issus de langues ou d'alphabets étrangers.

En cas de doute dans le cadre de découverte d'homonymes, il appartient à l'assujetti de procéder à une « déclaration d'homonymie » auprès de la DG Trésor, à charge pour cette dernière de fixer l'assujetti sur la qualité de la personne détectée.

2. FILTRAGE EN TEMPS RÉEL

Le filtrage doit avoir lieu en temps réel, d'une part, avant toute entrée en relation d'affaires ou avant d'exécuter une opération occasionnelle et, d'autre part, sans délai à compter de la publication des règlements européens ou arrêtés qui imposent de nouvelles mesures de gel, en abrogent ou rectifient des éléments d'identification des personnes ou entités précédemment désignées.

B. TRAITEMENT DES ALERTES PAR LES ASSUJETTIS

L'analyse des alertes a pour objet de déterminer si la personne ou l'entité détectée dans les bases ou dans les flux est celle qui fait l'objet d'une mesure de gel ou s'il s'agit d'un homonyme. En cas d'alerte sur un flux, les organismes financiers suspendent l'exécution de l'opération au profit ou en provenance d'une personne ou entité qui pourrait être désignée, jusqu'au traitement complet de l'alerte qui suppose le recueil d'éléments d'information supplémentaires auprès de leurs clients comme de sources externes. Dans ce cas, seules les opérations qui font l'objet d'une autorisation générale et automatique de la DG Trésor pour les personnes et entités désignées peuvent être exécutées.

C. APPEL À UN TIERS POUR LES OPÉRATIONS DE FILTRAGE ET LE TRAITEMENT DES ALERTES

Les organismes financiers peuvent recourir à des prestataires externes pour procéder aux opérations permettant de détecter les personnes et entités qui font l'objet de mesures de gel des avoirs ou recourir à des listes fournies par des prestataires externes, voire pour traiter les alertes. Ils intègrent alors dans leur dispositif de contrôle interne, à la fois permanent et périodique, les activités qui sont réalisées par ces prestataires extérieurs. Ils demeurent, en revanche, pleinement responsables des activités qu'ils externalisent (art. R. 561-38-1). Ils précisent les modalités de mise en œuvre de ces contrôles dans le contrat prévu à l'article R. 561-38-2. Les organismes soumis aux dispositions de l'arrêté du 3 novembre 2014 relatif au contrôle interne des entreprises du secteur de la banque, des services de paiement et des services d'investissement soumises au contrôle de l'Autorité de contrôle prudentiel et de résolution (V. au ***C. mon. fin.***) qui ont recours à des prestataires externes pour l'application des mesures de gel des avoirs, se conforment aux conditions prévues aux articles 231 et suivants de ce texte.

D. PROCÉDURES INTERNES ET AUTRES OBLIGATIONS DES ASSUJETTIS

Les assujettis doivent prendre des procédures internes qui expliquent concrètement comment mettre en œuvre les mesures de gel des avoirs : outre le rappel du cadre juridique et des sanctions encourues, elles précisent les modalités concrètes de mise en œuvre (listes électroniques, fréquence et périmètre du filtrage, etc.).

Par ailleurs, en application des articles L. 561-34 et R. 562-1, les organismes financiers sont tenus d'assurer la formation et l'information régulières des personnels concernés, en vue du respect des mesures nationales et européennes de gel des avoirs. Il est rappelé que les agents et distributeurs auxquels ont recours les prestataires de services de paiement sont assimilés à cet effet au personnel de ces derniers.

Enfin, les organismes financiers mettent en place un dispositif de contrôle interne qui permet à l'organisme de s'assurer de l'efficacité du dispositif de gel des avoirs installé et de détecter tout incident ou insuffisance dans le respect des obligations de gel des avoirs. La défaillance dans la mise en place de l'outil de filtrage impose aux dirigeants de l'organisme de prendre immédiatement les mesures correctrices nécessaires et d'en informer l'ACPR (art. R. 562-1, qui renvoie à l'art. R. 561-38-4).

IV. APPLICATION DES MESURES DE FILTRAGE AUX PRESTATAIRES DE SERVICES DE PAIEMENT

A l'égard des PSP agissant comme PSP du donneur d'ordre ou du bénéficiaire, le gel et l'interdiction de mise à disposition s'appliquent aux fonds qui sont transférés au bénéfice d'une personne ou entité désignée (bénéficiaire) ou à sa demande (donneur d'ordre). On entend par donneur d'ordre d'un transfert de fonds, la personne physique ou morale qui est le titulaire d'un compte et qui autorise un transfert de fonds à partir dudit compte ; par le bénéficiaire, la personne titulaire d'un compte, qui est le destinataire prévu du transfert de fonds. Pour les transferts transfrontaliers, les PSP, qu'ils agissent pour le compte des donneurs d'ordre ou des bénéficiaires, sont tenus de filtrer les donneurs d'ordre et les bénéficiaires au regard des listes européennes et nationales de gel des avoirs.

Pour les transferts nationaux, le filtrage des bases clients par chaque PSP intervenant dans l'exécution du virement constitue un élément majeur pour la sécurisation du dispositif et est obligatoire. Le PSP du donneur d'ordre prend en compte les circonstances particulières des opérations ou de la relation d'affaires et les risques de violation des mesures de gel auxquels il est exposé, pour prendre les mesures de surveillance appropriées et vérifier que le bénéficiaire ne ferait pas l'objet d'une mesure de gel. C'est par exemple le cas lorsque le titulaire du compte a été identifié comme une personne de l'entourage d'une personne désignée ou que le titulaire du compte a fait l'objet d'une désignation par TRACFIN en application de l'article L. 561-26. Il en est de même pour le PSP du bénéficiaire d'un virement à l'égard du donneur d'ordre.

A l'égard des PSP agissant comme PSP intermédiaire et au regard de la définition très large de la notion de « mise à disposition de fonds », l'exécution par un PSP agissant comme intermédiaire d'un transfert de fonds pour le compte d'un donneur d'ordre ou d'un bénéficiaire faisant l'objet d'une mesure de gel est interdite. Les PSP intermédiaires mettent en place un dispositif permettant de détecter avant leur exécution les transferts de fonds transfrontaliers dont le donneur d'ordre ou le bénéficiaire est désigné, lorsque les informations nécessaires au filtrage (notamment les noms) sont présentes dans les messages de paiement.

Les règlements européens prévoient cependant des exonérations de responsabilité lorsqu'un établissement ne pouvait raisonnablement soupçonner que son action entraînerait la violation d'une mesure de gel. Depuis le 26 juin 2017, date d'application du règlement n° 2015/847 du 20 mai 2015 sur les informations accompagnant les transferts de fonds (V. *infra*, II. Règles européennes), les PSP intermédiaires sont tenus d'appliquer des obligations spécifiques visant à s'assurer de la présence des informations relatives au donneur d'ordre et au bénéficiaire dans les messages de paiement des transferts de fonds transfrontaliers hors Union européenne. Si le PSP intermédiaire constate, lors de la réception d'un tel transfert de fonds, que les informations relatives au donneur d'ordre ou au bénéficiaire sont manquantes ou avec des caractères ou des éléments inadmissibles conformément aux conventions du système de messagerie, il rejette le transfert ou demande les informations requises. Dans cette dernière hypothèse, s'il n'obtient pas auprès du PSP du donneur d'ordre les éléments lui permettant de s'assurer que le donneur d'ordre ou le bénéficiaire est une personne ou entité désignée, il rejette le transfert.

Conformément à l'article 11 du règlement n° 2015/847, les PSP intermédiaires devront mettre en place des procédures efficaces, y compris, le cas échéant, un contrôle *a posteriori* ou en temps réel, pour détecter l'absence éventuelle des informations requises sur le donneur d'ordre ou le bénéficiaire.

L'article 12 dudit règlement prévoit la mise en place par les PSP intermédiaires de procédures efficaces, fondées sur les risques, pour déterminer s'il y a lieu d'effectuer, de rejeter ou de suspendre un transfert de fonds qui n'est pas accompagné des informations requises sur le donneur d'ordre ou le bénéficiaire. Il est précisé que lorsque le PSP intermédiaire constate, lors de la réception d'un transfert de fonds, que les informations requises sont manquantes, il lui appartient de rejeter le transfert ou de demander les informations requises avant de transmettre les fonds, ou après cette opération, en fonction de l'appréciation des risques.

V. RESPONSABILITÉ DES ASSUJETTIS DANS LA MISE EN ŒUVRE DES MESURES DE GEL DES AVOIRS

A. SANCTIONS DISCIPLINAIRES ENCOURUES PAR LES ASSUJETTIS

L'ACPR est compétente pour contrôler le respect de la mise en œuvre par les organismes financiers soumis à son contrôle des obligations nationales et européennes de gel des avoirs (C. mon. fin., art. L. 612-1 et L. 561-36-1). Le contrôle porte, à la fois, sur la mise en place de dispositifs de détection efficaces et adaptés des opérations au profit de personnes et entités désignées et sur le non-respect de la mesure de gel. La commission des sanctions peut alors sanctionner l'opérateur en retenant des griefs relatifs aux obligations de gel des avoirs.

B. SANCTIONS PÉNALES ENCOURUES PAR LES ASSUJETTIS

Le code monétaire et financier et le code des douanes prévoient des sanctions pénales en cas de violations des mesures européennes et nationales de gel des avoirs. Elles sont prévues à l'article 459 du code des douanes : peine d'emprisonnement de cinq ans, confiscation du corps du délit, des moyens de transport utilisés pour la fraude, des biens et avoirs qui sont le produit direct ou indirect de l'infraction, amende égale au minimum au montant et au maximum au double de la somme sur laquelle a porté l'infraction ou la tentative d'infraction.

Les personnes morales peuvent aussi voir leur responsabilité pénale engagée si la violation de la mesure a été commise pour leur compte, par leurs organes ou représentants. Dans ce cas, elles peuvent être condamnées aux sanctions prévues à l'article 131-39 du code pénal.

Des sanctions pénales sont également prévues à l'article L. 574-3 en cas de violations des obligations relatives au gel des avoirs. Ainsi, le fait, pour les dirigeants, les préposés des organismes financiers et les personnes mentionnées à l'article L. 562-4 de se soustraire aux obligations de gel ou de faire obstacle à leur mise en œuvre est passible des sanctions pénales prévues au paragraphe premier de l'article 459 du code des douanes. Les personnes morales peuvent être également condamnées si la violation de la mesure a été commise pour leur compte, par leurs organes ou représentants.

C. IMPUNITÉ CIVILE ET ADMINISTRATIVE DES ASSUJETTIS POUR L'EXÉCUTION DE LA MESURE DE GEL DES AVOIRS

Il existe dans les règlements européens des mécanismes d'exonération de responsabilité des assujettis en cas de dommage subi par la personne ou l'entité désignée lorsque ces mesures sont mises en œuvre de bonne foi et sans négligence de leur part. Les organismes financiers sont également protégés de toute mise en œuvre de leur responsabilité lorsqu'ils ne savaient, ni ne pouvaient raisonnablement soupçonner qu'ils violeraient ces interdictions par leurs actions.

Il résulte de ces dispositions que les organismes qui utilisent la liste électronique de la DG Trésor ou celle de l'Union européenne dans leur dispositif de détection des opérations au profit de personnes ou d'entités désignées et n'ont pas gelé ou ont gelé à tort les avoirs d'une personne, en raison d'une erreur imputable à l'administration, sont considérés comme ayant agi de bonne foi, sauf s'ils avaient connaissance d'une erreur. Les organismes restent cependant tenus de s'assurer qu'ils ont recours à une liste à jour.

En tout état de cause, les organismes financiers ne sauraient voir, *a priori*, leur responsabilité engagée dès lors que la mise en œuvre de la mesure de gel aurait pu mettre en danger la sécurité de leur personnel.

Au plan national, l'article L. 562-13 prévoit que l'État est responsable des conséquences dommageables de la mise en œuvre, de bonne foi, par les organismes financiers assujettis des mesures nationales de gel. Cette disposition vise à protéger les organismes des actions en responsabilité qui pourraient être intentées soit par la personne ou entité désignée, soit par un tiers ayant subi un dommage du fait de l'application de la mesure de gel.

D. CONSÉQUENCES JUDICIAIRES CIVILES ET PÉNALES DE L'APPLICATION DES MESURES DE GEL PAR LES ENTREPRISES

Les conséquences éventuelles de la promulgation de sanctions économiques doivent être intégrées dans les contrats internationaux *via* des clauses de force majeure permettant de suspendre l'exécution des obligations contractuelles, voire de mettre fin au contrat en cas de prolongation des mesures d'embargo. Ces règles s'appliqueront aux sous-traitants lorsqu'ils sont affectés, comme l'entrepreneur principal, par un embargo international ou étranger. L'impact des sanctions économiques sur l'exécution des contrats impliquant des entreprises et/ou des personnes sous le coup de telles sanctions est également important *ex-post* tant en matière de responsabilité civile que de responsabilité pénale, constituant en soi un risque important pour les entreprises nationales.

VI. CONSÉQUENCES DU RÉGIME DES MESURES DE GEL DES AVOIRS SUR LE SYSTÈME D'ÉVALUATION ET DE PRÉVENTION DES RISQUES LBC/FT DES ASSUJETTIS

Les mesures de gel servent tout d'abord d'indicateurs significatifs pour les assujettis à la LBC/FT. Toute mesure de gel, même non transposée en droit interne, revêt un impact direct sur la cartographie des risques des assujettis qui doivent appliquer dès ce stade des mesures de vigilance renforcées, voire procéder à une déclaration de soupçon. En effet, par hypothèse, les personnes désignées suscitent *a minima* des soupçons quant à des activités terroristes, notamment. En tout état de cause, les listes de gel publiées par d'autres États, notamment les États limitrophes, peuvent constituer, au regard de leurs activités, implantations et clientèles, des éléments d'information permettant aux organismes financiers d'alimenter leur connaissance du client et contribuer à la mise en œuvre des obligations de vigilance LBC/FT.

Les organismes financiers réalisent un examen renforcé d'une opération, ou plus généralement du fonctionnement de toute relation d'affaires ayant des liens avec la personne ou l'entité désignée, qui pourrait avoir pour objet de mettre des fonds ou ressources économiques à la disposition de la personne ou entité désignée. En cas de doute, ils s'abstiennent d'exécuter l'opération et en informent immédiatement la DG Trésor. Ils procèdent également à une déclaration de soupçon à TRACFIN, s'ils estiment que l'opération relève du champ d'application de l'article L. 561-15.

Par ailleurs, il existe une mutualisation des informations recueillies à l'égard des bénéficiaires effectifs par les assujettis à la LBC/FT dans le cadre des mesures de gel des avoirs. L'identification et la vérification d'identité du client et, le cas échéant, du bénéficiaire effectif, permettent de s'assurer que l'opération n'a pas pour objet de mettre indirectement des fonds ou ressources économiques à la disposition d'une personne ou entité désignée par une mesure de gel. Il est dès lors utile de filtrer les bénéficiaires effectifs au sens des dispositions des articles L. 561-2-2 et R. 561-1 et suivants ; ainsi que les associés figurant sur un registre officiel ou son équivalent en droit étranger et les dirigeants sociaux au sens des 1° et 2° de l'article R. 123-54 du code de commerce ou leurs équivalents en droit étranger, dont les éléments d'identification sont recueillis en application des articles R. 561-5 et R. 561-5-1 du code monétaire et financier lors de l'entrée en relation d'affaires et à chaque mise à jour des éléments d'identification des clients personnes morales.

Les assujettis partagent la nécessité de mettre en œuvre une veille juridique efficace. Les assujettis aux mesures de gel des avoirs ont par ailleurs intérêt à adopter immédiatement la recension des mesures de gel de l'ONU dans la liste unique de la DG Trésor afin de détecter, dans leurs bases clients, les personnes ou entités dont les avoirs vont être prochainement gelés. La détection anticipée de ces personnes ou entités leur permet de mettre en œuvre immédiatement la mesure de gel dès la publication du règlement européen ou de l'arrêté.

VII. ORDONNANCE N° 2020-1342 DU 4 NOVEMBRE 2020 RENFORÇANT L'APPLICATION DES MESURES DE GEL DES AVOIRS ET D'INTERDICTION DE MISE À DISPOSITION

L'ordonnance modernise le droit interne issu de l'ordonnance n° 2016-1575 du 24 novembre 2016 notamment dans la perspective de l'évaluation par le GAFI du système français LBC/FT prévue du deuxième semestre 2020 à l'automne 2021. En effet, le dispositif national de gel des avoirs constitue, comme les dispositifs internationaux de l'ONU et de l'Union européenne, un élément fondamental de la stratégie de lutte contre le terrorisme mise en œuvre après les attentats de 2015.

Dans le cadre de la lutte contre le terrorisme, notamment, l'ordonnance rend les mesures nationales de gel applicable par toute personne physique ou morale en lien avec le territoire national, en cohérence avec les mesures fondées sur des règlements de l'UE (art. L. 563-4). Elle introduit par ailleurs un dispositif d'entrée en vigueur sans délai des mesures de gel des avoirs décidées par le Conseil de sécurité des Nations unies (art. L. 562-3-1).

Pour garantir la bonne application de ces mesures, le texte précise les obligations pesant sur les acteurs financiers et non financiers assujettis à la LBC/FT. Elle étend le mandat des autorités de contrôle sectoriel et de supervision au contrôle de la mise en œuvre des obligations en matière de gel des avoirs et d'interdiction de mise à disposition. Elle étend les peines prévues par l'article 459 du code des douanes en cas de violation de mesure de gel des avoirs à tous les règlements de l'Union européenne portant sanction.

L'ordonnance simplifie le mécanisme d'extension des mesures de gel des avoirs fondées sur des règlements de l'Union européenne dans les PTOM à savoir Saint-Barthélemy, Saint-Pierre-et-Miquelon, Nouvelle-Calédonie, Polynésie française et Wallis-et-Futuna (art. L. 713-16). Elle étend, par ailleurs, le mandat de contrôle des autorités de supervision au respect des obligations de gel des avoirs sur la base de règlements de l'UE (art. L. 561-36, L. 561-36-2, L. 561-36-3).

Le texte renforce également les échanges entre autorités de contrôle et autorités de poursuite dans le cadre de la sanction des violations de mesure de gel (art. L. 562-12) et assure l'accès direct des autorités de l'État chargées de la mise en œuvre des mesures de gel des avoirs aux bases de données nécessaires à leur action (LPF, art. L. 135-T et L. 167).

Enfin, l'ordonnance complète et apporte des correctifs à la transposition de la directive (UE) 2015/849 du 20 mai 2015. D'une part, l'autorité de contrôle chargée de la supervision des marchands d'or et métaux précieux devient la Direction générale des Droits directs et indirects (DGDDI) en lieu et place de la Direction générale de la concurrence, de la consommation et de la répression des fraudes (DGCCRF). D'autre part, les modalités d'exercice du contrôle du respect des obligations LBC/FT de la profession d'expert-comptable sont étendues aux règlements européens (art. 1er et 31 de l'Ord. n° 45-2138 du 19 sept. 1945 portant institution de l'ordre des experts-comptables et réglementant le titre et la profession d'expert-comptable). ❑

Art. L. 562-1 **Pour l'application du présent chapitre, on entend par :**

1° "Acte de terrorisme" : les actes définis au 4° de l'article 1er du règlement (UE) n° 2580/2001 du Conseil du 27 décembre 2001 concernant l'adoption de mesures restrictives spécifiques à l'encontre de certaines personnes et entités dans le cadre de la lutte contre le terrorisme ;

2° "Fonds" : les actifs financiers et les avantages économiques de toute nature, notamment :

***a)* Le numéraire, les créances en numéraire, les traites, les ordres de paiement et autres instruments ou moyens de paiement ;**

***b)* Les dépôts de fonds auprès des personnes mentionnées à l'article L. 562-4 tels que les fonds remboursables du public détenus ou versés sur des comptes de dépôts, les fonds versés sur un compte de paiement, les fonds investis dans des produits**

d'épargne tels que ceux régis par le titre II du livre II, les fonds versés dans le cadre de contrat individuel ou collectif de gestion d'actifs, les soldes de ces comptes ou contrats ;

c) Les fonds versés sur des contrats d'assurance régie par le chapitre II du titre III du livre I du code des assurances ainsi que la valeur de rachat de ces contrats ;

d) Les créances ;

e) Les instruments financiers régis par le titre I du livre II et leur équivalent en droit étranger, notamment les titres de créances, les titres de propriété et d'emprunt, tels que les actions, les certificats représentatifs de valeurs mobilières, les obligations, les billets à ordre, les warrants, les obligations non garanties et les contrats financiers ;

f) Les intérêts, les dividendes ou autres revenus d'actifs ou plus-values perçus sur des actifs ;

g) Les opérations de crédit au sens de l'article L. 313-1 ou leur équivalent en droit étranger notamment les prêts, les avals, les cautionnements, les garanties, les garanties de bonne exécution ou tout autre engagement financier ;

h) Les lettres de crédit, les connaissements, les contrats de vente ;

i) Le droit à compensation ;

j) Tout document attestant la détention de parts d'un fonds ou de ressources financières ;

k) Tout instrument de financement à l'exportation ;

3° "Ressources économiques" : les avoirs de toute nature, corporels ou incorporels, mobiliers ou immobiliers, qui ne sont pas des fonds mais qui peuvent être utilisés pour obtenir des fonds, des biens ou des services. Sont également considérées comme des ressources économiques *[,]* au sens du présent chapitre, les opérations d'assurance ne portant pas sur les branches vie-décès ou nuptialité-natalité, n'étant pas liées à des fonds d'investissement, ne relevant pas des opérations comportant la constitution d'associations réunissant des adhérents en vue de capitaliser en commun leurs cotisations et de répartir l'avoir ainsi constitué soit entre les survivants, soit entre les ayants droit des décédés, ou ne relevant pas des branches de capitalisation ou de gestion de fonds collectifs ou de toute opération à caractère collectif définie à la section 1 du chapitre I du titre IV du livre IV du code des assurances ;

4° "Détention et contrôle" : la détention et le contrôle au sens des 5° et 6° de l'article 1er du règlement (CE) n° 2580/2001 du Conseil du 27 décembre 2001 concernant l'adoption de mesures restrictives spécifiques à l'encontre de certaines personnes et entités dans le cadre de la lutte contre le terrorisme ;

5° "Gel des fonds" : toute action tendant à empêcher un changement de leur volume, montant, localisation, propriété, possession, nature, destination ou toute autre modification qui pourrait permettre leur utilisation, notamment la gestion de portefeuille ;

6° "Gel des ressources économiques" : toute action tendant à empêcher leur utilisation afin d'obtenir des fonds, des biens ou des services de quelque manière que ce soit, notamment leur vente, leur location ou leur mise sous hypothèque.

Champ d'application. La définition des avoirs susceptibles d'être gelés et des mesures de gel a été reprise par l'Ord. n° 2009-104 du 30 janv. 2009, qui n'a pas eu pour objet et ne peut avoir eu pour effet d'en réduire la portée, aux art. L. 562-1 s. ; après l'intervention de cette ordonnance, les compétences du ministre chargé de l'économie, au titre de la lutte contre le financement du terrorisme et des sanctions financières internationales, sont d'abord définies, respectivement, aux art. L. 562-1 et L. 562-2, dans une rédaction d'où il ne résulte aucune limitation par rapport à la version antérieure, tandis que le champ et la teneur des mesures de gel sont mentionnés à un nouvel art. L. 562-4 qui prohibe toujours tout mouvement, transfert ou utilisation de fonds, instruments financiers et ressources économiques qui auraient pour conséquence un changement de leur montant, de leur localisation, de leur propriété, de leur nature ou toute autre modification qui pourrait en permettre l'utilisation par les personnes faisant l'objet de la mesure de gel. Il ne peut donc être sérieusement soutenu que, dans leur rédaction issue de l'Ord. n° 2009-104, les dispositions combinées des art. L. 562-1 à L. 562-6 ne permettaient d'inclure dans le gel, au titre des mouvements ou transferts de fonds, que ceux par lesquels une personne listée déposerait des fonds en demandant qu'ils soient portés au crédit de son compte. • Décis. ACPR n° 2018-01 du 21 déc. 2018 (conf. par • CE 15 nov. 2019, n° 428292 : *RJDA 2020, n° 450 ; LPA 18 juin 2020, note Curtet ; Rev. Banque 2/2019. 91, obs. Kovar et Lasserre Capdeville ; Gaz. Pal. 25 févr. 2020, p. 74, obs. Morel-Maroger*).

Art. L. 562-2 **Le ministre chargé de l'économie et le ministre de l'intérieur peuvent décider, conjointement, pour une durée de six mois, renouvelable, le gel des fonds et ressources économiques :**

1° Qui appartiennent à, sont possédés, détenus ou contrôlés par des personnes physiques ou morales, ou toute autre entité qui commettent, tentent de commettre, facilitent ou financent des actes de terrorisme, y incitent ou y participent ;

2° Qui appartiennent à, sont possédés, détenus ou contrôlés par des personnes morales ou toute autre entité elles-mêmes détenues ou contrôlées par les personnes mentionnées au 1° ou agissant sciemment pour le compte ou sur instructions de celles-ci.

1. Financement du terrorisme. Si les faits permettant de justifier un gel d'avoirs sur le fondement de l'art. L. 562-1 peuvent être établis au moyen d'une note blanche, celle-ci doit être suffisamment précise et circonstanciée. Par ailleurs, cette disposition ne permettait pas, avant sa modification par la L. n° 2012-1432 du 21 déc. 2012, d'appréhender le comportement de prêcheurs incitant à la commission d'actes de terrorisme. • TA Paris, 21 oct. 2013 : *AJDA 2014. 168, concl. Barrois de Sarigny*.

2. Dispositif de détection des opérations. La mise en place d'un dispositif efficace de gel des avoirs répond à une exigence essentielle pour les organismes assujettis, au titre de laquelle leur incombe une obligation de résultat. • Décis. ACPR n° 2011-03 du 27 nov. 2012 • n° 2016-05 du 30 mars 2017 • n° 2018-08 du 24 sept. 2019. ♦ Selon le paragraphe 2.2 de l'art. 11-7 du Règl. CRBF n° 97-02 du 21 févr. 1997 (V. *C. mon. fin.*), les banques doivent se doter de dispositifs adaptés à leurs activités permettant de détecter toute opération au bénéfice d'une personne ou d'une entité faisant l'objet d'une mesure de gel des fonds, instruments financiers et ressources économiques ; les mesures de gel ainsi visées sont aussi bien celles prises dans le cadre communautaire que celles que peut prendre en complément le ministre chargé de l'économie en vertu de l'art. L. 562-1. • Décis. ACP n° 2011-03 du 27 nov. 2012 : *BJB 2013. 117, note Merville*. ♦ Le dispositif de détection des personnes ou entités faisant l'objet d'une mesure de gel des avoirs n'étant alimenté que par la *Sanction List CEE* et par la liste de l'OFAC (*Office of Foreign Assets Control*), il en résulte que l'établissement n'est pas en mesure de mettre en œuvre les mesures de gel des avoirs prises sur le fondement des art. L. 562-1 et L. 562-2, d'autant que, par ailleurs, le fait de ne pas identifier correctement ses clients et donc de ne pas avoir une base client de qualité est un obstacle à la détection des personnes ou entités faisant l'objet d'une mesure nationale ou européenne de gel des avoirs. • Décis. ACPR n° 2016-05 du 30 mars 2017.

3. Obligation de résultats. Le dispositif de l'assujetti doit intégrer les mesures de gel prises en application des art. L. 562-2 et L. 562-3. Or, la société n'était pas en mesure de détecter, dès l'entrée en vigueur d'une mesure nationale de gel, les clients porteurs de cartes prépayées faisant l'objet d'une telle mesure, ni de bloquer l'utilisation de leur carte et d'en informer sans délai le ministre chargé de l'économie. Cette incapacité à appliquer les mesures de gel est avérée dans deux cas au moins. La commission des sanctions retient donc le grief, rappelant le caractère essentiel du dispositif au titre duquel pèse sur les assujettis une obligation de résultat. • Décis. ACPR n° 2018-08 du 24 sept. 2019. – Conf. par • CE 15 nov. 2019, n° 428292 : *RJDA 2020, n° 450 ; LPA 18 juin 2020, note Curtet ; Rev. Banque 2/2019. 91, obs. Kovar et Lasserre Capdeville ; Gaz. Pal. 25 févr. 2020, p. 74, obs. Morel-Maroger.*

Art. L. 562-3 **Le ministre chargé de l'économie peut décider, pour une durée de six mois, renouvelable, le gel des fonds et ressources économiques :**

1° Qui appartiennent à, sont possédés, détenus ou contrôlés par des personnes physiques ou morales, ou toute autre entité qui commettent, tentent de commettre, facilitent ou financent des actions sanctionnées ou prohibées par les résolutions adoptées dans le cadre du chapitre VII de la charte des Nations unies ou les actes pris en application de l'article 29 du traité sur l'Union européenne *(L. n° 2019-486 du 22 mai 2019, art. 206-VI-B)* **« ou de l'article 75 du traité sur le fonctionnement de l'Union européenne », y participent ou qui sont désignées** *(Ord. n° 2020-1342 du 4 nov. 2020, art. 3)* **« sur le fondement de ces » résolutions ou ces actes ;**

2° Qui appartiennent à, sont possédés, détenus ou contrôlés par des personnes morales ou toute autre entité elles-mêmes détenues ou contrôlées par les personnes mentionnées au 1° ou agissant sciemment pour le compte ou sur instructions de celles-ci.

COMMENTAIRE

Les mesures prises sur le fondement de l'article L. 562-3 permettent d'adopter des mesures nationales de gel à l'encontre de personnes et d'entités ayant tenté de commettre, faciliter ou financer des actions sanctionnées ou prohibées par les résolutions adoptées dans le cadre du chapitre VII de la charte des Nations unies ou les actes pris en application de l'article 29 du traité sur l'Union européenne (V. ces textes, v° *Sanctions économiques et embargos*). Le dispositif est également utilisé pour pallier les délais de transposition par un règlement européen des mesures de gel prévues par des résolutions du CSNU et du Conseil de l'Union européenne.

L'Union européenne adopte en effet, au titre de la politique extérieure et de sécurité commune (PESC), des règlements européens afin de transposer dans son ordre juridique les résolutions du CSNU prévoyant des mesures de gel et d'imposer des mesures de gel indépendamment de toute action des Nations unies. Ces règlements, qui font l'objet de modifications régulières, sont immédiatement applicables dans l'ordre juridique interne. S'y ajoutent des arrêtés de mise en œuvre pour les pays et territoires d'outre-mer. Ils contraignent les assujettis à une veille juridique constante afin de procéder dès leur entrée en vigueur au gel des avoirs des personnes et entités désignées.

L'assemblée plénière de la Cour de cassation a été amenée à trancher une question fondamentale (Cass., ass. plén., 10 juill. 2020, n° 18-18.542 P : *cité note 2 ss. art. L. 562-3*). Dans cette affaire, une première résolution du 23 décembre 2006 du CSNU prévoyait certaines mesures restrictives afin de suspendre les activités nucléaires de la République islamique d'Iran et notamment des mesures de gel des fonds et des ressources économiques des personnes, des entités et des organismes participant ou soutenant les activités nucléaires de l'Iran. Une seconde résolution du 27 février 2007 identifiait une banque iranienne comme faisant partie des « entités concourant au programme nucléaire ou de missiles balistiques » de l'Iran. La banque a été condamnée par un arrêt de la cour d'appel de Paris du 26 avril 2007, en qualité de civilement responsable des agissements d'un préposé pour des faits d'escroquerie, à indemniser avec les intérêts au taux légal à compter de la décision deux sociétés américaines. Or, deux règlements (CE) n° 432/2007 du 19 avril 2007 et n° 441/2007 du 20 avril 2007 ont transposé les résolutions du CSNU l'empêchant d'exécuter la condamnation prononcée à son encontre. Dix années plus tard, le CSNU radiait la banque iranienne de la liste des personnes faisant l'objet du gel de leurs avoirs et un règlement d'exécution (UE) 2016/74 du 22 janvier 2016 lui permettait de recouvrer leur libre disposition. Les sociétés créancières ont alors pratiqué diverses saisies sur la banque débitrice, mais celle-ci, sans contester sa dette en principal, s'opposa devant le juge de l'exécution au paiement des intérêts moratoires en invoquant la force majeure. L'assemblée plénière énonce que « ne constitue pas un cas de force majeure pour celle qui le subit, faute d'extériorité, le gel des avoirs d'une personne ou d'une entité qui est frappée par cette mesure en raison de ses activités » et ce d'autant que ces mesures, qui ne sont pas des sanctions au titre de la jurisprudence européenne, n'étaient pas extérieures à l'activité de la banque. ❑

1. Contrôle de Constitutionnalité. En permettant le gel des avoirs appartenant à des personnes qui, de par leurs fonctions, sont susceptibles de commettre des actes de terrorisme ou des actes sanctionnés ou prohibés par une résolution du conseil de sécurité des Nations unies ou par un acte du Conseil européen, sans qu'il soit nécessaire d'établir que celles-ci ont commis, commettent, incitent à la commission, facilitent ou participent à la commission de ces actes, le législateur a porté à l'exercice du droit de propriété une atteinte manifestement disproportionnée à l'objectif poursuivi. Par suite, les mots : « ou, de par leurs fonctions, sont susceptibles de commettre » figurant à l'art. L. 562-2 [ancien] doivent être déclarés contraires à la Constitution. • Cons. const. 2 mars 2016, n° 2015-524 QPC : *D. 2016. Actu. 540* ; *Constitutions 2016. 269, note Giacuzzo* ; *JCP 2016, n° 589, note Mauro.*

2. Force majeure. Ne constitue pas un cas de force majeure pour celle qui le subit, faute d'extériorité, le gel des avoirs d'une personne ou d'une entité qui est frappée par cette mesure en raison de ses activités. • Cass., ass. plén., 10 juill. 2020, n° 18-18.542 P : *D. 2020. Actu. 1473* ; *RTD civ. 2020. 623, obs. Barbier* ; *ibid. 895, obs. Jourdain* ; *JCP E 2020, n° 1442, note Clavel-Thoraval* ; *JCP 2020, n° 1032, note Oudot* ; *Banque et Dr. 9-10/2020. 90, obs. Chacornac* ; *RLDA 2/2021. 22, note Clavel-Thoraval.*

3. Prescription. Il résulte de la combinaison des art. 2234 et 2244 C. civ. que la prescription extinctive ne court pas ou est suspendue contre le créancier détenteur d'un titre exécutoire qui, par suite d'un empêchement résultant de la loi, est dans l'impossibilité de diligenter une mesure conservatoire prise en application du code des procédures civiles d'exécution ou un acte d'exécution forcée. Conformément aux art. 7, § 1, du Règl. (CE) n° 423/2007, et 16, § 1, du Règl. (UE) n° 961/2010 du Conseil du 25 oct. 2010, successivement applicables, est interdit tout mouvement, transfert, modification, utilisation ou manipulation de fonds gelés qui aurait pour conséquence un changement de leur volume, de leur montant, de leur localisation, de leur propriété, de leur possession, de leur nature, de leur destination ou toute autre modification qui pourrait en permettre l'utilisation, ainsi que toute utilisation de ressources économiques gelées afin d'obtenir des fonds, des biens ou des services de quelque manière que ce soit, et notamment, mais pas exclusivement, leur vente, leur location ou leur mise sous hypothèque. Aucune sûreté judiciaire ni aucune saisie conservatoire, qui assurent au créancier que sa créance sera réglée par préférence aux autres créanciers sur le bien qui en fait l'objet, ne peut être diligentée sur des avoirs gelés sans autorisation préalablement délivrée par l'autorité française compétente. Ne peuvent *a fortiori* être réalisées sur de tels avoirs, sans autorisation préalable, des mesures d'exécution forcée qui, à la différence de mesures conservatoires, entraînent un transfert de propriété du patrimoine du débiteur vers celui du créancier. Enfin, dès lors qu'une saisie-vente d'avoirs gelés est impossible, le créancier qui poursuit l'exécution du titre exécutoire dont il dispose n'est pas tenu de délivrer un commandement aux fins de saisie-vente dans l'unique but d'interrompre la prescription. Il s'ensuit que lorsque les avoirs d'un débiteur sont gelés et que les conditions dans lesquelles l'autorité française compétente peut autoriser le déblocage de certains d'entre eux ne sont pas réunies ou que celle-ci a refusé de les débloquer, la prescription extinctive est suspendue à l'égard des créanciers pendant toute la durée de la mesure de gel. • Cass., ass. plén., 29 avr. 2022, nº 18-18.542 B : *D. 2022. Actu. 904* ; *CCC 2022, nº 94, obs. Leveneur.*

Art. L. 562-3-1 *(Ord. nº 2020-1342 du 4 nov. 2020, art. 3)* **Le ministre chargé de l'économie arrête, conjointement avec le ministre des affaires étrangères, la liste des résolutions adoptées dans le cadre du chapitre VII de la charte des Nations unies sur le fondement desquelles les personnes et entités désignées font l'objet d'un gel sans délai selon les modalités prévues aux deuxième et troisième alinéas.** – *V. Arr. du 1er févr. 2021, ci-dessous.*

Les fonds et ressources économiques des personnes physiques ou morales ou de toute autre entité désignées sur le fondement de ces résolutions sont gelés à compter de la publication par le ministre chargé de l'économie des éléments d'identification de ces personnes ou entités et dans les conditions mentionnées au second alinéa de l'article L. 562-9.

Ces fonds et ressources sont gelés pour une période de dix jours ouvrables, ou, si elle intervient avant le terme de cette période, jusqu'à l'entrée en vigueur du règlement européen d'exécution rendant applicables les désignations mentionnées au premier alinéa.

BIBL. ▶ LARTIGUE, *D. actu. 5 avr. 2022* (sanctions contre la Russie et obligation de vigilance des avocats : les CARPA aux avant-postes).

COMMENTAIRE

L'ordonnance nº 2020-1342 du 4 novembre 2020 introduit un mécanisme d'application sans délai des mesures de gel décidées par le Conseil de sécurité des Nations unies (CSNU) avec l'article L. 562-3-1. Cette disposition permet le gel des fonds et ressources économiques des personnes physiques ou morales ou de toute autre entité désignées sur le fondement de ces résolutions dès la publication par le ministre chargé de l'économie des éléments d'identification de ces personnes ou entités et dans les conditions mentionnées au second alinéa de l'article L. 562-9. Sont notamment visées les Résolutions 1267/1999, 1373/2001, 1988/2001, 1989/2001, 1718/2006, 2231/2015 du CSNU.

Ce mécanisme d'application accélérée des désignations effectuées par le CSNU simplifiera le travail des entités assujetties en diminuant le nombre de nouveaux arrêtés de gel à prendre en compte.

Arrêté du 1er février 2021,

Portant application des articles L. 562-3-1 et suivants du code monétaire et financier en matière de gel des avoirs sans délai.

Art. 1er Font l'objet d'un gel sans délai les personnes et entités désignées sur le fondement des résolutions adoptées dans le cadre du chapitre VII de la Charte des Nations unies suivantes :

	Résolutions du Conseil de sécurité des Nations unies	Organe subsidiaire du Conseil de sécurité des Nations unies
1	Résolution 751 (1992) du Conseil de sécurité des Nations unies et ses résolutions subséquentes	Comité du Conseil de sécurité faisant suite à la résolution 751 (1992) sur la Somalie

	Résolutions du Conseil de sécurité des Nations unies	Organe subsidiaire du Conseil de sécurité des Nations unies
2	Résolution 1267 (1999) du Conseil de sécurité des Nations unies et ses résolutions subséquentes	Comité du Conseil de sécurité faisant suite aux résolutions 1267 (1999), 1989 (2011) et 2253 (2015) concernant l'État islamique d'Iraq et du Levant (Daech), Al-Qaida et les personnes, groupes, entreprises et entités qui leur sont associés
3	Résolution 1518 (2003) du Conseil de sécurité des Nations unies et ses résolutions subséquentes	Comité des sanctions du Conseil de sécurité mis en place par la résolution 1518 (2003)
4	Résolution 1533 (2004) du Conseil de sécurité des Nations unies et ses résolutions subséquentes	Comité des sanctions du Conseil de sécurité mis en place par la résolution 1533 (2004) concernant la République démocratique du Congo
5	Résolution 1591 (2005) du Conseil de sécurité des Nations unies et ses résolutions subséquentes	Comité des sanctions du Conseil de sécurité créé par la résolution 1591(2005) concernant le Soudan
6	Résolution 1636 (2005) du Conseil de sécurité des Nations unies et ses résolutions subséquentes	Comité des sanctions du Conseil de sécurité mis en place par la résolution 1636 (2005)
7	Résolution 1718 (2006) du Conseil de sécurité des Nations unies et ses résolutions subséquentes	Comité des sanctions du Conseil de sécurité mis en place par la résolution 1718 (2006)
8	Résolution 1970 (2011) du Conseil de sécurité des Nations unies et ses résolutions subséquentes	Comité du Conseil de sécurité établi par la résolution 1970 (2011) concernant la Libye
9	Résolution 1988 (2011) du Conseil de sécurité des Nations unies et ses résolutions subséquentes	Comité du Conseil de sécurité mis en place conformément à la résolution 1988 (2011)
10	Résolution 2127 (2013) du Conseil de sécurité des Nations unies et ses résolutions subséquentes	Comité du Conseil de sécurité créé par la résolution 2127 (2013) concernant la République centrafricaine
11	Résolution 2140 (2014) du Conseil de sécurité des Nations unies et ses résolutions subséquentes	Comité du Conseil de sécurité mis en place conformément à la résolution 2140 (2014)
12	Résolution 2206 (2015) du Conseil de sécurité des Nations unies et ses résolutions subséquentes	Comité du Conseil de sécurité mis en place conformément à la résolution 2206 (2015) concernant le Soudan du Sud
13	Résolution 2374 (2017) du Conseil de sécurité des Nations unies et ses résolutions subséquentes	Comité du Conseil de sécurité mis en place conformément à la résolution 2374 (2017) concernant le Mali

Art. 2 Les fonds et ressources économiques des personnes désignées par les organes subsidiaires du Conseil de sécurité des Nations unies établis sur le fondement de ces résolutions sont gelés.

La mise à disposition, directe ou indirecte, et l'utilisation de fonds ou ressources économiques au profit de ces personnes sont interdites.

La mesure de gel est exécutoire dès la publication des éléments d'identification des personnes désignées au registre national des personnes faisant l'objet d'une mesure de gel établi en application de l'article R. 562-2 du code monétaire et financier.

Art. 3 Ces fonds et ressources économiques sont gelés pour une période de dix jours ouvrables, ou, si elle intervient avant le terme de cette période, jusqu'à l'entrée en vigueur du règlement européen d'exécution rendant applicables les désignations mentionnées à l'article 2.

Art. 4 Le présent arrêté est applicable en Nouvelle-Calédonie, en Polynésie française et dans les îles Wallis-et-Futuna.

ANNEXE

NOTIFICATION DES VOIES ET DÉLAIS DE RECOURS

— Le présent arrêté peut être contesté dans les deux mois à compter de sa publication au *Journal officiel*, soit par recours gracieux adressé au ministère de l'économie, des finances et de la relance au 139, rue de Bercy, 75572 Paris Cedex 12, télédoc 233, ou à liste-nationale@dgtresor.gouv.fr, soit par recours contentieux auprès du tribunal administratif de Paris, 7, rue de Jouy, 75181 Paris Cedex 04, téléphone : 01-44-59-44-00, télécopie : 01-44-59-46-46, urgences télécopie référés : 01-44-59-44-99, greffe.ta-paris@juradm.fr.

— La publication des éléments d'identification de la personne désignée au registre national des personnes faisant l'objet d'une mesure de gel établi en application de l'article R. 562-2 du code monétaire et financier peut être contestée dans les deux mois à compter de sa publication au registre national des gels, soit par recours gracieux adressé au ministère de l'économie, des finances et de la relance au 139, rue de Bercy, 75572 Paris Cedex 12, télédoc 233, ou à liste-nationale@dgtresor.gouv.fr, soit par recours contentieux auprès du tribunal administratif de Paris, 7, rue de Jouy, 75181 Paris Cedex 04, téléphone : 01-44-59-44-00, télécopie : 01-44-59-46-46, urgences télécopie référés : 01-44-59-44-99, greffe.ta-paris@juradm.fr.

— En l'absence de réponse à un recours gracieux dans les deux mois qui suivent la date du recours, il y a rejet implicite de la demande et le tribunal administratif de Paris pourra être saisi dans les deux mois suivant le rejet implicite.

Art. L. 562-4 *(Ord. nº 2020-1342 du 4 nov. 2020, art. 4)* **Sont tenus d'appliquer sans délai les mesures de gel et les interdictions de mise à disposition ou d'utilisation prévues au présent chapitre et** *(Ord. nº 2022-230 du 15 févr. 2022, art. 4)* **« aux articles L. 712-4 et L. 712-10 » et d'en informer immédiatement le ministre chargé de l'économie :**

1º Toute personne physique, ressortissante nationale ou ressortissante étrangère se trouvant sur le territoire national ;

2º Les personnes mentionnées à l'article L. 561-2 ainsi que toute autre personne morale constituée ou établie selon le droit national ou réalisant une opération sur le territoire national, dans le cadre de son activité, en particulier :

***a)* Les personnes dont le siège social est situé sur le territoire national pour leurs activités réalisées à l'étranger, y compris dans les succursales ou toute autre forme de libre établissement ainsi qu'en libre prestation de services ;**

***b)* Les personnes dont le siège social est situé hors du territoire national pour leurs activités réalisées en France, y compris dans les succursales ou toute autre forme de libre établissement ainsi qu'en libre prestation de services ;**

***c)* Les personnes morales de droit public, les organismes chargés de la gestion d'un service public ainsi que les caisses et les organismes chargés de la gestion d'un régime de protection sociale.**

Un décret en Conseil d'État précise les conditions d'application du présent article.

— V. art. R. 562-1 s., infra.

COMMENTAIRE

L'application de la mesure de gel des avoirs suppose la mise en place d'un dispositif de détection qui prend la forme d'un outil de filtrage. La détection concerne les bases clientèle (le stock) et les opérations de réception/mise à disposition de fonds ou ressources économiques en fonction d'une définition très extensive de la notion de mouvements et opérations prohibés (les flux). Cet outil doit permettre, dans tous les cas, l'application des mesures de gel et d'interdiction de toute opération entrant dans le champ de ces mesures nationales et européennes.

Le filtrage doit avoir lieu en temps réel, d'une part, avant toute entrée en relation d'affaires ou exécution d'une opération occasionnelle et, d'autre part, sans délai à compter de la publication des règlements européens ou des arrêtés qui imposent de nouvelles mesures de gel, abrogent ou rectifient des éléments d'identification des personnes ou entités précédemment désignées.

Cette obligation est doublement fondée sur le code monétaire et financier (art. R. 562-1) et l'arrêté du 3 novembre 2014 sur le contrôle interne des entreprises du secteur de la banque, des services de paiement et des services d'investissement soumises au contrôle de l'ACPR (art. 40) qui dispose que les « entreprises assujetties mettent en place un dispositif permettant de garantir un suivi régulier et le plus fréquent possible des modifications pouvant intervenir dans les textes applicables à leurs opérations et, à ce titre, l'information immédiate de tous les membres de leur personnel concernés ».

L'extension de l'obligation d'appliquer les mesures nationales de gel et d'interdiction de mise à disposition ou d'utilisation de fonds ou ressources économiques à toute personne physique ou morale ayant un lien de rattachement avec le territoire national, conformément aux prescriptions de l'ONU, ne modifie par les contraintes pesant sur les assujettis de l'article L. 561-2 du code monétaire et financier.

Ancien art. L. 562-4 *I. — Toute personne mentionnée à l'article L. 561-2, qui détient ou reçoit des fonds ou des ressources économiques pour le compte d'un client, est tenue d'appliquer sans délai les mesures de gel et les interdictions de mise à disposition ou d'utilisation prévues au présent chapitre et d'en informer immédiatement le ministre chargé de l'économie.*

II. — Les personnes morales de droit public, les organismes chargés de la gestion d'un service public ainsi que les caisses et les organismes chargés de la gestion d'un régime de protection sociale non mentionnés à l'article L. 561-2 sont tenus d'appliquer les interdictions de mise à disposition ou d'utilisation prévues au présent chapitre.

I. CHAMP D'APPLICATION DES MESURES DE GEL DES AVOIRS

1. *Mandats cash nationaux.* Il serait contraire à l'objet même des dispositions législatives en cause de restreindre à ceux inscrits sur un compte bancaire ouvert au nom de la personne concernée le champ des avoirs détenus auprès d'un organisme financier qui étaient, au moment du contrôle, susceptibles d'être visés par une mesure de gel. Les fonds remis par un client qui demandait une opération de mandats cash nationaux transitaient par l'établissement et étaient inscrits dans son outil jusqu'à leur remise à leur bénéficiaire de sorte que, pendant leur transfert et jusqu'à cette remise, ils étaient bien détenus « auprès » de l'établissement au sens et pour l'application des dispositions légales et entraient, en conséquence, dans le périmètre du dispositif français de gel des avoirs. • Décis. ACPR n° 2018-01 du 21 déc. 2018 : *citée ss. art. L. 562-1.*

II. EFFICACITÉ DES MESURES DE GEL DES AVOIRS

2. *Obligation de détection des clients.* L'obligation fondée sur l'art. L. 562-3, devenu l'art. L. 562-4, impose aux sociétés assujetties d'intégrer dans leur dispositif de surveillance LBC/FT les listes de personnes visées par une mesure européenne ou nationale de gel des avoirs, appelées « personnes listées ». • Décis. ACPR n° 2018-05 du 8 avr. 2019. ♦ Sur la nécessité d'une mise en place d'un outil permettant la détection de toutes les personnes et opérations concernées par une mesure de gel, V. • Décis. ACPR n° 2018-01 du 24 déc. 2018.

3. *Caractère effectif du système tenant compte des mesures restrictives concernant le client.* L'assujetti doit tenir compte dans son dispositif de détection des personnes faisant l'objet de mesures restrictives ou de gel des avoirs, des mesures nationales de gel des avoirs prises en application des art. L. 562-1 et L. 562-2. • Décis. ACPR n° 2016-10 du 8 nov. 2017. ♦ Les assujettis doivent non seulement en tenir compte mais également s'assurer de l'exhaustivité de leurs sources d'information. Ainsi, le fait d'alimenter son système de détection des personnes soumises à des mesures restrictives par la « sanction list CEE » et la liste de l'OFAC est insuffisant pour répondre aux obligations légales. • Décis. ACPR n° 2016-05 du 30 mars. 2017. ♦ La circonstance que la procédure que l'établissement a mise en place « mentionne un lien hypertexte qui permet d'avoir directement accès au site Internet de la DGT » ne permet pas de répondre au grief puisque les listes nationales de gel ne sont pas immédiatement incluses dans le dispositif de filtrage de l'établissement. Celui-ci n'était donc pas en mesure « d'appliquer sans délai les mesures de gel et les interdictions de mise à disposition ou d'utilisation ». • Décis. ACPR n° 2019-06 du 22 déc. 2020. ♦ La mise en place d'une procédure intitulée « Gel des avoirs » prévoyant un filtrage sur la base des listes de mesures nationales et européennes de gel exclusivement opéré à l'égard des clients dépassant des « seuils d'authentification » de 2 500 € et, dans le cas particulier des bénéficiaires de cagnottes, de versements supérieurs à 1 000 €, est en contradiction avec l'interdiction de mettre des fonds à disposition de toute personne faisant l'objet d'une mesure de gel. • Même décision.

La mise en place d'un dispositif efficace de gel des avoirs répond à une exigence essentielle pour les organismes assujettis, en particulier les établissements bancaires, qui sont en première ligne pour la mise en œuvre de cette législation, au titre de laquelle leur incombe une obligation de résultat. • Décis. ACPR n° 2018-01 du 21 déc. 2018. ♦ Le dispositif de détection des personnes soumises à une mesure de gel des avoirs est nécessairement défaillant au regard de cette obligation de résultat dès lors qu'il n'est pas exhaustif, aucun filtrage des mandataires et des bénéficiaires effectifs n'étant réalisé. • Décis. ACPR n° 2020-11 du 9 févr. 2022. ♦ De même, le filtrage effectué par l'établissement de crédit au regard des listes de personnes visées par une mesure de gel des avoirs excluant ceux de ses clients qui faisaient l'objet de mesures de vigilance simplifiées dites « SDD », soit 97 % des clients particuliers, est nécessairement défaillant car cela ne lui permettait pas d'appliquer sans délai les mesures de gel et de mise à disposition ou d'utilisation de fonds au bénéfice de personnes dont les avoirs étaient gelés. • Décis. ACPR nº 2020-08 du 14 oct. 2021.

4. Insuffisance d'un filtrage journalier. L'obligation de détection des personnes et entités soumises à une mesure de gel des avoirs en temps réel exclut la règle d'un paramétrage hebdomadaire. • Décis. ACPR nº 2017-07 du 13 juin 2018 • nº 2015-08 du 8 déc. 2018. ♦ Le filtrage doit intervenir immédiatement après la publication de la mesure de gel, et non après la transmission des listes nationales de gel par l'entreprise mère aux agents prestataires de services de paiement, ce qui pouvait entraîner des retards. Le filtrage doit ainsi intervenir sur toute la clientèle et chaque jour, excluant notamment le filtrage hebdomadaire. • Décis. ACPR nº 2019-06 du 22 déc. 2020. ♦ La fréquence des filtrages réalisés sur la base clients était insuffisante dans la mesure où, jusqu'en décembre 2018, le filtrage par l'outil [W] était effectué selon une périodicité mensuelle et, depuis cette date, quotidiennement par l'outil [X], pour les nouveaux clients seulement, mais une fois par semaine pour le stock de clients existants. Par ailleurs, les listes françaises et européennes de gel ne sont intégrées dans l'outil de filtrage que de manière hebdomadaire, ce qui ne garantit pas une mise en œuvre immédiate des mesures nationales de gel fondant ainsi le grief. • Décis. ACPR nº 2020-03 du 29 avr. 2021.

5. Vérification des homonymies. Lorsque le premier contrôle réalisé chez l'assujetti a permis de détecter cinq clients possédant des noms et prénoms très proches de personnes faisant l'objet de gel des avoirs, personnes qui n'avaient été ni repérées, ni contrôlées, cela implique que le dispositif de détection de l'assujetti ne permet pas de s'assurer qu'aucune opération n'est initiée par une personne ou une entité faisant l'objet d'une mesure de gel. • Décis. ACPR nº 2016-08 du 6 déc. 2017.

6. Critères orthographiques trop restrictifs. Les modalités de filtrage de la base clients appliquées au sein de l'entité française du métier banque privée ne permettent pas de détecter de manière satisfaisante les personnes qui font l'objet de sanctions financières, en raison du recours à des critères orthographiques restrictifs (fonction « *exact match* ») ; un tel paramétrage ne permet en effet de détecter une personne listée que si le nom de la personne correspond parfaitement au nom inscrit sur la liste de sanction, sans prendre en compte les variations orthographiques qui peuvent exister et qui sont en partie mentionnées dans les listes de sanction. La mention sur les listes de plusieurs variations quant à l'orthographe du nom de personnes recherchées ne suffit pas à pallier les inconvénients de la fonction « *exact match* » pour une détection efficace des personnes qui font l'objet de sanctions financières. • Décis. ACPR nº 2011-02 du 24 oct. 2012. ♦ Le filtrage opéré au regard d'une stricte correspondance orthographique des seuls nom et prénoms (« *exact match* ») éludant nécessairement la détection de certaines personnes est insuffisant (assujetti qui n'a pas été en mesure de détecter près de 200 homonymes d'une personne faisant l'objet d'une mesure restrictive). • Décis. ACPR nº 2019-06 du 22 déc. 2020. ♦ Pour un autre exemple du caractère trop restrictif d'une recherche en fonction d'une correspondance orthographique exacte (« *exact match* »), qui a pour effet de réduire fortement l'efficacité, pour une partie de la clientèle de la société, du dispositif de détection des personnes faisant l'objet d'une mesure restrictive : • Décis. ACPR nº 2020-03 du 29 avr. 2021.

7. Conséquences judiciaires des mesures de gel et possibilité de prononcer des mesures conservatoires sur des fonds gelés. L'assemblée plénière soulève, sans la trancher, une question relative à la possibilité de diligenter une mesure conservatoire sans effet attributif (sûreté judiciaire ou saisie conservatoire) sur des avoirs gelés. Ainsi, les art. 1er, sous h) et j), et 7, § 1, du Règl. (CE) nº 423/2007, et les art. 1er, sous i) et h), et 16, § 1, du Règl. (UE) nº 961/2010, ainsi que les art. 1er, sous k) et j), et 23, § 1, du Règl. (UE) nº 267/2012 doivent-ils être interprétés en ce sens qu'ils s'opposent à ce que soit diligentée sur des avoirs gelés, sans autorisation préalable de l'autorité nationale compétente, une mesure dépourvue d'effet attributif, telle une sûreté judiciaire ou une saisie conservatoire, prévues par le code des procédures civiles d'exécution français ? La circonstance que la cause de la créance à recouvrer sur la personne ou l'entité dont les avoirs sont gelés soit étrangère au programme nucléaire et balistique iranien et antérieure à la Résol. 1737(2006) du 23 déc. 2006 du CSNU est-elle pertinente aux fins de répondre à la première question ? • Cass., ass. plén., 10 juill. 2020, nº 18-18.542 P : *cité note 2 ss. art. L. 562-3.*

8. Insertion d'une sentence arbitrale relative aux conséquences de la violation d'une sanction internationale. Il appartient au juge d'apprécier la conformité d'une sentence arbitrale à l'ordre public international au moment où il statue sur celle-ci et non à la date à laquelle elle a été rendue et ce sans préjudice des actions en responsabilité civile ou pénale qui pourraient être diligentées à l'encontre des personnes qui enfreignent les mesures d'embargo au moment où elles étaient toujours en vigueur. Dès lors, l'évolution de la situation en République de Guinée et la levée des mesures d'embargo prises sur le fondement de la Décis. nº 2014/213/PESC du 14 mars 2014 (suivie du Règl. (UE) nº 380/2014 du 14 avr. 2014) permettent d'écarter le motif de contrariété à l'ordre public international de la sentence qui donne effet au contrat conclu en violation des dispositions d'ordre public de la Décis. nº 2010/638/PESC du 25 oct. 2010. • Paris, 13 avr. 2021, nº 18/09809 : *JCP E 2021. Actu. 839, obs. Popova et Bisch.*

Art. L. 562-4-1 *(Ord. nº 2020-1342 du 4 nov. 2020, art. 4)* **I. – Les personnes mentionnées à l'article L. 561-2 mettent en place une organisation et des procédures internes pour la mise en œuvre des mesures de gel des avoirs et d'interdiction de mise à disposition ou d'utilisation des fonds ou ressources économiques prévues au présent chapitre,** *(Ord. nº 2022-230 du 15 févr. 2022, art. 4)* **« aux articles L. 712-4 et L. 712-10 » et par les règlements européens portant mesures restrictives pris en application des articles 75 ou 215 du traité sur le fonctionnement de l'Union européenne, ainsi que l'interdiction de contournement de ces mesures. Elles veillent à l'application de ces dispositions dans leurs succursales établies en dehors du territoire national.**

II. – L'entreprise mère d'un groupe au sens de l'article L. 561-33 établie en France définit, au niveau du groupe, une organisation et des procédures pour la mise en œuvre des mesures de gel des avoirs et d'interdiction de mise à disposition ou d'utilisation des fonds ou ressources économiques mentionnées au I. Cette organisation et ces procédures sont mises en œuvre par les entités du groupe mentionnées à l'article L. 561-2 établies en France ainsi que par leurs succursales à l'étranger ou toute autre forme de libre établissement.

III. – Les personnes et entreprises mère d'un groupe mentionnées respectivement aux I et II mettent également en place des mesures de contrôle interne afin de veiller au respect des obligations en matière de gel des avoirs.

Un décret en Conseil d'État précise les conditions d'application du présent article.

Art. L. 562-5 **Il est interdit aux personnes mentionnées à l'article L. 562-4 de mettre à disposition directement ou indirectement, ou d'utiliser des fonds ou ressources économiques au profit des personnes dont les fonds et ressources économiques font l'objet d'une mesure de gel en vertu des articles L. 562-2** *(Ord. nº 2020-1342 du 4 nov. 2020, art. 4 ; Ord. nº 2022-230 du 15 févr. 2022, art. 4)* **« , L. 562-3, L. 562-3-1, L. 712-4 ou L. 712-10 ».**

Notion de « mise à disposition directe ou indirecte ». Jugeant que l'expression « mise [...] à la disposition » revêt une acception large, qui englobe tout acte dont l'accomplissement est nécessaire, selon le droit national applicable, pour permettre à une personne d'obtenir effectivement le pouvoir de disposer pleinement des biens, des fonds ou de ressources économiques : • CJUE 11 oct. 2007, nº C-117/06 • 29 juin 2010, nº C-550/09 • 21 déc. 2011, nº C-72/11 • 17 janv. 2019, nº C-168/17.

Art. L. 562-6 **Il est interdit aux personnes mentionnées à l'article L. 562-4 de participer, sciemment et volontairement, à des activités ayant pour objet ou pour effet de contourner les mesures prises en vertu du présent chapitre et** *(Ord. nº 2022-230 du 15 févr. 2022, art. 4)* **« des articles L. 712-4 et L. 712-10 ».**

COMMENTAIRE

Au-delà de la violation d'une mesure de gel des avoirs, l'infraction de contournement des mesures restrictives prévue dans les règlements européens comme par l'article L. 562-6, a pour objet ou pour effet, direct ou indirect, de tenir en échec sciemment et volontairement la mesure de gel.

Le contournement se caractérise par les conseils donnés à une personne ou entité désignée pour lui permettre d'obtenir des fonds ou des ressources économiques dans des pays ou territoires ou auprès d'organismes financiers ou d'autres personnes qui ne relèvent pas du champ d'application des mesures de gel. Il peut se caractériser encore en acceptant d'agir en son nom pour l'acquisition d'instruments financiers (acquisition d'une participation dans une société) ou l'acquisition ou location de ressources économiques (immeubles par exemple).

Les modalités de constatation des infractions et de poursuite sont les mêmes quel que soit le fondement de la mesure de gel.

En vertu de l'article 453 du code des douanes, la constatation des infractions aux mesures de gel relève de la compétence des agents des douanes, des agents de l'administration des finances ayant au moins le grade de contrôleur et des officiers de police judiciaire (V. vº *Sanctions économiques et embargos*). La décision de poursuite est conditionnée à la plainte du ministre chargé de l'économie et des finances ou de l'un de ses représentants habilités à cet effet.

Contournement. Sur le caractère intentionnel de l'incrimination de contournement d'une mesure de gel des avoirs, V. • CJUE 21 déc. 2011, nº C-72/11 (art. 458 C. douanes).

Art. L. 562-7 Les interdictions prévues au présent chapitre ne font pas obstacle aux versements de fonds sur les comptes détenus auprès des personnes mentionnées à l'article L. 561-2, dont les fonds sont gelés en vertu des articles L. 562-2 *(Ord. nº 2020-1342 du 4 nov. 2020, art. 4 ; Ord. nº 2022-230 du 15 févr. 2022, art. 4)* « , L. 562-3, L. 562-3-1, L. 712-4 ou L. 712-10 ». Les personnes mentionnées à l'article L. 562-4, qui créditent un compte dont les fonds sont gelés en informent sans délai le ministre chargé de l'économie.

Art. L. 562-8 Les décisions de gel et les interdictions prévues aux articles L. 562-2, L. 562-3 *(Ord. nº 2020-1342 du 4 nov. 2020, art. 4 ; Ord. nº 2022-230 du 15 févr. 2022, art. 4)* « , L. 562-3-1, L. 562-5, L. 712-4 et L. 712-10 » ou les mesures de gel mises en œuvre en vertu des actes pris en application de l'article 29 du traité sur l'Union européenne ou de l'article 75 du traité sur le fonctionnement de l'Union européenne peuvent, à la demande du ministre chargé de l'économie, être publiées au fichier immobilier ou au livre foncier dont dépend le bien immobilier appartenant à la personne dont les fonds et ressources économiques sont gelés. – *V. art. R. 562-4, infra.*

Le ministre de l'intérieur peut, dans les conditions prévues à l'article L. 330-1 du code de la route, procéder à l'inscription d'une opposition à tout transfert du certificat d'immatriculation d'un véhicule appartenant à la personne dont les fonds et ressources économiques sont gelés.

Décret nº 2022-515 du 8 avril 2022, *relatif à la publication des mesures de gel de biens immobiliers prises en application du règlement UE nº 269/2014 du Conseil du 17 mars 2014.* **Art. 1er** Le ministre chargé de l'économie rend public sur le site internet www.tresor.economie.gouv.fr la liste des biens immobiliers faisant l'objet des mesures de gel mises en œuvre en vertu du règlement UE nº 269/2014 du Conseil du 17 mars 2014 susvisé *[concernant les mesures restrictives eu égard aux actions compromettant ou menaçant l'intégrité territoriale, la souveraineté et l'indépendance de l'Ukraine]* et publiés au fichier immobilier ou au livre foncier en application de l'article L. 562-8 du code monétaire et financier, en précisant pour chaque bien l'adresse et les références cadastrales.

Ces éléments peuvent être publiés sans avoir fait l'objet du traitement prévu au deuxième alinéa de l'article L. 312-1-2 du code des relations entre le public et l'administration.

(Décr. nº 2022-815 du 16 mai 2022, art. 2) « Ils sont supprimés du site internet par le ministre chargé de l'économie à l'expiration de la mesure de gel. »

Art. 2 Ces dispositions sont applicables à Saint-Barthélemy, à Saint-Pierre-et-Miquelon, en Nouvelle-Calédonie, en Polynésie française et dans les îles Wallis-et-Futuna.

Décret nº 2022-815 du 16 mai 2022, *relatif à la publication de la liste des personnes morales propriétaires des biens immobiliers faisant l'objet des mesures de gel prises en application du règlement UE nº 269/2014 du Conseil du 17 mars 2014.* **Art. 1er** Le ministre chargé de l'économie rend publique sur le site internet www.tresor.economie.gouv.fr la liste des personnes morales possédées, détenues ou contrôlées par des personnes physiques ou morales, entités ou organismes énumérés à l'annexe I du règlement (UE) nº 269/2014 du Conseil du 17 mars 2014 et qui sont propriétaires des biens immobiliers faisant l'objet des mesures de gel mises en œuvre en vertu du règlement UE nº 269/2014 du Conseil du 17 mars 2014 susvisé et publiés au fichier immobilier ou au livre foncier en application de l'article L. 562-8 du code monétaire et financier.

Ces éléments peuvent être publiés sans avoir fait l'objet du traitement prévu au deuxième alinéa de l'article L. 312-1-2 du code des relations entre le public et l'administration. Ils sont supprimés du site internet par le ministre chargé de l'économie à l'expiration de la mesure de gel.

Art. 2 *V. Décr. nº 2022-515 du 8 avr. 2022, art. 1er, supra.*

Art. 3 Ces dispositions sont applicables à Saint-Barthélemy, à Saint-Pierre-et-Miquelon, en Nouvelle-Calédonie, en Polynésie française et dans les îles Wallis-et-Futuna.

Art. L. 562-9 Les décisions des ministres arrêtées en application des articles L. 562-2 et L. 562-3 sont publiées par extrait au *Journal officiel* et sont exécutoires à compter de leur date de publication.

(Ord. nº 2020-1342 du 4 nov. 2020, art. 4) « Les mesures de gel prises en application de l'article L. 562-3-1 sont exécutoires à compter de la publication des éléments d'identification des personnes désignées à un registre national des personnes faisant l'objet d'une mesure de gel établi par décret en Conseil d'État. »

Art. L. 562-10 Les mesures prises en vertu du présent chapitre sont opposables à tout tiers qui peut invoquer un droit sur les fonds ou ressources économiques faisant l'objet d'une mesure de gel, y compris lorsque ce droit est né antérieurement auxdites mesures.

Art. L. 562-11 Le ministre chargé de l'économie et le ministre de l'intérieur peuvent conjointement autoriser le déblocage et la mise à disposition d'une partie des fonds ou ressources économiques faisant l'objet d'une mesure de gel en vertu de l'article L. 562-2 si leur utilisation est compatible avec la sauvegarde de l'ordre public.

Le ministre chargé de l'économie peut autoriser le déblocage et la mise à disposition d'une partie des fonds ou ressources économiques faisant l'objet d'une mesure de gel en vertu *(Ord. nº 2020-1342 du 4 nov. 2020, art. 4 ; Ord. nº 2022-230 du 15 févr. 2022, art. 4)* « des articles L. 562-3, L. 562-3-1, L. 712-4 ou L. 712-10 » ou d'un acte pris en application de l'article 29 du traité sur l'Union européenne ou de l'article 75 du traité sur le fonctionnement de l'Union européenne, si leur utilisation est compatible avec la sauvegarde de l'ordre public et avec les décisions et les actes à l'origine de la décision de gel.

Ces autorisations peuvent être accordées par les ministres compétents à leur initiative ou à la demande de toute personne physique ou morale ou autre entité visée par cette décision ou de tout tiers pouvant exciper d'un droit sur les fonds et ressources économiques ayant fait l'objet d'une décision de gel. — *V. art. R. 562-3 et R. 562-6, infra.*

Elles sont accordées si la personne faisant l'objet d'une mesure de gel justifie :

1º De besoins matériels particuliers intéressant sa vie personnelle ou familiale pour une personne physique ou d'une activité compatible avec la sauvegarde de l'ordre public pour une personne morale ;

2º Ou de décisions de nature à assurer la conservation de son patrimoine.

COMMENTAIRE

Des autorisations de dégel peuvent être accordées par la DG Trésor pour répondre aux besoins fondamentaux des personnes ou entités désignées. Elles sont prévues dans les dispositifs européens pour répondre aux besoins essentiels des personnes listées et des membres de leur famille qui sont à leur charge, ou encore pour permettre l'exécution de décisions judiciaires, administratives ou arbitrales ayant pour objet des fonds ou ressources économiques gelés (saisie conservatoire…).

Elles sont également prévues dans le dispositif national par l'article L. 562-11 du code monétaire et financier. Les mesures de dégel permettent aux personnes ou entités désignées de demander des autorisations de dégel nécessaires pour régler les frais courants du foyer familial en ce qui concerne les personnes physiques ; poursuivre une activité compatible avec les exigences de l'ordre public en ce qui concerne les personnes morales ; régler des frais d'assistance juridique. Comme pour les mesures européennes, une autorisation peut également être accordée afin de permettre l'exécution de décisions judiciaires ayant pour objet des fonds ou ressources économiques gelés au profit de tiers. ❑

Art. L. 562-12 *(Ord. nº 2020-1342 du 4 nov. 2020, art. 4)* Le secret bancaire ou professionnel ne fait pas obstacle à l'échange d'informations entre les personnes et organismes mentionnés à l'article L. 562-4 et les services de l'État chargés de préparer ou de mettre en œuvre toute mesure de gel prise au titre du présent chapitre, *(Ord. nº 2022-230 du 15 févr. 2022, art. 4)* « des articles L. 712-4 et L. 712-10 » ou d'un acte pris en application des articles 75 ou 215 du traité sur le fonctionnement de l'Union européenne lorsque ces informations permettent de vérifier l'identité des personnes concernées directement ou indirectement par cette mesure ou de sur-

veiller les opérations portant sur les fonds et ressources économiques gelés. Les informations fournies ou échangées ne peuvent être utilisées qu'aux fins mentionnées dans le présent article.

Pour l'exercice des missions relevant du présent chapitre, les services de l'État mentionnés ci-dessus échangent avec les autres services de l'État et les autorités d'agrément et de contrôle mentionnées à l'article L. 561-36 les informations nécessaires à l'exercice de leurs missions respectives.

Lorsqu'elles identifient des informations susceptibles de se rapporter à une infraction punie par l'article L. 574-3 du présent code et l'article L. 459 du code des douanes, les autorités d'agrément et de contrôle mentionnées à l'article L. 561-36 communiquent ces informations aux services de l'État précisés par décret.

COMMENTAIRE

Le secret bancaire ou professionnel ne fait pas obstacle à l'échange d'informations au titre de l'obligation pour les autorités d'agrément et de contrôle en matière de LCB/FT de communiquer aux autorités de poursuite les faits pouvant constituer une violation de mesure de gel des avoirs. ❑

Art. L. 562-13 **L'État est responsable des conséquences dommageables de la mise en œuvre de bonne foi, par les personnes mentionnées à l'article L. 562-4, leurs dirigeants ou leurs préposés, des mesures de gel ou des interdictions prises en application du présent chapitre. Aucune sanction professionnelle ne peut être prononcée à l'encontre de ces personnes, de leurs dirigeants ou de leurs préposés.**

COMMENTAIRE

L'article L. 562-13 du code monétaire et financier vise à protéger les organismes des actions en responsabilité qui pourraient être intentées soit par la personne ou entité désignée, soit par un tiers ayant subi un dommage du fait de l'application de la mesure de gel. Ses dispositions s'inscrivent dans les mécanismes d'immunité pénale et civile accordés par les règlements européens qui prévoient l'exonération de responsabilité des assujettis lorsque la personne ou l'entité désignée ou un tiers ayant subi un dommage du fait de l'application de cette mesure, s'ils mettent en œuvre, de bonne foi et en l'absence de négligence de leur part, la mesure européenne de gel. Les organismes financiers sont également protégés de toute mise en œuvre de leur responsabilité lorsqu'ils ne savaient, ni ne pouvaient raisonnablement soupçonner, qu'ils violeraient ces interdictions par leurs actions.

Il résulte de ces dispositions que les organismes qui utilisent la liste électronique de la DG Trésor ou celle de l'Union européenne dans leur dispositif de détection des opérations au profit de personnes ou entités désignées et n'ont pas gelé ou ont gelé à tort une personne, en raison d'une erreur imputable à l'administration, sont considérés de bonne foi, sauf s'ils avaient connaissance d'une erreur. Les organismes restent cependant tenus de s'assurer qu'ils ont recours à une liste à jour.

En tout état de cause, les organismes financiers ne sauraient voir, *a priori*, leur responsabilité engagée dès lors que la mise en œuvre de la mesure de gel aurait pu mettre en danger la sécurité de leur personnel. ❑

Clôture d'un compte bancaire pour violation d'un embargo. Il résulte de l'art. L. 312-1-IV-1° C. mon. fin. que l'établissement de crédit peut résilier unilatéralement la convention de compte assorti des services bancaires de base, ouvert en application du droit au compte, lorsque le client a délibérément utilisé son compte pour des opérations que l'organisme a des raisons de soupçonner comme poursuivant des fins illégales, auquel cas il est dispensé de lui accorder un préavis. Constitue une utilisation délibérée du compte, au sens de ce texte, le fait, pour son titulaire, d'en communiquer les coordonnées à un cocontractant afin qu'il effectue un paiement par virement sur ce compte (violation d'un embargo). • Com. 30 juin 2021, n° 19-14.313 B : *D. actu. 19 juill. 2021, obs. Delpech ; D. 2021. 1657, note Lasserre Capdeville ; JCP E 2021, n° 1517, note de Tocqueville et Ollivry ; RJDA 2022, n° 104 ; Banque et Dr. 11-12/2021. 10, obs. Bonneau ; RDBF 2021, n° 121, obs. Samin et Torck.*

Art. L. 562-14 **I. — Lorsqu'un établissement de crédit est désigné en application de l'article L. 312-1 pour ouvrir un compte à une personne faisant l'objet d'une mesure de gel des fonds et ressources économiques, il sollicite l'autorisation préalable du**

ministre chargé de l'économie avant de procéder à l'ouverture du compte. Le cas échéant, cette autorisation indique les services bancaires de base que l'établissement de crédit fournit à cette personne.

II. – Les dispositions du présent chapitre ne sont pas applicables aux dépositaires centraux et aux gestionnaires de systèmes de règlement et de livraison d'instruments financiers.

COMMENTAIRE

L'article L. 562-14 du code monétaire et financier concilie l'application des règles relatives au droit au compte (DAC) qui ont posé, un temps, des difficultés récurrentes aux assujettis en matière de LBC/FT. Ces dispositions étaient, en effet, en contradiction directe avec l'interdiction faite aux assujettis d'entrer en relation d'affaires avec un client lorsque les diligences d'identification et de vérification d'identité du client n'ont pu être réalisées ou suscitent un soupçon de blanchiment de capitaux et de financement du terrorisme.

Art. L. 562-15 Un décret en Conseil d'État fixe les modalités d'application des dispositions du présent chapitre. – *V. art. R. 562-1 s., infra.*

TITRE VII DISPOSITIONS PÉNALES

CHAPITRE IV *DISPOSITIONS RELATIVES À LA LUTTE CONTRE LE BLANCHIMENT DE CAPITAUX ET LE FINANCEMENT DES ACTIVITÉS TERRORISTES* (*L. n° 2006-64 du 23 janv. 2006, art. 23-II*).

BIBL. GÉN. ▶ BOURSIER, Droit pénal des affaires internationales, Compliance et mondialisation, *Lextenso, Précis Joly, 2e éd., 2020.*

Art. L. 574-1 (*Ord. n° 2016-1635 du 1er déc. 2016, art. 13-I, en vigueur le 1er janv. 2017*) **Est puni d'une amende de 22 500 euros le fait de méconnaître l'interdiction de divulgation prévue à l'article L. 561-18** (*Ord. n° 2020-115 du 12 févr. 2020, art. 10*) **« , à l'article L. 561-24 », au III de l'article L. 561-25, au II de l'article L. 561-25-1 et à l'avant-dernier alinéa de l'article L. 561-26.**

Art. L. 574-2 Est puni des peines prévues à l'article 226-13 du code pénal, le fait, pour toute personne, de méconnaître l'interdiction prescrite au deuxième alinéa de l'article (*Ord. n° 2016-1635 du 1er déc. 2016, art. 13-II, en vigueur le 1er janv. 2017*) **« L. 561-30 », sous réserve des dispositions de l'article 226-14 du code pénal.** – *[L. n° 90-614 du 12 juill. 1990, art. 16, al. 2.]*

Art. L. 574-3 (*L. n° 2006-64 du 23 janv. 2006, art. 23-II*) **Est puni des peines prévues au 1 de l'article 459 du code des douanes le fait, pour les** (*Abrogé par Ord. n° 2020-1342 du 4 nov. 2020, art. 5*) ***« dirigeants ou les préposés des organismes financiers et »*** **personnes mentionnés** *[mentionnées]* **à l'article** (*Ord. n° 2016-1575 du 24 nov. 2016, art. 1er*) **« L. 562-4 »** (*Ord. n° 2020-1342 du 4 nov. 2020, art. 5*) **« , leurs dirigeants ou leurs préposés » et, pour les personnes faisant l'objet d'une mesure de gel ou d'interdiction prise en application du** (*Ord. n° 2009-104 du 30 janv. 2009, art. 6*) **« chapitre II » du titre VI du présent livre, de se soustraire aux obligations en résultant ou de faire obstacle à sa mise en œuvre.**

Sont également applicables les dispositions relatives à la constatation des infractions, aux poursuites, au contentieux et à la répression des infractions des titres II et XII du code des douanes sous réserve des articles 453 à 459 du même code.

COMMENTAIRE

Le code monétaire et financier et le code des douanes prévoient des sanctions pénales en cas de violations des mesures européennes et nationales de gel des avoirs.

Elles sont prévues aux 1 *bis* et 1 *ter* de l'article 459 du code des douanes qui sanctionnent le fait pour toute personne de contrevenir ou tenter de contrevenir aux mesures de gel d'une peine d'emprisonnement de cinq ans, de la confiscation du corps du délit, de la confiscation des moyens de transport utilisés pour la fraude, de la confiscation des biens et avoirs qui sont le produit direct ou indirect de l'infraction, d'une amende égale au minimum au montant et au maximum au double de la somme sur laquelle a porté l'infraction ou la tentative d'infraction (V. vº *Sanctions économiques et embargos*).

Les personnes morales peuvent aussi voir leur responsabilité pénale engagée si la violation de la mesure a été commise pour leur compte, par leurs organes ou représentants. Dans ce cas, elles peuvent être condamnées aux sanctions prévues à l'article 131-39 du code pénal.

Des sanctions sont également prévues à l'article L. 574-3 du code monétaire et financier en cas de violations des obligations relatives au gel des avoirs. Ainsi, le fait, outre les personnes visées par les mesures de gel, pour les dirigeants et les préposés et les personnes mentionnées à l'article L. 562-4 du même code de se soustraire aux obligations de gel ou de faire obstacle à leur mise en œuvre est passible des sanctions pénales prévues au 1 de l'article 459 du code des douanes. Les personnes morales peuvent être également condamnées si la violation de la mesure a été commise pour leur compte, par leurs organes ou représentants. ❑

Art. L. 574-4 *(Ord. nº 2009-104 du 30 janv. 2009, art. 6)* **Est puni d'un an d'emprisonnement et de 15 000 € d'amende le fait pour les personnes mentionnées aux 8º, 9º, 10 et 15º de l'article L. 561-2 de ne pas répondre, après mise en demeure, aux demandes d'information de l'autorité administrative en charge de l'inspection mentionnée au** *(Ord. nº 2020-115 du 12 févr. 2020, art. 10)* **« I » de l'article L. 561-36 ou de mettre obstacle de quelque manière que ce soit à l'exercice par celle-ci de sa mission de contrôle ou de lui communiquer sciemment des renseignements inexacts.**

COMMENTAIRE

La défaillance dans les obligations de vigilance et de déclaration, ou dans la mise en place d'une procédure interne conforme aux normes LBC/FT relevant des autorités de contrôle ou des ordres professionnels, laisse un périmètre à l'origine restreint aux sanctions pénales. Il s'agit d'incriminations sanctionnant les obligations légales de coopération avec les autorités et les obligations de confidentialité nécessaires à la conduite des enquêtes. Ce dispositif pénal s'accroît cependant sous l'influence du droit européen (Dir. (UE) 2018/843 du 30 mai 2018 modifiant la directive (UE) 2015/849 relative à la prévention de l'utilisation du système financier aux fins du blanchiment de capitaux ou du financement du terrorisme ; Dir. (UE) 2018/1673 du 23 octobre 2018 visant à lutter contre le blanchiment de capitaux au moyen du droit pénal ; V. *infra*, II. Règles européennes).

Le délit d'entrave aux autorités de contrôle est sanctionné par l'article L. 573-1-1 du code monétaire et financier d'une peine d'un an d'emprisonnement et de 15 000 euros d'amende. Est ainsi réprimé le fait, pour les dirigeants d'un prestataire de services d'investissement, d'une entreprise de marché, d'un adhérent aux chambres de compensation, d'une personne habilitée à exercer les activités de conservation ou d'administration d'instruments financiers, de ne pas répondre aux demandes d'informations de l'ACPR.

Le délit de violation de l'obligation de confidentialité de la déclaration de soupçon et des informations communiquées à TRACFIN est prévu par l'article L. 574-1 du code monétaire et financier qui punit d'une amende de 22 500 euros le fait de méconnaître l'interdiction de divulgation prévue à l'article L. 561-18, au III de l'article L. 561-25, au II de l'article L. 561-25-1 et à l'avant-dernier alinéa de l'article L. 561-26 du code. Il s'agit notamment de non-réponse à des demandes de communication de TRACFIN ou encore de divulgation d'informations confidentielles en lien avec l'existence ou le contenu d'une déclaration de soupçon. Il faut noter que, symétriquement, les membres de TRACFIN sont soumis à l'interdiction de divulgation des informations dans un cadre autre que la finalité de leurs missions (C. mon. fin., art. L. 574-2).

Le refus de coopération ou l'entrave aux missions de contrôle par certains assujettis est prévu à l'article L. 574-4, lequel punit d'un an d'emprisonnement et de 15 000 euros d'amende le fait pour les professionnels de l'immobilier, les représentants légaux des opérateurs de jeux et de paris autorisés et des casinos, les personnes exerçant l'activité de domiciliation, les personnes se livrant habituellement au commerce de pierres précieuses, de matériaux précieux, d'antiquités et d'œuvres d'art visées à l'article L. 561-2 du code monétaire et financier (C. mon. fin., art. L. 561-2, 8°, 9°, 10° et 15°) de ne pas répondre, après mise en demeure, aux demandes d'information de l'autorité administrative en charge de leur inspection (C. mon. fin., art. L. 561-36-II), de faire obstacle, de quelque manière que ce soit, à l'exercice par celle-ci de sa mission de contrôle ou enfin de lui communiquer sciemment des renseignements inexacts.

Les articles L. 574-5 et L. 574-6 du code monétaire et financier, créés par l'ordonnance n° 2020-115 du 12 février 2020, punissent la méconnaissance de leurs obligations par les sociétés et entités soumises à l'obligation de déclaration de leurs bénéficiaires effectifs d'une amende de 7 500 € et des peines complémentaires d'interdiction de gérer. Le second texte sanctionne les bénéficiaires effectifs eux-mêmes, s'ils ne transmettent pas à la société ou à l'entité les informations requises en application de l'article L. 561-45-2 du code dans les délais prévus ou encore lorsqu'ils transmettent des informations inexactes ou incomplètes des mêmes peines. ❑

Art. L. 574-5 *(Ord. nº 2020-115 du 12 févr. 2020, art. 10)* **Est puni d'un emprisonnement de six mois et d'une amende de 7 500 euros le fait de ne pas fournir aux personnes mentionnées à l'article L. 561-2, dans le cadre des mesures de vigilance prévues à la section 3 du chapitre I du titre VI, ou de ne pas déclarer au registre du commerce et des sociétés les informations relatives aux bénéficiaires effectifs requises en application du premier alinéa de l'article L. 561-46, ou de déclarer des informations inexactes ou incomplètes.**

Les personnes physiques déclarées coupables de l'infraction prévue au premier alinéa encourent également les peines d'interdiction de gérer prévue à l'article 131-27 du code pénal et de privation partielle des droits civils et civiques prévue au 2° de l'article 131-26 du même code.

Les personnes morales déclarées pénalement responsables, dans les conditions prévues par l'article 121-2 du code pénal, de l'infraction prévue au premier alinéa encourent, outre l'amende suivant les modalités prévues par l'article 131-38 du code pénal, les peines prévues aux 1°, 3°, 4°, 5°, 6°, 7° et 9° de l'article 131-39 du même code.

Art. L. 574-6 *(Ord. nº 2020-115 du 12 févr. 2020, art. 10)* **Est puni des peines prévues à l'article L. 574-5 le fait pour le bénéficiaire effectif de ne pas transmettre à la société ou** *[à]* **l'entité les informations requises en application de l'article L. 561-45-2 dans les délais prévus par cet article ou de transmettre des informations inexactes ou incomplètes.**

DEUXIÈME PARTIE : *RÉGLEMENTAIRE*

LIVRE V **LES PRESTATAIRES DE SERVICES**

TITRE VI **OBLIGATIONS RELATIVES À LA LUTTE CONTRE LE BLANCHIMENT DES CAPITAUX, LE FINANCEMENT DES ACTIVITÉS TERRORISTES ET LES LOTERIES, JEUX ET PARIS PROHIBÉS** *(Décr. nº 2010-1504 du 7 déc. 2010, art. 1er).*

CHAPITRE I *OBLIGATIONS RELATIVES À LA LUTTE CONTRE LE BLANCHIMENT DE CAPITAUX ET LE FINANCEMENT DU TERRORISME*

(Décr. nº 2009-1087 du 2 sept. 2009, art. 1er)

BIBL. ▶ CUTAJAR, *JCP 2009, nº 42, p. 46* (la prévention du blanchiment par l'approche fondée sur le risque).

SECTION 1 *Personnes soumises à une obligation de déclaration au procureur de la République*

La présente section ne comprend pas de dispositions réglementaires.

SECTION 2 *Personnes assujetties aux obligations de lutte contre le blanchiment de capitaux et le financement du terrorisme*

SOUS-SECTION 1 *Bénéficiaire effectif*

RÉP. COM. v° *Bénéficiaire effectif*, par LASSERRE CAPDEVILLE.

Art. R. 561-1 *(Décr. n° 2018-284 du 18 avr. 2018, art. 5)* Lorsque le client d'une des personnes mentionnées à l'article L. 561-2 est une société, on entend par bénéficiaire effectif, au sens du 1° de l'article L. 561-2-2, la ou les personnes physiques qui soit détiennent, directement ou indirectement, plus de 25 % du capital ou des droits de vote de la société, soit exercent, par tout autre moyen, un pouvoir de contrôle sur la société au sens des 3° et 4° du I de l'article L. 233-3 du code de commerce.

Lorsqu'*[Lorsque]* aucune personne physique n'a pu être identifiée selon les critères prévus au précédent alinéa, et que la personne mentionnée à l'article L. 561-2 n'a pas de soupçon de blanchiment de capitaux ou de financement du terrorisme à l'encontre du client mentionné au précédent alinéa, le bénéficiaire effectif est la ou les personnes physiques ci-après ou, si la société n'est pas immatriculée en France, leur équivalent en droit étranger qui représente légalement la société :

a) Le ou les gérants des sociétés en nom collectif, des sociétés en commandite simple, des sociétés à responsabilité limitée, des sociétés en commandite par actions et des sociétés civiles ;

b) Le directeur général des sociétés anonymes à conseil d'administration ;

c) Le directeur général unique ou le président du directoire des sociétés anonymes à directoire et conseil de surveillance ;

d) Le président et, le cas échéant, le directeur général des sociétés par actions simplifiées.

Si les représentants légaux mentionnés au *a* ou au *d* sont des personnes morales, le bénéficiaire effectif est la ou les personnes physiques qui représentent légalement ces personnes morales.

BIBL. ▸ NDLR, *BRDA 2018, n° 10, p. 28* (la définition des bénéficiaires effectifs à déclarer au greffe est modifiée).

Art. R. 561-2 *(Décr. n° 2018-284 du 18 avr. 2018, art. 6)* Lorsque le client d'une des personnes mentionnées à l'article L. 561-2 est un placement collectif au sens du I de l'article L. 214-1, on entend par bénéficiaire effectif, au sens du 1° de l'article L. 561-2-2, la ou les personnes physiques qui soit détiennent, directement ou indirectement, plus de 25 % des parts, actions ou droits de vote du placement collectif, soit exercent, par tout autre moyen, un pouvoir de contrôle au sens des 3° et 4° du I de l'article L. 233-3 du code de commerce sur le placement collectif ou, si ce dernier n'est pas une société, sur la société de gestion de ce placement collectif.

Lorsqu'*[Lorsque]* aucune personne physique n'a pu être identifiée selon les critères prévus au précédent alinéa, et que la personne mentionnée à l'article L. 561-2 n'a pas de soupçon de blanchiment de capitaux ou de financement du terrorisme à l'encontre du client mentionné au précédent alinéa, le bénéficiaire effectif est :

a) Lorsque le placement collectif est une société, la ou les personnes physiques représentants légaux déterminées conformément aux dispositions de l'article R. 561-1, ou lorsque ce placement collectif est géré par une société de gestion, la ou les personnes physiques dirigeant effectivement cette société de gestion au sens du 4° du II de l'article L. 532-9 ;

b) Lorsque le placement collectif n'est pas une société, la ou les personnes physiques qui assurent la direction effective de la société de gestion au sens du 4° du II de l'article L. 532-9.

Art. R. 561-3 *(Décr. n° 2018-284 du 18 avr. 2018, art. 7)* Lorsque le client d'une des personnes mentionnées à l'article L. 561-2 est une personne morale qui n'est ni une société ni un placement collectif, on entend par bénéficiaire effectif, au sens du 1° de l'article L. 561-2-2, la ou les personnes physiques qui satisfont à l'une des conditions suivantes :

1° Elles sont titulaires, directement ou indirectement, de plus de 25 % du capital de la personne morale ;

2° Elles ont vocation, par l'effet d'un acte juridique les ayant désignées à cette fin, à devenir titulaires, directement ou indirectement, de plus de 25 % du capital de la personne morale ;

3° Elles disposent d'un pouvoir de nommer ou de révoquer la majorité des membres des organes d'administration, de gestion, de direction ou de surveillance de la personne morale ;

4° Elles exercent par d'autres moyens un pouvoir de contrôle sur les organes d'administration, de gestion, de direction ou de surveillance de la personne morale.

Lorsqu'*[Lorsque]* aucune personne physique n'a pu être identifiée selon les critères prévus aux 1° à 4° et que la personne mentionnée à l'article L. 561-2 n'a pas de soupçon de blanchiment de capitaux ou de financement du terrorisme à l'encontre du client mentionné ci-dessus, le bénéficiaire effectif est la ou les personnes physiques qui représentent légalement la personne morale. Ainsi, lorsque le client est une association, une fondation, un fonds de dotation ou un groupement d'intérêt économique, le bénéficiaire effectif est :

a) Le ou les représentants légaux de l'association ;

b) Le président, le directeur général ainsi que, le cas échéant, le ou les membres du directoire de la fondation ;

c) Le président du fonds de dotation ;

d) La ou les personnes physiques et, le cas échéant, le représentant permanent des personnes morales, désignées administrateurs du groupement d'intérêt économique.

Art. R. 561-3-0 *(Décr. nº 2018-284 du 18 avr. 2018, art. 8)* Lorsque le client intervient dans le cadre d'une fiducie au sens de l'article 2011 du code civil ou de tout autre dispositif juridique comparable relevant d'un droit étranger, on entend par bénéficiaire effectif, au sens du 1° de l'article L. 561-2-2, toute personne physique qui satisfait à l'une des conditions suivantes :

1° Elle a la qualité de constituant, de fiduciaire, de bénéficiaire, de tiers protecteur dans les conditions prévues au titre XIV du livre III du code civil, ou de constituant, d'administrateur, de bénéficiaire ou de protecteur dans les cas des trusts ou de tout autre dispositif juridique comparable de droit étranger ;

2° Elle détient, directement ou indirectement, plus de 25 % des biens, des droits ou des sûretés compris dans un patrimoine fiduciaire ou dans tout autre dispositif juridique comparable relevant d'un droit étranger ;

3° Elle a vocation, par l'effet d'un acte juridique l'ayant désignée à cette fin, à devenir titulaire directement ou indirectement, de plus de 25 % des biens, des droits ou des sûretés compris dans le patrimoine fiduciaire ou dans tout autre dispositif juridique comparable relevant d'un droit étranger ;

4° Elle appartient à la catégorie de personnes dans l'intérêt principal de laquelle la fiducie ou tout autre dispositif juridique comparable relevant d'un droit étranger a été constitué ou opère, lorsque les personnes physiques qui en sont les bénéficiaires n'ont pas encore été désignées ;

5° Elle exerce par d'autres moyens un pouvoir de contrôle sur les biens, les droits ou les sûretés compris dans un patrimoine fiduciaire ou dans tout autre dispositif juridique comparable relevant d'un droit étranger.

SOUS-SECTION 2 *Représentant permanent*

(Décr. nº 2013-384 du 7 mai 2013, art. 1er)

Art. D. 561-3-1 *(Décr. nº 2019-490 du 21 mai 2019, art. 1er)* I. — Les personnes mentionnées au 1° *quater* de l'article L. 561-2 nomment un représentant permanent lorsque l'une des conditions suivantes est remplie :

1° Elles ont recours sur le territoire national à un nombre d'agents mentionnés à l'article L. 523-1 ou de personnes mentionnées à l'article L. 525-8 égal ou supérieur à dix ;

2° Le volume cumulé de monnaie électronique en circulation et remboursé ou la valeur cumulée des opérations de paiement exécutées dans le cadre de services fournis en France a excédé trois millions d'euros au cours de l'exercice financier précédent ou devrait excéder trois millions d'euros lors de l'exercice financier en cours ;

3° Elles fournissent sur le territoire national le service mentionné au 6° du II de l'article L. 314-1 ;

4° Elles distribuent sur le territoire national de la monnaie électronique utilisable au moyen d'un support physique qui peut être chargé par toute *[tout]* autre moyen qu'une opération de paiement initiée par une personne ayant fait l'objet de mesures d'identification et de vérification d'identité dans les conditions prévues aux articles R. 561-5 et R. 561-5-1.

Le représentant permanent réside sur le territoire national. Son identité est communiquée sans délai à l'Autorité de contrôle prudentiel et de résolution ainsi qu'au service mentionné à l'article L. 561-23. Si le représentant permanent est une personne morale, celle-ci désigne à son tour une personne physique responsable.

II. — Le secrétaire général de l'Autorité de contrôle prudentiel et de résolution peut exiger qu'une personne mentionnée au 1° *quater* de l'article L. 561-2 nomme le représentant permanent mentionné à l'article D. 561-3-1 lorsque l'une des deux conditions suivantes est remplie :

1° Cette personne n'a pas communiqué à l'Autorité de contrôle prudentiel et de résolution les informations nécessaires pour déterminer si les conditions prévues aux 1° à 4° de l'article D. 561-3-1 sont remplies ;

2° L'Autorité de contrôle prudentiel et de résolution a des motifs raisonnables de penser que les activités exercées sur le territoire national par la personne mentionnée au 1° *quater* de l'article L. 561-2 présentent un risque élevé de blanchiment de capitaux et de financement du terrorisme.

SOUS-SECTION 3 *Activité financière accessoire (Décr. n° 2013-384 du 7 mai 2013, art. 1er).*

Art. R. 561-4 *(Décr. n° 2018-284 du 18 avr. 2018, art. 10, en vigueur le 1er oct. 2018)* Pour l'application de l'article L. 561-4, l'activité d'intermédiation en assurance exercée par les personnes mentionnées au 3° *bis* de l'article L. 561-2 constitue une activité financière accessoire *(Décr. n° 2020-118 du 12 févr. 2020, art. 2)* « pour laquelle ces personnes sont exemptées des obligations du présent chapitre lorsque cette activité » satisfait à l'ensemble des conditions suivantes :

1° Elle consiste uniquement à présenter, proposer ou aider à conclure *(Décr. n° 2020-118 du 12 févr. 2020, art. 2)* « aux seuls clients de l'activité professionnelle principale » des contrats relatifs à des produits d'assurance qui ne sont que le complément du produit ou du service fourni dans le cadre de l'activité principale ;

2° Elle ne dépasse pas 5 % du chiffre d'affaires total de la personne concernée et le montant du chiffre d'affaires annuel de cette activité ne dépasse pas 50 000 euros hors taxes selon les comptes établis pour le dernier exercice comptable ;

3° Le montant de la prime annuelle par contrat et par client ne dépasse pas 1 000 euros.

Art. D. 561-4-1 *(Décr. n° 2022-110 du 1er févr. 2022, art. 14)* Les projets mentionnés au deuxième alinéa de l'article L. 561-2-3 sont les projets portés par une même personne pour lesquels le total des montants cibles de financement ou le total des montants collectés n'excèdent pas 150 euros par période de six mois.

SECTION 3 *Obligations de vigilance à l'égard de la clientèle*

SOUS-SECTION 1 *Identification et vérification de l'identité du client (Décr. n° 2018-284 du 18 avr. 2018, art. 11, en vigueur le 1er oct. 2018).*

Art. R. 561-5 *(Décr. n° 2018-284 du 18 avr. 2018, art. 12, en vigueur le 1er oct. 2018)* Pour l'application du 1° du I de l'article L. 561-5, les personnes mentionnées à l'article L. 561-2 identifient leur client dans les conditions suivantes :

1° Lorsque le client est une personne physique, par le recueil de ses nom et prénoms, ainsi que de ses date et lieu de naissance ;

2° Lorsque le client est une personne morale, par le recueil de sa forme juridique, de sa dénomination, de son numéro d'immatriculation, ainsi que de l'adresse de son siège social *(Décr. n° 2020-118 du 12 févr. 2020, art. 3)* « et celle du lieu de direction effective de l'activité, si celle-ci est différente de l'adresse du siège social » ;

3° Lorsque le client intervient dans le cadre d'une fiducie ou d'un dispositif juridique comparable de droit étranger, par le recueil des *(Décr. n° 2020-118 du 12 févr. 2020, art. 3)* « informations prévues au présent article pour l'identification » des constituants, des fiduciaires, des bénéficiaires et, le cas échéant, du tiers au sens de l'article 2017 du code civil ou *(Abrogé par Décr. n° 2020-118 du 12 févr. 2020, art. 3)* ***« par le recueil du nom »*** de leurs équivalents pour tout autre dispositif juridique comparable relevant d'un droit étranger. Dans le cas où les bénéficiaires sont désignés par des caractéristiques ou une catégorie particulières, les personnes mentionnées à l'article L. 561-2 recueillent les informations permettant de les identifier au moment du versement des prestations ou au moment où ils exercent leurs droits acquis ;

4° Lorsque le client est un placement collectif qui n'est pas une société, par le recueil de sa dénomination, de sa forme juridique, de son numéro d'agrément, de son numéro international d'identification des valeurs mobilières, ainsi que de la dénomination, de l'adresse et du numéro d'agrément de la société de gestion qui le gère.

(Abrogé par Décr. n° 2020-118 du 12 févr. 2020, art. 3) ***« Les personnes mentionnées à l'article L. 561-2 identifient également les personnes agissant pour le compte du client selon les modalités prévues au présent article et vérifient leurs pouvoirs. »***

Art. R. 561-5-1 *(Décr. n° 2018-284 du 18 avr. 2018, art. 13, en vigueur le 1er oct. 2018)* Pour l'application du 2° du I de l'article L. 561-5, les personnes mentionnées à l'article L. 561-2 vérifient l'identité du client selon l'une des modalités suivantes :

(Décr. n° 2021-387 du 2 avr. 2021, art. 1er) « 1° En recourant :

« *a)* A un moyen d'identification électronique certifié ou attesté par l'Agence nationale de la sécurité des systèmes d'information conforme au niveau de garantie soit substantiel soit élevé fixé par l'article 8 du règlement (UE) n° 910/2014 du Parlement européen et du Conseil du 23 juillet 2014 sur l'identification électronique et les services de confiance pour les transactions électroniques au sein du marché intérieur, ou

« *b)* A un moyen d'identification électronique délivré dans le cadre d'un schéma notifié à la Commission européenne par un État membre de l'Union européenne dans les conditions prévues au paragraphe 1 de l'article 9 de ce règlement et dont le niveau de garantie correspond au niveau soit substantiel soit élevé fixé par l'article 8 du même règlement ; »

2° En recourant à un moyen d'identification électronique présumé fiable au sens de l'article L. 102 du code des postes et des communications électroniques ;

(Décr. n° 2018-284 du 18 avr. 2018, art. 87, en vigueur le 1er janv. 2021) « 3° Lorsque le client est une personne physique, *(Décr. n° 2020-118 du 12 févr. 2020, art. 3)* « physiquement présente aux fins de l'identification au moment de l'établissement de la relation d'affaires, » par la présentation de l'original d'un document officiel en cours de validité comportant sa photographie et par la prise d'une copie de ce document ; »

4° Lorsque le client est une personne morale, *(Décr. n° 2020-118 du 12 févr. 2020, art. 3)* « dont le représentant dûment habilité est physiquement présent aux fins de l'identification au moment de l'établissement de la relation d'affaires » par la communication de l'original ou de la copie de tout acte ou extrait de registre officiel datant de moins de trois mois ou extrait du *Journal officiel*, constatant la dénomination, la forme juridique, l'adresse du siège social et l'identité des associés et dirigeants sociaux mentionnés aux 1° et 2° de l'article R. 123-54 du code de commerce, des représentants légaux ou de leurs équivalents en droit étranger. *(Décr. n° 2020-118 du 12 févr. 2020, art. 3)* « La vérification de l'identité de la personne morale peut également être réalisée en obtenant une copie certifiée du document directement via les greffes des tribunaux de commerce ou un document équivalent en droit étranger ;

« 5° Par ailleurs, lorsque le client intervient dans le cadre d'une fiducie ou d'un dispositif juridique équivalent en droit étranger, les personnes mentionnées à l'article L. 561-2 recueillent, selon le mode de constitution du dispositif, la copie du contrat de fiducie établi en application de l'article 2012 du code civil, l'extrait du *Journal officiel* de la loi établissant la fiducie en application du même article 2012 ou tout document ou acte équivalent afférent à un dispositif juridique équivalent en droit étranger. »

(Abrogé par Décr. nº 2020-118 du 12 févr. 2020, art. 3) « Les personnes mentionnées à l'article L. 561-2 vérifient également l'identité des personnes agissant pour le compte du client selon les modalités prévues au présent article. »

Autorité émettrice du document d'identité. Si l'établissement souligne les spécificités, dans ce domaine, des règles françaises qui résultent de la transposition de directives européennes et soutient que la collecte d'informations sur l'autorité émettrice du document d'identité présenté est de peu d'utilité, les règles en cause sont claires, s'appliquent aux organismes exerçant leur activité en France et font partie de celles au respect desquelles l'ACPR a pour mission de veiller. Cette exigence n'a pas été abandonnée par les dispositions réglementaires aujourd'hui applicables, qui prévoient que les organismes assujettis peuvent soit prendre une copie du document administratif d'identité présenté par le client, soit recueillir les mêmes informations que précédemment (art. R. 561-5-1, 3º). • Décis. ACPR nº 2017-10 du 10 janv. 2019 : *cité note 1 ss. art. L. 561-10-2.*

Art. R. 561-5-2 *(Décr. nº 2020-118 du 12 févr. 2020, art. 3)* Pour l'application du 2º du I de l'article L. 561-5, et lorsque les mesures prévues aux 1º à 4º de l'article R. 561-5-1 ne peuvent pas être mises en œuvre, les personnes mentionnées à l'article L. 561-2 vérifient l'identité de leur client en appliquant au moins deux mesures parmi les suivantes :

1º Obtenir une copie d'un document mentionné au 3º ou au 4º de l'article R. 561-5-1 ;

2º Mettre en œuvre des mesures de vérification et de certification de la copie d'un document officiel ou d'un extrait de registre officiel mentionné au 3º ou au 4º de l'article R. 561-5-1 par un tiers indépendant de la personne à identifier ;

3º Exiger que le premier paiement des opérations soit effectué en provenance ou à destination d'un compte ouvert au nom du client auprès d'une personne mentionnée aux 1º à 6º *bis* de l'article L. 561-2 qui est établie dans un État membre de l'Union européenne ou dans un État partie à l'accord sur l'Espace économique européen ou dans un pays tiers imposant des obligations équivalentes en matière de lutte contre le blanchiment de capitaux et le financement du terrorisme ;

4º Obtenir directement une confirmation de l'identité du client de la part d'un tiers remplissant les conditions prévues au 1º ou au 2º du I de l'article L. 561-7 ;

5º Recourir à un service certifié conforme par l'Agence nationale de la sécurité des systèmes d'information, ou un organisme de certification que cette agence autorise, au niveau de garantie substantiel des exigences relatives à la preuve et à la vérification d'identité, prévues à l'annexe du règlement d'exécution (UE) 2015/1502 du 8 septembre 2015. Un arrêté conjoint du Premier ministre et du ministre chargé de l'économie précise les modalités d'application de ce 5º ; *– V. Arr. du 28 mars 2021 ci-dessous.*

6º Recueillir une signature électronique avancée ou qualifiée ou un cachet électronique avancé ou qualifié valide reposant sur un certificat qualifié ou avoir recours à un service d'envoi recommandé électronique qualifié comportant l'identité du signataire ou du créateur de cachet et délivré par un prestataire de service de confiance qualifié inscrit sur une liste de confiance nationale en application de l'article 22 du règlement (UE) nº 910/2014 du 23 juillet 2014.

Parmi les mesures mentionnées ci-dessus, les personnes mentionnées à l'article L. 561-2 choisissent celles qui, combinées entre elles, permettent la vérification de tous les éléments d'identification du client mentionnés à l'article R. 561-5.

Ces personnes conservent, selon les modalités prévues à l'article L. 561-12, les informations et documents relatifs aux mesures mises en œuvre au titre du présent article, quel qu'en soit le support.

Arrêté du 28 mars 2021,

Relatif à la certification de conformité des services d'entrée en relation d'affaires à distance.

Art. 1er Pour l'application des articles R. 561-5-1 et R. 561-5-2 du code monétaire et financier, le service à compétence nationale créé par l'article 1er du décret du 7 juillet 2009 susvisé *[nº 2009-834, portant création d'un service à compétence nationale dénommé "Agence nationale de la sécurité des systèmes d'information"]* publie sur son site internet :

1° Un référentiel technique précisant les exigences applicables aux services d'entrée en relation d'affaires à distance ;

2° Les exigences applicables aux organismes chargés de l'évaluation et de la certification de ces services.

Art. 2 La certification de la conformité des services d'entrée en relation d'affaires à distance au référentiel technique mentionné à l'article 1er est assurée par des organismes de certification autorisés dans les conditions prévues aux articles 3 et 4 par le service à compétence nationale mentionné ci-dessus.

A défaut de tels organismes, la certification est réalisée directement par ce service à compétence nationale.

CHAPITRE I. *AUTORISATION PAR LE SERVICE À COMPÉTENCE NATIONALE DES ORGANISMES DE CERTIFICATION*

Art. 3 La demande d'autorisation est adressée au service à compétence nationale mentionné ci-dessus par l'organisme candidat. Le service à compétence nationale publie sur son site internet la liste des pièces à joindre à cette demande.

Dès réception du dossier complet, le service à compétence nationale procède à son instruction et en informe l'organisme candidat.

Lorsqu'il constate que le dossier n'est pas complet, le service à compétence nationale demande à l'organisme candidat de lui communiquer les éléments manquants.

Art. 4 Dans le cadre de l'instruction de la demande d'autorisation, le service à compétence nationale contrôle sur pièce et sur place l'organisme candidat. Il évalue notamment, dans le cadre de son contrôle, la compétence du personnel, les moyens, les ressources et l'activité antérieure de l'organisme.

L'organisme candidat permet à l'équipe chargée du contrôle d'accéder à ses locaux et de rencontrer son personnel. Il communique toute information nécessaire au contrôle.

Art. 5 En fonction des résultats du contrôle, le service à compétence nationale mentionné ci-dessus peut accorder une autorisation à l'organisme candidat. Il lui notifie sa décision.

Une autorisation est valable pour une durée maximale de trois ans et peut être renouvelée selon la procédure décrite aux articles 3 et 4. Elle peut être accordée avec réserve.

Le service à compétence nationale publie sur son site internet la liste des organismes de certification qu'il autorise.

Il peut contrôler à tout moment que les organismes de certification qu'il a autorisés continuent de respecter les exigences mentionnées à l'article 1er. Ce contrôle est motivé.

Les organismes de certification autorisés informent sans délai le service à compétence nationale de toute modification de la situation dans laquelle ils ont été autorisés, notamment de la modification de leurs statuts ou procédures internes.

En cas de manquement par les organismes de certification aux conditions et réserves fixées dans la décision d'autorisation ou si des changements de circonstances de droit ou de fait le justifient, le service à compétence nationale peut, après que les organismes concernés ont pu faire valoir leurs observations, suspendre ou retirer les autorisations qu'il a accordées.

CHAPITRE II. *CERTIFICATION DES SERVICES D'ENTRÉE EN RELATION D'AFFAIRE À DISTANCE PAR LES ORGANISMES AUTORISÉS*

Art. 6 La procédure de certification des services d'entrée en relation d'affaire à distance comporte une évaluation du respect par ces services des exigences mentionnées au 1° de l'article 1er.

Cette évaluation peut être réalisée par un organisme de certification autorisé ou par un organisme distinct respectant les exigences mentionnées au 2° de l'article 1er.

Lorsque la certification est assurée directement par le service à compétence nationale mentionné ci-dessus, l'évaluation est réalisée par un organisme distinct de ce dernier.

Art. 7 Les organismes de certification autorisés publient sur leur site internet :

1° La liste des pièces devant être jointes à la demande de certification ainsi que les conditions de leur transmission ;

2° Un descriptif de la procédure de certification des services d'entrée en relation d'affaires à distance.

En l'absence d'organisme de certification autorisé, le service à compétence nationale mentionné ci-dessus publie ces éléments.

Art. 8 Dans le cadre de la procédure de certification, les organismes de certification autorisés ou, s'il est chargé de cette certification, le service à compétence nationale mentionné ci-dessus procèdent à des tests sur les services proposés par les prestataires candidats.

Art. 9 Les certifications sont accordées par les organismes de certification autorisés ou le service à compétence nationale mentionné ci-dessus après avis du ministre de l'intérieur. Pour rendre cet avis, le ministère de l'intérieur peut procéder à des tests sur les services proposés par les prestataires candidats.

Art. 10 Les certifications accordées par les organismes de certification autorisés ou le service à compétence nationale mentionné ci-dessus sont valables pour une durée de deux ans. Elles peuvent être renouvelées dans les conditions prévues aux articles 6 à 8.

Art. 11 Les organismes de certification autorisés et le service à compétence nationale mentionné ci-dessus publient sur leur site internet la liste des services d'entrée en relation d'affaires à distance qu'ils ont certifiés.

Cette liste comprend, en langue française :

1° La raison sociale du prestataire de service d'entrée en relation d'affaires à distance ;

2° Le nom du service d'entrée en relation d'affaires à distance ayant fait l'objet de la certification ;

3° Les dates de début et de fin de la certification ;

4° La référence de la décision de certification ;

5° Toute autre information pertinente à porter à l'attention du public.

Art. 12 Les organismes de certification autorisés et le service à compétence nationale mentionné ci-dessus peuvent contrôler à tout moment que les services qu'ils ont certifiés continuent de respecter les exigences mentionnées au 1° de l'article 1er. Ce contrôle est motivé.

Les prestataires informent sans délai les organismes de certification autorisés ou le service à compétence nationale qui les ont certifiés de toute modification des circonstances dans lesquelles leurs services d'entrée en relation à distance ont été certifiés conformes.

En cas de manquement par ces prestataires aux conditions et réserves fixées par la décision de certification ou si des changements de circonstances de droit ou de fait le justifient, les organismes de certification autorisés ou le service à compétence nationale mentionné ci-dessus peuvent, après que les prestataires ont pu faire valoir leurs observations, suspendre ou abroger les certifications qu'ils ont accordées.

Art. R. 561-5-3 *(Décr. nº 2020-118 du 12 févr. 2020, art. 3)* **Pour l'application du 2° du I de l'article L. 561-5, et par dérogation à l'article R. 561-5-2, lorsque les mesures prévues aux 1° à 3° de l'article R. 561-5-1 ne peuvent pas être mises en œuvre :**

1° Les personnes mentionnées au 9° *bis* de l'article L. 561-2 vérifient l'identité et, le cas échéant, l'adresse de leur client ouvrant un compte joueur en appliquant les mesures prévues en application de l'article 17 de la loi nº 2010-476 du 12 mai 2010 relative à l'ouverture à la concurrence et à la régulation du secteur des jeux d'argent et de hasard en ligne ;

2° Les personnes mentionnées au 9° de l'article L. 561-2 et celles mentionnées au 9° *bis* pour leurs jeux et paris en réseau physique de distribution accessibles sans compte joueur vérifient l'identité de leur client en lui demandant communication de la copie d'un document officiel en cours de validité comportant sa photographie et justifiant de son identité et de sa date de naissance. Elles vérifient également son adresse et, lorsque leur client souhaite alimenter son compte ou recevoir ses avoirs par virement, ne procèdent à ces opérations qu'en provenance ou à destination d'un seul compte de paiement ouvert à son nom par le joueur auprès d'un prestataire de services de paiement établi dans un État membre de l'Union européenne ou dans un État partie à l'accord sur l'Espace économique européen ou dans un pays tiers imposant des obligations équivalentes en matière de lutte contre le blanchiment de capitaux et le financement du terrorisme.

Art. R. 561-5-4 *(Décr. nº 2020-118 du 12 févr. 2020, art. 3)* **Pour l'application du I de l'article L. 561-5, les personnes mentionnées à l'article L. 561-2 identifient et vérifient l'identité des personnes agissant pour le compte du client selon les modalités prévues aux articles R. 561-5 à R. 561-5-3. Elles vérifient également leurs pouvoirs.**

Elles conservent, selon les modalités prévues à l'article L. 561-12, les informations et documents relatifs aux mesures mises en œuvre au titre du présent article, quel qu'en soit le support.

Art. R. 561-6 **Il peut n'être procédé à la vérification de l'identité du client et, le cas échéant, du bénéficiaire effectif, en application du** *(Décr. n° 2018-284 du 18 avr. 2018, art. 14, en vigueur le 1er oct. 2018)* **« IV » de l'article L. 561-5, que pendant l'établissement de la relation d'affaires, dans les conditions suivantes :**

1° En cas d'ouverture d'un compte, la vérification de l'identité a lieu au plus tard avant la réalisation de la première opération sur ce compte ;

(Décr. n° 2020-118 du 12 févr. 2020, art. 3) **« 2° En cas d'ouverture d'un compte joueur, la vérification de l'identité du joueur a lieu au plus tard avant la validation du compte joueur et la restitution de son éventuel solde créditeur, lorsque cette vérification est effectuée par une personne mentionnée aux 9° et 9° *bis* de l'article L. 561-2 ; »**

3° En cas de conclusion d'un contrat, la vérification de l'identité a lieu au plus tard au moment de cette conclusion ou avant le début de l'opération qui est l'objet du contrat *(Abrogé par Décr. n° 2018-284 du 18 avr. 2018, art. 14, à compter du 1er oct. 2018)* ***« , sous réserve, pour les personnes mentionnées à l'article L. 561-2, d'être en mesure de justifier à l'autorité de contrôle leur décision de ne pas vérifier l'identité de leur client avant d'entrer en relation d'affaires par la nécessité de poursuivre la relation d'affaires déjà engagée et le faible risque de blanchiment de capitaux ou de financement du terrorisme » ;***

4° En cas de souscription d'un contrat d'assurances, la vérification de l'identité du bénéficiaire du contrat a lieu au plus tard au moment du paiement de la prestation au bénéficiaire du contrat ou au moment où celui-ci entend exercer les droits conférés par le contrat ;

5° En cas d'opération liée au financement d'actifs *(Décr. n° 2018-284 du 18 avr. 2018, art. 14, en vigueur le 1er oct. 2018)* **« corporels ou incorporels à usage professionnel » dont la propriété n'est pas transférée ou ne l'est qu'à la cessation de la relation contractuelle, la vérification de l'identité du bénéficiaire du contrat a lieu au plus tard au moment du paiement du premier loyer ou de la première redevance.**

SOUS-SECTION 2 *Identification et vérification de l'identité du bénéficiaire effectif*

(Décr. n° 2018-284 du 18 avr. 2018, art. 15, en vigueur le 1er oct. 2018).

Art. R. 561-7 *(Décr. n° 2018-284 du 18 avr. 2018, art. 16, en vigueur le 1er oct. 2018)* **Pour l'application du I de l'article L. 561-5, les personnes mentionnées à l'article L. 561-2 identifient le bénéficiaire effectif de la relation d'affaires selon les modalités définies à l'article R. 561-5 et vérifient les éléments d'identification recueillis sur celui-ci par des mesures adaptées au risque de blanchiment de capitaux et de financement du terrorisme présenté par la relation d'affaires.**

(Décr. n° 2020-118 du 12 févr. 2020, art. 4) **« Pour la vérification de l'identité du bénéficiaire effectif, les personnes mentionnées à l'article L. 561-2 recueillent, lorsque le client est une personne ou entité mentionnée à l'article L. 561-45-1, les informations sur le bénéficiaire effectif contenues dans les registres mentionnés à l'article L. 561-46 du présent code, à l'article 2020 du code civil ainsi qu'à l'article 1649 AB du code général des impôts. Aux mêmes fins de vérification de cette identité, elles prennent, le cas échéant, des mesures complémentaires en se fondant sur une approche par les risques. »**

Les personnes mentionnées à l'article L. 561-2 sont en mesure de justifier auprès des autorités de contrôle *(Décr. n° 2020-118 du 12 févr. 2020, art. 4)* **« mentionnées à l'article L. 561-36 » de la mise en œuvre de ces mesures et de leur adéquation au risque de blanchiment de capitaux et de financement du terrorisme présenté par la relation d'affaires. Elles sont également en mesure de justifier que les mesures prises pour** *(Décr. n° 2020-118 du 12 févr. 2020, art. 4)* **« la détermination » du bénéficiaire effectif sont conformes aux articles R. 561-1 à R. 561-3-0.**

Conformément aux dispositions de l'article L. 561-12, elles conservent, au titre des documents et informations relatifs à l'identité de leur client, les documents et informations relatifs à l'identification et à la vérification de l'identité du bénéficiaire effectif effectuées conformément au présent article, quel qu'en soit le support.

Art. R. 561-8 *(Décr. n° 2018-284 du 18 avr. 2018, art. 17, en vigueur le 1er oct. 2018)* Les personnes mentionnées à l'article L. 561-2 n'ont pas l'obligation d'identifier le bénéficiaire effectif de la relation d'affaires lorsque leur client est une société dont les titres sont admis à la négociation sur un marché réglementé en France, dans un autre État membre de l'Union européenne, dans un autre État partie à l'accord sur l'Espace économique européen ou *(Décr. n° 2020-118 du 12 févr. 2020, art. 4)* « qui est soumise à des obligations de publicité conformes au droit de l'Union ou qui est soumise à des normes internationales équivalentes garantissant une transparence adéquate des informations relatives à la propriété du capital, ce dont la personne mentionnée à l'article L. 561-2 est en mesure de justifier auprès de l'autorité de contrôle mentionnée à l'article L. 561-36. »

Art. R. 561-9 *(Décr. n° 2018-284 du 18 avr. 2018, art. 18, en vigueur le 1er oct. 2018)* Lorsqu'une société de gestion de placement collectif distribue les parts ou actions d'un placement collectif par l'intermédiaire d'une personne mentionnée aux 1° à 6° *bis* de l'article L. 561-2 qui n'est pas établie sur le territoire d'un autre État membre de l'Union européenne, d'un État partie à l'accord sur l'Espace économique européen ou d'un pays tiers imposant des obligations équivalentes en matière de lutte contre le blanchiment et le financement du terrorisme *(Abrogé par Décr. n° 2020-118 du 12 févr. 2020, art. 4)* *« et figurant sur une liste établie par arrêté du ministre chargé de l'économie »*, le dépositaire veille à ce que le placement collectif ou, le cas échéant, la société de gestion de placement collectif conclue un contrat avec cette personne. Ce contrat stipule que cette dernière applique des procédures d'identification et de vérification d'identité équivalentes à celles applicables dans les États membres de l'Union européenne et a accès aux éléments d'identification du bénéficiaire effectif de la relation d'affaires.

SOUS-SECTION 3 *Identification et vérification de l'identité du client occasionnel (Décr. n° 2018-284 du 18 avr. 2018, art. 19, en vigueur le 1er oct. 2018).*

Art. R. 561-10 *(Décr. n° 2018-284 du 18 avr. 2018, art. 20, en vigueur le 1er oct. 2018)* I. — Pour l'application des dispositions du II de l'article L. 561-5, est considérée comme un client occasionnel toute personne qui s'adresse à l'une des personnes mentionnées à l'article L. 561-2 dans le but exclusif de préparer ou de réaliser une opération ponctuelle ou d'être assistée dans la préparation ou la réalisation d'une telle opération, que celle-ci soit réalisée en une seule opération ou en plusieurs opérations apparaissant comme liées entre elles.

II. — Les personnes mentionnées à l'article L. 561-2 sont tenues, avant de réaliser l'opération ou de prêter assistance à sa préparation ou sa réalisation, d'identifier et de vérifier l'identité de leur client occasionnel ainsi que, le cas échéant, du bénéficiaire effectif de celui-ci, selon les modalités définies respectivement aux articles R. 561-5, R. 561-5-1 et R. 561-7, lorsqu'il s'agit :

1° D'une opération mentionnée à l'article L. 561-15 ;

2° D'une opération de transmission de fonds ;

3° D'un service de location de coffre-fort ;

4° D'une opération ou d'opérations liées de change manuel dont le montant excède 1 000 euros et de toute opération de change manuel lorsque le client ou son représentant légal n'est pas physiquement présent aux fins de l'identification ;

(Décr. n° 2021-387 du 2 avr. 2021, art. 1er, en vigueur le 1er mai 2021) « 5° D'une opération effectuée auprès d'une personne mentionnée aux 7° *bis* et 7° *quater* de l'article L. 561-2 ou d'une souscription auprès d'une personne mentionnée au 7° *ter* du même article ; »

(Décr. n° 2020-118 du 12 févr. 2020, art. 5) « 6° D'une opération ou d'opérations liées de jeu lorsque le montant des mises ou gains est égal ou supérieur à 2 000 euros par séance pour les clubs de jeux ou lorsque le montant de l'échange de tous modes de paiement, plaques, jetons, tickets est égal ou supérieur à 2 000 euros par séance pour les casinos ;

« 6° *bis* D'une opération ou d'opérations liées de jeu hors compte joueur lorsque le joueur mise ou gagne des sommes égales ou supérieures à 2 000 euros par transaction pour les personnes mentionnées au 9° *bis* de l'article L. 561-2 ; »

7° D'une opération ou d'opérations liées réglées en espèces ou en monnaie électronique pour un montant excédant 10 000 euros ;

8° D'une opération ou d'opérations liées, autres que celles mentionnées aux 1° à 7°, dont le montant excède 15 000 euros.

Client occasionnel. Sur le respect de l'obligation d'identification et de vérification d'identité du client occasionnel, V. • Décis. ACPR n° 2015-01 du 21 mai 2015.

Art. D. 561-10-1 *(Décr. n° 2018-284 du 18 avr. 2018, art. 21, en vigueur le 1er oct. 2018)* **Le seuil prévu au 11° de l'article L. 561-2 est fixé à 10 000 euros par opération ou opérations liées.**

Art. D. 561-10-2 *(Abrogé par Décr. n° 2020-119 du 12 févr. 2020, art. 1er) (Décr. n° 2018-284 du 18 avr. 2018, art. 22, en vigueur le 1er oct. 2018)* ***Le seuil mentionné au deuxième alinéa de l'article L. 561-13 est fixé à 2 000 euros par séance.***

Le seuil mentionné au troisième alinéa de l'article L. 561-13 est fixé à 2 000 euros par séance pour les clubs de jeux et à 2 000 euros par transaction pour les autres groupements et sociétés organisant des jeux de hasard, des loteries, des paris, des pronostics sportifs ou hippiques.

En ce qu'il s'applique aux sommes misées par les joueurs, le 2e al. de l'art. D. 561-10-2 entre en vigueur le 1er janv. 2019 (Décr. n° 2018-284 du 18 avr. 2018, art. 87).

Bien qu'abrogé par le Décr. n° 2020-119 du 12 févr. 2020, le Décr. n° 2020-1774 du 21 déc. 2020 a remplacé, au 2e al. de l'art. D. 561-10-2, les mots "jeux de hasard, des loteries, des paris, des pronostics" par les mots : "jeux d'argent et de hasard et des paris".

SOUS-SECTION 4 *Identification et vérification de l'identité du bénéficiaire des contrats d'assurance-vie ou de capitalisation*

(Décr. n° 2018-284 du 18 avr. 2018, art. 23, en vigueur le 1er oct. 2018)

Art. R. 561-10-3 **Pour l'application du III de l'article L. 561-5, les personnes mentionnées aux 2° à 2° *sexies* et 3° *bis* de l'article L. 561-2 identifient et vérifient l'identité des bénéficiaires des contrats d'assurance sur la vie ou de capitalisation et, le cas échéant, de leurs bénéficiaires effectifs, lorsque la prime annuelle dépasse les seuils prévus pour ces contrats au 1° de l'article R. 561-16, dans les conditions suivantes :**

1° Lorsque les bénéficiaires des contrats sont des personnes ou des entités juridiques nommément désignées, elles relèvent leurs nom et prénoms ou dénomination ;

2° Lorsque les bénéficiaires des contrats sont désignés par leurs caractéristiques, par catégorie ou par d'autres moyens, elles obtiennent les informations sur ces bénéficiaires permettant d'établir leur identité et le cas échéant celle de leur bénéficiaire effectif au moment du versement des prestations ;

3° Dans les cas prévus aux 1° et 2°, elles vérifient l'identité des bénéficiaires des contrats et, le cas échéant, de leur bénéficiaire effectif au moment du versement des prestations sur présentation de tout document écrit probant selon les modalités respectivement prévues aux articles R. 561-5-1 et R. 561-7.

Les bénéficiaires effectifs des bénéficiaires des contrats d'assurance sur la vie ou de capitalisation sont déterminés selon les modalités prévues aux articles R. 561-1 à R. 561-3-1.

SOUS-SECTION 5 *Nouvelle identification et vérification de l'identité du client et du bénéficiaire effectif*

(Décr. n° 2018-284 du 18 avr. 2018, art. 24, en vigueur le 1er oct. 2018)

Art. R. 561-11 *(Décr. n° 2018-284 du 18 avr. 2018, art. 25, en vigueur le 1er oct. 2018)* **Lorsque les personnes mentionnées à l'article L. 561-2 ont de bonnes raisons de penser que l'identité de leur client et les éléments d'identification précédemment obtenus ne sont plus exacts ou pertinents, elles procèdent de nouveau à l'identification du client et à la vérification de son identité conformément aux articles R. 561-5 et R. 561-5-1 et, le cas échéant, à l'identification et à la vérification de l'identité de son bénéficiaire effectif conformément à l'article R. 561-7.**

Art. R. 561-11-1 *(Décr. n° 2018-284 du 18 avr. 2018, art. 26, en vigueur le 1er oct. 2018)* **En cas de cession à un tiers d'un contrat d'assurance-vie ou de capitalisation, les personnes mentionnées aux 2° à 2° *sexies* et 3° *bis* de l'article L. 561-2, lorsqu'elles prennent acte de la cession ou, le cas échéant, lorsque celle-ci leur est notifiée, identifient et vérifient l'identité de la personne au profit de laquelle le contrat est cédé ainsi que, le cas échéant, du bénéficiaire effectif de celle-ci, selon les modalités définies respectivement aux articles R. 561-5, R. 561-5-1 et R. 561-7. Elles identifient également, s'il y a lieu, le nouveau bénéficiaire du contrat selon les modalités définies aux 1° et 2° de l'article R. 561-10-3.**

SOUS-SECTION 6 *Obligations de vigilance constante sur la relation d'affaires*

(Décr. n° 2018-284 du 18 avr. 2018, art. 24, en vigueur le 1er oct. 2018)

Art. R. 561-12 *(Décr. n° 2018-284 du 18 avr. 2018, art. 27, en vigueur le 1er oct. 2018)* **Pour l'application de l'article L. 561-5-1, les personnes mentionnées à l'article L. 561-2 :**

1° Avant d'entrer en relation d'affaires, recueillent et analysent les éléments d'information nécessaires à la connaissance de l'objet et de la nature de la relation d'affaires ;

2° Pendant toute la durée de la relation d'affaires, recueillent, mettent à jour et analysent les éléments d'information qui permettent de conserver une connaissance appropriée *(Décr. n° 2020-118 du 12 févr. 2020, art. 6)* **« et actualisée » de leur relation d'affaires.**

La nature et l'étendue des informations collectées ainsi que la fréquence de la mise à jour de ces informations et l'étendue des analyses menées sont adaptées au risque de blanchiment de capitaux et de financement du terrorisme présenté par la relation d'affaires. *(Décr. n° 2020-118 du 12 févr. 2020, art. 6)* **« Ils tiennent compte également des changements pertinents affectant la relation d'affaires ou la situation du client, y compris lorsque ces changements sont constatés par les personnes mentionnées à l'article L. 561-2 à l'occasion du réexamen de toute information pertinente relative aux bénéficiaires effectifs, notamment en application de la règlementation relative à l'échange d'informations dans le domaine fiscal. »**

Les personnes mentionnées à l'article L. 561-2 sont en mesure de justifier auprès des autorités de contrôle *(Décr. n° 2020-118 du 12 févr. 2020, art. 6)* **« mentionnées à l'article L. 561-36 » de la mise en œuvre de ces mesures et de leur adéquation au risque de blanchiment de capitaux et de financement du terrorisme présenté par la relation d'affaires.**

Un arrêté du ministre chargé de l'économie précise les modalités d'application du présent article en ce qui concerne les éléments d'informations mentionnés aux 1° et 2°. — *V. Arr. du 2 sept. 2009, ci-dessous.*

Connaissance client. La marge d'appréciation dont disposent les établissements quant à la nature et au nombre des documents à recueillir au titre de leurs obligations de vigilance ne peut pas, en tout état de cause, justifier que, en raison d'une procédure interne fixant des seuils trop élevés au regard du montant des opérations des clients, aucune information parmi celles mentionnées par l'Arr. du 2 sept. 2009 n'ait été recueillie. Ainsi, la connaissance du patrimoine, comme du domicile, fondée sur des informations vérifiées, fait partie des éléments que l'établissement aurait dû réunir sur ses clients. • Décis. ACPR n° 2016-10 du 8 nov. 2017 : *citée note ss. art. R. 561-20.* ♦ Des mentions telles que « gérant » ou « marketing » ne sont pas suffisamment précises pour satisfaire à l'exigence de connaissance du client. • Décis. ACPR n° 2016-01 du 28 déc. 2016 : *citée ss. art. R. 561-20.* ♦ Les diligences faites par les guichetiers de l'établissement SAS afin de vérifier l'identité du client ou d'obtenir un justificatif de l'opération ne sont pas de nature à lui permettre de disposer d'une connaissance de ses clients conforme aux exigences légales ; étant précisé que le seul fait que la liste des pièces d'identité admises et des justificatifs pouvant être demandés aux clients au sujet de leurs opérations soit affichée dans les locaux ne peut suffire à s'assurer que les salariés respectent bien les dispositions applicables dans ce domaine, dès lors que ces prescriptions ne sont pas clairement mentionnées dans les procédures internes. • Décis. ACPR n° 2017-07 du 13 juin 2018 : *Banque et Dr. 7-8/2018. 57, obs. Nicolet.* ♦ Il appartient à l'assujetti de recueillir des informations adaptées au niveau de risque de ses relations d'affaires. Cette obligation implique notamment, lorsque le risque est élevé, que ces informations, qui portent notamment sur l'origine et la destination du patrimoine, soient fiables et donc justifiées par des éléments suffisants. • Décis. ACPR n° 2020-02 du 24 févr. 2021 : *Banque et Dr. 3-4/2021. 74, obs. Nicolet.*

Arrêté du 2 septembre 2009,

Pris en application de l'article R. 561-12 du code monétaire et financier et définissant des éléments d'information liés à la connaissance du client et de la relation d'affaires aux fins d'évaluation des risques de blanchiment de capitaux et de financement du terrorisme (Rect. JO 12 sept.).

Art. 1er En application de l'article R. 561-12, les éléments d'information susceptibles d'être recueillis pendant toute la durée de la relation d'affaires aux fins d'évaluation des risques de blanchiment de capitaux et de financement du terrorisme peuvent être :

1° Au titre de la connaissance de la relation d'affaires :

— le montant et la nature des opérations envisagées ;

— la provenance des fonds ;

— la destination des fonds ;

— la justification économique déclarée par le client ou le fonctionnement envisagé du compte.

2° Au titre de la connaissance de la situation professionnelle, économique et financière du client et, le cas échéant, du bénéficiaire effectif :

a) Pour les personnes physiques :

— la justification de l'adresse du domicile à jour au moment où les éléments sont recueillis ;

— les activités professionnelles actuellement exercées ;

— les revenus ou tout élément permettant d'estimer les autres ressources ;

— tout élément permettant d'apprécier le patrimoine ;

— s'agissant des personnes mentionnées aux I, II et III de l'article R. 561-18, les fonctions ou tout élément permettant d'apprécier la nature des liens existants entre ces personnes ;

b) Pour les personnes morales :

— la justification de l'adresse du siège social ;

— les statuts ;

— les mandats et pouvoirs ;

— ainsi que tout élément permettant d'apprécier la situation financière ;

c) Pour les structures de gestion d'un patrimoine d'affectation sans personnalité morale, d'une fiducie ou de tout autre dispositif juridique comparable relevant du droit étranger, un document justifiant la répartition des droits sur le capital ou sur les bénéfices de l'entité au nom de laquelle l'ouverture d'un compte ou l'exécution d'une opération est demandée.

Art. R. 561-12-1 *(Décr. no 2018-284 du 18 avr. 2018, art. 28, en vigueur le 1er oct. 2018)* **Pour l'application de l'article L. 561-6, les personnes mentionnées à l'article L. 561-2 mettent en œuvre des mesures permettant de s'assurer de la cohérence des opérations effectuées au titre d'une relation d'affaires avec la connaissance de cette relation d'affaires actualisée conformément à l'article R. 561-12. Ces mesures doivent notamment permettre de s'assurer que les opérations effectuées sont cohérentes avec les activités professionnelles du client, le profil de risque présenté par la relation d'affaires et, si nécessaire, selon l'appréciation du risque, l'origine et la destination des fonds concernés par les opérations.**

Les personnes mentionnées à l'article L. 561-2 sont en mesure de justifier auprès des autorités de contrôle *(Décr. no 2020-118 du 12 févr. 2020, art. 6)* **« mentionnées à l'article L. 561-36 » de la mise en œuvre de ces mesures et de leur adéquation au risque de blanchiment de capitaux et de financement du terrorisme présenté par la relation d'affaires.**

SOUS-SECTION 7 *Recours à un tiers pour l'exécution de certaines mesures de vigilance*

(Décr. no 2018-284 du 18 avr. 2018, art. 24, en vigueur le 1er oct. 2018)

Art. R. 561-13 *(Décr. no 2018-284 du 18 avr. 2018, art. 29, en vigueur le 1er oct. 2018)* *(Décr. no 2020-118 du 12 févr. 2020, art. 7)* **« Le tiers mentionné à l'article L. 561-7 transmet sans délai aux personnes mentionnées aux 1° à 6° de l'article L. 561-2 les informations recueillies dans le cadre de la mise en œuvre des mesures de vigilance prévues aux I et III de l'article L. 561-5 et à l'article L. 561-5-1 et, à première demande, la copie des documents afférents. »**

Les modalités de transmission des informations et documents mentionnés ci-dessus ainsi que les modalités de contrôle des mesures de vigilance mises en œuvre par le

tiers en application de l'article L. 561-7 sont précisées dans un contrat conclu par écrit entre le tiers et les personnes mentionnées aux 1° à 6° de l'article L. 561-2.

(Décr. nº 2020-118 du 12 févr. 2020, art. 7) « Par dérogation à l'alinéa précédent, lorsque les personnes mentionnées aux 1° à 6° de l'article L. 561-2 recourent à un tiers en application du 2° du I de l'article L. 561-7, le contrat peut être remplacé par une procédure interne établie au niveau du groupe. »

Tiers introducteur. Il ressort des annexes LCB/FT aux conventions de délégation de gestion que les deux groupes bancaires intervenaient, pour la distribution de produits de la compagnie d'assurances, en qualité de « tiers introducteurs » ; qu'il y était mentionné que la compagnie d'assurances ne détenait pas de dossier client et qu'en vertu des art. L. 561-7-I et R 561-13, la compagnie d'assurances déléguait aux banques, qui présentent les contrats d'assurance dans leurs agences, les obligations d'identification et de recueil des éléments de connaissance du client prévues aux 1ers al. des art. L. 561-5 et L. 561-6. Dans un tel dispositif, en cas de non-respect, par les deux réseaux bancaires distributeurs, de l'obligation, imposée par le I de l'art. R. 561-13 [ancien] mais non mentionnée par ces annexes, de mettre sans délai à la disposition de la personne assujettie « les éléments d'information relatifs à l'identité du client ainsi que, le cas échéant, du bénéficiaire effectif et à l'objet et à la nature de la relation d'affaires », la compagnie d'assurances se trouvait en risque de méconnaissance de ses propres obligations de vigilance. • Décis. ACPR nº 2017-01 du 26 juill. 2018 : *citée note 1 ss. art. R. 561-31.*

SOUS-SECTION 8 *Obligations en cas de faible risque de blanchiment de capitaux ou de financement du terrorisme*

Art. R. 561-14 *(Décr. nº 2020-118 du 12 févr. 2020, art. 8)* Pour la mise en œuvre des mesures de vigilance simplifiées prévues à l'article L. 561-9, les personnes mentionnées à l'article L. 561-2 recueillent les informations justifiant que le client, le service ou le produit présente un faible risque de blanchiment de capitaux ou de financement du terrorisme ou remplit les conditions prévues aux articles R. 561-15 ou R. 561-16. Elles s'assurent tout au long de la relation d'affaires que le risque de blanchiment de capitaux ou de financement du terrorisme reste faible.

Elles mettent en place un dispositif général de surveillance et d'analyse des opérations qui est adapté aux principales caractéristiques de leur clientèle et de leurs produits afin de leur permettre de détecter toute transaction inhabituelle ou suspecte. En cas d'opération suspecte, elles mettent en œuvre ou renforcent les mesures de vigilance prévues aux articles L. 561-5 à L. 561-6 sauf si elles peuvent raisonnablement penser que la mise en œuvre de ces mesures alerterait le client. Dans les deux cas, elles procèdent à la déclaration mentionnée à l'article L. 561-15.

Art. R. 561-14-1 *(Décr. nº 2018-284 du 18 avr. 2018, art. 30, en vigueur le 1er oct. 2018)* Lorsqu'elles choisissent de mettre en œuvre des mesures de vigilance simplifiées en application du 1° de l'article L. 561-9, les personnes mentionnées à l'article L. 561-2 :

1° Identifient et vérifient l'identité de leur client selon les modalités prévues aux articles R. 561-5 et R. 561-5-1 et identifient et vérifient l'identité du bénéficiaire effectif selon les modalités prévues à l'article R. 561-7 ;

2° Peuvent différer la vérification de l'identité de leur client et du bénéficiaire effectif selon les modalités prévues à l'article R. 561-6 ;

3° Peuvent simplifier les autres mesures de vigilance prévues au III de l'article L. 561-5 et aux articles L. 561-5-1 et L. 561-6 en adaptant au risque faible identifié le moment de réalisation de ces mesures et leur fréquence de mise en œuvre, l'étendue des moyens mis en œuvre, la quantité d'information collectées et la qualité des sources d'informations utilisées ;

4° Sont en mesure de justifier auprès de l'autorité de contrôle mentionnée à l'article L. 561-36 que l'étendue des mesures de vigilance qu'elles mettent en œuvre est adaptée aux risques qu'elles ont évalués.

Art. R. 561-14-2 *(Décr. nº 2018-284 du 18 avr. 2018, art. 30, en vigueur le 1er oct. 2018)* Pour la mise en œuvre des mesures de vigilance simplifiées prévues au 2° de l'article L. 561-9, les personnes mentionnées à l'article L. 561-2 mettent en œuvre les mesures d'identification du client et du bénéficiaire effectif selon les modalités prévues à l'article R. 561-5, ainsi que les mesures prévues à l'article R. 561-14.

Pour les contrats mentionnés au 1° de l'article R. 561-16, l'identification prévue au premier alinéa du souscripteur ou de l'assuré et, le cas échéant, de leur bénéficiaire effectif a lieu au plus tard au moment du paiement de la prestation.

Art. R. 561-15 *(Décr. n° 2018-284 du 18 avr. 2018, art. 31, en vigueur le 1er oct. 2018) (Décr. n° 2020-118 du 12 févr. 2020, art. 8)* « Les clients mentionnés » au 2° de l'article L. 561-9 sont :

1° Les personnes mentionnées aux 1° à 6° *bis* de l'article L. 561-2 établies en France, dans un autre État membre de l'Union européenne, dans un État partie à l'accord sur l'Espace économique européen *(Abrogé par Décr. n° 2020-118 du 12 févr. 2020, art. 8)* ***« ou dans un pays tiers imposant des obligations équivalentes en matière de lutte contre le blanchiment et le financement du terrorisme et figurant sur une liste établie par arrêté du ministre chargé de l'économie »*** ;

2° Les sociétés dont les titres sont admis à la négociation sur un marché réglementé en France, dans un autre État membre de l'Union européenne, dans un autre État partie à l'accord sur l'Espace économique européen ou *(Décr. n° 2020-118 du 12 févr. 2020, art. 8)* « qui sont soumises à des obligations de publicité conformes au droit de l'Union ou qui sont soumises à des normes internationales équivalentes garantissant une transparence adéquate des informations relatives à la propriété du capital, ce dont la personne mentionnée à l'article L. 561-2 est en mesure de justifier auprès de l'autorité de contrôle mentionnée à l'article L. 561-36 » ;

3° Les autorités publiques ou les organismes publics, désignés comme tels en vertu du traité sur l'Union européenne, des traités instituant les Communautés, du droit dérivé de l'Union européenne, du droit public d'un État membre de l'Union européenne ou de tout autre engagement international de la France, et qui satisfont aux trois critères suivants :

a) Leur identité est accessible au public, transparente et certaine ;

b) Leurs activités, ainsi que leurs pratiques comptables, sont transparentes ;

c) Ils sont soit responsables devant une institution de l'Union européenne ou devant les autorités d'un État membre, soit soumis à des procédures appropriées de contrôle de leur activité ;

4° Le bénéficiaire effectif des sommes déposées sur les comptes détenus pour le compte de tiers par les notaires, les huissiers de justice ou les membres d'une autre profession juridique indépendante établis en France, dans un État partie à l'accord sur l'Espace économique européen *(Abrogé par Décr. n° 2020-118 du 12 févr. 2020, art. 8)* ***« ou dans un pays tiers imposant des obligations équivalentes en matière de lutte contre le blanchiment et le financement du terrorisme et figurant sur une liste établie par arrêté du ministre chargé de l'économie »***, pour autant que les informations relatives à l'identité du bénéficiaire effectif soient mises à la disposition des établissements agissant en qualité de dépositaires pour ces comptes, lorsqu'ils en font la demande.

Exemption. Ni la notoriété de certains de ses clients, ni la connaissance que l'établissement en avait acquise notamment au travers de diverses pièces commerciales, ne dispensent d'opérer les vérifications réglementaires, incluant celle de l'identité des personnes agissant pour le compte des sociétés concernées (art. R. 561-5), dès lors que ces dernières n'entrent pas dans les exemptions limitativement énumérées par l'art. R. 561-15. • Décis. ACP n° 2012-05 du 5 févr. 2013.

Art. R. 561-16 *(Décr. n° 2018-284 du 18 avr. 2018, art. 32, en vigueur le 1er oct. 2018)* « Les produits et services mentionnés au 2° de l'article L. 561-9 sont : »

1° Les contrats d'*(Décr. n° 2018-284 du 18 avr. 2018, art. 32, en vigueur le 1er oct. 2018)* « assurance sur la vie ou de capitalisation » dont la prime annuelle ne dépasse pas 1 000 euros ou dont la prime unique ne dépasse pas 2 500 euros ;

(Décr. n° 2018-284 du 18 avr. 2018, art. 32, en vigueur le 1er oct. 2018) « 2° Les contrats d'assurance qui ne portent pas sur les branches vie-décès ou nuptialité-natalité ne sont pas liés à des fonds d'investissement, ne relèvent pas des opérations comportant la constitution d'associations réunissant des adhérents en vue de capitaliser en commun leurs cotisations et de répartir l'avoir ainsi constitué soit entre les survivants soit entre les ayants droit des décédés ou ne relèvent pas des branches de capitalisation ou de gestion de fonds collectifs ou de toute opération à caractère collectif définie à la section 1 du chapitre I du titre IV du livre IV du code des assurances ;

« 3° » Les contrats d'assurance retraite qui ne comportent pas de clause de rachat *[qui]* ne peuvent être utilisés en garantie et dont la sortie est faite en rente au moment du départ à la retraite, tels ceux mentionnés aux articles L. 132-23, L. 143-1, L. 144-1, L. 144-2 et L. 441-1 du code des assurances, aux articles L. 222-1, L. 222-2 et L. 223-22 du code de la mutualité et aux articles L. 911-1, L. 932-1, L. 932-14 et L. 932-24 du code de la sécurité sociale;

(Décr. n° 2018-284 du 18 avr. 2018, art. 32, en vigueur le 1er oct. 2018) « 4° Les contrats d'assurance emprunteur mentionnés à l'article L. 113-12-2 du code des assurances ou au deuxième alinéa de l'article L. 221-10 du code de la mutualité;

« 5° » Les financements d'actifs *(Décr. n° 2018-284 du 18 avr. 2018, art. 32, en vigueur le 1er oct. 2018)* « corporels ou incorporels à usage professionnel » dont la propriété n'est pas transférée au client ou ne peut l'être qu'à la cessation de la relation contractuelle et dont le loyer financier ne dépasse pas 15 000 euros hors taxes par an *(Décr. n° 2018-284 du 18 avr. 2018, art. 32, en vigueur le 1er oct. 2018)* « en moyenne annuelle sur la durée du contrat », que la transaction soit effectuée en une seule opération ou en plusieurs opérations apparaissant comme liées et sous réserve que le remboursement soit effectué exclusivement par un compte ouvert au nom du client auprès d'une personne mentionnée aux 1° à 6° de l'article L. 561-2 établie dans un État membre de l'Union européenne ou dans un État partie à l'accord sur l'Espace économique européen;

6° *(Décr. n° 2016-1523 du 10 nov. 2016, art. 2, en vigueur le 1er janv. 2017)* « Les opérations de crédit suivantes, sous réserve que leur remboursement soit effectué exclusivement depuis un compte ouvert au nom du client auprès d'une personne mentionnée aux 1° à 6° de l'article L. 561-2 établie dans un État membre de l'Union européenne ou partie à l'accord sur l'Espace économique européen :

« *a)* Les opérations de crédit régies par le chapitre II du titre I du livre III du code de la consommation, pour autant que leur montant ne dépasse pas 1 000 euros;

« *b)* Les opérations de crédit mentionnées au 5° de l'article L. 312-4 du même code; »

7° Les sommes versées sur un plan d'épargne d'entreprise en application du livre III de la troisième partie du code du travail, à l'exception des versements volontaires des bénéficiaires d'un plan d'épargne salariale mentionnés à l'article L. 3332-11 du même code, lorsque ces versements dépassent 8 000 euros ou qu'ils ne sont pas effectués à partir d'un compte ouvert au nom du bénéficiaire ou de son employeur auprès d'une personne mentionnée aux 1° à 6° de l'article L. 561-2 établie dans un État membre de l'Union européenne ou dans un État partie à l'accord sur l'Espace économique européen;

8° Les sommes versées sur un plan d'épargne pour la retraite collectif en application du livre III de la troisième partie du code du travail, à l'exception des versements volontaires des bénéficiaires d'un plan d'épargne salariale mentionnés à l'article L. 3332-11 du même code, lorsque ces versements dépassent 8 000 euros ou qu'ils ne sont pas effectués à partir d'un compte ouvert au nom du bénéficiaire ou de son employeur auprès d'une personne mentionnée aux 1° à 6° de l'article L. 561-2 établie dans un État membre de l'Union européenne ou dans un État partie à l'accord sur l'Espace économique européen;

9° Les comptes-titres aux fins de bénéficier d'une augmentation de capital réservée, d'actions gratuites, d'options de souscription ou d'achat d'actions attribuées conformément aux articles L. 225-177 à L. 225-186-1 du code de commerce et pour autant qu'ils ne dépassent pas une valeur de 15 000 euros;

10° *(Décr. n° 2017-1313 du 31 août 2017, art. 1er, en vigueur le 13 janv. 2018)* « Le service mentionné au 7° du II de l'article L. 314-1. » — *Les anc. 7° à 11° deviennent respectivement les 6° à 10° (Décr. n° 2018-284 du 18 avr. 2018, art. 32).*

Dérogation à l'obligation de vigilance. Compte tenu de son objet, qui est de ne soustraire aux obligations de vigilance que les opérations d'un montant très faible, cette dérogation ne saurait s'appliquer à l'émission *a posteriori* d'un montant cumulé de tickets de monnaie électronique non rechargeables égal à celui d'une seule et unique transaction dépassant le plafond prévu. • Décis. ACPR n° 2014-10 du 16 oct. 2015. ♦ Il est établi que l'établissement n'était pas en mesure de connaître la proportion des chargements effectués notamment en espèces, ne disposait pas d'éléments d'information indispensables à la mise en œuvre des dispositions réglementaires qui prévoient des conditions strictes relatives aux opérations de chargement en espèces pour bénéficier d'une dérogation aux obligations de vigilance, ainsi qu'un plafonnement du montant de tels chargements sur les cartes prépayées. • Décis. ACPR n° 2018-08 du 24 sept. 2019.

Art. R. 561-16-1 *(Décr. n° 2018-284 du 18 avr. 2018, art. 33, en vigueur le 1er oct. 2018)* **Pour ce qui concerne leurs activités relatives à la monnaie électronique, les personnes mentionnées à l'article L. 561-9-1 ne sont pas soumises aux obligations de vigilance prévues aux articles L. 561-5 et L. 561-5-1 si les conditions suivantes sont réunies :**

1° La monnaie électronique est émise en vue de la seule acquisition de biens ou de services *(Décr. n° 2021-387 du 2 avr. 2021, art. 1er)* **« de consommation. Elle ne peut servir, notamment, à l'achat d'actifs numériques ; »**

2° La valeur monétaire maximale stockée n'excède pas *(Décr. n° 2020-118 du 12 févr. 2020, art. 8)* **« 150 » euros et, dans l'hypothèse où le support peut être rechargé, la valeur monétaire est assortie d'une limite maximale de stockage et de paiement de** *(Décr. n° 2020-118 du 12 févr. 2020, art. 8)* **« 150 » euros par période de trente jours et ne peut être utilisée que pour des paiements sur le territoire national ;**

(Décr. n° 2020-118 du 12 févr. 2020, art. 8) **« 3° Le support de la monnaie électronique ne peut pas être chargé au moyen d'espèces. Toutefois, cette condition ne s'applique pas dans les cas suivants :**

« *a)* La monnaie électronique est émise en vue de l'acquisition de biens ou de services dans un réseau limité de personnes acceptant ces moyens de paiement ou pour un éventail limité de biens ou de services ;

« *b)* La valeur monétaire maximale stockée sur le support, qui n'est pas rechargeable, n'excède pas 50 euros ; »

4° Le support de la monnaie électronique ne peut pas être chargé au moyen de monnaie électronique dont le détenteur n'est pas identifié ni son identité vérifiée, dans les conditions respectivement prévues aux articles R. 561-5 et R. 561-5-1 ;

(Décr. n° 2020-118 du 12 févr. 2020, art. 8) **« 5° Les personnes mentionnées à l'article L. 561-9-1 mettent en place un dispositif général de surveillance et d'analyse des opérations qui est adapté aux principales caractéristiques de leur clientèle et de leurs produits afin de leur permettre de détecter toute transaction inhabituelle ou suspecte, telle que la détention de plusieurs supports de monnaie électronique par un même client. »**

Les opérations de retrait ou de remboursement en espèces de la monnaie électronique d'un montant supérieur à *(Décr. n° 2020-118 du 12 févr. 2020, art. 8)* **« 50 euros ou les opérations de paiement initiées via internet ou au moyen d'un dispositif de communication à distance dont le montant est supérieur à 50 euros par transaction » demeurent soumises aux obligations de vigilance prévues aux articles L. 561-5 et L. 561-5-1.**

Les émetteurs de monnaie électronique se mettent en conformité avec les dispositions du dernier al. de l'art. R. 561-16-1, dans sa rédaction résultant du Décr. n° 2020-118 du 12 févr. 2020, au plus tard le 1er janv. 2021, pour les opérations de paiement initiées via internet ou au moyen d'un dispositif de communication à distance dont le montant est compris entre 50 et 150 euros par transaction, dès lors que ces opérations sont réalisées au moyen d'un instrument de monnaie électronique respectant l'ensemble des conditions suivantes :

a) La monnaie électronique est émise en vue de la seule acquisition de biens ou de services de consommation dans un réseau d'accepteurs identifiés par l'émetteur et liés contractuellement à cet émetteur ;

b) La valeur monétaire maximale stockée n'excède pas 150 euros ;

c) L'instrument ne peut pas être rechargé ;

d) L'instrument ne peut pas être chargé au moyen d'espèces ;

e) L'instrument ne peut pas être chargé au moyen de monnaie électronique dont le détenteur n'est pas identifié ni son identité vérifiée, dans les conditions respectivement prévues aux art. R. 561-5 et R. 561-5-1 (Décr. préc., art. 21-I).

Réseau et éventail limités. Les notions de « réseau limité d'accepteurs » et d'« éventail limité de biens ou services », inscrites dans le code monétaire et financier pour la transposition de directives européennes sur la monnaie électronique et sur les services de paiement, ne sont ni obscures ni équivoques et ne sont pas non plus récentes. Ces notions ne sauraient faire l'objet d'une interprétation large. Ainsi, les dispositions du c) du 5°) de l'art. R. 561-16 [désormais R. 561-16-1-3°] étant claires, l'éventualité pour une entreprise qui ne les respecterait pas d'être sanctionnée apparaissait, au moment du contrôle, raisonnablement prévisible. • Décis. ACPR n° 2018-03 du 2 juill. 2019 : *préc. note 1 ss. art. L. 561-5-1.* ♦ En l'espèce, le support de monnaie électronique proposé ne pouvait être regardé comme satisfaisant l'un ou l'autre des deux critères ci-dessus rappelés, puisqu'il était utilisable sur un grand nombre de sites, dont des sites de commercialisation généralistes, sans aucune restriction géographique, fournissant des services variés, dans des secteurs tels que les jeux, le jardinage, l'astrologie, la téléphonie, les rencontres en ligne, la presse ou l'achat de produits minceur, proposés par des partenaires commerciaux différents. • Même décision.

Art. R. 561-16-2 *(Décr. n° 2020-118 du 12 févr. 2020, art. 8, en vigueur le 10 juill. 2020)* **Les personnes mentionnées aux 1° à 1° *quater* de l'article L. 561-2, agissant comme acquéreurs au sens du règlement UE 2015/751 du Parlement européen et du Conseil du 29 avril 2015, n'acceptent un paiement effectué au moyen de monnaie électronique utilisable sur support physique émise dans un pays tiers et dont le détenteur n'est pas identifié, ni son identité vérifiée, dans les conditions respectivement prévues aux articles R. 561-5 et R. 561-5-1, qu'à la condition que ces instruments de monnaie électronique répondent dans ce pays aux exigences prévues à l'article R. 561-16-1.**

Art. R. 561-17 *Abrogé par Décr. n° 2018-284 du 18 avr. 2018, art. 34, à compter du 1er oct. 2018.*

SOUS-SECTION 9 *Obligations en cas de risque élevé de blanchiment de capitaux ou de financement du terrorisme (Décr. n° 2018-284 du 18 avr. 2018, art. 24, en vigueur le 1er oct. 2018).*

Art. R. 561-18 **I. —** *(Décr. n° 2018-284 du 18 avr. 2018, art. 35, en vigueur le 1er oct. 2018)* **« Pour l'application du** *(Décr. n° 2020-118 du 12 févr. 2020, art. 9)* **« 1° » de l'article L. 561-10, une personne exposée à des risques particuliers en raison de ses fonctions est une personne qui exerce ou a cessé d'exercer depuis moins d'un an l'une des fonctions suivantes : »**

1° Chef d'État, chef de gouvernement, membre d'un gouvernement national ou de la Commission européenne ;

2° Membre d'une assemblée parlementaire nationale ou du Parlement européen *(Décr. n° 2018-284 du 18 avr. 2018, art. 35, en vigueur le 1er oct. 2018)* **« , membre de l'organe dirigeant d'un parti ou groupement politique soumis aux dispositions de la loi n° 88-227 du 11 mars 1988 ou d'un parti ou groupement politique étranger » ;**

3° Membre d'une cour suprême, d'une cour constitutionnelle ou d'une autre haute juridiction dont les décisions ne sont pas, sauf circonstances exceptionnelles, susceptibles de recours ;

4° Membre d'une cour des comptes ;

5° Dirigeant ou membre de l'organe de direction d'une banque centrale ;

6° Ambassadeur *(Décr. n° 2018-284 du 18 avr. 2018, art. 35, en vigueur le 1er oct. 2018)* **« ou chargé d'affaires » ;**

7° Officier général ou officier supérieur assurant le commandement d'une armée ;

8° Membre d'un organe d'administration, de direction ou de surveillance d'une entreprise publique ;

9° *(Décr. n° 2018-284 du 18 avr. 2018, art. 35, en vigueur le 1er oct. 2018)* **« Directeur, directeur adjoint, membres du conseil d'une organisation internationale créée par un traité, ou une personne qui occupe une position équivalente en son sein ».**

(Décr. n° 2021-1112 du 23 août 2021, art. 1er) **« Les organisations internationales accréditées sur le territoire national établissent et mettent à jour, chacune en ce qui les concerne, la liste des fonctions mentionnées au 9°. »**

(Décr. n° 2020-118 du 12 févr. 2020, art. 9) **« Un arrêté du ministre chargé de l'économie fixe la liste des fonctions auxquelles correspondent au plan national celles énumérées ci-dessus. »**

II. — Sont considérées comme des personnes *(Décr. n° 2020-118 du 12 févr. 2020, art. 9)* **« réputées » être des membres directs de la famille** *(Décr. n° 2018-284 du 18 avr. 2018, art. 35, en vigueur le 1er oct. 2018)* **« des personnes mentionnées au I » :**

1° Le conjoint ou le concubin notoire ;

2° Le partenaire lié par un pacte civil de solidarité ou par un contrat de partenariat enregistré en vertu d'une loi étrangère ;

3° *(Décr. n° 2018-284 du 18 avr. 2018, art. 35, en vigueur le 1er oct. 2018)* **« Les enfants », ainsi que leur conjoint, leur partenaire lié par un pacte civil de solidarité ou par un contrat de partenariat enregistré en vertu d'une loi étrangère ;**

(Décr. n° 2018-284 du 18 avr. 2018, art. 35, en vigueur le 1er oct. 2018) **« 4° Les ascendants au premier degré. »**

III. — Sont considérées comme des personnes *(Abrogé par Décr. n° 2018-284 du 18 avr. 2018, art. 35, à compter du 1er oct. 2018)* ***« connues pour être »*** **étroitement associées** *(Décr. n° 2018-284 du 18 avr. 2018, art. 35, en vigueur le 1er oct. 2018)* **« aux personnes mentionnées au I » :**

(Décr. n° 2018-284 du 18 avr. 2018, art. 35, en vigueur le 1er oct. 2018) **« 1° Les personnes physiques qui, conjointement avec la personne mentionnée au I, sont bénéficiaires effectifs d'une personne morale, d'un placement collectif, d'une fiducie ou d'un dispositif juridique comparable de droit étranger ;**

« 2° Les personnes physiques qui sont les seuls bénéficiaires effectifs d'une personne morale, d'un placement collectif, d'une fiducie ou d'un dispositif juridique comparable de droit étranger connu pour avoir été établi au profit de la personne mentionnée au I ;

« 3° » Toute personne physique connue comme entretenant des liens d'affaires étroits avec *(Décr. n° 2018-284 du 18 avr. 2018, art. 35, en vigueur le 1er oct. 2018)* **« la personne mentionnée au I ».**

V. Position-recommandation AMF n° 2013-23 du 22 nov. 2013 relative aux lignes directrices sur la notion de personne politiquement exposée en matière de lutte contre le blanchiment des capitaux et le financement du terrorisme (version actualisée le 6 nov. 2014). — V. aussi Lignes directrices ACPR relatives à la notion de personne politiquement exposée (version actualisée le 20 avr. 2018).

Art. R. 561-19 *(Décr. n° 2018-284 du 18 avr. 2018, art. 36, en vigueur le 1er oct. 2018)* **Les produits et opérations mentionnés au** *(Décr. n° 2020-118 du 12 févr. 2020, art. 9)* **« 2° » de l'article L. 561-10 sont les bons, titres et contrats au porteur ainsi que les opérations portant sur ces produits.**

Lors du remboursement d'un bon, titre ou contrat mentionné au premier alinéa, l'organisme identifie et vérifie l'identité de son porteur, et le cas échéant du bénéficiaire effectif de ce dernier, selon les modalités prévues respectivement aux articles R. 561-5, R. 561-5-1 et R. 561-7. En outre, lorsque le porteur est différent du souscripteur, ou lorsque le souscripteur est inconnu, l'organisme recueille auprès du porteur des informations sur les modalités d'entrée en possession du bon, titre ou contrat ainsi que, le cas échéant, des justificatifs permettant de corroborer ces informations.

Remboursement d'un bon au porteur. Le risque de BC/FT lié à la portabilité des bons de capitalisation au porteur (BCP) se réalise notamment lors de leur remboursement ; c'est l'existence d'un tel risque qui a justifié que des mesures de vigilance complémentaires soient imposées à leur sujet, avant que le Décr. n° 2018-284 du 18 avr. 2018, qui a notamment modifié l'art. R. 561-19, ne précise les diligences qui doivent être faites lors du remboursement de ces bons. • Décis. ACPR n° 2017-03 du 26 juill. 2018. ♦ Le remboursement des BCP est une opération à risque élevé quelles qu'en soient les modalités, ces instruments appartenant à la catégorie des produits favorisant l'anonymat ; les organismes assujettis doivent en conséquence leur appliquer des mesures de vigilance complémentaires, notamment le recueil d'une seconde pièce permettant de confirmer l'identité du client, comme exigé par le I de l'art. R. 561-20 [ancien], lorsqu'un porteur de BCP en demande le remboursement sous le régime de l'anonymat fiscal, ce qui permet le paiement en espèces au guichet et par virement sur un compte de passage et non sur un compte à son nom. • Même décision.

Art. R. 561-20 *(Abrogé par Décr. n° 2020-118 du 12 févr. 2020, art. 9) (Décr. n° 2018-284 du 18 avr. 2018, art. 37, en vigueur le 1er oct. 2018)* ***Pour l'application du 1° de l'article L. 561-10, et lorsque les mesures prévues aux 1° et 2° du R. 561-5-1 ne peuvent être mises en œuvre, les personnes mentionnées à l'article L. 561-2 vérifient l'identité de leur client en appliquant au moins deux mesures parmi les suivantes :***

1° Obtenir une copie d'un document mentionné aux 3° à 5° de l'article R. 561-5-1 ainsi que d'un document justificatif supplémentaire permettant de confirmer l'identité du client ;

2° Mettre en œuvre des mesures de vérification et de certification de la copie d'un document officiel ou d'un extrait de registre officiel mentionné aux 3° à 5° de l'article R. 561-5-1 par un tiers indépendant de la personne à identifier ;

3° Exiger que le premier paiement des opérations soit effectué en provenance ou à destination d'un compte ouvert au nom du client auprès d'une personne mentionnée aux 1° à 6° bis

de l'article L. 561-2 établie dans un État membre de l'Union européenne ou dans un État partie à l'accord sur l'Espace économique européen ou dans un pays tiers imposant des obligations équivalentes en matière de lutte contre le blanchiment de capitaux et le financement du terrorisme et figurant sur une liste établie par arrêté du ministre chargé de l'économie ;

4° Obtenir directement une confirmation de l'identité du client de la part d'un tiers remplissant les conditions prévues au 1° ou au 2° du I de l'article L. 561-7 ;

5° Recourir à un moyen d'identification électronique délivré dans le cadre d'un schéma français d'identification électronique notifié à la Commission européenne en application du paragraphe 1 de l'article 9 du règlement (UE) n° 910/2014 du Parlement européen et du Conseil du 23 juillet 2014 sur l'identification électronique et les services de confiance pour les transactions électroniques au sein du marché intérieur ou d'un schéma notifié par un autre État membre de l'Union européenne dans les mêmes conditions, dont le niveau de garantie correspond au niveau de garantie substantiel fixé par ce même règlement ;

6° Recueillir une signature électronique avancée ou qualifiée ou un cachet électronique avancé ou qualifié valide reposant sur un certificat qualifié comportant l'identité du signataire ou du créateur de cachet et délivré par un prestataire de service de confiance qualifié inscrit sur une liste de confiance nationale en application de l'article 22 du règlement (UE) n° 910/2014 du Parlement européen et du Conseil du 23 juillet 2014 sur l'identification électronique et les services de confiance pour les transactions électroniques au sein du marché intérieur.

Parmi les mesures mentionnées ci-dessus, les personnes mentionnées à l'article L. 561-2 choisissent les mesures qui, combinées entre elles, permettent la vérification de tous les éléments d'identification du client mentionnés à l'article R. 561-5.

Les personnes mentionnées à l'article L. 561-2 vérifient l'identité des personnes agissant pour le compte du client selon les modalités prévues au présent article.

Elles conservent, selon les modalités prévues à l'article L. 561-12, les informations et documents relatifs aux mesures mises en œuvre au titre du présent article, quel qu'en soit le support.

V. note ss. art. R. 561-18.

Pièce justificative complémentaire. Si la procédure LCB/FT de SBF n'exige pas la communication par les nouveaux clients d'un RIB mais seulement de l'IBAN du compte, le formulaire d'ouverture de compte prévoit bien, quant à lui, qu'un RIB doit être systématiquement demandé ; toutefois, s'il est vrai que les dispositions du I de l'art. R. 561-20 n'imposent pas la fourniture d'une seconde pièce d'identité officielle, le RIB n'apporte pas d'informations confirmatives en matière d'identification du client par rapport à celles résultant de l'émission ou de la réception d'un virement en provenance ou à destination du compte auquel il se rapporte, de sorte que la production de ce document par un client auquel un établissement a appliqué la mesure de vigilance prévue au 3° du I de l'art. R. 561-20, relative à la provenance du premier paiement des opérations, ne saurait s'analyser comme une mesure complémentaire distincte de celle-ci et comme apportant la « pièce justificative supplémentaire permettant de confirmer l'identité de la personne » exigée. • Décis. ACPR n° 2016-01 du 28 déc. 2016 : *Gaz. Pal. 21 févr. 2017, p. 75, obs. Morel-Maroger ; Banque et Dr. 3-4/2017. 90, obs. Nicolet ;* RDBF *2017, n° 56, obs. Mathey.*

Art. R. 561-20-1 *(Abrogé par Décr. n° 2020-118 du 12 févr. 2020, art. 9) (Décr. n° 2018-284 du 18 avr. 2018, art. 38, en vigueur le 1er oct. 2018)* ***Par dérogation à l'article R. 561-20, pour l'application du 1° de l'article L. 561-10, et lorsque les mesures prévues aux 1° et 2° de l'article R. 561-5-1 ne peuvent être mises en œuvre :***

1° Les personnes mentionnées au 9° bis de l'article L. 561-2 vérifient l'identité et l'adresse de leur client en appliquant les mesures prévues par l'article 17 de la loi n° 2010-476 du 12 mai 2010 relative à l'ouverture à la concurrence et à la régulation du secteur des jeux d'argent et de hasard en ligne et par les articles 2 à 6 du décret n° 2010-518 du 19 mai 2010 relatif à la mise à disposition de l'offre de jeux et de paris par les opérateurs agréés de jeux ou de paris en ligne ;

2° Les personnes mentionnées au 9° de l'article L. 561-2 vérifient l'identité de leur client en lui demandant communication de la copie d'un document officiel en cours de validité comportant sa photographie et justifiant de son identité et de sa date de naissance, vérifient son adresse et, lorsque leur client souhaite alimenter son compte ou recevoir ses avoirs par virement, ne procèdent à ces opérations qu'en provenance ou à destination d'un seul compte de paiement ouvert à son nom par le joueur auprès d'un prestataire de services de paiement établi dans un État membre de l'Union européenne, dans un État partie à l'accord sur l'Accord européen de libre-échange, dans un pays tiers dans lequel ces personnes sont autorisées à organiser et exploiter des jeux d'argent et de hasard et ayant conclu avec la France

une convention contenant une clause d'assistance administrative en vue de lutter contre la fraude et l'évasion fiscales ou dans un pays tiers imposant des obligations équivalentes en matière de lutte contre le blanchiment de capitaux et le financement du terrorisme et figurant sur une liste établie par arrêté du ministre chargé de l'économie.

Art. R. 561-20-2 *(Décr. nº 2018-284 du 18 avr. 2018, art. 38, en vigueur le 1er oct. 2018)* **Les personnes mentionnées à l'article L. 561-2 définissent et mettent en œuvre des procédures, adaptées aux risques de blanchiment de capitaux et de financement du terrorisme auxquelles elles sont exposées, permettant de déterminer si leur client, ou son bénéficiaire effectif, est une personne mentionnée au** *(Décr. nº 2020-118 du 12 févr. 2020, art. 9)* **« 1° » de l'article L. 561-10 ou le devient au cours de la relation d'affaires.**

Lorsque le client, ou son bénéficiaire effectif, est une personne mentionnée au *(Décr. nº 2020-118 du 12 févr. 2020, art. 9)* **« 1° » de l'article L. 561-10 ou le devient au cours de la relation d'affaires, les personnes mentionnées à l'article L. 561-2, en sus des mesures prévues aux articles L. 561-5 à L. 561-6, appliquent les mesures de vigilance complémentaires suivantes :**

1° Elles s'assurent que la décision de nouer ou maintenir une relation d'affaires avec cette personne ne peut être prise que par un membre de l'organe exécutif ou toute personne habilitée à cet effet par l'organe exécutif ;

2° Elles recherchent, pour l'appréciation des risques de blanchiment de capitaux et de financement du terrorisme, l'origine du patrimoine et des fonds impliqués dans la relation d'affaires ou la transaction ;

3° Elles renforcent les mesures de vigilance prévues à l'article R. 561-12-1.

Art. R. 561-20-3 *(Décr. nº 2018-284 du 18 avr. 2018, art. 38, en vigueur le 1er oct. 2018)* **Les personnes mentionnées aux 2° à 2°** ***sexies*** **et 3°** ***bis*** **de l'article L. 561-2 prennent des mesures permettant de déterminer si les bénéficiaires des contrats d'assurance-vie ou de capitalisation et, le cas échéant, leurs bénéficiaires effectifs, sont des personnes mentionnées** *(Décr. nº 2020-118 du 12 févr. 2020, art. 9)* **« au 1° de l'article L. 561-10 ». Ces mesures sont adaptées aux risques de blanchiment de capitaux et de financement du terrorisme auxquelles elles sont exposées et sont mises en œuvre, au plus tard, au moment du versement des prestations ou au moment de la cession, partielle ou totale, du contrat d'assurance-vie ou de capitalisation.**

Lorsque le bénéficiaire du contrat d'assurance-vie ou de capitalisation, ou son bénéficiaire effectif, est une personne mentionnée au *(Décr. nº 2020-118 du 12 févr. 2020, art. 9)* **« 1° de l'article L. 561-10 », les personnes mentionnées aux 2° à 2°** ***sexies*** **et 3°** ***bis*** **de l'article L. 561-2 appliquent les mesures de vigilance complémentaires suivantes :**

1° Elles informent un membre de l'organe exécutif ou toute personne habilitée à cet effet par l'organe exécutif avant le versement des prestations ou la cession totale ou partielle du contrat ;

2° Elles renforcent les mesures de vigilance prévues à l'article R. 561-12-1.

Art. R. 561-20-4 *(Décr. nº 2020-118 du 12 févr. 2020, art. 9)* **I. — Les personnes mentionnées à l'article L. 561-2 définissent et mettent en œuvre des procédures leur permettant de déterminer si l'opération qu'elles exécutent est au nombre de celles qui sont mentionnées au 3° de l'article L. 561-10.**

II. — Lorsqu'elles exécutent l'opération mentionnée au I, les personnes mentionnées à l'article L. 561-2 appliquent :

1° Les mesures de vigilance complémentaires suivantes, dont l'intensité varie selon une approche par les risques et qui prennent en compte les spécificités des opérations :

a) **La décision de nouer ou de maintenir la relation d'affaires est prise par un membre de l'organe exécutif ou toute personne habilitée à cet effet par l'organe exécutif si le client est domicilié, enregistré ou établi dans un État ou territoire mentionné au 3° de l'article L. 561-10 ;**

b) **Des informations supplémentaires relatives aux éléments suivants sont recueillies : la connaissance de leur client et, le cas échéant, de son bénéficiaire effectif, la nature de la relation d'affaires, l'origine des fonds et du patrimoine du client**

et, le cas échéant, du bénéficiaire effectif, ainsi que l'objet des opérations envisagées ou réalisées ;

c) Une surveillance renforcée de la relation d'affaires est mise en œuvre en augmentant le nombre et la fréquence des contrôles réalisés et en adaptant les critères et seuils en fonction desquels les opérations doivent faire l'objet d'un examen plus approfondi ;

Pour les personnes mentionnées aux 1° à 6° de l'article L. 561-2, les modalités de suivi des opérations doivent être définies par le responsable mentionné au I de l'article L. 561-32 qui s'assure de leur mise en œuvre.

2° En complément des mesures mentionnées au 1°, les mêmes personnes appliquent, le cas échéant, au moins l'une des mesures suivantes en se fondant sur une approche par les risques :

a) Des éléments supplémentaires de vigilance renforcée ;

b) La mise en place, pour les opérations mentionnées au 3° de l'article L. 561-10, de mécanismes renforcés de suivi ou de signalements destinés notamment au responsable de la mise en œuvre du dispositif de lutte contre le blanchiment et le financement du terrorisme mentionné à l'article L. 561-32 ;

c) La limitation des relations d'affaires ou des transactions avec des personnes physiques ou tout autre entité provenant d'un État ou territoire mentionné au 3° de l'article L. 561-10.

III. — Les personnes mentionnées aux 1° à 6° de l'article L. 561-2 peuvent ne pas appliquer les mesures de vigilance mentionnées au I lorsque les opérations mentionnées au 3° de l'article L. 561-10 proviennent ou sont à destination de l'une de leurs filiales ou succursales établie à l'étranger, sous réserve qu'elles justifient auprès de l'autorité de contrôle compétente mentionnée à l'article L. 561-36 que cette filiale ou succursale applique des mesures au moins équivalentes à celles prévues au chapitre I du présent titre en matière de vigilance à l'égard du client et de conservation des informations.

Art. R. 561-20-5 *(Décr. n° 2020-118 du 12 févr. 2020, art. 9)* Les arrêtés mentionnés à l'article L. 561-11 prévoient au moins l'une des mesures ci-dessous consistant à :

1° Interdire l'établissement en France de filiales, de succursales ou de bureaux de représentation de personnes équivalentes à celles mentionnées à l'article L. 561-2 domiciliées, enregistrées ou établies dans l'État ou territoire mentionné au 3° de l'article L. 561-10 ou tenir compte, d'une autre manière, du fait que la personne concernée est originaire d'un État ou territoire qui n'est pas doté de dispositifs satisfaisants de lutte contre le blanchiment de capitaux et le financement du terrorisme ;

2° Interdire aux personnes mentionnées à l'article L. 561-2 d'établir des filiales, succursales ou des bureaux de représentation dans l'État ou territoire mentionné au 3° de l'article L. 561-10 ou tenir compte, d'une autre manière, du fait que la succursale ou le bureau de représentation en question serait établi dans un État ou territoire qui n'est pas doté de dispositifs satisfaisants de lutte contre le blanchiment de capitaux et le financement du terrorisme ;

3° Imposer aux personnes mentionnées à l'article L. 561-2 des obligations renforcées en matière de contrôle ou d'audit externe pour les filiales et les succursales établies dans un État ou territoire mentionné au 3° de l'article L. 561-10 ;

4° Imposer des obligations renforcées en matière d'audit externe pour les filiales et succursales des personnes mentionnées à l'article L. 561-2 dont les entreprises mères ou les sièges sociaux sont situés dans un État ou territoire mentionné au 3° de l'article L. 561-10 ;

5° Sans préjudice des mesures prévues à l'article L. 561-10-3, imposer aux personnes mentionnées aux 1° à 1° *quater*, 5° et 6° à 6° *bis* de l'article L. 561-2 d'adapter leurs relations de correspondant avec les établissements clients dans le pays concerné ou, si nécessaire, d'y mettre fin.

Les arrêtés mentionnés à l'article L. 561-11 peuvent aussi limiter ou exclure le recours à un tiers mentionné à l'article L. 561-7 qui est situé dans un pays qui n'est pas doté de dispositifs satisfaisants de lutte contre le blanchiment de capitaux et le financement du terrorisme.

Art. R. 561-21 *(Décr. nº 2009-1087 du 2 sept. 2009, art. 1er) (Décr. nº 2020-118 du 12 févr. 2020, art. 9)* « Pour l'application du II de l'article L. 561-10-3, les personnes mentionnées aux 1° à 1° *quater* et aux 5° à 6° *bis* de l'article L. 561-2 mettent en œuvre les mesures de vigilance spécifiques suivantes, dont l'intensité varie selon une approche par les risques : »

1° *(Décr. nº 2018-284 du 18 avr. 2018, art. 39, en vigueur le 1er oct. 2018)* « Elles recueillent » sur l'établissement cocontractant des informations suffisantes pour connaître la nature de ses activités et pour apprécier, sur la base d'informations accessibles au public et exploitables, sa réputation et la qualité de la surveillance dont il fait l'objet *(Décr. nº 2020-118 du 12 févr. 2020, art. 9)* « y compris les sanctions disciplinaires ou judiciaires ou autres mesures de police administrative prononcées à son encontre, ainsi que les éventuelles mesures correctrices mises en œuvre » ;

2° *(Décr. nº 2018-284 du 18 avr. 2018, art. 39, en vigueur le 1er oct. 2018)* « Elles évaluent » le dispositif de lutte contre le blanchiment de capitaux et le financement du terrorisme mis en place par l'établissement cocontractant ;

3° *(Décr. nº 2018-284 du 18 avr. 2018, art. 39, en vigueur le 1er oct. 2018)* « Elles s'assurent » que la décision de nouer une relation d'affaires avec l'établissement cocontractant est prise par un membre de l'organe exécutif ou toute personne habilitée à cet effet par l'organe exécutif ;

(Décr. nº 2018-284 du 18 avr. 2018, art. 39, en vigueur le 1er oct. 2018) « 4° Elles prévoient, dans la convention de *(Décr. nº 2020-118 du 12 févr. 2020, art. 9)* « relation de » correspondant *(Abrogé par Décr. nº 2020-118 du 12 févr. 2020, art. 9) « bancaire »* ou de distribution des instruments financiers, les responsabilités respectives de chaque établissement, les modalités de transmission des informations à la demande de l'établissement assujetti et les modalités de contrôle du respect de la convention ; »

(Décr. nº 2020-118 du 12 févr. 2020, art. 9) « 5° Elles s'assurent, lorsqu'elles accueillent, dans le cadre des relations de correspondance, des comptes de passage, que l'établissement de crédit cocontractant a vérifié l'identité des clients ayant un accès direct à ces comptes de correspondant et qu'il a mis en œuvre à l'égard de ces clients des mesures de vigilance conformes à celles prévues aux articles L. 561-5 à L. 561-6. Elles s'assurent également que l'établissement cocontractant peut, à leur demande, leur fournir des données pertinentes concernant ces mesures de vigilance. »

V. les Principes d'application sectoriels sur la correspondance bancaire (juin 2018).

La sous-section 10 « Mesures de vigilance renforcée » a été supprimée et les art. R. 561-21 et R. 561-22 ont été inclus dans la sous-section 9 (Décr. nº 2018-284 du 18 avr. 2018, art. 24, en vigueur le 1er oct. 2018).

BIBL. ▶ HUCHET, *RTDF 2008, nº 3, p. 47* (éléments de présentation de l'activité de *Correspondent banking*) ; *JCP E 2008, nº 44, p. 9* (du doute au soupçon dans le cadre de l'activité de *Correspondent banking*). – DOUAOUI-CHAMSEDDINE, *LPA 9 juill. 2009* (correspondance bancaire à l'épreuve du monopole bancaire et de l'exigence d'une cause licite) ; *RDBF 2010. Étude 19* (correspondance bancaire et règlement Rome I).

Art. R. 561-22 Les résultats de l'examen renforcé prescrit à l'article L. 561-10-2 sont consignés par écrit et conservés selon les modalités prévues à l'article L. 561-12.

Art. R. 561-22-1 *(Décr. nº 2020-118 du 12 févr. 2020, art. 9)* Pour l'application des articles L. 561-7, L. 561-20, du 3° de l'article R. 561-5-2, du 2° de l'article R. 561-5-3 et de l'article R. 561-9, les personnes mentionnées à l'article L. 561-2 concernées évaluent le niveau d'équivalence des obligations en matière de lutte contre le blanchiment et le financement du terrorisme d'un pays tiers en tenant compte notamment des informations et déclarations diffusées par le Groupe d'action financière ainsi que des listes publiées par la Commission européenne en application de l'article 9 de la directive (UE) 2015/849 du 20 mai 2015 relative à la prévention de l'utilisation du système financier aux fins du blanchiment de capitaux ou du financement du terrorisme. Elles doivent être en mesure de justifier auprès des autorités de contrôle de leur analyse.

SOUS-SECTION 10 *Obligations d'enregistrement pour le secteur des jeux*

(Décr. nº 2020-118 du 12 févr. 2020, art. 9)

Art. R. 561-22-2 Pour l'application du 2° de l'article L. 561-10 *(Décr. nº 2021-387 du 2 avr. 2021, art. 1er)* « et de l'article L. 561-13 », en cas d'opération d'échange de

tous modes de paiement, plaques, jetons, tickets dont le montant excède 2 000 euros par séance pour les personnes mentionnées au 9° de l'article L. 561-2 ou lorsqu'un joueur mise ou gagne plus de 2 000 euros par transaction pour les personnes mentionnées au 9° *bis* du même article, ces personnes appliquent les mesures suivantes :

1° Elles enregistrent les nom, prénoms, adresse, date et lieu de naissance des joueurs titulaires de comptes joueurs ainsi que le montant des sommes misées et gagnées par ces joueurs ;

2° Elles enregistrent les nom, prénoms, adresse, date et lieu de naissance des joueurs ainsi que le montant des sommes échangées, misées ou gagnées hors compte joueur par ces joueurs dans un registre spécifique.

Les informations mentionnées aux 1° et 2° doivent être conservées pendant cinq ans.

SECTION 4 *Obligations de déclaration et d'information* (*Décr. n° 2018-284 du 18 avr. 2018, art. 40, en vigueur le 1er oct. 2018*).

SOUS-SECTION 1 *Désignation d'un déclarant et d'un correspondant*

Art. R. 561-23 **I. — Les personnes mentionnées aux** (*Décr. n° 2019-1248 du 28 nov. 2019, art. 3*) **« 1° à 7° *quater* » de l'article L. 561-2 communiquent au service mentionné à l'article** (*Décr. n° 2018-284 du 18 avr. 2018, art. 41, en vigueur le 1er oct. 2018*) **« L. 561-23 » et à leur autorité de contrôle désignée à l'article L. 561-36 l'identité de leurs dirigeants ou préposés habilités à procéder aux déclarations prescrites à l'article L. 561-15.**

Pour les autres personnes mentionnées à l'article L. 561-2, la communication de l'identité et de la qualité de la personne habilitée à procéder à cette déclaration est effectuée par un document distinct, joint à l'appui de la première déclaration transmise au service mentionné à l'article (*Décr. n° 2018-284 du 18 avr. 2018, art. 41, en vigueur le 1er oct. 2018*) **« L. 561-23 » en application de l'article L. 561-15.**

II. — Tout changement concernant les personnes habilitées en application du I, qui répondent à l'appellation de déclarant, doit être porté, sans délai, à la connaissance de ce service et de leur autorité de contrôle, le cas échéant.

III. — Tout dirigeant d'une personne morale mentionnée à l'article L. 561-2 ou préposé de cette personne morale peut prendre l'initiative de déclarer lui-même au service mentionné à l'article (*Décr. n° 2018-284 du 18 avr. 2018, art. 41, en vigueur le 1er oct. 2018*) **« L. 561-23 », dans des cas exceptionnels, en raison notamment de l'urgence, une opération lui paraissant devoir l'être en application de l'article L. 561-15. Cette déclaration est confirmée, dans les meilleurs délais, par la personne habilitée.**

IV. — Les personnes mentionnées aux (*Décr. n° 2018-284 du 18 avr. 2018, art. 42, en vigueur le 1er oct. 2018*) **« 12° à 13° »** (*Décr. n° 2020-118 du 12 févr. 2020, art. 10*) **« et 19° » de l'article L. 561-2 s'acquittent personnellement de l'obligation de déclaration mentionnée à l'article L. 561-15, quelles que soient les modalités de leur exercice professionnel.** — *V. Instr. ACPR n° 2013-I-10 du 3 oct. 2013, ci-dessous.*

Déclarants TRACFIN. La désignation comme déclarant TRACFIN d'une personne, salariée d'une filiale marocaine de l'établissement, ne résidant pas en France, même à titre transitoire, constitue en soi un manquement aux obligations résultant de l'art. R. 561-23. Par ailleurs, s'il n'est pas avéré que l'établissement se serait trouvé en conséquence dans l'impossibilité d'adresser à TRACFIN des déclarations de soupçon, l'organisation ci-dessus décrite n'était pas de nature à permettre à l'établissement de respecter dans tous les cas et sans retard ses obligations déclaratives. • Décis. ACPR n° 2016-10 du 8 nov. 2017 : *citée note ss. art. R. 561-20.*

Instruction ACPR n° 2013-I-10 du 3 octobre 2013,

Relative aux informations sur le dispositif de prévention du blanchiment de capitaux et du financement des activités terroristes des changeurs manuels.

Art. 1er Sont dénommés ci-après "organismes assujettis", les changeurs manuels mentionnés au (*Instr. ACPR n° 2017-I-17 du 3 oct. 2017, art. 1er*) « 7° de l'article L. 561-2 du code monétaire et financier ».

Les organismes assujettis doivent remettre les tableaux BLANCHIMENT de l'annexe à la présente instruction dans les conditions précisées aux articles 2 et 3 de la présente instruction :

— B1 : *(Instr. ACPR n° 2017-I-17 du 3 oct. 2017, art. 1er)* « Identité du (des) déclarant(s) et correspondant(s) Tracfin, ainsi que du responsable de la mise en œuvre du dispositif de LCB-FT » ;

— B2 : Dispositif de lutte contre le blanchiment des capitaux et le financement du terrorisme (LCB-FT) ;

— B3 : Données quantitatives ;

— B4 : Déclaration statistique annuelle ;

— B5 : Commentaires.

Art. 2 Les informations fournies dans les tableaux B1, B2 et B3 mentionnés à l'article 1er sont arrêtées le 31 décembre de chaque année civile.

Concernant le tableau B4, les organismes assujettis renseignent les montants des achats et des ventes de devises effectués au cours du dernier exercice comptable clos.

Art. 3 *(Instr. ACPR n° 2016-I-12 du 6 juin 2016, art. 2)* « Les tableaux B1, B2, B3, B4 et B5 sont remis sur support papier à l'adresse suivante :

« Secrétariat général de l'Autorité de contrôle prudentiel et de résolution
« Pôle de contrôle permanent LCB-FT
« 66-2760
« 61, rue Taitbout
« 75436 Paris Cedex 09 »

Ils sont signés par le dirigeant de l'organisme assujetti.

(Instr. ACPR n° 2017-I-17 du 3 oct. 2017, art. 2) « En complément de la remise sur support papier, les organismes assujettis saisissent les tableaux B1, B2, B3, B4 et B5 sous forme électronique sur le portail ONEGATE. »

Les tableaux B1, B2, B3 et B5 sont adressés au Secrétariat général de l'Autorité de contrôle prudentiel et de résolution au plus tard le 31 mars de chaque année. *(Instr. ACPR n° 2017-I-17 du 3 oct. 2017, art. 2)* « Par dérogation, leur remise au titre de l'exercice 2017 est effectuée au plus tard le 30 juin 2018. »

Le tableau B4 est adressé au Secrétariat général de l'Autorité de contrôle prudentiel et de résolution dans les trois mois qui suivent la date de clôture de l'exercice comptable.

En cas de cessation par un ou plusieurs déclarants ou correspondants de leurs fonctions ou en cas de désignation d'un ou de plusieurs déclarants ou correspondants en cours d'année, le tableau B1 est communiqué sans délai au Secrétariat général de l'Autorité de contrôle prudentiel et de résolution.

Dès l'obtention de l'autorisation d'exercer leur activité, les organismes assujettis communiquent sans délai le tableau B1 au Secrétariat général de l'Autorité de contrôle prudentiel et de résolution.

Art. 4 Les organismes assujettis conservent à la disposition de l'Autorité de contrôle prudentiel et de résolution les informations collectées ainsi que tous les documents ayant servi à l'élaboration des tableaux BLANCHIMENT pendant une durée de cinq ans à compter de leur date de remise. — *Anc. art. 5 (Instr. ACPR n° 2016-I-12 du 6 juin 2016, art. 4).*

Art. 5 La présente instruction abroge l'instruction n° 2011-I-04 du 28 mars 2011. — *Anc. art. 6 (Instr. ACPR n° 2016-I-12 du 6 juin 2016, art. 5).*

ANNEXE

V. annexe sur le site internet de l'ACPR.

Art. R. 561-24 Les personnes mentionnées aux *(Décr. n° 2019-1248 du 28 nov. 2019, art. 3)* « 1° à 7° *quater* » de l'article L. 561-2 communiquent au service mentionné à l'article *(Décr. n° 2018-284 du 18 avr. 2018, art. 41, en vigueur le 1er oct. 2018)* « L. 561-23 » et à leur autorité de contrôle désignée à l'article L. 561-36 l'identité de leurs dirigeants ou préposés, chargés de répondre aux demandes de ce service et de cette autorité et d'assurer la diffusion aux membres concernés du personnel des informations, avis ou recommandations de caractère général qui en émanent.

Les autres personnes mentionnées à l'article L. 561-2 procèdent à cette même désignation auprès de ce service dans le document distinct mentionné au deuxième alinéa du I de l'article R. 561-23 accompagnant la première déclaration mentionnée à l'article L. 561-15.

Tout changement concernant les personnes ainsi désignées, qui répondent à l'appellation de correspondant, doit être porté, sans délai, à la connaissance du service et de leur autorité de contrôle.

Les personnes mentionnées à l'article L. 561-2 veillent à ce que les fonctions de correspondant soient assurées avec la continuité nécessaire pour être en mesure de répondre, dans les délais impartis, aux demandes du service mentionné à l'article *(Décr. nº 2018-284 du 18 avr. 2018, art. 41, en vigueur le 1er oct. 2018)* « L. 561-23 ». – *V. Instr. ACPR nº 2013-I-10 du 3 oct. 2013, ss. art. R. 561-23.*

Art. R. 561-25 Les commissaires aux comptes, les experts-comptables, les notaires, les huissiers de justice, les administrateurs judiciaires, les mandataires judiciaires, les avocats lorsqu'ils agissent en qualité de fiduciaires et les commissaires-priseurs judiciaires sont chargés, à titre individuel, quelles que soient les modalités de leur exercice professionnel, de répondre à toute demande émanant du service mentionné à l'article *(Décr. nº 2018-284 du 18 avr. 2018, art. 41, en vigueur le 1er oct. 2018)* « L. 561-23 » et de recevoir les accusés de réception des déclarations faites par l'organisme en application des dispositions de l'article L. 561-15.

Art. R. 561-26 *(Décr. nº 2012-634 du 3 mai 2012, art. 19)* « Pour les avocats au Conseil d'État et à la Cour de cassation et les avocats, sauf lorsqu'ils agissent en qualité de fiduciaires, la personne chargée de répondre à toute demande émanant du service mentionné à l'article *(Décr. nº 2018-284 du 18 avr. 2018, art. 41, en vigueur le 1er oct. 2018)* « L. 561-23 » et de recevoir les accusés de réception des déclarations faites par l'organisme en application des dispositions de l'article L. 561-15 est, selon les cas, avec faculté de délégation pour chacun d'entre eux, le président de l'ordre des avocats au Conseil d'État et à la Cour de cassation ou le bâtonnier de l'ordre auprès duquel l'avocat est inscrit. »

Ces autorités transmettent la demande ou l'accusé de réception immédiatement au professionnel concerné. Toutefois, la transmission de l'accusé de réception n'a pas lieu si le professionnel a indiqué expressément ne pas vouloir en être destinataire.

Art. R. 561-27 Les correspondants et déclarants désignés par la même personne mentionnée à l'article L. 561-2 se communiquent les informations portées à leur connaissance par le service mentionné à l'article *(Décr. nº 2018-284 du 18 avr. 2018, art. 41, en vigueur le 1er oct. 2018)* « L. 561-23 » et se tiennent informés des demandes qui en émanent.

Art. R. 561-28 *(Décr. nº 2018-284 du 18 avr. 2018, art. 43, en vigueur le 1er oct. 2018)* Par dérogation aux articles R. 561-23 et R. 561-24, les personnes mentionnées aux 1º à 6º *(Décr. nº 2021-387 du 2 avr. 2021, art. 2)* « et au 7º *bis* » de l'article L. 561-2 qui appartiennent à un même groupe au sens de l'article L. 561-33 peuvent convenir, en accord avec leur entreprise-mère ou leur organe central, d'une désignation conjointe d'une personne au sein du groupe. La personne ainsi habilitée doit exercer ses fonctions en France. Le groupe communique l'identité de cette personne au service mentionné à l'article L. 561-23 et à chaque autorité de contrôle concernée.

Art. R. 561-29 *(Décr. nº 2018-284 du 18 avr. 2018, art. 44, en vigueur le 1er oct. 2018)* Les procédures prévues au deuxième alinéa du I de l'article L. 561-33 permettent l'échange d'informations nécessaires à la vigilance dans le groupe en matière de lutte contre le blanchiment de capitaux et le financement du terrorisme, y compris les données nominatives relatives à la clientèle et aux relations d'affaires, les documents consignant les caractéristiques des opérations mentionnées à l'article L. 561-10-2 et, le cas échéant, les informations prévues à l'article L. 561-20.

1. Conformité à la Conv. EDH. Les dispositions de l'art. R. 561-29 [rédaction antérieure au Décr. du 18 avr. 2018], qui fonde le grief relatif à l'absence de procédure définissant les modalités de circulation de l'information, sont suffisamment claires quant à leur objet pour permettre à l'établissement d'identifier ses obligations procédurales en matière d'échange d'informations dont l'objectif est de permettre une organisation consolidée et efficace de la LCB/FT. • Décis. ACP nº 2011-02 du 24 oct. 2012 : *Banque et Dr. 11-12/2012. 35, et les obs.*

2. Échanges d'informations. L'art. R. 561-29 [rédaction antérieure au Décr. du 18 avr. 2018] prévoyant l'obligation d'échanger les informations nécessaires à la vigilance dans le groupe en matière de LCB/FT, notamment « si le droit local qui leur est applicable le permet, avec les entités étrangères », implique, sans y être limité, un accès aux informations relatives aux clients sensibles et aux dossiers constitués dans le cadre du II de l'art. L. 561-10-2, indispensable au respect de l'obligation de vigilance au sein d'un groupe. • Décis. ACP n° 2011-02 du 24 oct. 2012 : *préc. note 1.*

Art. R. 561-30 *Abrogé par Décr. n° 2018-284 du 18 avr. 2018, art. 45, à compter du 1er oct. 2018.*

SOUS-SECTION 2 *Contenu et transmission des déclarations*

Art. R. 561-31 *(Décr. n° 2013-480 du 6 juin 2013, en vigueur le 1er juill. 2013)* **I. — Lorsqu'elle est établie par écrit, la déclaration mentionnée à l'article L. 561-15 est effectuée au moyen d'un formulaire dont les mentions sont fixées par arrêté du ministre chargé de l'économie.** — *V. Arr. du 6 juin 2013, ci-dessous.*

Cette déclaration, dactylographiée et dûment signée, est transmise au service mentionné à l'article *(Décr. n° 2018-284 du 18 avr. 2018, art. 41, en vigueur le 1er oct. 2018)* **« L. 561-23 » selon des modalités définies par arrêté du ministre chargé de l'économie. Cet arrêté peut prévoir l'obligation, pour tout ou partie des personnes mentionnées à l'article L. 561-2, d'effectuer la déclaration par voie électronique au moyen d'une application informatique spéciale accessible par le réseau internet.**

II. — Lorsqu'elle est effectuée verbalement, la déclaration est recueillie par le service mentionné à l'article *(Décr. n° 2018-284 du 18 avr. 2018, art. 41, en vigueur le 1er oct. 2018)* **« L. 561-23 » en présence du déclarant désigné conformément aux dispositions du I de l'article R. 561-23.**

III. — Dans tous les cas, la déclaration comporte les renseignements et éléments d'information suivants :

1° La profession exercée par la personne qui effectue la déclaration par référence aux catégories mentionnées à l'article L. 561-2 ;

2° Les éléments d'identification et les coordonnées professionnelles du déclarant désigné conformément aux dispositions du I de l'article R. 561-23 ;

3° Le cas de déclaration par référence aux cas mentionnés *(Décr. n° 2018-284 du 18 avr. 2018, art. 46, en vigueur le 1er oct. 2018)* **« à » l'article L. 561-15 ;**

4° Les éléments d'identification du client et, le cas échéant, du bénéficiaire effectif de l'opération qui fait l'objet de la déclaration ainsi que, dans le cas où une relation d'affaires a été nouée avec le client, l'objet et la nature de cette relation ;

5° Un descriptif de l'opération et les éléments d'analyse qui ont conduit à effectuer la déclaration ;

6° Lorsque l'opération n'a pas encore été exécutée, son délai d'exécution.

IV. — La déclaration est accompagnée, le cas échéant, de toute pièce utile à son exploitation par le service mentionné à l'article *(Décr. n° 2018-284 du 18 avr. 2018, art. 41, en vigueur le 1er oct. 2018)* **« L. 561-23 ».**

V. — Lorsque le service mentionné à l'article *(Décr. n° 2018-284 du 18 avr. 2018, art. 41, en vigueur le 1er oct. 2018)* **« L. 561-23 » constate qu'une déclaration ne satisfait pas à l'une des conditions prévues aux** *(Décr. n° 2018-284 du 18 avr. 2018, art. 46, en vigueur le 1er oct. 2018)* **« I à IV », il invite le déclarant à la régulariser dans le délai d'un mois en l'informant qu'à défaut de régularisation celle-ci ne pourra être prise en compte pour l'application des dispositions** *(Abrogé par Décr. n° 2018-284 du 18 avr. 2018, art. 46, à compter du 1er oct. 2018) « des I à IV »* **de l'article L. 561-22.**

A défaut de régularisation dans ce délai, le service notifie au déclarant une décision d'irrecevabilité selon des modalités définies par arrêté du ministre chargé de l'économie. — *V. Arr. du 6 juin 2013, ci-dessous.*

BIBL. ▶ Décr. n° 2009-1087 du 2 sept. 2009 : PERE, *Banque et Dr. 5-6/2010. 12* (déclaration de soupçon : lignes directrices de TRACFIN et de la Commission bancaire). ▶ Décr. n° 2013-480 du 6 juin 2013 : CUTAJAR, *BJB 2013. 419* (nouvelles conditions de recevabilité de la déclaration de soupçon).

1. Contenu de la déclaration de soupçon. Si le manque d'informations financières peut entraîner l'envoi d'une déclaration de soupçon, des carences en matière d'identification ou de connaissance du client affectent tous les dossiers énumérés par la poursuite ; elles ont nécessairement pour conséquence de limiter la qualité des déclaration de soupçon adressées au service TRACFIN. L'absence de réaction du service TRACFIN sur la qualité des déclarations reçues ne peut suffire à montrer que les obligations d'un établissement assujetti à ce sujet sont satisfaites. • Décis. ACPR n° 2014-07du 24 juill. 2015 : *citée note 1 ss. art. L. 561-15.* ♦ L'absence de réaction de TRACFIN, qui n'a jamais estimé irrecevables les dossiers visés par la poursuite, est sans conséquence sur le manquement. Par ailleurs, les difficultés que l'établissement mentionne pour obtenir des informations de la part de ses réseaux de distributeurs sont sans conséquence sur le grief et il incombe à un organisme assujetti de faire figurer dans les DS qu'il adresse à TRACFIN toutes les informations requises, même s'il estime que certaines d'entre elles ne sont pas indispensables à ce service. • Décis. ACPR n° 2017-01 du 26 juill. 2018 : *Banque et Dr. 9-10/2018. 69, obs. Nicolet.*

2. *Plateforme ERMES.* Le délai entre les nouvelles opérations ayant motivé l'établissement d'une déclaration de soupçon complémentaire, l'envoi de cette déclaration ne peut être justifié par les modalités de mise en œuvre de l'obligation, issue de l'Arr. du 6 juin 2013 fixant les modalités de transmission de la déclaration effectuée en application de l'art. L. 561-15, d'effectuer les déclarations *via* la plateforme sécurisée ERMES puisque, d'une part, celle-ci n'était pas encore entrée en vigueur et que, d'autre part, il est toujours possible, en cas d'indisponibilité de la plateforme, d'envoyer une déclaration sous forme papier. • Décis. ACPR n° 2015-06 du 29 avr. 2016 : *citée ss. art. L. 561-2-1.*

Arrêté du 6 juin 2013,

Fixant les modalités de transmission de la déclaration effectuée en application de l'article L. 561-15 du code monétaire et financier et d'information du déclarant de l'irrecevabilité de sa déclaration.

Art. 1er Le formulaire mentionné à l'article R. 561-31-I comporte, outre les mentions qui correspondent aux renseignements et éléments d'information prévus aux 1° à 6° du II de cet article, des mentions complétées en fonction des informations complémentaires en possession du déclarant, notamment :

— pour les personnes physiques : l'activité professionnelle et les éléments de patrimoine ;

— pour les personnes morales : le numéro d'immatriculation au registre du commerce et des sociétés, la forme juridique et le secteur d'activité.

Art. 2 Les personnes mentionnées à l'article L. 561-2 effectuent la déclaration prévue à l'article L. 561-15 au service défini à l'article L. 561-23, au moyen de la plate-forme sécurisée ERMES (échanges de renseignements par messages en environnement sécurisé), dont le fonctionnement répond aux caractéristiques suivantes :

— une téléprocédure par internet ;

— la dématérialisation de la déclaration prévue à l'article L. 561-15 ;

— l'authentification du déclarant et la signature électronique de la déclaration et de l'accusé de réception ;

— l'envoi dématérialisé et sécurisé ;

— le respect des recommandations du référentiel général de sécurité prévues par le décret du 2 février 2010 susvisé *[n° 2010-112, pris pour l'application des art. 9, 10 et 12 de l'Ord. n° 2005-1516 du 8 déc. 2005 relative aux échanges électroniques entre les usagers et les autorités administratives et entre les autorités administratives]*.

Art. 3 Par dérogation à l'article 2, les intermédiaires d'assurance mentionnés au 2° de l'article L. 561-2, les conseillers en investissements financiers mentionnés au 6° et les personnes mentionnées aux 7° à 17° de ce même article peuvent effectuer la déclaration prévue à l'article L. 561-15 par voie postale ou par télécopie, au moyen du formulaire dématérialisé, complété de façon dactylographiée et disponible sur le site internet du service mentionné à l'article L. 561-23.

Art. 4 En cas d'indisponibilité de la plate-forme ERMES ou en cas d'urgence particulière ne permettant pas son utilisation, les personnes mentionnées à l'article L. 561-2 effectuent la déclaration prévue à l'article L. 561-15 selon la procédure définie à l'article 3 du présent arrêté.

Art. 5 Lorsqu'une déclaration de soupçon effectuée en application de l'article L. 561-15 ne satisfait pas à l'une des conditions prévues aux I, II et III de l'article R. 561-31, le service mentionné à l'article L. 561-23 invite le déclarant, dans un délai de dix jours ouvrables à compter de sa réception, à régulariser sa déclaration en lui précisant les éléments à compléter. Le déclarant dispose d'un délai d'un mois à compter de cette notification pour procéder à la régularisation. A défaut de régularisation dans ce délai, le déclarant est informé *via* la plateforme ERMES *[,]* ou par tout autre moyen permettant de s'assurer qu'il en a eu connaissance, de l'irrecevabilité de sa déclaration, au plus tard dans un délai de dix jours ouvrables.

Ces dispositions ne sont pas applicables si les éléments permettant l'identification du déclarant font défaut.

Art. 6 Les dispositions du présent arrêté sont applicables dans les îles Wallis-et-Futuna.

Art. 7 Le présent arrêté entre en vigueur le 1er juillet 2013 pour les personnes mentionnées à l'article L. 561-2 à l'exception des intermédiaires d'assurance mentionnés au 2°, des conseillers en investissements financiers mentionnés au 6° et des personnes mentionnées aux 7° à 17° de ce même article pour lesquels le présent arrêté entre en vigueur le 1er septembre 2013.

Art. R. 561-31-1 *(Décr. n° 2013-385 du 7 mai 2013, art. 1er, en vigueur le 1er oct. 2013) (Décr. n° 2018-284 du 18 avr. 2018, art. 47, en vigueur le 1er oct. 2018)* **« Pour l'application de l'article L. 561-15-1, les personnes mentionnées aux 1° à 1° *quater* de l'article L. 561-2 transmettent au service mentionné à l'article L. 561-23 les informations relatives aux opérations mentionnées au 6° du II de l'article L. 314-1 effectuées à partir d'un versement d'espèces ou au moyen de monnaie électronique. Ces informations doivent comporter les éléments d'identification et les coordonnées des personnes habilitées conformément aux dispositions de l'article R. 561-23, les éléments d'identification du client, le type, la référence et la date de l'opération ainsi que son montant, la désignation de l'établissement de contrepartie et du client de celui-ci. »**

Les seuils à partir desquels ces informations sont requises sont fixés à :

1° 1 000 € par opération ;

2° 2 000 € cumulés par client sur un mois *(Décr. n° 2016-1523 du 10 nov. 2016, art. 2)* **« civil »**. *— Le 2° de l'art. D. 561-31-1 est entré en vigueur le 1er avr. 2014 (Décr. n° 2013-385 du 7 mai 2013, art. 2).*

Les informations relatives à l'ensemble de ces opérations sont adressées par *(Décr. n° 2018-284 du 18 avr. 2018, art. 47, en vigueur le 1er oct. 2018)* **« les personnes mentionnées aux 1° à 1° *quater* de l'article L. 561-2 »** *(Abrogé par Décr. n° 2018-284 du 18 avr. 2018, art. 47, à compter du 1er oct. 2018)* ***« au service mentionné à l'article R. 561-33 »***, **au plus tard dans les trente jours suivant le mois où l'opération a été payée. Elles sont communiquées selon le mode de transmission prévu au I de l'article R. 561-31. En cas d'indisponibilité de ce dispositif de transmission ou en cas d'urgence particulière ne permettant pas son utilisation par les personnes mentionnées à l'article L. 561-15-1, ces informations sont adressées sur support numérique dans un format compatible avec ce dispositif.** *— Anc. art. D. 561-31-1 (Décr. n° 2018-284 du 18 avr. 2018, art. 47, en vigueur le 1er oct. 2018).*

Communications systématiques d'informations (COSI). Indépendamment de la formulation éventuelle, par TRACFIN, de remarques sur le contenu des fichiers transmis, il appartient à l'établissement de se conformer aux exigences réglementaires s'y rapportant, sous le contrôle de l'autorité de supervision compétente. • Décis. ACPR n° 2017-06 du 13 juin 2018 : *citée note ss. art. L. 561-10-1.*

Art. R. 561-31-2 *(Décr. n° 2015-324 du 23 mars 2015, art. 1er, en vigueur le 1er janv. 2016)* **Pour l'application** *(Abrogé par Décr. n° 2018-284 du 18 avr. 2018, art. 48, à compter du 1er oct. 2018)* ***« du II »*** **de l'article L. 561-15-1, les versements en espèces effectués sur un compte de dépôt ou de paiement ouvert au nom d'un client, autre qu'une personne mentionnée aux 1° à 7° de l'article L. 561-2, et les retraits d'espèces d'un tel compte dont respectivement le montant cumulé sur un mois** *(Décr. n° 2016-1523 du 10 nov. 2016, art. 2)* **« civil » dépasse une somme de 10 000 € font l'objet d'une communication au service mentionné à l'article** *(Décr. n° 2018-284 du 18 avr. 2018, art. 41, en vigueur le 1er oct. 2018)* **« L. 561-23 » par les personnes mentionnées aux** *(Décr. n° 2018-284 du 18 avr. 2018, art. 48, en vigueur le 1er oct. 2018)* **« 1° à 1° *quater* » de l'article L. 561-2, que les opérations soient effectuées alternativement ou cumulativement en euros ou en devises.**

Les opérations liées à un crédit mentionné *(Décr. n° 2018-284 du 18 avr. 2018, art. 48, en vigueur le 1er oct. 2018)* **« aux articles L. 312-1 et suivants » du code de la consommation ne sont pas soumises aux dispositions du présent article.**

Art. R. 561-31-3 *(Décr. n° 2015-324 du 23 mars 2015, art. 1er, en vigueur le 1er janv. 2016)* **Les informations relatives à l'ensemble des opérations mentionnées à l'article R. 561-31-2 sont adressées par les personnes mentionnées aux** *(Décr. n° 2018-284 du 18 avr. 2018, art. 49, en vigueur le 1er oct. 2018)* **« 1° à 1° *quater* » de l'article**

L. 561-2 au plus tard dans les trente jours suivant le mois au cours duquel le seuil fixé à l'article R. 561-31-2 a été atteint. Elles comportent les éléments suivants :

1° Les éléments d'identification des personnes mentionnées aux *(Décr. n° 2018-284 du 18 avr. 2018, art. 49, en vigueur le 1er oct. 2018)* « 1° à 1° *quater* » de l'article L. 561-2 qui effectuent la communication des informations ;

2° La date, la référence ou l'identifiant de chaque opération, sa nature, son montant en euros ou en devises ainsi que sa contre-valeur en euros ;

3° Le mode de versement ou de retrait, le code guichet ou le code entité ;

4° Le numéro de compte bancaire international, dénommé "numéro IBAN" ou à défaut le numéro permettant l'identification du compte concerné ;

5° Les éléments d'identification de l'agence gestionnaire du compte ou de l'agent qui doivent comprendre le code guichet ou le code entité et l'adresse de l'agence ou de l'agent ;

6° Les éléments d'identification du ou des titulaires du compte : nom, prénoms, date et lieu de naissance pour les personnes physiques, dénomination ou raison sociale et numéro d'immatriculation pour les personnes morales, ou le cas échéant, intitulé du compte pour les comptes à titulaires multiples ;

7° Si les personnes mentionnées aux *(Décr. n° 2018-284 du 18 avr. 2018, art. 49, en vigueur le 1er oct. 2018)* « 1° à 1° *quater* » de l'article L. 561-2 en disposent : le lieu de chaque opération, la date d'ouverture du compte et l'adresse des personnes physiques ou des personnes morales titulaires du compte.

Les informations sont communiquées au moyen de l'application informatique spéciale accessible par le réseau internet mentionnée au I de l'article R. 561-31.

En cas d'indisponibilité de ce dispositif de transmission ou en cas de défaillance technique durable du système d'information des personnes mentionnées aux *(Décr. n° 2018-284 du 18 avr. 2018, art. 49, en vigueur le 1er oct. 2018)* « 1° à 1° *quater* » de l'article L. 561-2, ces informations sont adressées sur support numérique dans le format compatible avec ce dispositif. *— Anc. art. D. 561-31-3 (Décr. n° 2018-284 du 18 avr. 2018, art. 47, en vigueur le 1er oct. 2018).*

Art. R. 561-32 La transmission de la déclaration prévue au premier alinéa de l'article L. 561-17 et celle des pièces communiquées en application du II de l'article *(Décr. n° 2018-284 du 18 avr. 2018, art. 50, en vigueur le 1er oct. 2018)* « L. 561-25 » sont effectuées dans le délai maximum de huit jours francs à compter de leur réception par l'autorité destinataire, dès lors que les conditions fixées à l'article L. 561-3 sont remplies.

Art. D. 561-32-1 *(Décr. n° 2009-874 du 16 juill. 2009)* I. — La déclaration prévue *(Décr. n° 2009-1087 du 2 sept. 2009, art. 2)* « au II de l'article L. 561-15 » *(Abrogé par Décr. n° 2020-119 du 12 févr. 2020, art. 1er)* *« du code monétaire et financier »* est effectuée par les personnes mentionnées à l'article L. 561-2 *(Abrogé par Décr. n° 2020-119 du 12 févr. 2020, art. 1er)* *« du même code »* en fonction de la spécificité de leur profession, conformément aux obligations de vigilance exercées sur leur clientèle et au regard des pièces et documents qu'elles réunissent à cet effet.

II. — Les critères mentionnés *(Décr. n° 2009-1087 du 2 sept. 2009, art. 2)* « au II de l'article L. 561-15 » sont les suivants :

1° L'utilisation de sociétés écran *[sociétés-écrans]*, dont l'activité n'est pas cohérente avec l'objet social ou ayant leur siège social dans un État ou un territoire qui n'a pas *(Décr. n° 2020-119 du 12 févr. 2020, art. 1er)* « adhéré à la norme relative à l'échange de renseignements sur demande à des fins fiscales », ou à l'adresse privée d'un des bénéficiaires de l'opération suspecte ou chez un domiciliataire au sens de l'article L. 123-11 du code de commerce ; *— V. Instr. DGFP 26 juill. 2010, ci-dessous.*

2° La réalisation d'opérations financières par des sociétés dans lesquelles sont intervenus des changements statutaires fréquents non justifiés par la situation économique de l'entreprise ;

3° Le recours à l'interposition de personnes physiques n'intervenant qu'en apparence pour le compte de sociétés ou de particuliers impliqués dans des opérations financières ;

4° La réalisation d'opérations financières incohérentes au regard des activités habituelles de l'entreprise ou d'opérations suspectes dans des secteurs sensibles aux fraudes à la TVA de type carrousel, tels que les secteurs de l'informatique, de la téléphonie, du matériel électronique, du matériel électroménager, de la hi-fi et de la vidéo ;

5° La progression forte et inexpliquée, sur une courte période, des sommes créditées sur les comptes nouvellement ouverts ou jusque-là peu actifs ou inactifs, liée le cas échéant à une augmentation importante du nombre et du volume des opérations ou au recours à des sociétés en sommeil ou peu actives dans lesquelles ont pu intervenir des changements statutaires récents ;

6° La constatation d'anomalies dans les factures ou les bons de commande lorsqu'ils sont présentés comme justification des opérations financières, telles que l'absence du numéro d'immatriculation au registre du commerce et des sociétés, du numéro SIREN, du numéro de TVA, de numéro de facture, d'adresse ou de dates ;

7° Le recours inexpliqué à des comptes utilisés comme des comptes de passage ou par lesquels transitent de multiples opérations tant au débit qu'au crédit, alors que les soldes des comptes sont souvent proches de zéro ;

8° Le retrait fréquent d'espèces d'un compte professionnel ou leur dépôt sur un tel compte non justifié par le niveau ou la nature de l'activité économique ;

9° La difficulté d'identifier les bénéficiaires effectifs et les liens entre l'origine et la destination des fonds en raison de l'utilisation de comptes intermédiaires ou de comptes de professionnels non financiers comme comptes de passage, ou du recours à des structures sociétaires complexes et à des montages juridiques et financiers rendant peu transparents les mécanismes de gestion et d'administration ;

10° Les opérations financières internationales sans cause juridique ou économique apparente se limitant le plus souvent à de simples transits de fonds en provenance ou à destination de l'étranger notamment lorsqu'elles sont réalisées avec des États ou des territoires visés au 1° ;

11° Le refus du client de produire des pièces justificatives quant à la provenance des fonds reçus ou quant aux motifs avancés des paiements, ou l'impossibilité de produire ces pièces ;

12° Le transfert de fonds vers un pays étranger suivi de leur rapatriement sous la forme de prêts ;

13° L'organisation de l'insolvabilité par la vente rapide d'actifs à des personnes physiques ou morales liées ou à des conditions qui traduisent un déséquilibre manifeste et injustifié des termes de la vente ;

14° L'utilisation régulière par des personnes physiques domiciliées et ayant une activité en France de comptes détenus par des sociétés étrangères ;

15° Le dépôt par un particulier de fonds sans rapport avec son activité ou sa situation patrimoniale connues ;

16° la réalisation d'une transaction immobilière à un prix manifestement sous-évalué.

Le I de l'art. D. 561-32-1 est l'ancien art. 1er du Décr. n° 2009-874 du 16 juill. 2009, et le II est l'ancien art. 2 de ce même décret (Décr. n° 2009-1087 du 2 sept. 2009, art. 2).

BIBL. ▶ PERROTIN, *LPA 6-7 août 2009* (blanchiment : fraude fiscale et déclaration de soupçon). – CUTAJAR, *JCP E 2009, n° 37, p. 3* (déclaration de soupçon du blanchiment de la fraude fiscale).

1. Légalité de l'art. D. 561-32-1. Les dispositions du Décr. n° 2009-874 du 16 juill. 2009, dont est issu l'art. D. 561-32-1, qui se bornent à définir les faits ou événements objectifs qui peuvent justifier, au sens des dispositions législatives de l'art. L. 561-15, l'existence d'un soupçon de fraude fiscale, édictent les mesures de nature réglementaire propres à la mise en œuvre de la loi ; elles n'ont pas pour objet ou pour effet de déterminer les éléments constitutifs d'un quelconque délit de fraude fiscale, de telle sorte que le moyen tiré de ce que les dispositions de ce décret empièteraient sur le domaine de la loi doit être écarté. • CE 14 oct. 2011, n° 332126 : *JCP 2011, n° 1209, obs. Cutajar ; Gaz. Pal. 2011. 3502, concl. Guyomar ; RJDA 2012, n° 454.*

2. Sécurité juridique. Si l'ordre des avocats soutient que les dispositions du Décr. n° 2009-874 du 16 juill. 2009 qu'il attaque méconnaissent le principe de sécurité juridique en ce qu'elles contraignent les avocats à vérifier de manière systématique si certains faits ont eu lieu alors que ces faits se situent en dehors de leur domaine de compétence professionnelle, il ressort des termes mêmes de l'art. L. 561-15-II que les personnes assujetties à une obligation de déclaration ne sont en tout état de cause pas tenues, en dehors de la survenance d'un fait ou événement correspondant à l'un ou plusieurs des critères énoncés par le décret attaqué, d'effectuer une quelconque recherche sur des sommes ou opérations qui n'auraient pas été portées à leur connaissance. • CE 14 oct. 2011, n° 332126 : *préc. note 1.*

3. Applications. Pour une application du critère énoncé au 8° de l'art. D. 561-32-1, V. • Décis. ACPR n° 2013-01 du 25 nov. 2013. ♦ Pour une application des critères énoncés aux 8, 11 et 15, V. • Décis. ACPR n° 2016-07 du 19 juill. 2017 : *cité note 13.*

Instruction DGFP du 26 juillet 2010,

Relative à la mise en œuvre de l'obligation de déclaration prévue par le II de l'article L. 561-15 du code monétaire et financier et fixant la liste des États ou territoires ayant conclu avec la France une convention d'assistance administrative en vue de lutter contre la fraude et l'évasion fiscales permettant l'accès aux renseignements bancaires pour l'application de l'article D. 561-32-1 du code monétaire et financier.

BIBL. ▶ CUTAJAR, *JCP 2010, n° 864* (blanchiment de la fraude fiscale : publication de la liste blanche de l'administration fiscale). – LEFIN et SOULIGNAC, *Banque et Dr. 9-10/2010. 16* (lutte antiblanchiment : dans le labyrinthe des listes d'États et territoires).

1 Aux termes de l'ordonnance n° 2009-104 du 30 janvier 2009, les personnes assujetties aux obligations de lutte contre le blanchiment des capitaux et le financement du terrorisme sont tenues de déclarer au service TRACFIN les sommes inscrites dans leurs livres ou les opérations portant sur des sommes dont elles savent, soupçonnent ou ont de bonnes raisons de soupçonner qu'elles proviennent d'une infraction passible d'une peine privative de liberté supérieure à un an ou participent au financement du terrorisme.

2 Le champ de la déclaration de soupçon couvre donc désormais la fraude fiscale, passible d'une peine d'emprisonnement maximale de cinq ans.

3 Le II de l'article L. 561-15 du code monétaire et financier prévoit, à cet égard, que les personnes soumises à cette déclaration de soupçon déclarent au service TRACFIN les sommes ou opérations dont elles savent, soupçonnent ou ont de bonnes raisons de soupçonner qu'elles proviennent d'une fraude fiscale lorsqu'il y a présence d'au moins un des critères prévus par l'article D. 561-32-1 du code monétaire et financier (annexe 1).

4 Le critère mentionné au 1° du II de l'article D. 561-32-1 vise notamment l'utilisation de sociétés écrans ayant leur siège social dans un « État ou un territoire qui n'a pas conclu avec la France une convention fiscale permettant l'accès aux informations bancaires, identifié à partir d'une liste publiée par l'administration fiscale ». De même, le critère mentionné au 10° du même article vise certaines opérations financières internationales en provenance ou à destination de l'étranger notamment lorsqu'elles sont réalisées avec ces mêmes États ou territoires.

5 La liste jointe en annexe II recense les États ou les territoires qui ont conclu avec la France une convention fiscale permettant l'accès aux informations bancaires au 1er janvier 2010. Elle sera mise à jour chaque année à la date du 1er janvier. Les États et territoires visés aux 1° et 10° du II de l'article D. 561-32-1 précité sont donc les États et territoires qui ne figurent pas sur cette liste.

ANNEXE I

ARTICLE D. 561-32-1 (CRÉÉ PAR LE DÉCRET N° 2009-1087 DU 2 SEPTEMBRE 2009)

V. le texte de l'art. D. 561-32-1, supra.

ANNEXE II

ÉTATS OU TERRITOIRES AYANT CONCLU AVEC LA FRANCE UNE CONVENTION D'ASSISTANCE ADMINISTRATIVE EN VUE DE LUTTER CONTRE LA FRAUDE ET L'ÉVASION FISCALES QUI PERMET L'ACCÈS AUX RENSEIGNEMENTS BANCAIRES (AU 1er JANVIER 2010)

Afrique du Sud	Gabon	Niger
Albanie	Ghana	Nigeria
Algérie	Guinée (République de)	Norvège

Allemagne	Grèce	Nouvelle-Calédonie
Argentine	Hongrie	Nouvelle-Zélande
Arménie	Île Maurice	Ouzbékistan
Australie	Inde	Pakistan
Azerbaïdjan	Indonésie	Pays-Bas (3)
Bangladesh	Iran	Pologne
Bénin	Irlande	Portugal
Botswana	Islande	Qatar (7)
Brésil	Israël	Québec
Bulgarie	Italie	Roumanie
Burkina-Faso	Jamaïque	Royaume-Uni (4)
Cameroun	Japon	Russie
Canada	Jordanie	Saint-Pierre-et-Miquelon
Centrafricaine (République)	Kazakhstan	Sénégal
Chili (6)	Koweït	Slovaquie
Chine (1)	Lettonie	Slovénie
Chypre	Liban	Sri-Lanka
Congo	Libye	Suède
Corée (République de)	Lituanie	Tchèque (République)
Côte-d'Ivoire	Macédoine	Thaïlande
Croatie	Malawi	Togo
Danemark (5)	Mali	Trinité et Tobago
Égypte	Malte	Tunisie
Émirats arabes unis	Maroc	Turquie
Équateur	Mauritanie	Ukraine
Espagne	Mayotte (2)	Venezuela
Estonie	Mexique	Vietnam
États-Unis	Monaco	Zambie
Éthiopie	Mongolie	Zimbabwe
Finlande	Namibie	

(1) La convention fiscale entre la France et la Chine du 30 mai 1984 ne couvre pas Hong Kong et Macao.
(2) Ancienne convention fiscale avec les Comores.
(3) La convention fiscale franco-néerlandaise du 16 mars 1973 ne couvre pas les Antilles néerlandaises.
(4) La convention fiscale franco-britannique du 22 mars 1968 ne couvre pas Gibraltar, les îles Anglo-Normandes et l'île de Man.
(5) L'échange de renseignements avec le Danemark s'inscrit dans le cadre de la directive 77/799/CEE assistance mutuelle.
(6) Le Chili a adopté une loi lui permettant d'échanger des informations bancaires sur le fondement des conventions existantes entrée en vigueur le 1er janvier 2010.
(7) L'avenant à la convention fiscale du 4 décembre 1990 entre la France et le Qatar signé le 14 janvier 2008 est entré en vigueur le 23 avril 2009.

SECTION 5 *La cellule de renseignement financier nationale*

BIBL. GÉN. ▶ CUTAJAR, *JCP E 2007, n° 9, p. 3* (la cellule TRACFIN devient un service à compétence nationale).

SOUS-SECTION 1 *Organisation et mission (Décr. n° 2018-284 du 18 avr. 2018, art. 51, en vigueur le 1er oct. 2018).*

Art. D. 561-33 **Le service à compétence nationale TRACFIN (traitement du renseignement et action contre les circuits financiers clandestins), prévu à l'article L. 561-23, est rattaché au ministre chargé de l'économie et au ministre chargé du budget et a pour missions de :**

1° Recevoir et traiter, dans les conditions prévues par la législation en vigueur, les déclarations prescrites à l'article L. 561-15 ainsi que les autres informations prévues au chapitre I du titre VI du livre V de la partie législative du présent code ;

2° Recueillir, traiter et diffuser le renseignement relatif aux infractions mentionnées à l'article L. 561-15 ;

(Décr. n° 2021-375 du 1er avr. 2021, art. 1er) **« 3° Recevoir et traiter les demandes d'informations faites en application des articles L. 561-29 et L. 561-29-1 par des cellules de renseignement financier homologues étrangères ; »**

4° Animer et coordonner, en tant que de besoin, aux niveaux national et international, les moyens d'investigation dont disposent les administrations ou services relevant du ministre chargé de l'économie et du ministre chargé du budget, ainsi que les organismes qui y sont rattachés, pour la recherche des infractions mentionnées à l'article L. 561-15 ;

5° Participer à l'étude des mesures à mettre en œuvre pour faire échec aux circuits financiers clandestins, au blanchiment de capitaux et au financement du terrorisme ;

6° Développer, en relation avec les directions concernées relevant du ministre chargé de l'économie et du ministre chargé du budget, l'action internationale de lutte contre les circuits financiers clandestins, le blanchiment de capitaux et le financement du terrorisme ; – *En raison de l'insertion d'un nouv. 3°, les anc. 3°, 4° et 5° deviennent, respectivement, les 4°, 5° et 6° (Décr. n° 2021-375 du 1er avr. 2021, art. 1er).*

(Décr. n° 2021-375 du 1er avr. 2021, art. 1er) **« 7° Rechercher, collecter, exploiter et transmettre les renseignements mentionnés à l'article L. 811-2 du code de la sécurité intérieure, en sa qualité de service spécialisé de renseignement désigné par l'article R. 811-1 du même code. »** – *Anc. art. R. 561-33 (Décr. n° 2018-284 du 18 avr. 2018, art. 51, en vigueur le 1er oct. 2018).*

Art. D. 561-34 *(Décr. n° 2011-28 du 7 janv. 2011, art. 1er)* **I. –** *(Décr. n° 2021-375 du 1er avr. 2021, art. 2)* **« Le service à compétence nationale TRACFIN est dirigé par un directeur et un adjoint au directeur. Ils sont assistés par un conseiller juridique et son adjoint, tous deux magistrats de l'ordre judiciaire en position de détachement. »** *(Décr. n° 2019-392 du 30 avr. 2019, art. 1er)* **« Le directeur a rang de directeur d'administration centrale. »**

(Décr. n° 2021-375 du 1er avr. 2021, art. 2) **« Le service comprend des départements, divisions et cellules, responsables de la prise en charge d'une ou de plusieurs des missions qui lui sont confiées ainsi que des fonctions support.**

« II. – Au sein de ce service, une entité dédiée, désignée par le directeur, est chargée de recevoir les demandes d'informations faites en application de l'article L. 561-29-1 par les cellules de renseignement financier homologues étrangères. » – *Anc. art. R. 561-34 (Décr. n° 2018-284 du 18 avr. 2018, art. 51, en vigueur le 1er oct. 2018).*

Arrêté du 1er avril 2021,

Relatif aux fonctions du conseiller juridique du service à compétence nationale TRACFIN.

Art. 1er Le conseiller juridique et son adjoint, mentionnés à l'article D. 561-34 du code monétaire et financier, exercent, au sein du service TRACFIN, une fonction de conseil et d'expertise et participent à l'élaboration et au suivi de textes juridiques relevant du champ de compétence du service.

Ils assistent les personnels du service dans le traitement des informations susceptibles de revêtir une qualification pénale et assurent les relations avec les autorités judiciaires.

Ils formulent en toute indépendance l'avis prévu au II de l'article D. 561-34-1 du même code.

Art. 2 L'arrêté du 7 janvier 2011 portant organisation du service à compétence nationale TRACFIN est abrogé.

Art. D. 561-34-1 *(Décr. nº 2021-375 du 1er avr. 2021, art. 3)* **I. — La transmission d'informations en application des dispositions du I de l'article L. 561-28 et des articles L. 561-29-1 et L. 561-31 est faite sous la signature du directeur, de son adjoint ou d'agents du service spécialement désignés à cette fin par le directeur.**

II. — La note d'information prévue à l'article L. 561-30-1 est transmise au procureur de la République dans les conditions prévues au I. Sauf urgence, elle est accompagnée de l'avis donné au directeur du service par le conseiller juridique, ou son adjoint, et portant sur la caractérisation des faits.

Art. D. 561-35 *(Décr. nº 2009-1592 du 18 déc. 2009, art. 1er)* **« I. — Peuvent seuls être affectés au service TRACFIN, après avoir été préalablement habilités, les agents publics et les agents mis à disposition en application de l'article 13 du décret nº 85-986 du 16 septembre 1985 relatif au régime particulier de certaines positions des fonctionnaires de l'État et à certaines modalités de mise à disposition et de cessation définitive de fonctions. »**

(Décr. nº 2009-1087 du 2 sept. 2009, art. 1er) **« II. — Les agents affectés au service TRACFIN ou travaillant sous l'autorité de ce service sont, si nécessaire, habilités conformément à la réglementation en vigueur relative à la protection des secrets de la défense nationale.**

« III. — Les habilitations prévues au*[x]* **I et II sont délivrées aux agents par le ministre chargé de l'économie. »** *— Anc. art. R. 561-35 (Décr. nº 2018-284 du 18 avr. 2018, art. 51, en vigueur le 1er oct. 2018).*

SOUS-SECTION 2 *Pouvoirs et prérogatives (Décr. nº 2018-284 du 18 avr. 2018, art. 51, en vigueur le 1er oct. 2018).*

Art. R. 561-36 **I. —** *(Décr. nº 2018-284 du 18 avr. 2018, art. 53, en vigueur le 1er oct. 2018)* **« Pour l'application de l'article L. 561-24, le service TRACFIN » notifie par écrit, directement et par tout moyen, auprès de la personne désignée en application du I de l'article R. 561-23, son opposition à la réalisation** *(Décr. nº 2021-1757 du 22 déc. 2021, art. 1er)* **« d'une ou plusieurs opérations données et de toutes autres opérations susceptibles d'intervenir, qui leur sont liées par leur objet, leur montant, leur destination ou les moyens de paiement utilisés ».**

(Décr. nº 2012-634 du 3 mai 2012, art. 19) **« II. — Pour l'avocat au Conseil d'État et à la Cour de cassation et l'avocat, sauf lorsqu'il agit en qualité de fiduciaire,** *(Décr. nº 2020-118 du 12 févr. 2020, art. 10)* **« et pour la caisse de règlement pécuniaire des avocats, » la notification est faite, dans les mêmes conditions qu'au I, selon le cas, au président de l'ordre des avocats au Conseil d'État et à la Cour de cassation ou au bâtonnier de l'ordre auprès duquel l'avocat est inscrit. Ces autorités transmettent sans délai la notification de l'opposition à la personne concernée. »**

III. — La requête du service TRACFIN auprès du président du *(Décr. nº 2019-966 du 18 sept. 2019, art. 8, en vigueur le 1er janv. 2020)* **« tribunal judiciaire** *[ancienne rédaction : tribunal de grande instance]* **» de Paris est dispensée, par dérogation à l'article** *(Décr. nº 2019-1333 du 11 déc. 2019, art. 25, en vigueur le 1er janv. 2020)* **« 846 » du code de procédure civile, de l'obligation de présentation par un avocat ou par un officier public ou ministériel.**

Art. R. 561-36-1 *(Décr. nº 2016-1793 du 21 déc. 2016, art. 1er, en vigueur le 1er janv. 2017)* **I. — La désignation par le service TRACFIN d'opérations ou personnes prévue à l'article L. 561-26 est portée à la connaissance des personnes mentionnées à l'article L. 561-2 directement, par écrit et par tout moyen de nature à conférer date**

certaine et à garantir la sécurité et la conservation de cette désignation, dont la durée est précisée.

Pour les avocats au Conseil d'État et à la Cour de cassation et les avocats, sauf lorsque ces derniers agissent en qualité de fiduciaire en application de l'article 2015 du code civil, la désignation est faite dans les mêmes conditions qu'au premier alinéa mais adressée, selon le cas, au président de l'ordre des avocats au Conseil d'État et à la Cour de cassation ou au bâtonnier de l'ordre auprès duquel l'avocat est inscrit. Ces autorités transmettent sans délai les informations transmises par TRACFIN aux personnes à qui elles sont destinées.

II. — Le service TRACFIN fait connaître dans les mêmes conditions qu'au I le renouvellement de la durée d'une désignation. *— Anc. art. R. 561-37-1 (Décr. n° 2018-284 du 18 avr. 2018, art. 51, en vigueur le 1er oct. 2018).*

SOUS-SECTION 3 *Échanges d'informations (Décr. n° 2018-284 du 18 avr. 2018, art. 51, en vigueur le 1er oct. 2018).*

Art. R. 561-36-2 *(Décr. n° 2018-284 du 18 avr. 2018, art. 54, en vigueur le 1er oct. 2018)* **Lorsque, en application de l'article L. 561-29-2, le service TRACFIN transmet à une cellule de renseignement financier homologue d'un État membre une déclaration faite conformément à l'article L. 561-15, il utilise un canal de communication protégé.**

Art. R. 561-36-3 *(Décr. n° 2021-1112 du 23 août 2021, art. 1er)* **Lorsque, en application du I de l'article L. 561-31-2, le service TRACFIN transmet des informations à Europol, il recourt à des moyens de communication électronique sécurisés précisés par arrêté du ministre chargé de l'économie.** *— V. Arr. du 23 août 2021, art. 2, ss. art. R. 561-37-1, infra.*

SOUS-SECTION 4 *Transmissions d'informations (Décr. n° 2018-284 du 18 avr. 2018, art. 51, en vigueur le 1er oct. 2018).*

Art. R. 561-37 *(Décr. n° 2009-1087 du 2 sept. 2009, art. 1er)* **I. — Pour l'application du premier alinéa du I de l'article** *(Décr. n° 2018-284 du 18 avr. 2018, art. 55, en vigueur le 1er oct. 2018)* **« L. 561-30-2 », le service TRACFIN informe, par écrit et par tout moyen, la personne désignée en application du I de l'article R. 561-23 de la transmission au procureur de la République de la note d'information mentionnée** *(Décr. n° 2018-284 du 18 avr. 2018, art. 55, en vigueur le 1er oct. 2018)* **« à l'article L. 561-30-1 », dans un délai de quinze jours à compter de cette transmission.**

(Décr. n° 2012-634 du 3 mai 2012, art. 19) **« II. — Pour l'application du deuxième alinéa du I de l'article** *(Décr. n° 2018-284 du 18 avr. 2018, art. 55, en vigueur le 1er oct. 2018)* **« L. 561-30-2 », le service informe le président de l'ordre des avocats au Conseil d'État et à la Cour de cassation ou le bâtonnier de l'ordre des avocats de la transmission de la déclaration au procureur de la République, dans les mêmes conditions qu'au I du présent article. »**

Ces autorités transmettent cette information, sans délai, à la personne concernée.

Art. R. 561-37-1 *(Décr. n° 2021-1112 du 23 août 2021, art. 1er)* **Le service TRACFIN tient des registres permettant d'assurer la traçabilité :**

1° Des demandes d'informations qu'il adresse, en application de l'article L. 561-27, au procureur de la République, au juge d'instruction ainsi qu'aux officiers et agents de police judiciaire mentionnés aux article 60-1, 77-1 et 99-3 du code de procédure pénale ;

2° Des demandes d'informations qui lui sont adressées en application de l'article L. 561-29, lorsqu'elles sont liées au terrorisme ou à la criminalité organisée associée au terrorisme, et de l'article 561-31-2 du présent code et des articles 60-1, 77-1-1 et 99-3 du code de procédure pénale.

Les registres sont conservés pendant cinq ans après leur création. Les modalités de tenue de ces registres sont précisées par arrêté du ministre chargé de l'économie. *— V. Arr. du 23 août 2021, art. 3, ci-dessous.*

Arrêté du 23 août 2021, *transposant la directive 2019/1153 du Parlement européen et du Conseil du 20 juin 2019.* **Art. 2** Les moyens de communication électronique sécurisés mentionnés à l'article R. 561-36-3 du code monétaire et financier sont :

1° Le SIENA mentionné au considérant 24 du règlement (UE) 2016 /794 du Parlement européen et du Conseil du 11 mai 2016.

2° Le FIU.net ou son successeur, mentionné au second alinéa du 1 de l'article 53 de la directive (UE) 2015/849 du 20 mai 2015.

Art. 3 Les registres mentionnés à l'article R. 561-37-1 du code monétaire et financier contiennent notamment les informations suivantes :

1° Le nom et les coordonnées de l'organisation et du membre du personnel demandant les informations et, dans la mesure du possible, du destinataire des résultats de la requête ;

2° La référence du dossier national pour lequel les informations sont demandées ;

3° L'objet des demandes ;

4° Toute mesure d'exécution de ces demandes.

Ces registres ne sont utilisés qu'aux fins de vérifier la licéité du traitement des données à caractère personnel.

Lorsque l'autorité mentionnée à l'article 8 de la loi n° 78-17 du 6 janvier 1978 relative à l'informatique, aux fichiers et aux libertés en fait la demande, ce registre est mis à sa disposition.

Art. 4 Les articles 2 et 3 du présent arrêté sont applicables à Saint-Pierre-et-Miquelon, en Nouvelle-Calédonie, en Polynésie française et dans les îles Wallis-et-Futuna, sous réserve des adaptations suivantes, à l'article 2 :

1° Les mots : "mentionné au considérant 24 du règlement (UE) 2016/794 du Parlement européen et du Conseil du 11 mai 2016" sont remplacés par les mots : "réseau sécurisé pour l'échange de données qui vise à faciliter l'échange d'informations entre la France, Europol, les autres organes de l'Union européenne, les pays tiers et les organisations internationales" ;

2° Les mots : "mentionné au second alinéa de l'article 53 de la directive (UE) 2015/849 du 20 mai 2015" sont remplacés par les mots : "chaîne de communication entre les cellules de renseignement financier".

SECTION 6 *Procédures et contrôle interne*

(Décr. n° 2018-284 du 18 avr. 2018, art. 56, en vigueur le 1er oct. 2018)

SOUS-SECTION 1 *Organisation du dispositif de lutte contre le blanchiment de capitaux et le financement du terrorisme*

Art. R. 561-38 Les personnes mentionnées à l'article L. 561-2 s'assurent que l'organisation du dispositif de lutte contre le blanchiment de capitaux et le financement du terrorisme mentionné au I de l'article L. 561-32 est adaptée à leur taille, à la nature de leurs activités ainsi qu'aux risques identifiés par la classification des risques mentionnée à l'article L. 561-4-1.

Cette organisation doit être dotée d'outils, de moyens matériels et humains permettant la mise en œuvre effective de l'ensemble des obligations de vigilance prévues au présent chapitre et en particulier la détection, le suivi et l'analyse des personnes et opérations mentionnées au troisième alinéa de l'article L. 561-32.

Ancien art. R. 561-38 *I. — Pour l'application de l'article L. 561-32, les personnes mentionnées aux 1° à 7° de l'article L. 561-2, à l'exception de celles sur lesquelles l'Autorité des marchés financiers exerce un pouvoir de contrôle et de sanction en vertu du 2° du I de l'article L. 561-36 :*

1° Désignent un membre de la direction comme responsable de la mise en œuvre du dispositif prévu à l'article L. 561-32 ;

2° Élaborent une classification des risques de blanchiment des capitaux et de financement du terrorisme présentés par leurs activités, selon le degré d'exposition à ces risques apprécié en fonction notamment de la nature des produits ou des services offerts, des conditions des transactions proposées, des canaux de distribution utilisés ainsi que des caractéristiques des clients ;

3° Déterminent, si besoin est, un profil de la relation d'affaires avec le client, permettant de détecter des anomalies dans cette relation, au regard des risques de blanchiment de capitaux ou de financement du terrorisme ;

4° Définissent les procédures à appliquer pour le contrôle des risques, la mise en œuvre des mesures de vigilance relatives à la clientèle, la conservation des pièces, la détection des transactions inhabituelles ou suspectes et le respect de l'obligation de déclaration au service TRACFIN ;

5° Mettent en œuvre des procédures de contrôle, périodique et permanent, des risques de blanchiment de capitaux et de financement du terrorisme ;

6° Prennent en compte, dans le recrutement de leur personnel, selon le niveau des responsabilités exercées, les risques au regard de la lutte contre le blanchiment de capitaux et le financement du terrorisme.

Un arrêté du ministre chargé de l'économie précise les modalités de mise en œuvre de ces procédures et de ces mesures de contrôle interne. — V. Arr. du 29 déc. 2009 (JO 31 déc.).

II. — Les intermédiaires d'assurances assujettis aux obligations de vigilance et de déclaration en vertu du 2° de l'article L. 561-2 et les personnes mentionnées au 5° du même article ne mettent en œuvre les procédures et mesures prévues au I que si elles sont compatibles avec leur statut, leurs missions et leur niveau d'activité et dans des conditions définies par un arrêté du ministre chargé de l'économie.

III. — Les personnes mentionnées à l'article L. 561-2 autres que celles mentionnées au I et au II du présent article mettent en œuvre les procédures et les mesures de contrôle interne en matière de lutte contre le blanchiment des capitaux et le financement du terrorisme définies par leurs autorités de contrôle.

V. aussi Lignes directrices ACPR relatives à la lutte contre le blanchiment des capitaux et le financement du terrorisme dans le domaine de la gestion de fortune (mars 2020).

BIBL. ▸ Kerebel et Dedieu, *JCP E 2010, n° 1929* (procédure interne de lutte anti-blanchiment et cartographie des risques).

1. Procédures en matière de gel des avoirs. Ni le Règl. CRBF n° 91-07 (aujourd'hui abrogé), ni l'art. R. 561-38 ne mentionnent le gel des avoirs parmi les domaines devant être couverts par les procédures internes des banques. En revanche, les dispositifs imposés par le point 2.2. de l'art. 11-7 du Règl. CRBF 97-02 (aujourd'hui abrogé) supposent la mise en place de telles procédures internes. Dès lors, en se contentant, dans son dispositif, de simples modes opératoires sur ce sujet, listant des tâches à effectuer pour réaliser un contrôle donné, sans décrire les modalités du contrôle, son objet, ainsi que les modalités d'exploitation des résultats, l'établissement a enfreint cette obligation. • Décis. ACP n° 2011-01 du 29 juin 2012 : *cité note 4 ss. art. L. 561-5.* ♦ Sur le dispositif interne relatif au gel des avoirs, V. aussi : • Décis. ACP n°s 2012-04 et 2012-04 *bis* du 10 janv. 2013 : *citée note 3 ss. art. L. 561-6.*

2. Gouvernance du dispositif de LCB/FT. Dans une banque où a été institué un comité exécutif présidé par le ou les mandataires sociaux, l'expression « membre de la direction » mentionnée au 1° du I de l'art. R. 561-38 doit être regardée comme impliquant l'appartenance à ce comité. • Décis. ACP n° 2011-02 du 24 oct. 2012 : *BJB 2013. 101, note Hubert; LEDB janv. 2013, p. 6, obs. Kovar.* ♦ Telle qu'elle est rédigée, cette disposition n'impose ni que le membre du comité de direction responsable de la LCB/FT exerce lui-même une fonction opérationnelle à ce titre, telle que celle de correspondant TRACFIN, ni qu'il assume cette mission à titre exclusif ; par suite la seule circonstance que le responsable du département LCB de la cellule centrale de la conformité du groupe ne soit pas membre du comité exécutif ne peut être retenue contre l'établissement. • Même décision.

3. Classification des risques. Une classification des risques, dont les caractéristiques sont définies au 2° du I de l'art. R. 561-38, doit nécessairement comporter à la fois un recensement et une évaluation des risques, selon les caractéristiques des produits, des clients, des opérations effectuées et des canaux de distribution ; à défaut, il s'agirait d'une énumération des risques. • Décis. ACPR n° 2015-08 du 8 déc. 2016 : *Gaz. Pal. 21 févr. 2017, p. 75, obs. Morel-Maroger; Banque et Dr. 1-2/2017. 73, obs. Nicolet; RDBF 2017, n° 58, obs. Mathey.* ♦ L'absence d'un critère dans une classification des risques ne peut être utilement reprochée à un organisme assujetti que lorsque ce critère aurait permis de caractériser et donc de traiter des produits, services ou opérations qui sont porteurs d'un risque particulier ; si l'adresse du siège social est un critère pertinent du niveau de risque, il convient de démontrer que la nature ou l'objet social d'une personne morale est, pour la clientèle considérée, un critère pertinent de classification et d'évaluation des risques. • Même décision. ♦ L'absence d'un critère ou d'une distinction dans une classification des risques ne peut être utilement reprochée à un organisme assujetti que lorsque ce critère ou cette distinction aurait permis de caractériser et donc de traiter des produits, services ou opérations qui sont porteurs d'un risque particulier. • Décis. ACPR n° 2016-01 du 28 déc. 2016 : *citée ss. art. R. 561-20.* ♦ Un profilage des risques a des implications opérationnelles limitées, concernant notamment la détection des anomalies, dès lors que les clients pour lesquels le risque est considéré comme faible, normal ou renforcé sont traités de manière uniforme, seuls les clients classés en risque élevé faisant l'objet de diligences spécifiques. • Décis. ACP n° 2011-02 du 24 oct. 2012. ♦ Le fait que la procédure relative aux ouvertures de compte ait, parmi ses critères, intégré la nationalité, ne suffit pas à répondre au grief dès lors qu'elle ne précise pas les catégories de clients considérés comme sensibles au niveau commercial et par l'inspection générale du groupe. • Même décision. ♦ La classification des risques de l'établissement n'est pas adaptée aux caractéristiques de sa clientèle – son évolution n'ayant pas été prise en compte tandis que les critères de risques définis sont inopérants –, ni au mode de commercialisation des produits concernés, pas plus que le seuil de risque uniforme fixé, trop élevé au regard du montant moyen des versements et rachats enregistrés. • Décis. ACPR n° 2014-08 du 19 juin 2015. ♦ Une classification des risques au titre de la LCB/FT doit prendre en compte le degré d'exposition au risque résultant de chaque produit émis ou commercialisé ; dès lors qu'ils favorisent l'anonymat au sens du 3° des art. L. 561-10 et R. 561-19 [anciens], les bons de capitalisation au porteur doivent nécessairement être placés en risque élevé dans la classification des risques d'un établissement qui en émet ou en a émis. • Décis ACPR n° 2017-01 du 26 juill. 2017 : *citée note 1 ss. art. R. 561-31.* ♦ La référence à un seuil unique et fixe, par opération ou sur douze mois glissants, non modulé selon le profil des clients et la nature des opérations, est difficilement compatible avec une approche par les risques. • Même décision. ♦ L'offre de services de l'établissement ayant été conçue pour répondre au besoin de transferts de fonds de particuliers de nationalité ou d'origine marocaine, elle vise donc une clientèle de personnes physiques ; si, marginalement, quelques opérations impliquant des personnes morales ont été exécutées, il n'en résulte pas que la classification des risques de l'établissement, qui ne s'adresse pas à cette clientèle, aurait dû prévoir un traitement particulier de telles opérations. • Décis. ACPR n° 2016-10 du 8 nov. 2017 : *JCP E 2018, n° 1209, spéc. n° 3, obs. Boursier ; Banque et Dr. 11-12/2017. 74, obs. Nicolet.* ♦ En revanche, pour tenir compte, dans cette classification, de la nature des produits et services offerts, l'établissement devait nécessairement apprécier les risques de BC/FT en fonction du lieu de résidence du bénéficiaire des fonds transférés, dès lors que certains pays de destination des fonds étaient porteurs d'un risque particulier. • Même décision.

L'élaboration d'une classification des risques de BC/FT au seul niveau d'un organe central n'est pas pertinente, sauf à établir que l'ensemble des établissements affiliés à cet organe central est exposé aux mêmes risques en la matière. Dès lors, l'établissement affilié à un organe central doit, en tenant compte des particularités de son activité, élaborer une classification cohérente avec la classification préparée par cet organe central. • Décis. ACPR n° 2013-01 du 25 nov. 2013 : *Gaz. Pal. 2014. 1054, obs. Roussille.* – V. aussi • Décis. ACPR n° 2016-09 du 30 juin 2017 : *citée note 2 ss. art. L. 561-10-2.*

4. Continuité de l'incrimination. Les éléments constitutifs de l'art. 2 du Règl. CRBF n° 91-07 (aujourd'hui abrogé) et de l'ancien art. R. 563-3 C. mon. fin. ont été maintenus à l'art. R. 561-38 issu du Décr. n° 2009-1087 du 2 sept. 2009. Dès lors, les dispositions nouvelles énonçant des obligations à tout le moins équivalentes en matière de LCB/FT, peuvent valablement fonder une sanction du chef des infractions aux textes précédemment visés dans la lettre de griefs et qui ont été remplacés. • Décis. ACP n°s 2012-04 et 2012-04 *bis* du 10 janv. 2013 : *citée note 3 ss. art. L. 561-6.*

5. Matérialité de l'infraction. La commission des sanctions n'a pas inexactement appliqué les art. L. 561-6, L. 561-32 et R. 561-38 en considérant que l'absence de détection d'une opération constitutive d'une anomalie au regard du profil des relations d'affaires constitue par elle-même un manquement lorsque, par sa nature, elle révèle l'insuffisance des dispositifs de suivi et d'analyse mis en place. • CE 20 janv. 2016, n° 374950 : *cité note 13 ss. art. L. 561-15.*

Art. R. 561-38-1 Les personnes mentionnées à l'article L. 561-2 s'assurent que les personnes participant à la mise en œuvre des obligations prévues au présent chapitre disposent d'une expérience, d'une qualification et d'une position hiérarchique adéquates pour exercer leurs missions.

En outre, elles veillent à ce que ces personnes bénéficient de formations adaptées à leurs fonctions ou activités, à leur position hiérarchique ainsi qu'aux risques identifiés par la classification des risques mentionnée à l'article L. 561-4-1 et à ce qu'elles aient accès aux informations nécessaires à l'exercice de leurs fonctions ou activités.

En application du deuxième alinéa II de l'article L. 561-32, les personnes mentionnées à l'article L. 561-2 veillent à ce que les vérifications effectuées dans le cadre du processus de recrutement de ces personnes soient strictement proportionnées aux risques présentés par chaque type de poste, compte tenu des fonctions, des activités et de la position hiérarchique qui leur sont associées dans le cadre du dispositif de lutte contre le blanchiment de capitaux et de financement du terrorisme. Elles s'assurent en particulier que ces personnes ne sont pas soumises à des mesures de gel des avoirs prises en application du chapitre II du présent titre ou mises en œuvre en vertu des actes pris en application de l'article 29 du traité sur l'Union européenne ou de l'article 75 du traité sur le fonctionnement de l'Union européenne.

Dans ce cadre, elles ne sont pas tenues d'appliquer les mêmes mesures d'identification et d'évaluation des risques que celles prévues pour leur clientèle et leurs relations d'affaires en application du L. 561-4-1.

Art. R. 561-38-2 **Les personnes mentionnées aux** *(Décr. nº 2019-1248 du 28 nov. 2019, art. 3)* **« 1° à 7°** ***quater*** **» de l'article L. 561-2 peuvent confier à un prestataire externe la réalisation, en leur nom et pour leur compte, de tout ou partie des activités relatives aux obligations qui leur incombent au titre du présent chapitre, à l'exception des obligations déclaratives prévues à l'article L. 561-15.**

Elles demeurent responsables du respect de leurs obligations.

Un contrat entre le prestataire externe et la personne mentionnée au premier alinéa est conclu par écrit pour définir les conditions et modalités d'externalisation.

Un arrêté du ministre chargé de l'économie précise les clauses obligatoires de ce contrat.

SOUS-SECTION 2 *Contrôle interne*

Art. R. 561-38-3 **Pour l'application du II de l'article L. 561-32, les personnes mentionnées à l'article L. 561-2 mettent en place un dispositif de contrôle interne adapté à leur taille, à la nature, à la complexité et au volume de leurs activités et doté de moyens humains suffisants.**

Art. R. 561-38-4 **Pour les personnes mentionnées aux 1° à 2°** ***sexies*****, 6°** *(Décr. nº 2020-118 du 12 févr. 2020, art. 10)* **« , à l'exception des conseillers en investissements financiers et des »** *(Décr. nº 2022-110 du 1er févr. 2022, art. 15)* **« prestataires de services de financement participatif au titre de leurs activités mentionnées à l'article L. 547-4 », et 6°** ***bis*** **de l'article L. 561-2, le dispositif défini à l'article R. 561-38-3 comprend au moins :**

1° Des procédures définissant l'organisation du dispositif de contrôle interne ainsi que les activités de contrôle interne que ces personnes accomplissent pour s'assurer du respect des obligations prévues au chapitre I du présent titre. Ces procédures prévoient notamment des critères et des seuils permettant d'identifier les incidents importants ainsi que les insuffisances en matière de lutte contre le blanchiment de capitaux et le financement du terrorisme. Elles prévoient également les conditions dans lesquelles les mesures correctrices sont apportées à ces incidents ou insuffisances ;

2° Un contrôle interne permanent réalisé selon les procédures définies ci-dessus par des personnes exerçant des activités opérationnelles d'une part et par des personnes dédiées à la seule fonction de contrôle des opérations d'autre part ;

3° Un contrôle interne périodique réalisé par des personnes dédiées, de manière indépendante à l'égard des personnes, entités et services qu'elles contrôlent.

Les procédures et contrôles mentionnés ci-dessus s'appliquent à l'intégralité des activités réalisées par les personnes mentionnées au premier alinéa.

Les contrôles sont réalisés dans des conditions qui assurent leur sécurité et leur fiabilité.

Les dirigeants ou toute personne physique mentionnée au I et au II de l'article L. 612-23-1, sous le contrôle du conseil d'administration, du conseil de surveillance ou de tout autre organe exerçant des fonctions de surveillance, prennent les mesures correctrices nécessaires pour remédier immédiatement aux incidents et dans des délais raisonnables aux insuffisances mentionnées au 1°.

1. Principe de proportionnalité. Si l'établissement peut s'interroger sur l'utilité de prévoir un contrôle de deuxième niveau concernant le traitement des demandes de communication adressées par TRACFIN ou des réquisitions judiciaires, tâches qu'il analyse comme « relativement simples », il lui était loisible, le cas échéant, de proportionner les contrôles s'y rapportant aux risques encourus, mais non, par une application erronée du principe de proportionnalité, d'exclure une partie de ses activités du champ des contrôles effectués. • Décis. ACPR nº 2017-07 du 13 juin 2018 : *citée ss. art. R. 561-12.*

2. Nécessité d'un contrôle interne de second niveau par des agents dédiés. Dès lors qu'il est constaté que moins d'un tiers des contrôles permanents qualifiés de « deuxième niveau » par l'assujetti sont assurés par son contrôleur interne (25 sur 77), les autres contrôles étant le fait d'une consultante externe (21 contrôles) placée sous la responsabilité de la directrice de production, ou encore le fait de la directrice de production elle-même (9 contrôles) et du directeur adjoint des opérations (9 contrôles), il en résulte que le contrôle interne de second niveau n'étant pas exercé par des agents dédiés, leur indépendance à l'égard des services opérationnels n'était pas assurée en contravention avec les exigences légales. • Décis. ACPR n° 2019-04 du 4 févr. 2020.

3. Conditions de l'externalisation des contrôles. L'externalisation des contrôles suppose, au titre de l'art. 238 de l'Arr. du 3 nov. 2014, la conclusion d'un contrat entre le prestataire externe et l'entreprise assujettie et ce, peu important le fait que cette dernière appartienne au même groupe que la société extérieure assurant ces contrôles. • Décis. ACPR n° 2019-04 du 4 févr. 2020 • n° 2014-10 du 16 oct. 2015.

4. Contrôle permanent des filiales et des succursales. A l'exception de deux missions de contrôle permanent de second niveau réalisées par le pôle « contrôle permanent et risques opérationnels » au sein des succursales belge et néerlandaise, les contrôles réalisés par les « correspondants conformité et contrôle interne pays » des succursales sur leur dispositif de LCB/FT, n'ont pas fait l'objet de contrôles permanents de second niveau. De plus, le dispositif de LCB/FT de 12 agences françaises ou européennes de la société n'a pas fait l'objet d'un contrôle périodique depuis 2013 et, pour l'une d'entre elles au moins, depuis 2012, et 6 agences n'ont jamais fait l'objet d'un contrôle périodique, caractérisant ainsi le grief. • Décis. ACPR n° 2020-01 du 24 déc. 2020.

Art. R. 561-38-5 Lorsque les personnes mentionnées au premier alinéa de l'article *(Décr. n° 2020-118 du 12 févr. 2020, art. 10)* « R. 561-38-2 » ont recours à un prestataire externe en application de l'article R. 561-38-2, elles s'assurent que leur dispositif de contrôle interne porte également sur les activités qu'elles confient à ce prestataire.

Art. R. 561-38-6 Au moins une fois par an, le conseil d'administration, le conseil de surveillance ou tout autre organe exerçant des fonctions de surveillance des personnes mentionnées au premier alinéa de l'article R. 561-38-4 est informé de l'activité et des résultats des contrôles internes mentionnés à ce même article ainsi que des insuffisances mentionnées au 1° de celui-ci ou constatées par les autorités de contrôle nationales ou étrangères. Ces dernières sont également informées, sans délai, des incidents mentionnés au 1° de l'article R. 561-38-4.

Lorsque les personnes mentionnées au premier alinéa de l'article R. 561-38-4 appartiennent à un groupe, au sens de l'article L. 561-33, leur conseil d'administration, leur conseil de surveillance ou tout autre organe exerçant des fonctions de surveillance signale à l'entreprise mère du groupe les incidents ou insuffisances mentionnées ci-dessus ainsi que les difficultés ou obstacles au partage d'information au sein du groupe rencontrés par leurs filiales ou succursales situées à l'étranger ou par elles-mêmes.

Une fois par an, le conseil d'administration, le conseil de surveillance ou tout autre organe exerçant des fonctions de surveillance des personnes mentionnées au premier alinéa de l'article R. 561-38-4 approuve un rapport sur l'organisation du dispositif de contrôle interne mentionné à l'article R. 561-38-4, ainsi que sur les incidents, les insuffisances et les mesures correctrices qui y ont été apportées. Ce rapport est transmis à l'autorité de contrôle mentionnée au 1° ou au 2° du I de l'article L. 561-36. — *V. Arr. du 21 déc. 2018.*

Le 3e al. de l'art. R. 561-38-6 s'applique à compter des rapports relatifs à l'exercice 2018 à remettre en 2019 (Décr. n° 2018-284 du 18 avr. 2018, art. 87).

Régularité et caractère insuffisant de l'information. Le conseil d'administration de l'assujetti n'a pas été tenu suffisamment informé des carences dans le traitement des alertes LCB/FT dès lors qu'il est constaté qu'en 2018 cette instance, qui s'est réunie à sept reprises, n'a été informée qu'une seule fois de l'existence d'un stock d'alertes non traitées. De surcroît, l'information qui lui a été communiquée à ce sujet était partielle, puisqu'il était seulement mentionné que « près de 70 % des alertes concernent X, que l'on constate un retard dans le traitement suite au délai de mise en place de l'organisation dédiée (…) » et qu'aucun élément quantitatif sur le stock d'alertes non traitées n'était fourni. • Décis. ACPR n° 2020-05 du 7 mai 2021.

Art. R. 561-38-7 L'entreprise mère d'un groupe mentionnée au I de l'article L. 561-33, ayant pour filiale ou succursale au moins une personne mentionnée aux 1° à 2° *sexies*, 6° *(Décr. n° 2020-118 du 12 févr. 2020, art. 10)* « , à l'exception des conseillers en investissements financiers et des » *(Décr. n° 2022-110 du 1er févr. 2022,* *art. 16)* « prestataires de services de financement participatif au titre de leurs activités mentionnées à l'article L. 547-4 », et 6° *bis* de l'article L. 561-2 ou appartenant à une catégorie équivalente sur le fondement d'un droit étranger, met en place au niveau du groupe un dispositif de contrôle interne selon les modalités prévues à l'article R. 561-38-4.

Les procédures prévues au titre de ce dispositif, ainsi que les contrôles effectués, permettent notamment de s'assurer de la mise en œuvre, au sein des succursales et des filiales du groupe situées dans les pays tiers, de mesures équivalentes à celles prévues au chapitre I du présent titre, conformément au 1° du II de l'article L. 561-33-2, ainsi que, le cas échéant, de mesures de vigilance spécifiques prévues par la norme technique de réglementation prise en application du paragraphe 6 de l'article 45 de la directive 2015/849 du Parlement européen et du Conseil du 20 mai 2015 relative à la prévention de l'utilisation du système financier aux fins de blanchiment de capitaux ou du financement du terrorisme.

Les dirigeants ou toute personne physique mentionnée au I et au II de l'article L. 612-23-1 de l'entreprise mère du groupe, sous le contrôle du conseil d'administration, du conseil de surveillance ou de tout autre organe exerçant des fonctions de surveillance du groupe, prennent les mesures correctrices nécessaires pour assurer l'efficacité du dispositif de contrôle interne au niveau du groupe, ainsi qu'au niveau des personnes mentionnées au premier alinéa de l'article R. 561-38-4 et de leurs succursales et filiales situées à l'étranger, y compris par la mise en place le cas échéant des mesures de vigilance spécifiques mentionnées ci-dessus.

Une fois par an, le conseil d'administration, le conseil de surveillance ou tout autre organe exerçant des fonctions de surveillance de l'entreprise mère approuve un rapport sur les conditions dans lesquelles le contrôle interne est assuré au niveau de l'ensemble du groupe et le transmet à l'autorité de contrôle des personnes mentionnées au premier alinéa de l'article R. 561-38-4. – *V. Arr. du 21 déc. 2018*, *ss. art. R. 561-38-6.*

Lorsque les personnes mentionnées au premier alinéa de l'article R. 561-38-4 sont affiliées à un organe central, celui-ci remplit les fonctions et assure les responsabilités de l'entreprise mère du groupe, au sens de la présente section.

Le 4e al. de l'art. R. 561-38-7 s'applique à compter des rapports relatifs à l'exercice 2018 à remettre en 2019 (Décr. no 2018-284 du 18 avr. 2018, art. 87).

Art. R. 561-38-8 *(Décr. no 2020-118 du 12 févr. 2020, art. 10)* « Pour les personnes mentionnées aux 3° à 5°, 7° à 17° de l'article L. 561-2, les conseillers en investissements financiers et les *(Décr. no 2022-110 du 1er févr. 2022, art. 17)* « prestataires de services de financement participatif » mentionnés au 6° de l'article L. 561-2 », le dispositif défini à l'article R. 561-38-3 comprend au moins :

1° Des procédures définissant les activités de contrôle interne que ces personnes accomplissent pour s'assurer du respect des obligations prévues au chapitre I du présent titre ;

2° Un contrôle interne permanent réalisé, conformément aux procédures mentionnées au 1°, par des personnes exerçant des activités opérationnelles, et le cas échéant, en fonction de leur taille, de la complexité et du niveau de leurs activités, par des personnes dédiées à la seule fonction de contrôle des opérations ;

3° Un contrôle interne périodique réalisé par des personnes dédiées, de manière indépendante à l'égard des personnes, entités et services qu'elles contrôlent lorsque cela est approprié eu égard à la taille et à la nature des activités.

Les personnes mentionnées au premier alinéa prennent les mesures correctrices nécessaires pour remédier aux éventuels incidents ou insuffisances en matière de lutte contre le blanchiment de capitaux et le financement du terrorisme et pour assurer l'efficacité du dispositif de contrôle interne, dans des délais raisonnables et selon les risques de blanchiment de capitaux ou de financement du terrorisme auxquelles elles sont confrontées. – *V. Arr. du 24 juin 2019.*

Art. R. 561-38-9 Les modalités d'application de la présente section en ce qui concerne la nature et la portée des procédures internes, les règles d'organisation du contrôle interne et le contenu des rapports sur le contrôle interne prévus aux articles

R. 561-38-6 et R. 561-38-7, ainsi que le délai et les modalités de leur transmission à l'autorité de contrôle, sont précisées en tant que de besoin :

a) Par un arrêté du ministre chargé de l'économie pour les personnes mentionnées aux 1° à 8°, 10° à 11° et 15° de l'article L. 561-2, hormis pour les personnes mentionnées au 2° du I de l'article L. 561-36 ; – *V. Arr. du 24 juin 2019.*

b) Par le règlement général de l'Autorité des marchés financiers pour les personnes mentionnées au 2° du I de l'article L. 561-36 ;

c) Par un arrêté du ministre chargé de l'intérieur pour les personnes mentionnées au 9° de l'article L. 561-2 ;

d) Par un arrêté du ministre chargé du budget pour les personnes mentionnées au 9° *bis* de l'article L. 561-2 ;

e) Par un arrêté conjoint des ministres chargés de l'économie et du budget pour les personnes mentionnées au 12° de l'article L. 561-2 ;

f) Par un arrêté du garde des sceaux, ministre de la justice, pour les personnes mentionnées aux 12° *bis* à 14° de l'article L. 561-2 ;

g) Par un arrêté du ministre chargé des sports pour les personnes mentionnées au 16° de l'article L. 561-2.

SECTION 7 *Contrôle du respect des obligations et sanctions* (*Décr. n° 2018-284 du 18 avr. 2018, art. 57*).

(Décr. n° 2009-1535 du 10 déc. 2009, art. 1er)

SOUS-SECTION 1 *Contrôle du respect des obligations par les personnes mentionnées aux 8° à 12° et 13° à 16° de l'article L. 561-2 (Décr. n° 2018-284 du 18 avr. 2018, art. 57).*

Art. R. 561-39 *(Décr. n° 2018-284 du 18 avr. 2018, art. 58)* Pour l'application du 14° du I de l'article L. 561-36, l'autorité administrative compétente pour le contrôle du respect par les personnes mentionnées au 9° de l'article L. 561-2 des obligations *(Décr. n° 2021-387 du 2 avr. 2021, art. 2)* « mentionnées au premier alinéa du I de l'article L. 561-36 » est le service central des courses et jeux.

Les inspections de contrôle du respect *(Décr. n° 2021-387 du 2 avr. 2021, art. 2)* « par ces personnes de ces obligations » sont conduites par des agents de la police nationale chargés de la police des jeux, spécialement habilités par arrêté du ministre de l'intérieur.

Les inspections de contrôle du respect par les personnes mentionnées au 9° *bis* de l'article L. 561-2 des obligations *(Décr. n° 2021-387 du 2 avr. 2021, art. 2)* « mentionnées au premier alinéa du I de l'article L. 561-36 » sont conduites par les agents de *(Décr. n° 2020-118 du 12 févr. 2020, art. 11)* « l'Autorité nationale des jeux » habilités en application du II de l'article 42 de la loi n° 2010-476 du 12 mai 2010 relative à l'ouverture à la concurrence et à la régulation du secteur des jeux d'argent et de hasard en ligne.

Art. R. 561-40 *(Décr. n° 2018-284 du 18 avr. 2018, art. 59)* Pour l'application du 14° du I de l'article L. 561-36, l'autorité administrative compétente pour le contrôle du respect par les personnes mentionnées aux 8°, 11° et 15° de l'article L. 561-2 des obligations *(Décr. n° 2021-387 du 2 avr. 2021, art. 2)* « mentionnées au premier alinéa du I de l'article L. 561-36 » est le directeur général de la concurrence, de la consommation et de la répression des fraudes.

(Décr. n° 2020-118 du 12 févr. 2020, art. 11) « Les inspections de contrôle » du respect par les personnes mentionnées aux 8°, 11° et 15° de l'article L. 561-2 des obligations prévues au premier alinéa *(Décr. n° 2020-118 du 12 févr. 2020, art. 11)* « sont réalisées » dans les conditions prévues au titre V du livre IV du code de commerce par des agents de la concurrence, de la consommation et de la répression des fraudes spécialement habilités par arrêté du ministre chargé de l'économie. *(Décr. n° 2020-118 du 12 févr. 2020, art. 11)* « Les agents peuvent adresser l'injonction mentionnée au VII de l'article L. 561-36-2 dans les conditions prévues au I de l'article L. 470-1 du code de commerce. » – *V. Arr. du 14 mai 2020 relatif à l'habilitation des fonctionnaires de catégorie A, agents de la concurrence, de la consommation et de la répression des fraudes, pour procéder aux enquêtes nécessaires à l'application des chapitres I et II du titre VI du code monétaire et financier (JO 20 mai).*

V. Lignes directrices DGCCRF et TRACFIN relatives à la mise en œuvre, par les professionnels visés au 8° de l'art. L. 561-2, de leurs obligations en matière de LCB-FT (nov. 2018, infra, E).

V. Lignes directrices DGCCRF et TRACFIN relatives à la mise en œuvre, par les professionnels visés au 15° de l'art. L. 561-2 (domiciliaires d'entreprise), de leurs obligations en matière de LCB-FT (juin 2019, infra, E).

BIBL. ▶ FEFERMAN et PELOSI, *AJDI 2010. 205* (nouvelle prérogative pour les services de la concurrence et de la consommation en matière immobilière : le contrôle du respect des normes anti-blanchiment) ; *AJDI 2010. 701* (risques de blanchiment de capitaux et de financement du terrorisme par les professionnels du secteur immobilier) ; *AJDI 2011. 37* (confidentialité et prévention contre le blanchiment de capitaux). - TURC et MOUAWAD, *Administrer 6/2011. 11* (les agents immobiliers au cœur du dispositif de LCB-FT).

Art. R. 561-41 *(Décr. n° 2018-284 du 18 avr. 2018, art. 60)* **Les inspections de contrôle du respect par les personnes mentionnées** *(Décr. n° 2021-387 du 2 avr. 2021, art. 2)* **« aux 10°, 11° *bis* et 14° » de l'article L. 561-2 des obligations** *(Décr. n° 2021-387 du 2 avr. 2021, art. 2)* **« mentionnées au premier alinéa du I de l'article L. 561-36 » sont conduites par les agents des douanes dans les conditions définies au titre II du code des douanes.**

Les constatations effectuées par les agents des douanes sur le fondement du V de l'article L. 561-36-2 sont relatées dans un procès-verbal transmis à la Commission nationale des sanctions.

Art. R. 561-41-1 *(Décr. n° 2020-118 du 12 févr. 2020, art. 11)* **Le rapport mentionné au V de l'article L. 561-36 contient les informations suivantes :**

1° Les sanctions que les autorités de contrôle mentionnées à ce V prennent à l'égard des personnes mentionnées à l'article L. 561-2 au titre de l'article L. 561-36 ;

2° Le nombre de signalements d'infractions mentionnés aux articles L. 561-36-4 et L. 634-1 que ces autorités ont reçus, le cas échéant ;

3° Le nombre d'informations et de déclarations de soupçon qu'elles ont reçues et transmises au service mentionné à l'article L. 561-23, le cas échéant ;

4° Le nombre et la description des mesures de surveillance prises pour contrôler le respect, par les personnes mentionnées à l'article L. 561-2, de leurs obligations prévues aux sections 3, 4 et 6 du présent chapitre, le cas échéant.

Les autorités de contrôle publient ce rapport sur leurs sites internet respectifs.

Art. R. 561-42 **Les documents, renseignements et justifications nécessaires aux agents pour l'exercice de leur mission d'inspection leur sont communiqués sur simple demande.**

SOUS-SECTION 2 *Publication des décisions de sanction*

(Décr. n° 2018-284 du 18 avr. 2018, art. 57)

Art. R. 561-42-1 *(Décr. n° 2018-284 du 18 avr. 2018, art. 61)* **Pour l'application du III de l'article L. 561-36-3, la décision de l'autorité de sanction est publiée :**

1° Sur le site internet du Conseil national des barreaux pour les avocats ;

2° Sur le site internet du Conseil supérieur du notariat pour les notaires ;

3° Sur le site internet de la *(Décr. n° 2018-872 du 9 oct. 2018, art. 27-IV, en vigueur le 1er janv. 2019)* **« Chambre nationale des commissaires de justice** *[ancienne rédaction : Chambre nationale des huissiers de justice]* **» pour les huissiers de justice ;**

4° Sur le site internet de la *(Décr. n° 2018-872 du 9 oct. 2018, art. 27-IV, en vigueur le 1er janv. 2019)* **« Chambre nationale des commissaires de justice** *[ancienne rédaction : Chambre nationale des commissaires-priseurs judiciaires]* **» pour les commissaires-priseurs judiciaires ;**

5° Sur le site internet du conseil de l'ordre des avocats au Conseil d'État et à la Cour de cassation pour les avocats au Conseil d'État et à la Cour de cassation ;

6° Sur le site internet du ministère de la justice pour les administrateurs judiciaires et les mandataires judiciaires ;

7° Sur le site internet de l'ordre des experts-comptables pour les experts-comptables ;

8° Sur le site internet du Conseil des ventes volontaires de meubles aux enchères publiques pour les opérateurs de ventes volontaires de meubles aux enchères publiques.

La publication mentionne au moins la sanction infligée et la nature de l'infraction commise, ainsi que, sauf lorsque l'autorité de sanction fait application du deuxième alinéa du III de l'article L. 561-36-3, l'identité de la personne physique ou morale sanctionnée. Cette publication intervient après que l'autorité a notifié sa décision à la personne sanctionnée.

Lorsque la décision mentionnée au premier alinéa fait l'objet d'un recours juridictionnel, l'autorité publie cette information, ainsi que toute information relative à l'issue de ce recours, dans les mêmes conditions. Il en va de même lorsque la décision de sanction est annulée ou réformée.

La décision publiée conformément aux précédents alinéas demeure disponible pendant une période d'au moins cinq ans à compter de la publication initiale. Toutefois, les données à caractère personnel figurant dans la décision publiée sur le site internet mentionné au premier alinéa sont supprimées à l'issue d'une durée qui ne peut excéder cinq ans.

Art. R. 561-42-2 *(Décr. nº 2018-284 du 18 avr. 2018, art. 61)* Sans préjudice de la publication sur un site internet officiel prévue à l'article R. 561-42-1, la décision peut également être publiée dans les publications, journaux ou supports désignés par l'autorité de sanction.

Lorsqu'un recours est formé contre cette décision, mention en est faite sur le site internet mentionné à l'alinéa précédent. Il en va de même lorsque la décision est annulée ou réformée.

SOUS-SECTION 3 *La Commission nationale des sanctions (Décr. nº 2018-284 du 18 avr. 2018, art. 57).*

Art. R. 561-43 I. – Les quatre personnalités qualifiées, membres de la Commission nationale des sanctions, et leurs suppléants sont nommés par décret pris sur le rapport du ministre chargé de l'économie, après avis du garde des sceaux, ministre de la justice, et du ministre de l'intérieur.

(Décr. nº 2018-284 du 18 avr. 2018, art. 62) « II. – Pour l'exécution de ses missions, la Commission peut adopter un règlement intérieur qui est rendu public sur son site internet. »

Art. R. 561-44 Le président de la Commission nationale des sanctions convoque ses séances.

La commission ne peut délibérer que si *(Décr. nº 2018-284 du 18 avr. 2018, art. 63)* « trois » au moins de ses membres, titulaires ou suppléants, *(Décr. nº 2018-284 du 18 avr. 2018, art. 63)* « participant à la délibération, » sont présents.

(Décr. nº 2018-284 du 18 avr. 2018, art. 63) « En cas d'empêchement du président, la séance est présidée par le membre titulaire de la Cour de cassation, désigné par le premier président de la Cour de cassation, ou, s'il n'est pas présent, par le membre titulaire de la Cour des comptes, désigné par le premier président de la Cour des comptes. »

Art. R. 561-45 *(Décr. nº 2018-284 du 18 avr. 2018, art. 64)* « Le secrétaire général de la Commission nationale des sanctions peut être assisté d'un secrétaire général adjoint.

« Le secrétaire général instruit les affaires soumises à l'examen de la Commission, en relation avec le rapporteur. Il ne peut recevoir d'instruction du président et des autres membres de la Commission dans l'exercice de cette attribution.

« Il assure le suivi de l'exécution des décisions de la Commission. »

Il dirige le personnel de la commission, mis à disposition de celle-ci par le ministre chargé de l'économie ou le ministre de l'intérieur, avec l'accord du président de la commission.

Art. R. 561-46 Le président, les membres de la Commission nationale des sanctions et leurs suppléants perçoivent une indemnité par séance de la commission à laquelle ils participent. Le taux de l'indemnité ainsi que le plafond annuel des indemnités sont fixés par arrêté des ministres chargés de l'économie et du budget.

Arrêté du 22 septembre 2014, *fixant le montant des indemnités allouées au président et aux membres de la Commission nationale des sanctions.* **Art. 1er** Le montant de l'indemnité prévue à l'article R. 561-46 susvisé du code monétaire et financier est fixé par séance d'une journée entière à 500 € pour le président de la Commission nationale des sanctions et à 250 € pour les autres membres.

Le nombre maximal de séances ouvrant droit à ces indemnités est de 50 par an.

Art. 2 Le présent arrêté prend effet au 1er juillet 2014.

Art. R. 561-47 I. — Lorsque la Commission nationale des sanctions est saisie, en application de l'article L. 561-38, sur le fondement d'un rapport de contrôle établi dans les conditions prévues aux articles R. 561-39 et R. 561-40, la notification des griefs prévue à l'article L. 561-41 est faite, par les soins du secrétaire général, par lettre recommandée avec demande d'accusé de réception. Elle est accompagnée d'une copie du rapport de contrôle.

II. — La personne mise en cause adresse ses observations écrites à la commission dans un délai de trente jours à compter de la réception de la lettre recommandée lui notifiant les griefs. La notification mentionne ce délai et précise que l'intéressé peut prendre connaissance et copie des autres pièces du dossier auprès de la commission et, à cette fin, se faire assister ou représenter par la personne de son choix.

(Décr. nº 2018-284 du 18 avr. 2018, art. 65) « III. — Le président de la Commission nationale des sanctions désigne un rapporteur parmi les membres de la commission. »

Art. R. 561-48 Le président de la Commission nationale des sanctions convoque la personne mise en cause pour l'entendre, par lettre recommandée avec demande d'avis de réception, dans un délai qui ne peut être inférieur à quinze jours à compter de l'expiration du délai mentionné au II de l'article R. 561-47. La personne entendue peut se faire assister par son conseil.

Art. R. 561-49 I. — La composition de la Commission nationale des sanctions est communiquée à la personne mise en cause, qui peut demander la récusation de l'un de ses membres, s'il existe une raison sérieuse de douter de l'impartialité de celui-ci.

La demande de récusation est déposée au secrétariat général, par la personne mise en cause ou son mandataire, dans un délai de huit jours à compter de la découverte du motif de récusation *(Décr. nº 2018-284 du 18 avr. 2018, art. 66)* « , ou, s'agissant du rapporteur, dans un délai de huit jours à compter de la notification de la décision désignant celui-ci ». La demande doit, à peine d'irrecevabilité, viser nominativement le membre concerné de la commission, indiquer avec précision les motifs de la récusation et être accompagnée des pièces propres à la justifier.

Il est délivré récépissé de la demande.

II. — Le membre de la commission qui fait l'objet de la demande de récusation reçoit copie de celle-ci. Dans les huit jours de cette communication, il fait connaître par écrit soit son acquiescement à la récusation, soit les motifs pour lesquels il s'y oppose. S'il acquiesce, la commission statue sur l'affaire litigieuse en son absence.

S'il conteste les motifs de la récusation ou ne répond pas, la demande de récusation est examinée par la commission sans sa participation. Il est alors remplacé par son suppléant.

La commission se prononce sur la demande de récusation par une décision non motivée.

La décision prise par la commission sur la demande de récusation ne peut être contestée devant une juridiction qu'avec la décision de sanction.

Art. R. 561-50 La séance de la Commission nationale des sanctions est publique à la demande de la personne mise en cause. Toutefois, le président peut interdire au public l'accès de la salle pendant tout ou partie de la séance pour préserver l'ordre public ou lorsque la publicité est susceptible de porter atteinte au secret des affaires ou à tout autre secret protégé par la loi.

(Décr. nº 2018-284 du 18 avr. 2018, art. 67) « La Commission peut entendre toute personne dont elle estime l'audition utile. »

Il est établi un procès-verbal de la séance par le secrétaire de séance, désigné par le président. *(Décr. n° 2018-284 du 18 avr. 2018, art. 67)* « Le procès-verbal est signé par le président, le secrétaire de séance et le rapporteur.

« La décision, signée par le président, mentionne le nom des membres de la commission qui ont statué. Elle est notifiée à la personne concernée dans les meilleurs délais, par lettre recommandée ou par envoi recommandé électronique avec demande d'accusé de réception. »

Art. R. 561-50-1 *(Décr. n° 2018-284 du 18 avr. 2018, art. 68)* Pour l'application du III de l'article L. 561-40, la décision de la Commission est publiée sur le site internet de la commission.

La publication mentionne au moins la sanction infligée et la nature de l'infraction commise, ainsi que, sauf lorsque l'autorité de sanction fait application du deuxième alinéa du III de l'article L. 561-40, l'identité de la personne physique ou morale sanctionnée. Cette publication intervient après que l'autorité a notifié sa décision à la personne sanctionnée.

Lorsque la décision mentionnée au premier alinéa fait l'objet d'un recours juridictionnel, l'autorité publie cette information, ainsi que toute information relative à l'issue de ce recours, dans les mêmes conditions. Il en va de même lorsque la décision de sanction est annulée ou réformée.

La décision publiée conformément aux précédents alinéas demeure disponible pendant une période d'au moins cinq ans à compter de la publication initiale. Toutefois, les données à caractère personnel figurant dans la décision publiée sur le site internet mentionné au premier alinéa sont supprimées à l'issue d'une durée qui ne peut excéder cinq ans.

Art. R. 561-50-2 *(Décr. n° 2018-284 du 18 avr. 2018, art. 68)* Sans préjudice de la publication sur le site internet prévue à l'article R. 561-50-1, la décision peut également être publiée, à l'expiration du délai de recours, dans les publications, journaux ou supports désignés par la Commission.

Lorsqu'un recours est formé contre cette décision, mention en est faite sur le site internet mentionné à l'alinéa précédent. Il en va de même lorsque la décision est annulée ou réformée.

SECTION 8 *Conseil d'orientation de la lutte contre le blanchiment de capitaux et le financement du terrorisme*

(Décr. n° 2010-69 du 18 janv. 2010, art. 1er)

Art. D. 561-51 Le conseil d'orientation de la lutte contre le blanchiment de capitaux et le financement du terrorisme a pour objet :

1° D'assurer une meilleure coordination des services de l'État et autorités de contrôle concernés par la lutte contre le blanchiment de capitaux et le financement du terrorisme, afin de renforcer l'efficacité de celle-ci ;

(Décr. n° 2020-119 du 12 févr. 2020, art. 1er) « 1° *bis* De renforcer les échanges d'informations entre les acteurs du volet préventif et *[du]* volet répressif ; »

2° De favoriser la concertation avec les *(Décr. n° 2020-119 du 12 févr. 2020, art. 1er)* « personnes » mentionnées à l'article L. 561-2 en matière de lutte contre le blanchiment de capitaux et le financement du terrorisme, afin d'améliorer leur participation à celle-ci ;

3° De proposer des améliorations au dispositif national *(Décr. n° 2020-119 du 12 févr. 2020, art. 1er)* « , préventif et répressif, » de lutte contre le blanchiment de capitaux et le financement du terrorisme *(Décr. n° 2020-119 du 12 févr. 2020, art. 1er)* « visant à alimenter un plan d'actions interministériel, d'en suivre la mise en œuvre et d'en apprécier l'efficacité » ;

(Décr. n° 2018-284 du 18 avr. 2018, art. 69, en vigueur le 1er oct. 2018) « 4° D'établir et de mettre à jour régulièrement une analyse nationale des risques visant à identifier, comprendre, évaluer les risques de blanchiment de capitaux et de financement du terrorisme auxquels la France est exposée et de proposer des mesures d'atténuation de ces risques. Cette analyse *(Décr. n° 2020-119 du 12 févr. 2020, art. 1er)* « prête une

attention particulière à toute activité financière considérée comme particulièrement susceptible, par sa nature, d'être utilisée ou détournée à des fins de blanchiment de capitaux ou de financement du terrorisme et » tient compte du rapport établi par la Commission sur l'évaluation européenne des risques tel que prévu au paragraphe 1 de l'article 6 de la directive 2015/849 du 20 mai 2015 relative à la prévention de l'utilisation du système financier aux fins du blanchiment de capitaux ou du financement du terrorisme, modifiant le règlement (UE) n° 648/2012 du Parlement européen et du Conseil. » *(Décr. n° 2020-119 du 12 févr. 2020, art. 1er)* « Cette analyse présente également la structure institutionnelle et les procédures générales du dispositif de lutte contre le blanchiment de capitaux et le financement du terrorisme, et précise les ressources mobilisées pour lutter contre le blanchiment de capitaux et le financement du terrorisme ;

« 5° De consolider, en vue de leur publication au sein d'un rapport annuel, les statistiques relatives à :

« *a)* La taille et l'importance des différents secteurs auxquels appartiennent les personnes mentionnées à l'article L. 561-2, y compris le nombre de ces dernières ;

« *b)* Le nombre de déclarations transmises en application de l'article L. 561-15, les suites données à ces déclarations et le nombre d'affaires instruites, le nombre de personnes poursuivies et de personnes condamnées pour blanchiment de capitaux ou financement du terrorisme, les types d'infractions sous-jacentes, lorsque ces informations sont disponibles, ainsi que la valeur des biens gelés, saisis ou confisqués ;

« *c)* Le nombre de demandes d'informations transfrontalières qui ont été formulées, reçues, rejetées et auxquelles une réponse partielle ou complète a été donnée par le service mentionné *[à]* l'article L. 561-23 ventilées par pays partenaire ;

« *d)* Les ressources humaines des autorités mentionnées à l'article L. 561-36 et du service mentionné à l'article L. 561-23 dédiées à la lutte contre le blanchiment de capitaux et le financement du terrorisme ;

« *e)* Le nombre de mesures de surveillance sur site et hors site, le nombre d'infractions constatées sur la base des mesures de surveillance et de sanctions ou de mesures administratives appliquées par les autorités mentionnées à l'article L. 561-36 » ;

(Décr. n° 2021-1113 du 23 août 2021, art. 1er) « 6° De consolider sur une base annuelle, en vue de leur transmission à la Commission européenne, les statistiques mentionnées à l'article 19 de la directive 2019/1153 du Parlement européen et du Conseil du 20 juin 2019 qui lui sont communiquées par le service mentionné à l'article L. 561-23, les services des impôts, des douanes et ceux des ministères de la justice et de l'intérieur. »

Art. D. 561-52 Le conseil d'orientation est présidé par une personnalité qualifiée désignée conjointement, pour une période de trois ans renouvelable, par le ministre chargé de l'économie et le ministre chargé du budget, après avis du ministre de l'intérieur et du garde des sceaux, ministre de la justice. *(Décr. n° 2020-119 du 12 févr. 2020, art. 1er)* « Le président est assisté d'un vice-président, qui est désigné par le garde des sceaux, ministre de la justice, pour une période de trois ans renouvelable, après avis du ministre chargé de l'économie, du ministre chargé du budget et du ministre de l'intérieur. En cas d'absence ou d'empêchement du président, la présidence du conseil d'orientation est exercée par le vice-président. Le secrétariat du conseil d'orientation est assuré par la direction générale du Trésor. »

Art. D. 561-53 I. — Le conseil d'orientation comprend, outre son président, les *(Décr. n° 2020-119 du 12 févr. 2020, art. 1er)* « trente » membres suivants :

1° Au titre des services de l'État :

— le directeur général des douanes et des droits indirects ou son représentant ;

— le directeur général des finances publiques ou son représentant ;

— le *(Décr. n° 2010-291 du 18 mars 2010, art. 2)* « directeur général du Trésor » ou son représentant ;

— le directeur général de la police nationale ou son représentant ;

— le directeur général de la gendarmerie nationale ou son représentant ;

— le directeur des affaires civiles et du sceau ou son représentant ;

– le directeur des affaires criminelles et des grâces ou son représentant ;

(Décr. n° 2020-119 du 12 févr. 2020, art. 1er) « – le secrétaire général du ministère de la justice ou son représentant ; »

– le directeur des affaires stratégiques, de sécurité et du désarmement ou son représentant ;

– le directeur du service à compétence nationale TRACFIN ou son représentant ;

(Décr. n° 2020-119 du 12 févr. 2020, art. 1er) « – le directeur général des outre-mer ou son représentant ;

« – le directeur général de l'agence de gestion et de recouvrement des avoirs saisis et confisqués ou son représentant ;

« – le chef du service d'enquêtes judiciaires des finances ou son représentant ;

« – le chef du service statistique ministériel de la sécurité intérieure ou son représentant ;

« – le directeur des sports ou son représentant » ;

(Décr. n° 2021-446 du 15 avr. 2021, art. 2) « – le chef de la mission interministérielle de coordination anti-fraude. »

2° Au titre des autorités de contrôle *(Décr. n° 2018-284 du 18 avr. 2018, art. 70, en vigueur le 1er oct. 2018)* « et de sanction » :

– le directeur général de la concurrence, de la consommation et de la répression des fraudes ou son représentant ;

– le secrétaire général de l'Autorité de contrôle prudentiel et de résolution ou son représentant ;

(Abrogé par Décr. n° 2010-218 du 3 mars 2010, art. 2) « – le secrétaire général de l'Autorité de contrôle des assurances et des mutuelles ou son représentant ; »

– le secrétaire général de l'Autorité des marchés financiers ou son représentant ;

– le chef du service central des courses et jeux ou son représentant ;

– *(Décr. n° 2020-1349 du 4 nov. 2020, art. 43)* « le directeur général de l'Autorité nationale des jeux » ;

(Décr. n° 2018-284 du 18 avr. 2018, art. 70, en vigueur le 1er oct. 2018) « – le directeur général du Haut Conseil du commissariat aux comptes ou son représentant ;

« – le président de la Commission nationale des sanctions ou son représentant ; »

– un représentant du Conseil national des barreaux ;

– un représentant du Conseil supérieur du notariat ;

– un représentant de la *(Décr. n° 2018-872 du 9 oct. 2018, art. 27-IV, en vigueur le 1er janv. 2019)* « Chambre nationale des commissaires de justice *[ancienne rédaction : Chambre nationale des huissiers de justice]* » ;

– un représentant du Conseil national des administrateurs judiciaires et mandataires judiciaires ;

– un représentant de la *(Décr. n° 2018-872 du 9 oct. 2018, art. 27-IV, en vigueur le 1er janv. 2019)* « Chambre nationale des commissaires de justice *[ancienne rédaction : Chambre nationale des commissaires-priseurs judiciaires]* » ;

– un représentant de l'ordre des avocats au Conseil d'État et à la Cour de cassation ;

– un représentant du Conseil supérieur de l'ordre des experts-comptables ;

(Abrogé par Décr. n° 2018-284 du 18 avr. 2018, art. 70, à compter du 1er oct. 2018) « – un représentant du Haut Conseil du commissariat aux comptes ; »

(Décr. n° 2020-119 du 12 févr. 2020, art. 1er) « – un représentant du Conseil national des greffiers des tribunaux de commerce. »

(Décr. n° 2021-446 du 15 avr. 2021, art. 2) « 3° Au titre des autorités administratives indépendantes :

« – un représentant de l'Agence française anticorruption ;

« – un représentant de la Haute Autorité pour la transparence de la vie publique. »

II. – Le conseil associe à ses travaux, en tant que de besoin, des représentants des *(Décr. n° 2020-119 du 12 févr. 2020, art. 1er)* « personnes » mentionnées à l'article L. 561-2. Il peut y associer des personnalités qualifiées.

Art. D. 561-54 Le président arrête, pour chaque réunion du conseil, son ordre du jour et la liste des membres à convoquer, en fonction de celui-ci. Si l'ordre du jour comporte un sujet concernant spécifiquement une profession mentionnée à l'article

L. 561-2, l'autorité de contrôle compétente pour cette profession est convoquée. La réunion du conseil ne peut se tenir que si au moins six de ses membres désignés, en vertu du 1° de l'article D. 561-53, au titre des services de l'État, sont représentés.

SECTION 9 *Registre des bénéficiaires effectifs*

(Décr. nº 2017-1094 du 12 juin 2017, art. 1er, en vigueur le 1er août 2017)

Art. R. 561-55 *(Décr. nº 2020-118 du 12 févr. 2020, art. 12)* **Les informations relatives aux bénéficiaires effectifs mentionnées au deuxième alinéa de l'article L. 561-46 sont déclarées au greffe du tribunal de commerce lors de la demande d'immatriculation au registre du commerce et des sociétés présentée par la société ou l'entité immatriculée, soit directement, soit par l'intermédiaire de l'organisme mentionné au deuxième alinéa de la loi nº 94-126 du 11 février 1994 relative à l'initiative et à l'entreprise individuelle** *(Décr. nº 2021-300 du 18 mars 2021, art. 10, en vigueur le 1er avr. 2021)* **« ou du service informatique mentionné à l'article R. 123-30-14 du code de commerce ». La société ou l'entité immatriculée demande une inscription modificative dans les trente jours suivant tout fait ou acte rendant nécessaire la rectification ou le complément des informations déclarées.**

Toutefois[,] lorsque la société ou l'entité pour laquelle sont déclarées les informations relatives aux bénéficiaires effectifs est un placement collectif, la dernière phrase du premier alinéa ne s'applique qu'à l'issue d'un délai de 180 jours ouvrés suivant la date d'immatriculation de cette société au registre du commerce et des sociétés.

Nouvel art. R. 561-55 (Décr. nº 2020-118 du 12 févr. 2020, art. 12) ***Les informations relatives aux bénéficiaires effectifs mentionnées au deuxième alinéa de l'article L. 561-46 sont déclarées au greffe du tribunal de commerce lors de la demande d'immatriculation au registre du commerce et des sociétés présentée par la société ou l'entité immatriculée*** (Abrogé par Décr. nº 2021-300 du 18 mars 2021, art. 35, à compter du 1er janv. 2023) ***«, soit directement, soit » par l'intermédiaire de l'organisme*** (Décr. nº 2021-300 du 18 mars 2021, art. 35, en vigueur le 1er janv. 2023) ***« unique » mentionné*** (Décr. nº 2021-300 du 18 mars 2021, art. 35, en vigueur le 1er janv. 2023) ***« à l'article R. 123-1 »*** (Décr. nº 2021-300 du 18 mars 2021, art. 10, en vigueur le 1er avr. 2021) ***« du code de commerce ». La société ou l'entité immatriculée demande une inscription modificative dans les trente jours suivant tout fait ou acte rendant nécessaire la rectification ou le complément des informations déclarées.***

Toutefois[,] lorsque la société ou l'entité pour laquelle sont déclarées les informations relatives aux bénéficiaires effectifs est un placement collectif, la dernière phrase du premier alinéa ne s'applique qu'à l'issue d'un délai de 180 jours ouvrés suivant la date d'immatriculation de cette société au registre du commerce et des sociétés.

Art. R. 561-56 *(Décr. nº 2020-118 du 12 févr. 2020, art. 12)* **« Les informations relatives au bénéficiaire effectif déclarées lors de la demande sont les suivantes : »**

1° S'agissant de la société ou de l'entité juridique, sa dénomination ou raison sociale, sa forme juridique, l'adresse de son siège social et, le cas échéant, son numéro unique d'identification complété par la mention RCS suivie du nom de la ville où se trouve le greffe où elle est immatriculée ;

2° S'agissant du bénéficiaire effectif :

***a)* Les nom, nom d'usage, pseudonyme, prénoms, date et lieu de naissance, nationalité, adresse personnelle de la ou des personnes physiques ;**

(Décr. nº 2020-118 du 12 févr. 2020, art. 12) **« *b)* La nature et les modalités du contrôle exercé sur la société ou l'entité juridique mentionnée au 1°, déterminées conformément aux articles R. 561-1, R. 561-2 ou R. 561-3, ainsi que l'étendue de ce contrôle ; »**

***c)* La date à laquelle la ou les personnes physiques sont devenues le bénéficiaire effectif de la société ou de l'entité juridique mentionnée au 1°.**

Hauteur de la participation du bénéficiaire effectif. Jugeant que le pourcentage exact de participation d'un bénéficiaire effectif dans une société doit être déclaré, V. • T. com. Bobigny, 18 mai 2018 : *cité ss. art. L. 561-47.*

Art. R. 561-57 *(Décr. nº 2020-118 du 12 févr. 2020, art. 12)* **« En application du troisième alinéa de l'article L. 561-46, les personnes ayant accès à l'intégralité des informations relatives aux bénéficiaires effectifs sont les suivantes : »**

1° Les magistrats de l'ordre judiciaire, pour les besoins de l'exercice de leurs missions ;

2° Les agents du service mentionné à l'article L. 561-23 du présent code ;

3° Les agents des douanes individuellement désignés et spécialement habilités par, selon le cas, le directeur régional ou le directeur du service à compétence nationale ou, le cas échéant, par le directeur général des douanes ;

4° Les agents de la direction générale des finances publiques chargés du contrôle et du recouvrement en matière fiscale, individuellement désignés et spécialement habilités par le directeur chargé, selon le cas, d'une direction régionale ou départementale des finances publiques, d'un service à compétence nationale, d'une direction nationale de contrôle fiscal, d'une direction spécialisée de contrôle fiscal ou, le cas échéant, par le directeur général des finances publiques ;

(Décr. n° 2020-118 du 12 févr. 2020, art. 12) « 4° *bis* Les officiers de police judiciaire de la police nationale et de la gendarmerie nationale individuellement désignés et spécialement habilités par, selon le cas :

« *a)* Le directeur général, les chefs des services centraux ou les chefs des services déconcentrés de la police nationale ;

« *b)* Le préfet de police ou les chefs de services de la préfecture de police ;

« *c)* Le directeur général, le directeur des opérations et de l'emploi ou le sous-directeur de la police judiciaire de la gendarmerie nationale, les commandants de groupement de la gendarmerie nationale, les commandants de la gendarmerie nationale dans les collectivités d'outre-mer relevant des articles 73 et 74 de la Constitution et en Nouvelle-Calédonie, les commandants de région de la gendarmerie nationale ou les commandants des gendarmeries spécialisées de la gendarmerie nationale ;

« 4° *ter* Les agents des douanes et des services fiscaux habilités à effectuer des enquêtes judiciaires en application respectivement des articles 28-1 et 28-2 du code de procédure pénale individuellement désignés et spécialement habilités par le magistrat chef du service à compétence nationale, ou ses adjoints, institué au sein du ministère chargé du budget dans lequel ils sont affectés ; »

5° Le personnel des services de l'Autorité de contrôle prudentiel et de résolution qui exerce une mission de contrôle sur pièces ou sur place ou d'instruction des demandes d'autorisation et d'agrément, le personnel des services juridiques ainsi que le secrétaire général et les secrétaires généraux adjoints ;

6° Les enquêteurs et les contrôleurs de l'Autorité des marchés financiers en application de l'article L. 621-10 du présent code ;

7° Le bâtonnier et, le cas échéant sur sa délégation, un ou plusieurs membres du conseil de l'ordre individuellement désignés et spécialement habilités par lui ainsi que les personnes individuellement désignées et spécialement habilitées par le Conseil national des barreaux en application de l'article 156 du décret n° 91-1197 du 27 novembre 1991 organisant la profession d'avocat ;

8° Les notaires inspecteurs désignés dans les conditions prévues à l'article 5 du décret n° 74-737 du 12 août 1974 relatif aux inspections des études de notaires ainsi que les syndics départementaux et interdépartementaux désignés dans les conditions prévues à l'article 4 du décret n° 45-0117 du 19 décembre 1945 pris pour l'application du statut du notariat ;

9° Les huissiers de justice inspecteurs désignés dans les conditions prévues à l'article 94-4 du décret n° 56-222 du 29 février 1956 pris pour l'application de l'ordonnance du 2 novembre 1945 relative au statut des huissiers de justice ainsi que les syndics régionaux et interrégionaux désignés dans les conditions prévues à l'article 96-1 de ce décret ;

10° Les commissaires-priseurs judiciaires délégués désignés dans les conditions prévues au huitième alinéa de l'article 19 du décret n° 45-0120 du 19 décembre 1945 pris pour l'application du statut des commissaires-priseurs judiciaires ainsi que les syndics désignés dans les conditions prévues à l'article 10 de ce décret ;

11° Le président du conseil de l'ordre des avocats au Conseil d'État et à la Cour de cassation et, le cas échéant sur sa délégation, un ou plusieurs membres de ce conseil individuellement désignés et spécialement habilités ainsi que les syndics désignés dans les conditions prévues à l'article 8 de l'ordonnance du 10 septembre 1817 relative aux avocats aux Conseils et à la Cour de cassation ;

12° Le président du Conseil national des administrateurs judiciaires et mandataires judiciaires et les contrôleurs désignés en application des articles R. 814-44 et R. 814-45 du code de commerce ;

13° Le président du Haut Conseil du commissariat aux comptes et son rapporteur général, toute personne participant directement à l'activité du Haut Conseil qu'ils désignent spécialement à cette fin, ainsi que les contrôleurs désignés en application de l'article R. 821-69 du code de commerce et les enquêteurs habilités en application de l'article R. 824-2 du code de commerce ;

14° Les membres du comité de lutte anti-blanchiment de l'ordre des experts comptables institué par *(Décr. n° 2020-118 du 12 févr. 2020, art. 12)* **« l'article 234-1 du règlement intérieur de cet ordre prévu par l'article 60 de l'ordonnance n° 42-2138 du 19 septembre 1945 et agréé par l'arrêté du 23 novembre 2015 » ;**

15° Le président du Conseil des ventes volontaires de meubles aux enchères publiques ;

16° Le délégué aux agents sportifs, relevant de la commission des agents sportifs constituée par la fédération sportive délégataire, désigné et dument habilité par l'instance dirigeante compétente conformément à l'article R. 222-1 du code du sport ;

(Décr. n° 2018-284 du 18 avr. 2018, art. 72) **« 17° Les agents de la concurrence, de la consommation et de la répression des fraudes,** *(Décr. n° 2020-118 du 12 févr. 2020, art. 12)* **« spécialement habilités par arrêté du ministre chargé de l'économie, » dans les conditions prévues à l'article R. 561-40 du présent code ; »**

18° Les agents de la police nationale chargés de la police des jeux, spécialement habilités par arrêté du ministre de l'intérieur dans les conditions prévues par l'article R. 561-39 du présent code.

Un arrêté interministériel détermine les modalités selon lesquelles les personnes mentionnées aux 5° à 18° du présent article justifient de leur qualité pour accéder *(Décr. n° 2020-118 du 12 févr. 2020, art. 12)* **« à l'intégralité des informations relatives » au bénéficiaire effectif.** – *V. Arr. du 18 sept. 2017, ci-dessous.*

Arrêté du 18 septembre 2017,

Relatif aux justificatifs à fournir pour accéder au document relatif au bénéficiaire effectif.

Art. 1er Pour l'application de l'article R. 561-57 du code monétaire et financier, les personnes mentionnées aux 5° à 18° de ce même article justifient de leur qualité pour accéder au document relatif au bénéficiaire effectif selon les modalités suivantes :

En application du 5°, le secrétaire général de l'Autorité de contrôle prudentiel et de résolution et les greffiers des tribunaux de commerce ou l'Institut national de la propriété industrielle conviennent des modalités techniques permettant l'accès en ligne aux informations contenues dans le registre au personnel affecté dans les services tels que précisés dans la décision du secrétaire général de l'Autorité de contrôle prudentiel et de résolution portant sur l'organisation des services publiée sur le registre officiel de celle-ci ;

En application du 6°, les enquêteurs et les contrôleurs de l'Autorité des marchés financiers produisent leur ordre de mission nominatif établi par le secrétaire général ;

En application du 7°, le bâtonnier produit un extrait du procès-verbal des élections ayant conduit à sa désignation ou tout autre document permettant de justifier sa qualité de bâtonnier ;

En application du 7°, les membres du conseil de l'ordre intervenant sur habilitation du bâtonnier produisent leur acte d'habilitation ;

En application du 7°, les personnes désignées par le Conseil national des barreaux en application de l'article 156 du décret du 27 novembre 1991 susvisé produisent la décision les désignant ;

En application du 8°, les notaires inspecteurs produisent la lettre de mission de l'autorité ou l'organisme les ayant désignés ;

En application du 8°, les syndics départementaux et interdépartementaux produisent un extrait du procès-verbal de la délibération de la chambre des notaires les désignant en cette qualité ;

En application du 9°, les huissiers de justice inspecteurs produisent la lettre de mission de l'autorité ou l'organisme les ayant désignés ;

En application du 9°, les syndics régionaux et interrégionaux produisent un extrait du procès-verbal de la délibération de la chambre régionale, la chambre interrégionale ou la chambre départementale des huissiers de justice lorsqu'elle fait fonction de chambre régionale, les désignant en cette qualité;

En application du 10°, les commissaires-priseurs judiciaires délégués produisent la lettre de mission de la chambre de discipline;

En application du 10°, les syndics produisent un extrait du procès-verbal de la délibération de la chambre de discipline les désignant en cette qualité;

En application du 11°, le président du conseil de l'ordre des avocats au Conseil d'État et à la Cour de cassation produit un extrait du procès-verbal des élections ayant conduit à sa désignation ou tout autre document permettant de justifier sa qualité de président du conseil de l'ordre;

En application du 11°, les membres du conseil de l'ordre des avocats au Conseil d'État et à la Cour de cassation intervenant sur habilitation du président de cet ordre produisent leur acte d'habilitation;

En application du 11°, les syndics produisent un extrait de la délibération du conseil de l'ordre des avocats au Conseil d'État et à la Cour de cassation les désignant en cette qualité;

En application du 12°, le président du Conseil national des administrateurs judiciaires et mandataires judiciaires produit un extrait du procès-verbal du Conseil national des administrateurs judiciaires et mandataires judiciaires justifiant qu'il a été procédé à l'élection du bureau;

En application du 12°, les contrôleurs désignés en application des articles R. 814-44 et R. 814-45 du code de commerce produisent les lettres de mission du Conseil national des administrateurs et mandataires judiciaires les désignant;

En application du 13°, le président du Haut Conseil du commissariat aux comptes produit le décret procédant à sa nomination;

En application du 13°, le rapporteur général du Haut Conseil du commissariat aux comptes produit la décision du président du Haut Conseil du commissariat aux comptes procédant à sa nomination;

En application du 13°, les personnes participant directement à l'activité du Haut Conseil du commissariat aux comptes que le président ou le rapporteur général désignent spécialement à cette fin, ainsi que les contrôleurs désignés en application de l'article R. 821-69 du code de commerce et les enquêteurs habilités en application de l'article R. 824-2 du code de commerce produisent l'autorisation d'accéder au document sur le bénéficiaire effectif délivré par le président du Haut Conseil;

En application du 14°, les membres du comité de lutte antiblanchiment de l'ordre des experts comptables produisent un extrait du procès-verbal de la session du Conseil supérieur de l'ordre des experts-comptables qui a procédé à l'élection du comité de lutte antiblanchiment;

En application du 15°, le président du Conseil des ventes volontaires de meubles aux enchères publiques produit l'arrêté du garde des sceaux, ministre de la justice, procédant à sa nomination;

En application du 16°, le délégué aux agents sportifs produit un extrait du procès-verbal de l'instance dirigeante de la fédération sportive qui a constitué la commission des agents sportifs et qui a nommé le délégué aux agents sportifs;

En application du 17°, les agents désignés par l'autorité administrative chargée de la concurrence et de la consommation produisent la commission d'emploi au dos de laquelle est retranscrit l'article L. 450-8 du code de commerce;

En application du 18°, les agents de la police nationale chargés de la police des jeux produisent un document écrit contresigné par le chef du Service central des courses et jeux ou l'un de ses adjoints attestant du cadre juridique dans lequel s'inscrit sa démarche.

Art. 2 Le présent arrêté est applicable dans les îles Wallis-et-Futuna.

Art. R. 561-58 *(Décr. n° 2020-118 du 12 févr. 2020, art. 12)* **En application du troisième alinéa de l'article L. 561-46, dans le cadre de la mise en œuvre des mesures de vigilance prévues par les articles L. 561-4-1 à L. 561-14-2, les personnes assujetties à la lutte contre le blanchiment et le financement du terrorisme ont accès à l'intégralité des informations relatives aux bénéficiaires effectifs à condition d'avoir établi une déclaration signée par le représentant légal de la personne assujettie ou par une personne dûment habilitée en son sein. Cette déclaration comporte la désignation de la personne assujettie et, le cas échéant** *[,]* **de son représentant légal, et indique que la**

personne assujettie appartient à l'une des catégories de personnes définies à l'article L. 561-2.

Art. R. 561-59 *(Décr. nº 2020-118 du 12 févr. 2020, art. 12)* **En application du deuxième alinéa de l'article L. 561-45-2, les informations sont transmises par le bénéficiaire effectif à la société ou l'entité dans un délai de trente jours ouvrables à compter de la demande.**

Art. R. 561-60 **Pour l'application de la procédure d'injonction prévue à l'article L. 561-48, la requête par laquelle le président du tribunal peut être saisi contient, à peine d'irrecevabilité :**

1° Si le requérant est une personne physique, ses nom, prénoms, nationalité, date, lieu de naissance, profession et domicile ; si le requérant est une personne morale, sa forme, sa dénomination, son siège social et l'organe qui la représente légalement ;

2° L'indication de la juridiction devant laquelle la demande est portée ;

3° L'objet et le fondement de la demande, ainsi que l'indication des pièces sur lesquelles elle est fondée.

Elle est datée et signée par le requérant.

Elle vaut conclusions.

Art. R. 561-61 **Lorsque le président du tribunal rejette la requête mentionnée à l'article R. 561-60, le requérant peut interjeter appel conformément à l'article 496 du code de procédure civile. Les documents produits au soutien de la requête sont restitués au requérant.**

Art. R. 561-62 *(Décr. nº 2020-118 du 12 févr. 2020, art. 12)* **« Lorsque le président du tribunal enjoint à une société ou à une entité juridique de procéder ou faire procéder aux déclarations ou aux rectifications des informations relatives au bénéficiaire effectif, il rend une ordonnance fixant le délai d'exécution et, le cas échéant, le taux de l'astreinte. »**

Elle n'est pas susceptible de recours.

Le greffier notifie l'ordonnance à la société ou à l'entité juridique et, le cas échéant, au requérant, par lettre recommandée avec demande d'avis de réception. La lettre de notification reproduit les dispositions *(Abrogé par Décr. nº 2020-118 du 12 févr. 2020, art. 12)* ***« de l'article L. 561-48 ainsi que »*** *(Décr. nº 2020-118 du 12 févr. 2020, art. 12)* **« du I ainsi que du premier alinéa et du deuxième alinéa » du II de l'article R. 561-63.**

Si la lettre est retournée avec une mention précisant qu'elle n'a pas été réclamée par son destinataire, le greffier invite le requérant à procéder par voie de signification ou, en cas de saisine d'office, fait signifier l'ordonnance. La signification reproduit les dispositions mentionnées à l'alinéa précédent.

Si la lettre est retournée avec une mention précisant que le destinataire est inconnu à l'adresse indiquée, l'affaire est retirée du rôle par le président qui en informe le ministère public.

Art. R. 561-63 **I. — Lorsque l'injonction a été exécutée dans le délai imparti, l'affaire est retirée du rôle.**

II. — *(Décr. nº 2020-118 du 12 févr. 2020, art. 12)* **« Dans le cas contraire », le greffier constate** *(Décr. nº 2020-118 du 12 févr. 2020, art. 12)* **« l'inexécution de l'injonction » par procès-verbal.**

Le président du tribunal statue sur les mesures à prendre et, s'il y a lieu, procède à la liquidation de l'astreinte.

Il statue en dernier ressort lorsque le montant de l'astreinte n'excède pas le taux de compétence en dernier ressort du tribunal de commerce.

Le montant de l'astreinte est recouvré comme en matière de créances étrangères à l'impôt et versé au budget général de l'État.

La décision est notifiée par le greffier au représentant légal de la société ou de l'entité juridique et, le cas échéant, au requérant.

L'appel est formé, instruit et jugé selon les règles applicables à la procédure sans représentation obligatoire.

Art. R. 561-64 *(Décr. n° 2020-118 du 12 févr. 2020, art. 12)* Le greffier mentionne d'office au registre la divergence signalée en application de l'article L. 561-47-1 et précise les informations relatives au bénéficiaire effectif sur lesquelles porte cette divergence. La mention est supprimée d'office dès que la société ou l'entité immatriculée a procédé ou fait procéder à la rectification de ces informations.

CHAPITRE II *DISPOSITIONS RELATIVES AU GEL DES AVOIRS ET À L'INTERDICTION DE MISE À DISPOSITION*

(Décr. n° 2018-264 du 9 avr. 2018, art. 1er)

Art. R. 562-1 *(Décr. n° 2021-387 du 2 avr. 2021, art. 3)* L'organisation et les procédures internes prévues par l'article L. 562-4-1 doivent permettre l'application sans délai des mesures de gel et d'interdiction de mise à disposition conformément à l'article L. 562-4. Cette organisation et ces procédures sont adaptées à la taille ainsi qu'à la nature de l'activité des personnes soumises à ces dispositions et prévoient des moyens matériels et humains suffisants.

Les personnes mentionnées à l'article L. 561-2 veillent à ce que les personnels qui participent à la mise en œuvre des mesures mentionnées au premier alinéa bénéficient de formations appropriées et aient accès aux informations nécessaires à l'exercice de leurs fonctions ou activités. Les agents mentionnés à l'article L. 523-1 et les personnes auxquelles les établissements de monnaie électronique ont recours en vue de distribuer de la monnaie électronique au sens de l'article L. 525-8 sont assimilés aux personnels des personnes mentionnées à l'article L. 521-1 pour l'application de ces dispositions.

Les personnes mentionnées à l'article L. 562-4-1 mettent en place un dispositif de contrôle interne de la mise en œuvre des obligations mentionnées à cet article dans les conditions et selon les modalités prévues aux articles R. 561-38-2 à R. 561-38-9.

Pour les personnes mentionnées aux 1° à 7° *bis* de l'article L. 561-2, un arrêté du ministre chargé de l'économie ou, pour celles de ces personnes mentionnées au 2° du I de l'article L. 561-36, le règlement général de l'Autorité des marchés financiers, précisent les modalités d'application du présent article.

Art. R. 562-2 Il est créé un registre national des personnes faisant l'objet d'une mesure de gel en application des dispositions du présent chapitre.

Ce registre national, tenu par le ministre chargé de l'économie, est destiné à l'information du public et est ouvert à la consultation de celui-ci.

Sont portés au registre les noms et prénoms, les alias, la date et le lieu de naissance, la raison sociale, ainsi que toute autre information contenue dans les actes ou décisions relatifs à la mesure de gel, tels qu'ils ont été publiés au *Journal officiel* de la République française ou au *Journal officiel de l'Union européenne* ou figurent dans les résolutions du Conseil de sécurité des Nations unies.

Ces mentions sont supprimées du registre par le ministre chargé de l'économie à l'expiration de la mesure de gel.

Art. R. 562-3 *(Décr. n° 2021-387 du 2 avr. 2021, art. 3)* « I. — L'information du ministre chargé de l'économie prévue en application de l'article L. 562-4 et des règlements européens portant mesures restrictives pris en application des articles 75 ou 215 du traité sur le fonctionnement de l'Union européenne porte sur : »

1° Les fonds et ressources économiques ayant fait l'objet d'une mesure de gel ;

2° Toute opération portée au crédit d'un compte dont les fonds sont gelés ;

3° Le cas échéant, toute opération considérée comme étant contraire à une mesure de gel d'avoir ou d'interdiction de mise à disposition de fonds ou de ressources économiques.

II. — Les personnes mentionnées à l'article L. 562-4 informent le ministre chargé de l'économie :

1° De la mise en œuvre effective de toute autorisation de déblocage ou de mise à disposition d'une partie des fonds ou ressources économiques prise en application de l'article L. 562-11 *(Décr. n° 2021-387 du 2 avr. 2021, art. 3)* « et des règlements européens portant mesures restrictives pris en application des articles 75 ou 215 du traité sur le fonctionnement de l'Union européenne » ;

2° Des opérations dont elles estiment qu'elles ont pour but ou pour effet de contourner les mesures de gel ou d'interdiction.

Un arrêté du ministre chargé de l'économie précise le contenu et les modalités selon lesquelles les informations mentionnées au *[aux] (Décr. n° 2021-387 du 2 avr. 2021, art. 3)* « I et II du » présent article lui sont adressées.

(Décr. n° 2021-387 du 2 avr. 2021, art. 3) « III. — Lorsque la réglementation locale d'un pays étranger fait obstacle à la mise en œuvre d'une mesure de gel ou d'interdiction de mise à disposition par une personne mentionnée au *a* du 2° de l'article L. 562-4, celle-ci en informe au cas par cas et sans délai le ministre chargé de l'économie et lui en communique les raisons. »

Art. R. 562-4 Le ministre chargé de l'économie procède à la publicité au fichier immobilier ou au livre foncier de toute décision ou acte mettant fin à une mesure de gel ayant fait l'objet d'une publicité en application de l'article L. 562-8.

Le ministre chargé de l'économie procède le cas échéant à la publicité au fichier immobilier ou au livre foncier des autorisations de déblocage ou de mise à disposition de tout ou partie des biens immobiliers pour lesquels une décision de gel a fait l'objet d'une publicité en application de l'article L. 562-8.

Art. R. 562-5 Le ministre chargé de l'économie conjointement, le cas échéant, avec le ministre de l'intérieur peut autoriser la vente ou la cession des biens détenus par une personne physique ou morale qui fait l'objet d'une mesure de gel, si ces dernières en font la demande, sous réserve que le produit tiré de cette vente ou de cette cession soit lui-même gelé.

Art. R. 562-6 Le ministre chargé de l'économie notifie, par tous moyens permettant d'en accuser la réception, la décision de déblocage ou de mise à disposition d'une partie des fonds ou ressources économiques prise en application de l'article L. 562-11 *(Décr. n° 2021-387 du 2 avr. 2021, art. 3)* « et des règlements européens portant mesures restrictives pris en application des articles 75 ou 215 du traité sur le fonctionnement de l'Union européenne » à la personne qui fait l'objet de la mesure de gel, ainsi qu'aux personnes mentionnées à l'article L. 562-4 qui mettent en œuvre cette décision et, le cas échéant, au tiers qui a présenté la demande.

Art. R. 562-7 Les services de l'État chargés de préparer et de mettre en œuvre les mesures de gel en application de l'article L. 562-12 sont la direction générale du Trésor, relevant du ministère chargé de l'économie, la direction générale des douanes et droits indirects et la direction générale des finances publiques, relevant du ministère chargé des comptes publics, et la direction des libertés publiques et des affaires juridiques, relevant du ministère de l'intérieur.

(Décr. n° 2021-387 du 2 avr. 2021, art. 3) « Le service de l'État chargé de recevoir les informations susceptibles de se rapporter à une infraction punie par l'article L. 574-3 du présent code et l'article 459 du code des douanes est la direction générale du Trésor. »

Art. R. 562-8 Le silence gardé par l'administration vaut décision de rejet concernant :

1° Les demandes d'autorisation de déblocage ou de mise à disposition d'une partie des fonds ou ressources économiques présentées en application du premier et du deuxième alinéa de l'article L. 562-11 ;

2° Les demandes d'autorisation de vente ou de cession de biens prévues à l'article R. 562-5.

Art. R. 562-9 La décision implicite de rejet mentionnée au 1° de l'article R. 562-8 naît au terme d'un délai de 15 jours commençant à courir à compter de la date de réception du dossier de la demande et celle mentionnée au 2°, au terme d'un délai de 30 jours.

Si la décision est subordonnée à l'accord d'une instance internationale, les délais prévus au présent article sont prolongés des délais nécessaires pour l'obtenir.

Code des douanes

Art. 415 *(L. nº 96-392 du 13 mai 1996)* **Seront punis d'un emprisonnement de** *(Abrogé par L. nº 2018-898 du 23 oct. 2018, art. 5)* **« *deux à* » dix ans, de la confiscation des sommes en infraction ou d'une somme en tenant lieu lorsque la saisie n'a pas pu être prononcée,** *(Ord. nº 2019-963 du 18 sept. 2019, art. 3)* **« de la confiscation des biens ayant servi à commettre l'infraction ou qui étaient destinés à la commettre, »** *(L. nº 2011-267 du 14 mars 2011, art. 109-3º)* **« de la confiscation des biens et avoirs qui sont le produit direct ou indirect de l'infraction » et d'une amende comprise entre une et cinq fois la somme sur laquelle a porté l'infraction ou la tentative d'infraction ceux qui auront, par exportation, importation, transfert ou compensation, procédé ou tenté de procéder à une opération financière entre la France et l'étranger portant sur des fonds qu'ils savaient provenir, directement ou indirectement, d'un délit prévu au présent code** *(Ord. nº 2019-963 du 18 sept. 2019, art. 3)* **« ou portant atteinte aux intérêts financiers de l'Union européenne, » ou d'une infraction à la législation sur les substances ou plantes vénéneuses classées comme stupéfiants.**

(Ord. nº 2019-963 du 18 sept. 2019, art. 3) **« L'amende prévue au premier alinéa peut aller jusqu'à dix fois la somme sur laquelle a porté l'infraction ou la tentative d'infraction lorsque celle-ci est commise en bande organisée. »**

COMMENTAIRE

L'infraction de blanchiment du code des douanes suppose la réalisation d'infractions douanières relatives à une infraction sous-jacente en lien avec les atteintes aux intérêts financiers de l'Union européenne ou la législation sur les substances ou plantes vénéneuses classées comme stupéfiants dont la matérialité devra être démontrée dans son principe par la juridiction. L'infracteur souhaitant blanchir le produit direct ou indirect de l'une de ces infractions, incluant les formes d'emploi et de remploi des fonds issus de celle-ci, est soumis à la législation spécifique du code des douanes.

En effet, l'opération financière suppose un franchissement de frontières avec la France. Le produit de l'infraction doit faire l'objet d'une opération financière par exportation, importation, transfert ou compensation, entre la France et l'étranger. Les applications du texte sont peu nombreuses. Le délit est intentionnel, ce qui suppose la conscience de l'origine infractionnelle des fonds, et plus particulièrement la conscience de la nature douanière de l'infraction commise. Les sanctions encourues prévues par les textes donnent lieu à des mécanismes de répression communs au délit général de blanchiment issu du code pénal et avec l'application éventuelle de dispositions spécifiques de procédures liées à la criminalité et à la délinquance organisée.

Les dispositions relatives aux pouvoirs d'investigation des agents des douanes et des agents des services fiscaux constituent le cadre général d'intervention et de contrôles préalables aux procédures judiciaires initiées au titre des infractions de blanchiment issues du code des douanes et des infractions de fraude fiscale et de blanchiment de fraude fiscale issues du code général des impôts (V. C. pr. pén., art. 28-1 et 28-2 au ***C. pr. pén.*** ou au ***C. douanes***). ❑

1. Constitutionnalité. La question prioritaire de constitutionnalité, sur le point de savoir si l'art. 415 C. douanes, disposant que le délit de blanchiment douanier est puni d'un « emprisonnement de deux à dix ans », est conforme aux principes de nécessité et d'individualisation des peines posés par l'art. 8 DDH, est sérieuse en ce que, si le juge peut, en application de l'art. 369 C. douanes, dispenser le coupable des sanctions pénales prévues par ce code, ordonner qu'il soit sursis à leur exécution ou décider que la condamnation ne sera pas mentionnée au bulletin nº 2 du casier judiciaire, il ne peut néanmoins, s'il décide de prononcer une peine d'emprisonnement, fixer la durée de celle-ci en-deçà du seuil de deux ans. • Crim., QPC, 19 juin 2018, nº 19-90.008. ♦ Les mots « deux à » figurant à l'art. 415, dans sa rédaction résultant de la L. nº 2011-267 du 14 mars 2011, sont conformes à la Constitution. En effet, l'instauration de cette peine d'emprisonnement minimale n'interdit pas à la juridiction de faire usage d'autres dispositions d'individualisation de la peine lui permettant de prononcer les peines et de fixer leur régime en fonction des circonstances de l'infraction et de la personnalité de son auteur. • Cons. const. 14 sept. 2018, nº 2018-731 QPC : *JO 15 sept.* ; *D. 2018. Actu. 1809* ; *AJ pénal 2018. 515, obs. Grégoire*. – V., toutefois, la modification apportée par la

L. n° 2018-898 du 23 oct. 2018 relative à la lutte contre la fraude.

2. Notion d'opération financière avec l'étranger. Selon l'art. 415, procède à une opération financière entre l'étranger et la France celui qui importe des fonds qu'il savait provenir d'un délit douanier. Encourt dès lors la censure l'arrêt qui, pour relaxer le prévenu, poursuivi du chef de blanchiment, retient, notamment, que l'importation de ces fonds ne peut être assimilée à une opération financière. • Crim. 15 déc. 2010, n° 10-81.734 P : *D. 2011. Actu. 167 ; JCP E 2011, n° 1127; RJDA 2011, n° 566; Dr. pénal 2011. Chron. 8, spéc. n° 13, par Detraz.* ♦ Justifie sa décision une cour d'appel qui reconnaît un prévenu coupable de l'infraction prévue à l'art. 415 et le condamne à une amende douanière de trois millions de francs et à la confiscation de la somme saisie dès lors que les fonds qu'il transportait en France étaient destinés à l'acquisition d'une maison en Espagne et provenaient d'un trafic de stupéfiants. • Crim. 30 oct. 2002, n° 01-83.852.

3. Localisation de l'infraction. L'infraction prévue par l'art. 415 suppose que l'opération financière entre l'étranger et la France porte sur le produit d'un délit prévu par le code des douanes. Pour retenir la culpabilité des prévenus du chef de blanchiment douanier, l'arrêt retient qu'une société a établi de fausses factures minorant la valeur de marchandises exportées qu'elle a adressées à ses clients algériens, ce qui permettait de réduire l'assiette des impôts et taxes dus à l'État algérien, reçu sur ses comptes en France le versement de sommes correspondant au montant de ces factures qu'elle a reversé aux fournisseurs réels, et perçu une rémunération correspondant à un pourcentage du montant des fausses factures qu'elle avait établies. En se déterminant ainsi alors que les fonds perçus par la société ne provenaient pas d'une infraction au code des douanes mais d'une éventuelle infraction à la législation algérienne, la cour d'appel a méconnu le texte susvisé. • Crim. 4 mai 2016, n° 15-80.215 P : *D. actu. 27 mai 2016, obs. Fucini ; AJ pénal 2016. 434, obs. Roussel ; JCP E 2016, n° 1354; Dr. pénal 2016, n° 128, obs. J.-H. Robert ; ibid. Chron. 9, spéc. n° 9, par Detraz.*

4. Fixation de l'amende. En prenant comme base d'évaluation de l'amende prévue à l'art. 415 la différence entre, d'un côté, le montant des factures et déclarations d'exportation communiquées par les déclarants concernant les opérations d'exportation vers l'Angola, de l'autre, le montant total des capitaux importés en France depuis l'Angola, calcul qui permet de déterminer la somme sur laquelle a porté l'infraction de blanchiment douanier, la cour d'appel a fait l'exacte application de ce texte. • Crim. 25 mars 2015, n° 13-84.422 P : *D. actu. 7 mai 2015, obs. Fonteix ; D. 2015. Actu. 796 ; Dr. pénal 2015, n° 89, obs. J.-H. Robert ; LPA 3 juin 2015, note Perrotin.*

5. Intention frauduleuse. Pour déclarer le prévenu coupable des délits de blanchiment de fonds provenant d'un trafic de stupéfiants et de blanchiment douanier, l'arrêt retient, notamment, d'une part, que la forte somme d'argent transportée était dissimulée dans les garnitures des sièges du véhicule qu'il conduisait, que le trajet emprunté, sur des petites routes entre la France et la Belgique, visait à éviter les grands axes faisant l'objet de contrôles plus fréquents, que les investigations téléphoniques ont attesté que le véhicule conduit par le prévenu était précédé et suivi par des véhicules chargés d'ouvrir et de fermer la route, de détecter les contrôles et d'assurer la sécurité des fonds transportés, que les billets tests ont réagi positivement au dépistage de stupéfiants, cocaïne et amphétamine, que l'expertise des billets contenus dans un scellé a révélé la présence de fortes traces de cocaïne et que le prévenu n'a pu justifier l'origine de la prétendue dette dont il s'acquittait en effectuant le transport, et, d'autre part, que le prévenu a indiqué qu'il devait amener le véhicule à la gare du Midi à Bruxelles, l'y laisser un moment, puis le ramener en France, que les investigations téléphoniques ont fait apparaître des appels en direction de la Belgique, du Maroc et des Pays-Bas et que le numéro avec un indicatif hollandais identifié correspondait à une société immatriculée dans les Antilles néerlandaises, lieu indiscutablement lié au trafic de stupéfiants, dont l'activité s'est interrompue moins d'un mois après son arrestation. En l'état de ces énonciations, il résulte que le prévenu savait que les fonds qu'il transportait provenaient d'un trafic de stupéfiants. • Crim. 17 févr. 2016, n° 15-80.050 : *RTD com. 2016. 346, obs. Bouloc.* ♦ Il est au demeurant indifférent que l'auteur de l'infraction principale soit condamné ou même connu. • Crim. 16 janv. 2019, n° 17-86.726 : *RTD com. 2019. 241, obs. Bouloc.*

6. Périmètre des poursuites. Il se déduit de l'art. 388 C. pr. pén. que les juges correctionnels ne peuvent statuer que sur les faits dont ils sont saisis, à moins que le prévenu n'accepte expressément d'être jugé sur des faits distincts de ceux visés à la prévention. En confirmant le jugement s'agissant du blanchiment douanier, alors que l'infraction d'origine reprochée aux prévenus était constituée du délit douanier de transfert de capitaux sans déclaration, la cour d'appel, qui a excédé les limites de sa saisine, a méconnu les art. 415 C. douanes et 388 C. pr. pén. • Crim. 30 janv. 2019, n° 18-83.977 : *RTD com. 2019. 518, obs. Bouloc.*

Art. 415-1 *(L. n° 2016-731 du 3 juin 2016, art. 35)* **Pour l'application de l'article 415, les fonds sont présumés être le produit direct ou indirect d'un délit prévu au présent code** *(L. n° 2020-1672 du 24 déc. 2020, art. 30)* **« ou portant atteinte aux intérêts financiers de l'Union européenne » ou d'une infraction à la législation sur les sub-**

stances ou plantes vénéneuses classées comme stupéfiants lorsque les conditions matérielles, juridiques ou financières de l'opération d'exportation, d'importation, de transfert ou de compensation ne paraissent obéir à d'autre motif que de dissimuler que les fonds ont une telle origine.

Blanchiment douanier. En statuant comme elle l'a fait, alors qu'il lui appartenait de rechercher si les conditions matérielles de l'opération de dissimulation des sommes en possession desquelles les prévenus ont été trouvés, ne pouvaient avoir d'autre justification que de dissimuler leur origine illicite et permettaient donc de présumer, en l'absence de preuve contraire apportée par les prévenus, que ces fonds étaient le produit direct ou indirect d'un délit du code des douanes, seul délit visé à la prévention, la cour d'appel, qui n'avait pas à identifier et caractériser le délit d'origine, a violé les art. 415 et 415-1. • Crim. 20 mars 2019, nº 17-85.664 P : *D. actu. 9 avr. 2019, obs. Azoulay ; D. 2019. Actu. 590 ; AJ pénal 2019. 323, obs. Goldszlagier ; RTD com. 2019. 516, obs. Bouloc.*

Art. 451 *bis* *(L. nº 2001-1276 du 28 déc. 2001)* **Pour l'application du présent code, sont assimilées à des relations financières avec l'étranger toutes les opérations financières effectuées en France par ou pour le compte des personnes physiques et morales visées par les règlements communautaires pris en application** *(L. nº 2011-1978 du 28 déc. 2011, art. 60)* **« de l'article 215 du traité sur le fonctionnement de l'Union européenne » ou par les traités et accords internationaux régulièrement approuvés et ratifiés.**

Art. 459 **1. Quiconque aura contrevenu ou tenté de contrevenir à la législation et à la réglementation des relations financières avec l'étranger, soit en ne respectant pas les obligations de déclaration ou de rapatriement, soit en n'observant pas les procédures prescrites ou les formalités exigées, soit en ne se munissant pas des autorisations requises ou en ne satisfaisant pas aux conditions dont ces autorisations sont assorties sera puni d'une peine d'emprisonnement de cinq ans, de la confiscation du corps du délit, de la confiscation des moyens de transport utilisés pour la fraude** *(L. nº 2011-267 du 14 mars 2011, art. 109-4º)* **« , de la confiscation des biens et avoirs qui sont le produit direct ou indirect de l'infraction » et d'une amende égale au minimum au montant et au** *(L. nº 87-502 du 8 juill. 1987)* **« maximum au double » de la somme sur laquelle a porté l'infraction ou la tentative d'infraction.** *(Abrogé par L. nº 2011-525 du 17 mai 2011, art. 161-I-9º) (L. nº 2008-776 du 4 août 2008, art. 73)* ***« En outre, les personnes physiques encourent à titre de peines complémentaires l'interdiction, suivant les modalités prévues par l'article 131-27 du code pénal, soit d'exercer une fonction publique ou d'exercer l'activité professionnelle ou sociale dans l'exercice ou à l'occasion de l'exercice de laquelle l'infraction a été commise, soit d'exercer une profession commerciale ou industrielle, de diriger, d'administrer, de gérer ou de contrôler à un titre quelconque, directement ou indirectement, pour leur propre compte ou pour le compte d'autrui, une entreprise commerciale ou industrielle ou une société commerciale. Ces interdictions d'exercice peuvent être prononcées cumulativement. »***

(L. nº 2001-1276 du 28 déc. 2001 ; L. nº 2009-526 du 12 mai 2009, art. 125) **« 1 *bis*. Est puni des mêmes peines le fait, pour toute personne, de contrevenir ou de tenter de contrevenir aux mesures de restriction des relations économiques et financières prévues par la réglementation communautaire prise en application** *(Ord. nº 2020-1342 du 4 nov. 2020, art. 12)* **« des articles 75 ou »** *(L. nº 2011-1978 du 28 déc. 2011, art. 60)* **« 215 du traité sur le fonctionnement de l'Union européenne » ou par les traités et accords internationaux régulièrement approuvés et ratifiés par la France.**

« 1 *ter*. Les personnes morales déclarées responsables pénalement, dans les conditions prévues par l'article 121-2 du code pénal, des infractions définies aux 1 et 1 *bis* du présent article encourent, outre l'amende suivant les modalités prévues par l'article 131-38 du code pénal, les peines prévues par l'article 131-39 du même code. »

2. Lorsque, pour une cause quelconque, les objets passibles de confiscation n'ont pu être saisis ou ne sont pas représentés par le délinquant ou lorsque le ministre de l'économie et des finances ou son représentant en fait la demande, le tribunal doit,

pour tenir lieu de la confiscation, prononcer une condamnation au paiement d'une somme égale à la valeur de ces objets.

3. Sera punie d'un emprisonnement de cinq ans et d'une amende de *(L. n° 81-1160 du 30 déc. 1981, art. 99 ; Ord. n° 2000-916 du 19 sept. 2000)* **« 450 € à 225 000 € » toute personne qui aura incité par écrit, propagande ou publicité à commettre une des infractions visées au 1 ci-dessus, que cette incitation ait été ou non suivie d'effet.**

4. Les personnes condamnées pour infractions à la législation et à la réglementation relatives aux relations financières avec l'étranger sont, en outre, déclarées incapables d'exercer les fonctions d'agents de change *[sociétés de bourse]*, **d'être électeurs ou élus aux chambres de commerce, tribunaux de commerce et conseils de prud'hommes, tant et aussi longtemps qu'elles n'auront pas été relevées de cette incapacité.**

5. Les tribunaux ordonneront, en outre, que leurs décisions portant condamnation seront, aux frais des personnes condamnées, insérées en entier ou par extraits dans les journaux qu'ils désigneront. – *[L. n° 66-1008 du 28 déc. 1966, art. 5, mod. par L. n° 69-1161 du 24 déc. 1969, art. 73.]*

Les peines prévues par le code des douanes sont étendues par l'Ord. n° 2020-1342 du 4 nov. 2020 en cas de violation de mesure de gel des avoirs à tous les règlements de l'Union européenne portant sanction (V. v° Blanchiment).

BIBL. ▶ PANNIER, *Dr. prat. com. int. 1985, n° 4, p. 691* (les suites judiciaires de l'affaire *Paribas* : le verrouillage) ; *Gaz. Pal. 1985. 2. Doctr. 640* (l'arrêt *Paribas* ou comment la cour d'appel de Paris vole au secours de la réglementation des changes) ; *JCP E 1986, n° 15755* (le régime du rapatriement des avoirs détenus à l'étranger) ; *Gaz. Pal. 1990. 1. Doctr. 176* (l'influence de la loi de finances pour 1990 sur le contentieux des changes) ; *Rev. trim. ANDD 1991, n° 67, p. 29* (la libération des mouvements de capitaux ou l'effet indirect d'une directive communautaire) ; *RCS 1991. 296* (droit pénal douanier et des changes : l'application de la loi dans le temps) ; *Gaz. Pal. 1991. 2. Doctr. 572* (réflexions impertinentes sur l'évolution du droit transitoire en matière douanière et cambiaire) ; *Dr. pénal 1992. Chron. 23* (un délit en réanimation artificielle : la détention irrégulière d'avoirs à l'étranger) ; *Rev. trim. ANDD 1992, n° 70, p. 39* (que reste-t-il du contrôle des changes en 1992 ?).

COMMENTAIRE

Des sanctions pénales en cas de violations des mesures européennes et nationales de gel des avoirs sont prévues par le code des douanes qui, par ailleurs, fait référence pour les sanctions prévues par le code monétaire et financier en la matière (V. C. mon. fin., art. L. 562-2 et L. 562-3, *supra*).

Toute personne qui contrevient ou tente de contrevenir aux mesures de gel est sanctionnée d'une peine d'emprisonnement de cinq ans, de la confiscation du corps du délit, de la confiscation des moyens de transport utilisés pour la fraude, de la confiscation des biens et avoirs qui sont le produit direct ou indirect de l'infraction, d'une amende égale au minimum au montant et au maximum au double de la somme sur laquelle a porté l'infraction ou la tentative d'infraction.

Les personnes morales peuvent aussi voir leur responsabilité pénale engagée si la violation de la mesure a été commise pour leur compte, par leurs organes ou représentants. Dans ce cas, elles peuvent être condamnées aux sanctions prévues à l'article 131-39 du code pénal. ❑

1. Extinction de l'action publique. En matière douanière ou cambiaire, le décès du prévenu en cours d'instance entraîne l'extinction de l'action publique et de l'action fiscale exercées contre celui-ci, mais ouvre à l'administration des Douanes l'exercice, devant le tribunal d'instance compétent, contre la succession du défunt, de l'action spécifique prévue par l'art. 344 C. douanes. • Crim. 21 oct. 1991, n° 90-83.141 P.

2. Liberté des relations financières. Les dispositions des lois ou règlements, même non expressément abrogées, cessent d'être applicables dans la mesure où elles sont inconciliables avec celles d'une loi nouvelle. Ainsi, il résulte des dispositions combinées des art. 98 de la L. du 29 déc. 1989 et 23 de la L. du 12 juill. 1990, prises en conformité de la directive communautaire du 24 juin 1988, qu'en soumettant désormais à une simple déclaration les transferts de sommes, titres ou valeurs vers l'étranger ou en provenance de l'étranger, le législateur a rétabli la liberté des relations financières dont le principe est affirmé à l'art. 1er de la L. du 28 déc. 1966 demeurée en vigueur. Par voie de conséquence, sont devenues incompatibles avec ce principe de liberté toutes dispositions antérieures ayant édicté des restrictions, tels les décrets pris sur le fondement de l'art. 3 de la L. du 28 déc. 1966 ainsi que l'art. 24-II de la L. du 8 juill. 1987. • Crim.

21 mai 1992, n° 91-80.304 P : *BICC 15 oct. 1992, concl. Amiel ; D. 1993. Somm. 77, obs. Pannier ; ibid. 281, obs. Juillard ; RSC 1993. 541, obs. Bouloc ; JCP 1993. II. 21985, note Pannier ; JCP E 1992. II. 354, note Berr ; RJDA 1992, n° 732 ; Gaz. Pal. 1993. 1. 1, note Bayet* • 22 juin 1992, n° 89-86.952 P.

Si l'art. 24 de la L. du 8 juill. 1987 a maintenu l'obligation pour les résidents français continuant à détenir des avoirs à l'étranger après le 31 janv. 1987 ou qui en constituent après cette date, de justifier sous les sanctions de l'art. 459 C. douanes de leur origine régulière au regard de la réglementation des changes, ce même article n'exige une telle justification que pour les avoirs constitués et détenus à l'étranger pendant le délai de dix ans qui précède la date de la vérification administrative. • Crim. 4 janv. 1988, n° 86-91.713 P. ♦ En l'absence de toute abrogation de la L. du 28 déc. 1966 sur les relations financières avec l'étranger, support légal des incriminations qu'elle édicte, les textes réglementaires ou circulaires pris pour son application n'ont pas d'effet rétroactif. Est ainsi justifiée la déclaration de culpabilité prononcée sur le fondement de l'art. 459 C. douanes, du Décr. du 27 janv. 1967 et des circulaires prises pour l'exécution de celui-ci, applicables lors de la commission des faits, même si, ultérieurement, d'autres circulaires ont élevé ou supprimé les plafonds en deçà desquels l'autorisation n'est pas requise. • Crim. 23 janv. 1989, n° 87-81.539 P : *D. 1991. Somm. 174, obs. Pannier ; RSC 1991. 89, obs. Beaume* . ♦ Lorsqu'une disposition législative, support légal d'une incrimination, demeure en vigueur, l'abrogation de textes réglementaires pris pour son application n'a, dans ce cas, aucun effet rétroactif. Il en est ainsi des décrets, arrêtés et circulaires pris pour l'application de la L. du 28 déc. 1966 relative aux relations financières avec l'étranger et dont la violation est réprimée par l'art. 459 C. douanes. • Crim. 10 mai 1989, n° 87-82.658 P : *RSC 1991. 89, obs. Beaume* . ♦ L'art. 459 étant une disposition législative, l'application des sanctions qu'il édicte, à tout manquement à la réglementation des relations financières avec l'étranger, dont la détermination relève du pouvoir réglementaire, est conforme tant au principe de la légalité des délits et des peines qu'aux prescriptions de la Conv. EDH. Une disposition nouvelle modifiant dans un sens favorable cette réglementation n'a aucun effet rétroactif. • Crim. 13 nov. 1989, n° 88-80.801 P : *D. 1991. 173, obs. Pannier ; RSC 1991. 89, obs. Beaume* .

3. Légalité de la peine. Selon les dispositions de l'art. 459, quiconque aura contrevenu ou tenté de contrevenir à la législation et à la réglementation des relations financières avec l'étranger sera puni d'une peine d'emprisonnement de 1 à 5 ans, de la confiscation du corps du délit, de la confiscation des moyens de transport utilisés pour la fraude et d'une amende égale au minimum au montant et au maximum au double de la somme sur laquelle a porté l'infraction ou la tentative d'infraction. Dès lors, doit être cassé l'arrêt d'une cour d'appel qui, en répression d'une infraction cambiaire, a condamné le prévenu, en plus des diverses pénalités cambiaires, dont l'amende, à une peine d'emprisonnement avec sursis et à une amende pénale, cette dernière peine n'étant pas prévue par l'art. 459. • Crim. 21 mai 1990, n° 89-84.385 P. ♦ Les personnes physiques qui transfèrent vers l'étranger ou en provenance de l'étranger des sommes d'un montant égal ou supérieur à 50 000 francs, sans l'intermédiaire d'un établissement de crédit agréé, doivent, en application de l'art. 98 de la L. du 29 déc. 1989, en faire la déclaration dans des conditions fixées par décret. La méconnaissance de cette obligation est sanctionnée, en matière douanière, non des peines prévues par l'art. 459 C. douanes applicable au contentieux des relations financières avec l'étranger, mais de celles prévues par l'art. 23-II de la L. du 12 juill. 1990, les peines d'amende et de confiscation prévues par ce texte ne trouvant à s'appliquer, en vertu du principe de légalité des délits et des peines, qu'aux faits commis postérieurement à son entrée en vigueur. • Crim. 16 déc. 1995, n° 94-85.149 P : *RSC 1996. 644, obs. Bouloc ; RJDA 1996, n° 374.*

4. Portée de la sanction. En l'absence de dispositions légales prévoyant une telle déchéance et sauf intention de fraude, le non-respect des formalités administratives nécessaires avant le transfert des effets de commerce à l'étranger n'est pas de nature à affecter la validité et l'exigibilité des engagements qui y ont été souscrits, ni la régularité des transferts des fonds suivant leur exécution. • Com. 17 oct. 1995, n° 93-18.023 P : *D. 1995. IR 232 ; RTD com. 1996. 92, obs. Cabrillac ; RJDA 1996, n° 90.*

Arrêté du 3 novembre 2014,

Relatif au contrôle interne des entreprises du secteur de la banque, des services de paiement et des services d'investissement soumises au contrôle de l'Autorité de contrôle prudentiel et de résolution.

COMMENTAIRE

Les obligations liées au contrôle interne des établissements de crédit prévues aux articles L. 511-55 à L. 511-70 du code monétaire et financier dans leur rédaction issue de l'ordonnance n° 2014-158 du 20 février 2014 sont étoffées par les obligations pesant sur eux au titre de la lutte contre le blanchiment de capitaux et le financement du terrorisme.

L'arrêté du 3 novembre 2014 intègre les obligations issues de la réglementation en matière de LBC/FT. Ces obligations y sont traitées sous un angle pragmatique en s'appuyant notamment sur la jurisprudence de la commission des sanctions de l'ACPR qui, par ailleurs, contrôle la bonne application de l'ensemble des règles relatives au contrôle interne.

Ces deux corps de règles issues des dispositions du code monétaire et financier et des règles du contrôle interne se superposent pour les entreprises du secteur de la banque, des services de paiement et des services d'investissement. L'arrêté du 2 mai 2013 portant sur la réglementation prudentielle des établissements de monnaie électronique s'y réfère explicitement afin de soumettre ces établissements au même degré d'exigence en matière de lutte contre le blanchiment de capitaux et le financement du terrorisme.

D'une part les établissements soumis à la LBC/FT doivent assurer, par la mise en œuvre des règles du contrôle interne, le déploiement d'un système d'évaluation et de gestion des risques efficace. D'autre part, certaines obligations telles que la transmission des « Tableaux BLANCHIMT » au secrétariat général de l'ACPR relatif à la mise en place dans la structure des règles LBC/FT. Les réponses incomplètes ou erronées à ces tableaux peuvent fonder un grief à l'encontre des assujettis dans le cadre du contentieux LBC/FT de la commission des sanctions de l'ACPR. ❑

CHAPITRE III *DISPOSITIF DE LUTTE CONTRE LE BLANCHIMENT DES CAPITAUX ET LE FINANCEMENT DU TERRORISME*

Art. 43 Les entreprises assujetties se dotent d'une organisation, d'une classification des risques de blanchiment des capitaux et de financement du terrorisme, de procédures internes et d'un système de contrôle de ce dispositif.

SECTION 1 *Organisation*

Art. 44 Les entreprises assujetties veillent à ce que les personnels dont l'activité est exposée à des risques de blanchiment des capitaux et de financement du terrorisme soient en mesure de faire preuve d'une vigilance adaptée à ces risques.

Art. 45 Aux fins mentionnées à l'article 44, les entreprises assujetties veillent à ce que la formation et l'information de ces personnels, prévues à l'article L. 561-33 du code monétaire et financier, soient adaptées à leurs activités, en tenant compte des risques identifiés par la classification et du niveau de responsabilité exercé.

La formation et l'information des personnels portent notamment sur les procédures indiquant les opérations sur lesquelles ils doivent faire preuve d'une vigilance particulière au regard des risques identifiés par la classification établie par l'entreprise assujettie.

Art. 46 Les entreprises assujetties se dotent de dispositifs de suivi et d'analyse de leurs relations d'affaires, fondés sur la connaissance de leur clientèle, permettant notamment de détecter les opérations qui constituent des anomalies au regard du profil des relations d'affaires et qui pourraient faire l'objet d'un examen renforcé mentionné au II de l'article L. 561-10-2 du code monétaire et financier ou d'une déclaration prévue à l'article L. 561-15 du même code.

1. Obligation de résultat. L'aptitude des dispositifs, dont les banques doivent se doter, à la détection des opérations litigieuses met à la charge des banques une obligation de résultat. • Décis. ACP n° 2011-03 du 27 nov. 2012. ♦ Si les lignes directrices de 2010 mentionnaient que l'organisation et la taille des organismes pouvaient rendre nécessaire le recours à des dispositifs informatiques, leur absence n'est pas, en soi, un manquement susceptible d'être sanctionné, dès lors que le dispositif mis en place est néanmoins efficace (dispositif manuel de détection des opérations atypiques). • Décis. ACPR n° 2016-07 du 19 juill. 2017.

2. Profilage des relations d'affaires. En vertu du paragraphe 2-2 de l'art. 11-7 du Règl. CRBF n° 97-02 du 21 févr. 1997 [devenu les art. 46 à 50 de l'Arr. du 3 nov. 2014], la vigilance de la banque, bien que n'intervenant que comme notificatrice des crédits documentaires, devait s'exercer sur l'ensemble de la chaîne des intervenants dans l'opération commerciale à laquelle elle était amenée à participer. • Décis. ACP n° 2011-03 du 27 nov. 2012. ♦ Si l'activité de certains clients professionnels, par exemple des commerces de proximité, amène ces clients à recevoir des paiements en espèces récurrents et importants, cela peut conduire à moduler l'appréciation portée sur les versements d'espèces reçus par eux mais ne saurait suffire à justifier que leurs opérations soient exemptées de toute surveillance à cet égard.

• Décis. ACPR n° 2016-09 du 30 juin 2017. ♦ Sur l'existence d'un risque de FT par l'utilisation d'un crédit à la consommation, estimant que l'exclusion de certaines opérations en espèces du dispositif COSI de TRACFIN ne saurait, par elle-même, justifier l'absence de tout scénario relatif au risque de FT en relation avec des retraits d'espèces faisant suite à l'octroi d'un crédit à la consommation, V. • Décis. ACPR n° 2017-08 du 22 mars 2018.

3. Seuil de détection. Pour la mise en œuvre d'un examen renforcé, les procédures de l'établissement fixent des critères de montant inhabituellement élevé, de 150 000 euros pour les relations d'affaires et de 8 000 euros pour un client occasionnel, de telle sorte que ces procédures ne sont pas adaptées à la détection et à l'analyse des opérations atypiques pouvant exister dans le cadre d'une activité de transmission de fonds au regard de la nature de la clientèle de particuliers, du montant moyen des opérations effectuées, des modalités de paiement, non plus qu'aux zones géographiques (Afrique) concernées par ces opérations. • Décis. ACPR n° 2013-06 du 26 janv. 2015. ♦ Un même client pouvant avoir plusieurs identifiants entre lesquels l'organisme assujetti n'est pas en mesure d'opérer un rapprochement, ce qui l'empêche d'agréger les opérations réalisées par un client, il en résulte que l'établissement ne peut assurer un suivi adéquat de la relation d'affaires et une analyse appropriée des opérations atypiques. • Décis. ACPR n° 2016-05 du 30 mars 2017.

4. Analyse des alertes. Le reproche formulé au titre du présent grief ne porte pas sur une inadaptation de l'outil informatique contribuant à la détection des anomalies mais sur des insuffisances dans l'analyse des alertes produites par cet outil. Les dispositions de l'art. 46 imposent de faire suivre les alertes générées par l'outil informatique d'une telle analyse en vue de la détection d'anomalies au regard du profil de la relation d'affaires et, le cas échéant, de justifier de façon documentée les décisions de classement sans suite des alertes. Une carence dans l'organisation du dispositif de suivi et d'analyse des relations d'affaires peut être établie indépendamment de l'appréciation portée sur l'importance des moyens humains et techniques mis en œuvre pour analyser les alertes produites par l'outil. • Décis. ACPR n° 2016-09 du 30 juin 2017. ♦ Le défaut de traitement des alertes, fût-ce en raison d'un manque de coopération de certains distributeurs, s'analyse, en l'absence de suite donnée par l'établissement, comme un manquement. • Décis. ACPR n° 2018-03 du 2 juill. 2019. ♦ Les effectifs alloués à la sécurité financière de la société, constitués de trois collaborateurs, étaient insuffisants au moment du contrôle sur place pour que soient menées à bien toutes les missions en ce domaine, au nombre desquelles le traitement des alertes issues de l'outil de détection (13 036 alertes en 2017 et 11 293 au cours des dix premiers mois de l'année 2018). Le manque de moyens affectés au traitement des alertes est également illustré par le délai moyen de transmission des DS de l'établissement (sur les 11 premiers mois de l'année 2018, à 96 jours, allant même dans un dossier à 416 jours). L'amélioration du traitement des alertes et la réduction significative de leur délai de traitement après la notification des griefs et la forte réduction, en 2020, du stock d'alertes non traitées, sont sans incidence sur la caractérisation du grief, même si elles doivent constituer un facteur d'atténuation de la sanction. • Décis. ACPR n° 2020-01 du 24 déc. 2020.

Art. 47 **Les entreprises assujetties se dotent également de dispositifs adaptés à leurs activités permettant de détecter toute opération au bénéfice d'une personne ou d'une entité faisant l'objet d'une mesure de gel des fonds, instruments financiers et ressources économiques.**

1. Homonymie. Sur l'obligation de mettre en place un dispositif permettant la détection des homonymies, V. • Décis. ACPR n° 2016-08 du 6 déc. 2017.

2. Mise à jour. Nonobstant l'absence de norme réglementaire imposant une fréquence de mise à jour, dans les outils des organismes assujettis, des listes de personnes faisant l'objet d'une mesure de gel, et alors même qu'à la date du contrôle, les lignes directrices n'apportaient pas de précision sur ce point, le choix d'une périodicité seulement hebdomadaire de mise à jour aurait dû nécessairement apparaître non conforme aux dispositions légales, qui imposent que les établissements prennent les mesures nécessaires pour que les transactions concernant ces personnes ne puissent être effectuées. • Décis. ACPR n° 2017-06 du 13 juin 2018.

3. Mandats cash nationaux. Au moment du contrôle, les outils de filtrage de l'établissement ne pouvaient détecter *a priori* aucune opération de mandats cash nationaux (MCN) par ou pour une personne faisant l'objet d'une mesure de gel, que les intéressés aient été, ou non, résidents européens lorsque ces opérations ont été exécutées ; notamment, l'établissement n'était pas en mesure de détecter *a priori* des opérations de MCN qui auraient été effectuées par ou pour une personne listée par un règlement européen résidant hors de l'Union européenne mais présente temporairement en France. • Décis. ACPR n° 2018-01 du 21 déc. 2018 : *citée ss. art. L. 562-1.*

Art. 48 **L'obligation prévue à l'article 47 ne s'applique pas en cas de transfert en provenance :**

— d'un État membre de l'Union européenne ou d'un État partie à l'accord sur l'Espace économique européen si les entreprises assujetties n'ont pas connaissance

de l'identité du donneur d'ordre en application de l'article 6 du règlement nº 1781/2006 susvisé *[relatif aux informations concernant le donneur d'ordre accompagnant les virements de fonds]* ;

— d'un État ou territoire associé au titre de l'article 17 du règlement nº 1781/2006 susvisé ;

— de Saint-Pierre-et-Miquelon, de la Nouvelle-Calédonie, de la Polynésie française et des îles Wallis-et-Futuna si les entreprises assujetties n'ont pas connaissance de l'identité du donneur d'ordre en application de l'article L. 713-5 du code monétaire et financier.

Art. 49 Les dispositifs mentionnés aux articles 46 et 47 sont adaptés aux activités, aux clientèles, aux implantations de l'entreprise assujettie et aux risques identifiés par la classification.

Art. 50 Les dispositifs de suivi et d'analyse des opérations permettent de définir des critères et seuils de significativité spécifiques aux anomalies en matière de blanchiment des capitaux et de financement du terrorisme.

Carence du dispositif. Ni la cartographie des risques, ni les typologies de signalements ponctuels (SP) qui en résultent ne comprenaient, au moment du contrôle, de règle permettant de détecter une opération atypique au regard des revenus ou du patrimoine du client, alors même que la prise en compte de la situation financière des clients est pourtant indispensable à la détection des opérations atypiques qu'ils exécutent. La carence reprochée, qui porte sur une insuffisance dans le paramétrage des alertes dites « SP », est établie. • Décis. ACPR nº 2017-05 du 17 avr. 2018.

L'art. 38 de l'Arr. du 3 nov. 2014 enjoint les EME à mettre en place des procédures permettant de suivre et d'évaluer la mise en œuvre effective des actions de remédiation aux dysfonctionnement dans la mise en œuvre des obligations de conformité. Cet élément incitatif pour d'autres établissement tenant à la correction des dysfonctionnements relevés notamment au cours du contrôle de l'ACPR et avant le traitement du dossier par la commission des sanctions qui est pris en compte en tant que facteur atténuant de la sanction, est pour les EME une obligation légale. En l'occurrence, la société était informée dès son rapport de contrôle périodique au second semestre 2016 de l'inefficacité de son dispositif de détection des PPE et des personnes listées mais qu'elle n'avait pas au jour du contrôle développé un outil permettant de recueillir les informations nécessaires pour détecter les PPE. La commission des sanctions considère que la réaction de la société n'est pas intervenue dans un délai raisonnable, l'évolution de son équipe dirigeante et de son actionnariat ne permettait pas de l'exonérer de sa responsabilité sur ce fondement puisque les mesures correctives ne sont réellement entrées en vigueur qu'à l'issue de la mission de contrôle. • Décis. ACPR nº 2018-03 du 2 juill. 2019.

Art. 51 Les entreprises assujetties se dotent, selon des modalités adaptées à leur taille, à la nature de leurs activités et aux risques identifiés par la classification des risques de blanchiment de capitaux et de financement du terrorisme, de moyens humains suffisants pour analyser les anomalies détectées par les dispositifs susmentionnés.

Organisation du service et ressources humaines. L'audit de la qualité du contrôle permanent donne lieu à l'analyse des missions et de l'ampleur de la tâche des membres du service dédié. Ainsi 5 personnes dédiées à l'analyse des déclarations de soupçons, au contrôle des procédures internes et au contrôle de second niveau dans le cadre d'un réseau mutualiste comptant 153 caisses locales semble insuffisant. • Décis. ACPR nº 2017-05 du 17 avr. 2018.

Art. 52 Elles s'assurent que les agents concernés disposent d'une expérience, d'une qualification, d'une formation et d'un positionnement adéquats pour exercer leurs missions.

Elles veillent à ce qu'ils aient accès aux informations internes nécessaires à l'exercice de leurs fonctions.

Positionnement adéquat. En précisant, juste après, les exigences réglementaires relatives à la qualification, la formation et le positionnement adéquats des « agents concernés », l'art. 52 de l'Arr. du 3 nov. 2014 vise nécessairement ceux qui sont affectés à ces tâches d'analyse des anomalies détectées mentionnées à l'art. 51 du même arrêté. En effet, les obligations relatives aux déclarants et correspondants TRACFIN sont précisées non à l'art. 52 mais aux art. 54 à 56 de ce texte, en particulier à l'art. 55, qui prévoit qu'ils ont accès à toutes les informations nécessaires à l'exercice de leurs fonctions mais n'exige pas pour eux un « positionnement adéquat ». Par ailleurs, si les lignes directrices conjointes de l'ACPR et de TRACFIN sur les obligations de déclaration et d'information à

TRACFIN indiquent, au visa des art. 54, 55 et 56 de l'Arr. du 3 nov. 2014 mais non de son art. 52, que les établissements de crédit « prévoient que les correspondants et déclarant(s) TRACFIN disposent, selon leurs compétences respectives, des moyens de leurs fonctions leur conférant ainsi un positionnement spécifique au sein de l'organisme financier concerné », elles ne sauraient en tout état de cause fonder par elles-mêmes une sanction. • Décis. ACPR n° 2016-06 du 30 mai 2017 : *JCP 2017, n° 861, note Boursier ; Banque et Dr. 7-8/2017. 73, obs. Nicolet ; RDBF 2017, n° 203, obs. Mathey.*

Art. 53 **Les entreprises assujetties mettent en place, selon des modalités adaptées à leur organisation et qui tiennent compte, le cas échéant, de leur appartenance à un groupe, des procédures de centralisation de l'analyse des anomalies détectées répondant aux critères et seuils mentionnés à l'article 50.**

Art. 54 **Les procédures prévoient la transmission de ces anomalies au déclarant et au correspondant mentionnés aux articles R. 561-23 et R. 561-24 du code monétaire et financier, selon les compétences respectives de ceux-ci.**

Art. 55 **Les entreprises assujetties veillent à ce que le déclarant et le correspondant susmentionnés aient accès à toutes les informations nécessaires à l'exercice de leurs fonctions.**

Elles mettent à leur disposition des outils et des moyens pour qu'ils procèdent, selon leur compétence respective :

— aux déclarations prévues à l'article L. 561-15 du code monétaire et financier ;

— au traitement des demandes d'information du service à compétence nationale TRACFIN.

Accès à l'information. Si l'art. 55 de l'Arr. du 3 nov. 2014 n'impose pas que les déclarants et correspondants TRACFIN aient un accès direct à l'information, il s'interprète nécessairement comme impliquant que ces personnes puissent disposer d'outils et de moyens suffisants pour obtenir facilement et promptement l'information nécessaire à l'analyse des projets de DS et procéder le cas échéant à celles-ci dans des délais raisonnables. • Décis. ACPR n° 2016-06 du 30 mai 2017. ♦ Estimant qu'il n'existait pas, à la date du contrôle, de procédure organisée d'escalade permettant de surmonter les difficultés d'accès du « service LAB » aux informations nécessaires à l'exercice de ses missions, aucun élément du dossier ne montrant au demeurant qu'elle aurait été pratiquée de manière informelle. • Décis. ACPR n° 2017-05 du 17 avr. 2018.

Art. 56 **Le déclarant et le correspondant susmentionnés sont également informés :**

— des incidents en matière de lutte contre le blanchiment des capitaux et le financement du terrorisme révélés par les systèmes de contrôle interne ;

— des insuffisances constatées par les autorités de contrôle nationales et étrangères dans la mise en œuvre des dispositions relatives à la lutte contre le blanchiment des capitaux et le financement du terrorisme.

SECTION 2 *Classification des risques*

Art. 57 **La classification des risques de blanchiment de capitaux et de financement du terrorisme couvre toutes les activités susceptibles d'exposer l'entreprise à des risques dans le domaine de la lutte contre le blanchiment des capitaux et le financement du terrorisme, notamment :**

— les opérations avec les personnes mentionnées à l'article R. 561-18 du code monétaire et financier ;

— les activités mentionnées à l'article R. 561-21 du code monétaire et financier ;

— les activités de gestion de fortune ;

— les activités exercées avec des personnes établies dans des États ou territoires mentionnés par le Groupe d'action financière parmi ceux dont la législation ou les pratiques font obstacle à la lutte contre le blanchiment de capitaux et le financement du terrorisme, ou par l'intermédiaire d'implantations dans ces États ou territoires ;

— les activités exercées avec des personnes établies dans des États ou territoires mentionnés au I de l'article L. 511-45 du code monétaire et financier ou par l'intermédiaire d'implantations dans ces États ou territoires.

Classification des risques. Sur les risques particuliers liés au financement d'actifs outre-mer, aux opérations réalisées par les clients ayant le profil de « joueurs réguliers » et à l'utilisation des crédits à la consommation, V. • Décis. ACPR n° 2018-04 du 13 juin 2019.

Art. 58 La classification des risques de blanchiment de capitaux et de financement du terrorisme prend également en compte :

— les informations et les déclarations diffusées par le Groupe d'action financière et par le ministre chargé de l'économie ;

— les informations reçues du service à compétence nationale TRACFIN.

Art. 59 La classification des risques de blanchiment de capitaux et de financement du terrorisme évalue le niveau de risque des différents produits ou services offerts, des modalités ou des conditions particulières des opérations effectuées, des canaux de distribution utilisés ainsi que des caractéristiques de la clientèle ciblée.

Art. 60 La classification des risques de blanchiment de capitaux et de financement du terrorisme est mise à jour selon une fréquence régulière et à la suite de tout événement affectant significativement les activités, les clientèles ou les implantations de l'entreprise assujettie.

SECTION 3 *Procédures internes*

Art. 61 Les entreprises assujetties adoptent des procédures relatives aux obligations de vigilance prévues aux chapitres I et II du titre VI du livre V du code monétaire et financier en tenant compte des risques identifiés par la classification prévue aux articles 57 à 60.

Art. 62 Les procédures portent notamment sur :

a) Les modalités d'acceptation des nouveaux clients, notamment des personnes exposées à des risques particuliers en raison des fonctions politiques, juridictionnelles ou administratives qu'elles exercent ou ont cessé d'exercer depuis moins d'un an ;

b) Les modalités d'acceptation des opérations avec des clients occasionnels.

Art. 63 Les procédures précisent également :

a) Les diligences à accomplir en matière d'identification du client et, le cas échéant, du bénéficiaire effectif, notamment lorsqu'elles ont recours à un prestataire pour identifier et vérifier l'identité de leur client dans les conditions prévues au II de l'article R. 561-13 du code monétaire et financier ; dans ce dernier cas, les procédures prévoient les modalités d'application des articles 234 à 239, à l'exception des *a* et *c* de l'article 239, et les conditions de transmission par le prestataire de toute information utile à la lutte contre le blanchiment des capitaux et le financement du terrorisme, tout en assurant la confidentialité de cette information ;

b) Les modalités de vérification de l'identité de la clientèle en application de l'article L. 561-5 du code monétaire et financier pour les opérations ayant pour support la monnaie électronique, définie à l'article L. 315-1 du même code et, lorsque la dérogation prévue au 5° de l'article R. 561-16 du même code est applicable, les diligences à mettre en œuvre pour s'assurer que les conditions requises pour en bénéficier sont remplies en application du II de l'article R. 561-17 du même code.

Art. 64 Les procédures définissent aussi :

a) Les mesures de vigilance complémentaires ou renforcées à mettre en œuvre pour les relations d'affaires mentionnées aux articles L. 561-10, d'une part, et L. 561-10-1 et L. 561-10-2 du code monétaire et financier, d'autre part, ainsi que la révision des mesures de vigilance lorsque le client, en cours de relation d'affaires, vient à répondre aux critères de l'article R. 561-18 du même code ;

b) Les éléments nécessaires à la connaissance adéquate de la relation d'affaires et, le cas échéant, du bénéficiaire effectif, notamment parmi ceux mentionnés à l'arrêté du 2 septembre 2009 susvisé [*définissant des éléments d'information liés à la connaissance du client et de la relation d'affaires aux fins d'évaluation des risques de blanchiment de capitaux et de financement du terrorisme*], ainsi que la fréquence de leur mise à jour.

Art. 65 Quand les entreprises assujetties recourent à des agents, dans les conditions du I de l'article L. 523-1 du code monétaire et financier, ou à des personnes en vue de distribuer, pour leur compte, de la monnaie électronique, dans les conditions posées aux articles L. 525-8 et suivants du même code, des procédures spécifiques prévoient les modalités de mise en œuvre des obligations de vigilance prévues par le code monétaire et financier et les conditions dans lesquelles ces agents et personnes leur transmettent toute information utile à la lutte contre le blanchiment des capitaux et le financement du terrorisme.

Art. 66 Les procédures prévoient les informations à recueillir et à conserver pour les opérations mentionnées au II de l'article L. 561-10-2 du code monétaire et financier concernant :

a) L'origine et la destination des sommes ainsi que l'objet de l'opération ;

b) L'identité du client donneur d'ordre et, le cas échéant, du bénéficiaire effectif ;

c) L'identité du ou des bénéficiaires ou de l'autre partie à l'opération (nom, adresse, le cas échéant profession) ;

d) Les caractéristiques de l'opération (montant, date) et les modalités de son exécution (utilisation d'un système de paiement particulier notamment) ;

e) Le cas échéant, les modalités et conditions de fonctionnement du compte ;

f) Les éléments pertinents concernant le profil de la relation d'affaires.

Art. 67 Les procédures prévoient les informations à recueillir et à conserver pour les opérations ayant pour support la monnaie électronique définie à l'article L. 315-1 du code monétaire et financier.

Les informations concernent notamment :

a) Les éléments d'informations permettant d'assurer la traçabilité des chargements, des encaissements et remboursements des unités de monnaie électronique, par l'établissement émetteur dans les conditions de durée prévues à l'article L. 561-12 du code monétaire et financier. Les personnes auxquelles a recours un émetteur de monnaie électronique, pour distribuer pour son compte la monnaie électronique au sens de l'article L. 525-8 du code monétaire et financier, apportent le concours nécessaire à l'établissement émetteur pour assurer cette traçabilité ;

b) Les anomalies ayant un lien avec la circulation ou le remboursement de la monnaie électronique constatées par l'entreprise assujettie émettrice de la monnaie électronique ou, le cas échéant, pour le compte de cette dernière, par les personnes auxquelles elle a recours pour distribuer la monnaie électronique au sens de l'article L. 525-8 du code monétaire et financier.

Traçabilité des chargements. Sur les insuffisances des procédures en matière de traçabilité des chargements effectués auprès de buralistes, V. • Décis. ACPR nº 2018-03 du 2 juill. 2019.

Art. 68 Lorsque les entreprises assujetties font partie d'un groupe financier, d'un groupe mixte ou d'un conglomérat financier, les procédures définissent les modalités de circulation au sein du groupe des informations nécessaires à l'organisation de la lutte contre le blanchiment des capitaux et le financement du terrorisme dans les conditions fixées à l'article L. 511-34 du code monétaire et financier.

Les procédures prévoient notamment les modalités de traitement de ces informations dans les dispositifs de suivi et d'analyse mentionnés aux articles 46 et 47 et veillent à ce que ces informations ne soient pas utilisées à d'autres fins que la lutte contre le blanchiment des capitaux et le financement du terrorisme.

Les procédures prévoient les modalités d'échanges d'informations relatives à l'existence et au contenu des déclarations prévues à l'article L. 561-15 du code monétaire et financier. Elles définissent, dans les conditions prévues à l'article L. 561-20 du même code, les modalités permettant d'assurer la protection de ces informations, et notamment que les personnes dont les sommes et opérations font l'objet d'une déclaration n'en soient pas informées.

Art. 69 Les procédures prévoient les modalités d'échanges d'informations relatives à l'existence et au contenu des déclarations prévues à l'article L. 561-15 du code monétaire et financier, dans les conditions prévues à l'article L. 561-21 du même code.

Elles indiquent notamment :

— les personnes dûment habilitées à procéder à ces échanges ;

— les précautions à prendre afin d'assurer que les personnes dont les sommes et opérations font l'objet d'une déclaration n'en soient pas informées ;

— les dispositions à mettre en œuvre pour que les informations ne soient pas utilisées à d'autres fins que la lutte contre le blanchiment des capitaux et le financement du terrorisme.

Art. 70 **Les procédures définissent les conditions de conservation, selon des modalités propres à en assurer la confidentialité :**

***a)* De la copie des documents d'identification mentionnés à l'article R. 561-5 du code monétaire et financier ou de leurs références ;**

***b)* Le cas échéant, des éléments d'identification du bénéficiaire effectif ;**

***c)* Des éléments d'information nécessaires à la connaissance de la relation d'affaires ;**

***d)* Des informations, déclarations et documents relatifs aux sommes et opérations mentionnées à l'article** *[aux articles]* **L. 561-15 et L. 561-15-1 du code monétaire et financier.**

SECTION 4 *Système de contrôle*

Art. 71 **Le contrôle permanent du dispositif de lutte contre le blanchiment des capitaux et le financement du terrorisme fait partie du dispositif de contrôle de la conformité, selon les conditions prévues au chapitre II du présent titre.**

Art. 72 **Le responsable du contrôle de la conformité veille au caractère adapté des dispositifs et procédures mentionnés au présent chapitre, notamment au respect des obligations prévues aux articles L. 561-10-2, L. 561-15 et R. 561-31 du code monétaire et financier.**

Inadaptation du dispositif de contrôle. Le contrôle reposant sur un état mensuel récapitulatif transmis et validé par le directeur de l'établissement ne mentionnant ni l'opération qui a déclenché l'alerte, ni les recherches auxquelles celle-ci a pu donner lieu, ni le motif de sa clôture éventuelle, ne peut satisfaire aux exigences réglementaires. • Décis. ACPR n° 2015-06 du 29 avr. 2016. ♦ L'obligation de veiller au caractère adapté des dispositifs et des procédures implique notamment que soient définies la nature et la périodicité des contrôles qui doivent être effectués, en particulier en ce qui concerne le suivi et la surveillance de la relation d'affaires. • Décis. ACPR n° 2016-10 du 8 nov. 2017. ♦ Si la possibilité technique de modifier *a posteriori* les données relatives à une opération exécutée est en soi à proscrire, en ce qu'elle affaiblit la fiabilité des contrôles, elle n'est pas prévue par les procédures et dispositifs que vise l'art. 72 de l'Arr. du 3 nov. 2014. • Même décision.

Art. 73 **Lorsque les entreprises assujetties ont recours à un prestataire pour identifier et vérifier l'identité de leur client, dans les conditions prévues au II de l'article R. 561-13 du code monétaire et financier, leur système de contrôle s'assure du respect des dispositions des articles 234 à 239 à l'exception du *a* et du *c* de l'article 239.**

Arrêté du 7 décembre 2020,

Portant agrément des normes professionnelles relatives aux obligations de la profession d'expertise comptable en matière de lutte contre le blanchiment de capitaux et le financement du terrorisme.

Art. 1er **Sont agréés :**

— la norme professionnelle présentant le nouveau cadre de référence des missions du professionnel de l'expertise comptable jointe au présent arrêté en annexe 1 ;

— le glossaire du référentiel normatif des experts-comptables, joint au présent arrêté en annexe 2 ;

— la norme professionnelle relative aux obligations de la profession d'expertise comptable en matière de lutte contre le blanchiment de capitaux et le financement du terrorisme, jointe au présent arrêté en annexe 3.

Art. 2 **L'arrêté du 17 juillet 2019 portant agrément des normes professionnelles relatives aux obligations de la profession d'expertise comptable en matière de lutte contre le blanchiment de capitaux et le financement du terrorisme est abrogé.**

ANNEXES

V. les annexes au JO du 13 déc. 2020.

Arrêté du 6 janvier 2021,

Relatif au dispositif et au contrôle interne en matière de lutte contre le blanchiment de capitaux et le financement du terrorisme et de gel des avoirs et d'interdiction de mise à disposition ou d'utilisation des fonds ou ressources économiques.

BIBL. ▶ SAMUELIAN, *BJB 3-4/2021. 28* (l'Arr. du 6 janv. 2021 ou la consécration de la LBC/FT).

CHAPITRE PRÉLIMINAIRE *DÉFINITIONS*

Art. 1er Pour l'application du présent arrêté, on entend par :

1° "Organismes assujettis" : les organismes mentionnés aux 1° à 1° *ter*, 2° à 4°, 6° et 7° *bis* de l'article L. 561-2 du code monétaire et financier, à l'exception des organismes mentionnés au 2° du I de l'article L. 561-36.

2° "Dirigeants" : les personnes qui assurent la direction effective de l'organisme assujetti au sens des dispositions du *a* de l'article 10 de l'arrêté du 3 novembre 2014 susvisé, le directeur général et les directeurs généraux délégués, le directeur général unique ou les membres du directoire ou toute autre personne exerçant des fonctions de direction équivalentes.

3° "Organe de surveillance" : le conseil d'administration, le conseil de surveillance ou tout autre organe exerçant des fonctions de surveillance équivalentes.

4° "Procédure d'escalade" : procédure permettant, au sein de l'organisme assujetti et, le cas échéant, de l'ensemble du groupe, d'assurer à toute personne participant à la mise en œuvre des obligations de lutte contre le blanchiment de capitaux et le financement du terrorisme, en particulier le responsable mentionné à l'article L. 561-32 du code monétaire et financier, les déclarants et correspondants mentionnés aux articles R. 561-23 et R. 561-24 du même code ou les personnes chargées d'une mission de contrôle interne, un accès effectif et rapide aux informations nécessaires à l'exercice de leurs missions. Cette procédure définit les modalités de prévention et de solution, au besoin par la voie hiérarchique, des éventuels obstacles dans la transmission de ces informations, notamment par toute personne exerçant des activités opérationnelles ou chargée de l'analyse des opérations.

CHAPITRE I *DISPOSITIF DE LUTTE CONTRE LE BLANCHIMENT DE CAPITAUX ET LE FINANCEMENT DU TERRORISME*

Art. 2 Les organismes assujettis documentent l'identification, l'évaluation et la classification des risques mentionnées à l'article L. 561-4-1 du code monétaire et financier.

Préalablement au lancement de nouveaux produits, services ou pratiques commerciales, y compris le recours à de nouveaux mécanismes de distribution et à des technologies nouvelles ou en développement, en lien avec des produits et services nouveaux ou préexistants, les organismes assujettis identifient et évaluent notamment les risques de blanchiment de capitaux et de financement du terrorisme qui y sont liés, afin de prendre des mesures appropriées pour gérer et atténuer ces risques.

Pour élaborer la classification des risques mentionnée ci-dessus, les organismes assujettis prennent notamment en compte les informations diffusées par le ministre chargé de l'économie, le service mentionné à l'article L. 561-23 du code monétaire et financier, le Groupe d'action financière (GAFI) ainsi que les publications de l'organisation de coopération et de développement économiques (OCDE) et de l'Union européenne. Ces informations comprennent notamment :

1° Les listes des juridictions à haut risque ou sous surveillance établies par le GAFI ;

2° Les listes des pays tiers à haut risque établies par la Commission européenne en application de l'article 9 de la directive (UE) 2015/849 du 20 mai 2015 susvisée ;

3° Les listes publiées par l'OCDE et par l'Union européenne relatives aux juridictions non coopératives en matière fiscale ou adoptées en application de l'article 238-0 A du code général des impôts.

La classification des risques tient compte de l'évaluation des risques mentionnée au deuxième alinéa. Elle est régulièrement mise à jour, notamment à la suite de tout événement interne ou externe affectant significativement les activités, les produits, les opérations, les canaux de distribution, les clientèles ou les implantations de l'organisme assujetti.

Art. 3 Le responsable mentionné au quatrième alinéa du I de l'article L. 561-32 du code monétaire et financier est chargé de définir et de veiller à la mise en œuvre du dispositif de lutte contre le blanchiment de capitaux et le financement du terrorisme. A ce titre, il est notamment chargé des missions suivantes :

1° Il valide la classification des risques mentionnée à l'article 2 et la communique à l'organe de surveillance, notamment après chaque mise à jour ;

2° Il valide les procédures internes mentionnées à l'article 6 en veillant à ce que des procédures d'échange d'informations et des procédures d'escalade permettent de s'assurer de la transmission effective et rapide, aux personnes participant à la mise en œuvre des obligations de lutte contre le blanchiment de capitaux et le financement du terrorisme, des informations nécessaires pour l'exercice de leurs missions ;

3° Il s'assure de la mise en place, par les filiales et succursales de l'organisme assujetti établies à l'étranger, de dispositifs de contrôle de la conformité de leurs opérations aux règles locales en matière de lutte contre le blanchiment de capitaux et le financement du terrorisme et de gel des avoirs, et d'interdiction de mise à disposition ou d'utilisation des fonds ou ressources économiques. Le responsable veille à la mise en place, selon des modalités adaptées à l'organisation de l'organisme assujetti et en tenant compte, le cas échéant, de son appartenance à un groupe, des procédures de centralisation ou de coordination des informations relatives aux éventuels dysfonctionnements dans la mise en œuvre effective des obligations de lutte contre le blanchiment de capitaux et le financement du terrorisme.

Il est informé des dysfonctionnements, y compris des incidents et des insuffisances mentionnés aux articles R. 561-38-4 et R. 561-38-8 du code monétaire et financier identifiés par les systèmes de contrôle interne ou constatés par les autorités de contrôle nationales et étrangères. Ces informations sont transmises au déclarant et au correspondant nommés au titre des articles R. 561-23 et R. 561-24 du code monétaire et financier, selon les compétences respectives de ceux-ci.

Le responsable définit des procédures permettant de vérifier la mise en œuvre et le suivi des mesures correctrices pour remédier aux dysfonctionnements, incidents et insuffisances mentionnés ci-dessus.

Il tient les dirigeants et l'organe de surveillance informés de l'évolution du dispositif de lutte contre le blanchiment de capitaux et le financement du terrorisme et des actions conduites dans ce domaine.

Lorsque la taille de l'organisme assujetti, la nature de son activité ou les risques identifiés par la classification des risques ne permettent pas de confier les missions du responsable mentionné au premier alinéa à une personne autre que le dirigeant, ce dernier assure lui-même cette responsabilité.

Art. 4 Le dispositif de gestion des risques mentionné au troisième alinéa du I de l'article L. 561-32 du code monétaire et financier, fondé sur la connaissance de la clientèle, permet notamment de :

1° Détecter les opérations atypiques ou suspectes au regard, le cas échéant, du profil des relations d'affaires, sur la base de critères et de seuils de significativité ;

2° Traiter les alertes, sur la base d'une analyse documentée, qui donnent lieu à un classement sans suite dûment motivé, à un examen renforcé au sens de l'article L. 561-10-2 du code monétaire et financier, ou à une déclaration de soupçon dans les conditions de l'article L. 561-15 du code monétaire et financier.

Ce dispositif est adapté aux caractéristiques des activités, de la clientèle, des implantations de l'organisme assujetti et aux risques identifiés par la classification des risques mentionnée à l'article 2.

Les organismes assujettis mettent en place des procédures de centralisation ou de coordination de l'analyse de ces opérations et du traitement de ces alertes selon des modalités adaptées à leur organisation et qui tiennent compte, le cas échéant, de leur appartenance à un groupe.

Art. 5 Les dispositifs et procédures internes prévus par le présent arrêté sont formalisés par écrit avec la précision nécessaire pour permettre leur mise en œuvre opérationnelle. Ils sont régulièrement mis à jour et à la disposition des personnels concernés par les organismes assujettis et les entreprises mères de groupe mentionnées à l'article 21. Ils sont également mis à la disposition des dirigeants et de l'organe de surveillance lorsqu'ils en font la demande.

CHAPITRE II *PROCÉDURES INTERNES*

Art. 6 Les procédures internes mentionnées au I de l'article L. 561-32 du code monétaire et financier précisent notamment, pour l'ensemble des activités :

1° Les modalités d'élaboration de la classification des risques mentionnée à l'article 2 ;

2° Les mesures de vigilance mises en œuvre à l'égard de la clientèle, notamment :

a) Les modalités d'identification et de vérification de l'identité des clients et de leurs bénéficiaires effectifs conformément aux dispositions de l'article L. 561-5 du même code ;

b) Les mesures de vigilance requises en fonction du profil de risque de chaque relation d'affaires, notamment celles prises pour l'application des articles L. 561-5-1, L. 561-6 et L. 561-10 à L. 561-11 du même code.

3° Les modalités de définition du profil de risque de chaque relation d'affaires, qui tiennent compte notamment :

– de la classification des risques mentionnée à l'article 2 ;

– de la connaissance actualisée de la relation d'affaires mentionnée à l'article R. 561-12 du même code, notamment de l'activité et de la situation financière du client, ainsi que de la nature des opérations envisagées ou effectuées ;

– de toute déclaration transmise dans les conditions de l'article L. 561-15 du même code ;

– de toute désignation reçue au titre de l'article L. 561-26 du même code ;

– de toute mesure de gel prise en application des articles L. 562-2 et L. 562-3 du même code ou prévue par le Conseil de sécurité des Nations unies au titre du chapitre VII de la Charte des Nations unies ou par les règlements européens portant mesures restrictives pris en application des articles 75 ou 215 du traité sur le fonctionnement de l'Union européenne susvisé.

4° Les modalités de mise à jour du profil de risque à une fréquence définie selon une approche par les risques. Cette mise à jour intervient également à chaque actualisation des éléments de connaissance de la relation d'affaires ;

5° Les modalités de l'examen renforcé mentionné à l'article L. 561-10-2 du même code ainsi que les informations à recueillir pour son application, y compris les caractéristiques de l'opération et les modalités de son exécution ;

6° Les modalités d'information et de déclaration au service mentionné à l'article L. 561-23 du même code prévues notamment aux articles L. 561-15, L. 561-15-1 et L. 561-25 ;

7° Les modalités de partage des informations nécessaires à la lutte contre le blanchiment de capitaux et le financement du terrorisme prévues notamment aux articles L. 561-20, L. 561-21 et L. 561-33 du même code ;

8° Les modalités de protection de la confidentialité des déclarations mentionnées à l'article L. 561-15 du même code ;

9° Conformément à l'article L. 561-12, les modalités de conservation des informations et documents, quel qu'en soit le support, relatifs :

a) A la détermination des bénéficiaires effectifs, notamment les éléments relatifs à la structure de propriété et de contrôle de leur client ;

b) A l'identification et à la vérification de l'identité des clients et de leurs bénéficiaires effectifs ;

c) A la connaissance des relations d'affaires ;

d) Aux opérations réalisées ; lorsque ces opérations ont pour support la monnaie électronique définie à l'article L. 315-1 du code monétaire et financier, ces informations et documents concernent notamment :

– les éléments d'informations permettant d'assurer la traçabilité des chargements, des encaissements et remboursements des unités de monnaie électronique, par l'établissement émetteur. Les personnes auxquelles a recours un émetteur de monnaie électronique pour distribuer pour son compte la monnaie électronique au sens de l'article L. 525-8 du code monétaire et financier, apportent le concours nécessaire à l'établissement émetteur pour assurer cette traçabilité ;

– les anomalies ayant un lien avec la circulation ou le remboursement de la monnaie électronique constatées par l'entreprise assujettie émettrice de la monnaie électronique ou, le cas échéant, pour le compte de cette dernière, par les personnes auxquelles elle a recours pour distribuer la monnaie électronique au sens de l'article L. 525-8 du code monétaire et financier.

e) A la correspondance commerciale utile à la lutte contre le blanchiment de capitaux et le financement du terrorisme ;

f) Aux mesures de vigilance mises en œuvre, notamment les documents obtenus et les résultats de toute analyse mentionnées, notamment, aux articles R. 561-12, R. 561-14 et R. 561-16-1 ;

g) Aux déclarations réalisées conformément aux articles L. 561-15 et L. 561-15-1.

Ces informations et documents sont conservés dans des conditions qui permettent de répondre aux demandes de communication mentionnées à l'article L. 561-25.

Art. 7 Les organismes mentionnés aux 1° à 1° *quater* de l'article L. 561-2 du code monétaire et financier, autres que les sociétés de financement, qui assurent un service d'encaissement de chèques, élaborent des procédures internes précisant :

1° Les mesures de vigilance à accomplir pour le contrôle à des fins de lutte contre le blanchiment de capitaux et le financement du terrorisme des mentions figurant sur les chèques remis à l'encaissement ou à l'escompte et sur les chèques tirés sur l'établissement ;

2° Les modalités de sélection des chèques à contrôler qui tiennent compte notamment de la nécessité de compléter l'analyse du fonctionnement du compte au regard de la classification des risques de l'organisme ou au vu du profil de risque élevé de la relation d'affaires ou encore lorsque, à l'occasion du suivi du compte de son client, l'établissement assujetti détecte, le cas échéant par des moyens informatiques, un fonctionnement inhabituel du compte. Ces contrôles peuvent se faire par sondage.

Le cas échéant, l'établissement tiré prend les dispositions nécessaires pour rendre circulants les chèques à contrôler ou en recevoir la communication ;

3° Les modalités de communication à l'établissement tiré :

a) Des chèques remis à l'encaissement ou à l'escompte pour lesquels des anomalies manifestes ont été détectées ;

b) Des chèques en provenance d'un établissement situé dans un pays non membre de l'Union européenne ou qui n'est pas partie à l'Espace économique européen, comportant plus de deux endos.

Lors de cette communication, l'établissement ayant reçu les chèques à l'encaissement ou à l'escompte, indique à l'établissement tiré les caractéristiques des chèques mentionnées au*[x]* *a* et *b* ayant attiré son attention.

Art. 8 Lorsqu'un organisme assujetti recourt à la tierce introduction prévue à l'article L. 561-7 du code monétaire et financier, les procédures internes prévoient :

1° Les modalités de mise en œuvre des obligations qui incombent à l'organisme assujetti lors de l'entrée en relation d'affaires, notamment pour ce qui concerne les personnes mentionnées au 1° de l'article L. 561-10 du même code ou la mise en œuvre des mesures de gel des avoirs et d'interdiction de mise à disposition ou d'utilisation des fonds ou ressources économiques ;

2° Les modalités de sélection des tiers introducteurs, selon une approche par les risques, conformément aux dispositions de l'article L. 561-7 et en tenant compte notamment :

a) Des informations disponibles sur le niveau de risque lié aux pays dans lesquels les tiers sont établis ;

b) Des éventuels obstacles juridiques à la transmission des informations nécessaires à la lutte contre le blanchiment de capitaux et le financement du terrorisme ;

c) De l'équivalence de la supervision et de la règlementation auxquelles sont soumis les tiers, notamment en matière de conservation des données ;

3° Les modalités du contrôle par l'organisme assujetti :

a) Des mesures prises par le tiers introducteur pour respecter les obligations de vigilance relatives à la clientèle et les obligations de conservation des documents ;

b) De la qualité des informations et documents transmis par le tiers, ainsi que du respect des délais de transmission.

Art. 9 Lorsqu'un organisme assujetti recourt à un prestataire externe en application des articles R. 561-38-2 et R. 562-1 du code monétaire et financier, les procédures internes prévoient une information de l'Autorité de contrôle prudentiel et de résolution, qui est tenue informée de toute évolution importante concernant les prestations externalisées.

Lorsqu'un organisme assujetti recourt à un prestataire externe également assujetti au présent arrêté, son dispositif prend en compte les mesures prises, le cas échéant de concert, par les deux organismes assujettis pour se conformer aux dispositions du présent arrêté et lui permettre de s'assurer ainsi du respect de ses propres obligations sur le fondement de ces mesures.

Art. 10 Lorsqu'ils recourent à un prestataire externe dans les conditions prévues à l'article R. 561-38-2 du code monétaire et financier, les organismes assujettis précisent dans leur contrat d'externalisation :

1° Les tâches qu'ils ont confiées au prestataire externe ainsi que les procédures qu'ils ont définies pour la mise en œuvre de ces tâches et que le prestataire s'engage à respecter ;

2° L'obligation pour le prestataire externe de les informer de tout évènement susceptible d'avoir un impact sensible sur sa capacité à exercer les tâches externalisées de manière efficace et conforme au droit en vigueur ;

3° Leur obligation de fournir au prestataire les informations nécessaires à l'exercice des tâches qui lui sont confiées ;

4° L'obligation pour le prestataire externe de prévoir des mécanismes de secours permettant d'assurer la continuité du service lorsque celle-ci n'est plus assurée en raison d'un incident grave ou, lorsque la prestation externalisée porte sur la mise en œuvre des obligations relatives au gel des avoirs et d'interdiction de mise à disposition ou d'utilisation des fonds ou ressources économiques, de tout incident. A défaut d'une telle obligation prévue au contrat, les organismes assujettis disposent eux-mêmes de tels mécanismes de secours ;

5° L'obligation pour le prestataire externe de leur transmettre toute information nécessaire aux fins de la mise en œuvre de leurs obligations, notamment en matière déclarative et de gel des avoirs et d'interdiction de mise à disposition ou d'utilisation des fonds ou ressources économiques ainsi que les modalités de cette transmission ;

6° Les exigences en matière de formation que le prestataire s'engage à respecter pour la mise en œuvre des tâches externalisées ;

7° Les modalités de protection des informations confidentielles, notamment celles qui sont soumises au secret professionnel ;

8° Les modalités du contrôle qu'ils exercent sur le prestataire externe, notamment l'obligation pour le prestataire externe de leur permettre d'accéder, en tant que de besoin, le cas échéant sur place et dans le respect des règlementations relatives à la communication d'informations, à toute information relative aux services externalisés ;

9° L'interdiction de modifier substantiellement la prestation externalisée sans l'accord préalable de l'organisme assujetti ;

10° L'obligation pour le prestataire externe de donner accès à l'Autorité de contrôle prudentiel et de résolution, ou à toute autorité étrangère équivalente au sens des articles L. 632-7, L. 632-12 et L. 632-13 du code monétaire et financier, aux informations sur les activités externalisées nécessaires à l'exercice de sa mission, y compris sur place.

CHAPITRE III *DISPOSITIFS ET PROCÉDURES INTERNES EN MATIÈRE DE GEL DES AVOIRS ET D'INTERDICTION DE MISE À DISPOSITION*

Art. 11 Les organismes assujettis se dotent d'un dispositif permettant de détecter :

1° Toute opération réalisée au bénéfice d'une personne faisant l'objet d'une mesure de gel et d'interdiction de mise à disposition ou d'utilisation des fonds et ressources économiques prise en application des articles L. 562-2, L. 562-3, L. 562-3-1, L. 562-5 et L. 713-16 du code monétaire et financier ou d'un règlement européen portant mesures restrictives pris en application des articles 75 ou 215 du traité sur le fonctionnement de l'Union européenne, ou d'un règlement pris en application du même article 215 à d'autres fins ;

2° Les fonds et ressources économiques détenus, appartenant, possédés ou contrôlés par des personnes qui font l'objet des mesures mentionnées au 1° avant l'entrée en relation d'affaires et tout au long de celle-ci.

Les organismes assujettis mettent en place un dispositif permettant de détecter les opérations ayant pour objet ou pour effet de contourner sciemment et volontairement les mesures de gel des avoirs et d'interdiction de mise à disposition ou d'utilisation des fonds ou ressources économiques.

Les organismes assujettis mettent en place, selon des modalités adaptées à leur organisation, des procédures de centralisation ou de coordination de l'analyse et de traitement des alertes générées par ces détections. Ces procédures permettent de s'assurer de la bonne application des mesures de gel des avoirs et d'interdiction de mise à disposition ou d'utilisation des fonds ou ressources économiques à l'ensemble de leurs activités. Ils définissent les modalités d'échange d'informations nécessaires au traitement de ces alertes.

Les obligations prévues aux précédents alinéas s'appliquent aux organismes assujettis qui exercent leur activité en libre prestation de services ou en libre établissement dans un autre État membre de l'Union européenne ou partie à l'accord sur l'Espace économique européen, ainsi qu'aux activités exercées par des succursales de l'organisme assujetti établies dans un pays tiers.

Art. 12 Les procédures internes mises en place par les organismes assujettis en matière de gel des avoirs et d'interdiction de mise à disposition ou d'utilisation des fonds ou ressources économiques prévoient notamment :

1° Les modalités d'analyse des alertes mentionnées à l'article 11, notamment les informations à recueillir et leurs modalités de conservation, y compris lorsque l'alerte a été classée sans suite ;

2° Les modalités de mise en œuvre des mesures de gel des avoirs et d'interdiction de mise à disposition ou d'utilisation des fonds ou ressources économiques ;

3° Les modalités de levée de ces mesures, notamment lorsque les arrêtés ou règlements qui les prévoient ne sont plus en vigueur ou en cas d'autorisation de déblocage prévue à l'article L. 562-11 du code monétaire et financier ou dans les règlements européens ;

4° Les modalités d'information du ministre chargé de l'économie lors de la mise en œuvre, dans les conditions fixées au chapitre II du titre VI du livre V du code monétaire et financier, des mesures prévues aux articles L. 562-4, L. 562-7 et R. 562-3 du même code ainsi que des règlements européens portant mesures restrictives pris en application des articles 75 ou 215 du Traité sur le fonctionnement de l'Union européenne et des règlements pris en application du même article 215 à d'autres fins.

CHAPITRE IV *CONTRÔLE INTERNE*

Art. 13 Le dispositif de contrôle interne mentionné aux articles R. 561-38-3 et R. 562-1 du code monétaire et financier s'intègre dans le dispositif de contrôle interne des organismes assujettis régi par les dispositions du régime dit "solvabilité II", du règlement délégué du 10 octobre 2014 et de l'arrêté du 3 novembre 2014 susvisés.

Ce dispositif a notamment pour objet de vérifier :

1° Que les opérations exécutées par les organismes assujettis, ainsi que leur organisation et leurs dispositifs de lutte contre le blanchiment de capitaux et le financement du terrorisme et de gel des avoirs et d'interdiction de mise à disposition ou d'utilisation des fonds ou ressources économiques sont conformes aux procédures internes qu'ils ont définies et aux dispositions mentionnées au II de l'article L. 561-36-1 du code monétaire et financier ;

2° Le respect de la politique mentionnée à l'article L. 561-4-1 et définie par l'organe de surveillance ainsi que des décisions et instructions prises pour sa mise en œuvre par les dirigeants ;

3° La qualité de l'information destinée au responsable de la mise en œuvre du dispositif de lutte contre le blanchiment de capitaux et le financement du terrorisme, aux dirigeants, à l'organe de surveillance, à l'Autorité de contrôle prudentiel et de résolution, au service mentionné à l'article L. 561-23 du code monétaire et financier et au ministre chargé de l'économie ;

4° L'exécution dans des délais raisonnables, ou immédiatement pour les incidents au sens des articles R. 561-38-4 et R. 562-1 du code monétaire et financier, des mesures correctrices mises en place pour remédier aux dysfonctionnements constatés en matière de lutte contre le blanchiment de capitaux et le financement du terrorisme et de gel des avoirs et d'interdiction de mise à disposition ou d'utilisation des fonds ou ressources économiques, y compris les incidents et insuffisances mentionnés à ces articles et à l'article R. 561-38-8 du même code ;

5° La mise en place, par les filiales et succursales des organismes assujettis établies à l'étranger, de dispositifs de contrôle de la conformité de leurs opérations aux règles locales en matière de lutte contre le blanchiment de capitaux et le financement du terrorisme et de gel des avoirs et d'interdiction de mise à disposition ou d'utilisation des fonds ou ressources économiques ;

6° La qualité des systèmes d'information et de communication qui concourent à la mise en œuvre des obligations relatives à la lutte contre le blanchiment de capitaux et le financement du terrorisme et de gel des avoirs et d'interdiction de mise à disposition ou d'utilisation des fonds ou ressources économiques.

Art. 14 Les organismes assujettis mentionnés à l'article R. 561-38-4 assurent par leur organisation une stricte indépendance entre, d'une part, les personnes exerçant des activités opérationnelles et, d'autre part, les personnes dédiées à la seule fonction de contrôle des opérations mentionnées au 2° de l'article R. 561-38-4 du code monétaire et financier.

Art. 15 Les personnes mentionnées à l'article R. 561-38-4 désignent un responsable du contrôle permanent du dispositif de lutte contre le blanchiment de capitaux et le financement du terrorisme et de gel des avoirs et d'interdiction de mise à disposition ou d'utilisation des fonds ou ressources économiques assuré par les personnes dédiées à la fonction de contrôle mentionnées au 2° de l'article R. 561-38-4 du code monétaire et financier.

Cette responsabilité est confiée :

1° Au responsable de la fonction de vérification de la conformité mentionnée aux articles L. 354-1 du code des assurances, L. 211-12 du code de la mutualité ou L. 931-7 du code de la sécurité sociale, pour les organismes assujettis auxquels ces dispositions sont applicables ;

2° A l'un des responsables du contrôle permanent *(Arr. du 25 févr. 2021, art. 1er, en vigueur le 28 juin 2021)* « de deuxième niveau prévu au *b* de l'article 12 de l'arrêté du 3 novembre 2014 susvisé *[relatif au contrôle interne des entreprises du secteur de la banque, des services de paiement et des services d'investissement soumises au contrôle de l'Autorité de contrôle prudentiel et de résolution]* » ou au responsable du contrôle de la conformité mentionnés respectivement aux articles 16 et 28 de l'arrêté du 3 novembre 2014 susvisé, pour les organismes assujettis relevant du champ d'application de cet arrêté.

L'organe de surveillance est tenu informé par les dirigeants de la désignation du responsable du contrôle permanent dont l'identité est communiquée à l'Autorité de contrôle prudentiel et de résolution.

Ce responsable s'assure du caractère adapté des dispositifs et procédures mentionnés dans le présent arrêté, ainsi qu'à leur mise en œuvre. Il rend compte de l'exercice de sa mission aux dirigeants et à l'organe de surveillance.

Art. 16 Le contrôle périodique des dispositifs de lutte contre le blanchiment de capitaux et le financement du terrorisme et de gel des avoirs et d'interdiction de mise à disposition ou d'utilisation des fonds ou ressources économiques permet de vérifier, outre le respect des dispositions de l'article 13, l'efficacité et le caractère approprié du contrôle permanent exercé en la matière.

Les organismes assujettis établissent une fois par an des programmes de contrôle périodique. Ces derniers peuvent prévoir plusieurs contrôles par an. Ils permettent aux organismes assujettis de contrôler, sur une période aussi courte que possible et qui ne saurait excéder cinq ans, l'ensemble de leur activité. Ils tiennent compte des objectifs annuels des dirigeants, des orientations de l'organe de surveillance en matière de contrôle ainsi que des risques identifiés dans la classification mentionnée à l'article 2. Les organismes assujettis qui fournissent exclusivement les services ou produits mentionnés à l'article R. 561-16 du code monétaire et financier peuvent établir des programmes de contrôle au moins tous les trente mois.

Les moyens affectés par l'organisme assujetti au contrôle périodique sont suffisants pour permettre le contrôle de l'ensemble de son activité durant la période mentionnée au précédent alinéa.

Les rapports établis à la suite d'un contrôle périodique sont communiqués aux dirigeants, à l'organe de surveillance et, le cas échéant, au comité des risques mentionné à l'article L. 511-89 du code monétaire et financier. Lorsqu'un organisme assujetti est affilié à un organe central mentionné à l'article 20 ou lorsque l'organisme assujetti est une filiale d'un organisme affilié à un organe central, ces rapports sont également communiqués à celui-ci.

Art. 17 Les organismes assujettis mentionnés à l'article R. 561-38-4 désignent un responsable du contrôle périodique des dispositifs de lutte contre le blanchiment de capitaux et le financement du terrorisme et de gel des avoirs et d'interdiction de mise à disposition ou d'utilisation des fonds ou ressources économiques.

Cette responsabilité est confiée :

1° Au responsable de la fonction d'audit interne mentionnée aux articles L. 354-1 du code des assurances, L. 211-12 du code de la mutualité ou L. 931-7 du code de la sécurité sociale, pour les organismes assujettis auxquels ces dispositions sont applicables ;

2° *(Arr. du 25 févr. 2021, art. 2, en vigueur le 28 juin 2021)* « Au responsable de la fonction d'audit interne mentionnée au *c* de l'article 12 » de l'arrêté du 3 novembre 2014 susvisé pour les organismes assujettis relevant du champ d'application de cet arrêté.

Ce responsable est chargé de veiller à la cohérence et à l'efficacité des missions du contrôle périodique.

L'organe de surveillance est tenu informé par les dirigeants de la désignation du responsable du contrôle périodique dont l'identité est communiquée à l'Autorité de contrôle prudentiel et de résolution. Le responsable du contrôle périodique rend compte de l'exercice de sa mission aux dirigeants et à l'organe de surveillance.

Art. 18 Lorsque la taille, la nature, la complexité ou le volume de l'activité de l'organisme assujetti ne justifient pas de confier les responsabilités du contrôle permanent et du contrôle périodique des dispositifs de lutte contre le blanchiment de capitaux et le financement du terrorisme et de gel des avoirs et d'interdiction de mise à disposition ou d'utilisation des fonds ou ressources économiques à des personnes différentes, ces responsabilités peuvent être confiées à une seule personne ou aux dirigeants qui assurent, sous le contrôle de l'organe de surveillance, la coordination de tous les dispositifs qui concourent à cette mission.

La responsabilité du contrôle permanent du dispositif de lutte contre le blanchiment de capitaux et le financement du terrorisme et de gel des avoirs et d'interdiction de mise à disposition ou d'utilisation des fonds ou ressources économiques ne peut être confiée au responsable de la mise en œuvre du dispositif de lutte contre le blanchiment de capitaux et le financement du terrorisme mentionné à l'article L. 561-32 du code monétaire et financier, à moins que la taille, la nature, la complexité ou le volume de l'activité des personnes mentionnées à l'article R. 561-38-4 ne le justifient.

Lorsqu'un organisme assujetti appartient à un groupe, les tâches d'exécution du contrôle permanent et du contrôle périodique des dispositifs de lutte contre le blanchiment de capitaux et le financement du terrorisme et de gel des avoirs et d'interdiction de mise à disposition ou d'utilisation des fonds ou ressources économiques peuvent être assurées par un autre organisme assujetti du même groupe ou affilié au même organe central mentionné à l'article 20, après accord des organes de surveillance des deux organismes concernés, et sans préjudice du principe d'indépendance prévu à l'article 14 et au 3° de l'article R. 561-38-4 et au 3° de l'article R. 561-38-8 du code monétaire et financier.

Lorsque la taille, la nature, la complexité ou le volume de leur activité le permet ou lorsque des circonstances particulières le justifient, les organismes assujettis peuvent confier des tâches d'exécution des contrôles internes permanents ou périodiques des dispositifs de lutte contre le blanchiment de capitaux et le financement du terrorisme et de gel des avoirs et d'interdiction de mise à disposition ou d'utilisation des fonds ou ressources économiques à des prestataires externes. Ces tâches sont exécutées dans les conditions prévues aux articles 9 et 10 et, le cas échéant, sous la responsabilité respective des responsables du contrôle permanent et du contrôle périodique des dispositifs de lutte contre le blanchiment de capitaux et le financement du terrorisme et de gel des avoirs et d'interdiction de mise à disposition ou d'utilisation des fonds ou ressources économiques.

Art. 19 Pour les organismes assujettis affiliés à un organe central au sens des dispositions des articles L. 511-31 du code monétaire et financier et L. 322-27-1 du code des assurances, le contrôle interne de cet organisme est organisé en accord avec l'organe central.

CHAPITRE V *DISPOSITIONS APPLICABLES AUX GROUPES*

Art. 20 Pour l'application du présent chapitre, les entreprises mères de groupes sont :

1° Pour les groupes soumis à la supervision prudentielle sur base consolidée :

a) Les entreprises mères d'un conglomérat financier au sens de l'article L. 517-3 soumis à la surveillance complémentaire de l'Autorité de contrôle prudentiel et de résolution ou de la Banque centrale européenne, notamment les compagnies financières holding mixtes ;

b) Les entreprises mères d'un groupe financier soumis à la surveillance prudentielle de l'Autorité de contrôle prudentiel et de résolution ou de la Banque centrale européenne sur base consolidée au plus haut niveau de consolidation en France, notamment les compagnies financières holding ou les entreprises mères des sociétés de financement et à l'exclusion des compagnies holding mixtes et des entreprises mères mixtes de société de financement ;

c) Les entreprises mères des groupes au sens des articles L. 322-1-2 et L. 322-1-3 et L. 356-2 du code des assurances, de l'article L. 111-4-2 du code de la mutualité ou de l'article L. 931-2-2 du code de la sécurité sociale soumis à la surveillance de l'Autorité de contrôle prudentiel et de résolution sur base consolidée au plus haut niveau de consolidation en France, notamment les sociétés de groupe d'assurance, les unions mutualistes de groupe ou les sociétés de groupe assurantiel de protection social et à l'exclusion des sociétés de groupe mixte d'assurance ;

d) La Caisse des dépôts et consignations ;

e) Les organes centraux au sens de l'article L. 511-30 du code monétaire et financier ou de l'article L. 322-27-1 du code des assurances.

2° Pour les groupes qui ne sont pas soumis à une supervision prudentielle sur base consolidée, les entreprises mères qui exercent un contrôle sur leurs filiales au sens de l'article L. 233-3 du code de commerce.

Art. 21 Les entreprises mères de groupes élaborent et mettent à jour une classification des risques adaptée à la taille et à la nature du groupe. Cette classification tient compte de l'ensemble des risques identifiés et évalués au niveau du groupe, dans les conditions et selon les modalités définies aux premier et quatrième alinéas de l'article 2.

Cette classification prend en compte les informations mentionnées au troisième alinéa de l'article 2 et les risques liés aux activités et clientèles des différentes implantations étrangères du groupe, notamment lorsque le droit applicable localement fait obstacle à la mise en œuvre de tout ou partie des procédures de lutte contre le blanchiment de capitaux et le financement du terrorisme définies au niveau du groupe.

Les entreprises mères de groupes élaborent une méthodologie permettant à toutes les entités du groupe d'élaborer leur classification des risques, en cohérence avec celle du groupe, et qui tient compte également de leurs activités, clients et canaux de distribution, de l'analyse des risques publiée localement et des informations diffusées par la cellule de renseignement financier locale.

Art. 22 I. — Les entreprises mères de groupes mettent en place une organisation et des procédures qui permettent notamment d'assurer l'efficacité du dispositif de lutte contre le blanchiment de capitaux et le financement du terrorisme de l'ensemble du groupe, de réduire les risques de blanchiment de capitaux et de financement du terrorisme auxquels le groupe est exposé et de garantir la transmission des informations mentionné aux articles R. 561-29 et L. 511-34 du code monétaire et financier ainsi que leur qualité.

A cette fin, les entreprises mères de groupes peuvent confier, dans les conditions prévues aux articles R. 561-38-2 et R. 561-38-5 du code monétaire et financier, la mise en œuvre des obligations prévues au présent chapitre à une ou plusieurs entités du groupe en tenant compte de la taille, des implantations ainsi que de la complexité, de la nature et du volume des activités du groupe.

Les entreprises mères de groupes garantissent aux personnes participant à la mise en œuvre des obligations de lutte contre le blanchiment de capitaux et le financement du terrorisme au sein du groupe, y compris le responsable de la mise en œuvre du dispositif de lutte contre le blanchiment de capitaux et le financement du terrorisme désigné au niveau du groupe conformément au quatrième alinéa du I de l'article L. 561-32 du code monétaire et financier et les personnes chargées d'une mission de contrôle, un accès à toutes les informations nécessaires à l'exercice de leurs fonctions. Ils prévoient également des procédures d'escalade mentionnées à l'article 1er.

II. — Le responsable désigné au niveau du groupe mentionné au quatrième alinéa du I de l'article L. 561-32 du code monétaire et financier est chargé de définir et de veiller à la mise en œuvre du dispositif de lutte contre le blanchiment de capitaux et le financement du terrorisme au niveau du groupe. A ce titre, il est notamment chargé des missions suivantes :

1° Il valide la classification des risques mentionnée à l'article 21 et la communique à l'organe de surveillance de l'entreprise mère de groupe, ainsi qu'à chaque mise à jour ; il valide également la méthodologie mentionnée à ce même article ;

2° Il valide l'organisation et les procédures internes mentionnées au I ;

3° Il s'assure de la mise en place, par les filiales et succursales des organismes assujettis établies à l'étranger, de dispositifs de contrôle de la conformité de leurs opérations aux règles locales en matière de lutte contre le blanchiment de capitaux et le financement du terrorisme et de gel des avoirs et d'interdiction de mise à disposition ou d'utilisation des fonds ou ressources économiques.

Le responsable veille à la mise en place, selon des modalités adaptées à l'organisation du groupe, des procédures de centralisation ou de coordination des informations relatives aux éventuels dysfonctionnements dans la mise en œuvre effective des obligations de lutte contre le blanchiment de capitaux et le financement du terrorisme.

Il est informé des dysfonctionnements, y compris des incidents et des insuffisances mentionnés aux articles R. 561-38-4 et R. 561-38-8 du code monétaire et financier identifiés par les systèmes de contrôle interne de l'entreprise mère ou des entités du groupe ou constatés par les autorités de contrôle nationales et étrangères.

Le responsable définit des procédures permettant de vérifier la mise en œuvre et le suivi des mesures correctrices pour remédier aux dysfonctionnements, incidents et insuffisances mentionnés ci-dessus.

Il tient les dirigeants et l'organe de surveillance de l'entreprise mère de groupe informés de l'évolution du dispositif de lutte contre le blanchiment de capitaux et le financement du terrorisme et des actions conduites dans ce domaine.

Lorsque la taille du groupe, la nature de ses activités ou les risques identifiés par la classification des risques du groupe ne permettent pas de confier les missions du responsable mentionné au premier alinéa du présent II à une personne autre que le dirigeant, ce dernier assure lui-même cette responsabilité.

Art. 23 L'organisation et les procédures mentionnées au II de l'article L. 562-4-1 permettent d'assurer la mise en œuvre efficace des mesures de gel des avoirs et d'interdiction de mise à disposition ou d'utilisation des fonds ou ressources économiques au sein des entités du groupe mentionnées à ce même II ainsi que la qualité et la pertinence de l'échange des informations nécessaires à la mise en œuvre de ces mesures et, le cas échéant, des obligations d'information et de déclaration au ministre chargé de l'économie.

Art. 24 Les entreprises mères de groupes mettent en œuvre des procédures et mesures de contrôle interne leur permettant de s'assurer :

1° Du respect par les entités du groupe des dispositions mentionnées au II de l'article L. 561-36-1 du code monétaire et financier ainsi que de leurs procédures internes ;

2° Du respect de la politique mentionnée à l'article L. 561-4-1 et définie par l'organe de surveillance de l'entreprise mère de groupe ainsi que des décisions et instructions prises pour sa mise en œuvre par les dirigeants ;

3° De la mise en place, par les filiales et succursales des organismes assujettis établies à l'étranger, de dispositifs de contrôle de la conformité de leurs opérations aux règles locales en matière de lutte contre le blanchiment de capitaux et le financement du terrorisme et de gel des avoirs et d'interdiction de mise à disposition et d'utilisation de fonds ou ressources économiques ;

4° L'exécution dans des délais raisonnables, ou immédiatement dans les cas prévus aux articles R. 561-38-4 et R. 562-1 du code monétaire et financier, des mesures correctrices mises en place pour remédier aux dysfonctionnements constatés en matière de lutte contre le blanchiment de capitaux et le financement du terrorisme et de gel des avoirs et d'interdiction de mise à disposition ou d'utilisation des fonds ou ressources économiques, y compris les incidents et les insuffisances mentionnés à ces articles et à l'article R. 562-38-8 du même code ;

5° De la mise en œuvre effective, par toutes les entités du groupe, du dispositif de lutte contre le blanchiment de capitaux et le financement du terrorisme défini au niveau du groupe en tenant compte, pour chaque entité, des spécificités et des risques résultant de leur propre classification des risques ;

6° De la qualité des systèmes d'information et de communication qui concourent à la mise en œuvre des obligations relatives à la lutte contre le blanchiment de capitaux et le financement du terrorisme et de gel des avoirs et d'interdiction de mise à disposition ou d'utilisation des fonds ou ressources économiques.

A cette fin, les entreprises mères de groupes mettent en place un dispositif de contrôle interne conformément aux dispositions du chapitre IV du présent arrêté. Ce dispositif est adapté à la taille, à la nature, à la complexité et au volume des activités du groupe et doté de moyens humains suffisants.

CHAPITRE VI *RÔLE DES DIRIGEANTS*

Art. 25 La responsabilité de s'assurer que l'organisme assujetti ou, le cas échéant, l'entreprise mère de groupe se conforme aux obligations prévues par les dispositions du II de l'article L. 561-36-1 du code monétaire et financier incombe aux dirigeants et à l'organe de surveillance. Ceux-ci doivent disposer de l'ensemble des informations nécessaires à cet effet. L'organe de surveillance et, le cas échéant, le comité des risques mentionné à l'article L. 511-89 du même code déterminent la nature, le volume, la forme et la fréquence des informations qui leur sont transmises.

Art. 26 Les dirigeants des organismes assujettis et, le cas échéant, de l'entreprise mère de groupe, évaluent et contrôlent périodiquement l'efficacité des dispositifs et des procédures mis en place pour se conformer aux dispositions du II de l'article L. 561-36-1 du code monétaire et financier. Ils prennent, dans les délais prévus aux articles R. 561-38-4, R. 561-38-7 et R. 562-1 du même code, les mesures correctrices nécessaires pour remédier aux incidents importants et aux insuffisances en matière de lutte contre le blanchiment de capitaux et le financement du terrorisme et de gel des avoirs et d'interdiction de mise à disposition ou d'utilisation des fonds ou ressources économiques.

L'organe de surveillance des organismes assujettis et, le cas échéant, de l'entreprise mère de groupe examine régulièrement, le cas échéant avec l'aide du comité des risques mentionné à l'article L. 511-89 du code monétaire et financier, la politique de lutte contre le blanchiment de capitaux et le financement du terrorisme mentionnée à l'article L. 561-4-1 du code monétaire et financier, les dispositifs et les procédures mis en place pour se conformer aux dispositions du II de l'article L. 561-36-1 et les mesures correctrices mentionnées ci-dessus. Ils s'assurent de leur efficacité.

Les organismes assujettis mentionnés aux articles R. 561-38-4 du code monétaire et financier définissent des procédures permettant d'informer les dirigeants des incidents importants et insuffisances mentionnés à cet article ainsi qu'à l'article R. 562-1 du code monétaire et financier. Ces organismes assujettis définissent également des procédures qui permettent notamment au responsable du contrôle périodique des dispositifs de lutte contre le blanchiment de capitaux et le financement du terrorisme et de gel des avoirs et d'interdiction de mise à disposition ou d'utilisation des fonds ou ressources économiques d'informer directement et de sa propre initiative l'organe de surveillance et, le cas échéant, le comité des risques prévu à l'article L. 511-89 du code monétaire et financier, de l'absence d'exécution de ces mesures correctrices dans les conditions prévues aux articles R. 561-38-4 et R. 562-1 du même code.

Art. 27 Les organismes assujettis et les entreprises mères de groupes établissent le rapport mentionné au troisième alinéa des articles R. 561-38-6 et R. 561-38-7 du code monétaire et financier conformément aux dispositions de l'arrêté du 21 décembre 2018 relatif au rapport sur l'organisation des dispositifs de contrôle interne de lutte contre le blanchiment de capitaux et le financement du terrorisme et de gel des avoirs et d'interdiction de mise à disposition ou d'utilisation des fonds ou ressources économiques pour les organismes mentionnés à l'article premier de cet arrêté.

CHAPITRE VII *DISPOSITIONS DIVERSES*

Art. 28 Les personnes mentionnées aux 1° *quater* et au 6° *bis* de l'article L. 561-2 du code monétaire et financier mettent en œuvre les dispositions prévues par les chapitres I et II du présent arrêté en tenant compte des risques spécifiques présentés par les activités exercées sur le territoire français, par le recours à des agents liés au sens de l'article L. 545-1 du même code ou à des agents de services de paiement au sens de l'article L. 523-1 du même code ou à d'autres personnes en vue de distribuer, pour leur compte, de la monnaie électronique au sens de l'article L. 525-8 du même code, ainsi que les dispositions du chapitre III du présent arrêté.

Art. 29 *Modification de l'Arr. du 10 sept. 2009. — V. ss. C. mon. fin., art. L. 561-2, supra.*

Art. 30 I. — *Modification de l'Arr. du 3 nov. 2014.*

II. — *Modification de l'Arr. du 21 déc. 2018. — V. ss. C. mon. fin., art. R. 561-38-6, supra.*

III. — L'arrêté du 27 juillet 2011 relatif à la liste des pays tiers équivalents en matière de lutte contre le blanchiment de capitaux et le financement du terrorisme mentionnée au 2° du II de l'article L. 561-9 du code monétaire et financier est abrogé ;

IV. — Les articles A. 310-5 à A. 310-8 du code des assurances sont abrogés ;

V. — L'article A. 951-3-3 du code de la sécurité sociale est abrogé ;

VI. — L'article A. 114-2 du code de la mutualité est abrogé ;

VII. — Sont abrogés :

— le règlement du Comité de la réglementation bancaire et financière n° 2002-01 du 18 avril 2002 relatif aux obligations de vigilance en matière de chèques aux fins de lutte contre le blanchiment des capitaux et le financement du terrorisme ;

— le règlement du Comité de la réglementation bancaire et financière n° 2003-01 du 16 mai 2003 modifiant le règlement n° 2002-01 du 18 avril 2002 relatif aux obligations de vigilance en matière de chèques aux fins de lutte contre le blanchiment des capitaux et le financement du terrorisme ;

— l'arrêté du 26 avril 2002 portant homologation d'un règlement du Comité de la réglementation bancaire et financière ;

— les arrêtés du 18 juillet 2002, du 20 décembre 2002, du 14 mars 2003, du 9 juillet 2003, du 15 mars 2004, du 23 septembre 2004 et du 31 mai 2005 modifiant l'annexe du règlement du Comité de la réglementation bancaire et financière n° 2002-01 du 18 avril 2002 ;

— l'arrêté du 22 mai 2003 portant homologation de règlements du Comité de la réglementation bancaire et financière ;

— l'arrêté du 27 mai 2005 portant extension à Mayotte, en Nouvelle-Calédonie, en Polynésie française et dans les îles Wallis-et-Futuna du règlement n° 2002-01 du 18 avril 2002 relatif aux obligations de vigilance en matière de chèques aux fins de lutte contre le blanchiment des capitaux et le financement du terrorisme.

VIII. — *Modification de l'Arr. du 14 août 2020.*

CHAPITRE VIII *DISPOSITIONS RELATIVES AUX COLLECTIVITÉS D'OUTRE-MER*

Art. 31 I. — *Modification de l'Arr. du 10 sept. 2009. — V. ss. C. mon. fin., art. L. 561-2, supra.*

II. — L'article 1er de l'arrêté du 22 novembre 2010 susvisé est abrogé.

Art. 32 *Modification de l'Arr. du 21 déc. 2018. — V. ss. C. mon. fin., art. R. 561-38-6, supra.*

Art. 33 I. — *Modification de l'Arr. du 11 sept. 2015.*

II. — *Modification de l'Arr. du 31 août 2017.*

III. — *Modification de l'Arr. du 6 sept. 2017.*

IV. — *Modification de l'Arr. du 20 mai 2015.*

Art. 34 I. — Les dispositions du présent arrêté sont applicables à Saint-Pierre-et-Miquelon, à Saint-Barthélemy, en Nouvelle-Calédonie, en Polynésie française et dans les îles Wallis-et-Futuna, *(Arr. du 25 févr. 2021, art. 3, en vigueur le 28 juin 2021)* « dans leur rédaction résultant de l'arrêté du 25 février 2021 » sous réserve des adaptations suivantes :

1° Pour l'application de l'article 2 :

a) Les références à l'Union européenne sont remplacées par les références à la France ;

b) Les mots : "en application de l'article 9 de la directive (UE) 2015/849 du 20 mai 2015 susvisée" sont supprimés ;

c) Les mots : "en application de l'article 238-0 A du code général des impôts" sont remplacés par les mots : "par arrêté du ministre chargé de l'économie" ;

2° Pour l'application de l'article 6, les mots : "les règlements européens portant mesures restrictives pris en application des articles 75 ou 215 du traité sur le fonctionnement de l'Union européenne" sont remplacés par les mots : "les règlements européens mentionnés à l'article L. 713-16" ;

3° Pour l'application de l'article 7 :

a) En Nouvelle-Calédonie, en Polynésie française et dans les îles Wallis-et-Futuna, la référence : "1° *quater*" est remplacée par la référence : "1° *ter*" ;

b) Les mots : "non membre de l'Union européenne ou qui n'est pas partie à l'Espace économique européen" sont remplacés par les mots : "autre que la France" ;

4° Pour l'application du 10° de l'article 10, en Nouvelle-Calédonie, en Polynésie française et dans les îles Wallis-et-Futuna, la référence à l'article L. 632-12 du code monétaire et financier n'est pas applicable ;

5° Pour l'application de l'article 11 :

a) Au 1°, les mots : "ou d'un règlement européen portant mesures restrictives pris en application des articles 75 ou 215 du traité sur le fonctionnement de l'Union européenne, ou d'un règlement pris en application du même article 215 à d'autres fins" sont supprimés ;

b) Le dernier alinéa est remplacé par les dispositions suivantes :

"Les obligations prévues aux précédents alinéas s'appliquent aux activités exercées par des succursales de l'organisme assujetti établies dans un pays tiers."

6° Pour l'application de l'article 12 :

a) Au 3°, les mots : "ou dans les règlements européens" sont supprimés ;

b) Au 4°, les mots : "règlements européens portant mesures restrictives pris en application des articles 75 ou 215 du traité sur le fonctionnement de l'Union européenne, ou d'un règlement pris en application du même article 215 à d'autres fins" sont remplacés par les mots : "règlements européens mentionnés à l'article L. 713-16" ;

7° Pour l'application de l'article 13, les mots : "du régime dit "solvabilité II", du règlement délégué du 10 octobre 2014 et de" sont supprimés ;

8° Pour l'application des articles 15 et 17, en Nouvelle-Calédonie, en Polynésie française et dans les îles Wallis-et-Futuna, les références au code des assurances, au code de la mutualité et au code de la sécurité sociale sont remplacés par les dispositions équivalentes applicables localement ;

9° Pour l'application de l'article 19, en Nouvelle-Calédonie et en Polynésie française, la référence au code des assurances est remplacée par les dispositions équivalentes applicables localement ;

10° Pour l'application du 1° de l'article 20 :

a) En Nouvelle-Calédonie, en Polynésie française et dans les îles Wallis-et-Futuna, le *a* n'est pas applicable ;

b) Au *b*, les mots : "ou de la Banque centrale européenne" sont supprimés ;

c) Au *b*, en Nouvelle-Calédonie, en Polynésie française et dans les îles Wallis-et-Futuna, "et à l'exclusion des compagnies holding mixtes et des entreprises mères mixtes de sociétés de financement" sont supprimés ;

d) Au *c*, en Nouvelle-Calédonie et en Polynésie française, les références aux articles L. 322-1-2 et L. 322-1-3 du code des assurances sont remplacées par les dispositions équivalentes applicables localement ;

e) Au *c*, en Nouvelle-Calédonie, en Polynésie française et dans les îles Wallis-et-Futuna, les références à l'article L. 356-2 du code des assurances, au code de la mutualité et au code de la sécurité sociale sont remplacées par les dispositions équivalentes applicables localement ;

f) Au *c*, en Nouvelle-Calédonie et en Polynésie française, les mots : "et à l'exclusion des sociétés de groupe mixte d'assurance" sont supprimés ;

g) Au *e*, en Nouvelle-Calédonie et en Polynésie française, la référence au code des assurances est remplacée par les dispositions équivalentes applicables localement ;

11° Pour l'application du 2° de l'article 20, en Nouvelle-Calédonie et en Polynésie française, la référence au code de commence est remplacée par les dispositions équivalentes applicables localement ;

12° En Nouvelle-Calédonie, en Polynésie française et dans les îles Wallis-et-Futuna, l'article 28 n'est pas applicable.

II. — Pour l'application du présent arrêté à Saint-Martin, la référence à l'article 238-0 A du code général des impôts, figurant à l'article 2, est remplacée par la référence à l'arrêté du ministre chargé de l'économie.

Art. 35 Les organismes assujettis bénéficient d'un délai d'un an à compter de la publication du présent arrêté pour mettre les contrats d'externalisation mentionnés à l'article 10 et conclus avant le 1er mars 2021 en conformité avec les exigences de ce même article.

Sous réserve des dispositions précédentes, le présent arrêté entre en vigueur le 1er mars 2021.

Arrêté du 9 septembre 2021,

Définissant le cadre de référence pour la lutte contre la fraude et contre le blanchiment de capitaux et le financement du terrorisme.

V. ce texte au **CSI**.

B Autorité de contrôle prudentiel et de résolution

COMMENTAIRE

Les autorités nationales et les autorités de tutelle dédiées à la lutte contre le blanchiment de capitaux jouent un rôle majeur dans l'architecture dédiée à la lutte contre le blanchiment de capitaux et le financement du terrorisme au titre de leurs activités opérationnelles de traitement, de contrôle ou de sanction des opérateurs assujettis à la législation. Outre les missions de contrôle et de sanction, ces autorités assurent également un rôle d'information et de conseil auprès des professionnels assujettis par l'élaboration d'instruments essentiels tels que les rapports et typologies de risques (COLB, TRACFIN) et les lignes directrices, les principes d'application sectoriels et positions (TRACFIN, ACPR, AMF, AES) qui ont pour finalité, pour les premiers, d'alerter les assujettis sur les modalités concrètes de réalisation des actes de blanchiment et, pour les seconds, d'expliciter la réglementation pour assurer sa bonne application par les assujettis. La LBC/FT impose en effet le suivi effectif de l'application du dispositif par les professionnels qui y sont soumis. L'article L. 561-36 du code monétaire et financier désigne des autorités de contrôle chargées de veiller à la bonne application du dispositif pour la majorité des professions soumises au dispositif, ordres professionnels et autorités sectorielles de régulation (V. *supra*, A. Droit préventif et répressif).

Les instructions, positions, lignes directrices, principes d'application sectoriels qui ont pour objectif de faciliter la mise en œuvre des normes LBC/FT par les assujettis que les autorités administratives contrôlent sont l'expression de leur pouvoir d'orientation. Qualifiées d'acte relevant de la « para-légalité administrative », les lignes directrices ont un régime juridique hybride entre droit souple et droit dur. Elles ne peuvent ni créer de conditions nouvelles non prévues par la législation ou le règlement, dont elles doivent seulement faciliter la mise en œuvre, ni fixer de règles de procédure. L'autorité compétente destinataire des lignes directrices doit en principe se conformer aux critères et conditions qu'elles comportent.

L'Autorité des marchés financiers, l'Autorité de contrôle prudentiel et de résolution et TRACFIN élaborent des outils d'application essentiels qui sont plus fortement marqués encore par des négociations de place avec les parties prenantes pour les lignes directrices à destination de certaines professions (experts-comptables, huissiers, notaires) même si les lignes directrices thématiques ou sectorielles (les bénéficiaires effectifs, l'obligation d'identification et de vérification de l'identité du client) font cependant aussi l'objet de consultation auprès des professionnels des secteurs concernés.

Les lignes directrices sont d'abord le fruit de travaux conjoints entre autorités administratives. Elles sont actualisées périodiquement pour chaque thème crucial en raison de l'évolution de la législation et des menaces. S'y ajoutent par ailleurs des documents d'analyse utiles aux assujettis pour la mise en œuvre de leurs obligations LBC/FT, comme ceux relatifs au pilotage consolidé du dispositif de LBC/FT des groupes bancaires et assurantiels et aux acteurs de la transmission de fonds du 2 octobre 2019.

Les lignes directrices conjointes sont ensuite le fruit de travaux menés avec les ordres professionnels ou les autorités administratives intervenant dans différents secteurs. Le travail avec les assujettis du secteur non financier s'est intensifié ces dernières années, permettant l'élaboration de lignes directrices pour les personnes se livrant habituellement au commerce d'antiquités et d'œuvres d'art, pour la profession d'huissier de justice, pour les personnes exerçant l'activité de domiciliation, pour les professionnels de l'immobilier ou encore les professions d'administrateur judiciaire et de mandataire judiciaire.

Ces outils sont nécessaires pour les opérateurs privés afin de mettre en place des programmes de LBC/FT juridiquement complexes et risqués avec des enjeux de confidentialité, de respect de la loi « Informatique et libertés » de 1978, de risque de sanctions pénales notamment. Les lignes directrices permettent de mieux appréhender les attentes des autorités de contrôle auxquelles ils sont soumis et de minimiser le risque de non-conformité de leur programme à la législation en matière de LBC/FT dont le respect constitue une part essentielle de la conformité de l'entreprise. □

Position ACP n° 2012-P-01 (avril 2012),

Relative à la mise en œuvre des mesures de vigilance de lutte contre le blanchiment des capitaux et le financement du terrorisme par des prestataires de services de paiement pour le service de transmission de fonds.

1. La présente position de l'Autorité de contrôle prudentiel (ACP) apporte des précisions qu'elle juge importantes de faire connaître aux organismes qui sollicitent un agrément d'établissement de paiement ou qui sont soumis à son contrôle, sur un point particulier de la réglementation applicable et sur la manière dont il doit être appliqué par ces organismes soumis à son contrôle. La position de l'ACP est publiée au registre officiel. Les positions sont rendues publiques dans un souci de transparence et de prévisibilité.

Rappel des obligations applicables en matière de LCB-FT

2. Les prestataires de services de paiement (PSP), c'est-à-dire les établissements de crédit et les établissements de paiement, en particulier ceux qui exercent le service de transmission de fonds mentionné à l'article L. 314-1, II, 6° du code monétaire et financier sont assujettis aux dispositions relatives à la lutte contre le blanchiment des capitaux et le financement du terrorisme (LCB-FT) du titre VI du livre V du code monétaire et financier.

3. Le service de transmission de fonds est un service de paiement pour lequel les fonds sont transmis et mis à la disposition d'un bénéficiaire sans création de compte au nom du payeur ou au nom du bénéficiaire *[la Dir. 2007/64/CE du 13 nov. 2007 concernant les services de paiement dans le marché intérieur définit à l'art. 4 (13) la notion de transmission de fonds : "un service de paiement pour lequel les fonds sont reçus de la part d'un payeur, sans création de comptes de paiement au nom du payeur ou du bénéficiaire, à la seule fin de transférer un montant correspondant vers un bénéficiaire ou un autre prestataire de services de paiement agissant pour le compte du bénéficiaire, et/ou pour lequel de tels fonds sont reçus pour le compte du bénéficiaire et mis à la disposition de celui-ci"].*

4. Conformément à ces dispositions, les PSP qui exercent le service de transmission de fonds doivent identifier et procéder à la vérification de l'identité de leurs clients dans le cadre d'une relation d'affaires conformément à l'article L. 561-5 du code monétaire et financier. Ils doivent également identifier et vérifier l'identité de leurs clients occasionnels en application de l'article R. 561-10, II du code monétaire et financier. En ce qui concerne l'explicitation des notions de relation d'affaires et de client occasionnel, le Collège de l'ACP a adopté des lignes directrices relatives à la définition de la relation d'affaires et du client occasionnel, auxquelles pourront se référer les PSP qui exercent le service de transmission de fonds.

5. Les PSP doivent, en outre, collecter des éléments relatifs à la connaissance du client, conformément à l'article L. 561-6 du code monétaire et financier, dès lors qu'ils entrent avec lui en relation d'affaires au sens de l'article L. 561-2-1 du code monétaire et financier. A cet égard, ils recueillent et analysent les éléments d'informations parmi ceux figurant dans l'arrêté du 2 septembre 2009 pris en application de l'article R. 561-12 du code monétaire et financier, aux fins de connaissance de leur clientèle.

6. Les PSP collectent des informations liées à la connaissance de la relation d'affaires sur la base d'une approche par les risques. Les informations recueillies doivent être proportionnées au regard du risque de blanchiment de capitaux et de financement du terrorisme présenté par le client.

7. Conformément à l'article L. 561-6 du code monétaire et financier, pendant toute la durée de la relation d'affaires, les PSP doivent exercer une vigilance constante

et pratiquer un examen attentif des opérations effectuées en veillant qu'elles soient cohérentes avec la connaissance actualisée qu'ils ont de leur client.

8. Les PSP, conformément à l'article R. 561-38, I du code monétaire et financier, établissent une classification des risques présentés par leurs activités, selon le degré d'exposition aux risques de blanchiment de capitaux et de financement du terrorisme appréciés en fonction notamment de la nature des produits ou des services offerts, des conditions des opérations proposées, des canaux de distribution utilisés ainsi que des caractéristiques des clients.

9. Le respect de l'ensemble de ces dispositions doit permettre aux PSP d'effectuer, le cas échéant, un examen renforcé tel que mentionné à l'article L. 561-10-2, II ou une déclaration prévue à l'article L. 561-15 du code monétaire et financier.

Position de l'ACP sur l'organisation du dispositif interne de LCB-FT

10. Conformément à l'article 11-7, 2.2 du règlement du Comité de la réglementation bancaire et financière n° 97-02 du 21 février 1997 relatif au contrôle interne, les PSP se dotent de dispositifs de suivi et d'analyse de leurs relations d'affaires, fondés sur la connaissance de leur clientèle, permettant notamment de détecter les opérations qui constituent des anomalies au regard du profil des relations d'affaires et qui pourraient faire l'objet d'un examen renforcé mentionné à l'article L. 561-10-2, II ou d'une déclaration prévue à l'article L. 561-15 du code monétaire et financier.

11. Ces dispositifs de suivi et d'analyse doivent tenir compte des risques identifiés par la classification des risques prévue à l'article R. 561-38 du code monétaire et financier.

12. Dans la pratique, les PSP définissent des montants prédéterminés à partir desquels ils demandent des informations supplémentaires concernant les opérations isolées ou plusieurs opérations pour une même relation d'affaires ; ces diligences concernent les opérations de transmission de fonds à destination ou en provenance de l'étranger. Les PSP se fixent également des montants d'opérations au-delà desquels ils refusent de réaliser les opérations.

13. En conséquence, l'ACP examine le dossier, dans le cadre de demandes d'agrément, en prenant notamment en compte pour son appréciation du dispositif de suivi et d'analyse :

– l'adaptation des montants mentionnés au paragraphe 12 :

• à la nature de la clientèle,

• aux modalités de paiement,

• aux zones géographiques concernées par les transmissions de fonds en cohérence avec les listes publiées par le GAFI ou par d'autres instances internationales intervenant en matière de LCB-FT.

• au montant moyen prévisionnel des opérations de transmission de fonds effectuées,

• et aux implantations.

14. Outre ces éléments, en cours d'activité, les PSP :

15. – sont tenus de déterminer les montants mentionnés au paragraphe 12 qui doivent faire l'objet d'une actualisation régulière en prenant en compte tout événement affectant significativement les activités ou la clientèle du PSP et des informations ainsi que des déclarations diffusées par le GAFI, le Ministère chargé de l'Économie ou d'autres autorités compétentes telles que Tracfin ;

16. – en cas de dépassement des montants déterminés, doivent demander des informations complémentaires à tous les clients qu'ils soient occasionnels ou en relation d'affaires ;

17. – peuvent demander notamment des informations complémentaires au client, sur l'origine des fonds, l'activité professionnelle du client ainsi que sur l'objet de l'opération en tenant compte des informations déjà recueillies au titre de la connaissance de la relation d'affaires.

18. Les procédures définies par les PSP conformément à l'article R. 561-38, I précisent les montants mentionnés au paragraphe 12, comme indiqué à l'article 1er *d)* de l'instruction n° 2011-I-17 modifiant le formulaire de demande d'agrément

d'établissements de paiement, et la nature des informations complémentaires qu'ils demandent. Elles décrivent également :

– les conditions dans lesquelles est menée l'analyse des informations supplémentaires collectées auprès du client ;

– les modalités d'autorisation des opérations d'un montant supérieur (par exemple l'autorisation par un préposé spécialement habilité à valider les opérations concernées).

19. Les PSP doivent s'assurer, dans le cadre de leur dispositif de contrôle interne, du respect du dispositif de LCB-FT, notamment des mesures prises quant à l'analyse, le suivi et la maîtrise des risques de blanchiment de capitaux et de financement du terrorisme des opérations de transmission de fonds.

20. Lors de ses contrôles sur pièces et sur place, l'ACP examine l'adéquation du dispositif aux risques présentés par la clientèle et l'activité du PSP, notamment au regard des éléments mentionnés aux paragraphes 14 à 18.

Position ACPR n° 2014-P-01 du 29 janvier 2014,

Relative aux opérations sur Bitcoins en France.

Le développement du Bitcoin, et plus largement des monnaies virtuelles, le nombre d'alertes, en particulier criminelles, constatées notamment aux États-Unis, les risques de fraude et de blanchiment des capitaux et de financement du terrorisme particulièrement élevés s'agissant d'un instrument qui se prévaut de l'anonymat, ainsi que les éléments recueillis en France conduisent l'Autorité de contrôle prudentiel et de résolution (ACPR) à préciser la qualification des opérations réalisées à l'aide de Bitcoin au regard du droit monétaire et financier.

Le fonctionnement du Bitcoin, ses risques pour les utilisateurs et les enjeux d'un encadrement réglementaire sont détaillés dans le Focus n° 10 du 5 décembre 2013 publié sur le site Internet de la Banque de France (www.banque-france.fr), ainsi que dans le communiqué d'alerte émis le 12 décembre 2013 par l'Autorité bancaire européenne (www.eba.europa.eu).

En tant qu'autorité chargée de délivrer les agréments aux prestataires de services de paiement en France, l'ACPR a adopté la position suivante :

Dans le cadre d'une opération d'achat/vente de Bitcoins contre une monnaie ayant cours légal, l'activité d'intermédiation consistant à recevoir des fonds de l'acheteur de Bitcoins pour les transférer au vendeur de Bitcoins relève de la fourniture de services de paiement.

Exercer cette activité à titre habituel en France implique de disposer d'un agrément de prestataire de services de paiement (établissement de crédit, établissement de monnaie électronique ou établissement de paiement) délivré par l'ACPR.

La délivrance de cet agrément impose le respect de conditions relatives notamment aux apporteurs de capitaux, à la gouvernance, à la structure financière et au niveau de fonds propres. Elle impose également que les entreprises agréées mettent en place (i) un dispositif de contrôle interne et (ii) des mesures de vigilance en matière de lutte contre le blanchiment et le financement du terrorisme, adaptés à l'activité exercée et aux risques encourus.

Principes d'application sectoriels ACPR (février 2015),

Relatifs à la lutte contre le blanchiment de capitaux et le financement du terrorisme pour le secteur des assurances 🏛.

Lignes directrices conjointes DG Trésor – ACPR (juin 2016),

Sur la mise en œuvre des mesures de gel des avoirs.

1. Les présentes lignes directrices ont été élaborées conjointement par l'Autorité de contrôle prudentiel et de résolution (ACPR) et la direction générale du Trésor (DGTRÉSOR), autorité nationale compétente en matière de sanctions économiques et financières. Elles visent à préciser leurs attentes concernant la mise en œuvre par les organismes financiers soumis au contrôle de l'ACPR des obligations dites "de gel des

avoirs". Elles ont fait l'objet d'une concertation préalable à leur adoption au sein de la Commission consultative Lutte contre le blanchiment et le financement du terrorisme. Elles sont publiques. Elles n'ont pas de caractère contraignant en elles-mêmes.

2. La présente version met à jour les lignes directrices publiées en juin 2016 pour tenir notamment compte de la réforme du dispositif de gel des avoirs issue de l'ordonnance n° 2016-1575 du 24 novembre 2016 et du décret n° 2018-264 du 9 avril 2018.

3. Les mesures de gel s'inscrivent dans le cadre de régimes de sanctions économiques ou financières. Les sanctions sont décidées par l'Organisation des Nations unies (ci-après ONU), l'Union européenne (ci-après UE) ou par des États pour restreindre les relations économiques et financières avec un État, des personnes, des entités ou des groupements de fait. Les sanctions décidées par l'UE sont qualifiées de "mesures restrictives" *[art. 215 TFUE]*.

4. Les régimes de sanctions économiques et financières poursuivent différents objectifs d'intérêt général, tels que la lutte contre le terrorisme, la lutte contre la prolifération des armes de destruction massive, la coercition en réaction à des violations graves des droits de l'homme ou à des actes menaçant la paix. Les mesures prises dans le cadre de ces régimes sont diverses, le gel des avoirs n'en constituant qu'une catégorie *[elles prévoient notamment : — des restrictions aux importations ou aux exportations, soit de façon générale, soit de manière ciblée, en ne visant que certains biens ou services (par exemple, les biens à double usage). Ces mesures sont couramment appelées "embargos" ; — des restrictions d'accès aux marchés financiers, des interdictions d'octroyer des prêts ou de crédits, d'effectuer des transferts de fonds ou de fournir des services d'assurance ou de réassurance]*.

5. Les mesures de gel constituent une restriction temporaire au droit de propriété et non une expropriation. Les personnes soumises à une telle mesure sont désignées par une autorité administrative ou une organisation internationale. Ces mesures se distinguent ainsi des saisies ou confiscations prononcées par les autorités judiciaires.

6. Aux fins de ne pas porter une atteinte excessive aux droits fondamentaux des personnes ou entités désignées, des exceptions aux mesures de gel sont prévues (exemple : la possibilité de créditer des fonds sur des comptes gelés) et des dérogations peuvent être accordées (exemples : déblocage des fonds pour payer des vivres, des loyers, des assurances obligatoires, des frais de santé ou de justice). Par ailleurs, la décision de geler les avoirs d'une personne ou entité ou le refus d'en autoriser la mise à disposition peut faire l'objet d'un recours devant l'administration (recours gracieux) *[les mesures nationales de gel des avoirs peuvent faire l'objet d'un recours gracieux auprès du ministre chargé de l'économie et du ministre de l'intérieur pour les mesures prises sur le fondement de l'art. L. 562-2 ou du ministre chargé de l'économie pour les mesures prises sur le fondement de l'art. L. 562-3]* ou la juridiction compétente (recours contentieux).

7. Les mesures de gel comme les autres régimes de sanctions financières ne peuvent fonder en eux-mêmes des traitements discriminatoires à l'égard de catégorie de clients sur la base par exemple du seul critère de résidence ou de nationalité.

8. Les présentes lignes directrices concernent la mise en œuvre des mesures de gel des avoirs applicables en France, qui sont issues à la fois :

– des articles L. 562-1 et suivants et R. 562-1 et suivants du code monétaire et financier,

– et des règlements européens portant mesures restrictives.

9. Les obligations de gel s'accompagnent d'une interdiction de mise à disposition de fonds ou de ressources économiques au profit des personnes ou entités faisant l'objet d'une mesure de gel. L'article L 562-5 du code monétaire et financier et certains règlements européens prévoient une interdiction d'utilisation des fonds ou ressources économiques au profit des personnes faisant l'objet d'une mesure de gel des avoirs. Par ailleurs, dans le règlement n° 2580/2001 du 27 décembre 2001 concernant l'adoption de mesures restrictives spécifiques à l'encontre de certaines personnes et entités dans le cadre de la lutte contre le terrorisme, il est expressément interdit de fournir des services financiers (y inclus assurance ou réassurance) aux personnes ou entités faisant l'objet d'une mesure de gel.

10. Les mesures de gel sont mises en œuvre par les organismes financiers dès leur entrée en vigueur et génèrent à leur charge une obligation de résultat *[décision de la*

commission des sanctions de l'ACPR n° 2011-03 du 27 nov. 2012 : "que l'aptitude des dispositifs (dont elles doivent se doter) à la détection des opérations litigieuses met à la charge des banques une obligation de résultat"]. **Le non-respect d'une mesure de gel prise dans le cadre des dispositifs susmentionnés peut faire l'objet de sanctions pénales** *[art. 459 C. douanes pour les mesures européennes ; art. L. 574-3 C. mon. fin. pour les mesures nationales]*. **L'application des mesures de gel ne relève pas d'une approche par les risques. En cela, elle est différente de la réglementation visant à prévenir le blanchiment de capitaux et le financement du terrorisme (ci-après BC-FT) qui est prévue aux articles L. 561-2 et suivants du code monétaire et financier. Pour autant, le dispositif de gel des avoirs complète le dispositif préventif de lutte contre le BC-FT (ci-après LCB-FT), en particulier en ce qui concerne la lutte contre le financement du terrorisme.**

11. Les lignes directrices tiennent compte des nouvelles dispositions du code monétaire et financier *[art. R. 562-1 dans sa rédaction issue du Décr. n° 2018-364 qui renvoie aux art. R. 561-38-2 à R. 561-38-9]* **sur la mise en place, au niveau du groupe, d'un dispositif de contrôle interne dédié au respect des obligations en matière de gel. Elles examinent également la situation de groupes français ayant des implantations à l'étranger soumises à la législation locale en matière de gel ou encore des organismes financiers qui dans le cadre de leurs activités internationales peuvent être amenés à prendre en compte les listes de gel étrangères.**

12. Les présentes lignes directrices tiennent compte des guides de bonne conduite de la DGTRÉSOR et des meilleures pratiques du Conseil de l'Union européenne qui portent sur l'ensemble des sanctions économiques et financières. Les organismes financiers sont invités à se référer à ces guides, en particulier pour la mise en œuvre des mesures de sanctions autres que celles de gel en consultant le site de la DGTRÉSOR :
https://www.tresor.economie.gouv.fr/Ressources/sanctions-financieres-internationales

13. Les présentes lignes directrices complètent les guides précités sur :

– la mise en œuvre concrète des mesures de gel par les organismes des secteurs de la banque, de l'assurance, des services d'investissement, des services de paiement, de monnaie électronique et les changeurs manuels ;

– la mise en place de dispositifs efficaces et adaptés de détection des personnes ou entités faisant l'objet d'une mesure de gel ainsi que des opérations au bénéfice de celles-ci ;

– les interactions entre le dispositif préventif LCB-FT d'une part et le dispositif de gel des avoirs d'autre part *[elles prennent à cet égard également en compte les orientations des autorités européennes de supervision, dites "sur les facteurs de risque" (Orientations communes, au titre des art. 17 et 18, § 4, de la Dir. (UE) 2015/849, sur les mesures de vigilance simplifiées et renforcées à l'égard de la clientèle et sur les facteurs que les établissements de crédit et les établissements financiers devraient prendre en considération lorsqu'ils évaluent les risques de blanchiment de capitaux et de financement du terrorisme associés aux relations d'affaires individuelles et aux transactions conclues à titre occasionnel, cf. § 20)]*.

14. Elles prennent en compte les décisions de la commission des sanctions de l'ACPR en matière de gel des avoirs, la jurisprudence des juridictions administratives françaises et de la Cour de justice de l'Union européenne (ci-après, CJUE) relativement à l'interprétation des règlements européens prévoyant des mesures de gel.

15. Sauf précision contraire, les articles mentionnés dans les présentes lignes directrices renvoient à ceux du code monétaire et financier.

I Les différents régimes juridiques de gel des avoirs

1.1 *Présentation des différents régimes juridiques de gel des avoirs*

1.1.1 *Les résolutions du Conseil de sécurité des Nations unies*

1.1.1.1 *Les résolutions du Conseil de sécurité des Nations unies ne créent d'obligations de geler les avoirs des personnes ou entités désignées qu'une fois transposées en droit interne*

16. Dans le cadre de ses missions de maintien de la paix, le Conseil de sécurité des Nations unies (ci-après CSNU) peut adopter des résolutions "en cas de menace

contre la paix, de rupture de la paix et d'acte d'agression" *[chapitre 7 de la Charte des Nations unies (art. 39 à 51)]* prévoyant des mesures de gel. Afin d'assurer la mise en œuvre effective des résolutions, le CSNU peut mettre en place un comité des sanctions qui réunit tous les États membres du Conseil de sécurité. Le comité a notamment pour fonction de désigner les personnes ou entités faisant l'objet de mesures de gel. Il complète et actualise ainsi les listes de gel qui peuvent par ailleurs avoir été directement établies par le Conseil de sécurité *[afin d'assurer la mise en œuvre effective des sanctions par les États membres des Nations unies, le Conseil de sécurité a recours, la plupart du temps, à un comité des sanctions. Organe subsidiaire au Conseil réunissant tous les États membres du Conseil de sécurité, le comité a trois fonctions principales, qu'il exerce dans le cadre des décisions adoptées par le Conseil : — désigner des personnes, entités et biens devant faire l'objet de sanctions, ou bien au contraire accéder aux demandes de radiation des listes qui lui sont adressées ; — surveiller la mise en œuvre des sanctions décidées par le CSNU : chaque comité collecte et contrôle les informations communiquées par les États sur les mesures prises pour appliquer les sanctions. Les comités assurent également le suivi des effets des sanctions, notamment en matière humanitaire, et la gestion des éventuelles exemptions prévues par le Conseil de sécurité ; — clarifier les modalités d'application des sanctions : le comité peut répondre aux questions posées par les États sur la mise en œuvre pratique des sanctions ou leur adresser des directives générales sur l'interprétation à retenir des résolutions du Conseil de sécurité]*.

17. La mise en œuvre par les États des mesures de gel prévues dans ce cadre fait l'objet de recommandations du GAFI lorsqu'elles sont liées à la lutte contre la prolifération des armes de destruction massive (Recommandation 7) ou à la lutte contre le financement du terrorisme (Recommandation 6).

18. Les résolutions du CSNU et les décisions des comités des sanctions prévoyant une mesure de gel à l'encontre d'une personne ou d'une entité s'imposent aux États *[art. 25 de la Charte des Nations unies]*. Elles ne créent pas à l'encontre des organismes financiers, en l'absence d'acte juridique de transposition en droit interne, une obligation juridique de geler les avoirs de ces personnes ou entités *[les résolutions du Conseil de sécurité sont prises en compte par le juge comme faits juridiques (Civ. 1re, 25 avr. 2006, no 02-17.344)]*.

19. L'adoption d'une résolution du CSNU ou la prise d'une décision du comité des sanctions fait l'objet d'une publication sur le site de l'ONU. Une information de presse est souvent disponible, plus rapidement en version anglaise. La DGTRÉSOR publie, dès qu'elle en a connaissance *[en général à J+1, compte tenu de la diffusion des informations la veille à New York]*, une liste électronique des personnes et entités désignées dans une résolution du CSNU ou une décision d'un comité des sanctions (cf. § 21 et 52).

1.1.1.2 *La prise en compte des résolutions du CSNU, non encore transposées en droit interne, dans le dispositif préventif LCB-FT*

20. Les organismes financiers prennent en compte, dans le cadre de leur dispositif LCB-FT, les mesures de gel prévues par les résolutions du CSNU et les décisions des comités des sanctions dès leur publication sur le site du CSNU et ce jusqu'à leur transposition en droit interne. En particulier, ils intègrent, dans leur appréciation des risques de BC-FT, le fait qu'une personne ou entité soit ainsi désignée, et mettent en œuvre des mesures de vigilance adaptées conformément au I de l'article L. 561-10-1 *[V. § 20 des orientations dites sur les facteurs de risques, précitées]*. Ils procèdent, en cas de soupçon, à une déclaration à Tracfin *[V. les lignes directrices conjointes de l'ACPR et de Tracfin sur les obligations de déclaration et d'information à Tracfin]*, en particulier lorsqu'il y a un risque de retrait des fonds ou ressources économiques ou de contournement de la mesure de gel (exemples : virements inhabituels à des tiers ou sur un autre compte détenu auprès d'un organisme étranger qui ne relève pas du champ d'application territorial des règlements européens ou des arrêtés, rachat total ou partiel d'un contrat d'assurance, rachat d'un contrat avec transfert des fonds sur un autre contrat détenu par un tiers, transmission de fonds). Il est attendu que la déclaration de soupçon soit effectuée de manière à permettre à Tracfin de s'opposer à l'exécution de l'opération.

21. L'utilisation de la liste unique de la DGTRÉSOR (cf. § 52) permet de détecter dans leurs bases clients les personnes ou entités dont les avoirs vont être prochainement gelés. La détection anticipée de ces personnes ou entités leur permet de mettre en œuvre immédiatement la mesure de gel dès la publication du règlement européen ou de l'arrêté.

1.1.2 *Les règlements européens portant mesures restrictives*

22. Dans le cadre de la politique extérieure et de sécurité commune (PESC), l'UE adopte des règlements européens *[ces règlements sont pris sur le fondement de l'art. 215 TFUE]* lui permettant :

– de transposer dans son ordre juridique les résolutions du CSNU prévoyant des mesures de gel ;

– et d'imposer des mesures de gel de manière autonome, indépendamment de toute action des Nations unies.

23. L'UE adopte ainsi des mesures de gel dans le cadre de la lutte contre le financement du terrorisme *[le Règl. n° 2580/2001 du 27 déc. 2001 concernant l'adoption de mesures restrictives spécifiques à l'encontre de certaines personnes et entités dans le cadre de la lutte contre le terrorisme institue des mesures de gel à l'encontre de personnes identifiées comme finançant ou susceptibles de financer des activités terroristes. La liste des personnes désignées est régulièrement mise à jour. Par ailleurs, l'UE a pris deux règlements pour transposer les résolutions 1988(2011) et 1989(2011) du CSNU concernant notamment Al Qaeda, les Talibans et Daesh (Règl. n° 2016/1686 et n° 881/2002)]* ou de sanctions à l'encontre de certains pays.

Libellé type de la disposition des règlements européens prévoyant la mesure de gel et d'interdiction de mise à disposition des fonds :

"Sont gelés tous les fonds et ressources économiques appartenant aux personnes, entités et organismes énumérés à l'annexe XX, de même que tous les fonds et ressources économiques que ces personnes, entités ou organismes possèdent, détiennent ou contrôlent.

Aucun fonds ni aucune ressource économique n'est mis, directement ou indirectement, à la disposition des personnes physiques ou morales, des entités ou des organismes énumérés à l'annexe XX, ni dégagé à leur profit."

24. Les règlements européens prévoyant des mesures de gel sont directement applicables dès leur publication au *Journal officiel de l'UE* (ci-après JOUE), sauf dispositions contraires. Les mesures de gel sont régulièrement réexaminées au regard de leurs objectifs, aux fins d'abrogation ou de reconduction. En outre, les règlements européens sont régulièrement modifiés, aux fins de mise à jour des listes des personnes ou entités désignées ou pour corriger les éléments d'identification des personnes ou entités désignées, voire abrogés ou remplacés par de nouveaux textes.

25. Dans ces conditions, il appartient aux organismes financiers de mettre en place une veille juridique leur permettant de suivre les modifications apportées aux règlements européens ou la publication de nouveaux textes au *JOUE* *[V. art. R. 562-1 et art. 40 de l'Arr. du 3 nov. 2014 sur le contrôle interne des entreprises du secteur de la banque, des services de paiement et des services d'investissement soumises au contrôle de l'ACPR : "Les entreprises assujetties mettent en place un dispositif permettant de garantir un suivi régulier et le plus fréquent possible des modifications pouvant intervenir dans les textes applicables à leurs opérations et, à ce titre, l'information immédiate de tous les membres de leur personnel concernés"]*. Le site internet de la DGTRÉSOR publie et met à jour les références des textes européens applicables, ainsi que les versions consolidées des règlements européens.

26. Un tableau récapitulant les mesures restrictives par pays, y inclus de gel des avoirs, applicables aux organismes financiers est disponible sur le site de la DGTRÉSOR. Il est mis à jour par la DGTRÉSOR. Les organismes sont ainsi invités à consulter le lien suivant :

http://www.tresor.economie.gouv.fr/8465_tableau-recapitulatif-des-mesures-restrictives-par-pays

27. Les sanctions en cas de violation de mesures restrictives européennes sont déterminées par le droit interne de chaque État membre *[le libellé type de cette disposition dans les règlements européens est le suivant : "Les États membres déterminent le régime de sanctions applicables en cas de violation des dispositions du présent règlement et prennent toute les mesures nécessaires pour assurer la mise en œuvre de celles-ci. Les sanctions prévues doivent être efficaces, proportionnées et dissuasives"]* (cf. § 4.2 des présentes lignes directrices en ce qui concerne les sanctions).

1.1.3 *Les arrêtés de mise en œuvre dans les pays et territoires d'outre-mer des résolutions du CSNU et des décisions du Conseil de l'UE*

28. Les règlements européens s'appliquent, dans les territoires d'outre-mer qualifiés de "régions ultrapériphériques" dans le traité sur le fonctionnement de l'Union européenne, à savoir la Guadeloupe, la Guyane, la Martinique, la Réunion, Saint-Martin et Mayotte *[art. 355 TFUE]*.

29. En revanche, ils ne sont pas applicables dans les pays et territoires d'outre-mer (PTOM) : Nouvelle-Calédonie, Polynésie française et les îles Wallis-et-Futuna, Saint-Pierre-et-Miquelon et Saint-Barthélemy. Les articles L. 562-3, L. 745-13, L. 755-13 et L. 765-13 permettent d'appliquer les mesures de gel des avoirs prises par résolution du CSNU, décision du Conseil de l'Union européenne ou règlement européen, par arrêté du ministre chargé de l'économie, dans les PTOM, pays et territoires d'outre-mer où les règlements européens ne sont pas d'applicabilité directe.

30. Les arrêtés sont publiés au JORF et repris sur le site de la DGTRÉSOR *[ces arrêtés sont publiés sur le site de la DGTRÉSOR sur la page dédiée à chaque régime de sanctions. Les références de ces arrêtés peuvent aussi être consultées dans la liste unique de la DGTRÉSOR, dans la colonne "TOM"]*.

1.1.4 *Le dispositif national pris en application des articles L. 562-2 et L. 562-3*

— Les mesures nationales de gel prises dans le cadre de la lutte contre le financement du terrorisme sur le fondement de l'article L. 562-2

31. L'introduction en droit français *[il a été introduit par la L. n° 2006-64 du 23 janv. 2006 relative à la lutte contre le terrorisme et portant dispositions diverses relatives à la sécurité et aux contrôles frontaliers]* d'un dispositif autonome aux fins de lutte contre le financement du terrorisme répond aux exigences du CSNU *[Résol. 1373 (2001) du 28 sept. 2001]* et du GAFI (Recommandation 6).

32. Les mesures prises sur ce fondement sont prévues dans des arrêtés co-signés par le ministre chargé de l'économie et le ministre de l'intérieur.

33. Elles s'appliquent aux organismes financiers dès la publication de ces arrêtés au *Journal Officiel* de la République Française (JORF). Leur durée de validité est limitée à 6 mois, renouvelable par un nouvel arrêté.

34. A cet égard, il est rappelé aux organismes financiers la nécessité de mettre en place une veille juridique leur permettant de suivre la publication de nouveaux arrêtés au JORF, ainsi que les modifications apportées aux arrêtés *[V. art. 40 de l'Arr. du 3 nov. 2014 sur le contrôle interne des entreprises du secteur de la banque, des services de paiement et des services d'investissement soumises au contrôle de l'ACPR : "Les entreprises assujetties mettent en place un dispositif permettant de garantir un suivi régulier et le plus fréquent possible des modifications pouvant intervenir dans les textes applicables à leurs opérations et, à ce titre, l'information immédiate de tous les membres de leur personnel concernés". V. aussi art. R. 562-1]*.

35. Les arrêtés des ministres sont applicables sur tout le territoire de la République française. La Principauté de Monaco s'est engagée auprès de la France à dupliquer sur son territoire les mesures de gel françaises *[par ailleurs, la Principauté, en tant qu'État souverain, met également en œuvre les gels ordonnés par le CSNU]*.

— Les mesures nationales de gel prises sur le fondement de l'article L. 562-3

36. Ce dispositif est utilisé pour adopter des mesures nationales de gel à l'encontre de personnes et d'entités ayant tenté de commettre, faciliter ou financer des actions sanctionnées ou prohibées par les résolutions adoptées dans le cadre du chapitre VII de la charte des Nations unies ou les actes pris en application de l'article 29 du traité sur l'Union européenne *[en pratique, lorsqu'une résolution du CSNU ou une décision du Conseil de l'UE est prise, un arrêté unique fondé sur les art. L. 562-3 et L. 714-1 est publié permettant ainsi l'application immédiate des mesures de gel en métropole, dans les régions ultrapériphériques et dans les PTOM (cf. § 1.1.3)]*. Il est également utilisé pour pallier les délais de transposition par un règlement européen des mesures de gel prévues par des résolutions du CSNU et du Conseil de l'Union européenne.

37. Les mesures de gel décidées sur ce fondement sont prises par voie d'arrêtés du ministre chargé de l'économie, publiés au JORF.

38. Les arrêtés sont automatiquement abrogés, en ce qui concerne la métropole et les régions ultrapériphériques, lorsque le règlement européen mettant en œuvre la mesure de gel entre en vigueur *[les arrêtés qui sont aussi pris sur le fondement de l'art. L. 714-1 restent en vigueur dans les PTOM]*.

1.2 *Définitions des avoirs*

39. L'expression "gel des avoirs" est issue notamment des résolutions du CSNU. Les arrêtés pris en application des articles L. 562-2 et L. 562-3 et les règlements européens prévoient le gel des "fonds et ressources économiques" des personnes ou entités désignées. La notion de "fonds" recouvre les instruments financiers définis à l'article L. 211-1, à savoir les titres financiers et les contrats financiers. La définition des termes "gel des fonds", "gel des ressources économiques", "fonds" et "ressources économiques" figure dans chaque règlement européen et à l'article L. 562-1 de manière quasi-identique.

40. L'ACPR et la DGTRÉSOR appellent l'attention des organismes financiers sur le champ très large des fonds ou ressources économiques susceptibles d'être gelés.

41. Ils recouvrent notamment :

– les fonds remboursables du public détenus ou versés sur des comptes de dépôts ou des comptes courants ou des comptes d'épargne tels que les livrets A, les livrets de développement durable ;

– les fonds déposés ou détenus sur des comptes de paiement ;

– les fonds versés pour charger des instruments de monnaie électronique et les valeurs monétaires stockées sur ces instruments ;

– les fonds versés dans le cadre d'un contrat individuel ou collectif de gestion d'actifs ;

– les intérêts et autres revenus d'actifs financiers de toute nature (rémunération sur les comptes à vue, comptes d'épargne, parts d'OPCVM, actions de SICAV) ;

– les primes ou cotisations versées dans le cadre d'un contrat d'assurance et les indemnisations versées ;

– les contrats d'assurance-vie ou de capitalisation (encours et versements) ;

– les titres et contrats financiers visés à l'article L. 211-1 ainsi que leurs équivalents émis ou conclus sur le fondement d'un droit étranger, y inclus les bons de capitalisation ;

– les intérêts et autres revenus des titres ou contrats financiers ou tout autre titre ou contrat émis ou conclu sur le fondement d'un droit étranger ;

– les créances ;

– le crédit, le droit à compensation, les garanties, les garanties de bonne exécution ou autres engagements financiers ;

– les lettres de crédit, les contrats de vente ;

– tout document attestant la détention de parts d'un fond ou de ressources financières ;

– tout autre instrument de financement à l'exportation.

41. La notion de ressources économiques vise notamment tous les biens, meubles ou immeubles, qui peuvent être utilisés pour obtenir des fonds, d'autres biens ou des services. Les organismes financiers doivent geler les ressources économiques des personnes ou entités listées dont ils sont les dépositaires ou dont ils ont la garde. Cela vise notamment les biens de toute nature (bijoux, or, pierres précieuses, œuvres d'art) qui pourraient avoir été déposés en gage ou dans un coffre-fort.

42. L'assurance non-vie est aussi définie comme une ressource économique car elle permet d'obtenir des fonds *[V. le 3° de l'art. L. 562-1. V. également les lignes directrices du GAFI : "Guidance for a risk based approach for the life insurance sector", oct. 2018]*.

43. La portée pour les organismes financiers de ces définitions est précisée dans le § 3 des présentes lignes directrices pour chacun des secteurs concernés.

1.3 *Les personnes ou entités faisant l'objet de mesures de gel des avoirs*

44. Le gel peut viser des personnes physiques, des personnes morales diverses (exemples : sociétés, organismes publics, ministères, associations, fondations), de même que des groupements de fait, sans personnalité juridique, tels que des groupes terroristes. Dans cette dernière hypothèse, les organismes financiers n'ayant pas de relations d'affaires avec des groupements de fait, il leur appartient de geler les avoirs des personnes physiques ou morales dont ils savent qu'ils agissent pour le compte de ces groupements, en particulier lorsque cela est expressément indiqué dans le règlement européen ou l'arrêté.

45. Les éléments d'identification des personnes ou entités faisant l'objet d'une mesure de gel sont prévus dans les annexes de chaque règlement européen, ou dans chaque arrêté s'agissant des mesures nationales. Les éléments d'identification sur les personnes ou entités désignées peuvent différer selon la disponibilité de l'information.

46. S'agissant d'une personne physique, les éléments d'identification susceptibles de figurer dans les textes sont les noms et prénoms, et le cas échéant, les alias (autres dénominations connues de la personne), la date ou le lieu de naissance, la nationalité, l'adresse *[l'adresse ne figure pas dans les arrêtés nationaux pour des raisons de confidentialité]*, le numéro de passeport, voire des renseignements complémentaires.

47. S'agissant des personnes morales, il peut s'agir de la dénomination sociale, de l'adresse du siège social, du téléphone, du numéro de télécopieur/fax, de l'activité ou l'objet social, la date de constitution, du pays d'enregistrement, voire des renseignements complémentaires.

48. Afin de faciliter la mise en œuvre des mesures de gel par les organismes financiers, la DGTRÉSOR et l'UE publient des listes électroniques des personnes ou entités désignées. Les listes électroniques susmentionnées sont mises à jour dès l'entrée en vigueur des règlements européens ou arrêtés.

49. Il est porté à l'attention des organismes financiers que le registre national *[art. R. 562-2]*, également appelé "liste unique" des personnes faisant l'objet des mesures de gel qui est disponible sur le site de la DGTRÉSOR, inclut toutes les personnes et entités listées au titre des dispositifs national et européen, alors que la liste "consolidée" de l'UE (publiée sur le site relatif à la PESC et reprise sur le site de la DGTRÉSOR) ne couvre que les personnes et entités listées dans les règlements européens *[la liste de l'UE inclut non seulement les personnes ou entités désignées faisant l'objet de mesures de gel mais également celles faisant l'objet d'autres types de restrictions (exemples : interdiction des prendre des participations dans une personne morale ou de créer des joints ventures avec des entités listées). Il est donc nécessaire de consulter les règlements européens applicables en cas de détection d'une personne ou entité listée dans les bases clients pour connaitre le type de restrictions applicables (cf. développements au § 2.2 des présentes lignes directrices)]*.

1.4 *Les organismes financiers assujettis aux obligations de gel des avoirs*

1.4.1 *Le dispositif européen*

50. Les règlements européens définissent de façon générale les personnes soumises aux obligations de gel des avoirs. Ils ne visent pas un secteur en particulier.

Libellé type des règlements européens quant au champ d'application :
"Les règlements sont applicables :
a) sur le territoire de l'Union, y compris dans son espace aérien ;

b) à bord de tout aéronef ou de tout navire relevant de la juridiction d'un État membre ;

c) à toute personne, à l'intérieur ou à l'extérieur du territoire de l'Union, qui est ressortissante d'un État membre ;

d) à toute personne morale, toute entité ou tout organisme établi ou constitué selon le droit d'un État membre ;

e) à toute personne morale, à toute entité ou à tout organisme en ce qui concerne toute opération commerciale réalisée, intégralement ou en partie, dans l'Union."

51. L'ensemble des organismes financiers sont soumis aux mesures européennes de gel et d'interdiction de mise à disposition de fonds ou ressources économiques au profit de personnes ou entités désignées. Il en est ainsi, par exemple, des entreprises exerçant une activité de réassurance.

1.4.2 *Le dispositif national*

52. Les organismes financiers assujettis aux mesures nationales de gel sont ceux qui :

– sont assujettis aux obligations de LCB-FT *[V. art. L. 561-2]* ;

– et détiennent ou reçoivent des fonds ou ressources économiques pour le compte d'un client.

53. Il s'agit des organismes suivants soumis au contrôle de l'ACPR :

– des établissements de crédit, y compris les succursales de pays tiers à l'Espace économique européen (EEE) établies en France ;

– des établissements de monnaie électronique des établissements de paiement ;

– des sociétés de financement ;

– des entreprises d'investissement autres que les sociétés de gestion de portefeuille, y compris les succursales de pays tiers à l'EEE ;

– des changeurs manuels ;

– de la Caisse des dépôts et consignations ;

– des entreprises exerçant une activité d'assurance directe mentionnées à l'article L. 310-1 du code des assurances *[les entreprises de réassurance sont donc exclues du dispositif national, contrairement à ce qui est le cas pour le dispositif européen]* ;

– des organismes du code de la mutualité ;

– des organismes du code de la sécurité sociale.

– des courtiers en assurance, dès lors qu'ils reçoivent/encaissent des fonds ;

– des courtiers en opérations de banque et services de paiement dès lorsqu'ils se voient confier des fonds en tant que mandataire des parties ;

54. Les succursales établies en France des organismes financiers dont le siège social est situé dans l'EEE sont également assujetties à ces obligations. Il en est de même des établissements de crédit, de paiement et de monnaie électronique européens qui exercent en France en libre établissement en ayant recours à des agents ou des distributeurs ainsi que des prestataires de services d'investissement ayant recours à des agents liés pour effectuer des opérations en France. De plus, les organismes financiers dont le siège social est situé dans l'EEE et qui agissent sur le territoire national en libre prestation de services (par exemple, sur internet) sont assujettis aux obligations nationales de gel des avoirs.

55. Pour ce qui concerne les courtiers en assurance ou en opérations de banque et services de paiement, seuls ceux qui reçoivent ou encaissent les fonds sont assujettis aux mesures nationales de gel. Dès lors qu'ils sont mandatés par un organisme d'assurance ou un établissement du secteur de la banque à recevoir des fonds, ils se dotent d'un dispositif leur permettant de mettre en œuvre les mesures nationales de gel *[la pratique qui consiste à demander au client une déclaration sur l'honneur attestant qu'il n'est pas soumis à une mesure de gel, n'exonère pas de la mise en œuvre des mesures de gel]*.

56. En revanche, les mesures nationales de gel des avoirs ne s'appliquent pas aux dépositaires centraux et aux gestionnaires de systèmes de règlement livraison, conformément à l'article L. 562-14.

57. Les intermédiaires en financement participatif (ci-après IFP) *[art. L. 548-1 s.]* ne sont pas soumis aux obligations de gel des avoirs car leur activité consiste uniquement à mettre en relation les porteurs d'un projet déterminé et les personnes finançant ce projet, sans recevoir de fonds. Il leur appartient de prendre en compte les mesures de gel dans le cadre de leur dispositif LCB-FT (classification des risques, adaptation des mesures de vigilance, déclaration de soupçon), notamment lorsqu'une personne ou entité a été désignée en raison d'activités terroristes.

2 L'obligation de se doter d'un dispositif de gel des avoirs

58. Le dispositif de gel des avoirs comprend *[V. art. R. 562-1]* :
– une organisation ;
– des procédures internes ;
– des moyens matériels et humains suffisants ;
– des personnels bénéficiant de formations appropriées et d'un accès aux informations nécessaires à l'exercice de leurs fonctions ;
– un contrôle interne dédié à la mise en œuvre des mesures de gel, y compris au niveau du groupe.

59. Quelle que soit leur organisation, les organismes s'assurent que chaque étape du processus de gel, de la détection à la mise en œuvre de la mesure et sa déclaration à la DGTRÉSOR, y compris l'analyse des alertes, soit effectuée avec la plus grande célérité de manière à se conformer aux obligations d'application "sans délai" des mesures de gel et d'information "immédiate" de la DGTRÉSOR.

2.1 *Le dispositif de détection*

60. Les organismes financiers soumis aux articles 47 et 49 de l'arrêté du 3 novembre 2014 ainsi qu'au VI de l'article A. 310-8 du code des assurances sont tenus de se doter de dispositifs efficaces et adaptés de détection des opérations au profit des personnes ou entités désignées.

61. Le dispositif de détection *[art. 47 et 49 de l'Arr. du 3 nov. 2014 ; VI de l'art. A. 310-8 C. assur.]* couvre à la fois, les bases clientèle ("le stock") et les opérations de réception/mise à disposition de fonds- ou ressources économiques ("les flux"). L'ACPR et le DGTRÉSOR appellent à cet égard l'attention des organismes sur la définition très large des mouvements et opérations prohibés.

62. S'agissant d'une obligation de résultat, le dispositif de détection mis en œuvre doit permettre dans tous les cas l'application des mesures de gel *[décision de la commission des sanctions n° 2011-03 du 27 nov. 2012) : "Considérant que, selon le § 2.2 de l'art. 11-7 du Règl. CRBF n° 97-02 susvisé, les banques doivent se doter de dispositifs adaptés à leurs activités permettant de détecter toute opération au bénéfice d'une personne ou d'une entité faisant l'objet d'une mesure de gel des fonds, instruments financiers et ressources économiques ; que les mesures de gel ainsi visées sont aussi bien celles prises dans le cadre communautaire déjà mentionné que celles que peut prendre en complément le ministre chargé de l'économie en vertu de l'art. L. 562-1 C. mon. fin. ; que l'aptitude des dispositifs (dont elles doivent se doter) à la détection des opérations litigieuses met à la charge des banques une obligation de résultat"]* et d'interdiction de toute opération entrant dans le champ de ces mesures S'il n'est pas imposé de se doter d'outils automatisés de filtrage des bases clientèle et des opérations au profit des personnes ou entités désignées, un dispositif automatisé est cependant très souhaitable. Un tel dispositif est nécessaire, lorsque la taille de l'organisme ainsi que la nature et le volume de ses activités ne permettent pas une détection manuelle en temps réel.

63. Pour autant, le recours à un dispositif automatisé de filtrage ne saurait à lui seul garantir à l'organisme la bonne mise en œuvre de ses obligations de gel des avoirs. L'efficacité d'un dispositif de détection repose, en effet, sur l'exhaustivité et la qualité des données d'identité de la clientèle figurant dans les bases clients *[V. en*

ce sens la décision de la commission des sanctions n° 2016-05 du 30 mars 2017, § 36] **ou dans les messages d'opérations** *[les prestataires de service de paiement se réfèrent aux orientations communes, prises en application de l'art. 25 du Règl. (UE) 2015/847, relatives aux mesures que les prestataires de services de paiement doivent prendre pour détecter des informations manquantes ou incomplètes sur le donneur d'ordre ou le bénéficiaire, ainsi que les procédures devant être mises en place pour gérer un transfert de fonds qui n'est pas accompagné des informations requises]*. **Le paramétrage du dispositif, la fréquence de filtrage, le délai de traitement des alertes sont également des éléments essentiels pour l'efficacité du dispositif. Pour les opérations qui ne seraient pas couvertes par le dispositif automatisé de filtrage, les organismes financiers peuvent utiliser un dispositif manuel à la condition que cette modalité de filtrage permette une détection efficace.**

64. Les organismes qui décident au regard de leur taille et de leurs activités d'avoir recours exclusivement à un dispositif manuel s'assurent que ce dispositif est efficace. Ils sont alors en mesure d'en justifier à l'ACPR.

2.1.1 *Les listes de gel à prendre en compte*

2.1.1.1 *Les listes européenne et française de gel des avoirs*

65. Le dispositif de détection prend en compte les mesures nationales et européennes de gel des avoirs *[V. en ce sens la décision de la commission des sanctions n° 2018-01 du 24 déc. 2018]*.

66. Les organismes financiers qui utilisent la liste européenne dite "consolidée" (cf. § 1.3 *supra*) veillent à mettre en œuvre également les mesures nationales de gel, soit en procédant à une détection manuelle de leur base clientèle, soit en intégrant dans leur dispositif de filtrage les éléments d'identification des personnes ou entités désignées par arrêté.

67. Dans l'hypothèse où ils ont recours à des listes fournies par des prestataires extérieurs, ils s'assurent que celles-ci couvrent les listes nationale et européenne, le cas échéant en procédant par échantillonnage, et soient mises à jour dès la publication des règlements européens ou arrêtés *[art. R. 561-38-2]* **(cf. § 2.5 sur le dispositif de contrôle interne).**

2.1.1.2 *Les listes étrangères*

68. Les dispositions de l'article 5 du règlement n° 2271/96 (dit "règlement de blocage") *[Règl. n° 2271/96 du 22 nov. 1996 portant protection contre les effets de l'application extraterritoriale d'une législation adoptée par un pays tiers, ainsi que des actions fondées sur elle ou en découlant]* **interdisent aux organismes de se conformer, directement ou par filiale ou intermédiaire interposé, "activement ou par omission délibérée" aux prescriptions ou interdictions fondées directement ou indirectement sur la législation des États-Unis d'Amérique prévoyant des sanctions extraterritoriale visée en annexe dudit règlement, sauf autorisation accordée par la Commission européenne pour déroger à cette disposition** *[pour de plus amples informations, se référer au Règl. d'exécution (UE) 2018/1101 du 3 août 2018 qui établit les critères retenus par la Commission dans l'examen des demandes de dérogation déposées au titre de l'art. 5, al. 2, du Règl. n° 2271/96 du 22 nov. 1996]*.

69. Toutefois, comme rappelé par le point 5 de la note d'orientation de la Commission européenne concernant l'interprétation du règlement de blocage *[note d'orientation de la Commission européenne : Questions/réponses : adoption de l'actualisation de la loi de blocage (2018/C 277 I/03)]*, **les opérateurs économiques restent libres de choisir de commencer à travailler, poursuivre ou cesser leurs activités dans les pays visés par ces sanctions extraterritoriales, et de s'engager ou non dans un secteur économique sur la base de leur évaluation de la situation économique.**

70. Enfin, indépendamment de la mise en œuvre des obligations nationales et européennes de gel, les listes de gel publiées par d'autres États, notamment les États limitrophes, peuvent constituer, au regard de leurs activités, implantations et clientèles, des éléments d'informations permettant aux organismes financiers d'alimenter

leur connaissance du client et contribuer à la mise en œuvre des obligations de vigilance LCB-FT.

2.1.2 *Paramétrage du dispositif automatisé de filtrage : critères orthographiques à prendre en compte*

71. Le dispositif automatisé utilisé par les organismes financiers permet de détecter les personnes ou les entités dont le nom, le prénom ou l'alias ou la dénomination sociale sont identiques ou se rapprochent, avec un taux raisonnable de concordance, des éléments d'identification d'une personne ou entité désignée.

72. Des critères orthographiques trop restrictifs dans le paramétrage de l'outil de filtrage ne permettent pas une détection efficace des opérations au profit des personnes ou entités désignées. Les organismes financiers s'assurent donc que leur outil de filtrage ne repose pas sur une fonction de rapprochement de type "exact match" *[V. la décision de la commission des sanctions n° 2011-02 du 24 oct. 2012, § 2.9]*. Ils sont invités à définir un taux de concordance qui permet de détecter les différentes variations orthographiques des éléments d'identification des personnes ou entités désignées en particulier lorsque ceux-ci sont issus de langues ou d'alphabets étrangers.

73. Afin d'améliorer l'efficacité du dispositif, les organismes peuvent aussi prévoir une comparaison avec des chaînes de caractères "nettoyés" (suppression des accents, espaces, tirets) ou phonétiques.

2.1.3 *Périmètre de la détection*

74. Les paragraphes ci-après contiennent des développements sur les opérations/personnes qui doivent être détectées car :

– elles sont interdites et ne doivent pas être exécutées ;

– elles peuvent être exécutées sous réserve d'une autorisation préalable de la DGTrésor ;

– elles peuvent être exécutées en vertu d'une dérogation prévue dans les règlements ou le code monétaire et financier mais la DGTrésor en est informée.

75. Le dispositif de détection permet de détecter :

2.1.3.1 *Les fonds ou ressources économiques qui "appartiennent" ou sont "possédés" par une personne ou entité désignée*

76. Les notions d'"appartenance" ou de "possession" visent les situations dans lesquelles la personne ou l'entité désignée, seule ou avec une autre personne ou entité non désignée :

– est le propriétaire des fonds ou ressources économiques ou ;

– bénéficie d'un droit sur ceux-ci.

77. Les définitions couvrent notamment les fonds ou ressources économiques :

– dont la personne ou l'entité désignée est propriétaire, copropriétaire, usufruitière, nu-propriétaire ou propriétaire indivis ;

– déposés sur un compte dont la personne ou l'entité désignée est titulaire ou co-titulaire (cas du compte joint) ;

– pour lesquels la personne ou l'entité désignée a confié un mandat de gestion ou d'administration à un tiers mandataire non désigné (exemple : gestion individuelle ou collective d'actifs) ;

– versés par la personne ou l'entité désignée sur un contrat d'assurance-vie ou de capitalisation en tant que souscripteur ou co-souscripteur du contrat, y compris dans les cas où le souscripteur n'est pas lui-même l'assuré, ou en tant que payeur lorsque celui-ci est différent du souscripteur ;

– sur lesquels la personne ou l'entité désignée a un droit de créance en tant que bénéficiaire acceptant ou co-bénéficiaire acceptant d'un contrat d'assurance-vie.

2.1.3.2 *Les fonds ou ressources économiques qui sont "détenus" ou "contrôlés" par une personne ou entité désignée*

78. Les notions de "contrôle" ou de "détention" visent les situations dans lesquelles la personne ou l'entité désignée peut exercer certains droits de gestion, d'admi-

nistration et de disposition des fonds ou ressources économiques, sans l'accord préalable de leur propriétaire ou créancier, en vertu d'un texte ou d'un contrat.

79. Les définitions couvrent notamment les fonds ou ressources économiques :

– sur lesquels la personne ou l'entité désignée agit comme mandataire d'une personne ou entité non désignée (cas, par exemple, de la procuration *[lorsqu'un établissement détecte une procuration au profit d'une personne désignée sur un compte, il suspend les effets de la procuration à son égard et en informe immédiatement la DGTrésor]*) ;

– administrés par la personne ou l'entité désignée en tant que tuteur légal (cas d'un mineur ou d'un majeur sous tutelle par exemple) ;

– transférés à une fiducie ou un autre dispositif juridique comparable relevant d'un droit étranger (trust) dont le constituant, le fiduciaire ou le bénéficiaire, ou équivalent en droit étranger, est une personne ou entité désignée.

80. Le gel des avoirs d'une personne morale détenue ou contrôlée par une personne physique ou morale faisant l'objet d'une mesure de gel des avoirs n'est pas systématique, sauf si un arrêté ou un règlement désigne expressément ladite personne morale. L'organisme qui détecte une situation de contrôle ou de détention d'une personne morale par une personne physique faisant l'objet d'une mesure de gel des avoirs en informe la DGTRÉSOR.

81. Le gel des avoirs d'une entité au sein d'un groupe n'entraîne pas le gel de ceux de toutes ses filiales ou société sœurs, sauf si le règlement européen ou l'arrêté le précise expressément *[CJUE 13 mars2012, n° C-380/09 P, Melli Bank plc]*.

2.1.3.3 *Les fonds ou ressources économiques qui sont "mis directement à la disposition" d'une personne ou entité désignée*

[la notion de "mise à disposition directe ou indirecte" de fonds ou ressources économiques n'est pas définie dans les règlements européens. Selon la CJUE, l'expression "mise [...] à la disposition" revêt une acception large, qui englobe tout acte dont l'accomplissement est nécessaire, selon le droit national applicable, pour permettre à une personne d'obtenir effectivement le pouvoir de disposer pleinement des biens, des fonds ou de ressources économiques (CJUE 11 oct. 2007, n° C-117/06, Gerda Möllendorf et Christiane Möllendorf-Niehuus, pt. 51). V. également sur la mise à disposition de fonds les arrêts CJUE 29 juin 2010, n° C-550/09 et CJUE 17 jan. 2019, n° C-168/17]

82. L'interdiction de "mise à disposition directe" vise les situations suivantes :

– le transfert des fonds ou ressources économiques à une personne ou entité désignée ;

– le paiement, à la place d'une personne ou entité désignée, des biens ou des services ;

– et plus généralement, tout acte dont l'accomplissement est nécessaire pour permettre à une personne ou entité désignée d'obtenir le pouvoir de disposer des fonds ou ressources économiques.

83. Les définitions couvrent notamment :

– les transferts de fonds au bénéfice d'une personne ou entité désignée ;

– les transferts de propriété de fonds ou de ressources économiques à une personne ou entité désignée, à titre gratuit ou onéreux ;

– les paiements d'un tiers pour la fourniture de biens ou services à une personne ou entité désignée (cas, par exemple, du remboursement par un tiers d'un prêt accordé à une personne désignée) ;

– les engagements par signature (caution, aval, garantie) dont le bénéficiaire ou le donneur d'ordre est une personne ou entité désignée ;

– les sûretés (nantissement, hypothèque, gage) au profit d'une personne ou entité désignée.

84. Enfin, les organismes financiers ayant recours à des agents, des distributeurs ou tout intermédiaire s'abstiennent de mandater des personnes ou entités désignées.

2.1.3.4 *Les fonds ou ressources économiques qui sont "mis indirectement à la disposition" d'une personne ou entité désignée*

85. L'interdiction de "mise à disposition indirecte" recouvre des situations diverses. Elle vise notamment le cas de l'organisme financier qui sait que les fonds ou ressources économiques bénéficient *in fine* à la personne ou l'entité désignée. Elle couvre également des opérations dont la détection peut s'avérer difficile, en particulier, celles exécutées au profit ou à la demande d'une personne ou entité non désignée :

– qui agit sur instruction ou pour le compte *[CJUE 21 déc. 2011, nº C-72/11, Mohsen Afrasiabi]* d'une personne ou entité désignée (cas où la personne non désignée agit comme prête-nom) ;

– qui est contrôlée par une personne ou entité désignée : sont ici visées, par référence au 6° de l'article 1er du règlement nº 2580/2001 *[concernant l'adoption de mesures restrictives spécifiques à l'encontre de certaines personnes et entités dans le cadre de la lutte contre le terrorisme. V. § 63, 66 à 68 des meilleures pratiques de l'UE en ce qui concerne la mise en œuvre effective de mesures restrictives]* sur la notion de contrôle, les situations dans lesquelles la personne ou l'entité désignée :

• a le droit de ou d'exercer le pouvoir de nommer ou de révoquer la majorité des membres des organes d'administration, de gestion ou de surveillance de la personne morale ou de l'entité concernée ;

• peut nommer, par l'effet du seul exercice de son droit de vote, la majorité des membres des organes d'administration, de gestion ou de surveillance d'une personne morale ou d'une entité qui ont été en fonction au cours de l'exercice actuel et de l'exercice précédent ;

• contrôle seule, sur la base d'un accord conclu avec d'autres actionnaires ou membres d'une personne morale ou d'une entité, la majorité des droits de vote des actionnaires ou des membres au sein de cette personne morale ou de cette entité ;

• a le droit d'exercer une influence dominante sur une personne morale ou une entité sur la base d'un accord conclu avec cette personne morale ou entité, ou sur la base d'une disposition prévue dans ses statuts, lorsque la législation applicable permet qu'un tel accord ou une telle disposition s'applique à ladite personne morale ou entité ;

• a le pouvoir d'exercer le droit d'exercer une influence dominante visé au point d) ci-dessus sans être le détenteur de ce droit ;

• a le droit d'utiliser la totalité ou une partie des actifs d'une personne morale ou d'une entité ;

• gère les activités d'une personne morale ou d'une entité sur une base unifiée, en publiant des comptes consolidés ;

• partage conjointement et solidairement les obligations financières d'une personne morale ou d'une entité, ou les garantit.

86. Il est rappelé qu'en vertu des obligations de vigilance LCB-FT, avant d'exécuter une opération ou d'entrer en relation d'affaires ou pendant celle-ci, les organismes financiers identifient et vérifient l'identité du client et le cas échéant, du bénéficiaire effectif, et recueillent tout élément d'information pertinent. Ils sont donc invités à exploiter les informations recueillies dans ce cadre afin de s'assurer que l'opération n'a pas pour objet de mettre indirectement des fonds ou ressources économiques à la disposition d'une personne ou entité désignée.

87. Ainsi, aux fins de détection des opérations de mise à disposition indirecte de fonds ou ressources économiques au profit d'une personne ou entité désignée, il est notamment utile de filtrer les bénéficiaires effectifs au sens des dispositions des articles L. 561-2-2 et R. 561-1 et suivants ; ainsi que les associés figurant sur un registre officiel ou son équivalent en droit étranger et les dirigeants sociaux au sens du 1° et 2° de l'article R. 123-54 du code de commerce ou leurs équivalents en droit étranger, dont les éléments d'identification sont recueillis en application des articles R. 561-5 et R. 561-5-1 lors de l'entrée en relation d'affaires et à chaque mise à jour des éléments d'identification des clients personnes morales.

88. En cas d'alerte portant sur une de ces personnes, l'analyse vise à déterminer :

– d'une part, si le(s) bénéficiaire(s) effectif(s), un ou plusieurs associés ou les dirigeants sociaux agissent pour le compte ou sur instruction d'une personne ou entité désignée, ou contrôlent ladite personne ou entité ;

– et d'autre part, au vu du cas d'espèce, si les fonds ou ressources économiques sont, ou peuvent être, mis à la disposition de la personne ou entité désignée.

89. Si tel est le cas, les organismes financiers n'exécutent pas l'opération et en informent la DGTRÉSOR *[exemples : accorder un prêt à une personne non désignée qui va reverser les fonds à la personne ou l'entité désignée, accepter qu'une personne ou entité désignée ouvre un compte à son nom mais en qualité de prête nom d'une personne ou entité désignée]*.

90. En particulier, lorsque le bénéficiaire effectif d'une personne morale est une personne désignée, l'organisme financier vérifie si celle-ci peut engager les fonds de la personne morale, en tant que représentant légal, en vertu de la loi, des statuts ou par délégation de signature. Dans cette hypothèse, il s'abstient d'exécuter l'opération et interroge la DGTRÉSOR sur son traitement. Dans les autres cas, l'organisme financier n'a pas à geler les fonds ou ressources économiques de la personne morale (par exemple, lorsque le bénéficiaire effectif n'est qu'actionnaire de la société). En cas de doute, il s'abstient d'exécuter l'opération et interroge la DGTRÉSOR sur le traitement de l'opération.

2.1.3.5 *Le dispositif de filtrage des transferts de fonds*

2.1.3.5.1 *Les obligations de filtrage des PSP agissant comme PSP du donneur d'ordre ou du bénéficiaire.*

91. Le gel et l'interdiction de mise à disposition s'appliquent aux fonds qui sont transférés au bénéfice d'une personne ou entité désignée (bénéficiaire) ou à sa demande (donneur d'ordre). On entend par donneur d'ordre d'un transfert de fonds, la personne physique ou morale qui est le titulaire d'un compte et qui autorise un transfert de fonds à partir du dit compte ; par bénéficiaire, la personne titulaire d'un compte, qui est le destinataire prévu du transfert de fonds.

92. Pour les transferts transfrontaliers, les PSP, qu'ils agissent pour le compte des donneurs d'ordre ou des bénéficiaires, sont tenus de filtrer les donneurs d'ordre et les bénéficiaires au regard des listes européennes et nationales de gel des avoirs.

93. Pour les transferts entièrement exécutés sur le territoire national *[un transfert est considéré comme entièrement exécuté à l'intérieur des frontières d'un même État lorsque le PSP du donneur d'ordre et le PSP du bénéficiaire sont situés dans ce même État, y compris si le système utilisé pour effectuer les transactions est situé dans un autre État]*, le filtrage des bases clients par chaque PSP intervenant dans l'exécution du virement constitue un élément majeur pour la sécurisation du dispositif *[et]* est obligatoire. Le filtrage de ces transferts n'est pas requis. Le PSP du donneur d'ordre prend en compte les circonstances particulières des opérations ou de la relation d'affaires et les risques de violation des mesures de gel auxquels il est exposé, pour prendre les mesures de surveillance appropriées et vérifier que le bénéficiaire ne ferait pas l'objet d'une mesure de gel. C'est par exemple le cas lorsque le titulaire du compte a été identifié comme une personne de l'entourage d'une personne désignée (cf. § 197) ou que le titulaire du compte a fait l'objet d'une désignation par Tracfin en application de l'article L. 561-26. Il en est de même pour le PSP du bénéficiaire d'un virement à l'égard du donneur d'ordre.

93 *bis*. Pour les succursales à l'étranger, le filtrage des bases clients est obligatoire au regard des listes européennes et françaises de gel des avoirs, sans préjudice de l'existence d'une liste locale. En revanche le filtrage des transferts entièrement exécutés sur le territoire d'implantation de la succursale *[un transfert est considéré comme entièrement exécuté à l'intérieur des frontières d'un même État lorsque le PSP du donneur d'ordre et le PSP du bénéficiaire sont situés dans ce même État, y compris si le système utilisé pour effectuer les transactions est situé dans un autre État]* n'est pas requis, sans préjudice de la réglementation locale plus exigeante applicable par ailleurs. Pour les flux transfrontaliers, le paragraphe 92 s'applique.

2.1.3.5.2 *Les obligations de filtrage des PSP agissant comme PSP intermédiaire.*

94. Le PSP intermédiaire n'est ni celui du donneur d'ordre, ni celui du bénéficiaire. Il reçoit et transmet des fonds pour le compte du prestataire du donneur d'ordre ou

du bénéficiaire ou d'un autre prestataire *[art. 3 § 6 du Règl. 2015/847 du 20 mai 2015 sur les informations accompagnant les transferts de fonds]*.

95. Au regard de la définition très large de la notion de "mise à disposition de fonds", l'exécution par un PSP agissant comme intermédiaire d'un transfert de fonds pour le compte d'un donneur d'ordre ou d'un bénéficiaire faisant l'objet d'une mesure de gel est interdite. Les PSP intermédiaires mettent en place un dispositif permettant de détecter avant leur exécution les transferts de fonds transfrontaliers dont le donneur d'ordre ou le bénéficiaire est désigné, lorsque les informations nécessaires au filtrage (notamment les noms) sont présentes dans les messages de paiement.

96. Les règlements européens prévoient cependant des exonérations de responsabilité lorsqu'un établissement ne pouvait raisonnablement soupçonner que son action entraînerait la violation d'une mesure de gel.

97. Depuis le 26 juin 2017, date d'application du règlement n° 2015/847 du Parlement européen et du Conseil du 20 mai 2015 sur les informations accompagnant les transferts de fonds *[Règl. n° 847/2015 du 20 mai 2015 sur les informations accompagnant les transferts de fonds, applicable à partir du 26 juin 2017]*, **les PSP intermédiaires sont tenus d'appliquer des obligations spécifiques visant à s'assurer de la présence des informations relatives au donneur d'ordre et au bénéficiaire dans les messages de paiement des transferts de fonds transfrontaliers hors UE** *[conformément à l'art. 11 du Règl. n° 2015/847 du 20 mai 2015 sur les informations accompagnant les transferts de fonds, les PSP intermédiaires devront mettre en place des procédures efficaces, y compris, le cas échéant, un contrôle a posteriori ou en temps réel, pour détecter l'absence éventuelle des informations requises sur le donneur d'ordre ou le bénéficiaire. L'art. 12 dudit règlement prévoit la mise en place par les PSP intermédiaires de procédures efficaces, fondées sur les risques, pour déterminer s'il y a lieu d'effectuer, de rejeter ou de suspendre un transfert de fonds qui n'est pas accompagné des informations requises sur le donneur d'ordre ou le bénéficiaire. Il est précisé que lorsque le PSP intermédiaire constate, lors de la réception d'un transfert de fonds, que les informations requises sont manquantes, il lui appartient de rejeter le transfert ou demander les informations requises avant de transmettre les fonds, ou après cette opération, en fonction de l'appréciation des risques]*. **Si le PSP intermédiaire constate, lors de la réception d'un tel transfert de fonds, que les informations relatives au donneur d'ordre ou au bénéficiaire sont manquantes ou avec des caractères ou d'éléments inadmissibles conformément aux conventions du système de messagerie, il rejette le transfert ou demande les informations requises. Dans cette dernière hypothèse, s'il n'obtient pas auprès du PSP du donneur d'ordre les éléments lui permettant de s'assurer que le donneur d'ordre ou le bénéficiaire est une personne ou entité désignée, il rejette le transfert** *[V. les principes d'application sectoriel de l'ACPR sur la correspondance bancaire, § 7]*.

98. Par ailleurs, parmi les entités désignées, il peut y avoir des PSP agissant en qualité d'intermédiaires. Les organismes financiers veillent à ne pas exécuter des transferts de fonds dont ils savent qu'ils transitent par un PSP désigné.

2.1.4 *Fréquence du filtrage*

99. Il est attendu des organismes financiers qu'ils effectuent un filtrage avant toute entrée en relation d'affaires ou d'exécuter une opération occasionnelle.

100. Le filtrage des bases de données de clientèle est effectué sans délai à compter de la publication des règlements européens ou arrêtés qui imposent de nouvelles mesures de gel, en abrogent ou rectifient des éléments d'identification des personnes ou entités précédemment désignées. Par exemple, un filtrage hebdomadaire des bases n'est pas à même de répondre aux exigences légales et européennes en matière de mise en œuvre des mesures de gel *[décision de la commission des sanctions n° 2017-07 du 13 juin 2018, § 32-33 ; décision de la commission des sanctions n° 2015-08 du 8 déc. 2018]*.

101. Les flux sont filtrés en temps réel. Les organismes financiers s'organisent à cet effet.

102. Lorsque les dispositifs de filtrage reposent sur l'utilisation des listes électroniques, il est attendu que les opérations d'actualisation et de chargement des listes soient engagées le jour de la publication de la liste mise à jour.

2.2 *Le traitement des alertes*

103. L'analyse des alertes a pour objet de déterminer si la personne ou l'entité détectée dans les bases ou dans les flux est celle qui fait l'objet d'une mesure de gel ou s'il s'agit d'un homonyme.

104. Il y a homonymie lorsque :

– l'orthographe du nom et du prénom ou alias ou de la dénomination sociale est identique à celui de la personne ou entité désignée, y compris les cas où le nom n'est pas discernable du prénom ;

– l'orthographe du nom et du prénom ou alias ou de la dénomination sociale diffère de celui de la personne désignée en raison notamment de l'utilisation d'alphabets étrangers, qui semblent proches, phonétiquement.

105. Les organismes financiers comparent les éléments d'identification de la personne ou entité, objet de l'alerte, à ceux de la personne ou de l'entité désignée :

S'il s'agit d'une personne physique :	S'il s'agit d'une personne morale :
– noms, prénoms y inclus les noms d'usage, le nom de jeune fille, – le sexe, – le pays de résidence habituel, – le pays / la ville de naissance, – la date de naissance, – la profession, – l'adresse, – la ou les nationalité(s), – le numéro de documents officiels (exemple : passeport ; carte d'identité).	– l'objet social, l'activité, – le numéro d'inscription au registre du commerce ou équivalent en droit étranger, – le lieu du siège social ou de son activité, – les dirigeants/représentants légaux, les actionnaires.

106. En cas d'alerte sur un flux, les organismes financiers suspendent l'exécution de l'opération au profit ou en provenance d'une personne ou entité qui pourrait être désignée, jusqu'au traitement complet de l'alerte. Dans ce cas, seules les opérations qui font l'objet d'une autorisation générale et automatique de la DGTRÉSOR (§ 3.1.1.1 ; 3.1.2.2 ; 4.1.2 *infra*) pour les personnes et entités désignées peuvent être exécutées.

107. Lorsque les organismes financiers n'ont pas suffisamment d'éléments d'information à leur disposition pour traiter l'alerte, il leur appartient :

– d'une part, de recueillir les éléments nécessaires pour mener à bien cette analyse :

• auprès de leur client, le cas échéant en mettant à jour les éléments de connaissance de la relation d'affaires *[V. art. L. 561-5-1 et R. 561-12 C. mon. fin.]* ;

• et/ou en consultant des sources externes d'informations (JORF, JOUE, pages blanches, pages jaunes, moteur de recherche, Infogreffe, RCS) ;

– et d'autre part, d'analyser l'opération ou la relation d'affaires pour déterminer si un lien peut être établi avec un pays sous sanctions ou avec l'objectif poursuivi par le règlement européen ou l'arrêté concerné (par exemple, financement du terrorisme).

108. Aux termes de cette démarche, lorsque celle-ci permet de conclure que la personne ou l'entité, objet de l'alerte :

– n'est pas la personne ou l'entité désignée, l'alerte peut être levée et il n'y a pas lieu de geler les avoirs ;

– est la personne ou l'entité désignée, les organismes mettent immédiatement en œuvre la mesure de gel et en informent concomitamment la DGTRÉSOR.

109. En revanche, si l'alerte ne peut être levée, les organismes financiers effectuent dans les plus brefs délais une "déclaration d'homonymie" à la DGTRÉSOR (cf. § 4.1.1 *infra*). Dans cette hypothèse, la DGTRÉSOR peut, au regard des éléments fournis par l'organisme et de ceux qu'elle détient :

– confirmer sans réserve qu'il ne s'agit pas de la personne ou l'entité désignée. Dans ce cas, l'alerte est levée ;

– confirmer qu'il s'agit de la personne ou l'entité dont les avoirs sont gelés, l'organisme met alors en œuvre immédiatement la mesure de gel ;

– si elle n'est pas en mesure d'exclure avec certitude qu'il ne s'agit pas de la personne ou l'entité désignée, autoriser l'organisme à ne pas geler les avoirs de cette personne ou entité. Dans ce cas, les organismes adaptent leur niveau de vigilance et le cas échéant, réévaluent le profil de la relation d'affaires. En cas de soupçon, ils procèdent à une déclaration à Tracfin.

110. Les organismes formalisent et conservent les éléments de traitement de l'analyse, notamment ceux portant sur le classement de l'alerte, les demandes d'informations complémentaires, les échanges avec la DGTRÉSOR.

111. Les organismes financiers sont autorisés à paramétrer leurs dispositifs de filtrage de manière à éviter qu'une personne ou entité, qui a déjà fait l'objet d'une alerte mais dont l'analyse a établi qu'il ne s'agit que d'un homonyme de la personne ou l'entité désignée, ne fasse plus l'objet d'une alerte (clauses dites de "laisser passer"). Ils s'assurent cependant que ce dispositif sera en mesure de détecter cette personne ou entité si ses avoirs venaient à être gelés.

2.3 *Les procédures*

112. Les organismes sont tenus de rédiger des procédures internes relatives à la mise en œuvre des mesures de gel.

113. Les procédures sont :

– formalisées dans un document écrit ;

– établies par l'instance interne compétente, ou à défaut validées par celle-ci ;

– conformes à la réglementation en vigueur et à ses évolutions ;

– adaptées à la taille, l'organisation et l'activité de l'organisme ;

– complètes, détaillées, opérationnelles ;

– diffusées à l'ensemble du personnel concerné ;

– actualisées régulièrement.

114. Les procédures expliquent concrètement comment mettre en œuvre les mesures de gel des avoirs.

115. Les procédures précisent notamment :

– le cadre juridique des mesures de gel des avoirs, y inclus le risque de sanctions pénales ou disciplinaires en cas non-respect des obligations ;

– les dispositifs de détection mis en place par l'organisme ;

– les listes électroniques utilisées (prestataires extérieurs, liste de l'UE ou de la DGTRÉSOR, autorités étrangères) ;

– le périmètre du filtrage et sa fréquence ;

– la description des critères de rapprochement des listes électroniques et des bases de données de l'organisme ;

– les habilitations nécessaires pour accéder aux alertes et les traiter ;

– la description du contenu des alertes et des différents niveaux d'analyse (1er niveau/second niveau) ainsi que les critères de traitement d'une alerte et les diligences à mener ;

– les services, les personnes ou les autorités à contacter aux fins de traitement de l'alerte ;

– les mesures à prendre suite à l'envoi d'une déclaration d'homonymie à la DGTRÉSOR ou à la réponse de celle-ci ;

– la gestion du client ou de la relation d'affaire impactée par une mesure de gel ;

– l'information à fournir au client dont les avoirs ont été gelés ;

– les modalités de déclaration de la mise en œuvre d'une mesure de gel à la DGTRÉSOR ;

– la conservation des diligences effectuées pendant le traitement de l'alerte ;

– les autorisations automatiques et générales accordées par la DGTRÉSOR ;

– les cas dans lesquels la DGTRÉSOR peut ou doit être consultée ;

– la mise en œuvre de la levée de la mesure de gel.

2.4 *L'information et la formation du personnel concerné*

116. En application des articles L. 561-34 et R. 562-1 les organismes financiers sont tenus d'assurer la formation et l'information régulières des personnels concernés, en vue du respect des mesures nationales et européennes de gel des avoirs. Il est rappelé que les agents et distributeurs auxquels ont recours les prestataires de services de paiement sont assimilés à cet effet au personnel de ces derniers.

117. Il leur appartient de déterminer qui, parmi leur personnel bénéficie d'une information et d'une formation régulière. Le personnel exposé comprend notamment les personnes en contact avec la clientèle.

118. La formation et l'information sont adaptées à l'organisation et aux activités de l'organisme, ainsi qu'aux niveaux de responsabilité des personnels concernés.

2.5 *Le contrôle interne du dispositif*

119. Les organismes financiers mettent en place un dispositif de contrôle interne de la bonne mise en œuvre des mesures nationales et européennes de gel des avoirs.

120. Il est attendu, à cet effet, qu'ils mettent en place un dispositif de contrôle permanent et périodique du respect des mesures de gel, y inclus l'organisation du dispositif de détection des personnes ou entités désignées (dispositifs de filtrage, contenu et mise à jour des listes auxquelles ils ont recours), le traitement des alertes, la déclaration à la DGTRÉSOR et les éventuelles interactions avec le dispositif LCB-FT.

121. Le dispositif de contrôle interne permet à l'organisme de s'assurer de l'efficacité du dispositif de gel des avoirs mis en place et de détecter tout incident ou insuffisance dans le respect des obligations de gel des avoirs. A cet effet, les points de contrôle portent notamment sur :

– l'adaptation du paramétrage du dispositif aux exigences nationales, européennes (ou locales dans les groupes) *[art. R. 562-1 qui renvoie à l'art. R. 561-38-4]* en matière de gel des avoirs ;

– le caractère adapté du périmètre du dispositif et la qualité des bases clientèle et des messages d'opérations ;

– les délais d'intégration des mises à jour des listes de gel dans le système de filtrage ;

– les délais de génération des alertes par l'outil ;

– les délais et la qualité des analyses des alertes générées par l'outil ;

– le respect des obligations de déclaration de mise en œuvre des mesures de gel à la DGTrésor, et le cas échéant, aux autorités locales ;

– le suivi de l'application concrète du gel ou de l'interdiction de mise à disposition de fonds ou ressources économiques ;

– la formation, la qualification du personnel concerné ou encore son accès en temps utile à toutes les informations nécessaires.

122. En cas d'incidents importants constatés (exemples : si les délais susmentionnés sont incompatibles avec l'exigence de célérité propre au gel des avoirs, un défaut de mise à jour des listes utilisées par l'outil de filtrage pendant une période donnée, une violation des mesures de gel, des défaillances dans l'obligation de déclaration à la DGTRÉSOR), il appartient aux dirigeants de l'organisme de prendre immédiatement les mesures correctrices nécessaires et d'en informer l'ACPR *[art. R. 562-1 qui renvoie à l'art. R. 561-38-4. Arr. du 21 déc. 2018 relatif au rapport sur l'organisation des dispositifs de contrôle interne de lutte contre le blanchiment des capitaux et le financement du terrorisme et de gel des avoirs]*.

123. Les courtiers en assurance ou en opérations de banque et service de paiement mettent en place un dispositif de contrôle interne des mesures de gel adaptées à leur taille et leur activité *[art. R. 561-38-8 sur renvoi de l'art. R. 562-1]*. Cette obligation s'applique sans préjudice du contrôle interne, permanent et périodique, exercé par l'organisme délégant.

124. Les organismes financiers qui ont recours à des prestataires externes pour procéder au filtrage ou à des listes fournies par des prestataires externes, voire pour traiter les alertes, intègrent dans leur dispositif de contrôle interne, à la fois, permanent et périodique, les activités qui sont réalisées par ces prestataires extérieurs. Ils demeurent, en effet, pleinement responsables des activités qu'ils externalisent *[art. R. 561-38-1]*. Ils précisent les modalités de mise en œuvre de ces contrôles dans le contrat prévu à l'article R. 561-38-2. Les organismes soumis aux dispositions de l'arrêté du 3 novembre 2014 qui ont recours à des prestataires externes pour l'application des mesures de gel des avoirs, se conforment aux conditions prévues aux articles 231 et suivants de l'arrêté précité.

125. Les organismes s'assurent que leurs succursales mettent en œuvre les mesures nationales et européennes de gel des avoirs. De surcroît, conformément à l'article R. 562-1 qui renvoie aux dispositions de l'article R. 561-38-7, l'entreprise mère de groupe s'assure dans le cadre du dispositif de contrôle interne qu'elle met en place au niveau du groupe que les entités concernées du groupe mettent bien en œuvre les mesures nationales et européennes de gel (cf. tableau en annexe 1 sur les obligations de mise en œuvre des mesures de gel dans les filiales et succursales). En cas d'obstacle juridique à la mise en œuvre locale des mesures de gel, les organismes en informent sans délai la DGTrésor.

126. Le dispositif de contrôle interne des établissements du secteur de la banque, des services de paiement et des services d'investissement vise également à s'assurer de la bonne mise en œuvre des mesures de gel locales applicables dans les implantations situées à l'étranger, conformément aux dispositions de l'article 41 de l'arrêté du 3 novembre 2014 relatif au contrôle interne. Les organismes qui ne sont pas soumis à ces dispositions sont invités à mettre en place des mesures équivalentes.

2.6 *Le filtrage des candidats au recrutement*

127. Conformément aux dispositions de l'article L. 561-32 et de l'article R. 561-38-1, les organismes financiers s'assurent que les personnes participant à la mise en œuvre des obligations de gel des avoirs et de LCB-FT ne sont pas soumises à des mesures nationales ou européennes de gel des avoirs.

128. De même, conformément à l'exigence de proportionnalité prévue à l'article R. 561-38-1, les vérifications ne sauraient viser tous les candidats sur un poste concerné. Elles interviennent ainsi à un stade suffisamment avancé du processus de recrutement.

129. Le filtrage est réalisé conformément à la réglementation applicable en matière de protection des données personnelles. Les organismes sont en mesure de justifier de l'adaptation et de la proportionnalité du dispositif de filtrage mis en place, sans préjudice des pouvoirs de la CNIL en matière de contrôle du traitement de ces données.

3 La mise en œuvre concrète des obligations de gel des avoirs

130. L'obligation de gel s'impose aux organismes financiers dès l'entrée en vigueur de la mesure. Ces derniers n'ont pas à demander l'autorisation ou la confirmation du gel auprès de la DGTRÉSOR *[sauf s'il est nécessaire de faire une déclaration d'homonymie]*.

3.1 *La mise en œuvre de la mesure de gel et de l'interdiction de mise à disposition de fonds*

3.1.1 *Les établissements du secteur de la banque, des services de paiement, des services d'investissement*

3.1.1.1 *Traitement des comptes*

131. Les établissements s'abstiennent d'ouvrir un compte à une personne ou entité désignée. Il est rappelé que le règlement européen n° 2580/2001 concernant l'adoption de mesures restrictives spécifiques à l'encontre de certaines personnes ou entités dans le cadre de la lutte contre le terrorisme *[art. 2.2 du Règl. n° 2580/2001 du 27 déc. 2001 concernant l'adoption de mesures restrictives spécifiques à l'encontre de certaines personnes*

et entités dans le cadre de la lutte contre le terrorisme], interdit expressément de fournir des services financiers aux personnes ou entités désignées. Toutefois, la DGTRÉSOR peut autoriser, au cas par cas, à la demande de l'établissement ou de la personne ou entité concernée, l'ouverture d'un compte à une personne ou entité désignée. Le compte peut alors être ouvert, mais les fonds qui seront inscrits en compte seront gelés.

132. Afin de respecter leurs obligations, les établissements s'organisent de manière à détecter une personne ou entité désignée avant d'ouvrir le compte. En toute hypothèse, dans le cas où le compte serait ouvert, il demeure inactif. Aucun fonds n'est accepté ni remis à la personne ou l'entité désignée. Aucun moyen de paiement ne lui est délivré. Les établissements en informent la DGTRÉSOR. Dès l'entrée en vigueur d'une mesure de gel, les organismes financiers suspendent toutes les opérations au débit des comptes gelés. Ils ne sauraient remettre des espèces à la personne ou l'entité désignée. Les paiements au moyen des instruments de paiement sont également bloqués (par exemple, cartes, chèques). Il n'est pas exigé des organismes financiers qu'ils retirent les instruments de paiement. Il leur est toutefois conseillé d'en demander, par exemple dans le courrier informant la personne ou l'entité désignée de la mise en œuvre de la mesure de gel, la restitution pour éviter qu'un chèque ou un numéro de carte puisse être utilisé pour obtenir des biens ou des services (dépôt de caution ou de garantie).

133. En revanche, les fonds reçus peuvent être crédités sur le compte de la personne ou de l'entité désignée, dès lors que le compte est gelé. Toute somme portée au crédit d'un compte gelé est déclarée à la DGTRÉSOR *[art. L. 562-7]*.

134. Conformément aux dispositions de l'article L. 562-14, lorsque l'établissement de crédit a été désigné par la Banque de France dans le cadre du droit au compte (DAC), il sollicite préalablement l'autorisation de la DGTRÉSOR avant d'ouvrir le compte. Cette dernière peut limiter les catégories de services bancaires de base que l'établissement fournit à la personne désignée dans ce cadre.

135. Il est rappelé qu'une mesure de gel s'impose :

– aux tiers qui sont co-titulaires ou co-propriétaires des fonds ou ressources économiques, ou qui ont confié un pouvoir de gestion, d'administration ou de disposition de ceux-ci à une personne ou entité désignée. Il n'est toutefois pas requis de geler l'ensemble des avoirs des tiers, sauf si la personne désignée est le co-titulaire du compte, l'administre en tant que tuteur ou agit en vertu d'une procuration sur le compte ;

– et aux créanciers des personnes ou entités désignées : les organismes financiers n'exécutent aucun ordre de paiement à la demande d'une personne ou entité désignée au profit d'un tiers, y compris lorsque l'ordre de paiement a été émis avant l'entrée en vigueur de la mesure de gel ou lorsque le paiement est dû en vertu d'un contrat antérieur à la mesure de gel. Les créanciers ne peuvent recouvrer leurs créances sans accord préalable de la DGTRÉSOR.

136. La compensation étant un mode de paiement, le gel interdit l'exercice d'un droit à compensation avec une personne ou entité désignée sans autorisation préalable de la DGTRÉSOR.

137. En outre, il est interdit d'accepter ou de participer à des opérations de mobilisations de créances que les personnes ou entités désignées détiennent sur des tiers (exemples : l'escompte, les cessions de créances).

138. La DGTRÉSOR autorise, de manière générale et automatique *[sans qu'il soit nécessaire de demander une autorisation spécifique]*, les organismes financiers à exécuter les prélèvements et les virements, qui sont destinés au paiement de dépenses de base et s'inscrivent dans une certaine continuité historique (prélèvements réguliers, mêmes créanciers, montants stables). Les dépenses concernées sont les suivantes :

– les dépenses de loyer pour la résidence principale ;
– les remboursements de prêts (immobiliers ou prêts à la consommation) ;
– les primes ou cotisations d'assurances obligatoires ;
– les abonnements aux fournisseurs d'énergie ;
– les abonnements liés aux transports publics ;
– les frais de syndic ;

– les dépenses de scolarité des enfants ;
– les dépenses de santé ;
– les taxes, impôts, redevances dues aux personnes publiques ;
– les frais et autres commissions de gestion du compte.

139. Les paiements relatifs aux abonnements de téléphonie mobile ou internet ainsi que le loyer autre que celui de la résidence principale et toute autre dépense doivent être spécifiquement autorisés par la DGTRÉSOR.

140. En cas de doute sur la portée des autorisations, les organismes financiers suspendent l'opération concernée et interrogent la DGTRÉSOR avant de l'exécuter.

141. En tout état de cause, les organismes financiers s'assurent que la somme est directement remise au créancier de la personne ou entité désignée.

3.1.1.2 *Les opérations de crédit*

– Les prêts

142. Les organismes financiers s'organisent pour ne pas conclure des contrats de prêt avec une personne ou entité désignée. En toute hypothèse, aucun fonds n'est remis à la personne ou l'entité désignée. Ils n'acceptent aucune sûreté ou garantie d'une personne ou entité désignée.

143. Lorsque le contrat de prêt a été conclu avant la mesure de gel et que les fonds empruntés n'ont pas encore été mis à la disposition de la personne ou de l'entité désignée, les organismes financiers s'abstiennent de verser les fonds après l'entrée en vigueur de la mesure de gel. La DGTRÉSOR peut toutefois autoriser, au cas par cas, le versement des fonds empruntés sur un compte gelé.

144. La DGTRÉSOR autorise, de manière générale et automatique *[sans qu'il soit nécessaire de demander une autorisation spécifique et préalable]*, les organismes financiers à recevoir les fonds destinés au remboursement d'un prêt immobilier ou d'un prêt à la consommation par une personne ou entité désignée si le contrat a été conclu avant l'entrée en vigueur de la mesure de gel. L'organisme financier est tenu de déclarer cette opération à la DGTRÉSOR.

145. Les organismes financiers sont tenus de ne pas rembourser les fonds empruntés auprès d'une personne ou entité désignée (exemple : gel des avoirs d'une banque). Si le contrat a été conclu avant l'entrée en vigueur de la mesure de gel, la DGTRÉSOR peut autoriser le remboursement de la personne ou de l'entité désignée, à la condition que ces fonds soient versés sur un compte gelé.

– Le crédit-bail

146. Les établissements sont tenus de filtrer le crédit-preneur avant toute entrée en relation d'affaires afin d'éviter toute mise à disposition de ressources économiques au profit d'une personne ou entité faisant l'objet d'une mesure de gel. La notion de ressources économiques couvre les avoirs de toute nature dont les biens meubles ou immeubles qui ne sont pas des fonds mais qui peuvent être utilisés pour obtenir des fonds.

147. Les bases clients (crédit preneurs) sont filtrées dès la mise à jour des listes afin de détecter les contrats en cours conclus avec des personnes ou entités faisant l'objet d'une mesure d'interdiction de mise à disposition de ressources économiques. En cas de détection d'un crédit-preneur désigné, l'établissement crédit-bailleur déclare immédiatement l'opération en cours à la DGTRÉSOR et consulte cette dernière sur la mise en œuvre de la mesure de gel. Dans les cas où la DGTRÉSOR autorise le maintien du contrat, le crédit bailleur peut continuer à recevoir les loyers.

148. Enfin, l'option d'achat ne peut être levée par une personne faisant l'objet d'une mesure de gel que sur autorisation préalable de la DGTRÉSOR.

149. Le fournisseur du bien financé par crédit-bail mobilier fait l'objet d'un filtrage afin de s'assurer qu'il ne s'agit pas d'une personne ou entité faisant l'objet d'une mesure de gel et empêcher toute mise à disposition de fonds à son profit. En ce qui concerne le crédit-bail immobilier, il appartient au crédit-bailleur de déterminer lui-même, parmi les différentes catégories d'intervenants dans la construction et la livraison de l'immeuble, les personnes ou entités qui doivent faire l'objet d'un filtrage.

– Les engagements par signature (caution, aval, garantie, crédit documentaire...)

150. Les organismes financiers s'abstiennent de prendre ou d'exécuter de tels engagements au profit d'une personne ou entité désignée, que celle-ci soit le débiteur de la dette garantie ou le créancier bénéficiaire de cette garantie.

▸ Les crédits documentaires

151. Il est interdit d'émettre ou de notifier un crédit documentaire qui bénéficierait de manière directe ou indirecte à une personne désignée. Les établissements sont donc tenus de s'assurer avant de participer à de telles opérations que le donneur d'ordre, la banque émettrice/notificatrice et le bénéficiaire ne figurent pas sur les listes européennes ou nationales de gel.

152. Même si l'établissement qui notifie un crédit documentaire n'est appelé à verser des fonds qu'au seul exportateur, le crédit documentaire qu'il contribue à mettre en place conduit à mettre indirectement des ressources à la disposition des transporteurs des biens financés ou de l'assureur *[décision de la commission des sanctions n° 2011-03 du 27 nov. 2012]*. Il est donc aussi tenu de filtrer les assureurs et les transporteurs avant l'opération et pendant celle-ci, à chaque mise à jour des listes européennes ou nationales.

3.1.1.3 *Les cartes prépayées*

153. Les établissements qui émettent et gèrent de la monnaie électronique sont tenus de mettre en œuvre les mesures nationales et européennes de gel des avoirs, sauf dans les cas visés à l'article R. 561-16-1.

154. Il leur est notamment interdit de mettre une carte prépayée à la disposition d'une personne/entité désignée, même si elle n'est pas activée ou chargée.

155. Si la mesure de gel intervient en cours de relation d'affaires, les unités de monnaie électronique contenues sur la carte sont immédiatement gelées. Les établissements informent la DGTRÉSOR de la détention d'une carte prépayée par une personne désignée, même si son solde est nul. Il n'est pas exigé des établissements qu'ils retirent la carte. Il leur est toutefois conseillé d'en demander, par exemple dans le courrier informant la personne ou l'entité désignée de la mise en œuvre de la mesure de gel, la restitution pour éviter que le numéro de la carte puisse être utilisé pour obtenir des biens ou des services (dépôt de caution ou de garantie).

156. En outre, les opérations de chargement ou rechargement de la carte, de paiement, de retrait en espèces ou de remboursement en espèces ainsi que les transferts vers un compte à partir de la carte sont interdites. Les établissements informent la DGTRÉSOR de toutes tentatives d'opérations.

157. Conformément aux dispositions du VI de l'article L. 561-3, lorsque l'établissement a recours à des distributeurs en vue de distribuer de la monnaie électronique sur le territoire national, il appartient au représentant permanent de procéder aux déclarations à la DGTRÉSOR.

3.1.1.4 *Les cagnottes (dons/prêts)*

158. Les organismes teneurs de cagnottes (dons/prêts) (PSP/EME) sont tenus de filtrer, avant la mise en place de la cagnotte et pendant la période d'ouverture de celle-ci :

– le(s) créateur(s) de la cagnotte/son gestionnaire ;
– les participants ou les donateurs ;
– le(s) bénéficiaire(s) de la cagnotte.

159. En cas de détection d'une personne faisant l'objet d'une mesure de gel avant l'ouverture de la cagnotte, l'organisme refuse l'exécution de l'opération et en informe sans délai la DGTRÉSOR.

160. Si le créateur/gestionnaire (ou un des créateurs/gestionnaires) vient à être désigné pendant la période de collecte, les fonds versés sur la cagnotte sont gelés et déclarés à la DGTRÉSOR. Aucun transfert des fonds au(x) bénéficiaire(s) ou restitution des fonds aux donateurs/participants n'est possible sauf autorisation préalable de la DGTRÉSOR. Il en est de même si c'est le ou les bénéficiaire(s) de la cagnotte ou l'un d'eux qui fait l'objet d'une mesure de gel.

161. Si un donateur/participant est une personne désignée, l'opération n'est pas exécutée, les fonds ne sont pas versés sur la cagnotte. La tentative d'opération est immédiatement déclarée à la DGTRÉSOR. Les fonds ne sont pas restitués à cette personne. Ils sont conservés par l'établissement, jusqu'à la levée de la mesure de gel. Dans cette hypothèse, il met également en œuvre les mesures de vigilances renforcées prévues à l'article L. 561-10-1 à l'égard des autres participants, du créateur/gestionnaire de la cagnotte et du ou des bénéficiaire(s). Il s'assure en particulier de l'absence de soupçon de financement du terrorisme sur ces personnes. En cas de soupçon, il effectue la déclaration prévue à l'article L. 561-15.

3.1.1.3 *[3.1.1.5]* *L'activité de transmission de fonds*

[les art. L. 314-1-II-6° et D. 314-2-5° précisent que les services de transmission de fonds sont des services de paiement qui ne sont pas associés à un compte de paiement. Le service de transmission de fonds est un service de paiement pour lequel les fonds sont transmis et mis à la disposition d'un bénéficiaire sans ouverture d'un compte au nom du payeur ou au nom du bénéficiaire. Par exemple, les mandats espèces sont des services de transmission de fonds, à l'exception des mandats postaux sur support papier tels que définis par l'Union postale universelle (V. le III de l'art. L. 314-1 C. mon. fin.)]

162. Les transmetteurs de fonds sont tenus de ne pas exécuter l'opération lorsque le donneur d'ordre est une personne ou entité désignée *[sur l'application des mesures de gel aux activités de transmission de fonds, V. les décisions de la commission des sanctions n° 2016-05 du 30 mars 2017 et n° 2017-07 du 13 juin 2018]*.

163. Lorsque les fonds à transmettre ont été remis en espèces à l'organisme financier, celui-ci ne les restitue pas à la personne ou l'entité désignée, sauf en cas de risque pour la sécurité physique de son personnel, et en informe, en tout état de cause, la DGTRÉSOR. Il conserve les fonds, jusqu'à la levée de la mesure de gel, sur le compte de cantonnement prévu au 1° du I de l'article L. 522-7 ou un compte d'attente dédié.

164. Lorsque les fonds à transmettre proviennent d'un compte détenu auprès d'un autre organisme financier, l'organisme financier suspend l'opération et la déclare immédiatement à la DGTRÉSOR. Dans cette hypothèse, les fonds peuvent être restitués à la personne ou entité désignée sur autorisation préalable de la DGTRÉSOR, à la condition que l'organisme s'assure que les fonds sont bien versés sur un compte gelé tenu auprès d'un PSP qui met en œuvre la mesure de gel.

165. En outre, les transmetteurs de fonds ne mettent pas de fonds à la disposition d'un bénéficiaire faisant l'objet d'une mesure de gel. Ils n'exécutent aucune transmission de fonds au profit d'une personne ou entité désignée. S'ils détectent une opération au profit de celle-ci, ils suspendent le transfert et en informent immédiatement la DGTRÉSOR. Les fonds ne peuvent être restitués au donneur d'ordre que sur autorisation préalable de la DGTRÉSOR.

3.1.1.4 *[3.1.1.6]* *Le change manuel*

166. Lorsqu'ils détectent une personne ou entité désignée dans le cadre de la réalisation d'opérations avec un client occasionnel, dès que celui-ci est identifié en application du 4° de l'article R. 561-10, ou avec une relation d'affaires, les changeurs manuels s'abstiennent d'exécuter l'opération.

167. En principe, ils retiennent les fonds, sauf en cas de risque pour la sécurité physique de leur personnel, et en informent, en tout état de cause, la DGTRÉSOR.

168. Si les fonds sont retenus, le changeur manuel les conserve avec les détails de l'identification du client. Ils sont déposés dans un endroit sécurisé (par exemple, un coffre-fort), jusqu'à la levée de la mesure de gel.

3.1.2 *Secteur de l'assurance*

3.1.2.1 *Assurance-vie*

169. Les organismes d'assurance sont tenus de geler l'exécution des contrats d'assurance-vie ou de capitalisation lorsqu'une personne ou entité désignée est :

— le souscripteur ou adhérent ;
— le co-souscripteur ou co-adhérent ;
— le payeur, lorsque celui-ci n'est pas le souscripteur ;
— le bénéficiaire, dès lors qu'il est nominativement identifié par l'organisme.

170. Les organismes ne sont pas tenus de geler l'exécution du contrat lorsque seul l'assuré est une personne désignée puisque celui-ci ne verse ni ne reçoit les fonds.

171. La mesure de gel s'applique à chaque étape de la vie du contrat, que ce soit lors de la conclusion, la renonciation, les versements ou rachats partiels ou totaux et le dénouement d'un contrat.

— La souscription du contrat

172. Les organismes d'assurance s'abstiennent de conclure un contrat d'assurance-vie ou de capitalisation lorsque le souscripteur ou le co-souscripteur (adhérent ou co-adhérent), le payeur ou le bénéficiaire nommément identifié est une personne ou entité désignée. Il est rappelé que le règlement européen nº 2580/2001 précité concernant l'adoption de mesures restrictives spécifiques à l'encontre de certaines personnes ou entités dans le cadre de la lutte contre le terrorisme, interdit expressément de fournir des services financiers (y inclus assurance ou réassurance) aux personnes ou entités désignées *[art. 2.2 du Règl. 2580/2001 du 27 déc. 2001 concernant l'adoption de mesures restrictives spécifiques à l'encontre de certaines personnes et entités dans le cadre de la lutte contre le terrorisme]*.

173. La DGTRÉSOR peut cependant autoriser, sur demande spécifique et préalable, la conclusion d'un tel contrat avec une personne ou entité désignée ou à son profit dans les cas où cette souscription vise à répondre à des besoins fondamentaux (exemple : constitution d'une épargne au profit d'un parent ou enfant handicapé). Ces autorisations sont accordées, au cas par cas, à la demande de la personne ou de l'entité désignée.

174. Les organismes s'organisent de manière à détecter toute personne ou entité désignée avant de souscrire un contrat d'assurance-vie ou de capitalisation. En toute hypothèse, dans le cas où le contrat d'assurance-vie serait souscrit, ils ne versent aucun fonds et n'effectuent aucune opération sur le contrat. Ils en informent la DGTRÉSOR.

— Les contrats conclus avant l'entrée en vigueur d'une mesure de gel

175. Lorsque l'organisme d'assurance détecte une personne ou entité désignée, il n'est pas attendu des organismes qu'il résilie les contrats conclus avant l'entrée en vigueur d'une mesure de gel. Dans cette hypothèse, l'organisme en informe immédiatement la DGTRÉSOR. Dans sa déclaration de mise en œuvre d'une mesure de gel, il précise notamment les éléments suivants :
— la date de souscription du contrat ;
— l'identité de l'ensemble des personnes mentionnées au contrat ;
— le montant de l'encours ;
— les caractéristiques des versements (libres, programmés, leur montant).

176. Pendant la mesure de gel, les intérêts peuvent être versés sur le contrat et les arbitrages exécutés dès lors qu'ils n'entrainent aucune mise à disposition de fonds au profit de la personne ou de l'entité désignée.

177. Les versements sur un contrat d'assurance-vie ou de capitalisation dont l'exécution est gelée sont traités selon les modalités suivantes :

— les versements programmés avant l'entrée en vigueur de la mesure de gel font l'objet d'une autorisation automatique et générale de la DGTRÉSOR, et peuvent donc être exécutés sous réserve d'en informer la DGTRÉSOR ; toute modification à la hausse ou à la baisse du montant des versements programmés nécessite une autorisation spécifique et préalable de la DGTRÉSOR ;

— les versements libres effectués après l'entrée en vigueur d'une mesure de gel sont interdits, sauf autorisation spécifique et préalable de la DGTRÉSOR. Si l'organisme reçoit un versement libre pendant l'application de la mesure de gel, il est tenu de ne pas affecter la somme au contrat et déclare cette opération à la DGTRÉSOR. Sur autorisation de la DGTRÉSOR, et à condition que les fonds soient virés sur un compte gelé tenu par un PSP assujetti à la mesure de gel, ceux-ci peuvent être restitués au payeur. A défaut, ils sont portés sur un compte d'attente.

178. Les organismes d'assurance ne peuvent faire droit à une demande de rachat total ou partiel ou d'avance lorsque l'exécution du contrat est gelée, sauf autorisation préalable et spécifique de la DGTRÉSOR.

179. Une personne ou entité désignée peut renoncer à son contrat d'assurance dans le délai légal de trente jours. Toutefois, l'organisme ne peut restituer les fonds au souscripteur que sur autorisation préalable et spécifique de la DGTRÉSOR.

— *Le dénouement du contrat : le versement du capital*

180. Le versement du capital à un bénéficiaire faisant l'objet d'une mesure de gel des avoirs est interdit. Lorsque le bénéficiaire fait l'objet d'une mesure de gel, l'organisme ne lui verse pas les fonds et en informe la DGTRÉSOR. Les fonds sont portés sur un compte d'attente jusqu'à la levée de la mesure de gel. La DGTRÉSOR, sur demande préalable de la personne ou entité désignée, peut autoriser le versement du capital sur un compte gelé.

181. Par ailleurs, le gel des avoirs interdit également à une personne ou entité désignée de nantir son contrat.

3.1.2.2 *Assurance non-vie*

182. Les organismes d'assurance sont tenus de mettre en œuvre leurs obligations de gel des avoirs au stade de la souscription, du versement des cotisations ou primes et des indemnisations ainsi que, le cas échéant, de la résiliation du contrat.

— *La conclusion du contrat*

183. Les organismes d'assurance s'abstiennent de conclure des contrats d'assurance non-vie avec des personnes ou entités désignées.

184. Cependant, afin de tenir compte des besoins de base des personnes ou entités désignées, la DGTRÉSOR autorise, de manière générale et automatique *[sans qu'il soit nécessaire de demander une autorisation spécifique et préalable]*, les organismes d'assurance à conclure des contrats d'assurance non-vie avec une personne ou entité désignée dans les conditions suivantes :

— s'il s'agit d'une assurance légalement obligatoire (exemples : voiture, habitation) ;

— si l'adhésion à un contrat collectif, incluant des garanties santé, incapacité, invalidité, décès ou retraite, est une obligation imposée par l'employeur de la personne désignée et que les cotisations ou primes sont prélevées sur le salaire de la personne désignée.

185. Dans toutes ces hypothèses, l'organisme informe la DGTRÉSOR de la conclusion du contrat, sauf s'il n'est pas en mesure à ce stade, pour ce qui concerne les contrats collectifs conclus avec une entreprise, d'identifier le salarié adhérent.

186. Dans les autres cas, quels que soient les garanties offertes ou les risques couverts, la souscription fait l'objet d'une autorisation spécifique et préalable de la DGTRÉSOR, y inclus les contrats "complémentaires santé", les contrats individuels "prévoyance" (décès, invalidité, incapacité) et les assurances retraite.

— *Le maintien des contrats conclus avant la mesure de gel et le versement des cotisations*

187. Lorsque le contrat d'assurance a été conclu antérieurement à l'entrée en vigueur de la mesure de gel, il n'est pas attendu des organismes d'assurance qu'ils le résilient. Le versement des cotisations ou primes à l'organisme, y inclus l'éventuelle variation annuelle de leur montant, bénéficie d'une autorisation générale et automatique de la DGTRÉSOR *[sans qu'il soit nécessaire de demander une autorisation spécifique et préalable]*.

188. Dès la détection d'une personne ou entité désignée, les organismes sont tenus de déclarer à la DGTRÉSOR les contrats en cours ainsi que la date de conclusion du contrat, le montant des cotisations, les risques couverts.

— *L'indemnisation*

189. Les organismes d'assurance ne peuvent verser d'indemnisation à une personne ou entité désignée que sur autorisation préalable et spécifique de la DGTRÉSOR *[s'agis-*

sant des versements dus au titre de contrats de prévoyance dans le cadre de garanties incapacité ou invalidité, l'autorisation de la DGTRÉSOR est accordée une seule fois pour l'ensemble des rentes versées mensuellement, dans les conditions qu'elle juge appropriées]. **Dans cette hypothèse, il leur appartient de s'assurer que les fonds sont versés sur un compte gelé tenu par un PSP assujetti à la mesure de gel.**

190. **Lorsque l'indemnisation est versée à un tiers, les organismes d'assurance mettent en œuvre des mesures de vigilance adaptées afin de détecter toute tentative de mise à disposition indirecte de fonds au profit d'une personne ou entité désignée ou de contournement de la mesure de gel. En cas de doute, ils s'abstiennent de verser les fonds et demandent une autorisation spécifique et préalable à la DGTRÉSOR.**

— Cas particulier des remboursements de frais de santé

191. **Les indemnisations versées à la personne désignée ou à un tiers dans le cadre de garanties de frais de santé, sont autorisées, de manière générale et automatique, sans qu'il soit nécessaire de demander une autorisation préalable à la DGTRÉSOR, s'agissant d'un besoin de base.**

3.2 *La déclaration "immédiate" de mise en œuvre des mesures de gel à la DGTRÉSOR*

192. **La déclaration de mise en œuvre d'une mesure de gel** *[art. L. 562-4 et R. 562-3. Les règlements européens prévoient l'obligation d'informer l'autorité compétente de toutes informations susceptibles de favoriser l'application des mesures de gel (sur ce sujet voir notamment la décision de la commission des sanctions nº 2011-02 du 27 nov. 2012]* **a pour objet d'informer la DGTRÉSOR qu'un organisme financier a reçu ou détient des fonds ou ressources économiques pour le compte d'une personne ou entité désignée, ou a reçu instruction de mettre des fonds à disposition de celle-ci. Cette déclaration est effectuée seulement lorsque l'organisme s'est assuré que la personne ou entité, objet de l'alerte, est bien celle qui est désignée dans un règlement européen ou arrêté. Elle se distingue des échanges qu'un organisme peut avoir avec la DGTRÉSOR pendant le traitement d'une alerte.**

193. **Les organismes financiers sont tenus de déclarer à la DGTRÉSOR toutes les actions de mise en œuvre d'une mesure de gel des avoirs, à savoir :**

— le gel d'un compte, d'une opération ou d'un contrat ;

— toute opération portée au crédit d'un compte dont les fonds sont gelés ;

— la suspension de toute opération de mise à disposition de fonds ou ressources économiques au profit d'une personne ou entité désignée ;

— le refus d'entrer en relation d'affaires, d'exécuter une opération occasionnelle au profit d'une personne ou d'une entité désignée ;

— les tentatives de contournement.

194. **Ils déclarent "immédiatement" la mise en œuvre d'une mesure de gel à la DGTRÉSOR. Il est attendu des organismes qu'ils effectuent cette déclaration dans les plus brefs délais, et en tout état de cause, dès que l'analyse de l'alerte a permis de s'assurer que la personne ou l'entité détectée est bien celle qui fait l'objet d'une mesure de gel (cf. § 2.2).**

195. **L'obligation de déclarer la mise en œuvre d'une mesure de gel s'applique sans préjudice de celle d'effectuer une déclaration de soupçon à Tracfin, en particulier lorsque les opérations exécutées avant l'entrée en vigueur d'une mesure de gel ou dans le cadre de relations d'affaires ayant un lien avec une personne ou entité désignée (cf. § 3.3 *infra*) relèvent du champ d'application de l'article L. 561-15. Les organismes sont invités, pour ce faire, à se reporter aux lignes directrices conjointes ACPR-Tracfin sur les obligations de déclaration et d'information à Tracfin.**

196. **Les établissements sont également tenus d'informer immédiatement la DGTRÉSOR de toute opération qui aurait été exécutée en violation d'une mesure européenne ou nationale de gel des avoirs, détectées a postériori par l'établissement, sans préjudice d'une information de l'ACPR au titre des incidents et mesures correctrices** *[art. R. 561-38-4 sur renvoi de l'art. R. 562-1 ; Arr. du 21 déc. 2018 relatif au rapport* *sur l'organisation des dispositifs de contrôle interne de lutte contre le blanchiment des capitaux et le financement du terrorisme et de gel des avoirs].*

3.3 *Le traitement des relations d'affaires qui ont des liens avec la personne ou l'entité désignée et peuvent ainsi mettre des avoirs à leur disposition*

197. Les organismes financiers réexaminent le profil des relations d'affaires nouées avec des personnes dont ils savent qu'elles ont des liens familiaux, personnels, professionnels, de proximité avec leur client faisant l'objet d'une mesure de gel ou font partie de son entourage lorsqu'elles ont des comptes ouverts dans le même établissement *[par exemple, si le salaire d'une personne désignée n'est plus reçu sur le compte de celle-ci par virement après l'entrée en vigueur des mesures de gel mais que l'organisme financier constate que cette somme est versée sur le compte de son épouse ou de sa compagne par un autre moyen de paiement (chèque au nom de son époux (se) ou par versement d'espèces sur le compte de celle-ci). De même, l'ouverture d'un compte pour une personne de l'entourage familial d'une personne désignée, peu de temps après l'entrée en vigueur d'une mesure de gel, fait l'objet de mesures de vigilance adaptées pour prévenir la mise à disposition indirecte de fonds, — ou ressources économiques ainsi que les tentatives de contournement. Enfin, le changement de la domiciliation de certains prélèvements ou versements (organismes sociaux, prestataires d'assurance) peut également constituer un indice de mise à disposition indirecte de fonds].* En particulier, il est attendu qu'ils mettent en œuvre des mesures de vigilance adaptées à l'égard des relations d'affaires avec le conjoint, les parents, les frères/sœurs et tout autre membre du cercle familial de leur client faisant l'objet d'une mesure de gel *[V. les orientations communes au titre des art. 17 et 18, § 4, de la Dir. (UE) 2015/849, sur les mesures de vigilance simplifiées et renforcées à l'égard de la clientèle et sur les facteurs que les établissements de crédit et les établissements financiers devraient prendre en considération lorsqu'ils évaluent les risques de blanchiment de capitaux et de financement du terrorisme associés aux relations d'affaires individuelles et aux transactions conclues à titre occasionnel].*

198. Les organismes financiers réalisent un examen renforcé d'une opération, ou plus généralement du fonctionnement de toute relation d'affaires ayant des liens avec la personne ou l'entité désignée, qui pourrait avoir pour objet de mettre des fonds ou ressources économiques à la disposition de la personne ou entité désignée. En cas de doute, ils s'abstiennent d'exécuter l'opération et en informent immédiatement la DGTRÉSOR. Ils procèdent également à une déclaration de soupçon à Tracfin, s'ils estiment que l'opération relève du champ d'application de l'article L. 561-15.

3.4 *Les diligences à mettre en œuvre lors de la levée de la mesure de gel*

199. Une mesure de gel peut être abrogée par l'autorité administrative ou l'organisation internationale (ONU, UE) qui l'a décidée, arrivée à échéance ou être annulée par une juridiction administrative ou européenne.

200. Les mesures européennes de gel sont abrogées ou suspendues par un autre règlement européen. La suspension produit tous les effets d'une abrogation.

201. Les mesures nationales sont décidées pour une durée de 6 mois. Les arrêtés deviennent caducs à la fin de cette période, sauf renouvellement de la mesure par un autre arrêté.

202. En cas d'annulation ou de suspension de la mesure de gel par un juge, les organismes sont tenus de mettre en œuvre la décision juridictionnelle au jour de la publication du jugement. Toutefois, les juridictions européennes peuvent aménager la portée temporelle de leur décision, en décidant par exemple, de laisser un délai de quelques semaines au Conseil de l'UE pour corriger les éventuels vices de forme qui invalident l'acte (exemple : une motivation insuffisante). Les listes électroniques de la DGTRÉSOR et de l'UE sont mises à jour à la date de prise d'effet du jugement.

203. Dès la levée d'une mesure de gel, les organismes financiers lèvent toutes les restrictions sur les comptes, contrats et opérations, sans attendre une confirmation de la DGTRÉSOR. En revanche, au titre de leur dispositif LCB-FT, ils réévaluent le profil de risque de leurs relations d'affaires avec les personnes ou entités concernées, et mettent en œuvre des mesures de vigilance adaptées. Les organismes sont invités à se reporter aux lignes directrices conjointes ACPR-Tracfin sur les obligations de déclaration et d'information à Tracfin.

4 Le rôle des autorités compétentes en matière de gel des avoirs

204. La DGTRÉSOR est l'autorité compétente en matière de mise en œuvre des mesures de gel *[Arr. du 21 avr. 2009 portant organisation de la direction générale du Trésor]*. L'ACPR est compétente pour contrôler le respect par les organismes financiers de la bonne mise en œuvre de ces mesures.

4.1 *Le rôle central de la DGTRÉSOR*

4.1.1 *En ce qui concerne la mise en œuvre des mesures de gel*

— *S'agissant des mesures européennes de gel*

205. La DGTRÉSOR est appelée à se prononcer, auprès du ministère chargé des affaires étrangères, sur l'opportunité de désigner une personne ou entité dans un règlement européen. La décision de gel relève du Conseil de l'UE ; elle est prise à l'unanimité des États membres.

— *S'agissant des mesures nationales de gel*

206. Les arrêtés pris sur le fondement de l'article L. 562-2 relèvent d'une décision conjointe du ministère de l'intérieur et du ministère chargé de l'économie. Les arrêtés pris sur le fondement de l'article L. 562-3 relèvent, en revanche, du seul ministre chargé de l'économie.

207. Le ministre chargé de l'économie décide conjointement avec le ministère de l'intérieur de l'octroi d'autorisations de dégel sur le fondement de l'article L. 562-11 lorsque la mesure a été prise dans le cadre du dispositif prévu à l'article L. 562-2. En pratique, c'est la DGTRÉSOR qu'il y a lieu de contacter et qui communique la décision. Si c'est une mesure de gel prise sur le fondement de l'article L. 562-3, seul le ministre chargé de l'économie décide des autorisations de dégel.

4.1.2 *En ce qui concerne les autorisations de dégel*

208. Pour rappel, des autorisations de dégel peuvent être accordées par la DGTRÉSOR pour répondre aux besoins fondamentaux des personnes ou entités désignées.

— *Autorisations de dégel prévues dans le dispositif européen*

209. Les cas de dérogations sont prévus dans chaque règlement européen. Il est usuellement prévu que la personne ou l'entité désignée peut demander à la DGTRÉSOR des autorisations de dégel pour les dépenses suivantes :

— nécessaires pour répondre aux besoins essentiels des personnes listées et des membres de leur famille qui sont à leur charge, (paiement des vivres, des loyers ou des mensualités de prêts hypothécaires, des médicaments et des frais médicaux, des impôts, des primes d'assurance et des factures de services d'utilité publique) ;

— destinées au règlement d'honoraires d'un montant raisonnable et au remboursement de dépenses engagées pour la prestation de services juridiques ;

— destinées exclusivement au règlement de frais ou de commissions liés à la garde ou à la gestion courante des fonds ou des ressources économiques gelés ;

— pour régler des frais "extraordinaires" ;

— pour payer une dette due par la personne ou l'entité désignée au titre d'un contrat qu'elle a conclu avant sa désignation.

210. Une demande de dégel peut également être accordée pour permettre l'exécution de décisions judiciaires, administratives ou arbitrales ayant pour objet des fonds ou ressources économiques gelés (exemple : saisie conservatoire).

— *Autorisations de dégel prévues dans le dispositif national*

211. Les dérogations dans le cadre du dispositif national sont prévues à l'article L. 562-11. Elles permettent aux personnes ou entités désignées de demander des autorisations de dégel nécessaires pour :

— régler les frais courants du foyer familial en ce qui concerne les personnes physiques ;
— poursuivre une activité compatible avec les exigences de l'ordre public en ce qui concerne les personnes morales;
— régler des frais d'assistance juridique.

212. Comme pour les mesures européennes, une autorisation peut également être accordée afin de permettre l'exécution de décisions judiciaires ayant pour objet des fonds ou ressources économiques gelés au profit de tiers.

4.1.3 *Les modalités pratiques*

213. La DGTRÉSOR est l'interlocuteur principal des organismes financiers pour la mise en œuvre des mesures de gel. Les règlements européens et le code monétaire et financier prévoient, chacun en ce qui les concerne, des dispositions permettant l'échange d'information entre les organismes financiers et la DGTRÉSOR. Lorsqu'un règlement européen prévoit la transmission par les organismes financiers d'informations sur la mise en œuvre des mesures de gel directement à la Commission européenne ou par l'intermédiaire de l'État membre, la transmission de ces informations à la DGTRÉSOR les dispense de les transmettre à la Commission.

> **Libellé type de la disposition des règlements européens :**
> "Sans préjudice des règles applicables en matière de communication d'informations, de confidentialité et de secret professionnel, les personnes physiques ou morales, les entités ou les organismes :
> a) fournissent, immédiatement, toute information susceptible de faciliter le respect du présent règlement, concernant notamment les comptes et montants gelés conformément à l'article XX, à l'autorité compétente de l'État membre dans lequel ils résident ou sont établis, mentionnée sur les sites Internet énumérés à l'annexe III, et transmettent cette information à la Commission, directement ou par l'intermédiaire des États membres ;
> b) coopèrent avec l'autorité compétente afin de vérifier cette information.
> Toute information fournie ou reçue conformément au présent article est utilisée aux seules fins pour lesquelles elle a été fournie ou reçue."

— *Contacts, formulaires et télé service*

214. L'ensemble des contacts et formulaires relatifs à la mise en œuvre d'une mesure de gel tant nationale qu'européenne sont disponibles sur le site de la DGTRÉSOR en cliquant sur le lien ci-dessous : http://www.tresor.economie.gouv.fr/4147_Contacts-et-formulaires

215. Un télé service est également disponible sur le site de la DGTRÉSOR : https://sanctionsfinancieres.dgtresor.gouv.fr/

216. En pratique, les organismes envoient un message à la boîte fonctionnelle dédiée :
— lorsqu'il s'agit de mesures liées au terrorisme, qu'elles soient européennes ou nationales :
liste-nationale@service-eco.fr
— dans tous les autres cas (sanctions financières) :
sanctions-gel-avoirs@dgtresor.gouv.fr

217. Les organismes financiers consultent la DGTRÉSOR pour toute question relative à la mise en œuvre de leurs obligations de gel des avoirs, en particulier :
— en cas d'homonymie ;
— en cas d'interrogation sur une opération ;
— en cas de soupçon de contournement ou de mise à disposition directe ou indirecte d'avoirs au profit d'une personne ou entité désignée ;
— en cas d'autorisation préalable et spécifique pour dégeler les fonds.

— ***La notification de la mesure de gel à la personne ou l'entité désignée et l'information du client***

218. Une mesure de gel, qu'elle soit européenne ou nationale, est toujours notifiée par l'autorité décisionnaire à la personne ou l'entité désignée à la dernière adresse connue. Le courrier de notification précise les motifs du gel tels qu'ils figurent dans l'arrêté ou le règlement européen, ainsi que les voies et délais de recours.

219. Les organismes financiers sont néanmoins invités à informer leur client que le refus d'exécuter une opération, le blocage de leurs avoirs ou encore la suspension de l'exécution d'un contrat procède d'une décision administrative ou européenne de gel des avoirs à laquelle ils doivent se conformer. Ils peuvent aussi informer le client :

– de son droit à contester la mesure de gel selon les modalités indiquées dans le Guide de bonne conduite/Foire aux questions relatifs à la mise en œuvre des sanctions économiques et financières de la DGTRÉSOR ;

– de la possibilité d'obtenir, auprès de la DGTRÉSOR, des autorisations de dégel afin de subvenir à des besoins fondamentaux,

• soit, en envoyant un message aux adresses suivantes :

o "liste-nationale@service-eco.fr", lorsqu'il s'agit de mesures liées au terrorisme, qu'elles soient européennes ou nationales ;

o "sanctions-gel-avoirs@dgtresor.gouv.fr" ; dans tous les autres cas ;

• soit, en écrivant à l'adresse suivante :

Ministère de l'Économie et des Finances : direction générale du Trésor – Télédoc 233/139, rue de Bercy 75572 Paris Cedex 12.

– L'octroi d'autorisations de dérogations aux mesures de gel

220. En pratique, la DGTRÉSOR autorise *ex ante*, de manière générale et automatique, les organismes financiers à exécuter certaines opérations, en particulier le paiement de dépenses de base (cf. 3.1.1.1 *supra*). Dans tous les autres cas, il appartient à la personne ou l'entité désignée de solliciter une autorisation spécifique et préalable à la réalisation de l'opération et de la remettre à l'organisme financier. Dans ces cas de figure, l'autorisation accordée est communiquée par la DGTRÉSOR directement à l'organisme concerné. Il est cependant admis que l'organisme financier puisse également demander à la DGTRÉSOR une autorisation spécifique et préalable.

221. La DGTRÉSOR peut toujours s'opposer à des opérations faisant l'objet d'une autorisation générale et automatique. Dans cette hypothèse, elle notifie sa décision à l'organisme concerné. Celui-ci ne saurait être tenu responsable de l'exécution de telles opérations jusqu'à ce que la DGTRÉSOR manifeste son opposition.

222. Le maintien d'un niveau de vie décent suppose, notamment, l'octroi d'une enveloppe en espèces permettant le paiement des menues dépenses. Cette enveloppe est calculée par la DGTRÉSOR qui demandera à l'établissement teneur de compte de remettre un montant en espèces, dès lors qu'une telle somme est disponible sur le compte.

223. La personne qui se voit remettre l'enveloppe d'espèces justifie la reconstitution de cette enveloppe pour le mois suivant en produisant à la DGTRÉSOR une copie des justificatifs. Les originaux (exemple : les tickets de caisse) sont remis directement à l'agence bancaire. La DGTRÉSOR statue sur la reconstitution de l'enveloppe en espèces selon une fréquence variable, qui peut être hebdomadaire, bimensuelle ou mensuelle déterminée au cas par cas par la DGTRÉSOR.

224. Sur instruction de la DGTRÉSOR, une aide d'urgence peut être remise sans formalités.

4.2 *Les sanctions disciplinaires et pénales*

4.2.1 *Sanctions disciplinaires*

225. Conformément aux articles L. 612-1 et L. 561-36-1, l'ACPR est compétente pour contrôler le respect de la mise en œuvre par les organismes financiers soumis à son contrôle des obligations nationales et européennes de gel des avoirs. Le contrôle porte, à la fois, sur la mise en place de dispositifs de détection efficaces et adaptés des opérations au profit de personnes et entités désignées et sur le non-respect de la mesure de gel.

226. En cas de manquements, l'ACPR peut être amenée à sanctionner l'organisme concerné. La commission des sanctions de l'ACPR a déjà rendu plusieurs décisions comportant des griefs relatifs aux obligations de gel des avoirs.

4.2.2 *Sanctions pénales*

227. Le code monétaire et financier, le code des douanes et le code pénal prévoient des sanctions pénales en cas de violations des mesures européennes et nationales de gel des avoirs.

228. Elles sont prévues au 1 *bis* et 1 *ter* de l'article 459 du code des douanes.

229. En application de ces dispositions, le fait pour toute personne de contrevenir ou tenter de contrevenir aux mesures de gel est passible :

– d'une peine d'emprisonnement de cinq ans ;

– de la confiscation du corps du délit ;

– de la confiscation des moyens de transport utilisés pour la fraude ;

– de la confiscation des biens et avoirs qui sont le produit direct ou indirect de l'infraction ;

– d'une amende égale au minimum au montant et au maximum au double de la somme sur laquelle a porté l'infraction ou la tentative d'infraction.

230. Les personnes morales peuvent aussi voir leur responsabilité pénale engagée si la violation de la mesure a été commise pour leur compte, par leurs organes ou représentants. Dans ce cas, elles peuvent être condamnées aux sanctions prévues à l'article 131-39 du code pénal.

— *Les sanctions pénales en cas de violation d'une mesure nationale de gel des avoirs*

231. Elles sont prévues à l'article L. 574-3.

232. En application de cette disposition, le fait, pour les dirigeants, les préposés des organismes financiers et les personnes mentionnés à l'article L. 562-4 de se soustraire aux obligations de gel ou de faire obstacle à leur mise en œuvre est passible des sanctions pénales prévues au 1 de l'article 459 du code des douanes, précité. Les personnes morales peuvent être également condamnées si la violation de la mesure a été commise pour leur compte, par leurs organes ou représentants.

— *La notion de contournement des mesures restrictives*

233. L'interdiction de contournement de mesures de gel est expressément prévue dans les règlements européens et à l'article L. 562-6.

234. Selon la Cour de justice de l'Union européenne *[CJUE 21 déc. 2011, n° C-72/11, Mohsen Afrasiabi]*, le contournement de mesure de gel couvre les activités qui, sous le couvert d'une apparence formelle les faisant échapper aux éléments constitutifs d'une violation d'une mesure de gel des avoirs, ont néanmoins pour objet ou pour effet, direct ou indirect, de tenir en échec la mesure de gel. Les termes "sciemment" et "volontairement" *[Libellé type de la disposition prévoyant l'interdiction de contournement dans les règlements : "Il est interdit de participer, sciemment et volontairement, à des activités ayant pour objet ou pour effet de contourner les mesures visées à l'article XX (renvoi à l'article prévoyant la mesure de gel et d'interdiction de mise à disposition)"]* impliquent des éléments cumulatifs de connaissance et de volonté, lesquels sont réunis lorsque la personne qui participe à une activité ayant un tel objet ou un tel effet recherche délibérément celui-ci ou, du moins, considère que sa participation peut avoir cet objet ou cet effet et en accepte la possibilité.

235. Les organismes financiers n'exécutent ni ne participent à une opération qui pourrait être qualifiée de contournement de mesure de gel, y compris en assistant une personne ou une entité désignée dans des opérations visant à contourner la mesure de gel, par exemple :

– en conseillant une personne ou entité désignée pour lui permettre d'obtenir des fonds ou des ressources économiques dans des pays ou territoires ou auprès d'organismes financiers ou d'autres personnes qui ne relèvent pas du champ d'application des mesures de gel ;

– en acceptant d'agir en son nom pour l'acquisition d'instruments financiers (acquisition d'une participation dans une société) ou l'acquisition ou location de ressources économiques (immeubles par exemple).

– Les modalités de constatation des infractions et de poursuite

236. Les modalités de constatation des infractions et de poursuite sont les mêmes quel que soit le fondement de la mesure de gel.

237. Conformément à l'article 453 du code des douanes, la constatation des infractions aux mesures de gel relèvent de la compétence des agents des douanes, des agents de l'administration des finances ayant au moins le grade de contrôleur et des officiers de police judiciaire.

238. La décision de poursuivre ne peut être prise que sur plainte du ministre chargé de l'économie et des finances ou de l'un de ses représentants habilités à cet effet *[art. 458 C. douanes]*.

4.2.3 *L'exonération de responsabilité*

– En ce qui concerne le dispositif européen

239. Dans les règlements européens, les dispositions finales contiennent généralement une disposition relative aux exonérations de responsabilité des organismes financiers assujettis mettant en œuvre la mesure de gel.

Libellé type des règlements européens :

"Le gel des fonds et des ressources économiques ou le refus d'en autoriser la mise à disposition, pour autant qu'ils soient décidés de bonne foi au motif qu'une telle action est conforme au présent règlement, n'entraînent, pour la personne physique ou morale, l'entité ou l'organisme qui y procède, sa direction ou ses employés, aucune responsabilité de quelque nature que ce soit, à moins qu'il ne soit établi que le gel ou la rétention de ces fonds et ressources économiques résulte d'une négligence. Les mesures visées dans le présent règlement n'entraînent, pour les personnes morales ou physiques, entités ou organismes concernés, aucune responsabilité de quelque nature que ce soit dès lors qu'elles ne savaient, ni ne pouvaient raisonnablement soupçonner qu'elles violeraient ces interdictions par leurs actions."

240. Les organismes ne sauraient voir leur responsabilité engagée, en particulier par la personne ou l'entité désignée ou un tiers ayant subi un dommage du fait de l'application de cette mesure, s'ils mettent en œuvre, de bonne foi et en l'absence de négligence de leur part, la mesure européenne de gel.

241. Les organismes financiers sont également protégés de toute mise en œuvre de leur responsabilité lorsqu'ils ne savaient ni ne pouvaient raisonnablement soupçonner qu'ils violeraient ces interdictions par leurs actions.

242. Il résulte de ces dispositions que les organismes qui utilisent la liste électronique de la DGTrésor ou celle de l'UE dans leur dispositif de détection des opérations au profit de personnes ou entités désignées et n'ont pas gelé ou ont gelé à tort une personne, en raison d'une erreur imputable à l'administration, sont notamment considérés de bonne foi, sauf s'ils avaient connaissance d'une erreur. Les organismes restent cependant tenus de s'assurer qu'ils ont recours à une liste à jour.

243. En tout état de cause, les organismes financiers ne sauraient voir, *a priori*, leur responsabilité engagée dès lors que la mise en œuvre de la mesure de gel aurait pu mettre en danger la sécurité de leur personnel.

– En ce qui concerne le dispositif national

244. L'article L. 562-13 prévoit que l'État est responsable des conséquences dommageables de la mise en œuvre, de bonne foi, par les organismes financiers assujettis des mesures nationales de gel. Cette disposition vise à protéger les organismes des actions en responsabilité qui pourraient être intentées soit par la personne ou entité désignée, soit par un tiers ayant subi un dommage du fait de l'application de la mesure de gel.

ANNEXE 1

APPLICATION DES MESURES NATIONALES ET EUROPÉENNES AU SEIN DES GROUPES

Périmètre géographique et nature juridique de l'entité	Application des mesures françaises de gel [OUI/NON] ------- Information de la DGTRÉSOR [OUI/NON]	Application des mesures de gel de l'UE [OUI/NON] ------- Information de la DGTRÉSOR [OUI/NON]
1. Implantations hors territoire national d'un groupe français		
Succursale établie dans un État de l'UE/EEE	OUI ------- Information de la DGTRÉSOR	OUI ------- Information de la DGTRÉSOR et de l'autorité compétente de l'État membre d'accueil
Succursale établie hors zone UE/EEE	OUI ------- Information de la DGTRÉSOR	OUI ------- Information de la DGTRÉSOR
Filiale située dans un État de l'UE/EEE	NON -------	OUI ------- Information de l'autorité compétente de l'État membre de l'UE
Filiale située hors zone UE/EEE	NON	NON, sauf s'il s'agit d'opérations réalisées au moins en partie dans l'UE
2. Implantations sur le territoire national d'un groupe étranger (UE/EEE et pays tiers)		
Succursale établie en France d'un organisme agréé dans un autre État membre de l'UE/EEE	OUI ------- Information de la DGTRÉSOR	OUI ------- Information de la DGTRÉSOR
Succursale établie en France d'un organisme de pays tiers	OUI ------- Information de la DGTRÉSOR	OUI ------- Information de la DGTRÉSOR
Filiale située en France d'un organisme agréé dans un autre État membre de l'UE/EEE	OUI ------- Information de la DGTRÉSOR	OUI ------- Information de la DGTRÉSOR
Filiale située en France d'un organisme agréé dans un pays tiers	OUI ------- Information de la DGTRÉSOR	OUI ------- Information de la DGTRÉSOR

Principes d'application sectoriels ACPR (juin 2016),

Relatifs aux obligations de lutte contre le blanchiment de capitaux et le financement du terrorisme dans le cadre du droit au compte .

Instruction ACPR n° 2017-I-11 du 26 juin 2017,

Relative aux informations sur le dispositif de prévention du blanchiment de capitaux et du financement des activités terroristes.

Art. 1er (*Instr. ACPR n° 2018-I-05 du 7 juin 2018, art. 1er*) **Sont dénommées ci-après "organismes assujettis" :**

1) les personnes mentionnées aux 1° et 1° *ter* de l'article L. 561-2 du code monétaire et financier ;

2) les personnes mentionnées au 1° *bis* de l'article L. 561-2 du code monétaire et financier, à l'exception de celles qui sont agréées exclusivement pour fournir un ou

plusieurs des services de paiement mentionnés aux 7° et 8° du II de l'article L. 314-1 de ce code ;

3) les personnes mentionnées au 6° et au 6° *bis* de l'article L. 561-2 du code monétaire et financier, à l'exclusion de celles relevant du contrôle de l'Autorité des marchés financiers en application du 2° du I de l'article L. 561-36 du code monétaire et financier ;

4) les personnes mentionnées au 2° de l'article L. 561-2 du code monétaire et financier qui réalisent des opérations d'assurance relevant des branches 20 à 26 mentionnées à l'article R. 321-1 du code des assurances ;

5) les personnes mentionnées *[au]* 2° *bis* de l'article L. 561-2 du code monétaire et financier qui réalisent des opérations d'assurance relevant des branches 20 à 26 mentionnées à l'article R. 931-2-1 du code de la sécurité sociale ;

6) les personnes mentionnées au 2° *ter* de l'article L. 561-2 du code monétaire et financier qui réalisent des opérations d'assurance relevant des branches 20 à 26 mentionnées à l'article R. 211-2 du code de la mutualité ;

7) les personnes mentionnées au 2° *quater* de l'article L. 561-2 du code monétaire et financier qui réalisent des opérations d'assurance-vie ou de capitalisation ;

8) les personnes mentionnées au 2° *quinquies* de l'article L. 561-2 du code monétaire et financier qui réalisent des opérations d'assurance-vie ou de capitalisation ;

9) les personnes mentionnées au 2° *sexies* de l'article L. 561-2 du code monétaire et financier qui réalisent des opérations d'assurance-vie ou de capitalisation ;

10) les entreprises mères de groupe mentionnées à l'article L. 561-33 du code monétaire et financier et les organes centraux mentionnés aux articles L. 511-31 du code monétaire et financier et L. 322-27-1 du code des assurances ;

(Instr. ACPR n° 2019-I-24 du 3 juin 2019, art. 1er) « 11) Les personnes mentionnées au 2° de l'article L. 561-2 du code monétaire et financier qui réalisent des opérations d'assurance relevant des branches 1 à 18 mentionnées à l'article R. 321-1 du code des assurances ;

« 12) Les personnes mentionnées au 2° *bis* de l'article L. 561-2 du code monétaire et financier qui réalisent des opérations d'assurance relevant des branches 1 à 16 mentionnées à l'article R. 931-2-1 du code de la Sécurité sociale ;

« 13) Les personnes mentionnées au 2° *ter* de l'article L. 561-2 du code monétaire et financier qui réalisent des opérations d'assurance relevant des branches 1 à 18 mentionnées à l'article R. 211-2 du code de la mutualité. »

Art. 2 *(Instr. ACPR n° 2018-I-05 du 7 juin 2018, art. 2)* Les organismes assujettis mentionnés au 1) à 9) de l'article 1er remettent les tableaux BLANCHIMT suivants de l'annexe I à la présente instruction :

– B0 – Contenu de la remise ;

– B1 – Évaluation des risques par l'organisme ;

– B2-1 – Responsable du dispositif LCB-FT, correspondant/déclarant Tracfin ;

– B2-2 – Organisation du dispositif de LCB-FT, information et formation, procédures relatives à la LCB-FT ;

– B3 – Contrôle interne du dispositif de LCB-FT *(Instr. ACPR n° 2019-I-24 du 3 juin 2019, art. 2)* « et du dispositif d'identification des clients, des comptes et des personnes dans le cadre de la lutte contre l'évasion et la fraude fiscales ;

« – B4 – Approche groupe *[;]* »

– B5 – Mesures de vigilance adaptées aux risques BC-FT et détection des opérations suspectes ;

– B6 – Gel des avoirs et mesures restrictives ;

– B8 – Données statistiques ;

– B10 – Commentaires.

Les organismes assujettis mentionnés au 4) à 9) de l'article 1er remettent également le tableau BLANCHIMT B7-2 "Questionnaire sectoriel secteur de l'assurance" de l'annexe I à la présente instruction.

Parmi les organismes assujettis mentionnés aux 1) et 2) de l'article 1er, les prestataires de service de paiement mentionnés au I de l'article L. 521-1 du code monétaire et financier remettent également les tableaux BLANCHIMT B7-1 "Questionnaire sectoriel secteur de la banque" et B9 "Déclaration PSP défaillant" de l'annexe I à la présente instruction.

La Caisse des dépôts et consignations remet l'ensemble des tableaux BLANCHIMT B0 à B10 de l'annexe I à la présente instruction, à l'exception du tableau BLANCHIMT B7-2 "Questionnaire sectoriel secteur de l'assurance".

Les organismes assujettis mentionnés au 10) de l'article 1er remettent le tableau BLANCHIMT B0 "Contenu de la remise" et B4 "Approche groupe" de l'annexe I à la présente instruction.

(Instr. ACPR nº 2019-I-24 du 3 juin 2019, art. 2) « Les organismes assujettis mentionnés aux 11) à 13) de l'article 1er remettent le tableau BLANCHIMT B2-1 "Responsable du dispositif LCB-FT, correspondant/déclarant Tracfin" mentionné à l'article 2. »

Art. 3 *(Instr. ACPR nº 2018-I-05 du 7 juin 2018, art. 3)* Les informations fournies sur les tableaux B1 à B8 et B10 mentionnés à l'article 2 sont arrêtées le 31 décembre de chaque année civile.

Les tableaux BLANCHIMT mentionnés à l'article 2 sont adressés au plus tard le 28 février de chaque année au Secrétariat général de l'Autorité de contrôle prudentiel et de résolution.

Par exception, le tableau B9 mentionné à l'article 2 est adressé au Secrétariat général de l'Autorité de contrôle prudentiel et de résolution en cas d'identification d'un prestataire de services de paiement qui omet de manière répétée de fournir les informations requises sur le donneur d'ordre ou le bénéficiaire, en application des dispositions des articles 8 § 2 et 12 § 2 du règlement (UE) 2015/847 du 20 mai 2015 sur les informations accompagnant les transferts de fonds, selon une fréquence trimestrielle, sur support papier et à compter du 1er janvier 2019 dans les conditions prévues à l'article 4.

En cas de désignation, en cours d'année civile, d'un ou de plusieurs déclarants ou correspondants Tracfin ou d'un responsable du dispositif de LCB-FT, ou de cessation des fonctions d'un ou de plusieurs déclarants ou correspondants Tracfin ou du responsable du dispositif de LCB-FT précédemment désignés, les données actualisées relatives à l'identité des déclarants, correspondants Tracfin et du responsable du dispositif de LCB-FT reprises dans le tableau B2-1 mentionné à l'article 2 sont adressées au Secrétariat général de l'Autorité de contrôle prudentiel et de résolution sur support papier, et à compter du 1er janvier 2019, dans les conditions prévues à l'article 4.

Art. 4 *(Instr. ACPR nº 2018-I-05 du 7 juin 2018, art. 4)* Les tableaux BLANCHIMT mentionnés à l'article 2 sont remis à l'Autorité de contrôle prudentiel et de résolution sous forme électronique sur le portail ONEGATE.

(Instr. ACPR nº 2019-I-24 du 3 juin 2019, art. 3) « Ils sont signés électroniquement, selon les modalités définies par l'instruction nº 2015-I-19 modifiée, à l'exception des deuxième, troisième et quatrième alinéas de l'article 4 de ladite instruction pour les organismes du secteur de la banque, des services de paiement, des services de monnaie électronique et des services d'investissement, ou selon les modalités définies par l'instruction nº 2015-I-18 modifiée, à l'exception des deuxième et troisième alinéas de l'article 4 de ladite instruction, pour les organismes du secteur de l'assurance.

« Ils sont signés par les personnes assurant la direction effective des organismes assujettis au sens : »

– du deuxième alinéa de l'article L. 511-13, du 4º de l'article L. 532-2, du II de l'article L. 522-6 et du 4º de l'article L. 526-9 du code monétaire et financier, pour les organismes assujettis du secteur de la banque, des services d'investissement, de paiement et de monnaie électronique ;

– du II de l'article L. 612-23-1 du même code ou du premier alinéa du II de l'article L. 356-18 du code des assurances, pour les organismes assujettis du secteur de l'assurance ;

– de l'article L. 518-11 du code monétaire et financier, pour la Caisse des dépôts et consignations.

Les personnes assurant la direction effective d'un établissement affilié à un organe central peuvent déléguer la remise des tableaux BLANCHIMT mentionnés à l'article 2 au responsable mentionné au I de l'article L. 561-32 du code monétaire et financier désigné au niveau du groupe.

(Instr. ACPR nº 2019-I-24 du 3 juin 2019, art. 3) « Les personnes assurant la direction effective des organismes assujettis peuvent déléguer la signature des tableaux B2-1 et B9 mentionnés à l'article 3 au responsable mentionné au I de l'article L. 561-32 du code monétaire et financier désigné au sein de l'organisme ou, le cas échéant, au niveau du groupe. »

Art. 5 Les organismes assujettis, conservent, à la disposition du Secrétariat général de l'Autorité de contrôle prudentiel et de résolution, les informations collectées ainsi que tous les documents ayant servi à leur élaboration pendant une durée de cinq ans à compter de leur date de transmission.

Art. 6 *(Instr. ACPR nº 2018-I-05 du 7 juin 2018, art. 5)* Les succursales des établissements de crédit, des établissements de paiement, des établissements de monnaie électronique, des entreprises d'investissement et des entreprises d'assurance mentionnées respectivement aux 1º, 1º *bis*, 1º *ter*, 2º et au 6º de l'article L. 561-2 du code monétaire et financier, ayant leur siège social dans un autre État membre de l'Union européenne ou partie à l'accord sur l'Espace économique européen remettent également, *(Instr. ACPR nº 2019-I-24 du 3 juin 2019, art. 4)* « sous forme électronique sur le portail ONEGATE », au plus tard le 31 mai de chaque année au Secrétariat général de l'Autorité de contrôle prudentiel et de résolution, un rapport sur leur activité. Le rapport comporte les informations suivantes :

– un bilan et un compte de résultat annuels de la succursale, ou tout document équivalent établi pour l'administration fiscale, au titre du dernier exercice comptable ;

– les effectifs ou équivalents temps plein (ETP), définis comme les personnes travaillant effectivement pour la succursale, qu'elles appartiennent ou non à son personnel ;

– une description de l'organisation de la succursale, incluant un organigramme, avec la mention des différentes unités, leur rattachement, leur rôle et leurs effectifs ;

– une description synthétique de l'activité de la succursale, en précisant notamment si (i) elle tient des comptes ou gère des contrats dans ses livres ; (ii) elle réalise des opérations de transfert de fonds ou (iii) elle effectue des opérations de transmission ou de réception d'ordres ;

– des indicateurs d'activité de la dernière année civile, à savoir le nombre de clients effectuant des opérations en France ; le nombre et le volume d'opérations et la répartition par types d'opérations. La succursale retient les catégories de clients et types d'opérations pertinents au regard de son activité et des risques de blanchiment ou de financement du terrorisme.

Ces informations sont arrêtées le 31 décembre de chaque année civile.

Art. 7 L'instruction nº 2012-I-04 du 28 juin 2012 relative aux informations sur le dispositif de prévention du blanchiment de capitaux et du financement des activités terroristes modifiée par l'instruction nº 2014-I-01 du 10 février 2014, l'instruction nº 2014-I-06 du 2 juin 2014, l'instruction nº 2015-I-14 du 22 juin 2015, et l'instruction nº 2016-I-22 du 3 octobre 2016 est abrogée.

Art. 8 *(Abrogé par Instr. ACPR nº 2018-I-05 du 7 juin 2018, art. 7) **Les questions nº 8.070, 8.090, 8.100, 8.110, 8.180, 8.470 et 8.480 figurant dans les tableaux BLANCHIMT en annexe I à la présente instruction entrent en vigueur pour la remise effectuée au plus tard le 28 février 2019 au titre de l'exercice 2018.***

ANNEXE

V. les tableaux B0 à B10 et le guide méthodologique sur le site internet de l'ACPR.

Avis ACPR de mise en conformité (février 2018),

Aux orientations des autorités européennes de surveillance (AES) relatives aux mesures que les prestataires de services de paiement doivent prendre pour détecter des informations manquantes ou incomplètes sur le donneur d'ordre ou le bénéficiaire, ainsi que les procédures devant être mises en place pour gérer un transfert de fonds qui n'est pas accompagné des informations requises 🏛.

Lignes directrices ACPR (avril 2018),

Relatives aux personnes politiquement exposées (PPE).

1. Les obligations de vigilance relatives aux personnes qualifiées par la réglementation européenne comme étant politiquement exposées (PPE) ont été introduites dans le code monétaire et financier *[V. le 2° de l'art. L. 561-10]* **lors de la transposition de la troisième directive européenne 2005/60 du 26 octobre 2005 relative à la prévention de l'utilisation du système financier aux fins du blanchiment de capitaux et du financement du terrorisme. La quatrième directive anti-blanchiment (UE) 2015/849 du 20 mai 2015 élargit la liste des fonctions politiques, juridictionnelles ou administratives concernées aux dirigeants de partis politiques et étend le champ des obligations aux personnes qui exercent de telles fonctions en France (PPE nationales).**

2. L'ordonnance n° 2016-1635 du 1er décembre 2016 a transposé la 4e directive pour celles de ses dispositions qui présentent en droit français un caractère législatif, notamment la mise en œuvre des obligations de vigilance relatives aux PPE, pour celles dites "nationales". Ces dispositions sont entrées en vigueur le 26 juin 2017 *[l'art. 3-IX de l'Ord. n° 2016-1635 du 1er déc. 2016 a supprimé le critère de résidence depuis le 26 juin 2017]*. **Elles seront complétées, à compter du 1er octobre 2018, par des dispositions réglementaires étendant la liste des fonctions concernées et complétant les mesures de vigilance à appliquer** *[Décr. n° 2018-284 du 18 avr. 2018]*. **Dans l'intervalle, les organismes financiers continuent d'appliquer les dispositions réglementaires du code monétaire et financier relatives aux PPE actuellement en vigueur** *[Toutefois, il ne paraît pas nécessaire que les organismes mettent en œuvre les mesures de vigilance relatives aux PPE pour les personnes dont les fonctions ne figureront plus parmi les fonctions politiquement exposées (consuls généraux et consuls de carrière). Il en est de même pour les alliés, beaux-parents, des PPE. En ce qui concerne les mesures de vigilance complémentaires applicables aux bénéficiaires des contrats d'assurance-vie ou de capitalisation, et le cas échéant, à leurs bénéficiaires effectifs, les organismes peuvent se référer aux nouvelles mesures]*, **puisqu'elles ne sont pas contraires à l'ordonnance précitée. Ils prennent, d'ici au 1er octobre 2018, toutes les mesures nécessaires pour se mettre en conformité avec les nouvelles dispositions réglementaires** *[les nouvelles fonctions politiquement exposées (dirigeants de partis politiques français ou étrangers)]*.

3. La qualification de PPE n'emporte pas en elle-même de suspicion généralisée sur les opérations que les personnes concernées réalisent, y compris les PPE nationales qui, du fait de leur activité professionnelle en France, y effectuent principalement leurs opérations financières.

4. Les présentes lignes directrices répondent à une demande des organismes financiers assujettis au contrôle de l'ACPR *[V. art. L. 561-36-1 et I de l'art. L. 561-36]*. **Elles ont pour objet d'analyser la notion de PPE et les obligations y afférant en matière de lutte contre le blanchiment des capitaux et le financement du terrorisme (LCB-FT). Il s'agit d'un document de nature explicative qui n'a pas de caractère contraignant en lui-même.**

5. Cette refonte des lignes directrices se fonde sur la transposition de la 4ème directive anti-blanchiment et tient compte des décisions de la commission des sanctions de l'ACPR. Elle a fait l'objet d'une concertation préalable à son adoption au sein de la Commission consultative Lutte contre le blanchiment et le financement du terrorisme instituée par l'ACPR.

6. Les articles mentionnés dans les présentes lignes directrices renvoient à ceux du code monétaire et financier (sauf précisions contraires). Les dispositions réglementaires citées dans les encadrés sont celles qui entrent en vigueur le 1er octobre 2018.

1 Définition de la notion de PPE

6. La 4e directive anti-blanchiment et les dispositions du 2° de l'article L. 561-10 définissent, de manière générique, les PPE comme étant des personnes qui sont considérées comme exposées à des "risques plus élevés" de blanchiment de capitaux *[en effet, ainsi que le rappellent notamment les consid. 31 et 32 de la Dir. (UE) 2015/849, "certaines situations comportent un risque plus élevé de blanchiment de capitaux ou de financement du terrorisme. Bien que l'identité et le profil commercial de tous les clients devraient être établis, il est nécessaire, dans certains cas, que les procédures d'identification et de vérification de l'identité des clients soient particulièrement rigoureuses. Cela vaut tout particulièrement pour les relations nouées avec des personnes exerçant ou ayant exercé des fonctions publiques importantes, dans l'Union ou au niveau international, et particulièrement lorsque ces personnes viennent de pays où la corruption est largement répandue. [...] Les efforts menés sur le plan international pour combattre la corruption justifient aussi la nécessité d'accorder une attention particulière à ces personnes et d'appliquer des mesures de vigilance renforcées appropriées à l'égard des personnes qui exercent ou ont exercé des fonctions publiques importantes sur le territoire national ou à l'étranger ainsi qu'aux cadres supérieurs des organisations internationales."]*, notamment de corruption, en raison des fonctions politiques, juridictionnelles ou administratives qu'elles exercent ou ont cessé d'exercer depuis moins d'un an pour le compte d'un État ou d'une institution internationale publique créée par un traité.

7. Les fonctions politiques, juridictionnelles ou administratives susmentionnées sont limitativement énumérées au I de l'article R. 561-18.

8. La qualité de PPE couvre également les proches *[les enquêtes conduites en matière de corruption ou de détournement de fonds publics ont permis de déterminer que les personnes exerçant des fonctions publiques importantes impliquées dans de tels faits développent des stratégies de plus en plus complexes afin de dissimuler les biens ou actifs dont elles ont obtenu la propriété de manière illégale. Elles peuvent par exemple recourir à des proches – en particulier issus de leur famille ou de leurs liens d'affaires – pour effectuer des opérations dont elles sont les bénéficiaires réels. C'est la raison pour laquelle la qualité de PPE est étendue aux proches]*, en particulier les membres directs de la famille des PPE tels que limitativement définis au II de l'article R. 561-18.

Par exemple, sont concernés les gendres et belles-filles des PPE, quelle que soit la nature de l'alliance.

9. En outre, sont considérées comme des proches, les personnes étroitement associées à des PPE selon les trois situations décrites au III de l'article R. 561-18.

La première situation vise les personnes physiques qui, conjointement avec une personne exerçant ou ayant exercé depuis moins d'un an l'une des fonctions énumérées au I de l'article R. 561-18, sont bénéficiaires effectifs d'une entité juridique au sens des articles R. 561-1 à R. 561-3-1 *[il convient de se référer aux lignes directrices de l'ACPR relatives aux bénéficiaires effectifs]*.

La deuxième situation vise les personnes physiques qui sont les seuls bénéficiaires effectifs d'une personne morale ou d'une entité dont on sait ou dont on a de bonnes raisons de penser qu'elle a été établie au profit de la personne exerçant ou ayant exercé depuis moins d'un an l'une des fonctions énumérées au I de l'article R. 561-18. Cela peut couvrir, par exemple, l'hypothèse des "prête-noms", c'est-à-dire d'individus qui agissent pour une personne exerçant ou ayant exercé depuis moins d'un an l'une des fonctions énumérées au I de l'article R. 561-18, tout en laissant croire qu'ils agissent dans leur propre intérêt et pour leur propre compte et apparaissent ainsi, aux yeux des tiers, en lieu et place du bénéficiaire réel.

La troisième situation, qui consiste pour une personne physique à être connue pour entretenir un lien d'affaires étroit avec une personne exerçant ou ayant exercé depuis moins d'un an l'une des fonctions énumérées au I de l'article R. 561-18, implique que les trois conditions suivantes soient réunies :

• La présence d'un lien d'affaires : le lien est en principe de nature commerciale, mais peut recouvrir également des intérêts économiques de nature civile. Il peut s'agir d'intérêts économiques communs ou plus largement, d'intérêts susceptibles d'avoir une influence sur la situation financière ou économique de chacune de ces personnes. A ce titre, le caractère onéreux de la prestation rendue ou des fonctions exercées par la personne physique, proche de la PPE, est susceptible de constituer un indice, si ce n'est une présomption de l'existence d'un lien d'affaires.

• Le lien est étroit : ce caractère peut tenir soit à la régularité des interventions de la personne physique proche de la PPE, soit à l'importance de son action sur les affaires de la PPE. Les liens avec la PPE devraient être considérés comme étroits s'ils ont un impact financier conséquent sur le montant de ses revenus. S'agissant des personnes qui représenteraient les intérêts économiques ou financiers d'une PPE, cette proximité pourrait notamment ressortir du nombre important d'actions effectuées au nom et pour le compte de cette dernière ou, dans le cadre d'une opération unique, de l'importance de cette opération rapportée à sa surface financière.

• Le lien est connu par l'organisme financier, que cette information soit publique ou notoire ou manifeste.

Peuvent notamment être concernées les personnes physiques :

— assurant, contre rémunération, la représentation permanente d'une PPE *[par exemple, cette représentation ne couvre pas les situations de défense de la PPE devant les tribunaux]* ;

— ayant conclu un ou plusieurs contrats de nature commerciale ou non (client, fournisseur, prestataire de services, garant, prêteur, etc.) avec une PPE ou avec une entreprise dont la PPE est bénéficiaire effectif.

Les organismes financiers précisent dans leurs procédures internes LCB-FT les différentes situations de liens d'affaires étroits avec une PPE qui peuvent se rencontrer.

10. Si un organisme considère qu'une de ses relations d'affaires qui n'exerce pas une des fonctions politiques, administratives ou juridictionnelles définies au I de l'article R. 561-18, présente un risque élevé, conformément au profil qu'il a établi en application de l'article L. 561-32, y compris, le cas échéant, en considération de fonctions de nature politique *[pour l'élaboration du profil de la relation d'affaires, les organismes se réfèrent aux lignes directrices conjointes de l'ACPR et de Tracfin sur les obligations de déclaration et d'information à Tracfin]*, celle-ci n'est pas une PPE au sens de la réglementation. L'organisme n'applique donc ni à elle, ni à ses proches, en particulier son cercle familial, les obligations de vigilance spécifiques aux PPE mais les mesures de vigilance renforcée prévues à l'article L. 561-10-1.

2 Les mesures de vigilance complémentaires spécifiques aux PPE

11. Les mesures de vigilance spécifiques aux relations d'affaires avec des PPE *[la relation d'affaires est définie à l'art. L. 561-2-1 comme incluant le client et, le cas échéant, le bénéficiaire effectif ou le bénéficiaire et, le cas échéant, le bénéficiaire effectif, du contrat d'assurance-vie et de capitalisation. Pour la détermination de la relation d'affaires, les organismes financiers sont invités à consulter les lignes directrices de l'ACPR relatives à la relation d'affaires et au client occasionnel]*, dites "complémentaires" aux termes du code monétaire et financier, s'appliquent, en sus de celles prévues à l'article L. 561-5 (identification, vérification de l'identité du client, et le cas échéant, du bénéficiaire effectif) et à l'article L. 561-5-1 (recueil et actualisation des informations relatives à l'objet et à la nature de la relation d'affaires et de tout autre élément d'information pertinent).

12. Les mesures de vigilance complémentaires sont celles prévues, selon le cas :

— à l'article R. 561-20-2, lorsque le client, ou le cas échéant, le bénéficiaire effectif, est une PPE ;

— à l'article R. 561-20-3, lorsque le bénéficiaire du contrat d'assurance-vie ou de capitalisation, ou son bénéficiaire effectif, est une PPE (voir *infra* § 24).

Ces mesures sont détaillées dans les paragraphes 2.1 à 2.4 *infra*.

13. Conformément au I de l'article R. 561-18, les organismes financiers ne sont tenus de mettre en œuvre des mesures de vigilance complémentaires que pendant l'exercice des fonctions énumérées au dit article (cf. § 6) et dans le délai d'un an

après la cessation de celles-ci. A l'issue de ce délai, l'organisme financier réévalue le profil de la relation d'affaires et adapte les mesures de vigilance en conséquence *[V. art. 22 de la 4e directive anti-blanchiment qui prévoit l'application de mesures appropriées, fondées sur l'appréciation du risque]* (cf. § 10 *supra*, lorsque l'organisme considère que le profil de risque demeure élevé après l'expiration du délai d'un an susmentionné *[dans cette hypothèse, les procédures prévoient la mise en œuvre de mesures de vigilance renforcées, en application des dispositions de l'art. L. 561-10-1]*).

14. La nature des vigilances complémentaires à mettre en œuvre à l'égard des relations d'affaires avec des PPE est précisée dans les procédures internes de l'organisme. Les mesures mises en œuvre reposent sur des éléments objectifs selon le profil de risque de chacune des relations d'affaires avec des PPE. En effet, celles-ci peuvent présenter des profils de risque différents, plus ou moins élevés, tenant notamment compte des autres éléments de connaissance de la relation d'affaires, des produits ou services utilisés ainsi que des opérations envisagées ou réalisées.

Les mesures de vigilance ne sauraient conduire à entraver la réalisation, notamment par les PPE qui résident ou qui exercent des activités professionnelles en France, des opérations financières normales de la clientèle, lorsqu'elles correspondent à leur profil et ne présentent pas de caractéristiques différentes de celles des autres clients dans des circonstances similaires. Ainsi, selon le considérant 33 de la 4e directive, "les exigences concernant les personnes politiquement exposées ont un caractère préventif et non pénal et ne devraient pas être interprétées comme stigmatisant les personnes politiquement exposées comme étant impliquées dans des activités criminelles. Refuser une relation d'affaires avec une personne au seul motif qu'elle est une personne politiquement exposée est contraire à la lettre et à l'esprit de la présente directive et des recommandations révisées du GAFI.". Aussi, l'identification des PPE n'a pas pour objet de les exclure de la clientèle, ni de les soumettre à des questionnements sans lien avec l'objectif de maîtrise du risque BC-FT. Les organismes financiers veillent à pleinement informer les personnes concernées de leurs obligations, et peuvent, si nécessaire, faire référence aux présentes lignes directrices.

a) **les dérogations à la mise en œuvre des mesures de vigilance complémentaires spécifiques aux PPE :**

15. Conformément aux dispositions du 6ème alinéa de l'article L. 561-10, les organismes financiers peuvent ne pas appliquer les mesures de vigilance complémentaires spécifiques aux PPE, lorsque les deux conditions cumulatives suivantes sont remplies :

— il n'existe pas de soupçon de BC-FT ;

— et la relation d'affaires est établie :

i) soit, avec une personne présentant un faible risque, définie à l'article R. 561-15 (dans ces hypothèses, la PPE est un bénéficiaire effectif de cette personne) :

— société dont les titres sont admis à la négociation sur un marché règlementé *[il s'agit des sociétés dont les titres sont admis à la négociation sur un marché réglementé en France, dans un autre État membre de l'UE, dans un autre État partie à l'accord sur l'EEE ou dans un autre pays tiers imposant des obligations reconnues comme équivalentes par la Commission européenne au sens de la Dir. 2004/109/CE du 15 déc. 2004 modifiée]* ;

— organisme financier *[il s'agit des organismes financiers établis en France, dans un autre État membre de l'UE, dans un État partie à l'accord sur l'EEE ou dans un pays tiers imposant des obligations équivalentes en matière de LCB-FT et figurant sur la liste prévue par l'Arr. du 27 juill. 2011]* ;

— organisme public ayant une activité économique, industrielle ou commerciale répondant aux critères de transparence et de contrôle définis à l'article R. 561-15 *[(i) identité accessible au public, transparente et certaine ; (ii) activités et pratiques comptables transparentes ; (iii) soumis à des procédures appropriées de contrôle de son activité. Pour les bénéficiaires effectifs des entreprises publiques, les organismes se réfèrent aux lignes directrices de l'ACPR sur les bénéficiaires effectifs]*.

ii) soit, pour un ou plusieurs produits présentant un faible risque de BC-FT tel que défini à l'article R. 561-16 (par exemple, un crédit à la consommation inférieur à 1000 euros ou un contrat d'assurance habitation, ou les contrats collectifs obligatoires en santé et en prévoyance).

De même, il ressort des dispositions de l'article L. 561-9-1 que les mesures de vigilance complémentaires spécifiques aux PPE ne trouvent pas à s'appliquer lorsque la relation d'affaires porte sur l'émission et la gestion de monnaie électronique dite "anonyme", qui répond aux conditions précisées à l'article R. 561-16-1.

b) **les autres mesures de vigilance qui peuvent trouver à s'appliquer aux relations d'affaires avec des PPE :**

16. La mise en œuvre des mesures de vigilance complémentaires spécifiques aux PPE est sans préjudice de celle des autres mesures de vigilance prévues par le code monétaire et financier dans des circonstances particulières. Il s'agit notamment :

– de l'entrée en relation d'affaires à distance *[dans l'hypothèse d'une entrée en relation d'affaires à distance avec une PPE, les organismes financiers mettent non seulement en œuvre les mesures de vigilance complémentaires spécifiques aux PPE, mais aussi, au moins deux autres mesures de vigilance complémentaires, parmi celles prévues à l'art. R. 561-20, qui sont spécifiques à cette modalité d'entrée en relation d'affaires]* (cf. 1° de l'article L. 561-10) ;

– des opérations présentant un risque élevé de BC-FT (cf. II de l'article L. 561-10-1) ;

– ou encore de la réalisation d'opérations répondant à l'un des critères de l'examen renforcé (cf. article L. 561-10-2).

2.1 *La mise en œuvre d'un dispositif efficace de détection des PPE*

a) **la détection des clients ou bénéficiaires effectifs ayant la qualité de PPE**

17. En application de l'article R. 561-20-2, les organismes financiers définissent et mettent en œuvre des procédures adaptées au risque de BC-FT permettant de détecter les clients ou bénéficiaires effectifs ayant la qualité de PPE à l'entrée en relation d'affaires et tout au long de celle-ci.

18. La règlementation n'impose pas aux organismes financiers de se doter d'un outil automatisé de détection des PPE *[décision de la commission des sanctions de l'ACPR n° 2014-07, § 45. En l'espèce, l'organisme n'était pas doté d'un outil automatisé et ne disposait pas non plus de procédures indiquant les démarches à effectuer]*. Chaque organisme adapte son dispositif à son activité, sa structure, son organisation ou sa taille de manière à détecter efficacement les PPE. Ainsi, la mise en place d'un tel outil peut s'avérer nécessaire au regard de la taille de l'organisme ainsi que de la nature et du volume de ses activités *[décision de la commission des sanctions de l'ACPR n° 2015-08, § 60-63. En l'espèce, aucun dispositif automatisé de détection n'avait pas été mis en place alors que l'établissement avait près de 2 millions de clients]*.

19. Conformément à l'article L. 561-5-1, les organismes financiers recueillent auprès de leurs clients, avant d'entrer en relation d'affaires, et selon une approche par les risques, des informations sur leur activité professionnelle, leur situation patrimoniale et financière, ainsi que le cas échéant, sur celles de leurs bénéficiaires effectifs. De même, ils actualisent les éléments de connaissance de la relation d'affaires, selon une fréquence adaptée au risque. Ils recueillent notamment des informations précises sur la nature des fonctions exercées. Ils peuvent prévoir, sans que cela ne les dispense de leurs obligations législatives et réglementaires, de demander à leurs clients qu'ils se signalent s'ils viennent à répondre aux caractéristiques d'une PPE. Cependant, une détection des PPE qui se bornerait à reposer sur les déclarations des clients est insuffisante *[décision de la commission des sanctions de l'ACPR n° 2014-07, § 46]*.

20. Dans l'hypothèse où l'organisme s'est doté d'un outil automatisé de détection des PPE, il veille à définir un paramétrage adapté qui lui permette de détecter les PPE, tant lors de l'entrée en relation d'affaires que tout au long de celle-ci ("criblage" avant l'entrée en relation d'affaires et filtrage des bases clientèle selon une fréquence régulière, adaptée aux risques). Lorsque l'organisme a recours à des bases de données externes *[conformément à l'autorisation unique de la CNIL AU-003 relative à la lutte contre le blanchiment par les organismes financiers, issue de la Délib. n° 2011-180 du 16 juin 2011]*, il s'assure de la pertinence et de la fiabilité des données ainsi utilisées au regard de la réglementation. Il convient par ailleurs d'éviter le recours à des critères orthogra-

phiques trop restrictifs *[décision de la commission des sanctions de l'ACPR nº 2011-02, § 2.5]*, qui nuit à l'efficacité de l'outil de détection des PPE, notamment étrangères.

21. S'agissant des membres directs de la famille des PPE ainsi que des personnes qui leur sont étroitement associées, les organismes financiers tiennent compte, dans l'analyse qu'ils mènent, de l'ensemble des informations dont ils disposent ou auxquelles ils ont accès, y compris toute information publique ou notoire. Une attention particulière est à porter dans les cas publics de corruption ou de criminalité organisée (par exemple, ceux dont les principaux médias nationaux ou internationaux se font l'écho), ou sur lesquels les autorités nationales ont communiqué (par exemple, appel à la vigilance de Tracfin à l'égard de certains pays, qui inclut les vigilances à l'égard des PPE issues de ces pays).

22. Lorsqu'ils détectent, à l'entrée en relation comme en cours de relation, une personne exerçant les fonctions énumérées au I de l'article R. 561-18, les organismes financiers vérifient s'ils sont également en relation d'affaires avec un membre direct de la famille de cette PPE ou une personne connue pour lui être étroitement associée. L'information sur les relations d'affaires avec des PPE est effectivement accessible à l'ensemble du personnel ayant à en connaître pour la mise en œuvre des obligations LCB-FT.

23. Pour les relations d'affaires en cours et inactives au moment de la transposition de la 3ème directive anti-blanchiment, la mise en œuvre des mesures de vigilance complémentaires intervient en principe au moment de la réactivation de la relation d'affaires. Toutefois, au regard des obligations spécifiques aux PPE, il convient que les organismes financiers détectent dans les meilleurs délais leurs relations d'affaires avec des PPE, même si la relation est inactive.

b) **la détection des bénéficiaires des contrats d'assurance-vie et de capitalisation ou de leurs bénéficiaires effectifs, ayant la qualité de PPE**

24. Conformément à l'article R. 561-20-3, les organismes d'assurance définissent et mettent en place des mesures adaptées au risque BC-FT permettant de détecter si les bénéficiaires des contrats d'assurance-vie ou de capitalisation, ou leurs bénéficiaires effectifs, sont des PPE. Une telle détection intervient, au plus tard, au moment du versement des prestations ou au moment de la cession partielle ou totale du contrat d'assurance-vie ou de capitalisation. Lorsque le bénéficiaire est nommément désigné à la souscription, la détection intervient à cette occasion. Les organismes d'assurance s'organisent à cet effet.

2.2 *Les personnes qualifiées pour la prise de décision de nouer ou maintenir une relation d'affaires avec une PPE ou à informer du versement de fonds à une PPE*

25. Conformément au 1º de l'article R. 561-20-2, la décision de nouer une relation d'affaires avec une PPE (client ou bénéficiaire effectif) ne peut être prise que par un membre de l'organe exécutif ou une personne habilitée à cet effet par l'organe exécutif. Lorsque le client, ou son bénéficiaire effectif, devient une PPE au cours de la relation d'affaires, l'autorisation de poursuivre la relation d'affaires est obtenue dans les mêmes conditions.

Les personnes qualifiées pour la prise de décision de nouer ou maintenir une telle relation d'affaires, y compris en cas de délégation, disposent d'un niveau hiérarchique suffisamment élevé au regard des risques associés à la relation d'affaires. La délégation peut être nominative ou fonctionnelle.

26. Dans l'hypothèse où la prise de décision de nouer ou maintenir la relation d'affaires avec des PPE est confiée à un responsable d'une ligne de métier ou à un responsable exerçant des fonctions opérationnelles ou commerciales en relation avec la clientèle, l'organisme s'assure que :

– cette personne dispose d'une connaissance suffisante des risques de BC-FT auxquels est exposé l'organisme financier ;

– la fonction conformité est associée au processus d'acceptation ou de maintien d'une relation d'affaires avec une PPE ;

– et un processus d'escalade réservant la décision finale à un membre de l'organe exécutif en cas de désaccord entre la fonction conformité et la ligne de métier ou les fonctions opérationnelles ou commerciales, est mis en place.

27. En toute hypothèse, la délégation est formalisée et l'organe exécutif est tenu régulièrement informé des relations d'affaires nouées ou en cours avec des PPE.

28. Par ailleurs, lorsque le bénéficiaire d'un contrat d'assurance-vie ou de capitalisation, ou son bénéficiaire effectif, est une PPE, l'article R. 561-20-3 prévoit une information d'un membre de l'organe exécutif ou de toute personne habilitée à cet effet par l'organe exécutif avant le versement des prestations ou la cession partielle ou totale du contrat.

2.3 *Le recueil d'informations sur l'origine du patrimoine et des fonds impliqués dans la relation d'affaires ou l'opération*

29. Conformément au 2° de l'article R. 561-20-2, parmi les mesures de vigilance complémentaires, figure la recherche, pour l'appréciation des risques de BC-FT, de l'origine du patrimoine et des fonds impliqués dans la relation d'affaires ou l'opération avec un client ou le cas échéant, un bénéficiaire effectif, ayant la qualité de PPE.

30. Les organismes financiers recueillent des éléments d'information sur la source des revenus des PPE et une estimation de leur patrimoine [*V. les Orientation sur les facteurs de risque des Autorités européennes de surveillance, JC 2017/37, § 52*]. Ils adaptent la nature des informations et/ou des documents à recueillir sur l'origine des fonds et du patrimoine au profil de chaque relation d'affaires avec une PPE [*y compris lorsque d'autres comptes ou contrats ouverts ou souscrits chez d'autres organismes accueillent les principales opérations de la relation (V. décision de la commission des sanctions de l'ACPR n° 2016-09, § 11)*] ou au risque présenté par l'opération. En particulier, l'estimation du patrimoine peut être ventilée par grandes catégories (immobilier et mobilier, y compris les placements financiers tels que l'assurance-vie, les parts sociales de sociétés civiles ou commerciales, les œuvres d'art...).

31. Les informations susmentionnées sont suffisamment précises [*décision de la commission des sanctions de l'ACPR n° 2015-08, § 65 : la mention "Epargne sur revenus annuels" ne suffit pas à satisfaire les obligations réglementaires alors que les fonds ont été versés par un tiers*] pour connaître l'origine du patrimoine et des fonds. Par exemple, si l'organisme a recours à des tranches de montants pour estimer le patrimoine, des fourchettes "de 0 à 500 000 €" ou "supérieure à 1M €" ne sont pas suffisamment fines. *A fortiori*, elles ne donnent aucune indication sur sa composition. A défaut d'informations suffisamment précises, les organismes financiers recueillent une documentation permettant de confirmer tout ou partie des informations. Ils peuvent également avoir recours à des informations publiquement disponibles, en particulier lorsque la PPE est un bénéficiaire effectif de la relation d'affaires.

32. En ce qui concerne les relations d'affaires dont la nature et l'objet sont limités (par exemple, un crédit à la consommation affecté ou un crédit-bail), il ne paraît pas nécessaire de demander systématiquement une estimation précise, ou une ventilation, du patrimoine.

33. En ce qui concerne les clients, personnes morales ou constructions juridiques, dont un bénéficiaire effectif est une PPE, les organismes financiers recueillent également, selon une approche par les risques, des informations sur l'activité et la situation financière du client ainsi que sur les fonds de la PPE impliqués dans la relation d'affaires. En effet, les structures juridiques peuvent être utilisées par des PPE pour dissimuler des actifs obtenus illégalement. Les organismes portent une attention particulière aux entités qui sont dépourvues d'actifs significatifs, d'activités commerciales ou d'employés, ainsi qu'aux trusts.

2.4 *La surveillance renforcée des relations d'affaires avec des PPE*

34. Conformément au 3° de l'article R. 561-20-2, les organismes financiers procèdent, en cours de relation d'affaires avec des PPE (clients ou bénéficiaires effectifs) :

– à une actualisation plus fréquente des éléments de connaissance de l'objet et de la nature de celle-ci ;

– ainsi qu'à une surveillance plus étroite des opérations réalisées.

Les organismes financiers s'assurent de la cohérence des opérations effectuées au regard de la connaissance à jour de ces relations d'affaires. Pour ceux qui sont dotés d'un dispositif automatisé de suivi et d'analyse des relations d'affaires, ils veillent à l'adaptation du paramétrage de celui-ci, de manière à assurer l'efficacité du dispositif de détection des opérations inhabituelles des relations en cause. Ils effectuent une analyse approfondie de toute opération inhabituelle.

Ces mesures de vigilance font l'objet de modalités graduées, en fonction du profil de la relation d'affaires, certaines relations avec des PPE pouvant se caractériser par des risques de BC-FT plus élevés que d'autres (cf. § 14 et 30 *supra*).

35. Conformément au 2° de l'article R. 561-20-3, en ce qui concerne les PPE, bénéficiaires d'un contrat d'assurance-vie ou de capitalisation ou, le cas échéant, bénéficiaires effectifs de ces bénéficiaires, les organismes financiers recueillent des informations suffisamment précises sur la nature du lien existant entre le souscripteur/assuré, voire le payeur s'il est différent de ce dernier, et le bénéficiaire du contrat pour la comprendre. Ils renforcent également leurs vigilances sur l'origine des fonds versés sur le contrat.

Lorsque le bénéficiaire du contrat d'assurance-vie ou de capitalisation ayant la qualité de PPE est nommément désigné à la souscription, les organismes d'assurance n'attendent pas le moment du versement des prestations ou de la cession partielle ou totale du contrat pour recueillir les informations susmentionnées. De même, ils procèdent à un examen attentif des opérations réalisées par la relation d'affaires (versements comme rachats sur le contrat).

Dans les autres cas, les informations susmentionnées sont recueillies au plus tard, au moment du versement des prestations ou de la cession partielle ou totale du contrat d'assurance-vie ou de capitalisation.

3 Le cas particulier des clients occasionnels, PPE

L'ACPR invite les organismes financiers qui ont, du fait de leurs activités (en particulier change manuel ou transmission de fonds), essentiellement des clients occasionnels, à prévoir dans leurs procédures internes :

— un dispositif de détection des PPE qui réalisent une opération ou plusieurs opérations liées entre elles d'un montant égal ou supérieur à 15 000 euros ou 1000 euros pour l'activité de transmission de fonds *[V. art. 11 b) de la Dir. (UE) 2015/849]* ;

— et le recueil, lorsqu'ils détectent de telles PPE, d'informations suffisamment précises pour leur permettre de connaitre l'origine du patrimoine et des fonds impliqués dans l'opération *[conformément à l'art. L. 561-10-2, les organismes financiers doivent réaliser un examen renforcé de toute opération d'un montant inhabituellement élevé, y compris lorsqu'elle est réalisée par la clientèle occasionnelle, et se renseigner ainsi sur l'origine des fonds et l'objet de l'opération. Les organismes se réfèrent aux lignes directrices conjointes de l'ACPR et de Tracfin sur les obligations de déclaration et d'information à Tracfin, en particulier les paragraphes relatifs à l'examen renforcé]*.

4 Les déclarations de soupçon portant sur des PPE

Les organismes financiers se réfèrent aux lignes directrices conjointes de l'ACPR et de Tracfin sur les obligations de déclaration et d'information à Tracfin. La qualité de PPE n'induit pas à elle seule un soupçon et ne justifie donc pas l'envoi d'une déclaration à Tracfin, en l'absence d'autres éléments structurant un soupçon.

Principes d'application sectoriels ACPR (juin 2018),

Sur la correspondance bancaire.

Introduction

Les présents principes d'application sectoriels (PAS), élaborés par l'ACPR, répondent à une demande des organismes financiers soumis à son contrôle en vue de la mise en œuvre des obligations de vigilance en matière de lutte contre le blanchiment des capitaux et le financement du terrorisme (LCB-FT) pour l'activité de correspondance bancaire. Ils n'ont pas de caractère contraignant en eux-mêmes.

La présente version des PAS, qui se substitue à celle de mars 2013, prend en compte :

— les dispositions du code monétaire et financier applicables à l'activité de correspondance bancaire, qui sont issues d'une part de l'ordonnance n° 2016-1635 du 1er décembre 2016 et de son décret d'application n° 2018-284 du 18 avril 2018 transposant la quatrième directive anti-blanchiment (ci-après "4e directive" *[Dir. (UE) 2015/849 du 20 mai 2015 relative à la prévention de l'utilisation du système financier aux fins du blanchiment de capitaux ou du financement du terrorisme]*), et d'autre part, de l'ordonnance n° 2016-1575 du 24 novembre 2016 et de son décret d'application n° 2018-264 du 9 avril 2018 portant réforme du dispositif national de gel des avoirs ;

— les orientations du GAFI et du Comité de Bâle, respectivement publiées en octobre 2016 et juin 2017, aux fins de clarifier la mise en œuvre des standards internationaux applicables à l'activité de correspondance bancaire *[il s'agit des recommandations 10, 13 et 16 du GAFI respectivement relatives aux mesures de vigilance à l'égard de la clientèle, à la correspondance bancaire et aux virements électroniques]* : les travaux internationaux ont principalement porté sur l'approche par les risques dans ce domaine, afin de préciser les services les plus risqués et les mesures de vigilance adaptées à mettre en œuvre ;

— les orientations des autorités européennes de supervision (AES) prises en application de l'article 17 et du paragraphe 4 de l'article 18 de la 4e directive, sur les mesures de vigilance simplifiées et renforcées à l'égard de la clientèle et sur les facteurs de risque à prendre en considération en matière de LCB-FT, et en particulier les orientations sectorielles pour les banques correspondantes *[en particulier, chapitre 1]*, ainsi que celles prises en application du règlement n° 2015/847 sur les informations devant accompagner les transferts de fonds, qui entrent en vigueur le 16 juillet 2018 *[avis de mise en conformité de l'ACPR aux orientations sur les transferts de fonds, publié au registre officiel le 28 févr. 2018]*.

Les nouvelles dispositions réglementaires du code monétaire et financier relatives à l'activité de correspondance bancaire entrent en vigueur le 1er octobre 2018. Dans l'intervalle, les organismes financiers continuent d'appliquer les dispositions réglementaires actuellement en vigueur, puisqu'elles ne sont pas contraires à l'ordonnance du 1er décembre 2016 précitée. Ils prennent, d'ici au 1er octobre 2018, toutes les mesures nécessaires pour se mettre en conformité avec les nouvelles obligations *[en ce qui concerne le contenu de la convention de correspondance bancaire (responsabilités respectives de chaque établissement à prévoir, de même que les modalités de contrôle du respect de la convention)]*.

Les PAS sont publics. Ils ont fait l'objet d'une concertation préalable à leur adoption au sein de la Commission consultative Lutte contre le blanchiment et le financement du terrorisme instituée par l'ACPR.

Les dispositions législatives et réglementaires mentionnées dans les PAS sont celles du code monétaire et financier, sauf précisions contraires. Les dispositions réglementaires citées dans les encadrés sont celles qui entrent en vigueur le 1er octobre 2018.

1 La notion de correspondance bancaire

1.1 *Définition internationale et européenne*

1. Le Groupe d'Action Financière (GAFI) définit la correspondance bancaire comme suit : "L'expression correspondance bancaire désigne la prestation de services bancaires par une banque (la "banque correspondante") à une autre banque (la "banque cliente"). [...] Les banques clientes ont accès à une vaste gamme de services, notamment la gestion de trésorerie (par exemple, des comptes rémunérés dans plusieurs devises), les virements électroniques internationaux, la compensation de chèques, les comptes de passage et les services de change."

La 4e directive anti-blanchiment introduit, dans son article 3 § 8, une définition de la relation de correspondant comme suit *[consid. 43]* : a) "La fourniture de services bancaires par une banque en tant que "correspondant" à une autre banque en tant que "client", y compris la mise à disposition d'un compte courant ou d'un autre compte de passif et la fourniture des services qui y sont liés, tels que la gestion de trésorerie, les transferts internationaux de fonds, la compensation de chèques, les comptes "de passage" ("*payable through accounts*") et les services de change ;

b) Les relations entre et parmi les établissements de crédit et les établissements financiers, y compris lorsque des services similaires sont fournis par un établissement correspondant à un établissement client, et comprenant les relations établies pour des opérations sur titres ou des transferts de fonds".

1.2 *Périmètre de l'activité de correspondance bancaire*

2. Il s'agit de l'activité par laquelle un établissement de crédit défini à l'article L. 511-1 ou un établissement fournissant des services de paiement défini à l'article L. 521-1 (ci-après "établissement correspondant") fournit des services bancaires de paiement ou des services de paiement à un autre établissement (ci-après "établissement client" *[l'établissement client est aussi parfois désigné comme "établissement répondant" ("respondent institution")]*), qui agit pour le compte de ses propres clients. L'établissement correspondant exécute ainsi des opérations pour compte de tiers.

3. Lorsqu'un établissement propose un service de correspondance bancaire, il ouvre un compte au nom de l'établissement client. Les comptes ouverts pour les besoins des activités de correspondance sont désignés par les termes "LORO" et "NOSTRO". L'établissement correspondant ouvre dans ses livres un compte au nom de l'établissement client, dit "LORO" *[= "leurs avoirs", "ce qui est à eux"]*. Parallèlement, l'établissement client tient dans ses livres un compte miroir de ses avoirs en dépôt chez son correspondant, dit "NOSTRO" *[= "nos avoirs", "ce qui est à nous"]*.

4. Les établissements clients, qui souhaitent proposer à leurs clients des services dans des lieux où ils ne sont pas physiquement implantés, mettent en place, de façon bilatérale, un réseau de correspondants bancaires en fonction de l'implantation territoriale de ces derniers, de l'importance et de la qualité de leur réseau bancaire national, de l'étendue et de la diversité des services qu'ils proposent ainsi que de leur participation aux différents systèmes nationaux interbancaires et de paiement.

5. Le recours à une relation de correspondance est nécessaire à l'exécution des paiements transfrontaliers demandés par la clientèle, y compris au sein de la zone euro, sauf si l'établissement implanté dans la zone euro est un participant aux systèmes de paiement mis en place au sein de l'Union Européenne comme "TARGET2" et "EURO1" ou STEP2-T. Ces systèmes permettent aux banques françaises et de la zone euro, d'exécuter des transferts de fonds en euros, pour le compte de leurs clients, sans recourir à des correspondants bancaires *[encore faut-il que l'établissement remplisse les conditions de participation au système et se voit reconnaître la qualité de participant direct ou indirect audit système, faute de quoi, il devra recourir à un établissement correspondant (y compris domestique), lui-même participant direct ou indirect à un système de paiement ou bien encore recourir à un autre correspondant bancaire en relation avec ce même participant direct ou indirect]*.

6. Aujourd'hui, en Europe, le recours à un établissement correspondant est notamment nécessaire pour l'utilisation de devises différentes de l'euro *["Tenth survey on correspondant banking in euro" de la Banque centrale européenne de févr. 2017 (p. 6). Cela englobe notamment l'activité d'encaissement de chèque tiré sur banque étrangère ("cash letter") et le service de compensation en devises locales, lorsque l'établissement ne dispose pas de compte en devises ("cash management")]*.

Les présents PAS ne s'appliquent pas, notamment :

• aux cas dans lesquels l'établissement client bénéficie pour son propre compte des services de l'établissement français, qui n'agit pas alors en qualité d'établissement correspondant (par exemple : ouverture d'un compte en devises dont l'établissement étranger est titulaire pour y enregistrer des opérations qu'il effectue pour son propre compte). L'article R. 561-15 *a)*, qui mentionne, dans la liste des personnes présentant un faible risque de BC-FT en application du 2° de l'article L. 561-9, les organismes financiers de l'Union européenne, de l'EEE et des pays tiers considérés comme équivalents à la réglementation LCB-FT française *[la liste de ces pays est prévue par l'Arr. du 27 juill. 2011]*, trouve notamment à s'appliquer dans ce cas de figure.

• au recours à un participant d'un système de règlements interbancaires ou de règlement et de livraison d'instruments financiers en euros mentionnés à l'article L. 330-1 du code monétaire et financier – notamment TARGET2, EURO1, CORE, STEP2-T – (par exemple : pour la réalisation des opérations interbancaires de trésorerie, la compensations de trésorerie concernant les activités de marché, du fait que ces opérations ne génèrent pas de flux de paiement) : à noter néanmoins que le participant direct à un tel système intervient comme un prestataire de services de paiement (PSP) intermédiaire au sens du règlement (UE) n° 2015/847 sur les informations accompagnant les transferts de fonds *[le PSP intermédiaire est défini dans le règlement UE n° 2015/847 comme "un prestataire de services de paiement qui n'est pas le prestataire de services de paiement du donneur d'ordre ou du bénéficiaire et qui reçoit et transmet un transfert de fonds pour le compte du prestataire de service de paiement du donneur d'ordre ou du bénéficiaire ou d'un autre prestataire de services de paiement intermédiaire" (cf. point 6 de l'article 3). Le rôle du participant direct vis-à-vis du participant indirect est d'introduire dans le système "les instructions de paiement" pour le compte du participant indirect pour "l'exécution de paiement" en agissant comme "intermédiaire" entre le système de paiement et le participant indirect (cf. alinéa 1er du I et dernier alinéa du II de l'article L. 330-1). Il en découle que le participant direct "reçoit et transmet" des transferts de fonds du participant indirect, ces opérations étant par ailleurs définies très largement dans le règlement 847/2015 et couvrant les ordres/instructions de paiement dès lors qu'ils font partie intégrante du processus d'exécution de l'opération de paiement]*, et est dès lors soumis aux dispositions dudit règlement qui le concernent, telles que précisées par les orientations des AES relatives aux informations manquantes ou incomplètes accompagnant les transferts de fonds (ci-après, "les orientations des AES sur les transferts de fonds"). Ainsi, le PSP intermédiaire veille à transmettre l'intégralité des informations accompagnant les transferts de fonds et à détecter les informations manquantes dans les messages de paiement. Il satisfait à de telles exigences dès lors qu'il s'est assuré que les règles de validation des systèmes de messagerie, de paiement et de règlement ne permettent pas l'envoi de transferts de fonds comprenant des caractères ou des éléments inadmissibles ou encore des champs vides (cas par exemple des normes SEPA) ;

• aux échanges de clefs, notamment dans le cadre de Swift, appelés "*Relationship Management Application*" (RMA), anciennement dénommés "*Bilateral Key Exchange*" (BKE), visant à gérer la communication entre les établissements financiers. En effet, un tel échange de clefs permet à un établissement d'échanger des informations sécurisées avec d'autres établissements financiers avec lesquels il n'est pas nécessairement en relation d'affaires *[Wolfsberg Guidance on Swift Relationship Management Application (RMA) Due Diligence]*. Les échanges de clefs qui ne s'accompagnent pas d'une ouverture de compte à un établissement client n'entrent pas dans le périmètre de la correspondance bancaire au sens de la LCB-FT et des présents PAS *[V. consid. 43 : "Les relations transfrontalières de correspondant avec un établissement client de pays tiers se caractérisent par leur nature continue et répétitive. Dès lors, les États membres [...] devraient tenir compte du fait que les relations de correspondant n'englobent pas les transactions ponctuelles ni le simple échange de clés de messagerie."]*.

1.3 *Interdiction de nouer ou maintenir une relation de correspondance bancaire avec des "établissements écrans ou fictifs"*

7. Conformément au 3e alinéa de l'article L. 561-10-3 du code monétaire et financier, l'établissement correspondant met en œuvre les mesures appropriées afin de ne

pas nouer ni maintenir de relation de correspondance bancaire avec un établissement écran n'ayant aucune présence physique effective *[V. art. 3, pt. 17 de la Dir. (UE) 2015/849 :"'société bancaire écran', un établissement de crédit ou un établissement financier, ou un établissement exerçant des activités équivalentes à celles exercées par des établissements de crédit ou des établissements financiers, constitués dans un pays ou territoire où il n'a aucune présence physique par laquelle s'exerceraient une direction et une gestion véritables et qui n'est pas rattaché à un groupe financier réglementé."]*.

8. Lorsqu'une alerte révèle que l'établissement client permet à un établissement écran/fictif d'utiliser son compte, l'établissement correspondant suspend, après analyse menée avec célérité, les flux en provenance ou à destination de l'établissement client. Il applique le processus d'escalade (cf. § 4.2.3 sur l'escalade, voir *infra*), avant d'envisager la rupture de la relation d'affaires.

2 L'évaluation des risques liés à l'activité de correspondance bancaire

9. Les activités de correspondance bancaire présentent un risque spécifique de blanchiment de capitaux (BC) et de financement du terrorisme (FT). En effet, l'établissement correspondant exécute et/ou traite les opérations pour le compte des clients de l'établissement client, qui sont en principe des tiers pour celui-ci.

10. Le GAFI et le Comité de Bâle considèrent les activités de correspondance bancaire avec l'étranger comme présentant en elles-mêmes un risque élevé, l'établissement client étant notamment soumis à des exigences LCB-FT différentes (réglementaires et/ou de supervision). Toutefois, ils reconnaissent que les activités transfrontalières ne présentent pas toutes le même niveau de risque, eu égard notamment à la diversité des services proposés et aux caractéristiques de l'établissement client (dont son implantation géographique).

11. La 4e directive anti-blanchiment mentionne, parmi les facteurs de risque potentiellement plus élevés, les paiements reçus de tiers inconnus ou non associés (ce qui couvre notamment l'activité de correspondance bancaire), et prévoit des mesures de vigilance renforcées à l'égard des relations transfrontalières de correspondant avec un établissement client situé dans un pays tiers (hors UE/EEE) *[V. art. 19 de la 4e directive anti-blanchiment ; V. consid. 43 : "en reconnaissance du fait que les services transfrontaliers de correspondant bancaire ne présentent pas tous le même niveau de risque de blanchiment de capitaux et de financement du terrorisme, l'intensité des mesures prévues par la présente directive peut être définie en appliquant les principes de l'approche fondée sur les risques et ne préjuge pas du niveau de risque de blanchiment de capitaux et de financement du terrorisme présenté par l'établissement financier client."]*.

12. L'article L. 561-10-3 introduit, à l'entrée en relation d'affaires, des mesures de vigilance dites "complémentaires" ou "spécifiques", en sus des mesures de vigilance prévues aux articles L. 561-5, L. 561-5-1 et L. 561-6 (respectivement relatifs à l'identification et la vérification d'identité de l'établissement client ainsi que de ses bénéficiaires effectifs, le recueil d'éléments de connaissance de l'établissement client et la vigilance constante). Ces mesures sont exigées par la législation française lorsque les relations de correspondance bancaire transfrontalières sont nouées avec des établissements de pays tiers dont la réglementation LCB-FT n'est pas considérée comme équivalente (pays ou territoires qui ne figurent pas sur la liste des pays tiers équivalents figurant dans l'arrêté mentionné au 1° du II de l'article L. 561-7).

13. Dans les autres situations, conformément aux articles L. 561-4-1 et L. 561-32, l'établissement correspondant met en œuvre des mesures de vigilance selon une approche par les risques, tenant notamment compte du facteur de risque potentiellement plus élevé lié à l'activité de correspondance bancaire (cf. *supra* § 9, 10 et 11).

14. L'établissement correspondant identifie l'ensemble des facteurs de risques liés à ses activités de correspondance bancaire et les intègre dans sa classification des risques. En ce qui concerne les relations de correspondance bancaire transfrontalière, celles-ci sont considérées, tant au niveau international *[Recomm. 10 et 13 du GAFI]* **qu'européen** *[art. 19 de la 4e directive ainsi que les orientations communes des AES sur les* *facteurs de risques]*, comme présentant des risques plus élevés de BC-FT. A cet égard, le GAFI et le Comité de Bâle ne recommandent pas de mettre en œuvre des mesures de vigilance simplifiées.

15. Pour l'évaluation et la classification des risques liés aux activités de correspondance bancaire, deux facteurs sont particulièrement importants : le risque associé au(x) pays d'implantation des établissements clients et le risque associé aux produits et services offerts aux premiers par l'établissement correspondant.

2.1 *Le risque pays*

16. Pour la détermination du niveau "inhérent" de risque associé au pays, l'établissement correspondant tient notamment compte :

— des listes des juridictions à haut risque et non coopératives publiées par le GAFI ;

— de la liste "noire" européenne prise en application de l'article 9 de la 4e directive ;

— des pays sous sanctions financières, embargos ou mesures liées au terrorisme, au financement du terrorisme ou à la prolifération, impliquant des mesures d'interdiction et/ou de gel des avoirs ;

— de la liste "blanche" nationale des pays tiers dont la législation LCB-FT est considérée comme équivalente, prévue au 1° du II de l'article L. 561-7 ;

— des listes européenne et française de pays non coopératifs en matière fiscale ;

— et de toute autre information publique diffusée par les autorités nationales ou des organismes internationaux sur le risque présenté par un pays (corruption, terrorisme, rapports du Forum mondial sur la transparence et l'échange de renseignements de l'OCDE, évaluations de l'engagement du pays ou du territoire en faveur de l'échange automatique de renseignements sur la base de la norme commune de déclaration, etc.).

17. L'établissement correspondant recueille suffisamment d'informations sur la qualité de la réglementation LCB-FT et de la supervision des établissements dans le pays d'implantation des établissements clients. A cet effet, il s'appuie en particulier sur les évaluations mutuelles des pays par le GAFI ou les organismes régionaux de type GAFI (Gafilat, Giaba, Gafic, Moneyval, etc.).

2.2 *Le risque lié aux produits et services proposés*

18. Au sein des services de correspondance bancaire, présentent un risque plus élevé de BC-FT :

— l'encaissement ou l'escompte de chèques ;

— les comptes de passage ("*payable-through accounts*") : ils permettent aux clients de l'établissement client d'exécuter des opérations directement sur le compte de l'établissement client ouvert chez l'établissement correspondant. Le client de l'établissement client dispose ainsi d'un accès direct aux services de correspondance bancaire offerts par l'établissement correspondant *[le tiers utilise en pratique le BIC de la banque cliente, c'est une pratique qui conduit à opacifier l'utilisation du service par le tiers]* ;

— les relations de correspondance qui sont dites "imbriquées" ("*nested*" ou "*downstream*" *[le tiers utilise en pratique un BIC différent de la banque cliente]*) : le compte de correspondance peut être utilisé par d'autres établissements ayant une relation directe avec l'établissement client (y compris des établissements appartenant au même groupe que l'établissement client), mais pas avec l'établissement correspondant. Ces relations permettent ainsi un accès indirect aux services du correspondant par les autres établissements clients de l'établissement client *[V. publications du FMI : https://www.imf.org/~/media/Files/Publications/PP/031617.ashx]* ;

Schéma montrant la pratique de relations dites imbriquées "*nested*" :

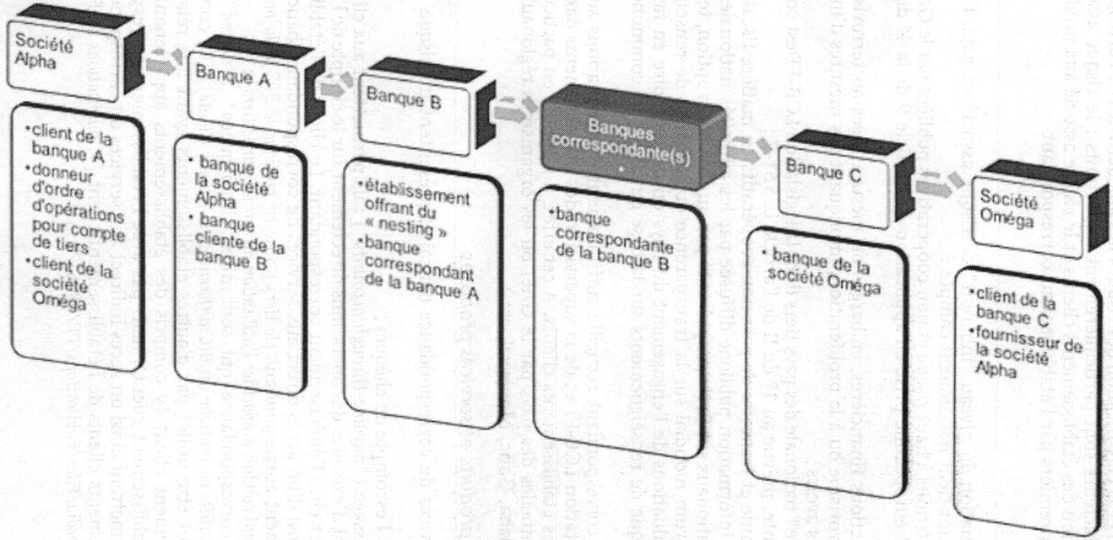

3 L'entrée en relation d'affaires

3.1 *Détermination du profil de risque de l'établissement client*

19. Avant d'entrer en relation d'affaires, en application des dispositions des articles L. 561-5, L. 561-5-1 et L. 561-32, l'établissement correspondant recueille suffisamment d'informations sur l'établissement client pour être en mesure :

– d'identifier et de vérifier son identité, y inclus celle de son bénéficiaire effectif ;

– de connaître l'objet et la nature de la relation d'affaires ;

– et ainsi, de déterminer son profil de risque au regard des critères retenus dans sa classification des risques.

20. Il s'agit de déterminer le risque inhérent à chaque relation de correspondance et d'examiner les facteurs d'atténuation des risques pour en déterminer le profil *[les établissements correspondants se réfèrent aux orientations du GAFI (cf. point 16) et du Comité de Bâle sur les facteurs de risque à prendre en compte]*. Parmi ces facteurs, figure notamment l'efficacité des dispositifs LCB-FT et de gel des avoirs de l'établissement client. Cela implique de la part de l'établissement correspondant, non seulement de collecter des informations, mais aussi de les analyser.

A cet effet, l'établissement correspondant recueille et analyse, le cas échéant, notamment les informations suivantes :

– l'identité des dirigeants, des actionnaires, et des bénéficiaires effectifs de l'établissement client (sauf pour les sociétés cotées en ce qui concerne les bénéficiaires effectifs), et toute information publique pertinente les concernant, notamment la présence de personnes politiquement exposées, ou de personnes soumises à des mesures de gel des avoirs, et s'agissant des bénéficiaires effectifs, de leur niveau d'influence sur l'orientation des activités ;

– la gouvernance et la réputation, et tout élément d'information, notamment en matière LCB-FT, susceptible d'affecter l'établissement client (sanctions disciplinaires ou judiciaires prononcées à son encontre ou à l'encontre de l'un de ses dirigeants ou bénéficiaires effectifs, ainsi que les éventuelles mesures correctrices mises en œuvre à l'issue de telles sanctions) ;

– l'appartenance à un groupe, et dans cette hypothèse, la notoriété de ce groupe et de ses dirigeants ;

– le pays d'implantation de l'établissement client, et plus largement, l'environnement géographique dans lequel il intervient : en particulier, lorsque l'établissement client appartient à un groupe, il convient de tenir compte de la juridiction dans laquelle son entreprise mère est implantée. Pour ce faire, les organismes peuvent, par exemple, consulter le système d'identification d'entités légales dit "LEI" ("*legal entity identification*"), qui collecte depuis mai 2017 les informations sur les entreprises, dont leur implantation géographique (cf. § 2.1 *supra*) ;

– les activités de l'établissement client, dont les marchés "cible" et les principales caractéristiques de ses clients (type de clientèle, catégories, etc.), les services proposés notamment si l'établissement client est (i) lui-même établissement correspondant d'un autre établissement *[par exemple dans le cas de virements qui transitent par plusieurs PSP intermédiaires qui sont autant d'établissement correspondants avant de parvenir au PSP du bénéficiaire]* ou (ii) permet à ses clients d'accéder à son compte de correspondance directement (cf. point 2.2 des présents PAS). Dans ce cas, l'établissement correspondant recueille les informations sur (a) le nombre et les caractéristiques des institutions financières qui sont elles-mêmes clientes de l'établissement client ; (b) si les banques dites "imbriquées" sont situées dans la même juridiction que l'établissement client ou un autre pays ; (c) la nature des services que l'établissement client offre aux banques "imbriquées", par exemple si ces dernières sont elles-mêmes banques correspondantes ; (d) la durée de la relation entre l'établissement client et les banques imbriquées ;

– les volumes et montants prévisionnels des opérations à réaliser dans le cadre de la relation de correspondance bancaire ; l'établissement correspondant tient également compte des principaux pays d'origine et de destination des fonds au regard de la localisation des clients de l'établissement client, lorsqu'il ne s'agit pas du pays d'implantation de l'établissement client ;

– le dispositif LCB-FT ainsi que de gel des avoirs (y compris les moyens matériels et humains) mis en place par l'établissement client : les principales mesures de vigilance et procédures LCB-FT mises en œuvre, la description des dispositifs de surveillance des relations d'affaires ainsi que de détection des personnes soumises à des mesures de gel et des avoirs à geler.

21. L'établissement correspondant prend également en compte les défaillances régulières de l'établissement client en tant que prestataire de services de paiement pour l'application du règlement UE n° 2015/847 précité *[du 20 mai 2015 sur les informations accompagnant les transferts de fonds]*, lorsque les deux établissements ont déjà été en relation dans le passé ou lorsque l'établissement client est, ou a été, en relation avec un établissement appartenant au même groupe que l'établissement correspondant.

22. L'établissement correspondant tient compte, notamment, des documents accessibles au public (tels que des rapports d'activité ou documents de référence, éventuellement publiés sur le site internet de l'établissement client) ainsi que des informations communiquées par son client. Le questionnaire révisé dit "de Wolfsferg" *[The Wolfsberg Correspondant Banking Due Diligence Questionnaire (CBDDQ) - Publication Guidance V1.2 - 22 February 2018]*, qui est utilisé en pratique par certains établissements, constitue une bonne base pour l'élaboration du profil de risque *[communiqué conjoint du GAFI, du comité de Bâle, de la BCE et du Conseil de stabilité financière du 6 mars 2018 sur le CBDDQ de Wolfsberg]*. L'établissement correspondant peut, s'il l'estime nécessaire, obtenir la confirmation de ces informations par la consultation d'une autre source. Il prend également en compte les informations publiées par le superviseur. Il adapte la nature et l'étendue des informations collectées selon une approche par les risques.

3.1 *[3.2]* *Mise en œuvre de mesures de vigilance selon l'approche par les risques*

23. Dans tous les cas de relation de correspondance bancaire, l'établissement correspondant met en œuvre des mesures de vigilance adaptées au profil de risque de l'établissement client (cf. § 3.1 *supra*).

24. Lorsque l'établissement client présente un profil de risque élevé, l'établissement correspondant renforce sa connaissance et son analyse de celui-ci, ainsi que la surveillance de ses opérations.

3.2.1 *Mesures de vigilance spécifiques prévues à l'égard des établissements clients situés dans des pays tiers dits "non équivalents"*

25. En sus du recueil d'informations suffisantes sur l'établissement client et de l'évaluation de son dispositif LCB-FT aux fins de détermination de son profil de risque, des mesures complémentaires s'appliquent lorsque l'établissement client se situe dans un pays tiers dont la réglementation LCB-FT n'est pas considérée comme équivalente à la réglementation française (cf § 6 *supra*).

Il s'agit des mesures suivantes :

• L'autorisation de nouer la relation d'affaires par la haute hiérarchie

– Conformément au 3° de l'article R. 561-21, la décision de nouer une relation d'affaires avec un établissement client ne peut être prise que par un membre de l'organe exécutif ou une personne habilitée à cet effet par l'organe exécutif. La délégation peut être nominative ou fonctionnelle selon l'organisation interne retenue par l'établissement.

– Les personnes qualifiées pour la prise de décision de nouer une relation d'affaires avec un établissement client, y compris en cas de délégation, disposent d'un niveau hiérarchique suffisamment élevé au regard des risques associés à la relation de correspondance bancaire.

– Dans l'hypothèse où la décision de nouer la relation d'affaires est confiée à un responsable d'une ligne de métier ou à un responsable exerçant des fonctions opérationnelles ou commerciales en relation avec la clientèle, l'organisme s'assure que :

o cette personne dispose d'une connaissance suffisante des risques de BC-FT associés aux services de correspondance bancaire offerts ;

o la fonction conformité est associée au processus d'acceptation ou de maintien d'une relation d'affaires lorsque par exemple les services offerts présentent des risques plus élevés dans le cas notamment d'une relation dite imbriquée ;

o et un processus réservant la décision finale à un membre de l'organe exécutif est prévu en cas de désaccord entre la fonction conformité et la ligne de métier ou les fonctions opérationnelles ou commerciales.

En tout état de cause, la délégation est formalisée et l'organe exécutif tenu régulièrement informé des relations d'affaires nouées ou en cours avec des établissements clients.

• La signature d'une convention de correspondance bancaire

Conformément au 4° de l'article R. 561-21, la décision de nouer une relation d'affaires donne lieu à une convention écrite entre les parties. Ladite convention (ou ses annexes) précise notamment en tant que de besoin par avenant, les éléments suivants :

– la nature des services offerts à l'établissement client ;

– le fait que chacun des cocontractants respectent les obligations LCB-FT/gel des avoirs applicables au regard de la réglementation locale et dans la mesure du possible, si les parties en conviennent, les grandes catégories de mesures de vigilance applicables par chacune des parties visant à éviter que l'établissement client n'adresse des opérations qui ne seraient pas conformes aux recommandations du GAFI ;

– et les modalités de contrôle de la mise en œuvre des termes de la convention par l'établissement correspondant.

En particulier, la convention prévoit la nature des informations pouvant être transmises par l'établissement client, à la demande de l'établissement correspondant, notamment à des fins de surveillance de la relation de correspondance bancaire (levée d'une alerte ; examen renforcé d'une opération répondant aux critères de l'article L. 561-10-2) ou de mise en œuvre des mesures de gel. Il peut s'agir :

o d'informations sur la qualité des contrôles LCB-FT ainsi que de gel mis en œuvre par l'établissement client, le cas échéant en s'entretenant avec la conformité de ce dernier ;

o à titre exceptionnel, les informations sur la clientèle qui s'avèrent nécessaires et indispensables à la levée d'une alerte en matière de LCB-FT ou de gel (cf. § 4.2 *infra*).

La convention prévoit également les délais maximum de transmission de ces informations, tenant compte de la complexité des chaînes de paiement ou de correspondance, pourvu que ces délais restent raisonnables. Pour ce qui concerne la transmission des informations manquantes ou incomplètes, devant accompagner les transferts de fonds, les établissements se réfèrent aux délais maximum prévus dans les orientations des AES sur les transferts de fonds.

• Le cas particulier des comptes de passage

26. Conformément au 5° de l'article R. 561-21, dans le cas des comptes de passage, l'établissement correspondant peut prévoir dans la convention précitée des stipulations spécifiques, telles que :

– l'engagement de l'établissement client de vérifier l'identité des clients ayant un accès direct au compte tenu par l'établissement correspondant ;

– la mise en œuvre par l'établissement client de mesures de vigilance lui permettant de s'assurer qu'il n'entretient pas de relations d'affaires avec un établissement écran, ni ne lui permet d'utiliser le compte ouvert dans les livres de l'établissement correspondant ;

– la confirmation que l'établissement client dispose des données d'identification et de connaissance sur ses propres clients, conformément à la législation locale applicable, ainsi que la nature des données et des informations qu'il est autorisé à transmettre, à première demande, afin de procéder à un examen renforcé ou de lever une alerte LCB-FT ou en matière de gel.

3.2.2 *Cas particulier des relations de correspondance bancaire avec des établissements clients situés dans des pays sous liste GAFI*

27. Conformément au 4° de l'article L. 561-10, lorsqu'un établissement correspondant noue une relation de correspondance avec un établissement client situé dans une juridiction à haut risque ou non coopérative en matière de LCB-FT, qui est publiquement identifiée sur une des listes du GAFI ou de l'Union européenne, il met en œuvre, en sus des mesures complémentaires prévues à l'article R. 561-21 (cf. § 3.2.1 *supra*), celles mention-

nées à l'article R. 561-20-4, notamment la définition par le responsable de la mise en œuvre du dispositif LCB-FT des modalités de surveillance des opérations.

28. Néanmoins, l'établissement correspondant peut décider de surseoir aux mesures prévues à l'article R. 561-20-4 lorsque l'établissement client est une de ses filiales ou succursales, sous réserve que celui-ci applique effectivement les procédures LCB-FT et de gel des avoirs du groupe.

4 Mesures de vigilance en cours de relation d'affaires

4.1 *Actualisation de la connaissance de l'établissement client adaptée à son profil de risque*

29. La connaissance de l'établissement client est actualisée en cours de relation d'affaires, selon une fréquence adaptée à son profil de risque et par tout moyen adapté (informations publiquement disponibles, envoi d'un nouveau questionnaire à l'établissement en tant que de besoin, etc.).

30. L'augmentation du nombre d'opérations atypiques ou suspectes détectées, ou toute information publique ou notoire de nature à remettre en cause l'évaluation du dispositif LCB-FT de l'établissement client (par exemple, sanctions publiques), conduit l'établissement correspondant à réévaluer le profil de son client. En tant que de besoin, notamment en cas de restriction de la nature des services offerts, une telle réévaluation peut donner lieu à une actualisation de la convention signée entre les parties.

31. Conformément aux dispositions de l'article R. 561-11, lorsque l'établissement correspondant a de bonnes raisons de penser que les éléments d'identification du client, et le cas échéant, du ou des bénéficiaires effectifs, précédemment obtenus ne sont plus exacts ou pertinents, notamment à l'issue d'un changement de dirigeants ou d'une modification significative des statuts ou de l'actionnariat, il met alors à jour et vérifie dans les meilleurs délais les éléments d'identification de la relation d'affaires, y compris les bénéficiaires effectifs.

Cas particulier des établissements clients situés dans des juridictions qui, en-cours *[en cours]* **de relation d'affaires, sont inscrites sur les listes GAFI ou sur la liste "noire" européenne**

32. Dans cette hypothèse, conformément aux dispositions des articles L. 561-10 4° et R. 561-20-4, et sauf exception pour ses filiales et succursales, l'établissement correspondant applique les mesures suivantes :

– autorisation de maintenir la relation d'affaires prise par la haute hiérarchie (1° du R. 561-20-4) Cf. *supra* § 25 ;

– mise à jour fréquente des éléments de connaissance de l'établissement client (2° et 3° du R. 561-20-4) ;

– définition des modalités de surveillance de la relation d'affaires et suivi de leur application par le responsable conformité ou de mise en œuvre du dispositif LCB-FT (4° du R. 561-20-4)

33. Le suivi de l'actualisation des éléments de connaissance de l'établissement client et de la surveillance de ses opérations est confié au responsable de la conformité ou au responsable de la mise en œuvre du dispositif LCB-FT, qui en rend compte périodiquement à l'organe exécutif.

34. L'établissement correspondant module le niveau de surveillance en tenant compte de la situation intrinsèque de l'établissement client, nonobstant le niveau de risque BC-FT du pays concerné (cas par exemple d'un établissement client filiale ou succursale d'un groupe européen ou situé dans un pays tiers dit "équivalent" qui applique le dispositif LCB-FT du groupe considéré comme suffisamment robuste).

4.2 *Surveillance de la relation d'affaires adaptée au profil de risque*

35. L'établissement correspondant exerce une vigilance constante sur la relation d'affaires, et renforce sa surveillance, si nécessaire, au regard du profil de risque de l'établissement client déterminé à l'entrée en relation d'affaires et actualisé, en tant que de besoin, en cours de relation.

36. Lorsque les alertes révèlent des changements dans la nature de la relation de correspondance bancaire ou dans les pays d'origine et de destination des fonds, ou encore l'existence d'une relation de correspondance imbriquée, l'établissement correspondant actualise les éléments de connaissance de l'établissement client.

37. L'établissement correspondant est en mesure de détecter les opérations qui constituent des anomalies ou alertes au regard du profil de la relation de correspondance bancaire, notamment :

– des opérations non cohérentes avec celles anticipées (par exemple le nombre d'opérations, le montant des opérations) ;

– des opérations manifestement incohérentes avec l'objet de la relation de correspondance bancaire.

38. Il met en place des critères et/ou scénarii d'alerte adaptés à l'activité de correspondance bancaire(par exemple, transactions en provenance ou à destination de pays à risque élevé, multiples opérations dans la même journée d'un même donneur d'ordre vers des bénéficiaires multiples, multiples transactions dans la même journée de donneurs d'ordre différents vers un même bénéficiaire, émission par un même donneur d'ordre de plusieurs opérations portant sur des montants importants dont le montant cumulé dépasse un seuil significatif sur une période de temps déterminée, etc.).

4.2.1 *Cas particulier d'une alerte sur une opération nécessitant le recueil d'informations sur le client de l'établissement client ("KYCC") et échange d'informations aux fins de clôture de l'alerte*

39. Les opérations qui constituent des anomalies ou alertes au regard du profil de fonctionnement du compte de l'établissement client font l'objet d'une analyse, au même titre que toute autre anomalie ou alerte détectée par le dispositif LCB-FT de l'établissement correspondant.

40. Le traitement de l'alerte peut impliquer, selon le niveau de risque présenté par les opérations, de demander des informations sur le client de l'établissement client (cf. § 27 *supra*).

41. Il n'y a lieu en aucun cas d'effectuer systématiquement un KYCC ("*know the customer of your customer*"), y compris en cas de détection d'un "*nested account*", sur les clients de l'établissement client. En revanche, il peut s'avérer nécessaire, au regard du niveau de risque présenté par les opérations, d'obtenir de plus amples informations sur celles-ci (y compris leur donneur d'ordre et/ou leur bénéficiaire), outre les informations sur les mesures de vigilance déjà mises en place par l'établissement client.

42. L'établissement correspondant procède à l'examen renforcé de toute opération répondant à l'un des critères prévus à l'article L. 561-10-2, en particulier si la ou les opérations liées entre elles apparaissent particulièrement complexes. Lorsque cet examen n'a pas permis de lever le doute, en particulier faute de transmission d'informations par l'établissement client, il effectue une déclaration de soupçon à Tracfin, en application du III de l'article L. 561-15. Il précise dans la déclaration l'ensemble des informations en sa possession ou qu'il a été en mesure d'obtenir auprès de l'établissement client, en particulier sur l'identité des personnes concernées (cf. § 27 *supra*) *[V. Lignes directrices conjointes ACPR/Tracfin sur les obligations de déclaration et d'information à Tracfin. Les organismes se réfèrent aux publications de Tracfin en ce qui concerne les typologies liées à l'activité de correspondance bancaire]*.

4.2.2 *Cas particulier des transferts de fonds (dont les virements dits "de couverture") : informations devant accompagner les transferts et détection des informations manquantes*

43. Les établissements correspondants, qui sont intermédiaires dans les chaînes de paiement, s'assurent que les transferts de fonds qu'ils reçoivent et transmettent, sont accompagnés des informations sur le donneur d'ordre et le bénéficiaire de ces opérations, conformément aux dispositions des articles 10, 11 et 12 du règlement UE n° 2015/847 sur les informations accompagnant les transferts de fonds *[ce règle-*

ment européen qui abroge le Règl. CE n° 1781/2006 met en œuvre la Recomm. 16 du GAFI et sa note interprétative. Il est entré en application le 26 juin 2017].

44. En particulier, ils mettent en place un dispositif leur permettant de détecter efficacement les informations manquantes (y compris celles qui sont manifestement dénuées de sens) et définissent des mesures efficaces fondées sur les risques qui précisent les modalités de gestion des transferts de fonds non-conformes. Ils se réfèrent à cet égard aux orientations des AES sur les transferts de fonds concernant les mesures que les prestataires de services de paiement doivent mettre en œuvre pour détecter les informations manquantes sur le donneur d'ordre ou le bénéficiaire, auxquelles l'ACPR s'est déclarée conforme.

45. Le cas échéant, l'utilisation du LEI ("*Legal entity identification*"), en complément des informations requises par le règlement et relatives au donneur d'ordre et au bénéficiaire, permet à l'établissement correspondant de vérifier que l'information dans le message de paiement suffit pour identifier sans ambiguïté le donneur d'ordre et le bénéficiaire d'un transfert.

4.2.3 *Processus d'escalade à définir avant la clôture de la relation de correspondance*

46. Le processus d'escalade à définir dans les procédures LCB-FT relatives à la correspondance bancaire porte sur la mise en œuvre de mesures de vigilance supplémentaires comme l'envoi d'un nouveau questionnaire, le renforcement de la surveillance des opérations réalisées par l'établissement client ou encore la limitation temporaire ou définitive de certains services de correspondance bancaires offerts (y compris la suspension de certains flux de paiement dans l'attente de la transmission par l'établissement client de plus amples informations).

47. En tout état de cause, avant toute rupture de la relation de correspondance, il convient de solliciter l'avis de l'organe exécutif ou de toute personne habilitée par ce dernier à nouer ou maintenir la relation. Un préavis peut être prévu dans la convention de correspondance bancaire.

5 Contrôle interne

48. Le dispositif de contrôle interne de l'établissement correspondant s'assure, dans les conditions et selon les modalités prévues aux articles R. 561-38-3 à R. 561-38-9 :

— de la mise en place et du respect de procédures encadrant l'entrée en relation et le suivi des comptes de correspondance bancaire ;

— ainsi que de la conclusion de conventions de correspondance avec les établissements clients et du respect de ses clauses ou stipulations.

Il s'assure, en particulier, du respect des mesures de vigilance à appliquer dans le cadre d'une relation de correspondance bancaire, notamment lorsque l'article R. 561-21 du code monétaire et financier trouve à s'appliquer, ainsi que de la mise en œuvre des mesures de gel.

49. Le dispositif de contrôle interne veille, en particulier, à ce que les conventions de correspondance bancaire conclues avec les établissements clients en application de l'article R. 561-21 prévoient les modalités de contrôle du respect des stipulations de ces conventions, dont celles relatives à l'échange d'informations entre les deux parties. Il en est de même lorsqu'une telle convention est conclue, conformément à l'approche par les risques, en application des procédures définies par l'établissement correspondant ou l'entreprise mère du groupe auquel ce dernier appartient.

50. L'activité de correspondance bancaire est intégrée dans les contrôles permanents et périodiques de l'établissement correspondant. Les relations de correspondance bancaire font l'objet de contrôles selon une approche par les risques.

51. Les contrôles permanents et périodiques permettent notamment à l'établissement correspondant de s'assurer :

— que les diligences requises lors de l'entrée en relation avec l'établissement client, ainsi qu'en cours de relation d'affaires, ont été effectuées et qu'une convention de correspondant a bien été conclue ;

– des procédures et des mesures mises en place pour identifier et surveiller les comptes qui relèvent d'une relation de correspondance bancaire ;

– que des conventions de correspondance bancaire précises et indiquant les dispositions opérationnelles ont été conclues et respectées ;

– que les mesures relatives au gel des avoirs dans le cadre des relations de correspondance bancaire sont également respectées et qu'un dispositif de détection adapté et efficace est mis en place par l'établissement correspondant.

52. Les établissements correspondants sont en mesure de justifier à l'ACPR des actions de contrôle interne effectuées ainsi que des éventuelles mesures correctrices mises en œuvre, en cas d'identification d'incidents importants ou d'insuffisances.

5.1 *Cas particulier du recours à la tierce introduction dans le cadre de la correspondance bancaire*

53. La correspondance bancaire étant une activité signalée comme présentant un risque spécifique, l'ACPR invite les établissements à la plus grande prudence lorsqu'ils recourent, en la matière, à un tiers pour mettre en œuvre les obligations prévues aux articles L. 561-5 et L. 561-5-1.

5.2 *Cas particulier du recours à l'externalisation dans le cadre de la correspondance bancaire*

54. Dans le cadre de l'externalisation, des activités LCB-FT peuvent être effectuées par un tiers, y compris dans le cadre d'une externalisation intra-groupe, agissant pour le compte de l'établissement correspondant. Celui-ci reste, en tout état de cause, responsable de la bonne exécution des obligations qui lui incombent. L'établissement correspondant est en mesure de s'assurer que les activités ainsi déléguées sont correctement exécutées et font l'objet d'un contrôle interne adéquat au titre des activités externalisées, conformément aux dispositions de l'article R. 561-38-2.

6 Approche groupe dans le cadre de la correspondance bancaire

6.1 *Cas du groupe supervisé par l'ACPR*

Exemple :

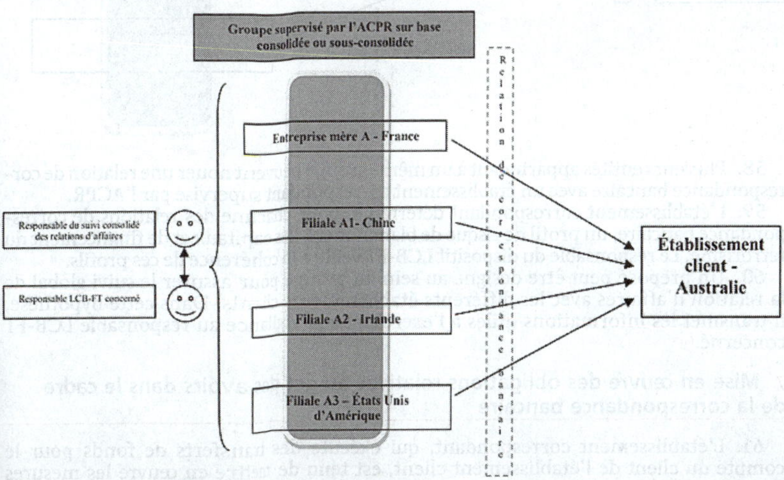

55. Un établissement client peut entrer en relation avec plusieurs entités appartenant au même groupe supervisé sur base consolidée ou sous-consolidée par l'ACPR. Ces entités, implantées dans des États différents, proposent des services de correspondance bancaire dans leur pays d'implantation respectif.

56. L'entreprise mère ou l'organe central définit les procédures en matière de correspondance intra-groupe et veille à ce que chaque entité du groupe en relation de correspondance avec le même client procède à sa propre analyse du risque de blanchiment des capitaux et de financement du terrorisme de la relation d'affaires. Le responsable du dispositif LCB-FT veille à la cohérence, au niveau du groupe, de ces analyses et assure la communication des informations utiles à la LCB-FT concernant la relation d'affaires aux entités du groupe *[V. lignes directrices de l'ACPR relatives aux échanges d'informations au sein d'un groupe et hors groupe]*.

57. Un préposé peut être désigné au sein du groupe pour assurer le suivi de la relation d'affaires avec l'établissement client au niveau du groupe. Dans cette hypothèse, il assure le suivi de la relation d'affaires avec l'établissement client et échange des informations avec ses collègues des autres entités du groupe également en relation d'affaires avec l'établissement client, et avec le responsable LCB-FT concerné.

6.2 *Cas du groupe supervisé par une autre autorité*

Exemple :

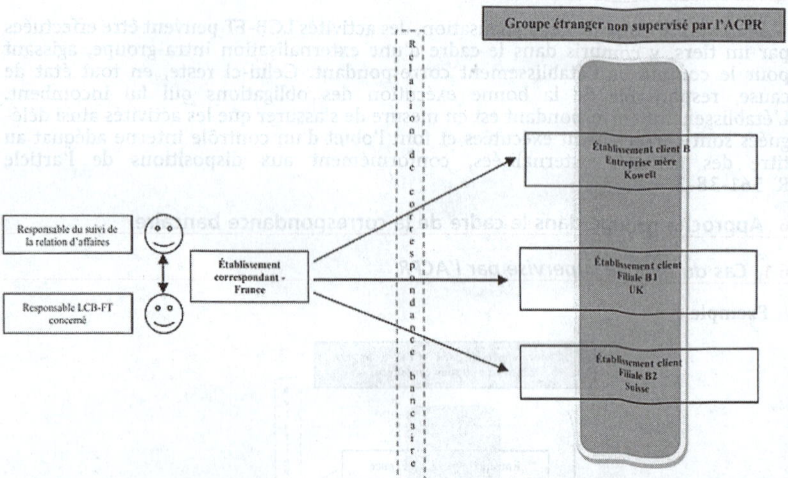

58. Plusieurs entités appartenant à un même groupe peuvent nouer une relation de correspondance bancaire avec un établissement correspondant supervisé par l'ACPR.

59. L'établissement correspondant détermine, pour chacune des relations de correspondance bancaire, un profil de risque de blanchiment des capitaux et de financement du terrorisme. Le responsable du dispositif LCB-FT veille à la cohérence de ces profils.

60. Un préposé peut être désigné au sein du groupe pour assurer le suivi global de la relation d'affaires avec les différents établissements clients. Dans cette hypothèse, il transmet les informations utiles à l'exercice de la vigilance au responsable LCB-FT concerné.

7 Mise en œuvre des obligations relatives au gel des avoirs dans le cadre de la correspondance bancaire

61. L'établissement correspondant, qui exécute des transferts de fonds pour le compte du client de l'établissement client, est tenu de mettre en œuvre les mesures

européennes et nationales de gel des avoirs (dont l'interdiction de mise à disposition de fonds), conformément aux règlements européens portant mesures restrictives et à l'article L. 562-4.

62. Il met en place, à cet effet, un dispositif de détection des fonds en provenance ou à destination de personnes ou entités soumises à de telles mesures de gel.

63. Cependant, en ce qui concerne les transferts de fonds purement nationaux ou intra-européens pour lesquels le règlement européen n° 847/2015 *[le Règl. n° 2015/847 du 20 mai 2015 sur les informations accompagnant les transferts des fonds a abrogé depuis le 26 juin 2017, l'art. 6 du Règl. n° 1781/2006 est devenu l'art. 5]* exige uniquement de les accompagner des numéros de compte du donneur d'ordre et du bénéficiaire, ou d'un identifiant unique de transaction, en l'absence de tout compte, l'obligation de détection ne trouve pas à s'appliquer, sauf si le transfert est accompagné des informations sur le donneur d'ordre et le bénéficiaire, y inclus leur nom, en application du règlement SEPA *[Règl. (UE) n° 260/2012 du 14 mars 2012 établissant des exigences techniques et commerciales pour les virements et les prélèvements en euros]*.

64. Par ailleurs, lorsque l'établissement correspondant détecte, lors de la réception d'un tel transfert de fonds, que le nom du donneur d'ordre ou du bénéficiaire est manquant, il rejette l'opération ou la suspend et demande les informations requises à l'établissement client, en application des orientations des AES sur les transferts de fonds. Dans cette dernière hypothèse, s'il n'obtient pas auprès de son client les éléments d'identité lui permettant de s'assurer que le donneur d'ordre ou le bénéficiaire n'est pas une personne ou entité soumise à une mesure de gel, il rejette le transfert.

65. Dans tous les cas, pour être en mesure de lever une alerte en matière de gel, l'établissement correspondant demande à l'établissement client les informations nécessaires à cet effet (notamment, l'ensemble des attributs d'identité du donneur d'ordre ou du bénéficiaire, selon le cas de figure, soit ses noms, prénoms, date et lieu de naissance).

66. Les établissements correspondants se réfèrent aux lignes directrices conjointes de l'ACPR et de la DGTrésor en matière de mise en œuvre des mesures de gel des avoirs.

Bilan ACPR sur les actions de contrôle (septembre 2019),

Relatif au dispositif LCB/FT des acteurs de la transmission de fonds .

Bilan ACPR sur les actions de contrôle (septembre 2019),

Relatif au pilotage consolidé du dispositif de LCB-FT des groupes bancaires et assurantiels .

Lignes directrices ACPR du 2 mars 2020,

Relatives à la lutte contre le blanchiment et le financement du terrorisme dans le domaine de la gestion de fortune.

Introduction

1. Les lignes directrices élaborées par l'Autorité de contrôle prudentiel et de résolution (ACPR) répondent à une demande des organismes financiers soumis au contrôle de l'ACPR en vue de préciser les attentes de l'Autorité concernant la mise en œuvre des mesures de vigilance en matière de lutte contre le blanchiment des capitaux et le financement du terrorisme (LCB-FT) dans le domaine de la gestion de fortune pour les secteurs de la banque et de l'assurance.

2. Les lignes directrices ont pour objet d'expliciter les textes en vigueur concernant l'activité de gestion de fortune et, en particulier, de préciser les risques spécifiques que présentent cette activité et les dispositifs de vigilance à mettre en œuvre.

3. Ces lignes directrices actualisées prennent en compte :

– d'une part, la jurisprudence de la commission des sanctions de l'ACPR concernant le respect des obligations de lutte contre le blanchiment des capitaux et le financement du terrorisme (LCB-FT) ;

– d'autre part, les dernières modifications législatives et règlementaires apportées au code monétaire et financier à la date de publication de ce document.

4. Les lignes directrices adoptées par l'ACPR sont publiques. Elles ont fait l'objet d'une concertation préalable à leur adoption au sein de la Commission consultative Lutte contre le blanchiment instituée par l'ACPR en application de l'article L. 612-14 du code monétaire et financier.

5. Ces lignes directrices pourront faire l'objet d'adaptations par la suite pour tenir compte de l'expérience de l'ACPR et des sujets que les membres de la Commission consultative LCB-FT souhaiteront approfondir, ainsi que des changements législatifs ou réglementaires éventuels ou encore des recommandations internationales intervenues, le cas échéant, dans le domaine concerné.

6. Sauf précision contraire, les articles cités dans les présentes lignes directrices renvoient à ceux du code monétaire et financier.

1 La définition de la notion de gestion de fortune

7. L'expression "gestion de fortune" désigne une prestation, par un organisme financier, de services de nature bancaire, financière ou d'assurance, caractérisée par deux critères cumulatifs :

– la gestion d'un patrimoine ou de ressources économiques d'un client supérieurs à un certain montant, dont la détermination est appréciée par chaque organisme financier (logique de seuils) ;

– une offre de services, de produits et de conseils spécifiques, qui n'est pas proposée à l'ensemble de la clientèle *[pour les entités ne proposant pas que de la gestion de fortune]*.

8. Dans certains cas, ces critères peuvent être complétés en fonction des services que les organismes financiers proposent, en cohérence avec une classification adaptée aux risques. Les éléments suivants peuvent être ainsi considérés comme critères complémentaires caractérisant l'activité de gestion de fortune :

– La mise en œuvre d'une démarche d'analyse patrimoniale, à destination des clients ou prospects disposant d'un patrimoine ou de moyens économiques importants ou d'un potentiel en la matière. En particulier, cette démarche préalable d'analyse est effectuée par des apporteurs d'affaires (conseillers en investissements financiers, courtiers en assurance, agents généraux proposant ce type de services ou encore conseillers en gestion de patrimoine, etc.) ;

– La fourniture de services, produits et conseils par l'intermédiaire d'une structure dédiée (ligne de métier, service ou entité) de l'organisme financier.

9. La gestion de fortune peut, selon cette définition multicritère, recouvrir une offre :

– de services bancaires (tenue de compte, certaines formes de crédit tel que le crédit lombard *[crédit garanti par le nantissement par exemple d'un dépôt de titres (actions, obligations, placement monétaire) ou d'avoirs. Le prêteur détermine le montant maximum du crédit pour chaque titre remis en nantissement en fonction de la solvabilité de l'emprunteur et du risque de défaut sur les titres remis en nantissement. Un autre exemple est le crédit remboursable in fine adossé à un contrat de capitalisation]*, etc.) ;

– de services d'investissement (conseils en investissement, gestion de portefeuille pour le compte de tiers, etc.) ;

– de produits d'assurance (contrats d'assurance vie et contrats de capitalisation avec des conditions adaptées à la clientèle concernée *[par exemple, un taux minimum garanti sur une période donnée, des frais de gestion réduits ou de plus amples facilités d'arbitrage]*) ;

– d'autres services, comme par exemple la tenue de compte-conservation d'instruments financiers, des services d'ingénierie patrimoniale, de conseil en cession d'entreprises, de "*family office*" [*office familial en vue de la gestion d'un patrimoine complexe*], etc.

10. La gestion de fortune procède d'une segmentation de la clientèle effectuée par les organismes financiers. Cette segmentation a des conséquences sur la nature et l'évaluation des risques auxquels les organismes financiers sont confrontés. Cela se traduit également par des exigences particulières en ce qui concerne la mise en œuvre des mesures de vigilance LCB-FT tant sur le plan de la connaissance de la relation d'affaires que du suivi approprié des relations d'affaires.

11. L'ACPR a relevé, à l'occasion de ses contrôles, différents schémas d'organisation en matière de gestion de fortune : ligne métier, filialisation, banque de détail etc. Les présentes lignes directrices ne constituent pas une préconisation en matière d'organisation interne, les organismes financiers s'organisant comme ils le souhaitent. Dans leurs dispositifs de gestion et de suivi des risques, les organismes financiers prennent en compte le mode d'organisation selon lequel ils offrent des produits et services de gestion de fortune.

12. Les présentes lignes directrices trouvent à s'appliquer aux activités de gestion de fortune quelle que soit l'organisation des organismes financiers. Sont, en conséquence, visées les situations dans lesquelles la relation d'affaires ne dépend pas de l'organisation dédiée à la fourniture de services de gestion de fortune.

13. Certains organismes financiers considèrent comme relations d'affaires relevant de la gestion de fortune des personnes qui ne répondent pas aux critères de la définition de la gestion de fortune mais qui ont des liens avec des relations d'affaires répondant à ces critères (par exemple, le conjoint ou les enfants d'une relation d'affaires relevant de la gestion de fortune). Les organismes financiers s'interrogent sur l'opportunité d'inclure ces personnes dans leurs dispositifs de vigilance spécifiques à la gestion de fortune de manière à choisir les modalités de mise en œuvre de la vigilance les plus adaptées aux opérations de ces personnes.

2 Appréciation des risques spécifiques au métier de gestion de fortune

2.1 *Identification et classification des risques*

14. Les organismes financiers se dotent d'une classification adaptée à leurs activités, clients, implantations et aux risques, qui prend en compte les spécificités du métier de gestion de fortune [*V. Décis. ACPR nº 2016-09 du 30 juin 2017, § 5*]. La classification s'appuie sur des critères de risques pertinents portant sur les caractéristiques des clients, la nature des produits et des services offerts, les canaux de distribution utilisés et les conditions de réalisation des opérations liées aux activités de gestion de fortune.

15. La gestion de fortune, également désignée par les termes "banque privée", est identifiée comme présentant des risques plus élevés en matière de blanchiment des capitaux dans la note interprétative de la recommandation nº 10 du Groupe d'Action Financière, l'annexe III (§ 2)a) de la 4ᵉ directive anti-blanchiment, les orientations sur les facteurs de risque des autorités européennes de supervision (chapitre 5), l'analyse nationale des risques [*en particulier le chapitre 3 faisant état du risque de fraude fiscale pour les "patrimoines très élevés"*] et l'analyse sectorielle des risques.

16. Les activités de gestion de fortune comportent des risques au regard :

– des produits ou services offerts (recours à des montages juridiques complexes ou des produits sophistiqués, recours à des trusts, gestion personnalisée, etc.) ;

– des modalités ou des conditions particulières des opérations effectuées (opérations de montants élevés y compris en espèces, demande de confidentialité accrue [*s'il est habituel que, dans le domaine de la gestion de fortune, des mesures spécifiques soient prises au sein des établissements pour préserver la confidentialité des clients et de leurs transactions, elles ne doivent cependant pas faire obstacle à la mise en œuvre des obligations LCB-FT*], actifs déposés ou gérés à l'étranger, montages ou opérations complexes, internationales, particulièrement importantes en montant et fréquentes) ;

— des caractéristiques des relations d'affaires (personne physique ou bénéficiaire effectif d'une personne morale ou encore technique de patrimoine d'affectation, personnes politiquement exposées, risque de conflits d'intérêts *[V. § 149 des orientations sur les facteurs de risque des autorités de supervision européennes : "La relation étroite entre le client et le chargé de clientèle peut entrainer des conflits d'intérêts si le chargé de clientèle développe des liens trop étroits avec le client, au détriment des efforts mis en œuvre par l'établissement pour gérer le risque de criminalité financière"]*, non-résidents, clients résidents gérant directement des avoirs importants actifs déposés ou gérés dans d'autres établissements du groupe ou hors groupe, en particulier à l'étranger, etc.) ;

— des canaux de distribution utilisés au sein du groupe (par exemple bancassurance) ou en dehors, (par exemple contrats d'affaires ou partenariats).

17. La classification des risques couvre l'ensemble des activités de gestion de fortune, tant les activités localisées dans une organisation dédiée que celles intégrées et suivies dans d'autres métiers comme par exemple, dans la banque de détail.

18. La classification est régulièrement actualisée au regard des critères de risques sur lesquels elle repose. Les organismes s'assurent ainsi de la pertinence dans le temps de la classification et de sa prise en compte pour le suivi de la relation d'affaires. Il est important de prendre en compte les listes de juridictions à hauts risques et non coopératives identifiées par le GAFI *[listes des juridictions présentant des défaillances stratégiques en matière de LCB-FT et qui font l'objet d'un appel du GAFI à appliquer des contre-mesures et des juridictions présentant des défaillances stratégiques en matière de LCB-FT et qui n'ont pas fait de progrès suffisants ou qui ne se sont pas engagés à suivre un plan d'action élaboré avec le GAFI afin de remédier à leurs défaillances ; Liste des juridictions présentant des défaillances stratégiques en matière de LCB-FT mais déterminées grâce à un engagement politique de haut niveau à corriger ces défaillances par la mise en œuvre d'un plan d'actions élaboré avec le GAFI : http://www.fatf-gafi.org/fr/pays/#high-risk]*, la Commission européenne *[notamment le Règl. délégué (UE) 2016/1675 de la Commission du 14 juill. 2016 et les règlements délégués en portant modification, ainsi que la liste de l'Union européenne des pays et territoires non coopératifs à des fins fiscales]* ou les informations diffusées par TRACFIN *[notamment les rapports annuels et les appels à la vigilance]* ou le ministère de l'économie *[notamment les États ou territoires non coopératifs en matière fiscale au sens de l'art. 238-0-A du CGI listés par l'Arr. du 12 févr. 2010 et les arrêtés le modifiant]*. Les organismes financiers peuvent également prendre en compte les différents accords internationaux relatifs à l'échange d'informations et les conventions fiscales conclues avec la France.

19. La classification des risques tient également compte de l'analyse de risque de blanchiment de capitaux et de financement du terrorisme (BC-FT) pouvant résulter du développement de nouveaux produits ou modification de produits existants conformément à la Recommandation 15 du GAFI. Les organismes financiers identifient et évaluent les risques de BC-FT pouvant résulter du développement de nouveaux produits ou de la transformation significative de produits existants et de nouvelles pratiques commerciales, y compris de nouveaux mécanismes de distribution.

2.2 *Profils de risque des relations d'affaires*

20. Les organismes financiers sont tenus de mettre en place des dispositifs d'évaluation et de gestion des risques de BC-FT (article L. 561-32). A cet égard, aux termes du I de l'article L. 561-32, ils "déterminent, un profil de la relation d'affaires permettant d'exercer la vigilance constante prévue à l'article L. 561-6".

21. Les profils de risque des relations d'affaires en matière de gestion de fortune tiennent compte de la classification des risques, en particulier :

— des caractéristiques du client (secteur professionnel ou d'activité particulièrement exposé au risque de BC-FT comme indiqué notamment dans les analyses de TRACFIN ou dans les analyses supranationale, nationale et sectorielle des risques, exposition à des risques particuliers de corruption, présence du pays de résidence du client ou du bénéficiaire effectif sur une liste internationale et, le cas échéant, des autres intervenants dans la relation d'affaires, ou de réalisation des opérations *[en particulier les États ou territoires non coopératifs en matière fiscale au sens de l'art. 238-0-A du CGI ou les pays désignés par le GAFI, etc.]*, existence d'une déclaration de soupçon) ;

– de la nature des produits et des services ;

– des conditions des opérations et des canaux de distribution (dont le recours à des tiers).

22. Les organismes justifient l'attribution d'un profil de risque sur la base d'une analyse formalisée qui repose sur les critères mentionnés au paragraphe précédent, ainsi que sur l'historique de la relation d'affaires et les opérations réalisées (ex. dépôts et retraits d'espèces d'un montant inhabituellement élevé, rachats précoces de contrats d'assurance-vie et de capitalisation, montages juridiques complexes, produits sophistiqués, recours à des sociétés écrans ou à des trusts pouvant dissimuler leur bénéficiaire effectif, opérations en relation avec des pays à risques, ou sans cohérence avec la connaissance de la relation d'affaires, etc.).

23. Les organismes procèdent à une révision régulière des profils de risque des relations d'affaires en fonction de la connaissance actualisée qu'ils ont de leurs clients.

24. Le profil de risque de la relation d'affaires est établi dans le cadre d'une approche par les risques.

3 Les mesures de vigilance adaptées au métier de gestion de fortune

25. Les organismes financiers adaptent les mesures de vigilance à mettre en place et justifient auprès de l'ACPR du caractère approprié des vigilances par rapport aux risques.

26. Dans le cadre de leurs mesures de vigilance, les organismes financiers tiennent notamment compte :

– de l'origine et de la destination des fonds, ainsi que de la justification économique des opérations en demandant la fourniture de justificatifs appropriés selon une approche par les risques ;

– de l'entremise d'un tiers (avocat, mandataire, courtiers divers, apporteur d'affaires divers, tiers introducteur, *family officer*, etc.) *[V. à ce sujet les lignes directrices de l'ACPR relatives à l'identification, la vérification et la connaissance de la clientèle, notamment l'identification du représentant du client (§ 30) et la distinction entre tierce introduction et externalisation (§ 149 à 168) : https://acpr.banque-france.fr/sites/default/files/media/2018/12/17/lignes_directrices_relatives_a_lidentification_la_verification_de_lidentite_et_la_connaissance_de_la_clientele_.pdf]*.

27. Les informations et documents justificatifs recueillis sont adaptés et proportionnés au regard du risque de blanchiment de capitaux et de financement du terrorisme présenté par le client et les opérations.

3.1 *Identification et connaissance de la relation d'affaires*

28. La gestion de fortune implique une connaissance approfondie de la clientèle. Elle s'accompagne, eu égard aux informations et opérations traitées, d'un cadre de confidentialité renforcée au sein des organismes. Les organismes financiers peuvent rencontrer des difficultés de collecte des informations nécessaires auprès de cette clientèle. En aucun cas, ces difficultés ne doivent faire obstacle à la mise en œuvre des prescriptions du code monétaire et financier en matière de LCB-FT. En application de l'article L. 561-8, lorsqu'un organisme financier n'est pas en mesure d'identifier son client et de recueillir les informations relatives à l'objet et à la nature de la relation d'affaires, il n'exécute aucune opération et n'établit ni ne poursuit aucune relation d'affaires.

29. La connaissance actualisée du client et de la relation d'affaires revêtent une importance particulière en raison de l'impact qu'une défaillance à leur niveau peut entraîner sur le respect des autres obligations de vigilance et de déclaration auprès de Tracfin. L'ACPR rappelle la nécessité de mettre à jour, régulièrement ou à l'occasion de tout événement significatif, les dossiers des clients en les complétant des

informations sur la relation d'affaires et des justificatifs y afférents, la mise à jour des dossiers de clients présentant un risque élevé devant s'effectuer suivant une périodicité adaptée. Il est demandé aux organismes financiers de mettre en place un processus de révision périodique des dossiers clients dont les résultats sont formalisés et contrôlés de manière à enrichir le profil des relations d'affaires et permettre le cas échéant de le réévaluer au regard du risque.

30. Les informations nécessaires à la connaissance de la relation d'affaires *[les organismes se réfèrent aux lignes directrices de l'ACPR relatives à l'identification, la vérification de l'identité et la connaissance de la clientèle]*, ainsi que la documentation y afférente, sont prévues par les procédures internes, de manière adaptée et proportionnée. Les informations concernant les clients relevant de la gestion de fortune sont :

— approfondies : notamment connaissance de la (ou des) résidence(s) fiscale(s) *[ces éléments sont par ailleurs exigés par l'art. L. 564-1]*, le cas échéant recueil des avis d'imposition ou de tout élément équivalent, l'origine des fonds apportés/gérés, l'activité, le montant et l'origine des revenus, l'origine et la composition du patrimoine et la situation financière dans le cas des personnes morales, informations sur le fonctionnement attendu du (des) compte(s). En outre l'organisme prend en compte les différentes parties à la relation d'affaires notamment les personnes agissant pour le compte du client et les bénéficiaires effectifs ;

— précises : par exemple, la profession ou la catégorie d'activité doit être détaillée *[V. Décis. ACPR nº 2016-01, § 20]*, les revenus et le patrimoine ou la fourchette de revenus et de patrimoine figurant dans le dossier sont suffisamment détaillés et correspondent bien à la situation concrète de la relation d'affaires *[V. § 128 des lignes directrices de l'ACPR relatives à l'identification, la vérification de l'identité et la connaissance de la clientèle]*, etc.

3.2 *Implication des dirigeants*

31. Les organismes financiers s'assurent :

— que leurs dirigeants évaluent et contrôlent périodiquement l'efficacité des politiques, des dispositifs et des procédures de contrôle interne et de LCB-FT mis en place en matière de gestion de fortune pour se conformer à leurs obligations et prennent les mesures appropriées pour remédier aux éventuelles défaillances. Les dirigeants prennent les mesures correctrices nécessaires pour remédier immédiatement aux incidents et dans des délais raisonnables aux insuffisances en matière de LCB-FT *[conformément aux dispositions du dernier alinéa de l'art. R. 561-38-4]* ;

— qu'à cette fin, ils mettent à disposition des dirigeants, dans les délais requis, les informations nécessaires à l'exercice de leur mission, en quantité et en qualité, notamment les informations sur le fonctionnement des dispositifs de LCB-FT et de contrôle interne prévus par les dispositions réglementaires (rapport sur le contrôle interne dédié à la LCB-FT et au gel des avoirs *[Arr. du 21 déc. 2018 relatif au rapport sur l'organisation des dispositifs de contrôle interne de LCB-FT et de gel des avoirs]*). Au moins une fois par an, le conseil d'administration, le conseil de surveillance ou tout autre organe exerçant des fonctions de surveillance est informé de l'activité et des résultats du contrôle interne ainsi que des insuffisances de celui-ci ou constatées par les autorités de contrôle nationales ou étrangères *[conformément aux dispositions de l'art. R. 561-38-6]*.

3.3. *Exercice de la vigilance adaptée aux risques*

32. Les organismes financiers veillent à appliquer avec une attention particulière les vigilances prévues aux articles, L. 561-5-1, L. 561-6 et R. 561-12, y compris aux fins de détection des clients ou opérations présentant un risque plus élevé, et à mettre en place des mesures de suivi et d'analyse des relations d'affaires adaptées.

33. Conformément au 2e alinéa de l'article L. 561-4-1, les organismes financiers définissent et mettent en place des dispositifs d'identification des risques de BC-FT auxquels ils sont exposés. Elles élaborent des procédures adaptées à ces risques concernant la mise en œuvre des mesures de vigilance relatives à la clientèle relevant de la gestion de fortune. Ces procédures sont mises à jour régulièrement. Leur mise en œuvre permet de détecter les relations d'affaires prévues au paragraphe 12 et, le cas échéant au paragraphe 13 des présentes lignes directrices.

34. Les organismes financiers mettent en œuvre des mesures de vigilance adaptées, dès l'entrée en relation d'affaires. En outre, si le client est une PPE *[lignes directrices de la Commission bancaire de janvier 2010 relatives aux personnes politiquement exposées et aux notions de pays tiers équivalent et de gestion de fortune en matière de lutte contre le blanchiment des capitaux et le financement du terrorisme : http://www.acpr.banque-france.fr/fileadmin/user_upload/acp/Controle_prudentiel/Lutte_anti-blanchiment/201001_lignes-directrices-de_la_commission-bancaire-anti-blanchiment.pdf]* ou le devient en cours de relation d'affaires, ils appliquent des mesures de vigilance complémentaires prévues aux articles L. 561-10, R. 561-20-2 et R. 561-20-3. Ils définissent aussi toute mesure de vigilance renforcée adaptée pour des clients à risque élevé qui ne seraient pas des PPE.

35. Les mesures de vigilance renforcée mises en œuvre à l'entrée en relation d'affaires peuvent consister en la collecte d'informations et de documents additionnels sur la relation d'affaires, notamment en se renseignant sur l'origine du patrimoine et des revenus.

36. Les organismes financiers veillent à appliquer les mesures de vigilance adaptées aux risques présentés par leurs relations d'affaires pendant toute la durée de celles-ci.

37. Pour les clients considérés à l'entrée en relation d'affaires comme présentant un risque élevé, en application du I de l'article L. 561-10-1, les organismes financiers renforcent l'intensité des mesures de vigilance. Ils réévaluent périodiquement le niveau de risque de la relation d'affaires.

38. Parmi les mesures de vigilance renforcée que les organismes peuvent mettre en œuvre pendant toute la durée de la relation d'affaires, figure une mise à jour plus fréquente les dossiers clients. En ce qui concerne le dispositif de détection des opérations atypiques, les organismes financiers définissent des seuils d'alertes adaptés ainsi que des moyens suffisants pour le suivi et l'analyse des alertes.

3.4 *Vigilance tenant compte des canaux de distribution*

39. Les organismes financiers exercent également des mesures de vigilance adaptées aux personnes utilisées pour distribuer des produits et services en matière de gestion de fortune. Les organismes financiers adaptent leurs procédures en fonction du canal utilisé pour la distribution de ces produits ou services.

3.5 *Déclaration de soupçon*

40. L'ACPR rappelle que les opérations atypiques détectées font l'objet d'une analyse systématique. Pour réaliser cette analyse, il convient de recueillir des justifications probantes permettant de lever le doute sur la licéité de l'opération. Si le doute ne peut être levé, les organismes financiers effectuent une déclaration de soupçon à Tracfin. Quand bien même l'activité de gestion de fortune présente des risques spécifiques, il ne saurait y avoir de déclarations automatiques fondées sur des critères prédéterminés (par exemple, présence d'un patrimoine d'affectation, mention de certaines activités professionnelles, etc.) sans que l'organisme effectue une analyse de la cause du soupçon de l'opération particulière.

41. Les organismes financiers portent une attention particulière, en ce qui concerne les activités de gestion de fortune, aux critères de déclaration de soupçon de fraude fiscale définis par l'article D. 561-32-1, notamment les situations présentées dans les critères n°s 1, 2, 3, 9, 10, 11 et 15 :

– l'utilisation de sociétés écran, dont l'activité n'est pas cohérente avec l'objet social ou ayant leur siège social dans un État ou territoire qui n'a pas adhéré à la norme relative à l'échange de renseignements sur demande à des fins fiscales, ou à l'adresse privée d'un des bénéficiaires de l'opération suspecte ou chez un domiciliataire au sens de l'article L. 123-11 du code de commerce (critère 1) ;

— la réalisation d'opérations financières par des sociétés dans lesquelles sont intervenus des changements statutaires fréquents non justifiés par la situation économique de l'entreprise (critère 2) ;

— le recours à l'interposition de personnes physiques n'intervenant qu'en apparence pour le compte de sociétés ou de particuliers impliqués dans des opérations financières (critère 3) ;

— la difficulté d'identifier les bénéficiaires effectifs et les liens entre l'origine et la destination des fonds en raison de l'utilisation de comptes intermédiaires ou de comptes de professionnels non financiers comme comptes de passage, ou du recours à des structures sociétaires complexes et à des montages juridiques et financiers rendant peu transparents les mécanismes de gestion et d'administration (critère 9) ;

— les opérations financières internationales sans cause juridique ou économique apparente se limitant le plus souvent à de simples transits de fonds en provenance ou à destination de l'étranger notamment lorsqu'elles sont réalisées avec des États ou des territoires visés au critère n° 1, c'est-à-dire avec un État ou un territoire qui n'a pas conclu avec la France une convention fiscale permettant l'accès aux informations bancaires (critère 10) ;

— le refus du client de produire des pièces justificatives quant à la provenance des fonds reçus ou quant aux motifs avancés des paiements, ou l'impossibilité de produire ces pièces (critère 11) ;

— le dépôt par un particulier de fonds sans rapport avec son activité ou sa situation patrimoniale connue (critère 15).

42. A cet égard, les organismes financiers peuvent se référer à la "Carte des pratiques et montages abusifs" publiée par la DGFIP qui peut leur permettre d'analyser certaines opérations relevant des critères cités ci-dessus. Cette carte permet également aux organismes financiers d'identifier des montages utilisés pour le blanchiment d'autres infractions que la fraude fiscale. Lorsque des cas mentionnés dans cette carte sont rencontrés, les entités assujetties procèdent à leur analyse et s'interrogent sur la nécessité de réaliser une déclaration de soupçon auprès de Tracfin *[les déclarations liées à l'échange automatique d'informations dans le domaine fiscal et les déclarations en rapport avec les dispositifs transfrontières devant fait l'objet d'une déclaration en application de l'Ord. n° 2019-1068 du 21 oct. 2019 sont distinctes des obligations de déclaration à Tracfin en vertu de l'art. L. 561-15]*.

4 Le contrôle interne

4.1 *Contrôles permanent et périodique de l'activité de gestion de fortune*

43. Le dispositif de contrôle interne des organismes financiers permet de s'assurer que ceux-ci ont mis en place des mesures conduisant à déterminer le périmètre de la gestion de fortune et les clients qui relèvent de l'activité de gestion de fortune.

44. Les organismes financiers s'assurent, dans le cadre de leur dispositif de contrôle interne, des mesures prises pour respecter les diligences requises à l'entrée et en cours de relation d'affaires avec des clients relevant de la gestion de fortune *[V. Décis. ACPR n° 2016-09 du 30 juin 2017, § 23 et 24]*. Ils veillent à ce que le dispositif de contrôle interne couvre leurs implantations à l'étranger.

45. Ils s'assurent également que les mesures de vigilance mises en œuvre pour les clients dans le cadre des services de gestion de fortune sont adaptées au niveau de risque de blanchiment des capitaux et de financement du terrorisme présenté par le client et ses opérations.

46. Les organismes financiers sont en mesure de justifier à l'ACPR les mesures prises.

4.2 *Adéquation des moyens du contrôle interne*

47. Les moyens humains (effectifs, qualification du personnel) et matériels (outils de contrôle à distance, visites sur place) des unités en charge du contrôle permanent et du contrôle périodique sont adéquats, au regard de l'ensemble des activités entrant

dans leur périmètre de contrôle du dispositif LCB-FT. Les organismes financiers veillent en particulier à la bonne formation du personnel de ces unités au regard des activités spécifiques de la gestion de fortune, des canaux de distribution et des implantations de l'organisme financier *[conformément à l'art. R. 561-38-3]*.

5 Le pilotage du dispositif de LCB-FT du groupe

48. Les entreprises-mères de groupe prennent en compte, dans le cadre de l'évaluation et de la classification des risques du groupe, les risques en matière de gestion de fortune, liés notamment :

— au recours à des implantations du groupe à l'étranger pour effectuer des opérations relevant du droit local (par exemple dans les États ou territoires non coopératifs en matière fiscale au sens de l'article 238-0-A du code général des impôts *[États ou territoires non coopératifs en matière fiscale au sens de l'art. 238-0-A du CGI listés par l'Arr. du 12 févr. 2010 et les arrêtés le modifiant]* **ou dans des états figurant sur les listes de juridictions à hauts risques et non coopératives identifiées par le GAFI** *[listes des juridictions présentant des défaillances stratégiques en matière de LCB-FT et qui font l'objet d'un appel du GAFI à appliquer des contre-mesures et des juridictions présentant des défaillances stratégiques en matière de LCB-FT et qui n'ont pas fait de progrès suffisants ou qui ne se sont pas engagés à suivre un plan d'action élaboré avec le GAFI afin de remédier à leurs défaillances ; Liste des juridictions présentant des défaillances stratégiques en matière de LCB-FT mais déterminées grâce à un engagement politique de haut niveau à corriger ces défaillances par la mise en œuvre d'un plan d'actions élaboré avec le GAFI : http://www.fatf-gafi.org/fr/pays/#high-risk]*, **la Commission européenne** *[notamment le Règl. délégué (UE) 2016/1675 de la Commission du 14 juill. 2016 et les règlements délégués en portant modification, ainsi que la liste de l'Union européenne des pays et territoires non coopératifs à des fins fiscales]* **ou les informations diffusées par TRACFIN** *[notamment les rapports annuels et les appels à la vigilance]* **ou le ministère de l'économie** *[notamment les États ou territoires non coopératifs en matière fiscale au sens de l'art. 238-0-A du CGI listés par l'Arr. du 12 févr. 2010 et les arrêtés le modifiant]*) **; d'autant plus lorsque les avoirs gérés dans ces implantations sont importants, en particulier en présence d'un risque de blanchiment de fraude fiscale ou lorsque l'opération recours à des montages juridique ou des montages complexes dont l'objet semble être de dissimuler l'identité du bénéficiaire effectif ;**

— à la complexité de l'organisation des lignes de métier de gestion de fortune, qui peut rendre l'organisme financier plus vulnérable au regard du risque de non-conformité, notamment lorsqu'il existe plusieurs implantations dédiées à la gestion de fortune à l'étranger.

49. Les organismes financiers se réfèrent aux publications de l'ACPR en la matière ainsi qu'à ses lignes directrices relatives au pilotage consolidé du dispositif de LCB-FT des groupes.

Lignes directrices ACPR du 2 mars 2020,

Relatives au pilotage consolidé du dispositif de LCB-FT des groupes.

1. Les présentes lignes directrices élaborées par l'Autorité de contrôle prudentiel et de résolution (ACPR) répondent à une demande des organismes financiers soumis à son contrôle. Elles présentent une analyse des obligations des entreprises mères de groupe, ayant leur siège social en France, en matière de pilotage du dispositif de lutte contre le blanchiment de capitaux et le financement du terrorisme (LCB-FT) au sein d'un groupe. Il s'agit d'un document explicatif qui n'a pas de caractère contraignant en lui-même.

2. Ces lignes directrices remplacent, tout en révisant leur contenu, les lignes directrices relatives aux échanges d'informations au sein d'un groupe et hors groupe de mars 2011 et celles relatives à la lutte contre le blanchiment et le financement du terrorisme dans le domaine de la gestion de fortune de mars 2014 pour la partie concernant la gouvernance du dispositif LCB-FT au sein d'un groupe.

3. La nécessité pour les groupes bancaires et assurantiels, en particulier ceux actifs à l'international, d'organiser leur dispositif de LCB-FT à l'échelle du groupe et de contrôler les diligences mises en œuvre en la matière par l'ensemble des succursales et filiales a, depuis de nombreuses années, été identifiée comme un axe essentiel du renforcement de la LCB-FT. Soulignée par les travaux du Groupe d'Action Financière en matière de blanchiment des capitaux (le GAFI) avec, en particulier, la publication en 2012 de sa recommandation n° 18 relative aux contrôles internes et succursales et filiales à l'étranger, l'importance de cette thématique a été réaffirmée par la directive UE 2015/849 dite 4e directive "anti-blanchiment" *[du Parlement européen et du Conseil du 20 mai 2015 relative à la prévention de l'utilisation du système financier aux fins du blanchiment de capitaux ou du financement du terrorisme, modifiant le règlement (UE) nº 648/2012 du Parlement européen et du Conseil et abrogeant la directive 2005/60/CE du Parlement européen et du Conseil et la directive 2006/70/CE de la Commission]*, **ainsi que par la directive UE 2018/843 dite 5e directive "anti-blanchiment"** *[du Parlement européen et du Conseil du 30 mai 2018 modifiant la directive (UE) 2015/849 relative à la prévention de l'utilisation du système financier aux fins du blanchiment de capitaux ou du financement du terrorisme ainsi que les directives 2009/138/CE et 2013/36/UE]*, **qui ont sensiblement renforcé les obligations incombant aux entreprises mères de groupe.**

4. Les présentes lignes directrices tiennent ainsi compte :

— des dispositions législatives et règlementaires du code monétaire et financier issues de la transposition de la 4e directive *[transposée en droit français par l'Ord. nº 2016-1635 du 1er déc. 2016 renforçant le dispositif français de LCB-FT et son décret d'application nº 2018-284 du 18 avr. 2018 renforçant le dispositif français de LCB-FT]* **et de la 5e directive** *[transposée en droit français par l'Ord. nº 2020-115 du 12 févr. 2020 renforçant le dispositif français de LCB-FT et ses décrets d'application nº 2020-118 et nº 2020-119 du 12 févr. 2020 renforçant le dispositif français de LCB-FT]* **anti-blanchiment ;**

— du règlement délégué (UE) n° 2019/758 de la Commission précisant les actions que doivent engager les établissements de crédit et les établissements financiers pour atténuer les risques de BC-FT dans certains pays tiers *[complétant la directive (UE) 2015/849 du Parlement européen et du Conseil en ce qui concerne les normes techniques de réglementation en précisant les actions que doivent au minimum engager les établissements de crédit et les établissements financiers et le type de mesures supplémentaires qu'ils doivent prendre pour atténuer les risques de blanchiment de capitaux et de financement du terrorisme dans certains pays tiers]* **;**

— des enseignements tirés des actions de contrôle portant sur le pilotage consolidé du dispositif LCB-FT des groupes bancaires et assurantiels conduites par l'ACPR au cours de ces dernières années et dont une synthèse a été publiée par l'ACPR.

5. Les lignes directrices adoptées par l'ACPR sont publiques. Elles ont fait l'objet d'une concertation préalable à leur adoption au sein de la Commission consultative Lutte contre le blanchiment et le financement du terrorisme instituée par l'ACPR en application de l'article L. 612-14.

6. Sauf précision contraire, les articles mentionnés dans les présentes lignes directrices renvoient à ceux du code monétaire et financier.

7. Dans les présentes lignes directrices, l'expression "entreprise mère" désigne l'entreprise mère définie aux paragraphes 11 et 14.

8. Pour les présentes lignes directrices, le pilotage consolidé du dispositif de LCB-FT au niveau du groupe désigne conformément à l'article L. 561-33 : (i) la définition par l'entreprise mère d'un dispositif d'identification et d'évaluation des risques de BC-FT et (ii), en tenant compte de cette évaluation, la mise en place au niveau du groupe d'une organisation, de procédures et d'un contrôle interne, visant à assurer l'efficacité du dispositif de LCB-FT de l'ensemble du groupe (y compris les filiales et succursales établies dans des pays tiers), notamment en ce qui concerne le partage d'informations nécessaires à la vigilance.

9. Cette organisation et ces procédures sont déclinées par les succursales et filiales du groupe en tenant compte de leurs spécificités et des risques de BC-FT auxquelles

elles sont exposées. Il n'appartient pas aux entreprises mères de se substituer aux filiales et succursales du groupe pour remplir les obligations de vigilance auxquelles elles sont soumises en application du chapitre I du titre VI du livre V du code monétaire et financier ou des dispositions de droit local équivalentes. En revanche, l'entreprise mère s'assure de l'effectivité de la mise en œuvre de ce dispositif, notamment par des mesures de contrôle interne efficaces et, le cas échéant, des mesures correctrices.

1 Périmètre

1.1 *Les entreprises mères soumises aux obligations concourant au pilotage*

10. Les entreprises mères dont le siège social est en France sur lesquelles reposent les obligations concourant au pilotage sont :

11. Pour les groupes soumis à la supervision prudentielle :

a) les entreprises mères (entreprises règlementées ou compagnies financières holding mixtes (CFHM)) d'un conglomérat financier au sens de l'article L. 517-3 soumis à la surveillance complémentaire de l'ACPR ou de la BCE (cf. cas 1 en annexe 2) ;

b) les entreprises mères (entreprises règlementées, compagnies financières holding (CFH) ou entreprises mères de société de financement (EMSF)) d'un groupe financier soumis à la surveillance prudentielle de l'ACPR ou de la BCE sur base consolidée au plus haut niveau de consolidation en France, à l'exclusion des compagnies holding mixtes (CHM) et des entreprises mères mixtes de société de financement (EMMSF) (cf. cas 1, 2 et 3 en annexe 2) ;

c) les entreprises mères (entreprises réglementées, sociétés de groupe d'assurance (SGA), unions mutualistes de groupe (UMG) ou sociétés de groupe assurantiel de protection sociale (SGAPS)) des groupes au sens des articles L. 322-1-2 et L. 322-1-3 et L. 356-2 du code des assurances, de l'article L. 111-4-2 du code de la mutualité ou de l'article L. 931-2-2 du code de la sécurité sociale, soumis à la surveillance de l'ACPR sur base consolidée au plus haut niveau de consolidation en France, à l'exclusion des sociétés de groupe mixte d'assurance (SGMA) (cf. cas 1, 2 et 3 en annexe 2) ;

d) les organes centraux au sens de l'article L. 511-30 ou de l'article L. 322-27-1 du code des assurances (cf. cas 4 en annexe 2) ;

e) La Caisse des dépôts et consignations.

12. Ces différents cas sont illustrés par des schémas en annexe 2. Un même schéma peut concerner plusieurs cas.

13. L'existence dans le groupe d'entités non soumises aux obligations en matière de LCB-FT interposées entre une entreprise mère et des filiales ou succursales qui entrent dans le périmètre des obligations de pilotage (cf. § 17) ne fait pas obstacle aux obligations de pilotage de l'entreprise mère.

14. Pour les groupes qui ne sont pas soumis à une supervision prudentielle (par exemple : groupes qui disposent de filiales proposant des services sur actifs numériques ou groupes de changeurs manuels) : les entreprises mères qui exercent un contrôle sur leurs filiales au sens de l'article L. 233-3 du code de commerce. Ces entreprises mères sont soumises à des exigences assouplies en matière de contrôle interne *[elles ne sont pas soumises à l'art. R. 561-38-7 ni à la remise d'un rapport sur l'organisation des dispositifs de contrôle interne de lutte contre le blanchiment des capitaux et le financement du terrorisme et de gel des avoirs sur base consolidée prévu par l'Arr. du 21 déc. 2018]*.

15. Conformément aux exigences prévues par la 5e directive "anti-blanchiment", les entreprises mères de groupe en France mettent en œuvre les présentes lignes directrices pour leurs sous-groupes, en intégrant les exigences du pilotage exercé par leur propre entreprise mère située à l'étranger (cf. cas 2 en annexe 2).

16. Compte tenu de la spécificité de l'organisation de certains groupes, l'entreprise mère peut externaliser la fonction de pilotage à une autre entité du groupe. En revanche, elle demeure responsable du respect de ses obligations, et notamment de la cohérence de l'ensemble du dispositif. Dans ce cadre, elle s'assure notamment que

l'entité du groupe lui fournit les informations nécessaires au suivi et au contrôle de la prestation externalisée (cf. § 90 et suivants).

1.2 *Les entreprises entrant dans le périmètre des obligations de pilotage*

17. L'entreprise mère *[conformément à l'art. R. 561-38-7, lorsque les personnes mentionnées au 1er al. de l'art. R. 561-38-4 sont affiliées à un organe central, celui-ci remplit les fonctions et assure les responsabilités de l'entreprise mère du groupe, au sens de la présente section (procédures et contrôle interne) du chapitre I du titre VI du livre V du C. mon. fin.]* **du groupe assure le pilotage en matière de LCB-FT à l'égard des entités suivantes appartenant, le cas échéant** *[en particulier, le critère relatif à la consolidation prudentielle ne s'applique pas aux entreprises mères qui ne sont pas soumises à une supervision prudentielle sur base consolidée telles que les entreprises mères de groupes composés exclusivement de changeurs manuels ou de prestataires de services sur actifs numériques]*, **à son périmètre de consolidation prudentielle :**

a) les entités du groupe *[notamment les filiales, succursales ou affiliés]* **établies en France et soumises aux obligations LCB-FT ;**

b) les entités du groupe établies à l'étranger appartenant à une catégorie équivalente, sur le fondement d'un droit étranger, à l'article L. 561-2 ;

18. S'agissant des entreprises mères qui détiennent des entreprises d'assurance non-vie à l'étranger, lorsque ces dernières ne sont pas soumises à la LCB-FT dans leur pays d'accueil, elles ne sont pas incluses dans le périmètre des obligations de pilotage du groupe.

19. En outre, conformément aux exigences de l'article L. 511-34, les entreprises mères établissent des procédures permettant l'échange d'informations nécessaires à la LCB-FT, auquel sont tenues l'ensemble des entités du groupe établies en France ou à l'étranger (filiales et succursales), y compris si elles ne sont pas assujetties à la LCB-FT ou à la supervision prudentielle.

20. Une attention particulière doit être portée aux entités qui présentent un intérêt spécifique en matière de LCB-FT (par exemple : les prestataires de services aux sociétés et aux fiducies/trust *[mentionnés au c du § 3 de l'art. 2 de la directive "anti-blanchiment"]***).**

2 La gouvernance du dispositif de LCB-FT des groupes

2.1 *L'organisation du dispositif de LCB-FT*

21. Conformément aux articles L. 561-32 et L. 561-33, les entreprises mères définissent une organisation efficace du dispositif de LCB-FT au niveau groupe. Il tient compte de la taille du groupe, de la nature des activités exercées et des risques identifiés dans la classification des risques du groupe mentionnée à l'article L. 561-4-1.

22. A cette fin, elles documentent les responsabilités respectives des collaborateurs en charge de la mise en œuvre du dispositif de LCB-FT, leurs niveaux et leurs périmètres d'intervention, ainsi que les liens hiérarchiques et fonctionnels existants, en s'assurant de la cohérence de l'ensemble du dispositif. Elles précisent également les instances mises en place pour le pilotage, leurs rôles, leurs périmètres d'intervention et leurs modalités de fonctionnement.

23. Les entreprises mères allouent des moyens suffisants, tant matériels qu'humains, pour assurer le pilotage du dispositif de LCB-FT au niveau du groupe et, le cas échéant, pour accomplir toutes les tâches qui leur sont attribuées dans le cadre de l'organisation du groupe (par exemple, si le traitement des déclarations de soupçon est centralisé). A cette fin, elles tiennent compte des risques identifiés dans la classification des risques établie au niveau du groupe.

24. Les entreprises mères garantissent aux personnes qui participent à la mise en œuvre des obligations de LCB-FT au sein du groupe, et notamment au responsable de la mise en œuvre du dispositif de LCB-FT désigné au niveau du groupe, un accès, selon des modalités adaptées à l'organisation du groupe, à toutes les informations qui sont nécessaires à l'exercice de leurs fonctions. A cet égard, elles définissent des

procédures "d'escalade" qui précisent les différentes étapes à suivre, selon un mode graduel, en cas d'obstacle à l'accès aux informations nécessaires.

2.2 *Le responsable de la mise en œuvre du dispositif de LCB-FT à l'échelle du groupe*

25. Conformément au I de l'article L. 561-32, les entreprises mères désignent, au niveau du groupe, un responsable de la mise en œuvre du dispositif de LCB-FT, occupant une position hiérarchique élevée et possédant une connaissance suffisante de l'exposition au risque de BC-FT du groupe.

26. Le responsable de la mise en œuvre du dispositif de LCB-FT désigné au niveau du groupe peut, par exemple, être le responsable du contrôle de la conformité du groupe, ou un responsable *ad hoc*. Sa fonction et celle de responsable du contrôle permanent sont exercées par deux personnes différentes, sauf si la taille du groupe ou les risques auxquels le groupe est exposé ne le justifient pas.

27. Il est chargé de définir et de veiller à la mise en œuvre du dispositif de LCB-FT du groupe, et d'en rendre compte aux dirigeants et aux organes de surveillance du groupe. Il s'assure de l'exhaustivité du périmètre des entités incluses dans le périmètre du pilotage. Il est informé des incidents importants et des insuffisances identifiés dans le cadre du contrôle interne ou par les autorités de contrôle en matière de LCB-FT.

28. Il tient les dirigeants et les organes de surveillance de l'entreprise mère informés de l'évolution du dispositif de LCB-FT groupe et des actions conduites dans ce domaine à travers le groupe. A cet égard, il a accès aux dirigeants et à l'organe de surveillance de l'entreprise mère du groupe.

29. Le responsable de la mise en œuvre du dispositif LCB-FT du groupe a des obligations qui lui sont confiées par la réglementation *[art. L. 561-32 et par le Règl. délégué (UE) 2019/758 de la Commission du 31 janv. 2019]*, dont le non-respect peut conduire sa responsabilité à être engagée notamment à titre disciplinaire dans les conditions de l'article L. 561-36-1. Il est donc nécessaire qu'il dispose des moyens lui permettant d'exercer sa mission de pilotage.

> Ces moyens peuvent prendre la forme, par exemple, d'un rattachement hiérarchique et/ou, le cas échéant, fonctionnel des responsables du dispositif de LCB-FT locaux au responsable du dispositif LCB-FT du groupe. Le rattachement fonctionnel peut se matérialiser, par exemple, par la participation d'un représentant du groupe aux décisions de nomination des responsables de la conformité (et/ou des dispositifs de LCB-FT) locaux et, dans le respect des obligations en matière du droit du travail, à la fixation de leurs objectifs, à l'établissement de leur évaluation et à la détermination de leur rémunération variable.
>
> Lorsque la complexité du groupe rend impossible le rattachement direct, le responsable LCB-FT du groupe dispose des moyens adéquats à l'égard des responsables locaux pour assurer sa mission. Ces moyens comprennent la possibilité pour le responsable LCB-FT du groupe de tenir informés, par tout moyen approprié, les dirigeants et l'organe de surveillance des différentes entités du groupe de la mise en œuvre effective par les responsables locaux des procédures du groupe et des évènements significatifs dont il aurait connaissance dans l'exercice de sa mission.

> S'agissant des groupes mutualistes ou coopératifs, ces moyens peuvent également prendre la forme, par exemple, de comités, réunissant des responsables LCB-FT des affiliés, pilotés par le responsable LCB-FT du groupe, et dont l'objet est de définir et valider des normes dans le domaine de la LCB-FT.
>
> Les organes de direction de l'organe central, qui impliquent les affiliés, approuvent ces procédures internes dans le cadre de comités *ad hoc*.

2.3 *Les déclarants ou correspondants Tracfin*

30. Les organismes financiers établis en France d'un même groupe peuvent convenir, en accord avec la tête de groupe, comme prévu à l'article R. 561-28, d'une désignation conjointe des déclarants et/ou correspondants Tracfin, pour l'application des articles R. 561-23 et R. 561-24, sous réserve que les personnes ainsi habilitées exercent leurs fonctions en France *[en complément V. § 54 des lignes directrices conjointes de l'ACPR et de Tracfin sur les obligations de déclarations et d'information à Tracfin sur le sujet de l'externalisation des obligations déclaratives au sein d'un groupe]*.

31. La désignation de déclarants et correspondants conjoints pour plusieurs organismes financiers au sein d'un même groupe peut être de nature à assurer, de manière plus efficace, les échanges relatifs aux informations les plus sensibles (existence et contenu de dossiers de renseignement ou de déclarations à Tracfin).

2.4 *Information et implication des dirigeants et de l'organe de surveillance*

32. Les dirigeants *[les personnes qui assurent la direction effective de l'entreprise assujettie, le directeur général et les directeurs généraux délégués, le directeur général unique ou les membres du directoire ou toute autre personne exerçant des fonctions de direction équivalentes]* et les organes de surveillance *[le conseil d'administration, le conseil de surveillance ou tout autre organe exerçant des fonctions de surveillance équivalentes]* de l'entreprise mère du groupe s'impliquent dans le domaine de la LCB-FT afin d'être en mesure de remplir leurs obligations respectives, notamment en ce qui concerne la mise en œuvre de mesures correctrices ou en matière de contrôle interne (cf. § 90 et suivants).

33. L'ensemble des thématiques de LCB-FT au sein du groupe est régulièrement traité dans les réunions des comités faîtiers *[comité à haut niveau qui traite spécifiquement des sujets relatifs à la LCB-FT]* et de l'organe de surveillance de l'entreprise mère du groupe, avec une profondeur d'analyse suffisante. A cette fin, la nature et la qualité des informations remontées sont suffisantes pour permettre aux comités faîtiers, d'une part, et à l'organe de surveillance, d'autre part, de disposer d'indicateurs fiables, susceptibles de leur donner pour leurs missions respectives une vue exhaustive et synthétique du fonctionnement du dispositif de LCB-FT et de son pilotage. Ces informations portent, par exemple, sur des indicateurs de mesure du risque, les activités jugées "sensibles" au sein du groupe, le suivi de certains plans de remédiation majeurs ou encore les défaillances identifiées par le contrôle permanent et périodique et le suivi des recommandations.

34. L'organe de surveillance de l'entreprise mère du groupe se prononce également sur des questions stratégiques *[par exemple, V. art. L. 511-60 pour le secteur de la banque]* telles que l'acquisition, la présence ou le maintien de typologies de portefeuille de la clientèle ou d'implantations présentant des risques de BC-FT élevés, par exemple celles situées dans des pays tiers dont la règlementation locale en matière de LCB-FT n'est pas équivalente aux normes françaises.

3 La classification des risques et les procédures du groupe

3.1 *La classification des risques de BC-FT*

35. Conformément à l'article L. 561-4-1, les entreprises mères de groupe ayant leur siège social en France identifient et évaluent l'ensemble des risques de BC-FT auxquels le groupe est exposé.

36. A cette fin, elles formalisent une classification des risques de BC-FT au niveau du groupe qui tient compte de l'ensemble des risques identifiés et évalués au niveau du groupe, et qui couvre les 5 axes prévus par la règlementation : la nature des produits ou services offerts, les conditions de transaction proposées, les canaux de distribution utilisés, les caractéristiques des clients et les pays ou territoire d'origine ou de destination des fonds.

37. La classification des risques élaborée au niveau du groupe est un document, dont la granularité est adaptée à la taille et à la nature du groupe, tout en couvrant l'ensemble des risques liés aux activités du groupe. La mise en œuvre d'une organisation et des procédures LCB-FT au sein du groupe tiennent compte des risques identifiés dans cette classification, conformément à l'article L. 561-32. Au niveau des entités locales, la classification du groupe a vocation à être prise en compte, de manière opérationnelle (V. § 42).

38. La classification des risques tient notamment compte des informations issues des analyses sectorielle, nationale et supranationale des risques de BC-FT, des publications de Tracfin, des informations publiées par le ministre de l'économie, des publications de l'OCDE, de la liste des juridictions à haut risque ou sous surveillance établie par le GAFI, de toutes les informations pertinentes publiées par la Commission européenne, y compris la liste des pays tiers à haut risque établie en application de l'article 9 de la directive (UE) 2015/849. Dans leur classification des risques, les entreprises mères apprécient et prennent en compte les risques auxquels le groupe est exposé du fait de l'activité de leurs entités situées à l'étranger (V. § 51 a)).

39. Cette classification prend en compte les risques liés aux différentes implantations étrangères du groupe, par exemple :

– lorsque le droit applicable localement fait obstacle à la mise en œuvre de tout ou partie des procédures LCB-FT définies au niveau du groupe ;

– les risques liés aux entités situées dans des pays ou territoires non coopératifs à des fins fiscales.

40. La classification des risques "groupe" est régulièrement mise à jour, notamment à la suite de tout évènement interne ou externe affectant significativement les activités, les produits, les opérations, les canaux de distribution, les clientèles, les pays d'origine ou de destination des fonds, ou les implantations des différentes entités du groupe.

41. Après élaboration et à chaque modification substantielle de la classification des risques de BC-FT, le responsable du dispositif LCB-FT désigné au niveau du groupe la communique à l'organe de surveillance.

42. Les entreprises mères de groupe élaborent et diffusent une méthodologie permettant aux filiales et succursales d'élaborer leur propre classification, en cohérence avec celle du groupe, en tenant notamment compte des activités, clients et canaux de distribution qui leur sont propres, de l'analyse des risques publiée localement et des informations diffusées par la cellule de renseignement financier locale.

Classification des risques et profil de risques : deux notions distinctes et complémentaires

La classification des risques se distingue de la notion de profil de risque (notation de risque, "*scoring*") qui, quant à elle, se rapporte à l'identification et l'évaluation du risque de BC-FT que représente une relation d'affaires en particulier. La classification permet d'élaborer le profil de risque de la relation d'affaires. Cette notion est introduite dans le code monétaire et financier en son article L. 561-32 : "En tenant compte du volume et de la nature de leur activité ainsi que des risques présentés par les relations d'affaires *[que les personnes mentionnées à l'article L. 561-2]* établissent, elles déterminent un profil de la relation d'affaires permettant d'exercer la vigilance constante prévue à l'article L. 561-6".

Elle tient compte de la classification des risques de BC-FT et de la connaissance de la relation d'affaires. Les mesures de vigilance sont adaptées en fonction du profil de risque.

3.2 *Les procédures groupe*

3.2.1 *L'élaboration de procédures groupe et leur déclinaison dans les entités du groupe*

43. La mise en œuvre cohérente de procédures de LCB-FT à l'échelle du groupe est essentielle pour garantir une gestion solide et efficace des risques de BC-FT au

sein du groupe. Les procédures de LCB-FT élaborées par l'entreprise mère sont des normes minimales applicables à l'ensemble des entités du groupe, celles-ci ayant vocation à être déployées dans les procédures locales. Elles visent également, pour les entités du groupe implantées dans des pays tiers, à mettre en œuvre un niveau de vigilance en matière de LCB-FT équivalent à celui imposé par les normes françaises. Dans le cas où la règlementation locale fait obstacle à la mise en œuvre des procédures du groupe, les entreprises mères se réfèrent aux § 74 et suivants des présentes lignes directrices.

44. Les procédures groupe tiennent compte des risques identifiés dans la classification des risques de BC-FT élaborée au niveau du groupe et sont adaptées à ses caractéristiques. Elles tiennent compte par exemple, de la taille du groupe, de ses implantations, de la nature des activités et de la clientèle de l'ensemble des entités du groupe.

45. Les procédures groupe portent notamment sur :

a) Les standards de vigilance au sein du groupe, et notamment sur :

— les informations recueillies dans le cadre de l'identification et de la vérification d'identité du client, et le cas échéant du bénéficiaire effectif ;

— la collecte d'informations relatives à la connaissance de la clientèle et, le cas échéant, des bénéficiaires effectifs ;

— la méthodologie relative à la détermination du profil de risque du client : à cet égard, les procédures groupe encadrent de manière suffisamment précise la méthodologie d'élaboration du profil de risque d'un client (par exemple : niveau de risque des pays, secteurs d'activité, nature du client) dans le but d'en assurer la cohérence au sein du groupe ;

— l'incidence du profil de risque du client sur l'intensité des mesures de vigilance, notamment sur la fréquence de mise à jour des dossiers clients.

b) Les échanges d'informations intra-groupe, (V. § 48 et suivants) ;

c) La gouvernance du dispositif LCB-FT, notamment sur la gestion des outils et sur la politique de formation : les entreprises mères veillent particulièrement à l'efficacité de l'échange d'informations au sein du groupe quelle que soit l'organisation choisie. Celle-ci est encadrée par des procédures dans le respect des obligations portant sur le secret professionnel et la protection des données personnelles. A cette fin, certains groupes disposent, par exemple, d'une base de données centralisée sur l'ensemble de leur clientèle, ou de plusieurs bases de données qui sont interconnectées ;

d) Les mesures de contrôle interne (contrôle permanent et contrôle périodique).

46. Les procédures définies à l'échelle du groupe sont régulièrement actualisées, par exemple à la suite d'un changement interne tel que l'acquisition de filiales exerçant une nouvelle activité et disposant de nouveaux clients.

47. L'entreprise mère du groupe met en place un dispositif afin de s'assurer que les procédures locales sont conformes aux procédures du groupe, en tenant compte des spécificités des entités locales. Elle s'assure également que les procédures locales sont actualisées à la suite de la mise à jour des procédures groupe.

3.2.2 *Les procédures relatives aux échanges d'informations intra-groupe*

48. Conformément à l'article L. 561-33, l'entreprise mère du groupe définit au niveau du groupe les procédures prévoyant le partage d'informations au sein du groupe. Ces informations visent à assurer l'efficacité du pilotage du dispositif LCB-FT et la vigilance au sein du groupe et comprennent notamment celles prévues à l'article L. 511-34 *[l'art. L. 511-34 s'applique à l'ensemble des entreprises établies en France y compris celles qui ne relèvent pas du périmètre de consolidation prudentielle ou qui ne sont pas assujetties à la LCB-FT. Lorsqu'elles ne sont pas assujetties à la LCB-FT, elles fournissent les informations qu'elles peuvent recueillir dans le cadre de leur activité]*.

49. Les procédures prévoient notamment les modalités de traitement des informations dans les dispositifs de suivi et d'analyse des risques. Elles prévoient que les

échanges d'informations ne peuvent pas être utilisés à d'autres fins que la mise en œuvre des vigilances en matière de LCB-FT, sauf accord exprès du client, et que ces échanges s'effectuent en conformité avec les obligations requises en matière de protection des données personnelles et de secret professionnel (V. § 60 et suivants).

50. Les procédures définissent les personnes dûment habilitées à transmettre et/ou à avoir accès aux informations échangées concernant les clients. Les procédures prévoient des modalités de transmission des informations et d'accès à celles-ci, adaptées à la sensibilité de ces informations. Les procédures définissent également la nature des informations accessibles selon les attributions et responsabilités des personnes concernées (chargé de clientèle, correspondant Tracfin, auditeur, etc.)

51. Les procédures définissent la nature des informations à communiquer pour le pilotage du dispositif LCB-FT et la vigilance :

a) Les informations LCB-FT relatives à l'évaluation des risques auxquels sont exposées les différentes entités du groupe

52. Il s'agit en particulier des informations diffusées par les autorités compétentes locales (par exemple, de la cellule de renseignement financier ou du ministre chargé de l'économie) ou internationales, des analyses des risques BC-FT locales, le cas échéant, et des informations relatives aux spécificités du droit local étranger.

b) Les informations spécifiques relatives à un client ou une opération nécessaires à la vigilance au sein du groupe y compris les informations nominatives conformément à l'article R. 561-29

53. Les informations communiquées sont celles nécessaires à la vigilance au sein du groupe sont et qui permettent notamment :

— S'agissant de la connaissance client, d'évaluer ou de modifier le profil de risque d'une relation d'affaires par l'entité du groupe qui reçoit ces informations. Lorsqu'une entité du groupe a connaissance d'un élément substantiel de nature à modifier sa propre appréciation du profil de risque du client, elle communique cette information aux autres entités du groupe concernées par ce client. Les procédures définies par le groupe fixent, selon une approche par les risques, le cadre et les modalités de cette communication, y compris les modalités de détermination des clients communs, lorsqu'il y a lieu de penser que cette information n'est pas connue des autres entités du groupe ;

— S'agissant de la surveillance des opérations, de mettre en œuvre les mesures de vigilance prévues par la réglementation. Il s'agit par exemple des informations nécessaires pour le traitement d'une alerte sérieuse ou des documents consignant les caractéristiques des opérations ayant fait l'objet d'un examen renforcé, y compris les résultats de cet examen *[art. R. 561-29 et R. 561-22 C. mon. fin.]* ou des informations relatives à l'existence et au contenu d'une déclaration de soupçon ;

— S'agissant des demandes des autorités judiciaires ou des autorités de supervision ainsi que des appels à la vigilance et des droits de communication formulés par les cellules de renseignements financiers, d'y répondre.

54. Les informations nominatives pouvant faire l'objet d'échanges d'informations entre entités au sein d'un groupe sont :

— les données d'identification des clients et, le cas échéant, des bénéficiaires effectifs au sens des articles L. 561-5, R. 561-5 et R. 561-7 ;

— les informations relatives à l'objet et à la nature des relations d'affaires, prévues à l'article L. 561-5-1 ;

— les informations nécessaires à la connaissance du client au sens de l'article R. 561-12 ;

— tout autre élément d'information pertinent (V. art. L. 561-5-1) sur ce client et ses opérations, nécessaires à l'évaluation des risques LCB-FT pour des clients ou des relations d'affaires.

55. Les éléments d'informations pertinents obtenus en cas de vigilances complémentaires ou renforcées en plus des informations prévues aux articles L. 561-5 et L. 561-5-1 font partie des échanges d'informations intra-groupe.

56. Les procédures définies par les entreprises mères permettent l'accès aux informations utiles concernant un client dont les opérations ont fait l'objet d'un examen renforcé.

57. La réception d'éléments relatifs à un examen renforcé ou à une déclaration de soupçon ne doit pas conduire l'organisme financier qui les reçoit à une déclaration systématique à Tracfin ou à une autre cellule de renseignement financier si l'entité est établie à l'étranger *[V. lignes directrices conjointes de l'ACPR et de Tracfin : "le dispositif français de lutte contre le blanchiment et le financement du terrorisme n'est pas un système automatique de déclarations"]*. L'organisme financier procède à l'analyse des opérations de ce client afin de détecter celles qui répondent aux conditions prévues à l'article L. 561-15 et de procéder, le cas échéant, lui-même à une déclaration de soupçon.

c) Les informations qui sont nécessaires au pilotage du dispositif LCB-FT

58. Il s'agit, par exemple, des indicateurs de suivi *[tels que, par exemple, des ratios, des délais moyens de traitement des alertes, du nombre d'examens renforcés ou de déclarations de soupçon, etc.]*, des résultats de contrôle interne, des rapports et tout élément utile tel que les tableaux de bords élaborés selon une méthodologie cohérente dans l'ensemble du groupe, avec une granularité adaptée. En particulier, les informations peuvent être agrégées sans que ne soient masqués les risques spécifiques d'une entité.

59. Les procédures prévoient la transmission d'informations à l'entreprise mère des obstacles à l'échange d'information intra-groupe et définissent le cas échéant les mesures de vigilance spécifiques. Lorsque de tels obstacles sont identifiés, l'entreprise mère du groupe doit en tenir compte dans l'élaboration de sa classification des risques et en tire des conséquences en matière de vigilance (V. § 74 et suivants).

3.2.3 *Les limitations à l'échange d'information*

a) Le cas de la protection des données personnelles

60. Conformément à l'article L. 561-33, I, les procédures du groupe prévoient, dans le cadre de l'échange d'informations, la protection des données à caractère personnel.

61. Ainsi l'échange d'informations, en application des articles L. 511-34, L. 561-20 et R. 561-29 s'effectue en conformité avec :

– le règlement (UE) n° 2016/679 du 27 avril 2016 relatif à la protection des personnes physiques à l'égard du traitement des données à caractère personnel et à la libre circulation de ces données (Règlement Général sur la Protection des Données, "RGPD") ;

– la loi n° 78-17 du 6 janvier 1978 relative à l'informatique, aux fichiers et aux libertés dans sa version consolidée.

62. Le transfert d'informations vers des entités du groupe établies dans un autre pays de l'UE, de l'Espace économique européen (EEE) ou vers des pays n'appartenant pas à l'EEE mais étant reconnu par la Commission européenne comme ayant un niveau de protection "adéquat" au sens de l'article 45 du RGPD *[la liste des pays ayant fait l'objet d'une décision de la Commission européenne reconnaissant le caractère adéquat de la protection des données est accessible sur leur site]*, est libre et ne nécessite pas d'autorisation spécifique.

63. Le transfert d'informations vers des pays tiers à l'EEE n'étant pas reconnus comme disposant d'un niveau de protection adéquat par la Commission européenne ne peuvent avoir lieu qu'à la condition que des garanties appropriées soient mises en place, conformément à l'article 46 du RGPD.

64. Les garanties appropriées peuvent être fournies par l'adoption, par le groupe, de règles d'entreprise contraignantes (ou *Binding Corporate Rules "BCR" [définies à l'art. 47 du RGPD]*) (art. 46.(2) c.) du RGPD), ou par la signature de clauses types de protection des données adoptées par la Commission européenne (art. 46.(2).d) du RGPD). L'adoption de clauses contractuelles *ad hoc* constitue également une garantie appropriée, sous réserve que l'autorité de contrôle compétente (la CNIL en France) ait revu ces clauses, et donné son autorisation (art. 46.(3) a) du RGPD).

b) Le secret professionnel

65. Les échanges d'informations s'effectuent dans le respect des exigences en matière de secret professionnel. A cet égard, les exigences en matière de secret professionnel des courtiers et des organismes d'assurance peuvent être considérées comme équivalentes, y compris quand le courtier est un établissement de crédit assujetti à l'article L. 511-33.

66. En cas d'échanges avec des entités établies dans un pays étranger, les organismes financiers s'assurent qu'ils n'adressent des informations qu'à destination des seules entités de leur groupe soumises à des obligations de secret professionnel équivalentes.

c) Le cas particulier des déclarations de soupçon

67. L'article L. 561-18, dispose que la déclaration mentionnée à l'article L. 561-15 est strictement confidentielle et que cette obligation de secret est sanctionnée pénalement par l'article L. 574-1.

68. L'article 39(3) de la directive 2015/849 prévoit que la confidentialité de la déclaration mentionnée à l'article L. 561-15 n'empêche pas la divulgation entre les établissements des États membres ou de pays tiers appartenant au même groupe à condition qu'ils respectent pleinement les procédures *[art. 45 de la directive 2015/849]* définies à l'échelle du groupe et que ces procédures respectent ladite directive.

69. Ainsi l'article L. 561-20, qui transpose en France l'article 39(3) de la directive précitée, prévoit que les organismes financiers *[mentionnées aux 1° à 7° de l'art. L. 561-2, les compagnies financières holding y compris mixte, les entreprises mères de sociétés de financement, de sociétés de groupe d'assurance, d'unions mutualistes de groupe ou de sociétés de groupe assurantiel de protection sociale]* qui appartiennent à un même groupe, ainsi que leurs filiales et succursales soumises à la LCB-FT, s'informent de l'existence et du contenu de la déclaration prévue à l'article L. 561-15 concernant par exemple un client commun à plusieurs entités du groupe. Dans ce cadre, les informations divulguées sont nécessaires à l'exercice, au sein du groupe, de la vigilance en matière LCB-FT et sont exclusivement utilisées à cette fin.

70. L'ACPR appelle l'attention des organismes financiers concernés sur la nécessité d'encadrer strictement la transmission et l'accès aux informations relevant de l'article L. 561-20 par des procédures et une organisation adaptées. Les procédures doivent notamment définir les modalités de transmission et d'accès à ces informations, tout en assurant leur protection, afin notamment que les personnes dont les sommes et opérations font l'objet d'une déclaration prévue à l'article L. 561-15 n'en soient pas informées. Il est rappelé que les informations communiquées portent sur l'existence et le contenu d'une déclaration prévue à l'article L. 561-15 mais en aucun cas la déclaration elle-même ne doit être communiquée. Cette transmission peut en revanche être effectuée dans le cadre de la mise en œuvre du contrôle du dispositif LCB-FT au sein du groupe.

71. Le contenu des échanges d'informations doit être suffisant pour que le niveau de vigilance soit adapté au risque encouru. En revanche, il convient de limiter ces échanges aux éléments strictement nécessaires à l'exercice de la vigilance en matière de LCB-FT.

72. Les personnes soumises aux obligations déclaratives ayant un client qui a fait l'objet d'une déclaration par une autre entité du groupe à la cellule de renseignement financier dont elle relève doivent disposer des informations leur permettant de mettre en œuvre les vigilances adaptées aux risques liés aux relations d'affaires concernées, en particulier pour les opérations conduites sur le territoire français.

73. Par dérogation, est exclue la transmission de déclarations effectuées auprès de Tracfin aux entités et personnes qui par nature seraient assujettis mais sont établies :

— dans un pays tiers dont la réglementation fait obstacle à la mise en œuvre des procédures du groupe *[V. c du I de l'art. L. 561-20]* ;

— dans un pays dans lequel le traitement des informations ne garantit pas d'un niveau de protection suffisant de la vie privée et des libertés et droits fondamentaux des personnes conformément aux articles 122 et 123 de la loi n° 78-17 du 6 janvier 1978 *[V. d du I de l'art. L. 561-20]*.

3.2.4 *Le cas des entreprises mères disposant de succursales ou filiales dans des pays tiers*

[V. art. L. 511-20 : la filiale d'une filiale est considérée comme filiale de l'entreprise mère]

74. Conformément au II de l'article L. 561-33, les entreprises mères appliquent dans leurs succursales ou filiales situées dans des pays tiers *[hors pays de l'UE ou partie à l'accord relatif à l'Espace Économique Européen (EEE)]* des mesures équivalentes à celles prévues par la règlementation française "en matière de vigilance à l'égard du client, de partage et de conservation des informations et de protection des données", et notamment en ce qui concerne :

– l'identification des clients et, le cas échéant, de leurs bénéficiaires effectifs ;

– la mise en œuvre des diligences à l'entrée en relation d'affaires à distance ou avec une personne politiquement exposée (PPE) ;

– la collecte de documents probants pour justifier une opération atypique ;

– l'échange d'informations intra-groupe relatives aux clients, aux examens renforcés et aux déclarations de soupçon (V. § 53 et suivants).

75. A cet effet, les entreprises mères s'assurent de la déclinaison des procédures du groupe au niveau des entités locales, et recueillent les informations sur les éventuels obstacles à la mise en œuvre de mesures équivalentes à celles prévues par la règlementation française :

a) Cette fonction est confiée au responsable de la mise en œuvre du dispositif LCB-FT désigné au niveau du groupe qui peut en déléguer la mise en œuvre.

b) L'entreprise mère définit un processus "d'escalade" permettant d'identifier les niveaux de délégation de la prise de décision et les diligences à accomplir lorsque le droit local est en contradiction avec les procédures groupe ou les rendent inapplicables, à chacune des étapes suivantes :

– l'analyse des obstacles ou des difficultés juridiques à la mise en œuvre de mesures équivalentes à celles prévues dans le code monétaire et financier ;

– la mise en œuvre des mesures de vigilance spécifiques précisées par le règlement délégué (UE) 2019/758 de la Commission du 31 janvier 2019 *[complétant la directive (UE) 2015/849 du Parlement européen et du Conseil en ce qui concerne les normes techniques de réglementation en précisant les actions que doivent au minimum engager les établissements de crédit et les établissements financiers et le type de mesures supplémentaires qu'ils doivent prendre pour atténuer les risques de blanchiment de capitaux et de financement du terrorisme dans certains pays tiers]* ;

– l'information de l'ACPR et Tracfin, conformément au 2° du II de l'article L. 561-33, effectuée au plus tard dans les 28 jours calendaires *[V. Règl. délégué (UE) 2019/758 de la Commission du 31 janv. 2019]* qui suivent l'identification de l'obstacle. Cette communication porte notamment sur :

- le nom du pays tiers concerné ;
- l'analyse des obstacles ou difficultés juridiques rencontrés.

– la communication à l'ACPR des mesures de vigilance spécifiques mises en œuvre dans les meilleurs délais ;

– l'information des organes de surveillance de l'entreprise mère.

c) De manière complémentaire, le tableau B4 des états blanchiment prévus par l'instruction n° 2017-I-11 modifiée *[Instr. relative aux informations sur le dispositif de prévention du blanchiment de capitaux et de financement des activités terroristes, modifiée par les instructions n° 2018-I-05 du 7 juin 2018 et n° 2019-I-24 du 3 juin 2019]* de l'ACPR et le rapport de contrôle interne dédié à la LCB-FT prévu par l'arrêté du 21 décembre 2018 comportent des rubriques sur les obstacles rencontrés et les mesures de vigilance spécifiques.

76. Le type de mesures de vigilance spécifiques à mettre en œuvre, précisées par le règlement délégué (UE) 2019/758 de la Commission du 31 janvier 2019, dépend de l'obstacle ou de la difficulté juridique rencontrés, qui peuvent concerner :

a) l'accès aux informations sur les clients, ou le cas échéant, sur les bénéficiaires effectifs, ou l'utilisation de ces informations à des fins de LCB-FT (article 3 du règlement)

Il s'agit des informations prévues au § 45 des présentes lignes directrices, qui sont prévues dans les procédures du groupe ;

b) le partage ou le traitement des données des clients, mentionnées ci-dessus, à des fins de LCB-FT au sein du groupe (article 4 du règlement) ;

c) l'échange d'informations relatives aux déclarations de soupçon au sein du groupe (article 5 du règlement) ;

d) le transfert des données relatives aux clients et le cas échéant à leurs bénéficiaires effectifs vers un État membre de l'UE/EEE, aux fins de la LCB-FT (article 6 du règlement) ;

e) l'application des procédures du groupe en matière de conservation des documents et informations (article 7 du règlement), notamment ceux (i) recueillis au titre de l'identification, de la vérification d'identité des clients habituels ou occasionnels, de la connaissance de la clientèle ou, le cas échéant, des bénéficiaires effectifs, (ii) portant sur les opérations réalisées par la clientèle, (iii) portant sur les éléments recueillis au titre de l'examen renforcé effectué en application de l'article L. 561-10-2.

77. Pour chacune de ces catégories d'obstacles ou de difficultés juridiques mentionnés au § 76 des présentes lignes directrices, les organismes sont invités à se référer aux mesures de vigilance spécifiques qui leur sont associées, et qui sont précisées dans le règlement délégué (UE) 2019/758 de la Commission du 31 janvier 2019. Dans le cas des obstacles mentionnés aux b) et c) du § 76 des présentes lignes directrices, lorsque l'entreprise mère ne peut gérer efficacement le risque de BC-FT en appliquant les mesures de vigilance spécifiques prévues par le règlement, elle met un terme à tout ou partie des activités de l'entité de son groupe dans le pays concerné.

78. En cas d'obstacles ou de difficultés juridiques mentionnés aux points a), b) et e) du § 76 des présentes lignes directrices, le règlement prévoit, préalablement à la mise en œuvre de mesures de vigilance spécifiques, que les entreprises mères s'assurent que leurs succursales ou filiales implantées dans le pays tiers :

– déterminent si, dans le respect du droit du pays tiers, l'accord du client, ou le cas échéant de son bénéficiaire effectif, peut être obtenu pour contourner l'obstacle ou la difficulté juridique ;

– le cas échéant, exigent l'obtention d'un tel accord.

79. Au point d) de l'article 8, le règlement prévoit l'approbation "des membres d'un niveau élevé de la hiérarchie" de l'entreprise mère du groupe, pour l'établissement et le maintien d'une relation d'affaires à risque plus élevé ou pour l'exécution, à titre occasionnel, d'une transaction à risque plus élevé. Cet accord est donné par un membre de l'organe exécutif ou par le responsable du dispositif LCB-FT désigné au niveau du groupe, ou une personne habilitée à cet effet par l'organe exécutif de l'entreprise mère du groupe située en France. Les personnes qualifiées pour la prise de décision de nouer ou maintenir une telle relation d'affaires, ou d'exécuter une telle transaction, y compris en cas de délégation, disposent d'un niveau hiérarchique suffisamment élevé au regard des risques élevés associés à la relation d'affaires ou à la réalisation de l'opération. La délégation peut être nominative ou fonctionnelle.

80. Conformément à l'article 2 du règlement européen, les entreprises mères fournissent elles-mêmes ou veillent à ce que soit fournie une formation ciblée aux membres du personnel concernés dans le pays tiers.

81. Conformément à l'article R. 561-38-7, les entreprises mères mettent en place des contrôles permanent et périodique visant à s'assurer de la mise en œuvre de mesures de vigilance équivalentes à celles prévues dans le code monétaire et financier dans leurs succursales et filiales situées dans des pays tiers, et le cas échéant des mesures de vigilance spécifiques mentionnées ci-dessus.

82. Les entreprises mères se mettent en mesure de démontrer à l'ACPR que la portée des mesures spécifiques mises en œuvre est appropriée au regard des risques de BC-FT. Dans le cas où l'ACPR estime insuffisantes les mesures spécifiques mises

en œuvre, elle peut prendre les mesures conservatoires suivantes, prévues au 2° du II de l'article L. 561-33 :

(i) exiger que le groupe n'établisse pas de relation d'affaires, ou qu'il y mette un terme, ou qu'il n'effectue pas d'opérations dans les filiales ou succursales concernées ;

(ii) exiger du groupe qu'il cesse ses activités dans le pays tiers concerné.

4 Le contrôle interne

83. Conformément à l'article L. 561-33, les entreprises mères de groupe établies en France définissent au niveau groupe une organisation ainsi que des procédures relatives aux mesures de contrôle interne. Selon l'article L. 561-32, I, elles veillent au respect de cette organisation et de ces procédures. Les contrôles effectués doivent permettre de s'assurer de la mise en œuvre du dispositif ainsi défini. Le contrôle interne au niveau du groupe s'articule de façon cohérente avec le contrôle interne de chaque entité du groupe.

4.1 *Organisation du contrôle interne*

84. Conformément à l'article R. 561-38-7, les entreprises mères ayant une filiale ou une succursale appartenant aux catégories définies aux 1° à 2° *sexies*, 6 et 6 *bis* de l'article L. 561-2, sont tenues de mettre en place un dispositif de contrôle interne répondant aux exigences de l'article R. 561-38-4.

85. En particulier, en ce qui concerne les équipes dédiées au contrôle interne, les entreprises mères doivent assurer leur indépendance et un rattachement idoine de ces équipes. Elles doivent également garantir à ces équipes l'accès aux informations nécessaires à l'exercice de leur mission. A ce titre, les contrôleurs doivent disposer des informations communiquées dans le cadre des échanges d'information au sein du groupe (V. § 48 et suivants).

86. Les entreprises mères s'assurent que les procédures et le dispositif de contrôle interne mis en place couvrent l'intégralité des activités réalisées par le groupe, et notamment :

— la classification des risques du groupe tant sur les modalités d'élaboration et de mise à jour que sur sa pertinence ;

— l'élaboration d'une classification et la déclinaison effective des procédures du groupe dans les différentes entités, en tenant compte des risques auxquels elles sont spécifiquement exposées ;

— les activités opérationnelles effectuées par les personnels en charge de la mise en œuvre du dispositif de LCB-FT au niveau du groupe ;

— la cohérence au niveau du groupe du paramétrage des outils de détection des opérations atypiques de chaque entité ;

— les activités relatives à l'élaboration des documents entrant dans le cadre du pilotage tels que les indicateurs ou les tableaux de bord ;

— les échanges intra-groupe, concernant d'une part la transmission des informations nécessaires à l'organisation et à la vigilance en matière de LCB-FT au sein du groupe, et d'autre part les obligations relatives au secret professionnel, à la protection des données et la confidentialité des déclarations de soupçon ;

— la pertinence et la qualité des déclarations de soupçon ;

— le respect, par leurs succursales situées dans un autre État membre de l'UE/EEE, des dispositions applicables dans cet État, conformément au 3° de l'article L. 561-33.

87. Pour l'application de l'article R. 561-38-7, les procédures définissent les activités de contrôle interne à accomplir.

88. Afin d'assurer la cohérence du dispositif, les procédures élaborées par l'entreprise mère du groupe doivent définir une méthodologie commune de contrôle. Cette méthodologie précise les mesures de contrôles à accomplir. Elle détaille les modalités

des contrôles telles que la fréquence, les méthodes d'échantillonnage et d'évaluation et de restitution des résultats.

89. Les procédures définissent également les critères et seuils permettant d'identifier les incidents importants et les insuffisances en matière de LCB-FT ainsi que les conditions dans lesquelles les mesures correctrices y sont apportées.

4.2 *Implication des dirigeants et de l'organe de surveillance de l'entreprise mère du groupe*

90. L'article R. 561-38-7 prévoit que les dirigeants ou toute autre personne physique mentionnée au I et au II de l'article L. 612-23-1 de l'entreprise mère du groupe prend, sous le contrôle de l'organe de surveillance, "les mesures correctrices nécessaire pour assurer l'efficacité du dispositif de contrôle interne" tant au niveau du groupe que des filiales ou succursales assujettis aux obligations relatives au contrôle interne.

91. Dans ce cadre, ils s'assurent du caractère adapté du dispositif au regard de la taille, de la nature, de la complexité et du volume des activités de ses filiales et succursales tant en matière d'organisation que de moyens alloués afin d'être en mesure de prendre les mesures correctrices idoines (V. § 95).

92. A titre d'exemple, la communication à l'entreprise mère des résultats des contrôles ainsi que des plans annuels de contrôle pour chacune des entités filiales ou succursales permet d'identifier les faiblesses par entités et de décider l'éventuel renforcement des contrôles à opérer. Le suivi de l'accomplissement du plan annuel peut permettre à l'entreprise mère de s'assurer que les moyens quantitatifs dévolus aux fonctions de contrôle sont suffisants.

93. L'information est notamment assurée par :

– la communication des incidents importants et insuffisances en matière de LCB-FT ainsi que de toute difficulté ou obstacle au partage d'information au sein du groupe prévue à l'article R. 561-38-6 ;

– le rapport sur l'organisation du dispositif de contrôle interne prévue à l'article R. 561-38-7 *[Arr. du 21 déc. 2018 relatif au rapport sur l'organisation des dispositifs de contrôle interne de lutte contre le blanchiment des capitaux et le financement du terrorisme et de gel des avoirs]*, spécifique à la LCB-FT : il prévoit notamment une description du dispositif de contrôle interne, des résultats des contrôles menés au niveau du groupe et des mesures correctrices mises en place, approuvé par l'organe de surveillance de l'entreprise mère ;

– les informations utiles aux dirigeants et à l'organe de surveillance dans le cadre des échanges d'information (V. § 58 et suivants). Il s'agit d'une information agrégée. En particulier il ne s'agit pas des déclarations de soupçons elles-mêmes qui sont adressées à Tracfin ou à une autre cellule de renseignement financier ;

– le contenu des états blanchiment *[prévus par l'Instr. ACPR n° 2017-I-11 relative aux informations sur le dispositif de prévention du blanchiment de capitaux et de financement des activités terroristes]*, notamment le tableau B4 relatif à l'approche groupe, signés par les dirigeants effectifs.

4.3 *Fiabilité des contrôles et mesures correctrices*

94. Conformément aux articles R. 561-38-4 et R. 561-38-7, l'entreprise mère du groupe s'assure de la fiabilité et de la sécurité des contrôles opérés. Ainsi, les contrôles qui ne sont pas effectués, qui ne sont pas ou peu formalisés ne permettent pas de répondre à ces exigences. A titre d'exemple, les contrôles pour lesquels l'analyse formalisée, ou le dossier de contrôle, ou les résultats ne sont pas disponibles ne permettent en aucun cas de s'assurer de leur fiabilité.

95. L'article R. 561-38-4 prévoit qu'il revient en premier lieu aux dirigeants des entités appartenant au groupe soumises aux obligations relatives au contrôle interne

de prendre, sous le contrôle de l'organe de surveillance, les mesures correctrices des incidents significatifs et défaillance en matière de LCB-FT. L'article R. 561-38-7 ajoute que les dirigeants de l'entreprise mère du groupe prennent, sous le contrôle de l'organe de surveillance de l'entreprise mère du groupe, les mesures correctrices pour assurer à la fois l'efficacité du dispositif groupe et celui des entités appartenant au groupe.

96. Dans ce cadre, l'entreprise mère met en place un dispositif de suivi efficace, sur l'ensemble du périmètre groupe, des actions menées pour remédier aux défaillances relevées tant par le dispositif de contrôle interne à l'échelle locale ou centrale que par les autorités de supervision. Ce dispositif de suivi doit permettre de détecter les mesures décidées par le contrôle permanent ou périodique qui sont mises en place avec retard.

97. Le dispositif de contrôle mis en place par l'entreprise mère lui permet également de s'assurer que les suites apportées aux contrôles menés sont appropriées.

98. Les travaux menés dans le cadre de l'élaboration de ces lignes directrices, en concertation avec les professionnels, ont montré l'importance des sujets traités par les présentes lignes directrices.

ANNEXE 1

LE CAS PARTICULIER DES ÉCHANGES D'INFORMATIONS EXTRA-GROUPE RELATIFS À LA DÉCLARATION DE SOUPÇON

99. Est concerné par ces échanges extra-groupe l'ensemble des assujettis l'ensemble des organismes financiers y compris les changeurs manuels (les personnes mentionnées aux 1° à 7° *quater* de l'article L. 561-2) établis dans l'UE ou l'EEE ou dans un État où sont applicables les accords entre l'ACPR et les autorités de supervision étrangères *[prévus aux art. L. 632-7, L. 632-13 et L. 632-16. Ces accords sont disponibles sur le site internet de l'ACPR, rubrique Supervision bancaire/Coopération institutionnelle]* soumises à des obligations équivalentes en matière de secret professionnel.

100. Conformément à l'article L. 561-21, les échanges d'informations ne peuvent intervenir que de manière limitative et cloisonnée au sein d'une des quatre catégories suivantes :

a) entre les organismes financiers mentionnés aux 1° à 6° de l'article L. 561-2 ;

b) entre les personnes mentionnées au 1° *bis*, 1° *ter* et 1° *quater* fournissant principalement le service mentionné au 6° du II de l'article L. 314-1, c'est-à-dire les établissements de paiement qui fournissent à titre principal un service de transmission de fonds ;

c) entre changeurs manuels (7° de l'article L. 561-2) ;

d) entre les personnes mentionnées au 7° *bis* à 7° *quater* de l'article L. 561-2.

101. En revanche, les échanges entre un organisme financier appartenant à une des différentes catégories tel que précisé ci-dessus et un organisme financier appartenant à une autre catégorie ne sont pas autorisés.

102. L'échange d'information porte sur l'existence et le contenu de l'information concernant un même client sur une même opération sans pour autant transmettre la déclaration de soupçon.

103. En pratique il s'agit des demandes d'informations envoyées ou reçues en dehors du groupe dans le cadre d'une déclaration de soupçon. Cette situation implique qu'au moins une des parties ait effectué une déclaration auprès de Tracfin concernant une opération commune sur un client.

104. L'ACPR appelle tout particulièrement l'attention des organismes financiers soumis à son contrôle sur le caractère sensible de la déclaration prévue à l'article L. 561-15 et des échanges extra-groupe. Les conditions strictes de mise en œuvre de l'article L. 561-21 doivent conduire les organismes financiers à en faire un usage approprié.

105. Avant toute transmission d'information, ils doivent s'assurer que les conditions de celle-ci en assurent la protection. L'organisme financier destinataire de l'information reçue s'assure du respect des obligations de protection de cette information, que les personnes dont les sommes et opérations font l'objet d'une déclaration n'en sont pas informées, conformément à l'article L. 561-19 (ou des dispositions étrangères équivalentes) et que la finalité exclusive de l'échange est la prévention du blanchiment des capitaux et du financement du terrorisme.

ANNEXE 2

EXEMPLES DE SCHÉMAS D'ORGANISATION

1. Cas d'un conglomérat financier (*cf.* § 11 a, b et c)

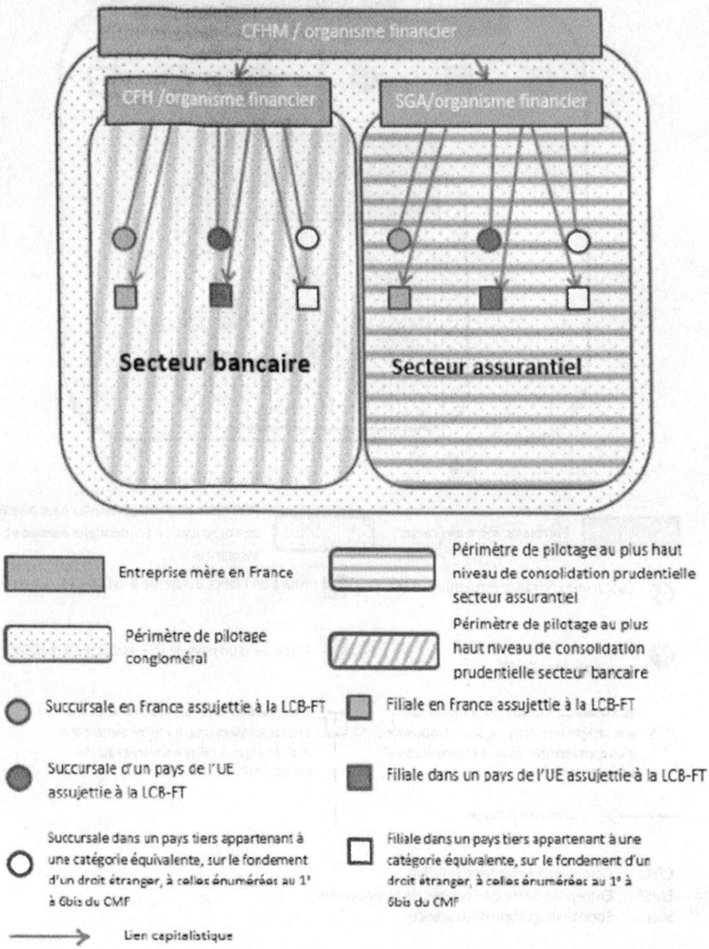

CFH : Compagnie Financière Holding
CFHM : Compagnie Financière Holding Mixte
SGA : Société de groupe d'assurance

2. Cas général d'un groupe dont l'entreprise mère est située dans l'UE avec un sous-groupe de consolidation prudentielle supervisé par l'ACPR (*cf.* § 11 b. c et § 15)

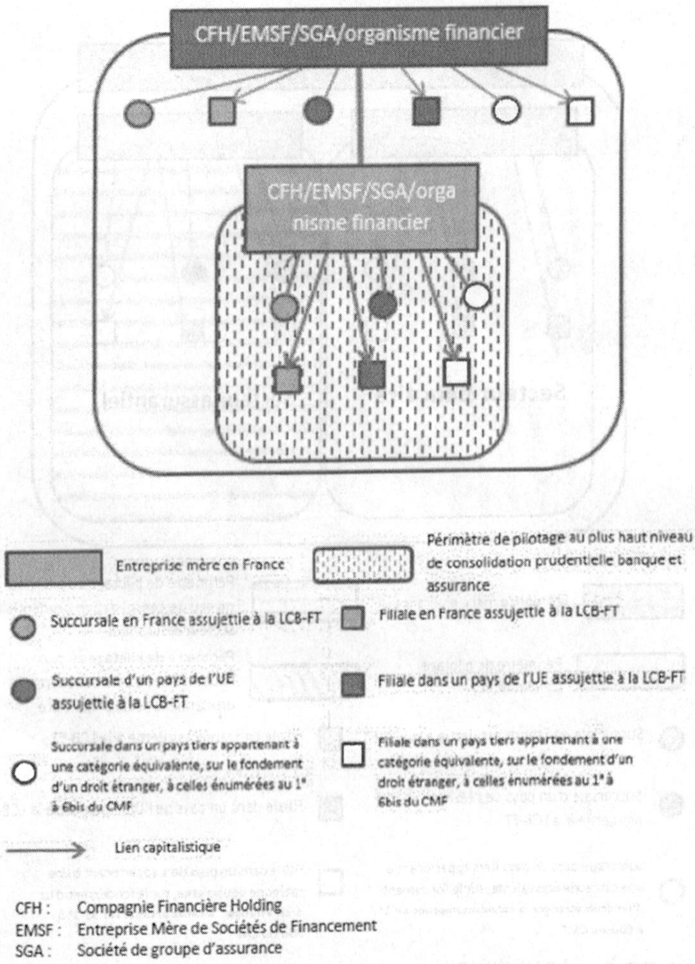

3. **Cas d'un groupe industriel (groupe mixte) comprenant un sous-groupe de consolidation bancaire ou assurantiel (*cf.* § 11 b pour le domaine bancaire et § 11 c pour le domaine assurantiel)**

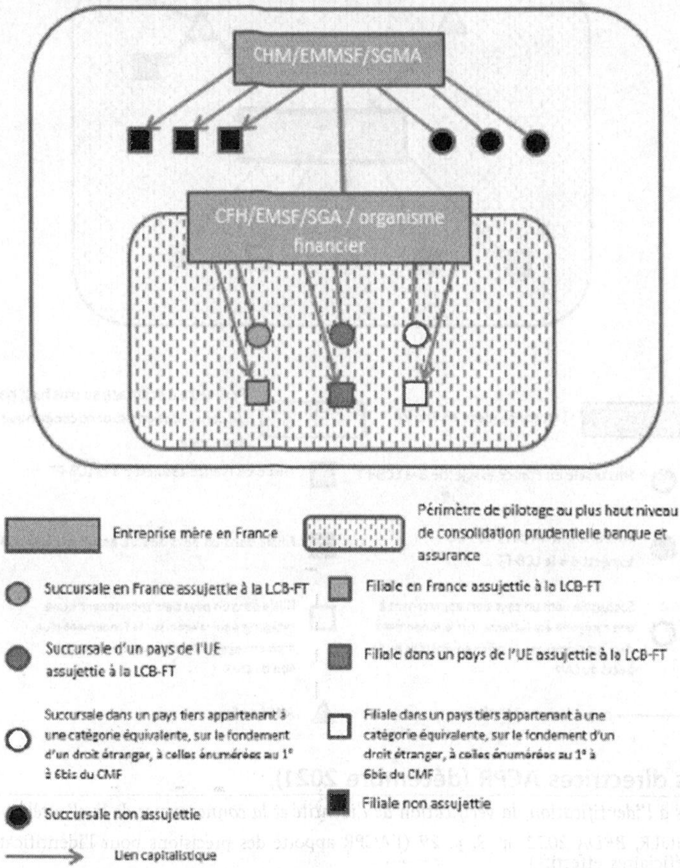

CFH : Compagnie Financière Holding
CHM : Compagnie Holding Mixte
EMMSF : Entreprise Mère Mixte de Sociétés de Financement
EMSF : Entreprise Mère de Sociétés de Financement
SGA : Société de Groupe d'Assurance
SGMA : Société de Groupe Mixte d'Assurance

4. **Cas d'une entreprise mère organe central (groupe mutualiste ou coopératif ; *cf.* § 11 d)**

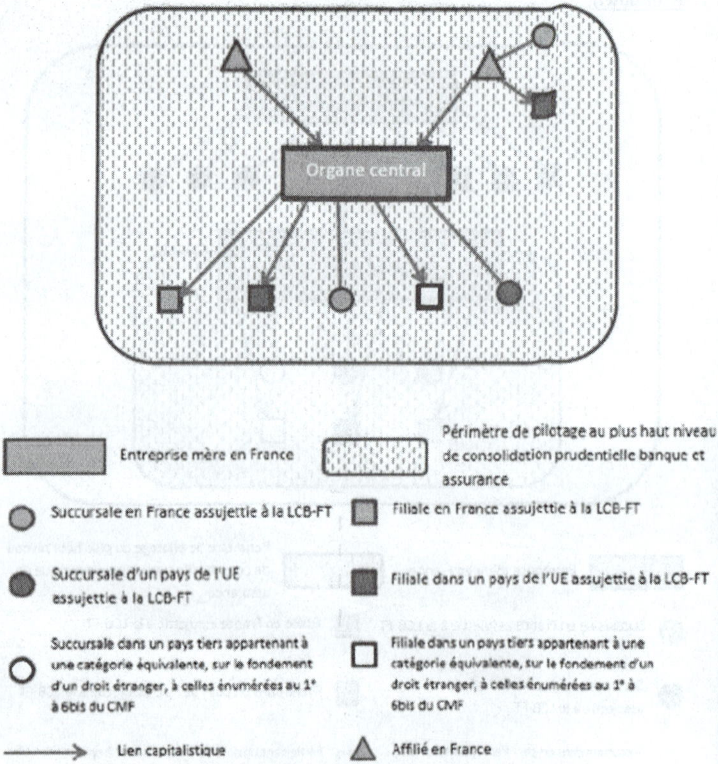

Lignes directrices ACPR (décembre 2021),

Relatives à l'identification, la vérification de l'identité et la connaissance de la clientèle.

BIBL. ▶ NDLR, *BRDA 2022, nº 3, p. 29* (l'ACPR apporte des précisions pour l'identification des bénéficiaires effectifs).

Introduction

1. Les présentes lignes directrices élaborées par l'Autorité de contrôle prudentiel et de résolution (ACPR) répondent à une demande des organismes financiers *[Les organismes financiers sont les personnes mentionnées aux 1º à 7º bis de l'art. L. 561-2 C. mon. fin., à l'exclusion des personnes mentionnées au 5º et des organismes soumis au contrôle de l'AMF mentionnés au 6º dudit art.]* **soumis à son contrôle. Elles présentent une analyse des obligations d'identification, de vérification de l'identité et de connaissance de la clientèle ainsi que de conservation des informations et documents, à des fins de lutte contre le blanchiment des capitaux et le financement du terrorisme (LCB-FT) (ci-après, "mesures de vigilance"** *[Le terme de "mesures de vigilance", ici retenu pour les présentes lignes directrices, ne couvre pas l'ensemble des obligations de vigilance à l'égard de la clientèle prévues dans* *la réglementation]*). L'efficacité des dispositifs de LCB-FT et de gel des avoirs *[cf. Lignes directrices conjointes de l'ACPR et de la Direction Générale du Trésor sur le gel des avoirs]* dépend notamment de la bonne mise en œuvre de ces mesures de vigilance.

2. Il s'agit d'un document explicatif qui n'a pas de caractère contraignant en lui-même. Il vise à faciliter l'élaboration et la mise en place par les organismes financiers de leur système préventif LCB-FT.

3. Les présentes lignes directrices se fondent notamment sur les dispositions législatives et réglementaires issues de la transposition de la directive UE 2015/849 révisée (dite "5e directive anti-blanchiment") et de l'arrêté du 6 janvier 2021 relatif au dispositif et au contrôle interne en matière de lutte contre le blanchiment de capitaux et le financement du terrorisme et de gel des avoirs et d'interdiction de mise à disposition ou d'utilisation des fonds ou ressources économiques (ci-après "arrêté du 6 janvier 2021"). Elles prennent en compte les orientations des autorités européennes de surveillance sur les facteurs de risque et les mesures de vigilance à mettre en œuvre *[Orientations communes révisées des autorités européennes de supervision sur les facteurs de risque du 1er mars 2021*. Elles tiennent également compte des décisions de la Commission des sanctions.

Elles intègrent notamment :

— les évolutions concernant les mesures de vérification de l'identité ;

— les nouvelles obligations relatives au bénéficiaire effectif ;

— les évolutions apportées aux registres des bénéficiaires effectifs.

4. Les organismes financiers se réfèrent également, pour leur clientèle ayant la qualité de personnes politiquement exposées (PPE), aux lignes directrices relatives aux PPE, et pour leur clientèle bénéficiant du droit au compte, aux principes d'application sectoriels relatifs aux obligations LCB-FT dans le cadre du droit au compte.

5. Les lignes directrices adoptées par l'ACPR sont publiques. Elles ont fait l'objet d'une concertation préalable à leur adoption au sein de la Commission consultative Lutte contre le blanchiment et le financement du terrorisme, instituée par l'ACPR en application de l'article L. 612-14 du code monétaire et financier.

6. Sauf précision contraire, les articles mentionnés renvoient à ceux du code monétaire et financier.

1. La distinction entre client occasionnel et relation d'affaires

9. La nature des mesures de vigilance à mettre en œuvre à l'égard de la clientèle repose sur la distinction entre client en relation d'affaires et client occasionnel.

10. La Commission des sanctions de l'ACPR a sanctionné les défaillances constatées en matière de connaissance de la clientèle, en particulier s'agissant de clients considérés à tort comme occasionnels *[Décis. de la Commission des sanctions no 2017-10 du 10 janv. 2019, p. 5 § 12 ; no 2017-07 du 13 juin 2018, p. 4 § 9 à 11 ; no 2016-10 du 8 nov. 2017, p. 7 § 25-27 ; no 2015-07 du 4 juill. 2016, p. 4 § 11 ; no 2012-08 du 2 déc. 2013, § 1.2]*. L'absence de distinction, voire le caractère inapproprié des critères de distinction définis, expose ainsi les organismes financiers à un risque de non-conformité aux obligations de vigilance.

1.1. *Les notions de clientèle*

1.1.1. *La relation d'affaires*

11. La relation d'affaires fait l'objet d'une définition spécifique prévue à l'article L. 561-2-1 qui est propre au domaine de la LCB-FT.

12. Elle couvre au moins :

— le client et, le cas échéant, la personne qui agit pour son compte en vertu de la loi ou d'un contrat (*cf.* § 25 et parties 2.1 et 2.2 sur la nature des mesures de vigilance) ;

— le cas échéant, le ou les bénéficiaires effectifs du client (*cf.* partie 2.3) ;

— ainsi que, pour les contrats d'assurance sur la vie ou de capitalisation, le bénéficiaire du contrat et, le cas échéant, son bénéficiaire effectif (*cf.* partie 2.4).

13. Une personne est considérée comme engagée dans une relation d'affaires avec un organisme financier :

– en présence d'un contrat (écrit ou non), qui prévoit la réalisation de plusieurs opérations successives entre les cocontractants ou qui crée à ceux-ci des obligations continues : par exemple, l'ouverture d'un compte de dépôt, de paiement ou d'un compte-titres, la détention ou l'utilisation d'un instrument de monnaie électronique *[La détention ou l'utilisation d'un instrument de monnaie électronique, même non rechargeable, crée une obligation continue jusqu'au remboursement par l'émetteur de monnaie électronique de la valeur monétaire stockée en application des dispositions de l'art. L. 315-7 (le contrat liant l'émetteur et le détenteur de monnaie électronique établit d'ailleurs le délai de remboursement)]* ou la souscription d'un contrat d'assurance sur la vie ou non-vie ;

– en l'absence de contrat, lorsqu'elle bénéficie de manière régulière de son intervention pour la réalisation de plusieurs opérations ou d'une opération présentant un caractère continu.

14. La signature d'un contrat ou des conditions générales d'utilisation d'un service ou d'un produit n'est pas en soi suffisante pour caractériser une relation d'affaires.

15. En revanche, la durée de la relation commerciale ou professionnelle est un élément déterminant pour qualifier une relation d'affaires. Cette idée de durée se retrouve par l'emploi, à l'article L. 561-2-1, des termes "de manière régulière" ou "d'une opération présentant un caractère continu" pour décrire l'intervention d'un organisme financier dans le cadre d'une relation d'affaires. La notion de relation d'affaires renvoie ainsi à celle de client habituel *[La notion de client habituel pour désigner le client en relation d'affaires est mentionnée par ailleurs à l'art. L. 561-12]*.

16. La relation d'affaires couvre également, par exemple :

– dans le cadre de l'émission de monnaie électronique : les sites marchands acceptant la monnaie électronique comme moyen de paiement lorsque celle-ci est utilisée en circuit fermé *[Décis. de la Commission des sanctions n° 2014-10 du 16 oct. 2015, p. 5 § 14 et 17. La monnaie électronique est émise en circuit dit "fermé", lorsque celle-ci n'est pas de nature interbancaire (par exemple, acceptable dans les réseaux Visa ou Mastercard) mais "privative", c'est-à-dire qu'elle n'est utilisable qu'auprès de commerçants qui sont affiliés/partenaires de l'émetteur de monnaie électronique. Ce type de système est qualifié dans la terminologie technique bancaire de système "3 coins" par opposition au système interbancaire "4 coins". A cet égard, un réseau d'accepteurs limités/ou l'acceptation pour un éventail limité de biens et de services est un circuit fermé que l'on pourrait qualifier de "restreint"]*. En effet, les sites marchands sont en relation d'affaires avec l'organisme financier ;

– toute tierce personne à l'égard de laquelle un contrat prévoit une obligation continue de remboursement de tout ou partie d'une dette : par exemple, la caution simple ou solidaire, le tiers apportant son contrat d'assurance sur la vie en garantie d'un crédit immobilier, etc. ;

– toute tierce personne effectuant des opérations répétées de versement ou de remboursement sur une période de temps donnée, indépendamment de l'existence d'un contrat écrit (*cf.* § 25).

17. Dès lors que la relation commerciale ou professionnelle s'inscrit dans une certaine durée, la fréquence à laquelle le client sollicite l'intervention de l'organisme financier est sans incidence sur la caractérisation de la relation d'affaires *[Décis. de la Commission des sanctions n° 2016-05 du 30 mars 2017, p. 4 § 6]*. Peu importe qu'un compte de dépôt, de paiement ou de titres soit faiblement utilisé ou que le client ne réalise aucun versement ponctuel dans le cadre, par exemple, d'un contrat d'assurance sur la vie.

18. A l'inverse, lorsque les opérations réalisées sont par nature ponctuelles (change manuel, transmission de fonds, etc.), leur fréquence est déterminante pour qualifier une relation d'affaires. La délivrance d'une carte de fidélité constitue un indice, mais celui-ci n'est pas suffisant en soi pour qualifier une relation d'affaires *[Décis. de la Commission des sanctions n° 2017-06 du 13 juin 2018]*. Encore faut-il que le client utilise les services proposés par l'organisme de manière régulière. La régularité du recours à l'organisme n'est pas nécessairement calée sur un rythme calendaire (fréquence hebdomadaire, mensuelle, etc.).

1.1.2. *Le client occasionnel*

19. Le client occasionnel est le client "de passage" qui sollicite l'intervention d'un organisme financier pour la réalisation d'une opération isolée ou de plusieurs opérations présentant un lien entre elles : par exemple, plusieurs opérations de change manuel effectuées sur une courte période par un même client au fur et à mesure de ses besoins dans le cadre d'un séjour touristique.

20. Dans l'hypothèse où un client, en relation d'affaires avec un organisme affilié à un organe central, s'adresse à un autre organisme affilié au même organe central pour la réalisation d'une ou plusieurs opérations sur son compte, il n'est pas, en principe, considéré par ce dernier comme un client occasionnel. Pour autant, l'organisme n'est pas dispensé de toute obligation de vigilance à l'égard de l'opération, notamment aux fins de détection de son caractère atypique ou suspect. Il procède également à l'identification et à la vérification de l'identité de cette personne lorsqu'elle remet des espèces en vue de les transférer sur son compte.

21. En revanche, lorsqu'une personne remet à un organisme financier des espèces pour les verser sur le compte d'un des clients de ce dernier, elle est considérée comme un client occasionnel sauf si elle a été mandatée par ce client pour agir sur son compte [*Comme ce peut être le cas d'un employé d'une personne morale*]. L'organisme identifie et vérifie son identité dans les conditions prévues à l'article R. 561-10 [*V. notamment le § 3 de l'art. 5 du Règl. UE 2015/847 du 20 mai 2015 sur les informations accompagnant les transferts de fonds*], sauf s'il est par ailleurs d'ores et déjà en relation d'affaires avec cette personne.

1.2. *La définition des critères de distinction*

22. Les organismes financiers dont les activités peuvent porter sur l'exécution d'opérations pour les deux catégories de clientèle, et en particulier ceux qui ont majoritairement une clientèle de passage (changeurs manuels, prestataires de service de paiement exerçant une activité de transmission de fonds [*Décis. de la Commission des sanctions n° 2017-07 du 13 juin 2018 ; n° 2015-07 du 4 juill. 2016 ; n° 2015-01 du 21 mai 2015 ; n° 2014-10 du 16 oct. 2015*], prestataires de services sur actifs numériques qui fournissent les services mentionnés aux 2° et 3° de l'article L. 54-10-2, etc.), définissent dans leurs procédures internes, de manière suffisamment opérationnelle [*Décis. de la Commission des sanctions n° 2017-07 du 13 juin 2018, p. 4 § 6*], des critères pertinents au regard des caractéristiques de leur activité, de leur clientèle et de la nature des produits ou services offerts, afin de distinguer leurs clients en relation d'affaires de leurs clients occasionnels.

23. Ils prennent en compte la répétition d'opérations de même nature sur une période déterminée, au regard des habitudes globales de la clientèle, indépendamment de tout franchissement de seuil [*Cas d'un client ayant réalisé au moins 10 opérations en 7 mois : cf. décision de la Commission des sanctions n° 2017-07 du 13 juin 2018, p. 4 § 6*]. Le montant des opérations n'est pas en soi un critère de distinction approprié.

24. En outre, conformément à l'article R. 561-38, les organismes financiers se dotent d'un dispositif de suivi et de surveillance leur permettant de détecter les cas dans lesquels les critères sont remplis et d'identifier ainsi leurs relations d'affaires [*Décis. n° 2015-06 du 29 avr. 2016, p. 5 § 7-11 : L'établissement n'a pas été en mesure de s'assurer du respect des seuils, et partant, de la mise en œuvre de la distinction du type de client en raison de l'absence d'un dispositif d'alerte ou de blocage dans l'outil de gestion en cas de dépassement de seuils permettant de qualifier la clientèle de relation d'affaires*]. La réglementation ne leur impose pas de se doter d'un dispositif automatisé. Celui-ci peut néanmoins s'avérer nécessaire au regard :

— de la taille de l'organisme ;
— du nombre des établissements (par exemple, bureaux, agences, etc.) ;
— de la nature de ses activités ;
— des canaux de distribution (notamment en face à face et sur internet) ;
— ainsi que des risques identifiés par la classification des risques de l'organisme.

Les organismes veillent à détecter toute tentative de contournement, par les clients, des critères mis en place.

2. Les mesures de vigilance à l'égard de la clientèle en relation d'affaires

25. Les mesures de vigilance à l'égard de la clientèle s'appliquent avant d'entrer en relation d'affaires. Elles portent sur :

– l'identification et la vérification de l'identité du client (et le cas échéant, de son représentant) et, le cas échéant, du bénéficiaire effectif ; et pour les contrats d'assurance sur la vie ou de capitalisation, le bénéficiaire du contrat et, le cas échéant, son bénéficiaire effectif ;

– ainsi que la connaissance de l'objet et de la nature de la relation d'affaires et le recueil de tout autre élément d'information pertinent.

26. La mise en œuvre de ces obligations est modulée selon une approche par les risques de BC-FT. La modulation tient compte :

– de celle opérée par le législateur lui-même au regard de l'analyse nationale des risques (personnes ou produits présentant, d'une part, des risques plus élevés en application des dispositions de l'article L. 561-10, et d'autre part, des risques faibles de BC-FT en application des articles L. 561-9 2° et L. 561-9-1) ;

– de la classification des risques de l'organisme financier *[Classification établie au regard notamment de la nature des produits ou services offerts, des conditions d'opérations proposées, des canaux de distribution utilisés, des caractéristiques des clients ainsi que du pays ou du territoire de destination des fonds (cf. art. L. 561-4-1)]* ;

– et du profil de la relation d'affaires.

27. Il existe, en l'absence de tout soupçon de BC-FT, deux exceptions à la mise en œuvre de ces obligations :

• **Au titre des mesures de vigilance dites "simplifiées" en application du 2° de l'article L. 561-9**

Conformément à l'article R. 561-14-2, une simple identification du client, et du bénéficiaire effectif le cas échéant, est suffisante dans les situations limitativement énumérées aux articles R. 561-15 et R. 561-16, que le client soit physiquement présent ou non. Il s'agit de celles dans lesquelles une personne *[Il s'agit, par ex., des organismes financiers établis au sein d'un État membre de l'UE ou de l'EEE, des sociétés cotées sur un marché réglementé de l'UE ou de l'EEE, des autorités et organismes publics répondant à certains critères de transparence. La dispense de certaines mesures de vigilance ne vaut pas, en principe, pour les filiales des personnes mentionnées à l'art. R. 561-15, sauf si ces filiales sont elles-mêmes l'une de ces personnes. Les organismes financiers peuvent appliquer cette dérogation à l'égard des filiales détenues à 100 % par les personnes mentionnées aux 1° à 3° de l'art. R. 561-15, lorsque le risque de BC-FT leur paraît faible et en l'absence de tout soupçon]* ou un service/produit *[Il s'agit par exemple des contrats d'assurance non-vie]* présente un faible risque de BC-FT.

Les organismes financiers sont ainsi soumis à la seule obligation d'identification du client et, le cas échéant, du bénéficiaire effectif *[Pour les sociétés cotées, la réglementation prévoit une dispense d'identification du bénéficiaire effectif (cf. § 62)]* ; ils sont exemptés de (i) vérifier leur identité respective (et donc de l'obligation de consultation du registre des bénéficiaires effectifs à cette fin. Il peut néanmoins être utile de le faire, dans la mesure où cette consultation est un élément d'aide important pour déterminer et identifier le bénéficiaire effectif) et (ii) d'obtenir des éléments de connaissance de la relation d'affaires.

De même, ils n'ont pas à vérifier l'identité du bénéficiaire d'un contrat d'assurance sur la vie ou de capitalisation *[Dans le cas spécifique des contrats d'assurance sur la vie ou de capitalisation dont la prime annuelle ne dépasse pas 1 000 € ou dont la prime unique ne dépasse pas 2 500 €, l'identification du souscripteur ou de l'assuré a lieu au plus tard au moment du paiement de la prestation, conformément à l'al. 2 de l'art. R. 561-14-2]* (cf. § 113) ni celle de la personne agissant pour le compte du client. Ils doivent toutefois vérifier les pouvoirs de cette dernière.

Les organismes financiers veillent en tout état de cause à ce que le client et, le cas échéant, son bénéficiaire effectif, ou le produit ou service proposé/fourni respectent strictement les exigences fixées aux articles R. 561-15 et R. 561-16. Ils recueillent, à cet effet, en application de l'article R. 561-14, les informations justifiant que les conditions prévues sont bien remplies. Par exemple, pour les crédits à la consommation de moins de 1 000 € et les opérations de crédit comportant un délai de remboursement ne dépassant pas trois mois et assorties d'aucun intérêt, ni de frais à moins qu'il ne soit d'un montant négligeable, le remboursement ne peut être effectué que depuis un compte ouvert au nom du client auprès d'une personne mentionnée aux 1° à 6° de l'article L. 561-2 établie dans un État membre de l'Union européenne (UE) ou partie à l'accord sur l'Espace économique européen (EEE). En outre, les organismes financiers s'assurent, tout au long de la relation d'affaires, que le risque de BC-FT reste faible.

La mise en œuvre de mesures de vigilance simplifiées n'exonère pas les organismes financiers de la mise en place d'un dispositif général de surveillance et d'analyse des opérations qui soit adapté à leurs activités, leurs produits et leur clientèle, conformément à l'article R. 561-14. En cas de détection d'une opération inhabituelle ou suspecte, les organismes mettent en œuvre, de manière adaptée aux risques, l'ensemble des mesures de vigilance prévues par la réglementation.

• **Au titre de la dérogation à la mise en œuvre des obligations de vigilance à l'égard de la relation d'affaires** *[La dérogation porte exclusivement sur la relation d'affaires établie entre l'émetteur et le détenteur de monnaie électronique. Elle ne s'applique pas aux relations d'affaires établies entre l'émetteur de monnaie électronique et les sites marchands acceptant celle-ci comme moyen de paiement lorsque celle-ci est utilisée en circuit fermé (cf. § 16)]*, **en application de l'article L. 561-9-1.**

Les émetteurs de monnaie électronique ne sont pas soumis à certaines obligations de vigilance **pour les produits de monnaie électronique dits "anonymes"**. La 5e directive anti-blanchiment renforce les conditions permettant aux organismes financiers de bénéficier de ce régime de l'anonymat. Ainsi, ces organismes financiers ne sont pas soumis aux obligations d'identification et de vérification de l'identité de leur clientèle si l'ensemble des conditions énoncées à l'article R. 561-16-1 sont réunies :

— La monnaie électronique est émise en vue de la seule acquisition de biens ou de services de consommation (à l'exclusion notamment de toute opération financière). Elle ne peut servir, notamment, à l'achat d'actifs numériques ;

— La valeur monétaire maximale stockée sur l'instrument de monnaie électronique n'excède pas 150 euros et, dans l'hypothèse où le support peut être rechargé, la valeur monétaire est assortie d'une limite maximale de stockage et de paiement de 150 euros par période de trente jours et ne peut être utilisée que pour des paiements sur le territoire national ;

— Le support de la monnaie électronique ne peut pas être chargé au moyen d'espèces. Toutefois, cette condition ne s'applique pas lorsque (a) la monnaie électronique est émise en vue de l'acquisition de biens ou de services dans un réseau limité de personnes acceptant ces moyens de paiement ou pour un éventail limité de biens ou de services (*cf.* position de l'ACPR sur les notions de "réseau limité d'accepteurs" et "d'éventail limité de biens et services" *[Position de l'ACPR 2017-P-01 relative aux notions de "réseau limité d'accepteurs" et d'"éventail limité de biens et de services"]*) ou (b) la valeur monétaire maximale stockée sur le support, qui ne doit pas être rechargeable, n'excède pas 50 euros ;

— Le support de la monnaie électronique ne peut pas être chargé au moyen de monnaie électronique "anonyme" ;

— Les émetteurs de monnaie électronique mettent en place un dispositif général de surveillance et d'analyse des opérations, adapté aux principales caractéristiques de leur clientèle et de leurs produits, afin de leur permettre de détecter toute transaction inhabituelle ou suspecte, tel que le fait, pour un même client, de détenir plusieurs supports de monnaie électronique. Ce dispositif se fonde notamment sur les éléments d'informations permettant d'assurer la traçabilité *[Conformément au d) du 9° de l'art. 6 de l'Arr. du 6 janv. 2021]*.

Ce dispositif leur permet également de s'assurer à tout moment que les conditions précitées sont remplies et sont en mesure de le justifier auprès de l'ACPR (conformément à l'article R. 561-38). À défaut, peut être constaté le non-respect des obligations d'identification et de vérification de l'identité des clients et, le cas échéant, de leur bénéficiaire effectif, ainsi que de connaissance de la clientèle *[Décis. de la Commission des sanctions n° 2018-08 du 24 sept. 2019, p. 3 § 5 s. ; Décis. de la Commission des sanctions n° 2014-10 du 16 oct. 2015 p. 5 § 11 à 13 : la pratique des émissions fractionnées d'instrument de monnaie électronique a conduit l'établissement de monnaie électronique à méconnaître les conditions de la dérogation aux obligations de vigilance (identification et vérification de son identité)]*.

Les émetteurs de monnaie électronique sont toutefois tenus d'identifier et de vérifier l'identité de leur client et, le cas échéant du bénéficiaire effectif, lorsqu'il effectue des opérations de retrait ou obtient un remboursement en espèces de la monnaie électronique, dont le montant unitaire ou cumulé dépasse 50 euros. Il en est de même pour les opérations de paiement initiées via internet ou au moyen d'un dispositif de communication à distance dont le montant unitaire est supérieur à 50 euros.

2.1. *L'identification et la vérification de l'identité du client : deux obligations complémentaires*

2.1.1. *L'identification du client*

28. L'identification repose sur une base déclarative et s'entend du recueil des éléments d'identité précisés à l'article R. 561-5. Il s'agit, par exemple, pour les clients :

– associations : le nom et l'adresse du siège ainsi que le numéro d'immatriculation au répertoire national des associations (RNA) *[Pour les associations françaises]* ;

– fiducies ou trusts : les nom, prénom ainsi que les date et lieu de naissance des constituants (*"settlor"*), fiduciaires (*"trustees"*), bénéficiaires (*"beneficiaries"*) et, le cas échéant, des tiers (*"protectors"*) lorsqu'il s'agit de personnes physiques, ou leur dénomination sociale, forme juridique, numéro d'immatriculation ainsi que l'adresse de leur siège social lorsqu'il s'agit de personnes morales.

29. Les entrepreneurs individuels sont identifiés comme des personnes physiques.

2.1.2. *La vérification de l'identité du client*

2.1.2.1. *La vérification de l'identité avant l'établissement de la relation d'affaires*

30. La vérification de l'identité d'un client repose, conformément au 2° du I de l'article L. 561-5, sur la "présentation de tout document écrit à caractère probant" avant l'établissement de la relation d'affaires.

31. Le document écrit à caractère probant peut être sur un support matériel ou sur un support numérique.

32. Pour la vérification de l'identité du client *[Sous réserve des précisions apportées au § 27]*, les organismes financiers mettent en œuvre l'une des mesures prévues à l'article R. 561-5-1 ou, lorsque les mesures prévues aux 1° à 4° de l'article R. 561-5-1 ne peuvent pas être mises en œuvre, deux des mesures prévues à l'article R. 561-5-2. Ces mesures peuvent être mises en œuvre en présence du client ou à distance, sauf s'agissant de la présentation de l'original du document d'identité, qui implique la présence physique du client ou de la personne agissant pour son compte.

33. Ces évolutions sont en grande partie issues des travaux des groupes de travail du Forum Fintech ACPR-AMF sur la vérification d'identité à distance des personnes physiques.

☐ *La vérification de l'identité au moyen d'une mesure prévue à l'article R. 561-5-1*

• **La mesure prévue au 1° de l'article R. 561-5-1**

34. Les organismes financiers vérifient l'identité d'un client en ayant recours à un moyen d'identification électronique :

– Soit certifié ou attesté conforme au niveau de garantie au moins substantiel au sens du règlement européen n° 910/2014 dit "eIDAS" sur l'identification électronique et les services de confiance pour les transactions électroniques par l'Agence nationale de la sécurité des systèmes d'information (ci-après "ANSSI") ;

– Soit délivré dans le cadre d'un schéma français d'identification électronique notifié à la Commission européenne en application du règlement eIDAS au sein du marché intérieur, ou d'un schéma notifié par un autre État membre de l'Union européenne dans les mêmes conditions, et qui présente un niveau de garantie substantiel ou élevé au sens dudit règlement. ;

• **La mesure prévue au 3° de l'article R. 561-5-1**

35. La vérification de l'identité d'un client, personne physique, repose sur la présentation de l'original d'un document officiel d'identité, en cours de validité *[Depuis le 1er janv. 2014, la durée de validité de la carte nationale d'identité française a été allongée de 5 ans pour les personnes majeures. Cet allongement concerne les nouvelles cartes délivrées à partir du 1er janv. 2014 ainsi que les cartes délivrées entre le 2 janv. 2004 et le 31 déc. 2013]* et comportant photographie (tel qu'une carte nationale d'identité, un passeport, un titre de séjour, le permis de conduire sécurisé au format européen, le récépissé de demande de titre de séjour/carte de résidence ou de demande d'asile en cours de validité *[En effet, il s'agit d'un document provisoire de séjour comportant photographie délivrée par les autorités françaises. Il permet à son titulaire de justifier de son séjour en France et, dans les cas limitativement prévus par la loi, de travailler (art. L. 311-4 CESEDA)]*). **Le client doit ainsi être physiquement présent dans le même lieu que le préposé de l'organisme financier ou que la personne agissant pour le compte de l'organisme, aux fins de l'identification au moment de l'établissement de la relation d'affaires (ce qui exclut le recours à la vidéoconférence** *[Orientations communes révisées des autorités européennes de supervision sur les facteurs de risque du 1er mars 2021, pt e du § 12]*). Conformément au 3° de l'article R. 561-5-1, l'organisme financier effectue obligatoirement une copie recto-verso *[Lorsque le document présente plus d'une page (ex. : le passeport), la copie comprend les éléments figurant sur l'original du document, tels que les photographie, nom, prénoms, date et lieu de naissance du titulaire, la nature, les date et lieu de délivrance du document ainsi que, le cas échéant, les nom et qualité de l'autorité ou de la personne qui a délivré le document ou l'a authentifié]* du document original présenté par le client.

36. Les organismes financiers n'acceptent pas la présentation de documents périmés, quel que soit le caractère récent de la fin de validité du document *[Décis. de la Commission des sanctions n° 2012-05 du 5 févr. 2013, p. 10 § 2.2.2]*. Ils peuvent toutefois accepter une attestation prouvant la demande de renouvellement du document officiel d'identité, sous réserve que la photographie figurant sur le document périmé soit suffisamment ressemblante. De même, les documents officiels délivrés par une autorité publique et qui ne comportent pas de date de fin de validité tels que le permis de conduire rose cartonné peuvent valablement être admis, dès lors que la photographie est suffisamment ressemblante. Par ailleurs, l'absence d'une date d'expiration sur le document d'identité étranger présenté n'implique pas nécessairement qu'il soit toujours en cours de validité. Dans ces situations, les organismes financiers se renseignent sur la validité du document par tout autre moyen, y compris une recherche internet.

37. Les organismes définissent dans leurs procédures internes, conformément au a) du 2° de l'article 6 de l'arrêté du 6 janvier 2021, l'ensemble des documents d'identité satisfaisant aux conditions requises par l'article R. 561-5-1, qui sont dès lors recevables à des fins de vérification de l'identité du client. Ils tiennent notamment compte des situations particulières de certains clients qui ne sauraient, par exemple, présenter une carte nationale d'identité en cours de validité (il s'agit par exemple du cas de certains majeurs protégés, de personnes âgées *[Dans cette hypothèse, les organismes financiers peuvent, en complément du document d'identité périmé, prendre copie de la carte vitale dès lors que celle-ci comporte une photographie et sous réserve de masquer les composantes du numéro de sécurité sociale non indispensables à la vérification de l'identité (cf. note de bas de page 36)]* mais aussi également d'enfants en bas âge voire d'enfants mineurs *[Les organismes financiers prennent une copie du livret de famille ou recueillent un extrait original d'acte de naissance. Cependant un document officiel d'identité en cours de validité portant photographie est nécessaire dès lors que le mineur a la capacité d'agir seul sur le compte ou le contrat]*, des personnes de nationalité étrangère résidant sur le territoire national ou des demandeurs d'asile *[Les organismes se réfèrent, à cet égard, aux Principes d'application sectoriels de l'ACPR sur les*

obligations LCB-FT dans le cadre du droit au compte, qui comportent des développements spécifiques aux demandeurs d'asile et aux personnes présumées être en situation irrégulière]).

38. Le caractère officiel du document d'identité n'impose pas qu'il soit délivré par les autorités françaises. Il peut s'agir d'un document d'identité délivré par une autorité étrangère, la délivrance pouvant dans cette hypothèse avoir lieu dans le pays d'origine du client ou encore en France, par le consulat ou l'ambassade du pays d'origine. Cependant, les documents d'identité rédigés exclusivement en langue étrangère, dans un alphabet autre que l'alphabet latin, n'apportent une garantie réelle que s'ils sont traduits en langue française. La traduction peut être effectuée par un collaborateur, un traducteur assermenté ou tout moyen automatisé, selon une approche par les risques. La traduction est conservée.

39. Face au risque de fraude documentaire, les organismes financiers sont particulièrement vigilants quant à l'examen de l'authenticité du document d'identité présenté *[Ils peuvent, à cet égard, consulter le registre public en ligne tenu par le Conseil de l'UE de documents authentiques d'identité et de voyage de l'Union européenne, de ses États membres et des autres pays contribuant au PRADO]*. Lorsqu'il s'avère difficile en pratique de s'en assurer, en particulier dans l'hypothèse où le document a été délivré par une autorité étrangère, les organismes recueillent une pièce justificative supplémentaire permettant de confirmer l'identité de ces personnes. Si le recueil d'un second document d'identité est privilégié en cas de doute sur l'identité d'une personne, celui-ci n'est pas obligatoire. Si le client n'est pas en mesure d'en fournir un, l'organisme peut recueillir tout document comportant au moins des éléments de nature à confirmer l'identité d'une personne tels que les nom, prénoms et date de naissance, voire le lieu de naissance. Il peut s'agir, par exemple, de la carte Vitale *[Sous réserve de masquer les composantes du numéro de sécurité sociale qui ne sont pas indispensables à la vérification d'identité (soit les cinq derniers chiffres) lors de la prise d'une copie du document, conformément à la réglementation relative à la protection des données personnelles. Les techniques de masquage utilisées ne permettent pas aux établissements de stocker dans leur base de données le numéro complet en clair ou de le reconstituer. Les établissements peuvent utiliser des techniques de masquage à la main (notamment en cas de prise de copie en présence du client) ou par un dispositif technique automatisé dès réception de la copie transmise par le client en cas de relation d'affaires à distance]*, de l'original du livret de famille ou d'un extrait de registre d'état civil du pays d'origine ou tout autre document délivré par les autorités consulaires du pays d'origine du client.

• La mesure prévue au 4° de l'article R. 561-5-1

40. Le 4° de l'article R. 561-5-1 prévoit deux modalités possibles de vérification de l'identité du client personne morale.

41. D'une part, lorsque le client est une personne morale dont le représentant dûment habilité est physiquement présent dans le même lieu que le préposé de l'organisme financier ou que la personne agissant pour le compte de l'organisme financier, aux fins de l'identification au moment de l'établissement de la relation d'affaires, la vérification d'identité peut être réalisée par la communication de l'original ou de la copie de tout acte ou extrait de registre officiel datant de moins de trois mois ou extrait de *Journal officiel*, constatant la dénomination, la forme juridique, l'adresse du siège social et l'identité des associés et dirigeants sociaux, ainsi que des représentants légaux ou de leurs équivalents en droit étranger. Il s'agit, par exemple :

– Pour une société : d'un extrait K-bis datant de moins de 3 mois ;

– Pour une association *[Seules les associations déclarées, régies par la loi du 1er juill. 1901, acquièrent une personnalité morale]* : d'un extrait du *Journal officiel* constatant sa déclaration en préfecture ;

– Pour une association ou fondation reconnue d'utilité publique *[Un décret en CE peut accorder la reconnaissance d'utilité publique aux associations et aux fondations. Ces dernières acquièrent la personnalité juridique dès la publication de ce décret]* : d'une copie du décret en Conseil d'État reconnaissant l'utilité publique ;

– Pour une fondation d'entreprise ou un fonds de dotation *[Les fondations d'entreprises et les fonds de dotation jouissent de la personnalité juridique à compter respectivement de l'autorisation et de la déclaration préfectorales publiées au JO]* : d'un extrait du Journal officiel constatant son autorisation ou sa déclaration préfectorale ;

— Pour une entreprise commerciale établie à l'étranger *[Communication de documents équivalents à ceux prévus par la réglementation française]* : d'un enregistrement dans un registre ou d'un certificat de validité juridique de la société accompagné, le cas échéant, d'une traduction (*cf.* § 38) ou encore d'une attestation de constitution de société (*Certificate of incorporation*) complétée par d'autres documents permettant de recueillir l'ensemble des informations requises au 4° de l'article R. 561-5-1. Lorsque l'entreprise ne peut se voir délivrer dans son pays des documents de moins de trois mois, l'organisme financier s'assure auprès d'elle que les documents fournis sont à jour. Dans ce cas, ces documents sont certifiés par un représentant légal de l'entreprise ou toute personne habilitée par ce dernier *A cet égard, les organismes financiers recueillent et vérifient les pouvoirs de cette personne]* qui ainsi l'atteste. Dans le cas contraire, l'organisme financier recueille les actes permettant de mettre à jour les documents fournis (procès-verbaux de conseil d'administration, etc.).

42. D'autre part, la vérification de l'identité de la personne morale peut également être réalisée en obtenant une copie certifiée du document **directement** via les greffes des tribunaux de commerce, DataInpi *[Lorsque le client est une société commerciale inscrite au RCS]* ou un document équivalent en droit étranger. Cette mesure de vérification peut être mise en œuvre lorsque le représentant dûment habilité du client personne morale n'est pas physiquement présent aux fins de l'identification au moment de la relation d'affaires *[La copie certifiée de l'extrait de registre officiel datant de moins de trois mois peut également être collectée directement via les greffes des tribunaux de commerce en la présence physique du représentant dûment habilité par le client personne morale]*. Elle exclut que la copie certifiée du document soit fournie par le client.

• **La mesure prévue au 5° de l'article R. 561-5-1**

43. Les organismes financiers recueillent, selon le mode de constitution du dispositif, la copie du contrat de fiducie établi en application de l'article 2012 du code civil, l'extrait du *Journal officiel* de la loi établissant la fiducie en application du même article 2012 ou tout document ou acte équivalent afférent à un dispositif juridique équivalent en droit étranger comme par exemple le *trust deed ou la letter of wishes* dans le cas d'un trust.

44. Par ailleurs, ils identifient et vérifient l'identité du client intervenant dans le cadre d'une fiducie au moyen d'une mesure mentionnée à l'article R. 561-5-1 ou de deux des mesures prévues à l'article R. 561-5-2.

□ *La vérification de l'identité au moyen de deux mesures prévues à l'article R. 561-5-2*

45. Pour vérifier l'identité de leur client, lorsque les mesures prévues aux 1° à 4° de l'article R. 561-5-1 ne peuvent être appliquées, les organismes financiers peuvent mettre en œuvre au moins deux des mesures prévues à l'article R. 561-5-2 en choisissant celles qui, combinées entre elles, permettent la vérification de tous les éléments d'identification du client mentionnés à l'article R. 561-5.

46. Parmi ces mesures, figurent notamment :

— le recueil d'une copie du document d'identité *[Le recueil de la copie du document d'identité permet de se conformer à l'obligation d'identification du client prévue à l'art. L. 561-5. Cela permet également aux établissements de crédit de se conformer aux dispositions de l'art. R. 312-2 relatives à l'ouverture d'un compte]* (*cf.* § 35 à 42) permettant de confirmer l'identité du client.

— la mise en œuvre des mesures de vérification et de certification de la copie du document d'identité (pour une personne physique) ou d'un extrait de registre officiel (pour une personne morale) par un tiers indépendant de la personne à identifier *[A cet égard, le simple contrôle de cohérence de la bande "MRZ" figurant, le cas échéant, sur la copie du document d'identité présenté ne constitue pas une mesure de vérification et de certification mais peut constituer un contrôle de l'authenticité du document (cf. Décis. n° 2016-01 du 28 déc. 2016 de la Comm. des sanctions)]*. Les tiers certificateurs français ou étrangers sont, en général, des autorités publiques ou des officiers publics ministériels, tels que des notaires, des employés d'ambassade ou de consulat.

— le fait que le premier paiement des opérations soit effectué en provenance ou à destination d'un compte ouvert au nom du client auprès d'un organisme financier établi dans un État membre de l'UE ou de l'EEE ou d'un pays tiers considéré comme imposant des obligations LCB-FT équivalentes à la réglementation française *[L'art. R. 561-22-1 précisent les éléments à prendre en compte par les organismes financiers pour évaluer l'équivalence]*. Cette mesure est applicable lorsque les prospects concernés sont déjà titulaires d'un compte de dépôt ou de paiement ouvert à leur nom auprès d'un autre organisme financier, que les fonds soient en provenance de ce compte ou à destination de ce dernier, par exemple, dans le cadre du déblocage de fonds issus de l'octroi d'un crédit. En revanche, sont exclus les portefeuilles de monnaie électronique. Dans le cadre d'un paiement par carte, l'organisme financier s'assure (i) qu'il ne s'agit pas d'une carte rattachée à un porte-monnaie électronique et (ii) que le porteur de la carte est bien le titulaire du compte de paiement utilisé. Elle vise en effet, pour l'organisme financier qui la met en œuvre, à s'assurer que l'identité du prospect a été vérifiée par un autre organisme financier assujetti à des obligations équivalentes en matière de LCB-FT. Elle ne saurait néanmoins reposer sur la simple présentation d'un RIB au nom du client *[Décis. de la Comm. des sanctions nº 2016-01 du 28 déc. 2016, p. 6 § 16]* et implique que l'organisme s'assure que le premier versement sur le compte ou le contrat, par exemple, provient d'un tel compte.

– l'obtention d'une confirmation de l'identité du client *[Il s'agit, pour une personne physique, des nom et prénoms ainsi que des informations sur la date et/ou le lieu de naissance]* de la part d'un tiers lui-même assujetti à la LCB-FT et situé dans un pays de l'UE/EEE ou un pays tiers imposant des obligations équivalentes en matière de LCB-FT *[L'art. R. 561-22-1 précise les éléments à prendre en compte par les organismes financiers pour évaluer l'équivalence]* dans les conditions de l'article L. 561-7 qui régissent les modalités d'échange d'informations nominatives. L'organisme financier s'adresse ici directement au tiers assujetti, sans passer par l'intermédiaire de son client, et s'assure que la confirmation porte bien sur l'ensemble des éléments d'identification du client.

47. Deux autres mesures de vérification d'identité s'appuient sur le règlement "eIDAS" qui a l'avantage de fixer une norme européenne d'identification électronique. Il s'agit :

– Du recours à un service certifié conforme par l'ANSSI, ou un organisme de certification autorisé par cette agence, ou un organisme de certification que cette agence autorise, au niveau de garantie substantiel des exigences relatives à la preuve et à la vérification d'identité, prévues à l'annexe du règlement d'exécution UE 2015/1502 du 8 septembre 2015 ; les modalités d'application de ces dispositions sont précisées par l'arrêté du 28 mars 2021 relatif à la certification de conformité des services d'entrée en relation d'affaires à distance *[Au regard du référentiel publié par l'ANSSI le 1er mars 2021]*.

– Du recueil d'une signature électronique ou d'un cachet électronique qui soient avancés ou qualifiés, valides et reposant sur un certificat qualifié. Il peut également s'agir du recours à un service d'envoi recommandé électronique qualifié comportant l'identité du signataire (à savoir, les nom et prénoms pour une personne physique) ou du créateur de cachet (pour une personne morale). Ces dispositifs sont délivrés par un prestataire de service de confiance qualifié (PSCQ) reconnu comme tel par l'ANSSI en France ou par toute autre autorité nationale compétente dans un autre État membre de l'UE au sens dudit règlement *[Les organismes financiers peuvent recueillir cette signature ou ce cachet sur tout document pertinent ainsi qu'adresser ce document par recommandé électronique qualifié. Il peut, par exemple, s'agir de la convention d'ouverture de compte, du contrat de souscription d'une assurance sur la vie ou d'un contrat de prêt. La liste des PSCQ pour délivrer une signature électronique ou un cachet électronique valide reposant sur un certificat qualifié est disponible à l'adresse suivante : https://webgate.ec.europa.eu/tl-browser/#/search/type/3]*.

48. Le recours à de nouvelles technologies (biométrie, vidéoconférence, etc.) peut être utilisé aux fins de vérification de l'identité du client, dès lors que celui-ci répond aux exigences prévues aux articles R. 561-5-1 ou R. 561-5-2.

2.1.2.2. *La vérification de l'identité différée pendant l'établissement de la relation d'affaires*

49. Ce n'est qu'en cas de risque faible, sous réserve d'en justifier à l'ACPR, que la vérification de l'identité du client et le cas échéant, du bénéficiaire effectif peut être

différée pendant l'établissement de la relation d'affaires, et dans les conditions prévues à l'article R. 561-6.

50. Le non-respect de l'obligation de vérification de l'identité de la clientèle, y compris du bénéficiaire effectif le cas échéant, dans les délais impartis conformément à la règlementation, peut être reproché à un organisme financier. Tel est le cas lorsque la communication de documents permettant la vérification de l'identité d'un client intervient, en dehors des hypothèses visées ci-dessus, après l'entrée en relation d'affaires, notamment suite à une demande de l'ACPR dans le cadre d'un contrôle sur place *[Décis. de la Commission des sanctions n° 2012-05 du 5 févr. 2013, p. 9 § 2.2.2]*.

2.2. *La personne agissant pour le compte du client*

51. Conformément à l'article R. 561-5-4, les organismes financiers identifient, selon les mêmes modalités que celles prévues pour le client, les personnes agissant pour le compte de celui-ci en vertu de la loi ou d'un contrat (représentant légal ou statutaire ; personne disposant d'une délégation de pouvoirs). Par exemple, si le représentant légal ou le mandataire est :

– une personne physique : recueil de ses nom et prénoms, de sa date et son lieu de naissance ;

– une personne morale (cas par exemple des sociétés de gestion représentant un placement collectif qui n'est pas une société) : recueil de sa forme juridique, de sa dénomination, de son numéro d'immatriculation et de l'adresse de son siège social.

52. La réglementation distingue la vérification de l'identité du client de celle de la personne agissant pour son compte et renvoie, pour la vérification de l'identité de celle-ci, aux modalités de vérification de l'identité prévues par la règlementation. Les organismes financiers vérifient l'identité des personnes agissant pour le compte du client en mettant en œuvre une mesure prévue à l'article R. 561-5-1 ou au moins deux des mesures prévues à l'article R. 561-5-2 (*cf.* § 34 à 48) indépendamment des mesures de vérification mises en œuvre pour la vérification de l'identité du client.

53. Enfin, ils vérifient les pouvoirs de la personne agissant pour le compte du client. A cet effet, ils recueillent un document justifiant sa qualité de représentant. Il s'agit, par exemple :

– pour le représentant d'un mineur : du livret de famille ou d'un acte de naissance ;

– pour le représentant d'un majeur protégé : du jugement de mise sous tutelle ou sous curatelle ;

– pour le représentant d'une société ou d'une association : des statuts de la société ou de l'association ou d'une délégation de pouvoir en bonne et due forme. La communication d'un extrait K-bis de moins de 3 mois peut suffire lorsque la société est établie en France et que la fonction du représentant de la personne morale figurant sur ce document permet de déterminer les pouvoirs qui lui sont attachés ;

– pour le représentant d'un organisme de placement collectif : du prospectus du fonds ou de documents équivalents permettant d'identifier la société de gestion ;

– pour le représentant d'une collectivité territoriale : l'acte de nomination, de la délégation de pouvoir des personnes.

2.3. *Le bénéficiaire effectif*

2.3.1. *La détermination du bénéficiaire effectif*

54. Une relation d'affaires ou une opération réalisée avec un client occasionnel peut impliquer un ou plusieurs bénéficiaires effectifs. Le bénéficiaire effectif est une personne physique.

55. Il s'agit de la ou des personne(s) physique(s) *[Cf. art. L. 561-2-2]* :

– soit qui contrôle(nt), directement ou indirectement, le client, lorsque ce dernier est une personne morale (société, organisme de placement collectif ayant la personnalité morale, association, fondation reconnue d'utilité publique...) ou une construction juridique de type fiducie ou trust ;

— soit pour la(es)quelle(s) une opération est exécutée ou une activité réalisée.

56. Il importe de distinguer le bénéficiaire effectif :

— du client, que ce dernier soit une personne physique, une personne morale, un placement collectif ou bien une construction juridique avec ou sans personnalité juridique ;

— du bénéficiaire d'un contrat ou d'une opération :

• en matière de transferts de fonds, le bénéficiaire désigne la personne physique ou morale qui est le destinataire prévu des fonds, conformément au 4) de l'article 3 du règlement (UE) 2015/847 du Parlement européen et du Conseil du 20 mai 2015 sur les informations accompagnant les transferts de fonds (*cf.* cas n° 2 de l'annexe 1) ;

• en matière de contrats d'assurance sur la vie ou de capitalisation, le bénéficiaire est la personne physique ou morale désignée par le souscripteur ou adhérent pour recevoir les prestations garanties au terme du contrat. Il peut y avoir une ou des personnes physiques qui sont les bénéficiaire(s) effectif(s) du bénéficiaire. Il en est ainsi, par exemple, lorsque le bénéficiaire d'un contrat d'assurance sur la vie ou de capitalisation est une association ou une fondation.

— ou du tiers pour le compte duquel l'organisme exécute des opérations : par exemple, dans le cadre d'une activité de correspondance bancaire où l'organisme financier exécute des opérations pour le compte des clients de son établissement client ou d'une activité de "market place" dans laquelle l'établissement offre un service de paiement à des marchands pour le paiement des achats réalisés par les clients de ces derniers. Il en découle que l'organisme financier n'a pas à identifier les clients de son propre client (*cf.* cas n° 1 de l'annexe 1).

57. Le bénéficiaire effectif et le bénéficiaire peuvent néanmoins être une seule et même personne. C'est le cas, par exemple, lorsque le bénéficiaire effectif d'un client donneur d'ordre d'un transfert de fonds en est également le destinataire.

58. Les sociétés ou entités juridiques mentionnées à l'article L. 561-45-1 sont tenues de fournir aux organismes financiers dont elles sont les clientes, dans le cadre des mesures de vigilance mises en œuvre, des informations exactes et actualisées sur leurs bénéficiaires effectifs, qu'elles sont tenues d'obtenir et de conserver *[L'art. L. 574-5 précise que le fait de ne pas fournir ces informations aux organismes financiers ou de leur fournir des informations inexactes ou incomplètes est passible d'une peine de six mois d'emprisonnement et de 7 500 € d'amende]*.

2.3.1.1. *Personne(s) physique(s) qui contrôle(nt) en dernier ressort le client ou le bénéficiaire du contrat d'assurance-vie ou de capitalisation*

☐ *Dispositions communes*

59. Lorsque le client est une personne morale ou une construction juridique, le ou les bénéficiaire(s) effectif(s) sont les personnes physiques qui répondent aux critères énoncés aux articles R. 561-1 à R. 561-3-0. Ces critères s'appliquent pour la détermination du bénéficiaire effectif du client en relation d'affaires ou du client occasionnel. Ils s'appliquent également pour l'identification des bénéficiaires effectifs des bénéficiaires des contrats d'assurance sur la vie ou de capitalisation, conformément au II de l'article R. 561-10-3.

60. Dans ces situations, en dehors des critères de détermination précisés par les articles R. 561-1 à R. 561-3-0, la question du bénéficiaire effectif ne se pose pas. C'est la raison pour laquelle les mots "bénéficiaire(s) effectif(s)" sont précédés des mots "le cas échéant" dans les dispositions du CMF relatives à la LCB-FT.

61. Conformément à l'article R. 561-7, les organismes financiers sont en mesure de justifier auprès de l'ACPR que les mesures prises pour la détermination du bénéficiaire effectif sont conformes aux articles R. 561-1 à R. 561-3-0. A cet égard, la consultation du registre des bénéficiaires effectifs des personnes morales est un élément d'aide important permettant de conforter l'organisme financier dans ses recherches visant à déterminer le bénéficiaire effectif. Si l'organisme financier constate une divergence entre, d'une part, les documents et éléments d'informations

recueillis auprès du client et, d'autre part, les données figurant dans le registre, il la signale au greffier du tribunal de commerce (*cf.* encadré ci-dessous et § 106).

□ *Cas des clients sociétés*

62. Les organismes financiers n'ont pas l'obligation d'identifier, et a fortiori, de vérifier l'identité du bénéficiaire effectif de la relation d'affaires lorsque le client de cette personne est une "société cotée" [*Sociétés dont les titres sont admis à la négociation sur un marché réglementé en France ou dans un autre État imposant des obligations équivalentes en matière de transparence*], conformément à l'article R. 561-8. En effet, ces sociétés sont soumises à des obligations de publicité garantissant la transparence des informations relatives à la propriété. Cette dérogation s'applique également lorsque le client est détenu à plus de 75 % par une société cotée [*Le client étant détenu à plus de 75 % par la société cotée, la détermination du bénéficiaire effectif du client reviendrait à rechercher les bénéficiaires effectifs de la société cotée, alors que la réglementation prévoit une exemption en ce qui concerne cette dernière*] (*cf.* cas n° 9 de l'annexe 1).

63. Conformément au 1er alinéa de l'article R. 561-1, le(s) bénéficiaire(s) effectif(s) des clients sociétés sont :

– la ou les personnes physiques qui détiennent, directement ou indirectement, plus de 25 % du capital ou des droits de vote de la société (*cf.* cas n° 3 et 4 de l'annexe 1).

□ Le calcul de ce pourcentage prend en compte la chaîne de détention dans les conditions illustrées au cas n° 4. Il est, en effet, indispensable dans les cas de constructions juridiques complexes de remonter toute la chaîne de détention en vue de déterminer la ou les personnes physiques, bénéficiaire(s) effectif(s).

□ Les modalités de calcul de ce pourcentage tenant compte de la chaîne de détention s'appliquent pour la mise en œuvre des articles R. 561-2 à R. 561-3-0.

– ou la(les) personne(s) physique(s) qui exerce(nt) le contrôle sur une société

□ lorsqu'elle(s) détermine(nt) en fait, par les droits de vote dont elle(s) dispose(nt), les décisions dans les assemblées générales de cette société

□ ou lorsqu'elle(s) est/sont associée(s) ou actionnaire(s) de cette société et dispose(nt) du pouvoir de nommer ou de révoquer la majorité des membres des organes d'administration, de direction ou de surveillance de cette société (*cf.* cas n° 5 et 6 de l'annexe 1).

64. Si les organismes financiers n'ont pu déterminer une ou des personnes physiques qui répondent à l'un de ces critères, ils recherchent néanmoins s'il n'existe pas une ou des personnes physiques qui pourraient être considérées comme bénéficiaires effectifs au sens de l'autre critère.

65. Par exemple, pour une société cliente dont les statuts prévoient qu'aucun actionnaire ne peut détenir plus de 25 % du capital, l'organisme financier recherche si une ou plusieurs personnes n'exercent pas un pouvoir de contrôle sur cette société, conformément aux 3° et 4° du I de l'article L. 233-3 du code de commerce [*Décis. n° 2015-08 de la Commission des sanctions de l'ACPR, p. 12, § 50-51*].

66. Par ailleurs, dans les sociétés par actions, les organismes financiers déterminent le ou les bénéficiaire(s) effectif(s), en appliquant les critères de l'article R. 561-1 de façon cumulative. Ils tiennent compte de la nature des droits détenus par les actionnaires en fonction du type d'actions concernées (actions de préférence avec droit de vote double ou multiple).

Par exemple, les statuts d'une société par actions simplifiée peuvent prévoir des actions de préférence [*Actions avec droit de vote multiple, en particulier*], auxquelles seraient attachées des droits de vote multiple. Dans cette hypothèse, la société pourrait comprendre une personne physique détenant plus de 25 % de capital (sans disposer des droits de vote correspondants) ainsi qu'une ou plusieurs personnes physiques qui, sans détenir plus de 25 % du capital, disposeraient (i) de plus de 25 % des droits de vote de la société ou (ii) des droits de vote leur permettant de déterminer en fait les décisions des assemblées générales de la société. Dans les sociétés par actions, les statuts pourraient également prévoir des droits de vote double.

Le registre des bénéficiaires effectifs des personnes morales

Les articles L. 561-46 à L. 561-50 issus de l'ordonnance n° 2016-1635 du 1er décembre 2016 ont institué un registre des bénéficiaires effectifs (ci-après « RBE ») des personnes morales, entré en vigueur le 1er août 2017.

Ce registre, adossé au registre du commerce et des sociétés (ci-après « RCS »), est tenu par les greffiers des tribunaux de commerce qui vérifient l'exactitude des informations lors de l'enregistrement des sociétés et leur actualisation

La déclaration au RBE des personnes morales

Conformément aux dispositions de l'article L. 561-46, les sociétés et entités juridiques mentionnées au 1° de l'article L. 561-45-16 *[Il s'agit, lorsqu'ils sont établis sur le territoire français, des sociétés et groupements d'intérêt économique ayant leur siège dans un département français et jouissant de la personnalité morale conformément à l'art. 1842 C. civ. ou à l'art. L. 251-4 C. com. ; des sociétés commerciales dont le siège est situé hors d'un département français et qui ont un établissement dans l'un de ces départements ; des autres personnes morales dont l'immatriculation est prévue par les dispositions législatives ou réglementaires, "autres que les sociétés dont les titres sont admis à la négociation sur un marché réglementé en France ou dans un autre État partie à l'accord sur l'Espace économique européen ou qui sont soumises à des obligations de publicité conformes au droit de l'Union ou qui sont soumises à des normes internationales équivalentes garantissant la transparence adéquate pour les informations relatives à la propriété du capital"]* déclarent au RCS les informations relatives au bénéficiaire effectif contenant les éléments d'identification et le domicile personnel de ce dernier ainsi que les modalités du contrôle qu'il exerce *[Les dispositions instituant le registre des bénéficiaires effectifs prévoyaient une date limite de régularisation au 1er avr. 2018]*. Ces dispositions sont précisées à l'article R. 561-56, qui prévoit que les informations à déclarer sont les suivantes :

1° S'agissant de la société ou de l'entité juridique : sa dénomination ou raison sociale, sa forme juridique, l'adresse de son siège social et, le cas échéant, son numéro unique d'identification complété par la mention RCS suivie du nom de la ville où se trouve le greffe où elle est immatriculée ;

2° S'agissant du bénéficiaire effectif :

a) Les nom, nom d'usage, pseudonyme, prénoms, date et lieu de naissance, nationalité, adresse personnelle de la ou des personnes physiques ;

b) La nature et les modalités du contrôle exercé sur la société ou l'entité juridique mentionnée au 1°, déterminées conformément aux articles R. 561-1, R. 561-2, R. 561-3 ainsi que l'étendue de ce contrôle ;

c) La date à laquelle la ou les personnes physiques sont devenues le bénéficiaire effectif de la société ou de l'entité juridique mentionnée au 1°.

Cette déclaration au RBE concerne également, le cas échéant, le bénéficiaire effectif en dernier ressort (*cf.* § 88 à 93).

Conformément à l'article R. 561-55, la déclaration est réalisée dès la demande d'immatriculation au RCS via un formulaire Cerfa dédié *[https://www.infogreffe.fr/rbe-Formulaire Cerfa MBE n° 16062 https://www.formulaires.service-public.fr/gf/cerfa_16062.do]*, soit directement auprès du GIE Infogreffe, soit par l'intermédiaire du Centre de formalités des entreprises ou du guichet électronique des formalités des entreprises.

Une inscription modificative est demandée dans les trente jours suivant tout acte ou fait rendant nécessaire la rectification ou le complément des informations déclarées. Par ailleurs, si la société pour laquelle est déclaré le bénéficiaire effectif est un placement collectif, celui-ci bénéficie d'un délai de 180 jours ouvrés suivant sa date d'immatriculation au RCS, pour rectifier ou compléter sa déclaration.

Conformément à l'article L. 561-47, le greffier du tribunal de commerce vérifie que les informations relatives au bénéficiaire effectif sont complètes et conformes aux dispositions en vigueur, correspondent aux pièces justificatives et pièces déposées en annexe et sont compatibles, dans le cas d'une demande de modification ou de radiation, avec l'état du dossier. Ce contrôle est permanent et le greffier est susceptible, à tout moment, d'inviter une entité à régulariser sa situation.

Le fait de ne pas déclarer au RCS les informations relatives au bénéficiaire effectif ou de déclarer des informations inexactes ou incomplètes est puni de six mois d'emprisonnement et de 7 500 € d'amende *[Art. L. 574-5]*.

L'accès au RBE des personnes morales par les organismes financiers

Les informations relatives aux bénéficiaires effectifs sont intégralement accessibles aux personnes assujetties à la réglementation LCB-FT, aux conditions fixées à l'article R. 561-58, si cet accès intervient dans le cadre de la mise en œuvre des mesures de vigilance.

L'institut national de la propriété intellectuelle (ci-après "INPI") permet l'accès des organismes assujettis à l'ensemble de ces données selon deux modalités distinctes :

– Une interface, accessible avec un identifiant et un mot de passe, pour des consultations et téléchargements manuels à l'unité ;

– Des API pour des consultations et téléchargements automatisés en masse *[Les documents téléchargeables sont, sous format PDF, les documents de déclarations déposés aux greffes et, sous format XML, des fichiers présentant pour une entreprise donnée les BE actuels et passés]*.

La réglementation n'impose pas de se doter d'outils automatisés de consultation du registre. Néanmoins, un tel dispositif peut se révéler nécessaire au regard, notamment, de la taille de l'organisme et du volume de ses activités.

En outre, des travaux sont en cours en vue de l'interconnexion des RBE au sein de l'Union européenne afin de permettre leur consultation à l'échelle européenne.

Le signalement des divergences

Le signalement des divergences a été introduit par l'ordonnance n° 2020-115 du 12 février 2020 transposant la 5ème Directive anti-blanchiment.

Conformément à l'article L. 561-47-1, les organismes assujettis ont l'obligation de signaler au greffier du tribunal de commerce toute divergence qu'ils constatent entre les informations inscrites dans le registre des bénéficiaires effectifs et les informations sur les bénéficiaires effectifs dont ils disposent, y compris l'absence d'enregistrement de ces informations. Cette déclaration est susceptible de porter sur l'ensemble des informations prévues à l'article R. 561-56 et doit être réalisée lorsque l'organisme a connaissance d'une telle divergence.

Les organismes financiers déclarent toutes les divergences constatées, que ce soit lors de l'entrée en relation d'affaires ou lors de l'actualisation du dossier client. Ces divergences peuvent porter sur tout élément mentionné à l'article R. 561-56 dont ils disposent dans le cadre de l'identification, la vérification de l'identité et la connaissance de leur clientèle. Le signalement précise l'élément sur lequel porte la divergence ainsi que sa nature (ex. : divergence sur l'orthographe du nom du bénéficiaire effectif, sur son identité, sur l'absence d'enregistrement d'un bénéficiaire effectif, etc.). Les organismes financiers ne sont pas tenus d'accompagner leurs signalements de pièces justificatives ou d'autres informations.

Un portail de signalement des divergences a été créé afin de faciliter ces démarches : https://registrebeneficiaireseffectifs.infogreffe.fr.

Lorsqu'une divergence est signalée, le greffier inscrit d'office une mention au RBE, précisant les informations sur lesquelles porte la divergence *[Art. R. 561-64]*. Ni la source de l'information relative à cette divergence ni le détail de celle-ci ne sont publiés. Le greffier invite la société ou l'entité immatriculée à régulariser son dossier. Faute pour la société ou l'entité de déférer à cette invitation dans le délai d'un mois à compter de cette dernière, elle peut y être forcée par le président du tribunal, sur saisine du greffier. Le président du tribunal détient également un pouvoir d'injonction aux fins notamment de rectification de ces informations ou de désignation d'un mandataire chargé d'accomplir ces formalités *[Art. L. 561-48]*.

□ *Cas des placements collectifs*

67. Les placements collectifs (ci-après "PC") regroupent un ensemble de produits d'épargne régulés notamment en France par l'Autorité des marchés financiers

(AMF). Il s'agit des organismes de placement collectif en valeurs mobilières (OPCVM) *[Sociétés d'investissement à capital variable (SICAV) et Fonds Commun de Placement (FCP). Ces derniers n'ont pas de personnalité morale]*, **des fonds d'investissements alternatifs (FIA) et des autres placements collectifs mentionnés au I de l'article L. 214-1 du code monétaire financier.**

68. Un PC peut être ou non doté de la personnalité juridique. Dans les cas prévus par la réglementation (soit la plupart des cas en pratique), la constitution, la gestion ou la représentation d'un PC à l'égard de tiers nécessite l'intervention d'une société de gestion *[Par ex., cf. art. L. 214-7-1, L. 214-8-1, L. 214-8-8. Les différentes sociétés de gestion de PC sont définies à l'art. L. 543-1]*. **Les organismes financiers sont tenus d'identifier le bénéficiaire effectif de leur client, qui peut être, selon les cas, la société de gestion ou le PC lui-même.**

69. Les organismes financiers définissent des procédures précisant les mesures de vigilances applicables selon que le client est un PC ou une société de gestion.

70. Le PC n'est pas le client de l'organisme financier, notamment lorsque ce dernier :

– est souscripteur de parts ou d'actions du PC ;

– est distributeur des parts ou actions du PC ;

– ou a pour client la société de gestion : c'est en particulier le cas lorsque l'organisme financier fournit à la société de gestion les services de réception-transmission d'ordres ou d'exécution d'ordres dans le cadre de la gestion de l'actif des PC qu'elle représente *[Dans cette hypothèse, les organismes financiers identifient et vérifient l'identité de la société de gestion et de son bénéficiaire effectif]*.

71. Lorsque l'organisme financier a pour client un PC représenté par une société de gestion, il identifie et vérifie les éléments d'identité de la société de gestion. Il identifie également le bénéficiaire effectif du PC ce qui, s'agissant des PC ne disposant pas de la personnalité morale, revient à identifier le bénéficiaire effectif de la société de gestion. Par ailleurs, l'ACPR l'encourage à identifier les bénéficiaires effectifs de la société de gestion qui représente un PC disposant de la personnalité morale. En effet, cela permet de mieux apprécier le profil de risque de la relation d'affaires.

72. Le cas n° 7 de l'annexe 1 précise certaines spécificités propres à la relation d'affaires avec un placement collectif.

☐ *Cas des personnes morales autres que les sociétés*

73. Il s'agit notamment des associations déclarées ou reconnues d'utilité publique, fondations reconnues d'utilité publique ou d'entreprise *[Les fondations d'entreprise ont également la personnalité morale. Il existe plus de 600 fondations reconnues d'utilité publique contre une soixantaine de fondations d'entreprise]*, **des fonds de dotation et des groupements d'intérêt économique.**

74. Les organismes financiers déterminent le ou les bénéficiaire(s) effectif(s) d'une association ou d'une fondation, au sens des 3° et 4° de l'article R. 561-3, notamment, en examinant les statuts. Ils déterminent, le cas échéant, un bénéficiaire effectif en dernier ressort (*cf.* § 88 à 93).

75. Le guide élaboré par la Direction Générale du Trésor à destination des associations *[http://agregative.com/wp-content/uploads/2016/06/Source_mai_05_guide_bonne_conduite_financement_terrorisme.pdf]* **rappelle que les organismes à but non lucratif sont exposés aux risques d'être utilisés à des fins notamment terroristes** *[Décis. de la Commission des sanctions n° 2015-08 du 8 déc. 2016, p. 7 § 21]*. **Les organismes financiers veillent à identifier le(s) bénéficiaire(s) effectif(s) des associations. Ils se réfèrent également aux rapports "tendances et analyse" de Tracfin** *[https://www.economie.gouv.fr/files/TRACFIN_Rapport_Analyse_2017_2018_Web.pdf]*.

76. Les critères 1° et 2° de l'article R. 561-3 relatifs à la détention de capital de la personne morale ne concernent pas, en principe, les associations ni les fondations *[Ces dispositions peuvent, toutefois, s'appliquer dans certaines situations particulières. C'est le cas, par exemple, des personnes qui jouissent ou pourraient être amenées à jouir, à tout moment de la vie de l'association, d'un droit de reprise sur leurs apports personnels, que ce droit de reprise soit inscrit dans les statuts ou qu'il résulte d'une décision prise par l'assemblée générale]*.

□ *Cas des fiducies et des structures juridiques étrangères équivalentes*

77. Il existe différents types de patrimoine d'affectation comme la fiducie française, le trust anglo-saxon, la *Treuhand* allemande, la *fideicomisos* mexicaine, la fiducie suisse, la fiducie canadienne ou la fondation au Liechtenstein, par exemple.

78. Plus précisément, le trust est la relation juridique créée par l'effet de la conclusion d'un acte par lequel un sujet (le "*settlor*" ou constituant) transfère à un autre sujet (le "*trustee*") des biens ou des droits, avec l'obligation de les administrer dans l'intérêt du constituant ou d'un autre sujet (bénéficiaire), ou dans un but donné, sous la surveillance éventuelle d'un tiers ("*protector*" ou tiers protecteur), suivant les règles dictées par le constituant dans l'acte instituant le trust et les lois qui le réglementent *[L'art. 792-0 bis mod. CGI définit le trust comme "l'ensemble des relations juridiques créées dans le droit d'un État autre que la France par une personne qui a la qualité de constituant, par acte entre vifs ou à cause de mort, en vue d'y placer des biens ou droits, sous le contrôle d'un administrateur, dans l'intérêt d'un ou de plusieurs bénéficiaires ou pour la réalisation d'un objectif déterminé"]*.

79. La fiducie a été introduite en droit français en 2007 aux articles 2011 *[L'art. 2011 C. civ. définit la fiducie comme "l'opération par laquelle un ou plusieurs constituants transfèrent des biens, des droits ou des sûretés, ou un ensemble de biens, de droits ou de sûretés, présents ou futurs, à un ou plusieurs fiduciaires qui, les tenant séparés de leur patrimoine propre, agissent dans un but déterminé au profit d'un ou plusieurs bénéficiaires"]* et suivants du code civil. C'est l'opération par laquelle une ou plusieurs personnes [le(s) constituant(s)] transfèrent tout ou partie de leurs biens à une ou plusieurs autres personnes [le(s) fiduciaire(s)], à charge pour eux d'agir dans un but déterminé, au profit d'un ou de plusieurs bénéficiaires. Les biens transférés forment un patrimoine séparé, distinct du patrimoine personnel du ou des fiduciaires.

80. Par ailleurs, à moins d'une clause contraire, le constituant peut, à tout moment, désigner un tiers chargé de s'assurer de la préservation de ses intérêts dans le cadre de l'exécution du contrat, appelé "tiers protecteur".

81. Dans les systèmes juridiques étrangers, notamment anglo-saxons, le trust est répandu. Il se caractérise par le fait que la propriété se divise entre "*legal ownership*" (propriété juridique qui revient au "*trustee*") et "*equitable interest*" (titre ou droit de propriété virtuel, propriété économique qui appartient au(x) bénéficiaire(s)).

82. Alors qu'ils étaient considérés en droit français comme une institution dépourvue de personnalité morale, la Cour de justice de l'Union européenne a reconnu aux trusts la liberté d'établissement, au sens du Traité sur le fonctionnement de l'UE, et la qualité "d'autre personne morale", dans une décision rendue le 14 septembre 2017 *[Décis. CJUE n° C-646/15]*. Elle considère ainsi qu'une entité telle qu'un trust "dispose, en vertu du droit national, de droits et d'obligations lui permettant d'agir en tant que telle dans l'ordre juridique concerné" et qu'elle exerce une "activité économique effective".

83. La jurisprudence française admet depuis longtemps que les trusts institués à l'étranger produisent des effets juridiques en France dès lors qu'ils ont été constitués en respectant les lois en vigueur dans l'État de création et qu'ils ne comportent pas de dispositions contraires à l'ordre public français *[Paris, 10 janv. 1970 (Courtois c/ consorts de Ganay)]*.

84. Dans le cas particulier des fiducies ou trusts étrangers constitués sous forme de sociétés, l'organisme financier détermine le(s) bénéficiaire(s) effectif(s) en appliquant les critères prévus à l'article R. 561-3-0, qui vise spécialement les fiducies et autres dispositifs juridiques comparables de droit étranger, et non ceux de l'article R. 561-3, relatif aux personnes morales autres que les sociétés et les placements collectifs.

85. En application du 1° de l'article R. 561-3-0, toutes les personnes physiques, parties prenantes à un patrimoine d'affectation (constituant/*settlor*, fiduciaire/*trustee*, bénéficiaire/*beneficiaries*, tiers protecteur/*protector* dans le cas de la fiducie française et du trust anglo-saxon), sont des bénéficiaires effectifs.

86. Lorsqu'une ou plusieurs de ces parties prenantes sont des personnes morales ou des constructions juridiques de type trust, les organismes financiers déterminent

la ou les personne(s) physique(s) qui répond(ent) à la définition du bénéficiaire effectif selon la nature juridique de l'entité (*cf.* articles R. 561-1 à R. 561-3-0).

87. Le 2° de l'article R. 561-3-0 vise certains montages complexes de détention "en cascade", impliquant plusieurs trusts ou personnes morales. Les organismes financiers exercent une vigilance adaptée au risque présenté par de telles structures, en particulier lorsqu'ils sont en relation d'affaires avec des entités étrangères (*cf.* exemple du cas n° 5 de l'annexe 1 relative aux patrimoines familiaux illustrant un cas de chaînes de patrimoine d'affectation).

Le registre des trusts et des fiducies

L'article 1649 AB du code général des impôts impose des obligations de déclaration du bénéficiaire effectif à l'administrateur d'un trust :

– dont le constituant ou l'un au moins des bénéficiaires à son domicile fiscal en France ou qui comprend un bien ou un droit qui y est situé ;

– qui est établi ou réside en dehors de l'Union européenne, lorsqu'il acquiert un bien immobilier ou qu'il entre en relation d'affaires en France ;

– qui a son domicile fiscal en France.

Dans ces hypothèses, l'administrateur du trust doit déclarer "les informations relatives aux nom, prénoms, adresse, date, lieu de naissance et nationalité des bénéficiaires effectifs des trusts, qui s'entendent comme toutes personnes physiques ayant la qualité d'administrateur, de constituant, de bénéficiaire et, le cas échéant, de protecteur ainsi que de toute autre personne physique exerçant un contrôle effectif sur le trust ou exerçant des fonctions équivalentes ou similaires" *[Art. 1649 AB 2° CGI]*.

Ces informations sont conservées dans un registre placé sous la responsabilité du ministre chargé du budget.

Les nom, prénoms, adresse, date et lieu de naissance ainsi que la nationalité des bénéficiaires effectifs d'une fiducie sont centralisés dans le registre national des fiducies institué à l'article 2020 du code civil *[Art. 2 du Décr. n° 2010-219 du 2 mars 2010 relatif au traitement automatisé de données à caractère personnel dénommé "Registre national des fiducies"]*.

L'article L. 167 du livre des procédures fiscales prévoit que toutes les informations contenues dans ces registres sont accessibles aux organismes assujettis aux obligations de LCB-FT, dans le cadre de la mise en œuvre des mesures de vigilance.

L'article L. 102 AH du livre des procédures fiscales impose aux organismes assujettis de signaler à l'administration toute divergence qu'ils constatent entre les informations contenues dans les registres prévus aux articles 1649 AB du code général des impôts ou 2020 du code civil avec les informations dont elles disposent, y compris l'absence d'enregistrement d'informations.

L'administration doit informer l'administrateur du trust ou le fiduciaire de la divergence signalée afin qu'il puisse présenter ses observations. En l'absence de réponse ou si celle-ci est insuffisante, la divergence doit être mentionnée dans le registre concerné et la sanction prévue à l'article 1736 IV *bis* du code général des impôts est encourue *[Cet art. prévoit une amende de 20 000 €]*.

☐ *Cas des bénéficiaires effectifs en dernier ressort*

88. La réglementation permet aux organismes financiers de déterminer "un bénéficiaire effectif en dernier ressort" notamment lorsque le client est une société, un placement collectif, une association déclarée ou reconnue d'utilité publique, une fondation reconnue d'utilité publique ou d'entreprise, un fonds de dotation ou un groupement d'intérêt économique.

89. Toutefois, les organismes financiers ne peuvent mettre en œuvre cette mesure que :

– lorsqu'ils ont épuisé tous les critères *[Selon l'art. 3 de la 4e directive LCB-FT directive, l'organisme financier n'y a recours qu'"après avoir épuisé tous les moyens possibles" à sa disposition pour déterminer le bénéficiaire effectif. Comme le précise le treizième considérant de la directive, il s'agit de "cas exceptionnels" limités aux hypothèses dans lesquelles il est "impossible" d'identifier le bénéficiaire effectif]* prévus aux articles R. 561-1 à R. 561-3, sans avoir pu déterminer un bénéficiaire effectif ;

— et en l'absence de tout soupçon.

Ce peut être le cas, par exemple, lorsqu'il s'agit de sociétés coopératives *[Cf. art. L. 512-1 s.]* ou de "placements collectifs ouverts" qui présentent un nombre important de souscripteurs.

90. Sa mise en œuvre permet alors de considérer le représentant légal (par exemple, le directeur général d'une société anonyme à conseil d'administration) ou la personne qui dirige effectivement la personne morale (par exemple, les personnes physiques qui assurent la direction effective de la société de gestion d'un placement collectif) comme le bénéficiaire effectif.

91. Lorsqu'au cours de la relation d'affaires, les organismes ont de bonnes raisons de penser que le bénéficiaire effectif devient déterminable en application des articles R. 561-1 à R. 561-3 (par exemple, à la suite d'un changement de la structure capitalistique du groupe), l'organisme financier l'identifie à la place du bénéficiaire effectif en dernier ressort, conformément à l'article R. 561-11 (*cf.* § 118 à 121).

92. En revanche, la détermination d'un bénéficiaire effectif en dernier ressort n'est pas prévue lorsque le client est une fiducie ou tout autre dispositif juridique comparable de droit étranger. Dans ces situations, lorsque les organismes financiers ne parviennent pas à déterminer le bénéficiaire effectif en application des critères de l'article R. 561-3-1, ils n'entrent pas en relation d'affaires, conformément à l'article L. 561-8 et, en cas de soupçon, procèdent à une déclaration à Tracfin.

93. Conformément à l'article R. 561-7, les organismes financiers sont en mesure de justifier auprès de l'ACPR que les mesures prises pour la détermination du bénéficiaire effectif, y compris de celui en dernier ressort, sont conformes aux articles R. 561-1 à R. 561-3.

☐ *Cas des personnes morales de droit public ou des sociétés à capitaux publics*

94. Selon le considérant 12 de la 4e directive LCB-FT, il est nécessaire d'identifier et de vérifier l'identité des bénéficiaires effectifs du plus large éventail possible d'entités juridiques afin de garantir une transparence effective. Toutefois, la 4e directive précise, dans son annexe II, que les "administrations ou entreprises publiques" présentent un risque potentiellement moins élevé de BC-FT, tenant compte des règles de transparence particulières qui les régissent et des contrôles spécifiques auxquels elles sont soumises. L'article R. 561-15 classe en risque faible les autorités et organismes publics qui répondent aux conditions suivantes :

— leur identité est accessible au public, transparente et certaine ;

— leurs activités, ainsi que leurs pratiques comptables, sont transparentes ;

— ils sont soit responsables devant une institution de l'Union européenne ou devant les autorités d'un État membre, soit soumis à des procédures appropriées de contrôle de leur activité.

Ces conditions sont remplies en ce qui concerne les personnes morales de droit public françaises *[Leur organisation et leur fonctionnement sont définis par la constitution, les lois et règlements ; elles sont en principe soumises aux règles de la comptabilité publique et font l'objet de contrôles, notamment de la Cour des comptes ou des Chambres régionales des comptes. Les exigences de transparence auxquelles elles sont soumises ont par ailleurs été renforcées par la loi Sapin 2]* et, en principe, en ce qui concerne celles établies dans l'UE/l'EEE.

95. Ainsi, l'organisme financier qui a comme client, une personne morale de droit public française, est tenu d'identifier son bénéficiaire effectif ce qui revient, au vu des garanties de transparence précitées, à identifier le bénéficiaire effectif en dernier ressort, à savoir son représentant légal. En revanche, il n'a pas à vérifier l'identité de son bénéficiaire effectif *[Cf. art. R. 561-14-2]*. Cette personne n'est d'ailleurs pas soumise à l'obligation d'établir, en vue d'être annexé au RCS, le document relatif au bénéficiaire effectif défini à l'article L. 561-46. Les organismes financiers veillent à ce que les conditions de transparence et de contrôle précitées soient remplies en ce qui concerne les personnes publiques établies à l'étranger, et en particulier dans un pays tiers à l'UE/l'EEE.

96. Lorsque l'organisme financier a comme client une société de droit privé (à l'exception des sociétés cotées) dont le capital est détenu, en tout ou partie, par une personne publique ou qui est contrôlée par tout autre moyen par une telle personne, son bénéficiaire effectif est déterminé selon les dispositions de l'article R. 561-1. Dans le cas où les critères de la détention du capital ou du contrôle prévus par cet article conduisent à remonter à la personne morale de droit public, le bénéficiaire effectif en dernier ressort est désigné, à savoir le dirigeant de la société.

Bénéficiaire effectifs des personnes morales de droit public/entreprises publiques et personnes politiquement exposées (« PPE »)

Le BE en dernier ressort d'une entreprise publique (qu'il s'agisse d'une personne morale de droit public telle qu'un EPIC ou d'une personne de droit privé) peut être une personne politiquement exposée en tant que membre d'un organe « de direction d'une entreprise publique », dès lors que cette entreprise exerce une activité économique au niveau national (*cf.* LD PPE), et non simplement au niveau local ou régional. De même, le représentant légal d'une personne morale de droit public peut, au titre d'autres fonctions (par exemple, dirigeant d'un parti politique), être une PPE.

Cependant, conformément aux dispositions du cinquième alinéa de l'article L. 561-10, en l'absence de soupçon de BC-FT, lorsque la relation d'affaires est établie avec une personne morale de droit public française, les organismes financiers sont exemptés de la mise en œuvre des mesures de vigilance complémentaires spécifiques aux PPE à l'égard de cette relation d'affaires.

En revanche, ils appliquent les mesures de vigilance spécifiques aux PPE à l'égard de la relation d'affaires personnelle avec le représentant légal d'une personne morale de droit public, qui exerce ou a exercé depuis moins d'un an une fonction qualifiée de PPE, ou le dirigeant d'une entreprise publique, ainsi que leurs proches (membres directs de leur famille ou personnes qui leur sont étroitement associées – *cf.* LD PPE).

2.3.1.2. *Personne(s) physique(s) pour la(les)quelle(s) une opération est exécutée ou une activité réalisée*

97. Est(sont) également considérée(s) comme bénéficiaire(s) effectif(s) la(les) personne(s) physique(s) pour la(les)quelle(s) une opération est exécutée ou une activité réalisée, lorsque le client est une personne physique.

98. Cette situation concerne le cas de "l'homme de paille", appelé à couvrir de son nom les opérations réalisées pour le compte d'une tierce personne qui souhaite conserver l'anonymat, souvent dans un but illicite.

99. Cela pourrait également concerner, par exemple, la situation où le gardien d'une propriété, appartenant à une personne physique étrangère non résidente, ouvre auprès d'un établissement de crédit un compte à son nom afin d'y domicilier exclusivement les opérations concernant les frais d'entretien de ladite propriété. Le compte est alimenté par des virements en provenance du propriétaire. L'établissement de crédit a pour client le gardien de la propriété et pour bénéficiaire effectif le propriétaire.

2.3.2. *Modalités particulières d'identification et de vérification de l'identité du bénéficiaire effectif*

100. Les obligations d'identification du(des) bénéficiaire(s) effectif(s) sont les mêmes que celles portant sur le client en relation d'affaires (*cf.* partie 2.1.1). En revanche, des obligations spécifiques sont prévues en ce qui concerne la vérification de l'identité du bénéficiaire effectif.

101. Sous réserve des précisions apportées au § 27, l'obligation de vérification de l'identité s'applique à tout bénéficiaire effectif, y compris au(x) bénéficiaire(s) effectif(s) en dernier ressort *[Le recueil de l'extrait K-BIS au titre de la vérification de l'identité de la personne morale peut également servir pour vérifier l'identité du bénéficiaire effectif en dernier* *ressort, dès lors que les éléments d'identification requis y figurent]*. Les organismes financiers vérifient les éléments d'identification collectés sur le(s) bénéficiaire(s) effectif(s) à l'aide de tout document écrit à caractère probant, conformément à l'article L. 561-5.

102. Néanmoins, la vérification des éléments d'identification recueillis *[Cf. Ann. 4 (ouverture de compte) des orientations du Comité de Bâle relatives à une saine gestion des risques qui présentent des mesures de vérification de l'identité des clients ou des bénéficiaires effectifs à mettre en œuvre en fonction du risque de BC-FT présenté par la relation d'affaires : https://www.bis.org/bcbs/publ/d405.pdf]* s'effectue selon des mesures adaptées au risque de BC-FT présenté par la relation d'affaires, conformément à l'article R. 561-7.

103. Sauf situation de risque de BC-FT élevé, et en l'absence de tout soupçon, les organismes financiers vérifient l'identité du bénéficiaire effectif des personnes morales et entités en recueillant un extrait pertinent du registre. Il peut s'agir, pour les personnes morales françaises, du registre tenu par les greffes ou par l'INPI de façon équivalente. Pour les personnes morales étrangères, il peut s'agir des registres étrangers tenus par les autorités publiques des pays concernés *[Dans la mesure où les registres des pays tiers à l'UE/l'EEE présentent les mêmes garanties que les registres français et européens. Les organismes financiers se réfèrent aux évaluations du GAFI ou des Gafi régionaux sur la notation de la transparence des personnes morales et entités juridiques]*.

104. Les organismes financiers s'assurent que l'extrait du registre recueilli comporte les attributs d'identification exigés, à savoir les nom et prénoms ainsi que la date et le lieu de naissance.

105. Les organismes financiers sont en mesure de justifier de la date de la collecte. Celle-ci peut être prouvée par l'horodatage du document par l'organisme de délivrance, la date d'extraction du document ou tout autre dispositif probant équivalent.

106. En cas de doute sur l'exactitude des données y figurant, ils vérifient l'identité du bénéficiaire effectif par tout autre moyen adapté (*cf.* § 109). Ce doute peut notamment résulter d'une divergence mentionnée au registre conformément à l'article R. 561-64 ou d'une divergence constatée entre les informations recueillies auprès du client par l'organisme financier et les informations figurant au registre. Dans ce dernier cas, l'organisme financier signale la divergence au greffier du tribunal de commerce (*cf.* encadré ci-dessus relatif au RBE des personnes morales, partie concernant le signalement des divergences).

107. Le cas échéant, lorsque la divergence est de nature à accroître les risques de BC-FT auxquels l'organisme financier est exposé, celui-ci en tient compte dans la détermination du profil de risque de la relation d'affaires.

108. Pour les personnes morales ou entités, dont le bénéficiaire effectif ne figure pas dans un registre étranger officiel, les organismes peuvent, en cas de risque faible et sous réserve de le justifier, vérifier l'identité de cette personne sur la base d'une déclaration remplie et signée par le client (*cf.* cas n° 8 de l'annexe 1). Ils ne sauraient se contenter de la seule consultation de bases de données privées, quand bien même celles-ci comporteraient l'ensemble des éléments d'identification prévus par la réglementation.

109. Dans toutes les autres situations (notamment lorsque le client n'a pas l'obligation de déclarer son bénéficiaire effectif dans le registre, en situation de risque de BC-FT élevé ou en cas de soupçon de BC-FT), ils vérifient l'identité du bénéficiaire effectif en recueillant des éléments d'information et documents, selon une approche par les risques. Il s'agit, par exemple, du rapport annuel, des statuts, du registre d'actionnariat du client. Une table de capitalisation ou un organigramme d'actionnaires ne saurait en soi suffire, sauf s'il est étayé par des justificatifs tels qu'une attestation fournie par un notaire, un cabinet d'avocat, etc. La présentation d'un document officiel d'identité et le recueil de sa copie, qui ne sont pas exigés en principe pour le bénéficiaire effectif, peuvent s'avérer nécessaires en cas de doute sur l'identité du bénéficiaire effectif.

110. Les organismes financiers sont en mesure de justifier auprès de l'ACPR de la mise en œuvre de ces mesures de vérification d'identité et de leur adéquation au risque de BC-FT présenté par la relation d'affaires.

111. Les procédures internes des organismes concernés prévoient les modalités d'identification et de vérification de l'identité des bénéficiaires effectifs *[Art. 6 de l'Arr. du 6 janv. 2021]*.

2.4. *Le bénéficiaire d'un contrat d'assurance sur la vie ou de capitalisation et, le cas échéant, son bénéficiaire effectif*

112. Conformément au III de l'article L. 561-5, lorsqu'un client souscrit ou adhère à un contrat d'assurance sur la vie ou de capitalisation, les organismes d'assurance identifient et vérifient l'identité des bénéficiaires de ces contrats et, le cas échéant, le bénéficiaire effectif de ces bénéficiaires.

113. Une dérogation aux obligations d'identification et de vérification de l'identité des bénéficiaires et, le cas échéant de leur bénéficiaire effectif, est introduite à l'article R. 561-10-3 à l'égard des contrats d'assurance sur la vie ou de capitalisation dont la prime annuelle ne dépasse pas 1 000 ou 2 500 euros dans le cas d'une prime unique (contrats définis par le législateur comme présentant un risque faible).

114. S'agissant des modalités de mise en œuvre de l'obligation d'identification des bénéficiaires, celles-ci diffèrent, selon que le bénéficiaire est nommément désigné ou non :

– l'organisme d'assurance relève les nom et prénoms de la personne physique ou la dénomination de la personne morale ou entité, au moment de la désignation nominative du (des) bénéficiaire(s), y compris en cas de changement de la clause bénéficiaire en cours de contrat ;

– en présence d'une clause bénéficiaire type *[Par ex., "mes enfants nés ou à naître"]*, le texte prévoit que l'organisme collecte toute information pertinente de nature à faciliter, au moment du versement des prestations, l'identification des bénéficiaires et, le cas échéant, de leur bénéficiaire effectif.

115. Les organismes d'assurance déterminent les bénéficiaires effectifs des bénéficiaires des contrats d'assurance sur la vie ou de capitalisation selon les modalités décrites précédemment à la partie 2.3.1.1. Par exemple, si le bénéficiaire du contrat est une association ou une fondation reconnue d'utilité publique, les dispositions de l'article R. 561-3 sont applicables.

116. L'article R. 561-10-3 ne prévoit pas expressément les modalités d'identification des bénéficiaires effectifs des bénéficiaires de contrats d'assurance sur la vie ou de capitalisation. Les organismes d'assurance sont néanmoins invités, lorsque le bénéficiaire est nommément désigné, à recueillir les nom et prénoms du bénéficiaire effectif à l'instar de ce qui est prévu pour l'identification du bénéficiaire du contrat.

117. Dans tous les cas, la vérification de l'identité des bénéficiaires et, le cas échéant de leur bénéficiaire effectif, n'intervient qu'au moment du versement des prestations selon les modalités prévues à l'article R. 561-5-1 du code monétaire et financier.

Cas particulier de l'identification et la vérification de l'identité du porteur des bons, titres ou contrats au porteur et, le cas échéant de son bénéficiaire effectif

Conformément à l'article R. 561-19, les organismes financiers identifient et vérifient l'identité des porteurs des bons, titres et contrats au porteur (par exemple, bons de caisse ou bons de capitalisation) et, le cas échéant, de leur bénéficiaire effectif, au moment du remboursement de ceux-ci. Ces obligations s'appliquent selon les mêmes modalités que celles prévues pour le client en relation d'affaires (*cf.* partie 2.1) et pour le bénéficiaire effectif (*cf.* partie 2.3).

2.5. *La nouvelle identification et vérification de l'identité en cours de relation d'affaires*

118. Les organismes financiers procèdent, conformément à l'article R. 561-11, à une nouvelle identification et vérification de l'identité du client et, le cas échéant

du bénéficiaire effectif, lorsqu'ils ont de bonnes raisons de penser que l'identité de cette(ces) personne(s) et les éléments d'identification précédemment obtenus ne sont plus exacts ou pertinents, selon les mêmes modalités qu'à l'entrée en relation d'affaires (*cf.* parties 2.1 et 2.3). Il s'agit, par exemple, pour les personnes physiques, d'un changement de nom patronymique, prénom, voire de sexe, ou l'emploi d'un nom d'usage. Une nouvelle vérification de l'identité du client, personne morale, peut intervenir, par exemple, suite à un changement de dénomination sociale, de forme ou de siège social.

119. Cela n'implique pas de procéder systématiquement, à l'occasion de l'actualisation du dossier client, à une nouvelle vérification de l'identité du client. Par exemple, il n'est pas requis par la réglementation de collecter une nouvelle copie du document d'identité lorsque celui présenté à l'entrée en relation d'affaires est arrivé à échéance.

120. Les organismes procèdent également à une nouvelle identification et vérification de l'identité du bénéficiaire effectif lorsque des informations publiques ou recueillies à l'occasion de la mise à jour des éléments de connaissance de la relation d'affaires, indiquent que les éléments relatifs à l'identité du(des) bénéficiaire(s) effectif(s) ne sont plus exacts ou pertinents. C'est en particulier le cas lorsque le ou les bénéficiaires effectifs ont changé (changement de statuts/d'actionnaire(s) majoritaire(s) au sein d'une société, par exemple).

121. Par ailleurs, conformément à l'article R. 561-11-1, lorsque les organismes d'assurance prennent acte d'une cession à un tiers d'un contrat d'assurance ou que celle-ci leur est notifiée, ils procèdent à l'identification et la vérification d'identité des nouvelles personnes parties prenantes à la relation d'affaires.

2.6. *La connaissance de la relation d'affaires*

122. La connaissance de la relation d'affaires obéit à un principe de proportionnalité. Elle est fonction du degré de risque présenté par celle-ci. Ainsi, pour rappel, les organismes financiers peuvent ne pas recueillir des éléments de connaissance d'une relation d'affaires avec une personne ou pour un produit présentant un risque faible dit "légal" *[Conformément à l'art. R. 561-14-2, dans les situations précisées aux art. R. 561-15 et R. 561-16, les organismes financiers ne sont pas soumis aux obligations de connaissance actualisée de la relation d'affaires]* (*cf.* § 27). Dans les autres cas de risque faible, définis par l'organisme, celui-ci peut simplifier la connaissance de la relation d'affaires, sous réserve de justifier à l'ACPR de l'adéquation des diligences mises en œuvre. À l'inverse, la connaissance de la relation d'affaires est renforcée dans les cas de risque élevé, que ceux-ci soient définis par le législateur (*cf.* article L. 561-10 pour lesquels des mesures de vigilances complémentaires sont prévues par la réglementation aux articles R. 561-19 et R. 561-20-2 à R. 561-20-4) ou par l'organisme lui-même (*cf.* article L. 561-10-1) *[L'art. L. 561-4-1, al. 4 précise les éléments devant être pris en compte par les entités assujetties pour l'identification et l'évaluation des risques : Pour l'identification et l'évaluation des risques de blanchiment des capitaux et de financement du terrorisme auxquels elles sont exposées, les personnes mentionnées ci-dessus tiennent compte des facteurs inhérents aux clients, aux produits, services, transactions et canaux de distribution, ainsi qu'aux facteurs géographiques, précisés par arrêté du ministre chargé de l'économie, ainsi que des recommandations de la Commission européenne issues du rapport prévu par l'art. 6 et des facteurs de risque mentionnés aux annexes II et III de la Dir. 2015/849 du Parlement européen et du Conseil du 20 mai 2015 relative à la prévention de l'utilisation du système financier aux fins du blanchiment de capitaux ou du financement du terrorisme, ainsi que de l'analyse des risques effectuée au plan national dans des conditions fixées par décret".]*.

123. Conformément aux articles L. 561-5-1 et R. 561-12, les organismes financiers recueillent et analysent, avant d'entrer en relation d'affaires, les éléments d'informations nécessaires à la connaissance de l'objet et de la nature de celle-ci, en vue notamment d'établir un profil de risque. Il leur appartient en effet de collecter, selon une approche par les risques, des informations, voire des documents, pertinents :

— sur chacune des parties à la relation d'affaires (soit le client et, le cas échéant, le bénéficiaire effectif, mais aussi pour les contrats d'assurance sur la vie et de capitalisation, le bénéficiaire du contrat s'il est nommément désigné à la souscription et le cas échéant, de son bénéficiaire effectif (*cf.* § 12)) ;

— et sur le fonctionnement envisagé de cette relation d'affaires ou sa justification économique (par exemple, si le produit ou service est utilisé pour un usage professionnel ou personnel ; si les opérations envisagées ont un caractère purement international ou domestique, etc.).

124. Tant la nature que l'étendue des éléments d'information à collecter varient selon une approche par les risques. Ainsi, en cas de risque faible, les organismes financiers peuvent se contenter de simples informations déclaratives. En revanche, en cas de risque élevé, ils ne sauraient en principe se satisfaire de simples déclarations *[Les éléments à recueillir sont adaptés au profil de risque de la relation d'affaires notamment en ce qui concerne (i) les personnes politiquement exposées conformément aux lignes directrices relatives à ce sujet ou (ii) les opérations mentionnées au 3º de l'art. L. 561-10 pour lesquelles des mesures de vigilances renforcées sont prévues à l'art. R. 561-20-4]*. Ils recueillent, dans cette hypothèse, des documents corroborant les déclarations du client. L'arrêté du 2 septembre 2009, pris en application de l'article R. 561-12, donne une liste indicative des éléments d'information pouvant être recueillis. Les organismes financiers déterminent, dans leur procédure conformément au b) du 2º de l'article 6 de l'arrêté du 6 janvier 2021, les éléments d'informations et documents à collecter, en tenant compte de leur classification des risques, notamment des services proposés, de la nature de la clientèle, ainsi que du profil de risque des relations d'affaires.

125. La collecte et l'analyse des éléments d'information ou documents interviennent, en principe, avant l'entrée en relation d'affaires, ou à tout le moins concomitamment à celle-ci. Par dérogation, en cas de risque faible, les organismes financiers peuvent différer, conformément à l'article R. 561-14-1, le moment de réalisation de ces mesures. La mise en œuvre des diligences intervient alors dans un délai raisonnable après l'entrée en relation d'affaires, et au plus tard avant la réalisation de la première opération.

126. La collecte et l'analyse de ces éléments, notamment l'activité et la situation financière du client *[3º de l'art. 6 de l'Arr. du 6 janv. 2021]*, permettent aux organismes financiers d'établir un profil de risque de la relation d'affaires, de comprendre les opérations effectuées et d'exercer ainsi une vigilance constante adéquate.

2.6.1. *Le recueil et l'analyse des informations et documents selon une approche par les risques*

2.6.1.1. *La connaissance du client et, le cas échéant, du bénéficiaire effectif*

127. Les organismes financiers recueillent, au minimum, des éléments d'information sur l'activité/profession et la situation financière de leur client.

128. Les organismes financiers recueillent également tout élément d'information pertinent concernant le bénéficiaire effectif de la relation d'affaires (notamment, le cas échéant, sur l'activité/profession et la situation financière, *cf.* not. § 136).

129. Le recueil de ces éléments d'information permet aux organismes financiers d'apprécier le profil de risque de la relation d'affaires et d'exercer la vigilance constante.

130. Le degré de précision de ces éléments peut varier selon qu'il s'agit du client ou du bénéficiaire effectif. Ainsi, s'agissant du client, ces éléments sont suffisamment renseignés et précis *[Décis. de la Commission des sanctions nº 2017-05 du 17 avr. 2018, p. 7 § 27]*. Ils sont par ailleurs recueillis selon une approche par les risques. En principe, les informations recueillies à l'égard du bénéficiaire effectif sont moins complètes que celles portant sur le client. Quoi qu'il en soit, les organismes financiers recueillent, auprès de leur client ou par tout autre moyen, des éléments de connaissance relatifs au bénéficiaire effectif, sans avoir à interroger ce dernier.

☐ *Les personnes physiques (client et bénéficiaire effectif)*

• **La justification de l'adresse du domicile**

131. La justification de l'adresse du domicile du client et, le cas échéant, du bénéficiaire effectif, figure parmi les éléments d'information listés à titre indicatif dans l'arrêté du 2 septembre 2009. Le recueil d'un tel justificatif n'est donc pas indispensable au titre de la connaissance de la relation d'affaires [*Cf. les orientations du Comité de Bâle sur une saine gestion des risques BC-FT (annexe sur l'ouverture d'un compte)*]. Les organismes financiers déterminent, dans leur procédure interne, selon une approche par les risques, si la justification de l'adresse du domicile est un élément à recueillir et, dans cette hypothèse, le type de justificatif à collecter [*L'absence de retour d'un courrier avec la mention "N'habite pas à l'adresse indiquée" ne peut pas tenir lieu de justificatif de domicile valable lors de l'entrée en relation d'affaires*]. Dans le cadre d'une entrée en relation d'affaires à distance, les organismes financiers peuvent prévoir, aux fins de lutter contre la fraude documentaire, le recueil d'un justificatif de domicile comportant un code barre "2D-Doc" permettant de s'assurer de l'intégrité du document et des informations qu'il contient [*https://ants.gouv.fr/Les-solutions/2D-Doc*].

132. Au demeurant, le recueil d'un justificatif de domicile peut être utile dans le cadre de la mise en œuvre des obligations prévues par le règlement UE relatif aux informations accompagnant les transferts de fonds [*Cf. c) du § 1 de l'art. 4 du Règl. (UE) du Parlement européen et du Conseil du 20 mai 2015 sur les informations accompagnant les transferts de fonds*] ou des exigences relatives à la lutte contre la fraude et l'évasion fiscales [*Cf. art. L. 564-1 et art. 1649 AC CGI; Décr. n° 2016-1683 du 5 déc. 2016 fixant les règles et procédures concernant l'échange automatique de renseignements relatifs aux "comptes financiers" (comptes de dépôt, comptes de paiement, comptes-titres, contrats d'assurance sur la vie et de capitalisation, etc) dites "norme commune de déclaration"*]. En application de l'article 1649 AC du Code général des impôts, les organismes financiers identifient la résidence fiscale du client et, le cas échéant, du bénéficiaire effectif [*Pour les seules entités non financières passives définies au 1° du IV de l'art. 11 du Décr. n° 2016-1683 (ex. : fiducie, trust, fondation...)*]. Ils s'appuient, à cet effet, sur les éléments d'information recueillis au titre de la connaissance de la relation d'affaires à des fins de LCB-FT, dont le justificatif de domicile [*Cf. art. 46 (personnes physiques) et 53 (personnes morales et constructions juridiques) du Décr. n° 2016-1683 pour les entrées en relations d'affaires depuis le 1er janv. 2016 ; cf. art. 29 s. (personnes physiques) et art. 49 s. (pour les entités) pour le reste du stock*]. De surcroît, la connaissance de la résidence fiscale du client et, le cas échéant, du bénéficiaire effectif, peut constituer un élément d'information important au titre de la LCB-FT [*Les organismes financiers se réfèrent aux lignes directrices conjointes ACPR-Tracfin sur les obligations de déclaration et d'information à Tracfin*].

• **L'activité professionnelle et la situation financière**

133. La profession et/ou la fonction exercée(s), les revenus ou ressources ainsi que le patrimoine s'il permet de comprendre les opérations qui seront réalisées (par exemple, lorsque les revenus du client sont en tout ou partie tirés de son patrimoine immobilier) sont des éléments d'information pertinents à recueillir. Ces informations sont en effet indispensables à l'exercice de la vigilance constante [*Décis. de la Commission des sanctions n° 2017-05 du 17 avr. 2018, p. 7 § 7 et 27*].

134. La situation professionnelle des personnes physiques est, de surcroît, un élément de connaissance nécessaire à la détection d'éventuelles personnes politiquement exposées (PPE) [*Cf. Lignes directrices relatives aux PPE*]. Il est important de renseigner l'activité professionnelle de ces personnes de manière suffisamment claire et précise et non par l'emploi de termes vagues tels que "gérant", "retraité" [*La connaissance au moins du secteur d'activité du gérant/retraité est importante, notamment pour apprécier le niveau des revenus/du patrimoine*] ou "marketing" [*Décis. de la Commission des sanctions n° 2016-01 du 28 déc. 2016, p. 7 § 20*]. Lorsque le client, personne physique, entre en relation d'affaires pour les besoins de son activité professionnelle, les organismes peuvent également recueillir, par exemple :

— le numéro Siren (n° Siret) pour les professions libérales et micro-entrepreneurs ;

— **l'extrait K** *[L'extrait K est la carte d'identité de l'autoentreprise délivrée par le tribunal de commerce suite à son immatriculation au RCS (formalité obligatoire pour tous les auto-entrepreneurs qui s'inscrivent après le 19 déc. 2014)]* **pour les entrepreneurs individuels ;**

— **l'extrait D** *[L'artisan peut obtenir gratuitement auprès de la Chambre des Métiers et de l'Artisanat où il est enregistré, un extrait d'immatriculation D1. L'extrait D1 renseigne sur l'activité de l'entreprise et regroupe toutes les mentions portées au répertoire des métiers : adresse, activité, dirigeant, numéro Siren...]* **pour les artisans.**

135. En ce qui concerne la situation financière des personnes physiques *[Lorsque la personne physique exerce une activité professionnelle à titre de profession libérale ou en qualité d'artisan ou d'autoentrepreneur, l'organisme financier peut recueillir la déclaration de revenus du client sur laquelle les bénéfices non commerciaux (professions libérales) ou les bénéfices industriel et commerciaux (artisans, autoentrepreneurs) sont déclarés]*, **lorsqu'un organisme collecte ces éléments d'information en ayant recours à des tranches de revenus, il veille à définir des tranches suffisamment fines ou, à tout le moins, adaptées aux caractéristiques de sa clientèle** *[Décis. de la Commission des sanctions n° 2014-08 du 19 juin 2015, p. 9 § 28]*. **En tout état de cause, une telle modalité de collecte des éléments de situation financière n'apparaît pas pertinente en cas de profil de risque élevé. Il est nécessaire, dans cette hypothèse, de connaître la composition des éventuelles catégories de ressources (telles que les salaires, revenus du patrimoine immobilier ou financier, etc.), en particulier lorsque celles-ci permettent de comprendre les opérations. De même, la simple présentation de la grille salariale pour justifier des revenus s'avère insuffisante** *[Décis. de la Commission des sanctions n° 2014-08 du 19 juin 2015, p. 9 p § 29]*.

136. Par ailleurs, le recueil d'éléments d'informations pertinents sur la situation financière et professionnelle du bénéficiaire effectif peut s'avérer particulièrement nécessaire en cas d'augmentation de capital ou d'apports en compte courant.

• L'origine des fonds

137. Les organismes financiers peuvent recueillir des éléments relatifs à la provenance des fonds à l'entrée en relation d'affaires. La seule information selon laquelle les fonds proviennent d'un compte ouvert au nom du client ne suffit pas en cas de risque élevé/profil de risque élevé. Lorsqu'à l'entrée en relation d'affaires, les fonds versés proviennent de l'étranger, d'un tiers ou sont d'un montant important au regard de la situation financière du client, il est nécessaire de connaître l'origine de ces fonds, autrement dit de s'interroger sur la manière dont l'épargne a été constituée.

• La destination des fonds

138. Les organismes financiers se renseignent, selon une approche par les risques, sur la destination des fonds *[En ce qui concerne l'ensemble des transferts de fonds, le Règl. 2015/847 impose aux prestataires de service de paiement du donneur d'ordre de renseigner l'identité du bénéficiaire du transfert]* **: par exemple, lorsque la relation d'affaires porte sur l'obtention d'un crédit à la consommation dont le montant est supérieur à 1 000 euros** *[Décis. n° 2017-08 du 22 mars 2018 de la Commission des sanctions]* **ou sur des opérations régulières de transmission de fonds. Lorsque cette vérification est effectuée, il ne suffit pas de savoir si les fonds sont versés sur un compte au nom du client, il convient d'interroger ce dernier sur l'objet des opérations.**

• La nature des liens existants, le cas échéant, avec les tiers

139. Lorsque des tiers (mandataires ayant procuration, tiers payeurs...) interviennent ou sont amenés à intervenir dans le cadre de la relation d'affaires, il est pertinent de connaitre, outre l'identité de ces personnes, la nature des liens existants (lien de parenté, d'affaires, etc.) entre le client et, le cas échéant, le bénéficiaire effectif et ce tiers, voire l'origine des fonds.

☐ ***Les personnes morales*** *[Constitue un manquement aux obligations de vigilance, l'absence de recueil d'éléments relatifs à la connaissance de la relation d'affaires avec une personne morale conformément à la Décis. de la Commission des sanctions n° 2015/06 du 29 avr. 2016, § 16, p. 5]*

140. Les éléments d'information à recueillir par tout moyen (par exemple, les statuts) sont en principe l'adresse du siège social, l'objet social, le secteur d'activité, ainsi que la situation financière des personnes morales (par exemple : les comptes

annuels, la liasse fiscale). Les organismes financiers tiennent compte de l'objet social/secteur d'activité ainsi que de la situation financière du client pour définir le profil de risque de la relation d'affaires.

141. Les organismes financiers recueillent et analysent tout autre élément d'information pertinent, selon une approche par les risques, par exemple :

– pour une association : ses principales ressources telles que les dons, les cotisations, les subventions ou les activités économiques, ses principaux donateurs, la composition du bureau ;

– pour une société commerciale : ses principaux fournisseurs ou clients si la nature du produit le justifie, comme par exemple, l'ouverture d'un compte.

142. Pour les sociétés nouvellement créées qui ne disposent pas d'information relative à leur situation financière, les organismes financiers recueillent, par exemple, un bilan prévisionnel et le volume de facturation attendu clients/fournisseurs, le niveau de charge moyen mensuel, les antériorités professionnelles du dirigeant et des éventuels associés, les moyens matériels, financiers et humains mis en place dans le cadre de la réalisation du projet d'entreprise.

□ *Les constructions juridiques*

143. En ce qui concerne les constructions juridiques (type trust ou fiducie), les organismes financiers analysent notamment les éléments figurant au contrat, dont son objet.

144. Ils analysent les raisons d'exister de cette construction (par exemple : organisation/encadrement d'une succession, etc.), le contexte de sa création ainsi que les liens entre les constituants ("trustees").

2.6.1.2. *La connaissance du bénéficiaire du contrat d'assurance sur la vie ou de capitalisation et, le cas échéant, de son bénéficiaire effectif*

145. Lorsque le bénéficiaire d'un contrat d'assurance sur la vie ou de capitalisation est nommément désigné à la souscription du contrat, l'organisme d'assurance recueille des éléments d'information permettant de connaître le lien existant entre ce dernier ou, le cas échéant, son bénéficiaire effectif, et le souscripteur/assuré. À défaut de désignation nominative du bénéficiaire à l'entrée en relation d'affaires, il recueille ces éléments au plus tard au moment du versement des prestations.

Les porteurs de bons, de titres ou de contrats au porteur et, le cas échéant, leurs bénéficiaires effectifs.

Conformément au 3° de l'article L. 561-10 et à l'article R. 561-19, les bons, titres et contrats au porteur ainsi que les opérations portant sur ces produits présentent un risque particulier de BC-FT. Ainsi, lors du remboursement d'un bon, d'un titre ou d'un contrat au porteur, les organismes recueillent, outre les éléments relatifs à l'identité du porteur et, le cas échéant, du bénéficiaire effectif selon les modalités mentionnées dans la partie 2.3.1 et dans l'encadré de la partie 2.4, les éléments d'information permettant de comprendre la nature du lien entre le souscripteur et ce dernier.

De surcroît, lorsque le porteur est différent du souscripteur, ou lorsque le souscripteur est inconnu, l'organisme recueille auprès du porteur des informations, voire des justificatifs, sur les modalités d'entrée en possession de ces produits.

2.6.2. *L'actualisation des éléments de connaissance en cours de relation d'affaires*

146. Conformément aux articles L. 561-5-1 et R. 561-12, les organismes financiers actualisent les éléments d'information nécessaires ou pertinents à la connaissance de la relation d'affaires pendant toute sa durée et selon une approche par les risques.

147. Ils mettent en place à cet effet un dispositif de mise à jour de la connaissance de leurs relations d'affaires. En particulier, ils prévoient, dans leur procédure interne, les modalités de mise à jour, dont sa fréquence, ainsi que la nature et l'étendue des

éléments d'information à mettre à jour. Par exemple, la mise en place d'un système de double écoute des appels ou l'incitation à la mise à jour des données via l'intéressement des conseillers ne permettent pas, en elles-mêmes, de s'assurer que les obligations d'actualisation des informations relatives à la connaissance de la relation d'affaires sont bien respectées *[Décis. de la commission des sanctions n° 2014-08 du 19 juin 2015, p. 9 § 31]*.

148. Conformément à l'article R. 561-12, les organismes financiers tiennent également compte des changements pertinents affectant la relation d'affaires ou la situation du client. A cet égard, ils s'assurent notamment qu'ils disposent, tout au long de la relation d'affaires, des informations relatives à l'identification et aux pouvoirs des personnes agissant pour le compte du client.

149. Ils mettent également en place des mesures adaptées de contrôle interne pour s'assurer du respect de cette obligation d'actualisation. La mise à jour régulière de la connaissance de la relation d'affaires est en effet indispensable à un exercice efficace de la vigilance constante et de la surveillance des opérations réalisées.

150. La fréquence de la mise à jour, de même que la nature et l'étendue des éléments d'information à mettre à jour, dépendent du profil de risque de la relation d'affaires.

151. En tout état de cause, la mise à jour intervient en cas de changement significatif dans la relation d'affaires (par exemple, lors d'un changement de bénéficiaire effectif, lors de la souscription d'un nouveau produit/service tel qu'un crédit immobilier ou à la consommation, etc.) ou encore, si besoin est, aux fins de traitement d'une alerte ou dans le cadre d'un examen renforcé. Ainsi, l'ouverture récente d'un compte ne dispense pas un organisme de son obligation d'actualisation dès lors que les éléments d'information recueillis à l'entrée en relation d'affaires ne permettent pas de lever une alerte relative à une ou plusieurs opérations atypiques. Une telle mise à jour peut s'avérer particulièrement nécessaire en ce qui concerne l'origine des fonds et l'objet de l'opération.

152. Par ailleurs, à l'instar de ce qui est prévu à l'entrée en relation d'affaires, les organismes financiers analysent les éléments d'information ainsi mis à jour. Ils réévaluent, en tant que de besoin, le profil de risque de la relation d'affaires en conséquence, selon les modalités de mise à jour prévues dans leurs procédures internes.

3. L'identification et la vérification de l'identité du client occasionnel

153. La réglementation n'impose pas la mise en œuvre de mesures de vigilance à l'égard du client occasionnel et, le cas échéant, de son bénéficiaire effectif.

154. Cependant, conformément au II de l'article L. 561-5, les organismes financiers identifient et vérifient l'identité de leur client occasionnel et, le cas échéant du bénéficiaire effectif, avant de réaliser l'opération :

– soit en cas de soupçon de BC-FT : à cet effet, ils se réfèrent à tout élément dont ils ont connaissance, public ou notoire, sur le client ou l'opération, ainsi qu'aux typologies diffusées par le GAFI, TRACFIN ou toute autre autorité compétente en matière de LCB-FT. Ils tiennent également compte des éventuelles désignations effectuées par TRACFIN en application de l'article L. 561-26 ;

– soit lorsque l'opération répond à l'une des conditions limitativement énumérées au II de l'article R. 561-10. Il s'agit par exemple :

• d'une opération de transmission de fonds *[Le service de transmission de fonds est défini au 5° de l'art. D. 314-2]*, quel que soit son montant ;

• d'une opération de change manuel *[L'opération de change manuel est définie au I de l'art. L. 524-1]* d'un montant unitaire supérieur à 1 000 € ou des opérations de change liées entre elles *[Il convient de s'assurer que les opérations réalisées ne sont pas fractionnées. À cet égard, la Commission des sanctions relève que deux opérations réalisées "dans un intervalle d'une minute" constituent des opérations liées entre elles (Décis. de la Commission des sanctions n° 2015-01 du 21 mai 2015, p. 15 § 14). En outre, la réalisation de deux opérations de change manuel au moyen de deux chèques présentés le même jour ou plus au nom d'un client constitue une opération fractionnée]* dont le montant cumulé est supérieur à 1 000 € ou encore de toute opération de change à distance *[Il s'agit par ex. d'une commande de devises effectuée à distance, par exemple sur internet, et réceptionnée au domicile ou dans les locaux du changeur manuel. En revanche, une opération de change manuel effectuée au moyen d'un distributeur automatique de billets tenu par un organisme financier n'est pas réalisée à distance]*, quel que soit son montant ;

• d'une opération d'achat ou de vente d'actifs numériques contre monnaie ayant cours légal ou d'échanges d'actifs numériques contre actifs numériques, quel que soit le montant.

155. Dans ces hypothèses, les organismes financiers identifient et vérifient l'identité du client occasionnel et, le cas échéant, du bénéficiaire effectif, dans les mêmes conditions que celles prévues respectivement pour le client (*cf.* partie 2.1) et le bénéficiaire effectif de la relation d'affaires (*cf.* partie 2.3) *[Il est rappelé que les organismes financiers procèdent à un examen renforcé de toute opération répondant à l'un des critères prévus à l'art. L. 561-10 effectuée par un client occasionnel]*.

4. Le recours à un tiers pour la mise en œuvre des mesures de vigilance

156. Les organismes financiers peuvent recourir à un tiers pour la mise en œuvre des mesures de vigilance :

– soit un tiers introducteur (cas de la tierce introduction) ;

– soit un prestataire externe (cas de l'externalisation).

157. Dans les deux cas, l'organisme financier qui a recours au tiers demeure pleinement responsable de la mise en œuvre de ses obligations de vigilance.

4.1. *La tierce introduction*

158. La tierce introduction est un mécanisme strictement encadré par l'article L. 561-7, qui permet à un organisme financier de recourir à un tiers (ci-après "tiers introducteur"), limitativement énuméré et lui-même assujetti aux obligations de LCB-FT, pour la mise en œuvre de certaines des obligations de vigilance.

159. Elle ne peut porter que sur la mise en œuvre des obligations :

– d'identification et de vérification de l'identité du client et, le cas échéant, du bénéficiaire effectif ainsi que, pour les contrats d'assurance sur la vie ou de capitalisation, celle du bénéficiaire de ces contrats et, le cas échéant, du bénéficiaire effectif de ces derniers ;

– ainsi que de recueil des éléments de connaissance de la relation d'affaires et leur mise à jour.

160. Lorsque les organismes financiers ont recours à un tiers pour la mise en œuvre d'autres mesures de vigilance que celles précitées (comme par exemple, l'obligation de vigilance constante), il s'agit alors d'externalisation (*cf.* partie 4.2). La tierce introduction se distingue également de l'externalisation en ce que les mesures de vigilance mises en œuvre par le tiers introducteur le sont conformément à ses propres procédures LCB-FT. En pratique, le tiers peut être à la fois tiers introducteur et prestataire externe.

161. Le tiers introducteur répond aux conditions de qualité et de localisation géographique.

162. Le tiers introducteur est nécessairement soit un organisme financier, à l'exception notamment des changeurs manuels, des intermédiaires en opérations de banque et en services de paiement (IOBSP) et des intermédiaires en financement participatif, soit un professionnel du chiffre et du droit. Au sein d'un groupe financier *[Au sens de l'art. L. 511-20]* (à l'exclusion des groupes mixtes), d'un conglomérat financier *[Au sens de l'art. L. 517-3]* ou d'un groupe d'assurance *[Au sens des art. L. 322-1-2, L. 322-1-3 et L. 356-1 C. assur. et de l'art. L. 111-4-2 C. mut.]* (ci-après "groupe"), le tiers peut aussi être une entité immobilière. Les établissements de paiement ou équivalents en droit étranger exerçant exclusivement une activité de transmission de fonds ne peuvent ni recourir à la tierce introduction, ni être tiers introducteurs.

163. Ce tiers est établi, ou a son siège social, en France ou dans l'UE/EEE. Il peut également appartenir à une catégorie équivalente sur le fondement d'un droit étranger dès lors qu'il est situé dans un pays tiers considéré, par l'organisme assujetti, comme équivalent à la réglementation LCB-FT française.

164. En tout état de cause, la sélection du tiers introducteur par les organismes financiers résulte d'une approche par les risques. Il leur appartient de préciser dans leur procédure les modalités de sélection des tiers *[Conformément aux art. 8 de l'Arr. du 6 janv. 2021 et R. 561-22-1]* afin de mener leur propre analyse en utilisant tout élément d'information dont ils ont connaissance sur le tiers et son implantation géographique, notamment le niveau de risque présenté par le pays où est situé ce tiers et la qualité de l'autorité qui le supervise ainsi que sur la réglementation locale applicable voire sur les procédures LCB-FT du tiers *[L'organisme assujetti n'est pas dispensé de mettre en œuvre les dispositions du 2° de l'art. 8 de l'Arr. du 6 janv. 2021 lorsque le tiers introducteur est établi dans un pays membre de l'UE/EEE, selon une approche par les risques]*. Les organismes financiers tiennent compte des éventuels obstacles juridiques de la réglementation locale, en particulier ceux relatifs à l'échange d'informations nominatives sur la clientèle au sein du groupe *[Cf. projet de normes techniques de réglementation sur le type de mesures supplémentaires et les actions minimales à prendre par les groupes lorsque le droit d'un pays tiers ne permet pas de mettre en œuvre les procédures du groupe, en application de l'art. 45 § 6 de la 4e directive anti-blanchiment : https://esas-joint-committee.europa.eu/Publications/Reports/Final%20Report%20on%20Joint%20RTS%20on%203rd%20countries.pdf]*. Dans cette hypothèse, ils s'abstiennent de recourir à un tiers introducteur situé dans un tel pays. D'autres critères d'évaluation peuvent être définis, le cas échéant, et inscrits dans les procédures internes des organismes financiers, comme, par exemple, la nature de l'activité du tiers, la nature et l'objet de la relation d'affaires à envisager avec le client.

165. Si l'organisme a recours à une entité étrangère du groupe, celle-ci peut être située dans tout pays tiers, y compris dans un pays figurant sur la liste "noire" européenne *[Site internet de la Comm. européenne précisant les pays concernés : https://ec.europa.eu/taxation_customs/tax-common-eu-list_en]*, dès lors que le groupe applique bien des mesures de vigilance à l'égard de sa clientèle qui sont conformes à la réglementation LCB-FT française.

166. Les organismes financiers s'assurent que le tiers introducteur auquel ils recourent remplit les conditions susmentionnées. Ils justifient à l'ACPR de l'adéquation des diligences mises en œuvre par le tiers, lorsque celui-ci est une entité étrangère du groupe située dans un pays figurant sur la liste "noire" européenne notamment que le groupe s'assure bien de la mise en œuvre par ce tiers des procédures groupes mentionnées à l'article L. 561-33.

167. En application de l'article R. 561-13, un contrat écrit est conclu entre l'organisme financier et le tiers introducteur, qui prévoit notamment :

— les modalités de transmission des informations et documents d'identité ainsi que de connaissance de la relation d'affaires recueillis par le tiers introducteur, la réglementation imposant seulement une transmission sans délai des informations et "à première demande" la copie des documents recueillis. Ces modalités sont définies de manière à permettre à l'organisme financier de mettre en œuvre effectivement l'ensemble des obligations LCB-FT qui lui incombent, dont la détection des PPE ou des personnes soumises à des mesures de gel. À cet égard, les organismes financiers s'assurent qu'ils disposent des éléments d'information avant l'entrée en relation d'affaires. Il est plus efficace de mettre en place, lorsque cela est possible, des dispositifs automatisés de partage de l'information en temps réel.

— les modalités de contrôle des mesures de vigilance mises en œuvre par le tiers introducteur. Le dispositif de contrôle interne (à la fois, permanent et périodique) de l'organisme financier s'assure du respect des stipulations de la convention, ce dernier demeurant responsable des obligations LCB-FT concernées.

168. Les organismes financiers précisent dans leurs procédures internes comment sont mises en œuvre les obligations qui leur incombent sur la base des documents recueillis. Lorsque les éléments d'information recueillis par le tiers introducteur ne permettent pas à l'organisme financier de se conformer aux obligations prévues aux articles L. 561-5 et L. 561-5-1, il n'entre pas en relation d'affaires ni n'exécute d'opérations conformément à l'article L. 561-8, ou il met en œuvre, lui-même ou par tout autre moyen (par exemple, via l'externalisation), les obligations de vigilance précitées. En effet, les éléments d'information et/ou documents qui ont été recueillis par le tiers introducteur ne correspondent pas nécessairement aux exigences de la réglementation LCB-FT, notamment lorsque ce dernier est établi à l'étranger *[Même si la réglementation étrangère est considérée comme équivalente à la réglementation LCB-FT française]*.

169. L'organisme financier s'assure par ailleurs, au regard de sa propre évaluation du risque, que les éléments d'informations et/ou documents recueillis par le tiers introducteur sont adaptés au profil de risque de la relation d'affaires et lui permettent d'exercer une vigilance constante adéquate.

170. Le recours à la tierce introduction est sans préjudice de l'application de mesures de vigilance renforcées dans le cas où la relation d'affaires est considérée par l'organisme financier comme présentant un risque élevé ou de mesures de vigilance complémentaires dans les cas prévus par la réglementation (PPE, etc.). Dans l'ensemble de ces situations, l'organisme financier s'adresse directement au client ou passe par le tiers introducteur pour obtenir des éléments d'informations ou des documents complémentaires pour se conformer à la réglementation.

171. Les contrôles effectués par l'organisme financier sur l'application de la convention sont adaptés à son objet et à son étendue. Ils peuvent notamment consister à s'assurer de la qualité des informations et documents effectivement transmis, ainsi que du respect des délais de transmission *[Décis. nº 2017-01 de la Commission des sanctions du 26 juill. 2018, § 28]*. Les organismes financiers sont en mesure de justifier à l'ACPR les contrôles mis en œuvre.

172. Lorsque la tierce introduction intervient au sein d'un groupe, les organismes financiers peuvent se reposer sur les procédures et l'organisation ainsi que le contrôle interne existants au niveau du groupe pour s'assurer des diligences mises en œuvre par le tiers introducteur, dès lors que ces procédures et contrôles couvrent de façon effective le tiers considéré. En particulier, le contrat prévu en matière de tierce introduction (*cf.* § 167) peut consister en une procédure interne.

173. Les organismes financiers sont en principe en mesure de s'assurer que le tiers introducteur met personnellement en œuvre les obligations précitées.

Cas du recours à un courtier grossiste dans le secteur de l'assurance

Dans certains cas, un "courtier grossiste", qui est un courtier d'assurance immatriculé au registre tenu par l'ORIAS, s'interpose entre un organisme d'assurance et un "courtier direct", en contact avec la clientèle, pour la souscription des contrats.

Dans ce schéma, il est admis que le courtier grossiste, tiers introducteur de l'organisme d'assurance, puisse déléguer au courtier direct le recueil des éléments d'identification, de vérification d'identité et de connaissance de la clientèle à l'entrée en relation d'affaires. La convention de tierce-introduction passée entre l'organisme d'assurance et le courtier grossiste précise alors notamment les modalités de transmission de ces éléments à l'organisme d'assurance, ainsi que les modalités de contrôle du courtier direct par le courtier grossiste.

Dans tous les cas, l'organisme d'assurance demeure responsable de la mise en œuvre des mesures de vigilance LCB-FT.

4.2. *L'externalisation*

174. L'externalisation permet à un organisme financier de mandater un tiers pour mettre en œuvre, au nom et pour son compte, tout ou partie des diligences au titre de ses obligations de LCB-FT, à l'exclusion de l'obligation déclarative. En effet, conformément à l'article R. 561-38-2, la mise en œuvre des obligations déclaratives à TRACFIN ne peut être confiée à un prestataire externe : ces dispositions sont toutefois sans préjudice de la possibilité de désigner, au sein d'un groupe, un déclarant Tracfin commun aux différentes entités du groupe en application de l'article R. 561-28.

175. Les prestations externalisées à un tiers sont considérées comme réalisées par l'organisme financier lui-même et sont mises en œuvre conformément aux obliga-

tions de LCB-FT qui lui incombent personnellement. Ainsi, la mise en œuvre des diligences/activités LCB-FT est soumise aux procédures de l'organisme financier. Néanmoins lorsque le prestataire externe est lui-même assujetti à la LCB-FT, le contrat d'externalisation tient compte des procédures mises en place par ce dernier, le cas échéant de concert, pour respecter les obligations de LCB-FT.

176. Le dispositif de contrôle interne de l'organisme financier, à la fois permanent et périodique, inclut le recours à un prestataire externe ainsi que les diligences/activités qui lui sont confiées, l'organisme financier demeurant responsable du respect des obligations LCB-FT concernées. Les organismes financiers s'assurent notamment que les mesures de vigilance externalisées auprès d'un prestataire sont effectivement mises en œuvre par ce dernier dans le respect de leur propre procédure.

177. Le recours à un agent par un prestataire de service de paiement ou à une personne en vue de distribuer de la monnaie électronique au sens de l'article L. 525-1 par un émetteur de monnaie électronique est une forme d'externalisation. Les agents de services de paiement ou distributeurs de monnaie électronique sont d'ailleurs assimilés à du personnel de l'organisme financier dans le cadre de la formation LCB-FT.

178. Lorsque les organismes financiers recourent à une solution technologique développée par un tiers, par exemple pour l'identification à distance, la détection des PPE ou encore la surveillance des opérations atypiques, il leur appartient *[Cf. avis des autorités européennes de supervision sur le recours à des solutions innovantes pour la mise en œuvre des obligations de vigilance à l'égard de la clientèle]* :

— d'évaluer les risques présentés par l'outil, sa fiabilité et sa compatibilité avec leur procédure ;

— de veiller à ce que le prestataire externe dispose d'une solution de secours permettant d'assurer la continuité de la prestation ou, à défaut, d'en disposer lui-même.

179. Les conditions et les modalités de l'externalisation sont définies dans le contrat de mandat conclu entre l'organisme financier et le prestataire externe *[L'art. 10 de l'Arr. du 6 janv. 2021 précise les clauses obligatoires du contrat d'externalisation. Les organismes financiers tiennent compte de l'évaluation réalisée par l'ANSSI lorsque la solution utilisée a été certifiée conforme par cette autorité ou son équivalent européen et adaptent en conséquence les dispositions de l'Arr. du 6 janv. 2021]*, y compris les modalités d'accès aux informations permettant à l'organisme financier de se conformer effectivement à ses obligations déclaratives ou de gel des avoirs. En cas de recours à une solution technologique développée par un tiers, ce contrat prévoit l'information des organismes financiers cocontractants en cas de modification de l'outil (ex. fonctionnalités, algorithmes en place, sources consultées au moyen de cet outil, etc.) ainsi que le recueil préalable de leur consentement.

5. Le refus d'entrer en relation d'affaires ou d'exécuter une opération ainsi que la rupture de la relation d'affaires

180. Conformément au I de l'article L. 561-8, les organismes financiers n'exécutent pas d'opération ni n'établissent de relation d'affaires, lorsqu'ils ne sont pas en mesure :

— soit d'identifier et de vérifier l'identité de leur client (occasionnel ou en relation d'affaires) et, le cas échéant, du bénéficiaire effectif dans les conditions et modalités susmentionnées dans les présentes lignes directrices ;

— soit d'obtenir les éléments de connaissance de la relation d'affaires nécessaires à l'exercice de la vigilance constante.

181. En application des dispositions précitées, les organismes financiers mettent un terme à la relation d'affaires préalablement établie, lorsqu'ils sont dans l'impossibilité :

— soit de vérifier l'identité du client et, le cas échéant, du bénéficiaire effectif, ou de recueillir des éléments nécessaires à la connaissance de la relation d'affaires, dans l'hypothèse où la mise en œuvre de ces diligences a été différée en raison du faible risque de BC-FT et de la nécessité de ne pas interrompre l'exercice normal de l'activité de l'organisme financier ;

– soit de procéder à une nouvelle identification et vérification de l'identité du client et, le cas échéant, du bénéficiaire effectif, lorsque les éléments précédemment obtenus ne sont plus exacts ou pertinents ;

– soit de mettre à jour la connaissance de la relation d'affaires sur des éléments pertinents et nécessaires à l'exercice de la vigilance constante.

182. De surcroît, lors de la mise en œuvre des dispositions de l'article L. 561-8, les organismes financiers s'interrogent sur la nécessité d'effectuer une déclaration de soupçon *[A cet égard, les organismes financiers se réfèrent aux lignes directrices sur les obligations de déclaration et d'information à TRACFIN]*.

183. Ces dispositions ont un caractère impératif *[Décis. de la Commission des Sanctions nº 2014-08 du 19 juin 2015, p. 12 § 44]*. A cet égard, elles s'appliquent également lorsqu'un établissement de crédit reçoit injonction de la Banque de France d'ouvrir un compte dans le cadre du droit au compte.

184. Lors de la clôture d'un compte en application de ces dispositions, les établissements respectent néanmoins le délai de préavis de 2 mois *[Sauf exceptions prévues, dans le cadre du droit au compte, au IV de l'art. L. 312-1 (cf. notamment § 42 des PAS droit au compte)]*.

185. Les codes des assurances, de la mutualité et de la sécurité sociale *[Cf. art. R. 113-14 C. assur., R. 223-13 C. mut. et R. 932-1-6-1 CSS]* encadrent les modalités de résiliation d'un contrat d'assurance sur la vie ou de capitalisation, en application de l'article L. 561-8. En effet, dans ce cas, les organismes d'assurance ne procèdent pas systématiquement ni immédiatement à la résiliation du contrat d'assurance sur la vie ou de capitalisation. Celle-ci n'intervient qu'à l'issue :

– d'une nouvelle évaluation des risques au regard du profil de la relation d'affaires, notamment des opérations effectuées ou demandées ;

– d'une vérification de la qualité des données clientèle ;

– d'une évaluation des raisons pour lesquelles l'organisme n'a pas obtenu du client les éléments d'informations ou documents nécessaires à l'exercice d'une vigilance constante appropriée sur les opérations effectuées ou demandées *[Le cas échéant, ces éléments ou documents permettent également de satisfaire aux obligations prévues à l'art. L. 561-5, notamment en cas de changement du bénéficiaire effectif de la relation d'affaires]* ;

– et d'un processus de mise en garde du souscripteur qui dispose – avant résiliation du contrat établi – d'un délai raisonnable, qui ne saurait être inférieur à 3 mois, pour communiquer les éléments réclamés par l'organisme d'assurance.

Dans l'intervalle, l'organisme d'assurance suspend les opérations liées au contrat établi.

Les organismes d'assurance définissent dans leurs procédures les modalités d'articulation de ce dispositif avec les diligences professionnelles d'agir au mieux des intérêts des clients et avec leurs obligations de recherche mises en œuvre dans le cadre de la lutte contre la déshérence. En particulier, des recherches sont à effectuer lorsque le courrier de mise en garde est retourné avec la mention "NPAI" *[Dans l'hypothèse où les éléments d'informations réclamés par l'organisme d'assurance au client, à l'occasion d'une mise à jour de son stock de contrats, visent à obtenir des éléments de connaissance de la relation d'affaires, qui étaient jusqu'alors manquants, il veille également à la bonne mise en œuvre de son obligation d'identifier les assurés décédés et de rechercher les bénéficiaires de contrats d'assurance sur la vie non réglés]*.

6. La conservation des documents

186. Conformément à l'article L. 561-12, les organismes financiers conservent l'ensemble des documents et informations recueillis à l'égard de leur clientèle, y compris le bénéficiaire effectif, pendant 5 ans à compter :

– de l'exécution de l'opération pour les clients occasionnels *ou*

– de la rupture/cessation des relations d'affaires.

187. Ces documents et informations sont recueillis lors de la mise en œuvre des obligations de vigilance à l'égard de la clientèle, lors de l'entrée en relation d'affaires et pendant la durée de celle-ci. Il s'agira notamment des informations et documents

ayant servi, le cas échéant, à déterminer le bénéficiaire effectif tels que les éléments relatifs à la structure de propriété et de contrôle de leur client, à vérifier l'identité du client et du bénéficiaire effectif le cas échéant, ainsi que les documents et informations permettant de justifier le profil de risque du client *[En ce qui concerne les DS, cf. § 137 des LD conjointes ACPR/Tracfin]*.

188. Les organismes financiers conservent également – sous réserve de dispositions plus contraignantes – les documents et informations, quel qu'en soit le support, portant sur les opérations réalisées par leur clientèle pendant cinq ans à compter de l'exécution de ces opérations ainsi que les éléments recueillis notamment au titre de la vigilance constante en application de l'article L. 561-6 et de l'examen renforcé effectué en application de l'article L. 561-10-2.

189. Les organismes financiers prévoient dans leurs procédures internes les modalités de conservation de ces informations et documents, conformément au 9° de l'article 6 de l'arrêté du 6 janvier 2021.

ANNEXE 1

Relative aux bénéficiaires effectifs

CAS 1 : Bénéficiaires effectifs et personnes en relation d'affaires avec le client

1. Cas des sites de vente en ligne [Cette annexe est sans préjudice du § 21 des présentes lignes directrices, qui porte sur des paiements en espèces]

190. Un établissement de paiement fournit à une clientèle de commerçants (sites marchands en ligne) des services de paiement relatifs à l'acquisition d'ordres de paiement et à l'exécution d'opérations de paiement associées à un compte de paiement établi au nom de chaque client (2).

191. Il propose à ces commerçants la possibilité d'offrir à leurs propres clients, équipés d'un téléphone mobile, une plateforme d'acquisition d'ordres de paiement, en vue de l'achat de biens (3). Les services offerts par l'établissement de paiement font l'objet d'une facturation aux commerçants, mais demeurent gratuits pour les clients de ces sites marchands.

192. Les fonds reçus par l'établissement de paiement pour le compte des marchands transitent par un compte de cantonnement ouvert à cet effet auprès d'un établissement de crédit (1).

☐ *La relation d'affaires vue de l'établissement de paiement*

193. L'établissement de paiement a pour clients les commerçants, pour le compte desquels les services de paiement relatifs à l'acquisition d'ordres de paiement et à l'exécution d'opérations de paiement sont réalisés à titre onéreux.

194. Les clients de ces commerçants ne sont ni des clients de l'établissement de paiement, ni des bénéficiaires effectifs des opérations réalisées, mais des utilisateurs de la plateforme d'acquisition d'ordres de paiement offerte par l'établissement, les services d'acquisition d'ordres de paiement et d'exécution d'opérations de paiement n'étant réalisés que pour le compte des commerçants.

195. Les obligations de vigilance mises en œuvre par l'établissement de paiement s'appliquent au client (commerçant).

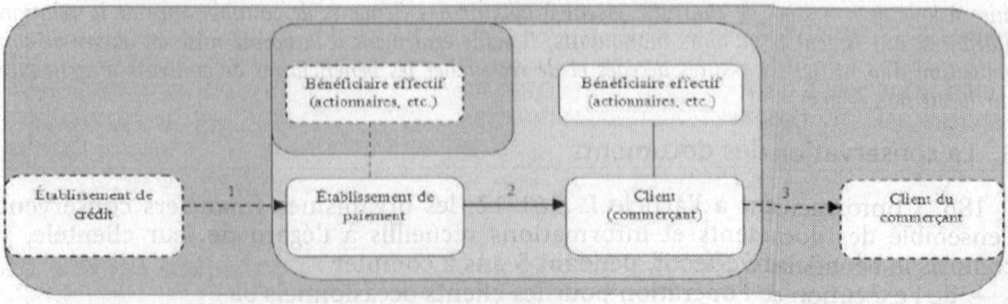

Légende : L'encadré gris clair délimite la relation d'affaires entre l'établissement de paiement et sont client (commerçant), derrière lequel il y a, le cas échéant, un ou plusieurs bénéficiaire(s) effectif(s). L'encadré gris foncé délimite les autres relations d'affaires, à l'exclusion de celle entre l'établissement de paiement et son client.

□ *La relation d'affaires vue de l'établissement de crédit*

196. L'établissement de crédit gestionnaire du compte de l'établissement de paiement a pour client l'établissement de paiement.

197. Les commerçants et les utilisateurs de la plateforme d'acquisition d'ordres de paiement ne sont ni des clients ni des bénéficiaires effectifs de l'établissement de crédit, le compte étant ouvert au nom et pour le compte de l'établissement de paiement.

198. Les obligations de vigilance mises en œuvre par l'établissement de crédit s'appliquent au client (établissement de paiement).

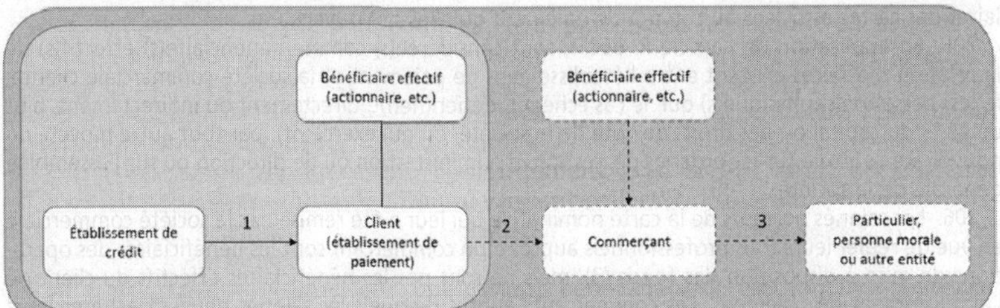

Légende : L'encadré gris clair délimite la relation d'affaires entre l'établissement de crédit et son client (établissement de paiement), derrière lequel il y a, le cas échéant, un ou plusieurs bénéficiaire(s) effectif(s). L'encadré gris foncé délimite les autres relations d'affaires, à l'exclusion de celle entre l'établissement de crédit et son client.

2. *Cas de l'intermédiation financière*

199. Une entreprise d'investissement vend des titres financiers à une contrepartie qui agit pour le compte de son propre client.

200. Le client de la contrepartie à laquelle l'entreprise d'investissement vend des titres financiers n'est pas le client de l'entreprise d'investissement.

Les obligations de vigilance mises en œuvre par l'entreprise d'investissement s'appliquent au client (contrepartie).

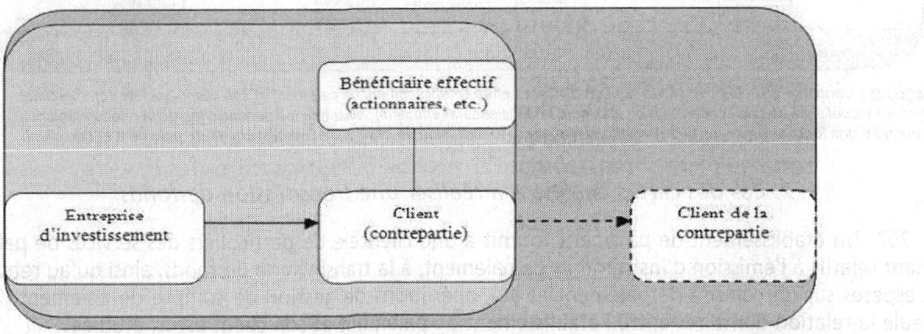

Légende : L'encadré gris clair délimite la relation d'affaires entre l'entreprise d'investissement et son client (contrepartie), derrière lequel il y a, le cas échéant, un ou plusieurs bénéficiaire(s) effectif(s). L'encadré gris foncé délimite les autres relations d'affaires, à l'exclusion de celle entre l'entreprise d'investissement et son client.

CAS 2 : Bénéficiaires effectifs et bénéficiaires

1. Cas des cartes de paiement destinées à régler des frais professionnels

201. Un établissement de paiement fournit à une clientèle de sociétés commerciales des services de paiement relatifs à l'émission d'instruments de paiement, à l'exécution d'opérations de paiement, au retrait d'espèces sur un compte de paiement et aux opérations de gestion de compte de

paiement (2). Seule la relation d'affaires entre l'établissement de paiement et son client est ici étudiée.

202. L'établissement de paiement offre à ces sociétés commerciales la possibilité de confier à leurs salariés une carte de paiement et de retrait nominative leur permettant de régler leurs frais dans le cadre de leur activité professionnelle. Chaque carte de paiement et de retrait est associée à un compte de paiement ouvert par la société commerciale auprès de l'établissement de paiement.

203. Les fonds reçus par l'établissement de paiement pour le compte de ses clients transitent par un compte de cantonnement ouvert à cet effet auprès d'un établissement de crédit (1).

204. L'établissement de paiement a pour clients les sociétés commerciales, qui demeurent titulaires des cartes associées au compte de paiement qu'elles ont ouvert.

205. En application de l'article R. 561-1, sont considérée(s) comme bénéficiaire(s) effectif(s) de la relation d'affaires existant entre l'établissement de paiement et la société commerciale cliente, la(les) personne(s) physique(s) qui, le cas échéant, détien(nen)t, directement ou indirectement, plus de 25 % du capital ou des droits de vote de la société, ou qui exerce(nt), par tout autre moyen, un pouvoir de contrôle sur les organes de gestion, d'administration ou de direction ou sur l'assemblée générale de la société.

206. Les salariés porteurs de la carte nominative qui leur a été remise par la société commerciale en vue de régler leurs frais professionnels auprès d'un commerçant sont les bénéficiaires des opérations de mise à disposition des fonds (3), mais ne sont pas les bénéficiaires effectifs du client de l'établissement de paiement. Les commerçants auprès desquels les salariés peuvent acheter leurs produits sont les bénéficiaires des opérations de paiement (4) *[Les mesures de vigilance sur le bénéficiaire commerçant sont en principe de la responsabilité du prestataire de services de paiement du bénéficiaire]*, mais ne sont pas les bénéficiaires effectifs de la société cliente de l'établissement de paiement.

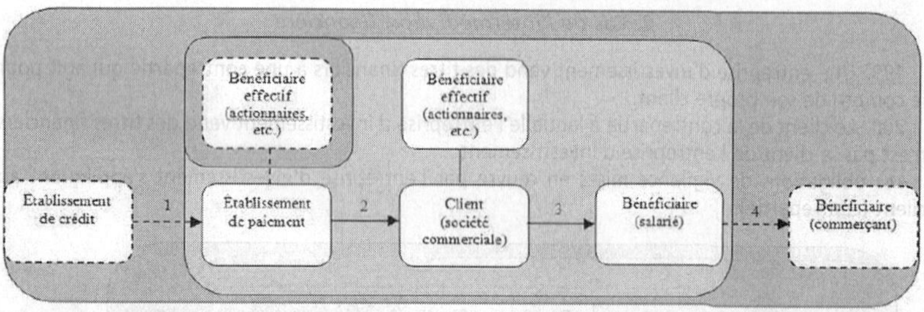

Légende : L'encadré gris clair délimite la relation d'affaires entre l'établissement de paiement et son client (société commerciale), derrière lequel il y a, le cas échéant, un ou plusieurs bénéficiaires(s) effectif(s), ainsi que les bénéficiaires de la relation (salariés). L'encadré gris foncé délimite les autres relations d'affaires, à l'exclusion de celle entre l'établissement de paiement et son client.

2. Cas des cartes destinées à réaliser une transmission de fonds

207. Un établissement de paiement fournit à une clientèle de particuliers des services de paiement relatifs à l'émission d'instruments de paiement, à la transmission de fonds, ainsi qu'au retrait d'espèces sur un compte de paiement et aux opérations de gestion de compte de paiement (2). Seule la relation d'affaires entre l'établissement de paiement et son client est ici étudiée.

208. Il offre à ces clients la possibilité de remettre à une tierce personne de leur choix une carte leur permettant de retirer auprès d'un distributeur automatique des espèces dans le cadre d'une opération de transmission de fonds (3). Chaque carte de retrait est associée à un compte de paiement ouvert en son nom par le client auprès de l'établissement de paiement.

209. Les fonds reçus par l'établissement de paiement pour le compte de ses clients transitent par un compte de cantonnement ouvert à cet effet auprès d'un établissement de crédit (1).

210. L'établissement de paiement a pour clients les particuliers qui ouvrent le compte de paiement en leur nom.

211. En application de l'article L. 561-2-2, sont considérée(s) comme bénéficiaire(s) effectif(s) de la relation d'affaires, le cas échéant, la(les) personne(s) physique(s) pour la(les)quelle(s) une transaction est exécutée ou une activité réalisée.

212. Les tierces personnes porteuses de la carte de retrait qui leur a été remise par le client en vue de retirer des espèces auprès d'un distributeur automatique ont la qualité de bénéficiaire des opérations de transmission de fonds, mais ne sont pas les bénéficiaires effectifs du client de l'établissement de paiement [*Les mesures de vigilance sur le bénéficiaire sont en principe de la responsabilité du prestataire de services de paiement du bénéficiaire*].

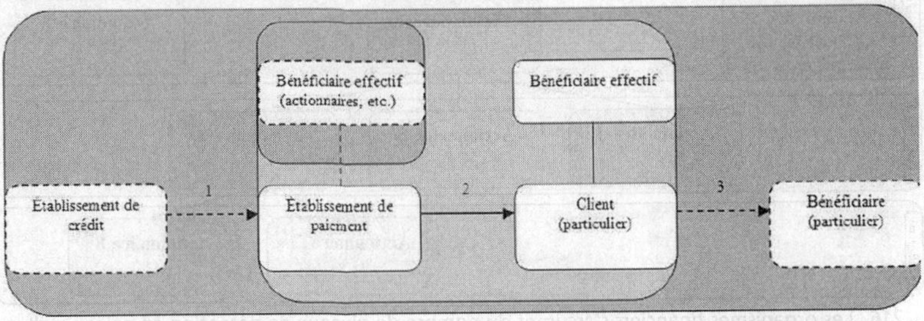

Légende : L'encadré gris clair délimite la relation d'affaires entre l'établissement de paiement et son client (particulier), derrière lequel il y a, le cas échéant, un ou plusieurs bénéficiaire(s) effectif(s). L'encadré gris foncé délimite les autres relations d'affaires, à l'exclusion de celle entre l'établissement de paiement et son client.

CAS 3 : Démembrement de propriété d'actions entre un nu-propriétaire et un usufruitier

213. Sont considérés comme bénéficiaire(s) effectif(s), selon les statuts de la société :

— la(les) personne(s) physique(s) ayant la qualité de nu-propriétaire(s) qui détien(nen)t, directement ou indirectement, plus de 25 % du capital ou des droits de vote de la société. Le calcul de ce pourcentage prend en compte la chaîne de détention ;

— la(les) personne(s) physique(s) ayant la qualité d'usufruitier qui joui(ssen)t de l'usage, directement ou indirectement, de plus de 25 % des droits de vote de la société ;

— ainsi que la(les) personne(s) physique(s) qui exerce(nt), par tout autre moyen, un pouvoir de contrôle, au sens des 3° et 4° du I de l'article L. 233-3 du code de commerce [*3° « Lorsqu'elle détermine en fait, par les droits de vote dont elle dispose, les décisions dans les assemblées générales de cette société ». 4° « Lorsqu'elle est associée ou actionnaire de cette société et dispose du pouvoir de nommer ou de révoquer la majorité des membres des organes d'administration, de direction ou de surveillance de cette société »*], sur les organes d'administration, de direction ou de surveillance de cette société ou sur son assemblée générale.

214. Cela vise, par exemple :

— la(les) personne(s) physique(s) ayant la qualité de nu-propriétaire qui, sans détenir plus de 25 % du capital ou des droits de vote de la société, détien(nen)t une part significative de ce capital ou de ces droits de vote qui lui(leur) permet d'exercer un contrôle, au sens des 3° et 4° du I de l'article L. 233-3 du code de commerce, sur les organes d'administration, de direction ou de surveillance de cette société ou sur son assemblée générale ;

— la(les) personne(s) physique(s) ayant la qualité d'usufruitier qui, sans jouir de l'usage de plus de 25 % des droits de vote de la société, joui(ssen)t de l'usage d'une part significative de ces droits de vote qui lui(leur) permet d'exercer un contrôle, au sens du 3° du I de l'article L. 233-3 du code de commerce, sur l'assemblée générale de cette société ;

CAS 4 : Chaînes de détention

1. Cas d'une chaîne de détention avec des participations simples

215. Le capital d'un client (société commerciale par actions) est détenu par une chaîne d'actionnaires (1 à 8) répartis sur 3 niveaux. Les actionnaires 1, 3, 4, 5, 7 et 8 sont des personnes physiques. Les autres actionnaires sont des personnes morales. On suppose qu'à chaque action est attaché un droit de vote simple.

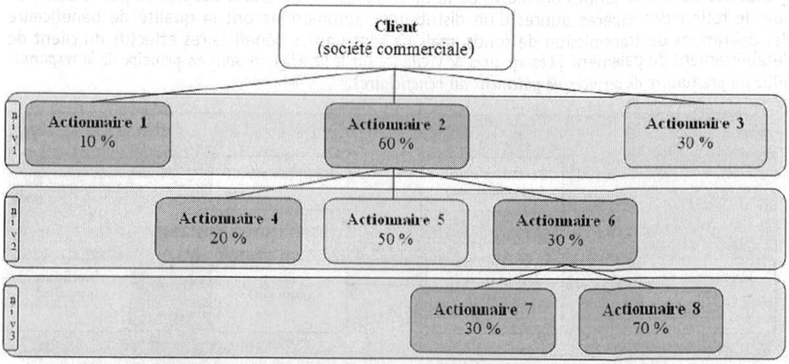

216. Les organismes financiers s'assurent du nombre de niveaux de détention en présence d'une (de) personne(s) qui détiendrai(en)t plus de 25 % du capital ou des droits de vote, en particulier en cas de risque élevé de BC-FT.

217. Dans l'exemple ci-dessus, sont considérés comme bénéficiaires effectifs :

— l'actionnaire 3, qui détient directement 30 % du capital du client ;

— l'actionnaire 5, qui détient indirectement, par l'intermédiaire de l'actionnaire 2, 30 % du capital du client ;

— les autres actionnaires, s'il(s) exerce(nt), par tout autre moyen, un pouvoir de contrôle, au sens des 3° et 4° du I de l'article L. 233-3 du code de commerce, sur les organes d'administration, de direction ou de surveillance de cette société ou sur son assemblée générale.

218. En effet :

— l'actionnaire 1 ne détient directement que 10 % du capital du client ;

— l'actionnaire 2 détient directement 60 % du capital du client, mais étant une personne morale, il faut s'intéresser aux actionnaires personnes physiques qui le contrôlent :

— l'actionnaire 4 ne détient indirectement, par l'intermédiaire de l'actionnaire 2, que 12 % du capital du client ;

— l'actionnaire 6 ne détient indirectement, par l'intermédiaire de l'actionnaire 2, que 18 % du capital du client ; en conséquence, les actionnaires 7 et 8 qui le contrôlent ne peuvent détenir le pourcentage nécessaire pour franchir les 25 % de détention de capital du client.

2. Cas d'une chaîne de détention avec des participations cumulées

219. Le capital d'un client (société commerciale par actions) est détenu par une chaîne d'actionnaires (1 à 6) répartis sur 2 niveaux. Les actionnaires 3, 4, 5 et 6 sont des personnes physiques. Les autres actionnaires sont des personnes morales. On suppose qu'à chaque action est attaché un droit de vote simple.

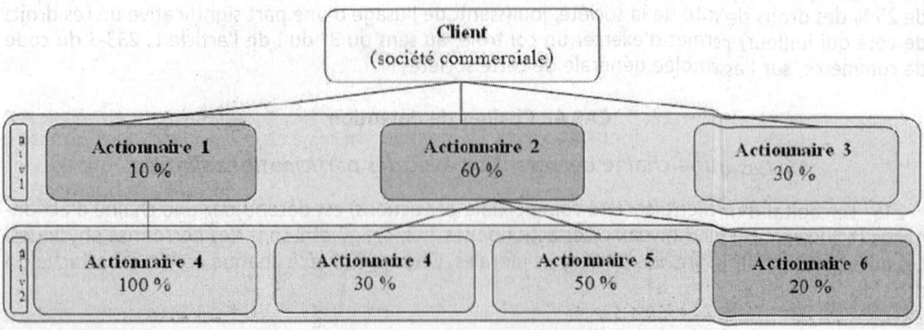

220. Dans l'exemple ci-dessus, entrent dans la définition de bénéficiaire effectif :

— l'actionnaire 3, qui détient directement 30 % du capital du client ;

— l'actionnaire 5, qui détient indirectement, par l'intermédiaire de l'actionnaire 2, 30 % du capital du client ;

— les autres actionnaires, s'il(s) exerce(nt), par tout autre moyen, un pouvoir de contrôle au sens des 3° et 4° du I de l'article L. 233-3 du code de commerce, sur les organes d'administration, de direction ou de surveillance de cette société ou sur son assemblée générale.

221. En effet :

— l'actionnaire 1 ne détient directement que 10 % du capital du client ; étant une personne morale, il faut s'intéresser aux actionnaires personnes physiques qui le contrôlent, si toutefois les organismes financiers disposent d'éléments d'information sur ces personnes ;

— l'actionnaire 2 détient directement 60 % du capital du client, mais étant une personne morale, il faut s'intéresser aux actionnaires personnes physiques qui le contrôlent :

— l'actionnaire 6 ne détient indirectement, par l'intermédiaire de l'actionnaire 2, que 12 % du capital du client ;

— l'actionnaire 4, qui détient indirectement, par l'intermédiaire de l'actionnaire 1, lui-même détenteur direct de 10 % du capital du client, 10 % du capital de ce dernier, et par l'intermédiaire de l'actionnaire 2, lui-même détenteur de 60 % du capital du client, 18 % du capital de ce dernier, de sorte qu'il détient au total 28 % du capital du client. Toutefois, il n'est pas attendu des organismes financiers qu'ils déterminent un tel bénéficiaire effectif s'ils ne disposent pas d'éléments d'information leur permettant de savoir que l'actionnaire 1 est détenu à 100 % par l'actionnaire 4. À cette fin, ils peuvent recourir, le cas échéant, au registre du bénéficiaire effectif.

CAS 5 : Patrimoines familiaux

1. Cas de la détention de titres financiers par un groupe familial

[Seules les personnes ayant les liens de parenté suivants peuvent composer un groupe familial : conjoint (ou pacsé), ascendants ou descendants, ascendants ou descendants du conjoint (ou pacsé), frères et sœurs des époux (ou pacsés) cf. réponse ministérielle n° 41145]

222. Le capital d'un client (société commerciale par actions) est détenu à 60 pour cent par un groupe familial, selon la répartition suivante :

— les parents détiennent chacun 20 % des actions ;

— les deux enfants majeurs détiennent chacun 10 % des actions.

— les autres actionnaires se partagent les actions restantes (40 %), sans en détenir plus de 5 % individuellement.

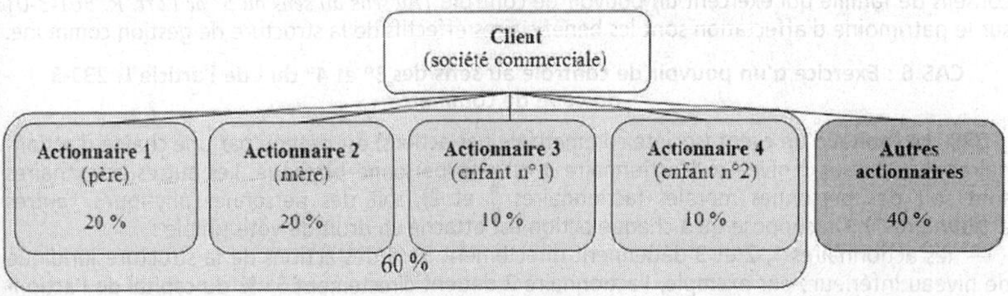

223. Dans cet exemple, sont considérées comme bénéficiaires effectifs les différentes personnes composant ce groupe familial, bien qu'aucune d'entre elles ne détienne individuellement plus de 25 % de capital prévus à l'article R. 561-1, lorsque :

— il existe un pacte d'actionnaires entre les membres du groupe : à cet effet, les organismes financiers collectent des éléments d'information sur l'existence d'un tel pacte ;

— en l'absence d'accord exprès constitutif d'une action de concert conclu entre les membres de cette famille *[Sauf information qui laisserait penser que les personnes composant le groupe familial n'agiraient effectivement pas de concert dans la gestion de la société (par exemple sur la nomination des membres des organes de gestion, d'administration ou de direction)]*, les différentes personnes composant ce groupe familial détiennent individuellement une part significative de capital (même inférieure à 25 %).

2. Cas de chaînes de patrimoine d'affectation

224. Cinq groupes familiaux composés de personnes physiques non-résidentes, liées par des relations à la fois personnelles et professionnelles, créent chacun une structure de gestion de patrimoine relevant d'un droit étranger.

225. Les constituants et les bénéficiaires de chacune de ces cinq structures sont les personnes physiques qui composent chacun des groupes familiaux. Chaque personne physique membre d'un groupe familial n'est titulaire ou n'a vocation à être titulaire que d'un faible pourcentage de droits portant sur les biens transférés à chaque patrimoine d'affectation (moins de 5 %). Au sein de chaque groupe familial, les décisions d'investissement sont prises par cinq personnes physiques reconnues pour leur expérience formant "conseil de famille".

226. Ces cinq structures de gestion constituent à leur tour une structure de gestion de patrimoine commune relevant d'un droit étranger, en vue de gérer les avoirs de l'ensemble des cinq groupes familiaux.

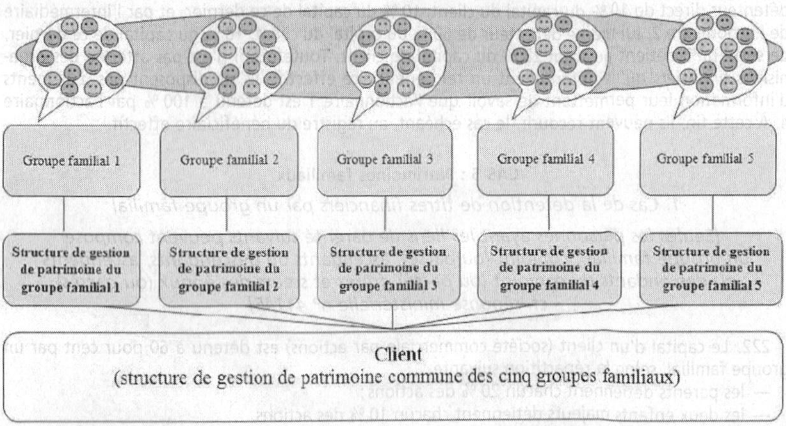

227. Dans cet exemple, les organismes financiers se renseignent sur l'existence d'éventuels "conseil de famille" au sein de chaque groupe familial. Les personnes physiques formant ces conseils de famille qui exercent un pouvoir de contrôle *[Au sens au sens du 5° de l'art. R. 561-3-0]* sur le patrimoine d'affectation sont les bénéficiaires effectifs de la structure de gestion commune.

CAS 6 : Exercice d'un pouvoir de contrôle au sens des 3° et 4° du I de l'article L. 233-3 du code de commerce

228. Le capital d'un client (société commerciale par actions) est détenu par une chaîne d'actionnaires répartis sur 3 niveaux. L'actionnaire 3 est une personne physique. Les autres actionnaires sont soit des personnes morales (actionnaires 1 et 2), soit des personnes physiques "autres actionnaires"). On suppose qu'à chaque action est attaché un droit de vote simple :

— les actionnaires 1, 2 et 3 détiennent directement 51 % des actions de la structure juridique de niveau inférieur ; par exemple, l'actionnaire 2 détient directement 51 % du capital de l'actionnaire 1 ;

— les "autres actionnaires" renvoient quant à eux à des groupes d'actionnaires très diffus (détention de capital par actionnaire inférieure à 5 %).

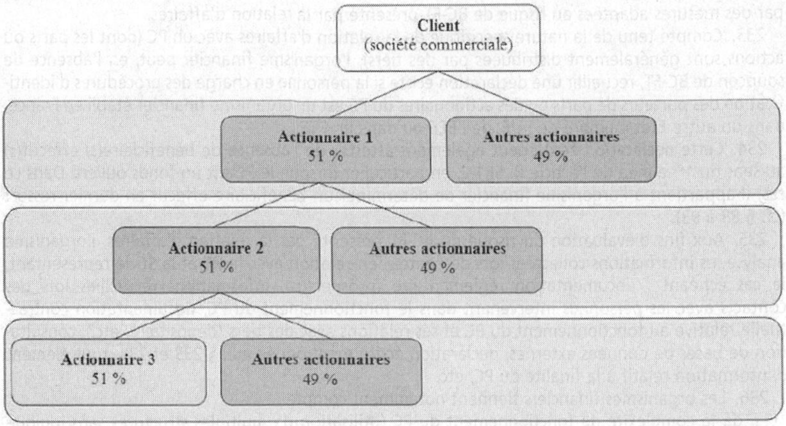

229. Il n'existe pas, dans l'exemple ci-dessus, de personne physique qui réponde à la définition de bénéficiaire effectif, au titre de celle qui détient, directement ou indirectement, plus de 25 % du capital du client. En effet, l'actionnaire 3 ne détient indirectement, par l'intermédiaire des actionnaires 1 et 2, que 13 % du capital de la société commerciale cliente.

230. L'actionnaire 3 est toutefois considéré comme le bénéficiaire effectif, au titre de la personne physique qui détient une part significative du capital permettant d'exercer un autre contrôle *[Au sens des 3° et 4° du I de l'art. L. 233-3 C. com.]* sur les organes d'administration, de direction ou de surveillance de cette société ou sur son assemblée générale. En effet :

— la détention indirecte de 13 % du capital de la société commerciale cliente apparaît significative au regard des parts détenues par les "autres actionnaires" (part par actionnaire inférieure à 5 % du capital) ;

— l'actionnaire 3 est détenteur majoritaire (51 %) de l'actionnaire 2, lui-même détenteur majoritaire (51 %) de l'actionnaire 1, lui-même détenteur majoritaire (51 %) de la société commerciale cliente.

CAS 7 : Relation d'affaires avec un placement collectif

231. Lorsque le placement collectif (PC) - et la société de gestion (SG) le représentant, le cas échéant - est établi en France, dans un autre État membre de l'Union européenne (UE), dans un État partie à l'accord sur l'Espace économique européen (EEE) ou est soumise à des obligations de publicité conformes au droit de l'Union, ou est soumise à des normes internationales équivalentes garantissant une transparence adéquate des informations relatives à la propriété du capital (PTE) *[Ce dont l'organisme assujetti doit être en mesure de justifier auprès de l'ACPR, conformément aux dispositions de l'art. R. 561-8 in fine]*, et en l'absence de soupçon de BC-FT, l'organisme financier n'est pas tenu de vérifier l'identité du client et de son bénéficiaire effectif *[Cf. art. R. 561-15 et R. 561-14-2]*.

PC constitué sous la forme d'une société cotée sur un marché réglementé de l'UE, l'EEE ou d'un PTE	PC et, le cas échéant, SG établi dans un pays de l'UE, l'EEE ou dans un PTE
Absence de soupçon de BC-FT	
• Pas d'obligation d'identification du BE de la relation d'affaires : R. 561-8 • Mise en place d'un dispositif de surveillance et d'analyse des opérations adapté : R. 561-14 (2e alinéa)	• Risque faible légal : L. 561-9 (2°) et R. 561-15 (1°) • Simple identification du BE de la relation d'affaires : R. 561-14-2 ◦ recueil possible d'une attestation de l'Administrateur / Teneur de registre du PC (établi en EEE ou PTE) sur les diligences conduites sur les porteurs de parts/actions • Mise en place d'un dispositif de surveillance et d'analyse des opérations adapté : R. 561-14 (2e alinéa)

232. Dans les autres cas, il vérifie les éléments d'identification recueillis sur le bénéficiaire effectif par des mesures adaptées au risque de BC-FT présenté par la relation d'affaires.

233. Compte tenu de la nature spécifique de la relation d'affaires avec un PC (dont les parts ou actions sont généralement distribuées par des tiers), l'organisme financier peut, en l'absence de soupçon de BC-FT, recueillir une déclaration écrite si la personne en charge des procédures d'identification des porteurs de parts ou des actionnaires du PC est un organisme financier établi en France, dans un autre État membre de l'UE, de l'EEE ou dans un PTE.

234. Cette déclaration écrite peut également attester de l'absence de bénéficiaire(s) effectif(s) au sens du 1er alinéa de l'article R. 561-2, en particulier lorsque le PC est un fonds ouvert. Dans ce cas, il appartient à l'organisme financier de déterminer un bénéficiaire effectif en dernier ressort (cf. § 88 à 93).

235. Aux fins d'évaluation du risque de BC-FT présenté par la relation d'affaires, l'organisme analyse les informations collectées lors de l'entrée en relation avec le PC et la SG le représentant, le cas échéant : documentation réglementaire (prospectus), informations recueillies lors des contacts avec les personnes intervenant dans le fonctionnement du PC, documentation contractuelle relative au fonctionnement du PC et ses relations avec des tiers (dépositaire, etc.), consultation de bases de données externes, déclaration écrite mentionnée aux § 233 et 234, tout élément d'information relatif à la finalité du PC, etc.

236. Les organismes financiers tiennent notamment compte :

— de la complexité de fonctionnement du PC (utilisation de multiples structures sans logique économique, opacité de l'actionnariat, etc.), de son pays d'agrément, ou encore de son assujettissement éventuel à une législation en matière de LCB-FT ;

— des États ou territoires dans lesquels le PC est commercialisé, de la nature des actifs dans lesquels le PC investit (cotés/non cotés, secteurs d'activités, secteurs géographiques, etc.) et du type de porteurs visés (détail, institutionnels, etc.) ;

— du risque présenté par les personnes intervenant dans le processus d'identification et de vérification de l'identité des souscripteurs des parts ou actions du PC *[Dépositaire, administrateur/teneur de registre/agent de transfert ou distributeur]* : les organismes prêtent attention au nombre de personnes intervenant dans le processus d'identification et de vérification de l'identité des souscripteurs de parts ou actions du PC, à leur pays d'établissement ainsi qu'à leur assujettissement ou non à une règlementation en matière de LCB-FT

237. Dans l'hypothèse où, dans un groupe, existent différentes structures impliquées dans le fonctionnement d'un PC (société de gestion, distributeurs, dépositaire, etc.) et la commercialisation de ses parts ou actions, les organismes financiers ont recours aux possibilités prévues par la législation en matière d'échanges d'informations au sein de groupes pour déterminer le(s) bénéficiaires(s) effectif(s) d'un PC.

PC et SG établis dans un pays autre que l'UE, l'EEE et un PTE

• Identification et vérification de l'identité du PC, de son bénéficiaire effectif, et de l'identité de la SG (possible identification du bénéficiaire effectif de la SG) : L. 561-5 et R. 561-7

☐ en l'absence de soupçon de BC-FT : attestation de l'administrateur/teneur de registre du PC (s'il s'agit d'un organisme financier établi dans l'UE/l'EEE ou dans un PTE) sur les diligences conduites sur les porteurs de parts/actions

• Connaissance actualisée de la relation d'affaires/principe de proportionnalité : L. 561-5-1

• Mise en œuvre de mesures de vigilance adaptées/renforcées en cas de risque élevé (L. 561-10-1)

CAS 8 : Modalités particulières d'identification et de vérification de l'identité des bénéficiaires effectifs

Cas de la déclaration remplie et signée par le client

238. Avant l'entrée en relation d'affaires, ou avant la réalisation d'une opération avec un client occasionnel, les organismes financiers peuvent être amenés à recueillir auprès de leur client une déclaration écrite signée par ce dernier comportant notamment des éléments relatifs à l'identité et à la connaissance du(des) bénéficiaire(s) effectif(s) de la relation d'affaires ou de l'opération. Ils peuvent également recueillir une telle déclaration au cours de la relation d'affaires en cas de changement du bénéficiaire effectif.

239. La déclaration, même signée par le client, ne décharge pas les organismes financiers de leur responsabilité de mise en œuvre des obligations de vigilance.

240. Toutefois, dans des situations définies dans les procédures internes, s'il n'existe pas d'autre moyen de se procurer les éléments d'identité relatifs au(x) bénéficiaire(s) effectif(s), les organismes financiers peuvent, pour identifier et vérifier l'identité du(des) bénéficiaire(s) effectif(s), avoir recours à une déclaration écrite signée par le client, lorsque toutes les conditions suivantes sont remplies :

— le risque de BC-FT ou le profil de risque de la relation d'affaires est faible ;

— il n'existe pas de soupçon de BC-FT ;

— aucun élément notable ne paraît mettre en cause l'exactitude des éléments renseignés dans la déclaration. Dans le cas contraire, les organismes financiers mettent en place des contrôles pour s'assurer de la fiabilité de la déclaration, en interrogeant le client si nécessaire ;

— les organismes financiers n'ont pas la possibilité *[Lorsque, notamment, l'organisme financier est en relation d'affaires avec des personnes morales ou entités étrangères non concernées par ce registre]* de recueillir un extrait du registre relatif aux bénéficiaires effectifs comportant les attributs d'identification exigés ou ils ont un doute sur l'exactitude des données de l'extrait recueilli.

241. Les organismes financiers sont en mesure de justifier des mesures prises auprès de l'ACPR.

CAS 9 : Interposition d'une société cotée dans une chaîne de détention

1. Cas d'une société détenue à moins de 75 % par une société cotée

242. Le capital d'un client (société commerciale par actions) est détenu à 60 % par une société cotée, dont tous les titres sont admis à la négociation sur un marché réglementé en France, et à 40 % par une société non cotée. Le capital de la société cotée est fractionné entre de très nombreux actionnaires qui ne détiennent individuellement qu'une part infime du capital. Le capital de la société non cotée est, quant à lui, détenu à 70 % par l'actionnaire A, le reste étant fractionné entre de très nombreux actionnaires qui ne détiennent individuellement qu'une part infime du capital. Les actionnaires 1 à n, et A à Z, sont des personnes physiques. On suppose qu'à chaque action est attaché un droit de vote simple.

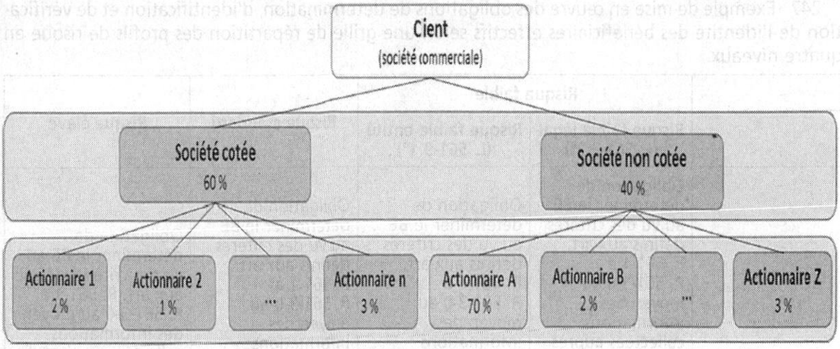

243. Dans l'exemple ci-dessus, le(s) bénéficiaire(s) sont :

— l'actionnaire A qui détient indirectement, par l'intermédiaire de la société non cotée, 28 % du capital du client (société commerciale) ;

— les autres actionnaires de la société non cotée s'ils exercent, par tout autre moyen, un pouvoir de contrôle *[Au sens des 3° et 4° du I de l'art. L. 233-3 C. com.]* sur les organes d'administration, de direction ou de surveillance de cette société ou sur son assemblée générale.

244. L'organisme financier bénéficie de la dispense d'identification prévue pour le bénéficiaire effectif de la société cotée.

2. Cas d'une société détenue à plus de 75 % par une société cotée

245. Le capital d'un client (société commerciale par actions) est détenu à 76 % par une société cotée, dont tous les titres sont admis à la négociation sur un marché réglementé en France, et à

24 % par une société non cotée. Le capital de la société cotée est fractionné entre de très nombreux actionnaires qui ne détiennent individuellement qu'une part infime du capital. Le capital de la société non cotée est quant à lui détenu à 40 % par l'actionnaire A, le reste étant fractionné entre de très nombreux actionnaires qui ne détiennent individuellement qu'une part infime du capital. Les actionnaires 1 à n, et A à Z, sont des personnes physiques. On suppose qu'à chaque action est attaché un droit de vote simple.

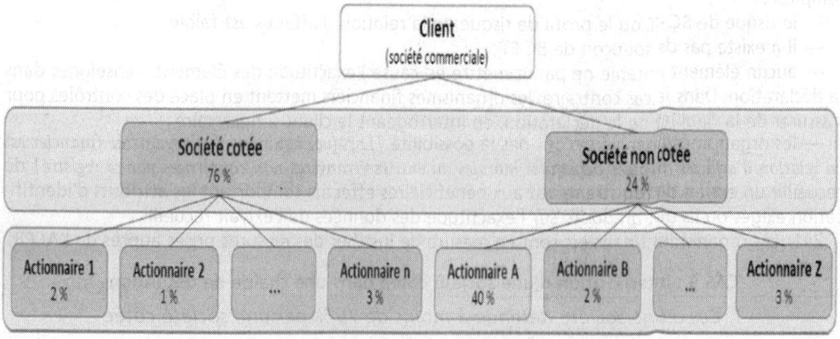

246. L'organisme financier n'a pas, en principe, à identifier de bénéficiaire effectif puisque son client, société commerciale, est détenu à plus de 75 % par la société cotée qui bénéficie de la dispense d'identification du bénéficiaire effectif, conformément à l'article R. 561-8 (*cf.* § 62). Il lui appartient néanmoins de vérifier si l'actionnaire A qui ne détient que 40 % de la société non cotée peut être considéré comme un bénéficiaire effectif au titre du pouvoir de contrôle qu'il pourrait exercer.

CAS 10 : Exemple de mise en œuvre des obligations de détermination, d'identification et de vérification d'identité des bénéficiaires effectifs selon quatre niveaux de risque

247. Exemple de mise en œuvre des obligations de détermination, d'identification et de vérification de l'identité des bénéficiaires effectifs selon une grille de répartition des profils de risque en quatre niveaux.

	Risque faible		**Risque standard**	**Risque élevé**
	Risque faible légal (L. 561-9 2°)	**Risque faible entité (L. 561-9 1°)**		
Détermination	Obligation de déterminer le BE au vu des critères définis aux art. R. 561-1 à R. 561-3-0 au moyen des informations collectées auprès du client ou de toute autre source fiable (y compris le RBE). A cet égard, la consultation du RBE peut être utile même s'il est rappelé qu'elle n'est pas obligatoire.	Obligation de déterminer le BE au vu des critères définis aux art. R. 561-1 à R. 561-3-0 au moyen des informations collectées au titre de la connaissance de la clientèle. La consultation du RBE est un élément d'aide important permettant de conforter la détermination du BE.	Obligation de déterminer le BE au vu des critères définis aux art. R. 561-1 à R. 561-3-0 au moyen des informations collectées au titre de la connaissance de la clientèle. La consultation du RBE est un élément d'aide important permettant de conforter la détermination du BE.	Obligation de déterminer le BE au vu des critères définis aux art. R. 561-1 à R. 561-3-0 au moyen des informations collectées au titre de la connaissance de la clientèle. La consultation du RBE est un élément d'aide important permettant de conforter la détermination du BE.

Identification	Identification du BE selon les modalités prévues à l'article R. 561-5 au moyen des informations recueillies auprès du client ou de toute autre source fiable (y compris le RBE). A cet égard, la consultation du RBE peut être utile même s'il est rappelé qu'elle n'est pas obligatoire.	Identification du BE selon les modalités prévues à l'article R. 561-5 au moyen des informations recueillies dans le cadre de la connaissance client. La consultation du RBE est un élément d'aide important permettant de conforter l'identification du BE.	Identification du BE selon les modalités prévues à l'article R. 561-5 au moyen des informations recueillies dans le cadre de la connaissance client. La consultation du RBE est un élément d'aide important permettant de conforter l'identification du BE.	Identification du BE selon les modalités prévues à l'article R. 561-5 au moyen des informations recueillies dans le cadre de la connaissance client. La consultation du RBE est un élément d'aide important permettant de conforter l'identification du BE.
Vérification de l'identité	Pas de vérification ni d'obligation de recueil des informations du registre.	Vérification des éléments d'identification par le recueil obligatoire d'un extrait du RBE. Sauf soupçon de BC-FT et/ou doute sur l'exactitude des données y figurant, le recueil de ces informations suffit.	Vérification des éléments d'identification par le recueil obligatoire d'un extrait du RBE. Sauf soupçon de BC-FT et/ou doute sur l'exactitude des données y figurant, le recueil de ces informations suffit.	Vérification des éléments d'identification par le recueil obligatoire d'un extrait du RBE et par la mise en œuvre de mesures de vigilance complémentaires selon une approche par les risques.

ANNEXE 2

Relative aux opérations de marché

INTRODUCTION

1. Les analyses sectorielles des risques de blanchiment de capitaux et de financement du terrorisme (ci-après "BC-FT") de l'Autorité de contrôle prudentiel et de résolution (ci-après "ACPR") et de l'Autorité des marchés financiers (ci-après "AMF") *[Ces analyses sectorielles des risques publiées par l'ACPR et l'AMF, respectivement les 18 et 30 déc. 2019 déclinent, pour les organismes relevant de la compétence de ces autorités, l'analyse nationale des risques de blanchiment de capitaux et de financement du terrorisme en France publiée le 20 sept. 2019 par le Conseil d'orientation de la lutte contre le blanchiment de capitaux et le financement du terrorisme]* rappellent que les marchés financiers sont exposés à des risques de blanchiment de capitaux *[Les orientations du GAFI sur l'approche par les risques pour le secteur des valeurs mobilières d'oct. 2018 précisent également que ce secteur est exposé à des risques particuliers de blanchiment de capitaux (§ 23)]*.

2. Les opérations sur les marchés financiers impliquent la participation de nombreux acteurs. Ces intervenants établissent, sauf dans des cas très spécifiques devant être identifiés par ces derniers, des relations d'affaires. Les organismes financiers doivent mettre en œuvre des mesures de vigilance à l'égard de leurs relations d'affaires, ce qui implique de déterminer si une telle relation est nouée entre les intervenants concernés.

3. La présente annexe a été élaborée par l'ACPR avec le concours des services de l'AMF. Elle répond à une demande des organismes financiers *[Les organismes financiers sont les personnes mentionnées aux 1°, 6° et 6° bis de l'art. L. 561-2, à l'exclusion des organismes soumis au contrôle de l'AMF mentionnés au 6° dudit art. ainsi qu'au 2° de l'art. L. 561-36]* qui fournissent des services d'investissement.

4. Elle ne couvre pas l'ensemble des relations établies entre les acteurs, qui sont très diverses. Elle a vocation à apporter des illustrations fondées sur des modèles types, à partir d'hypothèses prédéfinies. En outre, le cas spécifique des infrastructures de marché (marché réglementé, chambre de compensation et dépositaire central) n'est pas traité dans la présente annexe.

5. Sauf disposition contraire, toutes les références à la réglementation sont celles du code monétaire et financier.

1 Les relations d'affaires entre les acteurs fournissant les services de réception-transmission d'ordres et d'exécution d'ordres pour compte de tiers

6. Constitue le service de réception et transmission d'ordres pour le compte de tiers (ci-après "RTO") *[Conformément aux dispositions du 1° de l'art. D. 321-1)]*, le fait de recevoir et de transmettre à un prestataire de services d'investissement *[Conformément à l'art. L. 531-1, les prestataires de services d'investissements sont les établissements de crédit et les entreprises d'investissement ainsi que les succursales de ces établissements agréées pour fournir des services d'investissement dans un État partie à l'accord sur l'Espace économique européen (ci-après "EEE") autre que la France (mentionnée à l'art. L. 532-18-1) soumis au contrôle de l'ACPR et les sociétés de gestion de portefeuille soumises au contrôle de l'AMF. Est également producteur, une entreprise de pays tiers agréée pour fournir des services d'investissement en France (mentionnée à l'art. L. 532-48 et au I de l'art. L. 532-3)]* (ci-après "PSI") ou à une entité relevant d'un État non membre de l'Union européenne et non partie à l'accord sur l'Espace économique européen ou ayant un statut équivalent, pour le compte d'un tiers, des ordres portant notamment sur des instruments financiers.

7. Constitue le service d'exécution d'ordres pour le compte de tiers *[Conformément aux dispositions du 2° de l'art. D. 321-1. L'exécution des ordres résultant des décisions d'investissement prises par les PSI dans le cadre du service de gestion de portefeuille mentionné au 4° de l'art. D. 321-1 ou de la gestion d'un placement collectif relève, selon le cas, dudit service mentionné au 4° ou de l'activité de gestion d'OPCVM ou de FIA relevant des dispositions mentionnées au 2° de l'art. D. 321-1]*, le fait de conclure des accords d'achat ou de vente portant sur un ou plusieurs instruments financiers ou sur une ou plusieurs unités mentionnées à l'article L. 229-7 du code de l'environnement, pour le compte d'un tiers. L'exécution d'ordres inclut la conclusion d'accords de souscription, notamment d'instruments financiers, émis par une entreprise d'investissement ou un établissement de crédit au moment de leur émission *[Art. D. 321-1]*.

8. L'exécution des instruments financiers peut avoir lieu sur une plateforme de négociation ou de gré à gré.

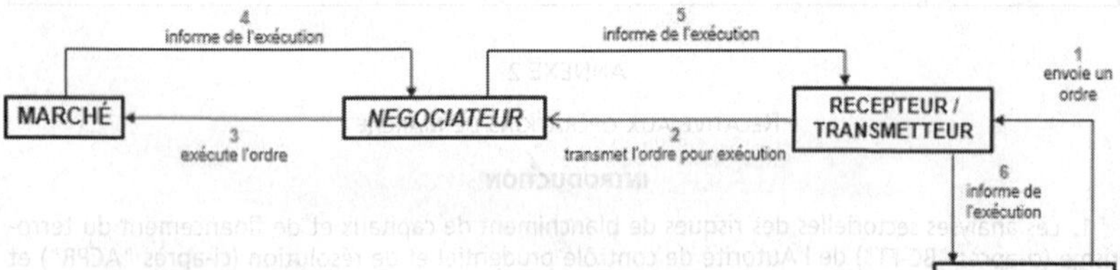

9. L'exécution d'ordres peut faire intervenir différents acteurs :

— le client final : la personne qui émet un ordre sur un instrument financier ;

— le récepteur/transmetteur d'ordres : il s'agit d'un PSI agréé pour fournir un service de RTO, qui reçoit et transmet des ordres sur des instruments financiers, pour le compte de ses clients, au négociateur, en vue de leur exécution ;

— le négociateur (ou l'"*executing broker*") : il s'agit d'un PSI agréé pour fournir le service d'exécution d'ordres pour le compte de tiers. Il est en principe membre d'une ou plusieurs plateformes de négociation et y exécute les ordres qui lui ont été transmis, ou il négocie les ordres de gré à gré.

10. Le négociateur et le récepteur/transmetteur d'ordres peuvent être la même personne *[Un PSI peut être récepteur/transmetteur dans le cadre d'une relation d'affaires et négociateur dans le cadre d'une autre relation d'affaires]*.

1.1 LA RELATION ENTRE LE CLIENT FINAL ET LE RÉCEPTEUR/TRANSMETTEUR D'ORDRES

11. Le récepteur/transmetteur d'ordres fournit au client final le service de RTO. Ce service est fourni dans le cadre d'un contrat qui prévoit en principe des obligations continues. Le récepteur/transmetteur est donc en relation d'affaires avec le client final.

1.2 LES RELATIONS ENTRE LE NÉGOCIATEUR ET LE RÉCEPTEUR/TRANSMETTEUR D'ORDRES

12. Le négociateur fournit au récepteur/transmetteur d'ordres le service d'exécution d'ordres pour le compte de tiers.

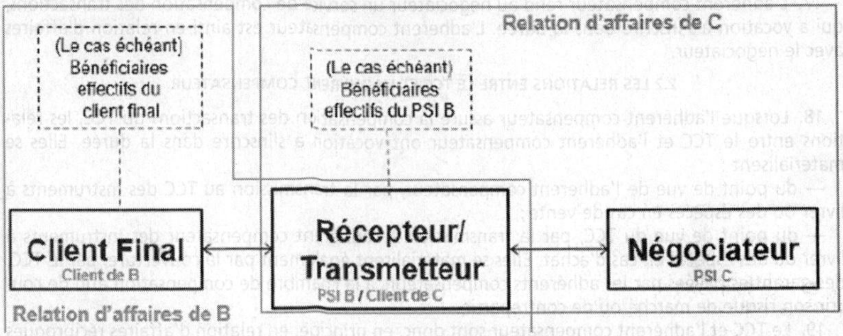

13. Dans cette hypothèse, le PSI B, récepteur/transmetteur d'ordres, reçoit de son client, le client final, un ordre sur un instrument financier pour lequel il demande l'exécution auprès du PSI C, négociateur.

14. Le négociateur entretient une relation d'affaires avec le récepteur/transmetteur d'ordres.

15. En revanche, le négociateur n'est pas en relation d'affaires avec le client final, ce dernier étant en relation d'affaires avec le récepteur/transmetteur d'ordres.

2 Les relations d'affaires avec les acteurs du post-marché *[La présente section ne traite pas des opérations portant sur des instruments financiers négociés de gré à gré et compressés entre les intervenants dans l'opération]*

16. Une fois que l'instrument financier a été acheté par une contrepartie et vendu par une autre sur une plateforme de négociation, les acteurs du post-marché interviennent en deux temps :

— la compensation : cette opération se situe après l'exécution de l'ordre sur un instrument financier et en amont du règlement-livraison.

Elle fait intervenir :

• la **chambre de compensation** *[En France, LCH SA est la seule chambre de compensation agréée]* qui assure le rôle de contrepartie centrale en s'interposant, par le mécanisme de la novation, entre l'acheteur et le vendeur. Elle est l'unique acquéreur pour les vendeurs et l'unique vendeur pour les acquéreurs ;

• L'**adhérent compensateur** *[Les adhérents compensateurs sont les personnes visées à l'article L. 440-2 ayant la capacité d'effectuer les opérations de compensation]* ("*clearing member*") qui est autorisé auprès de la chambre de compensation auquel il a adhéré, à soumettre des transactions à la compensation conformément à la réglementation.

— le règlement-livraison : il s'agit de la dernière étape du processus de traitement des instruments financiers, qui se concrétise par le **dénouement des engagements pris par les deux parties** de la transaction : **livraison** des instruments par le vendeur et **paiement** du prix par l'acheteur.

Il fait intervenir :

• le **dépositaire central**, gestionnaire du système de règlement et de livraison d'instruments financiers *[Le système de règlement-livraison français, ESES France, est actuellement assuré par le dépositaire central de titres, Euroclear France]*, qui garantit la disponibilité des instruments financiers ainsi que des fonds servant au paiement, notamment en assurant une tenue centralisée des comptes de conservation de ses adhérents.

• l'**adhérent du dépositaire central/participant au système de règlement-livraison** qui est l'une des personnes mentionnées à l'article L. 330-1, qui adhère au dépositaire central afin d'obtenir le règlement-livraison des transactions réalisées sur les instruments financiers qu'il a conclues avec les autres acteurs ;

• le **teneur de compte conservateur** *[Il s'agit des personnes visées à l'art. L. 542-1 qui conservent et comptabilisent les instruments financiers]* (ci-après "TCC") : le transfert de propriété est assuré par la passation en compte des écritures chez ce dernier permettant ainsi la reconnaissance des droits de l'acheteur sur ces instruments.

2.1 LES RELATIONS ENTRE LE NÉGOCIATEUR ET L'ADHÉRENT COMPENSATEUR

17. L'adhérent compensateur rend au négociateur un service de compensation des transactions, qui a vocation à s'inscrire dans la durée. L'adhérent compensateur est ainsi en relation d'affaires avec le négociateur.

2.2 LES RELATIONS ENTRE LE TCC ET L'ADHÉRENT COMPENSATEUR

18. Lorsque l'adhérent compensateur assure la compensation des transactions du TCC, les relations entre le TCC et l'adhérent compensateur ont vocation à s'inscrire dans la durée. Elles se matérialisent :

— du point de vue de l'adhérent compensateur, par la transmission au TCC des instruments à livrer ou des espèces en cas de vente ;

— du point de vue du TCC, par la transmission à l'adhérent compensateur des instruments à livrer ou des espèces en cas d'achat. Elles se matérialisent également par la couverture, par le TCC, des garanties payées par les adhérents compensateurs à la chambre de compensation afin de couvrir son risque de marché ou de contrepartie.

19. Le TCC et l'adhérent compensateur sont donc, en principe, en relation d'affaires réciproques au sens de l'article L. 561-2-1.

2.3 LES RELATIONS ENTRE LE TCC ET L'ADHÉRENT DU DÉPOSITAIRE CENTRAL

20. L'adhérent du dépositaire central permet d'assurer le règlement-livraison dans les livres du dépositaire central des transactions compensées par la chambre de compensation. Dans un second temps, il convient que l'adhérent du dépositaire central réalise le règlement-livraison entre ses comptes et les comptes du TCC afin que ce dernier puisse inscrire les instruments financiers sur le compte du client.

21. Il y a donc, en principe, une relation d'affaires dans la durée entre l'adhérent du dépositaire central et le TCC ; l'adhérent du dépositaire central rendant un service d'agent de règlement-livraison au TCC.

2.4 LES RELATIONS ENTRE LE TCC ET LE CLIENT FINAL

22. Le TCC fournit au client final le service de conservation et d'inscription, dans ses livres, des instruments qui lui appartiennent et procède pour cela à l'ouverture d'un compte-titres à son nom. Le TCC est donc en relation d'affaires avec le client final au sens de l'article L. 561-2-1.

23. Le TCC peut faire appel à un tiers introducteur (qui peut être le récepteur/transmetteur d'ordres) lorsqu'il est une personne mentionnée notamment aux 2° et 3° de l'article L. 542-1 *[Tous les TCC ne peuvent pas faire appel à la tierce-introduction, qui ne concerne que les personnes mentionnées aux 1 à 6 de l'art. L. 561-2]*.

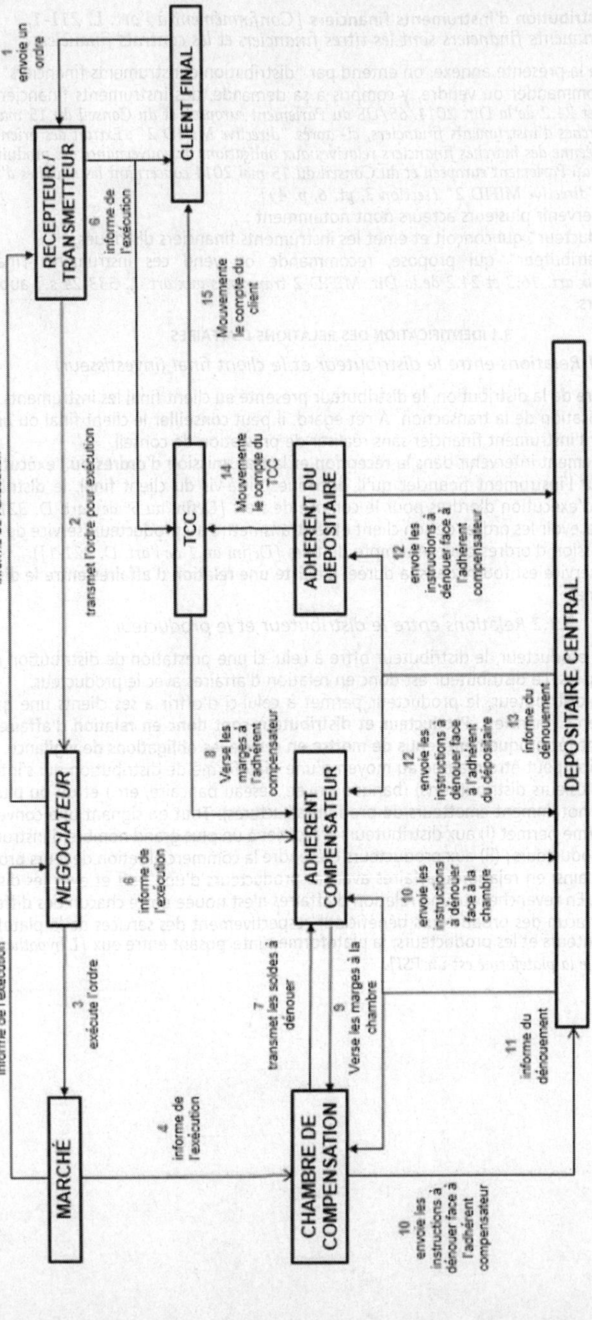
CLIENT FINAL
RECEPTEUR / TRANSMETTEUR
NEGOCIATEUR
MARCHÉ
TCC
ADHERENT DU DEPOSITAIRE
ADHERENT COMPENSATEUR
CHAMBRE DE COMPENSATION
DEPOSITAIRE CENTRAL
1 envoie un ordre
2 transmet l'ordre pour exécution
3 exécute l'ordre
4 informe de l'exécution
4 informe de l'exécution
5 informe de l'exécution
6 informe de l'exécution
6 informe de l'exécution
7 transmet les soldes à dénouer
8 Verse les marges à l'adhérent compensateur
9 Verse les marges à la chambre
10 envoie les instructions à dénouer face à la chambre
10 envoie les instructions à dénouer face à l'adhérent compensateur
11 informe du dénouement
12 envoie les instructions à dénouer face à l'adhérent compensateur
12 envoie les instructions à dénouer face à l'adhérent du dépositaire
13 informe du dénouement
14 Mouvemente le compte du TCC
15 Mouvemente le compte du client

3 La distribution d'instruments financiers *[Conformément à l'art. L. 211-1, les instruments financiers sont les titres financiers et les contrats financiers]*

24. Aux fins de la présente annexe, on entend par "distribution d'instruments financiers" le fait de proposer, recommander ou vendre, y compris à sa demande, des instruments financiers à un client *[Art. 16.3 et 24.2 de la Dir. 2014/65/UE du Parlement européen et du Conseil du 15 mai 2014 concernant les marchés d'instruments financiers, ci- après "directive MIFID 2" ; Extrait des orientations de l'Autorité européenne des marchés financiers relatives aux obligations de gouvernance des produits de la Dir. 2014/65/UE du Parlement européen et du Conseil du 15 mai 2014 concernant les marchés d'instruments financiers, "directive MIFID 2" (section 3, pt. 6, p. 4)]*.

25. Elle fait intervenir plusieurs acteurs dont notamment :

— Le PSI "producteur" qui conçoit et émet les instruments financiers distribués,

— Le PSI "distributeur" qui propose, recommande ou vend ces instruments financiers *[Conformément aux art. 16.3 et 24.2 de la Dir. MIFID 2 transposés aux art. L. 533-24 s.]* auprès de clients investisseurs.

3.1 IDENTIFICATION DES RELATIONS D'AFFAIRES

3.1.1 Relations entre le distributeur et le client final (investisseur)

26. Dans le cadre de la distribution, le distributeur présente au client final les instruments financiers avant la réalisation de la transaction. A cet égard, il peut **conseiller** le client final ou uniquement lui **proposer** l'instrument financier sans réaliser de prestation de conseil.

27. Il peut également intervenir dans la **réception et la transmission d'ordres ou l'exécution de l'ordre** portant sur l'instrument financier qu'il distribue. Vis-à-vis du client final, le distributeur fournit le service d'exécution d'ordres pour le compte de tiers *[Défini au 5° de l'art. D. 321-1]*. Il peut également recevoir les ordres de son client et les transmettre au producteur (service de réception et de transmission d'ordres pour le compte de tiers *[Défini au 1 de l'art. D. 321-1]*).

28. Lorsque le service est fourni dans la durée, **il existe une relation d'affaires entre le distributeur et le client final.**

3.1.2 Relations entre le distributeur et le producteur

29. Vis-à-vis du producteur, le distributeur offre à celui-ci une prestation de distribution de ses instruments financiers. Le distributeur est donc en relation d'affaires avec le producteur.

30. Vis-à-vis du distributeur, le producteur permet à celui-ci d'offrir à ses clients une gamme élargie d'instruments financiers. **Producteur et distributeur sont donc en relation d'affaires l'un avec l'autre et sont réciproquement tenus de mettre en œuvre les obligations de vigilance**.

31. La distribution peut être réalisée au moyen d'une plateforme de distribution qui s'intermédie entre un ou plusieurs distributeur(s) (banque privée, réseau bancaire, etc.) et un ou plusieurs producteur(s) (PSI notamment émetteurs de produits structurés). Tout en signant une convention unique, la plateforme permet (i) aux distributeurs d'accéder à un plus grand nombre d'instruments financiers et de producteurs ; (ii) aux producteurs d'étendre la commercialisation de leurs produits. La plateforme est ainsi en relation d'affaires avec les producteurs d'une part et avec les distributeurs d'autre part. En revanche, aucune relation d'affaires n'est nouée entre chacun des différents distributeurs ou chacun des producteurs bénéficiant respectivement des services de la plateforme ni entre les distributeurs et les producteurs, la plateforme s'interposant entre eux *[L'hypothèse visée est celle dans laquelle la plateforme est un PSI]*.

3.2 LE RECOURS À LA SOUS-DISTRIBUTION

32. Le distributeur peut faire lui-même appel à d'autres distributeurs – des "sous-distributeurs" – pour la distribution d'instruments financiers auprès de clients finaux.

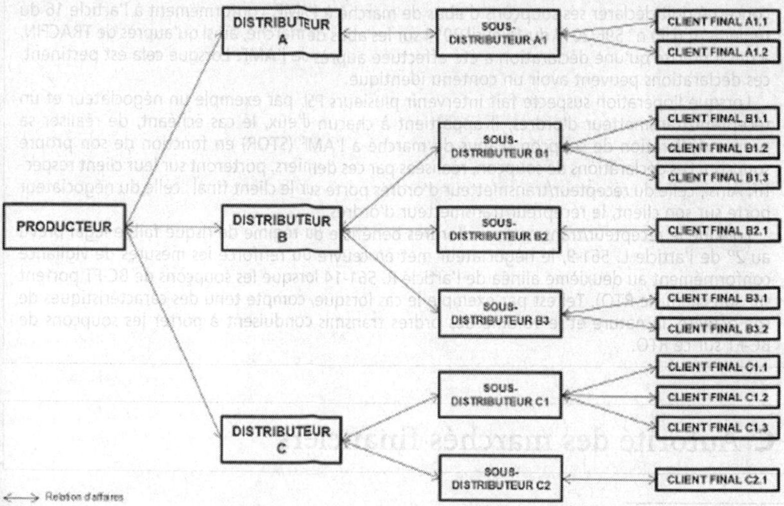

33. Dans le cas de la sous-distribution, la distribution d'instruments financiers auprès du client final est réalisée par le "sous-distributeur" notamment autorisé à fournir le service de réception et transmission d'ordres pour le compte de tiers *[PSI agréés pour fournir le service de RTO]* ou celui de conseil en investissement. Dès lors, c'est le sous-distributeur qui est en relation d'affaires avec le client final.

34. Le distributeur et le sous-distributeur signent généralement une convention de distribution d'instruments financiers. Le sous-distributeur distribue les instruments financiers que le distributeur s'est engagé à distribuer vis-à-vis du producteur. Le distributeur permet au sous-distributeur d'offrir à ses clients une gamme élargie d'instruments financiers. Distributeur et sous-distributeur sont donc en relation d'affaires l'un avec l'autre et tenus réciproquement de mettre en œuvre leurs obligations de vigilance.

35. Dans de tels schémas de sous-distribution, il n'existe généralement pas de relation d'affaires :
- Entre le producteur et le sous-distributeur.
- Entre le distributeur et le client final.

36. La sous-distribution ne doit pas être confondue avec le recours par le distributeur à un agent lié *[L'agent lié de PSI doit nécessairement être un prestataire de services d'investissement agréé a minima pour fournir des conseils en investissement conformément à l'art. L. 545-1]*. En effet, dans ce cas, les services rendus par le distributeur, dont notamment le service de conseil en investissement au client final, sont externalisés auprès de l'agent lié agissant en son nom et pour son compte suivant les termes du mandat qui lui est confié *[Il s'agira dans ce cas d'une prestation externalisée auprès de l'agent lié par le distributeur]*. Dans cette situation, le distributeur est en relation d'affaires avec le client final. Les prestations externalisées à l'agent lié sont considérées comme réalisées par le distributeur lui-même et sont mises en œuvre conformément aux obligations de LCB-FT qui lui incombent personnellement *[Pour plus de précisions sur l'externalisation des obligations de vigilance à l'égard de la clientèle, il convient de se référer à la partie 4.2]*.

La double déclaration des abus de marché à TRACFIN et à l'AMF

Conformément à l'article L. 561-15 du code monétaire et financier, les PSI sont tenus de déclarer à TRACFIN "les sommes inscrites dans leurs livres ou les opérations portant sur des sommes dont elles savent, soupçonnent ou ont de bonnes raisons de soupçonner qu'elles proviennent d'une infraction passible d'une peine privative de liberté supérieure à un an ou sont liées au financement du terrorisme". Or, les abus de marché (délit d'initié *[Communication ou utilisation d'une information privilégiée]* et manipulation de cours) ou tentatives d'abus de marché sont passibles de cinq ans d'emprisonnement *[Art. L. 465-1 à L. 465-3-5]*. Ces infractions entrent donc dans le champ des déclarations de soupçon à réaliser auprès de TRACFIN. Le PSI concerné doit déclarer ses soupçons d'abus de marché à l'AMF, conformément à l'article 16 du règlement (UE) n° 596/2014 du 16 avril 2014 sur les abus de marché, ainsi qu'auprès de TRACFIN, à qui il précise qu'une déclaration a été effectuée auprès de l'AMF. Lorsque cela est pertinent, ces déclarations peuvent avoir un contenu identique.

Lorsque l'opération suspecte fait intervenir plusieurs PSI, par exemple un négociateur et un récepteur/transmetteur d'ordres, il appartient à chacun d'eux, le cas échéant, de réaliser sa propre déclaration de soupçon d'abus de marché à l'AMF (STOR) en fonction de son propre soupçon. Les déclarations de soupçon, réalisées par ces derniers, porteront sur leur client respectif. Ainsi, celle du récepteur/transmetteur d'ordres porte sur le client final ; celle du négociateur porte sur son client, le récepteur/transmetteur d'ordres.

Lorsque le récepteur/transmetteur d'ordres bénéficie du régime de risque faible légal prévu au 2° de l'article L. 561-9, le négociateur met en œuvre ou renforce les mesures de vigilance conformément au deuxième alinéa de l'article R. 561-14 lorsque les soupçons de BC-FT portent sur son client (le RTO). Tel est par exemple le cas lorsque, compte tenu des caractéristiques de son activité, la nature et le volume des ordres transmis conduisent à porter les soupçons de BC-FT sur ce RTO.

C Autorité des marchés financiers

COMMENTAIRE

L'AMF a actualisé le livre III de son règlement général ainsi que ses quatre lignes directrices qui constituent sa doctrine en matière de lutte contre le blanchiment de capitaux et le financement du terrorisme afin d'intégrer les modifications législatives et réglementaires issues de la transposition de la cinquième directive anti-blanchiment. Elle a, à cette occasion, notamment procédé à des ajustements relatifs aux règles du contrôle interne.

Le champ d'application des obligations relatives à la LBC/FT prévues au sein du règlement général de l'AMF est aligné sur celui prévu au 6° de l'article L. 561-2 du code monétaire et financier et est, en conséquence, élargi aux gestionnaires d'« autres FIA » mentionnés au 3° du III de l'article L. 214-24 du même code, aux gestionnaires de fonds de capital-risque européens (EUVECA) et d'entrepreneuriat social européens (EUSEF) ainsi qu'aux succursales établies en France par des sociétés de gestion européennes pour la gestion d'OPCVM ou de FIA français. Par ailleurs, le règlement général est modifié afin de tenir compte de l'exemption prévue à l'article R. 561-38-4 du code monétaire et financier pour les CIF et les CIP de transmettre à l'AMF un rapport sur l'organisation du dispositif de contrôle interne.

Les lignes directrices tiennent compte de l'obligation de consultation du registre des bénéficiaires effectifs des sociétés clientes inscrites au RCS pour les assujettis et ce à l'exception des cas dans lesquels l'assujetti peut considérer que le risque est faible. Elles actent également la suppression des mesures de vigilance complémentaires pour les entrées en relation d'affaires à distance. De même, les lignes directrices ajustent les règles à l'égard des assujettis recourant à un tiers pour la mise en œuvre des obligations de vigilance avant l'entrée en relation d'affaires et celles relatives au renforcement des mesures de vigilance complémentaires lorsque l'opération implique un pays à haut risque.

Par ailleurs, l'AMF recommande aux assujettis de prévoir dans leurs procédures internes une méthodologie d'évaluation du niveau d'équivalence des obligations en matière de LCB/FT de pays tiers. Pour évaluer ce niveau d'équivalence, l'AMF recommande aux assujettis de consulter non seulement les listes établies par le GAFI mais également les rapports d'évaluation mutuelle qu'il publie.

Enfin, l'AMF ajuste sa position concernant les diligences des sociétés de gestion de placements collectifs vis-à-vis des locataires des immeubles acquis par les fonds immobiliers qu'elles gèrent.

Les documents de doctrine impactés par la mise à jour des lignes directrices sont les suivants (V. *infra*) : Position-Recommandation DOC-2019-15 (lignes directrices sur l'approche par les risques en matière de lutte contre le blanchiment de capitaux et le financement du terrorisme) ; Position-Recommandation DOC-2019-16 (lignes directrices sur les obligations de vigilance à l'égard des clients et de leurs bénéficiaires effectifs) ; Position DOC-2019-17 (lignes directrices sur la notion de personne politiquement exposée) ; Position DOC-2019-18 (lignes directrices sur l'obligation de déclaration à TRACFIN).

Voir aussi le commentaire, *supra*, B. Autorité de contrôle prudentiel et de résolution. ❑

Position AMF n° 2019-14 du 29 novembre 2019 (DOC-2019-14).

Orientations sur les facteurs de risque.

BIBL. ▸ GALLAND, *BJB 1-2/2022. 53* (l'AMF intègre à sa position DOC-2019-14 les orientations de l'ABE sur les facteurs de risque).

Textes de référence : articles L. 561-4-1, L. 561-9 et L. 561-10-1 du code monétaire et financier, articles 320-19, 321-146 et 550-9 du règlement général de l'AMF.

Cette position intègre les orientations de l'Autorité bancaire européenne sur les facteurs de risque (EBA/GL/2021/02), ci-après les "Orientations".

Présentation des orientations

Ces orientations exposent les facteurs que les établissements *[il s'agit des établissements de crédit et des établissements financiers tels que définis à l'art. 3, § 1 et 2 de la Dir. (UE) 2015/849]* **devraient prendre en considération lorsqu'ils évaluent le risque de blanchiment de capitaux et de financement du terrorisme associé à une relation d'affaires ou à une transaction conclue à titre occasionnel** *[en application de l'art. 8 de la Dir. (UE) 2015/849]*. **Elles expliquent aussi comment les établissements devraient adapter l'étendue des mesures de vigilance qu'ils prennent à l'égard de la clientèle, de façon à ce que celles-ci soient proportionnées au risque de blanchiment de capitaux et de financement du terrorisme identifié.**

Les Orientations n°s 1 à 7 exposent des considérations générales et s'appliquent à tous les établissements assujettis aux obligations de lutte contre le blanchiment de capitaux et le financement du terrorisme (ci-après, les "Assujettis").

Ces considérations générales apportent des éléments de méthode :

– pour identifier les risques de blanchiment de capitaux et de financement du terrorisme en dressant notamment une liste non exhaustive de facteurs de risque qui devraient être pris en compte par les Assujettis ou qui peuvent être pertinents, et ;

– pour évaluer et catégoriser le risque de blanchiment de capitaux et de financement du terrorisme associé à une relation d'affaires ou à une transaction conclue à titre occasionnel, à partir d'une pondération des facteurs de risque.

Elles présentent ensuite les mesures de vigilance simplifiées et les mesures de vigilance renforcées à l'égard de la clientèle en fonction du niveau de risque identifié.

Les Orientations suivantes exposent des orientations spécifiques à certains secteurs. Concernent les Assujettis placés sous la supervision de l'AMF :

– les Orientations n°s 12 et 15 applicables i) aux sociétés de gestion de portefeuille au titre de leur activité de fourniture du service de gestion de portefeuille pour le compte de tiers et du service de conseil en investissement, et ii) aux conseillers en investissement financier au titre de leur activité de fourniture du service de conseil en investissement ;

– l'Orientation n° 16 applicable aux sociétés de gestion de portefeuille au titre de leur activité de gestion de placements collectifs.

Champ d'application de la position

Les dispositions de la présente position s'appliquent aux sociétés de gestion de portefeuille, aux dépositaires centraux de titres, aux personnes autorisées au titre de

l'article L. 621-18-5, aux conseillers en investissements financiers et aux conseillers en investissements participatifs.

Ces Orientations sont disponibles dans la rubrique "Annexes & liens" ainsi que sur le site de l'EBA, aux adresses suivantes :

— En français : Orientations communes au titre des articles 17 et 18, paragraphe 4, de la directive (UE) 2015/849, sur les mesures de vigilance simplifiées et renforcées à l'égard de la clientèle et sur les facteurs que les établissements de crédit et les établissements financiers devraient prendre en considération lorsqu'ils évaluent les risques de blanchiment de capitaux et de financement du terrorisme associés aux relations d'affaires individuelles et aux transactions conclues à titre occasionnel abrogeant et remplaçant les orientations JC/2017/37.

https://www.eba.europa.eu/sites/default/documents/files/document_library/Publications/Guidelines/2021/Guidelines%20on%20ML-TF%20risk%20factors%20%28revised%29 %202021-02/Translations/1016918/Guidelines%20ML%20TF%20Risk%20Factors_FR.pdf

— En anglais : Guidelines on customer due diligence and the factors credit and financial institutions should consider when assessing the money laundering and terrorist financing risk associated with individual business relationships and occasional transactions ("the ML/TF Risk factors Guildeines *[Guidelines]* ") under Articles 17 and 18(4) of Directive (EU) 2015/849.

https://www.eba.europa.eu/sites/default/documents/files/document_library/Publications/Guidelines/2021/963637/Final%20Report%20on%20Guidelines%20on%20revised%20ML%20TF%20Risk%20Factors.pdf

Position-Recommandation AMF n° 2019-15 du 29 novembre 2019 (DOC-2019-15),

Lignes directrices sur l'approche par les risques en matière de lutte contre le blanchiment de capitaux et le financement du terrorisme.

Modifiée le 18 janv. 2021

Textes de référence : articles L. 561-4-1, L. 561-32, L. 561-33 du code monétaire et financier et articles 320-22 et 321-149 du règlement général de l'AMF.

L'approche par les risques vise à améliorer l'efficacité de la lutte contre le blanchiment de capitaux et le financement du terrorisme ("LCB-FT") en adaptant les mesures prises aux risques encourus en matière de blanchiment de capitaux et de financement du terrorisme et en optimisant les moyens et ressources alloués.

Au centre de toute la réglementation relative à la LCB-FT depuis la troisième directive anti-blanchiment 2005/60/CE du 26 octobre 2005, cette approche s'impose aux entités assujetties, comme aux autorités européennes et nationales.

Les présentes lignes directrices ont pour objectif d'aider les entités assujetties sous la supervision de l'AMF : les sociétés de gestion de placements collectifs *[mentionnées à l'art. L. 543-1 C. mon. fin., c'est-à-dire les sociétés de gestion de portefeuille ("SGP"), les personnes morales qui gèrent des FIA mentionnés au 3° du III de l'art. L. 214-24, les gestionnaires des fonds EUVECA et EUSEF]*, les placements collectifs de droit français *[mentionnés au I de l'art. L. 214-1 C. mon. fin.]* lorsqu'ils sont autogérés, les succursales des sociétés de gestion européennes d'OPCVM ou de FIA mentionnées aux articles L. 532-20-1 et L. 532-21-3 du code monétaire et financier, les conseillers en investissements financiers et les conseillers en investissement participatif (ci-après "les assujettis"), à développer une compréhension commune de l'approche par les risques et de les accompagner dans sa mise en œuvre.

L'approche par les risques exige que les risques soient identifiés, évalués, et classés selon leurs niveaux avant que des mesures d'atténuation soient mises en place : c'est la classification des risques (1). En fonction de cette classification, l'assujetti détermine l'étendue des obligations de vigilance qui s'imposent à lui avant d'entrer en relation d'affaires. Les entités assujetties se réfèrent utilement à la Position

Recommandation AMF nº 2019-16 Lignes directrices sur les obligations de vigilance à l'égard des clients et des bénéficiaires effectifs.

Par ailleurs, au terme des articles 320-22 et 321-149 du règlement général de l'AMF, "lors de la mise en œuvre de sa politique d'investissement pour compte propre ou pour compte de tiers, la société de gestion de portefeuille veille à évaluer le risque de blanchiment des capitaux et de financement du terrorisme et définit des procédures permettant de contrôler les choix d'investissements opérés par ses préposés".

Les sociétés de gestion de placements collectifs *[ou les placements collectifs de droit français mentionnés à l'art. L. 214-1 C. mon. fin. lorsqu'ils sont autogérés]* et les succursales des sociétés de gestion européennes d'OPCVM ou de FIA mentionnées aux articles L. 532-20-1 et L. 532-21-3 du code monétaire et financier sont ainsi tenues d'effectuer des diligences en matière de LCB/FT non seulement à l'égard de leurs clients (passif) mais également à l'égard des investissements ou des désinvestissements effectués à l'actif des placements collectifs gérés ou des portefeuilles gérés dans le cadre du service de portefeuille pour le compte de tiers : ce sont les diligences à l'actif (2).

1 La classification des risques

Aux fins d'appliquer les mesures de vigilance adaptées, les assujettis définissent et mettent en place des dispositifs d'identification et d'évaluation des risques de blanchiment des capitaux et de financement du terrorisme. Ils procèdent ensuite à leur classification

Lorsque les assujettis appartiennent à un groupe et que l'entreprise mère du groupe a son siège social en France, ils mettent en place un dispositif d'identification et d'évaluation des risques existant au niveau du groupe ainsi qu'une politique adaptée. L'organisation et les procédures au niveau du groupe sont définies par l'entreprise mère.

1.1 *Facteurs de risque*

Conformément à l'article L. 561-4-1 du code monétaire et financier, pour identifier les risques auxquels son activité l'expose, l'entité assujettie doit analyser :

– La nature des produits et services offerts, les conditions des transactions proposées, les canaux de distribution utilisés, ci-après le Risque Produit (1.1.1) ;

– Le pays ou territoire d'origine ou de destination des fonds, ci-après le Risque Pays (1.1.2) ;

– Les caractéristiques des clients, ci-après le Risque Client (1.1.3).

L'entité assujettie tient également compte de l'analyse supranationale des risques publiée par la Commission européenne *[supranational risk assessment of the money laundering and terrorist financing risks affecting the Union, https://europa.eu/rapid/press-release_IP-19-4452_fr.htm]* et des recommandations formulées par elle, de l'avis conjoint formulé par les Autorités européennes de supervision *[en application de l'art. 6(5) de la Dir. 2015/849 (4e directive LCB-FT)]*, de l'analyse nationale des risques publiée par le COLB *[https://www.tresor.economie.gouv.fr/Articles/2019/09/20/le-conseil-d-orientation-de-la-lutte-contre-le-blanchiment-de-capitaux-et-de-financement-du-terrorisme-approuve-l-analyse-nationale-des-risques-anr-en-france]* et des facteurs de risque mentionnés aux annexes II et III de la directive 2015 /849 du Parlement et du Conseil du 20 mai 2015.

Pour mesurer ces risques, l'entité assujettie doit prendre en compte les facteurs considérés comme aggravants et ceux considérés comme atténuants.

La loi a déjà fixé les niveaux de risques de plusieurs situations, et notamment :

RISQUE FAIBLE	RISQUE ÉLEVÉ
Institution financière régulée : le client ou, le cas échéant, le bénéficiaire effectif, est une personne assujettie, visée aux 1 à 6 *bis* de l'article L. 561-2 du code monétaire et financier, établie en France, ou dans un autre État de l'EEE (art. R. 561-15 du code monétaire et financier)	Opération avec des personnes situées dans un Etat figurant sur les listes publiées par le GAFI parmi ceux dont la législation ou les pratiques font obstacle à la LCBFT ou par la Commission européenne (art. L. 561-10 du code monétaire et financier)

RISQUE FAIBLE	RISQUE ÉLEVÉ
Entité publique : Le client est une autorité publique ou un organisme public, en vertu du Traité sur l'Union européenne, des traités instituant les Communautés, du droit communautaire dérivé, du droit public d'un Etat membre de l'Union européenne ou de tout autre engagement de la France, et qu'il satisfait aux critères suivants : – son identité est accessible au public, transparente et certaine ; – ses activités, ainsi que ses pratiques comptables, sont transparentes ; – il est soit responsable devant une institution de l'UE ou devant les autorités d'un Etat membre, soit soumis à des procédures appropriées de contrôle de son activité. (Art. R. 561-15 du code monétaire et financier)	Les Personnes Politiquement Exposées (art. L. 561-10 et R. 561-18 du code monétaire et financier) ;
Le client est une société dont les titres sont admis à la négociation sur un marché réglementé en France ou dans un État partie à l'accord sur l'EEE ou qui est soumise a des obligations de publicité conformes au droit de l'Union européenne ou soumise a des normes internationales équivalentes garantissant une transparence adéquate des informations relatives a la propriété du capital (ce dont l'assujetti est en mesure de justifier aupres de l'AMF) (art. R. 561-15 du code monétaire et financier)	Les produits ou opérations favorisant l'anonymat (art. L. 561-10 du code monétaire et financier) ; Opération particulièrement complexe ou d'un montant inhabituellement élevé ou ne paraissant pas avoir de justification économique ou d'objet licite (art. L. 561-10-2 du code monétaire et financier)

En dehors de ces hypothèses, la mesure et la classification des risques relèvent de la responsabilité de l'entité assujettie et répondent à des critères subjectifs fixés par les assujettis eux-mêmes.

Afin d'y procéder, l'entité assujettie se réfère aux Orientations communes des Autorités européennes de supervision sur les facteurs de risque *[https://esas-joint-committee.europa.eu/Publications/Guidelines/Guidelines%20on%20Risk%20Factors_FR_04-01-2018.pdf]* **publiées le 4 janvier 2018.**

Les facteurs de risque suivants ne sont pas exhaustifs et les entités assujetties ne sont pas tenues de prendre en considération les facteurs de risques qui ne leur seraient pas applicables.

1.1.1 *Le Risque Produits*

L'entité assujettie procède à son analyse des risques en fonction des services fournis (ex. : gestion de fonds, gestion individuelle de portefeuille, réception-transmission d'ordres, conseil en investissement) tels que décrits dans son programme d'activité :

— Types de services fournis (ex. gestion individuelle de portefeuille, réception-transmission d'ordre, ou conseil en investissement) ou d'opérations proposées ;

— Activités exercées (programmes d'activité multi gestion alternative, titres non cotés, gestion d'OPCI et autres gestions immobilières...) ;

— Types de produits ou d'instruments financiers proposés (OPCVM, FIA...).

L'entité assujettie évalue le risque lié (i) au niveau de transparence ou d'opacité (ii) à la complexité du produit, service ou de la transaction, et (iii) à la valeur, la taille, le montant du produit du service ou de la transaction.

L'entité assujettie tient également compte des modalités de commercialisation de ses produits ou services et notamment le risque lié aux intermédiaires auxquel l'entité pourrait avoir recours, ainsi qu'à la nature de ses relations avec eux.

L'entité assujettie tient compte du caractère nouveau ou disruptif d'un produit ou d'une pratique commerciale. *[Cf. Recomm. 15.2 du GAFI : « "Les institutions financière devraient être obligées : (a) d'évaluer les risques avant le lancement ou l'utilisation de ces produits pratiques et technologies ; et (b) de prendre des mesures appropriées pour gérer et atténuer ces risques."]*

1.1.2 *Le Risque Pays*

Les assujettis intègrent dans leur classification des risques les risques liés aux pays/territoires (i) dans lesquels les clients et/ou bénéficiaires effectifs sont installés, ont leur activité et/ou siège social, ou avec lesquels ils ont des liens effectifs, et (ii) dans lesquels les fonds utiles à l'opération ont été générés, ou desquels ou vers lesquels ils sont reçus ou envoyés.

Pour évaluer le niveau du Risque Pays, les assujettis tiennent compte :

– de la qualité d'État membre ou non de l'EEE ;

– de la liste des pays identifiés par la Commission européenne comme des pays dont le dispositif de LCB-FT présente des carences stratégiques, conformément à l'article 9 de la directive (UE) 2015/8549 ;

– des listes GAFI des pays ou territoires à haut risque et non coopératifs ;

– des rapports d'évaluation mutuelle et de suivi du GAFI qui permettent de mieux connaitre le niveau de conformité d'un dispositif national aux recommandations du GAFI et le niveau d'efficacité du dispositif ;

– des évaluations du FMI ainsi que les rapports du Programme d'évaluation du secteur financier (FSAP).

Focus sur les listes pays

Pour aider les professionnels à connaitre le niveau de risque de blanchiment de capitaux et de financement du terrorisme, plusieurs listes existent qui recensent les pays à haut risque.

Il convient de distinguer entre :

– la liste établie par le GAFI des pays présentant des carences stratégiques en matière de LCB-FT, dite "liste grise" *[http://www.fatf-gafi.org/publications/high-risk-and-other-monitored-jurisdictions/documents/fatf-compliance-february-2020.html (18 pays)]*. Cette liste est susceptible d'évoluer à chaque réunion plénière du GAFI ;

– la liste établie par le GAFI des pays à haut risque pouvant faire l'objet d'un appel à contre-mesures, dite "liste noire" *[http://www.fatf-gafi.org/publications/high-risk-and-other-monitored-jurisdictions/documents/public-statement-october-2019.html (Corée du Nord et Iran)]*.

Ces deux listes sont distinctes de :

– la liste des pays tiers à haut risque présentant des carences stratégiques que la Commission européenne établie conformément à l'article 9 de la directive (UE) 2015/8549. Cette liste a été publiée pour la première fois en annexe du règlement délégué (UE) 2016/1675 de la Commission, amendé à trois reprises depuis *[https://ec.europa.eu/info/policies/justice-and-fundamental-rights/criminal-justice/anti-money-laundering-and-counter-terrorist-financing/eu-policy-high-risk-third-countries_en. Un nouveau règlement délégué a été adopté par la Commission européenne le 7 mai 2020. La nouvelle liste entrera en vigueur le 1er oct. 2020]*. Cette liste tient compte de celles établies par le GAFI et la complète.

Les assujettis consultent également les listes de pays, organisations et personnes qui font l'objet de sanctions, d'embargos ou d'autres mesures similaires imposées par l'Union Européenne ou par les Nations unies.

Au niveau national, les assujettis consultent la liste des pays non coopératifs en matière fiscale définie à l'article 238-0 A du code général des impôts.

Enfin, les assujettis sont également invités à consulter régulièrement les sites et communiqués du Ministre en charge de l'Économie et des Finances et de TRACFIN.

1.1.3 *Le Risque Client*

Dans le cadre de son évaluation des risques liés aux clients, l'assujetti tient compte des caractéristiques des clients et de la relation d'affaires, et notamment :

– La nature des clients (personnes physiques ou entités se présentant sous forme de structures plus ou moins complexes, favorisant ou non l'anonymat – fondations, trusts,... – personnes agissant pour compte propre ou pour le compte de tiers, personnes politiquement exposées, clients non présents physiquement) ;

– La qualité de clients durables ou de clients occasionnels ;

– Les activités professionnelles ou économiques des clients, leur situation financière et patrimoniale, leurs antécédents financiers... ;

– Le montant, la nature et le volume des opérations envisagées ou effectuées, la provenance et la destination des fonds ;

– Les habitudes des clients en matière d'investissement ;

– La justification économique de la relation d'affaires envisagée ;

– La durée de la relation d'affaires en cours ;

– L'intervention d'intermédiaires entre le client et l'assujetti ;

– L'origine du patrimoine ;

– Le comportement du client, comme un refus de fournir des informations ou un changement d'attitude vis-à-vis de l'assujetti.

Les obligations d'identification du client et de recueil d'informations sur la relation d'affaires permettent aux entités assujetties d'élaborer et mettre jour régulièrement leur classification des risques.

L'assujetti se réfère utilement à la Position-Recommandation AMF n° 2019-16 relative aux obligations de vigilance à l'égard des clients et de leurs bénéficiaires effectifs.

1.2 *Pondération*

Les entités assujetties doivent avoir une vue globale des facteurs de risques de blanchiment de capitaux et de financement du terrorisme qu'ils *[qu'elles]* ont identifié*[s]*. L'évaluation du risque global associé à une relation particulière ou à une transaction occasionnelle peut s'appuyer sur une pondération des facteurs de risques en fonction de leur degré d'importance.

A cet égard, les Orientations sur les facteurs de risques *[https://esas-joint-committee.europa.eu/Publications/Guidelines/Guidelines%20on%20Risk%20Factors_FR_04-01-2018.pdf]* indiquent :

> 36. Lorsqu'ils pondèrent les facteurs de risque, les établissements devraient porter un jugement éclairé sur la pertinence des différents facteurs de risque dans le cadre d'une relation d'affaires ou d'une transaction conclue à titre occasionnel. Dans ce cadre, les établissements sont souvent amenés à attribuer des "notes" différentes aux différents facteurs ; par exemple, les établissements peuvent décider que les liens personnels d'un client avec un pays ou territoire associé à un risque plus élevé de BC/FT sont moins pertinents au regard des caractéristiques du produit demandé.
>
> 37. Enfin, le poids accordé à chacun de ces facteurs est susceptible de varier d'un produit à l'autre et d'un client à l'autre (ou d'une catégorie de client à l'autre) et d'un établissement à l'autre. Lorsqu'ils pondèrent les facteurs de risque, les établissements devraient veiller :
>
> – à ce que la pondération ne soit pas influencée de manière excessive par un seul facteur ;
>
> – à ce que la notation du risque ne soit pas influencée par des considérations d'ordre économique ou de profit ;
>
> – à ce que la pondération ne crée pas une situation dans laquelle il est impossible de classer une relation d'affaires comme présentant un risque élevé ;
>
> – à ce que la pondération de l'établissement ne puisse pas l'emporter sur les dispositions de la directive (UE) 2015/849 ou du droit national concernant les situations qui présentent toujours un risque élevé de blanchiment de capitaux ; et
>
> – à ce qu'ils puissent, si nécessaire, annuler toute notation de risque générée automatiquement. Les raisons de la décision d'annulation de ces notations devraient être documentées de manière adéquate.
>
> 38. Lorsqu'un établissement utilise des systèmes informatiques automatisés pour attribuer des notations de risques globales et catégoriser des relations

d'affaires ou des transactions conclues à titre occasionnel et qu'il ne conçoit pas ces systèmes en interne mais les achète auprès d'un prestataire externe, il devrait comprendre la manière dont le système fonctionne et comment le prestataire combine les facteurs de risque pour parvenir à une note de risque globale. L'établissement doit toujours être en mesure de s'assurer que les notes attribuées sont fondées sur sa compréhension du risque de BC/FT, et il devrait être en mesure d'en apporter la preuve à l'autorité compétente.

1.3 *Obligations liées au dispositif d'identification et de classification des risques*

1.3.1 *Documentation de la classification des risques*

Position

La classification des risques de l'assujetti est retranscrite clairement sur un support durable *[au sens de l'art. 314-5 Règl. gén. AMF]* (ex. : procédure, tableau excel, logiciel...).

L'évaluation des risques (qui fait l'objet de procédures internes en application des articles 320-20 et 321-147 du règlement général de l'AMF) doit être suffisamment documentée afin de permettre d'en démontrer les principes à l'autorité de supervision lors d'un contrôle.

1.3.2 *Mise à jour régulière*

Cette classification est nécessairement évolutive. Pour en assurer la pertinence dans la durée, elle doit faire l'objet de suivi, et le cas échéant, de mise à jour ou de révision. Elle tient compte des évolutions règlementaires, et des risques émergents (cf. Rapports annuels ou rapports de Tracfin ou rapports du GAFI).

1.3.3 *Formation du personnel*

Les membres du personnel concernés par la LCB/FT doivent comprendre les principes de cette approche par les risques et leur traduction concrète dans l'entreprise à laquelle ils appartiennent, afin de pouvoir effectuer, avec toute l'expertise et les connaissances nécessaires, les tâches qui leur incombent et qui nécessitent qu'ils exercent leur faculté de jugement. Le programme de formation et d'information prévu à l'article L. 561-34 du code monétaire et financier intègre donc cet aspect, essentiel pour assurer l'efficacité du dispositif.

1.3.4 *Désignation du responsable du dispositif*

Les dispositions du règlement général (articles 320-17 et 321-144) imposant la désignation d'un responsable de la mise en œuvre du dispositif de lutte contre le blanchiment de capitaux et le financement du terrorisme prévu à l'article L. 561-32 du code monétaire et financier prévoient qu'il doit s'agir d'un membre de la direction.

S'agissant des sociétés de gestion de portefeuille, par membre de la direction, il convient d'entendre un "dirigeant" personne physique, tels que défini aux articles 321-13 et 317-5 du règlement général de l'AMF.

Les dispositions du règlement général prévoient une faculté, pour le membre de la direction désigné comme responsable de la mise en œuvre du dispositif de LCB/FT, de déléguer tout ou partie de cette mise en œuvre à un tiers, c'est-à-dire un autre salarié de la structure de l'assujetti, en interne au groupe ou hors groupe (articles 320-17, 321-144, 325-22 et 325-62 du règlement général de l'AMF).

Le dirigeant peut déléguer cette fonction, tout en restant responsable des activités déléguées. La délégation répond aux conditions prévues par les articles 320-17, 321-144, 325-22 *[et]* 325-62 du règlement général de l'AMF :

– "1°) le délégataire dispose de l'autorité, des ressources et de l'expertise nécessaires et d'un accès à toutes les informations pertinentes" et

– "2°) Le délégataire n'est pas impliqué dans l'exécution des services et activités qu'il contrôle".

Position

Le délégataire peut être le responsable de la conformité et du contrôle interne, sous réserve que cette délégation soit appropriée et respecte les articles 313-62 et suivants, 321-83 et suivants du règlement général de l'AMF et l'article 62 du règlement délégué (UE) n° 321/2013 de la Commission pour les sociétés de gestion de portefeuille.

Le délégataire peut notamment être choisi parmi d'autres salariés d'une entité du groupe auquel la société de gestion de placement collectif, le conseiller en investissements financiers ou le conseiller en investissements participatifs appartient ou être une autre personne répondant aux conditions fixées par le règlement général de l'AMF.

En aucun cas, la délégation ne doit porter atteinte à l'efficacité du dispositif.

2 Les diligences à l'actif

Comme indiqué ci-avant, en application de l'approche par les risques et pour déterminer l'étendue de leurs obligations en matière de lutte contre le blanchiment de capitaux et le financement du terrorisme, les assujettis évaluent les risques de blanchiment de capitaux et le financement du terrorisme présentés par leurs activités dans cette matière, y compris dans le cadre des investissements ou des désinvestissements effectués à l'actif des placements collectifs gérés par les sociétés de gestion de placements collectifs ou des portefeuilles gérés dans le cadre du service de portefeuille pour le compte de tiers.

Cette obligation est d'ailleurs reprise aux articles 320-22 et 321-149 du règlement général de l'AMF, qui précisent que : "lors de la mise en œuvre de sa politique d'investissement dans le cadre de la gestion financière d'un placement collectif ou d'un mandat de gestion, la société de gestion de portefeuille veille à évaluer le risque de blanchiment de capitaux et de financement du terrorisme et définit des procédures permettant de contrôler les choix d'investissement opérés par ses préposés".

Conformément à l'article R. 561-38-2 du code monétaire et financier, les sociétés de gestion de placements collectifs peuvent confier à un prestataire externe la réalisation, en leur nom et pour leur compte, de tout ou partie des diligences liées à cette obligation.

☐ Les sociétés de gestion de placements collectifs identifient les risques auxquels s'exposent leurs investissements de la même manière que les risques auxquels ils s'exposent dans la gestion de leur passif, en suivant les facteurs de risques évoqués ci-avant, avec les particularités suivantes :

• au titre du Risque "Produits" : les sociétés de gestion de placements collectifs tiennent compte, en plus des éléments mentionnés au 1.1.1 ci-dessus, des conditions de transaction proposées (terme, co-investissement, importance de la participation envisagée, recours à des structures intermédiaires) et des formes et modalités du *sourcing* (recours à des apporteurs d'affaires) ;

• au titre du Risque Pays (1.1.2 ci-dessus) : les sociétés de gestion de placements collectifs portent leur attention sur la localisation des cibles (si les sociétés ou les actifs immobiliers sont situés dans des pays à haut risque), l'origine ou la destination des flux financiers qu'impliquent les opérations d'investissement ;

• au titre du Risque "Clients" ou, ici, Contreparties : les sociétés de gestion de placements collectifs prennent en compte la qualité de leurs cocontractants (personnes physiques ou morales), leur réputation, la présence de PPE.

Position

Préalablement aux investissements effectués par la société de gestion de placements collectifs, cette dernière recueille les informations nécessaires lui permettant d'évaluer le risque de blanchiment de capitaux et de financement du terrorisme.

□ Une fois les risques identifiés, ceux-ci-sont évalués et classés

Position

Lorsque la cible de l'investissement, le co-investisseur ou la contrepartie est une personne visée aux 1°, 2°, et 3° de l'article R. 561-15 du code monétaire et financier soit :

1) une personne assujettie (ou sa filiale) aux règles de lutte contre le blanchiment en France ou dans un autre État membre de l'Union Européenne ou de l'EEE ;

2) une société dont les titres sont admis à la négociation sur un marché réglementé en France, dans un autre État membre de l'Union Européenne, de l'EEE ou qui est soumise à des obligations de publicité conformes au droit de l'Union européenne ou soumise à des normes internationales équivalentes garantissant une transparence adéquate des informations relatives à la propriété du capital ou la filiale détenue à plus de 75 % par une telle société *[V. Position-Recommandation AMF nº 2019-16 relative aux obligations de vigilance à l'égard des clients et de leurs bénéficiaires effectifs]* ;

3) une autorité publique ou un organisme public,

celle-ci présente, en l'absence de tout soupçon, un faible risque de blanchiment de capitaux et de financement du terrorisme.

□ Une fois les risques identifiés, évalués et classés, les sociétés de gestion de placements collectifs déterminent l'étendue des diligences à conduire avant de conclure une opération d'investissement, suivant une approche proportionnée.

A l'image des diligences effectuées à l'égard de leurs clients, les sociétés de gestion de placements collectifs mettent en œuvre les diligences à l'actif de manière proportionnée selon leur appréciation du risque de blanchiment de capitaux ou de financement du terrorisme.

Position

Lorsque le risque identifié est considéré comme élevé, la société de gestion de placements collectifs prend toutes les mesures de vigilances complémentaires et/ou renforcées avant d'entrer en relation d'affaires.

Ainsi, en cas de risque élevé, la société de gestion de placements collectifs prend une ou plusieurs mesures de vigilance renforcée les plus adaptées parmi les suivantes :

– La décision de procéder à l'investissement est prise à un niveau hiérarchique supérieur, et le cas échéant, par un membre de l'organe exécutif ou toute personne habilitée à cet effet par l'organe exécutif ;

– Des informations complémentaires et/ou des documents probants sont recueillis, portant sur l'objet de la relation d'affaires, l'origine du patrimoine et des fonds impliqués dans la relation d'affaires ;

– Les mesures de vigilance constante sont intensifiées : les éléments de connaissance de la relation d'affaires sont mis à jour plus fréquemment.

A l'inverse, lorsque la société de gestion de placements collectifs choisit d'investir l'actif sous gestion dans des actifs présentant un risque faible, tels que des actions ou obligations négocié*[e]*s sur un marché réglementé dans l'EEE ou des titres de sociétés qui sont soumises à des obligations de publicité conformes au droit de l'Union ou qui sont soumises à des normes internationales équivalentes garantissant une transparence adéquates des informations relatives à la propriété de capital (ce dont les assujettis sont en mesure de justifier auprès de l'AMF), et en l'absence de tout soupçon, l'assujetti peut n'effectuer que des diligences minimales : identification de l'émetteur et recueil des informations justifiant le risque faible.

Recommandation

Au titre des éléments complémentaires à recueillir, l'AMF recommande aux sociétés de placements collectifs les bonnes pratiques suivantes :

Avant de clôturer un investissement dans une société dont les titres ne sont pas admis aux négociations sur un marché réglementé, la société de gestion de placements collectifs recueille des éléments surs *[sur]* :

— L'identité des dirigeants et du ou des bénéficiaires effectifs, aux fins d'identification d'éventuelle(s) PPE ou de personnes figurant sur une liste relative de gel des avoirs ;

— les données financières, afin d'en apprécier la cohérence par rapport à l'activité de la société.

Avant de souscrire les parts ou actions d'un fonds de capital investissement, d'un fonds professionnel spécialisé ou d'un fonds professionnel de capital investissement ou de tout autre véhicule de capital-investissement de droit français ou étranger, la société de gestion de placements collectifs collecte et vérifie les informations sur ledit véhicule, mais également relatives à sa société de gestion de portefeuille : noms des dirigeants, des associés et du ou des bénéficiaires effectifs. La société de gestion de placements collectifs se renseigne sur ses co-investisseurs.

□ Éléments complémentaires sur les diligences à l'actif en matière immobilière

Lorsqu'elles évaluent le risque de blanchiment de capitaux et de financement de capitaux et de financement du terrorisme dans leur choix d'investissement, les sociétés de gestion de portefeuille spécialisées dans le secteur immobilier (SCPI, OPCI, OPPCI...) conduisent des diligences adaptées à la nature de leurs actifs cibles.

Les sociétés de gestion de portefeuille spécialisées dans l'immobilier sont à ce titre, tenues d'effectuer des diligences sur les contreparties de leur opération d'acquisition et de cession d'immeubles. L'intensité des diligences est adaptée, au profil de risque de la contrepartie, des caractéristiques de la relation d'affaires et/ou de la transaction suivant les facteurs de risques usuels (risque produits, pays, et clients)

Les diligences doivent-elles porter sur les locataires éventuels de l'immeuble acquis ?

Au terme de l'article L. 561-2 du code monétaire et financier, les sociétés de gestion de placements collectifs spécialisées dans l'immobilier sont soumises aux règles de lutte contre le blanchiment de capitaux et de financement du terrorisme :

— Sous la supervision de l'AMF, en leur qualité de société de gestion de placements collectifs gérant des FIA immobiliers, visées au 6°) de l'article L. 561-2 du code monétaire et financier, et ;

— Sous la supervision de la DGCCRF, en leur qualité de professionnels de l'immobilier visés au 8°) de l'article L. 561-2 du code monétaire et financier, exerçant les activités mentionnées aux 1°, uniquement en ce qui concerne leur activité de location en exécution d'un mandat de transaction de biens immeubles dont le loyer mensuel est supérieur ou égal à 10 000 euros (HT), 2°, 4°, 5° et 8° de l'article 1er de la loi n° 70-9 du 2 janvier 1970 règlementant les conditions d'exercice des activités relatives à certaines opérations portant sur les immeubles et les fonds de commerce" (dite "loi Hoguet").

La question des diligences vis-à-vis des locataires dans le cadre de l'activité de gestion du fonds immobilier se pose donc à la lumière des exigences imposées au titre des activités immobilières mentionnées au 8° de l'article L. 561-2 du code monétaire et financier susceptibles de s'appliquer concomitamment.

L'activité de location mentionnée au 8° de l'article L. 561-2 du code monétaire et financier vise l'activité de location en exécution d'un mandat de transaction de biens immeubles dont le loyer mensuel est supérieur ou égal à 10 000 euros HT. L'activité de gestion immobilière visée au 6° de l'article 1er de la loi Hoguet, incluant la gestion locative, n'est pas mentionnée au 8° de l'article L. 561-2 parmi les activités qui impliquent des obligations en matière de LCB-FT.

Position

Lorsque la société de gestion de placements collectifs acquiert un immeuble pour le compte d'un fonds immobilier qu'elle gère et recourt pour cet immeuble aux services d'un tiers pour l'activité de location visée au 8° de l'article L. 561-2 du code monétaire et financier, la société de gestion de placements collectifs ne relève pas du champ d'application du 8° dudit article car les locataires recherchés ne sont pas des clients de la société de gestion de placement*[s]* collectifs. Cette dernière n'est donc pas tenue à ce titre d'effectuer des diligences vis-à-vis des locataires des immeubles acquis et n'y est pas tenue non plus au titre de son activité de gestion collective.

Dans le cas contraire, lorsque la société de gestion de placements collectifs exerce elle-même l'activité de location en exécution d'un mandat de transaction de biens immeubles visée au 8° de l'article L. 561-2 du code monétaire et financier, les locataires qu'elle recherche pour le compte du fonds sont des clients de la société de gestion de placements collectifs qui est alors tenue d'effectuer des diligences vis-à-vis de ces locataires sous réserve que le loyer mensuel soit supérieur ou égal à 10 000 euros HT.

En tout état de cause, lorsque la société de gestion de placements collectifs acquiert un immeuble pour le compte d'un fonds immobilier qu'elle gère, elle n'est pas tenue d'effectuer des diligences vis-à-vis des locataires présents dans l'immeuble au moment de l'acquisition dans la mesure où ces locataires ne sont pas des clients de la société de gestion de placements collectifs puisqu'elle n'a effectué aucune activité de location.

En synthèse,

	La société de gestion de placements collectifs doit-elle effectuer des diligences LCB-FT vis-à-vis des locataires recherchés dans le cadre de l'activité de location ?	La société de gestion de placements collectifs doit-elle effectuer des diligences LCB-FT vis-à-vis des locataires déjà présents au moment de l'acquisition ?
La société de gestion de placements collectifs recourt à un tiers pour l'activité de location	NON	NON
La société de gestion de placement*[s]* collectif*[s]* exerce elle-meme l'activité de location en exécution d'un mandat de transaction de biens immeubles	OUI, sous réserve que le loyer mensuel soit supérieur ou égal à 10 000 euros HT	NON

Position-Recommandation AMF n° 2019-16 du 29 novembre 2019 (DOC-2019-16),

Lignes directrices sur les obligations de vigilance à l'égard des clients et de leurs bénéficiaires effectifs.

Modifiée le 18 janv. 2021.

Textes de référence : articles L. 561-2-2, L. 561-4-1 à L. 561-12 et R. 561-1 à R. 561-22-1 du code monétaire et financier et articles 320-20, 321-147, 325-22, 325-62 du règlement général de l'AMF.

Au terme des articles L. 561-4-1 et suivants du code monétaire et financier, les personnes assujetties aux obligations de lutte contre le blanchiment de capitaux et le financement du terrorisme ("LCB-FT") ont des obligations de vigilance à l'égard de la clientèle. Les présentes lignes directrices ont pour objectif d'accompagner les sociétés de gestion de placements collectifs *[mentionnées à l'art. L. 543-1 C. mon. fin., c'est-à-dire les sociétés de gestion de portefeuille ("SGP"), les personnes morales qui gèrent des FIA mentionnés au 3° du III de l'art. L. 214-24, les gestionnaires des fonds EUVECA et EUSEF]*, les placements collectifs de droit français [*mentionnés au I de l'art. L. 214-1 C. mon. fin.*] lorsqu'ils sont autogérés, les succursales des sociétés de gestion européennes d'OPCVM ou de FIA mentionnées aux articles L. 532-20-1 et L. 532-21-3 du code monétaire et financier, les conseillers en investissements financiers et les conseillers en investissement participatif (ci-après "les entités assujetties" ou "les assujettis") dans leur mise en œuvre. Celle-ci repose sur une approche par les risques : les assujettis se réfèrent utilement à la Position-Recommandation n° 2019-15 sur l'approche par les risques en matière de lutte contre le blanchiment et le financement du terrorisme.

1 Notions de client, relation d'affaires et bénéficiaire effectif

1.1 *La distinction entre la relation d'affaires et client occasionnel*

La relation d'affaires est définie, pour les besoins de la LCB-FT, à l'article L. 561-2-1 du code monétaire et financier.

Elle couvre au moins :

– le client et, le cas échéant, la personne qui agit pour son compte en vertu de la loi ou d'un contrat ;

– le cas échéant, le ou les bénéficiaires effectifs du client.

Une personne est considérée comme engagée dans une relation d'affaires avec un assujetti :

– en présence d'un contrat (écrit ou non) s'il prévoit la réalisation de plusieurs opérations successives entre les cocontractants ou qui crée à ceux-ci des obligations continues ; par exemple : un mandat de gestion ;

– en l'absence de contrat, lorsqu'elle bénéficie de manière régulière de l'intervention de l'assujetti pour la réalisation de plusieurs opérations ou d'une opération présentant un caractère continu.

La signature d'un contrat ou des conditions générales d'utilisation d'un service ou d'un produit n'est pas en soi suffisante pour caractériser une relation d'affaires.

En revanche, la durée de la relation commerciale ou professionnelle est un élément déterminant pour qualifier une relation d'affaires. Cette idée de durée se retrouve par l'emploi, à l'article L. 561-2-1, des termes "de manière régulière" ou "d'une opération présentant un caractère continu" pour décrire l'intervention d'un assujetti dans le cadre d'une relation d'affaires. La notion de relation d'affaires renvoie ainsi à celle de client habituel. Dès lors que la relation commerciale ou professionnelle s'inscrit dans une certaine durée, la fréquence à laquelle le client sollicite l'intervention de l'assujetti est sans incidence sur la caractérisation de la relation d'affaires.

A l'inverse, lorsque les opérations réalisées sont par nature ponctuelles, leur fréquence est déterminante pour qualifier une relation d'affaires.

L'assujetti doit distinguer ses clients occasionnels de ses relations d'affaires dans sa classification des risques.

Le client occasionnel, visé au II de l'article L. 561-5 du code monétaire et financier et défini à l'article R. 561-10 I du même code est le client "de passage" qui sollicite l'assujetti dans le but de préparer ou de réaliser une opération ponctuelle ou d'être assisté dans la préparation ou la réalisation d'une telle opération, que celle-ci soit réalisée en une seule opération ou en plusieurs opérations apparaissant comme liées entre elles. L'assujetti sera tenu des mêmes diligences vis-à-vis d'un client occasionnel en application conjointe de l'article L. 561-5 II et du II de l'article R. 561-10 du code monétaire et financier, notamment, dans les cas suivants :

– en cas de soupçon que l'opération pourrait participer au blanchiment de capitaux ou au financement du terrorisme, en ce comprises les opérations devant donner lieu à déclaration de soupçon ;

– ou, lorsque le montant de l'opération ou d'opérations liées excède 15 000 € ;

– ou, lorsque le montant de l'opération ou d'opérations liées réglées en espèces excède 10 000 euros.

1.2 *Le client des sociétés de gestion au sens des Orientations sur les facteurs de risque*

Comme indiqué dans la Position AMF n° 2019-14, l'AMF se conforme aux Orientations communes des Autorités européennes de surveillance sur les facteurs de risque (JC 2017 37).

Au terme des § 218 et 219, reproduits ci-après, du Chapitre 9 de ces Orientations relatif aux fournisseurs de fonds d'investissement, le client de la société de gestion de portefeuille est défini en fonction du mode de souscription des parts ou actions du placement collectif géré par la société de gestion de portefeuille :

"218. Les mesures que les fonds ou les gestionnaires de fonds devraient prendre pour remplir leurs obligations de vigilance à l'égard de la clientèle dépendront des modalités de souscription du fonds par le client ou l'investisseur (lorsque l'investisseur n'est pas le client). Le fonds ou le gestionnaire du fonds devrait également prendre des mesures fondées sur son appréciation des risques pour identifier et vérifier l'identité des personnes physiques éventuelles, qui possèdent ou contrôlent le client en dernier ressort (ou au nom desquelles la transaction est exécutée), par exemple en demandant à l'investisseur potentiel de déclarer, lorsqu'il demande à souscrire au fonds pour la première fois, s'il investit pour son propre compte ou s'il agit en tant qu'intermédiaire investissant au nom d'un tiers.

219. Le client est :

a. une personne physique ou morale qui souscrit directement des parts ou des actions d'un fonds pour son propre compte, et non pour le compte d'autres investisseurs sous-jacents ; ou

b. un établissement qui, dans le cadre de son activité économique, souscrit directement des parts ou des actions en son nom, et qui exerce un contrôle sur l'investissement au profit d'un ou de plusieurs tiers en dernier ressort qui ne contrôlent pas l'investissement ou les décisions d'investissement ; ou

c. un établissement, par exemple un intermédiaire financier, qui agit en son nom et est le propriétaire officiel des actions ou des parts, mais qui agit pour le compte et suivant les instructions spécifiques d'un ou de plusieurs tiers (par exemple, parce que l'intermédiaire financier est un mandataire ("*nominee*"), un courtier, l'exploitant d'un compte commun ("*pooled account*") multi-clients/d'un compte de type omnibus, ou l'exploitant d'un arrangement similaire de type passif) ; ou

d. le client d'un établissement, par exemple le client d'un intermédiaire financier, lorsque l'établissement n'est pas le propriétaire officiel des actions ou des parts (par exemple, parce que le fonds d'investissement a recours à un intermédiaire financier pour distribuer les actions ou les parts d'un fonds, et que l'investisseur souscrit des parts ou des actions par l'intermédiaire de l'établissement et l'établissement ne devient pas le propriétaire légal des parts ou des actions)."

Lorsque la société de gestion de portefeuille ne commercialise pas directement les parts ou actions de placements collectifs mais recourt à un ou plusieurs prestataires de services d'investissement, CIF ou distributeur(s) étrangers(s), l'AMF considère que le client est déterminé selon la qualité de la personne inscrite sur le registre du placement collectif au titre de la tenue de compte émission :

— Lorsque le nom de l'investisseur final apparait sur le registre en qualité de propriétaire officiel des titres, le client à l'égard duquel la société de gestion de portefeuille devrait appliquer les mesures de vigilance est cet investisseur final (l'actionnaire ou le porteur de parts du placement collectif), en application du d) du § 219 des Orientations ;

— Lorsque figure au registre le nom d'un intermédiaire financier (par exemple un teneur de compte conservateur ou un membre adhérent Euroclear) agissant en son nom et pour le compte de l'investisseur final, le client à l'égard duquel la société de gestion de portefeuille devrait appliquer les mesures de vigilance est cet intermédiaire financier, en application du c) du § 219 des Orientations.

Les mesures de vigilance (dont l'identification) s'agissant des membres adhérents Euroclear peuvent s'appuyer sur des diligences effectuées par des tiers assujettis eux-mêmes en relation avec des adhérents.

La définition du client de la société de gestion de portefeuille, au sens de ces Orientations, soit "au passif" des fonds est sans préjudice de la caractérisation d'une relation d'affaires à l'actif *[Position-Recommandation AMF DOC 2019-15 : Lignes directrices sur l'approche par les risques en matière de lutte contre le blanchiment de capitaux et le financement du terrorisme]*.

1.3 *Le client des CIF et des CIP*

Les clients d'un CIF sont non seulement les clients à qui le CIF fournit les services et activités mentionnés au I de l'article L. 541-1 du code monétaire et financier mais également les partenaires avec lesquels le CIF noue une relation d'affaires que celle-ci soit professionnelle ou commerciale, dès lors qu'elle est en lien avec les services et activités susmentionnés et qu'elle s'inscrit dans la durée. Figure*[nt]* ainsi parmi ces partenaires du CIF les producteurs d'instruments financiers que le CIF commercialise ou les apporteurs d'affaires auxquels peut faire appel le CIF.

Les clients d'un CIP sont non seulement les clients à qui le CIP fournit le service de conseil en investissement mais également les clients du CIP à qui ce dernier fournit des services ou activités mentionnés à l'article L. 547-1 du code monétaire et financier ainsi que les partenaires avec lesquels le CIP noue une relation d'affaires que celle-ci soit professionnelle ou commerciale, dès lors qu'elle est en lien avec le service de conseil en investissement et qu'elle s'inscrit dans la durée. A ce titre, les partenaires sont notamment les émetteurs de titres de capital, de titres de créance, de parts sociales (coopératives constituées sous forme de société anonyme) ou de minibons faisant l'objet des offres proposées par la plateforme ou les apporteurs d'affaires auxquels le CIP peut avoir recours.

1.4 *Le bénéficiaire effectif*

Dans le cadre de la prévention de l'utilisation du système financier aux fins de blanchiment de capitaux et de financement du terrorisme, l'objectif est notamment d'empêcher, par une transparence suffisante, l'utilisation de structures "écran" par les blanchisseurs de capitaux et ceux qui financent le terrorisme. Il est ainsi indispensable que les assujettis déterminent les personnes physiques qui doivent être considérées comme bénéficiaires effectifs, dans les conditions prévues par la réglementation.

Le législateur français a défini le bénéficiaire effectif à l'article L. 561-2-2 du code monétaire et financier, comme la ou les personnes physiques :

– soit qui contrôle(nt) en dernier lieu, directement ou indirectement, le client lorsque ce dernier est une personne morale ou une construction juridique du type fiducie ou trust,

– soit pour laquelle ou lesquelles une opération est exécutée ou une activité exercée.

Le bénéficiaire effectif s'entend donc d'une ou plusieurs personne(s) physique(s).

Existe-t-il obligatoirement un bénéficiaire effectif distinct du client ?

Lorsque le client, personne physique, agit pour son compte propre, il est le bénéficiaire final et réel de l'opération. Dans ce cas, il n'y a pas de bénéficiaire effectif distinct.

La recherche du bénéficiaire effectif (ou des bénéficiaires effectifs) est requise lorsque le client n'est pas la personne bénéficiaire de l'opération, soit parce qu'une personne morale fait écran, soit parce qu'une personne physique agit pour le compte d'une autre.

Lorsque le client est une société (1.4.1), un placement collectif (1.4.2) ou intervient dans le cadre d'une fiducie ou de tout autre dispositif juridique comparable relevant d'un droit étranger (1.4.3), le ou les bénéficiaire(s) effectif(s) sont les personnes physiques qui répondent aux critères énoncés aux articles R. 561-1 à R. 561-3-0 du code monétaire et financier.

1.4.1 *Le client est une société*

Si le client est une société, l'assujetti doit considérer comme bénéficiaire(s) effectif(s), en application du premier alinéa de l'article R. 561-1 du code monétaire et financier :

— soit la ou les personne(s) physique(s) qui détien(en)t, directement ou indirectement, plus de 25 % du capital ou des droits de vote de la société. Le calcul de ce pourcentage prend en compte la chaîne de détention, le cas échéant.

— soit la ou les personne(s) physique(s) qui exerce(nt), par tout autre moyen, un pouvoir de contrôle sur la société au sens des 3° et 4° du I de l'article L. 233-3 du code de commerce, c'est-à-dire lorsqu'elle(s) détermine(nt) en fait, par les droits de vote dont elle(s) dispose(nt), les décisions dans les assemblées générales de cette société ou lorsqu'elle(s) est/sont associée(s) ou actionnaire(s) de cette société et dispose(nt) du pouvoir de nommer ou de révoquer la majorité des membres des organes d'administration, de direction ou de surveillance de cette société.

Notion de "bénéficiaire en dernier ressort" : Lorsqu'aucune personne physique n'a pu être identifiée selon les critères prévus au premier alinéa de l'article R. 561-1 du code monétaire et financier et que l'assujetti n'a pas de soupçon de blanchiment de capitaux ou de financement du terrorisme à l'encontre de la société cliente, le second alinéa de l'article R. 561-1 du code monétaire et financier permet à l'assujetti de déterminer un bénéficiaire effectif en dernier ressort.

Ce bénéficiaire effectif en dernier ressort est le représentant légal de la société (par exemple, le directeur général des sociétés anonymes à conseil d'administration ou le président des sociétés par actions simplifiées). Si le représentant légal est une personne morale, le bénéficiaire effectif est la ou les personnes physiques qui représentent légalement la personne morale.

Exemple : Le schéma ci-après illustre le cas d'un assujetti relevant de la compétence de l'AMF dont le client est une société anonyme dont le capital est détenu par plusieurs actionnaires personnes physiques.

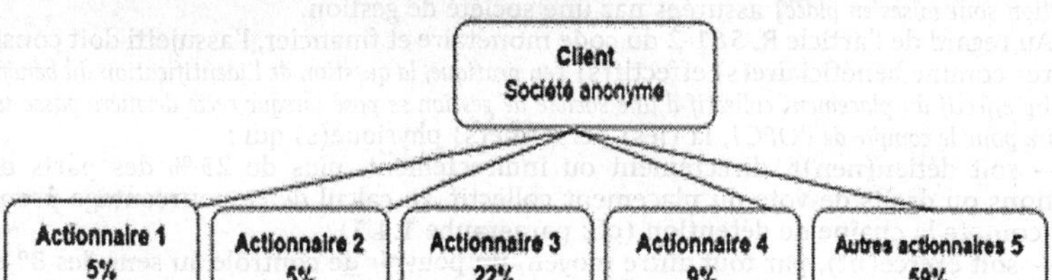

Le cartouche "Autres actionnaires n° 5", renvoie à un groupe d'actionnaires personnes physiques très éclaté (détention de capital par actionnaire inférieure à 5 %). Par hypothèse, à chacune des actions est attaché un droit de vote simple.

En présence d'une telle situation, le professionnel doit rechercher le(les) bénéficiaire(s) effectif(s) éventuel(s) répondant aux critères prévus à l'article R. 561-1 du code monétaire et financier.

Dans cet exemple :

Il n'existe pas de personne physique qui réponde à la définition de bénéficiaire effectif au titre de la personne physique qui détient, directement ou indirectement, plus de 25 % du capital ou des droits de vote de la société cliente.

En revanche, l'assujetti concerné doit rechercher si certains actionnaires, sans détenir plus de 25 % du capital ou des droits de vote de la société cliente "exercent, par tout autre moyen, un pouvoir de contrôle sur la société" soit parce qu'ils déterminent en fait, par les droits de vote dont ils disposent, les décisions dans les assemblées générales de cette société, soit parce qu'ils dispose(nt) du pouvoir de nommer ou de révoquer la majorité des membres des organes d'administration, de direction ou de surveillance de cette société.

Il s'interrogera donc sur l'importance de la part (22 %) détenue par l'actionnaire 3 au regard de celle des autres actionnaires, s'il exerce le pouvoir de contrôle exprimé à l'article R. 561-1 du code monétaire et financier.

Lorsqu'aucune personne physique n'a pu être identifiée selon les critères prévus au premier alinéa de l'article R. 561-1 du code monétaire et financier et que l'assujetti n'a pas de soupçon de blanchiment de capitaux ou de financement du terrorisme à l'encontre de la société cliente, le bénéficiaire effectif en dernier ressort est le représentant légal de la société (par exemple, le directeur général des sociétés anonymes à conseil d'administration ou le président des sociétés par actions simplifiées).

1.4.2 *Le client est un placement collectif*

Ce client peut-être un placement collectif français *[la liste des placements collectifs de droit français est fixée aux art. L. 214-1 s. C. mon. fin.]* ou son équivalent en droit étranger.

Les placements collectifs de droit français revêtent deux formes juridiques :

— Les placements collectifs ne disposant pas de la personnalité morale, tels que les OPCVM et FIVG constitués sous la forme de fonds communs de placement, les fonds de capital investissement, les fonds communs de titrisation, les fonds de placement immobilier... La gestion de ce type de placement collectif et sa représentation à l'égard des tiers sont assurées par une société de gestion ;

— Les placements collectifs dotés de la personnalité morale (forme sociale), telles que les sociétés d'investissement à capital variable, les sociétés de libre partenariat, les sociétés civiles de placement immobilier, les sociétés d'investissement à capital fixe, les sociétés d'épargne forestière, les sociétés de placement à prépondérance immobilière à capital variable, les sociétés de titrisation... La gestion de ce type de placement collectif et sa représentation à l'égard des tiers sont également *[sauf cas des SICAV autogérées (1 cas à ce jour). Dans les autres cas, des délégations globales à une société de gestion sont mises en place]* assurées par une société de gestion.

Au regard de l'article R. 561-2 du code monétaire et financier, l'assujetti doit considérer comme bénéficiaire(s) effectif(s) *[en pratique, la question de l'identification du bénéficiaire effectif du placement collectif d'une société de gestion se pose lorsque cette dernière passe un ordre pour le compte de l'OPC]*, la (les) personne(s) physique(s) qui :

— soit détien(nen)t, directement ou indirectement, plus de 25 % des parts ou actions ou droits de vote du placement collectif. Le calcul de ce pourcentage prend en compte la chaîne de détention (cf : paragraphe 1.4.5) ;

— soit exerce(nt), par tout autre moyen, un pouvoir de contrôle au sens des 3° et 4° du I de l'article L. 233-3 du code de commerce sur le placement collectif (c'est à dire lorsqu'elle(s) détermine(nt) en fait, par les droits de vote dont elle(s) dispose(nt), les décisions dans les assemblées générales du placement collectif ou lorsqu'elle(s) est/sont associée(s) ou actionnaire(s) de ce placement collectif et dispose(nt) du pouvoir de nommer ou de révoquer la majorité des membres des organes d'administration, de direction ou de surveillance de ce placement collectif) ou, si ce dernier n'est pas une société, sur la société de gestion de ce placement collectif.

Lorsqu'aucune personne physique n'a pu être identifiée selon les critères ci-dessus, et que l'assujetti n'a pas de soupçon de blanchiment de capitaux ou de financement du terrorisme à l'encontre du placement collectif, le bénéficiaire effectif est :

— lorsque le placement collectif est une société, la ou les personnes physiques représentants légaux déterminées conformément aux dispositions de l'article R. 561-1 (par exemple, le directeur général des sociétés anonymes à conseil d'administration ou le président des sociétés par actions simplifiée) ou lorsque ce placement collectif est géré par une société de gestion, la ou les personnes physiques dirigeant effectivement cette société de gestion au sens du 4 du II de l'article L. 532-9 du code monétaire et financier ; ou

— lorsque le placement collectif n'est pas une société, la ou les personnes physiques dirigeant effectivement la société de gestion de portefeuille *[au sens du 4 du II de l'art. L. 532-9 C. mon. fin.]*.

1er exemple : Placement collectif sans personnalité morale

Le schéma ci-après illustre le cas d'un assujetti relevant de la compétence de l'AMF ayant pour "client" un OPCVM constitué sous la forme d'un fond commun de placement (FCP) agréé de droit français, dont la gestion et la représentation à l'égard des tiers sont assurées par une société de gestion de portefeuille, société anonyme (actions à vote simple).

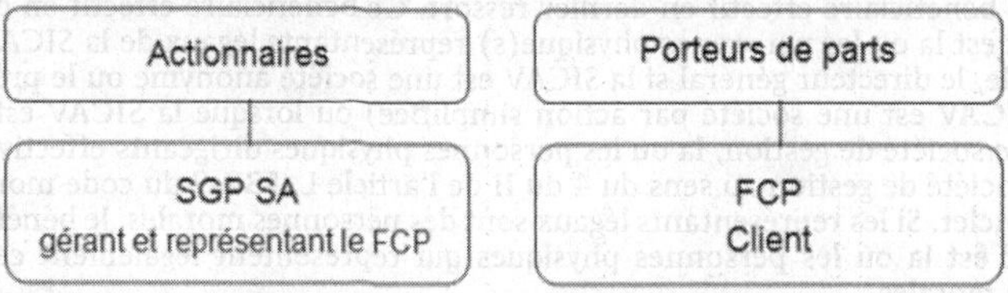

En présence d'une telle situation, l'assujetti doit rechercher le(les) bénéficiaire(s) effectif(s) éventuel(s) répondant,

— soit à la définition de la (les) personne(s) physique(s) détenant directement ou indirectement plus de 25 % des parts dudit FCP ;

— soit à celle de la (les) personne(s) physique(s) qui exerce(nt), par tout autre moyen, un pouvoir de contrôle au sens des 3° et 4° du I de l'article L. 233-3 du code de commerce sur la société de gestion de portefeuille représentant le FCP. En l'espèce, cela vise la (les) personne(s) physique(s) qui déterminent en fait, par les droits de vote dont elles disposent, les décisions dans les assemblées générales de la société de gestion de portefeuille ou qui dispose(nt) du pouvoir de nommer ou de révoquer la majorité des membres des organes d'administration, de direction ou de surveillance de la société de gestion de portefeuille.

Si aucune personne physique n'a pu être identifiée selon les deux critères exposés ci-avant, et que l'assujetti n'a pas de soupçon de blanchiment de capitaux ou de financement du terrorisme à l'encontre du FCP, le bénéficiaire effectif est la ou les personnes physique(s) qui assurent la direction effective de la société de gestion de portefeuille.

2e exemple : Placement collectif doté de la personnalité morale

Le schéma ci-après illustre le cas d'un assujetti relevant de la compétence de l'AMF ayant pour client un OPCVM constitué sous la forme d'une SICAV de droit français agréée, dont la gestion et la représentation à l'égard des tiers est assurée par une société de gestion de portefeuille (société anonyme à action à vote simple).

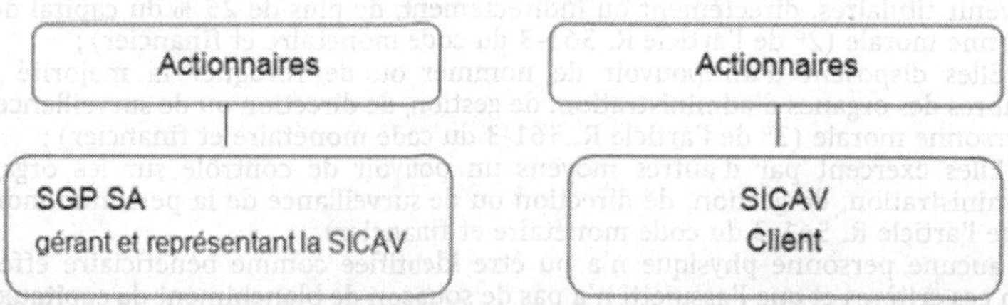

Dans cet exemple, l'assujetti doit rechercher le (les) bénéficiaire(s) effectif(s) éventuel(s) répondant, soit à la définition de la (les) personne(s) physique(s) détenant directement ou indirectement plus de 25 % des actions ou droits de vote de la SICAV *[en s'assurant qu'il n'existe pas un contrôle tel que visé à l'art. R. 561-2 par*

exemple du fait "d'entente" entre certains actionnaires de la SICAV], soit à celle de la (les) personne(s) physique(s) qui exercent, par tout autre moyen, un pouvoir de contrôle sur la SICAV parce qu'elles déterminent en fait, par les droits de vote dont elles disposent, les décisions dans les assemblées générales de la SICAV ou dispose(nt) du pouvoir de nommer ou de révoquer la majorité des membres des organes d'administration, de direction ou de surveillance de la SICAV.

Si aucune personne physique n'a pu être identifiée dans le cadre de ces recherches, et que l'assujetti n'a pas de soupçon de blanchiment de capitaux ou de financement du terrorisme à l'encontre de la SICAV, le second alinéa de l'article R. 561-2 du code monétaire et financier permet à l'assujetti de déterminer un bénéficiaire effectif en dernier ressort. Ce bénéficiaire effectif en dernier ressort est la ou les personnes physique(s) représentants légaux de la SICAV (par exemple, le directeur général si la SICAV est une société anonyme ou le président si la SICAV est une société par action simplifiée) ou lorsque la SICAV est gérée par une société de gestion, la ou les personnes physiques dirigeants effectivement cette société de gestion au sens du 4 du II de l'article L. 532-9 du code monétaire et financier. Si les représentants légaux sont des personnes morales, le bénéficiaire effectif est la ou les personnes physiques qui représentent légalement ces personnes morales.

Enfin, il convient de souligner que, suivant les services fournis et les opérations effectuées, lorsqu'une personne mentionnée au 6° de l'article L. 561-2 du code monétaire et financier peut avoir pour client, non pas le placement collectif mais bien la société de gestion de placements collectifs (c'est le cas en particulier lorsque cette personne fournit à la société de gestion de placements collectifs le service de réception et de transmission d'ordres pour le compte de tiers ou le service d'exécution d'ordres dans le cadre de la gestion financière des placements collectifs par la société de placements collectifs), alors, c'est sur la base du risque que présente la société de gestion de placements collectifs que sont mises en œuvre les obligations de vigilance à l'égard de la clientèle et en particulier l'identification du (des) bénéficiaire(s) effectif(s).

1.4.3 *Le client est une personne morale autre qu'une société ou un placement collectif* [*entrent notamment dans cette catégorie, les associations, les fondations d'entreprise ou les groupements d'intérêt économique*]

Conformément à l'article R. 561-3 du code monétaire et financier, si le client est une personne morale qui n'est ni une société ni un placement collectif, l'assujetti doit considérer comme bénéficiaire(s) effectif(s), la (les) personne(s) physique(s) satisfaisant à l'une des conditions suivantes :

– Elles sont titulaires, directement ou indirectement, de plus de 25 % du capital de la personne morale (1° de l'article R. 561-3 du code monétaire et financier) ;

– Elles ont vocation, par l'effet d'un acte juridique les ayant désignées à cette fin, à devenir titulaires, directement ou indirectement, de plus de 25 % du capital de la personne morale (2° de l'article R. 561-3 du code monétaire et financier) ;

– Elles disposent d'un pouvoir de nommer ou de révoquer la majorité des membres des organes d'administration, de gestion, de direction ou de surveillance de la personne morale (3° de l'article R. 561-3 du code monétaire et financier) ;

– Elles exercent par d'autres moyens un pouvoir de contrôle sur les organes d'administration, de gestion, de direction ou de surveillance de la personne morale (4° de l'article R. 561-3 du code monétaire et financier).

Si aucune personne physique n'a pu être identifiée comme bénéficiaire effectif selon ces critères et que l'assujetti n'a pas de soupçon de blanchiment de capitaux ou de financement du terrorisme à l'encontre du client, l'article R. 561-3 permet à l'assujetti de déterminer un bénéficiaire effectif en dernier ressort. Ce bénéficiaire effectif en dernier ressort est la ou les personnes physiques qui représentent légalement la personne morale. Ainsi, lorsque le client est une association, une fondation, un fonds de dotation ou un groupement d'intérêt économique, le bénéficiaire effectif est :

a) Le ou les représentants légaux de l'association ;

b) Le président, le directeur général ainsi que, le cas échéant, le ou les membres du directoire de la fondation ;

c) Le président du fonds de dotation ;

d) La ou les personnes physiques et, le cas échéant, le représentant permanent des personnes morales, désignées administrateurs du groupement d'intérêt économique.

Exemple : le client de l'assujetti relevant de la compétence de l'AMF est une association déclarée conformément à la loi du 1er juillet 1901 *[l'assujetti doit vérifier ce point]*.

Les personnes physiques, membres de l'association, qui jouissent ou pourraient être amenées à jouir, à tout moment de la vie de l'association, d'un droit de reprise *[on entend par droit de reprise, la possibilité pour un membre d'association de reprendre son apport qu'il soit matériel ou en numéraire]* sur leurs apports personnels *[lorsqu'une personne transfère à une association la propriété ou la jouissance d'un bien, elle fait un apport]*, que ce droit de reprise soit inscrit dans les statuts ou qu'il résulte d'une décision prise par l'assemblée générale, doivent être considérées comme bénéficiaires effectifs au sens de l'article R. 561-3 du code monétaire et financier au titre des personnes ayant vocation, par l'effet d'un acte juridique les ayant désignées à cette fin, à devenir titulaires de plus de 25 % du capital de l'association.

1.4.4 *Le client intervient dans le cadre d'une fiducie ou de tout autre dispositif juridique comparable relevant d'un droit étranger*

Conformément à l'article R. 561-3-0 du code monétaire et financier, si le client intervient dans le cadre d'une fiducie *[la fiducie a été introduite dans le code civil (art. 2011 s.) par la L. du 19 févr. 2007. Elle est définie comme "l'opération par laquelle un ou plusieurs constituants transfèrent des biens, des droits ou des sûretés, ou un ensemble de biens, de droits ou de sûretés, présents ou futurs, à un ou plusieurs fiduciaires qui, les tenant séparés de leur patrimoine propre, agissent dans un but déterminé au profit d'un ou plusieurs bénéficiaires"]* ou de tout autre dispositif juridique comparable (patrimoine d'affectation) relevant d'un droit étranger *[entrent dans la catégorie des patrimoines d'affectation relevant d'un droit étranger, par exemple et à titre non exhaustif, le trust anglo-saxon, le treuhand allemand, la fideicomisos mexicaine, la fiducie suisse, la fiducie canadienne, la fondation au Liechtenstein, le wakf dans le droit musulman]*, l'assujetti relevant de la compétence de l'AMF doit considérer comme bénéficiaire effectif, toute personne physique satisfaisant l'une des conditions suivantes :

– elle a la qualité de constituant, de fiduciaire, de bénéficiaire, de tiers protecteur dans les conditions prévues au titre XIV du livre III du code civil, ou de constituant, d'administrateur, de bénéficiaire ou de protecteur dans les cas des trusts ou de tout autre dispositif juridique comparable de droit étranger ;

– Elle détient, directement ou indirectement, plus de 25 % des biens, des droits ou des sûretés compris dans un patrimoine fiduciaire ou dans tout autre dispositif juridique comparable relevant d'un droit étranger ;

– Elle a vocation, par l'effet d'un acte juridique l'ayant désignée à cette fin, à devenir titulaire directement ou indirectement de plus de 25 % des biens, des droits ou des sûretés compris dans le patrimoine fiduciaire ou dans tout autre dispositif juridique comparable relevant d'un droit étranger ;

– Elle appartient à la catégorie de personnes dans l'intérêt principal de laquelle la fiducie ou tout autre dispositif juridique comparable relevant d'un droit étranger a été constitué ou opère, lorsque les personnes physiques qui en sont les bénéficiaires n'ont pas encore été désignées ;

– Elle exerce par d'autres moyens un pouvoir de contrôle sur les biens, les droits ou les sûretés compris dans un patrimoine fiduciaire ou dans tout autre dispositif juridique comparable relevant d'un droit étranger.

1.4.5 *En cas de chaîne de détention*

Il se peut que l'assujetti soit en présence d'une "chaîne de détention" qu'il convient de remonter afin de parvenir à la (aux) personne(s) physique(s) ultime(s) répondant aux critères légaux et réglementaires d'un (des) bénéficiaire(s) effectif(s).

Position

Dans le cas d'une chaîne de détention, l'assujetti doit rechercher les personnes physiques présentes à chacun des niveaux de la chaîne et s'attacher pour chacune d'elles à calculer les pourcentages de détention du capital ou des droits de vote du client.

1er exemple :

Le schéma ci-après illustre le cas d'un assujetti relevant de la compétence de l'AMF ayant pour client une société anonyme dont le capital (1 action = 1 droit de vote) est détenu par une chaîne d'actionnaires 1 à 8, personnes physiques (PP) ou personnes morales (PM), répartis sur trois niveaux :

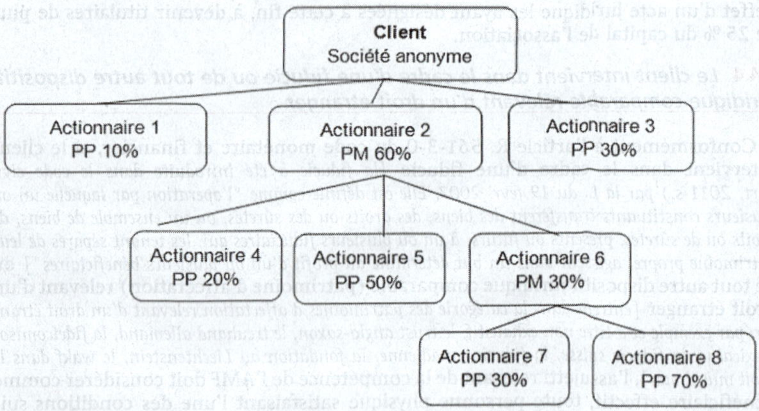

En présence d'une telle situation, l'assujetti doit s'intéresser aux actionnaires personnes physiques à chaque niveau (actionnaires 1, 3, 4, 5, 7 et 8 en l'espèce) et voir s'ils répondent ou non, aux critères caractérisant les bénéficiaires effectifs visés à l'article R. 561-1 alinéa 1 du code monétaire et financier.

Recherche des actionnaires répondant au critère d'une détention supérieure à 25 % du capital ou des droits de vote du client :

• Niveau 1 :

– L'actionnaire 1 n'est pas un bénéficiaire effectif (personne physique détenant directement 10 % du capital du client).

– L'actionnaire 2 n'est pas un bénéficiaire effectif (personne morale).

– L'actionnaire 3 est un bénéficiaire effectif (personne physique détenant directement 30 % du capital du client).

• Niveau 2 :

– L'actionnaire 4 n'est pas un bénéficiaire effectif (personne physique détenant indirectement 12 % du capital du client (*via* l'actionnaire 2 = 60 % x 20 %)).

– L'actionnaire 5 est un bénéficiaire effectif (personne physique détenant indirectement 30 % du capital du client (*via* l'actionnaire 2 = 60 % x 50 %)).

– L'actionnaire 6 n'est pas un bénéficiaire effectif (personne morale détenant indirectement 18 % du capital du client (*via* l'actionnaire 2 = 60 % x 30 %)).

• Niveau 3 :

– les actionnaires 7 et 8 ne sont pas des bénéficiaires effectifs (personnes physiques détenant indirectement respectivement 5,4 % et 12,6 % du capital du client) *[5,4 % via les actionnaires 2 et 6 = (60 % x 30 % 30 %) et 12,6 % via les actionnaires 2 et 6= (60 % x 30 % x 70 %)]*.

Au final, dans cet exemple, deux personnes physiques ont qualité de bénéficiaires effectifs (actionnaires 3 et 5) dès lors qu'ils détiennent directement ou indirectement plus de 25 % du capital de la société.

Les autres personnes physiques ne rentrent pas dans la définition des bénéficiaires effectifs sauf s'ils exercent par tout autre moyen, un pouvoir de contrôle sur la société au sens des 3° et 4° du I de l'article L. 233-3 du code de commerce.

2e exemple :

Le schéma ci-dessous illustre le cas d'un assujetti relevant de la compétence de l'AMF qui a pour client une société anonyme dont le capital (1 action = 1 droit de vote) est détenu par une chaîne d'actionnaires (1 à 6) répartis sur 3 niveaux (personnes physiques (PP) ou personnes morales (PM)). Les cartouches "Autres actionnaires n° 2, n° 4 et n° 6" renvoient à des groupes d'actionnaires très diffus et sans lien entre eux (détention de capital par actionnaire inférieure à 1 %).

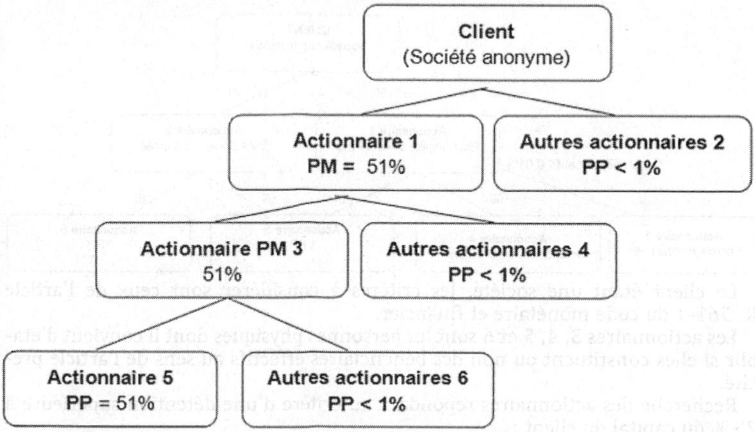

En présence d'une telle situation, l'assujetti doit s'intéresser aux actionnaires personnes physiques à chaque niveau (actionnaires 2, 4, 5, 6 en l'espèce) et voir si elles répondent ou non, aux critères caractérisant un bénéficiaire effectif de l'article R. 561-1, alinéa 1er, du code monétaire et financier.

Il n'existe pas, dans l'exemple ci-dessus, de personne physique qui réponde à la définition de bénéficiaire effectif donnée à l'article R. 561-1, alinéa 1er, du code précité, au titre de la détention directe ou indirecte de plus de 25 % du capital du client. En effet, l'actionnaire 5 ne détient indirectement, par l'intermédiaire des actionnaires 1 et 3, que 13 % *[51 % x 51 % x 51 % = 13,2 %]* du capital de la société anonyme cliente et les "Autres actionnaires" moins de 1 % chacun.

L'actionnaire 5 pourrait toutefois être considéré comme répondant à la définition de bénéficiaire effectif mentionnée à l'article R. 561-1 du code monétaire et financier, s'agissant d'une personne physique susceptible d'exercer, par tout autre moyen, un pouvoir de contrôle sur le client au sens des 3° et 4° du I de l'article L. 233-3 du code de commerce. Au final, le bénéficiaire effectif serait l'actionnaire 5.

Si l'actionnaire 5 n'exerce pas un pouvoir de contrôle sur le client au sens des 3° et 4° du I de l'article L. 233-3 du code de commerce, le client étant une société anonyme, et en l'absence de soupçon de l'assujetti, son représentant légal est le bénéficiaire effectif de dernier ressort au sens de l'alinéa 2 de l'article R. 561-1 du code monétaire et financier.

3e exemple :

Le schéma ci-après illustre le cas d'un assujetti relevant de la compétence de l'AMF ayant pour client une société anonyme dont le capital est détenu par une chaîne d'actionnaires (1 à 6), personnes physiques (PP) ou personnes morales (PM), répartis sur deux niveaux comme suit :

— Au premier niveau, s'interposent deux sociétés, dont l'une a ses titres admis à la négociation sur un marché réglementé en France et dont le capital flottant représente 66 % du capital. Ce flottant est réparti entre de très nombreux actionnaires qui individuellement n'en détiennent qu'une part infime.

Au second niveau, apparaissent plusieurs actionnaires selon le schéma ci-dessous.

— Par hypothèse, il n'existe pas de personne qui exerce, par tout autre moyen un pouvoir de contrôle sur la société cliente au sens des 3° et 4° du I de l'article L. 233-3 du code de commerce.

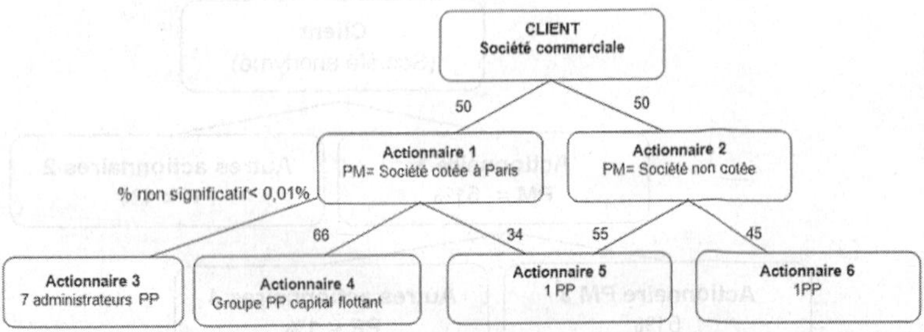

Le client étant une société, les critères à considérer sont ceux de l'article R. 561-1 du code monétaire et financier.

Les actionnaires 3, 4, 5 et 6 sont les personnes physiques dont il convient d'établir si elles constituent ou non des bénéficiaires effectifs au sens de l'article précité.

Recherche des actionnaires répondant au critère d'une détention supérieure à 25 % du capital du client :

→ l'actionnaire 3 (7 administrateurs personnes physiques) ne répond pas à la définition de bénéficiaire effectif (détention indirecte *via* l'actionnaire 1 d'une part non significative du capital du client).

→ l'actionnaire 4 (actionnariat flottant) pourrait répondre à la définition d'un bénéficiaire effectif (détention indirecte *via* l'actionnaire 1) de 33 % du capital du client (50 % x 66 %), mais il s'agit d'actionnaires ne détenant individuellement qu'une part infime du capital du client.

→ l'actionnaire 5 constitue un bénéficiaire effectif :

— il détient indirectement 27,5 % (50 % x 55 %) du capital du client (*via* la société non cotée).

— il détient indirectement 17 % (50 % x 34 %) du capital du client (*via* la société cotée).

Toutefois, le(s) bénéficiaire(s) effectif(s) d'une société cotée (actionnaire 1) ne fait (font) pas l'objet de l'obligation d'identification. L'actionnaire 5 doit être identifié au titre de sa détention indirecte de 27,5 % (50 % x 55 %) du capital du client *via* la société non cotée.

→ l'actionnaire 6 détient indirectement (*via* l'actionnaire 2) 22,5 % du capital du client (50 % x 45 %). Ainsi, l'actionnaire 6 n'est pas un bénéficiaire effectif (détention < 25 % du capital du client).

Au final, par hypothèse, aucune personne n'exerçant un pouvoir de contrôle au sens de l'article R. 561-1 du code monétaire et financier, seul l'actionnaire n° 5 devrait faire l'objet des mesures d'identification et de vérification d'identité.

Que faire lorsque la détermination d'un bénéficiaire effectif n'est pas possible ?

Les articles R. 561-1 à R. 561-3 du code monétaire et financier permettent aux assujettis, qui n'ont pas de soupçon de blanchiment de capitaux ou de financement du terrorisme, de déterminer un bénéficiaire effectif en dernier ressort lorsque le client est une société, un placement collectif ou une personne morale qui n'est ni une société, ni un placement collectif (cf. *supra*).

La détermination d'un bénéficiaire effectif en dernier ressort n'est donc ni prévue lorsque le client est une fiducie ou tout autre dispositif juridique comparable de droit étranger (art. R. 561-3-0), ni permise en cas de soupçon de blanchiment de capitaux ou de financement du terrorisme.

Dans ces deux situations, lorsque les assujettis ne parviennent pas à déterminer le bénéficiaire effectif, ils n'entrent pas en relation d'affaires, conformément à l'article L. 561-8, et, en cas de soupçon, procèdent à une déclaration à TRACFIN.

2 Obligations de vigilance à l'égard de la clientèle

Les obligations de vigilance à l'égard des clients portent sur :

– l'identification et la vérification de l'identité du client (2.1), et le cas échéant du bénéficiaire effectif (2.2) ;

– la connaissance de l'objet et de la nature de la relation d'affaires et tout autre élément d'information pertinent (2.3).

Elles s'appliquent avant d'entrer en relation d'affaires (2.4).

Suivant l'approche par les risques, les assujettis mettent en œuvre des vigilances simplifiées, complémentaires et/ou renforcées (2.5).

2.1 *Identification et vérification de l'identité du client*

2.1.1 *Identification*

L'identification repose sur une base déclarative et s'entend du recueil des éléments d'identité précisés à l'article R. 561-5 du code monétaire et financier :

– Nom, prénoms, date et lieu de naissance pour les personnes physiques ;

– Forme juridique, dénomination, immatriculation, adresse du siège social et adresse du lieu de direction effective de l'activité si celle-ci est différente de l'adresse du siège social pour les personnes morales *[V. les 3° et 4° de l'art. R. 561-5 C. mon. fin. lorsque le client intervient dans le cadre d'une fiducie ou lorsque le client est un placement collectif qui n'est pas une société]*.

Les entrepreneurs individuels sont identifiés comme des personnes physiques.

Conformément à l'article R. 561-5-4 du code monétaire et financier, les assujettis identifient, dans les mêmes conditions que le client, les personnes agissant pour le compte de celui-ci en vertu de la loi ou d'un contrat (représentant légal ou statutaire ou personne disposant d'une délégation de pouvoirs). Par exemple, si le représentant légal ou le mandataire est :

– une personne physique : recueil de ses nom et prénoms, de sa date et son lieu de naissance ;

– une personne morale (cas par exemple des sociétés de gestion représentant un placement collectif qui n'est pas une société) : recueil de sa forme juridique, de sa dénomination, de son numéro d'immatriculation, de l'adresse de son siège social, et de l'adresse du lieu de direction effective de l'activité si celle-ci est différente de l'adresse du siège social.

Conformément à l'article R. 561-5-4 du code monétaire et financier, ils vérifient également les pouvoirs de la personne qui agit pour le compte du client. A cet effet, ils recueillent un document justifiant sa qualité de représentant. Il s'agit, par exemple :

– pour le représentant d'un mineur : du livret de famille ou d'un acte de naissance ;

– pour le représentant d'un majeur protégé : du jugement de mise sous tutelle ou sous curatelle ;

– pour le représentant d'une société ou d'une association : des statuts de la société ou de l'association ou d'une délégation de pouvoir en bonne et due forme. La communication d'un extrait K-*bis* de moins de 3 mois peut suffire lorsque la société est établie en France et que la fonction du représentant de la personne morale figurant sur ce document permet de déterminer les pouvoirs qui lui sont attachés ;

– pour le représentant d'un organisme de placement collectif : du prospectus du fonds ou de documents équivalents permettant d'identifier la société de gestion ;

– pour le représentant légal d'une collectivité territoriale : du décret de nomination, de la délégation de pouvoir des personnes.

2.1.2 *Vérification*

La vérification de l'identité d'un client et de son représentant, le cas échéant, repose, conformément au 2° de l'article L. 561-5 du code monétaire et financier, sur la "présentation de tout document écrit à caractère probant".

En application de l'article R. 561-5-1 du code monétaire et financier, le document écrit à caractère probant peut être sur un support matériel (cf. 3° et 4° de l'article précité) ou sur un support numérique (cf. 1° et 2° de l'article précité).

a) La vérification de l'identité du client, physiquement présent au moment de l'établissement de la relation d'affaire*[s]*

La vérification de l'identité d'un client, personne physique et physiquement présent aux fins de l'identification au moment de l'établissement de la relation d'affaires, repose sur la présentation de l'original d'un document officiel d'identité, en cours de validité et comportant sa photographie (tel qu'une carte nationale d'identité, un passeport, un titre de séjour, le récépissé de demande de titre de séjour/carte de résidence ou de demande d'asile en cours de validité). L'assujetti en prend copie ou en collecte les mentions suivantes : nom, prénoms, date et lieu de naissance de la personne, ainsi que la nature, les date et lieu de délivrance du document et les nom et qualité de l'autorité ou de la personne qui a délivré le document, et le cas échéant, l'a authentifié.

A partir du 1er janvier 2021, l'identification, elle-même, impliquera dans tous les cas la prise d'une copie du document d'identité présenté *[art. R. 561-5-1 3° dans sa rédaction à compter du 1er janv. 2021 - Décr. n° 2018-284 du 18 avr. 2018]*. Dans l'intervalle, les assujettis qui recueillent les mentions listées au 3° de l'article R. 561-5-1 du code monétaire et financier *["Nom, prénom, date et lieu de naissance de la personne, ainsi que la nature, les date et lieu de délivrance du document et les nom et qualité de l'autorité ou de la personne qui a délivré le document, et le cas échéant, l'a authentifié."]*, s'assurent que le document d'identité présenté comporte chacune de ces mentions, et veillent à la qualité et au caractère complet des données saisies dans leur base clientèle.

> *Position*
> Les assujettis définissent dans leurs procédures internes l'ensemble des documents d'identité satisfaisant aux conditions requises par l'article R. 561-5-1 du code monétaire et financier, qui sont dès lors recevables à des fins de vérification de l'identité du client.

Le caractère officiel du document d'identité n'impose pas qu'il soit délivré par les autorités françaises. Il peut s'agir d'un document d'identité délivré par une autorité étrangère, la délivrance pouvant dans cette hypothèse avoir lieu dans le pays d'origine du client ou encore en France, par le consulat ou l'ambassade du pays d'origine. Cependant, les documents d'identité rédigés exclusivement en langue étrangère, dans un alphabet autre que l'alphabet latin, n'apportent une garantie réelle que s'ils sont traduits en langue française. La traduction peut être effectuée par un collaborateur, un traducteur assermenté ou tout moyen automatisé, selon une approche par les risques.

> *Position*
> Face au risque de fraude documentaire, les assujettis sont particulièrement vigilants quant à l'examen de l'authenticité du document d'identité présenté. Lorsqu'il s'avère difficile en pratique de s'en assurer, en particulier dans l'hypothèse où le document a été délivré par une autorité étrangère, les assujettis recueillent une pièce justificative supplémentaire permettant de confirmer l'identité de ces personnes.

La vérification de l'identité d'un client, personne morale, dont le représentant dûment habilité est physiquement présent aux fins de l'indentification *[identification]* au moment de l'établissement de la relation d'affaires, repose sur la communication de l'original ou de la copie de tout acte ou extrait de registre officiel datant de moins de trois mois ou extrait de *Journal officiel*, constatant la dénomination, la forme juridique, l'adresse du siège social et l'identité des associés et dirigeants sociaux, ainsi que des représentants légaux ou de leurs équivalents en droit étranger. Il s'agit, par exemple :

– Pour une société : d'un extrait K-*bis* datant de moins de 3 mois ;

– Pour une association : d'un extrait du *Journal officiel* constatant sa déclaration en préfecture ;

– Pour une association ou fondation reconnue d'utilité publique : d'une copie du décret en Conseil d'État reconnaissant l'utilité publique ;

– Pour une fondation d'entreprise ou un fonds de dotation : d'un extrait du *Journal officiel* constatant son autorisation ou sa déclaration préfectorale ;

– Pour une entreprise commerciale établie à l'étranger : d'un enregistrement dans un registre ou d'un certificat de validité juridique de la société, accompagné, le cas échéant, d'une traduction ou encore d'une attestation de constitution de société (*Certificate of incorporation*) complétée par d'autres documents permettant de recueillir l'ensemble des informations requises au 4° de l'article R. 561-5-1. Lorsque l'entreprise ne peut se voir délivrer dans son pays des documents de moins de trois mois, l'assujetti s'assure auprès d'elle que les documents fournis sont à jour. Dans ce cas, ces documents sont certifiés par un représentant légal de l'entreprise ou toute personne habilitée par ce dernier qui ainsi l'atteste. Dans le cas contraire, l'assujetti recueille les actes permettant de mettre à jour les documents fournis (procès-verbaux de conseil d'administration, etc.).

La vérification de l'identité de la personne morale peut également être réalisée en obtenant une copie certifiée du document directement *via* les greffes des tribunaux de commerce ou un document équivalent en droit étranger.

La vérification de l'identité d'un client fiducie ou trust repose sur la présentation de l'original ou de la copie du contrat de fiducie ou encore, s'agissant de fiducies établies par la loi, de l'extrait du *Journal officiel* de la loi. Si le client a son siège social à l'étranger, la vérification de son identité repose sur la présentation de documents équivalents à ceux prévus par la réglementation française comme par exemple le trust deed ou la letter of wishes dans le cas d'un trust.

b) La vérification de l'identité du client lorsque l'entrée en relation d'affaires se fait à distance

Vérification au*[x]* terme*[s]* de l'article R. 561-5-1 du code monétaire et financier

Au*[x]* terme*[s]* de l'article R. 561-5-1 du code monétaire et financier, les assujettis peuvent vérifier l'identité d'un client en ayant recours à un moyen d'identification électronique :

– Soit, délivré dans le cadre d'un schéma français d'identification électronique notifié à la Commission européenne en application du règlement européen nº 910/2014 dit "eIDAS" sur l'identification électronique et les services de confiance pour les transactions électroniques au sein du marché intérieur, ou d'un schéma notifié par un autre État membre de l'Union européenne dans les mêmes conditions, et qui présente un niveau de garantie au moins substantiel au sens dudit règlement ;

— Soit, présumé fiable au sens de l'article L. 102 du code des postes et des communications électroniques.

> **Sur le recours à un moyen d'identification électronique en application du règlement "eIDAS" présentant un niveau de garantie au moins substantiel :** c'est la plateforme France Connect qui met en relation les assujettis avec les fournisseurs d'identité français ou européens ayant développé des moyens d'identification électronique (d'un niveau de garantie élevé ou substantiel) notifiés à la Commission européenne.
>
> Les assujettis sont ainsi invités à prendre l'attache de la Direction interministérielle du numérique et du système d'information et de communication de l'État (DINSIC), qui gère cette plateforme. Ils pourront alors ajouter l'icône "France Connect" sur leur site internet et déterminer les fournisseurs d'identité auxquels ils souhaitent recourir (selon le niveau de garantie – élevé ou substantiel – qu'ils présentent).

Lorsque le client est une personne morale, les assujettis peuvent vérifier son identité en obtenant une copie certifiée de tout acte ou extrait de registre officiel datant de moins de trois mois ou extrait du *Journal officiel* constatant la dénomination, la forme juridique, l'adresse du siège social et l'identité des associés et dirigeants sociaux, des représentants légaux ou de leurs équivalents en droit étranger *via* les greffes des tribunaux de commerce ou un document équivalent en droit étranger.

Vérification au*[x]* terme*[s]* de l'article R. 561-5-2 du code monétaire et financier

Lorsque les mesures de vérification prévues ci-dessus ne peuvent pas être mises en œuvre, les assujettis vérifient l'identité de leur client en appliquant au moins deux mesures parmi celles mentionnées à l'article R. 561-5-2 du code monétaire et financier.

Les mesures mentionnées à l'article R. 561-5-2 du code monétaire et financier sont les suivantes :

— le recueil d'une copie d'un document officiel en cours de validité comportant la photographie du client (lorsque le client est une personne physique) ou une copie de tout acte ou extrait de registre officiel datant de moins de trois mois ou extrait du *Journal officiel* d'identité (lorsque le client est une personne morale) ;

— la mise en œuvre des mesures de vérification et de certification de la copie d'un document officiel (pour une personne physique) ou d'un extrait de registre officiel (pour une personne morale) par un tiers indépendant de la personne à identifier.

> *Position*
>
> Le tiers indépendant de la personne à identifier est soit (i) une autorité publique ou un officier public ministériel, tels que des notaires, des employés d'ambassade ou de consulat, et leurs équivalents étrangers, soit (ii) un tiers indépendant proposant des solutions technologiques dites de "vérification/certification" des copies des documents d'identité reposant, par exemple, sur des données biométriques, si ces solutions sont encadrées par un texte ou par des normes garantissant leur fiabilité et leur sécurité.

— Exiger que le premier paiement des opérations soit effectué en provenance ou à destination d'un compte ouvert au nom du client auprès d'une personne mentionnée aux 1° à 6° *bis* de l'article L. 561-2 qui est établie dans un État membre de l'Union européenne ou dans un État partie à l'accord sur l'EEE ou dans un pays tiers imposant des obligations équivalentes en matière de lutte contre le blanchiment de capitaux et le financement du terrorisme ;

— L'obtention d'une confirmation de l'identité du client de la part d'un tiers lui-même assujetti aux obligations relatives à la LCB-FT et situé dans un pays de l'UE/EEE ou un pays tiers imposant des obligations équivalentes.

> *Position*
> L'assujetti s'adresse ici directement au tiers lui-même assujetti, sans passer par l'intermédiaire de son client, et s'assure que la confirmation porte bien sur l'ensemble des éléments d'identification du client.

Figurent également à l'article R. 561-5-2 du code monétaire et financier deux autres mesures s'appuyant sur le règlement UE n° 910/2014 du 23 juillet 2014 ("règlement eIDAS") :

— Le recours à un service certifié conforme par l'Agence nationale de la sécurité des systèmes d'information, ou un organisme de certification que cette agence autorise, au niveau de garantie substantiel des exigences relatives à la preuve et à la vérification d'identité, prévues à l'annexe du règlement d'exécution (UE) 2015/1502 du 8 septembre 2015 ;

— Le recueil d'une signature électronique avancée ou qualifiée ou un cachet électronique avancé ou qualifié valide reposant sur un certificat qualifié ou avoir *[le]* recours à un service d'envoi recommandé électronique qualifié comportant l'identité du signataire ou du créateur de cachet et délivré par un prestataire de service de confiance qualifié inscrit sur une liste de confiance nationale en application de l'article 22 du règlement eIDAS.

> **Sur le recueil d'une signature électronique ou d'un cachet électronique valide reposant sur un certificat qualifié délivré par un prestataire de service de confiance qualifié (PSCQ) :** les assujettis peuvent recueillir cette signature ou ce cachet sur tout document pertinent. La liste des PSCQ pour délivrer une signature électronique ou un cachet électronique valide reposant sur un certificat qualifié est disponible à l'adresse suivante : https://webgate.ec.europa.eu/tl-browser/#/

2.2 *Identification et vérification de l'identité du bénéficiaire effectif*

En application de l'article R. 561-7 du code monétaire et financier, l'assujetti doit être en mesure de justifier à l'AMF que les mesures prises pour la détermination du bénéficiaire effectif sont conformes aux articles R. 561-1 à R. 561-3-0 du même code.

Lorsqu'à l'issue de sa recherche, l'assujetti a déterminé la (les) personne(s) physique(s) répondant à la définition de bénéficiaire effectif, le cas échéant, en remontant toute la "chaîne de détention" et en tenant compte des cas mentionnés aux articles R. 561-1 à R. 561-3-0 du code monétaire et financier, il doit mettre en œuvre son obligation de vigilance à l'égard du bénéficiaire effectif.

A cet égard, préalablement à l'entrée en relation d'affaires avec le client, l'assujetti, après avoir identifié le bénéficiaire effectif (2.2.1), vérifie les éléments d'identification recueillis sur celui-ci sur présentation de tout document écrit à caractère probant (2.2.2).

2.2.1 *Identification du bénéficiaire effectif*

L'identification du bénéficiaire effectif se fait selon les mêmes modalités que celles définies pour le client (à l'article R. 561-5 du code monétaire et financier) et consiste ainsi à relever les nom(s) et prénom(s) de la (des) personne(s) physique(s) concernée(s), sa (leur) date et son (leur) lieu de naissance. Ces éléments d'identification peuvent être collectés oralement, le recueil des documents afférents relevant de l'opération de "vérification".

Les assujettis n'ont pas l'obligation d'identifier le bénéficiaire effectif de la relation d'affaires lorsque le client est une société dont les titres sont admis à la négociation sur un marché réglementé en France, dans un autre État membre de l'Union européenne ou dans un autre État partie à l'accord sur l'Espace économique européen ; ou une société qui est soumise à des obligations de publicité conformes au droit de l'Union européenne ou soumise à des normes internationales équivalentes garantissant une transparence adéquate des informations relatives à la propriété du capital, ce dont l'assujetti est en mesure de justifier auprès de l'AMF.

Ces sociétés sont en effet soumises à des obligations de publicité garantissant la transparence des informations relatives à la propriété.

> *Position*
> Cette dérogation s'applique également lorsque le client est détenu à plus de 75 % par une société cotée. Le client étant détenu à plus de 75 % par la société cotée, la détermination du bénéficiaire effectif du client reviendrait à rechercher les bénéficiaires effectifs de la société cotée, alors que la réglementation prévoit une exemption en ce qui concerne cette dernière.

2.2.2 *Vérification de l'identité du bénéficiaire effectif*

La vérification des éléments d'identification se fait par des mesures adaptées au risque de blanchiment de capitaux et de financement du terrorisme présenté par la relation d'affaires, conformément à l'article R. 561-7 du code monétaire et financier.

Les assujettis vérifient l'identité du bénéficiaire effectif des personnes morales et entités *[mentionnées à l'art. L. 561-45-1 C. mon. fin.]* figurant dans le registre français du commerce et des sociétés en consultant le registre des bénéficiaires effectifs.

La consultation du registre des bénéficiaires effectifs reste une faculté lorsque l'assujetti met en œuvre des mesures de vigilance simplifiée en application du 2° de l'article L. 561-9 du code monétaire et financier.

Aux mêmes fins de vérification de cette identité, les assujettis prennent le cas échéant des mesures complémentaires en se fondant sur une approche par les risques. Ainsi, en cas de risque élevé et/ou en cas de doute ou soupçon, ils peuvent vérifier l'identité du bénéficiaire effectif en recueillant des éléments d'information et documents. Il s'agit, par exemple, du rapport annuel, des statuts, du registre d'actionnariat du client, de procès-verbaux d'assemblées générales, d'organigrammes.

> *Position*
> La présentation d'un document officiel d'identité et le recueil de sa copie, qui ne sont pas exigés en principe pour le bénéficiaire effectif, s'avèrent nécessaires en cas de doute sur l'identité du bénéficiaire effectif.

> *Position*
> En tout état de cause, pour vérifier l'identité du bénéficiaire effectif, les assujettis ne sauraient se contenter de la seule consultation de bases de données privées, quand bien même celles-ci comporteraient l'ensemble des éléments d'identification prévus par la réglementation.

Pour les personnes morales ou entités relevant d'autres juridictions, les assujettis peuvent consulter les registres étrangers tenus par des autorités publiques, en collectant un extrait dudit registre. Ils s'assurent que celui-ci comporte les attributs d'identification exigés, à savoir les nom et prénoms ainsi que la date et le lieu de naissance. Lorsque le bénéficiaire effectif ne figure pas dans un registre étranger officiel, les assujettis peuvent, en cas de risque faible et sous réserve de le justifier, vérifier l'identité de cette personne sur la base d'une déclaration remplie et signée par le client.

2.3 *Connaissance de la relation d'affaires*

La connaissance de la relation d'affaires obéit à un principe de proportionnalité. Elle est fonction du degré de risque présenté par celle-ci. Ainsi, pour rappel, la nature et l'étendue des informations collectées ainsi que la fréquence de la mise à jour de ces informations et l'étendue des analyses menées sont adaptées au risque de blanchiment de capitaux et de financement du terrorisme présenté par la relation d'affaires : les assujettis doivent être en mesure de justifier auprès de l'AMF la mise en œuvre de mesures adéquates par rapport au risque de blanchiment de capitaux et de financement du terrorisme présenté par la relation d'affaire.

Ainsi, en cas de risque faible (art. L. 561-9 1°), l'assujetti peut simplifier la connaissance de la relation d'affaires (art. R. 561-14-1 3°), et par exemple, se contenter de simples informations déclaratives, sous réserve de justifier à l'AMF l'adéquation des diligences mises en œuvre.

A l'inverse, la connaissance de la relation d'affaires est renforcée dans les cas de risque élevé, que ceux-ci soient prévus par le législateur (cf. article L. 561-10 du code monétaire et financier) ou par l'assujetti lui-même (cf. article L. 561-10-1 du code monétaire et financier) : l'assujetti recueille des documents corroborant les déclarations du client.

Conformément aux articles L. 561-5-1 et R. 561-12 du code monétaire et financier, les assujettis recueillent et analysent, avant d'entrer en relation d'affaires, les éléments d'informations nécessaires à la connaissance de l'objet et de la nature de celle-ci, en vue notamment d'établir un profil de risque.

Il leur appartient en effet de collecter, selon une approche par les risques, des informations, voire des documents, pertinents :

▸ sur chacune des parties à la relation d'affaires (soit le client et, le cas échéant, le bénéficiaire effectif) ;

▸ et sur le fonctionnement envisagé de cette relation d'affaires ou sa justification économique (par exemple, si le produit ou service est utilisé pour un usage professionnel ou personnel ; si les opérations envisagées ont un caractère purement international ou domestique, etc.).

L'arrêté du 2 septembre 2009, pris en application de l'article R. 561-12 du code monétaire et financier, donne une liste indicative des éléments d'information pouvant être recueillis. Les assujettis déterminent, dans leur procédure, les éléments d'informations et documents à collecter, en tenant compte de leur classification des risques, notamment des services proposés, de la nature de la clientèle, ainsi que du profil des relations d'affaires.

La collecte et l'analyse de ces éléments permettent aux assujettis d'établir un profil de risque de la relation d'affaires, de comprendre les opérations effectuées et d'exercer ainsi une vigilance constante adéquate.

L'assujetti doit donc rester attentif aux événements et opérations susceptibles d'affecter le niveau de risque du client, notamment au risque qu'il puisse participer à une opération de blanchiment.

▸ Éléments d'information pertinents à recueillir, le cas échéant, pour les personnes physiques (client et bénéficiaire effectif)

Selon une approche par les risques, les assujettis recueillent des éléments d'information sur la situation financière et professionnelle des personnes physiques. Ces éléments permettent de comprendre les opérations qui seront réalisées (par exemple, lorsque les revenus du client sont en tout ou partie tirés de son patrimoine immobilier).

Le degré de précision de ces éléments peut varier selon qu'il s'agit du client ou du bénéficiaire effectif, et selon une approche par les risques. Quoi qu'il en soit, les assujettis recueillent, auprès de leur client ou par tout autre moyen, des éléments de connaissance relatifs au bénéficiaire effectif, sans avoir à interroger ce dernier.

La situation professionnelle des personnes physiques est un élément de connaissance permettant la détection d'éventuelles personnes politiquement exposées (PPE).

Lorsque le client, personne physique, entre en relation d'affaires pour les besoins de son activité professionnelle, les assujettis peuvent également recueillir, par exemple :

– le numéro Siren (n° Siret) pour les professions libérales et micro-entrepreneurs ;
– l'extrait K pour les auto-entrepreneurs ;
– l'extrait D1 pour les artisans.

La justification de l'adresse du domicile du client, et le cas échéant du bénéficiaire effectif, figure parmi les éléments d'information listés à titre indicatif dans l'arrêté précité. Le recueil d'un tel justificatif n'est donc pas indispensable au titre de la connaissance de la relation d'affaires. Les assujettis déterminent, dans leur procédure interne, selon une approche par les risques, si la justification de l'adresse du domicile est un élément à recueillir et, dans cette hypothèse, le type de justificatif à collecter. Dans le cadre d'une entrée en relation d'affaires à distance (cf. partie 3), les assujettis peuvent prévoir, aux fins de lutter contre la fraude documentaire, le recueil d'un justificatif de domicile comportant un code barre "2D-Doc" permettant de s'assurer de l'intégrité du document et des informations qu'il contient.

Au demeurant, le recueil d'un justificatif de domicile peut être utile dans le cadre de la mise en œuvre des obligations relatives à la lutte contre la fraude et l'évasion fiscales. En application de l'article 1649 AC du code général des impôts, les assujettis identifient la résidence fiscale du client, et le cas échéant du bénéficiaire effectif. Ils s'appuient, à cet effet, sur les éléments d'information recueillis au titre de la connaissance de la relation d'affaires à des fins de LCB-FT, dont le justificatif de domicile. De surcroît, la connaissance de la résidence fiscale du client, et le cas échéant, du bénéficiaire effectif, peut constituer un élément d'information important au titre de la LCB-FT.

Selon une approche par les risques, les assujettis recueillent des éléments relatifs à la provenance des fonds à l'entrée en relation d'affaires.

> Position
> La seule information selon laquelle les fonds proviennent d'un compte ouvert au nom du client ne suffit pas en cas de risque élevé/profil de risque élevé.

Les assujettis se renseignent, selon une approche par les risques, sur la destination des fonds.

> Position
> Lorsque cette vérification est effectuée, il ne suffit pas de savoir si les fonds sont versés sur un compte au nom du client, il convient d'interroger ce dernier sur l'objet des opérations.

Lorsque des tiers (mandataires ayant procuration, tiers payeurs...) interviennent ou sont amenés à intervenir dans le cadre de la relation d'affaires, il peut être pertinent de connaitre, outre l'identité de ces personnes, la nature des liens existants (lien de parenté, d'affaires, etc.) entre le client, et le cas échéant le bénéficiaire effectif, et ce tiers, voire l'origine des fonds.

▸ Éléments d'information pertinents à recueillir pour les personnes morales

Les autres éléments d'information pertinents que l'assujetti est susceptible de recueillir, selon une approche par les risques, sont, les statuts, l'objet social, le secteur d'activité, ainsi que la situation financière des personnes morales (par exemple, les comptes annuels, la liasse fiscale).

Les assujettis recueillent et analysent tout autre élément d'information pertinent, selon une approche par les risques, par exemple :

— pour une association : ses principales ressources telles que les dons, les cotisations, les subventions ou les activités économiques, ses principaux donateurs, la composition du bureau ;

— pour une société commerciale : ses principaux fournisseurs ou clients si la nature du produit le justifie, comme par exemple, l'ouverture d'un compte.

Pour les sociétés nouvellement créées qui ne disposent pas d'information relative à leur situation financière, les assujettis recueillent, par exemple, un bilan prévisionnel et le volume de facturation attendu clients/fournisseurs, le niveau de charge moyen mensuel, les antériorités professionnelles du dirigeant et des éventuels associés, les moyens matériels, financiers et humains mis en place dans le cadre de la réalisation du projet d'entreprise.

En ce qui concerne les constructions juridiques (type trust ou fiducie), les assujettis analysent notamment les éléments figurant au contrat, dont son objet. Ils analysent les raisons d'exister de cette construction (par exemple : organisation/encadrement d'une succession, etc.), le contexte de sa création ainsi que les liens entre les constituants ("trustees").

2.4 *A quel moment doivent être accomplies les diligences relatives aux clients et aux bénéficiaires effectifs*

Le code monétaire et financier prévoit les moments de l'identification et de la vérification de l'identité du client et du/des bénéficiaire(s) effectif(s) du client en ces termes :

En principe, les diligences sont faites AVANT...

• d'entrer en relation d'affaires avec le client ou de l'assister dans la préparation ou la réalisation d'une transaction (I de l'article L. 561-5 du code monétaire et financier) ;

• d'effectuer une opération pour le compte d'un client occasionnel lorsque l'obligation d'identification et de vérification du client et du bénéficiaire effectif est requise (c'est-à-dire lorsque l'assujetti soupçonne qu'une opération pourrait participer au blanchiment des capitaux ou au financement du terrorisme ou lorsque les opérations sont d'une certaine nature ou dépassent un certain montant conformément au II de l'article L. 561-5 du code monétaire et financier) ;

Par exception, les diligences sont conduites...

• PENDANT l'établissement de la relation d'affaires, lorsque le risque de blanchiment des capitaux ou de financement du terrorisme paraît faible et que c'est nécessaire pour ne pas interrompre l'exercice normal de l'activité (art. L. 561-5 IV) ;

• AU PLUS TARD au moment de la conclusion du contrat et avant le début de l'opération qui est l'objet du contrat (art. R. 561-6 3°), lorsque l'assujetti, en raison du faible risque présenté par le client ou le produit, a choisi de mettre en œuvre des mesures de vigilance simplifiées en application du 1° de l'article L. 561-9 du code monétaire et financier ;

Et, en tout état de cause, TOUT AU LONG DE LA RELATION,

• Les éléments d'identification obtenus doivent être obligatoirement mis à jour, dans le cadre de la vigilance constante, et permettre d'actualiser les profils de risque des clients et des bénéficiaires effectifs au regard de la classification des risques de l'assujetti (art. L. 561-5-1 et R. 561-12 du code monétaire et financier). Cette mise à jour est d'autant plus importante si le client ou le bénéficiaire effectif du client est une PPE ou devient une PPE. L'assujetti tient également compte des changements pertinents affectant la relation d'affaires ou la situation du client, y compris lorsque ces changements sont constatés à l'occasion du réexamen de toute information pertinente relative aux bénéficiaires effectifs, notamment en application de la réglementation relative à l'échange d'information dans le domaine fiscal (art. R. 561-12 du code monétaire et financier).

> Position
>
> L'assujetti n'est pas systématiquement tenu d'identifier et de vérifier l'identité de son client, et du (des) bénéficiaire(s) effectif(s) le cas échéant, à chaque fois que celui-ci procède à une transaction. Il peut s'en remettre aux mesures d'identification et de vérification qu'il a déjà prises, sauf s'il a des raisons de penser qu'une nouvelle vérification s'impose.

Lorsque l'assujetti a de bonnes raisons de penser que les éléments précédemment obtenus ne sont plus exacts ou pertinents, il procède de nouveau à l'identification et à la vérification de l'identité du client et du bénéficiaire effectif (article R. 561-11 du code monétaire et financier).

Ce peut être le cas par exemple :

– lorsque l'assujetti a un soupçon de blanchiment des capitaux parce que les opérations du client se modifient sensiblement, d'une manière qui n'est pas conforme à l'activité connue du client, notamment aux sommes habituellement engagées ;

– ou lorsque des informations publiques (par voie de presse ou autre) ou recueillies à l'occasion de la mise à jour des éléments de connaissance de la relation d'affaires indiquent que le ou les bénéficiaire(s) effectif(s) ont changé suite par exemple à un changement d'actionnaire(s) majoritaire(s) au sein d'une société notamment en cas de fusion-absorption-acquisition).

2.5 *Mise en œuvre de l'approche par les risques*

Selon une approche par les risques, le législateur a défini des modalités particulières d'application de l'obligation d'identification et de vérification des éléments d'identification du client et du bénéficiaire effectif, qui viennent simplifier, renforcer ou compléter celles prévues aux articles L. 561-5 et R. 561-7 du code monétaire et financier décrites ci-dessus.

Par ailleurs, les assujettis doivent faire preuve d'une vigilance constante tout au long de la relation d'affaires afin d'établir si les conditions requises pour appliquer des modalités particulières sont toujours remplies.

Les mesures de vigilance simplifiées (2.5.1) ou renforcées (2.5.2) que les assujettis mettent en œuvre sont détaillées dans leurs procédures internes. Les mesures de vigilances complémentaires (2.5.3) sont celles prévues par la réglementation.

2.5.1 *Mesures de vigilance simplifiées*

α) Pour les personnes, les services et les produits qui présentent un faible risque, et pourvu qu'il n'existe pas de soupçon et de blanchiment ou de financement du terrorisme, l'identification des clients et des bénéficiaires effectifs seule suffit (art. L. 561-9 2° et R. 561-14-2 du code monétaire et financier) :

– la vérification des identités du client et son bénéficiaire effectif n'est pas requise ;

– le recueil d'éléments de connaissance de la relation d'affaires n'est pas requis.

Les personnes présentant un risque faible sont celles listées à l'article R. 561-15 du code monétaire et financier (notamment les personnes mentionnées aux 1° à 6° *bis* de l'article L. 561-2, les sociétés dont les titres sont admis à la négociation sur un marché réglementé en France ou encore les autorités publiques ou les organismes publics, etc.) ; les services et produits présentant un risque faible sont ceux listés à l'article R. 561-16 du même code.

L'assujetti doit toutefois s'assurer que les conditions prévues aux articles R. 561-15 et R. 561-16 du code monétaire et financier sont remplies.

Même dans ces cas, un dispositif général de surveillance et d'analyse des opérations adapté doit être mis en place pour détecter les opérations inhabituelles ou suspectes (article R. 561-14 du code monétaire et financier). En cas d'opérations suspectes :

– des mesures de vigilance doivent être mises en œuvre ou renforcées, sauf si ces mesures pourraient alerter le client ;

– l'assujetti procède à la déclaration de soupçon.

β) Lorsque, en dehors de ces cas, le risque parait faible, alors l'assujetti peut différer la vérification de l'identité du client et du bénéficiaire effectif selon les modalités prévues aux articles L. 561-5 IV et R. 561-6 du code monétaire et financier. Il peut aussi simplifier la connaissance de la relation d'affaires, et simplifier les mesures de vigilance constante (art. L. 561-9 1° et R. 561-14-1 du code monétaire et financier).

Cette simplification consiste à adapter à ce niveau de risque faible :

(i) le moment de réalisation de ces mesures et leur fréquence de mise en œuvre ;

(ii) l'étendue des moyens mis en œuvre ;

(iii) la quantité d'informations collectées ;

(iv) la qualité des sources d'information utilisées.

L'assujetti est en mesure de justifier auprès de l'AMF que l'étendue des mesures de vigilance qu'il met en œuvre est adaptée aux risques qu'il a évalués.

L'assujetti qui met en œuvre des mesures de vigilance simplifiées au titre du α) ou du β) s'assure tout au long de la relation d'affaires que le risque de blanchiment de capitaux ou de financement du terrorisme reste faible.

2.5.2 *Mesures de vigilance renforcées*

α) Pour les personnes, les services et les produits qui présentent, selon l'assujetti, un risque élevé, l'identification et la vérification des identités du client et du bénéficiaire effectif, la connaissance de la relation d'affaires et la vigilance constante donnent lieu à des mesures renforcées, par rapport à celles prévues dans les autres cas (article L. 561-10-1 du code monétaire et financier).

Ces mesures renforcées sont à l'appréciation de l'assujetti qui doit être en mesure, à tout moment, de justifier à l'AMF de l'adéquation de ses diligences au niveau de risque identifié.

β) Face à une opération particulièrement complexe ou d'un montant inhabituellement élevé ou sans justification économique apparente ou sans objet licite apparent, un examen renforcé s'impose (article L. 561-10-2 du code monétaire et financier). Il porte sur :

(i) L'origine des fonds ;

(ii) La destination des sommes ;

(iii) L'objet de l'opération ;

(iv) L'identité de la personne qui en bénéficie.

γ) En cas de recours à un distributeur institution financière *[personne mentionnée aux 1° à 6° de l'art. L. 561-2 C. mon. fin.]* **établi hors EEE ou hors pays tiers imposant des obligations équivalentes en matière de lutte contre le blanchiment de capitaux et le financement du terrorisme, l'obligation d'identifier et de vérifier l'identité du bénéficiaire effectif impose la mention, dans le contrat conclu entre la société de gestion de placements collectifs et ce distributeur, selon laquelle le distributeur applique des procédures d'identification et de vérification d'identité équivalentes à celles applicables dans les États membres de l'Union européenne et a accès aux éléments d'identification du bénéficiaire effectif de la relation d'affaires. Le dépositaire du placement y veille (article R. 561-9 du code monétaire et financier).**

2.5.3 *Mesures de vigilances complémentaires*

L'article L. 561-10 prévoit trois cas qui requièrent des vigilances complémentaires (elles-mêmes détaillées aux articles R. 561-19, R. 561-20-2 et R. 561-20-4 du code monétaire et financier) :

1) Le client est une PPE (cf. Position-recommandation AMF DOC 2019-17 Lignes directrices sur la notion de PPE) ;

2) Lorsque le produit ou l'opération présente par sa nature un risque particulier de blanchiment de capitaux ou de financement du terrorisme parce qu'ils favorisent l'anonymat (cas notamment des titres au porteur) : les assujettis doivent identifient *[identifier]* **et vérifier l'identité du client et le cas échéant du bénéficiaire effectif au moment du remboursement de ces produits ;**

3) Lorsque l'opération implique des personnes domiciliées, enregistrées ou établies dans des pays tiers à haut risque *[État ou territoire figurant sur les listes publiées par le Groupe d'action financière parmi ceux dont la législation ou les pratiques font obstacles [obstacle] à la LCB-FT ou par la Commission européenne]***.**

a. la décision de nouer ou de maintenir la relation d'affaires est prise par un membre de l'organe exécutif *[ou toute personne habilitée à cet effet par l'organe exécutif]***,**

b. des informations supplémentaires sont recueillies relatives à la connaissance du client et le cas échéant du bénéficiaire effectif, la nature de la relation d'affaires, l'origine des fonds et du patrimoine du client et, le cas échéant, du bénéficiaire effectif ainsi que l'objet des opérations envisagées ou réalisées,

c. les assujettis renforcent la surveillance de la relation d'affaires en augmentant le nombre et la fréquence des contrôles réalisés et en adaptant les critères et seuils en fonction desquels les opérations doivent faire l'objet d'un examen plus approfondi.

En complément de ces mesures, les assujettis appliquent, le cas échéant, au moins l'une des mesures suivantes en se fondant sur une approche par les risques :

a. Des éléments supplémentaires de vigilance renforcée ;

b. La mise en place, pour ces opérations, de mécanismes renforcés de suivi ou de signalements destinés notamment au responsable de la mise en œuvre du dispositif de LCB-FT ;

c. La limitation des relations d'affaires ou des transactions avec des personnes physiques ou tout autre entité provenant d'un pays à haut risque.

3 Obligations de conservation

Ces obligations sont prévues par les articles L. 561-12 et R. 561-7 du code monétaire et financier. Sous réserve de dispositions plus contraignantes, les assujettis conservent :

— les documents et informations, quel qu'en soit le support, relatifs à l'identité de leurs relations d'affaires *[la relation d'affaire[s] inclut le cas échéant le bénéficiaire effectif]* ou clients occasionnels, ainsi que le cas échéant du bénéficiaire effectif des clients occasionnels, et relatif*[s]* aux mesures de vigilance mise en œuvre, pendant cinq ans à compter de la clôture de leurs comptes ou de la cessation de leurs relations avec lesdits clients ;

— dans la limite de leurs attributions, les documents et informations, quel qu'en soit le support, relatifs aux opérations faites par leurs relations d'affaires ou clients occasionnels ainsi que les documents consignant les caractéristiques des opérations qui font l'objet d'un examen renforcé au titre de l'article L. 561-10-2 du code monétaire et financier pendant cinq ans à compter de leur exécution ;

Par ailleurs, les résultats de l'examen renforcé prescrit à l'article L. 561-10-2 du code monétaire et financier doivent, en application de l'article R. 561-22 du code précité, être consignés par écrit et conservés pendant cinq ans.

> *Position*
> Les assujettis conservent les pièces et documents relatifs aux déclarations à TRACFIN pendant une période de 5 ans suivant la cessation de la relation d'affaires concernée.

> *Position*
> Les éléments conservés doivent notamment permettre aux assujettis de répondre rapidement aux demandes d'information de l'AMF pour l'accomplissement de sa mission ou de pouvoir justifier auprès de celle-ci de l'adéquation des diligences au regard des risques identifiés.

Le règlement général de l'AMF précise que les assujettis *[sauf les personnes morales qui gèrent des FIA mentionnés au 3° du III de l'art. L. 214-24 et les gestionnaires des fonds EUVECA et EUSEF]* doivent déterminer dans leurs procédures internes les conditions de conservation des éléments d'information et documents requis pour respecter les dispositions relatives à la LCB/FT *[art. 320-20 et 321-147 Règl. gén. AMF]*.

L'AMF rappelle que les modalités de conservation doivent assurer le respect des exigences (i) de protection des données à caractère personnel *[à la suite de l'entrée en application du RGPD, l'autorisation unique N°AU-003 (Délib. n° 2011-180 du 16 juin 2011 portant autorisation unique de traitements de données à caractère personnel mis en œuvre par des assujettis relatifs à la lutte contre le blanchiment de capitaux et le financement du terrorisme ainsi qu'à l'application des sanctions financières) n'a plus de valeur juridique depuis le 25 mai 2018. Dans l'attente de la production de référentiels RGPD, cette AU reste disponible sur le site de la CNIL]* et (ii) de secret professionnel et de confidentialité devant entourer les déclarations de soupçon *[V. notamment les art. L. 561-18 à L. 561-21 C. mon. fin.]*.

Recommandation
L'AMF recommande aux assujettis de s'assurer de la conformité et de l'actualisation des dossiers "clients" quelle que soit l'ancienneté du client, et de vérifier que les déclarations de soupçon ne figurent pas dans lesdits dossiers.

4 Recours à des tiers pour la mise en œuvre des obligations de vigilance

Les assujettis peuvent recourir à un tiers pour la mise en œuvre des mesures de vigilance vis-à-vis de leurs clients *[définis au § 1.2 supra]* :
– soit, un tiers introducteur (cas de la tierce introduction) ;
– soit, un prestataire externe (cas de l'externalisation).
Dans les deux cas, l'assujetti qui a recours au tiers demeure pleinement responsable de la mise en œuvre de ses obligations de vigilance, notamment vis-à-vis de l'AMF.

Les différences entre les deux régimes tiennent au périmètre des obligations pouvant être confiées, et au fait que le tiers introducteur met en œuvre ses procédures LCB-FT, qu'il est, par ailleurs, tenu d'avoir en sa qualité d'entité assujettie (cf. *infra*).

L'obligation de déclaration à TRACFIN ne peut être confiée à des tiers, ni au titre de la tierce introduction, ni au titre de l'externalisation. Un client ne peut donc pas faire l'objet d'une déclaration à TRACFIN à l'initiative du tiers introducteur ou, dans le cadre d'une externalisation, à l'initiative du prestataire.

4.1 *La tierce introduction*

4.1.1 *Définition de la tierce introduction*

La tierce introduction est un mécanisme strictement encadré par l'article L. 561-7 du code monétaire et financier, qui permet à un assujetti de recourir à un tiers (ci-après "tiers introducteur") qui remplit des conditions limitativement énumérées par la réglementation, pour la mise en œuvre de certaines obligations de vigilance à l'entrée en relation d'affaires.

La tierce introduction ne porte que sur la mise en œuvre des obligations de vigilance à l'égard de la clientèle prévues au I de l'article L. 561-5 et à l'article L. 561-5-1 du code monétaire et financier, soit :
– l'identification du client et la vérification de son identité avant l'entrée en relation d'affaires ;
– le cas échéant, l'identification du bénéficiaire effectif et la vérification de son identité avant l'entrée en relation d'affaires ;
– le recueil des éléments de connaissance de la relation d'affaires.

Il ne peut pas être recouru à un tiers introducteur pour la mise en œuvre des obligations prévues à l'article L. 561-6 du code précité, à savoir, pendant toute la durée de la relation d'affaires, la vigilance constante et l'examen attentif des opérations effectuées, en veillant à ce qu'elles soient cohérentes avec la connaissance actualisée de la relation d'affaires. Lorsque les assujettis ont recours à un tiers pour la mise en œuvre de ces mesures de vigilances, ils le font dans le cadre d'une externalisation prévue à l'article R. 561-38-2 du code monétaire et financier.

La tierce introduction se distingue de l'externalisation, notamment, en ce que le tiers introducteur met en œuvre ses procédures LCB-FT et non celles de l'assujetti. Un tiers assujetti peut agir en qualité de tiers introducteurs et de prestataire externe suivant les mesures de vigilance.

4.1.2 *Modalités de désignation du tiers introducteur*

Selon le 1° du I de l'article L. 561-7 du code monétaire et financier, le tiers introducteur doit répondre à certaines conditions de qualité et localisation géographique : il incombe à l'assujetti de s'en assurer.

• Le tiers introducteur peut être un professionnel exerçant sa profession ou son activité ou ayant son siège social en France assujetti aux règles LCB-FT visé au 1° à 2° *ter* ou aux 3° *bis*, 5°, 6°, 12°, 12° *bis* ou 13° de l'article L. 561-2 du code monétaire et financier, c'est-à-dire, soit une entité assujettie sous supervision de l'ACPR, sauf les Intermédiaires en Opérations de Banque et Services de Paiement et les Intermédiaires en Financement Participatif, soit une entité assujettie sous supervision de l'AMF, soit un professionnel du chiffre et du droit ;

• Le tiers introducteur peut aussi être une personne appartenant à une catégorie équivalente à celles mentionnées aux 1° à 2° *ter* ou aux 3° *bis*, 5°, 6°, 12°, 12° *bis* ou 13° de l'article L. 561-2 du code monétaire et financier, sur le fondement d'un droit étranger et établi dans un État membre de l'UE ou de l'EEE, ce qui implique qu'il soit assujetti à la réglementation LCB/FT de cet État membre de l'UE ou de l'EEE et soumis au contrôle de l'Autorité compétente de cet État ;

• Le tiers introducteur peut aussi être une personne appartenant à une catégorie équivalente à celle mentionnée aux 1° à 2° *ter* ou aux 3° *bis*, 5°, 6, 12°, 12° *bis* ou 13° de l'article L. 561-2 du code monétaire et financier sur le fondement d'un droit étranger et établi dans un État tiers (hors UE et EEE), qui impose des obligations équivalentes en matière de LCB/FT, ce qui implique qu'il est assujetti à la règlementation LCB-FT de ce pays tiers et est soumis au contrôle de l'Autorité compétente de ce pays.

Recommandation

L'AMF recommande aux assujettis concernés de prévoir dans leurs procédures internes une méthodologie d'évaluation du niveau d'équivalence des obligations en matières de LCB-FT d'un pays tiers pour l'application de l'article R. 561-22-1 du code monétaire et financier.

A cette fin, en application de l'article R. 561-22-1, l'assujetti tient notamment compte de la liste publiée par la Commission européenne des pays tiers à haut risque présentant des carences stratégiques et des informations et déclarations diffusées par le GAFI. Parmi les informations et déclarations diffusées par le GAFI, l'AMF recommande de s'appuyer :

– sur les listes établies par le GAFI (liste grise et liste noire) ; et

– sur les rapports d'évaluation mutuelle publiés par le GAFI en se référant aux notations obtenues par le pays tiers en matière de conformité technique pour chaque recommandation et en tenant compte de l'évaluation globale du pays. Il est recommandé d'accorder une importance particulière aux recommandations 1 (évaluation des risques et application d'une approche fondée sur les risques), 6 (sanctions financières ciblées liées au terrorisme et aux financement du terrorisme), 10 (devoir de vigilance relatif à la clientèle), 12 (PPE), 15 (nouvelles technologies), 17 (recours à des tiers), 18 (contrôles internes et succursales et filiales à l'étranger), 19 (pays présentant un risque plus élevé), 20 (déclaration des opérations suspectes), 24 (transparence et bénéficiaires effectifs des personnes morales), 25 (transparence et bénéficiaires effectifs des constructions juridiques), 26 (réglementation et contrôle des institutions financières), 27 (pouvoirs des autorités de contrôle), 29 (cellules de renseignements financiers), 35 (sanctions).

En tout état de cause, il est rappelé que l'assujetti doit être en mesure de justifier auprès de l'AMF son analyse.

Position

Dans tous les cas, la désignation du tiers introducteur doit résulter d'une approche par les risques conduite par l'assujetti, comprenant :

• une analyse des risques potentiellement encourus concernant le tiers introducteur (nature de l'activité du tiers, nature et objet de la relation d'affaires à envisager avec le client), cette analyse devant faire l'objet de procédures écrites (critères d'analyse...) ;

• un examen de ces risques potentiels au regard de la classification des risques qu'il a mise en place ;

• une vérification des informations disponibles auprès des instances nationales et internationales en matière de LCB/FT [*notamment les rapports d'évaluation mutuelle*

du GAFI disponibles sur le site internet du GAFI] concernant la qualité de la réglementation LCB/FT du pays du tiers introducteur ;
• une consultation, le cas échéant, de ses filiales ou succursales ou d'entités de son groupe installées dans le pays du tiers introducteur pour s'assurer de la réputation du tiers ;
• une recherche des éventuelles sanctions publiques, y compris pénales, dont le tiers introducteur aurait pu faire l'objet et qui comporterait notamment un/des grief(s) relatif(s) à la LCB/FT *[notamment les sanctions prononcées par l'AMF et l'ACPR ou par leurs homologues pour les tiers situés hors de France. La règlementation n'interdit pas de désigner un tiers introducteur un établissement ayant été sanctionné]*, et, le cas échéant, des mesures de remédiation prises par lui à la suite de cette sanction.

Dans le cadre de l'approche par les risques, l'assujetti doit s'assurer que le tiers introducteur (français ou étranger) est en mesure de mettre en œuvre en permanence, les obligations françaises en matière de LCB/FT prévues au I de l'article L. 561-5 et de l'article L. 561-5-1 du code monétaire et financier (cf. *infra*).

4.1.3 *Contrôle et responsabilités*

En application de l'article R. 561-13 du code monétaire et financier, un contrat écrit est conclu entre l'assujetti et le tiers introducteur, qui prévoit les modalités de transmission des informations et documents et les modalités de contrôle des mesures de vigilance mises en œuvre par le tiers introducteur.

Le dispositif de contrôle interne (à la fois, permanent et périodique) *[art. R. 561-38-3 et R. 561-38-4 C. mon. fin. et 320-20, 321-147 et 550-10 du Règl. général AMF]* de l'assujetti s'assure du respect des stipulations de la convention, ce dernier demeurant responsable des obligations LCB-FT concernées *[art. L. 561-7 C. mon. fin.]* : l'assujetti doit donc formaliser des procédures adaptées et mettre en œuvre les contrôles pertinents pour s'assurer qu'il respecte en permanence les dispositions législatives et réglementaires qui lui incombent au regard des articles L. 561-5, L. 561-5-1 et L. 561-6 du code monétaire et financier.

En tout état de cause, il revient à l'assujetti de justifier à l'AMF des mesures de contrôle qu'il a mises en œuvre pour assurer sa maîtrise de son recours à la tierce introduction.

La mise en place de la convention entre le tiers introducteur et l'assujetti qui y a recours ne saurait les exonérer de leurs obligations propres en matière de LCB/FT au regard de la législation qui leur est applicable et dont ils doivent justifier du respect à l'égard de leur autorité de contrôle respective.

4.1.4 *La tierce introduction au sein d'un groupe*

En application de l'article L. 561-7 du code monétaire et financier, il est permis, au sein du groupe, de désigner comme tiers introducteur, une personne appartenant à une catégorie équivalente à celle mentionnée aux 1° à 2° *ter* ou aux 3° *bis*, 5°, 6, 12°, 12° *bis* ou 13° de l'article L. 561-2 du code monétaire et financier sur le fondement d'un droit étranger et établi dans un État tiers (hors UE et EEE) figurant sur la liste noire européenne.

Le tiers introducteur peut appartenir au même groupe que l'assujetti dans les conditions suivantes :

— Le tiers est une personne mentionnée aux 1° à 2° *ter* ou aux 3° *bis*, 5°, 6° ou 8° de l'article L. 561-2 du code monétaire et financier ou une personne appartenant à une catégorie équivalente sur le fondement d'un droit étranger ;

— Le groupe est un groupe au sens de l'article L. 511-20 du code monétaire et financier, à l'exclusion des groupes mixtes, un conglomérat financier au sens de l'article L. 517-3 du code monétaire et financier ou un groupe au sens des articles L. 322-1-2, L. 322-1-3 et L. 356-2 du code des assurances ou au sens de l'article L. 111-4-2 du code de la mutualité ou au sens de l'article L. 931-2-2 du code de la sécurité sociale ;

– Le groupe applique les mesures prévues par les dispositions législatives ou réglementaires de droit français conformément à l'article L. 561-33 du code monétaire et financier lorsque l'entreprise mère a son siège social en France ou des mesures équivalentes lorsque ce n'est pas le cas ;

– Lorsque le tiers se situe dans un pays tiers qui figure sur la liste des pays tiers à haut risque présentant des carences stratégiques publiée par la Commission européenne (règlement délégué (UE) 2016/1675), le groupe notifie à l'Autorité de contrôle prudentiel et de résolution le recours à ce tiers ainsi que les documents justifiant que le groupe s'assure bien de la mise en œuvre par ce tiers des procédures groupes mentionnées à l'article L. 561-33 du code monétaire et financier.

Position

Lorsque la tierce introduction intervient au sein d'un groupe, l'assujetti peut se reposer sur les procédures et l'organisation ainsi que le contrôle interne existants au niveau du groupe pour s'assurer des diligences mises en œuvre par le tiers introducteur, dès lors que ces procédures et contrôles couvrent de façon effective le tiers considéré.

Dans ce cas, le contrat peut être remplacé par une procédure interne établie au niveau du groupe (article R. 561-13 du code monétaire et financier).

4.1.5 *Transmission et partage d'informations recueillies par le tiers introducteur*

□ Transmission des informations entre le tiers introducteur et l'assujetti qui y a recours

Pour satisfaire au I de l'article L. 561-5 et à l'article L. 561-5-1 du code monétaire et financier, l'assujetti qui a recours à un tiers introducteur doit obligatoirement disposer des éléments d'identification et de vérification du client et, le cas échéant, du bénéficiaire effectif ainsi que des informations relatives à l'objet et à la nature de la relation d'affaires et tout autre élément d'information pertinent.

Deux cas sont à distinguer :

a) Si le tiers introducteur est assujetti à la législation française, les informations auxquelles l'assujetti qui a recours à lui doit avoir accès, sont celles qui ont été recueillies par le tiers avant d'entrer en relation d'affaires *[souvent, le tiers a déjà une relation d'affaires avec le client qu'il introduit dans le cadre d'activités similaires ou non]* conformément aux articles R. 561-5 et R. 561-12 *[les éléments d'information liés à la connaissance du client et de la relation d'affaires susceptibles d'être recueillis aux fins d'évaluation des risques LCB-FT sont listés dans l'Arr. du 2 sept. 2009 pris en application de l'art. R. 561-12 C. mon. fin.]* du code monétaire et financier, le tiers étant soumis aux mêmes obligations que l'assujetti.

b) Si le tiers introducteur est situé à l'étranger, ce ne sont pas nécessairement sur ces mêmes éléments auxquels l'assujetti a accès, que la vérification de l'identité du client, et le cas échéant du bénéficiaire effectif, et la connaissance de la relation d'affaires se fonderont.

En effet, les éléments d'information et documents qui ont été recueillis par le tiers étranger, conformément à la législation qui lui est applicable, à l'occasion de sa propre entrée en relation d'affaires avec le client *[dans ce cas, il s'agit souvent d'un client établi dans le pays du tiers, dont l'identité doit être vérifiée à l'aide d'autres documents justificatifs que ceux listés à l'art. R. 561-5-1 C. mon. fin.]*, ne correspondent pas nécessairement aux exigences françaises requises pour l'entrée en relation.

Position

En cas de tiers situé à l'étranger, l'assujetti doit s'assurer que les éléments d'information détenus par le tiers introducteur lui permettent de répondre aux exigences de la législation française *[en application du I de l'art. L. 561-7 C. mon. fin.]*.

Lorsque les éléments d'information recueillis par le tiers introducteur ne permettent pas à l'assujetti de se conformer aux obligations prévues aux articles

L. 561-5 et L. 561-5-1 du code monétaire et financier, il n'entre pas en relation d'affaires ni n'exécute d'opérations conformément à l'article L. 561-8 du code monétaire et financier, ou il met en œuvre, lui-même ou par tout autre moyen (par exemple, *via* l'externalisation), les obligations de vigilance.

En tout état de cause, si l'assujetti a de bonnes raisons de penser que l'identité du client et les éléments d'identification précédemment obtenus par le tiers introducteur ne sont plus exacts ou pertinents, il doit être procédé à nouveau à l'identification du client et à la vérification de son identité en application des dispositions de l'article R. 561-11 du code monétaire et financier *[cette nouvelle identification est de la responsabilité de l'assujetti]*.

Quelles sont les modalités d'échanges d'informations entre le tiers introducteur et l'assujetti ?

Conformément à *[l'article]* L. 561-7 du code monétaire et financier, l'assujetti a accès aux informations recueillies par le tiers introducteur. L'article R. 561-13 du code monétaire et financier précise que le tiers introducteur transmet à l'assujetti, sans délai, les informations recueillies et, à première demande, la copie des documents afférents.

Conformément à ce même article, les modalités de transmission des informations et des copies des documents recueillis dans le cadre de la mise en œuvre des mesures de vigilance ainsi que les modalités de contrôle de ces mesures sont précisées dans un contrat conclu par écrit entre l'assujetti et le tiers introducteur.

Ces modalités sont définies de manière à permettre à l'assujetti de mettre en œuvre les obligations notamment relatives à la détection des PPE ou des personnes soumises à de mesures de gel. Il est possible de mettre en place des dispositifs automatisés de partage d'information en temps réel.

Position

Le contrat établi entre l'assujetti et le tiers introducteur prévoit également les modalités de conservation par le tiers introducteur des informations et des copies de documents recueillis.

Le contrat peut préciser les interlocuteurs privilégiés au sein de chaque partie.

□ **Partage des informations recueillies avec d'autres entités**

En application du II de l'article L. 561-7 du code monétaire et financier, l'assujetti peut communiquer les informations *[informations recueillies dans le cadre du I de l'art. L. 561-5 et de l'art. L. 561-5-1 C. mon. fin.]* recueillies auprès d'un tiers introducteur :

• A une autre personne mentionnée aux 1° à 6° de l'article L. 561-2 du code monétaire et financier, située ou ayant son siège social en France (à l'exclusion des établissements de paiement qui fournissent principalement le service de transmission de fonds) ;

• A un établissement proposant des activités financières équivalentes à celles exercées par les personnes mentionnées aux 1° à 6° de l'article L. 561-2 du code monétaire et financier dans les conditions cumulatives suivantes :

— l'établissement destinataire des informations est situé dans un autre État membre de l'Union européenne, dans un État partie à l'accord sur l'EEE ou dans un pays tiers imposant des obligations équivalentes en matière de LCB-FT, ou fait partie d'un groupe ou d'un conglomérat financier ayant mis en place une organisation et des procédures mentionnées à l'article L. 561-33 du code monétaire et financier.

— l'établissement destinataire doit, pour le traitement des données à caractère personnel, garantir un niveau de protection suffisant de la vie privée et des libertés et droits fondamentaux des personnes, conformément aux articles 122 et 123 de la loi n° 78-17 du 6 janvier 1978 relative à l'informatique, aux fichiers et aux libertés *[les pays de l'EEE sont considérés assurer un niveau de protection équivalent des données à caractère personnel. Dans ces pays, les traitements de données personnelles sont encadrés par le Règl. (UE) 2016/679 du 27 avr. 2016 relatif à la protection des personnes physiques à l'égard du traitement des données à caractère personnel et à la libre circulation de ces données, et abrogeant la directive 95/46/CE]*.

4.1.6 *Cas Particuliers*

Des problèmes de mise en œuvre de la tierce introduction peuvent se présenter dans certaines circonstances et l'attention des assujettis est attirée sur les cas suivants qui présentent des risques particulièrement élevés en matière de contrôle du tiers introducteur :

▪ Le tiers introducteur réduit ou renforce l'intensité de ses mesures de vigilance vis-à-vis d'un client, soit du fait de sa propre appréciation du risque, soit du fait de la législation nationale qui lui est applicable. L'assujetti qui a recours au tiers introducteur dans cette hypothèse doit obligatoirement s'assurer du niveau de risque présenté par le client au regard de la législation française et de sa propre classification des risques, afin de déterminer si les mesures de vigilance mises en place par le tiers sont suffisantes.

> *Position*
> La convention conclue entre l'assujetti et le tiers introducteur prévue à l'article R. 561-13 du code monétaire et financier inclut parmi les modalités de contrôle une obligation pour le tiers introducteur d'informer l'assujetti de la réduction ou du renforcement de l'intensité des mesures prévues aux articles L. 561-5 I et L. 561-5-1 du code monétaire et financier mises en œuvre.

▪ Le tiers introducteur présente un client "Personne Politiquement Exposée" selon sa propre législation.

> *Position*
> L'assujetti doit vérifier si le statut de "Personne Politiquement Exposée" est également applicable en France, et le cas échéant, autoriser l'entrée en relation d'affaires avec la "Personne Politiquement Exposée" dans les conditions prévues au 1° de l'article R. 561-20-2 du code monétaire et financier, quelles que soient les diligences accomplies par le tiers introducteur.

En effet, les diligences d'identification et de vérification de l'identité de la clientèle sont distinctes de la décision de nouer une relation d'affaires, cette décision ne pouvant être prise que par un membre de l'organe exécutif de l'assujetti auprès duquel la "Personne Politiquement Exposée" est introduite (ou par toute personne habilitée à cet effet par l'organe exécutif) *[art. R. 561-20-2 1° C. mon. fin.]*.

▪ Le tiers introducteur est en charge de l'application de l'article L. 561-10 du code monétaire et financier relatif aux mesures de vigilance complémentaires en matière d'identification du client, de certains produits ou opérations.

Les cas visés par l'article précité nécessitent une approche par les risques spécifique de la part de l'assujetti afin de s'assurer que le tiers :

— Applique bien les mesures de vigilance complémentaire visées à l'article précité ou des mesures équivalentes sur la base de sa législation nationale ;

— Est en mesure de lui fournir sans délai des informations pertinentes et de qualité sur le client, le produit ou l'opération, même si ces informations diffèrent de celles requises dans l'État du tiers introducteur, et, à première demande, la copie des documents afférents.

4.2 *Externalisation*

L'externalisation permet à un assujetti de mandater un tiers pour mettre en œuvre, au nom et pour son compte, tout ou partie des diligences au titre de ses obligations de LCB-FT.

Elle est néanmoins encadrée par la réglementation.

Conformément à l'article R. 561-38-2 du code monétaire et financier, la mise en œuvre des obligations déclaratives à TRACFIN ne peut être confiée à un prestataire externe : ces dispositions sont toutefois sans préjudice de la possibilité de désigner, au sein d'un groupe, un déclarant TRACFIN commun aux différentes entités du groupe en application de l'article R. 561-28 du même code.

Tous les assujettis sous supervision de l'AMF peuvent recourir à l'externalisation.

Les prestations externalisées à un tiers sont considérées comme réalisées par l'assujetti lui-même et sont mises en œuvre conformément aux obligations de LCB-FT qui lui incombent personnellement. Ainsi, la mise en œuvre des diligences/activités LCB-FT est soumise aux procédures de l'assujetti.

Néanmoins lorsque le prestataire externe est lui-même assujetti à la LCB-FT, le contrat d'externalisation tient compte des procédures mises en place par ce dernier, le cas échéant de concert, pour respecter les obligations de LCB-FT.

Le dispositif de contrôle interne de l'assujetti, à la fois permanent et périodique, porte également sur les activités que l'assujetti à confiées le cas échéant à un prestataire externe, l'assujetti demeurant responsable du respect des obligations LCB-FT concernées. Les assujettis s'assurent notamment que les mesures de vigilance externalisées auprès d'un prestataire sont effectivement mises en œuvre par ce dernier dans le respect de leur propre procédure.

Lorsque les assujettis recourent à une solution technologique développée par un tiers, par exemple pour l'identification à distance, la détection des PPE ou encore la surveillance des opérations atypiques, il leur appartient *[V. avis des autorités européennes de supervision sur le recours à des solutions innovantes pour la mise en œuvre des obligations de vigilance à l'égard de la clientèle (JC 2017 81)]* :

– D'évaluer les risques présentés par l'outil, sa fiabilité et sa compatibilité avec leur procédure ;

– De veiller à ce que le prestataire externe dispose d'une solution de secours permettant d'assurer la continuité de la prestation ou, à défaut, d'en disposer lui-même.

Les conditions et les modalités de l'externalisation sont définies dans le contrat de mandat conclu entre l'assujetti et le prestataire externe, y compris les modalités d'accès aux informations permettant à l'assujetti de se conformer effectivement à ses obligations déclaratives. En cas de recours à une solution technologique développée par un tiers, ce contrat prévoit l'information des assujettis cocontractants en cas de modification de l'outil (ex. fonctionnalités, algorithmes en place, sources consultées au moyen de cet outil, etc.) ainsi que le recueil préalable de leur consentement.

Position AMF n° 2019-17 du 29 novembre 2019 (DOC-2019-17),

Lignes directrices sur la notion de personne politiquement exposée.

Modifiée le 18 janv. 2021.

Textes de référence : articles L. 561-10 1°, R. 561-18 et R. 561-20-2 du code monétaire et financier, articles 321-147, 320-20, 325-22 et 325-62 du règlement général de l'AMF.

Au*[x]* terme*[s]* de l'article L. 561-10 1° du code monétaire et financier, les personnes assujetties aux obligations de lutte contre le blanchiment de capitaux et le financement du terrorisme appliquent des mesures de vigilance complémentaires à l'égard des personnes politiquement exposées (ci-après les "PPE"). Les présentes lignes directrices ont pour objectif d'accompagner les sociétés de gestion de placements collectifs *[mentionnées à l'art. L. 543-1 C. mon. fin., c'est-à-dire les sociétés de gestion de portefeuille ("SGP"), les personnes morales qui gèrent des FIA mentionnés au 3° du III de l'art. L. 214-24, les gestionnaires des fonds EUVECA et EUSEF]*, les placements collectifs de droit français *[mentionnés au I. de l'art. L. 214-1 C. mon. fin.]* lorsqu'ils sont autogérés, les succursales des sociétés de gestion européennes d'OPCVM ou de FIA mentionnées aux articles L. 532-20-1 et L. 532-21-3 du code monétaire et financier, les conseillers en investissements financiers et les conseillers en investissements participatifs (ci-après "les entités assujetties" ou "les assujettis") dans leur mise en œuvre.

Entretenir des relations avec des titulaires de postes importants et/ou leurs proches expose l'assujetti à des risques particuliers en matière de soutien financier du terrorisme, de tentative de corruption ou de circulation de capitaux d'origine frauduleuse à des fins de blanchiment.

Les personnes politiquement exposées peuvent, usant de leur influence ou des moyens mis à leur disposition en raison de leurs fonctions, réaliser elles-mêmes leurs opérations de blanchiment ou utiliser des intermédiaires pour effectuer les opérations pour leur compte (recours à des sociétés écrans, à des centres offshores et à des titulaires de professions non financières), le plus souvent dans une dimension internationale.

Face à ce risque plus élevé, la réglementation ajoute aux mesures de vigilance prévues à l'égard de tout client, des mesures de vigilance complémentaires à l'égard d'un client PPE ou d'un bénéficiaire effectif PPE :

– La décision de nouer ou maintenir une relation d'affaires avec une PPE ou une personne dont le bénéficiaire effectif est une PPE ne peut être prise que par un membre de l'organe exécutif ou toute personne habilitée à cet effet par l'organe exécutif ;

– Pour l'appréciation des risques de blanchiment de capitaux et de financement du terrorisme, l'origine du patrimoine et des fonds impliqués dans la relation d'affaires ou la transaction est à rechercher ;

– Les mesures de vigilance prévues à l'article R. 561-12-1 du code monétaire et financier, soit celles qui permettent de s'assurer de la cohérence des opérations effectuées au titre d'une relation d'affaires avec la connaissance de cette relation d'affaires actualisée, sont renforcées.

1 Comment définir une personne politiquement exposée

Le 1° de l'article L. 561-10 du code monétaire et financier transposant l'article 3(9) de la directive (UE) 2015/849, définit la PPE comme : "une personne qui est exposée à des risques particuliers en raison des fonctions politiques, juridictionnelles ou administratives qu'elle exerce ou a exercées ou de celles qu'exercent ou ont exercées les membres directs de sa famille ou des personnes connues pour lui être étroitement associées ou le devient en cours de relation d'affaires".

Ainsi, pour un assujetti français, une PPE est une personne de nationalité française ou étrangère, qui :

– exerce ou a exercé des fonctions politiques, juridictionnelles ou administratives (art. R. 561-18 I) ; ou

– dont un membre direct de la famille (art. R. 561-18 II) ou un des proches sans liens familiaux (art. R. 561-18 III) est lui-même une PPE à raison des fonctions qu'elle exerce ou a exercées.

Les "fonctions politiques, juridictionnelles ou administratives" sont limitativement énumérées au I de l'article R. 561-18 du code monétaire et financier :

1) Chef d'État, chef de gouvernement, membre d'un gouvernement national ou de la Commission européenne ;

2) Membre d'une assemblée parlementaire nationale ou du Parlement européen, membre de l'organe dirigeant d'un parti ou groupement politique soumis aux dispositions de la loi n° 88-227 du 11 mars 1988 ou d'un parti ou groupement politique étranger ;

3) Membre d'une cour suprême, d'une cour constitutionnelle ou d'une autre haute juridiction dont les décisions ne sont pas, sauf circonstances exceptionnelles, susceptibles de recours ;

4) Membre d'une cour des comptes ;

5) Dirigeant ou membre de l'organe de direction d'une banque centrale ;

6) Ambassadeur ou chargé d'affaires ;

7) Officier général ou officier supérieur assurant le commandement d'une armée ;

8) Membre d'un organe d'administration, de direction ou de surveillance d'une entreprise publique ;

9) Directeur, directeur adjoint, membres du conseil d'une organisation internationale créée par un traité, ou une personne qui occupe une position équivalente en son sein.

Un arrêté du ministre chargé de l'économie fixe la liste des fonctions auxquelles correspondent au plan national celles énumérées ci-dessus et issues de la transposition de la 4e directive.

Celui ou celle qui exerce l'une de ces fonctions est une PPE, et le demeure une année après avoir cessé de les exercer.

Suivant le II de l'article R. 561-18 du code monétaire et financier, les "membres directs de la famille" d'une PPE sont :

– le conjoint, le concubin notoire, le partenaire d'un PACS ou autre contrat de partenariat enregistré en vertu d'une loi étrangère ;

– les enfants, ainsi que leur conjoint, leur partenaire lié par un pacte civil de solidarité ou par un contrat de partenariat enregistré en vertu d'une loi étrangère ;

– les ascendants au premier degré.

Suivant le III de l'article R. 561-18, les "personnes connues pour être étroitement associées" à une PPE sont :

a) Les personnes physiques qui, conjointement avec la PPE, sont bénéficiaires effectifs d'une personne morale, d'un placement collectif, d'une fiducie ou d'un dispositif juridique comparable de droit étranger. Sont par exemple visés les associés d'une société commune ;

b) Les personnes physiques qui sont les seuls bénéficiaires effectifs d'une personne morale, d'un placement collectif, d'une fiducie ou d'un dispositif juridique comparable de droit étranger connu pour avoir été établi au profit de la PPE. Sont ainsi visés les "prête-noms" qui paraissent agir ou recevoir des avantages pour leur compte, alors qu'en pratique, ils agissent pour le compte de la PPE ;

c) Toute personne physique "connue comme entretenant des liens d'affaires étroits" avec la PPE. Autrement dit, sont visés les partenaires d'affaires de cette personne.

Position

Sur la situation visée au c), trois conditions sont ainsi requises :

• la présence d'un lien d'affaires qu'il soit de nature commerciale ou civile, il peut s'agir d'intérêts économique communs, ou plus largement d'intérêts susceptibles d'avoir une influence sur la situation financière ou économique de chacune de ces personnes. A ce titre, le caractère onéreux de la prestation rendue ou des fonctions exercées par la personne physique, proche de la PPE, est un indice ou une présomption ;

• le lien est étroit, soit qu'il est régulier, soit qu'il est important par son action sur les affaires de la PPE. Les liens seront étroits s'ils ont un impact financier conséquent sur le montant de ses revenus. La proximité du lien peut également ressortir du nombre important d'actions effectuées par cette personne pour le compte de la PPE, ou de l'importance de ladite action dans une seule opération ;

• le lien est connu par l'assujetti : l'information est publique, notoire ou manifeste.

□ Le champ d'application des mesures de vigilance complémentaires propres aux PPE peut-il être étendu à d'autres personnes ?

Non, la qualification de PPE répond à des conditions strictes et les assujettis ne peuvent qualifier comme telle ou appliquer les mesures de vigilance complémentaires prévues à l'article R. 561-20-2 à des personnes non PPE.

Toutefois, les assujettis peuvent classer en risque élevé des personnes qui ne répondent pas à la définition de PPE, soit parce qu'elles exercent une fonction politique, juridictionnelle ou administrative non visée ici, soit parce qu'elles ont un lien de parenté non visé au II, mais qui sont exposées à un risque jugé comparable à celui d'une PPE. Dans ces cas de risque jugé plus élevé par l'assujetti, ce dernier peut être amené à renforcer, sur le fondement de l'article L. 561-10-1, l'intensité des mesures de vigilance à l'égard de ces personnes.

☐ Le champ d'application des mesures de vigilance complémentaires propres aux PPE peut-il être étendu aux clients cessant d'être des PPE ?

Non. Si la personne cesse d'être PPE, alors l'assujetti ne peut plus lui appliquer les mesures de vigilance complémentaires prévues à l'article R. 561-20-2.

Si l'assujetti estime que son client, cessant d'être PPE, présente néanmoins un risque élevé selon sa propre classification des risques, il continue à appliquer à son égard des mesures renforcées adaptées au risque sur le fondement de l'article L. 561-10-1 du code monétaire et financier.

2 Comment déterminer si le client ou le cas échéant son bénéficiaire effectif est une PPE ?

Conformément à l'article R. 561-20-2 du code monétaire et financier, les assujettis doivent mettre en œuvre des procédures, adaptées aux risques de blanchiment de capitaux et de financement du terrorisme auxquels ils sont exposés, permettant de déterminer si leur client, ou son bénéficiaire effectif, est une PPE ou le devient en cours de la relation d'affaires.

Si le client ne se déclare pas spontanément PPE ou ne déclare pas spontanément son bénéficiaire effectif comme PPE, les diligences d'identification et de connaissance du client doivent permettre à l'assujetti, suivant une approche par les risques, de déterminer si un client ou un bénéficiaire effectif est une PPE.

Pour ce faire, l'assujetti est tenu d'appliquer avant l'entrée en relation d'affaires les mesures de vigilance prévues à l'égard de tout client, à savoir :

a) identifier le client, et le cas échéant le bénéficiaire effectif, et vérifier les éléments d'identification sur présentation de tout document écrit à caractère probant, conformément aux dispositions des articles L. 561-5, R. 561-5, R. 561-5-1 et R. 561-7 du code monétaire et financier ;

b) recueillir les informations relatives à l'objet et à la nature de cette relation et tout autre élément d'information pertinent, conformément aux dispositions de l'article L. 561-5-1 du code monétaire et financier et de l'article R. 561-12 du code précité précisé par un arrêté, en ce compris, les informations relatives aux activités professionnelles exercées, ce qui permet de déterminer les clients/bénéficiaires effectifs à classer en PPE.

Lorsque le client est une personne morale, il convient de rechercher si le (ou les) bénéficiaire(s) effectif(s) est (sont) PPE.

Les assujettis se réfèrent utilement aux Lignes directrices de l'AMF relatives aux obligations de vigilance à l'égard des clients et de leurs bénéficiaires effectifs (Position-recommandation DOC-2019-16).

Aux termes de l'article R. 561-20-2 du code monétaire et financier, l'assujetti doit avoir une connaissance toujours actualisée de la situation de son client lui permettant :

– de détecter tout client qui deviendrait PPE au cours de la relation d'affaires ;

– de surveiller les connexions entre les personnes occupant une desdites fonctions et les membres de leur famille ainsi que les personnes avec lesquelles elles peuvent être en relation étroite.

Pour ce faire, l'assujetti peut recourir à un questionnaire d'identification rigoureux, prévoyant contractuellement que ses clients se signalent, ou qu'ils signalent leur(s) bénéficiaire(s) effectif(s), s'ils viennent à répondre aux caractéristiques d'une PPE ou s'ils cessent d'y répondre. Cet engagement contractuel écrit des clients de se signaler comme PPE ou de signaler leur bénéficiaire effectif comme PPE peut participer au processus d'identification et de connaissance des clients en fournissant aux assujettis des éléments d'information. Néanmoins, en ce qu'il repose sur la bonne foi desdits clients, un tel engagement n'est pas suffisant pour décharger les assujettis de leur obligation de vigilance constante, dont la bonne mise en œuvre relève de leur seule responsabilité.

L'assujetti tient compte également des informations publiques disponibles (par exemple : arrêtés de nomination disponible sur le site Legifrance, site de la Haute

Autorité pour la Transparence de la Vie Publique) ou *via* d'autres sources fiables et indépendantes ou *via* les principaux médias nationaux ou internationaux. Il n'existe pas, en France, de registre nominatif des PPE.

La réglementation n'impose pas aux assujettis de se doter d'un outil automatisé de détection des PPE. Chaque assujetti adapte son dispositif à son activité, sa structure, son organisation ou sa taille de manière à détecter efficacement les PPE.

3 Mesures de vigilance complémentaires à l'égard des PPE

Selon le 1° de l'article L. 561-10, lorsque le client ou le bénéficiaire effectif du client est une PPE, l'assujetti est tenu de mettre en œuvre des mesures de vigilance complémentaires à l'égard du client et/ou du bénéficiaire effectif, en sus des mesures de vigilance prévues à l'égard de tout client.

La mise en œuvre des mesures de vigilance complémentaires spécifiques aux PPE est sans préjudice de celle des autres mesures de vigilance prévues par le code monétaire et financier dans des circonstances particulières. Il s'agit notamment :
– des opérations présentant un risque élevé de BC-FT (art. L. 561-10-1 II) ;
– de la réalisation d'opération répondant à l'un des critères de l'examen renforcé (art. L. 561-10-2) ;
– des opérations effectuées avec des personnes domiciliées, enregistrées ou établies dans un pays tiers à haut risque (art. L. 561-10 3°).

3.1 *Première mesure complémentaire : l'obligation de confier à un membre de l'organe exécutif ou toute personne habilitée à cet effet par l'organe exécutif la prise de décision de nouer ou maintenir une relation d'affaires avec un client PPE ou un client dont le bénéficiaire effectif est une PPE*

Cette implication d'une personne d'un niveau supérieur trouve sa justification dans (i) la nécessité d'avoir des procédures d'identification et de vérification de l'identité particulièrement rigoureuses, (ii) la nature des risques induits par un tel client tout au long de la relation, (iii) la nécessaire capacité de l'assujetti à pouvoir mesurer et maîtriser lesdits risques (coût des outils informatiques à mettre en place en cas d'acceptation de tel client), (iv) la sensibilité des informations relatives à ce type de client, notamment au regard de leur circulation au sein d'un groupe pour les besoins de la LCB/FT.

Dans ces conditions, le processus d'acceptation d'une PPE ou de maintien d'une relation avec un client devenant PPE, que l'assujetti doit formaliser dans une procédure, doit mentionner l'obtention obligatoire de la décision d'un membre de l'organe exécutif (ou de toute personne qu'il aurait habilitée).

> *Position*
> Pour les sociétés de gestion de portefeuille, cette procédure doit également garantir l'information en bonne et due forme de la fonction conformité, afin que cette fonction puisse s'acquitter de ses missions de manière appropriée.

Cette procédure peut notamment prévoir l'avis de la fonction conformité préalable à la décision de l'organe exécutif.

> *Position*
> Les personnes qualifiées pour la prise de décision de nouer ou maintenir une relation d'affaires, y compris en cas de délégation, disposent d'un niveau hiérarchique suffisamment élevé au regard des risques associés à la relation d'affaires. La délégation peut être nominative ou fonctionnelle. Dans l'hypothèse où la prise de décision de nouer ou maintenir la relation d'affaires avec les PPE est confiée à un responsable d'une ligne de métier ou à un responsable exerçant des fonctions opérationnelles ou commerciales, l'assujetti s'assure que :
> – Cette personne dispose d'une connaissance suffisante des risques auxquels l'assujetti est exposé ;

— S'agissant des sociétés de gestion de portefeuille, la fonction conformité est associée au processus d'acceptation ou de maintien d'une relation d'affaires avec une PPE ;

— S'agissant des sociétés de gestion de portefeuille, un processus d'escalade réservant la décision finale à un membre de l'organe exécutif en cas de désaccord entre les *[la]* fonction conformité et la ligne de métier ou les fonctions opérationnelles ou commerciales est mis en place.

En toute hypothèse, la délégation est formalisée et l'organe exécutif est tenu régulièrement informé des relations d'affaires nouées ou en cours avec des PPE.

3.2 *Deuxième mesure complémentaire : l'obligation de rechercher l'origine du patrimoine et des fonds impliqués dans la relation d'affaires ou la transaction avec un client PPE ou un client dont le bénéficiaire effectif est une PPE*

Le législateur qui impose cette recherche, la motive par la nécessité pour l'assujetti d'apprécier les risques de blanchiment de capitaux et de financement de *[du]* terrorisme induits par un client PPE ou par un client dont le bénéficiaire effectif est une PPE. Cette recherche, à chaque relation ou transaction, trouve sa pleine signification s'agissant des relations d'affaires nouées avec des clients PPE ou des clients dont le bénéficiaire effectif est une PPE exerçant des fonctions importantes dans un pays où la corruption est largement répandue.

Position

L'assujetti recueille des éléments d'information sur la source des revenus de la PPE et une estimation de son patrimoine. La nature des informations et/ou documents à recueillir sur l'origine des fonds et le patrimoine est adaptée au profil de la relation d'affaires et au risque présenté par l'opération.

Pour rechercher l'origine des fonds ainsi que la justification économique des opérations d'une PPE, l'assujetti s'appuie sur les déclarations et les éléments probants qui lui sont fournis ou sur les informations publiques (presse...). Il se montre particulièrement exigeant sur lesdits éléments, notamment s'agissant de justification d'opérations favorisant l'anonymat et mène des vérifications sérieuses desdits documents auprès des personnes les ayant établis (établissements financiers notamment), en consultant des bases informatiques publiques.

Dans tous les cas, il doit garder trace des démarches effectuées pour pouvoir en justifier à l'AMF. L'absence d'éléments probants de nature à lever tout soupçon doit conduire l'assujetti à effectuer une déclaration de soupçon à TRACFIN (cf. Lignes directrices de l'AMF sur l'obligation de déclaration à TRACFIN – Position DOC-2019-18).

3.3 *Troisième mesure complémentaire : la surveillance renforcée de la relation d'affaires*

Conformément au 3° de l'article R. 561-20-2, l'assujetti renforce à l'égard des clients PPE, les mesures de vigilance prévues à l'égard de ses clients non PPE, et procède à ce titre, en cours de la relation d'affaires avec la PPE :

— A une actualisation plus fréquente des éléments de connaissance de l'objet et de la nature de celle-ci ;

— Ainsi qu'à une surveillance plus étroite des opérations réalisées.

L'assujetti s'assure de la cohérence des opérations effectuées au regard de la connaissance à jour de ces relations d'affaires. Pour les assujettis qui sont dotés d'un dispositif automatisé de suivi et d'analyse des relations d'affaires, ils veillent à l'adaptation du paramétrage de celui-ci de manière à assurer l'efficacité du dispositif de détection des opérations inhabituelles des relations en cause. Ils effectuent une analyse approfondie de toute opération inhabituelle.

Position AMF n° 2019-18 du 29 novembre 2019 (DOC-2019-18),

Lignes directrices sur l'obligation de déclaration à TRACFIN.

Modifiée le 18 janv. 2021.

Textes de référence : articles L. 561-15, L. 561-32, R. 561-38 et D. 561-32-1 du code monétaire et financier et articles 320-16, 320-19, 320-20, 321-143, 321-146, 321-147, 325-22, 325-62, 560-9, 560-10 et 560-11 du règlement général de l'AMF.

La prévention du blanchiment des capitaux et du financement du terrorisme est fondée sur des obligations qui sont complémentaires : l'obligation de vigilance déterminée selon une approche par les risques *[Position-Recommandation AMF n° 2019-15 sur l'approche par les risques en matière de lutte contre le blanchiment de capitaux et le financement du terrorisme]* **et l'obligation déclarative auprès de TRACFIN. Les présentes lignes directrices ont pour objectif d'accompagner les sociétés de gestion de placements collectifs** *[mentionnées à l'art. L. 543-1 C. mon. fin., c'est-à-dire les sociétés de gestion de portefeuille ("SGP"), les personnes morales qui gèrent des FIA mentionnés au 3° du III de l'art. L. 214-24, les gestionnaires des fonds EUVECA et EUSEF]***, les placements collectifs de droit français** *[mentionnés au I. de l'art. L. 214-1 C. mon. fin.]* **lorsqu'ils sont autogérés, les succursales des sociétés de gestion européennes d'OPCVM ou de FIA mentionnées aux articles L. 532-20-1 et L. 532-21-3 du code monétaire et financier, les conseillers en investissements financiers et les conseillers en investissements participatifs (ci-après "les entités assujetties" ou "les assujettis") dans la mise en œuvre de l'obligation déclarative après** *[auprès]* **de TRACFIN. Pour l'obligation de vigilance, les assujettis se réfèrent utilement aux Lignes directrices sur les obligations de vigilance à l'égard des clients et de leurs bénéficiaires effectifs.**

Le dispositif français de lutte contre le blanchiment de capitaux et le financement du terrorisme (ci-après "LCB/FT") n'est pas un système automatique de déclarations basé sur des critères objectifs définis *a priori*. Il repose sur une analyse au cas par cas des sommes et opérations, en fonction du profil de la relation d'affaires et de la classification des risques établis par l'assujetti.

C'est par une démarche pragmatique et graduée fondée sur son appréciation nourrie de son expertise et de son expérience et s'appuyant sur un dispositif interne de détection des anomalies, que l'assujetti est tenu de détecter les opérations suspectes. La déclaration de soupçon est le résultat de cette démarche intellectuelle et la conclusion d'une analyse qui ne peut pas être menée par les seuls systèmes automatisés.

Ces lignes directrices ont fait l'objet d'échanges avec TRACFIN.

1 Champ d'application de l'obligation de déclaration à TRACFIN

1.1 *Les assujettis effectuent une déclaration de soupçons à TRACFIN dans les cas mentionnés à l'article L. 561-15 I, II et V*

1.1.1 *En cas de soupçon lié à des infractions punies d'un an d'emprisonnement (art. L. 561-15 I)*

Est ici visée la quasi-totalité des formes d'activités délictuelles, et notamment : l'abus de confiance, l'abus de biens sociaux, l'escroquerie, la contrefaçon, le délit d'initié, le délit de manipulation de cours, le travail dissimulé, le détournement de fonds publics.

1.1.2 *En cas de soupçon lié au financement du terrorisme*

A la suite du plan de lutte contre le financement du terrorisme du Ministre des finances en date des 18 mars et 23 novembre 2015 et du communiqué de la direction générale du Trésor sur la lutte contre le financement de Daech en date du 27 janvier 2015, l'AMF et TRACFIN appellent tout particulièrement l'attention des assujettis sur la lutte contre le financement du terrorisme.

Pour ce faire, les assujettis s'assurent de la cohérence entre l'origine et/ou la destination des fonds relatifs à une ou plusieurs opérations et les éléments de connaissance actualisée de la clientèle, et à plus forte raison lorsque ceux-ci sont en provenance ou à destination de zones géographiques considérées comme risquées en matière de terrorisme ou de financement du terrorisme ou sur les opérations effectuées dans ces zones.

L'AMF et TRACFIN invitent également les assujettis à consulter les rapports typologiques du GAFI sur le financement du terrorisme, notamment ceux publiés en 2015 respectivement sur le financement de Daech et les risques émergents de financement du terrorisme, qui sont régulièrement mis à jour, ainsi que la documentation régulièrement diffusée par les administrations ou autorités nationales ou européennes compétentes (rapports d'activité et d'analyse de TRACFIN publiés depuis 2013, lettres d'information aux professionnels de TRACFIN, plans d'action du Ministre chargé de l'économie etc.). Ils se réfèrent également aux mesures nationales et européennes de gel des avoirs prises dans le cadre de la lutte contre le financement du terrorisme.

1.1.3 *Lorsque le soupçon porte sur des sommes ou opérations provenant de la fraude fiscale (art. L. 561-15 II)*

L'article L. 561-15, II du code monétaire et financier énonce : "II. – Par dérogation au I, les personnes mentionnées à l'article L. 561-2 déclarent au service mentionné à l'article L. 561-23 les sommes ou opérations dont ils savent, soupçonnent ou ont de bonnes raisons de soupçonner qu'elles proviennent d'une fraude fiscale lorsqu'il y a présence d'au moins un critère défini par décret."

Le délit de fraude fiscale est défini à l'article 1741 du code général des impôts. Il consiste à se soustraire frauduleusement ou tenter de se soustraire frauduleusement à l'établissement ou au paiement total ou partiel des impôts dus.

Le délit de fraude fiscale peut être constitué :

– par l'omission volontaire de déclaration dans les délais prescrits ;
– par la dissimulation volontaire d'une part des sommes sujettes à l'impôt ;
– par l'organisation de son insolvabilité ;
– par toutes autres manœuvres mettant obstacle au recouvrement de l'impôt ;
– ou en agissant de toute autre manière frauduleuse.

Toutefois, le soupçon seul ne suffit pas, en matière de fraude fiscale, à déclencher l'obligation de déclarer. La déclaration n'est à faire que si, après avoir réalisé les diligences permettant la détection des anomalies et leur analyse :

– l'assujetti soupçonne ou ne peut écarter le soupçon que les sommes ou les opérations en cause proviennent de la fraude fiscale,

– et si un des seize critères mentionnés à l'article D. 561-32-1, II du code monétaire et financier est présent *[l'assujetti est tenu de rechercher si les opérations litigieuses correspondent à l'un des critères [définis à l'art. D. 561-32-1 II C. mon. fin.] (CE 20 janv. 2016, nº 374950)]*.

1.1.4 *En cas de tentatives d'opérations mentionnées au 1.1.1., 1.1.2. et 1.1.3 ci-avant (art. L. 561-15 V)*

Les tentatives d'opérations suspectes sont à déclarer à TRACFIN. Il peut s'agir, par exemple, d'opérations de souscription ou de rachat de parts, dont la demande d'exécution est :

– soit refusée par l'assujetti, en raison d'un doute sur la licéité de l'opération détecté par des agents ou chargés de clientèle ou par un dispositif automatisé ;

– soit annulée ou abandonnée par le client, pour éviter de transmettre à l'assujetti les informations ou justificatifs probants qui lui ont été demandés.

Les refus d'entrée en relation d'affaires ne font pas nécessairement l'objet d'une déclaration de soupçons, celle-ci ne devant être effectuée qu'en cas de soupçon de blanchiment ou de financement du terrorisme et lorsque les éléments d'identification des personnes sont connus. TRACFIN peut ainsi avoir intérêt à connaitre ces élé-

ments d'identification et les finalités avancées par le demandeur ayant cherché à entrer en relation d'affaires. Dans ces éventualités, le soupçon est, de la même manière, étayé.

1.2 *Les assujettis doivent effectuer une déclaration de soupçon suivant l'issue de l'examen renforcé prescrit à l'article L. 561-10-2 (art. L. 561-15 III)*

A l'issue de l'examen renforcé prescrit à l'article L. 561-10-2 du code monétaire et financier de toute opération particulièrement complexe ou d'un montant inhabituellement élevé ou ne paraissant pas avoir de justification économique ou d'objet licite, les assujettis effectuent, le cas échéant, une déclaration (article L. 561-15, III du code monétaire et financier).

La déclaration doit être effectuée si l'examen renforcé ne permet pas de lever le soupçon : la déclaration de soupçon est alors effectuée, selon le cas, sur le fondement du I ou du II de l'article L. 561-15 (cas précédents).

Si, au terme de l'examen renforcé, l'assujetti ne dispose pas d'informations précises et cohérentes sur la relation d'affaires, ou si la provenance des fonds reste incertaine, alors une déclaration doit être effectuée, sur le fondement du III de l'article L. 561-15.

1.3 *Cas particulier : lorsque l'assujetti envisage de mettre un terme à la relation d'affaires (art. L. 561-8)*

Suivant l'article L. 561-8 du code monétaire et financier, lorsqu'une personne assujettie n'a pas été en mesure d'identifier et de vérifier l'identité de son client et du ou des bénéficiaires effectifs ou d'obtenir des informations relative*[s]* à l'objet et à la nature de la relation d'affaires ou tout autre élément d'information pertinent, elle n'exécute aucune opération, quelles qu'en soient les modalités, n'établit ni ne poursuit aucune relation d'affaires et peut transmettre la déclaration prévue à l'article L. 561-15 dans les conditions prévues à cet article. Si celle-ci a néanmoins déjà été établie en application du IV de l'article L. 561-5, elle y met un terme et la déclaration prévue à l'article L. 561-15 s'effectue dans les conditions prévues à cet article.

L'éventualité d'effectuer une déclaration dans ce cadre est systématiquement examinée, dès que l'assujetti envisage de mettre un terme à la relation d'affaires. La déclaration de soupçon à Tracfin n'est pas automatique. L'assujetti doit porter une appréciation *in concreto* de la situation pour déterminer s'il doit ou non effectuer la déclaration sur la base d'un examen réalisé à partir des éléments d'information dont il dispose.

La rupture de la relation d'affaires ne peut se substituer au respect des obligations de vigilance par les assujettis. En particulier, lorsque des vérifications sont engagées ou que les opérations nécessitent un examen renforcé, l'assujetti ne rompt pas la relation d'affaires tant que l'analyse approfondie n'a pas été achevée. La responsabilité de l'assujetti reste engagée tant que les vérifications n'ont pas été achevées.

La rupture de la relation d'affaires ne peut constituer un substitut à l'envoi d'une déclaration de soupçon.

> ***Position***
>
> **Si les conditions prévues à l'article L. 561-15 sont réunies, alors, l'assujetti effectue la déclaration de soupçon, si possible, avant de mettre un terme à la relation d'affaires, ou à tout le moins, concomitamment.**

La décision de mettre un terme ou non à la relation d'affaires, notamment après avoir effectué une déclaration de soupçon, appartient à l'assujetti et relève de sa seule responsabilité. La poursuite de la relation d'affaires constitue un manquement lorsque l'une des conditions prévues à l'article L. 561-8 est remplie.

1.4 *Autres obligations de déclaration*

Lorsque le droit applicable localement ne permet pas la mise en œuvre des mesures de LCB/FT équivalentes dans les filiales ou succursales étrangères des assujettis, ces derniers veillent à ce qu'elles appliquent des mesures de vigilance spécifiques. Tracfin et l'AMF doivent en être informés (article L. 561-33, II, 2° du code monétaire et financier).

En application du IV de l'article L. 561-15, toute information complémentaire de nature à infirmer, conforter ou modifier les éléments contenus dans une déclaration de soupçon effectuée doit être portée sans délai, à la connaissance de TRACFIN.

Position

Cette obligation d'information complémentaire est due *a fortiori* lorsque le client procède à de nouvelles opérations suspectes.

Lorsque plusieurs opérations postérieures à une première déclaration de soupçon sont à porter à la connaissance de TRACFIN, le déclarant peut, pour des raisons d'efficience, regrouper plusieurs opérations dans une seule déclaration de soupçon complémentaire portant sur une certaine période d'opérations adaptée au cas d'espèce. Dans ce cas, la déclaration de soupçon complémentaire précise les conditions du regroupement des opérations déclarées. Plusieurs déclarations de soupçon complémentaires peuvent être effectuées par un même assujetti, si les circonstances l'exigent.

2 Détection et analyse des faits conduisant au soupçon

Les déclarations effectuées au titre de l'article L. 561-15 du code monétaire et financier doivent l'être après que la détection des anomalies et l'analyse des faits conduisant au soupçon ont été accomplies. En effet, que la déclaration de soupçon relève du I ou du II de l'article L. 561-15 du code monétaire et financier, chaque assujetti déclarant doit procéder à une analyse préalable de chaque opération anormale détectée, en écartant toute automaticité dans les transmissions.

L'efficience du système repose sur la mise en œuvre de dispositifs et de procédures internes de prévention du blanchiment des capitaux et du financement du terrorisme adéquats et efficaces au sein de chaque assujetti conformément aux dispositions du règlement général de l'AMF pour leur permettre de détecter les anomalies et de les analyser.

2.1 *Qu'entend-on par "soupçonnent ou ont de bonnes raisons de soupçonner" ?*

Il n'existe pas de définition juridique du soupçon. Pour comprendre le terme "soupçonnent", on pourra utilement se reporter à l'interprétation donnée par le Conseil d'État dans son arrêt du 31 mars 2004 *[CE, 6e et 1re ss.-sect. réun., 31 mars 2004, no 256355]*, selon laquelle, si les informations recueillies par une entreprise d'investissement, conformément aux diligences prévues par la réglementation applicable, ne lui permettent pas d'écarter tout soupçon sur la licéité de l'opération ou l'origine des sommes, et donc d'exclure que ces sommes puissent provenir d'une infraction sous-jacente, elle doit effectuer une déclaration à TRACFIN.

L'expression "ont de bonnes raisons de soupçonner" vient compléter et élargir la notion de soupçon. En effet, les assujettis n'ont pas à préciser l'infraction sous-jacente.

2.2 *Mise en œuvre d'un dispositif de détection*

Au terme de l'article L. 561-32 du code monétaire et financier, les assujettis mettent en place une organisation, des procédures internes et un dispositif de contrôle interne qui lui permettent de détecter en particulier :

— Les opérations effectuées avec des personnes physiques ou morales domiciliées, enregistrées ou établies dans un État ou territoire à haut risque ;

— Les opérations soumises à un examen renforcé ;
— Les opérations devant faire l'objet d'une déclaration.

Ainsi, les procédures internes que l'assujetti établit et met en œuvre portent notamment sur la détection et le traitement des opérations et des transactions inhabituelles ou suspectes.

Selon une jurisprudence du Conseil d'État *[CE 20 janv. 2016, n° 374950]*, "l'absence de détection d'une opération constitutive d'une anomalie au regard du profil des relations d'affaires constitue par elle-même un manquement lorsque, par sa nature, elle révèle l'insuffisance des dispositifs de suivi et d'analyse mis en place" et "lorsque l'ampleur de la défaillance de la personne mise en cause dans la mise en œuvre de ses obligations de surveillance révèle une insuffisance du dispositif de contrôle mis en place, l'absence de déclaration *[d']* opérations conformément à l'article L. 561-15 du code monétaire et financier constitue un manquement à ces dispositions".

L'assujetti établit et met en œuvre également des procédures d'analyse et de suivi de ses relations d'affaires et, le cas échéant, de transmission des informations au déclarant et au correspondant TRACFIN, selon leurs compétences respectives.

Les moyens consacrés à la détection des opérations suspectes et à leur traitement doivent être suffisants et adaptés à la situation particulière de l'assujetti (taille, organisation structurelle, nature des activités, risques identifiés dans la classification des risques de blanchiment des capitaux et de financement du terrorisme...).

Recours à des systèmes de détection automatisés. Suivant la réglementation, il n'est ni obligatoire, ni suffisant. En fonction de l'activité de l'assujetti, il peut se révéler adapté voire nécessaire.

> *Position*
>
> L'assujetti met en place un paramétrage adapté et efficace de ses outils de détection des opérations atypiques. Le paramétrage est régulièrement actualisé, notamment au regard de la classification des risques, du profil des relations d'affaires, des opérations réalisées par l'assujetti. Ainsi il ne peut reposer sur un seul seuil en montant d'opérations, sans prendre en compte des éléments de connaissance de la relation d'affaires.
>
> Le dispositif est paramétré en fonction d'une nomenclature suffisamment précise de la clientèle.
>
> Les assujettis faisant partie d'un groupe ou exerçant en plusieurs établissements ne sont pas tenus de se doter d'un dispositif central unique. Lorsqu'ils utilisent plusieurs dispositifs, ils s'assurent que l'ensemble de ces dispositifs couvre de manière exhaustive l'activité, la clientèle et les opérations effectuées, et que les informations peuvent être agrégées aux fins d'une analyse d'ensemble de la relation d'affaires.

En toute hypothèse, les assujettis ne peuvent se passer de moyens humains. L'intervention de personnels disposant d'une expertise, d'une expérience, d'une formation suffisante et ayant accès aux informations internes utiles sera requise pour analyser les anomalies détectées.

Traitement des alertes. Les alertes sont analysées, au regard des éléments de connaissance de la relation d'affaires, mis à jour, le cas échéant, à cette occasion.

L'analyse menée, par l'examen des informations sur les opérations ayant fait l'objet d'une alerte, peut conduire à un classement sans suite dûment justifié, ou à un examen renforcé et, le cas échéant, à une déclaration de soupçon.

Les assujettis formalisent et motivent leurs analyses. Ils conservent les documents relatifs au traitement des alertes, dans les conditions prévues par l'article L. 561-12, de manière à justifier le cas échéant auprès de l'AMF le classement sans suite.

En vue d'assurer l'efficacité du dispositif et de la déclaration de soupçon dans les meilleurs délais, les organismes financiers mettent en œuvre les moyens nécessaires au traitement des alertes. Il convient, en effet, que les moyens humains alloués soient suffisants au regard de l'organisation de l'organisme (centralisée ou décentralisée) et de sa taille, notamment pour analyser les alertes et les opérations de manière approfondie. Ainsi, l'insuffisance des moyens humains peut s'illustrer par l'impossibilité d'analyser les alertes générées et les opérations, ou par un stock de propositions de déclaration de soupçon important.

Les assujettis s'assurent que les personnes en charge du traitement des alertes disposent d'une expérience, d'une qualification, d'une formation et d'un positionnement adéquats et qu'elles ont accès aux informations nécessaires à l'exercice de leurs missions. La formation et l'information adéquates de ces personnes sont des éléments essentiels à l'efficacité du dispositif prescrits par la législation (articles L. 561-34 et R. 561-38-1 du code monétaire et financier).

Par ailleurs, les assujettis mettent en place, selon des modalités adaptées à leur organisation et qui tiennent compte, le cas échéant, de leur appartenance à un groupe ou à un réseau relevant d'un organe central, des procédures de centralisation de l'analyse des anomalies détectées

S'agissant des sociétés de gestion de portefeuille, le responsable de la conformité et du contrôle interne (RCCI) porte une attention toute particulière à l'ensemble des obligations permettant la déclaration à TRACFIN et contrôle le dispositif de détection et de traitement des anomalies et opérations suspectes.

2.3 *Analyse des faits*

La déclaration de soupçon est le fruit d'une démarche intellectuelle et la conclusion d'une analyse étayée. Cette analyse repose sur plusieurs étapes qui permettent de passer, d'une opération atypique à une opération suspecte, d'une relation avec le client reposant sur la confiance, au doute puis enfin au soupçon. Une fois détectées, les anomalies doivent ensuite être analysées à la lumière de la connaissance approfondie que l'assujetti doit avoir de son client et de sa relation d'affaires.

L'analyse est ainsi conditionnée par la mise en œuvre préalable des mesures de vigilance à l'égard de la clientèle imposées aux articles L. 561-4-1 à L. 561-14-2 du code monétaire et financier et en particulier les mesures relatives à la connaissance des clients, des bénéficiaires effectifs le cas échéant, et de l'objet et la nature des relations d'affaires qui, pour être effectivement utiles, doivent être régulièrement actualisées au regard de la classification des risques : une bonne connaissance du client et de son environnement, lors de l'entrée en relation et pendant toute sa durée, est la condition préalable nécessaire pour comprendre les opérations et les mouvements opérés par cette personne.

En présence d'une opération inhabituelle, l'assujetti doit se forger une conviction personnelle sur les faits à partir de son expérience et de sa connaissance des faits pour élucider la situation. L'assujetti tient compte de tous les éléments à sa disposition et peut procéder par vérifications, recoupements et recherches complémentaires.

Il peut notamment interroger le client sur l'origine et la destination des fonds et l'inviter à fournir tous autres renseignements utiles complémentaires, notamment parmi ceux énumérés par l'arrêté du 2 septembre 2009 pris en application de l'article R. 561-12 du code monétaire et financier, puis apprécier la vraisemblance ou la plausibilité des explications fournies. La qualité des réponses ainsi que le comportement de celui-ci constituent à cet égard des indices éclairants.

L'analyse approfondie des faits conduira l'assujetti à conclure s'il est ou non en présence d'une situation génératrice de soupçon et, le cas échéant, à procéder à la déclaration requise. Si la situation reste douteuse à l'issue d'un examen renforcé, il est procédé à une déclaration de soupçon (article L. 561-15 III du code monétaire et financier).

Position

Il n'appartient pas à l'assujetti d'apporter la preuve de la matérialité de l'infraction, ni de procéder à sa qualification qui relèvent de la seule compétence de l'autorité judiciaire.

En revanche, outre les éléments relatifs à l'identification du client et au descriptif des flux concernés, sa déclaration doit être étayée par la mention de l'analyse qui a fondé sa suspicion.

La démarche sera similaire lorsque les faits ont été commis à l'étranger.

Dès lors que les assujettis n'ont pas acquis à l'issue de leur analyse, la certitude que l'opération en cause est licite, la déclaration devient obligatoire.

Position

Dans toute déclaration, doivent figurer explicitement les faits ayant conduit au soupçon à l'origine du signalement. Cette obligation de déclaration, lorsqu'elle est formellement remplie, doit être la conclusion d'une analyse approfondie. Les assujettis doivent donc s'abstenir de faire des déclarations qui sont uniquement motivées par des éléments de contexte.

Ainsi, ne répondent pas aux exigences de l'article R. 561-31, III du code monétaire et financier les déclarations, présentant les caractéristiques suivantes :

– Une déclaration de soupçon laconique faisant uniquement état de la réception d'une réquisition judiciaire ou d'une demande de renseignement émanant d'une administration ;

– Une déclaration de soupçon qui procède d'un simple présupposé lié à l'activité du client, à son adresse ou à son pays de résidence ou d'enregistrement, à sa réputation, sans autre précision sur le motif du soupçon.

Il en est de même des déclarations émises en raison des difficultés entre l'assujetti concerné et son client, ou du comportement de celui-ci. Si le comportement d'un client peut constituer un indice intéressant, il ne peut en aucun cas suffire à motiver l'envoi d'une déclaration de soupçon.

3 Modalités de déclaration

3.1 *Le contenu de la déclaration de soupçon à TRACFIN*

Le contenu de la déclaration est précisé notamment au III de l'article R. 561-31 du code monétaire et financier :

"III. – Dans tous les cas, la déclaration comporte les renseignements et éléments d'information suivants :

1° La profession exercée par la personne qui effectue la déclaration par référence aux catégories mentionnées à l'article L. 561-2 ;

2° Les éléments d'identification et les coordonnées professionnelles du déclarant désigné conformément aux dispositions du I de l'article R. 561-23 ;

3° Le cas de déclaration par référence aux cas mentionnés à l'article L. 561-15 ;

4° Les éléments d'identification du client et, le cas échéant, du bénéficiaire effectif de l'opération qui fait l'objet de la déclaration ainsi que, dans le cas où une relation d'affaires a été nouée avec le client, l'objet et la nature de cette relation ;

5° Un descriptif de l'opération et les éléments d'analyse qui ont conduit à effectuer la déclaration ;

6° Lorsque l'opération n'a pas encore été exécutée, son délai d'exécution".

Le IV du même article précise que la déclaration est accompagnée, le cas échéant, de toute pièce utile à son exploitation par Tracfin.

Conformément au V de l'article R. 561-31 du code monétaire et financier, lorsque TRACFIN constate que le contenu d'une déclaration ne satisfait pas à l'une des conditions exigées, il invite le déclarant à la régulariser dans le délai d'un mois en l'informant qu'à défaut de régularisation celle-ci ne pourra être prise en compte pour bénéficier des exonérations de responsabilité civile, pénale et administrative mentionnées aux I à IV de l'article L. 561-22. A défaut de régularisation dans ce délai, TRACFIN notifie au déclarant une décision d'irrecevabilité.

Le strict respect de ces dispositions est indispensable à l'exploitation de la déclaration par TRACFIN. La clarté, la concision et la précision de la présentation de ces éléments dans la déclaration sont également particulièrement importantes.

La déclaration doit en outre être faite de bonne foi ce qui suppose que le soupçon soit étayé, documenté et fondé sur des données fiables et vérifiées.

La déclaration sera nourrie par les éléments ayant permis la détection des anomalies et ceux de l'analyse approfondie conduisant au soupçon.

Exemples des informations devant figurer dans la déclaration :

• description du contexte (éléments d'identification et de connaissance du client et, le cas échéant, du bénéficiaire effectif, objet et nature de la relation d'affaires, tout autre élément pertinent qui pourra faire apparaître le caractère atypique de l'opération ou du comportement du client par rapport à son profil) ;

• éléments d'identification des personnes parties prenantes à l'opération ;

• description détaillée des faits et des anomalies ayant conduit au soupçon (par exemple, services ou opérations concernés, date, montant, parties prenantes aux opérations (donneur d'ordre, bénéficiaire effectif), numéros et types de comptes concernés, origine et destination des fonds, en cas d'opérations non exécutées, délai d'exécution ...) ;

• éléments réunis dans le cadre de l'analyse approfondie menée par la personne assujettie ;

• éléments caractérisant le soupçon, sa nature et sa motivation résultant de l'analyse effectuée. Peuvent éventuellement être indiquées l'étape du blanchiment et l'infraction sous-jacente supposée ;

• en cas de soupçon de blanchiment de fraude fiscale, critère(s) défini(s) au II de l'article D. 561-32-1 du code monétaire et financier et qui est (sont) présent(s) en l'espèce ainsi que des éléments ayant conduit à retenir le ou les critères mentionnés ;

• documents et pièces justificatives.

Les exigences de contenu de la déclaration en cas de tentatives sont plus souples car la connaissance de la relation d'affaires peut être moindre, si celle-ci n'est pas établie, et les détails de l'opération moins précis que si l'opération avait eu lieu.

S'agissant de déclarations portant sur des faits anciens, elles doivent contenir tous les éléments nécessaires énoncés plus haut, permettant leur exploitation par TRACFIN.

Une déclaration peut porter sur une opération isolée qui sera remarquée pour son caractère inhabituel ou inexpliqué. Cet élément devra être complété par ceux rendant l'opération suspecte ou ne permettant pas d'écarter le soupçon.

Position

La déclaration doit absolument contenir la motivation du soupçon. Les éléments de contexte viennent utilement en complément mais ne peuvent déclencher, à eux seuls, l'émission d'une déclaration.

En revanche, les éléments de contexte peuvent provoquer, de la part de la personne assujettie et en fonction de son appréciation du risque engendré, une vigilance renforcée. A titre d'exemples, on peut citer les cas suivants :

– réquisition judiciaire, nature de l'activité ou adresse du client ;
– nervosité ou comportement menaçant du client.

3.2 *Forme et transmission de la déclaration de soupçon à TRACFIN*

En application de l'article R. 561-23 du code monétaire et financier, les assujettis communiquent à TRACFIN et à l'AMF l'identité de leurs dirigeants ou préposés habilités à procéder aux déclarations prescrites à l'article L. 561-15 du code monétaire et financier.

Les assujettis, hormis les conseillers en investissements financiers et les conseillers en investissements participatifs, doivent effectuer la déclaration de soupçon *via* le système Ermès sur le site Internet de TRACFIN à l'adresse suivante : http://www.economie.gouv.fr/tracfin/.

Les conseillers en investissements financiers et les conseillers en investissements participatifs peuvent choisir d'effectuer la déclaration de soupçon *via* le système Ermès. S'ils choisissent de ne pas utiliser le système Ermès, ils effectuent la déclaration de soupçon par courrier sur le modèle de déclaration à TRACFIN disponible sur le site Internet de TRACFIN à l'adresse suivante : http://www.economie.gouv.fr/tracfin/.

En application des articles L. 561-15 VI et R. 561-31 II du code monétaire et financier la déclaration de soupçon peut également être recueillie verbalement par TRACFIN, en présence du déclarant. Toutefois, ce mode de déclaration doit être utilisé s'il se justifie par les circonstances exceptionnelles de la préparation ou de la réalisation de l'opération en cause, en particulier lorsque la déclaration porte sur une opération dont l'exécution est imminente. Ce mode de déclaration implique un déplacement, dans les locaux de TRACFIN, du déclarant qui remet les pièces correspondant à la déclaration qu'il vient effectuer.

3.3 *A quel moment la déclaration doit-elle être effectuée ?*

Le principe posé par l'article L. 561-16 du code précité, alinéa premier est que la déclaration de soupçon est effectuée préalablement à l'exécution de l'opération, laissant ainsi à TRACFIN, conformément à l'article L. 561-24 du code monétaire et financier, la possibilité d'exercer son droit d'opposition *[en application de l'art. L. 561-24 C. mon. fin., TRACFIN peut s'opposer à l'exécution d'une opération non encore exécutée dont il a eu connaissance. La confidentialité de l'exercice par TRACFIN de son droit d'opposition est encadrée par l'art. L. 561-24 I dern. al. et II du même code]*. L'assujetti doit donc s'abstenir d'effectuer toute opération dont il soupçonne qu'elle est liée au blanchiment des capitaux ou au financement du terrorisme.

La déclaration peut toutefois porter sur des opérations déjà exécutées (article L. 561-16, alinéa 2, du code monétaire et financier) :

– lorsqu'il a été impossible de surseoir à son exécution ;
– quand son report aurait pu nuire au déroulement d'investigations en cours ;
– ou si le soupçon est apparu postérieurement à l'exécution de l'opération en question.

La dérogation s'applique lorsque l'opération est instantanée. Elle peut trouver également à s'appliquer lorsque l'opération est soumise à des contraintes d'exécution très courtes qui rendent difficile la mise en place d'une détection *a priori* systématique.

Après l'exécution de l'opération, la déclaration doit alors être adressée à TRACFIN sans délai (article L. 561-16 dudit code) quitte à compléter ultérieurement, par un nouvel envoi complémentaire à TRACFIN, les informations communiquées. Cette disposition introduit une obligation de célérité qui contraint chaque assujetti à veiller à ce que, quelle que soit son organisation, les diligences à accomplir le soient aussi rapidement que possible. Tout délai pris dans l'envoi de la déclaration de soupçon par rapport à la date à laquelle l'opération suspecte a été réalisée est dès lors justifié par l'énoncé, dûment documenté des diligences accomplies par l'assujetti pour passer du doute au soupçon.

4 Obligations de conservation et de confidentialité

4.1 *Obligations de conservation des pièces concernant les déclarations effectuées*

Les assujettis conservent les pièces et documents relatifs aux déclarations à TRACFIN pendant une période de 5 ans suivant la cessation de la relation d'affaires concernée (article L. 561-12 du code monétaire et financier). Cette obligation de conservation concerne les pièces suivantes :

– la copie de la déclaration, et, le cas échéant, les pièces qui lui étaient jointes ;
– en cas de déclaration orale, le nom du déclarant, la date de la déclaration, la copie des pièces transmises à Tracfin ;
– l'accusé réception de la déclaration ;
– les documents relatifs aux opérations ;

– les documents consignant les caractéristiques des opérations mentionnées à l'article L. 561-12 du code précité.

Conformément à l'article L. 561-25 I du code monétaire et financier, TRACFIN peut demander que les pièces conservées lui soient communiquées directement quel que soit le support utilisé pour leur conservation et dans les délais qu'il fixe. Ce droit s'exerce sur pièces ou sur place dans le but de reconstituer l'ensemble des déclarations faites par une personne physique ou morale liées à une opération ayant fait l'objet d'une déclaration ou à une information reçue *[au titre des art. L. 561-15-1, L. 561-27, L. 561-28 ou L. 561-29 C. mon. fin.]* ainsi que dans le but de renseigner, dans les conditions prévues à l'article L. 561-29-1 du code monétaire et financier, des cellules de renseignement financier homologues étrangères.

Les assujettis mettent en place des procédures définissant les conditions de conservation de ces documents, selon des modalités propres à en assurer la confidentialité.

4.2 *Quelle confidentialité pour les déclarations et les échanges d'informations intra et extra[-]groupe ?*

La confidentialité de la déclaration de soupçon est prévue à l'article L. 561-18, premier alinéa du code monétaire et financier : elle porte sur l'existence et le contenu des déclarations qui ne peuvent être communiqués, de même que les suites qui leur ont été données. Elle s'applique autant à l'égard de l'intéressé qu'à des tiers. Le non-respect de cette interdiction de divulgation est réprimé, par l'article L. 574-1 du même code, d'une amende de 22 500 euros. La même sanction s'applique à une divulgation des informations tranmises dans le cadre d'un droit de communication exercé par Tracfin.

Il est précisé que la déclaration de soupçon n'est jamais transmise spontanément à l'autorité judiciaire en appui des notes d'information dans lesquelles la ou les sources sont, au demeurant, systématiquement occultées.

La confidentialité de la déclaration ne fait pas obstacle à la communication d'informations concernant les déclarations aux autorités de contrôle, en particulier à l'Autorité des marchés financiers.

Sont également prévus, sauf opposition de TRACFIN, des échanges d'information, par les personnes mentionnées aux 1° à 7° de l'article L. 561-2 du code monétaire et financier, les compagnies financières holding, les entreprises mères de sociétés de financement, les compagnies financières holding mixtes, les entreprises mères de sociétés de groupe d'assurance, d'unions mutualistes de groupe ou de sociétés de groupe assurantiel de protection sociale qui appartiennent à un même groupe, ainsi que leurs filiales et succursales, sur l'existence et le contenu des déclarations.

Ces informations ne peuvent être échangées qu'entre personnes d'un même groupe soumises à l'obligation de déclaration prévue à l'article L. 561-15 du code précité.

Ces informations doivent être nécessaires à l'exercice, au sein du groupe, de la vigilance en matière de LCB/FT et ne doivent être utilisées qu'à cette fin. Conformément à l'article R. 561-29, les entreprises mères de groupe définissent les procédures sur les modalités d'échange d'informations, y compris des déclarations de soupçon, au sein du groupe.

Elles ne peuvent être communiquées qu'à une personne ou un établissement établi dans l'Union européenne ou l'Espace économique européen ou dans un pays tiers à condition que l'entité du groupe établie dans ce pays tiers applique les mesures relatives à la LCB-FT prévues au sein du chapitre I du titre VI du livre V du code monétaire et financier ou des mesures équivalentes, le traitement des informations garantissant "un niveau de protection suffisant de la vie privée et des libertés et droits fondamentaux des personnes" (article L. 561-20 du code monétaire et financier).

En outre, sous certaines conditions restrictives, les personnes mentionnées au 1° à 7° de l'article L. 561-2 du code monétaire et financier lorsqu'elles interviennent pour un même client et dans une même opération ou lorsqu'elles ont connaissance, pour un même client, d'une même opération peuvent s'informer mutuellement par tout moyen sécurisé de l'existence et du contenu de la déclaration :

– elles sont situées en France, dans un État membre de l'Union européenne ou partie à l'Espace économique européen ;

– pour les personnes qui ne sont pas situées en France, celles-ci doivent être soumises à des obligations équivalentes en matière de secret professionnel ;

– de tels échanges ne peuvent être effectués qu'à des fins de prévention du blanchiment des capitaux et du financement du terrorisme ;

– le traitement des informations communiquées, lorsqu'il est réalisé dans un pays tiers, doit garantir un niveau de protection suffisant de la vie privée et des libertés et droits fondamentaux (article L. 561-21 du code monétaire et financier).

5 L'articulation entre l'obligation de déclaration de soupçon et d'autres dispositifs

5.1 *Le dispositif de gel des avoirs*

Le fait qu'une personne fasse nouvellement l'objet d'une mesure restrictive, y inclus le gel des avoirs, n'impose pas nécessairement à l'assujetti de procéder à une déclaration de soupçon auprès de TRACFIN.

Position

L'assujetti réévalue le profil de la relation d'affaires au regard de cette mesure, et adapte sa vigilance en conséquence. Il examine en particulier avec attention le fonctionnement de la relation d'affaires, notamment les opérations qui ont précédé l'entrée en vigueur de la mesure restrictive mais également les éventuels liens familiaux et patrimoniaux de la personne concernée.

Lorsqu'il est mis fin à la mesure restrictive, l'assujetti adapte le profil de la relation d'affaires et sa vigilance en conséquence.

En tout état de cause, en cas de soupçon, l'assujetti transmet sans délai une déclaration de soupçon à TRACFIN, en précisant les éléments d'analyse ayant conduit au soupçon, sans préjudice de la déclaration de gel à la direction générale du Trésor prévue par les règlements européens portant mesures restrictives et le code monétaire et financier.

5.2 *Le dépôt de plainte auprès du Procureur de la République*

La déclaration de soupçon et le dépôt de plainte sont deux procédures indépendantes. Ainsi, l'envoi d'une déclaration de soupçon à TRACFIN ne se substitue en aucun cas à un dépôt de plainte. De même, dans le cas où l'assujetti effectuerait un dépôt de plainte, cela ne constitue nullement un obstacle à l'envoi d'une déclaration de soupçon. Le dépôt de plainte est néanmoins à mentionner dans la déclaration. En cas de dépôt de plainte, l'assujetti, comme quand il procède à une déclaration de soupçon, réévalue le profil du client et met en œuvre des mesures de vigilance adaptées. En outre, l'assujetti procède, le cas échéant, à une déclaration de soupçon à TRACFIN.

Les assujettis procèdent à une déclaration de soupçon, en particulier si la fraude à l'origine du dépôt de plainte paraît organisée et/ou mettre en relation plusieurs clients.

5.3 *La réquisition judiciaire ou administrative*

La réception d'une réquisition judiciaire amène, en principe, l'assujetti à effectuer une analyse des opérations enregistrées dans ses livres par le client, à réévaluer le profil de sa relation d'affaires et adapter sa vigilance en conséquence.

Il en va de même lorsqu'il reçoit une demande administrative nominative (administration fiscale, douanes, etc.), dont l'objet est susceptible de présenter un lien avec la LCB-FT.

Dans ce cadre, le réexamen de la relation d'affaires peut permettre à l'assujetti de détecter des opérations suspectes qu'il n'avait pas identifiées au préalable et qui ne sont pas concernées par la réquisition judiciaire. Dans cette hypothèse, l'assujetti adresse, sans délai, une déclaration de soupçon à TRACFIN en mentionnant la réquisition judiciaire, ou le document reçu de l'administration requérante, et en indiquant les références précises de la procédure et les coordonnées du service ou du magistrat à l'origine de la réquisition ou de la demande.

Par ailleurs, à l'occasion d'un examen renforcé, les assujettis vérifient si la personne concernée par l'opération n'a pas déjà fait l'objet d'une réquisition judiciaire ou d'une demande d'un service de l'État dont l'objet est susceptible de présenter un lien avec la LCB-FT. En cas de soupçon, ils le mentionnent dans la déclaration de soupçon.

Il peut être utile de mettre en place, au sein des assujettis, des procédures de liaison entre le service traitant les réquisitions judiciaires et les demandes des administrations requérantes, et d'autre part, le service LCB-FT. De telles procédures et/ou mesures de coordination sont en effet susceptibles de faciliter un réexamen rapide de la situation du client le cas échéant.

6 Les déclarant et correspondant TRACFIN

6.1 *Désignation des déclarant/correspondant TRACFIN*

Conformément aux articles R. 561-23 et R. 561-24, les assujettis désignent des déclarant(s) et correspondant(s) TRACFIN à même de s'acquitter des obligations de déclaration et d'information à TRACFIN, dans les délais impartis, et de répondre aux demandes de TRACFIN en application des articles L. 561-24 et L. 561-25.

Position

Le déclarant et le correspondant TRACFIN peuvent être une seule et même personne, en fonction de la taille et de l'organisation de l'assujetti.

Le cumul des fonctions de responsable de la mise en œuvre du dispositif de lutte contre le blanchiment de capitaux et le financement du terrorisme prévu à l'article L. 561-32 du code monétaire et financier, de déclarant TRACFIN et/ou de correspondant TRACFIN doit être adapté en terme de charge de travail et ne pas porter atteinte, en aucune manière, à l'efficacité du dispositif de lutte contre le blanchiment et le financement du terrorisme.

Le cumul de l'une ou de toutes ces fonctions avec celles de responsable de la conformité et du contrôle interne au sein des sociétés de gestion de portefeuille est possible dans la mesure où ce cumul permet de maintenir l'efficacité du dispositif de lutte contre le blanchiment et le financement du terrorisme et respecte les dispositions du règlement général relatives aux fonctions conformité et de contrôle interne, notamment l'indépendance, l'objectivité, l'autonomie de décision ainsi que le caractère suffisant des moyens.

Par dérogation, conformément à l'article R. 561-28, les assujettis qui appartiennent à un groupe peuvent convenir, en accord avec l'entreprise mère ou l'organe central, d'une désignation conjointe d'un déclarant et correspondant TRACFIN, sous réserve que ces personnes exercent leur mission sur le territoire national. Dans ce dernier cas, la communication de l'identité de ces personnes à TRACFIN et à l'AMF est opérée par le groupe.

L'identité et la qualité de ces personnes sont communiquées à la fois à l'AMF et à TRACFIN. De même tout changement est porté sans délai à la connaissance de TRACFIN et de l'AMF.

Aux fins de transmission de ces informations à TRACFIN, les assujettis adressent *via* ERMES le formulaire de télé-déclaration disponible sur son site Internet. Dans le cas d'une première déclaration, le formulaire peut être communiqué en pièce-jointe. TRACFIN souhaite que tous les assujettis se conforment à cette pratique.

Tout dirigeant d'un assujetti ou préposé peut prendre l'initiative de déclarer lui-même à TRACFIN, notamment lorsqu'une urgence particulière l'exige, une opération lui paraissant devoir l'être en application de l'article L. 561-15. Cette déclaration est confirmée, dans les meilleurs délais, par la personne habilitée.

En application de l'article R. 561-38-2, les obligations déclaratives ne peuvent être confiées à un prestataire extérieur. En revanche, au sein d'un groupe, leur mise en œuvre peut être externalisée à une des entités du groupe, en accord avec l'entreprise mère ou l'organe central.

6.2 *Le rôle des déclarants/correspondants TRACFIN*

Il importe que, pour effectuer l'analyse des faits conduisant au soupçon, le déclarant/correspondant TRACFIN dispose des outils et moyens (accès aux bases clientèle et opérations/flux) nécessaires. Il paraît donc indispensable, à cette fin, qu'il soit habilité à effectuer lui-même les requêtes qu'il juge utiles et que les personnels en charge de la relation avec le client lui adressent, en réponse à ses demandes, des informations suffisamment précises et détaillées, dans les meilleurs délais.

Il convient que les procédures prévoient la transmission des anomalies détectées au déclarant et au correspondant TRACFIN, selon les compétences respectives de ceux-ci.

Les entreprises assujetties veillent à ce que le déclarant et le correspondant susmentionnés aient accès à toutes les informations nécessaires à l'exercice de leurs fonctions. Elles mettent à leur disposition des outils et des moyens pour qu'ils procèdent, selon leur compétence respective :

– aux déclarations prévues à l'article L. 561-15 ;

– au traitement des demandes d'information du service à compétence nationale TRACFIN.

Le déclarant et le correspondant TRACFIN sont également informés :

– des incidents en matière de lutte contre le blanchiment des capitaux et le financement du terrorisme révélés par les systèmes de contrôle interne ;

– des insuffisances constatées par les autorités de contrôle nationales et étrangères dans la mise en œuvre par l'assujetti des dispositions relatives à la lutte contre le blanchiment des capitaux et le financement du terrorisme.

D Conseil d'orientation de la lutte contre le blanchiment des capitaux et le financement du terrorisme

Rapport COLB (septembre 2019),

Analyse nationale des risques de blanchiment de capitaux et de financement du terrorisme en France 🏛.

COMMENTAIRE

Le Conseil d'orientation de lutte contre le blanchiment de capitaux et le financement du terrorisme (COLB) a pour objet de coordonner l'action des services de l'État et des autorités de contrôle concernés par la lutte contre le blanchiment de capitaux et le financement du terrorisme (LBC/FT) et de favoriser la concertation avec les professions assujetties par l'article L. 561-2 du code monétaire et financier en matière de LBC/FT. Il propose également des améliorations du dispositif national de lutte contre le blanchiment de capitaux et le financement du terrorisme, et suit l'élaboration et la mise à jour régulière d'un document de synthèse sur la menace de blanchiment de capitaux et de financement du terrorisme.

L'analyse nationale des risques de blanchiment de capitaux répond au cadre européen pyramidal fixé par la directive 2015/849 du 20 mai 2015 modifiée par la directive 2018/843 imposant aux États membres d'élaborer une analyse nationale des risques de blanchiment de capitaux et de financement du terrorisme. S'ajoute ensuite à ces analyses nationales des risques, l'analyse de la Commission européenne qui établit un rapport consacré à l'identification, l'analyse et l'évaluation des risques au niveau de l'Union européenne sur lequel différentes autorités apporteront leur éclairage, et notamment les autorités européennes de surveillance (Dir. (UE) 2015/849 du 20 mai 2015, art. 6 ; V. *infra*, II. Règles européennes).

Les assujettis à la LBC/FT doivent dès lors tenir compte dans l'élaboration de leur classification, puis de leur cartographie des risques, des risques identifiés au plan national par le COLB, risques auxquels ils ajouteront ensuite des risques propres s'il y a lieu dans la perspective de la personnalisation de leur cartographie des risques qui constitue une obligation légale (V. comm. ss. art. L. 561-32 C. mon. fin., *supra*, A. Droit préventif et répressif). ❑

E Traitement du renseignement et action contre les circuits financiers clandestins

Lignes directrices conjointes CSOEC-TRACFIN (décembre 2012),

Sur la déclaration de soupçon.

COMMENTAIRE

Voir le commentaire, *supra*, B. Autorité de contrôle prudentiel et de résolution. ❑

Les présentes lignes directrices, élaborées conjointement par le Conseil Supérieur de l'Ordre des Experts-Comptables et Tracfin sous l'égide du COLB (Conseil d'orientation de la lutte contre le blanchiment de capitaux et le financement du terrorisme), répondent à un besoin des professionnels de l'expertise comptable soumis au dispositif de lutte contre le blanchiment de capitaux et financement du terrorisme. Elles ont pour objet d'expliciter les textes en vigueur concernant la déclaration de soupçon, tant en ce qui concerne les attentes de la cellule de renseignement financier que celles du Conseil Supérieur de l'Ordre des Experts-comptables en sa qualité d'autorité de contrôle. Elles tiennent compte de l'extension du champ déclaratif réalisée par l'ordonnance du 30 janvier 2009 aux opérations mettant en jeu des sommes qui proviennent de toutes les infractions passibles d'une peine privative de liberté supérieure à un an.

Les lignes directrices, adoptées respectivement par le Conseil Supérieur de l'Ordre des Experts-comptables et par Tracfin, sont publiques. Elles seront présentées au COLB.

Elles pourront faire l'objet d'adaptations ultérieures, pour tenir compte de l'expérience du Conseil Supérieur de l'Ordre des Experts-comptables et de Tracfin, des sujets que les différents acteurs souhaiteront approfondir, ainsi que de l'évolution éventuelle des textes législatifs ou règlementaires.

Ces lignes directrices viennent compléter le guide d'application de la norme "Blanchiment" et les autres outils pratiques publiés par le Conseil Supérieur de l'Ordre des Experts-comptables.

Introduction : rappel des principes régissant le dispositif français

§ 1 — La transposition en droit interne de la troisième directive européenne 2005/60 du 26 octobre 2005 relative à la prévention de l'utilisation du système financier aux fins du blanchiment de capitaux et du financement du terrorisme (LCB-FT) a imposé de procéder à une refonte totale du dispositif anti-blanchiment français qui résultait de l'empilement de réformes successives.

L'ordonnance n° 2009-104 du 30 janvier 2009, codifiée aux articles L. 561-1 et suivants du code monétaire et financier, complétée par ses textes réglementaires d'application définit un cadre juridique plus cohérent, mieux articulé et dont l'efficacité devrait se trouver renforcée.

Le nouveau dispositif repose sur un double volet d'obligations complémentaires que sont les obligations de vigilance d'une part et l'obligation de déclaration auprès de Tracfin d'autre part, auxquelles sont assujettis notamment les professionnels de l'expertise comptable.

§ 2 — Indépendamment du dispositif de lutte contre le blanchiment et le financement du terrorisme, les professionnels de l'expertise comptable respectent les devoirs généraux résultant de leur serment et du code de déontologie parmi lesquels figurent le secret professionnel et le devoir de discrétion. Cela conduit ces professionnels à inviter leur client ou adhérent à veiller à ne pas commettre de fraudes ou infractions et à l'inviter à régulariser une situation dès lors qu'ils constatent des fraudes, erreurs ou omissions dans l'exercice de leur mission, si une régularisation est possible.

Ces obligations font partie intégrante des obligations des professionnels de l'expertise comptable.

§ 3 — A l'issue des investigations menées à la suite d'une déclaration de soupçon, Tracfin a :

– l'obligation de transmettre la synthèse des informations recueillies à l'autorité judiciaire si une infraction est suffisamment caractérisée ;

– la faculté de divulguer les informations utiles à la mission de certaines administrations limitativement énumérées.

Les obligations de vigilance

Les obligations de vigilance sont définies dans les articles L. 561-5 à L. 561-14-2 du code monétaire et financier ainsi que dans les paragraphes 6 à 14 de la norme "anti-blanchiment" du Conseil Supérieur de l'Ordre des Experts-Comptables. Ces textes précisent notamment :

§ 4 — L'obligation d'identification du client ou adhérent et le cas échéant, du bénéficiaire effectif *[au sens de l'art. R. 561-1, le bénéficiaire effectif s'entend comme la ou les personnes physiques qui soit détiennent, directement ou indirectement, plus de 25 % du capital ou des droits de vote de la société, soit exercent, par tout autre moyen, un pouvoir de contrôle sur les organes de gestion, d'administration ou de direction de la société ou sur l'assemblée générale de ses associés]*. Le processus d'identification consiste pour les professionnels de l'expertise comptable à demander la communication :

– pour un client ou adhérent personne physique, d'un document d'identité officiel en cours de validité comportant une photographie ;

– pour le client ou adhérent personne morale, de tout acte ou extrait de registre officiel datant de moins de trois mois constatant la dénomination, la forme juridique, l'adresse du siège social et l'identité des associés et dirigeants.

Ils s'entretiennent le cas échéant avec le client ou adhérent ou son représentant habilité sur les éléments d'identification relevés afin de vérifier leur fiabilité.

§ 5 — L'application de mesures de vigilance complémentaire. La mise en œuvre des obligations de vigilance est modulée, le niveau d'intensité de la vigilance variant en fonction du degré d'exposition au risque de blanchiment ou de financement du terrorisme auquel le professionnel est confronté. Le nouveau dispositif consacre ainsi une approche fondée sur le risque.

Conformément aux règles définies dans la norme professionnelle publiée par l'arrêté du 7 septembre 2010, les professionnels de l'expertise comptable exercent leur obligation de vigilance selon trois niveaux :

– vigilance allégée, lorsque le risque de blanchiment des capitaux et de financement du terrorisme paraît faible, les professionnels de l'expertise comptable peuvent réduire l'intensité des mesures de vigilance prévues. Dans ce cas, ils justifient que l'étendue des mesures est appropriée aux risques ;

— vigilance normale lorsque les éléments d'analyse ou les circonstances n'autorisent pas une vigilance allégée ou n'imposent pas une vigilance renforcée ;

— vigilance renforcée lorsque le risque de blanchiment de capitaux et de financement du terrorisme paraît élevé.

Les professionnels de l'expertise comptable doivent appliquer des mesures de vigilance complémentaires à l'égard de leur client ou adhérent, et notamment lorsque :

— le client ou adhérent ou son représentant légal n'est pas physiquement présent aux fins de l'identification ;

— le client ou adhérent est une personne résidant dans un autre État membre de l'Union européenne ou un pays tiers et qui est exposée à des risques particuliers en raison des fonctions politiques, juridictionnelles ou administratives qu'elle exerce ou a exercées pour le compte d'un autre état ou de celles qu'exercent ou ont exercées des membres directs de sa famille ou des personnes connues pour lui être étroitement associées

C'est par une démarche pragmatique et graduée, fondée sur son appréciation et nourrie de son expertise et de son expérience que le professionnel peut détecter les opérations qui constituent des anomalies au regard de l'activité et de la connaissance du client ou adhérent. Ainsi, pendant toute la durée de leur mission, ou de leur prestation, les professionnels de l'expertise comptable exercent une vigilance adaptée aux risques identifiés de blanchiment de capitaux et financement du terrorisme, notamment sur les éléments obtenus à l'occasion de l'acceptation de la mission, en vue de maintenir une connaissance adéquate du client ou adhérent.

§ 6 — L'obligation de conservation des documents.

Doivent être conservés pendant toute la durée de la mission et cinq ans après sa fin :

• Les documents d'identité du client ou adhérent et du bénéficiaire effectif ;

• Les extraits de registres légaux pour les personnes morales ;

• Les fiches d'identification des risques spécifiques au client ou adhérent et à son activité ;

• Les éléments de détermination du niveau de vigilance applicable.

Doivent être conservés pendant cinq ans après la réalisation de l'opération :

• Les notes de travail relatives à l'examen des opérations réalisées par le client ou adhérent ;

• Les documents justificatifs de l'origine ou de la destination des fonds utilisés lors de ces opérations ;

• Les analyses ayant permis de conclure qu'il n'y avait pas lieu de déposer une déclaration, ou au contraire d'en déposer une ;

• La copie de la déclaration de soupçon et les documents qui y ont été joints.

L'obligation de déclaration aupres de TRACFIN

§ 7 — Le dispositif de la déclaration de soupçon constitue une exception légale au secret professionnel.

§ 8 — Aux termes de l'article L. 561-15 I et II du code monétaire et financier, les professionnels de l'expertise comptable doivent déposer une déclaration à TRACFIN portant sur :

— les opérations mettant en jeu des sommes *[ce qui suppose le constat d'un flux financier passé, présent ou à venir et exclut les charges et produits calculés]* dont ils savent, soupçonnent ou ont de bonnes raisons de soupçonner qu'elles proviennent d'une infraction passible d'une peine privative de liberté supérieure à un an ou participent au financement du terrorisme ;

— les sommes ou opérations dont ils savent, soupçonnent ou ont de bonnes raisons de soupçonner qu'elles proviennent d'une fraude fiscale, lorsqu'ils sont en présence d'un des critères définis à l'article D. 561-32-1 du code monétaire et financier.

§ 9 — Cependant, lorsque le professionnel de l'expertise comptable donne une consultation juridique *[art. L. 561-3 IV – Les experts-comptables ainsi que les salariés autorisé à exercer la profession d'expert-comptable en application des art. 83 ter et 83 quater de l'Ord* *n° 45-2138 du 19 sept. 1945 portant institution de l'ordre des experts-comptables et réglementant le titre et la profession d'expert-comptable ne sont pas soumis à la section 4 du présent chapitre lorsqu'ils donnent des consultations juridiques conformément à l'art. 22 de l'ordonnance précitée, à moins que ces consultations n'aient été fournies à des fins de blanchiment de capitaux ou de financement du terrorisme ou en sachant que le client ou adhérent les demande aux fins de blanchiment de capitaux ou de financement du terrorisme]*, il est exonéré de son obligation de déclaration de soupçon, à moins que la consultation n'ait été fournie à des fins de blanchiment de capitaux ou de financement du terrorisme ou en sachant que le client ou adhérent la demande aux fins de blanchiment de capitaux ou de financement du terrorisme (C. mon. fin., art. L. 561-3, IV, issu de la L. n° 2010-583 du 23 juill. 2010). En revanche, il reste soumis à l'intégralité des obligations de vigilance.

§ 10 — La déclaration de soupçon est le fruit d'une démarche intellectuelle et la conclusion d'une analyse qui repose sur plusieurs étapes qui peuvent conduire à passer d'une relation avec le client ou l'adhérent reposant sur la confiance, au doute puis enfin au soupçon.

Si le professionnel d'expertise comptable est confronté à un doute, des informations complémentaires doivent être demandées au client ou adhérent et la qualité des réponses ou des justifications constituent à cet égard des indices éclairants. Ces démarches doivent permettre de lever le doute ou de structurer le soupçon que les opérations portent sur des sommes qui proviennent d'une infraction sous-jacente. Si le doute ne peut pas être levé par la démarche de clarification, il devient un soupçon et une déclaration à Tracfin doit être effectuée.

§ 11 — Le professionnel de l'expertise comptable qui effectue une déclaration de soupçon, conformément aux règles juridiques et aux principes déontologiques est exonéré des poursuites pénales fondées sur :

— la dénonciation calomnieuse (art. 226-10 C. pén.) ;

— le non-respect de l'obligation de secret professionnel (art. 226-13 C. pén.).

Cette exonération est applicable quand bien même le caractère délictuel des faits ayant conduit à la déclaration n'a pu être démontré par l'autorité judiciaire.

Une protection similaire est assurée au professionnel, sous la même condition de bonne foi, en matière de responsabilité civile et de sanction disciplinaire.

Toutefois, ce principe d'exonération ne peut être mis en œuvre en cas de concertation frauduleuse avec le propriétaire des sommes ou l'auteur des opérations.

En dehors du cas prévu par l'article L. 561-22 du code monétaire et financier, la déclaration de soupçon ne peut en aucun cas, à elle seule, exonérer du risque de poursuite pénale, notamment pour blanchiment.

Cependant, une telle déclaration peut être prise en compte par le procureur pour apprécier l'opportunité des poursuites et la nature de la responsabilité pénale du déclarant.

§ 12 — Le défaut de déclaration n'est pas sanctionné en tant que tel par la loi pénale. Il s'agit d'une obligation légale dont le manquement est susceptible de faire l'objet de sanction par la Chambre de Discipline près le Conseil de l'Ordre.

Néanmoins l'absence de déclaration peut contribuer à caractériser une défaillance pouvant entrainer la mise en cause de la responsabilité du professionnel de l'expertise comptable. Une sanction pénale est prévue en cas de révélation au client ou adhérent ou à des tiers de l'existence et/ou du contenu d'une déclaration de soupçon ou en cas de communication d'informations sur les suites qui lui ont été réservées (art. L. 574-1 : amende de 22 500 €).

§ 13 — Indépendamment de la responsabilité pénale, Tracfin peut informer le Conseil Supérieur de l'Ordre des Experts-comptables aux fins d'éventuelles poursuites disciplinaires, si, au cours d'une enquête, le service constate notamment :

— un manquement grave et délibéré aux obligations de vigilance ou de déclaration de la part du professionnel ;

— un manquement répété suite à l'exercice du droit de communication par Tracfin (notamment délais excessifs, pièces manquantes...) ;

— une violation délibérée de la confidentialité de la déclaration de soupçon ou du droit de communication.

L'appréciation de Tracfin sur l'opportunité de cette information tiendra compte de la nature de la mission effectuée par le professionnel de l'expertise comptable.

La détection des anomalies et l'analyse des faits conduisant au soupçon

§ 14 — Le dispositif français de lutte contre le blanchiment des capitaux et le financement du terrorisme n'est pas un dispositif systématique de déclarations basé exclusivement sur des critères objectifs définis *a priori*. Il repose sur une analyse au cas par cas des opérations. C'est par une démarche pragmatique et graduée fondée sur son appréciation nourrie de son expertise et de son expérience que le professionnel d'expertise comptable est en mesure de détecter les opérations pouvant faire l'objet d'une déclaration prévue à l'article L. 561-15 du même code et d'établir, le cas échéant, une déclaration de soupçon. Il en résulte, comme un préalable, que dans toute déclaration doivent figurer explicitement les faits ayant conduit au soupçon à l'origine du signalement. Cette obligation doit être la conclusion naturelle d'une analyse approfondie.

§ 15 — Le dispositif n'exige pas des professionnels de l'expertise comptable une recherche active des opérations pouvant relever de fraudes.

Néanmoins, dans le respect des termes de sa mission, il doit être en mesure de détecter des anomalies apparentes et significatives et, le cas échéant, d'effectuer des diligences complémentaires afin de s'assurer que les sommes utilisées dans les opérations visées ont une origine licite.

§ 16 — Les structures d'exercice professionnel mettent en place, en application de l'article L. 561-32 du code monétaire et financier, des systèmes d'évaluation et de gestion des risques de blanchiment des capitaux et de financement du terrorisme. La désignation d'un responsable du contrôle interne est obligatoire dès lors que la structure d'exercice professionnel est composée d'au moins deux professionnels de l'expertise comptable associés exerçant dans ladite structure d'exercice professionnel.

§ 17 — Dans le cadre de l'analyse des opérations atypiques et conformément au principe d'approche par les risques, le professionnel de l'expertise comptable est invité à tenir compte d'un seuil de signification. Ce dernier peut se définir comme le montant à partir duquel il considère le flux ou la somme comme significative, au regard de critères qu'il aura préalablement défini (par exemple chiffre d'affaires de l'entreprise, total du bilan...). Toutefois, le seuil déterminé par le professionnel ne doit pas l'exonérer de déclarer des sommes plus modeste si les éléments identifiés montrent que ces opérations s'inscrivent dans le cadre d'une fraude plus vaste mettant en œuvre des mécanismes complexes, ou si ces opérations présentent un caractère répétitif.

§ 18 — Le fait, pour un professionnel d'expertise comptable, de ne pas comprendre un montage juridique, l'imbrication de sociétés, ou des mouvements financiers ou toute autre opération complexe, ne doit pas le conduire à effectuer une déclaration sans avoir procédé à une analyse préalable sur la base des éléments à sa disposition ou qu'il peut raisonnablement rechercher.

§ 19 — La déclaration de soupçon doit être effectuée de bonne foi à la suite d'une analyse conduisant le professionnel d'expertise comptable à conclure qu'il est en présence d'éléments circonstanciés alimentant un soupçon et qu'il est dès lors tenu de porter les faits à la connaissance de Tracfin, par une déclaration de soupçon.

La notion de "bonne foi" exclut notamment les déclarations qui ne sont motivée que par des intérêts personnels (comme par exemple le non-paiement des honoraires, une dégradation de la qualité des relations...) ou qui sont non conformes aux exigences professionnelles.

§ 20 — Dès lors que le professionnel de l'expertise comptable n'a pas pu lever le doute sur la licéité des sommes ou des opérations observées, il doit déposer une déclaration sans tenir compte d'autres considérations.

Les cas de déclaration de soupçon prévus par la loi

I *Cas général : les opérations qui mettent en jeu des fonds provenant d'infractions punies de plus d'un an d'emprisonnement ou participent au financement du terrorisme (article L. 561-15-I du code monétaire et financier)*

§ 21 — L'article L. 561-15 I du code impose aux professionnels de l'expertise comptable de déclarer à Tracfin les opérations portant sur des sommes dont ils "savent, soupçonnent ou ont de bonnes raisons de soupçonner qu'elles proviennent d'une infraction passible d'une peine privative de liberté supérieure à un an ou participent au financement du terrorisme".

En droit français la quasi-totalité des délits générateurs de profits sont sanctionnés par une peine privative de liberté supérieure à un an. Retenant une approche "tous délits", l'ordonnance du 30 janvier 2009 a donc considérablement étendu le champ d'application de la déclaration de soupçon pour y inclure le blanchiment du produit d'infractions telles que l'abus de biens sociaux, l'escroquerie, l'abus de confiance, la banqueroute, le travail dissimulé...

§ 22 — Dans le cadre de ses missions, le professionnel de l'expertise comptable peut être conduit à constater des faits devant faire l'objet d'une déclaration. Les faits peuvent notamment porter sur :

— des opérations constatées *a priori* lors d'une opération telle que la constitution de société ;

— des opérations constatées *a posteriori* dans le cadre de la comptabilisation des opérations (mouvements bancaires, règlements ou apports en espèces...) ;

— des opérations constatées *a posteriori* dans le cadre de l'établissement et/ou de la révision des comptes annuels (prêts, comptes courants, contrats...) ;

— des situations atypiques constatées dans le cadre de l'analyse de la cohérence et de la vraisemblance des comptes (ventes à perte, absence de viabilité économique, soutien artificiel par apports en comptes courants...) ;

— des opérations ou intentions constatées dans le cadre d'une consultation juridique explicitement sollicitée par le client ou adhérent aux fins de blanchiment, ou lorsque la finalité de blanchiment est connue.

§ 23 — Il n'appartient pas au professionnel de l'expertise comptable de qualifier l'infraction pénale sous-jacente. Toutefois, au regard des informations dont il dispose, il peut émettre une hypothèse.

II *Cas particulier du soupçon de blanchiment de fraude fiscale* [*Voir le document "Mode d'emploi de la déclaration au titre du Code Monétaire et Financier", disponible sur le site de Tracfin et la circulaire du Ministre de la Justice aux procureurs (14 janvier 2010).*] *(article L. 561-15-II du code monétaire et financier)*

§ 24 — L'article 1741 du code général des impôts dispose que le délit de fraude fiscale est constitué par la soustraction ou la tentative de soustraction à l'établissement ou au paiement total ou partiel des impôts dus.

Le délit de fraude fiscale peut être constitué par :

— omission volontaire de déclaration dans les délais prescrits ;

— dissimulation volontaire des sommes sujettes à l'impôt ;

— organisation d'insolvabilité ou manœuvres mettant obstacle au recouvrement ;

— ou en agissant de toute autre manière frauduleuse.

§ 25 — Aux termes de l'article L. 561-15 II du code monétaire et financier, la déclaration de soupçon portant sur des opérations mettant en jeu des sommes qui proviennent d'une fraude fiscale ne doit être effectuée qu'en présence de l'un des seize critères définis par le décret n° 2009-874 du 16 juillet 2009 (Cf annexe 1).

§ 26 — Les critères mentionnés sont alternatifs, ce qui implique que les professionnels de l'expertise comptable sont tenus de déclarer à Tracfin toute opération répondant à l'un au moins d'entre eux, lorsqu'ils soupçonnent que l'origine des fonds est une fraude fiscale. Les éléments d'analyse ayant conduit à retenir l'un des seize critères, au moins, doivent figurer dans la déclaration.

§ 27 — La seule présence d'un ou de plusieurs critères mentionnés dans le décret du 16 juillet 2009 ne peut en aucun cas suffire à justifier une déclaration.

§ 28 — Les déclarations effectuées au titre de cet article doivent l'être après que les diligences mentionnées dans les paragraphes 5 (obligations de vigilances) et 11 à 17 (détection des anomalies et analyse des faits conduisant au soupçon, démarche de clarification) auront été accomplies.

§ 29 — Bien que le délit de blanchiment soit un délit de conséquence, qui suppose un délit initial qui a procuré les fonds blanchis, il est également un délit autonome qui peut être poursuivi et sanctionné même si le délit initial ne l'est pas. Ainsi, en matière de fraude fiscale, la saisine de la Commission des infractions fiscales (CIF), n'est pas nécessaire.

§ 30 — Quelques cas illustratifs seront présentés en annexe 2.

Les modalitées de déclaration

§ 31 — La déclaration de soupçon doit être écrite. Si elle peut être faite sur papier libre ou par internet (Système Télé-DS), la solution la mieux adaptée pour les professionnels de l'expertise comptable est l'utilisation du formulaire de déclaration disponible sur le site de TRACFIN à l'adresse http://www.economie.gouv.fr/tracfin.

Il s'agit d'un formulaire au format PDF-Remplissable et enregistrable après modifications et comportant une aide sous forme de listes pour remplir certaines zones et d'info-bulles donnant des indications sur la nature des informations à indiquer. Ce formulaire doit impérativement être complété par ordinateur, il ne peut être manuscrit.

Depuis juillet 2012 une nouvelle application informatique appelée Ermès permet de saisir les déclarations de soupçon par internet de manière parfaitement sécurisée et garantissant la confidentialité de l'accusé de réception. Les professionnels sont invités à l'utiliser par priorité (il pourrait devenir obligatoire dans les mois qui viennent).

La déclaration ne peut en aucun cas être envoyée par courrier électronique.

§ 32 — De façon tout à fait exceptionnelle, la déclaration de soupçon peut être verbale. Ce mode de transmission doit être utilisé s'il se justifie notamment par les circonstances de la préparation ou de la réalisation de l'opération en cause, en particulier lorsque la déclaration porte sur une opération dont l'exécution est imminente ; il implique un déplacement du déclarant, dans un lieu neutre, qui remet les pièces correspondant à la déclaration qu'il effectue.

§ 33 — Dans tous les cas, quel que soit le moyen utilisé pour déposer la déclaration, un accusé de réception est adressé au déclarant par Tracfin. Il est néanmoins prévu que, sur demande expresse du déclarant et sans que ce dernier n'ait à la motiver, l'accusé de réception ne lui soit pas envoyé.

Il est normalement communiqué par télécopie au numéro indiqué par le déclarant, sur un document distinct, à l'appui de sa première déclaration. Il convient donc de s'assurer que la confidentialité de la déclaration ne sera mise en cause lors de la réception sur le télécopieur. Si il estime que cette confidentialité ne peut pas être assurée, le professionnel de l'expertise comptable peut ne pas communiquer de numéro de télécopie et envoi sa déclaration par courrier recommandé avec avis de réception pour avoir la confirmation de sa réception par Tracfin.

§ 34 — La déclaration à TRACFIN comporte les indications prévues au I de l'article R. 561-31 du code monétaire et financier, savoir :

- L'identification et les coordonnées du déclarant ;
- L'identification du client ou adhérent

— les éléments d'identification et de connaissance du client ou adhérent et, le cas échéant, du bénéficiaire effectif ;

- L'exposé des faits et des indices de blanchiment *[déclaration au titre du code monétaire et financier, formulaire V2 disponible sur le site de Tracfin]*

– le cadre de l'intervention du professionnel de l'expertise comptable ;

– le descriptif des opérations concernées (ces éléments doivent être datés et chiffrés) ;

– les éléments d'analyse qui ont conduit le professionnel de l'expertise comptable à déclarer *[déclaration au titre du code monétaire et financier, formulaire V2 disponible sur le site de Tracfin, cadre "Analyse des faits, indices de blanchiment"]* ces sommes ou opérations comme pouvant participer au blanchiment d'argent ou au financement d'activités terroristes *[il s'agit de la partie essentielle de la déclaration. Le déclarant doit effectuer une démonstration de son soupçon qui doit être claire et précise. Elle peut comporter les diligences effectuées par le professionnel de l'expertise comptable qui ont permis de formuler sa conclusion]* ;

– les éléments de communication avec le client ou adhérent, la démarche de clarification effectuée et les réponses, documentées ou verbales obtenues ;

• Les pièces à joindre

– Copie des pièces ou documents justificatifs utiles à son exploitation par TRACFIN. Ces documents peuvent être des factures (de charges ou de produits), des contrats de toute nature, des relevés de banque ou de comptes, des courriers ou extraits de courriers, des notes internes, des feuilles d'analyse établies par le professionnel de l'expertise comptable dans le cadre de sa mission, des procès-verbaux de délibération des organes de la société cliente ou adhérente ou de sociétés liées, etc. (la liste n'est pas limitative).

Le formulaire de la déclaration doit être rédigé par le déclarant (professionnel de l'expertise comptable). Il ne doit pas déléguer cette tâche.

§ 35 — Plusieurs défauts peuvent, rendre la déclaration de soupçon inexploitable. Parmi ceux-ci, on peut citer :

• une qualité rédactionnelle insuffisante :

– la déclaration manque de clarté ou de concision ;

– certaines rubriques clés du formulaire de déclaration concernant des relations d'affaires ou des clients ou adhérents occasionnels, ou encore les sommes en jeu, ne sont pas servies.

• une vision floue du soupçon : Par exemple, l'abondance de personnes physiques ou morales, mais aussi l'existence de nombreux flux croisés entre elles, ne permet pas toujours d'avoir une vision précise du dossier ;

• une déclaration lacunaire, ne permettant pas de connaître les faits à l'origine du soupçon.

Il convient de préciser que le défaut de renseignement de certains champs essentiels à l'exploitation de la déclaration de soupçon est susceptible de la rendre irrecevable. Il s'agit des mentions indiquées à l'article R. 561-31 du code monétaire et financier, notamment :

– l'identité du déclarant ;

– la signature du déclarant ;

– l'identité du client et le cas échéant, du bénéficiaire effectif.

En cas d'irrecevabilité de la déclaration, celle-ci doit être considérée comme nulle et non avenue, avec les conséquences juridiques éventuelles qu'entraîne l'absence de déclaration. Le déclarant ne recevra pas d'accusé de réception de la déclaration.

Les délais de déclaration

§ 36 — La déclaration de soupçon peut porter sur des faits anciens. Compte tenu que la plupart des missions des professionnels de l'expertise comptable suppose son intervention *a posteriori* des opérations (par exemple mission de présentation ou d'examen limité), les informations ayant donné lieu au soupçon doivent être actualisées pour permettre une exploitation de la déclaration par Tracfin.

§ 37 — Dès que le soupçon est constitué, le professionnel de l'expertise comptable fait parvenir sa déclaration à Tracfin dans un délai raisonnable. La période comprise entre la constatation de/des anomalies et la déclaration doit servir à mettre en œuvre la démarche de clarification évoquée au § 18.

Confidentialité de la déclaration

§ 38 — La déclaration à Tracfin est confidentielle. Il est interdit, sous peine des sanctions prévues à l'article L. 574-1 du code monétaire et financier (amende de 22 500 €), de porter à la connaissance du client, de l'adhérent ou de tiers *[les collaborateurs entrent dans la catégorie des tiers]* l'existence et le contenu de la déclaration, à l'exception du Conseil Supérieur de l'Ordre des experts-comptables agissant en tant qu'autorité de contrôle. Les professionnels de l'expertise comptable ne font pas figurer la déclaration dans le dossier du client ou adhérent. Ils respectent également, au sein de leur structure d'exercice professionnelle, la confidentialité de la déclaration, notamment auprès des personnes n'ayant pas participé à la mission ayant donné lieu à déclaration.

§ 39 — Cette obligation de confidentialité s'impose également auprès de toutes les autres administrations (administration fiscale, services de Police ou de Gendarmerie...).

Dans le cas où l'autorité judiciaire solliciterait le professionnel d'expertise comptable, ce dernier ne doit rien dire ou communiquer et inviter le juge à contacter le service Tracfin, seul habilité à communiquer, dans le respect des lois et règlements, la déclaration de soupçon.

§ 40 — Cela implique d'éventuelles conséquences organisationnelles qui sont à la charge de chaque structure d'exercice professionnelle. Cette obligation répond aux exigences de l'article L. 561-32 du code monétaire et financier relatives aux procédures et contrôle interne sur la gestion des risques de blanchiment.

§ 41 — Dans l'exercice de sa mission, Tracfin applique toutes les mesures permettant de préserver la confidentialité du déclarant à l'origine de la transmission. Ce principe s'applique notamment lors de la transmission d'une note d'information aux autorités judiciaires.

§ 42 — Les professionnels de l'expertise comptable et les autres personnes visées aux paragraphes 12 (les experts-comptables, les salariés autorisés à exercer la profession d'expert-comptable ainsi que les commissaires aux comptes) et 13 (les avocats au Conseil d'État et à la Cour de cassation, les avocats, les notaires, les huissiers de justice, les administrateurs judiciaires, les mandataires judiciaires et les commissaires-priseurs judiciaires) de l'article L. 561-2 du code monétaire et financier qui appartiennent à un même réseau ou à une même structure d'exercice professionnel peuvent s'informer mutuellement de l'existence et du contenu de la déclaration lorsque :

— les informations communiquées sont nécessaires à l'exercice, au sein du réseau ou de la structure d'exercice professionnel, de la vigilance en matière de lutte contre le blanchiment de capitaux ou le financement du terrorisme et sont exclusivement utilisées à cette fin ;

— les informations ne sont échangées qu'entre des personnes soumises à des obligations équivalentes en matière de secret professionnel et tenues à l'obligation de déclaration.

§ 43 — Il faut noter que, depuis la modification de l'article L. 561-21 du code monétaire et financier par la loi n° 2012-387 du 22 mars 2012, le professionnel de l'expertise comptable d'une entité peut informer le commissaire aux comptes de la même entité de l'existence et du contenu d'une déclaration déposée auprès de Tracfin.

La rupture de la relation d'affaire

§ 44 — La décision de rupture éventuelle de la relation d'affaires est à l'initiative exclusive du professionnel de l'expertise comptable. Il doit apprécier, en son âme et conscience, en fonction des circonstances particulières, et en prenant en compte les risques qu'il prend en restant en fonction, s'il peut ou non poursuivre sa mission.

ANNEXES

ANNEXE 1

LISTE DES SEIZE CRITÈRES DÉFINIS PAR LE DÉCRET N° 2009-874 DU 16 JUILLET 2009

Annexe non reproduite.

ANNEXE 2

CAS PRATIQUES

Remarque importante : les exemples présentés ci-après décrivent des situations dans lesquelles le professionnel de l'expertise-comptable devrait effectuer une déclaration de soupçon à Tracfin.

Ils sont présentés à seul titre illustratif et les typologies indiquées ne sont pas exhaustives. Le professionnel d'expertise-comptable ne peut se baser exclusivement sur ces cas pour savoir s'il doit ou non effectuer une déclaration de soupçon.

Exemples de situations amenant à effectuer une déclaration de soupçon au titre de l'article L. 561-15-II du code monétaire et financier.

Cas n° 1

A l'occasion de la révision de la comptabilité, dans le cadre d'une mission de présentation des comptes annuels d'une entreprise individuelle spécialisée dans le commerce d'instruments de musiques, je constate que des apports financiers ont été réalisés pour un montant de près de 50 K€.

Je soupçonne que ces sommes, portées au crédit du compte de l'exploitant proviennent de recettes antérieurement dissimulées. En effet, elles semblent provenir d'un compte bancaire ouvert au nom de la boutique mais dont je n'avais pas connaissance. En outre, l'exploitant refuse de me transmettre des informations et justifications de l'origine de ces sommes, il n'est donc pas possible d'obtenir l'assurance raisonnable que l'origine des fonds mis en jeu est licite.

Cas n° 2

Je suis expert-comptable de la SARL A, qui exerce son activité dans la vente au détail de produits informatiques. A l'occasion du contrôle des factures fournisseurs de cette entreprise, je constate que de nombreuses factures comptabilisées pour un total de 125 K€ proviennent d'une société, la SARL B dont l'existence est très éphémère (3 mois d'activité seulement). Par ailleurs, elle ne semble pas disposer de moyens humains et matériels apparents. Elle semble agir comme une société "taxi", fiscalement défaillante. Dans cette perspective, les opérations réalisées entre A et B peuvent s'inscrirent dans un schéma de fraude à la TVA dite Carrousel.

La déduction, en connaissance de cause, de TVA facturée dans le cadre d'une fraude d'une telle nature constitue bien une "opération mettant en jeu des sommes qui proviennent d'une fraude fiscale".

Cas n° 3

Lors de la vérification des comptes d'une entreprise, notamment les comptes de banque et les comptes clients, je constate que des factures de ventes faites à des entreprises (revendeurs détaillants) sont réglées par des chèques qui ne sont pas émis par le client facturé mais par des tiers (sans doute eux-mêmes clients du débiteur) et que nombre d'entre elles sont payées par plusieurs chèques émis par des personnes différentes autres que le client facturé.

La situation décrite laisse penser que les chèques remis en paiement par les débiteurs des factures de ventes n'ont pas été comptabilisés par eux en recettes d'exploitation.

Il y aurait donc bien là des "opérations portant sur des sommes provenant d'une fraude fiscale".

Exemples de situations amenant à effectuer une déclaration de soupçon au titre de l'article L. 561-15-I du code monétaire et financier.

Cas n° 4

Dans le cadre d'une mission de présentation des comptes, je suis chargé de l'établissement des états financiers de la SAS M ayant une filiale F au Maghreb.

Lors de mes travaux, j'ai observé de nombreux flux financiers entre les sociétés M et F (environ 130 K€ sur l'exercice). Ces sommes sont justifiées par des prestations facturées par F à M.

Or, au regard de moyens de productions dont dispose F, j'ai de sérieux doutes sur la réalité des prestations fournies et facturées par cette entité à la société mère en France. Après recherche, la société magrébine existe bien sur le plan juridique mais ne semble employer aucun salarié, le doute sur la réalité économique de ces prestations, demeure. Je ne peux donc exclure que les flux de facturation observés constituent des faits de blanchiment de capitaux,

Mes diligences complémentaires, dans le cadre de la démarche de clarification engagée par mes soins ne m'ont pas permis de lever ces doutes.

Cas n° 5

Je suis l'expert-comptable de la SARL A pour laquelle j'effectue une mission de présentation des comptes. Cette société a pour principale activité la réalisation de travaux d'infographie.

Monsieur J, gérant – associé, est présent dans la SARL depuis sa création.

Lors de mes travaux, j'ai constaté des paiements importants effectués au profit d'une société de conseil en organisation, la SAS B. Le montant des honoraires versés s'établit pour l'exercice à 160 K€ HT.

La présidente de cette société semble être Mme J, épouse du gérant. Par ailleurs, à notre connaissance, il n'existe pas de réorientation stratégique de la société ce qui rend douteux le montant des frais engagés pour une réorganisation.

M. J justifie cet audit par le souhait d'un repositionnement stratégique à long terme. Toutefois, malgré nos demandes, nous n'avons pas reçu de contrat ou de rapport relatif à cette prestation. De plus, il réagit très mal à nos questions.

Cas n° 6

Dans le cadre de ma mission de présentation des comptes de la société ZZ, négociant en automobiles d'occasion, j'ai observé des retraits d'espèces importants effectués par le gérant avec la carte bancaire de la société. En effet, sur le même exercice, il a été relevé plus de 55 K€ de retraits (dont 27 K€ pour le seul mois d'août, période pendant laquelle on devrait observer une baisse de l'activité). M. J explique qu'il s'agit de frais de déplacements et diverses invitations pour des clients mais aucun justificatif nous a été présenté malgré de nombreuses relances. Aussi, j'ai décidé de ne pas finaliser les comptes annuels en cause et de mettre un terme à ma mission. Les retraits d'espèces en cause pourraient être la contrepartie d'opérations de blanchiment.

Cas n° 7

J'interviens aux termes d'une lettre de mission pour le compte de la SCI P qui intervient dans le domaine de la valorisation du patrimoine immobilier. Nous sommes chargés de la tenue et de la vérification de sa comptabilité.

La société P est détenue à 100 % par une personne morale de droit maltais : la société O Ltd.

Mes diligences m'amènent à constater les faits suivants :

— l'absence d'identification du bénéficiaire effectif (non connaissance des associés de la société O Ltd.) ;

— l'incohérence de l'opération réalisée (moins-values de 405 K€). En effet, dès sa constitution la société P a acquis un ensemble immobilier désaffecté (terrain et entrepôt) pour un montant de 2 400 K€. Selon le représentant légal en France, M. R, la SCI devait engager des travaux pour la rénovation des entrepôts aux fins de location. Cependant, depuis plus d'un an, aucune opération ne s'est réalisée. M. R ne semble pas avoir un réel pouvoir de décision.

Il y a deux mois, l'immeuble a été cédé à une société de promotion immobilière française, la SA T pour un prix de 1 995 K€.

Lors de la cession, je me suis procuré le rapport d'expertise immobilière de l'acquéreur indiquant que la valeur de l'ensemble ne pouvait dépasser les 2 M€.

Je pense que le prix d'acquisition initial a été surévalué. M. R ne m'a pas fourni d'explications sur ce sujet.

Monsieur R m'a demandé de procéder à la dissolution (et aux formalités subséquentes) de la société, devenue une coquille vide, afin de rapatrier les disponibilités à l'associé unique.

Ces deux faits, qui ne peuvent être justifiés avec cohérence par le représentant de la société, m'amènent à avoir de bonnes raisons de soupçonner que la société P est susceptible d'avoir réalisée une opération de blanchiment de capitaux.

Cas n° 8

J'ai signé une lettre de mission avec la société A vue d'établir les comptes annuels de cette société. A ce jour, le bilan du 1er exercice qui courait du 30/06/2010 au 31/12/2010 n'a pu être arrêté, ni bien entendu le bilan 2011. En effet, malgré les nombreuses demandes de renseignements effectuées auprès de la société A, cette dernière ne fournit aucune pièce justificative et l'ensemble des déclarations fiscales, dont les déclarations de TVA. Après de nombreuses relances sans réponse et sans moyen de joindre la société, j'ai suspendu mes prestations.

Sur la base d'une comptabilité provisoire en l'état car, comme décrit ci-dessus, de nombreux documents sont manquants pour pouvoir établir une comptabilité exhaustive et probante, les éléments de soupçon sont :

— Apports en compte courant d'associés significatifs effectués par les 2 associés.

— De nombreux flux financiers liés à des achats/ventes de véhicules demeurant injustifiés en comptabilité, il est difficile de chiffrer et de restituer d'une manière exhaustive ces flux. A titre d'exemple : acomptes fournisseurs non justifiés, factures de ventes et/ou d'achats manquantes ....
— Gérant statutaire absent et impossible à rencontrer.

Lignes directrices conjointes CNAJMA-TRACFIN (septembre 2018),

Sur la lutte contre le blanchiment et le financement du terrorisme des professions d'administrateur judiciaire et de mandataire judiciaire.

Les lignes directrices LAB/FT

Les lignes directrices constituent un temps fort dans l'implication des administrateurs judiciaires et mandataires judiciaires (AJMJ) dans la lutte contre le blanchiment des capitaux et le financement du terrorisme. Document à vocation opérationnelle, ces lignes directrices sont le fruit d'une réflexion conjointement menée par le Conseil National des Administrateurs Judiciaires et des Mandataires Judiciaires (CNAJMJ) et TRACFIN sur les risques auxquels sont exposés les AJMJ. La LAB/FT doit devenir un réflexe quotidien du professionnel, à cet effet les lignes directrices sont assorties d'exemples et de typologies concrètes qui guideront les AJMJ dans l'élaboration de leur cartographie des risques, dans la rédaction des déclarations de soupçon et dans l'appréhension de la dématérialisation des procédures.

Les administrateurs judiciaires et les mandataires judiciaires, des professions assujetties au dispositif LAB/FT depuis 2004

Les AJMJ sont soumis aux obligations relatives à la lutte contre le blanchiment des capitaux et le financement du terrorisme depuis la loi n° 2004-130 du 11 février 2004.

Les lignes directrices conjointes s'inscrivent dans la continuité du partenariat prévalant entre le CNAJMJ et TRACFIN, lequel a permis une sensibilisation de la profession et une démarche d'analyse commune. Premier document de cette nature à destination de la profession, les lignes directrices correspondent à une étape importante pour les professionnels, puisqu'elles précisent les points de vigilance en matière de LAB/FT et les améliorations à apporter concernant la déclaration de soupçon. Quelques mois avant l'évaluation de la France par le GAFI, les lignes directrices communes constituent un signal fort envoyé à l'ensemble des professions du droit, lesquelles doivent s'emparer de la LAB-FT en qualité de premier intervenant dans l'ordre public économique.

Entre janvier et septembre 2018, les AJMJ ont déjà adressé 611 déclarations de soupçon à TRACFIN, figurant ainsi parmi les premiers déclarants du secteur non financier. Entre 2014 et 2017, le nombre de déclarations de soupçons transmises par les AJMJ est passé de 100 à 932. Cette augmentation considérable témoigne que l'investissement consenti par le CNAJMJ, lequel a recruté une personne dédiée à la LAB/FT et décliné un cycle ambitieux de formation, porte ses fruits.

La publication des lignes directrices conjointes doivent être l'occasion d'améliorer la qualité des déclarations de soupçon, tant sur le fond que sur la forme. Le positionnement privilégié des AJMJ dans des secteurs à risque ou dans des zones économiquement vulnérables leur confère un rôle central. Il est ainsi attendu que les typologies révélées par la profession gagnent en diversité et ne se limitent pas aux cas légitimement rapportés de fraude fiscale ou d'abus de biens sociaux.

Les reprises d'entreprises méritent une attention particulière tant pour les liens potentiels entre le repreneur et les dirigeants des entreprises que pour le seul profil du repreneur. Ainsi, la profession pourrait devenir un témoin privilégié des tentatives de captation de savoir-faire ou d'injection de fonds issus de la criminalité organisée.

Quels sont les critères d'alertes ?

Les lignes directrices doivent permettre à chaque professionnel d'établir une cartographie qui lui est propre selon des risques qui vont appeler des vigilances à moduler pour chaque cas de figure. Certains indices doivent conduire le professionnel à s'interroger davantage sur la licéité d'une opération. Les présents critères ne sont pas exhaustifs mais donneront aux AJMJ des indices pertinents :

– personne ou opération en lien avec un pays ou un territoire lié à des réseaux criminels ;

– absence de comptabilité ;

– secteur d'activité sensible (BTP, restauration, téléphonie...) ;

– mouvements de capitaux atypiques (absence de lien capitalistique entre les sociétés ne permettant pas de justifier les flux entre les sociétés) ;

– absence de justification de l'origine des fonds ;

– compte courant d'associé débiteur (montant du prêt fait par la société aux associés inhabituellement élevé) ;

– autres procédures collectives en cours.

Le portail ERMES : une transmission rapide et sécurisée

ERMES est une plate-forme dématérialisée d'échanges. Elle permet aux professionnels assujettis de saisir les formulaires de déclaration et de les envoyer à Tracfin de manière sécurisée. ERMES permet également d'échanger des fichiers avec Tracfin, notamment de répondre aux demandes de droits de communication. Ce système bénéficie d'un haut niveau de sécurité assurant la confidentialité des données envoyées.

Accéder à ERMES : https://tracfin.finances.gouv.fr

Cas typologiques

Abus de biens sociaux permettant le financement d'addiction au jeu du dirigeant/mandat *ad hoc*

• Profil des intervenants

– Personnes physiques

Messieurs X et Y, associés à parts égales de la société holding ABC, et exploitants de nombreux bars et sociétés de restauration.

– Personne morale

Société ABC, société holding détenant des participations majoritaires dans quatre sociétés du groupe fondé par Messieurs X et Y.

• Les faits

Suite à des difficultés financières, M. Y a sollicité l'ouverture d'une procédure de mandat *ad hoc*.

Le travail de l'expert-comptable et du mandataire *ad-hoc* ont fait apparaître au sein du poste immobilisations financières à l'actif du bilan, un prêt à M. X d'un montant de 8 millions d'euros.

De surcroît, il a bénéficié d'avances en compte courant pour un montant de 3,6 millions d'euros.

Ainsi, la somme de 11,6 millions d'euros a directement bénéficié à M. X. Ces opérations sont susceptibles d'avoir préjudicié aux intérêts de la société ABC et constituent de fait un abus de bien social.

• Les investigations menées par Tracfin

Elles ont révélé que M. X avait déjà fait l'objet d'une déclaration de soupçon par le passé. Il était soupçonné une forte addiction aux jeux. En effet, les salariés des sociétés gérées par MM. X et Y encaissaient régulièrement des chèques en provenance de casinos, pour le compte de M. X. Les fonds étaient ensuite transférés sur le compte de ce dernier.

L'étude des comptes bancaires personnels de M. X a révélé des retraits d'espèces pour 460 k€ et des paiements dans différents casinos à hauteur de 2,1 millions d'euros.

Ainsi, il est soupçonné que l'abus de bien social commis par M. X a permis de financer son addiction aux jeux.

• Critères d'alerte

– secteur d'activité sensible (restauration) générant d'importants flux d'espèces ;

– montant du prêt fait par la société aux associés inhabituellement élevé.

Abus de biens sociaux, banqueroute et fraude fiscale/redressement judiciaire

• Profil des intervenants

– Personnes physiques

Mlle A et M. B, frères et sœurs, associés de la société MAX

M. et Mme X, parents de Mlle A et M. B, directeurs généraux délégués de la société MAX

– Personnes morales

Société MAX, activité de restauration, présidée par Mlle A

Société MEGAMAX, immatriculée dans un pays européen

• Les faits

La société MAX a été créée par Mlle A et son frère B, associés à parts égales. Cette société exploite le restaurant MAX. Mlle A est présidente de la société MAX, et ses parents, M. et Mme X sont directeurs généraux délégués (DGD). Les DGD disposent des mêmes pouvoirs de direction que la présidente.

L'analyse des données financières des personnes physiques et morales référencées semble démontrer une exploitation anormale de l'activité de restauration exercée par cette entité qui est en redressement judiciaire.

• Les investigations menées par Tracfin

Celles-ci ont révélé :

– Un détournement des espèces générées par l'exploitation de la brasserie qui a pu être chiffré à 150 k€ sur une période de 4 mois. Sur le reste de la période analysée, les mêmes indices, à savoir des montants d'espèces bancarisées très faibles, sont aussi relevés. Cette situation est anormale eu égard à l'importance de cet établissement qui assurerait en moyenne entre 500 et 550 couverts par jour et dont la part de chiffre d'affaires réglé en numéraire s'élève à environ 30 % ;

– Un détournement de fonds avoisinant un total de 110 k€ au bénéfice des époux X. En effet, juste avant l'ouverture de la procédure de redressement judiciaire, il a été constaté de nombreux virements à partir des comptes de la société MAX à destination de comptes à l'étranger détenus par les époux X. Ces comptes bancaires détenus à l'étranger n'ont pas été portés à la connaissance de l'administration fiscale.

– Un transfert de flux financiers (50 k€) vers une société européenne, défavorablement connue de la CRF du pays en question. Les fonds semblent avoir été utilisés pour régler des sommes dues par la société MEGA MAX, immatriculée dans un pays européen, dont M. et Mme X sont les seuls associés.

• Critères d'alerte

– secteur d'activité sensible (restauration) ;

– faiblesse des dépôts d'espèces sur le compte professionnel ;

– détention de comptes à l'étranger par les gérants ;

– gérance de société dans un pays tiers.

Lignes directrices conjointes CNHJ-TRACFIN (septembre 2018),

sur les obligations relatives à la lutte contre le blanchiment de capitaux et le financement du terrorisme des huissiers de justice.

Introduction

1. Les présentes lignes directrices, qui ont fait l'objet d'un travail en commun entre la Chambre Nationale des Huissiers de Justice (CNHJ) et Tracfin, se présentent comme un outil à destination des professionnels pour les aider à mettre en œuvre

leurs obligations en matière LCB/FT. Elles ont pour objet d'expliciter les textes en vigueur concernant les obligations de déclaration de soupçon à Tracfin. Elles n'ont pas de caractère contraignant en elles-mêmes et poursuivent l'objectif d'être concrètes et assorties d'illustrations précises.

2. Le 20 mai 2015, a été adoptée la directive (UE) 2015/849 du Parlement européen et du Conseil relative à la prévention de l'utilisation du système financier aux fins du blanchiment de capitaux ou du financement du terrorisme (LCB/FT).

Cette quatrième directive vise notamment à mettre le droit de l'Union européenne en conformité avec les recommandations du Groupe d'action financière internationale (GAFI) adoptées en février 2012 et prévoit des règles nouvelles pour lutter contre le blanchiment d'argent, l'évasion fiscale et le financement du terrorisme. Elle a été transposée en droit interne par l'ordonnance n° 2016-1635 du 1er décembre 2016 renforçant le dispositif français de lutte contre le blanchiment et le financement du terrorisme.

3. Les huissiers de justice, assujettis par l'article L. 561-2 13°, sont soumis aux obligations de lutte anti-blanchiment et de financement du terrorisme (LCB/FT) lorsque, dans le cadre de leur activité professionnelle, ils participent au nom et pour le compte de leur client à toute transaction financière (art. L. 561-3 I 1°), ou assistent leur client dans la préparation ou la réalisation des transactions concernant l'achat et la vente de biens immeubles ou de fonds de commerce, l'organisation des apports nécessaires à la création des sociétés ou la constitution, gestion ou direction des sociétés (art. L. 561-3 I 2°). Ils ne sont toutefois pas soumis aux obligations de déclaration de soupçon lorsqu'ils donnent des consultations juridiques, à moins qu'elles n'aient été fournies à des fins de blanchiment de capitaux ou de financement du terrorisme ou en sachant que le client les demande à ces fins (art. L. 561-3 III).

4. De nouvelles obligations sont par ailleurs imposées aux professionnels assujettis à la lutte contre le blanchiment et le financement du terrorisme (LCB/FT). L'ordonnance du 1er décembre 2016 clarifie et renforce notamment les dispositions sur l'évaluation des risques conduite par les personnes assujetties en créant un article L. 561-4-1 dans le code monétaire et financier.

Aux termes de ce nouvel article, les professionnels assujettis (dont les huissiers de justice) définissent et mettent en place des dispositifs d'identification et d'évaluation des risques de blanchiment des capitaux et de financement du terrorisme auxquels ils sont exposés ainsi qu'une politique adaptée à ces risques.

5. Ils élaborent ainsi une classification des risques en question en fonction de la nature des produits ou services offerts, des conditions de transaction proposées, des canaux de distribution utilisés, des caractéristiques des clients, ainsi que du pays ou du territoire d'origine ou de destination des fonds.

A La mise en place d'un outil de gestion et d'évaluation des risques : la cartographie

A.1 *Qu'est-ce qu'un système d'évaluation et de gestion des risques ?*

6. Un système d'évaluation et de gestion des risques implique la définition et la mise en place par les personnes mentionnées à l'article L 561-2 du code monétaire et financier *[dont les huissiers de justice, mentionnés au 13° de l'art. L. 561-2]* d'un ensemble de mesures organisationnelles et techniques destinées à identifier, classifier et détecter de manière pertinente les personnes ou opérations à risque et les signaler à Tracfin.

La mise en place, par le professionnel, d'un système d'évaluation et de gestion des risques, souvent désigné sous l'expression de "protocole interne", répond à une obligation légale. Elle est un élément nécessaire à l'efficacité du dispositif de lutte contre le blanchiment des capitaux et le financement du terrorisme (LCB/FT).

7. L'huissier de justice, soumis à cette obligation au titre de l'article L. 561-2 13° du code monétaire et financier, apprécie la situation propre à son étude.

Il identifie et classifie dans un document écrit interne les risques auxquels l'étude est exposée, définit les mesures destinées à prévenir et gérer ces risques et organise la mission des employés pour mener à bien ce système.

A.2 *Les caractéristiques du système d'évaluation et de gestion des risques*

8. Ce système comporte en général :
– un volet "classification" des risques auxquels le professionnel est exposé au regard, notamment, de ses activités/opérations/services/clients/implantations ;
– un volet "opérationnel" décrivant les procédures à mettre en œuvre, par le professionnel, en réponse aux risques identifiés préalablement.

9. Ce système est :
• Individualisé et adapté à la situation de chaque étude :

Il prend en compte les particularités de l'entité (notamment sa taille, sa clientèle, son implantation géographique) afin de s'assurer que le système mis en place est adapté à la situation de chaque établissement.

Dans cette circonstance, l'adoption d'un document général sur les enjeux de la lutte contre le blanchiment des capitaux et le financement du terrorisme, transmis par un ordre professionnel, et destiné à l'information de l'ensemble de ses membres ne suffit pas pour se conformer aux exigences du code monétaire et financier. Par ailleurs, il ne suffit pas de reproduire les articles du code monétaire et financier pour être conforme aux exigences de l'article L. 561-32 du code monétaire et financier.

L'ordre professionnel peut contribuer à la préparation du système, mais il ne peut se substituer au professionnel lui-même qui procède à l'évaluation des risques qui le concerne et de la manière de les gérer. Dans ce cadre, il peut toutefois prendre en compte ou faire référence à la politique définie dans ce domaine par son ordre professionnel.

• Formalisé :

Il est nécessaire de formaliser ce système et, le cas échéant, de l'actualiser, afin de démontrer, lors d'un contrôle, que l'établissement exerce son activité conformément à l'obligation imposée par l'article L 561-32 du code monétaire et financier. La formalisation des systèmes est également nécessaire pour que le personnel de l'entité assujettie puisse connaître les procédures mises en place pour lutter contre le blanchiment des capitaux et le financement du terrorisme.

Les procédures contenues dans le document écrit sont destinées à évaluer et gérer les risques LCB/FT et ne sont pas des procédures encadrant des pratiques commerciales ou plus généralement liées au fonctionnement économique de l'entité sans lien avec l'objectif de la prévention de la LCB/FT.

• Opérationnel :

Le fait de mettre en place des systèmes d'évaluation et de gestion des risques est une première étape pour se conformer à l'article L. 561-32 du code monétaire et financier. Ensuite, il convient de mettre à jour régulièrement ce système, notamment lorsqu'un nouveau risque est identifié, ou un changement structurel intervient au sein de l'établissement.

> **Synthèse :**
> – Ce dispositif est propre à chaque étude ;
> – Un travail exhaustif et préalable d'identification des risques est effectué ;
> – Il est régulièrement mis à jour ;
> – Il n'est jamais porté à la connaissance de la clientèle ou de toute autre personne non impliquée dans la lutte contre le blanchiment de capitaux ou le financement du terrorisme.

10. L'autorité de contrôle rappelle que :
– Ce système fait l'objet d'un écrit diffusé à l'ensemble du personnel de l'étude ayant notamment pour mission de mettre en œuvre les mesures de vigilance LCB/FT ;
– La personne responsable de l'application du contenu de ce document est le professionnel ;

— Cet écrit est communiqué aux contrôleurs. La CNHJ pourra recevoir les observations des contrôleurs sur l'existence et l'effectivité du dispositif d'évaluation et de gestion des risques.

11. Chaque étude d'huissier de justice fait sa propre évaluation des risques en fonction de sa clientèle, de son activité principale, de l'exercice ou non des activités accessoires, etc.

Ainsi une étude d'Île de France exerçant surtout une activité d'exécution forcée n'identifiera pas nécessairement les mêmes risques qu'une étude de Vendée exerçant surtout l'activité de vente aux enchères ou de recouvrement amiable.

A.3 *Les étapes du système d'évaluation et de gestion des risques*

12. Le document écrit retrace l'ensemble de la démarche du professionnel, qui se décompose comme suit :

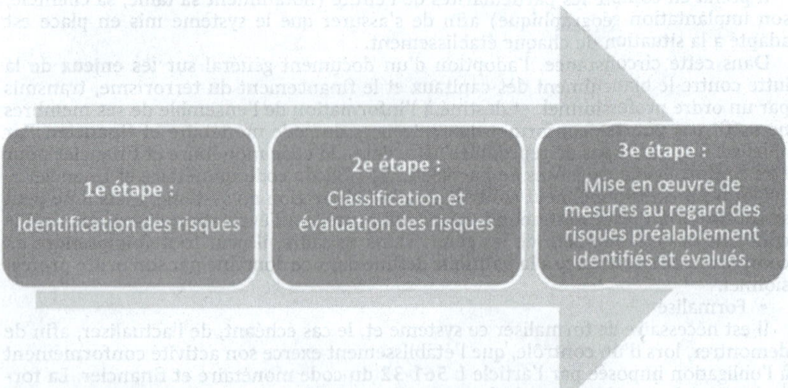

A.3.1 *Les caractéristiques générales des cartographies de risques*

13. La cartographie des risques se présente généralement comme une nomenclature dressée par l'huissier des situations dans lesquelles il peut avoir affaire à une opération ou une personne (physique ou morale) suspecte au regard de la réglementation LCB/FT.

14. La réalisation de la cartographie des risques peut s'organiser en suivant deux étapes : le professionnel examine :

1) la nature du client :

Établissement de plusieurs catégories de clients et de situations pour les classer en fonction de la probabilité de risques LCB/FT qu'elles présentent :

Personne physique :

— Quelle profession exerce-elle ?

— Où réside-t-elle ?

— Quel est son "train de vie" ? Est-il disproportionné avec les revenus d'activité déclarés ?

— Réside-t-elle dans un pays figurant sur les listes à risques publiées par le GAFI ?

— Occupe-t-elle des postes qui l'exposent à des risques particuliers en raison de fonctions politiques, juridictionnelles ou administratives ?

Personne morale :

— Liste des secteurs d'activité sensibles

— Siège dans une société de domiciliation ?

— Âge du gérant ?

— Chiffre d'affaires/marge brute cohérents avec la moyenne du secteur ?

— Factures présentant des anomalies (nº TVA incomplet, nº facture, adresse).

2) les opérations ou transactions qu'elle effectue
– cadre d'intervention de l'huissier (exécution forcée, recouvrement amiable ou judiciaire des créances, vente aux enchères, mission de séquestre, etc.),
– paiements en espèces d'un montant significatif,
– paiements en provenance de tiers,
– paiements en provenance de l'étranger,
– caractère douteux de la reconnaissance de dettes,
– absence de correspondance entre l'objet social de la société créancière ou débitrice et le titre de recouvrement.

Exemple de cartographie des risques :

NB : la liste de risques identifiés et réponses apportées par le client n'est pas exhaustive. Les éléments identifiés constituent des exemples que chaque huissier devra apprécier selon la situation de son établissement et les risques auxquels il est exposé.

RISQUES IDENTIFIÉS

Sur la personne physique ou morale :

– Le client ou son représentant légal n'est pas physiquement présent aux fins de l'identification ;
– Personne physique résidant dans une zone sensible ;
– Personne physique connue pour diverses infractions ;
– La personne est une PPE ;
– Train de vie disproportionné avec les revenus de l'activité déclarée ;
– Personne physique exerçant une profession à risque ;
– Personne morale dont le secteur d'activité est à risque *[secteurs à risque : BTP, logistique, informatique, sécurité, nettoyage, rénovation énergétique, etc. Secteur à fort cash : café-hôtel-restaurant, métaux, téléphonie, etc. Associations]* ;
– Siège de domiciliation (zone sensible, société de domiciliation, etc.) ;
– Absence de correspondance entre l'objet social de la société créancière ou débitrice et le titre de recouvrement.

Sur l'opération :

– Le produit ou l'opération favorise l'anonymat de celle-ci ;
– Paiement en espèces d'un montant significatif ;
– Virements en provenance de comptes divers (compte de tiers, comptes à l'étranger, etc.) ;
– Paiement effectué par un tiers ;
– Factures présentant des anomalies : n° de TVA incomplet ou faux, n° de facture, adresse.

Recouvrement des créances :

Collusion entre débiteur et créancier :
– Faux procès judiciaire
– Fausse reconnaissance de dette, etc.

Ventes aux enchères :

– Le bien est acheté pour un montant manifestement excessif au regard de sa valeur ;
– Existence d'un lien familial entre le débiteur et l'acheteur.

Séquestre :

– Utilisation de compte séquestre à des fins de blanchiment ;
– Opération de séquestre conventionnel liée à des opérations qui ne semblent pas contentieuses (opérations de défiscalisation, etc.) ;
– Opération annulée et demande de remboursement des sommes séquestrées sur un compte tiers.

Administration d'immeuble

– Syndic : paiement des charges de copropriété en cash.

Procédure de "recouvrement simplifié des petites créances" :
– Possibilité pour une partie d'obtenir un titre exécutoire sans passer devant le juge ;
– Risque d'instrumentalisation de l'huissier de justice aux fins de maquiller un faux contentieux.

A.3.2 *Identification des mesures à mettre en œuvre face aux risques*

15. Après avoir évalué et classé les situations à risque, il convient de mettre en place des mesures permettant de gérer la situation à risque identifiée afin d'éviter ou d'atténuer les risques d'apporter son concours, même indirectement à une opération illicite.

16. Certaines mesures sont prescrites par le code monétaire et financier et mises en œuvre par le professionnel, le cas échéant, dans certaines circonstances identifiées, notamment :

- Demander des informations complémentaires (art. L. 561-10) ;
- Renforcer l'intensité des mesures (art. L. 561-10-1) ;
- Effectuer un examen renforcé (art. L. 561-10-2) ;
- Effectuer une déclaration de soupçon (art. L. 561-15).

Cet exercice permet au professionnel d'identifier plusieurs catégories de clients et de situations à risque afin d'appliquer une vigilance adaptée et les mesures nécessaires.

17. Les présentes lignes renvoient par ailleurs au paragraphe B.2 qui dresse une liste d'exemples de mesures de vigilance que chaque huissier apprécie et applique selon la situation de son établissement et les risques auxquels il est exposé.

18. Ce document écrit peut aussi comprendre un système de contrôle interne permettant de vérifier que les procédures sont respectées :

– la durée de conservation des informations collectées (art. L. 561-12) ;
– les formations organisées en matière de LCB/FT (art. L. 561-34) et ;
– la procédure de déclaration de soupçon à Tracfin (art. L. 561-15 s.).

B Les obligations et les mesures à mettre en œuvre face aux risques

B.1 *Les obligations de vigilance*

19. Il s'agit pour le professionnel assujetti, à partir des mesures d'identification et de vigilance répondant aux exigences des articles L. 561-4-1, L. 561-5 à L. 561-10-2, L. 561-12, R. 561-5 à R. 561-12, R. 561-15, R. 561-18 à R. 561-20 et R. 561-22 du code monétaire et financier, de détecter les anomalies qui appellent une analyse approfondie de la relation d'affaires (vigilance renforcée ou complémentaire par exemple) au regard des risques qu'il aura identifiés et classifiés en vue de confirmer ou non le caractère suspect d'une opération ; le cas échéant, une déclaration de soupçon est effectuée auprès de Tracfin.

B.1.1 *Relations d'affaires et clientèle occasionnelle : des obligations différentes*

- Définition de "relation d'affaires"

20. En application de l'article L. 561-2-1, un client est considéré comme engagé dans une relation d'affaires dans deux cas :

– lorsqu'il y a un contrat entre le professionnel et le client utilisant ses services en application duquel plusieurs opérations successives sont réalisées entre les cocontractants, ou qui crée pour ceux-ci des obligations continues ;

– en l'absence de contrat formel, qui n'est pas un critère suffisant pour conclure que le client est un client occasionnel, lorsque le client bénéficie de manière régulière de l'intervention du professionnel pour la réalisation de plusieurs opérations ou d'une opération présentant un caractère continu, une relation d'affaire est établie.

21. Dans tous les cas, la durée est un élément déterminant de la relation d'affaires, mais elle n'implique pas des relations entre le client et le professionnel sur une période prolongée.

- Définition de "client occasionnel"

22. Le client occasionnel est celui qui réalise auprès d'un professionnel une opération ponctuelle. En pratique, il s'agit du client "de passage" qui ne sollicite pas de manière régulière l'intervention du professionnel.

- La distinction "relation d'affaires" et "clientèle occasionnelle"

23. La distinction entre relation d'affaires et client occasionnel peut être difficile à faire dans certaines situations. Il appartient au professionnel de définir des critères pour distinguer leurs clients habituels de leurs clients occasionnels.

A titre d'exemple, un ou plusieurs des critères suivants qui s'appliquent plus particulièrement à la clientèle des huissiers de justice pourraient être utilisés :

– S'agit-il d'une opération liée à un "acte isolé" (ex. : saisie-attribution en raison de la compétence territoriale, constat, etc.) ou au contraire d'une opération s'inscrivant dans la durée (recouvrement amiable ou forcée de sommes importantes) ;

– Le mandant souhaite-t-il procéder au recouvrement d'une créance isolée (ex. : exécution d'une décision de justice), ou souhaite-t-il confier à l'étude le recouvrement de créances récurrentes (ex. : loyers impayées d'un parc immobilier, etc.) ?

– Dans le cadre de l'activité de procédure simplifiée de recouvrement de petites créances : le mandant souhaite-t-il confier à l'étude le recouvrement d'une seule facture impayée ou la gestion du recouvrement de la totalité de ses factures impayées ?

Dans ces exemples, non limitatifs, l'huissier de justice doit être en mesure de justifier à l'autorité de contrôle son appréciation.

24. De manière générale, l'huissier de justice pourra déterminer le type de relation, par exemple, selon les critères suivants :

Critères	Type de relation
Contrat entre l'huissier et le créancier : • Prévoyant plusieurs opérations successives ; • Ou créant des obligations continues entre les cocontractants.	Relation d'affaires
Absence de contrat entre l'huissier et le créancier mais : • Intervention de manière régulière de l'huissier pour plusieurs opérations ; • Ou opération présentant un caractère continue.	Relation d'affaires
Mandat portant sur une opération ponctuelle	Client occasionnel

B.1.2 *Obligations de vigilance dans le cadre d'une relation d'affaires et d'un client occasionnel*

25. Le code monétaire et financier distingue les mesures de vigilance à mettre en œuvre selon que le client est un client habituel ("relation d'affaires") ou occasionnel.

La mauvaise compréhension de la distinction conduit à la mise en œuvre de mesures de vigilance inadaptées. Cela affecte *in fine* la transmission éventuelle de déclarations à Tracfin.

Principaux effets de cette distinction s'agissant des obligations de vigilance :

Obligation	Client habituel ("relation d'affaires")	Client occasionnel
Mesures permettant l'identification du client (art. L. 561-5 et R. 561-10)	Oui	Oui si opération supérieure à 15 000 € ou si le client n'est pas physiquement présent, ou si des éléments font naitre un soupçon)
Mesures permettant d'identifier l'objet et la nature de la relation d'affaires (art. L. 561-5-1 et R. 561-12)	Oui	Non
Obligation de vigilance constante (art. L. 561-6)	Oui	Non
Obligation de vigilance simplifiée (art. L. 561-9)	Oui	Oui

Obligation	Client habituel ("relation d'affaires")	Client occasionnel
Obligation de vigilance complémentaire (art L. 561-10, R. 561-18, R. 561-20 et R. 561-20-1)	Oui	Oui
Obligation de vigilance renforcée (art. L. 561-10-1 et L. 561-10-2)	Oui	Oui
Conservation des éléments recueillis (art. L. 561-12)	Oui	Oui

B.1.2.1 *Obligations de vigilance normale dans le cadre d'une relation d'affaires.*

• **Identification du client/bénéficiaire effectif**

V. art. L. 561-5, R. 561-5 et R. 561-5-1 C. mon. fin.

• **Notion de bénéficiaire effectif**

26. **Les huissiers de justice déterminent la (les) personne(s) physique(s) qui entre(nt) dans la définition de bénéficiaire effectif prévue par les textes qui sont rappelés ci-après.**

Les professionnels s'assurent qu'ils ont effectivement recherché la (les) personne(s) physique(s) qui doi(ven)t être considérée(s) comme bénéficiaire(s) effectif(s), en particulier en cas de risque élevé de blanchiment des capitaux ou de financement du terrorisme. Ils sont en mesure de justifier des mesures prises auprès la chambre régionale des huissiers de justice.

• **Registre des bénéficiaires effectifs**

27. **L'article 139 de la loi nº 2016-1691, dite "Loi Sapin II", du 9 décembre 2016 a introduit une nouvelle obligation à la charge des sociétés commerciales, civiles, des GIE et autres entités (associations, organismes de placement collectif) tenues de s'immatriculer au RCS. Cette obligation consiste à identifier les bénéficiaires effectifs de ces entités.**

Les entités assujetties doivent déposer en annexe du registre du commerce un document relatif à ce bénéficiaire effectif ainsi qu'aux modalités de contrôle qu'il exerce sur l'entreprise.

28. **Ce document est mis à disposition par les greffes des tribunaux de commerce et comporte des champs à remplir et des cases à cocher afin de déterminer :**

— l'identité de la société : dénomination sociale, forme sociale (SAS, SARL, SCI, etc.), adresse du siège social, nº siren et mention du greffe dans lequel la société est immatriculée ;

— l'identité du bénéficiaire effectif : nom, prénoms, nom d'usage, date et lieu de naissance, nationalité, adresse personnelle ;

— les modalités de contrôle, à savoir l'information sur le fait de savoir si le bénéficiaire effectif dispose, directement ou indirectement, de plus de 25 % du capital de la société, de plus de 25 % des droits de vote ou "par tout autre moyen, d'un pouvoir de contrôle sur les organes de gestion, d'administration, de direction de la société ou sur l'assemblée générale des associés ou actionnaires" ;

— date à laquelle la personne concernée est devenue bénéficiaire effectif de la société concernée

29. **Ainsi, sans préjudice de la communication de l'information sur l'identité du bénéficiaire effectif requise en vertu des obligations de vigilance à l'égard de la clientèle (art. L. 561-4-1 à L. 561-14-2), les huissiers de justice peuvent avoir communication du document relatif au registre des bénéficiaires effectifs. Pour ce faire, ceux-ci doivent en formuler la demande auprès du service juridique d'Infogreffe.**

30. **Les huissiers de justice appliquent les obligations de vigilance relatives au bénéficiaire effectif dans les conditions prévues par les textes qui sont décrites ci-après.**

31. **En cas de risque élevé, dans les situations mentionnées aux articles R. 561-1 à R. 561-3 du code monétaire et financier, les huissiers remontent toute la chaîne de détention en vue de déterminer la (les) personne(s) physique(s) qui entre(nt) dans**

la définition de bénéficiaire effectif, et appliquent à cette (ces) personne(s) des obligations de vigilance adaptées au risque.

Les huissiers de justice doivent être en mesure de justifier des mesures prises auprès de l'autorité de contrôle.

• Connaissance de la relation d'affaires avant l'entrée en relation

32. Les professionnels relèvent les nom et prénoms de la (des) personne(s) physique(s) concernée(s), ainsi que tout autre élément permettant d'établir l'identité du bénéficiaire effectif, notamment la date et le lieu de naissance. Cette identification s'effectue selon des moyens adaptés, conformément à l'article R. 561-7 du code monétaire et financier.

• Connaissance de la relation d'affaires pendant la relation

Application des obligations découlant de l'article L. 561-6 aux huissiers de justice :

33. Les personnes assujetties ne peuvent savoir intuitivement, au premier contact, si le client va entrer réellement en relation d'affaires avec l'étude.

Dès lors, un certain nombre de questions sont identifiées, préparées et posées par le professionnel afin d'adapter sa vigilance.

Lors du premier entretien, l'huissier de justice interroge son client aux fins de préciser la nature de sa demande.

Il pourra ainsi, par exemple, établir une fiche permettant de justifier de ses obligations au regard du code monétaire et financier :

Recherche d'information sur l'objet de la relation et sur le client	Justification permettant de répondre aux exigences d'identification de la relation et/ou du client
S'agit-il d'une opération ponctuelle ?	Ex : Oui, le client souhaite obtenir l'exécution d'une unique décision de justice rendue à son profit dans le cadre d'un litige. Ex : non, le client souhaite confier à l'étude la gestion du recouvrement de plusieurs impayés contre des fournisseurs dans le cadre de la procédure simplifiée de recouvrement des petites créances.
S'il s'agit d'une opération ponctuelle, le montant de l'opération est-il supérieur à 15 000 € ? Le client est-il présent physiquement ?	Ex : Oui, le constructeur et son assureur (débiteurs solidaires) ont étés condamnés à payer la somme de 25 000 € de DI. Ex : Non, l'opération demandée porte sur un recouvrement d'une somme de 8 250 €. Cependant, Le client n'est pas présent physiquement (mandat reçu par mail de la part de l'avocat de celui-ci).
Le client justifie-t-il de son identité ?	Ex : Oui, le client, personne physique, présente l'original de sa pièce d'identité à l'huissier de justice et remet une copie sur laquelle apparaît le nom, prénom, date et lieu de naissance de la personne, ainsi que la nature, les dates et lieu de délivrance du document et le nom et qualité de l'autorité ou de la personne qui a délivré le document et l'a authentifié. Ex : Oui, le client est une personne morale et communique à l'étude : – Les statuts de la société comportant sa dénomination, sa forme juridique, l'objet social; – La photocopie de la pièce d'identité du dirigeant mandaté ; – Les décisions portant délégation de pouvoir pour les mandataires autre que le représentant légal ; – L'étude a par ailleurs relevé l'extrait k-bis original de moins de 3 mois.
Le bénéficiaire effectif est-il identifié ?	Ex : Non, le représentant refuse de délivrer la copie de la carte d'identité de l'associé détenant plus de 25 % des droits de vote.

34. Les huissiers exercent une vigilance constante sur la relation d'affaires, afin de prendre en compte tout élément de nature à en modifier le profil de risque. A cette fin, ils sont encouragés à recueillir, avant l'entrée en relation d'affaires et tout au long de celle-ci, les informations sur le bénéficiaire effectif qu'ils jugent pertinentes et, en tant que de besoin, des justificatifs relatifs à ces informations.

35. Concrètement, comme vu plus haut, il est important que l'étude remplisse, dès l'entrée en relation avec le client, une "fiche client", permettant de justifier de l'identité de celui-ci et de la nature de l'opération, et qui pourra être tenue à jour au fil de la relation d'affaire.

L'étude adapte son comportement en fonction des réponses données aux demandes de justification.

B.1.2.2 *Obligations de vigilance normale avec un client occasionnel.*

• Identification du client et bénéficiaire effectif
V. art. L. 561-5 et R. 561-10 C. mon. fin.

B.1.2.3 *Allègement des obligations de vigilance normale.*

36. Exemples de faibles risques de blanchiment de capitaux ou de financement du terrorisme :

— L'huissier de justice est mandaté pour le recouvrement forcé d'un prêt bancaire constaté par acte notarié, par un organisme financier établi en France ou dans un pays tiers dont la législation LCB/FT est jugée équivalente (art. R. 561-15 a) ;

— L'huissier de justice est mandaté pour gérer le recouvrement amiable par une société cotée au CAC 40 (art. R. 561-15 b) ;

— L'huissier de justice est mandaté pour procéder au recouvrement d'une créance du Trésor public (art. R. 561-15 c).

37. La décision d'appliquer une vigilance allégée ou de s'exonérer de ses obligations de vigilance implique, pour l'huissier de justice, de recueillir des informations suffisantes sur la relation d'affaires et sur son client afin de s'assurer que celui-ci remplit les conditions requises pour bénéficier de ces dérogations.

Attention : En aucun cas, ces mesures de vigilance allégées ne peuvent être appliquées à une relation d'affaires pour laquelle il existerait un soupçon de blanchiment ou de financement du terrorisme.

B.1.3 *Obligations de vigilance complémentaires*

B.1.3.1 *Les personnes politiquement exposées (PPE).*

• Notion de PPE

38. La 4e directive anti-blanchiment et les dispositions du 2° de l'article L. 561-10 définissent, de manière générique, les PPE comme étant des personnes qui sont considérées comme exposées à des "risques plus élevés" de blanchiment de capitaux, notamment de corruption, en raison des fonctions politiques, juridictionnelles ou administratives qu'elles exercent ou ont cessé d'exercer depuis moins d'un an pour le compte d'un État ou d'une institution internationale publique créée par un traité.

39. Les fonctions politiques, juridictionnelles ou administratives susmentionnées sont limitativement énumérées au I de l'article R. 561-18.

40. La qualité de PPE couvre également les proches, en particulier les membres directs de la famille des PPE tels que limitativement définis au II de l'article R. 561-18.

Par exemple, sont concernés les gendres et belles-filles des PPE, quelle que soit la nature de l'alliance.

41. En outre, sont considérées comme des proches, les personnes connues pour être étroitement associées à des PPE selon les trois situations décrites au III de l'article R. 561-18.

La première situation vise les personnes physiques qui, conjointement avec une personne exerçant ou ayant exercé depuis moins d'un an l'une des fonctions énumérées au I de l'article R. 561-18, sont bénéficiaires effectifs d'une entité juridique au sens des articles R. 561-1 à R. 561-3-1.

La deuxième situation vise les personnes physiques qui sont les seuls bénéficiaires effectifs d'une personne morale ou d'une entité dont on sait ou dont on a de bonnes raisons de penser qu'elle a été établie au profit de la personne exerçant ou ayant exercé depuis moins d'un an l'une des fonctions énumérées au I de l'article R. 561-18. Cela peut couvrir, par exemple, l'hypothèse des "prête-noms", c'est-à-dire d'individus qui agissent pour une personne exerçant ou ayant exercé depuis moins d'un an l'une des fonctions énumérées au I de l'article R. 561-18, tout en laissant croire qu'ils agissent dans leur propre intérêt et pour leur propre compte et apparaissent ainsi, aux yeux des tiers, en lieu et place du bénéficiaire réel.

La troisième situation, qui consiste pour une personne physique à être connue pour entretenir un lien d'affaires étroit avec une personne exerçant ou ayant exercé depuis moins d'un an l'une des fonctions énumérées au I de l'article R. 561-18, implique que les trois conditions suivantes soient réunies :

– La présence d'un lien d'affaires : le lien est en principe de nature commerciale, mais peut recouvrir également des intérêts économiques de nature civile. Il peut s'agir d'intérêts économiques communs ou plus largement, d'intérêts susceptibles d'avoir une influence sur la situation financière ou économique de chacune de ces personnes. A ce titre, le caractère onéreux de la prestation rendue ou des fonctions exercées par la personne physique, proche de la PPE, est susceptible de constituer un indice, si ce n'est une présomption de l'existence d'un lien d'affaires.

– Le lien est étroit : ce caractère peut tenir soit à la régularité des interventions de la personne physique proche de la PPE, soit à l'importance de son action sur les affaires de la PPE. Les liens avec la PPE devraient être considérés comme étroits s'ils ont un impact financier conséquent sur le montant de ses revenus. S'agissant des personnes qui représenteraient les intérêts économiques ou financiers d'une PPE, cette proximité pourrait notamment ressortir du nombre important d'actions effectuées au nom et pour le compte de cette dernière ou, dans le cadre d'une opération unique, de l'importance de cette opération rapportée à sa surface financière.

– Le lien est connu par l'organisme financier, que cette information soit publique ou notoire ou manifeste.

Peuvent notamment être concernées les personnes physiques :

• assurant, contre rémunération, la représentation permanente d'une PPE *[par exemple, cette représentation ne couvre pas les situations de défense de la PPE devant les tribunaux]* ;

• ayant conclu un ou plusieurs contrats de nature commerciale ou non (client, fournisseur, prestataire de services, garant, prêteur, etc.) avec une PPE ou avec une entreprise dont la PPE est bénéficiaire effectif.

42. Si le professionnel considère qu'une de ses relations d'affaires qui n'exerce pas une des fonctions politiques, administratives ou juridictionnelles définies au I de l'article R. 561-18, présente un risque élevé, conformément au profil qu'il a établi en application de l'article L. 561-32, y compris, le cas échéant, en considération de fonctions de nature politique, celle-ci n'est pas une PPE au sens de la réglementation. Le professionnel n'applique donc ni à elle, ni à ses proches, en particulier son cercle familial, les obligations de vigilance spécifiques aux PPE mais les mesures de vigilance renforcées prévues à l'article L. 561-10-1.

43. La mise en œuvre de procédure permettant de déterminer si le client est une personne politiquement exposée :

– Demander au client lors de l'entrée en relation d'affaires les éléments de connaissance permettant de déterminer s'il répond aux caractéristiques d'une PPE ;

– Procéder à une recherche sur internet du nom du client.

A noter : de nombreuses sociétés commerciales proposent désormais des solutions informatiques permettant de rechercher rapidement si un client est identifié dans une liste de PPE.

• Mesures de vigilance complémentaires

44. Les mesures de vigilance spécifiques aux PPE, dites "complémentaires" aux termes du code monétaire et financier, s'appliquent, en sus de celles prévues à

l'article L. 561-5 (identification, vérification de l'identité du client, et le cas échéant, du bénéficiaire effectif) et à l'article L. 561-5-1 (recueil et actualisation des informations relatives à l'objet et à la nature de la relation d'affaires et de tout autre élément d'information pertinent).

45. Les mesures de vigilance complémentaires sont celles prévues à l'article R. 561-20-2, lorsque le client, ou le cas échéant, le bénéficiaire effectif, est une PPE.

46. Les vigilances complémentaires attendues des huissiers de justice peuvent être synthétisées comme il suit :

1. Définition de procédures de nature à déterminer si le client, ou le membre direct de sa famille ou la personne connue pour lui être étroitement associée, est une personne mentionnée par un des neuf cas prévus.
2. Décision de nouer ou de poursuivre une relation d'affaires appartenant à un membre de l'organe exécutif ou à une personne habilitée par cet organe exécutif.
3. Recherche de l'origine des fonds.

47. La mise en œuvre des mesures de vigilance complémentaires spécifiques aux PPE est sans préjudice de celle des autres mesures de vigilance prévues par le code monétaire et financier dans des circonstances particulières. Il s'agit notamment :

- de l'entrée en relation d'affaires à distance *[dans l'hypothèse d'une entrée en relation d'affaires à distance avec une PPE, les professionnels mettent non seulement en œuvre les mesures de vigilance complémentaires spécifiques aux PPE, mais aussi, au moins deux autres mesures de vigilance complémentaires, parmi celles prévues à l'art. R. 561-20, qui sont spécifiques à cette modalité d'entrée en relation d'affaires]* (cf. 1° de l'article L. 561-10) ;
- des opérations présentant un risque élevé de BC-FT (cf. II de l'article L. 561-10-1) ;
- ou encore de la réalisation d'opérations répondant à l'un des critères de l'examen renforcé (cf. article L. 561-10-2).

B.1.3.2 *Relation à distance.*

48. Lorsque que le client ou son représentant légal n'est pas physiquement présent aux fins de l'identification au moment de l'établissement de la relation d'affaires, l'huissier de justice peut par exemple mettre en œuvre les mesures complémentaires suivantes :

– Solliciter une pièce d'identité supplémentaire pour confirmer l'identité de la personne avec laquelle il est en relation ;

– Et exiger que le versement de la provision soit effectué à partir ou à destination d'un compte ouvert au nom du client auprès d'une banque française ou européenne.

B.1.4 *Obligations de vigilance renforcée et examen renforcé dans le cadre d'une relation d'affaires et d'un client occasionnel*

- Vigilance renforcée

V. art. L. 561-10-1 C. mon. fin.

- Examen renforcé

49. L'élaboration de la cartographie des risques mentionnée ci-dessous permet aux huissiers une maitrise suffisante de leur environnement et des opérations habituelles qui sont exécutées.

En revanche, les montants anormalement élevés des opérations retiennent toute l'attention des professionnels.

50. S'agissant des activités des huissiers de justice, l'appréciation de l'"anormalité" du montant des opérations peut cependant parfois apparaître complexe, voire illégitime.

En effet, s'agissant par exemple de l'activité de recouvrement forcée, aucun critère de somme "anormalement" élevée ne saurait être retenu. En fonction des litiges que la juridiction aura eu à trancher, les condamnations peuvent couramment aussi bien porter sur des sommes faibles que sur des sommes extrêmement élevées sans que ce critère puisse être considéré comme "anormal".

Dès lors que le jugement est exécutoire et possède l'ensemble des attributs nécessaires à sa mise à exécution (notamment la formule exécutoire exigée par l'article 1er du décret n° 47-1047 du 12 juin 1947), l'huissier de justice chargé de l'exécution ne saurait légitimement remettre en cause la "normalité" de cette condamnation.

51. Si l'appréciation du caractère "anormal" des sommes en jeu est malaisée ou inopérante s'agissant des activités monopolistiques des huissiers de justice (assignation, signification, recouvrement forcé), ce critère retrouve sa pertinence en matière d'activité concurrentielle.

Un huissier de justice pourra ainsi être amené à considérer comme une opération suspecte, de façon non exhaustive :

– Dans le cadre d'une activité de vente aux enchères amiable : la vente d'un bien à un prix décorrélé de sa valeur apparente ou réelle ;

– Dans le cadre d'une activité d'administration d'immeuble : la demande de gestion du bien et de perception de loyers sans rapport avec la valeur locative du bien ;

– Dans le cadre d'un recouvrement amiable : la demande de recouvrement de sommes portant sur des dizaines de milliers d'euros sur le seul fondement d'une reconnaissance de dette sans autre justification de la réalité économique de l'opération.

Pour les clients avec lesquels une relation d'affaires est engagée, la connaissance décrite *supra* permet d'identifier des opérations atypiques et conduit les huissiers de justice à interroger ces derniers sur la provenance des fonds.

52. S'il ne peut être exigé des huissiers de justice d'avoir une connaissance réelle de la situation patrimoniale de leurs clients, ils peuvent néanmoins chercher à en avoir une idée, par des voies légales et en ayant recours aux bases ouvertes.

Il est possible d'effectuer des recherches simples, par exemple :

– sur les réseaux sociaux ;

– sur les sites publics d'information relatifs aux sociétés (indication sur la situation de la personne morale et des dirigeants, état de santé de l'entreprise qui permet d'avoir une idée de la situation financière du client) ;

– recherche de toute autre information permettant d'avoir un début de preuve de sa situation patrimoniale (réputation locale, déclarations spontanées de la personne, etc.) ;

– le cas échéant, interroger directement le client pour connaître sa profession et son patrimoine.

53. Les éléments ainsi obtenus sont consignés par écrit et tenus à la disposition des services habilités à y accéder (la chambre régionale des huissiers de justice). Ces documents pourraient ainsi démontrer la réalisation de son obligation de vigilance.

54. En aucun cas, ces informations ne peuvent faire l'objet d'un traitement automatisé de données personnelles sans qu'aient été respectées les démarches auprès de la CNIL – loi n° 78-17.

B.1.5 *Vigilance suite à gel des avoirs ou réquisition judiciaire*

B.1.5.1 *Vigilance suite à gel des avoirs.*

55. Le fait qu'une personne fasse l'objet d'une mesure restrictive, y inclus le gel des avoirs, n'impose pas nécessairement à l'huissier de justice de procéder à une déclaration de soupçon auprès de Tracfin. En revanche, il est attendu du professionnel qu'il réévalue le profil de la relation d'affaires au regard de cette mesure, et adapte sa vigilance en conséquence. Il examine en particulier avec attention le fonctionnement de la relation d'affaires, notamment les opérations qui ont précédé l'entrée en vigueur de la mesure restrictive mais également les éventuels liens familiaux et patrimoniaux de la personne concernée.

Lorsqu'il est mis fin à la mesure restrictive, l'huissier adapte le profil de la relation d'affaires et sa vigilance en conséquence.

56. En tout état de cause, en cas de soupçon, l'huissier transmet sans délai une déclaration à Tracfin, en précisant les éléments d'analyse ayant conduit au soupçon, sans préjudice de la déclaration de gel à la DG Trésor prévue par les règlements européens portant mesures restrictives et le code monétaire et financier.

B.1.5.2 *Vigilance suite à réquisition judiciaire ou administrative.*

57. La réception d'une réquisition judiciaire amène, en principe, l'huissier de justice à effectuer une analyse des opérations, à réévaluer le profil de sa relation d'affaires et adapter sa vigilance en conséquence.

Il en va de même lorsqu'il reçoit une demande administrative nominative (administration fiscale, douanes, etc.), dont l'objet est susceptible de présenter un lien avec la LCB/FT.

58. Dans ce cadre, le réexamen de la relation d'affaires peut permettre au professionnel de détecter des opérations suspectes qu'il n'avait pas identifiées au préalable et qui ne sont pas concernées par la réquisition judiciaire. Dans cette hypothèse, l'huissier de justice adresse, sans délai, une DS à Tracfin en mentionnant la réquisition judiciaire, ou le document reçu de l'administration requérante, et en indiquant les références précises de la procédure et les coordonnées du service ou du magistrat à l'origine de la réquisition ou de la demande.

B.1.6 *Rupture de la relation*

59. Si les huissiers de justice ont, aux termes de l'article 15 du décret n° 56-222 du 29 février 1956, l'obligation d'exercer leur ministère, cette obligation trouve ses limites, aux termes du même article, en cas d'"empêchement", ou pour cause de parenté ou d'alliance.

Le défaut d'identification du client ainsi que de l'objet ou la nature de la prestation sollicitée constituent ainsi un cas d'empêchement, devant conduire l'huissier de justice à refuser son ministère.

Lorsque la relation d'affaires est déjà établie, il y met un terme.

60. Le code monétaire et financier prévoit en effet certaines hypothèses dans lesquelles le professionnel se doit d'interrompre la relation d'affaire. C'est ainsi le cas lorsque les informations à la disposition des huissiers ne leur permettent pas de garantir clairement l'identification des clients.

En ces cas exclusifs, les huissiers de justice comme tous les professionnels assujettis aux obligations LCB/FT, sont tenus de rompre la relation d'affaires et de n'exécuter aucune opération.

61. L'attention des professionnels est appelée sur le fait que les tentatives d'opérations entrent dans le champ d'application du code monétaire et financier. Aussi, l'absence de flux tenant à la rupture d'une relation d'affaires ou à l'inexécution d'une opération sur le fondement de l'article L. 561-8 est assortie d'une déclaration de soupçon adressée à Tracfin dans la mesure où une telle circonstance justifie un soupçon.

62. Ainsi après avoir mis fin à la relation d'affaires, l'huissier de justice examine systématiquement l'éventualité de faire une déclaration. C'est à l'issue d'une analyse individualisée et d'une appréciation *in concreto* de la situation que l'huissier de justice détermine s'il effectue ou non une déclaration de soupçon sur la base d'un examen réalisé à partir des éléments d'information dont il dispose.

B.2 *Les mesures à mettre en place au regard des risques identifiés*

63. L'autorité de contrôle attend des huissiers une vigilance particulière à l'égard de leur clientèle, modulée selon les critères définis *supra* (relation d'affaires ou non, opération suspecte ou non, personne particulièrement exposée ou non, etc.).

Ces obligations de vigilance sont une condition essentielle à l'établissement d'une déclaration de soupçon.

Exemples de mesures à mettre en œuvre en fonction des critères d'alertes :
NB : la liste de critères d'alerte et mesures à mettre en œuvre n'est pas exhaustive. Les éléments identifiés constituent des exemples que chaque huissier devra apprécier selon la situation de son établissement et les risques auxquels il est exposé.

CRITÈRES À SUIVRE	MESURES DE VIGILANCE À METTRE EN ŒUVRE
Critères liés à la personne physique ou morale	
– Le client ou son représentant légal n'est pas physiquement présent aux fins de l'identification	Demander la copie d'un document officiel en cours de validité comportant une photographie et appliquer une mesure parmi celles listées à l'article R. 561-20.
– La personne qui sollicite l'huissier de justice agit pour le compte d'un tiers dont elle ne veut pas décliner l'identité ou produire un mandat. Personne physique résidant dans une zone sensible Personne physique connue pour diverses infractions économiques et financières Train de vie disproportionné avec les revenus de l'activité déclarée Personne physique exerçant une profession à risque Personne morale dont le secteur d'activité est à risque Liste des secteurs à risque : – BTP, logistique, informatique, sécurité, nettoyage, rénovation énergétique, etc. – Secteur à fort cash : CHR, métaux, téléphonie, etc. – Association	• L'obtention de l'extrait d'inscription auprès de l'institution compétente datant de moins de trois mois pour une personne morale; • La présentation de l'original d'un document officiel en cours de validité comportant une photographie pour une personne physique ; • Procéder à un examen critique de ces documents en vue d'obtenir l'assurance raisonnable qu'il ne s'agit pas de faux : – Par exemple, comparaison, pour une personne physique, de la photographie portée par le document avec la personne en cause ; – La copie (recto-verso) de ce document original par un membre du personnel de la structure; • Rompre toute relation d'affaire en cas de refus et envoi d'une déclaration de soupçon le cas échéant.
Critères liés à l'opération	
Le produit ou l'opération favorise l'anonymat de celle-ci : Paiement en espèces d'un montant significatif Virements en provenance de comptes divers (compte de tiers, comptes à l'étranger, etc.) Paiement effectué par un tiers Factures présentant des anomalies : n° de TVA incomplet ou faux, n° de facture, adresse Absence de correspondance entre l'objet social de la société créancière et le titre de recouvrement	• Demander l'origine des fonds en cas de versements par espèce; • Demander des explications sur les motivations de l'opération en cas de paiement par un tiers ; • Exiger la production de documents sans anomalies ; • Demander justification du droit à agir au client dans le cas d'une absence de corrélation entre l'identité de celui-ci et de celle du créancier identifié dans l'acte (cession de créance, fusion absorption, acte de notoriété dans le cas de l'héritier venant au droit d'un créancier, etc.)
Activités à risques LCB/FT	
Recouvrement des créances : Collusion entre débiteur et créancier : – Faux procès judiciaire – Fausse reconnaissance de dette, etc. Ventes aux enchères : Acheteur venant d'un pays à risque Séquestre : Utilisation de compte séquestre à des fins de blanchiment Administration d'immeuble	Vérifier la réalité des justifications présentées : • Les factures des fournisseurs en vue de s'assurer de la réalité de leur existence ; • Les numéros d'identification des fournisseurs et clients ; • La cohérence des biens et des services acquis avec l'activité du client ou du débiteur ; • La cohérence des biens et services vendus en termes de nature et de prix, avec l'activité et la politique commerciale connue ; • Les moyens de règlement utilisés ; • Les mouvements d'espèces ; • La cohérence des payeurs et des débiteurs.

B.3 *Les autres obligations*

B.3.1 *Le contrôle interne*

64. Les structures d'exercice professionnel mettent en place, en application de l'article L. 561-32 du code monétaire et financier, des systèmes d'évaluation et de gestion des risques de blanchiment des capitaux et de financement du terrorisme.

> Chaque structure d'exercice professionnel désigne un responsable de la mise en place et du suivi de ces systèmes d'évaluation et de gestion des risques et des procédures correspondantes.

65. Chaque structure d'exercice professionnel désigne un correspondant en charge de diffuser les informations utiles émanant de Tracfin et met à sa disposition les moyens appropriés pour ce faire.

L'huissier de justice exerçant en individuel assume lui-même le rôle de correspondant et de responsable de la mise en place et du suivi des systèmes et des procédures.

66. Chaque structure d'exercice professionnel élabore une classification des risques de blanchiment des capitaux et de financement du terrorisme selon le degré d'exposition à ces risques apprécié en fonction des caractéristiques des clients pour lesquels l'étude intervient ou est sollicité, et notamment en fonction des activités exercées par ceux-ci, de la localisation de ces activités, de leur forme juridique et de leur taille.

67. Les procédures relatives à la lutte contre le blanchiment de capitaux et le financement du terrorisme mises en place au sein de la structure d'exercice professionnel portent sur :

– l'évaluation des risques de blanchiment et de financement du terrorisme au sein de l'entité cliente pour laquelle l'étude d'huissier de justice intervient ou est sollicitée, au regard de la classification élaborée ;

– la mise en œuvre des mesures de vigilance lors de l'acceptation et au cours de la mission ;

– la conservation, pendant la durée légale, des pièces relatives à l'identification du client et du bénéficiaire effectif ;

– les modalités d'échanges d'informations au sein des structures d'exercice professionnel et des réseaux, dans les conditions définies à l'article L. 561-20 du code monétaire et financier ;

– le respect de l'obligation de déclaration individuelle à Tracfin ;

– la mise en œuvre de procédures de contrôle périodique et permanent des risques de blanchiment de capitaux et de financement du terrorisme ;

– l'organisation de la conservation et de la confidentialité des déclarations de soupçon déposées.

68. Les huissiers de justice prennent en compte, dans le recrutement des collaborateurs, les risques au regard de la lutte contre le blanchiment de capitaux et le financement du terrorisme.

B.3.2 *La conservation des documents*

69. La conservation des documents est essentielle en ce qu'elle garantit à l'autorité de contrôle et à Tracfin, dans l'exercice de leur mission respective, la possibilité d'investiguer ou de reconstituer des transactions portant sur des opérations suspectes.

Partant, les établissements conservent pendant cinq ans :

– Les éléments relatifs à l'identité du client habituel ou occasionnel ;

– Les éléments relatifs aux opérations ;

– Les documents consignant les caractéristiques des opérations ayant donné lieu à un examen renforcé (opération particulièrement complexe, montant inhabituellement élevé ou ne paraissant pas avoir de justification économique ou d'objet licite).

• Conservation des documents dans le cadre des contrôles

70. L'article 12 du décret n° 2011-1173 du 23 septembre dispose "les inspections concernent l'ensemble des activités professionnelles des huissiers de justice, y compris leurs activités accessoires. Elles portent notamment sur la comptabilité, l'organisation et le fonctionnement de l'étude et sur le respect par les huissiers des obligations prévues par le chapitre 1er du titre VI et livre V du code monétaire et financier"

71. Le deuxième alinéa du décret n° 56-222 du 29 février 1956 dispose "pour les vérifications effectuées en application du sixième alinéa de l'article 7 de l'ordonnance du 2 novembre 1945 précitée, les inspecteurs se font communiquer, sur simple demande, les documents dont la conservation est prévue par l'article L. 561-12 du code monétaire et financier.".

B.3.3 *La formation et l'information des collaborateurs*

72. Les structures d'exercice professionnel d'huissier de justice assurent l'information et la formation des huissiers de justice associés et salariés ainsi que de l'ensemble des collaborateurs sur les obligations liées à la lutte contre le blanchiment de capitaux et le financement du terrorisme, et sur les procédures mises en place au sein de la structure.

73. Elles déterminent la fréquence de la mise à jour des connaissances des professionnels et des collaborateurs selon l'évolution de la réglementation et des procédures applicables (art. L. 561-34).

B.4 *La déclaration de soupçon*

B.4.1 *Déclarant et correspondant Tracfin*

74. Au sein de chaque établissement sont désignés un déclarant et un correspondant Tracfin qui peuvent par ailleurs être une seule et même personne.

En application de l'article R. 561-23, le déclarant est la personne habilitée à procéder à la déclaration de soupçon. En application de l'article R. 561-24, le correspondant est à la personne chargée de répondre aux demandes de Tracfin et d'assurer aux membres concernés du personnel des informations, avis ou recommandations de caractère général qui en émanent.

75. L'identité et la qualité du déclarant et du correspondant sont communiquées à Tracfin par un document distinct joint à l'appui de la première déclaration.

En cas de changement, l'identité du nouveau déclarant/correspondant Tracfin est portée, sans délai, à la connaissance de cet organisme.

76. Le déclarant Tracfin :

– transmet les déclarations de soupçon au service Tracfin

– transmet, le cas échéant, les déclarations de soupçon complémentaires

77. Le correspondant Tracfin :

– est destinataire des accusés de réception des déclarations de soupçon

– traite les demandes de communication de pièces ou de documents émanant de Tracfin concernant les déclarations de soupçon.

> Les déclarants veillent à indiquer des coordonnées (téléphoniques/mail) permettant une prise de contact directe avec le déclarant/correspondant Tracfin lors de la complétion du formulaire dédié. Le respect d'une telle procédure permet d'assurer un niveau satisfaisant de confidentialité dans le cadre de l'exercice du droit de communication.

B.4.2 *Que déclarent les professionnels ?*

78. Les champs potentiels de la déclaration de soupçon sont limitativement énoncés par le code monétaire et financier. Dès lors, les opérations faisant l'objet d'un signalement portent sur les thématiques suivantes :

• les sommes ou opérations portant sur des sommes dont ils savent, soupçonnent ou ont de bonnes raisons de soupçonner qu'elles proviennent d'une infraction passible d'une peine privative de liberté supérieure à un an,

• les sommes ou opérations portant sur des sommes dont ils savent, soupçonnent ou ont de bonnes raisons de soupçonner qu'elles proviennent d'une fraude fiscale lorsqu'il y a présence d'au moins un critère défini par décret ;

• les sommes ou opérations portant sur des sommes dont ils savent, soupçonnent ou ont de bonnes raisons de soupçonner qu'elles sont liées au financement du terrorisme.

79. La déclaration de soupçon n'est pas un acte anodin car elle entraîne un traitement par Tracfin de l'information ainsi déclarée, lequel peut donner lieu à des investigations complémentaires voire à une transmission à l'autorité judiciaire ou à certaines administrations compétentes.

Article L. 561-15 : infractions punies de plus d'un an d'emprisonnement et financement du terrorisme

Fraude fiscale et 16 critères

Décret n° 2009-874 du 16 juillet 2009 définissant les 16 critères de la fraude fiscale

1° L'utilisation de sociétés écran, dont l'activité n'est pas cohérente avec l'objet social ou ayant leur siège social dans un État ou un territoire qui n'a pas conclu avec la France une convention fiscale permettant l'accès aux informations bancaires, identifié à partir d'une liste publiée par l'administration fiscale, ou à l'adresse privée d'un des bénéficiaires de l'opération suspecte ou chez un domiciliataire au sens de l'article L. 123-11 du code de commerce ;

2° La réalisation d'opérations financières par des sociétés dans lesquelles sont intervenus des changements statutaires fréquents non justifiés par la situation économique de l'entreprise ;

3° Le recours à l'interposition de personnes physiques n'intervenant qu'en apparence pour le compte de sociétés ou de particuliers impliqués dans des opérations financières ;

4° La réalisation d'opérations financières incohérentes au regard des activités habituelles de l'entreprise ou d'opérations suspectes dans des secteurs sensibles aux fraudes à la TVA de type carrousel, tels que les secteurs de l'informatique, de la téléphonie, du matériel électronique, du matériel électroménager, de la hi-fi et de la vidéo ;

5° La progression forte et inexpliquée, sur une courte période, des sommes créditées sur les comptes nouvellement ouverts ou jusque-là peu actifs ou inactifs, liée le cas échéant à une augmentation importante du nombre et du volume des opérations ou au recours à des sociétés en sommeil ou peu actives dans lesquelles ont pu intervenir des changements statutaires récents ;

6° La constatation d'anomalies dans les factures ou les bons de commande lorsqu'ils sont présentés comme justification des opérations financières, telles que l'absence du numéro d'immatriculation au registre du commerce et des sociétés, du numéro SIREN, du numéro de TVA, de numéro de facture, d'adresse ou de dates ;

7° Le recours inexpliqué à des comptes utilisés comme des comptes de passage ou par lesquels transitent de multiples opérations tant au débit qu'au crédit, alors que les soldes des comptes sont souvent proches de zéro ;

8° Le retrait fréquent d'espèces d'un compte professionnel ou leur dépôt sur un tel compte non justifié par le niveau ou la nature de l'activité économique ;

9° La difficulté d'identifier les bénéficiaires effectifs et les liens entre l'origine et la destination des fonds en raison de l'utilisation de comptes intermédiaires ou de comptes de professionnels non financiers comme comptes de passage, ou du recours à des structures sociétaires complexes et à des montages juridiques et financiers rendant peu transparents les mécanismes de gestion et d'administration ;

10° Les opérations financières internationales sans cause juridique ou économique apparente se limitant le plus souvent à de simples transits de fonds en provenance ou à destination de l'étranger notamment lorsqu'elles sont réalisées avec des États ou des territoires visés au 1° ;

11° Le refus du client de produire des pièces justificatives quant à la provenance des fonds reçus ou quant aux motifs avancés des paiements, ou l'impossibilité de produire ces pièces ;

12° Le transfert de fonds vers un pays étranger suivi de leur rapatriement sous la forme de prêts ;

13° L'organisation de l'insolvabilité par la vente rapide d'actifs à des personnes physiques ou morales liées ou à des conditions qui traduisent un déséquilibre manifeste et injustifié des termes de la vente ;

14° L'utilisation régulière par des personnes physiques domiciliées et ayant une activité en France de comptes détenus par des sociétés étrangères ;

15° Le dépôt par un particulier de fonds sans rapport avec son activité ou sa situation patrimoniale connues ;

16° la réalisation d'une transaction immobilière à un prix manifestement sous-évalué.

80. Le champ de la déclaration de soupçon porte sur toutes les infractions sanctionnées d'une peine d'emprisonnement supérieure à un an. Il s'agit notamment du trafic de stupéfiants, de la corruption et du trafic d'influence commis par des personnes exerçant une fonction publique, de l'abus de biens sociaux, de la contrefaçon, de l'escroquerie, de l'abus de confiance, de l'abus frauduleux de l'état d'ignorance ou de la situation de faiblesse, du travail dissimulé, etc.

81. Les huissiers de justice n'ont pas à préciser ni qualifier une infraction sous-jacente, il suffit qu'ils soupçonnent ou qu'ils aient de "bonnes raisons" de soupçonner qu'il existe une infraction sous-jacente et formulent leur analyse des faits. Ils indiquent les éléments d'analyse qui les conduisent à effectuer la déclaration de soupçon voire, dans l'hypothèse où ils ont recueilli des éléments leur permettant d'être plus précis, de caractériser le soupçon.

82. Les professionnels effectuent une DS quand le soupçon est établi au terme de l'analyse conduite, c'est-à-dire lorsqu'ils n'ont pas obtenu, au regard des informations, documents recueillis auprès du client ou par d'autres moyens, d'assurance raisonnable quant à la licéité des fonds ou de l'opération, ou quant à sa justification économique au regard de leur connaissance de la clientèle.

83. S'agissant plus spécifiquement du blanchiment de fraudes fiscales, au sens du II de l'article L. 561-15, une déclaration, à ce titre, n'est envisageable que dans la mesure où au moins l'un des seize critères prévus à l'article D. 561-32-1 est présent.

Les éléments d'analyse ayant conduit à retenir au moins l'un des critères sont précisés dans la déclaration.

- La déclaration complémentaire

84. La déclaration complémentaire indique la référence Tracfin de la déclaration initiale et comporte l'ensemble des éléments utiles à compréhension des faits signalés (cf. partie B.4.4 *infra*).

B.4.3 *Qu'est-ce qu'un soupçon ?*

85. Le soupçon est le fruit d'une réflexion objective et méthodique du professionnel. Il résulte d'un doute qui le conduit à s'interroger sur le caractère régulier ou licite de l'opération ou d'un ensemble d'opérations.

86. Compte tenu des informations dont il dispose sur son client (identité, notoriété, profession, etc.) et des éléments, notamment financiers, concourant à cette opération, le professionnel procède à une déclaration lorsqu'il ne peut exclure tout doute sur le caractère régulier ou licite de l'action ou de l'acte envisagé.

B.4.4 *Le contenu des déclarations*

87. Le déclarant effectue les déclarations de soupçon sur la base des informations dont il dispose.

A titre liminaire, il convient de souligner que la déclaration de soupçon est la matérialisation d'un travail d'analyse. Dès lors, le déclarant s'abstient de faire des déclarations motivées uniquement par des éléments de contexte. Ainsi, les déclarations de soupçon ne peuvent avoir pour seul motif :

– la réception d'une réquisition judiciaire ou d'une demande de renseignement émanant d'une administration (et à plus forte raison d'un droit de communication diligenté par Tracfin) ;

– l'activité professionnelle du client, son adresse ou son pays de résidence (éléments toutefois susceptibles de constituer un faisceau d'indices) ;

– le montant élevé d'une opération ;

– le fait d'être une PPE.

88. Conformément au 5° du III de l'article R. 561-31, figure explicitement dans toute déclaration l'analyse des faits ayant conduit au soupçon à l'origine du signalement. Cette obligation est la conséquence naturelle de l'analyse effectuée et de ses conclusions.

Exemple de structure de l'exposé des motifs (5° de l'article R. 561-31)

Partie 1 : Phrase introductive de synthèse

Cette partie doit permettre une compréhension rapide du signalement : nature et motif de la procédure en cours, etc.

Partie 2 : Présentation des personnes physiques et/ou morales faisant l'objet du soupçon

Rappel des informations détenues par le déclarant sur les personnes physiques ou morales objet du soupçon (éventuels compléments à l'état civil donné dans les champs *ad hoc [champ "état civil de la personne physique" de la DS]* de la DS, contexte de la relation d'affaire, etc.).

Personnes physiques :

• Situation personnelle et professionnelle connue,

• Situation matrimoniale connue,

Personnes morales

• Date de création,

• Nature de l'activité,

• Principales données chiffrées connues (CA, résultat, etc.)

• Liens avec d'autres personnes ou éléments d'environnement (autres mandataires sociaux/associés, etc.).

Le déclarant peut également mentionner dans cette partie, le résultat des recherches effectuées en base ouverte concernant le client, ainsi que les démarches de recherche effectuées (réseaux sociaux, bases commerciales, etc.).

Partie 3 : Présentation de(s) opération(s)

• Synthèse des opérations et des mouvements douteux,

• Développement des faits concernant ces opérations,

• Précision sur l'origine et la destination (certaine ou présumée) des fonds sur lesquels porte le soupçon.

Partie 4 : la caractérisation du soupçon

Cette partie restitue le fait à l'origine du soupçon ayant conduit au signalement, expose clairement le soupçon du déclarant à l'appui des éléments figurant *supra*.

• En quoi cette opération est-elle suspecte ?

• Pourquoi l'origine des fonds peut paraitre douteuse ?

• Démarches entreprises par le déclarant pour lever le doute ?

• En quoi les explications ou justifications apportées sont-elles peu convaincantes ou crédibles ?

Si soupçon de fraude fiscale : faire mention du(des) critère(s) listé(s) par le décret n° 2009-874 (art. D. 561-32-1).

89. Quel que soit son mode de transmission de la déclaration, des documents peuvent être joints aux déclarations de soupçon. Les déclarants utilisent cette fonc-

tionnalité pour transmettre à Tracfin l'ensemble des éléments nécessaires à la compréhension du signalement.

Les pièces pouvant être jointes à la déclaration (liste non exhaustive)
– une copie de la pièce d'identité du client ;
– extrait K-*bis* de la personne morale visée ;
– tout acte de procédure permettant l'appréhension du contexte de la relation d'affaires :
- acte judiciaire et extrajudiciaire signifié,
- titre exécutoire,
- procédure de saisie-contrefaçon,
- procès-verbal de constat,
- plan de recouvrement amiable,
- tout autre document dans le cadre des activités de ventes aux enchères, d'administration d'immeuble, d'agent d'assurances et de médiation.

– document comptable utile (factures, grand livre, etc.).

90. A défaut des éléments d'information et des renseignements prévus par l'article R. 561-31, la DS est déclarée irrecevable. Les DS irrecevables sont sans valeur au regard de l'article L. 561-15. Faute d'être exploitables en pratique, elles ne sont pas traitées par Tracfin. Cette irrecevabilité prive par ailleurs le déclarant du bénéfice des exonérations de responsabilités civile, pénale et professionnelle prévues à l'article L. 561-22.

91. Plus généralement, la CNHJ et Tracfin rappellent le caractère essentiel de la correcte rédaction des DS, quelles que soient les modalités de transmission de ces dernières. La clarté, la concision et la précision de la présentation des éléments d'information mentionnés dans la DS sont particulièrement importantes pour l'efficacité du dispositif LCB/FT.

B.4.5 *Les modalités de transmission*

92. Le déclarant peut adresser les déclarations de soupçon à Tracfin *via* la plate-forme de télé-déclaration ERMES.

Si la télé-déclaration ne revêt pas de caractère obligatoire pour les huissiers de justice, il est constant que la plate-forme ERMES est garante d'un haut niveau de sécurité et de confidentialité. Elle est l'assurance d'une déclaration recevable.

93. Le cas échéant, le déclarant peut également utiliser le formulaire dématérialisé de déclaration de soupçon disponible sur le site internet de Tracfin.

B.4.6 *Les délais de déclaration*

94. L'article L. 561-16 pose explicitement le principe de la déclaration de soupçon préalablement à l'exécution de la transaction afin, le cas échéant, de permettre à Tracfin d'exercer son droit d'opposition. La déclaration indique, dans cette hypothèse, le délai d'exécution, conformément au 6° du III de l'article R. 561-31. Le professionnel s'abstient, en conséquence, d'effectuer l'opération dont il soupçonne qu'elle est liée au blanchiment de capitaux ou au financement du terrorisme.

Droit d'opposition :

95. Le droit d'opposition est une prérogative qui peut être mise en œuvre par Tracfin pour s'opposer à la réalisation d'une opération qui n'a pas encore été exécutée pendant un délai (dix jours ouvrables) qui permet à l'autorité judiciaire d'apprécier l'opportunité de prendre une ordonnance de saisie pénale des sommes en cause.

La loi de séparation et de régulation des activités bancaires du 26 juillet 2013 a modifié les conditions de mise en œuvre du droit d'opposition. Désormais, Tracfin peut exercer ce droit, conformément à l'article L. 561-24, sur le fondement de toute déclaration de soupçon ou information reçue de tout déclarant dans le cadre de l'exercice de son droit de communication, des administrations, des autorités de contrôle, ou des cellules de renseignement étrangères.

Tracfin peut exercer son droit d'opposition, sans limite de temps, tant que l'opération n'a pas été exécutée. Conformément au 4ème alinéa de l'article L. 561-24, le professionnel peut exécuter l'opération suspecte, en l'absence d'opposition de Tracfin dans le délai d'exécution de l'opération.

Lorsque l'huissier de justice soupçonne qu'une opération suspecte est susceptible d'entraîner l'exercice de son droit d'opposition par Tracfin (par exemple : doute sur l'origine délictueuse des fonds ou virements de fonds à l'étranger), il est invité à prendre l'attache de Tracfin le plus rapidement possible afin d'appeler son attention sur cette opération et sur son délai d'exécution.

Le délai pendant lequel l'opération est suspendue est de 10 jours ouvrables. Ce délai court dès la notification de l'opposition par Tracfin au professionnel dans les conditions prévues à l'article R. 561-36. Lorsque l'opération est le paiement d'un chèque, ce délai court à compter de la présentation en paiement par la banque bénéficiaire auprès de la banque tirée.

B.4.7 *La confidentialité des déclarations et l'échange d'informations extra[-]groupe*

96. La confidentialité de la déclaration de soupçon est prévue à l'article L. 561-18 : elle porte sur l'existence et le contenu des déclarations qui ne peuvent être communiqués, de même que les suites qui leur ont été données, ni à l'intéressé ni à des tiers. Le non-respect de cette interdiction de divulgation est réprimé par l'article L. 574-1 d'une peine de 22 500 euros.

97. Il est précisé que la déclaration de soupçon n'est jamais transmise spontanément à l'autorité judiciaire en appui des notes d'information dans lesquelles la ou les sources sont, au demeurant, systématiquement occultées.

98. La confidentialité de la déclaration ne fait pas obstacle à la communication par Tracfin d'informations concernant les déclarations à l'autorité de contrôle, en application du I de l'article L. 561-28.

S'agissant des échanges d'informations relatifs à une déclaration de soupçon prévus aux articles L. 561-20 et L. 561-21, il convient de se reporter aux lignes directrices sur les échanges d'information.

B.4.8 *Le droit de communication à Tracfin*

V. art. L. 561-25 C. mon. fin.

ANNEXE 1
SITUATIONS À RISQUE

A RECOUVREMENT FORCÉ DE CRÉANCES

1 Découverte d'une forte somme d'argent en liquide

M. X, de nationalité turque, gérant d'un restaurant, a contracté en juin 2015 un emprunt immobilier auprès de la Banque C pour financer l'acquisition d'un bien d'un montant de 450 000 €. Le contrat de prêt a été passé par acte notarié.

Après le règlement des quatre premières échéances du prêt, et malgré l'envoi de plusieurs mises en demeure de la Banque C, M. X ne rembourse plus aucune échéance.

La banque C, se prévalant de la déchéance du prêt, mandate Me Y, huissier de justice, aux fins de procéder au recouvrement forcé de sa créance, sur le fondement de l'acte notarié.

Huit jours après la signification d'un commandement de payer aux fins de saisie-vente, Me Y procède, en présence de deux témoins et d'un serrurier, à l'ouverture forcée du domicile de M. X, en l'absence de ce dernier. En procédant à l'inventaire des meubles dans le local d'habitation, M. Y découvre une forte somme d'argent liquide (50 000 €).

Critères d'alerte :

- Nationalité du débiteur (zone à risque)
- Activité du débiteur connue pour générer du cash (restauration)
- Découverte d'une forte somme d'argent liquide au domicile du débiteur

2 Paiement par un tiers

Mme O. mandant la SCP Z. & E., huissier de justice, aux fins de recouvrer la somme de 8 500 € à l'encontre de M. R, en vertu d'un jugement du TGI annulant la vente d'une voiture et condamnant M. R à restituer le prix de vente à Mme O.

Deux jours après la signification d'un commandement de payer à M. R par l'étude, un homme se présente à l'étude. Il refuse de décliner son identité, se présente comme un ami de M. R et offre de régler une partie de la dette de ce dernier. Il paye 1 000 € en espèce. Il revient par la suite plusieurs fois dans la semaine et règle la totalité de la dette de M. R en espèce.

Critères d'alerte :

- Proposition de paiement par un tiers
- Forte somme en argent liquide, plusieurs fois dans la semaine
- Refus du payeur de décliner son identité

3 Identité de bénéficiaire effectif entre le créancier et le débiteur

Un jugement du tribunal de commerce condamne la SARL F à payer à la SA Z une somme de 120 000 €.

Me E, huissier de justice est mandaté par mail par l'avocat de la SA X. Ce dernier indique, en fournissant les justificatifs adéquats que la SA X a absorbé la SA Z ainsi que l'ensemble des actifs de cette dernière.

Puisque la SA X vient désormais aux droits de la SA Z, l'avocat mandate Me E aux fins de procéder à l'exécution forcée de la créance à l'encontre de la SARL F.

Après avoir examiné les statuts de la SA Z et relevé le K-*bis* de la SARL F, Me E s'aperçoit que le gérant de la SARL F, M. T, de nationalité ukrainienne, est également porteur de 28 % des parts de la SA Z.

Critères d'alerte :

- Le bénéficiaire effectif de la SA Z (créancier) est le gérant de la SARL F (débitrice)
- Nationalité du bénéficiaire effectif en dehors de l'Union Européenne
- Complexité apparente inhabituelle
- Le représentant du créancier n'est pas présent physiquement lors du mandat

B PROCÉDURE SIMPLIFIÉE DE RECOUVREMENT DE PETITES CRÉANCES

1 Légalisation de fausses factures

Me G, avocat de la SARL X, société travaillant dans le domaine du BTP, mandate Me T huissier de justice, aux fins de mettre en œuvre la procédure simplifiée de recouvrement des petites créance prévue par l'article L125-1 du CPCE pour le recouvrement d'une dizaine de créances allant de 500 € à 4 000 €, correspondant à des factures de travaux non payés, à l'encontre de diverses sociétés clientes débitrices.

L'avocat de la SARL X fournit à l'appui de ses demandes, copie des devis signés par les clients, ainsi que des factures correspondantes et des mises en demeure adressées aux clients.

Me T constate en relevant le K-*bis* de la société mandante que le siège social de cette dernière est situé dans une société de domiciliation bien connue.

Après avoir adressé aux différents clients débiteurs les lettres recommandées d'invitation à la procédure prévue par l'article R. 125-2 du CPCE, Me T reçoit, seulement quelques jours plus tard et à sa grande surprise une réponse positive de l'intégralité des débiteurs qui acceptent de participer à la procédure. Ceux-ci ne souhaitent pas négocier le prix des travaux ou mettre en place des échéanciers de paiement, mais souhaitent au contraire que Me T constate au plus vite leur accord pour payer et dresse le titre exécutoire afin qu'ils puissent lui adresser les fonds.

En étudiant de plus près les factures adressées par le mandant, Me T. s'aperçoit d'anomalies sur un grand nombre d'entre elles : n° de TVA absent, date manquante, etc.

Critères d'alerte :

- Le représentant du créancier n'est pas présent physiquement lors du mandat
- La société a son siège social dans une société de domiciliation
- Comportement anormal des débiteurs (empressement à vouloir régler sans discuter alors qu'il s'agit censément de factures restées impayées après plusieurs relances)
- Matière à risque (émission d'un titre exécutoire sans passer devant une juridiction)
- Anomalie dans les factures transmises.

C CONSTAT

M. A, de nationalité yéménite, est président d'une association loi de 1901 dont l'objet est de recueillir des dons de fidèles aux fins de financer la construction d'une mosquée.

Il vient trouver Me S., huissier de justice, aux fins de faire constater par ce dernier, avant dépôt à la Caisse des dépôts :

— le montant de la somme en la possession de l'association (somme de 270 000 € en argent liquide et chèque)

— que ces sommes proviennent exclusivement de dons de fidèles.

Critères d'alerte :

- Nationalité à risque du président de l'association dans le contexte actuel
- Présence d'une forte somme dont une partie en liquide
- Demande de constat impossible à réaliser sur la provenance des fonds

D ACTIVITÉ DE VENTE AUX ENCHÈRES

1 Vente des actifs d'une entreprise en liquidation judiciaire par une personne physique ayant un lien avec une organisation criminelle

Le Tribunal de commerce a ordonné la mise en liquidation judiciaire de la société de BTP U. créée il y a environ 15 mois. Maître M., huissier de justice, est désigné pour procéder à la vente aux enchères judiciaires des biens meubles faisant partie de l'actif de la société.

L'inventaire et la prisée réalisés en amont de la vente laissent apparaître des anomalies relatives à la tenue de la comptabilité de l'entreprise.

Critères d'alerte :

- Discordances entre les biens présentés à la vente et les écritures comptables susceptibles de révéler des infractions plus graves.
- Société de création récente : contexte éventuel de récurrence de création et de dissolution d'entreprise sur une courte période par le gérant
- Secteur d'activité sensible (BTP, sécurité, téléphonie, restauration,...)

2 Rachat des biens meubles présents à l'actif de la société suite à liquidation judiciaire

Un repreneur de nationalité géorgienne, M. G, 48 ans, s'est inscrit en amont de la vente judiciaire pour participer à celle-ci à distance.

Le jour de la vente, il se fait représenter par M. T et se porte acquéreur des biens meubles de la société en liquidation judiciaire. Suite à l'adjudication, M. T. rechigne à fournir les éléments d'identité de M. G.et ne souhaite pas préciser sa profession. Il semble impatient de régler la transaction et manifeste sa volonté de payer une partie de ses achats de matériel de travaux publics en espèces.

Critères d'alerte :

- Profil atypique et comportement suspect : attitude pressée, interrogations concernant la possibilité d'un paiement en espèces
- Utilisation du procédé de la représentation : le client final n'est pas présent physiquement en salle des ventes
- Origine géographique sensible

3 Reprise des actifs d'une entreprise en liquidation judiciaire par une personne physique en lien avec la société

Monsieur F. Jean-Pierre, gérant de la SARL Superauto en redressement judiciaire fait racheter par son frère M. F. Jean-Michel, une partie des véhicules automobiles ayant servi à l'activité de location de la société.

Suite à l'adjudication, l'acheteur, M. Jean-Michel F. fournit un extrait K-*bis* de sa société afin d'établir le bordereau acheteur au nom de celle-ci. L'activité économique de la société repreneuse semble incohérente avec l'objet social de la SARL Superauto.

Critères d'alerte acheteur :

- Rachat effectué par un membre de la famille dont l'activité professionnelle est sans rapport avec l'objet social de la société en redressement
- Domiciliation et/ou origine sensible des personnes impliquées dans la vente ()
- Acquisition des biens à un prix manifestement supérieur à l'estimation réalisée, enchères qui s'envolent sans justification apparente

• Origine des fonds inconnue

Critères d'alerte vendeur

• Domaine d'activité sensible (ex. : automobiles)

• Personne physique exerçant (ou ayant exercé) des fonctions de gérant dans plusieurs sociétés en difficultés

• Possibilité que le titre de créance soit fictif (arrangement entre le débiteur et une autre société afin de récupérer également le montant de la dette)

ANNEXE 2

CRITÈRES D'ALERTE

La liste des critères d'alerte ci-après n'est pas exhaustive. Ces critères constituent des exemples que chaque huissier devra apprécier selon la situation de son établissement et les risques auxquels il est exposé.

Critères d'alerte relatifs à l'opération :

• La procédure, la vente ou l'achat s'inscrit dans une situation complexe : c'est un maillon d'un montage mis en place par l'acheteur ou le vendeur ;

• Le prix de vente est anormalement élevé, minoré ou manifestement déséquilibré (ex. : Il existe une discordance importante entre l'estimation du bien et le prix auquel il est adjugé) ;

• La procédure, la vente ou l'achat ne semble pas avoir de justification économique : l'opération manque de cohérence ou de justification simple ;

• La procédure, la vente ou l'achat soulève des complications financières, économiques ou juridiques ;

• La procédure, la vente ou l'achat est une opération inhabituelle pour l'acheteur ou le vendeur au regard de ses activités normales ;

• Les enchères sont troublées soit par des violences, voies de fait ou menaces, soit par des dons, promesses, ententes ou autres moyens frauduleux ;

• Il y a une récurrence de vente forcée (saisie vente ; liquidation ou redressement judiciaire) pour un même débiteur (ou bénéficiaire effectif) ou les mêmes dirigeants sociaux ;

• La cohérence est insuffisante entre la situation familiale, économique ou sociale de la personne visée par la procédure ou de l'acheteur et les conditions économiques de l'opération ;

• La vente ou l'achat affecte un secteur sensible aux fraudes à la TVA de type carrousel (flux transfrontalier, société écran et facturation fictive permettant de ne pas payer de TVA), tels que les secteurs de la vente de véhicules d'occasion, de l'informatique, de la téléphonie, du matériel électronique, du matériel électroménager, de la hi-fi et de la vidéo.

Critères d'alerte relatifs aux biens inventoriés ou vendus :

• Le bien inventorié ou vendu est d'une grande valeur ou la vente se fait à un prix important ;

• Il y a un doute sur l'origine du bien ;

• Le bien n'a pas de rapport avec la situation apparente de fortune ou la situation financière de la personne dont les biens sont inventoriés ou vendus ou avec celle du bénéficiaire effectif ;

• L'inventaire ou la vente porte sur des biens recherchés par les blanchisseurs d'argent sale (or, pierres précieuses, œuvres d'art, livres, etc.) ou par les financeurs du terrorisme (armes, explosifs, produits dangereux, imprimerie, certains produits informatiques) ;

• Des biens supplémentaires semblent avoir été placés *a posteriori* parmi ceux qui doivent être inventoriés ou vendus ;

• Il existe un décalage entre les pièces comptables et les actifs de la société dont les biens sont liquidés.

Critères d'alerte relatifs aux fonds :

• Le destinataire des fonds exige des espèces ou utilise sans explication de nombreux comptes ;

• Le vendeur demande que le versement des sommes qui lui sont dues soit effectué à une tierce personne ;

• Le paiement est effectué en provenance ou à destination d'établissements financiers, de sociétés ou de personnes résidant (i) dans un paradis fiscal ou bancaire, (ii) dans un pays connu pour son instabilité politique ou le développement de certains trafics, (iii) dans un pays sensible compte tenu de l'actualité ;

• L'acquéreur paie son achat en espèces ou cherche à payer en espèces une somme supérieure à celle autorisée ;

• Le paiement provient d'un tiers sans justification du lien juridique qui pourrait légitimer cette intervention au profit du client ;

• Il y a un doute sur l'origine des fonds prêtés par des membres de la famille d'un acheteur ;

• L'utilisation régulière par des personnes physiques domiciliées et ayant une activité en France de comptes détenus par des sociétés étrangères ;

• Le paiement par un particulier de fonds sans rapport avec son activité ou sa situation patrimoniale connue ;

• L'origine des fonds est inconnue.

Critères d'alerte relatifs à la personne visée par la procédure ou l'acheteur ou à leurs bénéficiaires effectifs :

• Le destinataire final des fonds est inconnu ou est dissimulé ;

• Le comportement de la personne dont les biens sont vendus ou du bénéficiaire effectif est insolite ;

• La cohérence est insuffisante entre la situation familiale, économique ou sociale de la personne visée par la procédure ou de l'acheteur et les conditions économiques de l'opération ;

• Il y a une substitution de partie au dernier moment ou une "révise" ;

• On suppose une connivence entre la personne visée par la procédure et l'acheteur ;

• L'utilisation de sociétés écran ;

• Le recours à l'interposition de personnes physiques n'intervenant qu'en apparence pour le compte de sociétés ou de particuliers impliqués dans des opérations financières ;

• La difficulté d'identifier les bénéficiaires effectifs et les liens entre l'origine et la destination des fonds en raison de l'utilisation de comptes intermédiaires ou de comptes de professionnels non financiers comme comptes de passage, ou du recours à des structures sociétaires complexes et à des montages juridiques et financiers rendant peu transparents les mécanismes de gestion et d'administration ;

• L'organisation de l'insolvabilité par la vente rapide d'actifs à des personnes physiques ou morales liées ou à des conditions qui traduisent un déséquilibre manifeste et injustifié des termes de la vente ;

• L'acheteur final ou le vendeur effectif sont représentés par un intermédiaire ;

• Il existe un lien de parenté ou de proximité entre la personne visée par la procédure et l'acheteur ;

• L'acheteur ou la personne visée par la procédure ont une origine géographique sensible par rapport à l'actualité ;

• L'acheteur ou la personne visée par la procédure ont un comportement atypique éveillant le doute ;

• Il y a une discordance entre le prix estimé et le prix auquel le bien est adjugé ;

• L'acheteur ou la personne visée par la procédure (ou leurs bénéficiaires effectifs) sont des personnalités politiques exposées (PPE) ou des personnes assimilées aux PPE ;

• L'acheteur ou la personne visée par la procédure sont actifs dans des secteurs d'activité sensibles (BTP, automobile, téléphonie, sécurité, hôtellerie – restauration, etc.).

Critères d'alerte relatifs aux mesures de vigilance :

• Difficultés ou impossibilité d'obtenir des informations ;

• Les documents produits (ex. : papiers d'identité, Kbis) sont volés ou faux ;

• L'identité d'une personne physique ou morale est usurpée ;

• Les documents légaux qui doivent normalement être fournis font défaut ;

• Il est impossible d'obtenir des informations sur l'identification de la personne dont les biens sont vendus, sur le bénéficiaire effectif de la vente ou de l'achat ou encore sur l'opération ;

• Une information recueillie sur la personne visée par la procédure, l'acheteur ou leurs bénéficiaires effectifs et/ou l'opération s'avère incomplète et ou inexacte ;

• La constatation d'anomalies dans les documents produits comme justification de l'origine des fonds ou des biens, de l'identité des personnes physique ou morale ou sur la cohérence économique de l'opération (ex. : absence du numéro d'immatriculation au registre du commerce et des sociétés, du numéro SIREN, du numéro de TVA, de numéro de facture, d'adresse ou de date sur les factures ou les bons de commande) ;

• Le refus du client de produire des pièces justificatives quant à la provenance des fonds reçus ou quant aux motifs avancés des paiements, ou l'impossibilité de produire ces pièces ;

• L'absence de réponse aux questions ;

• Il existe un décalage entre les pièces comptables et les actifs de la société dont les biens sont liquidés.

ANNEXE 3

Le pas-à-pas ERMES

Annexe non reproduite.

ANNEXE 4

Schéma du circuit sur l'irrecevabilité

La démarche déclarative des professionnels soumis au dispositif de lutte contre le blanchiment de capitaux et le financement du terrorisme est précisée par le décret n° 2013-480 du 6 juin 2013 fixant les conditions de recevabilité de la déclaration effectuée en application de l'article L. 561-15 du code monétaire et financier, ainsi que par l'arrêté du même jour pris en application des nouvelles dispositions de l'article R. 561-31 du code précité.

• **Les mentions de forme devant figurer sur la télédéclaration**

La déclaration de soupçon écrite doit être dactylographiée, dûment signée, et effectuée au moyen du formulaire disponible en ligne sur le site www.economie.gouv.fr/tracfin ou *via* la plateforme Ermes.

Conformément à l'article R. 561-31-III du code monétaire et financier, à peine d'irrecevabilité, la déclaration doit comporter les mentions de forme suivantes :

• la profession exercée par la personne qui effectue la déclaration par référence aux catégories mentionnées à l'article L. 561-2 du code précité ;

• les éléments d'identification et les coordonnées professionnelles du déclarant désigné conformément aux dispositions du I de l'article R. 561-23 du code précité ;

• les cas de déclaration par référence à ceux mentionnés aux I, II et V de l'article L. 561-15 du code monétaire et financier. Préciser s'il s'agit d'une déclaration de soupçon (au sens du I de l'article L. 561-15 du code monétaire et financier), d'une déclaration de soupçon de fraude fiscale (au sens du II de l'article L. 561-15 du code précité) ou d'une déclaration de soupçon complémentaire (au sens du V de l'article L. 561-15 du code précité) ;

• les éléments d'identification du client et, le cas échéant, du bénéficiaire effectif de l'opération qui fait l'objet de la déclaration ;

• dans le cas où une relation d'affaires a été nouée avec le client, l'objet et la nature de cette relation ;

• le descriptif de l'opération et les éléments d'analyse qui ont conduit à effectuer la déclaration ;

• le délai d'exécution lorsque l'opération n'a pas encore été exécutée.

• **L'irrecevabilité des déclarations ne peut porter que sur des éléments de forme**

La procédure de recevabilité de la déclaration de soupçon ne porte pas sur les éléments de fond de la déclaration de soupçon (qualité des informations adressées et analyse du soupçon) mais uniquement sur les mentions de forme (article R. 563-61-V du code monétaire et financier et article 5 de l'arrêté du 6 juin 2013 dit "arrêté Ermes".

• **Indisponibilité d'ERMES**

En cas d'indisponibilité d'Ermes ou en cas d'urgence particulière ne permettant pas son utilisation, le professionnel déclarant peut envoyer sa déclaration de soupçon au moyen du formulaire dématérialisé disponible sur le site de Tracfin (www.economie.gouv.fr/tracfin) adressé par télécopie ou par voie postale et complété de façon dactylographiée (article 4 de l'arrêté du 6 juin 2013).

• **Gestion des déclarations de soupçon irrecevables par Tracfin**

Si la déclaration de soupçon ne remplit pas les conditions de recevabilité en la forme, Tracfin envoie dans les dix jours une lettre de demande de régularisation. Le professionnel dispose alors d'un mois pour renvoyer une déclaration de soupçon conforme. Au terme de ce délai, et en l'absence de régularisation, une décision d'irrecevabilité lui sera notifiée par le service dans les dix jours conformément à l'article R. 561-31-V du code monétaire et financier (cf. schéma ci-dessous).

Le circuit de l'irrecevabilité :

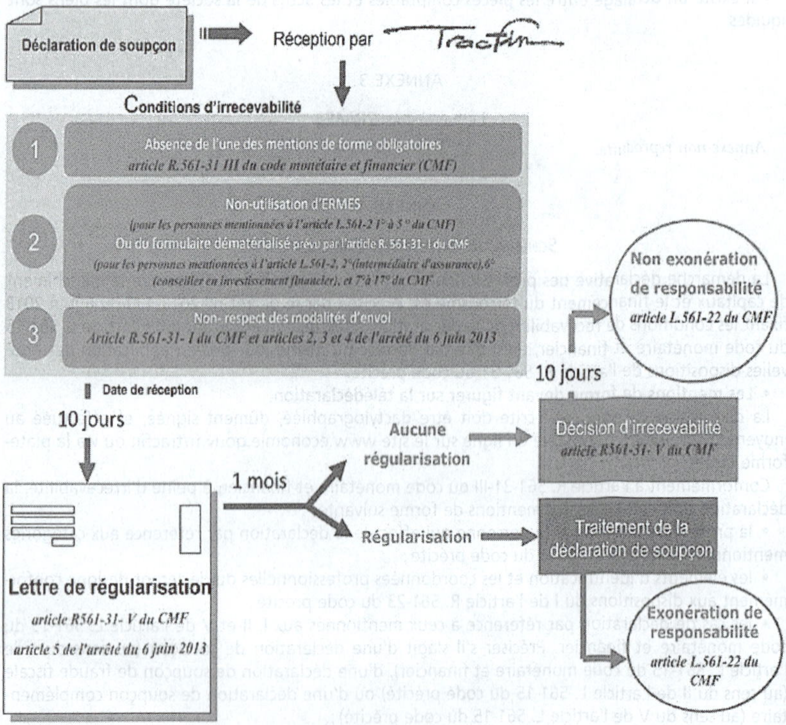

Lignes directrices conjointes ACPR-TRACFIN (octobre 2018),

Sur les obligations de déclaration et d'information à TRACFIN.

Introduction

1. Les présentes lignes directrices, élaborées conjointement par l'ACPR et TRACFIN, répondent à une demande des organismes financiers soumis au contrôle de l'Autorité de contrôle prudentiel et de résolution. Elles présentent une analyse des textes en vigueur concernant les obligations de déclaration et d'information à TRACFIN ainsi que leurs conséquences sur les différentes étapes du processus conduisant, le cas échéant, à une déclaration de soupçon (ci-après DS). Il s'agit d'un document de nature explicative qui n'a pas de caractère contraignant en lui-même.

2. La présente version met à jour sur la base des textes en vigueur au 1er octobre 2018 les lignes directrices conjointes de l'ACPR et de TRACFIN sur la déclaration de soupçon publiées en juin 2010 et actualisées en 2015.

3. Elle tient compte :

– d'une part, de la jurisprudence récente de la commission des sanctions de l'ACPR et du Conseil d'État [*CE 20 janv. 2016, n° 374950, Caisse d'Épargne et de Prévoyance du Languedoc-Roussillon*] concernant le respect des obligations de vigilance et de déclaration de soupçon en matière de lutte contre le blanchiment des capitaux et le financement du terrorisme (LCB-FT) ;

– d'autre part, des modifications apportées au code monétaire et financier, par plusieurs textes récents, notamment la loi n° 2016-731 du 3 juin 2016 renforçant la lutte contre le crime organisé, le terrorisme et leur financement ainsi que l'ordonnance n° 2016-1635 du 1er décembre 2016 renforçant le dispositif français de LCB-FT et son décret d'application n° 2018-284 du 18 avril 2018 renforçant le dispositif français de LCB-FT, qui transposent la 4e directive anti-blanchiment *[Dir. (UE) 2015/849 du 20 mai 2015 relative à la prévention de l'utilisation du système financier aux fins du blanchiment de capitaux ou du financement du terrorisme]* ;

– ainsi que de l'actualité récente en matière de financement du terrorisme.

4. Les présentes lignes directrices ont fait l'objet d'une concertation préalable à leur adoption au sein de la Commission consultative Lutte contre le blanchiment des capitaux et le financement du terrorisme. Elles sont publiques.

5. Sauf précision contraire, les articles mentionnés dans les présentes lignes directrices renvoient à ceux du code monétaire et financier.

6. La législation française LCB-FT relève principalement des dispositions des articles L. 561-1 et suivants et des articles R. 561-1 et suivants. Ces dispositions sont complétées par d'autres textes réglementaires d'application dont certains ne sont pas codifiés *[Arr. du 2 sept. 2009 définissant les éléments d'information liés à la connaissance du client et de la relation d'affaires aux fins d'évaluation des risques de blanchiment des capitaux et de financement du terrorisme; Arr. du 27 juill. 2011 relatif à la liste des pays tiers équivalents en matière de lutte contre le blanchiment de capitaux et le financement du terrorisme. Cette présomption d'équivalence en matière de lutte contre le blanchiment de capitaux et le financement du terrorisme peut être réfutée au regard d'éléments tels qu'une évaluation récente du GAFI ou d'un organisme régional de type GAFI]* et/ou sont sectoriels *[Arr. du 3 nov. 2014 relatif au contrôle interne des entreprises du secteur de la banque, des services de paiement et des services d'investissement soumises au contrôle de l'ACPR; Arr. du 10 sept. 2009 relatif à l'activité de changeur manuel; art. A. 310-8 C. assur.]*.

7. Le cadre juridique préventif repose sur deux volets complémentaires que sont les obligations de vigilance à l'égard de la clientèle et de la relation d'affaires d'une part et les obligations de déclaration et d'information à TRACFIN d'autre part, auxquelles sont assujettis les organismes financiers soumis au contrôle de l'ACPR en application des articles L. 561-2, L. 561-36 et L. 561-36-1 :

Dans le secteur de la banque :

– Les établissements de crédit *[V. 1° et 1° quater de l'art. L. 561-2]* ;

– Les établissements de monnaie électronique;

– Les établissements de paiement;

– Les sociétés de financement *[V. 1° de l'art. L. 561-2]* ;

– Les entreprises d'investissement *[l'Ord. n° 2017-1107 entrée en vigueur le 3 janv. 2018 exclut les sociétés de gestion de portefeuille (SGP) de la catégorie des entreprises d'investissement. Les SGP constitueront une catégorie à part entière parmi les prestataires de services d'investissement]* ;

– Les changeurs manuels *[V. 7° de l'art. L. 561-2]* ;

– La Caisse des dépôts et consignations *[V. 1° de l'art. L. 561-2]* ;

– Les intermédiaires en opérations de banque et en services de paiement (IOBSP), lorsqu'ils agissent en vertu d'un mandat délivré par un client et qu'ils se voient confier des fonds en tant que mandataire des parties *[V. 3° de l'art. L. 561-2]* ;

– Les intermédiaires en financement participatif *[V. 4° de l'art. L. 561-2; cela comprend les plateformes de dons (II de l'art. L. 548-2)]* ;

– Les succursales établies en France des EC, EP, EME et EI dont le siège social est situé dans l'EEE : Les succursales d'établissements de crédit et d'entreprises d'investissement agréés dans l'EEE sont assujetties à la réglementation LCB-FT, lorsqu'elles effectuent des opérations pour leur clientèle en France (tenue de compte en France, opérations de transmission de fonds, réception-transmission d'ordres) ;

– Les prestataires de services de paiement (EC, EP et EME) agréés dans l'EEE, qui exercent leur activité en France en ayant recours à des agents de services de paiement ou des distributeurs de monnaie électronique, et agissent donc sous une forme de libre établissement autre qu'une succursale ;

– Les entreprises d'investissement agréées dans l'EEE, qui exercent leur activité en France en ayant recours à des agents liés.

Dans le secteur de l'assurance :

– Les entreprises exerçant une activité d'assurance directe mentionnées aux articles L. 310-1 et L. 310-2 du code des assurances *[V. 2° de l'art. L. 561-2]* ;

– Les intermédiaires d'assurance définis à l'article L. 511-1 du code des assurances lorsqu'ils agissent dans le cadre d'un mandat délivré par le client, soit les courtiers d'assurance *[V. la fiche 5 des PAS sur le recours à la tierce introduction pour le secteur des assurances : Principes d'application sectoriels ACPR relatifs à la LCB FT]* ;

– Les mutuelles et unions réalisant des opérations mentionnées au 1° du I de l'article L. 111-1 du code de la mutualité *[V. 2° ter de l'art. L. 561-2]* ;

– Les fonds de retraite professionnelle supplémentaire mentionnés à l'article L. 381-1 du code des assurances, les mutuelles ou unions de retraite professionnelle supplémentaire mentionnées à l'article L. 214-1 du code de la mutualité et les institutions de retraite professionnelle supplémentaire mentionnées à l'article L. 942-1 du code de la sécurité sociale *[V. 2° quater à 2° sexies de l'art. L. 561-2]* ;

– Les institutions de prévoyance, unions et groupements paritaires de prévoyance régis par le titre III du livre IX du code de la sécurité sociale *[V. 2° bis de l'art. L. 561-2]* ;

– Les succursales établies en France des entreprises d'assurance dont le siège social est situé dans l'EEE.

8. L'ensemble de ces personnes est désigné sous le terme "organismes financiers" dans les présentes lignes directrices.

9. L'ACPR et TRACFIN rappellent que les organismes financiers qui exercent leur activité en France en libre prestation de service, notamment sur Internet, appliquent les obligations de vigilance telles que définies par leur pays d'origine et effectuent des DS auprès de la cellule de renseignement financier de leur pays d'origine, à charge pour cette dernière de transmettre à TRACFIN les informations sur les sommes ou opérations qui concernent la France *[V. § 2 de l'art. 33 et al. 3 du § 1 de l'art. 53 de la Dir. 2015/849 du 20 mai 2015]*.

A l'inverse, les organismes financiers ayant leur siège social en France et qui exercent leur activité dans d'autres États de l'UE ou de l'EEE en libre prestation de service appliquent les obligations LCB-FT françaises, dont les obligations de déclaration et d'information auprès de TRACFIN.

10. Dans le cadre de leur dispositif LCB-FT, les organismes financiers mettent en œuvre :

– un dispositif de surveillance des opérations permettant de détecter des sommes et opérations atypiques, en fonction de la classification des risques de l'organisme financier, de la connaissance actualisée et du profil de la relation d'affaires ;

– et une analyse au cas par cas des opérations atypiques ainsi détectées *[V. la décision de la commission des sanctions du 25 nov. 2013 : "...que, par suite, l'absence de détection et donc d'analyse d'une opération atypique constitue par elle-même un manquement..."]*.

11. La mise en œuvre de ces dispositifs permet aux organismes financiers de recueillir des éléments d'information susceptibles de leur permettre d'identifier des opérations devant donner lieu à l'envoi d'une DS à TRACFIN.

12. A la différence des DS, la communication systématique d'information (ci-après COSI) est une obligation d'information systématique adressée à TRACFIN. Prévue par l'article L. 561-15-1, elle concerne aujourd'hui deux catégories d'opérations :

– les opérations de transmission de fonds *[l'art. L. 314-1-II-6° énonce que les services de transmission de fonds sont des services de paiement qui ne sont pas associés à un compte de paiement. Le 5° de l'art. D 314-2 précise que le service de transmission de fonds est un service de paiement pour lequel les fonds sont transmis et mis à la disposition d'un bénéficiaire sans ouverture d'un compte au nom du payeur ou au nom du bénéficiaire, y compris ce qui est dénommé les mandats espèces. En revanche, les mandats postaux sur support papier tels que définis par l'Union postale universelle n'entrent pas dans la définition des services de paiement (V. III de l'art. L. 314-1)]* effectuées à partir d'un versement d'espèces ou au moyen de monnaie électronique,

– les retraits et dépôts d'espèces sur un compte.

1 Les obligations de vigilance à l'égard de la clientèle

13. Les obligations de vigilance qui s'imposent aux organismes financiers à l'égard de leur clientèle sont définies aux articles L. 561-5 à L. 561-14-2 et précisées aux articles R. 561-1 à R. 561-22.

1.1 *Les obligations de vigilance dans le cadre des relations d'affaires*

1.1.1. *Mise en œuvre des obligations de vigilance selon une approche par les risques*

14. Conformément aux articles L. 561-5, R. 561-5 et R. 561-5-1, avant d'entrer en relation d'affaires, l'organisme financier identifie et vérifie l'identité du client ainsi que, le cas échéant, du bénéficiaire effectif de la relation d'affaires.

En application des articles L. 561-5-1 et R. 561-12, l'organisme financier recueille et analyse les informations relatives à l'objet et à la nature de cette relation, et tout autre élément d'information pertinent, parmi ceux figurant sur la liste dressée par l'arrêté du 2 septembre 2009. L'organisme met à jour ces éléments d'information. Il est, en effet, attendu des organismes financiers qu'ils disposent d'une connaissance actualisée de la relation d'affaires. L'article L. 561-6 pose le principe de l'exercice d'une vigilance constante sur la relation d'affaires et d'un examen attentif, fondé sur une approche par les risques, des opérations.

15. La mise en œuvre des obligations de vigilance est modulée, en tenant compte, le cas échéant, des dispositions des articles L. 561-9 à L. 561-10-3, le niveau d'intensité de la vigilance variant en fonction du degré d'exposition au risque de blanchiment ou de financement du terrorisme auquel l'organisme financier est confronté. Le dispositif LCB-FT consacre ainsi une approche pragmatique fondée sur la classification des risques de blanchiment des capitaux et de financement du terrorisme par l'organisme financier, au regard notamment de la nature des produits ou services offerts, des conditions d'opération proposées, des canaux de distribution utilisés, des caractéristiques des clients, ainsi que du pays ou du territoire d'origine ou de destination des fonds *[V. art. L. 561-4-1]*. A cet égard, les organismes financiers tiennent compte de la classification opérée par le législateur lui-même pour certains clients, produits, activités et canaux de distribution pour lesquels des mesures de vigilance complémentaires ou renforcées sont prévues *[V. art. L. 561-10 et L. 561-10-1]*. Ils peuvent également tenir compte des cas dans lesquels le législateur a prévu des mesures de vigilance simplifiées *[V. 2° de l'art. L. 561-9]*. Mais, en aucun cas, ces mesures de vigilance simplifiées ne peuvent être appliquées à une relation d'affaires pour laquelle il existe un soupçon de blanchiment ou de financement du terrorisme.

1.1.2. *Élaboration d'un profil de la relation d'affaires*

16. A partir de sa classification des risques et de la connaissance de la relation d'affaires, ainsi que de la nature des opérations envisagées et des risques qui y sont associés, l'organisme financier détermine un profil de la relation d'affaires *[V. I de l'art. L. 561-32]* permettant d'adapter la vigilance constante sur celle-ci.

Le profil est une évaluation individualisée du niveau de risque de chaque relation d'affaires. Il est établi sur la base d'éléments permettant de caractériser les risques présentés par la relation d'affaires (notamment, activité/profession, revenus ou situation financière, et le cas échéant, patrimoine, produits et services utilisés, opérations envisagées ou réalisées, etc.).

L'organisme peut établir un profil "standard" pour un ensemble de relations d'affaires présentant des caractéristiques similaires lorsque celles-ci ne présentent qu'un faible risque de BC-FT.

Le profil établi par l'organisme financier est amené à évoluer tout au long de la relation d'affaires au regard des éléments d'informations qui sont portés à sa connaissance, actualisés par celui-ci en application de l'article L. 561-5-1 ou susceptibles d'être recueillis par l'organisme financier, par exemple à l'occasion d'un examen renforcé.

17. Les organismes financiers tiennent compte des risques attachés à leurs clients en relation d'affaires, notamment au regard de leur profession ou de leurs fonctions *[en particulier, celles mentionnées à l'art. R. 561-18]*, à l'aune des informations recueillies auprès de leur client mais également auprès de tiers (autorités, bases de données, médias, etc.). Ils tiennent également compte d'éventuelles désignations de TRACFIN en application de l'article L. 561-26.

18. Les organismes financiers intègrent également les risques liés :

– aux pays/territoires de provenance ou de destination des fonds notamment au regard des listes publiées par le GAFI, de la liste noire publiée par la Commission européenne *[en application de l'art. 9 de la 4e directive anti-blanchiment]*, de la liste des pays non coopératifs en matière fiscale définie à l'article 238-0 A du CGI *[V. Arr. du 8 avr. 2016, modifiant l'Arr. du 12 févr. 2010]*, des listes de pays "sous sanctions" (mesures restrictives, sanctions économiques, embargos, etc.) et des communiqués du Ministre en charge de l'économie ou de TRACFIN ;

– aux produits, services et/ou canaux de distribution utilisés, en tenant compte des cas typologiques diffusés par TRACFIN ou par toute autre instance ou autorité nationale ou internationale compétente en matière LCB-FT.

19. Les organismes financiers recueillent des informations relatives à la connaissance de la relation d'affaires portant principalement sur les éléments suivants *[V. Arr. du 2 sept. 2009 définissant des éléments d'information liés à la connaissance du client et de la relation d'affaires aux fins d'évaluation des risques de blanchiment de capitaux et de financement du terrorisme]* :

– la profession ou les fonctions exercées par la (ou des) personne(s) déclarée(s) ;
– le secteur d'activité et l'environnement des opérations financières concernées ;
– les revenus connus ou déclarés et/ou la situation patrimoniale ou financière ;
– la qualité de résident ou de non résident fiscal ;
– l'origine et/ou la destination des fonds ;
– le cas échéant, la nature des liens avec d'éventuels mandataires ayant procuration (liens familiaux ou autres).

Ces informations sont essentielles à l'analyse des éventuelles opérations atypiques et permettent de définir les éléments d'analyse à faire figurer dans les DS transmises à TRACFIN.

Toutefois, l'ensemble des éléments d'information n'a pas à être nécessairement recueilli pour chaque relation d'affaires ; la collecte d'informations est adaptée aux services proposés et au profil de la relation d'affaires.

20. Pour les personnes morales, il convient notamment d'ajouter les éléments d'information suivants : statuts, identité des dirigeants, comptes annuels ainsi que délégations de pouvoirs. Les organismes financiers peuvent interroger, en tant que de besoin, leurs clients exerçant une activité commerciale ou économique, sur leurs principaux fournisseurs et clients.

21. Les informations pertinentes sont également recueillies, selon une approche par les risques, sur le bénéficiaire effectif tel que défini aux articles L. 561-2-2 et R. 561-1 à R. 561-3-0. Les organismes financiers sont invités à consulter les lignes directrices de l'ACPR *[Lignes directrices relatives à l'identification, la vérification de l'identité et la connaissance de la clientèle]*.

Cas des associations

Dans le cadre de la mise à jour des dossiers des associations clientes de l'organisme financier, il peut s'avérer difficile en pratique de recueillir un extrait de la déclaration publiée au *Journal officiel*, en particulier pour les associations constituées depuis plus de dix ans. La mise à jour du dossier client porte sur l'identité du président et du trésorier, le siège social, l'objet de l'association, les statuts, les éléments financiers permettant de comprendre la relation d'affaires. L'organisme identifie également les bénéficiaires effectifs de l'association, qui sont : le ou les représentants légaux de l'association, le président, le directeur général ainsi que, le cas échéant, le ou les membres du directoire de la fondation *[art. R. 561-3]*.

22. Les établissements veillent à une actualisation régulière du dossier de connaissance de la relation d'affaires, selon une fréquence adaptée au risque. Certaines déclarations de soupçon montrent encore des insuffisances ou lacunes à ce sujet s'agissant, en particulier de l'information sur la profession exercée *[c'est par exemple le cas des personnes mentionnées comme étudiantes dans le dossier client jusqu'à un âge avancé de la vie]*, **sur les revenus, ou sur l'identité des bénéficiaires effectifs** *[le registre des bénéficiaires effectifs des personnes morales institué par le Décr. n° 2017-1094 est opérationnel depuis le 1er avr. 2018]*.

23. L'ACPR peut sanctionner les défaillances constatées en matière d'actualisation de la connaissance de la relation d'affaires :

– depuis le 4 septembre 2010 *[L'art. 19 de l'Ord. n° 2009-104 du 30 janv. 2009 avait prévu des dispositions transitoires pour la mise à jour de la connaissance des relations d'affaires existantes avant l'entrée en vigueur de cette ordonnance. Les organismes financiers avaient ainsi jusqu'au 4 sept. 2010 pour mettre à jour leurs dossiers clients existants à la date du 31 janv. 2009. V. la décision de la commission des sanctions du 24 oct. 2012 : "Considérant que l'article 19 susmentionné a laissé aux établissements assujettis un délai de mise en conformité à la partie des dispositions de l'ordonnance n° 2009-104 définissant leurs nouvelles obligations de vigilance, variable en fonction de leurs risques ; qu'en l'absence de dispositions règlementaires plus précises, cette mise en conformité devait intervenir" dans les meilleurs délais appréciés en fonction des risques" et au plus tard dans le délai d'un an ; que, par suite, si des diligences insuffisantes au regard de ces dispositions peuvent, dans le cadre d'une action préventive, donner lieu à des remarques du Secrétariat général à la suite de contrôles, elles ne peuvent être prises en compte, dans un cadre répressif, que si le non-respect des nouvelles obligations de vigilance s'est poursuivi dans la période postérieure à ce délai d'un an ;". V aussi les décisions de la commission des sanctions des 10 janv. 2013, 5 févr. 2013, 8 déc. 2016 et 28 déc. 2016]* ;

– ou, pour les relations d'affaires inactives au 31 janvier 2009 (soit à la date de l'entrée en vigueur de l'ordonnance de transposition de la 3e directive), après la première réactivation de la relation d'affaires *[ce cas de figure trouve notamment à s'appliquer en assurance-vie]*.

Dans le cadre d'une procédure disciplinaire, la commission des sanctions de l'ACPR a considéré que la réactivation s'entend comme étant à l'initiative du client *[V. la décision de la commission des sanctions du 8 déc. 2016, § 46 : "seul sera analysé comme une réactivation du contrat au sens de ce texte un changement de bénéficiaire anormal par rapport à la vie habituelle des contrats d'assurance sur la vie ou, le client demeurant inchangé, les opérations effectuées, postérieurement à la souscription, à son initiative"]*. **Dans le cadre d'une approche par les risques et pour la bonne tenue des dossiers clients pour lesquels des opérations sont effectuées en application du contrat d'origine (et non à l'initiative du client), ainsi que l'exercice d'une vigilance efficace, les organismes financiers procèdent à leur mise à jour** *[le délai écoulé depuis l'adoption de l'Ord. du 30 janv. 2009 et le caractère transitoire de l'art. 19 de ladite ordonnance rendent néanmoins souhaitable une telle mise à jour. En tout état de cause, les organismes effectuent des diligences pour retrouver les bénéficiaires des comptes bancaires inactifs et les contrats d'assurance vie en déshérence conformément à la L. n° 2014-617 du 13 juin 2014 relative aux comptes bancaires inactifs et aux contrats d'assurance vie en déshérence, les organismes financiers procèdent à des diligences pour retrouver les bénéficiaires. A cette occasion, il est nécessaire de mettre à jour le dossier au regard de la LCB-FT. La Caisse des dépôts et consignations qui est destinataire de ces comptes et contrats, peut être amenée à interroger les organismes financiers concernés pour obtenir toute information nécessaire à la restitution des sommes aux bénéficiaires dans le cadre du respect de ses obligations LCB-FT]*.

1.1.3. *Les mesures de vigilance à mettre en œuvre dans le cadre de typologies de blanchiment relevées par l'ACPR et TRACFIN*

24. Les actions menées par l'ACPR et TRACFIN ont permis d'identifier des typologies nouvelles ou récurrentes de blanchiment *[Rapports annuels de Tracfin publiés sur le site : http://www.economie.gouv.fr/tracfin/rapports-annuels]*, **y inclus des cas de fraudes organisées, auxquelles les organismes financiers peuvent être confrontés. Dès lors, il leur appartient de mettre en place des mesures de vigilance adaptées, afin de détecter**

toute opération atypique ou suspecte et de procéder, le cas échéant, à une DS à TRACFIN.

25. Il en est ainsi de la pratique dite des "comptes collecteurs". L'ACPR et TRACFIN ont constaté, notamment en matière de services de transmission de fonds mais également dans les cas de tenue de comptes de dépôts de fonds ou de paiement, des exemples de clientèles, personnes morales ou physiques qui ne sont respectivement ni prestataires de services de paiement ou de services bancaires ni agents de prestataires de services de paiement, collectant les fonds d'un groupement de personnes (souvent familial au sens large) pour les transférer dans un pays étranger qui peut être le pays d'origine des membres du groupe. Par ailleurs, TRACFIN a identifié une typologie de collectes de fonds récurrentes initiées par des tiers, disposant ou non d'un mandat, sur les comptes bancaires de bénéficiaires de pensions de retraite résidant à l'étranger, qui relève de la fraude aux organismes sociaux.

Les cas de fraude aux organismes sociaux par détournement de prestations sociales françaises versées à des retraités non-résidents :

Une attention particulière est à apporter sur les comptes des collecteurs et des opérations, notamment de décaissement, qui y sont constatées (virements vers l'étranger, retraits d'espèces). Lors de la détection d'un phénomène de collecte, les organismes financiers adressent une DS à Tracfin dans les plus brefs délais.

Les organismes financiers mettent en œuvre des plans d'action à l'égard de leur clientèle de retraités non-résidents afin d'identifier de tels phénomènes de collecte, notamment :

— des mesures de vigilance renforcées lorsque les opérations sont effectuées par un tiers bénéficiant d'une procuration sur les comptes ;

— des restrictions quant aux opérations autorisées sur ces comptes ;

— un enrichissement des scénarios de détection des opérations atypiques aux fins de recherche des comptes collecteurs ;

— la fermeture des comptes collecteurs identifiés lorsque les conditions prévues à l'article L. 561-8 sont remplies.

26. L'ACPR et TRACFIN appellent l'attention des organismes financiers sur la recrudescence de la fraude documentaire ces dernières années. La nature illicite d'une opération peut ainsi naître du caractère frauduleux ou falsifié des documents à l'origine de sa réalisation *[V. Autorisation Unique de la CNIL relative à la lutte contre la fraude à l'assurance (AU-039) et Autorisation Unique de la CNIL relative à la fraude externe dans le secteur bancaire et financier (AU-054). Suite à l'entrée en application du RGPD, les autorisations uniques adoptées par la CNIL n'ont plus de valeur juridique depuis le 25 mai 2018. Dans l'attente de la production de référentiels RGPD, la CNIL a décidé de les maintenir accessibles afin de permettre aux responsables de traitement d'orienter leurs actions de mise en conformité]*.

Le cas de la production de faux documents par le client à l'entrée en relation d'affaires ou au cours de celle-ci :

La fraude aux documents recouvre différents cas de figure : faux documents d'identité, ou falsification de documents nécessaires à l'établissement d'un profil de la relation d'affaires ou à l'exécution des opérations demandées (virements, opérations de crédit, souscription d'un contrat d'assurance...).

Il peut s'agir, par exemple, de l'usage de faux papiers d'identité, particulièrement dans les opérations à distance, ou encore de faux actes authentiques destinés à justifier l'origine des fonds en lien avec de prétendues opérations immobilières.

Quand la détection par l'organisme financier de faux documents d'identité ou de faux documents qui sont consubstantiels à la réalisation de l'opération elle-même le conduit à ne pas exécuter celle-ci, ou à ne pas établir, ni poursuivre la relation d'affaires, l'organisme financier revoit, le cas échéant, le profil de la relation d'affaires et s'interroge sur la nécessité d'effectuer une DS, conformément à l'article L. 561-8.

1.1.4. *Les mesures de vigilance dans le cadre des opérations de rapatriement de fonds provenant de l'étranger*

27. Dans le cadre de la circulaire de "traitement des déclarations rectificatives des contribuables détenant des avoirs à l'étranger" du 21 juin 2013 émise par le Ministre délégué en charge du budget *[suivie des Circ. du 12 déc. 2013, 10 déc. 2014 et 14 sept. 2016 (à la suite de la décision n° 2016-554 QPC du 22 juill. 2016 du Conseil constitutionnel)]*, les contribuables, personnes physiques, détenant des avoirs à l'étranger pouvaient, spontanément, régulariser leur situation moyennant une pénalité moindre en déposant auprès de l'administration fiscale un dossier complet au plus tard le 31 décembre 2017 *[à compter du 1er janv. 2018, la régularisation fiscale reste possible mais sans remise de pénalité : http://proxy-pubminefi.diffusion.finances.gouv.fr/pub/document/18/22689.pdf]*. Depuis le 1er janvier 2018, les contribuables suivent la procédure de droit commun aux fins de régularisation de leurs avoirs détenus à l'étranger en s'adressant au service des impôts des particuliers dont ils relèvent.

Les organismes financiers procèdent à un examen renforcé de toute opération de rapatriement de fonds depuis l'étranger avec régularisation fiscale.

L'ACPR et TRACFIN appellent l'attention des organismes financiers sur le fait que les fonds déclarés à l'administration fiscale peuvent ne pas nécessairement correspondre à ceux reçus par l'établissement, en raison, notamment de la multibancarisation ou de la multi-souscription de contrats d'assurance.

28. Les organismes recueillent la copie de la demande de régularisation fiscale signée par le client et accompagnée, pour les demandes effectuées jusqu'au 31 décembre 2017, du formulaire dûment rempli de mise en conformité d'avoirs détenus à l'étranger (cf. annexe n° 4). Il est attendu que le dossier client comporte une preuve par tout moyen de la réception de la demande de régularisation par l'administration fiscale. Ainsi, pour les demandes effectuées jusqu'au 31 décembre 2017, la lettre d'intention de régularisation fiscale ne saurait suffire. L'organisme financier devra récupérer, au plus tard dans les six mois suivants la lettre d'intention, la copie du dossier de mise en conformité d'avoirs détenus à l'étranger susmentionné. Dans cet intervalle, l'organisme financier maintient la relation d'affaires sous vigilance renforcée.

Si les éléments collectés dans le cadre de l'examen renforcé permettent de s'assurer que les fonds reçus sont bien compris dans la demande de régularisation fiscale, les organismes financiers consignent ces éléments et procèdent, dans ce cas, à une clôture de cet examen. Si par la suite, des opérations venaient à remettre en cause cette analyse ou faisaient naître un doute, l'organisme financier replace la relation d'affaires sous vigilance renforcée et mène un nouvel examen renforcé.

En revanche, si les organismes financiers n'ont pas été en mesure d'obtenir, à l'issue de l'examen renforcé, les documents justificatifs susmentionnés de demande de régularisation fiscale, une DS est effectuée *[V. la décision de la commission des sanctions du 30 juin 2017, § 19 : "si un organisme financier, confronté à l'impossibilité d'obtenir d'un client dont les opérations ont été analysées les explications et les justificatifs demandés, met un terme à l'examen renforcé qu'il a entrepris, seul un défaut de DS pourra alors, le cas échéant, lui être reproché en application du III de l'art. L. 561-15 qui dispose que à l'issue de l'examen renforcé prescrit au II de l'art. L. 561-10-2, les personnes mentionnées à l'art. L. 561-2 effectuent, le cas échéant, la déclaration prévue au I du présent article"]*. De même, l'organisme financier ne peut se contenter de documents justificatifs partiels de demande de régularisation qui ne portent que sur une partie des fonds en cause *[V. la décision de la commission des sanctions du 29 juill. 2016, § 45-46 : "outre une lettre de la DGFiP sur la régularisation des comptes n° 1 et 2 [...], l'attestation, établie par un tiers, ne suffisait pas à s'assurer de la régularisation fiscale des comptes n° 3 et 4 ; qu'aucun autre document probant ne se rapporte à ces comptes ; que dès lors, faute d'avoir obtenu des explications et des pièces suffisantes sur l'origine des fonds utilisés par cette cliente, l'organisme aurait dû, au terme de l'examen approfondi qu'elle a effectué, adresser une DS à Tracfin en application du III de l'art. L. 561-15"]*.

29. Lorsque les organismes financiers identifient des sommes ou opérations portant sur des sommes dont ils savent, soupçonnent ou ont de bonnes raisons de soupçonner qu'elles proviennent d'une fraude fiscale, ils adressent une DS si l'un au moins des 16 critères prévus au II de l'article D. 561-32-1 est également identifié [*V. la décision de la commission des sanctions du 28 déc. 2016, § 32 : Même si l'organisme financier disposait d'éléments expliquant le rapatriement depuis l'étranger des salaires, il n'avait pas recueilli d'éléments justifiant l'investissement de sommes importantes autres que le rapatriement des salaires. "L'incohérence entre les éléments dont disposait SBF sur sa situation financière et les opérations effectuées, de même que l'absence de tout élément au dossier sur la régularité au plan fiscal des sommes virées en provenance de l'étranger, auraient dû conduire à l'envoi d'une DS à Tracfin, sur le fondement du critère 15"*].

A ce titre, en cas de refus du client ou d'impossibilité de produire tout justificatif, l'organisme financier peut adresser une DS sur la base du II de l'article L. 561-15 dans la mesure où la première condition ci-dessus est remplie et qu'il a identifié la présence du critère prévu au 11° du II de l'article D. 561-32-1.

Dans l'hypothèse où l'organisme financier n'obtient qu'une simple lettre d'intention de régularisation fiscale, il peut procéder à une DS, notamment lorsqu'une opération entre dans les prévisions du critère visé au 10° du II de l'article D. 561-32-1. Les opérations financières internationales sans cause juridique ou économique apparente se limitant le plus souvent à de simples transits de fonds en provenance ou à destination de l'étranger appellent une attention accrue. Dans l'hypothèse où l'organisme financier envisage de mettre fin à la relation d'affaires, il veille à effectuer la DS, si possible en amont de la rupture de celle-ci afin de permettre à TRACFIN d'exercer son droit d'opposition, ou à tout le moins concomitamment à la rupture.

30. L'obtention des documents justificatifs de demande de régularisation est sans préjudice de l'analyse du fonctionnement de la relation d'affaires et de la surveillance des opérations qui peuvent donner lieu, le cas échéant, à une DS.

En outre, les organismes financiers maintiennent une vigilance renforcée sur la relation d'affaires jusqu'à l'obtention d'éléments leur permettant de s'assurer que la régularisation fiscale a bien eu lieu (par exemple, la copie de la transaction signée). Ce n'est qu'à l'issue de l'obtention de tels éléments que l'organisme financier procède à la réévaluation du profil de la relation d'affaires.

31. Au-delà du 1er janvier 2018, les organismes financiers continuent d'effectuer un examen renforcé sur les opérations de rapatriement d'avoirs détenus à l'étranger et s'assurent :

– soit, que les avoirs à l'étranger, ainsi rapatriés, étaient bien déclarés à l'administration fiscale (en particulier, recueil d'une attestation fiscale émise par l'administration) ;

– soit, que les avoirs rapatriés entrent bien dans le cadre d'une demande de régularisation fiscale (en particulier, recueil de la demande déposée et de son accusé de réception).

1.2 *Les obligations de vigilance à l'égard de la clientèle occasionnelle*

32. Les organismes financiers identifient leurs clients occasionnels et le cas échéant, les bénéficiaires effectifs, lorsqu'ils réalisent des opérations supérieures aux seuils fixés au II de l'article R. 561-1043 (par exemple, dès le premier euro pour les opérations de transmission de fonds, ou pour les opérations de change sans présence physique du client).

Le client ne saurait être considéré comme occasionnel lorsqu'il y a, par exemple, ouverture d'un compte, octroi d'un crédit ou souscription d'un contrat d'assurance. De même, certains organismes financiers sont susceptibles de réaliser plusieurs opérations successives au bénéfice des mêmes clients sans qu'une convention permettant de prévoir la réitération de telles opérations ne soit conclue. Le client devra être considéré comme une relation d'affaires et non pas comme un client occasionnel dès lors qu'il aura bénéficié "de manière régulière de l'intervention d'une personne susmentionnée pour la réalisation de plusieurs opérations ou d'une opération présentant un caractère continu" (art. L. 561-2-1).

Les organismes financiers définissent des critères pertinents permettant de distinguer les clients occasionnels de leurs clients en relations d'affaires. Pour ce faire, ils se réfèrent aux lignes directrices de l'ACPR. La commission des sanctions de l'ACPR sanctionne au demeurant les manquements des établissements ayant qualifié à tort leurs clients de clients occasionnels *[V. les décisions de la commission des sanctions des 2 déc. 2013 et 29 avr. 2016]*.

33. Le code monétaire et financier distingue les mesures de vigilance selon que le client est occasionnel ou en relation d'affaires. Il n'est pas requis des organismes financiers de recueillir des éléments de connaissance de leur client occasionnel, sauf lorsque les opérations demandées par ce dernier répondent aux conditions de l'examen renforcé prévu à l'article L. 561-10-2 (cf. § 1.3 ci-dessous).

1.3 *L'examen renforcé des opérations répondant aux critères prévus à l'article L. 561-10-2*

34. Qu'il s'agisse d'un client occasionnel ou d'un client en relation d'affaires, les organismes financiers effectuent un examen renforcé de toute opération dès lors que l'un des critères prévus à l'article L. 561-10-2 est rempli (toute opération particulièrement complexe ou d'un montant inhabituellement élevé ou ne paraissant pas avoir de justification économique ou d'objet licite).

35. L'objectif est pour les organismes financiers d'être en mesure de détecter ces critères, et de procéder dans ce cas à un examen renforcé.

1.3.1. *Recueil et analyse des informations*

36. L'examen renforcé donne lieu à une analyse détaillée de l'opération, dont les résultats sont consignés par écrit conformément à l'article R. 561-22. Il comporte l'ensemble des informations recueillies sur l'origine des fonds, la destination des fonds, l'objet de l'opération et l'identité de la personne qui en bénéficie, ainsi que leur analyse conduisant à le clôturer dans le cas où il n'y a pas lieu à DS.

L'article L. 561-10-2 prévoit que l'organisme financier recueille les informations précitées auprès du client. Toutefois, si le dossier client comporte des informations déjà mises à jour et permettant de connaître ces éléments, l'ACPR et Tracfin considèrent qu'il n'est pas nécessaire de contacter le client au moment de l'examen renforcé. En outre, dans le cas particulier d'une situation qui pourrait relever du financement du terrorisme, il peut être approprié de ne pas attirer l'attention de la personne.

37. L'analyse consignée est, si nécessaire au regard des justifications obtenues et des risques auxquels l'opération expose l'organisme, corroborée par un ou plusieurs justificatifs probants de nature à expliquer l'opération *[V. la décision de la commission des sanctions du 30 juin 2017, § 19 : "l'examen renforcé" d'une opération au sens du II de l'art. L. 561-1-2 s'entend comme une analyse détaillée, qui repose sur une connaissance actualisée du client et doit être, le cas échéant, étayée par des justificatifs de l'opération examinée ; que les diligences faites doivent tendre à la réunion d'éléments suffisants et déboucher, au vu de leur résultat, soit sur un classement soit sur l'envoi d'une DS à Tracfin"]*. En particulier, un document permettant d'établir la provenance des fonds (de type extrait de compte bancaire *[V. la décision de la commission des sanctions du 29 juill. 2016, § 53, sur la copie d'un relevé internet de situation de compte faisant apparaître un solde créditeur]*, déclaration d'argent liquide *[V. la décision de la Commission des Sanctions du 22 déc. 2014, § 6 : ".... que ces déclarations d'argent liquide recueillies et versées aux dossiers des clients ne répondent pas aux exigences de la réglementation de la lutte contre le blanchiment et le financement du terrorisme (LCB-FT) sur l'origine et la provenance des fonds..."]*, relevé de rachat de contrats d'assurance *[V. la décision de la commission des sanctions du 29 juill. 2016]*, relevés de retrait d'espèces *[V. la décision de la commission des sanctions du 29 avr. 2016]*...) n'est pas toujours suffisant en soi pour justifier l'origine des fonds (héritage, vente d'un immeuble...). Une déclaration, attestation sur l'honneur du client ou "auto-certification", ne saurait être considérée comme un justificatif probant en lui-même, en l'absence d'autres éléments corroborant la déclaration ou l'auto-certification, a fortiori quand les autres éléments du dossier ne permettent pas d'établir une cohérence. Il en est de même d'une attestation d'un expert-comptable ne présentant aucune information précise sur l'origine des fonds *[V. la décision de la commission des sanctions du 8 déc. 2016]*, ou encore d'une attestation d'un conseiller en gestion de patrimoine *[V. la décision de la commission des sanctions du 29 juill. 2016]*.

38. Les organismes financiers s'efforcent d'obtenir des justifications, et si nécessaire, des justificatifs expliquant la totalité de l'opération en cause. Il existe néanmoins des situations dans lesquelles l'organisme n'a pu recueillir auprès du client que des justifications ou justificatifs partiels.

Dans cette dernière hypothèse, l'organisme financier apprécie l'étendue des justifications ou justificatifs, produits ou recueillis par tout moyen, au regard (i) de l'opération en cause, (ii) de la connaissance actualisée du client et de son comportement financier, avant d'envisager d'effectuer une DS. En effet, si les documents, produits ou recueillis, couvrent l'essentiel de l'opération, cela peut suffire pour expliquer sa complexité, son montant, sa cause économique ou son objet. En revanche, si l'organisme ne recueille pas des éléments suffisants pour justifier l'opération, il adresse une DS à TRACFIN.

39. Le fait pour un organisme financier de ne pas être en mesure de démontrer qu'il a effectué les diligences ou analyses nécessaires, y compris le cas échéant, en recueillant un (ou des) justificatif(s), constitue un manquement à l'obligation d'examen renforcé qui peut être sanctionné *[V. les décisions de la commission des sanctions des 25 nov. 2013, 22 déc. 2014, 29 juill. 2016, 8 déc. 2016 et 28 déc. 2016]*.

Il existe également des situations dans lesquelles les organismes financiers se voient opposer par leurs clients un refus de communiquer tout justificatif. Quelle qu'en soit la raison, le refus en lui-même ne conduit pas systématiquement à une DS. L'organisme financier apprécie en effet, au regard des éléments de connaissance actualisée de la relation d'affaires ou de l'objet de l'opération, si le doute peut être ou non levé. Dans le cas où le soupçon n'est pas établi, le refus du client est mentionné au dossier d'examen renforcé.

Les résultats des examens renforcés réalisés sont conservés dans les conditions prévues à l'article L. 561-12 *[cette obligation s'applique indépendamment de celle relative à la prescription civile, fiscale ou commerciale]*. Le ou les justificatif(s) sont consigné(s) dans le dossier d'examen renforcé, ou à tout le moins, leurs références y sont mentionnées. Dans cette dernière hypothèse, les justificatifs sont aisément disponibles et accessibles.

40. En tout état de cause, ce n'est que si les conditions prévues par l'article L. 561-15 sont remplies qu'une DS est adressée à TRACFIN.

1.3.2. *Les opérations particulièrement complexes*

41. Il s'agit, par exemple, d'opérations faisant intervenir différentes structures de type trusts ou de personnes morales en cascade implantées dans différents pays, dont des pays à fiscalité privilégiée.

42. Les organismes financiers analysent et comprennent les montages juridiques et financiers des opérations qui leur sont confiées, en particulier quand il s'agit de montages particulièrement complexes. Lorsque de tels montages paraissent dénués de rationalité économique ou lorsque leur complexité ne paraît pas être intrinsèquement nécessaire à l'opération mais plutôt relever de la recherche de moyens pour éviter ou opacifier la traçabilité des fonds, voire d'en dissimuler l'origine, l'organisme financier procède à un examen renforcé. Il se renseigne auprès du client sur les considérations juridiques, patrimoniales, économiques et financières permettant d'expliquer le montage et recueille des justificatifs probants. Si le doute persiste au-delà de cette demande d'informations complémentaires, il adresse une DS à TRACFIN (cf. *infra* § 2.2).

43. Lorsqu'un organisme financier est sollicité pour participer à des montages particulièrement complexes, l'ACPR l'invite à les soumettre pour avis, préalablement à toute décision d'exécuter les opérations, aux personnes en charge de la conformité LCB-FT. En cas d'avis négatif de ces dernières, la procédure d'escalade de la prise de

décision est mise en œuvre. Ces recommandations s'appliquent également au sein des groupes *[V. la décision de la commission des sanctions du 24 oct. 2012]*.

1.3.3. *Les opérations d'un montant inhabituellement élevé*

44. Dans le cadre d'une relation d'affaires, la notion "d'opération d'un montant inhabituellement élevé", mentionnée à l'article L. 561-10-2, s'apprécie au regard :

– des éléments de connaissance actualisée et du profil de la relation d'affaires (cf. § 19 et 20 des présentes lignes directrices) *[ainsi, pour un client qui a mis en place sur son contrat d'assurance-vie des versements libres programmés de 15 € par mois, et effectue un versement ponctuel de 168 000 € suivi du rachat partiel du même montant moins d'un an après la souscription (…), l'organisme aurait dû effectuer un examen renforcé de ces opérations d'un montant inhabituellement élevé : V. la décision de la commission des sanctions du 19 juin 2015]*, **en tenant compte des risques inhérents à certains types de clientèle favorisant la dissimulation du bénéficiaire effectif (utilisation d'instruments juridiques de type trusts ou fiducies, cascade de sociétés, etc.) ;**

– des produits ou du type d'opérations demandés, en tenant compte notamment des risques inhérents à certains d'entre eux tels que les opérations en espèces ou les produits ou opérations favorisant l'anonymat (par exemple, dépôts à partir de plusieurs cartes prépayées anonymes) *[dans le cadre du rachat d'un bon de capitalisation au porteur dont le montant est presque deux fois supérieur au montant moyen des rachats effectués au moment des faits : V. la décision de la commission des sanctions du 8 déc. 2016]*, **ainsi que du suivi de l'historique des opérations effectuées ;**

– de l'activité ou de la ligne de métier de l'organisme financier. Ainsi, pourra être considérée comme habituelle une opération d'un montant élevé relevant de la gestion de fortune, alors que ce même montant justifierait un examen renforcé dans le cadre d'une clientèle grand public.

Lorsqu'un organisme financier est amené à réaliser une opération d'un montant inhabituellement élevé, il actualise les éléments de connaissance de la clientèle relatifs à la situation financière aux fins de justification de l'opération et met à jour en conséquence le profil de la relation d'affaires.

45. Les opérations de la clientèle occasionnelle, notamment la transmission de fonds et le change manuel d'un "montant inhabituellement élevé" s'apprécient, en particulier au regard des critères suivants :

– la nature de la clientèle (par exemple, selon qu'il s'agit d'une personne physique ou d'une personne morale) et des éventuels éléments d'information disponibles ou déclarés par le client ;

– tout élément quantitatif permettant de déterminer qu'une opération est atypique ou incohérente, en particulier, du montant moyen des opérations réalisées par l'organisme financier au regard de la catégorie de clientèle ou du type d'activité *[ainsi, le caractère inhabituel du montant d'une opération peut s'apprécier dès la première opération, si cette dernière est dix fois supérieure au montant moyen des opérations exécutées par l'organisme financier. V. la décision de la commission des sanctions du 15 déc. 2016]*, **ou encore de la destination des fonds ;**

– le type d'opérations demandées, en tenant compte des risques inhérents aux instruments de paiement utilisés pour la réalisation des opérations demandées (les instruments de paiement de type carte de paiement ou de crédit, ou virements sont traçables) ;

– et, pour les transmissions de fonds, la destination géographique des fonds, en particulier à destination de pays autres que l'EEE et qui ne figurent pas sur la liste des pays tiers équivalents ou encore de pays présentant des risques élevés de BC-FT ou visés par des sanctions ou mesures restrictives.

A titre illustratif, des exemples d'opérations de change manuel d'un montant inhabituellement élevé figurent en Annexe n° 3.

1.3.4. *Les opérations ne paraissant pas avoir de justification économique ou d'objet licite*

46. Les opérations ne paraissant pas avoir de justification économique peuvent, par exemple, transparaitre lorsque l'opération n'apparait pas avantageuse pour le

client. Il peut en être ainsi en assurance-vie, lors de renonciations *[la renonciation à un contrat d'assurance-vie dans le mois suivant la souscription aurait dû conduire l'organisme à s'interroger sur sa justification économique alors que les montants en cause étaient élevés au regard des revenus annuels de la cliente : V. la décision de la commission des sanctions du 29 juill. 2016]* **ou de rachats dits "précoces"** *[le client a souscrit un contrat d'assurance sur la vie en janvier 2011, et procédé à un versement initial de 130 000 € ; en mars 2011, il a effectué un rachat partiel de 50 000 € (...) alors que le dossier client ne contenait aucun justificatif probant de nature à justifier l'origine des fonds ou la destination des sommes : V. la décision de la commission des sanctions du 19 juin 2015. A noter que la L. nº 2017-1837 du 30 déc. 2017 de finances pour 2018 est venue réformer la fiscalité applicable aux rachats en matière d'assurance-vie, en remplaçant le barème dégressif par un prélèvement forfaitaire unique de 30 % sur les gains issus de versements réalisés à compter du 27 sept. 2017]* **en application du barème fiscal dégressif en vigueur pour les versements effectués avant le 27 septembre 2017, au regard des éléments de connaissance de la relation d'affaires. Les opérations sans lien avec l'objet social du client peuvent également amener l'organisme financier à s'interroger sur leur justification économique ou leur objet licite. Il en est ainsi lors de l'ouverture d'un compte de "trading" sur lequel les opérations ne semblent pas *a priori* cohérentes avec l'objet social de la société cliente, qui serait de détenir des participations dans des sociétés** *[V. la décision de la commission des sanctions du 28 déc. 2016]*.

Cas des rachats de bons de capitalisation au porteur

47. En application des dispositions des articles L. 561-10 et R. 561-19, lorsque le porteur est différent du souscripteur ou lorsque les éléments d'identification du souscripteur n'ont pas été conservés par l'organisme *[l'identification et la vérification de l'identité du souscripteur de bons de capitalisation au porteur sont obligatoires depuis la L. nº 90-614 du 12 juill. 1990]*, **ce dernier s'efforce de recueillir auprès du porteur un justificatif probant de l'entrée en possession des bons (par exemple, acte de cession, donation, etc.). A tout le moins, si le porteur n'est pas en mesure de fournir un tel justificatif, l'organisme recueille des justifications suffisantes sur les modalités d'entrée en possession des bons permettant d'apprécier la licéité de l'opération de rachat** *[ainsi, le rachat de bons de capitalisation au porteur souscrits en 1992, effectué par une personne née en 1982, aurait dû conduire l'organisme financier à s'interroger sur les circonstances dans lesquelles elle était entrée en possession de ces bons : V. la décision de la commission des sanctions du 8 déc. 2016. De même, dans le cas de bons de capitalisation au porteur présentés au rachat par un tiers, alors que le souscripteur avait indiqué à l'organisme financier les avoir "égarés" deux jours auparavant : V. la décision de la commission des sanctions du 24 juill. 2015]*.

48. En cas de doute portant sur des opérations ayant un lien avec le financement du terrorisme, les organismes financiers recueillent, dans la mesure du possible, un justificatif, à la fois sur l'origine des fonds et sur la destination de ceux-ci.

49. Lorsqu'à l'issue de ces contrôles supplémentaires – à mener le plus rapidement possible – l'organisme financier identifie une des circonstances prévues par l'article L. 561-15, il adresse une DS à TRACFIN (cf. § 133 *infra*).

2 Les obligations de déclaration de soupçon

50. La déclaration de soupçon prévue à l'article L. 561-15 concerne "les sommes ou les opérations portant sur des sommes dont les organismes financiers savent, soupçonnent ou ont de bonnes raisons de soupçonner" qu'elles proviennent d'une infraction passible d'une peine privative de liberté supérieure à un an ou sont liées au financement du terrorisme.

51. Les dispositions du II de l'article L. 561-15 prévoient des modalités particulières d'application lorsque l'organisme financier soupçonne que les fonds sont le produit d'une fraude fiscale.

2.1 *Les déclarants et correspondants TRACFIN*

52. Conformément aux articles R. 561-23 et R. 561-24, les organismes financiers désignent des déclarant(s) et correspondant(s) TRACFIN à même de s'acquitter des obligations de déclaration et d'information à TRACFIN, dans les délais impartis, et de répondre aux demandes de TRACFIN en application des articles L. 561-24 et L. 561-25. Le déclarant et le correspondant TRACFIN peuvent être une seule et même personne, en fonction de la taille et de l'organisation de l'organisme financier.

53. Par dérogation, conformément à l'article R. 561-28, les organismes financiers qui appartiennent à un groupe peuvent convenir, en accord avec l'entreprise mère ou l'organe central, d'une désignation conjointe d'un déclarant et correspondant TRACFIN, sous réserve que ces personnes exercent leur mission sur le territoire national. Dans ce dernier cas, la communication de l'identité de ces personnes à TRACFIN et à l'ACPR est opérée par le groupe.

L'identité et la qualité de ces personnes sont communiquées à la fois à l'ACPR et à TRACFIN. De même tout changement est porté sans délai à la connaissance de TRACFIN et de l'ACPR.

Aux fins de transmission de ces informations à TRACFIN, les organismes financiers adressent *via* ERMES le formulaire de télé-déclaration disponible sur son site Internet. Dans le cas d'une première déclaration, le formulaire peut être communiqué en pièce-jointe. TRACFIN souhaite que tous les organismes financiers se conforment à cette pratique.

54. Tout dirigeant d'un organisme financier ou préposé peut prendre l'initiative de déclarer lui-même à TRACFIN, notamment lorsqu'une urgence particulière l'exige, une opération lui paraissant devoir l'être en application de l'article L. 561-15. Cette déclaration est confirmée, dans les meilleurs délais, par la personne habilitée.

En application de l'article R. 561-38-2, les obligations déclaratives ne peuvent être confiées à un prestataire extérieur. En revanche, au sein d'un groupe, leur mise en œuvre peut être externalisée à une des entités du groupe, en accord avec l'entreprise mère ou l'organe central (cf. § 53 ci-dessus).

2.1.1. *Le rôle des déclarants/correspondants TRACFIN*

55. Il importe que, pour effectuer l'analyse des faits conduisant au soupçon, le déclarant/correspondant TRACFIN dispose des outils et moyens (accès aux bases clientèle et opérations/flux) nécessaires. Il paraît donc indispensable, à cette fin, qu'il soit habilité à effectuer lui-même les requêtes qu'il juge utiles et que les personnels en charge de la relation avec le client lui adressent, en réponse à ses demandes, des informations suffisamment précises et détaillées, dans les meilleurs délais.

En ce qui concerne les établissements de crédit, les sociétés de financement, les entreprises d'investissement ainsi que les établissements de paiement et les établissements de monnaie électronique, les articles 54, 55 et 56 de l'arrêté du 3 novembre 2014 relatif au contrôle interne des entreprises du secteur de la banque, des services de paiement et des services d'investissement soumises au contrôle de l'ACPR prévoient que les correspondants et déclarant(s) TRACFIN disposent, selon leurs compétences respectives, des moyens de leurs fonctions leur conférant ainsi un positionnement spécifique au sein de l'organisme financier concerné.

Il convient que les procédures prévoient la transmission des anomalies détectées au déclarant et au correspondant TRACFIN, selon les compétences respectives de ceux-ci.

Les entreprises assujetties veillent à ce que le déclarant et le correspondant susmentionnés aient accès à toutes les informations nécessaires à l'exercice de leurs fonctions. Elles mettent à leur disposition des outils et des moyens pour qu'ils procèdent, selon leur compétence respective :

– aux déclarations prévues à l'article L. 561-15 ;

– au traitement des demandes d'information du service à compétence nationale TRACFIN.

> **Le déclarant et le correspondant TRACFIN sont également informés :**
> **– des incidents en matière de lutte contre le blanchiment des capitaux et le financement du terrorisme révélés par les systèmes de contrôle interne ;**
> **– des insuffisances constatées par les autorités de contrôle nationales et étrangères dans la mise en œuvre des dispositions relatives à la lutte contre le blanchiment des capitaux et le financement du terrorisme.**

2.1.2. *Le cas particulier des représentants permanents*

56. Conformément au VI de l'article L. 561-3, les établissements de crédit, de paiement et de monnaie électronique agréés dans l'EEE qui ont recours à des agents ou des distributeurs situés sur le territoire national pour exercer leur activité en France, désignent un représentant permanent résidant sur le territoire national *[V. Règl. délégué (UE) 2018/1108 du 7 mai 2018 complétant la Dir. (UE) 2015/849 par des normes techniques de réglementation précisant les critères relatifs à la nomination des points de contact centraux des émetteurs de monnaie électronique et des prestataires de services de paiement et par des règles quant à leurs fonctions, entré en vigueur le 30 août 2018]*. **Il s'agit d'une personne spécialement désignée à cet effet. La personne ainsi désignée n'exécute donc pas elle-même d'opérations de services de paiement ni ne gère de la monnaie électronique.**

57. Le représentant permanent est l'interlocuteur de l'ensemble des autorités compétentes, dont l'ACPR et TRACFIN. Il est notamment chargé, pour le compte de l'établissement concerné, d'effectuer les déclarations de soupçon et les communications systématiques d'informations à TRACFIN et de répondre aux demandes formulées par ce service.

2.2 *La détection des opérations atypiques et leur analyse*

2.2.1. *La mise en place d'un dispositif de détection adapté et efficace*

58. Les organismes financiers se dotent de dispositifs de suivi et d'analyse des opérations et/ou des relations d'affaires et de procédures internes adéquats et efficaces, afin d'être en mesure de détecter les opérations atypiques.

Conformément à l'article L. 561-32, les organismes financiers mettent en place des dispositifs de gestion des risques de blanchiment des capitaux et de financement du terrorisme leur permettant de détecter, en particulier :

– les opérations effectuées avec des personnes physiques ou morales domiciliées, enregistrées ou établies dans un État ou territoire figurant sur les listes GAFI ou sur la liste noire de la Commission européenne *[en application de l'art. 9 de la 4e directive anti-blanchiment]* **;**

– les opérations soumises à un examen renforcé ;

– et les opérations devant faire l'objet d'une DS.

La détection des opérations atypiques s'effectue au moyen d'un dispositif de suivi et d'analyse des relations d'affaires et des opérations. Le dispositif de suivi et d'analyse comporte donc un élément de traitement, en principe automatisé, et un élément d'analyse des alertes générées par le traitement *[en cas de traitement automatisé des données, la L. n° 78-17 du 16 janv. 1978 dite "informatique et libertés" puis, à compter du 25 mai 2018, le Règl. n° 2016-679 général sur la protection des données ont vocation à s'appliquer audit traitement. Suite à l'entrée en application du RGPD, les autorisations uniques adoptées par la CNIL n'ont plus de valeur juridique depuis le 25 mai 2018. Dans l'attente de la production de référentiels RGPD, la CNIL a décidé de les maintenir accessibles afin de permettre aux responsables de traitement d'orienter leurs actions de mise en conformité]*.

2.2.1.1 *La détection des opérations atypiques par le personnel de l'organisme ou toute personne agissant sous son entière responsabilité.*

59. La détection des opérations atypiques ou inhabituelles est l'œuvre de tous les agents concernés au sein des organismes financiers, dont au premier chef les per-

sonnes en contact avec la clientèle. Elle est également susceptible de concerner les personnes auxquelles l'organisme a recours pour la distribution de ses produits et services, sous son entière responsabilité, notamment dans le cadre d'une externalisation (par exemple, agent de prestataire de services de paiement, distributeur de monnaie électronique, agents généraux d'assurance ou tout intermédiaire ou prestataire) *[V. art. R. 561-38-2]*. En effet, dans cette hypothèse, l'organisme donne les instructions nécessaires à ces personnes de telle sorte qu'elles soient en mesure de détecter les opérations atypiques, et s'assure du respect de ces instructions dans le cadre de son dispositif de contrôle interne.

60. A cet effet, les organismes financiers veillent à leur information et formation régulières à la LCB-FT, conformément à l'article L. 561-34. La formation est un élément clé du dispositif LCB-FT.

2.2.1.2 *La détection des opérations atypiques par un dispositif automatisé.*

61. Le dispositif de détection des opérations atypiques ou inhabituelles couvre l'ensemble des activités et opérations réalisées par les clients. Les textes n'imposent pas explicitement de disposer, dans le domaine LCB-FT, d'outils informatiques. Toutefois, l'organisation, la taille et la nature des activités des organismes financiers peuvent rendre nécessaire la mise en place d'instruments automatisés. Les organismes financiers adaptent leurs outils *[V. la décision de la commission des sanctions du 25 nov. 2013, § 1.2 : "... Considérant cependant que, compte tenu de la masse d'alertes suscitées par son outil informatique, la coexistence, mentionnée par l'organisme dès la phase du contrôle, d'autres dispositifs qui accroissent encore, même faiblement, le nombre d'opérations atypiques détectées, n'est pas de nature à répondre au grief par lequel est reproché un défaut de paramétrage de l'outil principal ; que de même, l'organisme ne peut s'appuyer sur les mentions des lignes directrices [...], dès lors qu'en raison du nombre d'opérations qu'elle traite, elle ne peut évidemment être considérée comme appartenant à la catégorie des établissements pouvant se dispenser de système automatisé ...."]* et leur organisation en conséquence *[V. la décision de la commission des sanctions du 30 juin 2017, § 16 : "une carence dans l'organisation du dispositif de suivi et d'analyse des relations d'affaires peut être établie indépendamment de l'appréciation portée sur l'importance des moyens techniques et humains mis en œuvre pour analyser les alertes produites par l'outil"]*. Lorsqu'un organisme a recours à un dispositif non automatisé, il met en place une organisation permettant de s'assurer efficacement du respect des seuils qu'il a définis et des conséquences qui leur sont attachées *[V. la décision de la commission des sanctions du 29 avr. 2016, § 10]*.

62. Lorsque la nature des opérations le permet (cf. § 128), les organismes financiers veillent à ce que leur dispositif de détection permette de détecter des opérations suspectes avant leur complète exécution, de manière à les déclarer à Tracfin conformément aux dispositions du premier alinéa de l'article L. 561-16 *[V. la décision de la commission des sanctions du 19 juill. 2017, § 19 : "Considérant, tout d'abord, que les dispositions de l'article 46 de l'ordonnance du 3 novembre 2014 imposent la mise en place d'un dispositif permettant de détecter, avant leur exécution, toutes les opérations qui entrent dans les prévisions du premier alinéa de l'art. L. 561-16"]*.

63. Les organismes ne sont pas tenus de se doter d'un dispositif central unique. En revanche, lorsqu'ils utilisent plusieurs dispositifs différents, il convient que l'ensemble de ces dispositifs couvre de manière exhaustive l'activité et la clientèle ainsi que les opérations effectuées, et que les informations puissent être agrégées aux fins d'une analyse d'ensemble de la relation d'affaires *[V. les décisions de la commission des sanctions des 30 mars 2017, § 20 et 24 juill. 2015, § 26. En cas d'interconnexion des fichiers, une autorisation préalable de la CNIL est requise]*.

64. Les organismes financiers mettent en place un paramétrage adapté et efficace de leurs outils de détection des opérations atypiques. Le paramétrage est régulièrement actualisé, notamment au regard de la classification des risques *[V. la décision de la commission des sanctions du 24 juill. 2015, § 31]*.

Il s'appuie sur la classification des risques et le profil des relations d'affaires. Il est également adapté aux opérations réalisées par l'organisme (seuils d'alerte en fonction

des éléments de la relation d'affaires, prise en compte de l'ensemble des opérations effectuées sur les contrats ou comptes). Il ne saurait ainsi reposer uniquement sur un montant d'opérations ne tenant pas compte des éléments de connaissance de la relation d'affaires. En outre, pour la détermination d'un montant d'opérations, l'organisme financier tient compte de l'ensemble des contrats ou comptes du client ainsi que des opérations qu'il effectue [*V. la décision de la commission des sanctions du 19 juin 2015, § 23 : "compte tenu du profil de ses clients, la fixation (...), pour les opérations, d'un seuil de vigilance renforcée de 70 000 euros s'appliquant en outre par contrat et non par client, ne permettait pas une analyse pertinente des opérations de la clientèle au regard du montant moyen de celles-ci, de l'ordre de 6 000 euros" ; V. la décision de la commission des sanctions du 8 déc. 2016, § 30-32*].

Le dispositif est paramétré en fonction d'une nomenclature suffisamment précise de la clientèle, une distinction entre grandes catégories de clients étant insuffisante [*V. la décision de la commission des sanctions du 25 nov. 2013, § 1.2.3*].

2.2.2. *L'analyse des alertes*

65. L'ensemble des alertes générées fait l'objet d'un suivi et d'une analyse effectuée par les personnes désignées à cet effet par l'organisme [*V. la décision de la commission des sanctions du 25 nov. 2013 : "... que lorsqu'une opération suscite une alerte que le dossier client ne permet pas de traiter, dans la majeure partie des cas l'agence ne collecte pas auprès des clients les pièces justificatives sur l'opération ; qu'elle ne le fait que sur sollicitation du service de lutte anti-blanchiment de l'établissement (SLAB) ; qu'il en résulte que la très grande majorité des alertes, celles qui ne remontent pas au SLAB, est clôturée sans faire l'objet d'aucun recueil de justificatifs ; qu'ainsi, les opérations qui constituent des anomalies qui pourraient faire l'objet d'un examen renforcé ou d'une DS ne sont pas correctement détectées...." ; V. CE 20 janv. 2016 qui a confirmé que "constituent des manquements [...], d'une part, le fait pour un organisme financier de s'en tenir, dans la définition de ses dispositifs de suivi et d'analyse de ses relations d'affaires, à une nomenclature de sa clientèle se réduisant à la seule distinction entre "particuliers" et "professionnels et entreprises", sans tenir compte des spécificités de certaines professions, d'autre part, le défaut de modulation du seuil de détection des chèques aux fins d'identification d'une anomalie et, enfin, l'absence de procédure imposant aux agences d'analyser et de réunir les informations sur les opérations ayant fait l'objet d'une alerte"*].

66. Les alertes sont analysées, au regard des éléments de connaissance de la relation d'affaires, mis à jour, le cas échéant, à cette occasion. L'analyse menée, par l'examen des informations sur les opérations ayant fait l'objet d'une alerte, peut conduire à un classement sans suite dûment justifié [*V. la décision de la commission des sanctions du 30 juin 2017, § 16 : "les dispositions réglementaires ci-dessus rappelées imposent de faire suivre les alertes générées par l'outil informatique d'une telle analyse en vue de la détection d'anomalies au regard du profil de la relation d'affaires et, le cas échéant, de justifier de façon documentée les décisions de classement sans suite des alertes"*]**, ou à un examen renforcé et, le cas échéant, à une DS. Les organismes financiers formalisent et motivent leurs analyses. Ils conservent les documents relatifs au traitement des alertes, dans les conditions prévues par l'article L. 561-12, de manière à justifier le cas échéant auprès de l'autorité de contrôle le classement sans suite.**

67. En vue d'assurer l'efficacité du dispositif et de la déclaration de soupçon dans les meilleurs délais, les organismes financiers mettent en œuvre les moyens nécessaires au traitement des alertes [*V. les décisions de la commission des sanctions des 10 janv. 2013 et 25 nov. 2013 : "...s'il est loisible à un établissement de mettre en place un dispositif conduisant à la détection d'un très grand nombre d'opérations atypiques, il lui revient ensuite de mettre en place les moyens permettant une véritable analyse des opérations détectées ; que le grief est constitué en raison de l'absence de contrôle des motifs de classement des alertes par les agences qui n'en ont fait remonter que 2 %, alors que ce contrôle figure parmi les missions du SLAB..."*]**. Il convient, en effet, que les moyens humains alloués soient suffisants au regard de l'organisation de l'organisme (centralisée ou décentralisée) et de sa taille** [*V. la décision de la commission des sanctions du 30 mai 2017, § 8*]**, notamment pour analyser les alertes et les opérations de manière approfondie. Ainsi, l'insuffisance des moyens humains**

peut s'illustrer par l'impossibilité d'analyser les alertes générées et les opérations, ou par un stock de propositions de déclaration de soupçon important *[V. la décision de la commission des sanctions du 30 mai 2017, § 7]*.

68. Les organismes s'assurent que les agents en charge du traitement des alertes disposent d'une expérience, d'une qualification, d'une formation et d'un positionnement adéquats et qu'ils aient accès aux informations nécessaires à l'exercice de leurs missions.

69. Par ailleurs, les organismes mettent en place, selon des modalités adaptées à leur organisation et qui tiennent compte, le cas échéant, de leur appartenance à un groupe ou à un réseau relevant d'un organe central, des procédures de centralisation de l'analyse des anomalies détectées.

2.2.3. *Le contrôle interne du dispositif de détection*

70. Le dispositif de suivi et d'analyse, y compris en ce qui concerne le traitement des alertes, fait l'objet d'une attention particulière du contrôle permanent et du contrôle périodique *[V. la décision de la commission des sanctions du 30 juin 2017, § 26 : "l'existence de défauts de DS faisant suite à des alertes de l'outil X confirme l'absence d'un tel contrôle"]*. **Les contrôles portent notamment sur :**

– l'efficacité du paramétrage du dispositif automatisé : la faiblesse relative de la part des alertes générées par celui-ci au regard des opérations analysées à la suite de leur détection par le contrôle interne ou d'événements extérieurs de type réquisition judiciaire ou exercice par TRACFIN de son droit de communication *[V. la décision de la commission des sanctions du 30 mai 2017, § 16 s.]*, **de même que l'absence d'alerte sur un certain laps de temps** *[V. la décision de la commission des sanctions du 30 juin 2017, § 14]*, **peuvent être des indicateurs de l'inefficacité du paramétrage ;**

– l'adéquation des procédures mises en œuvre pour le traitement des alertes ;

– et le caractère suffisant des moyens humains pour traiter les alertes.

2.2.4. *Cas spécifiques des PSP et des changeurs manuels*

Pour les prestataires de services de paiement (PSP), les agents ou les distributeurs auxquels ils peuvent recourir sont compris parmi les personnes agissant en leur nom et pour leur compte et constituent le premier niveau en relation avec la clientèle, pour la détection des anomalies ou des opérations atypiques. Ces intermédiaires transmettent à l'établissement les informations recueillies au titre des anomalies ou opérations atypiques, afin de lui permettre de mener une analyse au cas par cas et le cas échéant, d'effectuer une déclaration de soupçon.

Les PSP qui exercent en particulier le service de transmission de fonds se dotent d'un dispositif de suivi, d'analyse et de détection des anomalies ainsi que des opérations atypiques de transmission de fonds qui repose notamment sur des montants prédéterminés à partir desquels ils demandent des informations complémentaires concernant :

– des opérations isolées ou plusieurs opérations pour une même relation d'affaires ;

– et/ou sur des montants d'opérations au-delà desquels ils refusent de réaliser les opérations.

Ces montants prédéterminés sont adaptés notamment à la nature de la clientèle, aux modalités de paiement, au montant moyen (prévisionnel) des opérations effectuées, aux zones géographiques concernés par les opérations de transmission de fonds en cohérence avec les listes publiées par le GAFI ou par d'autres instances internationales intervenant en matière de LCB-FT ou avec tout élément d'information diffusé par le Ministère de l'économie et des finances.

En tout état de cause, l'existence de montants prédéterminés ne saurait constituer à elle seule un dispositif de suivi, d'analyse et de détection des opérations atypiques.

Concernant l'exercice de l'activité de changeur manuel, le dispositif de détection des opérations atypiques des changeurs manuels prend en compte la spécificité des opérations et de la clientèle. Il est rappelé que les clients sont en général occasionnels et que les changeurs manuels n'ont à les identifier que lorsque le montant de l'opération ou des opérations liées excède 1 000 euros *[depuis le 1er janv. 2016 et dès le premier euro pour les opérations de change manuel par Internet (V. II de l'art. R. 561-10)].*

Ainsi, lorsqu'une opération de change manuel d'un montant inhabituellement élevé est sollicitée, le changeur manuel en recherche systématiquement les motifs et procède à un examen renforcé : dans ce cadre, l'absence d'assurance raisonnable alors obtenue sur l'origine et/ou la destination des fonds constitue une bonne raison de soupçonner et justifie l'envoi d'une DS *[V. la décision de la commission des sanctions du 5 févr. 2013 : "... l'organisme qui avait pourtant préparé des projets de DS pour les opérations de ces quatre clients, ne les a pas adressées, alors que l'absence de tout justificatif de l'origine et de la destination des fonds imposait cette formalité; qu'ainsi elle a méconnu son obligation déclarative...", et décision de la commission des sanctions du 22 déc. 2014].*

En cas d'opérations portant sur des montants très élevés qui ne correspondent pas à des opérations habituelles réalisées avec des touristes, la société recueille des justificatifs lui permettant de lever tout soupçon. Les déclarations d'argent liquide requises par l'administration des douanes lors de l'entrée sur le territoire ne sauraient servir à elles seules de justificatifs permettant de lever le soupçon sur les opérations atypiques *[V. la décision de la commission des sanctions du 22 déc. 2014 : "... les déclarations d'argent liquide (document des douanes) comportent notamment des rubriques relatives à la provenance et la destination des fonds, celles-ci, lorsqu'elles sont remplies, ne donnent que des indications sommaires et ne sont accompagnées d'aucun justificatif de nature à les étayer concrètement; que ces déclarations d'argent liquide recueillies et versées aux dossiers des clients ne répondent pas aux exigences de la réglementation de la lutte contre le blanchiment et le financement du terrorisme (LCB-FT) sur l'origine et la provenance des fonds, et ne sauraient servir à elles seules de justificatifs permettant de lever le soupçon sur les opérations atypiques réalisées..."].*

Au terme d'une analyse tenant compte de l'importance des sommes en cause, de la fréquence et/ou de l'incohérence des opérations au regard de l'objet déclaré par le client, le changeur manuel effectue une DS lorsqu'il ne peut écarter que les fonds puissent avoir une origine illicite ou être liés au financement du terrorisme

2.3 *L'analyse des faits conduisant au soupçon*

71. La DS est le fruit d'une démarche intellectuelle et la conclusion d'une analyse étayée qui ne peut pas être menée par les seuls systèmes automatisés *[V. la décision de la commission des sanctions du 19 juill. 2017, § 16 : "le pourcentage très élevé d'alertes clôturées de façon non documentée révèle un défaut dans l'organisation même du suivi et de l'analyse des relations d'affaires"].* Cette analyse repose sur plusieurs étapes qui permettent de passer d'une opération atypique ou inhabituelle à une opération suspecte (cf. 2.5.3. sur les délais de la DS).

72. Si le doute persiste à l'issue de l'analyse de l'alerte, des informations complémentaires sont à demander au client. Le comportement de ce dernier ainsi que l'état et la qualité des éléments d'information collectés constituent à cet égard des indices éclairants. Ces démarches permettent aux établissements financiers de lever le doute ou de structurer le soupçon sur le fait que "les sommes ou les opérations portant sur des sommes" :

– (i) proviennent d'une infraction pénale sous-jacente;

– ou (ii) plus spécifiquement, proviennent d'une fraude fiscale, et à la condition que l'un, au moins, des critères définis au II de l'article D. 561-32-1 est satisfait;

– ou (iii) sont liées au financement du terrorisme.

73. Dans certains cas, s'agissant en particulier d'un client occasionnel et d'une opération déjà exécutée, lorsque l'organisme financier effectue une DS alors qu'il n'a pas pu recueillir d'éléments d'analyse complémentaires, il transmet à TRACFIN les éléments d'information dont il dispose.

74. Les organismes financiers ne sont pas soumis à une obligation de déclaration de toutes les opérations inhabituelles, atypiques ou relevant de situations à risque élevé : seules les opérations suspectes au terme de l'analyse sont à déclarer à TRACFIN.

75. Par exemple, les opérations portant sur des espèces, certes risquées, ne sauraient sur le seul critère de leur nature, faire l'objet de DS. En revanche, c'est sur le critère de leur seule nature que les opérations de retrait et dépôt d'espèces supérieures à 10 000 € font l'objet, depuis le 1er janvier 2016 *[Décr. n° 2015-324 du 23 mars 2015 fixant les critères des opérations de versement d'espèces et de retrait d'espèces soumises à l'obligation d'information prévue au II de l'art. L. 561-15-1]*, d'une communication systématique d'informations à TRACFIN (cf. *supra* § 166 et suivants relatifs aux COSI).

76. Conformément au 5° du III de l'article R. 561-31, l'analyse des faits ayant conduit au soupçon à l'origine du signalement figure explicitement dans toute DS. C'est une déclinaison de l'analyse préalablement effectuée et de ses conclusions.

77. Les organismes financiers s'abstiennent de faire des DS uniquement motivées par des éléments de contexte. Ainsi, ne répondent pas aux exigences du III de l'article R. 561-31 les déclarations présentant les caractéristiques suivantes :

– une DS faisant uniquement état de la réception d'une réquisition judiciaire ou d'une demande de renseignement émanant d'une administration ;

– une DS qui procède d'un simple présupposé lié à l'activité du client, à son adresse ou à son pays de résidence ou d'enregistrement, sans autre précision sur le motif du soupçon ;

– une DS qui repose exclusivement sur le montant élevé d'une opération fixé *a priori* et de manière générale, sans que ne soit établi le caractère inhabituellement élevé au regard du profil de la relation d'affaires ou s'agissant d'une clientèle occasionnelle, des opérations habituellement réalisées par l'établissement. Ainsi, s'agissant particulièrement des opérations de transmission de fonds ou de change manuel, le caractère inhabituellement élevé du montant de l'opération effectuée ou à effectuer donne lieu systématiquement à la recherche des motifs ou d'éléments d'informations pertinents pour TRACFIN. Des organismes financiers ont effectué une DS en s'appuyant à tort sur le seul seuil de 150 000 euros mentionné à l'ancien article L. 563-3 aujourd'hui abrogé, sans que ce seuil soit en rapport avec leur activité/leur clientèle.

78. S'agissant particulièrement des changeurs manuels, il est rappelé que le soupçon ne se confond pas avec le seuil *[de 1 000 € depuis le 1er janv. 2016]* à partir duquel les changeurs sont tenus d'identifier et de vérifier l'identité de leurs clients occasionnels ainsi que de consigner leurs opérations sur un registre spécial.

79. Il en est de même des DS émises en raison des difficultés entre l'établissement concerné et son client, ou du comportement de celui-ci notamment en face-à-face. Si le comportement d'un client peut constituer un indice intéressant, notamment dans le cadre du financement du terrorisme, il ne peut suffire à motiver l'envoi d'une DS.

Le comportement du client constitue, en revanche, un élément d'alerte appelant une analyse, par l'organisme financier, de la situation au regard notamment des éléments de connaissance actualisée de la relation d'affaires aux fins d'infirmer ou de conforter le soupçon. Si, à l'issue de l'analyse de la situation, l'organisme identifie une des circonstances prévues au I, II ou V de l'article L. 561-15, il adresse une DS à TRACFIN.

80. Dans le même ordre d'idées, les organismes financiers cherchent à comprendre la réalisation d'un montage juridique, l'imbrication de sociétés ou des mouvements financiers croisés entre des personnes différentes, par exemple. L'organisme procède à l'analyse sur la base de tous les éléments d'information à sa disposition ou auxquels il peut accéder (recherche du bénéficiaire effectif, objet des opérations en cause, fonctionnement des comptes...).

81. La DS peut, le cas échéant, porter sur des faits anciens, en particulier en matière de contrat d'assurance lors de la réactivation de celui-ci, du moment que le soupçon naît à l'occasion de cette réactivation. Les DS sont alors à effectuer sans délai. Or, il a été constaté que des organismes financiers procèdent à des DS au moment des rachats opérés sur les contrats, alors que le soupçon porte sur les fonds versés précédemment. En outre, dans ce cas, les éléments d'information concernant le client et l'opération en cause sont à actualiser afin de permettre une exploitation de la déclaration par TRACFIN. Avant de faire une DS portant sur des faits anciens, l'organisme financier rassemble et analyse les éléments qui vont nourrir la déclaration, en y intégrant ceux qui ont pu être actualisés. Une DS ne peut reposer par exemple sur le seul fait que l'établissement a reçu au sujet de telles opérations une réquisition judiciaire ou qu'un contrôle sur place de l'ACPR a eu lieu.

82. Une DS peut porter sur une opération isolée. Cette opération peut consister en la réception ou l'émission d'un virement, un dépôt, un retrait d'espèces, un rachat précoce d'un contrat d'assurance, une opération de remboursement d'un bon de capitalisation [*V. la décision de la commission des sanctions du 24 juill. 2015 : "… les circonstances dans lesquelles le remboursement des bons de capitalisation, souscrits par des personnes âgées, a été demandé étaient de nature à faire naître un doute sur les conditions dans lesquelles les porteurs étaient entrés en leur possession et sollicitaient leur remboursement ; que dès lors, et eu égard à la nature particulière de ces bons, Generali Vie ne pouvait écarter le soupçon que les sommes en cause, au sens du I de l'art. L. 561-15, provenaient de la commission d'une infraction punie de plus d'un an d'emprisonnement ; qu'elle aurait donc dû déclarer ces opérations au service Tracfin…"*] ou une remise de chèques sur un compte ou un versement sur un contrat d'assurance, une opération de transmission de fonds ou de change manuel. L'opération est remarquée car apparemment non justifiée, ou du moins inexpliquée. Toutefois, une telle opération ne donne pas lieu à une DS uniquement parce qu'elle est inhabituelle : la déclaration est toujours motivée par des éléments et motifs qui rendent l'opération suspecte ou qui ne permettent pas à l'organisme d'écarter le doute.

83. Dès lors qu'une opération a été qualifiée de suspecte, il est opportun que les autres opérations d'un client en relation d'affaires enregistrées par l'organisme financier, qu'il s'agisse de l'ensemble des comptes ouverts, des contrats d'assurance ou de bons de capitalisation souscrits au nom ou par le client concerné ou dont il est le bénéficiaire, soient examinées, dans le but de rechercher d'éventuelles opérations analogues.

84. De même, les organismes financiers mettent en œuvre une vigilance adaptée aux nouvelles opérations réalisées par un client ayant fait l'objet d'une DS au titre des I, II ou III du L. 561-15, afin d'effectuer, le cas échéant, une DS complémentaire [*V. la décision de la commission des sanctions du 5 févr. 2013*].

85. Une fois effectuée l'analyse des anomalies détectées, dès lors que l'organisme financier formule le soupçon qu'il s'agit d'une opération portant sur des fonds provenant d'une des infractions entrant dans le champ de l'article L. 561-15 ou liés au financement du terrorisme, il effectue sans délai la DS sans tenir compte d'autres considérations.

Exemples de questions à examiner

1. Le client/la relation d'affaires a-t-il/elle été identifié(e) et son identité vérifiée conformément aux dispositions législatives et réglementaires applicables ?
2. Les éléments figurant à son dossier concernant son activité, ses revenus et son patrimoine sont-ils à jour ? Dispose-t-on d'un justificatif d'origine et/ou de destination des fonds ?
3. Permettent-ils de comprendre la justification économique ou l'objet de l'opération atypique examinée ?
4. Dans la classification des risques, à quelle catégorie le client/la relation d'affaires, l'opération est-il/elle rattaché(e) ?
5. A-t-il récemment effectué d'autres opérations atypiques ?
6. Est-ce que le client/la relation d'affaires est titulaire d'autres comptes ou contrats d'assurance ou bons de capitalisations anonymes ou le bénéficiaire ou bénéficiaire effectif d'autres comptes, contrats d'assurance ou opérations ?

7. Des opérations atypiques ont-elles été récemment effectuées sur ces comptes ou contrats d'assurance également ?
8. S'agit-il d'opérations significatives (nombre, montant) concernant une relation récemment nouée ? et/ou effectuées sur une courte période ? Le compte ou la relation a-t-il/elle été récemment mouvementé/activé(e) après une période sans opération ou sans opération significative ?
9. Le client/la relation d'affaires a-t-il/elle été interrogé(e) au sujet de cette (ces) opération(s) ?
10. A-t-il/elle déjà fait l'objet d'une déclaration de soupçon ?
11. L'opération présentée est-elle cohérente avec la connaissance de la relation d'affaires ? Son activité ? Et la classification des risques ?
12. Est-ce que le client/la relation d'affaires est titulaire d'autres comptes dans d'autres entités du groupe en France et/ou dans le monde *[V. lignes directrices relatives aux échanges d'information au sein d'un groupe et hors groupe]* ?
13. Le client refuse-t-il de communiquer des pièces ou bien a-t-il été difficile d'obtenir un document écrit probant ou justifiant l'opération ?

2.4 *Les cas de déclaration de soupçon*

86. Les organismes financiers effectuent une DS à Tracfin dans les cas mentionnés à l'article L. 561-15.

87. Des exemples typologiques figurent dans les rapports d'activité et d'analyse de Tracfin *[Rapports disponibles sur le site Internet de Tracfin : https://www.economie.gouv.fr/tracfin/rapports-dactivite-et-danalyse]*.

88. La circonstance qu'un compte est ouvert dans le cadre de la procédure du droit au compte ne dispense pas l'établissement bancaire concerné de déclarer les opérations suspectes à TRACFIN, voire de s'abstenir de les exécuter avant la DS. Les établissements de crédit se réfèrent aux principes d'application sectoriels de l'ACPR sur les obligations LCB-FT dans le cadre du droit au compte *[V. les principes d'application sectoriels relatifs aux obligations de LCB-FT dans le cadre du droit au compte]*.

2.4.1. *Cas général (I de l'article L. 561-15)*

89. Le I de l'article L. 561-15 impose à l'organisme financier de déclarer à TRACFIN les sommes ou les opérations portant sur des sommes dont ils "savent, soupçonnent ou ont de bonnes raisons de soupçonner qu'elles proviennent d'une infraction passible d'une peine privative de liberté supérieure à un an ou sont liées au financement du terrorisme".

90. Il convient de ne pas restreindre le sens des termes "la provenance d'une infraction" aux seules opérations suspectes créditrices (sur un compte ou un contrat). En effet, les organismes financiers déclarent toutes sommes dont ils savent, soupçonnent ou ont de bonnes raisons de soupçonner qu'elles pourraient provenir de la commission d'une infraction sous-jacente ainsi que toutes les opérations portant sur de telles sommes *[V. CE 31 mars 2004 rendue sur le fondement de l'anc. art. L. 562-2 sur l'obligation de déclaration de soupçon : "les établissements ont l'obligation de déclarer toutes sommes qui pourraient provenir du trafic de stupéfiants ou de l'activité d'organisations criminelles, ainsi que toutes opérations portant sur de telles sommes ; qu'ils ont aussi l'obligation de déclarer les sommes ou opérations qui, sans justifier directement ce soupçon, justifient néanmoins une déclaration dès lors qu'elles se présentent dans des conditions inhabituelles de complexité et ne paraissent pas avoir de justification économique et que l'établissement, après s'être renseigné, n'a pu déterminer leur origine ou leur destination". V. CE 3 déc. 2003 : "les conditions dans lesquelles est effectuée une opération de retrait de fonds, tout aussi bien qu'une opération de dépôt, pouvant éveiller des soupçons sur l'origine illicite des sommes en question"]*, qu'il s'agisse d'un flux entrant ou sortant qu'il s'agisse, par exemple, d'un virement de fonds, d'un dépôt ou d'un retrait d'espèces *[par exemple, s'agissant d'entreprises dont il est suspecté de recourir au travail dissimulé, ou encore en application du critère de fraude fiscale mentionné au 8° de l'art. D. 561-32-1 sur le fait d'effectuer des retraits fréquents d'espèces d'un compte professionnel ou leur dépôt sur un tel*

compte non justifié par le niveau ou la nature de l'activité économique], **d'un versement ou rachat sur un contrat d'assurance, rachat d'assurance et virement à un tiers)** *[la commission des sanctions de l'ACPR considère qu'en application de la jurisprudence du Conseil d'État, le soupçon sur l'origine des fonds peut naître au moment du retrait des sommes. S'agissant du remboursement des bons de capitalisation, et eu égard à la nature particulière de ces produits (portabilité et possibilité de remboursement sous un anonymat fiscal), une déclaration de soupçon doit être effectuée lorsque l'organisme financier ne peut écarter le doute sur les conditions dans lesquelles les porteurs finaux sont entrés en leur possession et sollicitent leur remboursement (Décisions de la commission des sanctions des 24 juill. 2015 et 8 déc. 2016)]*. **La jurisprudence récente du Conseil d'État** *[CE 20 janv. 2016, n° 374950 : "Considérant [...] que les conditions dans lesquelles est effectuée une opération de retrait de fonds, tout aussi bien qu'une opération de dépôt, sont susceptibles d'éveiller des soupçons sur l'origine des sommes en question"]* **a ainsi confirmé le fait que le soupçon sur l'origine des fonds peut naitre au moment d'une opération de retrait de fonds, tout aussi bien qu'une opération de dépôt, versement ou remise** *[la commission des sanctions de l'ACPR a considéré dans sa décision n° 2014-08 du 19 juin 2015 qu'en matière de blanchiment de capitaux (et à l'exception de possible financement du terrorisme), il ne pouvait être reproché, sur le plan disciplinaire, un défaut de DS lorsqu'il n'y avait pas de doute sur l'origine licite des fonds (par exemple, un abus de faiblesse dont le client est victime)]*.

91. Les termes "soupçonnent" ou "ont de bonnes raisons de soupçonner", signifient que l'organisme financier effectue une DS si les informations recueillies, conformément aux obligations de vigilance et à la suite de l'analyse menée, ne lui permettent pas d'écarter le doute sur l'origine des sommes ou la licéité de l'opération, qui pourraient être en relation avec la commission d'une infraction passible d'une peine privative de liberté supérieure à un an, ou le doute sur les fonds, qui pourraient être susceptibles d'être liés au financement du terrorisme.

2.4.2. *Le soupçon lié à des infractions punies de plus d'un an d'emprisonnement*

92. En droit français, un grand nombre d'infractions sont concernées parmi lesquelles : l'abus de confiance, le trafic de stupéfiants, la corruption, l'escroquerie, l'abus de biens sociaux, le détournement de fonds publics, le trafic d'êtres humains, le travail dissimulé, etc. *[s'agissant des délits d'initiés et de manipulation de cours, les dispositions des art. L. 621-17-3 s. prévoient une déclaration d'opérations suspectes à l'AMF, sans préjudice de l'obligation d'adresser une déclaration de soupçon à Tracfin]*.

93. Les organismes financiers n'ont pas à préciser ni qualifier une infraction sous-jacente, il suffit qu'ils soupçonnent ou qu'ils aient de "bonnes raisons" de soupçonner qu'il existe une infraction sous-jacente et formulent leur analyse des faits. Ils indiquent les éléments d'analyse qui les conduisent à effectuer la déclaration de soupçon voire, dans l'hypothèse où ils ont recueilli des éléments leur permettant d'être plus précis, de caractériser le soupçon.

94. Les organismes financiers effectuent une DS quand le soupçon est établi au terme de l'analyse conduite, c'est-à-dire lorsqu'ils n'ont pas obtenu, au regard des informations, documents recueillis auprès du client ou par d'autres moyens, d'assurance raisonnable quant à la licéité des fonds ou de l'opération, ou quant à sa justification économique au regard de leur connaissance de la clientèle *[V. les décisions de la Commission des Sanctions des 5 févr. 2013, 22 déc. 2014, 19 juin 2015 et 24 juill. 2015. V. CE 20 janv. 2016, n° 374950 : "la sanction de l'absence de déclaration [à Tracfin] d'opérations de remise de chèques dont le montant n'était pas cohérent avec l'activité professionnelles exercée par le client ou sa situation patrimoniale connue découle logiquement, au regard de sa finalité de l'obligation ainsi définie (I de l'art. L. 561-15)"]*.

2.4.3. *Le soupçon lié au financement du terrorisme*

95. A la suite du plan de lutte contre le financement du terrorisme du Ministre des finances en date des 18 mars et 23 novembre 2015 et du communiqué de la direction générale du Trésor sur la lutte contre le financement de Daech en date du 27 janvier 2015 *[plan de lutte contre le financement du terrorisme du Ministre des finances e* *date du 18 mars 2015 et communiqué de la DGTrésor sur la lutte contre le financement de Daech en date du 27 janv. 2015]*, l'ACPR et TRACFIN appellent tout particulièrement l'attention des organismes financiers sur la lutte contre le financement du terrorisme. Les organismes financiers s'assurent de la cohérence entre l'origine et/ou la destination des fonds relatifs à une ou plusieurs opérations et les éléments de connaissance actualisée de la clientèle. Ils exercent une vigilance renforcée sur les transferts de fonds (virements et transmissions de fonds) en provenance ou à destination de zones géographiques considérées comme risquées en matière de terrorisme ou de financement du terrorisme ou sur les opérations effectuées dans ces zones.

96. Il est rappelé aux organismes financiers la nécessité que leur dispositif LCB-FT intègre les risques liés aux pays/territoires de provenance ou de destination des fonds (cf. *supra* point 18). Il leur incombe d'être attentifs aux opérations effectuées par leur client ou relation d'affaires dans des pays "sensibles" mais aussi à celles effectuées dans des pays, sans lien ou rapport avec la connaissance de leur client ou relation d'affaires, certains pays pouvant être utilisés comme pays de transit pour cacher le pays final de destination ou de provenance des fonds.

La vigilance s'exerce toutefois plus largement afin de pouvoir s'adapter à la nature évolutive du financement du terrorisme. En effet, l'actualité récente montre que des opérations sont réalisées dans tout pays sans lien identifié avec les zones de combat et sans rapport avec la connaissance de la relation d'affaires.

97. Les changements dans l'attitude d'un client ou dans le fonctionnement de la relation d'affaires sont également de nature à retenir l'attention.

98. Le financement du terrorisme présente plusieurs particularités qui ne permettent pas de dresser une liste exhaustive et pérenne des critères d'alerte. Il peut en effet s'appuyer sur une grande variété d'opérations. Dans ces circonstances, afin d'être informés dans les meilleurs délais des critères d'alerte ou typologies liés au financement du terrorisme, les organismes financiers se réfèrent notamment à la documentation régulièrement diffusée par les administrations ou autorités nationales ou européennes compétentes (rapports d'activité et d'analyse de TRACFIN publiés depuis 2013, lettres d'information aux professionnels de TRACFIN, plans d'actions du Ministre chargé de l'économie, etc.) *[V. lignes directrices conjointes de la DGT et de l'ACPR sur la mise en œuvre des mesures de gel des avoirs]* ou tiennent compte des informations diffusées dans les médias sur les personnes et leurs moyens de financement en cas d'action terroriste. Ils se réfèrent également aux mesures nationales et européennes de gel des avoirs prises dans le cadre de la lutte contre le financement du terrorisme.

L'ACPR et TRACFIN invitent également les organismes financiers à consulter les rapports typologiques du GAFI sur le financement du terrorisme, notamment ceux publiés en 2015 respectivement sur le financement de DAECH et les risques émergents de financement du terrorisme, qui sont régulièrement mis à jour *[rapports typologiques du GAFI sur le financement de DAECH et sur le risque émergent de financement du terrorisme d'octobre 2015]*.

99. Il ressort de l'ensemble des informations publiques disponibles à ce jour notamment les critères suivants liés à des typologies de financement du terrorisme :

– transmission de fonds de faibles montants entre particuliers, sans liens apparents (familiaux, économiques) entre eux, ou destination d'envois atypiques au regard du profil de la relation d'affaires ou des habitudes du client,

– dons à des associations à but non lucratif suivis de transmissions de fonds de montants plus conséquents, vers l'étranger notamment,

– flux croisés provenant ou à destination d'organismes associatifs,

– utilisation d'instruments de monnaie électronique, en particulier anonymes et de monnaie virtuelle, notamment lorsque cette dernière est convertie en monnaie ayant cours légal,

– ouverture d'un compte bancaire rapidement suivie de retraits d'espèces à l'étranger dans des zones sensibles ou dans des pays de transit,

– utilisation des plateformes de financement participatif,

— recours au crédit à la consommation notamment suivi de retraits en espèces d'une partie importante des fonds prêtés ou de leur totalité et/ou de virements à l'étranger *[V. la décision de la commission des sanctions nº 2017-08 du 22 mars 2018]*,
— déplafonnements successifs d'une carte de paiement ou de crédit en vue de retraits d'espèces,
— retrait total (ou quasi-total en laissant un solde faible) des avoirs sur les comptes, livrets d'épargne ou contrats d'assurance-vie,
— réactivation d'un compte ou d'une carte bancaire,
— paiement des rançons à la suite d'un enlèvement ou d'un vol de données personnelles.

L'ensemble de ces critères restent subjectifs mais leur cumul rend l'information plus pertinente.

100. Compte tenu du développement du prosélytisme en faveur du terrorisme en prison, les organismes sont invités à examiner de près les relations d'affaires avec les personnes incarcérées.

En outre, les proches de ces personnes qui n'appartiennent pas nécessairement au cercle familial peuvent leur apporter du soutien. Par conséquent, les organismes veillent également à mettre en œuvre une surveillance des opérations réalisées au bénéfice des personnes incarcérées ou à destination de la régie comptable d'un établissement pénitentiaire. Lorsqu'ils détectent de telles opérations, ils analysent le fonctionnement du compte de ces proches afin de déterminer notamment si parmi les opérations effectuées certaines d'entre elles sont susceptibles de présenter un lien avec le financement du terrorisme et réévaluent le cas échéant le profil de la relation d'affaires.

101. Il est particulièrement important que les organismes financiers procèdent, sans délai *[V. la décision de la commission des sanctions nº 2017-04 du 3 juill. 2018]*, à une DS dès lors qu'ils ont rassemblé suffisamment d'éléments pour établir le soupçon de financement du terrorisme.

2.4.4. *Le soupçon de fraude fiscale (II de l'article L. 561-15)*

102. L'article 1741 du code général des impôts dispose que le délit de fraude fiscale est constitué par la soustraction frauduleuse ou la tentative de soustraction frauduleuse à l'établissement ou au paiement total ou partiel des impôts dus.

103. Le délit de fraude fiscale peut être constitué par :
— omission volontaire de déclaration dans les délais prescrits ;
— dissimulation volontaire des sommes sujettes à l'impôt ;
— organisation d'insolvabilité ou manœuvres mettant obstacle au recouvrement ;
— ou en agissant de toute autre manière frauduleuse.

104. Lorsque l'organisme financier sait, soupçonne ou a de bonnes raisons de soupçonner que les sommes ou opérations proviennent d'une fraude fiscale, il les déclare à TRACFIN s'il identifie l'un des seize critères définis au II de l'article D. 561-32-1. En effet, une déclaration portant sur un soupçon de fraude fiscale est effectuée lorsque les deux conditions cumulatives prévues au II de l'article L. 561-15 sont remplies :
— l'organisme financier sait, soupçonne ou a de bonnes raisons de soupçonner que les sommes ou opérations proviennent d'une fraude fiscale ;
— au moins un des critères définis au II de l'article D. 561-32-1 est identifié.

Les critères mentionnés au II de l'article D. 561-32-1 sont alternatifs, ce qui implique que les organismes financiers déclarent à TRACFIN toute opération répondant à l'un au moins d'entre eux, lorsqu'ils soupçonnent que les sommes proviennent d'une fraude fiscale.

Dans le cadre des activités de gestion de fortune, les organismes financiers portent une attention particulière aux situations présentées dans les critères de fraude fiscale mentionnées aux 1°, 2°, 3°, 9°, 10° et 15° :

— l'utilisation de sociétés écran, dont l'activité n'est pas cohérente avec l'objet social ou ayant leur siège social dans un État ou territoire qui n'a pas conclu avec la France une convention fiscale permettant l'accès aux informations bancaires, identifié à partir de la liste blanche publiée par l'administration fiscale *[Instr.*

DGFIP 13-L-7-10 du 26 juill. 2010], ou à l'adresse privée d'un des bénéficiaires de l'opération suspecte ou chez un domiciliataire au sens de l'article L. 123-11 du code de commerce (critère 1°) ;

– la réalisation d'opérations financières par des sociétés dans lesquelles sont intervenus des changements statutaires fréquents non justifiés par la situation économique de l'entreprise (critère 2°) ;

– le recours à l'interposition de personnes physiques n'intervenant qu'en apparence pour le compte de sociétés ou de particuliers impliqués dans des opérations financières (critère 3°) ;

– la difficulté d'identifier les bénéficiaires effectifs et les liens entre l'origine et la destination des fonds en raison de l'utilisation de comptes intermédiaires ou de comptes de professionnels non financiers comme comptes de passage, ou du recours à des structures sociétaires complexes et à des montages juridiques et financiers rendant peu transparents les mécanismes de gestion et d'administration (critère 9°) ;

– les opérations financières internationales sans cause juridique ou économique apparente se limitant le plus souvent à de simples transits de fonds en provenance ou à destination de l'étranger notamment lorsqu'elles sont réalisées avec des États ou des territoires visés au critère n° 1, c'est-à-dire avec un État ou un territoire qui n'a pas conclu avec la France une convention fiscale permettant l'accès aux informations bancaires (critère 10°) ;

– le dépôt par un particulier de fonds sans rapport avec son activité ou sa situation patrimoniale connue (critère 15°).

Ils se réfèrent, en vue de la mise en œuvre des critères mentionnés aux 1° et 10°, à la liste blanche publiée par l'administration fiscale s'agissant des États ou territoires qui n'ont pas conclu avec la France une convention fiscale permettant l'accès aux informations bancaires, à la liste des pays signataires de l'accord multilatéral de l'OCDE sur l'échange des déclarations *[liste des pays signataires de l'accord multilatéral de l'OCDE sur l'échange des déclarations]* et plus largement, aux lignes directrices de l'ACPR sur la gestion de fortune *[lignes directrices ACPR relatives à la LCB-FT dans le domaine de la gestion de fortune, mars 2014 § 47]*.

105. Les organismes financiers procèdent à une analyse de chaque opération atypique détectée, afin de lever le doute ou de structurer le soupçon et dans l'hypothèse d'un soupçon de fraude fiscale, de déterminer si l'un des critères, au moins, est satisfait.

Par exemple, lorsque l'organisme détecte des retraits d'espèces présentant un caractère inhabituel (de par leur montant et/ou leur fréquence) et s'il soupçonne que les fonds proviennent d'une fraude fiscale, il adresse une DS si le client refuse ou est dans l'impossibilité de produire des pièces permettant de justifier la provenance des fonds ou le motif avancé des paiements. Les deux conditions de la DS de fraude fiscale au titre du II de l'article L. 561-15 sont alors réunies :

– d'une part, l'organisme sait, soupçonne ou a de bonnes raisons de soupçonner que les sommes proviennent d'une fraude fiscale et,

– d'autre part, le critère prévu au 11° est *a priori* rempli.

Il en est de même lorsque l'organisme soupçonne que les fonds proviennent d'une fraude fiscale et qu'il détecte :

– sur un compte professionnel, des retraits ou des dépôts fréquents d'espèces, et que ces opérations ne sont pas justifiées par le niveau ou la nature de l'activité économique du client ; le critère prévu au 8° étant *a priori* rempli ;

– sur un compte de personne physique (ou un contrat d'assurance) des dépôts de fonds (y compris en espèces), sans rapport avec la situation connue du client ; le critère visé au 15° étant *a priori* rempli *[V. la décision de la commission des sanctions du 19 juin 2015 : "... que le total des versements effectués depuis l'entrée en relation d'affaires (130 000 euros) et les montants versés en cinq mois (116 000 euros) sont sans rapport avec la situation connue de la cliente ; qu'au vu de ces éléments, l'organisme aurait dû réaliser une DS, notamment au titre du II de l'art. L. 561-15 et du critère 15 de l'art. D. 561-32-1... "]*.

Les donations

La donation est à déclarer auprès de l'administration fiscale par le donataire. Il appartient donc à celui-ci de produire les justificatifs d'une telle démarche ou un document notarié relatif à la donation.

Cas 1 : M. A remet sur son compte, à la banque X, 4 chèques d'un montant total de 415 k€, tirés sur le compte de sa mère, à la banque Z. C'est à M. A, donataire et client de la banque X, de justifier de la déclaration de donation à la DGFiP.

Cas 2 : en 9 mois, 535 k€ sont retirés en espèces sur le compte d'une cliente à haut revenus, Mme S, âgée de 90 ans. En parallèle, de nombreux versements d'espèces sont relevés sur les comptes de ses enfants et petits-enfants, tenus dans la même banque. Si la banque soupçonne des donations non déclarées, c'est à ces derniers qu'elle devra demander les justificatifs fiscaux de donation.

Cas 3 : M et Mme B, résidents fiscaux français, reçoivent sur leur compte à la banque X, un virement de 400 k€ provenant d'un compte suisse au nom du père de M. B, également client de la banque X. Ils fournissent une attestation de la banque suisse confirmant l'origine des fonds. Ceux-ci sont virés sur le compte d'une SCI en vue de l'acquisition d'un bien. La justification de la déclaration, à l'administration fiscale, des sommes au titre d'une donation incombe à M. et Mme B, celle de la déclaration du compte à l'étranger au père de M. B.

Dans tous les cas, le fait que la banque du donataire soupçonne une donation non déclarée n'exonère en rien la banque du donateur de s'interroger sur l'origine des fonds.

2.4.5. *Les autres situations conduisant à effectuer une déclaration de soupçon*

2.4.5.1 *Les DS faisant suite à un examen renforcé (cf. III de l'article L. 561-15).*

106. Une DS est effectuée à l'issue de l'examen renforcé décrit à l'article L. 561-10-2, dans le cas où cet examen ne permet pas de lever le doute *[V. la décision de la commission des sanctions du 30 juin 2017, § 19]*. La DS est alors effectuée, selon le cas, sur le fondement du I ou du II de l'article L. 561-15 (cf. § précédents). Il en est ainsi, par exemple, lorsque l'examen renforcé n'a pas permis d'obtenir des justificatifs de l'origine des fonds *[V. la décision de la commission des sanctions du 19 juin 2015]* ou de la destination des fonds (cf. § 1.3).

107. Par ailleurs, une DS est effectuée lorsqu'au terme d'un examen renforcé, l'organisme financier ne dispose pas d'informations précises et cohérentes sur la relation d'affaires et que la provenance des fonds reste incertaine.

2.4.5.2 *Les DS en lien avec une rupture de la relation d'affaires (cf. article L. 561-8).*

108. Lorsqu'en application de l'article L. 561-8, l'organisme financier envisage de mettre un terme à la relation d'affaires, il effectue la DS prévue à l'article L. 561-15 dans les conditions qui y sont prévues et, si possible, avant d'y mettre un terme ou, à tout le moins, concomitamment.

109. L'éventualité d'effectuer une DS dans ce cadre est systématiquement examinée. Les organismes financiers procèdent à une analyse individualisée, à l'issue de laquelle est prise ou non la décision d'adresser une DS à TRACFIN.

2.4.6. *La confirmation, l'information ou la modification des éléments transmis dans une déclaration préalable – les déclarations complémentaires (IV de l'article L. 561-15)*

110. Toute information de nature à infirmer, conforter ou modifier les éléments contenus dans une DS est portée sans délai à la connaissance de TRACFIN sans exigence de montant et *a fortiori* lorsque le client procède à de nouvelles opérations suspectes *[V. la décision de la commission des sanctions du 5 févr. 2013 : "... les nouvelles opérations (...) douteuses (...) ne peuvent être regardées que comme susceptibles de "conforter ou modifier" les éléments contenus dans les DS initiales..."]*.

Lorsque plusieurs opérations postérieures à une première DS sont à porter à la connaissance de TRACFIN, le déclarant peut, pour des raisons d'efficience, regrouper plusieurs opérations dans une seule DS complémentaire portant sur une certaine période d'opérations adaptée au cas d'espèce. Dans ce cas, la DS complémentaire précise les conditions du regroupement des opérations déclarées *[exemple : versement sur un contrat d'assurance-vie avec soupçon de donation déguisée. En cas de poursuite des versements, de manière régulière - trois versements hebdomadaires de faibles montants (entre 50 et 200 € unitaires). La DS complémentaire peut porter sur les flux regroupés sur une période d'un mois]*. Plusieurs DS complémentaires peuvent être effectuées par un même assujetti, si les circonstances l'exigent.

111. Que ce soit pour conforter ou pour infirmer *[V. la décision de la commission des sanctions du 24 juill. 2015 : "... de la réalisation de "DS infirmatives" motivées seulement par l'échéance d'une période de conservation des données, alors qu'un tel élément n'est pas de nature à lever des soupçons de blanchiment antérieurs... "]* les éléments préalablement communiqués, la déclaration complémentaire comporte des éléments factuels et étayés, et pas seulement, comme cela a pu être relevé, des allégations ou de simples déclarations.

2.4.7. *Les tentatives d'opérations mentionnées aux I et II de l'article L. 561-15 (V de l'article L. 561-15)*

112. Les tentatives d'opérations suspectes sont à déclarer à TRACFIN. Il peut s'agir, par exemple, d'opérations de transmission de fonds, de dépôt d'espèces, de virement ou de versement sur un contrat ou un compte, dont la demande d'exécution est :

– soit refusée par l'organisme financier, en raison d'un doute sur la licéité de l'opération détecté par des agents ou chargés de clientèle ou par un dispositif automatisé ;

– soit annulée ou abandonnée par le client, pour éviter de transmettre à l'organisme financier les informations ou justificatifs probants qui lui ont été demandés.

113. Les refus d'entrée en relation d'affaires ne font pas nécessairement l'objet d'une DS, celle-ci ne devant être effectuée qu'en cas de soupçon de blanchiment ou de financement du terrorisme et lorsque les éléments d'identification des personnes sont connus. TRACFIN peut ainsi avoir intérêt à connaitre ces éléments d'identification et les finalités avancées par le demandeur ayant cherché à entrer en relation d'affaires *[exemple des intermédiaires en financement participatif ou du crédit à la consommation]*. Dans ces éventualités, le soupçon est, de la même manière, étayé.

2.5 *Les modalités de transmission de la déclaration de soupçon*

2.5.1. *Le contenu de la déclaration*

114. Le contenu des DS est précisé aux III et IV de l'article R. 561-31. A peine d'irrecevabilité, ce formulaire de déclaration de soupçon comporte les renseignements et éléments d'information suivants :

– la profession exercée par la personne qui effectue la déclaration par référence aux catégories mentionnées à l'article L. 561-2 ;

– les éléments d'identification et coordonnées professionnelles du déclarant désigné conformément aux dispositions du I de l'article R. 561-23 et le cas échéant, du représentant permanent désigné en application du VI de l'article L. 561-3 ;

– le cas de déclaration par référence aux cas mentionnés aux I, II et IV de l'article L. 561-15 ;

– les éléments d'identification du client et, le cas échéant, du bénéficiaire effectif qui fait l'objet de la déclaration ainsi que, dans le cas où une relation d'affaires a été nouée avec le client, l'objet et la nature de cette relation ;

– le descriptif de l'opération et les éléments d'analyse qui ont conduit à effectuer la déclaration ;

– le délai d'exécution lorsque l'opération n'a pas encore été exécutée.

115. Les DS de fraude fiscale comportent le ou les critères identifiés par référence au II de l'article D. 561-32-1 ainsi que les éléments d'analyse ayant conduit à le ou les retenir. Si la présence d'un seul de ces critères suffit à motiver l'envoi d'une déclaration, il est pos-

sible que plusieurs soient au final retenus par l'établissement. Dans cette hypothèse, l'analyse ayant conduit à les sélectionner est chaque fois présentée. En outre, les éléments d'information mentionnés au III de l'article R. 561-31, qui s'applique à toutes les DS, figurent également dans la déclaration portant sur un soupçon de fraude fiscale. De ce point de vue, la connaissance actualisée de la relation d'affaires est importante.

116. Les organismes financiers veillent à ne pas effectuer de DS lacunaires ne permettant pas de connaître les faits à l'origine du soupçon.

117. S'agissant du descriptif de l'opération et des éléments d'analyse ayant conduit à effectuer la déclaration, il convient d'indiquer les flux caractéristiques et/ou les montants les plus significatifs ainsi que les personnes concernées par ces flux.

118. Le descriptif de l'opération et les éléments d'analyse permettent à TRACFIN d'appréhender au mieux le contexte de l'opération. Dès lors, la mise en œuvre par l'organisme financier d'un examen renforcé ou la rupture de la relation d'affaires sont des éléments à faire figurer dans les DS.

119. La DS est accompagnée, le cas échéant, de toute autre pièce utile à son exploitation par TRACFIN (notamment relevés bancaires, si possible dans un format permettant une exploitation informatique, copies de chèques ou autres documents tels ceux relatifs à l'ouverture de compte ou à la souscription d'un contrat d'assurance).

120. A défaut des éléments d'information et des renseignements prévus par l'article R. 561-31, la DS est déclarée irrecevable. Les DS irrecevables sont sans valeur au regard de l'article L. 561-15. Faute d'être exploitables en pratique, elles ne sont pas traitées par TRACFIN. Cette irrecevabilité prive par ailleurs le déclarant du bénéfice des exonérations de responsabilités civile, pénale et professionnelle prévues à l'article L. 561-22.

121. Plus généralement, l'ACPR et TRACFIN rappellent le caractère essentiel de la correcte rédaction des DS, quelles que soient les modalités de transmission de ces dernières. La clarté, la concision et la précision de la présentation des éléments d'information mentionnés dans la DS sont particulièrement importantes pour l'efficacité du dispositif LCB-FT.

122. Conformément à l'article R. 561-31 et à l'arrêté du 6 juin 2013 fixant les modalités de transmission de la déclaration effectuée en application de l'article L. 561-15 et d'information du déclarant de l'irrecevabilité de sa déclaration, le déclarant qui n'utilise pas la plate-forme ERMES ou le formulaire dématérialisé obligatoire, ou qui omettrait un ou plusieurs éléments d'informations obligatoires est invité, par TRACFIN, à régulariser sa déclaration dans un délai d'un mois.

123. A défaut de régularisation dans ce délai, il est informé par TRACFIN de l'irrecevabilité de sa DS conformément au V de l'article R. 561-31 et dans les conditions prévues à l'article 5 de l'arrêté du 6 juin 2013 susmentionné.

La procédure d'irrecevabilité ne porte pas sur les éléments de fond de la déclaration, tels que la qualité des informations adressées, mais sur les mentions prévues à l'article R. 561-31.

2.5.2. *Les modalités de transmission des déclarations de soupçon*

124. A l'exception des courtiers d'assurance et des changeurs manuels, les organismes financiers adressent les DS à TRACFIN *via* la plateforme de télé déclaration ERMES.

En cas d'indisponibilité de la plateforme ERMES ou en cas d'urgence particulière ne permettant pas son utilisation, les organismes financiers peuvent effectuer la DS par voie postale ou télécopie.

125. Les courtiers d'assurance et les changeurs manuels n'ont pas l'obligation d'utiliser la plateforme ERMES. Dans ce cas, ils utilisent le formulaire dématérialisé de DS disponible sur le site de TRACFIN, signé et complété de façon dactylographiée *[formulaire de déclaration de soupçon]*.

2.5.3. *Les délais de déclaration*

2.5.3.1 *Principe de l'envoi d'une DS avant l'exécution de l'opération.*

126. Le premier alinéa de l'article L. 561-16 pose explicitement le principe de l'envoi d'une DS préalablement à l'exécution de la transaction afin, le cas échéant, de permettre

à TRACFIN d'exercer son droit d'opposition. La DS indique, dans cette hypothèse, le délai d'exécution de l'opération, conformément au 6° du III de l'article R. 561-31. En conséquence, le professionnel s'abstient d'effectuer l'opération dont il soupçonne qu'elle est liée au blanchiment de capitaux ou au financement du terrorisme.

127. Par dérogation à ce principe, le deuxième alinéa de l'article L. 561-16 prévoit que la DS peut porter sur des opérations déjà exécutées lorsqu'il a été impossible de surseoir à leur exécution, quand leur report aurait pu nuire au déroulement d'investigations portant sur une opération suspectée de blanchiment de capitaux ou de financement du terrorisme ou si le soupçon est apparu postérieurement à la réalisation de l'opération en cause. Dans ce cas, l'organisme financier procède sans délai à l'envoi d'une DS, résultant de l'analyse de l'opération suspecte.

128. La dérogation est à mettre en œuvre strictement. Dans les cas où l'organisme dispose d'un délai d'exécution de l'opération soit en application d'un texte (par exemple, encadrement du délai de rachat des contrats d'assurance dans le code des assurances), soit au regard de sa nature (par exemple, pour les retraits d'espèces d'un montant important au guichet), il effectue la DS avant l'exécution de l'opération suspecte. En outre, il procède à une DS avant la rupture de la relation d'affaires fondée sur un soupçon de BC-FT, ou à tout le moins, concomitamment.

129. La dérogation s'applique lorsque l'opération est instantanée (cas du change manuel qui est une opération d'échange immédiat de devises). Elle peut trouver également à s'appliquer lorsque l'opération est soumise à des contraintes d'exécution dans des délais très courts (cf. article L. 133-14), qui rendent difficile la mise en place d'une détection *a priori* systématique *[sachant qu'une détection a priori peut être mise en place pour certaines relations d'affaires placées sous vigilance renforcée, ou pour certaines opérations à risques élevés notamment de transfert de fond]*. Cela concerne notamment des opérations des secteurs de la banque, de la prestation de services d'investissement et de paiement, et plus exceptionnellement, celles du secteur de l'assurance. Les organismes précisent dans leurs procédures LCB-FT les opérations pour lesquelles la DS est effectuée respectivement avant ou après leur exécution.

130. Le droit d'opposition est une prérogative qui peut être mise en œuvre par TRACFIN pour s'opposer à la réalisation d'une opération qui lui a été signalée et qui n'a pas encore été exécutée, pendant un délai qui permet à l'autorité judiciaire d'apprécier l'opportunité de prendre une ordonnance de saisie pénale des sommes en cause (cf. Annexe n° 2). TRACFIN peut exercer ce droit, conformément à l'article L. 561-24, sur le fondement de toute DS ou information reçue de tout déclarant dans le cadre de l'exercice de son droit de communication, des administrations, des autorités de contrôle ou des cellules de renseignement financier étrangères.

131. TRACFIN peut librement exercer son droit d'opposition tant que l'opération n'a pas été exécutée. Conformément au 4ème alinéa de l'article L. 561-24, l'organisme financier à l'origine de la DS peut exécuter l'opération signalée à TRACFIN, en l'absence d'opposition de ce service.

132. Lorsque les organismes financiers soupçonnent qu'une opération suspecte est susceptible d'entraîner l'exercice de son droit d'opposition par TRACFIN (par exemple : certitude sur l'origine délictueuse des fonds ou virements de fonds à l'étranger), ils sont invités à prendre contact avec leur agent référent au sein de TRACFIN le plus rapidement possible, afin d'appeler son attention sur cette opération et sur son délai d'exécution.

2.5.3.2 *Le délai des DS après exécution de l'opération.*

133. Après l'exécution d'une opération qui répond aux conditions prévues à l'article L. 561-15, une DS est transmise "sans délai" conformément au 2e alinéa de l'article L. 561-16. Cette disposition introduit une obligation de célérité qui contraint chaque organisme à veiller à ce que, quelle que soit son organisation, et à chaque stade de son processus débouchant sur une DS, les diligences à accomplir le soient aussi rapidement que possible *[V. la décision de la commission des sanctions du 19 juill. 2017, 7]*. Ainsi, les organismes veillent à ne prendre que le temps strictement nécessaire

aux investigations et à l'analyse *[V. la décision de la commission des sanctions du 19 juill. 2017, § 7]* **faisant suite à une alerte. Lorsque celles-ci sont de nature à structurer le soupçon, les organismes rédigent et envoient la DS immédiatement.**

134. La commission des sanctions de l'ACPR retient des griefs liés au caractère tardif des DS transmises après l'exécution d'une opération suspecte *[par exemple, décision de la commission des sanctions du 19 juin 2015 : "... une DS a été transmise au service Tracfin le 2 juill. 2012 alors que le versement suspect de 80 000 euros a été réalisé le 25 juill. 2011 ; que dans le dossier de Mme A21, une DS a été réalisée par l'organisme le 2 juill. 2012 alors que l'opération d'un montant de 75 000 euros a été réalisée le 26 juill. 2011..." ; décision de la commission des sanctions du 5 févr. 2013 : "... M. C1, de nationalité allemande, alléguant un commerce de vêtements avec l'Angleterre a, entre le 28 avr. 2010 et le 11 avr. 2011, vendu à 20 reprises des livres anglaises pour un montant total de 154 547 € ; qu'une mention "DS 7/09/10" a été portée sur le registre Tracfin pour les deux opérations réalisées le 26 juill. et le 6 sept. 2010 pour des montants de 10 665 et de 12 626 € ; que l'organisme n'a adressé à Tracfin une DS que le 21 juin 2011, après le début de la mission d'inspection et plusieurs mois après qu'elle ait détecté les opérations suspectes..." ; décision de la commission des sanctions du 30 mai 2017, § 22 : "au-delà des dossiers individuels qui illustrent le reproche, le délai moyen de DS (...) est demeuré élevé pendant toute l'année 2016 (271 jours en moyenne), atteignant même un pic de 325 jours en septembre de cette année" ; décision de la Commission des sanction du 19 juill. 2017 § 9 à 13 ; décision de la commission des sanctions du 3 juill. 2018, § 29 à 39]*. **Le point de départ à retenir pour apprécier le caractère éventuellement tardif d'une DS est en principe l'exécution d'une opération. Il ne peut être systématiquement retardé jusqu'au déclenchement d'une alerte interne, laquelle peut elle-même être tardive** *[V. les décisions de la commission des sanctions des 29 juin 2012, § 1.1.1., 25 nov. 2013, § 3, et 19 juill. 2017, § 7]*. ***A fortiori*, il ne peut être repoussé à l'établissement d'une proposition de DS qui peut, dans certains cas, être tardive en raison de retards dans la détection puis dans l'analyse d'une opération suspecte. Tout délai pris dans l'envoi de ces DS à TRACFIN par rapport à la date à laquelle l'opération suspecte a été réalisée est dès lors justifié par l'énoncé, dûment documenté, des diligences accomplies par l'organisme pour passer du doute au soupçon** *[V. les décisions de la commission des sanctions des 29 juin 2012, § 1.1.1 et 25 nov. 2013, § 3]*.

135. Dans le cadre du contrôle du caractère adapté de leur dispositif LCB-FT aux prescriptions de l'article L. 561-16, les organismes financiers surveillent leur délai de déclaration de soupçon *[V. la décision de la commission des sanctions du 19 juill. 2017, § 25 : il est fait grief à un établissement de crédit de n'intégrer aucune surveillance des délais des propositions de DS dans son plan de contrôle interne]*. **Pour ce faire, ils prennent en compte, par exemple, la période écoulée entre l'exécution de l'opération suspecte et l'envoi de la DS à TRACFIN d'une part, la détection de l'opération suspecte et l'envoi de la DS à TRACFIN, d'autre part. Dans ce même ordre d'idées, lorsqu'ils existent, les délais intermédiaires font également l'objet d'un suivi, de manière à corriger le plus rapidement possible d'éventuelles dérives.**

136. L'ACPR et TRACFIN rappellent par ailleurs que les informations de nature à conforter, modifier ou infirmer le soupçon initial sont également portées sans délai à la connaissance de TRACFIN, sous réserve de la possibilité de regrouper plusieurs opérations dans les conditions énoncées au § 111 des présentes lignes directrices.

2.5.4. *La conservation des pièces qui se rapportent aux déclarations effectuées*

137. Conformément à l'article L. 561-12, les documents relatifs aux opérations réalisées par les organismes financiers sont conservés pendant une période de cinq ans suivant la cessation de la relation d'affaires concernée.

Appliquée aux DS, cette obligation de conservation concerne les pièces suivantes :

– copie de la DS et, le cas échéant, des pièces qui lui étaient jointes ;

– accusé de réception de la déclaration.

138. Les organismes financiers mettent en place des procédures définissant les conditions de conservation de ces documents, selon des modalités propres à en assurer la confidentialité.

2.5.5. *La confidentialité des déclarations et l'échange des informations intra et extra[-]groupe*

139. Les organismes financiers sont tenus à la plus grande discrétion concernant les informations qu'ils adressent à TRACFIN et celles qu'ils reçoivent de ce service.

140. Conformément à l'article L. 561-18, la DS est confidentielle. En dehors de TRACFIN, son existence, son contenu et les suites qui lui ont été réservées ne sauraient être révélés qu'à l'ACPR. Le non-respect de cette interdiction de divulgation est réprimé par l'article L. 574-1 d'une amende de 22 500 euros. La même sanction s'applique à la divulgation des informations transmises dans le cadre d'un droit de communication exercé par Tracfin.

141. S'agissant des échanges d'informations intra et extra groupe relatifs à une DS prévus aux articles L. 561-20 et L. 561-21, les organismes se réfèrent aux lignes directrices de l'ACPR sur les échanges d'information *[lignes directrices de l'ACPR relatives aux échanges d'informations au sein d'un groupe et hors groupe, mars 2011]*. Conformément à l'article R. 561-29, les entreprises mères de groupe définissent les procédures sur les modalités d'échange d'informations, y compris des DS, au sein du groupe.

142. TRACFIN assure également la confidentialité des informations qui lui sont transmises. Sur ce point, la loi prévoit que les informations détenues par ce service sont confidentielles. Toute personne qui les divulguerait même partiellement est passible des sanctions prévues par l'article 226-13 du code pénal.

143. TRACFIN ne transmet pas la DS aux destinataires de ses transmissions. S'il le fait, ce n'est que dans le cadre strict du 2e alinéa de l'article L. 561-19, c'est-à-dire sur réquisition de l'autorité judiciaire et dans les seuls cas où cette déclaration est nécessaire à la mise en œuvre de la responsabilité de l'organisme financier, de ses dirigeants ou préposés, alors que l'enquête judiciaire fait apparaître qu'ils peuvent être impliqués dans le mécanisme de blanchiment de capitaux ou de financement du terrorisme qu'ils ont révélé.

3 L'articulation entre l'obligation de déclaration de soupçon et d'autres dispositifs

3.1 *Le dispositif de gel des avoirs*

144. Le fait qu'une personne fasse l'objet d'une mesure restrictive, y inclus de gel des avoirs, n'impose pas nécessairement à l'organisme financier de procéder à une DS auprès de TRACFIN. En revanche, l'organisme financier réévalue le profil de la relation d'affaires au regard de cette mesure, et adapte sa vigilance en conséquence. Il examine en particulier avec attention le fonctionnement de la relation d'affaires, notamment les opérations qui ont précédé l'entrée en vigueur de la mesure restrictive mais également les éventuels liens familiaux et patrimoniaux de la personne concernée.

Lorsqu'il est mis fin à la mesure restrictive, l'organisme financier adapte le profil de la relation d'affaires et sa vigilance en conséquence.

145. En tout état de cause, en cas de soupçon, l'organisme financier transmet sans délai une DS à TRACFIN, en précisant les éléments d'analyse ayant conduit au soupçon, sans préjudice de la déclaration de gel à la DG Trésor prévue par les règlements européens portant mesures restrictives et le code monétaire et financier.

Les organismes financiers se réfèrent aux lignes directrices conjointes de l'ACPR et de la DG Trésor sur la mise en œuvre des mesures de gel des avoirs *[V. les lignes directrices conjointes de la DGTrésor et de l'ACPR sur la mise en œuvre des mesures de gel des avoirs, juin 2016]*.

3.2 *Le dépôt de plainte auprès du procureur de la République*

146. La DS et le dépôt de plainte sont deux procédures indépendantes. Ainsi, l'envoi d'une DS à TRACFIN ne se substitue en aucun cas à un dépôt de plainte. De même, dans le cas où l'organisme financier effectuerait un dépôt de plainte, cela ne constitue nullement un obstacle à l'envoi d'une DS. Le dépôt de plainte est néan-

moins à mentionner dans la déclaration. En cas de dépôt de plainte, l'organisme financier, comme quand il procède à une DS, réévalue le profil du client et met en œuvre des mesures de vigilance adaptées. En outre, l'organisme financier procède, le cas échéant, à une DS à TRACFIN. A titre d'exemple, l'organisme financier qui aurait accordé un prêt sur la base de faux documents, peut, nonobstant le dépôt de plainte effectué, procéder à une DS à TRACFIN en cas de soupçon de blanchiment de capitaux ou de financement de terrorisme.

Les organismes financiers procèdent à une DS, en particulier si la fraude à l'origine du dépôt de plainte paraît organisée et/ou mettre en relation plusieurs clients.

3.3 *La réquisition judiciaire ou administrative*

147. La réception d'une réquisition judiciaire amène, en principe, l'organisme financier à effectuer une analyse des opérations enregistrées dans ses livres par le client, à réévaluer le profil de sa relation d'affaires et adapter sa vigilance en conséquence.

Il en va de même lorsqu'il reçoit une demande administrative nominative (administration fiscale, douanes, etc.), dont l'objet est susceptible de présenter un lien avec la LCB-FT.

Dans ce cadre, le réexamen de la relation d'affaires peut permettre à l'organisme financier de détecter des opérations suspectes qu'il n'avait pas identifiées au préalable et qui ne sont pas concernées par la réquisition judiciaire. Dans cette hypothèse, l'organisme financier adresse, sans délai, une DS à TRACFIN en mentionnant la réquisition judiciaire, ou le document reçu de l'administration requérante, et en indiquant les références précises de la procédure et les coordonnées du service ou du magistrat à l'origine de la réquisition ou de la demande *[V. la décision de la commission des sanctions du 30 mai 2017, § 25 : "aucun texte ne prévoit de dispense de DS dans le cas où un établissement a été destinataire d'une réquisition judiciaire ou d'un droit de communication de Tracfin ; [...] un manquement aux obligations déclaratives est établi lorsque, à la date à laquelle une réquisition judiciaire ou un droit de communication est reçu, l'organisme aurait déjà dû adresser une DS à Tracfin ou que sa réponse n'englobe pas toutes les opérations suspectes dont il a connaissance"]*.

148. Par ailleurs, à l'occasion d'un examen renforcé, les organismes financiers vérifient si la personne concernée par l'opération n'a pas déjà fait l'objet d'une réquisition judiciaire ou d'une demande d'un service de l'État dont l'objet est susceptible de présenter un lien avec la LCB-FT. En cas de soupçon, ils le mentionnent dans la DS.

149. L'ACPR et TRACFIN soulignent l'intérêt de mettre en place, au sein des organismes financiers, des procédures de liaison entre le service traitant les réquisitions judiciaires et les demandes des administrations requérantes, et d'autre part, le service LCB-FT. De telles procédures et/ou mesures de coordination sont en effet susceptibles de faciliter un réexamen rapide de la situation du client le cas échéant.

150. Lorsque les organismes financiers reçoivent une réquisition judiciaire liée à un dépôt de plainte relative à une fraude documentaire (fausse pièce d'identité, faux RIB/IBAN...), ils réexaminent le dossier de la relation d'affaires et s'interrogent également sur la nécessité de la rompre dans les conditions de l'article L. 561-8, voire d'effectuer une DS, en particulier si la fraude à l'origine du dépôt de plainte révèle un schéma d'organisation frauduleux.

3.4 *Le dispositif européen de transferts de fonds*

151. L'attention des prestataires de services de paiement intermédiaires et du bénéficiaire est appelée sur le fait que les informations manquantes *[il est rappelé que les prestataires de services de paiement intermédiaires n'ont à détecter que les informations manquantes sur le donneur d'ordre et le bénéficiaire]* ou incomplètes relatives au donneur d'ordre et au bénéficiaire telles que définies par le règlement (UE) n° 2015/847 du 20 mai 2015 *[entré en vigueur le 26 juin 2017]*, sont un facteur à prendre en compte dans l'évaluation des risques et dans l'appréciation du caractère éventuellement suspect des transferts de fonds. Les prestataires de services de paiement se réfèrent aux orientations des autorités européennes de supervision en matière de transferts de fonds *[orientations communes, prises en application de l'art. 25 du Règl. (UE) 2015/847, relatives aux mesures que les prestataires de services de paiement*

doivent prendre pour détecter des informations manquantes ou incomplètes sur le donneur d'ordre ou le bénéficiaire, ainsi que les procédures devant être mises en place pour gérer un transfert de fonds qui n'est pas accompagné des informations requises, auxquelles l'ACPR s'est déclarée conforme en février 2018]. En cas de soupçon, une DS est effectuée.

3.5 *La rupture éventuelle de la relation d'affaires*

152. La décision de mettre un terme ou non à la relation d'affaires, notamment après avoir effectué une DS, appartient à l'organisme financier et relève de sa seule responsabilité. Il convient toutefois de signaler que la rupture de la relation d'affaires, en lien avec l'envoi d'une DS, ne rentre pas dans la finalité du dispositif LCB/FT. En effet, elle empêche la traçabilité des opérations qui est essentielle notamment en matière de financement du terrorisme.

En revanche, la poursuite de la relation d'affaires constitue un manquement lorsque l'une des conditions prévues à l'article L. 561-8 est remplie.

153. La rupture de la relation d'affaires ne peut se substituer au respect des obligations de vigilance par les organismes financiers ainsi que de celles de DS. En particulier, lorsque des vérifications sont engagées ou que les opérations nécessitent un examen renforcé, l'organisme financier ne rompt pas la relation d'affaires tant que l'analyse approfondie n'a pas été achevée *[V. la décision de la commission des sanctions du 2 déc. 2013 : "... que les opérations reprochées par la lettre de griefs, qui étaient atypiques, auraient dû donner lieu à un examen approfondi permettant d'en comprendre la justification économique ; que la clôture de ce compte peu avant la fin de la vérification ne peut permettre de régulariser un défaut d'examen approfondi d'opérations atypiques qui y ont été enregistrées ; que le grief est établi..."].* La responsabilité de l'organisme reste engagée tant que les vérifications n'ont pas été achevées. La commission des sanctions de l'ACPR s'est prononcée, à cet égard, s'agissant d'un examen renforcé ou d'un défaut de déclaration de soupçon *[V. la décision de la commission des sanctions du 2 déc. 2013 : "... les déclarations de l'établissement sur sa détermination à mettre à jour sa base de données clients afin de mettre fin aux relations d'affaires dans le cadre desquelles elle ne dispose pas d'informations suffisantes pour respecter ses obligations de vigilance, pas plus que la clôture des comptes de ce client en février 2013 et l'envoi, après le contrôle également, d'une DS à Tracfin, n'ont de conséquence sur la constitution du grief ; que le manquement par l'établissement à ses obligations déclaratives résultant des dispositions du I de l'art. L. 561-15 est établi..."].*

154. La rupture de la relation d'affaires ne peut constituer un substitut à l'envoi d'une DS.

4 Les communications systématiques d'informations (COSI) à TRACFIN

155. L'article L. 561-15-1 prévoit la communication systématique d'informations (COSI) à TRACFIN relatives à des opérations identifiées comme présentant un risque élevé de blanchiment ou de financement du terrorisme en raison du pays ou du territoire d'origine ou de destination des fonds, de la nature des opérations en cause ou des structures juridiques impliquées dans ces opérations. Les COSI n'entraînent pas de dispense de DS et ne sont pas exonératoires de responsabilité.

156. La finalité des COSI est différente de celle des DS prévue à l'article L. 561-15. Ainsi, alors que la DS porte sur des opérations suspectes ou des tentatives d'opérations de cette nature, les COSI sont quant à elles définies par des critères objectifs, et sont systématiquement adressées à TRACFIN. En revanche, la transmission d'une COSI ne dispense pas l'organisme financier d'effectuer, le cas échéant, une DS sur le fondement du même flux financier.

157. L'attention des organismes financiers est appelée sur des opérations dont les montants, unitaires ou cumulés, restent sous les seuils des COSI pour, selon toute vraisemblance, échapper à ce dispositif.

158. Contrairement aux DS, une COSI ne peut à elle seule justifier l'ouverture d'une enquête par TRACFIN.

159. Il est enfin important de préciser que si ces COSI sont impérativement adressées à TRACFIN par la plateforme de télédéclaration ERMES, elles ne sont pas soumises à un examen de recevabilité.

4.1 *Les COSI relatives aux opérations de transmission de fonds effectuées à partir d'un versement d'espèces ou au moyen de monnaie électronique*

160. Seuls les prestataires de services de paiement (PSP), à savoir les établissements de crédit, les établissements de paiement et les établissements de monnaie électronique, sont concernés par les COSI relatives aux opérations de transmissions de fonds.

Les organismes financiers qui réalisent des opérations de transmission de fonds pour le compte d'un autre prestataire de service de paiement (par exemple : en tant qu'agent d'un PSP) n'ont pas à effectuer une COSI, celle-ci relevant de la seule responsabilité du PSP auprès duquel le client a sollicité l'exécution de l'opération. Ce principe s'applique, de manière générale, aux obligations de vigilance et de déclaration de soupçon.

161. Les COSI concernent à la fois les opérations de transmission de fonds dites "en émission" (de la France vers l'étranger) et "en réception" (de l'étranger vers la France) *[V. les décisions de la commission des sanctions n° 2017-06, § 22, et n° 2017-07, § 50]*.

162. Par ailleurs, les opérations consistant à déposer des espèces, auprès d'un PSP exerçant son activité en France, pour les transférer sur un compte ouvert auprès d'un établissement étranger constituent des opérations de transmission de fonds. Ces opérations sont ainsi soumises aux COSI à ce titre.

163. L'article R. 561-31-1 précise les seuils à partir desquels est requise cette transmission d'informations ainsi que les conditions et les modalités de transmission :

– 1 000 € par opération ;
– ou 2 000 € cumulés par client sur un mois civil.

164. Les mêmes opérations, si elles sont suspectes, font l'objet d'une déclaration de soupçon et d'une COSI. Le dispositif de détection des opérations atypiques des PSP est donc adapté aux risques de BC-FT présentés par leur clientèle, aux montants moyens d'opérations, aux destinations de transmission de fonds et de tout autre élément pertinent.

165. Les PSP transmettent à TRACFIN dans le cadre des COSI dites "transmissions de fonds" un certain nombre de données complètes et fiables listées en annexe n° 1 intitulée "Description fonctionnelle des COSI dites transmission de fonds".

4.2 *Les COSI relatives aux dépôts et retraits d'espèces sur un compte*

166. Les articles R. 561-31-2 et R. 561-31-3 prévoient, pour les prestataires de services de paiement, que les dépôts ou retraits en espèces supérieurs à 10 000 € *[il est envisagé d'élargir le champ d'application des COSI aux dépôts ou retraits d'espèces sur un compte de dépôt ou de paiement égaux ou supérieurs à 10 000 €]* effectués sur un compte de dépôt ou de paiement ouvert au nom d'un client, autre qu'un organisme financier, font l'objet d'une communication systématique d'information à TRACFIN *[ces obligations sont entrées en vigueur depuis le 1er janv. 2016]*.

Le montant de 10 000€ est un montant cumulé sur un mois civil, que les opérations soient effectuées alternativement ou cumulativement en euros ou en devises. Ce seuil est calculé par nature d'opération (dépôt ou retrait).

167. La liste des informations à transmettre à TRACFIN avec l'opération ou les opérations concernées est précisée à l'article R. 561-31-3.

168. Les opérations donnant lieu à un retrait d'espèces mais qui ne sont pas effectuées sur un compte de dépôt ou de paiement (par exemple, paiement en espèces de lettres chèques) ne sont pas couvertes par ce dispositif.

ANNEXE 1

LES COMMUNICATIONS SYSTÉMATIQUES D'INFORMATIONS RELATIVES AUX TRANSMISSIONS DE FONDS

L'attention des PSP est appelée sur les éléments d'information suivants :

1. Les éléments d'identification de l'expéditeur (donneur d'ordre) et du bénéficiaire des fonds.
Les champs nom, prénom et date de naissance sont systématiquement remplis. Dans le cas où l'information n'est pas disponible (notamment par exemple lors des retraits), il est demandé de remplir le champ avec la valeur : 00/00/0000.

2. La nature de l'opération :

Dans le champ "TypeOpération", les seules valeurs attendues sont "Envoi" ou "Réception".

3. Le montant du flux :

Il convient de remplir systématiquement le champ "valeurEuro" correspondant à la contre-valeur en euros, pour les dépôts non effectués en euros.

4. Le champ Pays :

Ce champ doit être rempli systématiquement de la mention de la nationalité du donneur d'ordre ou du bénéficiaire de l'opération (pays de naissance).

5. La localisation du flux :

Il est demandé d'utiliser le champ "messageSwift" pour mentionner les adresses des agences en charge de l'envoi ou de la réception des fonds. Cette adresse devra prendre la forme numéro dans la voie/type de voie/nom de la voie/code postal/Ville/Pays ;

6. Les transactions réalisées par Internet :

Dans le cas où le client effectue *via* Internet un dépôt de fonds dématérialisé, la valeur "INTERNET" doit être renseignée dans le champ adresse postale de l'établissement.

Description fonctionnelle des COSI dites « Transmissions de fonds »

Type de déclaration	A compléter systématiquement avec la valeur "DET7"
Référence de la déclaration	Référence de la déclaration dans le système du déclarant
Opération	
Type de l'opération	A compléter systématiquement avec la valeur "TRE"
Référence de l'opération	Référence de l'opération (code) dans le système du déclarant
Date de l'opération	
Motif	
Sens	Obligatoire selon 2 valeurs possibles : "ENV" pour envoi ou "REC" pour retrait
Montant	
Devise	Code de la devise à choisir au sein de la liste normalisée ISO4217 : http://www.currency-iso.org/dam/downloads/table_a1.xls
Valeur en euro	Contrevaleur en euro obligatoire si le champ "Devise" n'est pas "euro"
Donneur d'ordre	
Code de l'établissement dans lequel est effectué l'ordre	Référence de l'agence dans le système du déclarant
Nom de l'établissement dans lequel est effectué l'ordre	Nom de l'établissement dans lequel est effectué l'ordre
État civil du donneur d'ordre	
Nom du donneur d'ordre	Obligatoire
Prénom du donneur d'ordre	Obligatoire
Date de naissance du donneur d'ordre	Obligatoire. Préciser "INCONNU" le cas échéant
Lieu de naissance du donneur d'ordre	Ville de naissance
Adresse du donneur d'ordre	Adresse de résidence (n° de voie, nom de la voie, ville, pays)

Code postal	Code postal correspondant à l'adresse de résidence
Pays	Nationalité du donneur d'ordre. A compléter selon la liste normalisée afférente
Téléphone	
Autres coordonnées	par exemple : e-mail
Type de pièce d'identité présentée	selon la liste normalisée afférente
N° de la pièce d'identité présentée	Numéro de la pièce d'identité
Autorité de délivrance de la pièce présentée	Nom de l'autorité ayant délivré la pièce
Date de délivrance de la pièce d'identité présentée	
Date de fin de validité de la pièce d'identité présentée	
Adresse postale de l'établissement du déclarant utilisé par le donneur d'ordre	A compléter obligatoirement : dans le respect du format suivant "N° dans la voie" ; "Type et nom de la voie";"Ville";"Pays";"Code postal" (ex. : 350;avenue mozart;paris;France;75016) lorsqu'il s'agit d'un ordre effectué dans une agence du réseau du déclarant avec la valeur "INTERNET" dans le cas d'un dépôt dématérialisé effectué via le site Internet du déclarant.
Bénéficiaire	
Code de l'établissement dans lequel est effectué l'ordre	Référence de l'agence dans le système du déclarant
Nom de l'établissement dans lequel est effectué l'ordre	Nom de l'établissement dans le système du déclarant
État civil du bénéficiaire	
Nom du bénéficiaire	Obligatoire
Prénom du bénéficiaire	Obligatoire
Date de naissance du bénéficiaire	Obligatoire. Préciser "INCONNU" le cas échéant
Lieu de naissance du bénéficiaire	Ville de naissance
Adresse du bénéficiaire	Adresse de résidence (n° de voie, nom de la voie, ville, pays)
Code postal	Code postal correspondant à l'adresse de résidence
Pays	Nationalité du bénéficiaire. À compléter selon la liste normalisée afférente
Téléphone	
Autres coordonnées	par exemple : e-mail
Type de pièce d'identité présentée	selon la liste normalisée afférente
N° de la pièce d'identité présentée	Numéro de la pièce d'identité
Autorité de délivrance de la pièce présentée	Nom de l'autorité ayant délivré la pièce
Date de délivrance de la pièce d'identité présentée	
Date de fin de validité de la pièce d'identité présentée	

Adresse postale de l'établissement du déclarant utilisé par le bénéficiaire	A compléter obligatoirement dans le respect du format suivant : "N° dans la voie";"Type et nom de la voie";"Ville";"Pays";"Code postal" ex : 350;avenue mozart;paris;France;75016

ANNEXE 2

Règles de computation des délais en cas d'exercice du droit d'opposition par TRACFIN

Le délai pendant lequel l'opération est suspendue en cas d'exercice du droit d'opposition par TRACFIN a été porté de 5 à 10 jours ouvrables :

— ce délai de 10 jours court dès le lendemain de la notification de l'opposition au professionnel,

A noter, lorsque l'opération à laquelle Tracfin entend s'opposer est le paiement d'un chèque, le délai de 10 jours court à compter de la présentation en paiement par la banque bénéficiaire auprès de la banque tirée ;

— le samedi doit être compté comme un jour ouvrable pour le calcul de ce délai, mais pas le dimanche ;

— tout délai expire le dernier jour à vingt-quatre heures mais le délai qui expirerait normalement un samedi, un dimanche ou un jour férié ou chômé, est prorogé jusqu'au premier jour ouvrable suivant.

exemple 1 : en cas de notification d'une opposition le lundi, le délai court à compter du mardi et jusqu'au soir du deuxième vendredi qui suit ;

exemple 2 : en cas de notification d'une opposition le mercredi, le délai court à compter du jeudi et jusqu'au soir du deuxième lundi qui suit.

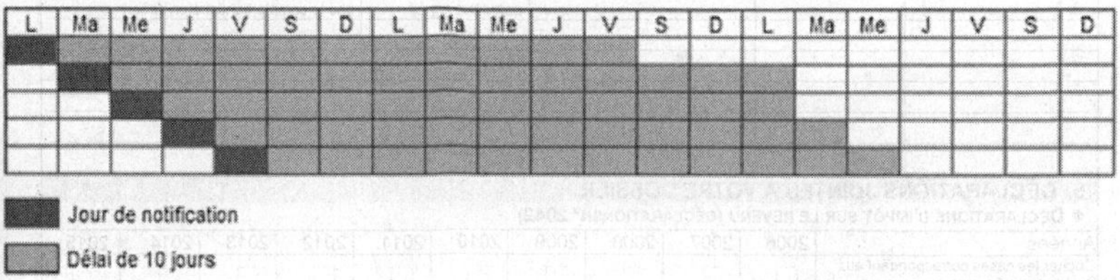

ANNEXE 3

Exemples d'opérations de change manuel d'un montant inhabituellement élevé

— Client personne physique de 18 ans effectuant un change de 6 000 EUR en devises déclarant partir à l'étranger en vacances 4 semaines

— Client personne morale effectuant un change de 20 000 USD déclarant avoir vendu un bien à un individu de nationalité américaine en France

— Client personne physique changeant 16 000 EUR déclarant travailler comme serveur à Paris

— Client personne physique changeant 48 000 GBP en devise déclarant vouloir acheter une voiture en France

— Client, personne morale, qui effectue des opérations régulières dans le cadre de son activité d'un montant de 15 000 euros et qui souhaite effectuer une opération de 40 000 euros

— Client personne étrangère âgée de 18 ans résidant dans un pays à faibles ressources souhaitant changer 8 000 €.

En complément de ces exemples, la Commission des Sanctions de l'ACPR (cf. Décision de la commission des sanctions de l'ACPR rendue le 5 février 2013) a estimé que les opérations de change manuel suivantes constituent des opérations d'un montant inhabituellement élevé :

— 161 000 € en 7 opérations étalées sur deux mois pour M. D10 ;

— 113 801 € en 12 opérations réalisées en neuf mois pour M. D11 ;

— 118 072 € en 9 opérations étalées sur un an pour M. D12 ;

— 102 460 € en 5 opérations étalées sur trois mois pour M. D1.

ANNEXE 4

IMPRIMÉ CERFA N° 15222*01

Liberté • Égalité • Fraternité
RÉPUBLIQUE FRANÇAISE

N°15222*01

3911-SD
Année 2016

DOSSIER DE MISE EN CONFORMITÉ D'AVOIRS DÉTENUS À L'ÉTRANGER

(Formulaire à joindre avec vos déclarations rectificatives et pièces justificatives déposées dans le cadre de la circulaire du Ministre délégué au budget du 21 juin 2013)

1. IDENTITE DU DECLARANT

- NOM PATRONYMIQUE (ET NOM D'USAGE S'IL Y A LIEU) ET PRÉNOMS :
- DATE DE NAISSANCE : LIEU DE NAISSANCE :
- ADRESSE DU DOMICILE :
- TÉL : MÉL :

Si une ou plusieurs autres personnes de votre famille déposent également un dossier de mise en conformité, veuillez cocher la case : ☐

2. NOM DU CABINET CONSEIL (à remplir si vous faites appel à un conseil pour réaliser cette démarche)

- NOM DU CABINET CONSEIL (AVOCAT, EXPERT-COMPTABLE ,...) :
- ADRESSE DU CABINET CONSEIL :
- NOM DU CONSEIL SUIVANT CE DOSSIER :
- TÉL : MEL :

3. LETTRE DE MISE EN CONFORMITE (si vous avez adressé un courrier avant le dépôt de ce dossier)

Date d'envoi de la lettre de mise en conformité :

4. IDENTIFICATION DES COMPTES A L'ETRANGER DECLARES[1]

Nom de la banque	PAYS	NUMÉRO DU COMPTE	MONTANT DES AVOIRS AU 31/12 DE LA DERNIÈRE ANNÉE	NOM DE LA STRUCTURE DÉTENANT LE COMPTE ET PAYS DE LOCALISATION (si vous ne détenez pas le compte bancaire en direct)
			Montant total des avoirs	

5. DECLARATIONS JOINTES A VOTRE DOSSIER

- DÉCLARATIONS D'IMPÔT SUR LE REVENU (DÉCLARATIONSN° 2042)

Années	2006	2007	2008	2009	2010	2011	2012	2013	2014	2015
Cocher les cases correspondant aux déclarations figurant dans votre dossier	☐	☐	☐	☐	☐	☐	☐	☐	☐	☐

- DÉCLARATIONS D'IMPÔT SUR LE REVENU (DÉCLARATIONS N° 2047) NON EXIGÉES EN L'ABSENCE DE CREDIT D'IMPOT

Années	2006	2007	2008	2009	2010	2011	2012	2013	2014	2015
Cocher les cases correspondant aux déclarations figurant dans votre dossier	☐	☐	☐	☐	☐	☐	☐	☐	☐	☐

- DÉCLARATIONS D'ISF INITIALES ET RECTIFICATIVES (DÉCLARATIONS N° 2725)

Années	2007	2008	2009	2010	2011	2012	2013	2014	2015	2016
Cocher les cases correspondant aux déclarations figurant dans votre dossier	☐	☐	☐	☐	☐	☐	☐	☐	☐	☐

- DÉCLARATION DE SUCCESSION RECTIFICATIVE (À REMPLIR SI VOTRE DOSSIER COMPORTE UNE DÉCLARATION DE SUCCESSION)

Date du décès	
Nom, prénoms, date et lieu de naissance du défunt	
Noms, prénoms et date de naissance des héritiers	

- DÉCLARATION DE DONATION OU DE DON MANUEL (À REMPLIR SI VOTRE DOSSIER COMPORTE CETTE DÉCLARATION)

Date de la donation ou du don manuel	
Nom, prénoms, date et lieu de naissance du donateur	

[1] En présence d'autres avoirs mis en conformité (biens immobiliers, contrats d'assurance) ou lorsque le nombre de comptes est supérieur à 4, détailler les informations sur un papier libre joint à ce formulaire.

MINISTÈRE DES FINANCES
ET DES COMPTES PUBLICS

6. PAIEMENTS EFFECTUES LORS DU DEPOT DE VOTRE DOSSIER

● Au titre de l'ISF

Mode de paiement (cocher la case)	Chèque	☐	Virement	☐
Nom de la banque à l'origine du paiement				
Référence du chèque ou du virement (joindre la copie de l'ordre de virement)				
Montant réglé				

● Au titre des droits de succession (Si vous avez déposé une déclaration de succession avec votre dossier)

Mode de paiement (cocher la case)	Chèque	☐	Virement	☐
Nom de la Banque à l'origine du paiement				
Référence du chèque ou du virement (joindre la copie de l'ordre de virement)				
Montant réglé				

● Au titre des droits de donation (Si vous avez déposé une déclaration de donation avec votre dossier)

Mode de paiement (cocher la case)	Chèque	☐	Virement	☐
Banque à l'origine du paiement				
Référence du chèque ou du virement(joindre la copie de l'ordre de virement)				
Montant réglé				

7. PIECES JUSTIFICATIVES A JOINDRE OBLIGATOIREMENT A VOTRE DOSSIER

● Etats de fortune ou releves de fortune au 1er janvier de chacune des annees ou au 31 decembre de l'annee precedente

Années	2007	2008	2009	2010	2011	2012	2013	2014	2015	2016
Cocher les cases correspondant aux états fournis	☐	☐	☐	☐	☐	☐	☐	☐	☐	☐

● Etats annuels des revenus etablis par l'organisme financier etranger (si existence de revenus)

Années	2006	2007	2008	2009	2010	2011	2012	2013	2014	2015
Cocher les cases correspondant aux états fournis	☐	☐	☐	☐	☐	☐	☐	☐	☐	☐

● Etats annuels des gains et pertes etablis par l'organisme financier etranger (si plus et moins-values)

Années	2006	2007	2008	2009	2010	2011	2012	2013	2014	2015
Cocher les cases correspondant aux états fournis	☐	☐	☐	☐	☐	☐	☐	☐	☐	☐

● Pieces justificatives à fournir en presence de structure etrangere interposee (trusts, fondations, societes etrangeres …)

Documents juridiques relatifs à la structure étrangère : statuts, contrats … (cocher la case si documents fournis)	☐
Justificatifs de démantèlement si la structure étrangère est liquidée (cocher la case si documents fournis)	☐
Justificatifs de la valeur des apports à la création de la structure ou de l'entrée dans le patrimoine du bénéficiaire économique des avoirs si liquidation de la structure (cocher la case si documents fournis)	☐
Détail du calcul de l'application de l'article 123 bis du CGI (cocher la case si documents fournis)	☐
Etat de suivi des distributions effectuées par la structure (cocher la case si documents fournis)	☐

● Justificatif de l'origine des fonds

Attestation sur l'honneur (cocher la case si document fourni)	☐
Attestation de titularité de la banque étrangère ou contrat d'ouverture du ou des comptes (cocher la case si document fourni)	☐
Détail des pièces justificatives sur l'origine des fonds (lister les pieces jointes a votre dossier)	

Les informations vous concernant sont utilisées dans des traitements relevant de la loi n° 78-17 du 6 janvier 1978 modifiée relative à l'informatique, aux fichiers et aux libertés. Le droit d'accès et de rectification pour les données vous concernant s'exerce auprès du STDR 17 place de l'Argonne 75938 PARIS CEDEX 19.

Lignes directrices conjointes DGCCRF-TRACFIN (novembre 2018),

Relatives à la mise en œuvre par les professionnels de l'immobilier, de leurs obligations en matière de lutte contre le blanchiment de capitaux et le financement du terrorisme.

Préambule

L'immobilier est un secteur à risque pour le blanchiment de l'argent sale et objet d'activités criminelles déstabilisatrices de l'économie.

La lutte contre le blanchiment de capitaux et le financement du terrorisme (LCB/FT) doit être une priorité collective et partenariale, partagée entre les pouvoirs publics et les professionnels du secteur privé, notamment dans la perspective de l'évaluation de la France par le GAFI en 2020.

L'efficacité du partenariat repose sur une implication forte des professionnels, qui suppose le développement de la connaissance de leurs obligations ainsi que des typologies de blanchiment.

Les présentes lignes directrices, actualisées conformément à la 4e directive anti-blanchiment et à sa transposition par l'ordonnance du 1er décembre 2016 et son décret d'application du 18 avril 2018 *[Dir. (UE) 2015/849 20 mai 2015 ; Ord. n° 2016-1635 du 1er déc. 2016 ; Décr. n° 2018-284 du 18 avr. 2018]*, **ont vocation à aider les professionnels de l'immobilier assujettis au code monétaire et financier à améliorer leur participation au dispositif LCB/FT. Il s'agit d'un document de nature explicative qui n'a pas de caractère contraignant en lui-même.**

Le système d'évaluation et de gestion des risques, prévu par les lignes directrices, est la clé de voûte du dispositif LCB/FT *[le dispositif LCB/FT repose sur une approche dite "par les risques"]*. **Élaborée par chaque professionnel selon son expertise et la connaissance qu'il a de sa clientèle et de la nature des opérations qu'il traite, la cartographie des risques sert de support à la mise en place des mesures de vigilance à mettre en œuvre. C'est au terme de ce processus que le professionnel sera le mieux à même de décider d'effectuer une déclaration de soupçon.**

Pour ce faire, et en l'absence d'instance unique de coordination de la profession immobilière, il est primordial d'intensifier la formation des professionnels et la diffusion des informations sur les questions LCB/FT.

L'activité déclarative des intermédiaires immobiliers *[rapports annuels de Tracfin]*, **les contrôles de la DGCCRF** *[lettre aux professionnels conjointe de Tracfin, la DGCCRF et la CNS de juin 2016 sur l'immobilier]*, **les sanctions de la CNS** *[rapports annuels de la CNS]* **et les rencontres avec les professionnels** *[notamment la réunion du 6 avr. 2016 en présence de Tracfin, de la DGCCRF, de la CNS du COLB et des principaux réseaux immobiliers]* **permettent de mesurer les grandes marges d'amélioration des professionnels en matière LCB/FT, tant en matière déclarative** *[en termes qualitatifs et quantitatifs]* **que de la mise en place d'un système d'évaluation et de gestion des risques.**

Nombreuses sont les professions assujetties qui sont impliquées dans des transactions immobilières. Elles sont tenues aux mêmes obligations de vigilance et déclaratives, qu'elles doivent mettre en œuvre au même titre que les professionnels visés par les présentes lignes directrices afin que le dispositif LCB/FT trouve son efficacité.

Les professionnels du secteur immobilier ne peuvent rester immobiles face à l'enjeu majeur de politique publique que représente la lutte contre le blanchiment et le financement du terrorisme.

1 Les professionnels et les opérations du secteur de l'immobilier relevant du dispositif de LCB/FT

1. En vertu de l'article L. 561-2 8° du code monétaire et financier, sont soumis aux obligations de lutte contre le blanchiment de capitaux et le financement du terrorisme, les professionnels exerçant les activités mentionnées aux 1°, 2°, 4°, 5°, 8° et 9° de l'article 1er de la loi n° 70-9 du 2 janvier 1970, dite loi "Hoguet".

2. Il s'agit plus particulièrement des personnes physiques ou morales qui, d'une manière habituelle, se livrent ou prêtent leur concours, même à titre accessoire, aux opérations portant sur les biens d'autrui et relatives à :

– l'achat, la vente, la recherche, l'échange, la location *[le renouvellement d'un bail est assimilé à une location]* ou sous-location, saisonnière ou non, en nu ou en meublé d'immeubles bâtis ou non bâtis ;

– l'achat, la vente ou la location-gérance de fonds de commerce ;

– la souscription, l'achat, la vente d'actions ou de parts de sociétés immobilières ou de sociétés d'habitat participatif donnant vocation à une attribution de locaux en jouissance ou en propriété ;

– l'achat, la vente de parts sociales non négociables lorsque l'actif social comprend un immeuble ou un fonds de commerce ;

– la conclusion de tout contrat de jouissance d'immeuble à temps partagé régi par les articles L. 121-60 et suivants du code de la consommation ;

– l'exercice des fonctions de syndic de copropriété *[introduit par la L. n° 2014-366 du 24 mars 2014 pour l'accès au logement et un urbanisme rénové (dite loi Alur)]* dans le cadre de la loi n° 65-557 du 10 juillet 1965 fixant le statut de la copropriété des immeubles bâtis.

3. Compte tenu de ce qui précède, les expressions "professionnels assujettis", "professionnels de l'immobilier assujettis" ou "entreprises et établissements assujettis" employées dans les développements ci-dessous, concernent l'ensemble des professions visées au 8° de l'article L. 561-2 du code monétaire et financier.

Les agents commerciaux (mandataires immobiliers) font partie des professionnels couverts par l'article 1er de la loi Hoguet. Dès lors, ils sont soumis aux obligations de LCB/FT, en application du 8° de l'article L. 561-2 du code monétaire et financier. Toutefois, ce principe doit être appliqué en tenant compte du degré de délégation dont disposent les agents commerciaux indépendants. En particulier, le mandant, titulaire de la carte professionnelle, ne peut être dispensé de toute vigilance.

2 Les obligations des professionnels de l'immobilier assujettis

Il convient de préciser au préalable que si d'autres professionnels sont également assujettis aux mêmes obligations (comme le banquier octroyant le prêt immobilier ou le notaire), cela ne dispense en aucun cas les professionnels de l'immobilier de leurs obligations.

2.1 *La mise en place d'un système d'évaluation et de gestion des risques*

Qu'est-ce qu'un système d'évaluation et de gestion des risques ?

4. Le système d'évaluation et de gestion des risques – clé de voûte du dispositif anti-blanchiment et de lutte contre le financement du terrorisme – est constitué de l'ensemble des mesures techniques et organisationnelles mises en place par les professionnels pour détecter de manière pertinente les personnes et les opérations à risque et les signaler à Tracfin.

5. La mise en place d'un tel système permet au professionnel d'identifier, d'analyser et de comprendre les risques LCB/FT afin d'appliquer des mesures de prévention, d'atténuation ou d'élimination des risques identifiés.

6. Ce système comporte en général :

– un volet "classification" des risques auxquels le professionnel est exposé au regard, notamment, de ses activités/opérations/services/clients/implantations (cartographie des risques) ;

– un volet "opérationnel" décrivant les procédures à mettre en œuvre, par le professionnel, en réponse aux risques identifiés préalablement.

7. Ce système doit être individualisé et adapté à la situation particulière de chaque professionnel de l'immobilier.

8. Il est nécessaire de prendre en compte les particularités de l'entité (sa taille, sa clientèle, la nature des biens entrant dans le champ de son activité, son implantation géographique) afin de s'assurer que les systèmes mis en place sont adaptés à la situation de chaque établissement.

9. En conséquence, la simple reprise des présentes lignes directrices ou la reproduction des articles du code monétaire et financier par le professionnel ne saurait suffire à le mettre en conformité avec les exigences de l'article L. 561-32 du code monétaire et financier.

10. L'autorité de contrôle rappelle que ce système doit faire l'objet d'un écrit diffusé à l'ensemble du personnel de la structure ayant pour mission de mettre en œuvre les mesures de vigilance en matière de LCB/FT.

11. Le document écrit doit retracer l'ensemble de la démarche du professionnel, qui se décompose en trois étapes comme suit :

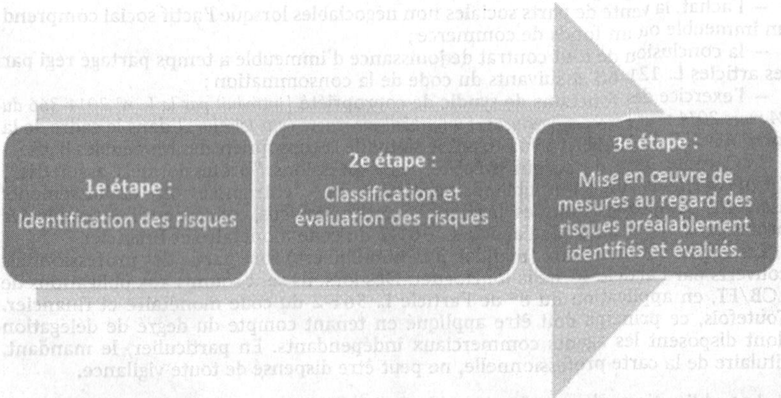

12. Il s'agit donc, en premier lieu, de dresser une cartographie des risques (étapes 1 et 2 : identification, évaluation et classification des risques), puis de décrire les mesures opérationnelles à adopter afin de prévenir, atténuer ou éliminer les risques identifiés (étape 3).

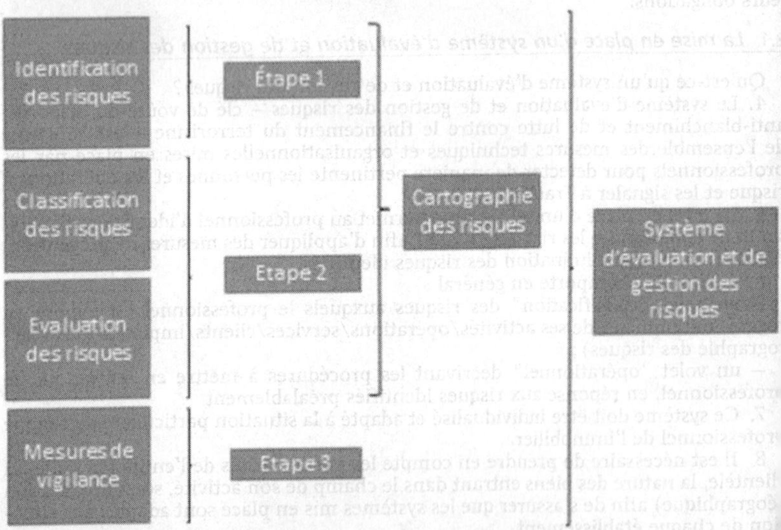

13. La cartographie des risques LCB/FT est le socle de la stratégie de gestion des risques. Il s'agit d'une nomenclature, établie par le professionnel, des situations dans lesquelles il peut avoir à faire à une opération ou à une personne suspecte. En cartographiant ses risques, le professionnel crée les conditions d'une plus grande connaissance et donc d'une meilleure maîtrise des risques auxquels il est confronté.

14. Elle s'organise en deux étapes : l'identification des risques d'une part, la "classification" et l'évaluation des risques, d'autre part.

2.2 *L'identification des risques*

15. La réalisation de la cartographie des risques peut s'organiser selon les deux étapes suivantes :

– Étape 1 : examen de la nature du client (personne physique/personne morale) ;

– Étape 2 : examen de la nature des transactions et opérations.

L'identification des risques peut prendre en compte et s'appuyer notamment sur des éléments tels qu'énumérés ci-dessous :

– les caractéristiques de la clientèle et les modalités particulières des transactions effectuées ;

– les activités exercées par le client et le bénéficiaire effectif c'est-à-dire par la personne physique qui contrôle directement ou indirectement le client personne morale ou celle pour laquelle la transaction est réalisée ;

– la localisation des activités du client ou du bénéficiaire ;

– la forme juridique et la taille de la personne morale et de l'activité exercée par le client personne morale ;

– les opérations avec des clients exposés à des risques particuliers en raison de leurs fonctions et qui appellent une vigilance complémentaire ;

– tout élément participant à la connaissance du client, du bénéficiaire effectif et aux caractéristiques de la relation d'affaires ;

– les critères énoncés par le code monétaire et financier devant conduire à des mesures de vigilance complémentaire ou renforcée ;

– les activités exercées avec des personnes établies dans des États ou territoires mentionnés par une instance internationale intervenant en matière de lutte contre le blanchiment de capitaux ou le financement du terrorisme parmi ceux dont la législation ou les pratiques font obstacle à celle-ci, ou par l'intermédiaire d'implantations dans ces États ou territoires ;

– etc.

Exemple d'identification des risques :

RISQUES IDENTIFIÉS

Sur la personne physique :

• Incohérence entre le profil du client (âge, revenus, profession, diverses informations recueillies sur le client) et l'opération ou les flux observés ;

• Le client exerce-t-il une profession à risque ?

• Quel est son "train de vie" ? Est-il disproportionné avec les revenus d'activité déclarés ?

• Le client réside-t-il dans un pays à risque figurant sur les listes publiées par le GAFI ?

• Le projet immobilier envisagé est-il situé dans une zone sensible ?

• Le client occupe-t-il des postes qui l'exposent à des risques particuliers en raison de fonctions politiques, juridictionnelles ou administratives ? Est-il une personne politiquement exposée (PPE) ?

• La personne est-elle connue, en source ouverte, pour diverses infractions ?

• Les documents fournis sont-ils probants ?

• Le client ou son représentant légal sont-ils physiquement présents aux fins de l'identification ?

• etc.

Sur la personne morale :
- Secteurs d'activités sensibles (BTP, sociétés de surveillance, formation professionnelle, secteur hôtelier, restauration rapide, cartes prépayées, rénovation énergétique, dépannage à domicile, secteurs atypiques ou nouveaux (commerce de terres rares, financement participatif, biens à double usage *[Règl. délégué (UE) 2015/2420 du 15 oct. 2015]*, monnaies virtuelles, etc.)) ;
- Entreprises récemment créées ;
- Difficultés pour identifier le bénéficiaire réel d'une opération ;
- Changements fréquents de gérance ;
- Âge du gérant ;
- Localisation des activités (zone sensible, société de domiciliation, adresse non clairement identifiée, pays à risque figurant sur les listes publiées par le GAFI notamment) ;
- Incohérence chiffre d'affaires/marge brute avec la moyenne du secteur ;
- Absence de correspondance entre l'activité de la société partie à la transaction présentée par le client et son objet social déclaré ;
- etc.

Sur l'opération :
- Le produit ou l'opération favorise l'anonymat ;
- Nombreux versements en espèces ou paiement en espèces d'un montant significatif ;
- Prix anormalement bas ou élevé ;
- Flux à caractère professionnel sur un compte privé ;
- Paiements en provenance de tiers ;
- Paiements en provenance de l'étranger ;
- Doute sur l'origine ou la destination, notamment géographique, des fonds ;
- Acquisition immobilière en ayant recours à des fonds à l'origine non traçable (espèces, tontine, etc.) ;
- Financement par un prêt non bancaire ;
- Montant inhabituellement élevé ;
- Montage complexe ou sans justification économique (multiplicité de comptes bancaires, multiplicité d'intermédiaires ou de structures, etc.) ;
- Montage financier atypique ;
- Lien entre vendeur et acquéreur ;
- Opération annulée et demande de remboursement sur un compte tiers des sommes séquestrées ;
- Réception de fonds en provenance d'une personne physique ou morale non cliente et demande de retour des fonds, notamment vers un compte différent du compte émetteur ;
- Opération non effectuée et perte du dépôt de garantie alors que vendeur et acquéreur se connaissent ;
- etc.

Pour les syndics de copropriété plus spécifiquement :
- Paiement des charges de copropriété en espèces ;
- Paiement des charges par une personne physique ou morale sans lien avec le propriétaire ;
- Proposition voire vote de travaux sans justification ;
- etc.

2.3 *La "classification" et l'évaluation des risques*

16. Les professionnels assujettis procèdent alors à une évaluation et une classifica tion des risques de blanchiment de capitaux et de financement du terrorisme e mettent en place les procédures adaptées.

17. Il s'agit d'établir des catégories ou profils de clients et d'opérations que le pro fessionnel peut classer en fonction de la probabilité des risques LCB/FT qu'ils repré

sentent. Cette classification permettra au professionnel de moduler les mesures de vigilance en fonction des caractéristiques des clients et des opérations.

18. L'évaluation des risques sert alors de base à leur présentation synthétique sous une forme hiérarchisée, dite cartographie des risques.

19. L'évaluation des risques et leur classification portent sur l'ensemble des opérations et des transactions réalisées ou auxquelles les professionnels prêtent leur concours. Si certains critères d'exposition aux risques de blanchiment de capitaux et de financement du terrorisme sont expressément prévus par les dispositions du code monétaire et financier, la classification des risques est également réalisée sur la base de critères et d'indicateurs que les professionnels ont eux-mêmes définis au regard de la nature des activités et des situations spécifiques auxquelles ils sont exposés.

20. Les éléments indiqués *supra* représentent des critères utiles pour établir une cartographie des risques mais ne revêtent aucun caractère exhaustif.

21. L'évaluation des risques doit également se fonder sur une connaissance par le professionnel assujetti d'informations externes à son entreprise et qu'il est tenu de mettre à jour régulièrement (rapports d'activité et d'analyse de Tracfin, de la Commission nationale des sanctions (CNS), documentation du GAFI, échanges avec les autorités nationales et avec les fédérations représentatives de la profession, consultation de la doctrine, de la presse, d'internet, de bases de données, etc.).

22. Des procédures internes sont élaborées à cet effet sur la base des critères établis par le code monétaire et financier et des critères définis par le professionnel. Les procédures internes doivent par conséquent intégrer l'élaboration d'un document d'analyse du risque de chaque client concerné, document permettant de justifier, notamment lors des contrôles, que cette analyse a bien été réalisée avant l'entrée en relation d'affaires.

23. Il est recommandé de désigner un responsable de la mise en place et du suivi du système d'évaluation et de classification des risques ainsi que de l'ensemble des procédures correspondantes (à titre indicatif, mise à jour de la classification des risques, diffusion des informations relatives à la LCB/FT, veille réglementaire, contrôles de second niveau, etc.). L'organisation est adaptée à la taille de l'entreprise.

24. L'évaluation et la classification des risques sont actualisées régulièrement.

2.4 *Les obligations et les mesures de vigilance à mettre en œuvre face aux risques*

25. Les professionnels doivent être en mesure de justifier auprès des services de la DGCCRF des diligences effectuées, notamment pour identifier le bénéficiaire effectif.

26. Les professionnels assujettis doivent, à partir des mesures d'identification et de vigilance, répondre aux exigences des articles L. 561-4-1, L. 561-5 à L. 561-10-2, L. 561-12, R. 561-5 à R. 561-12, R. 561-15, R. 561-18 à R. 561-20 et R. 561-22 du code monétaire et financier, détecter les anomalies qui appellent une analyse approfondie de la relation d'affaires (vigilance renforcée ou complémentaire, par exemple) au regard des risques qu'ils auront identifiés et classifiés en vue de confirmer ou non le caractère suspect d'une opération ; le cas échéant, une déclaration de soupçon doit être effectuée auprès de Tracfin.

27. Avant d'entrer en relation d'affaires ou d'assister son client dans la préparation ou la réalisation d'une opération immobilière (article L. 561-5 du code monétaire et financier), le professionnel doit identifier le client, voire le bénéficiaire effectif de l'opération. Il doit notamment vérifier son identité sur la base de tout document écrit probant et recueillir toute information sur l'objet et la nature de l'opération envisagée (article L. 561-5-1).

28. Ainsi, pour le professionnel de l'intermédiation immobilière, l'identification du client et du bénéficiaire effectif devra intervenir :

– avant la signature d'un mandat, y compris dans le cas où cette signature intervient lors de la première prise de contact entre le professionnel exerçant une activité d'intermédiaire dans la transaction et un vendeur, acheteur, acquéreur ou bailleur potentiel ;

— dans le cas d'une relation d'affaires entre le professionnel (intermédiaire) et un client acheteur ou locataire d'un bien, les procédures d'identification du client sont mises en œuvre à partir de la manifestation de l'intérêt du client pour le bien, qui peut se traduire par la présentation d'une offre d'achat ou une manifestation d'intérêt pour la location. Le professionnel doit ainsi s'acquitter de ses obligations d'identification lors de l'examen de l'offre proposée par le client potentiel ;

— chaque fois qu'une promesse de vente, une promesse d'achat, un compromis de vente, ou tout autre document s'assimilant à un avant-contrat liant, le cas échéant, le vendeur et l'acheteur ou le bailleur et le locataire, est rédigé, l'identification du client doit être réalisée avant l'élaboration de cet avant-contrat.

Cette liste de situations n'est pas exhaustive. Elle est donnée à titre indicatif afin de permettre aux professionnels de les intégrer dans leur cartographie et leur évaluation des risques concernant leur(s) clent(s) pour une opération donnée.

29. Dans le suivi de la relation d'affaires (article L. 561-6 du code monétaire et financier), le professionnel a l'obligation de mettre à jour sa connaissance du client, afin d'apprécier la cohérence, voire la licéité, des opérations effectuées par ce dernier.

30. Seule la situation relevant du 2° de l'article R. 561-6 (en application de l'article L. 561-5 II), et qu'il conviendra d'être en mesure de justifier le cas échéant auprès des services de la DGCCRF, est susceptible de permettre aux professionnels de l'immobilier concernés de déroger au principe d'identification avant la relation d'affaires. Il s'agit, en effet, du cas où la vérification de l'identité du client a lieu au moment de la conclusion du contrat ou avant le début de l'opération objet du contrat et ce, au motif de la nécessité de poursuivre la relation d'affaires déjà engagée et en cas de risque faible de blanchiment de capitaux et de financement du terrorisme.

2.4.1 *Relations d'affaires et clientèle occasionnelle : des obligations différentes*

2.4.1.1 *Définition de "relation d'affaires".*

31. En application de l'article L. 561-2-1 du code monétaire et financier, un client est considéré comme engagé dans une "relation d'affaires", lorsqu'il y a un contrat entre le professionnel et le client utilisant ses services en application duquel plusieurs opérations successives sont réalisées entre les cocontractants, ou qui crée pour ceux-ci des obligations continues.

32. Dans tous les cas, la durée est un élément déterminant de la "relation d'affaires", mais elle n'implique pas nécessairement des relations entre le client et le professionnel sur une période prolongée.

33. Ainsi, peut être considérée comme une relation d'affaires :
— un client qui entreprend un achat d'immobilier qui nécessite des négociations ;
— un client qui procède à plusieurs opérations la même année ;
— un client qui donne mandat au professionnel de l'immobilier ;
— un client qui signe un bail pour une location ;
— etc.

2.4.1.2 *Définition de "client occasionnel".*

34. Le client occasionnel est celui qui réalise auprès d'un professionnel une opération ponctuelle.

2.4.1.3 *La distinction "relation d'affaires" et "clientèle occasionnelle".*

35. Il appartient aux professionnels de définir des critères pour distinguer leurs clients habituels de leurs clients occasionnels. Les critères peuvent varier selon la situation géographique du bien, l'état du marché, mais aussi le comportement du client.

2.4.1.4 *Notion de bénéficiaire effectif.*

36. **Les professionnels déterminent la (les) personne(s) physique(s) qui entre(nt) dans la définition de bénéficiaire effectif prévue par les textes rappelés ci-après.**

37. **Les professionnels de l'immobilier s'assurent qu'ils ont effectivement recherché la (les) personne(s) physique(s) qui doi(ven)t être considérée(s) comme bénéficiaire(s) effectif(s), au sens de l'article L. 561-2-2 du code monétaire et financier cité ci-après, en particulier en cas de risque élevé de blanchiment des capitaux ou de financement du terrorisme.**

Les professionnels seront en mesure de justifier des mesures prises auprès des agents de la DGCCRF.

2.4.1.5 *Registre des bénéficiaires effectifs.*

38. **L'article 139 de la loi n° 2016-1691, dite "Loi Sapin II", du 9 décembre 2016 a introduit une nouvelle obligation à la charge des sociétés commerciales, civiles, des groupements d'intérêt économique (GIE) et autres entités (associations, organismes de placement collectif) tenues de s'immatriculer au registre de commerce et des sociétés (RCS). Cette obligation consiste à identifier les bénéficiaires effectifs de ces entités.**

39. **Les entités assujetties doivent déposer en annexe du registre du commerce et des sociétés un document relatif au bénéficiaire effectif ainsi qu'aux modalités de contrôle qu'il exerce sur l'entreprise.**

40. **Le document relatif au bénéficiaire effectif est mis à disposition par les greffes des tribunaux de commerce et comporte des champs à remplir et des cases à cocher afin de déterminer :**

– l'identité de la société : dénomination sociale, forme sociale (SAS, SARL, SCI, etc.), adresse du siège social, n° siren et mention du greffe dans lequel la société est immatriculée ;

– l'identité du bénéficiaire effectif : nom, prénoms, nom d'usage, date et lieu de naissance, nationalité, adresse personnelle, etc. ;

– les modalités de contrôle, à savoir l'information sur le fait de savoir si le bénéficiaire effectif dispose, directement ou indirectement, de plus de 25 % du capital de la société, de plus de 25 % des droits de vote ou "par tout autre moyen, d'un pouvoir de contrôle sur les organes de gestion, d'administration, de direction de la société ou sur l'assemblée générale des associés ou actionnaires" ;

– la date à laquelle la personne concernée est devenue bénéficiaire effectif de la société concernée.

2.4.2 ***Obligation de vigilance constante***

2.4.2.1 *Identification du client/bénéficiaire effectif.*

41. **Les professionnels doivent relever le nom et prénoms de la (des) personne(s) physique(s) concernée(s), ainsi que tout autre élément permettant d'établir l'identité du bénéficiaire effectif, notamment la date et le lieu de naissance. Cette information doit s'effectuer selon des moyens adaptés, conformément à l'article R. 561-7 du code monétaire et financier.**

42. **Dans les situations mentionnées aux articles R. 561-1 à R. 561-3-0 du code monétaire et financier (cf. "Notion de bénéficiaire effectif"), les professionnels de l'immobilier doivent remonter toute la chaîne de détention en vue de déterminer la (les) personne(s) physique(s) qui entre(nt) dans la définition de bénéficiaire effectif, et appliquer à cette (ces) personne(s) des obligations de vigilance adaptées au risque.**

43. **Il n'y a pas d'obligation d'identification du bénéficiaire effectif de la relation d'affaires lorsque le client est une société répondant aux conditions fixées par l'article R. 561-8 du code monétaire et financier.**

44. **Dans le cas d'une opération d'un montant supérieur à 15 000 euros, les professionnels se doivent d'identifier et de vérifier l'identité du client occasionnel, sur le modèle de la relation d'affaires.**

2.4.2.2 *Connaissance de la relation d'affaires avant l'entrée en relation.*

Les professionnels relèvent les noms et prénoms de la (des) personne(s) physique(s) concernée(s), ainsi que tout autre élément permettant d'établir l'identité du bénéficiaire effectif, notamment la date et le lieu de naissance. Cette identification s'effectue selon des moyens adaptés, conformément à l'article R. 561-7 du code monétaire et financier.

2.4.2.3 *Connaissance de la relation d'affaires pendant la relation.*

V. art. L. 561-6, R. 561-12 et R. 561-12-1 C. mon. fin.

2.4.2.4 *Application des obligations découlant des articles L. 561-5, L. 561-5-1 et L. 561-6 aux professionnels de l'immobilier.*

45. Les personnes assujetties ne peuvent savoir intuitivement, au premier contact, si le client va entrer réellement en relation d'affaires avec elles.

46. Dès lors, un certain nombre de questions sont identifiées, préparées et posées par le professionnel afin d'adapter sa vigilance.

47. Lors du premier entretien, le professionnel de l'immobilier interroge son client aux fins d'être en mesure de justifier de la nature de sa demande.

48. Il lui est ainsi recommandé d'établir, dès l'entrée en relation avec le client, une fiche contenant des informations sur l'identité de celui-ci, la nature de l'opération, le bénéficiaire effectif et de recueillir les justificatifs correspondants. Le contenu de cette fiche pourra notamment être adapté en fonction des réponses données aux demandes de justification.

49. Ce document est tenu à jour au fil de la relation d'affaires.

2.4.3 *Modulation des mesures de vigilance selon le risque identifié*

Les mesures de vigilance à mettre en œuvre sont fonction des niveaux de risques tels qu'évalués dans la cartographie des risques.

2.4.3.1 *Allègement des obligations de vigilance normale.*

Le code monétaire et financier autorise chaque professionnel à mettre en œuvre une obligation de vigilance allégée lorsque, compte tenu de la nature de la transaction, le risque de blanchiment de capitaux et de financement du terrorisme leur paraît faible. Cette appréciation est personnelle à l'assujetti, ce dernier devant être en mesure de pouvoir démontrer, auprès de l'autorité de contrôle, les raisons pour lesquelles une vigilance allégée est retenue.

2.4.3.2 *Vigilance renforcée.*

V. art. L. 561-10-1 C. mon. fin.

2.4.3.3 *Examen renforcé.*

50. Les montants élevés des opérations doivent retenir toute l'attention des professionnels.

51. Dans le secteur de l'immobilier, une vigilance accrue sera notamment exercée :

— dans le cas d'une transaction portant sur un bien immobilier de prestige ;

— lorsqu'il apparaît que le montant du bien à vendre ou à louer est décorrélé de sa valeur réelle.

52. Les éléments recueillis sur la personne ou l'entité qui souhaite vendre, acheter ou louer un bien peuvent donner des indices sur l'origine ou la destination possible des fonds. Ils peuvent être obtenus de diverses manières :

— sur internet, *via* les moteurs de recherche *[les professionnels peuvent, par exemple consulter la Liste Unique de Gels établie par la direction générale du Trésor (www.tresor.economie*

gouv.fr), le site d'Interpol (www.interpol.int), la liste OFAC (https://www.treasury.gov/about/organizational-structure/offices/Pages/Office-of-Foreign-Assets-Control.aspx)] ;

– sur les réseaux sociaux ;

– sur les sites publics d'information relatifs aux sociétés (indication sur la situation de la personne morale et des dirigeants, état de santé de l'entreprise) ;

– au moyen de toute autre information permettant d'avoir un début de preuve de sa situation patrimoniale (réputation locale, déclarations spontanées de la personne, etc.) ;

– en interrogeant l'intéressé(e) sur sa situation personnelle et patrimoniale.

53. Ces sources d'information peuvent être tout aussi utiles aux syndics de copropriété dans leurs relations avec les copropriétaires.

54. Les éléments ainsi obtenus sont consignés par écrit et tenus à la disposition des services habilités à y accéder. Ces documents pourraient ainsi démontrer la réalisation par le professionnel de son obligation de vigilance.

2.4.4 *Obligation de vigilance complémentaire*

Le code monétaire et financier prévoit des cas déterminés pour lesquels des mesures de vigilance dites "complémentaires" sont à mettre en œuvre.

2.4.4.1 *Les personnes politiquement exposées (PPE) nationales et étrangères.*

♦ Notion de PPE

55. La 4e directive anti-blanchiment *[Dir. (UE) 2015/849]* et les dispositions du 2° de l'article L. 561-10 du code monétaire et financier définissent, de manière générique, les PPE comme étant des personnes qui sont considérées comme exposées à des "risques plus élevés" de blanchiment de capitaux, notamment de corruption et de trafic d'influence, en raison des fonctions politiques, juridictionnelles ou administratives qu'elles exercent ou ont cessé d'exercer depuis moins d'un an pour le compte d'un État ou d'une institution internationale publique créée par un traité.

56. Les fonctions politiques, juridictionnelles ou administratives susmentionnées sont limitativement énumérées au I de l'article R. 561-18.

57. La qualité de PPE couvre également les proches, en particulier les membres directs de la famille des PPE tels que limitativement définis au II de l'article R. 561-18.

58. Par exemple, sont concernés les gendres et belles-filles des PPE, quelle que soit la nature de l'alliance.

59. En outre, sont considérées comme des proches, les personnes étroitement associées à des PPE selon les trois situations décrites au III de l'article R. 561-18.

60. La première situation vise les personnes physiques qui, conjointement avec une personne exerçant ou ayant exercé depuis moins d'un an l'une des fonctions énumérées au I de l'article R. 561-18, sont bénéficiaires effectifs d'une personne morale, d'un placement collectif, d'une fiducie ou d'un dispositif juridique comparable de droit étranger.

61. La deuxième situation vise les personnes physiques qui sont les seuls bénéficiaires effectifs d'une personne morale ou d'une entité dont on sait ou dont on a de bonnes raisons de penser qu'elle a été établie au profit d'une personne exerçant ou ayant exercé depuis moins d'un an l'une des fonctions énumérées au I de l'article R. 561-18. Cela peut couvrir, par exemple, l'hypothèse des "prête-noms", c'est-à-dire d'individus qui agissent pour une personne exerçant ou ayant exercé depuis moins d'un an l'une des fonctions énumérées au I de l'article R. 561-18, tout en laissant croire qu'ils agissent dans leur propre intérêt et pour leur propre compte et apparaissent ainsi, aux yeux des tiers, en lieu et place du bénéficiaire réel.

62. La troisième situation, qui consiste pour une personne physique à être connue pour entretenir un lien d'affaires étroit avec une personne exerçant ou ayant exercé depuis moins d'un an l'une des fonctions énumérées au I de l'article R. 561-18, implique que les trois conditions suivantes soient réunies :

• La présence d'un lien d'affaires : le lien est en principe de nature commerciale, mais peut recouvrir également des intérêts économiques de nature civile. Il peut s'agir d'intérêts économiques communs ou plus largement, d'intérêts susceptibles d'avoir une influence sur la situation financière ou économique de chacune de ces personnes. A ce titre, le caractère onéreux de la prestation rendue ou des fonctions exercées par la personne physique, proche de la PPE, est susceptible de constituer un indice, si ce n'est une présomption de l'existence d'un lien d'affaires.

• Le lien est étroit : ce caractère peut tenir soit à la régularité des interventions de la personne physique proche de la PPE, soit à l'importance de son action sur les affaires de la PPE. Les liens avec la PPE devraient être considérés comme étroits s'ils ont un impact financier conséquent sur le montant de ses revenus. S'agissant des personnes qui représenteraient les intérêts économiques ou financiers d'une PPE, cette proximité pourrait notamment ressortir du nombre important d'actions effectuées au nom et pour le compte de cette dernière ou, dans le cadre d'une opération unique, de l'importance de cette opération rapportée à sa surface financière.

• Le lien est connu par le professionnel, que cette information soit publique, notoire ou manifeste.

63. Peuvent notamment être concernées les personnes physiques :

– assurant, contre rémunération, la représentation permanente d'une PPE ;

– ayant conclu un contrat de nature commerciale ou non (client, fournisseur, prestataire de services, garant, prêteur, etc.) avec une PPE ou avec une entreprise dont la PPE est le bénéficiaire effectif.

64. Afin de déterminer si le client est une personne politiquement exposée, les procédures suivantes peuvent être mises en œuvre :

– demander aux clients, lors de l'entrée en relation d'affaires, qu'ils se signalent s'ils viennent à répondre aux caractéristiques d'une PPE ;

– procéder à une recherche sur internet du nom du client.

Note : de nombreuses sociétés commerciales proposent désormais des solutions informatiques permettant de rechercher rapidement si un client est identifié dans une liste de PPE.

♦ Mesures de vigilance complémentaires

65. Le code monétaire et financier prévoit la mise en œuvre de mesures de vigilance spécifiques aux PPE qui s'appliquent, en sus de celles prévues à l'article L. 561-5 (identification, vérification de l'identité du client, et le cas échéant, du bénéficiaire effectif) et à l'article L. 561-5-1 (recueil et actualisation des informations relatives à l'objet et à la nature de la relation d'affaires et de tout autre élément d'information pertinent).

66. Ces mesures de vigilance complémentaires sont celles prévues à l'article R. 561-20-2, lorsque le client, ou le cas échéant, le bénéficiaire effectif, est une PPE.

67. Les vigilances complémentaires attendues des professionnels de l'immobilier peuvent être synthétisées comme suit :

1. définition de procédures de nature à déterminer si le client, ou le membre direct de sa famille ou la personne connue pour lui être étroitement associée, est une personne répondant à l'un des cas prévus aux I, II et III de l'article R. 561-18 ;

2. décision de nouer ou de poursuivre une relation d'affaires avec un membre de l'organe exécutif ou à une personne habilitée par cet organe exécutif ;

3. recherche de l'origine des fonds.

68. La mise en œuvre des mesures de vigilance complémentaires spécifiques aux PPE est sans préjudice de celle des autres mesures de vigilance prévues par le code monétaire et financier dans des circonstances particulières. Il s'agit notamment :

– de l'entrée en relation d'affaires à distance (cf. 1° de l'article L. 561-10) *[dans l'hypothèse d'une entrée en relation d'affaires à distance avec une PPE, les professionnels mettent non seulement en œuvre les mesures de vigilance complémentaires spécifiques aux PPE, mais aussi, au moins deux autres mesures de vigilance complémentaires, parmi celles prévues à l'art. R. 561-20, qui sont spécifiques à cette modalité d'entrée en relation d'affaires]* ;

– des opérations présentant un risque élevé de LCB/FT (cf. II de l'article L. 561-10-1) ;

– ou encore de la réalisation d'opérations répondant à l'un des critères de l'examen renforcé (cf. article L. 561-10-2).

69. Si le professionnel considère qu'une de ses relations d'affaires qui n'exerce pas une des fonctions politiques, administratives ou juridictionnelles définies au I de l'article R. 561-18, présente un risque élevé, conformément au profil qu'il a établi en application de l'article L. 561-32, y compris, le cas échéant, en considération de fonctions de nature politique, celle-ci n'est pas une PPE au sens de la réglementation. Le professionnel n'applique donc ni à elle, ni à ses proches, en particulier son cercle familial, les obligations de vigilance spécifiques aux PPE, mais les mesures de vigilance renforcées prévus à l'article L. 561-10-1.

2.4.4.2 *Relations à distance.*

70. En principe, si les mesures de vigilance complémentaires ne peuvent pas être réalisées, les professionnels cesssent toute relation avec leur client (article L. 561-8 du code monétaire et financier).

2.4.4.3 *Intervenants liés à un pays faisant obstacle à la lutte contre le blanchiment des capitaux et le financement du terrorisme.*

Dans le cas où les personnes physiques ou morales qui effectuent une opération sont établies sur un territoire inscrit sur les listes publiées par le GAFI *[Liste actualisée des "Juridictions à haut risque et non coopératives"]* ou par la Commission européenne *[liste des pays tiers présentant des carences stratégiques dans leurs régimes de lutte contre le blanchiment de capitaux et le financement du terrorisme]*, il convient pour le professionnel de mettre en œuvre des mesures de vigilance complémentaires.

71. Les professionnels assujettis appliquent, chacune des mesures suivantes :

– la décision de nouer ou maintenir la relation d'affaires est prise par un membre de l'organe exécutif ;

– le professionnel recueille des éléments d'information complémentaires relatifs à la connaissance de la relation d'affaires ;

– le professionnel renforce la fréquence de mise à jour des éléments nécessaires à la connaissance de son client et du bénéficiaire effectif de la relation d'affaires.

72. L'obligation d'identification du bénéficiaire effectif est réputée satisfaite en cas de risque faible et si le client est une personne mentionnée aux 1° à 6° du L. 561-2 du code monétaire et financier établie dans un pays de l'UE ou un pays imposant des obligations équivalentes en matière de lutte contre le blanchiment de capitaux et le financement du terrorisme (LCB/FT) *[art. R. 561-8]*.

2.4.5 *Synthèse des obligations de vigilance au regard de la distinction relation d'affaires/client occasionnel*

73. Le code monétaire et financier distingue les mesures de vigilance à mettre en œuvre selon que le client est un client habituel ("relation d'affaires") ou occasionnel.

Obligation	Client habituel ("relation d'affaires")	Client occasionnel
Mesures permettant l'identification du client (L. 561-5, R. 561-10)	Oui	Oui si le montant de l'opération est supérieur à 15 000 € ou s'il y a des éléments qui font naître un soupçon.
Mesures permettant d'identifier l'objet et la nature de la relation d'affaires (L. 561-5-1 et R. 561-12)	Oui	Non
Obligation de vigilance constante (L. 561-6)	Oui	Non

Obligation	Client habituel ("relation d'affaires")	Client occasionnel
Obligation de vigilance simplifiée (L. 561-9)	Oui	Oui
Obligation de vigilance complémentaire (L. 561-10, R. 561-18, R. 561-20 et R. 561-20-1)	Oui	Oui pour les PPE Non, pour une relation à distance
Obligation de vigilance renforcée (L. 561-10-1 et L. 561-10-2)	Oui	Oui, en cas de risque élevé
Conservation des éléments recueillis (L. 561-12)	Oui	Oui

2.4.6 *Vigilance à la suite du gel des avoirs ou d'une réquisition judiciaire*

2.4.6.1 *Vigilance à la suite du gel des avoirs.*

74. Le fait qu'une personne fasse l'objet d'une mesure restrictive, y inclus de gel des avoirs *[sur ce point, consulter par exemple la liste unique de gel de la DGTrésor ainsi que celle de l'Union européenne (https://www.tresor.economie.gouv.fr/Ressources/11448_liste-unique-de-gels)]*, **n'impose pas nécessairement au professionnel de procéder à une déclaration de soupçon à Tracfin. En revanche, il est attendu du professionnel qu'il réévalue le profil de la relation d'affaires au regard de cette mesure, et adapte sa vigilance en conséquence. Il examine en particulier avec attention le fonctionnement de la relation d'affaires, notamment les opérations qui ont précédé l'entrée en vigueur de la mesure restrictive mais également les éventuels liens familiaux et patrimoniaux de la personne concernée.**

75. Lorsqu'il est mis fin à la mesure restrictive, le professionnel veille à conserver une vigilance et un profil de son client adaptés, tenant compte notamment de ce facteur de risque et de tout autre élément pertinent.

76. En tout état de cause, en cas de soupçon, il appartient au professionnel de transmettre sans délai une déclaration à Tracfin, en précisant les éléments d'analyse ayant conduit au soupçon, sans préjudice de la déclaration de gel à la direction générale du Trésor prévue par les règlements européens portant mesures restrictives et par le code monétaire et financier.

2.4.6.2 *Vigilance à la suite d'une réquisition judiciaire.*

77. La réception d'une réquisition judiciaire amène, en principe, le professionnel à effectuer une analyse des opérations enregistrées dans ses livres par le client, à réévaluer le profil de son client et adapter sa vigilance en conséquence.

78. Il en va de même quand il reçoit une demande administrative (administration fiscale, douanes, etc.) dont l'objet est susceptible de présenter un lien avec la LCB/FT.

79. Dans ce cadre, le réexamen de la relation d'affaires peut permettre au professionnel de détecter des opérations suspectes qu'il n'avait pas identifiées au préalable et qui ne seraient pas visées dans la réquisition judiciaire. Dans cette hypothèse, une déclaration de soupçon est transmise sans délai à Tracfin en mentionnant la réquisition judiciaire, ou le document reçu de l'administration requérante, en indiquant les références précises de la procédure et les coordonnées du service ou du magistrat à l'origine de la réquisition ou de la demande.

2.4.7 *Rupture de la relation d'affaires*

80. Le code monétaire et financier prévoit certaines hypothèses dans lesquelles le professionnel se doit d'interrompre la relation d'affaires et, en conséquence, de n'exécuter aucune opération. Il en va ainsi lorsque les informations à la disposition

du professionnel ne lui permettent pas de garantir clairement l'identification des clients.

81. L'attention des professionnels est appelée sur le fait que les tentatives d'opérations entrent pleinement dans le champ d'application du code monétaire et financier *[art. L. 561-15 V]*. Aussi, l'absence de flux tenant à la rupture d'une relation d'affaires ou à l'inexécution d'une opération sur le fondement de l'article L. 561-8 sera assortie d'une déclaration adressée à Tracfin si la rupture de la relation d'affaires justifie un soupçon.

2.4.8 *Les mesures à mettre en place au regard des risques identifiés*

82. Il est demandé aux professionnels de l'immobilier de se conformer à leurs obligations de vigilance en fonction des cas décrits plus haut (relation d'affaires ou non, opération suspecte ou non, personne politiquement exposée ou non, etc.).

83. Ces obligations de vigilance sont une condition essentielle à l'établissement d'une déclaration de soupçon.

Exemples de mesures à mettre en œuvre en fonction des critères d'alerte :

Note : la liste de critères d'alerte et mesures à mettre en œuvre n'est pas exhaustive. Les éléments identifiés constituent des exemples que chaque professionnel de l'immobilier devra apprécier selon la situation de son établissement et les risques auxquels il est exposé.

RISQUES IDENTIFIÉS	MESURES À METTRE EN ŒUVRE
RISQUES LIÉS AU CLIENT	
Comportement suspect de la personne physique ou du représentant de la société : – le client ou son représentant légal n'est pas physiquement présent aux fins de l'identification ; – le mandant intervient pour le compte d'un tiers sans vouloir décliner l'identité de ce dernier ou produire un mandat.	Prévoir obligatoirement deux mesures citées à l'article R. 561-20-I du code monétaire et financier : ☐ obtenir une pièce justificative supplémentaire permettant de confirmer l'identité de la personne avec laquelle le professionnel est en relation d'affaires ; ☐ mettre en œuvre des mesures de vérification et de certification de la copie du document officiel ou de l'extrait de registre officiel ; ☐ exiger que le premier paiement des opérations soit effectué en provenance ou à destination d'un compte ouvert au nom du client mentionné aux 1° et 6° de l'article L. 561-2 ; ☐ obtenir directement une confirmation de l'identité du client de la part d'une personne mentionnée aux 1° et 6° de l'article L. 561-2 ; ☐ rompre toute relation d'affaires en cas de refus. ☐ etc.
Personne physique résidant dans une zone sensible Personne physique connue pour diverses infractions économiques et financières Personne qui est une PPE Profil du client incohérent avec l'opération Personne physique exerçant une profession à risque Absence de correspondance entre l'activité de la société partie à la transaction présentée par le client et son objet social déclaré Absence de correspondance entre l'opération et l'objet social de la personne morale Personne morale dont le secteur d'activité est à risque : Liste des secteurs à risque : – BTP, logistique, informatique, sécurité, nettoyage, dépannage à domicile, rénovation énergétique, etc. – Secteur à fort cash : cafés, hôtels, restaurants (CHR), métaux, téléphonie, etc. – Associations.	Exiger la communication par le client de l'original du document d'identité requis, s'il s'agit d'une personne physique Faire des recherches sur Internet, dans la presse ou dans des bases commerciales sur le client Obtenir l'extrait d'inscription auprès de l'institution compétente pour une personne morale Procéder à un examen des documents en vue d'obtenir l'assurance raisonnable qu'il ne s'agit pas de faux : par exemple, comparaison, pour une personne physique, de la photographie portée par le document avec la personne en cause. Pour les PPE, décision de maintien de la relation d'affaires prise par l'organe exécutif ; demande de l'origine des fonds Demander les statuts de la personne morale Demander l'origine des fonds Demander des explications sur les motivations de l'opération

RISQUES IDENTIFIÉS	MESURES À METTRE EN ŒUVRE
RISQUES LIÉS À L'OPÉRATION	
Le produit ou l'opération favorise l'anonymat de celle-ci	Demander l'origine des fonds Demander la destination des fonds
Montage complexe Montant inhabituellement élevé	Demander l'origine des fonds et la destination des fonds S'assurer de l'identité du client et de l'objet de l'opération
Paiement par un tiers	Demander des explications sur les motivations de l'opération en cas de paiement par un tiers
Compte séquestre : demande d'envoi des fonds sur un compte autre que le compte émetteur après annulation de l'opération	Demander des explications
Paiement en espèces d'un montant significatif	Demander l'origine des fonds Par exemple, les syndics de copropriété pourront faire cette démarche s'il apparaît qu'un copropriétaire souhaite effectuer des paiements élevés ou récurrents en espèces dans le cadre des appels de fonds.
Lien entre vendeur et acquéreur	S'assurer de la cohérence du prix de vente au regard du prix de marché et de l'état du bien

Si après la mise en œuvre des mesures de vigilance, le soupçon n'est pas levé, il y a lieu de transmettre une déclaration de soupçon à Tracfin.

2.5 *La déclaration de soupçon*

2.5.1 *Déclarant et correspondant Tracfin*

84. Au sein de chaque établissement est désigné un déclarant et éventuellement un correspondant Tracfin, qui peuvent par ailleurs être une seule et même personne.

85. En application de l'article R. 561-23 du code monétaire et financier, le déclarant est la personne habilitée à procéder à la déclaration de soupçon. En application de l'article R. 561-24, le correspondant est à la personne chargée de répondre aux demandes de Tracfin et d'assurer aux membres concernés du personnel des informations, avis ou recommandations de caractère général qui en émanent.

86. L'identité et la qualité du déclarant et du correspondant sont communiquées à Tracfin par un document distinct joint à l'appui de la première déclaration.

87. En cas de changement, l'identité du nouveau déclarant/correspondant Tracfin est portée, sans délai, à la connaissance de cet organisme ainsi qu'à la DGCCRF.

88. Le déclarant Tracfin :
– transmet les déclarations de soupçon au service Tracfin ;
– transmet, le cas échéant, les déclarations de soupçon complémentaires.

89. Le correspondant Tracfin :
– est destinataire des accusés de réception des déclarations de soupçon ;
– traite les demandes de communication de pièces ou de documents émanant de Tracfin concernant les déclarations de soupçon.

90. Lors de la complétion du formulaire dédié, les déclarants veillent à indiquer des coordonnées (téléphoniques/électroniques) permettant une prise de contact directe avec les déclarant/correspondant Tracfin. Le respect d'une telle procédure permet d'assurer un niveau satisfaisant de confidentialité dans le cadre de l'exercice du droit de communication.

2.5.2 *Que doivent déclarer les professionnels ?*

91. Les champs potentiels de la déclaration de soupçon sont limitativement énoncés par le code monétaire et financier. Dès lors, les opérations faisant l'objet d'un signalement doivent exclusivement porter sur les thématiques suivantes :

– les sommes ou opérations portant sur des sommes dont elles savent, soupçonnent ou ont de bonnes raisons de soupçonner qu'elles proviennent d'une infraction passible d'une peine privative de liberté supérieure à un an ;
– les sommes ou opérations portant sur des sommes dont elles savent, soupçonnent ou ont de bonnes raisons de soupçonner qu'elles participent au financement du terrorisme ;
– les sommes ou opérations portant sur des sommes dont elles savent, soupçonnent ou ont de bonnes raisons de soupçonner qu'elles proviennent d'une fraude fiscale.

Article L. 561-15 : infractions punies de plus d'un an d'emprisonnement et financement du terrorisme

Qu'est-ce que le blanchiment de capitaux ?

Le blanchiment de capitaux est une infraction pénale. Il est défini comme le "fait de faciliter, par tout moyen, la justification mensongère de l'origine des biens, ou des revenus de l'auteur d'un crime ou d'un délit ayant procuré à celui-ci un profit direct ou indirect" *[art. 324-1, al. 1er C. pén.]*, étant précisé que des biens ou revenus sont "présumés être le produit direct ou indirect d'un crime ou d'un délit dès lors que les conditions matérielles, juridiques ou financières de l'opération de placement, de dissimulation ou de conversion ne peuvent avoir d'autres justifications que de dissimuler l'origine ou le bénéficiaire effectif de ces biens ou revenus" *[art. 324-1-1 C. pén.]*.

Les fonds blanchis sont ainsi les profits procurés par une infraction dite sous-jacente (abus de biens sociaux, fraude fiscale, trafic de stupéfiants, tromperie, pratique commerciale trompeuse, etc.).

Constitue également un délit de blanchiment "le fait d'apporter un concours à une opération de placement, de dissimulation ou de conversion" *[art. 324-1 C. pén.]* d'un produit de l'infraction sous-jacente.

Le blanchiment est puni de cinq ans d'emprisonnement et de **375 000 €** d'amende *[art. 324-1, al. 3 C. pén.]*.

Il est puni de dix ans d'emprisonnement et de **750 000 €** d'amende lorsqu'il est commis de façon habituelle ou en utilisant les facilités que procure l'exercice d'une activité professionnelle ou lorsqu'il est commis en bande organisée *[art. 324-2 C. pén.]*.

L'article 324-6 du code pénal précité prévoit que "la tentative des délits prévus à la présente section est punie des mêmes peines".

Dans ce contexte, l'attention des professionnels est attirée sur la portée de l'infraction de blanchiment qui recouvre un champ très large incluant les tentatives de blanchiment pour des opérations qui, in fine, n'auront pas été réalisées, mais que le professionnel devra être en mesure de détecter dans sa relation d'affaires avec sa clientèle notamment dans le cadre de sa prestation de conseil.

Qu'est-ce que le financement du terrorisme ?

Il est défini par l'article 421-2-2 du code pénal aux termes duquel "le fait de financer une entreprise terroriste en fournissant, en réunissant ou en gérant des fonds, des valeurs ou des biens quelconques ou en donnant des conseils à cette fin, dans l'intention de voir ces fonds, valeurs ou biens utilisés ou en sachant qu'ils sont destinés à être utilisés, en tout ou partie, en vue de commettre l'un quelconque des actes de terrorisme (...), indépendamment de la survenance d'un tel acte" *[art. 421-2-2 C. pén.]* constitue un acte terroriste au sens de l'article 421-1 du même code. Comme le blanchiment, la tentative du délit est punie des mêmes peines que l'acte de financement du terrorisme".

Constituent des actes de terrorisme, lorsqu'elles sont intentionnellement en relation avec une entreprise individuelle ou collective ayant pour but de troubler gravement l'ordre public par l'intimidation ou la terreur", les infractions de blanchiment telles que définies *supra* *[art. 421-2 6° C. pén.]*.

Le financement du terrorisme est puni de 10 ans d'emprisonnement et de 225 000 € d'amende *[art. 421-5, al. 1er C. pén.]*.

Fraude fiscale et 16 critères

Décret n° 2009-874 du 16 juillet 2009 pris pour application de l'article L. 561-15-II du code monétaire et financier définissant les 16 critères de la fraude fiscale :

1° l'utilisation de sociétés écran, dont l'activité n'est pas cohérente avec l'objet social ou ayant leur siège social dans un État ou un territoire qui n'a pas conclu avec la France une convention fiscale permettant l'accès aux informations bancaires, identifié à partir d'une liste publiée par l'administration fiscale, ou à l'adresse privée d'un des bénéficiaires de l'opération suspecte ou chez un domiciliataire au sens de l'article L. 123-11 du code de commerce ;

2° la réalisation d'opérations financières par des sociétés dans lesquelles sont intervenus des changements statutaires fréquents non justifiés par la situation économique de l'entreprise ;

3° le recours à l'interposition de personnes physiques n'intervenant qu'en apparence pour le compte de sociétés ou de particuliers impliqués dans des opérations financières ;

4° la réalisation d'opérations financières incohérentes au regard des activités habituelles de l'entreprise ou d'opérations suspectes dans des secteurs sensibles aux fraudes à la TVA de type carrousel, tels que les secteurs de l'informatique, de la téléphonie, du matériel électronique, du matériel électroménager, de la hi-fi et de la vidéo ;

5° la progression forte et inexpliquée, sur une courte période, des sommes créditées sur les comptes nouvellement ouverts ou jusque-là peu actifs ou inactifs, liée le cas échéant à une augmentation importante du nombre et du volume des opérations ou au recours à des sociétés en sommeil ou peu actives dans lesquelles ont pu intervenir des changements statutaires récents ;

6° la constatation d'anomalies dans les factures ou les bons de commande lorsqu'ils sont présentés comme justification des opérations financières, telles que l'absence du numéro d'immatriculation au registre du commerce et des sociétés, du numéro SIREN, du numéro de TVA, de numéro de facture, d'adresse ou de dates ;

7° le recours inexpliqué à des comptes utilisés comme des comptes de passage ou par lesquels transitent de multiples opérations tant au débit qu'au crédit, alors que les soldes des comptes sont souvent proches de zéro ;

8° le retrait fréquent d'espèces d'un compte professionnel ou leur dépôt sur un tel compte non justifié par le niveau ou la nature de l'activité économique ;

9° la difficulté d'identifier les bénéficiaires effectifs et les liens entre l'origine et la destination des fonds en raison de l'utilisation de comptes intermédiaires ou de comptes de professionnels non financiers comme comptes de passage, ou du recours à des structures sociétaires complexes et à des montages juridiques et financiers rendant peu transparents les mécanismes de gestion et d'administration ;

10° les opérations financières internationales sans cause juridique ou économique apparente se limitant le plus souvent à de simples transits de fonds en provenance ou à destination de l'étranger notamment lorsqu'elles sont réalisées avec des États ou des territoires visés au 1° ;

11° le refus du client de produire des pièces justificatives quant à la provenance des fonds reçus ou quant aux motifs avancés des paiements, ou l'impossibilité de produire ces pièces ;

12° le transfert de fonds vers un pays étranger suivi de leur rapatriement sous la forme de prêts ;

13° l'organisation de l'insolvabilité par la vente rapide d'actifs à des personnes physiques ou morales liées ou à des conditions qui traduisent un déséquilibre manifeste et injustifié des termes de la vente ;

14° l'utilisation régulière par des personnes physiques domiciliées et ayant une activité en France de comptes détenus par des sociétés étrangères ;

15° le dépôt par un particulier de fonds sans rapport avec son activité ou sa situation patrimoniale connues ;

16° la réalisation d'une transaction immobilière à un prix manifestement sous-évalué.

Au regard des spécificités de leur activité, et sans pour autant exclure les autres critères de leurs obligations de vigilance, les professionnels de l'immobilier pourront plus particulièrement porter leur attention sur les critères 11° (refus du client de produire des pièces justificatives quant à la provenance des fonds reçus ou quant aux motifs avancés des paiements, ou l'impossibilité de produire ces pièces) et 16° (réalisation d'une transaction immobilière à un prix manifestement sous-évalué).

Il convient de rappeler que ces 16 critères ne sont pas cumulatifs.

92. Le champ de la déclaration de soupçon porte sur toutes les infractions sanctionnées d'une peine d'emprisonnement supérieure à un an. Il s'agit notamment du trafic de stupéfiants, de la corruption et du trafic d'influence commis par des personnes exerçant une fonction publique, de l'abus de biens sociaux, de la contrefaçon, de l'escroquerie, de l'abus de confiance, de l'abus frauduleux de l'état d'ignorance ou de la situation de faiblesse, du travail dissimulé, de la banqueroute, de la tromperie, de la pratique commerciale trompeuse, etc.

93. Il convient par ailleurs de souligner que les déclarants ne sont pas tenus de préciser, ni de qualifier une infraction sous-jacente. Il suffit en effet qu'ils soupçonnent ou qu'ils aient de "bonnes raisons" de soupçonner qu'il existe une infraction sous-jacente et formulent leur analyse des faits dans la partie "développement" de la déclaration.

94. Les professionnels effectuent une déclaration de soupçon (DS) quand le soupçon est établi au terme de l'analyse conduite, c'est-à-dire lorsqu'ils n'ont pas obtenu, au regard des informations et documents recueillis auprès du client ou par d'autres moyens, d'assurance raisonnable quant à la licéité des fonds ou de l'opération, ou quant à sa justification économique au regard de leur connaissance de la clientèle.

La déclaration complémentaire

95. Les déclarations complémentaires indiquent les références Tracfin de la déclaration initiale et comportent l'ensemble des éléments utiles à compréhension des faits signalés.

2.5.3 *Qu'est-ce qu'un soupçon ?*

96. Le soupçon résulte d'un doute qui conduit le professionnel à s'interroger sur la licéité de l'origine des sommes ou sur la licéité de l'utilisation qui sera faite des sommes engagées. Il est le fruit d'une réflexion objective et méthodique du professionnel.

97. Compte tenu des informations dont il dispose sur son client (identité, notoriété, profession, etc.) et des éléments, notamment financiers, concourant à cette opération, le professionnel procède à une déclaration lorsqu'il ne peut exclure tout doute sur le caractère régulier ou licite de l'action ou de l'acte envisagé.

2.5.4 *Le contenu des déclarations*

98. Le déclarant effectue les déclarations de soupçon sur la base des informations dont il dispose.

99. A titre liminaire, il convient de souligner que la déclaration de soupçon est la matérialisation d'un travail d'analyse. Dès lors, le déclarant doit s'abstenir de faire des déclarations motivées uniquement par des éléments de contexte. Ainsi, les déclarations de soupçon ne peuvent avoir pour seul motif :

– la réception d'une réquisition judiciaire ou d'une demande de renseignement émanant d'une administration (contrôle fiscal par exemple) *[si la seule information qu'un contrôle fiscal n'est pas constitutive en elle-même d'un soupçon suffisant pour donner lieu automatiquement à une déclaration de soupçon, elle conduit le professionnel à renforcer l'intensité des mesures de vigilance]* ou à plus forte raison d'un droit de communication diligenté par Tracfin, si la déclaration de soupçon n'apporte pas d'information supplémentaire par rapport à celles contenues dans la réponse à la réquisition judiciaire ou au droit de communication ;

– l'activité professionnelle du client, son adresse ou son pays de résidence (éléments toutefois susceptibles de constituer un faisceau d'indices) ;

– le montant élevé d'une opération ;

– le fait d'être une PPE.

100. Conformément au 5° du III de l'article R. 561-31, doit figurer explicitement dans toute déclaration l'analyse des faits ayant conduit au soupçon à l'origine du signalement. Cette obligation est la conséquence naturelle de l'analyse effectuée et de ses conclusions.

Structure de l'exposé des motifs (5° de l'article R. 561-31 du code monétaire et financier)

Partie 1 : Phrase introductive de synthèse

Cette partie doit permettre une compréhension rapide du signalement (nature et motif de l'opération en cours, etc.).

Partie 2 : Présentation des personnes physiques et/ou morales faisant l'objet du soupçon

Rappel des informations détenues par le déclarant sur le client objet du soupçon (éventuels compléments à l'état civil donné dans les champs *ad hoc [champ "état civil de la personne physique" de la déclaration de soupçon (DS)]* de la déclaration de soupçon (DS), contexte de la relation d'affaires, etc.).

Personnes physiques :

– situation personnelle et professionnelle connue ;

– situation matrimoniale connue.

Personnes morales :

– date de création ;

– nature de l'activité ;

– principales données chiffrées connues (chiffre d'affaires, résultat, etc.) ;

– liens avec d'autres personnes ou éléments d'environnement (autres mandataires sociaux/associés, etc.).

Le déclarant mentionne également dans cette partie, le résultat des recherches effectuées en base ouverte concernant les personnes physiques ou morales (réseaux sociaux, bases commerciales, Internet, etc.).

Partie 3 : présentation de(s) l'opération(s) douteuse(s)

– synthèse des opérations et des mouvements douteux ;

– développement des faits concernant ces opérations ;

– précision sur l'origine et la destination (certaine ou présumée) des fonds sur lesquels porte le soupçon.

Partie 4 : caractérisation du soupçon

Cette partie restitue le fait à l'origine du soupçon ayant conduit au signalement, expose clairement le soupçon du déclarant à l'appui des éléments figurant *supra* :

– en quoi cette opération est-elle suspecte ?

– pourquoi l'origine des fonds peut paraître douteuse ?

– quelles sont les démarches entreprises par le déclarant pour lever le doute ?

– en quoi les explications ou justifications apportées par le client sont-elles peu convaincantes ou crédibles ?

S'il existe un soupçon de fraude fiscale, il convient de faire mention du (des) critère(s) listé(s) par le décret n° 2009-874 du 16 juillet 2009 susvisé (article D. 561-32-1 du code monétaire et financier).

101. Quel que soit le mode de transmission de la déclaration, des documents peuvent être joints aux déclarations de soupçon. Les déclarants utilisent cette fonctionnalité pour transmettre à Tracfin l'ensemble des éléments nécessaires à la compréhension du signalement.

Pièces utiles à joindre à la déclaration (liste non exhaustive) :
– une copie de la pièce d'identité du client ;
– un extrait K-*bis* de la personne morale visée ;
– les statuts de la personne morale visée *[les professionnels, pour connaître les bénéficiaires effectifs d'une personne morale, peuvent demander des documents justificatifs à leurs clients ou consulter les sites Datainfogreffe ou Infogreffe]* ;
– un document bancaire utile ;
– une copie du compromis de vente ;
– un extrait de page Internet.

2.5.5 *Les modalités de transmission*

102. Le déclarant peut adresser les déclarations de soupçon à Tracfin *via* la plateforme de télédéclaration ERMES.

103. Si la télédéclaration ne revêt pas de caractère obligatoire pour les professionnels, il est constant que la plate-forme ERMES est garante d'un haut niveau de sécurité et de confidentialité.

104. Le cas échéant, le déclarant peut également utiliser le formulaire dématérialisé de déclaration de soupçon disponible sur le site internet de Tracfin.

105. Conformément à l'article R. 561-31 du code monétaire et financier, le déclarant qui n'utilise pas la plate-forme ERMES ou le formulaire dématérialisé obligatoire, ou qui omet un ou plusieurs éléments d'informations obligatoires est invité à régulariser sa déclaration dans un délai d'un mois.

106. Passé ce délai, Tracfin l'informe de l'irrecevabilité (cf. schéma circuit d'irrecevabilité en annexe 4) de sa déclaration de soupçon. La déclaration de soupçon ne sera alors pas traitée. En ce cas, les dispositions de l'article L. 561-22 ne trouvent pas à s'appliquer, des poursuites fondées sur le code pénal et des actions en responsabilité civile ou disciplinaire pouvant alors être intentées.

2.5.6 *Les délais de déclaration*

Principe de l'envoi d'une déclaration de soupçon avant l'exécution de l'opération

107. L'article L. 561-16 pose le principe de la déclaration de soupçon préalablement à l'exécution de l'opération afin, le cas échéant, de permettre à Tracfin d'exercer son droit d'opposition (cf. 4.1. Le droit d'opposition). La déclaration indique, dans cette hypothèse, le délai d'exécution de l'opération, conformément au 6° du III de l'article R. 561-31. Le professionnel s'abstient, en conséquence, d'effectuer l'opération dont il soupçonne qu'elle est liée au blanchiment de capitaux ou au financement du terrorisme avant d'avoir effectué sa déclaration de soupçon.

Le délai des déclarations de soupçon après exécution de l'opération

108. Toutefois, un professionnel peut effectuer une déclaration de soupçon à Tracfin après que l'opération a été réalisée, soit parce qu'il a été impossible de surseoir à son exécution, soit que son report aurait pu faire obstacle à des investigations, soit que le soupçon est apparu postérieurement à la réalisation de l'opération. Dans ce cas, la déclaration est transmise "sans délai" *[les diligences en termes d'investigation et d'analyse sont alors à mener aussi rapidement que possible]* conformément au 2e alinéa de l'article L. 561-16.

2.5.7 *La confidentialité des déclarations*

109. La confidentialité de la déclaration de soupçon est prévue à l'article L. 561-18 : elle porte sur l'existence et le contenu des déclarations qui ne peuvent être communiqués, de même que les suites qui leur ont été données, ni à l'intéressé ni à des tiers. Le non-respect de cette interdiction de divulgation est réprimé par l'article L. 574-1 d'une peine de 22 500 €.

110. Le secret professionnel relatif aux déclarations de soupçon n'est pas opposable aux agents de la DGCCRF *[art. L. 561-18 C. mon. fin. et L. 512-3 C. consom.]*.

111. Il est précisé que la déclaration de soupçon n'est jamais transmise spontanément à l'autorité judiciaire en appui des notes d'information dans lesquelles la ou les sources sont systématiquement occultées.

112. La confidentialité de la déclaration ne fait pas obstacle à la communication par Tracfin d'informations concernant les déclarations à l'autorité de contrôle, en application du I de l'article L. 561-28.

2.6 *Les obligations relatives au contrôle interne*

113. Chaque structure d'exercice professionnel désigne un responsable de la mise en place et du suivi des systèmes d'évaluation et de gestion des risques et des procédures correspondantes.

114. Le contrôle permanent du dispositif de lutte contre le blanchiment de capitaux et le financement du terrorisme au sein de chaque entreprise ou établissement assujetti relève du contrôle de conformité. Ce contrôle est adapté à sa taille, à sa structure, son implantation et son exposition aux risques. Il permet de s'assurer que les procédures mises en place dans chaque entité satisfont aux obligations prévues par le code monétaire et financier et sont de nature à permettre la détection des opérations suspectes.

115. Dans le cadre du contrôle de conformité, une attention particulière doit être attachée aux délais de réalisation des mesures de lutte anti-blanchiment. En particulier, les diligences mises en œuvre pour l'analyse de la situation du client et de l'opération ne doivent pas conduire à des délais anormalement longs entre la découverte de l'anomalie et la déclaration à Tracfin. Le préalable indispensable à une réduction des délais réside dans l'actualisation des données relatives au client et au bénéficiaire.

116. Le contrôle interne porte sur les procédures relatives à la LCB/FT mises en place au sein de la structure professionnelle, à savoir :
– l'évaluation des risques ;
– la mise en œuvre des mesures de vigilance ;
– la conservation des documents relatifs à l'identification du client et du bénéficiaire effectif ;
– le respect de l'obligation déclarative à Tracfin ;
– la mise en œuvre de procédures de contrôle périodique et permanent des risques LCB/FT ;
– l'organisation de la conservation et de la confidentialité des déclarations de soupçon émises.

2.7 *Les obligations de formation et d'information*

117. Les structures d'exercice professionnel de l'immobilier assujetties assurent l'information et la formation de l'ensemble du personnel sur les obligations liées à la lutte contre le blanchiment de capitaux et le financement du terrorisme, et sur les procédures mises en place au sein de la structure *[art. L. 561-34]*.

118. Elles déterminent la fréquence de la mise à jour des connaissances des professionnels et des collaborateurs selon l'évolution de la réglementation et des procédures applicables (article L. 561-34 du code monétaire et financier).

119. Les professionnels de l'immobilier prennent en compte, dans le recrutement des collaborateurs, les risques au regard de la lutte contre le blanchiment de capitaux et le financement du terrorisme *[art. L. 561-32 II]*.

Note :

Dans le cadre des contrôles de la DGCCRF, il est conseillé aux professionnels de l'immobilier de conserver :
– les attestations de formation à la LCB/FT ;
– les notes de service, courriels et compte-rendu de réunions diffusés en interne ;
– les informations reçues du Conseil d'orientation de lutte anti-blanchiment (COLB).

2.8 *L'échange d'informations*

120. S'ils rentrent dans la périmètre de la définition de l'article L. 233-3 du code du commerce, les professionnels assujettits peuvent échanger des informations relatives à la clientèle, dans le cadre de la vigilance en matière de LCB/FT.

2.9 *Les obligations de conservation des documents*

121. La conservation des documents est essentielle en ce qu'elle garantit à l'autorité de contrôle et à Tracfin, dans l'exercice de leur mission respective, la possibilité d'investiguer ou de reconstituer des transactions portant sur des opérations suspectes.

Partant, les établissements conservent pendant cinq ans à compter de la cessation de la relation avec les clients ou de la clôture de leurs comptes les éléments relatifs à l'identité du client.

Ils conservent également pendant cinq ans à compter de leur exécution les documents et informations relatifs aux opérations effectuées par leurs clients, ainsi que les documents consignant les caractéristiques des opérations ayant donné lieu à un examen renforcé (opération particulièrement complexe, montant inhabituellement élevé ou ne paraissant pas avoir de justification économique ou d'objet licite).

> Note :
> D'une manière générale, dans le cadre des contrôles de la DGCCRF, il est conseillé aux professionnels immobiliers de conserver les informations recueillies lors des analyses effectuées préalablement à une éventuelle déclaration de soupçon.

122. Il est précisé que ces prescriptions législatives ne modifient pas la durée de conservation prévue par les textes spécifiques relatifs à l'exercice de certaines professions, par exemple la profession d'agent immobilier, pour les autres documents tenus par ces professionnels, en particulier la durée de 10 ans mentionnée à l'article 86 du décret n° 72-678 du 20 juillet 1972, pris en application de la loi Hoguet.

123. Les informations recueillies au titre des mesures de vigilance et de déclaration de soupçon doivent être conservées dans des conditions de stricte confidentialité. Le traitement numérique des données relatives à la lutte contre le blanchiment de capitaux et le financement du terrorisme est soumis à autorisation de la Commission nationale de l'informatique et des libertés (CNIL).

> Note :
> Il convient de noter que les dérogations à ce principe, prévues par le II de l'article L. 561-7 et par les articles L. 561-20 et L. 561-21 du code monétaire et financier concernant les échanges d'informations sur les mesures de vigilance et de déclaration de soupçon à l'extérieur ou à l'intérieur d'un même groupe ou réseau, ne s'appliquent pas aux professionnels exerçant des activités d'intermédiation immobilière.

3 Le contrôle des professionnels par la Direction générale de la concurrence, de la consommation et de la répression des fraudes (DGCCRF) et les sanctions de la Commission nationale des sanctions (CNS)

3.1 *Le contrôle des professionnels par la DGCCRF*

124. Depuis 2009, la DGCCRF est désignée en qualité d'autorité de contrôle des obligations de vigilance et de déclaration des professionnels exerçant des activités d'intermédiation en opérations immobilières (article L. 561-36 I 14° du code monétaire et financier) dans le cadre du dispositif de lutte contre le blanchiment de capitaux et le financement du terrorisme.

125. Les missions de contrôle confiées à la DGCCRF relèvent des articles L. 561-36-2 et R. 561-40 du code monétaire et financier.

126. La DGCCRF rappelle que :

– le système d'évaluation et de gestion des risques doit faire l'objet d'un écrit diffusé à l'ensemble du personnel de l'établissement ayant notamment pour mission de mettre en œuvre les mesures de vigilance LCB/FT ;

– la personne responsable de l'application du contenu de ce document est le professionnel ;

– cet écrit doit être communiqué, à leur demande, aux agents de la concurrence, de la consommation et de la répression des fraudes ;

– plus généralement, le secret professionnel relatif aux informations et aux déclarations relatives à la lutte contre le blanchiment de capitaux et le financement du terrorisme n'est pas opposable aux agents de la DGCCRF *[art. L. 561-18 C. mon. fin. et L. 512-3 C. consom.]* ;

– les professionnels doivent être en mesure de justifier, auprès de l'autorité de contrôle *[art. R. 561-7]*, des mesures prises.

Les contrôles de la DGCCRF portent sur la mise en place par les professionnels de procédures relatives à leurs obligations de vigilance et déclaratives (cartographie des risques, mesures de vigilance, connaissance du client et de l'opération, conservation des documents, recherches sur le client, formation et information du personnel, etc.).

Il est rappelé que le système d'évaluation et de gestion des risques se doit d'être :

• formalisé : il est nécessaire de formaliser ce système afin de démontrer, lors d'un contrôle, que l'établissement exerce son activité conformément à l'obligation imposée par l'article L. 561-32 du code monétaire et financier. La formalisation des systèmes est également nécessaire pour que le personnel de l'entité assujettie puisse connaître les procédures mises en place pour lutter contre le blanchiment des capitaux et le financement du terrorisme. Les procédures contenues dans le document écrit doivent être destinées à évaluer et gérer les risques liés à la LCB/FT et ne doivent pas être des procédures encadrant des pratiques commerciales ou se rapportant plus généralement au fonctionnement économique de l'entité sans lien avec l'objectif de la prévention du blanchiment des capitaux et du financement du terrorisme.

• actualisé : le simple fait de mettre en place des systèmes d'évaluation et de gestion des risques ne suffit pas à se conformer à l'article L. 561-32 du code monétaire et financier. Il est également nécessaire d'en assurer l'application la plus actuelle possible et de les mettre à jour dès qu'un nouveau risque est identifié, dès qu'un changement structurel intervient au sein de l'établissement ;

• exhaustif : si la définition de la présentation du protocole interne relève de l'appréciation du professionnel, il est nécessaire, dans tous les cas, de couvrir l'ensemble des obligations applicables en matière de LCB/FT.

Le contrôle du respect de leurs obligations par les professionnels de l'immobilier est réalisé dans les conditions prévues au titre V du livre IV du code de commerce par des agents de la concurrence, de la consommation et de la répression des fraudes spécialement habilités par arrêté du ministre chargé de l'économie.

Ces agents peuvent notamment :

– se rendre dans tous lieux utilisés à des fins professionnelles et dans les lieux d'exécution d'une prestation de services ;

– exiger la communication et obtenir ou prendre copie, par tout moyen et sur tout support, des documents professionnels de toute nature propres à faciliter l'accomplissement de leur mission ;

– exiger la mise à leur disposition des moyens indispensables pour effectuer leurs vérifications ;

– recueillir, sur place ou sur convocation, tout renseignement, document ou toute justification nécessaire au contrôle.

Le contrôle du respect de leurs obligations par les professionnels de l'immobilier peut donner lieu à la rédaction de procès-verbaux transmis à la Commission nationale des sanctions (CNS).

3.2 *Les sanctions des professionnels par la Commission nationale des sanctions (CNS)*

127. La Commission nationale des sanctions (CNS) est régie par les articles L. 561-38 et suivants et les articles R. 561-43 et suivants du code monétaire et financier.

128. Saisie des rapports de contrôle réalisés auprès des professionnels en cas de non-respect de ce dispositif, la CNS peut décider de prononcer plusieurs types de sanctions administratives précisées à l'article L. 561-40 du code monétaire et financier *[les sanctions sont l'avertissement, le blâme, l'interdiction temporaire d'exercice de l'activité ou d'exercice de responsabilités dirigeantes au sein d'une personne morale exerçant cette activité pour une durée n'excédant pas cinq ans, le retrait d'agrément ou de la carte professionnelle. Peut également être prononcée une sanction pécuniaire dont le montant peut atteindre cinq millions d'euros]*.

4 Les prérogatives de TRACFIN

4.1 *Le droit d'opposition*

129. Le droit d'opposition est une prérogative qui peut être mise en œuvre par Tracfin pour s'opposer à la réalisation d'une opération qui n'a pas encore été exécutée pendant un délai (10 jours ouvrables) qui permet à l'autorité judiciaire d'apprécier l'opportunité de prendre une ordonnance de saisie pénale des sommes en cause.

130. La loi de séparation et de régulation des activités bancaires du 26 juillet 2013 a modifié les conditions de mise en œuvre du droit d'opposition. Désormais, Tracfin peut exercer ce droit, conformément à l'article L. 561-24 du code monétaire et financier, pour s'opposer à la réalisation d'une opération dont il a eu connaissance dans le cadre d'une déclaration de soupçon reçue de tout déclarant, dans le cadre de l'exercice de son droit de communication ou d'une information recue d'une administration, d'une autorité de contrôle ou d'une cellule de renseignement étrangère.

131. Conformément au 4ᵉ alinéa de l'article L. 561-24, le professionnel peut exécuter l'opération suspecte, en l'absence d'opposition de Tracfin dans le délai d'exécution de l'opération.

132. Lorsque le professionnel soupçonne qu'une opération suspecte est susceptible d'entraîner l'exercice de son droit d'opposition par Tracfin (par exemple, certitude sur l'origine délictueuse des fonds ou virements de fonds à l'étranger), il est invité à prendre l'attache de Tracfin le plus rapidement possible afin d'appeler son attention sur cette opération et sur son délai d'exécution.

133. En outre, le délai pendant lequel l'opération est suspendue est de dix jours ouvrables et ce délai court dès le jour d'émission de la notification de l'opposition par Tracfin au professionnel dans les conditions prévues à l'article R. 561-36.

4.2 *L'exercice du droit de communication*

Les documents exigibles sont ceux permettant l'identification du client et la connaissance de l'opération *[documents d'identité, compromis de vente, courriels, etc.]*.

ANNEXE 1

TYPOLOGIES DE SITUATIONS À RISQUE

Cas n° 1 : Achat d'un bien immobilier par une personne politiquement exposée

Mme X est ressortissante du pays Z, situé hors Union européenne. Elle n'est pas résidente fiscale en France. Elle souhaite acquérir un bien immobilier dans le sud de la France d'une valeur de 3 000 000 €. Lors des négociations, elle précise à l'agence immobilière que les fonds seront versés depuis le compte de son époux situé dans un pays à fiscalité privilégiée. Les formalités sont réalisées par une personne physique née dans un pays ayant fait l'objet d'un appel à la vigilance de la part de Tracfin. Cette personne a une procuration pour la signature de l'acte.

Investigations de Tracfin et analyse des faits :

Après une recherche sur les bases ouvertes, il s'avère que Mme X est l'épouse d'une Personne Politiquement Exposée (PPE) connue pour détournement de fonds dans son pays. Cette information est corroborée par la Cellule de renseignements financiers du pays dont est ressortissante Mme X. En outre, le couple fait l'objet d'une procédure de gel des avoirs.

Critères d'alerte :

— fonds situés dans un pays à fiscalité privilégiée ;

— nationalité "sensible" des époux X et notoriété de M. X, connu pour sa proximité avec les autorités politiques du pays Z (source internet) ;

— recours à une tierce personne pour réaliser les formalités administratives d'acquisition du bien ;

— appel à vigilance de Tracfin sur les opérations financières en lien avec le pays d'origine de la tierce personne ;

— arrêté de gel des avoirs concernant les époux X, publié sur le site de la direction générale du Trésor (http://www.tresoR.economie.gouv.fr/sanctions-financieres-internationales) ;

— valeur significative du bien.

Cas n° 2 : Soupçon de fraude fiscale, suspicion sur l'origine illégale des fonds

Mme X est locataire de son appartement. Elle reçoit un courrier de son propriétaire lui signifiant qu'il va procéder à la vente de l'appartement qu'elle occupe. Elle reçoit une proposition d'achat de la part de ce dernier *via* une agence de promotion et de rénovation immobilière. M. Z, qui n'a aucun lien direct avec Mme X, lui consent un prêt d'une valeur de 385 000 €. Mme X rédige trois reconnaissances de dettes en faveur de M. Z. Mme X acquiert la maison à un prix manifestement inférieur au prix du marché.

Investigations de Tracfin et analyse des faits :

Mme X est sans emploi et bénéficie des allocations de chômage. L'analyse de ses comptes bancaires met en évidence des dépôts d'espèces importants et des virements en provenance de différentes sociétés. L'étude des éléments fiscaux met en lumière une incohérence entre les revenus déclarés de Mme X et les flux constatés sur ses comptes bancaires. Elle est soupçonnée d'une dissimulation de revenus.

Critères d'alerte :

— absence de lien économique ou familial entre le prêteur et l'emprunteur ;

— intervention soudaine du prêteur ;

— prix du bien manifestement inférieur au prix du marché.

Cas n° 3 : Achat d'un bien immobilier pour le compte d'une personne tierce

M. X, 21 ans, technicien de maintenance, se porte acquéreur d'un appartement d'une valeur de 490 000 €. Il indique ne pas recourir à un prêt et financer son projet avec des fonds propres. Lors de la première visite, il est accompagné de Mme Z, une personne plus âgée, qui ne semble pas avoir de lien familial avec lui. M. X se montre discret et ne pose aucune question lors de la visite. Mme Z, au contraire, mène la discussion et démontre un certain empressement à réaliser l'acquisition. Elle demande si une partie de la vente peut être réglée en espèces. Mme Z assistera à tous les échanges avec le client.

Investigations de Tracfin et analyse des faits :

M. X travaille au sein d'une PME depuis 18 mois. Il était non imposable l'année précédente. L'analyse de ses comptes révèle qu'il dispose d'une épargne faible. Son compte courant affiche un solde positif. Toutefois, aucun élément ne permet d'établir les modalités exactes du financement de l'acquisition. Mme Z et son époux sont gérants d'une PME d'import/export de véhicules. L'analyse des comptes bancaires de la société montre que des flux pour un montant significatif sont débités du compte de la société et crédités sur le compte personnel des époux Z. Une analyse détaillée des déclarations fiscales révèle une minoration du chiffre d'affaires déclaré auprès de l'administration fiscale. Il est soupçonné que M. X soit un "homme de paille" utilisé pour faire écran et dissimuler le bénéficiaire effectif de l'opération. Le couple souhaitait investir dans l'immobilier des sommes détournées de sa société et non déclarées à l'administration fiscale.

Critères d'alerte :

— jeune âge de l'acquéreur ;

— incohérence entre les revenus de l'acquéreur et la valeur du bien ;

— absence de recours à un prêt ;

— présence d'une personne tierce à l'opération très active lors de la vente ;

— demande de règlement en espèces ;
— empressement à réaliser l'opération.

Cas n° 4 : Achat d'un bien immobilier entraînant en contrepartie un abaissement du prix de vente et fonds issus du travail dissimulé

M. Z entre en contact avec une agence immobilière. Il indique qu'il souhaite acquérir une maison. Il ajoute que le financement sera assuré par ses frères qui gèrent une entreprise de BTP. En aparté, il propose à l'agent immobilier de lui remettre une somme d'argent en espèces en contrepartie d'un abaissement du prix de vente.

Investigations de Tracfin et analyse des faits :

M. Z est connu des services de police pour escroquerie et extorsion de fonds. La société gérée par ses frères a fait l'objet d'un contrôle fiscal qui a révélé une suspicion de travail dissimulé.

Critères d'alerte :

— secteur sensible du BTP ;
— acquéreur et émetteur des fonds différents ;
— absence de recours à un prêt ;
— tentative de "dessous de table".

Cas n° 5 : Utilisation d'un "compte taxi"

Mme X prend attache auprès d'une agence immobilière pour acquérir un bien d'une valeur manifestement surévaluée. A la suite de la visite du bien, Mme X fait une proposition d'achat égale au prix de la vente. Pour financer cet achat, elle indique ne pas recourir à un prêt. Elle précise également que les fonds proviendront d'un compte d'une société située dans un pays à fiscalité privilégiée. L'agence demande à Mme X des justificatifs d'identité, de revenus ainsi que des indications probantes sur l'origine des fonds. Mme X répond qu'elle les communiquera ultérieurement.

Investigations de Tracfin et analyse des faits :

Mme X est mère de cinq enfants. L'analyse de son compte bancaire révèle des dépôts fréquents d'espèces inférieurs à 1 000 € et des virements émis depuis un pays inscrit sur la liste des pays non coopératifs. Mme X est non imposable à l'impôt sur le revenu. Elle n'est pas redevable de la taxe foncière ni de la taxe d'habitation et n'a été bénéficiaire d'aucune donation. Mme X n'a jamais justifié son activité professionnelle. Son dernier emploi connu est celui de secrétaire dans une PME. Par conséquent, l'apport personnel de Mme X ne peut être justifié ni par ses revenus ni par son patrimoine. Il est soupçonné que Mme X réalise cette opération pour le compte d'une tierce personne, dont les investigations de Tracfin révéleront qu'il s'agit d'un ressortissant français qui a fait l'objet de poursuites judiciaires pour extorsion de fonds et escroquerie en bande organisée.

Critères d'alerte :

— absence de recours à un prêt ;
— surévaluation du bien immobilier ;
— réticence de l'acheteuse à produire les justificatifs demandés ;
— intermédiation d'un compte situé dans un pays à fiscalité privilégié.

Cas n° 6 : Cession de parts d'une SARL détentrice d'un bien immobilier

M. X, ressortissant d'un pays très exposé au blanchiment des capitaux et gérant d'une SARL française estimée à 10 000 000 € a donné mandat à une agence immobilière pour vendre un bien immobilier détenu par sa société. L'agence immobilière lui présente un acquéreur. Les deux parties sollicitent leurs avocats respectifs. Ils écartent l'agence des négociations, au terme desquelles l'opération ne porte plus sur la vente du bien immobilier mais sur la cession des parts de la SARL.

Quelques jours plus tard, l'agence perçoit une commission de 350 000 € au titre de sa prestation, commission émise depuis un fonds CARPA.

Analyse des faits :

M. X a été reconnu coupable d'escroquerie et de blanchiment organisé dans son pays. Les cessions de parts ne sont pas obligatoirement actées par un notaire. Elles peuvent faire l'objet d'un acte sous seing privé entre les deux parties. Dans le cas présent, l'opération ne pouvait être déclarée ni par le notaire ni par la Caisse des dépôts et consignations (CDC). Par ailleurs, il est possible que le versement des fonds ait été réalisé entre les deux parties depuis leurs comptes domiciliés à l'étranger, de sorte que l'opération échappe à l'attention des banques françaises. Et ce d'autant plus que le cessionnaire n'a pas eu de recours à un prêt.

Cette déclaration illustre un type d'opérations dont Tracfin n'aurait pu avoir connaissance sans le concours de l'agence immobilière.

Critères d'alerte :
— opération atypique pour la profession ;
— zone sensible exposée aux problématiques de corruption et de blanchiment de capitaux ;
— la commission de l'agence n'est pas versée par le client.

ANNEXE 2

CRITÈRES D'ALERTE

La liste des critères d'alerte ci-après n'est pas exhaustive. Ces critères constituent des exemples que chaque professionnel de l'immobilier devra apprécier selon la situation de son établissement et les risques auxquels il est exposé. Le soupçon de la déclaration s'exprime *via* une analyse reposant sur un faisceau de critères.

Critères d'alerte relatifs à l'opération :

• l'opération s'inscrit dans une situation complexe : c'est un maillon d'un montage mis en place par l'acheteur ou le vendeur ;

• le prix de vente est anormalement élevé, minoré ou manifestement déséquilibré (ex. : il existe une discordance importante entre l'estimation du bien et sa valeur réelle) ;

• l'opération ne semble pas avoir de justification économique : l'opération manque de cohérence ou de justification simple ;

• l'opération soulève des complications financières, économiques ou juridiques ;

• l'opération est une opération inhabituelle pour l'acheteur ou le vendeur au regard de ses activités normales ;

• la cohérence est insuffisante entre la situation familiale, économique ou sociale de la personne et les conditions économiques de l'opération ;

• la vente ou l'achat affecte un secteur sensible aux fraudes (flux transfrontalier, société écran et facturation fictive permettant de ne pas payer de TVA), tels que les secteurs de la vente de véhicules d'occasion, de l'informatique, de la téléphonie, du matériel électronique, du matériel électroménager, de la hi-fi et de la vidéo, de la rénovation énergétique ou du dépannage à domicile ;

• le client procède à plusieurs achats et reventes successifs dans un temps bref.

Critères d'alerte relatifs aux fonds :

• le destinataire des fonds exige des espèces ou utilise sans explication de nombreux comptes ;

• le vendeur demande que le versement des sommes qui lui sont dues soit effectué à une tierce personne ;

• le paiement est effectué en provenance ou à destination d'établissements financiers, de sociétés ou de personnes résidant (i) dans un pays à fiscalité privilégiée, (ii) dans un pays connu pour son instabilité politique ou le développement de certains trafics, (iii) dans un pays sensible compte tenu de l'actualité ;

• l'acquéreur paie son achat en espèces ;

• le paiement provient d'un tiers sans justification du lien juridique qui pourrait légitimer cette intervention au profit du client ;

• il y a un doute sur l'origine des fonds prêtés par des membres de la famille d'un acheteur ;

• l'utilisation régulière par des personnes physiques domiciliées et ayant une activité en France de comptes détenus par des sociétés étrangères ;

• le paiement par un particulier de fonds sans rapport avec son activité ou sa situation patrimoniale connue ;

• l'origine des fonds est inconnue ;

• annulation de l'opération et demande de retour des fonds vers un compte autre que le compte émetteur ;

• complicité du vendeur et de l'acheteur en cas d'annulation de l'opération et de perte des fonds émis sur compte séquestre au profit du vendeur.

Critères d'alerte relatifs aux clients ou aux bénéficiaires effectifs :

• le destinataire final des fonds est inconnu ou est dissimulé ;

• le comportement de la personne dont les biens sont vendus ou du bénéficiaire effectif est insolite ;

• il y a une substitution de partie au dernier moment ;

• on suppose une connivence entre le vendeur et l'acheteur ;

• l'utilisation de sociétés écran ;

• le recours à l'interposition de personnes physiques n'intervenant qu'en apparence pour le compte de sociétés ou de particuliers impliqués dans des opérations financières ;

• la difficulté d'identifier les bénéficiaires effectifs et les liens entre l'origine et la destination des fonds en raison de l'utilisation de comptes intermédiaires ou de comptes de professionnels non financiers comme comptes de passage, ou du recours à des structures sociétaires complexes et à des montages juridiques et financiers rendant peu transparents les mécanismes de gestion et d'administration ;

• l'organisation de l'insolvabilité par la vente rapide d'actifs à des personnes physiques ou morales liées ou à des conditions qui traduisent un déséquilibre manifeste et injustifié des termes de la vente ;

• l'acheteur final ou le vendeur effectif sont représentés par un intermédiaire ;

• il existe un lien de parenté ou de proximité entre le vendeur et l'acheteur ;

• l'acheteur a une origine géographique sensible par rapport à l'actualité ;

• l'acheteur a un comportement atypique éveillant le doute ;

• l'acheteur ou les bénéficiaires effectifs sont des personnalités politiques exposées (PPE) ou des personnes assimilées aux PPE ;

• l'acheteur est actif dans des secteurs d'activité sensibles (BTP, automobile, téléphonie, sécurité, hôtellerie, restauration, dépannage à domicile, rénovation énergétique, informatique, etc.) ;

• présence d'un tiers au côté de l'acquéreur, dont le comportement tend à faire penser qu'il s'agit du bénéficiaire réel de l'opération ;

• difficulté d'établir un contact avec l'acquéreur et présence d'un intermédiaire.

Critères d'alerte relatifs aux mesures de vigilance :

• difficultés ou impossibilité d'obtenir des informations ;

• les documents produits (ex. : papiers d'identité, K-*bis*) sont volés ou faux ;

• l'identité d'une personne physique ou morale est usurpée ;

• les documents légaux qui doivent normalement être fournis font défaut ;

• il est impossible d'obtenir des informations sur l'identification de l'acheteur, sur le bénéficiaire effectif de la vente ou de l'achat ou encore sur l'opération ;

• une information recueillie sur l'acheteur ou les bénéficiaires effectifs et/ou l'opération s'avère incomplète et ou inexacte ;

• la constatation d'anomalies dans les documents produits comme justification de l'origine des fonds, de l'identité des personnes physique ou morale ou sur la cohérence économique de l'opération (ex. : absence du numéro d'immatriculation au registre du commerce et des sociétés, du numéro SIREN, faux bulletins de salaire, fausses pièces d'identité, etc.) ;

• le refus du client de produire des pièces justificatives quant à la provenance des fonds reçus, ou l'impossibilité de produire ces pièces ;

• l'absence de réponse aux questions.

Lignes directrices conjointes DGCCRF-TRACFIN (juin 2019),

Sur les obligations relatives à la lutte contre le blanchiment de capitaux et le financement du terrorisme des personnes exerçant l'activité de domiciliation.

Introduction

1. Les présentes lignes directrices, actualisées conformément à la 4e directive anti-blanchiment et à sa transposition par l'ordonnance du 1er décembre 2016 et son décret d'application du 18 avril 2018 *[Dir. (UE) 2015/849 20 mai 2015 ; Ord. n° 2016-1635 du 1er déc. 2016 ; Décr. n° 2018-284 du 18 avr. 2018]*, **ont vocation à aider les personnes exerçant l'activité de domiciliation à améliorer leur participation au dispositif de lutte contre le blanchiment des capitaux et financement du terrorisme (ci-après LCB/FT).**

2. Destinées à faciliter la mise en œuvre, par les domiciliataires, de leurs obligations en matière de LCB/FT, ces lignes directrices ne présentent pas de caractère contraignant. Elles n'ajoutent pas d'obligations aux dispositions législatives et règlementaires, ne s'y substituent pas et ne sont pas exhaustives. Elles ne dispensent donc pas les assujettis de prendre connaissance des dispositions légales et règlementaires, et de se tenir informés de leurs éventuelles évolutions. Ces dispositions sont consultables sur le site legifrance.gouv.fr.

3. Le système d'évaluation et de gestion des risques, prévu par la règlementation, est la clé de voûte du dispositif LCB/FT *[le dispositif LCB/FT repose sur une approche dite "par les risques"]*. Élaborée par chaque domiciliataire selon la connaissance qu'il a de sa clientèle, la cartographie des risques sert de support à la mise en place des mesures de vigilance à mettre en œuvre.

4. Les principales obligations incombant aux domiciliataires dans le cadre de la lutte contre le blanchiment et le financement du terrorisme sont les suivantes :

- Mettre en place un système d'évaluation et de gestion des risques ;
- Identifier et vérifier l'identité de leurs clients et de leurs bénéficiaires effectifs ;
- Assurer une vigilance constante et adaptée sur les relations d'affaires ;
- Procéder, le cas échéant, à une déclaration de soupçon auprès de Tracfin ;
- Mettre en place un contrôle interne ;
- Former et informer les collaborateurs ;
- Conserver les documents concernant le client/les bénéficiaires et les opérations que le client a effectuées pendant cinq ans.

1 Les professionnels et les opérations relevant du dispositif de LCB/FT

5. Au titre des présentes lignes directrices, les professionnels assujettis sont ceux qui, conformément au 15° de l'article L. 561-2 du code monétaire et financier, exercent l'activité de domiciliation mentionnée aux articles L. 123-11-2 et suivants du code de commerce. Dans les développements qui suivent, ils seront dénommés "domiciliataires" ou "entreprises de domiciliation".

6. L'activité de domiciliation peut être exercée soit par une personne physique (entreprise individuelle) soit par une personne morale. Tout domiciliataire est soumis aux obligations de lutte contre le blanchiment de capitaux et le financement du terrorisme vis-à-vis de ses clients, c'est-à-dire des entreprises qu'il domicilie (quelle que soit leur forme juridique : artisan, commerçant, autoentrepreneur, association, société...).

2 Les obligations des professionnels assujettis

7. Il convient de préciser au préalable que si d'autres professionnels sont également assujettis aux mêmes obligations (comme la banque dans laquelle l'entreprise domiciliée détient des comptes), cela ne dispense en aucun cas les entreprises de domiciliation de leurs obligations.

2.1 *La mise en place d'un système d'évaluation et de gestion des risques*

> Dans un document écrit, le domiciliataire liste les risques auxquels il est exposé en matière de blanchiment, les évalue et indique les mesures à prendre en réponse à ces risques.

8. Le système d'évaluation et de gestion des risques est la clé de voute du dispositif anti-blanchiment et de lutte contre le financement du terrorisme. Il est constitué de l'ensemble des mesures techniques et organisationnelles mises en place par les professionnels pour détecter de manière pertinente les personnes et les opérations à risque, et les signaler à Tracfin.

9. La mise en place d'un tel système permet au professionnel d'identifier, d'analyser et de comprendre les risques LCB/FT afin d'appliquer des mesures de prévention, d'atténuation ou d'élimination des risques identifiés.

10. Ce système comporte en général :

– un volet "classification" des risques auxquels le professionnel est exposé au regard, notamment, de ses activités/opérations/services/clients/implantations (cartographie des risques) ;

– un volet "opérationnel" décrivant les procédures à mettre en œuvre, par le professionnel, en réponse aux risques identifiés préalablement.

11. Ce système doit être individualisé et adapté à la situation particulière de chaque domiciliataire. En conséquence, la simple reprise des présentes lignes direc-

trices ou la reproduction des articles du code monétaire et financier par le professionnel ne saurait suffire à le mettre en conformité avec les exigences de l'article L. 561-32 du code monétaire et financier.

12. Ce système fait l'objet d'un écrit diffusé à l'ensemble du personnel de la structure ayant pour mission de mettre en œuvre les mesures de vigilance LCB/FT (art. R. 561-38-1).

13. Le document écrit doit retracer l'ensemble de la démarche du professionnel, qui se décompose en trois étapes comme suit :

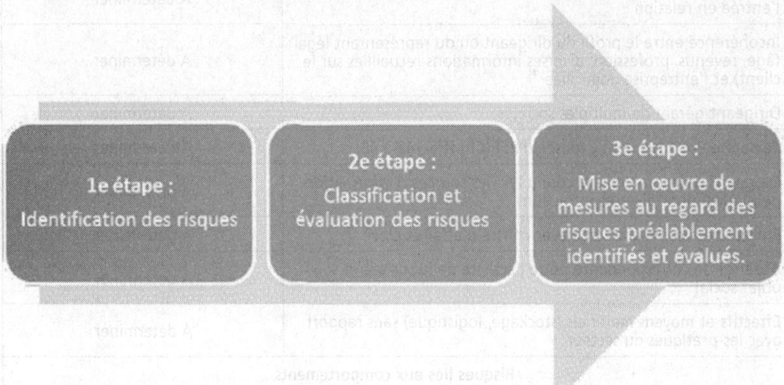

14. Il s'agit donc, en premier lieu, de dresser une cartographie des risques (étapes 1 et 2 : identification, évaluation et classification des risques), puis de décrire les mesures opérationnelles à adopter afin de prévenir, atténuer ou éliminer les risques identifiés (étape 3).

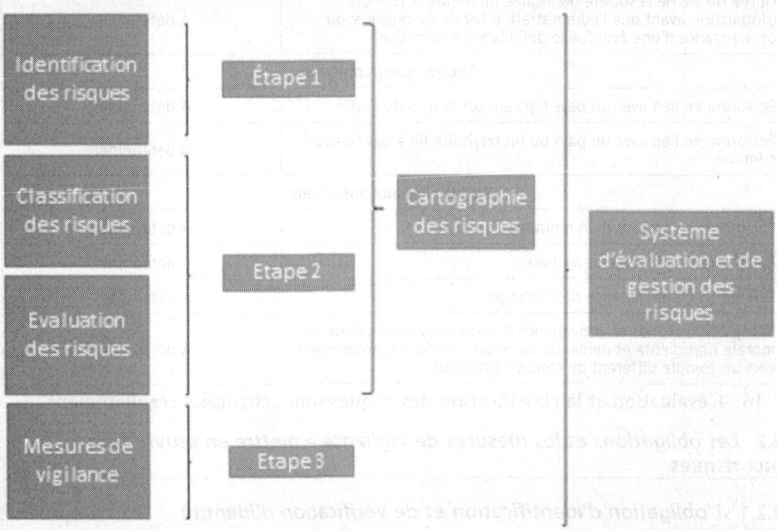

15. Les risques identifiés ci-dessous et leur classement sont donnés à titre d'illustration et ne revêtent aucun caractère exhaustif.

NATURE DU RISQUE	ÉVALUATION (Niveau de risque)
Risques liés aux profils	
Secteurs d'activités sensibles (BTP, sociétés de surveillance, formation professionnelle, informatique, travaux à domicile, cartes prépayées, annuaires professionnels...)	A déterminer
Dirigeant/représentant légal non présent physiquement lors de l'entrée en relation	A déterminer
Incohérence entre le profil du dirigeant ou du représentant légal (âge, revenus, profession, diverses informations recueillies sur le client) et l'entreprise domiciliée	A déterminer
Dirigeant gérant de multiples sociétés	A déterminer
Personne Politiquement Exposée (PPE) (Cf infra §42 à 48)	A déterminer
Dirigeant défavorablement connu (via les sources d'information publiques) pour diverses infractions	A déterminer
Entreprise récemment créée avec chiffre d'affaires élevé	A déterminer
Absence de correspondance entre l'activité de la société et son objet social	A déterminer
Effectifs et moyens matériels (stockage, logistique) sans rapport avec les pratiques du secteur	A déterminer
Risques liés aux comportements	
Courrier non relevé depuis plus de trois mois	A déterminer
Documents fournis non-probants	A déterminer
Changements fréquents de dirigeants et/ou de statuts	A déterminer
Durée de vie de la société domiciliée inférieure à 18 mois (disparition avant que l'administration fiscale ne puisse avoir connaissance d'une éventuelle défaillance déclarative)	A déterminer
Risques géographiques	
Personne en lien avec un pays figurant sur la liste du GAFI	A déterminer
Personne en lien avec un pays ou un territoire lié à des réseaux criminels	A déterminer
Risques liés aux opérations	
Paiements en espèces d'un montant significatif	A déterminer
Paiements en provenance de tiers	A déterminer
Paiements en provenance de l'étranger	A déterminer
Réception de fonds en provenance d'une personne physique ou morale non cliente et demande de retour des fonds, notamment vers un compte différent du compte émetteur	A déterminer

16. L'évaluation et la classification des risques sont actualisées régulièrement.

2.2 *Les obligations et les mesures de vigilance à mettre en œuvre face aux risques*

2.2.1 *L'obligation d'identification et de vérification d'identité*

17. Avant d'entrer en relation d'affaires, le domiciliataire doit identifier le client, et le cas échéant le bénéficiaire effectif de l'opération. Il doit également vérifier son

identité sur la base de tout document écrit probant et recueillir toutes informations sur l'objet et la nature de l'opération envisagée (art. L. 561-5-1).

18. Les professionnels doivent être en mesure de justifier auprès des services de la DGCCRF des diligences effectuées, notamment pour identifier le bénéficiaire effectif.

19. L'identification du client et du bénéficiaire effectif et la vérification de leur identité doivent intervenir avant la conclusion du contrat de domiciliation.

20. Dans le suivi de la relation d'affaires (art. L. 561-6), le professionnel a l'obligation de mettre à jour sa connaissance du client, afin de mesurer la cohérence, voire la licéité, des opérations effectuées par ce dernier.

2.2.1.1 *Avant l'entrée en relation d'affaires.*

21. En application de l'article L. 561-2-1 du code monétaire et financier, un domiciliataire est considéré comme engagé dans une "relation d'affaires" dès lors qu'un contrat de domiciliation est signé entre l'entreprise de domiciliation et le client utilisant ses services.

22. Avant d'entrer en relation d'affaires, le domiciliataire doit identifier le client, et le cas échéant le bénéficiaire effectif de l'opération.

▪ **Identification et vérification de l'identité du client/bénéficiaire effectif**

23. Les domiciliataires doivent recueillir le nom et prénoms de la (des) personne(s) physique(s) concernée(s), ainsi que sa date et son lieu de naissance. Cette information doit s'effectuer selon des moyens adaptés, conformément aux articles R. 561-5 à R. 561-9 du code monétaire et financier.

24. Lorsque le client est une personne morale, il convient de recueillir sa forme juridique, sa dénomination, son numéro d'immatriculation, ainsi que l'adresse de son siège social.

25. Les domiciliataires doivent vérifier l'identité du client et du bénéficiaire effectif, en utilisant notamment l'une des modalités suivantes :

— Obtenir communication de l'original d'un document officiel en cours de validité comportant sa photographie (carte d'identité, passeport) et en prendre copie ;

— Obtenir communication de l'original ou de la copie de tout acte ou extrait de registre officiel datant de moins de trois mois ou extrait de *Journal officiel*, constatant la dénomination, la forme juridique, l'adresse du siège social et l'identité des associés et dirigeants sociaux ;

— Quand le domiciliataire traite avec des personnes agissant pour le compte du client, il vérifie leurs pouvoirs et leur identité.

▪ **Notion de bénéficiaire effectif**

Le domiciliataire identifie le(s) bénéficiaire(s) effectif(s) et doit être en mesure de justifier auprès des agents de la DGCCRF des mesures prises pour cette identification. Il peut avoir accès au registre des bénéficiaires effectifs.

26. Le bénéficiaire effectif est la ou les personnes physiques :

— soit qui contrôlent en dernier lieu, directement ou indirectement, le client ;

— soit pour laquelle une opération est exécutée ou une activité exercée.

27. Lorsque le client du domiciliataire est une société, le bénéficiaire effectif est la ou les personnes physiques qui soit détiennent, directement ou indirectement, plus de 25 % du capital ou des droits de vote de la société, soit exercent, par tout autre moyen, un pouvoir de contrôle sur la société.

28. Lorsqu'aucune personne physique n'a pu être identifiée selon ces critères, et que le domiciliataire n'a pas de soupçon de blanchiment de capitaux ou de financement du terrorisme à l'encontre de son client, le bénéficiaire effectif est la ou les personnes physiques ci-après (ou, si la société n'est pas immatriculée en France, leur équivalent en droit étranger qui représente légalement la société) :

a) Le ou les gérants des sociétés en nom collectif, des sociétés en commandite simple, des sociétés à responsabilité limitée, des sociétés en commandite par actions et des sociétés civiles ;

b) Le directeur général des sociétés anonymes à conseil d'administration ;

c) Le directeur général unique ou le président du directoire des sociétés anonymes à directoire et conseil de surveillance ;

d) Le président et, le cas échéant, le directeur général des sociétés par actions simplifiées.

Si les représentants légaux mentionnés au a ou au d sont des personnes morales, le bénéficiaire effectif est la ou les personnes physiques qui représentent légalement ces personnes morales.

29. Lorsque le client est une personne morale qui n'est ni une société ni un placement collectif, le bénéficiaire effectif est la ou les personnes physiques qui satisfont à l'une des conditions suivantes :

– 1° Elles sont titulaires, directement ou indirectement, de plus de 25 % du capital de la personne morale ;

– 2° Elles ont vocation, par l'effet d'un acte juridique les ayant désignées à cette fin, à devenir titulaires, directement ou indirectement, de plus de 25 % du capital de la personne morale ;

– 3° Elles disposent d'un pouvoir de nommer ou de révoquer la majorité des membres des organes d'administration, de gestion, de direction ou de surveillance de la personne morale ;

– 4° Elles exercent par d'autres moyens un pouvoir de contrôle sur les organes d'administration, de gestion, de direction ou de surveillance de la personne morale.

▪ **Registre des bénéficiaires effectifs**

30. Les sociétés commerciales, civiles, groupements d'intérêt économique (GIE) et autres entités (associations, organismes de placement collectif) tenues de s'immatriculer au registre de commerce et des sociétés (RCS) doivent déposer au greffe du tribunal de commerce un document relatif au bénéficiaire effectif contenant les éléments d'identification et le domicile personnel de ce dernier ainsi que les modalités du contrôle qu'il exerce.

31. Les domiciliataires, en tant que personnes assujetties à la lutte contre le blanchiment et le financement du terrorisme, peuvent obtenir communication du document relatif au bénéficiaire effectif de leur client auprès du greffe du tribunal de commerce (ou, pour les départements d'Alsace et de Moselle, des tribunaux d'instance) afin de vérifier son identité.

2.2.1.2 *Pendant la relation d'affaires.*

– Le domiciliataire est tenu d'exercer une vigilance constante et d'actualiser sa connaissance-client.

– Il peut, lorsqu'il estime le risque faible, alléger cette vigilance.

– Il doit, lorsque le risque lui parait élevé, réaliser des mesures de vigilance renforcée (paragraphes 39 à 42).

– Dans certains cas prévus par le code monétaire et financier, le domiciliataire doit mettre en œuvre des mesures de vigilance complémentaire (paragraphe 43).

▪ **Vigilance constante et actualisation de la connaissance-client**

32. Les entreprises de domiciliation exercent une vigilance constante pendant toute la durée de la relation d'affaires : elles recueillent, mettent à jour et analysent les éléments d'information qui permettent de conserver une connaissance appropriée de leur relation d'affaires. Cette connaissance doit être régulièrement actualisée.

33. Elle peut notamment s'appuyer sur la liste des documents prévus par l'arrêté du 2 septembre 2009. Il peut s'agir par exemple, pour les personnes physiques du justificatif de l'adresse du domicile à jour au moment où les éléments sont recueillis, et pour les personnes morales, du justificatif de l'adresse du siège social, des statuts, des mandats et des pouvoirs.

34. La vigilance (nature et étendue des informations collectées, fréquence de la mise à jour de ces informations...) doit être adaptée au risque de blanchiment de capitaux et de financement du terrorisme présenté par la relation d'affaires.

35. Il est recommandé d'établir, dès l'entrée en relation avec le client, une fiche contenant des informations sur l'identité de celui-ci, la nature de l'opération, le bénéficiaire effectif et de recueillir les justificatifs correspondants. Le contenu de cette fiche pourra notamment être adapté en fonction des réponses données aux demandes de justification.

36. Ce document est tenu à jour au fil de la relation d'affaires.

37. Les domiciliataires doivent être en mesure de justifier auprès de l'autorité de contrôle de la mise en œuvre de ces mesures de vigilance constante et leur adéquation au risque de blanchiment de capitaux et de financement du terrorisme présenté par la relation d'affaires.

▪ **L'allègement des obligations de vigilance normale**

38. Le code monétaire et financier autorise les domiciliataires à mettre en œuvre une obligation de vigilance allégée lorsque le risque de blanchiment de capitaux et de financement du terrorisme leur paraît faible. Cette appréciation est personnelle à l'assujetti, ce dernier devant être en mesure de pouvoir démontrer, auprès de l'autorité de contrôle, les raisons pour lesquelles une vigilance allégée est retenue.

▪ **La vigilance renforcée**

Si le domiciliataire estime que son client ou qu'une opération dont il a connaissance présente un risque LCB/FT élevé, il procède aux vérifications sur l'identité et à l'actualisation de sa connaissance-client de manière renforcée, en recherchant des informations supplémentaires. Il en garde trace afin de pouvoir en justifier auprès des agents de contrôle.

39. Lorsque le risque de blanchiment des capitaux et de financement du terrorisme présenté par une relation d'affaires ou une opération paraît élevé, les entreprises de domiciliation doivent réaliser des mesures de vigilance renforcées.

40. Il est notamment conseillé d'exercer une vigilance accrue dans les cas suivants :

– Le client ne fournit pas, malgré les relances, de documents probants permettant son identification ainsi que celle du bénéficiaire effectif ;

– Le client n'est pas venu relever son courrier depuis plus de trois mois ;

– Les changements fréquents de dirigeants et/ou statuts ne permettent pas de tenir à jour le dossier du client, conformément à la règlementation en vigueur.

– Les dirigeants et/ou bénéficiaires effectifs sont difficilement identifiables compte tenu du montage juridique complexe choisi par le client.

41. La vigilance renforcée consistera à rechercher des informations supplémentaires sur le client. Les éléments à recueillir sur le client peuvent être obtenus de diverses manières :

– sur internet, *via* les moteurs de recherche ;

– sur les sites publics d'information relatifs aux sociétés (indication sur la situation de la personne morale et des dirigeants, état de santé de l'entreprise) ;

– sur les réseaux sociaux ;

– en interrogeant le client.

42. Les éléments ainsi obtenus sont consignés par écrit et tenus à la disposition des services habilités à y accéder. Ces documents peuvent permettre de démontrer la réalisation par le professionnel de son obligation de vigilance.

▪ **Les mesures de vigilance complémentaires**

Le code monétaire et financier prévoit des cas déterminés qui présentent des risques spécifiques et pour lesquels des mesures de vigilance dites "complémentaires" sont à mettre en œuvre.

▸ **L'entrée en relation d'affaires à distance**

43. Lorsque le client ou son représentant légal n'est pas physiquement présent aux fins de l'identification au moment de l'établissement de la relation d'affaires, les

domiciliataires appliquent au moins deux des mesures de vigilance complémentaires listées par l'article R. 561-20 et notamment les suivantes :

1. Obtenir une pièce justificative supplémentaire permettant de confirmer l'identité du client;

2. Vérifier et faire certifier la copie du document officiel du dirigeant, ainsi que de l'extrait de registre officiel de la société objet du contrat de domiciliation, par un tiers indépendant du client (tel que l'autorité ayant délivré le document en question) ;

3. Demander que le premier paiement provienne d'un compte au nom du dirigeant ou de la société ouvert en France ou Union européenne ou dans un pays tiers imposant des obligations équivalentes en matière de lutte contre le blanchiment et le financement du terrorisme ;

4. Obtenir une confirmation de l'identité du dirigeant de la part d'un établissement bancaire ou d'assurance établi dans l'Union européenne, ou dans un pays tiers imposant des obligations équivalentes en matière de lutte contre le blanchiment et le financement du terrorisme.

▸ Les personnes politiquement exposées (PPE nationales et étrangères)

• Notion de PPE

44. Les PPE sont des personnes considérées comme exposées à des "risques plus élevés" de blanchiment de capitaux, notamment de corruption et de trafic d'influence, en raison des fonctions politiques, juridictionnelles ou administratives qu'elles exercent ou ont cessé d'exercer depuis moins d'un an pour le compte d'un État ou d'une institution internationale publique créée par un traité.

45. Il s'agit notamment des fonctions suivantes :

– chefs d'État, de gouvernement, membres d'un gouvernement, d'une assemblée parlementaire ou de la Commission européenne ;

– ambassadeurs, officiers militaires généraux/supérieurs ;

– membres d'un organe d'administration, de direction ou de surveillance d'une entreprise publique.

46. La qualité de PPE couvre également les proches, en particulier les membres directs de la famille des PPE et leurs collaborateurs (liens d'affaires notamment).

• Mesures à mettre en œuvre en présence d'une PPE cliente

* Identification des PPE

47. Afin de déterminer si le client est une personne politiquement exposée, des procédures adaptées aux risques auxquels les domiciliataires sont exposés doivent être définies et mises en œuvre. Il est par exemple possible de :

– demander aux clients, lors de l'entrée en relation d'affaires, qu'ils se signalent s'ils répondent aux caractéristiques d'une PPE ;

– procéder à une recherche sur internet du nom du client.

A noter : de nombreuses sociétés commerciales proposent désormais des solutions informatiques permettant de rechercher rapidement si un client est identifié dans une liste de PPE.

48. Dans le cadre de l'actualisation régulière de la connaissance client, il est conseillé aux domiciliataires de vérifier également si le client n'est pas devenu une PPE au cours de la relation d'affaires.

* Mesures de vigilance complémentaires vis-à-vis d'une PPE

49. La décision de nouer ou maintenir une relation d'affaires avec une PPE ne peut être prise que par un membre de l'organe exécutif ou toute personne habilitée à cet effet par l'organe exécutif de l'entreprise de domiciliation.

50. Le domiciliataire recherche, pour l'appréciation des risques de blanchiment de capitaux et de financement du terrorisme, l'origine du patrimoine et des fonds impliqués dans la relation d'affaires avec la PPE.

51. Il doit également renforcer les mesures permettant de s'assurer de la cohérence des opérations effectuées par la PPE dans le cadre de la relation d'affaires avec la connaissance de cette relation d'affaires. Ces mesures doivent notamment permettre de s'assurer que les opérations effectuées sont cohérentes avec les activités professionnelles du client PPE.

52. En principe, si les mesures de vigilance complémentaires ne peuvent pas être réalisées, l'entreprise de domiciliation cesse toute relation avec son client.

▸ Opérations présentant un lien avec un pays faisant obstacle à la lutte contre le blanchiment des capitaux et le financement du terrorisme

53. Dans le cas où les personnes physiques ou morales qui souhaitent entrer en relation sont établies sur un territoire inscrit sur les listes publiées par le GAFI ou par la Commission européenne, les domiciliataires appliquent chacune des mesures suivantes :

— la décision de nouer ou maintenir la relation d'affaires est prise par un membre de l'organe exécutif ;

— le domiciliataire recueille des éléments d'information complémentaires relatifs à la connaissance de leur client ainsi qu'à l'objet et la nature de la relation d'affaires ;

— le domiciliataire renforce la fréquence de mise à jour des éléments nécessaires à la connaissance de son client et du bénéficiaire effectif de la relation d'affaires.

54. Les listes publiées par le GAFI ou par la Commission européenne sont mises en ligne sur le site internet de la direction générale du Trésor du Ministère de l'Economie et des Finances.

2.2.2 *Vigilance suite à gels des avoirs ou à réquisition judiciaire*

Lorsqu'il apprend que son client fait l'objet d'une mesure de gel des avoirs, ou est destinataire d'une réquisition judiciaire concernant un client, le domiciliataire réexamine la relation d'affaires et le profil de ce client, au regard de critères d'alerte tels que par exemple des changements anormalement fréquents de dirigeants, d'activités, ou des anomalies détectées dans le suivi du courrier (absence de relevé sur une période anormalement longue, changements fréquents d'adresse de réexpédition...).

2.2.2.1 *Vigilance suite au gel des avoirs du client.*

55. Le fait qu'une personne fasse l'objet d'une mesure restrictive, y inclus le gel des avoirs *[sur ce point, consulter par exemple la liste unique de gel de la DGTrésor ainsi que celle de l'Union européenne]*, n'impose pas nécessairement au domiciliataire de procéder à une déclaration de soupçon à Tracfin. En revanche, il est attendu qu'il réévalue le profil de la relation d'affaires au regard de cette mesure, et adapte sa vigilance en conséquence. Il examine en particulier avec attention le fonctionnement de la relation d'affaires, notamment dans la période qui a précédé l'entrée en vigueur de la mesure restrictive.

56. Lorsqu'il est mis fin à la mesure restrictive, le domiciliataire veille à conserver une vigilance adaptée au profil de son client, tenant compte notamment de ce facteur de risque et de tout autre élément pertinent.

57. En tout état de cause, en cas de soupçon, il appartient au domiciliataire de transmettre sans délai une déclaration à Tracfin, en précisant les éléments d'analyse ayant conduit au soupçon, sans préjudice de la déclaration de gel à la direction générale du Trésor *[contacts et formulaires : https://www.tresor.economie.gouv.fr/Ressources/4147_Contacts-et-formulaires]* prévue par les règlements européens portant mesures restrictives et par le code monétaire et financier.

2.2.2.2 *Vigilance suite à réquisition judiciaire concernant le client.*

58. La réception d'une réquisition judiciaire amène, en principe, l'entreprise de domiciliation à effectuer une analyse des opérations enregistrées dans ses livres par le client, à réévaluer le profil de son client et adapter sa vigilance en conséquence.

59. Il en va de même quand il reçoit une demande administrative (administration fiscale, douanes, etc.) dont l'objet est susceptible de présenter un lien avec la LCB/FT.

60. Dans ce cadre, le réexamen de la relation d'affaires peut permettre au domiciliataire de détecter des opérations suspectes qu'il n'avait pas identifiées au préalable et qui ne seraient pas visées dans la réquisition judiciaire. Dans cette hypothèse, une

déclaration de soupçon est transmise sans délai à Tracfin en mentionnant la réquisition judiciaire, ou le document reçu de l'administration requérante, en indiquant les références précises de la procédure et les coordonnées du service ou du magistrat à l'origine de la réquisition ou de la demande.

2.2.3 *Mesures à mettre en place face aux risques identifiés*

> Le domiciliataire identifie les mesures à prendre face aux critères d'alerte qu'il a déterminés.

61. Le tableau figurant en annexe 1 propose des exemples, non exhaustifs, de mesures à mettre en place en fonction des risques identifiés.

Si après la mise en œuvre des mesures de vigilance, le soupçon n'est pas levé, il y a lieu de transmettre une déclaration de soupçon à Tracfin.

2.3 *La déclaration de soupçon*

2.3.1 *Déclarant et correspondant Tracfin*

62. Au sein de chaque établissement du domiciliataire sont désignés un déclarant et un correspondant Tracfin qui peuvent par ailleurs être une seule et même personne.

63. En application de l'article R. 561-23, le déclarant est la personne habilitée à procéder à la déclaration de soupçon. En application de l'article R. 561-24, le correspondant est la personne chargée de répondre aux demandes de Tracfin et d'assurer aux membres concernés du personnel des informations, avis ou recommandations de caractère général qui en émanent.

64. L'identité et la qualité du déclarant et du correspondant sont communiquées à Tracfin par un document distinct joint à l'appui de la première déclaration. En cas de changement, l'identité du nouveau déclarant/correspondant Tracfin est portée, sans délai, à la connaissance de cet organisme.

65. Le déclarant Tracfin :
– transmet les déclarations de soupçon au service Tracfin ;
– transmet, le cas échéant, les déclarations de soupçon complémentaires.

66. Le correspondant Tracfin :
– est destinataire des accusés de réception des déclarations de soupçon ;
– traite les demandes de communication de pièces ou de documents émanant de Tracfin concernant les déclarations de soupçon.

> Les déclarants veillent à indiquer des coordonnées (téléphoniques/mail) permettant une prise de contact directe avec le déclarant/correspondant Tracfin lors de la complétion du formulaire dédié. Le respect d'une telle procédure permet d'assurer un niveau satisfaisant de confidentialité dans le cadre de l'exercice du droit de communication.

2.3.2 *Qu'est-ce qu'un soupçon ?*

67. Le soupçon est le fruit d'une réflexion objective et méthodique du professionnel. Il résulte d'un doute qui le conduit à s'interroger sur le caractère régulier ou licite de l'opération, d'un ensemble d'opérations ou de la structure d'une société.

68. Compte tenu des informations dont il dispose sur son client (identité, notoriété, profession, etc.) et des éléments, notamment financiers, concourant à cette opération, le professionnel procède à une déclaration lorsqu'il ne peut exclure tout doute sur le caractère régulier ou licite de l'action ou de l'acte envisagé.

2.3.3 *Que déclarent les professionnels ?*

69. Les champs potentiels de la déclaration de soupçon sont limitativement énoncés par le code monétaire et financier. Dès lors, les opérations faisant l'objet d'un signalement portent sur les thématiques suivantes :

– les sommes ou opérations portant sur des sommes dont ils savent, soupçonnent ou ont de bonnes raisons de soupçonner qu'elles proviennent d'une infraction passible d'une peine privative de liberté supérieure à un an,

– les sommes ou opérations portant sur des sommes dont ils savent, soupçonnent ou ont de bonnes raisons de soupçonner qu'elles proviennent d'une fraude fiscale lorsqu'il y a présence d'au moins un critère défini par décret ;

– les sommes ou opérations portant sur des sommes dont ils savent, soupçonnent ou ont de bonnes raisons de soupçonner qu'elles sont liées au financement du terrorisme.

S'agissant des sociétés de domiciliation, le comportement du client, la structure de la société, le profil du dirigeant ainsi que l'état et la qualité des informations collectées constituent des indices leur permettant de détecter des montages dont l'objectif final est de réaliser des opérations portant sur des sommes qui proviennent d'une infraction pénale sous-jacente, d'une fraude fiscale ou liées au financement du terrorisme.

70. La déclaration de soupçon n'est pas un acte anodin car elle entraîne un traitement par Tracfin de l'information ainsi déclarée, lequel peut donner lieu à des investigations complémentaires voire à une transmission à l'autorité judiciaire ou à certaines administrations compétentes listées dans le code monétaire et financier (article L. 561-31).

71. Le champ de la déclaration de soupçon, défini par l'article L. 561-15 du code monétaire et financier, porte sur toutes les sommes qui proviendraient d'une infraction sanctionnée d'une peine d'emprisonnement supérieure à un an (ex. : escroquerie, abus de confiance, blanchiment, trafic de stupéfiant, fraude fiscale...).

72. Les professionnels n'ont pas à préciser ni qualifier une infraction sous-jacente, il suffit qu'ils soupçonnent ou qu'ils aient de "bonnes raisons" de soupçonner qu'il existe une infraction sous-jacente et formulent leur analyse des faits. Ils indiquent les éléments d'analyse qui les conduisent à effectuer la déclaration de soupçon voire, dans l'hypothèse où ils ont recueilli des éléments leur permettant d'être plus précis, de caractériser le soupçon.

73. Les professionnels effectuent une déclaration de soupçons quand le soupçon est établi au terme de l'analyse conduite, c'est-à-dire lorsqu'ils n'ont pas obtenu, au regard des informations, documents recueillis auprès du client ou par d'autres moyens, d'assurance raisonnable quant à la licéité de fonds, d'une opération, d'un montage, d'une structure de multi-gérance inexpliquée ou quant à sa justification économique au regard de leur connaissance de la clientèle.

74. S'agissant plus spécifiquement du blanchiment de fraude fiscale, au sens du II de l'article L. 561-15, une déclaration, à ce titre, n'est envisageable que dans la mesure où au moins l'un des seize critères prévus à l'article D. 561-32-1 est présent. Les éléments d'analyse ayant conduit à retenir au moins l'un des critères sont précisés dans la déclaration.

75. Si le domiciliataire obtient de nouvelles informations permettant de confirmer ou infirmer le soupçon initial, il adresse à TRACFIN une déclaration complémentaire qui indique la référence Tracfin de la déclaration initiale et comporte l'ensemble des éléments utiles à la compréhension des faits signalés (cf. partie 2.3.4 *infra*).

2.3.4 *Le contenu des déclarations*

76. Le déclarant effectue les déclarations de soupçon sur la base des informations dont il dispose.

77. A titre liminaire, il convient de souligner que la déclaration de soupçon est la matérialisation d'un travail d'analyse. Dès lors, le déclarant s'abstient de faire des déclarations motivées uniquement par des éléments de contexte. Ainsi, les déclarations de soupçon ne peuvent avoir pour seul motif :

— la réception d'une réquisition judiciaire ou d'une demande de renseignement émanant d'une administration (et à plus forte raison d'un droit de communication diligenté par Tracfin) ;
— un contrôle fiscal en cours ;
— l'activité professionnelle du client, son adresse ou son pays de résidence (éléments toutefois susceptibles de constituer un faisceau d'indices) ;
— le montant élevé d'une opération ;
— le fait d'être une PPE.

78. Conformément au 5° du III de l'article R. 561-31, figure explicitement dans toute déclaration l'analyse des faits ayant conduit au soupçon à l'origine du signalement. Cette obligation est la conséquence naturelle de l'analyse effectuée et de ses conclusions.

Exemple de structure de l'exposé des motifs de la déclaration de soupçon (5° de l'article R. 561-31)

Partie 1 : Phrase introductive de synthèse

Cette partie doit permettre une compréhension rapide du signalement : nature et motif de la procédure en cours, etc.

Partie 2 : Présentation des personnes physiques et/ou morales faisant l'objet du soupçon

Rappel des informations détenues par le déclarant sur le client/débiteur objet du soupçon (éventuels compléments à l'état civil donné dans les champs *ad hoc* [*champ "état civil de la personne physique" de la déclaration de soupçon*] de la déclaration de soupçon, contexte de la relation d'affaire, etc.).

Personnes physiques :
• Situation personnelle et professionnelle connue,
• Situation matrimoniale connue,

Personnes morales :
• Date de création,
• Nature de l'activité,
• Principales données chiffrées connues (CA, résultat, etc.)
• Liens avec d'autres personnes ou éléments d'environnement (autres mandataires sociaux/associés, etc.).

Le déclarant peut également mentionner dans cette partie, le résultat des recherches effectuées en base ouverte concernant le client, ainsi que les démarches de recherche effectuées (réseaux sociaux, bases commerciales, etc.).

Partie 3 : Présentation de(s) opération(s) (si le cas se présente pour les sociétés de domiciliation)
• Synthèse des opérations et des mouvements douteux,
• Développement des faits concernant ces opérations,
• Précision sur l'origine et la destination (certaine ou présumée) des fonds sur lesquels porte le soupçon.

Partie 4 : la caractérisation du soupçon

Cette partie restitue le fait à l'origine du soupçon ayant conduit au signalement, expose clairement le soupçon du déclarant à l'appui des éléments figurant *supra*.
• En quoi la structure de la société est-elle suspecte ?
• Le profil du dirigeant est-il cohérent ?
• En quoi cette opération est-elle suspecte ?
• Pourquoi l'origine des fonds peut-elle paraitre douteuse ?
• Démarches entreprises par le déclarant pour lever le doute ?
• En quoi les explications ou justifications apportées par le client sont-elles peu convaincantes ou crédibles ?

Si soupçon de fraude fiscale : faire mention du (des) critère(s) listé(s) par le décret n° 2009-874 (art. D. 561-32-1).

79. Quel que soit le mode de transmission de la déclaration, des documents peuvent être joints aux déclarations de soupçon. Les déclarants utilisent cette fonc-

tionnalité pour transmettre à Tracfin l'ensemble des éléments nécessaires à la compréhension du signalement.

Les pièces pouvant être jointes à la déclaration (liste non exhaustive)

L'ensemble des éléments figurant dans la liste *infra*, couvrant une période de trois ans :

– une copie de la pièce d'identité du client/débiteur ;

– extrait K-*bis* de la personne morale visée ;

– tout acte de procédure permettant l'appréhension du contexte de la relation d'affaires ;

– document comptable utile (factures, grand livre, etc.).

80. A défaut des éléments d'information et des renseignements prévus par l'article R. 561-31, TRACFIN invite le déclarant à régulariser sa déclaration dans un délai d'un mois. A défaut de régularisation, la déclaration de soupçon est déclarée irrecevable. Les déclarations de soupçon irrecevables sont sans valeur au regard de l'article L. 561-15. Faute d'être exploitables en pratique, elles ne sont pas traitées par Tracfin. Cette irrecevabilité prive par ailleurs le déclarant du bénéfice des exonérations de responsabilités civile, pénale et professionnelle prévues à l'article L. 561-22.

81. Plus généralement, la DGCCRF et Tracfin rappellent le caractère essentiel de la correcte rédaction des déclarations de soupçon, quelles que soient les modalités de transmission de ces dernières. La clarté, la concision et la précision de la présentation des éléments d'information mentionnés dans la déclaration de soupçon sont essentielles pour l'efficacité du dispositif LCB/FT.

2.3.5 *Les modalités de transmission*

82. Le déclarant peut adresser les déclarations de soupçon à Tracfin *via* la plateforme de télé-déclaration ERMES.

Si la télé-déclaration ne revêt pas de caractère obligatoire pour les sociétés de domiciliation, il est constant que la plate-forme ERMES est garante d'un haut niveau de sécurité et de confidentialité. Elle est l'assurance d'une déclaration recevable.

83. Le cas échéant, le déclarant peut également utiliser le formulaire dématérialisé de déclaration de soupçon disponible sur le site internet de Tracfin.

2.3.6 *Les délais de déclaration*

84. L'article L. 561-16 pose le principe de la déclaration de soupçon préalablement à l'exécution de la transaction, hormis l'hypothèse de l'impossibilité de surseoir à son exécution ou que son report pourrait faire obstacle à des investigations, afin, le cas échéant, de permettre à Tracfin d'exercer son droit d'opposition. La déclaration indique, dans cette hypothèse, le délai d'exécution, conformément au 6° du III de l'article R. 561-31. Le professionnel s'abstient, en conséquence, d'effectuer l'opération dont il soupçonne qu'elle est liée au blanchiment de capitaux ou au financement du terrorisme.

2.3.7 *La confidentialité des déclarations*

Pour le déclarant :

85. La confidentialité de la déclaration de soupçon est prévue à l'article L. 561-18 : elle porte sur l'existence et le contenu des déclarations qui ne peuvent être communiqués, de même que les suites qui leur ont été données, ni à l'intéressé ni à des tiers. Le non-respect de cette interdiction de divulgation est réprimé par l'article L. 574-1 d'une peine de 22 500 euros.

Pour Tracfin :

86. Il est précisé que la déclaration de soupçon n'est jamais transmise spontanément à l'autorité judiciaire en appui des notes d'information dans lesquelles la ou les sources sont, au demeurant, systématiquement occultées.

87. La confidentialité de la déclaration n'est pas opposable à la DGCCRF. Elle ne fait pas obstacle à la communication par Tracfin d'informations concernant les déclarations à l'autorité de contrôle, en application du I de l'article L. 561-28.

> Conformément à l'article L. 561-22 du code monétaire et financier, le professionnel qui de bonne foi a adressé une déclaration de soupçon à Tracfin ne peut faire l'objet d'aucune poursuite sur le plan pénal en lien avec l'éventuelle infraction, ni ne voir sa responsabilité engagée en matière civile ou faire l'objet de sanctions disciplinaires.

2.3.8 *Le droit de communication à Tracfin*

88. Conformément à l'article L. 561-25-I, Tracfin peut demander que les documents, informations ou données, quel que soit le support utilisé, conservés en application de l'article L. 561-10-2 et des articles L. 561-12 et L. 561-13 lui soient communiqués dans les délais qu'il fixe. Ce droit s'exerce sur pièces pour les sociétés de domiciliation, dans le but de reconstituer l'ensemble des opérations faites par une personne physique ou morale liées à une opération ayant fait l'objet d'une déclaration mentionnée à l'article L. 561-15 ou à une information reçue au titre des articles L. 561-27, L. 561-28 ou L. 561-29, ainsi que dans le but de renseigner, dans les conditions prévues à l'article L. 561-29, des cellules de renseignement financier homologues étrangères.

89. En application du II de l'article L. 561-25, il est interdit, sous peine des sanctions prévues à l'article L. 574-1, aux sociétés de domiciliation de porter à la connaissance du propriétaire des sommes ou de l'auteur de l'une des opérations mentionnées à l'article L. 561-15 ou à des tiers, autres que les autorités de contrôle, ordres professionnels et instances représentatives nationales mentionnées à l'article L. 561-36, les informations provenant de l'exercice par Tracfin du droit de communication.

2.4 *Les obligations relatives au contrôle interne*

90. Chaque entreprise de domiciliation désigne un responsable de la mise en place et du suivi des systèmes d'évaluation et de gestion des risques et des procédures correspondantes.

91. Le contrôle permanent du dispositif de lutte contre le blanchiment de capitaux et le financement du terrorisme au sein de chaque entreprise ou établissement assujetti relève du contrôle de conformité. Ce contrôle est adapté à sa taille, à sa structure, son implantation et son exposition aux risques. Il permet de s'assurer que les procédures mises en place dans chaque entité satisfont aux obligations prévues par le code monétaire et financier et sont de nature à permettre la détection des opérations suspectes.

92. Dans le cadre du contrôle de conformité, une attention particulière doit être attachée aux délais de réalisation des mesures de lutte anti-blanchiment. En particulier, les diligences mises en œuvre pour l'analyse de la situation du client ne doivent pas conduire à des délais anormalement longs entre la découverte de l'anomalie et la déclaration à Tracfin. Le préalable indispensable à une réduction des délais réside dans l'actualisation des données relatives au client et au bénéficiaire.

93. Le contrôle interne permet de s'assurer de l'application des procédures relatives à la LCB/FT mises en place au sein de l'entreprise de domiciliation, à savoir :

– l'évaluation des risques ;
– la mise en œuvre des mesures de vigilance ;
– la conservation des documents relatifs à l'identification du client et du bénéficiaire effectif ;
– le respect de l'obligation déclarative à Tracfin ;
– la mise en œuvre de procédures de contrôle périodique et permanent des risque LCB/FT ;
– l'organisation de la conservation et de la confidentialité des déclarations de soupçon émises.

2.5 *Les obligations de formation et d'information des collaborateurs*

94. Les entreprises de domiciliation assurent l'information et la formation de l'ensemble des collaborateurs sur les obligations liées à la lutte contre le blanchiment de capitaux et le financement du terrorisme, et sur les procédures mises en place au sein de la structure.

95. Elles déterminent la fréquence de la mise à jour des connaissances des professionnels et des collaborateurs selon l'évolution de la réglementation et des procédures applicables (art. L. 561-34).

96. Les domiciliataires prennent en compte, dans le recrutement du personnel, les risques au regard de la lutte contre le blanchiment de capitaux et le financement du terrorisme.

> Dans le cadre des contrôles de la DGCCRF, il est conseillé aux domiciliataires de conserver :
> – les attestations de formation à la LCB/FT ;
> – les notes de service, courriels et compte-rendu de réunions diffusés en interne ;
> – les informations reçues du Conseil d'orientation de lutte anti-blanchiment (COLB).

2.6 *Les obligations de conservation des documents*

97. La conservation des documents est essentielle en ce qu'elle garantit à l'autorité de contrôle et à Tracfin, dans l'exercice de leur mission respective, la possibilité d'investiguer ou de reconstituer des transactions portant sur des opérations suspectes.

98. Partant, les domiciliataires conservent pendant cinq ans à compter de la cessation de la relation avec les clients ou de la clôture de leurs comptes les éléments relatifs à l'identité du client.

99. Ils conservent également pendant cinq ans à compter de leur exécution les documents et informations relatifs aux opérations effectuées par leurs clients.

> D'une manière générale, dans le cadre des contrôles de la DGCCRF, il est conseillé aux domiciliataires de conserver les informations recueillies lors des analyses effectuées préalablement à une éventuelle déclaration de soupçon.

3 Le contrôle des professionnels par la Direction générale de la concurrence, de la consommation et de la répression des fraudes (DGCCRF) et les sanctions de la Commission nationale des sanctions (CNS)

3.1 *Le contrôle des professionnels par la DGCCRF*

100. La DGCCRF est désignée en qualité d'autorité de contrôle des obligations de vigilance et de déclaration des personnes exerçant l'activité de domiciliation (article L. 561-36 I 14° du code monétaire et financier) dans le cadre du dispositif de lutte contre le blanchiment de capitaux et le financement du terrorisme.

101. Ce contrôle est réalisé dans les conditions prévues au titre V du livre IV du code de commerce par des agents de la concurrence, de la consommation et de la répression des fraudes spécialement habilités par arrêté du ministre chargé de l'économie. Ils peuvent notamment :

– se rendre dans tous lieux utilisés à des fins professionnelles et dans les lieux d'exécution d'une prestation de services ;

– exiger la communication et obtenir ou prendre copie, par tout moyen et sur tout support, des documents professionnels de toute nature propres à faciliter l'accomplissement de leur mission ;

— exiger la mise à leur disposition des moyens indispensables pour effectuer leurs vérifications ;

— recueillir, sur place ou sur convocation, tout renseignement, document ou toute justification nécessaire au contrôle.

Le secret professionnel n'est pas opposable aux agents de la DGCCRF *[art. L. 561-18 C. mon. fin. et L. 512-3 C. consom.]*.

102. Les contrôles de la DGCCRF portent sur la mise en place par les professionnels de procédures relatives à leurs obligations de vigilance et déclaratives (cartographie des risques, mesures de vigilance, connaissance du client, conservation des documents, recherches sur le client, formation et information du personnel, etc.).

103. Les professionnels doivent être en mesure de justifier, auprès de l'autorité de contrôle *[art. R. 561-7]*, des mesures prises afin de se conformer à leurs obligations en matière de LCB/FT.

104. Le contrôle du respect de leurs obligations par les personnes exerçant l'activité de domiciliation peut donner lieu à la rédaction de rapports transmis à la Commission nationale des sanctions (CNS).

3.2 *Les sanctions des professionnels par la Commission nationale des sanctions (CNS)*

105. La saisine de la CNS intervient en cas de manquement d'un domiciliataire à une ou plusieurs de ses obligations en matière de lutte contre le blanchiment de capitaux et de financement du terrorisme. L'autorité de contrôle procède pour ce faire à l'envoi d'un rapport de contrôle à la CNS.

106. La CNS peut décider de prononcer plusieurs types de sanctions administratives :

— L'avertissement ;

— Le blâme ;

— L'interdiction temporaire d'exercice de l'activité ou d'exercice de responsabilités dirigeantes au sein d'une personne morale exerçant cette activité pour une durée n'excédant pas cinq ans ;

— Le retrait d'agrément ou de la carte professionnelle.

Elle peut également prononcer une sanction pécuniaire dont le montant peut atteindre cinq millions d'euros.

107. Les principaux points donnant lieu à sanction de manière récurrente à l'encontre des sociétés de domiciliation sont :

— L'absence de formalisation du système d'évaluation et de gestion des risques : i convient de formaliser le dispositif par des documents écrits, datés, signés et diffusé à tous les collaborateurs.

— Le défaut de formation et d'information des collaborateurs : ceux-ci doivent être formés et informés régulièrement des obligations liées à la LCB-FT, et des procédure mises en place au sein de la structure.

— Des défaillances dans l'identification et la vérification de l'identité du client e du bénéficiaire effectif : absence de copie des documents d'identité, présence de documents périmés, non-conservation des justificatifs...

— Le défaut d'actualisation de la connaissance-client : les domiciliataires doiven exercer une vigilance constante et actualiser leur connaissance client de manièr fréquente.

108. Il ressort également de la jurisprudence de la CNS que le faible nombre d clients, la typologie de sa clientèle, sa taille ou encore le fait de ne pas avoir de salari ne dispense pas la société de domiciliation de respecter les obligations résultant d code monétaire et financier.

109. De même, le fait que les clients soient présentés par des tiers (notaire o avocat) n'exonère pas la société de domiciliation, en sa qualité de professionnel assu jetti, de ses obligations.

ANNEXE 1

CAS TYPOLOGIQUE

A FRAUDE AU REMBOURSEMENT DE TVA VIA DES FAUSSES FACTURES

Remarques préalables

— Le cas présenté ci-dessous a été signalé au service TRACFIN par la DGFIP dans le cadre de la Task Force TVA, elle regroupe des échelons opérationnels nationaux des administrations engagées dans la lutte contre la fraude à la TVA (DGFIP, DGDDI, DGCCRF, Tracfin, DNLF, Ministère de l'Intérieur) ainsi que des représentants du Ministère de la Justice et du procureur de la République financier.

— Dans un souci pédagogique, le nombre de sociétés présenté a été réduit à 7 mais la fraude concerne en réalité 12 sociétés.

Profil des intervenants

Personnes physiques

• M. X : de nationalité anglaise, M. X est président des sociétés "A" (immatriculées dans les départements 75, 77, 93) et des sociétés "B" (immatriculées dans les départements 75 et 93) ; M. X est également dirigeant de deux sociétés "BTP A" immatriculées dans les départements 75 et 77.

• M.Y : de nationalité française, exerce la profession d'enseignant dans le secteur privé.

Personnes morales

• Sociétés DOMI (M, N, O) : sociétés de domiciliation qui domicilient les sociétés A, B et BTP A.

• Les sociétés "A" : les 3 sociétés portent le même nom mais sont immatriculées dans des départements différents (75, 77 et 93) et opèrent dans des secteurs variés (finance, ingénierie). Un compte unique a été ouvert au nom de A auprès de la banque Z.

• Les sociétés "B" : les deux sociétés portent le même nom mais ont été immatriculées dans des départements différents (75 et 93) et opèrent également dans des secteurs variés (broker en assurance, industries chimiques). Un compte unique a été ouvert au nom de A.

• Les sociétés "BTP A" sont deux sociétés qui opèrent dans le secteur BTP et ont été immatriculées dans deux départements différents (75 et 77).

• La banque Z : banque en ligne connue pour ses faibles contrôles en matière de connaissance client à l'ouverture des comptes.

Les faits

— M. X crée plusieurs sociétés qu'il enregistre auprès de différents greffes de tribunaux de commerce. A la suite de l'immatriculation des sociétés A, B et BTP A, M.X procède à l'ouverture des comptes bancaires auprès d'une banque en ligne Z, un compte unique pour toutes les sociétés qui portent le même nom bien que le numéro RCS soit différent.

— M.X procède à des demandes de remboursement de TVA auprès de la DGFIP pour chaque entité gérée faisant suite à des acquisitions de véhicules automobiles.

— La DGFIP de chaque département où les sociétés sont immatriculées rembourse la TVA aux sociétés sur leurs comptes détenus chez Z.

Les investigations menées par Tracfin

Les investigations de Tracfin ont révélé :

— que toutes les sociétés ont été immatriculées et domiciliées à l'aide d'une fausse carte d'identité anglaise fournie par M.X ;

— que tous les dossiers de demande de remboursement de TVA ont été constitués sur la base de fausses facturations ;

— que les remboursements de TVA obtenus par les sociétés dénommées A et B transitent par un compte français détenu par M. Y avant d'alimenter le compte détenu par les sociétés dénommées "BTP A". Aucune anomalie particulière n'a été détectée dans le profil de M. Y (les investigations se poursuivent afin de déterminer si son identité est réelle) ;

— que M.Y transfère les fonds reçus vers un autre compte bancaire détenu à la banque Z au nom des sociétés "BTP A" avec pour destination finale un compte bancaire d'une néo-banque de zone euro dont le bénéficiaire effectif n'a pas encore été identifié.

Critères qui auraient pu alerter les sociétés de domiciliation

• Multi-gérance

• Secteurs variés

• Secteurs d'activité sensibles

• Absence de lien capitalistique entre les sociétés portant le même nom, œuvrant dans des secteurs variés, immatriculées et domiciliées dans des départements différents.

ANNEXE 2

EXEMPLES DE MESURES À METTRE EN PLACE EN FONCTION DES RISQUES IDENTIFIÉS

La liste des critères d'alerte ci-après n'est pas exhaustive. Ces critères constituent des exemples que chaque professionnel devra apprécier selon la situation de son établissement et les risques auxquels il est exposé. Le soupçon de la déclaration s'exprime *via* une analyse reposant sur un faisceau de critères.

RISQUES IDENTIFIÉS	MESURES DE VIGILANCE À METTRE EN ŒUVRE
Risques liés au profil de la personne physique ou morale	
Le client ou son représentant légal n'est pas physiquement présent aux fins de l'identification	Prévoir obligatoirement deux mesures citées à l'article R. 561-20- I du code monétaire et financier : ▪ obtenir une pièce justificative supplémentaire permettant de confirmer l'identité de la personne avec laquelle le professionnel est en relation d'affaires ; ▪ mettre en œuvre des mesures de vérification et de certification de la copie du document officiel ou de l'extrait de registre officiel ; ▪ exiger que le premier paiement des opérations soit effectué en provenance ou à destination d'un compte ouvert au nom du client mentionné aux 1° et 6° de l'article L. 561-2 ; ▪ obtenir directement une confirmation de l'identité du client de la part d'une personne mentionnée aux 1° et 6° de l'article L. 561-2 ; > Rompre toute relation d'affaires en cas de refus.
Secteurs d'activités sensibles (BTP, sociétés de surveillance, formation professionnelle, informatique, travaux à domicile, cartes prépayées, annuaires professionnels…) Incohérence entre le profil du gérant (âge, revenus, profession, diverses informations recueillies sur le client) et la société domiciliée Dirigeant gérant de multiples sociétés Personne Politiquement Exposée (PPE) Montage juridique complexe (gérance par de multiples sociétés en cascade, direction par des sociétés étrangères établis dans plusieurs pays…) Personne en lien avec un pays figurant sur la liste du GAFI Personne en lien avec un pays ou un territoire lié à des réseaux criminels Dirigeant défavorablement connu (via les sources d'information publiques) pour diverses infractions	▪ Obtention de l'extrait d'inscription auprès de l'institution compétente datant de moins de trois mois pour une personne morale ; ▪ Demander la présentation de l'original d'un document officiel en cours de validité comportant une photographie pour une personne physique ; ▪ Procéder à un examen critique de ces documents en vue d'obtenir l'assurance raisonnable qu'il ne s'agit pas de faux : – Par exemple, comparaison, pour une personne physique, de la photographie portée par le document avec la personne en cause ; – Faire procéder à une copie (recto-verso) de ce document original par un membre du personnel de la structure; ▪ Faire des recherches sur Internet, dans la presse ou dans des bases commerciales sur le client ; ▪ Demander des explications sur les motivations de la domiciliation ; ▪ Rompre toute relation d'affaires en cas de refus et envoi d'une déclaration de soupçon le cas échéant.
Risques liés au comportement de la personne physique ou morale	
Courrier non relevé depuis plus de trois mois Changements fréquents de dirigeants et/ou de statuts	▪ Procéder à une actualisation de la connaissance client : – Obtention de l'extrait d'inscription auprès de l'institution compétente datant de moins de trois mois pour une personne morale ; – Demander la présentation de l'original d'un document officiel en cours de validité comportant une photographie pour une personne physique ; ▪ Rompre toute relation d'affaires en cas de refus
Documents fournis non-probants	▪ Exiger la production de documents probants ; ▪ Rompre toute relation d'affaires en cas de refus

RISQUES IDENTIFIÉS	MESURES DE VIGILANCE À METTRE EN ŒUVRE
Risques liés aux fonds	
Paiements en espèces d'un montant Paiements en provenance de tiers Paiements en provenance de l'étranger Réception de fonds en provenance d'une personne physique ou morale non cliente et demande de retour des fonds, notamment vers un compte différent du compte émetteur	▪ Demander l'origine des fonds ; ▪ Demander des explications au dirigeant de la société domiciliée.

ANNEXE 3

Le pas-à-pas ERMES

Annexe non reproduite.

ANNEXE 4

Schéma du circuit sur l'irrecevabilité

La démarche déclarative des professionnels soumis au dispositif de lutte contre le blanchiment de capitaux et le financement du terrorisme est précisée par le décret n° 2013-480 du 6 juin 2013 fixant les conditions de recevabilité de la déclaration effectuée en application de l'article L. 561-15 du code monétaire et financier, ainsi que par l'arrêté du même jour pris en application des nouvelles dispositions de l'article R. 561-31 du code précité.

• Les mentions de forme devant figurer sur la télédéclaration

La déclaration de soupçon écrite doit être dactylographiée, dûment signée, et effectuée au moyen du formulaire disponible en ligne sur le site www.economie.gouv.fr/tracfin ou *via* la plateforme Ermes.

Conformément à l'article R. 561-31-III du code monétaire et financier, à peine d'irrecevabilité, la déclaration doit comporter les mentions de forme suivantes :

— la profession exercée par la personne qui effectue la déclaration par référence aux catégories mentionnées à l'article L. 561-2 du code précité ;

— les éléments d'identification et les coordonnées professionnelles du déclarant désigné conformément aux dispositions du I de l'article R. 561-23 du code précité ;

— les cas de déclaration par référence à ceux mentionnés aux I, II et V de l'article L. 561-15 du code monétaire et financier. Préciser s'il s'agit d'une déclaration de soupçon (au sens du I de l'article L. 561-15 du code monétaire et financier), d'une déclaration de soupçon de fraude fiscale (au sens du II de l'article L. 561-15 du code précité) ou d'une déclaration de soupçon complémentaire (au sens du V de l'article L. 561-15 du code précité) ;

— les éléments d'identification du client et, le cas échéant, du bénéficiaire effectif de l'opération qui fait l'objet de la déclaration ;

— dans le cas où une relation d'affaires a été nouée avec le client, l'objet et la nature de cette relation ;

— le descriptif de l'opération et les éléments d'analyse qui ont conduit à effectuer la déclaration ;

— le délai d'exécution lorsque l'opération n'a pas encore été exécutée.

• L'irrecevabilité des déclarations ne peut porter que sur des éléments de forme

La procédure de recevabilité de la déclaration de soupçon ne porte pas sur les éléments de fond de la déclaration de soupçon (qualité des informations adressées et analyse du soupçon) mais uniquement sur les mentions de forme (article R. 563-61-V du code monétaire et financier et article 5 de l'arrêté du 6 juin 2013 dit "arrêté Ermes").

• Indisponibilité d'ERMES

En cas d'indisponibilité d'Ermes ou en cas d'urgence particulière ne permettant pas son utilisation, le professionnel déclarant peut envoyer sa déclaration de soupçon au moyen du formulaire dématérialisé disponible sur le site de Tracfin (www.economie.gouv.fr/tracfin) adressé par télécopie ou par voie postale et complété de façon dactylographiée (article 4 de l'arrêté du 6 juin 2013).

• Gestion des déclarations de soupçon irrecevables par Tracfin

Si la déclaration de soupçon ne remplit pas les conditions de recevabilité en la forme, Tracfin envoie dans les dix jours une lettre de demande de régularisation. Le professionnel dispose alors d'un mois pour renvoyer une déclaration de soupçon conforme. Au terme de ce délai, et en l'absence de régularisation, une décision d'irrecevabilité lui sera notifiée par le service dans les dix jours conformément à l'article R. 561-31-V du code monétaire et financier.

Lignes directrices conjointes ARJEL-TRACFIN (décembre 2019),

Sur les obligations relatives à la lutte contre le blanchiment de capitaux et le financement du terrorisme des opérateurs agréés.

I Introduction

Comme indiqué à l'article 1er de la loi n° 2010-476 du 12 mai 2010 relative à l'ouverture à la concurrence et à la régulation du secteur des jeux d'argent et de hasard en ligne, "les jeux d'argent et de hasard ne sont ni un commerce ordinaire, ni un service ordinaire ; dans le respect du principe de subsidiarité, ils font l'objet d'un encadrement strict au regard des enjeux d'ordre public, de sécurité publique et de protection de la santé et des mineurs."

Dès lors, et dès 2010, après avoir rappelé à l'article 3 de la même loi que la politique de l'État en matière de jeux d'argent et de hasard a pour objectif de limiter et d'encadrer l'offre et la consommation des jeux et d'en contrôler l'exploitation afin notamment de prévenir les activités frauduleuses ou criminelles ainsi que le blanchiment de capitaux et le financement du terrorisme, la France a décidé de soumettre les opérateurs de jeux ou de paris en ligne et leurs représentants légaux, en application de la loi précitée, aux obligations relatives à la lutte contre le blanchiment des capitaux et le financement du terrorisme telles que définies aux articles L. 561-1 et suivants du code monétaire et financier.

La lutte contre le blanchiment de capitaux et le financement du terrorisme devant être une priorité partagée entre les pouvoirs publics et les professionnels, son efficacité repose sur la forte implication de tous, notamment dans la perspective de l'évaluation mutuelle de la France par le GAFI en 2020.

Huit ans après la publication des lignes directrices adoptées en février 2011 par le Collège de l'ARJEL, l'Autorité et TRACFIN ont décidé de les actualiser conjointement pour tenir compte à la fois de la transposition de la 4e directive anti-blanchiment par ordonnance du 1er décembre 2016 et son décret d'application du 18 avril 2018 et de la meilleure connaissance de l'activité et des situations à risques rencontrées.

Le présent document, qui est de nature explicative et n'a pas de caractère contraignant en lui-même, a donc vocation à mettre l'accent à la fois sur les modifications intervenues et sur les points particulièrement importants au regard des obligations des opérateurs agréés de jeu en ligne et parmi elles l'évaluation des risques, clé de voûte du dispositif.

II Les obligations de vigilance à mettre en œuvre

Cette partie présente les obligations de vigilance exposées dans le code monétaire et financier pour l'ensemble des professionnels assujettis et notamment les opérateurs de jeux en ligne. Ces mesures constituent un socle impératif, destiné à être complété par les professionnels en fonction de l'analyse des risques qui leur est propre (cf. partie II : L'obligation de mettre en place un système d'évaluation et de gestion des risques).

A *Les mesures de vigilance normales*

Le code monétaire et financier distingue les mesures de vigilance à mettre en œuvre selon que le client est un client habituel, inscrit dans une relation d'affaire avec le professionnel, ou un client occasionnel.

Cette notion de client occasionnel ne doit pas être comprise par opposition à la notion de client régulier puisqu'en effet, au sens de l'article R. 561-10 du code monétaire et financier, est considérée comme un client occasionnel d'un opérateur toute personne qui s'adresse à lui dans le but exclusif de réaliser une opération ponctuelle, ce qu'il n'est pas possible de déterminer lors de l'inscription d'un joueur.

En tout état de cause, à supposer que cela le soit, en application de ce même article, les opérateurs sont tenus d'identifier leurs clients occasionnels, ceux-ci n'étant pas physiquement présents.

Dans ces conditions, la distinction entre relation d'affaires et client occasionnel telle que prévue par le code monétaire et financier n'a pas lieu d'être en matière d'obligations des opérateurs agréés de jeux en ligne.

1 *L'identification du client et la vérification de son identité*

Les dispositifs d'identification et de vérification d'identité prévus en cas de relation à distance par le code monétaire et financier et celles prévues spécifiquement par la loi du 12 mai 2010 et ses textes d'application convergent comme en atteste le nouvel article R. 561-20-1 du code monétaire et financier qui précise que les opérateurs agréés de jeux en ligne vérifient l'identité et l'adresse de leur client en appliquant les dispositions de l'article 17 de ladite loi et les articles 2 à 6 du décret n° 2010-518 du 19 mai 2010.

Ainsi, certaines des informations ayant *[ont]* à figurer sur le formulaire d'inscription sur un site de jeu agréé en application de l'article 17 de la loi du 12 mai 2010 et de l'article 2 du décret n° 2010-518 à savoir : nom, prénoms, date et lieu de naissance correspondant à l'obligation d'identification tel que prévues *[prévu]* aux articles L. 561-5, R. 561-5 et R. 561-5-1 du code monétaire et financier qui prévoient que le professionnel assujetti au dispositif LCB/FT doit, avant l'entrée en relation d'affaire, identifier son client par le recueil de ses nom et prénoms, ainsi que de ses date et lieu de naissance.

Par ailleurs, les articles L. 561-5 et R. 561-5-1 prévoient que l'opérateur vérifie ces éléments d'identification sur présentation de tout document écrit à caractère probant en en prenant copie ou en collectant *[les]* mentions suivantes : les nom, prénoms, date et lieu de naissance de la personne, ainsi que la nature, les date et lieu de délivrance du document et les nom et qualité de l'autorité ou de la personne qui a délivré le document et, le cas échéant, l'a authentifié.

L'article R. 561-6 du code monétaire et financier, quant à lui, dans sa version issue du décret de transposition de la 4ᵉ directive prévoit expressément que la vérification de l'identité a lieu, en cas d'ouverture d'un compte joueur, dans les conditions définies par l'article 17 mentionné ci-dessus. Cet article vise expressément le dispositif du compte provisoire et la vérification des pièces communiquées par le joueur en application de l'article 4 du décret n° 2010-518 à savoir la copie d'une carte nationale d'identité, d'un passeport ou d'un permis de conduire en cours de validité justifiant de son identité et de sa date de naissance.

2 *L'actualisation de l'identification pendant la relation d'affaires*

Les opérateurs de jeux exercent une vigilance constante sur la relation d'affaires, afin de prendre en compte tout élément de nature à en modifier le profil de risque. A cette fin, ils sont encouragés à recueillir, tout au long de la relation d'affaires, les informations sur le titulaire du compte joueur qu'ils jugent pertinentes et, en tant que de besoin, des justificatifs relatifs à ces informations.

Concrètement, la connaissance de la relation d'affaires doit être régulièrement actualisée par l'opérateur. L'exercice d'une vigilance constante sur la relation d'affaires permet la prise en compte de tout élément de nature à en modifier le profil de risque.

3 *Les mesures de vigilance complémentaire*

Les mesures de vigilance complémentaires s'additionnent aux mesures de vigilance normales précédemment édictées, dans deux situations limitativement édictées par le code monétaire et financier : l'inscription d'une personne politiquement exposée et l'entrée en relation d'affaires à distance.

1 *Les personnes politiquement exposées (PPE)*

a *La notion de PPE*

La 4ᵉ directive anti-blanchiment et les dispositions du 2° de l'article L. 561-10 définissent, de manière générique, les PPE comme étant des personnes qui sont considérées comme exposées à des "risques plus élevés" de blanchiment de capitaux, notamment de corruption, en raison des fonctions politiques, juridictionnelles ou administratives qu'elles exercent ou ont cessé d'exercer depuis moins d'un an pour le compte d'un État ou d'une institution internationale publique créée par un traité.

Les fonctions politiques, juridictionnelles ou administratives susmentionnées sont limitativement énumérées au I de l'article R. 561-18.

La qualité de PPE couvre également les proches, en particulier les membres directs de la famille des PPE tels que limitativement définis au II de l'article R. 561-18.

Par exemple, sont concernés les gendres et belles-filles des PPE, quelle que soit la nature de l'alliance.

Sont donc considérées également comme des proches, les personnes connues pour être étroitement associées à des PPE selon les trois situations décrites au III de l'article R. 561-18.

La première situation vise les personnes physiques qui, conjointement avec une personne exerçant ou ayant exercé depuis moins d'un an l'une des fonctions énumérées au I de l'article R. 561-18, sont bénéficiaires effectifs d'une entité juridique au sens des articles R. 561-1 à R. 561-3-11 *[R. 561-3-0]*.

La deuxième situation vise les personnes physiques qui sont les seuls bénéficiaires effectifs d'une personne morale ou d'une entité dont on sait ou dont on a de bonnes raisons de penser qu'elle a été établie au profit de la personne exerçant ou ayant exercé depuis moins d'un an l'une des fonctions énumérées au I de l'article R. 561-18. Cela peut couvrir, par exemple, l'hypothèse des "prête-noms", c'est-à-dire d'individus qui agissent pour une personne exerçant ou ayant exercé depuis moins d'un an l'une des fonctions énumérées au I de l'article R. 561-18, tout en laissant croire qu'ils agissent dans leur propre intérêt et pour leur propre compte et apparaissent ainsi, aux yeux des tiers, en lieu et place du bénéficiaire réel.

La troisième situation, qui consiste pour une personne physique à être connue pour entretenir un lien d'affaires étroit avec une personne exerçant ou ayant exercé depuis moins d'un an l'une des fonctions énumérées au I de l'article R. 561-18, implique que les trois conditions suivantes soient réunies :

— la présence d'un lien d'affaires : le lien est en principe de nature commerciale, mais peut recouvrir également des intérêts économiques de nature civile. Il peut s'agir d'intérêts économiques communs ou plus largement, d'intérêts susceptibles d'avoir une influence sur la situation financière ou économique de chacune de ces personnes. À ce titre, le caractère onéreux de la prestation rendue ou des fonctions exercées par la personne physique, proche de la PPE, est susceptible de constituer un indice, si ce n'est une présomption de l'existence d'un lien d'affaires ;

— le lien est étroit : ce caractère peut tenir soit à la régularité des interventions de la personne physique proche de la PPE, soit à l'importance de son action sur les affaires de la PPE. Les liens avec la PPE devraient être considérés comme étroits s'ils ont un impact financier conséquent sur le montant de ses revenus. S'agissant des personnes qui représenteraient les intérêts économiques ou financiers d'une PPE cette proximité pourrait notamment ressortir du nombre important d'actions effectuées au nom et pour le compte de cette dernière ou, dans le cadre d'une opération unique, de l'importance de cette opération rapportée à sa surface financière ;

— le lien est connu par l'opérateur, que cette information soit publique ou notoire ou manifeste.

Peuvent notamment être concernées les personnes physiques :
– assurant, contre rémunération, la représentation permanente d'une PPE *[par exemple, cette représentation ne couvre pas les situations de défense de la PPE devant les tribunaux]* ;
– ayant conclu un ou plusieurs contrats de nature commerciale ou non (client, fournisseur, prestataire de services, garant, prêteur etc.) avec une PPE ou avec une entreprise dont la PPE est bénéficiaire effectif.

> **Moyens permettant de déterminer si le client est une personne politiquement exposée :**
> – Demander au client lors de l'entrée en relation d'affaires les éléments de connaissance permettant de déterminer s'il répond aux caractéristiques d'une PPE ;
> – Procéder à une recherche sur internet ou à partir de solutions informatiques proposées par des prestataires spécialisés.

b *Mesures de vigilance complémentaires spécifiques aux PPE*

Les mesures de vigilance spécifiques aux PPE, dites "complémentaires" aux termes du code monétaire et financier, s'appliquent, en sus de celles prévues à l'article L. 561-5 (identification, vérification de l'identité du client, et le cas échéant, du bénéficiaire effectif) et à l'article L. 561-5-1 (recueil et actualisation des informations relatives à l'objet et à la nature de la relation d'affaires et de tout autre élément d'information pertinent).

Les mesures de vigilance complémentaires sont celles prévues à l'article R. 561-20-2, lorsque le client, ou le cas échéant, le bénéficiaire effectif, est une PPE.

> **Les vigilances complémentaires attendues des opérateurs de jeux peuvent être synthétisées comme il suit :**
> – Définition de procédures de nature à déterminer si le client, ou le membre direct de sa famille ou la personne connue pour lui être étroitement associée, est une personne mentionnée par un des neuf cas prévus ;
> – Décision de nouer ou de poursuivre une relation d'affaires appartenant à un membre de l'organe exécutif ou à une personne habilitée par cet organe exécutif ;
> – Recherche de l'origine des fonds.

La mise en œuvre des mesures de vigilance complémentaires spécifiques aux PPE est sans préjudice de celle des autres mesures de vigilance prévues par le code monétaire et financier dans des circonstances particulières. Il s'agit notamment :
– de l'entrée en relation d'affaires à distance *[dans l'hypothèse d'une entrée en relation d'affaires à distance avec une PPE, les professionnels mettent non seulement en œuvre les mesures de vigilance complémentaires spécifiques aux PPE, mais aussi, au moins deux autres mesures de vigilance complémentaires, parmi celles prévues à l'article R. 561-20, qui sont spécifiques à cette modalité d'entrée en relation d'affaires]* (cf. 1° de l'article L. 561-10) ;
– des opérations présentant un risque élevé de BC-FT (cf. II de l'article L. 561-10-1) ;
– ou encore de la réalisation d'opérations répondant à l'un des critères de l'examen renforcé (cf. article L. 561-10-2).

2 ***L'entrée en relation d'affaires à distance***

L'entrée en relation d'affaires à distance constitue une généralité dans le secteur des jeux en ligne et suppose la mise en œuvre de mesures de vigilance complémentaire édictées par l'article R. 561-20-1 du code monétaire et financier.

Compte tenu du dispositif prévu par l'article 17 de la loi du 12 mai 2010 et par le décret n° 2010-518, la mesure de vigilance complémentaire consiste à vérifier que le reversement des avoirs ne peut être effectué que sur un compte ouvert auprès d'un prestataire de services de paiement établi dans un État membre de l'Union européenne ou un État partie à l'accord sur l'Espace économique européen ayant conclu avec la France une convention contenant une clause d'assistance administrative en vue de lutter contre la fraude et l'évasion fiscales.

C Les mesures de vigilance renforcées et l'examen renforcé

Les mesures de vigilance renforcées sont mises en œuvre par les opérateurs de jeux suite :

— à la détection d'une opération à risques, appréciée sur la base de la cartographie des risques développée par chaque opérateur ;

— lors de la réalisation d'une opération dont le montant leur parait particulièrement élevé.

S'agissant des opérateurs de jeux, l'appréciation de "l'anormalité" du montant des opérations devra s'apprécier de manière relative, notamment au regard :

— des modalités d'alimentation du compte joueur (moyen de paiement susceptible de favoriser l'anonymat et l'intégration d'espèces) ;

— du profil du titulaire du compte joueur ;

— des prises de jeux effectuées (rapport au risque pour les paris à cote, type d'évènement objet de la prise de jeu pour les paris sportifs) ;

— de la destination des éventuels gains (recyclage ou reversement des gains immédiat).

S'il ne peut être exigé des opérateurs de jeux d'avoir une connaissance réelle de la situation patrimoniale de leurs clients, ils doivent néanmoins s'interroger sur l'origine des fonds utilisés par les joueurs et collecter des informations nécessaires soit auprès des joueurs soit en ayant recours aux bases ouvertes *[dans le respect des dispositions du RGPD]*.

Les éléments ainsi obtenus sont consignés par écrit et tenus à la disposition de l'ARJEL. Ces documents sont ainsi susceptibles de justifier de la réalisation de l'obligation de vigilance.

Les modalités concrètes de mise en œuvre des mesures de vigilance renforcées et de conduite de l'examen renforcé sont développées en partie III *infra*.

D Les mesures de gel des avoirs

Le ministre chargé de l'économie et le ministre de l'intérieur peuvent décider, conjointement, pour une durée de six mois renouvelable, le gel des fonds et ressources économiques qui appartiennent à, sont possédés, détenus ou contrôlés par des personnes physiques qui commettent, tentent de commettre, facilitent ou financent des actes de terrorisme, y incitent ou y participent.

Les opérateurs sont tenus d'appliquer sans délai les mesures de gel et les interdictions de mise à disposition ou d'utilisation de ressources des joueurs qui seraient visés par un tel arrêté et d'en informer immédiatement le ministre chargé de l'économie. Néanmoins, les interdictions ne font pas obstacle aux versements de fonds sur les comptes joueurs dont les fonds sont gelés.

Une procédure efficiente doit donc être mise en place pour permettre :

— de détecter tant lors de l'inscription qu'au cours de la relation d'affaires les personnes dont le nom, le prénom ou l'alias sont identiques ou se rapprochent, avec un taux raisonnable de concordance, des éléments d'identification d'une personne désignée en ne prenant pas en compte des critères orthographiques trop restrictifs dans le paramétrage de l'outil de filtrage et en prévoyant une comparaison avec des chaînes de caractères "nettoyés" (suppression des accents, espaces, tirets) ou phonétiques ;

— de déclarer la mise en œuvre d'une mesure de gel au ministère chargé de l'économie ;

— le cas échéant de déclarer à TRACFIN les opérations susceptibles d'être liées au financement du terrorisme.

3 Mesure de vigilance suite à réquisition judiciaire ou administrative

La réception d'une réquisition judiciaire amène, en principe, le professionnel à effectuer une analyse des opérations enregistrées dans ses livres par le client, à réévaluer le profil de son client et adapter sa vigilance en conséquence.

Il en va de même quand il reçoit une demande administrative (administration fiscale, douanes, etc.) dont l'objet est susceptible de présenter un lien avec la LCB/FT.

Dans ce cadre, le réexamen de la relation d'affaires peut permettre au professionnel de détecter des opérations suspectes qu'il n'avait pas identifiées au préalable et qui ne seraient pas visées dans la réquisition judiciaire. Dans cette hypothèse, une déclaration de soupçon est transmise sans délai à TRACFIN en mentionnant la réquisition judiciaire, ou le document reçu de l'administration requérante, en indiquant les références précises de la procédure et les coordonnées du service ou du magistrat à l'origine de la réquisition ou de la demande.

III L'obligation de mise en place d'un système d'identification et d'analyse des risques LCB-FT

La 4e directive renforce l'approche par les risques : comme l'ensemble des personnes assujetties à des obligations LCB-FT, les opérateurs de jeux et paris en ligne doivent mettre en œuvre des procédures d'évaluation et de contrôle des risques de blanchiment de capitaux et de financement du terrorisme.

A *Le système d'évaluation et de gestion des risques*

1 *Définition*

La mise en place, par les opérateurs de jeux en ligne, d'un système d'évaluation et de gestion des risques est prévue par les articles L. 561-4-1 et L. 561-32 du code monétaire et financier.

La mise en place, par les opérateurs de jeux, d'un système d'évaluation et de gestion des risques, répond par conséquent à une obligation légale.

Un système formalisé d'évaluation et de gestion des risques implique la définition et la mise en place par les opérateurs de jeux d'un ensemble de mesures organisationnelles et techniques destinées à identifier, classifier et détecter de manière pertinente les personnes ou opérations à risques et, le cas échéant, de les signaler à TRACFIN.

Les opérateurs de jeux apprécient la situation propre à leur clientèle, et à leur offre de jeux. Les opérateurs identifient et classifient dans un document interne les risques auxquels ils sont exposés, définissent des mesures destinées à prévenir et gérer ces risques et organisent la mission des employés pour mener à bien ce système.

2 *Les caractéristiques générales du système d'évaluation et de gestion des risques*

Le système d'évaluation et de gestion des risques comprend généralement :

– un volet "classification" des risques auxquels le professionnel est exposé au regard de ses activités/opérations/services/clients ;

– un volet "opérationnel" décrivant les procédures à mettre en œuvre, par le professionnel, en réponse aux risques préalablement identifiés.

Ce système est :

– Propre à chaque opérateur

Même s'il appartient à un groupe international et que celui-ci a mis en place, à son niveau, une organisation et des procédures internes en matière de LCB/FT, l'opérateur agréé par l'ARJEL pour son activité en .fr doit mettre en place une méthodologie adaptée à la France et à sa clientèle.

– Formalisé

La formalisation du système, ainsi que sa mise à jour, permettent notamment de démontrer, lors d'un contrôle, que l'opérateur exerce son activité conformément à l'obligation imposée par l'article L. 561-32 du code monétaire et financier. Sa formalisation permet également d'assurer la prise de connaissance, par le personnel de l'opérateur, des procédures mises en place pour lutte contre le blanchiment de capitaux et le financement du terrorisme.

— Opérationnel

Le caractère opérationnel du système est assuré par sa mise à jour régulière, notamment lors de l'identification d'un nouveau risque, ou lors d'une modification législative ou règlementaire concernant l'encadrement du secteur d'activité.

— Exhaustif

Ce protocole interne doit couvrir l'ensemble des obligations applicables en matière LCB/FT.

Dans ce cadre, l'autorité de contrôle rappelle que :

— ce système fait l'objet d'un document diffusé à l'ensemble du personnel de l'opérateur, ayant notamment pour mission de mettre en œuvre les mesures de vigilance LCB/FT ;

— ce document est communiqué aux enquêteurs de l'ARJEL.

Chaque opérateur de jeu fait sa propre évaluation des risques en fonction de sa clientèle, des différents partenariats noués avec des prestataires de service de paiement, de son offre de jeux, etc.

3 *Les étapes du système d'évaluation et de gestion des risques*

Un document écrit retrace l'ensemble de la démarche du professionnel, qui se décompose comme suit :

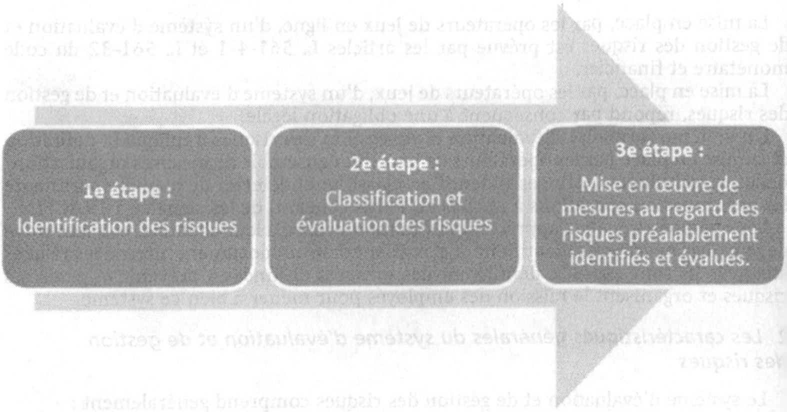

a *Étape 1 : l'identification des risques*

La cartographie des risques se présente généralement comme une nomenclature dressée par le professionnel, des situations dans lesquelles il peut avoir affaire à un opération ou une personne qui présente des risques au regard de la réglementatio LCB/FT.

Ces situations sont appréhendées sous la forme de critères d'alertes. Ces indica teurs couvrent les étapes successives de la création du compte joueur, mais égalemen l'ensemble des opérations susceptibles d'être effectuées en cours de relatio d'affaires.

A cette fin, l'opérateur met en place des procédures lui permettant de détecter le situations à risques.

Exemple de cartographie des risques

NB : La liste de risques identifiés n'est pas exhaustive. Les éléments identifié constituent des exemples que chaque opérateur devra apprécier selon les caractéris tiques de sa clientèle.

Exemples de critères d'alertes des opérations	
Risques liés à la personne	
• personne politiquement exposée ; • personne faisant l'objet d'une mesure de gel des avoirs ; • profil de joueur atypique au regard de la clientèle type de l'opérateur; • similitude de comportements entre plusieurs comptes joueurs ou informations permettant de mettre le compte en relation avec d'autres comptes joueurs (compte de reversement/adresse postale/adresse mail/numéro de téléphone/adresse IP, *device*) ;	
Risques liés aux données de connexion	
• cohérence des données de connexion : (connexion depuis l'étranger, multiplication des *devices* utilisés.	
Risques liés aux données financières	
• Données d'alimentation • dépôts par moyen de paiement adossé à un compte bancaire domicilié en dehors du territoire national ; • tentatives d'alimentation rejetées (échec 3D sécure, etc.) ; • dépôts par nouveau moyen de paiement ou favorisant l'anonymat (monnaie électronique, tickets et codes prépayés) ; • fragmentation des opérations de dépôt ; • alimentation du compte joueur par CB multiples ; • absence de cohérence entre le titulaire du compte joueur et les informations transmises concernant le titulaire du moyen de paiement ; • opérations d'alimentation faisant suite à des retraits (absence de recyclage des gains) ; • alimentation de montant important au regard de l'historique du compte. • Le solde du compte joueur • absence de recyclage des gains ; • poursuite des alimentations sur un solde élevé ; • clôture d'un compte avec un solde important. • Les opérations de retrait • retraits effectués au bénéfice d'un compte domicilié dans un établissement de crédit en dehors du territoire national ; • retraits réguliers à partir d'adresses IP étrangères ; • retraits de montants importants ; • tentatives de retraits de sommes n'ayant pas ou peu fait l'objet d'enjeux ; • modifications fréquentes de comptes de reversement.	
Risques liés aux opérations de jeu	
Paris sportifs	• prises de paris sportifs importantes sur des cotes très faibles ; • prises de paris sportifs sur l'ensemble des choix proposés ; • arbitrages effectués entre les différentes offres du marché afin d'obtenir un retour sur investissement en spéculant sur les TRJ (« surebet »), sur les cotes ou en fonction d'information privilégiée ; • prises de jeux récurrentes sur des offres de paris annulées.
Jeu de cercle	• opérations de jeu réalisées sur des tables dont les « blinds » sont élevées ; • des opérations de jeu entre joueurs se rencontrant régulièrement ; • des opérations de jeu réalisées en « *heads-up* » ; • *chip dumping* ; • inscriptions sur des tables puis sorties sans avoir effectué d'opérations de jeu.
Paris hippiques	• mises importantes sur un cheval favori ; • mises importantes sur un rapport final s'avérant être très faible (atteignant le seuil limite de rapport minimum autorisé).

Étape 2 : Classification et évaluation des risques

Les indicateurs présentés à l'étape 1 peuvent être utilement combinés, y compris vec d'autres indicateurs relevant des autres contrôles exercés par les opérateurs au tre de la lutte contre l'addiction, les manipulations sportives ou la fraude. Sur la ase de ces indicateurs, il est possible de repérer les joueurs susceptibles de présenter

les risques les plus élevés en matière de blanchiment. Pour l'établissement de ce repérage, quelques exemples de *modus operandi* des blanchisseurs sont exposés ci-après.

Les grandes catégories de risques associées au secteur des jeux en ligne

- **Le transfert de sommes de compte à compte par le biais d'un compte joueur (éventuellement par l'alimentation du compte par un/des tiers)**

L'article 17 de la loi n° 2010-476 précise que le compte joueur ne peut être alimenté que par son titulaire.

Toutefois, dans les faits, l'opérateur ne dispose pas d'éléments lui permettant de s'assurer du respect de cette disposition. Ainsi, rien ne garantit que les codes prépayés utilisés dans le cadre de l'alimentation d'un compte joueur ont effectivement été achetés par le titulaire du compte, ni que les opérations d'alimentation par carte bancaire sont effectuées par une CB adossée à un compte bancaire au nom du titulaire du compte joueur.

Cette limite favorise le transfert de sommes de compte à compte dans une optique de blanchiment, notamment lors de la phase d'empilage. Ce risque est développé dans la partie annexe, par le biais du cas typologique "blanchiment d'une escroquerie en bande organisée".

Les indicateurs d'alerte associés à ce risque sont notamment : les dépôts effectués par des moyens de paiements favorisant l'anonymat ; l'alimentation du compte joueur par de multiples CB ; les changements fréquents de comptes de reversement ; les retraits effectués au bénéfice d'un compte domicilié dans un établissement de crédit en dehors du territoire national, l'absence de recyclage des gains, etc.

- **L'usurpation d'identité/le recours à un titulaire d'emprunt**

Les opérateurs de jeux en ligne sont particulièrement exposés au risque d'usurpation d'identité et de création de comptes joueurs adossés à des titulaires d'emprunt, en raison de l'entrée en relation d'affaire à distance.

Ce risque est illustré par le cas typologique "cybercriminalité" figurant en annexe.

Les critères d'alerte associés à ce risque sont notamment : l'identification d'informations permettant de faire le lien avec d'autres comptes joueurs de la base client de l'opérateur (compte de reversement/adresse postale/adresse mail/numéro de téléphone/adresse IP, *device*) ; les données de connexion incohérentes (localisation de l'adresse IP différente de l'adresse postale) ; l'absence de cohérence entre le titulaire du compte joueur et les informations transmises concernant le titulaire du moyen de paiement ; les retraits réguliers à partir d'adresses IP étrangères, le reversement des gains sur un compte adossé à un établissement bancaire entretenant des relations d'affaires à distance.

- **L'intégration d'espèces dans le système bancaire**

Certains moyens de paiement, autorisés par la réglementation européenne, sont susceptibles de favoriser l'intégration d'espèces d'origine illicite dans le système bancaire.

Les critères d'alerte associés à ce risque sont notamment : les dépôts par nouveau moyen de paiement ou favorisant l'anonymat ; la fragmentation des opérations de dépôt ; l'absence de recyclage des gains ; la poursuite des alimentations sur un solde élevé ; la clôture d'un compte avec un solde important ; la prise de paris sportifs importantes sur un concurrent/équipe favorite ; la prises de jeux récurrentes sur des offres de paris annulées ; les mises importantes sur un cheval favori.

- **Le risque de manipulation sportive en lien avec le secteur des paris sportifs**

Le blanchiment de capitaux peut être associé à d'autres activités illégales, comme les manipulations sportives. Aussi les indicateurs utilisés pour les repérer peuvent être également utiles pour détecter des activités de blanchiment.

Les critères d'alerte associés aux manipulations sportives sont notamment : les prises de paris importantes sur une équipe ou un sportif favoris, sur le *live betting* ou les paris à handicap ; une forte concentration des paris sur une zone géographique ou un faible nombre de comptes joueurs ; une offre de paris secondaire enregistrant un chiffre d'affaire inexplicablement élevé ; des prises de paris importantes effectuées sur des comptes récemment créés.

La connaissance de ces grandes catégories de risques par le déclarant doit permettre de structurer sa démarche de recherche et d'analyse suite à l'identification d'un critère d'alerte.

Il convient toutefois de souligner que ces grandes catégories de risques présentent une forme de porosité (à titre d'exemple, l'intégration d'espèces par l'utilisation de nouveaux moyens de paiement est susceptible de s'effectuer par le biais de comptes joueurs adossés à des identités usurpées). Par ailleurs, les informations collectées en cours d'analyse sont susceptibles de justifier la réorientation de ses recherches.

B *La mise en œuvre de mesures de vigilance adaptées aux risques*

Sur la base de la classification des risques ainsi effectuée, les opérateurs doivent développer un dispositif d'alerte les amenant ensuite à engager une démarche de recherche et d'analyse complémentaire.

Après avoir évalué et classé les situations à risques, il convient de mettre en place des mesures permettant de gérer la situation à risques identifiée afin d'éviter ou d'atténuer les risques d'apporter son concours, même indirectement, à une opération illicite.

Certaines mesures sont prescrites par le code monétaire et financier et mises en œuvre par le professionnel, le cas échéant, dans certaines circonstances identifiées, notamment :

– Renforcer l'intensité des mesures (article L. 561-10-1 C. mon. fin.) ;
– Effectuer un examen renforcé (article L. 561-10-2 C. mon. fin.) ;
– Demander des informations complémentaires (article L. 561-10 C. mon. fin.) ;
– Si nécessaire, effectuer une déclaration de soupçon (article L. 561-15 C. mon. fin.).

L'ensemble de ces mesures ont pour objectif de permettre au professionnel de déterminer si son offre est utilisée à des fins de blanchiment de capitaux ou de financement du terrorisme.

En pratique, la conduite de mesures de vigilance adaptées aux risques s'effectue notamment de la manière suivante :

1 *Examen renforcé*

L'identification d'un critère d'alerte significatif conduit l'opérateur à accorder une attention particulière aux opérations effectuées sur le compte joueur concerné, pendant une période nécessaire à la levée de doute.

Par ailleurs, l'ensemble des informations collectées en cours de relation d'affaires font l'objet d'un recensement exhaustif et d'une analyse effectuée à l'aune du ou des critère(s) d'alerte identifié(s).

Focus sur les outils permettant d'approfondir l'analyse des données bancaires collectées

L'évaluation de la sensibilité LCB/FT des données bancaires nécessite de déterminer la provenance des fonds, leur destination, et de s'interroger sur la justification d'un éventuel différentiel entre ces deux données.

• **Analyse des informations liées à l'alimentation du compte joueur**

Les numéros de cartes bancaires sont encadrés par une norme internationale (ISO/IEC 7812) fixant leur nombre total à 18 chiffres. Les huit premiers chiffres sont propres à l'établissement émetteur de la carte et constituent le code INN (*Issuer Identification Number*).

Des moteurs de recherche spécialisés, disponibles en bases ouvertes, permettent sur cette base de déterminer l'établissement émetteur du moyen de paiement, ainsi que son pays d'établissement.

- **Analyse des informations liées aux opérations de retrait des gains**

La structure des codes IBAN présent*[s]* sur les RIB transmis par les joueurs à des fins de reversement des gains, permet la mise en œuvre de recherches similaires.

Des moteurs de recherche spécialisés, disponibles en bases ouvertes, permettent également la collecte de plus amples informations concernant l'établissement bancaire concerné.

Code ISO pays	Clef de contrôle	RIB			
		Code banque	Code guichet	Numéro de compte	Clé du RIB
FR	33	3002	00550	0000157841Z	25

La confrontation des données issues de l'analyse des références des cartes bleues utilisées dans le cadre de l'alimentation du compte et de l'IBAN de reversement des gains permet ainsi d'éclairer le comportement financier du joueur : transfert de sommes de compte à compte, alimentation du compte par un tiers, utilisation de moyens de paiement étrangers, etc.

2 *Demande d'informations complémentaires*

Dans le cas particulier des opérations particulièrement complexes, d'un montant particulièrement élevé ou ne paraissant pas avoir de justification économique ou d'objet licite, les opérateurs de jeux contactent leur client afin d'obtenir des informations complémentaires concernant l'origine des fonds et la destination des gains éventuels.

Les exemples de demandes d'informations complémentaires figurant dans le tableau *infra* sont issus de bonnes pratiques identifiées dans les déclarations de soupçon transmises par les opérateurs du secteur des jeux en ligne.

Exemple de mesures à mettre en œuvre en fonction des critères d'alerte	
Critère d'alerte	**Mesure de vigilance**
Alimentations successives du compte joueur par cartes et codes prépayés, portant sur un total élevé	Sollicitation d'une copie des tickets avec référence visible (élément permettant de s'assurer que le titulaire du compte a effectivement acheté les tickets) Sollicitation d'un extrait de compte bancaire faisant apparaitre un achat de tickets ou cartes prépayés
Alimentations portant sur des montants importants	Sollicitation d'un justificatif de revenus
Doute concernant l'identité du titulaire du compte joueur (problématique d'usurpation d'identité)	Sollicitation d'une photo webcam présentant une caractéristique particulière (portrait accompagné de la présentation d'une pièce d'identité par exemple)
Tentative de retrait sans enjeux	Demander des explications concernant la motivation de l'opération

L'ensemble des éléments relatifs aux travaux ainsi effectués doit être regroupé dans un dossier d'analyse ou de renseignement conservé par le service LCB/FT. Il sera produit à la demande de l'autorité aux fins de justification du respect du devoir de vigilance.

3 *Si nécessaire, transmission d'une déclaration de soupçon (cf. partie IV infra)*

Si à l'issue de ce processus d'analyse, l'opérateur considère qu'il n'est pas en mesure d'exclure tout doute sur le caractère régulier ou licite des opérations engagées sur le compte joueur, il procède à la transmission d'une déclaration de soupçon.

C *Exemples de mise en œuvre d'une démarche d'analyse suite à détection d'un critère d'alerte*

Exemple 1 : Identification d'une alerte liée aux modalités d'alimentation du compte joueur

Critère d'alerte justifiant un examen renforcé de la relation d'affaires

M. X, 23 ans, détenteur d'un compte depuis 2 ans, enregistre depuis quelques mois une progression significative de ses enjeux, qui se matérialise notamment par une fréquentation quasi-quotidienne du site de l'opérateur.

Les montants engagés justifient une analyse destinée à s'assurer de l'adéquation des sommes engagées avec le profil du client

Recherches effectuées sur les éléments de connaissance client

Le client se situe dans le profil type de la clientèle de l'opérateur.

Le client ne dispose pas d'antériorité dans la base client. Aucune information le concernant n'est disponible en bases ouvertes.

Analyse des opérations de jeux

Le client se distingue par une stratégie très agressive en matière de paris sportifs, engageant ponctuellement des sommes importantes sur des paris à cote élevée. Son taux de retour joueur se situe en dessous de la moyenne, le conduisant à des pertes conséquentes. Également actif sur le poker, le client démontre un niveau d'expertise convenable et fréquente ponctuellement des tables à *blind* élevées.

Analyse des éléments financiers

L'alimentation du compte joueur s'effectue exclusivement par carte bancaire, via 4 CB différentes sur 2 ans.

Les recherches effectuées sur la base du code INN des CB permettent de constater que trois de ces cartes sont adossées à des établissements estoniens ayant fait l'objet de sanctions par leur autorité de contrôle.

Résultat de l'analyse

Le client se distingue par une pratique de jeux non conforme à sa surface financière supposée. La détention de comptes à l'étranger par une jeune personne physique constitue un critère d'alerte additionnel.

L'opérateur sollicite auprès du joueur des justificatifs concernant l'origine des sommes misées. Le joueur indique développer une activité de prestataire informatique à la suite d'une première expérience professionnelle en Estonie. Il fournit dans ce cadre des bulletins de salaire français et estoniens. Les revenus mentionnés sur ces documents sont de nature à justifier les sommes engagées sur le site de l'opérateur.

La procédure de placement sous vigilance renforcée de la relation d'affaires prend fin. L'opérateur considère qu'une déclaration de soupçon ne se justifie pas à ce stade. En revanche un accompagnement au titre de la lutte contre l'addiction s'avère nécessaire.

Exemple 2 : Identification d'une alerte liée aux prises de jeux

Critère d'alerte justifiant un examen renforcé de la relation d'affaires

L'opérateur identifie dans ses bases de données une cliente de 45 ans, Mme X, sollicitant à de nombreuses reprises des remboursements à la suite de prises de jeux concernant des évènements sportifs non avenus. Cette technique concerne par exemple des prises de jeux concernant le 3e set d'une rencontre de tennis *a priori* destinée à se dérouler en deux sets, car déséquilibrée.

La conjonction des atypismes lié *[liés]* au profil atypique du client et à ses modalités de jeux (paris susceptibles d'être annulés ou dont les cotes sont très faibles) justifie d'un examen renforcé de la relation d'affaires.

Recherches effectuées sur les modalités de fonctionnement du compte joueur

La première année, le compte se caractérise par une très faible activité de jeux. Les alimentations portent sur des montants significativement plus élevés les années suivantes. Il est essentiellement alimenté par des tickets prépayés, et dans une moindre mesure par des cartes bancaires.

L'opérateur identifie 26 CB, dont 7 ont effectivement abouti à des paiements ; 4 de ces CB sont émises dans un pays frontalier de la France.

La cliente procède par ailleurs à de fréquents changement*[s]* de compte de reversement des gains : en 7 mois, 6 comptes sont successivement désignés, dont 4 sont étrangers (pays distinct de celui des CB utilisées pour l'alimentation du compte) et un adossé à un établissement de monnaie électronique *[un IBAN est structuré de manière à permettre l'identification de l'établissement bancaire mettant à disposition le compte, ainsi que sa nationalité]*.

Une de ces CB est également utilisée pour l'alimentation du compte joueur d'un autre client de l'opérateur, M. Y.

Recherches effectuées en base ouverte et sur demandes de justification

Mme X est aide-soignante dans un EHPAD. Les montants engagés sur le compte joueur par cartes pré payées représentent l'équivalent d'une année de salaire moyen de cette profession. Son activité ne justifie *[pas]* par la détention de comptes bancaires dans 4 pays étrangers. Enfin, aucun élément ne permet de justifier les liens entre Mme X et M. Y, ce dernier résidant à plusieurs centaines de kilomètres de Mme Y.

Résultat de l'analyse

Mme X ne semble pas s'inscrire dans une pratique ludique. Les montants engagés semblent sans rapport avec la surface financière supposée du client. Par ailleurs, l'utilisation de nombreuses CB par une personne physique exerçant ses fonctions au sein d'établissements favorisant un contact avec une population vulnérable permet de soupçonner un potentiel abus de faiblesse.

La détention d'un nombre élevé de comptes étranger*[s]*, ainsi que les liens non justifiés avec un autre compte joueur conduisent l'opérateur à la transmission d'une déclaration de soupçon, suite à une tentative de prise de contact infructueuse avec les joueurs.

Exemple 3 : identification d'une alerte liée au compte de reversement des gains

Critère d'alerte justifiant un examen renforcé de la relation d'affaires

M. X procède, en cours de relation d'affaires, à la désignation d'un nouveau compte de reversement des gains. Lors d'un contrôle de routine, il apparait que l'IBAN transmis désigne un compte adossé à un portefeuille de monnaie électronique.

Contactée par les services commerciaux de l'opérateur, la personne physique indique "ne pas vouloir laisser de traces sur son compte bancaire", sans plus de précision.

Suite à ces échanges, l'opérateur effectue une analyse de la relation d'affaires.

Recherches effectuées sur les éléments de connaissance client

Les éléments transmis par le client lors de l'ouverture du compte joueur permettent de dresser un profil *a priori* du client : il s'agit d'une jeune personne physique (23 ans), habitant un arrondissement central de Paris. Les recherches effectuées sur internet sur la base de l'adresse communiquée permettent d'identifier un immeuble bourgeois.

Les recherches effectuées dans la base client permettent de constater que le client a successivement détenu 6 comptes joueurs, dont certains n'ont jamais fait l'objet de validation. Ces comptes sont adossés à 4 adresses postales distinctes.

La consultation des bases ouvertes mettent *[met en]* évidence la gestion par M. X de nombreuses sociétés, la plupart radiées après une période d'activité de quelques mois. Les secteurs d'activités concernés présentent une sensibilité en matière fiscale : société de commerce de produits électroniques sur internet, société de conseil pour les affaires et conseil de gestion, etc.

Analyse des opérations de jeux

Le client est exclusivement actif sur les paris sportifs. Il place des mises élevées sur des cotes faibles. Très occasionnellement, des enjeux mineurs sont effectués sur des cotes élevées.

Analyse des éléments financiers

Le client alimente son compte joueur exclusivement par cartes et tickets prépayés. Fait notable, les alimentations se poursuivent lorsque le client dispose d'un solde élevé sur son compte joueur.

Par ailleurs, les sommes ayant fait l'objet d'enjeux sont immédiatement retirées, le joueur procédant par la suite à de nouvelles alimentations (absence de recyclage des gains).

L'analyse des comptes précédemment créés par le joueur met en évidence de fréquents changements de domiciliation bancaire. En effet, par-delà le portefeuille de monnaie électronique récemment désigné par le joueur, 4 comptes adossés à des établissements bancaires distincts ont successivement été désignés par le client.

Identification de critères d'alerte additionnels en cours d'analyse

L'instabilité bancaire du client laisse présager de difficultés rencontrées avec ses établissements bancaires successifs.

Démarche entreprise par l'opérateur

L'opérateur contacte le client afin d'obtenir des justificatifs de l'origine des fonds (bulletin de salaire, avis d'imposition, etc.). Ce dernier indique ne pas être en mesure de justifier l'origine des fonds, s'agissant d'argent liquide versé en guise de pourboire.

Résultat de l'analyse

L'origine des fonds est indéterminée.

Le client alimente son compte joueur par des nouveaux moyens de paiement, susceptible*[s]* de favoriser l'intégration d'espèces.

Les sommes engagées semblent conséquentes au regard du profil client : ce dernier, relativement jeune, n'exerce pas d'activité stable permettant de justifier d'une activité de jeu significative.

Le client ne semble pas s'inscrire dans une pratique ludique.

Les fréquentes opérations liées aux alimentations et retraits successifs sur le compte joueur, ainsi que les prises de jeux effectuées sur des rencontres sans réelle incertitude ne correspondent pas à une pratique ludique.

L'ensemble de ces éléments conduit l'opérateur à transmettre une déclaration de soupçon.

Exemple 4 : identification d'une tentative de retrait sans enjeux liée à une problématique d'usurpation d'identité

Critère d'alerte justifiant un examen renforcé de la relation d'affaires

Les équipes de l'opérateur consultent l'outil de *reporting* permettant l'identification des comptes joueurs objet*[s]* de tentatives de retraits sans enjeux.

Un examen rapide des résultats permet l'identification de caractéristiques communes à 4 de ces comptes :

– Une localisation commune (ville de résidence) ;

– L'ensemble de ces comptes ont été créés la même semaine, dont deux le même jour ;

– L'essentiel des approvisionnements s'effectue par carte*[s]* prépayées ;

– Les adresses mails indiquées lors de la création du compte présentent des similitudes (adossées au même opérateur internet, peu utilisé en France, l'identifiant de ces adresses présente par ailleurs une base identique).

A ce stade, il est possible de s'interroger sur le possible recours à des identités d'emprunt. En conséquence, le déclarant effectue une analyse élargie à l'ensemble de sa base client, afin de détecter d'autres comptes impliqués dans une tentative de dissimulation.

Recherches effectuées sur les éléments de connaissance client

• Adresse postale :

– Deux rues de la ville identifiée concentrent respectivement 18 et 13 titulaires de comptes, dont une part déterminante à une adresse identique. Au total, 32 comptes joueurs sont logés dans la même commune, ouverts sur un intervalle de deux mois (concentration des ouvertures à certaines dates) ;

– Une facture d'électricité transmise à des fins de justificatif de domicile présente une police non conforme à celle traditionnellement utilisée par l'opérateur. Contacté par l'opérateur de jeux, l'opérateur électrique confirme le caractère frauduleux du document.

• Adresse mail : parmi les 32 comptes joueurs, 30 présentent une adresse mail avec une extension identique, dont 17 présentent un identifiant partiellement identique (xx.x00@).

• Anomalies des documents justificatifs transmis lors de la création des comptes joueurs initialement non détectées :

– Aucune pièce d'identité ne mentionne une adresse identique à celle déclarée par les joueurs lors de l'ouverture de leur compte ;

– Deux comptes joueur alimentés par la même CB (cf. *supra*) ont transmis des pièces d'identité faisant figurer des états civils différents mais une photo identique.

Analyse des éléments financiers

– Compte de reversement des gains : parmi les 32 comptes, 28 ont communiqué des RIB adossés à un établissement bancaire identique. Cet opérateur, acteur récent du marché bancaire, entretient une relation d'affaire à distance avec ses clients qui présente une vulnérabilité liée aux emprunts d'identité.

– Modalités d'alimentation

15 comptes joueurs ont été l'objet d'alimentation par CB (46 CB distinctes identifiées). 5 de ces comptes partagent des alimentations effectuées par une même CB (4 CB concernées). Un 33e compte en lien est identifié par ce biais.

L'analyse des opérations d'alimentation par cartes prépayées met par ailleurs en évidence des opérations d'un montant identique, réalisées le même jour, sur des comptes adossés à des titulaires différents.

Résultat de l'analyse

Les titulaires des comptes ne s'inscrivent pas dans le profil type de la clientèle de l'opérateur (âge, genre). De nombreux éléments permettent de présager une usurpation d'identité.

Les modalités de fonctionnement des comptes permettent de présager une démarche d'intégration d'espèces d'origine indéterminée (cartes prépayées, absence de réelle opération de jeux).

L'ensemble des éléments collectés permet d'identifier 33 comptes fonctionnant en lien (éléments de connaissance client, éléments financiers).

Le déclarant transmet sans délai une déclaration de soupçon.

La masses *[masse]* des données collectées par les opérateurs de jeux en ligne, du fait de l'exercice d'une activité dans un cadre numérique, place les opérateurs dans une position privilégiée au regard d'autres professions assujetties entretenant des relations occasionnelles avec leur clientèle. Par conséquent, l'essentiel des attentes de TRACFIN porte sur la qualité et l'exhaustivité de ce travail d'analyse, condition préalable à la transmission de déclarations de soupçon opérationnelles (cf. *infra*).

IV Obligation de déclaration de soupçon (DS)

A *Le déclarant et le correspondant TRACFIN*

Les opérateurs de jeux et paris en ligne doivent désigner des déclarant(s) et correspondant(s) à même de s'acquitter de l'obligation de déclaration et informer TRACFIN et l'ARJEL de leur identité.

Le déclarant TRACFIN est en charge de la transmission des déclarations de soupçon et, le cas échéant, de la transmission des déclarations de soupçon complémentaires.

Le correspondant TRACFIN est destinataire des accusés de réception des déclarations de soupçon et traite les demandes de communication de pièces ou de documents émanant de TRACFIN.

Leurs coordonnées peuvent utilement être communiquées à TRACFIN en amont de la première déclaration de soupçon, afin de faciliter l'exercice des droits de communication par le service. Le formulaire permettant la désignation des déclarants et correspondants TRACFIN figure en annexe du présent document.

> Les déclarants veillent à indiquer des coordonnées (téléphoniques/mail) permettant une prise de contact directe avec le correspondant/déclarant TRACFIN lors de l'établissement du formulaire dédié. Le respect d'une telle procédure permet d'assurer un niveau satisfaisant de confidentialité lors de l'exercice du droit de communication.

L'organisation interne doit prévoir un dispositif de remontée d'informations sur les anomalies et les doutes émanant des personnes en contact avec les joueurs vers le déclarant TRACFIN. Cette organisation doit être connue de l'ensemble des personnes concernées et doit tenir compte de toutes les règles de confidentialité attachées à la déclaration de soupçon.

Le déclarant TRACFIN doit :

– Être en mesure de répondre, dans les délais impartis, aux demandes du service TRACFIN et doit s'assurer de la diffusion aux membres concernés du personnel des informations, avis ou recommandations de caractère général qui en émanent ;

– S'assurer de la transmission de la déclaration auprès de TRACFIN (ainsi que des éventuelles modifications et régularisations).

B *Que déclarent les professionnels ?*

Les champs potentiels de la déclaration de soupçon sont limitativement énoncés par le code monétaire et financier.

> Les opérateurs sont tenus de déclarer à TRACFIN les sommes inscrites dans leurs livres ou les opérations portant sur des sommes dont elles savent, soupçonnent ou ont de bonnes raisons de soupçonner qu'elles proviennent :
>
> – d'une infraction passible d'une peine privative de liberté supérieure à un an ;
>
> – d'une fraude fiscale lorsqu'il y a présence d'au moins un critère défini par décret.
>
> Il convient par ailleurs de souligner que la déclaration de soupçon est également susceptible de concerner les sommes et opérations liées au financement du terrorisme.

La déclaration de soupçon n'est pas un acte anodin car elle entraîne un traitement par TRACFIN de l'information ainsi déclarée, lequel peut donner lieu à des investigations complémentaires voire à une transmission à l'autorité judiciaire ou à certaines administrations compétentes.

Les infractions et délits passibles d'une peine privative de liberté supérieure à un an

Le champ de la déclaration de soupçon porte sur toutes les infractions sous-jacentes sanctionnées d'une peine d'emprisonnement supérieure à un an. Il s'agit notamment du trafic de stupéfiants, de la corruption et du trafic d'influence commis par des personnes exerçant une fonction publique, de l'abus de biens sociaux, de la contrefaçon, de l'escroquerie, de l'abus de confiance, de l'abus frauduleux de l'état d'ignorance ou de la situation de faiblesse, du travail dissimulé, de l'escroquerie.

Les opérateurs de jeux en ligne n'ont pas à préciser ni qualifier une infraction sous-jacente, il suffit qu'ils soupçonnent ou qu'ils aient de " bonnes raisons " de soupçonner qu'elle existe et formulent leur analyse des faits. Ils indiquent les éléments d'analyse qui les conduisent à effectuer la déclaration de soupçon voire, dans l'hypothèse où ils ont recueilli des éléments leur permettant d'être plus précis, de caractériser le soupçon.

2 *Le blanchiment de fraude fiscale : une liste de 16 critères limitativement édictés*

S'agissant plus spécifiquement du blanchiment de fraude fiscale, au sens du II de l'article L. 561-15, une déclaration, à ce titre, n'est envisageable que dans la mesure où au moins l'un des seize critères prévus à l'article D. 561-32-1 du code monétaire et financier est présent. Certains peuvent trouver à s'appliquer en matière de jeu en ligne et recoupent d'ailleurs des critères d'alerte à savoir :

— La progression forte et inexpliquée, sur une courte période, des sommes créditées sur les comptes nouvellement ouverts ou jusque-là peu actifs ou inactifs, liée le cas échéant à une augmentation importante du nombre et du volume des opérations ;

— Le recours inexpliqué à des comptes utilisés comme des comptes de passage ou par lesquels transitent de multiples opérations tant au débit qu'au crédit, alors que les soldes des comptes sont souvent proches de zéro ;

— Le refus du client de produire des pièces justificatives quant à la provenance des fonds reçus ou quant aux motifs avancés des paiements, ou l'impossibilité de produire ces pièces ;

— Le dépôt par un particulier de fonds sans rapport avec son activité ou sa situation patrimoniale connue.

Les éléments d'analyse ayant conduit à retenir au moins l'un des critères sont précisés dans la déclaration.

3 *La déclaration de soupçon complémentaire*

A la suite d'une déclaration de soupçon, l'opérateur peut être amené à établir une déclaration complémentaire.

Cette déclaration complémentaire doit être effectuée dans les cas où l'opérateur a connaissance de nouvelles informations de nature à infirmer, conforter ou modifier les éléments contenus dans la déclaration de soupçon initiale. Cette nouvelle déclaration doit être adressée sans délai à TRACFIN.

Dans la pratique, les éléments susceptibles de justifier de la transmission d'une déclaration complémentaire sont l'ensemble des éléments susceptibles de présenter une plus-value lors de la réalisation d'une enquête. Dans ce cadre et de manière non exhaustive, il est notamment possible de citer : l'intensification de la pratique de jeux, la modification des modalités d'alimentation ou de retrait du compte joueur (changement de IBAN, intensification des alimentation[s] par nouveaux moyens de paiement, etc.), l'identification de nouveaux éléments de connaissance client l'obtention de documents justificatifs permettant d'infirmer le soupçon initial l'identification de comptes joueurs fonctionnant en lien avec le compte ayant fait l'objet d'une déclaration préalable, etc.

C *Qu'est-ce qu'un soupçon ?*

La déclaration de soupçon est le fruit d'une démarche intellectuelle et la conclusion d'une analyse qui ne peut pas être menée par les seuls systèmes automatisés. Seules des opérations considérées comme suspectes devront être déclarées à TRACFIN, les opérateurs de jeux et paris en ligne n'étant pas soumis à une obligation de déclaration (ci-après "DS") de toutes les opérations inhabituelles de leurs clients.

Les professionnels effectuent une DS quand le soupçon est établi au terme de l'analyse conduite, c'est-à-dire lorsqu'ils n'ont pas obtenu, au regard des informations, documents recueillis auprès du client ou par d'autres moyens, d'assurance raisonnable quant à la licéité des fonds utilisés par le joueur, ou quant à sa justification économique au regard de leur connaissance de la clientèle.

Dès lors, le déclarant s'abstient de faire des déclarations motivées uniquement par des éléments de contexte. Ainsi, les déclarations de soupçon ne peuvent avoir pour seul motif :
– La réception d'une réquisition judiciaire ou d'une demande de renseignement émanant d'une administration (et à plus forte raison d'un droit de communication diligenté par TRACFIN) ;
– L'activité professionnelle du client, son adresse ou son pays de résidence (éléments toutefois susceptibles de constituer un faisceau d'indices) ;
– Le montant élevé d'une opération ;
– Le fait d'être une PPE.

D *Contenu de la déclaration de soupçon*

1 *L'exposé de la situation objet de la déclaration*

La déclaration de soupçon comprend une partie d'exposé, destinée à faire figurer l'analyse des faits ayant conduit au soupçon à l'origine du signalement. Ce développement est la conséquence naturelle de l'analyse effectuée et de ses conclusions. Son objectif est la reprise synthétique de l'ensemble des éléments conduisant à la transmission d'une déclaration de soupçon.

Exemple d'exposé

Partie 1 : Phrase introductive de synthèse

Cette partie doit permettre une compréhension rapide du signalement et consiste à synthétiser l'ensemble des éléments fondant le soupçon.

Partie 2 : Présentation des personnes physiques faisant l'objet du soupçon

Rappel des informations détenues par le déclarant sur les personnes physiques objet du soupçon.

Personnes physiques :
- Situation personnelle et professionnelle connue ;
- Adresse postale déclarée ;
- Historique de la relation d'affaire (date d'entrée en relation d'affaire ; rappel de l'historique des comptes joueurs successivement ouverts auprès de l'opérateur).

Le déclarant mentionne dans cette partie, le résultat des recherches effectuées en base ouverte concernant le client (réseaux sociaux, bases commerciales etc.).

Partie 3 : Présentation de(s) opération(s)
- Synthèse des opérations et des mouvements douteux ;
- Développement des faits concernant ces opérations ;
- Précision sur l'origine et la destination (certaine ou présumée) des fonds sur lesquels porte le soupçon.

L'analyse effectuée par le déclarant porte conjointement sur les données financières (modalités d'alimentation et de retrait des gains du compte joueur), la méthodologie de jeu (notamment au regard de la prise de risques), les éventuels liens entretenus avec d'autres comptes joueurs, le taux de retour joueur, le rapport au risque du joueur, etc.

Partie 4 : la caractérisation du soupçon

Cette partie restitue le fait à l'origine du soupçon ayant conduit au signalement, expose clairement le soupçon du déclarant à l'appui des éléments figurant *supra*.
- En quoi cette opération est-elle suspecte ?
- Pourquoi l'origine des fonds peut paraitre douteuse ?
- Démarches entreprises par le déclarant pour lever le doute ?
- En quoi les explications ou justifications apportées sont-elles peu convaincantes ou crédibles ?

Plus généralement, l'ARJEL et TRACFIN rappellent le caractère essentiel de la correcte rédaction des DS, quelles que soient les modalités de transmission de ces dernières. La clarté, la concision, la pertinence et la précision de la présentation des éléments d'information mentionnés dans la DS sont importantes pour l'efficacité du dispositif LCB/FT.

2 *Les pièces jointes à la déclaration*

Le déclarant transmet, à l'appui de la déclaration, l'ensemble des pièces et données mobilisées lors de la phase d'analyse. Compte tenu des spécificités du secteur, ces données concerneront notamment les données financières du compte joueur, les éléments KYC, ainsi que les données de jeux.

Les données transmises par le déclarant sont susceptibles de faire l'objet d'un retraitement par les enquêteurs TRACFIN. Par conséquent, il convient de privilégier leur transmission sous format Excel afin de faciliter ce travail d'analyse (ou à défaut, un format .pdf convertible).

Exemple de pièces jointes

– **Documents récapitulatifs des éléments de connaissance client :**

• Copie de la pièce d'identité du client ;

• Copie des RIB associés au compte joueur ;

• Tableau récapitulatif de l'ensemble des éléments de connaissance client (adresse postale, mail, numéro de téléphone, etc.) ;

• Tableau récapitulatif des adresses IP de connexion associées au compte joueur (idéalement réparties par nombre de connexion).

– **Document de synthèse des données financières faisant figurer, par année :**

• Les approvisionnements ventilés par type de prestataire de paiement ;

Sur ce point, si plusieurs cartes bancaires sont utilisées par le joueur, ventiler les alimentations par CB.

• Les retraits par compte destinataire ;

• Les enjeux par offre de jeux (paris hippique/jeu de cercle/paris sportifs).

– **Document présentant le détail des opérations financières :**

Un document détaillant l'ensemble des opérations d'alimentation et de retrait sera également joint, faisant figurer : la date de l'opération, le moyen de paiement (vecteur de paiement ou marque liée au prestataire de service de paiement), le montant de l'opération, l'adresse IP de connexion, les informations nécessaires liées à l'opération (référence liée au prestataire de paiement, référence CB *[les références CB comporteront a minima les 6 premiers chiffres et les 4 derniers]*, référence du ticket prépayé, etc.).

– **Document présentant le détail des opérations** en matière de paris sportifs et hippiques (montant de la prise de jeux, cote associée, résultat de la prise de jeu et évènement sportif/hippique concerné.

Focus sur les informations à transmettre en pièce jointe lorsque les comptes joueurs déclarés sont alimentés par des codes et tickets prépayés

Lorsque les comptes joueurs déclarés sont alimentés de manière significative par des codes et tickets prépayés, il convient de faire figurer dans les pièces jointes dédiées le numéro d'identification de ces derniers. Cette information permet aux enquêteurs TRACFIN d'adresser des droits de communication à leur éditeur, dans l'objectif d'obtenir de plus amples informations concernant les modalités de commercialisation des tickets et codes prépayés utilisés.

E *Les modalités de transmission*

Le déclarant peut adresser les déclarations de soupçon à TRACFIN via la plateforme de télétransmission ERMES.

Si la télé-déclaration ne revêt pas de caractère obligatoire pour les opérateurs de jeux en ligne, il est constant que la plate-forme ERMES est garante d'un haut niveau de sécurité et de confidentialité. Elle est[,] par ailleurs, l'assurance d'une déclaration recevable.

Le cas échéant, le déclarant peut également utiliser le formulaire dématérialisé de déclaration de soupçon disponible sur le site internet de TRACFIN.

F *Le délai de transmission de la déclaration de soupçon*

Après l'exécution d'une opération qui répond aux conditions prévues à l'article L. 561-15, une DS est transmise "sans délai" conformément au 2e alinéa de l'article L. 561-16. Cette disposition introduit une obligation de célérité qui contraint chaque opérateur assujetti à veiller à ce que, quelle que soit son organisation, et à chaque stade de son processus débouchant sur une DS, les diligences à accomplir le soient aussi rapidement que possible. Ainsi, les opérateurs assujettis veillent à ne prendre que le temps strictement nécessaire aux investigations et à l'analyse faisant suite à l'alerte. Lorsque celles-ci sont de nature à structurer le soupçon, les opérateurs rédigent et transmettent la DS immédiatement.

G *Recevabilité de la déclaration*

Les mentions de forme devant figurer sur la déclaration, sous peine d'irrecevabilité, sont énoncées à l'article R. 561-31, III du code monétaire et financier.

Si TRACFIN constate qu'une des conditions de forme de la déclaration n'est pas remplie, il envoie dans les 10 jours une lettre de demande qui invite le déclarant à la régulariser dans le délai d'un mois. Au terme de ce délai et à défaut de régularisation, le service notifie au déclarant dans les 10 jours une décision d'irrecevabilité (cf. IX pour des développements plus détaillés).

H *Confidentialité*

La confidentialité de la déclaration de soupçon porte sur l'existence et le contenu des déclarations qui ne peuvent être communiquées, ni à l'intéressé ni à des tiers à l'exclusion de l'autorité de contrôle. Elle s'applique également aux suites qui lui ont été données. Les informations recueillies à ce titre doivent donc être conservées dans des conditions de stricte confidentialité et sont couvertes par le secret professionnel.

La confidentialité des déclarations implique que seuls le correspondant et le déclarant TRACFIN sont autorisés à détenir des informations relatives à ces déclarations. Le non-respect de ce principe est sanctionné d'une amende de 22 500 euros.

I *L'exonération de responsabilité*

En contrepartie de l'obligation légale d'effectuer une déclaration de soupçon à TRACFIN, le professionnel bénéficie d'une immunité civile, pénale et disciplinaire. Cela signifie qu'une déclaration de soupçon réalisée de bonne foi exonère le professionnel (article L. 561-22 du code monétaire et financier) :

– de toute responsabilité pénale, civile et professionnelle pour dénonciation calomnieuse ;

– de toute responsabilité pénale en cas de risque de mise en cause comme auteur ou complice du délit (par exemple de trafic de stupéfiants, de recel, de blanchiment, ou de financement du terrorisme).

La protection de la source

Le code monétaire et financier prévoit que les déclarations de soupçon reçues par TRACFIN sont soumises à la protection du secret des sources, y compris vis-à-vis de l'autorité judiciaire : "Lorsque les investigations du service mentionné à l'article L. 561-23 mettent en évidence des faits susceptibles de relever du blanchiment du produit d'une infraction punie d'une peine privative de liberté supérieure à un an ou du financement du terrorisme, ce service saisit le procureur de la République par note d'information. Cette note ne comporte pas de mention de l'origine des informations (article L. 561-30-1 du code monétaire et financier)".

TRACFIN assure la protection des sources par une stricte confidentialité des déclarations de soupçon et ne communique jamais les déclarations de soupçon à des tiers :

– les notes d'information transmises à l'autorité judiciaire mobilisent des informations susceptibles d'avoir été transmises par plusieurs catégories d'assujettis, de sorte que leur contenu ne permette pas l'identification de la source ;

– en cas de risque d'exposition du déclarant, l'information n'est pas externalisée.

V Autres obligations

A *Mise en place d'une organisation et de procédures de contrôle interne*

L'opérateur désigne un responsable de la mise en place et du suivi du dispositif d'évaluation et de gestion des risques. Celui-ci, qui possède une connaissance suffisante des expositions aux risques auxquels est confrontée l'entreprise, doit mettre en place un contrôle permanent du dispositif LCB-FT adapté à la taille de l'entreprise, à sa structure, à son implantation et à son exposition.

Ce contrôle, qui relève du contrôle de conformité, doit permettre de s'assurer que les procédures mises en place satisfont aux obligations législatives et règlementaires et sont de nature à permettre la détection des opérations suspectes. Si des insuffisances sont révélées par ces contrôles, des mesures correctrices doivent être prises afin de s'assurer de l'efficacité permanente du dispositif. Ces mesures peuvent être par exemple l'édiction de notes de procédure, l'organisation de différentes formations ou autre[s].

> L'opérateur doit pouvoir justifier à tout moment non seulement des procédures qu'il a mises en place mais aussi de leur effectivité et de leur efficacité notamment par la production des résultats des contrôles internes effectués et des suites qui y sont données.

B *Recrutement, formation, information du personnel*

Les opérateurs de jeux et paris en ligne doivent se doter de moyens humains suffisants pour analyser les anomalies détectées par les dispositifs LCB-FT.

Afin de mettre en œuvre les mesures de vigilance adaptées aux risques, ils doivent dispenser une formation régulière adaptée à l'attention de leurs collaborateurs (réglementation applicable, techniques de blanchiment). Ils s'assurent ainsi que le personnel dispose d'une expérience, d'une qualification et d'une position hiérarchique adéquate pour exercer les différentes missions. Lors du recrutement de leur personnel, les opérateurs prennent en compte les risques liés à l'activité exercée au regard des impératifs de lutte contre le blanchiment de capitaux et le financement du terrorisme.

C *Conservation des documents et échange d'informations au sein d'un groupe*

1 *La conservation des documents*

Partant, les opérateurs conservent pendant six ans après la clôture du compte joueur :

- Les éléments relatifs à l'identité du client ;
- Les éléments relatifs aux opérations ;
- Les documents consignant les caractéristiques des opérations ayant donné lieu à un examen renforcé (opération particulièrement complexe, montant inhabituellement élevé ou ne paraissant pas avoir de justification économique ou d'objet licite).

La conservation des documents est essentielle en ce qu'elle garantit à l'autorité de contrôle désignée par les articles L. 561-36 et L. 561-36-2 du code monétaire e financier, soit l'ARJEL, et à TRACFIN, dans l'exercice de leur mission respective, la possibilité d'investiguer ou de reconstituer des transactions portant sur des opérations suspectes.

2 *Échange d'information au sein d'un groupe*

V. C. mon. fin., art. R. 561-29.

VI Les prérogatives de TRACFIN

A *Le droit de communication*

Le cadre d'exercice du droit de communication mis en œuvre par TRACFIN peut être synthétisé comme suit :

– le droit de communication est exercé sur pièce, généralement par ERMES ;

– il est susceptible de porter sur l'ensemble des documents, informations ou données collectées par l'opérateur, relatifs à l'identité ou aux opérations réalisées par les joueurs ;

– le droit de communication est susceptible de porter sur les éléments collectés par l'opérateur dans le cadre des mesures de vigilance renforcées (échange de courriels, pièces justificatives, etc.) ;

– la réception d'un droit de communication est une information confidentielle qui ne doit pas être portée à la connaissance du/des joueur(s) concernés.

B *Le droit d'opposition*

Le droit d'opposition est une prérogative qui peut être mise en œuvre par TRACFIN pour s'opposer à la réalisation d'une opération qui n'a pas encore été exécutée pendant un délai (10 jours ouvrables) qui permet à l'autorité judiciaire d'apprécier l'opportunité de prendre une ordonnance de saisie pénale des sommes en cause.

Conformément au 4e alinéa de l'article L. 561-24, le professionnel peut exécuter l'opération suspecte, en l'absence d'opposition de TRACFIN dans le délai d'exécution de l'opération.

Lorsque le professionnel soupçonne qu'une opération suspecte est susceptible d'entraîner l'exercice de son droit d'opposition par TRACFIN (par exemple, certitude sur l'origine délictueuse des fonds ou virements de fonds à l'étranger), il est invité à prendre l'attache de TRACFIN le plus rapidement possible afin d'appeler son attention sur cette opération et sur son délai d'exécution.

En outre, le délai pendant lequel l'opération est suspendue est de 10 jours ouvrables et ce délai court dès le jour d'émission de la notification de l'opposition par TRACFIN au professionnel dans les conditions prévues à l'article R. 561-36.

Dans ce cadre, il convient de souligner que l'exercice du droit d'opposition n'est pas susceptible de justifier la consignation durable, par l'opérateur de jeu, du solde d'un compte joueur ayant fait l'objet d'une déclaration de soupçon.

VII La mission d'autorité de contrôle de l'ARJEL

Désignée comme autorité de contrôle des opérateurs agréés de jeu en ligne par l'article L. 561-36 du code monétaire et financier, l'ARJEL assure à ce titre, le contrôle du respect de leurs obligations et participe à la politique nationale en matière de LCB-FT en tant que membre du Conseil d'Orientation de la lutte contre le blanchiment de capitaux et le financement du terrorisme (COLB). Elle est en outre un interlocuteur privilégié de TRACFIN.

A *La mission de contrôle*

Il est en outre précisé dans ce même code que ce contrôle s'exerce dans les conditions définies par l'article 42 de la loi du 12 mai 2010.

C'est donc dans ce cadre d'une part qu'elle adresse périodiquement aux opérateurs agréés un questionnaire relatif aux procédures mises en place et aux actions menées et, d'autre part*[,]* qu'elle effectue des inspections.

L'Autorité s'assure non seulement de l'existence de procédures et de leur formalisation mais également de leur effectivité et peut demander communication de toute pièce lui permettant de s'assurer que les process définis sont mis en œuvre.

Dans l'hypothèse où des recommandations sont émises, elle s'assure ensuite qu'elles ont été suivies par l'opérateur concerné.

L'enquêteur habilité et assermenté en charge du contrôle peut auditionner toute personne participant au dispositif LCB-FT à quel *[quelque]* titre que ce soit.

Si des manquements aux obligations LCB-FT sont constatés, l'ARJEL doit saisir la Commission nationale des sanctions (CNS) en application des articles L. 561-37 et suivants du code monétaire et financier et non la commission des sanctions instaurée par l'article 43 de la loi du 12 mai 2010.

En outre, c'est le secrétaire général de la CNS et non le Collège de l'ARJEL qui est compétent pour notifier les griefs et engager la procédure de sanctions.

La CNS peut appliquer les sanctions suivantes : l'avertissement, le blâme*[,]* l''interdiction temporaire d'exercice de l'activité ou d'exercice de responsabilités dirigeantes au sein d'une personne morale exerçant cette activité pour une durée n'excédant pas cinq ans (éventuellement avec sursis) et le retrait d'agrément.

La commission peut prononcer, soit à la place, soit en sus de ces sanctions, une sanction pécuniaire et peut également sanctionner les dirigeants ainsi que les autres personnes physiques salariées, préposées, ou agissant pour le compte de l'opérateur, du fait de leur implication personnelle dans les manquements constatés.

En principe, la décision de la commission, est rendue publique dans les publications, journaux ou supports désignés par la commission dans un format proportionné à la faute commise et à la sanction infligée. Toutefois, elle peut l'être de manière anonyme si la publication sous une forme non anonyme compromet une enquête pénale en cours ou s'il ressort d'éléments objectifs et vérifiables fournis par la personne sanctionnée que le préjudice qui résulterait pour elle d'une publication sous une forme non anonyme serait disproportionné.

B *La participation à l'action du COLB*

Créé en 2010, le Conseil d'orientation de la lutte contre le blanchiment de capitaux et le financement du terrorisme (COLB) réunit les services de l'État et les autorités de contrôle afin d'assurer une concertation efficace avec les professions assujetties aux obligations de lutte contre le blanchiment des capitaux et du financement du terrorisme.

Il permet notamment à la DG Trésor de piloter efficacement la lutte contre le blanchiment de capitaux en lien avec les autres administrations.

Dans ce cadre, l'ARJEL est associée à l'élaboration de la réglementation française en matière de lutte contre le blanchiment des capitaux et répond, pour le secteur agréé des jeux en ligne aux diverses demandes d'organismes de supervision internationaux tels que le FMI ou le GAFI.

C *Les relations avec TRACFIN*

Les échanges entre la CRF et l'ARJEL s'inscrivent dans un cadre défini par les textes suivants :

– article L. 561-28 du code monétaire et financier qui prévoit que TRACFIN échange avec les autorités de contrôle toute information utile à l'accomplissement de leurs missions respectives ;

– article L. 561-35 qui prévoit que les autorités de contrôle reçoivent de TRACFIN les informations dont celui-ci dispose sur les mécanismes de blanchiment des capitaux ou de financement du terrorisme.

Dans ce cadre général et parallèlement au droit de communication exercé à l'égard des opérateurs, TRACFIN met un *[en]* œuvre un droit similaire à l'égard de l'ARJEL en application de l'article L. 561-27 du code monétaire et financier.

L'autorité peut également être destinataire de "transmission disciplinaire" de la part de TRACFIN si cette dernière entité estime, à l'occasion d'une analyse ou d'une enquête*[,]* qu'un opérateur agréé de jeu en ligne ne semble avoir correctement rempli ses obligations.

Enfin, l'ARJEL doit, aux termes du même article L. 561-28, informer sans délai la cellule de renseignement financier des faits susceptibles d'être liés au blanchiment des capitaux ou au financement du terrorisme ou toute somme ou opération répondant aux critères de l'article L. 561-15 dont elle *[a pris]* connaissance dans l'accomplissement de sa mission.

VIII Cas typologiques

Cas nº 1 : blanchiment d'un trafic de stupéfiants

Critères d'alerte mobilisés par le déclarant lors de la phase d'analyse

– Les modalités de fonctionnement des comptes présentent des similitudes : la clôture intervient très rapidement après quelques opérations de jeux (l'hypothèse du "chasseur de bonus" est initialement évoquée par le déclarant) ; alimentation des comptes joueurs exclusivement par monnaie électronique ; les gains enregistrés sont systématiquement retirés du compte joueur (absence de recyclage des gains) ;

– Récurrence de certains éléments de connaissance client : patronymes de certains titulaires de comptes joueurs/adresses IP de connexion permettant de faire le lien entre les différents comptes joueurs ; des comptes créés le même jour et partageant la même adresse de domiciliation sont adossés à des titulaires différents ;

– Profil de certains titulaires peu fréquent dans le secteur d'activité ;

– Une forte proportion des comptes de reversement des gains est ouvert auprès d'établissements bancaires entretenant exclusivement des relations d'affaires à distance (néo banques) ; etc.

Schéma frauduleux mis en évidence

Un groupe de 7 individus est à la tête d'un réseau de trafic de stupéfiants. Le produit de ce trafic est intégré dans le circuit économique légal par le biais de l'achat de cartes et tickets prépayés destinés à être placés sur des comptes joueurs en ligne.

Dans l'objectif de déjouer les indicateurs des opérateurs de jeux, les individus vont mettre en place un réseau de blanchiment complexe et structuré, reposant sur des identités d'emprunt et une fragmentation des flux financiers.

Après avoir transité par les sites de jeux en ligne, les fonds sont reversés à destination de comptes bancaires ouverts auprès d'acteurs récents du secteur, dans une logique de comptes collecteurs. De nombreuses opérations croisées sont effectuées entre ces différents comptes bancaires, puis progressivement acheminées à destination des comptes bancaires des têtes de réseau.

17 titulaires distincts de comptes procèderont à la création de 280 comptes joueurs auprès de différents opérateurs. Ces comptes se caractérisent par une durée de vie très courte et ne se manifestent pas, par conséquent, par un volume d'enjeux élevé.

Cette organisation permettra le blanchiment de 240 k€ issus du trafic de stupéfiants.

A retenir : L'exercice d'une activité dans un cadre numérique favorise la collecte de données à caractère personnel. L'utilisation de ces données à des fins d'analyse de la relation d'affaires permet de favoriser la détection des stratégies de dissimulation (compte d'emprunt, création de comptes multiples, etc.).

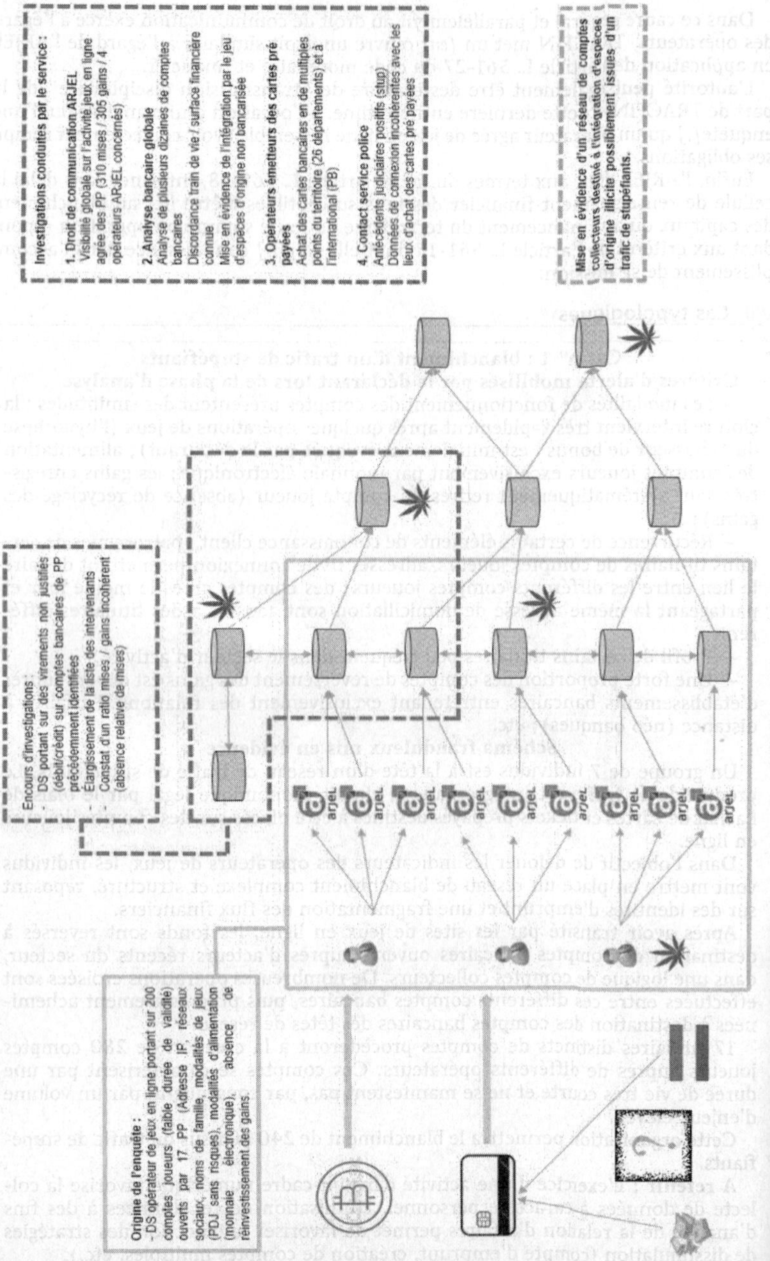
Investigations conduites par le service :
1. Droit de communication ARJEL
Visibilité globale sur l'activité jeux en ligne agrée des PP (310 mises / 305 gains / 4 opérateurs ARJEL concernés)
2. Analyse bancaire globale
Analyse de plusieurs dizaines de comptes bancaires
Discordance train de vie / surface financière connue
Mise en évidence de l'intégration par le jeu d'espèces d'origine non bancarisée
3. Opérateurs émetteurs des cartes pré payées
Achat des cartes bancaires en de multiples points du territoire (26 départements) et à l'international (PB)
4. Contact service police
Antécédents judiciaires positifs (stup)
Données de connexion incohérentes avec les lieux d'achat des cartes pré payées
Mise en évidence d'un réseau de comptes collecteurs destiné à l'intégration d'espèces d'origine illicite possiblement issues d'un trafic de stupéfiants.
Encours d'investigations :
- DS portant sur des virements non justifiés (débit/crédit) sur comptes bancaires de PP précédemment identifiées
- Élargissement de la liste des intervenants
- Constat d'un ratio mises / gains incohérent (absence relative de mises)
Origine de l'enquête :
- DS opérateur de jeux en ligne portant sur 200 comptes joueurs (faible durée de validité) ouverts par 17 PP (Adresse IP, réseaux sociaux, noms de famille, modalités de jeux (PDJ sans risques), modalités d'alimentation (monnaie électronique), absence de réinvestissement des gains.
arjel

Cas n° 2 : blanchiment d'une escroquerie en bande organisée

Critères d'alerte justifiant un examen renforcé de la relation d'affaires

L'opérateur constate une progression significative des enjeux sur différents comptes joueurs alimentés par une grande diversité des marques de codes et tickets prépayés versés sur plusieurs comptes joueurs ce qui ne correspond pas au comportement type des clients de l'opérateur (différentes marques de cartes et tickets prépayées sont successivement utilisées sur un même compte le même jour).

Recherches effectuées sur les éléments de connaissance client

Les recherches effectuées par le déclarant permettent de faire le lien entre les différents comptes joueurs utilisés : adresse postale, adresse IP de connexion, ville de résidence, lien unissant les différentes PP sur les réseaux sociaux.

Analyse des opérations de jeux

Les sommes engagées sur ces différents comptes joueurs font l'objet d'une prise de risques minimale en amont de leur retrait (paris à cotes faibles, prises de jeux sur des évènements sportifs destinés à être annulés).

Analyse des éléments financiers

Des tentatives de retraits sans enjeux sont également détectées par l'opérateur.

Schéma frauduleux mis en évidence

4 jeunes individus créent différentes pages dédiées aux paris sportifs sur les réseaux sociaux. Ce vecteur de communication leur permet de se prévaloir de la création d'un logiciel prédictif garantissant un taux de retour joueur très élevé. Pour assoir leur crédibilité, ils procèdent à la publication de récépissés gagnants, dont une part notable est en réalité falsifiée.

Les 4 individus développent par la suite une prestation de conseil sous la forme de groupes privés adossés aux pages précédemment créées sur les réseaux sociaux. L'accès à ces groupes est conditionné par l'acquittement d'un droit d'inscription, payable par remise de tickets ou codes prépayés.

Incapables de tenir leurs engagements en matière de taux de retour joueur, les administrateurs bannissent de leurs groupes les joueurs mécontents suite à des résultats défavorables. Une fois la réputation d'une page définitivement entachée sur internet, les 4 individus renouvellent leur escroquerie sous une nouvelle enseigne.

Les tickets et codes prépayés obtenus dans le cadre de leur activité frauduleuse sont placés sur des comptes joueurs en ligne.

Les sommes du compte joueur sont reversées à destination de comptes bancaires et ainsi blanchies.

A retenir : Les tickets et cartes prépayées sont assimilables à des bons aux porteurs : aucun élément ne permet *a priori* de s'assurer de la concordance entre l'acheteur et l'utilisateur de ces moyens de paiement.

Le secteur des prestataires de services de paiement et de monnaie électronique est en pleine mutation. Ses canaux de distribution reposent exclusivement sur les vecteurs numériques et présentent par conséquent des vulnérabilités liées à l'entrée en relation d'affaire à distance. Certains PSP/ME exercent leur activité dans le cadre de la libre prestation de service et restent par conséquent soumis à la supervision de leur pays d'agrément. Le rapport d'analyse TRACFIN 2017 souligne que certains pays de l'Espace économique européen ont un degré d'exigence faible en matière de supervision LCB.

Cas n° 3 : cybercriminalité

Critère d'alerte justifiant un examen renforcé de la relation d'affaires

L'opérateur identifie dans sa base client 3 comptes joueurs semblant fonctionner en lien. La mise en lien de ces comptes s'effectue sur la base d'une même CB utilisée pour l'utilisation de ces trois comptes.

Recherches effectuées sur les modalités de fonctionnement des comptes

Ces comptes présentent les caractéristiques communes suivantes :

– Alimentation du compte par de nombreuses CB distinctes (les références de ces cartes ont été subtilisées dans le cadre de l'escroquerie. Les autres sont adossées aux comptes ouverts sur la base d'une usurpation d'identité). Les recherches effectuées par le déclarant sur la base du code BIN (*Bank Identification Number*) démontrent que ces cartes proviennent de nombreux pays de l'EEE et sont adossées à des établissements de notoriété relative ;

– Grande diversité des alimentations effectuées en monnaie électronique ;

– Fréquentes modifications de comptes de reversement des gains ;

– Les joueurs communiquent régulièrement de nouveaux IBAN, dont une bonne part n'est pas française. Une part importante de ces RIB est adossée à des établissements de monnaie électronique ;

– Absence de recyclage des gains ;

– Prises de jeu effectuées sur des cotes faibles. Les sommes ayant fait l'objet d'enjeux sont immédiatement retirées, puis le joueur procède à de nouvelles alimentations.

Schéma frauduleux mis en évidence

Une organisation criminelle pratique différents types d'escroquerie sur internet : rançongiciels (importantes sources de revenus en cryptomonnaie) et *phishing* (subtilisation de données à caractère personnel et de données bancaires, obtention de copie de pièce d'identité).

Le blanchiment de l'escroquerie s'effectue en plusieurs étapes.

Les données à caractère personnel subtilisées sont utilisées pour la création, à l'insu de leur propriétaire officiel, de plusieurs centaines de comptes auprès de :

– Prestataires de services de paiement établis dans l'Espace économique européen. Ces organismes sont spécialisés dans la conversion des cryptomonnaies en euros ;

– Comptes bancaires adossés à divers *[diverses]* banques en lignes établies dans l'Espace économique européen ;

– Joueurs auprès de différents opérateurs de jeux en ligne.

Les cryptomonnaies obtenues en contrepartie des rançongiciels sont converties en euros et progressivement transférées sur des comptes de néobanques.

Les comptes joueurs sont alimentés par des tickets prépayés et des cartes bleues (certaines sont issues de données captées sur internet, d'autres du produit de la conversion des crypto monnaies en euros).

Les gains, suite à des enjeux ayant fait l'objet de prises de risques minimes, sont reversés à destination des comptes créés auprès des néobanques. Une forte rotation des comptes de reversement des gains pour chaque compte joueur est à souligner.

Les gains reversés sur les comptes bancaires font l'objet de nombreuses transactions croisées entre différents titulaires victimes d'usurpation d'identité.

Les fonds sont finalement transférés à destination de sociétés établies dans l'Espace économique européen.

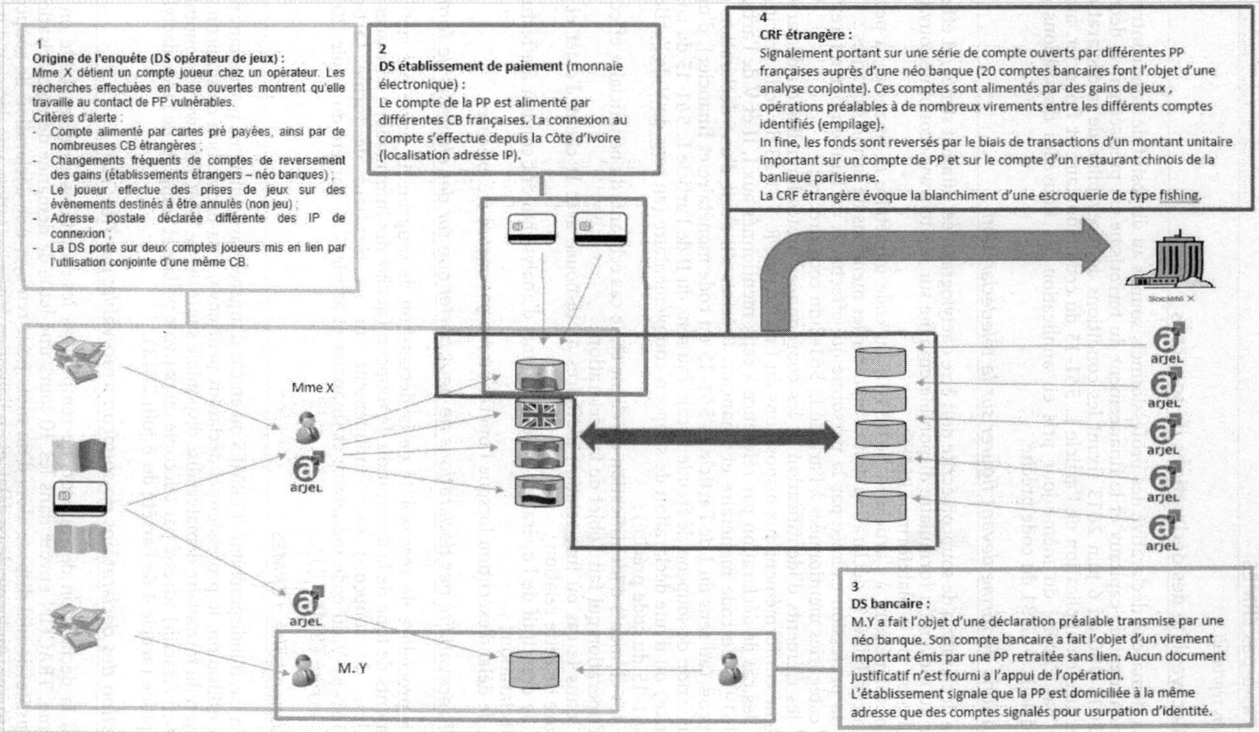
1
Origine de l'enquête (DS opérateur de jeux) :
Mme X détient un compte joueur chez un opérateur. Les recherches effectuées en base ouvertes montrent qu'elle travaille au contact de PP vulnérables.
Critères d'alerte :
- Compte alimenté par cartes pré payées, ainsi par de nombreuses CB étrangères ;
- Changements fréquents de comptes de reversement des gains (établissements étrangers – néo banques) ;
- Le joueur effectue des prises de jeux sur des évènements destinés à être annulés (non jeu) ;
- Adresse postale déclarée différente des IP de connexion ;
- La DS porte sur deux comptes joueurs mis en lien par l'utilisation conjointe d'une même CB.
2
DS établissement de paiement (monnaie électronique) :
Le compte de la PP est alimenté par différentes CB françaises. La connexion au compte s'effectue depuis la Côte d'Ivoire (localisation adresse IP).
4
CRF étrangère :
Signalement portant sur une série de compte ouverts par différentes PP françaises auprès d'une néo banque (20 comptes bancaires font l'objet d'une analyse conjointe). Ces comptes sont alimentés par des gains de jeux , opérations préalables à de nombreux virements entre les différents comptes identifiés (empilage).
In fine, les fonds sont reversés par le biais de transactions d'un montant unitaire important sur un compte de PP et sur le compte d'un restaurant chinois de la banlieue parisienne.
La CRF étrangère évoque la blanchiment d'une escroquerie de type fishing.
Société X
Mme X
arjel
M. Y
3
DS bancaire :
M.Y a fait l'objet d'une déclaration préalable transmise par une néo banque. Son compte bancaire a fait l'objet d'un virement important émis par une PP retraitée sans lien. Aucun document justificatif n'est fourni a l'appui de l'opération.
L'établissement signale que la PP est domiciliée à la même adresse que des comptes signalés pour usurpation d'identité.

IX Pas-à-pas ERMES

Non reproduit.

X Recevabilité des déclarations de soupçons

La démarche déclarative des professionnels soumis au dispositif de lutte contre le blanchiment de capitaux et le financement du terrorisme est précisée par le décret n° 2013-480 du 6 juin 2013 fixant les conditions de recevabilité de la déclaration effectuée en application de l'article L. 561-15 du code monétaire et financier, ainsi que par l'arrêté du même jour pris en application des nouvelles dispositions de l'article R. 561-31 du code précité.

Mentions de forme devant figurer sur la télédéclaration

La déclaration de soupçon écrite doit être dactylographiée, dûment signée, et effectuée au moyen du formulaire disponible en ligne sur le site www.economie.gouv.fr/tracfin ou via la plateforme ERMES.

Conformément à l'article R. 561-31-III du code monétaire et financier, à peine d'irrecevabilité, la déclaration doit comporter les mentions de forme suivantes :

• la profession exercée par la personne qui effectue la déclaration par référence aux catégories mentionnées à l'article L. 561-2 du code précité ;

• les éléments d'identification et les coordonnées professionnelles du déclarant désigné conformément aux dispositions du I de l'article R. 561-23 du code précité ;

• les cas de déclaration par référence à ceux mentionnés aux I, II et V de l'article L. 561-15 du code monétaire et financier. Préciser s'il s'agit d'une déclaration de soupçon (au sens du I de l'article L. 561-15 du code monétaire et financier), d'une déclaration de soupçon de fraude fiscale (au sens du II de l'article L. 561-15 du code précité) ou d'une déclaration de soupçon complémentaire (au sens du V de l'article L. 561-15 du code précité) ;

• les éléments d'identification du client et, le cas échéant, du bénéficiaire effectif de l'opération qui fait l'objet de la déclaration ;

• dans le cas où une relation d'affaires a été nouée avec le client, l'objet et la nature de cette relation ;

• le descriptif de l'opération et les éléments d'analyse qui ont conduit à effectuer la déclaration ;

• le délai d'exécution lorsque l'opération n'a pas encore été exécutée.

[L']irrecevabilité des déclarations ne peut porter que sur des éléments de forme

La procédure de recevabilité de la déclaration de soupçon ne porte pas sur les éléments de fond de la déclaration de soupçon (qualité des informations adressées et analyse du soupçon) mais uniquement sur les mentions de forme (article R. 563-61-V du code monétaire et financier et article 5 de l'arrêté du 6 juin 2013 dit "arrêté ERMES" *[)]*.

Indisponibilité d'ERMES

En cas d'indisponibilité d'ERMES ou en cas d'urgence particulière ne permettant pas son utilisation, le professionnel déclarant peut envoyer sa déclaration de soupçon au moyen du formulaire dématérialisé disponible sur le site de TRACFIN (www.economie.gouv.fr/tracfin) adressé par télécopie ou par voie postale et complété de façon dactylographiée (article 4 de l'arrêté du 6 juin 2013).

Gestion des déclarations de soupçon irrecevables par TRACFIN

Si la déclaration de soupçon ne remplit pas les conditions de recevabilité en la forme, TRACFIN envoie dans les 10 jours une lettre de demande de régularisation. Le professionnel dispose alors d'un mois pour renvoyer une déclaration de soupçon conforme. Au terme de ce délai, et en l'absence de régularisation, une décision d'irrecevabilité lui sera notifiée par le service dans les 10 jours conformément à l'article R. 561-31-V du code monétaire et financier (cf. schéma ci-dessous).

Circuit de l'irrecevabilité :

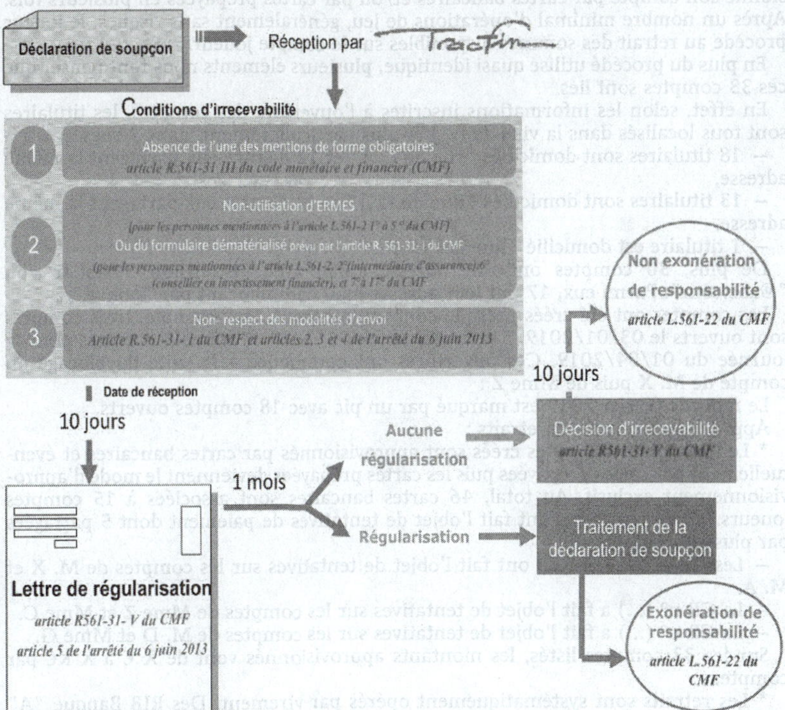

XI Déclaration de soupçon : exemple d'exposé des faits et de leur analyse

A *Exemple 1 : Problématique d'usurpation d'identité*

Nos soupçons portent sur les retraits sans enjeux effectués sur 33 comptes connus à ce jour, ainsi que sur leurs modalités d'approvisionnement (cartes bancaires et cartes prépayées). Il s'agirait d'usurpation d'identité à des fins de blanchiment d'argent. Ces opérations seraient effectuées par un individu ou un petit groupe d'individus.

Liste des individus concernés : M. X, M. Y, ...

A noter que 3 de ces 33 clients avaient déjà été titulaires (...). Des adresses et des RIB différents étaient enregistrés :

* Mme Z : titulaire d'un premier compte début 2018, domiciliée (...) et disposant d'un RIB auprès de la banque (...).

* M. ZZ : titulaire d'un premier compte en 2016, domicilié (...) et disposant d'un RIB auprès de la banque (...).

Ces 33 comptes joueurs ont été créés entre le 01/01/2019 et le 03/04/2019 et sont tous localisés sur la ville de (...) à l'exception de celui de M. X (adresse concernée). Au total, X € ont été approvisionnés dont X € par cartes prépayées et X € à l'aide de X cartes bancaires. X € ont été retirés par virement dont X € sont actuellement bloqués par nos services en raison des doutes quant à l'identité des clients et des pièces fournies.

Le procédé est pratiquement le même pour les 33 comptes : le parieur approvisionne son compte par cartes bancaires et/ou par cartes prépayées en plusieurs fois. Après un nombre minimal d'opérations de jeu, généralement sans risques, le joueur procède au retrait des sommes disponibles sur le compte joueur.

En plus du procédé utilisé quasi identique, plusieurs éléments nous font penser que ces 33 comptes sont liés.

En effet, selon les informations inscrites à l'ouverture des comptes, les titulaires sont tous localisés dans la ville de (...) et plus particulièrement, dans 3 rues :

– 18 titulaires sont domiciliés "rue de (...)" et 12 d'entre eux partagent la même adresse,

– 13 titulaires sont domiciliés "Rue du (...)" et 11 d'entre eux partagent la même adresse,

– 1 titulaire est domicilié "Rue des (...)".

De plus, 30 comptes ont une adresse email avec l'extension "@abc.fr" ou "@abc.com". Parmi eux, 17 ont leur adresse mail commençant par "poiuyt".

Les comptes ont été créés presque concomitamment. Par exemple, trois comptes sont ouverts le 03/01/2019, 5 comptes le 04/02/2019 et même 8 comptes pour la journée du 01/04/2019. Ces ouvertures ont commencé à la suite du blocage du compte de M. X puis de Mme Z :

Le mois de février 2019 est marqué par un pic avec 18 comptes ouverts.

Approvisionnements et retraits :

* Les 5 premiers comptes créés sont approvisionnés par cartes bancaires et éventuellement par cartes prépayées puis les cartes prépayées deviennent le mode d'approvisionnement exclusif. Au total, 46 cartes bancaires sont associées à 15 comptes joueurs. 33 de ces cartes ont fait l'objet de tentatives de paiement dont 5 partagées par plusieurs comptes.

– Les CB n° (...) et (...) ont fait l'objet de tentatives sur les comptes de M. X et M. A.

– La CB n° (...) a fait l'objet de tentatives sur les comptes de Mme Z et Mme C.

– La CB n° (...) a fait l'objet de tentatives sur les comptes de M. D et Mme G.

Sur les 33 comptes listés, les montants approvisionnés vont de X € à X K€ par compte.

* Les retraits sont systématiquement opérés par virement. Des RIB Banque "A" (28), Banque "B" (11), Banque "C" (4) sont enregistrés sur ces comptes. Des changements de RIB ont été effectués pour les premiers comptes ouverts.

De plus, certaines demandes de paiement se font simultanément. Par exemple, 6 parieurs demandent un paiement le 05/03/2019. MM. C et G ont même approvisionné le même jour la même somme, X €, en 6 versements identiques, avant de retirer leurs fonds le même jour.

Au total, 13 comptes n'ont enregistré aucune activité (pas d'approvisionnement abouti et pas d'enjeu). Seuls 8 comptes ont comptabilisé des enjeux.

Par ailleurs, des pièces d'identité pour chacun des comptes ont été fournies dès leur ouverture. La quasi-totalité de ces pièces semblent *[semble]* être authentiques *[authentique]*. Seulement, la photo sur la pièce d'identité de M. F est identique à celle présente sur la pièce de M. H avec lequel il partage une carte bancaire. Or, la pièce fournie par ce dernier présente plusieurs anomalies.

Aucune pièce d'identité ne mentionne l'adresse désignée lors de l'ouverture du compte comme lieu de domicile. Des recherches effectuées sur internet confirment qu'une large part des titulaires de comptes joueurs ne réside pas à l'adresse indiquée lors de l'ouverture du compte joueur.

De plus, M. Y a apporté une facture d'électricité afin de justifier son adresse de domicile. Seulement, la police utilisée pour inscrire les coordonnées du client nous a alertés. Le service client de la société nous a confirmé qu'aucun M. Y domicilié à l'adresse indiquée lors de la création du compte joueur n'était client chez eux. Par ailleurs, il nous a indiqué que le numéro client utilisée *[utilisé]* sur la facture était erroné.

Les divers éléments qui lient ces comptes entre eux, les documents falsifiés et le peu d'enjeux enregistrés nourrissent notre soupçon de blanchiment d'argent via des retraits avec peu d'enjeux opéré par un individu ou en réseau.

Vous trouverez ci-joint 10 premiers bilans parieurs, un tableau récapitulatif et une synthèse concernant les cartes bancaires utilisées.

B *Exemple 2 : poursuite des alimentations sur solde élevé*

M. X est né le 01 janvier 1900. M. X est gérant de l'entreprise XXXX qui a été créée en 2010. Le chiffre d'affaires de la société en 2015 s'élève à ... €.

Il a créé son compte joueur le 01/01/2019 et nous a fait parvenir les documents nécessaires à son inscription (CNI + RIB).

Entre le 01/01/2019 et le 27/01/2019, le client a déposé ... € sur son compte joueur, majoritairement en cartes prépayées. L'activité de notre client a été relevé comme suspecte car le client continu*[e]* de déposer de nombreuses cartes prépayées alors que la balance disponible sur son compte est déjà élevée et couvre largement son activité de jeu. Le client place généralement des paris sportifs sur du football avec des mises faibles (environ 10 € par pari). Nous n'avons pas observé de tendance dans son jeu mais plutôt observé un jeu aléatoire.

Depuis l'ouverture du compte, il a retiré un total de ... €.

Le 01/02/2019, nous avons demandé au client de nous faire parvenir un justificatif de revenu.

Il nous a envoyé deux fiches de paie récentes pour un stage rémunéré en tant que ...

Il nous a également fait parvenir une attestation du Pôle Emploi.

Les revenus de M. X ne sont pas à hauteur des sommes déposées et il est actuellement sans emploi. Ainsi, nous soupçonnons M. X d'avoir accès à une autre source de revenus payée en argent liquide, puis transformée en cartes prépayées et déposée sur notre plateforme.

Nous avons décidé de ne pas maintenir notre relation commerciale avec ce client et nous allons procéder au remboursement de sa balance.

C *Exemple 3 : soupçon portant sur la provenance des fonds*

Notre client, M. X, a créé 6 comptes joueurs entre 2015 et 2019. Les 5 comptes précédents ont été clôturés car il n'a pas envoyé les justificatifs nécessaires pour la validation de son inscription. Son dernier compte, le plus récent, référencé FR ... ... a été ouvert le 01/01/2018.

Il nous a fait parvenir ses documents (Passeport + RIB) et son compte a été validé.

Entre le 10/01/2018 et le 22/04/2019, le client a déposé ... € et retiré ... €. Le 22/02/2018, le client nous a contactés afin de changer sa méthode de retrait, pour ne plus retirer sur son compte bancaire mais vers son portefeuille électronique. Il a expliqué à notre service client ne pas vouloir laisser de traces sur son compte bancaire.

Trouvant l'attitude du client suspecte, le service client a transféré le dossier au département compétent afin d'investiguer le client.

L'analyse de son compte de jeu a révélé les informations suivantes :

Le client dépose uniquement par cartes et codes prépayées *[prépayés]*.

Même lorsque la balance disponible sur son compte joueur est élevée, le client continu*[e]* de déposer.

Lorsque le client place des paris avec de fortes mises (plus de ... €), il les place sur des petites cotes, limitant les risques. Après la victoire, il retire les gains vers son compte bancaire ou les laissent accumuler sur son compte et continu de déposer, ce qui n'est pas nécessaire.

Parfois il place des paris à faibles mises, dans ce cas-là les cotes sélectionnées sont plus importantes.

Déposer de grosses sommes sur des paris peu risqués peut-être *[peut être]* une technique de blanchiment d'argent. Pour ce client en particulier, le fait qu'il utilise une méthode de dépôt anonyme et liée à de l'argent liquide, additionnée à ses dépôts constants qui n'ont pas lieu d'être, augmente les suspicions et risques.

Nous avons recherché le client sur les bases de données en ligne et publique pour potentiellement trouver une source de revenus.

Le client vit au ... rue ..., dans un immeuble bourgeois.

Notre client apparait aussi sur le site Infogreffe, comme gérant d'une entreprise, radiée le 01/01/2015.

Identifiant SIREN : ...

Catégorie juridique : Profession libérale

Activité Principale Exercée (APE) : Conseil pour les affaires et autres conseils de gestion

L'adresse enregistrée de l'entreprise est la même que l'adresse inscrite sur le passeport du client.

Nous avons également trouvé le compte Facebook du client :

https://www.facebook.com/.....

Il y indique habiter à ..., à l'étranger.

Il a également une page Facebook et un site internet spécialisé dans les pronostics sportifs (hyperlien).

Notre client donne des conseils en paris sportifs contre rémunération. Les clients peuvent entre autres s'abonner pour ... €/mois.

Nous pensons que certains tickets prépayés proviennent du paiement des clients.

Nous ne savons pas si cette entreprise est enregistrée et les revenus déclarés.

Nous ne savons également pas si les fonds déposés ont été acquis d'une manière légale. Le client nous a informés qu'il ne peut pas fournir de justificatifs pour cet argent car il s'agit d'argent liquide gagné en pourboire. Il ne nous a pas précisé son emploi actuel.

Les risques autour de ce client et les incohérences de son activité sont tels que nous avons décidé de reporter ce client.

Le client dispose actuellement d'une balance de ... € sur son compte joueur.

Lignes directrices conjointes DGDDI-TRACFIN (novembre 2020),

Relatives à la mise en œuvre, par les personnes qui négocient des œuvres d'art et des antiquités ou agissent en qualité d'intermédiaires dans le commerce des œuvres d'art et d'antiquités visées à l'article L. 561-2 10° du code monétaire et financier, de leurs obligations en matière de lutte contre le blanchiment de capitaux et le financement du terrorisme.

Après transposition de la directive (UE) n° 2018/843 du 30 mai 2018 par l'ordonnance n° 2020-115 et les décrets n° 2020-118 et n° 2020-119 du 12 février 2020.

Après adoption de l'ordonnance n° 2020-1342 du 4 novembre 2020 renforçant le dispositif de gel des avoirs et d'interdiction de mise à disposition.

Préambule

Les conflits qui se déroulent en Libye et dans la zone du Proche et du Moyen-Orient (Syrie, Irak, Yémen) ont mis en avant la problématique de la destruction du patrimoine culturel de ces pays et le risque de trafic illicite de ces biens spécifiques, en lien avec le blanchiment d'argent et le financement du terrorisme (LBC/FT).

Les destructions de biens culturels opérés par certains groupes terroristes ont conduit à une réaction de la communauté internationale. Ainsi, en 2015, l'ONU a voté deux résolutions (résolutions 2199 du 12 février 2015 et 2253 du 17 décembre 2015) qui édictaient des sanctions visant à combattre le trafic illicite d'antiquités et de biens culturels en provenance d'Irak et de Syrie et à tarir les sources de financement de Daesh, parmi lesquelles le trafic d'antiquités pillées sur les sites archéologiques des zones occupées par cette organisation terroriste. La conférence de lutte contre le financement de Daesh et d'Al-Qaida qui a réuni, à Paris les 25 et 26 avril

2018, soixante-dix États et près de vingt organisations internationales, régionales et agences spécialisées, a réitéré cette nécessité.

Au niveau national, le ministère des Finances a lancé, dès novembre 2015, un appel à vigilance s'inscrivant dans le cadre du dispositif européen de lutte contre Daesh (R(CE) n° 1210/2003 et R(UE) n° 36/2012) à l'attention des professionnels du secteur afin de leur rappeler leurs obligations de vigilance face au commerce d'œuvres d'art pillées par Daesh et dont l'origine pourrait être maquillée.

Ces mesures visant le trafic des biens culturels issus de pillage, si elles ont pris une dimension nouvelle avec le recours systématique aux trafics de pièces d'art et d'antiquités par les organisations terroristes, avaient précédemment fait l'objet de l'attention de l'ONU concernant la situation entre Syrie et en Irak. Ainsi, dès le début des années 2000, l'ONU avait voté la résolution 1483 du 22 mai 2002 relative à la situation entre l'Irak et le Koweït exhortant les pays à prendre toutes mesures visant à restituer les biens culturels irakiens et des autres objets ayant une valeur archéologique, historique, culturelle, scientifique ou religieuse, qui ont été enlevés illégalement du Musée national irakien, de la Bibliothèque nationale et d'autres sites en Irak depuis l'adoption de la résolution 661 (1990) du 6 août 1990, notamment en frappant d'interdiction le commerce ou le transfert de ces objets et des objets dont il y a de bonnes raisons de croire qu'ils ont été enlevés illégalement et appelle l'Organisation des Nations unies pour l'éducation, la science et la culture, Interpol et autres organisations internationales compétentes à faciliter la mise en œuvre [des présentes dispositions].

Dans le cadre du renforcement croissant des moyens de la lutte contre le blanchiment des capitaux et le financement du terrorisme, ces engagements internationaux ont été intégrés aux niveaux européen et national, en sus de mesures telles que l'assujettissement des prestataires du secteur des jeux d'argent et de hasard, l'élargissement de la notion de Personne Politiquement Exposée (PPE), la définition d'une politique spécifique à l'égard des "pays tiers à haut risque", le renforcement de la coopération entre cellules de renseignement financiers (CRF), etc. Ainsi, l'Union européenne a adopté : la directive (UE) n° 2015/849 du Parlement européen et du Conseil du 20 mai 2015, relative à la prévention de l'utilisation du système financier aux fins du blanchiment de capitaux ou du financement du terrorisme, dite 4e directive. Cette directive a été modifiée par la directive (UE) n° 2018/843 du 30 mai 2018, désignée 5e directive.

L'Union européenne travaille également à l'instauration d'un règlement visant à lutter contre les importations illégales de biens culturels afin de favoriser la création d'un cadre européen à la fois harmonisé et directement applicable.

Par ailleurs, le marché mondial de l'art montre un véritable dynamisme, évalué en 2019, pour les ventes aux enchères publiques, à 26 milliards d'euros pour le seul secteur "Art et objets de collection". La France occupe la 4e place de ce marché, avec un produit de ventes aux enchères dans le même secteur de 1,88 milliard d'euros, sur un montant total adjugé en 2019 de 3,37 milliards d'euros.

Des flux financiers d'une telle importance, qui n'intègrent pourtant même pas les chiffres du marché des antiquaires et galeries d'art, entraînent naturellement des risques très élevés de trafic d'objets d'art et de blanchiment de capitaux extrêmement difficiles à appréhender.

Le secteur de l'art est en effet particulièrement exposé aux risques LCB/FT dans la mesure où sa prestation peut être utilisé comme un mode de blanchiment en raison de certaines vulnérabilités, notamment :

– une fréquence importante des paiements en espèces ;
– une volatilité et une subjectivité des prix de vente ;
– le développement des ventes à distance ;
– l'utilisation des ports francs.

Les marchands d'art et d'antiquités assujettis dès 2001, par l'article 33 de la loi n° 2001-420 du 16 mai 2001, codifié à l'article L. 561-2-10° du code monétaire et financier, sont soumis aux obligations de lutte anti-blanchiment et de financement du terrorisme (LCB/FT) dans le cadre de leur activité professionnelle.

Les professionnels du secteur sont donc pleinement intégrés dans le dispositif LCB/FT au même titre que plusieurs autres entités ou professions non financières tels que les notaires, les jeux d'argent et de hasard, les experts-comptables ou les opérateurs de vente volontaires de meubles aux enchères publiques.

Les personnes qui négocient des œuvres d'art et des antiquités ou agissent en qualité d'intermédiaires au sens de l'article L. 561-2 10° du code monétaire et financier regroupent notamment les professionnels suivants :

— **l'antiquaire**, qui peut s'entendre comme celui qui vend des objets provenant de l'antiquité ou d'époques plus récentes mais ayant généralement plus de 100 ans d'âge (la loi du 31 déc. 1992 relative à la circulation des biens culturels admet toutefois comme antiquités les objets de plus de 50 ans d'âge). De façon plus générale, on peut qualifier d'antiquaire celui qui achète des meubles, objets, tableaux, sélectionnés pour leurs qualités artistiques en dehors de toute copie moderne et qui les propose à la vente après les avoir mis en valeur par des recherches nécessaires à la compréhension de leur origine et de leur qualité artistique, ainsi que par une éventuelle restauration,

— **le brocanteur**, étant celui qui achète et vend une multitude de meubles, objets, tableaux d'occasion anciens ou récents à l'exclusion de toute marchandise neuve *[définitions inscrites dans le fascicule "Réglementation antiquaires, brocanteurs, galeristes" édité par le SNCAO-GA]*,

— **le négociant en œuvre d'art et antiquités ; l'intermédiaire** : Toute personne physique (indépendant ou salarié) ou morale se chargeant de mettre en rapport un fournisseur vendeur et les autres acteurs du marché de l'art (client acheteur, négociant...)

Par exemple l'intermédiation des **courtiers ou des services de courtage** qui peut se comprendre comme :

— la négociation ou l'organisation d'opérations en vue de l'achat, de la vente ou de la fourniture de bien ou de service pour autrui ;

— ou la mise en relation de personnes, d'organismes ou d'entités par son intermédiaire dans le but de réaliser une opération.

— **les entrepositaires dans les ports francs et les zones franches.**

— **la galerie d'art marchande**, soit toutes galeries, à l'exception de celles limitant leur travail à exposer les artistes sur leurs murs, sans s'impliquer aucunement dans leur production ni acheter leurs œuvres et sans participer aux foires même modestes.

L'ordonnance n° 2016-1635 du 1er décembre 2016 a transposé la 4e directive et a renforcé le dispositif français de lutte contre le blanchiment et le financement du terrorisme (LCB/FT).

• Elle a chargé les agents de la Direction générale des douanes et droits indirects (DGDDI) de vérifier le respect des obligations résultant du dispositif LCB/FT par les professionnels susvisés (compétence prévue à l'article L. 561-36-I-12° dans les conditions définies au sein de l'article L. 561-36-2-V C. mon. fin.).

• La Commission Nationale des Sanctions (CNS) se trouve chargée de prononcer les sanctions en cas de manquements constatés par l'autorité de contrôle (art. L. 561-38 C. mon. fin.).

L'ordonnance n° 2020-115 du 12 février 2020 qui transpose la 5e directive a introduit une modification à l'article L. 561-2-10° du code monétaire et financier en instaurant un seuil de transaction ou de transactions liées à 10 000 € pour le déclenchement de la mise en œuvre des obligations de vigilance LCB/FT et en élargissant le périmètre des professionnels de l'art assujettis à la LCB/FT aux négociants et intermédiaires.

L'efficacité de ce dispositif repose également sur sa capacité à fédérer l'ensemble des autorités, ministères et acteurs économiques concernés autour d'une même compréhension des risques et d'une appropriation des obligations associées. C'est pourquoi le rôle du Conseil d'orientation de la LCB/FT (COLB) a été renforcé et les contrôles des professionnels de l'art unifié sous l'égide des Douanes.

Les présentes lignes directrices ont pour objectif de préciser les modalités de mise en œuvre des obligations LCB/FT auxquelles les professionnels sont soumis.

Les représentants des professionnels du secteur (Comité professionnel des galeries d'art (CPGA), Syndicat national des antiquaires, négociants en objets d'art, tableaux anciens et modernes (SNA) et Syndicat national du commerce des antiquités de l'occasion et des galeries d'art (SNCAO-GA)) ont apporté leurs contributions à l'élaboration de ces lignes directrices.

Compte tenu de ce qui précède, les expressions "professionnels assujettis" ou "professionnels" concerneront l'ensemble des professionnels visés au 10° de l'article L. 561-2 du code monétaire et financier.

Enfin, il convient de noter que l'article 7 de l'ordonnance n° 2020-115 du 12 février 2020 crée un article L. 561-36-4 au code monétaire et financier, qui permet à toute personne d'informer l'autorité de contrôle des personnes qui négocient des œuvres d'art et des antiquités ou agissent en qualité d'intermédiaires dans le commerce des œuvres d'art et d'antiquités, c'est-à-dire la DGDDI de tout manquement aux obligations LCB/FT dont elle a connaissance au moyen d'un canal de communication sécurisé, garantissant son anonymat.

A cette fin, la DGDDI a mis en place l'adresse suivante pour réceptionner ces informations : lcbft@douane.finances.gouv.fr

La nature des informations visées ci-dessus, de même que le canal servant à les transmettre, ne doivent pas être confondus avec les informations et le canal propres à la déclaration de soupçon. La déclaration de soupçon est à adresser exclusivement à Tracfin comme décrit dans la partie VII du présent document.

I La mise en place d'un système d'évaluation et de gestion des risques

A *Définition d'un système d'évaluation et de gestion des risques*

A1 *Menaces, vulnérabilités et risques (pour mémoire)*

Une **menace** est un danger qui existe dans l'environnement d'un système indépendamment de celui-ci.

Il peut s'agir de menaces passives (événements naturels, accidents portant sur les personnes, menace terroriste, insécurité juridique, mauvaise santé financière de fournisseurs ou de clients, etc.) et de menaces actives (intérêt de personnes, d'entités et/ou d'États malveillants pour les activités d'une entreprise, relations d'affaires avec des tiers de faible ou mauvaise notoriété, etc.).

Une **vulnérabilité** est une faiblesse structurelle ou conjoncturelle d'un système qui le rend sensible à une menace.

Il peut s'agir de défauts dans l'organisation de la sécurité et la sûreté d'une entreprise (informatique, protection des sites, des matériels, des données, des personnes...), de failles de nature humaine (négligence humaine, compromissions...), de fragilité du système de compliance, de pratiques industrielles et commerciales douteuses, d'une trésorerie insuffisante, d'un mauvais climat social de l'entreprise, etc.

Le **risque** est la probabilité qu'une menace particulière puisse exploiter une vulnérabilité donnée du système. L'écart entre la menace virtuelle et son niveau de protection correspond au risque, accepté ou résiduel.

Cette approche se retrouve dans l'analyse nationale des risques (septembre 2019) disponible sur le site Internet du ministère de l'économie et des finances :

https://www.economie.gouv.fr/files/files/directions_services/TRACFIN/analyse-nationale-des-risques-lcb-ft-en-France-septembre-2019.pdf

A2 *Le système d'évaluation et de gestion des risques adapté à chaque professionnel*

Un système d'évaluation et de gestion des risques est constitué par la définition et la mise en place, par les professionnels, d'un ensemble de mesures organisationnelles et techniques destinées à identifier, classifier et détecter, de manière pertinente, les opérations présentant un risque en matière de blanchiment ou de financement du terrorisme afin d'appliquer des mesures de prévention, d'atténuation ou d'élimination des risques identifiés et les signaler à Tracfin.

La mise en place d'un système d'évaluation et de gestion des risques répond à une obligation légale. Elle participe de la protection de l'activité des professionnels en limitant leur exposition à des risques en termes pénal et de réputation. Elle constitue un élément indispensable à l'efficacité du dispositif de lutte contre le blanchiment des capitaux et le financement du terrorisme (LCB/FT).

Par ailleurs, il convient de rappeler que les professionnels listés à l'article L. 561-2 du code monétaire et financier, assujettis aux obligations LCB/FT, sont également légalement soumis aux dispositions relatives au gel des avoirs et à l'interdiction de mise à disposition (articles L. 562-1 et suivants et articles R. 562-1 et suivants du code monétaire et financier).

Le professionnel identifie et classifie, dans un document écrit interne, les risques auxquels il est exposé, définit les mesures destinées à prévenir et gérer ces risques et organise la mission du personnel pour mener à bien ce protocole.

Ce système doit nécessairement comporter les deux volets suivants :

– un volet "classification des risques" auxquels les professionnels assujettis sont exposés au regard, notamment, de leurs activités, opérations, services, clients, implantations... ;

– un volet "opérationnel" décrivant les procédures de prévention, d'atténuation ou d'élimination des risques identifiés préalablement et les procédures internes afférentes à mettre en œuvre, par les professionnels assujettis.

Par ailleurs, un système d'évaluation et de gestion des risques pertinent possède quatre caractéristiques. Il est, en effet, nécessaire qu'il soit :

• individualisé et adapté à la situation de chaque établissement : il est nécessaire de prendre en compte les particularités de l'entité (taille, clientèle, implantation géographique, etc.) afin de s'assurer que les systèmes mis en place sont adaptés à la situation de chaque établissement. Dans cette circonstance, l'adoption d'un document général sur les enjeux de la lutte contre le blanchiment des capitaux et le financement du terrorisme, transmis par un syndicat professionnel ou un groupe et destiné à l'information de l'ensemble de ses membres ne suffit pas pour se conformer aux exigences de l'article L. 561-32 du code monétaire et financier. Le syndicat ou le groupe peut contribuer à la préparation du protocole interne, mais il ne peut se substituer au professionnel lui-même qui doit procéder à l'évaluation des risques qui le concernent à titre personnel et à la manière d'y faire face individuellement. Dans ce cadre, il peut toutefois prendre en compte ou faire référence à la politique définie dans ce domaine par le syndicat ou le groupe auquel il appartient ;

• formalisé : il est nécessaire de formaliser par écrit ce protocole interne afin de démontrer, lors d'un contrôle par l'autorité de contrôle, que l'établissement exerce son activité dans le respect de l'obligation imposée par l'article L. 561-32 du code monétaire et financier. Cette formalisation est également nécessaire pour que le personnel de l'entité assujettie puisse connaître les procédures mises en place pour lutter contre le blanchiment de capitaux et le financement du terrorisme ;

• opérationnel : il est nécessaire d'assurer l'application la plus concrète de ce système et de le mettre à jour dès qu'un nouveau risque est identifié ou qu'un changement structurel intervient au sein de l'établissement ;

• exhaustif : ce protocole interne doit couvrir l'ensemble des obligations applicables en matière de LCB/FT.

A3 *Autres contenus susceptibles d'être joints au document décrivant le système d'évaluation et de gestion des risques*

Les procédures contenues dans le document décrivant le système d'évaluation et de gestion des risques LCB/FT sont destinées à évaluer et gérer les risques LCB/FT et ne constituent pas des procédures encadrant des pratiques commerciales ou liées au fonctionnement économique de l'entité sans lien avec la LCB/FT. Le document se distingue d'éventuels autres protocoles internes à l'entreprise traitant d'aspects de sécurité, de gestion des impayés, de relation clientèle, de non-conformité diverses... Il n'est pas davantage un document commercial.

En revanche, le document peut comprendre :

- un système de contrôle interne permettant de vérifier que les procédures sont respectées ;
- un volet relatif à la conservation des informations collectées dans le cadre de la mise en œuvre des obligations de connaissance client et des obligations de vigilance ;
- la désignation du(des) déclarant(s) et du(des) correspondant(s) Tracfin ;
- la procédure de déclaration de soupçons à Tracfin ;
- la procédure de réponse aux droits de communication de Tracfin ;
- les formations organisées en matière LCB/FT ;
- etc.

La DGDDI, autorité de contrôle, rappelle que :

– ce système est régulièrement actualisé en fonction de l'évolution des risques auxquels est exposé le professionnel,

- doit faire l'objet d'un écrit diffusé à l'ensemble du personnel de l'entité chargé notamment de mettre en œuvre les mesures de vigilance LCB/FT ;
- cet écrit est communiqué aux représentants de l'autorité de contrôle à l'occasion des contrôles LCB/FT.

B *Les étapes du système d'évaluation et de gestion des risques*

B1 *Responsabilité de la mise en œuvre du dispositif et périmètre d'action de la cartographie des risques*

Comme exposé *supra*, la personne désignée apprécie la situation propre à son établissement. Elle identifie et clarifie, dans le document écrit formalisant le protocole LCB/FT interne, les risques auxquels l'établissement est exposé, définit les mesures destinées à prévenir et gérer ces risques et organise la mission des employés pour mener à bien ce système.

Dans l'hypothèse où des professionnels assujettis appartiendraient à un groupe tel que défini à l'article L. 561-4-1 (al. 3) du code monétaire et financier, dont l'entreprise-mère a son siège social en France, le dispositif d'identification et d'évaluation des risques devra être effectué au niveau du groupe et non de l'établissement. La notion de groupe comprend notamment les filiales et entités dans lesquelles l'entreprise-mère détient des participations, y compris quand celles-ci sont situées dans un pays tiers. Conformément à l'article L. 561-33 du code monétaire et financier, ces entités situées dans un pays tiers doivent se voir appliquer des mesures identiques à celles situées en France ou, si le droit local ne le permet pas, des mesures de vigilance spécifiques qui devront être communiquées à Tracfin et à la DGDDI autorité de contrôle.

En outre, les succursales présentes dans un autre État de l'Union européenne ou membre de l'Espace Économique Européen, devront respecter les dispositions applicables dans cet État.

B2 *Les modalités de mise en place du système d'évaluation et de gestion des risques*

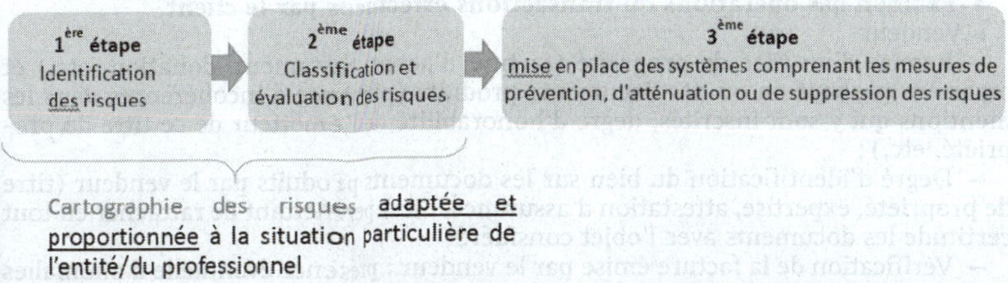

Le contenu du document doit retracer l'ensemble de la démarche du professionnel.

b2-1 *Les caractéristiques générales de la cartographie des risques*

La cartographie des risques se présente généralement comme une nomenclature, dressée par le professionnel, des situations dans lesquelles il peut avoir affaire à une opération ou une personne (physique ou morale) qui présente des risques au regard de la réglementation LCB/FT.

La réalisation de cette cartographie des risques peut s'organiser en suivant trois étapes :

- **Examen de la nature du client**

La classification du client, vendeur ou acheteur, en fonction de la probabilité des risques LCB/FT qu'il représente peut s'effectuer par le recueil des informations suivantes :

▸ **Personne physique :**

– L'âge du client,

– La résidence du client – *vérification au regard des listes de pays à risques qui sont publiées par le GAFI*,

– Les activités professionnelles du client (particulier, confrère, un autre professionnel de l'art, etc.),

– L'exposition de la profession du client à des risques particuliers en raison de ses fonctions politiques, juridictionnelles ou administratives,

– Le compte pour lequel l'opération est envisagée (compte propre ou pour le compte d'un tiers),

– Les raisons de la présence d'un intermédiaire (pour qui et pourquoi ?),

– La réputation de la personne,

– L'appréciation du profil apparent de l'acheteur comparée à la nature et au montant de l'achat envisagé,

– Le propriétaire légal (acte de propriété) de l'objet proposé à la vente,

– Un lien, familial, capitalistique ou autre, susceptible d'exister entre le vendeur et l'acheteur.

▸ **Personne morale :**

– La date de création,

– La localisation,

– La forme juridique,

– L'enregistrement dans les registres officiels du commerce,

– La compatibilité entre le montant de son capital social et/ou de son chiffre d'affaires avec la transaction envisagée,

– La situation financière de la personne morale (*in bonis*, procédure collective [redressement ou liquidation judiciaire]),

– La représentation de la personne morale,

– L'opération est pour le compte de la personne morale,

– L'opération est pour le compte d'un tiers,

– Les raisons de la présence d'un intermédiaire (pour qui et pourquoi ?),

– La réputation,

– Le rapport direct ou indirect, entre l'objet social de la société et l'achat ou la vente d'œuvres d'art.

- **Examen des opérations ou transactions effectuées par le client**

▸ **Vendeur**

– Remise d'un titre de propriété (facture d'achat, testament, donation, etc.) et caractère probant du ou des documents produits (présence d'incohérences dans les mentions qui y sont inscrites, degré d'honorabilité de l'émetteur de ce titre de propriété, etc.) ;

– Degré d'identification du bien sur les documents produits par le vendeur (titre de propriété, expertise, attestation d'assurance, etc.) permettant de rattacher en tout certitude les documents avec l'objet considéré ;

– Vérification de la facture émise par le vendeur : présence éventuelle d'anomalies (n° TVA incomplet, n° facture, adresse, etc.) ;

– Règlement : moyen de paiement demandé par le vendeur ;

– En cas de communication d'un RIB pour un virement, vérification des éléments du compte : titulaire du compte, établissement bancaire, pays de domiciliation du compte.

▸ Acheteur

– Paiements ou tentative de paiement en espèce d'un montant significatif ;

– Paiements en provenance d'un tiers à l'opération d'achat, personne physique ou personne morale ;

– Paiements en provenance d'un compte situé à l'étranger, dans un pays différent du lieu de résidence de l'acheteur ;

– Paiement par chèque de banque ;

– Remise d'un chèque de caution, et suites données à l'achat par le candidat acquéreur ?

– Substitution d'acheteur à la dernière minute.

• **Examen de l'objet**

– L'origine de l'objet : susceptible de provenir d'un lieu de fouilles, de réserves de chantier de fouilles ou d'un musée ;

– L'époque et le lieu de production ;

– La composition de l'objet ;

– L'état de l'objet : restauré, modifié, réparé ;

– L'analyse de l'objet par un expert et le degré de notoriété ou les références de l'expert ;

– Le travail d'archive et de recherche mené au préalable ;

– La présence de l'objet dans un catalogue raisonné ;

– L'existence d'ayants droit de l'artiste ;

– L'identification ou la connaissance du ou des précédent(s) propriétaire(s) ;

– L'entreposage de l'objet dans un port franc ;

– La connaissance de l'histoire et de la circulation de l'objet ;

– Le référencement de l'objet dans la base de données d'Interpol ou dans les listes rouges de l'ICOM (Conseil international des musées) ;

– Les documents transmis relatifs à l'objet (administratifs, historiques, certificats, etc.) ;

– La souscription de contrat(s) d'assurance pour l'objet et si oui, la cohérence de la valeur reprise avec la valeur marché du bien ;

– La confirmation de l'authenticité de l'objet.

Exemple de cartographie des risques :

NB : la liste de risques identifiés et réponses apportées par le client n'est pas exhaustive. Les éléments identifiés constituent des exemples que chaque professionnel devra apprécier selon la situation de son établissement et les risques auxquels il est exposé.

RISQUES IDENTIFIÉS
Sur la personne physique ou morale du vendeur ou de l'acheteur : – Le client ou son représentant légal n'est pas physiquement présent aux fins de l'identification ; – Réticence ou refus opposé par un vendeur ou un acheteur de communiquer ses coordonnées et/ou de justifier de son identité ; – Anomalies dans les documents justificatifs d'identité présentés ; – Personne physique résidant dans une zone sensible, au sens de la liste du GAFI ; – Personne physique connue pour diverses infractions ; – Personne politiquement exposée (PPE) ; – L'absence de cohérence entre la situation du vendeur ou de l'adjudicataire et le montant de la transaction ; – Personne physique ou morale évoluant dans un secteur d'activité à risque *[secteurs à risque : BTP, logistique, informatique, sécurité, nettoyage, rénovation énergétique, etc. Secteur à fort cash : café-hôtel-restaurant, métaux, associations, téléphonie, etc.]* ; – Domiciliation du siège de la personne morale (zone sensible, société de domiciliation, etc.) ; – Plusieurs personnes pour un objet à la vente ou à l'achat (hormis les indivisions justifiées).

Sur la transaction :

– Le produit ou l'opération favorise l'anonymat de celle-ci (notamment ventes dématérialisées) ;

– Passage en ventes d'objets manifestement faux et/ou obtenant un prix incohérent en dépit d'expertises contraires ;

– Demande d'annulation de la vente aux enchères manifestement non justifiée ;

– Prix atypiques pour objets similaires dans la même vacation ;

– Doutes sur la légitimité de la demande de mise en vente de pièces relevant d'un patrimoine familial.

Sur le règlement :

– Demande de règlement au nom d'une personne autre que le vendeur ;

– Demande du report de règlement du vendeur ;

– Demande, après la clôture du procès-verbal d'adjudication, de modification de la facturation au vendeur ;

– Refus de l'acheteur, pendant ou après la vente, de préciser le moyen de paiement ;

– Acquisition réglée par une personne autre que l'acquéreur ;

– Règlement par chèque de banque de nature à masquer l'émetteur réel des fonds ;

– Virements en provenance de comptes divers dans la même vacation et pour le compte d'autrui, sans procuration ;

– Paiement en espèces répétés, dans la même vacation ;

– Paiement par virement émis depuis un compte situé dans un pays à risque (paradis fiscaux) ;

– Demande de fractionnement du paiement ;

– Origine des fonds inconnue.

b2-2 *Identification des mesures à mettre en œuvre face aux risques*

Après avoir évalué et classé les situations à risque, il convient de mettre en place dans un document formalisé des mesures permettant de gérer ces situations afin d'éviter, ou au moins de réduire, les risques d'apporter son concours, même indirectement, à une opération illicite.

Le code monétaire et financier liste une série de mesures qui seront mises en œuvre par le professionnel dans certaines circonstances identifiées, notamment :

– Les mesures de vigilance complémentaires qui s'appliquent dès lors que l'une des conditions prévues par l'article L. 561-10 du code monétaire et financier est remplie (personne politiquement exposée (PPE), opération favorisant l'anonymat, opération pour compte de tiers...) ;

– Les mesures de vigilance supplémentaires, en lien avec les risques identifiés dans la cartographie des risques du professionnel et qui comporte, notamment, le renforcement de l'intensité des mesures de vigilance en cas de risque élevé ;

– L'examen renforcé (prévu à l'art. L. 561-10-2 C. mon. fin.) dès lors que l'opération présente l'une, au moins, des trois caractéristiques suivantes :

- opération particulièrement complexe,
- opération d'un montant inhabituellement élevé,
- opération ne paraissant pas avoir de justification économique ou d'objet licite ;

– La "déclaration de soupçon" (article L. 561-15 C. mon. fin.) dès lors qu'en l'état des informations dont dispose le professionnel sur son client (identité, notoriété, profession, revenus connus...) et sur la justification économique et financière de l'opération et à l'issue de l'examen renforcé (art. L. 561-10-2 C. mon. fin.), le professionnel n'est pas certain du caractère régulier de l'opération.

b2-3 *Exemples de mesures à mettre en œuvre face aux risques identifiés*

La cartographie des risques réalisée permet au professionnel d'identifier plusieurs catégories de clients et de situations à risque afin d'appliquer une vigilance adaptée et les mesures nécessaires.

L'autorité de contrôle attend des professionnels une réelle vigilance à l'égard de leur clientèle, vendeurs, comme acheteurs, modulée selon les critères développés ci-dessus (relation d'affaires ou non, opération financière en lien avec une juridiction non coopérative, personne particulièrement exposée ou non...).

Ces obligations de vigilance revêtent en effet un caractère essentiel pour l'établissement de déclarations de soupçon pertinentes.

Il est souligné que le tableau qui suit, listant un certain nombre de critères d'alerte et mesures à mettre en œuvre, n'est pas exhaustif, et reprend des exemples que chaque professionnel devra apprécier selon les caractéristiques de son établissement et les risques auxquels il se trouve exposé.

Critères à suivre	Mesures de vigilance à mettre en œuvre
CRITÈRES LIÉS À LA PERSONNE PHYSIQUE OU MORALE	
Le professionnel est sollicité par un intermédiaire agissant pour le compte d'un tiers, personne physique ou morale, dont il refuse de fournir l'identité ou un mandat.	– Obtention, pour une personne morale, de l'extrait d'inscription auprès de l'institution compétente datant de moins de 3 mois ; – Présentation, pour une personne physique, de l'original d'un document officiel en cours de validité comportant une photographie ; – Examen critique de ces documents en vue d'obtenir l'assurance raisonnable qu'il ne s'agit pas de faux. Par exemple : • comparaison, pour une personne physique, de la photographie portée sur le document avec la personne en cause, • recherches sur internet, pour une personne morale, en vue de recouper les informations portées sur le document d'identification produit ; – Rupture de la relation d'affaires en cas de refus de l'interlocuteur de fournir les documents demandés et, le cas échéant, envoi d'une déclaration de soupçon.
Personne morale sise dans un pays à fiscalité privilégiée/paradis fiscal.	
Personne physique connue pour des infractions économiques et financières.	
Profil de la personne physique non cohérent avec la transaction envisagée.	
Personne physique ou morale évoluant dans un secteur à risque : • BTP, logistique, informatique, sécurité, nettoyage, rénovation énergétique, etc., • Secteur avec de nombreux paiements en espèces : cafés, hôtels, restaurants, métaux, téléphonie, etc., • Association.	
CRITÈRES LIÉS AU BIEN	
Biens précieux (bijoux, pierres et métaux précieux...) mis en vente par lots.	– S'assurer de la détention légitime des objets par le vendeur par un document juridiquement probant (acte de propriété, déclaration testamentaire, facture conforme...) ; – Concernant les objets archéologiques, établir dans toute la mesure du possible l'histoire et la circulation du bien, interroger le cas échéant les bases Interpol ou les listes rouges de l'ICOM ; – Examiner les documents (administratifs, historiques, certificats, etc.) fournis avec l'objet et s'assurer au mieux de leur authenticité ; – Interroger le cas échéant l'OCBC pour vérification dans la base TREIMA en cas de risque d'œuvre volée.
Demande de mise en vente de biens familiaux anciens.	
Objet archéologique susceptible de provenir d'un lieu de fouilles.	
Production d'une attestation d'expert non probante (expert non connu, objet insuffisamment décrit pour l'identifier avec certitude...).	
CRITÈRES LIÉS À L'OPÉRATION	
Le produit ou l'opération favorise l'anonymat de celle-ci : exemple du paiement en espèces d'un montant significatif.	– Demander l'origine des fonds en cas de versements en espèces ; – Demander des explications sur les motivations de l'opération en cas de paiement par un tiers et les liens de ce tiers avec l'acquéreur ; – Exiger la production de documents sans anomalies ; – Demander la justification de l'émission d'un chèque de banque et l'identité du titulaire du compte tiré.
Donneur d'ordre du paiement différent de l'acquéreur, personne physique ou morale.	
Virement en provenance d'un compte bancaire situé dans un paradis fiscal ou à fiscalité privilégiée.	

Critères à suivre	Mesures de vigilance à mettre en œuvre
Remise d'un chèque de banque de nature à masquer l'émetteur réel des fonds.	
Documents présentant des anomalies : n° de TVA incomplet ou faux, n° de facture, adresse.	
Absence de cohérence entre la transaction et le profil patrimonial du client personne physique ou de l'objet social du client personne morale.	
Vendeur ou Acheteur résidant dans un pays à risque.	
Modalités de paiement inhabituelles (règlements fractionnés, chèques de banque...).	
Incident, sur la transaction ou sur le paiement, manifestement provoqué.	
Disproportion entre le montant de la transaction et le profil patrimonial du client.	

II La connaissance de la clientèle

Il s'agit, pour le professionnel assujetti, de connaître son client, afin d'appliquer les vigilances appropriées (vigilance complémentaire et/ou supplémentaire [renforcée par exemple]) au regard des risques qu'il aura identifiés et classifiés en vue d'identifier des opérations inhabituelles/atypiques qui devront faire l'objet d'un examen renforcé. Cet examen permettant d'infirmer ou de confirmer le caractère suspect d'une opération et d'effectuer, le cas échéant, une déclaration de soupçon auprès de Tracfin.

A *Relation d'affaires et clientèle occasionnelle : des obligations différentes*

A1 *Définition de la relation d'affaires*

Il est laissé au professionnel assujetti et à son client la possibilité d'établir le cadre juridique de la relation d'affaires. En effet, la relation d'affaires peut être contractuelle (le contrat stipulant que plusieurs opérations successives seront réalisées entre les cocontractants ou créant à ceux-ci des obligations continues) ou s'établir en l'absence de contrat s'il est précisé que le client bénéficie de l'intervention du professionnel pour la réalisation de plusieurs opérations ou d'une opération présentant un caractère qui s'inscrit dans la durée. Cependant, si la durée constitue un élément déterminant de la relation d'affaires, elle n'implique pas nécessairement des relations entre le client et le professionnel sur une période prolongée.

A2 *Définition et identification du client occasionnel*

Le client occasionnel est celui qui réalise auprès d'un professionnel une opération ponctuelle. En pratique, il s'agit du client "de passage" qui ne sollicite pas de manière régulière l'intervention du professionnel.

A3 *Distinction entre "relation d'affaires" et "client occasionnel"*

La distinction entre relation d'affaires et client occasionnel peut être difficile à faire dans certaines situations. Il appartient au professionnel de définir des critères permettant de distinguer leurs clients habituels de leurs clients occasionnels.

De manière générale, le professionnel pourra déterminer le type de relations, par exemple, selon les critères suivants :

Critères	Type de relation
Contrat entre le professionnel et le client ; – prévoyant plusieurs opérations successives ; – ou créant des obligations continues entre les cocontractants.	Relation d'affaires
Absence de contrat entre le professionnel et le client mais : – intervention du professionnel pour la réalisation de plusieurs opérations ; – ou opération présentant un caractère s'inscrivant dans la durée.	Relation d'affaires
Opération ponctuelle sans fidélisation du client	Client occasionnel

B *Les modalités de la connaissance client*

B1 *La connaissance client dans le cadre d'une relation d'affaires*

b1-1 *Identification et vérification de l'identité du client et le cas échéant du bénéficiaire effectif*

Il ressort de la lecture *[des]* **articles** *[L. 561-5, R. 561-5, R. 561-5-1, R. 561-5-2 du code monétaire et financier]* **que le professionnel doit non seulement identifier précisément son client, qu'il soit personne physique ou personne morale, dans les conditions décrites par l'article R. 561-5, mais aussi vérifier son identité de façon probante selon les modalités définies à l'article R. 561-5-1 du code monétaire et financier.**

b1-2 *Identification et vérification de l'identité du bénéficiaire effectif*

Les professionnels doivent être en mesure de justifier auprès de l'autorité de contrôle qu'ils se sont effectivement attachés, en particulier en cas de risque élevé de blanchiment de capitaux ou de financement du terrorisme, à rechercher la (les) personne(s) physique(s) qui doi(ven)t être considérée(s) comme bénéficiaire(s) effectif(s) selon la définition prévue dans les textes rappelés ci-dessous *[art. L. 561-2-2, R. 561-1, R. 561-2, R. 561-3 C. mon. fin.]*.

A cette fin, les professionnels doivent relever les noms et prénoms de la (les) personne(s) physique(s) concernée(s), ainsi que tout autre élément permettant d'établir l'identité du bénéficiaire effectif, notamment les date et lieu de naissance. Le professionnel procède également à la vérification de l'identité du bénéficiaire effectif conformément aux articles R. 561-5-1 et R. 561-7 du code monétaire et financier.

L'article 139 de la loi n° 2016-1691, dite "Loi Sapin II", du 9 décembre 2016 a introduit une nouvelle obligation à la charge des sociétés commerciales, civiles, des GIE et autres entités (associations, organismes de placement collectif) tenues de s'immatriculer au RCS.

Cette obligation consiste à identifier les bénéficiaires effectifs de ces entités. Les entités assujetties doivent déposer en annexe du registre du commerce un document relatif à ce bénéficiaire effectif ainsi qu'aux modalités de contrôle qu'il exerce sur l'entreprise.

— La rédaction récente des articles L. 561-45-1 et L. 561-45-2 du code monétaire et financier indique que les sociétés et les entités juridiques *[élargi aux placements collectifs, associations, fondations, fonds de dotation, fonds de pérennité, groupements d'intérêt collectif établis sur le territoire français ainsi qu'aux fiduciaires]* **sont tenues de fournir aux professionnels assujettis, les informations relatives aux bénéficiaires effectifs ; que ces mêmes sociétés et entités juridiques sont en droit d'obtenir toutes les informations requises auprès du bénéficiaire effectif, à défaut elles peuvent saisir le président du**

tribunal statuant en référé aux fins de voir ordonner, au besoin sous astreinte, la transmission de ces informations. Il est précisé que des sanctions pénales s'attachent à l'obligation pour le bénéficiaire effectif de transmettre ces informations requises aux professionnels assujettis (art. L. 574-5 et L. 574-6 C. mon. fin.).

– L'article L. 561-46 du code monétaire et financier prévoit que ces sociétés et entités juridiques déclarent au registre du commerce et des sociétés un document relatif au bénéficiaire effectif contenant les éléments d'identification et le domicile personnel de ce dernier ainsi que les modalités du contrôle qu'il exerce sur la société ou l'entité. Les personnes assujetties ont accès à l'intégralité des informations relatives aux bénéficiaires effectifs.

Ce renforcement du code monétaire et financier donne le pouvoir aux personnes assujetties d'obtenir toutes les informations sur le risque LCB/FT de leurs clients, c'est la raison pour laquelle les personnes assujetties doivent être en mesure de justifier auprès des autorités de contrôle de la mise en œuvre de ces mesures et de leur adéquation au risque de blanchiment et de financement du terrorisme présenté par la relation d'affaires.

Ainsi, ce Registre des bénéficiaires effectifs peut s'avérer un outil utile au service des professionnels assujettis. En effet, sans préjudice de la communication de l'information sur l'identité du bénéficiaire effectif requise en vertu des obligations de vigilance à l'égard de la clientèle, les professionnels peuvent avoir communication du document relatif au registre des bénéficiaires effectifs en en formulant la demande auprès du service juridique d'Infogreffe.

En tout état de cause, les professionnels assujettis devront être en mesure de justifier auprès de l'autorité de contrôle des diligences effectuées pour identifier le bénéficiaire effectif d'une opération. Cette identification peut être complexe et nécessiter des recherches complémentaires.

Pour une meilleure compréhension de la notion de bénéficiaire effectif, le Conseil national des greffiers des tribunaux de commerce a publié une fiche intitulée "15 schémas pour identifier les bénéficiaires effectifs dans les sociétés" disponible à l'adresse suivante : http://www.greffe-tc-bobigny.fr/modeles/divers/rbefiche-pratique-15-schemas.pdf

Sauf cas particulier visé à l'article R. 561-8 du code monétaire et financier, le professionnel a l'obligation, dans les situations mentionnées aux articles R. 561-1 à R. 561-3 du code monétaire et financier, de remonter toute la chaîne de détention en vue de déterminer la (les) personne(s) physique(s) qui entre(nt) dans la définition du bénéficiaire effectif et appliquer à cette (ces) personne(s) des obligations de vigilance adaptées au risque.

> Aux termes de l'article L. 561-8 du code monétaire et financier, si le montage apparaît trop complexe ou en cas d'impossibilité d'identification du bénéficiaire effectif, le professionnel doit mettre un terme à la relation d'affaires engagée et faire une déclaration de soupçon à Tracfin.

b1-3 *L'actualisation de l'identification du client et du bénéficiaire effectif*

Le professionnel doit s'attacher à maintenir à jour la connaissance qu'il a de son client, qu'il s'agisse d'une relation d'affaires ou d'un client occasionnel qui ferait des achats ponctuellement.

b1-4 *La connaissance de la relation d'affaires avant l'entrée en relation*

> **Focus sur l'arrêté du 2 septembre 2009 modifié, pris en application de l'article R. 561-12 du code monétaire et financier**
>
> Cet arrêté dresse une liste des éléments d'information nécessaires à la connaissance des clients en relation d'affaires et, le cas échéant, de leurs bénéficiaires effectifs afin d'évaluer le risque de blanchiment de capitaux et de financement du terrorisme. Cet arrêté constitue une aide pratique pour les personnes mention-

nées à l'article L. 561-2 du code monétaire et financier afin de mieux appréhender l'objet et la nature de la relation d'affaires.

En outre, comme indiqué à l'article L. 561-6 du code monétaire et financier, les informations recueillies doivent être adaptées et proportionnées au regard du risque de blanchiment de capitaux et de financement du terrorisme présenté par le client et les opérations concernées.

Les éléments d'informations sont les suivants :

• Au titre de la connaissance de la relation d'affaires
– le montant et la nature des opérations envisagées ;
– la provenance des fonds ;
– la destination des fonds ;
– la justification économique déclarée par le client ou le fonctionnement envisagé du compte.

• Au titre de la connaissance de la situation professionnelle, économique et financière du client et, le cas échéant, du bénéficiaire effectif

a) Pour les personnes physiques :
– la justification de l'adresse du domicile à jour au moment où les éléments sont recueillis ;
– les activités professionnelles actuellement exercées ;
– les revenus ou tout élément permettant d'estimer les autres ressources ;
– tout élément permettant d'apprécier le patrimoine.

b) Pour les personnes morales :
– la justification de l'adresse du siège social ;
– les statuts ;
– les mandats et pouvoirs ;
– tout élément permettant d'apprécier la situation financière.

c) Pour les structures de gestion d'un patrimoine d'affectation sans personnalité morale, d'une fiducie ou de tout autre dispositif juridique comparable relevant du droit étranger, un document justifiant la répartition des droits sur le capital ou sur les bénéfices de l'entité au nom de laquelle l'ouverture d'un compte ou l'exécution d'une opération est demandée.

b1-5 *La connaissance de la relation d'affaires pendant la relation*

Ainsi, les éléments de connaissance du client obtenus avant l'entrée en relation d'affaires (ou ultérieurement s'agissant d'un client devenu client en relation d'affaires) doivent conduire les professionnels assujettis à élaborer un profil de risque du client.

Ce profil de risque du client, qui peut utilement s'inspirer des questions proposées dans la partie "Les caractéristiques générales de la cartographie des risques" développée *supra [Partie I - B2]* pourra donner lieu à l'établissement d'une fiche client. Celle-ci permettra au professionnel de justifier du respect de ses obligations LCB/FT et de sa vigilance en cas de contrôle.

Une vigilance constante doit être exercée par les professionnels afin que tout élément de nature à modifier le profil de risque de la relation d'affaires soit pris en compte et que son profil soit actualisé en conséquence, afin de pouvoir détecter les anomalies qui pourraient faire l'objet de mesures de vigilance renforcée ou de l'élaboration d'une déclaration de soupçon.

III Les obligations de vigilance

A *Obligations de vigilance allégées, normales et renforcées dans le cadre d'une relation d'affaire et d'un client occasionnel*

A1 *Obligations de vigilance normale avec un client occasionnel*

Le client occasionnel tel que défini plus haut doit faire l'objet d'une identification et vérification d'identité selon les modalités décrites aux articles R. 561-5 et

R. 561-5-1 du code monétaire et financier cités ci-dessus, dans le cas où le professionnel soupçonne une opération susceptible de participer au blanchiment des capitaux ou au financement du terrorisme ou lorsque les opérations sont d'une certaine nature ou dépassent un certain montant.

A2 *Allègement des obligations de vigilance*

Les produits et services mentionnés au 2° de l'article L. 561-9 du code monétaire et financier sont énumérés à l'article R. 561-16 du code monétaire et financier et se rapportent à des produits financiers, d'assurance et de banque.

Si un allègement des mesures de vigilance pourra, le cas échéant, être envisagé par le professionnel dans l'hypothèse où son client appartiendrait à l'une des catégories citées à l'article R. 561-15 du code monétaire et financier, il n'en est rien s'agissant les produits et services visés à l'article R. 561-16 du code monétaire et financier, qui ne concernent pas les professionnels du marché de l'art.

Concernant la mise en œuvre concrète des mesures de vigilance allégées :

La décision d'appliquer une vigilance allégée implique, pour le professionnel, de recueillir des informations suffisantes sur la relation d'affaires et sur son client afin de s'assurer que celui-ci remplit les conditions requises pour bénéficier de ces dérogations. Le professionnel s'assure tout au long de la relation d'affaires que le risque de blanchiment de capitaux ou de financement du terrorisme lié à son client reste faible.

Pour rappel, dans tous les cas, y compris lorsque le professionnel choisit de mettre en œuvre des mesures de vigilance allégées, l'identification et la vérification de l'identité du client, et le cas échéant du bénéficiaire effectif, est obligatoire.

En tout état de cause, il importe de souligner qu'en aucun cas, ces mesures de vigilance allégées ne peuvent être appliquées à une relation d'affaires pour laquelle il existerait un soupçon de blanchiment ou de financement du terrorisme.

> Exemples de situations présentant de faibles risques de blanchiment de capitaux ou de financement du terrorisme :
>
> – Achat d'une œuvre d'art pour décorer le hall d'une administration répondant aux critères énumérés à l'article R. 561-15 3° du code monétaire et financier ;
>
> – Établissement bancaire, répondant aux conditions décrites à l'article R. 561-15 1° du code monétaire et financier, qui mandate un décorateur pour l'ameublement de ses locaux.

A3 *Les vigilances renforcées*

a3-1 *Les vigilances renforcées en lien avec les risques liés au financement du terrorisme*

Concernant en premier lieu les risques liés au financement du terrorisme, une vigilance toute particulière doit être observée dans les cas suivants :

– Objet de provenance ou ayant transité par une zone de conflit (Irak, Syrie, Yémen, Afghanistan) ;

– Objet de provenance déclarée ou ayant transité par un pays du bassin méditerranéen (en particulier Turquie, Liban, Libye, Malte, Grèce) ou encore par la Roumanie ou la Bulgarie ;

– Objet provenant d'un port franc, notamment s'il y a été entreposé pendant une longue période ;

– Remise de certificats d'authenticité ou d'origine émis par un établissement institutionnel (musée, fondation...) d'un pays concerné par une zone de conflit.

a3-2 *Les vigilances suite à la réception d'une réquisition judiciaire ou administrative*

La réception d'une réquisition judiciaire ou d'un droit de communication (Tracfin, Douane, DGFiP, AMF...) doit nécessairement conduire le professionnel à adapter sa vigilance en conséquence et à réévaluer sa connaissance client et le profil de sa relation d'affaires.

Dans ce cadre, le réexamen de la relation d'affaires, ainsi que des opérations financières effectuées par la personne physique et/ou morale visée par la demande, peut permettre au professionnel de détecter des opérations qui apparaîtront, dès lors, inhabituelles, qu'il n'avait pas identifiées au préalable et qui ne sont pas concernées par la réquisition judiciaire ou administrative.

Dans cette hypothèse, le professionnel procède à un examen renforcé (cf. § E ; article L. 561-10-2 C. mon. fin.) de ces opérations inhabituelles. Dans le cas où cet examen conduit à adresser une déclaration de soupçon à Tracfin, celle-ci doit obligatoirement faire mention de la réquisition judiciaire, ou le document reçu de l'administration requérante, et en indiquant les références précises de la procédure et les coordonnées du service ou du magistrat à l'origine de la réquisition ou de la demande.

a3-3 *Les vigilances liées au gel des avoirs et à l'interdiction de mise à disposition de ressources économiques et financières*

Décrit aux articles L. 562-4 à L. 562-6 du code monétaire et financier, le respect des mesures de gel des avoirs et d'interdiction de mise à disposition de ressources économiques et financières par les professionnels assujettis fait partie des outils de sanctions économiques et représente une mesure forte dans la lutte contre le blanchiment d'argent, le financement du terrorisme et la lutte contre la prolifération des armes de destruction massive.

La notion de ressources économiques (définie au 3° de l'article L. 562-1 du code monétaire et financier) vise notamment tous les biens meubles qui peuvent être utilisés pour obtenir des fonds, d'autres biens ou des services. Cela vise notamment les biens de toute nature : bijoux, or, pierres précieuses, œuvres d'art...

Au total, la France met en œuvre plus de 2 300 mesures de gel des avoirs (nationales ou sur le fondement d'une sanction internationale). Ces mesures sont référencées dans un registre unique actualisé et publié pour permettre leur prise en compte par les entités assujetties et leur pleine application.

Les personnes physiques, morales, organismes ou entités faisant l'objet d'un gel de leurs avoirs peuvent être retrouvées en source ouverte, sur le site Internet de la Direction Générale du Trésor, les professionnels sont invités à s'y référer en cas de doute :

https://www.tresor.economie.gouv.fr/services-aux-entreprises/sanctions-economiques/tout-savoir-sur-les-personnes-et-entites-sanctionnees

Afin de faciliter l'identification et la mise en œuvre des mesures de gels des avoirs en vigueur en France, la direction générale du Trésor met en place un "flash info gel des avoirs" que l'on peut recevoir en s'inscrivant à l'adresse suivante : info-gel-subscribe@listes.finances.gouv.fr.

Le fait qu'une personne fasse l'objet d'une mesure restrictive comme le gel des avoirs n'impose pas nécessairement au professionnel de procéder à une déclaration de soupçon auprès de Tracfin. En revanche, il est attendu du professionnel qu'il réévalue le profil de la relation d'affaires au regard de cette mesure et adapte sa vigilance en conséquence. Il examine en particulier, avec attention, le fonctionnement de la relation d'affaires, notamment les opérations qui ont précédé l'entrée en vigueur de la mesure restrictive mais également les éventuels liens familiaux et patrimoniaux de la personne concernée.

Lorsqu'il est mis fin à la mesure restrictive, le professionnel adapte le profil de la relation d'affaires et sa vigilance en conséquence.

Pour déterminer si une relation d'affaires est potentiellement problématique au regard des dispositions du code monétaire et financier, la Direction Générale du Trésor (DG Trésor) précise dans son guide de bonne conduite relatif à la mise en œuvre des sanctions économiques et financières [*version du 1er sept. 2014 - V3 - (dernière mise à jour le 15 juin 2016)*], qu'il convient d'examiner les critères suivants :

• une personne est, de par sa nationalité ou résidence, directement ou indirectement, liée à un pays sous sanction,

et

• l'identité du bénéficiaire final ou apparent est la même que celle d'une personne, d'une entité ou d'un organisme gelé,

• l'identité du donneur d'ordre réel ou apparent est la même que celle d'une personne, d'une entité ou d'un organisme gelé,

• l'identité d'un intermédiaire réel ou apparent est la même que celle d'une personne, d'une entité ou d'un organisme gelé,

• l'identité d'un mandataire est la même que celle d'une personne, d'une entité ou d'un organisme gelé,

• un bénéficiaire, un donneur d'ordre, un intermédiaire sont listés par un autre pays à législation équivalente,

• un bénéficiaire, un donneur d'ordre, un intermédiaire agissent pour le compte, sous le contrôle ou au bénéfice d'une personne, d'une entité ou d'un organisme listé,

• le bénéficiaire reçoit des fonds dans un établissement bancaire non situé dans son pays de résidence,

• le bénéficiaire reçoit des fonds dans un pays autre que son pays de résidence,

• le donneur d'ordre règle à partir d'un pays autre que son pays de résidence.

Le fait pour une personne de relever, de par sa nationalité ou sa résidence, d'un pays sous sanction ne constitue pas en soi un cas problématique, sauf lorsque les règlements (UE) en décident différemment, cela invite seulement à la prudence et à la vigilance à son égard.

En tout état de cause, en cas de soupçon, le professionnel transmet, sans délai, une déclaration de soupçon à Tracfin, en précisant les éléments d'analyse ayant conduit au soupçon. Ce signalement est sans préjudice de la déclaration de gel à la DG Trésor, prévue par les règlements européens portant mesures restrictives et le code monétaire et financier (art. L. 562-4).

L'annexe 10 rappelle les différents régimes juridiques de gel des avoirs et d'interdiction de mise à disposition de ressources économiques et financières, ainsi que, pour mémoire, les sanctions applicables en cas de non-respect de ces obligations. Il est, à cet égard précisé que si l'autorité de contrôle des obligations LCB/FT vérifie que les mesures de gels et d'interdiction de mise à disposition de ressource*[s]* sont bien intégrées dans la cartographie des risques et font l'objet de mesure de prévention, d'atténuation et d'élimination, elle n'est pas compétente pour relever d'éventuelles infractions. Si l'article L. 574-2 du code monétaire et financier prévoit aussi la compétence de la DGDDI pour sanctionner les infractions à la réglementation des relations financières avec l'étranger, leur recherche et leur constatation incombe à un service différent.

B Obligations de vigilance complémentaires

Des mesures de vigilance complémentaires, venant s'ajouter aux mesures prévues aux articles L. 561-5 et L. 561-5-1 du code monétaire et financier décrites plus haut, sont prévues par l'article L. 561-10 du code monétaire et financier lorsque le client ou l'opération en cause présente un caractère particulier. Dès lors que le client ou l'opération correspond à l'un des cas cités par l'article L. 561-10 du code monétaire et financier, le professionnel a l'obligation de mettre en œuvre les mesures complémentaires prévues par le code monétaire et financier.

B1 Les personnes politiquement exposées (PPE)

b1-1 Définition de la PPE

La 4e directive anti-blanchiment et les dispositions de l'article L. 561-10 du code monétaire et financier définissent, de manière générique, les PPE comme étant des personnes qui sont considérées comme exposées à des "risques plus élevés" de blanchiment de capitaux, notamment de corruption, en raison des fonctions politiques, juridictionnelles ou administratives qu'elles exercent ou ont cessé d'exercer depuis moins d'un an.

L'article R. 561-18 I du code monétaire et financier énumère les fonctions politiques, juridictionnelles ou administratives spécifiquement visées par l'article L. 561-10 du code monétaire et financier.

Ainsi, outre les personnes exerçant ou ayant exercé directement les fonctions visées au I de l'article R. 561-18 du code monétaire et financier, les proches de ces personnes telles qu'énumérés au II, concernant en particulier le cercle familial de l'intéressé, sont également considérées PPE.

Enfin, le III de l'article R. 561-18 du code monétaire et financier décrit trois types de situations dans le cadre desquelles des personnes connues pour étroitement associées à des PPE seront considérées comme des proches, et donc comme des PPE :

• La première situation vise les personnes physiques qui, conjointement avec une personne exerçant ou ayant exercé depuis moins d'un an l'une des fonctions énumérées au I de l'article R. 561-18 du code monétaire et financier, sont bénéficiaires effectifs d'une entité juridique au sens des articles R. 561-1 à R. 561-3 du code monétaire et financier ;

• La deuxième situation vise les personnes physiques qui sont les seuls bénéficiaires effectifs d'une personne morale ou d'une entité dont on sait ou dont on a de bonnes raisons de penser qu'elle a été établie au profit de la personne exerçant ou ayant exercé depuis moins d'un an l'une des fonctions énumérées au I de l'article R. 561-18 du code monétaire et financier. Cela peut couvrir, par exemple, l'hypothèse des "prête-noms", c'est-à-dire des individus qui agissent pour une personne exerçant ou ayant exercé depuis moins d'un an l'une des fonctions énumérées au I de l'article R. 561-18 du code monétaire et financier, tout en laissant croire qu'ils agissent dans leur propre intérêt et pour leur propre compte et apparaissent ainsi, aux yeux des tiers, en lieu et place du bénéficiaire réel ;

• La troisième situation implique que les trois conditions suivantes soient réunies :

→ La présence d'un lien affaires : le lien est en principe de nature commerciale, mais peut recouvrir également des intérêts économiques de nature civile. Il peut s'agir d'intérêts économiques communs ou, plus largement, d'intérêts susceptibles d'avoir une influence sur la situation financière ou économique de chacune de ces personnes. A ce titre, le caractère onéreux de la prestation rendue ou des fonctions exercées par la personne physique, proche de la PPE, est susceptible de constituer un indice, si ce n'est une présomption de l'existence d'un lien d'affaires ;

→ Un lien étroit : ce caractère peut tenir soit à la régularité des interventions de la personne physique proche de la PPE, soit à l'importance de son action sur les affaires de la PPE. Les liens avec la PPE devraient être considérés comme étroits s'ils ont un impact financier conséquent sur le montant de ses revenus. S'agissant des personnes qui représenteraient les intérêts économiques ou financiers d'une PPE, cette proximité pourrait notamment ressortir du nombre important d'actions effectuées au nom et pour le compte de cette dernière ou, dans le cadre d'une opération unique, de l'importance de cette opération rapportée à sa surface financière.

→ Un lien connu par le professionnel assujetti.

Peuvent notamment être concernées par le 3° de l'article R. 561-18 III du code monétaire et financier, les personnes physiques :

– assurant, contre rémunération, la représentation permanente d'une PPE *[cette représentation ne couvre par exemple pas les situations de défense de la PPE devant les tribunaux]*,

– ou ayant conclu un ou plusieurs contrats de nature commerciale ou non avec une PPE ou avec une entreprise dont la PPE est bénéficiaire effectif.

Même si le professionnel considère qu'une de ses relations d'affaires, qui n'exerce pas une des fonctions politiques, juridictionnelles ou administratives telles que définies à l'article R. 561-18 du code monétaire et financier, présente pourtant un risque élevé, conformément au profil qu'il a établi en application de l'article L. 561-32 du code monétaire et financier, y compris, le cas échéant, en considération de fonctions de nature politique, celle-ci n'est pas une PPE au sens de la réglementation. Par conséquent, le professionnel n'applique ni à elle, ni à ses proches, les obligations de vigilance spécifiques aux PPE mais les mesures de vigilance renforcées prévues à l'article L. 561-10-1 du code monétaire et financier (cf. partie E *infra*).

L'identification d'une PPE peut s'effectuer de plusieurs façons, par exemple :

– demander au client lors de l'entrée en relations d'affaires les éléments de connaissance permettant de déterminer s'il répond aux caractéristiques d'une PPE ;

– procéder à une recherche sur Internet au nom du client [*de nombreuses sociétés commerciales proposent aujourd'hui des solutions informatiques permettant de rechercher rapidement si un client est identifié sur une liste de PPE*].

b1-2 *Mesures de vigilance spécifiques complémentaires applicables aux PPE*

Les mesures de vigilance spécifiques aux PPE, dites "complémentaires" au terme du code monétaire et financier, s'appliquent, en sus de celles prévues aux articles L. 561-5 (identification, vérification de l'identité du client et, le cas échéant, du bénéficiaire effectif), L. 561-5-1 (recueil et actualisation des informations relatives à l'objet et à la nature de la relation d'affaires et de toute autre élément d'information pertinent) et L. 561-6 du code monétaire et financier (obligation de vigilance constante durant toute la durée de la relation d'affaires).

Ces mesures de vigilance complémentaires, que le professionnel doit mettre en œuvre lorsque son client, ou le cas échéant, le bénéficiaire effectif, est une PPE sont prévues à l'article R. 561-20-2 du code monétaire et financier.

B2 *Le client établi dans un pays à risques selon le GAFI et selon l'Union européenne*

Les listes des juridictions à hauts risques et juridictions sous surveillance (juridictions sous surveillance, d'une part, et juridictions qui font l'objet d'un appel du GAFI, d'autre part) est actualisée régulièrement et disponible sur le site Internet du GAFI (http://www.fatf-gafi.org/fr/pays/#high-risk) ; il appartient au professionnel de consulter cette liste régulièrement et d'actualiser sa cartographie des risques en conséquence.

S'agissant de l'Union européenne, la liste des pays tiers dont les dispositifs de lutte contre le blanchiment de capitaux et le financement du terrorisme sont insuffisants est accessible sur le site Internet de la Commission européenne. Comme la liste des juridictions visées par le GAFI, elle est régulièrement mise à jour ; la cartographie des risques du professionnel doit être mise en [*à*] jour régulièrement.

Des mesures de vigilance complémentaires devront donc être appliquées dans les relations avec les clients établis dans les pays figurant sur ces listes GAFI et UE.

IV L'examen renforcé des opérations

A *L'articulation entre l'exercice des vigilances et l'examen renforcé des opérations*

La mise en œuvre des obligations de vigilance (complémentaires, allégées, normales ou renforcées) permet d'identifier les opérations inhabituelles (en raison de leur montant, de leur origine ou de leur destination, par rapport aux éléments de connaissance client dont dispose le professionnel...).

Dès lors que l'une des trois conditions suivantes est remplie, le professionnel a l'obligation de procéder à un examen renforcé de l'opération :

– opération est particulièrement complexe ;

– opération d'un montant inhabituellement élevé ;

– opération ne paraissant pas avoir de justification économique ou d'objet licite.

L'examen renforcé est une opération de levée de doute, au terme de laquelle, en l'état des informations dont il dispose sur la justification économique de l'opération, ainsi que sur son client (identité, notoriété, profession, etc.) le professionnel soit :

– Acquiert la certitude de la licéité de l'opération. Auquel cas, il clôture l'anomalie en adjoignant les renseignements complémentaires qu'il a collectés dans le cadre de l'examen renforcé ;

– N'est pas en mesure d'éteindre ses doutes sur le caractère régulier de l'opération. Le cas échéant, il doit adresser une déclaration de soupçon (DS) à Tracfin.

B Point particulier sur les "opérations d'un montant particulièrement élevé"

L'élaboration d'une cartographie des risques doit conférer aux professionnels du secteur une connaissance suffisante de leur environnement et des opérations habituelles qui sont exécutées.

S'agissant des professionnels du secteur, l'appréciation de *[d'un]* montant "particulièrement" élevé peut cependant apparaître complexe, compte tenu notamment du caractère aléatoire du prix fixé par la confrontation des enchères.

☐ Dans le cadre d'une transaction à l'achat d'une œuvre d'art de valeur élevée, le professionnel doit vérifier la concordance entre la valeur objective de l'œuvre d'art et le prix de vente qu'en demande le vendeur en se posant notamment les interrogations suivantes :

– Quelle est la rareté de l'œuvre ?
– Quelle est sa composition ?
– Quel est son état de conservation ?
– Quel est son prix d'acquisition ?
– Le travail documentaire visant à établir l'authenticité de l'objet est-il probant ?
– Quelle est la valeur de marché ?
– Quelle est la cote de l'artiste ?
– Le montant de *[la]* vente demandé par le vendeur est-il cohérent avec le marché ?
– Le vendeur a-t-il pignon sur rue ? Quelle est son honorabilité ?

☐ Dans le cadre d'une transaction à la vente pour un montant très élevé, le professionnel devra se poser les questions suivantes :

– L'acheteur est-il connu ?
– Son environnement patrimonial est-il compatible avec la transaction envisagée ?
– Pour quelle raison l'acheteur souhaite-t-il acquérir cette œuvre ?
– Démontre-t-il une appétence particulière pour l'art de façon générale, et le thème de l'œuvre en particulier, susceptible de l'inciter à investir une forte somme ?
– Comment est opéré le paiement ?
– Quelle est l'origine des fonds ?
– Dans l'hypothèse où un chèque ou virement de caution est émis, le candidat acquéreur est-il le titulaire du compte tiré ? Dans quel pays se trouve la banque hébergeant le compte ?
– Dans l'hypothèse où l'acquéreur, après avoir remis un chèque ou virement de caution, renonce finalement à l'achat, vers quel compte demande-t-il la restitution de la caution ?

Cette obligation d'examen renforcé s'applique sans distinction de l'existence ou non d'une relation d'affaires.

S'il ne peut être exigé des professionnels d'avoir une connaissance réelle de la situation patrimoniale de leurs clients, ils peuvent néanmoins chercher à en avoir une idée, par les voies légales en obtenant des éléments sur l'origine des fonds ou l'origine de l'œuvre et en ayant recours aux bases ouvertes, notamment :

– les moteurs de recherche classiques ;
– les réseaux sociaux ;
– les sites spécialisés des biens proposés à la vente sur : le marché de l'art ; la filière équine, l'automobile... ;
– les sites publics d'information relatifs aux sociétés (indication sur la situation de la personne morale et des dirigeants, état de santé de l'entreprise qui permet d'avoir une idée de la situation financière du client) ;
– recherche de toute autre information permettant de recueillir des éléments sur la situation patrimoniale du client (réputation locale, presse en ligne, déclarations spontanées de la personne...).

Le professionnel peut également, le cas échéant, interroger directement le client pour connaître sa profession ainsi que ses goûts et connaissances dans les domaines des biens proposés à la vente.

Les éléments ainsi obtenus dans le cadre de l'examen renforcé sont consignés par écrit et tenus à la disposition de l'autorité de contrôle, qui vérifie ainsi l'effectivité du travail de levée de doute et le raisonnement suivi par le professionnel pour éteindre le doute sur la licéité de l'opération ou, au contraire, pour effectuer un signalement à Tracfin.

En aucun cas, ces informations ne peuvent faire l'objet d'un traitement automatisé de données personnelles sans qu'aient été respectées les obligations issues du règlement européen sur la protection des données personnelles du 27 avril 2016 (RGPD).

V Rupture de la relation d'affaires

Le code monétaire et financier prévoit certaines hypothèses dans lesquelles le professionnel se doit de rompre la relation d'affaires. C'est le cas lorsque les informations à la disposition du professionnel ne lui permettent pas de garantir clairement l'identification des clients ou l'objectif de la transaction sollicitée (objet et nature de la relation). Le professionnel assujetti aux obligations LCB/FT se trouve alors dans l'obligation de ne pas établir ou de rompre la relation d'affaires le cas échéant et ne plus exécuter aucune opération.

Après avoir mis fin à la relation d'affaires, le professionnel examine systématiquement l'opportunité de faire une déclaration à Tracfin, sur la base des éléments d'information dont il dispose.

L'attention des professionnels est appelée sur le fait que les tentatives d'opérations entrent dans le champ d'application du code monétaire et financier. Ainsi, l'absence de flux résultant de la rupture d'une relation d'affaires ou de l'inexécution d'une opération sur le fondement de l'article L. 561-8 du code monétaire et financier est assortie d'une déclaration de soupçon adressée à Tracfin dans la mesure où un soupçon est identifié. Ainsi, même dans le cas où ne s'établit aucune relation d'affaires, le professionnel assujetti peut transmettre une déclaration à Tracfin.

VI Les autres obligations

A *Le contrôle interne : recrutement, formation et information du personnel*

Les mesures de contrôle interne sont donc protéiformes et concernent aussi bien le recrutement de toute personne amenée à travailler dans l'établissement que l'information adéquate du personnel sur les mesures mises en œuvre dans le cadre du dispositif LCB/FT.

> Chaque structure d'exercice professionnel désigne un responsable de la mise en place et du suivi des systèmes d'évaluation et de gestion des risques et des procédures correspondantes.

> Chaque professionnel doit également désigner un correspondant chargé de diffuser les informations utiles émanant de Tracfin et met à sa disposition les moyens appropriés pour ce faire.

En synthèse, les procédures relatives à la lutte contre le blanchiment de capitaux et de financement du terrorisme mises en place au sein de l'établissement portent sur :

– l'évaluation des risques de blanchiment et de financement du terrorisme présentés par le client, vendeur ou acheteur, avec lequel le professionnel envisage de conclure une transaction ;

– la mise en œuvre des mesures de vigilance lors de l'acceptation et au cours de la relation d'affaires ;

– la conservation, pendant la durée légale, des pièces relatives à l'identification du client et du bénéficiaire effectif ;

– le respect de l'obligation de déclaration individuelle à Tracfin ;
– la mise en œuvre de contrôle périodique et permanent des risques de blanchiment de capitaux et de financement du terrorisme ;
– l'organisation de la conservation et de la confidentialité des déclarations de soupçons déposées.

Conformément aux termes de l'article L. 561-32 II du code monétaire et financier, les professionnels assujettis prennent en compte, dans le recrutement des collaborateurs, les risques au regard de la lutte contre le blanchiment de capitaux et le financement du terrorisme.

Les professionnels assujettis assurent l'information et la formation des salariés sur les obligations liées à la lutte contre le blanchiment de capitaux et le financement du terrorisme, et sur les procédures mises en place au sein de la structure. Ils déterminent la fréquence de la mise à jour des connaissances selon l'évolution de la réglementation et des procédures applicables.

Cette politique interne de ressources humaines est donc protéiforme et concerne aussi bien le recrutement de toute personne amenée à travailler dans l'établissement que l'information et la formation adéquates du personnel sur les mesures mises en œuvre dans le cadre du dispositif LCB/FT.

L'autorité de contrôle sera amenée à vérifier l'effectivité de ces formations faites aux personnels.

B *L'obligation de conservation des documents*

La conservation des documents est essentielle en ce qu'elle garantit à l'autorité de contrôle et à Tracfin, dans l'exercice de leurs missions respectives, la possibilité d'investiguer ou de reconstituer les transactions portant des opérations suspectes.

Les professionnels doivent donc conserver pendant cinq ans :

– les éléments relatifs à l'identité du client habituel ou occasionnel, vendeur comme acheteur ;
– les éléments relatifs aux opérations (informations recueillies lors des analyses effectuées préalablement à une éventuelle déclaration de soupçon par exemple) ;
– les documents consignant les caractéristiques des opérations ayant donné lieu à un examen renforcé (opération particulièrement complexe, montant inhabituellement élevé ou ne paraissant pas avoir de justification économique ou d'objet licite).

Les documents d'identité doivent être conservés cinq ans à compter de la date de cessation des relations.

Les informations relatives aux opérations et résultats d'examen renforcé doivent être conservés cinq ans à compter de l'exécution de ces opérations.

Cette obligation de conserver les documents telle que prévue par le code monétaire et financier, qui s'applique à tout client, permet à l'autorité de contrôle, dans le cadre de ses vérifications, de consulter ces documents et de s'assurer des diligences effectuées par le professionnel au regard de ses obligations LCB/FT.

Le titre II du code des douanes décrit l'organisation et le fonctionnement du service des douanes, et plus particulièrement, en son chapitre IV, les pouvoirs des agents des douanes.

Parmi ces pouvoirs, les agents des douanes disposent notamment du droit de communication, édicté à l'article 65 du code des douanes.

VII La déclaration de soupçon

A *Déclarant et correspondant Tracfin*

Au sein de chaque établissement sont désignés un déclarant et un correspondant Tracfin qui peuvent, par ailleurs, être une seule et même personne en cas d'effectif inférieur à cinq personnes.

En application de l'article R. 561-23 du code monétaire et financier, le déclarant est la personne habilitée à procéder à la déclaration de soupçon. Il transmet les déclarations de soupçon à Tracfin et, le cas échéant, les déclarations de soupçon complémentaires.

En application de l'article R. 561-24, le correspondant est la personne chargée de répondre aux demandes de Tracfin et "d'assurer la diffusion aux membres concernés du personnel des informations, avis ou recommandations de caractère général qui en émanent". Il est destinataire des accusés de réception des déclarations de soupçon et traite les demandes de communication de pièces ou de documents émanant de Tracfin concernant les déclarations de soupçon.

L'identité et la qualité du déclarant et du correspondant sont communiquées à Tracfin au moyen d'un document spécifique joint à l'appui de la première déclaration. Ce document distinct est disponible sur le site Internet de Tracfin https://www.economie.gouv.fr/tracfin/declarer ainsi qu'en annexe de ces lignes directrices.

En cas de changement, l'identité du nouveau déclarant/correspondant est portée, sans délai, à la connaissance de Tracfin et de la DGDDI autorité de contrôle. Les professionnels doivent veiller à ce que les fonctions de correspondant soient assurées avec la continuité nécessaire pour être en mesure de répondre, dans les délais impartis, aux demandes de Tracfin.

Les professionnels veillent également à indiquer des coordonnées (téléphoniques/courriel) permettant une prise de contact directe avec le(s) déclarant/correspondant Tracfin lors de la complétion du formulaire dédié. Le respect d'une telle procédure permet d'assurer un niveau satisfaisant de confidentialité dans le cadre de l'exercice du droit de communication.

Dans l'hypothèse où le déclarant et le correspondant sont des personnes distinctes, ils se communiquent l'ensemble des informations qui ont été portées à leur connaissance par Tracfin et se tiennent informés des demandes qui émanent de cet organisme, conformément à l'article R. 561-27 du code monétaire et financier.

Le professionnel exerçant en individuel assure lui-même les rôles de déclarant et de correspondant.

B *La caractérisation du soupçon susceptible de conduire à l'envoi d'une déclaration à Tracfin*

Le soupçon est le fruit d'une réflexion du professionnel en fonction de l'expertise qu'il possède dans son domaine d'activité. Il résulte d'un doute qui le conduit à s'interroger sur la licéité de l'opération, eu égard notamment à l'origine supposée de la somme, de l'objet de la transaction, du comportement et de la réputation du client.

Dans le cadre de l'examen renforcé prévu à l'article L. 561-10-1 et compte tenu des informations dont il dispose sur son client (identité, notoriété, profession, comportement au sein de l'établissement, etc.) et des éléments, notamment financiers, concourant à cette opération, le professionnel doit procéder à une déclaration lorsqu'il ne peut exclure tout doute sur le caractère régulier ou licite de l'action ou de l'acte envisagé.

En opportunité, la déclaration de soupçon pourra être effectuée à l'issue d'une phase transitoire, au cours de laquelle le client, objet du soupçon, aura fait l'objet d'une surveillance particulière.

C *Que doit déclarer le professionnel ?*

Les champs potentiels de la déclaration de soupçon sont limitativement énoncés par le code monétaire et financier. Les opérations faisant l'objet d'un signalement portent sur les thématiques suivantes :

— les sommes ou opérations portant sur des sommes dont le professionnel sait soupçonne ou a de bonnes raison de soupçonner qu'elles proviennent d'une infraction passible d'une peine privative de liberté supérieure à un an,

— les sommes ou opérations portant sur des sommes dont le professionnel sait soupçonne ou a de bonnes raison de soupçonner qu'elles proviennent d'une fraude fiscale lorsqu'il y a présence d'au moins un critère défini par décret,

– ou opérations portant sur des sommes dont le professionnel sait, soupçonne ou a de bonnes raison de soupçonner qu'elles sont liées au financement du terrorisme.

▸ Infractions punies de plus d'un an d'emprisonnement et celles liées au financement du terrorisme : *V. art. L. 561-15.*

▸ Fraude fiscale :

Le décret n° 2009-874 du 16 juillet 2009 pris pour application de l'article L. 561-15-II du code monétaire et financier définit les seize critères de la fraude fiscale susceptibles de donner lieu à l'établissement d'une déclaration de soupçon. Il est codifié à l'article D. 561-32-1 du code monétaire et financier.

Le champ de la déclaration de soupçon porte sur toutes les infractions sanctionnées d'une peine d'emprisonnement supérieure à un an.

Il importe de souligner que le déclarant n'a pas à préciser, ni à qualifier une infraction sous-jacente. Il suffit en effet qu'il soupçonne ou qu'il ait de "bonnes raisons" de soupçonner qu'il existe une infraction sous-jacente et formule son analyse des faits dans la partie "développement" de la déclaration.

Doit donc figurer explicitement, dans la déclaration de soupçon, l'analyse précise et détaillée des faits ayant conduit au soupçon à l'origine du signalement. L'obligation de déclaration est la conséquence naturelle de l'analyse effectuée et de ses conclusions.

Ainsi, le professionnel effectue une déclaration de soupçon quand le soupçon est établi au terme de l'analyse qu'il a conduite, c'est-à-dire lorsqu'il n'a pas obtenu, au regard des informations et documents recueillis auprès de son client ou par d'autres moyens, d'assurance raisonnable quant à la licéité des fonds ou de l'opération, ou quant à sa justification économique au regard de sa connaissance de la clientèle.

S'agissant du cas particulier du blanchiment de fraude fiscale au sens de l'article L. 561-15-II du code monétaire et financier, une déclaration à ce titre nécessite que l'un au moins des seize critères énumérés à l'article D. 561-32-1 du code monétaire et financier soit constaté.

En tout état de cause, la déclaration de soupçon n'est pas un acte anodin, car elle entraîne automatiquement un traitement par Tracfin de l'information ainsi déclarée, lequel peut donner lieu à des investigations complémentaires voire à une transmission à l'autorité judiciaire ou à d'autres administrations compétentes.

• La déclaration complémentaire :

Des déclarations complémentaires peuvent être établies par le professionnel lorsqu'il souhaite compléter ou infirmer une déclaration de soupçon établie précédemment. Ces déclarations complémentaires indiquent les références Tracfin de la déclaration initiale et comportent l'ensemble des éléments utiles à la compréhension des faits signalés.

Le contenu de la déclaration de soupçon

Le professionnel effectue une déclaration de soupçon sur la base des informations qu'il possède. En tout état de cause, une déclaration de soupçon est la matérialisation d'un travail d'analyse, le déclarant doit donc s'abstenir de rédiger une déclaration uniquement motivée par des éléments de contexte. Ainsi, la déclaration de soupçon ne peut avoir pour seul motif :

– la réception d'une réquisition judiciaire ou d'une demande de renseignement émanant d'une administration ;

– l'activité professionnelle du client, son adresse ou son pays de résidence (éléments toutefois susceptibles de nourrir un réseau d'indices) ;

– le montant élevé d'une opération ;

– le fait d'être une PPE.

Conformément au 5° du III de l'article R. 561-31 rappelé ci-dessus, doit figurer explicitement dans toute déclaration l'analyse des faits ayant conduit au soupçon à l'origine du signalement. Cette obligation est la conséquence naturelle de l'analyse effectuée et ses conclusions.

Exemple de structure de l'exposé des motifs (5° de l'article R. 561-31-III)

Partie 1 : Phrase introductive de synthèse

Cette partie doit permettre une compréhension rapide du signalement : nature et motif de la procédure en cours, etc.

Partie 2 : Présentation des personnes physiques et/ou morales faisant l'objet du soupçon

Rappel des informations détenues par le déclarant sur les personnes physiques ou morales qui font l'objet du soupçon (éventuels compléments à l'état civil donné dans la déclaration de soupçon, contexte de la relation d'affaires, etc.).

Personnes physiques :

— Situation personnelle et professionnelle connue ;

— Situation patrimoniale et matrimoniale connue*[.]*

Personnes morales :

— Date de création ;

— Nature de l'activité ;

— Principales données chiffrées connues (CA, résultat, etc.) ;

— Liens avec d'autres personnes ou éléments d'environnement (autres mandataires sociaux/associés, etc.).

Le déclarant peut également mentionner dans cette partie le résultat des recherches effectuées en base ouverte concernant le client, ainsi que les démarches de recherche effectuées (réseaux sociaux, bases commerciales, etc.).

Partie 3 : Présentation de(s) opération(s)

— Synthèse des opérations et des mouvements douteux ;

— Développement des faits concernant ces opérations ;

— Précision sur l'origine et la destination (certaine ou présumée) des fonds ou des objets sur lesquels porte le soupçon.

Partie 4 : La caractérisation du soupçon

Cette partie restitue le fait à l'origine du soupçon ayant conduit au signalement, expose clairement le soupçon du déclarant à l'appui des éléments figurant *supra*.

— En quoi cette opération est-elle suspecte ?

— Pourquoi l'origine des fonds peut-elle paraître douteuse ?

— Démarches entreprises par le déclarant pour lever le doute ?

— En quoi les explications ou les justifications apportées sont-elles peu convaincantes ou crédibles ?

NB : S'il existe un soupçon de fraude fiscale, il faut faire mention du ou des critères listés à l'article D. 561-32-1 du code monétaire et financier.

Quel que soit le mode de transmission de la déclaration, des documents peuvent être joints aux déclarations de soupçon. Les déclarants utilisent cette fonctionnalité pour transmettre à Tracfin l'ensemble des éléments nécessaires à la compréhension du signalement. Il est en effet rappelé qu'aux termes du IV de l'article R. 561-31 du code monétaire et financier que "la déclaration est accompagnée, le cas échéant, de toute pièce utile à son exploitation", lesquelles doivent donc, dans la mesure du possible, être systématiquement jointe aux déclarations.

Exemples de pièces pouvant être jointes à la déclaration :

— une copie de la pièce d'identité du client ;

— un extrait K-*bis* de la personne morale visée ;

— tout acte de procédure permettant l'appréhension du contexte de la relation d'affaires ;

— *[la]* facture d'achat ou de vente ;

— tout document comptable utile.

Si Tracfin constate que des informations obligatoires listées par l'article R. 561-3[1] du code monétaire et financier sont manquantes, le service informe le déclarant lequel dispose d'un mois pour régulariser la situation. Passé ce délai, Tracfin l'informe de l'irrecevabilité de sa déclaration de soupçon qui ne sera pas traitée. Cette irrecevabilité prive par ailleurs le déclarant du bénéfice des exonérations d[e] responsabilité civile, pénale et professionnelle prévues à l'article L. 561-22 du code monétaire et financier.

Plus généralement, la DGDDI et Tracfin rappellent le caractère essentiel de la correcte rédaction des déclarations de soupçon, quelles que soient les modalités de transmission de ces dernières. La clarté, la concision et la précision de la présentation des éléments d'information mentionnés dans la déclaration de soupçon sont particulièrement importantes pour l'efficacité du dispositif LCB/FT.

E *La protection apportée au déclarant par la déclaration de soupçon adressée à Tracfin*

Le caractère obligatoire de l'établissement de la déclaration de soupçon prescrit par l'article L. 561-15 du code monétaire et financier s'accompagne, au terme de l'article L. 561-22 du code monétaire et financier, d'une exonération du professionnel concerné :

– de toute responsabilité civile, pénale ou disciplinaire pour violation du secret professionnel ou dénonciation calomnieuse,

– de responsabilité pénale en cas de faits de trafic de stupéfiants, de recel ou de blanchiment (sauf concertation frauduleuse).

Il importe cependant que la déclaration de soupçon ait été établie de bonne foi par le professionnel, et qu'elle soit recevable.

Enfin, en tout état de cause, le professionnel concerné reste seul juge de la poursuite, ou non, de la relation d'affaire avec son client.

F *Modalités et délais de transmission*

▸ **Modalités d'établissement de la déclaration de soupçon :**

Le déclarant peut adresser les déclarations de soupçon à Tracfin *via* la plate-forme de télé-déclaration ERMES, accessible depuis le site Internet de Tracfin https://www.economie.gouv.fr/tracfin/declarer.

Si la télé-déclaration ne revêt pas de caractère obligatoire pour les professionnels, il importe de souligner que la plate-forme ERMES est garante d'un haut niveau de sécurité et de confidentialité. Elle est en outre l'assurance d'une déclaration recevable et doit donc être privilégiée, notamment pour des raisons de confidentialité.

Le cas échéant, le déclarant peut également établir une déclaration papier (obligatoirement dactylographiée, et signée) à l'aide du formulaire en ligne accessible depuis le site Internet de Tracfin https://www.economie.gouv.fr/tracfin/declarer, à renvoyer par courrier à cet organisme.

▸ **Délais de déclaration :**

L'article L. 561-16 du code monétaire et financier pose explicitement le principe de la déclaration de soupçon préalablement à l'exécution de la transaction afin, le cas échéant, de permettre à Tracfin d'exercer son droit d'opposition. La déclaration indique, dans cette hypothèse, le délai d'exécution, conformément au 6° du III de l'article R. 561-31 du code monétaire et financier. Le professionnel s'abstient, en conséquence, d'effectuer l'opération dont il soupçonne qu'elle est liée au blanchiment de capitaux ou au financement du terrorisme.

Focus : Le droit d'opposition

Le droit d'opposition est une prérogative qui peut être mise en œuvre par Tracfin pour s'opposer à la réalisation d'une opération qui n'a pas encore été exécutée pendant un délai (10 jours ouvrables) qui permet à l'autorité judiciaire d'apprécier l'opportunité de prendre une ordonnance de saisie pénale des sommes en cause.

Tracfin peut exercer ce droit, conformément à l'article L. 561-24 du code monétaire et financier, sur le fondement de toute déclaration de soupçon ou information reçue, sans limite de temps et tant que l'opération n'a pas été exécutée. Conformément au 4e alinéa de l'article L. 561-24 du code monétaire et financier, le professionnel peut exécuter l'opération suspecte en l'absence d'opposition de Tracfin dans le délai d'exécution de l'opération. Le 5e alinéa de l'article L. 561-24 du code monétaire et financier rappelle la confidentialité qui s'attache aux informations relatives à l'exercice de ce droit.

Lorsque le professionnel soupçonne qu'une opération suspecte est susceptible d'entraîner l'exercice de son droit d'opposition par Tracfin (par exemple : doute sur l'origine délictueuse des fonds), il est invité à prendre l'attache de Tracfin le plus rapidement possible afin d'appeler son attention sur cette opération et sur son délai d'exécution.

Le délai pendant lequel l'opération est suspendue est de 10 jours ouvrables. Ce délai court dès la notification de l'opposition par Tracfin au professionnel dans les conditions prévues à l'article R. 561-36 du code monétaire et financier. Lorsque l'opération est le paiement d'un chèque, ce délai court à compter de la présentation en paiement par la banque bénéficiaire auprès de la banque tirée.

G *Principe de confidentialité*

La confidentialité de la déclaration de soupçon prévue à l'article L. 561-18 du code monétaire et financier porte sur l'existence et le contenu des déclarations qui ne peuvent être communiquées, de même que les suites qui leur ont été données, ni à l'intéressé, ni à des tiers.

Cette obligation de confidentialité s'applique aussi bien au professionnel assujetti qu'à Tracfin.

Ainsi, le professionnel a interdiction :

– D'informer son client qu'il a fait l'objet d'une déclaration de soupçon ;

– D'évoquer l'existence ou le contenu d'une déclaration de soupçon avec un tiers (les déclarations de soupçon font partie des documents confidentiels et insaisissables dans le cadre d'une perquisition judiciaire).

Tracfin a interdiction de divulguer l'existence d'une déclaration de soupçon (conservée 10 ans) et de toute information à caractère secret, sous peine de porter atteinte au secret professionnel.

Le non-respect de cette interdiction de divulgation est réprimé par l'article L. 574-1 du code monétaire et financier d'une peine d'amende de 22 500 €.

Une déclaration de soupçon n'est donc jamais transmise spontanément à l'autorité judiciaire en appui des notes d'information dans lesquelles la ou les sources sont, au demeurant, systématiquement occultées. Les exceptions à l'accès aux déclarations de soupçon sont très strictement encadrées par les articles L. 561-19 à L. 561-21 du code monétaire et financier.

La confidentialité de la déclaration ne fait pas obstacle à la communication par Tracfin d'informations concernant les déclarations à l'autorité de contrôle, en application du I de l'article L. 561-28 du code monétaire et financier.

H *Le droit de communication de Tracfin*

L'obligation de confidentialité exposée au-dessus concernant la déclaration de soupçon s'applique également au droit de communication. – *V. art. L. 561-25 C. mon fin.*

VIII Les sanctions

A *Le rôle de la Commission nationale des sanctions*

La Commission nationale des sanctions est saisie des manquements constatés pa les services douaniers lors des contrôles effectués et prononce les sanctions prévue par le code monétaire et financier.

Il est important de préciser que la dissolution de la personne morale, la cessatio d'activité ou la démission de fonctions professionnelles ne fait pas obstacle à la pour suite de la procédure de sanction à l'encontre de cette personne si les faits qui lu sont reprochés ont été commis pendant qu'elle était en activité.

B *Les sanctions administratives*

La Commission nationale des sanctions peut, conformément à l'article L. 561-40 du code monétaire et financier, prononcer quatre types de sanctions :
— l'avertissement ;
— le blâme ;
— l'interdiction temporaire d'exercice de l'activité ou d'exercice de responsabilités dirigeantes au sein d'une personne morale exerçant cette activité pour une durée n'excédant pas cinq ans ;
— le retrait d'agrément ou de la carte professionnelle.

En outre, la Commission peut prononcer une sanction pécuniaire pouvant atteindre cinq millions d'euros ou, lorsque l'avantage retiré du manquement peut être déterminé, le double de ce dernier. Cette sanction peut être cumulée aux sanctions administratives décrites ci-dessus.

En dernier lieu, la Commission dispose de la possibilité de sanctionner les dirigeants ainsi que les autres personnes salariées, préposées ou agissant pour le compte de la personne mise en cause si leur implication personnelle dans les manquements constatés est démontrée.

Afin d'infliger le type et/ou le montant adéquat des sanctions, la Commission nationale des sanctions prend en compte plusieurs facteurs, notamment la gravité et la durée des manquements, le degré de responsabilité de l'auteur des manquements et les préjudices subis par les tiers du fait des manquements.

La décision de la Commission peut, sous certaines conditions, être rendue publique sur des supports divers (journaux, publications, etc.), les frais étant supportés par les personnes sanctionnées.

ANNEXE I

LES INFRACTIONS DE BLANCHIMENT DE CAPITAUX ET *[DE]* FINANCEMENT DU TERRORISME

L'incrimination de blanchiment de capitaux.

Sur le plan pénal

Le blanchiment et les sanctions qui s'y attachent sont définis au chapitre IV du titre II du livre III du code pénal.

L'article 324-1 du code pénal définit le blanchiment comme le fait :

— De "faciliter, par tout moyen, la justification mensongère de l'origine des biens ou des revenus de l'auteur d'un crime ou d'un délit ayant procuré à ce dernier un profit direct ou indirect",

— Ou d'"apporter son concours à une opération de placement, de dissimulation ou de conversion du produit direct ou indirect d'un crime ou d'un délit".

Depuis la loi du 6 décembre 2013 relative à la lutte contre la fraude fiscale et la grande délinquance économique et financière, l'article 324-1-1 du code pénal introduit une présomption légale, au terme de laquelle "les biens ou les revenus sont présumés être le produit direct ou indirect d'un crime ou d'un délit dès lors que les conditions matérielles, juridiques ou financières de l'opération de placement, de dissimulation ou de conversion ne peuvent avoir d'autre justification que de dissimuler l'origine ou le bénéficiaire effectif de ces biens ou revenus".

Cette évolution facilite la qualification des faits en blanchiment.

Le blanchiment est puni de cinq ans d'emprisonnement et de 375 000 euros d'amende (art. 324-4 C. pén.). En cas de blanchiment aggravé les peines peuvent aller jusqu'à dix ans d'emprisonnement et 750 000 euros d'amende.

L'article 324-6 du code précité prévoit que "la tentative des délits prévus à la présente section est punie des mêmes peines".

Sur le plan douanier

Le délit de blanchiment douanier est prévu et réprimé à l'article 415 du code des douanes qui, prévoit de punir "d'un emprisonnement de deux à dix ans, de la confiscation des sommes en infraction ou d'une somme en tenant lieu lorsque la saisie n'a pas pu être prononcée, de la confiscation des biens et avoirs qui sont le produit direct ou indirect de l'infraction et d'une amende comprise entre une et cinq fois la somme sur laquelle a porté l'infraction ou la tentative d'infraction ceux qui auront, par exportation, importation, transfert ou compensation, procédé ou tenté de procéder à une opération financière entre la France et l'étranger portant sur des fonds qu'ils savaient provenir, directement ou indirectement, d'un délit prévu au présent code ou d'une infraction à la législation sur les substances ou plantes vénéneuses classées comme stupéfiants."

La charge de la preuve a par ailleurs été renversée en matière de blanchiment douanier par la loi du 3 juin 2016 renforçant la lutte contre le crime organisé et le terrorisme. L'article 415-1 du code des douanes dispose ainsi que "pour l'application de l'article 415, les fonds sont présumés être le produit direct ou indirect d'un délit douanier prévu au présent code ou d'une infraction à la législation sur les substances ou plantes vénéneuses classées comme stupéfiants lorsque les conditions matérielles, juridiques ou financières de l'opération d'exportation, d'importation, de transfert ou de compensation ne paraissent obéir à d'autre motif que de dissimuler que les fonds ont une telle origine".

L'incrimination de financement du terrorisme.

Elle est définie par l'article 421-2-2 du code pénal aux termes duquel "le fait de financer une entreprise terroriste [...] ou en donnant des conseils à cette fin, dans l'intention de voir ces fonds, valeurs ou biens utilisés ou en sachant qu'ils sont destinés à être utilisés, en tout ou partie, en vue de commettre l'un quelconque des actes de terrorisme prévus au présent chapitre".

L'acte de terrorisme défini à l'article 421-2-2 du code pénal est puni de dix ans d'emprisonnement et de 225 000 euros d'amende. La tentative du délit défini à l'article 421-2-2 est punie des mêmes peines.

ANNEXE II

Critères d'alerte

La liste des critères d'alerte ci-après n'est pas exhaustive. Ces critères constituent des exemples que chaque professionnel devra apprécier selon la situation de son établissement et les risques auxquels il est exposé.

Critères d'alerte relatifs au vendeur ou à l'adjudicataire :

- difficulté ou impossibilité d'obtenir des informations ou des réponses à des questions légitimes (existence d'une indivision, détermination du bénéficiaire effectif...) ;
- refus de fournir des pièces justificatives ;
- difficulté d'identification du vendeur ;
- renseignements fournis inexacts ;
- usurpation de personne ;
- doute sur les droits du vendeur sur le bien proposé à la vente ;
- absence de tout contact physique avec le vendeur ;
- refus ou absence de présentation de pièce d'identité ;
- mandataire qui ne donne pas le nom du vendeur ou ne produit pas le mandat ;
- constatation d'anomalies dans les documents présentés (absence de numéro au RCS, du numéro SIREN...) ;
- absence de cohérence entre la situation du vendeur et la qualité des objets vendus ;
- particulier ou professionnel domicilié dans une zone à risque (zone de conflits ou connus pou l'existence de trafics de biens) ;
- professionnel exerçant une activité dans les secteurs sensibles (BTP, électronique, automobiles hôtellerie...) ;
- vendeur étant une personnalité politiquement exposée ;
- professionnel ayant son siège dans une société de domiciliation ;
- recours à une société écran ;
- recours à une interposition de personnes ;
- particulier connu pour diverses infractions ;
- La procédure, la vente ou l'achat s'inscrit dans une situation complexe : c'est un maillon d'u montage mis en place par l'acheteur ou le vendeur ;

• La procédure, la vente ou l'achat ne semble pas avoir de justification économique : l'opération manque de cohérence ou de justification simple ;

• La procédure, la vente ou l'achat soulève des complications financières, économiques ou juridiques ;

• La procédure, la vente ou l'achat est une opération inhabituelle pour l'acheteur ou le vendeur au regard de ses activités normales ;

• Les enchères sont troublées soit par des violences, voies de fait ou menaces, soit par des dons, promesses, ententes ou autres moyens frauduleux ;

• La cohérence est insuffisante entre la situation familiale, économique ou sociale de la personne visée par la procédure ou de l'acheteur et les conditions économiques de l'opération ;

• La vente ou l'achat affecte un secteur sensible aux fraudes à la TVA de type carrousel (flux transfrontalier, société écran et facturation fictive permettant de ne pas payer de TVA), tels *[tel]* que les secteurs de la vente de véhicules d'occasion, de l'informatique, de la téléphonie, du matériel électronique, du matériel électroménager, de la hi-fi et de la vidéo ;

• Le destinataire final des fonds est inconnu ou est dissimulé.

Critères d'alerte relatifs aux biens inventoriés ou vendus :

• Le bien inventorié ou vendu est d'une grande valeur ou la vente se fait à un prix important ;

• Il y a un doute sur l'origine du bien ;

• Le bien vendu n'a pas de rapport avec la situation apparente de fortune ou la situation financière de la personne dont les biens sont inventoriés ou vendus ou avec celle du bénéficiaire effectif ;

• L'inventaire ou la vente porte sur des biens recherchés par les blanchisseurs d'argent sale (or, pierres précieuses, œuvres d'art, livres, etc.) ou par les financeurs du terrorisme (armes, explosifs, produits dangereux, imprimerie, certains produits informatiques) ;

• Des biens supplémentaires semblent avoir été placés *a posteriori* parmi ceux qui doivent être inventoriés ou vendus ;

• Des biens circulent rapidement de vente en vente ;

• Des biens sont vendus pour un montant n'ayant aucun rapport avec l'estimation sans que cet écart puisse être justifié ;

• Des biens sont vendus ou achetés par une société dont l'objet ne présente aucun rapport avec la nature du bien ;

• Des biens, notamment archéologiques, ont une provenance inconnue ou douteuse*[.]*

Critères d'alerte relatifs aux fonds :

• Le destinataire des fonds exige des espèces ou utilise sans explication plusieurs comptes ;

• Le vendeur demande que le versement des sommes qui lui sont dues soit effectué à une tierce personne ;

• Le paiement est effectué en provenance ou à destination d'établissements financiers, de sociétés ou de personnes résidant :

— dans un paradis fiscal ou bancaire ;

— dans un pays connu pour son instabilité politique ou le développement de certains trafics ;

— dans un pays sensible compte tenu de l'actualité ;

• L'adjudicataire demande à régler avec un compte bancaire domicilié à l'étranger ;

• L'acquéreur paie son achat en espèces ou cherche à payer en espèces une somme supérieure à celle autorisée ;

• Le paiement provient d'un tiers sans justification du lien juridique qui pourrait légitimer cette intervention au profit de l'adjudicataire ;

• Il y a un doute sur l'origine des fonds ;

• L'utilisation régulière par des personnes physiques domiciliées et ayant une activité en France de comptes détenus par des sociétés étrangères ;

• Le paiement par un particulier de fonds sans rapport avec son activité ou sa situation patrimoniale connue ;

• L'acheteur formule une demande d'annulation de la vente et de remboursement du prix qu'il a payé pour un motif non justifié.

Critères d'alerte relatifs à l'opération de vente aux enchères publiques :

• La vente aux enchères s'inscrit dans une situation complexe (maillon d'un montage mis en place par l'acheteur ou le vendeur) ;

• La vente aux enchères soulève des complications financières, économiques ou juridiques ;

• La vente aux enchères est troublée par des voies de fait ou menaces ou par des promesses, ententes ou autres moyens frauduleux ;

• Il y a une cohérence insuffisante entre la situation familiale, économique ou sociale de la personne visée par la procédure ou de l'acheteur et les conditions économiques de l'opération ;

• Le recours à l'interposition de personnes physiques n'intervenant qu'en apparence pour le compte de sociétés ou de particuliers ;

• Le vendeur ou l'acheteur ont une origine géographique sensible par rapport à l'actualité ;

• Le vendeur ou l'acheteur ont un comportement atypique éveillant le doute ;

• Le vendeur ou l'acheteur concernés (ou leurs bénéficiaires effectifs) sont des personnalités politiques exposées (PPE) ou des personnes assimilées aux PPE.

Critères d'alerte relatifs aux mesures de vigilance :

• Difficultés ou impossibilité d'obtenir des informations ;

• Les documents produits (ex. : papiers d'identité, Kbis) sont volés ou faux ;

• L'identité d'une personne physique ou morale est usurpée ;

• Les documents légaux qui doivent normalement être fournis font défaut ;

• Il est impossible d'obtenir des informations sur l'identification de la personne dont les biens sont vendus, sur le bénéficiaire effectif de la vente ou de l'achat ou encore sur l'opération ;

• Une information recueillie sur la personne visée par la procédure, l'acheteur ou leurs bénéficiaires effectifs et/ou l'opération s'avère incomplète et ou inexacte ;

• La constatation d'anomalies dans les documents produits comme justification de l'origine des fonds ou des biens, de l'identité des personnes physique ou morale ou sur la cohérence économique de l'opération (ex. : absence du numéro d'immatriculation au registre du commerce et des sociétés, du numéro SIREN, du numéro de TVA, de numéro de facture, d'adresse ou de date sur les factures ou les bons de commande) ;

• Le refus du client de produire des pièces justificatives quant à la provenance des fonds reçus ou quant aux motifs avancés des paiements, ou l'impossibilité de produire ces pièces ;

• L'absence de réponse aux questions.

ANNEXE III

TABLEAU RÉCAPITULATIF DES OBLIGATIONS DE VIGILANCE APPLICABLES AUX PERSONNES VISÉES AU 10° DE L'ARTICLE L. 561-2 DU CODE MONÉTAIRE ET FINANCIER

Normales		**Allégées**	**Complémentaires**	**Renforcées**
Relation d'affaires	Client occasionnel	Justifier cet allègement (risque LCB/FT jugé faible, nature du client, etc.) L. 561-5 ; L. 561-9 ; R. 561-15		Renforcement de la vigilance si le risque présenté par une relation d'affaires ou une opération est élevé L. 561-10-1
Identification et vérification de l'identité du client et du bénéficiaire effectif le cas échéant		L'allègement nécessite néanmoins la mise en place d'un dispositif de surveillance adapté, notamment identifier le client (personne physique et morale) et le bénéficiaire effectif durant la relation d'affaires L. 561-5 ; R. 561-14 ; R. 561-14-1 ; R. 561-14-2	Définition d'une personne politiquement exposée (PPE) L. 561-10 ; R. 561-18 Lorsque la relation d'affaires ou l'opération concerne une PPE, un membre de sa famille ou un de ses proches : mise en œuvre des mesures prévues à l'article R. 561-20-2	Examen renforcé en cas d'anormalité du montant d'une opération ou absence de justification économique ou d'objet licite L. 561-10-2
Systématique L. 561-5 ; R. 561-5 ; R. 561-5-1 ; L. 561-2-2 ; R. 561-7 ; R. 561-1 ; R. 561-2 ; R. 561-3	Dans des cas spécifiques prévus par le code monétaire et financier L. 561-5 ; R. 561-10			

Normales		Allégées	Complémentaires	Renforcées
L'identification du client doit être constamment mise à jour R. 561-11			Opération présente un lien avec un État ou un territoire figurant sur les listes du GAFI ou de la Commission européenne des pays faisant obstacle à la lutte contre le blanchiment des capitaux et le financement du terrorisme (L. 561-10) : Mise en œuvre des mesures prévues à l'article R. 561-20-4	Cas spécifiques : gel des avoirs (L. 562-4) ou réquisition judiciaire
Connaissance de la relation d'affaires				
Connaissance de l'objet et de la nature de la relation d'affaires, avant l'entrée en relation d'affaires L. 561-5-1 ; R. 561-12				
La vigilance reste constante durant la durée de la relation d'affaires L. 561-6 ; R. 561-12 ; R. 561-12-1				
S'il existe le moindre doute sur le caractère régulier ou licite d'une opération => déclaration de soupçon à Tracfin L. 561-15				

ANNEXE IV

Exemples de situations à risque

A BLANCHIMENT DE FONDS ISSUS DE DÉLITS FINANCIERS COMMIS À L'ÉTRANGER SUR LE MARCHÉ DE L'ART FRANÇAIS, NOTAMMENT PAR L'EMPLOI D'ESPÈCES

M.X, homme d'affaires possédant des adresses dans divers pays ainsi qu'une SCI implantée en France a réalisé des investissements mobiliers et immobiliers en France, pour lesquels les modalités de financement se révèlent atypiques.

M.X est par ailleurs soupçonné de divers délits financiers dans le cadre de ses activités d'affaires réalisées en Afrique. Or, une concordance temporelle est relevée entre ces soupçons de délits financiers et des acquisitions mobilières, dans le domaine de l'art, et immobilières qu'il a réalisées en France depuis 2011.

En effet, M.X a acquis différentes œuvres d'art à Paris pour un montant total de 3,3 M€, dont 36,5 % payés en espèces par l'intéressé, pour des montants unitaires allant de 17 K€ à 210 K€, donc bien supérieurs au seuil autorisé. Il est impossible de tracer l'origine de ce numéraire compte tenu de l'absence de compte détenu en France par l'intéressé.

Ces investissements interrogent quant à la licéité des fonds ayant permis leur financement. En effet, compte tenu de la concordance temporelle des soupçons de délits financiers pesant sur l'intéressé et des acquisitions, les faits relevés pourraient être de nature à caractériser un schéma de blanchiment ayant pour but d'investir en France le produit de potentiels délits commis par cet homme d'affaires dans le cadre de ses activités en Afrique.

Critères d'alerte :

— individu connu en source ouverte pour avoir potentiellement commis des infractions financières ;

— achats d'œuvres d'art réalisés en espèces ;

— acquisitions immobilières financées par des fonds provenant de l'étranger.

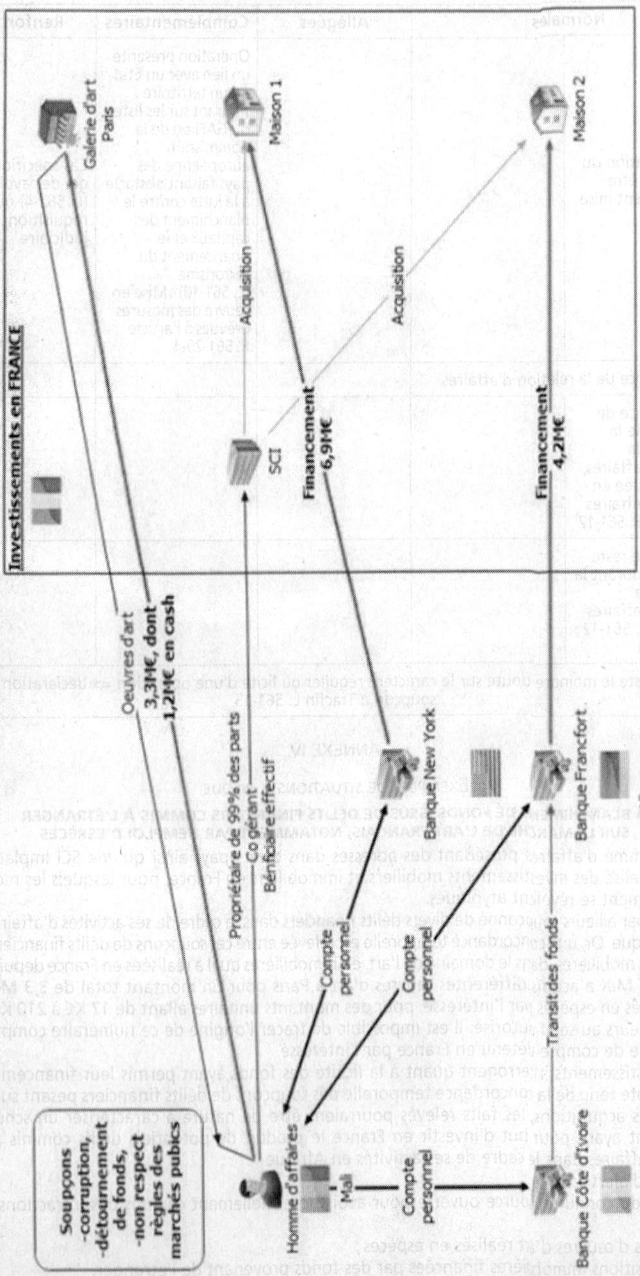
Investissements en FRANCE
Galerie d'art Paris
Maison 1
Maison 2
SCI
Acquisition
Acquisition
Financement 6,9M€
Financement 4,2M€
Oeuvres d'art 3,3M€, dont 1,2M€ en cash
Propriétaire de 99% des parts
Co-gérant
Bénéficiaire effectif
Banque New York
Banque Francfort
Allemagne
Compte personnel
Compte personnel
Transit des fonds
Soupçons
-corruption,
-détournement de fonds,
-non respect règles des marchés pubics
Homme d'affaires
Mali
Compte personnel
Banque Côte d'Ivoire

B TYPOLOGIE DE FRAUDE FISCALE – VENTE À SOI-MÊME

M.X vend à la SCI Y deux sculptures pour un prix de 650 K€. Les fonds sont crédités sur le compte du vendeur X *via* le compte CARPA d'un cabinet d'avocat.

Pour cette vente, la SCI Y acheteuse, dont l'activité est la location de logements, est représentée par sa gérante, la SAS Z, ayant une activité de holding. L'activité professionnelle de la SCI Y étant totalement étrangère au domaine de l'art, le but de cette transaction pose question et le bénéficiaire réel de l'achat reste inconnu.

Or, il ressort que M. et Mme X sont les associés de la SCI Y au travers de la SAS Z dont il est gérant. D'autre part, un avis à tiers détenteur de 570 K€ a été émis par les services fiscaux à l'encontre de la SCI cinq mois avant l'achat des statues.

M.X a donc réalisé une vente "à soi-même" au travers la SCI Y, ce qui lui permet de récupérer les liquidités de sa société civile sans que ces sommes transitent sur le compte bancaire de la société et puissent être appréhendées dans le cadre de la mise en œuvre de l'avis à tiers détenteur.

Critères d'alerte :
— incohérence entre l'objet social des sociétés et la nature des achats ;
— montant élevé de la transaction ;
— achat *via* une SCI qui masque le bénéficiaire réel.

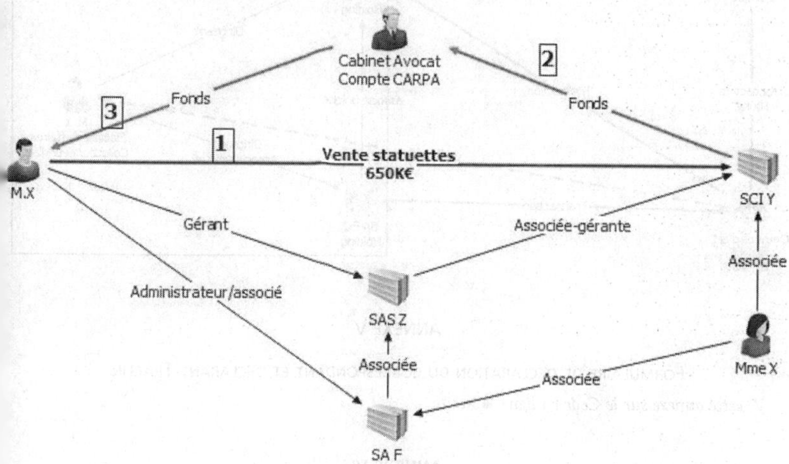

C OPACITÉ FISCALE : LE PAIEMENT D'ŒUVRES D'ART *VIA* UNE STRUCTURE OPAQUE DE NATURE À MASQUER LE BÉNÉFICIAIRE EFFECTIF

M.X., homme d'affaires et amateur d'art, est dirigeant de plusieurs sociétés en France, dont deux olding[s], la Sarl XH et la SA FC. Suite à une prise de participation par la Sarl XH dans une société ıxembourgeoise (la société A), 8,6 M€ en provenance de cette dernière transitent par la Sarl XH n France.

6 M€ repartent rapidement à destination d'un compte suisse. Une partie de ces fonds revient un ois plus tard du même compte suisse en paiement pour l'acquisition, auprès de plusieurs marıands d'art établis en France, d'objets d'art paraissant personnellement destinés à M.X.

Des achats directs d'œuvres d'art auprès de marchands d'art, par la Sarl XH et la SA FC, très milaires à ceux que M.X. effectue à titre personnel, sont également relevés, dans la mesure où le en de ces achats avec l'objet social des sociétés paraît hasardeux.

Au cas d'espèce, la mise en exergue des flux atypiques permet de s'interroger sur la commission possibles délits d'abus de biens sociaux, de fraude fiscale et de blanchiment de ces délits par .X.

Critères d'alerte :
— incohérence entre l'objet social des sociétés et la nature des achats ;
— flux financiers importants ;
— flux en provenance et/ou à destination de pays à fiscalité privilégiée.

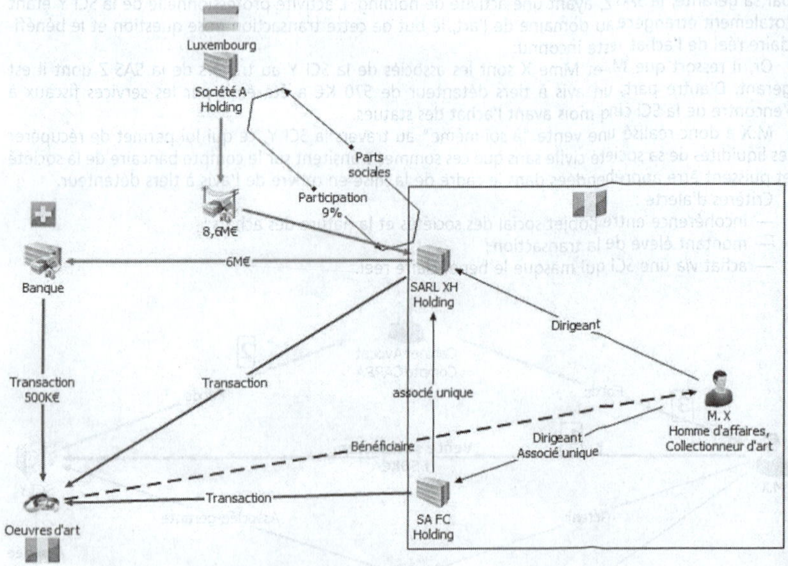

ANNEXE V

FORMULAIRE DE DÉCLARATION DU CORRESPONDANT ET DÉCLARANT TRACFIN

V. cette annexe sur le Code en ligne .

ANNEXE VI

FORMULAIRE DE LA DÉCLARATION DE SOUPÇON

V. cette annexe sur le Code en ligne .

ANNEXE VII

LE PAS À PAS ERMES

Annexe non reproduite.

ANNEXE VIII

SCHÉMA DU CIRCUIT SUR L'IRRECEVABILITÉ

La démarche déclarative des professionnels soumis au dispositif de lutte contre le blanchiment de capitaux et le financement du terrorisme est précisée par le décret n° 2013-480 du 6 juin 201 fixant les conditions de recevabilité de la déclaration effectuée en application de l'article L. 561-1 du code monétaire et financier, ainsi que par l'arrêté du même jour pris en application des nouvelles dispositions de l'article R. 561-31 du code précité.

Les mentions de forme devant figurer sur la télédéclaration

La déclaration de soupçon écrite doit être dactylographiée, dûment signée, et effectuée au moyen du formulaire disponible en ligne sur le site Internet www.economie.gouv.fr/tracfin ou *via* la plateforme Ermes.

Conformément à l'article R. 561-31-III du code monétaire et financier, à peine d'irrecevabilité, la déclaration doit comporter les mentions de forme suivantes :

— la profession exercée par la personne qui effectue la déclaration par référence aux catégories mentionnées à l'article L. 561-2 du code précité ;

— les éléments d'identification et les coordonnées professionnelles du déclarant désigné conformément aux dispositions du I de l'article R. 561-23 du code précité ;

— les cas de déclaration par référence à ceux mentionnés aux I, II et V de l'article L. 561-15 du code monétaire et financier. Préciser s'il s'agit d'une déclaration de soupçon (au sens du I de l'article L. 561-15 du code monétaire et financier), d'une déclaration de soupçon de fraude fiscale (au sens du II de l'article L. 561-15 du code précité) ou d'une déclaration de soupçon complémentaire (au sens du V de l'article L. 561-15 du code précité) ;

— les éléments d'identification du client et, le cas échéant, du bénéficiaire effectif de l'opération qui fait l'objet de la déclaration ;

— dans le cas où une relation d'affaires a été nouée avec le client, l'objet et la nature de cette relation ;

— le descriptif de l'opération et les éléments d'analyse qui ont conduit à effectuer la déclaration ;

— le délai d'exécution lorsque l'opération n'a pas encore été exécutée.

L'irrecevabilité des déclarations ne peut porter que sur des éléments de forme

La procédure de recevabilité de la déclaration de soupçon ne porte pas sur les éléments de fond de la déclaration de soupçon (qualité des informations adressées et analyse du soupçon) mais uniquement sur les mentions de forme (article R. 563-61-V du code monétaire et financier et article 5 de l'arrêté du 6 juin 2013 dit "arrêté Ermes").

Indisponibilité d'ERMES

En cas d'indisponibilité d'Ermes ou en cas d'urgence particulière ne permettant pas son utilisation, le professionnel déclarant peut envoyer sa déclaration de soupçon au moyen du formulaire dématérialisé disponible sur le site Internet de Tracfin (www.economie.gouv.fr/tracfin) adressé par télécopie ou par voie postale et complété de façon dactylographiée (article 4 de l'arrêté du 6 juin 2013).

Gestion des déclarations de soupçon irrecevables par Tracfin

Si la déclaration de soupçon ne remplit pas les conditions de recevabilité en la forme, Tracfin envoie dans les 10 jours une lettre de demande de régularisation. Le professionnel dispose alors d'un mois pour renvoyer une déclaration de soupçon conforme. Au terme de ce délai, et en absence de régularisation, une décision d'irrecevabilité lui sera notifiée par le service dans les 0 jours conformément à l'article R. 561-31 V du code monétaire et financier (cf. schéma ci-dessous).

Le circuit de l'irrecevabilité :

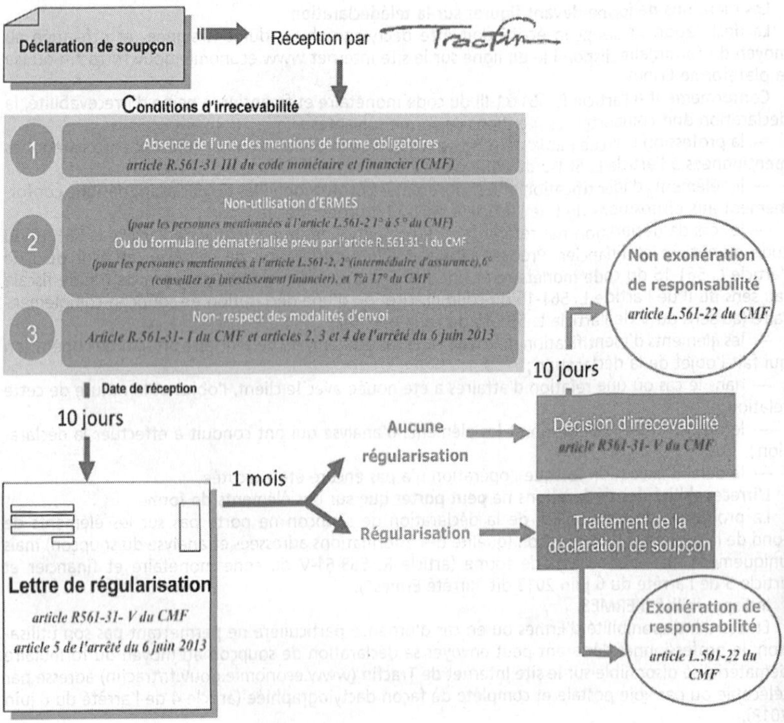

ANNEXE IX

Les obligations relatives au gel des avoirs et à l'interdiction de mise à disposition de ressources économiques et financières

A. Les différents régimes juridiques de gel des avoirs

Les mesures de gel s'inscrivent dans le cadre de régimes de sanctions économiques ou financières. Les sanctions sont décidées par l'Organisation des Nations unies (ONU), l'Union européenne (UE ou par des États pour restreindre les relations économiques et financières avec un État, des personnes, des entités ou des groupements de fait.

L'introduction en droit français d'un dispositif autonome aux fins de lutte contre le financemen du terrorisme répond aux exigences des résolutions du Conseil de sécurité des Nations unies (CSNU et de la recommandation n° 6 du GAFI.

Le régime du gel des avoirs et de l'interdiction de mise à disposition de fonds a été renforc depuis plusieurs années, notamment par l'ordonnance n° 2016-1575 du 24 novembre 2016 et l décret n° 2018-264 du 9 avril 2018, ainsi que plus récemment par l'ordonnance n° 2020-1342 d 4 novembre 2020.

Ce dernier clarifie les obligations des personnes assujetties et propose la tenue d'un regist national public des personnes dont les fonds et ressources font l'objet d'une mesure de gel.

L'obligation de respecter la mesure de gel est large : elle s 'étend non seulement aux entit assujetties à la LCB/FT, mais également à toute personne physique ou morale résidant sur le ter toire national. Elle permet également de suspendre par exemple, les transactions immobilières et les ventes de véhicules.

B. Les sanctions en cas de non-respect des mesures de gel des avoirs et d'interdiction de mise à disposition de ressources économiques et financières

Outre les sanctions administratives appliquées par les autorités de contrôle et de sanction, l'article L. 574-2 du code monétaire et financier prévoit la compétence de la Douane pour sanctionner les infractions à la réglementation des relations financières avec l'étranger. Concrètement, le code des douanes permet de constater et de sanctionner toute action visant à contourner ou à faire échec à l'application des sanctions économiques et financières, nationales ou internationales, notamment aux mesures de gel des avoirs (gels de fonds et de ressources économiques).

Sont particulièrement visés les transferts de fonds et de ressources économiques hors de France, l'utilisation de sociétés écrans, de prête-noms, les opérations commerciales fictives, etc., qui visent à dissimuler le véritable propriétaire en France.

L'article 459 du code des douanes permet de réprimer les infractions à la réglementation des relations financières avec l'étranger.

Ce dispositif est, par ailleurs, complété par l'article 451 *bis* du code des douanes, qui permet d'appliquer les dispositions du code des douanes relatives aux relations financières avec l'étranger à "toutes les opérations financières effectuées en France par ou pour le compte de personnes physiques et morales visées par les règlements communautaires pris en application de l'article 215 du traité sur le fonctionnement de l'UE, ou par les traités et accords internationaux régulièrement approuvés et ratifiés."

Lignes directrices conjointes DGDDI-TRACFIN (novembre 2020),

Relatives à la mise en œuvre, par les opérateurs de ventes volontaires de meubles aux enchères publiques visées à l'article L. 561-2 14° du code monétaire et financier, de leurs obligations en matière de lutte contre le blanchiment de capitaux et le financement du terrorisme.

Après transposition de la directive (UE) n° 2018/843 du 30 mai 2018 par l'ordonnance n° 2020-115 et les décrets n° 2020-118 et n° 2020-119 du 12 février 2020.

Après adoption de l'ordonnance n° 2020-1342 du 4 novembre 2020 renforçant le dispositif de gel des avoirs et d'interdiction de mise à disposition.

Préambule.

Les conflits qui se déroulent en Libye et dans la zone du Proche et du Moyen-Orient (Syrie, Irak, Yémen) ont mis en avant la problématique de la destruction du patrimoine culturel de ces pays et le risque de trafic illicite de ces biens spécifiques, en lien avec le blanchiment d'argent et le financement du terrorisme (LCBFT).

Les destructions de biens culturels opérées par certains groupes terroristes ont conduit à une réaction de la communauté internationale. Ainsi, en 2015, l'ONU a voté deux résolutions (résolutions 2199 du 12 février 2015 et 2253 du 17 décembre 2015) qui édictaient des sanctions visant à combattre le trafic illicite d'antiquités et de biens culturels en provenance d'Irak et de Syrie et à tarir les sources de financement de Daesh, parmi lesquelles le trafic d'antiquités pillées sur les sites archéologiques des zones occupées par cette organisation terroriste. La conférence de lutte contre le financement de Daesh et d'Al-Qaïda qui a réuni, à Paris les 25 et 26 avril 2018, 70 États et près de 20 organisations internationales, régionales et agences spécialisées, a réitéré cette nécessité.

Au niveau national, le ministère des Finances a lancé, dès novembre 2015, un appel à vigilance s'inscrivant dans le cadre du dispositif européen de lutte contre Daesh (R(CE) n° 1210/2003 et R(UE) n° 36/2012) à l'attention des professionnels du secteur afin de leur rappeler leurs obligations de vigilance face au commerce d'œuvres d'art pillées par Daesh et dont l'origine pourrait être maquillée.

Ces mesures visant le trafic des biens culturels issus de pillage, si elles ont pris une dimension nouvelle avec le recours systématique aux trafics de pièces d'art et d'antiquités par les organisations terroristes, avaient précédemment fait l'objet de l'attention de l'ONU concernant la situation entre Syrie et en Irak. Ainsi, dès le début des années

2000, l'ONU avait voté la résolution 1483 du 22 mai 2002 relative à la situation entre l'Irak et le Koweït) exhortant les pays à prendre toutes mesures visant à restituer les biens culturels irakiens et des autres objets ayant une valeur archéologique, historique, culturelle, scientifique ou religieuse, qui ont été enlevés illégalement du Musée national irakien, de la Bibliothèque nationale et d'autres sites en Irak depuis l'adoption de la résolution 661 (1990) du 6 août 1990, notamment en frappant d'interdiction le commerce ou le transfert de ces objets et des objets dont il y a de bonnes raisons de croire qu'ils ont été enlevés illégalement et appelle l'Organisation des Nations unies pour l'éducation, la science et la culture, Interpol et autres organisations internationales compétentes à faciliter la mise en œuvre [des présentes dispositions].

Dans le cadre du renforcement croissant des moyens de la lutte contre le blanchiment des capitaux et le financement du terrorisme, ces engagements internationaux ont été intégrés aux niveaux européen et national, en sus de mesures telles que l'assujettissement des prestataires du secteur des jeux d'argent et de hasard, l'élargissement de la notion de Personne Politiquement Exposée (PPE), la définition d'une politique spécifique à l'égard des "pays tiers à haut risque", le renforcement de la coopération entre cellules de renseignement financiers (CRF), etc. Ainsi, l'Union européenne a adopté : la directive (UE) n° 2015/849 du Parlement européen et du Conseil du 20 mai 2015, relative à la prévention de l'utilisation du système financier aux fins du blanchiment de capitaux ou du financement du terrorisme, dite 4e directive. Cette directive a été modifiée par la directive (UE) n° 2018/843 du 30 mai 2018, désignée 5e directive.

L'Union européenne travaille également à l'instauration d'un règlement visant à lutter contre les importations illégales de biens culturels afin de favoriser la création d'un cadre européen à la fois harmonisé et directement applicable.

Par ailleurs, le marché mondial de l'art montre un véritable dynamisme, évalué en 2019, pour les ventes aux enchères publiques, à 26 milliards d'euros pour le seul secteur "Art et objets de collection". La France occupe la 4e place de ce marché, avec un produit de ventes aux enchères dans le même secteur de 1,88 milliard d'euros, sur un montant total adjugé en 2019 de 3,37 milliards d'euros.

Des flux financiers d'une telle importance, qui n'intègrent pourtant même pas les chiffres du marché des antiquaires et galeries d'art, entraînent naturellement des risques élevés de trafic d'objets d'art et de blanchiment de capitaux extrêmement difficiles à appréhender.

Les acteurs intervenant sur le marché de l'art exercent à la fois dans le domaine des ventes publiques et des ventes privées.

• Les ventes privées, elles, relèvent des antiquaires, brocanteurs et galeries d'art, mais aussi depuis la loi du 20 juillet 2011 des sociétés de ventes volontaires.

• Les ventes publiques, qui sont réglementées, relèvent des sociétés de ventes volontaires (vente aux enchères) et des commissaires-priseurs judiciaires. Les ventes aux enchères ont été marquées ces dernières années par le développement de ventes sur internet représentant en 2018 1,1 milliard d'euros, dont 200 millions d'euros pour le secteur de l'art.

L'opérateur de ventes volontaires (OVV) est en effet particulièrement exposé aux risques LCB-FT dans la mesure où sa prestation peut être utilisée comme un mode de blanchiment en raison de certaines vulnérabilités, notamment :

□ des paiements en espèces et la possibilité de payer via des cartes prépayées (monnaie électronique) ;

□ une volatilité et une subjectivité des prix de vente ;

□ le développement des ventes à distance ;

□ l'utilisation des ports francs ;

Les opérateurs de ventes volontaires, assujettis par l'article 70 de la loi n° 2004-130 du 11 février 2004, codifié à l'article L. 561-2 14° du code monétaire et financier, sont soumis aux obligations de lutte antiblanchiment et de financement du terrorisme (LCB-FT) dans le cadre de leur activité professionnelle.

Les professionnels du secteur sont donc pleinement intégrés dans le dispositi LCB-FT au même titre que plusieurs autres entités ou professions non financière tels que les notaires, les jeux d'argent et de hasard, les experts-comptables, ou les marchands d'art (antiquaires, brocanteurs et galeristes).

– L'ordonnance n° 2016-1635 du 1er décembre 2016 a transposé la 4e directive et a renforcé le dispositif français de lutte contre le blanchiment et le financement du terrorisme (LCB-FT).

– L'ordonnance n° 2020-115 du 12 février 2020 qui transpose la 5e directive :

• a introduit une modification à l'article L. 561-2-14° du code monétaire et financier en instaurant un seuil de transaction ou de transactions liées à 10 000 € pour le déclenchement de la mise en œuvre des obligations de vigilance LCB-FT ;

• a chargé les agents de la direction générale des douanes et droits indirects (DGDDI) de vérifier le respect des obligations résultant du dispositif LCB-FT par les professionnels susvisés (compétence prévue à l'article L. 561-36-I-12° du code monétaire et financier dans les conditions définies au sein de l'article L. 561-36-2-V du code monétaire et financier).

L'efficacité de ce dispositif repose également sur sa capacité à fédérer l'ensemble des autorités, ministères et acteurs économiques concernés autour d'une même compréhension des risques et d'une appropriation des obligations associées. C'est pourquoi le rôle du Conseil d'orientation de la LCB-FT (COLB) a été renforcé et les contrôles des professionnels de l'art unifié sous l'égide des Douanes.

La Commission Nationale des Sanctions (CNS) se trouve chargée de prononcer les sanctions en cas de manquements constatés par l'autorité de contrôle (article L. 561-38 du code monétaire et financier).

Les présentes lignes directrices ont pour objectif de préciser les modalités de mise en œuvre des obligations LCB-FT auxquelles les professionnels sont soumis.

Le Conseil des Ventes Volontaires (CVV) a apporté sa contribution à l'élaboration de ces lignes directrices.

Compte tenu de ce qui précède, les expressions "professionnels assujettis" ou "professionnels" concerneront l'ensemble des professionnels visés au 14° de l'article L. 561-2 du code monétaire et financier.

Enfin, il convient de noter que l'article 7 de l'ordonnance n° 2020-115 du 12 février 2020 crée un article L. 561-36-4 au code monétaire et financier, qui permet à toute personne d'informer l'autorité de contrôle des opérateurs de ventes volontaires de meubles aux enchères publiques, c'est-à-dire la DGDDI, de tout manquement aux obligations LCB-FT dont elle a connaissance au moyen d'un canal de communication sécurisé, garantissant son anonymat.

A cette fin, la DGDDI a mis en place l'adresse suivante pour réceptionner ces informations :

lcbft@douane.finances.gouv.fr

La nature des informations visées ci-dessus, de même que le canal servant à les transmettre, ne doivent pas être confondues, avec les informations et le canal propres à la déclaration de soupçon. La déclaration de soupçon est à adresser exclusivement à TRACFIN comme décrit dans la partie VII du présent document.

La mise en place d'un système d'évaluation et de gestion des risques

A *Définition d'un système d'évaluation et de gestion des risques*

A1 *Menaces, vulnérabilités et risques (pour mémoire)*

Une menace est un danger qui existe dans l'environnement d'un système indépendamment de celui-ci.

Il peut s'agir de menaces passives (événements naturels, accidents portant sur les personnes, menace terroriste, insécurité juridique, mauvaise santé financière de fournisseurs ou de clients, etc.) et de menaces actives (intérêt de personnes, d'entités et/ou d'États malveillants pour les activités d'une entreprise, relations d'affaires avec des tiers de faible ou mauvaise notoriété, etc.

Une vulnérabilité est une faiblesse structurelle ou conjoncturelle d'un système qui le rend sensible à une menace.

Il peut s'agir de défauts dans l'organisation de la sécurité et la sûreté d'une entreprise (informatique, protection des sites, des matériels, des données, des personnes...), de failles de nature humaine (négligence humaine, compromissions...), de fragilité du système de compliance, de pratiques industrielles et commerciales douteuses, d'une trésorerie insuffisante, d'un mauvais climat social de l'entreprise, etc.

Le risque est la probabilité qu'une menace particulière puisse exploiter une vulnérabilité donnée du système. L'écart entre la menace virtuelle et son niveau de protection correspond au risque, accepté ou résiduel.

Cette approche se retrouve dans l'analyse nationale des risques (septembre 2019) disponible sur le site Internet du ministère de l'économie et des finances :

https://www.economie.gouv.fr/files/files/directions_services/TRACFIN/analyse-nationale-des-risqueslcb-ft-en-France-septembre-2019.pdf

A2 *Le système d'évaluation et de gestion des risques adapté à chaque professionnel*

Un système d'évaluation et de gestion des risques est constitué par la définition et la mise en place, par les professionnels, d'un ensemble de mesures organisationnelles et techniques destinées à identifier, classifier et détecter, de manière pertinente, les opérations présentant un risque en matière de blanchiment ou de financement du terrorisme afin d'appliquer des mesures de prévention, d'atténuation ou d'élimination des risques identifiés et les signaler à Tracfin.

La mise en place d'un système d'évaluation et de gestion des risques répond à une obligation légale. Elle participe de la protection de l'activité des professionnels en limitant leur exposition à des risques en termes pénal et de réputation. Elle constitue un élément indispensable à l'efficacité du dispositif de lutte contre le blanchiment des capitaux et le financement du terrorisme (LCB-FT).

Par ailleurs, il convient de rappeler que les professionnels listés à l'article L. 561-2 du code monétaire et financier, assujettis aux obligations LCB-FT, sont également légalement soumis aux dispositions relatives au gel des avoirs et à l'interdiction de mise à disposition (articles L. 562-1 et suivants et articles R. 562-1 et suivants du code monétaire et financier).

Le professionnel identifie et classifie, dans un document écrit interne, les risques auxquels il est exposé, définit les mesures destinées à prévenir et gérer ces risques et organise la mission du personnel pour mener à bien ce protocole.

Ce système doit nécessairement comporter les 2 volets suivants :

– un volet "classification des risques" auxquels les professionnels assujettis sont exposés au regard, notamment, de leurs activités, opérations, services, clients, implantations... ;

– un volet "opérationnel" décrivant les mesures de prévention, d'atténuation ou d'élimination des risques identifiés préalablement et les procédures internes afférentes à mettre en œuvre, par les professionnels assujettis.

Par ailleurs, un système d'évaluation et de gestion des risques pertinent possède 4 caractéristiques. Il est, en effet, nécessaire qu'il soit :

☐ **Individualisé et adapté à la situation de chaque établissement :**

Il est nécessaire de prendre en compte les particularités de l'entité (taille, clientèle, implantation géographique, etc.) afin de s'assurer que les systèmes mis en place sont adaptés à la situation de chaque établissement. Dans cette circonstance, l'adoption d'un document général sur les enjeux de la lutte contre le blanchiment des capitaux et le financement du terrorisme, transmis par un syndicat professionnel ou un groupe et destiné à l'information de l'ensemble de ses membres ne suffit pas pour se conformer aux exigences de l'article L. 561-32 du code monétaire et financier. Le syndicat ou le groupe peut contribuer à la préparation du protocole interne, mais il ne peut se substituer au professionnel lui-même qui doit procéder à l'évaluation des risques qui le concernent à titre personnel et à la manière d'y faire face individuelle ment. Dans ce cadre, il peut toutefois prendre en compte ou faire référence à la politique définie dans ce domaine par le syndicat ou le groupe auquel il appartient ;

□ **Formalisé :**

Il est nécessaire de formaliser par écrit ce protocole interne afin notamment de démontrer, lors d'un contrôle par l'autorité de contrôle, que l'établissement exerce son activité dans le respect de l'obligation imposée par l'article L. 561-32 du code monétaire et financier. Cette formalisation est également nécessaire pour que le personnel de l'entité assujettie puisse connaître les procédures mises en place pour lutter contre le blanchiment de capitaux et le financement du terrorisme.

□ **Opérationnel :**

Il est nécessaire d'assurer l'application la plus concrète de ce système et de le mettre à jour dès qu'un nouveau risque est identifié ou qu'un changement structurel intervient au sein de l'établissement ;

□ **Exhaustif :**

Ce protocole interne doit couvrir l'ensemble des obligations applicables en matière de LCB-FT.

A3 *Autres contenus susceptibles d'être joints au document décrivant le système d'évaluation et de gestion des risques*

Les procédures contenues dans le document décrivant le système d'évaluation et de gestion des risques LCB-FT sont destinées à évaluer et gérer les risques LCB-FT et ne constituent pas des procédures encadrant des pratiques commerciales ou liées au fonctionnement économique de l'entité sans lien avec la LCB-FT. Le document se distingue d'éventuels autres protocoles internes à l'entreprise traitant d'aspects de sécurité, de gestion des impayés, de relation clientèle, de non-conformité diverses... Il n'est pas davantage un document commercial.

En revanche, le document peut comprendre :

– un système de contrôle interne permettant de vérifier que les procédures sont respectées ;

– un volet relatif à la conservation des informations collectées dans le cadre de la mise en œuvre des obligations de connaissance client et des obligations de vigilance ;

– la désignation du (des) déclarant(s) et du (des) correspondant(s) Tracfin ;

– la procédure de déclaration de soupçons à Tracfin ;

– la procédure de réponse aux droits de communication de Tracfin ;

– les formations organisées en matière LCB-FT ;

– etc.

La DGDDI, autorité de contrôle, rappelle que :

– ce système est régulièrement actualisé en fonction de l'évolution des risques auxquels est exposé le professionnel,

– doit faire l'objet d'un écrit diffusé à l'ensemble du personnel de l'entité chargé notamment de mettre en œuvre les mesures de vigilance LCB-FT ;

– cet écrit est communiqué aux représentants de l'autorité de contrôle à l'occasion des contrôles LCBFT.

B *Les étapes du système d'évaluation et de gestion des risques*

B1 *Responsabilité de la mise en œuvre du dispositif et périmètre d'action de la cartographie des risques*

Comme exposé *supra*, la personne désignée apprécie la situation propre à son établissement. Elle identifie et clarifie, dans le document écrit formalisant le protocole LCB-FT interne, les risques auxquels l'établissement est exposé, définit les mesures destinées à prévenir et gérer ces risques et organise la mission des employés pour mener à bien ce système.

Dans l'hypothèse où des professionnels assujettis appartiendraient à un groupe tel que défini à l'article L. 561-4-1 (al. 3) du code monétaire et financier, dont l'entreprise-mère a son siège social en France, le dispositif d'identification et d'évaluation des risques devra être effectué au niveau du groupe et non de l'établissement. La notion de groupe comprend notamment les filiales et entités dans lesquelles l'entreprise-mère détient des participations, y compris quand celles-ci sont situées dans un pays tiers. Conformément à l'article L. 561-33 du code monétaire et financier, ces entités situées dans un pays tiers doivent se voir appliquer des mesures identiques à celles situées en France ou, si le droit local ne le permet pas, des mesures de vigilance spécifiques qui devront être communiquées à Tracfin et à la DGDDI autorité de contrôle.

En outre, les succursales présentes dans un autre État de l'Union Européenne ou membre de l'Espace Économique Européen, devront respecter les dispositions applicables dans cet État.

B2 *Les modalités de mise en place du système d'évaluation et de gestion des risques*

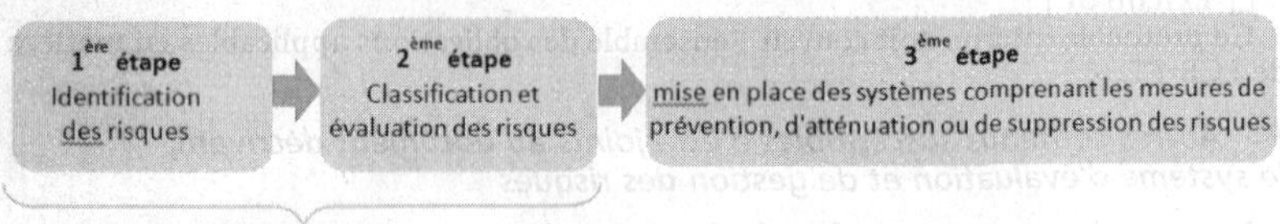

Cartographie des risques adaptée et proportionnée à la situation particulière de l'entité/du professionnel

Le contenu du document doit retracer l'ensemble de la démarche du professionnel.

B3 *Les caractéristiques générales de la cartographie des risques*

La cartographie des risques se présente généralement comme une nomenclature, dressée par le professionnel, des situations dans lesquelles il peut avoir affaire à une opération ou une personne (physique ou morale) qui présente des risques au regard de la réglementation LCB-FT.

La réalisation de cette cartographie des risques peut s'organiser en suivant trois étapes :

- *Examen de la nature du client*

La classification du client, vendeur ou acheteur, en fonction de la probabilité des risques LCB-FT qu'il représente peut s'effectuer par le recueil des informations suivantes :

☐ Personne physique :

— L'âge du client,

— La résidence du client — *vérification au regard des listes de pays à risques qui sont publiées par le GAFI,*

— Les activités professionnelles du client, (*particulier, confrère, un autre professionnel de l'art, etc.*)

— l'exposition de la profession du client à des risques particuliers en raison de ses fonctions politiques, juridictionnelles ou administratives,

— le compte pour lequel l'opération est envisagée (compte propre ou pour le compte d'un tiers),

— les raisons de la présence d'un intermédiaire, (pour qui et pourquoi ?),

— La réputation de la personne,

— L'appréciation du profil apparent de l'acheteur comparée à la nature et au montant de l'achat envisagé,

— Le propriétaire légal (acte de propriété) de l'objet proposé à la vente,

— Un lien, familial, capitalistique ou autre, susceptible d'exister entre le vendeur et l'acheteur.

☐ Personne morale :

— La date de création,

— La localisation,

– La forme juridique,
– L'enregistrement dans les registres officiels du commerce,
– La compatibilité entre le montant de son capital social et/ou de son chiffre d'affaires avec la transaction envisagée,
– La situation financière de la personne morale (in bonis, procédure collective [redressement ou liquidation judiciaire]),
– La représentation de la personne morale,
– L'opération est pour le compte de la personne morale,
– L'opération est pour le compte d'un tiers,
– Les raisons de la présence d'un intermédiaire, (pour qui et pourquoi ?),
– La réputation,
– Le rapport direct ou indirect, entre l'objet social de la société et l'achat ou la vente d'œuvres d'art.

• *Examen des opérations ou transactions effectuées par le client*

□ Vendeur
– Remise d'un titre de propriété (facture d'achat, testament, donation, etc.) et caractère probant du ou des documents produits (présence d'incohérences dans les mentions qui y sont inscrites, degré d'honorabilité de l'émetteur de ce titre de propriété, etc.) ;
– Degré d'identification du bien sur les documents produits par le vendeur (titre de propriété, expertise, attestation d'assurance, etc.) permettant de rattacher en toute certitude les documents avec l'objet considéré ;
– Vérification de la facture émise par le vendeur : présence éventuelle d'anomalies (n° TVA incomplet, n° facture, adresse, etc.) ;
– Règlement : moyen de paiement demandé par le vendeur ;
– En cas de communication d'un RIB pour un virement, vérification des éléments du compte : titulaire du compte, établissement bancaire, pays de domiciliation du compte.

□ Acheteur
– Paiements ou tentative de paiement en espèce d'un montant significatif ;
– Paiements en provenance d'un tiers à l'opération d'achat, personne physique ou personne morale ;
– Paiements en provenance d'un compte situé à l'étranger, dans un pays différent du lieu de résidence de l'acheteur ;
– Paiement par chèque de banque ;
– Remise d'un chèque de caution, et suites données à l'achat par le candidat acquéreur ;
– Substitution d'acheteur à la dernière minute.

• *Examen de l'objet*
– L'origine de l'objet : susceptible de provenir d'un lieu de fouilles, de réserves de chantier de fouilles ou d'un musée ;
– L'époque et le lieu de production ;
– La composition de l'objet ;
– L'état de l'objet : restauré, réparé, modifié ;
– L'analyse de l'objet par un expert et le degré de notoriété ou les références de l'expert ;
– le travail d'archive et de recherche mené au préalable ;
– La présence de l'objet dans un catalogue raisonné ;
– L'existence d'ayants-droit de l'artiste ;
– L'identification ou la connaissance du ou des précédent(s) propriétaire(s) ;
– L'entreposage de l'objet dans un port franc ;
– La connaissance de l'histoire et de la circulation de l'objet ;
– Le référencement de l'objet dans la base de données d'Interpol ou dans les listes rouges de l'ICOM (Conseil international des musées) ;
– Les documents transmis relatifs à l'objet (administratifs, historiques, certificats, etc.) ;
– La souscription de contrats d'assurance pour l'objet et si oui, la cohérence de la valeur reprise pour l'assurance avec la valeur marché du bien ;
– La confirmation de l'authenticité de l'objet.

Exemple de cartographie des risques :

NB : la liste de risques identifiés et réponses apportées par le client n'est pas exhaustive. Les éléments identifiés constituent des exemples que chaque opérateur devra apprécier selon la situation de son établissement et les risques auxquels il est exposé.

RISQUES IDENTIFIÉS

Sur la personne physique ou morale du vendeur ou de l'acheteur :

— Le client ou son représentant légal n'est pas physiquement présent aux fins de l'identification ;

— Réticence ou refus opposé par un vendeur ou un acheteur de communiquer ses coordonnées et/ou de justifier de son identité ;

— Anomalies dans les documents justificatifs d'identité présentés ;

— Personne physique résidant dans une zone sensible, au sens de la liste du GAFI ;

— Personne physique connue pour diverses infractions ;

— Personne politiquement exposée (PPE) ;

— L'absence de cohérence entre la situation du vendeur ou de l'adjudicataire et le montant de la transaction ;

— Personne physique ou morale évoluant dans un secteur d'activité à risque *[secteurs à risque : BTP, logistique, informatique, sécurité, nettoyage, rénovation énergétique, etc. Secteur à fort cash : café - hôtel - restaurant, métaux, associations, téléphonie, etc.]* **;**

— Domiciliation du siège de la personne morale (zone sensible, société de domiciliation, etc.) ;

— Plusieurs personnes pour un objet à la vente ou à l'achat (hormis les indivisions justifiées).

Sur la transaction :

— Le produit ou l'opération favorise l'anonymat de celle-ci (notamment ventes dématérialisées) ;

— Passage en ventes d'objets manifestement faux et/ou obtenant un prix incohérent en dépit d'expertises contraires ;

— Demande d'annulation de la vente aux enchères manifestement non justifiée ;

— Prix atypiques pour objets similaires dans la même vacation ;

— Doutes sur la légitimité de la demande de mise en vente de pièces relevant d'un patrimoine familial.

Sur le règlement :

— Demande de règlement au nom d'une personne autre que le vendeur ;

— Demande du report de règlement du vendeur ;

— Demande, après la clôture du procès-verbal d'adjudication, de modification de la facturation au vendeur ;

— Refus de l'acheteur, pendant ou après la vente, de préciser le moyen de paiement ;

— Acquisition réglée par une personne autre que l'acquéreur ;

— Règlement par chèque de banque de nature à masquer l'émetteur réel des fonds ;

— Virements en provenance de comptes divers dans la même vacation et pour le compte d'autrui, sans procuration ;

— Paiement en espèces répétés, dans la même vacation ;

— Paiement par virement émis depuis un compte situé dans un pays à risque (paradis fiscaux) ;

— Demande de fractionnement du paiement ;

— Origine des fonds inconnue.

B4 *Identification des mesures à mettre en œuvre face aux risques*

Après avoir évalué et classé les situations à risque, il convient de mettre en place dans un document formalisé des mesures permettant de gérer ces situations afin d'éviter, ou au moins de réduire, les risques d'apporter son concours, même indirectement, à une opération illicite.

Le code monétaire et financier liste une série de mesures qui seront mises en œuvre par le professionnel dans certaines circonstances identifiées, notamment :

• Les mesures de vigilance complémentaires qui s'appliquent dès lors que l'une des conditions prévues par l'article L. 561-10 du code monétaire et financier est remplie (personne politiquement exposée (PPE), opération favorisant l'anonymat, opération pour compte de tiers...) ;

• Les mesures de vigilance supplémentaires, en lien avec les risques identifiés dans la cartographie des risques du professionnel et qui comporte, notamment, le renforcement de l'intensité des mesures de vigilance en cas de risque élevé ;

• L'examen renforcé (prévu à l'article L. 561-10-2 du code monétaire et financier) dès lors que l'opération présente l'une, au moins, des 3 caractéristiques suivantes :

– opération particulièrement complexe,
– opération d'un montant inhabituellement élevé,
– opération ne paraissant pas avoir de justification économique ou d'objet licite ;

• La "déclaration de soupçon" (article L. 561-15 du code monétaire et financier) dès lors qu'en l'état des informations dont dispose le professionnel sur son client (identité, notoriété, profession, revenus connus...) et sur la justification économique et financière de l'opération et à l'issue de l'examen renforcé (article L. 561-10-2 du code monétaire et financier), le professionnel n'est pas certain du caractère régulier de l'opération.

B5 ***Exemples de mesures à mettre en œuvre face aux risques identifiés***

La cartographie des risques réalisée permet au professionnel d'identifier plusieurs catégories de clients et de situations à risque afin d'appliquer une vigilance adaptée et les mesures nécessaires.

L'autorité de contrôle attend des opérateurs de ventes volontaires une réelle vigilance à l'égard de leur clientèle, vendeurs, comme acheteurs, modulée selon les critères développés ci-dessus (relation d'affaires ou non, opération financière en lien avec une juridiction non coopérative, personne particulièrement exposée ou non, ...)

Ces obligations de vigilance revêtent en effet un caractère essentiel pour l'établissement de déclarations de soupçon pertinentes.

Il est souligné que le tableau qui suit, listant un certain nombre de critères d'alerte et mesures à mettre en œuvre, n'est pas exhaustif, et reprend des exemples que chaque professionnel devra apprécier selon les caractéristiques de son établissement et les risques auxquels il se trouve exposé.

CRITÈRES À SUIVRE	MESURES DE VIGILANCE À METTRE EN ŒUVRE
Critères liés à la personne physique ou morale	
L'opérateur de ventes volontaires est sollicité par un intermédiaire agissant pour le compte d'un tiers, personne physique ou morale, dont il refuse de fournir l'identité ou un mandat. Personne morale sise dans un pays à fiscalité privilégiée/paradis fiscal. Personne physique connue pour des infractions économiques et financières. Profil de la personne physique non cohérent avec la transaction envisagée. Personne physique ou morale évoluant dans un secteur à risque : • BTP, logistique, informatique, sécurité, nettoyage, rénovation énergétique, etc., • Secteur avec de nombreux paiements en espèces : cafés, hôtels, restaurants, métaux, téléphonie, etc., • Association.	– Obtention, pour une personne morale, de l'extrait d'inscription auprès de l'institution compétente datant de moins de 3 mois; – Présentation, pour une personne physique, de l'original d'un document officiel en cours de validité comportant une photographie ; – Examen critique de ces documents en vue d'obtenir l'assurance raisonnable qu'il ne s'agit pas de faux. Par exemple : • comparaison, pour une personne physique, de la photographie portée sur le document avec la personne en cause, • recherches sur internet, pour une personne morale, en vue de recouper les informations portées sur le document d'identification produit ; – Rupture de la relation d'affaires en cas de refus de l'interlocuteur de fournir les documents demandés et, le cas échéant, envoi d'une déclaration de soupçon.

CRITÈRES À SUIVRE	MESURES DE VIGILANCE À METTRE EN ŒUVRE
Critères liés au bien	
Biens précieux (bijoux, pierres et métaux précieux,...) mis en vente par lots.	– S'assurer de la détention légitime des objets par le vendeur par un document juridiquement probant (acte de propriété, déclaration testamentaire, facture conforme...) ; – Concernant les objets archéologiques, établir dans toute la mesure du possible l'histoire et la circulation du bien, interroger le cas échéant les bases Interpol ou les listes rouges de l'ICOM ; – Examiner les documents (administratifs, historiques, certificats, etc.) fournis avec l'objet et s'assurer au mieux de leur authenticité ; – Interroger le cas échéant l'OCBC pour vérification dans la base TREIMA en cas de risque d'œuvre volée.
Demande de mise en vente de biens familiaux anciens.	
Objet archéologique susceptible de provenir d'un lieu de fouilles.	
Production d'une attestation d'expert non probante (expert non connu, objet insuffisamment décrit pour l'identifier avec certitude,...).	
Critères liés à l'opération	
Le produit ou l'opération favorise l'anonymat de celle-ci : exemple du paiement en espèces d'un montant significatif.	– Demander l'origine des fonds en cas de versements en espèces ; – Demander des explications sur les motivations de l'opération en cas de paiement par un tiers et les liens de ce tiers avec l'acquéreur ; – Exiger la production de documents sans anomalies ; – Demander la justification de l'émission d'un chèque de banque et l'identité du titulaire du compte tiré.
Donneur d'ordre du paiement différent de l'acquéreur, personne physique ou morale.	
Virement en provenance d'un compte bancaire situé dans un paradis fiscal ou à fiscalité privilégiée.	
Remise d'un chèque de banque de nature à masquer l'émetteur réel des fonds.	
Documents présentant des anomalies : n° de TVA incomplet ou faux, n° de facture, adresse.	
Absence de cohérence entre la transaction et le profil patrimonial du client personne physique ou de l'objet social du client personne morale.	
Vendeur ou Acheteur résidant dans un pays à risque.	
Modalités de paiement inhabituelles (règlements fractionnés, chèques de banque,...).	
Incident, sur la transaction ou sur le paiement, manifestement provoqué.	
Disproportion entre le montant de la transaction et le profil patrimonial du client.	

II La connaissance de la clientèle

Il s'agit, pour le professionnel assujetti, de connaître son client, afin d'appliquer les vigi-lances appropriées (vigilance complémentaire et/ou supplémentaire (renforcée par exemple) au regard des risques qu'il aura identifiés et classifiés en vue d'identifier des opé-rations inhabituelles/atypiques qui devront faire l'objet d'un examen renforcé. Cet exa-men permettant d'infirmer ou de confirmer le caractère suspect d'une opération e d'effectuer, le cas échéant, une déclaration de soupçon auprès de Tracfin.

A *Relation d'affaires et clientèle occasionnelle : des obligations différentes*

A1 *Définition de la relation d'affaires*

Il est laissé au professionnel assujetti et à son client la possibilité d'établir le cadr juridique de la relation d'affaires. En effet, la relation d'affaires peut être contrac

tuelle (le contrat stipulant que plusieurs opérations successives seront réalisées entre les cocontractants ou créant à ceux-ci des obligations continues) ou s'établir en l'absence de contrat s'il est précisé que le client bénéficie de l'intervention du professionnel pour la réalisation de plusieurs opérations ou d'une opération présentant un caractère qui s'inscrit dans la durée. Cependant, si la durée constitue un élément déterminant de la relation d'affaires, elle n'implique pas nécessairement des relations entre le client et le professionnel sur une période prolongée.

A2 *Définition et identification du client occasionnel*

Le client occasionnel est celui qui réalise auprès d'un professionnel une opération ponctuelle. En pratique, il s'agit du client "de passage" qui ne sollicite pas de manière régulière l'intervention du professionnel.

A3 *Distinction entre "relation d'affaires" et "client occasionnel"*

La distinction entre relation d'affaires et client occasionnel peut être difficile à faire dans certaines situations. Il appartient au professionnel de définir des critères permettant de distinguer leurs clients habituels de leurs clients occasionnels.

De manière générale, le professionnel pourra déterminer le type de relations, par exemple, selon les critères suivants :

Critères	Type de relation
Contrat entre le professionnel et le client; • prévoyant plusieurs opérations successives ; • ou créant des obligations continues entre les cocontractants.	Relation d'affaires
Absence de contrat entre le professionnel et le client mais : • intervention du professionnel pour la réalisation de plusieurs opérations ; • ou opération présentant un caractère s'inscrivant dans la durée.	Relation d'affaires
Opération ponctuelle sans fidélisation du client.	Client occasionnel

B *Les modalités de la connaissance client*

B1 *Identification et vérification de l'identité du client et le cas échéant du bénéficiaire effectif*

Il ressort de la lecture de ces articles *[C. mon. fin., art. L. 561-5, R. 561-5, R. 561-5-1, R. 561-5-2]* que le professionnel doit non seulement identifier précisément son client, qu'il soit personne physique ou personne morale, dans les conditions décrites par l'article R. 561-5, mais aussi vérifier son identité de façon probante selon les modalités définies à l'article R. 561-5-1 du code monétaire et financier.

B2 *Identification et vérification de l'identité du bénéficiaire effectif*

Les professionnels doivent être en mesure de justifier auprès de l'autorité de contrôle qu'ils se sont effectivement attachés, en particulier en cas de risque élevé de blanchiment de capitaux ou de financement du terrorisme, à rechercher la (les) personne(s) physique(s) qui doi(ven)t être considérée(s) comme bénéficiaire(s) effectif(s) selon la définition prévue dans les textes rappelés ci-dessous *[C. mon. fin., art. L. 561-2-2, R. 561-1, R. 561-2, R. 561-3]*.

A cette fin, les professionnels doivent relever les noms et prénoms de la (les) personne(s) physique(s) concernée(s), ainsi que tout autre élément permettant d'établir l'identité du bénéficiaire effectif, notamment les date et lieu de naissance. Le professionnel procède également à la vérification de l'identité du bénéficiaire effectif conformément aux articles R. 561-5-1 et R. 561-7 du code monétaire et financier.

L'article 139 de la loi n° 2016-1691, dite "Loi Sapin II", du 9 décembre 2016 a introduit une nouvelle obligation à la charge des sociétés commerciales, civiles, des GIE et autres entités (associations, organismes de placement collectif) tenues de s'immatriculer au RCS.

> Cette obligation consiste à identifier les bénéficiaires effectifs de ces entités. Les entités assujetties doivent déposer en annexe du registre du commerce un document relatif à ce bénéficiaire effectif ainsi qu'aux modalités de contrôle qu'il exerce sur l'entreprise.

– La rédaction récente des articles L. 561-45-1 et L. 561-45-2 du code monétaire et financier indique que les sociétés et les entités juridiques *[élargi aux placements collectifs, associations, fondations, fonds de dotation, fonds de pérennité, groupements d'intérêt collectif établis sur le territoire français ainsi qu'aux fiduciaires]* sont tenues de fournir aux professionnels assujettis, les informations relatives aux bénéficiaires effectifs ; que ces mêmes sociétés et entités juridiques sont en droit d'obtenir toutes les informations requises auprès du bénéficiaire effectif, à défaut elles peuvent saisir le président du tribunal statuant en référé aux fins de voir ordonner, au besoin sous astreinte, la transmission de ces informations. Il est précisé que des sanctions pénales s'attachent à l'obligation pour le bénéficiaire effectif de transmettre ces informations requises aux professionnels assujettis (art. L. 574-5 et L. 574-6 C. mon. fin.).

– L'article L. 561-46 du code monétaire et financier prévoit que ces sociétés et entités juridiques déclarent au registre du commerce et des sociétés un document relatif au bénéficiaire effectif contenant les éléments d'identification et le domicile personnel de ce dernier ainsi que les modalités du contrôle qu'il exerce sur la société ou l'entité. Les personnes assujetties ont accès à l'intégralité des informations relatives aux bénéficiaires effectifs.

Ce renforcement du code monétaire et financier donne le pouvoir aux personnes assujetties d'obtenir toutes les informations sur le risque LCB-FT de leurs clients, c'est la raison pour laquelle les personnes assujetties doivent être en mesure de justifier auprès des autorités de contrôle de la mise en œuvre de ces mesures et de leur adéquation au risque de blanchiment et de financement du terrorisme présenté par la relation d'affaires.

Ainsi, ce Registre des bénéficiaires effectifs peut s'avérer un outil utile au service des professionnels assujettis. En effet, sans préjudice de la communication de l'information sur l'identité du bénéficiaire effectif requise en vertu des obligations de vigilance à l'égard de la clientèle, les professionnels peuvent avoir communication du document relatif au registre des bénéficiaires effectifs en en formulant la demande auprès du service juridique d'Infogreffe.

En tout état de cause, les professionnels assujettis devront être en mesure de justifier auprès de l'autorité de contrôle des diligences effectuées pour identifier le bénéficiaire effectif d'une opération. Cette identification peut être complexe et nécessiter des recherches complémentaires.

Pour une meilleure compréhension de la notion de bénéficiaire effectif, le Conseil national des greffiers des tribunaux de commerce a publié une fiche intitulée "15 schémas pour identifier les bénéficiaires effectifs dans les sociétés" disponible à l'adresse suivante : http://www.greffe-tc-bobigny.fr/modeles/divers/rbefiche-pratique-15-schemas.pdf

Sauf cas particulier visé à l'article R. 561-8 du code monétaire et financier, le professionnel a l'obligation, dans les situations mentionnées aux articles R. 561-1 à R. 561-3 du code monétaire et financier, de remonter toute la chaîne de détention en vue de déterminer la (les) personne(s) physique(s) qui entre(nt) dans la définition du bénéficiaire effectif et appliquer à cette (ces) personne(s) des obligations de vigilance adaptées au risque.

> Aux termes de l'article L. 561-8 du code monétaire et financier, si le montage apparaît trop complexe ou en cas d'impossibilité d'identification du bénéficiaire effectif, le professionnel doit mettre un terme à la relation d'affaires engagée et faire une déclaration de soupçon à Tracfin.

B3 *L'actualisation de l'identification du client et du bénéficiaire effectif*

Le professionnel doit s'attacher à maintenir à jour la connaissance qu'il a de son client, qu'il s'agisse d'une relation d'affaires ou d'un client occasionnel qui ferait des achats ponctuellement.

B4 *La connaissance de la relation d'affaires avant l'entrée en relation*

Focus sur l'arrêté du 2 septembre 2009 modifié, pris en application de l'article R. 561-12 du code monétaire et financier

Cet arrêté dresse une liste des éléments d'information nécessaires à la connaissance des clients en relation d'affaires et, le cas échéant, de leurs bénéficiaires effectifs afin d'évaluer le risque de blanchiment de capitaux et de financement du terrorisme. Cet arrêté constitue une aide pratique pour les personnes mentionnées à l'article L. 561-2 du code monétaire et financier afin de mieux appréhender l'objet et la nature de la relation d'affaires.

En outre, comme indiqué à l'article L. 561-6 du code monétaire et financier, les informations recueillies doivent être adaptées et proportionnées au regard du risque de blanchiment de capitaux et de financement du terrorisme présenté par le client et les opérations concernées.

Les éléments d'informations sont les suivants :

• Au titre de la connaissance de la relation d'affaires

– le montant et la nature des opérations envisagées ;

– la provenance des fonds ;

– la destination des fonds ;

– la justification économique déclarée par le client ou le fonctionnement envisagé du compte.

• Au titre de la connaissance de la situation professionnelle, économique et financière du client et, le cas échéant, du bénéficiaire effectif

a) Pour les personnes physiques :

– la justification de l'adresse du domicile à jour au moment où les éléments sont recueillis ;

– les activités professionnelles actuellement exercées ;

– les revenus ou tout élément permettant d'estimer les autres ressources ;

– tout élément permettant d'apprécier le patrimoine.

b) Pour les personnes morales :

– la justification de l'adresse du siège social ;

– les statuts ;

– les mandats et pouvoirs ;

– tout élément permettant d'apprécier la situation financière.

c) Pour les structures de gestion d'un patrimoine d'affectation sans personnalité morale, d'une fiducie ou de tout autre dispositif juridique comparable relevant du droit étranger, un document justifiant la répartition des droits sur le capital ou sur les bénéfices de l'entité au nom de laquelle l'ouverture d'un compte ou l'exécution d'une opération est demandée.

B5 *La connaissance de la relation d'affaires pendant la relation*

Ainsi, les éléments de connaissance du client obtenus avant l'entrée en relation d'affaires (ou ultérieurement s'agissant d'un client devenu client en relation d'affaires) doivent conduire les professionnels assujettis à élaborer un profil de risque du client.

Ce profil de risque du client, qui peut utilement s'inspirer des questions proposées dans la partie "Les caractéristiques générales de la cartographie des risques" développée *supra* *[Partie I – B2]* pourra donner lieu à l'établissement d'une fiche client. Celle-ci permettra au professionnel de justifier du respect de ses obligations LCB-FT et de sa vigilance en cas de contrôle.

Une vigilance constante doit être exercée par les professionnels afin que tout élément de nature à modifier le profil de risque de la relation d'affaires soit pris en compte et que son profil soit actualisé en conséquence, afin de pouvoir détecter les anomalies qui pourraient faire l'objet de mesures de vigilance renforcée ou de l'élaboration d'une déclaration de soupçon.

III Les obligations de vigilance

A *Obligations de vigilance allégées, normales et renforcées dans le cadre d'une relation d'affaires et d'un client occasionnel*

A1 *Obligations de vigilance normale avec un client occasionnel*

Le client occasionnel tel que défini plus haut doit faire l'objet d'une identification et vérification d'identité selon les modalités décrites aux articles R. 561-5 et R. 561-5-1 du code monétaire et financier cités ci-dessus, dans le cas où le professionnel soupçonne une opération susceptible de participer au blanchiment de capitaux ou au financement du terrorisme ou lorsque les opérations sont d'une certaine nature ou dépassent un certain montant.

A2 *Allègement des obligations de vigilance*

Les produits et services mentionnés au 2° de l'article L. 561-9 du code monétaire et financier sont énumérés à l'article R. 561-16 du code monétaire et financier et se rapportent à des produits financiers, d'assurance et de banque.

Si un allègement des mesures de vigilance pourra, le cas échéant, être envisagé par l'opérateur de ventes volontaires dans l'hypothèse où son client appartiendrait à l'une des catégories citées à l'article R. 561-15 du code monétaire et financier, il n'en est rien s'agissant les produits et services visés à l'article R. 561-16 du code monétaire et financier, qui ne concernent pas les professionnels du marché de l'art.

Concernant la mise en œuvre concrète des mesures de vigilance allégées

La décision d'appliquer une vigilance allégée implique, pour le professionnel, de recueillir des informations suffisantes sur la relation d'affaires et sur son client afin de s'assurer que celui-ci remplit les conditions requises pour bénéficier de ces dérogations. Le professionnel s'assure tout au long de la relation d'affaires que le risque de blanchiment de capitaux ou de financement du terrorisme lié à son client reste faible.

Pour rappel, dans tous les cas, y compris lorsque le professionnel choisit de mettre en œuvre des mesures de vigilance allégées, l'identification et la vérification de l'identité du client, et le cas échéant du bénéficiaire effectif, est obligatoire.

En tout état de cause, il importe de souligner qu'en aucun cas, ces mesures de vigilance allégées ne peuvent être appliquées à une relation d'affaires pour laquelle il existerait un soupçon de blanchiment ou de financement du terrorisme.

> Exemples de situations présentant de faibles risques de blanchiment de capitaux ou de financement du terrorisme :
>
> – Achat d'une œuvre d'art pour décorer le hall d'une administration répondant aux critères énumérés à l'article R. 561-15 3° du code monétaire et financier ;
>
> – Établissement bancaire, répondant aux conditions décrites à l'article R. 561-15 1° du code monétaire et financier, qui mandate un décorateur pour l'ameublement de ses locaux.

A3 *Les vigilances renforcées*

a3-1 *Les vigilances renforcées en lien avec les risques liés au financement du terrorisme*

Concernant en premier lieu les risques liés au financement du terrorisme, une vigilance toute particulière doit être observée dans les cas suivants :

– Objet de provenance ou ayant transité par une zone de conflit (Irak, Syrie Yémen, Afghanistan) ;

– Objet de provenance déclarée ou ayant transité par un pays du bassin méditerranéen (en particulier Turquie, Liban, Libye, Malte, Grèce) ou encore par la Roumanie ou la Bulgarie ;
– Objet provenant d'un port franc, notamment s'il y a été entreposé pendant une longue période ;
– Remise de certificats d'authenticité ou d'origine émis par un établissement institutionnel (musée, fondation...) d'un pays concerné par une zone de conflit.

a3-2 *Les vigilances suite à la réception d'une réquisition judiciaire ou administrative*

La réception d'une réquisition judiciaire ou d'un droit de communication (Tracfin, Douane, DGFiP, AMF...) doit nécessairement conduire le professionnel à adapter sa vigilance en conséquence et à réévaluer sa connaissance client et le profil de sa relation d'affaires.

Dans ce cadre, le réexamen de la relation d'affaires, ainsi que des opérations financières effectuées par la personne physique et/ou morale visée par la demande, peut permettre au professionnel de détecter des opérations qui apparaîtront, dès lors, inhabituelles, qu'il n'avait pas identifiées au préalable et qui ne sont pas concernées par la réquisition judiciaire ou administrative.

Dans cette hypothèse, le professionnel procède à un examen renforcé (cf. § E ; article L. 561-10-2 du code monétaire et financier) de ces opérations inhabituelles. Dans le cas où cet examen conduit à adresser une déclaration de soupçon à Tracfin, celle-ci doit obligatoirement faire mention de la réquisition judiciaire, ou le document reçu de l'administration requérante, et en indiquant les références précises de la procédure et les coordonnées du service ou du magistrat à l'origine de la réquisition ou de la demande.

a.3-3 *Les vigilances liées au gel des avoirs et à l'interdiction de mise à disposition de ressources économiques et financières*

Décrit aux articles L. 562-4 à L. 562-6 du code monétaire et financier, le respect des mesures de gel des avoirs et d'interdiction de mise à disposition de ressources économiques et financières par les professionnels assujettis fait partie des outils de sanctions économiques et représente une mesure forte dans la lutte contre le blanchiment d'argent, le financement du terrorisme et la lutte contre la prolifération des armes de destruction massive.

La notion de ressources économiques (définie au 3° de l'article L. 562-1 du code monétaire et financier) vise notamment tous les biens meubles qui peuvent être utilisés pour obtenir des fonds, d'autres biens ou des services. Cela vise notamment les biens de toute nature : bijoux, or, pierres précieuses, œuvres d'art...

Au total, la France met en œuvre plus de 2 300 mesures de gel des avoirs (nationales ou sur le fondement d'une sanction internationale). Ces mesures sont référencées dans un registre unique actualisé et publié pour permettre leur prise en compte par les entités assujetties et leur pleine application.

Les personnes physiques, morales, organismes ou entités faisant l'objet d'un gel de leurs avoirs peuvent être retrouvées en source ouverte, sur le site Internet de la Direction Générale du Trésor, les professionnels sont invités à s'y référer en cas de doute :

https://www.tresor.economie.gouv.fr/services-aux-entreprises/sanctions-economiques/tout-savoir-surles-personnes-et-entites-sanctionnees

Afin de faciliter l'identification et la mise en œuvre des mesures de gels des avoirs en vigueur en France, la direction générale du Trésor met en place un "flash info gel des avoirs" que l'on peut recevoir en s'inscrivant à l'adresse suivante : info-gel-subscribe@listes.finances.gouv.fr.

Le fait qu'une personne fasse l'objet d'une mesure restrictive comme le gel des avoirs n'impose pas nécessairement au professionnel de procéder à une déclaration de soupçon auprès de Tracfin. En revanche, il est attendu du professionnel qu'il réévalue le profil de la relation d'affaires au regard de cette mesure et adapte sa vigilance en conséquence. Il examine en particulier, avec attention, le fonctionnement de la relation d'affaires, notamment les opérations qui ont précédé l'entrée en vigueur de la mesure restrictive mais également les éventuels liens familiaux et patrimoniaux de la personne concernée.

Lorsqu'il est mis fin à la mesure restrictive, le professionnel adapte le profil de la relation d'affaires et sa vigilance en conséquence.

Pour déterminer si une relation d'affaires est potentiellement problématique au regard des dispositions du code monétaire et financier, la Direction Générale du Trésor (DG Trésor) précise dans son guide [version du 1er sept. 2014 – V3 – (dernière mise à jour le 15 juin 2016)] de bonne conduite relatif à la mise en œuvre des sanctions économiques et financières, qu'il convient d'examiner les critères suivants :

• une personne est, de par sa nationalité ou résidence, directement ou indirectement, liée à un pays sous sanction,

et

• l'identité du bénéficiaire final ou apparent est la même que celle d'une personne, d'une entité ou d'un organisme gelé,

• l'identité du donneur d'ordre réel ou apparent est la même que celle d'une personne, d'une entité ou d'un organisme gelé,

• l'identité d'un intermédiaire réel ou apparent est la même que celle d'une personne, d'une entité ou d'un organisme gelé,

• l'identité d'un mandataire est la même que celle d'une personne, d'une entité ou d'un organisme gelé,

• un bénéficiaire, un donneur d'ordre, un intermédiaire sont listés par un autre pays à législation équivalente,

• un bénéficiaire, un donneur d'ordre, un intermédiaire agissent pour le compte, sous le contrôle ou au bénéfice d'une personne, d'une entité ou d'un organisme listé,

• le bénéficiaire reçoit des fonds dans un établissement bancaire non situé dans son pays de résidence,

• le bénéficiaire reçoit des fonds dans un pays autre que son pays de résidence,

• le donneur d'ordre règle à partir d'un pays autre que son pays de résidence.

Le fait pour une personne de relever, de par sa nationalité ou sa résidence, d'un pays sous sanction ne constitue pas en soi un cas problématique, sauf lorsque les règlements (UE) en décident différemment, cela invite seulement à la prudence et à la vigilance à son égard.

En tout état de cause, en cas de soupçon, le professionnel transmet, sans délai, une déclaration de soupçon à Tracfin, en précisant les éléments d'analyse ayant conduit au soupçon. Ce signalement est sans préjudice de la déclaration de gel à la DG Trésor, prévue par les règlements européens portant mesures restrictives et le code monétaire et financier (art. L. 562-4).

L'annexe 10 rappelle les différents régimes juridiques de gel des avoirs et d'interdiction de mise à disposition de ressources économiques et financières, ainsi que, pour mémoire, les sanctions applicables en cas de non-respect de ces obligations. Il est, à cet égard précisé que si l'autorité de contrôle des obligations LCB/FT vérifie que les mesures de gels et d'interdiction de mise à disposition de ressource sont bien intégrées dans la cartographie des risques et font l'objet de mesure de prévention, d'atténuation et d'élimination, elle n'est pas compétente pour relever d'éventuelles infractions. Si l'article L. 574-2 du code monétaire et financier prévoit aussi la compétence de la DGDDI pour sanctionner les infractions à la réglementation des relations financières avec l'étranger, leur recherche et leur constatation incombe à un service différent.

B *Obligations de vigilance complémentaires*

Des mesures de vigilance complémentaires, venant s'ajouter aux mesures prévues aux articles L. 561-5 et L. 561-5-1 du code monétaire et financier décrites plus haut, sont prévues par l'article L. 561-10 du code monétaire et financier lorsque le client ou l'opération en cause présente un caractère particulier. Dès lors que le client ou l'opération correspond à l'un des cas cités par l'article L. 561-10 du code monétaire et financier, le professionnel a l'obligation de mettre en œuvre les mesures complémentaires prévues par le code monétaire et financier.

Note : les opérations présentant un risque LCB-FT élevé, en raison du fait qu'elles favorisent l'anonymat (2° de l'article L. 561-10 du code monétaire et financier) ne concernent pas les opérateurs de vente volontaire en raison de la définition donnée à l'article R. 561-19 du code monétaire et financier.

B1 *Les personnes politiquement exposées (PPE)*

b1-1 *Définition de la PPE*

La 4e directive anti-blanchiment et les dispositions de l'article L. 561-10 définissent, de manière générique, les PPE comme étant des personnes qui sont considérées comme exposées à des "risques plus élevés" de blanchiment de capitaux, notamment de corruption, en raison des fonctions politiques, juridictionnelles ou administratives qu'elles exercent ou ont cessé d'exercer depuis moins d'un an.

L'article R. 561-18-I du code monétaire et financier énumère les fonctions politiques, juridictionnelles ou administratives spécifiquement visées par l'article L. 561-10 du code monétaire et financier.

Ainsi, outre les personnes exerçant ou ayant exercé directement les fonctions visées au I de l'article R. 561-18 du code monétaire et financier, les proches de ces personnes telles qu'énumérés au II, concernant en particulier le cercle familial de l'intéressé, sont également considérées PPE.

Enfin, le III de l'article R. 561-18 du code monétaire et financier décrit trois types de situations dans le cadre desquelles des personnes connues pour étroitement associées à des PPE seront considérées comme des proches, et donc comme des PPE :

- La première situation vise les personnes physiques qui, conjointement avec une personne exerçant ou ayant exercé depuis moins d'un an l'une des fonctions énumérées au I de l'article R. 561-18 du code monétaire et financier, sont bénéficiaires effectifs d'une entité juridique au sens des articles R. 561-1 à R. 561-3 du code monétaire et financier ;
- La deuxième situation vise les personnes physiques qui sont les seuls bénéficiaires effectifs d'une personne morale ou d'une entité dont on sait ou dont on a de bonnes raisons de penser qu'elle a été établie au profit de la personne exerçant ou ayant exercé depuis moins d'un an l'une des fonctions énumérées au I de l'article R. 561-18 du code monétaire et financier. Cela peut couvrir, par exemple, l'hypothèse des "prête-noms", c'est-à-dire des individus qui agissent pour une personne exerçant ou ayant exercé depuis moins d'un an l'une des fonctions énumérées au I de l'article R. 561-18 du code monétaire et financier, tout en laissant croire qu'ils agissent dans leur propre intérêt et pour leur propre compte et apparaissent ainsi, aux yeux des tiers, en lieu et place du bénéficiaire réel ;
- La troisième situation implique que les trois conditions suivantes soient réunies :

— la présence d'un lien affaires : le lien est en principe de nature commerciale, mais peut recouvrir également des intérêts économiques de nature civile. Il peut s'agir d'intérêts économiques communs ou, plus largement, d'intérêts susceptibles d'avoir une influence sur la situation financière ou économique de chacune de ces personnes. À ce titre, le caractère onéreux de la prestation rendue ou des fonctions exercées par la personne physique, proche de la PPE, est susceptible de constituer un indice, si ce n'est une présomption de l'existence d'un lien d'affaires ;

— un lien étroit : ce caractère peut tenir soit à la régularité des interventions de la personne physique proche de la PPE, soit à l'importance de son action sur les affaires de la PPE. Les liens avec la PPE devraient être considérés comme étroits s'ils ont un impact financier conséquent sur le montant de ses revenus. S'agissant des personnes qui représenteraient les intérêts économiques ou financiers d'une PPE, cette proximité pourrait notamment ressortir du nombre important d'actions effectuées au nom et pour le compte de cette dernière ou, dans le cadre d'une opération unique, de l'importance de cette opération rapportée à sa surface financière.

– un lien connu par le professionnel assujetti.

Peuvent notamment être concernées par le 3° de l'article R. 561-18-III du code monétaire et financier, les personnes physiques :

– assurant, contre rémunération, la représentation permanente d'une PPE [cette représentation ne couvre par exemple pas les situations de défense de la PPE devant les tribunaux],

– ou ayant conclu un ou plusieurs contrats de nature commerciale ou non avec une PPE ou avec une entreprise dont la PPE est bénéficiaire effectif.

Même si le professionnel considère qu'une de ses relations d'affaires, qui n'exerce pas une des fonctions politiques, juridictionnelles ou administratives telles que définies à l'article R. 561-18 du code monétaire et financier, présente pourtant un risque élevé, conformément au profil qu'il a établi en application de l'article L. 561-32 du code monétaire et financier, y compris, le cas échéant, en considération de fonctions de nature politique, celle-ci n'est pas une PPE au sens de la réglementation. Par conséquent, le professionnel n'applique ni à elle, ni à ses proches, les obligations de vigilance spécifiques aux PPE mais les mesures de vigilance renforcées prévues à l'article L. 561-10-1 du code monétaire et financier (Cf. partie E *infra*).

L'identification d'une PPE peut s'effectuer de plusieurs façons, par exemple :

– demander au client lors de l'entrée en relations d'affaires les éléments de connaissance permettant de déterminer s'il répond aux caractéristiques d'une PPE ;

– procéder à une recherche sur Internet au nom du client [de nombreuses sociétés commerciales proposent aujourd'hui des solutions informatiques permettant de rechercher rapidement si un client est identifié sur une liste de PPE].

b1-2 *Mesures de vigilance spécifiques complémentaires applicables aux PPE*

Les mesures de vigilance spécifiques aux PPE, dites "complémentaires" au terme du code monétaire et financier, s'appliquent, en sus de celles prévues aux articles L. 561-5 (identification, vérification de l'identité du client et, le cas échéant, du bénéficiaire effectif), L. 561-5-1 (recueil et actualisation des informations relatives à l'objet et à la nature de la relation d'affaires et de toute autre élément d'information pertinent) et L. 561-6 (obligation de vigilance constante durant toute la durée de la relation d'affaires) du code monétaire et financier.

Ces mesures de vigilance complémentaires, que le professionnel doit mettre en œuvre lorsque son client, ou le cas échéant, le bénéficiaire effectif, est une PPE sont prévues à l'article R. 561-20-2 du code monétaire et financier.

B2 *Le client établi dans un pays à risques selon le GAFI et selon l'Union européenne*

Les listes des juridictions à hauts risques et juridictions sous surveillance (juridictions sous surveillance, d'une part et juridictions qui font l'objet d'un appel du GAFI, d'autre part) est actualisée régulièrement et disponible sur le site Internet du GAFI (http://www.fatf-gafi.org/fr/pays/#high-risk) ; il appartient au professionnel de consulter cette liste régulièrement et d'actualiser sa cartographie des risques en conséquence.

S'agissant de l'Union européenne, la liste des pays tiers dont les dispositifs de lutte contre le blanchiment de capitaux et le financement du terrorisme sont insuffisants est accessible sur le site Internet de la Commission européenne. Comme la liste des juridictions visées par le GAFI, elle est régulièrement mise à jour ; la cartographie des risques du professionnel doit être mise en jour régulièrement.

Des mesures de vigilance complémentaires devront donc être appliquées dans les relations avec les clients établis dans les pays figurant sur ces listes GAFI et UE.

IV L'examen renforcé des opérations

A *L'articulation entre l'exercice des vigilances et l'examen renforcé des opérations*

La mise en œuvre des obligations de vigilance (complémentaires, allégées, normales ou renforcées) permet d'identifier les opérations inhabituelles (en raison de leur montant, de leur origine ou de leur destination, par rapport aux éléments de connaissance client dont dispose le professionnel, ...).

Dès lors que l'une des 3 conditions suivantes est remplie, le professionnel a l'obligation de procéder à un examen renforcé de l'opération :

– opération est particulièrement complexe ;
– opération d'un montant inhabituellement élevé ;
– opération ne paraissant pas avoir de justification économique ou d'objet licite.

L'examen renforcé est une opération de levée de doute, au terme de laquelle, en l'état des informations dont il dispose sur la justification économique de l'opération, ainsi que sur son client (identité, notoriété, profession, etc.) le professionnel soit :

• acquiert la certitude de la licéité de l'opération. Auquel cas, il clôture l'anomalie en adjoignant les renseignements complémentaires qu'il a collectés dans le cadre de l'examen renforcé ;

• n'est pas en mesure d'éteindre ses doutes sur le caractère régulier de l'opération. Le cas échéant, il doit adresser une Déclaration de Soupçon (DS) à Tracfin.

B *Point particulier sur les "opérations d'un montant particulièrement élevé"*

L'élaboration d'une cartographie des risques doit conférer aux professionnels du secteur une connaissance suffisante de leur environnement et des opérations habituelles qui sont exécutées.

S'agissant des professionnels du secteur, l'appréciation de montant "particulièrement" élevé peut cependant apparaître complexe, compte tenu notamment du caractère aléatoire du prix fixé par la confrontation des enchères.

☐ Concernant sa relation au vendeur d'une œuvre d'art de valeur élevée, l'opérateur de ventes volontaires doit vérifier la concordance entre la valeur objective de l'œuvre d'art et le prix de vente qu'en demande le vendeur en se posant notamment les interrogations suivantes :

– Quelle est la rareté de l'œuvre ?
– Quelle est sa composition ?
– Quel est son état de conservation ?
– Quel est son prix d'acquisition ?
– Le travail documentaire visant à établir l'authenticité de l'objet est-il probant ?
– Quelle est la valeur de marché ?
– Quelle est la cote de l'artiste ?
– Le montant de vente demandé par le vendeur est-il cohérent avec le marché ?
– Le vendeur a-t-il pignon sur rue ? Quelle est son honorabilité ?

☐ Concernant la vente à un enchérisseur pour un montant très élevé, l'opérateur de ventes volontaires devra se poser les questions suivantes :

– L'acheteur est-il connu ?
– Son environnement patrimonial est-il compatible avec la transaction envisagée ?
– Pour quelle raison l'acheteur souhaite-t-il acquérir cette œuvre ?
– Démontre-t-il une appétence particulière pour l'art de façon générale, et le thème de l'œuvre en particulier, susceptible de l'inciter à investir une forte somme ?
– Comment est opéré le paiement ?
– Quelle est l'origine des fonds ?
– Dans l'hypothèse où un chèque ou virement de caution est émis, le candidat acquéreur est-il le titulaire du compte tiré ? Dans quel pays se trouve la banque hébergeant le compte ?

– Dans l'hypothèse où l'acquéreur, après avoir remis un chèque ou virement de caution, renonce finalement à l'achat, vers quel compte demande-t-il la restitution de la caution ?

Cette obligation d'examen renforcé s'applique sans distinction de l'existence ou non d'une relation d'affaires.

S'il ne peut être exigé des professionnels d'avoir une connaissance réelle de la situation patrimoniale de leurs clients, ils peuvent néanmoins chercher à en avoir une idée, par les voies légales en obtenant des éléments sur l'origine des fonds ou l'origine de l'œuvre et en ayant recours aux bases ouvertes, notamment :

- les moteurs de recherche classiques ;
- les réseaux sociaux ;
- les sites spécialisés des biens proposés à la vente sur : le marché de l'art ; la filière équine, l'automobile... ;
- les sites publics d'information relatifs aux sociétés (indication sur la situation de la personne morale et des dirigeants, état de santé de l'entreprise qui permet d'avoir une idée de la situation financière du client) ;
- recherche de toute autre information permettant de recueillir des éléments sur la situation patrimoniale du client (réputation locale, presse en ligne, déclarations spontanées de la personne...).

Le professionnel peut également, le cas échéant, interroger directement le client pour connaître sa profession ainsi que ses goûts et connaissances dans les domaines des biens proposés à la vente.

Les éléments ainsi obtenus dans le cadre de l'examen renforcé sont consignés par écrit et tenus à la disposition de l'autorité de contrôle, qui vérifie ainsi l'effectivité du travail de levée de doute et le raisonnement suivi par le professionnel pour éteindre le doute sur la licéité de l'opération ou, au contraire, pour effectuer un signalement à Tracfin.

En aucun cas, ces informations ne peuvent faire l'objet d'un traitement automatisé de données personnelles sans qu'aient été respectées les obligations issues du Règlement européen sur la protection des données personnelles du 27 avril 2016 (RGPD).

V Rupture de la relation d'affaires

Le code monétaire et financier prévoit certaines hypothèses dans lesquelles le professionnel se doit de rompre la relation d'affaires. C'est le cas lorsque les informations à la disposition du professionnel ne lui permettent pas de garantir clairement l'identification des clients ou l'objectif de la transaction sollicitée (objet et nature de la relation). Le professionnel assujetti aux obligations LCB-FT se trouve alors dans l'obligation de ne pas établir ou de rompre la relation d'affaires le cas échéant et ne plus exécuter aucune opération.

Après avoir mis fin à la relation d'affaires, le professionnel examine systématiquement l'opportunité de faire une déclaration à Tracfin, sur la base des éléments d'information dont il dispose.

L'attention des professionnels est appelée sur le fait que les tentatives d'opérations entrent dans le champ d'application du code monétaire et financier. Ainsi, l'absence de flux résultant de la rupture d'une relation d'affaires ou de l'inexécution d'une opération sur le fondement de l'article L. 561-8 du code monétaire et financier est assortie d'une déclaration de soupçon adressée à Tracfin dans la mesure où un soupçon est identifié. Ainsi, même dans le cas où ne s'établit aucune relation d'affaires, le professionnel assujetti peut transmettre une déclaration à Tracfin.

VI Les autres obligations

A *Le contrôle interne : recrutement, formation et information du personnel*

Les mesures de contrôle interne sont donc protéiformes et concernent aussi bien le recrutement de toute personne amenée à travailler dans l'établissement que l'information adéquate du personnel sur les mesures mises en œuvre dans le cadre du dispositif LCB-FT.

> Chaque structure d'exercice professionnel désigne un responsable de la mise en place et du suivi des systèmes d'évaluation et de gestion des risques et des procédures correspondantes.

> Chaque opérateur de ventes volontaires doit également désigner un correspondant chargé de diffuser les informations utiles émanant de Tracfin et met à sa disposition les moyens appropriés pour ce faire.

> Chez un opérateur de ventes volontaires, notamment pour ceux qui comptent moins de cinq personnes (associé, gérant, salariés compris) la même personne peut être à la fois correspondant Tracfin et responsable de l'évaluation et de la gestion des risques. En revanche, si la structure compte plus de cinq personnes, ces fonctions doivent être assurées par des personnes distinctes.

En synthèse, les procédures relatives à la lutte contre le blanchiment de capitaux et le financement du terrorisme mises en place au sein de l'établissement portent sur :

– l'évaluation des risques de blanchiment et de financement du terrorisme présentés par le client, vendeur ou acheteur, avec lequel le professionnel envisage de conclure une transaction ;

– la mise en œuvre des mesures de vigilance lors de l'acceptation et au cours de la relation d'affaires ;

– la conservation, pendant la durée légale, des pièces relatives à l'identification du client et du bénéficiaire effectif ;

– le respect de l'obligation de déclaration individuelle à Tracfin ;

– la mise en œuvre de contrôle périodique et permanent des risques de blanchiment de capitaux et de financement du terrorisme ;

– l'organisation de la conservation et de la confidentialité des déclarations de soupçons déposées.

Conformément aux termes de l'article L. 561-32 II du code monétaire et financier, les opérateurs de ventes volontaires prennent en compte, dans le recrutement des collaborateurs, les risques au regard de la lutte contre le blanchiment de capitaux et le financement du terrorisme.

Les opérateurs de ventes volontaires assurent l'information et la formation des commissaires-priseurs de ventes volontaires, des associés et des salariés sur les obligations liées à la lutte contre le blanchiment de capitaux et le financement du terrorisme, et sur les procédures mises en place au sein de la structure. Ils déterminent la fréquence de la mise à jour des connaissances selon l'évolution de la réglementation et des procédures applicables.

Cette politique interne de ressources humaines est donc protéiforme et concerne aussi bien le recrutement de toute personne amenée à travailler dans l'établissement que l'information et la formation adéquates du personnel sur les mesures mises en œuvre dans le cadre du dispositif LCB/FT.

> L'autorité de contrôle sera amenée à vérifier l'effectivité de ces formations faites aux personnels.

B *L'obligation de conservation des documents*

La conservation des documents est essentielle en ce qu'elle garantit à l'autorité de contrôle et à Tracfin, dans l'exercice de leurs missions respectives, la possibilité d'investiguer ou de reconstituer les transactions portant sur des opérations suspectes.

Les professionnels doivent donc conserver pendant cinq ans :

• les éléments relatifs à l'identité du client habituel ou occasionnel, vendeur comme acheteur ;

• les éléments relatifs aux opérations (informations recueillies lors des analyses effectuées préalablement à une éventuelle déclaration de soupçon par exemple) ;

• les documents consignant les caractéristiques des opérations ayant donné lieu à un examen renforcé (opération particulièrement complexe, montant inhabituellement élevé ou ne paraissant pas avoir de justification économique ou d'objet licite).

Les documents d'identité doivent être conservés 5 ans à compter de la date de cessation des relations.

Les informations relatives aux opérations et résultats d'examen renforcé doivent être conservés 5 ans à compter de l'exécution de ces opérations.

Cette obligation de conserver les documents telle que prévue par le code monétaire et financier, qui s'applique à tout client, permet à l'autorité de contrôle, dans le cadre de ses vérifications, de consulter ces documents et de s'assurer des diligences effectuées par le professionnel au regard de ses obligations LCB-FT.

Le titre II du code des douanes décrit l'organisation et le fonctionnement du service des douanes, et plus particulièrement, en son chapitre IV, les pouvoirs des agents des douanes.

Parmi ces pouvoirs, les agents des douanes disposent notamment du droit de communication, édicté à l'article 65 du code des douanes.

VII La déclaration de soupçon

A *Déclarant et correspondant Tracfin*

Au sein de chaque établissement sont désignés un déclarant et un correspondant Tracfin qui peuvent, par ailleurs, être une seule et même personne en cas d'effectif inférieur à cinq personnes.

En application de l'article R. 561-23 du code monétaire et financier, le déclarant est la personne habilitée à procéder à la déclaration de soupçon. Il transmet les déclarations de soupçon à Tracfin et, le cas échéant, les déclarations de soupçon complémentaires.

En application de l'article R. 561-24, le correspondant est la personne chargée de répondre aux demandes de Tracfin et "d'assurer la diffusion aux membres concernés du personnel des informations, avis ou recommandations de caractère général qui en émanent". Il est destinataire des accusés de réception des déclarations de soupçon et traite les demandes de communication de pièces ou de documents émanant de Tracfin concernant les déclarations de soupçon.

L'identité et la qualité du déclarant et du correspondant sont communiquées à Tracfin au moyen d'un document spécifique joint à l'appui de la première déclaration. Ce document distinct est disponible sur le site Internet de Tracfin https://www.economie.gouv.fr/tracfin/declarer ainsi qu'en annexe de ces lignes directrices.

En cas de changement, l'identité du nouveau déclarant/correspondant est portée, sans délai, à la connaissance de Tracfin et de la DGDDI autorité de contrôle. Les professionnels doivent veiller à ce que les fonctions de correspondant soient assurées avec la continuité nécessaire pour être en mesure de répondre, dans les délais impartis, aux demandes de Tracfin.

Les professionnels veillent également à indiquer des coordonnées (téléphoniques/courriel) permettant une prise de contact directe avec le(s) déclarant/correspondant Tracfin lors de la complétion du formulaire dédié. Le respect d'une telle procédure permet d'assurer un niveau satisfaisant de confidentialité dans le cadre de l'exercice du droit de communication.

Dans l'hypothèse où le déclarant et le correspondant sont des personnes distinctes, ils se communiquent l'ensemble des informations qui ont été portées à leur connaissance par Tracfin et se tiennent informés des demandes qui émanent de cet organisme, conformément à l'article R. 561-27 du code monétaire et financier.

Le professionnel exerçant en individuel assure lui-même les rôles de déclarant et de correspondant.

B *La caractérisation du soupçon susceptible de conduire à l'envoi d'une déclaration à Tracfin*

Le soupçon est le fruit d'une réflexion du professionnel en fonction de l'expertise qu'il possède dans son domaine d'activité. Il résulte d'un doute qui le conduit à s'interroger sur la licéité de l'opération, eu égard notamment à l'origine supposée de la somme, de l'objet de la transaction, du comportement et de la réputation du client.

Dans le cadre de l'examen renforcé prévu à l'article L. 561-10-1 et compte tenu des informations dont il dispose sur son client (identité, notoriété, profession, comportement au sein de l'établissement, etc.) et des éléments, notamment financiers, concourant à cette opération, le professionnel doit procéder à une déclaration lorsqu'il ne peut exclure tout doute sur le caractère régulier ou licite de l'action ou de l'acte envisagé.

En opportunité, la déclaration de soupçon pourra être effectuée à l'issue d'une phase transitoire, au cours de laquelle le client, objet du soupçon, aura fait l'objet d'une surveillance particulière.

C *Que doit déclarer le professionnel ?*

Les champs potentiels de la déclaration de soupçon sont limitativement énoncés par le code monétaire et financier. Les opérations faisant l'objet d'un signalement portent sur les thématiques suivantes :

– les sommes ou opérations portant sur des sommes dont le professionnel sait, soupçonne ou a de bonnes raisons de soupçonner qu'elles proviennent d'une infraction passible d'une peine privative de liberté supérieure à un an,

– les sommes ou opérations portant sur des sommes dont le professionnel sait, soupçonne ou a de bonnes raisons de soupçonner qu'elles proviennent d'une fraude fiscale lorsqu'il y a présence d'au moins un critère défini par décret,

– ou opérations portant sur des sommes dont le professionnel sait, soupçonne ou a de bonnes raisons de soupçonner qu'elles sont liées au financement du terrorisme.

□ Infractions punies de plus d'un an d'emprisonnement et celles liées au financement du terrorisme : – *V. C. mon. fin., art. L. 561-15-I.*

□ Fraude fiscale : – *V. C. mon. fin., art. L. 561-15-II.*

Le décret n° 2009-874 du 16 juillet 2009 pris pour application de l'article L. 561-15-II du code monétaire et financier définit les seize critères de la fraude fiscale susceptibles de donner lieu à l'établissement d'une déclaration de soupçon. Il est codifié à l'article D. 561-32-1 du code monétaire et financier.

Le champ de la déclaration de soupçon porte sur toutes les infractions sanctionnées d'une peine d'emprisonnement supérieure à un an.

Il importe de souligner que le déclarant n'a pas à préciser, ni à qualifier une infraction sous-jacente. Il suffit en effet qu'il soupçonne ou qu'il ait de "bonnes raisons" de soupçonner qu'il existe une infraction sous-jacente et formule son analyse des faits dans la partie "développement" de la déclaration.

Doit donc figurer explicitement, dans la déclaration de soupçon, l'analyse précise et détaillée des faits ayant conduit au soupçon à l'origine du signalement. L'obligation de déclaration est la conséquence naturelle de l'analyse effectuée et de ses conclusions.

Ainsi, le professionnel effectue une déclaration de soupçon quand le soupçon est établi au terme de l'analyse qu'il a conduite, c'est-à-dire lorsqu'il n'a pas obtenu, au regard des informations et documents recueillis auprès de son client ou par d'autres moyens, d'assurance raisonnable quant à la licéité des fonds ou de l'opération, ou quant à sa justification économique au regard de sa connaissance de la clientèle.

S'agissant du cas particulier du blanchiment de fraude fiscale au sens de l'article L. 561-15-II du code monétaire et financier, une déclaration à ce titre nécessite que l'un au moins des seize critères énumérés à l'article D. 561-32-1 du code monétaire et financier soit constaté.

En tout état de cause, la déclaration de soupçon n'est pas un acte anodin, car elle entraîne automatiquement un traitement par Tracfin de l'information ainsi déclarée, lequel peut donner lieu à des investigations complémentaires voire à une transmission à l'autorité judiciaire ou à d'autres administrations compétentes.

• La déclaration complémentaire :

Des déclarations complémentaires peuvent être établies par le professionnel lorsqu'il souhaite compléter ou infirmer une déclaration de soupçon établie précédemment. Ces déclarations complémentaires indiquent les références Tracfin de la déclaration initiale et comportent l'ensemble des éléments utiles à la compréhension des faits signalés.

D *Le contenu de la déclaration de soupçon*

Le professionnel effectue une déclaration de soupçon sur la base des informations qu'il possède. En tout état de cause, une déclaration de soupçon est la matérialisation d'un travail d'analyse, le déclarant doit donc s'abstenir de rédiger une déclaration uniquement motivée par des éléments de contexte. Ainsi, la déclaration de soupçon ne peut avoir pour seul motif :

– la réception d'une réquisition judiciaire ou d'une demande de renseignement émanant d'une administration ;

– l'activité professionnelle du client, son adresse ou son pays de résidence (éléments toutefois susceptibles de nourrir un réseau d'indices) ;

– le montant élevé d'une opération ;

– le fait d'être une PPE.

Conformément au 5° du III de l'article R. 561-31 rappelé ci-dessus, doit figurer explicitement dans toute déclaration l'analyse des faits ayant conduit au soupçon à l'origine du signalement. Cette obligation est la conséquence naturelle de l'analyse effectuée et ses conclusions.

Exemple de structure de l'exposé des motifs
(5° de l'article R. 561-31-III du code monétaire et financier)

Partie 1 : Phrase introductive de synthèse

Cette partie doit permettre une compréhension rapide du signalement : nature et motif de la procédure en cours, etc.

Partie 2 : Présentation des personnes physiques et/ou morales faisant l'objet du soupçon

Rappel des informations détenues par le déclarant sur les personnes physiques ou morales qui font l'objet du soupçon (éventuels compléments à l'état civil donné dans la déclaration de soupçon, contexte de la relation d'affaires, etc.)

Personnes physiques :

• Situation personnelle et professionnelle connue ;
• Situation patrimoniale et matrimoniale connue

Personnes morales :

• Date de création ;
• Nature de l'activité ;
• Principales données chiffrées connues (CA, résultat, etc.) ;
• Liens avec d'autres personnes ou éléments d'environnement (autres mandataires sociaux/associés, etc.).

Le déclarant peut également mentionner dans cette partie le résultat des recherches effectuées en base ouverte concernant le client, ainsi que les démarches de recherche effectuées (réseaux sociaux, bases commerciales, etc.)

Partie 3 : Présentation de(s) opération(s)

• Synthèse des opérations et des mouvements douteux ;
• Développement des faits concernant ces opérations ;
• Précision sur l'origine et la destination (certaine ou présumée) des fonds ou des objets sur lesquels porte le soupçon.

Partie 4 : La caractérisation du soupçon
Cette partie restitue le fait à l'origine du soupçon ayant conduit au signalement, expose clairement le soupçon du déclarant à l'appui des éléments figurant *supra*.
- **En quoi cette opération est-elle suspecte ?**
- **Pourquoi l'origine des fonds peut-elle paraître douteuse ?**
- **Démarches entreprises par le déclarant pour lever le doute ?**
- **En quoi les explications ou les justifications apportées sont-elles peu convaincantes ou crédibles ?**

NB : S'il existe un soupçon de fraude fiscale, il faut faire mention du ou des critères listés à l'article D. 561-32-1 du code monétaire et financier.

Quel que soit le mode de transmission de la déclaration, des documents peuvent être joints aux déclarations de soupçon. Les déclarants utilisent cette fonctionnalité pour transmettre à Tracfin l'ensemble des éléments nécessaires à la compréhension du signalement. Il est en effet rappelé qu'aux termes du IV de l'article R. 561-31 du code monétaire et financier que "la déclaration est accompagnée, le cas échéant, de toute pièce utile à son exploitation", lesquelles doivent donc, dans la mesure du possible, être systématiquement jointe aux déclarations.

Exemples de pièces pouvant être jointes à la déclaration :
- une copie de la pièce d'identité du client ;
- un extrait K-*bis* de la personne morale visée ;
- tout acte de procédure permettant l'appréhension du contexte de la relation d'affaires ;
- facture d'achat ou de vente,
- tout document comptable utile.

Si Tracfin constate que des informations obligatoires listées par l'article R. 561-31 du code monétaire et financier sont manquantes, le service informe le déclarant, lequel dispose d'un mois pour régulariser la situation. Passé ce délai, Tracfin l'informe de l'irrecevabilité de sa déclaration de soupçon qui ne sera pas traitée. Cette irrecevabilité prive par ailleurs le déclarant du bénéfice des exonérations de responsabilité civile, pénale et professionnelle prévues à l'article L. 561-22 du code monétaire et financier.

Plus généralement, la DGDDI et Tracfin rappellent le caractère essentiel de la correcte rédaction des déclarations de soupçon, quelles que soient les modalités de transmission de ces dernières. La clarté, la concision et la précision de la présentation des éléments d'information mentionnés dans la déclaration de soupçon sont particulièrement importantes pour l'efficacité du dispositif LCB-FT.

E *La protection apportée au déclarant par la déclaration de soupçon adressée à Tracfin*

Le caractère obligatoire de l'établissement de la déclaration de soupçon prescrit par l'article L. 561-15 du code monétaire et financier s'accompagne, au terme de l'article L. 561-22 du code monétaire et financier, d'une exonération du professionnel concerné :

– de toute responsabilité civile, pénale ou disciplinaire pour violation du secret professionnel ou dénonciation calomnieuse,

– de responsabilité pénale en cas de faits de trafic de stupéfiants, de recel ou de blanchiment (sauf concertation frauduleuse).

Il importe cependant que la déclaration de soupçon ait été établie de bonne foi par le professionnel, et qu'elle soit recevable.

Enfin, en tout état de cause, le professionnel concerné reste seul juge de la poursuite, ou non, de la relation d'affaire avec son client.

F *Modalités et délais de transmission*

□ Modalités d'établissement de la déclaration de soupçon :

Le déclarant peut adresser les déclarations de soupçon à Tracfin via la plate-forme de télé-déclaration ERMES, accessible depuis le site Internet de Tracfin https://www.economie.gouv.fr/TRACFIN/declarer.

Si la télé-déclaration ne revêt pas de caractère obligatoire pour les opérateurs de ventes volontaires, il importe de souligner que la plate-forme ERMES est garante d'un haut niveau de sécurité et de confidentialité. Elle est en outre l'assurance d'une déclaration recevable et doit donc être privilégiée, notamment pour des raisons de confidentialité.

Le cas échéant, le déclarant peut également établir une déclaration papier (obligatoirement dactylographiée, et signée) à l'aide du formulaire en ligne accessible depuis le site Internet de Tracfin https://www.economie.gouv.fr/TRACFIN/declarer, à renvoyer par courrier à cet organisme.

☐ Délais de déclaration :

L'article L. 561-16 du code monétaire et financier pose explicitement le principe de la déclaration de soupçon préalablement à l'exécution de la transaction afin, le cas échéant, de permettre à Tracfin d'exercer son droit d'opposition. La déclaration indique, dans cette hypothèse, le délai d'exécution, conformément au 6° du III de l'article R. 561-31 du code monétaire et financier. Le professionnel s'abstient, en conséquence, d'effectuer l'opération dont il soupçonne qu'elle est liée au blanchiment de capitaux ou au financement du terrorisme.

Focus : Le droit d'opposition

Le droit d'opposition est une prérogative qui peut être mise en œuvre par Tracfin pour s'opposer à la réalisation d'une opération qui n'a pas encore été exécutée pendant un délai (10 jours ouvrables) qui permet à l'autorité judiciaire d'apprécier l'opportunité de prendre une ordonnance de saisie pénale des sommes en cause.

Tracfin peut exercer ce droit, conformément à l'article L. 561-24 du code monétaire et financier, sur le fondement de toute déclaration de soupçon ou information reçue, sans limite de temps et tant que l'opération n'a pas été exécutée. Conformément au 4e alinéa de l'article L. 561-24 du code monétaire et financier, le professionnel peut exécuter l'opération suspecte en l'absence d'opposition de Tracfin dans le délai d'exécution de l'opération. Le 5e alinéa de l'article L. 561-24 du code monétaire et financier rappelle la confidentialité qui s'attache aux informations relatives à l'exercice de ce droit.

Lorsque le professionnel soupçonne qu'une opération suspecte est susceptible d'entraîner l'exercice de son droit d'opposition par Tracfin (par exemple : doute sur l'origine délictueuse des fonds), il est invité à prendre l'attache de Tracfin le plus rapidement possible afin d'appeler son attention sur cette opération et sur son délai d'exécution.

Le délai pendant lequel l'opération est suspendue est de 10 jours ouvrables. Ce délai court dès la notification de l'opposition par Tracfin au professionnel dans les conditions prévues à l'article R. 561-36 du code monétaire et financier. Lorsque l'opération est le paiement d'un chèque, ce délai court à compter de la présentation en paiement par la banque bénéficiaire auprès de la banque tirée.

G *Principe de confidentialité*

La confidentialité de la déclaration de soupçon prévue à l'article L. 561-18 du code monétaire et financier porte sur l'existence et le contenu des déclarations qui ne peuvent être communiquées, de même que les suites qui leur ont été données, ni à l'intéressé, ni à des tiers.

Cette obligation de confidentialité s'applique aussi bien au professionnel assujetti qu'à Tracfin.

Ainsi, le professionnel a interdiction :

– D'informer son client qu'il a fait l'objet d'une déclaration de soupçon ;

– D'évoquer l'existence ou le contenu d'une déclaration de soupçon avec un tiers (les déclarations de soupçon font partie des documents confidentiels et insaisissables dans le cadre d'une perquisition judiciaire).

Tracfin a interdiction de divulguer l'existence d'une déclaration de soupçon (conservée 10 ans) et de toute information à caractère secret, sous peine de porter atteinte au secret professionnel.

Le non-respect de cette interdiction de divulgation est réprimé par l'article L. 574-1 du code monétaire et financier d'une peine d'amende de 22 500 €.

Une déclaration de soupçon n'est donc jamais transmise spontanément à l'autorité judiciaire en appui des notes d'information dans lesquelles la ou les sources sont, au demeurant, systématiquement occultées. Les exceptions à l'accès aux déclarations de soupçon sont très strictement encadrées par les articles L. 561-19 à L. 561-21 du code monétaire et financier.

La confidentialité de la déclaration ne fait pas obstacle à la communication par Tracfin d'informations concernant les déclarations à l'autorité de contrôle, en application du I de l'article L. 561-28 du code monétaire et financier.

H *Le droit de communication de Tracfin*

L'obligation de confidentialité, exposée au-dessus concernant la déclaration de soupçon, s'applique également au droit de communication. – *V. C. mon. fin., art. L. 561-25.*

VIII Les sanctions

A *Le rôle de la Commission nationale des sanctions*

La Commission nationale des sanctions est saisie des manquements constatés par les services douaniers lors des contrôles effectués et prononce les sanctions prévues par le code monétaire et financier.

Il est important de préciser que la dissolution de la personne morale, la cessation d'activité ou la démission de fonctions professionnelles ne fait pas obstacle à la poursuite de la procédure de sanction à l'encontre de cette personne si les faits qui lui sont reprochés ont été commis pendant qu'elle était en activité.

B *Les sanctions administratives*

La Commission nationale des sanctions peut, conformément à l'article L. 561-40 du code monétaire et financier, prononcer quatre types de sanctions :

– l'avertissement ;
– le blâme ;
– l'interdiction temporaire d'exercice de l'activité ou d'exercice de responsabilités dirigeantes au sein d'une personne morale exerçant cette activité pour une durée n'excédant pas cinq ans ;
– le retrait d'agrément ou de la carte professionnelle.

En outre, la Commission peut prononcer une sanction pécuniaire pouvant atteindre cinq millions d'euros ou, lorsque l'avantage retiré du manquement peut être déterminé, le double de ce dernier. Cette sanction peut être cumulée aux sanctions administratives décrites ci-dessus.

En dernier lieu, la Commission dispose de la possibilité de sanctionner les dirigeants ainsi que les autres personnes salariées, préposées ou agissant pour le compte de la personne mise en cause si leur implication personnelle dans les manquements constatés est démontrée.

Afin d'infliger le type et/ou le montant adéquat des sanctions, la Commission nationale des sanctions prend en compte plusieurs facteurs, notamment la gravité et la durée des manquements, le degré de responsabilité de l'auteur des manquements et les préjudices subis par les tiers du fait des manquements.

La décision de la Commission peut, sous certaines conditions, être rendue publique sur des supports divers (journaux, publications, etc.), les frais étant supportés par les personnes sanctionnées.

ANNEXES
ANNEXE 1

LES INFRACTIONS DE BLANCHIMENT ET DE FINANCEMENT DU TERRORISME

L'incrimination de blanchiment de capitaux

Sur le plan pénal

Le blanchiment et les sanctions qui s'y attachent sont définis au chapitre IV du titre II du livre III du code pénal.

L'article 324-1 du code pénal définit le blanchiment comme le fait :

De "faciliter, par tout moyen, la justification mensongère de l'origine des biens ou des revenus de l'auteur d'un crime ou d'un délit ayant procuré à ce dernier un profit direct ou indirect",

Ou d'"apporter son concours à une opération de placement, de dissimulation ou de conversion du produit direct ou indirect d'un crime ou d'un délit".

Depuis la loi du 6 décembre 2013 relative à la lutte contre la fraude fiscale et la grande délinquance économique et financière, l'article 324-1-1 du code pénal introduit une présomption légale, au terme de laquelle "les biens ou les revenus sont présumés être le produit direct ou indirect d'un crime ou d'un délit dès lors que les conditions matérielles, juridiques ou financières de l'opération de placement, de dissimulation ou de conversion ne peuvent avoir d'autre justification que de dissimuler l'origine ou le bénéficiaire effectif de ces biens ou revenus".

Cette évolution facilite la qualification des faits en blanchiment. Le blanchiment est puni de cinq ans d'emprisonnement et de 375 000 euros d'amende (article 324-4 du code pénal). En cas de blanchiment aggravé les peines peuvent aller jusqu'à dix ans d'emprisonnement et 750 000 euros d'amende.

L'article 324-6 du code précité prévoit que "la tentative des délits prévus à la présente section est punie des mêmes peines".

Sur le plan douanier

Le délit de blanchiment douanier est prévu et réprimé à l'article 415 du code des douanes qui, prévoit de punir "d'un emprisonnement de deux à dix ans, de la confiscation des sommes en infraction ou d'une somme en tenant lieu lorsque la saisie n'a pas pu être prononcée, de la confiscation des biens et avoirs qui sont le produit direct ou indirect de l'infraction et d'une amende comprise entre une et cinq fois la somme sur laquelle a porté l'infraction ou la tentative d'infraction ceux qui auront, par exportation, importation, transfert ou compensation, procédé ou tenté de procéder à une opération financière entre la France et l'étranger portant sur des fonds qu'ils savaient provenir, directement ou indirectement, d'un délit prévu au présent code ou d'une infraction à la législation sur les substances ou plantes vénéneuses classées comme stupéfiants."

La charge de la preuve a par ailleurs été renversée en matière de blanchiment douanier par la loi du 3 juin 2016 renforçant la lutte contre le crime organisé et le terrorisme. L'article 415-1 du code des douanes dispose ainsi que "pour l'application de l'article 415, les fonds sont présumés être le produit direct ou indirect d'un délit douanier prévu au présent code ou d'une infraction à la législation sur les substances ou plantes vénéneuses classées comme stupéfiants lorsque les conditions matérielles, juridiques ou financières de l'opération d'exportation, d'importation, dev transfert ou de compensation ne paraissent obéir à d'autre motif que de dissimuler que les fonds ont une telle origine".

L'incrimination de financement du terrorisme

Elle est définie par l'article 421-2-2 du code pénal aux termes duquel "le fait de financer une entreprise terroriste [...] ou en donnant des conseils à cette fin, dans l'intention de voir ces fonds, valeurs ou biens utilisés ou en sachant qu'ils sont destinés à être utilisés, en tout ou partie, en vue de commettre l'un quelconque des actes de terrorisme prévus au présent chapitre.".

L'acte de terrorisme défini à l'article 421-2-2 du code pénal est puni de dix ans d'emprisonnement et de 225 000 euros d'amende. La tentative du délit défini à l'article 421-2-2 est punie des mêmes peines.

ANNEXE 2

CRITÈRES D'ALERTE

Critères d'alerte relatifs à l'opération de vente aux enchères publiques :

• La vente aux enchères s'inscrit dans une situation complexe (maillon d'un montage mis en place par l'acheteur ou le vendeur) ;

• La vente aux enchères soulève des complications financières, économiques ou juridiques ;

• La vente aux enchères est troublée par des voies de fait ou menaces ou par des promesses, ententes ou autres moyens frauduleux ;

• Il y a une cohérence insuffisante entre la situation familiale, économique ou sociale de la personne visée par la procédure ou de l'acheteur et les conditions économiques de l'opération ;

• Le recours à l'interposition de personnes physiques n'intervenant qu'en apparence pour le compte de sociétés ou de particuliers ;

• Le vendeur ou l'acheteur ont une origine géographique sensible par rapport à l'actualité ;

• Le vendeur ou l'acheteur ont un comportement atypique éveillant le doute ;

• Le vendeur ou l'acheteur concernés (ou leurs bénéficiaires effectifs) sont des personnalités politiques exposées (PPE) ou des personnes assimilées aux PPE.

Critères d'alerte relatifs aux mesures de vigilance :

• Difficultés ou impossibilité d'obtenir des informations ;

• Les documents produits (ex. : papiers d'identité, K*bis*) sont volés ou faux ;

• L'identité d'une personne physique ou morale est usurpée ;

• Les documents légaux qui doivent normalement être fournis font défaut ;

• Il est impossible d'obtenir des informations sur l'identification de la personne dont les biens sont vendus, sur le bénéficiaire effectif de la vente ou de l'achat ou encore sur l'opération ;

• Une information recueillie sur la personne visée par la procédure, l'acheteur ou leurs bénéficiaires effectifs et/ou l'opération s'avère incomplète et ou inexacte ;

• La constatation d'anomalies dans les documents produits comme justification de l'origine des fonds ou des biens, de l'identité des personnes physique ou morale ou sur la cohérence économique de l'opération (ex. : absence du numéro d'immatriculation au registre du commerce et des sociétés, du numéro SIREN, du numéro de TVA, de numéro de facture, d'adresse ou de date sur les factures ou les bons de commande) ;

• Le refus du client de produire des pièces justificatives quant à la provenance des fonds reçus ou quant aux motifs avancés des paiements, ou l'impossibilité de produire ces pièces ;

• L'absence de réponse aux questions.

ANNEXE 3

CAS TYPOLOGIQUES

Exemples de situations à risques

1. Mode de règlement atypique

M. X. donne mandat à l'opérateur de ventes volontaires Y de vendre aux enchères publiques sa collection. Dans le cadre de ce mandat, il demande à être payé pour partie sur un compte bancaire enregistré à son nom dans un État reconnu en tant que paradis fiscal et, pour le reste, à l'issu d'un délai de deux mois, sur un compte bancaire enregistré dans un autre État au nom d'une tierce personne.

Critères d'alerte :

• Demande de règlement fractionné (notamment ceux provenant de différents comptes bancaires intracommunautaires sans lien de justification entre eux) ;

• Demande de règlement à partir d'un compte extracommunautaire issu d'un pays dont le nom figure ou non sur la liste des pays du GAFI présentant un risque élevé de blanchiment ;

• Demande règlement à un tiers ;

• Demande de règlement différé ;

• Demande de règlement sur un compte bancaire tenu par un établissement ayant son siège dans un paradis fiscal ;

• Demande de règlement par une fiduciaire.

2. Achat à un prix anormalement élevé

M. X achète en vente aux enchères un bien proposé par un marchand d'art (régulièrement inscrit) à un prix très élevé, en vue de l'exporter hors de France. L'opérateur de ventes à un soupçon d'entente entre le vendeur et l'acquéreur consistant en :

— blanchir de l'argent (par un paiement très élevé d'un bien culturel dont la transaction est publique) ;

— versement occulte – hors de France – par le vendeur d'une compensation financière à l'acheteur.

Critères d'alerte :

• Acheteur inconnu de l'opérateur de ventes ;

• Prix d'achat très élevé au regard de la valeur du bien et de l'estimation au catalogue ;

• Paiement de fonds par l'acheteur sans rapport avec sa situation patrimoniale connue ou supposée lors du moment du paiement (et/ou difficulté à obtenir des informations ou des réponses à des questions légitimes.

3. Existence de liens entre le vendeur et l'acheteur

Une société A donne régulièrement à un opérateur de ventes volontaires (l'OVV X) mandat de vendre des biens de faible valeur. Ces biens sont achetés par la même personne qui achète pour le compte d'une société Y.

Après avoir examiné les statuts de la société A et relevé le K-*bis* de la société Y, l'OVV X s'aperçoit que le gérant de la société A, M. T, de nationalité étrangère, est également associé majoritaire des parts de la société Y.

Critères d'alerte :

• Le vendeur vend régulièrement des biens de faible valeur qui trouvent systématiquement preneur ;

• Le bénéficiaire effectif de la société Y est le gérant de la société X ;

• La même société achète les biens vendus pour le compte d'un même vendeur ;

• Nationalité du bénéficiaire effectif en dehors de l'Union européenne.

ANNEXE 4

TABLEAU RÉCAPITULATIF DES OBLIGATIONS DE VIGILANCE APPLICABLES AUX PERSONNES VISÉES AU 14° DE L'ARTICLE L. 561-2 DU CODE MONÉTAIRE ET FINANCIER

Normales		Allégées	Complémentaires	Renforcées
Relation d'affaires	Client occasionnel	Justifier cet allègement (risque LCBFT jugé faible, nature du client, etc.) L. 561-5 ; L. 561-9 ; R. 561-15		Renforcement de la vigilance si le risque présenté par une relation d'affaires ou une opération est élevé L. 561-10-1
Identification et vérification de l'identité du client et du bénéficiaire effectif le cas échéant		L'allègement nécessite néanmoins la mise en place d'un dispositif de surveillance adapté, notamment identifier le client (personne physique et morale) et le bénéficiaire effectif durant la relation d'affaires L. 561-5 ; R. 561-14 ; R. 561-14-1 ; R. 561-14-2	Définition d'une personne politiquement exposée (PPE) L. 561-10 ; R. 561-18 Lorsque la relation d'affaires ou l'opération concerne une PPE, un membre de sa famille ou un de ses proches : mise en oeuvre des mesures prévues à l'article R. 561-20-2	Examen renforcé en cas d'anormalité du montant d'une opération ou absence de justification économique ou d'objet licite L. 561-10-2
Systématique L. 561-5 ; R. 561-5 ; R. 561-5-1 ; L. 561-2-2 ; R. 561-7 ; R. 561-1 ; R. 561-2 ; R. 561-3	Dans les cas spécifiques prévus par le code monétaire et financier L. 561-5 ; R. 561-10			

Normales		Allégées	Complémentaires	Renforcées
L'identification du client doit être constamment mise à jour R. 561-11			Opération présente un lien avec un État ou un territoire figurant sur les listes du GAFI ou de la Commission européenne des pays faisant obstacle à la lutte contre le blanchiment des capitaux et le financement du terrorisme (L. 561-10) : Mise en oeuvre des mesures prévues à l'article R. 561-20-4	Cas spécifiques : gel des avoirs (L. 562-4) ou réquisition judiciaire
Connaissance de la relation d'affaires				
Connaissance de l'objet et de la nature de la relation d'affaires, avant l'entrée en relation d'affaires L. 561-5-1 ; R. 561-12				
La vigilance reste constante durant la durée de la relation d'affaires L. 561-6 ; R. 561-12 ; R. 561-12-1				
S'il existe le moindre doute sur la caractère régulier ou licite d'une opération => déclaration de soupçon à Tracfin L. 561-15 du code monétaire et financier				

ANNEXE 5

EXEMPLES DE SITUATIONS À RISQUE

A. Blanchiment de fonds issus de délits financiers commis à l'étranger sur le marché de l'art français, notamment par l'emploi d'espèces

M.X, homme d'affaires possédant des adresses dans divers pays ainsi qu'une SCI implantée en France a réalisé des investissements mobiliers et immobiliers en France, pour lesquels les modalités de financement se révèlent atypiques.

M.X est par ailleurs soupçonné de divers délits financiers dans le cadre de ses activités d'affaires réalisées en Afrique. Or, une concordance temporelle est relevée entre ces soupçons de délits financiers et des acquisitions mobilières, dans le domaine de l'art, et immobilières qu'il a réalisées en France depuis 2011.

En effet, M.X a acquis différentes œuvres d'art à Paris pour un montant total de 3,3 M€, dont 36,5 % payés en espèces par l'intéressé, pour des montants unitaires allant de 17 K€ à 210 K€, donc bien supérieurs au seuil autorisé. Il est impossible de tracer l'origine de ce numéraire compte tenu de l'absence de compte détenu en France par l'intéressé.

Ces investissements interrogent quant à la licéité des fonds ayant permis leur financement. En effet, compte tenu de la concordance temporelle des soupçons de délits financiers pesant sur l'intéressé et des acquisitions, les faits relevés pourraient être de nature à caractériser un schéma de blanchiment ayant pour but d'investir en France le produit de potentiels délits commis par cet homme d'affaires dans le cadre de ses activités en Afrique.

Critères d'alerte :

— individu connu en source ouverte pour avoir potentiellement commis des infractions financières ;

— achats d'œuvres d'art réalisés en espèces ;

— acquisitions immobilières financées par des fonds provenant de l'étranger.

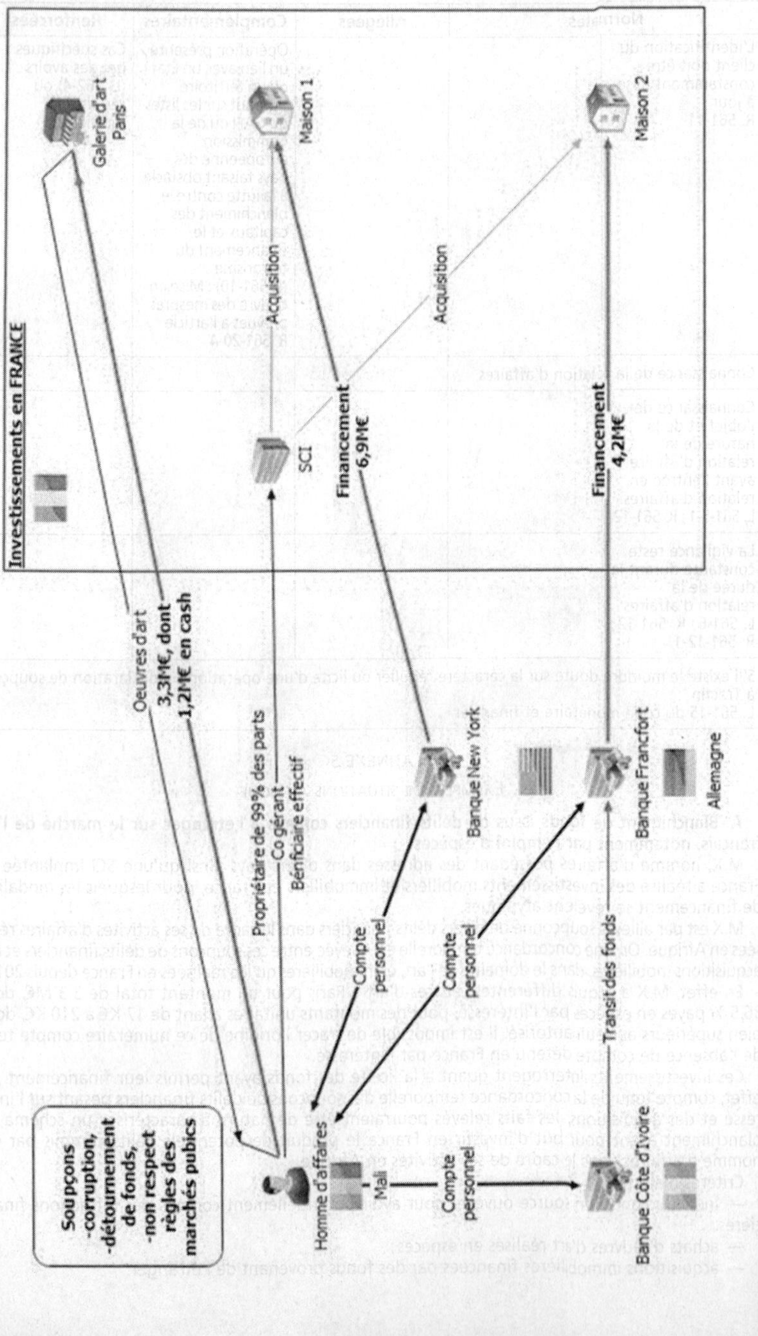
Investissements en FRANCE
Galerie d'art Paris
Maison 1
Maison 2
Acquisition
Acquisition
SCI
Financement 6,9M€
Financement 4,2M€
Oeuvres d'art 3,3M€, dont 1,2M€ en cash
Propriétaire de 99% des parts
Co gérant
Bénéficiaire effectif
Banque New York
Banque Francfort
Allemagne
Compte personnel
Compte personnel
Transit des fonds
Soupçons
-corruption,
-détournement de fonds,
-non respect règles des marchés pubics
Homme d'affaires
Mali
Compte personnel
Banque Côte d'Ivoire

B. Typologie de fraude fiscale – vente à soi-même

M.X vend à la SCI Y deux sculptures pour un prix de 650 K€. Les fonds sont crédités sur le compte du vendeur X via le compte CARPA d'un cabinet d'avocat.

Pour cette vente, la SCI Y acheteuse, dont l'activité est la location de logements, est représentée par sa gérante, la SAS Z, ayant une activité de holding. L'activité professionnelle de la SCI Y étant totalement étrangère au domaine de l'art, le but de cette transaction pose question et le bénéficiaire réel de l'achat reste inconnu.

Or, il ressort que M. et Mme X sont les associés de la SCI Y au travers de la SAS Z dont il est gérant. D'autre part, un avis à tiers détenteur de 570 K€ a été émis par les services fiscaux à l'encontre de la SCI cinq mois avant l'achat des statues.

M.X a donc réalisé une vente " à soi-même " au travers la SCI Y, ce qui lui permet de récupérer les liquidités de sa société civile sans que ces sommes transitent sur le compte bancaire de la société et puissent être appréhendées dans le cadre de la mise en œuvre de l'avis à tiers détenteur.

Critères d'alerte :

— incohérence entre l'objet social des sociétés et la nature des achats;

— montant élevé de la transaction;

— achat via une SCI qui masque le bénéficiaire réel.

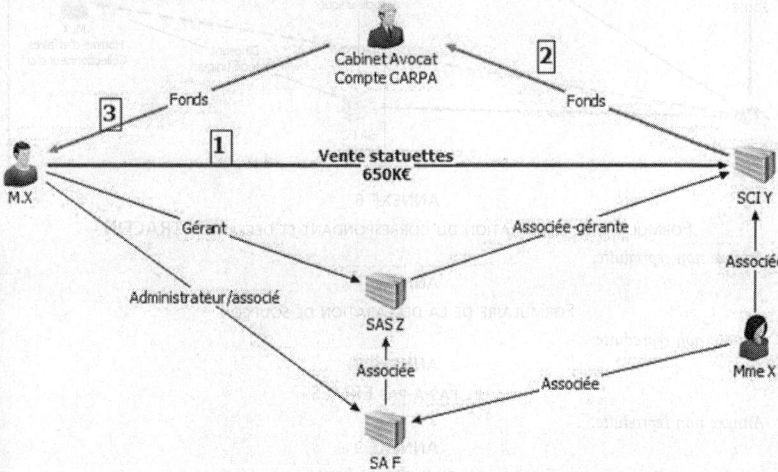

C. Opacité fiscale : Le paiement d'œuvres d'art via une structure opaque de nature à masquer le bénéficiaire effectif

M.X., homme d'affaires et amateur d'art, est dirigeant de plusieurs sociétés en France, dont deux holding, la Sarl XH et la SA FC. Suite à une prise de participation par la Sarl XH dans une société luxembourgeoise (la société A), 8,6 M€ en provenance de cette dernière transitent par la Sarl XH en France.

6 M€ repartent rapidement à destination d'un compte suisse. Une partie de ces fonds revient un mois plus tard du même compte suisse en paiement pour l'acquisition, auprès de plusieurs marchands d'art établis en France, d'objets d'art paraissant personnellement destinés à M.X.

Des achats directs d'œuvres d'art auprès de marchands d'art, par la Sarl XH et la SA FC, très similaires à ceux que M.X. effectue à titre personnel, sont également relevés, dans la mesure où le lien de ces achats avec l'objet social des sociétés paraît hasardeux.

Au cas d'espèce, la mise en exergue des flux atypiques permet de s'interroger sur la commission de possibles délits d'abus de biens sociaux, de fraude fiscale et de blanchiment de ces délits par M.X.

Critères d'alerte :

— incohérence entre l'objet social des sociétés et la nature des achats;

— flux financiers importants;

— flux en provenance et/ou à destination de pays à fiscalité privilégiée.

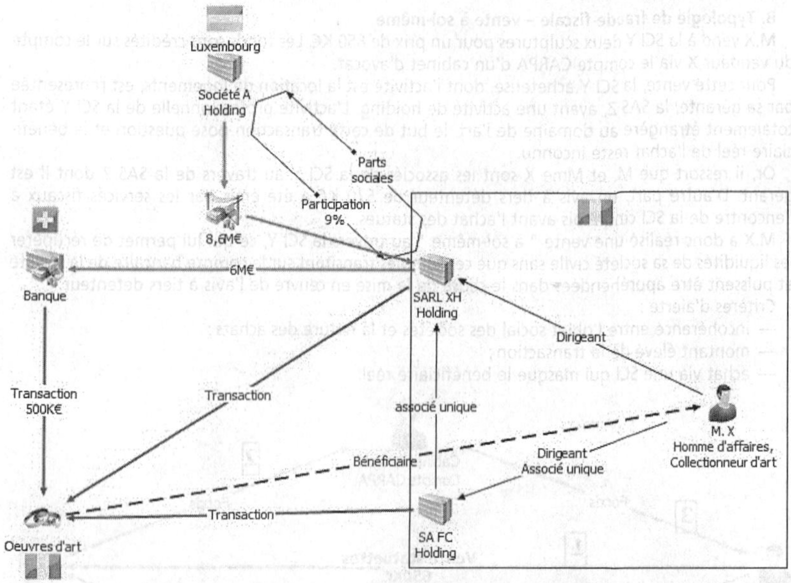

ANNEXE 6

FORMULAIRE DE DÉCLARATION DU CORRESPONDANT ET DÉCLARANT TRACFIN

Annexe non reproduite.

ANNEXE 7

FORMULAIRE DE LA DÉCLARATION DE SOUPÇON

Annexe non reproduite.

ANNEXE 8

LE PAS-À-PAS ERMES

Annexe non reproduite.

ANNEXE 9

SCHÉMA DU CIRCUIT SUR L'IRRECEVABILITÉ

La démarche déclarative des professionnels soumis au dispositif de lutte contre le blanchiment de capitaux et le financement du terrorisme est précisée par le décret n° 2013-480 du 6 juin 2013 fixant les conditions de recevabilité de la déclaration effectuée en application de l'article L. 561-15 du code monétaire et financier, ainsi que par l'arrêté du même jour pris en application des nouvelles dispositions de l'article R. 561-31 du code précité.

Les mentions de forme devant figurer sur la télédéclaration

La déclaration de soupçon écrite doit être dactylographiée, dûment signée, et effectuée au moyen du formulaire disponible en ligne sur le site Internet www.economie.gouv.fr/Tracfin ou *via* la plateforme Ermes.

Conformément à l'article R. 561-31-III du code monétaire et financier, à peine d'irrecevabilité, la déclaration doit comporter les mentions de forme suivantes :

• la profession exercée par la personne qui effectue la déclaration par référence aux catégories mentionnées à l'article L. 561-2 du code précité ;

• les éléments d'identification et les coordonnées professionnelles du déclarant désigné conformément aux dispositions du I de l'article R. 561-23 du code précité ;

• les cas de déclaration par référence à ceux mentionnés aux I, II et V de l'article L. 561-15 du code monétaire et financier. Préciser s'il s'agit d'une déclaration de soupçon (au sens du I de l'article L. 561-15 du code monétaire et financier), d'une déclaration de soupçon de fraude fiscale (au sens du II de l'article L. 561-15 du code précité) ou d'une déclaration de soupçon complémentaire (au sens du V de l'article L. 561-15 du code précité) ;

- les éléments d'identification du client et, le cas échéant, du bénéficiaire effectif de l'opération qui fait l'objet de la déclaration ;
- dans le cas où une relation d'affaires a été nouée avec le client, l'objet et la nature de cette relation ;
- le descriptif de l'opération et les éléments d'analyse qui ont conduit à effectuer la déclaration ;
- le délai d'exécution lorsque l'opération n'a pas encore été exécutée.

L'irrecevabilité des déclarations ne peut porter que sur des éléments de forme

La procédure de recevabilité de la déclaration de soupçon ne porte pas sur les éléments de fond de la déclaration de soupçon (qualité des informations adressées et analyse du soupçon) mais uniquement sur les mentions de forme (article R. 563-61 V du code monétaire et financier et article 5 de l'arrêté du 6 juin 2013 dit "arrêté Ermes").

Indisponibilité d'ERMES

En cas d'indisponibilité d'Ermes ou en cas d'urgence particulière ne permettant pas son utilisation, le professionnel déclarant peut envoyer sa déclaration de soupçon au moyen du formulaire dématérialisé disponible sur le site Internet de Tracfin (www.economie.gouv.fr/Tracfin) adressé par télécopie ou par voie postale et complété de façon dactylographiée (article 4 de l'arrêté du 6 juin 2013).

Gestion des déclarations de soupçon irrecevables par Tracfin

Si la déclaration de soupçon ne remplit pas les conditions de recevabilité en la forme, Tracfin envoie dans les 10 jours une lettre de demande de régularisation. Le professionnel dispose alors d'un mois pour renvoyer une déclaration de soupçon conforme. Au terme de ce délai, et en l'absence de régularisation, une décision d'irrecevabilité lui sera notifiée par le service dans les 10 jours conformément à l'article R. 561-31 V du code monétaire et financier (cf. schéma ci-dessous).

Le circuit de l'irrecevabilité :

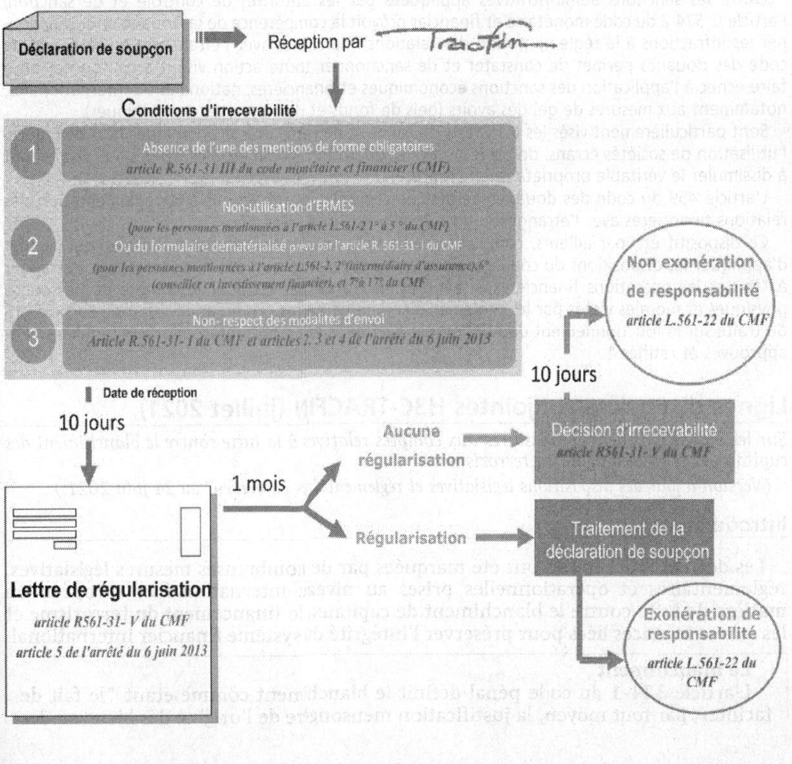

ANNEXE 10

LES OBLIGATIONS RELATIVES AU GEL DES AVOIRS ET À L'INTERDICTION DE MISE À DISPOSITION DE RESSOURCES ÉCONOMIQUES ET FINANCIÈRES

A. Les différents régimes juridiques de gel des avoirs

Les mesures de gel s'inscrivent dans le cadre de régimes de sanctions économiques ou financières. Les sanctions sont décidées par l'Organisation des Nations unies (ONU), l'Union européenne (UE) ou par des États pour restreindre les relations économiques et financières avec un État, des personnes, des entités ou des groupements de fait.

L'introduction en droit français d'un dispositif autonome aux fins de lutte contre le financement du terrorisme répond aux exigences des résolutions du Conseil de sécurité des Nations unies (CSNU) et de la recommandation n° 6 du GAFI.

Le régime du gel des avoirs et de l'interdiction de mise à disposition de fonds a été renforcé depuis plusieurs années, notamment par l'ordonnance n° 2016-1575 du 24 novembre 2016 et le décret n° 2018-264 du 9 avril 2018, ainsi que plus récemment par l'ordonnance n° 2020 1342 du 4 novembre 2020.

Ce dernier clarifie les obligations des personnes assujetties et propose la tenue d'un registre national public des personnes dont les fonds et ressources font l'objet d'une mesure de gel.

L'obligation de respecter la mesure de gel est large : elle s'étend non seulement aux entités assujetties à la LCB-FT, mais également à toute personne physique ou morale résidant sur le territoire national. Elle permet également de suspendre par exemple, les transactions immobilières et les ventes de véhicules.

B. Les sanctions en cas de non-respect des mesures de gel des avoirs et d'interdiction de mise à disposition de ressources économiques et financières

Outre les sanctions administratives appliquées par les autorités de contrôle et de sanction, l'article L. 574-2 du code monétaire et financier prévoit la compétence de la Douane pour sanctionner les infractions à la réglementation des relations financières avec l'étranger. Concrètement, le code des douanes permet de constater et de sanctionner toute action visant à contourner ou à faire échec à l'application des sanctions économiques et financières, nationales ou internationales, notamment aux mesures de gel des avoirs (gels de fonds et de ressources économiques).

Sont particulièrement visés les transferts de fonds et de ressources économiques hors de France, l'utilisation de sociétés écrans, de prête-noms, les opérations commerciales fictives, etc., qui visent à dissimuler le véritable propriétaire en France.

L'article 459 du code des douanes permet de réprimer les infractions à la réglementation des relations financières avec l'étranger.

Ce dispositif est, par ailleurs, complété par l'article 451 *bis* du code des douanes, qui permet d'appliquer les dispositions du code des douanes relatives aux relations financières avec l'étranger à "toutes les opérations financières effectuées en France par ou pour le compte de personnes physiques et morales visées par les règlements communautaires pris en application de l'article 215 du traité sur le fonctionnement de l'UE, ou par les traités et accords internationaux régulièrement approuvés et ratifiés."

Lignes directrices conjointes H3C-TRACFIN (juillet 2021),

Sur les obligations des commissaires aux comptes relatives à la lutte contre le blanchiment des capitaux et le financement du terrorisme.

(Version à jour des dispositions législatives et réglementaires en vigueur au 24 juin 2021.)

Introduction

Les dernières décennies ont été marquées par de nombreuses mesures législatives, réglementaires et opérationnelles prises au niveau international et européen en matière de lutte contre le blanchiment de capitaux, le financement du terrorisme et les autres menaces liées pour préserver l'intégrité du système financier international.

Le blanchiment

L'article 324-1 du code pénal définit le blanchiment comme étant "le fait de faciliter, par tout moyen, la justification mensongère de l'origine des biens ou des

revenus de l'auteur d'un crime ou d'un délit ayant procuré à celui-ci un profit direct ou indirect. Constitue également un blanchiment le fait d'apporter un concours à une opération de placement, de dissimulation ou de conversion du produit direct ou indirect d'un crime ou d'un délit."

L'acte de terrorisme

Aux termes de l'article 421-2-2 du code pénal, "Constitue également un acte de terrorisme le fait de financer une entreprise terroriste en fournissant, en réunissant ou en gérant des fonds, des valeurs ou des biens quelconques ou en donnant des conseils à cette fin, dans l'intention de voir ces fonds, valeurs ou biens utilisés ou en sachant qu'ils sont destinés à être utilisés, en tout ou partie, en vue de commettre l'un quelconque des actes de terrorisme prévus au présent chapitre, indépendamment de la survenance éventuelle d'un tel acte".

Depuis 1991, cinq directives ont été adoptées au niveau européen respectivement en 1991, 2001, 2005, 2015 et 2018, toutes transposées en droit français dans le code monétaire et financier.

La dernière directive (UE 2018/843, dite "5e directive") a été transposée en droit français par l'ordonnance n° 2020-115 du 12 février 2020 complétée par deux décrets d'application n° 2020-118 et n° 2020-119 entrés en vigueur le 14 février 2020. D'autres textes spécifiques ont également été adoptés tels que l'ordonnance n° 2020-1342 du 4 novembre 2020 renforçant le dispositif de gel des avoirs et d'interdiction de mise à disposition ou encore la loi n° 2020-1508 du 3 décembre 2020 portant diverses dispositions d'adaptation au droit de l'Union européenne en matière économique et financière traitant notamment de la circulation de l'argent liquide et l'ordonnance n° 2020-1544 du 9 décembre 2020 renforçant le cadre de la lutte contre le blanchiment de capitaux et le financement du terrorisme applicable aux actifs numériques.

Au niveau national, la LCB-FT est principalement régie par les dispositions des articles L. 561-1 et suivants et des articles R. 561-1 et suivants du code monétaire et financier.

Elle s'articule autour de deux volets, l'un préventif et l'autre répressif, qui impliquent un nombre important d'acteurs des domaines public et privé. La cellule de renseignement financier TRACFIN assure la jonction entre les volets préventif et répressif en transmettant des signalements et des notes d'information aux autorités judiciaires et services d'enquête. En sa qualité de cellule française de renseignement financier, TRACFIN est chargé de recevoir et d'analyser les déclarations de transactions suspectes ainsi que d'autres informations pertinentes concernant le blanchiment de capitaux, les infractions sous-jacentes associées ou le financement du terrorisme.

Les acteurs du volet préventif ("assujettis") sont tenus de mettre en œuvre des actions dont la finalité est l'établissement d'une déclaration de soupçon adressée à TRACFIN lorsqu'ils sont confrontés à des transactions suspectes dans l'exercice de leurs missions. TRACFIN analyse et enrichit les éléments ainsi collectés et décide des suites à y donner, notamment de leur transmission aux acteurs du volet répressif.

En application de l'article L. 561-2 12° *bis* du code monétaire et financier, les commissaires aux comptes en leur qualité d'acteur du volet préventif sont soumis aux obligations relatives à la LCB-FT définies aux sections II à IX du chapitre I du titre VI du livre V du code monétaire et financier.

La norme d'exercice professionnel "Obligations du commissaire aux comptes en matière de lutte contre le blanchiment des capitaux et le financement du terrorisme" (NEP 9605) définit les principes relatifs à la mise en œuvre des dispositions du code monétaire et financier qui concernent :

– la vigilance avant d'accepter la relation d'affaires avec un client,
– la vigilance au cours de la relation d'affaires,
– la vigilance avant d'accepter de fournir une prestation à un client occasionnel,
– la déclaration à TRACFIN,
– la conservation des documents.

La dernière mise à jour a été homologuée par arrêté de *[du]* garde des sceaux du 18 août 2020 publié au *Journal officiel* le 21 août 2020.

Par commissaire aux comptes, on entend tout commissaire aux comptes intervenant ès qualités de commissaire aux comptes, quelle que soit la mission qu'il met en œuvre ou la prestation qu'il fournit pour un client dans le cadre d'une relation d'affaires ou pour un client occasionnel, qu'il réalise ou non la mission de contrôle légal de la personne ou de l'entité pour laquelle il intervient, qu'il exerce en nom propre ou au sein d'une société.

L'intervention ès qualités de commissaire aux comptes résulte :

— des dispositions légales et réglementaires sur le fondement desquelles la mission ou la prestation est mise en œuvre,

— de la mention de la qualité de commissaire aux comptes dans les documents de restitution de la mission ou de la prestation,

— ou encore de la référence, dans ces documents, à l'application des normes relatives à l'exercice professionnel des commissaires aux comptes ou de la doctrine professionnelle élaborée par la Compagnie nationale des commissaires aux comptes.

Elle peut en outre résulter d'un faisceau d'indices parmi lesquels l'utilisation d'un papier à en-tête d'une structure ayant pour objet l'exercice du commissariat aux comptes.

En application des obligations relatives à la LCB-FT, les commissaires aux comptes sont tenus de mettre en place :

— une organisation, des procédures et des mesures de contrôle interne en matière de lutte contre le blanchiment des capitaux et de financement du terrorisme,

— des dispositifs d'identification et d'évaluation des risques de blanchiment des capitaux et de financement du terrorisme auxquels ils sont exposés, ainsi qu'une politique adaptée à ces risques.

Ils élaborent notamment, une classification des risques selon au moins les quatre critères suivants :

- les missions ou prestations qu'ils proposent ;
- les caractéristiques de leurs clients ou de leurs clients occasionnels ;
- l'activité de leurs clients ou de leurs clients occasionnels ;
- la localisation de leurs clients ou de leurs clients occasionnels et la localisation de leurs activités.

Sur la base de la classification des risques, les commissaires aux comptes doivent déterminer le niveau de vigilance à exercer avant d'accepter d'entrer en relation d'affaires avec un client ou de fournir un service à un client occasionnel et également tout au long de la relation d'affaires ou de l'exécution du service.

Enfin, lorsqu'ils identifient des opérations ou des sommes qu'ils estiment suspectes, dans l'exercice de leurs missions ou leurs prestations ils effectuent une déclaration à TRACFIN.

Pour favoriser la bonne application par les commissaires aux comptes de leurs obligations, ces derniers disposent de l'analyse nationale des risques (ANR) et de l'analyse sectorielle des risques (ASR).

Les présentes lignes directrices, établies sous le timbre conjoint du H3C et de TRACFIN, viennent compléter ces documents.

L'analyse nationale des risques (ANR)

Afin de permettre aux commissaires aux comptes de mieux identifier les menaces, les vulnérabilités et le niveau de risque, le Conseil d'orientation de la lutte contre le blanchiment des capitaux et le financement du terrorisme (COLB), a publié son ANR en septembre 2019.

Lien vers l'ANR

https://www.economie.gouv.fr/files/files/directions_services/TRACFIN/analyse-nationale-des-risques-lcb-ft-en-France-septembre-2019.pdf

L'analyse sectorielle des risques (ASR)

Comme l'ensemble des autorités de contrôle et des organismes d'autorégulation des personnes et entités assujetties à la LCB-FT, le H3C a rédigé une ASR à destination des commissaires aux comptes. L'ASR est une déclinaison de l'ANR. Elle permet d'attirer l'attention sur les risques de blanchiment des capitaux et de financement du terrorisme liés à une activité ou un secteur. Les conclusions de l'ASR sont prises en compte dans les orientations de contrôle du H3C.

Lien vers l'ASR susceptibles d'être rencontrés à l'occasion de l'exercice de l'activité professionnelle de commissaire aux comptes du 6 février 2020

https://www.h3c.org/wp-content/uploads/2020/06/ASR2019.pdf

Les lignes directrices

Les lignes directrices sont des normes interprétatives du dispositif de LCB-FT. Elles explicitent les textes en vigueur, apportent un éclairage aux professionnels dans la mise en œuvre de leurs obligations de vigilance et de déclaration (détection des anomalies, analyse des faits conduisant au soupçon, modalités et délais de déclaration).

Sauf précision contraire, les articles mentionnés dans les présentes lignes directrices renvoient à ceux du code monétaire et financier.

1. Mise en place d'une organisation, de procédures et de mesures de contrôle interne en matière de LCB-FT

La structure d'exercice du commissariat aux comptes, qu'elle soit en nom propre ou sous forme de société, met en place une organisation, des procédures et des mesures de contrôle interne en matière de lutte contre le blanchiment des capitaux et de financement du terrorisme en application des dispositions de la section 6 du chapitre I du titre VI du livre V du code monétaire et financier.

Elle définit et met en place des dispositifs d'identification et d'évaluation des risques de blanchiment des capitaux et de financement du terrorisme auxquels elle est exposée, ainsi qu'une politique adaptée à ces risques, en application de l'article L. 561-4-1 du code monétaire et financier.

Elle élabore notamment une classification des risques. Celle-ci s'opère au moins selon les quatre critères suivants :

– les caractéristiques des clients ou des clients occasionnels ;

– l'activité des clients ou des clients occasionnels ;

– la localisation des clients ou des clients occasionnels et la localisation de leurs activités ;

– les missions ou prestations proposées par la structure d'exercice du commissariat aux comptes.

Cette classification a pour objectif de contribuer à la détermination du niveau de vigilance que le commissaire aux comptes devra exercer avant d'accepter la relation d'affaires avec un client ou de fournir une prestation à un client occasionnel et également tout au long de la relation d'affaires ou de l'exécution de la prestation.

Les différents dispositifs à mettre en place en matière de LCB-FT, à décrire et à documenter sont les suivants :

– les dispositifs d'identification et d'évaluation des risques de BC-FT ainsi que la politique de la structure d'exercice professionnel adaptée à ces risques,

– la classification des risques,

– la désignation du responsable de la mise en place des politiques, procédures et mesures de contrôle interne ainsi que de leur suivi,

– la désignation d'un correspondant TRACFIN,

– les diligences à mettre en œuvre lors du recrutement des collaborateurs,

– la formation et l'information de l'ensemble du personnel sur les obligations en matière de LCB-FT.

Les outils, les moyens matériels et humains dont est dotée la structure d'exercice du commissariat aux comptes permettant la mise en œuvre effective de l'ensemble des obligations de vigilance prévues par le code monétaire et financier, sont proportionnés à la taille de la structure, au volume et à la nature de ses activités, ainsi qu'à son appartenance ou non à un réseau.

1.1. *Mise en place de dispositifs d'identification et d'évaluation des risques de blanchiment des capitaux et de financement du terrorisme ainsi que d'une politique adaptée à ces risques*

La structure d'exercice du commissariat aux comptes doit mettre en place :

— des dispositifs d'identification et d'évaluation des risques de BC-FT auxquels elle est exposée,

— une politique adaptée à ces risques.

Les dispositifs d'identification et d'évaluation des risques seront plus ou moins complexes, formalisés de façon plus ou moins détaillée, selon la taille de la structure, le volume et la nature de ses activités, ainsi que son organisation et son appartenance ou non à un réseau.

Lorsque la structure d'exercice du commissariat aux comptes appartient à un groupe au sens de l'article L. 561-33, et que l'entreprise mère du groupe a son siège social en France, elle met en place des dispositifs d'identification et d'évaluation des risques existant au niveau du groupe ainsi qu'une politique adaptée, définis par celle-ci.

Ces dispositifs servent en particulier de support aux politiques :

— d'acceptation ou de maintien des missions et des prestations,

— de refus de certaines missions et des prestations,

— d'adoption le cas échéant d'un niveau de vigilance renforcé.

Pour l'identification et l'évaluation des risques de BC-FT auxquels elle est exposée, la structure d'exercice du commissariat aux comptes tient compte des facteurs inhérents aux clients, aux produits, services, transactions et canaux de distribution, ainsi qu'aux facteurs géographiques, précisés par arrêté du ministre chargé de l'économie, ainsi que des recommandations de la Commission européenne issues du rapport prévu par l'article 6 et des facteurs de risque mentionnés aux annexes II et III de la directive 2015/849 du Parlement européen et du Conseil du 20 mai 2015 relative à la prévention de l'utilisation du système financier aux fins du blanchiment de capitaux ou du financement du terrorisme, ainsi que de l'analyse des risques effectuée au plan national dans des conditions fixées par décret.

1.2. *Élaboration de la classification des risques*

La classification des risques a pour objectif de permettre à la structure d'exercice du commissariat aux comptes :

— d'apprécier le niveau de risque de son portefeuille de clients ou clients occasionnels,

— de déterminer de manière raisonnée le niveau des mesures de vigilance à appliquer, tant lors de la procédure d'identification et de vérification des éléments d'identification du client ou du client occasionnel qu'au cours de la relation d'affaires.

Avant d'accepter la mission ou prestation, le commissaire aux comptes signataire attribue au client ou au client occasionnel un niveau de risque sur la base de la classification des risques prédéfinie par sa structure d'exercice professionnel. Il en déduit le niveau de vigilance attribué au client.

Il peut ensuite au cours de la relation d'affaires, moduler ce niveau de risque en fonction de la connaissance qu'il acquiert du client et des opérations réalisées ou envisagées par celui-ci. Le niveau de vigilance sera ajusté en conséquence.

Le niveau de risque initialement attribué et, le cas échéant, sa modulation sont documentés.

La classification des risques s'opère :

— sur la base au moins des quatre critères suivants :

• les caractéristiques des clients ou des clients occasionnels ;

• l'activité des clients ou des clients occasionnels ;

• la localisation des clients ou des clients occasionnels et la localisation de leurs activités ;

• les missions ou prestations proposées par la structure d'exercice du commissariat aux comptes.

– à partir de facteurs de risques choisis et évalués par la structure d'exercice du commissariat aux comptes. Pour ce faire, celle-ci s'appuie sur l'analyse de l'ensemble des informations dont elle dispose, tant internes qu'externes, et notamment de :

• l'ANR publié*[e]* par le COLB ;

• l'ASR publié*[e]* par le H3C,

• le Rapport annuel du H3C portant sur le dispositif de LBC-FT applicable aux commissaires aux comptes,

• les rapports et lettres d'information publiés par TRACFIN.

Pour les professionnels du chiffre et du droit, l'ANR estime que l'évaluation de la menace et des risques en matière de BC est modérée et qu'elle n'est pas caractérisée en matière de FT. Cette analyse identifie toutefois des situations de vulnérabilité intrinsèques potentiellement élevées (activité de gestion de compte ou de séquestre, trop grande proximité avec un client notamment PPE, missions de conseil juridique et fiscal pour la mise en place de montages complexes, cas de détournements d'actifs et d'abus de biens sociaux, utilisation de logiciels de double-comptabilité ou de double caisse). Toutefois, s'agissant de professions réglementées, la vulnérabilité résiduelle de ces professions est évaluée à un niveau modéré. Le risque global pour les professionnels du chiffre et du droit, qui est la combinaison du risque de menace et de la vulnérabilité résiduelle, ressort donc à un niveau modéré.

Pour les commissaires aux comptes, l'ASR relève qu'ils sont confrontés à deux types de risques :

– le concours indirect à une action de BC

Le commissaire aux comptes est susceptible de produire certaines attestations au profit des entreprises. De telles attestations pourraient, dans certaines situations, conduire un commissaire aux comptes à concourir indirectement à une opération de BC,

– la non-détection d'une opération de BC ou de FT

A l'occasion de toute diligence qu'il met en œuvre, le commissaire aux comptes est confronté au risque de ne pas détecter une opération de BC ou de FT.

L'ASR précise à cet égard que si le commissaire aux comptes n'est pas spécifiquement chargé de rechercher l'existence de fraudes ou d'opérations de BC ou de FT, il doit néanmoins faire preuve de vigilance sur ces sujets à l'occasion des diligences qu'il met en œuvre dans le cadre de sa mission ou de ses prestations. Ainsi, l'identification par un commissaire aux comptes de montages complexes susceptibles d'opacifier des flux financiers ou de présenter un risque de fraude fiscale doit entraîner une vigilance particulière de sa part.

L'ASR rappelle les secteurs présentant un risque élevé identifiés par l'ANR :

– secteurs "services bancaires et financiers" : banque privée et certains crédits à la consommation,

– secteur "espèces, transmissions de fonds, change manuel et monnaies électroniques",

– secteur "innovations financières" : financement participatif,

– secteur de l'art et du luxe,

– secteur associatif : associations ou fondations intervenant dans un secteur sensible.

L'ASR attire également l'attention des commissaires aux comptes sur des secteurs qui n'ont pas fait l'objet d'une classification en "risque élevé" par l'ANR mais qui peuvent cependant dans certains cas conduire à une évaluation en risque "modéré" ou "élevé" : secteur associatif hors activités sensibles, constructions juridiques et personnes morales dont les sociétés de domiciliation, secteur Immobilier, ainsi que sur les risques géographiques élevés concernant des opérations avec des tiers, personnes morales ou physiques établies dans des pays étrangers, notamment dans un État ou un territoire figurant sur les listes publiées par le Groupe d'action financière (GAFI) ou la Commission européenne.

Compte tenu de ces éléments, la structure d'exercice du commissariat aux comptes pourra ainsi définir, dans ses procédures, les principaux critères à prendre en compte pour procéder à la classification du risque d'un client ou d'un client occasionnel :

– concernant les caractéristiques du client ou client occasionnel :
• client récurrent ou occasionnel,
• structure complexe de détention du capital, trust, fiducie...
• difficultés d'identification et/ou de vérification des éléments d'identification du client ou client occasionnel ou du bénéficiaire effectif,
• niveau de compétence de la direction,
• sensibilité de la direction et de la gouvernance du client au respect des réglementations comptable, fiscale, sociale et juridique, au contrôle interne ainsi qu'aux risques de fraude, de corruption ou de BC-FT,
• ...

– concernant l'activité du client ou client occasionnel :
• activité identifiée comme présentant un risque élevé notamment au regard de l'Analyse Sectorielle des Risques de BC-FT du H3C,
• activité faisant l'objet d'une réglementation complexe,
• client développant régulièrement de nouvelles activités,
• ...

– concernant la localisation du client ou client occasionnel et de ses activités :
• client ou client occasionnel domicilié, enregistré ou établi dans un État ou territoire figurant sur les listes du GAFI ou de la Commission européenne ou opérant avec des clients ou des fournisseurs établis dans des pays figurant sur ces listes,
• client ou client occasionnel domicilié, enregistré ou établi dans des pays qui figurent sur des listes de pays non coopératifs en matière fiscale ou faisant l'objet de sanctions, d'embargos ou de mesure de même nature à la demande des Nations unies, de l'Union européenne ou de la France,
• client ou client occasionnel domicilié, enregistré ou établi dans des zones géographiques où le taux de criminalité est reconnu comme étant particulièrement élevé (État, région, département, ville, quartier).
• ...

– concernant les missions ou prestations proposées par la structure d'exercice du commissariat aux comptes :
• mission de contrôle légal et autres missions confiées par la loi ou le règlement,
• prestations fournies en dehors de la mission légale,
• mission demandant la prise de mesures de sauvegarde ou la saisine du H3C,
• mission légale faisant suite à la démission d'un confrère pour laquelle les motifs ne sont pas clairement établis,
• ...

Pour chaque mission ou prestation, une grille d'évaluation des risques établie sur la base de cette classification des risques pourra être renseignée préalablement à son acceptation, afin de définir le niveau de risque attribué au client ou client occasionnel.

Cette grille pourra le cas échéant être intégrée aux questionnaires utilisés par la structure pour documenter les décisions d'acceptation ou de maintien de mission ou prestation.

Le degré d'exposition aux risques découlant de l'évaluation combinée des risques attachés aux critères de classification des risques s'évalue selon trois niveaux : faible, moyen ou élevé.

L'appréciation finale du risque de BC-FT d'un client ou client occasionnel donné relève du jugement professionnel du commissaire aux comptes. Le niveau de vigilance à appliquer avant d'accepter la mission ou prestation puis pendant la relation d'affaires en dépendra.

Pour les clients récurrents, le niveau de risque attribué sera revu par le commissaire aux comptes si besoin, au cours de la relation d'affaires.

Autant que de besoin, les organes dirigeants de la structure d'exercice du commissariat aux comptes examineront les risques attachés à son portefeuille de clients ou clients occasionnels afin de s'assurer notamment de la pertinence de la classification des risques retenue, de la grille d'évaluation des risques de BC-FT utilisée ainsi que du respect de la politique de risques.

Au vu de cet examen, ces organes dirigeants pourront décider, le cas échéant, de mettre fin à certaines missions ou prestations jugées trop risquées tout en veillant au respect des règles définies par le code de déontologie. Ils pourront également, si nécessaire, revoir la classification des risques et la grille d'évaluation des risques utilisée pour apprécier individuellement les risques de BC-FT d'un client ou client occasionnel pour intégrer toute modification qui de *[se]* révèlerait nécessaire.

1.3. *Désignation d'un responsable de la mise en place et du suivi des systèmes d'évaluation et de gestion des risques ainsi que des procédures correspondantes*

La structure d'exercice du commissariat aux comptes désigne, en fonction de sa taille, de la nature de ses activités et de son organisation, une personne occupant une position hiérarchique élevée et possédant une expérience et une connaissance suffisante de l'exposition de la structure aux risques de BC-FT ayant pour responsabilité de :

– définir la politique de gestion des risques de la structure en matière de LCB-FT,

– mettre en place et suivre les systèmes d'évaluation et de gestion des risques,

– assurer la surveillance de leur mise en œuvre,

– définir, rédiger, mettre à jour et diffuser les procédures en matière de LCB-FT,

– diffuser à l'ensemble des effectifs de la structure par le biais d'une veille réglementaire les dernières mises à jour de la réglementation en matière de LCB-FT. Cette fonction pourra le cas échéant être effectuée par le correspondant TRACFIN (cf. chapitre 1.4),

– mettre en place une formation régulière de l'ensemble des effectifs de la structure.

Cette personne sera désignée formellement et choisie de préférence parmi les membres des organes dirigeants de la structure d'exercice du commissariat aux comptes. A défaut, elle travaillera sous les instructions directes des organes dirigeants et leur rendra périodiquement compte de ses travaux.

Selon la taille et l'organisation de la structure, la surveillance de la correcte mise en œuvre des systèmes d'évaluation et de gestion des risques pourra être effectuée lors des contrôles de qualité interne à la structure.

1.4. *Désignation d'un correspondant TRACFIN et du déclarant TRACFIN*

La structure d'exercice du commissariat aux comptes désigne également un correspondant TRACFIN et un (des) déclarant(s) TRACFIN.

Le correspondant TRACFIN est chargé :

– de répondre aux demandes de TRACFIN à l'exception de celles portant sur les déclarations de soupçon ou de celles consécutives à un droit de communication,

– d'assurer la diffusion aux membres concernés du personnel des informations, avis ou recommandations de caractère général qui émanent de TRACFIN, du H3C et de la CNCC.

Le correspondant TRACFIN n'est pas obligatoirement commissaire aux comptes mais se doit de disposer de solides connaissances en matière de LCB-FT, d'une disponibilité suffisante ainsi que de moyens appropriés pour exercer ses attributions.

Le déclarant TRACFIN est obligatoirement commissaire aux comptes. Il s'agit de la personne physique mandatée par l'entité pour exécuter la mission ou la prestation ou, lorsque l'entité a mandaté une personne morale, la personne physique désignée par la personne morale pour réaliser, en son nom, la mission ou la prestation.

Le déclarant TRACFIN est chargé :

– d'effectuer la déclaration de soupçon à TRACFIN (voir également le point 4.1 "Auteur de la déclaration"),

– de porter, sans délai, à la connaissance de TRACFIN, toute information de nature à infirmer, conforter ou modifier les éléments contenus dans la déclaration de soupçon,

– de répondre à toute demande émanant de TRACFIN portant sur la déclaration de soupçon ou consécutive à son droit de communication, dans les délais fixés par celui-ci.

La désignation du responsable des systèmes d'évaluation, de gestion des risques et des procédures correspondantes, du correspondant TRACFIN et du déclarant TRACFIN.

Commissaire aux comptes personne physique exerçant en nom propre

Lorsqu'il exerce en nom propre, le commissaire aux comptes assume lui-même les trois rôles :

– responsable de la mise en place et du suivi des systèmes d'évaluation et de gestion des risques ainsi que des procédures correspondantes,

– correspondant TRACFIN, et

– déclarant TRACFIN.

Commissaire aux comptes personne morale

Le commissaire aux comptes personne morale doit désigner :

– un responsable de la mise en place et du suivi des systèmes d'évaluation et de gestion des risques ainsi que des procédures correspondantes,

– un correspondant TRACFIN, et

– autant de déclarants que de personnes désignées pour réaliser, en son nom, les missions et les prestations au titre desquelles il aura été mandaté.

La désignation des correspondants et déclarants s'effectue conformément au "pas-à-pas ERMES" (voir annexe).

1.5. *Diligences à mettre en œuvre lors du recrutement de collaborateurs*

Dans sa politique de recrutement du personnel, la structure d'exercice du commissariat aux comptes prend en compte les risques que présentent les personnes au regard de la LBC-FT.

Pour chaque type de poste, elle veille à ce que les vérifications effectuées dans le cadre du processus de recrutement de ces personnes soient strictement proportionnées aux risques présentés, compte tenu des fonctions, des activités et de la position hiérarchique qui leur sont associés.

Elle tient compte également du risque, souligné par l'ASR, qui résiderait dans le fait que la personne soit impliquée dans une opération de BC-FT. En cas de doute, il pourra être demandé au candidat de fournir un extrait de casier judiciaire (bulletin n° 3).

Il peut être relevé que si la personne est inscrite sur la liste des commissaires aux comptes, l'ASR considère que les conditions d'inscription sur la liste sont de nature à s'assurer de la moralité et de l'absence de condamnation de la personne, commissaire aux comptes personne physique.

Lors des entretiens préalables à l'embauche, selon les fonctions, les activités et la position hiérarchique que le candidat est destiné à exercer et à occuper, il conviendra le cas échéant d'apprécier le fait qu'il dispose d'une bonne connaissance du dispositif de LBC-FT et en particulier de la NEP 9605, qu'il a été formé sur le sujet et qu'il en a acquis une bonne compréhension.

1.6. *Formation et information de l'ensemble du personnel sur les obligations en matière de LCB-FT*

La structure d'exercice du commissariat aux comptes assure l'information régulière de son personnel en matière de LCB-FT à tous les niveaux de la hiérarchie, en ce compris les associés, et met en place toute action de formation utile.

Les formations sont adaptées aux fonctions ou activités exercées par la personne, à sa position hiérarchique ainsi qu'aux risques identifiés par la classification des risques.

La formation et l'information de l'ensemble du personnel peuvent être assurées par :

– la diffusion des procédures LCB-FT et de leurs mises à jour,
– la diffusion autant que de besoin de notes internes (veille réglementaire),
– la formation périodique en matière de LCB-FT.

Pour s'assurer de la bonne appréhension des formations et informations diffusées, il conviendrait que la structure d'exercice professionnel :

– demande au personnel d'attester avoir pris connaissance des procédures lors de leur entrée en fonction et à chacune de leurs mises à jour,

– détermine la fréquence de la mise à jour des connaissances des collaborateurs selon l'évolution de la réglementation et des procédures applicables.

Le respect des obligation de formation en matière de LCB-FT est périodiquement contrôlé par le responsable désigné pour la mise en place et le suivi des systèmes d'évaluation et de gestion des risques de BC-FT.

2 Les obligations de vigilance à mettre en œuvre avant d'accepter la relation d'affaire ou de fournir une prestation à un client occasionnel

Le commissaire aux comptes est tenu de mettre en œuvre des diligences qui sont fonction du niveau de vigilance déterminé au regard de la classification des risques.

La réalisation de tout ou partie des mesures de vigilance peut être, le cas échéant, déléguée à des collaborateurs à condition que ceux-ci soient sensibilisés et formés à la réglementation en matière de LCB-FT. Néanmoins, le commissaire aux comptes assure la responsabilité finale de leur bon accomplissement et de la prise de décision d'acceptation de la mission ou de la prestation et de maintien de celle-ci.

2.1. *Relations d'affaires et clientèle occasionnelle : des obligations différentes*

Selon que le commissaire aux comptes envisage de nouer ou a noué une relation d'affaires avec un client ou de fournir une prestation à un client occasionnel, ses obligations de vigilance en matière de BC-FT seront différentes.

Il est donc important, pour déterminer les obligations qui s'imposent à lui, que le commissaire aux comptes appréhende bien ces concepts afin de distinguer ses clients (relations d'affaires) de ses clients occasionnels.

2.1.1. *Définition d'une "relation d'affaires"*

La NEP 9605 définit la relation d'affaires comme une relation professionnelle nouée avec un client pour réaliser :

– des missions visées au paragraphe 8 de la NEP 9605, à savoir :

• la mission de contrôle légal et, le cas échéant, les autres missions confiées par la loi ou le règlement au commissaire aux comptes qui exerce la mission de contrôle légal de la personne ou de l'entité;

• les autres missions légales ou réglementaires réalisées par un commissaire aux comptes pour une personne ou une entité pour laquelle il n'exerce pas la mission de contrôle légal. Il peut s'agir, par exemple, d'une mission de commissariat aux apports, à la fusion ou à la transformation;

– des prestations qu'un commissaire aux comptes fournit à la personne ou à l'entité pour laquelle il exerce la mission de contrôle légal ;

– des prestations qu'un commissaire aux comptes fournit de manière régulière à une personne ou une entité pour laquelle il n'exerce pas la mission de contrôle légal. Il peut s'agir par exemple d'attester tous les mois d'un élément de comptes à la demande du client pour les besoins d'un tiers.

La NEP précise également que le terme "prestation" recouvre les services et attestations qui ne sont pas des missions visées au paragraphe 8 de la norme, qu'un commissaire aux comptes fournit à une personne ou une entité pour laquelle il exerce ou non la mission de contrôle légal. Il peut s'agir par exemple d'un audit financier contractuel ou encore d'une revue de conformité à un référentiel.

Il résulte en particulier de ces définitions que dès lors que le commissaire aux comptes exerce une mission de contrôle légal des comptes, une relation d'affaires est nouée et entrent alors dans la relation d'affaires toutes les missions et prestations effectuées pour le client dont les comptes sont certifiés.

2.1.2. *Définition d'un "client occasionnel"*

Comme indiqué au paragraphe 7 de la NEP 9605, le client occasionnel désigne la personne ou l'entité à laquelle un commissaire aux comptes fournit une prestation ci-avant définie sans qu'une relation d'affaires soit nouée.

2.2. *Les obligations de vigilance avant d'accepter la relation d'affaires*

Avant d'accepter la relation d'affaires, le commissaire aux comptes procède :
– à l'identification et la vérification des éléments d'identification du client et, le cas échéant, des personnes agissant pour son compte ainsi que du ou des bénéficiaires effectifs,
– au recueil et à l'analyse *[de]* tout autre élément d'information nécessaire à la connaissance du client ainsi que de l'objet et de la nature de la mission autre que le contrôle légal ou de la prestation envisagée.

Si le commissaire aux comptes ne parvient pas à mettre en œuvre de manière satisfaisante ses obligations de vigilance avant d'accepter la relation d'affaires, il n'accepte pas la relation d'affaires et procède le cas échéant à une déclaration à TRACFIN.

2.2.1. *Identification du client et vérification des éléments d'identification du client et, le cas échéant, des personnes agissant pour son compte*

La NEP 9605 précise les mesures de vigilance à mettre en œuvre pour l'identification du client et la vérification des éléments d'identification du client :
– pour les personnes physiques (§ 15 à 18),
– pour les personnes morales (§ 19 à 21),
– pour les fiducies (§ 22 à 23),
– pour les placements collectifs non dotés de la personnalité morale (§ 24),
– pour les personnes agissant pour le compte du client (§ 25).

Les diligences à mettre en œuvre comportent deux volets distincts qui peuvent toutefois être réalisés concomitamment :
– l'identification du client,
– la vérification des éléments d'identification du client.

Les mesures de vigilance à mettre en œuvre pour l'identification du client et la vérification des éléments d'identification du client peuvent être synthétisées comme suit, selon le type de client :

Type de client	Identification	Vérification
Personne physique	Recueil de : – ses nom et prénoms, – sa date et son lieu de naissance.	**Modalité standard** ***Lorsque le client est physiquement présent :*** 1re possibilité : le commissaire aux comptes demande la présentation de l'original d'un document officiel en cours de validité comportant sa photographie (exemples : carte d'identité, passeport) et prend copie de ce document 2e possibilité : le commissaire aux comptes recourt à un moyen d'identification électronique prévu par le code monétaire et financier **(2)** ***Lorsque le client n'est pas physiquement présent*** Le commissaire aux comptes recourt à un moyen d'identification électronique prévu par le code monétaire et financier **(2)**

Type de client	Identification	Vérification
		Modalité alternative si la modalité standard ne peut être mise en œuvre Le commissaire aux comptes applique au moins deux mesures parmi celles prévues à l'article R. 561-5-2 du code monétaire et financier **(3)**. Exemples de mesures : obtention d'une copie de la carte d'identité ou du passeport et d'une certification conforme de ce document par un tiers indépendant habilité (maire, notaire...). **Le commissaire aux comptes demande au client s'il est une personne exposée (1)** et applique dans ce cas les mesures de vigilance complémentaires prévues au point 2.2.4.1. Précision : contrairement aux établissements de crédits ou aux sociétés d'assurance, les commissaires aux comptes ne disposent en général pas de bases de données listant les personnes exposées, les membres directs de leur famille ou encore les personnes qui leur sont étroitement associées. Dans ces conditions, l'identification de ces personnes ne peut se faire que par l'interrogation du client et le recoupement d'information collectées dans le cadre de la prise de connaissance du client. Si l'information obtenue lui paraît manifestement incohérente, il investigue et s'entretient avec le client.
Personne morale	Recueil de : – sa forme juridique, – sa dénomination, – son numéro d'immatriculation, – l'adresse de son siège social et l'adresse du lieu de direction effective de l'activité si elle est différente de l'adresse du siège social.	**Modalité standard** ***Lorsque le représentant dûment habilité de la personne morale est présent :*** 1re possibilité : le commissaire aux comptes demande à ce que lui soit communiqué l'original ou la copie de tout acte ou extrait de registre officiel datant de moins de 3 mois ou extrait du *Journal officiel* * mentionnant : – sa dénomination, – sa forme juridique, – l'adresse de son siège social, – l'identité de ses associés tenus indéfiniment ou tenus indéfiniment et solidairement des dettes sociales et dirigeants sociaux, mentionnés aux 1° et 2° de l'article R. 123-54 du code de commerce[1], de ses représentants légaux ou leurs équivalents en droit étranger.
		* Exemples de document : extrait K-*bis* pour les sociétés et statuts et déclaration préalable à la préfecture pour les associations 2e possibilité : le commissaire aux comptes obtient une copie certifiée de l'acte ci-avant mentionné directement via les greffes des tribunaux de commerce ou un document équivalent en droit étranger. 3e possibilité : Recours à un moyen d'identification électronique prévu par le code monétaire et financier **(2)** ***Lorsque le représentant dûment habilité de la personne morale n'est pas présent*** Recours à un moyen d'identification électronique prévu par le code monétaire et financier **(2)** **Modalité alternative si la modalité standard ne peut être mise en œuvre**

Type de client	Identification	Vérification
		Le commissaire aux comptes applique au moins deux mesures parmi celles prévues à l'article R. 561-5-2 du code monétaire et financier **(3)**. Exemples de mesures : obtention d'une copie des statuts certifiée conforme par le représentant légal et demande d'un extrait K-bis directement au greffe du tribunal de commerce ou d'un extrait du répertoire national des associations directement auprès de la préfecture ou de la sous-préfecture du siège de l'association concernée et, à Paris, auprès de la préfecture de police.
Mission légale de contrôle de la comptabilité autonome dans une fiducie ou prestation rendue pour les constituants, les fiduciaires, les bénéficiaires et, le cas échéant, le tiers au sens de l'article 2017 du code civil	Recueil : – des éléments d'identification prévus pour les personnes physiques ou les personnes morales selon le cas, – de la copie du contrat de fiducie, – de l'extrait du Journal officiel de la loi établissant la fiducie ou tout document ou acte équivalent afférent à un dispositif juridique équivalent en droit étranger.	Le commissaire aux comptes vérifie les éléments d'identification des constituants, des fiduciaires, des bénéficiaires et, le cas échéant, du tiers au sens de l'article 2017 du code civil de la fiducie ou du dispositif juridique comparable de droit étranger, selon les modalités prévues à l'article R. 561-5-1, 5° du code monétaire et financier.
Placement collectif non doté de la personnalité morale	Recueil de : – sa dénomination, – sa forme juridique, son numéro d'agrément, – son numéro international d'identification des valeurs mobilières, – la dénomination, l'adresse et le numéro d'agrément de la société de gestion qui le gère.	Lorsqu'il existe un soupçon de blanchiment des capitaux ou de financement du terrorisme, le commissaire aux comptes applique l'une des modalités prévues à l'article R. 561-5-1 du code monétaire et financier. Lorsque les mesures prévues aux 1° à 4° de l'article R. 561-5-1 du code monétaire et financier ne peuvent pas être mises en œuvre, le commissaire aux comptes applique au moins deux mesures parmi celles prévues à l'article R. 561-5-2 du code monétaire et financier **(3)**.

[1] Les 1° et 2° de l'article R. 123-54 du code de commerce apportent les précisions suivantes :
La société déclare en outre :
1° Les nom, nom d'usage, pseudonyme, prénoms et domicile personnel des associés tenus indéfiniment ou tenus indéfiniment et solidairement des dettes sociales, leurs date et lieu de naissance, ainsi que leur nationalité ;
2° Selon la forme juridique, les nom, nom d'usage, pseudonyme, prénoms, date et lieu de naissance, domicile personnel et nationalité des :
a) *Gérants, présidents, directeurs généraux, directeurs généraux délégués, membres du directoire, président du directoire ou, le cas échéant, directeur général unique, associés et tiers ayant le pouvoir de diriger, gérer ou engager à titre habituel la société avec l'indication, pour chacun d'eux lorsqu'il s'agit d'une société commerciale, qu'ils engagent seuls ou conjointement la société vis-à-vis des tiers;*
b) *Administrateurs président du conseil d'administration, président du conseil de surveillance, membres du conseil de surveillance et commissaire aux comptes*

En outre, en dehors des situations où les textes légaux et réglementaires définissen[t] l'organe ou la personne habilité à confier la mission au commissaire aux comptes, l[e] commissaire aux comptes identifie également les personnes agissant pour le compt[e] du client (en vertu de la loi ou d'un contrat : représentant légal ou statutaire o[u] personne disposant d'une délégation de pouvoirs) et vérifie leurs éléments d'identification selon les mêmes modalités que pour le client.

Il vérifie aussi leurs pouvoirs. A cet effet, le commissaire aux comptes recueill[e] tout document justifiant de la qualité de représentant et de son habilitation à engage[r]

l'entité. Le commissaire aux comptes pourrait par exemple vérifier ces éléments à partir des statuts d'une société ou d'une association ou d'une délégation de pouvoir établie en bonne et due forme dont il conviendra qu'il en prenne copie.

Ainsi, avant d'accepter la relation d'affaires ou, le commissaire aux comptes vérifie que la personne agissant pour le compte du client est bien habilitée à engager la personne ou l'entité. Cela peut être le directeur général par exemple, ou toute autre personne qui noue la relation d'affaire*[s]* pour le compte de la personne ou entité. Le commissaire aux comptes procède à ces vérifications uniquement pour la personne qui agit pour le compte du client pour la mission ou prestation envisagée, et non toutes les personnes qui peuvent agir pour le compte du client.

(1) Une personne exposée désigne une personne physique qui est exposée à des risques particuliers en raison des fonctions politiques, juridictionnelles ou administratives :

– qu'elle exerce ou a cessé d'exercer depuis moins d'un an ; ou

– qu'exercent ou ont cessé d'exercer depuis moins d'un an des membres directs de sa famille ou des personnes connues pour lui être étroitement associées.

L'article R. 561-18 du code monétaire et financier définit ces fonctions et ces personnes.

(2) La vérification des éléments d'identification du client par le recours à un moyen d'identification électronique est prévue aux 1° et 2° de l'article R. 561-5-1 du code monétaire et financier.

La mesure du 1° du *[de l'article]* R. 561-5-1 fait référence à un moyen d'identification électronique dont le niveau de garantie correspond au moins au niveau "substantiel" défini par le règlement eIDAS. Le règlement eIDAS fixe des standards interopérables à l'échelle de l'Union européenne en matière d'identification électronique, en distinguant des niveaux de garantie "faible", "substantiel" ou "élevé". La Commission européenne tient à jour un moteur de recherche recensant les schémas d'identification électronique qui lui ont été notifiés conformément au règlement eIDAS, via les autorités des différents États membres (par exemple l'ANSSI en France), ainsi que leur niveau de garantie.

Les assujettis peuvent donc recourir à *[l']*un des schémas listés par la Commission européenne, à condition que son niveau de garantie soit au moins substantiel.

La mesure du 2° du *[de l'article]* R. 561-5-1 fait référence à un moyen d'identification présumé fiable car répondant aux prescriptions d'un cahier des charges établi par l'ANSSI et fixé par décret en Conseil d'État. Ce dispositif n'est actuellement pas utilisé.

(3) Lorsque le commissaire aux comptes doit appliquer au moins deux mesures parmi celles prévues à l'article R. 561-5-2 du code monétaire et financier, il choisit celles qui, combinées entre elles, permettent la vérification de tous les éléments d'identification du client mentionnés à l'article R. 561-5.

Les deux mesures doivent relever de deux alinéas différents.

Les mesures de vigilance prévues à l'article R. 561-5-2 sont les suivantes :

[Article] **R. 561-5-2 du code monétaire et financier**	**Exemples de modalités d'application**
1° Obtenir une copie d'un document mentionné au 3° ou au 4° de l'article R. 561-5-1 ;	<u>Pour une personne physique</u> (*un document officiel en cours de validité comportant sa photographie*) : Le commissaire aux comptes obtient une copie de la carte d'identité ou du passeport. <u>Pour une personne morale</u> (*tout acte ou extrait de registre officiel datant de moins de trois mois ou extrait du Journal officiel*) : Le commissaire aux comptes obtient un extrait K *bis* directement du greffe du tribunal de commerce ou un extrait du répertoire national des associations directement auprès de la préfecture ou de la sous-préfecture du siège de l'association concernée et, à Paris, auprès de la préfecture de police.

[Article] R. 561-5-2 du code monétaire et financier	Exemples de modalités d'application
2° Mettre en œuvre des mesures de vérification et de certification de la copie d'un document officiel ou d'un extrait de registre officiel mentionné au 3° ou au 4° de l'article R. 561-5-1 par un tiers indépendant de la personne à identifier ;	Pour une personne physique : Le commissaire aux comptes obtient une certification conforme de la carte d'identité ou du passeport par un tiers indépendant habilité. Pour une personne morale : Le commissaire aux comptes obtient une copie des statuts certifiée conforme par le représentant légal.
3° Exiger que le premier paiement des opérations soit effectué en provenance ou à destination d'un compte ouvert au nom du client auprès d'une personne mentionnée aux 1° à 6° *bis* de l'article L. 561-2 qui est établie dans un État membre de l'Union européenne ou dans un État partie à l'accord sur l'Espace économique européen ou dans un pays tiers imposant des obligations équivalentes en matière de lutte contre le blanchiment de capitaux et le financement du terrorisme ;	Le commissaire aux comptes obtient du client un virement effectué par l'intermédiaire d'une banque européenne pour le paiement d'une facture symbolique de frais de dossier émise par la structure d'exercice du commissariat aux comptes.
4° Obtenir directement une confirmation de l'identité du client de la part d'un tiers remplissant les conditions prévues au 1° ou au 2° du I de l'article L. 561-7 ;	Sur la base exclusive du 1° du I de l'article L. 561-7, le commissaire aux comptes obtient d'un autre commissaire aux comptes, d'un expert-comptable, d'un notaire ou d'un avocat une confirmation de l'identité du client, à la condition que cet autre professionnel ait lui-même identifié et vérifié l'identité du client.
5° Recourir à un service certifié conforme par l'Agence nationale de la sécurité des systèmes d'information ou un organisme de certification que cette agence autorise, au niveau de garantie substantiel des exigences relatives à la preuve et à la vérification d'identité, prévues à l'annexe du règlement d'exécution (UE) 2015/1502 du 8 septembre 2015. Un arrêté conjoint du Premier ministre et du ministre chargé de l'économie précise les modalités d'application de ce 5° ;	Cette mesure n'est pas encore disponible pour les citoyens français.
6° Recueillir une signature électronique avancée ou qualifiée ou un cachet électronique avancé ou qualifié valide reposant sur un certificat qualifié ou avoir recours à un service d'envoi recommandé électronique qualifié comportant l'identité du signataire ou du créateur de cachet et délivré par un prestataire de service de confiance qualifié inscrit sur une liste de confiance nationale en application de l'article 22 du règlement (UE) n° 910/2014 du 23 juillet 2014.	Les produits et services répondant à ces caractéristiques et délivrés par un prestataire figurent sur la liste de confiance nationale établie par l'Agence nationale de la sécurité des systèmes d'information (ANSSI).

2.2.2. *Identification et vérification des éléments d'identification du bénéficiaire effectif*

2.2.2.1. *Définition et identification du bénéficiaire effectif*

Le bénéficiaire effectif désigne la ou les personnes physiques, soit qui contrôlent en dernier lieu, directement ou indirectement, le client ou le client occasionnel, soit pour laquelle *[lesquelles]* une opération est exécutée ou une activité exercée.

Les articles R. 561-1 à R. 561-3-0 du code monétaire et financier définissent ce qu'on entend par bénéficiaire effectif lorsque le client ou le client occasionnel est une société, un placement collectif, une personne morale autre qu'une société ou un placement collectif, ou lorsqu'il intervient dans le cadre d'une fiducie ou d'un dispositif juridique comparable de droit étranger.

Les articles R. 561-1 à R. 561-3 du code monétaire et financier précisent qui est le bénéficiaire effectif lorsqu'une personne physique n'a pu être identifiée selon les critères prévus et qu'il n'y a pas de soupçon de blanchiment de capitaux ou de financement du terrorisme à l'encontre du client.

Pour les sociétés, les dispositions de l'article R. 561-1 sont les suivantes. – *V. supra, A. Droit préventif et répressif.*

Le ou les bénéficiaires effectifs s'entendent donc d'une ou de plusieurs personnes physiques.

Le commissaire aux comptes doit donc considérer comme bénéficiaire effectif la ou les personnes physiques qui :

– soit détiennent, directement ou indirectement, plus de 25 % du capital ou des droits de vote de la société,

– soit exercent, par tout autre moyen, un pouvoir de contrôle sur la société au sens des 3° et 4° du I de l'article L. 233-3 du code de commerce, à savoir :

– lorsqu'elle détermine en fait, par les droits de vote dont elle dispose, les décisions dans les assemblées générales de cette société (3° du I de l'article L. 233-3),

– lorsqu'elle est associée ou actionnaire de cette société et dispose du pouvoir de nommer ou de révoquer la majorité des membres des organes d'administration, de direction ou de surveillance de cette société (4° du I de l'article L. 233-3).

Pour apprécier le pourcentage de détention, il convient de prendre en compte toute la chaîne de détention.

Pour apprécier la notion de contrôle, il convient de remonter toute la chaîne de contrôle.

En cas de démembrement de propriété d'actions entre un nu-propriétaire et un usufruitier, sont considérés comme le ou les bénéficiaires effectifs :

– la ou les personnes physiques ayant la qualité de nus-propriétaires qui détiennent, directement ou indirectement, plus de 25 % du capital ou des droits de vote de la société. Le calcul de ce pourcentage prend en compte la chaîne de détention ;

– la ou les personnes physiques ayant la qualité d'usufruitier qui jouissent de l'usage, directement ou indirectement, de plus de 25 % des droits de vote de la société ;

– ainsi que la ou les personnes physiques qui exercent, par tout autre moyen, un pouvoir de contrôle, au sens des 3° et 4° du I de l'article L. 233-3 du code de commerce, sur les organes d'administration, de direction ou de surveillance de cette société ou sur son assemblée générale.

Pour les placements collectifs, les dispositions de l'article R. 561-2 sont les suivantes. – *V. supra, A. Droit préventif et répressif.*

Pour les personnes morales autres qu'une société ou un placement collectif, les dispositions de l'article R. 561-3 sont les suivantes. – *V. supra, A. Droit préventif et répressif.*

Pour les fiducies, les dispositions de l'article R. 561-3-0 sont les suivantes. – *V. supra, A. Droit préventif et répressif.*

2.2.2.2. *Diligences à mettre en œuvre pour vérifier les éléments d'identification du bénéficiaire effectif*

Le commissaire aux comptes vérifie les éléments d'identification du bénéficiaire effectif. Les moyens qu'il met en œuvre pour ce faire dépendent de son client.

Lorsque le client est une société et entité mentionnée au 1° de l'article L. 561-45-1 du code monétaire et financier

En vertu de l'article L. 561-46 du code monétaire et financier, les sociétés et entités mentionnées au 1° de l'article L. 561-45-1 du code monétaire et financier déclarent au registre du commerce et des sociétés (RCS), les informations relatives aux bénéficiaires effectifs.

Ces sociétés et entités sont les suivantes (1° de l'article L. 561-45-1 du code monétaire et financier) :

— les sociétés et groupements d'intérêt économique ayant leur siège dans un département français et jouissant de la personnalité morale conformément à l'article 1842 du code civil ou à l'article L. 251-4 du code de commerce,

— les sociétés commerciales dont le siège est situé hors d'un département français et qui ont un établissement dans l'un de ces départements,

— les autres personnes morales dont l'immatriculation au RCS est prévue par des dispositions législatives ou réglementaires.

N'y sont toutefois pas assujetties les sociétés dont les titres sont admis à la négociation sur un marché réglementé en France ou dans un autre État partie à l'accord sur l'Espace économique européen ou qui sont soumises à des obligations de publicité conformes au droit de l'Union européenne ou qui sont soumises à des normes internationales équivalentes garantissant la transparence adéquate pour les informations relatives à la propriété du capital.

Les informations relatives aux bénéficiaires effectifs à déclarer au RCS portent sur les éléments d'identification et le domicile personnel de ces bénéficiaires ainsi que sur les modalités du contrôle que ces derniers exercent sur la société ou l'entité.

L'article L. 561-46 du code monétaire et financier énumère les personnes et autorités habilitées à avoir accès au registre parmi lesquelles figurent les personnes assujetties à la réglementation LCB-FT mentionnées à l'article L. 561-2 dont font partie les commissaires aux comptes.

La consultation du registre des bénéficiaires effectifs des entités inscrites au RCS s'opère auprès de l'INPI.

Lorsque le commissaire aux comptes réalise une mission légale de contrôle de la comptabilité autonome d'une fiducie, ou lorsqu'il fournit une prestation en lien avec une fiducie ou un trust pour les constituants, les fiduciaires, les bénéficiaires et, le cas échéant, le tiers au sens de l'article 2017 du code civil

Le commissaire aux comptes doit consulter le registre national des fiducies (article 2020 du code civil) ou le registre des trusts (article 1649 AB du code général des impôts).

Dans les autres cas

Le commissaire aux comptes vérifie les éléments d'identification du bénéficiaire effectif sur présentation d'un document écrit à caractère probant. A ce titre, il peut demander une copie d'un document officiel en cours de validité comportant sa photographie, mentionnant ses nom et prénoms ainsi que ses date et lieu de naissance. Il peut s'agir par exemple de la copie de la carte d'identité ou du passeport.

Le commissaire aux comptes doit demander au représentant légal de s'enquérir auprès du bénéficiaire effectif s'il est une personne exposée. Si, en fonction de l'ensemble des éléments qu'il a pu collecter, le commissaire aux comptes conclut que le bénéficiaire effectif est une personne exposée, il applique les mesures de vigilance complémentaires décrites au point 2.2.4.1.

Le commissaire aux comptes a l'obligation de signaler au greffier du tribunal de commerce ou, pour les fiducies ou trusts, à la direction générale des finances publiques, toute divergence constatée entre les informations inscrites dans les registres et les informations sur le bénéficiaire effectif dont il dispose, y compris l'absence d'enregistrement de ces informations.

En application de l'article L. 823-12 du code de commerce, l'absence de déclaration du bénéficiaire effectif ou la constatation d'informations inexactes ou incomplètes constituent une irrégularité à signaler à la plus prochaine assemblée ou réunion de l'organe compétent. S'agissant de faits pénalement répréhensibles, le commissaire aux comptes procède également à la révélation du fait délictueux au procureur de la République.

2.2.3. *Recueil des autres éléments d'information nécessaires*

Le commissaire aux comptes recueille et analyse tout autre élément d'information nécessaire à la connaissance :

— de l'objet et de la nature de la mission autre que le contrôle légal ou de la prestation envisagée ;

– du client. Ces éléments sont :

• pour les personnes physiques les activités professionnelles actuellement exercées ;

• pour les autres personnes ou entités leur activité économique et leur situation financière ;

• pour les fiducies ou les dispositifs juridiques comparables relevant du droit étranger la répartition des droits sur le capital ou sur les bénéfices.

Pour ce faire, le commissaire aux comptes fait usage de son jugement professionnel.

2.2.4. *Mesures de vigilance complémentaires dans certains cas particuliers*

2.2.4.1. *Personnes exposées*

Lorsque le bénéficiaire effectif ou le client est une personne physique exposée, la décision de nouer la relation d'affaires avec le client est prise par un membre de l'organe exécutif de la structure d'exercice du commissariat aux comptes ou toute personne habilitée à cet effet par l'organe exécutif.

Toutefois, lorsque la relation d'affaires est nouée avec une personne mentionnée aux 1° à 6° *bis* de l'article L. 561-2 du code monétaire et financier ou une autorité publique ou un organisme public, tel que mentionné ci-dessous, et à condition qu'il n'existe pas de soupçon de blanchiment des capitaux ou de financement du terrorisme, le commissaire aux comptes peut ne pas mettre en œuvre cette mesure.

Les personnes mentionnées aux 1° à 6° *bis* de l'article L. 561-2 du code monétaire et financier sont les suivantes. — *V. supra, A. Droit préventif et répressif.*

Les autorités publiques ou organismes publics mentionnés ci-dessus sont les suivants : les autorités publiques ou organismes publics, désignés comme tel en vertu du traité sur l'Union européenne, des traités instituant les Communautés, du droit dérivé de l'Union européenne, du droit public d'un État membre de l'Union européenne ou de tout autre engagement international de la France, et qui satisfait *[satisfont]* aux trois critères suivants :

a) son *[leur]* identité est accessible au public, transparente et certaine ;

b) ses *[leurs]* activités, ainsi que ses *[leurs]* pratiques comptables, sont transparentes ;

c) il est *[ils sont]* soit responsable*[s]* devant une institution de l'Union européenne ou devant les autorités d'un État membre, soit soumis à des procédures appropriées de contrôle de ses activités.

2.2.4.2. *Clients enregistrés ou établis dans un État ou un territoire figurant sur les listes publiées par le GAFI ou la Commission européenne*

Lorsque le commissaire aux comptes réalise une mission ou une prestation pour une personne physique ou morale domiciliée, enregistrée ou établie dans un État ou un territoire figurant sur les listes publiées par le GAFI parmi ceux dont la législation ou les pratiques font obstacle à la lutte contre le blanchiment des capitaux et le financement du terrorisme ou par la Commission européenne en application de l'article 9 de la directive (UE) 2015/849 du 20 mai 2015 relative à la prévention de l'utilisation du système financier aux fins du blanchiment de capitaux ou du financement du terrorisme, il met en œuvre les mesures de vigilance complémentaires prévues par l'article R. 561-20-4 du code monétaire et financier.

Ces mesures de vigilance complémentaires sont les suivantes :

a) la décision de nouer ou de maintenir la relation d'affaires est prise par un membre de l'organe exécutif ou toute personne habilitée à cet effet par l'organe exécutif,

b) des informations supplémentaires relatives aux éléments suivants sont recueillies : la connaissance du client et, le cas échéant, de son bénéficiaire effectif, la nature de la relation d'affaires, l'origine des fonds et du patrimoine du client et, le cas échéant, du bénéficiaire effectif, ainsi que l'objet des opérations envisagées ou réalisées,

c) une surveillance renforcée de la relation d'affaires est mise en œuvre en augmentant le nombre et la fréquence des contrôles réalisés et en adaptant les critères et seuils en fonction desquels les opérations doivent faire l'objet d'un examen plus approfondi.

En complément de ces mesures, l'article R. 561-20-4 II. 2° du code monétaire et financier prévoit l'application, le cas échéant, d'au moins l'une des mesures suivantes en se fondant sur une approche par les risques :

a) des éléments supplémentaires de vigilance renforcée,

b) la mise en place de mécanismes renforcés de suivi ou de signalements destinés notamment au responsable de la mise en œuvre du dispositif de lutte contre le blanchiment et le financement du terrorisme de la structure d'exercice du commissariat aux comptes,

c) la limitation des relations d'affaires ou des transactions avec des personnes physiques ou tout autre entité provenant d'un État ou territoire figurant sur les listes publiées par le GAFI ou la Commission européenne.

Les listes publiées par le GAFI *[le GAFI identifie les juridictions qui présentent des carences stratégiques en matière de LCB-FT (juridictions à haut risque et pays sous surveillance)]* et la Commission européenne *[la Commission est habilitée à adopter des règlements délégués modifiant le règlement délégué (UE) 2016/1675 complétant la directive (UE) 2015/849 pour recenser les pays tiers à haut risque, en prenant en compte leurs carences stratégiques selon différents critères]* sont disponibles aux adresses suivantes :

Listes du GAFI :

https://www.fatf-gafi.org/fr/publications/juridictions-haut-risques-et-sous-surveillance/ ?hf=10&b=0&s=desc(fatf_releasedate)

Liste de la Commission européenne :

https://eur-lex.europa.eu/legal-content/EN/TXT/?uri=CELEX:32020R0855

2.2.5. *Mesures de vigilance simplifiée*

Dans certaines conditions, le commissaire aux comptes peut être dispensé de l'obligation de vérifier les éléments d'identification du client et du bénéficiaire effectif et de recueillir les autres éléments d'informations. Si tel est le cas, il n'est cependant pas dispensé des obligations d'identification du client, des personnes agissant pour le compte du client ou encore du bénéficiaire effectif.

Pour être dispensé de l'obligation de vérifier les éléments d'identification du client et du bénéficiaire effectif et de recueillir les autres éléments d'informations nécessaires, le commissaire aux comptes doit s'assurer du respect cumulatif des deux conditions suivantes :

– l'absence de soupçon de BC-FT, et

– le fait que le client est :

• une personne mentionnée aux 1° à 6° *bis* de l'article L. 561-2 du code monétaire et financier établie en France, dans un autre État membre de l'Union européenne, dans un État partie à l'accord sur l'Espace économique européen ; ou

• une société dont les titres sont admis à la négociation sur un marché réglementé en France, dans un autre État membre de l'Union européenne, dans un autre État partie à l'accord sur l'Espace économique européen ou qui est soumise à des obligations de publicité conformes au droit de l'Union ou qui est soumise à des normes internationales équivalentes garantissant une transparence adéquate des informations relatives à la propriété du capital. Il n'a par ailleurs pas l'obligation d'identifier le bénéficiaire effectif ; ou

• une autorité publique ou un organisme public, désigné comme tel en vertu du traité sur l'Union européenne, des traités instituant les Communautés, du droit dérivé de l'Union européenne, du droit public d'un État membre de l'Union européenne ou de tout autre engagement international de la France, et qui satisfait aux trois critères suivants :

a) son identité est accessible au public, transparente et certaine ;

b) ses activités, ainsi que ses pratiques comptables, sont transparentes ;

c) il est soit responsable devant une institution de l'Union européenne ou devant les autorités d'un État membre, soit soumis à des procédures appropriées de contrôle de ses activités.

Au titre des mesures de vigilance simplifiées également, la vérification des éléments d'identification du client et, le cas échéant, du bénéficiaire effectif, peut être différée au plus tard jusqu'à la signature de la lettre de mission lorsque les conditions suivantes sont réunies :

– le commissaire aux comptes envisage de fournir des prestations de manière régulière à une personne ou à une entité pour laquelle il n'exerce pas la mission de contrôle légal,

– le risque de blanchiment des capitaux et de financement du terrorisme présenté par la relation d'affaires lui paraît faible,

– cela est nécessaire pour ne pas interrompre l'exercice normal de la prestation.

Lorsque le commissaire aux comptes s'aperçoit avant d'émettre la lettre de mission qu'il n'est pas en mesure de vérifier les éléments d'identification du client et, le cas échéant, du bénéficiaire effectif, il met un terme à la relation d'affaires et, s'il se trouve dans les conditions prévues au paragraphe 60 de la NEP 9605, procède à la déclaration à TRACFIN.

2.2.6. *Mesures de vigilance renforcées*

Lorsque le risque de BC-FT présenté par la relation d'affaires lui paraît élevé au regard des éléments de classification des risques, le commissaire aux comptes renforce les mesures de vigilance mises en œuvre sur le client, le bénéficiaire effectif et les autres éléments d'information nécessaires. Il peut notamment :

– concernant l'identification et la vérification des éléments d'identification du client :

• demander un justificatif du domicile actuel du client personne physique ;

• obtenir les statuts du client ;

• solliciter directement des documents auprès de tiers, par exemple obtenir un extrait *Kbis* directement auprès du greffe du tribunal de commerce ou un extrait du répertoire national des associations directement auprès de la préfecture ou de la sous-préfecture du siège de l'association concernée et, à Paris, auprès de la préfecture de police ;

– concernant l'identification et la vérification des éléments d'identification du bénéficiaire effectif :

• effectuer des recherches sur internet ou s'enquérir des activités professionnelles que le bénéficiaire effectif exerce actuellement ;

• lorsque le client est une personne ou entité tenue de déclarer au RCS les informations relatives au bénéficiaire effectif, demander une copie d'un document officiel en cours de validité comportant la photographie du bénéficiaire effectif en plus du recueil des informations contenues dans les registres mentionnés au point 2.2.2.2. ;

– concernant les autres éléments d'information nécessaires à la connaissance du client, adapter la nature et l'étendue des informations collectées et des analyses menées. Il pourrait s'agir par exemple de collecter de plus amples informations quant aux activités du client (volume, évolutions, répartition géographique...), ses propres clients et fournisseurs, etc. ;

– demander à consulter des documents originaux ou obtenir des copies certifiées conformes lorsque les originaux ne sont pas accessibles directement, par exemple lorsqu'ils sont détenus à l'étranger.

La décision de mettre ou non en œuvre des mesures de vigilance renforcées découle donc de la classification des risques et du niveau de risque qui aura été attribué au client ou client occasionnel étant rappelé que ce niveau de risque évalué avant l'acceptation de la relation d'affaires peut être modifié tout au long de la relation d'affaires au vu des éléments ou informations recueillis. Il est donc important que

les collaborateurs intervenant sur la mission ou la prestation soient sensibilisés au risque de BC-FT afin d'informer sans délai le commissaire aux comptes signataire de tout fait de nature à remettre en cause l'évaluation initiale du risque.

Les mesures de vigilance renforcées à mettre en œuvre lorsque le risque de BC-FT est élevé s'ajoutent aux mesures de vigilance complémentaires à appliquer dans certains cas particuliers (point 2.2.4.).

Synthèse des simplifications et exemptions avant d'accepter une relation d'affaires

	Client		**Bénéficiaire Effectif**		**Connaissance du client, de l'objet et de la nature de la mission ou prestation**
	Identification	**Vérification des éléments d'identification**	**Identification**	**Vérification des éléments d'identification**	**Recueil des autres éléments d'informations nécessaires**
Personne mentionnée aux 1° à 6° de l'art. L. 561-2*	Oui	Non en l'absence de soupçon BC-FT	Oui	Non en l'absence de soupçon BC-FT	Non en l'absence de soupçon BC-FT
Sociétés cotées**	Oui	Non en l'absence de soupçon BC-FT	Non Exemption	Non – exemption	Non en l'absence de soupçon BC-FT
Autorité publique ou organisme public***	Oui	Non en l'absence de soupçon BC-FT	Oui	Non en l'absence de soupçon BC-FT	Non en l'absence de soupçon BC-FT

* une personne mentionnée aux 1° à 6° *bis* de l'article L. 561-2 du code monétaire et financier établie en France, dans un autre État membre de l'Union européenne, dans un État partie a l'accord sur l'Espace économique européen
** une société dont les titres sont admis a la négociation sur un marché réglementé en France, dans un autre État membre de l'Union européenne, dans un autre État partie a l'accord sur l'Espace économique européen ou qui est soumise a des obligations de publicité conformes au droit de l'Union ou qui est soumise à des normes internationales équivalentes garantissant une transparence adéquate des informations relatives à la propriété du capital.
*** une autorité publique ou un organisme public, désigné comme tel en vertu du traité sur l'Union européenne, des traités instituant les Communautés, du droit dérivé de l'Union européenne, du droit public d'un État membre de l'Union européenne ou de tout autre engagement international de la France, et qui satisfait aux trois critères suivants :
a) son identité est accessible au public, transparente et certaine ;
b) ses activités, ainsi que ses pratiques comptables, sont transparentes ;
c) il est soit responsable devant une institution de l'Union européenne ou devant les autorités d'un État membre, soit soumis a des procédures appropriées de contrôle de ses activités

Arbre décisionnel relatif à la mise en œuvre des obligations d'identification et de vérification des éléments d'identification du client et du bénéficiaire effectif

Les références mentionnées sont celles des § de la NEP 9605 publiée au Journal officiel du 21 août 2020

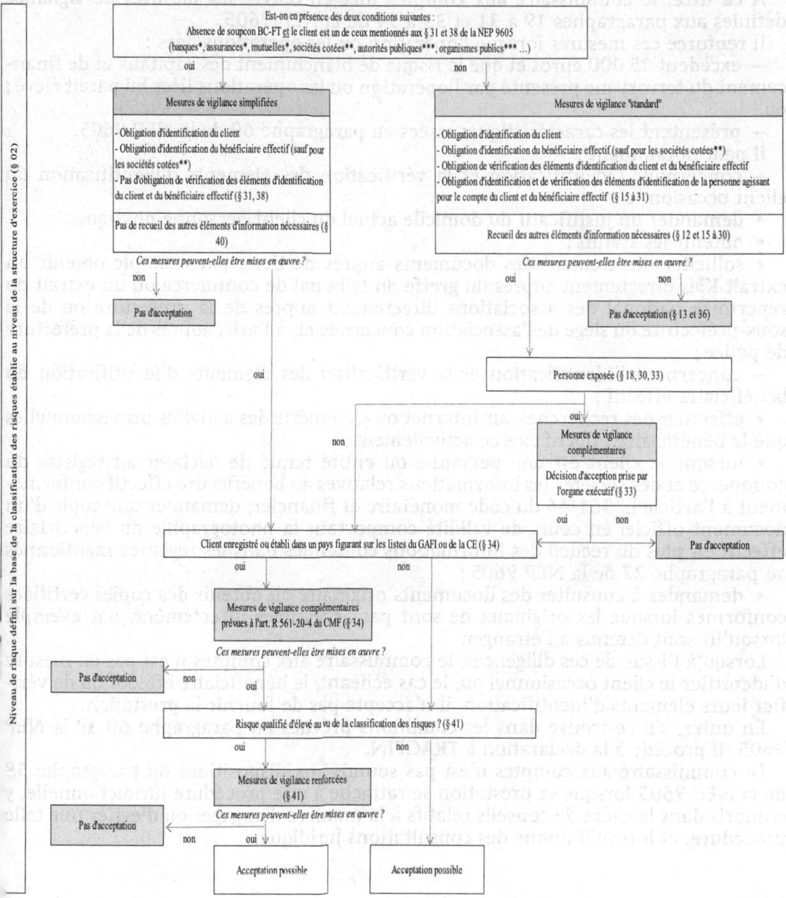

En fonction de la situation rencontrée, une déclaration pourra devoir être faite à TRACFIN.

.3. *Les obligations de vigilance avant d'accepter un client occasionnel*

Le commissaire aux comptes s'enquiert auprès du client occasionnel de la nature de l'opération ou des opérations concernées par la prestation envisagée ainsi que de l'objet et de la nature de cette prestation.

Le commissaire aux comptes identifie le client occasionnel et, le cas échéant, le bénéficiaire effectif et vérifie leurs éléments d'identification lorsque la prestation envisagée concerne une opération ou des opérations liées réalisées ou envisagées par le client occasionnel :

– d'un montant qui excède 15 000 euros ; ou

– présentant les caractéristiques visées au paragraphe 60 de la NEP 9605.

A ce titre, le commissaire aux comptes met en œuvre les mesures de vigilance définies aux paragraphes 19 à 31 et 33 à 34 de la NEP 9605.

Il renforce ces mesures lorsque l'opération ou les opérations liées :

– excèdent 15 000 euros et que le risque de blanchiment des capitaux et de financement du terrorisme présenté par l'opération ou les opérations liées lui parait élevé ; ou

– présentent les caractéristiques visées au paragraphe 60 de la NEP 9605.

Il peut notamment :

– concernant l'identification et la vérification des éléments d'identification du client occasionnel :

• demander un justificatif du domicile actuel du client personne physique ;

• obtenir les statuts ;

• solliciter directement des documents auprès de tiers, par exemple obtenir un extrait *Kbis* directement auprès du greffe du tribunal de commerce ou un extrait du répertoire national des associations directement auprès de la préfecture ou de la sous-préfecture du siège de l'association concernée et, à Paris, auprès de la préfecture de police ;

– concernant l'identification et la vérification des éléments d'identification du bénéficiaire effectif :

• effectuer des recherches sur internet ou s'enquérir des activités professionnelles que le bénéficiaire effectif exerce actuellement ;

• lorsque le client est une personne ou entité tenue de déclarer au registre du commerce et des sociétés les informations relatives au bénéficiaire effectif conformément à l'article L. 561-46 du code monétaire et financier, demander une copie d'un document officiel en cours de validité comportant la photographie du bénéficiaire effectif en plus du recueil des informations contenues dans les registres mentionnés au paragraphe 27 de la NEP 9605 ;

• demander à consulter des documents originaux ou obtenir des copies certifiées conformes lorsque les originaux ne sont pas accessibles directement, par exemple lorsqu'ils sont détenus à l'étranger.

Lorsqu'à l'issue de ces diligences, le commissaire aux comptes n'est pas en mesure d'identifier le client occasionnel ou, le cas échéant, le bénéficiaire effectif ou de vérifier leurs éléments d'identification, il n'accepte pas de fournir la prestation.

En outre, s'il se trouve dans les conditions prévues au paragraphe 60 de la NEP 9605, il procède à la déclaration à TRACFIN.

Le commissaire aux comptes n'est pas soumis aux dispositions du paragraphe 58 de la NEP 9605 lorsque sa prestation se rattache à une procédure juridictionnelle, y compris dans le cadre de conseils relatifs à la manière d'engager ou d'éviter une telle procédure, et lorsqu'il donne des consultations juridiques.

Arbre décisionnel relatif à la mise en œuvre des obligations d'identification et de vérification des éléments d'identification du client occasionnel et du bénéficiaire effectif

Les références mentionnées sont celles des § de la NEP 9605 publiée au Journal officiel du 21 août 2020

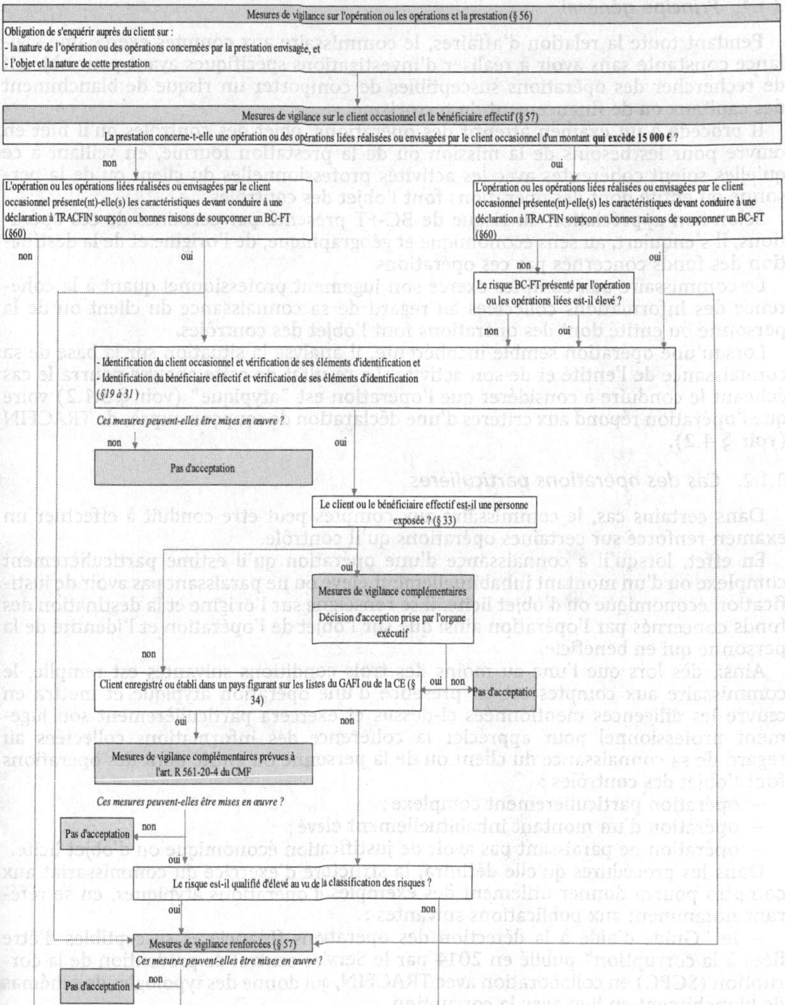

En fonction de la situation rencontrée, une déclaration pourra devoir être faite à RACFIN.

3. Obligations de vigilance au cours de la relation d'affaires

3.1. *La vigilance constante*

3.1.1. *Principe général*

Pendant toute la relation d'affaires, le commissaire aux comptes exerce une vigilance constante sans avoir à réaliser d'investigations spécifiques ayant pour objectif de rechercher des opérations susceptibles de comporter un risque de blanchiment des capitaux ou de financement du terrorisme.

Il procède à un examen attentif des opérations, objet des contrôles qu'il met en œuvre pour les besoins de la mission ou de la prestation fournie, en veillant à ce qu'elles soient cohérentes avec les activités professionnelles du client ou de la personne ou entité dont des opérations font l'objet des contrôles.

Selon son appréciation du risque de BC-FT présenté par certaines de ces opérations, il s'enquiert, au sens économique et géographique, de l'origine et de la destination des fonds concernés par ces opérations.

Le commissaire aux comptes exerce son jugement professionnel quant à la cohérence des informations collectées au regard de sa connaissance du client ou de la personne ou entité dont des opérations font l'objet des contrôles.

Lorsqu'une opération semble incohérente, il analyse la situation sur la base de sa connaissance de l'entité et de son activité. Le résultat de cette analyse pourra le cas échéant le conduire à considérer que l'opération est "atypique" (voir § 3.1.2) voire que l'opération répond aux critères d'une déclaration de soupçon auprès de TRACFIN (voir § 4.2).

3.1.2. *Cas des opérations particulières*

Dans certains cas, le commissaire aux comptes peut être conduit à effectuer un examen renforcé sur certaines opérations qu'il contrôle.

En effet, lorsqu'il a connaissance d'une opération qu'il estime particulièrement complexe ou d'un montant inhabituellement élevé ou ne paraissant pas avoir de justification économique ou d'objet licite, il se renseigne sur l'origine et la destination des fonds concernés par l'opération ainsi que sur l'objet de l'opération et l'identité de la personne qui en bénéficie.

Ainsi, dès lors que l'une au moins des trois conditions suivantes est remplie, le commissaire aux comptes est en présence d'une opération atypique et mettra en œuvre les diligences mentionnées ci-dessus et exercera particulièrement son jugement professionnel pour apprécier la cohérence des informations collectées au regard de sa connaissance du client ou de la personne ou entité dont des opérations font l'objet des contrôles :

– opération particulièrement complexe ;
– opération d'un montant inhabituellement élevé ;
– opération ne paraissant pas avoir de justification économique ou d'objet licite.

Dans les procédures qu'elle définira, la structure d'exercice du commissariat aux comptes pourra donner utilement des exemples d'opérations atypiques, en se référant notamment aux publications suivantes :

– le "Guide d'aide à la détection des opérations financières susceptibles d'être liées à la corruption" publié en 2014 par le Service central de prévention de la corruption (SCPC) en collaboration avec TRACFIN, qui donne des typologies de schémas de blanchiment en lien avec la corruption,

– le dossier TRACFIN "Tendances et analyse des risques de blanchiment de capitaux et de financement du terrorisme 2018-2019",

– le rapport du COLB "Analyse nationale des risques de blanchiment de capitaux et de financement du terrorisme en France" de septembre 2019,

– les "Lettres d'information TRACFIN aux professionnels" auxquelles la structure d'exercice du commissariat aux comptes peut s'abonner,

– l'ASR publiée par le H3C,

– l'analyse de TRACFIN du 28 mai 2020 "Les risques de BC-FT liés à la crise sanitaire et économique de la pandémie covid-19 – Analyse des principaux risques identifiés" qui a fait l'objet d'un communiqué du H3C le 3 juin 2020.

Lorsque la mission réalisée par le commissaire aux comptes correspond à une mission de certification des comptes, le commissaire aux comptes portera une attention particulière à la pertinence du seuil de signification retenu au regard du risque de BC-FT.

En effet, en application de la NEP 320 "Application de la notion de caractère significatif lors de la planification et de la réalisation d'un audit", le commissaire aux comptes détermine un ou des seuils de planification qu'il utilise pour définir la nature et l'étendue de ses travaux. Ces seuils peuvent être modifiés au cours de la mission si le commissaire aux comptes a connaissance de faits nouveaux ou d'évolutions de l'entité qui remettent en cause l'évaluation initiale de ces seuils. Or, si, au cours de sa mission, le commissaire aux comptes est amené à modifier son appréciation du risque de BC-FT, en particulier à considérer que le client présente un risque de BC-FT plus élevé que celui qui avait été prévu, il sera alors normalement conduit à réexaminer la pertinence des seuils fixés pour la conduite de ses travaux et, le cas échéant, à les revoir à la baisse pour renforcer la nature et l'étendue de ses travaux.

Dans le cadre de ses contrôles, si le commissaire aux comptes identifie une opération qui se situe en dessous de ses seuils de planification ou de signification (notamment dans le cadre d'une sélection aléatoire des éléments à contrôler) mais pour laquelle il sait, soupçonne ou a de bonnes raisons de soupçonner qu'elle provient d'une infraction passible d'une peine privative de liberté supérieure à un an, qu'elle est liée au financement du terrorisme ou encore qu'elle provient d'une fraude fiscale en présence des seize critère*[s]* définis par le code monétaire et financier, il procède alors à une déclaration de soupçon auprès de TRACFIN (cf. point 4.2).

3.1.3. *Mesures de vigilance simplifiées*

Lorsque le risque de blanchiment des capitaux et de financement du terrorisme présenté par la relation d'affaires paraît faible au commissaire aux comptes, les mesures de vigilance peuvent être simplifiées en adaptant la fréquence de mise en œuvre, l'étendue des moyens mis en œuvre, la quantité d'informations collectées et la qualité des sources d'information utilisées.

Pour pouvoir appliquer des mesures de vigilance simplifiées, le commissaire aux comptes doit être en mesure de justifier le fait que le risque de BC-FT présenté par la relation d'affaires lui paraît faible. Il est donc important que la grille d'analyse des risques utilisée par le commissaire aux comptes pour déterminer le niveau de risque attribué au client en matière de LCB-FT soit correctement renseignée, documentée et en accord avec la classification des risques définie par la structure d'exercice du commissariat aux comptes.

3.1.4. *Mesures de vigilance renforcées*

Lorsque le risque de blanchiment des capitaux et de financement du terrorisme présenté par la relation d'affaires paraît élevé au commissaire aux comptes, ou lorsque le bénéficiaire effectif ou le client, personne physique, est une personne exposée, il applique, en sus des mesures visées aux points 3.1.1 et 3.1.2, des mesures de vigilance renforcées sur des opérations sélectionnées selon son jugement professionnel parmi celles objet des contrôles qu'il met en œuvre pour les besoins de la mission ou de la prestation.

Ces mesures de vigilance renforcées consistent à se renseigner sur :

– l'objet et la cohérence économique de l'opération et l'identité de la personne qui en bénéficie ; et

– l'origine et la destination des fonds.

Le commissaire aux comptes exerce son jugement professionnel pour apprécier la cohérence des informations collectées au regard de sa connaissance du client ou de la personne ou entité dont des opérations font l'objet des contrôles.

3.1.5. *Mesures de vigilance complémentaires dans certains cas particuliers*

Lorsque le commissaire aux comptes réalise une mission ou une prestation pour un client enregistré ou établi dans un État ou un territoire figurant sur les listes publiées par le GAFI ou la Commission européenne, il met en œuvre les mesures de vigilance complémentaires explicitées au point 2.2.4.2.

3.1.6. *Actualisation de l'évaluation du risque de blanchiment des capitaux et de financement du terrorisme présenté par la relation d'affaires et adaptation des mesures de vigilance*

Pendant toute la relation d'affaires, le commissaire aux comptes recueille, met à jour et analyse les éléments d'information qui lui permettent de conserver une connaissance appropriée et actualisée du client et, le cas échéant, du bénéficiaire effectif ainsi que de l'objet et de la nature de la mission autre que le contrôle légal ou de la prestation.

La nature et l'étendue des informations collectées ainsi que la fréquence de la mise à jour de ces informations et l'étendue des analyses menées sont adaptés *[adaptées]* au risque de BC-FT présenté par la relation d'affaires. Le commissaire aux comptes tient compte également des changements pertinents affectant la situation du client et, le cas échéant, du bénéficiaire effectif, ou affectant la mission autre que le contrôle légal ou la prestation.

En fonction des éléments collectés, il actualise si nécessaire son évaluation du risque de BC-FT présenté par la relation d'affaires et adapte en conséquence les mesures de vigilance.

Lorsque le commissaire aux comptes a de bonnes raisons de penser que l'identité du client et les éléments d'identification du client et, le cas échéant, du bénéficiaire effectif précédemment obtenus ne sont plus exacts ou pertinents, il procède de nouveau à l'identification et à la vérification des éléments d'identification, conformément aux diligences prévues aux points 2.2.1 et 2.2.2.

S'il l'estime nécessaire, il demande au représentant légal de la personne ou entité une déclaration confirmant qu'il n'y a pas eu, depuis les derniers éléments collectés, de modification concernant le bénéficiaire effectif et son éventuelle qualification de personne exposée ou, si le client est une personne physique, il lui demande une déclaration confirmant qu'il n'y a pas eu, depuis les derniers éléments collectés, de modification concernant son éventuelle qualification de personne exposée.

Lorsque le commissaire aux comptes identifie que le bénéficiaire effectif ou le client, personne physique, est une personne exposée, il met en œuvre la mesure de vigilance complémentaire prévue au point 2.2.4.1 pour la poursuite de la relation d'affaires.

Lorsque le commissaire aux comptes identifie, au cours de l'exécution de la mission ou de la prestation, que son client est une personne physique ou morale, domiciliée, enregistrée ou établie dans un État ou un territoire figurant sur les listes publiées par le GAFI ou par la Commission européenne, il met en œuvre les mesures de vigilance complémentaires prévues au point 2.2.4.2.

Lorsque le commissaire aux comptes n'est plus en mesure d'identifier le client ou, le cas échéant, le bénéficiaire effectif, ou de vérifier leurs éléments d'identification ou de recueillir, mettre à jour et analyser les éléments relatifs à la connaissance de l'objet et de la nature de la mission autre que le contrôle légal ou de la prestation, il met un terme à la relation d'affaires. Ces circonstances constituent un motif légitime de démission au sens du code de déontologie.

En outre, s'il se trouve dans les conditions prévues au point 4.2 il procède à la déclaration à TRACFIN.

Ainsi, en cas de survenance d'un élément le conduisant à estimer que les éléments précédemment obtenus ne sont plus exacts ou pertinents, le commissaire aux comptes se doit donc pendant toute la relation d'affaires :

— de mettre à jour l'identification et la vérification des éléments d'identification du client et du bénéficiaire effectif,

– de mettre en œuvre les mesures de vigilance renforcée ou complémentaires prévues en cas d'identification d'une personne exposée ou si son client vient à être domicilié, enregistré ou établi dans un État ou un territoire figurant sur les listes publiées par le GAFI ou la Commission européenne,

– de modifier son appréciation initiale du risque de BC-FT.

Les éléments déclencheurs d'une telle situation peuvent être de plusieurs natures. Il peut s'agir notamment :

– d'un changement d'actionnariat de la société,

– d'un changement de domiciliation du client,

– d'une modification des organes de direction ou du représentant légal de la société,

– d'un bénéficiaire effectif devenu personne exposée,

– de l'exercice, par le client, de nouvelles activités présentant des risques de BC-FT, notamment avec des pays figurant sur les listes du GAFI ou de la Commission européenne...

A défaut d'obtenir les éléments requis, le commissaire aux comptes met un terme à la relation d'affaires dans le respect des dispositions du code de déontologie et procède, lorsque les conditions sont remplies, à une déclaration à TRACFIN.

Si le client personne physique ou morale est ou devient domicilié, enregistré ou établi dans un pays figurant sur les listes du GAFI ou de la Commission européenne, le commissaire aux comptes applique de plus les mesures de vigilance complémentaires prévues au *[à l'article]* R. 561-20-4 (§ 48).

En fonction de la situation rencontrée, une déclaration pourra devoir être faite à TRACFIN.

3.2. *Cas particulier des prestations qui se rattachent à une procédure juridictionnelle et des consultations juridiques*

Lorsque le commissaire aux comptes effectue une prestation qui se rattache à une procédure juridictionnelle, y compris dans le cadre de conseils relatifs à la manière d'engager ou d'éviter une telle procédure, ou lorsqu'il donne des consultations juridiques, il n'a pas obligation de refuser ou de mettre fin à la relation d'affaires avec un client ou à la prestation pour à *[un]* client occasionnel s'il n'est pas ou n'est plus en mesure de mettre en œuvre les obligations :

– d'identification et de vérification des éléments d'identification du client ou du client occasionnel, ou

– d'identification et de vérification des éléments d'identification du bénéficiaire effectif, ou

– de recueil et d'analyse de tout autre élément d'information nécessaire à la connaissance du client ou du client occasionnel ainsi que de l'objet et de la nature de la mission autre que le contrôle légal ou de la prestation envisagée.

Il est rappelé que les prestations qui se rattache *[rattachent]* à une procédure juridictionnelle et les consultations juridiques sont strictement encadrées par le code de déontologie et en particulier ses articles 17, I et II et 18 qui disposent que :

Article 17 "Monopoles des autres professions – Consultations juridiques et rédaction d'actes" I. Le commissaire aux comptes respecte les monopoles des autres professions.

"II. Il ne peut notamment donner de consultations juridiques et rédiger des actes sous seing privé que dans les conditions prévues par l'article 59 de la loi n° 71-1130 du 31 décembre 1971."

Article 18 "Services interdits pour la certification des comptes d'une entité d'intérêt public

Les services mentionnées *[mentionnés]* au II de l'article L. 822-11 sont interdits."

Le II de l'article L. 822-11 renvoyant lui-même aux services mentionnés au paragraphe 1 de l'article 5 du règlement (UE) n° 537/2014 du 16 avril 2014 qui liste notamment les services suivants :

– la fourniture de conseils généraux,

— la négociation au nom de l'entité contrôlée,
— l'exercice d'un rôle de défenseur dans le cadre de la résolution d'un litige.

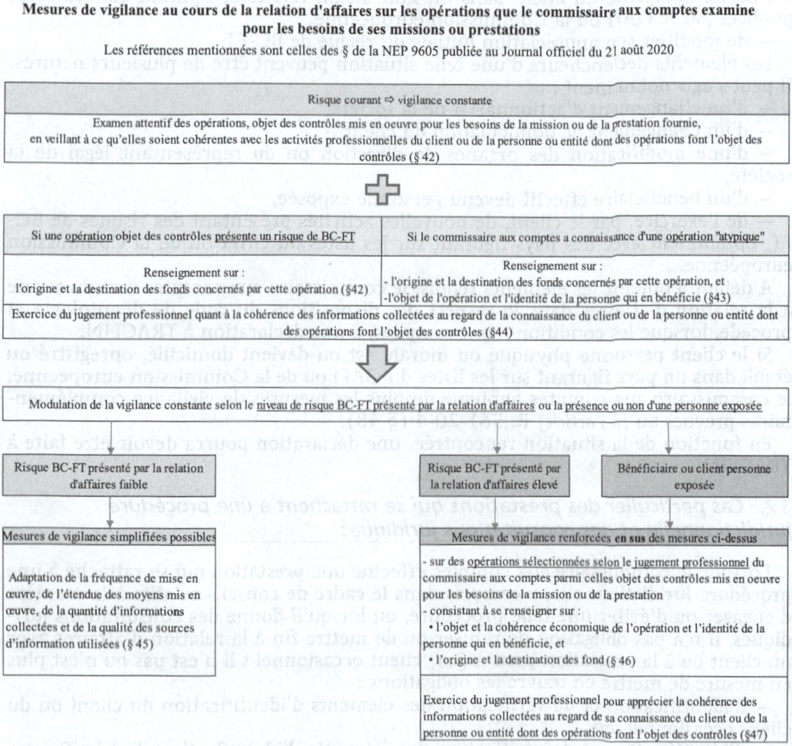

En fonction de la situation rencontrée, une déclaration pourra devoir être faite à TRACFIN.

4. Les obligations de déclaration de soupçon

Le commissaire aux comptes déclare à TRACFIN les opérations portant sur des sommes dont il sait, soupçonne ou a de bonnes raisons de soupçonner qu'elles proviennent d'une infraction passible d'une peine privative de liberté supérieur*[e]* à un an ou sont liées au financement du terrorisme.

Par dérogation à l'alinéa précédent, il déclare à TRACFIN les sommes ou opérations dont il sait, soupçonne ou a de bonnes raisons de soupçonner qu'elles proviennent d'une fraude fiscale, lorsqu'il est en présence d'au moins un critère défini à l'article D. 561-32-1 du code monétaire et financier.

4.1. *Auteur de la déclaration*

La déclaration de soupçon est obligatoirement effectuée par le commissaire aux comptes. Elle ne peut donc pas être déléguée à un collaborateur, même si celui-ci a participé à l'identification de l'opération donnant lieu à la déclaration de soupçon. Il en est de même des réponses à apporter à TRACFIN en cas de demandes d'informations complémentaires. En effet, le commissaire aux comptes s'acquitte personnellement de la déclaration à TRACFIN, quelles que soient les modalités de son exercice professionnel.

En cas de pluralité de commissaires aux comptes signataires, chacun établit une déclaration à TRACFIN, qu'ils appartiennent ou non à une même structure d'exercice du commissariat aux comptes.

Lorsque le commissaire aux comptes est une personne morale, son dirigeant peut, dans des cas exceptionnels, en raison notamment de l'urgence, prendre l'initiative d'effectuer lui-même la déclaration à TRACFIN. Cette déclaration est confirmée, dans les meilleurs délais, par le ou les commissaires aux comptes signataires.

La communication de l'identité et de la qualité du commissaire aux comptes déclarant est effectuée par un document distinct, joint à l'appui de la première déclaration transmise à TRACFIN.

4.2. *Éléments qui doivent faire l'objet d'une déclaration*

Les champs potentiels de la déclaration de soupçon sont limitativement énoncés par le code monétaire et financier, à l'article L. 561-15. Quatre cas de déclaration peuvent être distingués.

4.2.1. *Soupçon lié à des infractions passibles de plus d'un an d'emprisonnement*

Le commissaire aux comptes déclare à TRACFIN les opérations portant sur des sommes dont il sait, soupçonne ou a de bonnes raisons de soupçonner qu'elles proviennent d'une infraction passible d'une peine privative de liberté supérieure à un an.

Le commissaire aux comptes exerce son jugement professionnel sur la nature et les caractéristiques de ses soupçons en regard des infractions visées au paragraphe précédent, pour apprécier la nécessité d'établir une déclaration de soupçon.

Le champ de la déclaration de soupçon porte notamment sur toutes les infractions génératrices de profit passibles d'une peine d'emprisonnement supérieure à un an. Il s'agit notamment de l'utilisation de faux documents, de l'abus de biens sociaux, de la banqueroute, de l'escroquerie, de l'abus de confiance, du travail dissimulé, des délits relatifs à la constitution des sociétés ou à la distribution de dividendes, de la corruption et du trafic d'influence commis par des personnes exerçant une fonction publique, etc.

4.2.2. *Soupçon lié au financement du terrorisme*

Le commissaire aux comptes déclare à TRACFIN les opérations portant sur des sommes dont il sait, soupçonne ou a de bonnes raisons de soupçonner qu'elles sont liées au financement du terrorisme.

4.2.3. *Soupçon portant sur des sommes ou opérations provenant de la fraude fiscale, sous conditions*

Le commissaire aux comptes déclare à TRACFIN les sommes ou opérations dont il sait, soupçonne ou a de bonnes raisons de soupçonner qu'elles proviennent d'une fraude fiscale et lorsqu'il est en présence d'au moins un critère défini à l'article D. 561-32-1 du code monétaire et financier.

La fraude fiscale est un délit défini à l'article 1741 du code général des impôts qui consiste à se soustraire frauduleusement à l'établissement ou au paiement total ou partiel des impôts dus.

Elle est constituée :

– par l'omission volontaire de déclaration ;
– par la dissimulation volontaire d'une part des sommes sujettes à l'impôt ;
– par l'organisation de son insolvabilité ;
– par toutes autres manœuvres mettant obstacle au recouvrement de l'impôt ;
– ou en agissant de toute autre manière frauduleuse.

Indépendamment des sanctions fiscales applicables, la fraude fiscale est passible d'un emprisonnement de cinq ans. Ce troisième cas (4.2.3) est donc un cas dérogatoire au premier cas de déclaration (4.2.1) visant les infractions passibles de plus d'un an d'emprisonnement.

En effet, en matière de fraude fiscale, le soupçon seul ne suffit pas à déclencher l'obligation de déclarer. La déclaration n'est à faire que lorsqu'il y a présence en outre d'au moins l'un des 16 critères définis à l'article D. 561-32-1 du code monétaire et financier.

Les seize critères définis à l'article D. 561-32-1 du code monétaire et financier sont les suivants. — *V. supra, A. Droit préventif et répressif.*

Les éléments d'analyse ayant conduit à retenir au moins l'un des critères sont précisés dans la déclaration.

4.2.4. *Soupçon consécutif à la conduite d'un examen renforcé*

Le commissaire aux comptes déclare à TRACFIN les opérations pour lesquelles il a effectué un examen renforcé (cf. § 3.1.2) et dont le résultat n'a pas permis de recueillir tous les éléments explicatifs permettant de lever le doute ou lorsque ces éléments viennent nourrir un soupçon, notamment en termes de licéité de l'opération.

4.2.5. *Points d'attention*

Les sommes et opérations susvisées supposent le constat d'un flux passé, présent ou à venir et excluent les charges et produits calculés.

Les tentatives de telles opérations visées ci-dessus (aux 4.2.1, 4.2.2 et 4.2.3) font également l'objet d'une déclaration à TRACFIN.

Ces opérations ou sommes ont pu être identifiées par le commissaire aux comptes dans le cadre des mesures de vigilance mises en œuvre sur les opérations ou en dehors de ses obligations de vigilance, au cours de ses missions ou des prestations fournies.

La loi ne prévoit pas de seuil déclaratif pour effectuer une déclaration de soupçon.

Les termes "soupçonnent ou ont de bonnes raisons de soupçonner" signifient que le commissaire aux comptes effectue une déclaration de soupçon si les informations qu'il a recueillies dans le cadre de la mise en œuvre de ses obligations de vigilance ne lui permettent pas d'écarter le doute sur l'origine des sommes ou la licéité de l'opération, et donc ne lui permettent pas d'exclure que ces sommes puissent provenir d'une infraction sous-jacente ou sont liées au financement du terrorisme.

Le commissaire aux comptes n'est pas tenu de qualifier une infraction sous-jacente. Il suffit en effet qu'il soupçonne ou qu'il ait de "bonnes raisons" de soupçonner qu'il existe une infraction sous-jacente et formule son analyse des faits dans la partie "développement" de la déclaration (voir 4.3).

4.2.6. *Lien entre les obligations de vigilance à l'égard du client et du bénéficiaire effectif et la déclaration de soupçon*

Lorsque le commissaire aux comptes n'a pas été en mesure d'identifier et de vérifier les éléments d'identification de son client et du bénéficiaire effectif ou de recueillir tout autre élément d'information nécessaire, il n'exécute aucune opération, quelles qu'en soient les modalités, ni n'établit ou ne poursuit aucune relation d'affaires.

Lorsqu'il se trouve dans un des cas précités (4.2.1, 4.2.2, 4.2.3 ou tentatives de ces cas), il procède à la déclaration à TRACFIN.

Lorsque le commissaire aux comptes envisage de mettre un terme à la relation d'affaires dans ces situations, l'éventualité d'effectuer une déclaration est systématiquement examinée. La déclaration de soupçon à TRACFIN n'est pas automatique. Le commissaire aux comptes procède à une analyse au cas d'espèce pour déterminer s'il doit ou non effectuer la déclaration sur la base des éléments d'information dont il dispose. La rupture de la relation d'affaires ne peut constituer un substitut à l'envoi d'une déclaration de soupçon.

Lorsque le commissaire aux comptes ne peut pas accepter la relation d'affaires ou ne peut pas accepter de fournir une prestation à un client occasionnel pour les mêmes motifs, il procède à la même analyse, à l'issue de laquelle est prise ou non la décision d'adresser une déclaration de soupçon à TRACFIN.

Précision : la situation visée ci-dessus est celle d'un commissaire aux comptes qui envisage, au moins initialement, d'entrer en relation d'affaires avec un client ou de fournir une prestation à un client occasionnel mais décide de ne pas y donner suite parce qu'il ne parvient pas à vérifier les différents éléments. Dès lors que le commissaire aux comptes n'a effectué aucune démarche (notamment d'identification du client) parce qu'il n'envisage pas d'entrer en relation d'affaires ou de fournir une prestation, il n'a pas à effectuer de déclaration à TRACFIN.

4.3. *Contenu de la déclaration*

Le déclarant effectue les déclarations de soupçon sur la base des informations qu'il a recueillies dans le cadre de la mise en œuvre de ses obligations de vigilance.

A titre liminaire, il convient de souligner que la déclaration de soupçon est la matérialisation d'un travail d'analyse. Dès lors, le déclarant s'abstient de faire des déclarations uniquement motivées par des éléments de contexte. Ainsi, les déclarations de soupçon ne peuvent avoir pour seul motif :

— la réception d'une réquisition judiciaire ou d'une demande de renseignement émanant d'une administration (contrôle fiscal par exemple) ou à plus forte raison d'un droit de communication diligenté par TRACFIN, si la déclaration de soupçon n'apporte pas d'information supplémentaire par rapport à celles contenues dans la réponse à la réquisition judiciaire ou au droit de communication ;

— l'activité professionnelle du client ou du client occasionnel, son adresse ou son pays de domiciliation ou d'enregistrement (éléments toutefois susceptibles de constituer un faisceau d'indices) ;

— le montant élevé d'une opération ;

— le fait que son client, son client occasionnel ou le bénéficiaire effectif soit une personne exposée.

Les mentions obligatoires

Conformément au III de l'article R. 561-31 du code monétaire et financier, la déclaration à TRACFIN comporte les indications suivantes :

— la qualité de commissaire aux comptes ;

— l'identification et les coordonnées professionnelles du commissaire aux comptes réalisant la déclaration ;

— le cas de déclaration par référence aux cas mentionnés à l'article L. 561-15 du code monétaire et financier c'est-à-dire les cas mentionnés aux 4.2.1, 4.2.2, 4.2.3 (ou tentatives de ces cas) ;

— les éléments d'identification du client ou du client occasionnel en la possession du commissaire aux comptes, notamment la forme juridique du client ou du client occasionnel et son secteur d'activité lorsqu'il s'agit d'une personne morale, son activité professionnelle et les éléments de son patrimoine lorsqu'il s'agit d'une personne physique ;

— l'objet et la nature de la mission mise en œuvre ou de la prestation fournie ;

— le descriptif de l'opération concernée et, le cas échéant, les éléments d'identification de la personne bénéficiant de l'opération qui fait l'objet de la déclaration ;

— les éléments d'analyse qui ont conduit le commissaire aux comptes à effectuer la déclaration ;

— lorsque l'opération n'a pas encore été exécutée, son délai d'exécution ;

— les pièces ou documents justificatifs utiles.

L'exposé de la situation objet de la déclaration

Les éléments d'analyse qui ont conduit à effectuer la déclaration doivent être communiqués de manière claire et précise.

Exemple d'exposé des motifs.

Partie 1 : Phrase introductive de synthèse

Cette partie doit permettre une compréhension rapide du signalement (nature et motif de l'opération en cours, etc.).

Partie 2 : Présentation complémentaire *[complémentaire aux informations demandées dans les rubriques "identification de la ou des personnes" de la déclaration de soupçon]* **des personnes physiques et/ou morales faisant l'objet du soupçon (et des personnes liées le cas échéant)**

Rappel des informations détenues par le déclarant sur le client objet du soupçon (éventuels compléments à l'état civil donné dans les champs *ad hoc*28 de la déclaration de soupçon (DS), contexte de la relation d'affaires, etc.).

— Personnes physiques :

• situation personnelle et professionnelle connue ;

• situation matrimoniale connue.

— Personnes morales :

• date de création ;

• nature de l'activité ;

• principales données chiffrées connues (chiffre d'affaires, résultat, etc.) ;

• liens avec d'autres personnes ou éléments d'environnement (autres mandataires sociaux/associés, etc.).

Le déclarant mentionne également dans cette partie le résultat des recherches effectuées en base ouverte concernant les personnes physiques ou morales (réseaux sociaux, bases commerciales, Internet, etc.).

Partie 3 : présentation de(s) l'opération(s) douteuse(s)

• synthèse des opérations et des mouvements douteux ;

• développement des faits concernant ces opérations ;

• précision sur l'origine et la destination (certaine ou présumée) des fonds sur lesquels porte le soupçon.

Partie 4 : caractérisation du soupçon

Cette partie restitue le fait à l'origine du soupçon ayant conduit au signalement, expose clairement le soupçon du déclarant à l'appui des éléments figurant *supra* :

• en quoi cette opération est-elle suspecte ?

• pourquoi l'origine des fonds peut paraître douteuse ?

• quelles sont les démarches entreprises par le déclarant pour lever le doute ?

• en quoi les explications ou justifications apportées par le client sont-elles peu convaincantes ou crédibles ?

S'il existe un soupçon de fraude fiscale, il convient de faire mention du (des) critère(s) listé(s) par le décret n° 2009-874 du 16 juillet 2009 (article D. 561-32-1 du code monétaire et financier).

Les pièces jointes à la déclaration

Le déclarant transmet, à l'appui de la déclaration, l'ensemble des pièces et données mobilisées lors de la phase d'analyse nécessaires à la compréhension du signalement.

Les données transmises par le déclarant sont susceptibles de faire l'objet d'un retraitement par les enquêteurs TRACFIN. Par conséquent, il convient de privilégier leur transmission sous format Excel afin de faciliter ce travail d'analyse (ou à défaut, un format .pdf convertible).

Pièces utiles à joindre à la déclaration (le cas échéant, liste non exhaustive) :

• une copie de la pièce d'identité du client ;

• un extrait *Kbis* de la personne morale visée ;

• les statuts de la personne morale visée ;

• un document bancaire utile ;

• un extrait de page Internet ;

• des documents comptables (Balances, grand-livre) ;

- le fichier des écritures comptables (FEC) ;
- les comptes annuels certifiés ;
- le rapport spécial ;
- des contrats ;
- ...

Les déclarations complémentaires

Lorsqu'il a effectué une déclaration, le commissaire aux comptes porte, sans délai, à la connaissance de TRACFIN toute information de nature à infirmer, conforter ou modifier les éléments contenus dans cette déclaration.

Les déclarations complémentaires indiquent les références TRACFIN de la déclaration initiale et comportent l'ensemble des éléments utiles à *[la]* compréhension des faits signalés.

4.4. *Modalités de déclaration et de transmission des déclarations de soupçon*

La déclaration à TRACFIN est établie par écrit. Elle est effectuée :

– soit par voie électronique sur la plateforme ERMES accessible à partir du site internet de TRACFIN ;

– soit au moyen d'un formulaire à télécharger sur le site internet de TRACFIN, dont le contenu est dactylographié et signé.

Si la télédéclaration ne revêt (au jour de la publication de ces lignes directrices) pas de caractère obligatoire pour les commissaires aux comptes, il est constant que la plate-forme ERMES est garante d'un haut niveau de sécurité et de confidentialité.

Dans des cas exceptionnels, le commissaire aux comptes peut réaliser sa déclaration verbalement lors d'une réunion avec un agent de TRACFIN au cours de laquelle il remet les pièces ou documents justificatifs utiles venant à son appui.

Lorsqu'une déclaration ne satisfait pas à la forme et aux exigences de contenu définies par la réglementation, et à défaut de régularisation dans le délai d'un mois imparti par TRACFIN, elle est irrecevable. Cette irrecevabilité emporte toutes les conséquences juridiques du défaut de dépôt d'une déclaration de soupçon.

Le H3C et TRACFIN rappellent le caractère essentiel de la correcte rédaction des déclarations de soupçon, quelles que soient les modalités de transmission de ces dernières.

La clarté, la concision, la pertinence et la précision de la présentation des éléments d'information mentionnés dans la déclaration de soupçon sont importantes pour l'efficacité du dispositif LCB-FT.

Voir en annexe le "Pas-à-pas ERMES"

4.5. *Délais de déclaration*

La déclaration de soupçon doit être en principe effectuée préalablement à l'exécution de l'opération.

En effet, en application des articles L. 561-16 et L. 561-24 du code monétaire et financier, dans le cadre d'une mission ou d'une prestation, le commissaire aux comptes s'abstient d'effectuer toute opération – notamment recevoir, conserver ou délivrer des fonds ou valeurs – portant sur des sommes dont il sait, soupçonne ou a de bonnes raisons de soupçonner qu'elles proviennent d'une infraction passible d'une peine privative de liberté supérieure à un an ou sont liées au financement du terrorisme jusqu'à ce qu'il l'ait déclarée à TRACFIN. Il ne peut alors procéder à la réalisation de l'opération que, si TRACFIN n'a pas notifié d'opposition, ou si au terme du délai d'opposition notifié par TRACFIN, aucune décision du président du tribunal judiciaire de Paris ne lui est parvenue.

Par dérogation, la déclaration peut intervenir après réalisation de l'opération dans les trois cas suivants :

– impossibilité de surseoir à son exécution ;

— report pouvant faire obstacle au bon déroulement des investigations en cours ;
— soupçon apparu postérieurement à la réalisation de l'opération en cause.

Pour les commissaires aux comptes, la déclaration de soupçon porte le plus souvent sur des faits anciens compte tenu du fait que la plupart des missions ou prestations effectuées par les commissaires aux comptes portent sur des opérations déjà réalisées, notamment dans le cadre d'une mission de contrôle légal.

Lorsqu'une opération devant faire l'objet d'une déclaration à TRACFIN a déjà été réalisée mais que le commissaire aux comptes ne l'a pas déclarée pour l'un des motifs énoncés ci-dessus, le commissaire aux comptes fait parvenir sa déclaration à TRACFIN sans délai.

Toute information de nature à infirmer, conforter ou modifier les éléments contenus dans la déclaration émise doit être, sans délai, portée à la connaissance de TRACFIN.

En outre, le commissaire aux comptes est tenu de répondre à toute demande émanant de TRACFIN, dans les délais fixés par celui-ci.

4.6. *Confidentialité et secret professionnel*

La déclaration à TRACFIN est confidentielle.

Il est interdit, sous peine des sanctions prévues à l'article L. 574-1 du code monétaire et financier, de porter à la connaissance du client ou de tiers l'existence et le contenu de la déclaration et de donner des informations sur les suites qui ont été réservées à cette déclaration.

Cette interdiction ne s'applique pas à la relation entre le commissaire aux comptes et le Haut Conseil du commissariat aux comptes.

Le commissaire aux comptes ne peut ni ne doit révéler à l'autorité judiciaire ou aux officiers de police judiciaire agissant sur délégation l'existence et le contenu d'une déclaration à TRACFIN.

Les conditions limitatives dans lesquelles il est possible de déroger à ce principe, sauf opposition de TRACFIN, sont les suivantes :

Information au sein du même réseau ou de la même structure d'exercice professionnel

Par dérogation au principe de confidentialité et de secret professionnel, et sauf opposition de TRACFIN, les commissaires aux comptes, experts-comptables, salariés autorisés à exercer la profession d'expert-comptable et membres d'une profession juridique ou judicaire visés au 13° de l'article L. 561-2 du code monétaire et financier qui appartiennent au même réseau ou à une même structure d'exercice professionnel, s'informent au sein du réseau ou de la structure d'exercice professionnel de l'existence et du contenu de la déclaration lorsque les conditions suivantes sont réunies :

— les informations ne sont échangées qu'entre personnes d'un même réseau ou d'une même structure d'exercice professionnel soumises à l'obligation de déclaration à TRACFIN ;

— les informations divulguées sont nécessaires à l'exercice, au sein du réseau ou de la structure d'exercice du commissariat aux comptes, de la vigilance en matière de lutte contre le blanchiment des capitaux et le financement du terrorisme et seront exclusivement utilisées à cette fin ;

— les informations sont divulguées à une personne ou un établissement situé en France ou dans un autre État membre de l'Union européenne, dans un État partie à l'espace économique européen ou dans un pays tiers imposant des obligations équivalentes en matière de lutte contre le blanchiment et le financement du terrorisme ;

— le traitement des informations réalisé dans le pays mentionné ci-dessus garantit un niveau de protection suffisant de la vie privée et des libertés et droits fondamentaux des personnes conformément aux articles 122 et 123 de la loi n° 78-17 du 6 janvier 1978.

Information en cas d'intervention pour un même client ou client occasionnel et dans une même opération ou en cas de connaissance pour un même client ou client occasionnel d'une même opération

Par dérogation au principe de confidentialité et de secret professionnel, les commissaires aux comptes, les experts-comptables, les salariés autorisés à exercer la profession d'expert-comptable, les membres d'une profession juridique ou judicaire visés au 13° de l'article L. 561-2 du code monétaire et financier, les caisses des règlements pécuniaires des avocats visés au 18° du même article et les greffiers des tribunaux de commerce peuvent, lorsqu'ils interviennent pour un même client ou un même client occasionnel et dans une même opération ou lorsqu'ils ont connaissance, pour un même client ou client occasionnel, d'une même opération, s'informer mutuellement, et par tout moyen sécurisé, de l'existence et du contenu de la déclaration à TRACFIN. Ces échanges d'informations ne sont autorisés qu'entre les personnes visées ci-avant, si les conditions suivantes sont réunies :

– les personnes mentionnées ci-avant sont situées en France, dans un État membre de l'Union européenne ou partie à l'accord sur l'Espace économique européen ;

– lorsque l'échange d'informations implique des personnes qui ne sont pas situées en France, celles-ci sont soumises à des obligations équivalentes en matière de secret professionnel ;

– les informations échangées sont utilisées exclusivement à des fins de prévention du blanchiment des capitaux et du financement du terrorisme ;

– le traitement des informations communiquées, lorsqu'il est réalisé dans un pays tiers, garantit un niveau de protection suffisant de la vie privée et des libertés et droits fondamentaux des personnes, conformément aux articles 122 et 123 de la loi n° 78-17 du 6 janvier 1978.

4.7. *Conséquences juridiques de la déclaration de soupçon*

En application de l'article L. 561-22 du code monétaire et financier, le commissaire aux comptes qui effectue une déclaration de soupçon, en toute bonne foi et conformément aux dispositions législatives ou réglementaires applicables y compris à la norme d'exercice professionnel, est exonéré des poursuites pénales fondées sur la dénonciation calomnieuse (article 226-10 du code pénal) et sur le non-respect de l'obligation de secret professionnel (article 226-13 du code pénal). Cette exonération est applicable quand bien même le caractère délictuel des faits ayant conduit à la déclaration n'a pu être démontré par l'autorité judiciaire.

Il en est de même, sous la même condition de bonne foi, en matière de responsabilité civile et de sanction disciplinaire.

4.8. *Les prérogatives de TRACFIN*

4.8.1. *Le droit de communication*

Conformément à l'article L. 561-25 du code monétaire et financier, TRACFIN peut exercer son droit de communication en demandant aux professionnels assujettis des documents, informations ou données dans le but de reconstituer l'ensemble des transactions faites par une personne ou une société ayant fait l'objet d'un signalement. TRACFIN fixe le délai de réponse.

Outre l'obligation de répondre à la demande, les professionnels assujettis ont l'interdiction de communiquer sur les demandes transmises auprès des personnes faisant l'objet du signalement ou tout autre tiers, à l'exception des autorités de contrôle.

4.8.2. *Le droit d'opposition*

Conformément à l'article L. 561-24 du code monétaire et financier, TRACFIN peut s'opposer à l'exécution d'une opération encore non exécutée pendant un délai de dix jours ouvrables qui permet à l'autorité judiciaire d'apprécier l'opportunité de prendre une ordonnance de saisie pénale des sommes en cause. L'opposition ne peut porter que sur une opération portée à la connaissance de TRACFIN dans le cadre d'une déclaration de soupçon reçue de tout déclarant, dans le cadre de l'exercice de son droit de communication ou d'une information reçue d'une administration, d'une autorité de contrôle ou d'une cellule de renseignement étrangère.

Lorsque le professionnel soupçonne qu'une opération suspecte est susceptible d'entraîner l'exercice de son droit d'opposition par TRACFIN, il est invité à prendre l'attache de TRACFIN le plus rapidement possible afin d'appeler son attention sur cette opération et sur son délai d'exécution.

4.8.3. *L'appel à vigilance*

En vertu de l'article L. 561-26 du code monétaire et financier, TRACFIN peut, pour une durée maximale de six mois renouvelable, désigner aux personnes assujetties à l'article L. 561-2 du code monétaire et financier, pour la mise en œuvre de leurs obligations de vigilance à l'égard de la clientèle :

1° les opérations qui présentent, eu égard à leur nature particulière ou aux zones géographiques déterminées à partir desquelles, à destination desquelles ou en relation avec lesquelles elles sont effectuées, un risque important de blanchiment de capitaux ou de financement du terrorisme ;

2° des personnes qui présentent un risque important de blanchiment de capitaux ou de financement du terrorisme.

Il est proscrit de porter à la connaissance d'un tiers autre que l'autorité de contrôle l'existence et le contenu des appels à vigilance lorsqu'il procède à une désignation en application du 2° de l'article L. 561-26 précité.

Les appels à vigilance émis par TRACFIN doivent être intégrés à la classification des risques des professionnels assujettis.

5. Les liens éventuels entre la déclaration à TRACFIN et la révélation des faits délictueux au procureur de la République

Lorsque le commissaire aux comptes a connaissance d'opérations portant sur des sommes dont il sait qu'elles proviennent d'une infraction passible d'une peine privative de liberté supérieure à un an, ou qui sont liées au financement du terrorisme, ou lorsqu'il a connaissance de sommes ou opérations dont il sait qu'elles proviennent d'une fraude fiscale en présence d'au moins un critère défini à l'article D. 561-32-1 du code monétaire et financier, ou enfin lorsqu'il conclut défavorablement après l'examen renforcé d'une opération, en raison notamment de l'illicéité de celle-ci :

– il procède à une déclaration à TRACFIN ; et

– dans les cas où il est soumis à l'obligation de révélation des faits délictueux, il révèle concomitamment les faits délictueux au procureur de la République, en application du deuxième alinéa de l'article L. 823-12 du code de commerce.

Lorsque le commissaire aux comptes n'a que des soupçons ou de bonnes raisons de soupçonner que des opérations portent sur des sommes qui proviennent d'une infraction passible d'une peine privative de liberté supérieure à un an, ou sont liées au financement du terrorisme, ou que des sommes ou opérations proviennent d'une fraude fiscale en présence d'au moins un critère défini à l'article D. 561-32-1 du code monétaire et financier, ou enfin lorsqu'il n'a pu lever ses doutes à l'issu d'un examen renforcé quant à l'origine ou la destination des fonds, à l'identité du bénéficiaire effectif de l'opération ou sur l'objet de celle-ci, il procède uniquement à la déclaration à TRACFIN. En effet, à ce stade, le commissaire aux comptes ne sait pas si ses soupçons sont fondés car il ne dispose pas d'élément tangible.

Les soupçons ne constituent pas des faits délictueux ou des irrégularités.

Lorsqu'il a déclaré des soupçons, le commissaire aux comptes réapprécie tout au long de l'exécution de la mission ou de la prestation fournie les éléments déclarés dès lors qu'il a connaissance d'informations venant renforcer ou infirmer ses soupçons et en tire les conséquences éventuelles au regard de ses obligations de révélation.

Selon les dispositions des 2e et 3e alinéas de l'article L. 823-12 du code de commerce, les commissaires aux comptes "révèlent au procureur de la République les faits délictueux dont ils ont eu connaissance, sans que leur responsabilité puisse être engagée par cette révélation. Sans préjudice de l'obligation de révélation des faits délictueux mentionnée à l'alinéa précédent, ils mettent en œuvre les obligations relatives à la lutte contre le blanchiment des capitaux et le financement du terrorisme définies au chapitre I du titre VI du livre V du code monétaire et financier ».

Le commissaire aux comptes soupçonne ou a de bonnes raisons de soupçonner	Le commissaire aux comptes sait
Déclaration de soupçon à TRACFIN	Déclaration de soupçon à TRACFIN
	Révélation de faits délictueux au Procureur de la République, *dans le cas où le commissaire aux comptes est soumis à cette obligation*

Au cours de sa mission, le commissaire aux comptes peut avoir connaissance d'éléments nouveaux :

– si ces éléments transforment le soupçon en certitude, il procède alors à une révélation de fait délictueux au procureur de la République, dans les cas où il est soumis à l'obligation de révélation des faits délictueux ;

– s'ils ne font que confirmer ses doutes, il apprécie l'opportunité de communiquer à TRACFIN les nouveaux éléments dont il a connaissance.

Le commissaire aux comptes ne peut démissionner pour se soustraire à ses obligations de déclaration de soupçon ou de révélation de faits délictueux.

6. Les obligations de conservation des documents et informations

Le commissaire aux comptes conserve dans ses dossiers les documents et informations, quel qu'en soit le support, permettant de justifier des mesures de vigilance mises en œuvre et de leur adéquation au risque de BC-FT.

Le commissaire aux comptes conserve pendant cinq ans à compter de la fin du mandat de commissariat aux comptes, de la mission ou de la prestation :

– les documents et informations relatifs à l'identification et à la vérification des éléments d'identification du client, ou du client occasionnel et, le cas échéant, du bénéficiaire effectif ;

– les autres éléments d'information nécessaires ; ainsi que

– les documents et informations relatifs aux mesures de vigilance mises en œuvre.

Lorsque le commissaire aux comptes intervient dans le cadre d'un mandat de commissariat aux comptes, les documents concernent les trois ou six exercices du mandat.

Il conserve également, pendant cinq ans à compter de la fin de la mission de contrôle légal, d'une autre mission ou de la prestation, les documents et informations relatifs aux opérations, et plus particulièrement les documents consignant les caractéristiques des opérations particulièrement complexes ou d'un montant inhabituellement élevé ou ne paraissant pas avoir de justification économique ou d'objet licite.

Les déclarations à TRACFIN, les pièces jointes, ainsi que les réponses à son droit de communication, sont conservées en dehors des dossiers en raison de leur caractère confidentiel, pendant cinq ans à compter de leur envoi.

En raison de leur caractère confidentiel, la structure d'exercice du commissariat aux comptes doit veiller à conserver en dehors des dossiers et dans un endroit sécurisé, les déclarations de soupçon faites à TRACFIN, les pièces jointes, ainsi que les réponses à son droit de communication.

ANNEXE
LE PAS-À-PAS ERMES

Annexe non reproduite.

II RÈGLES EUROPÉENNES

REP. INTERNAT. v° *Stupéfiants,* par AUBERT et MASSÉ.

BIBL. GÉN. ▸ CUTAJAR, *JCP 2015, n° 554* (identification du bénéficiaire réel, un leurre au sein de la 4e directive blanchiment ?). – H. ROBERT, *RLDA oct. 2015. 10* (présentation de la 4e directive anti-blanchiment). – BONNEAU, *RJ com. 2017. 17* (la législation européenne anti-blanchiment). – CUTAJAR, *AJ pénal 2019. 356* (les investigations financières au service de la lutte contre la criminalité organisée). – SEGONDS, *Dr. pénal 2019. Étude 10* (de l'incrimination *a minima* du blanchiment. A propos de la pertinence de l'art. 3 de la Dir. (UE) 2018/1673 du 23 oct. 2018 visant à lutter contre le blanchiment de capitaux au moyen du droit pénal). – IDOT, *Europe 2019. Alerte 55* (lutte contre le blanchiment de capitaux et financement du terrorisme : le bilan de la Commission Junker). – TRICOT, *RSC 2019. 909* (chronique de droit et de jurisprudence de l'Union européenne).

▸ EL ZEIN, Trafic illicite de stupéfiants, *in* Ascencio, Decaux et Pellet (sous la dir.), Droit international pénal, *Pedone, 2000, chap. 49*. – CESONI, La construction supranationale de la lutte contre le blanchiment, *in* La lutte contre le blanchiment en droit belge, suisse, français, italien et international. Incrimination et confiscation, prévention, entraide judiciaire, *Bruylant, 2013, p. 15*. – DUPUY et KERBRAT, Droit international public, *Précis Dalloz, 14e éd., 2018*. – REBUT, Droit pénal international, *Précis Dalloz, 3e éd., 2019*. – BOURSIER, Droit pénal des affaires internationales, Mondialisation et Compliance, *Lextenso, 2e éd., 2020*.

COMMENTAIRE

Le droit européen de la lutte contre le blanchiment de capitaux et le financement du terrorisme (LBC/FT) est le fruit des travaux des espaces régionaux du Conseil de l'Europe et de l'Union européenne. Ces deux organisations contribuent au rayonnement des Recommandations du GAFI (V. *infra*, III. Règles internationales) tout en construisant un corpus de règles substantielles qui s'en inspirent largement.

Les espaces régionaux européens participent, en effet, activement au déploiement des Recommandations du GAFI. Le Conseil de l'Europe porte MONEYVAL, l'organisation régionale de type GAFI (ORTG) qui est en charge de l'application et du suivi de la mise en œuvre des Recommandations du GAFI dans les pays adhérents au Conseil de l'Europe et les pays qui souhaitent y adhérer. Il contribue ainsi de façon décisive à l'application des Recommandations du GAFI dans cet espace.

L'Union européenne (UE) est, quant à elle, membre associé du GAFI dont elle reconnaît les Recommandations comme les standards internationaux en matière de LBC/FT. L'évolution des règles préventives européennes en matière de lutte contre le blanchiment et de financement du terrorisme est d'ailleurs le fruit des révisions successives des Recommandations du GAFI et de réactions suscitées par des évènements majeurs, tels que les attentats de 2015 en France et en Belgique. Le processus législatif s'accompagne de l'attribution d'une compétence déléguée à l'UE en matière de lutte contre le blanchiment de capitaux et le financement du terrorisme, plus particulièrement pour la réalisation d'une typologie européenne des risques et la création d'une liste des pays et territoires à haut risque.

Les espaces régionaux européens ont un apport substantiel dans le corpus des règles relatives à la lutte contre le blanchiment de capitaux et le financement du terrorisme. L'apport du Conseil de l'Europe est à la fois historique dans les aspects préventifs de la LBC/FT et matériel dans ses aspects répressifs du fait de ses liens avec la lutte contre le terrorisme et son financement. Le Conseil de l'Europe est en effet la première instance internationale à mettre en lumière, dès 1980 par la voie de recommandations, la nécessité d'adopter des règles préventives en matière de blanchiment. Cette initiative novatrice tendait à intégrer des mécanismes de compliance dans le champ de la lutte contre les infractions transnationales telles que le blanchiment, méthode ensuite préconisée par le Comité de Bâle, avant d'être définitivement consacrée par les travaux du GAFI. A cet intérêt historique s'ajoute un intérêt significatif lié au développement de règles répressives exigeantes complétant ou devançant les exigences conventionnelles issues des organisations internationales. L'apport de ces conventions est important du fait de leur influence sur les instruments juridiques de l'Union européenne.

L'apport du droit de l'Union européenne en matière de lutte contre le blanchiment et le financement du terrorisme est remarquable car il confère une valeur juridique contraignante aux Recommandations du GAFI dépourvues de valeur normative. Ces standards intègrent en effet l'ordre juridique européen par l'édiction de directives prises sur le fondement du principe de subsidiarité pour certaines (TUE, art. 5) et, pour d'autres, sur le fondement de la compétence de l'Union européenne statuant par voie de directives, pour établir des règles minimales relatives à la définition des infractions et des sanctions pénales dans des domaines de criminalité particulièrement grave, revêtant une dimension transfrontière, et ce, afin d'assurer la mise en œuvre efficace d'une politique de l'Union (TFUE, art. 83).

L'Union européenne apporte, enfin, un élément essentiel dans le régime créé en matière de LBC/FT du terrorisme au titre de ses compétences dans des domaines connexes, sans coloration pénale, mais essentiels au déploiement efficace des règles préventives.

I. APPORT DU CONSEIL DE L'EUROPE EN MATIÈRE DE LBC/FT

Le Conseil de l'Europe a eu un rôle précurseur dans la législation en matière de lutte contre le blanchiment de capitaux et le financement du terrorisme. Il a émis la Recommandation n° R (80) 10 du 27 juin 1980 relative aux mesures contre le transfert et la mise à l'abri des capitaux d'origine criminelle (V. *infra*, B. Conseil de l'Europe), avant d'élaborer la convention du 8 novembre 1990 relative au blanchiment, au dépistage, à la saisie et à la confiscation des produits du crime (V., *eod. loc.*), qui consacre pour la première fois explicitement dans l'ordre juridique international l'incrimination de blanchiment. Cette première convention fut suivie de la convention du 16 mai 2005 relative au blanchiment, au dépistage, à la saisie, à la confiscation et au financement du terrorisme (V. *eod. loc.*), qui actualise et élargit la convention de 1990, tout en intégrant, par ailleurs, les objectifs de la convention des Nations unies du 9 décembre 1999 pour la répression du financement du terrorisme (V. *infra*, III. Règles internationales).

II. APPORT DE L'UNION EUROPÉENNE EN MATIÈRE DE LBC/FT

Les instruments conventionnels de l'Union européenne sont issus de la convention sur l'entraide judiciaire en matière pénale entre les États membres de l'UE du 29 mai 2000, dédiée à la coopération pénale entre les États membres enrichissant la convention européenne d'entraide du 20 avril 1959 et son protocole additionnel du 17 mars 1978. Cette convention a été complétée par un protocole du 16 octobre 2001, spécifiquement dédié aux actions ciblées en matière de lutte contre le blanchiment et la criminalité économique. Des actes matériels de l'Union européenne ont ensuite étoffé ce cadre conventionnel avec la décision-cadre n° 2000/642/JAI du 17 octobre 2000 relative aux modalités de coopération entre les cellules de renseignement financier des États membres en ce qui concerne l'échange d'informations (V. *infra*, A. Union européenne) et la décision-cadre n° 2001/500/JAI du 26 juin 2001 concernant le blanchiment d'argent, l'identification, le dépistage, le gel ou la saisie et la confiscation des instruments et des produits du crime (V. *eod. loc.*).

Le corpus qui forme l'état du droit applicable au sein de l'Union européenne est aujourd'hui constitué de directives dédiées à la lutte contre le blanchiment, d'une part, dans ses aspects préventif avec la directive n° 2015/849 du 20 mai 2015 relative à la prévention de l'utilisation du système financier aux fins du blanchiment de capitaux ou du financement du terrorisme (V. *infra*, A. Union européenne), et, d'autre part, dans ses aspects répressifs avec la directive (UE) n° 2018/1673 du 23 octobre 2018 visant à lutter contre le blanchiment de capitaux au moyen du droit pénal (V. *eod. loc.*). S'y ajoutent des instruments dédiés à des infractions spécifiques avec la directive (UE) 2017/1371 du 5 juillet 2017 relative à la lutte contre la fraude portant atteinte aux intérêts financiers de l'Union au moyen du droit pénal (V. v° *Corruption*).

La Commission européenne a publié le 24 juillet 2019 une communication accompagnée de quatre rapports soulignant les failles du cadre européen de LBC/FT, au premier rang desquelles le manque d'harmonisation des règles au sein de l'Union européenne et les difficultés des mesures de surveillance. Mandatée par le Parlement européen et le Conseil, la Commission a proposé le 7 mai 2020 un plan d'action européen visant à intensifier la lutte contre le blanchiment de capitaux fondé sur six piliers qui seront particulièrement structurants dans les mois à venir : application effective des règles de l'UE par les États membres et mise en œuvre effective des nouvelles prérogatives de l'Autorité bancaire européenne (ABE) ; renforcement d'un corpus européen réglementaire et donc harmonisé ; création d'une autorité européenne de surveillance ; renforcement d'un mécanisme de coordination et de soutien pour les cellules de renseignement financier des États membres ; mise en œuvre effective des règles de droit pénal et en matière d'échange d'informations et publication des orientations sur le rôle des partenariats public-privé afin de renforcer le partage de données et d'en préciser les modalités ; renforcement du rôle de l'UE à l'échelle mondiale avec la mise en place d'une nouvelle méthode. Il s'agit d'une nouvelle vision intégrée de la LBC/FT qui aura un impact fort sur les modalités d'application de la législation.

III. TEXTES DE L'UNION EUROPÉENNE EN LIEN DIRECT AVEC LA LBC/FT

D'autres instruments juridiques de l'Union européenne confortent ou accroissent l'efficacité du cadre actuel posé en matière de lutte contre le blanchiment de capitaux et de financement du terrorisme. Il en va ainsi des règlements et directives permettant de réduire les vulnérabilités de certains instruments ou créant de nouveaux instruments en lien avec la LBC/FT : sur les informations accompagnant les transferts de fonds (Règl. (UE) 2015/847 du 20 mai 2015, V. *infra*, A. Union européenne) ; les modalités de transports d'espèces (Règl. (UE) 2018/1672 du 23 octobre 2018, V. ***C. douanes***) ou encore les instruments juridiques assurant la circulation des informations financières (Dir. (UE) 2019/1153 du 20 juin 2019, V. *infra*, A. Union européenne). Les dispositions européennes en matière de gel et de saisie des avoirs sont également sollicitées systématiquement par la législation en la matière (Règl. (UE) 2018/1805 du 14 nov. 2018), comme les dispositions fixant les règles relatives à l'utilisation d'informations financières et d'une autre nature pour combattre les infractions pénales graves (Dir. nº 2019/1153 du 20 juin 2019) et l'ensemble des mesures sur la finance numérique (V. notamment l'accord entre la Présidence du Conseil européen et le Parlement européen sur la proposition de règlement portant sur les crypto-actifs [règlement MiCA] et sur la proposition de règlement sur la résilience opérationnelle numérique [règlement DORA], qui doit permettre au secteur financier européen de maintenir des opérations résilientes en cas de perturbation opérationnelle grave). S'y ajoutent des textes visant spécifiquement certains secteurs particulièrement sensibles comme le trafic de biens culturels (Règl. (UE) 2019/880 du 17 avr. 2019).

Les directives et règlements européens s'accompagnent également d'actions, rapports et projets conduits par la Commission européenne dans le cadre de nouvelles compétences déléguées au titre de ces directives. Il en va ainsi du rapport sur l'évaluation des risques de blanchiment de capitaux et de financement du terrorisme pesant sur le marché intérieur et liés aux activités transfrontières (Rapport COM (2017) 340 final du 26 juin 2017, V. *infra*, A. Règles européennes), du rapport relatif aux programmes de citoyenneté et de résidence par investissement dans l'Union européenne (Rapport COM (2019) 12 final du 23 janv. 2019). A ces travaux s'ajoutent, enfin, les actes délégués relevant de la compétence de la Commission européenne relative notamment à la désignation des juridictions à haut risque engendrant des mesures de vigilance renforcées pour les assujettis selon une méthodologie révisée en 2020 (Règl. délégué (UE) 2016/1675 du 14 juill. 2016 recensant les pays tiers à haut risque présentant des carences stratégiques, V. *infra*, A. Union européenne) et d'autres normes plus techniques concernant la surveillance du système financier.

Une réforme du cadre de l'Union européenne en matière de LBC/FT a été présentée par la Commission européenne en juillet 2021 en vue de renforcer les mesures de l'Union en ce domaine (V. *infra*, A. Union européenne). ❑

A Union européenne

BIBL. GÉN. ▸ DUPUY et KERBRAT, Droit international public, *Précis Dalloz, 14e éd., 2018*. – REBUT, Droit pénal international, *Précis Dalloz, 3e éd., 2019*. – BOURSIER, Droit pénal des affaires internationales, Mondialisation et Compliance, *Lextenso, 2e éd., 2020*.

COMMENTAIRE

L'espace de liberté, de sécurité et de justice (ELSJ) de l'Union européenne est le fruit de l'évolution institutionnelle de l'Union européenne (UE), qui développe depuis quarante ans une action normative et opérationnelle appuyée sur des instruments européens spécifiques. La compétence pénale de l'UE s'est progressivement affirmée dans les traités de Maastricht, d'Amsterdam, puis de Nice jusqu'à l'actuel traité de Lisbonne attribuant une compétence pénale substantielle à l'Union européenne.

Le traité de Maastricht a, d'abord, institutionnalisé les questions relatives à la justice et aux affaires intérieures (JAI) constituant le troisième pilier de l'Union européenne conférant les compétences correspondant aux domaines couverts par les accords de Schengen, sur un fondement exclusivement intergouvernemental (OTUE, art. K1). Puis, le traité d'Amsterdam a modifié la répartition des compétences entre les trois piliers de l'UE et créé l'instrument de la décision-cadre au service de l'espace de liberté, de sécurité et de justice nouvellement créé.

Le traité de Nice, ensuite, voit l'émergence d'une jurisprudence créatrice de la Cour de justice des Communautés européennes qui reconnaît une compétence matérielle à la Communauté aux fins d'harmoniser, dans une certaine mesure, la législation pénale des États membres (CJCE 13 sept. 2005, n° C-176/03 ; CJCE 23 oct. 2007, n° C-440/05).

Enfin, la nouvelle architecture posée par le traité de Lisbonne confère deux titres de compétence à l'Union européenne en matière de droit répressif (pénal et administratif). Ce traité consacre le principe de codécision entre le Parlement européen et le Conseil, notamment dans le cadre de l'espace de liberté, de sécurité et de justice, soumettant une part substantielle de la coopération judiciaire à la procédure législative ordinaire. Il investit, par ailleurs, l'UE d'une compétence législative en matière de criminalité particulièrement grave revêtant une dimension transfrontalière. La lutte contre le blanchiment d'argent fait partie, au même titre que le terrorisme, le trafic illicite de drogue, la traite des êtres humains ou encore la corruption, de cette criminalité particulièrement grave à vocation transfrontalière justifiant la compétence législative de l'Union européenne (TFUE, art. 83, al. 1er). S'ajoute à cette compétence spécifique la faculté des institutions de l'Union européenne, au nom du principe de subsidiarité dans les domaines qui ne relèvent pas de sa compétence exclusive, d'intervenir dans des champs qui concernent l'approche globale de la lutte contre le blanchiment et notamment le corpus des règles préventives en la matière. Le principe de subsidiarité fonde ainsi l'édiction de directives lorsque les objectifs de l'action envisagée ne peuvent pas être atteints d'une manière suffisante par les États membres et que l'efficacité de cette action suppose, en raison de ses dimensions ou de ses effets, une intervention de l'Union européenne (TUE, art. 5, § 3).

La compétence de l'Union européenne en matière de lutte contre le blanchiment se décline, d'une part, autour de directives élaborées dans le cadre des mesures préventives issues des Recommandations du GAFI (V. *infra*, III. Règles internationales) et de conventions, décisions-cadres et directives relatives au volet répressif de la LBC/FT, d'autre part. S'ajoutent à ces deux corps de règles préventives et répressives des textes réglementaires, pris dans des champs connexes en lien direct avec l'application des règles relatives à la LBC/FT (droit bancaire et financier, protection des données personnelles, droit financier, droit douanier).

I. DROIT MATÉRIEL PRÉVENTIF DE L'UNION EUROPÉENNE RELATIF AU BLANCHIMENT

L'Union européenne a intégré les Recommandations émises par le GAFI en 1990 (V. *infra*, III. Règles internationales) par le biais de directives prises dans le prolongement de l'édiction puis des modifications des recommandations (1990, 2003, 2012), parfois en devançant, voire en renforçant, les exigences issues de ces standards internationaux. Les directives se sont succédées : directive n° 91/308/CEE du 10 juin 1991, directive n° 2001/97/CE du 4 décembre 2001 modifiant la directive de 1991, directive n° 2005/60/CE du 26 octobre 2005.

Le droit de l'Union européenne en matière de prévention du blanchiment de capitaux et du financement du terrorisme est aujourd'hui régit par le directive n° 2015/849/UE du 20 mai 2015 relative à la prévention de l'utilisation du système financier aux fins du blanchiment de capitaux ou du financement du terrorisme (V. *infra*). Ce texte, dit « quatrième directive », a été modifié très peu de temps après son entrée en vigueur par la directive (UE) 2018/843 du 30 mai 2018 avec laquelle il forme le corps de règles applicables au titre du droit européen préventif en matière de lutte contre le blanchiment. Il a, entre autres, accru les prérogatives de la Commission européenne qui a publié un premier rapport communiqué au Parlement européen et au Conseil du 26 juin 2017 sur l'évaluation des risques de blanchiment de capitaux et de financement du terrorisme pesant sur le marché intérieur et liés aux activités transfrontalières (V. *infra*).

La directive s'accompagne d'instruments en lien direct avec la prévention des faits de blanchiment, tels que le règlement (UE) 2015/847 du 20 mai 2015 sur les informations accompagnant les transferts de fonds (V. *infra*) et la directive (UE) 2019/1153 du 20 juin 2019 fixant les règles facilitant l'utilisation d'informations financières et d'une autre nature aux fins de la prévention ou de la détection de certaines infractions pénales, ou des enquêtes ou des poursuites en la matière (V. *infra*).

En juillet 2021, la Commission européenne a proposé un cadre juridique rénové en matière de lutte contre le blanchiment de capitaux par des propositions visant à renforcer les règles de l'Union en matière de LBC/FT. Ce paquet législatif contient également une proposition de création d'une nouvelle autorité de l'Union européenne dans le domaine de la lutte contre le blanchiment de capitaux. Son objectif est de permettre de mieux détecter les transactions et activités suspectes et de combler les failles dont profitent les criminels pour blanchir le produit d'activités illicites ou financer des activités terroristes par l'intermédiaire du système financier. Les mesures proposées renforcent considérablement le cadre existant de l'Union en tenant compte de l'émergence de nouveaux défis liés à l'innovation technologique. Parmi ces défis figurent les monnaies virtuelles, la plus grande intégration des flux financiers dans le marché unique et le caractère international des organisations terroristes. Ces propositions tendent à créer un cadre plus harmonisé afin que les opérateurs soumis aux règles en matière de LBC/FT puissent plus facilement s'y conformer, en particulier lorsqu'ils ont des activités transfrontières.

L'ensemble de mesures présenté se compose de quatre propositions législatives : un règlement instituant une nouvelle autorité de l'Union européenne en matière de LBC/FT (AMLA ou *Anti-Laundering Money Authority*) ; un règlement sur la LBC/FT contenant des règles directement applicables, notamment en ce qui concerne la vigilance à l'égard de la clientèle et des bénéficiaires effectifs ; une sixième directive sur la LBC/FT (« AMLD6 »), remplaçant la directive 2015/849/UE actuellement en vigueur (telle que modifiée par la cinquième directive), et contenant des dispositions qui seront transposées dans le droit national (notamment les règles relatives aux autorités nationales de surveillance et aux cellules de renseignement financier dans les États membres) ; enfin, une révision du règlement 2015/847/UE sur les transferts de fonds afin de garantir la traçabilité des transferts de crypto-actifs.

La future Autorité de lutte contre le blanchiment de capitaux devrait être opérationnelle en 2024 et commencera ses travaux de surveillance directe un peu plus tard, une fois que la directive aura été transposée et que le nouveau cadre réglementaire commencera à s'appliquer.

II. DROIT CONVENTIONNEL ET MATÉRIEL RÉPRESSIF DE L'UNION EUROPÉENNE RELATIF AU BLANCHIMENT

La convention sur l'entraide judiciaire en matière pénale entre les États membres de l'Union européenne du 29 mai 2000, dédiée à la coopération pénale entre les États membres et enrichissant la convention européenne d'entraide du 20 avril 1959 et son protocole additionnel du 17 mars 1978, a été complétée par un protocole du 16 octobre 2001 spécifiquement dédié aux actions ciblées en matière de lutte contre le blanchiment et la criminalité économique. De même, la convention du 26 juillet 2005 relative à la protection des intérêts financiers des Communautés européennes, convention aujourd'hui intégrée dans la directive (UE) 2017/1371 du 5 juillet 2017 (V. v° *Corruption*), a marqué une évolution significative ajoutant l'infraction de blanchiment aux infractions portant atteinte aux intérêts financiers de l'Union européenne dans son second protocole additionnel du 19 juin 1997.

Ces dispositions conventionnelles sont complétées par des actes matériels de l'Union européenne avec des décisions-cadre dont la décision-cadre n° 2000/642/JAI du 17 octobre 2000 relative aux modalités de coopération entre les cellules de renseignement financier des États membres en ce qui concerne l'échange d'informations (V. *supra*) ainsi que la décision-cadre n° 2001/500/JAI du 26 juin 2001 concernant le blanchiment d'argent, l'identification, le dépistage, le gel ou la saisie et la confiscation des instruments et des produits du crime (V. *supra*).

Enfin, cet ensemble normatif répressif a été complété par la directive (UE) 2018/1673 du 23 octobre 2018 visant à lutter contre le blanchiment de capitaux au moyen du droit pénal (V. *infra*), qui renforce encore l'action répressive des États. ❑

Décision-cadre n° 2000/642/JAI du Conseil du 17 octobre 2000,

Relative aux modalités de coopération entre les cellules de renseignement financier des États membres en ce qui concerne l'échange d'informations.

La décision 2000/642/JAI est abrogée avec effet à partir du 1er août 2021 (Dir. (UE) 2019/1153 du 20 juin 2019, art. 24 ; V. infra).

COMMENTAIRE

La décision 2000/642/JAI du Conseil du 17 octobre 2000 s'inscrit dans l'architecture issue des Recommandations du GAFI (V. *infra*, III. Règles internationales) tendant à la mise en place d'un cadre national préventif de lutte contre le blanchiment de capitaux et le financement du terrorisme (LBC/FT). A l'origine, les Recommandations de 1990 évoquaient une autorité nationale capable de recevoir les déclarations des institutions financières et de centraliser ces informations.

Les travaux internationaux et régionaux ont ensuite permis d'affiner les contours du rôle de cette autorité nationale et de lui donner son nom définitif : la cellule de renseignement financier (CRF). L'Union européenne a progressé grâce aux travaux menés en matière de criminalité organisée puis de criminalité portant atteinte aux intérêts financiers par l'UE tandis qu'un réseau international informel des CRF, le Groupe Egmont, a été créé en 1995 afin de diffuser les bonnes pratiques et de promouvoir les échanges internationaux pour renforcer la lutte contre le blanchiment de capitaux.

Dans ce contexte, les États membres ont mis en place les cellules de renseignement financier chargées de recueillir et d'analyser les informations reçues au titre de la directive 91/308/CEE du Conseil du 10 juin 1991 relative à la prévention de l'utilisation du système financier aux fins du blanchiment de capitaux, en suivant les travaux internationaux et régionaux réalisés dans le prolongement de l'édiction des Recommandations du GAFI en 1990. Les CRF deviennent la pièce centrale de l'architecture LBC/FT, recevant les déclarations de soupçon et diligentant des investigations sur les faits transmis avant d'assurer la transmission d'informations aux autorités judiciaires et administratives, et/ou la dissémination des informations reçues (art. 2, § 1).

La décision-cadre souligne la variété des statuts juridiques des cellules de renseignement financier : certaines revêtent la forme d'autorités administratives, d'autres judiciaires, voire policières, créant ainsi des difficultés en matière de communication et d'échange d'informations, pourtant essentiels en ce domaine. Derrière cette variété, la décision-cadre propose une définition unique de la CRF comme « une unité nationale centrale qui, aux fins de la lutte contre le blanchiment de capitaux, est chargée de recevoir (et, dans la mesure où elle en a le droit, de demander), d'analyser et de transmettre aux autorités compétentes les informations financières communiquées concernant des avoirs suspects d'être des produits du crime, ou requises par les législations ou réglementations nationales » (art. 2, § 1). Elle souligne également la nécessité de favoriser l'échange d'informations financières entre les CRF européennes en organisant les modalités des demandes et en exhortant les États membres à lever les obstacles à la circulation des informations recueillies.

Étant donné que l'objet de la décision-cadre 2000/642/JAI est désormais régi par d'autres actes de l'Union, cette décision est abrogée depuis le 1er août 2021. ❑

Décision-cadre nº 2001/500/JAI du Conseil du 26 juin 2001,

Concernant le blanchiment d'argent, l'identification, le dépistage, le gel ou la saisie et la confiscation des instruments et des produits du crime.

COMMENTAIRE

La décision-cadre nº 2001/500/JAI du 26 juin 2001 marque l'interpénétration entre des travaux conventionnels internationaux et de ceux de l'Union européenne autour de la lutte contre le blanchiment d'argent et contre la criminalité organisée, qui constitue une priorité pour les États et les organisations internationales. Il s'agit de s'appuyer, au-delà de sa propre législation, sur les instruments conventionnels tels que la convention du Conseil de l'Europe du 8 novembre 1990 relative au blanchiment, au dépistage, à la saisie et à la confiscation des produits du crime (V. *infra*, B. Conseil de l'Europe).

La décision-cadre exhorte les États membres à limiter les réserves émises dans le cadre de cette convention, notamment en ce qui concerne les infractions susceptibles de constituer les infractions principales de l'infraction de blanchiment. La décision-cadre fait cependant exception pour les réserves concernant l'article 2 de la convention de 1990 en matière de confiscation des produits d'infractions fiscales (art. 1er, a).

La décision-cadre insiste, par ailleurs, d'une part, sur la nécessité d'harmoniser les incriminations de blanchiment et les sanctions pour lesquelles des seuils minimaux sont proposés, d'autre part, sur l'attention qui doit être portée à l'efficacité des mesures de confiscation (art. 4). ❑

Considérant ce qui suit :

(1) Le 3 décembre 1998, le Conseil a adopté l'action commune 98/699/JAI concernant l'identification, le dépistage, le gel ou la saisie et la confiscation des instruments et des produits du crime.

(2) Il convient de tenir compte des conclusions de la présidence du Conseil européen de Tampere des 15 et 16 octobre 1999 ainsi que des conclusions de la présidence du Conseil européen de Vienne des 11 et 12 décembre 1998.

(3) Le Conseil européen, constatant que les formes graves de criminalité comportent de plus en plus d'aspects liés aux taxes et aux droits d'accise, engage les États membres à fournir une pleine entraide judiciaire pour les enquêtes et les poursuites concernant la criminalité économique grave.

(4) Le Conseil européen recommande le rapprochement des dispositions de droit et de procédure en matière pénale sur le blanchiment d'argent (notamment en matière de confiscation d'avoirs), et précise que le champ des activités criminelles constitutives d'infractions principales, dans le domaine du blanchiment d'argent, doit être uniforme et suffisamment large dans tous les États membres.

(5) Le Conseil européen de Tampere a estimé que, en ce qui concerne le droit pénal national, les efforts visant à trouver un accord sur des définitions, des incriminations et des sanctions communes doivent porter essentiellement, dans un premier temps, sur un nombre limité de secteurs revêtant une importance particulière, tels que la criminalité financière.

(6) Ledit Conseil européen a constaté que le blanchiment de l'argent est au cœur même de la criminalité organisée et qu'il faut l'éradiquer partout où il existe. Il est déterminé à veiller à ce que soient adoptées des mesures concrètes pour dépister, geler, saisir et confisquer les produits du crime.

(7) Les États membres ont adhéré aux principes de la convention du Conseil de l'Europe relative au blanchiment, au dépistage, à la saisie et à la confiscation des produits du crime, de 1990, ci-après dénommée "convention de 1990",

Art. 1er *Réserves à la convention de 1990.* Afin d'intensifier la lutte contre la criminalité organisée, les États membres prennent les mesures nécessaires pour ne formuler ou ne maintenir aucune réserve concernant les articles ci-après de la convention de 1990 :

a) l'article 2, dans la mesure où l'infraction est punie d'une peine privative de liberté ou d'une mesure de sûreté d'une durée maximale supérieure à un an.

Cependant, les États membres peuvent maintenir des réserves concernant l'article 2 de la convention de 1990 pour ce qui concerne la confiscation des produits d'infractions fiscales, à la seule fin de leur permettre de procéder à la confiscation de tels produits, tant sur le plan national que dans le cadre de la coopération internationale, sur la base d'instruments de droit national, communautaire et international en matière de recouvrement de créances fiscales ;

b) l'article 6, en cas d'infractions graves. Ces infractions doivent comprendre en tout état de cause les infractions punies d'une peine privative de liberté ou d'une mesure de sûreté d'une durée maximale supérieure à un an, ou, dans les États dont le système juridique prévoit pour les infractions un seuil minimal, les infractions punies d'une peine privative de liberté ou d'une mesure de sûreté d'une durée minimale supérieure à six mois.

Art. 2 *Sanctions.* Chaque État membre prend les mesures nécessaires, en cohérence avec son système répressif, afin que les infractions visées à l'article 6, paragraphe 1, points a) et b), de la convention de 1990, telles que résultant de l'article 1er, point b), de la présente décision-cadre, soient passibles de peines privatives de liberté dont le maximum de peine encourue ne peut être inférieur à quatre ans.

Art. 3 *Confiscation en valeur.* Chaque État membre prend les mesures nécessaires pour que sa législation et ses procédures relatives à la confiscation des produits du crime permettent aussi, au moins dans le cas où ces produits ne peuvent être appréhendés, la confiscation des biens d'une valeur correspondant à celle des produits, dans le cadre tant de procédures purement internes que de procédures engagées à la demande d'un autre État membre, y compris des demandes d'exécution d'ordres de confiscation étrangers. Les États membres peuvent cependant exclure la confiscation des biens d'une valeur correspondant aux produits du crime dans les cas où cette valeur serait inférieure à 4 000 euros.

Les termes "biens", "produits" et "confiscation" s'entendent au sens de l'article 1er de la convention de 1990.

Art. 4 *Traitement des demandes d'entraide.* Les États membres prennent les mesures nécessaires afin que toutes les demandes présentées par les autres États membres en ce qui concerne l'identification, le dépistage, le gel ou la saisie et la confiscation des avoirs soient traitées avec le même degré de priorité que celui accordé à de telles mesures dans les procédures internes.

Art. 5 *Abrogation de dispositions existantes.* L'article 1er, l'article 3, l'article 5, paragraphe 1, et l'article 8, paragraphe 2, de l'action commune 98/699/JAI sont abrogés.

Art. 6 *Mise en œuvre.* 1. Les États membres adoptent les mesures nécessaires pour se conformer aux dispositions de la présente décision-cadre au plus tard le 31 décembre 2002.

2. Les États membres communiquent au plus tard le 1er mars 2003 au secrétariat général du Conseil ainsi qu'à la Commission le texte des dispositions transposant dans leur droit national les obligations découlant pour eux de la présente décision-cadre, et le cas échéant les notifications faites au titre de l'article 40, paragraphe 2, de la convention de 1990. Sur la base de ces informations et d'un rapport écrit de la Commission, le Conseil vérifie, d'ici le 31 décembre 2003 au plus tard, dans quelle mesure les États membres ont pris les mesures nécessaires pour se conformer à la présente décision-cadre.

Art. 7 *Application territoriale.* La présente décision-cadre s'applique à Gibraltar dès que l'application de la convention de 1990 est étendue à Gibraltar.

Art. 8 *Entrée en vigueur.* La présente décision-cadre entre en vigueur le jour de sa publication au *Journal officiel.*

Règlement (UE) 2015/847 du Parlement européen et du Conseil du 20 mai 2015,

Sur les informations accompagnant les transferts de fonds.

Le Règl. (UE) 2015/847 du 20 mai 2015 est applicable à partir du 26 juin 2017 (Règl. préc., art. 27).

BIBL. ▶ STORRER, *Banque et Dr.* 7-8/2015. 65 (sur la traçabilité des paiements).

COMMENTAIRE

Le règlement (UE) n° 2015/847 du 20 mai 2015 s'inscrit dans le cadre normatif de la directive (UE) 2015/849 relative à la prévention de l'utilisation du système financier aux fins de blanchiment de capitaux ou de financement du terrorisme (V. *infra*) qui participe à la politique de lutte contre la délinquance financière conduite par l'Union européenne. Il a pour objectif d'améliorer la traçabilité des transferts de fonds en établissant des règles relatives aux informations sur les donneurs d'ordre et les bénéficiaires accompagnant les transferts de fonds aux fins de la prévention et de la détection du blanchiment de capitaux, du financement du terrorisme et de l'amélioration de la conduite des enquêtes menées par les autorités publiques dans ce cadre. Les règles posées s'inspirent directement des recommandations nos 14 et 16 du GAFI (V. *infra*, III. Règles internationales). Les pays membres de l'Union européenne sont tenus de prévoir des sanctions effectives, proportionnées et dissuasives en cas d'infraction à ce règlement qui sont *a minima* des sanctions, voire des sanctions pénales administratives (art. 16 et 17).

I. CHAMP D'APPLICATION DU RÈGLEMENT

Le règlement a vocation à s'appliquer à tout transfert de fonds, entendu comme toute opération effectuée par voie électronique pour le compte d'un donneur d'ordre par l'intermédiaire d'un prestataire de services de paiement en vue de mettre des fonds à la disposition d'un bénéficiaire auprès d'un autre prestataire de services de paiement (PSP), le donneur d'ordre et le bénéficiaire pouvant être ou non la même personne (art. 2). Les transferts de fonds peuvent concerner des fonds envoyés ou reçus par un prestataire de services de paiement ou un prestataire de services de paiement intermédiaire établi sur le territoire de l'Union européenne (le PSP intermédiaire est celui qui n'est ni celui du donneur d'ordre, ni celui du bénéficiaire et qui participe à l'exécution du transfert de fonds).

Le donneur d'ordre du transfert de fonds est une personne physique ou morale qui est titulaire d'un compte et qui autorise un transfert de fonds à partir de ce compte. En l'absence de compte, le donneur d'ordre est la personne physique ou morale qui donne l'ordre d'effectuer un transfert de fonds. Le bénéficiaire du transfert de fonds est, quant à lui, la personne physique ou morale qui est le destinataire final des fonds transférés.

II. OBLIGATIONS D'INFORMATION ACCOMPAGNANT LES TRANSFERTS DE FONDS

Le prestataire de services de paiement du donneur d'ordre est tenu de fournir des informations précises sur le donneur d'ordre et le bénéficiaire ; informations dont il doit vérifier l'exactitude en amont. Cette obligation inclut notamment le nom et le numéro de compte de paiement du bénéficiaire.

Le PSP du bénéficiaire et tous les prestataires de services de paiement intermédiaires sont tenus, quant à eux, d'appliquer des procédures efficaces afin de détecter tout défaut ou inexactitude des informations requises du donneur d'ordre ou du bénéficiaire. Ces prestataires doivent appliquer des procédures fondées sur une approche par les risques afin de déterminer s'ils doivent exécuter, rejeter ou suspendre un transfert de fonds qui n'est pas accompagné des informations requises (art. 7 et 8). A défaut d'informations complètes ou exactes, les PSP doivent procéder à une déclaration de soupçon auprès de la cellule de renseignement financier de leur lieu d'implantation (art. 9).

Les données à caractère personnel obtenues par les prestataires de services de paiement ne peuvent être utilisées qu'aux fins de la prévention du blanchiment de capitaux et du financement du terrorisme et pour les enquêtes diligentées en la matière. Elles ne peuvent être conservées plus de cinq années, sauf disposition contraire du droit national. Il faut d'ailleurs noter que l'article 40 de la directive (UE) 2015/849 du 20 mai 2015 permet de proroger ce délai d'une durée de cinq années maximum pour préserver des éléments de preuve, dans le cadre d'une enquête en cours notamment (V. *infra*). □

Directive (UE) 2015/849 du Parlement européen et du Conseil du 20 mai 2015,

Relative à la prévention de l'utilisation du système financier aux fins du blanchiment de capitaux ou du financement du terrorisme.

La Dir. (UE) 2015/849 du 20 mai 2015 est applicable à partir du 26 juin 2017 (Dir. préc., art. 66).

BIBL. ▶ ROUSSILLE, *Banque et Dr. 7-8/2015. 42* (consécration d'une approche fondée sur les risques). – CUTAJAR, *JCP 2015, n° 554* (identification du bénéficiaire réel, un leurre au sein de la 4e directive blanchiment ?) ; *ibid. n° 784* (publication de la 4e directive anti-blanchiment). – H. ROBERT, *RLDA oct. 2015. 10* (présentation de la 4e directive anti-blanchiment). – BONNEAU, *RJ com. 2017. 17* (la législation européenne anti-blanchiment). ▶ BOURSIER, Droit pénal des affaires internationales, *Lextenso, 2e éd., 2020.*

COMMENTAIRE

L'édiction du corps de directives européennes en matière de prévention de l'utilisation du système financier aux fins de blanchiment de capitaux est le fruit d'un double phénomène.

Le premier phénomène est lié à la prise de conscience des États de la nécessité de lutter contre le blanchiment de capitaux, en tant qu'infraction clé de la criminalité organisée, mais également en tant que vecteur de déstabilisation du système financier international (Recomm. du 27 juin 1980 du Conseil de l'Europe, déclaration de principes du 12 déc. 1988 du Comité de Bâle, suivie du document sur le devoir de diligence des banques au sujet de la clientèle d'octobre 2001 et du guide général pour l'ouverture de compte et l'identification de la clientèle de février 2003).

Le second phénomène est lié à l'évolution des Recommandations du GAFI. Celles-ci ébauchent, dès 1990, un système de prévention du blanchiment de capitaux ensuite affiné en

1996. Elles proposent ensuite en 2003 un système complet de prévention en matière de LBC/FT, fondé sur l'approche par les risques. Elles intègrent, enfin, en 2012, l'évolution des typologies de blanchiment et de financement du terrorisme qui nécessitent une mise à jour de la législation afin d'assurer son efficacité (V. *infra*, III. Règles internationales).

L'architecture européenne du système de prévention en matière de LBC/FT a connu trois étapes successives (émergence, construction et maturité), en lien direct avec l'évolution des Recommandations du GAFI, auxquelles elle donne une base contraignante, tout en en renforçant parfois les exigences.

I. LE TEMPS DE L'ÉMERGENCE DU DISPOSITIF EUROPÉEN DE PRÉVENTION DU BLANCHIMENT

La première directive prise en la matière (Dir. 91/308/CEE du Conseil du 10 juin 1991) prend acte, d'une part, de la nécessité de protéger le système financier international et, d'autre part, de celle de promouvoir les dispositifs préventifs contre le blanchiment en raison de ses liens avec le crime organisé en général et le trafic de stupéfiants en particulier. Elle a ensuite été amendée par la directive 2001/97/CE du Parlement européen et du Conseil du 4 décembre 2001 afin de s'aligner sur les meilleures pratiques internationales, notamment à la suite de la révision des Recommandations du GAFI en 1996.

Au-delà de ses dispositions pénales et de l'élargissement de la notion de blanchiment retenue par la directive modifiée, qui s'étend au-delà de la définition de la convention de Vienne du 20 décembre 1988 contre le trafic illicite de stupéfiants et de substances psychotropes (V. *infra*, III. Règles internationales), pour s'appliquer à un large éventail d'infractions principales, la directive souligne de façon plus innovante le rôle joué par le système financier international dans la prévention du blanchiment. Elle marque l'émergence d'un système de prévention contre le blanchiment constitué d'obligations imposées aux opérateurs jugés sensibles à une instrumentalisation à des fins de blanchiment et assujettis à ce titre à la législation, et de mesures institutionnelles à mettre en œuvre par les États.

A. CHAMP DES PERSONNES ASSUJETTIES AU SYSTÈME PRÉVENTIF DE LUTTE CONTRE LE BLANCHIMENT

Les établissements de crédit et les institutions financières sont les premiers redevables d'obligations destinées à prévenir les risques liés à l'utilisation du système financier pour blanchir des fonds d'origine criminelle. Il s'agit, dans le sillage des Recommandations du GAFI de 1990, d'imposer aux opérateurs la surveillance des clients et de leurs opérations afin de détecter d'éventuelles infractions de blanchiment, puis de saisir les autorités publiques en charge de les poursuivre et de les sanctionner. La directive de 2001 a ensuite précisé le périmètre d'application de la législation à ses assujettis historiques (notions d'établissements financiers et bancaires, compétence des autorités de l'État membre pour les succursales implantées sur son territoire). Elle a, par ailleurs, étendu son périmètre aux bureaux de change, aux sociétés de transfert de fonds et à l'ensemble des activités des entreprises d'investissement.

Au-delà du secteur bancaire et financier, la directive de 2001 a étendu l'application de ses dispositions aux professions non financières particulièrement sensibles à une instrumentalisation à des fins de blanchiment. Les notaires et les membres des professions juridiques indépendantes comme les avocats, les commissaires aux comptes, les experts-comptables externes et les conseillers fiscaux, les agents immobiliers, les casinos, ou encore les personnes physiques ou morales négociant des biens (lorsque les paiements sont effectués en espèces pour un montant de 15 000 € au moins, que la transaction soit effectuée en une fois ou sous la forme d'opérations fractionnées qui apparaissent liées) sont à présent assujettis. Les professionnels bénéficiant de la protection du secret professionnel en lien avec une procédure judiciaire ou l'évaluation de la situation juridique d'un client sont cependant exonérés, dans ces cas, de leurs obligations au titre de la législation LBC/FT.

B. OBLIGATION D'IDENTIFICATION DU CLIENT, DE LA PERSONNE POUR LE COMPTE DE LAQUELLE LE CLIENT AGIT ET SURVEILLANCE DE CERTAINES OPÉRATIONS

Le système repose sur l'identification des clients lors de l'entrée en relation d'affaires, ou à l'occasion de transactions dépassant certains seuils, ou de transactions réalisées avec des pays tiers qui n'appliquent pas des normes équivalentes en matière de LBC/FT. Il s'agit ainsi d'identifier les tentatives d'instrumentalisation aux fins de blanchiment. Cette obligation s'étend aux ayants droit économiques, ensuite qualifiés en 2001 de « personnes pour le compte desquelles ces clients agissent ». L'entrée en relation d'affaires, hors de la présence physique du client, est identifiée en 2001 comme un risque spécifique justifiant des mesures particulières d'identification, par exemple par la demande de pièces justificatives supplémentaires, et des mesures additionnelles de vérification. Certaines exclusions ou limitations sont cependant apportées à cette obligation d'identification et de surveillance (client occasionnel, certains contrats d'assurance, etc.).

C. OBLIGATION DE CONSERVATION DES ÉLÉMENTS D'IDENTIFICATION ET DE SURVEILLANCE

Les diligences réalisées dans le cadre de l'identification des clients et de la surveillance de certaines opérations s'accompagnent de la nécessité de conserver les documents d'identification exigés, ainsi que les pièces justificatives concernant les transactions, afin de constituer préventivement des éléments de preuve utilisables dans toute enquête en matière de blanchiment de capitaux.

D. CONTRÔLE INTERNE ET OBLIGATION DE FORMATION ET DE SENSIBILISATION DU PERSONNEL

Les mesures du contrôle interne font pleinement partie des obligations en matière de LBC/FT, même si elles les dépassent. Elles s'accompagnent de la nécessité de former les personnels des établissements assujettis sur lesquels un risque d'instrumentalisation pèse particulièrement au titre de leurs fonctions (commerciaux par exemple) et de sensibiliser les salariés moins directement exposés mais intervenant dans le cadre des activités assujetties.

E. OBLIGATION DE DÉCLARATION DE SOUPÇON AUX AUTORITÉS COMPÉTENTES

L'obligation de connaissance du client et de la relation d'affaires imposée aux assujettis a pour but de leur permettre de détecter des opérations suspectes et de les signaler aux autorités compétentes. Le régime des déclarations de soupçon est précisé : ne pas alerter les clients concernés, assurer l'immunité juridique et judicaire aux assujettis concernés au titre d'une éventuelle violation du secret professionnel. Les conditions de la déclaration de soupçon sont également précisées en 2001. Elles ajoutent un droit de communication des autorités compétentes à l'égard des établissements financiers, tandis que les conditions et modalités de déclaration de soupçon des professions non financières relèvent en première intention des autorités ordinales.

F. OBLIGATION POUR LES ÉTATS DE FOURNIR DES TYPOLOGIES DE BLANCHIMENT AUX ASSUJETTIS NATIONAUX

Les premiers textes prévoient enfin que les États sont tenus de fournir aux assujettis des informations relatives à l'évolution des typologies de blanchiment, c'est-à-dire la recension des méthodes et des moyens utilisés par les blanchisseurs dans les affaires portées à la connaissance des autorités nationales. Les assujettis doivent ainsi être alertés sur les modalités utilisées par les infracteurs afin de faciliter la surveillance de leurs clients et des opérations considérées comme particulièrement sensibles.

II. LE TEMPS DE LA CONSTRUCTION DU DISPOSITIF EUROPÉEN DE LUTTE CONTRE LE BLANCHIMENT AUTOUR DE L'APPROCHE FONDÉE SUR LES RISQUES

L'adoption d'une approche globale fondée sur les risques par la législation préventive en matière de LBC/FT est le fruit de l'évolution majeure des Recommandations du GAFI en 2003. Elle s'est traduite par l'édiction de la directive 2005/60/CE du Parlement européen et du Conseil du 26 octobre 2005 relative à l'utilisation du système financier aux fins de blanchiment de capitaux et au financement du terrorisme, dite troisième directive, accompagnée par la directive 2006/70/CE du 1er août 2006 prise pour sa mise en œuvre.

La directive de 2005 crée un système fondé sur la notion d'approche par les risques dont les points cardinaux sont désormais désignés par une sémantique spécifique. Elle impose la mise en œuvre par l'assujetti d'un système interne de détection des risques de blanchiment (cartographie des risques) qui se traduit par une obligation de vigilance à l'égard de la clientèle et de la relation d'affaires, puis le cas échéant de déclaration de soupçon aux autorités compétentes.

L'obligation de vigilance à l'égard de la clientèle est consacrée (art. 7). Elle embrasse désormais non seulement l'identification du client, et du bénéficiaire effectif dont la directive donne pour la première fois une définition (art. 3, § 6 et art. 8), mais également la vérification de son identité pour toute relation d'affaires et pendant toute la relation d'affaires. Elle inclut dans certaines circonstances le client occasionnel. L'obligation de vigilance ainsi définie fait l'objet d'une modulation en fonction de l'approche par les risques : une obligation de vigilance allégée en cas de risque faible de blanchiment (art. 11 et 12), et des obligations de vigilance renforcées en cas de risque plus élevé (art. 13). L'appréciation du risque de blanchiment dépend, d'une part, de facteurs identifiés par le législateur et, d'autre part, de facteurs propres à l'activité de l'assujetti. Au titre des premiers, la législation européenne introduit notamment la figure de la personne politiquement exposée (art. 3, § 8 et 13, § 4) en lien avec la relation étroite établie par la directive entre le blanchiment et l'infraction de corruption (Consid. 25 et art. 3, e).

La déclaration de soupçon auprès d'une entité nationale, qualifiée de cellule de renseignement financier (CRF) et dotée de spécificités institutionnelles qui s'imposent aux États membres (art. 21), fait également l'objet d'un régime précisé quant à ses modalités et aux conditions de l'immunité des déclarants.

La directive de 2005 construit donc un système qui s'impose aux États *via* l'architecture institutionnelle imposée et aux opérateurs assujettis par la mise en place d'un système global et personnalisé de détection des risques et de déclaration de soupçon de blanchiment. Obligation dont la méconnaissance doit, outre d'éventuelles sanctions pénales, faire l'objet d'un mécanisme de sanctions administratives par les autorités de contrôle et de régulation des entités assujetties (art. 39).

A. EXTENSION DU CHAMP D'APPLICATION DE LA DIRECTIVE AUX FAITS DE BLANCHIMENT DE TOUTE INFRACTION PUNIE D'EMPRISONNEMENT ET AU FINANCEMENT DU TERRORISME

La directive de 2005 élargit la notion de blanchiment afin d'embrasser toute infraction principale punie d'une peine privative de liberté ou d'une mesure de sûreté d'une durée maximale supérieure à un an, ou, dans les États dont le système juridique prévoit un seuil minimal pour les infractions, toute infraction punie d'une peine privative de liberté ou d'une mesure de sûreté d'une durée minimale supérieure à six mois. La directive étend par ailleurs son champ d'application à la collecte de biens ou d'argent à des fins terroristes. Elle élargit ainsi doublement le périmètre des obligations des assujettis quant aux infractions principales objet du blanchiment et aux infractions de financement du terrorisme, ce qui accroît mécaniquement le champ des obligations des assujettis en matière de déclaration de soupçon.

B. EXTENSION DES ASSUJETTIS SOUMIS À LA RÉGLEMENTATION RELATIVE À LA LUTTE CONTRE LE BLANCHIMENT ET LE FINANCEMENT DU TERRORISME

La directive de 2005 étend l'application de la législation en matière de LBC/FT aux intermédiaires d'assurance-vie et aux prestataires de services aux sociétés et aux fiducies vers lesquels les infracteurs se tournent de préférence aux professionnels déjà assujettis, puisque ces derniers n'étaient jusqu'alors pas soumis aux obligations de vigilance et de déclaration de soupçon à l'égard de leur clientèle (art. 2).

C. INTRODUCTION DE L'APPROCHE PAR LES RISQUES DE BLANCHIMENT ET DE LA NOTION DE VIGILANCE

Dans le prolongement de la modification majeure des Recommandations du GAFI en 2003, la directive de 2005 adopte l'approche par les risques qui consiste, pour les assujettis, à moduler l'application de leurs obligations, qualifiées d'obligations de vigilance en fonction de l'intensité du risque de blanchiment d'argent et de financement du terrorisme. Cette application varie selon le type de client, de relation d'affaires, de produit ou de transaction.

Elle consiste à répartir les moyens déployés par les assujettis en fonction de l'intensité des risques encourus d'instrumentalisation de leur structure. D'une part, par l'application de mesures de vigilance simplifiées, lorsque le risque de blanchiment ou de financement du terrorisme paraît faible. D'autre part, par la mise en œuvre des mesures de vigilance complémentaires ou renforcées lorsque le risque semble important. Le renforcement et l'allègement des obligations s'effectue au regard d'un risque qualifié de normal qui entraîne l'application d'obligations de vigilance standards.

D. AFFINEMENT DE LA NOTION DE BÉNÉFICIAIRE EFFECTIF ET INTRODUCTION DE LA NOTION DE PERSONNE POLITIQUEMENT EXPOSÉE

La directive de 2005 introduit des règles précises sur l'identification du client et celle du bénéficiaire effectif, notion définitivement consacrée sous ce terme. Elle adopte une définition du bénéficiaire effectif qu'il soit personne physique ou personne morale et impose aux États membres la tenue de registres publics des bénéficiaires effectifs (art. 3, § 6 et art. 8).

La notion de personne politiquement exposées (PPE) est introduite dans la législation européenne. Elle est fondée sur le constat de l'existence de liens étroits entre les infractions de corruption et de blanchiment : les PPE sont en effet des personnes physiques qui occupent une fonction publique importante ainsi que les membres directs de leur famille ou des personnes connues pour leur être étroitement associées. De ce fait, la personne politiquement exposée est porteuse d'un facteur de risque particulier du fait de ses fonctions et des facilités qui peuvent y être attachées, ce qui justifie l'application d'une vigilance renforcée à son égard (art. 3, § 8 et art. 13, § 4).

E. RECOURS À LA TIERCE INTRODUCTION

La directive de 2005 autorise la tierce introduction qui permet à un organisme assujetti de confier à un tiers introducteur la réalisation des diligences requises par la législation en matière d'identification et de connaissance de la clientèle. Ce procédé de délégation évite la répétition des procédures d'identification des clients qui alourdissent les transactions commerciales. Toutefois, le recours à un tiers n'exonère pas l'assujetti de sa responsabilité dans la mise en œuvre d'une procédure de vigilance continue à l'égard de la clientèle (art. 14 à 18). Il reste donc responsable de toute défaillance dans l'exécution des obligations de vigilance à l'égard de sa clientèle.

F. OBLIGATION DE DÉCLARATION DE SOUPÇON

L'appellation « cellule de renseignement financier » est consacrée (art. 21). Cette CRF devient l'autorité nationale compétente pour recevoir, analyser et communiquer aux autorités étatiques les déclarations de transactions suspectes relatives à des faits de blanchiment de capitaux ou de financement du terrorisme. La déclaration de soupçon suppose l'arrêt de l'opération suspectée de constituer une opération de blanchiment ou de financement du terrorisme. Cependant, le texte consacre une exception au principe déjà consacré de l'interdiction d'exécution d'opération faisant l'objet d'une telle déclaration, lorsque l'absence d'exécution est susceptible d'empêcher la poursuite des bénéficiaires d'une opération suspectée de blanchiment de capitaux ou de financement du terrorisme.

G. RESPECT DES DROITS FONDAMENTAUX ET PROTECTION DES DONNÉES PERSONNELLES

Le dispositif mis en place par la directive de 2005 est soumis au respect des droits fondamentaux et des principes reconnus, notamment par la Charte des droits fondamentaux de l'Union européenne, et ne peut entraîner d'atteinte aux droits protégés par le Convention européenne de sauvegarde des droits de l'homme et des droits fondamentaux. La directive appelle par ailleurs à l'observation des dispositions de la directive 95/46/CE du Parlement européen et du Conseil du 24 octobre 1995 relative à la protection des personnes physiques à l'égard du traitement des données à caractère personnel et à la libre circulation de ces données.

III. LE TEMPS DE LA MATURITÉ DU DISPOSITIF EUROPÉEN DE LUTTE CONTRE LE BLANCHIMENT

Le dispositif européen atteint le temps de la maturité dans le prolongement de la révision des Recommandations du GAFI en 2012 et à l'issue du processus d'évaluation de la directive de 2005, avec l'élaboration de la quatrième directive 2015/849 du 20 mai 2015, qui a remplacé la directive 2005/60/CE. Elle a été suivie de la cinquième directive 2018/843 du 30 mai 2018 intégrée à cette quatrième directive afin d'adapter le système préventif de lutte contre le blanchiment de capitaux et le financement du terrorisme aux nouvelles menaces, et de lutter plus efficacement contre le financement du terrorisme.

Cet engagement prolonge les résolutions du Conseil de sécurité des Nations unies 2195 (2014) sur les menaces contre la paix et la sécurité internationales, 2199 (2015) et 2253 (2015) sur les menaces contre la paix et la sécurité internationales résultant d'actes de terrorisme qui portent sur les liens entre le terrorisme et la criminalité transnationale organisée. L'objectif de ces textes vise à empêcher les groupes terroristes d'accéder aux institutions financières internationales. Pour ce faire, la cinquième directive, tout en innovant sur certains points, renforce nombre de dispositions présentes dans la quatrième directive afin d'optimiser leur efficacité.

A. APPORTS DE LA DIRECTIVE (UE) 2015/849

Outre l'accroissement des pouvoirs de la Commission, le renforcement de l'approche par les risques et de la répression en cas de défaillance dans l'application de ses règles préventives, la quatrième directive marque une extension du champ d'application de la LBC/FT (V. nos comm. ss. art. 2). Elle accentue par ailleurs la surveillance liée à certains contrats jugés particulièrement sensibles (V. nos comm. ss. art. 21). La directive apporte également des précisions sur les bénéficiaires effectifs et la création d'un fichier central national des bénéficiaires effectifs (V. nos comm. au-dessus de l'art. 30), sur les personnes politiquement exposées (V. nos comm. ss. art. 20) et sur le régime applicable aux groupes de sociétés dans leurs filiales et succursales (V. nos comm. ss. art. 45). Elle accroît, enfin, les obligations pesant sur les entités assujetties en matière de protection des données à caractère personnel et de conservation des documents en lien avec les diligences réalisées par les assujettis au titre de leur obligation de vigilance (V. nos comm. au-dessus de l'art. 40).

B. MODIFICATIONS ISSUES DE LA DIRECTIVE (UE) 2018/843 DU 30 MAI 2018 INTÉGRÉES À LA QUATRIÈME DIRECTIVE

La définition de l'infraction de blanchiment retenue au titre de la directive reprend la définition élargie par la directive 2005/60/CE du Parlement européen et du Conseil du 26 octobre 2005. Les faits de blanchiment peuvent ainsi porter sur toutes les infractions principales punies d'une peine privative de liberté ou d'une mesure de sûreté d'une durée maximale supérieure à un an, ou, dans les États dont le système juridique prévoit un seuil minimal pour les infractions, sur toutes les infractions punies d'une peine privative de liberté ou d'une mesure de sûreté d'une durée minimale supérieure à six mois. S'ajoute également depuis 2005, le champ des infractions en lien avec la collecte de biens ou d'argent à des fins terroristes. L'ensemble de ces infractions principales et des modalités de faits de blanchiment qui s'y appliquent est fixé en ces termes dans la directive (UE) 2018/1673 du Parlement européen et du Conseil du 23 octobre 2018 visant à lutter contre le blanchiment de capitaux au moyen du droit pénal (art. 2).

L'extension du champ d'application de l'incrimination de blanchiment et du financement du terrorisme se traduit dès lors par l'extension de l'obligation de déclaration de soupçon pesant sur les assujettis et du périmètre de la coopération pénale internationale entre les autorités nationales dans ce domaine.

La directive 2015/849 du 20 mai 2015, modifiée, constitue aujourd'hui le socle européen de référence des règles prudentielles en matière de lutte contre le blanchiment de capitaux et le financement du terrorisme. La Commission européenne appelle d'ores et déjà à la transformation de l'outil en règlement afin de définir un cadre réglementaire de l'Union à la fois harmonisé et directement applicable pour lutter contre le blanchiment de capitaux (Commission au Parlement européen et au Conseil, « Vers une meilleure mise en œuvre du cadre règlementaire de l'UE en matière de lutte contre le blanchiment de capitaux et le financement du terrorisme » : COM (2019) 360 final, 24 juill. 2019). En attendant, la directive 2015/849 a été transposée en droit français par l'ordonnance n° 2016-1635 du 1er décembre 2016 et les décrets n° 2017-1094 du 12 juin 2017 et n° 2018-284 du 18 avril 2018 renforçant le dispositif français de lutte contre le blanchiment de capitaux et le financement du terrorisme, et par l'ordonnance n° 2020-115 et les décrets n° 2020-118 et n° 2020-119 du 12 février 2020 renforçant le dispositif national de lutte contre le blanchiment de capitaux et le financement du terrorisme (V. comm. *supra*, I. Règles internes). ❑

CHAPITRE I *DISPOSITIONS GÉNÉRALES*

SECTION 1 *Objet, champ d'application et définitions*

Art. 1er **1. La présente directive vise à prévenir l'utilisation du système financier de l'Union aux fins du blanchiment de capitaux et du financement du terrorisme.**

2. Les États membres veillent à ce que le blanchiment de capitaux et le financement du terrorisme soient interdits.

3. Aux fins de la présente directive, sont considérés comme blanchiment de capitaux les agissements ci-après énumérés, commis intentionnellement :

a) la conversion ou le transfert de biens, dont celui qui s'y livre sait qu'ils proviennent d'une activité criminelle ou d'une participation à une activité criminelle, dans le but de dissimuler ou de déguiser l'origine illicite de ces biens ou d'aider toute

personne impliquée dans une telle activité à échapper aux conséquences juridiques des actes qu'elle a commis ;

b) le fait de dissimuler ou de déguiser la nature, l'origine, l'emplacement, la disposition, le mouvement ou la propriété réels de biens ou des droits qui y sont liés, dont celui qui s'y livre sait qu'ils proviennent d'une activité criminelle ou d'une participation à une telle activité ;

c) l'acquisition, la détention ou l'utilisation de biens, dont celui qui s'y livre sait, au moment où il les réceptionne, qu'ils proviennent d'une activité criminelle ou d'une participation à une telle activité ;

d) la participation à l'un des actes visés aux points a), b) et c), le fait de s'associer pour le commettre, de tenter de le commettre, d'aider ou d'inciter quelqu'un à le commettre ou de le conseiller à cet effet, ou de faciliter l'exécution d'un tel acte.

4. Il y a blanchiment de capitaux même si les activités qui sont à l'origine des biens à blanchir ont été exercées sur le territoire d'un autre État membre ou sur celui d'un pays tiers.

5. Aux fins de la présente directive, on entend par "financement du terrorisme" le fait de fournir ou de réunir des fonds, par quelque moyen que ce soit, directement ou indirectement, dans l'intention de les voir utilisés ou en sachant qu'ils seront utilisés, en tout ou en partie, en vue de commettre l'une quelconque des infractions visées aux articles 1er à 4 de la décision-cadre 2002/475/JAI du Conseil.

6. La connaissance, l'intention ou la motivation requises pour qualifier les actes visés aux paragraphes 3 et 5 peuvent être déduites de circonstances de fait objectives.

Art. 2 1. La présente directive s'applique aux entités assujetties suivantes :

1) les établissements de crédit ;

2) les établissements financiers ;

3) les personnes physiques ou morales suivantes, agissant dans l'exercice de leur activité professionnelle :

(Dir. (UE) 2018/843 du 30 mai 2018, art. 1er) « a) les auditeurs, experts-comptables externes et conseillers fiscaux, et toute autre personne qui s'engage à fournir, directement ou par le truchement d'autres personnes auxquelles cette autre personne est liée, une aide matérielle, une assistance ou des conseils en matière fiscale comme activité économique ou professionnelle principale ; »

b) les notaires et autres membres de professions juridiques indépendantes, lorsqu'ils participent, au nom de leur client et pour le compte de celui-ci, à toute transaction financière ou immobilière ou lorsqu'ils assistent leur client dans la préparation ou l'exécution de transactions portant sur :

i) l'achat et la vente de biens immeubles ou d'entreprises commerciales ;

ii) la gestion de fonds, de titres ou d'autres actifs appartenant au client ;

iii) l'ouverture ou la gestion de comptes bancaires, d'épargne ou de portefeuilles ;

iv) l'organisation des apports nécessaires à la constitution, à la gestion ou à la direction de sociétés ;

v) la constitution, la gestion ou la direction de fiducies/trusts, de sociétés, de fondations ou de structures similaires ;

c) les prestataires de services aux sociétés et aux fiducies/trusts qui ne relèvent pas déjà du point a) ou du point b) ;

(Dir. (UE) 2018/843 du 30 mai 2018, art. 1er) « d) les agents immobiliers, y compris lorsqu'ils agissent en qualité d'intermédiaires pour la location de biens immeubles, mais uniquement en ce qui concerne les transactions pour lesquelles le loyer mensuel est d'un montant égal ou supérieur à 10 000 euros ; »

e) les autres personnes négociant des biens, dans la mesure où les paiements sont effectués ou reçus en espèces pour un montant égal ou supérieur à 10 000 euros, que la transaction soit exécutée en une fois ou sous la forme d'opérations fractionnées qui semblent être liées ;

f) les prestataires de services de jeux d'argent et de hasard ;

(Dir. (UE) 2018/843 du 30 mai 2018, art. 1er) « g) les prestataires de services d'échange entre monnaies virtuelles et monnaies légales ;

« h) les prestataires de services de portefeuilles de conservation ;

« i) les personnes qui négocient des œuvres d'art ou agissent en qualité d'intermédiaires dans le commerce des œuvres d'art, y compris lorsque celui-ci est réalisé par des galeries d'art et des maisons de vente aux enchères, lorsque la valeur de la transaction ou d'une série de transactions liées est d'un montant égal ou supérieur à 10 000 euros ;

« j) les personnes qui entreposent ou négocient des œuvres d'art ou agissent en qualité d'intermédiaires dans le commerce des œuvres d'art quand celui-ci est réalisé dans des ports francs, lorsque la valeur de la transaction ou d'une série de transactions liées est d'un montant égal ou supérieur à 10 000 euros. »

2. A l'exception des casinos, les États membres peuvent décider, à l'issue d'une évaluation appropriée des risques, d'exempter totalement ou partiellement les prestataires de certains services de jeux d'argent et de hasard des dispositions nationales transposant la présente directive, en se fondant sur le faible risque avéré que représente l'exploitation de ces services de par sa nature et, le cas échéant, son ampleur.

Parmi les facteurs à retenir dans leurs évaluations des risques, les États membres évaluent le degré de vulnérabilité des transactions applicables, notamment en ce qui concerne les méthodes de paiement utilisées.

Dans leurs évaluations des risques, les États membres indiquent comment ils ont tenu compte des conclusions pertinentes figurant dans les rapports publiés par la Commission en vertu de l'article 6.

Toute décision prise par un État membre en application du premier alinéa est notifiée à la Commission, accompagnée d'une motivation fondée sur une évaluation spécifique des risques. La Commission communique cette décision aux autres États membres.

3. Les États membres peuvent décider que les personnes qui exercent une activité financière à titre occasionnel ou à une échelle très limitée où il y a peu de risque de blanchiment de capitaux ou de financement du terrorisme ne relèvent pas de la présente directive, sous réserve que l'ensemble des critères suivants soit réuni :

a) l'activité financière est limitée en termes absolus ;

b) l'activité financière est limitée au niveau des transactions ;

c) l'activité financière n'est pas l'activité principale de telles personnes ;

d) l'activité financière est accessoire et directement liée à l'activité principale de telles personnes ;

e) l'activité principale de telles personnes n'est pas une activité visée au paragraphe 1, point 3) a) à d) ou f) ;

f) l'activité financière est exercée pour les seuls clients de l'activité principale de telles personnes et n'est généralement pas proposée au public.

Le premier alinéa ne s'applique pas aux personnes qui exercent l'activité de transmission de fonds au sens de l'article *(Dir. (UE) 2015/2366 du 25 nov. 2015, art. 114, en vigueur le 13 janv. 2018)* « 4, point 22), de la directive (UE) 2015/2366 » du Parlement européen et du Conseil.

4. Aux fins du paragraphe 3, point a), les États membres exigent que le chiffre d'affaires total généré par l'activité financière ne dépasse pas un certain seuil qui doit être suffisamment bas. Ce seuil est fixé au niveau national, en fonction du type d'activité financière.

5. Aux fins du paragraphe 3, point b), les États membres appliquent un seuil maximal par client et par transaction, que la transaction soit exécutée en une fois ou en plusieurs opérations qui semblent être liées. Ce seuil maximal est fixé au niveau national, en fonction du type d'activité financière. Il est suffisamment bas pour que les types de transactions en question constituent une méthode de blanchiment de capitaux ou de financement du terrorisme difficilement utilisable et peu efficace, et il ne dépasse pas 1 000 euros.

6. Aux fins du paragraphe 3, point c), les États membres exigent que le chiffre d'affaires généré par l'activité financière ne dépasse pas 5 % du chiffre d'affaires total de la personne physique ou morale concernée.

7. Lorsqu'ils évaluent le risque de blanchiment de capitaux ou de financement du terrorisme aux fins du présent article, les États membres prêtent une attention particulière à toute activité financière considérée comme particulièrement susceptible,

par sa nature, d'être utilisée ou détournée à des fins de blanchiment de capitaux ou de financement du terrorisme.

8. Les décisions prises par les États membres en application du paragraphe 3 sont dûment motivées. Les États membres peuvent décider de retirer ces décisions dans le cas où les circonstances changeraient. Ils notifient ces décisions à la Commission. La Commission communique ces décisions aux autres États membres.

9. Les États membres mettent en place des activités de contrôle fondées sur les risques ou prennent d'autres mesures appropriées pour s'assurer que toute exemption accordée par voie de décisions adoptées en vertu du présent article ne fait pas l'objet d'abus.

COMMENTAIRE

I. EXTENSION DU CHAMP D'APPLICATION PAR LA DIRECTIVE (UE) 2015/849

La directive, avec ses instruments connexes (Règl. CE nº 1781/2006 du 15 nov. 2006 relatif aux informations concernant le donneur d'ordre accompagnant les virements de fonds), étend son application à de nouveaux assujettis, en visant expressément les actes de conseil fiscaux quel que soit leur auteur (art. 2, § 1, 3, a), et à de nouveaux actes, comme les actes réalisés dans le cadre des fondations par les notaires et les membres des professions juridiques indépendantes désormais soumis pour ces actes également à la législation en matière de LBC/FT (art. 2, § 1, 3, b, v).

Le seuil des opérations réalisées par des personnes non assujetties à la réglementation en matière de LBC/FT est abaissé. Désormais, les personnes négociant des biens dont le paiement est effectué ou reçu en espèces pour un montant égal ou supérieur à 10 000 euros (contre 15 000 euros antérieurement) sont soumises à la directive, que la transaction soit exécutée en une fois ou sous la forme d'opérations fractionnées (art. 2, § 1, 3, e).

De même, la directive intensifie les mesures en matière de prévention de l'utilisation abusive des actions au porteur et des bons de souscription au porteur (art. 10), de transferts de fonds supérieurs à 1 000 euros, à l'égard des personnes négociant des biens et exécutant des transactions en espèces d'un montant égal ou supérieur à 10 000 euros à titre occasionnel (art. 11, b, ii, 11, c et 11, d). L'exercice occasionnel ou à échelle très limitée d'une activité financière n'est en effet exclu du champ d'application de la directive qu'à des conditions très restrictives nécessitant de réunir six conditions cumulatives (art. 2, § 3). La directive ouvre néanmoins une nouvelle possibilité d'exonération du devoir de vigilance en matière de monnaie électronique qui demeure soumise, elle aussi, à des modalités très strictes (art. 12).

II. MODIFICATIONS DU CHAMP D'APPLICATION ISSUES DE LA DIRECTIVE (UE) 2018/843 DU 30 MAI 2018

La directive modifiée assujettit de nouveaux acteurs à la LBC/FT dont les prestataires de services d'échange entre monnaies virtuelles et monnaies légales ainsi que les prestataires de services de portefeuilles, les agents immobiliers pour les services de location de biens au-dessus du seuil de 10 000 €, comme les personnes qui négocient des œuvres d'art ou agissent en qualité d'intermédiaires dans le commerce des œuvres d'art.

Le régime applicable aux cartes prépayées à usage général est également renforcé. Les cartes prépayées anonymes peuvent être utilisées pour le financement d'attaques terroristes et pour leur logistique. Afin de minimiser ce risque, la directive limite les plafonds en dessous desquels les entités assujetties sont autorisées à ne pas appliquer certaines mesures de vigilance à l'égard de la clientèle. Elle impose ainsi l'abaissement du seuil applicable et l'identification du client en cas d'opérations de paiement à distance si le montant de l'opération dépasse 50 €.

Art. 3 **Aux fins de la présente directive, on entend par :**

1) "établissement de crédit", un établissement de crédit au sens de l'article 4, paragraphe 1, point 1), du règlement (UE) nº 575/2013 du Parlement européen et du Conseil, y compris ses succursales, au sens de l'article 4, paragraphe 1, point 17), dudit règlement, situé dans l'Union, que son siège social soit situé dans l'Union ou dans un pays tiers ;

2) "établissement financier" :

a) une entreprise, autre qu'un établissement de crédit, qui exerce au moins l'une des activités énumérées à l'annexe I, points 2 à 12, 14 et 15, de la directive 2013/36/UE du Parlement européen et du Conseil, y compris les activités de bureau de change ;

b) une entreprise d'assurance au sens de l'article 13, point 1), de la directive 2009/138/CE du Parlement européen et du Conseil, dans la mesure où elle effectue des activités d'assurance vie régies par ladite directive ;

c) une entreprise d'investissement au sens de l'article 4, paragraphe 1, point 1), de la directive 2004/39/CE du Parlement européen et du Conseil ;

d) un organisme de placement collectif qui commercialise ses parts ou ses actions ;

e) un intermédiaire d'assurance au sens de l'article 2, point 5), de la directive 2002/92/CE du Parlement européen et du Conseil lorsqu'il s'occupe d'assurance vie et d'autres services liés à des placements, à l'exception d'un intermédiaire d'assurance lié au sens du point 7) dudit article ;

f) les succursales, situées dans l'Union, des établissements financiers visés aux points a) à e), que leur siège social se situe dans un État membre ou dans un pays tiers ;

3) "biens", les actifs de toute nature, corporels ou incorporels, meubles ou immeubles, tangibles ou intangibles, ainsi que les documents ou instruments juridiques, sous quelque forme que ce soit, y compris électronique ou numérique, attestant la propriété de ces actifs ou de droits y afférents ;

4) "activité criminelle", tout type de participation criminelle à la réalisation des infractions graves suivantes :

(Dir. (UE) 2018/843 du 30 mai 2018, art. 1er) « a) les infractions terroristes, les infractions liées à un groupe terroriste et les infractions liées à des activités terroristes prévues aux titres II et III de la directive (UE) 2017/541 *[du 15 mars 2017 relative à la lutte contre le terrorisme et remplaçant la décision-cadre 2002/475/JAI du Conseil et modifiant la décision 2005/671/JAI du Conseil]* ; »

b) toutes les infractions visées à l'article 3, paragraphe 1, point a), de la convention des Nations unies de 1988 contre le trafic illicite de stupéfiants et de substances psychotropes ;

(Dir. (UE) 2018/843 du 30 mai 2018, art. 1er) « c) les activités des organisations criminelles telles qu'elles sont définies à l'article 1er, paragraphe 1, de la décision-cadre 2008/841/JAI du Conseil *[du 24 oct. 2008 relative à la lutte contre la criminalité organisée]* ; »

d) la fraude portant atteinte aux intérêts financiers de l'Union, au moins la fraude grave, au sens de l'article 1er, paragraphe 1, et de l'article 2, paragraphe 1, de la convention relative à la protection des intérêts financiers des Communautés européennes ;

e) la corruption ;

f) toutes les infractions, y compris les infractions fiscales pénales liées aux impôts directs et indirects et telles que définies par le droit national des États membres, qui sont punissables d'une peine privative de liberté ou d'une mesure de sûreté d'une durée maximale supérieure à un an ou, dans les États membres dont le système juridique prévoit un seuil minimal pour les infractions, toutes les infractions qui sont punissables d'une peine privative de liberté ou d'une mesure de sûreté d'une durée minimale supérieure à six mois ;

5) "organisme d'autorégulation", un organisme qui représente les membres d'une profession et joue un rôle pour édicter des règles les concernant, assurer certaines fonctions de contrôle ou de surveillance et veiller au respect des règles les concernant ;

6) "bénéficiaire effectif", la ou les personnes physiques qui, en dernier ressort, possèdent ou contrôlent le client et/ou la ou les personnes physiques pour lesquelles une transaction est exécutée, ou une activité réalisée, et qui comprend au moins :

a) dans le cas des sociétés :

i) la ou les personnes physiques qui, en dernier ressort, possèdent ou contrôlent une entité juridique, du fait qu'elles possèdent directement ou indirectement un pourcentage suffisant d'actions ou de droits de vote ou d'une participation au capital dans cette entité, y compris au moyen d'actions au porteur ou d'un contrôle par d'autres moyens, autre qu'une société cotée sur un marché réglementé qui est soumise à des obligations de publicité compatibles avec le droit de l'Union ou soumise à des normes internationales équivalentes qui garantissent la transparence adéquate pour les informations relatives à la propriété.

Une participation dans l'actionnariat à hauteur de 25 % des actions plus une ou une participation au capital de plus de 25 % dans le client, détenu par une personne physique, est un signe de propriété directe. Une participation dans l'actionnariat à hauteur de 25 % des actions plus une ou une participation au capital de plus de 25 % dans le client, détenu par une société, qui est contrôlée par une ou plusieurs personnes physiques, ou par plusieurs sociétés, qui sont contrôlées par la ou les mêmes personnes physiques, est un signe de propriété indirecte. Ceci s'applique sans préjudice du droit des États membres de décider qu'un pourcentage plus bas peut être un signe de propriété ou de contrôle. Le contrôle par d'autres moyens peut être établi notamment conformément aux critères visés à l'article 22, paragraphes 1 à 5, de la directive 2013/34/UE du Parlement européen et du Conseil ;

ii) si, après avoir épuisé tous les moyens possibles et pour autant qu'il n'y ait pas de motif de suspicion, aucune des personnes visées au point i) n'est identifiée, ou s'il n'est pas certain que la ou les personnes identifiées soient les bénéficiaires effectifs, la ou les personnes physiques qui occupent la position de dirigeant principal ; les entités assujetties conservent les informations relatives aux mesures qui ont été prises afin d'identifier les bénéficiaires effectifs dans le cadre du point i) et du présent point ;

(Dir. (UE) 2018/843 du 30 mai 2018, art. 1er) « b) dans le cas des fiducies/trusts, toutes les personnes suivantes :

« i) le ou les constituants ;

« ii) le ou les fiduciaires/trustees ;

« iii) le ou les protecteurs, le cas échéant ;

« iv) les bénéficiaires ou, lorsque les personnes qui seront les bénéficiaires de la construction ou de l'entité juridique n'ont pas encore été désignées, la catégorie de personnes dans l'intérêt principal de laquelle la construction ou l'entité juridique a été constituée ou opère ;

« v) toute autre personne physique exerçant le contrôle en dernier ressort sur la fiducie/le trust par propriété directe ou indirecte ou par d'autres moyens ; »

c) pour les entités juridiques telles que les fondations, et les constructions juridiques similaires à des fiducies/trusts, la ou les personnes physiques occupant des fonctions équivalentes ou similaires à celles visées au point b) ;

7) "prestataire de services aux sociétés ou fiducies/trusts", toute personne qui fournit, à titre professionnel, l'un des services suivants à des tiers :

a) constituer des sociétés ou d'autres personnes morales ;

b) occuper la fonction de directeur ou de secrétaire d'une société, d'associé d'une société de personnes ou une fonction similaire à l'égard d'autres personnes morales, ou faire en sorte qu'une autre personne occupe une telle fonction ;

c) fournir un siège statutaire, une adresse commerciale, postale ou administrative et d'autres services liés à une société, à une société de personnes, à toute autre personne morale ou à toute autre construction juridique similaire ;

d) occuper la fonction de fiduciaire/trustee dans une fiducie expresse/un trust exprès ou une construction juridique similaire, ou faire en sorte qu'une autre personne occupe une telle fonction ;

e) faire office d'actionnaire pour le compte d'une autre personne autre qu'une société cotée sur un marché réglementé qui est soumise à des obligations de publicité compatibles avec le droit de l'Union ou à des normes internationales équivalentes, ou faire en sorte qu'une autre personne occupe une telle fonction ;

8) "relation de correspondant" :

a) la fourniture de services bancaires par une banque en tant que "correspondant" à une autre banque en tant que "client", y compris la mise à disposition d'un compte courant ou d'un autre compte de passif et la fourniture des services qui y sont liés, tels que la gestion de trésorerie, les transferts internationaux de fonds, la compensation de chèques, les comptes "de passage" (*payable-through accounts*), et les services de change ;

b) les relations entre et parmi les établissements de crédit et les établissements financiers, y compris lorsque des services similaires sont fournis par un établissement correspondant à un établissement client, et comprenant les relations établies pour des opérations sur titres ou des transferts de fonds ;

9) "personne politiquement exposée", une personne physique qui occupe ou s'est vue confier une fonction publique importante et notamment :

a) les chefs d'État, les chefs de gouvernement, les ministres, les ministres délégués et les secrétaires d'État ;

b) les parlementaires ou les membres d'organes législatifs similaires ;

c) les membres des organes dirigeants des partis politiques ;

d) les membres des cours suprêmes, des cours constitutionnelles ou d'autres hautes juridictions dont les décisions ne sont pas susceptibles de recours, sauf circonstances exceptionnelles ;

e) les membres des cours des comptes ou des conseils ou directoires des banques centrales ;

f) les ambassadeurs, les chargés d'affaires et les officiers supérieurs des forces armées ;

g) les membres des organes d'administration, de direction ou de surveillance des entreprises publiques ;

h) les directeurs, les directeurs adjoints et les membres du conseil d'une organisation internationale, ou les personnes qui occupent une position équivalente en son sein.

Aucune des fonctions publiques visées aux points a) à h) ne couvre des personnes occupant une fonction intermédiaire ou inférieure ;

10) "membre de la famille" :

a) le conjoint, ou une personne considérée comme l'équivalent d'un conjoint, d'une personne politiquement exposée ;

b) les enfants et leurs conjoints, ou les personnes considérées comme l'équivalent d'un conjoint, d'une personne politiquement exposée ;

c) les parents d'une personne politiquement exposée ;

11) "personnes connues pour être étroitement associées" :

a) personnes physiques connues pour être les bénéficiaires effectifs d'une entité ou construction juridique conjointement avec une personne politiquement exposée, ou pour entretenir toute autre relation d'affaires étroite avec une telle personne ;

b) personnes physiques qui sont les seuls bénéficiaires effectifs d'une entité ou construction juridique connue pour avoir été établie au profit *de facto* d'une personne politiquement exposée ;

12) "membre d'un niveau élevé de la hiérarchie", un dirigeant ou un employé possédant une connaissance suffisante de l'exposition de son établissement au risque de blanchiment de capitaux et de financement du terrorisme et occupant une position hiérarchique suffisamment élevée pour prendre des décisions ayant une incidence sur cette exposition, sans qu'il s'agisse nécessairement d'un membre du conseil d'administration ;

13) "relation d'affaires", une relation d'affaires, professionnelle ou commerciale liée aux activités professionnelles d'une entité assujettie et censée, au moment où le contact est établi, s'inscrire dans une certaine durée ;

14) "services de jeux d'argent et de hasard", un service impliquant une mise ayant une valeur monétaire dans des jeux de hasard, y compris les jeux impliquant un élément de compétence, tels que les loteries, les jeux de casino, les jeux de poker et les transactions portant sur des paris, qui sont fournis dans des locaux physiques, ou à distance par tout moyen, par voie électronique ou par toute autre technologie visant à faciliter la communication, à la demande individuelle d'un destinataire de services ;

15) "groupe", un groupe d'entreprises composé d'une entreprise mère, de ses filiales et des entités dans lesquelles l'entreprise mère ou ses filiales détiennent une participation, ainsi que des entreprises liées l'une à l'autre par une relation au sens de l'article 22 de la directive 2013/34/UE ;

(Dir. (UE) 2018/843 du 30 mai 2018, art. 1er) « 16) "monnaie électronique", monnaie électronique au sens de l'article 2, point 2), de la directive 2009/110/CE, à l'exclusion de la valeur monétaire visée à l'article 1er, paragraphes 4 et 5, de ladite directive ; »

17) "société bancaire écran", un établissement de crédit ou un établissement financier, ou un établissement exerçant des activités équivalentes à celles exercées par des établissements de crédit ou des établissements financiers, constitué dans un pays ou territoire où il n'a aucune présence physique par laquelle s'exerceraient une direction et une gestion véritables et qui n'est pas rattaché à un groupe financier réglementé ;

(Dir. (UE) 2018/843 du 30 mai 2018, art. 1er) « 18) "monnaies virtuelles", représentations numériques d'une valeur qui ne sont émises ou garanties ni par une banque centrale ni par une autorité publique, qui ne sont pas nécessairement liées non plus à une monnaie établie légalement et qui ne possèdent pas le statut juridique de monnaie ou d'argent, mais qui sont acceptées comme moyen d'échange par des personnes physiques ou morales et qui peuvent être transférées, stockées et échangées par voie électronique ;

« 19) "prestataire de services de portefeuille de conservation", entité fournissant des services de conservation de clés cryptographiques privées pour le compte de ses clients à des fins de détention, de stockage et de transfert de monnaies virtuelles. »

Art. 4 1. Les États membres veillent, conformément à l'approche fondée sur les risques, à ce que le champ d'application de la présente directive soit étendu en totalité ou en partie aux professions et aux catégories d'entreprises, autres que les entités assujetties visées à l'article 2, paragraphe 1, qui exercent des activités particulièrement susceptibles d'être utilisées à des fins de blanchiment de capitaux ou de financement du terrorisme.

2. Lorsqu'un État membre étend le champ d'application de la présente directive à des professions ou à des catégories d'entreprises autres que celles qui sont visées à l'article 2, paragraphe 1, il en informe la Commission.

Art. 5 Les États membres peuvent arrêter ou maintenir en vigueur, dans le domaine régi par la présente directive, des dispositions plus strictes pour prévenir le blanchiment de capitaux et le financement du terrorisme, dans les limites du droit de l'Union.

Libertés fondamentales. Les art. 5 et 13 de la Dir. 2005/60/CE, telle que modifiée par la Dir. 2010/78/UE, doivent être interprétés en ce sens qu'une réglementation nationale, prise en application soit de la marge d'appréciation que l'art. 13 de cette directive laisse aux États membres, soit de la compétence visée à l'art. 5 de ladite directive, doit être compatible avec le droit de l'Union, notamment avec les libertés fondamentales garanties par les traités. Si une telle réglementation nationale visant à lutter contre le blanchiment de capitaux ou le financement du terrorisme poursuit un objectif légitime susceptible de justifier une restriction des libertés fondamentales et si le fait de présupposer que les transferts de fonds par un établissement soumis à ladite directive dans des États autres que celui dans lequel il est établi présentent toujours un risque élevé de blanchiment de capitaux ou de financement du terrorisme est propre à garantir la réalisation dudit objectif, cette réglementation excède toutefois ce qui est nécessaire aux fins d'atteindre l'objectif qu'elle poursuit, dans la mesure où la présomption qu'elle établit s'applique à tout transfert de fonds, sans prévoir la possibilité de la réfuter pour des transferts de fonds ne présentant objectivement pas un tel risque. • CJUE 10 mars 2016, nº C-235/14 : *RTD eur. 2017. 846, obs. Zians ; JCP 2016, nº 377, obs. Berlin ; Europe 2016, nº 160, obs. Daniel.*

SECTION 2 *Évaluation des risques*

Art. 6 1. La Commission réalise une évaluation des risques de blanchiment de capitaux et de financement du terrorisme pesant sur le marché intérieur et liés à des activités transfrontalières.

A cette fin, la Commission établit, au plus tard le 26 juin 2017, un rapport consacré à l'identification, à l'analyse et à l'évaluation de ces risques au niveau de l'Union. Par la suite, la Commission met son rapport à jour tous les deux ans ou plus fréquemment si nécessaire.

2. Le rapport visé au paragraphe 1 porte au moins sur les aspects suivants :

a) les domaines du marché intérieur les plus exposés au risque ;

(Dir. (UE) 2018/843 du 30 mai 2018, art. 1er) **« b) les risques associés à chaque secteur concerné, y compris, lorsque ces informations sont disponibles, des estimations des volumes monétaires du blanchiment de capitaux fournies par Eurostat pour chacun de ces secteurs ;**

« c) les moyens les plus répandus utilisés par les criminels pour blanchir les produits illicites, y compris, lorsque ces informations sont disponibles, ceux particulièrement utilisés dans les transactions entre États membres et pays tiers, indépendamment du fait qu'un pays tiers soit recensé comme étant à haut risque en application de l'article 9, paragraphe 2.

« 3. La Commission met le rapport visé au paragraphe 1 à la disposition des États membres et des entités assujetties pour les aider à identifier, à comprendre, à gérer et à atténuer les risques de blanchiment de capitaux et de financement du terrorisme, et pour permettre à d'autres parties prenantes, y compris les législateurs nationaux, le Parlement européen, les autorités européennes de surveillance (AES) et les représentants des CRF de mieux comprendre les risques. Les rapports sont rendus publics au plus tard six mois après avoir été mis à la disposition des États membres, à l'exception des éléments de ces rapports qui contiennent des informations classifiées. »

4. La Commission adresse aux États membres des recommandations sur les mesures qu'il convient de prendre pour faire face aux risques identifiés. Au cas où des États membres décident de ne pas appliquer certaines des recommandations dans le cadre de leurs dispositifs de lutte contre le blanchiment de capitaux et le financement du terrorisme, ils le notifient à la Commission et motivent leur décision.

5. Au plus tard le 26 décembre 2016, les AES, par l'intermédiaire du comité mixte, rendent un avis sur les risques de blanchiment de capitaux et de financement du terrorisme pesant sur le secteur financier de l'Union (ci-après dénommé "avis conjoint"). Par la suite, les AES, par l'intermédiaire du comité mixte, rendent un avis tous les deux ans.

6. Lorsqu'elle réalise les évaluations visées au paragraphe 1, la Commission organise le travail au niveau de l'Union, tient compte des avis conjoints visés au paragraphe 5 et associe les experts des États membres dans le domaine de la lutte contre le blanchiment de capitaux et le financement du terrorisme, les représentants des CRF et d'autres organismes de l'Union si nécessaire. La Commission met les avis conjoints à la disposition des États membres et des entités assujetties pour les aider à identifier, à gérer et à atténuer les risques de blanchiment de capitaux et de financement du terrorisme.

7. La Commission transmet au Parlement européen et au Conseil tous les deux ans, ou plus fréquemment si nécessaire, un rapport portant sur les conclusions tirées des évaluations périodiques des risques et sur les mesures prises sur la base de ces conclusions.

COMMENTAIRE

L'article 6, paragraphe 5, contraint les autorités européennes de surveillance (AES) à émettre un avis commun sur les risques de blanchiment d'argent (ML) et de financement du terrorisme (TF) affectant le secteur financier de l'UE tous les deux ans. Les trois autorités européennes de surveillance (EBA, EIOPA et ESMA – ESA) ont rendu, le 4 octobre 2019, leur deuxième avis commun sur les risques du ML et du TF affectant le secteur financier de l'Union européenne. S'appuyant sur les données et les informations fournies par les autorités compétentes de lutte contre le blanchiment d'argent (AML) et de lutte contre le financement du terrorisme (CA), les AES ont constaté que le suivi des transactions et des transactions suspectes faisant état continue de susciter des préoccupations, en particulier dans les secteurs où le modèle d'affaires d'une institution financière est basé sur des transactions fréquentes. Cet avis contribue au renforcement des efforts de l'UE en matière de lutte contre la LM et la CFT. ❑

Art. 7 **1. Chaque État membre prend des mesures appropriées pour identifier, évaluer, comprendre et atténuer les risques de blanchiment de capitaux et de financement du terrorisme auxquels il est exposé, ainsi que tout problème relatif à la protection des données qui y est lié. Il tient à jour cette évaluation des risques.**

2. Chaque État membre désigne une autorité ou met en place un mécanisme pour coordonner la réponse nationale aux risques visés au paragraphe 1. L'identité de cette

autorité ou la description du mécanisme est notifiée à la Commission, aux AES et aux autres États membres.

3. Pour effectuer les évaluations des risques visées au paragraphe 1 du présent article, les États membres se servent des conclusions du rapport visé à l'article 6, paragraphe 1.

4. En ce qui concerne l'évaluation des risques visée au paragraphe 1, chaque État membre :

a) utilise cette évaluation pour améliorer son dispositif de lutte contre le blanchiment de capitaux et le financement du terrorisme, en particulier en identifiant les éventuels domaines dans lesquels les entités assujetties doivent appliquer des mesures renforcées et, s'il y a lieu, en précisant les mesures à prendre ;

b) identifie, le cas échéant, les secteurs ou domaines comportant un risque plus faible ou plus élevé de blanchiment de capitaux et de financement du terrorisme ;

c) utilise cette évaluation pour l'aider à répartir et à hiérarchiser les ressources consacrées à la lutte contre le blanchiment de capitaux et le financement du terrorisme ;

d) utilise cette évaluation pour veiller à l'élaboration, pour chaque secteur ou domaine, de règles appropriées en fonction des risques de blanchiment de capitaux et de financement du terrorisme ;

e) met rapidement à la disposition des entités assujetties des informations appropriées leur permettant de réaliser plus facilement leurs propres évaluations des risques de blanchiment de capitaux et de financement du terrorisme ;

(Dir. (UE) 2018/843 du 30 mai 2018, art. 1er) « f) déclare la structure institutionnelle et les procédures générales de son dispositif de lutte contre le blanchiment de capitaux et le financement du terrorisme, notamment la CRF, les autorités fiscales et les procureurs, ainsi que les ressources humaines et financières affectées, lorsque ces informations sont disponibles ;

« g) présente un rapport sur les ressources et efforts nationaux (main-d'œuvre et budget) mobilisés pour lutter contre le blanchiment de capitaux et le financement du terrorisme.

« 5. Les États membres mettent les résultats de leurs évaluations des risques, y compris les mises à jour de ces évaluations, à la disposition de la Commission, des AES ainsi que des autres États membres. D'autres États membres peuvent, le cas échéant, fournir des informations supplémentaires pertinentes à l'État membre réalisant une évaluation des risques. Un résumé de l'évaluation est mis à la disposition du public. Ce résumé ne contient pas d'informations classifiées. »

Art. 8 1. Les États membres veillent à ce que les entités assujetties prennent des mesures appropriées pour identifier et évaluer les risques de blanchiment de capitaux et de financement du terrorisme auxquels elles sont exposées, en tenant compte de facteurs de risques y compris ceux liés à leurs clients, pays ou zones géographiques, produits, services, transactions ou canaux de distribution. Ces mesures sont proportionnées à la nature et à la taille des entités assujetties.

2. Les évaluations des risques visées au paragraphe 1 sont documentées, tenues à jour et mises à la disposition des autorités compétentes et des organismes d'autorégulation concernés. Les autorités compétentes peuvent décider que certaines évaluations des risques documentées ne sont pas nécessaires si les risques propres au secteur sont bien précisés et compris.

3. Les États membres veillent à ce que les entités assujetties disposent de politiques, de contrôles et de procédures pour atténuer et gérer efficacement les risques de blanchiment de capitaux et de financement du terrorisme identifiés au niveau de l'Union, de l'État membre et de l'entité assujettie. Ces politiques, contrôles et procédures sont proportionnés à la nature et à la taille des entités assujetties.

4. Les politiques, contrôles et procédures visées au paragraphe 3 comprennent :

a) l'élaboration de politiques, de contrôles et de procédures internes, y compris les modèles en matière de gestion des risques, la vigilance à l'égard de la clientèle, la déclaration, la conservation des documents et pièces, le contrôle interne, la gestion du respect des obligations y compris, si la taille et la nature de l'activité le justifient, la nomination, au niveau de l'encadrement, d'un responsable du contrôle du respect des obligations[,] et la sélection du personnel ;

b) lorsque cela est approprié eu égard à la taille et à la nature des activités, une fonction d'audit indépendante chargée de tester les politiques, contrôles et procédures visés au point a).

5. Les États membres exigent des entités assujetties d'obtenir l'autorisation d'un membre d'un niveau élevé de leur hiérarchie pour les politiques, contrôles et procédures qu'elles mettent en place et de contrôler et de renforcer, s'il y a lieu, les mesures prises.

SECTION 3 *Politique à l'égard des pays tiers*

Art. 9 1. Les pays tiers dont les dispositifs de lutte contre le blanchiment de capitaux et le financement du terrorisme présentent des carences stratégiques qui font peser une menace significative sur le système financier de l'Union (ci-après dénommés "pays tiers à haut risque") sont recensés afin de protéger le bon fonctionnement du marché intérieur. — *V. Règl. délégué (UE) 2016/1675 du 14 juill. 2016, ci-dessous.*

(Dir. (UE) 2018/843 du 30 mai 2018, art. 1er) « 2. La Commission est habilitée à adopter des actes délégués conformément à l'article 64 pour recenser les pays tiers à haut risque, en prenant en compte leurs carences stratégiques, notamment en ce qui concerne :

« a) le cadre juridique et institutionnel du pays tiers en matière de lutte contre le blanchiment de capitaux et le financement du terrorisme, en particulier :

« i) l'incrimination du blanchiment de capitaux et du financement du terrorisme ;

« ii) les mesures de vigilance à l'égard de la clientèle ;

« iii) les obligations en matière de conservation des documents et pièces ;

« iv) les obligations en matière de déclaration des transactions suspectes ;

« v) la disponibilité, pour les autorités compétentes, d'informations exactes et fournies en temps utile sur les bénéficiaires effectifs des personnes morales et des constructions juridiques ;

« b) les pouvoirs des autorités compétentes du pays tiers et les procédures qu'elles appliquent aux fins de la lutte contre le blanchiment de capitaux et le financement du terrorisme, y compris les sanctions efficaces, proportionnées et dissuasives appropriées, ainsi que la pratique du pays tiers en matière de coopération et d'échange d'informations avec les autorités compétentes des États membres ;

« c) l'efficacité du dispositif du pays tiers en matière de lutte contre le blanchiment de capitaux et le financement du terrorisme pour faire face aux risques de blanchiment de capitaux ou de financement du terrorisme. »

3. Les actes délégués visés au paragraphe 2 sont adoptés dans un délai d'un mois après le recensement des carences stratégiques visé audit paragraphe.

(Dir. (UE) 2018/843 du 30 mai 2018, art. 1er) « 4. Lorsqu'elle rédige les actes délégués visés au paragraphe 2, la Commission prend en compte les évaluations et les rapports établis en la matière par les organisations internationales et les instances normatives compétentes en matière de prévention du blanchiment de capitaux et de lutte contre le financement du terrorisme. »

Réglement délégué (UE) 2016/1675 de la Commission du 14 juillet 2016,

Complétant la directive (UE) 2015/849 du Parlement européen et du Conseil par le recensement des pays tiers à haut risque présentant des carences stratégiques.

COMMENTAIRE

La Commission européenne recense dans le règlement délégué du 14 juillet 2016 au titre de la compétence déléguée par le directive 2015/849 les pays tiers présentant des carences stratégiques qui font peser des menaces importantes sur le système financier de l'Union européenne en matière de blanchiment de capitaux et de financement du terrorisme. La Commission a évalué cinquante-quatre juridictions considérées comme ayant une incidence systémique sur l'intégrité du système financier de l'UE ou qui sont jugées par le Fonds monétaire international comme des centres financiers offshore internationaux. La Commission a par ailleurs expertisé au titre de ces juridictions celles qui sont regardées comme des juridictions ayant une pertinence économique et des liens économiques solides avec l'Union européenne. Pour chacun des cinquante-quatre pays ainsi identifiés, la Commission a apprécié le niveau de menace réelle, le cadre juridique et les contrôles mis en place pour prévenir les risques de blanchiment de capitaux et de financement du terrorisme, ainsi que leur mise en œuvre effective. La Commission a également pris en considération les travaux du Groupe d'action financière (GAFI), qui classe douze pays dans cette catégorie de pays tiers à haut risque.

Sur cette base, la Commission européenne a établi la liste européenne des pays tiers à haut risque comprenant vingt-trois juridictions (dont les douze juridictions identifiées par le GAFI). La Commission actualise cette liste régulièrement.

La qualification de juridiction tiers à haut risque a des conséquences immédiates pour toutes les banques et entités soumises au dispositif LBC/FT européenne qui seront tenues d'appliquer une vigilance renforcée pour les opérations financières concernant les clients et les établissements financiers provenant de ces pays tiers à haut risque, afin de mieux détecter les flux de capitaux suspects. ❑

Art. 1er La liste des pays tiers présentant des carences stratégiques dans leurs régimes de lutte contre le blanchiment de capitaux et le financement du terrorisme qui font peser une menace significative sur le système financier de l'Union (les "pays tiers à haut risque") figure en annexe. – *Annexe mod. par Règl. délégué (UE) 2018/105 du 27 oct. 2017, Règl. délégué (UE) 2018/212 du 13 déc. 2017, Règl. délégué (UE) 2018/1467 du 27 juill. 2018.*

Art. 2 Le présent règlement entre en vigueur le troisième jour suivant celui de sa publication au *Journal officiel de l'Union européenne [JOUE L 254 du 20 sept. 2016]*.

Le présent règlement est obligatoire dans tous ses éléments et directement applicable dans tout État membre.

ANNEXE

PAYS TIERS À HAUT RISQUE

I. Les pays tiers à haut risque qui ont pris un engagement politique écrit à haut niveau de remédier aux carences constatées et qui ont élaboré un plan d'action avec le GAFI.

N°	Pays tiers à haut risque
1	Afghanistan
2	Bahamas
3	Barbade
4	Botswana
5	Cambodge
6	Ghana
7	Iraq
8	Jamaïque
9	Maurice
10	*Ligne supprimée par Règl. délégué (UE) 2021/37 du 7 déc. 2020.*
11	Myanmar/Birmanie
12	Nicaragua
13	Pakistan
14	Panama

15	Syrie
16	Trinité-et-Tobago
17	Ouganda
18	Vanuatu
19	Yémen
20	Zimbabwe

II. Les pays tiers à haut risque qui ont pris un engagement politique à haut niveau de remédier aux carences constatées, qui ont décidé de demander une assistance technique pour la mise en œuvre du plan d'action du GAFI et qui figurent dans la déclaration publique du GAFI.

N°	Pays tiers à haut risque
1	Iran

III. — Les pays tiers à haut risque qui présentent des risques continus et substantiels de blanchiment de capitaux et de financement du terrorisme, ayant omis, à plusieurs reprises, de remédier aux carences constatées, et qui figurent dans la déclaration publique du GAFI.

N°	Pays tiers à haut risque
1	Corée du Nord

CHAPITRE II *OBLIGATIONS DE VIGILANCE À L'ÉGARD DE LA CLIENTÈLE*

SECTION 1 *Dispositions générales*

Art. 10 *(Dir. (UE) 2018/843 du 30 mai 2018, art. 1er)* **« 1. Les États membres interdisent à leurs établissements de crédit et à leurs établissements financiers de tenir des comptes anonymes, des livrets d'épargne anonymes ou des coffres-forts anonymes. Ils exigent, dans tous les cas, que les titulaires et les bénéficiaires de comptes anonymes, de livrets d'épargne anonymes ou de coffres-forts anonymes existants soient soumis aux mesures de vigilance à l'égard de la clientèle au plus tard le 10 janvier 2019 et, en tout état de cause, avant que ces comptes, livrets ou coffres-forts ne soient utilisés de quelque façon que ce soit. »**

2. Les États membres prennent des mesures pour prévenir l'utilisation abusive des actions au porteur et des bons de souscriptions d'actions au porteur.

Art. 11 **Les États membres veillent à ce que les entités assujetties appliquent des mesures de vigilance à l'égard de leur clientèle dans les cas suivants :**

a) lorsqu'elles nouent une relation d'affaires ;

b) lorsqu'elles exécutent, à titre occasionnel, une transaction :

i) d'un montant égal ou supérieur à 15 000 euros, que cette transaction soit exécutée en une seule ou en plusieurs opérations qui semblent être liées ; ou

ii) constituant un transfert de fonds au sens de l'article 3, point 9), du règlement (UE) 2015/847 du Parlement européen et du Conseil supérieur à 1 000 euros ;

c) dans le cas de personnes négociant des biens, lorsqu'elles exécutent, à titre occasionnel, des transactions en espèces d'un montant égal ou supérieur à 10 000 euros, que la transaction soit exécutée en une seule ou en plusieurs opérations qui semblent être liées ;

d) dans le cas de prestataires de services de jeux d'argent et de hasard, lors de la collecte de gains, lors de l'engagement d'une mise, ou dans les deux cas, lorsqu'ils concluent une transaction d'un montant égal ou supérieur à 2 000 euros, que la transaction soit exécutée en une seule ou en plusieurs opérations qui semblent être liées ;

e) lorsqu'il y a suspicion de blanchiment de capitaux ou de financement du terrorisme, indépendamment de tous seuils, exemptions ou dérogations applicables ;

f) lorsqu'il existe des doutes concernant la véracité ou la pertinence des données précédemment obtenues aux fins de l'identification d'un client.

Art. 12 1. Par dérogation à l'article 13, paragraphe 1, premier alinéa, points a), b) et c), et à l'article 14, et sur la base d'une évaluation des risques appropriée attestant de la faiblesse du risque, un État membre peut autoriser les entités assujetties à ne pas appliquer certaines mesures de vigilance à l'égard de la clientèle pour la monnaie électronique, si toutes les conditions d'atténuation du risque suivantes sont remplies :

(Dir. (UE) 2018/843 du 30 mai 2018, art. 1er) « a) l'instrument de paiement n'est pas rechargeable ou est assorti d'une limite maximale mensuelle de 150 euros pour les opérations de paiement utilisable uniquement dans cet État membre ;

« b) le montant maximal stocké sur un support électronique n'excède pas 150 euros ; »

c) l'instrument de paiement est utilisé exclusivement pour l'achat de biens ou de services ;

d) l'instrument de paiement ne peut être crédité au moyen de monnaie électronique anonyme ;

e) l'émetteur exerce un contrôle suffisant des transactions ou de la relation d'affaires pour être en mesure de détecter toute transaction inhabituelle ou suspecte.

(Abrogé par Dir. (UE) 2018/843 du 30 mai 2018, art. 1er) ***« Aux fins du premier alinéa, point b), un État membre peut porter cette limite maximale à 500 euros pour les instruments de paiement utilisables uniquement dans cet État membre. »***

(Dir. (UE) 2018/843 du 30 mai 2018, art. 1er) « 2. Les États membres veillent à ce que la dérogation prévue au paragraphe 1 du présent article ne soit pas applicable en cas de remboursement en espèces ou de retrait d'espèces de la valeur monétaire de la monnaie électronique lorsque le montant remboursé est supérieur à 50 euros, ou en cas d'opérations de paiement à distance au sens de l'article 4, point 6), de la directive (UE) 2015/2366 du Parlement européen et du Conseil *[du 25 nov. 2015 concernant les services de paiement dans le marché intérieur]*, lorsque le montant payé est supérieur à 50 euros par transaction.

« 3. Les États membres veillent à ce que les établissements de crédit et les établissements financiers agissant comme acquéreurs acceptent uniquement les paiements effectués au moyen de cartes prépayées anonymes émises dans des pays tiers où de telles cartes répondent à des exigences équivalentes à celles énoncées aux paragraphes 1 et 2.

« Les États membres peuvent décider de ne pas accepter sur leur territoire des paiements effectués au moyen de cartes prépayées anonymes. »

Art. 13 1. Les mesures de vigilance à l'égard de la clientèle comprennent :

(Dir. (UE) 2018/843 du 30 mai 2018, art. 1er) « a) l'identification du client et la vérification de son identité, sur la base de documents, de données ou d'informations obtenus d'une source fiable et indépendante, y compris, le cas échéant, les moyens d'identification électronique et les services de confiance pertinents prévus par le règlement (UE) n° 910/2014 du Parlement européen et du Conseil *[du 23 juill. 2014 sur l'identification électronique et les services de confiance pour les transactions électroniques au sein du marché intérieur]*, ou tout autre processus d'identification sécurisé, électronique ou à distance, réglementé, reconnu, approuvé ou accepté par les autorités nationales concernées ; »

b) l'identification du bénéficiaire effectif et la prise de mesures raisonnables pour vérifier l'identité de cette personne, de telle manière que l'entité assujettie ait l'assurance de savoir qui est le bénéficiaire effectif, y compris, pour les personnes morales, les fiducies/trusts, les sociétés, les fondations et les constructions juridiques similaires, la prise de mesures raisonnables pour comprendre la structure de propriété et de contrôle du client. *(Dir. (UE) 2018/843 du 30 mai 2018, art. 1er)* « Lorsque le bénéficiaire effectif identifié est le dirigeant principal visé à l'article 3, point 6) a) ii), les entités assujetties prennent les mesures raisonnables nécessaires pour vérifier l'identité de la personne physique qui occupe la position de dirigeant principal et conservent les informations relatives aux mesures prises ainsi qu'à toutes difficultés rencontrées durant le processus de vérification » ;

c) l'évaluation et, le cas échéant, l'obtention d'informations sur l'objet et la nature envisagée de la relation d'affaires ;

d) l'exercice d'un contrôle continu de la relation d'affaires, notamment en examinant les transactions conclues pendant la durée de cette relation de manière à vérifier que ces transactions sont cohérentes par rapport à la connaissance qu'a l'entité assujettie de son client, de ses activités commerciales et de son profil de risque, y compris, si nécessaire, de l'origine des fonds, et en tenant à jour les documents, données ou informations détenus.

Lorsqu'elles prennent les mesures visées au premier alinéa, points a) et b), les entités assujetties vérifient également que toute personne prétendant agir au nom du client est autorisée à le faire, et identifient et vérifient l'identité de cette personne.

2. Les États membres veillent à ce que les entités assujetties appliquent chacune des obligations de vigilance à l'égard de la clientèle figurant au paragraphe 1. Cependant, les entités assujetties peuvent déterminer l'étendue de ces mesures en fonction de leur appréciation des risques.

3. Les États membres exigent des entités assujetties qu'elles prennent en considération, dans leur évaluation des risques de blanchiment de capitaux et de financement du terrorisme, au moins les variables énoncées à l'annexe I.

4. Les États membres veillent à ce que les entités assujetties soient en mesure de démontrer aux autorités compétentes ou aux organismes d'autorégulation que les mesures qu'elles appliquent sont appropriées au regard des risques de blanchiment de capitaux et de financement du terrorisme qui ont été identifiés.

5. Dans le cas de l'assurance vie ou d'autres types d'assurance liée à des placements, les États membres veillent à ce que, outre les mesures de vigilance requises à l'égard du client et du bénéficiaire effectif, les établissements de crédit et les établissements financiers appliquent les mesures de vigilance énoncées ci-après à l'égard des bénéficiaires de contrats d'assurance vie et d'autres types d'assurance liée à des placements, dès que les bénéficiaires sont identifiés ou désignés :

a) dans le cas de bénéficiaires qui sont des personnes ou des constructions juridiques nommément identifiées, relever leur nom ;

b) dans le cas de bénéficiaires qui sont désignés par leurs caractéristiques, par catégorie ou par d'autres moyens, obtenir suffisamment d'informations sur ces bénéficiaires pour donner l'assurance aux établissements de crédit ou aux établissements financiers d'être à même d'établir l'identité du bénéficiaire au moment du versement des prestations.

En ce qui concerne le premier alinéa, points a) et b), la vérification de l'identité des bénéficiaires intervient au moment du versement des prestations. En cas de cession partielle ou totale à un tiers d'une assurance vie ou d'un autre type d'assurance liée à des placements, les établissements de crédit et les établissements financiers ayant connaissance de cette cession identifient le bénéficiaire effectif au moment de la cession à la personne physique ou morale ou à la construction juridique qui reçoit pour son propre profit la valeur du contrat cédé.

6. Dans le cas des bénéficiaires de fiducies/trusts ou de constructions juridiques similaires qui sont désignés par des caractéristiques ou une catégorie particulières, une entité assujettie recueille suffisamment d'informations sur le bénéficiaire pour donner l'assurance à l'entité assujettie d'être à même de pouvoir identifier le bénéficiaire au moment du versement des prestations ou au moment où le bénéficiaire exerce ses droits acquis.

Art. 14 1. Les États membres exigent que la vérification de l'identité du client et du bénéficiaire effectif ait lieu avant l'établissement d'une relation d'affaires ou l'exécution de la transaction. *(Dir. (UE) 2018/843 du 30 mai 2018, art. 1er)* « Lorsqu'elles nouent une nouvelle relation d'affaires avec une société ou une autre entité juridique, une fiducie/un trust ou une construction juridique présentant une structure ou des fonctions similaires à celles d'une fiducie/d'un trust (ci-après dénommée "construction juridique similaire") pour lesquels des informations sur les bénéficiaires effectifs doivent être enregistrées en vertu de l'article 30 ou 31, les entités assujetties recueillent la preuve de l'enregistrement ou un extrait du registre. »

2. Par dérogation au paragraphe 1, les États membres peuvent autoriser que la vérification de l'identité du client et du bénéficiaire effectif ait lieu durant l'établissement de la relation d'affaires si cela est nécessaire pour ne pas interrompre l'exercice

normal des activités et lorsque le risque de blanchiment de capitaux ou de financement du terrorisme est faible. Dans de telles situations, ces mesures sont prises le plus tôt possible après le premier contact.

3. Par dérogation au paragraphe 1, les États membres peuvent autoriser l'ouverture d'un compte auprès d'un établissement de crédit ou d'un établissement financier, y compris d'un compte permettant des transactions sur des valeurs mobilières, à condition que des garanties suffisantes soient en place pour qu'aucune transaction ne puisse être exécutée par le client ou pour son compte tant que les obligations de vigilance à l'égard de la clientèle prévues à l'article 13, paragraphe 1, premier alinéa, points a) et b), ne sont pas entièrement respectées.

4. Les États membres exigent d'une entité assujettie qui n'est pas en mesure de se conformer aux obligations de vigilance à l'égard de la clientèle prévues à l'article 13, paragraphe 1, premier alinéa, point a), b) ou c), de ne pas exécuter de transaction*[s]* par compte bancaire, de ne pas nouer de relation*[s]* d'affaires ou de ne pas exécuter la transaction, et de mettre un terme à la relation d'affaires et d'envisager de transmettre à la CRF une déclaration de transaction suspecte au sujet du client conformément à l'article 33.

Les États membres n'appliquent pas le premier alinéa aux notaires, aux membres des autres professions juridiques indépendantes, aux auditeurs, aux experts-comptables externes, ni aux conseillers fiscaux, qu'à la stricte condition que ces personnes évaluent la situation juridique de leur client ou exercent leur mission de défense ou de représentation de ce client dans une procédure judiciaire ou concernant une telle procédure, y compris dans le cadre de conseils relatifs à la manière d'engager ou d'éviter une telle procédure.

(Dir. (UE) 2018/843 du 30 mai 2018, art. 1er) « 5. Les États membres exigent des entités assujetties qu'elles appliquent les mesures de vigilance à l'égard de la clientèle non seulement à tous leurs nouveaux clients, mais aussi, lorsque cela est opportun, à leurs clients existants en fonction de leur appréciation des risques, ou lorsque les éléments pertinents de la situation d'un client changent, ou lorsque l'entité assujettie, au cours de l'année civile considérée, est tenue, en raison d'une obligation légale, de contacter le client afin de réexaminer toute information pertinente en rapport avec le ou les bénéficiaires effectifs, ou si cette obligation a incombé à l'entité assujettie en application de la directive 2011/16/UE du Conseil *[du 15 févr. 2011 relative à la coopération administrative dans le domaine fiscal]*. »

SECTION 2 *Obligations simplifiées de vigilance à l'égard de la clientèle*

Art. 15 1. Lorsqu'un État membre ou une entité assujettie identifie des domaines présentant un risque moins élevé, cet État membre peut autoriser les entités assujetties à appliquer des mesures simplifiées de vigilance à l'égard de la clientèle.

2. Avant d'appliquer des mesures simplifiées de vigilance à l'égard de la clientèle, les entités assujetties s'assurent que la relation d'affaires ou la transaction présente un degré de risque moins élevé.

3. Les États membres veillent à ce que les entités assujetties exercent un contrôle suffisant des transactions et des relations d'affaires pour être en mesure de détecter toute transaction inhabituelle ou suspecte.

Art. 16 Lorsqu'ils évaluent les risques de blanchiment de capitaux et de financement du terrorisme liés à certains types de clients, de zones géographiques et à des produits, services, transactions ou canaux de distribution particuliers, les États membres et les entités assujetties tiennent compte au minimum des facteurs de situations de risque potentiellement moins élevé énoncés à l'annexe II.

Art. 17 Conformément à l'article 16 des règlements (UE) nº 1093/2010, (UE) nº 1094/2010 et (UE) nº 1095/2010, les AES publient, au plus tard le 26 juin 2017, des orientations à l'intention des autorités compétentes et des établissements de crédits et des établissements financiers concernant les facteurs de risque à prendre en considération et les mesures à prendre dans les situations où des mesures simplifiées de vigilance à l'égard de la clientèle sont appropriées. La nature et la taille des activités sont spécifiquement prises en compte et, lorsque cela est approprié et proportionné, des mesures spécifiques sont prévues.

SECTION 3 *Obligations de vigilance renforcées à l'égard de la clientèle*

Art. 18 *(Dir. (UE) 2018/843 du 30 mai 2018, art. 1er)* « Dans les cas visés aux articles 18 *bis* à 24 ainsi que dans d'autres cas de risques plus élevés identifiés par les États membres ou les entités assujetties, les États membres exigent des entités assujetties qu'elles appliquent des mesures de vigilance renforcées à l'égard de la clientèle afin de gérer et d'atténuer ces risques de manière adéquate. »

Des mesures de vigilance renforcées à l'égard de la clientèle ne doivent pas nécessairement être automatiquement appliquées dans les succursales ou filiales détenues majoritairement, qui sont situées dans des pays tiers à haut risque, d'entités assujetties établies dans l'Union, si ces succursales ou filiales respectent intégralement les politiques et procédures en vigueur à l'échelle du groupe conformément à l'article 45. Les États membres veillent à ce que les entités assujetties traitent ces situations en ayant recours à une approche fondée sur les risques.

(Dir. (UE) 2018/843 du 30 mai 2018, art. 1er) « 2. Les États membres exigent des entités assujetties qu'elles examinent, dans la mesure du raisonnable, le contexte et la finalité de toute transaction qui remplit au moins une des conditions suivantes :

« i) il s'agit d'une transaction complexe ;

« ii) il s'agit d'une transaction d'un montant anormalement élevé ;

« iii) elle est opérée selon un schéma inhabituel ;

« iv) elle n'a pas d'objet économique ou licite apparent.

« Les entités assujetties renforcent notamment le degré et la nature de la surveillance de la relation d'affaires, afin d'apprécier si ces transactions ou activités semblent suspectes. »

3. Lorsqu'ils évaluent les risques de blanchiment de capitaux et de financement du terrorisme, les États membres et les entités assujetties tiennent compte au minimum des facteurs de situations de risque potentiellement plus élevé énoncés à l'annexe III.

4. Conformément à l'article 16 des règlements (UE) n° 1093/2010, (UE) n° 1094/2010 et (UE) n° 1095/2010, les AES publient, au plus tard le 26 juin 2017, des orientations à l'intention des autorités compétentes et des établissements de crédit et des établissements financiers, concernant les facteurs de risque à prendre en considération et les mesures à prendre dans les situations où des mesures de vigilance renforcées à l'égard de la clientèle sont appropriées. La nature et la taille des activités sont spécifiquement prises en compte et, lorsque cela est approprié et proportionné, des mesures spécifiques sont prévues.

Art. 18 *bis* *(Dir. (UE) 2018/843 du 30 mai 2018, art. 1er)* 1. En ce qui concerne les relations d'affaires ou les transactions impliquant des pays tiers à haut risque recensés en application de l'article 9, paragraphe 2, les États membres exigent des entités assujetties qu'elles appliquent les mesures de vigilance renforcées à l'égard de la clientèle mentionnées ci-après :

a) obtenir des informations supplémentaires sur le client et sur le ou les bénéficiaires effectifs ;

b) obtenir des informations supplémentaires sur la nature envisagée de la relation d'affaires ;

c) obtenir des informations sur l'origine des fonds et l'origine du patrimoine du client et du ou des bénéficiaires effectifs ;

d) obtenir des informations sur les raisons des transactions envisagées ou réalisées ;

e) obtenir d'un membre d'un niveau élevé de leur hiérarchie l'autorisation de nouer ou de maintenir la relation d'affaires ;

f) mettre en œuvre une surveillance renforcée de la relation d'affaires en augmentant le nombre et la fréquence des contrôles effectués et en déterminant les schémas de transaction qui nécessitent un examen plus approfondi.

Les États membres peuvent exiger des entités assujetties qu'elles veillent à ce que, le cas échéant, le premier paiement soit réalisé par l'intermédiaire d'un compte ouvert au nom du client auprès d'un établissement de crédit soumis à des normes de vigilance à l'égard de la clientèle au moins aussi élevées que celles prévues par la présente directive.

2. Outre les mesures prévues au paragraphe 1 et dans le respect des obligations internationales de l'Union, les États membres exigent que les entités assujetties appliquent, le cas échéant, aux personnes et entités juridiques qui exécutent des transactions impliquant des pays tiers à haut risque recensés en application de l'article 9, paragraphe 2, une ou plusieurs mesures d'atténuation supplémentaires. Ces mesures consistent en une ou plusieurs des mesures suivantes :

a) appliquer des éléments supplémentaires de vigilance renforcée ;

b) introduire des mécanismes de déclaration renforcés pertinents ou une déclaration systématique des transactions financières ;

c) limiter les relations d'affaires ou les transactions avec des personnes physiques ou des entités juridiques provenant de pays tiers recensés comme étant des pays à haut risque en application de l'article 9, paragraphe 2.

3. Outre les mesures prévues au paragraphe 1, les États membres appliquent, le cas échéant, l'une ou plusieurs des mesures suivantes à l'égard des pays tiers à haut risque recensés en application de l'article 9, paragraphe 2, dans le respect des obligations internationales de l'Union :

a) refuser l'établissement de filiales, de succursales ou de bureaux de représentation d'entités assujetties du pays concerné, ou, d'une autre manière, tenir compte du fait que l'entité assujettie concernée est originaire d'un pays qui n'est pas doté de dispositifs satisfaisants de lutte contre le blanchiment de capitaux et le financement du terrorisme ;

b) interdire aux entités assujetties d'établir des succursales ou des bureaux de représentation dans le pays concerné ou, d'une autre manière, tenir compte du fait que la succursale ou le bureau de représentation en question serait établi dans un pays qui n'est pas doté de dispositifs satisfaisants de lutte contre le blanchiment de capitaux et le financement du terrorisme ;

c) imposer des obligations renforcées en matière de contrôle prudentiel ou d'audit externe pour les filiales et les succursales d'entités assujetties situées dans le pays concerné ;

d) imposer des obligations renforcées en matière d'audit externe pour les groupes financiers en ce qui concerne toutes leurs filiales et leurs succursales situées dans le pays concerné ;

e) obliger les établissements de crédit et les établissements financiers à examiner et à modifier les relations de correspondant avec les établissements clients dans le pays concerné ou, si nécessaire, à y mettre fin.

4. Lorsqu'ils adoptent ou appliquent les mesures énoncées aux paragraphes 2 et 3, les États membres prennent en compte, au besoin, les évaluations et rapports établis en la matière par les organisations internationales et les instances normatives compétentes en matière de prévention du blanchiment de capitaux et de lutte contre le financement du terrorisme, en ce qui concerne les risques présentés par des pays tiers particuliers.

5. Les États membres informent la Commission avant l'adoption ou l'application des mesures énoncées aux paragraphes 2 et 3.

COMMENTAIRE

La directive encadre les relations d'affaires ou les transactions impliquant des pays tiers à haut risque. Il s'agit de limiter les relations d'affaires avec les pays dans lesquels d'importantes lacunes sont recensées dans le dispositif de lutte contre le blanchiment de capitaux et le financement du terrorisme, et ce à moins que des mesures d'atténuation ou des contre-mesures supplémentaires adéquates ne soient appliquées. Il est nécessaire au titre de la directive de déterminer des mesures de vigilance renforcées harmonisées entre les États du traitement des pays tiers à haut risque recensés par la Commission. ❑

Art. 19 *(Dir. (UE) 2018/843 du 30 mai 2018, art. 1er)* « En ce qui concerne les relations transfrontalières de correspondant qui impliquent l'exécution de paiements avec un établissement client d'un pays tiers, les États membres exigent de leurs établissements de crédit et de leurs établissements financiers, outre les mesures de vigi-

lance à l'égard de la clientèle prévues à l'article 13, au moment de nouer une relation d'affaires : »

a) qu'ils recueillent sur l'établissement client des informations suffisantes pour comprendre pleinement la nature de ses activités et pour apprécier, sur la base d'informations accessibles au public, sa réputation et la qualité de la surveillance ;

b) qu'ils évaluent les contrôles mis en place par l'établissement client pour lutter contre le blanchiment de capitaux et le financement du terrorisme ;

c) qu'ils obtiennent l'autorisation d'un membre d'un niveau élevé de la hiérarchie avant de nouer de nouvelles relations de correspondant ;

d) qu'ils établissent par écrit les responsabilités respectives de chaque établissement ;

e) en ce qui concerne les comptes "de passage" (*payable-through accounts*), qu'ils s'assurent que l'établissement client a vérifié l'identité des clients ayant un accès direct aux comptes de l'établissement correspondant et a exercé à leur égard une vigilance constante, et qu'il peut fournir des données pertinentes concernant ces mesures de vigilance à la demande de l'établissement correspondant.

Art. 20 **En ce qui concerne les transactions ou les relations d'affaires avec des personnes politiquement exposées, les États membres exigent des entités assujetties, outre les mesures de vigilance à l'égard de la clientèle prévues à l'article 13 :**

a) qu'elles disposent de systèmes adéquats de gestion des risques, y compris des procédures fondées sur les risques, pour déterminer si le client ou le bénéficiaire effectif du client est une personne politiquement exposée ;

b) qu'elles appliquent les mesures suivantes pour les relations d'affaires avec des personnes politiquement exposées :

i) obtenir d'un membre d'un niveau élevé de leur hiérarchie l'autorisation de nouer ou de maintenir une relation d'affaires avec de telles personnes ;

ii) prendre les mesures appropriées pour établir l'origine du patrimoine et l'origine des fonds impliqués dans la relation d'affaires ou la transaction avec de telles personnes ;

iii) assurer un contrôle renforcé de la relation d'affaires sur une base continue.

COMMENTAIRE

I. DÉTERMINATION DES PERSONNES POLITIQUEMENT EXPOSÉES

La directive établit une liste non limitative des personnes pouvant être considérées comme des personnes politiquement exposées (PPE), des membres de leur famille et des personnes connues pour leur être étroitement associées (art. 3.9, 3.10 et 3.11). Sont ainsi concernés les chefs d'État, membres du parlement, dirigeants de partis politiques, membres de cours suprêmes, ambassadeurs, membres des organes d'administration, de direction et de surveillance des entreprises publiques, directeurs ou directeurs adjoints d'organisations internationales, notamment, et leurs conjoints, enfants et leurs conjoints, parents et encore les personnes physiques bénéficiaires effectifs d'une entité conjointement avec une PPE, notamment.

Les obligations de vigilance particulières imposées aux entités assujetties traitant avec une personne politiquement exposée se prolongent durant les douze mois suivant la cessation des fonctions impliquant le statut de PPE (art. 22 et 23).

II. RENFORCEMENT DE L'IDENTIFICATION DES PERSONNES POLITIQUEMENT EXPOSÉES

L'identification des personnes politiquement exposées dans l'Union doit conduire les États à établir des listes indiquant les fonctions spécifiques qui, conformément aux dispositions législatives, réglementaires et administratives nationales, sont considérées comme étant des fonctions publiques importantes. Les États membres doivent demander à chaque organisation internationale accréditée sur leurs territoires d'établir et de mettre à jour une liste des fonctions publiques importantes de l'organisation internationale concernée. Dans ces deux cas, le critère de l'importance des fonctions relève de leur sensibilité par les prérogatives ou les facilités qui y sont attachées à une instrumentalisation pour la commission d'infractions principales (comme la corruption par exemple) et d'infractions de blanchiment (art. 3, § 9).

Art. 20 *bis* *(Dir. (UE) 2018/843 du 30 mai 2018, art. 1er)* **1. Chaque État membre établit et met à jour une liste indiquant les fonctions précises qui, aux termes des dispositions législatives, réglementaires et administratives nationales, sont considérées comme étant des fonctions publiques importantes aux fins de l'article 3, point 9). Les États membres demandent à chaque organisation internationale accréditée sur leurs territoires d'établir et de mettre à jour une liste des fonctions publiques importantes qui existent en leur sein aux fins de l'article 3, point 9). Ces listes sont transmises à la Commission et peuvent être rendues publiques.**

2. La Commission dresse et met à jour la liste des fonctions précises qui sont considérées comme étant des fonctions publiques importantes au niveau des institutions et organes de l'Union. Cette liste comprend également toute fonction susceptible d'être confiée à des représentants de pays tiers et d'instances internationales accrédités au niveau de l'Union.

3. La Commission constitue, à partir des listes prévues aux paragraphes 1 et 2 du présent article, une liste unique de toutes les fonctions publiques importantes aux fins de l'article 3, point 9). Cette liste unique est rendue publique.

4. Les fonctions figurant sur la liste visée au paragraphe 3 du présent article sont traitées conformément aux conditions fixées à l'article 41, paragraphe 2.

Art. 21 Les États membres exigent des entités assujetties qu'elles prennent des mesures raisonnables en vue de déterminer si les bénéficiaires d'un contrat d'assurance vie ou d'un autre type d'assurance liée à des placements et/ou, le cas échéant, le bénéficiaire effectif du bénéficiaire sont des personnes politiquement exposées. Ces mesures sont prises au plus tard au moment du versement des prestations ou au moment de la cession, partielle ou totale, du contrat d'assurance. Lorsque des risques plus élevés sont identifiés, les États membres imposent aux entités assujetties, outre les mesures de vigilance à l'égard de la clientèle prévues à l'article 13 :

a) d'informer un membre d'un niveau élevé de la hiérarchie avant le paiement des produits du contrat ;

b) d'exercer un contrôle renforcé sur l'intégralité de la relation d'affaires avec le preneur d'assurance.

COMMENTAIRE

Des mesures de vigilance spécifiques pour les contrats d'assurance-vie et d'autres contrats liés à des placements financiers sont ajoutées aux obligations pesant déjà sur les assujettis.

Lorsque les bénéficiaires du contrat d'assurance-vie sont identifiés ou désignés, les entités assujetties sont notamment tenues d'obtenir suffisamment d'informations afin d'établir l'identité de ce bénéficiaire au moment du paiement de la prestation (art. 13, § 5). Les entités assujetties doivent prendre des mesures raisonnables afin de déterminer si les bénéficiaires de ces contrats et, le cas échéant, le bénéficiaire effectif du contrat, sont des personnes politiquement exposées au plus tard lors du versement du capital ou de la cession du contrat. En ce cas, les États doivent imposer des mesures de vigilance supplémentaires (art. 21). ❑

Art. 22 Lorsqu'une personne politiquement exposée a cessé d'exercer une fonction publique importante pour le compte d'un État membre ou d'un pays tiers ou une fonction publique importante pour le compte d'une organisation internationale, les entités assujetties sont tenues de prendre en considération, pendant au moins douze mois, le risque que cette personne continue de poser et d'appliquer des mesures appropriées, fondées sur l'appréciation de ce risque, jusqu'à ce qu'elle soit réputée ne plus poser de risque propre aux personnes politiquement exposées.

Art. 23 Les mesures visées aux articles 20 et 21 s'appliquent également aux membres de la famille des personnes politiquement exposées ou aux personnes connues pour être étroitement associées aux personnes politiquement exposées.

Art. 24 Les États membres interdisent aux établissements de crédit et aux établissements financiers de nouer ou de maintenir une relation de correspondant avec une société bancaire écran. Ils leur imposent de prendre des mesures appropriées pour qu'ils ne nouent pas ou ne maintiennent pas de relations de correspondant avec

un établissement de crédit ou un établissement financier connu comme autorisant l'utilisation de ses comptes par une société bancaire écran.

SECTION 4 *Exécution par des tiers*

Art. 25 Les États membres peuvent permettre aux entités assujetties de recourir à des tiers pour l'exécution des obligations de vigilance à l'égard de la clientèle prévues à l'article 13, paragraphe 1, premier alinéa, points a), b) et c). Toutefois, la responsabilité finale du respect de ces obligations continue d'incomber aux entités assujetties qui recourent à des tiers.

Art. 26 1. Aux fins de la présente section, on entend par "tiers" les entités assujetties énumérées à l'article 2, les organisations ou fédérations membres de ces entités assujetties, ou d'autres établissements ou personnes, situés dans un État membre ou un pays tiers :

a) qui appliquent à l'égard des clients des mesures de vigilance et de conservation des documents et pièces qui sont compatibles avec celles qui sont prévues dans la présente directive ; et

b) qui sont soumis, pour ce qui concerne le respect des exigences de la présente directive, à une surveillance compatible avec le chapitre VI, section 2.

2. Les États membres interdisent aux entités assujetties de recourir à des tiers établis dans des pays tiers à haut risque. Les États membres peuvent exempter de cette interdiction les succursales et les filiales détenues majoritairement d'entités assujetties établies dans l'Union si ces succursales et filiales détenues majoritairement respectent intégralement les politiques et procédures à l'échelle du groupe conformément à l'article 45.

Art. 27 1. Les États membres veillent à ce que les entités assujetties obtiennent, de la part du tiers auquel elles ont recours, les informations nécessaires concernant les obligations de vigilance à l'égard de la clientèle prévues à l'article 13, paragraphe 1, premier alinéa, points a), b) et c).

(Dir. (UE) 2018/843 du 30 mai 2018, art. 1er) « 2. Les États membres veillent à ce que les entités assujetties auxquelles un client est adressé prennent des mesures appropriées pour que le tiers fournisse sans délai, sur demande, des copies adéquates des données d'identification et de vérification, y compris, le cas échéant, des données obtenues par l'utilisation de moyens d'identification électronique, des services de confiance concernés prévus par le règlement (UE) n° 910/2014, ou tout autre processus d'identification sécurisé, électronique ou à distance, réglementé, reconnu, approuvé ou accepté par les autorités nationales concernées. »

Art. 28 Les États membres veillent à ce que l'autorité compétente de l'État membre d'origine (pour les politiques et procédures à l'échelle du groupe) et l'autorité compétente de l'État membre d'accueil (pour les succursales et les filiales) puissent considérer qu'une entité assujettie respecte les dispositions adoptées en vertu des articles 26 et 27, dans le cadre de son programme de groupe, lorsque toutes les conditions suivantes sont remplies :

a) l'entité assujettie se fonde sur les informations fournies par un tiers qui fait partie du même groupe ;

b) ce groupe applique des mesures de vigilance à l'égard de la clientèle, des règles relatives à la conservation des documents et pièces et des programmes de lutte contre le blanchiment de capitaux et le financement du terrorisme conformément à la présente directive ou à des règles équivalentes ;

c) la mise en œuvre effective des obligations visées au point b) est surveillée au niveau du groupe par une autorité compétente de l'État membre d'origine ou du pays tiers.

Art. 29 La présente section ne s'applique pas aux relations d'externalisation ou d'agence dans le cadre desquelles le fournisseur du service externalisé ou l'agent doit être considéré, en vertu du contrat, comme une partie de l'entité assujettie.

CHAPITRE III *INFORMATIONS SUR LES BÉNÉFICIAIRES EFFECTIFS*

COMMENTAIRE

I. DÉTERMINATION DU BÉNÉFICIAIRE EFFECTIF ET CRÉATION D'UN FICHIER CENTRAL NATIONAL DES BÉNÉFICIAIRES EFFECTIFS

Le nouveau chapitre de la directive consacré aux informations sur les bénéficiaires effectifs prévoit la création d'un fichier central dans chaque État membre destiné à conserver les informations adéquates, exactes et actuelles recueillies sur les bénéficiaires effectifs (art. 30 à 31 *bis*). Le fichier est accessible aux cellules de renseignement financier (CRF), aux entités assujetties dans le cadre de leur obligation de vigilance et à toute personne ou organisation démontrant un intérêt légitime (art. 30). Le fichier central complète l'approche par les risques mise en œuvre par les États membres sans s'y substituer. L'interconnexion de l'ensemble des fichiers centraux des États membres sera réalisée *via* une plate-forme centrale européenne (art. 30, § 10).

Les seuils fixant les critères de la propriété directe et de la propriété indirecte du fait de la participation de la personne physique dans une entité juridique sont précisés, les États membres restant libres de décider qu'un pourcentage moins élevé de participation constitue un signe de contrôle (art. 3, § 6).

La règle de la transparence sur le bénéficiaire effectif des trusts et fiducies est également posée. La directive précise que le bénéficiaire effectif de la structure est le constituant, le fiduciaire ou *trustee*, le protecteur le cas échéant, et toute personne physique exerçant un contrôle sur la structure selon le critère de la propriété directe ou indirecte. Au contraire des bénéficiaires effectifs des opérations et transactions réalisées, la transparence relativement au bénéficiaire réel des trusts est plus réduite. Les fiduciaires et les *trustees* doivent obtenir et conserver des informations adaptées sur les bénéficiaires, informations transmises aux assujettis entrant en relation d'affaires ou réalisant une opération pour l'entité (art. 10, b, c et d). Les informations sont mises à la disposition des CRF en temps utile. Les informations sont enregistrées dans le registre central national exclusivement lorsque le trust est soumis à des obligations fiscales. En ce cas, le registre n'est accessible au titre de la version initiale de la directive (avant les modifications intégrées par la directive de 2018) qu'aux autorités compétentes et aux cellules de renseignement financier.

II. ACCÈS AU REGISTRE DES BÉNÉFICIAIRES EFFECTIFS ET DES TRUSTS ET FIDUCIES

L'accès du public aux informations sur les bénéficiaires effectifs et les structures de contrôle des entreprises permet un contrôle accru des informations par la société civile, notamment par la presse. Il contribue ainsi à préserver la confiance dans l'intégrité des transactions commerciales et du système financier. Cet accès est également nécessaire à la conduite des enquêtes sur le blanchiment de capitaux, sur les infractions sous-jacentes qui y sont associées et sur le financement du terrorisme. Pour ces raisons, la directive impose aux États membres d'ouvrir l'accès aux informations sur les bénéficiaires effectifs de façon suffisamment cohérente et coordonnée pour que les tiers puissent identifier, dans l'ensemble de l'Union, qui sont les bénéficiaires effectifs des sociétés et autres entités juridiques, ainsi que de certains types de fiducie, trust et de constructions juridiques similaires (art. 30).

Afin de limiter l'atteinte au droit au respect de la vie privée, en général, et à la protection des données à caractère personnel, en particulier, des bénéficiaires effectifs des sociétés et autres entités juridiques et des fiducies ou trusts et des constructions juridiques similaires, ces informations doivent porter essentiellement sur le statut des bénéficiaires effectifs et concerner strictement le domaine d'activité économique dans lequel les bénéficiaires effectifs opèrent. Les registres doivent faire apparaître clairement si le dirigeant principal a été identifié comme étant le bénéficiaire effectif uniquement *ex officio* et non pas en raison de sa participation ou de l'exercice d'un contrôle par un autre moyen. Des dérogations à la divulgation d'informations sur les bénéficiaires effectifs comme des mesures d'identification du demandeur à la consultation du registre, peuvent être mises en place.

L'accès aux informations contenues dans le registre des bénéficiaires effectifs des trusts et fiducies et la définition de l'intérêt légitime à accéder à ces informations sont régis par le droit de l'État membre dans lequel est établi ou réside le fiduciaire ou *trustee* d'une fiducie ou d'un trust ou la personne occupant une position équivalente dans une construction juridique similaire (art. 31).

L'interconnexion, *via* la plate-forme centrale européenne issue de la directive (UE) 2017/1132 du Parlement européen et du Conseil, des registres centraux des États membres contenant des informations sur les bénéficiaires effectifs nécessite la coordination des systèmes nationaux. Il appartient à la Commission, au titre de sa compétence d'exécution, de veiller à la faisabilité de cette interconnexion (art. 31 *bis*). Le règlement (UE) 2016/679 du Parlement européen et du Conseil s'applique au traitement des données à caractère personnel dans le cadre de cette directive (V. ***C. données personnelles***). Dès lors, les personnes physiques dont les données à caractère personnel sont conservées dans des registres nationaux en tant que bénéficiaires effectifs doivent en être informées. Les États membres peuvent juger opportun de mettre à la disposition du bénéficiaire effectif des informations relatives au demandeur ainsi que la base juridique sur laquelle s'appuie la demande.

De même, l'interconnexion des registres des États membres relatifs aux bénéficiaires effectifs des fiducies ou trusts et des constructions juridiques similaires permettrait de rendre ces informations accessibles et d'éviter également l'enregistrement multiple des mêmes fiducies ou trusts et constructions juridiques similaires au sein de l'Union. Les États membres doivent fixer le niveau de transparence applicable aux fiducies ou trusts et aux constructions juridiques similaires qui ne sont pas comparables aux sociétés et autres entités juridiques en prévoyant notamment un accès plus large – pour une personne démontrant l'existence d'un intérêt légitime – aux informations sur les bénéficiaires effectifs des fiducies ou trusts et des constructions juridiques similaires dans le respect du droit à la vie privée et du droit à la protection des données à caractère personnel. Il est nécessaire d'établir quelles constructions juridiques établies dans l'Union sont considérées comme similaires à des fiducies ou trusts du fait de leurs fonctions ou de leur structure.

Art. 30 *(Dir. (UE) 2018/843 du 30 mai 2018, art. 1er)* « *[1.]* **Les États membres veillent à ce que les sociétés et autres entités juridiques constituées sur leur territoire aient l'obligation d'obtenir et de conserver des informations adéquates, exactes et actuelles sur leurs bénéficiaires effectifs, y compris des précisions sur les intérêts effectifs détenus. Les États membres veillent à ce que toute infraction au présent article fasse l'objet de mesures ou de sanctions efficaces, proportionnées et dissuasives.** »

Les États membres veillent à ce que ces entités soient tenues de fournir, outre des informations sur leur propriétaire légal, des informations sur le bénéficiaire effectif aux entités assujetties lorsque celles-ci prennent des mesures de vigilance à l'égard de la clientèle conformément au chapitre II.

(Dir. (UE) 2018/843 du 30 mai 2018, art. 1er) « **Les États membres exigent que les bénéficiaires effectifs de sociétés ou autres entités juridiques, y compris au moyen d'actions, de droits de vote, de participations au capital, d'actions au porteur ou par le biais d'un contrôle exercé par d'autres moyens, fournissent à ces entités toutes les informations nécessaires pour que la société ou** *[une]* **autre entité juridique satisfasse aux exigences visées au premier alinéa.** »

2. Les États membres exigent que les autorités compétentes et les CRF puissent accéder en temps utile aux informations visées au paragraphe 1.

3. Les États membres veillent à ce que les informations visées au paragraphe 1 soient conservées dans un registre central dans chaque État membre, par exemple un registre du commerce, un registre des sociétés tel que visé à l'article 3 de la directive 2009/101/CE du Parlement européen et du Conseil, ou un registre public. Les États membres communiquent à la Commission les spécificités de ces dispositifs nationaux. Les informations concernant les bénéficiaires effectifs figurant dans cette base de données peuvent être recueillies conformément aux systèmes nationaux.

(Dir. (UE) 2018/843 du 30 mai 2018, art. 1er) « **4. Les États membres exigent que les informations conservées dans le registre central visé au paragraphe 3 soient adéquates, exactes et actuelles, et mettent en place des mécanismes à cet effet. Parmi ces mécanismes figure l'obligation pour les entités assujetties et, le cas échéant et dans la mesure où cette exigence n'interfère pas inutilement avec leurs fonctions, les autorités compétentes de signaler toute divergence qu'elles rencontrent entre les informations sur les bénéficiaires effectifs disponibles dans le registre central et les**

informations sur les bénéficiaires effectifs qui sont à leur disposition. Lorsque des divergences sont signalées, les États membres veillent à ce que des mesures appropriées soient prises afin de résoudre ces divergences en temps utile et, le cas échéant, à ce que, dans l'intervalle, une mention spécifique figure dans le registre central.

« 5. Les États membres veillent à ce que les informations sur les bénéficiaires effectifs soient accessibles dans tous les cas :

« a) aux autorités compétentes et aux CRF, sans aucune restriction ;

« b) aux entités assujetties, dans le cadre de la vigilance à l'égard de la clientèle conformément au chapitre II ;

« c) à tout membre du grand public.

« Les personnes visées au point c) sont autorisées à avoir accès, au moins, au nom, au mois et à l'année de naissance, au pays de résidence et à la nationalité du bénéficiaire effectif, ainsi qu'à la nature et à l'étendue des intérêts effectifs détenus.

« Les États membres peuvent, dans des conditions à déterminer par le droit national, donner accès à des informations supplémentaires permettant l'identification du bénéficiaire effectif. Ces informations supplémentaires comprennent, au moins, la date de naissance ou les coordonnées, conformément aux règles en matière de protection des données.

« 5 *bis*. Les États membres peuvent décider de conditionner la mise à disposition des informations conservées dans les registres nationaux visés au paragraphe 3 à une inscription en ligne et au paiement d'une redevance, qui n'excède pas les coûts administratifs liés à la mise à disposition des informations, y compris les coûts de maintenance et de développement du registre.

« 6. Les États membres veillent à ce que les autorités compétentes et les CRF aient un accès en temps utile et sans restriction à toutes les informations conservées dans le registre central visé au paragraphe 3 sans alerter l'entité concernée. Les États membres permettent également un accès en temps utile aux entités assujetties lorsqu'elles prennent des mesures de vigilance à l'égard de la clientèle conformément au chapitre II.

« Les autorités compétentes bénéficiant d'un accès au registre central visé au paragraphe 3 sont les autorités publiques chargées de certaines responsabilités dans le domaine de la lutte contre le blanchiment de capitaux ou le financement du terrorisme, ainsi que les autorités fiscales, les autorités de surveillance des entités assujetties et les autorités chargées de mener des enquêtes ou des poursuites pénales concernant le blanchiment de capitaux, les infractions sous-jacentes associées et le financement du terrorisme, et de procéder au dépistage et à la saisie ou au gel et à la confiscation des avoirs d'origine criminelle.

« 7. Les États membres veillent à ce que les autorités compétentes et les CRF soient en mesure de fournir, en temps utile et gratuitement, les informations visées aux paragraphes 1 et 3 aux autorités compétentes et aux CRF d'autres États membres. »

8. Les États membres exigent que les entités assujetties ne s'appuient pas exclusivement sur le registre central visé au paragraphe 3 pour remplir leurs obligations de vigilance à l'égard de la clientèle conformément au chapitre II. Ces obligations sont remplies en appliquant une approche fondée sur les risques.

(Dir. (UE) 2018/843 du 30 mai 2018, art. 1er) « 9. Dans des circonstances exceptionnelles à définir en droit national, lorsque l'accès visé au paragraphe 5, premier alinéa, points b) et c), exposerait le bénéficiaire effectif à un risque disproportionné, à un risque de fraude, d'enlèvement, de chantage, d'extorsion, de harcèlement, de violence ou d'intimidation, ou lorsque le bénéficiaire effectif est un mineur ou est autrement frappé d'incapacité, les États membres peuvent prévoir des dérogations concernant l'accès à tout ou partie des informations sur les bénéficiaires effectifs au cas par cas. Les États membres veillent à ce que ces dérogations soient accordées sur la base d'une évaluation détaillée de la nature exceptionnelle des circonstances. Le droit d'obtenir une révision administrative de la décision de dérogation et le droit à un recours juridictionnel effectif sont garantis. Un État membre ayant accordé des dérogations publie des données statistiques annuelles sur le nombre de dérogations accordées ainsi que sur les raisons avancées, et communiquent *[communique]* ces données à la Commission.

« Les dérogations accordées conformément au premier alinéa du présent paragraphe ne s'appliquent pas aux établissements de crédit et aux établissements financiers, ou aux entités assujetties visées à l'article 2, paragraphe 1, point 3) b), lorsqu'il s'agit de fonctionnaires.

« 10. Les États membres veillent à ce que les registres centraux visés au paragraphe 3 du présent article soient interconnectés par l'intermédiaire de la plate-forme centrale européenne instituée par l'article 22, paragraphe 1, de la directive (UE) 2017/1132 du Parlement européen et du Conseil *[du 14 juin 2017 relative à certains aspects du droit des sociétés]*. La connexion des registres centraux des États membres à la plate-forme est réalisée conformément aux spécifications techniques et aux procédures établies par les actes d'exécution adoptés par la Commission conformément à l'article 24 de la directive (UE) 2017/1132 et à l'article 31 *bis* de la présente directive. – *V. Règl. d'exécution (UE) 2021/369 du 1er mars 2021 établissant les spécifications techniques et les procédures nécessaires au système d'interconnexion des registres centraux visé par la Dir. (UE) 2015/849 du 20 mai 2015* .

« Les États membres veillent à ce que les informations visées au paragraphe 1 du présent article soient disponibles par l'intermédiaire du système d'interconnexion des registres institué par l'article 22, paragraphe 1, de la directive (UE) 2017/1132, conformément aux législations nationales des États membres mettant en œuvre les paragraphes 5, 5 *bis* et 6 du présent article.

« Les informations visées au paragraphe 1 sont disponibles par l'intermédiaire des registres nationaux et du système d'interconnexion des registres pendant au moins cinq ans et au maximum dix ans après que la société ou l'autre entité juridique a été radiée du registre. Les États membres coopèrent entre eux et avec la Commission pour mettre en œuvre les différents types d'accès conformément au présent article. »

Art. 31 *(Dir. (UE) 2018/843 du 30 mai 2018, art. 1er)* « 1. Les États membres veillent à ce que le présent article s'applique aux fiducies/trusts et à d'autres types de constructions juridiques, telles que, notamment, la fiducie, certains types de Treuhand ou de *fideicomiso*, lorsque ces constructions présentent une structure ou des fonctions similaires à celles des fiducies/trusts. Les États membres identifient les caractéristiques qui permettent de déterminer les cas où les constructions juridiques régies par leur droit présentent une structure ou des fonctions similaires à celles des fiducies/trusts.

« Chaque État membre exige que les fiduciaires/trustees de toute fiducie expresse/de tout trust exprès administré dans ledit État membre obtiennent et conservent des informations adéquates, exactes et actuelles sur les bénéficiaires effectifs de la fiducie/du trust. Ces informations comprennent l'identité :

« a) du ou des constituants ;

« b) du ou des fiduciaires/trustees ;

« c) du ou des protecteurs (le cas échéant) ;

« d) des bénéficiaires ou de la catégorie de bénéficiaires ; et

« e) de toute autre personne physique exerçant un contrôle effectif sur la fiducie/le trust.

« Les États membres veillent à ce *[que]* toute infraction au présent article fasse l'objet de mesures ou de sanctions efficaces, proportionnées et dissuasives.

« 2. Les États membres veillent à ce que les fiduciaires/trustees ou les personnes occupant des positions équivalentes dans des constructions juridiques similaires visées au paragraphe 1 du présent article, déclarent leur statut et fournissent, en temps utile, les informations visées au paragraphe 1 du présent article aux entités assujetties lorsque, en tant que fiduciaires/trustees ou en tant que personnes occupant des positions équivalentes dans des constructions juridiques similaires, ils nouent une relation d'affaires ou exécutent, à titre occasionnel, une transaction dont le montant dépasse les seuils fixés à l'article 11, points b), c) et d). »

3. Les États membres exigent que les autorités compétentes et les CRF puissent accéder en temps utile aux informations visées au paragraphe 1.

(Dir. (UE) 2018/843 du 30 mai 2018, art. 1er) « 3 *bis*. Les États membres exigent que les informations sur les bénéficiaires effectifs d'une fiducie expresse/d'un trust exprès et de constructions juridiques similaires visées au paragraphe 1 soient conser-

vées dans un registre central concernant les bénéficiaires effectifs mis en place par l'État membre dans lequel est établi ou réside le fiduciaire/trustee de la fiducie/du trust ou la personne occupant une position équivalente dans une construction juridique similaire.

« Lorsque le lieu d'établissement ou de résidence du fiduciaire/trustee de la fiducie/du trust ou de la personne occupant une position équivalente dans une construction juridique similaire est situé en dehors de l'Union, les informations visées au paragraphe 1 sont conservées dans un registre central mis en place par l'État membre dans lequel le fiduciaire/trustee de la fiducie/du trust ou la personne occupant une position équivalente dans une construction juridique similaire noue une relation d'affaires ou acquiert un bien immobilier au nom de la fiducie/du trust ou de la construction juridique similaire.

« Lorsque les fiduciaires/trustees d'une fiducie/d'un trust ou les personnes occupant des positions équivalentes dans une construction juridique similaire sont établis ou résident dans différents États membres, ou lorsque le fiduciaire/trustee de cette fiducie/ce trust ou la personne occupant une position équivalente dans une construction juridique similaire noue de multiples relations d'affaires au nom de la fiducie/du trust ou de la construction juridique similaire dans différents États membres, une attestation apportant la preuve de l'enregistrement ou un extrait des informations sur les bénéficiaires effectifs conservées dans un registre par un État membre peut être considéré comme suffisant pour considérer que l'obligation d'enregistrement est remplie.

« 4. Les États membres veillent à ce que les informations sur les bénéficiaires effectifs d'une fiducie/d'un trust ou d'une construction juridique similaire soient accessibles dans tous les cas :

« a) aux autorités compétentes et aux CRF, sans aucune restriction ;

« b) aux entités assujetties, dans le cadre de la vigilance à l'égard de la clientèle conformément au chapitre II ;

« c) à toute personne physique ou morale qui peut démontrer un intérêt légitime ;

« d) à toute personne physique ou morale qui introduit une demande écrite portant sur une fiducie/un trust ou une construction juridique similaire qui détient ou possède une participation de contrôle dans une société ou autre entité juridique autres que celles visées à l'article 30, paragraphe 1, par propriété directe ou indirecte, notamment au moyen d'actions au porteur ou par le biais d'un contrôle par d'autres moyens.

« Les informations accessibles aux personnes physiques ou morales visées aux points c) et d) du premier alinéa comprennent le nom, le mois et l'année de naissance, le pays de résidence et la nationalité du bénéficiaire effectif, ainsi que la nature et l'étendue des intérêts effectifs détenus.

« Les États membres peuvent, dans des conditions à déterminer par le droit national, donner accès à des informations supplémentaires permettant l'identification du bénéficiaire effectif. Ces informations supplémentaires comprennent, au moins, la date de naissance ou les coordonnées, conformément aux règles en matière de protection des données. Les États membres peuvent donner un accès plus large aux informations conservées dans le registre conformément à leur droit national.

« Les autorités compétentes bénéficiant d'un accès au registre central visé au paragraphe 3 *bis* sont les autorités publiques chargées de certaines responsabilités dans le domaine de la lutte contre le blanchiment de capitaux ou le financement du terrorisme, ainsi que les autorités fiscales, les autorités de surveillance des entités assujetties et les autorités chargées de mener des enquêtes ou des poursuites pénales concernant le blanchiment de capitaux, les infractions sous-jacentes associées et le financement du terrorisme, et de procéder au dépistage et à la saisie ou au gel et à la confiscation des avoirs d'origine criminelle.

« 4 *bis*. Les États membres peuvent décider de conditionner la mise à disposition des informations conservées dans les registres nationaux visés au paragraphe 3 *bis* à une inscription en ligne et au paiement d'une redevance, qui n'excède pas les coûts administratifs liés à la mise à disposition des informations, y compris les coûts de maintenance et de développement du registre.

« 5. Les États membres exigent que les informations conservées dans le registre central visé au paragraphe 3 *bis* soient adéquates, exactes et actuelles, et mettent en place des mécanismes à cet effet. Parmi ces mécanismes figure l'obligation pour les entités assujetties et, le cas échéant et dans la mesure où cette exigence n'interfère pas inutilement avec leurs fonctions, les autorités compétentes de signaler toute divergence qu'elles rencontrent entre les informations sur les bénéficiaires effectifs disponibles dans le registre central et les informations sur les bénéficiaires effectifs dont elles disposent. Lorsque des divergences sont signalées, les États membres veillent à ce que des mesures appropriées soient prises afin de résoudre ces divergences en temps utile et, le cas échéant, à ce que, dans l'intervalle, une mention spécifique figure dans le registre central. »

6. Les États membres font en sorte que les entités assujetties ne s'appuient pas exclusivement sur le registre central visé au paragraphe 4 pour remplir leurs obligations de vigilance à l'égard de la clientèle prévues au chapitre II. Ces obligations sont remplies en appliquant une approche fondée sur les risques.

(Dir. (UE) 2018/843 du 30 mai 2018, art. 1er) « 7. Les États membres veillent à ce que les autorités compétentes et les CRF soient en mesure de fournir, en temps utile et gratuitement, les informations visées aux paragraphes 1 et 3 aux autorités compétentes et aux CRF d'autres États membres.

« *7 bis.* Dans des circonstances exceptionnelles à définir en droit national, lorsque l'accès visé au paragraphe 4, premier alinéa, points b), c) et d), exposerait le bénéficiaire effectif à un risque disproportionné, à un risque de fraude, d'enlèvement, de chantage, d'extorsion, de harcèlement, de violence ou d'intimidation, ou lorsque le bénéficiaire effectif est un mineur ou est autrement frappé d'incapacité, les États membres peuvent prévoir une dérogation concernant l'accès à tout ou partie des informations sur les bénéficiaires effectifs au cas par cas. Les États membres veillent à ce que ces dérogations soient accordées sur la base d'une évaluation détaillée de la nature exceptionnelle des circonstances. Le droit d'obtenir une révision administrative de la décision de dérogation et le droit à un recours juridictionnel effectif sont garantis. Un État membre ayant accordé des dérogations publie des données statistiques annuelles sur le nombre de dérogations accordées ainsi que sur les raisons avancées, et communique ces données à la Commission.

« Les dérogations accordées conformément au premier alinéa ne s'appliquent pas aux établissements de crédit et aux établissements financiers, et aux entités assujetties visées à l'article 2, paragraphe 1, point 3) b), lorsqu'il s'agit de fonctionnaires.

« Lorsqu'un État membre décide d'établir une dérogation conformément au premier alinéa, il ne restreint pas l'accès des autorités compétentes et des CRF aux informations. »

(Abrogé par Dir. (UE) 2018/843 du 30 mai 2018, art. 1er) ***« 8. Les États membres veillent à ce que les mesures prévues au présent article s'appliquent à d'autres types de constructions juridiques présentant une structure ou des fonctions similaires à celles des fiducies/trusts. »***

(Dir. (UE) 2018/843 du 30 mai 2018, art. 1er) « 9. Les États membres veillent à ce que les registres centraux visés au paragraphe 3 *bis* du présent article soient interconnectés par l'intermédiaire de la plate-forme centrale européenne instituée par l'article 22, paragraphe 1, de la directive (UE) 2017/1132. La connexion des registres centraux des États membres à la plate-forme est réalisée conformément aux spécifications techniques et aux procédures établies par les actes d'exécution adoptés par la Commission conformément à l'article 24 de la directive (UE) 2017/1132 et à l'article 31 *bis* de la présente directive. — *V. Règl. d'exécution (UE) 2021/369 du 1er mars 2021 établissant les spécifications techniques et les procédures nécessaires au système d'interconnexion des registres centraux visé par la Dir. (UE) 2015/849 du 20 mai 2015* 🏛.

« Les États membres veillent à ce que les informations visées au paragraphe 1 du présent article soient disponibles par l'intermédiaire du système d'interconnexion des registres institué par l'article 22, paragraphe 2, de la directive (UE) 2017/1132, conformément aux législations nationales des États membres mettant en œuvre les paragraphes 4 et 5 du présent article.

« Les États membres prennent les mesures appropriées pour veiller à ce que seules les informations visées au paragraphe 1 qui sont à jour et qui correspondent aux véritables bénéficiaires effectifs soient mises à disposition par l'intermédiaire de leurs registres nationaux et du système d'interconnexion des registres, et l'accès à ces informations a lieu dans le respect des règles en matière de protection des données.

« Les informations visées au paragraphe 1 sont disponibles par l'intermédiaire des registres nationaux et du système d'interconnexion des registres pendant au moins cinq ans et au maximum dix ans après que les motifs de l'enregistrement des informations sur les bénéficiaires effectifs visés au paragraphe 3 *bis* ont cessé d'exister. Les États membres coopèrent avec la Commission pour mettre en œuvre les différents types d'accès conformément aux paragraphes 4 et 4 *bis*.

« 10. Les États membres communiquent à la Commission les catégories, la description des caractéristiques, la dénomination et, le cas échéant, la base juridique des fiducies/trusts et des constructions juridiques similaires visés au paragraphe 1 au plus tard le 10 juillet 2019. La Commission publie, au *Journal officiel de l'Union européenne*, la liste consolidée desdits fiducies/trusts et constructions juridiques similaires au plus tard le 10 septembre 2019.

« Au plus tard le 26 juin 2020, la Commission présente au Parlement européen et au Conseil un rapport dans lequel elle évalue si l'ensemble des fiducies/trusts et des constructions juridiques similaires, tels qu'ils sont visés au paragraphe 1, régis par le droit des États membres*[,]* ont été dûment identifiés et soumis aux obligations énoncées dans la présente directive. Le cas échéant, la Commission prend les mesures nécessaires pour donner suite aux conclusions de ce rapport. »

Art. 31 *bis* *Actes d'exécution. (Dir. (UE) 2018/843 du 30 mai 2018, art. 1er)* Au besoin, outre les actes d'exécution adoptés par la Commission conformément à l'article 24 de la directive (UE) 2017/1132 et conformément au champ d'application des articles 30 et 31 de la présente directive, la Commission adopte, par voie d'actes d'exécution, les spécifications techniques et les procédures nécessaires pour assurer l'interconnexion des registres centraux des États membres visés à l'article 30, paragraphe 10, et à l'article 31, paragraphe 9, en ce qui concerne : *— V. Règl. d'exécution (UE) 2021/369 du 1er mars 2021 établissant les spécifications techniques et les procédures nécessaires au système d'interconnexion des registres centraux visé par la Dir. (UE) 2015/849 du 20 mai 2015* .

a) la spécification technique définissant l'ensemble des données techniques nécessaires pour que la plate-forme puisse remplir ses fonctions ainsi que la méthode de stockage, d'utilisation et de protection de ces données ;

b) les critères communs selon lesquels les informations sur les bénéficiaires effectifs sont disponibles par l'intermédiaire du système d'interconnexion des registres, en fonction du niveau d'accès accordé par les États membres ;

c) les modalités techniques de mise à disposition des informations sur les bénéficiaires effectifs ;

d) les conditions techniques de disponibilité des services fournis par le système d'interconnexion des registres ;

e) les modalités techniques de mise en place des différents types d'accès aux informations sur les bénéficiaires effectifs fondés sur l'article 30, paragraphe 5, et l'article 31, paragraphe 4 ;

f) les modalités de paiement lorsque l'accès aux informations sur les bénéficiaires effectifs est soumis au paiement d'une redevance conformément à l'article 30, paragraphe 5 *bis*, et à l'article 31, paragraphe 4 *bis*, en tenant compte des moyens de paiement disponibles tels que les transactions à distance.

Ces actes d'exécution sont adoptés en conformité avec la procédure d'examen visée à l'article 64 *bis*, paragraphe 2.

La Commission s'efforce, dans ses actes d'exécution, de réutiliser des technologies éprouvées et des pratiques existantes. La Commission veille à ce que la mise au point des systèmes n'entraîne pas des coûts supérieurs à ce qui est absolument nécessaire aux fins de la mise en œuvre de la présente directive. Les actes d'exécution de la Commission sont caractérisés par la transparence et par l'échange d'expériences et d'informations entre la Commission et les États membres.

CHAPITRE IV *OBLIGATIONS DE DÉCLARATION*

SECTION 1 *Dispositions générales*

Art. 32 1. Chaque État membre met en place une CRF, chargée de prévenir, de détecter et de combattre efficacement le blanchiment de capitaux et le financement du terrorisme.

2. Les États membres communiquent par écrit à la Commission le nom et l'adresse de leur CRF.

3. Chaque CRF est indépendante et autonome sur le plan opérationnel, ce qui signifie que la CRF a l'autorité et la capacité nécessaires pour exercer librement ses fonctions, y compris la capacité de décider d'une manière autonome d'analyser, de demander et de disséminer des informations spécifiques. En sa qualité de cellule nationale centrale, la CRF est chargée de recevoir et d'analyser les déclarations de transactions suspectes ainsi que d'autres informations pertinentes concernant le blanchiment de capitaux, les infractions sous-jacentes associées ou le financement du terrorisme. La CRF est chargée de disséminer les résultats de ses analyses aux autorités compétentes, ainsi que toute autre information pertinente, lorsqu'il existe des raisons de suspecter un blanchiment de capitaux, des infractions sous-jacentes associées ou un financement du terrorisme. Elle est en mesure d'obtenir des informations complémentaires auprès des entités assujetties.

Les États membres dotent leurs CRF des ressources financières, humaines et techniques appropriées nécessaires à l'accomplissement de leurs missions.

4. Les États membres veillent à ce que leur CRF ait accès, directement ou indirectement, en temps utile, aux informations financières, administratives et d'ordre répressif dont elle a besoin pour remplir correctement ses missions. Les CRF sont en mesure de donner suite aux demandes d'informations soumises par les autorités compétentes de leur État membre respectif lorsque ces demandes d'informations sont motivées par des préoccupations liées au blanchiment des capitaux, à des infractions sous-jacentes associées ou au financement du terrorisme. La décision de procéder à l'analyse ou à la dissémination des informations reste du ressort de la CRF.

5. Lorsqu'il existe des raisons objectives de supposer que la communication de ces informations aurait un impact négatif sur des enquêtes ou des analyses en cours ou, dans des circonstances exceptionnelles, lorsque leur divulgation serait manifestement disproportionnée par rapport aux intérêts légitimes d'une personne physique ou morale ou ne serait pas pertinente par rapport aux finalités pour lesquelles elle a été demandée, la CRF n'est pas tenue de donner suite à la demande d'informations.

6. Les États membres exigent des autorités compétentes qu'elles fournissent à la CRF un retour d'information sur l'utilisation qui a été faite des informations transmises conformément au présent article et sur les résultats des enquêtes ou inspections menées sur la base de ces informations.

7. Les États membres veillent à ce que leur CRF soit habilitée à agir sans délai, directement ou indirectement, lorsqu'une transaction est suspectée d'être liée au blanchiment de capitaux ou au financement du terrorisme, afin de suspendre ou de refuser l'exécution de cette transaction pour l'analyser, confirmer les soupçons et disséminer les résultats de l'analyse aux autorités compétentes. La CRF est habilitée à agir ainsi, directement ou indirectement, à la demande d'une CRF d'un autre État membre pendant la durée et selon les conditions précisées dans le droit national de la CRF saisie de la demande.

8. La fonction d'analyse de la CRF consiste en ce qui suit :

a) une analyse opérationnelle centrée sur des cas individuels et des objectifs spécifiques ou sur des informations appropriées sélectionnées, en fonction du type et du volume d'informations reçues et de l'utilisation des informations qui en est escomptée après leur dissémination ; et

b) une analyse stratégique portant sur les tendances et les formes du blanchiment de capitaux et du financement du terrorisme.

(Dir. (UE) 2018/843 du 30 mai 2018, art. 1er) « 9. Sans préjudice de l'article 34, paragraphe 2, dans le cadre de ses fonctions, chaque CRF est en mesure de demander, d'obtenir et d'utiliser des informations de toute entité assujettie aux fins définies au

paragraphe 1 du présent article, même en l'absence de rapport établi au préalable en vertu de l'article 33, paragraphe 1, point a) ou de l'article 34, paragraphe 1. »

Art. 32 *bis* *(Dir. (UE) 2018/843 du 30 mai 2018, art. 1er)* 1. Les États membres mettent en place des mécanismes automatisés centralisés, tels que des registres centraux ou des systèmes électroniques centraux de recherche de données, permettant l'identification, en temps utile, de toute personne physique ou morale qui détient ou contrôle des comptes de paiement et des comptes bancaires identifiés par un numéro IBAN, au sens du règlement (UE) nº 260/2012 du Parlement européen et du Conseil *[du 14 mars 2012 établissant des exigences techniques et commerciales pour les virements et les prélèvements en euros]*, ainsi que des coffres-forts tenus par un établissement de crédit établi sur leur territoire. Les États membres communiquent à la Commission les caractéristiques de ces mécanismes nationaux.

2. Les États membres veillent à ce que les informations conservées dans les mécanismes centralisés visés au paragraphe 1 du présent article soient directement accessibles aux CRF nationales, de manière immédiate et non filtrée. Les informations sont également accessibles aux autorités nationales compétentes pour l'accomplissement des obligations qui leur incombent au titre de la présente directive. Les États membres veillent à ce que chaque CRF soit en mesure de fournir en temps utile à toute autre CRF des informations conservées dans les mécanismes centralisés visés au paragraphe 1 du présent article, conformément à l'article 53.

3. Les informations suivantes sont accessibles et peuvent faire l'objet de recherches au moyen des mécanismes centralisés visés au paragraphe 1 :

– concernant le titulaire d'un compte client et toute personne prétendant agir au nom du client : le nom, complété soit par les autres données d'identification requises au titre des dispositions nationales transposant l'article 13, paragraphe 1, point a), soit par un numéro d'identification unique ;

– concernant le bénéficiaire effectif du titulaire d'un compte client : le nom, complété soit par les autres données d'identification requises au titre des dispositions nationales transposant l'article 13, paragraphe 1, point b), soit par un numéro d'identification unique ;

– concernant le compte bancaire ou le compte de paiement : le numéro IBAN et la date d'ouverture et de clôture du compte ;

– concernant le coffre-fort : le nom du locataire, complété soit par les autres données d'identification requises au titre des dispositions nationales transposant l'article 13, paragraphe 1, soit par un numéro d'identification unique, ainsi que la durée de la période de location.

4. Les États membres peuvent envisager d'exiger que d'autres informations jugées essentielles aux CRF et aux autorités compétentes pour l'accomplissement des obligations qui leur incombent en vertu de la présente directive soient accessibles et puissent faire l'objet de recherches au moyen des mécanismes centralisés.

5. Au plus tard le 26 juin 2020, la Commission présente au Parlement européen et au Conseil un rapport dans lequel elle évalue les conditions et les spécifications techniques et procédures permettant d'assurer une interconnexion sécurisée et efficace des mécanismes automatisés centralisés. Le cas échéant, ce rapport est accompagné d'une proposition législative.

Art. 32 *ter* *(Dir. (UE) 2018/843 du 30 mai 2018, art. 1er)* 1. Les États membres donnent aux CRF et aux autorités compétentes l'accès aux informations permettant l'identification, en temps utile, de toute personne physique ou morale détenant des biens immobiliers, notamment au moyen de registres ou de systèmes électroniques de recherche de données lorsque de tels registres ou systèmes sont disponibles.

2. Au plus tard le 31 décembre 2020, la Commission présente au Parlement européen et au Conseil un rapport dans lequel elle évalue la nécessité et la proportionnalité d'une harmonisation des informations contenues dans les registres ainsi que la nécessité d'assurer l'interconnexion de ces registres. Le cas échéant, ce rapport est accompagné d'une proposition législative.

Art. 33 1. Les États membres exigent des entités assujetties et, le cas échéant, de leurs dirigeants et employés, qu'ils coopèrent pleinement :

a) en informant rapidement la CRF, de leur propre initiative, y compris par l'établissement d'un rapport, lorsque l'entité assujettie sait, soupçonne ou a des motifs raisonnables de soupçonner que des fonds, quel que soit le montant concerné, proviennent d'une activité criminelle ou sont liés au financement du terrorisme, et en donnant rapidement suite aux demandes d'informations supplémentaires soumises par la CRF dans de tels cas ; et

(Dir. (UE) 2018/843 du 30 mai 2018, art. 1er) « b) en fournissant directement à la CRF, à la demande de celle-ci, toutes les informations nécessaires. »

Toutes les transactions ou tentatives de transactions suspectes sont déclarées.

2. La personne nommée conformément à l'article 8, paragraphe 4, point a), transmet les informations visées au paragraphe 1 du présent article à la CRF de l'État membre sur le territoire duquel est établie l'entité assujettie qui transmet les informations.

CRF compétente. L'art. 22, § 2, de la Dir. 2005/60/CE du 26 oct. 2005 doit être interprété en ce sens qu'il ne s'oppose pas à la législation d'un État membre qui exige des établissements de crédit qu'ils communiquent les informations requises au titre de la lutte contre le blanchiment de capitaux et le financement du terrorisme directement à la cellule de renseignement financier de cet État lorsque ces établissements exercent leurs activités sur le territoire national en libre prestation de services. • CJUE 25 avr. 2013, n° C-212/11 : *Gaz. Pal. 2013. 2374, obs. Morel-Maroger; Banque et Dr. 7-8/2013. 29, obs. Rouaud; Europe 2013, n° 267, obs. Michel.*

Art. 34 1. Par dérogation à l'article 33, paragraphe 1, les États membres peuvent, s'agissant des entités assujetties visées à l'article 2, paragraphe 1, point 3) a), b) et d), désigner un organisme d'autorégulation approprié de la profession concernée pour être l'autorité qui recevra les informations visées à l'article 33, paragraphe 1.

Sans préjudice du paragraphe 2, dans les cas visés au premier alinéa du présent paragraphe, l'organisme d'autorégulation désigné transmet rapidement et de manière non filtrée les informations à la CRF.

2. Les États membres n'appliquent pas les obligations prévues à l'article 33, paragraphe 1, aux notaires, aux membres des autres professions juridiques indépendantes, aux auditeurs, aux experts-comptables externes ni aux conseillers fiscaux, uniquement dans la stricte mesure où cette exemption concerne des informations qu'ils reçoivent de l'un de leurs clients ou obtiennent sur l'un de leurs clients, lors de l'évaluation de la situation juridique de ce client ou dans l'exercice de leur mission de défense ou de représentation de ce client dans une procédure judiciaire ou concernant une telle procédure, y compris dans le cadre de conseils relatifs à la manière d'engager ou d'éviter une procédure, que ces informations soient reçues ou obtenues avant, pendant ou après cette procédure.

(Dir. (UE) 2018/843 du 30 mai 2018, art. 1er) « 3. Les organismes d'autorégulation désignés par les États membres publient un rapport annuel contenant des informations sur :

« a) les mesures prises en vertu des articles 58, 59 et 60 ;

« b) le nombre de signalements d'infractions reçus visés à l'article 61, le cas échéant ;

« c) le nombre de rapports reçus par l'organisme d'autorégulation visés au paragraphe 1 et le nombre de rapports transmis par l'organisme d'autorégulation à la CRF, le cas échéant ;

« d) le cas échéant, le nombre et la description des mesures prises en vertu des articles 47 et 48 pour contrôler le respect, par les entités assujetties, de leurs obligations en vertu des articles suivants :

« i) articles 10 à 24 (vigilance à l'égard de la clientèle) ;

« ii) articles 33, 34 et 35 (déclaration de transactions suspectes) ;

« iii) article 40 (conservation des documents et pièces) ; et

« iv) articles 45 et 46 (contrôles internes). »

Art. 35 1. Les États membres exigent des entités assujetties qu'elles s'abstiennent d'exécuter toute transaction dont elles savent ou soupçonnent qu'elle est liée au produit d'une activité criminelle ou au financement du terrorisme, jusqu'à ce qu'elles aient mené à bien les actions nécessaires conformément à l'article 33, paragraphe 1, premier alinéa, point a), et qu'elles se soient conformées à toute autre instruction particulière émanant de la CRF ou des autorités compétentes conformément au droit de l'État membre concerné.

2. Lorsqu'il n'est pas possible de s'abstenir d'exécuter une transaction visée au paragraphe 1 ou lorsque cela est susceptible d'entraver les efforts déployés pour poursuivre les bénéficiaires d'une opération suspecte, les entités assujetties concernées en informent ensuite sans délai la CRF.

Art. 36 1. Les États membres veillent à ce que les autorités compétentes visées à l'article 48 informent promptement la CRF si, au cours des inspections qu'elles effectuent auprès des entités assujetties, ou de toute autre manière, elles découvrent des faits susceptibles d'être liés au blanchiment de capitaux ou au financement du terrorisme.

2. Les États membres veillent à ce que les organes de surveillance habilités en vertu de dispositions législatives ou réglementaires à surveiller les marchés boursiers, les marchés de devises et de produits financiers dérivés informent la CRF lorsqu'ils découvrent des faits susceptibles d'être liés au blanchiment de capitaux ou au financement du terrorisme.

Art. 37 La divulgation d'informations effectuée de bonne foi par une entité assujettie ou par l'un de ses employés ou l'un de ses dirigeants conformément aux articles 33 et 34 ne constitue pas une violation d'une quelconque restriction à la divulgation d'informations imposée par un contrat ou par une disposition législative, réglementaire ou administrative et n'entraîne, pour l'entité assujettie, ou pour ses employés ou ses dirigeants, aucune responsabilité d'aucune sorte, même dans une situation où ils n'avaient pas une connaissance précise de l'activité criminelle sous-jacente et ce, indépendamment du fait qu'une activité illicite s'est effectivement produite.

Art. 38 *(Dir. (UE) 2018/843 du 30 mai 2018, art. 1er)* 1. Les États membres font en sorte que les personnes, y compris les employés et les représentants de l'entité assujettie qui signalent, en interne ou à la CRF, un soupçon de blanchiment de capitaux ou de financement du terrorisme, bénéficient d'une protection légale contre toute menace, mesure de représailles ou acte hostile, et en particulier contre toute mesure préjudiciable ou discriminatoire en matière d'emploi.

2. Les États membres veillent à ce que les personnes exposées à des menaces, à des mesures de représailles ou à des actes hostiles, ou à des mesures préjudiciables ou discriminatoires en matière d'emploi pour avoir signalé un soupçon de blanchiment de capitaux ou de financement du terrorisme, en interne ou à la CRF, aient le droit de déposer, en toute sécurité, une réclamation auprès des autorités compétentes respectives. Sans préjudice de la confidentialité des informations recueillies par la CRF, les États membres veillent également à ce que ces personnes disposent d'un droit de recours effectif pour garantir leurs droits au titre du présent paragraphe.

SECTION 2 *Interdiction de divulgation*

Art. 39 1. Les entités assujetties, ainsi que leurs dirigeants et employés, ne révèlent ni au client concerné ni à des tiers que des informations sont, seront ou ont été transmises conformément à l'article 33 ou 34 ou qu'une analyse pour blanchiment de capitaux ou financement du terrorisme est en cours ou pourrait être ouverte.

2. L'interdiction énoncée au paragraphe 1 ne concerne pas la divulgation aux autorités compétentes, y compris les organismes d'autorégulation, ni la divulgation à des fins répressives.

(Dir. (UE) 2018/843 du 30 mai 2018, art. 1er) « 3. L'interdiction énoncée au paragraphe 1 du présent article n'empêche pas la divulgation entre les établissements de crédit et les établissements financiers des États membres, à condition que ceux-ci appartiennent à un même groupe, ni entre ces entités et leurs succursales et filiales détenues majoritairement et situées dans des pays tiers, à condition que ces succursales et filiales détenues majoritairement respectent pleinement les politiques et pro-

cédures définies à l'échelle du groupe, y compris les procédures en matière de partage d'informations au sein du groupe, conformément à l'article 45, et que les politiques et procédures définies à l'échelle du groupe respectent les exigences prévues dans la présente directive. »

4. L'interdiction énoncée au paragraphe 1 n'empêche pas la divulgation entre les entités assujetties visées à l'article 2, paragraphe 1, point 3) a) et b), ou entre entités de pays tiers imposant des obligations équivalentes à celles qui sont prévues dans la présente directive, qui exercent leurs activités professionnelles, salariées ou non, au sein de la même personne morale ou d'une structure plus large à laquelle la personne appartient et qui partage une propriété, une gestion ou un contrôle du respect des obligations communs.

5. En ce qui concerne les entités assujetties visées à l'article 2, paragraphe 1, points 1) et 2) et point 3) a) et b), dans les cas concernant le même client et la même transaction faisant intervenir au moins deux entités assujetties, l'interdiction énoncée au paragraphe 1 du présent article n'empêche pas la divulgation entre les entités assujetties concernées, à condition qu'il s'agisse d'entités d'un État membre, ou d'entités situées dans un pays tiers imposant des obligations équivalentes à celles qui sont prévues dans la présente directive, et qu'elles relèvent de la même catégorie professionnelle et soient soumises à des obligations en matière de secret professionnel et de protection des données à caractère personnel.

6. Lorsque les entités assujetties visées à l'article 2, paragraphe 1, point 3) a) et b), s'efforcent de dissuader un client de prendre part à une activité illégale, il n'y a pas divulgation au sens du paragraphe 1 du présent article.

CHAPITRE V *PROTECTION DES DONNÉES, CONSERVATION DES DOCUMENTS ET PIÈCES ET DONNÉES STATISTIQUES*

COMMENTAIRE

I. PROTECTION ET STATUT DES DONNÉES COLLECTÉES PAR LES ENTITÉS ASSUJETTIES DANS LE CADRE DE LEUR DEVOIR DE VIGILANCE

La protection des données collectées par les entités assujetties dans le cadre de leur obligation de vigilance est renforcée (art. 41). Les données collectées sont dorénavant expressément soumises à la directive 95/46/CE du Parlement européen et du Conseil du 24 octobre 1995 relative à la protection des personnes physiques à l'égard du traitement des données à caractère personnel et à la libre circulation de ces données. La directive 2015/849/UE articule le droit d'accès aux données à caractère personnel avec l'interdiction de divulgation pesant sur les entités recueillant les informations en faisant prévaloir l'objectif d'efficacité de la politique de LBC/FT. La quatrième directive prévoit ainsi la possibilité de prolonger la conservation des données recueillies dans ce cadre au-delà des cinq années prévues pour une nouvelle période, qui ne dépassera pas cinq années supplémentaires, si des circonstances liées notamment à la conduite d'une enquête l'imposent (art. 40). L'adoption du règlement du 15 décembre 2015 relatif à la protection des personnes physiques à l'égard du traitement des données à caractère personnel et à la libre circulation de ces données aura un impact grandissant sur cette protection.

La perspective d'un nouveau cadre législatif présenté par la Commission européenne le 20 juillet 2021 pour renforcer les règles européennes de lutte contre le blanchiment de capitaux et le financement du terrorisme a d'ailleurs conduit la CNIL et ses homologues réunis au sein du Comité européen de la protection des données (CEPD) à publier le 20 mai 2022 une lettre adressée au Parlement européen, à la Commission européenne et au Conseil de l'Union européenne sur cette proposition. Ils soulignent qu'une meilleure cohérence de la proposition de texte avec l'obligation posée par le RGPD de ne traiter que des données exactes, pertinentes et limitées à ce qui est nécessaire, permettrait d'améliorer l'efficacité de la LBC/FT dans son ensemble. Cela suppose de préciser les conditions de traitement des données personnelles dans les textes européens, d'impliquer davantage le CEPD dans l'élaboration des textes et d'encadrer les sources de données utilisées par les organismes concernés.

II. ACCÈS AUX INFORMATIONS COLLECTÉES EN MATIÈRE DE LBC/FT

L'accès à la liste des titulaires de comptes bancaires et aux informations relatives à l'identité des titulaires de comptes bancaires ou de coffres-forts nécessite la mise en place de mécanismes centralisés automatisés tels qu'un registre ou un système de recherche de données dans tous les États membres. Il s'agit d'assurer un accès rapide aux informations sur l'identité des titulaires de comptes bancaires et de comptes de paiement ainsi que de coffres-forts, de leurs mandataires et de leurs bénéficiaires effectifs.

Les services transfrontaliers de correspondant bancaire ne présentent pas tous le même niveau de risque de blanchiment de capitaux et de financement du terrorisme, l'intensité des mesures prévues par la directive peut être définie en appliquant les principes de l'approche fondée sur les risques et ne préjuge pas du niveau de risque de blanchiment de capitaux et de financement du terrorisme présenté par l'établissement financier client.

Par ailleurs, la directive précise que l'identification et la vérification précises des données des personnes physiques et morales doit tenir compte des nouvelles modalités d'identification tels les schémas d'identification électronique notifiés et les manières de garantir une reconnaissance juridique transnationale, qui offrent des outils d'un niveau élevé de sécurité et peuvent servir de référence pour contrôler les méthodes d'identification mises en place au niveau national.

III. CONSERVATION DES DONNÉES COLLECTÉES DANS LE CADRE D'ENQUÊTES

Afin de respecter la vie privée et de protéger les données à caractère personnel, les données minimales nécessaires à la réalisation des enquêtes dans le cadre de la lutte contre le blanchiment de capitaux et le financement du terrorisme doivent être conservées par des mécanismes automatisés centralisés pour les comptes bancaires et les comptes de paiement, tels que des registres ou des systèmes de recherche de données. Les États membres doivent fixer des périodes de conservation correspondant à la période de conservation applicable aux documents et aux informations obtenues dans le cadre de l'application des mesures de vigilance à l'égard de la clientèle.

Les États membres doivent avoir la faculté de prolonger la période de conservation, de manière générale par voie législative, sans qu'une décision individuelle ne soit requise. Cette période de conservation additionnelle ne doit pas dépasser cinq années supplémentaires soit un délai maximal de conservation de ces informations de dix années. ❑

Art. 40 **1. Les États membres exigent des entités assujetties qu'elles conservent les documents et informations ci-après, conformément au droit national, à des fins de prévention et de détection d'un éventuel blanchiment de capitaux ou d'un éventuel financement du terrorisme et des enquêtes en la matière par la CRF ou par d'autres autorités compétentes :**

(Dir. (UE) 2018/843 du 30 mai 2018, art. 1er) **« a) en ce qui concerne les mesures de vigilance à l'égard de la clientèle, une copie des documents et informations qui sont nécessaires pour se conformer aux obligations de vigilance à l'égard de la clientèle prévues au chapitre II, y compris, le cas échéant, les données obtenues par l'utilisation de moyens d'identification électronique, des services de confiance pertinents prévus par le règlement (UE) n° 910/2014, ou tout autre processus d'identification sécurisé, électronique ou à distance, réglementé, reconnu, approuvé ou accepté par les autorités nationales compétentes, pendant cinq ans après la fin de la relation d'affaires avec le client ou après la date de la transaction conclue à titre occasionnel ; »**

b) les pièces justificatives et les enregistrements de transactions consistant en des documents originaux ou des copies recevables dans le cadre de procédures judiciaires au regard du droit national applicable, qui sont nécessaires pour identifier les transactions, pendant cinq ans après la fin de la relation d'affaires avec le client ou après la date de la transaction conclue à titre occasionnel.

A l'issue des périodes de conservation visées au premier alinéa, les États membres veillent à ce que les entités assujetties effacent les données à caractère personnel sauf dispositions contraires du droit national, lequel précise dans quelles circonstances les entités assujetties peuvent ou doivent prolonger la conservation des données. Les États membres peuvent permettre ou exiger que les informations soient conservées plus longtemps après avoir minutieusement évalué la nécessité et la proportionnalité

de cette conservation prolongée et si elle a été jugée nécessaire aux fins de prévenir ou de détecter des actes de blanchiment de capitaux ou de financement du terrorisme ou d'enquêter en la matière. Cette nouvelle période de conservation ne dépasse pas cinq années supplémentaires.

(Dir. (UE) 2018/843 du 30 mai 2018, art. 1er) **« La période de conservation visée au présent paragraphe, y compris la période de conservation prolongée qui ne dépasse pas cinq années supplémentaires, s'applique également en ce qui concerne les données accessibles par l'intermédiaire des mécanismes centralisés visés à l'article 32 *bis*. »**

2. Si, au 25 juin 2015, des procédures judiciaires sont en cours dans un État membre concernant la prévention ou la détection de cas présumés de blanchiment de capitaux ou de financement du terrorisme ou des enquêtes ou poursuites en la matière et qu'une entité assujettie détient des informations ou des documents relatifs à ces procédures en cours, l'entité assujettie peut conserver ces informations ou documents conformément au droit national, pendant une période de cinq ans à compter du 25 juin 2015. Les États membres peuvent, sans préjudice du droit pénal national relatif à la preuve applicable aux enquêtes criminelles et aux procédures judiciaires en cours, permettre ou exiger que ces informations ou documents soient conservés pendant une période supplémentaire de cinq ans, lorsque la nécessité et la proportionnalité de cette conservation prolongée a été établie aux fins de prévenir ou de détecter des cas présumés de blanchiment de capitaux ou de financement du terrorisme ou de mener des enquêtes ou des poursuites en la matière.

Art. 41 **1. Le traitement des données à caractère personnel en vertu de la présente directive est soumis à la directive 95/46/CE, telle qu'elle a été transposée en droit national. Les données à caractère personnel qui sont traitées au titre de la présente directive par la Commission ou les AES sont soumises au règlement (CE) n° 45/2001.**

2. Les données à caractère personnel ne sont traitées sur la base de la présente directive par des entités assujetties qu'aux fins de la prévention du blanchiment de capitaux et du financement du terrorisme, au sens de l'article 1er, et ne font pas l'objet d'un traitement ultérieur d'une manière incompatible avec lesdites finalités. Le traitement des données à caractère personnel sur la base de la présente directive pour toute autre finalité, par exemple à des fins commerciales, est interdit.

3. Les entités assujetties communiquent aux nouveaux clients les informations requises en vertu de l'article 10 de la directive 95/46/CE avant de nouer une relation d'affaires ou d'exécuter une transaction à titre occasionnel. Ces informations contiennent en particulier un avertissement général concernant les obligations légales des entités assujetties au titre de la présente directive en ce qui concerne le traitement des données à caractère personnel aux fins de la prévention du blanchiment de capitaux et du financement du terrorisme visés à l'article 1er de la présente directive.

4. En application de l'interdiction de divulgation prévue à l'article 39, paragraphe 1, les États membres adoptent des dispositions législatives restreignant, partiellement ou totalement, le droit d'accès de la personne concernée aux données à caractère personnel la concernant, dans la mesure où cette restriction partielle ou totale constitue une mesure nécessaire et proportionnée dans une société démocratique, dans le respect des intérêts légitimes de la personne concernée pour :

a) permettre à l'entité assujettie ou à l'autorité nationale compétente d'accomplir ses tâches comme il convient aux fins de la présente directive ; ou

b) éviter de faire obstacle aux demandes de renseignements, analyses, enquêtes ou procédures à caractère officiel ou judiciaire, menées aux fins de la présente directive et pour ne pas compromettre la prévention et la détection des cas de blanchiment de capitaux ou de financement du terrorisme ni les enquêtes en la matière.

Art. 42 **Les États membres exigent de leurs entités assujetties qu'elles disposent de systèmes leur permettant de répondre de manière rapide et complète aux demandes d'informations émanant de leur CRF, ou d'autres autorités, agissant dans le cadre du droit national, tendant à déterminer si elles entretiennent ou ont entretenu au cours des cinq années précédant cette demande une relation d'affaires avec une personne**

donnée et quelle est ou a été la nature de cette relation, par l'intermédiaire de canaux sécurisés et d'une manière garantissant la confidentialité totale des demandes d'informations.

Art. 43 *(Dir. (UE) 2018/843 du 30 mai 2018, art. 1er)* Le traitement de données à caractère personnel sur la base de la présente directive aux fins de la prévention du blanchiment de capitaux et du financement du terrorisme visées à l'article 1er est considéré comme une question d'intérêt public au titre du règlement (UE) 2016/679 du Parlement européen et du Conseil *[du 27 avr. 2016 relatif à la protection des personnes physiques à l'égard du traitement des données à caractère personnel et à la libre circulation de ces données]*.

Art. 44 *(Dir. (UE) 2018/843 du 30 mai 2018, art. 1er)* 1. Afin de contribuer à l'élaboration des évaluations des risques en application de l'article 7, les États membres font en sorte d'être en mesure de revoir l'efficacité de leurs dispositifs de lutte contre le blanchiment de capitaux ou le financement du terrorisme, en tenant des statistiques complètes sur les aspects pertinents du point de vue de l'efficacité de tels dispositifs.

2. Les statistiques visées au paragraphe 1 comprennent :

a) des données mesurant la taille et l'importance des différents secteurs entrant dans le champ d'application de la présente directive, notamment le nombre de personnes physiques et d'entités ainsi que l'importance économique de chaque secteur ;

b) des données mesurant les phases de déclaration et d'enquête et les phases judiciaires du dispositif national de lutte contre le blanchiment de capitaux et le financement du terrorisme, notamment le nombre de déclarations de transactions suspectes présentées à la CRF, les suites données à ces déclarations et, sur une base annuelle, le nombre d'affaires instruites, le nombre de personnes poursuivies et de personnes condamnées pour blanchiment de capitaux ou financement du terrorisme, les types d'infractions sous-jacentes, lorsque ces informations sont disponibles, ainsi que la valeur en euros des biens gelés, saisis ou confisqués ;

c) s'il en existe, des données permettant de déterminer le nombre et le pourcentage de déclarations donnant lieu à une enquête complémentaire, ainsi que le rapport annuel adressé aux entités assujetties pour leur fournir des précisions sur l'utilité et le suivi de leurs déclarations ;

d) des données concernant le nombre de demandes d'informations transfrontalières qui ont été formulées, reçues, rejetées et auxquelles une réponse partielle ou complète a été donnée par la CRF, ventilées par pays partenaire ;

e) les ressources humaines allouées aux autorités compétentes chargées de la surveillance dans le domaine de la lutte contre le blanchiment des capitaux et le financement du terrorisme, ainsi que les ressources humaines allouées à la CRF afin qu'elle puisse remplir les tâches précisées à l'article 32 ;

f) le nombre de mesures de surveillance sur site et hors site, le nombre d'infractions constatées sur la base des mesures de surveillance et de sanctions ou de mesures administratives appliquées par les autorités de surveillance.

3. Les États membres veillent à ce qu'un état consolidé de leurs statistiques soit publié sur une base annuelle.

4. Chaque année, les États membres transmettent à la Commission les statistiques visées au paragraphe 2. La Commission publie un rapport annuel qui synthétise et explique les statistiques visées au paragraphe 2, et le met à disposition sur son site internet.

CHAPITRE VI *POLITIQUES, PROCÉDURES ET SURVEILLANCE*

SECTION 1 *Procédures internes, formation et retour d'information*

Art. 45 1. Les États membres exigent des entités assujetties qui font partie d'un groupe qu'elles mettent en œuvre des politiques et des procédures à l'échelle du groupe, notamment des politiques de protection des données ainsi que des politiques et des procédures relatives au partage des informations au sein du groupe aux fins de la lutte contre le blanchiment de capitaux et le financement du terrorisme. Ces politiques et procédures sont mises en œuvre efficacement au niveau des succursales et des filiales détenues majoritairement, établies dans les États membres et dans des pays tiers.

2. Les États membres exigent des entités assujetties qui exploitent des établissements dans un autre État membre qu'elles veillent à ce que ces établissements respectent les dispositions nationales de cet autre État membre transposant la présente directive.

3. Chaque État membre veille à ce que, lorsqu'une entité assujettie a des succursales ou des filiales détenues majoritairement situées dans des pays tiers dans lesquels les obligations minimales en matière de lutte contre le blanchiment de capitaux et le financement du terrorisme sont moins strictes que sur son territoire, ses succursales et filiales détenues majoritairement situées dans le pays tiers appliquent les obligations de l'État membre, y compris en matière de protection des données, dans la mesure où le droit du pays tiers en question le permet.

(Dir. (UE) 2018/843 du 30 mai 2018, art. 1er) « 4. Les États membres et les AES s'informent mutuellement des cas dans lesquels le droit d'un pays tiers ne permet pas de mettre en œuvre les politiques et procédures requises en application du paragraphe 1. Dans ces cas, des actions coordonnées peuvent être engagées pour rechercher une solution. Au moment de déterminer quels pays tiers ne permettent pas la mise en œuvre des politiques et procédures requises en application du paragraphe 1, les États membres et les AES tiennent compte de toutes les contraintes juridiques susceptibles de faire obstacle à une bonne mise en œuvre de ces politiques et procédures, y compris en matière de secret, de protection des données et d'autres contraintes limitant l'échange d'informations qui peuvent être utiles à cette fin. »

5. Les États membres exigent que, si le droit d'un pays tiers ne permet pas de mettre en œuvre les politiques et procédures requises en application du paragraphe 1, les entités assujetties veillent à ce que les succursales et les filiales détenues majoritairement dans ce pays tiers appliquent des mesures supplémentaires pour traiter efficacement le risque de blanchiment de capitaux ou de financement du terrorisme, et en informent les autorités compétentes de leur État membre d'origine. Si ces mesures supplémentaires sont insuffisantes, les autorités compétentes de l'État membre d'origine mettent en œuvre des mesures de surveillance supplémentaires, notamment en exigeant que le groupe n'établisse pas de relations d'affaires ou qu'il y mette fin et qu'il n'effectue pas de transactions et, si nécessaire, en lui demandant de cesser ses activités dans le pays tiers concerné.

6. Les AES élaborent des projets de normes techniques de réglementation pour préciser le type de mesures supplémentaires visées au paragraphe 5 et les actions que doivent au minimum engager les établissements de crédit et les établissements financiers, lorsque le droit du pays tiers ne permet pas de mettre en œuvre les mesures requises en application des paragraphes 1 et 3.

Les AES soumettent les projets de normes techniques de réglementation visés au premier alinéa à la Commission au plus tard le 26 décembre 2016.

7. Le pouvoir d'adopter les normes techniques de réglementation visées au paragraphe 6 du présent article est conféré à la Commission conformément aux articles 10 à 14 des règlements (UE) n° 1093/2010, (UE) n° 1094/2010 et (UE) n° 1095/2010.

8. Les États membres font en sorte que le partage d'informations au sein du groupe soit autorisé. Les informations concernant des soupçons selon lesquels des fonds proviennent d'une activité criminelle ou sont liés au financement du terrorisme qui ont été transmises à la CRF sont partagées au sein du groupe, sauf instruction contraire émanant de la CRF.

9. Les États membres peuvent exiger que les émetteurs de monnaie électronique au sens de l'article 2, point 3), de la directive 2009/110/CE et les prestataires de services de paiement au sens de l'article *(Dir. UE 2015/2366 du 25 nov. 2015, art. 114, en vigueur le 13 janv. 2018)* « 4, point 11), de la directive (UE) 2015/2366 » qui sont établis sur leur territoire sous une forme autre que celle de la succursale et dont le siège social est situé dans un autre État membre nomment un point de contact central sur leur territoire afin de veiller, au nom de l'établissement qui l'a nommé, au respect des règles en matière de lutte contre le blanchiment de capitaux et le financement du terrorisme, et de faciliter la surveillance de la part des autorités compétentes,

notamment en fournissant à celles-ci, à leur demande, des documents et des informations.

10. Les AES élaborent des projets de normes techniques de réglementation concernant les critères servant à déterminer les circonstances dans lesquelles il convient, en application du paragraphe 9, de nommer un point de contact central et quelles devraient être les fonctions de ce dernier.

Les AES soumettent les projets de normes techniques de réglementation visées au premier alinéa à la Commission au plus tard le 26 juin 2017.

11. Le pouvoir d'adopter les normes techniques de réglementation visées au paragraphe 10 du présent article est conféré à la Commission conformément aux articles 10 à 14 des règlements (UE) n° 1093/2010, (UE) n° 1094/2010 et (UE) n° 1095/2010. – *V. Règl. délégué (UE) 2018/1108 du 7 mai 2018 (JOUE L 203 du 10 août 2018).*

COMMENTAIRE

La directive affermit les règles applicables aux filiales et aux succursales des établissements de crédit et financiers. Les groupes de sociétés doivent mettre en œuvre des politiques et des procédures, notamment de protection des données personnelles et de partage des informations au sein du groupe dans l'ensemble de leurs filiales et de leurs succursales établies dans des États membres ou dans des pays tiers (art. 46). Les entités assujetties qui font partie d'un groupe sont soumises au respect des normes LBC/FT de l'État membre d'installation transposant la directive.

Les filiales et les succursales installées dans des pays tiers à l'Union européenne dans lesquels les obligations minimales en matière de LBC/FT sont moins strictes doivent y appliquer la législation de la société mère du groupe implantée dans un État membre. Il faut cependant que cette législation soit compatible avec le droit de l'État tiers d'implantation de cette filiale. A défaut, les entités doivent appliquer des mesures supplémentaires de surveillance et de traitement du risque de blanchiment pour toutes les opérations réalisées dans cet État. Si ces mesures sont insuffisantes, l'État membre d'origine peut exiger que le groupe ne réalise pas de transactions, voire cesse toute activité dans le pays tiers concerné (art. 45, § 1 et 5).

Les mesures de vigilance renforcée s'imposant à l'égard des pays tiers à haut risque sont écartées si les succursales ou les filiales d'entités assujetties établies dans l'UE respectent intégralement les politiques et procédures en vigueur à l'échelle du groupe (art. 18, § 2, visant l'application de l'art. 45). De même, dans le cadre de l'exécution par des tiers des obligations de vigilance de l'assujetti sur le fondement d'un contrat ou d'une procédure de tierce introduction, l'interdiction de recourir à des tiers établis dans des pays tiers à haut risque est écartée lorsque ce tiers est une filiale ou une succursale respectant intégralement les politiques et les procédures à l'échelle du groupe (art. 26, § 2, visant l'application de l'art. 45).

Les États membres doivent autoriser le partage d'informations au sein du groupe concernant les déclarations de soupçon de blanchiment transmises à la cellule de renseignement financier, et ce sauf opposition de la CRF.

La désignation d'un point de contact central par les émetteurs de monnaie électronique et les prestataires de services de paiement peut être imposée par l'État membre sur le territoire duquel il est implanté sous une autre forme qu'une filiale ou qu'une succursale et dont le siège se trouve dans un autre État membre (art. 45, § 9). Le point de contact est chargé de veiller au respect des règles en matière de LBC/FT et de fournir les informations utiles aux autorités compétentes.

Art. 46 **1. Les États membres exigent des entités assujetties qu'elles prennent des mesures proportionnées à leurs risques, à leur nature et à leur taille, afin que leurs employés aient connaissance des dispositions adoptées en application de la présente directive, y compris des exigences applicables en matière de protection des données.**

Ces mesures comprennent la participation de leurs employés à des programmes spéciaux de formation continue visant à les aider à reconnaître les opérations susceptibles d'être liées au blanchiment de capitaux ou au financement du terrorisme et à les instruire sur la manière de procéder en pareil cas.

Lorsqu'une personne physique relevant de l'une des catégories énumérées à l'article 2, paragraphe 1, point 3), exerce son activité professionnelle en tant qu'em-

ployé d'une personne morale, les obligations prévues dans la présente section s'appliquent à cette personne morale et non à la personne physique.

2. Les États membres veillent à ce que les entités assujetties aient accès à des informations à jour sur les pratiques des criminels qui blanchissent des capitaux et ceux qui financent le terrorisme et sur les indices qui permettent d'identifier les transactions suspectes.

3. Les États membres veillent à ce que, si possible, un retour d'information sur l'efficacité des déclarations de soupçons de blanchiment de capitaux ou de financement du terrorisme et sur les suites données à celles-ci soit fourni en temps utile aux entités assujetties.

4. Les États membres exigent que, le cas échéant, les entités assujetties désignent le membre du conseil d'administration qui est responsable de la mise en œuvre des dispositions législatives, règlementaires et administratives nécessaires pour se conformer à la présente directive.

SECTION 2 *Surveillance*

Art. 47 *(Dir. (UE) 2018/843 du 30 mai 2018, art. 1er)* « 1. Les États membres veillent à ce que les prestataires de services d'échange entre monnaies virtuelles et monnaies légales et les prestataires de services de portefeuilles de conservation soient immatriculés, que les bureaux de change et d'encaissement de chèques et les prestataires de services aux sociétés ou fiducies/trusts soient agréés ou immatriculés, et que les prestataires de services de jeux d'argent et de hasard soient réglementés. »

2. Les États membres exigent des autorités compétentes qu'elles veillent à la compétence et à l'honorabilité des personnes qui exercent une fonction de direction au sein des entités visées au paragraphe 1 ou qui en sont les bénéficiaires effectifs.

3. En ce qui concerne les entités assujetties visées à l'article 2, paragraphe 1, point 3) a), b) et d), les États membres veillent à ce que les autorités compétentes prennent les mesures nécessaires pour empêcher que des criminels condamnés dans des secteurs pertinents ou leurs complices exercent une fonction de direction dans lesdites entités assujetties ou en soient les bénéficiaires effectifs.

Art. 48 1. Les États membres exigent des autorités compétentes qu'elles assurent un suivi effectif du respect de la présente directive et qu'elles prennent les mesures nécessaires à cet effet.

(Dir. (UE) 2018/843 du 30 mai 2018, art. 1er) « 1 *bis*. Afin de faciliter et de promouvoir une coopération efficace, et notamment l'échange d'informations, les États membres communiquent à la Commission la liste des autorités compétentes des entités assujetties énumérées à l'article 2, paragraphe 1, y compris les coordonnées de celles-ci. Les États membres veillent à ce que les informations fournies à la Commission soient mises à jour.

« La Commission publie sur son site internet un registre de ces autorités ainsi que leurs coordonnées. Les autorités qui figurent dans le registre servent de points de contact, dans la limite de leurs pouvoirs, pour les autorités compétentes homologues des autres États membres. Les autorités de surveillance financière des États membres servent également de points de contact pour les AES.

« Afin d'assurer l'application adéquate de la présente directive, les États membres exigent que toutes les entités assujetties soient soumises à une surveillance appropriée, comprenant le pouvoir d'exercer une surveillance sur site et hors site, et prennent des mesures administratives appropriées et proportionnées pour remédier à la situation en cas d'infraction.

« 2. Les États membres veillent à ce que les autorités compétentes disposent des pouvoirs appropriés, dont le pouvoir d'exiger la production de toute information pertinente pour contrôler le respect des obligations et le pouvoir d'effectuer des vérifications, ainsi que des ressources financières, humaines et techniques nécessaires à l'accomplissement de leurs fonctions. Les États membres s'assurent que le personnel de ces autorités est d'une grande intégrité et doté de compétences appropriées, et qu'il respecte des exigences professionnelles élevées, notamment en matière de confidentialité, de protection des données et de règlement des conflits d'intérêts. »

3. Les autorités compétentes disposent de pouvoirs renforcés en matière de surveillance en ce qui concerne les établissements de crédit, les établissements financiers et les prestataires de services de jeux d'argent et de hasard.

(Dir. (UE) 2018/843 du 30 mai 2018, art. 1er) « 4. Les États membres veillent à ce que les autorités compétentes de l'État membre dans lequel l'entité assujettie exploite des établissements surveillent le respect, par ces derniers, des dispositions nationales de cet État membre transposant la présente directive.

« Dans le cas d'établissements de crédit et d'établissements financiers qui font partie d'un groupe, les États membres veillent à ce que, aux fins prévues au premier alinéa, les autorités compétentes de l'État membre dans lequel la société mère est établie coopèrent avec les autorités compétentes de l'État membre dans lequel sont établis les établissements qui font partie du groupe.

« Dans le cas des établissements visés à l'article 45, paragraphe 9, la surveillance visée au premier alinéa du présent paragraphe peut comprendre l'adoption de mesures appropriées et proportionnées afin de remédier à des manquements graves nécessitant une intervention immédiate. Ces mesures sont temporaires et prennent fin lorsqu'il a été remédié aux manquements constatés, y compris avec l'assistance des autorités compétentes de l'État membre d'origine de l'entité assujettie ou en collaboration avec celles-ci, conformément à l'article 45, paragraphe 2. »

5. Les États membres veillent à ce que les autorités compétentes de l'État membre dans lequel l'entité assujettie exploite des établissements coopèrent avec les autorités compétentes de l'État membre dans lequel se trouve le siège social de l'entité assujettie, afin d'assurer une surveillance efficace du respect des exigences de la présente directive.

(Dir. (UE) 2018/843 du 30 mai 2018, art. 1er) « Dans le cas d'établissements de crédit et d'établissements financiers qui font partie d'un groupe, les États membres veillent à ce que les autorités compétentes de l'État membre dans lequel la société mère est établie surveillent la mise en œuvre effective des politiques et procédures à l'échelle du groupe visées à l'article 45, paragraphe 1. A cette fin, les États membres veillent à ce que les autorités compétentes de l'État membre dans lequel sont établis les établissements de crédit et les établissements financiers qui font partie du groupe coopèrent avec les autorités compétentes de l'État membre dans lequel la société mère est établie. »

6. Les États membres veillent à ce que, lorsqu'elles mettent en œuvre une approche de la surveillance fondée sur les risques, les autorités compétentes :

a) aient une bonne compréhension des risques de blanchiment de capitaux et de financement du terrorisme existant dans leur État membre ;

b) aient accès sur site et hors site à toutes les informations pertinentes relatives aux risques nationaux et internationaux spécifiquement liés aux clients, aux produits et aux services des entités assujetties ; et

c) fondent la fréquence et l'intensité de la surveillance sur site et hors site sur le profil de risque des entités assujetties et les risques de blanchiment de capitaux et de financement du terrorisme existant dans cet État membre.

7. L'évaluation du profil des entités assujetties en termes de risques de blanchiment de capitaux et de financement du terrorisme, y compris les risques de non-respect, est réexaminée à la fois de façon périodique et lorsqu'interviennent des évènements ou des changements majeurs dans leur gestion et leurs activités.

8. Les États membres veillent à ce que les autorités compétentes prennent en compte la marge d'appréciation laissée à l'entité assujettie, et examinent de manière appropriée les évaluations de risques sous-tendant ce pouvoir d'appréciation, ainsi que l'adéquation et la mise en œuvre de ses politiques, contrôles et procédures internes.

9. S'agissant des entités assujetties visées à l'article 2, paragraphe 1, point 3) a), b) et d), les États membres peuvent permettre que les fonctions visées au paragraphe 1 du présent article soient exercées par des organismes d'autorégulation, pourvu que ces derniers se conforment au paragraphe 2 du présent article.

10. Au plus tard le 26 juin 2017, les AES émettent à l'intention des autorités compétentes, conformément à l'article 16 des règlements (UE) n° 1093/2010, (UE) n° 1094/2010 et (UE) n° 1095/2010, des orientations concernant les caractéris-

tiques d'une approche de la surveillance fondée sur les risques et la marche à suivre lors d'une surveillance fondée sur les risques. La nature et la taille des activités sont spécifiquement prises en compte et, lorsque cela est approprié et proportionné, des mesures spécifiques sont prévues.

SECTION 3 *Coopération*

SOUS-SECTION 1 *Coopération nationale*

COMMENTAIRE

L'amélioration de la circulation des informations financières et la levée des obstacles juridiques à l'échange d'informations entre les cellules de renseignements financiers (CRF) constituent un enjeu majeur. Dans le cadre de leurs missions, les CRF doivent être en mesure d'obtenir des informations auprès de toute entité assujettie, et ce même sans déclaration de soupçon préalable. De même, une CRF doit avoir la capacité d'obtenir des informations à la suite d'une demande émanant d'une autre CRF de l'Union et d'échanger ces informations avec la CRF à l'origine de la demande. Par ailleurs, une CRF doit donner son accord préalable à une autre CRF pour la transmission des informations aux autorités compétentes, quel que soit le type d'infraction sous-jacente associée à l'infraction de blanchiment (et notamment les infractions de fraude fiscale), afin que la dissémination des informations opère efficacement (art. 49 et 51 à 57).

Les CRF ont fait état de difficultés à échanger des informations en raison de différences dans les définitions nationales de certaines infractions sous-jacentes dont le blanchiment procède, telles que les délits fiscaux, dont les définitions ne sont pas harmonisées dans le droit de l'Union. Ces différences ne doivent pas entraver l'échange mutuel, la dissémination auprès des autorités compétentes et l'utilisation de ces informations au titre de la directive. La coopération internationale la plus étendue possible avec les CRF des pays tiers, conformément aux recommandations du GAFI et aux principes Egmont d'échange d'informations entre les cellules de renseignement financier, s'impose donc au titre de la directive.

Le texte encadre par ailleurs les échanges d'informations recueillies en matière de LBC/FT et d'informations prudentielles. Un cadre juridique doit être fixé pour assurer les échanges d'information à caractère financier et à caractère prudentiel relatives aux établissements de crédit et aux établissements financiers (données relatives à l'honorabilité des directeurs et des actionnaires, aux mécanismes de contrôle interne, à la gouvernance ou à la conformité et à la gestion des risques) entre les CRF et les autorités de régulation. Il est d'autant plus indispensable lorsqu'elles n'interviennent pas en matière de LBC/FT comme la Banque centrale européenne. Les États membres doivent renforcer les autorités dédiées à la LBC/FT et le rôle des autres autorités concernées, notamment des autorités anticorruption et des autorités fiscales. Ils doivent également faciliter les échanges entre les autorités opérationnelles en matière de LBC/FT et les autorités de régulation. ❑

Art. 49 *(Dir. (UE) 2018/843 du 30 mai 2018, art. 1er)* **Les États membres veillent à ce que les instances responsables, les CRF, les autorités de surveillance et les autres autorités compétentes participant à la lutte contre le blanchiment de capitaux et le financement du terrorisme, ainsi que les autorités fiscales et les autorités répressives agissant dans le cadre de la présente directive, disposent de mécanismes efficaces leur permettant de coopérer et de se coordonner à l'échelle nationale en ce qui concerne la définition et la mise en œuvre de politiques et d'activités visant à lutter contre le blanchiment de capitaux et le financement du terrorisme, notamment en vue de s'acquitter des obligations qui leur incombent au titre de l'article 7.**

SOUS-SECTION 2 *Coopération avec les AES*

Art. 50 Les autorités compétentes fournissent aux AES toutes les informations nécessaires pour leur permettre d'accomplir leur mission au titre de la présente directive.

SOUS-SECTION 2 *BIS* *Coopération entre les autorités compétentes des États membres*

(Dir. (UE) 2018/843 du 30 mai 2018, art. 1er)

Art. 50 *bis* Les États membres s'abstiennent d'interdire ou de soumettre à des conditions déraisonnables ou excessivement restrictives l'échange d'informations ou l'assis-

tance entre autorités compétentes aux fins de la présente directive. En particulier, les États membres veillent à ce que les autorités compétentes ne rejettent aucune demande d'assistance pour les motifs suivants :

a) la demande est également considérée comme portant sur des questions fiscales ;

b) le droit national impose aux entités assujetties le respect du secret ou de la confidentialité, sauf dans les cas où les informations pertinentes faisant l'objet de la demande sont protégées par la confidentialité ou lorsque le secret professionnel s'applique, ainsi qu'il est décrit à l'article 34, paragraphe 2 ;

c) une enquête ou une procédure est en cours dans l'État membre requis, à moins que l'assistance ne soit susceptible d'entraver cette enquête ou procédure ;

d) l'autorité compétente requérante homologue est de nature différente ou a un statut différent de celui de l'autorité compétente requise.

SOUS-SECTION 3 *Coopération entre les CRF et avec la Commission*

Art. 51 La Commission peut apporter tout le soutien nécessaire pour faciliter la coordination, y compris l'échange d'informations entre les CRF au sein de l'Union. Elle peut convoquer régulièrement des réunions de la plate-forme des CRF de l'Union européenne, composée de représentants des CRF des États membres, afin de faciliter la coopération entre les CRF, de procéder à des échanges de vues et de fournir des conseils sur des questions de mise en œuvre pertinentes pour les CRF et les entités déclarantes et sur les questions relatives à la coopération, telles qu'une coopération efficace entre les CRF, l'identification de transactions suspectes présentant une dimension transfrontalière, la normalisation des formats de déclaration par l'intermédiaire du FIU.net ou de son successeur, l'analyse conjointe de cas transfrontaliers et l'identification des tendances et des facteurs pertinents pour évaluer les risques de blanchiment de capitaux et de financement du terrorisme, tant au niveau national qu'à l'échelle supranationale.

Art. 52 Les États membres veillent à ce que les CRF coopèrent dans la plus grande mesure possible, quel que soit leur statut.

Art. 53 *(Dir. (UE) 2018/843 du 30 mai 2018, art. 1er)* « 1. Les États membres veillent à ce que les CRF échangent, spontanément ou sur demande, toute information susceptible d'être pertinente pour le traitement ou l'analyse d'informations effectués par la CRF concernant le blanchiment de capitaux ou le financement du terrorisme et la personne physique ou morale impliquée, quel que soit le type d'infraction sous-jacente associée et même si le type d'infraction sous-jacente associée n'est pas identifié au moment où l'échange se produit. »

2. Les États membres veillent à ce que la CRF qui est saisie, par une autre CRF, d'une demande d'informations visée au paragraphe 1 soit tenue d'utiliser, lorsqu'elle répond à la demande, tous les pouvoirs dont elle dispose et auxquels elle aurait habituellement recours à l'échelle nationale pour recevoir et analyser des informations. La CRF à laquelle la demande est présentée répond en temps utile.

Lorsqu'une CRF cherche à obtenir des informations complémentaires auprès d'une entité assujettie établie dans un autre État membre qui opère sur son territoire, la demande est adressée à la CRF de l'État membre sur le territoire duquel est établie l'entité assujettie. *(Dir. (UE) 2018/843 du 30 mai 2018, art. 1er)* « Cette CRF obtient les informations conformément à l'article 33, paragraphe 1, et transmet les réponses rapidement. »

3. Une CRF ne peut refuser d'échanger des informations qu'à titre exceptionnel, lorsque l'échange pourrait être contraire à des principes fondamentaux de son droit national. Ces exceptions sont précisées de manière à prévenir tout usage abusif ou toute restriction indue du libre échange d'informations à des fins d'analyse.

Art. 54 Les informations et les documents reçus en vertu des articles 52 et 53 sont utilisés pour l'accomplissement des tâches de la CRF telles qu'elles sont définies dans la présente directive. Lors d'échanges d'informations et de documents en vertu des articles 52 et 53, la CRF qui les transmet peut imposer des restrictions et des conditions quant à l'utilisation de ces informations. La CRF destinataire se conforme à ces restrictions et conditions.

(Dir. (UE) 2018/843 du 30 mai 2018, art. 1er) « Les États membres veillent à ce que les CRF désignent au moins une personne ou un point de contact chargé de recevoir les demandes d'informations des CRF d'autres États membres. »

Art. 55 1. Les États membres veillent à ce que les informations échangées en vertu des articles 52 et 53 soient utilisées uniquement aux fins pour lesquelles elles ont été demandées ou fournies et à ce que toute dissémination de ces informations par la CRF destinataire à toute autre autorité, agence ou département, ou toute utilisation de ces informations à des fins allant au-delà de celles initialement approuvées, soit subordonnée à l'autorisation préalable de la CRF ayant fourni ces informations.

(Dir. (UE) 2018/843 du 30 mai 2018, art. 1er) « 2. Les États membres veillent à ce que la CRF requise donne rapidement et dans la plus large mesure possible son accord préalable à la dissémination des informations aux autorités compétentes, quel que soit le type d'infraction sous-jacente associée. La CRF requise ne refuse pas de donner son accord à cette dissémination, sauf si cela n'entre pas dans le champ d'application de ses dispositions en matière de lutte contre le blanchiment de capitaux et le financement du terrorisme ou est susceptible d'entraver une enquête ou est autrement contraire aux principes fondamentaux du droit national dudit État membre. A cet égard, tout refus de donner son accord est expliqué de manière appropriée. Ces exceptions sont précisées de manière à prévenir tout abus ou toute restriction indue de la dissémination d'informations aux autorités compétentes. »

Art. 56 1. Les États membres exigent de leurs CRF qu'elles recourent à des canaux de communication protégés entre elles et les encouragent à utiliser le FIU.net ou son successeur.

2. Les États membres veillent à ce qu'afin de s'acquitter de leurs tâches telles qu'elles sont définies dans la présente directive, leurs CRF coopèrent dans le cadre de l'application de technologies de pointe, conformément à leur droit national. Ces technologies permettent à chaque CRF de comparer ses données à celles d'autres CRF de façon anonyme, en assurant pleinement la protection des données à caractère personnel, dans le but de détecter, dans d'autres États membres, des personnes qui l'intéressent et d'identifier leurs produits et leurs fonds.

Art. 57 *(Dir. (UE) 2018/843 du 30 mai 2018, art. 1er)* Les différences existant entre les droits nationaux en ce qui concerne la définition des infractions sous-jacentes telles qu'elles sont visées à l'article 3, point 4), n'entravent pas la capacité des CRF d'apporter leur aide à une autre CRF et ne restreignent pas l'échange, la dissémination et l'utilisation des informations conformément aux articles 53, 54 et 55.

SOUS-SECTION 3 *BIS* *Coopération entre les autorités compétentes chargées de la surveillance des établissements de crédit et des établissements financiers et les autres autorités tenues au secret professionnel*

(Dir. (UE) 2018/843 du 30 mai 2018, art. 1er)

Art. 57 *bis* 1. Les États membres exigent que toutes les personnes travaillant ou ayant travaillé pour des autorités compétentes chargées de la surveillance des établissements de crédit et des établissements financiers aux fins de la présente directive, ainsi que les réviseurs ou les experts mandatés par lesdites autorités compétentes, soient tenus au secret professionnel.

Sans préjudice des cas relevant du droit pénal, les informations confidentielles que les personnes visées au premier alinéa reçoivent dans l'exercice de leurs fonctions en application de la présente directive ne peuvent être divulguées que sous une forme résumée ou agrégée, de façon que les différents établissements de crédit et établissements financiers ne puissent pas être identifiés.

2. Le paragraphe 1 ne fait pas obstacle à l'échange d'informations entre :

a) les autorités compétentes chargées de la surveillance des établissements de crédit et des établissements financiers au sein d'un État membre conformément à la présente directive ou à d'autres actes législatifs relatifs à la surveillance des établissements de crédit et des établissements financiers ;

b) les autorités compétentes chargées de la surveillance des établissements de crédit et des établissements financiers dans différents États membres conformément à la présente directive ou à d'autres actes législatifs relatifs à la surveillance des établissements de crédit et des établissements financiers, notamment la Banque centrale européenne (BCE) agissant conformément au règlement (UE) n° 1024/2013 du Conseil *[du 15 oct. 2013 confiant à la BCE des missions spécifiques ayant trait aux politiques en matière de surveillance prudentielle des établissements de crédit]*. Ces échanges d'informations sont soumis aux conditions relatives au secret professionnel mentionnées au paragraphe 1.

Au plus tard le 10 janvier 2019, les autorités compétentes chargées de la surveillance des établissements de crédit et des établissements financiers conformément à la présente directive et la BCE, agissant en vertu de l'article 27, paragraphe 2, du règlement (UE) n° 1024/2013 et de l'article 56, premier alinéa, point g), de la directive 2013/36/UE du Parlement européen et du Conseil *[du 26 juin 2013 concernant l'accès à l'activité des établissements de crédit et la surveillance prudentielle des établissements de crédit et des entreprises d'investissement]*, concluent un accord, avec le soutien des autorités européennes de surveillance, sur les modalités pratiques de l'échange d'informations.

3. Les autorités compétentes chargées de la surveillance des établissements de crédit et des établissements financiers qui sont destinataires d'informations confidentielles visées au paragraphe 1 ne peuvent utiliser ces informations que :

a) pour l'accomplissement des devoirs qui leur incombent en vertu de la présente directive ou d'autres actes législatifs dans le domaine de la lutte contre le blanchiment de capitaux et le financement du terrorisme, de la réglementation prudentielle et de la surveillance des établissements de crédit et des établissements financiers, notamment l'imposition de sanctions ;

b) dans le cadre d'un recours contre une décision de l'autorité compétente chargée de la surveillance des établissements de crédit et des établissements financiers, y compris de procédures juridictionnelles ;

c) dans le cadre de procédures juridictionnelles engagées en vertu de dispositions spéciales prévues par le droit de l'Union dans le domaine de la présente directive ou dans celui de la réglementation prudentielle et de la surveillance des établissements de crédit et des établissements financiers.

4. Les États membres veillent à ce que les autorités compétentes chargées de la surveillance des établissements de crédit et des établissements financiers coopèrent aux fins de la présente directive dans la plus large mesure possible, indépendamment de leur nature ou de leur statut respectifs. Cette coopération inclut également la possibilité d'effectuer, dans les limites des pouvoirs de l'autorité compétente requise, des enquêtes pour le compte d'une autorité compétente requérante, et l'échange ultérieur des informations obtenues au cours de ces enquêtes.

5. Les États membres peuvent autoriser leurs autorités compétentes nationales chargées de la surveillance des établissements de crédit et des établissements financiers à conclure des accords de coopération prévoyant une collaboration et des échanges d'informations confidentielles avec les autorités compétentes de pays tiers qui sont les homologues desdites autorités nationales compétentes. Ces accords de coopération sont conclus sous réserve de réciprocité et uniquement si les informations communiquées sont soumises à des exigences de secret professionnel qui offrent une garantie au moins équivalente à celle visée au paragraphe 1. Les informations confidentielles échangées en vertu de ces accords de coopération sont destinées à l'accomplissement des tâches de surveillance desdites autorités.

Lorsqu'elles proviennent d'un autre État membre, les informations échangées ne sont divulguées qu'avec le consentement exprès de l'autorité compétente qui les a partagées et, le cas échéant, exclusivement aux fins pour lesquelles cette autorité a donné son consentement.

Art. 57 *ter* 1. Nonobstant l'article 57 *bis*, paragraphes 1 et 3, et sans préjudice de l'article 34, paragraphe 2, les États membres peuvent autoriser l'échange d'informations entre autorités compétentes du même État membre ou d'États membres diffé rents, entre les autorités compétentes et les autorités chargées de la surveillance d'entités du secteur financier et des personnes physiques ou morales agissant dans l'exercice de leur activité professionnelle visées à l'article 2, paragraphe 1, point 3), et les autorités responsables de par la loi de la surveillance des marchés financiers dans l'exercice de leurs missions de surveillance respectives.

Dans tous les cas, les informations reçues sont soumises à des exigences de secret professionnel au moins équivalentes à celles visées à l'article 57 *bis*, paragraphe 1.

2. Nonobstant l'article 57 *bis*, paragraphes 1 et 3, les États membres peuvent autoriser, en vertu de dispositions de droit national, la divulgation de certaines informations à d'autres autorités nationales responsables de par la loi de la surveillance des marchés financiers ou chargées de certaines responsabilités dans le domaine de la lutte contre le blanchiment de capitaux ou des enquêtes en la matière, les infractions sous-jacentes associées et le financement du terrorisme.

Toutefois, les informations confidentielles échangées en vertu du présent paragraphe sont destinées uniquement à l'accomplissement des missions légales des autorités concernées. Les personnes ayant accès à ces informations sont tenues à des exigences de secret professionnel au moins équivalentes à celles visées à l'article 57 *bis*, paragraphe 1.

3. Les États membres peuvent autoriser la divulgation de certaines informations concernant la surveillance d'établissements de crédit aux fins du respect de la présente directive, à des commissions d'enquête parlementaires, à des Cours des comptes et à d'autres entités chargées d'enquêtes dans leur État membre, aux conditions suivantes :

a) les entités ont un mandat précis en droit national d'enquête ou de contrôle, portant sur l'activité des autorités chargées de la surveillance de ces établissements de crédit ou ayant une responsabilité quant à la législation relative à cette surveillance ;

b) les informations sont limitées à ce qui est strictement nécessaire à l'exercice du mandat visé au point a) ;

c) les personnes ayant accès aux informations sont soumises, en vertu du droit national, à des exigences de secret professionnel au moins équivalentes à celles visées à l'article 57 *bis*, paragraphe 1 ;

d) lorsqu'elles proviennent d'un autre État membre, les informations ne sont pas divulguées sans le consentement exprès des autorités compétentes qui les ont communiquées et exclusivement aux fins pour lesquelles ces autorités ont donné leur consentement.

SECTION 4 *Sanctions*

Art. 58 1. Les États membres veillent à ce que les entités assujetties puissent être tenues responsables en cas d'infraction aux dispositions nationales transposant la présente directive, conformément au présent article et aux articles 59 à 61. Toute sanction ou mesure qui en découle est effective, proportionnée et dissuasive.

2. Sans préjudice du droit des États membres de prévoir et d'imposer des sanctions pénales, les États membres établissent des règles relatives aux sanctions et aux mesures administratives et veillent à ce que leurs autorités compétentes puissent imposer ces sanctions et mesures à l'égard des infractions aux dispositions nationales transposant la présente directive, et ils s'assurent qu'elles sont appliquées.

Les États membres peuvent décider de ne pas fixer de régime de sanctions ou de mesures administratives pour les infractions qui font l'objet de sanctions pénales dans leur droit national. Dans ce cas, les États membres communiquent à la Commission les dispositions pertinentes de leur droit pénal.

(Dir. (UE) 2018/843 du 30 mai 2018, art. 1er) « Les États membres veillent, en outre, à ce que, lorsque leurs autorités compétentes identifient des infractions qui sont passibles de sanctions pénales, elles en informent les autorités répressives en temps utile. »

3. Lorsque des obligations s'appliquent à des personnes morales, les États membres font en sorte qu'en cas d'infraction aux dispositions nationales transposant la présente directive, des sanctions et des mesures puissent être imposées aux membres

des organes de direction et aux autres personnes physiques qui sont responsables, au titre du droit national, de l'infraction.

4. Les États membres veillent à ce que les autorités compétentes soient dotées de tous les pouvoirs de surveillance et d'enquête nécessaires à l'exercice de leurs fonctions.

5. Les autorités compétentes exercent leur pouvoir d'imposer des sanctions et des mesures administratives conformément à la présente directive, et au droit national, selon les modalités suivantes :

a) directement ;

b) en coopération avec d'autres autorités ;

c) sous leur responsabilité, par délégation à ces autres autorités ;

d) en adressant une demande aux autorités judiciaires compétentes.

Lorsqu'elles exercent leur pouvoir d'imposer des sanctions et des mesures administratives, les autorités compétentes coopèrent étroitement entre elles afin que les sanctions ou mesures administratives produisent les résultats escomptés et elles coordonnent leur action dans le cas d'affaires transfrontalières.

Art. 59 1. Les États membres veillent à ce que le présent article s'applique au moins aux infractions graves, répétées, systématiques, ou qui présentent une combinaison de ces caractéristiques, commises par des entités assujetties, aux exigences prévues aux :

a) articles 10 à 24 (obligations de vigilance à l'égard de la clientèle) ;

b) articles 33, 34 et 35 (déclaration de transactions suspectes) ;

c) article 40 (conservation des documents et pièces) ; et

d) articles 45 et 46 (contrôles internes).

2. Les États membres veillent à ce que, dans les cas visés au paragraphe 1, les sanctions et mesures administratives qui peuvent être appliquées comprennent au moins :

a) une déclaration publique qui précise l'identité de la personne physique ou morale et la nature de l'infraction ;

b) une injonction ordonnant à la personne physique ou morale de mettre un terme au comportement en cause et lui interdisant de le réitérer ;

c) lorsqu'une entité assujettie est soumise à un agrément, le retrait ou la suspension de cet agrément ;

d) l'interdiction temporaire, pour toute personne exerçant des responsabilités dirigeantes au sein d'une entité assujettie ou toute autre personne physique tenue pour responsable de l'infraction, d'exercer des fonctions de direction dans des entités assujetties ;

e) des sanctions administratives pécuniaires maximales d'un montant au moins égal au double du montant de l'avantage tiré de l'infraction, lorsqu'il est possible de déterminer celui-ci, ou d'au moins 1 000 000 euros.

3. Les États membres veillent à ce que, par dérogation au paragraphe 2, point e), lorsque l'entité assujettie concernée est un établissement de crédit ou un établissement financier, les sanctions suivantes puissent également s'appliquer :

a) dans le cas d'une personne morale, des sanctions administratives pécuniaires maximales d'au moins 5 000 000 euros ou 10 % du chiffre d'affaires annuel total selon les derniers comptes disponibles approuvés par l'organe de direction ; lorsque l'entité assujettie est une entreprise mère ou une filiale d'une entreprise mère qui est tenue d'établir des comptes consolidés conformément à l'article 22 de la directive 2013/34/UE, le chiffre d'affaires total à prendre en considération est le chiffre d'affaires annuel total ou le type de revenus correspondant conformément aux directives comptables pertinentes, tel qu'il ressort des derniers comptes consolidés disponibles approuvés par l'organe de direction de l'entreprise mère ultime ;

b) dans le cas d'une personne physique, une sanction pécuniaire administrative d'un montant maximal d'au moins 5 000 000 euros ou, dans les États membres dont l'euro n'est pas la monnaie officielle, la valeur correspondante dans la monnaie nationale au 25 juin 2015.

4. Les États membres peuvent habiliter les autorités compétentes à imposer d'autres types de sanctions administratives outre celles visées au paragraphe 2, points a) à d),

ou à imposer des sanctions administratives pécuniaires dépassant les montants visés au paragraphe 2, point e), et au paragraphe 3.

Art. 60 1. Les États membres font en sorte qu'une décision n'ayant fait l'objet d'aucun recours et instituant une sanction ou une mesure administrative en raison d'une infraction aux dispositions nationales transposant la présente directive est publiée par les autorités compétentes sur leur site internet officiel immédiatement après que la personne sanctionnée a été informée de cette décision. Sont au moins mentionnés dans cette publication le type et la nature de l'infraction commise et l'identité de la personne responsable. Les États membres ne sont pas tenus d'appliquer le présent alinéa aux décisions imposant des mesures qui relèvent de l'instruction.

Lorsque la publication de l'identité des personnes responsables visées au premier alinéa ou des données à caractère personnel de ces personnes est jugée disproportionnée par les autorités compétentes après qu'elles ont évalué au cas par cas le caractère proportionné de cette publication, ou lorsque cette publication compromet la stabilité des marchés financiers ou une enquête en cours, les autorités compétentes :

a) retardent la publication de la décision d'imposer une sanction ou une mesure administrative jusqu'au moment où les raisons de ne pas la publier cessent d'exister ;

b) publient la décision d'imposer une sanction ou une mesure administrative sur la base de l'anonymat, en conformité avec le droit national, si cette publication anonyme garantit une protection effective des données à caractère personnel concernées ; s'il est décidé de publier une sanction ou une mesure administrative sur la base de l'anonymat, la publication des données concernées peut être reportée pendant un délai raisonnable si l'on prévoit qu'à l'issue de ce délai les raisons d'une publication anonyme auront cessé d'exister ;

c) ne publient pas la décision d'imposer une sanction ou une mesure administrative, lorsque les options envisagées aux points a) et b) sont jugées insuffisantes :

i) pour éviter que la stabilité des marchés financiers ne soit compromise ; ou

ii) pour garantir la proportionnalité de la publication de la décision, lorsque les mesures concernées sont jugées mineures.

2. Lorsque les États membres autorisent la publication de décisions qui font l'objet d'un recours, les autorités compétentes publient également, immédiatement, sur leur site internet officiel cette information ainsi que toute information ultérieure concernant l'issue de ce recours. En outre, toute décision qui annule une décision précédente imposant une sanction ou une mesure administrative est elle aussi publiée.

3. Les autorités compétentes veillent à ce que tout document publié conformément au présent article demeure sur leur site internet officiel pendant cinq ans après sa publication. Toutefois, les données à caractère personnel mentionnées dans le document publié ne sont conservées sur le site internet officiel de l'autorité compétente que pendant la durée nécessaire conformément aux règles applicables en matière de protection des données.

4. Les États membres veillent à ce que les autorités compétentes, lorsqu'elles déterminent le type de sanctions ou de mesures administratives et leur niveau, tiennent compte de toutes les circonstances pertinentes, et notamment, selon le cas :

a) de la gravité et de la durée de l'infraction ;

b) du degré de responsabilité de la personne physique ou morale tenue pour responsable ;

c) de la solidité financière de la personne physique ou morale tenue pour responsable, par exemple telle qu'elle ressort du chiffre d'affaires total de la personne morale tenue pour responsable ou des revenus annuels de la personne physique tenue pour responsable ;

d) de l'avantage tiré de l'infraction par la personne physique ou morale tenue pour responsable, dans la mesure où il est possible de le déterminer ;

e) des pertes subies par des tiers du fait de l'infraction, dans la mesure où il est possible de les déterminer ;

f) du degré de coopération de la personne physique ou morale tenue pour responsable avec l'autorité compétente ;

g) des infractions antérieures commises par la personne physique ou morale tenue pour responsable.

5. Les États membres veillent à ce que des personnes morales puissent être tenues pour responsables des infractions visées à l'article 59, paragraphe 1, commises pour leur compte par toute personne, agissant individuellement ou en qualité de membre d'un organe de ladite personne morale, et qui occupe une position dirigeante au sein de cette personne morale, sur l'une des bases suivantes :

a) le pouvoir de représenter la personne morale ;

b) l'autorité pour prendre des décisions au nom de la personne morale ; ou

c) l'autorité pour exercer un contrôle au sein de la personne morale.

6. Les États membres veillent également à ce qu'une personne morale puisse être tenue pour responsable lorsqu'un défaut de surveillance ou de contrôle de la part d'une personne visée au paragraphe 5 du présent article a rendu possible la réalisation d'infractions visées à l'article 59, paragraphe 1, au profit de la personne morale, par une personne soumise à son autorité.

Art. 61 *(Dir. (UE) 2018/843 du 30 mai 2018, art. 1er)* « 1. Les États membres veillent à ce que les autorités compétentes ainsi que, le cas échéant, les organismes d'autorégulation, mettent en place des mécanismes efficaces et fiables pour encourager le signalement aux autorités compétentes ainsi que, le cas échéant, aux organismes d'autorégulation, des infractions potentielles ou avérées aux dispositions nationales transposant la présente directive.

« A cet effet, ils mettent à disposition des personnes un ou plusieurs canaux de communication sécurisés aux fins du signalement visé au premier alinéa. Ces canaux garantissent que l'identité des personnes communiquant des informations n'est connue que des autorités compétentes ainsi que, le cas échéant, des organismes d'autorégulation. »

2. Les mécanismes visés au paragraphe 1 comprennent au moins :

a) des procédures spécifiques pour la réception des signalements d'infractions et leur suivi ;

b) une protection appropriée du personnel, ou des personnes se trouvant dans une situation comparable au sein d'une entité assujettie, qui signalent des infractions commises au sein de celle-ci ;

c) une protection appropriée de la personne accusée ;

d) la protection des données à caractère personnel, tant pour la personne qui signale une infraction que pour la personne physique présumée responsable de cette infraction, conformément aux principes prévus dans la directive 95/46/CE ;

e) des règles claires garantissant dans tous les cas la confidentialité à la personne qui signale des infractions commises au sein de l'entité assujettie, sauf si la divulgation d'informations est exigée par le droit national dans le cadre d'un complément d'enquête ou d'une procédure judiciaire ultérieure.

3. Les États membres exigent des entités assujetties qu'elles disposent de procédures appropriées permettant à leur personnel ou aux personnes se trouvant dans une situation comparable de signaler en interne les infractions par une voie spécifique, indépendante et anonyme, qui soient proportionnées à la nature et à la taille de l'entité assujettie concernée.

(Dir. (UE) 2018/843 du 30 mai 2018, art. 1er) « Les États membres font en sorte que les personnes, y compris les employés et les représentants de l'entité assujettie qui signalent, en interne ou à la CRF, un soupçon de blanchiment de capitaux ou de financement du terrorisme, bénéficient d'une protection légale contre toute menace, mesure de représailles ou acte hostile, et en particulier contre toute mesure préjudiciable ou discriminatoire en matière d'emploi.

« Les États membres veillent à ce que les personnes exposées à des menaces, à des actes hostiles ou à des mesures préjudiciables ou discriminatoires en matière d'emploi pour avoir signalé un soupçon de blanchiment de capitaux ou de financement du terrorisme, en interne ou à la CRF, aient le droit de déposer, en toute sécurité, une réclamation auprès des autorités compétentes respectives. Sans préjudice de la confidentialité des informations recueillies par la CRF, les États membres veillent également à ce que ces personnes disposent d'un droit de recours effectif pour garantir leurs droits au titre du présent paragraphe. »

Art. 62 1. Les États membres veillent à ce que leurs autorités compétentes informent les AES de toutes les sanctions et mesures administratives imposées conformément aux articles 58 et 59 aux établissements de crédit et aux établissements financiers, y compris les recours éventuels formés contre elles et l'issue de ceux-ci.

2. Les États membres veillent à ce que leurs autorités compétentes vérifient, conformément à leur droit national, si une condamnation pertinente figure au casier judiciaire de la personne concernée. Tout échange d'informations à ces fins a lieu conformément à la décision 2009/316/JAI et à la décision-cadre 2009/315/JAI, telles qu'elles sont mises en œuvre dans le droit national.

3. Les AES gèrent un site internet comportant des liens vers chaque publication par les autorités compétentes des sanctions et des mesures administratives qu'elles ont imposées conformément à l'article 60 aux établissements de crédit et aux établissements financiers, et elles indiquent la durée pendant laquelle les sanctions et mesures administratives sont publiées par chaque État membre.

CHAPITRE VII *DISPOSITIONS FINALES*

Art. 63 *Modification du Règl. (UE) nº 648/2012, art. 25, § 2, point d).*

Art. 64 1. Le pouvoir d'adopter des actes délégués conféré à la Commission est soumis aux conditions fixées au présent article.

2. Le pouvoir d'adopter des actes délégués visé à l'article 9 est conféré à la Commission pour une période indéterminée à compter du 25 juin 2015.

3. La délégation de pouvoirs visée à l'article 9 peut être révoquée à tout moment par le Parlement européen ou le Conseil. La décision de révocation met fin à la délégation de pouvoir qui y est précisée. La révocation prend effet le jour suivant celui de la publication de ladite décision au *Journal officiel de l'Union européenne* ou à une date ultérieure qui est précisée dans ladite décision. Elle ne porte pas atteinte à la validité des actes délégués déjà en vigueur.

4. Aussitôt qu'elle adopte un acte délégué, la Commission le notifie au Parlement européen et au Conseil simultanément.

5. Un acte délégué adopté en vertu de l'article 9 n'entre en vigueur que si le Parlement européen ou le Conseil n'a pas exprimé d'objections dans un délai d'un mois à compter de la notification de cet acte au Parlement européen et au Conseil ou si, avant l'expiration de ce délai, le Parlement européen et le Conseil ont tous deux informé la Commission de leur intention de ne pas exprimer d'objections. Ce délai est prolongé d'un mois à l'initiative du Parlement européen ou du Conseil.

Art. 64 *bis* *(Dir. (UE) 2018/843 du 30 mai 2018, art. 1er)* 1. La Commission est assistée par le comité sur la prévention du blanchiment de capitaux et du financement du terrorisme (ci-après dénommé "comité") visé à l'article 23 du règlement (UE) 2015/847 du Parlement européen et du Conseil *[du 20 mai 2015 sur les informations accompagnant les transferts de fonds]*. Ledit comité est un comité au sens du règlement (UE) nº 182/2011 *[du 16 févr. 2011 établissant les règles et principes généraux relatifs aux modalités de contrôle par les États membres de l'exercice des compétences d'exécution par la Commission]*.

2. Lorsqu'il est fait référence au présent paragraphe, l'article 5 du règlement (UE) nº 182/2011 s'applique.

Art. 65 *(Dir. (UE) 2018/843 du 30 mai 2018, art. 1er)* 1. Au plus tard le 11 janvier 2022, et tous les trois ans ensuite, la Commission élabore un rapport sur la mise en œuvre de la présente directive et le soumet au Parlement européen et au Conseil.

Ce rapport comprend notamment :

a) un relevé des mesures spécifiques adoptées et des mécanismes mis en place au niveau de l'Union et des États membres pour prévenir et combattre les problèmes émergents et les évolutions récentes qui présentent une menace pour le système financier de l'Union ;

b) les mesures de suivi prises au niveau de l'Union et des États membres sur la base des préoccupations portées à leur attention, y compris les plaintes relatives à des législations nationales qui entravent les pouvoirs de surveillance et d'enquête des autorités compétentes et des organismes d'autorégulation ;

c) un rapport sur la disponibilité, pour les autorités compétentes et les CRF des États membres, des informations pertinentes pour la prévention de l'utilisation du système financier aux fins du blanchiment de capitaux et du financement du terrorisme ;

d) un compte rendu de la coopération internationale et de l'échange d'informations entre les autorités compétentes et les CRF ;

e) un compte rendu des actions que doit mener la Commission pour vérifier que les États membres agissent en conformité avec la présente directive et pour évaluer des problèmes émergents et des évolutions récentes dans les États membres ;

f) une étude de faisabilité de mesures spécifiques et de mécanismes au niveau de l'Union et des États membres pouvant permettre de recueillir des informations sur les bénéficiaires effectifs des sociétés et autres entités juridiques constituées en dehors de l'Union et d'y avoir accès, et une analyse de la proportionnalité des mesures visées à l'article 20, point b) ;

g) une évaluation de la manière dont les droits fondamentaux et les principes reconnus par la Charte des droits fondamentaux de l'Union européenne ont été respectés.

Le premier rapport, qui doit être publié au plus tard le 11 janvier 2022, est accompagné, si nécessaire, de propositions législatives appropriées, y compris, le cas échéant, concernant les monnaies virtuelles, des attributions de compétences pour mettre en place et entretenir une base de données centrale accessible aux CRF où sont enregistrées l'identité des utilisateurs et l'adresse des portefeuilles, ainsi que des formulaires d'autodéclaration à l'usage des utilisateurs de monnaies virtuelles, et pour améliorer la coopération entre les bureaux de recouvrement des avoirs des États membres et une application conforme à l'approche fondée sur les risques des mesures visées à l'article 20, point b).

2. Au plus tard le 1er juin 2019, la Commission évalue le cadre pour la coopération des CRF avec les pays tiers ainsi que les obstacles et les possibilités de renforcer la coopération entre les CRF au sein de l'Union, y compris la possibilité de créer un mécanisme de coordination et de soutien.

3. La Commission établit, le cas échéant, un rapport à l'intention du Parlement européen et du Conseil afin d'évaluer la nécessité et la proportionnalité d'une diminution du pourcentage utilisé pour l'identification des bénéficiaires effectifs d'entités juridiques, à la lumière de toute recommandation formulée en ce sens, à la suite d'une nouvelle évaluation, par les organisations internationales et les instances normatives compétentes en matière de prévention du blanchiment de capitaux et de lutte contre le financement du terrorisme, et, le cas échéant, présente une proposition législative.

Art. 66 Les directives 2005/60/CE et 2006/70/CE sont abrogées avec effet au 26 juin 2017.

Les références faites aux directives abrogées s'entendent comme faites à la présente directive et sont à lire selon le tableau de correspondance figurant à l'annexe IV.

Art. 67 *(Dir. (UE) 2018/843 du 30 mai 2018, art. 1er)* « 1. Les États membres mettent en vigueur les dispositions législatives, réglementaires et administratives nécessaires pour se conformer à la présente directive au plus tard le 26 juin 2017.

« Les États membres appliquent l'article 12, paragraphe 3, à partir du 10 juillet 2020.

« Les États membres mettent en place les registres visés à l'article 30, au plus tard le 10 janvier 2020, les registres visés à l'article 31 au plus tard le 10 mars 2020 et les mécanismes automatisés centralisés visés à l'article 32 *bis* au plus tard le 10 septembre 2020.

« La Commission assure l'interconnexion des registres visés aux articles 30 et 31, en coopération avec les États membres, au plus tard le 10 mars 2021.

« Les États membres communiquent immédiatement à la Commission le texte des dispositions visées au présent paragraphe.

« Lorsque les États membres adoptent ces dispositions, celles-ci contiennent une référence à la présente directive ou sont accompagnées d'une telle référence lors de leur publication officielle. Les modalités de cette référence sont arrêtées par les États membres. »

2. Les États membres communiquent à la Commission le texte des dispositions essentielles de droit interne qu'ils adoptent dans le domaine régi par la présente directive.

Art. 68 La présente directive entre en vigueur le vingtième jour suivant celui de sa publication au *Journal officiel de l'Union européenne* [*JOUE L 141 du 5 juin 2015*].

ANNEXE I

La liste non exhaustive des variables de risque que les entités assujetties prennent en considération lorsqu'elles déterminent dans quelle mesure appliquer des mesures de vigilance à l'égard de la clientèle conformément à l'article 13, paragraphe 3, est la suivante :

i) l'objet d'un compte ou d'une relation ;

ii) le niveau d'actifs déposés par un client ou le volume des transactions effectuées ;

iii) la régularité ou la durée de la relation d'affaires.

ANNEXE II

La liste ci-après est une liste non exhaustive des facteurs et des types d'éléments indicatifs d'un risque potentiellement moins élevé visés à l'article 16 :

1) facteurs de risques inhérents aux clients :

a) sociétés cotées sur un marché boursier et soumises à des obligations d'information (par les règles du marché boursier, la loi ou un moyen contraignant), comportant l'obligation d'assurer une transparence suffisante des bénéficiaires effectifs ;

b) administrations ou entreprises publiques ;

c) clients qui résident dans des zones géographiques à risque moins élevé telles que définies au point 3) ;

2) facteurs de risques liés aux produits, aux services, aux transactions ou aux canaux de distribution :

a) polices d'assurance vie dont la prime est faible ;

b) contrats d'assurance retraite qui ne comportent pas de clause de rachat anticipé et qui ne peuvent pas être utilisés comme garantie ;

c) régimes de retraite, fonds de retraite ou dispositifs similaires versant des prestations de retraite aux salariés, pour lesquels les cotisations se font par déduction du salaire et dont les règles ne permettent pas aux bénéficiaires de transférer leurs droits ;

d) produits ou services financiers qui fournissent des services définis et limités de façon pertinente à certains types de clients, en vue d'un accès accru à des fins d'inclusion financière ;

e) produits pour lesquels les risques de blanchiment de capitaux et de financement du terrorisme sont contrôlés par d'autres facteurs tels que l'imposition de limites de chargement ou la transparence en matière de propriété (par exemple pour certains types de monnaie électronique) ;

(Dir. (UE) 2018/843 du 30 mai 2018, art. 1er) « 3. facteurs de risques géographiques – enregistrement, établissement, résidence dans des : »

a) États membres ;

b) pays tiers dotés de systèmes efficaces de lutte contre le blanchiment de capitaux et le financement du terrorisme ;

c) pays tiers identifiés par des sources crédibles comme présentant un faible niveau de corruption ou d'autre activité criminelle ;

d) pays tiers qui, d'après des sources crédibles telles que des évaluations mutuelles, des rapports d'évaluation détaillée ou des rapports de suivi publiés, ont des exigences de lutte contre le blanchiment de capitaux et le financement du terrorisme correspondant aux recommandations révisées du GAFI et qui assurent la mise en œuvre effective de ces exigences.

ANNEXE III

La liste ci-après est une liste non exhaustive des facteurs et des types d'éléments indicatifs d'un risque potentiellement plus élevé visés à l'article 18, paragraphe 3 :

1) facteurs de risques inhérents aux clients :

a) relation d'affaires se déroulant dans des circonstances inhabituelles ;

b) clients résidant dans des zones géographiques à haut risque visées au point 3) ;

c) personnes morales ou constructions juridiques qui sont des structures de détention d'actifs personnels ;

d) sociétés dont le capital est détenu par des actionnaires apparents (*nominee shareholders*) ou représenté par des actions au porteur ;

e) activités nécessitant beaucoup d'espèces ;

f) sociétés dont la structure de propriété paraît inhabituelle ou exagérément complexe au regard de la nature de leurs activités ;

(Dir. (UE) 2018/843 du 30 mai 2018, art. 1er) « g) client ressortissant d'un pays tiers qui demande des droits de séjour ou la citoyenneté dans l'État membre moyennant des transferts de capitaux, l'achat de propriétés ou d'obligations d'État, ou encore d'investissements dans des sociétés privées dans cet État membre. »

2) facteurs de risques liés aux produits, aux services, aux transactions ou aux canaux de distribution :

a) banque privée ;

b) produits ou transactions susceptibles de favoriser l'anonymat ;

(Dir. (UE) 2018/843 du 30 mai 2018, art. 1er) « c) relations d'affaires ou transactions qui n'impliquent pas la présence physique des parties et qui ne sont pas assorties de certaines garanties telles que des moyens d'identification électronique, des services de confiance pertinents au sens du règlement (UE) n° 910/2014 ou tout autre processus d'identification sécurisé, électronique ou à distance, réglementé, reconnu, approuvé ou accepté par les autorités nationales concernées ; »

d) paiements reçus de tiers inconnus ou non associés ;

e) nouveaux produits et nouvelles pratiques commerciales, notamment les nouveaux mécanismes de distribution, et utilisation de technologies nouvelles ou en cours de développement pour des produits nouveaux ou préexistants ;

(Dir. (UE) 2018/843 du 30 mai 2018, art. 1er) « f) transactions liées au pétrole, aux armes, aux métaux précieux, aux produits du tabac, aux biens culturels et autres objets ayant une valeur archéologique, historique, culturelle et religieuse, ou une valeur scientifique rare, ainsi qu'à l'ivoire et aux espèces protégées. »

3) facteurs de risques géographiques :

a) sans préjudice de l'article 9, pays identifiés par des sources crédibles, telles que des évaluations mutuelles, des rapports d'évaluation détaillée ou des rapports de suivi publiés, comme n'étant pas dotés de systèmes efficaces de lutte contre le blanchiment de capitaux et le financement du terrorisme ;

b) pays identifiés par des sources crédibles comme présentant des niveaux significatifs de corruption ou d'autre activité criminelle ;

c) pays faisant l'objet de sanctions, d'embargos ou d'autres mesures similaires imposés, par exemple, par l'Union ou par les Nations unies ;

d) pays qui financent ou soutiennent des activités terroristes ou sur le territoire desquels opèrent des organisations terroristes désignées.

ANNEXE IV

TABLEAU DE CORRESPONDANCE

V. sur le Code en ligne

Directive (UE) 2018/1673 du Parlement européen et du Conseil du 23 octobre 2018,

Visant à lutter contre le blanchiment de capitaux au moyen du droit pénal.

BIBL GÉN. ▶ CUTAJAR, *AJ pénal 2019. 356* (les investigations financières au service de la lutte contre la criminalité organisée). – TRICOT, *RSC 2019. 909* (chronique de droit et de jurisprudence de l'Union européenne). – SEGONDS, *Dr. pénal 2019. Étude 10* (de l'incrimination *a minima* du blanchiment. A propos de la pertinence de l'art. 3 de la Dir. du 23 oct. 2018 visant à lutter contre le blanchiment de capitaux au moyen du droit pénal).

▶ BOURSIER, Droit pénal des affaires internationales, Mondialisation et Compliance, *Lextenso, 2e éd., 2020.*

COMMENTAIRE

L'adoption de la directive (UE) 2018/1673 du 23 octobre 2018 a pour finalité de compléter et de renforcer les aspects répressifs de la lutte contre le blanchiment de capitaux et le financement du terrorisme (LBC/FT). Elle est complémentaire du renforcement des mesures préventives issues de la directive (UE) 2015/849 du 20 mai 2015 relative à la prévention de l'utilisation du système financier aux fins du blanchiment de capitaux ou du financement du terrorisme (V. *supra*). La directive 2018/1673 est fondée sur la compétence pénale autonome de l'Union européenne (TFUE, art. 83, al. 1er), qui privilégie la voie de l'harmonisation par l'édiction de règles minimales concernant les infractions, les sanctions, la responsabilité et la compétence des juridictions en matière de lutte contre le blanchiment. Aux termes de l'article 1er, § 2, cette directive ne s'applique cependant pas au blanchiment de capitaux provenant d'infractions pénales portant atteinte aux intérêts financiers de l'Union européenne au titre de la directive (UE) 2017/1371 du 5 juillet 2017 (V. v° *Corruption*).

La directive du 23 octobre 2018 a un double objectif. Le premier tend à remédier aux difficultés liées à la coopération entre les autorités nationales, difficultés dues à la disparité des législations pénales des États membres. Cette directive atténue donc les disparités entre les incriminations du blanchiment au sein des législations des États membres qui constituent des freins importants à la coopération. Le second objectif consiste à adapter le droit européen aux standards internationaux fixés par la convention relative au blanchiment, au dépistage, à la saisie et à la confiscation des produits du crime et au financement du terrorisme (STE 198) du Conseil de l'Europe du 16 mai 2005 (V. *infra*, B. Conseil de l'Europe) et aux Recommandations du GAFI (V. *infra*, III. Règles internationales). La directive renforce les exigences du droit européen et dépasse les instruments internationaux sur certains points : en consacrant l'incrimination de l'auto-blanchiment, l'extension des infractions principales constituant les infractions sous-jacentes à l'infraction de blanchiment, la fixation de seuils de répression et la création d'une forme de responsabilité pénale de la personne morale du fait de son défaut de surveillance et de diligence. ❑

Art. 1er *Objet et champ d'application.* **1. La présente directive établit des règles minimales concernant la définition des infractions et sanctions pénales dans le domaine du blanchiment de capitaux.**

2. La présente directive ne s'applique pas au blanchiment de capitaux en ce qui concerne des biens provenant d'infractions pénales portant atteinte aux intérêts financiers de l'Union, qui fait l'objet de règles spécifiques prévues dans la directive (UE) 2017/1371.

Art. 2 *Définitions.* **Aux fins de la présente directive, on entend par :**

1) "activité criminelle" : tout type de participation criminelle à la commission de toute infraction qui, conformément au droit national, est passible d'une peine privative de liberté ou d'une mesure de sûreté d'une durée maximale supérieure à un an ou, dans les États membres dont le système juridique prévoit un seuil minimal pour les infractions, de toute infraction qui est passible d'une peine privative de liberté ou d'une mesure de sûreté d'une durée minimale supérieure à six mois. En tout état de cause, les infractions appartenant aux catégories suivantes sont considérées comme une activité criminelle :

a) participation à un groupe criminel organisé et racket d'extorsion, y compris toute infraction prévue dans la décision-cadre 2008/841/JAI ;

b) terrorisme, y compris toute infraction prévue dans la directive (UE) 2017/541 du Parlement européen et du Conseil *[du 15 mars 2017 relative à la lutte contre le terrorisme]* **;**

c) traite des êtres humains et trafic illicite de migrants, y compris toute infraction prévue dans la directive 2011/36/UE du Parlement européen et du Conseil *[du 5 avr. 2011 concernant la prévention de la traite des êtres humains et la lutte contre ce phénomène ainsi que la protection des victimes]* **et dans la décision-cadre 2002/946/JAI du Conseil** *[du 28 nov. 2002 visant à renforcer le cadre pénal pour la répression de l'aide à l'entrée, au transit et au séjour irréguliers]* **;**

d) exploitation sexuelle, y compris toute infraction prévue dans la directive 2011/93/UE du Parlement européen et du Conseil *[du 13 déc. 2011 relative à la lutte contre les abus sexuels et l'exploitation sexuelle des enfants, ainsi que la pédopornographie]* **;**

e) trafic illicite de stupéfiants et de substances psychotropes, y compris toute infraction prévue dans la décision-cadre 2004/757/JAI du Conseil *[du 25 oct. 2004 concernant l'établissement des dispositions minimales relatives aux éléments constitutifs des infractions pénales et des sanctions applicables dans le domaine du trafic de drogue]* ;
f) trafic d'armes ;
g) trafic illicite de biens volés et d'autres biens ;
h) corruption, y compris toute infraction prévue dans la convention relative à la lutte contre la corruption impliquant des fonctionnaires des Communautés européennes ou des fonctionnaires des États membres de l'Union européenne *[acte du Conseil du 26 mai 1997 établissant la convention établie sur la base de l'art. K.3, § 2, point c) du traité sur l'Union européenne]* et dans la décision-cadre 2003/568/JAI du Conseil *[du 22 juill. 2003 relative à la lutte contre la corruption dans le secteur privé]* ;
i) fraude, y compris toute infraction prévue dans la décision-cadre 2001/413/JAI du Conseil *[du 28 mai 2001 concernant la lutte contre la fraude et la contrefaçon des moyens de paiement autres que les espèces]* ;
j) contrefaçon de monnaie, y compris toute infraction prévue dans la directive 2014/62/UE du Parlement européen et du Conseil *[du 15 mai 2014 relative à la protection pénale de l'euro et des autres monnaies contre la contrefaçon]* ;
k) contrefaçon et piratage de produits ;
l) infractions contre l'environnement, y compris toute infraction prévue dans la directive 2008/99/CE du Parlement européen et du Conseil *[du 19 nov. 2008 relative à la protection de l'environnement par le droit pénal]* ou dans la directive 2009/123/CE du Parlement européen et du Conseil *[du 21 oct. 2009 modifiant la directive 2005/35/CE relative à la pollution causée par les navires et à l'introduction de sanctions en cas d'infractions]* ;
m) meurtre et blessures corporelles graves ;
n) enlèvement, séquestration et prise d'otage ;
o) vol avec ou sans violences ;
p) contrebande ;
q) infractions fiscales liées aux impôts directs et indirects, telles qu'elles sont définies en droit national ;
r) extorsion ;
s) faux ;
t) piraterie ;
u) délit d'initié et manipulation de marché, y compris toute infraction prévue dans la directive 2014/57/UE du Parlement européen et du Conseil *[du 16 avr. 2014 relative aux sanctions pénales applicables aux abus de marché (directive relative aux abus de marché)]* ;
v) cybercriminalité, y compris toute infraction prévue dans la directive 2013/40/UE du Parlement européen et du Conseil *[du 12 août 2013 relative aux attaques contre les systèmes d'information]* ;

2) "biens" : les actifs de toute nature, corporels ou incorporels, meubles ou immeubles, tangibles ou intangibles, ainsi que les documents ou instruments juridiques, sous quelque forme que ce soit, y compris électronique ou numérique, attestant la propriété de ces actifs ou de droits y afférents ;

3) "personne morale" : toute entité dotée de la personnalité juridique en vertu du droit applicable, exception faite des États ou des entités publiques dans l'exercice de leurs prérogatives de puissance publique et des organisations internationales publiques.

Art. 3 *Infractions de blanchiment de capitaux.* 1. Les États membres prennent les mesures nécessaires pour s'assurer que les comportements suivants, lorsqu'ils sont intentionnels, sont passibles de sanctions en tant qu'infractions pénales :
a) la conversion ou le transfert de biens, dont celui qui s'y livre sait qu'ils proviennent d'une activité criminelle, dans le but de dissimuler ou de déguiser l'origine illicite de ces biens ou d'aider toute personne impliquée dans une telle activité à échapper aux conséquences juridiques des actes qu'elle a commis;
b) le fait de dissimuler ou de déguiser la nature, l'origine, l'emplacement, la disposition, le mouvement ou la propriété réels de biens ou des droits qui y sont liés, dont celui qui s'y livre sait qu'ils proviennent d'une activité criminelle;
c) l'acquisition, la détention ou l'utilisation de biens, dont celui qui s'y livre sait, au moment où il les réceptionne, qu'ils proviennent d'une activité criminelle.

2. Les États membres peuvent prendre les mesures nécessaires pour s'assurer que les comportements visés au paragraphe 1 sont passibles de sanctions en tant qu'infractions pénales lorsque l'auteur de l'infraction soupçonnait ou aurait dû savoir que les biens provenaient d'une activité criminelle.

3. Les États membres prennent les mesures nécessaires pour s'assurer :

a) qu'une condamnation pour les infractions visées aux paragraphes 1 et 2 est possible même en l'absence de condamnation préalable ou concomitante pour l'activité criminelle dont le bien provient ;

b) qu'une condamnation pour les infractions visées aux paragraphes 1 et 2 est possible lorsqu'il est établi que le bien provenait d'une activité criminelle, sans qu'il soit nécessaire d'établir tous les éléments factuels ou toutes les circonstances propres à cette activité criminelle, en ce compris l'identité de l'auteur ;

c) que les infractions visées aux paragraphes 1 et 2 couvrent les biens provenant d'un comportement qui a eu lieu sur le territoire d'un autre État membre ou d'un pays tiers, lorsque ce comportement constituerait une activité criminelle s'il avait eu lieu sur le territoire national.

4. Pour ce qui concerne le paragraphe 3, point c), du présent article, les États membres peuvent en outre demander à ce que le comportement en cause constitue une infraction pénale en vertu du droit national de l'autre État membre ou du pays tiers où ledit comportement a eu lieu, sauf lorsque ce comportement constitue l'une des infractions visées à l'article 2, point 1, points a) à e) et h), et telles qu'elles sont définies dans le droit applicable de l'Union.

5. Les États membres prennent les mesures nécessaires pour s'assurer que les comportements visés au paragraphe 1, points a) et b), constituent des infractions pénales passibles de sanctions lorsqu'ils sont le fait de personnes ayant commis l'activité criminelle dont le bien provient ou y ayant participé.

BIBL. ▶ SEGONDS, *Dr. pénal 2019. Étude 10* (de l'incrimination *a minima* du blanchiment. A propos de la pertinence de l'art. 3 de la Dir. du 23 oct. 2018 visant à lutter contre le blanchiment de capitaux au moyen du droit pénal).

COMMENTAIRE

I. HARMONISATION ET ÉLARGISSEMENT DE L'INCRIMINATION DE BLANCHIMENT

L'article 3 de la directive (UE) 2018/1673 du 23 octobre 2018 élargit l'élément matériel de l'incrimination de blanchiment en prévoyant la nécessité d'incriminer trois types de blanchiment. Le blanchiment se consomme, premièrement, par conversion ou transfert de fonds provenant d'une activité criminelle, deuxièmement, par dissimulation ou déguisement de ces fonds d'origine criminelle, troisièmement, par acquisition, détention ou utilisation de ces fonds ou produits. Cette troisième hypothèse n'est pas évoquée dans les autres instruments internationaux et rejoint, au titre du droit interne, la notion de recel.

Quant à l'élément intellectuel de l'incrimination de blanchiment, la directive requiert des comportements intentionnels et la connaissance de l'origine illicite des fonds ou biens d'origine criminelle. La directive prévoit également la possibilité – et non l'obligation – pour les États membres d'incriminer le fait que l'auteur « soupçonnait ou aurait dû savoir que les biens provenaient d'une activité criminelle » (art. 3, § 2), hypothèse prévue par la convention du Conseil de l'Europe du 16 mai 2005 (art. 9, § 3, a et b) lorsque l'auteur des faits de blanchiment a soupçonné que le bien constituait un produit d'activités criminelles ou lorsque l'auteur aurait dû être conscient que le bien constituait un produit d'activités criminelles (V. *infra*, B. Conseil de l'Europe).

Il s'agit de laisser aux États la possibilité de créer une présomption de connaissance de l'origine illicite des biens objets des faits de blanchiment. Les présomptions jurisprudentielles et légales du droit interne sont donc confortées, qu'elles portent sur le fondement de la théorie de la connaissance obligée, comme en matière de recel (Crim. 20 avr. 2017, n° 15-82.512), ou sur les conditions matérielles, juridiques ou financières de l'opération de placement, de dissimulation ou de conversion qui permettent de considérer que l'agent aurait dû savoir que ses actes ne peuvent avoir d'autre justification que celle de dissimuler l'origine ou le bénéficiaire effectif des biens provenant d'une activité criminelle (C. pén., art. 324-1-1, V. *supra*, I. Règles internes ; C. douanes, art. 415-1. – ***C. douanes***).

II. CONSÉCRATION DE L'INFRACTION D'AUTO-BLANCHIMENT

La directive impose par ailleurs l'incrimination de l'auto-blanchiment défini comme le blanchiment commis par l'auteur de l'activité criminelle qui a généré les fonds (art. 3, § 5).

Elle réserve cependant l'application de l'incrimination d'auto-blanchiment aux deux premiers types de blanchiment décrits en son article 3. En effet, le texte prévoit expressément la répression de l'auto-blanchiment d'une part lorsque les actes de blanchiment consistent en la conversion ou le transfert de biens, dont celui qui s'y livre sait qu'ils proviennent d'une activité criminelle, dans le but de dissimuler ou de déguiser l'origine illicite de ces biens ou d'aider toute personne impliquée dans une telle activité à échapper aux conséquences juridiques des actes qu'elle a commis (art. 3, § 1, a) ; d'autre part, lorsque l'auteur, sachant qu'ils proviennent d'une activité criminelle, dissimule ou déguise la nature, l'origine, l'emplacement, la disposition, le mouvement ou la propriété réels de biens ou des droits qui y sont liés (art. 3, § 1, b).

L'auto-blanchiment sera donc l'objet d'une obligation d'incrimination limitée aux deux premières hypothèses de blanchiment prévues par la directive.

III. CONSÉCRATION DU CARACTÈRE AUTONOME DE L'INFRACTION DE BLANCHIMENT

La directive consacre le blanchiment comme une infraction générale, distincte et autonome. Il est donc possible de poursuivre le blanchiment sans qu'il soit nécessaire d'établir tous les éléments constitutifs de l'infraction principale, dite aussi « sous-jacente », qui a généré les biens ou les fonds blanchis (art. 3, § 3, b). Le blanchiment peut être poursuivi sans qu'il y ait eu une condamnation préalable ou concomitante de l'auteur ou des auteurs de l'infraction principale. Enfin, le blanchiment peut être poursuivi dans un État membre, même si l'infraction principale a été commise dans un autre État membre ou dans un pays tiers, si ce comportement constitue une infraction pénale sur le territoire national (art. 3, § 3, c). Les États membres peuvent cependant soumettre les poursuites pour blanchiment au principe de la double incrimination sauf pour certaines infractions définies aux a) à c) et h) du paragraphe 1 de l'article 2 de la directive dont la gravité justifie d'écarter cette possibilité.

IV. HARMONISATION DES INCRIMINATIONS SOUS-JACENTES CONDITIONNANT LA COOPÉRATION INTERNATIONALE

Dans un contexte transnational, l'absence d'harmonisation des infractions sous-jacentes ou principales desquelles procèdent les fonds et biens objets de l'infraction de blanchiment constitue un obstacle majeur pour sa répression car les divergences dans la définition des infractions principales dans les droits nationaux entravent la coopération internationale.

Pour pallier cette difficulté, la directive définit l'infraction principale en se référant à la notion d'activité criminelle (art. 2). L'activité criminelle est entendue très largement comme « tout type de participation criminelle à la commission de toute infraction » passible en droit interne d'une peine ou d'une mesure de sûreté d'une durée maximale supérieure à un an et minimale supérieure à six mois.

Au-delà du critère des seuils répressifs qui embrasse en réalité quasiment toutes les infractions, la directive fixe par ailleurs une liste d'infractions qui sont en tout état de cause considérées comme relevant d'une activité criminelle et pour lesquelles les États ne peuvent imposer la règle de la double incrimination lorsque le fait principal a eu lieu à l'étranger. Cette liste s'appuie sur les définitions du droit international et du droit européen en matière de blanchiment (à l'exception de la directive (UE) 2017/1371 du 5 juillet 2017 relative à la lutte contre la fraude portant atteinte aux intérêts financiers de l'Union au moyen du droit pénal qui prévoit des règles spécifiques).

Désormais, au titre de la directive, la faculté de prendre appui sur une infraction principale pour qualifier une incrimination de blanchiment dépend largement de la définition retenue par le droit européen, éludant ainsi les différences d'incrimination et de conception des infractions principales propres aux différents ordres juridiques nationaux. La participation à un groupe criminel organisé, le terrorisme, la traite des êtres humains, le trafic illicite des migrants, l'exploitation sexuelle, la corruption, la contrefaçon des moyens de paiement, les infractions contre l'environnement, les abus de marché et, enfin, la cybercriminalité sont, de fait, des infractions sous-jacentes à l'incrimination de blanchiment sans tenir compte de spécificités nationales. Il faut d'ailleurs noter que la directive vise, pour la première fois explicitement en matière de blanchiment, les infractions liées à la cybercriminalité, ce qu'aucun texte européen ou international répressif n'avait fait jusqu'alors, étendant ainsi le champ de l'incrimination de blanchiment des produits de ce type de criminalité.

V. INDIFFÉRENCE DU LIEU DE COMMISSION DE L'INFRACTION SOUS-JACENTE ET DE SA COMMISSION PLEINE ET ENTIÈRE

Tant que l'infraction principale est punissable sans qu'il soit nécessaire d'en établir toutes les circonstances, il importe peu qu'elle ait été commise dans un autre État membre ou un État tiers dès lors qu'elle constitue bien une activité criminelle au sens retenu par la directive (art. 3, § 3). La seule exception éventuelle tient à la faculté pour les États membres de retenir le critère de la double incrimination (possibilité exclue pour la liste des infractions considérées en tout état de cause comme des activités criminelles). ❑

Autoblanchiment. L'art. 1er, § 2, sous a), de la Dir. 2005/60/CE du 26 oct. 2005 relative à la prévention de l'utilisation du système financier aux fins du blanchiment de capitaux et du financement du terrorisme doit être interprété en ce sens qu'il ne s'oppose pas à une réglementation nationale prévoyant que l'infraction de blanchiment de capitaux, au sens de cette disposition, puisse être commise par l'auteur de l'activité criminelle qui a généré les capitaux concernés. • CJUE 2 sept. 2021, n° C-790/19 : *D. actu. 5 oct. 2021, obs. Roussille ; Banque et Dr. 11-12/2021. 38, obs. Chacornac.*

Art. 4 *Complicité, incitation et tentative.* **Les États membres prennent les mesures nécessaires pour s'assurer que le fait de se rendre complice, d'inciter à commettre et de tenter de commettre une infraction visée à l'article 3, paragraphes 1 et 5, constitue une infraction pénale passible de sanctions.**

Art. 5 *Sanctions applicables aux personnes physiques.* **1. Les États membres prennent les mesures nécessaires pour s'assurer que les infractions visées aux articles 3 et 4 sont passibles de sanctions pénales effectives, proportionnées et dissuasives.**

2. Les États membres prennent les mesures nécessaires pour s'assurer que les infractions visées à l'article 3, paragraphes 1 et 5, sont passibles d'une peine d'emprisonnement maximale d'au moins quatre ans.

3. Les États membres prennent en outre les mesures nécessaires pour s'assurer que, le cas échéant, des sanctions ou des mesures supplémentaires sont prises à l'encontre des personnes physiques qui ont commis les infractions visées aux articles 3 et 4.

Art. 6 *Circonstances aggravantes.* **1. Les États membres prennent les mesures nécessaires pour s'assurer qu'en ce qui concerne les infractions visées à l'article 3, paragraphes 1 et 5, et à l'article 4, les circonstances suivantes sont considérées comme des circonstances aggravantes :**

a) l'infraction a été commise dans le cadre d'une organisation criminelle au sens de la décision-cadre 2008/841/JAI ; ou

b) l'auteur de l'infraction est une entité assujettie au sens de l'article 2 de la directive (UE) 2015/849 et a commis l'infraction dans l'exercice de ses activités professionnelles.

2. Les États membres peuvent prévoir qu'en ce qui concerne les infractions visées à l'article 3, paragraphes 1 et 5, et à l'article 4, les circonstances suivantes sont considérées comme des circonstances aggravantes :

a) la valeur des biens faisant l'objet du blanchiment est considérable ; ou

b) les biens faisant l'objet du blanchiment proviennent d'une des infractions visées à l'article 2, point 1, points a) à e) et h).

Art. 7 *Responsabilité des personnes morales.* **1. Les États membres prennent les mesures nécessaires pour s'assurer qu'une personne morale puisse être tenue pour responsable de toute infraction visée à l'article 3, paragraphes 1 et 5, et à l'article 4, lorsque cette infraction est commise pour son compte par toute personne agissant individuellement ou en tant que membre d'un organe de ladite personne morale et qui exerce une fonction dirigeante en son sein, fondée sur :**

a) un pouvoir de représentation de la personne morale ;

b) une autorité pour prendre des décisions au nom de la personne morale ; ou

c) une autorité pour exercer un contrôle au sein de la personne morale.

2. Les États membres prennent les mesures nécessaires pour qu'une personne morale puisse être tenue pour responsable lorsque le défaut de surveillance ou de contrôle de la part d'une personne visée au paragraphe 1 du présent article a rendu possible la commission de toute infraction visée à l'article 3, paragraphes 1 et 5, et à l'article 4, pour le compte de ladite personne morale, par une personne soumise à son autorité.

3. La responsabilité des personnes morales au titre des paragraphes 1 et 2 du présent article n'exclut pas l'engagement de poursuites pénales contre les personnes physiques auteurs, instigatrices ou complices de l'une quelconque des infractions visées à l'article 3, paragraphes 1 et 5, et à l'article 4.

COMMENTAIRE

La directive du 23 octobre 2018 apporte des changements importants à l'égard des assujettis à la législation LBC/FT de l'article L. 561-2 du code monétaire et financier. La directive dispose en effet que les États doivent prévoir, au titre des circonstances aggravantes du délit de blanchiment, le fait que l'auteur de l'infraction, qui a commis l'infraction dans l'exercice de ses activités professionnelles, est une entité assujettie au titre de l'article 2 de la cinquième directive (UE) 2015/849 relative à la prévention de l'utilisation du système financier aux fins du blanchiment de capitaux ou du financement du terrorisme (art. 6, § 1, b). Il s'agit de majorer la responsabilité pénale d'une société ou d'une entité précisément chargée par la loi de lutter contre le blanchiment de capitaux et de financement du terrorisme.

La directive prévoit par ailleurs que la responsabilité pénale de la personne morale assujettie, notamment aux normes préventives issues de la directive 2015/849, doit pouvoir être engagée lorsque cette infraction est commise pour son compte par toute personne agissant individuellement ou en tant que membre d'un organe de la personne morale et qui exerce une fonction dirigeante en son sein, fondée sur un pouvoir de représentation de la personne morale, une autorité pour prendre des décisions en son nom ou encore qui exerce un contrôle au sein de cette personne morale (art. 7, § 1). Il s'agit d'une hypothèse classique en droit interne de la responsabilité pénale de la personne morale, plus innovante pour d'autres droits qui ne connaissent pas la responsabilité pénale de ces entités.

Le texte prévoit par ailleurs, pour la première fois dans un texte international ou européen, que les États membres prennent les mesures nécessaires pour qu'une personne morale puisse être tenue pour responsable lorsque son défaut de surveillance ou de contrôle a rendu possible la commission de toute infraction de blanchiment pour son compte par une personne soumise à son autorité (art. 7, § 2).

C'est dire si la sanction pour l'heure purement disciplinaire du défaut de mise en place d'un système de lutte contre le blanchiment de capitaux et le financement du terrorisme change de nature lorsqu'une infraction de blanchiment est réalisée par l'une des personnes placées sous l'autorité de l'entité assujettie aux règles prudentielles de LBC/FT au titre de la directive 2015/849. L'hypothèse serait celle d'une déclaration de soupçon réalisée par l'assujetti auprès de la cellule de renseignement financier, ensuite transmise au parquet qui engage une poursuite pour des faits de blanchiment à l'égard des clients visés dans la déclaration de soupçon. La personne morale assujettie pourrait voir sa responsabilité pénale engagée sur le fondement du délit de blanchiment – hors de tout fait de complicité – du fait de sa négligence dans la mise en œuvre des obligations prudentielles issues de la législation d'application de la directive 2015/849 lorsque cette négligence a permis à l'un de ses salariés de réaliser l'infraction de blanchiment. L'hypothèse touche certainement un nombre de cas restreints mais demeure symboliquement expressive par l'appel à la responsabilité pénale des personnes morales dans le champ du respect de règles prudentielles de nature administrative. ❑

Art. 8 *Sanctions à l'encontre des personnes morales.* **Les États membres prennent les mesures nécessaires pour que toute personne morale tenue pour responsable en vertu de l'article 7 soit passible de sanctions effectives, proportionnées et dissuasives, qui incluent des amendes pénales ou non pénales et éventuellement d'autres sanctions, notamment :**

a) l'exclusion du bénéfice d'un avantage ou d'une aide publics ;

b) l'exclusion temporaire ou définitive de l'accès aux financements publics, y compris aux procédures d'appels d'offres, aux subventions et aux concessions ;

c) l'interdiction temporaire ou définitive d'exercer une activité commerciale ;

d) le placement sous surveillance judiciaire ;
e) une mesure judiciaire de dissolution ;
f) la fermeture temporaire ou définitive des établissements ayant servi à commettre l'infraction.

COMMENTAIRE

Hormis la question spécifique de la responsabilité de la personne morale, la directive de 2018 s'inscrit dans la continuité des instruments d'harmonisation pénale quant aux formes de participation et d'engagement de la responsabilité pénale en matière de complicité et de tentative, ainsi qu'aux sanctions.

La directive harmonise en effet les sanctions encourues. La peine d'emprisonnement maximale s'élève à quatre ans au minimum (art. 5, § 2). La directive impose de considérer comme des circonstances aggravantes la commission de l'infraction dans le cadre d'une organisation criminelle (au sens de la décision-cadre 2008/841/JAI) ainsi que la commission de l'infraction dans l'exercice de ses activités professionnelles par une entité assujettie au sens de l'article 2 de la quatrième directive anti-blanchiment (2015/849).

Les peines complémentaires susceptibles d'être prononcées sont l'amende, l'exclusion temporaire ou définitive de l'accès aux financements publics, y compris aux procédures d'appels d'offres, aux subventions et aux concessions, l'interdiction temporaire d'exercer une activité commerciale ou l'interdiction temporaire de se porter candidat à des fonctions électives ou d'occuper un poste de fonctionnaire (art. 8). ❑

Art. 9 *Confiscation.* **Les États membres prennent les mesures nécessaires pour s'assurer que, selon le cas, leurs autorités compétentes gèlent ou confisquent, conformément à la directive 2014/42/UE, les produits provenant de la commission des infractions visées dans la présente directive ou de la contribution à la commission de telles infractions, ainsi que les instruments utilisés ou destinés à être utilisés à ces fins.**

COMMENTAIRE

L'existence des liens étroits entre la lutte contre le blanchiment et les mesures de gel et de confiscation des instruments et des produits du crime qui font échec aux incitations financières qui motivent les actes criminels est rappelée par l'article 9. L'instrument se réfère à la directive 2014/42/UE, qui établit des règles minimales relatives au gel et à la confiscation des instruments et des produits du crime en matière pénale. La directive incite par ailleurs les États membres à autoriser la confiscation à titre conservatoire, hors d'une condamnation pénale, « dans les cas où il n'est pas possible d'entamer ou de mener à son terme une procédure pénale, y compris dans les cas où l'auteur de l'infraction est décédé ». Le règlement 2018/1805 du 14 novembre 2018 sur la reconnaissance mutuelle des décisions de gel des avoirs permet de renforcer cet appel afin de faire échec aux incitations financières qui motivent les actes criminels. ❑

Art. 10 *Compétence.* **1. Chaque État membre prend les mesures nécessaires pour établir sa compétence à l'égard des infractions visées aux articles 3 et 4, dans les cas où :**
a) l'infraction a été commise en tout ou en partie sur son territoire ;
b) l'auteur de l'infraction est l'un de ses ressortissants.

2. Un État membre informe la Commission de sa décision d'étendre sa compétence à l'égard des infractions visées aux articles 3 et 4 qui ont été commises en dehors de son territoire, lorsque :
a) l'auteur de l'infraction réside habituellement sur son territoire ;
b) l'infraction a été commise pour le compte d'une personne morale établie sur son territoire.

3. Lorsqu'une infraction visée aux articles 3 et 4 relève de la compétence de plus d'un État membre et lorsque l'un des États membres concernés peut valablement engager des poursuites sur la base des mêmes faits, les États membres concernés coopèrent pour décider lequel d'entre eux poursuivra l'auteur de l'infraction, avec pour objectif de centraliser les poursuites dans un seul État membre.

Sont pris en compte les éléments suivants :
a) l'État membre sur le territoire duquel l'infraction a été commise ;

b) la nationalité ou la résidence de l'auteur de l'infraction ;
c) le pays d'origine de la victime ou des victimes ; et
d) le territoire sur lequel l'auteur de l'infraction a été retrouvé.

Le cas échéant et conformément à l'article 12 de la décision-cadre 2009/948/JAI du Conseil, Eurojust est saisi de la question.

Art. 11 *Outils d'enquête.* Les États membres prennent les mesures nécessaires pour que des outils d'enquête efficaces, tels que ceux qui sont utilisés en matière de lutte contre la criminalité organisée ou d'autres formes graves de criminalité, soient mis à la disposition des personnes, des unités ou des services chargés des enquêtes ou des poursuites concernant les infractions visées à l'article 3, paragraphes 1 et 5, et à l'article 4.

COMMENTAIRE

La directive mobilise les outils d'enquête spécifiques aux types de criminalité les plus graves (art. 11) impliquant la nécessité pour les États membres de veiller à ce que les États fassent en sorte de mobiliser des effectifs suffisants dotés d'une formation ciblée, et des ressources et une capacité technologique de pointe (consid. 19). ❑

Art. 12 *Remplacement de certaines dispositions de la décision-cadre 2001/500/JAI.* L'article 1er, point b), et l'article 2 de la décision-cadre 2001/500/JAI sont remplacés à l'égard des États membres liés par la présente directive, sans préjudice des obligations desdits États membres concernant la date de transposition de la décision-cadre en droit national.

A l'égard des États membres liés par la présente directive, les références faites aux dispositions de la décision-cadre 2001/500/JAI visées au premier alinéa s'entendent comme faites à la présente directive.

Art. 13 *Transposition.* 1. Les États membres mettent en vigueur les dispositions législatives, réglementaires et administratives nécessaires pour se conformer à la présente directive au plus tard le 3 décembre 2020. Ils en informent immédiatement la Commission.

Lorsque les États membres adoptent ces dispositions, celles-ci contiennent une référence à la présente directive ou sont accompagnées d'une telle référence lors de leur publication officielle. Les modalités de cette référence sont arrêtées par les États membres.

2. Les États membres communiquent à la Commission le texte des dispositions essentielles de droit interne qu'ils adoptent dans le domaine régi par la présente directive.

Art. 14 *Rapports.* La Commission présente au Parlement européen et au Conseil, au plus tard 3 décembre 2022, un rapport évaluant dans quelle mesure les États membres ont pris les dispositions nécessaires pour se conformer à la présente directive.

La Commission présente au Parlement européen et au Conseil, au plus tard 3 décembre 2023, un rapport évaluant la valeur ajoutée de la présente directive en ce qui concerne la lutte contre le blanchiment de capitaux ainsi que son incidence sur les libertés et les droits fondamentaux. Sur la base de ce rapport, la Commission présente, s'il y a lieu, une proposition législative visant à modifier la présente directive. La Commission tient compte des informations communiquées par les États membres.

Art. 15 *Entrée en vigueur.* La présente directive entre en vigueur le vingtième jour suivant celui de sa publication au ***Journal officiel de l'Union européenne*** *[JOUE L 284 du 12 nov.].*

Règlement délégué (UE) 2019/758 de la Commission du 31 janvier 2019,

Complétant la directive (UE) 2015/849 du Parlement européen et du Conseil en ce qui concerne les normes techniques de réglementation en précisant les actions que doivent au minimum engager les établissements de crédit et les établissements financiers et le type de mesures supplémentaires qu'ils doivent prendre pour atténuer les risques de blanchiment de capitaux et de financement du terrorisme dans certains pays tiers

2) "bureaux de recouvrement des avoirs", les bureaux nationaux mis en place ou désignés par chaque État membre en vertu de la décision 2007/845/JAI ;

3) "cellule de renseignement financier (CRF)", une CRF telle qu'établie en vertu de l'article 32 de la directive (UE) 2015/849 ;

4) "entités assujetties", les entités mentionnées à l'article 2, paragraphe 1, de la directive (UE) 2015/849 ;

5) "informations financières", tout type d'informations ou de données, telles que les données sur des avoirs financiers, des mouvements de fonds ou des relations liées à des activités financières, qui sont déjà détenues par des CRF pour prévenir, détecter et combattre efficacement le blanchiment de capitaux et le financement du terrorisme ;

6) "informations en matière répressive" :

i) tout type d'informations ou de données déjà détenues par les autorités compétentes dans le cadre de la prévention ou de la détection des infractions pénales, ou des enquêtes ou des poursuites en la matière ;

ii) tout type d'informations ou de données détenues par des autorités publiques ou des entités privées dans le cadre de la prévention ou de la détection des infractions pénales, ou des enquêtes ou des poursuites en la matière et qui sont accessibles aux autorités compétentes sans que des mesures coercitives ne soient prises en vertu du droit national ;

de telles informations peuvent être, entre autres, des casiers judiciaires, des informations sur des enquêtes, des informations sur le gel ou la saisie d'avoirs ou d'autres mesures d'enquête ou mesures provisoires, et des informations sur des condamnations et des confiscations ;

7) "informations relatives aux comptes bancaires", les informations ci-après relatives aux comptes bancaires et aux comptes de paiement ainsi qu'aux coffres-forts qui sont contenues dans les registres centralisés des comptes bancaires :

i) en ce qui concerne le titulaire d'un compte client et toute personne prétendant agir au nom du client : le nom, complété soit par les autres données d'identification requises en vertu des dispositions nationales qui transposent l'article 13, paragraphe 1, point a), de la directive (UE) 2015/849, soit par un numéro d'identification unique ;

ii) en ce qui concerne le bénéficiaire effectif du titulaire d'un compte client : le nom, complété soit par les autres données d'identification requises en vertu des dispositions nationales qui transposent l'article 13, paragraphe 1, point b), de la directive (UE) 2015/849, soit par un numéro d'identification unique ;

iii) en ce qui concerne le compte bancaire ou le compte de paiement : le numéro IBAN et la date d'ouverture et de clôture du compte ;

iv) en ce qui concerne le coffre-fort : le nom du locataire, complété soit par les autres données d'identification requises en vertu des dispositions nationales qui transposent l'article 13, paragraphe 1, de la directive (UE) 2015/849, soit par un numéro d'identification unique, ainsi que la durée de la période de location ;

8) "blanchiment de capitaux", les comportements définis à l'article 3 de la directive (UE) 2018/1673 du Parlement européen et du Conseil *[du 23 oct. 2018 visant à lutter contre le blanchiment de capitaux au moyen du droit pénal]* ;

9) "infractions sous-jacentes associées", les infractions visées à l'article 2, point 1), de la directive (UE) 2018/1673 ;

10) "financement du terrorisme", les comportements définis à l'article 11 de la directive (UE) 2017/541 du Parlement européen et du Conseil *[du 15 mars 2017 relative à la lutte contre le terrorisme et remplaçant la décision-cadre 2002/475/JAI du Conseil]* ;

11) "analyse financière", les résultats de l'analyse opérationnelle et stratégique qui a déjà été effectuée par les CRF pour accomplir leurs missions, en vertu de la directive (UE) 2015/849 ;

12) "infractions pénales graves", les formes de criminalité énumérées à l'annexe I du règlement (UE) 2016/794.

Art. 3 *Désignation des autorités compétentes.* 1. Chaque État membre désigne, parmi ses autorités chargées de la prévention ou de la détection des infractions pénales, ou des enquêtes ou des poursuites en la matière, les autorités compétentes habilitées à avoir accès à son registre centralisé national des comptes bancaires et à y effectuer des recherches. Ces autorités compétentes comprennent au moins les bureaux de recouvrement des avoirs.

2. Chaque État membre désigne, parmi ses autorités chargées de la prévention ou de la détection des infractions pénales, ou des enquêtes ou des poursuites en la matière, les autorités compétentes qui peuvent demander des informations financières ou des analyses financières à la CRF et recevoir ces informations ou analyses.

3. Chaque État membre notifie à la Commission la liste des autorités compétentes qu'il a désignées en vertu des paragraphes 1 et 2 au plus tard le 2 décembre 2021, et notifie à la Commission toute modification à cet égard. La Commission publie les notifications au *Journal officiel de l'Union européenne.*

CHAPITRE II *ACCÈS DES AUTORITÉS COMPÉTENTES AUX INFORMATIONS RELATIVES AUX COMPTES BANCAIRES*

Art. 4 *Accès aux informations relatives aux comptes bancaires et recherches dans ces informations par les autorités compétentes.* 1. Les États membres veillent à ce que les autorités nationales compétentes désignées en vertu de l'article 3, paragraphe 1, soient habilitées à avoir accès aux informations relatives aux comptes bancaires et à effectuer des recherches dans ces informations, directement et immédiatement, lorsque cela est nécessaire à l'accomplissement de leurs missions, aux fins de prévenir ou de détecter une infraction pénale grave, ou de mener des enquêtes ou des poursuites en la matière, ou d'apporter un soutien à une enquête pénale concernant une infraction pénale grave, y compris l'identification, le dépistage et le gel des avoirs liés à cette enquête. L'accès et les recherches sont considérés comme étant directs et immédiats, entre autres, lorsque les autorités nationales gérant les registres centralisés des comptes bancaires transmettent rapidement, au moyen d'un mécanisme automatisé, les informations relatives aux comptes bancaires aux autorités compétentes, à condition qu'aucune entité intermédiaire ne puisse influer sur les données demandées ou les informations devant être fournies.

2. Les informations supplémentaires que les États membres jugent essentielles et incluent dans les registres centralisés des comptes bancaires en vertu de l'article 32 *bis*, paragraphe 4, de la directive (UE) 2015/849 ne sont pas accessibles aux autorités compétentes, et celles-ci ne peuvent y effectuer des recherches, en vertu de la présente directive.

Art. 5 *Conditions pour l'accès et les recherches effectuées par les autorités compétentes.* 1. L'accès aux informations relatives aux comptes bancaires et les recherches dans ces informations conformément à l'article 4 sont effectués uniquement, au cas par cas, par le personnel de chaque autorité compétente, qui a été spécifiquement désigné et autorisé à exécuter ces tâches.

2. Les États membres veillent à ce que le personnel des autorités compétentes désignées respecte des exigences professionnelles élevées en matière de confidentialité et de protection des données et qu'il soit d'une grande intégrité et doté de compétences appropriées.

3. Les États membres veillent à ce que des mesures techniques et organisationnelles soient en place qui permettent de garantir la sécurité des données, conformément à des normes technologiques élevées, aux fins de l'exercice par les autorités compétentes de l'habilitation à avoir accès aux informations relatives aux comptes bancaires et à y effectuer des recherches conformément à l'article 4.

Art. 6 *Contrôle de l'accès et des recherches par les autorités compétentes.* 1. Les États membres prévoient que les autorités gérant les registres centralisés des comptes bancaires veillent à ce que chaque accès aux informations relatives aux comptes bancaires et chaque recherche effectuée dans ces informations par les autorités compétentes désignées soient consignés dans des journaux. Les journaux mentionnent notamment les éléments suivants :

a) la référence du dossier national ;

b) la date et l'heure de la requête ou de la recherche ;

c) le type de données utilisées pour lancer la requête ou la recherche ;
d) l'identifiant unique des résultats ;
e) le nom de l'autorité compétente désignée qui a consulté le registre ;
f) l'identifiant d'utilisateur unique de l'agent qui a introduit la requête ou qui a effectué la recherche et, le cas échéant, celui de l'agent qui a ordonné la requête ou la recherche et, dans la mesure du possible, l'identifiant d'utilisateur unique du destinataire des résultats de la requête ou de la recherche.

2. Les journaux sont régulièrement contrôlés par les délégués à la protection des données pour les registres centralisés des comptes bancaires. Les journaux sont mis à la disposition de l'autorité de contrôle compétente instituée conformément à l'article 41 de la directive (UE) 2016/680, sur demande.

3. Les journaux sont uniquement utilisés pour contrôler la protection des données, notamment pour vérifier la recevabilité d'une demande et la licéité du traitement des données, et pour garantir la sécurité des données. Ils sont protégés par des mesures appropriées empêchant tout accès non autorisé et sont effacés cinq ans après leur création, sauf s'ils sont nécessaires à des procédures de contrôle en cours.

4. Les États membres veillent à ce que les autorités gérant les registres centralisés des comptes bancaires prennent des mesures appropriées pour que le personnel soit informé du droit de l'Union et du droit national applicables, y compris les règles applicables en matière de protection des données. De telles mesures comprennent des programmes de formation spécialisés.

CHAPITRE III *ÉCHANGE D'INFORMATIONS ENTRE LES AUTORITÉS COMPÉTENTES ET LES CRF, ET ENTRE LES CRF*

Art. 7 *Demandes d'informations adressées par des autorités compétentes à une CRF.* 1. Sous réserve des garanties procédurales nationales, chaque État membre veille à ce que sa CRF soit tenue de coopérer avec ses autorités compétentes désignées visées à l'article 3, paragraphe 2, et d'être en mesure de donner suite, en temps utile, aux demandes motivées d'informations financières ou d'analyses financières présentées par ces autorités compétentes désignées dans leur État membre respectif, lorsque ces informations financières ou ces analyses financières sont nécessaires, sur la base d'une approche au cas par cas, et que la demande est motivée par des préoccupations liées à la prévention ou à la détection d'infractions pénales graves, ou à des enquêtes ou des poursuites en la matière.

2. Lorsqu'il existe des raisons objectives de supposer que la communication de ces informations aurait une incidence négative sur des enquêtes ou des analyses en cours ou, dans des circonstances exceptionnelles, lorsque la divulgation des informations serait manifestement disproportionnée par rapport aux intérêts légitimes d'une personne physique ou morale ou ne serait pas pertinente par rapport aux finalités pour lesquelles elles ont été demandées, la CRF n'est pas tenue de donner suite à la demande d'informations.

3. Toute utilisation à des fins allant au-delà de celles initialement approuvées est subordonnée à l'autorisation préalable de cette CRF. Tout refus de donner suite à une demande présentée au titre du paragraphe 1 est expliqué de manière appropriée par les CRF.

4. La décision de procéder à la diffusion des informations reste du ressort de la CRF.

5. Les autorités compétentes désignées peuvent traiter les informations financières et les analyses financières communiquées par la CRF à des fins spécifiques de prévention ou de détection d'infractions pénales graves, ou d'enquêtes ou de poursuites en la matière, qui sont différentes des finalités pour lesquelles des données à caractère personnel sont collectées conformément à l'article 4, paragraphe 2, de la directive (UE) 2016/680.

Art. 8 *Demandes d'informations adressées par une CRF aux autorités compétentes.* Sous réserve des garanties procédurales nationales et en plus de l'accès des CRF aux infor-

mations prévu à l'article 32, paragraphe 4, de la directive (UE) 2015/849, chaque État membre veille à ce que ses autorités compétentes désignées soient tenues de donner suite, en temps utile, aux demandes d'informations en matière répressive présentées par la CRF, au cas par cas, lorsque ces informations sont nécessaires pour prévenir, détecter et combattre le blanchiment de capitaux, les infractions sous-jacentes associées et le financement du terrorisme.

Art. 9 *Échange d'informations entre les CRF de différents États membres.* **1. Les États membres veillent à ce que, dans des cas exceptionnels et urgents, leurs CRF soient habilitées à échanger des informations financières ou des analyses financières susceptibles d'être pertinentes pour le traitement ou l'analyse d'informations liées au terrorisme ou à la criminalité organisée associée au terrorisme.**

2. Les États membres veillent à ce que, dans les cas visés au paragraphe 1 et sous réserve de leurs limitations opérationnelles, les CRF s'efforcent d'échanger ces informations rapidement.

Art. 10 *Échange d'informations entre les autorités compétentes de différents États membres.* **1. Sous réserve des garanties procédurales nationales, chaque État membre veille à ce que ses autorités compétentes désignées en vertu de l'article 3, paragraphe 2, puissent échanger des informations financières ou des analyses financières obtenues auprès de la CRF de leur État membre, sur demande et au cas par cas, avec une autorité compétente désignée d'un autre État membre, lorsque ces informations financières ou ces analyses financières sont nécessaires pour prévenir, détecter et combattre le blanchiment de capitaux, les infractions sous-jacentes associées et le financement du terrorisme.**

Chaque État membre veille à ce que ses autorités compétentes désignées utilisent les informations financières ou les analyses financières échangées en vertu du présent article, uniquement aux fins pour lesquelles elles ont été demandées ou fournies.

Chaque État membre veille à ce que toute diffusion des informations financières ou analyses financières obtenues par son autorité compétente désignée auprès de la CRF de cet État membre à tout autre autorité, agence ou service ou toute utilisation de ces informations à des fins autres que celles initialement approuvées, soit subordonnée à l'autorisation préalable de la CRF ayant fourni les informations.

2. Les États membres veillent à ce qu'une demande présentée conformément au présent article, ainsi que sa réponse, soient transmises en utilisant des moyens de communication électroniques sécurisés spécifiques garantissant un niveau élevé de sécurité des données.

CHAPITRE IV *ÉCHANGE D'INFORMATIONS AVEC EUROPOL*

Art. 11 *Fourniture d'informations relatives aux comptes bancaires à Europol.* **Chaque État membre veille à ce que ses autorités compétentes soient habilitées à donner suite, par l'intermédiaire de l'unité nationale Europol ou, si cela est autorisé par cet État membre, dans le cadre de contacts directs avec Europol, aux demandes dûment justifiées d'informations relatives aux comptes bancaires présentées par Europol, au cas par cas, dans les limites de ses responsabilités et pour l'accomplissement de ses missions. L'article 7, paragraphes 6 et 7, du règlement (UE) 2016/794 s'applique.**

Art. 12 *Échange d'informations entre Europol et les CRF.* **1. Chaque État membre veille à ce que sa CRF soit habilitée à donner suite aux demandes dûment justifiées présentées par Europol par l'intermédiaire de l'unité nationale Europol ou, si cela est autorisé par cet État membre, dans le cadre de contacts directs entre la CRF et Europol. De telles demandes se rapportent à des informations financières et à des analyses financières et sont présentées, au cas par cas, dans les limites des responsabilités d'Europol et pour l'accomplissement de ses missions.**

2. L'article 32, paragraphe 5, de la directive (UE) 2015/849 et l'article 7, paragraphes 6 et 7, du règlement (UE) 2016/794 s'appliquent aux échanges effectués en vertu du présent article.

3. Les États membres garantissent que tout refus de donner suite à une demande est expliqué de manière appropriée.

Art. 13 *Modalités détaillées de l'échange d'informations.* 1. Les États membres veillent à ce que les échanges d'informations en vertu des articles 11 et 12 de la présente directive aient lieu conformément au règlement (UE) 2016/794 par voie électronique *via* :

a) SIENA ou son successeur dans la langue applicable à SIENA ; ou

b) le cas échéant, le FIU.net ou son successeur.

2. Les États membres veillent à ce que l'échange d'informations au titre de l'article 12 soit effectué en temps utile et, qu'à cet égard, les demandes d'informations présentées par Europol soient traitées comme si elles provenaient d'une autre CRF.

Art. 14 *Exigences en matière de protection des données.* 1. Le traitement des données à caractère personnel liées aux informations relatives aux comptes bancaires, aux informations financières et aux analyses financières visées aux articles 11 et 12 de la présente directive est effectué conformément à l'article 18 du règlement (UE) 2016/794 et uniquement par le personnel d'Europol qui a été spécifiquement désigné et autorisé à exécuter ces tâches.

2. Europol informe le délégué à la protection des données, nommé conformément à l'article 41 du règlement (UE) 2016/794, de chaque échange d'informations au titre des articles 11, 12 et 13 de la présente directive.

CHAPITRE V *DISPOSITIONS SUPPLÉMENTAIRES RELATIVES AU TRAITEMENT DES DONNÉES À CARACTÈRE PERSONNEL*

Art. 15 *Champ d'application.* Le présent chapitre s'applique uniquement aux autorités compétentes désignées et aux CRF en ce qui concerne l'échange d'informations au titre du chapitre III et en ce qui concerne l'échange d'informations financières et d'analyses financières auquel les unités nationales Europol sont associées au titre du chapitre IV.

Art. 16 *Traitement des données à caractère personnel sensibles.* 1. Le traitement de données à caractère personnel révélant l'origine raciale ou ethnique, les opinions politiques, les convictions religieuses ou philosophiques ou l'appartenance syndicale d'une personne, ou de données relatives à la santé, à la vie sexuelle ou à l'orientation sexuelle d'une personne physique n'est autorisé que sous réserve de garanties appropriées pour les droits et les libertés de la personne concernée, conformément aux règles applicables en matière de protection des données.

2. Seul le personnel qui a reçu une formation spécifique et qui y a été spécifiquement autorisé par le responsable du traitement peut accéder aux données visées au paragraphe 1 et les traiter, conformément aux orientations du délégué à la protection des données.

Art. 17 *Registres des demandes d'informations.* Les États membres veillent à ce que des registres soient tenus sur les demandes d'informations présentées au titre de la présente directive. Ces registres contiennent au moins les informations suivantes :

a) le nom et les coordonnées de l'organisation et du membre du personnel demandant les informations et, dans la mesure du possible, du destinataire des résultats de la requête ou de la recherche ;

b) la référence du dossier national pour lequel les informations sont demandées ;

c) l'objet des demandes ; et

d) toute mesure d'exécution de ces demandes.

Les registres sont conservés pendant une période de cinq ans après leur création, et ne sont utilisés qu'aux fins de vérifier la licéité du traitement des données à caractère personnel. Les autorités concernées mettent tous les registres à la disposition de l'autorité nationale de surveillance, à sa demande.

Art. 18 *Limitations des droits des personnes concernées.* Les États membres peuvent adopter des mesures législatives limitant, en tout ou en partie, le droit d'accès des personnes concernées aux données à caractère personnel les concernant qui ont été traitées en vertu de la présente directive conformément à l'article 23, paragraphe 1, du règlement (UE) 2016/679 ou à l'article 15, paragraphe 1, de la directive (UE) 2016/680, selon le cas.

CHAPITRE VI *DISPOSITIONS FINALES*

Art. 19 *Suivi.* 1. Les États membres évaluent l'efficacité de leurs dispositifs de lutte contre les infractions pénales graves en tenant des statistiques complètes.

2. Au plus tard le 1er février 2020, la Commission établit un programme détaillé de suivi des réalisations, des résultats et des incidences de la présente directive.

Ce programme définit les moyens à utiliser et les intervalles à appliquer pour recueillir les données et les autres éléments de preuve nécessaires. Il précise les mesures à prendre par la Commission et par les États membres en ce qui concerne la collecte et l'analyse des données et les autres éléments de preuve.

Les États membres fournissent à la Commission les données et les autres éléments de preuve nécessaires au suivi.

3. Dans tous les cas, les statistiques visées au paragraphe 1 comportent les informations suivantes :

a) le nombre de recherches effectuées par les autorités compétentes désignées conformément à l'article 4 ;

b) des données mesurant le volume de demandes présentées par chaque autorité au titre de la présente directive, la suite donnée à ces demandes, le nombre d'affaires instruites, le nombre de personnes poursuivies, et le nombre de personnes condamnées pour des infractions pénales graves, lorsque ces informations sont disponibles ;

c) des données mesurant le temps nécessaire à une autorité pour donner suite à une demande après sa réception ;

d) si elles sont disponibles, des données mesurant le coût des ressources humaines ou informatiques consacrées aux demandes nationales et transfrontières relevant de la présente directive.

4. Les États membres organisent la production et la collecte des statistiques et transmettent les statistiques visées au paragraphe 3 à la Commission sur une base annuelle.

Art. 20 *Relation avec d'autres instruments.* 1. La présente directive n'empêche pas les États membres de maintenir ou de conclure entre eux des accords ou arrangements bilatéraux ou multilatéraux en matière d'échange d'informations entre les autorités compétentes, dans la mesure où ces accords ou arrangements sont compatibles avec le droit de l'Union, et en particulier avec la présente directive.

2. La présente directive s'applique sans préjudice des obligations et engagements des États membres ou de l'Union en vertu d'accords bilatéraux ou multilatéraux existants avec des pays tiers.

3. Sans préjudice de la répartition des compétences entre l'Union et les États membres, conformément au droit de l'Union, les États membres notifient à la Commission leur intention d'entamer des négociations sur des accords entre les États membres et des pays tiers parties contractantes de l'Espace économique européen, portant sur des questions relevant du champ d'application du chapitre II de la présente directive, et de conclure de tels accords.

Si, dans un délai de deux mois à compter de la réception de la notification de l'intention d'un État membre d'entamer des négociations visées au premier alinéa, la Commission conclut que les négociations sont susceptibles de porter atteinte aux politiques pertinentes de l'Union ou de mener à un accord qui n'est pas compatible avec le droit de l'Union, elle en informe l'État membre.

Les États membres tiennent la Commission régulièrement informée de ces négociations et, le cas échéant, l'invitent à y participer en qualité d'observateur.

Les États membres sont autorisés à appliquer provisoirement ou à conclure les accords visés au premier alinéa, à condition qu'ils soient compatibles avec le droit de l'Union et ne portent pas atteinte à l'objet et à la finalité des politiques pertinentes de l'Union. La Commission adopte ces décisions d'autorisation au moyen d'actes d'exécution. Ces actes d'exécution sont adoptés en conformité avec la procédure consultative visée à l'article 22.

Art. 21 *Évaluation.* 1. Au plus tard le 2 août 2024, puis tous les trois ans, la Commission établit un rapport sur la mise en œuvre de la présente directive et le présente au Parlement européen et au Conseil. Ce rapport est rendu public.

2. Conformément à l'article 65, paragraphe 2, de la directive (UE) 2015/849, la Commission évalue les obstacles à la coopération entre les CRF au sein de l'Union et les possibilités de renforcer cette coopération, y compris la possibilité et l'opportunité de créer un mécanisme de coordination et de soutien.

3. Au plus tard le 2 août 2024, la Commission établit un rapport à l'intention du Parlement européen et du Conseil afin d'évaluer la nécessité et la proportionnalité d'un élargissement de la définition des informations financières à tout type d'informations ou de données détenues par des autorités publiques ou par des entités assujetties et qui sont accessibles aux CRF sans que des mesures coercitives ne soient prises en vertu du droit national, et présente une proposition législative, le cas échéant.

4. Au plus tard le 2 août 2024, la Commission procède à une évaluation des possibilités offertes et des difficultés posées par une extension de l'échange d'informations financières ou d'analyses financières entre les CRF au sein de l'Union pour couvrir les échanges d'informations portant sur des infractions pénales graves autres que le terrorisme ou la criminalité organisée associée au terrorisme.

5. Au plus tôt le 2 août 2027, la Commission procède à une évaluation de la présente directive et présente au Parlement européen et au Conseil un rapport exposant ses principales conclusions. Le rapport inclut également une évaluation de la manière dont les droits fondamentaux et les principes reconnus par la Charte des droits fondamentaux de l'Union européenne ont été respectés.

6. Aux fins des paragraphes 1 à 4 du présent article, les États membres fournissent les informations nécessaires à la Commission. La Commission tient compte des statistiques présentées par les États membres en vertu de l'article 19 et peut demander des informations supplémentaires aux États membres et aux autorités de surveillance.

Art. 22 *Comité.* 1. La Commission est assistée par un comité. Ledit comité est un comité au sens du règlement (UE) nº 182/2011.

2. Lorsqu'il est fait référence au présent paragraphe, l'article 4 du règlement (UE) nº 182/2011 s'applique.

Art. 23 *Transposition.* Les États membres mettent en vigueur les dispositions législatives, réglementaires et administratives nécessaires pour se conformer à la présente directive, au plus tard le 1er août 2021. Ils en informent immédiatement la Commission.

Lorsque les États membres adoptent ces dispositions, celles-ci contiennent une référence à la présente directive ou sont accompagnées d'une telle référence lors de leur publication officielle. Les modalités de cette référence sont arrêtées par les États membres.

Les États membres communiquent à la Commission le texte des dispositions essentielles de droit interne qu'ils adoptent dans le domaine régi par la présente directive.

Art. 24 *Abrogation de la décision 2000/642/JAI.* La décision 2000/642/JAI est abrogée avec effet à partir du 1er août 2021.

Art. 25 *Entrée en vigueur.* La présente directive entre en vigueur le vingtième jour suivant celui de sa publication au *Journal officiel de l'Union européenne* [*JOUE L 186 du 11 juill. 2019*].

Rapport COM 2019 (370) final de la Commission au Parlement européen et au Conseil du 24 juillet 2019,

Sur l'évaluation des risques de blanchiment de capitaux et de financement du terrorisme pesant sur le marché intérieur et liés aux activités transfrontières.

COMMENTAIRE

La directive (UE) 2015/849 du 20 mai 2015 relative à la prévention de l'utilisation du système financier aux fins du blanchiment de capitaux ou du financement du terrorisme (V. *supra*) a élargi les pouvoirs de la Commission européenne en matière de LBC/FT (Dir. (UE) 2015/849 du 20 mai 2015, art. 6). Ce renforcement s'explique par la nécessité d'apporter une réponse harmonisée aux risques créés par le fonctionnement même du marché intérieur, les activités transfrontalières et les flux financiers qui bénéficient du principe de libre circulation des capitaux. A ce titre, la directive impose donc à la Commission européenne d'établir tous les deux ans, voire de façon anticipée si cela s'avère nécessaire, un rapport consacré à l'identification, à l'analyse et à l'évaluation de ces risques au niveau de l'Union européenne (UE).

Le premier rapport a été publié le 26 juin 2017 (Rapport [COM (2017) 340 final]), et suivi du rapport du 24 juillet 2019. Ce rapport a un double objectif. D'une part, il doit établir une typologie européenne des risques de blanchiment de capitaux et de financement du terrorisme aux fins d'aider les États et les assujettis à la législation à adapter leurs actions dans le cadre du déploiement de leurs obligations en la matière. D'autre part, il doit présenter des recommandations harmonisées au sein de l'UE afin de pallier ces risques par la mise en place de mesures harmonisées.

Le rapport exclut cependant la prise en compte des critères de risque géographiques, leur appréciation relevant d'une compétence déléguée spécifique de la Commission. Celle-ci recense en effet les pays tiers présentant des carences stratégiques qui font peser des menaces importantes sur le système financier de l'Union européenne en matière de blanchiment de capitaux et de financement du terrorisme par l'édiction d'un règlement délégué (V. Règl. délégué (UE) 2016/1675 du 14 juill. 2016, *supra*).

I. TYPOLOGIE EUROPÉENNE DES RISQUES DE BLANCHIMENT DE CAPITAUX ET DE FINANCEMENT DU TERRORISME

Le rapport d'évaluation des risques a pour objectif d'analyser les risques associés à chaque secteur concerné (et l'évaluation monétaire des volumes concernés si cela est possible) et les moyens les plus répandus utilisés par les criminels pour blanchir les produits illicites, y compris ceux particulièrement utilisés dans les transactions entre États membres et pays tiers (hors du cas particulier des pays tiers à haut risque ; Dir. (UE) 2015/849 du 20 mai 2015, art. 9, § 2).

Le rapport constitue dès lors une typologie des risques, à l'instar des rapports de typologie des risques publiés par le GAFI. Il s'agit d'identifier régulièrement les nouvelles menaces et les modes opératoires des criminels pour réaliser des opérations de blanchiment ou de financement du terrorisme. Ces procédés et méthodes permettent aux États, aux autorités nationales de lutte contre le blanchiment et aux assujettis d'être alertés sur les risques pesant sur eux et d'adapter leur politique publique ou leur cartographie des risques à ces nouvelles typologies (Dir. (UE) 2015/849 du 20 mai 2015, art. 6, § 3).

II. VULNÉRABILITÉS RECENSÉES PAR LA COMMISSION AU NIVEAU DE L'UNION EUROPÉENNE

Le rapport porte sur les vulnérabilités relatives tant au cadre juridique qu'à l'efficacité de son application au sein de l'UE afin d'émettre des recommandations en vue de les traiter. Les vulnérabilités recensées sont de deux ordres.

Le premier type de vulnérabilités analysé est commun aux différents secteurs concernés. La Commission rappelle ainsi les effets délétères de l'anonymat des transactions financières, de l'insuffisance de l'identification des bénéficiaires effectifs et de l'accès aux informations les concernant, de l'utilisation de faux documents et de sociétés écrans comme des défaillances dans la coopération internationale et notamment entre cellules de renseignement financier.

Le second type de vulnérabilités analysé est lié à des secteurs particuliers déjà identifiés ou émergents. La Commission ajoute aux secteurs visés par la directive de 2015, modifiée par la directive de 2018, les activités nécessitant la manipulation de volumes importants d'espèces, les monnaies virtuelles, le financement participatif et les organismes à but non lucratif. Elle inclut également des moyens informels de financement comme l'*hawala* (mot désignant à la fois un mandat ou virement et un système traditionnel de paiement informel) ou les moyens utilisés par des prestataires de services informels de transfert de fonds. Le rapport identifie par ailleurs quatre nouveaux produits et secteurs qui n'ont pas été évalués dans le rapport précédent : les distributeurs automatiques de billets détenus par des entités privées, le football professionnel, les ports francs et les programmes de citoyenneté et de résidence par investissement.

A. *PAIEMENTS EN ESPÈCES ET AVOIRS ASSIMILÉS*

Il s'agit d'une modalité incontournable utilisée par les blanchisseurs dont le contrôle a été renforcé par la directive de 2015 pour les négociants de biens qui effectuent ou reçoivent des paiements en espèces d'un montant égal ou supérieur à 10 000 €.

S'ajoute à ce renforcement du contrôle des paiements en espèces la révision du règlement (UE) 2018/1672 du 23 octobre 2018 relatif aux contrôles de l'argent liquide entrant dans l'Union ou sortant de l'Union (V. ***C. douanes***) qui impose à tout voyageur entrant dans l'Union ou sortant de l'Union et transportant de l'argent liquide pour un montant égal ou supérieur à 10 000 € de la déclarer aux autorités douanières. L'argent liquide est entendu largement au titre du règlement comprenant billets de banque, chèques, chèques de voyage, cartes prépayées, ou encore le transport d'or.

Les biens culturels dont les trafics ont été mis au jour ces dernières années présentent des caractéristiques proches des risques liés aux espèces au regard de la valeur qu'ils représentent. Ils ont fait l'objet d'une réglementation spécifique couvrant l'exportation de biens culturels et la restitution de biens culturels ayant quitté illicitement le territoire d'un pays de l'Union (Règl. (UE) 2019/880 du 17 avr. 2019 concernant l'introduction et l'importation de biens culturels).

B. *RISQUES LIÉS AUX PRODUITS FINANCIERS ET PRODUITS FINANCIERS ÉMERGENTS*

Outre les risques liés au secteur financier, qui subsistent en raison d'une application insuffisante de la législation, le rapport de la Commission identifie particulièrement des produits financiers générant des liquidités qui demeurent particulièrement sensibles. Il s'agit des bureaux de change, des transferts de fonds ou des produits de monnaie électronique pour lesquels le recours à de nombreux agents et canaux de distribution rend le contrôle réel moins efficient.

Concernant les produits financiers émergents, les dispositions de la cinquième directive relatives aux fournisseurs de monnaie virtuelle et aux prestataires de services de portefeuilles de conservation constituent une première série de mesures réglementaires permettant de limiter le risque qu'ils représentent. Le rapport précise cependant que ces mesures sont insuffisantes et que des outils existent pour pallier, notamment, l'absence physique des parties au contrat par l'identification à distance et la vérification des données précises des personnes physiques et morales (Règl. (UE) n° 910/2014 du 23 juill. 2014 sur l'identification électronique et les services de confiance pour les transactions électroniques au sein du marché intérieur).

C. *RISQUES LIÉS AU SECTEUR NON FINANCIER*

Les professions du droit et du chiffre, assujetties depuis 2001 par le droit européen (Dir. 2001/97/CE du 4 déc. 2001 relative à la prévention de l'utilisation du système financier aux fins du blanchiment de capitaux), demeurent peu actives au regard de l'importance de ce secteur en matière de blanchiment. La Commission pointe les difficultés récurrentes liées, d'une part, au statut de certains de ces professionnels bénéficiant d'une protection spécifique au titre du secret professionnel, d'autre part, à l'action des autorités d'autorégulation de ces professionnels (autorité ordinale ou autorités *ad hoc*), mais également des difficultés plus générales comme la mise en œuvre de mesures d'identification et de connaissance des bénéficiaires effectifs dans certains secteurs dont le secteur immobilier. Dans le secteur des jeux d'argent et de hasard, les activités de paris, notamment, réalisées hors ou en ligne sont considérées comme très sensibles au blanchiment du fait soit de l'insuffisance des contrôles pour les activités « physiques » soit de l'importance des flux financiers transitant sur les plateformes.

Les organismes à but non lucratif (OBNL) font également l'objet d'une attention particulière en raison de leur sensibilité au blanchiment de capitaux, clairement établie depuis plusieurs années, notamment en matière de financement du terrorisme. La surveillance dont ces organismes doivent faire l'objet pour la levée et le transfert de fonds doit cependant s'articuler avec les dispositions spécifiques du droit de l'Union européenne en matière d'assistance humanitaire.

D. *NOUVELLES VULNÉRABILITÉS IDENTIFIÉES*

Outre les risques associés au sport, et particulièrement au football professionnel, le rapport met en lumière l'utilisation des ports francs ou zones franches non soumises au service des douanes. Ces zones de libre-échange présentent un risque en matière de contrefaçon. Elles permettent en effet aux faussaires de procéder à des envois terrestres, de modifier ou de manipuler les chargements ou de falsifier les documents qui s'y rapportent, puis de réexporter les produits sans l'intervention des douanes et dissimuler ainsi la nature et le fournisseur initial des biens. Ces zones facilitent également la fraude à la TVA, la corruption et donc le blanchiment de capitaux. Jusqu'à l'assujettissement imposé par la cinquième directive, la plupart des ports francs ou des entrepôts douaniers de l'Union ne disposaient pas d'informations précises sur les bénéficiaires effectifs.

Les programmes de citoyenneté et de résidence par investissement grâce auxquels des pays attirent les investissements en leur accordant des droits de citoyenneté ou de résidence créent également des risques importants. C'est pour cette raison que la cinquième directive impose une vigilance renforcée à l'égard des ressortissants de pays tiers qui demandent un droit de séjour ou la citoyenneté dans un État membre moyennant des transferts de capitaux, l'achat de propriétés ou d'obligations d'État, ou encore des investissements dans des sociétés privées.

E. *MESURES D'ATTÉNUATION MISES EN PLACE PAR L'UNION EUROPÉENNE*

La cinquième directive a d'ores et déjà apporté un certain nombre de correctifs aux vulnérabilités analysées par la Commission à l'occasion du rapport d'évaluation du 26 juin 2017. Il faut cependant ajouter les avancées législatives dans des domaines connexes d'une grande importance dans l'application efficiente du dispositif de LBC/FT.

Le mandat de l'Autorité bancaire européenne en matière de collecte, d'analyse et de diffusion des informations afin de garantir que l'ensemble des autorités compétentes surveillent de façon efficace et cohérente les risques de blanchiment de capitaux en fait partie (révision des règlements relatifs aux autorités européennes en cours). De même, un groupe d'experts a été mis en place par la Commission en décembre 2017 pour travailler sur les processus d'identification électronique et de connaissance du client à distance (utilisation par les prestataires de services financiers de systèmes d'identification électronique (e-ID) et d'autres processus numériques innovants pour se conformer aux règles en matière de lutte contre le blanchiment de capitaux).

III. *RECOMMANDATIONS ÉMISES PAR LA COMMISSION EUROPÉENNE*

La Commission adresse aux États membres des recommandations sur les mesures qu'il convient de prendre pour faire face aux risques identifiés pour lesquels les mesures d'atténuation recensées sont insuffisantes. Ces recommandations ont un caractère fortement incitatif dans la mesure où si les États décident de ne pas appliquer ces recommandations ils sont soumis à la règle *Complain or explain* et doivent donc le notifier à la Commission (Dir. (UE) 2015/849 du 20 mai 2015, art. 6, § 4). A ce jour, aucun État membre n'a procédé à une telle notification à la Commission en ce qui concerne les recommandations de 2017. Le rapport de 2017 est, par ailleurs, annonciateur d'un certain nombre de modifications ensuite intégrées à la cinquième directive démontrant que cet instrument revêt une valeur significative dans l'architecture européenne.

Dans cette perspective, la Commission constate pour le secteur non financier la multiplicité des autorités d'autorégulation et la nécessité d'une plus grande implication de leur part dans le déploiement de la politique de LBC/FT.

Pour le secteur financier, les leviers institutionnels existent et la Commission adresse des recommandations aux autorités européennes de surveillance du secteur bancaire et financier. Ces autorités ont émis, à la suite des recommandations du rapport du 26 juin 2017, huit projets de normes techniques, des orientations et des avis pour soutenir la mise en œuvre effective de l'approche fondée sur les risques par les établissements financiers et de crédits et leurs autorités de surveillance (Règl. délégué (UE) 2018/1108 du 7 mai 2018 complétant la directive (UE) 2015/849 du Parlement européen et du Conseil par des normes techniques de réglementation précisant les critères relatifs à la nomination des points de contact centraux des émetteurs de monnaie électronique et des prestataires de services de paiement et par des règles quant à leurs fonctions). Un neuvième instrument visant l'amélioration de la coopération entre les autorités de surveillance en matière de LBC/FT est à l'étude. Des lignes directrices sur la coopération et l'échange d'informations en matière de surveillance et sur les nouveaux collèges des autorités de surveillance en matière de lutte contre le blanchiment de capitaux et le financement du terrorisme sont également prévues.

La Commission évalue ensuite l'application des recommandations émise en 2017 par les États membres en les appelant à poursuivre leurs efforts dans le déploiement des dispositions de la cinquième directive. Son application sera évaluée par un nouveau rapport de la Commission à la mi-2021 (amélioration de la transparence au moyen de registres publics de bénéficiaires effectifs pour les entreprises, et de registres accessibles au public pour les fiducies et trusts et autres constructions juridiques ; limitation de l'anonymat offert par les monnaies virtuelles, les fournisseurs de portefeuilles et les cartes prépayées ; élargissement des critères d'évaluation des pays à haut risque et en amélioration des garanties entourant les transactions financières à destination et en provenance de ces pays ; mise en place par les États de registres centralisés des comptes bancaires ou des systèmes d'extraction de données ; renforcement de la coopération et de l'échange d'informations entre les autorités de surveillance en matière de lutte contre le blanchiment de capitaux et avec les autorités de surveillance prudentielle et la Banque centrale européenne). ❑

Orientations communes des Autorités européennes de surveillance sur les facteurs de risque du 1er mars 2021 (EBA/GL/2021/02),

Au titre des articles 17 et 18, paragraphe 4, de la directive (UE) 2015/849, sur les mesures de vigilance à l'égard de la clientèle et sur les facteurs que les établissements de crédit et les établissements financiers devraient prendre en considération lorsqu'ils évaluent les risques de blanchiment de capitaux et de financement du terrorisme associés aux relations d'affaires individuelles et aux transactions conclues à titre occasionnel 🏛.

COMMENTAIRE

La directive (UE) 2015/849 du 20 mai 2015 (V. *supra*) renforce les obligations de coopération entre les autorités nationales et entre les autorités nationales et les autorités européennes de surveillance et la Commission. Elle consolide la politique d'évaluation des risques conduite par les opérateurs économiques assujettis à la réglementation, en créant un dispositif pyramidal de l'évaluation des risques encadré par des indicateurs élaborés par la Commission, par les autorités européennes de surveillance et les États membres et *in fine* par les entités assujetties.

D'une part, la Commission établit un rapport consacré à l'identification, l'analyse et l'évaluation des risques au niveau de l'Union européenne sur lequel différentes autorités apporteront leur éclairage, et notamment les autorités européennes de surveillance (Dir. (UE) 2015/849 du 20 mai 2015, art. 6).

D'autre part, les États membres sont tenus de procéder à l'évaluation des risques et de transmettre cette évaluation à la Commission, aux autorités européennes de surveillance et aux autres États membres. Ils doivent tenir des statistiques complètes sur les aspects pertinents afin de procéder à l'évaluation des risques au titre de l'article 44 de la directive (Dir. (UE) 2015/849 du 20 mai 2015, art. 7).

Les trois autorités européennes de surveillance (AES) sont l'Autorité bancaire européenne (*European Banking Authority*), l'Autorité européenne des assurances et des pensions professionnelles (*European Insurance and Occupational Pensions Authority*) et l'Autorité européenne des marchés financiers (*European Securities and Markets Authority*). Elles forment, avec les autorités de surveillance nationales des États membres, le pilier microprudentiel de la surveillance des marchés financiers de l'Union européenne. Tandis que la supervision courante des établissements financiers reste la tâche des autorités de surveillance nationales, les AES sont appelées à développer et à appliquer un dispositif réglementaire commun ainsi que des pratiques de surveillance convergentes au sein de l'Union.

Les AES émettent à ce titre des orientations communes qui exposent l'avis des autorités européennes de surveillance sur des pratiques de surveillance appropriées au sein du système européen de surveillance financière ou sur les modalités d'application du droit de l'Union dans un domaine particulier. Les autorités compétentes qui sont soumises aux orientations communes devraient s'y conformer en les intégrant dans leurs pratiques de surveillance, selon les modalités qu'elles estiment appropriées (par exemple en modifiant leur cadre juridique ou leurs procédures de surveillance), y compris lorsque les orientations communes s'adressent principalement à des établissements.

Dans ce cadre, les orientations communes des autorités européennes de surveillance apportent des éléments sur les facteurs que les établissements de crédit et les établissements financiers devraient prendre en considération lorsqu'ils évaluent les risques de blanchiment de capitaux et de financement du terrorisme associés aux relations d'affaires individuelles et aux transactions conclues à titre occasionnel. ❑

B Conseil de l'Europe

COMMENTAIRE

Le Conseil de l'Europe a pour objectif de défendre les droits de l'Homme, la démocratie et l'État de droit. Ses principaux instruments sont la Convention européenne de sauvegarde des droits de l'Homme et des libertés fondamentales (Conv. EDH) et la Cour européenne des droits de l'Homme (CEDH), chargée de veiller à son application. Les conventions thématiques du Conseil de l'Europe revêtent un intérêt majeur en matière de coopération judiciaire entre les États parties mais également en matière de droit pénal de fond.

Ainsi, le Conseil de l'Europe a eu un rôle précurseur dans la législation en matière de lutte contre le blanchiment de capitaux et le financement du terrorisme (LBC/FT). Il a émis une première recommandation, dès le 27 juin 1980, relative aux mesures contre le transfert et la mise à l'abri des fonds d'origine criminelle, avant d'élaborer la convention du 8 novembre 1990, dite « convention de Strasbourg », relative au blanchiment, au dépistage, à la saisie et à la confiscation des produits du crime (V. *infra*). Cette convention fut suivie de la convention du 16 mai 2005, dite « convention de Varsovie », relative au blanchiment, au dépistage, à la saisie, à la confiscation et au financement du terrorisme (V. *infra*), intégrant les objectifs de la convention des Nations unies du 9 décembre 1999 pour la répression du financement du terrorisme (V. *infra*, III. Règles internationales) et renforçant les dispositions relatives à la lutte contre le blanchiment.

L'influence du Conseil de l'Europe – outre les recommandations dépourvues de valeur juridique et les conventions multilatérales qui, elles, en sont dotées – est renforcée par le Comité d'experts sur l'évaluation des mesures de lutte contre le blanchiment de capitaux et le financement du terrorisme (PC-R-EV). Créé en 1997, puis modifié en 2013 et en 2017 (Résol. CM/Res (2013)13 et CM/Res (2017)19), il est aujourd'hui rebaptisé MONEYVAL. Il s'agit d'un organisme régional de type GAFI (ORTG) dont la mission consiste à veiller à ce que les États membres du Conseil de l'Europe qui n'appartiendraient pas au Groupe d'action financière et les pays désireux d'adhérer au Conseil de l'Europe mettent en place un système efficace de lutte contre le blanchiment de capitaux et le financement du terrorisme. MONEYVAL conduit pour le GAFI des évaluations mutuelles et réalise également des études typologiques sur les méthodes, tendances et techniques de blanchiment de capitaux et de financement du terrorisme. ❑

Recommandation n° R (80) 10 du Conseil de l'Europe du 27 juin 1980,

Relative aux mesures contre le transfert et la mise à l'abri des capitaux d'origine criminelle.

Lors de l'adoption de la recommandation, le délégué de l'Irlande, par application de l'art. 10.2.c du règlement intérieur des réunions des Délégués des Ministres, a réservé le droit de son Gouvernement de s'y conformer ou non.

COMMENTAIRE

La Recommandation du Conseil de l'Europe n° R (80) 10 du 27 juin 1980 revêt une double valeur historique. La recommandation propose pour la première fois la mise en place de mesures tendant à lutter contre la criminalité transnationale en privant les criminels des profits tirés de leurs activités illicites. Elle prévoit, par ailleurs, de façon très novatrice, la mise en place de politiques d'identification du client dans les opérations bancaires avec des considérations très pratiques, telles que la formation des agents bancaires à la vérification des documents d'identité.

Ces dispositions, sans valeur juridique contraignante, posent les linéaments de ce que seront ensuite les règles préventives, également qualifiées de règles prudentielles, développées par le GAFI dans le cadre de ses Recommandations (V. *infra*, III. Règles internationales) puis déclinées dans le droit de l'Union européenne (V. *supra*, A. Union européenne).

Le Comité des Ministres, en vertu de l'article 15.b du Statut du Conseil de l'Europe,

Considérant le nombre important des actes de violence criminelle, tels que les hold-ups et les enlèvements qui sont en progression dans plusieurs pays de l'Europe, et l'inquiétude de l'opinion publique à cet égard ;

Estimant que le transfert de capitaux d'origine criminelle d'un pays à un autre et leur blanchissage par insertion dans le circuit économique suscitent de graves problèmes, favorisent la commission de nouveaux actes criminels et étendent ainsi le phénomène aussi bien sur le plan national qu'international ;

Soucieux de coordonner et de renforcer les actions entreprises par les États membres pour lutter contre ce phénomène et désirant définir une politique globale devenue nécessaire ;

Convaincu que, dans cette stratégie globale, le système bancaire peut jouer un rôle préventif très efficace, sa collaboration contribuant en outre à la répression de ces actes criminels par les autorités de justice et de police compétentes ;

Convaincu de l'importance qui doit être attachée à ce que les établissements bancaires connaissent effectivement les personnes avec lesquelles ils sont en relation ;

Convaincu également que le relevé de la numérotation des billets de banque mis en circulation à l'occasion d'actes criminels est utile, voire indispensable, à la découverte des auteurs,

Recommande aux gouvernements des États membres :

a. de prévoir que les mesures suivantes soient adoptées par leur système bancaire :
i. la vérification de l'identité des clients lors :
— de l'ouverture d'un compte ou la constitution d'un dépôt ;
— de la location de compartiments de coffre-fort ;
— des opérations au comptant portant sur des montants d'une certaine importance, en tenant compte d'éventuelles opérations fractionnées ;
— des transferts interbancaires portant sur des montants d'une certaine importance, en tenant compte d'éventuelles opérations fractionnées.

Cette vérification doit se faire sur la base d'un document officiel ou, lorsque les relations avec le client sont nouées par correspondance ou par l'intermédiaire d'un tiers, par un moyen équivalent ;

ii. la limitation des locations de compartiments de coffre-fort à des personnes physiques ou morales avec lesquelles la banque est en relations d'affaires depuis un certain temps ou que la banque peut considérer comme dignes de confiance sur la base de références ;

iii. la constitution des réserves de billets de banque à la numérotation desquels les autorités ont accès lorsque ces billets ont été utilisés en cas d'actes criminels ;

iv. une formation adéquate du personnel bancaire de guichet, notamment en ce qui concerne le contrôle des documents d'identité et le dépistage des comportements criminels ;

b. d'instaurer une étroite collaboration, nationale et internationale, notamment avec l'aide d'Interpol, entre les établissements bancaires et les autorités compétentes pour échanger des informations relatives à la circulation des billets de banque utilisés en cas d'actes criminels et contrôler leur écoulement ;

c. d'instituer un dispositif permettant aux banques, par comparaison systématique ou par sondages, de se référer, lors de la remise de billets à un établissement, à la liste de ceux qui ont été utilisés dans le cadre d'actes criminels.

Convention du Conseil de l'Europe du 8 novembre 1990 (convention de Strasbourg),

Relative au blanchiment, au dépistage, à la saisie et à la confiscation des produits du crime.

Signée par la France le 5 juill. 1991. – Publiée par Décr. n° 97-183 du 25 févr. 1997. – Entrée en vigueur pour la France le 1er févr. 1997.

RÉP. INTERNAT. V° *Stupéfiants*, par AUBERT et MASSÉ.

BIBL. GÉN. ▶ EL ZEIN, Trafic illicite de stupéfiants, *in* Ascencio, Decaux et Pellet (dir.), Droit international pénal, *Pedone, 2000, chap. 49*. – BOURSIER, Droit pénal des affaires internationales, Mondialisation et Compliance, *Lextenso, 2e éd., 2020*.

COMMENTAIRE

La convention du 8 novembre 1990, dite « convention de Strasbourg », entrée en vigueur en France en 1996, consacre pour la première fois explicitement l'incrimination de blanchiment dans l'ordre juridique international. Elle s'inscrit dans le prolongement de la convention de Vienne du 20 décembre 1988 contre le trafic illicite de stupéfiants et de substances psychotropes, qui introduisait dans l'ordre juridique international l'incrimination de blanchiment comme une déclinaison de l'infraction générique de « trafic de stupéfiants » (art. 3.1, b ; V. *infra*, III. Règles internationales).

La convention de Strasbourg étend l'obligation d'incriminer le blanchiment et l'application de mesures de confiscation à l'ensemble des infractions principales, dites également « infractions sous-jacentes » générant une opération de blanchiment. L'élargissement de l'infraction de blanchiment à toute infraction principale punie d'une peine privative de liberté ou d'une mesure de sûreté d'une durée maximale supérieure à un an, voire six mois dans certains systèmes juridiques, assure dès lors la répression du blanchiment du produit de la quasi-totalité des délits et de tous les crimes tandis que les modalités de sa poursuite sont également facilitées. ❑

PRÉAMBULE

Les États membres du Conseil de l'Europe et les autres États signataires de la présente Convention,

Considérant que le but du Conseil de l'Europe est de réaliser une union plus étroite entre ses membres ;

Convaincus de la nécessité de poursuivre une politique pénale commune tendant à la protection de la société ;

Considérant que la lutte contre la criminalité grave, qui est de plus en plus un problème international, exige l'emploi de méthodes modernes et efficaces au niveau international ;

Estimant qu'une de ces méthodes consiste à priver le délinquant des produits du crime ;

Considérant qu'afin d'atteindre cet objectif, un système satisfaisant de coopération internationale doit également être mis en place,

Sont convenus de ce qui suit :

CHAPITRE I *TERMINOLOGIE*

Art. 1er *Terminologie.* **Aux fins de la présente Convention, l'expression :**

a) "Produit" désigne tout avantage économique tiré d'infractions pénales. Cet avantage peut consister en tout bien tel que défini à l'alinéa *b* du présent article ;

b) "Bien" comprend un bien de toute nature, qu'il soit corporel ou incorporel, meuble ou immeuble, ainsi que les actes juridiques ou documents attestant d'un titre ou d'un droit sur le bien ;

c) "Instruments" désigne tous objets employés ou destinés à être employés de quelque façon que ce soit, en tout ou partie, pour commettre une ou des infractions pénales ;

d) "Confiscation" désigne une peine ou une mesure ordonnée par un tribunal à la suite d'une procédure portant sur une ou des infractions pénales, peine ou mesure aboutissant à la privation permanente du bien ;

e) "Infraction principale" désigne toute infraction pénale à la suite de laquelle des produits sont générés et susceptibles de devenir l'objet d'une infraction selon l'article 6 de la présente Convention.

CHAPITRE II *MESURES À PRENDRE AU NIVEAU NATIONAL*

Art. 2 *Mesures de confiscation.* 1. Chaque Partie adopte les mesures législatives et autres qui se révèlent nécessaires pour lui permettre de confisquer des instruments et des produits ou des biens dont la valeur correspond à ces produits.

2. Chaque Partie peut, au moment de la signature ou au moment du dépôt de son instrument de ratification, d'acceptation, d'approbation ou d'adhésion, par une déclaration adressée au Secrétaire général du Conseil de l'Europe, déclarer que le paragraphe 1 du présent article ne s'applique qu'aux infractions ou catégories d'infractions précisées dans la déclaration.

Art. 3 *Mesures d'investigation et mesures provisoires.* Chaque Partie adopte les mesures législatives et autres qui se révèlent nécessaires pour lui permettre d'identifier et de rechercher les biens soumis à confiscation, conformément à l'article 2, paragraphe 1, et de prévenir toute opération, tout transfert ou toute aliénation relativement à ces biens.

Art. 4 *Pouvoirs et techniques spéciaux d'investigation.* 1. Chaque Partie adopte les mesures législatives et autres qui se révèlent nécessaires pour habiliter ses tribunaux ou ses autres autorités compétents à ordonner la communication ou la saisie de dossiers bancaires, financiers ou commerciaux afin de mettre en œuvre les mesures visées aux articles 2 et 3. Une Partie ne saurait invoquer le secret bancaire pour refuser de donner effet aux dispositions du présent article.

2. Chaque Partie envisage d'adopter les mesures législatives et autres qui se révèlent nécessaires pour lui permettre d'employer des techniques spéciales d'investigation facilitant l'identification et la recherche du produit ainsi que la réunion de preuves y afférentes. Parmi ces techniques, on peut citer les ordonnances de surveillance de comptes bancaires, l'observation, l'interception de télécommunications, l'accès à des systèmes informatiques et les ordonnances de production de documents déterminés.

Art. 5 *Recours juridiques.* Chaque Partie adopte les mesures législatives et autres qui se révèlent nécessaires pour faire en sorte que les personnes affectées par les mesures prévues aux articles 2 et 3 disposent de recours juridiques effectifs pour préserver leurs droits.

Art. 6 *Infractions de blanchiment.* 1. Chaque Partie adopte les mesures législatives et autres qui se révèlent nécessaires pour conférer le caractère d'infraction pénale, conformément à son droit interne, lorsque l'acte a été commis intentionnellement à :

a) La conversion ou au transfert de biens dont celui qui s'y livre sait que ces biens constituent des produits, dans le but de dissimuler ou de déguiser l'origine illicite desdits biens ou d'aider toute personne qui est impliquée dans la commission de l'infraction principale à échapper aux conséquences juridiques de ses actes ;

b) La dissimulation ou le déguisement de la nature, de l'origine, de l'emplacement, de la disposition, du mouvement ou de la propriété réels de biens ou de droits y relatifs, dont l'auteur sait que ces biens constituent des produits,

Et, sous réserve de ses principes constitutionnels et des concepts fondamentaux de son système juridique :

c) L'acquisition, la détention ou l'utilisation de biens, dont celui qui les acquiert, les détient ou les utilise sait, au moment où il les reçoit, qu'ils constituent des produits ;

d) La participation à l'une des infractions établies conformément au présent article ou à toute association, entente, tentative ou complicité par fourniture d'une assistance, d'une aide ou de conseils en vue de sa commission.

2. Aux fins de la mise en œuvre ou de l'application du paragraphe 1 du présent article :

a) Le fait que l'infraction principale soit ou non de la compétence des juridictions pénales de la Partie n'entre pas en ligne de compte ;

b) Il peut être prévu que les infractions énoncées par ce paragraphe ne s'appliquent pas aux auteurs de l'infraction principale ;

c) La connaissance, l'intention ou la motivation nécessaires en tant qu'éléments d'une des infractions énoncées par ce paragraphe peuvent être déduites de circonstances factuelles objectives.

3. Chaque Partie peut adopter les mesures qu'elle estime nécessaires pour conférer, en vertu de son droit interne, le caractère d'infractions pénales à la totalité ou à une partie des actes évoqués au paragraphe 1 dans l'un ou dans la totalité des cas suivants lorsque l'auteur :

a) Devait présumer que le bien constituait un produit ;

b) A agi dans un but lucratif ;

c) A agi pour faciliter la continuation d'une activité criminelle.

4. Chaque Partie peut, au moment de la signature ou au moment du dépôt de son instrument de ratification, d'acceptation, d'approbation ou d'adhésion, par déclaration adressée au Secrétaire général du Conseil de l'Europe, déclarer que le paragraphe 1 du présent article s'applique seulement aux infractions principales ou catégories d'infractions principales précisées dans cette déclaration.

COMMENTAIRE

I. CONTENU DE L'INCRIMINATION DE BLANCHIMENT AU TITRE DE LA CONVENTION DE STRASBOURG

L'incrimination de blanchiment prévue par la convention du 8 novembre 1990, dite aussi « convention de Strasbourg », prévoit, comme la convention de Vienne du 20 décembre 1988 (V. *infra*, III. Règles internationales) et la convention de Palerme du 15 novembre 2000 (V. v° *Corruption*), une première hypothèse qui vise la conversion ou le transfert d'un bien afin d'en cacher l'origine illicite ou d'aider l'un des auteurs de l'infraction principale à échapper aux poursuites judiciaires (art. 6.1, a). Une seconde hypothèse vise la dissimulation ou le déguisement de la nature d'un bien ou de droits afférents à ce bien, ou encore la dissimulation de son origine, de son emplacement, de la disposition, du mouvement ou de la propriété réelle de ce bien (art. 6.1, a). Elle vise le blanchiment d'argent de « tout produit », c'est-à-dire de « tout avantage économique tiré d'infractions pénales » (art. 1er, a).

L'incrimination de blanchiment peut, par ailleurs, et dans le respect des principes constitutionnels et des concepts fondamentaux des systèmes nationaux, être étendue à des comportements postérieurs à l'acte même de blanchiment. La convention de Strasbourg vise ainsi « l'acquisition, la détention ou l'utilisation de biens » dont l'auteur sait qu'ils constituent des produits (art. 6.1, c). Ces comportements relèvent en droit français de l'incrimination de recel et plus particulièrement de l'infraction de recel-profit (C. pén., art. 321-1).

II. MODALITÉS DE POURSUITE DE L'INFRACTION DE BLANCHIMENT AU TITRE DE LA CONVENTION DE STRASBOURG

La convention de Strasbourg prévoit d'autres dispositions, connexes aux dispositions relatives à l'infraction de blanchiment elle-même, concernant les modalités de son application par les juridictions pénales des États parties. Ainsi, la convention du 8 novembre 1990 laisse aux États la possibilité d'exclure l'application de l'infraction de blanchiment à l'auteur de l'infraction principale (art. 6.2, b). Les États peuvent également choisir de donner la possibilité aux juridictions pénales de déduire l'existence de l'élément intellectuel de l'infraction de blanchiment des circonstances factuelles objectives liées à sa commission (art. 6.2, c).

La convention étend la compétence territoriale des États parties en retenant le principe de leur compétence pour connaître d'une infraction de blanchiment, et ce, que l'infraction principale soit ou non de la compétence de leurs juridictions. Elle exclut, de plus, toute condition de réciprocité d'incrimination pour l'infraction principale élargissant et allégeant ainsi les conditions de la poursuite (art. 6.2, a).

La convention considère que toutes les infractions pénales sont susceptibles d'entraîner des poursuites pour l'infraction de conséquence de blanchiment, sauf à ce que les États procèdent à une déclaration spécifique auprès du secrétaire général du Conseil de l'Europe pour exclure certaines infractions principales de l'application de ce principe (art. 6.4). Enfin, la convention de Strasbourg prévoit la possibilité d'incriminer le blanchiment sur le fondement d'une présomption de connaissance en vertu de laquelle le bien constitue le produit d'une activité criminelle au sens du texte (art. 6.3, a), ou lorsque l'auteur agit dans un but lucratif (art. 6.3, b) ou encore lorsque il a facilité la continuation de l'activité criminelle (art. 6.3, c). ❑

CHAPITRE III *COOPÉRATION INTERNATIONALE*

SECTION 1 *Principes de coopération internationale*

Art. 7 *Principes généraux et mesures de coopération internationale.* **1. Les Parties coopèrent dans la mesure la plus large possible les unes avec les autres aux fins d'investigations et de procédures visant à la confiscation des instruments et des produits.**

2. Chaque Partie adopte les mesures législatives et autres qui se révèleront nécessaires pour lui permettre de répondre, aux conditions prévues dans ce chapitre, aux demandes :

a) De confiscation de biens particuliers consistant en des produits ou instruments, ainsi que de confiscation des produits consistant en l'obligation de payer une somme d'argent correspondant à la valeur du produit ;

b) D'entraide aux fins d'investigations et de mesures provisoires ayant pour but l'une des formes de confiscation mentionnées au point a) ci-dessus.

SECTION 2 *Entraide aux fins d'investigations*

Art. 8 *Obligation d'entraide.* **Les Parties s'accordent, sur demande, l'entraide la plus large possible pour identifier et dépister les instruments, les produits et les autres biens susceptibles de confiscation. Cette entraide consiste notamment en toute mesure relative à l'apport et à la mise en sûreté des éléments de preuve concernant l'existence des biens susmentionnés, leur emplacement ou leurs mouvements, leur nature, leur statut juridique ou leur valeur.**

Art. 9 *Exécution de l'entraide.* **L'entraide prévue par l'article 8 est exécutée conformément au droit interne de la Partie requise et en vertu de celui-ci, et conformément aux procédures précisées dans la demande, dans la mesure où elles ne sont pas incompatibles avec ce droit interne.**

Art. 10 *Transmission spontanée d'informations.* **Sans préjudice de ses propres investigations ou procédures, une Partie peut, sans demande préalable, transmettre à une autre Partie des informations sur les instruments et les produits lorsqu'elle estime que la communication de ces informations pourrait aider la Partie destinataire à engager ou mener à bien des investigations ou des procédures, ou lorsque ces informations pourraient aboutir à une demande formulée par cette Partie en vertu du présent chapitre.**

SECTION 3 *Mesures provisoires*

Art. 11 *Obligation d'ordonner des mesures provisoires.* **1. Une Partie prend, à la demande d'une autre Partie qui a engagé une procédure pénale ou une action en confiscation, les mesures provisoires qui s'imposent, telles que le gel ou la saisie, pour prévenir toute opération, tout transfert ou toute aliénation relativement à tout bien qui, par la suite, pourrait faire l'objet d'une demande de confiscation ou qui pourrait permettre de faire droit à une telle demande.**

2. Une Partie qui a reçu une demande de confiscation conformément à l'article 13 prend, si la demande en est faite, les mesures mentionnées au paragraphe 1 du présent article, relativement à tout bien qui fait l'objet de la demande ou qui pourrait permettre de faire droit à une telle demande.

Art. 12 *Exécution des mesures provisoires.* **1. Les mesures provisoires visées à l'article 11 sont exécutées conformément au droit interne de la Partie requise et en vertu de celui-ci, et conformément aux procédures précisées dans la demande, dans la mesure où elles ne sont pas incompatibles avec ce droit interne.**

2. Avant de lever toute mesure provisoire prise conformément au présent article, la Partie requise donne, si possible, à la Partie requérante la faculté d'exprimer ses raisons en faveur du maintien de la mesure.

SECTION 4 *Confiscation*

Art. 13 *Obligation de confiscation.* 1. Une Partie qui a reçu d'une autre partie une demande de confiscation concernant des instruments ou des produits, situés sur son territoire, doit :

a) Exécuter une décision de confiscation émanant d'un tribunal de la Partie requérante en ce qui concerne ces instruments ou ces produits ; ou

b) Présenter cette demande à ses autorités compétentes pour obtenir une décision de confiscation et, si celle-ci est accordée, l'exécuter.

2. Aux fins de l'application du paragraphe 1 b) du présent article, toute Partie a, si besoin est, compétence pour engager une procédure de confiscation en vertu de son droit interne.

3. Les dispositions du paragraphe 1 du présent article s'appliquent également à la confiscation consistant en l'obligation de payer une somme d'argent correspondant à la valeur du produit, si des biens sur lesquels peut porter la confiscation se trouvent sur le territoire de la Partie requise. En pareil cas, en procédant à la confiscation conformément au paragraphe 1, la Partie requise, à défaut de paiement, fait recouvrer sa créance sur tout bien disponible à cette fin.

4. Si une demande de confiscation vise un bien déterminé, les Parties peuvent convenir que la Partie requise peut procéder à la confiscation sous forme d'une obligation de payer une somme d'argent correspondant à la valeur du bien.

Art. 14 *Exécution de la confiscation.* 1. Les procédures permettant d'obtenir et d'exécuter la confiscation en vertu de l'article 13 sont régies par la loi de la Partie requise.

2. La Partie requise est liée par la constatation des faits dans la mesure où ceux-ci sont exposés dans une condamnation ou une décision judiciaire de la Partie requérante, ou dans la mesure où celle-ci se fonde implicitement sur eux.

3. Chaque Partie peut, au moment de la signature ou au moment du dépôt de son instrument de ratification, d'acceptation, d'approbation ou d'adhésion, par une déclaration adressée au Secrétaire général du Conseil de l'Europe, déclarer que le paragraphe 2 du présent article ne s'applique que sous réserve de ses principes constitutionnels et des concepts fondamentaux de son système juridique.

4. Si la confiscation consiste en l'obligation de payer une somme d'argent, l'autorité compétente de la Partie requise en convertit le montant en devises de son pays au taux de change en vigueur au moment où est prise la décision d'exécuter la confiscation.

5. Dans le cas visé à l'article 13, paragraphe 1 a), la Partie requérante a seule le droit de statuer relativement à toute demande de révision de la décision de confiscation.

Art. 15 *Biens confisqués.* La Partie requise dispose selon son droit interne de tous les biens confisqués par elle, sauf s'il en est convenu autrement par les Parties concernées.

Art. 16 *Droit d'exécution et montant maximal de la confiscation.* 1. Une demande de confiscation faite conformément à l'article 13 ne porte pas atteinte au droit de la Partie requérante d'exécuter elle-même la décision de confiscation.

2. Rien dans la présente Convention ne saurait être interprété comme permettant que la valeur totale des biens confisqués soit supérieure à la somme fixée par la décision de confiscation. Si une Partie constate que cela pourrait se produire, les Parties concernées procèdent à des consultations pour éviter une telle conséquence.

Art. 17 *Contrainte par corps.* La Partie requise ne peut pas prononcer la contrainte par corps ni prendre aucune autre mesure restrictive de liberté à la suite d'une demande présentée en vertu de l'article 13 si la Partie requérante l'a précisé dans la demande.

SECTION 5 ***Refus et ajournement de la coopération***

Art. 18 *Motifs de refus.* **1.** La coopération en vertu du présent chapitre peut être refusée dans le cas où :

a) La mesure sollicitée serait contraire aux principes fondamentaux de l'ordre juridique de la Partie requise ; ou

b) L'exécution de la demande risque de porter atteinte à la souveraineté, à la sécurité, à l'ordre public ou à d'autres intérêts essentiels de la Partie requise ; ou

c) La Partie requise estime que l'importance de l'affaire sur laquelle porte la demande ne justifie pas que soit prise la mesure sollicitée ; ou

d) L'infraction sur laquelle porte la demande est une infraction politique ou fiscale ; ou

e) La Partie requise considère que la mesure sollicitée irait à l'encontre du principe "*ne bis in idem*" ; ou

f) L'infraction à laquelle se rapporte la demande ne serait pas une infraction au regard du droit de la Partie requise si elle était commise sur le territoire relevant de sa juridiction. Toutefois, ce motif de refus ne s'applique à la coopération prévue par la section 2 que dans la mesure où l'entraide sollicitée implique des mesures coercitives.

2. La coopération prévue par la section 2, dans la mesure où l'entraide sollicitée implique des mesures coercitives, et celle prévue par la section 3 du présent chapitre peuvent également être refusées dans les cas où les mesures sollicitées ne pourraient pas être prises en vertu du droit interne de la Partie requise à des fins d'investigations ou de procédures, s'il s'agissait d'une affaire interne analogue.

3. Lorsque la législation de la Partie requise l'exige, la coopération prévue par la section 2, dans la mesure où l'entraide sollicitée implique des mesures coercitives, et celle prévue par la section 3 du présent chapitre peuvent aussi être refusées dans le cas où les mesures sollicitées ou toutes autres mesures ayant des effets analogues ne seraient pas autorisées par la législation de la Partie requérante, ou, en ce qui concerne les autorités compétentes de la Partie requérante, si la demande n'est autorisée ni par un juge ni par une autre autorité judiciaire, y compris le ministère public, ces autorités agissant en matière d'infractions pénales.

4. La coopération prévue par la section 4 du présent chapitre peut être refusée si :

a) La législation de la Partie requise ne prévoit pas la confiscation pour le type d'infraction sur lequel porte la demande ; ou

b) Sans préjudice de l'obligation relevant de l'article 13, paragraphe 3, elle irait à l'encontre des principes du droit interne de la Partie requise en ce qui concerne les possibilités de confiscation relativement aux liens entre une infraction et :

i) Un avantage économique qui pourrait être assimilé à son produit ; ou

ii) Des biens qui pourraient être assimilés à ses instruments ; ou

c) En vertu de la législation de la Partie requise, la décision de confiscation ne peut plus être prononcée ou exécutée pour cause de prescription ; ou

d) La demande ne porte pas sur une condamnation antérieure, ni sur une décision de caractère judiciaire, ni sur une déclaration figurant dans une telle décision, déclaration selon laquelle une ou plusieurs infractions ont été commises, et qui est à l'origine de la décision ou de la demande de confiscation ; ou

e) Soit la confiscation n'est pas exécutoire dans la Partie requérante, soit elle est encore susceptible de voies de recours ordinaires ; ou

f) La demande se rapporte à une décision de confiscation rendue en l'absence de la personne visée par la décision et si, selon la Partie requise, la procédure engagée par la Partie requérante et qui a conduit à cette décision n'a pas satisfait aux droits *minima* de la défense reconnus à toute personne accusée d'une infraction.

5. Aux fins du paragraphe 4 f) du présent article, une décision n'est pas réputée avoir été rendue en l'absence de l'accusé :

a) Si elle a été confirmée ou prononcée après opposition par l'intéressé ; ou

b) Si elle a été rendue en appel, à condition que l'appel ait été interjeté par l'intéressé.

6. En examinant, pour les besoins du paragraphe 4 f) du présent article, si les droits *minima* de la défense ont été respectés, la Partie requise tiendra compte du fait que l'intéressé a délibérément cherché à se soustraire à la justice ou que cette personne,

après avoir eu lieu la possibilité d'introduire un recours contre la décision rendue en son absence, a choisi de ne pas introduire un tel recours. Il en ira de même lorsque l'intéressé, après avoir été dûment cité à comparaître, aura choisi de ne pas comparaître ou de ne pas demander l'ajournement de l'affaire.

7. Une Partie ne saurait invoquer le secret bancaire pour justifier son refus de toute coopération prévue au présent chapitre. Lorsque son droit interne l'exige, une Partie peut exiger qu'une demande de coopération qui impliquerait la levée du secret bancaire soit autorisée, soit par un juge, soit par une autre autorité judiciaire, y compris le ministère public, ces autorités agissant en matière d'infractions pénales.

8. Sans préjudice du motif de refus prévu au paragraphe 1 a) du présent article :

a) Le fait que la personne qui fait l'objet d'une investigation menée ou d'une décision de confiscation prise par les autorités de la Partie requérante soit une personne morale ne saurait être invoqué par la Partie requise comme un obstacle à toute coopération en vertu du présent chapitre ;

b) Le fait que la personne physique contre laquelle a été rendue une décision de confiscation de produits soit décédée par la suite ainsi que le fait qu'une personne morale contre laquelle a été rendue une décision de confiscation de produits ait été dissoute par la suite ne sauraient être invoqués comme des obstacles à l'entraide prévue par l'article 13, paragraphe 1 a).

Art. 19 *Ajournement.* La Partie requise peut surseoir à l'exécution des mesures visées par une demande si elles risquent de porter préjudice à des investigations ou des procédures menées par ses autorités.

Art. 20 *Acceptation partielle ou sous condition d'une demande.* Avant de refuser ou de différer sa coopération en vertu du présent chapitre, la Partie requise examine, le cas échéant après avoir consulté la Partie requérante, s'il peut y être fait droit partiellement ou sous réserve des conditions qu'elle juge nécessaires.

SECTION 6 *Notification et protection des droits des tiers*

Art. 21 *Notification de documents.* 1. Les Parties s'accordent mutuellement l'entraide la plus large possible pour la notification des actes judiciaires aux personnes concernées par des mesures provisoires et de confiscation.

2. Rien dans le présent article ne vise à faire obstacle :

a) A la faculté d'adresser des actes judiciaires par voie postale directement à des personnes se trouvant à l'étranger ;

b) A la faculté pour les officiers ministériels, fonctionnaires ou autres personnes compétentes de la Partie d'origine de faire procéder à des significations ou notifications d'actes judiciaires directement par les autorités consulaires de cette Partie ou par les soins d'officiers ministériels, fonctionnaires ou autres personnes compétentes de la Partie de destination,

sauf si la Partie de destination fait une déclaration contraire au Secrétaire général du Conseil de l'Europe au moment de la signature ou du dépôt de son instrument de ratification, d'acceptation, d'approbation ou d'adhésion.

3. Lors de la notification d'actes judiciaires à l'étranger à des personnes concernées par des mesures provisoires ou des décisions de confiscation ordonnées dans la Partie d'origine, ladite Partie informe ces personnes des recours en justice offerts par sa législation.

Art. 22 *Reconnaissance de décisions étrangères.* 1. Saisie d'une demande de coopération au titre des sections III et IV, la Partie requise reconnaît toute décision judiciaire rendue dans la Partie requérante en ce qui concerne les droits revendiqués par des tiers.

2. La reconnaissance peut être refusée :

a) Si des tiers n'ont pas eu une possibilité suffisante de faire valoir leur droits ; ou

b) Si la décision est incompatible avec une décision déjà rendue dans la Partie requise sur la même question ; ou

c) Si elle est incompatible avec l'ordre public de la Partie requise ; ou

d) Si la décision a été rendue contrairement aux dispositions en matière de compétence exclusive prévues par le droit de la Partie requise.

SECTION 7 *Procédure et autres règles générales*

Art. 23 *Autorité centrale.* 1. Les Parties désignent une autorité centrale ou, au besoin, plusieurs autorités chargées d'envoyer les demandes formulées en vertu du présent chapitre, d'y répondre, de les exécuter ou de les transmettre aux autorités qui ont compétence pour les exécuter.

2. Chaque Partie communique au Secrétaire général du Conseil de l'Europe, au moment de la signature ou au moment du dépôt de son instrument de ratification, d'acceptation, d'approbation ou d'adhésion, la dénomination et l'adresse des autorités désignées en application du paragraphe 1 du présent article.

[Conformément aux dispositions de l'article 23, paragraphe 2, de la Convention, l'Autorité centrale prévue à l'article 23, paragraphe 1, est, s'agissant de la République française : le ministère de la justice (direction des affaires criminelles et des grâces, bureau de l'entraide répressive internationale), 13, place Vendôme, 75042 Paris Cedex 01.]

Art. 24 *Correspondance directe.* 1. Les autorités centrales communiquent directement entre elles.

2. En cas d'urgence, les demandes et communications prévues par le présent chapitre peuvent être envoyées directement par les autorités judiciaires, y compris le ministère public, de la Partie requérante à de telles autorités. En pareil cas, une copie doit être envoyée simultanément à l'autorité centrale de la Partie requise par l'intermédiaire de l'autorité centrale de la Partie requérante.

3. Toute demande ou communication formulée en application des paragraphes 1 et 2 du présent article peut être présentée par l'intermédiaire de l'Organisation internationale de police criminelle (Interpol).

4. Si une demande est présentée en vertu du paragraphe 2 du présent article et si l'autorité saisie n'est pas compétente pour y donner suite, elle la transmet à l'autorité compétente de son pays et en informe directement la Partie requérante.

5. Les demandes ou communications, présentées en vertu de la section 2 du présent chapitre, qui n'impliquent pas de mesures coercitives, peuvent être transmises directement par l'autorité compétente de la Partie requérante à l'autorité compétente de la partie requise.

Art. 25 *Forme des demandes et langues.* 1. Toutes les demandes prévues par le présent chapitre sont faites par écrit. Il est permis de recourir à des moyens modernes de télécommunication, tels que la télécopie.

2. Sous réserve des dispositions du paragraphe 3 du présent article, la traduction des demandes ou des pièces annexes ne sera pas exigée.

3. Toute Partie peut, au moment de la signature ou au moment du dépôt de son instrument de ratification, d'acceptation, d'approbation ou d'adhésion, par une déclaration adressée au Secrétaire général du Conseil de l'Europe, se réserver la faculté d'exiger que les demandes et pièces annexes soient accompagnées d'une traduction dans sa propre langue ou dans l'une des langues officielles du Conseil de l'Europe, ou dans celle de ces langues qu'elle indiquera. Toute Partie peut, à cette occasion, déclarer qu'elle est disposée à accepter des traductions dans toute autre langue qu'elle indiquera. Les autres Parties peuvent appliquer la règle de la réciprocité.

Art. 26 *Légalisation.* Les documents transmis en application du présent chapitre sont dispensés de toute formalité de légalisation.

Art. 27 *Contenu de la demande.* 1. Toute demande de coopération prévue par le présent chapitre doit préciser :

a) L'autorité dont elle émane et l'autorité chargée de mettre en œuvre les investigations ou les procédures ;

b) L'objet et le motif de la demande ;

c) L'affaire, y compris les faits pertinents (tels que la date, le lieu et les circonstances de l'infraction), sur laquelle portent les investigations ou les procédures, sauf en cas de demande de notification ;

d) Dans la mesure où la coopération implique des mesures coercitives :

i) Le texte des dispositions légales ou, lorsque cela n'est pas possible, la teneur de la loi pertinente applicable ; et

ii) Une indication selon laquelle la mesure sollicitée ou tout autre mesure ayant des effets analogues pourrait être prise sur le territoire de la Partie requérante en vertu de sa propre législation.

e) Si nécessaire, et dans la mesure du possible :

i) Des détails relativement à la ou les personne(s) concernée(s), y compris le nom, la date et le lieu de naissance, la nationalité et l'endroit où elle(s) se trouve(nt), et, lorsqu'il s'agit d'une personne, son siège ; et

ii) Les biens en relation desquels la coopération est sollicitée, leur emplacement, leurs liens avec la ou les personne(s) en question, tout lien avec l'infraction ainsi que toute information dont on dispose concernant les intérêts d'autrui afférents à ces biens ; et

f) Toute procédure particulière souhaitée par la Partie requérante.

2. Lorsqu'une demande de mesures provisoires présentée en vertu de la section 3 vise la saisie d'un bien qui pourrait faire l'objet d'une décision de confiscation consistant en l'obligation de payer une somme d'argent, cette demande doit aussi indiquer la somme maximale que l'on cherche à récupérer sur ce bien.

3. En plus des indications mentionnées au paragraphe 1, toute demande formulée en application de la section 4 doit contenir :

a) Dans le cas de l'article 13, paragraphe 1 a) :

i) Une copie certifiée conforme de la décision de confiscation rendue par le tribunal de la Partie requérante et l'exposé des motifs à l'origine de la décision, s'ils ne sont pas indiqués dans la décision elle-même ;

ii) Une attestation de l'autorité compétente de la Partie requérante selon laquelle la décision de confiscation est exécutoire et n'est pas susceptible de voies de recours ordinaires ;

iii) Des informations concernant la mesure dans laquelle la décision devrait être exécutée ; et

iv) Des informations concernant la nécessité de prendre des mesures provisoires ;

b) Dans le cas de l'article 13, paragraphe 1 b), un exposé des faits invoqués par la Partie requérante qui soit suffisant pour permettre à la Partie requise d'obtenir une décision en vertu de son droit interne ;

c) Lorsque des tiers ont eu la possibilité de revendiquer des droits, des documents révélant qu'ils ont eu cette possibilité.

Art. 28 *Vices des demandes.* 1. Si la demande n'est pas conforme aux dispositions du présent chapitre, ou si les informations fournies ne sont pas suffisantes pour permettre à la Partie requise de prendre une décision sur la demande, cette Partie peut demander à la Partie requérante de modifier la demande ou de la compléter par des informations supplémentaires.

2. La Partie requise peut fixer un délai pour l'obtention de ces modifications ou informations.

3. En attendant d'obtenir les modifications ou informations demandées relativement à une demande présentée en application de la section 4 du présent chapitre, la Partie requise peut ordonner toutes mesures visées aux sections II et III du présent chapitre.

Art. 29 *Concours de demandes.* 1. Lorsqu'une Partie requise reçoit plus d'une demande présentée en vertu des sections III et IV du présent chapitre relativement à la même personne ou aux mêmes biens, le concours de demandes n'empêche pas la Partie requise de traiter les demandes qui impliquent que soient prises des mesures provisoires.

2. Dans le cas d'un concours de demandes présentées en vertu de la section 4 du présent chapitre, la Partie requise envisagera de consulter les Parties requérantes.

Art. 30 *Obligation de motivation.* **La Partie requise doit motiver toute décision refusant, ajournant ou soumettant à des conditions toute coopération sollicitée en vertu du présent chapitre.**

Art. 31 *Information.* **1. La Partie requise informe sans délai la Partie requérante :**

a) De la suite donnée aussitôt à une demande formulée en vertu du présent chapitre ;

b) Du résultat définitif de la suite donnée à la demande ;

c) D'une décision refusant, ajournant ou soumettant à des conditions, totalement ou partiellement, toute coopération prévue par le présent chapitre ;

d) De toutes circonstances rendant impossible l'exécution des mesures sollicitées ou risquant de la retarder considérablement ; et

e) En cas de mesures provisoires adoptées conformément à une demande formulée en application de la section 2 ou III du présent chapitre, des dispositions de son droit interne qui entraîneraient automatiquement la levée de la mesure.

2. La Partie requérante informe sans délai la Partie requise :

a) De toute révision, décision ou autre fait enlevant totalement ou partiellement à la décision de confiscation son caractère exécutoire ;

b) De tout changement, en fait ou en droit, rendant désormais injustifiées toute action entreprise en vertu du présent chapitre.

3. Lorsqu'une Partie demande la confiscation de biens dans plusieurs Parties, sur le fondement d'une même décision de confiscation, elle en informe toutes les Parties concernées par l'exécution de la décision.

Art. 32 *Utilisation restreinte.* **1. La Partie requise peut subordonner l'exécution d'une demande à la condition que les informations ou éléments de preuve obtenus ne soient pas, sans son consentement préalable, utilisés ou transmis par les autorités de la Partie requérante à des fins d'investigations ou de procédures autres que celles précisées dans la demande.**

2. Chaque Partie peut, au moment de la signature ou du dépôt de son instrument de ratification, d'acceptation, d'approbation ou d'adhésion, par déclaration adressée au Secrétaire général du Conseil de l'Europe, déclarer que les informations ou éléments de preuve fournis par elle en vertu du présent chapitre ne pourront, sans son consentement préalable, être utilisés ou transmis par les autorités de la Partie requérante à des fins d'investigations ou de procédures autres que celles précisées dans la demande.

Art. 33 *Confidentialité.* **1. La Partie requérante peut exiger de la Partie requise qu'elle garde confidentielles la demande et sa teneur, sauf dans la mesure nécessaire pour y faire droit. Si la Partie requise ne peut pas se conformer à cette condition de confidentialité, elle doit en informer la Partie requérante dans les plus brefs délais.**

2. La Partie requérante doit, si la demande lui en est faite, et à condition que cela ne soit pas contraire aux principes fondamentaux de son droit interne, garder confidentiels tous moyens de preuve et informations communiqués par la Partie requise, sauf dans la mesure nécessaire aux investigations ou à la procédure décrites dans la demande.

3. Sous réserve des dispositions de son droit interne, une Partie qui a reçu une transmission spontanée d'informations en vertu de l'article 10 doit se conformer à toute condition de confidentialité demandée par la Partie qui transmet l'information. Si l'autre Partie ne peut pas se conformer à une telle condition, elle doit en informer la Partie qui transmet l'information dans les plus brefs délais.

Art. 34 *Frais.* **Les frais ordinaires encourus pour exécuter une demande sont à la charge de la Partie requise. Lorsque des frais importants ou extraordinaires s'avèrent nécessaires pour donner suite à la demande, les Parties se concertent pour fixer les conditions dans lesquelles celle-ci sera exécutée ainsi que la manière dont les frais seront assumés.**

Art. 35 *Dommages et intérêts.* 1. Lorsqu'une action en responsabilité en raison de dommages résultant d'un acte ou d'une omission relevant de la coopération prévue par ce chapitre a été engagée par une personne, les Parties concernées envisagent de se consulter, le cas échéant, sur la répartition éventuelle des indemnités dues.

2. Une Partie qui fait l'objet d'une demande de dommages et intérêts s'efforce d'en informer sans délai l'autre Partie si celle-ci peut avoir un intérêt dans l'affaire.

CHAPITRE IV *DISPOSITIONS FINALES*

Art. 36 *Signature et entrée en vigueur.* 1. La présente Convention est ouverte à la signature des États membres du Conseil de l'Europe et des États non membres qui ont participé à son élaboration. Ces États peuvent exprimer leur consentement à être liés par :

a) Signature sans réserve de ratification, d'acceptation ou d'approbation ; ou

b) Signature, sous réserve de ratification, d'acceptation ou d'approbation, suivie de ratification, d'acceptation ou d'approbation.

2. Les instruments de ratification, d'acceptation ou d'approbation seront déposés près le Secrétaire général du Conseil de l'Europe.

3. La présente Convention entrera en vigueur le premier jour du mois qui suit l'expiration d'une période de trois mois après la date à laquelle trois États, dont au moins deux États membres du Conseil de l'Europe, auront exprimé leur consentement à être liés par la Convention, conformément aux dispositions de l'alinéa 1.

4. Pour tout État signataire qui exprimera ultérieurement son consentement à être lié par la Convention, celle-ci entrera en vigueur le premier jour du mois qui suit l'expiration d'une période de trois mois après la date de l'expression de son consentement à être lié par la Convention conformément aux dispositions du paragraphe 1.

Art. 37 *Adhésion à la Convention.* 1. Après l'entrée en vigueur de la présente Convention, le Comité des Ministres du Conseil de l'Europe pourra, après avoir consulté les États contractants à la Convention, inviter tout État non membre du Conseil à adhérer à la présente Convention par une décision prise à la majorité prévue à l'article 20 d) du Statut du Conseil de l'Europe et à l'unanimité des représentants des États contractants ayant le droit de siéger au Comité.

2. Pour tout État adhérent, la Convention entrera en vigueur le premier jour du mois qui suit l'expiration d'une période de trois mois après la date de dépôt de l'instrument d'adhésion près le Secrétaire général du Conseil de l'Europe.

Art. 38 *Application territoriale.* 1. Tout État pourra, au moment de la signature ou au moment du dépôt de son instrument de ratification, d'acceptation, d'approbation ou d'adhésion, désigner le ou les territoires auxquels s'appliquera la présente Convention.

2. Tout État pourra, à tout moment par la suite, par une déclaration adressée au Secrétaire général du Conseil de l'Europe, étendre l'application de la présente Convention à tout autre territoire désigné dans la déclaration. La Convention entrera en vigueur à l'égard de ce territoire le premier jour du mois qui suit l'expiration d'une période de trois mois après la date de réception de la déclaration par le Secrétaire général.

3. Toute déclaration faite en vertu des deux paragraphes précédents pourra être retirée, en ce qui concerne tout territoire désigné dans cette déclaration, par notification adressée au Secrétaire général. Le retrait prendra effet le premier jour du mois qui suit l'expiration d'une période de trois mois après la date de réception de la notification par le Secrétaire général.

[Conformément à l'article 38 de la Convention, le Gouvernement de la République déclare que la présente Convention s'appliquera à l'ensemble du territoire de la République sous réserve, en ce qui concerne les territoires d'outre-mer, de l'entrée en vigueur, à l'égard de ces territoires, du Nouveau code pénal, ce qui fera l'objet d'une notification adressée au Secrétaire général du Conseil de l'Europe.]

Art. 39 *Relations avec d'autres conventions et accords.* 1. La présente Convention ne porte pas atteinte aux droits et obligations découlant de conventions internationales multilatérales concernant des questions particulières.

2. Les Parties à la Convention pourront conclure entre elles des accords bilatéraux ou multilatéraux relatifs aux questions réglées par la présente Convention, aux fins de compléter ou renforcer les dispositions de celle-ci ou pour faciliter l'application des principes qu'elle consacre.

3. Lorsque deux ou plusieurs Parties ont déjà conclu un accord ou un traité sur un sujet couvert par la présente Convention, ou lorsqu'elles ont établi d'une autre manière leurs relations quant à ce sujet, elles auront la faculté d'appliquer ledit accord, traité ou arrangement au lieu de la présente Convention, si elle facilite la coopération internationale.

Art. 40 *Réserves.* 1. Tout État peut, au moment de la signature ou au moment du dépôt de son instrument de ratification, d'acceptation, d'approbation ou d'adhésion, déclarer faire usage d'une ou plusieurs réserves figurant aux articles 2, paragraphe 2 ; 6, paragraphe 4 ; 14, paragraphe 3 ; 21, paragraphe 2 ; 25, paragraphe 3 ; et 32, paragraphe 2. Aucune réserve n'est admise.

2. Tout État qui a formulé une réserve en vertu du paragraphe précédent peut la retirer en tout ou en partie, en adressant une notification au Secrétaire général du Conseil de l'Europe. Le retrait prendra effet à la date de réception de la notification par le Secrétaire général.

3. La Partie qui a formulé une réserve au sujet d'une disposition de la présente Convention ne peut prétendre à l'application de cette disposition par une autre Partie ; elle peut, si la réserve est partielle ou conditionnelle, prétendre à l'application de cette disposition dans la mesure où elle l'a acceptée.

Art. 41 *Amendements.* 1. Des amendements à la présente Convention peuvent être proposés par chaque Partie et toute proposition sera communiquée par le Secrétaire général du Conseil de l'Europe aux États membres du Conseil et à chaque État non membre qui a adhéré ou a été invité à adhérer à la présente Convention conformément aux dispositions de l'article 37.

2. Tout amendement proposé par une Partie est communiqué au Comité européen pour les problèmes criminels qui soumet au Comité des Ministres son avis sur l'amendement proposé.

3. Le Comité des Ministres examine l'amendement proposé et l'avis soumis par le Comité européen pour les problèmes criminels et peut adopter l'amendement.

4. Le texte de tout amendement adopté par le Comité des Ministres conformément au paragraphe 3 du présent article est transmis aux Parties pour acceptation.

5. Tout amendement adopté conformément au paragraphe 3 du présent article entrera en vigueur le trentième jour après que toutes les Parties auront informé le Secrétaire général qu'elles l'ont accepté.

Art. 42 *Règlement des différends.* 1. Le Comité européen pour les problèmes criminels du Conseil de l'Europe sera tenu informé de l'interprétation et de l'application de la présente Convention.

2. En cas de différend entre les Parties sur l'interprétation ou l'application de la présente Convention, les Parties s'efforceront de parvenir à un règlement du différend par la négociation ou tout autre moyen pacifique à leur choix, y compris la soumission du différend au Comité européen pour les problèmes criminels, à un tribunal arbitral qui prendra des décisions qui lieront les Parties au différend, ou à la Cour internationale de justice, selon un accord commun par les Parties concernées.

Art. 43 *Dénonciation.* 1. Toute Partie peut, à tout moment, dénoncer la présente Convention en adressant une notification au Secrétaire général du Conseil de l'Europe.

2. La dénonciation prendra effet le premier jour du mois qui suit l'expiration d'une période de trois mois après la date de réception de la notification par le Secrétaire général.

3. Toutefois, la présente Convention continue de s'appliquer à l'exécution, en vertu de l'article 14, d'une confiscation demandée conformément à ses dispositions avant que la dénonciation ne prenne effet.

Art. 44 *Notifications.* **Le Secrétaire général du Conseil de l'Europe notifiera aux États membres du Conseil et à tout État ayant adhéré à la présente Convention :**

a) Toute signature ;

b) Le dépôt de tout instrument de ratification, d'acceptation, d'approbation ou d'adhésion ;

c) Toute date d'entrée en vigueur de la présente Convention conformément à ses articles 36 et 37 ;

d) Toute réserve en vertu de l'article 40, paragraphe 1 ;

e) Tout autre acte, notification ou communication ayant trait à la présente Convention.

En foi de quoi, les soussignés, dûment autorisés à cet effet, ont signé la présente Convention.

Fait à Strasbourg, le 8 novembre 1990, en français et en anglais, les deux textes faisant également foi, en un seul exemplaire qui sera déposé dans les archives du Conseil de l'Europe. Le Secrétaire général du Conseil de l'Europe en communiquera copie certifiée conforme à chacun des États membres du Conseil de l'Europe, aux États non membres qui ont participé à l'élaboration de la Convention et à tout État invité à adhérer à celle-ci.

Convention du Conseil de l'Europe du 16 mai 2005 (convention de Varsovie),

Relative au blanchiment, au dépistage, à la saisie et à la confiscation des produits du crime et au financement du terrorisme.

COMMENTAIRE

La convention du Conseil de l'Europe relative au blanchiment, au dépistage, à la saisie, à la confiscation et au financement du terrorisme du 16 mai 2005, dite « convention de Varsovie », est entrée en vigueur en 2018. Cette convention, ratifiée en France par la loi n° 2015-1197 du 30 septembre 2015, actualise et élargit la convention du 8 novembre 1990 relative au blanchiment, au dépistage, à la saisie et à la confiscation des produits du crime (V. *supra*). La convention de Varsovie intègre par ailleurs les objectifs de la convention des Nations unies pour la répression du financement du terrorisme du 9 décembre 1999 (V. *infra*, III. Règles internationales).

I. INCRIMINATIONS DE FINANCEMENT DU TERRORISME ET DE BLANCHIMENT

La convention enjoint aux États parties d'ériger en infraction pénale les faits de financement du terrorisme en tenant compte de l'évolution des modes de financement du terrorisme comprenant aujourd'hui le recours des organisations terroristes à des sources de financement issues d'activités légitimes (art. 2 et 4). L'infraction de blanchiment est, quant à elle, définie en termes identiques à ceux de la convention du Conseil de l'Europe de 1990 (art. 9, § 1 et 2).

La convention de Varsovie innove, en revanche, en permettant aux États parties d'incriminer pénalement les faits de blanchiment lorsque l'auteur pouvait soupçonner que le bien constituait un produit au sens de la convention (c'est-à-dire un produit issu d'une activité criminelle) ou que l'auteur aurait dû être conscient que le bien constituait un tel produit, instaurant une forme de présomption d'existence de l'élément intentionnel de l'infraction (art. 9, § 3).

II. CHAMP ET MODALITÉS D'APPLICATION DES INCRIMINATIONS DE BLANCHIMENT ET DE FINANCEMENT DU TERRORISME

La convention limite la possibilité laissée aux États parties d'émettre des réserves d'application relatives aux infractions principales, supports des infractions de blanchiment. Les infractions principales sont définies comme les infractions punies d'une peine privative de liberté ou d'une mesure de sûreté d'une durée maximale supérieure à un an. Elles peuvent également être définies par les États dont le système juridique prévoit pour les infractions un seuil minimal, comme les infractions punies d'une peine privative de liberté ou d'une mesure de sûreté d'une durée minimale supérieure à six mois. Les infractions principales prennent éventuellement la forme d'une liste d'infractions principales spécifiques et/ou d'une catégorie d'infractions graves prévues par le droit interne de l'État partie (art. 9, § 4).

Le texte étend les facultés de poursuite des autorités nationales en précisant qu'une condamnation préalable ou concomitante au titre de l'infraction principale n'est pas requise (art. 9, § 5), et que le parquet n'a pas à démontrer l'existence d'une infraction principale particulière à une date déterminée (art. 9, § 6). Il est par ailleurs possible de retenir le soupçon et la négligence en tant qu'éléments intentionnels du blanchiment de capitaux (art. 9, § 3), ce qui était déjà prévu dans la convention de 1990.

Enfin, chaque partie s'assure que les infractions principales de l'incrimination de blanchiment couvrent les actes commis dans un autre État, actes constitutifs d'une infraction dans cet État, et qui auraient également été qualifiés au titre d'une infraction principale s'ils avaient été commis sur le territoire national. Chaque État peut donc prévoir que la seule condition requise est que les actes auraient été qualifiés d'infractions principales s'ils avaient été commis sur le territoire national (art. 9, § 7).

III. RESPONSABILITÉ DES PERSONNES MORALES POUR LES FAITS DE BLANCHIMENT

Le principe d'une responsabilité des personnes morales devient juridiquement obligatoire (responsabilité pénale, administrative ou civile possible) et ce lorsqu'une personne physique, qui exerce un pouvoir de direction au sein d'une personne morale, commet une infraction pénale de blanchiment de capitaux pour le compte de la personne morale.

La personne physique doit exercer un pouvoir de direction de la personne morale et agir soit individuellement, soit en tant que membre d'un organe de la personne morale et ce dans trois cas identifiés par la convention. D'abord, lorsque la personne physique agit du fait d'un pouvoir de représentation de la personne morale. Ensuite, lorsqu'elle agit à raison de son autorité pour prendre des décisions au nom de la personne morale. Enfin, lorsque la personne physique agit au titre d'un contrôle exercé au sein de la personne morale.

La convention prévoit, par ailleurs, l'implication de la personne morale du fait de la participation d'une telle personne physique en qualité de complice ou d'instigatrice à la commission des infractions de blanchiment définies par la convention (art. 10). ❑

Préambule

Les États membres du Conseil de l'Europe et les autres Signataires de la présente Convention,

Considérant que le but du Conseil de l'Europe est de réaliser une union plus étroite entre ses membres ;

Convaincus de la nécessité de poursuivre une politique pénale commune tendant à la protection de la société ;

Considérant que la lutte contre la criminalité grave, qui est de plus en plus un problème international, exige l'emploi de méthodes modernes et efficaces au niveau international ;

Estimant qu'une de ces méthodes consiste à priver les délinquants des produits du crime et des instruments ;

Considérant qu'afin d'atteindre cet objectif, un système satisfaisant de coopération internationale doit également être mis en place ;

Ayant à l'esprit la Convention du Conseil de l'Europe relative au blanchiment, au dépistage, à la saisie et à la confiscation des produits du crime (STE n° 141 – ci-après dénommée "la Convention de 1990") ;

Rappelant également la résolution 1373 (2001) sur la menace à la paix et à la sécurité internationales résultant d'actes terroristes adoptée par le Conseil de sécurité de l'Organisation des Nations unies le 28 septembre 2001, et notamment son paragraphe 3.d ;

Rappelant la Convention internationale pour la répression du financement du terrorisme adoptée par l'Assemblée générale des Nations unies le 9 décembre 1999, notamment ses articles 2 et 4, qui font obligation aux États Parties d'ériger en infractions pénales les faits de financement du terrorisme ;

Convaincus de la nécessité de prendre des mesures immédiates pour ratifier et pour mettre en œuvre sans restriction la Convention internationale pour la répression du financement du terrorisme susmentionnée,

Sont convenus de ce qui suit :

CHAPITRE I *TERMINOLOGIE*

Art. 1er *Terminologie.* **Aux fins de la présente Convention, l'expression :**

a) "produit" désigne tout avantage économique provenant directement ou indirectement de la commission d'une infraction pénale ou obtenu directement ou indirectement en la commettant. Cet avantage peut consister en tout bien tel que défini à l'alinéa b du présent article ;

b) "bien" comprend un bien de toute nature, qu'il soit corporel ou incorporel, meuble ou immeuble, ainsi que les actes juridiques ou documents attestant d'un titre ou d'un droit sur le bien ;

c) "instruments" désigne tous biens employés ou destinés à être employés de quelque façon que ce soit, en tout ou en partie, pour commettre une ou des infractions pénales ;

d) "confiscation" désigne une peine ou une mesure ordonnée par un tribunal à la suite d'une procédure portant sur une ou des infractions pénales, peine ou mesure aboutissant à la privation permanente du bien ;

e) "infraction principale" désigne toute infraction pénale à la suite de laquelle des produits sont générés et susceptibles de devenir l'objet d'une infraction selon l'article 9 de la présente Convention ;

f) "cellule de renseignement financier" désigne une unité nationale centrale chargée de recevoir (et, dans la mesure où elle en a le droit, de demander), d'analyser et de transmettre aux autorités compétentes les déclarations d'informations financières :

i) concernant des avoirs suspectés d'être des produits ou des biens servant au financement du terrorisme, ou

ii) requises par la législation ou par la réglementation nationale,

afin de lutter contre le blanchiment et le financement du terrorisme ;

g) "gel" ou "saisie" désigne l'interdiction temporaire du transfert, de la destruction, de la conversion, de la disposition ou du mouvement de biens ou le fait d'assumer temporairement la garde ou le contrôle de biens, sur décision d'un tribunal ou d'une autre autorité compétente ;

h) "financement du terrorisme" désigne les agissements définis à l'article 2 de la Convention internationale pour la répression du financement du terrorisme susmentionnée.

CHAPITRE II *FINANCEMENT DU TERRORISME*

Art. 2 *Application de la Convention au financement du terrorisme.* **1. Chaque Partie adopte les mesures législatives et autres qui se révèlent nécessaires pour lui permettre d'appliquer les dispositions contenues aux chapitres III, IV et V de la présente Convention au financement du terrorisme.**

2. En particulier, chaque Partie veille à être en mesure de dépister, de rechercher, d'identifier, de geler, de saisir et de confisquer les biens, d'origine licite ou illicite, utilisés ou destinés à être utilisés de quelque façon que ce soit, en tout ou en partie, pour le financement du terrorisme, ou les produits de cette infraction, et pour coopérer à ces fins de la manière la plus large possible.

CHAPITRE III *MESURES À PRENDRE AU NIVEAU NATIONAL*

SECTION 1 *Dispositions générales*

Art. 3 *Mesures de confiscation.* **1. Chaque Partie adopte les mesures législatives et autres qui se révèlent nécessaires pour lui permettre de confisquer des instruments, des biens blanchis et des produits ou des biens dont la valeur correspond à ces produits.**

2. Sous réserve que le paragraphe 1 de cet article s'applique au blanchiment et aux catégories d'infractions visées à l'annexe de la Convention, chaque Partie peut, au moment de la signature ou au moment du dépôt de son instrument de ratification, d'acceptation, d'approbation ou d'adhésion, par une déclaration adressée au Secrétaire Général du Conseil de l'Europe, déclarer qu'elle n'appliquera le paragraphe 1 du présent article :

a) qu'aux infractions punies d'une peine privative de liberté ou d'une mesure de sûreté d'une durée maximale supérieure à un an. Cependant, les Parties peuvent formuler une déclaration concernant cette disposition pour ce qui concerne la confiscation des produits d'infraction fiscales, à la seule fin de leur permettre de procéder à la confiscation de tels produits sur le plan tant national que dans le cadre de la coopération internationale, sur la base d'instruments de droit national et international en matière de recouvrement de créances fiscales ; et/ou

b) qu'à une liste d'infractions spécifiques.

3. Chaque Partie peut prévoir une confiscation obligatoire pour certaines infractions pouvant faire l'objet d'une confiscation. Chaque Partie peut notamment inclure dans ces infractions le blanchiment, le trafic de produits stupéfiants, la traite des êtres humains et d'autres infractions graves.

4. Chaque Partie adopte les mesures législatives ou autres qui se révèlent nécessaires pour exiger, en cas d'une ou plusieurs infractions graves telles que définies par son droit interne, que l'auteur établisse l'origine de ses biens, suspectés d'être des produits ou d'autres biens susceptibles de faire l'objet d'une confiscation, dans la mesure où une telle exigence est compatible avec les principes de son droit interne.

Art. 4 *Mesures d'investigation et mesures provisoires.* **Chaque Partie adopte les mesures législatives et autres qui se révèlent nécessaires pour lui permettre d'identifier, de rechercher, de geler ou de saisir rapidement les biens susceptibles de donner lieu à confiscation en application de l'article 3, afin notamment de faciliter l'exécution des mesures de confiscation ultérieures.**

Art. 5 *Gel, saisie et confiscation.* **Chaque Partie adopte les mesures législatives et autres qui se révèlent nécessaires pour s'assurer que les mesures de gel, de saisie et de confiscation portent également :**

a) sur les biens en lesquels les produits ont été transformés ou convertis ;

b) sur les biens acquis légitimement, si les produits ont été mêlés, entièrement ou partiellement, à de tels biens, à concurrence de la valeur estimée du produit qui y a été mêlé ;

c) sur les revenus ou autres avantages tirés des produits, des biens en lesquels les produits ont été transformés ou convertis ou des biens auxquels ils ont été mêlés, à concurrence de la valeur estimée des produits qui y ont été mêlés, de la même manière et dans la même mesure que les produits.

Art. 6 *Gestion des biens gelés ou saisis.* **Chaque Partie adopte les mesures législatives ou autres qui se révèlent nécessaires pour assurer une gestion adéquate des biens gelés ou saisis en application des articles 4 et 5 de cette Convention.**

Art. 7 *Pouvoirs et techniques d'investigation.* **1. Chaque Partie adopte les mesures législatives et autres qui se révèlent nécessaires pour habiliter ses tribunaux ou ses autres autorités compétents à ordonner la communication ou la saisie de dossiers bancaires, financiers ou commerciaux afin de mettre en œuvre les mesures visées aux articles 3, 4 et 5. Une Partie ne saurait invoquer le secret bancaire pour refuser de donner effet aux dispositions du présent article.**

2. Sans préjudice du paragraphe 1, chaque Partie adopte les mesures législatives et autres qui se révèlent nécessaires pour lui permettre :

a) de déterminer si une personne physique ou morale détient ou contrôle un ou plusieurs comptes, de quelque nature que ce soit, dans une quelconque banque située sur son territoire et, si tel est le cas, d'obtenir tous les renseignements concernant les comptes répertoriés ;

b) d'obtenir les renseignements concernant des comptes bancaires déterminés et des opérations bancaires qui ont été réalisées pendant une période déterminée sur un ou plusieurs comptes spécifiés, y compris les renseignements concernant tout compte émetteur ou récepteur ;

c) de suivre, pendant une période déterminée, les opérations bancaires réalisées sur un ou plusieurs comptes identifiés ; et

d) de faire en sorte que les banques ne révèlent pas au client concerné ni à d'autres tiers que des informations ont été recherchées ou obtenues conformément aux alinéas a, b, ou c, ou qu'une enquête est en cours.

Les Parties examinent la possibilité d'étendre cette disposition aux comptes détenus par des institutions financières non bancaires.

3. Chaque Partie envisage d'adopter les mesures législatives et autres qui se révèlent nécessaires pour lui permettre d'employer des techniques spéciales d'investigation facilitant l'identification et la recherche du produit ainsi que le recueil de preuves y afférentes, telles que l'observation, l'interception de télécommunications, l'accès à des systèmes informatiques et les ordonnances de production de documents déterminés.

Art. 8 *Recours juridiques.* Chaque Partie adopte les mesures législatives et autres qui se révèlent nécessaires pour faire en sorte que les personnes affectées par les mesures prévues aux articles 3, 4 et 5 et par celles prévues par toute autre disposition pertinente de la présente section, disposent de recours juridiques effectifs pour préserver leurs droits.

Art. 9 *Infractions de blanchiment.* 1. Chaque Partie adopte les mesures législatives et autres qui se révèlent nécessaires pour conférer le caractère d'infraction pénale conformément à son droit interne lorsque l'acte a été commis intentionnellement à :

a) la conversion ou au transfert de biens dont celui qui s'y livre sait que ces biens constituent des produits, dans le but de dissimuler ou de déguiser l'origine illicite desdits biens ou d'aider toute personne qui est impliquée dans la commission de l'infraction principale à échapper aux conséquences juridiques de ses actes ;

b) la dissimulation ou le déguisement de la nature, de l'origine, de l'emplacement, de la disposition, du mouvement ou de la propriété réels de biens ou de droits y relatifs, dont l'auteur sait que ces biens constituent des produits ;

et, sous réserve de ses principes constitutionnels et des concepts fondamentaux de son système juridique :

c) l'acquisition, la détention ou l'utilisation de biens, dont celui qui les acquiert, les détient ou les utilise sait, au moment où il les reçoit, qu'ils constituent des produits ;

d) la participation à l'une des infractions établies conformément au présent article ou à toute association, entente, tentative ou complicité par fourniture d'une assistance, d'une aide ou de conseils en vue de sa commission.

2. Aux fins de la mise en œuvre ou de l'application du paragraphe 1 du présent article :

a) le fait que l'infraction principale soit ou non de la compétence des juridictions pénales de la Partie n'entre pas en ligne de compte ;

b) il peut être prévu que les infractions énoncées par ce paragraphe ne s'appliquent pas aux auteurs de l'infraction principale ;

c) la connaissance, l'intention ou la motivation nécessaires en tant qu'élément d'une des infractions énoncées par ce paragraphe peut être déduite de circonstances factuelles objectives.

3. Chaque Partie peut adopter les mesures législatives et autres qui se révèlent nécessaires pour conférer le caractère d'infraction pénale, conformément à son droit

interne, à certains ou à l'ensemble des actes évoqués au paragraphe 1 du présent article, dans l'un et/ou l'autre des cas suivants :

a) lorsque l'auteur a soupçonné que le bien constituait un produit,

b) lorsque l'auteur aurait dû être conscient que le bien constituait un produit.

4. Sous réserve que le paragraphe 1 de cet article s'applique aux catégories d'infractions principales visées à l'annexe de la Convention, chaque État ou la Communauté européenne peut, au moment de la signature ou au moment du dépôt de son instrument de ratification, d'acceptation, d'approbation ou d'adhésion, par une déclaration adressée au Secrétaire Général du Conseil de l'Europe, déclarer qu'elle n'appliquera le paragraphe 1 du présent article :

a) qu'aux infractions principales punies d'une peine privative de liberté ou d'une mesure de sûreté d'une durée maximale supérieure à un an, ou pour les Parties dont le système juridique prévoit pour les infractions un seuil minimal, les infractions punies d'une peine privative de liberté ou d'une mesure de sûreté d'une durée minimale supérieure à six mois ; et/ou

b) qu'à une liste d'infractions principales spécifiques ; et/ou

c) qu'à une catégorie d'infractions graves prévues par le droit interne de la Partie.

5. Chaque Partie s'assure qu'une condamnation pour blanchiment est possible en l'absence de condamnation préalable ou concomitante au titre de l'infraction principale.

6. Chaque Partie s'assure qu'une condamnation pour blanchiment au sens du présent article est possible dès lors qu'il est prouvé que les biens objet de l'un des actes énumérés au paragraphe 1.a ou b de cet article, proviennent d'une infraction principale, sans qu'il soit nécessaire de prouver de quelle infraction précise il s'agit.

7. Chaque Partie s'assure que les infractions principales du blanchiment couvrent les actes commis dans un autre État, qui constituent une infraction dans cet État, et qui auraient constitué une infraction principale s'ils avaient été commis sur le territoire national. Chaque Partie peut prévoir que la seule condition requise est que les actes auraient été qualifiés d'infractions principales s'ils avaient été commis sur le territoire national.

V. Conférence des parties, Rapp. de suivi de la convention du Conseil de l'Europe du 16 mai 2005 (STCE n° 198) relatif à l'article 9(3) (« Infractions de blanchiment »), Strasbourg, 30 oct. 2019.

Art. 10 *Responsabilité des personnes morales.* 1. Chaque Partie adopte les mesures législatives et autres qui se révèlent nécessaires pour s'assurer que les personnes morales puissent être tenues responsables des infractions de blanchiment établies en vertu de la Convention, lorsqu'elles sont commises pour leur compte par toute personne physique, agissant soit individuellement, soit en tant que membre d'un organe de la personne morale, qui exerce un pouvoir de direction en son sein :

a) du fait d'un pouvoir de représentation de la personne morale ; ou

b) du fait de l'autorité pour prendre des décisions au nom de la personne morale ; ou

c) du fait de l'autorité pour exercer un contrôle au sein de la personne morale,

ainsi que du fait de la participation d'une telle personne physique en qualité de complice ou d'instigatrice à la commission des infractions mentionnées ci-dessus.

2. Abstraction faite des cas déjà prévus au paragraphe 1, chaque Partie prend les mesures nécessaires pour s'assurer qu'une personne morale puisse être tenue responsable lorsque l'absence de surveillance ou de contrôle par une personne physique visée au paragraphe 1 a rendu possible la commission des infractions mentionnées au paragraphe 1 pour le compte de ladite personne morale par une personne physique soumise à son autorité.

3. La responsabilité de la personne morale en vertu de cet article n'exclut pas les poursuites pénales contre les personnes physiques auteurs, instigatrices ou complices des infractions mentionnées au paragraphe 1.

4. Chaque Partie s'assure qu'une personne morale responsable en vertu de cet article, soit soumise à des sanctions effectives, proportionnées et dissuasives, de nature pénale ou non, y compris des sanctions pécuniaires.

Art. 11 *Décisions antérieures.* Chaque Partie adopte les mesures législatives et autres qui s'avèrent nécessaires pour prévoir la possibilité de prendre en compte, dans le cadre de l'appréciation de la peine, les décisions prises à l'encontre d'une personne physique ou morale par une autre Partie portant sur les infractions établies conformément à la présente Convention.

SECTION 2 *Cellule de renseignement financier et prévention*

Art. 12 *Cellule de renseignement financier.* 1. Chaque Partie adopte les mesures législatives et autres qui se révèlent nécessaires pour mettre en place une cellule de renseignement financier, telle que définie par cette Convention.

2. Chaque Partie adopte les mesures législatives et autres qui se révèlent nécessaires pour assurer à la cellule de renseignement financier un accès, direct ou indirect et en temps voulu, aux informations financières, administratives et en provenance des autorités de poursuite pénale pour exercer correctement ses fonctions et notamment analyser les déclarations d'opérations suspectes.

Art. 13 *Mesures visant à prévenir le blanchiment d'argent.* 1. Chaque Partie adopte les mesures législatives et autres qui se révèlent nécessaires pour mettre en place un régime interne complet de réglementation et de suivi ou de contrôle pour prévenir le blanchiment. Chaque Partie doit tenir compte tout particulièrement des normes internationales applicables dans ce domaine, y compris plus particulièrement les recommandations adoptées par le Groupe d'action financière sur le blanchiment des capitaux (GAFI).

2. A cet égard, chaque Partie adopte, en particulier, les mesures législatives et autres qui se révèlent nécessaires :

a) pour soumettre toute personne morale ou physique qui exerce des activités pouvant se prêter tout particulièrement au blanchiment, dans le cadre de ces activités, à l'obligation :

i) d'identifier et de vérifier l'identité de leurs clients et, le cas échéant, de leurs bénéficiaires effectifs, ainsi que de soumettre la relation d'affaires à une vigilance constante sur la base d'une approche adaptée au risque ;

ii) de déclarer leurs soupçons de blanchiment, sous réserve de garanties ;

iii) de prendre des mesures d'accompagnement, telles que la conservation des données relatives à l'identification des clients et aux transactions, la formation du personnel et la mise en place de règles et procédures internes adaptées, le cas échéant, à la taille et à la nature des activités ;

b) pour interdire, dans les cas appropriés, aux personnes mentionnées à l'alinéa a de divulguer le fait qu'une déclaration d'opération suspecte, ou des informations qui y sont liées, ont été transmises, ou encore qu'une enquête pour blanchiment a été ou pourrait être ouverte ;

c) pour s'assurer que les personnes mentionnées à l'alinéa a sont soumises à des dispositifs effectifs de suivi et, dans les cas appropriés, de contrôle afin de s'assurer du respect de leurs obligations en matière de lutte contre le blanchiment. Le cas échéant, ces dispositifs peuvent être adaptés en fonction du risque.

3. A cet égard, chaque Partie adopte les mesures législatives ou autres qui se révèlent nécessaires pour détecter les transports transfrontaliers significatifs d'espèces et d'instruments au porteur appropriés.

Art. 14 *Report de transactions suspectes.* Chaque Partie adopte les mesures législatives et autres qui se révèlent nécessaires pour permettre à une cellule de renseignement financier ou, selon le cas, à toute autre autorité compétente ou organe, lorsqu'il existe un soupçon que la transaction est liée à une opération de blanchiment, d'agir en urgence pour suspendre ou reporter la conclusion d'une transaction en cours, afin de lui permettre d'analyser la transaction et de confirmer les soupçons. Chaque Partie peut limiter l'application d'une telle mesure aux cas dans lesquels une déclaration d'opération suspecte a été préalablement communiquée. La durée maximale pour toute suspension ou report de la conclusion d'une transaction est prévue par la législation nationale.

CHAPITRE IV *COOPÉRATION INTERNATIONALE*

SECTION 1 *Principes de coopération internationale*

Art. 15 *Principes généraux et mesures de coopération internationale.* **1. Les Parties coopèrent mutuellement dans la mesure la plus large possible les unes avec les autres aux fins d'investigations et de procédures visant à la confiscation des instruments et des produits.**

2. Chaque Partie adopte les mesures législatives et autres qui se révéleront nécessaires pour lui permettre de répondre, aux conditions prévues dans ce chapitre, aux demandes :

a) de confiscation de biens particuliers consistant en des produits ou instruments, ainsi que de confiscation des produits consistant en l'obligation de payer une somme d'argent correspondant à la valeur du produit ;

b) d'entraide aux fins d'investigations et de mesures provisoires ayant pour but l'une des formes de confiscation mentionnées au point a ci-dessus.

3. L'entraide et les mesures provisoires prévues au paragraphe 2.b sont exécutées conformément au droit interne de la Partie requise et en vertu de celui-ci. Lorsque la demande portant sur une de ces mesures prescrit une formalité ou une procédure donnée imposée par la législation de la Partie requérante, même si la formalité ou la procédure demandée n'est pas familière à la Partie requise, cette Partie donne satisfaction à la demande dans la mesure où cela n'est pas contraire aux principes fondamentaux de son droit interne.

4. Chaque Partie adopte les mesures législatives ou autres qui se révèlent nécessaires pour que les demandes émanant d'autres Parties aux fins d'identification, de dépistage, de gel ou de saisie des produits et des instruments, se voient accorder la même priorité que dans le cadre de procédures internes.

SECTION 2 *Entraide aux fins d'investigations*

Art. 16 *Obligation d'entraide.* **Les Parties s'accordent, sur demande, l'entraide la plus large possible pour identifier et dépister les instruments, les produits et les autres biens susceptibles de confiscation. Cette entraide consiste notamment en toute mesure relative à l'apport et à la mise en sûreté des éléments de preuve concernant l'existence des biens susmentionnés, leur emplacement ou leurs mouvements, leur nature, leur statut juridique ou leur valeur.**

Art. 17 *Demandes d'information sur les comptes bancaires.* **1. Chaque Partie prend, dans les conditions prévues au présent article, les mesures nécessaires pour déterminer, en réponse à une demande envoyée par une autre Partie, si une personne physique ou morale faisant l'objet d'une enquête pénale détient ou contrôle un ou plusieurs comptes, de quelque nature que ce soit, dans une quelconque banque située sur son territoire et, si tel est le cas, elle fournit les détails concernant les comptes répertoriés.**

2. L'obligation prévue au présent article ne s'applique que dans la mesure où la banque qui gère le compte possède ces renseignements.

3. En complément des indications contenues à l'article 37, la Partie requérante, dans sa requête :

a) indique les raisons pour lesquelles elle considère que les informations demandées sont susceptibles d'être fondamentales pour l'enquête pénale portant sur l'infraction ;

b) précise les raisons qui l'amènent à supposer que des banques situées dans la Partie requise détiennent les comptes en question et indique, de la manière la plus large possible, les banques et/ou comptes qui pourraient être concernés ; et

c) communique toute information additionnelle susceptible de faciliter l'exécution de la demande.

4. La Partie requise peut subordonner l'exécution d'une telle demande aux mêmes conditions que celles qu'elle applique pour les demandes aux fins de perquisition et de saisie.

5. Chaque État ou la Communauté européenne peut, au moment de la signature ou lors du dépôt de son instrument de ratification, d'acceptation, d'approbation ou d'adhésion, par une déclaration adressée au Secrétaire Général du Conseil de l'Europe, déclarer que cet article s'applique uniquement aux catégories d'infractions visées à l'annexe de la Convention.

6. Les Parties peuvent étendre cette disposition aux comptes détenus par des institutions financières non bancaires. La mise en œuvre d'une telle extension peut être soumise au principe de réciprocité.

Art. 18 *Demandes d'informations sur les opérations bancaires.* 1. A la demande d'une autre Partie, la Partie requise fournit les renseignements concernant des comptes bancaires déterminés et des opérations bancaires qui ont été réalisées pendant une période déterminée sur un ou plusieurs comptes spécifiés dans la demande, y compris les renseignements concernant tout compte émetteur ou récepteur.

2. L'obligation prévue au présent article ne s'applique que dans la mesure où la banque qui gère le compte possède ces renseignements.

3. En complément des indications contenues à l'article 37, la Partie requérante indique dans sa demande les raisons pour lesquelles elle considère que les informations demandées sont pertinentes aux fins de l'enquête pénale portant sur l'infraction.

4. La Partie requise peut subordonner l'exécution d'une telle demande aux mêmes conditions que celles qu'elle applique pour les demandes aux fins de perquisition et de saisie.

5. Les Parties peuvent étendre cette disposition aux comptes détenus par des institutions financières non bancaires. La mise en œuvre d'une telle extension peut être soumise au principe de réciprocité.

Art. 19 *Demande de suivi des opérations bancaires.* 1. Chaque Partie veille à être en mesure, à la demande d'une autre Partie, de suivre, pendant une période déterminée, les opérations bancaires réalisées sur un ou plusieurs comptes spécifiés dans la demande et d'en communiquer le résultat à la Partie requérante.

2. En complément des indications contenues à l'article 37, la Partie requérante indique dans sa demande les raisons pour lesquelles elle considère que les informations demandées sont pertinentes aux fins de l'enquête pénale portant sur l'infraction.

3. La décision relative au suivi des transactions est prise dans chaque cas individuel par les autorités compétentes de la Partie requise, dans le respect de la législation nationale de cette Partie.

4. Les modalités pratiques du suivi font l'objet d'un accord entre les autorités compétentes des Parties requérante et requise.

5. Les Parties peuvent étendre cette disposition aux comptes détenus par des institutions financières non bancaires.

Art. 20 *Transmission spontanée d'informations.* Sans préjudice de ses propres investigations ou procédures, une Partie peut, sans demande préalable, transmettre à une autre Partie des informations sur les instruments et les produits lorsqu'elle estime que la communication de ces informations pourrait aider la Partie destinataire à engager ou mener à bien des investigations ou des procédures, ou lorsque ces informations pourraient aboutir à une demande formulée par cette Partie en vertu du présent chapitre.

SECTION 3 *Mesures provisoires*

Art. 21 *Obligation d'ordonner des mesures provisoires.* 1. Une Partie prend, à la demande d'une autre Partie qui a engagé une procédure pénale ou une action en confiscation, les mesures provisoires qui s'imposent, telles que le gel ou la saisie, pour prévenir toute opération, tout transfert ou toute aliénation relativement à tout bien qui, par la suite, pourrait faire l'objet d'une demande de confiscation ou qui pourrait permettre de faire droit à une telle demande.

2. Une Partie qui a reçu une demande de confiscation conformément à l'article 23 prend, si la demande en est faite, les mesures mentionnées au paragraphe 1 du présent article, relativement à tout bien qui fait l'objet de la demande ou qui pourrait permettre de faire droit à une telle demande.

Art. 22 *Exécution des mesures provisoires.* 1. Après l'exécution des mesures provisoires demandées en application du paragraphe 1 de l'article 21, la Partie requérante fournit spontanément et dès que possible à la Partie requise toute information susceptible de remettre en cause ou de modifier l'objet ou l'étendue de ces mesures. La Partie requérante fournit également et sans délai toute information complémentaire demandée par la Partie requise et qui est nécessaire pour la mise en œuvre et le suivi des mesures provisoires.

2. Avant de lever toute mesure provisoire prise conformément au présent article, la Partie requise donne, si possible, à la Partie requérante la faculté d'exprimer ses raisons en faveur du maintien de la mesure.

SECTION 4 *Confiscation*

Art. 23 *Obligation de confiscation.* 1. Une Partie qui a reçu d'une autre Partie une demande de confiscation concernant des instruments ou des produits, situés sur son territoire, doit :

a) exécuter une décision de confiscation émanant d'un tribunal de la Partie requérante en ce qui concerne ces instruments ou ces produits ; ou

b) présenter cette demande à ses autorités compétentes pour obtenir une décision de confiscation et, si celle-ci est accordée, l'exécuter.

2. Aux fins de l'application du paragraphe 1.b du présent article, toute Partie a, si besoin est, compétence pour engager une procédure de confiscation en vertu de son droit interne.

3. Les dispositions du paragraphe 1 du présent article s'appliquent également à la confiscation consistant en l'obligation de payer une somme d'argent correspondant à la valeur du produit, si des biens sur lesquels peut porter la confiscation se trouvent sur le territoire de la Partie requise. En pareil cas, en procédant à la confiscation conformément au paragraphe 1, la Partie requise, à défaut de paiement, fait recouvrer sa créance sur tout bien disponible à cette fin.

4. Si une demande de confiscation vise un bien déterminé, les Parties peuvent convenir que la Partie requise peut procéder à la confiscation sous forme d'une obligation de payer une somme d'argent correspondant à la valeur du bien.

5. Les Parties coopèrent dans la mesure la plus large possible en conformité avec leur droit interne avec les Parties qui sollicitent l'exécution de mesures équivalentes à la confiscation et conduisant à une privation de propriété, qui ne constituent pas des sanctions pénales, dès lors que de telles mesures ont été ordonnées par une autorité judiciaire de la Partie requérante sur la base d'une infraction pénale et dans la mesure où il est établi que les biens constituent des produits ou des biens visés à l'article 5 de cette Convention.

Art. 24 *Exécution de la confiscation.* 1. Les procédures permettant d'obtenir et d'exécuter la confiscation en vertu de l'article 23 sont régies par la loi de la Partie requise.

2. La Partie requise est liée par la constatation des faits dans la mesure où ceux-ci sont exposés dans une condamnation ou une décision judiciaire de la Partie requérante, ou dans la mesure où celle-ci se fonde implicitement sur eux.

3. Chaque État ou la Communauté européenne peut, au moment de la signature ou au moment du dépôt de son instrument de ratification, d'acceptation, d'approbation ou d'adhésion, par une déclaration adressée au Secrétaire Général du Conseil de l'Europe, déclarer que le paragraphe 2 du présent article ne s'applique que sous réserve de ses principes constitutionnels et des concepts fondamentaux de son système juridique.

4. Si la confiscation consiste en l'obligation de payer une somme d'argent, l'autorité compétente de la Partie requise en convertit le montant en devises de son pays au taux de change en vigueur au moment où est prise la décision d'exécuter la confiscation.

5. Dans le cas visé à l'article 23, paragraphe 1.a, la Partie requérante a seule le droit de statuer relativement à toute demande de révision de la décision de confiscation.

Art. 25 *Biens confisqués.* 1. Une Partie qui confisque des biens en application des articles 23 et 24 de la Convention, en dispose conformément à son droit interne et à ses procédures administratives.

2. Lorsqu'une Partie agit à la demande d'une autre Partie en application des articles 23 et 24 de cette Convention, elle doit, dans la mesure où son droit interne le lui permet et si la demande lui en est faite, envisager à titre prioritaire de restituer les biens confisqués à la Partie requérante, afin que cette dernière puisse indemniser les victimes de l'infraction ou restituer ces biens à leur propriétaire légitime.

3. Lorsqu'une Partie agit à la demande d'une autre Partie en application des articles 23 et 24 de cette Convention, elle peut envisager spécialement de conclure des accords ou arrangements prévoyant de partager ces biens avec d'autres Parties, systématiquement ou au cas par cas, conformément à son droit interne ou à ses procédures administratives.

Art. 26 *Droit d'exécution et montant maximal de la confiscation.* 1. Une demande de confiscation faite conformément aux articles 23 et 24 ne porte pas atteinte au droit de la Partie requérante d'exécuter elle-même la décision de confiscation.

2. Rien dans la présente Convention ne saurait être interprété comme permettant que la valeur totale des biens confisqués soit supérieure à la somme fixée par la décision de confiscation. Si une Partie constate que cela pourrait se produire, les Parties concernées procèdent à des consultations pour éviter une telle conséquence.

Art. 27 *Contrainte par corps.* La Partie requise ne peut pas prononcer la contrainte par corps ni prendre aucune autre mesure restrictive de liberté à la suite d'une demande présentée en vertu de l'article 23 si la Partie requérante l'a précisé dans la demande.

SECTION 5 *Refus et ajournement de la coopération*

Art. 28 *Motifs de refus.* 1. La coopération en vertu présent chapitre peut être refusée dans le cas où :

a) la mesure sollicitée serait contraire aux principes fondamentaux de l'ordre juridique de la Partie requise ; ou

b) l'exécution de la demande risque de porter atteinte à la souveraineté, à la sécurité, à l'ordre public ou à d'autres intérêts essentiels de la Partie requise ; ou

c) la Partie requise estime que l'importance de l'affaire sur laquelle porte la demande ne justifie pas que soit prise la mesure sollicitée ; ou

d) l'infraction sur laquelle porte la demande est une infraction fiscale, sauf si l'infraction visée est le financement du terrorisme ; ou

e) l'infraction sur laquelle porte la demande est une infraction politique, sauf si l'infraction visée est le financement du terrorisme ; ou

f) la Partie requise considère que la mesure sollicitée irait à l'encontre du principe "*ne bis in idem*" ; ou

g) l'infraction à laquelle se rapporte la demande ne serait pas une infraction au regard du droit de la Partie requise si elle était commise sur le territoire relevant de sa juridiction. Toutefois, ce motif de refus ne s'applique à la coopération prévue par la section 2 que dans la mesure où l'entraide sollicitée implique des mesures cœrcitives. Lorsque la double incrimination est exigée pour la coopération en vertu du présent chapitre, cette obligation est considérée comme remplie, que les deux Parties classent ou non l'infraction dans la même catégorie d'infraction ou qu'elles utilisent ou non la même terminologie pour la désigner, dès lors que les deux Parties incriminent l'acte qui est à la base de l'infraction.

2. La coopération prévue par la section 2, dans la mesure où l'entraide sollicitée implique des mesures cœrcitives, et celle prévue par la section 3 du présent chapitre peuvent également être refusées dans les cas où les mesures sollicitées ne pourraient pas être prises en vertu du droit interne de la Partie requise à des fins d'investigations ou de procédures, s'il s'agissait d'une affaire interne analogue.

3. Lorsque la législation de la Partie requise l'exige, la coopération prévue par la section 2, dans la mesure où l'entraide sollicitée implique des mesures cœrcitives, et celle prévue par la section 3 du présent chapitre peuvent aussi être refusées dans le cas où les mesures sollicitées ou toutes autres mesures ayant des effets analogues ne seraient pas autorisées par la législation de la Partie requérante, ou, en ce qui concerne les autorités compétentes de la Partie requérante, si la demande n'est autorisée ni par un juge ni par une autre autorité judiciaire, y compris le ministère public, ces autorités agissant en matière d'infractions pénales.

4. La coopération prévue par la section 4 du présent chapitre peut aussi être refusée si :

a) la législation de la Partie requise ne prévoit pas la confiscation pour le type d'infraction sur lequel porte la demande ; ou

b) sans préjudice de l'obligation relevant de l'article 23, paragraphe 3, elle irait à l'encontre des principes du droit interne de la Partie requise en ce qui concerne les possibilités de confiscation relativement aux liens entre une infraction et :

i) un avantage économique qui pourrait être assimilé à son produit ; ou

ii) des biens qui pourraient être assimilés à ses instruments ; ou

c) en vertu de la législation de la Partie requise, la décision de confiscation ne peut plus être prononcée ou exécutée pour cause de prescription ; ou

d) sans préjudice de l'article 23, paragraphe 5, la demande ne porte pas sur une condamnation antérieure, ni sur une décision de caractère judiciaire, ni sur une déclaration figurant dans une telle décision, déclaration selon laquelle une ou plusieurs infractions ont été commises, et qui est à l'origine de la décision ou de la demande de confiscation ; ou

e) soit la confiscation n'est pas exécutoire dans la Partie requérante, soit elle est encore susceptible de voies de recours ordinaires ; ou

f) la demande se rapporte à une décision de confiscation rendue en l'absence de la personne visée par la décision et si, selon la Partie requise, la procédure engagée par la Partie requérante et qui a conduit à cette décision n'a pas satisfait aux droits minima de la défense reconnus à toute personne accusée d'une infraction.

5. Aux fins du paragraphe 4.f du présent article, une décision n'est pas réputée avoir été rendue en l'absence de l'accusé :

a) si elle a été confirmée ou prononcée après opposition par l'intéressé ; ou

b) si elle a été rendue en appel, à condition que l'appel ait été interjeté par l'intéressé.

6. En examinant, pour les besoins du paragraphe 4.f du présent article, si les droits minima de la défense ont été respectés, la Partie requise tiendra compte du fait que l'intéressé a délibérément cherché à se soustraire à la justice ou que cette personne, après avoir eu la possibilité d'introduire un recours contre la décision rendue en son absence, a choisi de ne pas introduire un tel recours. Il en ira de même lorsque l'intéressé, après avoir été dûment cité à comparaître, aura choisi de ne pas comparaître ou de ne pas demander l'ajournement de l'affaire.

7. Une Partie ne saurait invoquer le secret bancaire pour justifier son refus de toute coopération prévue au présent chapitre. Lorsque son droit interne l'exige, une Partie peut exiger qu'une demande de coopération qui impliquerait la levée du secret bancaire soit autorisée, soit par un juge, soit par une autre autorité judiciaire, y compris le ministère public, ces autorités agissant en matière d'infractions pénales.

8. Sans préjudice du motif de refus prévu au paragraphe 1.a du présent article :

a) le fait que la personne qui fait l'objet d'une investigation menée ou d'une décision de confiscation prise par les autorités de la Partie requérante soit une personne morale ne saurait être invoqué par la Partie requise comme un obstacle à toute coopération en vertu du présent chapitre ;

b) le fait que la personne physique contre laquelle a été rendue une décision de confiscation de produits soit décédée ainsi que le fait qu'une personne morale contre laquelle a été rendue une décision de confiscation de produits ait été dissoute par la suite ne sauraient être invoqués comme des obstacles à l'entraide prévue par l'article 23, paragraphe 1.a ;

c) le fait que la personne faisant l'objet d'une enquête ou d'une décision de confiscation prise par les autorités de la Partie requérante soit mentionnée dans la requête à la fois comme l'auteur de l'infraction principale et de l'infraction de blanchiment en application de l'article 9.2.b de cette Convention, ne saurait être invoqué par la Partie requise comme un obstacle à toute coopération en vertu du présent chapitre.

Art. 29 *Ajournement.* La Partie requise peut surseoir à l'exécution des mesures visées par une demande si elles risquent de porter préjudice à des investigations ou des procédures menées par ses autorités.

Art. 30 *Acceptation partielle ou sous condition d'une demande.* Avant de refuser ou de différer sa coopération en vertu du présent chapitre, la Partie requise examine, le cas échéant après avoir consulté la Partie requérante, s'il peut y être fait droit partiellement ou sous réserve des conditions qu'elle juge nécessaires.

SECTION 6 *Notification et protection des droits des tiers*

Art. 31 *Notification de documents.* 1. Les Parties s'accordent mutuellement l'entraide la plus large possible pour la notification des actes judiciaires aux personnes concernées par des mesures provisoires et de confiscation.

2. Rien dans le présent article ne vise à faire obstacle :

a) à la faculté d'adresser des actes judiciaires par voie postale directement à des personnes se trouvant à l'étranger ;

b) à la faculté pour les officiers ministériels, fonctionnaires ou autres personnes compétentes de la Partie d'origine de faire procéder à des significations ou notifications d'actes judiciaires directement par les autorités consulaires de cette Partie ou par les soins d'officiers ministériels, fonctionnaires ou autres personnes compétentes de la Partie de destination,

sauf si la Partie de destination fait une déclaration contraire au Secrétaire Général du Conseil de l'Europe au moment de la signature ou du dépôt de son instrument de ratification, d'acceptation, d'approbation ou d'adhésion.

3. Lors de la notification d'actes judiciaires à l'étranger à des personnes concernées par des mesures provisoires ou des décisions de confiscation ordonnées dans la Partie d'origine, ladite Partie informe ces personnes des recours en justice offerts par sa législation.

Art. 32 *Reconnaissance de décisions étrangères.* 1. Saisie d'une demande de coopération au titre des sections III et IV, la Partie requise reconnaît toute décision judiciaire rendue dans la Partie requérante en ce qui concerne les droits revendiqués par des tiers.

2. La reconnaissance peut être refusée :

a) si des tiers n'ont pas eu une possibilité suffisante de faire valoir leurs droits ; ou

b) si la décision est incompatible avec une décision déjà rendue dans la Partie requise sur la même question ; ou

c) si elle est incompatible avec l'ordre public de la Partie requise ; ou

d) si la décision a été rendue contrairement aux dispositions en matière de compétence exclusive prévues par le droit de la Partie requise.

SECTION 7 *Procédure et autres règles générales*

Art. 33 *Autorité centrale.* 1. Les Parties désignent une autorité centrale ou, au besoin, plusieurs autorités chargées d'envoyer les demandes formulées en vertu du présent chapitre, d'y répondre, de les exécuter ou de les transmettre aux autorités qui ont compétence pour les exécuter.

2. Chaque Partie communique au Secrétaire Général du Conseil de l'Europe, au moment de la signature ou au moment du dépôt de son instrument de ratification, d'acceptation, d'approbation ou d'adhésion, la dénomination et l'adresse des autorités désignées en application du paragraphe 1 du présent article.

Art. 34 *Correspondance directe.* 1. Les autorités centrales communiquent directement entre elles.

2. En cas d'urgence, les demandes et communications prévues par le présent chapitre peuvent être envoyées directement par les autorités judiciaires, y compris le

ministère public, de la Partie requérante à de telles autorités. En pareil cas, une copie doit être envoyée simultanément à l'autorité centrale de la Partie requise par l'intermédiaire de l'autorité centrale de la Partie requérante.

3. Toute demande ou communication formulée en application des paragraphes 1 et 2 du présent article peut être présentée par l'intermédiaire de l'Organisation internationale de police criminelle (Interpol).

4. Si une demande est présentée en vertu du paragraphe 2 du présent article et si l'autorité saisie n'est pas compétente pour y donner suite, elle la transmet à l'autorité compétente de son pays et en informe directement la Partie requérante.

5. Les demandes ou communications, présentées en vertu de la section 2 du présent chapitre, qui n'impliquent pas de mesures cœrcitives, peuvent être transmises directement par l'autorité compétente de la Partie requérante à l'autorité compétente de la Partie requise.

6. Les projets de demandes ou communications en vertu de ce chapitre peuvent être adressées directement et avant toute requête formelle par les autorités judiciaires aux autorités judiciaires de la Partie requise, afin de s'assurer que celles-ci seront traitées efficacement dès leur réception et qu'elles comprendront les informations et la documentation nécessaires pour se conformer aux exigences à la législation de la Partie requise.

Art. 35 *Forme des demandes et langues.* 1. Toutes les demandes prévues par le présent chapitre sont faites par écrit. Elles peuvent être transmises par des moyens de communication électroniques, ou par tout autre moyen de télécommunication, à condition que la Partie requérante soit prête à produire à tout moment, sur demande, une trace écrite de l'expédition ainsi que l'original. Cependant toute Partie peut, à tout moment, par déclaration adressée au Secrétaire Général du Conseil de l'Europe, indiquer les conditions dans lesquelles elle est prête à accepter et à exécuter des demandes reçues par voie électronique ou tout autre moyen de télécommunication.

2. Sous réserve des dispositions du paragraphe 3 du présent article, la traduction des demandes ou des pièces annexes ne sera pas exigée.

3. Tout État ou la Communauté européenne peut, au moment de la signature ou au moment du dépôt de son instrument de ratification, d'acceptation, d'approbation ou d'adhésion, par une déclaration adressée au Secrétaire Général du Conseil de l'Europe, se réserver la faculté d'exiger que les demandes et pièces annexes soient accompagnées d'une traduction dans sa propre langue ou dans l'une des langues officielles du Conseil de l'Europe ou dans celle de ces langues qu'elle indiquera. Toute Partie peut, à cette occasion, déclarer qu'elle est disposée à accepter des traductions dans toute autre langue qu'elle indiquera. Les autres Parties peuvent appliquer la règle de la réciprocité.

Art. 36 *Légalisation.* Les documents transmis en application du présent chapitre sont dispensés de toute formalité de légalisation.

Art. 37 *Contenu de la demande.* 1. Toute demande de coopération prévue par le présent chapitre doit préciser :

a) l'autorité dont elle émane et l'autorité chargée de mettre en œuvre les investigations ou les procédures ;

b) l'objet et le motif de la demande ;

c) l'affaire, y compris les faits pertinents (tels que la date, le lieu et les circonstances de l'infraction), sur laquelle portent les investigations ou les procédures, sauf en cas de demande de notification ;

d) dans la mesure où la coopération implique des mesures cœrcitives :

i) le texte des dispositions légales ou, lorsque cela n'est pas possible, la teneur de la loi pertinente applicable ; et

ii) une indication selon laquelle la mesure sollicitée ou toute autre mesure ayant des effets analogues pourrait être prise sur le territoire de la Partie requérante en vertu de sa propre législation ;

e) si nécessaire, et dans la mesure du possible :

i) des détails relativement à la (ou les) personne(s) concernée(s), y compris le nom, la date et le lieu de naissance, la nationalité et l'endroit où elle(s) se trouve(nt), et, lorsqu'il s'agit d'une personne morale, son siège ; et

ii) les biens en relation desquels la coopération est sollicitée, leur emplacement, leurs liens avec la ou les personne(s) en question, tout lien avec l'infraction ainsi que toute information dont on dispose concernant les intérêts d'autrui afférents à ces biens ; et

f) toute procédure particulière souhaitée par la Partie requérante.

2. Lorsqu'une demande de mesures provisoires présentée en vertu de la section 3 vise la saisie d'un bien qui pourrait faire l'objet d'une décision de confiscation consistant en l'obligation de payer une somme d'argent, cette demande doit aussi indiquer la somme maximale que l'on cherche à récupérer sur ce bien.

3. En plus des indications mentionnées au paragraphe 1, toute demande formulée en application de la section 4 doit contenir :

a) dans le cas de l'article 23, paragraphe 1.a :

i) une copie certifiée conforme de la décision de confiscation rendue par le tribunal de la Partie requérante et l'exposé des motifs à l'origine de la décision, s'ils ne sont pas indiqués dans la décision elle-même ;

ii) une attestation de l'autorité compétente de la Partie requérante selon laquelle la décision de confiscation est exécutoire et n'est pas susceptible de voies de recours ordinaires ;

iii) des informations concernant la mesure dans laquelle la décision devrait être exécutée ; et

iv) des informations concernant la nécessité de prendre des mesures provisoires ;

b) dans le cas de l'article 23, paragraphe 1.b, un exposé des faits invoqués par la Partie requérante qui soit suffisant pour permettre à la Partie requise d'obtenir une décision en vertu de son droit interne ;

c) lorsque des tiers ont eu la possibilité de revendiquer des droits, des documents révélant qu'ils ont eu cette possibilité.

Art. 38 *Vices des demandes.* 1. Si la demande n'est pas conforme aux dispositions du présent chapitre, ou si les informations fournies ne sont pas suffisantes pour permettre à la Partie requise de prendre une décision sur la demande, cette Partie peut demander à la Partie requérante de modifier la demande ou de la compléter par des informations supplémentaires.

2. La Partie requise peut fixer un délai pour l'obtention de ces modifications ou informations.

3. En attendant d'obtenir les modifications ou informations demandées relativement à une demande présentée en application de la section 4 du présent chapitre, la Partie requise peut ordonner toutes mesures visées aux sections II et III du présent chapitre.

Art. 39 *Concours de demandes.* 1. Lorsqu'une Partie requise reçoit plus d'une demande présentée en vertu des sections III et IV du présent chapitre relativement à la même personne ou aux mêmes biens, le concours de demandes n'empêche pas la Partie requise de traiter les demandes qui impliquent que soient prises des mesures provisoires.

2. Dans le cas d'un concours de demandes présentées en vertu de la section 4 du présent chapitre, la Partie requise envisagera de consulter les Parties requérantes.

Art. 40 *Obligation de motivation.* La Partie requise doit motiver toute décision refusant, ajournant ou soumettant à des conditions toute coopération sollicitée en vertu du présent chapitre.

Art. 41 *Information.* 1. La Partie requise informe sans délai la Partie requérante :

a) de la suite donnée aussitôt à une demande formulée en vertu du présent chapitre ;

b) du résultat définitif de la suite donnée à la demande ;

c) d'une décision refusant, ajournant ou soumettant à des conditions, totalement ou partiellement, toute coopération prévue par le présent chapitre ;

d) de toutes circonstances rendant impossible l'exécution des mesures sollicitées ou risquant de la retarder considérablement ; et

e) en cas de mesures provisoires adoptées conformément à une demande formulée en application de la section 2 ou III du présent chapitre, des dispositions de son droit interne qui entraîneraient automatiquement la levée de la mesure.

2. La Partie requérante informe sans délai la Partie requise :

a) de toute révision, décision ou autre fait enlevant totalement ou partiellement à la décision de confiscation son caractère exécutoire ; et

b) de tout changement, en fait ou en droit, rendant désormais injustifiée toute action entreprise en vertu du présent chapitre.

3. Lorsqu'une Partie demande la confiscation de biens dans plusieurs Parties, sur le fondement d'une même décision de confiscation, elle en informe toutes les Parties concernées par l'exécution de la décision.

Art. 42 *Utilisation restreinte.* 1. La Partie requise peut subordonner l'exécution d'une demande à la condition que les informations ou éléments de preuve obtenus ne soient pas, sans son consentement préalable, utilisés ou transmis par les autorités de la Partie requérante à des fins d'investigations ou de procédures autres que celles précisées dans la demande.

2. Chaque État ou la Communauté européenne peut, au moment de la signature ou du dépôt de son instrument de ratification, d'acceptation, d'approbation ou d'adhésion, par déclaration adressée au Secrétaire Général du Conseil de l'Europe, déclarer que les informations ou éléments de preuve fournis par elle en vertu du présent chapitre ne pourront, sans son consentement préalable, être utilisés ou transmis par les autorités de la Partie requérante à des fins d'investigations ou de procédures autres que celles précisées dans la demande.

Art. 43 *Confidentialité.* 1. La Partie requérante peut exiger de la Partie requise qu'elle garde confidentielles la demande et sa teneur, sauf dans la mesure nécessaire pour y faire droit. Si la Partie requise ne peut pas se conformer à cette condition de confidentialité, elle doit en informer la Partie requérante dans les plus brefs délais.

2. La Partie requérante doit, si la demande lui en est faite, et à condition que cela ne soit pas contraire aux principes fondamentaux de son droit interne, garder confidentiels tous moyens de preuve et informations communiqués par la Partie requise, sauf dans la mesure nécessaire aux investigations ou à la procédure décrites dans la demande.

3. Sous réserve des dispositions de son droit interne, une Partie qui a reçu une transmission spontanée d'informations en vertu de l'article 20 doit se conformer à toute condition de confidentialité demandée par la Partie qui transmet l'information. Si l'autre Partie ne peut pas se conformer à une telle condition, elle doit en informer la Partie qui transmet l'information dans les plus brefs délais.

Art. 44 *Frais.* Les frais ordinaires encourus pour exécuter une demande sont à la charge de la Partie requise. Lorsque des frais importants ou extraordinaires s'avèrent nécessaires pour donner suite à la demande, les Parties se concertent pour fixer les conditions dans lesquelles celle-ci sera exécutée ainsi que la manière dont les frais seront assumés.

Art. 45 *Dommages et intérêts.* 1. Lorsqu'une action en responsabilité en raison de dommages résultant d'un acte ou d'une omission relevant de la coopération prévue par ce chapitre a été engagée par une personne, les Parties concernées envisagent de se consulter, le cas échéant, sur la répartition éventuelle des indemnités dues.

2. Une Partie qui fait l'objet d'une demande de dommages et intérêts s'efforce d'en informer sans délai l'autre Partie si celle-ci peut avoir un intérêt dans l'affaire.

CHAPITRE V *COOPÉRATION ENTRE LES CELLULES DE RENSEIGNEMENT FINANCIER*

Art. 46 *Coopération entre les cellules de renseignement financier.* 1. Les Parties veillent à ce que les cellules de renseignement financier, telles que définies par cette Convention, coopèrent aux fins de la lutte contre le blanchiment, conformément à leurs compétences nationales, afin de réunir et d'analyser les informations pertinentes sur tout fait qui pourrait être l'indice d'un blanchiment et, le cas échéant, d'enquêter au sein des cellules de renseignement financier à ce sujet.

2. Aux fins du paragraphe 1, chaque Partie veille à ce que les cellules de renseignement financier échangent, de leur propre chef ou sur demande, soit conformément à la présente Convention, soit conformément aux protocoles d'accord existants ou futurs compatibles avec cette Convention, toute information accessible pouvant leur être utile pour procéder au traitement ou à l'analyse d'informations ou, le cas échéant, à des enquêtes relatives à des transactions financières liées au blanchiment et aux personnes physiques ou morales impliquées.

3. Chaque Partie veille à ce que le statut interne des cellules de renseignement financier, qu'il s'agisse d'autorités administratives, répressives ou judiciaires, n'affecte pas l'exécution des tâches qui leur incombent en vertu du présent article.

4. Chaque demande faite au titre du présent article est accompagnée d'un bref exposé des faits pertinents connus de la cellule de renseignement financier requérante. La cellule de renseignement financier précise, dans la demande, la manière dont les informations demandées seront utilisées.

5. Lorsqu'une demande est présentée conformément à cet article, la cellule de renseignement financier requise fournit toutes les informations pertinentes, y compris les informations financières accessibles et les données des services répressifs demandées, sans qu'il soit nécessaire de présenter une demande formelle au titre des conventions ou accords applicables entre les Parties.

6. Une cellule de renseignement financier peut refuser de divulguer des informations qui pourraient entraver une enquête judiciaire menée dans la Partie requise ou, dans des circonstances exceptionnelles, lorsque la divulgation des informations entraînerait des effets clairement disproportionnés au regard des intérêts légitimes d'une personne physique ou morale ou de la Partie concernée ou lorsqu'elle ne respecterait pas les principes fondamentaux du droit national de la Partie requise. Tout refus d'une telle divulgation est dûment expliqué à la cellule de renseignement financier demandant les informations.

7. Les informations ou documents obtenus conformément à cet article sont destinés seulement à être utilisés aux fins visées au paragraphe 1. Les informations fournies par une cellule de renseignement financier ne peuvent être divulguées aux tiers ni être utilisées par la cellule de renseignement financier réceptrice à des fins autres que l'analyse, sans le consentement préalable de la cellule de renseignement financier ayant fourni les informations.

8. Lorsqu'elle transmet des informations ou des documents en application du présent article, la cellule de renseignement financier effectuant la transmission peut imposer des restrictions et des conditions quant à l'utilisation des informations à des fins autres que celles qui sont prévues au paragraphe 7. La cellule de renseignement financier destinataire se conforme à ces restrictions et conditions.

9. Lorsqu'une Partie souhaite utiliser des informations ou des documents transmis pour des enquêtes ou poursuites judiciaires aux fins visées au paragraphe 7, la cellule de renseignement financier effectuant la transmission ne peut refuser son accord pour une telle utilisation, à moins qu'elle ne puisse le faire sur la base de restrictions prévues par son droit national ou au titre des conditions visées au paragraphe 6. Tout refus de donner son accord est dûment expliqué.

10. Les cellules de renseignement financier prennent toutes les mesures nécessaires, y compris en matière de sécurité, pour garantir qu'aucune autre autorité, organisme ou service n'ait accès aux informations transmises conformément au présent article.

11. Les informations fournies sont protégées, conformément à la Convention du Conseil de l'Europe du 28 janvier 1981 pour la protection des personnes à l'égard du traitement automatisé des données à caractère personnel (STE n° 108) et compte tenu de la recommandation n° R (87) 15 du 15 septembre 1987 du Comité des Ministres du Conseil de l'Europe visant à réglementer l'utilisation de données à caractère personnel dans le secteur de la police, au moins par les mêmes règles en matière de confidentialité et de protection des données à caractère personnel que

celles qui s'appliquent en vertu de la législation nationale applicable à la cellule de renseignement financier requérante.

12. La cellule de renseignement financier effectuant la transmission peut adresser des requêtes raisonnables sur l'emploi qui a été fait des informations transmises et la cellule de renseignements financiers réceptrice doit fournir, lorsque cela est faisable, des informations en retour sur ce point.

13. Les Parties indiquent l'unité qui fait office de cellule de renseignement financier au sens du présent article.

Art. 47 *Coopération internationale pour le report de transactions suspectes.* 1. Chaque Partie adopte les mesures législatives ou autres qui se révèlent nécessaires pour permettre à sa cellule de renseignement financier d'initier en urgence, à la demande d'une cellule de renseignement financier étrangère, une mesure de suspension ou de report de la conclusion d'une transaction en cours. Les conditions et la durée d'une telle mesure sont identiques à celles prévues par le droit interne de la cellule de renseignement financier requise pour le report des transactions.

2. La cellule de renseignement financier requise prend les mesures prévues au paragraphe 1 lorsqu'elle estime, sur la base des éléments développés communiqués par la cellule de renseignement financier requérante, que :

a) la transaction est liée à une opération de blanchiment et que

b) la transaction aurait été suspendue, ou la conclusion de celle-ci reportée si elle avait fait l'objet d'une déclaration d'opération suspecte au niveau national.

CHAPITRE VI *SUIVI DE LA MISE EN ŒUVRE ET RÈGLEMENT DES DIFFÉRENDS*

Art. 48 *Suivi de la mise en œuvre et règlement des différends.* 1. Le Conférence des Parties est responsable du suivi de la mise en œuvre de cette Convention. La Conférence des Parties :

a) contrôle la mise en œuvre appropriée de cette Convention par les Parties ;

b) peut, à la demande d'une Partie, donner un avis sur toute question concernant l'interprétation et l'application de la Convention.

2. La Conférence des Parties exerce les missions prévues au paragraphe 1.a en utilisant les résumés publics disponibles du Comité d'experts restreint sur l'évaluation des mesures anti-blanchiment (Moneyval) (pour les États membres de Moneyval) et ceux du GAFI (pour les États membres du GAFI), complétés, le cas échéant, par des questionnaires d'auto évaluation périodiques. La procédure d'évaluation portera uniquement sur des domaines couverts par cette Convention qui ne sont pas déjà couverts par d'autres normes internationales, pour lesquelles des évaluations mutuelles sont réalisées par le GAFI et Moneyval.

3. Si la Conférence des Parties estime qu'elle a besoin d'informations complémentaires pour mener à bien ses missions, elle consulte la Partie concernée en s'appuyant, si elle en décide ainsi, sur les mécanismes et les procédures de Moneyval. La Partie concernée communique ensuite ses éléments de réponse à la Conférence des Parties. Sur la base de ces éléments, la Conférence des Parties détermine s'il convient de réaliser une évaluation plus approfondie de la situation de la Partie concernée. Ceci peut, mais ne doit pas nécessairement inclure des visites sur place par une équipe d'évaluation.

4. En cas de différend entre les Parties sur l'interprétation ou l'application de la Convention, les Parties s'efforceront de parvenir à un règlement du différend par la négociation ou tout autre moyen pacifique de leur choix, y compris la soumission du différend à la Conférence des Parties, à un tribunal arbitral qui prendra des décisions qui lieront les Parties au différend, ou à la Cour internationale de justice, selon un accord commun par les Parties concernées.

5. La Conférence des Parties adopte ses propres règles de procédure.

6. Le Secrétaire Général du Conseil de l'Europe convoque la Conférence des Parties au plus tard un an après l'entrée en vigueur de la Convention. Des réunions périodiques sont ensuite tenues conformément aux règles de procédure adoptées par la Conférence des Parties.

CHAPITRE VII *DISPOSITIONS FINALES*

Art. 49 *Signature et entrée en vigueur.* **1. La Convention est ouverte à la signature des États membres du Conseil de l'Europe, de la Communauté européenne et des États non membres qui ont participé à son élaboration. Ces États ou la Communauté européenne peuvent exprimer leur consentement à être liés par :**

a) signature sans réserve de ratification, d'acceptation ou d'approbation ; ou

b) signature, sous réserve de ratification, d'acceptation ou d'approbation, suivie de ratification, d'acceptation ou d'approbation.

2. Les instruments de ratification, d'acceptation ou d'approbation seront déposés près le Secrétaire Général du Conseil de l'Europe.

3. La présente Convention entrera en vigueur le premier jour du mois qui suit l'expiration d'une période de trois mois après la date à laquelle six signataires, dont au moins quatre États membres du Conseil de l'Europe, auront exprimé leur consentement à être liés par la Convention, conformément aux dispositions du paragraphe 1.

4. Pour tout Signataire qui exprimera ultérieurement son consentement à être lié par la Convention, celle-ci entrera en vigueur le premier jour du mois qui suit l'expiration d'une période de trois mois après la date de l'expression de son consentement à être lié par la Convention conformément aux dispositions du paragraphe 1.

5. Aucune Partie à la Convention de 1990 ne peut ratifier, accepter ou approuver la présente Convention sans se considérer liée au moins par les dispositions correspondant aux dispositions de la Convention de 1990, auxquelles elle est liée.

6. Dès l'entrée en vigueur de la Convention, les Parties à cette Convention, qui sont également Parties à la Convention de 1990 :

a) appliqueront les dispositions de cette Convention dans leurs relations mutuelles ;

b) continueront à appliquer les dispositions de la Convention de 1990 dans leurs relations avec d'autres Parties à ladite Convention, qui ne sont pas Parties à cette Convention.

Art. 50 *Adhésion à la Convention.* **1. Après l'entrée en vigueur de cette Convention, le Comité des Ministres du Conseil de l'Europe pourra, après avoir consulté les Parties à la Convention, inviter tout État non membre du Conseil à adhérer à la présente Convention par une décision prise à la majorité prévue à l'article 20.d du Statut du Conseil de l'Europe et à l'unanimité des représentants des Parties ayant le droit de siéger au Comité.**

2. Pour tout État adhérent, la Convention entrera en vigueur le premier jour du mois qui suit l'expiration d'une période de trois mois après la date de dépôt de l'instrument d'adhésion près le Secrétaire Général du Conseil de l'Europe.

Art. 51 *Application territoriale.* **1. Tout État ou le Communauté européenne pourra, au moment de la signature ou au moment du dépôt de son instrument de ratification, d'acceptation, d'approbation ou d'adhésion, désigner le ou les territoires auxquels s'appliquera la Convention.**

2. Toute Partie pourra, à tout autre moment par la suite, par une déclaration adressée au Secrétaire Général du Conseil de l'Europe, étendre l'application de cette Convention à tout autre territoire désigné dans la déclaration. La Convention entrera en vigueur à l'égard de ce territoire le premier jour du mois qui suit l'expiration d'une période de trois mois après la date de réception de la déclaration par le Secrétaire Général.

3. Toute déclaration faite en vertu des deux paragraphes précédents pourra être retirée, en ce qui concerne tout territoire désigné dans cette déclaration, par notification adressée au Secrétaire Général. Le retrait prendra effet le premier jour du mois qui suit l'expiration d'une période de trois mois après la date de réception de la notification par le Secrétaire Général.

Art. 52 *Relations avec d'autres conventions et accords.* **1. Cette Convention ne porte pas atteinte aux droits et obligations des Parties découlant d'instruments internationaux multilatéraux concernant des questions particulières.**

2. Les Parties à la présente Convention pourront conclure entre elles des accords bilatéraux ou multilatéraux relatifs aux questions réglées par la présente Convention, aux fins de compléter ou de renforcer les dispositions de celle-ci ou pour faciliter l'application des principes qu'elle consacre.

3. Lorsque deux Parties ou plus ont déjà conclu un accord ou un traité sur un sujet couvert par la présente Convention, ou lorsqu'elles ont établi d'une autre manière leurs relations sur ce sujet, elles auront la faculté d'appliquer ledit accord, traité ou arrangement au lieu de la Convention, si cela facilite la coopération internationale.

4. Les Parties qui sont membres de l'Union européenne appliquent, dans leurs relations mutuelles, les règles de la Communauté et de l'Union européenne dans la mesure où il existe des règles de la Communauté ou de l'Union européenne régissant le sujet particulier concerné et applicables au cas d'espèce, sans préjudice de l'objet et du but de la présente Convention et sans préjudice de son entière application à l'égard des autres Parties. (1)

(1) Voir la Déclaration formulée par la Communauté européenne et les États Membres de l'Union européenne lors de l'adoption de la Convention par le Comité des Ministres du Conseil de l'Europe, le 3 mai 2005 :

"En demandant l'inclusion de la "clause de déconnexion", la Communauté européenne/Union européenne et ses États membres réaffirment que leur objectif est de prendre en compte la structure institutionnelle de l'Union lorsqu'elles adhèrent à des Conventions internationales, en particulier en cas de transfert de pouvoirs souverains des États membres à la Communauté.

Cette clause n'a pas pour objectif de réduire les droits ou d'accroître les obligations des Parties non membres de l'Union Européenne vis-à-vis de la Communauté européenne/Union européenne et de ses États membres, dans la mesure où ces dernières sont également Parties à la présente Convention.

La clause de déconnexion est nécessaire pour les dispositions de la Convention qui relèvent de la compétence de la Communauté/Union, afin de souligner que les États membres ne peuvent invoquer et appliquer, directement entre eux (ou entre eux et la Communauté/Union), les droits et obligations découlant de la Convention. Ceci ne porte pas préjudice à l'application complète de la Convention entre la Communauté européenne/Union européenne et ses États membres, d'une part, et les autres Parties à la Convention, d'autre part ; la Communauté et les États membres de l'Union européenne seront liés par la Convention et l'appliqueront comme toute autre Partie à la Convention, le cas échéant, par le biais de la législation de la Communauté/Union. Ils garantiront dès lors le plein respect des dispositions de la Convention vis-à-vis des Parties non membres de l'Union européenne."

Art. 53 *Déclaration et réserves.* 1. Tout État ou la Communauté européenne peut, au moment de la signature ou au moment du dépôt de son instrument de ratification, d'acceptation, d'approbation ou d'adhésion, formuler une ou plusieurs des déclarations prévues aux articles 3, paragraphe 2 ; 9, paragraphe 4 ; 17, paragraphe 5 ; 24, paragraphe 3 ; 31, paragraphe 2 ; 35, paragraphes 1 et 3 ; et 42, paragraphe 2.

2. Tout État ou la Communauté européenne peut également, au moment de la signature ou au moment du dépôt de son instrument de ratification, d'acceptation, d'approbation ou d'adhésion, par une déclaration adressée au Secrétaire Général du Conseil de l'Europe, déclarer qu'il n'appliquera pas, en tout ou en partie, les dispositions des articles 7, paragraphe 2, alinéa c ; 9, paragraphe 6 ; 46, paragraphe 5 ; et 47.

3. Tout État ou la Communauté européenne peut, au moment de la signature ou au moment du dépôt de son instrument de ratification, d'acceptation, d'approbation ou d'adhésion, déclarer la manière dont il ou elle appliquera les articles 17 et 19 de cette Convention, eu égard notamment aux accords internationaux applicables dans le domaine de la coopération internationale en matière pénale. Il ou elle notifiera tout changement de cette information au Secrétaire Général du Conseil de l'Europe.

4. Tout État ou la Communauté européenne peut, au moment de la signature ou au moment du dépôt de son instrument de ratification, d'acceptation, d'approbation ou d'adhésion, déclarer :

a) qu'il ou elle n'appliquera pas l'article 3, paragraphe 4 ; ou

b) qu'il ou elle appliquera l'article 3, paragraphe 4 seulement en partie ; ou
c) la manière dont il ou elle appliquera l'article 3, paragraphe 4.
Il ou elle notifiera tout changement de cette information au Secrétaire Général du Conseil de l'Europe.

5. Aucune autre réserve n'est admise.

6. Toute Partie qui a formulé une réserve en vertu de cet article peut la retirer en tout ou en Partie, en adressant une notification au Secrétaire Général du Conseil de l'Europe. Le retrait prendra effet à la date de réception de la notification par le Secrétaire Général.

7. La Partie qui a formulé une réserve au sujet d'une disposition de la Convention ne peut prétendre à l'application de cette disposition par une autre Partie ; elle peut, si la réserve est Partielle ou conditionnelle, prétendre à l'application de cette disposition dans la mesure où elle l'a acceptée.

Art. 54 *Amendements.* 1. Des amendements à la Convention peuvent être proposés par chaque Partie et toute proposition sera communiquée par le Secrétaire Général du Conseil de l'Europe aux États membres du Conseil de l'Europe, à la Communauté européenne et à chaque État non membre qui a adhéré ou a été invité à adhérer à la présente Convention conformément aux dispositions de l'article 50.

2. Tout amendement proposé par une Partie est communiqué au Comité européen pour les problèmes criminels (CDPC) qui soumet au Comité des Ministres son avis sur l'amendement proposé.

3. Le Comité des Ministres examine l'amendement proposé et l'avis soumis par le CDPC, et peut adopter l'amendement à la majorité prévue à l'article 20.d du Statut du Conseil de l'Europe.

4. Le texte de tout amendement adopté par le Comité des Ministres conformément au paragraphe 3 du présent article est transmis aux Parties pour acceptation.

5. Tout amendement adopté conformément au paragraphe 3 du présent article entrera en vigueur le trentième jour après que toutes les Parties auront informé le Secrétaire Général qu'elles l'ont accepté.

6. Afin d'actualiser les catégories infractions mentionnés à l'annexe, ainsi que d'amender l'article 13, des amendements peuvent être proposés par toute Partie ou par le Comité des Ministres. Ils sont communiqués par le Secrétaire Général du Conseil de l'Europe aux Parties.

7. Après avoir consulté les Parties qui ne sont pas membres du Conseil de l'Europe et si nécessaire le CDPC, le Comité des Ministres peut adopter un amendement proposé en conformité avec le paragraphe 6 à la majorité prévue à l'article 20.d du Statut du Conseil de l'Europe. Cet amendement entrera en vigueur à l'expiration d'une période d'un an à compter de la date à laquelle il aura été transmis aux Parties. Pendant ce délai, toute Partie pourra notifier au Secrétaire Général une objection à l'entrée en vigueur de l'amendement à son égard.

8. Si un tiers des Parties a notifié au Secrétaire Général du Conseil de l'Europe une objection à l'entrée en vigueur de l'amendement, celui-ci n'entre pas en vigueur.

9. Si moins d'un tiers des Parties a notifié une objection, l'amendement entre en vigueur pour les États contractants qui n'ont pas formulé d'objection.

10. Lorsqu'un amendement est entré en vigueur conformément aux paragraphes 6 à 9 du présent article et qu'une Partie a formulé une objection à cet amendement, celui-ci entrera en vigueur à l'égard de cette Partie le premier jour du mois suivant la date à laquelle elle aura notifié son acceptation au Secrétaire Général du Conseil de l'Europe. Toute Partie qui a formulé une objection peut la retirer à tout moment en adressant une notification au Secrétaire Général du Conseil de l'Europe.

11. Si un amendement a été adopté par le Comité des Ministres, un État ou la Communauté européenne ne peut pas exprimer son consentement à être lié par la Convention sans avoir accepté, en même temps, les amendements.

Art. 55 *Dénonciation.* 1. Toute Partie peut, à tout moment, dénoncer la présente Convention en adressant une notification au Secrétaire Général du Conseil de l'Europe.

2. La dénonciation prendra effet le premier jour du mois qui suit l'expiration d'une période de trois mois après la date de réception de la notification par le Secrétaire Général.

3. Toutefois, la Convention continue de s'appliquer à l'exécution, en vertu de l'article 23, d'une confiscation demandée conformément à ses dispositions avant que la dénonciation ne prenne effet.

Art. 56 *Notifications.* **Le Secrétaire Général du Conseil de l'Europe notifiera aux États membres du Conseil de l'Europe, à la Communauté européenne, aux États non membres qui ont participé à l'élaboration de cette Convention, à tout État invité à adhérer à celle-ci et à toute Partie à la Convention :**

a) toute signature ;

b) le dépôt de tout instrument de ratification, d'acceptation, d'approbation ou d'adhésion ;

c) toute date d'entrée en vigueur de la Convention conformément à ses articles 49 et 50 ;

d) toute déclaration ou réserve en vertu de l'article 53 ;

e) tout autre acte, notification ou communication ayant trait à la Convention.

En foi de quoi, les soussignés, dûment autorisés à cet effet, ont signé la présente Convention.

Fait à Varsovie, le 16 mai 2005, en français et en anglais, les deux textes faisant également foi, en un seul exemplaire qui sera déposé dans les archives du Conseil de l'Europe. Le Secrétaire Général du Conseil de l'Europe en communiquera copie certifiée conforme à chacun des États membres du Conseil de l'Europe, à la Communauté européenne, aux États non membres qui ont participé à l'élaboration de cette Convention et à tout État invité à adhérer à celle-ci.

III RÈGLES INTERNATIONALES

COMMENTAIRE

Les sources internationales de la lutte contre le blanchiment de capitaux et le financement du terrorisme (LCB/FT) se singularisent tant par leur contenu que par leur source.

Le contenu de l'infraction de blanchiment, inconnue jusqu'à peu de nombre de législations pénales internes, est d'abord d'origine internationale. Elle est en effet le fruit de la prise de conscience par la communauté internationale de la nécessité de lutter contre des infractions transnationales de droit commun, dont le trafic de stupéfiant, en privant les criminels des revenus tirés de leurs activités illicites. L'infraction, elle-même particulièrement sensible aux franchissement de frontières, a donc été créée par des conventions internationales conclues notamment sous l'égide de l'Organisation des Nations unies (ONU).

L'incrimination de blanchiment fait par ailleurs l'objet d'une double approche. A l'approche répressive classique, s'ajoute en effet une approche préventive de l'infraction, introduisant un contenu et des méthodes issues de mécanismes de compliance ; méthodes que doivent appliquer les opérateurs économiques et les professionnels destinataires de ces règles, sous la responsabilité des États eux-mêmes.

Les sources de l'infraction de blanchiment se distinguent également par leur originalité. En effet, si les normes répressives sont classiquement issues du travail conventionnel des organisations internationales instituées telle que l'ONU, les normes préventives de lutte contre le blanchiment sont en revanche le fruit du travail d'un organisme intergouvernemental : le Groupe d'action financière (GAFI). Cet organisme agit sur mandat des États parties et émet des Recommandations sans valeur juridique contraignante au titre du droit public international (V. *infra*, A. Groupe d'action financière). Ces Recommandations représentent cependant les standards internationalement reconnus par les organisations et institutions internationales comme par la communauté des États dont la bonne application est assurée par un processus d'évaluation mutuelle des États par leurs pairs.

Aujourd'hui les sources internationales de règles préventives, qualifiées aussi de règles prudentielles par mimétisme avec le droit financier, de lutte contre le blanchiment de capitaux, le financement du terrorisme et la prolifération des armes de destruction massive ne correspondent pas au schéma des sources conventionnelles de répression de l'infraction issues des organisations internationales. Elles sont plus évolutives puisqu'elles s'inscrivent dans une dynamique de recherche d'efficacité dans la lutte contre les phénomènes de blanchiment de capitaux et de financement du terrorisme en s'adaptant au fil des révisions des Recommandations à l'évolution des typologies de blanchiment et de financement du terrorisme émises par les organisations internationales, régionales et nationales.

Les normes répressives relatives au blanchiment de capitaux sont quant à elles relativement stables au regard des progrès considérables réalisés depuis la fin des années quatre-vingt, date à laquelle l'immense majorité des législations internes ne connaissait pas l'infraction de blanchiment. Elles sont le fruit de conventions internationales, thématiques puis généralistes, conclues sous l'égide de l'ONU et s'enrichissent des Résolutions du Conseil de sécurité des Nations unies et des travaux internationaux intergouvernementaux. La répression internationale du blanchiment s'accompagne, par ailleurs, d'un mouvement de répression des faits de financement du terrorisme dont les méthodes s'apparentent à celle du blanchiment. Le lien établi de longue date entre les deux incriminations explique l'extension du mandat confié au GAFI par les États membres pour lutter contre le financement du terrorisme, même si ce lien est depuis peu partiellement remis en cause au regard de l'évolution du financement du terrorisme qui se tourne aussi vers des sources licites de financement.

I. LES SOURCES INTERNATIONALES DES RÈGLES DE PRÉVENTION DU BLANCHIMENT DE CAPITAUX, DE FINANCEMENT DU TERRORISME ET DE LUTTE CONTRE LA PROLIFÉRATION DES ARMES DE DESTRUCTION MASSIVE

Les quarante Recommandations du Groupe d'action financière (GAFI) – ou *Financial Action Task Force* (FATF) – qui s'accompagnent de notes interprétatives et d'un glossaire (V. *infra*, A. Groupe d'action financière), représentent aujourd'hui la source internationalement reconnue des normes de lutte contre le blanchiment de capitaux, le financement du terrorisme et la prolifération des armes de destruction massive. Cette reconnaissance internationale est le fruit de la collaboration du GAFI avec les organismes régionaux de type GAFI (ORTG) et les organismes internationaux tels que le Fonds monétaire international (FMI) et la Banque mondiale. Elle est le fruit aussi de leur reconnaissance par les organisations internationales telle que l'ONU.

La diffusion des Recommandations du GAFI est, par ailleurs, assurée par un mécanisme très efficace de contrôle et de suivi de leur mise en œuvre fondé sur des cycles d'évaluation mutuelle. Les résultats de ces évaluations mutuelles réalisées par les pairs, portant sur la mise en œuvre technique et sur l'efficacité des Recommandations du GAFI, revêtent en effet une importance politique majeure pour les États évalués. Après une première évaluation en 2012, la France a fait l'objet d'une deuxième évaluation mutuelle en 2021, qui a donnée lieu à l'adoption d'un rapport mutuel d'évaluation lors de l'assemblée plénière du GAFI de mars 2022, publié le 17 mai 2022 (V. *infra*, Méthodologie d'évaluation de la conformité technique aux recommandations du GAFI et de l'efficacité des systèmes de LBC/FT, à propos du Rapport du 17 mai 2022 relatif à l'évaluation mutuelle de la France).

II. LES SOURCES INTERNATIONALES DE L'INCRIMINATION DE BLANCHIMENT ET DE FINANCEMENT DU TERRORISME

Les instruments internationaux conventionnels ont conduit à la généralisation de l'incrimination de blanchiment dans la majorité des systèmes juridiques. Ce mouvement s'est accompagné de l'introduction d'une incrimination de financement du terrorisme, traditionnellement liée à celle du blanchiment en raison de la proximité des moyens et des techniques employées.

La convention des Nations unies du 20 décembre 1988, dite convention de Vienne, relative à la lutte contre le trafic illicite de stupéfiants et de substances psychotropes (V. *infra*, B. Organisation des Nations unies) est ainsi la première convention internationale imposant l'incrimination de blanchiment de capitaux provenant du trafic de stupéfiants. Elle a été suivie par la convention des Nations unies contre la criminalité transnationale organisée du 15 novembre 2000, dite convention de Palerme (V. v° *Corruption*). Cette dernière a généralisé l'incrimination de blanchiment comme conséquence de toute infraction d'une certaine gravité et a introduit pour la première fois dans une convention internationale, des obligations prudentielles en matière de lutte contre le blanchiment.

La convention des Nations unies pour la répression du financement du terrorisme du 9 décembre 1999 renforce quant à elle la coopération internationale pour assurer l'adoption de mesures efficaces de prévention du financement du terrorisme (V. *infra*, B. Organisation des Nations unies). La convention invite les États parties à incriminer les faits de financement du terrorisme et à favoriser la coopération pénale, tout en appliquant les mesures nécessaires à la détection et au gel, à la saisie ou la confiscation des fonds utilisés ou destinés à être utilisés pour la commission de l'infraction de financement du terrorisme.

S'ajoutent à ces dispositions les Résolutions du Conseil de sécurité des Nations unies relatives aux sanctions des États soutenant ou participant au financement du terrorisme et enjoignant, elles aussi, les États à incriminer les faits de financement du terrorisme et à appliquer les mesures de gel des avoirs (V. *infra*, B. Organisation des Nations unies). Ces instruments internationaux soutiennent la mobilisation des États pour mettre en œuvre des actions internationales comme la Conférence de Paris intitulée *« No money for terror »* de 2018 (V. *infra*, B. Organisation des Nations unies). ❑

A Groupe d'action financière

COMMENTAIRE

Le Groupe d'action financière (GAFI) – *Financial Action Task Force* (FATF) – est un organisme intergouvernemental créé en 1989 qui rassemble trente-quatre pays et territoires et deux organisations régionales dont l'Union européenne. Le GAFI agit sur mandat donné par les États parties avec pour mission d'élaborer des normes et de promouvoir leur mise en œuvre efficace afin de lutter contre toutes les formes de blanchiment de capitaux menaçant le système financier international et la sécurité des États. Le mandat initial donné au GAFI a été étendu à la lutte contre le financement du terrorisme et à la lutte contre la prolifération des armes de destruction massive. Ce mandat, reconductible, donne compétence au GAFI pour élaborer des règles fixant un cadre international de lutte contre le blanchiment qui incite les États à mettre en place une politique de lutte contre le blanchiment en agissant au niveau institutionnel, international et interne, et au niveau matériel, juridique et judiciaire.

Pour ce faire, le GAFI a édicté des Recommandations accompagnées de Notes interprétatives et d'un glossaire (V. *infra*) qui constituent le socle du dispositif international de LBC/FT. Il émet également des lignes directrices et publie des listes de pays et territoires non coopératifs dans le cadre du mandat qui lui est confié.

Les Recommandations, dépourvues de valeur normative au titre du droit public international, constituent cependant le socle mondialement reconnu des normes de lutte contre le blanchiment de capitaux et le financement du terrorisme du fait de trois facteurs majeurs.

D'une part, les Recommandations du GAFI sont reconnues comme les normes mondiales en matière de LBC/FT par les grandes institutions financières internationales (IFI) telles que le Fonds monétaire international et la Banque mondiale.

D'autre part, la diffusion des Recommandations est soutenue par des organismes régionaux de type GAFI (ORTG), dont celui du Conseil de l'Europe (MONEYVAL), qui constituent un réseau mondial structuré et efficace. Ces réseaux régionaux assurent la diffusion des Recommandations et appuient l'action du GAFI pour leur mise en œuvre par les États.

Enfin, la valeur contraignante des Recommandations et des notes interprétatives qui les accompagnent est notablement renforcée par un mécanisme original de suivi mis en place par le GAFI. L'évaluation mutuelle par les pairs réalisée dans le cadre de cycles d'évaluation tend en effet à l'évaluation technique et à l'évaluation de l'efficacité des dispositifs de lutte contre le blanchiment de capitaux et de financement du terrorisme intégrés par les États parties. Ces évaluations mutuelles sont conduites selon la méthodologie d'évaluation élaborée par le GAFI en 2013 et mise à jour en 2019 (V. *infra*). Cette méthodologie intègre les aspects d'organisation institutionnelle et les aspects qualitatifs dont les critères d'évaluation sont fondés sur le contenu des Recommandations et des notes interprétatives qui revêtent de fait un caractère contraignant pour les États. Les résultats des évaluations mutuelles publiés dans les rapports d'évaluation mutuelle (RME) et la synthèse sur l'efficacité globale du pays ont une dimension politique, économique et financière majeure pour les États.

I. MISE EN ŒUVRE DES RECOMMANDATIONS PAR LES ÉTATS

L'absence de valeur normative des Recommandations n'a donc pas empêché leur reconnaissance internationale comme socle mondial de la lutte contre le blanchiment. Les États se doivent de démontrer leur implication dans la lutte contre le blanchiment et, par ailleurs, contre le financement du terrorisme, car le respect des Recommandations du GAFI constitue un élément essentiel de leur reconnaissance internationale et de leur compétitivité économique et financière. Les conséquences des défaillances stratégiques de certains pays en matière de LBC/FT, défaillances identifiées par les procédures mises en place par le GAFI, entraînent de lourdes conséquences économiques et financières pour ces pays. Les autres États et leurs opérateurs sont en effet appelés à limiter, voire à rompre leurs relations avec ces juridictions défaillantes en matière de LBC/FT.

Le GAFI est doté d'instruments particulièrement efficaces afin d'assurer l'application de ses Recommandations. Il met en place des cycles d'évaluation mutuelle de la conformité des droits nationaux aux Recommandations conduites par les pairs, ce qui constitue un vecteur très puissant de contrainte pour les États avec la publication d'un rapport d'évaluation mutuelle ; rapport politiquement sensible puisque le GAFI appelle les États à tenir compte des défaillances stratégiques de certains pays dans l'application des Recommandations.

Le GAFI identifie ainsi, sur la base des analyses menées par le Groupe d'examen de la coopération internationale (GECI), les juridictions n'appliquant pas ou appliquant insuffisamment ses Recommandations et les invite à appliquer des contre-mesures. Les pays faisant l'objet de défaillances stratégiques dans l'application des normes LBC/FT sont identifiés et le caractère suffisant ou non des progrès réalisés dans le cadre du plan d'action proposé par le GAFI est évalué. Les listes sont publiées périodiquement. Les pays qui ne se sont pas engagés à suivre un plan d'action élaboré avec le GAFI, afin de remédier à leurs défaillances, font l'objet d'une déclaration spécifique.

Au-delà des actions de contrôle diligentées par les pairs et les organismes régionaux de type GAFI (ORTG) ou les institutions financières internationales (IFI), le GAFI accompagne également les États par des lignes directrices, des guides des meilleures pratiques, et d'autres orientations visant à assister les pays dans la mise en œuvre des normes. Il s'agit d'expliquer et d'illustrer la méthodologie adoptée pour mettre en place les Recommandations (V. *infra*, Méthodologie d'évaluation de la conformité technique aux recommandations du GAFI et de l'efficacité des systèmes de LBC/FT, à propos du Rapport du 17 mai 2022 relatif à l'évaluation mutuelle de la France).

II. CADRE POSÉ PAR LES 40 RECOMMANDATIONS DU GAFI

Le GAFI a émis, dès 1990, quarante Recommandations, révisées en 1996, puis en 2003 à la suite de l'extension de son mandat à la lutte contre le financement du terrorisme et en 2008, à la suite de l'extension de son mandat à la lutte contre le financement de la prolifération des armes de destruction massive. Les Recommandations ont ensuite été révisées en février 2012 et mises à jour en octobre 2018, intégrant les Recommandations en matière de lutte contre le financement du terrorisme et la Recommandation en matière de lutte contre la prolifération des armes de destruction massive. Ces Recommandations et leurs Notes interprétatives ont fait l'objet d'une nouvelle mise à jour (Recomm. n°s 1 et 2) afin de renforcer la lutte contre le financement des armes de destructions massives (ADM) le 23 octobre 2020.

L'évolution des méthodes de blanchiment en matière de financement du terrorisme conduit actuellement le GAFI à travailler sur l'identification des différences entre le blanchiment de capitaux et le financement du terrorisme afin d'adapter ses normes aux particularités du financement du terrorisme. Ce dernier se développe en effet à partir de nouvelles sources licites provenant d'investissement dans des activités d'exploitation de ressources naturelles notamment, ou d'organisation à but non lucratif (OBNL). Pour l'heure cependant les Recommandations du GAFI ont vocation à s'appliquer aux trois phénomènes pour lesquels les États lui ont donné mandat d'agir : le blanchiment de capitaux, le financement du terrorisme et la prolifération des armes de destruction massive.

Les Recommandations impliquent une action des États pour la mise en place d'un dispositif institutionnel, administratif et judiciaire de lutte contre le blanchiment. Elles impliquent aussi, par le biais des instruments législatifs et réglementaires déployés par les États, des obligations pour les opérateurs du secteur financier et de secteurs considérés comme sensibles aux risques de blanchiment. Ces opérateurs sont les assujettis à la législation en matière de blanchiment de capitaux et de financement du terrorisme. Les Recommandations s'adressent donc aux États à double titre : pour les obligations qui leur incombent et pour la mise en place d'obligations incombant aux opérateurs nationaux assujettis.

Dans ce cadre, les Recommandations de 1990 ont posé les jalons concernant les États, et plus partiellement des obligations concernant les opérateurs du secteur bancaire, obligations ayant vocation à s'étendre au secteur financier dans son entier. Ce sont ensuite les Recommandations révisées de 2012 qui ont réellement élaboré un dispositif global de lutte contre le blanchiment. Un dispositif global quant aux acteurs concernés puisque les Recommandations sont désormais applicables au secteur financier – au-delà du secteur bancaire – mais également à certains secteurs non financiers sensibles au blanchiment. Un dispositif global appliqué à la relation d'affaires puisque les règles s'appliquent dès les prémisses de l'entrée en relation d'affaires et au-delà de la relation d'affaires avec l'obligation de conservation des documents dans les cinq années suivant la fin de la relation d'affaires.

Le bouleversement opéré par les Recommandations révisées en 2012 tient par ailleurs à la mise en place d'une nouvelle architecture qui a la particularité de se fonder sur deux volets : un volet préventif et un volet répressif.

Le volet répressif, classique au droit pénal international, invite les États à incriminer, sanctionner, coopérer. Ce volet incite les États à assurer l'incrimination et la poursuite des infractions de blanchiment et de financement du terrorisme par des prescriptions substantielles : incrimination générale de blanchiment, règles de coopération pénale internationale, recherche d'efficacité des poursuites initiées par les juridictions.

Le volet préventif, beaucoup plus innovant, est largement inspiré des mécanismes de compliance initiés aux États-Unis. Ce volet préventif est d'autant plus innovant qu'il est fondé sur une approche par les risques.

Cette approche se distingue de certaines dispositions antérieures des Recommandations fondées sur une approche par les seuils – seuils quantitatif de détection d'opérations suspectées de constituer des opérations de blanchiment.

L'approche par les risque revêt des formes différentes selon qu'elle s'applique aux États qui doivent notamment élaborer l'analyse nationale des risques de blanchiment et ajuster en fonction de ces risques leur politique publique en la matière. Elle s'adresse aux autorités nationales impliquées en matière de lutte contre le blanchiment et notamment aux autorités de contrôle des opérateurs assujettis à la législation qui doivent fonder leur politique de contrôle et leur intensité en fonction de la liberté dont bénéficient les assujettis.

L'approche par les risques concerne enfin les assujettis eux-mêmes à la réglementation en matière de LBC/FT qu'ils doivent appliquer et moduler en fonction des risques d'instrumentalisation de leur structure à des fins de blanchiment. Il s'agit, par la mise en place d'un dispositif interne à l'entreprise assujettie, de prévenir ou de minimiser le risque de réalisation d'opérations de blanchiment et de financement du terrorisme, et *a minima* d'alerter les autorités publiques le plus en amont possible du risque de réalisation d'une telle opération.

III. APPROCHE PAR LES RISQUES IMPOSÉE AUX ASSUJETTIS

L'approche par les risques constitue donc un changement majeur. Elle amplifie les mécanismes de compliance imposés aux assujettis en leur imposant de passer d'un système de détection des risques de blanchiment fondé sur des seuils fixés – par l'organisme ou par la loi – à un système d'analyse des risques propres à son fonctionnement en mettant en œuvre les critères élaborés par les Recommandations (pays et territoires non coopératifs, personne politiquement exposées) mais également des critères personnalisés (élaboration de scenarii) adaptés à leurs processus de décision, à leurs circuits commerciaux et industriels.

L'approche par les risques implique une « internalisation » des processus de détection nécessairement individualisés et suppose *in fine* une analyse casuistique et un traitement humain des alertes émises, là où le système antérieur fondé sur des seuils conduisait à des déclarations de soupçon automatiques.

L'approche par les risques fait donc peser une plus grande responsabilité sur les entreprises et sur les personnes physiques assujetties qui doivent démontrer la qualité de l'analyse de leurs risques et l'efficience de leur système sous peine d'encourir des sanctions disciplinaires ou administratives. ❑

Recommandations du GAFI du 15 février 2012,

Sur la lutte contre le blanchiment de capitaux et le financement du terrorisme et de la prolifération.

BIBL. GÉN. ▶ LOPES DE LIMA, *RSC 2006. 567* (le groupe d'action financière (GAFI) et sa « liste noire » : punir sans juger). – LEFIN et SOULIGNAC, *Banque et Dr. 9-10/2010. 16* (lutte antiblanchiment : dans le labyrinthe des listes d'État et territoires). – NDLR, *Rev. ACP mai-juin 2011. 14* (évaluation de la France par le GAFI). – CUTAJAR, *BJB 2011. 416* (des réformes nécessaires après le rapport d'évaluation de la France par le GAFI). – MERVILLE, *RDBF 2012. Étude 25* (les nouvelles recommandations du GAFI : leur impact en droit français). – BOURSIER, *D. avocats 2020. 140* (qu'est-ce que la compliance ?).

A *Politiques et coordination en matière de LBC/FT*

COMMENTAIRE

Les Recommandations du GAFI ont vocation à s'appliquer à des niveaux différents. Elles visent les États eux-mêmes qui doivent mettre en place une architecture institutionnelle et développer une activité normative et diplomatique avec les autres États – mise en place des structures nationales type cellule de renseignement financier (CRF), signature de conventions internationales, accords de coopération.

Il faut noter que nombre de recommandations se réfèrent aux conventions internationales de lutte contre la criminalité organisée et aux conventions internationales de coopération pénale, policière et judiciaire comme la convention des Nations unies contre le trafic illicite de stupéfiants et de substances psychotropes de 1988 (convention de Vienne ; V. *infra*, B. Organisation des Nations unies) ; la convention des Nations unies contre la criminalité transnationale organisée de 2000 (convention de Palerme ; V. v° *Corruption*).

Ces recommandations visent aussi la mise en place par les États de politiques publiques à destination de personnes physiques et morales identifiées comme particulièrement sensibles aux risques de blanchiment et sur lesquelles les États devront ensuite faire peser des obligations. Ces acteurs – institutions financières et entreprises et professions non financières – sont les assujettis à la législation LBC/FT mise en place par les États sur le fondement des Recommandations du GAFI. Ils ont pour point commun d'intervenir dans des secteurs d'activité connus pour être particulièrement sensibles au risque d'instrumentalisation à des fins de blanchiment (secteur financier, conseils juridiques, professions du chiffre, commerces d'objet précieux). Ce sont eux qui *in fine* devront appliquer un grand nombre d'obligations en devenant des auxiliaires des pouvoirs publics dans la mise en œuvre de leur politique publique. ❑

Recommandation 1 *Évaluation des risques et application d'une approche fondée sur les risques.*

Les pays devraient identifier, évaluer et comprendre les risques de blanchiment de capitaux et de financement du terrorisme auxquels ils sont exposés et devraient prendre des mesures, parmi lesquelles la désignation d'une autorité ou d'un mécanisme pour coordonner les actions d'évaluation des risques, et mobiliser des ressources, afin de s'assurer que les risques sont efficacement atténués. Sur la base de cette évaluation, les pays devraient appliquer une approche fondée sur les risques pour s'assurer que les mesures de prévention et d'atténuation du blanchiment de capitaux et du financement du terrorisme sont à la mesure des risques identifiés. Cette approche devrait constituer le fondement essentiel d'une allocation efficiente des ressources au sein du régime de lutte contre le blanchiment de capitaux et le financement du terrorisme (LBC/FT) et de la mise en œuvre de mesures fondées sur les risques pour toutes les recommandations du GAFI. Lorsque les pays identifient des risques plus élevés, ils devraient s'assurer que leur régime de LBC/FT fait face à ces risques de manière satisfaisante. Lorsque les pays identifient des risques plus faibles, ils peuvent décider d'autoriser sous certaines conditions des mesures simplifiées pour certaines recommandations du GAFI.

Les pays devraient également identifier, évaluer et comprendre les risques de financement de la prolifération auxquels ils sont exposés. Dans le contexte de la recom-

mandation 1, l'expression *risque de financement de la prolifération* fait strictement et uniquement référence aux potentiels cas de violation, d'absence de mise en œuvre ou de contournement relatifs aux obligations de sanctions financières ciblées énoncées dans la recommandation 7. Les pays devraient prendre des mesures appropriées visant à s'assurer que les risques sont efficacement atténués, parmi lesquelles la désignation d'une autorité ou d'un mécanisme pour coordonner les actions d'évaluation des risques, et à cette fin, allouer des ressources de façon efficiente. Lorsque les pays identifient des risques plus élevés, ils devraient s'assurer qu'ils répondent à ces risques de manière satisfaisante. Lorsque les pays identifient des risques plus faibles, ils devraient s'assurer que les mesures appliquées sont proportionnelles au niveau de risque de financement de la prolifération, tout en assurant la pleine mise en œuvre des sanctions financières ciblées conformément à la recommandation 7.

Les pays devraient obliger les institutions financières et les entreprises et professions non financières désignées à identifier et évaluer leurs risques de blanchiment de capitaux et de financement du terrorisme et de financement de la prolifération et à prendre des mesures efficaces pour les atténuer.

V. Note interprétative de la Recommandation 1, infra.

V. aussi GAFI, Guidance for a Risk-Based Approach Guidance for Legal Professionals, 26 juin 2019.

COMMENTAIRE

La Recommandation n° 1, issue de la révision de 2012, succède au cadre général posé dans les trois premières recommandations de 1990. Ces dernières invitaient les États à appliquer la convention de Vienne, à mettre fin au secret bancaire et à renforcer la coopération multilatérale. S'ajoutait à ces prescriptions, la Recommandation n° 24 proposant d'instaurer des seuils de transactions en espèce dont le dépassement déclenchait une alerte et une déclaration de soupçon auprès de la cellule de renseignement financier. Or, cette approche présentait un double inconvénient. D'abord, elle permettait un contournement facile des seuils de détection par les infracteurs potentiels qui fractionnaient leurs opérations afin de passer en dessous des seuils de détection. Ensuite, cette approche par les seuils conduisait potentiellement à un engorgement des cellules de renseignements financiers qui devaient ensuite traiter ces déclarations de soupçon. Elle était surtout encore insuffisante car elle ne créait pas un cadre général au contraire des Recommandations de 2012 qui proposent une architecteur d'ensemble en matière de LBC/FT.

I. CRÉATION D'UN NOUVEAU CADRE EN MATIÈRE DE LUTTE CONTRE LE BLANCHIMENT PAR L'INTÉGRATION DES MÉCANISMES DE COMPLIANCE

La Recommandation n° 1 marque l'émergence d'un véritable cadre conceptuel pour la lutte contre le blanchiment, là où les recommandations de 1990 donnaient des directives parcellaires aux États. Cette nouvelle approche s'applique aux États en les inscrivant dans une démarche plus intégrée. Elle marque un changement plus profond encore pour les personnes physiques et morales assujetties à la réglementation en invitant les États à leur imposer une démarche personnalisée et active de détection et d'analyse des risques d'instrumentalisation de leur structure aux fins de blanchiment de capitaux et de financement du terrorisme. Les mécanismes propres de la compliance sont à l'œuvre par « l'internalisation » de processus de détection de faits de blanchiment dans l'entreprise qui doit collecter des informations que les États ne détiennent pas et ce afin de leur transmettre *via*, notamment, la déclaration de soupçon.

II. APPROCHE PAR LES RISQUES IMPOSÉE AUX ÉTATS

L'approche par les risques est imposée aux États qui doivent appliquer les Recommandations du GAFI en fonction des risques auxquels ils sont exposés. La détermination des risques propres à chaque État dépend de leur situation géographique et géopolitique, de leur système judiciaire, de leur droit interne dans les secteurs particulièrement exposés et de la fiabilité de leurs systèmes de contrôle notamment dans le secteur bancaire et financier. Elle suppose une analyse des phénomènes criminels sur leur territoire, des typologies d'infractions, de leur activité judiciaire, de leurs risques géopolitiques, etc.

L'identification des risques pesant sur l'État a pour objet d'orienter sa politique publique : dans l'organisation des autorités en charge de la lutte contre le blanchiment, dans l'orientation de sa politique législative en la matière et dans celle de sa politique criminelle et de ses relations internationales. Elle permet d'allotir plus finement les moyens dévolus à la lutte contre le blanchiment en modulant l'application des Recommandations en fonction de l'intensité et de la localisation géographique et matérielle des risques détectés (en fonction des secteurs d'activités par exemple).

III. APPROCHE PAR LES RISQUES IMPOSÉE PAR LES ÉTATS AUX ASSUJETTIS À LA LUTTE CONTRE LE BLANCHIMENT

La Recommandation n° 1 invite également les États à imposer l'approche par les risques aux assujettis. C'est la note interprétative de la Recommandation qui définit cette approche par les risques applicable par les assujettis : « Le principe général de l'approche fondée sur les risques est d'obliger les institutions financières et entreprises et professions non financières désignées à appliquer des mesures de vigilance renforcées lorsqu'il existe des risques plus élevés afin de les gérer et de les atténuer et, inversement, de permettre aux institutions financières et entreprises et professions non financières désignées d'appliquer des mesures de vigilance simplifiées lorsque les risques sont plus faibles ». La note interprétative apporte immédiatement des limites à la liberté d'appréciation des entités en corrélant ainsi l'application de mesures de vigilance simplifiée à une condition supplémentaire par rapport à l'analyse produite par l'assujetti sur l'appréciation du risque, celle de l'absence de soupçon de blanchiment. Elle annonce ensuite les Recommandations spécifiques qui précisent la façon dont ce principe général d'approche par les risques se décline en obligations particulières à la charge des assujettis à la législation de LBC/FT.

Ces éléments démontrent la volonté, d'une part, de responsabiliser les entités assujetties sur lesquelles pèsent l'appréciation des risques (V. la Recommandation 35, système de sanction en cas de méconnaissance de ces obligations) et, d'autre part, la volonté d'assurer un allotissement optimal des ressources dédiées à la LBC/FT naturellement limitées au regard des contingences matérielles, humaines et financières qu'elles impliquent. Enfin, cette approche marque le passage d'une appréciation statique des systèmes LBC/FT à une appréciation plus qualitative de la politique LBC/FT. ☐

Recommandation 2 *Coopération et coordination nationales.*

Les pays devraient disposer de politiques nationales de LBC/FT prenant en compte les risques identifiés *[l'expression "risque de financement de la prolifération" fait strictement et uniquement référence aux potentiels cas de violation, d'absence de mise en œuvre ou de contournement relatifs aux obligations de sanctions financières ciblées énoncées dans la recommandation 7]*. **Ces politiques devraient être régulièrement réexaminées. Les pays devraient désigner une autorité ou disposer d'un mécanisme de coordination ou de tout autre mécanisme responsable de ces politiques.**

Les pays devraient s'assurer que les responsables de l'élaboration des politiques, la cellule de renseignements financiers (CRF), les autorités de poursuite pénale, les autorités de contrôle et les autres autorités compétentes concernées, tant au niveau opérationnel qu'à celui de l'élaboration des politiques, disposent de mécanismes efficaces leur permettant de coopérer et, le cas échéant, de se coordonner et d'échanger des informations au plan national pour l'élaboration et la mise en œuvre des politiques et des activités visant à lutter contre le blanchiment de capitaux, le financement du terrorisme et le financement de la prolifération des armes de destruction massive. Cela devrait inclure la coopération et la coordination entre autorités compétentes pour assurer la compatibilité des exigences de LBC/FT/FP avec les mesures de protection des données et du respect de la vie privée, et autres dispositions similaires (ex. : sécurité et localisation des données).

V. Note interprétative de la Recommandation 2, infra.

COMMENTAIRE

Les exigences en termes d'implications institutionnelles des États sont largement suivies dans les architectures nationales déjà mises en place – notamment dans les pays membres de l'UE – fut-ce formellement. La Recommandation n° 2 invite à une coordination nationale entre les autorités judiciaires et administratives – notamment les cellules de renseignement financier

(CRF) qui ne sont pas dotées dans les différents pays des mêmes prérogatives, ni des mêmes moyens – et à la recherche d'une réelle efficience de ces institutions et autorités.

En France, c'est la mission du Conseil d'orientation de la lutte contre le blanchiment de capitaux et le financement du terrorisme (COLB) créé par le décret n° 2010-69 du 18 janvier 2010, qui s'est substitué au Conseil d'orientation du pôle ministériel de lutte contre les circuits financiers clandestins précédemment créé par le décret n° 2006-1541 du 6 décembre 2006.

La Recommandation n° 2 appelle également l'attention des États sur la nécessité d'assurer l'articulation entre les règles LBC/FT, qui conduisent à collecter un grand nombre de données à caractère personnel dans le cadre des procédures de vigilance mises en place par les assujettis, et des renseignements traités par les autorités publiques avec les règles de protection des données personnelles. Cette attention ne fait que croître au fil des instruments internationaux, européens et nationaux. ❑

B *Blanchiment de capitaux et confiscation*

Recommandation 3 *Infraction de blanchiment de capitaux.*

Les pays devraient conférer le caractère d'infraction pénale au blanchiment de capitaux sur la base de la Convention de Vienne et de la Convention de Palerme. Les pays devraient appliquer l'infraction de blanchiment de capitaux à toutes les infractions graves afin de couvrir la gamme la plus large d'infractions sous-jacentes.
V. Note interprétative de la Recommandation 3, infra.

COMMENTAIRE

L'infraction de blanchiment a la particularité d'être relativement récente dans les systèmes juridiques des États, au contraire d'infractions traditionnelles telles que les atteintes à la probité. La lutte contre cette infraction est donc d'essence internationale avant d'être nationale, expliquant ainsi l'influence majeure des Recommandations du GAFI intervenant sur un terrain laissé vierge par les États. A l'origine, le blanchiment est en effet le plus souvent incriminé par les États dans le cadre de la réalisation d'infractions de trafic de stupéfiants. Elle est ensuite étendue en tant qu'infraction de conséquence susceptible de s'appliquer au blanchiment du produit de toute infraction.

Cette évolution est notable en France, qui est passé de l'incrimination originaire de blanchiment du produit du trafic de stupéfiant de l'article 222-38 du code pénal à l'article 324-1 du même code incriminant de façon générale des faits de blanchiment du produit de tout crime ou de tout délit (V. *supra*, I. Règles internes) et ce, outre, les dispositions spécifiques de blanchiment douanier prévu à l'article 405 du code des douanes.

L'impact des dispositions de la directive (UE) 2018/1673 du Parlement européen et du Conseil du 23 octobre 2018 visant à lutter contre le blanchiment de capitaux au moyen du droit pénal (V. *supra*, II. Règles européennes) sera sans aucun doute notable en termes de renforcement et d'harmonisation des législations européennes. ❑

Recommandation 4 *Confiscation et mesures provisoires.*

Les pays devraient adopter des mesures similaires à celles prévues par la Convention de Vienne, la Convention de Palerme et la Convention sur le financement du terrorisme, y compris des mesures législatives, afin de permettre à leurs autorités compétentes de geler ou saisir et de confisquer, sans préjudice des droits des tiers de bonne foi : (a) les biens blanchis ; (b) le produit de, ou les instruments utilisés pour le, ou destinés à être utilisés en vue du blanchiment de capitaux ou d'infractions sous-jacentes ; (c) les biens qui constituent le produit du, sont utilisés pour le, ou destinés à être utilisés en vue du ou affectés au financement du terrorisme, des actes terroristes ou des organisations terroristes ; et (d) des biens d'une valeur correspondante.

De telles mesures devraient comprendre le pouvoir : (a) d'identifier, de dépister et d'estimer les biens faisant l'objet d'une mesure de confiscation ; (b) de mettre en œuvre des mesures provisoires, telles que le gel et la saisie, afin de faire obstacle à toute opération sur ou tout transfert ou disposition de ces biens ; (c) de prendre des

mesures pour empêcher ou annuler les actions qui compromettent la faculté du pays de geler, saisir ou recouvrer les biens faisant l'objet d'une mesure de confiscation ; et (d) de prendre toutes les mesures d'enquête appropriées.

Les pays devraient envisager d'adopter des mesures permettant la confiscation de tels produits ou instruments sans condamnation pénale préalable (confiscation sans condamnation préalable) ou des mesures obligeant l'auteur présumé de l'infraction à apporter la preuve de l'origine licite des biens présumés passibles de confiscation, dans la mesure où une telle obligation est conforme aux principes de leur droit interne.

V. Note interprétative des Recommandations 4 et 38, infra.

RÉP. PÉN. v° *Saisies spéciales,* par ASCENSI.

COMMENTAIRE

La Recommandation n° 4 invite les États à renforcer les mesures de confiscation et les mesures provisoires afin de priver les infracteurs des profits tirés des leurs activités criminelles et ce avant toute condamnation pénale. Traditionnellement, les conventions d'entraide pénale limitent la portée des saisies ou des mesures de gel aux pièces à convictions et documents à l'exclusion du produit de l'infraction, et ne s'appliquent pas, quoi qu'il en soit, à l'exécution des condamnations. Le droit international et le droit européen ont ensuite évolué en consacrant la pratique des procédures de gel et de saisie des avoirs criminels.

I. DROIT CONVENTIONNEL EN MATIÈRE DE MESURES DE CONFISCATIONS ET DE MESURES PROVISOIRES

Les conventions internationales de lutte contre la criminalité ont peu à peu promu les procédures de saisie des avoirs criminels afin de garantir l'exécution des peines de confiscation à la suite de la convention des Nations unies du 20 décembre 1988 contre le trafic illicite de stupéfiants et de substances psychotropes (V. *infra*, B. Organisation des Nations unies), qui rappelle que la saisie et la confiscation sont les instruments les plus efficaces de lutte contre le trafic de stupéfiants.

Le mécanisme s'est ensuite étendu à la lutte contre le terrorisme avec la convention des Nations unies pour la répression du financement du terrorisme du 9 décembre 1999 (V. *infra*, B. Organisation des Nations unies). Puis la convention des Nations unies contre la criminalité transnationale organisée du 15 novembre 2000 (*eod. loc.*) a invité les États parties à prendre les mesures nécessaires à l'identification, la saisie et la confiscation du produit de la criminalité organisée transnationale et à renforcer la coopération en ce domaine. Enfin, la convention des Nations unies contre la corruption du 31 octobre 2003 (V. v° *Corruption*) érige le recouvrement du produit de la corruption en principe fondamental de la convention, succédant ainsi à la convention de l'OCDE sur la lutte contre la corruption d'agents étrangers dans les transactions commerciales internationales du 21 novembre 1997 (V. v° *Corruption*).

II. DROIT EUROPÉEN EN MATIÈRE DE MESURES DE CONFISCATIONS ET DE MESURES PROVISOIRES

Au sein du Conseil de l'Europe, la convention du 8 novembre 1990 relative au blanchiment, au dépistage, à la saisie et à la confiscation des produits du crime (convention de Strasbourg ; V. *supra*, II. Règles européennes), élargie et approfondie par la convention du Conseil de l'Europe relative au blanchiment, au dépistage, à la saisie et à la confiscation des produits du crime et au financement du terrorisme du 16 mai 2005 (convention de Varsovie ; V. *supra*, II. Règles européennes), impose aux États parties l'obligation de prévoir des mesures provisoires de gel et de saisie et des mesures propres à assurer la confiscation des biens ou des instruments appartenant aux infracteurs.

Au sein de l'Union européenne, de nombreuses décisions-cadres, remplacées ensuite par une directive, imposent la mise en place de procédures de saisie et de confiscation des avoirs criminels aux États membres. La directive n° 2014/42/UE du 3 avril 2014 concernant le gel et la confiscation des instruments et des produits du crime dans l'Union européenne invite les États membres à adopter des règles minimales en matière de gel et de confiscation en constatant le défaut d'efficience des régimes existants de confiscation élargie et de reconnaissance mutuelle des décisions de gel et de confiscation.

Son champ d'application comprend les produits du crime et les produits issus de leur transformation et définit largement les biens pouvant faire l'objet d'une mesure de gel ou de confiscation comprenant les actes juridiques attestant d'un titre ou d'un droit sur le bien et provenant de toute infraction. La notion d'infraction est entendue au sens large de la directive comme toute infraction ayant donné lieu à une décision définitive de condamnation ou à une condamnation par défaut. Elle ouvre le droit à une condamnation en valeur calculée proportionnellement à la gravité des faits et à l'attitude du condamné.

La directive établit des règles minimales relatives au gel de biens en vue de leur éventuelle confiscation en matière pénale pour les infractions considérées comme particulièrement délétères par l'Union européenne. Elle impose aux États membres de prendre les mesures nécessaires pour assurer la confiscation de ces biens, et ce même dans le cadre des procédures par défaut qui ne doivent pas faire obstacle à la saisie et à la confiscation. La directive invite les États, pour certaines infractions visées, à prévoir une confiscation élargie à l'ensemble des biens d'un suspect lorsque la juridiction est convaincue que les biens proviennent d'activités criminelles et a la possibilité d'y procéder à l'égard des tiers, qui ne peuvent être considérés comme des tiers de bonne foi, lorsqu'ils ont bénéficié d'un transfert de ces biens.

III. DROIT INTERNE EN MATIÈRE DE MESURES DE CONFISCATIONS ET DE MESURES PROVISOIRES

Le droit interne des saisies et des confiscations pénales applicable aux infractions de la délinquance d'affaires internationales est largement inspiré par le droit conventionnel international et par le droit européen dans les relations entre les États membres de l'Union européenne. Ainsi, la loi n° 2010-768 du 9 juillet 2010 visant à faciliter la saisie et la confiscation en matière pénale et le décret n° 2011-134 du 1er février 2011 relatif à l'Agence de gestion et de recouvrement des avoirs saisis et confisqués (AGRASC), ont été plusieurs fois modifiés pour tenir compte des exigences conventionnelles (notamment par la L. n° 2013-1117 du 6 déc. 2013 relative à la lutte contre la fraude fiscale et la délinquance économique et financière).

La création de l'AGRASC répond à l'invitation de la note interprétative des Recommandations n° 4 et n° 38. Elles donnent un cadre légal aux demandes d'entraide relatives aux mesures de gel et de saisie aux fins de confiscation ; cadre fixé aux articles 694-10 à 694-13 du code de procédure pénale qui diffère selon le caractère international ou européen de la demande. ❑

C *Financement du terrorisme et financement de la prolifération*

Recommandation 5 *Infraction de financement du terrorisme.*

Les pays devraient conférer le caractère d'infraction pénale au financement du terrorisme sur la base de la Convention sur le financement du terrorisme, et devraient conférer le caractère d'infraction pénale non seulement au financement des actes terroristes mais également au financement des organisations terroristes et des individus terroristes, y compris en l'absence de lien avec un ou plusieurs actes terroristes spécifiques. Les pays devraient s'assurer que de telles infractions sont des infractions sous-jacentes au blanchiment de capitaux.

V. Note interprétative de la Recommandation 5, infra.

V. GAFI, Guide d'évaluation des risques liés au financement du terrorisme (2019).

COMMENTAIRE

La note interprétative de la Recommandation n° 5 invite à élargir la notion d'infraction de financement d'actes terroristes telle qu'elle est invoquée par la Recommandation à tout comportement de soutien à un réseau terroriste afin d'assurer le fonctionnement de l'organisation, de financer ses besoins techniques de base ou encore de couvrir les dépenses liées à la diffusion des idéologies promues. Les sources de financement terroriste sont diverses. Elles proviennent d'activités illégales comme le trafic de stupéfiants, d'armes ou encore la traite d'êtres humains. Elles proviennent aussi de sources légitimes, fournies par les membres de l'organisation ou obtenues par utilisation abusive d'organisations à but non lucratif (OBNL) comme le montre les travaux du GAFI à propos du financement de l'organisation terroriste Da'esh par l'exploitation de ressources naturelles ou encore la levée d'impôts et l'utilisation d'OBNL.

La note interprétative rappelle les exigences des instruments internationaux conclus en la matière tenant à l'incrimination de l'infraction de financement du terrorisme en tant qu'infraction distincte des infractions dont elle blanchit le produit. Cette incrimination doit couvrir tous les éléments prévus par la convention contre le financement du terrorisme. Les États doivent par ailleurs mettre en place les mécanismes idoines pour transposer les décisions des résolutions du Conseil de sécurité des Nations unies en matière de sanctions financières ciblées.

D'autres exigences sont liées à l'application de mesures préventives par le secteur privé, qui reprennent les mesures établies aux fins de lutter contre le blanchiment de capitaux. Des mesures spécifiques sont également prises à l'égard des organismes à but non lucratif identifiés comme des sources de financement importantes des groupes terroristes, en matière de règles applicables aux combattants étrangers ou encore de versement de rançon. ❑

Recommandation 6 *Sanctions financières ciblées liées au terrorisme et au financement du terrorisme.*

Les pays devraient mettre en œuvre des régimes de sanctions financières ciblées conformément aux résolutions du Conseil de sécurité des Nations unies relatives à la prévention et la répression du terrorisme et du financement du terrorisme. Les résolutions obligent les pays à geler sans délai les fonds et autres biens de, et à s'assurer qu'aucun fonds ou autre bien ne soit mis, directement ou indirectement, à la disposition ou au profit de toute personne ou entité (i) désignée par le ou sous l'autorité du Conseil de sécurité des Nations unies au titre du chapitre VII de la Charte des Nations unies, y compris en vertu de la résolution 1267 (1999) et de ses résolutions subséquentes ou (ii) désignée par ce pays conformément à la résolution 1373 (2001).
V. Note interprétative de la Recommandation 6, infra.

COMMENTAIRE

Le Conseil de sécurité des Nations unies souligne, dans les résolutions évoquées par les recommandations n°s 6 et 7, le lien étroit entre la criminalité internationale et les entreprises terroristes, tant pour leur financement que pour un appui logistique. Les organisations terroristes utilisent à des fins illégales des entreprises commerciales légitimes – *via* des sociétés écrans et des passeurs de fonds – et des organisations à but non lucratif (OBNL). Elles exploitent également des ressources naturelles, des dons, ou encore font appel au financement participatif. Le Conseil de sécurité des Nations unies note l'importance de l'utilisation des méthodes de blanchiment par le déplacement et le transfert de fonds réalisés par les groupes terroristes par l'intermédiaire d'institutions financières ou d'OBNL. Les innovations sur le plan des technologies de la finance, des produits et des services financiers peuvent ainsi être instrumentalisées par les groupes terroristes.

Depuis lors, d'autres résolutions ont été prises sur lesquelles s'appuie la Résolution 2462 (2019) adoptée par le Conseil de sécurité le 28 mars 2019 visant la lutte contre le financement du terrorisme (V. *infra*, II. Organisation des Nations unies) et notamment les Résolutions 1267 (1999), 1373 (2001), 1452 (2002), 1526 (2004), 1617 (2005), 1624 (2005), 2129 (2013), 2133 (2014), 2170 (2014), 2178 (2014), 2195 (2014), 2199 (2015), 2249 (2015), 2253 (2015), 2322 (2016), 2331 (2016), 2341 (2017), 2347 (2017), 2354 (2017), 2368 (2017), 2370 (2017), 2388 (2017), 2395 (2017), 2396 (2017). La Résolution 2462 (2019) tend à imposer aux États de prévenir et de réprimer le financement des actes terroristes par la ratification des conventions internationales dédiées, par celle facilitant la coopération en matière pénale, par l'obligation d'assurer la poursuite de toute personne qui participe au financement, à l'organisation, à la préparation ou à la perpétration d'actes de terrorisme ou y apportant un appui. La résolution engage également les États à coopérer activement avec le Groupe d'action financière et les organismes régionaux type GAFI (MONEYVAL notamment) pour prévenir et combattre le blanchiment de capitaux, le financement du terrorisme et la prolifération des armes de destruction massive. ❑

Recommandation 7 *Sanctions financières ciblées liées à la prolifération.*

Les pays devraient mettre en œuvre des sanctions financières ciblées conformément aux résolutions du Conseil de sécurité des Nations unies relatives à la prévention, la répression et l'interruption de la prolifération des armes de destruction mas-

sive et de son financement. Ces résolutions obligent les pays à geler sans délai les fonds et autres biens de, et à s'assurer qu'aucun fonds ou autre bien ne soit mis, directement ou indirectement, à la disposition ou au profit de toute personne ou entité désignée par le ou sous l'autorité du Conseil de sécurité des Nations unies au titre du chapitre VII de la Charte des Nations unies.

V. Note interprétative de la Recommandation 7, infra.

COMMENTAIRE

Voir le commentaire sous la Recommandation n° 6.

Recommandation 8 *Organismes à but non lucratif.*

Les pays devraient examiner la pertinence de leurs lois et règlements relatifs aux organismes à but non lucratif qu'ils ont identifiés comme vulnérables à une exploitation à des fins de financement du terrorisme. Les pays devraient appliquer des mesures ciblées et proportionnées à ces OBNL, selon une approche basée sur les risques, pour les protéger d'une exploitation à des fins de financement du terrorisme, commise notamment :

(a) par des organisations terroristes se présentant comme des entités légitimes ;

(b) en exploitant des entités légitimes comme moyens de financement du terrorisme, y compris pour éviter les mesures de gel des avoirs ;

(c) en dissimulant ou opacifiant le détournement clandestin de fonds destinés à des fins légitimes vers des organisations terroristes.

V. Note interprétative de la Recommandation 8, infra.

COMMENTAIRE

Les organismes à but non lucratif (OBNL) sont identifiés comme étant particulièrement sensibles aux techniques d'instrumentalisation aux fins de financement du terrorisme et de blanchiment de capitaux. Le GAFI insiste donc particulièrement sur la nécessité de mettre en place des mesures de surveillance en se fondant sur une définition spécifique des OBNL qui recouvre selon les pays des réalités différentes.

Le GAFI vise particulièrement les structures susceptibles de présenter un risque spécifique d'instrumentalisation à des fins de financement du terrorisme. La définition proposée par la note interprétative de la Recommandation n° 8 précise que « le terme organisme à but non lucratif ou OBNL désigne des personnes morales, des constructions juridiques ou des organismes qui sont impliqués dans la collecte ou la distribution de fonds pour des motifs caritatifs, religieux, culturels, éducatifs, sociaux ou confraternels ou pour d'autres types de bonnes œuvres ». Seules ces structures sont soumises au régime proposé par la Recommandation n° 8.

Ce régime est fondé, comme pour les assujettis du secteur financier et non financier, sur une approche par les risques et sur des obligations très proches de celles développées pour les autres assujettis par les Recommandations n°s 9 à 19 relatives aux mesures préventives de lutte contre le blanchiment et le financement du terrorisme. Il s'agit, outre une obligation d'enregistrement ou de déclaration, d'obligations tenant, notamment, à la collecte d'informations sur leurs membres ou donateurs, à la publication d'états financiers, à la mise en place de procédures de contrôle.

D *Mesures préventives*

Recommandation 9 *Lois sur le secret professionnel des institutions financières.*

Les pays devraient s'assurer que les lois sur le secret professionnel des institutions financières n'entravent pas la mise en œuvre des recommandations du GAFI.

COMMENTAIRE

Au-delà du respect des aménagements du secret professionnel pesant sur les établissements bancaires, la Recommandation n° 9 vise à assurer une plus grande transparence des établissements bancaires lorsqu'ils sont sollicités pour l'obtention d'éléments de preuve dans le cadre de commissions rogatoires internationales ou de demande d'enquête européenne. Les États ne peuvent et ne doivent donc instituer le secret bancaire comme un instrument justifiant les refus de coopération avec les autorités judiciaires nationales et étrangères. Pour cette raison, l'absence de coopération et de transparence, notamment dans le domaine fiscal, participent aux critères déterminants des juridictions et territoires non coopératifs au titre du GAFI, comme au titre de l'Union européenne justifiant leur inscription sur des listes dédiées. Ces listes imposent, *a minima*, la mise en œuvre de mesures de vigilance complémentaires de la part des assujettis, voire imposent aux assujettis de refuser de nouer une relation d'affaires avec une entreprise se trouvant sur ce territoire.

La loi bancaire française consacre le secret bancaire pesant sur tout membre d'un conseil d'administration ou d'un conseil de surveillance, ainsi que toute personne qui, a un titre quelconque, participe à la gestion d'un établissement de crédit ou est employée par celui-ci (C. mon. fin., art. L. 511-33). La violation de cette obligation est passible de sanctions pénales prévues par l'article 226-13 du code pénal qui dispose que « la révélation d'une information à caractère secret par une personne qui en est dépositaire soit par état ou par profession, soit en raison d'une fonction ou d'une mission temporaire, est punie d'un an d'emprisonnement et de 15 000 euros d'amende ».

Le secret professionnel reçoit cependant des aménagements à l'égard des personnes privées (comptes joints, époux, relations commerciales ...) et des administrations (l'administration fiscale a un droit général de communication dans la comptabilité des banques, les juridictions pénales, l'ACPR, etc.). D'autres aménagements sont également prévus en droit interne, qui autorisent la collecte des informations exigées des assujettis au titre des dispositions du code monétaire et financier relatives aux obligations de vigilance à l'égard des clients et des bénéficiaires effectifs et en invitent, s'il y a lieu, les assujettis à réaliser des déclarations de soupçon auprès de la cellule de renseignement financier TRACFIN. Ces derniers restent cependant tenus dans ce cadre du respect des règles relatives à la protection des données personnelles sous le contrôle de la Commission nationale de l'informatique et des libertés (CNIL). ❑

Devoir de vigilance relatif à la clientèle et conservation des documents

Recommandation 10 *Devoir de vigilance relatif à la clientèle.*

Il devrait être interdit aux institutions financières de tenir des comptes anonymes et des comptes sous des noms manifestement fictifs.

Les institutions financières devraient être obligées de prendre des mesures de vigilance à l'égard de leur clientèle lorsque :

(i) elles établissent des relations d'affaires ;

(ii) elles effectuent des opérations occasionnelles (i) supérieures au seuil désigné applicable (15 000 USD/EUR) ou (ii) sous forme de virements électroniques dans les circonstances visées par la note interprétative de la recommandation 16 ;

(iii) il existe un soupçon de blanchiment de capitaux ou de financement du terrorisme ;

(iv) l'institution financière doute de la véracité ou de la pertinence des données d'identification du client précédemment obtenues.

Le principe selon lequel les institutions financières devraient exercer leur devoir de vigilance relatif à la clientèle devrait être prescrit par la loi. Chaque pays peut déterminer la façon dont il impose les obligations de vigilance spécifiques, soit par la loi, soit par des moyens contraignants.

Les mesures de vigilance relatives à la clientèle devant être prises sont les suivantes :

(a) Identifier le client et vérifier son identité au moyen de documents, données et informations de sources fiables et indépendantes.

(b) Identifier le bénéficiaire effectif et prendre des mesures raisonnables pour vérifier son identité de sorte que l'institution financière a l'assurance de savoir qui est le bénéficiaire effectif. Pour les personnes morales et les constructions juridiques, ceci devrait impliquer que les institutions financières comprennent la structure de propriété et de contrôle du client.

(c) Comprendre et, le cas échéant, obtenir des informations sur l'objet et la nature envisagée de la relation d'affaires.

(d) Exercer une vigilance constante à l'égard de la relation d'affaires et assurer un examen attentif des opérations effectuées pendant toute la durée de cette relation d'affaires, afin de s'assurer qu'elles sont cohérentes avec la connaissance qu'a l'institution financière de son client et des activités commerciales et du profil de risque de ce client, ce qui comprend, le cas échéant, l'origine des fonds.

Les institutions financières devraient être obligées d'appliquer chacune des mesures de vigilance indiquées aux points (a) à (d) ci-dessus mais devraient déterminer l'étendue de ces mesures en se fondant sur l'approche fondée sur les risques conformément aux notes interprétatives de la présente recommandation et de la recommandation 1.

Les institutions financières devraient être obligées de vérifier l'identité du client et du bénéficiaire effectif avant ou pendant l'établissement d'une relation d'affaires ou la réalisation des opérations dans le cas de clients occasionnels. Les pays peuvent autoriser les institutions financières à achever ces vérifications dès que cela est raisonnablement possible après l'établissement de la relation, dès lors que les risques de blanchiment de capitaux et de financement du terrorisme sont efficacement gérés et qu'il est essentiel de ne pas interrompre le déroulement normal des affaires.

Lorsque l'institution financière ne peut pas respecter les obligations des points (a) à (d) ci-dessus (dont l'étendue est modulée de façon appropriée en fonction de l'approche fondée sur les risques), elle devrait avoir l'obligation de ne pas ouvrir le compte, de ne pas établir la relation d'affaires ou de ne pas effectuer l'opération ; ou devrait être obligée de mettre un terme à la relation d'affaires ; et devrait envisager de faire une déclaration d'opération suspecte concernant le client.

Ces obligations devraient s'appliquer à tous les nouveaux clients, mais les institutions financières devraient également appliquer la présente recommandation aux clients existants, selon leur importance relative et les risques qu'ils représentent, et devraient exercer leur devoir de vigilance vis-à-vis de ces relations existantes en temps opportun.

V. Note interprétative de la Recommandation 8, infra.

COMMENTAIRE

Le devoir de vigilance imposé aux assujettis par les États au titre de la Recommandation n° 10 est au cœur du système de prévention et de lutte contre le blanchiment d'argent et le financement du terrorisme. Il permet, s'il y a lieu, de réaliser, grâce aux informations collectées, les déclarations de soupçon auprès de cellules de renseignement financier aux fins de détection des opérations de blanchiment. Le devoir de vigilance défini par la Recommandation n° 10 a vocation à être modulé en fonction des risques identifiés par les assujettis, puis décliné en obligations de vigilance d'intensité variable. Toutes les relations d'affaires, et une part des opérations occasionnelles réalisées par les institutions financières, sont concernées par la Recommandation n° 10. Deux situations tenant à la tenue de comptes anonymes et à la falsification d'identité sont en revanche exclues car elles doivent donner lieu au refus de contracter une relation d'affaires ou à la rupture de toute relation d'affaires présentant l'une de ces deux caractéristiques.

I. PÉRIMÈTRE DU DEVOIR DE VIGILANCE DES ASSUJETTIS

Les situations visées tiennent à l'établissement d'une relation d'affaires – qui suppose une certaine durée – et à la réalisation d'opérations occasionnelles, notamment dans les circonstances visées par la note interprétative de la Recommandation n° 16 relative aux virements électroniques. S'ajoute au périmètre du devoir de vigilance toute situation dans laquelle il existe un soupçon de blanchiment de capitaux ou de financement du terrorisme ou des doutes sur la véracité ou la pertinence des données d'identification du client précédemment obtenues.

La Recommandation n° 10 distingue le client qui noue une relation d'affaires pérenne du client occasionnel dont l'identification dépend d'un seuil fixé pour l'opération – en une fois ou sur une certaine période. Cela permet d'alléger les obligations des institutions financières notamment pour certaines activités telles que les transferts de fond. L'enjeu de la qualification du client occasionnel est donc majeur puisque d'elle dépend l'étendue des obligations imposées aux assujettis. Il faut noter que le caractère occasionnel justifiant l'exonération d'une partie des obligations de vigilance est tempéré par l'existence de facteurs de risque entourant cette opération à titre occasionnel. La réalisation de l'opération, hors de la présence physique du client occasionnel, l'existence d'un soupçon de blanchiment justifient en effet le retour au principe de l'identification du client.

II. IDENTIFICATION ET VÉRIFICATION D'IDENTITÉ DU CLIENT ET DU BÉNÉFICIAIRE EFFECTIF

L'identification et la vérification d'identité du client doit être réalisée à l'aide de documents, données et informations de sources fiables et indépendantes. Cette identification porte également sur le représentant du client qui doit alors décliner son identité et justifier d'un pouvoir. Il s'agit donc de deux obligations distinctes prévues comme telles en droit interne au titre de la connaissance du client ou *know your custumer* : une obligation d'identification du client et une obligation de vérification de son identité. De la même façon, l'identification du bénéficiaire effectif et la vérification de son identité doivent être réalisées par l'assujetti sur le fondement de documents crédibles permettant d'identifier *in fine* une personne physique bénéficiaire de l'opération.

III. SUIVI DE LA RELATION D'AFFAIRES

Au moment de l'entrée en relation d'affaires, l'assujetti doit collecter les informations relatives à l'objet et la nature envisagée de la relation d'affaires afin de détecter tout comportement atypique ou incohérent susceptible de constituer une opération de blanchiment. Il doit ensuite exercer, durant la relation d'affaires, une vigilance constante et assurer un examen attentif des opérations effectuées pendant toute la durée de cette relation, afin de s'assurer qu'elles sont cohérentes avec la connaissance que l'institution financière a de son client et de ses activités commerciales mais aussi de son profil de risque incluant, le cas échéant, l'origine des fonds.

IV. CONTENU ET MODULATION DU DEVOIR DE VIGILANCE

La note interprétative de la Recommandation n° 10 précise les différentes modalités de réalisation des diligences par les assujettis en fonction des catégories de clients, d'opérations et de contrats concernés. Elle met par ailleurs en lien la modulation du devoir de vigilance avec l'approche par les risques réalisée par les assujettis en déclinant des mesures de vigilance allégée, normales ou renforcées auxquelles s'ajoutent par ailleurs les mesures de vigilance normale avec des mesures complémentaires. ❑

Recommandation 11 *Conservation des documents.*

Les institutions financières devraient être obligées de conserver, pendant au moins cinq ans, tous les documents nécessaires relatifs aux opérations, nationales et internationales, afin de leur permettre de répondre rapidement aux demandes d'information des autorités compétentes. Ces documents doivent être suffisants pour permettre la reconstitution d'opérations particulières (y compris les montants et, le cas échéant, les devises en cause) afin de fournir, si nécessaire, des preuves dans le cadre de poursuites relatives à une activité criminelle.

Les institutions financières devraient être obligées de conserver tous les documents obtenus dans le cadre des mesures de vigilance relatives à la clientèle (par exemple, la copie des documents officiels d'identification tels que les passeports, les cartes d'identité, les permis de conduire ou d'autres documents similaires, ou les informations figurant dans ces documents), les livres de comptes et la correspondance commerciale, y compris les résultats de toute analyse réalisée (par exemple, les recherches visant à établir le contexte et l'objet des opérations complexes d'un montant anormalement élevé) pendant au moins cinq ans à compter de la fin de la relation d'affaires ou de la date de l'opération occasionnelle.

Les institutions financières devraient être obligées par la loi de conserver les documents sur les opérations et les informations obtenues dans le cadre des mesures de vigilance relatives à la clientèle.

Les informations obtenues dans le cadre des mesures de vigilance relatives à la clientèle et les documents relatifs aux opérations devraient être mis à disposition des autorités compétentes nationales lorsque ces dernières en ont le pouvoir.

COMMENTAIRE

L'objectif de la Recommandation n° 11 est d'assurer la finalité des mesures de vigilance imposées aux assujettis. Il s'agit à l'issue d'une déclaration de soupçon (DS) de réalisation d'une opération de blanchiment de permettre aux autorités publiques de poursuivre utilement les infractions de blanchiment lorsqu'elles sont avérées et que le traitement de la déclaration de soupçon conduit donc à une note d'information à l'autorité judiciaire puis à des poursuites. De même, hors des poursuites judiciaires pour blanchiment, les DS peuvent donner lieu à des transmissions aux autorités administratives et notamment fiscales engageant un contentieux en cas de manquement aux obligations déclaratives, voire un contentieux pénal. Dans tous ces cas, les éléments collectés par les assujettis sont nécessaires à l'efficacité des poursuites et à la preuve des faits allégués. Il s'agit, par ailleurs, de fournir des renseignements financiers dans le cadre plus large de la lutte contre nombre d'infractions et notamment de la lutte contre un certain nombre de fraudes, et de la lutte contre le terrorisme, au-delà même de la lutte contre le financement du terrorisme.

La conservation de ces éléments durant cinq années à compter de la fin de la relation d'affaires ou de l'opération occasionnelle tend à assurer l'efficacité de ces poursuites administratives ou pénales. Cette obligation de conservation des documents durant un temps relativement long est considérée comme compatible avec les législations des pays membres du GAFI en matière de protection des données personnelles qui ont largement évoluées depuis 2012 et 2018. Les instruments plus récents, européens notamment, articulent ces deux champs de règles en confortant ce délai qui peut être porté à dix années lorsqu'une enquête ou une procédure est encore en cours à l'issue du délai initial de cinq années. ❑

Mesures supplémentaires dans le cas de clients et d'activités spécifiques

Recommandation 12 *Personnes politiquement exposées.*

A l'égard des personnes politiquement exposées (PPE) étrangères (qu'elles soient des clients ou des bénéficiaires effectifs), les institutions financières devraient être obligées, en plus des mesures de vigilance normales relatives à la clientèle, de :

(a) disposer de systèmes appropriés de gestion des risques permettant de déterminer si le client ou le bénéficiaire effectif est une personne politiquement exposée ;

(b) obtenir l'autorisation de la haute direction d'établir (ou de poursuivre, s'il s'agit d'un client existant) de telles relations d'affaires ;

(c) prendre des mesures raisonnables pour établir l'origine du patrimoine et l'origine des fonds ;

(d) assurer une surveillance continue à l'égard de la relation d'affaires.

Les institutions financières devraient être obligées de prendre des mesures raisonnables pour déterminer si un client ou bénéficiaire effectif est une PPE nationale ou une personne qui exerce ou a exercé une fonction importante au sein de ou pour le compte d'une organisation internationale. Lorsque les relations d'affaires avec de telles personnes présentent un risque plus élevé, les institutions financières devraient être obligées d'appliquer les mesures des points (b), (c) et (d).

Les obligations applicables à tous les types de PPE devraient également s'appliquer aux membres de la famille de ces PPE et aux personnes qui leur sont étroitement associées.

V. Note interprétative de la Recommandation 12, infra.

COMMENTAIRE

Le GAFI considère que les personnes politiquement exposées (PPE) sont particulièrement sensibles, volontairement ou involontairement, à une instrumentalisation à des fins de blanchiment en raison des immunités et/ou des facilités données par leurs fonctions et des sollicitations qu'elles peuvent susciter en matière de corruption ou de trafic d'influence notamment. Une attention particulière est donc portée aux conditions dans lesquelles l'assujetti entre en relation d'affaires. Ceci explique la nécessité d'obtenir, pour cette entrée en relation d'affaires, l'accord de la direction général de l'entité assujettie. Cette condition marque l'engagement de la direction de la société assujettie et par là même sa responsabilité dans la bonne application de la législation LBC/FT.

Il existe trois catégories de PPE dont la sensibilité particulière au blanchiment justifie l'application d'un régime de surveillance plus étroit par les assujettis.

I. CATÉGORIES DE PPE ET PERSONNES EN LIEN ÉTROIT AVEC ELLES

Le glossaire du GAFI (V. *infra*) définit la personne politiquement exposée – étrangère ou nationale – comme une personne qui exerce ou qui a exercé d'importantes fonctions publiques dans un pays. Il s'agit notamment des chefs d'État et de gouvernement, des politiciens de haut rang, des hauts responsables au sein des pouvoirs publics, des magistrats ou militaires de haut rang, des dirigeants d'entreprises publiques et des hauts responsables des partis politiques.

Les membres d'organisations internationales sont assimilés aux personnes politiquement exposées. Il s'agit de personnes qui exercent ou ont exercé d'importantes fonctions au sein ou pour le compte d'une organisation internationale, à savoir les membres de la haute direction de ces organisations : directeurs, directeurs adjoints, membres du conseil d'administration et toutes les personnes exerçant des activités équivalentes. Elles sont assimilées aux PPE nationales et étrangères.

Enfin, sont assimilés à ces personnes politiquement exposées, les membres directs de leur famille : conjoint, concubin, partenaire d'un pacte civil de solidarité ou d'un équivalent étranger, et ces mêmes personnes en lien avec un ascendant ou descendant en ligne directe. Il s'agit également des personnes connues pour être étroitement associées au client : bénéficiaire effectif d'une personne morale ou encore personne entretenant des liens d'affaires étroits avec lui.

Le statut de personne politiquement exposée et des personnes qui lui sont assimilées s'applique jusqu'à la fin de la dernière année au cours de laquelle l'intéressé perd son statut de PPE.

L'identification des personnes politiquement exposées dans le cadre de l'Union européenne, au titre de la directive 2018/843 du 30 mai 2018 relative à l'utilisation du système financier aux fins de blanchiment de capitaux et de financement du terrorisme, impose aux États membres d'établir des listes indiquant les fonctions spécifiques qui, conformément aux dispositions législatives, réglementaires et administratives nationales, sont considérées comme étant des fonctions publiques importantes. Les États membres doivent par ailleurs demander à chaque organisation internationale accréditée sur leurs territoires d'établir et de mettre à jour une liste des fonctions publiques importantes de l'organisation internationale concernée.

II. OBLIGATIONS DES ASSUJETTIS À L'ÉGARD DES PPE

Les institutions financières et non financières doivent appliquer des mesures de vigilance renforcée pour les relations d'affaires conclues avec des personnes physiques ou morales ou avec des institutions financières de pays pour lesquels le GAFI appelle à prendre des contre-mesures, c'est-à-dire des mesures susceptibles de faire face au risque important créé dans ces juridictions du fait de l'absence ou de l'insuffisance d'application des Recommandations. Il s'agit dès lors d'un risque institutionnalisé intégré dans la législation comme devant nécessairement faire l'objet d'une vigilance accrue en raison de sa sensibilité potentielle au risque de blanchiment de capitaux et de financement du terrorisme. L'assujetti a dès lors l'obligation de les introduire dans la classification des risques de son institution et de mettre en place à leur égard une procédure de vigilance renforcée. ❑

Recommandation 13 *Correspondance bancaire.*

En ce qui concerne les relations de correspondance bancaire transfrontalière et les autres relations similaires, les institutions financières devraient être obligées, en plus des mesures de vigilance normales relatives à la clientèle, de :

(a) rassembler suffisamment d'informations sur le correspondant afin de pleinement comprendre la nature de ses activités et d'évaluer, sur la base d'informations publiquement disponibles, sa réputation et la qualité du contrôle dont il est l'objet, ce qui implique notamment de savoir si le correspondant a fait l'objet d'une enquête ou de mesures de la part d'une autorité de contrôle en matière de blanchiment de capitaux ou de financement du terrorisme ;

(b) évaluer les contrôles mis en place par le correspondant en matière de LBC/FT ;

(c) obtenir l'autorisation de la haute direction avant d'établir de nouvelles relations de correspondance bancaire ;

(d) comprendre clairement les responsabilités respectives de chaque institution ;

(e) en ce qui concerne les comptes de passage, avoir l'assurance que le correspondant a appliqué des mesures de vigilance aux clients ayant un accès direct aux comptes de la banque correspondante et qu'il est en mesure de fournir les informations pertinentes s'y rapportant sur demande de la banque correspondante.

Il devrait être interdit aux institutions financières d'établir ou de poursuivre une relation de correspondance bancaire avec des banques fictives. Les institutions financières devraient être obligées de s'assurer que les correspondants n'autorisent pas les banques fictives à utiliser leurs comptes.

V. Note interprétative de la Recommandation 13, infra.

COMMENTAIRE

La notion de correspondance bancaire désigne, au titre du glossaire du GAFI (V. *infra*), la prestation de services bancaires par une banque dite banque correspondante à une autre banque dite banque cliente. Les grands groupes bancaires internationaux assurent la fonction de correspondant bancaire pour des milliers d'autres banques dans le monde. Les banques clientes ont accès à une vaste gamme de services, notamment la gestion de trésorerie, les virements électroniques internationaux, la compensation de chèques, les comptes de passage et les services de change. Les comptes de passage désignent quant à eux des comptes de correspondants utilisés directement par des tiers pour réaliser des opérations pour leur propre compte.

Cette notion désigne également, au titre du droit interne, les relations entre des établissements de paiement ou de crédit et des entreprises et prestataires d'investissement y compris lorsque des services similaires sont fournis par un établissement correspondant avec un établissement client, et comprenant les relations établies pour des opérations sur titres ou des transferts de fonds au titre du II de l'article L. 561-10-3 du code monétaire et financier.

Cette relation commerciale transfrontalière est considérée comme à risque du fait de l'absence de relation directe avec le donneur d'ordre initial ou le bénéficiaire final d'un paiement. Cette question se pose avec d'autant plus d'acuité que les comptes de passage ouverts dans l'établissement correspondant à la demande de l'établissement client permettent à des tiers de réaliser des opérations pour leur propre compte.

Les activités de correspondance bancaire avec des établissements établis dans des pays tiers situés hors de la zone de l'Union européenne et de l'Espace économique européen présentent des vulnérabilités importantes, car l'établissement client est soumis à des exigences LBC/FT différentes du standard européen.

Il appartient dès lors à l'établissement client de vérifier l'honorabilité et la réputation de l'établissement auquel il fait appel afin de s'assurer que ce dernier applique de façon satisfaisante les obligations en matière de LBC/FT. Il lui incombe notamment d'écarter toute banque fictive. La sensibilité de la question justifie ainsi que ce soit la haute direction de l'entité assujettie, c'est-à-dire la direction générale de l'entreprise, qui autorise l'entrée dans de nouvelles relations de correspondance bancaire.

Au-delà du contrôle institutionnel lié notamment à l'État d'appartenance, les établissements clients doivent par ailleurs vérifier la qualité des systèmes internes des établissements correspondants et particulièrement celle des procédures d'identification et de suivi des relations d'affaires à l'égard des tiers utilisant directement les comptes de passage. ❑

Recommandation 14 *Services de transfert de fonds ou de valeurs.*

Les pays devraient prendre des mesures afin de s'assurer que les personnes physiques ou morales qui fournissent des services de transfert de fonds ou de valeurs sont agréées ou enregistrées et qu'elles font l'objet de systèmes efficaces de surveillance garantissant qu'elles respectent les obligations applicables découlant des recommandations du GAFI. Les pays devraient prendre des mesures afin d'identifier les personnes physiques ou morales qui fournissent des services de transfert de fonds ou de valeurs sans être agréées ou enregistrées, afin de leur appliquer des sanctions appropriées.

Toute personne physique ou morale qui opère en tant qu'agent devrait également être agréée ou enregistrée par une autorité compétente, ou le prestataire de services de transfert de fonds ou de valeurs devrait tenir à jour une liste de ses agents acces-

sible aux autorités compétentes des pays dans lesquels le prestataire de services de transfert de fonds ou de valeurs et ses agents opèrent. Les pays devraient prendre des mesures afin de s'assurer que les prestataires de services de transfert de fonds ou de valeurs recourant à des agents les intègrent dans leurs programmes de LBC/FT et surveillent le respect par ces agents de ces programmes.

V. Note interprétative de la Recommandation 14, infra.

COMMENTAIRE

La Recommandation n° 14 invite les États à mettre en place des procédures d'agrément de toute personne fournissant des services de transfert de fond. Cette activité est particulièrement sensible en matière de blanchiment dont la finalité centrale s'appuie sur la nécessité d'éloigner les fonds de leur source illicite avant de les réintégrer dans l'économie légale. Cet agrément n'a pas à être spécifique à cette activité : il peut être donné à l'établissement de crédit ou de paiement, qui, par ailleurs, se livre à ce type d'activité de transfert de fond. Sont également désignées comme devant faire l'objet d'un agrément toute personne physique ou morale agissant en tant qu'agent d'une société de prestation de service de transferts de fonds.

Le GAFI tient ainsi compte de la structuration de cette activité qui se déploie à l'étranger *via* un réseau d'agents attachés contractuellement au prestataire de services. Dès lors, ces prestataires doivent appliquer les Recommandations du GAFI et, par ailleurs, tenir une liste de leurs agents accessibles aux autorités compétentes du pays dans lequel ils opèrent. Les agents doivent eux-mêmes être intégrés par les prestataires de service de transferts de fonds dans les programmes de LBC/FT. ❑

Recommandation 15 *Nouvelles technologies.*

Les pays et les institutions financières devraient identifier et évaluer les risques de blanchiment de capitaux ou de financement du terrorisme pouvant résulter (a) du développement de nouveaux produits et de nouvelles pratiques commerciales, y compris de nouveaux mécanismes de distribution, et (b) de l'utilisation de technologies nouvelles ou en développement en lien avec de nouveaux produits ou des produits préexistants. Dans le cas des institutions financières, cette évaluation du risque devrait avoir lieu avant le lancement des nouveaux produits ou des nouvelles pratiques commerciales ou avant l'utilisation de technologies nouvelles ou en développement. Les institutions financières devraient prendre les mesures appropriées pour gérer et atténuer ces risques.

Pour gérer et atténuer les risques émergeant d'actifs virtuels, les pays devraient s'assurer que les prestataires de services liés à des actifs virtuels sont réglementés à des fins de LBC/FT, et agréés ou enregistrés, et soumis à des systèmes efficaces de surveillance garantissant qu'ils respectent les obligations applicables découlant des Recommandations du GAFI.

V. Note interprétative de la Recommandation 15, infra.

V. OCDE, Les défis fiscaux soulevés par la numérisation de l'économie, rapport intérimaire, 2018.

V. aussi Rapport COLB, Analyse nationale des risques de blanchiment de capitaux et de financement du terrorisme en France, sept. 2019.

COMMENTAIRE

En 2012, les nouvelles technologies représentaient déjà une source de développement mais également une source de risque importante *via* la création de nouveaux produits et de nouvelles pratiques. Les nouvelles modalités de distribution, par exemple, doivent être appréhendées et analysées avant leur lancement afin de gérer et d'atténuer les risques de blanchiment qu'elles peuvent faire naître. Les organisations internationales soulignent également les risques liés au développement de nouvelles fraudes grâce aux technologies, comme l'OCDE ou encore au niveau national, les autorités de coordination dont le Conseil d'orientation de la lutte contre le blanchiment de capitaux et le financement du terrorisme (COLB).

Ainsi les actifs numériques peuvent représenter un risque *via* les prestataires de services de portefeuille de conservation ou dans le cadre de procédures de levées de fonds opérées directement sur Internet (*initial coin offering*, ou ICO), correspondant au marché primaire des actifs numériques. Les actifs numériques peuvent également faire l'objet d'une conversion en monnaie ayant cours légal, *via* des plateformes de change. La monnaie électronique peut également être émise et distribuée sur des serveurs électroniques qui offrent la possibilité d'effectuer des paiements en ligne sensibles aux risques de blanchiment de capitaux et au financement du terrorisme. ❑

Recommandation 16 *Virements électroniques.*

Les pays devraient s'assurer que les institutions financières incluent les informations requises et exactes sur le donneur d'ordre ainsi que les informations requises sur le bénéficiaire dans les virements électroniques et autres messages qui s'y rapportent, et que ces informations accompagnent le virement électronique ou le message qui s'y rapporte tout au long de la chaîne de paiement.

Les pays devraient s'assurer que les institutions financières surveillent les virements électroniques afin de détecter ceux qui ne comportent pas les informations requises sur le donneur d'ordre et/ou le bénéficiaire et qu'elles prennent les mesures appropriées.

Les pays devraient s'assurer que, dans le cadre du traitement des virements électroniques, les institutions financières prennent des mesures de gel et devraient interdire la conduite d'opérations avec les personnes et entités désignées, conformément aux obligations des résolutions du Conseil de sécurité des Nations unies pertinentes, telles que la résolution 1267 (1999) et les résolutions ultérieures et la résolution 1373 (2001), relatives à la prévention et la répression du terrorisme et du financement du terrorisme.

V. Note interprétative de la Recommandation 16, infra.

COMMENTAIRE

La Recommandation n° 16 fait l'objet d'une note interprétative détaillée en raison de sa technicité (V. *infra*). Les virements électroniques doivent répondre aux obligations d'information sur le donneur d'ordre et le bénéficiaire du virement tout au long de la chaîne de paiement. Les virements bancaires constituent l'une des catégories des transferts de fonds et sont à ce titre assujettis en droit interne au règlement n° 2015/847 du Parlement européen et du Conseil du 20 mai 2015 sur les informations accompagnant les transferts de fonds afin d'améliorer leur traçabilité (V. *supra*, II. Règles européennes). Ce règlement impose aux prestataires de services de paiement (PSP) de s'assurer de la complétude des informations sur le donneur d'ordre et le bénéficiaire avant d'exécuter un transfert de fonds. Il s'agit de détecter les opérations suspectes en raison, par exemple, du pays destinataire des fonds ou de l'identité du donneur d'ordre ou du bénéficiaire.

L'objectif au regard du nombre considérable de virements réalisés est de collecter ces données afin d'être en mesure de répondre à toute demande émanant d'une autorité publique relative à un donneur d'ordre ou à un bénéficiaire, et ce, même lorsque l'établissement bancaire est un simple intermédiaire entre deux autres établissements.

La Recommandation n° 16 est complémentaire des Recommandations n°s 6 et 7 qui imposent aux institutions assujetties de tenir compte de toutes les mesures de gel et de respecter les interdictions issues des résolutions du Conseil de sécurité des Nations unies relatives à la prévention et la répression du terrorisme et de la prolifération des armes de destruction massive. Elle contribue à renforcer la complétude des messages de paiement et améliore ainsi la faculté de détection, par les entités assujetties, des personnes faisant l'objet d'une mesure de gel des avoirs. ❑

Recours à des tiers, contrôles et groupes financiers

Recommandation 17 *Recours à des tiers.*

Les pays peuvent autoriser les institutions financières à recourir à des tiers pour s'acquitter des points (a) à (c) des mesures de vigilance relatives à la clientèle prévues dans la recommandation 10 ou pour jouer le rôle d'apporteur d'affaires, à condition que les critères précisés ci-dessous soient respectés. Lorsqu'un tel recours est auto-

risé, la responsabilité finale de la mise en œuvre des mesures de vigilance relatives à la clientèle reste celle de l'institution financière ayant eu recours au tiers.

Les critères qui devraient être respectés sont les suivants :

(a) Une institution financière ayant recours à un tiers devrait obtenir immédiatement les informations nécessaires concernant les points (a) à (c) des mesures de vigilance relatives à la clientèle prévues dans la recommandation 10.

(b) Les institutions financières devraient prendre les mesures appropriées pour avoir l'assurance que le tiers est à même de fournir, sur demande et sans délai, la copie des données d'identification et autres documents pertinents liés au devoir de vigilance relatif à la clientèle.

(c) L'institution financière devrait avoir l'assurance que le tiers est soumis à une réglementation, qu'il fait l'objet d'un contrôle ou d'une surveillance et qu'il a pris des mesures pour respecter les obligations de vigilance relatives à la clientèle et les obligations de conservation des documents, conformément aux recommandations 10 et 11.

(d) Les pays devraient tenir compte des informations disponibles sur le niveau de risque lié aux pays lorsqu'ils décident des pays dans lesquels les tiers satisfaisant les critères peuvent être établis.

Lorsqu'une institution financière a recours à un tiers faisant partie du même groupe financier et (i) lorsque ce groupe met en œuvre, d'une part, les obligations de vigilance relatives à la clientèle et de conservation des documents conformément aux recommandations 10, 11 et 12 et, d'autre part, des programmes de LBC/FT conformément à la recommandation 18 ; et (ii) lorsque la mise en œuvre efficace de ces obligations de vigilance et de conservation des documents et des programmes de LBC/FT est contrôlée au niveau du groupe par une autorité compétente, alors les autorités compétentes pertinentes peuvent considérer que l'institution financière applique les mesures prévues aux points (b) et (c) ci-dessus au moyen du programme du groupe, et peuvent décider que le point (d) n'est pas une condition préalable nécessaire au recours à un tiers lorsque le risque plus élevé présenté par le pays est atténué de manière satisfaisante par les politiques de LBC/FT du groupe.

V. Note interprétative de la Recommandation 17, infra.

COMMENTAIRE

Le recours à un prestataire extérieur à l'institution assujettie pour procéder aux obligations de vigilance liées à l'identification et à la vérification d'identité du client, du bénéficiaire effectif et à l'analyse de la nature de la relation d'affaires est autorisé. Ce mécanisme, qualifiée de tierce introduction, se distingue des relations de sous-traitance et de mandat.

La tierce introduction se pratique ainsi entre sociétés appartenant à un même groupe et rationnalise le processus de connaissance des clients qui ne sera réalisé qu'une fois par le tiers sollicité en faveur de l'assujetti. Cette possibilité évite la multiplication des procédures d'identification à l'égard d'un même client en permettant aux assujettis de bénéficier d'informations préalablement recueillies dans un autre cadre. La tierce introduction a pour objectif d'alléger, lorsque cela est possible, les contraintes pesant sur la relation commerciale du fait de la législation.

Elle ne doit cependant pas mettre en péril l'efficacité du dispositif. Les assujettis déléguant ces obligations doivent donc avoir accès, sans délai, aux informations recueillies par le tiers pour être en mesure de procéder, en temps utile, à une déclaration de soupçon ou de répondre à une demande d'information de l'autorité de contrôle ou de la cellule de renseignement financier nationale. Ces conditions doivent être précisées dans le contrat liant l'assujetti et le tiers introducteur ou dans la procédure prévue à cet effet entre l'entité délégante et le tiers. Ils peuvent communiquer leurs informations à un homologue, voire à un homologue installé dans un pays tiers, à la double condition que ce pays assure un degré équivalent d'application des mesures de LBC/FT et qu'existent des mesures de protection des données à caractère personnel satisfaisantes au regard des législations internes. Ce mécanisme n'exonère pas l'assujetti de son éventuelle responsabilité en cas de manquement à la bonne application de la législation en matière de LBC/FT. ❑

Recommandation 18 *Contrôles internes et succursales et filiales à l'étranger.*

Les institutions financières devraient être obligées de mettre en œuvre des programmes de LBC/FT. Les groupes financiers devraient être obligés de mettre en œuvre des programmes de LBC/FT à l'échelle du groupe, y compris des politiques et procédures de partage des informations au sein du groupe aux fins de LBC/FT.

Les institutions financières devraient être obligées de s'assurer que leurs succursales et filiales majoritaires à l'étranger appliquent, au moyen des programmes du groupe financier contre le blanchiment de capitaux et le financement du terrorisme, des mesures de LBC/FT conformes aux obligations du pays d'origine mettant en œuvre les recommandations du GAFI.

V. Note interprétative de la Recommandation 18, infra.

COMMENTAIRE

Le contrôle interne suppose la mise en place d'un contrôle de conformité à la législation LBC/FT par la fonction conformité de l'entreprise ou du groupe d'entreprises qui doit inclure l'attention au profil des salariés recrutés mais également leur formation et leur information aux risques de blanchiment de capitaux et de financement du terrorisme. Ce contrôle de conformité doit être déployé dans l'ensemble des filiales et des succursales du groupe sur lequel pèse, en tant qu'entité à part entière, une obligation globale de vigilance.

Les groupes financiers doivent assurer dans l'ensemble de leurs filiales et de leurs succursales un niveau de vigilance équivalent. Pour ce faire, les groupes financiers assujettis en tant que tels aux dispositions de lutte contre le blanchiment de capitaux et le financement du terrorisme se doivent de mettre en place des procédures coordonnées dans l'ensemble du groupe afin d'assurer le respect de l'obligation de vigilance dans leurs entités étrangères, dans le respect des lois étrangères. Lorsque le pays d'implantation des filiales ou succursales n'assure pas un niveau équivalent de garantie en matière de LBC/FT, le groupe doit appliquer les obligations issues de la législation de leur pays d'origine dans la mesure où elle en informe le pays d'accueil et que ces règles ne sont pas en contravention avec sa propre législation.

Si les règles du pays d'accueil ne permettent pas d'appliquer les règles du pays d'origine, le groupe de sociétés doit mettre en place des mesures de contrôle supplémentaires pour assurer un niveau équivalent de protection, voire cesser ses activités dans le pays d'accueil si ces contrôles supplémentaires ne sont pas possibles.

Recommandation 19 *Pays présentant un risque plus élevé.*

Les institutions financières devraient être obligées d'appliquer des mesures de vigilance renforcées aux relations d'affaires et opérations avec les personnes, physiques ou morales, ainsi qu'avec les institutions financières, des pays pour lesquels le GAFI appelle à le faire. Le type de mesures de vigilance renforcées appliquées devrait être efficace et proportionnel aux risques.

Les pays devraient être en mesure d'appliquer des contre-mesures adaptées lorsque le GAFI les appelle à le faire. Les pays devraient également être à même d'appliquer des contremesures indépendamment de tout appel du GAFI. Ces contre-mesures devraient être efficaces et proportionnelles aux risques.

V. Note interprétative de la Recommandation 19, infra.

V. Déclaration du GAFI du 18 oct. 2019 relative aux pays dans lesquels existent des défaillances stratégiques dans la mise en place des recommandations : les Bahamas, le Botswana, le Cambodge, le Ghana, l'Island, la Mongolie, le Pakistan, le Panama, la Syrie, Trinidad and Tobago.

COMMENTAIRE

Les pays présentant un risque élevé sont identifiés par le GAFI comme des États dont les systèmes ne sont pas conformes aux Recommandations. Le GAFI identifie sur la base des analyses menées par le Groupe d'examen de la coopération internationale (GECI) les juridictions n'appliquant pas ou appliquant insuffisamment ses recommandations et les invite à appliquer des contre-mesures. Les pays faisant l'objet de défaillances stratégiques dans l'application des normes LBC/FT sont identifiés et le caractère suffisant ou non des progrès réalisés dans le cadre du plan d'action proposé par le GAFI est évalué. Les listes sont publiées périodiquement. Les pays qui ne se sont pas engagés à suivre un plan d'action élaboré avec le GAFI, afin de remédier à leurs défaillances, font l'objet d'une déclaration spécifique. Il s'agit des pays et territoires non coopératifs en matière fiscale (absence de signature de traités bilatéraux de coopération entre les administrations fiscales et de coopération pénale), des pays à régimes fiscaux privilégiés, des pays à système bancaire autorisant l'anonymat des comptes, des pays dont les systèmes juridiques autorisent, hors de tout contrôle, les sociétés de domiciliation ou les sociétés écrans qui constituent des rouages essentiels dans les circuits de blanchiment. S'ajoute aux listes publiées par le GAFI, la liste publiée par l'Union européenne des pays et territoires non coopératifs à des fins fiscales. Le principe tient alors à la limitation des relations d'affaires ou des transactions impliquant des pays tiers à haut risque dans lesquels d'importantes lacunes sont recensées dans le dispositif de LBC/FT, et ce à moins que des mesures d'atténuation ou des contre-mesures supplémentaires adéquates ne soient appliquées. Il est nécessaire de déterminer des mesures de vigilance renforcées harmonisées entre les États pour le traitement des pays tiers à haut risque recensés par le GAFI et par la Commission européenne au sein de l'Union européenne. Les institutions financières doivent appliquer des mesures de vigilance renforcée pour les relations d'affaires conclues avec des personnes physiques ou morales ou avec des institutions financières de pays pour lesquels le GAFI appelle à prendre des contre-mesures, c'est-à-dire des mesures susceptibles de faire face au risque important présenté par ces juridictions. Les contre-mesures tiennent donc à une vigilance renforcée, à une obligation de déclaration d'opération suspecte elle aussi renforcée, voire à l'obligation de cesser toute relation avec ce pays si les mesures applicables ne peuvent atteindre un degré de protection suffisant au regard des standards du GAFI. Il appartient par ailleurs aux assujettis d'ajouter à ces pays à risques, les juridictions porteuses de risques à raison de leur situation géopolitique qui ne recoupent pas systématiquement la notion de juridiction appliquant insuffisamment les recommandations du GAFI. Le classement des relations d'affaires conduites avec des personnes physiques ou morales dans ces pays à risque est donc nécessairement en lien avec une vigilance renforcée dans leur cartographie des risques. ❑

Déclaration des opérations suspectes

Recommandation 20 *Déclaration des opérations suspectes.*

Lorsqu'une institution financière suspecte, ou a des motifs raisonnables de suspecter, que des fonds sont le produit d'une activité criminelle ou ont un rapport avec le financement du terrorisme, elle devrait être obligée en vertu de la loi de faire immédiatement une déclaration d'opération suspecte à la cellule de renseignements financiers (CRF).

V. Note interprétative de la Recommandation 20, infra.

COMMENTAIRE

La déclaration d'opération suspecte (DOS) ou déclaration de soupçon (DS) auprès d'une cellule de renseignement financier s'impose aux opérateurs lorsqu'ils ont des motifs raisonnables de suspecter que des fonds sont le produit d'une activité criminelle ou ont un rapport avec le financement du terrorisme. L'activité criminelle s'entend au titre de la note interprétative de la Recommandation comme tous les actes constituant une infraction sous-jacente au blanchiment de capitaux ou, au minimum, les infractions constituant une infraction sous-jacente conformément à la Recommandation n° 3 ; les pays étant encouragés à adopter la première de ces options. Le financement du terrorisme désigne tant le financement des actes terroristes que le financement des organisations terroristes et des individus terroristes, même en l'absence de lien avec un ou plusieurs actes terroristes spécifiques. Les tentatives de ces infractions doivent également faire l'objet d'une déclaration de soupçon.

Cette déclaration est qualifiée de directe s'appuyant sur les éléments collectés au titre du devoir de vigilance et faisant naître un soupçon de blanchiment. Sont en effet exclues les déclarations dites indirectes, c'est-à-dire des déclarations qui font suite à la détection et au traitement judiciaire d'infractions de blanchiment. Cette précision révèle le fondement de la législation prudentielle en la matière : c'est à l'institution détentrice d'informations dont les autorités publiques ne sont pas destinataires de les alerter en amont ou concomitamment à la réalisation de l'opération constituant potentiellement une opération de blanchiment.

La déclaration de soupçon est donc le fruit de la vigilance de l'opérateur qui, à l'issue d'une analyse fondée sur les risques intégrée dans son programme de LBC/FT, détecte une opération de blanchiment. En effet, c'est la mise en place d'une cartographie des risques qui permet de créer, lorsque ces risques se réalisent, des alertes ensuite traitées par le service de compliance de l'entité assujettie. Ce service va, à l'issue de l'examen et de l'analyse des éléments, décider soit de classer l'alerte car il n'y a pas, à l'issue de l'alerte, de soupçon raisonnable de blanchiment, soit de procéder à une DS auprès de la cellule de renseignement financier nationale si le doute subsiste et ce, sans avoir à qualifier l'infraction d'origine qui fonde potentiellement la qualification de blanchiment de capitaux et de financement du terrorisme.

La déclaration de soupçon est soumise à des règles distinctes en fonction de l'infraction originaire. Il existe un régime commun à toutes les infractions originaires et un régime spécifique à la déclaration de soupçon de blanchiment portant sur une infraction de fraude fiscale. La DS est toujours fondée sur une appréciation d'opportunité, sauf lorsqu'elle revêt un caractère systématique dans le cadre des communications systématiques d'information (COSI). Elle est enfin soumise à une procédure particulière pour les professions judiciaires, juridiques et comptables qui bénéficient de la protection du secret professionnel dans leurs activités de défense et de conseil. ❑

Recommandation 21 *Divulgation et confidentialité.*

Les institutions financières, leurs dirigeants et employés devraient être :
(a) protégés par la loi contre toute responsabilité pénale ou civile pour violation de toute règle encadrant la divulgation d'informations imposée par contrat ou par toute disposition législative, réglementaire ou administrative, lorsqu'ils déclarent de bonne foi leurs soupçons à la CRF, même s'ils ne savaient pas précisément quelle était l'activité criminelle sous-jacente ou si l'activité illégale ayant fait l'objet du soupçon ne s'est pas effectivement produite ;
(b) soumis à une interdiction par la loi de divulguer le fait qu'une déclaration d'opération suspecte (DOS) ou une information s'y rapportant est communiquée à la CRF. Ces dispositions ne visent pas à entraver le partage d'informations prévu par la Recommandation 18.

COMMENTAIRE

I. IMMUNITÉ DE L'AUTEUR DE LA DÉCLARATION DE SOUPÇON

La Recommandation n° 21 prévoit un principe d'immunité civile, professionnelle et pénale, quelles que soient les suites données à la déclaration d'opération suspecte (DOS) ou aux informations transmises dans le cadre du droit de communication des cellules de renseignement financier en faveur des déclarants.

Le déclarant bénéficie d'une immunité pénale exclusive de toute poursuite pour les infractions de dénonciation calomnieuse ou de violation du secret professionnel des droits internes (visées aux art. 226-10, 226-13 et 226-14 C. pén. en droit interne). L'immunité couvre l'ensemble des personnes soumises à l'obligation de déclaration de soupçon (DS) ou de communication d'informations spontanément ou sur demande. L'immunité bénéficie aux assujettis, aux instances ordinales visées pour les procédures déclaratives dérogatoires des avocats non fiduciaires et des avocats aux Conseils, aux autorités de contrôle, aux personnes appartenant aux administrations de l'État et des collectivités territoriales notamment, aux membres de l'autorité judiciaire, aux officiers de police judiciaire, aux membres des juridictions financières.

Une immunité civile et professionnelle est garantie au titre de la Recommandation n° 21 et tout préjudice subi du fait d'une telle déclaration doit dès lors être réparé par l'État.

II. CONFIDENTIALITÉ DE LA DÉCLARATION DE SOUPÇON

La déclaration de soupçon fait l'objet d'une interdiction de divulgation en raison du principe de confidentialité de ces déclarations. Il s'impose au déclarant à l'égard du client pour des raisons évidentes d'efficacité de la répression. Il interdit au déclarant de révéler au propriétaire des sommes et à toute autre personne l'existence de la déclaration et de ses suites. Le principe de confidentialité s'impose également aux cellules de renseignement financier qui reçoivent les déclarations et doivent préserver, en toutes circonstances, leur confidentialité, et notamment l'identité du déclarant.

La confidentialité de la DS ne fait cependant pas obstacle au droit des autorités de contrôle, des ordres professionnels et des instances représentatives nationales de prendre connaissance de la déclaration de soupçon dans l'exercice de leurs missions de contrôle ou dans la mise en œuvre du traitement informatique des données par leurs émetteurs. De même, l'obligation de confidentialité, pesant également sur les professions non financières et notamment les avocats, ne fait pas obstacle aux tentatives de dissuasion réalisées par l'avocat à l'égard de son client venu obtenir son aide à cette fin.

III. AMÉNAGEMENT DU PRINCIPE DE CONFIDENTIALITÉ : L'EXERCICE DU DROIT DE COMMUNICATION AU SEIN DES GROUPES DE SOCIÉTÉS

Il existe une faculté d'échange d'informations dans des conditions sécurisées entre les sociétés financières et d'assurance assujetties notamment traitant avec un même client pour une même opération. Le droit est conditionné à la localisation des personnes en France, dans l'Union européenne, dans l'Espace économique européen ou dans un pays figurant sur la liste des pays présentant un degré équivalent de protection en matière de LBC/FT. A défaut, l'échange d'informations est possible au sein du groupe, si l'entité ou le groupe établit qu'il applique dans ce pays des mesures équivalentes aux mesures prévues par le code monétaire et financier. Elle dépend également du fait que les personnes impliquées dans l'échange d'informations, et non basées en France, soient soumises à des obligations équivalentes en matière de secret professionnel, que les informations échangées soient exclusivement utilisées à des fins professionnelles, et que le traitement des informations réalisé dans un pays tiers garantisse le même degré de protection de la vie privée et des données à caractère personnel que le droit interne. ❑

Entreprises et professions non financières

Recommandation 22 *Entreprises et professions non financières désignées – Devoir de vigilance relatif à la clientèle.*

Les obligations de vigilance relatives à la clientèle et de conservation des documents prévues par les recommandations 10, 11, 12, 15 et 17 s'appliquent aux entreprises et professions non financières désignées dans les situations suivantes :

(a) Casinos – lorsque les clients effectuent des opérations financières égales ou supérieures au seuil désigné applicable.

(b) Agents immobiliers – lorsqu'ils effectuent des transactions pour leurs clients concernant l'achat ou la vente de biens immobiliers.

(c) Négociants en métaux précieux et négociants en pierres précieuses – lorsqu'ils effectuent avec un client une opération en espèces égale ou supérieure au seuil désigné applicable.

(d) Avocats, notaires, autres professions juridiques indépendantes et comptables – lorsqu'ils préparent ou effectuent des transactions pour leurs clients concernant les activités suivantes :

▪ achat et vente de biens immobiliers ;

▪ gestion de capitaux, de titres ou autres actifs du client ;

▪ gestion de comptes bancaires, d'épargne ou de titres ;

▪ organisation des apports pour la création, l'exploitation ou la gestion de sociétés ;

▪ création, exploitation ou administration de personnes morales ou de constructions juridiques, et achat et vente d'entités commerciales.

(e) Prestataires de services aux trusts et aux sociétés – lorsqu'ils préparent ou effectuent des opérations pour un client en lien avec les activités suivantes :

▪ ils agissent en qualité d'agent pour la constitution de personnes morales ;

▪ ils agissent (ou ils prennent des mesures afin qu'une autre personne agisse) en qualité de dirigeant ou de secrétaire général (*secretary*) d'une société de capitaux, d'associé d'une société de personnes ou de titulaire d'une fonction similaire pour d'autres types de personnes morales ;

▪ **ils fournissent un siège social, une adresse commerciale ou des locaux, une adresse administrative ou postale à une société de capitaux, une société de personnes ou toute autre personne morale ou construction juridique ;**

▪ **ils agissent (ou ils prennent des mesures afin qu'une autre personne agisse) en qualité de trustee d'un trust exprès ou exercent une fonction équivalente pour une autre forme de construction juridique ;**

▪ **ils agissent (ou ils prennent des mesures afin qu'une autre personne agisse) en qualité d'actionnaire agissant pour le compte d'une autre personne (*nominee shareholder*).**

V. Note interprétative de la Recommandation 22 et Note interprétative des Recommandations 22 et 23, infra.

COMMENTAIRE

Le GAFI étend au-delà du secteur des banques et des institutions financières visé initialement par les Recommandations de 1990, les mesures de lutte contre le blanchiment de capitaux et le financement du terrorisme aux assujettis du secteur non financier.

La Recommandation n° 22 propose d'inclure dans le champ des règles les professionnels identifiés comme sensibles aux risques de blanchiment du fait de leurs activités liées au domaine juridique, au chiffre, à l'immobilier ou encore aux domaines dans lesquels les volumes d'argent et les possibilités d'anonymat sont importants comme le secteur du jeu ou la gestion de trusts, ou de certains commerces portant sur des objets précieux. Il s'agit de professions qui, par les facilités qu'elles procurent ou leur sensibilité particulière en raison des liquidités qu'elles mobilisent, sont considérées comme des facilitateurs de blanchiment et sont donc susceptibles d'être instrumentalisées par des infracteurs.

Le mécanisme d'extension du champ des assujettis, qui s'est ensuite intensifié dans la législation européenne et interne (agents sportifs, conseillers fiscaux, greffiers de tribunaux de commerce…) est lié à l'étude criminologique du blanchiment de capitaux. En effet, les typologies de blanchiment qui recensent et décrivent les opérations de blanchiment identifiées par les déclarations de soupçon, les enquêtes judiciaires et les investigations en matière de criminalité organisée révèlent une extension des champs dans lesquels opèrent les infracteurs. Ce phénomène est la conséquence de la rigidification des règles appliquées dans le secteur financier, qui fut un temps le terrain d'élection presque exclusif des opérations de blanchiment. Une fois un secteur strictement réglementé, les infracteurs se tournent mécaniquement, par un effet d'aubaine, vers des secteurs moins ou non réglementés plus faciles et moins risqués.

Les obligations imposées aux nouveaux assujettis du secteur non financier tiennent à l'exercice du devoir de vigilance, à la conservation des documents, à la prise en compte des personnes politiquement exposées, aux risques particuliers liés au développement des nouvelles technologies et à la possibilité de faire appel au système de tierce introduction pour faire réaliser les diligences visées par la Recommandation n° 10. Le devoir de vigilance est limité pour certaines de ces professions à une partie seulement de leur exercice professionnel en raison du secret professionnel, qualifié également selon les pays de privilège juridique, dont ils bénéficient. Le devoir de vigilance est également limité pour d'autres professionnels au franchissement de certains seuils suffisamment caractérisés pour justifier l'application de la législation.

Les obligations tiennent également, au titre de la Recommandation n° 23, outre la nécessité de mettre en place un système de contrôle interne, d'une part aux obligations liées à la vigilance supplémentaire requise lorsque ces professionnels nouent une relation d'affaires avec une personne physique ou morale en lien avec un pays tiers à haut risque. D'autre part, la Recommandation n° 23 les soumet à l'obligation de déclaration de soupçon. Ce point est particulièrement sensible puisque certaines des professions visées, dont les avocats, sont soumis au secret professionnel de façon extrêmement stricte. Les Recommandations isolent alors les activités liées à l'analyse de la situation juridique des clients (conseil, consultation), à sa défense et à la représentation du client – exclues de cette obligation au titre du secret de la défense – des activités réalisées par un avocat qui ne sont pas propres à sa profession et qui pourraient dès lors être réalisées par d'autres professionnels non soumis à ce secret ou avec une moindre vigueur. La note interprétative de la Recommandation réserve par ailleurs aux États la faculté de désigner les autorités d'autorégulation des professions juridiques comme destinataires des déclarations de soupçon (système du filtre du bâtonnier du droit interne). ❑

Recommandation 23 *Entreprises et professions non financières désignées – Autres mesures.*

Les obligations des recommandations 18 à 21 s'appliquent à toutes les entreprises et professions non financières désignées, dans les circonstances suivantes :

(a) Les avocats, les notaires, les autres professions juridiques indépendantes et les comptables devraient être obligés de déclarer les opérations suspectes lorsque, au nom ou pour le compte d'un client, ils effectuent une opération financière en lien avec les activités décrites au point (d) de la recommandation 22. Les pays sont vivement encouragés à étendre l'obligation de déclaration aux autres activités professionnelles exercées par les comptables, en particulier l'activité de vérification des comptes.

(b) Les négociants en métaux précieux et les négociants en pierres précieuses devraient être obligés de déclarer les opérations suspectes lorsqu'ils effectuent avec un client des opérations en espèces égales ou supérieures au seuil désigné applicable.

(c) Les prestataires de services aux trusts et aux sociétés devraient être obligés de déclarer les opérations suspectes lorsque, au nom ou pour le compte d'un client, ils effectuent une opération en lien avec les activités visées au point (e) de la recommandation 22.

V. Note interprétative de la Recommandation 22 et Note interprétative des Recommandations 22 et 23, infra.

COMMENTAIRE

Voir le commentaire sous la Recommandation n° 22. ❑

E *Transparence et bénéficiaires effectifs des personnes morales et constructions juridiques*

Recommandation 24 *Transparence et bénéficiaires effectifs des personnes morales.*

Les pays devraient prendre des mesures pour empêcher l'utilisation des personnes morales à des fins de blanchiment de capitaux ou de financement du terrorisme. Les pays devraient s'assurer que des informations satisfaisantes, exactes et à jour sur les bénéficiaires effectifs et sur le contrôle des personnes morales peuvent être obtenues ou sont accessibles en temps opportun par les autorités compétentes. En particulier, les pays dans lesquels les personnes morales peuvent émettre des actions au porteur ou des bons de souscription d'actions au porteur, ou qui autorisent les actionnaires ou administrateurs agissant pour le compte d'une autre personne (*nominee shareholders or nominee directors*), devraient prendre des mesures efficaces pour s'assurer qu'elles ne sont pas détournées à des fins de blanchiment de capitaux ou de financement du terrorisme. Les pays devraient envisager de prendre des mesures pour faciliter l'accès aux informations sur les bénéficiaires effectifs et sur le contrôle des personnes morales par les institutions financières et les entreprises et professions non financières désignées lorsqu'elles mettent en œuvre les obligations des recommandations 10 et 22.

V. Note interprétative de la Recommandation 24, infra.

COMMENTAIRE

La note interprétative précise les modalités d'application des obligations de transparence relatives aux personnes morales prévues par la Recommandation n° 24 – appelant à y inclure les fondations. Elles nécessitent tout d'abord d'assurer une information élémentaire et accessible, relative aux éléments essentiels d'information concernant l'entreprise. Elles nécessitent ensuite d'identifier les bénéficiaires effectifs de ces sociétés. Il s'agit alors de déterminer l'identité des personnes physiques qui en dernier lieu détiennent une participation de contrôle dans une personne morale – sauf à considérer que l'atomisation de l'actionnariat est tel qu'il est impossible d'identifier une personne physique détenant le contrôle de la personne morale. Cette participation de contrôle dépend de la structure de propriété d'une société : elle peut être, selon la note interprétative de la Recommandation n° 10, fondée sur un seuil lié notamment à la détention d'un certain pourcentage de la société (25 % par exemple).

L'obligation d'identification des bénéficiaires effectifs et d'actualisation de ces informations pèse sur les entreprises, qui doivent par ailleurs conserver ces informations durant cinq années. Il appartient aux États d'autoriser les personnes concernées à collecter les données permettant cette identification, à les conserver et à la rendre suffisamment accessibles afin d'assurer une réelle transparence sur l'actionnariat et les participations dans ces sociétés. Le respect de ces obligations doit être assuré par les États avec la mise en place de mesures de contrôle et, en cas de méconnaissance de ces obligations, de sanctions des sociétés concernées.

Les États doivent, par ailleurs, assurer la transparence des informations relatives aux sociétés en prévenant l'utilisation abusive d'instruments favorisant l'anonymat, tels les actions au porteur et les bons de souscription d'actions au porteur ou encore les actions inscrites au nom de prête-noms ou des administrateurs agissant pour le compte d'une autre personne (*nominee shareholders and nominee directors*). Les États doivent, en outre, assurer la circulation de ces informations entre les sociétés, à l'égard des autorités nationales et entre homologues étrangers.

Les obligations relatives à la transparence s'imposent également dans les trusts et les constructions juridiques. Les trustees doivent obtenir et détenir des informations satisfaisantes, exactes et à jour sur les bénéficiaires effectifs de ce trust. Ces informations portent sur l'identité du constituant, du ou des trustees, du protecteur le cas échéant, des bénéficiaires ou de la catégorie de bénéficiaires et de toute autre personne physique exerçant en dernier lieu un contrôle effectif sur le trust.

Il est par ailleurs nécessaire de prendre des mesures pour s'assurer que les trustees déclarent leur statut de trustee aux institutions financières et aux entreprises et professions non financières désignées lorsque, en qualité de trustee, ils établissent une relation d'affaires ou exécutent une opération occasionnelle d'un montant supérieur au seuil.

L'identification des parties prenantes au trust et des constructions juridiques suit dès lors le même régime que celui des sociétés visées à la Recommandation n° 24 : tenue d'un registre, conservation des informations, accessibilité notamment pour les parties pénales poursuivantes, coopération internationale entre les États afin de permettre la circulation de ces informations. ❑

Recommandation 25 *Transparence et bénéficiaires effectifs des constructions juridiques.*

Les pays devraient prendre des mesures pour empêcher l'utilisation des constructions juridiques à des fins de blanchiment de capitaux ou de financement du terrorisme. En particulier, les pays devraient s'assurer que des informations satisfaisantes, exactes et à jour sur les trusts exprès, parmi lesquelles des informations sur le constituant, le trustee et les bénéficiaires, peuvent être obtenues ou sont accessibles en temps opportun par les autorités compétentes. Les pays devraient envisager de prendre des mesures pour faciliter l'accès aux informations sur les bénéficiaires effectifs et sur le contrôle des structures juridiques par les institutions financières et les entreprises et professions non financières désignées lorsqu'elles mettent en œuvre les obligations des recommandations 10 et 22.

V. Note interprétative de la Recommandation 25, infra.

COMMENTAIRE

Voir le commentaire sous la Recommandation n° 24. ❑

F *Pouvoirs et responsabilités des autorités compétentes et autres mesures institutionnelles*

Réglementation et contrôle

Recommandation 26 *Réglementation et contrôle des institutions financières.*

Les pays devraient s'assurer que les institutions financières sont soumises à une réglementation et font l'objet d'un contrôle adapté et qu'elles mettent efficacement en œuvre les recommandations du GAFI. Les autorités compétentes et les autorités

de contrôle du secteur financier devraient prendre les mesures législatives ou réglementaires nécessaires pour empêcher les criminels ou leurs complices de détenir ou de devenir les bénéficiaires effectifs d'une participation significative ou de contrôle d'une institution financière, ou d'y occuper un poste de direction. Les pays ne devraient pas autoriser l'établissement de banques fictives ni la poursuite de leurs activités.

Pour les institutions financières soumises aux Principes fondamentaux, les mesures réglementaires et de contrôle applicables à des fins prudentielles et qui sont également pertinentes en matière de blanchiment de capitaux et de financement du terrorisme devraient s'appliquer d'une manière similaire à des fins de LBC/FT. Ceci devrait comprendre la mise en œuvre d'une surveillance consolidée au niveau du groupe à des fins de LBC/FT.

Les autres institutions financières devraient être agréées ou enregistrées, faire l'objet d'une réglementation adaptée et être soumises à un contrôle ou à une surveillance à des fins de LBC/FT compte tenu du risque de blanchiment de capitaux ou de financement du terrorisme du secteur dans lequel elles opèrent. Au minimum, lorsque les institutions financières fournissent des services de transfert de fonds ou de valeurs ou des services de change, elles devraient être agréées ou enregistrées et soumises à des systèmes efficaces de surveillance assurant le respect de leurs obligations nationales en matière de LBC/FT.

V. Note interprétative de la Recommandation 26, infra.

COMMENTAIRE

Les États doivent veiller à l'existence d'un écosystème sain pour les institutions financières excluant notamment l'installation de banques fictives. Ce système repose sur les règles du droit financier fondées sur des mesures prudentielles auxquelles les obligations en matière de LBC/FT doivent s'intégrer. Ces règles prudentielles assurent notamment la mise en œuvre d'agrément pour les établissements de crédit et de paiement et l'application des corpus de règles issues notamment du Comité de Bâle. Les dispositions LBC/FT font donc partie intégrante de ce corpus au regard du caractère délétère du blanchiment pour la stabilité financière internationale. Le GAFI appelle par ailleurs les États à instaurer des modalités d'agrément ou d'enregistrement et une surveillance renforcée pour les institutions financières fournissant des services de transfert de fond ou des services de change.

Les autorités de contrôle sont également soumises à une approche par les risques. L'approche fondée sur les risques en matière de contrôle désigne, d'une part, le processus général suivi par une autorité de contrôle, en fonction de sa compréhension des risques, pour allouer ses ressources au contrôle en matière de LBC/FT. Elle désigne, d'autre part, le processus spécifique de contrôle des institutions qui appliquent elles-mêmes une approche fondée sur les risques en matière de LBC/FT.

Dans la première approche, les autorités de contrôle doivent donc, dans le choix et le déploiement de leur politique de contrôle, apprécier les risques propres aux différents secteurs dont elles ont la charge en fonction d'une approche internationale et nationale des risques. Cette approche par les risques se décline ensuite en fonction du profil de risque – qui doit être actualisé – qu'elles affectent à chacun des secteurs et des entités dont elle est en charge.

Dans la seconde approche, les autorités de contrôle doivent moduler leur contrôle en fonction du degré de liberté laissé aux assujettis dans la mise en œuvre de leur propre approche par les risques. Plus cette liberté est importante, plus les contrôles se justifient. Les autorités de contrôle du secteur financier doivent bénéficier d'une indépendance, au moins opérationnelle, et d'une autonomie dans la conduite de leurs missions et être dotées de ressources financières, humaines et techniques suffisantes pour assurer un contrôle effectif des entités dont elles ont la responsabilité. ❑

Recommandation 27 *Pouvoirs des autorités de contrôle.*

Les autorités de contrôle devraient être dotées de pouvoirs satisfaisants, y compris celui de procéder à des inspections, pour contrôler ou surveiller les institutions financières afin d'assurer qu'elles respectent leurs obligations en matière de LBC/FT. A cette fin, elles devraient être autorisées à exiger des institutions financières la produc-

tion de toute information pertinente et à imposer des sanctions conformément à la recommandation 35 en cas de non-respect de leurs obligations de LBC/FT. Les autorités de contrôle devraient disposer des pouvoirs d'imposer une gamme de sanctions disciplinaires et financières, y compris du pouvoir, le cas échéant, de retirer, limiter ou suspendre l'agrément de l'institution financière.

COMMENTAIRE

L'effectivité des obligations pesant sur les assujettis dépend de leur contrôle et de la sanction éventuelle des manquements à ces obligations par des autorités de contrôle et d'autorégulation. Comme pour les autorités de contrôle du secteur financier, l'approche fondée sur les risques en matière de contrôle s'impose. Elle désigne le processus général suivi par une autorité de contrôle ou un organisme d'autorégulation, en fonction de sa compréhension des risques, pour allouer ses ressources au contrôle en matière de LBC/FT et le processus spécifique de contrôle ou de surveillance des entreprises et professions non financières désignées qui appliquent, elles-mêmes, une approche fondée sur les risques en matière de LBC/FT.

Les autorités de contrôle ou d'autorégulation doivent dès lors analyser les risques de blanchiment de capitaux et de financement du terrorisme existant dans le pays comme ceux liés à chaque type d'entreprise et profession non financière désignée et à leurs clients, produits et services.

Elles doivent par ailleurs tenir compte du profil de risque de blanchiment de capitaux et de financement du terrorisme de ces entreprises et professions, ainsi que du degré de décision discrétionnaire qui leur est accordé en vertu de l'approche fondée sur les risques.

Les autorités de contrôle et les organismes d'autorégulation doivent disposer de pouvoirs de surveillance et de sanction et de ressources financières, humaines et techniques suffisantes pour exercer leur mission tout en garantissant aux assujettis des normes de confidentialité. Une attention particulière est par ailleurs portée au secteur des casinos qui appelle une réglementation spécifique en raison de l'intérêt porté par les organisations criminelles à ce type d'activités. ❑

Recommandation 28 *Réglementation et contrôle des entreprises et professions non financières désignées.*

Les entreprises et professions non financières désignées devraient être soumises aux mesures de réglementation et de contrôle suivantes :

(a) Les casinos devraient être soumis à un régime complet de réglementation et de contrôle visant à garantir qu'ils appliquent efficacement les mesures de LBC/FT nécessaires. Au minimum :

- **les casinos devraient être agréés ;**
- **les autorités compétentes devraient prendre les mesures législatives ou réglementaires nécessaires pour empêcher les criminels ou leurs complices de détenir ou de devenir les bénéficiaires effectifs d'une participation significative ou de contrôle d'un casino, d'y occuper un poste de direction ou d'en être l'exploitant ;**
- **les autorités compétentes devraient s'assurer que le respect par les casinos de leurs obligations en matière de LBC/FT fait l'objet d'un contrôle efficace.**

(b) Les pays devraient s'assurer que les autres catégories d'entreprises et de professions non financières désignées sont soumises à des dispositifs efficaces de surveillance assurant qu'elles respectent leurs obligations en matière de LBC/FT. Ces mesures devraient être prises en fonction des risques. Cette surveillance peut être effectuée par (a) une autorité de contrôle ou (b) par l'organisme d'autorégulation pertinent, à condition qu'un tel organisme puisse garantir que ses membres respectent leurs obligations en matière de LBC/FT.

L'autorité de contrôle ou l'organisme d'autorégulation devrait également (a) prendre les mesures nécessaires pour empêcher les criminels ou leurs complices d'accéder au statut de professionnel agréé ou de détenir une participation significative ou de contrôle, de devenir les bénéficiaires effectifs d'une telle participation, ou d'occuper des fonctions de direction, par exemple en soumettant ces personnes à un test d'aptitude et d'honorabilité (*fit and proper test*) ; et (b) disposer de sanctions

efficaces, proportionnées et dissuasives conformes à la recommandation 35 en cas de non-respect des obligations de LBC/FT.

V. Note interprétative de la Recommandation 28, infra.

COMMENTAIRE

Voir le commentaire sous la Recommandation n° 27.

Autorités opérationnelles et autorités de poursuite pénale

Recommandation 29 *Cellules de renseignements financiers.*

Les pays devraient instituer une cellule de renseignements financiers (CRF) servant de centre national pour la réception et l'analyse (a) des déclarations d'opérations suspectes et (b) des autres informations concernant le blanchiment de capitaux, les infractions sous-jacentes associées et le financement du terrorisme, et pour la dissémination du résultat de cette analyse. La CRF devrait pouvoir obtenir des informations supplémentaires des entités déclarantes et devrait avoir accès en temps opportun aux informations financières, administratives et aux informations des autorités de poursuite pénale nécessaires pour exercer correctement ses fonctions.

V. Note interprétative de la Recommandation 29, infra.

COMMENTAIRE

I. MISSIONS ET PRÉROGATIVES DE LA CELLULE DE RENSEIGNEMENTS FINANCIERS

La cellule de renseignements financiers (CRF) joue un rôle central au sein du réseau opérationnel de LBC/FT d'un pays. Elle est d'abord la clé de voûte du système car elle reçoit et traite les déclarations d'opération suspecte réalisées par les assujettis, conformément aux Recommandations n°s 20 et 23, ainsi que les autres informations requises par la législation nationale et le traitement des communications systématiques d'informations (COSI).

La CRF a pour mission d'ajouter de la valeur aux informations qu'elle reçoit en les traitant et en pratiquant des investigations. Elle procède à une analyse opérationnelle des informations disponibles pour détecter des personnes, des activités et les biens des réseaux ou associations criminels. Elle recourt également à une analyse stratégique des informations afin d'établir des typologies de blanchiment. Il s'agit de révéler les tendances et les techniques utilisées par les infracteurs afin de faciliter leur détection par les autorités policières et judiciaires mais également d'informer les assujettis qui doivent tenir compte de ces typologies – internationales, européennes et nationales – afin d'établir leur cartographie des risques.

La CRF a également un rôle de dissémination, spontanément et sur demande, des informations et des résultats de ses analyses aux autorités compétentes investies en matière de LBC/FT. Cette dissémination doit être assurée *via* des canaux dédiés, sécurisés et protégés.

La CRF doit, par ailleurs, avoir accès à des informations supplémentaires auprès des entités déclarantes *via* un droit de communication sur les éléments qu'elles ont recueillis et qu'elles doivent conserver durant une période de cinq années (Recommandations n°s 10, 11 et 22). Elle a également accès à d'autres données, notamment les informations pertinentes recueillies et/ou conservées par ou pour le compte d'autres autorités et, le cas échéant, les données à vocation commerciale d'une entité assujettie. Les informations reçues, traitées, détenues ou disséminées par la CRF doivent être protégées, échangées et utilisées en toute sécurité, conformément aux procédures et politiques applicables.

II. STATUT DE LA CELLULE DE RENSEIGNEMENTS FINANCIERS

La CRF doit être opérationnellement indépendante et autonome afin de décider en opportunité des suites à donner aux déclarations de soupçon et d'analyser, de demander et/ou de disséminer des informations spécifiques. De même, la CRF a le droit de transmettre ou de disséminer des informations aux autorités compétentes de façon indépendante, de conclure des accords et de collaborer avec d'autres autorités compétentes nationales ou homologues étrangers.

Cette indépendance et cette autonomie nécessitent des ressources financières, humaines et techniques suffisantes pour exercer ses missions, de manière à garantir son autonomie et son indépendance et à lui permettre d'exercer efficacement son mandat. Les pays devraient mettre en œuvre des procédures garantissant que le personnel de la CRF respecte des normes professionnelles strictes, y compris des normes sur la confidentialité, fait preuve d'une grande intégrité et est doté de compétences appropriées.

Enfin, la note interprétative prescrit aux pays de s'assurer que la CRF tient compte de la « Déclaration de mission » du Groupe Egmont et de ses « Principes pour l'échange d'informations entre cellules de renseignements financiers pour les cas de blanchiment de capitaux et de financement du terrorisme » qui fixent les lignes directrices concernant le rôle et les fonctions des CRF ainsi que des mécanismes d'échange d'informations entre CRF. ❑

Recommandation 30 *Responsabilités des autorités de poursuite pénale et autorités chargées des enquêtes.*

Les pays devraient s'assurer que les autorités de poursuite pénale désignées sont responsables des enquêtes sur le blanchiment de capitaux et le financement du terrorisme dans le cadre des politiques nationales de LBC/FT. Au minimum, dans tous les cas portant sur des infractions ayant généré des profits majeurs, ces autorités de poursuite pénale désignées devraient mettre en place une enquête financière de manière proactive en parallèle à la poursuite des infractions de blanchiment de capitaux, des infractions sous-jacentes associées et de financement du terrorisme. Cela devrait inclure les cas où l'infraction sous-jacente associée a lieu en dehors de leur juridiction. Les pays devraient s'assurer que les autorités compétentes ont la responsabilité de procéder promptement à l'identification, au dépistage et au déclenchement des actions de gel et de saisie de biens qui sont ou qui peuvent être soumis à confiscation ou qui sont suspectés de constituer le produit du crime. Lorsque cela est nécessaire, les pays devraient également pouvoir recourir à des groupes multidisciplinaires permanents ou temporaires spécialisés dans les enquêtes financières ou sur les biens. Les pays devraient s'assurer, lorsque cela est nécessaire, que des enquêtes en coopération avec les autorités compétentes appropriées d'autres pays ont lieu.

V. Note interprétative de la Recommandation 30, infra.

COMMENTAIRE

Les autorités judiciaires des États doivent, d'une part, mener des investigations et poursuivre les infractions de blanchiment et de financement du terrorisme et, d'autre part, initier des enquêtes financières avec le concours d'équipes d'enquêtes pluridisciplinaires et, s'il y a lieu, *via* la coopération judiciaire internationale afin de répondre à la technicité croissante de ce type de délinquance comme à son caractère transfrontalier. Les autorités judiciaires ont par ailleurs la responsabilité de procéder à l'identification, au dépistage et au déclenchement des actions de gel et de saisie de biens qui sont ou qui peuvent être soumis à confiscation ou qui sont suspectés de constituer le produit du crime. ❑

Recommandation 31 *Pouvoirs des autorités de poursuite pénale et des autorités chargées des enquêtes.*

Lors d'enquêtes sur le blanchiment de capitaux, les infractions sous-jacentes associées ou le financement du terrorisme, les autorités compétentes devraient pouvoir avoir accès à tous les documents et informations nécessaires pour les utiliser dans le cadre de ces enquêtes et des poursuites et actions qui s'y rapportent. Ceci devrait inclure les pouvoirs d'appliquer des mesures coercitives pour la production de documents détenus par les institutions financières, les entreprises et professions non financières désignées ou d'autres personnes physiques ou morales, pour la fouille de personnes et de locaux, pour recueillir des témoignages et pour la saisie et l'obtention de preuves.

Les pays devraient s'assurer que les autorités compétentes qui mènent des enquêtes peuvent utiliser une vaste gamme de techniques d'enquêtes spécifiques adaptées aux enquêtes sur le blanchiment de capitaux, les infractions sous-jacentes associées et le

financement du terrorisme. Ces techniques d'enquêtes comprennent : les opérations sous couverture, l'interception de communications, l'accès aux systèmes informatiques et la livraison surveillée. En outre, les pays devraient disposer de mécanismes efficaces leur permettant de déterminer en temps opportun si des personnes physiques ou morales détiennent ou contrôlent des comptes. Ils devraient également assurer *[s'assurer]* **que les autorités compétentes disposent d'un mécanisme d'identification des biens sans notification préalable au propriétaire. Lors de la conduite d'enquêtes sur le blanchiment de capitaux, les infractions sous-jacentes associées et le financement du terrorisme, les autorités compétentes devraient pouvoir demander toutes les informations pertinentes détenues par la CRF.**

COMMENTAIRE

Les autorités de poursuite pénale doivent s'assurer que le blanchiment de capitaux, les infractions sous-jacentes et le financement du terrorisme font l'objet d'enquêtes efficaces s'appuyant sur des enquêtes financières. Les autorités de poursuite, ou d'autre autorités compétentes, doivent par ailleurs veiller à identifier, dépister et déclencher des procédures de gel ou de saisie des biens soumis ou susceptibles d'être soumis à confiscation.

La note interprétative souligne l'importance des enquêtes financières visant à identifier l'ampleur de réseaux criminels et/ou le degré de criminalité, identifier et dépister le produit du crime, les fonds terroristes et tout autre bien soumis ou susceptible d'être soumis à confiscation et enfin établir des preuves susceptibles d'être produites dans des procédures pénales. Ces enquêtes peuvent être conduites parallèlement aux enquêtes pénales relatives à des faits de blanchiment de capitaux, d'infractions sous-jacentes ou de financement du terrorisme.

Les enquêtes pénales et les enquêtes financières peuvent également être conduites pour des faits de blanchiment par des autorités de lutte contre la corruption dotées de pouvoirs de poursuite et disposant de pouvoirs suffisants pour identifier, dépister, geler et saisir les biens lorsque les faits de blanchiment sont en lien avec des actes de corruption.

Recommandation 32 *Passeurs de fonds.*

Les pays devraient avoir en place des mesures pour détecter les transports physiques transfrontaliers d'espèces et d'instruments négociables au porteur, y compris un système de déclaration et/ou de communication.

Les pays devraient s'assurer que leurs autorités compétentes ont le pouvoir de bloquer ou retenir les espèces ou instruments négociables au porteur suspectés d'être en rapport avec le financement du terrorisme, le blanchiment de capitaux ou des infractions sous-jacentes, ou faisant l'objet d'une fausse déclaration ou communication.

Les pays devraient s'assurer que des sanctions efficaces, proportionnées et dissuasives sont applicables aux personnes qui ont effectué une fausse déclaration ou une communication d'informations fausses. Lorsque des espèces ou instruments négociables au porteur sont liés au financement du terrorisme, au blanchiment de capitaux ou à des infractions sous-jacentes, les pays devraient aussi adopter des mesures, y compris de nature législative, conformes à la recommandation 4, autorisant la confiscation de ces espèces ou instruments.

V. Note interprétative de la Recommandation 32, infra.

COMMENTAIRE

Il s'agit d'éviter que les terroristes et les autres criminels financent leurs activités ou blanchissent le produit de leurs crimes par le transport physique transfrontalier d'espèces ou d'instruments négociables au porteur. Les États doivent donc mettre en place des mesures leur permettant de repérer les transports physiques transfrontaliers d'espèces ou d'instruments au porteur négociables ; d'arrêter ou de retenir les espèces ou instruments négociables au porteur suspectés d'être en rapport avec le financement du terrorisme ou le blanchiment de capitaux ; d'arrêter ou de retenir les espèces ou instruments négociables au porteur faisant l'objet de fausses déclarations ou de communications d'informations fausses ; d'appliquer des sanctions appropriées en cas de fausse déclaration ou de communication d'informations fausses ; et d'autoriser la confiscation des espèces ou instruments négociables au porteur qui sont en rapport avec le financement du terrorisme ou le blanchiment de capitaux. La Recommandation n° 32 exclut cependant les transports physiques d'or, de métaux précieux et de pierres précieuses soumis à un régime spécifique du droit douanier.

I. SYSTÈME DE DÉTECTION DES TRANSPORTS DE FONDS OU D'INSTRUMENTS NÉGOCIABLES

Deux systèmes de contrôle des entrées et des sorties physiques transfrontalières d'espèces et d'instruments négociables au porteur sont proposés : un système de déclaration et un système de communication. Dans le premier cas, tout transport physique transfrontalier d'espèces ou d'instruments négociables au porteur dont la valeur dépasse un montant qui ne peut être supérieur à 15 000 EUR/USD, doivent remettre une déclaration aux autorités compétentes désignées selon des modalités qui peuvent différer et qui sont décrites dans la note interprétative de la Recommandation (V. *infra*). Dans le second cas, les voyageurs transmettent les informations utiles sur demande des autorités.

II. RÉGIME DU CONTRÔLE DES TRANSPORTS PHYSIQUES DE FONDS OU D'INSTRUMENTS NÉGOCIABLES

Dans tous les cas, la note interprétative prévoit un régime commun aux deux systèmes (V. *infra*). Elle prévoit notamment en cas de fausse ou d'absence de déclaration ou de communication d'espèces ou d'instruments négociables au porteur, que les autorités compétentes doivent obtenir des informations complémentaires concernant l'origine des espèces ou des instruments négociables au porteur ainsi que l'usage auquel ils sont destinés. Elles doivent pouvoir retenir, en ce cas ou en cas de soupçon de blanchiment de capitaux ou de financement du terrorisme, les fonds le temps nécessaire afin de rechercher des preuves éventuelles de réalisation de ces infractions. L'ensemble des informations recueillies doit être communiqué ou disponible pour la CRF. Les États doivent par ailleurs assurer, outre la bonne coordination des autorités nationales compétentes, la communication et la transmission des informations pertinentes dans le cadre de procédure de coopération internationale.

Les États doivent prévoir, pour les personnes qui réalisent de fausses déclarations ou des communications d'informations fausses, des sanctions efficaces, proportionnées et dissuasives, pénales, civiles ou administratives. Il en va de même pour les personnes effectuant un transport physique transfrontalier d'espèces ou d'instruments négociables au porteur en rapport avec le financement du terrorisme, le blanchiment de capitaux ou une ou plusieurs infractions sous-jacentes pour lesquelles, outre les sanctions pénales, civiles ou administratives, la confiscation de ces espèces et instruments négociables au porteur doit être prévue. ❑

Obligations générales

Recommandation 33 *Statistiques.*

Les pays devraient tenir des statistiques complètes sur les questions relatives à l'effectivité et à l'efficacité de leur système de LBC/FT. Elles devraient comprendre des statistiques sur les DOS reçues et disséminées, les enquêtes sur le blanchiment de capitaux et le financement du terrorisme, les poursuites et condamnations liées au blanchiment de capitaux et au financement du terrorisme, les biens gelés, saisis ou confisqués et l'entraide judiciaire ou autres demandes internationales de coopération.

Recommandation 34 *Lignes directrices et retour d'informations.*

Les autorités compétentes, les autorités de contrôle et les organismes d'autorégulation devraient établir des lignes directrices et assurer un retour d'informations qui aideront les institutions financières et les entreprises et professions non financières désignées dans l'application des mesures nationales de LBC/FT, et, en particulier, à détecter et déclarer les opérations suspectes.

Sanctions

Recommandation 35 *Sanctions.*

Les pays devraient s'assurer qu'une gamme de sanctions efficaces, proportionnées et dissuasives, pénales, civiles ou administratives, est applicable aux personnes phy-

siques et morales visées par les recommandations 6 et 8 à 23 qui ne respectent pas les obligations en matière de LBC/FT. Les sanctions devraient être applicables non seulement aux institutions financières et aux entreprises et professions non financières désignées, mais également à leurs dirigeants.

G *Coopération internationale*

BIBL. GEN. ▶ Rebut, Droit pénal international, *Précis Dalloz, 2019*.

COMMENTAIRE

Les recommandations relatives à la coopération pénale entre les États membres du GAFI reprennent les axes majeurs des grandes conventions internationales de coopération ou des conventions internationales relatives aux infractions du droit pénal international.

L'entraide pénale internationale se manifeste avant, pendant et à l'issue du procès pénal. Les deux formes d'entraide extraditionnelle et d'entraide non extraditionnelle trouvent des applications spécifiques en matière de délinquance d'affaires internationales, et notamment les actes d'enquête et d'instruction, l'échange des informations et les mesures de gel et de confiscation des avoirs. Ainsi, outre les aspects essentiels reprenant la Recommandation n° 4 liée à la mise en place de procédures de gel et de confiscation des avoirs criminels, elles pointent notamment les difficultés récurrentes liées aux restrictions apportées par les États aux demandes d'exécution d'actes de coopération. Sont notamment visées les règles liées à la double incrimination dont l'efficacité peut être totalement annihilée par l'exigence d'une similarité trop marquée entre les incriminations des deux pays concernés. De même, la protection du secret professionnel et bancaire constitue un obstacle majeur de coopération, comme le motif lié au caractère fiscal de l'infraction qui constitue, lui aussi, un obstacle dans un certain nombre de législation.

La circulation de l'information est également un facteur important d'efficacité. Il s'agit pour les États d'organiser la dissémination des informations au plan national entre les autorités impliquées dans la LBC/FT – entre autorités publiques administratives de régulation ou de contrôle, CRF et autorités pénales. D'autre part, il s'agit de favoriser et d'amplifier ces échanges entre homologues étrangers ou autorités étrangères investies dans la lutte contre le blanchiment de capitaux et le financement du terrorisme. ❑

Recommandation 36 *Instruments internationaux.*

Les pays devraient prendre des mesures immédiates pour devenir parties à la Convention de Vienne de 1988, la Convention de Palerme de 2000, la Convention des Nations unies contre la corruption de 2003 et la Convention sur le financement du terrorisme de 1999 et pour les mettre pleinement en œuvre. Le cas échéant, les pays sont également encouragés à ratifier et à mettre en œuvre d'autres conventions internationales pertinentes telles que la Convention du Conseil de l'Europe sur la cybercriminalité de 2001, la Convention interaméricaine contre le terrorisme de 2002 et la Convention du Conseil de l'Europe relative au blanchiment, au dépistage, à la saisie et à la confiscation des produits du crime et au financement du terrorisme de 2005.

Recommandation 37 *Entraide judiciaire.*

Les pays devraient, de manière rapide, constructive et efficace, fournir l'entraide judiciaire la plus large possible pour les enquêtes, les poursuites et les procédures connexes ayant trait au blanchiment de capitaux, aux infractions sous-jacentes associées et au financement du terrorisme. Les pays devraient disposer d'une base juridique adéquate pour fournir cette assistance et, le cas échéant, devraient disposer de traités, accords ou autres mécanismes permettant d'accroître la coopération. En particulier, les pays :

(a) ne devraient pas interdire ou assortir de conditions déraisonnables ou indûment restrictives l'octroi de l'entraide judiciaire ;

(b) devraient s'assurer qu'ils disposent de procédures claires et efficientes pour l'établissement des priorités et l'exécution en temps opportun des demandes

d'entraide judiciaire. Les pays devraient avoir recours à une autorité centrale ou à un autre mécanisme officiel établi pour la transmission et l'exécution efficaces des demandes. Afin de suivre l'avancement des demandes, un système de gestion des dossiers devrait être en place ;

(c) ne devraient pas refuser d'exécuter une demande d'entraide judiciaire pour l'unique motif que l'infraction est également considérée comme portant sur des questions fiscales ;

(d) ne devraient pas refuser d'exécuter une demande d'entraide judiciaire au motif que leurs lois imposent la préservation du secret ou de la confidentialité aux institutions financières ou aux entreprises et professions non financières désignées (à l'exception des cas où l'information recherchée est détenue dans des circonstances relevant du secret professionnel légal ou d'un privilège professionnel légal) ;

(e) devraient préserver la confidentialité des demandes d'entraide judiciaire qu'ils reçoivent et des informations qu'elles contiennent, sous réserve des principes fondamentaux du droit interne, afin de protéger l'intégrité de la demande de renseignements ou de l'enquête. Si le pays requis ne peut pas respecter les obligations de confidentialité, il devrait en informer promptement le pays requérant.

Les pays devraient fournir l'entraide judiciaire malgré l'absence de double incrimination si l'assistance n'implique pas d'actions coercitives. Les pays devraient envisager d'adopter les mesures nécessaires leur permettant de fournir une large assistance en l'absence de double incrimination.

Lorsque la double incrimination est exigée pour l'entraide judiciaire, cette obligation devrait être considérée comme remplie, que les deux pays classent ou non l'infraction dans la même catégorie d'infractions, ou qu'ils utilisent ou non la même terminologie pour la désigner, lorsque les deux pays incriminent l'acte qui est à la base de l'infraction.

Les pays devraient s'assurer que parmi les pouvoirs et techniques d'enquête prévus par la recommandation 31 et parmi les autres pouvoirs et techniques d'enquête mis à la disposition de leurs autorités compétentes :

(a) tous ceux liés à la production, à la perquisition et à la saisie d'informations, de documents ou d'éléments de preuve (y compris des pièces de nature financière) détenus par les institutions financières ou autres personnes, et au recueil de témoignages ; et

(b) une vaste gamme d'autres pouvoirs et techniques d'enquête peuvent également être utilisés en réponse à une demande d'entraide judiciaire et, lorsque cela est conforme à leur dispositif interne, en réponse à une demande directe adressée par des autorités judiciaires ou de poursuite pénale étrangères à leurs homologues nationaux.

Afin d'éviter les conflits de compétence, les pays devraient étudier la possibilité d'élaborer et de mettre en œuvre des mécanismes permettant de déterminer, dans l'intérêt de la justice, le lieu de saisine le plus approprié pour les poursuites de personnes mises en cause dans des cas sujets à des poursuites dans plusieurs pays.

Les pays devraient, lorsqu'ils formulent des demandes d'entraide judiciaire, faire tout leur possible pour fournir des informations factuelles et juridiques, indiquant notamment le degré d'urgence, afin de permettre une exécution efficiente et en temps opportun des demandes, et devraient envoyer les demandes par des moyens de transmission rapide. Les pays devraient, avant l'envoi des demandes, tout mettre en œuvre afin de s'assurer des exigences et formalités légales nécessaires à l'obtention de l'assistance.

Les autorités responsables de l'entraide judiciaire (par exemple, une autorité centrale) devraient bénéficier de ressources financières, humaines et techniques suffisantes. Les pays devraient mettre en place des procédures visant à s'assurer que le personnel de ces autorités respecte des normes professionnelles strictes, notamment en matière de confidentialité, fait preuve d'une grande intégrité et est doté de compétences appropriées.

Recommandation 38 *Entraide judiciaire : gel et confiscation.*

Les pays devraient s'assurer qu'ils disposent du pouvoir de prendre des actions expéditives en réponse aux demandes de pays étrangers d'identifier, de geler, de saisir et de confisquer les biens blanchis, les produits du blanchiment de capitaux, d'infractions sous-jacentes et du financement du terrorisme, les instruments utilisés ou destinés à être utilisés pour commettre ces infractions ou des biens d'une valeur correspondante. Ce pouvoir devrait comprendre celui de répondre aux demandes fondées sur des procédures de confiscation sans condamnation préalable et des mesures provisoires associées, à moins que cela ne contrevienne aux principes fondamentaux de leur droit interne. Les pays devraient également disposer de mécanismes efficaces pour gérer ces biens, instruments ou biens de valeur équivalente et s'appuyer sur des mesures visant à coordonner les procédures de saisie et de confiscation, parmi lesquelles le partage des avoirs confisqués.

V. Note interprétative de la Recommandation 38 et Note interprétative des Recommandations 4 et 38, infra.

Recommandation 39 *Extradition.*

Les pays devraient sans retard indu exécuter de manière constructive et efficace les demandes d'extradition en matière de blanchiment de capitaux et de financement du terrorisme. Les pays devraient également prendre toutes les mesures possibles afin de s'assurer qu'ils ne fournissent pas un refuge aux personnes poursuivies pour des faits de financement du terrorisme, des actes terroristes ou des organisations terroristes. En particulier, les pays :

(a) devraient garantir que le blanchiment de capitaux et le financement du terrorisme constituent des infractions pouvant donner lieu à extradition ;

(b) devraient s'assurer qu'ils disposent de procédures claires et efficientes pour l'exécution en temps opportun des demandes d'extradition, y compris, le cas échéant, pour l'établissement de priorités. Afin de suivre l'avancement du traitement des demandes, un système de gestion des dossiers devrait être mis en place ;

(c) ne devraient pas assortir l'exécution des demandes de conditions déraisonnables ou indûment restrictives ;

(d) devraient s'assurer qu'ils disposent d'un cadre juridique adapté pour l'extradition.

Les pays devraient extrader leurs nationaux. Lorsqu'ils ne le font pas pour des raisons uniquement liées à la nationalité, les pays devraient, à la demande du pays requérant l'extradition, soumettre l'affaire sans retard indu à leurs autorités compétentes afin que des poursuites portant sur les infractions mentionnées dans la demande soient engagées. Ces autorités devraient prendre leurs décisions et conduire leurs procédures comme elles le feraient dans le cas de toute autre infraction grave selon leur droit interne. Les pays concernés devraient coopérer, en particulier pour les aspects concernant la procédure et la preuve, afin d'assurer l'efficacité de telles poursuites.

Lorsque la double incrimination est exigée pour l'extradition, cette obligation devrait être considérée comme remplie, que les deux pays classent ou non l'infraction dans la même catégorie d'infractions, ou qu'ils utilisent ou non la même terminologie pour la désigner, lorsque les deux pays incriminent l'acte qui est à la base de l'infraction.

Conformément aux principes fondamentaux du droit interne, les pays devraient disposer de mécanismes simplifiés d'extradition, par exemple en autorisant la transmission directe des demandes d'arrestation provisoire entre les autorités compétentes, l'extradition des personnes sur le seul fondement d'un mandat d'arrêt ou d'un jugement ou l'extradition simplifiée des personnes acceptant de renoncer à la procédure formelle d'extradition. Les autorités responsables de l'extradition devraient bénéficier de ressources financières, humaines et techniques suffisantes. Les pays devraient mettre en place des procédures visant à s'assurer que le personnel de ces autorités respecte des normes professionnelles strictes, notamment en matière

de confidentialité, fait preuve d'une grande intégrité et est doté de compétences appropriées.

Recommandation 40 *Autres formes de coopération internationale.*

Les pays devraient s'assurer que leurs autorités compétentes peuvent, de manière rapide, constructive et efficace, accorder la coopération internationale la plus large possible en matière de blanchiment de capitaux, d'infractions sous-jacentes associées et de financement du terrorisme. Les pays devraient coopérer à la fois spontanément et sur demande et devraient fonder cette coopération sur une base légale. Les pays devraient autoriser leurs autorités compétentes à utiliser les moyens les plus efficaces pour coopérer. Si une autorité compétente a besoin d'accords ou d'arrangements bilatéraux ou multilatéraux tels que des protocoles d'accord, ceux-ci devraient être négociés et signés en temps opportun avec le plus grand nombre possible d'homologues étrangers.

Les autorités compétentes devraient utiliser des canaux ou mécanismes clairs pour la transmission et l'exécution efficaces des demandes d'informations ou d'autres types d'assistance. Les autorités compétentes devraient disposer de procédures claires et efficientes pour l'établissement des priorités et l'exécution en temps opportun des demandes, ainsi que pour la protection des informations reçues.
V. Note interprétative de la Recommandation 40, infra.

Notes interprétatives des recommandations du GAFI

COMMENTAIRE

Le GAFI est un organisme intergouvernemental qui n'est pas doté de la personnalité morale et dont l'existence et les missions dépendent du renouvellement du mandat donné par les États parties. Ceci explique la nature non contraignante des 40 Recommandations émises en matière de lutte contre le blanchiment de capitaux, de financement du terrorisme et de lutte contre la prolifération des armes de destruction massive (V. ces Recommandations, *supra*). Ceci explique également le caractère très général et peu technique des Recommandations qui reflètent un consensus international plus facile à obtenir sur des normes générales que sur des dispositions techniques au regard des enjeux politiques et juridiques nécessairement différents des États membres du GAFI. Les Notes interprétatives permettent d'affiner et d'expliquer le contenu des Recommandations.

Les Notes interprétatives, *a fortiori* a-normatives, sont présentées par le GAFI comme des exemples illustrant les Recommandations. Elles sont indispensables pour saisir leur contenu. Ainsi la Recommandation n° 1 qui fonde l'approche par les risques du système LBC/FT demeure si elliptique concernant l'approche par les risques applicables aux assujettis qu'elle ne serait pas applicable si la nature des obligations pesant sur les assujettis à ce titre n'était pas expliquée par la note interprétative de cette recommandation.

Les Notes interprétatives constituent dès lors une source d'information et d'explication indissociable des Recommandations qui, *in fine*, revêtent comme les Recommandations une valeur contraignante, notamment du fait de leur intégration dans les critères d'évaluation mutuelle des dispositifs LBC/FT des pays membres.

Les commentaires de ces Notes interprétatives sont intégrés dans les commentaires des Recommandations qu'elles éclairent (V. *supra*). Seules quelques-unes d'entre elle font l'objet d'un commentaire spécifique afin d'apporter un éclairage sur le droit interne applicable ou des précisions sur le contexte dans lequel elles interviennent. ❑

NOTE INTERPRÉTATIVE DE LA RECOMMANDATION 1 *Évaluation des risques de LBC/FT et application d'une approche fondée sur les risques*

1. L'approche fondée sur les risques constitue un moyen efficace pour lutter contre le blanchiment de capitaux et le financement du terrorisme. Lorsqu'ils déterminent la façon d'appliquer l'approche fondée sur les risques dans un secteur donné, les pays devraient prendre en compte la capacité et l'expérience de ce secteur en

matière de lutte contre le blanchiment de capitaux et le financement du terrorisme (LBC/FT). Les pays devraient en effet tenir compte du fait que la discrétion accordée par cette approche et les responsabilités qu'elle impose aux institutions financières et aux entreprises et professions non financières désignées conviennent davantage aux secteurs qui jouissent d'une capacité et d'une expérience plus grandes en ce domaine. Les institutions financières et les entreprises et professions non financières désignées ne devraient toutefois pas être exonérées de l'obligation d'appliquer des mesures renforcées lorsqu'elles identifient des situations présentant un risque plus élevé. En adoptant une approche fondée sur les risques, les autorités compétentes, les institutions financières et les entreprises et professions non financières désignées devraient être capables de s'assurer que les mesures visant à prévenir ou à atténuer le blanchiment de capitaux et le financement du terrorisme sont adaptées aux risques identifiés et leur permettent d'allouer leurs ressources de la manière la plus efficace possible.

2. Lorsqu'elles mettent en œuvre une approche fondée sur les risques, les institutions financières et les entreprises et professions non financières désignées devraient disposer de processus d'identification, d'évaluation, de surveillance, de gestion et d'atténuation des risques de blanchiment de capitaux et de financement du terrorisme. Le principe général de l'approche fondée sur les risques est d'obliger les institutions financières et entreprises et professions non financières désignées à appliquer des mesures de vigilance renforcées lorsqu'il existe des risques plus élevés afin de les gérer et de les atténuer et, inversement, de permettre aux institutions financières et entreprises et professions non financières désignées d'appliquer des mesures de vigilance simplifiées lorsque les risques sont plus faibles. Des mesures de vigilance simplifiées ne devraient pas être autorisées lorsqu'il existe un soupçon de blanchiment de capitaux ou de financement du terrorisme. Les recommandations spécifiques précisent la façon dont ce principe général s'applique aux obligations particulières. Dans des circonstances strictement limitées, et lorsqu'il est démontré que le risque de blanchiment de capitaux et de financement du terrorisme est faible, les pays peuvent aussi décider de ne pas appliquer certaines recommandations à un type particulier d'institutions ou d'activités financières ou d'entreprises ou de professions non financières désignées (voir ci-dessous). De même, lorsque les pays établissent, dans leurs évaluations des risques, que certains types d'institutions, d'activités, d'entreprises ou de professions ne relevant pas de la définition des institutions financières ou des entreprises et professions non financières désignées présentent un risque de blanchiment de capitaux et de financement du terrorisme, ils devraient envisager de leur appliquer des obligations de LBC/FT.

Évaluation des risques de financement de la prolifération et application de mesures fondées sur les risques

3. Dans le contexte de la recommandation 1, l'expression "risque de financement de la prolifération" fait strictement et uniquement référence aux potentiels cas de violation, d'absence de mise en œuvre ou de contournement relatifs aux obligations de sanctions financières ciblées énoncées dans la recommandation 7 *[les §§ 1 et 2 de la note interprétative de la Recomm. 7, ainsi que les notes associées, fixent le cadre des obligations définies par la Recomm. 7 ; notamment, que la Recomm. 7 est limitée aux sanctions financières ciblées et qu'elle ne couvre pas d'autres exigences des RCSNU. Les exigences des normes du GAFI relatives au financement de la prolifération se limitent uniquement aux Recomm. 1, 2, 7 et 15. Par conséquent, les exigences énoncées par la Recomm. 1 relatives à l'évaluation et à l'atténuation du risque de FP n'élargissent pas le périmètre d'autres exigences au titre d'autres recommandations]*. Les obligations énoncées dans la recommandation 7 imposent des exigences strictes non fondées sur les risques à toutes les personnes physiques et morales. Dans le contexte du risque de financement de la prolifération, les mesures fondées sur les risques prises par les institutions financières et les entreprises et professions non financières désignées visent à renforcer et compléter la pleine mise en œuvre des exigences strictes de la recommandation 7, en détectant et en prévenant de potentiels cas de violation, d'absence de mise en œuvre ou de contournement relatifs aux sanc-

tions financières ciblées. Pour déterminer les mesures permettant d'atténuer le risque de financement de la prolifération dans un secteur donné, les pays devraient prendre en compte les risques de financement de la prolifération associés au secteur en question. En adoptant une approche fondée sur les risques, les autorités compétentes, les institutions financières et les entreprises et professions non financières désignées devraient être capables de s'assurer que les mesures sont adaptées aux risques identifiés, et leur permettent d'allouer leurs ressources de la manière la plus efficace possible.

4. Les institutions financières et les entreprises et professions non financières désignées devraient disposer de processus d'identification, d'évaluation, de surveillance, de gestion et d'atténuation des risques de financement de la prolifération *[les pays peuvent décider d'exonérer une catégorie donnée d'institutions financières et entreprises et professions non financières désignées des obligations d'identification, d'évaluation, de surveillance, de gestion et d'atténuation des risques de financement de la prolifération, lorsqu'il est établi que lesdites institutions financières ou entreprises et professions non financières désignées sont exposées à un risque plus faible de financement de prolifération. Cependant, la pleine mise en œuvre des sanctions financières ciblées requises par la Recomm. 7 reste obligatoire dans tous les cas]*. Elles peuvent inscrire ces processus dans le cadre de leurs dispositifs liés aux sanctions financières ciblées et/ou programmes de conformité existants. Les pays devraient s'assurer de la pleine mise en œuvre de la recommandation 7, quel que soit le scénario de risque. Lorsque les risques sont plus élevés, les pays devraient obliger les institutions financières et les entreprises et professions non financières désignées à appliquer des mesures adéquates pour gérer et atténuer les risques. Lorsque les risques sont plus faibles, il leur faudrait s'assurer que les mesures sont proportionnelles au niveau de risque identifié, tout en assurant la pleine mise en œuvre des sanctions financières ciblées, conformément à la recommandation 7.

A *Obligations et décisions des pays*

Risques de BC/FT

5. **Évaluation des risques de BC/FT** – Les pays *[Le cas échéant, les évaluations des risques en matière de LBC/FT réalisées au niveau supranational devraient être prises en compte afin de déterminer si cette obligation est remplie.]* devraient prendre des dispositions appropriées pour identifier et évaluer de façon continue les risques de blanchiment de capitaux et de financement du terrorisme, afin de : (i) documenter les modifications potentielles du régime national de LBC/FT, y compris les modifications de lois, règlements et autres mesures ; (ii) aider à la répartition et à la hiérarchisation des ressources dédiées à LBC/FT par les autorités compétentes ; et (iii) mettre des informations à la disposition des institutions financières et des entreprises et professions non financières désignées pour leurs évaluations des risques en matière de LBC/FT. Les pays devraient tenir ces évaluations à jour et disposer de mécanismes permettant de fournir les informations pertinentes sur leurs résultats à toutes les autorités compétentes, aux organismes d'autorégulation, aux institutions financières et aux entreprises et professions non financières désignées concernés.

6. **Risque plus élevé** – Lorsque les pays identifient des risques plus élevés, ils devraient s'assurer que leur régime de LBC/FT répond effectivement à ces risques plus élevés et, sans préjudice de toute autre mesure prise pour les atténuer, ils devraient imposer aux institutions financières et aux entreprises et professions non financières désignées de prendre des mesures renforcées pour les gérer et les atténuer ou s'assurer que ces informations sont intégrées dans les évaluations des risques conduites par les institutions financières et les entreprises et professions non financières désignées afin de gérer et atténuer ces risques de manière appropriée. Lorsque les recommandations du GAFI identifient des activités présentant des risques plus élevés et pour lesquelles des mesures de vigilance renforcées ou des mesures spécifiques sont requises, toutes ces mesures doivent être appliquées, quoique l'étendue de celles-ci puisse varier en fonction du niveau spécifique de risque.

7. **Risque plus faible** – Les pays peuvent décider d'autoriser des mesures simplifiées pour certaines recommandations du GAFI obligeant les institutions financières et les entreprises et professions non financières désignées à prendre certaines mesures, à condition qu'un risque plus faible ait été identifié et que cela soit cohérent avec l'évaluation des risques de blanchiment de capitaux et de financement du terrorisme réalisée par le pays conformément au paragraphe 3 *[paragraphe 5]*.

Indépendamment de toute décision d'identifier certaines catégories de risques plus faibles conformément au paragraphe précédent, les pays peuvent également autoriser les institutions financières et les entreprises et professions non financières désignées à appliquer des mesures de vigilance simplifiées, à condition que les obligations énoncées dans la section B ci-dessous ("Obligations et décisions des institutions financières et entreprises et professions non financières désignées") et dans le paragraphe 7 *[paragraphe 9]* ci-dessous soient remplies.

8. **Exemptions** – Dans les circonstances suivantes, les pays peuvent décider de ne pas appliquer certaines recommandations du GAFI obligeant les institutions financières et les entreprises et professions non financières désignées à adopter certaines mesures :

(a) soit il est prouvé que le risque de blanchiment de capitaux et de financement du terrorisme est faible et la décision est prise dans des circonstances strictement limitées et justifiées et s'applique à certains types d'institutions ou d'activités financières ou d'entreprises ou de professions non financières désignées ;

(b) soit une activité financière (autre que le transfert de fonds ou de valeurs) est réalisée par une personne physique ou morale de manière occasionnelle ou très limitée (selon des critères tant quantitatifs qu'absolus), de sorte que le risque de blanchiment de capitaux et de financement du terrorisme est faible.

Si les informations recueillies peuvent varier en fonction du niveau de risque, les obligations de la recommandation 11 sur la conservation des documents devraient s'appliquer quelles que soient les informations recueillies.

9. **Contrôle et surveillance du risque** – Les autorités de contrôle (et les organismes d'autorégulation pour les secteurs pertinents des entreprises et professions non financières désignées) devraient s'assurer que les institutions financières et les entreprises et professions non financières désignées mettent efficacement en œuvre les obligations énoncées ci-dessous. Dans cette fonction, les autorités de contrôle et les organismes d'autorégulation devraient, conformément aux notes interprétatives des recommandations 26 et 28, examiner les profils de risque et les évaluations des risques de blanchiment de capitaux et de financement du terrorisme élaborés par les institutions financières et les entreprises et professions non financières désignées et prendre en compte les résultats de cet examen.

Risque de FP

10. **Évaluation du risque de FP** – Les pays *[le cas échéant, les évaluations des risques en matière de FP réalisées au niveau supranational devraient être prises en compte afin de déterminer si cette obligation est remplie]* devraient prendre des dispositions appropriées pour identifier et évaluer de façon continue les risques de financement de la prolifération, afin de : (i) documenter les modifications potentielles du régime national de LFP, y compris les modifications de lois, règlements et autres mesures ; (ii) aider à la répartition et à la hiérarchisation des ressources dédiées à la LFP par les autorités compétentes ; (iii) et mettre des informations à la disposition des institutions financières et des entreprises et professions non financières désignées pour leurs évaluations des risques en matière de FP. Les pays devraient tenir ces évaluations à jour et disposer de mécanismes permettant de fournir les informations pertinentes sur leurs résultats à toutes les autorités compétentes, aux organismes d'autorégulation, aux institutions financières et aux entreprises et professions non financières désignées concernés.

11. **Atténuation du risque de FP** – Les pays devraient prendre des dispositions appropriées pour gérer et atténuer les risques de financement de la prolifération qu'ils ont identifiés. Les pays devraient acquérir une bonne connaissance des risques de violation, d'absence de mise en œuvre ou de contournement relatifs aux sanctions

financières ciblées existant sur leur territoire, et dont les différentes autorités compétentes et le secteur privé peuvent être informés. Les pays devraient s'assurer que les institutions financières et les entreprises et professions non financières désignées prennent des mesures pour identifier les circonstances susceptibles de présenter des risques élevés et garantir que leurs dispositifs de LFP répondent à ces risques identifiés. Les pays devraient s'assurer de la pleine mise en œuvre de la recommandation 7, quel que soit le scénario de risque. Lorsque les risques sont plus élevés, les pays devraient obliger les institutions financières et les entreprises et professions non financières désignées à appliquer des mesures adéquates pour gérer et atténuer ces risques. Par analogie, lorsque les risques sont plus faibles, il leur faudrait s'assurer que les mesures sont proportionnelles au niveau de risque identifié, tout en assurant la pleine mise en œuvre des sanctions financières ciblées conformément à la recommandation 7.

B *Obligations et décisions des institutions financières et entreprises et professions non financières désignées*

Risques de BC/FT

12. **Évaluation des risques de BC/FT** – Les institutions financières et les entreprises et professions non financières désignées devraient être obligées de prendre des mesures appropriées pour identifier et évaluer leurs risques de blanchiment de capitaux et de financement du terrorisme (risques liés aux clients, pays ou zones géographiques, produits, services, opérations et canaux de distribution). Elles devraient documenter ces évaluations afin d'en démontrer le fondement, les tenir à jour et disposer de mécanismes adaptés pour communiquer les informations sur leur évaluation des risques aux autorités compétentes et aux organismes d'autorégulation. La nature et l'étendue des évaluations des risques de blanchiment de capitaux et de financement du terrorisme devraient être adaptées à la nature et au volume de l'activité commerciale. Les institutions financières et les entreprises et professions non financières désignées devraient toujours comprendre leurs risques de blanchiment de capitaux et de financement du terrorisme, mais les autorités compétentes et les organismes d'autorégulation peuvent décider que des évaluations des risques individuelles et documentées ne sont pas obligatoires si les risques spécifiques inhérents au secteur sont clairement identifiés et compris.

13. **Gestion et atténuation des risques** – Les institutions financières et les entreprises et professions non financières désignées devraient être obligées de disposer de politiques, de contrôles et de procédures leur permettant de gérer et d'atténuer efficacement les risques identifiés (par le pays, l'institution financière ou l'entreprise ou la profession non financière désignée). Elles devraient être obligées de surveiller la mise en œuvre de ces contrôles et de les renforcer si nécessaire. Les politiques, les contrôles et les procédures devraient être approuvés par la haute direction et les mesures prises pour gérer et atténuer les risques, qu'ils soient plus élevés ou plus faibles, devraient être conformes aux obligations nationales et aux orientations des autorités compétentes, des autorités de contrôle et des organismes d'autorégulation.

14. **Risque plus élevé** – Lorsque des risques plus élevés sont identifiés, les institutions financières et les entreprises et professions non financières désignées devraient être obligées de prendre des mesures renforcées afin de gérer et atténuer ces risques.

15. **Risque plus faible** – Lorsque des risques plus faibles sont identifiés, les pays peuvent autoriser les institutions financières et entreprises et professions non financières désignées à prendre des mesures simplifiées pour gérer et atténuer ces risques.

16. Lorsqu'elles évaluent les risques, les institutions financières et les entreprises et professions non financières désignées devraient prendre en compte tous les facteurs de risques pertinents avant de décider quel est le niveau de risque global et le niveau approprié des mesures d'atténuation à appliquer. Les institutions financières et entreprises et professions non financières désignées peuvent différencier l'étendue de ces mesures en fonction du type et du niveau des divers facteurs de risques (par exemple, dans une situation donnée, elles pourraient mettre en œuvre des mesures

de vigilance normales lors de l'acceptation du client mais des mesures de vigilance renforcées dans le cadre de la surveillance continue, ou inversement).

Risque de FP

17. **Évaluation du risque de FP** – Les institutions financières et entreprises et professions non financières désignées devraient être obligées de prendre des mesures appropriées pour identifier et évaluer leurs risques de financement de la prolifération. Elles peuvent inscrire ces mesures dans le cadre de leurs dispositifs liés aux sanctions financières ciblées et/ou programmes de conformité existants. Elles devraient documenter ces évaluations afin d'en démontrer le fondement, les tenir à jour et disposer de mécanismes adaptés pour communiquer les informations sur leur évaluation des risques aux autorités compétentes et aux organismes d'autorégulation. La nature et l'étendue des évaluations des risques de financement de la prolifération devraient être adaptées à la nature et au volume de l'activité commerciale. Les institutions financières et les entreprises et professions non financières désignées devraient toujours comprendre leurs risques de financement de la prolifération, mais les autorités compétentes ou les organismes d'autorégulation peuvent décider que des évaluations des risques individuelles et documentées ne sont pas obligatoires si les risques spécifiques inhérents au secteur concerné sont clairement identifiés et compris.

18. **Atténuation du risque de FP** – Les institutions financières et les entreprises et professions non financières désignées devraient disposer de politiques, de contrôles et de procédures leur permettant de gérer et d'atténuer efficacement les risques identifiés. Elles peuvent inscrire ces mesures dans le cadre de leurs dispositifs liés aux sanctions financières ciblées et/ou programmes de conformité existants. Elles devraient être obligées de surveiller la mise en œuvre de ces contrôles et de les renforcer si nécessaire. Les politiques, les contrôles et les procédures devraient être approuvés par la haute direction et les mesures prises pour gérer et atténuer les risques, qu'ils soient plus élevés ou plus faibles, devraient être conformes aux obligations nationales et aux orientations des autorités compétentes et des organismes d'autorégulation. Les pays devraient s'assurer de la pleine mise en œuvre de la recommandation 7, quel que soit le scénario de risque. Lorsque les risques sont plus élevés, les pays devraient obliger les institutions financières et les entreprises et professions non financières désignées à appliquer des mesures adéquates pour gérer et atténuer les risques (c'est-à-dire, de mettre en place des contrôles renforcés visant à détecter de potentiels cas de violation, d'absence de mise en œuvre ou de contournement des sanctions financières ciblées imposées au titre de la recommandation 7). Par analogie, lorsque les risques sont plus faibles, il leur faudrait faire en sorte que les mesures sont proportionnelles au niveau de risque identifié, tout en assurant la pleine mise en œuvre des sanctions financières ciblées conformément à la recommandation 7.

NOTE INTERPRÉTATIVE DE LA RECOMMANDATION 2 *Coopération et coordination nationales*

1. Les pays devraient établir des dispositifs inter-agences appropriés de coopération et de coordination en matière de lutte contre le blanchiment de capitaux, le financement du terrorisme et de la prolifération. Il peut s'agir d'un dispositif unique ou de dispositifs séparés traitant respectivement du BC, du FT et du FP.

2. Ces dispositifs devraient être placés sous la responsabilité d'une ou plusieurs autorités désignées, ou d'un autre mécanisme en charge de définir les politiques nationales et d'assurer la coopération et la coordination des différentes entités concernées.

3. Les dispositifs inter-agences devraient inclure les autorités concernées en matière de lutte contre le BC, le FT et le FP. Selon l'organisation des fonctions au niveau national, les autorités concernées par un tel dispositif pourraient être :

a) les ministères compétents du gouvernement central (par exemple, ministères des Finances, du Commerce, de l'Intérieur, de la Justice, des Affaires étrangères) ;

b) les autorités de poursuite pénale, judiciaires, et de recouvrement des avoirs ;

c) la cellule de renseignements financiers ;
d) les agences de sécurité et de renseignement ;
e) les autorités douanières et du contrôle aux frontières ;
f) les superviseurs et organismes d'autorégulation ;
g) les autorités fiscales ;
h) les autorités du contrôle des importations et exportations ;
i) les registres des sociétés, et lorsqu'ils existent, les registres des bénéficiaires effectifs ;
j) d'autres agences, le cas échéant.

4. Les pays devraient s'assurer que des mécanismes sont en place pour permettre une coopération opérationnelle efficace, et le cas échéant, la coordination et le partage en temps opportun d'informations pertinentes sur le territoire national entre les différentes autorités compétentes pour les aspects opérationnels de la LBC/FT/FP, spontanément et sur demande. Ces mécanismes peuvent être : (a) des mesures visant à préciser le rôle, les besoins d'information et les sources d'information de chaque autorité compétente, (b) des mesures visant à faciliter la communication d'informations en temps utile entre autorités compétentes (par exemple, normalisation des formats et sécurisation des canaux de communication), et (c) des dispositifs pratiques visant à faciliter le travail inter-agences (par exemple, équipes conjointes ou plateformes de données partagées).

NOTE INTERPRÉTATIVE DE LA RECOMMANDATION 3 *Infraction de blanchiment de capitaux*

1. Les pays devraient conférer le caractère d'infraction pénale au blanchiment de capitaux sur la base de la convention des Nations unies contre le trafic illicite de stupéfiants et de substances psychotropes de 1988 (convention de Vienne) et de la convention des Nations unies contre la criminalité transnationale organisée de 2000 (la convention de Palerme).

2. Les pays devraient appliquer l'infraction de blanchiment de capitaux à toutes les infractions graves, afin de couvrir la gamme la plus large d'infractions sous-jacentes. Les infractions sous-jacentes peuvent être définies par rapport à l'ensemble des infractions, par rapport à un seuil lié soit à une catégorie d'infractions graves, soit à la peine privative de liberté dont est passible l'infraction sous-jacente (méthode du seuil), par rapport à une liste d'infractions sous-jacentes ou par une combinaison de ces méthodes.

3. Dans les pays qui adoptent la méthode du seuil, les infractions sous-jacentes devraient au minimum comprendre toutes les infractions relevant de la catégorie des infractions graves en vertu de leur droit interne ou inclure les infractions passibles d'une peine maximale de plus d'un an d'emprisonnement ou, pour les pays qui ont établi dans leur système juridique un seuil minimum pour les infractions, les infractions sous-jacentes devraient comprendre toutes les infractions passibles d'une peine minimale de plus de six mois d'emprisonnement.

4. Quelle que soit l'approche adoptée, chaque pays devrait au minimum inclure une gamme d'infractions au sein de chacune des catégories désignées d'infractions. L'infraction de blanchiment de capitaux devrait s'appliquer à tous les types de biens qui, indépendamment de leur valeur, représentent directement ou indirectement le produit du crime. Il ne devrait pas être nécessaire qu'une personne soit condamnée pour une infraction sous-jacente pour pouvoir prouver qu'un bien constitue le produit du crime.

5. Les infractions sous-jacentes au blanchiment de capitaux devraient s'étendre aux actes commis dans un autre pays, qui constituent une infraction dans ce pays, et qui auraient constitué une infraction sous-jacente s'ils avaient été commis sur le territoire national. Les pays peuvent prévoir que la seule condition requise est que l'acte aurait constitué une infraction sous-jacente s'il avait été commis sur le territoire national.

6. Les pays peuvent prévoir que l'infraction de blanchiment de capitaux ne s'applique pas aux personnes qui ont commis l'infraction sous-jacente, lorsque cela est contraire aux principes fondamentaux de leur droit interne.

7. Les pays devraient s'assurer que :

(a) L'élément intentionnel et la connaissance requis pour prouver le blanchiment de capitaux peuvent être déduits de circonstances factuelles objectives.

(b) Des sanctions pénales efficaces, proportionnées et dissuasives devraient s'appliquer aux personnes physiques condamnées pour blanchiment de capitaux.

(c) L'imputation de la responsabilité pénale et l'application de sanctions pénales et, si ce n'est pas possible (en raison des principes fondamentaux du droit interne), l'imputation de la responsabilité civile ou administrative et l'application de sanctions civiles ou administratives, devraient être prévues à l'encontre des personnes morales. Ceci ne devrait pas exclure des procédures parallèles, qu'elles soient pénales, civiles ou administratives, à l'encontre des personnes morales dans les pays où plus d'une forme de responsabilité est prévue. Ces mesures devraient s'appliquer sans préjudice de la responsabilité pénale des personnes physiques. Toutes les sanctions devraient être efficaces, proportionnées et dissuasives.

(d) Des infractions connexes appropriées à l'infraction de blanchiment de capitaux devraient être prévues, y compris la participation, l'association ou l'entente en vue de commettre l'infraction, la tentative, l'aide et l'assistance et le fait de faciliter et de conseiller la commission de l'infraction, sauf lorsque ce n'est pas permis par les principes fondamentaux du droit interne.

COMMENTAIRE

La Note interprétative de la Recommandation n° 3 conforte l'extension attendue de l'infraction de blanchiment en visant à réduire les obstacles traditionnels à l'application de l'incrimination. Il s'agit ici encore, et au-delà de l'intégration formelle des infractions dans les législations nationales, d'assurer la réalité et l'efficacité des poursuites judiciaires diligentées par les États. Ainsi, la réalisation d'infractions sous-jacentes à l'étranger constitue un obstacle classique à la poursuite lié à l'existence d'un élément d'extranéité connu des droits internes.

La répression des actes de complicité en France d'une infraction commise à l'étranger est ainsi prévue par l'article 113-5 du code pénal qui impose une condition de réciprocité d'incrimination dans l'État tiers et la constatation de sa réalisation par une décision définitive de la juridiction étrangère. En l'occurrence, la chambre criminelle de la Cour de Cassation a neutralisé les obstacles éventuels à la poursuite pour blanchiment de capitaux provenant d'une infraction, au sens du droit interne, commise à l'étranger et ne revêtant pas cette qualité dans le pays de commission. L'infraction de blanchiment est qualifiée d'infraction « générale, distincte et autonome ». Concrètement, tout fait de blanchiment commis en France répondant à l'une des modalités de l'article 324-1 du code pénal (V. *supra*, I. Règles internes) peut être poursuivi lorsque les faits commis à l'étranger revêtent un caractère infractionnel en droit français comme des faits de corruption d'agents publics ou de personnes privées non incriminés dans le pays d'origine.

La Note interprétative laisse la liberté aux États d'adopter un principe d'autonomie de l'infraction de blanchiment par rapport à l'infraction sous-jacente. En droit français, la question de l'autonomie de l'infraction de blanchiment est réglée par une double affirmation. D'une part, l'infraction de blanchiment ne se cumule pas avec l'infraction de recel (Crim. 26 oct. 2016, n° 15-84.552 P : *cité note 12 ss. art. 324-1 C. pén.*, *supra*, I. Règles internes). Il faut noter sur ce point que la directive 2018/1673 du Parlement Européen et du Conseil du 23 octobre 2018 visant à lutter contre le blanchiment de capitaux au moyen du droit pénal (V. *supra*, II. Règles européennes) invite les États à incriminer sous la qualification d'infraction de blanchiment « l'acquisition, la détention ou l'utilisation de biens, dont celui qui s'y livre sait, au moment où il les réceptionne, qu'ils proviennent d'une activité criminelle ». La directive absorbe donc la notion de recel dans la qualification de blanchiment alors qu'elle n'est qu'un élément constitutif de cette dernière dans la jurisprudence de la chambre criminelle de la Cour de cassation. D'autre part, il existe un cumul possible des qualifications de l'infraction originaire et de l'infraction de blanchiment à l'encontre du même auteur (Crim. 27 mars 2018, n° 16-87.585 P : *cité note 10 ss. art. 324-1 C. pén., supra, I. Règles internes*).

La question de la responsabilité des personnes morales est mise en exergue car elle est exclue dans certaines législations. Si tel n'est pas le cas, les États sont invités à maintenir la possibilité de cumuler la responsabilité pénale des personnes morales et des personnes physiques, comme en droit interne. De même, les sanctions civiles ou administratives doivent pouvoir se cumuler avec les sanctions pénales au titre de la Note interprétative, ce qui ne soulève pas de difficultés en droit interne articulé entre sanctions administratives des manquements à l'application des règles du code monétaire et financier et sanctions pénales en cas de réalisation d'une infraction de blanchiment. Dans le premier cas, le non-respect des dispositions du code monétaire et financier imposant la mise en place d'un système de prévention et de détection des faits de blanchiment (art. L. 561-2 s.) entraîne potentiellement une sanction des manquements aux obligations administratives des assujettis par les régulateurs ou les autorités administratives en charge du contrôle de l'application de la législation LBC/FT. Dans le second cas, la poursuite et la sanction des infractions pénales de blanchiment du code pénal relèvent des juridictions judiciaires (par exemple pour complicité de blanchiment imputable à la personne morale). Il faut cependant noter que la directive (UE) 2018/1673 du Parlement européen et du Conseil du 23 octobre 2018 (*V. supra*, II. Règles européennes) a pour objectif de réduire les disparités de l'incrimination du blanchiment au sein des législations des États membres et à améliorer la coopération entre les autorités compétentes. Elle tend à renforcer de façon considérable la responsabilité pénale des personnes physiques et des personnes morales et, notamment, la responsabilité pénale des personnes morales assujetties à la LBC/FT. Ces dernières pourraient, à ce titre, voir leur responsabilité pénale engagée du fait de leur négligence dans la mise en œuvre de leur système interne de lutte contre le blanchiment de capitaux et le financement du terrorisme. Cette directive pénale, complémentaire des dispositions prudentielles de la cinquième directive 2018/849 pourrait donc bouleverser l'approche actuelle de la responsabilité pénale des personnes morales en matière de LBC/FT.

Enfin, la Note interprétative appelle les États à instaurer une forme de présomption d'existence de l'élément intentionnel de l'infraction de blanchiment. Cette présomption est contraire en droit français en raison du caractère intentionnel de l'infraction de blanchiment. Elle s'oppose en effet au principe de la présomption d'innocence qui en terme de charge de la preuve impose à la partie publique poursuivante de démontrer l'existence de l'ensemble des éléments constitutifs de l'infraction, dont l'élément intentionnel, pour entrer en voie de condamnation. Cependant, il faut pondérer cette affirmation très largement tant l'élément intentionnel des délits est le plus souvent déduit de l'existence des éléments de faits. ❑

NOTE INTERPRÉTATIVE DES RECOMMANDATIONS 4 ET 38 *Confiscation et mesures provisoires*

Les pays devraient mettre en place des mécanismes permettant à leurs autorités compétentes de gérer efficacement les biens gelés ou saisis ou qui ont été confisqués et, si nécessaire, d'en disposer. Ces mécanismes devraient être applicables tant dans le cadre des procédures engagées au niveau national que suite aux demandes de pays étrangers.

NOTE INTERPRÉTATIVE DE LA RECOMMANDATION 5 *Infraction de financement du terrorisme*

A *Objectifs*

1. La recommandation 5 a été élaborée dans le but de s'assurer que les pays disposent des moyens juridiques de poursuivre et d'appliquer des sanctions pénales aux personnes qui financent le terrorisme. Compte tenu des relations étroites entre le terrorisme international et, entre autres, le blanchiment de capitaux, la recommandation 5 a aussi pour objectif de mettre ce lien en évidence en obligeant les pays à inclure les infractions de financement du terrorisme dans le champ des infractions sous-jacentes au blanchiment de capitaux.

B *Caractéristiques de l'infraction de financement du terrorisme*

2. Les infractions de financement du terrorisme devraient s'appliquer à toute personne qui, délibérément et par quelque moyen que ce soit, directement ou indirecte-

ment, fournit ou réunit des fonds et autres biens dans l'intention illégale de les voir utilisés ou en sachant qu'ils seront utilisés, en tout ou partie : (a) en vue de commettre un ou plusieurs actes terroristes ; (b) par une organisation terroriste ; ou (c) par un individu terroriste.

3. Le financement du terrorisme comprend le fait de financer les voyages de personnes qui se rendent dans un État autre que leur État de résidence ou de nationalité, dans le dessein de commettre, d'organiser ou de préparer des actes de terrorisme, ou afin d'y participer ou de dispenser ou recevoir un entraînement au terrorisme.

4. Conférer un caractère pénal à l'infraction de financement du terrorisme sur le seul fondement de l'aide, de l'assistance, de la tentative ou de l'entente n'est pas suffisant pour être conforme à cette recommandation.

5. Les infractions de financement du terrorisme devraient s'appliquer à tous les fonds et autres biens, qu'ils soient d'origine légitime ou non.

6. Les infractions de financement du terrorisme ne devraient pas exiger que les fonds et autres biens : (a) aient effectivement servi à commettre ou tenter de commettre un ou plusieurs actes terroristes ; ni (b) qu'ils soient liés à un ou plusieurs actes terroristes spécifiques.

7. Les pays devraient s'assurer que l'élément intentionnel et la connaissance requis pour prouver le financement du terrorisme peuvent être déduits de circonstances factuelles objectives.

8. Des sanctions pénales efficaces, proportionnées et dissuasives devraient s'appliquer aux personnes physiques condamnées pour financement du terrorisme.

9. L'imputation de la responsabilité pénale et l'application de sanctions pénales et, si ce n'est pas possible (en raison des principes fondamentaux du droit interne), l'imputation de la responsabilité civile ou administrative et l'application de sanctions civiles ou administratives, devraient être prévues à l'encontre des personnes morales. Ceci ne devrait pas exclure des procédures parallèles, qu'elles soient pénales, civiles ou administratives, à l'encontre des personnes morales dans les pays où plus d'une forme de responsabilité est prévue. Ces mesures devraient s'appliquer sans préjudice de la responsabilité pénale des personnes physiques. Toutes les sanctions devraient être efficaces, proportionnées et dissuasives.

10. La tentative de commettre l'infraction de financement du terrorisme devrait également constituer une infraction.

11. Tous les comportements décrits ci-dessous devraient également constituer des infractions :

(a) participer en tant que complice à une infraction visée aux paragraphes 2 ou 9 de la présente note interprétative ;

(b) organiser la commission d'une infraction visée aux paragraphes 2 ou 9 de la présente note interprétative ou donner l'ordre à d'autres de la commettre ;

(c) contribuer à la commission d'une ou de plusieurs infractions visées aux paragraphes 2 ou 9 de la présente note interprétative par un groupe de personnes agissant de concert. Ce concours doit être délibéré et doit : (i) viser à favoriser l'activité criminelle du groupe ou son objectif, dès lors que cette activité ou cet objectif impliquent la commission d'une infraction de financement du terrorisme ; ou (ii) être apporté en ayant connaissance de l'intention du groupe de commettre une infraction de financement du terrorisme.

12. Les infractions de financement du terrorisme devraient s'appliquer sans considération du fait que la personne accusée d'avoir commis la ou les infractions se trouve dans le même pays ou dans un pays autre que celui dans lequel le ou les terroristes ou la ou les organisations terroristes sont situés ou le ou les actes terroristes ont été ou seront commis.

NOTE INTERPRÉTATIVE DE LA RECOMMANDATION 6 *Sanctions financières ciblées en matière de terrorisme et de financement du terrorisme*

A *Objectif*

1. La recommandation 6 oblige chaque pays à mettre en œuvre des sanctions financières ciblées conformément aux résolutions du Conseil de sécurité des Nations

unies qui imposent aux pays de geler sans délai les fonds et autres biens et de s'assurer qu'aucun fonds ou autre bien n'est mis à la disposition ou au profit de : (i) toute personne ou entité désignée par le Conseil de sécurité des Nations unies (le Conseil de sécurité) au titre du chapitre VII de la charte des Nations unies, conformément à la résolution du Conseil de sécurité 1267 (1999) et à ses résolutions subséquentes *[La recommandation 6 s'applique à toutes les résolutions, en vigueur ou futures, qui succèdent à la résolution 1267 (1999) et à toute résolution du Conseil de sécurité des Nations unies à venir qui imposera des sanctions financières ciblées en matière de financement du terrorisme. En février 2012, date de publication de la présente note interprétative, les résolutions qui succèdent à la résolution 1267 (1999) sont les résolutions 1333 (2000), 1363 (2001), 1390 (2002), 1452 (2002), 1455 (2003), 1526 (2004), 1617 (2005), 1730 (2006), 1735 (2006), 1822 (2008), 1904 (2009), 1988 (2011) et 1989 (2011).]* **; ou (ii) toute personne** *[Personne physique ou morale.]* **ou entité désignée par ce pays conformément à la résolution du Conseil de sécurité 1373 (2001).**

2. Il convient de souligner qu'aucune des obligations de la recommandation 6 n'a vocation à se substituer à d'autres mesures ou obligations déjà en place pour le traitement de ces fonds et autres biens dans le cadre d'une enquête ou de procédures pénales, civiles ou administratives conformément à la recommandation 4 (Confiscation et mesures provisoires) *[Sur la base des obligations établies par exemple dans la Convention des Nations unies contre le trafic illicite de stupéfiants et de substances psychotropes (1988) (Convention de Vienne) et la Convention des Nations unies contre la criminalité transnationale organisée (2000) (Convention de Palerme), qui prévoient des obligations en matière de gel, de saisie et de confiscation dans le cadre de la lutte contre le crime transnational. En outre, la Convention internationale pour la répression du financement du terrorisme (1999) (la Convention sur le financement du terrorisme) prévoit des obligations en matière de gel, de saisie et de confiscation dans le cadre de la lutte contre le financement du terrorisme. Ces obligations sont distinctes de celles qui sont prévues par la recommandation 6 et les résolutions du Conseil de sécurité relatives au financement du terrorisme.]*. **Les mesures prévues par la recommandation 6 peuvent compléter des procédures pénales contre une personne ou entité désignée et être adoptées par une autorité compétente ou un tribunal, mais ne dépendent pas de l'existence de telles procédures. La recommandation 6 se concentre plutôt sur les mesures préventives qui sont nécessaires et spécifiques pour arrêter le flux de fonds et autres biens vers des groupes terroristes et l'utilisation de fonds et autres biens par des groupes terroristes. Pour établir les limites d'un régime efficace de lutte contre le financement du terrorisme ou favoriser un large soutien en sa faveur, les pays doivent également respecter les droits de l'Homme et l'État de droit, et reconnaître les droits des tiers innocents.**

B *Identification et désignation des personnes et entités finançant ou soutenant des activités terroristes*

3. Aux fins de la résolution 1267 (1999) et de ses résolutions subséquentes, les désignations relatives à Al-Qaida sont réalisées par le Comité 1267 et celles qui sont relatives aux taliban et aux menaces associées pour l'Afghanistan sont effectuées par le Comité 1988, ces deux Comités agissant dans le cadre du chapitre VII de la Charte des Nations unies. En ce qui concerne la résolution 1373 (2001), les désignations sont réalisées, au niveau national ou supranational, par un ou des pays agissant de leur propre initiative ou à la demande d'un autre pays, dès lors que le pays récipiendaire a l'assurance, en vertu de ses principes juridiques pertinents, qu'une demande de désignation est étayée par des motifs raisonnables ou par une base raisonnable permettant de suspecter ou de penser que la personne ou entité dont la désignation est proposée remplit les critères de désignation de la résolution 1373 (2001), tels qu'énoncés dans la section E.

4. Les pays doivent avoir le pouvoir de, et disposer de procédures ou de mécanismes efficaces pour identifier et proposer la désignation de personnes et entités visées par la résolution 1267 (1999) et ses résolutions subséquentes conformément aux obligations établies dans ces résolutions du Conseil de sécurité *[Les résolutions du*

Conseil de sécurité applicables n'obligent pas des états à identifier des personnes ou entités et à les soumettre aux Comités des Nations unies compétents, mais à avoir le pouvoir de le faire et à disposer de procédures ou de mécanismes efficaces à cet égard.]. Ce pouvoir et des procédures ou mécanismes sont indispensables pour proposer la désignation de personnes et d'entités au Conseil de sécurité conformément aux programmes fondés sur les listes du Conseil de sécurité, en vertu desdites résolutions du Conseil de sécurité. Les pays doivent également avoir le pouvoir de, et disposer de procédures ou de mécanismes efficaces pour identifier et proposer la désignation de personnes et entités au titre de la résolution 1373 (2001) et conformément aux obligations établies dans cette résolution du Conseil de sécurité. Ce pouvoir et des procédures ou mécanismes sont indispensables pour identifier les personnes et entités qui remplissent les critères de la résolution 1373 (2001) décrits dans la section E. Un régime visant à mettre en œuvre la résolution 1267 (1999) et ses résolutions subséquentes et la résolution 1373 (2001) devrait nécessairement inclure les éléments suivants :

(a) Les pays devraient attribuer à une autorité compétente ou un tribunal la responsabilité de :

(i) proposer au Comité 1267 la désignation, le cas échéant, de personnes ou entités remplissant les critères spécifiques de désignation de la résolution du Conseil de sécurité 1989 (2011) relative à Al-Qaida et des résolutions s'y rapportant, si cette autorité en prend la décision et estime disposer de suffisamment d'éléments de preuve pour étayer la décision selon laquelle ces critères de désignation sont remplis ;

(ii) proposer au Comité 1988 la désignation, le cas échéant, de personnes ou d'entités remplissant les critères spécifiques de désignation de la résolution du Conseil de sécurité 1988 (2011) relative aux taliban et aux personnes et entités associées aux taliban en ce qu'elles constituent une menace pour la paix, la stabilité et la sécurité de l'Afghanistan et des résolutions s'y rapportant, si cette autorité en prend la décision et estime disposer de suffisamment d'éléments de preuve pour étayer la décision selon laquelle ces critères de désignation sont remplis ;

(iii) désigner les personnes ou entités remplissant les critères spécifiques de désignation de la résolution 1373 (2001), de la propre initiative du pays ou, après avoir examiné la demande d'un autre pays et donné effet à celle-ci, dès lors que le pays récipiendaire a l'assurance, en vertu de ses principes juridiques pertinents, que la demande de désignation est étayée par des motifs raisonnables ou par une base raisonnable permettant de suspecter ou de penser que la personne ou entité dont la désignation est proposée remplit les critères de désignation de la résolution 1373(2001), tels qu'énoncés dans la section E.

(b) Les pays devraient disposer d'un ou de plusieurs mécanismes d'identification des cibles des désignations sur la base des critères de désignation de la résolution 1988 (2011) et la résolution 1989 (2011) et des résolutions s'y rapportant et de la résolution 1373 (2001) (voir la section E pour les critères de désignation spécifiques des résolutions du Conseil de sécurité pertinentes). Cela implique d'avoir le pouvoir *[de,]* et de disposer de procédures ou de mécanismes efficaces pour étudier et, le cas échéant, donner effet aux actions engagées par d'autres pays dans le cadre de leurs mécanismes de gel conformément à la résolution 1373 (2001). Pour assurer une coopération efficace entre les pays, ils devraient s'assurer que, lorsqu'ils reçoivent une demande, ils déterminent promptement s'ils ont l'assurance, conformément aux principes nationaux et supranationaux applicables, que cette demande est étayée par des motifs raisonnables ou par une base raisonnable permettant de suspecter ou de penser que la personne ou entité dont la désignation est proposée remplit les critères de désignation de la résolution 1373 (2011), tels qu'énoncés dans la section E.

(c) La ou les autorités compétentes devraient avoir les pouvoirs de, et des procédures ou des mécanismes appropriés pour recueillir ou solliciter le plus d'informations possible auprès de toutes les sources pertinentes afin d'identifier, sur le fondement de motifs raisonnables, les personnes et entités qui remplissent les critères de désignation des résolutions du Conseil de sécurité pertinentes, et d'identifier les personnes et entités pour lesquelles il existe une base raisonnable de suspecter ou de penser qu'elles remplissent ces critères.

(d) Lorsqu'ils décident s'il convient de faire ou non une désignation ou une proposition de désignation, les pays devraient appliquer des critères de preuve relevant des "motifs raisonnables" ou de la "base raisonnable". Pour les désignations au titre de la résolution 1373 (2001), l'autorité compétente de chaque pays applique la norme juridique de son propre système juridique en ce qui concerne le type et le niveau de preuve exigé pour déterminer l'existence de "motifs raisonnables" ou d'une "base raisonnable" pour désigner une personne ou une entité et engager une action dans le cadre du mécanisme de gel. Cela doit être le cas, que la désignation proposée soit présentée à l'initiative du pays concerné ou à la demande d'un autre pays. Ces désignations et propositions de désignation ne devraient pas être subordonnées à l'existence d'une procédure pénale.

(e) Lorsqu'ils proposent des noms au Comité 1267 en vue de leur inscription sur la Liste des sanctions Al-Qaida, conformément à la résolution 1267 (1999) et à ses résolutions subséquentes, les pays devraient :

(i) suivre les procédures et modèles d'inscription sur les listes adoptés par le Comité 1267 ;

(ii) fournir autant d'informations pertinentes que possible sur le nom proposé et, en particulier, des informations d'identification suffisantes pour permettre l'identification précise et positive des personnes, groupes, entreprises et entités, ainsi que, dans la mesure possible, les informations requises par Interpol pour émettre un avis spécial ;

(iii) remettre un exposé des motifs contenant autant d'informations que possible sur les raisons de l'inscription, y compris des informations spécifiques venant étayer la décision selon laquelle la personne ou l'entité remplit les critères pertinents de désignation (voir la section E pour les critères de désignation spécifiques des résolutions du Conseil de sécurité pertinentes), la nature des informations, les informations et documents justificatifs pouvant être fournis et les informations sur toute relation entre la personne ou entité dont l'inscription est proposée et toute personne ou entité déjà listée. Cet exposé de motifs devrait pouvoir être communiqué au Comité 1267 sur demande, à l'exception des éléments jugés confidentiels par l'État membre ;

(iv) préciser si leur statut d'État désignant peut être rendu public.

(f) Lorsqu'ils proposent des noms au Comité 1988 en vue de leur inscription sur la Liste des sanctions des talibans, conformément à la résolution 1988 (2011) et à ses résolutions subséquentes, les pays devraient :

(i) suivre les procédures d'inscription sur les listes adoptées par le Comité 1988 ;

(ii) fournir autant d'informations pertinentes que possible sur le nom proposé et, en particulier, des informations d'identification suffisantes pour permettre l'identification précise et positive des personnes, groupes, entreprises et entités, ainsi que, dans la mesure possible, les informations requises par Interpol pour émettre un avis spécial ;

(iii) remettre un exposé des motifs contenant autant d'informations que possible sur les raisons de l'inscription, y compris des informations spécifiques venant étayer la décision selon laquelle la personne ou l'entité remplit les critères pertinents de désignation (voir la section E pour les critères de désignation spécifiques des résolutions du Conseil de sécurité pertinentes), la nature des informations, les informations et documents justificatifs pouvant être fournis et les informations sur toute relation entre la personne ou entité dont l'inscription est proposée et toute personne ou entité déjà listée. Cet exposé de motifs devrait pouvoir être communiqué au Comité 1988 sur demande, à l'exception des éléments jugés confidentiels par l'État membre.

(g) Lorsqu'il est demandé à un autre pays de donner effet à des actions engagées dans le cadre des mécanismes de gel mis en place conformément à la résolution 1373 (2001), le pays ayant engagé l'action devrait fournir toutes les informations pertinentes sur le nom proposé et, en particulier, des informations d'identification suffisantes pour permettre l'identification précise et positive des personnes et entités et des informations spécifiques venant étayer la décision selon laquelle la personne ou l'entité remplit les critères de désignation pertinents (voir la section E pour les critères de désignation spécifiques des résolutions du Conseil de sécurité pertinentes).

(h) Les pays devraient disposer de procédures leur permettant d'intervenir *ex parte* à l'encontre d'une personne ou entité ayant été identifiée et dont la désignation, ou proposition de désignation, est examinée.

C *Identification et désignation des personnes et entités finançant ou soutenant des activités terroristes*

5. Les pays ont l'obligation de mettre en œuvre sans délai des sanctions financières ciblées à l'encontre des personnes et entités désignées par le Comité 1267 et le Comité 1988 (dans le cas de la résolution 1267 (1999) et de ses résolutions subséquentes), lorsque ces comités agissent dans le cadre du chapitre VII de la Charte des Nations unies. Pour la résolution 1373 (2001), l'obligation imposée aux pays de prendre des mesures de gel et d'interdire, sans délai, les opérations sur les fonds et autres biens des personnes ou entités désignées est déclenchée par une désignation au niveau national ou supranational, présentée soit de la propre initiative du pays, soit à la demande d'un autre pays, dès lors que le pays récipiendaire a l'assurance, en vertu de ses principes juridiques pertinents, que la désignation demandée est étayée par des motifs raisonnables ou par une base raisonnable permettant de suspecter ou de penser que la personne ou entité dont la désignation est proposée remplit les critères de désignation de la résolution 1373 (2001), tels qu'énoncés dans la section E.

6. Les pays devraient avoir l'autorité légale et désigner les autorités nationales compétentes chargées de mettre en œuvre et faire respecter les sanctions financières ciblées conformément aux procédures et normes suivantes :

(a) Les pays *[Dans le cas de l'Union européenne (UE), qui est une juridiction supranationale aux fins de la recommandation 6, la législation de l'UE s'applique comme suit. Les biens des personnes ou entités designées sont gelés par les règlements de l'UE et leurs amendements. Il est possible que les États membres de l'UE doivent prendre des mesures supplémentaires pour mettre en œuvre le gel, et toutes les personnes physiques et morales au sein de l'UE doivent respecter le gel et ne pas mettre les fonds à disposition de personnes et entités désignées.]* devraient obliger toutes les personnes physiques et morales dans le pays à geler, sans délai et sans notification préalable, les fonds et autres biens des personnes et entités désignées. Cette obligation devrait s'étendre à tous les fonds et autres biens possédés ou contrôlés par les personnes et entités désignées, et pas seulement à ceux susceptibles d'être liés à un acte, un complot ou une menace terroristes particuliers ; aux fonds et autres biens possédés ou contrôlés intégralement ou conjointement, directement ou indirectement, par les personnes ou les entités désignées ; aux fonds et autres biens provenant de ou générés par les fonds et autres biens possédés ou contrôlés, directement ou indirectement, par les personnes ou les entités désignées ; et aux fonds et autres biens des personnes et entités agissant au nom ou sur instructions des personnes ou entités désignées.

(b) Les pays devraient interdire à leurs ressortissants et à toute personne ou entité se trouvant sur leur territoire de mettre à disposition des fonds et autres biens, ressources économiques ou services financiers et autres services liés, directement ou indirectement, intégralement ou conjointement, au profit des personnes ou entités désignées, des entités possédées ou contrôlées, directement ou indirectement, par les personnes ou entités désignées et des personnes et entités agissant au nom ou sur instructions de personnes ou entités désignées, sauf licence, autorisation ou notification contraire, conformément aux résolutions du Conseil de sécurité pertinentes (voir la section E ci-dessous).

(c) Les pays devraient disposer de mécanismes leur permettant de communiquer les désignations au secteur financier et aux entreprises et professions non financières désignées dès que ces désignations interviennent et de fournir des instructions claires, en particulier aux institutions financières et autres personnes et entités, y compris les entreprises et professions non financières désignées, susceptibles de détenir des fonds et autres biens visés, quant à leurs obligations dans le cadre des mécanismes de gel.

(d) Les pays devraient obliger les institutions financières et entreprises et professions non financières désignées *[Les résolutions du Conseil de sécurité s'appliquent à toutes les personnes physiques et morales dans le pays.]* à déclarer aux autorités compétentes tous les biens gelés et les mesures prises conformément aux interdictions des résolutions du Conseil de sécurité pertinentes, y compris les tentatives d'opérations, et devraient s'assurer que ces informations sont effectivement utilisées par les autorités compétentes.

(e) Les pays devraient adopter des mesures efficaces pour protéger les droits des tiers de bonne foi dans le cadre de la mise en œuvre des obligations de la recommandation 6.

D *Retrait des listes, dégel et accès aux fonds et autres biens gelés*

7. Les pays devraient développer et mettre en œuvre des procédures connues du public relatives aux demandes, adressées au Conseil de sécurité, de retrait des listes des personnes et entités désignées dans le cadre de la résolution 1267 (1999) et de ses résolutions subséquentes, qui, de l'avis du pays, ne remplissent pas ou plus les critères de désignation. Dès que le Comité 1267 ou le Comité 1988 radie une personne ou entité de la liste, l'obligation de gel cesse d'exister. Dans le cas de demandes de retrait des listes liées à Al-Qaida, les procédures et critères devraient respecter les procédures adoptées par le Comité 1267 au titre des résolutions du Conseil de sécurité 1730 (2006), 1735 (2006), 1822 (2008), 1904 (2009), 1989 (2011) et de leurs résolutions subséquentes. Dans le cas de demandes de retrait des listes liées aux taliban et aux menaces connexes pour la paix, la sécurité et la stabilité de l'Afghanistan, les procédures et critères devraient respecter les procédures adoptées par le Comité 1988 au titre des résolutions 1730 (2006), 1735 (2006), 1822 (2008), 1904 (2009), 1988 (2011) et de leurs résolutions subséquentes.

8. En ce qui concerne les personnes et entités désignées au titre de la résolution 1373 (2001), les pays devraient disposer des pouvoirs de et de procédures ou mécanismes appropriés pour retirer des listes et dégeler les fonds et autres biens des personnes et entités qui ne remplissent plus les critères de désignation. Les pays devraient également disposer de procédures leur permettant, sur demande, de faire examiner les décisions de désignation par un tribunal ou toute autre autorité compétente indépendante.

9. En ce qui concerne les personnes et entités portant le même nom ou un nom similaire à celui d'une personne ou entité désignée, et qui, par inadvertance, auraient été affectées par un mécanisme de gel (c'est-à-dire dans le cas d'un "faux positif"), les pays devraient élaborer et mettre en œuvre des procédures connues du public permettant de dégeler au moment opportun les fonds et autres biens de ces personnes ou entités, après avoir vérifié que la personne ou l'entité concernée n'est pas une personne ou une entité désignée.

10. Lorsqu'ils ont décidé que des fonds ou autres biens de personnes ou entités désignées par le Conseil de sécurité ou l'un de ses comités des sanctions compétents sont nécessaires pour couvrir des dépenses de base, le paiement de certains types de charges, de frais et de rémunérations de services ou des dépenses extraordinaires, les pays devraient autoriser l'accès à ces fonds et autres biens conformément aux procédures de la résolution du Conseil de sécurité 1452 (2002) et de toute résolution subséquente. Pour les mêmes motifs, les pays devraient autoriser l'accès aux fonds et autres biens lorsque des mesures de gel sont appliquées aux personnes et entités désignées par un pays ou une juridiction supranationale conformément à la résolution 1373 (2001) et comme l'exige la résolution du Conseil de sécurité 1963 (2010).

11. Les pays devraient prévoir un mécanisme par lequel une personne ou entité désignée peut contester sa désignation en vue de son réexamen par une autorité compétente ou un tribunal. En ce qui concerne les désignations sur la Liste des sanctions Al-Qaida, les pays devraient informer les personnes et entités désignées que le

Bureau du Médiateur des Nations unies peut recevoir les demandes de retrait des listes conformément à la résolution 1904 (2009).

12. Les pays devraient disposer de mécanismes leur permettant de communiquer les décisions de retrait des listes et de dégel au secteur financier et aux entreprises et professions non financières désignées dès que ces décisions interviennent, et de fournir des instructions appropriées, en particulier aux institutions financières et autres personnes et entités, y compris les entreprises et professions non financières désignées, susceptibles de détenir des fonds ou autres biens visés, quant à leurs obligations concernant les actions de retrait des listes et de dégel.

E *Critères de désignation des Nations unies*

13. Les critères de désignation précisés par les résolutions du Conseil de sécurité pertinentes sont les suivants :

(a) Résolutions du Conseil de sécurité 1267 (1999), 1989 (2011) et leurs résolutions subséquentes *[La recommandation 6 s'applique à toutes les résolutions, en vigueur et futures, qui succèdent à la résolution 1267 (1999). À la date de publication de la présente note interprétative (février 2012), les résolutions qui succèdent à la résolution 1267 (1999) sont les résolutions 1333 (2000), 1367 (2001), 1390 (2002), 1455 (2003), 1526 (2004), 1617 (2005), 1735 (2006), 1822 (2008), 1904 (2009), 1988 (2011) et 1989 (2011).]* **:**

(i) toute personne ou entité participant au financement, à la planification, à la facilitation, à la préparation ou à la perpétration d'actes ou d'activités réalisés par, conjointement avec, sous le nom de, pour le compte de, en soutien à ; fournissant, vendant ou transférant des armes et du matériel associé à ; recrutant pour ; ou soutenant de toute autre façon les actes ou activités d'Al-Qaida ou toute cellule, tout membre, tout groupe dissident ou tout dérivé d'Al-Qaida *[L'OP2 de la résolution 1617 (2005) définit les critères liés à l'expression « associés avec » Al-Qaida ou Oussama ben Laden.]* **;**

(ii) toute entreprise possédée ou contrôlée, directement ou indirectement, par toute personne ou entité désignée au titre du point 13(a)(i) ou par des personnes agissant en leur nom ou sur leur instruction.

(b) Résolutions du Conseil de sécurité 1267 (1999), 1988 (2011) et leurs résolutions subséquentes :

(i) toute personne ou entité participant au financement, à la planification, à la facilitation, à la préparation ou à la perpétration d'actes ou d'activités par, conjointement avec, sous le nom de, pour le compte de, en soutien à ; fournissant, vendant ou transférant des armes et du matériel associé à ; recrutant pour ; ou soutenant de toute autre façon les actes ou activités des personnes désignées ou des autre personnes, groupes, entreprises ou entités associées aux taliban en ce qu'ils constituent une menace pour la paix, la stabilité et la sécurité de l'Afghanistan ;

(ii) toute entreprise possédée ou contrôlée, directement ou indirectement, par toute personne ou entité désignée au titre du point 13(b)(i) ou par des personnes agissant en leur nom ou sur leur instruction.

(c) Résolution du Conseil de sécurité 1373 (2001) :

(i) toute personne ou entité qui commet ou tente de commettre des actes terroristes ou qui participe ou facilite la perpétration d'actes terroristes ;

(ii) toute entité possédée ou contrôlée, directement ou indirectement, par toute personne ou entité désignée au titre du point 13(c)(i) ;

(iii) toute personne ou entité agissant au nom ou sur instruction de toute personne ou entité désignée au titre du point 13(c)(i).

V. le Guide de bonne conduite de la DG Trésor relatif à la mise en œuvre des sanctions économiques et financières, 2014, v° Sanctions économiques et embargos.

COMMENTAIRE

I. VALEUR ET PLACE DES MESURES INTERNATIONALES DANS LES LÉGISLATION INTERNES

La Charte des Nations unies confie au Conseil de sécurité, qui comprend quinze membres disposant chacun d'une voix, la responsabilité principale du maintien de la paix et de la sécurité internationales. Aux termes de la Charte, tous les États membres sont tenus d'appliquer les décisions du Conseil qui a pour mission de constater l'existence d'une menace contre la paix ou d'un acte d'agression et de soutenir les États pour régler leurs différends par des moyens pacifiques. Lorsque cela s'avère nécessaire, le Conseil impose des sanctions, voire autorise l'emploi de la force, pour maintenir ou rétablir la paix et la sécurité internationales. Le Conseil de sécurité peut donc imposer des sanctions obligatoires à des États ou à des entités afin qu'ils se conforment à ses décisions.

Les sanctions constituent ainsi un instrument important pour maintenir ou rétablir la paix et la sécurité internationales en vertu du chapitre VII de la Charte des Nations unies (V. v° *Sanctions économiques et embargos*). Aux termes de l'article 41, elles comprennent des mesures coercitives n'impliquant pas l'emploi de la force armée. Il s'agit de sanctions économiques et commerciales à caractère général ou de mesures plus ciblées, telles que des embargos sur les armes, des interdictions de voyager et des restrictions financières ou d'importation et d'exportation de produits de base.

Il existe actuellement quatorze régimes de sanctions qui ont pour objectif de soutenir le règlement politique des conflits, la non-prolifération des armes nucléaires et la lutte contre le terrorisme. Chacun de ces régimes est administré par un comité des sanctions présidé par un membre non permanent du Conseil de sécurité. La majorité de ces comités de sanctions est épaulée par des groupes de suivi, des équipes de contrôle et des groupes d'experts. C'est dans ce cadre que les Recommandations n°s 6 et 7 du GAFI enjoignent aux États de respecter les sanctions financières et les embargos en raison du lien avec le blanchiment de capitaux de tout transfert illicite en violation des résolutions du Conseil de sécurité de l'ONU impliquant corruption, faux documents et fraude et ce en lien avec les comités et groupes de suivi.

II. OBLIGATIONS PESANT SUR LES ASSUJETTIS À LA LBC/FT EN MATIÈRE DE MESURES DE GEL

Il faut noter que les notes interprétatives réservent les dispositions pénales et civiles relatives au gel et à la confiscation des produits criminels insistant sur le volet préventif permettant de mettre en œuvre des mesures provisoires. Les personnes assujetties à la lutte contre le blanchiment de capitaux et le financement du terrorisme sont tenues de mettre en œuvre immédiatement les mesures de gels des avoirs applicables aux personnes physiques et morales, mesures prises par la France et les règlements européens portant gel des avoirs au titre de l'Union européenne ou au titre des résolutions des Nations unies. L'obligation suppose, pour les assujettis, d'identifier toutes les parties prenantes aux transactions financières et commerciales : client (et son actionnariat), intermédiaire, logisticien, société de transport, banque notamment. L'obligation impose également de vérifier dans l'ensemble de la liste si certaines personnes sont sanctionnées par des mesures de gel des avoirs et de conserver les traces et résultats des recherches réalisées – fructueuses ou infructueuses. Un registre national des personnes et entités faisant l'objet d'une mesure de gel, prévu par l'article R. 562-2 du code monétaire et financier, recense l'ensemble des personnes, entités et navires visés par des mesures de gel des avoirs en vigueur sur le territoire français, en application de dispositions nationales, européennes et internationales (ONU). Il est régulièrement actualisé par la direction générale du Trésor (DG Trésor) et accessible en ligne. ❑

NOTE INTERPRÉTATIVE DE LA RECOMMANDATION 7 *Sanctions financières ciblées liées à la prolifération*

A *Objectifs*

1. La recommandation 7 oblige les pays à mettre en œuvre des sanctions financières ciblées *[La recommandation 7 se concentre sur les sanctions financières ciblées. Cependant, il convient de noter que les résolutions du Conseil de sécurité pertinentes sont beaucoup plus larges et imposent d'autres types de sanctions, telles que les interdictions de voyager, et d'autres types de sanctions financières, telles que les interdictions financières liées à certaines activités et les mesures de vigilance. Concernant les autres dispositions financières, le GAFI a publié des lignes directrices non contraignantes que les pays sont encouragés à prendre en compte dans la mise en œuvre des résolutions du Conseil de sécurité pertinentes. En matière de sanctions financières ciblées liées au financement de la prolifération des armes de destruction massive, le GAFI a également publié des lignes directrices non contraignantes que les pays sont encouragés à prendre en compte dans la mise* *en œuvre des résolutions du Conseil de sécurité pertinentes.]* **conformément aux résolutions du Conseil de sécurité des Nations unies qui imposent aux pays de geler sans délai les fonds et autres biens, et de s'assurer qu'aucun fonds ou autre bien n'est mis à la disposition ou au profit de toute personne** *[Personne physique ou morale.]* **ou entité désignée par le Conseil de sécurité des Nations unies au titre du Chapitre VII de la Charte des Nations unies conformément aux résolutions du Conseil de sécurité relatives à la prévention et à la désorganisation du financement de la prolifération des armes de destruction massive** *[La recommandation 7 s'applique à toutes les résolutions du Conseil de sécurité en vigueur qui appliquent des sanctions financières ciblées liées au financement de la prolifération d'armes de destruction massive, à toute résolution subséquente, et à toutes résolutions du Conseil de Sécurité futures qui imposent des sanctions financières ciblées dans le cadre du financement de la prolifération d'armes de destruction massive. A la date de publication de la présente note interprétative (février 2012), les résolutions qui succèdent à la résolution 1718 (2006) sont les résolutions 1737 (2006), 1747 (2007), 1803 (2008), 1874 (2009) et 1929 (2010).]*.

2. Il convient de souligner qu'aucune des obligations de la recommandation 7 n'a vocation à se substituer à d'autres mesures ou obligations déjà en place pour le traitement de ces fonds et autres biens dans le cadre d'une enquête ou de procédures pénales, civiles ou administratives, conformément aux traités internationaux et résolutions du Conseil de sécurité des Nations unies relatifs à la non-prolifération des armes de destruction massive *[Fondée sur les obligations établies, par exemple, dans le Traité de non-prolifération nucléaire, la Convention sur les armes biologiques ou à toxines, la Convention sur les armes chimiques et la résolution du Conseil de sécurité 1540 (2004). Ces obligations sont applicables indépendamment des obligations établies par la recommandation 7 et sa note interprétative.]*. **La recommandation 7 se concentre sur les mesures préventives nécessaires et spécifiques pour arrêter le flux de fonds et autres biens vers des proliférateurs et pour la prolifération et l'utilisation de fonds et autres biens par des proliférateurs et pour la prolifération conformément aux obligations du Conseil de sécurité des Nations unies (le Conseil de sécurité).**

B *Désignations*

3. Les désignations sont effectuées par le Conseil de sécurité dans les annexes aux résolutions pertinentes ou par les Comités du Conseil de sécurité établis conformément à ces résolutions. Aucune obligation spécifique de soumettre des propositions de désignations aux Comités du Conseil de sécurité concernés n'est imposée aux États membres des Nations unies. Toutefois, dans la pratique, les Comités dépendent principalement des demandes de désignation présentées par les États membres. Les résolutions du Conseil de sécurité 1718 (2006) et 1737 (2006) prévoient que les comités concernés promulguent les directives nécessaires pour faciliter la mise en œuvre des mesures imposées par ces résolutions.

4. Les pays pourraient envisager d'établir le pouvoir et des procédures ou mécanismes efficaces pour proposer la désignation de personnes et entités au Conseil de sécurité conformément aux résolutions du Conseil de sécurité pertinentes qui imposent des sanctions financières ciblées en matière de financement de la prolifération des armes de destruction massive. A cet égard, les pays pourraient envisager les éléments suivants :

(a) investir une ou plusieurs autorités compétentes, au niveau exécutif ou judiciaire, de la responsabilité de :

(i) proposer au Comité des sanctions 1718 la désignation, le cas échéant, de personnes ou entités qui remplissent les critères spécifiques de désignation de la résolution 1718 (2006) et de ses résolutions subséquentes *[La recommandation 7 s'applique à toutes les résolutions, en vigueur et futures, qui succèdent à la résolution 1718 (2006). A la date de publication de la présente note interprétative (février 2012), la résolution qui succède à la résolution 1718 (2006) est la résolution 1874 (2009).]*, **si cette autorité décide de le faire et estime disposer de suffisamment d'éléments de preuve pour étayer la décision selon laquelle les critères de désignation sont remplis (voir la section E pour les critères de désignation spécifiques des résolutions du Conseil de sécurité pertinentes) ;**

(ii) proposer au Comité des sanctions 1737 la désignation éventuelle de personnes ou entités qui remplissent les critères de désignation de la résolution 1737 (2006) et de ses résolutions subséquentes [*La recommandation 7 s'applique à toutes les résolutions, en vigueur et futures, qui succèdent à la résolution 1737 (2006). A la date de publication de la présente note interprétative (février 2012), les résolutions qui succèdent à la résolution 1737 (2006) sont les résolutions 1747 (2007), 1803 (2008) et 1929 (2010).*], si cette autorité en prend la décision et estime disposer de suffisamment d'éléments de preuve pour étayer la décision selon laquelle les critères de désignation sont remplis (voir la section E pour les critères de désignation spécifiques des résolutions du Conseil de sécurité pertinentes).

(b) Disposer d'un ou de mécanismes permettant d'identifier les cibles des désignations sur la base des critères de désignation de la résolution 1718 (2006), de la résolution 1737 (2006), et de leurs résolutions subséquentes (voir la section E pour les critères de désignation spécifiques des résolutions du Conseil de sécurité pertinentes). Ces procédures devraient permettre de déterminer, conformément aux principes nationaux et supranationaux applicables, s'il existe des motifs raisonnables ou une base raisonnable pour proposer une désignation.

(c) Disposer du pouvoir et de procédures ou mécanismes permettant de recueillir ou de solliciter le plus d'informations possible auprès de toutes les sources pertinentes afin d'identifier, sur le fondement de motifs raisonnables, les personnes et entités qui remplissent les critères de désignation des résolutions du Conseil de sécurité pertinentes, et d'identifier les personnes et entités pour lesquelles il existe une base raisonnable de suspecter ou de penser qu'elles remplissent ces critères.

(d) Tenir compte des critères de la section E de la présente note interprétative lors de la décision de proposer ou non une désignation. En ce qui concerne les propositions de désignation, l'autorité compétente de chaque pays applique la norme légale de son propre système juridique en tenant compte des droits de l'Homme, du respect des règles de droit, et en reconnaissant les droits des tiers innocents.

(e) Lors de la proposition de noms au Comité des sanctions 1718 conformément à la résolution 1718 (2006) et à ses résolutions subséquentes, ou au Comité des sanctions 1737 conformément à la résolution 1737 (2006) et à ses résolutions subséquentes, fournir le plus de renseignements possible sur :

(i) le nom proposé, en particulier les informations d'identification suffisantes pour permettre l'identification précise et positive des personnes et entités ;

(ii) des informations spécifiques étayant la décision selon laquelle une personne ou une entité remplit les critères de désignation (voir la section E pour les critères de désignation spécifiques des résolutions du Conseil de sécurité pertinentes).

(f) Disposer de procédures leur permettant, si nécessaire, d'intervenir *ex parte* à l'encontre d'une personne ou entité ayant été identifiée et dont la proposition de désignation est examinée.

C *Gel et interdiction des opérations sur les fonds et autres biens des personnes et entités désignées*

5. Les pays sont obligés de mettre en œuvre des sanctions financières ciblées sans délai à l'encontre de personnes et entités désignées :

(a) dans le cas de la résolution 1718 (2006) et de ses résolutions subséquentes, par le Conseil de sécurité dans les annexes aux résolutions correspondantes, ou par le Comité des sanctions 1718 du Conseil de sécurité ; et

(b) dans le cas de la résolution 1737 (2006) et de ses résolutions subséquentes, par le Conseil de sécurité dans les annexes aux résolutions correspondantes, ou par le Comité des sanctions 1737 du Conseil de sécurité, lorsque ces Comités agissent dans le cadre du Chapitre VII de la Charte des Nations unies.

6. Les pays devraient avoir l'autorité légale et désigner les autorités nationales compétentes responsables chargées de mettre en œuvre et faire respecter les sanctions financières ciblées conformément aux procédures et normes suivantes :

(a) Les pays *[Dans le cas de l'Union européenne (UE), qui est considérée par le GAFI comme une juridiction supranationale aux fins de la recommandation 7, les biens des personnes et entités désignées sont gelés dans le cadre des règlements de l'UE (tels qu'amendés). Il est possible que les États membres de l'UE doivent prendre des mesures supplémentaires pour mettre en œuvre le gel, et toutes les personnes physiques et morales dans l'UE doivent respecter le gel et ne pas mettre de fonds à disposition des personnes et entités désignées.]* devraient obliger toutes les personnes physiques et morales dans le pays à geler, sans délai et sans notification préalable, les fonds et autres biens des personnes et entités désignées. Cette obligation devrait s'étendre à tous les fonds et autres biens possédés ou contrôlés par les personnes et entités désignées, et pas seulement à ceux susceptibles d'être liés à un acte, un complot ou une menace de prolifération particuliers ; aux fonds et autres biens possédés ou contrôlés intégralement ou conjointement, directement ou indirectement, par les personnes ou les entités désignées ; aux fonds et autres biens provenant de, ou générés par les fonds et autres biens possédés ou contrôlés, directement ou indirectement, par les personnes ou les entités désignées ; et aux fonds et autres biens des personnes et entités agissant au nom ou sur instructions des personnes ou entités désignées.

(b) Les pays devraient s'assurer que les fonds et autres biens ne peuvent être mis à disposition par leurs ressortissants ou par toute personne ou entité sur leur territoire, de ou au profit de personnes ou entités désignées, sauf licence, autorisation ou notification contraire, conformément aux résolutions du Conseil de sécurité pertinentes (voir la section E ci-dessous).

(c) Les pays devraient disposer de mécanismes pour communiquer les désignations aux institutions financières et entreprises et professions non financières désignées dès que ces désignations interviennent, et pour fournir des lignes directrices claires, en particulier aux institutions financières et autres personnes et entités, y compris les entreprises et professions non financières désignées, susceptibles de détenir des fonds et autres biens visés, quant à leurs obligations dans le cadre des mécanismes de gel.

(d) Les pays devraient obliger les institutions financières et entreprises et professions non financières désignées *[Les résolutions du Conseil de sécurité s'appliquent à toutes les personnes physiques et morales dans le pays.]* à déclarer aux autorités compétentes tous les biens gelés et toutes les mesures prises conformément aux interdictions édictées par les résolutions du Conseil de sécurité pertinentes, y compris les tentatives d'opérations, et devraient s'assurer que ces informations sont effectivement utilisées par les autorités compétentes.

(e) Les pays devraient adopter des mesures efficaces pour protéger les droits des tiers de bonne foi dans le cadre de la mise en œuvre des obligations de la recommandation 7.

(f) Les pays devraient adopter des mesures appropriées pour surveiller et assurer le respect par les institutions financières et les entreprises et professions non financières désignées des lois et moyens contraignants applicables mettant en œuvre les obligations prévues par la recommandation 7. Le non-respect de ces lois et moyens contraignants devrait faire l'objet de sanctions civiles, administratives ou pénales.

D *Retrait des listes, dégel et accès aux fonds et autres biens gelés*

7. Les pays devraient développer et mettre en œuvre des procédures connues du public relatives aux demandes, adressées au Conseil de sécurité, de retrait des listes des personnes et entités désignées qui, de l'avis du pays, ne remplissent pas ou plus les critères de désignation. Dès que le Comité des sanctions concerné a retiré des listes la personne ou l'entité, l'obligation de gel cesse d'exister. Ces procédures et critères devraient respecter toutes les lignes directrices et procédures applicables adoptées par le Conseil de sécurité conformément à la résolution 1730 (2006) et à toute résolution subséquente, y compris celles relatives au mécanisme du Point focal établi par cette résolution. Les pays devraient permettre aux personnes et entités listées d'adresser leur demande de radiation au Point focal institué conformément à

la résolution 1730 (2006) ou devraient informer les personnes et entités désignées qu'elles peuvent s'adresser directement au Point focal.

8. En ce qui concerne les personnes et entités portant le même nom ou un nom similaire à celui d'une personne ou entité désignée et qui, par inadvertance, auraient été affectées par un mécanisme de gel (c'est-à-dire dans le cas d'un "faux positif"), les pays devraient élaborer et mettre en œuvre des procédures connues du public permettant de dégeler, au moment opportun, les fonds et autres biens de ces personnes ou entités après avoir vérifié que la personne ou l'entité concernée n'est pas une personne ou entité désignée.

9. Lorsque les pays ont décidé que les conditions de dérogation établies par les résolutions 1718 (2006) et 1737 (2006) sont remplies, ils devraient autoriser l'accès aux fonds et autres biens conformément aux procédures établies par ces résolutions.

10. Les pays devraient permettre l'ajout aux comptes gelés conformément à la résolution 1718 (2006) ou à la résolution 1737 (2006) des intérêts ou autres revenus dus sur ces comptes ou des paiements dus au titre des contrats, accords ou obligations survenus avant la date à laquelle ces comptes ont été soumis aux dispositions de ces résolutions, sous réserve que de tels intérêts, revenus et paiements continuent de relever de ces dispositions et soient gelés.

11. Les mesures de gel prises conformément à la résolution 1737 (2006) n'empêchent pas une personne ou une entité désignée de procéder à tout paiement dû au titre d'un contrat conclu avant l'inscription sur la liste d'une telle personne ou entité, à condition que :

(a) les pays concernés aient décidé que le contrat n'intéresse aucun des articles, matières, équipements, biens, technologies, assistance, formation, aide financière, investissements, services de courtage et autres services interdits visés dans la résolution du Conseil de sécurité pertinente ;

(b) les pays concernés aient décidé que le paiement n'est pas reçu directement ou indirectement par une personne ou entité désignée par la résolution 1737 (2006) ;

(c) les pays concernés aient notifié au préalable au Comité des sanctions 1737 leur intention d'effectuer ou de recevoir les paiements ou d'autoriser, le cas échéant, le dégel de fonds, d'autres avoirs financiers et de ressources économiques à de telles fins, dix jours ouvrables avant une telle autorisation *[Dans les cas où la personne ou l'entité désignée est une institution financière, les pays devraient prendre en compte les lignes directrices publiées par le GAFI en annexe à "La mise en œuvre des dispositions financières des résolutions du Conseil de sécurité des Nations unies pour lutter contre la prolifération des armes de destruction massive", adoptée en septembre 2007.]*.

12. Les pays devraient disposer de mécanismes leur permettant de communiquer des décisions de retrait des listes et de dégel au secteur financier et aux entreprises et professions non financières désignées dès que ces décisions interviennent et de fournir des instructions appropriées, en particulier aux institutions financière et aux autres personnes et entités, y compris aux entreprises et professions non financières désignées, susceptibles de détenir des fonds et autres biens visés, quant à leurs obligations concernant les actions de retrait des listes et de dégel.

E *Critères de désignation des Nations unies*

13. Les critères de désignation prévus dans les résolutions du Conseil de sécurité pertinentes sont les suivants :

(a) Résolution 1718 (2006) :

(i) toute personne ou entité impliquée dans les programmes de la République populaire démocratique de Corée liés au nucléaire, aux armes de destruction massives ou aux missiles balistiques ;

(ii) toute personne ou entité fournissant un soutien aux programmes de la République populaire démocratique de Corée liés au nucléaire, aux armes de destruction massives ou aux missiles balistiques, y compris par des moyens illicites ;

(iii) toute personne ou entité agissant au nom ou sur instruction de toute personne ou entité désignée au titre des points 13(a)(i) et 13(a)(ii) *[Les fonds et biens de ces personnes ou entités sont gelés indépendamment du fait qu'ils soient ou non expressément identifiés par le Comité.]* ;

(iv) toute personne morale ou entité possédée ou contrôlée, directement ou indirectement, par toute personne ou entité désignée au titre des points 13(a)(i) et 13(a)(ii) *[Ibid.]*.

(b) Résolutions 1737 (2006), 1747 (2007), 1803 (2008) et 1929 (2010) :

(i) toute personne ou entité impliquée dans les activités nucléaires sensibles de l'Iran ou dans la mise au point de vecteurs d'armes nucléaires ;

(ii) toute personne ou entité directement associée ou apportant un soutien aux activités nucléaires sensibles de l'Iran ou à la mise au point de vecteurs d'armes nucléaires ;

(iii) toute personne ou entité agissant pour le compte ou sur instruction de toute personne ou entité désignée au titre des points 13(b)(i) et 13(b)(ii) ou *via* des entités possédées ou contrôlées par ces personnes ou entités ;

(iv) toute personne ou entité agissant pour le compte ou sur instruction des personnes et entités du Corps des gardiens de la révolution islamique désignées par la résolution 1929 (2010) ;

(v) toute entité possédée ou contrôlée, y compris par des moyens illicites, par des personnes et entités du Corps des gardiens de la révolution islamique désignées par la résolution 1929 (2010) *[Ibid.]* ;

(vi) toute personne ou entité agissant pour le compte ou sur instruction des personnes et entités d'*Islamic Republic of Iran Shipping Lines* (IRISL) désignées par la résolution 1929 (2010) ;

(vii) toute entité possédée ou contrôlée, y compris par des moyens illicites, par des entités d'*Islamic Republic of Iran Shipping Lines* (IRISL) désignées par la résolution 1929 (2010) ;

(viii) toute personne ou entité considérée par le Conseil de sécurité ou le Comité comme ayant aidé une personne ou une entité désignée à éviter les sanctions de ou en violation des dispositions des résolutions 1737 (2006), 1747 (2007), 1803 (2008) et 1929 (2010).

COMMENTAIRE

Voir le commentaire sous la Note interprétative de la Recommandation 6. ❑

NOTE INTERPRÉTATIVE DE LA RECOMMANDATION 8 *Organismes à but non lucratif*

A *Introduction*

1. Étant donnée la diversité des formes juridiques que revêtent les organismes à but non lucratif (OBNL) selon les pays, le GAFI a adopté une définition fonctionnelle des OBNL. Cette définition est basée sur les activités et les caractéristiques d'un organisme qui sont susceptibles de lui faire courir le risque d'être exploité à des fins de financement du terrorisme, plutôt que sur le simple fait qu'il poursuit un but non lucratif. Aux fins de la présente Recommandation, le terme "organisme à but non lucratif" ou OBNL désigne des personnes morales, des constructions juridiques ou des organismes qui sont impliqués dans la collecte ou la distribution de fonds pour des motifs caritatifs, religieux, culturels, éducatifs, sociaux ou confraternels ou pour d'autres types de "bonnes œuvres". Sans préjudice de la Recommandation 1, la présente Recommandation s'applique seulement aux OBNL qui répondent à la définition retenue par le GAFI. Elle ne s'applique pas à tous les types d'OBNL existants.

2. Les OBNL jouent un rôle vital dans l'économie mondiale ainsi que dans de nombreux systèmes économiques et sociaux nationaux. Ils complètent l'action des secteurs public et privé en fournissant des services essentiels, mais aussi un réconfort et un espoir aux plus démunis du monde entier. Le GAFI reconnaît l'importance vitale des OBNL dans la fourniture de ces services caritatifs importants ainsi que la difficulté de porter assistance à ceux qui en ont besoin, souvent dans des zones à hauts risques ou des zones de conflit, et il salue les efforts déployés par les OBNL

pour répondre à ces besoins. Le GAFI reconnaît également l'intention et les efforts entrepris jusqu'à ce jour par les OBNL pour promouvoir la transparence de leurs opérations et pour empêcher une exploitation à des fins de financement du terrorisme, notamment le développement des programmes visant à décourager la radicalisation et les extrémismes violents. La campagne de lutte contre le financement du terrorisme que mène actuellement la communauté internationale a permis d'identifier des cas où des terroristes et des organisations terroristes utilisent certains OBNL dans ce secteur pour se procurer des fonds et les faire circuler, pour répondre à ses besoins logistiques, pour encourager le recrutement de terroristes et pour soutenir par tout autre moyen des organisations ou opérations terroristes. Des cas ont également été recensés où des terroristes créent de fausses associations caritatives ou s'engagent dans des collectes de fonds frauduleuses. Non seulement cette situation facilite les activités terroristes, mais elle a aussi pour effet de miner la confiance des donateurs et de compromettre l'intégrité même des OBNL. Protéger les OBNL d'une exploitation à des fins de financement du terrorisme est donc à la fois un aspect essentiel de la lutte mondiale contre le terrorisme, en même temps qu'une mesure nécessaire pour préserver l'intégrité des OBNL et de la communauté des donateurs. Les mesures destinées à protéger les OBNL d'une exploitation à des fins du financement du terrorisme doivent être ciblées et suivre une approche basée sur les risques. Il est également important que ces mesures soient mises en œuvre en respectant les obligations de la Charte des Nations unies et du droit international relatif aux droits de l'homme auxquelles les pays sont tenus.

3. Certains OBNL peuvent être vulnérables à une exploitation à des fins de financement du terrorisme pour plusieurs raisons. Les OBNL jouissent en effet de la confiance du public, ont accès à des sources de financement considérables et sont souvent exposés à la circulation d'un grand volume de liquidités. En outre, certains OBNL ont une implantation internationale qui sert de cadre à des activités et à des opérations financières nationales et internationales, souvent à l'intérieur ou à proximité des zones les plus exposées aux activités terroristes. Dans certains cas, les organisations terroristes ont su tirer parti de ces caractéristiques pour infiltrer certains OBNL et exploiter leurs fonds et leurs opérations, pour dissimuler ou soutenir des activités terroristes.

B *Objectifs et principes généraux*

4. La Recommandation 8 a pour objectif de garantir que les OBNL ne sont pas exploités par des organisations terroristes cherchant à : i) se présenter comme des entités légitimes ; ii) exploiter les OBNL à des fins de financement du terrorisme, y compris pour éviter les mesures visant le gel des biens ; et iii) dissimuler ou opacifier le détournement clandestin de fonds destinés à des fins légitimes mais détournés vers des objectifs terroristes. L'approche retenue dans la présente note interprétative pour atteindre cet objectif repose sur les principes généraux suivants :

(a) Une approche basée sur les risques – fondée sur les menaces identifiées d'exploitation d'OBNL à des fins de financement du terrorisme – est essentielle étant donnés la diversité des organismes concernés au niveau national, les différents degrés de vulnérabilité de certains d'entre eux face à une exploitation à des fins terroristes, la nécessité de préserver les activités caritatives légitimes, ainsi que les ressources et les compétences limitées dont dispose chaque pays pour lutter contre le financement du terrorisme.

(b) Face au problème que pose l'exploitation d'OBNL à des fins de financement du terrorisme, il est essentiel que les pays élaborent au niveau national une riposte souple qui puisse évoluer en même temps que la menace contre laquelle elle est dirigée.

(c) L'exploitation passée et présente d'OBNL à des fins de financement du terrorisme doivent amener les pays à prendre des mesures efficaces et proportionnées aux risques identifiés à l'aide de l'approche basée sur les risques.

(d) Les mesures ciblées adoptées par les pays pour protéger les OBNL contre toute exploitation à des fins de financement du terrorisme ne doivent ni déstabiliser ni décourager les activités caritatives légitimes. Au contraire, elles devraient promouvoir la responsabilité et renforcer le sentiment de confiance au sein même des OBNL, dans la communauté des donateurs et du public en général, que les fonds et les services caritatifs bénéficient bel et bien à leurs destinataires légitimes. Il est indispensable de mettre en place des systèmes à même d'assurer à tous les OBNL un haut niveau de responsabilité, d'intégrité et de confiance du public dans leur gestion et leur fonctionnement si l'on veut empêcher que les OBNL soient exploités à des fins de financement du terrorisme.

(e) Les pays sont tenus d'identifier et de prendre des mesures efficaces et proportionnées contre les OBNL qui sont exploités par, ou qui soutiennent notoirement, des terroristes ou des organisations terroristes, en prenant en compte les spécificités de chaque cas d'espèce. Les pays doivent s'efforcer d'empêcher et de poursuivre, le cas échéant, le financement du terrorisme et les autres formes de soutien au terrorisme. Lorsque des OBNL sont suspectés d'être impliqués ou sont effectivement impliqués dans le financement du terrorisme ou dans toute autre forme de soutien au terrorisme, la première priorité des pays devrait être d'enquêter sur ce financement ou ce soutien et d'y mettre fin. Les mesures prises dans ce but doivent, dans toute la mesure du possible, minimiser les impacts négatifs sur les bénéficiaires innocents et légitimes des activités caritatives. Cet impératif ne doit cependant pas dispenser de prendre des mesures immédiates et efficaces pour mettre un terme au financement du terrorisme ou aux autres formes de soutien apporté au terrorisme par les OBNL.

(f) Le développement de relations de coopération entre les secteurs public et privé et des OBNL est essentiel pour comprendre les risques encourus par ces derniers et les stratégies d'atténuation, ainsi que pour renforcer la vigilance, l'efficacité et les capacités à combattre leur exploitation à des fins de financement du terrorisme. Les pays devraient encourager les travaux de recherche académiques sur les OBNL et l'échange d'informations au sein des OBNL pour répondre aux problèmes relatifs au financement du terrorisme.

C *Mesures*

5. Sans préjudice des exigences de la Recommandation 1, dans la mesure où tous les OBNL ne présentent pas en soi de risques élevés (et certains peuvent ne pas présenter de risques du tout ou des risques faibles), les pays doivent identifier quel sous-ensemble d'organismes entrent dans la définition des OBNL retenue par le GAFI. Pour cela, ils devraient utiliser toutes les sources d'informations pertinentes afin de recenser les spécificités et les types d'OBNL qui, du fait de leurs activités ou de leurs caractéristiques, sont susceptibles de faire l'objet d'une exploitation à des fins de financement du terrorisme *[Par exemple, ces informations pourraient être fournies par les autorités de réglementation, les autorités fiscales, les CRF, les organisations donatrices, les autorités de poursuite pénale et les services de renseignements.]*. Il est également essentiel d'identifier la nature des menaces posées par les entités terroristes sur les OBNL qui présentent des risques ainsi que la manière dont les acteurs du terrorisme exploitent ces OBNL. Les pays doivent revoir la pertinence de leurs mesures, y compris les lois et les règlements, qui concernent les OBNL susceptibles d'être exploités à des fins de financement du terrorisme, et ce afin de pouvoir prendre des mesures proportionnées et efficaces pour traiter les risques identifiés. Ces exercices peuvent prendre différentes formes et peuvent – ou non – être sous forme écrite. Il conviendrait également que les pays réévaluent périodiquement le secteur en examinant les nouvelles informations relatives à ses vulnérabilités potentielles face aux activités terroristes, afin de garantir une mise en œuvre efficace des mesures.

6. Pour identifier, prévenir et combattre l'exploitation d'OBNL à des fins de financement du terrorisme, plusieurs approches sont possibles. Une approche est efficace lorsqu'elle associe les quatre éléments suivants : a) sensibilisation continue, b) sur-

veillance ou contrôle ciblé et basé sur les risques, c) enquêtes et collectes d'informations efficaces, et d) mécanismes efficaces de coopération internationale. Les mesures présentées ci-après sont des exemples spécifiques que les pays devraient appliquer – en prenant en compte chacun de ces éléments – pour protéger les OBNL contre toute exploitation à des fins de financement du terrorisme.

(a) Sensibilisation continue aux questions relatives au financement du terrorisme

(i) Les pays devraient explicitement chercher à favoriser la responsabilité et l'intégrité des OBNL de façon à renforcer la confiance du public dans leur gestion et leur fonctionnement.

(ii) Les pays devraient mener des campagnes de sensibilisation et d'éducation pour encourager et approfondir les connaissances au sein des ONBL et de la communauté des donateurs sur les vulnérabilités potentielles des OBNL face à l'exploitation à des fins de financement du terrorisme et aux risques de financement du terrorisme, et sur les mesures que les OBNL peuvent prendre pour se protéger d'une telle exploitation.

(iii) Les pays devraient travailler avec les OBNL pour mettre au point les meilleures pratiques qui permettent de répondre aux risques de financement du terrorisme et aux vulnérabilités, et de protéger ainsi les OBNL contre toute exploitation à des fins de financement du terrorisme.

(iv) Les pays devraient encourager les OBNL à effectuer leurs opérations par l'intermédiaire de circuits financiers réglementés chaque fois qu'ils le peuvent, sans perdre de vue que les capacités des secteurs financiers ne sont pas les mêmes dans tous les pays, ni dans tous les domaines de l'action caritative et humanitaire d'urgence.

(b) Surveillance ou contrôle ciblé des OBNL basé sur les risques

Les pays devraient prendre des mesures pour promouvoir une surveillance ou un contrôle efficace. Une approche unique appliquée de manière uniforme ne serait pas en cohérence avec la bonne mise en œuvre d'une approche basée sur les risques, telle que prévue dans la Recommandation 1 des Normes du GAFI. En pratique, les pays doivent être capables de démontrer que les mesures appliquées aux OBNL présentant des risques d'être exploités à des fins de financement du terrorisme sont effectivement basées sur ces risques *[Dans ce contexte, les règles et réglementations peuvent comprendre celles qu'appliquent les organismes d'autorégulation et les institutions d'accréditation.]*. Il est également possible que les mesures existantes, réglementaires ou autres, traitent déjà suffisamment du risque de financement du terrorisme des OBNL dans une juridiction, même si les risques de financement du terrorisme dans ce secteur doivent être revus régulièrement. Les autorités compétentes devraient surveiller la conformité des OBNL avec les exigences de la présente Recommandation, y compris les mesures basées sur les risques. Elles devraient en outre être en mesure de sanctionner efficacement, proportionnellement et de manière dissuasive toute violation commise par des OBNL ou par des personnes agissant en leur nom *[Au nombre des sanctions possibles figurent notamment le gel des comptes, la révocation des trustees, les amendes, le retrait des habilitations et des agréments et la radiation des registres. L'application de telles sanctions ne devrait pas exclure, le cas échéant, des procédures parallèles, civiles, administratives ou pénales à l'encontre des OBNL ou des personnes agissant en leur nom.]*.

Ci-après sont répertoriés quelques exemples de mesure qui pourraient être appliquées aux OBNL, en tout ou en partie, selon les risques identifiés :

(i) Les OBNL pourraient avoir l'obligation d'être agréés ou de s'enregistrer. Les informations relatives à l'obtention de l'agrément ou de l'enregistrement devraient être disponibles auprès des autorités compétentes et la diffusion auprès du public devrait être encouragée *[Des mesures spécifiques d'agrément ou d'enregistrement à des fins de lutte contre le financement du terrorisme ne sont pas nécessaires. Par exemple, dans certains pays, les OBNL sont déjà enregistrés auprès des autorités fiscales et surveillés afin de bénéficier d'avantages fiscaux (tels que des crédits d'impôts ou des exemptions fiscales).]*.

(ii) Les OBNL pourraient avoir pour obligation de conserver des informations sur : 1) l'objet et la finalité de leurs activités déclarées, et 2) l'identité de la personne ou des personnes qui possèdent, contrôlent ou gèrent leurs activités, y compris les dirigeants, les membres du conseil d'administration et les trustees. Ces informations pourraient être rendues directement accessibles au public par les OBNL ou par le biais des autorités appropriées.

(iii) Les OBNL pourraient être tenus de publier des états financiers annuels présentant une ventilation détaillée de leurs recettes et de leurs dépenses.

(iv) Les OBNL pourraient être tenus de disposer de mécanismes de contrôle propres à garantir que tous les fonds sont dûment comptabilisés et entièrement utilisés conformément à l'objet et à la finalité des activités déclarées de l'organisme.

(v) Les OBNL pourraient être tenus de prendre des mesures raisonnables en vue de confirmer l'identité, les références et la réputation de leurs bénéficiaires *[Le terme "bénéficiaires" désigne les personnes physiques ou les groupes de personnes physiques qui reçoivent une aide caritative, humanitaire ou autre par l'intermédiaire de l'OBNL.]* et OBNL associés ainsi que de confirmer qu'ils ne sont pas impliqués dans l'utilisation de fonds caritatifs à des fins de soutien du terrorisme ou d'organisations terroristes, ni n'utilisent de fonds à de telles fins *[Cela ne signifie pas que les OBNL doivent identifier chaque individu spécifique, car une telle exigence ne serait pas toujours possible et entraverait, dans certains cas, la capacité des OBNL à fournir les services dont la nécessité est élevée.]*. Cependant, les OBNL ne devraient pas être tenus de prendre des mesures équivalentes au devoir de vigilance vis-à-vis de la clientèle *[prévu par la Recommandation 10]*. Les OBNL pourraient être tenus de prendre des mesures raisonnables permettant d'identifier leurs principaux donateurs et de respecter la confidentialité des donateurs. La finalité de cette exigence est d'empêcher que des fonds caritatifs soient utilisés à des fins de financement et de soutien de terroristes et organisations terroristes.

(vi) Les OBNL pourraient être tenus de conserver pendant cinq ans au moins des relevés de leurs transactions nationales et internationales suffisamment détaillés pour pouvoir vérifier que les fonds ont bien été reçus et dépensés conformément à l'objet et à la finalité de l'organisme, et ils pourraient être dans l'obligation de tenir ces éléments à la disposition des autorités compétentes pour l'accomplissement de leur mission de contrôle ou de surveillance. Cela s'applique également aux informations mentionnées aux alinéas (ii) et (iii). Le cas échéant, les relevés des activités caritatives et des opérations financières des OBNL pourraient également être mis à la disposition du public.

(c) Enquêtes et collectes d'informations efficaces

(i) Les pays devraient s'assurer de l'efficacité de la coopération, de la coordination et de l'échange d'informations entre toutes les autorités appropriées et organisations détenant des informations pertinentes sur les OBNL.

(ii) Les pays devraient disposer de compétences d'enquête et de la capacité d'examiner les OBNL suspectés d'être exploités à des fins de financement du terrorisme ou par des organisations terroristes ou de soutenir activement des activités ou organisations terroristes.

(iii) Les pays devraient s'assurer que les informations relatives à l'administration et la gestion d'un OBNL particulier (y compris les informations financières et relatives aux activités) peuvent être obtenues dans le cadre d'une enquête.

(iv) Les pays devraient prévoir des mécanismes appropriés pour faire en sorte que, afin de pouvoir prendre des mesures préventives ou déclencher des enquêtes, les autorités compétentes soient informées rapidement lorsque l'on soupçonne ou que l'on a de bonnes raisons de soupçonner qu'un OBNL donné : (1) est impliqué dans une exploitation à des fins de financement du terrorisme et/ou sert de façade à une organisation terroriste pour la collecte de fonds, (2) est exploité comme un moyen de financement du terrorisme, y compris pour éviter des mesures de gel d'actifs, ou comme d'autres formes de soutien du terrorisme ; ou (3) dissimule ou opacifie le détournement clandestin de fonds *a priori* destinés à des fins légitimes mais utilisés en fait au profit de terroristes ou d'organisations terroristes.

(d) Capacité effective à répondre à des demandes étrangères portant sur un OBNL suspect : conformément aux Recommandations sur la coopération internationale, les pays devraient désigner des points de contact et définir des procédures appropriées pour répondre aux demandes internationales de renseignements concernant tout

OBNL soupçonné de financer le terrorisme ou d'être impliqué dans le soutien d'activités terroristes par tout autre moyen.

D *Ressources pour la surveillance, le contrôle et les enquêtes*

7. Les pays devraient doter leurs autorités appropriées en charge du contrôle, de la surveillance et des enquêtes dans le secteur des OBNL de ressources financières, humaines et techniques suffisantes.

NOTE INTERPRÉTATIVE DE LA RECOMMANDATION 10 *Devoir de vigilance relatif à la clientèle*

A *Devoir de vigilance relatif à la clientèle et divulgation*

1. Si, lors de l'établissement d'une relation d'affaires, ou au cours de cette relation, ou lorsqu'elle procède à des opérations occasionnelles, une institution financière suspecte que des opérations se rapportent au blanchiment de capitaux ou au financement du terrorisme, elle devrait :

(a) en principe, chercher à identifier le client et le bénéficiaire effectif, qu'il soit permanent ou occasionnel, et à vérifier leur identité *[Les documents, données et informations de sources fiables et indépendantes sont désignés ci-dessous sous le terme "données d'identification".]* nonobstant toute exemption ou applicabilité d'un seuil désigné ;

(b) faire une déclaration d'opération suspecte (DOS) à la cellule de renseignements financiers (CRF) conformément à la recommandation 20.

2. La recommandation 21 interdit aux institutions financières, à leurs dirigeants et à leurs employés de divulguer le fait qu'une DOS ou des informations s'y rapportant sont portées à la connaissance de la CRF. Il se peut que le client soit involontairement alerté lorsque l'institution financière s'efforce de remplir ses obligations de vigilance relatives à la clientèle dans ces circonstances. Le fait que le client ait connaissance d'une éventuelle DOS ou d'une éventuelle enquête pourrait compromettre les futures enquêtes sur les opérations suspectées de blanchiment de capitaux ou de financement du terrorisme.

3. Par conséquent, lorsque les institutions financières suspectent qu'une opération se rapporte au blanchiment de capitaux ou au financement du terrorisme, elles devraient prendre en compte le risque que le client soit alerté lorsqu'elles remplissent leurs obligations de vigilance relatives à la clientèle. Si l'institution financière peut raisonnablement penser qu'en s'acquittant de son devoir de vigilance elle alertera le client ou le client potentiel, elle pourra choisir de ne pas accomplir cette procédure et devrait alors effectuer une DOS. Les institutions financières devraient s'assurer que leurs employés ont connaissance de ces questions et y prêtent attention lorsqu'ils remplissent leurs obligations de vigilance relatives à la clientèle.

B *Devoir de vigilance relatif à la clientèle – Personnes agissant pour le compte d'un client*

4. Lorsqu'elles accomplissent les mesures de vigilance des points (a) et (b) relatives à la clientèle prévues par la recommandation 10, les institutions financières devraient aussi être obligées de vérifier que toute personne prétendant agir pour le compte du client est autorisée à le faire et devraient identifier et vérifier l'identité de cette personne.

C *Devoir de vigilance relatif à la clientèle dans le cas des personnes morales et des constructions juridiques*

5. Lorsqu'elles accomplissent les mesures de vigilance relatives aux clients qui sont des personnes morales ou des constructions juridiques *[Dans ces recommandations, les références aux constructions juridiques telles que les trusts (ou autres structures similaires) qui sont clientes d'une institution financière ou d'une entreprises ou profession non financière désignée ou*

qui exécutent une opération visent à couvrir les situations dans lesquelles une personne physique ou morale qui est trustee établit la relation d'affaires ou réalise l'opération pour le compte des bénéficiaires ou conformément aux conditions du trust. Les obligations de vigilance à l'égard des clients qui sont des personnes morales ou physiques resteraient applicables, y compris celles qui sont énoncées dans le paragraphe 4 de la présente note interprétative, mais à celles-ci viendraient s'ajouter des obligations supplémentaires concernant le trust et les bénéficiaires effectifs du trust (tels que définis).], les institutions financières devraient être obligées d'identifier et de vérifier l'identité du client et de comprendre la nature de son activité ainsi que sa structure de propriété et de contrôle. Le but des obligations énoncées aux points (a) et (b) ci-dessous concernant l'identification et la vérification de l'identité du client et du bénéficiaire effectif est double. Elles visent premièrement à prévenir l'utilisation illicite des personnes morales et des constructions juridiques par une compréhension suffisante du client permettant d'évaluer correctement les risques potentiels de blanchiment de capitaux et de financement du terrorisme liés à la relation d'affaires et, deuxièmement, à prendre les mesures appropriées pour atténuer ces risques. Ces obligations, qui constituent deux aspects d'un même processus, sont susceptibles d'interagir et de se compléter naturellement. Dans ce cadre, les institutions financières devraient être obligées de :

(a) Identifier le client et vérifier son identité. Le type d'informations qui serait normalement nécessaire pour mettre en œuvre cette obligation est le suivant :

(i) le nom, la forme juridique et l'attestation d'existence – la vérification pourrait être réalisée par exemple au moyen d'un certificat de constitution, un certificat de conformité, un contrat de société, un acte créant un trust (*trust deed*) ou tout autre document provenant d'une source indépendante et fiable indiquant le nom, la forme et l'existence du client ;

(ii) les pouvoirs qui régissent et lient la personne morale ou la construction juridique (par exemple, les statuts d'une société) ainsi que les noms des personnes pertinentes occupant les fonctions de direction dans la personne morale ou la construction juridique (par exemple, directeurs généraux d'une société ou trustees) ;

(iii) l'adresse du siège social et, si elle est différente, celle de l'un des principaux lieux d'activité.

(b) Identifier les bénéficiaires effectifs du client et prendre des mesures raisonnables *[Pour déterminer le caractère raisonnable des mesures de vérification de l'identité, il convient de prendre en compte les risques de blanchiment de capitaux et de financement du terrorisme posés par le client et la relation d'affaires.]* pour vérifier l'identité de ces personnes au moyen des informations suivantes :

(i) Pour les personnes morales *[Les mesures des points (i.i) à (i.iii) ne sont pas des options alternatives, mais des mesures graduées qui doivent être utilisées lorsque la mesure précédente a été appliquée mais n'a pas permis d'identifier de bénéficiaire effectif.]* :

(i.i) l'identité des personnes physiques (s'il y en a, étant donné que les participations peuvent être si diversifiées qu'il n'existe pas de personnes physiques, agissant seules ou conjointement, qui exercent le contrôle de la personne morale ou de la construction juridique au travers de leur participation) qui en dernier lieu détiennent une participation de contrôle *[Une participation de contrôle dépend de la structure de propriété d'une société. Elle peut être fondée sur un seuil, par exemple, toute personne détenant plus d'un certain pourcentage de la société (par exemple, 25 %).]* dans une personne morale ;

(i.ii) dès lors que, après avoir appliqué (i.i), il existe des doutes quant au fait de savoir si la ou les personnes ayant une participation de contrôle sont le ou les bénéficiaires effectifs ou dès lors qu'aucune personne physique n'exerce de contrôle au travers d'une participation, l'identité des personnes physiques, s'il y en a, exerçant le contrôle de la personne morale ou de la construction juridique par d'autres moyens ;

(i.iii) lorsqu'aucune personne physique n'est identifiée dans le cadre de la mise en œuvre des points (i.i) ou (i.ii) ci-dessus, les institutions financières devraient identifier et prendre des mesures raisonnables pour vérifier l'identité de la personne physique pertinente qui occupe la position de dirigeant principal.

(ii) Pour les constructions juridiques :

(ii.i) trusts – l'identité du constituant du trust, du ou des trustees, du protecteur (le cas échéant), des bénéficiaires ou de la catégorie de bénéficiaires [*Lorsque le ou les bénéficiaires de trusts sont désignés par caractéristiques ou par catégorie, les institutions financières devraient obtenir des informations suffisantes sur le bénéficiaire pour avoir l'assurance qu'elles seront en mesure d'établir l'identité du bénéficiaire au moment du versement des prestations ou au moment où le bénéficiaire aura l'intention d'exercer les droits acquis.*] et de toute autre personne physique exerçant en dernier lieu un contrôle effectif sur le trust (y compris au travers d'une chaîne de contrôle/propriété) ;

(ii.ii) autres types de constructions juridiques – l'identité de personnes occupant des positions équivalentes ou similaires.

Lorsque le client ou le propriétaire d'une participation de contrôle est une société cotée sur un marché boursier et assujettie, en vertu des règles de ce marché, de la loi ou d'un moyen contraignant, à des obligations de publication visant à garantir une transparence satisfaisante des bénéficiaires effectifs, ou est une filiale majoritaire d'une telle société, il n'est nécessaire d'identifier et de vérifier l'identité d'aucun des actionnaires ou bénéficiaires effectifs de cette société.

Les données d'identification pertinentes peuvent être obtenues à partir des registres publics ou auprès du client ou d'autres sources fiables.

D *Devoir de vigilance relatif aux bénéficiaires de contrats d'assurance vie*

6. Pour les activités d'assurance vie et autres produits d'investissement en lien avec une assurance, les institutions financières devraient, outre les mesures de vigilance requises vis-àvis du client et du bénéficiaire effectif, mettre en œuvre les mesures de vigilance suivantes vis-à-vis du ou des bénéficiaires des contrats d'assurance vie et d'autres produits d'investissement en lien avec une assurance, dès lors que ce ou ces bénéficiaires sont identifiés/désignés :

(a) pour le ou les bénéficiaires qui sont des personnes physiques ou morales ou des constructions juridiques nommément identifiées – relever le nom de la personne ;

(b) pour le ou les bénéficiaires qui sont désignés par des caractéristiques ou par catégorie (par exemple, époux ou enfants au moment où l'événement assuré se produit) ou par d'autres moyens (par exemple, par testament) – obtenir suffisamment d'informations sur le bénéficiaire pour que l'institution financière ait l'assurance qu'elle sera à même d'établir l'identité du bénéficiaire au moment du versement des prestations.

Les informations recueillies en vertu des points (a) et/ou (b) devraient être conservées et maintenues à jour conformément aux dispositions de la recommandation 11.

7. Dans les deux cas mentionnés aux points 6(a) et (b) ci-dessus, la vérification de l'identité du ou des bénéficiaires devrait intervenir au moment du versement prestations.

8. Le bénéficiaire d'un contrat d'assurance vie devrait être considéré comme un facteur de risque pertinent par l'institution financière lorsqu'elle détermine si des mesures de vigilance renforcées sont applicables. Si l'institution financière établit que le bénéficiaire qui est une personne morale ou une construction juridique présente un risque plus élevé, les mesures de vigilance renforcées devraient comprendre des mesures raisonnables pour identifier et vérifier l'identité du bénéficiaire effectif du bénéficiaire au moment du versement des prestations.

9. Si une institution financière n'est pas en mesure de respecter les obligations découlant des paragraphes 6 à 8 ci-dessus, elle devrait envisager de faire une déclaration d'opération suspecte.

E *Devoir de vigilance relatif aux bénéficiaires de contrats d'assurance vie*

10. Les mesures de vigilance relatives à la clientèle prévues par la recommandation 10 n'impliquent pas que les institutions financières doivent de façon répétée identifier chaque client et en vérifier l'identité chaque fois qu'il réalise une opération. Une institution financière peut s'en remettre aux mesures d'identification et de vérifica-

tion déjà réalisées, à moins qu'elle ait des doutes quant à la véracité des informations obtenues. Cela est le cas, par exemple, lorsqu'il existe un soupçon de blanchiment de capitaux en lien avec un client ou lorsque les opérations exécutées sur le compte du client changent significativement, sans que cela soit cohérent avec le profil d'activité du client.

F *Moment de la vérification*

11. Parmi les circonstances (outre celles mentionnées ci-dessus pour les bénéficiaires de contrats d'assurance vie) où il pourrait être permis d'achever les obligations de vérification après l'établissement de la relation d'affaires, parce qu'il est essentiel de ne pas interrompre le déroulement normal des affaires, on citera les exemples suivants :

- Opérations n'impliquant pas la présence physique des parties.
- Opérations sur des valeurs mobilières. Dans le secteur des valeurs mobilières, les sociétés et intermédiaires peuvent être dans l'obligation d'exécuter des opérations très rapidement, aux conditions du marché valables au moment où le client les contacte, et la réalisation de l'opération peut être nécessaire avant que la vérification de l'identité ne soit terminée.

12. Les institutions financières devront également adopter des procédures de gestion des risques en ce qui concerne les conditions dans lesquelles un client pourra bénéficier de la relation d'affaires avant la vérification. Ces procédures devraient comprendre un ensemble de mesures telles que la limitation du nombre, du type et/ou du montant des opérations pouvant être réalisées et la surveillance des opérations importantes ou complexes dépassant celles attendues pour ce type de relations.

G *Clients existants*

13. Les institutions financières devraient être obligées d'appliquer des mesures de vigilance relatives à la clientèle aux clients existants *[Clients existants à la date d'entrée en vigueur des dispositions nationales.]* selon l'importance des risques qu'ils représentent et elles devraient mettre en œuvre des mesures de vigilance relatives à ces relations existantes aux moments opportuns, tenant compte de l'existence des mesures de vigilance relatives à la clientèle antérieures et du moment où elles ont été mises en œuvre ainsi que de la pertinence des informations obtenues.

H *Approche fondée sur les risques*

[L'approche fondée sur les risques ne s'applique pas si des mesures de vigilance à l'égard de la clientèle sont nécessaires, mais peut être utilisée pour déterminer l'étendue de ces mesures.]

14. Les exemples ci-dessous ne sont pas des éléments contraignants des normes du GAFI et ils ne sont indiqués qu'à titre d'orientation. Ils ne sont pas exhaustifs et, bien qu'ils puissent constituer des indicateurs utiles, ils peuvent ne pas être pertinents dans tous les cas.

Risques plus élevés

15. Dans certains cas, le risque de blanchiment de capitaux ou de financement du terrorisme est plus élevé et des mesures de vigilance renforcées doivent être prises. Lors de l'évaluation des risques de blanchiment de capitaux et de financement du terrorisme liés aux types de clients, aux pays ou aux zones géographiques, aux produits, services, opérations ou canaux de distribution particuliers, peuvent notamment constituer des exemples de situations impliquant des risques potentiellement plus élevés (outre ceux énoncés dans les recommandations 12 à 16) :

(a) Les facteurs de risques inhérents aux clients :

- La relation d'affaires se déroule dans des circonstances inhabituelles (par exemple, une distance géographique considérable inexpliquée entre l'institution financière et le client).
- Les clients non résidents.

▪ Les personnes morales ou les constructions juridiques qui sont des structures de détention d'actifs personnels.

▪ Les sociétés dont le capital est détenu par des mandataires (*nominee shareholders*) ou représenté par des actions au porteur.

▪ Les activités nécessitant beaucoup d'espèces.

▪ La structure de propriété de la société semble inhabituelle ou excessivement complexe compte tenu de la nature de l'activité de la société.

(b) Les facteurs de risques géographiques ou liés au pays *[Au titre de la recommandation 19, les pays ont l'obligation d'exiger des institutions financières qu'elles appliquent une vigilance renforcée lorsque le GAFI demande l'adoption de telles mesures.]* :

▪ Les pays identifiés par des sources crédibles telles que des rapports d'évaluation mutuelle ou d'évaluation détaillée ou des rapports de suivi publiés, comme n'étant pas dotés d'un dispositif de LBC/FT satisfaisant.

▪ Les pays soumis à des sanctions, des embargos ou des mesures similaires prises par exemple, par les Nations unies.

▪ Les pays identifiés par des sources crédibles comme étant caractérisés par des niveaux considérables de corruption ou autre activité criminelle.

▪ Les pays ou zones géographiques identifiés par des sources crédibles comme apportant des financements ou un soutien à des activités terroristes ou dans lesquels opèrent des organisations terroristes désignées.

(c) Les facteurs de risques relatifs aux produits, services, opérations ou canaux de distribution :

▪ Banque privée.

▪ Opérations anonymes (y compris, le cas échéant, les opérations en espèces).

▪ Relations d'affaires ou opérations qui n'impliquent pas la présence physique des parties.

▪ Paiement reçu de tiers non associés ou inconnus.

Risques plus faibles

16. Dans certains cas, le risque de blanchiment de capitaux ou de financement du terrorisme peut être plus faible. Dans de tels cas, et à condition que le pays ou l'institution financière ait analysé le risque de manière adaptée, il pourrait être raisonnable pour un pays d'autoriser ses institutions financières à appliquer des mesures de vigilance relatives à la clientèle simplifiées.

17. Lors de l'évaluation des risques de blanchiment de capitaux et de financement du terrorisme liés aux types de clients, de pays ou zones géographiques et aux produits, services, opérations ou canaux de distribution particuliers, peuvent notamment constituer des exemples de situations de risques potentiellement plus faibles :

(a) Facteurs de risques inhérents aux clients :

▪ Les institutions financières et les entreprises et professions non financières désignées – lorsqu'elles sont soumises à des obligations de lutte contre le blanchiment de capitaux et le financement du terrorisme conformes aux recommandations du GAFI, qu'elles ont efficacement mis en œuvre ces obligations et qu'elles font l'objet d'un contrôle ou d'une surveillance efficace conformément aux recommandations garantissant qu'elles respectent leurs obligations.

▪ Les sociétés cotées sur un marché boursier et soumis (par les règles du marché boursier, la loi ou un moyen contraignant) à des règles de publication garantissant une transparence suffisante des bénéficiaires effectifs.

▪ Les administrations ou entreprises publiques.

(b) Facteurs de risques relatifs aux produits, services, opérations ou canaux de distribution :

▪ Les contrats d'assurance vie lorsque la prime est faible (par exemple, une prime annuelle inférieure à 1 000 USD/EUR ou une prime unique inférieure à 2 500 USD/EUR).

▪ Les contrats d'assurance retraite lorsqu'ils ne comportent pas d'option de rachat anticipé et lorsque le contrat d'assurance ne peut pas être utilisé comme sûreté.

▪ Les régimes de retraite ou régimes similaires qui servent des prestations de retraite aux employés, lorsque les cotisations sont acquittées par prélèvement sur les salaires et que les règles du régime n'autorisent pas la cession des droits détenus par un membre dans le cadre du régime.

▪ Les services ou produits financiers qui fournissent des services limités et définis de façon pertinente afin d'en accroître l'accès à certains types de clients à des fins d'inclusion financière.

(c) Facteurs de risques pays :

▪ Les pays identifiés par des sources crédibles telles que des rapports d'évaluation mutuelle ou d'évaluation détaillée comme disposant de systèmes de LBC/FT efficaces.

▪ Les pays identifiés par des sources crédibles comme étant caractérisés par un faible niveau de corruption ou autre activité criminelle.

Lorsqu'ils évaluent le risque, les pays ou les institutions financières pourraient, le cas échéant, prendre également en compte les variations possibles du risque de blanchiment de capitaux et de financement du terrorisme entre les différentes régions ou zones d'un même pays.

18. Le fait qu'il existe un risque plus faible de blanchiment de capitaux et de financement du terrorisme pour l'identification et la vérification n'implique pas nécessairement que le même client présente un risque plus faible pour tous les types de mesures de vigilance, en particulier pour la surveillance continue des opérations.

Variables de risques

19. Lors de l'évaluation des risques de blanchiment de capitaux et de financement du terrorisme liés aux types de clients, aux pays ou zones géographiques et aux produits, services, opérations ou canaux de distribution particuliers, une institution financière devrait prendre en compte les variables de risques liées à ces catégories de risques. Ces variables, prises en compte de manière individuelle ou combinée, peuvent augmenter ou diminuer le risque potentiel et, par conséquent, avoir une incidence sur le niveau approprié des mesures de vigilance à mettre en œuvre. Ces variables peuvent notamment être les suivantes :

▪ L'objet d'un compte ou d'une relation.

▪ Le niveau d'actifs déposés par un client ou le volume des opérations effectuées.

▪ La régularité ou la durée de la relation d'affaires.

Mesures de vigilance renforcées

20. Les institutions financières devraient étudier dans la mesure de ce qui est raisonnablement possible le contexte et l'objet de toutes les opérations complexes d'un montant anormalement élevé et de tous les schémas inhabituels d'opérations qui n'ont pas d'objet économique ou licite apparent. Lorsque les risques de blanchiment de capitaux ou de financement du terrorisme sont plus élevés, les institutions financières devraient être obligées d'exercer des mesures de vigilance renforcées adaptées aux risques identifiés. En particulier, elles devraient renforcer le degré et la nature de la surveillance de la relation d'affaires, afin de déterminer si ces opérations ou activités semblent inhabituelles ou suspectes. Les mesures de vigilance renforcées susceptibles d'être appliquées à des relations d'affaires présentant un risque plus élevé comprennent, par exemple, les suivantes :

▪ L'obtention d'informations supplémentaires sur le client (par exemple, profession, volume des actifs, informations disponibles dans des bases de données publiques, sur internet, etc.) et la mise à jour plus régulière des données d'identification du client et du bénéficiaire effectif.

▪ L'obtention d'informations supplémentaires sur la nature envisagée de la relation d'affaires.

▪ L'obtention d'informations sur l'origine des fonds ou l'origine du patrimoine du client.

▪ L'obtention d'informations sur les raisons des opérations envisagées ou réalisées.

▪ L'obtention de l'autorisation de la haute direction pour engager ou poursuivre la relation d'affaires.

▪ La mise en œuvre d'une surveillance renforcée de la relation d'affaires par l'augmentation du nombre et de la fréquence des contrôles et la sélection des schémas d'opérations qui nécessitent un examen plus approfondi.

▪ La réalisation du premier paiement par l'intermédiaire d'un compte ouvert au nom du client auprès d'une autre banque assujettie à des normes de vigilance similaires.

Mesures de vigilance simplifiées

21. Lorsque les risques de blanchiment de capitaux ou de financement du terrorisme sont plus faibles, les institutions financières pourraient être autorisées à appliquer des mesures de vigilance simplifiées tenant compte de la nature de ces risques plus faibles. Les mesures simplifiées devraient être proportionnelles aux facteurs de risque plus faible (par exemple porter uniquement sur les mesures d'acceptation du client ou sur la surveillance continue). Par exemple, ces mesures peuvent être les suivantes :

▪ Vérification de l'identité du client et du bénéficiaire effectif après l'établissement de la relation d'affaires (par exemple, lorsque les opérations du compte sont supérieures à un seuil monétaire défini).

▪ Réduction de la fréquence des mises à jour des éléments d'identification du client.

▪ Réduction de l'intensité de la vigilance constante et de la profondeur de l'examen des opérations sur la base d'un seuil monétaire raisonnable.

▪ Ne pas recueillir d'informations spécifiques ni mettre en œuvre de mesures spécifiques permettant de comprendre l'objet et la nature envisagée de la relation d'affaires, mais les déduire du type d'opération effectué ou de relation d'affaires établie.

Les mesures de vigilance simplifiées ne sont pas acceptables dès lors qu'il existe un soupçon de blanchiment de capitaux ou de financement du terrorisme ou dans les cas spécifiques de risques plus élevés.

Seuils

22. Le seuil désigné pour les opérations occasionnelles au titre de la recommandation 10 est de 15 000 USD/EUR. Les opérations financières dépassant le seuil désigné peuvent être des opérations uniques ou plusieurs opérations entre lesquelles semble exister un lien.

Vigilance constante

23. Les institutions financières devraient être obligées de s'assurer que les documents, données et informations obtenus dans l'exercice du devoir de vigilance restent à jour et pertinents. Ceci implique d'examiner les éléments existants, en particulier pour les catégories de clients présentant des risques plus élevés.

COMMENTAIRE

La Note interprétative de la Recommandation n° 10 donne les linéaments du contenu et des modalités d'application des différentes obligations de vigilance tout en insistant sur la nécessaire appropriation et adaptation de ces linéaments d'une part par les législations nationales et, d'autre part, par les entités assujetties qui doivent pleinement appliquer le principe de personnalisation de leur approche par les risques.

La note interprétative précise le contenu du devoir de vigilance en fonction de la qualité de la personne physique ou morale qui en est l'objet (client, bénéficiaire effectif, bénéficiaire de contrat d'assurance-vie, trust ou fiducie) et de l'objet de la relation d'affaires (contrat d'assurance-vie, contrat retraite). Elle décline les obligations et seuils de vigilance applicables en fonction d'une approche par les risques qui dessine une architecture allant d'une obligation de vigilance allégée à une obligation de vigilance renforcée.

La note interprétative relève, à titre indicatif, des variables de risques majorés ou allégés qui sont autant d'indicateurs pour les législations nationales – pays et territoires non coopératifs, application insuffisante des normes LCB/FT, construction juridique complexe. Ces variables sont le fruit des typologies de blanchiment élaborées par le GAFI au niveau international, et par les organismes régionaux de type GAFI et l'Union européenne au niveau régional et les autorités françaises en droit interne.

Enfin, la note interprétative souligne le caractère contingent de l'approche par les risques. Les catégories de risque variées retenues par le législateur doivent nécessairement être intégrées par les assujettis. Cependant, ces derniers doivent, par ailleurs, tenir compte, au sein de ces catégories de risque légalement prévues, de variables individuelles ou combinées avec ces catégories de risque, qui en modifient le degré et qui ont donc un impact sur les mesures de vigilance appliquées par l'assujetti. ❑

NOTE INTERPRÉTATIVE DE LA RECOMMANDATION 12 *Personnes politiquement exposées*

Les institutions financières devraient prendre des mesures raisonnables afin de déterminer si les bénéficiaires d'un contrat d'assurance vie et/ou, le cas échéant, le bénéficiaire effectif du bénéficiaire sont des personnes politiquement exposées. Cela devrait se produire au plus tard au moment du versement des prestations. Lorsque des risques plus élevés sont identifiés, en plus des mesures de vigilance normales, les institutions financières devraient être obligées de :

(a) informer la haute direction avant le paiement du capital ;

(b) réaliser un examen renforcé de l'ensemble de la relation d'affaires avec le titulaire du contrat et envisager de faire une déclaration d'opération suspecte.

NOTE INTERPRÉTATIVE DE LA RECOMMANDATION 13 *Correspondance bancaire*

Les relations similaires auxquelles les institutions financières devraient appliquer les critères (a) à (e) comprennent, par exemple, celles qui sont établies dans le but de réaliser des opérations sur les valeurs mobilières ou des transferts de fonds, pour le compte de l'institution financière à l'étranger en tant que mandant ou pour le compte de ses clients.

L'expression *compte de passage* désigne des comptes de correspondants, utilisés directement par des tiers pour réaliser des opérations pour leur propre compte.

NOTE INTERPRÉTATIVE DE LA RECOMMANDATION 14 *Services de transfert de fonds et [ou] de valeurs*

Un pays n'a pas l'obligation de disposer d'un système distinct d'agrément ou d'enregistrement des personnes physiques et morales déjà agréées ou enregistrées en tant qu'institutions financières (telles que définies par les recommandations du GAFI) dans ce pays, qui dans le cadre de cet agrément ou de cet enregistrement sont habilitées à fournir des services de transfert de fonds ou de valeurs et sont déjà assujetties à l'ensemble des obligations applicables des recommandations du GAFI.

NOTE INTERPRÉTATIVE DE LA RECOMMANDATION 15

1. Pour l'application des Recommandations du GAFI, les pays devraient considérer les actifs virtuels en tant que "biens", "produits", "fonds", "fonds ou autres biens" ou autres "valeurs correspondantes". Les pays devraient appliquer les mesures pertinentes des Recommandations du GAFI aux actifs virtuels et aux prestataires de services d'actifs virtuels (PSAV).

2. Conformément à la Recommandation 1, les pays devraient identifier, évaluer et comprendre les risques en matière de blanchiment de capitaux, de financement du terrorisme et de financement de la prolifération *[l'expression risque de financement de la prolifération fait strictement et uniquement référence aux potentiels cas de violation, d'absence de mise en œuvre ou de contournement relatifs aux obligations de sanctions financières ciblées énoncées dans la recommandation 7]* **découlant des activités relatives aux biens virtuels et des activités ou opérations des PSAV. Sur la base de cette évaluation, les pays devraient appliquer une approche fondée sur les risques pour s'assurer que les mesures destinées à prévenir ou atténuer le blanchiment de capitaux et le financement du terrorisme sont à la mesure des risques identifiés. Les pays devraient prendre des dispositions appropriées pour gérer et atténuer les risques de financement de la prolifération qu'ils ont identifiés. Les pays devraient exiger que les PSAV identifient**

et évaluent leurs risques en matière de blanchiment de capitaux, de financement du terrorisme et de financement de la prolifération, et qu'ils prennent des mesures efficaces pour atténuer ces risques.

3. Les PSAV devraient être obligés d'être agréés ou enregistrés. Au minimum, les PSAV devraient être obligés d'être agréés ou enregistrés dans la (les) juridiction(s) où ils sont créés *[les références à la création d'une personne morale incluent l'enregistrement des sociétés ou tout autre mécanisme utilisé]*. Dans les cas où le PSAV est une personne physique, il devrait être obligé d'être agréé ou enregistré dans la juridiction où est implantée son activité. Les juridictions peuvent également exiger que les PSAV qui proposent des produits et/ou des services aux clients dans, ou mènent des opérations à partir de leur juridiction soient agréés ou enregistrés dans cette juridiction. Les autorités compétentes devraient prendre les mesures législatives ou réglementaires nécessaires pour empêcher les criminels ou leurs complices de détenir ou de devenir les bénéficiaires effectifs d'une participation significative ou de contrôle d'un PSAV, ou d'y occuper un poste de direction. Les pays devraient prendre des mesures pour identifier les personnes physiques ou morales qui fournissent des prestations de services d'actifs virtuels sans être agréées ou enregistrées, tel que requis, et appliquer des sanctions appropriées.

4. Un pays n'a pas l'obligation de disposer d'un système distinct d'agrément ou d'enregistrement à l'égard des personnes physiques et morales déjà agréées ou enregistrées en tant qu'institutions financières (telles que définies par les Recommandations du GAFI) dans ce pays, qui sont à ce titre habilitées à fournir des prestations de services d'actifs virtuels et sont déjà assujetties à l'ensemble des obligations applicables des Recommandations du GAFI.

5. Les pays devraient s'assurer que les PSAV sont soumis à une réglementation et font l'objet d'un contrôle ou d'une surveillance adaptés en matière de LBC/FT et qu'ils mettent efficacement en œuvre les Recommandations du GAFI pour atténuer les risques de BC/FT émergeant des actifs virtuels. Les PSAV devraient être soumis à des systèmes efficaces de surveillance garantissant le respect des obligations nationales de LBC/FT. Les PSAV devraient être contrôlés ou surveillés par une autorité compétente (pas un organisme d'autorégulation), qui devrait assurer une surveillance ou un contrôle fondé sur les risques. Les autorités de contrôle devraient être dotées des pouvoirs nécessaires pour effectuer le contrôle ou la surveillance et s'assurer que les PSAV respectent leurs obligations en matière de LBC/FT, et notamment du pouvoir de procéder à des inspections, d'exiger la production de toute information pertinente, et d'imposer des sanctions. Les autorités de contrôle devraient être dotées des pouvoirs nécessaires pour imposer une gamme de sanctions disciplinaires et financières, y compris le pouvoir de retirer, limiter ou suspendre l'agrément ou l'enregistrement du PSAV, le cas échéant.

6. Les pays devraient s'assurer qu'une gamme de sanctions efficaces, proportionnées et dissuasives, qu'elles soient de nature pénale, civiles ou administratives, est applicable aux PSAV qui ne respectent pas les obligations en matière de LBC/FT, conformément à la Recommandations 35. Les sanctions devraient être applicables non seulement aux PSAV, mais également aux membres de l'organe d'administration et à la haute direction.

7. Concernant les mesures préventives, les obligations établies dans les Recommandations 10 à 21 s'appliquent aux PSAV, dans les circonstances suivantes :

(a) R. 10 – Le seuil des opérations occasionnelles au-dessus duquel les PSAV sont obligés d'exercer un devoir de vigilance à l'égard de la clientèle est fixé à 1 000 EUR/USD.

(b) R. 16 – Les pays devraient s'assurer que le PSAV du donneur d'ordre obtienne et conserve les informations requises et exactes sur le donneur d'ordre et les informations requises sur le bénéficiaire *[comme défini dans le paragraphe 6 de la NIR 16, ou les informations équivalentes dans le contexte des actifs virtuels]* du virement d'actifs virtuels, soumette *[les informations peuvent être soumises directement ou indirectement. Il n'est pas nécessaire que ces informations accompagnent directement les transferts d'actifs virtuels]* ces informations au PSAV du bénéficiaire ou à son institution financière (le cas échéant) immédiatement et de manière sécurisée, et les mettent, sur demande, à la disposition des autorités appropriées. Les pays devraient s'assurer que le PSAV du bénéficiaire obtienne et conserve les informations requises et exactes du donneur d'ordre ainsi que les informations requises et exactes du bénéficiaire du virement d'actifs virtuels, et rende ces informations disponibles aux autorités appropriées lorsque demandées. Les autres exigences de la Recommandation 16 (y compris la surveillance de la disponibilité des informations, ainsi que les mesures de gel et l'interdiction de réaliser des opérations avec des personnes et des entités désignées) s'appliquent sur les mêmes bases que celles énoncées dans la R. 16. Les mêmes obligations s'appliquent aux institutions financières lors de l'envoi ou de la réception d'un virement d'actifs virtuels pour le compte d'un client.

8. Les pays devraient, de manière rapide, constructive et efficace, fournir une coopération internationale la plus large possible en relation avec le blanchiment de capitaux, les infractions sous-jacentes associées et le financement du terrorisme lié aux actifs virtuels, sur la base définie dans les Recommandations 37 à 40. En particulier, les autorités de contrôle des PSAV devraient échanger des informations rapidement et de manière constructive avec leurs homologues étrangers, quelle que soit la nature ou le statut des autorités de contrôle et les différences dans la nomenclature ou le statut des PSAV.

NOTE INTERPRÉTATIVE DE LA RECOMMANDATION 16 *Virements électroniques*

A *Objectifs*

1. La recommandation 16 a été élaborée dans le but d'empêcher les terroristes et autres criminels de bénéficier d'un libre accès aux virements électroniques pour déplacer leurs fonds et dans le but de détecter ces usages abusifs lorsqu'ils se produisent. Il s'agit en particulier de s'assurer que des informations élémentaires sur le donneur d'ordre et le bénéficiaire de virements électroniques sont immédiatement disponibles :

(a) aux autorités de poursuite pénale et/ou aux autorités judiciaires concernées afin de les assister dans la détection, les enquêtes et la poursuite des terroristes et autres criminels et dans le dépistage de leurs avoirs ;

(b) aux cellules de renseignements financiers pour l'analyse des activités suspectes ou inhabituelles et sa dissémination en tant que de besoin ;

(c) aux institutions financières du donneur d'ordre, intermédiaires et du bénéficiaire afin de faciliter la détection et la déclaration par celles-ci des opérations suspectes et afin qu'elles puissent mettre en œuvre leurs obligations en matière de gel et respecter les interdictions de réaliser des opérations avec des personnes et entités désignées, conformément aux obligations établies dans les résolutions du Conseil de sécurité des Nations unies pertinentes, telles que la résolution 1267 (1999) et ses résolutions subséquentes et la résolution 1373 (2001) relative à la prévention et la répression du terrorisme et du financement du terrorisme.

2. Pour atteindre ces objectifs, les pays devraient avoir la capacité de surveiller tous les virements électroniques. En raison de la menace potentielle de financement du terrorisme que font peser les virements électroniques de faibles montants, les pays devraient réduire les seuils en tenant compte du risque que les opérations soient détournées vers des mécanismes souterrains et de l'importance de l'inclusion financière. Le GAFI n'a pas pour objectif d'imposer des normes rigides ou de rendre obligatoire un mode opératoire unique qui affecterait négativement le système de paiements.

B *Champ d'application*

3. La recommandation 16 s'applique aux virements électroniques transfrontaliers et nationaux, y compris les paiements en série et les paiements de couverture.

4. La recommandation 16 ne vise pas les types de paiements suivants :

(a) Les transferts résultant d'une opération effectuée par carte de crédit ou de débit ou par carte prépayée pour l'achat de biens et de services, tant que le numéro de ladite carte accompagne l'ensemble des transferts découlant de l'opération. Toutefois, lorsqu'une carte de crédit, de débit ou prépayée est utilisée comme mode de paiement pour effectuer un virement électronique de personne à personne, cette opération entre dans le champ d'application de la recommandation 16 et les informations requises devraient être incluses dans le message.

(b) Les transferts et règlements effectués entre institutions financières lorsque le donneur d'ordre et le bénéficiaire sont des institutions financières opérant pour leur propre compte.

5. Les pays peuvent fixer un seuil minimum pour les virements électroniques transfrontaliers (n'étant pas supérieur à 1 000 USD/EUR), en dessous duquel les obligations suivantes devraient s'appliquer :

(a) Les pays devraient s'assurer que les institutions financières incluent dans ces virements électroniques : (i) le nom du donneur d'ordre ; (ii) le nom du bénéficiaire ; et (iii) un numéro de compte pour chacun ou un numéro de référence unique d'opération. Il n'est pas nécessaire de vérifier l'exactitude de ces informations, sauf s'il existe un soupçon de blanchiment de capitaux ou de financement du terrorisme, auquel cas l'institution financière devrait vérifier les informations relatives à son client.

(b) Les pays peuvent néanmoins exiger que les virements électroniques transfrontaliers entrants d'un montant inférieur au seuil comportent les informations requises et exactes sur le donneur d'ordre.

C *Virements électroniques transfrontaliers qualifiés*

6. Les informations accompagnant tous les virements électroniques qualifiés devraient toujours contenir :

(a) le nom du donneur d'ordre ;

(b) le numéro de compte du donneur d'ordre dès lors qu'un tel compte est utilisé pour réaliser l'opération ;

(c) l'adresse du donneur d'ordre, son numéro national d'identité, son numéro d'identification client *[Le numéro d'identification du client est un numéro qui identifie de manière unique le donneur d'ordre pour l'institution financière du donneur d'ordre ; il est différent du numéro de référence d'opération unique mentionné au paragraphe 7. Le numéro d'identification du client doit se référer à des documents conservés par l'institution financière du donneur d'ordre qui contient au moins l'une des informations suivantes : l'adresse du client, un numéro d'identité national, ou une date et un lieu de naissance.]*, ou sa date et son lieu de naissance ;

(d) le nom du bénéficiaire ;

(e) le numéro de compte du bénéficiaire dès lors qu'un tel compte est utilisé pour réaliser l'opération.

7. En l'absence de compte, un numéro de référence unique d'opération devrait être inclus afin de permettre la traçabilité de l'opération.

8. Lorsque plusieurs virements électroniques transfrontaliers émanant d'un même donneur d'ordre font l'objet d'une transmission par lot aux bénéficiaires, ils peuvent être exonérés des obligations prévues au paragraphe 6 concernant les informations sur le donneur d'ordre, à condition qu'ils incluent le numéro de compte ou le numéro de référence unique d'opération (tel que décrit au paragraphe 7 ci-dessus) du donneur d'ordre et que le lot contienne les informations requises et exactes sur le donneur d'ordre, ainsi que des informations complètes sur le bénéficiaire, le parcours de ces informations devant pouvoir être entièrement reconstitué dans le pays de réception.

D *Virement électroniques nationaux*

9. Les informations accompagnant les virements électroniques nationaux devraient également inclure les informations du donneur d'ordre requises pour les virements électroniques transfrontaliers, à moins que ces informations puissent être

mises à disposition de l'institution financière du bénéficiaire et des autorités concernées par d'autres moyens. Dans ce dernier cas, l'institution financière du donneur d'ordre doit seulement inclure le numéro de compte ou un numéro de référence unique d'opération, à condition que ce numéro de compte ou cet identifiant permette de reconstituer le parcours de l'opération jusqu'au donneur d'ordre ou au bénéficiaire.

10. Les informations devraient être mises à disposition par l'institution financière du donneur d'ordre dans les trois jours ouvrables à réception de la demande émanant soit de l'institution financière du bénéficiaire soit des autorités compétentes appropriées. Les autorités de poursuite pénale devraient pouvoir contraindre à la production immédiate de telles informations.

E *Responsabilités des institutions financières du donneur d'ordre et du bénéficiaire et des institutions financières intermédiaires*

11. L'institution financière du donneur d'ordre devrait s'assurer que les virements électroniques qualifiés contiennent les informations requises et exactes sur le donneur d'ordre et les informations requises sur le bénéficiaire.

12. L'institution financière du donneur d'ordre devrait s'assurer que les virements électroniques transfrontaliers inférieurs à tout seuil applicable contiennent le nom du donneur d'ordre et le nom du bénéficiaire ainsi qu'un numéro de compte pour chacun, ou un numéro de référence unique d'opération.

13. L'institution financière du donneur d'ordre devrait conserver toutes les informations recueillies sur le donneur d'ordre et le bénéficiaire, conformément à la recommandation 11.

14. L'institution financière du donneur d'ordre ne devrait pas être autorisée à exécuter les virements électroniques s'ils ne respectent pas les obligations ci-dessus.

L'institution financière intermédiaire

15. En ce qui concerne les virements électroniques transfrontaliers, les institutions financières agissant comme intermédiaire dans une chaîne de virements électroniques devraient s'assurer que toutes les informations sur le donneur d'ordre et le bénéficiaire qui accompagnent un virement électronique y restent attachées.

16. Lorsque des limites d'ordre technique font obstacle à ce que les informations requises sur le donneur d'ordre ou le bénéficiaire contenues dans un virement électronique transfrontalier soient transmises avec le virement électronique national correspondant, toutes les informations reçues de l'institution financière du donneur d'ordre ou d'une autre institution financière intermédiaire devraient être conservées pendant au moins cinq ans par l'institution financière intermédiaire qui les reçoit.

17. Une institution financière intermédiaire devrait prendre des mesures raisonnables pour identifier les virements électroniques transfrontaliers pour lesquels il manque les informations requises sur le donneur d'ordre ou sur le bénéficiaire. Ces mesures devraient se conformer au traitement de bout en bout.

18. Une institution financière intermédiaire devrait disposer de politiques et de procédures efficaces fondées sur le risque pour décider : (i) quand exécuter, rejeter ou suspendre les virements électroniques qui ne comportent pas les informations requises sur le donneur d'ordre ou le bénéficiaire et (ii) des actions consécutives appropriées.

L'institution financière du bénéficiaire

19. L'institution financière du bénéficiaire devrait prendre des mesures raisonnables pour détecter les virements électroniques transfrontaliers pour lesquels il manque les informations requises sur le donneur d'ordre ou sur le bénéficiaire. Ces mesures peuvent inclure une surveillance *a posteriori* ou une surveillance en temps réel lorsque cela est possible.

20. Pour les virements électroniques qualifiés, l'institution financière du bénéficiaire devrait vérifier l'identité du bénéficiaire lorsque cela n'a pas été fait précédemment et devrait conserver ces informations conformément à la recommandation 11.

21. L'institution financière du bénéficiaire devrait disposer de politiques et de procédures efficaces fondées sur le risque pour décider (i) quand exécuter, rejeter ou suspendre les virements électroniques qui ne comportent pas les informations requises sur le donneur d'ordre ou sur le bénéficiaire et (ii) des actions consécutives appropriées.

F *Prestataires de services de transfert de fonds ou de valeurs*

22. Les prestataires de services de transfert de fonds ou de valeurs devraient être obligés de respecter toutes les obligations applicables de la recommandation 16 dans les pays dans lesquels ils exercent leurs activités, directement ou *via* leurs agents. Lorsqu'un prestataire de services de transfert de fonds ou de valeurs contrôle à la fois la passation d'ordre et la réception d'un virement électronique, le prestataire de services de transfert de fonds ou de valeurs :

(a) devrait prendre en compte toutes les informations émanant du donneur d'ordre et du bénéficiaire afin de décider si une DOS doit être faite ;

(b) devrait faire une DOS dans tous les pays concernés par le virement électronique suspect, et mettre à la disposition de la cellule de renseignements financiers toutes les informations sur l'opération.

NOTE INTERPRÉTATIVE DE LA RECOMMANDATION 17 *Recours à des tiers*

1. Cette recommandation ne s'applique pas aux relations de sous-traitance ou de mandat. Dans le cas du recours à un tiers, celui-ci devrait être soumis à des obligations de vigilance relatives à la clientèle et de conservation des documents conformément aux recommandations 10 et 11 et être règlementé, contrôlé ou surveillé. En général, le tiers a avec le client une relation d'affaires en cours indépendante de la relation existant entre le client et l'institution qui recourt au tiers, et applique ses propres procédures pour mettre en œuvre les mesures de vigilance relatives à la clientèle. Ce scénario peut s'opposer aux cas de sous-traitance ou de mandat dans le cadre desquels l'entité sous-contractante applique les mesures de vigilance relatives à la clientèle pour le compte de l'institution financière délégante conformément aux procédures de celle-ci et est soumise au contrôle par l'institution financière délégante de la mise en œuvre efficace de ces procédures.

2. Aux fins de la recommandation 17, l'expression *autorités compétentes concernées* désigne (i) l'autorité du pays d'origine, qui devrait être impliquée dans la compréhension des politiques et des contrôles du groupe au niveau du groupe et (ii) les autorités du pays d'accueil, pour les succursales/filiales concernées.

3. Le terme *tiers* désigne les institutions financières et les entreprises et professions non financières désignées qui font l'objet d'un contrôle ou d'une surveillance et qui remplissent les obligations de la recommandation 17.

NOTE INTERPRÉTATIVE DE LA RECOMMANDATION 18 *Contrôles internes et succursales et filiales à l'étranger*

1. Les programmes de lutte contre le blanchiment de capitaux et le financement du terrorisme des institutions financières devraient inclure :

(a) l'élaboration de politiques, de procédures et de contrôles internes, y compris de dispositifs de contrôle de la conformité et de procédures appropriées de sélection garantissant le recrutement des employés selon des critères exigeants ;

(b) un programme de formation continue des employés ;

(c) une fonction d'audit indépendante pour tester le système.

2. Le type et l'étendue des mesures à prendre devraient tenir compte du risque de blanchiment de capitaux et de financement du terrorisme et de la dimension de l'activité commerciale.

3. Les dispositifs de contrôle de la conformité devraient inclure la désignation d'un responsable de la conformité au niveau de la direction.

4. Les programmes de lutte contre le blanchiment de capitaux et de financement du terrorisme des groupes financiers devraient s'appliquer à toutes les succursales et filiales majoritaires de ces groupes. Ces programmes devraient inclure les mesures prévues aux points (a) à (c) ci-dessus et devraient être adaptés à l'activité des succursales et filiales majoritaires. De tels programmes devraient être efficacement mis en œuvre au niveau des succursales et filiales majoritaires. Ils devraient inclure des politiques et des procédures de partage des informations requises aux fins du devoir de vigilance relatif à la clientèle et de gestion du risque de blanchiment de capitaux et de financement du terrorisme. Les informations sur les clients, les comptes et les opérations des succursales et filiales devraient être fournies aux fonctions de conformité, d'audit, et/ou de LBC/FT au niveau du groupe, lorsque ceci est nécessaire aux fins de la LBC/FT. Ces informations devraient inclure les données et analyses des transactions ou des activités qui apparaissent inhabituelles (si de telles analyses ont été réalisées) ; et elles pourraient aussi inclure une DOS, les informations se rapportant à cette DOS, ou le fait qu'une DOS a été soumise. Lorsque cela est pertinent et approprié pour la gestion des risques, les succursales et filiales devaient également recevoir ces informations, de la part des fonctions conformité du groupe. Des garanties adéquates en matière de confidentialité et d'utilisation des informations échangées devraient être mises en place, y compris pour prévenir la divulgation d'informations. Les pays déterminent le champ d'application et la portée de ces échanges d'informations, en fonction de la sensibilité de l'information concernée et de sa pertinence pour la gestion des risques de LBC/FT.

5. Pour leurs opérations à l'étranger et lorsque les obligations minimum en matière de LBC/FT du pays d'accueil sont moins contraignantes que celles du pays d'origine, les institutions financières devraient être obligées de s'assurer que leurs succursales et filiales majoritaires dans les pays d'accueil appliquent les obligations du pays d'origine dans la mesure où les lois et règlements du pays d'accueil le permettent. Si le pays d'accueil ne permet pas la mise en œuvre appropriée des mesures ci-dessus, les groupes financiers devraient appliquer des mesures supplémentaires appropriées afin de gérer les risques de blanchiment de capitaux et de financement du terrorisme et en informer les autorités de contrôle du pays d'origine. Si les mesures supplémentaires ne sont pas suffisantes, les autorités compétentes du pays d'origine devraient envisager des actions de contrôle supplémentaires, parmi lesquelles la mise en œuvre de contrôles supplémentaires sur le groupe financier et, le cas échéant, demander au groupe financier la cessation de ses opérations dans le pays d'accueil.

NOTE INTERPRÉTATIVE DE LA RECOMMANDATION 19 *Pays présentant un risque plus élevé*

1. Les mesures de vigilance renforcées pouvant être prises par les institutions financières incluent les mesures prévues au paragraphe 20 de la note interprétative de la recommandation 10, ainsi que toute autre mesure d'effet similaire en termes d'atténuation des risques.

2. Des exemples de contre-mesures pouvant être prises par les pays incluent les mesures suivantes, ainsi que toute autre mesure d'effet similaire en termes d'atténuation des risques :

(a) Obliger les institutions financières à appliquer des éléments spécifiques des mesures de vigilance renforcées.

(b) Introduire des mécanismes de déclaration renforcés pertinents ou la déclaration systématique des opérations financières.

(c) Refuser l'établissement de filiales, de succursales ou de bureaux de représentation des institutions financières du pays concerné ou, de toute autre manière, tenir compte du fait que l'institution financière concernée est originaire d'un pays qui n'est pas doté d'un dispositif de LBC/FT satisfaisant.

(d) Interdire aux institutions financières d'établir des succursales ou des bureaux de représentation dans le pays concerné ou, de toute autre manière, tenir compte du fait que la succursale ou le bureau de représentation est situé dans un pays qui n'est pas doté d'un dispositif de LBC/FT satisfaisant.

(e) Limiter les relations d'affaires ou les opérations financières avec le pays identifié et les personnes dans ce pays.

(f) Interdire aux institutions financières d'avoir recours à des tiers situés dans le pays concerné pour exercer certains éléments du processus de vigilance relative à la clientèle.

(g) Obliger les institutions financières à examiner et modifier ou, si nécessaire, mettre fin aux relations de correspondance bancaire avec des institutions financières du pays concerné.

(h) Imposer des obligations renforcées en matière de contrôle et/ou d'audit externe pour les succursales et filiales d'institutions financières situées dans le pays concerné.

(i) Imposer des obligations renforcées en matière d'audit externe pour les groupes financiers en ce qui concerne leurs succursales et filiales situées dans le pays concerné.

Il convient de mettre en place des mesures efficaces pour que les institutions financières soient informées des préoccupations suscitées par les faiblesses des dispositifs de LBC/FT d'autres pays.

NOTE INTERPRÉTATIVE DE LA RECOMMANDATION 20 *Déclaration des opérations suspectes*

1. On entend par *activité criminelle* au sens de la recommandation 20 tous les actes constituant une infraction sous-jacente au blanchiment de capitaux ou, au minimum, les infractions constituant une infraction sous-jacente conformément à la recommandation 3. Les pays sont vivement encouragés à adopter la première de ces options.
2. L'expression *financement du terrorisme* dans la recommandation 20 désigne le financement des actes terroristes mais aussi des organisations terroristes et des individus terroristes, même en l'absence de lien avec un ou plusieurs actes terroristes spécifiques.
3. Toutes les opérations suspectes, y compris les tentatives d'opérations, devraient être déclarées quel que soit leur montant.
4. L'obligation déclarative devrait être directement contraignante et toute obligation de déclaration des opérations de soupçon indirecte ou implicite, que ce soit à raison d'éventuelles poursuites pour blanchiment de capitaux ou financement du terrorisme ou pour tout autre motif ("déclaration indirecte") n'est pas acceptable.

NOTE INTERPRÉTATIVE DES RECOMMANDATIONS 22 ET 23 *Entreprises et professions non financières désignées*

1. Les seuils désignés applicables aux opérations sont les suivants :
   - Casinos (au titre de la recommandation 22) – 3 000 USD/EUR.
   - Négociants en métaux précieux et négociants en pierres précieuses pour les opérations en espèces (au titre des recommandations 22 et 23) – 15 000 USD/EUR.

Les opérations financières dépassant l'un des seuils désignés peuvent être des opérations uniques ou plusieurs opérations entre lesquelles semble exister un lien.

2. Les notes interprétatives qui s'appliquent aux institutions financières s'appliquent également aux entreprises et professions non financières désignées, le cas échéant. Il n'est pas nécessaire, pour observer les recommandations 22 et 23, que les pays adoptent des dispositions législatives ou des moyens contraignants concernant exclusivement les avocats, les notaires, les comptables et les autres entreprises et professions non financières désignées, dès lors que ces entreprises et ces professions sont couvertes par des dispositions législatives ou des moyens contraignants applicables aux activités les concernant.

NOTE INTERPRÉTATIVE DE LA RECOMMANDATION 22 *Entreprises et professions non financières désignées – Devoir de vigilance relatif à la clientèle*

1. Les agents immobiliers devraient mettre en œuvre les obligations de la recommandation 10 à l'égard des acquéreurs et des vendeurs du bien immobilier.

2. Les casinos devraient mettre en œuvre la recommandation 10, y compris identifier et vérifier l'identité des clients, lorsque ces derniers réalisent des opérations financières égales ou supérieures à 3 000 USD/EUR. L'identification des clients à l'entrée d'un casino peut être suffisante, mais pas nécessairement. Les pays doivent obliger les casinos à s'assurer qu'ils peuvent faire le lien entre les informations recueillies sur un client dans l'exercice de leur devoir de vigilance avec les opérations effectuées par ce client dans le casino.

NOTE INTERPRÉTATIVE DE LA RECOMMANDATION 23 *Entreprises et professions non financières désignées – Autres mesures*

1. Les avocats, les notaires, les membres des autres professions juridiques indépendantes et les comptables agissant en qualité de professionnels juridiques indépendants ne sont pas obligés de déclarer les opérations suspectes lorsque les informations concernées ont été obtenues dans des circonstances couvertes par le secret ou le privilège juridique professionnels.

2. Il appartient à chaque pays de déterminer quelles sont les matières qui relèvent du privilège juridique ou du secret professionnels. Il s'agit normalement des informations que les avocats, les notaires ou les membres des professions juridiques indépendantes reçoivent ou obtiennent de leur client : (a) dans le cadre de l'évaluation de la situation juridique de celui-ci ou (b) lorsqu'ils accomplissent leurs devoirs de défense ou de représentation de ce client dans le cadre de procédures judiciaires, administratives, d'arbitrage ou de médiation, ou en lien avec ces procédures.

3. Les pays peuvent autoriser les avocats, les notaires, les membres d'autres professions juridiques indépendantes et les comptables à adresser leurs DOS à l'organisme d'autorégulation compétent, à condition qu'il existe des formes satisfaisantes de coopération entre ces organismes et la CRF.

4. Le fait que des avocats, notaires, membres d'une autre profession juridique indépendante ou comptables agissant en qualité de professionnels juridiques indépendants cherchent à dissuader un client de se livrer à une activité illégale ne constitue pas un cas de divulgation.

NOTE INTERPRÉTATIVE DE LA RECOMMANDATION 24 *Transparence et bénéficiaires effectifs des personnes morales*

1. Les autorités compétentes devraient pouvoir en temps opportun obtenir ou avoir accès à des informations satisfaisantes, exactes et à jour sur les bénéficiaires effectifs et le contrôle des sociétés et autres personnes morales (informations sur les bénéficiaires effectifs *[Les informations sur les bénéficiaires effectifs des personnes morales sont celles mentionnées dans le paragraphe 5(b)(i) de la note interprétative de la recommandation 10. La notion d'actionnaire ayant une participation de contrôle mentionnée dans le paragraphe 5(b)(i) de la note interprétative de la recommandation 10 peut être fondée sur un seuil (par exemple, toutes les personnes détenant plus d'un certain pourcentage de la société, par exemple, 25 %).]*) créées *[Les références à la création d'une personne morale incluent la constitution des sociétés ou tout autre mécanisme utilisé.]* dans le pays. Les pays peuvent choisir les mécanismes sur lesquels s'appuyer pour atteindre cet objectif. Néanmoins, ils devraient aussi respecter les obligations minimum prévues ci-dessous. Il est également très probable que les pays doivent utiliser une combinaison de mécanismes pour atteindre cet objectif.

2. Dans le cadre du processus permettant d'assurer la transparence satisfaisante des personnes morales, les pays devraient disposer de mécanismes qui :

(a) identifient et décrivent les différents types, formes et caractéristiques élémentaires des personnes morales dans le pays ;

(b) identifient et décrivent les procédures (i) de création de ces personnes morales et (ii) d'obtention et de conservation des informations élementaires et sur les bénéficiaires effectifs ;

(c) mettent les informations ci-dessus à la disposition du public ;

(d) évaluent les risques de blanchiment de capitaux et de financement du terrorisme liés aux différents types de personnes morales créées dans le pays.

A *Informations élémentaires*

3. Afin de déterminer qui sont les bénéficiaires effectifs d'une société, les autorités compétentes auront besoin de certaines informations élémentaires concernant la société, parmi lesquelles, au minimum, les informations relatives à la propriété et à la structure de contrôle de la société. Ceci inclut les informations sur les statuts de la société, ses actionnaires et dirigeants.

4. Toutes les sociétés créées dans un pays devraient être enregistrées dans un registre des sociétés *[Le terme registre des sociétés désigne un registre des sociétés constituées ou autorisées dans ce pays et généralement tenu par ou pour l'autorité d'enregistrement. Il ne désigne pas les informations détenues par ou pour la société elle-même.]*. **Quelle que soit la combinaison de mécanismes utilisée pour obtenir et conserver les informations sur les bénéficiaires effectifs (voir la section B), l'obtention et la conservation par la société d'un ensemble d'informations élémentaires sur la société** *[Les informations peuvent être conservées par la société elle-même ou par un tiers sous la responsabilité de la société.]* **doit constituer un prérequis obligatoire. Les informations élémentaires minimales devant être obtenues et conservées par une société devraient être les suivantes :**

(a) la dénomination sociale, la preuve de sa constitution, la forme juridique et l'état *[Par exemple, le fait qu'une société soit en cours de dissolution ou de liquidation.]*, **l'adresse de son siège, les éléments principaux régissant le fonctionnement de la société (par exemple, actes constitutifs, statuts...), la liste des membres du conseil d'administration ;**

(b) un registre de ses actionnaires ou de ses membres contenant le nom des actionnaires et des membres et le nombre d'actions détenues par chaque actionnaire *[Cela est applicable aux actionnaires dont les actions sont inscrites au nominatif.]* **ainsi que la catégorie d'actions (y compris la nature des droits de vote qui leur sont associés).**

5. Le registre des sociétés devrait conserver toutes les informations élémentaires mentionnées au paragraphe 4(a) ci-dessus.

6. La société devrait conserver les informations élémentaires mentionnées au paragraphe 4(b) dans le pays, soit à son siège social, soit en un autre lieu indiqué dans le registre des sociétés. Toutefois, si la société ou le registre des sociétés détient des informations sur les bénéficiaires effectifs dans le pays, il n'est pas nécessaire que le registre des actionnaires se trouve dans le pays, pourvu que cette société puisse fournir ces informations immédiatement sur demande.

B *Informations sur les bénéficiaires effectifs*

7. Les pays devraient s'assurer que : (a) les informations sur les bénéficiaires effectifs d'une société sont obtenues par cette société et disponibles à un endroit désigné dans le pays ou (b) soient en place des mécanismes permettant que les bénéficiaires effectifs d'une société puissent être identifiés en temps opportun par une autorité compétente.

8. Afin de satisfaire aux obligations du paragraphe 7, les pays devraient utiliser un ou plusieurs des mécanismes suivants :

(a) obliger les sociétés ou les registres des sociétés à obtenir et à conserver des informations à jour sur les bénéficiaires effectifs des sociétés ;

(b) obliger les sociétés à prendre des mesures raisonnables *[Les mesures devraient être proportionnées au niveau de risque ou à la complexité liée à la structure de propriété de la société ou la nature des actionnaires ayant une participation de contrôle.]* **pour obtenir et conserver des informations à jour sur les bénéficiaires effectifs des sociétés ;**

(c) utiliser des informations existantes, parmi lesquelles : (i) les informations obtenues par les institutions financières et/ou les entreprises et professions non financières désignées, conformément aux recommandations 10 et 22 *[Les pays devraient pouvoir établir en temps opportun si une société est titulaire d'un compte auprès d'une institution financière du pays.]* ; (ii) les informations détenues par d'autres autorités compétentes sur les bénéficiaires effectifs et la propriété légale des sociétés, par exemple les registres de sociétés, les autorités fiscales ou les autorités de réglementation du secteur financier ou d'autres autorités de réglementation ; (iii) les informations détenues par la société conformément aux obligations de la section A ci-dessus ; et (iv) toute information disponible sur les sociétés cotées sur un marché boursier assujetties, par les règles de ce marché, par la loi ou par un moyen contraignant, à des obligations de publication visant à garantir une transparence suffisante des bénéficiaires effectifs.

9. Quels que soient les mécanismes utilisés parmi ceux prévus ci-dessus, les pays devraient s'assurer que les sociétés coopèrent dans toute la mesure du possible avec les autorités compétentes pour identifier les bénéficiaires effectifs. Cela devrait inclure :

(a) exiger qu'une ou plusieurs personnes physiques résidant dans le pays soient autorisées par la société *[Les membres du conseil d'administration ou de la haute direction de la société peuvent ne pas devoir obtenir d'autorisation spécifique de la part de la société.]* à communiquer toutes les informations élémentaires et les informations disponibles sur les bénéficiaires effectifs et à fournir toute autre forme d'assistance aux autorités compétentes, et en soient responsables vis-à-vis de ces autorités ; et/ou

(b) exiger qu'une entreprise ou profession non financière désignée dans le pays soit autorisée par la société à communiquer toutes les informations élémentaires et les informations disponibles sur les bénéficiaires effectifs et à fournir davantage d'assistance aux autorités compétentes, et en soit responsable vis-à-vis de ces autorités ; et/ou

(c) d'autres mesures comparables spécifiquement identifiées par les pays pouvant garantir efficacement la coopération.

10. Toutes les personnes, autorités et entités mentionnées ci-dessus, ainsi que la société elle-même (ou ses dirigeants, liquidateurs ou autres personnes impliquées dans la dissolution de la société), devraient conserver les informations et pièces mentionnées pendant au moins cinq ans après la date à laquelle la société est dissoute ou cesse d'exister, ou pendant au moins cinq ans après la date à laquelle la société cesse d'être cliente de l'intermédiaire professionnel ou de l'institution financière.

C Accès en temps opportun à des informations à jour et exactes

11. Les pays devraient disposer de mécanismes qui garantissent que les informations élémentaires, y compris les informations communiquées au registre des sociétés, sont exactes et à jour en temps opportun. Les pays devraient exiger que toutes les informations disponibles mentionnées au paragraphe 7 soient exactes et tenues à jour le mieux possible, et que les informations soient mises à jour dans un délai raisonnable après tout changement.

12. Les autorités compétentes, et en particulier les autorités de poursuite pénale, devraient disposer de tous les pouvoirs nécessaires pour avoir accès en temps opportun aux informations élémentaires et sur les bénéficiaires effectifs détenues par les parties concernées.

13. Les pays devraient imposer à leur registre des sociétés de faciliter l'accès en temps opportun par les institutions financières, les entreprises et professions non financières désignées et les autorités compétentes des autres pays aux informations publiques qu'ils détiennent et, au minimum, aux informations mentionnées au paragraphe 4(a) ci-dessus. Les pays devraient également envisager de faciliter l'accès en temps opportun par les institutions financières et les entreprises et professions non financières désignées aux informations mentionnées au paragraphe 4(b) ci-dessus.

D *Obstacles à la transparence*

14. Les pays devraient prendre des mesures pour prévenir l'utilisation abusive des actions au porteur et des bons de souscription d'actions au porteur, en appliquant par exemple un ou plusieurs des mécanismes suivants : (a) les interdire ; (b) les convertir en actions nominatives ou bons de souscription d'actions (par dématérialisation, par exemple) ; (c) les immobiliser en exigeant qu'ils soient détenus auprès d'une institution financière ou d'un intermédiaire professionnel réglementé ; ou (d) imposer aux actionnaires détenant une participation de contrôle de le notifier à la société et à la société d'enregistrer leur identité.

15. Les pays devraient prendre des mesures pour prévenir l'utilisation abusive des actions inscrites au nom de prête-noms ou des administrateurs agissant pour le compte d'une autre personne (*nominee shareholders and nominee directors*), en appliquant par exemple un ou plusieurs des mécanismes suivants : (a) obliger les actionnaires ou administrateurs agissant pour le compte d'une autre personne à divulguer à la société et à tout registre compétent l'identité de la personne les ayant désignés, et à inclure ces informations dans le registre pertinent ou (b) obliger les actionnaires ou administrateurs agissant pour le compte d'une autre personne à être dûment autorisés, imposer que leur statut de mandataires soit consigné dans les registres des sociétés et les obliger à conserver les informations identifiant la personne les ayant désignés et à mettre à la disposition des autorités compétentes de telles informations sur demande.

E *Autres personnes morales*

16. En ce qui concerne les fondations, *Anstalten* et *limited liability partnership*, les pays devraient prendre des mesures similaires et imposer des obligations similaires à celles prescrites aux sociétés, en tenant compte de leurs différentes formes et structures.

17. En ce qui concerne les autres types de personnes morales, les pays devraient prendre en compte leurs différentes formes et structures, ainsi que les niveaux de risques de blanchiment de capitaux et de financement du terrorisme liés à chaque type de personne morale, en vue d'atteindre les niveaux de transparence appropriés. Au minimum, les pays devraient s'assurer que des types d'informations similaires aux informations élémentaires sont conservés et tenus exacts et à jour par ces personnes morales, et que ces informations sont accessibles en temps opportun par les autorités compétentes. Les pays devraient examiner les risques de blanchiment de capitaux et de financement du terrorisme liés à ces autres personnes morales et, selon le niveau de risque, décider des mesures qui devraient être prises pour s'assurer que les autorités compétentes ont accès en temps opportun à des informations satisfaisantes, exactes et à jour sur les bénéficiaires effectifs de ces personnes morales.

F *Responsabilité et sanctions*

18. La responsabilité du respect des obligations de la présente note interprétative devrait être clairement établie. Une responsabilité juridique et des sanctions efficaces, proportionnées et dissuasives devraient également être prévues pour toute personne physique ou morale qui ne respecte pas ces obligations.

G *Coopération internationale*

19. Les pays devraient de manière rapide, constructive et efficace fournir une coopération internationale concernant les informations élémentaires et sur les bénéficiaires effectifs conformément aux recommandations 37 et 40. Cette coopération devrait notamment impliquer : (a) de faciliter l'accès par les autorités compétentes étrangères aux informations élémentaires des registres de sociétés ; (b) d'échanger des informations sur les actionnaires ; et (c) d'utiliser leurs pouvoirs, conformément à leurs lois nationales, pour obtenir des informations sur les bénéficiaires effectifs

pour le compte d'homologues étrangers. Les pays devraient contrôler la qualité de l'assistance qu'ils reçoivent d'autres pays en réponse aux demandes d'informations élémentaires et d'informations sur les bénéficiaires effectifs ou à des demandes d'assistance pour localiser des bénéficiaires effectifs résidant à l'étranger.

NOTE INTERPRÉTATIVE DE LA RECOMMANDATION 25 *Transparence et bénéficiaires effectifs des constructions juridiques*

1. Les pays devraient obliger les trustees de tout trust exprès régi par leur droit d'obtenir et de détenir des informations satisfaisantes, exactes et à jour sur les bénéficiaires effectifs de ce trust. Ces informations devraient porter sur l'identité du constituant, du ou des trustees, du protecteur (le cas échéant), des bénéficiaires ou de la catégorie de bénéficiaires et de toute autre personne physique exerçant en dernier lieu un contrôle effectif sur le trust. Les pays devraient également obliger les trustees de tout trust régi par leur droit de détenir les informations élémentaires sur les autres agents réglementés et prestataires de services du trust, y compris les conseillers en investissement ou gestionnaires d'investissement, les comptables et les conseillers fiscaux.

2. Tous les pays devraient prendre des mesures pour s'assurer que les trustees déclarent leur statut de trustee aux institutions financières et aux entreprises et professions non financières désignées lorsque, en qualité de trustee, ils établissent une relation d'affaires ou exécutent une opération occasionnelle d'un montant supérieur au seuil. Les trustees ne devraient pas être empêchés par la loi ou par un moyen contraignant de fournir aux autorités compétentes toute information sur le trust *[Autorités compétentes nationales ou autorités compétentes pertinentes d'un autre pays en vertu d'une demande de coopération internationale appropriée.]* ou de fournir aux institutions financières et aux entreprises et professions non financières désignées, sur demande, des informations sur les bénéficiaires effectifs et les avoirs du trust détenus ou gérés dans le cadre de cette relation d'affaires.

3. Les pays sont encouragés à s'assurer que les autres autorités, personnes et entités concernées détiennent des informations sur tous les trusts avec lesquels elles sont en relation. Les sources d'information potentielles sur les trusts, les trustees et les avoirs visés par le trust sont les suivantes :

(a) Registres (par exemple, un registre central des trusts ou des avoirs visés par le trust) ou registres d'avoirs fonciers, immobiliers, automobiles, en actions ou autres.

(b) Autres autorités compétentes détenant des informations sur des trusts et des trustees (par exemple les autorités fiscales recueillant des informations sur les avoirs et le revenu liés aux trusts).

(c) Autres agents et prestataires de services aux trusts, y compris les conseillers en investissement ou les gestionnaires d'investissement, les avocats et les prestataires de services aux trusts et aux sociétés.

4. Les autorités compétentes et, en particulier, les autorités de poursuite pénale, devraient avoir tous les pouvoirs nécessaires pour accéder en temps opportun aux informations détenues par les trustees et les autres parties, en particulier aux informations détenues par les institutions financières et les entreprises et professions non financières désignées sur : (a) les bénéficiaires effectifs ; (b) la résidence du trustee et (c) tout actif détenu ou géré par l'institution financière ou l'entreprise ou profession non financière désignée en lien avec tout trustee avec lequel elles sont en relation d'affaires ou pour lequel elles exécutent une opération occasionnelle.

5. Les trustees professionnels devraient être tenus de conserver les informations visées au paragraphe 1 pendant une durée d'au moins cinq ans après la cessation de leur implication dans le trust. Les pays sont encouragés à obliger les trustees non professionnels et les autres autorités, personnes et entités mentionnées au paragraphe 3 à conserver ces informations pendant au moins cinq ans.

6. Les pays devraient imposer que toute information détenue conformément au paragraphe 1 soit tenue aussi exacte et à jour que possible et que les informations soient mises à jour dans un délai raisonnable après tout changement.

7. Les pays devraient envisager de prendre des mesures pour faciliter l'accès des institutions financières et des entreprises et professions non financières désignées mettant en œuvre les obligations énoncées dans les recommandations 10 et 22 à toute information sur les trusts détenue par les autres autorités, personnes et entités visées au paragraphe 3.

8. Aux fins de la présente recommandation, les pays ne sont pas tenus de reconnaître juridiquement les trusts. Il n'est pas nécessaire que les pays imposent les obligations prévues aux paragraphes 1, 2 et 6 dans leur législation dès lors que les trustees sont soumis à des obligations appropriées d'effet analogue, par exemple par voie de *common law* ou de jurisprudence.

Autres constructions juridiques

9. Concernant les autres types de construction juridique présentant une structure ou une fonction similaire, les pays devraient prendre des mesures similaires à celles qui sont imposées en lien avec les trusts, en vue de garantir des niveaux de transparence similaires. Au minimum, les pays devraient s'assurer que des informations similaires à celles qui sont mentionnées plus haut concernant les trusts sont conservées et tenues exactes et à jour et que ces informations sont accessibles en temps opportun aux autorités compétentes.

Coopération internationale

10. Les pays devraient, de manière rapide, constructive et efficace, fournir une coopération internationale concernant les informations sur les trusts et autres constructions juridiques, y compris les informations sur les bénéficiaires effectifs, conformément aux recommandations 37 et 40. Cette coopération internationale devrait notamment impliquer : (a) de faciliter l'accès des autorités compétentes étrangères à toute information conservée dans des registres ou détenue par d'autres autorités nationales ; (b) d'échanger les informations disponibles au niveau national sur les trusts ou autres constructions juridiques ; et (c) d'utiliser, dans le respect du droit interne, les pouvoirs dont disposent les autorités compétentes pour obtenir les informations sur les bénéficiaires effectifs pour le compte d'homologues étrangers.

Responsabilité et sanctions

11. Les pays devraient s'assurer que les responsabilités concernant le respect des obligations de la présente note interprétative sont clairement établies et que les trustees sont juridiquement responsables de tout manquement à leurs devoirs au regard des obligations spécifiées aux paragraphes 1, 2, 6 et, le cas échéant, 5, ou que des sanctions efficaces, proportionnées et dissuasives, pénales, civiles ou administratives, sont applicables en cas de non-respect de ces obligations *[Sans préjudice de l'obligation de disposer de sanctions efficaces, proportionnées et dissuasives en cas de non-respect des autres obligations prévues ailleurs par les recommandations.]*. Les pays devraient s'assurer que des sanctions efficaces, proportionnées et dissuasives, pénales, civiles ou administratives, sont applicables en cas de non-respect de l'obligation de mettre à la disposition des autorités compétentes, en temps opportun, les informations sur les trusts telles que visées aux paragraphes 1 et 5.

NOTE INTERPRÉTATIVE DE LA RECOMMANDATION 26 *Réglementation et contrôle des institutions financières*

Approche fondée sur les risques en matière de contrôle

1. L'approche fondée sur les risques en matière de contrôle désigne : (a) le processus général suivi par une autorité de contrôle, en fonction de sa compréhension des risques, pour allouer ses ressources au contrôle en matière de LBC/FT et (b) le processus spécifique de contrôle des institutions qui appliquent une approche fondée sur les risques en matière de LBC/FT.

2. L'adoption d'une approche fondée sur les risques pour contrôler les systèmes et les contrôles de LBC/FT mis en œuvre par les institutions financières permet aux autorités de contrôle d'orienter leurs ressources vers les secteurs qui paraissent présenter un risque plus élevé. Les autorités de contrôle peuvent ainsi utiliser plus efficacement leurs ressources. Cela implique que les autorités de contrôle : (a) devraient

comprendre clairement les risques de blanchiment de capitaux et de financement du terrorisme existant dans le pays et (b) devraient avoir accès, sur place et à distance, à toutes les informations pertinentes sur les risques nationaux et internationaux spécifiques liés aux clients, produits et services des institutions contrôlées, y compris la qualité de la fonction de conformité de l'institution financière ou du groupe financier (ou des groupes, le cas échéant, pour les institutions appliquant les Principes fondamentaux). La fréquence et l'intensité des contrôles sur place et à distance exercés en matière de LBC/FT sur les institutions financières ou les groupes financiers devraient être déterminées en fonction des risques de blanchiment de capitaux et de financement du terrorisme, en fonction des politiques et des contrôles et procédures internes de l'institution ou du groupe, tels qu'identifiés dans le cadre de l'évaluation du profil de risque de l'institution ou du groupe réalisée par l'autorité de contrôle, et en fonction des risques de blanchiment de capitaux et de financement du terrorisme présents dans le pays.

3. L'évaluation du profil de risque de blanchiment de capitaux et de financement du terrorisme d'une institution financière ou d'un groupe financier, y compris de risque de non-conformité, devrait être revue régulièrement et dès que surviennent d'importants événements ou évolutions dans la gestion et les opérations de l'institution ou du groupe, conformément aux pratiques établies du pays en matière de contrôle continu. Cette évaluation ne devrait pas être statique, mais évoluer en fonction des circonstances et des menaces.

4. Le contrôle en matière de LBC/FT exercé sur les institutions financières ou groupes financiers appliquant une approche fondée sur les risques devrait tenir compte du degré de discrétion accordée à l'institution ou au groupe en vertu de cette approche et prévoir de façon appropriée un examen des évaluations des risques sous-jacentes à cette discrétion ainsi qu'un examen de la pertinence et de la mise en œuvre des politiques, contrôles internes et procédures de cette institution financière ou de ce groupe financier.

5. Ces principes devraient s'appliquer à l'ensemble des institutions financières et groupes financiers. Pour garantir un contrôle efficace en matière de LBC/FT, les autorités de contrôle devraient prendre en compte les caractéristiques des institutions financières et groupes financiers, notamment la diversité et le nombre des institutions financières et le degré de discrétion qui leur est accordé en vertu de l'approche fondée sur les risques.

Ressources des autorités de contrôle

6. Les pays devraient s'assurer que les autorités de contrôle du secteur financier sont dotées de ressources financières, humaines et techniques suffisantes. Ces autorités de contrôle devraient bénéficier d'une indépendance opérationnelle et d'une autonomie suffisantes pour les mettre à l'abri de toute influence ou interférence indue. Les pays devraient mettre en place des procédures garantissant que le personnel de ces autorités respecte des normes professionnelles strictes, notamment des normes de confidentialité, fait preuve d'une grande intégrité et est doté de compétences appropriées.

NOTE INTERPRÉTATIVE DE LA RECOMMANDATION 28 *Réglementation et contrôle des entreprises et professions non financières désignées*

1. L'approche fondée sur les risques en matière de contrôle désigne : (a) le processus général suivi par une autorité de contrôle ou un organisme d'autorégulation, en fonction de sa compréhension des risques, pour allouer ses ressources au contrôle en matière de LBC/FT et (b) le processus spécifique de contrôle ou de surveillance des entreprises et professions non financières désignées qui appliquent une approche fondée sur les risques en matière de LBC/FT.

2. Les autorités de contrôle et les organismes d'autorégulation devraient déterminer la fréquence et l'intensité de leurs actions de contrôle ou de surveillance sur les entreprises et professions non financières désignées en fonction de leur compréhension des risques de blanchiment de capitaux et de financement du terrorisme et en

tenant compte de leurs caractéristiques, notamment la diversité et le nombre des entreprises et professions non financières désignées, de manière à garantir un contrôle ou une surveillance efficace en matière de LBC/FT. Pour ce faire, il convient de comprendre clairement les risques de blanchiment de capitaux et de financement du terrorisme (a) existant dans le pays et (b) liés à chaque type d'entreprise et profession non financière désignée et à leurs clients, produits et services.

3. Les autorités de contrôle et les organismes d'autorégulation qui évaluent la pertinence des contrôles internes, des politiques et des procédures de LBC/FT des entreprises et professions non financières désignées devraient prendre dûment en compte le profil de risque de blanchiment de capitaux et de financement du terrorisme de ces entreprises et professions, ainsi que le degré de discrétion qui leur est accordé en vertu de l'approche fondée sur les risques.

4. Les autorités de contrôle et les organismes d'autorégulation devraient disposer des pouvoirs nécessaires pour remplir leurs fonctions (notamment des pouvoirs de surveillance et de sanction) et de ressources financières, humaines et techniques suffisantes. Les pays devraient mettre en place des procédures garantissant que le personnel de ces autorités respecte des normes professionnelles strictes, notamment des normes de confidentialité, fait preuve d'une grande intégrité et est doté de compétences appropriées.

NOTE INTERPRÉTATIVE DE LA RECOMMANDATION 29 *Cellules de renseignements financiers*

A *Généralités*

1. La présente note décrit le mandat et les fonctions fondamentaux des cellules de renseignements financiers (CRF) et donne des précisions sur les obligations spécifiques énoncées dans la recommandation. La CRF fait partie du réseau opérationnel de LBC/FT d'un pays, dans lequel elle joue un rôle central, et assiste les autres autorités compétentes dans leurs travaux. Étant donné la diversité des modèles de CRF, la recommandation 29 ne préjuge pas du choix d'un modèle particulier opéré par chaque pays et s'applique indistinctement à toutes les CRF.

B *Fonctions*

(a) Réception

2. La CRF est l'agence centrale de réception des communications faites par les entités déclarantes. Ces informations devraient, au minimum, inclure les déclarations d'opération suspecte, conformément aux obligations des recommandations 20 et 23, ainsi que les autres informations requises par la législation nationale (par exemple, les déclarations d'opérations en espèces, les déclarations concernant les virements électroniques et les autres déclarations/communications faites en fonction d'un seuil).

(b) Analyse

3. L'analyse réalisée par la CRF devrait ajouter de la valeur aux informations qu'elle reçoit et détient. Toutes les informations devraient être prises en compte, mais l'analyse peut se focaliser sur chaque communication individuelle reçue ou sur des informations sélectionnées de façon appropriée, en fonction du type et du volume des communications reçues et de leur usage escompté après dissémination. Les CRF devraient être encouragées à employer des logiciels analytiques afin de traiter plus efficacement les informations et de les aider à établir des liens pertinents. Cependant, ces outils ne peuvent se substituer totalement au jugement analytique humain. Les CRF devraient pratiquer les types d'analyse suivants :

▪ L'analyse opérationnelle exploite les informations disponibles et susceptibles d'être obtenues afin d'identifier des cibles spécifiques (par exemple, des personnes, des biens ou des réseaux ou associations criminels), de suivre la trace d'activités ou d'opérations particulières et d'établir les liens entre ces cibles et un possible produit du crime, le blanchiment de capitaux, les infractions sous-jacentes ou le financement du terrorisme.

▪ L'analyse stratégique exploite des informations qui sont disponibles et qui peuvent être obtenues, y compris des données fournies par d'autres autorités compétentes, afin d'identifier des tendances et schémas en matière de blanchiment de capitaux et de financement du terrorisme. Ces informations sont ensuite utilisées par la CRF ou d'autres entités étatiques pour déterminer les menaces et vulnérabilités liées au blanchiment de capitaux et au financement du terrorisme. L'analyse stratégique peut également contribuer à la définition de politiques et d'objectifs pour la CRF et, plus largement, pour les autres entités relevant du régime de LBC/FT.

(c) Dissémination

4. La CRF devrait être en mesure de disséminer, spontanément et sur demande, des informations et le résultat de ses analyses aux autorités compétentes concernées. Cette dissémination devrait être assurée *via* des canaux dédiés, sécurisés et protégés.

▪ **Dissémination spontanée** : la CRF devrait être en mesure de disséminer des informations et le résultat de ses analyses aux autorités compétentes dès lors qu'il existe des raisons de suspecter la présence de blanchiment de capitaux, d'infractions sous-jacentes ou de financement du terrorisme. Sur la base de l'analyse de la CRF, la dissémination des informations devrait être sélective et permettre aux autorités récipiendaires de se concentrer sur les cas/informations pertinents.

▪ **Dissémination sur demande** : la CRF devrait être en mesure de répondre aux demandes d'information des autorités compétentes en vertu de la recommandation 30. Lorsqu'une CRF reçoit une telle demande, la décision de conduire une analyse et/ou de disséminer les informations à l'autorité requérante devrait rester celle de la CRF.

C *Accès aux informations*

(a) Obtention d'informations supplémentaires auprès des entités déclarantes

5. Outre les informations déclarées par les entités à la CRF (dans le cadre de leur fonction de réception), la CRF devrait être en mesure, lorsqu'elle en a besoin pour effectuer ses analyses de manière satisfaisante, d'obtenir et d'utiliser des informations supplémentaires auprès des entités déclarantes. Les informations que la CRF devrait être en droit de recevoir pourraient comprendre les informations que les entités déclarantes sont tenues de conserver en vertu des recommandations du GAFI (recommandations 10, 11 et 22).

(b) Accès aux informations d'autres sources

6. Afin de produire des analyses satisfaisantes, la CRF devrait avoir accès à la gamme la plus large possible d'informations financières, administratives et des autorités de poursuite pénale. Devraient ainsi être couvertes, les informations de sources ouvertes ou publiques, les informations pertinentes recueillies et/ou conservées par ou pour le compte d'autres autorités et, le cas échéant, les données à vocation commerciale.

D *Sécurité des informations et confidentialité*

7. Les informations reçues, traitées, détenues ou disséminées par la CRF devraient être protégées, échangées et utilisées en toute sécurité, conformément aux procédures et politiques convenues et aux lois et règlements applicables. Une CRF doit donc disposer de règles relatives à la sécurité et la confidentialité de ces informations, y compris des procédures pour leur traitement, leur stockage, leur dissémination, leur protection et leur consultation. La CRF devrait s'assurer que son personnel dispose des autorisations d'accès nécessaires et comprend ses responsabilités dans le traitement et la dissémination d'informations sensibles et confidentielles. La CRF devrait s'assurer que l'accès à ses installations et ses informations, y compris à ses systèmes informatiques, est limité.

E *Indépendance opérationnelle*

8. La CRF devrait être opérationnellement indépendante et autonome, c'est-à-dire qu'elle devrait avoir le pouvoir et la capacité d'exercer librement ses fonctions, notamment de décider en toute autonomie d'analyser, de demander et/ou de disséminer des informations spécifiques. Dans tous les cas, cela signifie que la CRF a le droit de transmettre ou disséminer des informations aux autorités compétentes de façon indépendante.

9. Une CRF peut être instituée au sein d'une autorité préexistante. Si une CRF est instituée au sein de la structure d'une autre autorité, ses fonctions essentielles devraient être distinctes de celles de cette autre autorité.

10. La CRF devrait être dotée de ressources financières, humaines et techniques satisfaisantes, de manière à garantir son autonomie et son indépendance et à lui permettre d'exercer efficacement son mandat. Les pays devraient mettre en œuvre des procédures garantissant que le personnel de la CRF respecte des normes professionnelles strictes, y compris des normes sur la confidentialité, fait preuve d'une grande intégrité et est doté de compétences appropriées.

11. En matière d'échange d'informations, la CRF devrait également être en mesure de conclure des accords ou de décider en toute indépendance de collaborer avec d'autres autorités compétentes nationales ou avec des homologues étrangers.

F *Influences ou ingérences indues*

12. La CRF devrait être en mesure d'obtenir et de mobiliser les ressources nécessaires pour exercer ses fonctions, au cas par cas ou de manière systématique, à l'abri de toute influence ou ingérence indue, qu'elle soit politique, administrative ou du secteur privé, susceptible de compromettre son indépendance opérationnelle.

G *Groupe Egmont*

13. Les pays devraient s'assurer que la CRF tient compte de la "Déclaration de mission" du Groupe Egmont et de ses "Principes pour l'échange d'informations entre cellules de renseignements financiers pour les cas de blanchiment de capitaux et de financement du terrorisme" (ces documents énoncent d'importantes lignes directrices concernant le rôle et les fonctions des CRF ainsi que des mécanismes d'échange d'informations entre CRF). La CRF devrait se porter candidate à l'adhésion au Groupe Egmont.

H *Déclaration des transactions importantes en espèces*

14. Les pays devraient examiner la faisabilité et l'utilité d'un système obligeant les institutions financières et les entreprises et professions non financières désignées à déclarer toutes les opérations nationales et internationales en espèces supérieures à un certain montant.

NOTE INTERPRÉTATIVE DE LA RECOMMANDATION 30 *Responsabilités des autorités de poursuite pénale et des autorités d'enquête*

1. Des autorités de poursuite pénale devraient être chargées de s'assurer que le blanchiment de capitaux, les infractions sous-jacentes et le financement du terrorisme font l'objet d'enquêtes satisfaisantes s'appuyant sur des enquêtes financières. Les pays devraient également charger une ou plusieurs autorités compétentes d'identifier, de dépister et de déclencher les procédures de gel ou de saisie des biens soumis ou susceptibles d'être soumis à confiscation.

2. L'expression *enquête financière* désigne un examen des affaires financières liées à une activité criminelle, visant à :

- identifier l'ampleur de réseaux criminels et/ou le degré de criminalité ;
- identifier et dépister le produit du crime, les fonds terroristes et tout autre bien soumis ou susceptible d'être soumis à confiscation ;
- établir des preuves susceptibles d'être produites dans des procédures pénales.

3. Une "enquête financière parallèle" désigne une enquête financière conduite parallèlement à ou dans le cadre d'une enquête pénale (traditionnelle) sur un cas de blanchiment de capitaux, d'infraction(s) sous-jacente(s) ou de financement du terrorisme. Les enquêteurs des autorités de poursuite pénale enquêtant sur des infractions sous-jacentes devraient soit être autorisés à poursuivre l'enquête conduite sur toute infraction liée au blanchiment de capitaux ou au financement du terrorisme au cours d'une enquête parallèle, soit être en mesure de confier le cas à une autre entité qui assurera la surveillance de ces enquêtes.

4. Les pays devraient envisager de prendre des mesures, y compris législatives, au niveau national, pour permettre à leurs autorités compétentes enquêtant sur des cas de blanchiment de capitaux et de financement du terrorisme de différer ou de renoncer à l'arrestation de personnes suspectes et/ou la saisie des fonds dans le but d'identifier les personnes impliquées dans de telles activités ou de rassembler des preuves. Sans ces mesures, il n'est pas possible de mettre en œuvre certaines procédures telles que les livraisons surveillées et les opérations sous couverture.

5. La recommandation 30 s'applique également aux autorités compétentes qui ne sont pas des autorités de poursuite pénale en soi, mais qui ont pour responsabilité de conduire des enquêtes financières sur des infractions sous-jacentes, dans la mesure où ces autorités compétentes exercent des fonctions couvertes par la recommandation 30.

6. Les autorités de lutte contre la corruption dotées de pouvoirs de poursuite peuvent être désignées pour enquêter sur les infractions de blanchiment de capitaux et de financement du terrorisme résultant de ou liées à des infractions de corruption aux fins de la recommandation 30 et ces autorités devraient également disposer de pouvoirs suffisants pour identifier, dépister et geler et saisir les biens.

7. Lorsqu'ils recourent à des groupes pluridisciplinaires dans le cadre de leurs enquêtes financières, les pays devraient prendre en compte l'éventail des agences de poursuite pénale et des autres autorités compétentes citées ci-dessus.

8. Les autorités de poursuite pénale et les autorités judiciaires devraient disposer de ressources financières, humaines et techniques suffisantes. Les pays devraient mettre en œuvre des procédures garantissant que le personnel de ces autorités respecte des normes professionnelles strictes, notamment des normes sur la confidentialité, fait preuve d'une grande intégrité et est doté de compétences appropriées.

NOTE INTERPRÉTATIVE DE LA RECOMMANDATION 32 *Passeurs de fonds*

A *Objectifs*

1. La recommandation 32 a été élaborée dans le but de garantir que les terroristes et autres criminels ne puissent pas financer leurs activités ou blanchir le produit du crime par le transport physique transfrontalier d'espèces ou d'instruments négociables au porteur. Plus précisément, elle vise à garantir que les pays se sont dotés de mesures permettant : (a) de repérer les transports physiques transfrontaliers d'espèces ou d'instruments au porteur négociables ; (b) d'arrêter ou de retenir les espèces ou instruments négociables au porteur suspectés d'être en rapport avec le financement du terrorisme ou le blanchiment de capitaux ; (c) d'arrêter ou de retenir les espèces ou instruments négociables au porteur faisant l'objet de fausses déclarations ou de communications d'informations fausses ; (d) d'appliquer des sanctions appropriées en cas de fausse déclaration ou de communication d'informations fausses ; et (e) d'autoriser la confiscation des espèces ou instruments négociables au porteur qui sont en rapport avec le financement du terrorisme ou le blanchiment de capitaux.

B *Types de systèmes pouvant être appliqués aux passeurs de fonds*

2. Les pays peuvent s'acquitter des obligations énoncées dans la recommandation 32 et dans la présente note interprétative en adoptant l'un des deux systèmes ci-dessous, mais ils ne sont pas obligés d'utiliser le même système pour les entrées et pour les sorties physiques transfrontalières d'espèces et d'instruments négociables au porteur :

Système de déclaration

3. Toutes les personnes qui procèdent au transport physique transfrontalier d'espèces ou d'instruments négociables au porteur dont la valeur dépasse un montant préalablement déterminé, qui ne peut être supérieur à 15 000 EUR/USD, doivent remettre une déclaration sincère aux autorités compétentes désignées. Les pays peuvent choisir l'un des trois systèmes de déclaration suivants : (i) un système de déclaration écrite pour tous les voyageurs ; (ii) un système de déclaration écrite pour les voyageurs qui transportent des espèces ou des instruments négociables au porteur d'un montant supérieur à un certain seuil ; ou (iii) un système de déclaration verbale. Ces trois systèmes sont décrits ci-dessous dans leur forme pure. Cependant, il n'est pas rare que les pays optent pour un système mixte.

(a) *Système de déclaration écrite pour tous les voyageurs :* dans ce système, tous les voyageurs sont obligés de remplir une déclaration écrite avant d'entrer dans le pays. Cette déclaration comporte généralement des questions utilisées dans des formulaires de déclaration courants ou douaniers. En pratique, les voyageurs sont obligés de déclarer s'ils transportent ou non des espèces ou des instruments négociables au porteur (par exemple, en cochant une case "oui/non").

(b) *Système de déclaration écrite pour les voyageurs transportant des sommes au-delà d'un certain seuil :* dans ce système, tous les voyageurs transportant des espèces ou des instruments négociables au porteur d'un montant supérieur à un seuil prédéfini sont obligés de remplir un formulaire de déclaration écrite. En pratique, les voyageurs ne sont pas obligés de remplir un formulaire s'ils ne transportent pas d'espèces ou d'instruments négociables au porteur d'un montant supérieur au seuil désigné.

(c) *Système de déclaration verbale pour tous les voyageurs :* dans ce système, tous les voyageurs sont obligés de déclarer verbalement s'ils transportent des espèces ou des instruments négociables au porteur d'un montant supérieur à un seuil prescrit. En général, ce système est appliqué aux points d'entrée des douanes : les voyageurs sont invités à choisir le "circuit rouge" (déclaration de marchandises) ou le "circuit vert" (rien à déclarer). Le circuit emprunté par le voyageur a alors valeur de déclaration verbale. En pratique, les voyageurs ne déclarent rien par écrit, mais sont tenus de faire la démarche de s'adresser aux autorités douanières.

Système de communication

4. Les pays peuvent opter pour un système imposant aux voyageurs de fournir sur demande les informations appropriées aux autorités. Dans ce type de système, les voyageurs ne sont pas obligés d'effectuer préalablement une déclaration écrite ou verbale. En pratique, les voyageurs doivent uniquement répondre de bonne foi aux questions qui leur sont posées par les autorités compétentes.

C *Éléments supplémentaires applicables aux deux systèmes*

5. Quel que soit le système mis en place, les pays devraient s'assurer qu'il réunit les caractéristiques suivantes :

(a) Le système de déclaration/communication devrait s'appliquer tant aux entrées qu'aux sorties d'espèces et d'instruments négociables au porteur.

(b) En cas de découverte d'une fausse déclaration/communication d'espèces ou d'instruments négociables au porteur ou en cas d'absence d'une telle déclaration/communication, les autorités compétentes désignées devraient avoir le pouvoir d'exiger et d'obtenir du porteur des informations complémentaires concernant l'origine des espèces ou des instruments négociables au porteur ainsi que l'usage auquel ils sont destinés.

(c) Les informations recueillies par le système de déclaration/communication devraient être mises à la disposition de la CRF, grâce à un dispositif permettant soit de notifier à la CRF les opérations suspectes de transport transfrontalier, soit de lui communiquer directement ces informations de toute autre manière.

(d) Au niveau national, les pays devraient s'assurer que la mise en œuvre de la recommandation 32 fait l'objet d'une coordination satisfaisante entre les services douaniers, les services chargés de l'immigration et toute autre autorité concernée.

(e) Dans les deux cas suivants, les autorités compétentes devraient être en mesure d'arrêter ou de retenir les espèces ou instruments négociables au porteur pendant un délai raisonnable afin de leur permettre d'établir si des preuves de blanchiment de capitaux ou de financement du terrorisme sont susceptibles d'être trouvées : (i) en cas de soupçon de blanchiment de capitaux ou de financement du terrorisme et (ii) en cas de fausse déclaration ou communication d'informations fausses.

(f) Le système de déclaration/communication devrait autoriser la coopération et l'assistance internationales les plus larges, conformément aux recommandations 36 à 40. Pour faciliter une telle coopération, les informations devraient être conservées afin de pouvoir être utilisées par les autorités compétentes dans les cas suivants : (i) déclaration ou communication concernant des montants supérieurs au plafond de 15 000 USD/EUR ; (ii) fausse déclaration ou de communication d'informations fausses ; et (iii) soupçon de blanchiment de capitaux ou de financement du terrorisme. Au minimum, ces informations doivent inclure les éléments suivants : (i) le montant des espèces ou instruments négociables au porteur déclarés/communiqués ou repérés de toute autre façon ; et (ii) les données d'identification du ou des porteurs.

(g) Les pays devraient assortir la mise en œuvre de la recommandation 32 de strictes précautions afin de garantir le bon usage des informations et de ne limiter en aucune façon : (i) ni les paiements relatifs aux échanges de biens ou de services entre pays, (ii) ni la liberté de circulation des capitaux.

D *Sanctions*

6. Les personnes qui réalisent de fausses déclarations ou des communications d'informations fausses devraient faire l'objet de sanctions efficaces, proportionnées et dissuasives, pénales, civiles ou administratives. Les personnes effectuant un transport physique transfrontalier d'espèces ou d'instruments négociables au porteur en rapport avec le financement du terrorisme, le blanchiment de capitaux ou une ou plusieurs infractions sous-jacentes devraient également faire l'objet de sanctions efficaces, proportionnées et dissuasives, pénales, civiles ou administratives, et faire l'objet de mesures, conformes à la recommandation 4, permettant la confiscation de ces espèces et instruments négociables au porteur.

7. Les autorités responsables de la mise en œuvre de la recommandation 32 devraient disposer de ressources financières, humaines et techniques suffisantes. Les pays devraient mettre en œuvre des procédures garantissant que le personnel de ces autorités respecte des normes professionnelles strictes, notamment des normes sur la confidentialité, fait preuve d'une grande intégrité et est doté de compétences appropriées.

E *Or, métaux précieux et pierres précieuses*

8. L'or, les métaux précieux et les pierres précieuses ne sont pas couverts par la recommandation 32 malgré leur liquidité élevée et leur utilisation, dans certaines situations, comme moyens d'échange ou de transfert de valeurs. Ces articles peuvent être couverts par ailleurs par les lois et règlements douaniers. Lorsqu'un pays découvre un mouvement transfrontalier inhabituel d'or, de métaux précieux ou de pierres précieuses, il devrait envisager d'en informer, selon les cas, les services douaniers ou toute autre autorité compétente du pays de provenance et/ou de destination de ces articles et devrait coopérer afin d'en établir l'origine, la destination et les raisons de leur mouvement en vue de prendre les mesures appropriées.

NOTE INTERPRÉTATIVE DE LA RECOMMANDATION 38 *Entraide judiciaire : gel et confiscation*

1. Les pays devraient envisager de créer un fonds destiné à recevoir tout ou partie des biens confisqués, pouvant ensuite être utilisés à des fins de poursuite pénale, de santé, d'éducation ou à toute autre fin appropriée. Les pays devraient prendre toutes les mesures nécessaires pour leur permettre de partager avec d'autres pays les biens

confisqués, en particulier lorsque la confiscation est le résultat direct ou indirect d'actions répressives coordonnées.

2. En ce qui concerne les demandes de coopération fondées sur des procédures de confiscation sans condamnation préalable, les pays n'ont pas l'obligation de disposer du pouvoir d'agir sur un tel fondement, mais, au minimum, ils devraient pouvoir le faire lorsque l'auteur présumé est décédé, en fuite, absent ou inconnu.

NOTE INTERPRÉTATIVE DE LA RECOMMANDATION 40 *Autres formes de coopération internationale*

A *Principes applicables à toutes les formes de coopération internationale*

Obligations des autorités requérantes

1. Lorsqu'elles font des demandes de coopération, les autorités compétentes devraient faire tout leur possible pour fournir des informations factuelles complètes et, le cas échéant, des informations juridiques, en indiquant notamment le degré d'urgence, afin de permettre l'exécution rapide et efficace des demandes, ainsi que l'usage prévu des informations sollicitées. Les autorités compétentes requérantes devraient, sur demande, assurer un retour d'information vers l'autorité compétente requise quant à l'usage et à l'utilité des informations obtenues.

Mesures excessivement restrictives

2. Les pays ne devraient pas interdire ou assortir de conditions déraisonnables ou excessivement restrictives l'échange d'informations et l'entraide. En particulier, les autorités compétentes ne devraient pas refuser une demande d'entraide pour les motifs suivants :

(a) la demande porte également sur des questions fiscales ;

(b) la loi impose le secret ou la confidentialité aux institutions financières ou aux entreprises et professions non financières désignées (sauf lorsque les informations demandées sont couvertes par le secret ou le privilège juridique professionnels) ;

(c) une enquête ou une procédure est en cours dans le pays requis, sauf lorsque l'entraide sollicitée est susceptible d'entraver cette enquête ou procédure ;

(d) la nature ou le statut (civil, administratif, judiciaire, etc.) de l'autorité requérante sont différents de celui ou celle de son homologue étranger.

Garanties relatives aux informations échangées

3. Les informations échangées devraient exclusivement être utilisées aux fins pour lesquelles elles ont été sollicitées ou fournies. Toute dissémination des informations à d'autres autorités ou à des tiers ou toute utilisation des informations à des fins administratives, judiciaires, d'enquête ou de poursuite dépassant celles initialement arrêtées devrait faire l'objet d'une autorisation préalable de la part de l'autorité compétente requise.

4. Les autorités compétentes devraient assurer un degré de confidentialité approprié à toute demande de coopération et aux informations échangées, de manière à protéger l'intégrité des enquêtes ou des recherches d'informations *[Des informations peuvent être divulguées si leur communication est requise afin de répondre à une demande de coopération.]*, dans le respect des obligations des deux parties en matière de respect de la vie privée et de protection des données. Les autorités compétentes devraient, au minimum, protéger les informations échangées de la même façon qu'elles protègent les informations similaires reçues de sources nationales. Les pays devraient mettre en place des contrôles et des mesures de protection afin de s'assurer que les informations échangées par les autorités compétentes ne sont utilisées que de la manière autorisée. L'échange d'informations devrait se faire de manière sécurisée et par des canaux ou des mécanismes fiables. Le cas échéant, les autorités compétentes requises peuvent refuser de fournir des informations si l'autorité compétente requérante n'est pas en mesure de protéger efficacement ces informations.

Pouvoir de rechercher des informations

5. Les autorités compétentes devraient être en mesure de rechercher des informations pour le compte d'un homologue étranger et d'échanger avec leurs homologues

étrangers toutes les informations qu'elles pourraient obtenir si ces demandes étaient effectuées au niveau national.

B *Principes applicables aux formes spécifiques de coopération internationale*

6. Les principes généraux énoncés ci-dessus devraient s'appliquer à toutes les formes d'échange d'informations entre homologues et non homologues, sous réserve des dispositions énoncées ci-dessous.

Échange d'informations entre CRF

7. Les CRF devraient échanger des informations avec les CRF étrangères, quel que soit leur statut (administratif, judiciaire ou autre). A cette fin, les CRF devraient disposer de la base légale appropriée pour coopérer dans les cas de blanchiment de capitaux, d'infractions sous-jacentes associées et de financement du terrorisme.

8. Lorsqu'elles font une demande de coopération, les CRF devraient faire tout leur possible pour fournir des informations factuelles complètes et, le cas échéant, juridiques, décrivant notamment le cas en cours d'analyse et spécifiant le lien potentiel avec le pays requis. Sur demande, et dès que cela est possible, les CRF devraient assurer un retour d'informations vers leurs homologues étrangers quant à l'utilisation des informations fournies et aux résultats de l'analyse conduite sur la base de ces informations.

9. Les CRF devraient avoir le pouvoir d'échanger :

(a) toutes les informations accessibles à la CRF ou pouvant être obtenues par la CRF, directement ou indirectement, en vertu des recommandations du GAFI, en particulier de la recommandation 29 ;

(b) toutes autres informations auxquelles elles peuvent avoir accès ou qu'elles peuvent obtenir, directement ou indirectement, au niveau national, sous réserve du principe de réciprocité.

Échange d'informations entre autorités de contrôle du secteur financier [*Ceci fait référence aux autorités de contrôle du secteur financier qui sont des autorités compétentes.*]

10. Les autorités de contrôle du secteur financier devraient coopérer avec leurs homologues étrangers, quel que soit leur statut ou leur nature respectifs. Une coopération efficace entre autorités de contrôle du secteur financier vise à faciliter un contrôle efficace en matière de LBC/FT des institutions financières. A cette fin, les autorités de contrôle du secteur financier devraient disposer d'une base légale appropriée pour la coopération, et conformément aux normes internationales applicables en matière de contrôle, en particulier en matière d'échange d'informations relatives au contrôle à des fins de LBC/FT, ou pertinentes à cet égard.

11. Les autorités de contrôle du secteur financier devraient être en mesure d'échanger avec leurs homologues étrangers les informations auxquelles elles ont accès au niveau national, y compris les informations détenues par les institutions financières, dans la mesure de leurs besoins respectifs. Les autorités de contrôle du secteur financier devraient être en mesure d'échanger les types d'informations suivants lorsqu'ils sont pertinents à des fins de LBC/FT, en particulier avec les autres autorités de contrôle concernées partageant une responsabilité commune vis-à-vis des institutions financières qui opèrent au sein du même groupe :

(a) Informations réglementaires, telles que les informations sur la réglementation nationale et les informations générales sur les secteurs financiers.

(b) Informations prudentielles, en particulier pour les autorités de contrôle appliquant les Principes fondamentaux, telles que les informations sur les activités des institutions financières, leurs bénéficiaires effectifs, leur gestion, leur compétence et leur honorabilité (*fit and properness*).

(c) Informations relatives à la LBC/FT, telles que les informations sur les procédures et les politiques internes de LBC/FT des institutions financières, sur la vigilance relative à la clientèle, sur les dossiers clients, sur des échantillons de comptes et sur les opérations.

12. Les autorités de contrôle du secteur financier devraient être en mesure de rechercher des informations pour le compte de leurs homologues étrangers et, le

cas échéant, d'autoriser leurs homologues étrangers à rechercher eux-mêmes des informations dans le pays, ou de leur faciliter cette tâche, de manière à favoriser le contrôle efficace des groupes.

13. Toute dissémination des informations échangées ou toute utilisation de ces informations à des fins de contrôle ou à d'autres fins devrait faire l'objet d'une autorisation préalable par l'autorité de contrôle du secteur financier requise, à moins que l'autorité de contrôle du secteur financier requérante ne soit légalement obligée de divulguer ou de communiquer ces informations. Dans ce cas, l'autorité de contrôle du secteur financier requérante devrait, au minimum, informer promptement l'autorité requise de cette obligation. Dans le cas d'un protocole d'accord (MoU) en matière d'échange d'informations ou dans le cas du Protocole d'accord de coopération multilatéral, appliqué à l'échange d'informations, conclu avec une entité élaborant les Principes fondamentaux, l'autorisation préalable est présumée.

Échange d'informations entre autorités de poursuite pénale

14. Les autorités de poursuite pénale devraient être en mesure d'échanger les informations auxquelles elles ont accès au niveau national avec leurs homologues étrangers à des fins de renseignement ou d'enquête liés à des cas de blanchiment de capitaux, d'infractions sous-jacentes associées ou de financement du terrorisme, y compris dans le but d'identifier et de dépister le produit du crime et les instruments du crime.

15. Les autorités de poursuite pénale devraient également être en mesure d'utiliser leurs pouvoirs, y compris les techniques d'enquête disponibles conformément à leur droit interne, afin de conduire des enquêtes et d'obtenir des informations pour le compte de leurs homologues étrangers. Les régimes ou pratiques régissant la coopération entre autorités de poursuite pénale, par exemple les conventions conclues entre Interpol, Europol ou Eurojust et les pays, devraient régir les restrictions d'usage éventuelles imposées par l'autorité de poursuite pénale requise.

16. Les autorités de poursuite pénale devraient être en mesure de constituer des équipes conjointes d'enquête afin de conduire des enquêtes de manière coopérative et, lorsque cela est nécessaire, les pays devraient conclure des accords bilatéraux ou multilatéraux pour autoriser de telles enquêtes conjointes. Les pays sont encouragés à rejoindre et à soutenir les réseaux existants d'autorités de poursuite pénale en matière de LBC/FT et à développer des contacts bilatéraux avec des autorités de poursuite pénale étrangères, y compris en plaçant des agents de liaison à l'étranger, de manière à garantir une coopération rapide et efficace.

Échange d'informations entre autorités non homologues

17. Les pays devraient autoriser leurs autorités compétentes à échanger indirectement des informations avec des autorités non homologues, en appliquant les principes susmentionnés pertinents. L'échange indirect d'informations désigne la transmission des informations demandées par l'autorité requise par l'intermédiaire d'une ou de plusieurs autorités nationales ou étrangères jusqu'à leur réception par l'autorité requérante. Ce type d'échange d'informations et son utilisation peuvent exiger l'autorisation préalable d'une ou de plusieurs autorités compétentes dans le pays de l'autorité requise. L'autorité compétente requérante devrait toujours indiquer clairement dans quel but et pour le compte de qui la demande est formulée.

18. Les pays sont également encouragés à autoriser un échange rapide et constructif d'informations directement avec des autorités non homologues.

Méthodologie d'évaluation de la conformité technique aux recommandations du GAFI et de l'efficacité des systèmes de LBC/FT – février 2013

(mise à jour novembre 2020)

COMMENTAIRE

Malgré leur absence de valeur normative, les Recommandations et les Notes interprétatives du GAFI sont reconnues par les États et par les grandes institutions internationales concernées, comme le Fonds monétaire international (FMI) et la Banque mondiale, comme les normes internationales en matière de lutte contre le blanchiment de capitaux et le financement du terrorisme. Cette reconnaissance est le fruit de leur rayonnement international assuré par le réseau mondial de lutte anti-blanchiment de capitaux et contre le financement du terrorisme créé avec les huit organismes régionaux de type GAFI regroupant, à l'échelle d'une région du monde, des pays et territoires qui se sont engagés à mettre en œuvre les 40 Recommandations.

Il est aussi le fruit de la mise en œuvre, par le GAFI, d'un processus d'évaluation mutuelle par les pairs qui participe largement à la reconnaissance internationale de ses Recommandations (V. GAFI, Procédures et processus d'évaluations mutuelles et de suivi consolidés, « Procédures universelles », oct. 2019). Le processus d'évaluation mutuelle assure en effet l'efficacité du déploiement des Recommandations et de leurs Notes interprétatives en raison de l'effet incitatif qu'il revêt pour les États. Une évaluation négative du GAFI constitue un handicap politique, économique et financier pour un État, *via* par exemple l'appel à des contre-mesures invitant à limiter, voire à faire cesser les relations commerciales avec cet État.

I. ÉVALUATION MUTUELLE PAR LES PAIRS DE L'APPLICATION DES RECOMMANDATIONS DU GAFI

L'évaluation mutuelle par les pairs consiste à évaluer, dans le cadre de cycles d'évaluation des pays membres du GAFI, la mise en œuvre par les pays membres des mesures préconisées. Les États évalués peuvent refuser une évaluation mutuelle qui n'a pas de caractère obligatoire mais les conséquences pratiques et politiques d'un tel refus sont tellement dommageables qu'un tel refus paraît difficile.

L'évaluation mutuelle est fondée sur une méthodologie d'évaluation qui a évolué au fil du temps. Avant 2013, l'évaluation mutuelle consistait à évaluer la mise en œuvre des 40 Recommandations (et 9 Recommandations spéciales antiterroristes maintenant incluses dans les 40 Recommandations). Il s'agissait principalement d'une approche statique tendant à évaluer l'adéquation de la structure LBC/FT mise en place par les pays membres avec les Recommandations. Les questions posées portaient essentiellement sur l'organisation nationale des autorités impliquées en matière de LBC/FT : le pays évalué a-t-il une cellule de renseignement financier ? Cette cellule reçoit-elle des déclarations de soupçon ? Ou encore, des superviseurs contrôlent-ils le déploiement de la législation LBC/FT ? Plus accessoirement, certaines questions touchaient à une appréciation qualitative de la bonne observance des Recommandations, principalement fondée sur des statistiques avec des questions portant par exemple sur le nombre de déclarations de soupçon reçues par la cellule de renseignement financier de la part des banques.

II. NOUVELLE MÉTHODOLOGIE D'ÉVALUATION MUTUELLE DÉPLOYÉE PAR LE GAFI

La nouvelle méthodologie d'évaluation mutuelle adoptée en 2013 et actualisée en 2019 change profondément l'approche adoptée par les pairs évaluateurs : il ne s'agit plus de démontrer exclusivement l'existence d'une structure adéquate mais bien l'efficacité du dispositif LBC/FT.

Les évaluations mutuelles se composent donc de deux parties. L'évaluation comporte une partie technique en lien avec des critères liés à l'architecture du système LBC/FT mis en place dans le pays évalué : est-ce que le pays remplit les critères ? A-t-il une cellule de renseignement financier ? Remplit-elle ses missions ? A-t-il mis en place une gestion informatique suffisamment sécurisée ?

L'évaluation comporte ensuite une partie liée à l'analyse de l'efficacité du système LBC/FT mis en place par les États qui tient à l'évaluation des résultats obtenus par l'architecture proposée. Ce volet lié à l'efficacité du dispositif évalue donc si le système de LBC/FT fonctionne, et dans quelle mesure le pays évalué atteint un certain nombre de résultats prédéfinis par la méthodologie. En pratique, le pays évalué transmet aux évaluateurs les documents relatifs à son dispositif pour chacune des recommandations du GAFI afin d'évaluer sa conformité technique, et répond aux questions posées pour l'évaluation de l'efficacité du dispositif. Cette dernière évaluation fait appel à des notions propres au GAFI : objectif de haut niveau, résultats intermédiaires, résultats immédiats, questions essentielles, exemples d'information, facteurs spécifiques qui seront expliqués dans le cadre de leur description (V. *infra*, le commentaire de l'évaluation de l'efficacité 🏛).

Le niveau de conformité technique pour chacune des Recommandations donnera lieu à l'une des notes suivantes : conforme, largement conforme, partiellement conforme ou non conforme. Le niveau d'efficacité atteint par un pays dans l'obtention de chacun des « résultats immédiats » de la méthodologie sera décrit dans le rapport d'évaluation et donnera lieu à l'une des quatre notes suivantes : niveau d'efficacité élevé, niveau d'efficacité substantiel, niveau d'efficacité modéré et faible niveau d'efficacité.

Une visite sur place est ensuite organisée pour rencontrer et entendre les différentes autorités impliquées en matière de LBC/FT. Un pré-rapport est rédigé et des échanges ont lieu sur la base de ce rapport.

III. ORGANISATION D'UNE ÉVALUATION MUTUELLE AU COURS D'UN CYCLE D'ÉVALUATION DU GAFI

Les évaluations mutuelles étant menées par les pairs, les États évaluateurs désignent des spécialistes issus des autorités publiques nationales dédiées à la LBC/FT qui forment une équipe de sept à huit personnes. Concrètement, les évaluateurs appartiennent à des entités nationales et sont des membres de délégations d'autres pays membres du GAFI. Il existe trois types d'évaluateurs : les juristes qui évaluent par exemple le traitement judiciaire donné aux déclarations de soupçon, les spécialistes de la finance qui évaluent les obligations de vigilance et de déclaration des entités déclarantes, les Law Enforcement qui évaluent notamment la cellule de renseignement financier et les autorités en charge des enquêtes. La mobilisation de ces forces par les États évaluateurs constitue parfois un frein rendant difficile la constitution d'un groupe d'évaluateurs, raison pour laquelle le FMI ou la Banque mondiale (institutions financières internationales) assure également des évaluations mutuelles, comme les organismes régionaux de type GAFI (ORTG) en suivant la méthodologie du GAFI qualifiée de « Processus universel ».

Une évaluation dure environ quatorze mois et inclut trois semaines de visite sur place dans le pays, une semaine de « face à face » avec les différents interlocuteurs. Le pays évalué désigne en général les entités déclarantes qui seront entendues par les évaluateurs. L'ensemble du processus est fondé sur un mode déclaratif. Une première version du rapport d'évaluation mutuelle (REM) fait l'objet d'une semaine de discussion en groupe de travail. Il est transmis à l'État évalué qui formule des observations intégrées dans le rapport. Le rapport est ensuite présenté à l'Assemblée plénière du GAFI, discuté, amendé si nécessaire avant son adoption définitive et sa publication.

IV. CONSÉQUENCES D'UNE ÉVALUATION MUTUELLE DU GAFI

L'issue du rapport d'évaluation mutuelle dépend des résultats obtenus par l'État évalué. Si le rapport constate la bonne application des Recommandations, il en prend acte et le processus prend fin pour l'État évalué. Si le rapport relève des insuffisances dans la mise en œuvre des Recommandations, le GAFI propose des contre-mesures permettant de corriger ces défaillances. Il existe deux formes de suivi. Un suivi régulier instauré comme un mécanisme de surveillance par défaut, basé sur un système de rapports réguliers et un suivi renforcé, avec un processus de suivi plus intensif pour les pays présentant des défaillances significatives ou pour ceux qui ne réalisent pas assez de progrès à la suite des observations faites dans les rapport d'évaluation mutuelle.

Ces procédures de suivi comportent une série de mesures graduelles – notamment des lettres aux ministres concernés, des visites officielles et des déclarations officielles sur le niveau de conformité – à mettre en place si les pays ne réussissent pas à respecter leur engagement ou ne réalisent pas suffisamment de progrès dans la réalisation de leurs actions prioritaires.

Il appartient alors à l'État évalué de mettre en œuvre ces mesures correctrices et de démontrer périodiquement les progrès réalisés. A cette fin, l'État évalué fait état tous les trois mois de l'avancement du processus d'amélioration en décrivant les mesures mises en œuvre pour corriger les anomalies identifiées lors de l'évaluation. Le GAFI édite des rapports d'étape qui permettent de suivre la progression des États soumis à ces contre-mesures. L'État reste soumis à la procédure de suivi tant qu'il n'a pas fait les progrès nécessaires.

Les États qui ne font pas suffisamment de progrès, refusent d'appliquer les mesures correctrices, ou n'appartiennent pas au GAFI et n'appliquent aucune de ses Recommandations sont inscrits sur les listes établies par le GAFI afin de protéger le système financier international des juridictions qui présentent des vulnérabilités. Le GAFI identifie les juridictions sous surveillance (liste grise) et les juridictions à hauts risques (liste noire). Lors de sa dernière Assemblée générale plénière en octobre 2019, le GAFI a arrêté les listes des États sous surveillance (Bahamas, Botswana, Cambodge, Ghana, Islande, Mongolie, Pakistan, Panama, Syrie, Trinidad et Tobago, Yémen, Zimbabwe) et des pays à hauts risques (Corée du Nord, Iran).

Les conséquences d'une évaluation révélant des insuffisances sont donc particulièrement importantes car une mauvaise évaluation entraîne de nombreuses conséquences financières et économiques. Les assujettis des autres États membres du GAFI prennent des risques supplémentaires et alourdissent leurs propres procédures internes en entrant en relation d'affaires avec des opérateurs de ces pays et les États se voient fermer l'accès à certains marchés ou à l'octroi de fonds internationaux.

V. QUATRIÈME CYCLE D'ÉVALUATION MUTUELLE DU GAFI

Le quatrième cycle d'évaluation qui concernera tous les pays membres du GAFI a débuté (V. GAFI, Procédures pour le quatrième cycle d'évaluations mutuelles du GAFI en matière de LBC/FT, mise à jour octobre 2019). Il est donc fondé sur la méthodologie de 2013 et les processus et procédures qualifiés par le GAFI de « Procédures universelles » qui constituent le socle des évaluations menées par tous les organismes d'évaluation (organisme régionaux de type GAFI et institutions financières internationales). Le calendrier d'évaluation est fixé par le GAFI, lors de réunions dans le cadre de discussions entre le secrétariat général et les pays membres.

La France avait fait l'objet d'une évaluation au cours du 3ᵉ cycle d'évaluation mutuelle au moment où la méthodologie d'évaluation évoluait. Passée dans les derniers pays évalués de ce cycle, les évaluateurs de la France avaient déjà mis l'accent sur l'efficacité de l'architecture LBC/FT, ce qui n'était pas le cas pour les pays passés en début de cycle. La France avait malgré cette évolution bénéficié d'un très bon rapport d'évaluation (troisième évaluation de la France, 25 févr. 2011).

La France a de nouveau été évaluée en 2020-2022 au titre du 4ᵉ cycle d'évaluation. Cette évaluation a mobilisé la DG Trésor qui pilote la lutte contre le blanchiment des capitaux et coordonne l'action des différentes autorités de supervision et de contrôle des entités assujetties à la lutte contre le blanchiment de capitaux. Cette évaluation comprend donc un examen sur pièces de la conformité technique et de l'effectivité du dispositif français de LBC/FT. Cet examen a été suivi d'une visite sur place des évaluateurs du GAFI. Enfin, le projet d'évaluation mutuelle a fait l'objet d'une discussion en séance plénière du GAFI en mars 2022 avant son adoption le 17 mai 2022.

Ce dernier rapport d'évaluation mutuelle de la France du 17 mai 2022 souligne l'existence d'un cadre robuste et sophistiqué pour lutter contre le blanchiment de capitaux et le financement du terrorisme qui est particulièrement efficace en matière de poursuite pénale, de confiscation et de coopération internationale tandis que la supervision des professionnels impliqués dans les activités des personnes morales et du secteur immobilier notamment reste à améliorer.

Le rapport rappelle que la France est confrontée à un large éventail de menaces de blanchiment d'argent, qui incluent la fraude fiscale et le trafic de drogue. Elle est également confrontée à une menace de haut niveau de terrorisme et de financement du terrorisme depuis les attaques terroristes de 2015. Les évaluateurs considèrent que la France a réussi à identifier et à comprendre ces risques, et à adapter son cadre juridique pour les atténuer, notamment par le biais de politiques nationales thématiques. La compréhension des risques de BC/FT par les opérateurs du secteur financier et leurs superviseurs est généralement bonne, la supervision du secteur des actifs virtuels est également en cours de développement.

En revanche, la supervision basée sur les risques des entreprises et professions non financières désignées dans certains domaines est insuffisante, notamment pour les agents immobiliers et les notaires qui sont impliqués dans un secteur immobilier. Certains secteurs ne sont pas suffisamment au fait des obligations LBC/FT, notamment en ce qui concerne les bénéficiaires effectifs, les personnes politiquement exposées et la déclaration de soupçon.

La France obtient, par ailleurs, de bons résultats particulièrement dans l'utilisation du renseignement financier, des enquêtes et des poursuites en matière de blanchiment de capitaux avec une priorité donnée aux autorités compétentes de poursuivre les cas de blanchiment de capitaux de grande envergure. Cependant, malgré une augmentation des effectifs, le manque de ressources en enquêteurs spécialisés a un impact sur les délais d'investigation, en particulier dans les cas complexes de blanchiment de capitaux.

La France a fait de la confiscation des avoirs criminels une priorité politique et a obtenu de très bons résultats, les criminels étant privés chaque année de produits, de biens ou d'autres actifs d'une valeur équivalente à 4,7 milliards d'euros.

Les autorités françaises ont également une pratique bien établie de coopération internationale avec leurs homologues étrangers, notamment en fournissant une entraide judiciaire efficace et de bonne qualité en matière pénale et en recourant largement à la coopération informelle.

Le GAFI a donc formulé des recommandations pour parfaire ce dispositif. Il souligne la nécessité de formation et de contrôle des assujettis du secteur non financier. Ces recommandations concernent notamment les métiers de l'immobilier, ainsi que des services de domiciliation et les associations (OBNL) pour lesquelles le ciblage doit être plus précis. Le GAFI pointe également la nécessité de publier une nouvelle Revue de l'analyse nationale des risques (ANR), la dernière datant de fin 2019 ; celle-ci étant d'autant plus nécessaire que la crise covid-19 a engendré de nouveaux risques et que l'environnement des actifs virtuels ne cesse de se développer, ainsi que d'autres nouveaux acteurs du marché.

Glossaire général GAFI

B Organisation des Nations unies

Convention des Nations unies du 20 décembre 1988 (convention de Vienne),

Contre le trafic illicite de stupéfiants et de substances psychotropes.

Signée par la France le 13 févr. 1989. — Publiée par Décr. nº 91-271 du 8 mars 1991. — Entrée en vigueur en France le 31 mars 1991.

V. le texte complet sur le Code en ligne.

RÉP. INTERNAT. vº *Stupéfiants*, par AUBERT et MASSÉ.

BIBL. GÉN. ▶ EL ZEIN, Trafic illicite de stupéfiants, *in* Ascencio, Decaux et Pellet (ss. la dir. de), Droit international pénal, *Pedone, 2000, chap. 49.* - BOURSIER, Droit pénal des affaires internationales, Mondialisation et Compliance, *Lextenso, 2e éd., 2020.*

COMMENTAIRE

La convention des Nations unies du 20 décembre 1988, entrée en vigueur en 1990 et pour la France en 1991 (Décr. nº 91-271 du 8 mars 1991), dite « convention de Vienne », est relative à la lutte contre le trafic illicite de stupéfiants et de substances psychotropes. Elle s'inscrit dans un corpus de textes internationaux relatifs au trafic de stupéfiants (la convention unique sur les stupéfiants adoptée à New York le 30 mars 1961, le protocole du 25 mars 1972 et la convention sur les substances psychotropes adoptée à Vienne le 21 février 1971 notamment ; textes principalement tournés vers les questions de production, de circulation internationale, de détention et d'utilisation licites de produits réglementés).

La convention de Vienne est, quant à elle, la première convention internationale qui impose implicitement aux soixante-dix-sept États signataires d'introduire une incrimination de blanchiment de capitaux d'argent provenant du trafic de stupéfiants dans leurs législations internes. Pour cette raison, la convention est visée par le GAFI qui invite les États membres à signer et à appliquer un certain nombre de conventions internationales au titre de ses Recommandations nos 36, 37, 38, 39 et 40 relatives au renforcement de la coopération internationale en matière de blanchiment de capitaux et de financement du terrorisme (V. ces Recommandations, *supra*).

La convention de Vienne du 20 décembre 1988 constitue un outil international classique de coopération pénale qui comprend cependant des mécanismes innovants – comme les livraisons surveillées. Elle prévoit des règles relatives à la compétence (art. 3, § 10, art. 4), la confiscation (art. 5), l'extradition (art. 6), l'entraide judiciaire (art. 7), le transfert des procédures répressives (art. 8), d'autres formes de coopération et de formation, et enfin les livraisons surveillées (art. 11) et le trafic illicite par mer (art. 17). Outre, les phases de coopération policière et judiciaire, la répression des infractions est prévue au premier paragraphe de l'article 3 de la convention, consacré aux infractions et aux sanctions. Cette disposition exige que « chaque partie adopte les mesures nécessaires pour conférer le caractère d'infractions pénales conformément à son droit interne ».

Art. 3 *Infractions et sanctions.* **1. Chaque Partie adopte les mesures nécessaires pour conférer le caractère d'infractions pénales conformément à son droit interne, lorsque l'acte a été commis intentionnellement :**

a) i) A la production, à la fabrication, à l'extraction, à la préparation, à l'offre, à la mise en vente, à la distribution, à la vente, à la livraison à quelque condition que ce soit, au courtage, à l'expédition, à l'expédition en transit, au transport, à l'importation ou à l'exportation de tout stupéfiant ou de toute substance psychotrope en violation des dispositions de la Convention de 1961, de la Convention de 1961 telle que modifiée ou de la Convention de 1971 ;

ii) A la culture du pavot à opium, du cocaïer ou de la plante de cannabis aux fins de la production de stupéfiants en violation des dispositions de la Convention de 1961 et de la Convention de 1961 telle que modifiée ;

iii) A la détention ou à l'achat de tout stupéfiant ou de toute substance psychotrope aux fins de l'une des activités énumérées au sous-alinéa i ci-dessus ;

iv) A la fabrication, au transport ou à la distribution d'équipements, de matériels ou de substances inscrites au Tableau I et au Tableau II, dont celui qui s'y livre sait qu'ils doivent être utilisés dans ou pour la culture, la production ou la fabrication illicites de stupéfiants ou de substances psychotropes ;

v) A l'organisation, à la direction ou au financement de l'une des infractions énumérées aux sous-alinéas i, ii, iii ou iv ci-dessus ;

b) i) A la conversion ou au transfert de biens dont celui qui s'y livre sait qu'ils proviennent d'une des infractions établies conformément à l'alinéa a du présent paragraphe ou d'une participation à sa commission, dans le but de dissimuler ou de déguiser l'origine illicite desdits biens ou d'aider toute personne qui est impliquée dans la commission de l'une de ces infractions à échapper aux conséquences juridiques de ses actes ;

ii) A la dissimulation ou au déguisement de la nature, de l'origine, de l'emplacement, de la disposition, du mouvement, ou de la propriété réels de biens ou de droits y relatifs, dont l'auteur sait qu'ils proviennent de l'une des infractions établies conformément à l'alinéa a du présent paragraphe ou d'une participation à une de ces infractions ;

c) Sous réserve de ses principes constitutionnels et des concepts fondamentaux de son système juridique,

i) A l'acquisition, à la détention ou à l'utilisation de biens, dont celui qui les acquiert, les détient ou les utilise sait, au moment où il les reçoit, qu'ils proviennent de l'une des infractions établies conformément à l'alinéa a du présent paragraphe ou de la participation à l'une de ces infractions ;

ii) A la détention d'équipements, de matériels ou de substances inscrites au Tableau I ou au Tableau II, dont celui qui les détient sait qu'ils sont ou doivent être utilisés dans ou pour la culture, la production ou la fabrication illicites de stupéfiants ou de substances psychotropes ;

iii) Au fait d'inciter ou d'amener publiquement autrui, par quelque moyen que ce soit, à commettre l'une des infractions établies conformément au présent article ou à faire illicitement usage de stupéfiants ou de substances psychotropes ;

iv) A la participation à l'une des infractions établies conformément au présent article ou à toute association, entente, tentative ou complicité par fourniture d'une assistance, d'une aide ou de conseils en vue de sa commission.

2. Sous réserve de ses principes constitutionnels et des concepts fondamentaux de son système juridique, chaque Partie adopte les mesures nécessaires pour conférer le caractère d'infraction pénale conformément à son droit interne, lorsque l'acte a été commis intentionnellement, à la détention et à l'achat de stupéfiants et de substances psychotropes et à la culture de stupéfiants destinés à la consommation personnelle en violation des dispositions de la Convention de 1961, de la Convention de 1961 telle que modifiée ou de la Convention de 1971.

3. La connaissance, l'intention ou la motivation nécessaires en tant qu'élément d'une des infractions visées au paragraphe 1 du présent article peut être déduite de circonstances factuelles objectives.

4. a) Chaque Partie rend les infractions établies conformément au paragraphe 1 du présent article punissables de sanctions tenant compte de leur gravité, telles que l'emprisonnement ou d'autres peines privatives de liberté, l'imposition d'amendes et la confiscation ;

b) Les Parties peuvent prévoir que, comme mesures complémentaires de la condamnation ou de la sanction pénale prononcées pour une infraction établie conformément au paragraphe 1 du présent article, l'auteur de l'infraction sera soumis à des mesures de traitement, d'éducation, de postcure, de réadaptation ou de réinsertion sociale ;

c) Nonobstant les dispositions des alinéas précédents, dans les cas appropriés d'infractions de caractère mineur, les Parties peuvent notamment prévoir, au lieu d'une condamnation ou d'une sanction pénale, des mesures d'éducation, de réadaptation ou de réinsertion sociale, ainsi que, lorsque l'auteur de l'infraction est un toxicomane, des mesures de traitement et de postcure ;

d) Les Parties peuvent prévoir que des mesures de traitement, d'éducation, de postcure, de réadaptation ou de réinsertion sociale de l'auteur de l'infraction soit remplaceront la condamnation ou la peine prononcées du chef d'une infraction établie conformément aux dispositions du paragraphe 2 du présent article, soit s'y ajouteront.

5. Les Parties font en sorte que leurs tribunaux et autres autorités compétentes puissent tenir compte de circonstances factuelles conférant une particulière gravité aux infractions établies conformément au paragraphe 1 du présent article, telles que :

a) La participation à la commission de l'infraction d'une organisation de malfaiteurs à laquelle l'auteur de l'infraction appartient ;

b) La participation de l'auteur de l'infraction à d'autres activités criminelles organisées internationales ;

c) La participation de l'auteur de l'infraction à d'autres activités illégales facilitées par la commission de l'infraction ;

d) L'usage de la violence ou d'armes par l'auteur de l'infraction ;

e) Le fait que l'auteur de l'infraction assume une charge publique et que l'infraction est liée à ladite charge ;

f) La victimisation ou l'utilisation de mineurs,

g) Le fait que l'infraction a été commise dans un établissement pénitentiaire, dans un établissement d'enseignement, dans un centre de services sociaux ou dans leur voisinage immédiat ou en d'autres lieux où des écoliers et des étudiants se livrent à des activités éducatives, sportives ou sociales ;

h) Dans la mesure ou le droit interne d'une Partie le permet, les condamnations antérieures, en particulier pour des infractions analogues, dans le pays ou à l'étranger.

6. Les Parties s'efforcent de faire en sorte que tout pouvoir judiciaire discrétionnaire conféré par leur droit interne et afférent aux poursuites judiciaires engagées contre des individus pour des infractions établies conformément au présent article soit exercé de façon à optimiser l'efficacité des mesures de détection et de répression pour ce qui est des infractions en question, compte dûment tenu de la nécessité d'exercer un effet dissuasif en ce qui concerne leur commission.

7. Les Parties s'assurent que leurs tribunaux ou autres autorités compétentes prennent en considération la gravité des infractions énumérées au paragraphe 1 du présent article et les circonstances visées au paragraphe 5 du présent article lorsqu'elles envisagent l'éventualité d'une libération anticipée ou conditionnelle de personnes reconnues coupables de ces infractions.

8. Lorsqu'il y a lieu, chaque Partie détermine dans le cadre de son droit interne une période de prescription prolongée au cours de laquelle des poursuites peuvent être engagées du chef d'une des infractions établies conformément au paragraphe 1 du présent article. Cette période sera plus longue lorsque l'auteur présumé de l'infraction s'est soustrait à la justice.

9. Chaque Partie prend, conformément à son système juridique, les mesures appropriées afin que toute personne accusée ou reconnue coupable d'une infraction établie conformément au paragraphe 1 du présent article qui se trouve sur son territoire assiste au déroulement de la procédure pénale nécessaire.

10. Aux fins de la coopération entre les Parties en vertu de la présente Convention, et en particulier de la coopération en vertu des articles 5, 6, 7 et 9, les infractions établies conformément au présent article ne sont pas considérées comme des infrac-

tions fiscales ou politiques ni considérées comme ayant des motifs politiques, sans préjudice des limites constitutionnelles et de la législation fondamentale des Parties.

11. Aucune disposition du présent article ne porte atteinte au principe selon lequel la définition des infractions qui y sont visées et des moyens juridiques de défense y relatifs relève exclusivement du droit interne de chaque Partie et selon lequel lesdites infractions sont poursuivies et punies conformément audit droit.

COMMENTAIRE

C'est dans la convention de Vienne du 20 décembre 1988 que l'infraction de blanchiment apparaît, pour la première fois, dans une convention internationale en tant qu'infraction de conséquence de l'infraction de trafic de stupéfiant. Sa consécration explicite sera ensuite le fait de la convention du Conseil de l'Europe du 8 novembre 1990 relative au blanchiment, au dépistage, à la saisie et à la confiscation des produits du crime (V. *supra*, II. Règles européennes).

La convention de Vienne limite cependant l'infraction de blanchiment aux produits du trafic de stupéfiants en distinguant deux catégories de comportements répréhensibles. La conversion ou le transfert d'un bien afin d'en cacher l'origine illicite ou d'aider l'un des auteurs de l'infraction principale à échapper aux poursuites judiciaires (art. 3.1, b i) ; et la dissimulation ou le déguisement de la nature d'un bien ou de droits y afférents, ou encore la dissimulation de son origine, de son emplacement, de la disposition, du mouvement ou de la propriété réelle de ce bien (art. 3.1, b ii).

Ces deux hypothèses seront reprises et élargies par la convention du Conseil de l'Europe du 8 novembre 1990 précitée (art. 6.1, a) et par la convention des Nations unies contre la criminalité transnationale organisée (dite convention de Palerme) du 15 novembre 2000 (V. v° *Corruption*). Le code pénal français intègrera ensuite une première infraction spéciale de blanchiment de trafic de stupéfiants (art. 222-38) et une infraction générale relative au produit de toute infraction pénale (art. 324-1 s. ; V. *supra*, I. Règles internes).

Convention internationale du 9 décembre 1999 (convention de New-York),

Pour la répression du financement du terrorisme.

Signée par la France le 10 janv. 2000. — Publiée par Décr. n° 2002-935 du 14 juin 2002. — Entrée en vigueur en France le 16 mai 2002.

V. le texte complet sur le Code en ligne.

Art. 2 **1. Commet une infraction au sens de la présente Convention toute personne qui, par quelque moyen que ce soit, directement ou indirectement, illicitement et délibérément, fournit ou réunit des fonds dans l'intention de les voir utilisés ou en sachant qu'ils seront utilisés, en tout ou partie, en vue de commettre :**

a) Un acte qui constitue une infraction au regard et selon la définition de l'un des traités énumérés en annexe ;

b) Tout autre acte destiné à tuer ou blesser grièvement un civil, ou toute autre personne qui ne participe pas directement aux hostilités dans une situation de conflit armé, lorsque, par sa nature ou son contexte, cet acte vise à intimider une population ou à contraindre un gouvernement ou une organisation internationale à accomplir ou à s'abstenir d'accomplir un acte quelconque.

2. a) En déposant son instrument de ratification, d'acceptation, d'approbation ou d'adhésion, un État partie qui n'est pas partie à un traité énuméré dans l'annexe visée à l'alinéa a du paragraphe 1 du présent article peut déclarer que, lorsque la présente Convention lui est appliquée, ledit traité est réputé ne pas figurer dans cette annexe. Cette déclaration devient caduque dès l'entrée en vigueur du traité pour l'État partie, qui en notifie le dépositaire ;

b) Lorsqu'un État partie cesse d'être partie à un traité énuméré dans l'annexe, il peut faire au sujet dudit traité la déclaration prévue dans le présent article.

3. Pour qu'un acte constitue une infraction au sens du paragraphe 1, il n'est pas nécessaire que les fonds aient été effectivement utilisés pour commettre une infraction visée aux alinéas a ou b du paragraphe 1 du présent article.

4. Commet également une infraction quiconque tente de commettre une infraction au sens du paragraphe 1 du présent article.

5. Commet également une infraction quiconque :

a) Participe en tant que complice à une infraction au sens des paragraphes 1 ou 4 du présent article ;

b) Organise la commission d'une infraction au sens des paragraphes 1 ou 4 du présent article ou donne l'ordre à d'autres personnes de la commettre ;

c) Contribue à la commission de l'une ou plusieurs des infractions visées aux paragraphes 1 ou 4 du présent article par un groupe de personnes agissant de concert. Ce concours doit être délibéré et doit :

i) soit viser à faciliter l'activité criminelle du groupe ou en servir le but, lorsque cette activité ou ce but supposent la commission d'une infraction au sens du paragraphe 1 du présent article ;

ii) soit être apporté en sachant que le groupe a l'intention de commettre une infraction au sens du paragraphe 1 du présent article.

COMMENTAIRE

L'extension du mandat du GAFI à la lutte contre le financement du terrorisme s'explique par les liens établis avec le blanchiment de capitaux qui emploient des méthodes identiques et passent par des circuits communs et ce, même si le financement du terrorisme est aujourd'hui aussi le fruit d'activités licites (détournement de revenus des organismes à but non lucratif, exploitation de ressources naturelles).

La convention des Nations unies du 9 décembre 1999 renforce la coopération internationale entre les États afin d'adopter des mesures efficaces de prévention du financement du terrorisme et de répression de ces infractions. Ainsi la convention appelle à incriminer le fait pour quiconque, par quelque moyen que ce soit, directement ou indirectement, illicitement et délibérément, de fournir ou de réunir des fonds dans l'intention de les voir utiliser ou en sachant qu'ils seront utilisés, en tout ou partie, en vue de commettre l'une des infractions visées dans les traités répertorié dans l'annexe de la convention (art. 2.1).

L'incrimination de financement du terrorisme doit également s'appliquer aux infractions tenant à tout acte destiné à tuer ou blesser grièvement une personne qui ne participe pas directement aux hostilités dans le but d'intimider une population ou de contraindre un gouvernement ou une organisation internationale à accomplir ou à s'abstenir d'accomplir un acte quelconque. La fourniture et la réunion de fonds par les moyens et dans l'intention de commettre l'un des actes incriminés constituent une infraction, que les fonds aient été ou non effectivement utilisés dans l'exécution des actes proscrits. Par ailleurs, la convention impose aux États parties d'adopter les mesures nécessaires à la détection et au gel, à la saisie ou la confiscation des fonds utilisés ou destinés à être utilisés pour la commission de l'infraction considérée. ❑

Résolution 1373 (2001) du Conseil de sécurité des Nations unies du 28 septembre 2001,

Sur la menace à la paix et à la sécurité internationales résultant d'actes terroristes.

COMMENTAIRE

La Charte des Nations unies confie au Conseil de sécurité, qui comprend quinze membres disposant chacun d'une voix, la responsabilité principale du maintien de la paix et de la sécurité internationales. Aux termes de la Charte, tous les États membres sont tenus d'appliquer les décisions du Conseil qui a pour mission de constater l'existence d'une menace contre la paix ou d'un acte d'agression et de soutenir les États pour régler leurs différends par des moyens pacifiques. Lorsque cela s'avère nécessaire, le Conseil impose des sanctions, voire autorise l'emploi de la force, pour maintenir ou rétablir la paix et la sécurité internationales. Le Conseil de sécurité peut donc imposer des sanctions obligatoires à des États ou à des entités afin qu'ils se conforment à ses décisions.

Les sanctions constituent ainsi un instrument important pour maintenir ou rétablir la paix et la sécurité internationales en vertu du chapitre VII de la Charte des Nations unies (V. v° *Sanctions économiques et embargos*). Aux termes de l'article 41, elles comprennent des mesures coercitives n'impliquant pas l'emploi de la force armée. Il s'agit de sanctions économiques et commerciales à caractère général ou de mesures plus ciblées, telles que des embargos sur les armes, des interdictions de voyager et des restrictions financières ou d'importation et d'exportation de produits de base.

Il existe actuellement quatorze régimes de sanctions qui ont pour objectif de soutenir le règlement politique des conflits, la non-prolifération des armes nucléaires et la lutte contre le terrorisme. Chacun de ces régimes est administré par un comité des sanctions présidé par un membre non permanent du Conseil de sécurité. La majorité de ces comités de sanctions est épaulée par des groupes de suivi, des équipes de contrôle et des groupes d'experts. C'est dans ce cadre que les Recommandations n°s 6 et 7 du GAFI (V. *supra*, A. Groupe d'action financière) enjoignent aux États de respecter les sanctions financières et les embargos en raison du lien avec le blanchiment de capitaux de tout transfert illicite en violation des résolutions du Conseil de sécurité de l'ONU impliquant corruption, faux documents et fraude et ce en lien avec les comités et groupes de suivi.

Les Résolutions 1373 (2001) et 2462 (2019) concernent plus spécifiquement la lutte contre le financement du terrorisme, en lien avec la lutte contre le terrorisme, impliquant la nécessité pour les États d'incriminer le financement de tout groupe ou toute activité en lien avec le terrorisme, et ce même en dehors de tout acte de terrorisme précisément identifié. Elles rappellent également, que la lutte contre le terrorisme et le financement du terrorisme suppose de s'intéresser à toute la chaîne de financement des activités terroristes. Il faut intervenir en amont par exemple par le contrôle des organismes à but non lucratif sensibles à une instrumentalisation par les groupes terroristes et en aval avec l'application effective des mesures de gel des avoirs. Ces Résolutions s'appuient pour cela sur l'ensemble des Résolutions en lien avec cet objectif et sur les travaux des organisations internationales.

La Résolution 1373 (2001) du Conseil de sécurité des Nations unies du 28 septembre 2001 a été adoptée après les attentats du 11 septembre 2001 à Washington, New York et en Pennsylvanie. Elle prévoit un programme d'action contre le terrorisme international et créé, pour superviser l'action des États dans la lutte contre le terrorisme international, le Comité contre le terrorisme (CCT). Elle participe ainsi directement à la question de la lutte contre le blanchiment de capitaux et le financement du terrorisme comme l'ensemble des résolutions du Conseil de sécurité de l'ONU tendant à lutter contre le terrorisme visées par les Recommandations n°s 5 et 6 du GAFI (V. *supra*, A. Groupe d'action financière) en exhortant les États membres de l'ONU à incriminer toute action tendant au financement direct ou indirect d'une organisation terroriste, même sans lien avec un acte terroriste précis en vertu du 1, de la Résolution. ❑

Le Conseil de sécurité,

Réaffirmant ses résolutions 1269 (1999) du 19 octobre 1999 et 1368 (2001) du 12 septembre 2001,

Réaffirmant également sa condamnation sans équivoque des attaques terroristes commises le 11 septembre 2001 à New York, à Washington et en Pennsylvanie, et exprimant sa détermination à prévenir tous actes de ce type,

Réaffirmant en outre que de tels actes, comme tout acte de terrorisme international, constituent une menace à la paix et à la sécurité internationales,

Réaffirmant le droit naturel de légitime défense, individuelle ou collective, que consacre la Charte des Nations unies et qui est réaffirmé dans la résolution 1368 (2001),

Réaffirmant la nécessité de lutter par tous les moyens, conformément à la Charte des Nations unies, contre les menaces à la paix et à la sécurité internationales que font peser les actes de terrorisme,

Profondément préoccupé par la multiplication, dans diverses régions du monde, des actes de terrorisme motivés par l'intolérance ou l'extrémisme,

Demandant aux États de collaborer d'urgence pour prévenir et réprimer les actes de terrorisme, notamment par une coopération accrue et l'application intégrale des conventions internationales relatives au terrorisme,

Considérant que les États se doivent de compléter la coopération internationale en prenant des mesures supplémentaires pour prévenir et réprimer sur leur territoire,

par tous les moyens licites, le financement et la préparation de tout acte de terrorisme,

Réaffirmant le principe que l'Assemblée générale a établi dans sa déclaration d'octobre 1970 (2625 XXV) et que le Conseil de sécurité a réaffirmé dans sa résolution 1189 (1998), à savoir que chaque État a le devoir de s'abstenir d'organiser et d'encourager des actes de terrorisme sur le territoire d'un autre État, d'y aider ou d'y participer, ou de tolérer sur son territoire des activités organisées en vue de perpétrer de tels actes,

Agissant en vertu du Chapitre VII de la Charte des Nations unies,

1. Décide que tous les États doivent :

a) Prévenir et réprimer le financement des actes de terrorisme ;

b) Ériger en infraction la fourniture ou la collecte délibérée par leurs nationaux ou sur leur territoire, par quelque moyen que ce soit, directement ou indirectement, de fonds que l'on prévoit d'utiliser ou dont on sait qu'ils seront utilisés pour perpétrer des actes de terrorisme ;

c) Geler sans attendre les fonds et autres avoirs financiers ou ressources économiques des personnes qui commettent, ou tentent de commettre, des actes de terrorisme, les facilitent ou y participent, des entités appartenant à ces personnes ou contrôlées, directement ou indirectement, par elles, et des personnes et entités agissant au nom, ou sur instruction, de ces personnes et entités, y compris les fonds provenant de biens appartenant à ces personnes, et aux personnes et entités qui leur sont associées, ou contrôlés, directement ou indirectement, par elles ;

d) Interdire à leurs nationaux ou à toute personne ou entité se trouvant sur leur territoire de mettre des fonds, avoirs financiers ou ressources économiques ou services financiers ou autres services connexes à la disposition, directement ou indirectement, de personnes qui commettent ou tentent de commettre des actes de terrorisme, les facilitent ou y participent, d'entités appartenant à ces personnes ou contrôlées, directement ou indirectement, par elles et de personnes et entités agissant au nom ou sur instruction de ces personnes ;

2. Décide également que tous les États doivent :

a) S'abstenir d'apporter quelque forme d'appui que ce soit, actif ou passif, aux entités ou personnes impliquées dans des actes de terrorisme, notamment en réprimant le recrutement de membres de groupes terroristes et en mettant fin à l'approvisionnement en armes des terroristes ;

b) Prendre les mesures voulues pour empêcher que des actes de terrorisme ne soient commis, notamment en assurant l'alerte rapide d'autres États par l'échange de renseignements ;

c) Refuser de donner refuge à ceux qui financent, organisent, appuient ou commettent des actes de terrorisme ou en recèlent les auteurs ;

d) Empêcher que ceux qui financent, organisent, facilitent ou commettent des actes de terrorisme n'utilisent leurs territoires respectifs pour commettre de tels actes contre d'autres États ou contre les citoyens de ces États ;

e) Veiller à ce que toutes personnes qui participent au financement, à l'organisation, à la préparation ou à la perpétration d'actes de terrorisme ou qui y apportent un appui soient traduites en justice, à ce que, outre les mesures qui pourraient être prises contre ces personnes, ces actes de terrorisme soient érigés en infractions graves dans la législation et la réglementation nationales et à ce que la peine infligée soit à la mesure de la gravité de ces actes ;

f) Se prêter mutuellement la plus grande assistance lors des enquêtes criminelles et autres procédures portant sur le financement d'actes de terrorisme ou l'appui dont ces actes ont bénéficié, y compris l'assistance en vue de l'obtention des éléments de preuve qui seraient en leur possession et qui seraient nécessaires à la procédure ;

g) Empêcher les mouvements de terroristes ou de groupes de terroristes en instituant des contrôles efficaces aux frontières, ainsi que des contrôles lors de la délivrance de documents d'identité et de documents de voyage et en prenant des mesures pour empêcher la contrefaçon, la falsification ou l'usage frauduleux de papiers d'identité et de documents de voyage ;

3. Demande à tous les États :

a) De trouver les moyens d'intensifier et d'accélérer l'échange d'informations opérationnelles, concernant en particulier les actions ou les mouvements de terroristes ou de réseaux de terroristes, les documents de voyage contrefaits ou falsifiés, le trafic d'armes, d'explosifs ou de matières sensibles, l'utilisation des technologies de communication par des groupes terroristes, et la menace que constituent les armes de destruction massive en possession de groupes terroristes ;

b) D'échanger des renseignements conformément au droit international et national et de coopérer sur les plans administratif et judiciaire afin de prévenir les actes de terrorisme ;

c) De coopérer, en particulier dans le cadre d'accords et d'arrangements bilatéraux et multilatéraux, afin de prévenir et de réprimer les actes de terrorisme et de prendre des mesures contre les auteurs de tels actes ;

d) De devenir dès que possible parties aux conventions et protocoles internationaux relatifs au terrorisme, y compris la Convention internationale pour la répression du financement du terrorisme en date du 9 décembre 1999 ;

e) De coopérer davantage et d'appliquer intégralement les conventions et protocoles internationaux relatifs au terrorisme ainsi que les résolutions 1269 (1999) et 1368 (2001) du Conseil de sécurité ;

f) De prendre les mesures appropriées, conformément aux dispositions pertinentes de leur législation nationale et du droit international, y compris les normes internationales relatives aux droits de l'homme, afin de s'assurer, avant d'octroyer le statut de réfugié, que les demandeurs d'asile n'ont pas organisé ou facilité la perpétration d'actes de terrorisme et n'y ont pas participé ;

g) De veiller, conformément au droit international, à ce que les auteurs ou les organisateurs d'actes de terrorisme ou ceux qui facilitent de tels actes ne détournent pas à leur profit le statut de réfugié, et à ce que la revendication de motivations politiques ne soit pas considérée comme pouvant justifier le rejet de demandes d'extradition de terroristes présumés ;

4. Note avec préoccupation les liens étroits existant entre le terrorisme international et la criminalité transnationale organisée, la drogue illicite, le blanchiment d'argent, le trafic d'armes et le transfert illégal de matières nucléaires, chimiques, biologiques et autres présentant un danger mortel et, à cet égard, souligne qu'il convient de renforcer la coordination des efforts accomplis aux échelons national, sous-régional, régional et international afin de renforcer une action mondiale face à ce grave problème et à la lourde menace qu'il fait peser sur la sécurité internationale ;

5. Déclare que les actes, méthodes et pratiques du terrorisme sont contraires aux buts et aux principes de l'Organisation des Nations unies et que le financement et l'organisation d'actes de terrorisme ou l'incitation à de tels actes en connaissance de cause sont également contraires aux buts et principes de l'Organisation des Nations unies ;

6. Décide de créer, en application de l'article 28 de son Règlement intérieur provisoire, un comité du Conseil de sécurité composé de tous les membres du Conseil et chargé de suivre l'application de la présente résolution avec l'aide des experts voulus, et demande à tous les États de faire rapport au Comité, 90 jours au plus tard après la date de l'adoption de la présente résolution puis selon le calendrier qui sera proposé par le Comité, sur les mesures qu'ils auront prises pour donner suite à la présente résolution ;

7. Donne pour instructions au Comité de définir ses tâches, de présenter un programme de travail 30 jours au plus tard après l'adoption de la présente résolution et de réfléchir à l'appui dont il aura besoin, en consultation avec le Secrétaire général ;

8. Se déclare résolu à prendre toutes les mesures nécessaires pour assurer la pleine application de la présente résolution, conformément aux responsabilités qui lui incombent en vertu de la Charte ;

9. Décide de demeurer saisi de la question.

Déclaration finale de la conférence internationale « No Money for Terror » du 26 avril 2018,

Sur la lutte contre le financement du terrorisme .

COMMENTAIRE

La conférence « *No money for terror* » de lutte contre le financement des organisations terroristes Daesh et Al-Qaida s'est tenue à Paris les 25 et 26 avril 2018 dans le but d'adopter une approche intégrée de la lutte contre le terrorisme et son financement. La conférence réunit les États membres du Groupe d'action financière (GAFI), les organismes régionaux de type GAFI (ORTG), le G20 et la Coalition internationale contre Daech, en présence d'organisations et d'agences internationales et régionales et d'agences spécialisées. Les travaux de la conférence ont donné lieu à la publication de l'Agenda de Paris. Une nouvelle conférence, intitulée « *No money for terror II* », a eu lieu à Melbourne le 7 novembre 2019, afin de faire le point sur le déploiement de l'Agenda de Paris.

L'objectif de la conférence de Paris tend à étudier les moyens de renforcer l'efficacité de la lutte contre le financement du terrorisme, en prenant appui sur la convention internationale pour la répression du financement du terrorisme de 1999 (V. *supra*), sur la Résolution 1373 (2001) du Conseil de sécurité des Nations unies (V. *supra*) et sur l'expérience acquise dans lutte internationale contre l'État islamique en Irak et au Levant (EI/Daech) en Syrie.

Dans cette perspective, le États parties à la conférence s'engagent à renforcer leurs cadres juridiques et opérationnels internes pour la collecte, l'analyse et le partage des informations par les autorités nationales. Ils s'engagent également à criminaliser le financement du terrorisme, notamment le financement des déplacements et du recrutement des terroristes et ce, même en l'absence de lien avec un acte terroriste spécifique.

Les États parties s'engagent aussi à améliorer l'efficacité de la chaîne opérationnelle, permettant aux cellules de renseignement financier, aux services de renseignement et d'enquête, aux autorités judiciaires et/ou de poursuites, aux services de police et de justice ainsi qu'aux autres autorités compétentes, de collecter et de partager des informations sur le financement des individus, groupes, entreprises et entités liés à des groupes terroristes, en particulier les combattants terroristes étrangers, ceux qui reviennent dans leur pays d'origine ou qui se réinstallent dans un pays tiers.

Ce renforcement de la chaîne opérationnelle implique la mise en place de partenariats effectifs avec les secteurs privé et financier concernant l'évolution des tendances, les sources et les méthodes de financement des individus, groupes, entreprises et entités terroristes, voire le partage des informations tactiques entre les autorités nationales et en particulier les cellules de renseignement financier et les services de renseignement. Ce renforcement suppose également la consultation d'entités comptables afin de les impliquer dans l'élaboration et la mise en œuvre de lignes directrices et d'indicateurs de transactions suspectes pour le secteur privé. La finalité de ce travail est d'améliorer les stratégies d'entrave, la détection précoce et la prévention du financement du terrorisme, tout comme la qualité des informations transmises par le secteur privé. L'amélioration de la chaîne opérationnelle de lutte contre le financement du terrorisme suppose aussi la sensibilisation des représentants du secteur privé et des autorités concernées, notamment les organismes de contrôle des exportations, au risque d'acquisition par des individus, groupes d'entreprises et entités terroristes d'armes, d'armes de destruction massive notamment, ainsi que de technologies et de biens sensibles.

L'Agenda de la conférence fixe ainsi dix priorités tenant au renforcement des cadres juridiques et opérationnels internes pour la collecte, l'analyse et le partage des informations par les autorités nationales, à la lutte contre les transactions financières anonymes ; à l'amélioration de la traçabilité et la transparence des fonds destinés aux organisations à but non lucratif et aux œuvres caritatives pointés par le GAFI comme des sources de financement qui montent en puissance depuis quelques années ; à anticiper et prévenir le risque de détournement des nouveaux instruments financier notamment sur des supports numériques ; à travailler en collaboration avec le secteur privé, en particulier l'industrie du numérique, pour lutter contre le financement du terrorisme ; à réaffirmer l'utilité des mécanismes nationaux et internationaux de gel et de saisie des avoirs ; à renforcer l'efficacité de la coopération internationale ; à soutenir la légitimité, la visibilité et les ressources du GAFI et des ORTG ; à renforcer l'engagement collectif des États parties envers les États qui ne satisfont pas aux normes ou manquent de capacités ; et enfin à maintenir la mobilisation de chacun des États parties contre le financement du terrorisme. ❑

Résolution 2462 (2019) du Conseil de sécurité des Nations unies du 28 mars 2019,

Sur la prévention et la lutte contre le financement du terrorisme.

COMMENTAIRE

La Résolution 2462 (2019) du Conseil de sécurité des Nations unies du 28 mars 2019 s'appuie, d'une part, sur le corpus des résolutions précédentes dont la Résolution1373 (2001) du 28 septembre 2001 (V. *supra*) enjoignant les États à incriminer toute forme de financement de groupe et d'activités terroristes, même sans lien avec un acte terroriste précis et, d'autre part, sur les travaux internationaux les plus récents dont l'additif aux Principes directeurs relatifs aux combattants terroristes étrangers (S/2018/1177), incluant des recommandations relatives à la lutte contre le financement du terrorisme, et l'Agenda de Paris fixé dans le cadre de la conférence « *No money for terror* » du 26 avril 2018 (V. *supra*).

La Résolution 2462 (2019) insiste sur la nécessité d'appliquer effectivement l'article 1, d) de la Résolution 1373 (2001) tendant à l'incrimination de tout acte de financement d'une organisation ou d'activité terroristes, même en dehors de tout acte terroriste précis. Elle souligne également la nécessité de respecter et d'assurer l'effectivité des mesures de gel des avoirs notamment par leur publication régionale et nationale au titre de ses résolutions 1373 (2001), 1267 (1999), 1989 (2011) et 2253 (2015).

La Résolution du 28 mars 2019 s'appuie ainsi sur le corps de règles internationales et sur les organismes internationaux jouant un rôle majeur dans la LBC/FT. ❑

Le Conseil de sécurité,

Rappelant ses résolutions 1267 (1999), 1373 (2001), 1452 (2002), 1526 (2004), 1617 (2005), 1624 (2005), 2129 (2013), 2133 (2014), 2170 (2014), 2178 (2014), 2195 (2014), 2199 (2015), 2249 (2015), 2253 (2015), 2322 (2016), 2331 (2016), 2341 (2017), 2347 (2017), 2354 (2017), 2368 (2017), 2370 (2017), 2388 (2017), 2395 (2017), 2396 (2017) et les déclarations de sa présidence sur la question,

Réaffirmant que le terrorisme, sous toutes ses formes et dans toutes ses manifestations, constitue une des menaces les plus graves contre la paix et la sécurité internationales et que tout acte de terrorisme est criminel et injustifiable, quels qu'en soient les motivations, le moment, le lieu et les auteurs,

Soulignant que c'est aux États Membres qu'il incombe au premier chef de contrer les actes de terrorisme et réaffirmant l'obligation qui est la leur de prévenir et de réprimer le financement des actes terroristes et demandant à nouveau à tous les États de devenir partie dès que possible aux conventions internationales relatives à la lutte antiterroriste et aux protocoles s'y rapportant, y compris la Convention internationale pour la répression du financement du terrorisme et d'envisager, selon qu'il conviendra, de ratifier d'autres conventions internationales comme la Convention des Nations unies contre la criminalité transnationale organisée et les Protocoles s'y rapportant, qui visent à faciliter la coopération internationale en matière pénale, d'y adhérer et de les mettre en œuvre,

Rappelant en outre à tous les États Membres l'obligation qu'ils ont de veiller à ce que toute personne qui participe au financement, à l'organisation, à la préparation ou à la perpétration d'actes de terrorisme ou y apportant un appui soit traduite en justice, et à ce que, outre les mesures qui pourraient être prises contre ces personnes, ces actes de terrorisme soient érigés en infractions graves dans la législation et la réglementation nationales et la peine infligée soit à la mesure de la gravité de ces actes,

Réaffirmant que les États Membres doivent faire en sorte que toute mesure prise pour combattre le terrorisme soit conforme à toutes leurs obligations au titre du droit international, en particulier le droit international des droits de l'homme, le droit international des réfugiés et le droit international humanitaire, soulignant que le respect des droits de l'homme, les libertés fondamentales et l'état de droit sont complémentaires et que leurs effets et ceux de mesures antiterroristes efficaces se renforcent mutuellement et font partie intégrante de toute action antiterroriste effi-

cace, notant qu'il importe de respecter l'état de droit pour prévenir et combattre efficacement le terrorisme, et constatant que le fait de se soustraire à ces obligations internationales ou à d'autres, dont celles résultant de la Charte des Nations unies, est un des facteurs contribuant à une radicalisation accrue à la violence et favorise un sentiment d'impunité,

Notant avec une vive inquiétude que les terroristes et les groupes terroristes lèvent des fonds par divers moyens, notamment, mais pas uniquement l'utilisation à des fins illégales d'entreprises commerciales légitimes et d'organisations à but non lucratif, l'exploitation de ressources naturelles, les dons, le financement participatif, le produit des activités criminelles, notamment mais non exclusivement l'enlèvement contre rançon, l'extorsion, le commerce illicite et le trafic des biens culturels, la traite d'êtres humains, y compris à des fins d'exploitation sexuelle, le trafic de drogues et le commerce illicite des armes légères et de petit calibre,

Notant également avec une vive inquiétude que les terroristes, y compris les combattants terroristes étrangers, et les groupes terroristes peuvent déplacer et transférer des fonds, notamment par l'intermédiaire d'institutions financières ou en utilisant à des fins illégales des entreprises légitimes et des organisations à but non lucratif, notamment comme entreprises, sociétés écrans ou passeurs de fonds, ainsi qu'en utilisant les nouveaux moyens de paiement tels que les cartes prépayées, les paiements mobiles ou les actifs virtuels,

Constatant avec une vive préoccupation que les terroristes peuvent mettre à profit la criminalité transnationale organisée comme source de financement ou appui logistique, sachant que la nature et l'étendue des liens entre le terrorisme et la criminalité transnationale organisée varient selon le contexte, et soulignant qu'il importe de renforcer la coordination de l'action menée aux niveaux local, national, régional, infrarégional et international pour régler ce grave problème, dans le respect du droit international,

Se déclarant de nouveau préoccupé de constater que les terroristes et leurs partisans continuent d'utiliser les technologies de l'information et des communications, en particulier Internet, pour faciliter des actes de terrorisme, et pour recruter à cette fin ou inciter à commettre, financer ou planifier des actes de terrorisme,

Sachant que les innovations sur le plan des technologies de la finance, des produits et des services financiers peuvent offrir d'importantes perspectives économiques mais également être utilisées à mauvais escient, y compris pour financer le terrorisme,

Insistant sur le rôle central de l'Organisation des Nations unies, et en particulier de son Conseil de sécurité, dans la lutte contre le terrorisme, et soulignant le rôle essentiel du Groupe d'action financière (GAFI) dans l'établissement de normes internationales pour prévenir et combattre le blanchiment de capitaux, le financement du terrorisme et la prolifération du financement, et de ses organismes régionaux de type GAFI, prenant note avec satisfaction de la "stratégie consolidée de lutte contre le financement du terrorisme" et du plan opérationnel adoptés par le Groupe,

Engageant les États Membres à coopérer activement avec le GAFI, y compris en participant au suivi des risques de financement du terrorisme,

Déterminé à continuer de soutenir les efforts tendant à empêcher les groupes terroristes d'avoir accès à des fonds et à des services financiers, notamment au moyen des travaux que mènent les organes de l'Organisation des Nations unies chargés de la lutte contre le terrorisme et le GAFI et ses organismes régionaux pour renforcer la lutte contre le blanchiment de capitaux et les circuits de financement du terrorisme à l'échelle mondiale et appliquer notamment les mesures prises à cet effet,

Se félicitant de l'adoption par son Comité contre le terrorisme de l'additif aux Principes directeurs relatifs aux combattants terroristes étrangers (S/2018/1177), qui comprend notamment des recommandations précises relatives à la lutte contre le financement du terrorisme, et soulignant qu'il importe d'appliquer ces principes de manière intégrale et effective,

Se félicitant des mesures prises sur les plans national, régional et multilatéral pour encourager la coopération internationale afin de prévenir et de réprimer le financement du terrorisme,

Prenant note avec appréciation de la tenue de la conférence internationale de lutte contre le financement de Daech et d'Al-Qaida ("*No Money for Terror*"), qui s'est tenue à Paris les 25 et 26 avril 2018 ainsi que de la déclaration finale issue de la conférence et attendant avec intérêt la tenue de la prochaine conférence, prévue en 2019 en Australie,

Réaffirmant que les sanctions sont un instrument important prévu par la Charte des Nations unies pour le maintien et le rétablissement de la paix et de la sécurité internationales, y compris pour la lutte contre le terrorisme et son financement,

Notant avec inquiétude qu'un grand nombre d'États Membres n'ont pas appliqué ou érigé en infraction l'interdiction visée à l'alinéa d) du paragraphe 1 de la résolution 1373 (2001) et que la fourniture de services financiers et autres services connexes à des personnes ou à des entités terroristes, même en l'absence d'un lien avec un acte terroriste précis, permet à celles-ci de se livrer plus facilement à des activités terroristes,

Sachant combien il est nécessaire de renforcer les capacités des États Membres qui en font la demande, en vue de soutenir l'appropriation nationale afin qu'ils puissent combattre plus efficacement le terrorisme et son financement et tirer meilleur parti des instruments et mécanismes internationaux existants,

Agissant en vertu du Chapitre VII de la Charte des Nations unies,

1. Réaffirme sa résolution 1373 (2001), dans laquelle il a décidé en particulier que tous les États devaient prévenir et réprimer le financement des actes de terrorisme et s'abstenir d'apporter quelque forme d'appui que ce soit, actif ou passif, aux personnes ou entités impliquées dans des actes de terrorisme, y compris en éliminant le recrutement de membres de groupes terroristes et en mettant fin à l'approvisionnement en armes des terroristes ;

2. Souligne qu'il a décidé, dans sa résolution 1373 (2001), que tous les États Membres devaient ériger en infraction la fourniture ou la collecte délibérée par leurs nationaux ou sur leur territoire, par quelque moyen que ce soit, directement ou indirectement, de fonds que l'on prévoit d'utiliser ou dont on sait qu'ils seraient utilisés pour perpétrer des actes de terrorisme, et, dans sa résolution 2178 (2014), que tous les États Membres devaient ériger en infractions pénales graves les déplacements, le recrutement et le financement des combattants terroristes étrangers ;

3. Souligne que l'obligation concernant l'interdiction, énoncée à l'alinéa d) du paragraphe 1 de la résolution 1373 (2001), s'applique au fait de mettre, directement ou indirectement, des fonds, actifs financiers, ressources économiques ou services financiers ou autres services connexes à la disposition de personnes ou d'entités terroristes, quelle qu'en soit la raison, y compris, mais pas exclusivement, le recrutement, l'entraînement ou le voyage, même en l'absence d'un lien avec un acte terroriste précis ;

4. Engage vivement tous les États à appliquer les normes internationales détaillées que constituent les quarante recommandations révisées du GAFI sur la lutte contre le blanchiment de capitaux et sur le financement du terrorisme et de la prolifération et les notes interprétatives ;

5. Décide que tous les États veilleront, de manière conforme aux obligations que leur impose le droit international, y compris le droit international humanitaire, le droit international des droits de l'homme et le droit international des réfugiés, à ériger en infractions pénales graves dans leur législation et leur réglementation internes, de façon à pouvoir engager des poursuites et réprimer, proportionnellement à la gravité de l'infraction, la fourniture ou la collecte délibérée, directe ou indirecte, de fonds, de biens financiers ou de ressources économiques ou financières et d'autres services connexes, directement ou indirectement, dans l'intention d'utiliser les fonds, ou sachant qu'ils le seront au bénéfice de personnes ou d'entités terroristes, quelle qu'en soit la raison, y compris, mais pas exclusivement, le recrutement, l'entraînement ou le voyage, même en l'absence d'un lien avec un acte terroriste précis ;

6. Exige des États Membres qu'ils fassent en sorte que toutes les mesures prises pour lutter contre le terrorisme, y compris celles prises pour contrer le financement du terrorisme en application de la présente résolution, soient conformes aux obligations que leur impose le droit international, y compris le droit international humanitaire, le droit international des droits de l'homme et le droit international des réfugiés ;

7. Demande aux États Membres de mener des enquêtes financières sur les affaires liées au terrorisme et de rechercher des moyens de surmonter les difficultés relatives à la collecte d'éléments de preuve en vue d'obtenir des condamnations pour financement du terrorisme ;

8. Demande également aux États Membres d'enquêter plus efficacement sur les affaires de financement du terrorisme et d'engager des poursuites et d'appliquer, s'il y a lieu, des sanctions pénales efficaces, proportionnées et dissuasives contre les personnes et entités condamnées pour financement du terrorisme ;

9. Souligne la nécessité pour tous les États Membres de respecter pleinement les mesures qu'il a imposées dans sa résolution 2368 (2017) et rappelle qu'il a notamment chargé l'Équipe d'appui analytique et de surveillance des sanctions créée par les résolutions 1526 (2004) et 2253 (2015) concernant l'EIIL (Daech), Al-Qaida, les Taliban et les personnes et entités qui leur sont associées de recueillir des informations sur les cas de non-respect des mesures de sanction imposées dans la résolution 2368 (2017), notamment en réunissant les données recueillies auprès de toutes sources pertinentes, et que le Comité faisant suite aux résolutions 1267 (1999), 1989 (2011) et 2253 (2015) concernant l'État islamique d'Iraq et du Levant (Daech), Al-Qaida et les personnes, groupes, entreprises et entités qui leur sont associés doit examiner les cas signalés ;

10. Souligne qu'il importe d'appliquer effectivement les dispositifs de gel des avoirs établis à la suite de la résolution 1373 (2001), y compris d'examiner les demandes de tierces parties formulées par d'autres États ;

11. Invite les États à envisager de rendre publiques les listes concernant le gel des avoirs établies à l'échelle nationale et régionale à la suite des résolutions 1373 (2001), 1267 (1999), 1989 (2011) et 2253 (2015) ;

12. Souligne qu'il importe d'appliquer rigoureusement les mesures visées au paragraphe 1 de la résolution 2368 (2017) et prie instamment tous les États Membres de participer activement à l'application de ces mesures et à l'actualisation de la Liste relative aux sanctions contre l'EIIL (Daech) et Al-Qaida et d'envisager de faire figurer, lorsqu'ils présentent de nouvelles demandes d'inscription, les noms des personnes et entités impliquées dans le financement du terrorisme ;

13. Demande aux États d'investir des moyens dans l'application de régimes de sanction conformément aux dispositions des résolutions 1373 (2001), 1267 (1999), 1989 (2011) et 2253 (2015) et dans la saisie de fonds dans le cadre d'enquêtes ;

14. Prie instamment tous les États de procéder en particulier à une évaluation nationale des risques de financement du terrorisme et de répertorier les secteurs de l'économie les plus exposés à ce risque, tels que, notamment, les services non financiers comme la construction, les produits de base et les produits pharmaceutiques, conformément aux normes du GAFI, et accueille avec satisfaction les directives établies à ce sujet par l'Organisation des Nations unies, notamment le manuel d'orientation à l'intention des États Membres sur l'évaluation des risques de financement du terrorisme de l'ONUDC, et par le GAFI ;

15. Prie instamment les États Membres qui ne l'ont pas encore fait de créer des cellules de renseignement financier fonctionnant de manière indépendante et autonome en vue de renforcer les mesures qu'ils ont instaurées pour prévenir et combattre le financement du terrorisme, conformément aux normes établies par le GAFI ;

16. Demande aux États Membres de renforcer l'accès des cellules de renseignement financier aux informations ainsi que les capacités d'analyse du financement du terrorisme de ces dernières, notamment en élaborant, conjointement avec les autorités compétentes, des indicateurs de risque spéciaux et en coopérant avec le secteur

privé pour surveiller les sources et les modes de financement du terrorisme et l'évolution des tendances en la matière ;

17. Invite instamment les États Membres à établir ou à renforcer, sur le plan national, un dispositif permettant aux autorités compétentes, en particulier les cellules de renseignement financier, les services de renseignement, les organes de répression, le ministère public et les autorités judiciaires, de recueillir et de partager les informations relatives au financement du terrorisme ;

18. Engage les États Membres à renforcer les capacités de leurs systèmes de contrôle et de réglementation des opérations financières et à empêcher ainsi les terroristes de lever, de transférer et d'exploiter des fonds, notamment en veillant à ce que le secteur privé respecte l'obligation de signalement et d'information et en prenant en considération les évaluations par pays réalisées par les entités compétentes, telles que la Direction exécutive du Comité contre le terrorisme et le GAFI et son réseau mondial ;

19. Demande aux États Membres d'intensifier et d'accélérer l'échange, en temps voulu, d'informations opérationnelles et de renseignements financiers pertinents concernant les actes, les déplacements, la cadence des mouvements des terroristes et des réseaux de terroristes, notamment les combattants terroristes étrangers, dont ceux qui retournent dans leur pays ou se réinstallent ailleurs, dans le respect du droit international, y compris le droit international des droits de l'homme, et de la législation nationale, notamment en :

a) veillant à ce que les autorités compétentes puissent exploiter les renseignements financiers obtenus auprès des cellules de renseignement financier et les informations financières pertinentes recueillies auprès du secteur privé, dans le strict respect du droit international, y compris le droit international des droits de l'homme ;

b) renforçant l'intégration et l'utilisation de renseignements financiers dans les affaires liées au terrorisme, y compris en resserrant la coordination entre les organes concernés ;

c) utilisant davantage les renseignements financiers et les traces financières pour déceler les réseaux terroristes et les bailleurs de fonds ;

d) envisageant la mise en place d'un mécanisme qui permette aux autorités compétentes d'obtenir des informations pertinentes, notamment mais pas exclusivement sur des comptes bancaires, afin de repérer plus facilement les avoirs des terroristes dans le strict respect du droit international, y compris le droit international des droits de l'homme ;

20. Demande à tous les États d'accroître la traçabilité et la transparence des transactions financières, dans le respect du droit international, y compris le droit international des droits de l'homme et le droit international humanitaire, notamment en :

a) utilisant pleinement les technologies nouvelles dans les domaines de la finance et de la réglementation afin d'ouvrir davantage l'accès aux services financiers et de concourir à l'application effective des mesures de lutte contre le blanchiment d'argent et le financement du terrorisme ;

b) faisant en sorte que les institutions financières, y compris dans le même groupe financier, ainsi que les entreprises et professions non financières désignées puissent échanger des informations en vue d'atténuer les risques de blanchiment de capitaux et de financement du terrorisme et de mettre à la disposition des autorités nationales compétentes des informations complètes au sujet d'activités criminelles, sans déroger aux mesures applicables dans le pays hôte ;

c) évaluant les risques associés à l'utilisation de liquidités et d'effets au porteur négociables, y compris les mouvements transfrontaliers illicites de liquidités, ainsi que d'autres produits financiers, notamment les cartes à valeur stockée ou cartes prépayées, et les systèmes parallèles de transfert de fonds (y compris le *hawala*) et en prenant les mesures voulues pour neutraliser ces risques ;

d) évaluant et neutralisant les risques potentiels associés à l'utilisation d'actifs virtuels et, au besoin, le risque que de nouveaux instruments financiers, notamment mais non exclusivement les plateformes de financement participatif, soient détournés pour financer des actes de terrorisme et prendre des mesures pour faire en sorte que ceux qui fournissent ces actifs se conforment aux obligations que leur impose la lutte contre le blanchiment d'argent et le financement du terrorisme ;

21. Se félicite à cet égard des travaux que le GAFI continue de mener au sujet des actifs virtuels et des prestataires de services d'actifs virtuels, y compris les modifications apportées en octobre 2018 aux normes établies par le Groupe et la déclaration relative à la réglementation des actifs virtuels, et engage les États Membres à faire en sorte que les prestataires de services d'actifs virtuels appliquent les règlements fondés sur les risques concernant la lutte contre le blanchiment d'argent et le financement du terrorisme et à recenser les systèmes fondés sur les risques permettant de contrôler et de superviser efficacement ces prestataires ;

22. Engage les autorités nationales compétentes, en particulier les cellules de renseignement financier et les services de renseignement, à continuer d'établir des partenariats efficaces avec le secteur privé, y compris les institutions financières, le secteur de la technologie financière et les sociétés du secteur d'Internet et des médias sociaux, notamment en ce qui concerne les sources et les modes de financement du terrorisme et l'évolution des tendances dans ce domaine ;

23. Est conscient que les organisations à but non lucratif jouent un rôle déterminant dans les économies et les systèmes sociaux nationaux, exhorte les États Membres à procéder à intervalles réguliers à une évaluation des risques que présente leur secteur associatif ou à tenir à jour toute évaluation existante, afin de recenser les organisations exposées à un risque de financement du terrorisme, et à faciliter la mise en place d'une approche fondée sur les risques, engage les États Membres à collaborer avec le secteur associatif pour éviter que ces organisations, y compris les sociétés écrans, soient utilisées à des fins illégales par les terroristes ou pour leur compte, tout en rappelant que les États doivent respecter les droits de l'homme et les libertés fondamentales et rappelle les recommandations et documents d'orientation pertinents précédemment établis par le GAFI à ce sujet, et en particulier sa recommandation 8 ;

24. Prie instamment les États, lorsqu'ils élaborent et appliquent des mesures visant à lutter contre le financement du terrorisme, de tenir compte de effets qu'elles pourraient avoir sur les activités exclusivement humanitaires, y compris médicales, menées par des acteurs humanitaires impartiaux, de manière conforme au droit international humanitaire ;

25. Engage les États Membres à redoubler d'efforts et à prendre des mesures résolues pour recenser les affaires pénales relatives à la traite d'êtres humains et au trafic de bien culturels qui financent le terrorisme afin d'amener les responsables à répondre de leurs actes et à fournir à l'Équipe d'appui analytique et de surveillance des sanctions, selon qu'il conviendra, les informations pertinentes concernant de telles affaires ;

26. Demande à nouveau aux États Membres d'empêcher les terroristes de tirer profit, directement ou directement, du versement de rançons ou de concessions politiques et les encourage à intensifier la coopération et les échanges d'information à cette fin ;

27. Exhorte les États qui ne l'ont pas encore fait à adopter et à appliquer les mesures législatives et autres mesures pour ériger en infractions, au regard du droit interne, la fabrication, la possession, le stockage et le commerce des armes légères et de petit calibre, dans leur juridiction, afin de faire en sorte que ceux qui se livrent à de telles activités fassent l'objet de poursuites pénales ;

28. Demande aux États Membres de renforcer la coopération internationale en vue de prévenir et de combattre le financement du terrorisme, y compris en :

a) veillant à l'efficacité de l'échange de renseignements financiers pertinents dans le cadre de mécanismes bilatéraux et multilatéraux et en faisant en sorte que les autorités compétentes soient en mesure d'exercer leurs pouvoirs pour donner suite aux demandes de coopération internationale ;

b) garantissant que leurs cellules de renseignement financier servent d'agences centrales pour la collecte d'informations portant sur des transactions suspectes et d'autres informations concernant le blanchiment d'argent ou des infractions préparatoires à ce type d'opérations ou encore le financement du terrorisme, communiquées par les entités déclarantes et qu'elles utilisent activement des voies précises, sûres et protégées pour faire connaître, de leur propre initiative ou sur demande, des informations et le résultat de l'analyse de ces informations aux autorités compétentes concernées ;

c) renforçant la coopération transfrontière entre les administrations douanières et fiscales et en améliorant la coordination des opérations des services de police et de douane menées sur le plan international ;

d) améliorant la qualité des informations partagées à l'échelle internationale par les cellules de renseignement financier concernant le financement des combattants terroristes étrangers, y compris ceux qui retournent dans leur pays ou se réinstallent ailleurs, par les petites cellules et par les terroristes sur les activités de ceux qui lèvent ou réunissent des fonds ou facilitent par d'autres moyens le financement du terrorisme, en appliquant dans leur intégralité les normes établies par le GAFI dans ce domaine ;

29. Rappelle que tous les États doivent se prêter mutuellement la plus grande assistance dans les enquêtes ou procédures pénales relatives au financement ou à l'appui d'actes de terrorisme ;

30. Engage les États Membres à aider à renforcer la capacité des autres États Membres qui en font la demande, pour contrer la menace que représente le financement du terrorisme ;

31. Engage également les États Membres à utiliser au mieux les capacités de police de l'Organisation internationale de police criminelle (INTERPOL), notamment les bases de données et rapports d'analyse pertinents en vue de prévenir et de combattre le financement du terrorisme ;

32. Engage les États Membres et les organismes des Nations unies, en particulier l'Office des Nations unies contre la drogue et le crime (ONUDC), à continuer de mener des recherches et de recueillir des informations pour mieux comprendre la nature et l'étendue des liens entre le terrorisme, notamment son financement, et la criminalité transnationale organisée ;

33. Prie les entités des Nations unies, en particulier le Bureau de lutte contre le terrorisme et l'ONUDC, de continuer de coopérer avec les États Membres et de leur fournir, à leur demande et en tenant compte des lacunes en matière d'application et de capacités qui ont été recensées par la Direction exécutive du Comité contre le terrorisme dans ses rapports, en particulier lorsqu'ils ont trait aux rapports d'évaluation mutuelle établis par le GAFI et ses organismes régionaux de type GAFI, une assistance technique et un renforcement des capacités afin de les aider à s'acquitter pleinement de leurs obligations internationales respectives en vue de prévenir et de combattre le financement du terrorisme ;

34. Demande au Bureau de lutte contre le terrorisme, en coopération étroite avec l'ONUDC et en consultation avec la Direction exécutive du Comité contre le terrorisme, l'Équipe d'appui analytique et de surveillance des sanctions et d'autres entités signataires du Pacte mondial de coordination contre le terrorisme, ainsi qu'avec les institutions financières internationales telles que le Fonds monétaire international et la Banque mondiale et d'autres parties prenantes, y compris les organismes régionaux de type GAFI, de resserrer la coordination en vue de dispenser une assistance technique intégrée concernant les mesures de lutte contre le financement du terrorisme, y compris une assistance permettant de renforcer la capacité des États Membres qui en font la demande d'appliquer effectivement la présente résolution ;

35. Prie instamment, conformément à sa résolution 2395 (2017), la Direction exécutive du Comité contre le terrorisme de renforcer sa procédure d'évaluation relative à la répression du financement du terrorisme, notamment en effectuant des visites de suivi ciblées en complément à ses évaluations complètes, et de présenter chaque année, en consultation avec l'Équipe d'appui analytique et de surveillance des sanctions, au Bureau de lutte contre le terrorisme, par l'intermédiaire du Comité contre le terrorisme, un résumé thématique de l'évaluation des lacunes recensées et des domaines où l'adoption de mesures additionnelles s'impose aux fins de l'applica-

tion des principales dispositions de ses résolutions pertinentes concernant le financement de la lutte contre le terrorisme en vue de proposer une assistance technique et un renforcement des capacités ciblés, en prenant en considération, selon qu'il conviendra, les rapports d'évaluation mutuelle établis par le GAFI et ses organismes régionaux de type GAFI, et de veiller à l'affectation de ressources suffisantes pour mener ces tâches à bien ;

36. Prie le Comité contre le terrorisme et le Comité faisant suite aux résolutions 1267 (1999), 1989 (2011) et 2253 (2015) concernant l'EIIL (Daech), Al-Qaida et les personnes, groupes, entreprises et entités qui leur sont associés de tenir, dans un délai de 12 mois, une réunion conjointe spéciale sur les menaces et tendances associées au financement du terrorisme ainsi que sur l'application des dispositions de la présente résolution ;

37. Prie instamment la Direction exécutive du Comité contre le terrorisme et l'Équipe d'appui analytique et de surveillance des sanctions à établir, avant la tenue de la réunion conjointe spéciale, un rapport sur les mesures prises par les États Membres pour désorganiser le financement du terrorisme et, à cet égard, invite les États Membres à leur communiquer par écrit, d'ici à la fin de 2019, des informations sur les mesures prises à cet effet ;

38. Décide de rester saisi de la question.

CORRUPTION

RÉP. PÉN. v° *Corruption et trafic d'influence*, par JEANDIDIER.

RÉP. TRAV. v° *Corruption*, par DEDESSUS-LE MOUSTIER.

SOLUTION COMPLIANCE v° *Identifier et prévenir la corruption.*

BIBL. GÉN. ▸ TRICOT, *RSC 2005. 753* (la corruption internationale). – PARIZOT, *RSC 2007. 431* (la lutte contre la corruption et la fraude au sein de l'Union européenne). – LELIEUR et PIETH, *D. 2008. 1086* (dix ans d'application de la convention OCDE contre la corruption transnationale). – PHILIPPE, *ibid. 1093* (la lutte contre la corruption, le point de vue du policier à partir du retour d'expériences de plusieurs enquêtes). – MAURO, *AJ pénal 2012. 12* (application dans l'espace de la loi pénale et entreprises multinationales). – JACQUEMET, *AJ pénal 2013. 78* (le dispositif de prévention de la corruption). – MOULETTE, *ibid. 82* (le rôle de l'OCDE dans la lutte contre la corruption). – BOURSIER, *Dr. pénal 2016. Étude 1* (groupes internationaux de sociétés : corruption internationale et mondialisation du risque pénal). – NICOLAS, *RSC 2016. 663* (forum annuel 2016 sur la lutte contre la corruption dans l'UE). – NIEL, *Les Cahiers du DRH, n° 238, 1er janv. 2017* (mettre en place un plan anticorruption). – Dossier, *AJCT 2017. 123* (loi « Sapin 2 » : une transparence renforcée ?). – Dossier, Nicolas et Humbert (dir.), *Cah. dr. entr. 2017, n° 2* (conformité – Loi Sapin 2, FCPA, UKBA, CCA. Comment ne pas se perdre dans le dédale de la conformité ?). – BOURSIER, *RSC 2017. 465* (la mondialisation du droit pénal économique). – BAUD, *Cah. just. 2017. 707* (juger ailleurs, juger autrement – La manifestation de la vérité dans le procès pénal : une étude comparée entre la France et les États-Unis). – HARANG et WEBB, *RLDA 1er oct. 2017* (Royaume-Uni et France : étude comparative des lois anticorruption). – FEUGÈRE, *AJ pénal 2018. 553* (loi Sapin 2 et nouvelles responsabilités : un changement de paradigme ?). – BISMUTH, *Rev. crit. DIP 2019. 297* (*Confronting Corruption : Past Concerns, Present Challenges and Future Strategies*). – GOLDSZLAGIER, *AJ pénal 2019. 580* (mourir guéri : la justice pénale financière au défi de ses garanties de procédure). – LIÉVAUX, *RSC 2020. 43* (lutte contre la corruption et application internationale de *ne bis in idem*). – RODA, *D. 2020. 913* (quand la compliance américaine s'invite dans le contentieux contractuel français). – ASCIONE LE DRÉAU et GRUNDLER, *RICEA 2020, n° 2, étude 118* (responsabilité des entreprises en matière de corruption. Un régime draconien ?). – FEUGÈRE, *D. avocats 2020. 151* (compliance et anticorruption : où en sont vraiment les entreprises en France ?). – GARRIGUES, MONIER, BOHNERT, BAUDRU et LOUVARIS, *JCP E 2020, n° 1219* (la notion de corruption). – LEBÈGUE, GEORGES, DIWAN, MATELLY et HAMELLE, *ibid., n° 1220* (approche économique de la corruption). – VERSCHUUREN, SCUITTO, DORANDEU et BONUCCI, *ibid., n° 1221* (approche géostratégique de la corruption). – FEUGÈRE et MOIZAN, *D. avocats 2020. 284* (la défense pénale au cœur de la compliance). – BOERINGER et MERVEILLEUX DU VIGNEAU, *RICEA 2020, n° 4, étude 150* (corruption internationale : nouvelles orientations de politique pénale française). – GAUDEMET et ORY, *RLDA déc. 2020, suppl., p. 12* (bâtir un modèle européen de compliance en matière de lutte contre la corruption). – VESSION, *RSC 2021. 263* (l'influence de l'analyse économique du droit sur la lutte contre la corruption internationale : incitation de l'*homo economicus* à la négociation et « efficience » de la politique pénale).

▸ BOURSIER, Droit pénal des affaires internationales et compliance : compétences territoriales et extraterritorialité, *in* Marin, Borga et Roda (dir.), Compliance : entreprise, régulateur et juge, *coll. Régulation, Dalloz, 2018, p. 37.* – BOURSIER, Droit pénal des affaires internationales, Compliance et mondialisation, *Lextenso, Précis Joly, 2e éd., 2020.*

COMMENTAIRE

I. QU'EST-CE QUE LA CORRUPTION ?

Le Littré donnait de la corruption quatre définitions. Celle qui nous concernerait *a priori* le plus directement est la quatrième, juridique : « moyen qu'on emploie pour gagner quelqu'un et le déterminer à agir contre son devoir et la justice ». Il s'agit là, d'ailleurs, d'une définition de la corruption active, méconnaissant le versant de la corruption passive. La deuxième définition est biologique, elle n'en est pas moins intéressante : « décomposition putride », il en est ainsi de corruption de la viande ou de l'air. La troisième est morale : « dépravation », évoquant ainsi la corruption des « mœurs du siècle »...

Mais c'est, en fait, la première des quatre définitions qui résume le tout : « rupture d'un ensemble, altération en général ». Tel est en effet le danger de la corruption, introduire une rupture dans la société, une rupture dans la loi et son application, une rupture dans l'égalité entre les citoyens.

La corruption est en réalité un Janus bifrons : elle a deux visages, deux incriminations distinctes complémentaires (V. not. Crim. 30 janv. 1909 : *DP 1910. 1. 505* ; Crim. 4 nov. 1948 : *Bull. crim. n° 250*). D'une part, la corruption dite active, celle vue sous l'angle du corrupteur qui va demander la décision, l'acte ou le bien qu'il convoite. D'autre part, la corruption dite passive, celle sous l'angle du corrompu, qui va accepter de prendre la décision d'octroyer l'avantage au corrupteur.

Pourquoi deux infractions et non une seule ? Pour éviter notamment d'avoir à recourir à la notion de complicité, qui pourrait fragiliser les poursuites, le complice n'étant punissable en droit pénal que par emprunt. Avec deux infractions distinctes, même si la corruption n'a pas abouti, le corrupteur sera punissable.

Ce phénomène ancien, autant que généralisé, n'épargne malheureusement pas la France. Le classement annuel réalisé par l'association Transparency International place celle-ci au 23e rang mondial en janvier 2020 et 2021, après une remontée de courte durée à la 21e place suite à l'adoption de la loi n° 2016-1691 du 9 décembre 2016 relative à la transparence, à la lutte contre la corruption et à la modernisation de la vie économique, dite loi Sapin 2.

II. CORRUPTION ET INFRACTIONS ASSIMILÉES

A la corruption proprement dite s'assimilent, dans la pratique de la compliance, d'autres infractions. C'est ainsi que l'article 3-2° de la loi n° 2016-1691 du 9 décembre 2016 dispose que l'Agence française anticorruption (AFA) « élabore des recommandations destinées à aider les personnes morales de droit public et de droit privé à prévenir et à détecter les faits de corruption, de trafic d'influence, de concussion, de prise illégale d'intérêt, de détournement de fonds publics et de favoritisme. » L'AFA précisait dans ses Recommandations du 22 décembre 2017 que ces délits étaient désignés « sous le terme générique "corruption" ». Dans la version révisée des Recommandations, publiée le 12 janvier 2021, elle utilise l'expression plus générale d'« atteinte à la probité » (V. *infra*, I. Règles internes).

Même si toutes les infractions évoquées (trafic d'influence, concussion, prise illégale d'intérêts, détournement de fonds publics et favoritisme) sont exclusivement liées à la sphère publique, il ne faut pas oublier l'infraction spécifique de corruption privée, commise entre acteurs privés exclusivement, dont l'AFA considère que la prévention entre également dans ses missions et qui doit être prise en compte dans les dispositifs de compliance anticorruption.

III. UN PHÉNOMÈNE IMPORTANT ?

Le nombre de condamnations en France est délicat à obtenir. L'Annuaire statistique de la Justice n'est plus édité depuis 2012 (édition présentant des données de 2010) et les Références statistiques qui lui ont succédé ne donnent pas d'information sur la corruption.

Le rapport annuel 2021 de l'Agence française anticorruption, publié le 20 mai 2022, fait état d'un traitement par les parquets en 2020 de 834 procédures pour des atteintes à la probité (+ 2,6 % par rapport à 2019), et 359 infractions condamnées (corruption 33,4 %, détournements de biens publics par dépositaire 25,6 %, prise illégale d'intérêts 11,4 %, favoritisme 10,3 %, recel de ces infractions 7 %, trafic d'influence 10,6 %, concussion 0,8 %), sachant que les affaires peuvent réunir plusieurs infractions.

Quatre personnes morales ont été condamnées en 2020 contre neuf en 2019 (alors que l'on était à une en moyenne dans les statistiques précédentes), ce faible nombre de condamnations étant d'ailleurs un reproche formulé par les institutions internationales à l'égard de la France. On citera ainsi le rapport du 19 octobre 2014 du Groupe de travail de l'OCDE ayant contrôlé l'application par la France de la convention sur la lutte contre la corruption d'agents publics étrangers dans les transactions commerciales internationales du 11 décembre 1997 (V. ce texte, *infra*, III. Règles internationales) : « Tout en saluant l'ouverture de 24 nouvelles affaires depuis octobre 2012, [le Groupe de travail] reste préoccupé par la faible proactivité des autorités dans des affaires impliquant des entreprises françaises pour des faits avérés ou présumés de corruption à l'étranger. En effet, aucune entreprise française n'a à ce jour fait l'objet de condamnation définitive en France du chef de corruption transnationale, alors que des condamnations de ce chef ont été prononcées à l'étranger contre des sociétés françaises, et les sanctions appliquées aux personnes physiques ne sont pas dissuasives. »

Il faut cependant préciser que 80,8 % des personnes morales mises en cause en 2017 ont été déclarées « non poursuivables » notamment parce que l'infraction n'était pas suffisamment caractérisée. Par ailleurs, les juridictions françaises poursuivent le plus souvent les faits de corruption sur le fondement d'une autre infraction, à savoir l'abus de bien social (ABS), plus aisée à caractériser et aux conditions de prescription plus souples. Déjà, en 1996, était-il souligné qu'il « est souvent plus facile d'entamer les enquêtes préliminaires et informations par le juge d'instruction sur d'autres délits que la corruption, le favoritisme, ou la prise illégale d'intérêt : par les délits communs de la délinquance financière. (…). Le délit d'abus de biens sociaux créé à l'origine pour protéger les intérêts internes de la société (…) devient un délit d'intérêt général, pour combattre des déséquilibres et des mécanismes économiques qui sont faussés » (E. Boizette, Enquêtes sur la corruption en France, *LPA 20 mars 1996*).

On notera cependant un mouvement vers l'extension de la responsabilité pénale des personnes morales en matière de corruption. La Cour de cassation a ainsi validé la responsabilité d'une société holding pour corruption d'agent public étranger, l'infraction ayant été commise pour son compte par l'intervention notamment de trois salariés de ses filiales, « représentants de fait de la société mère en raison de l'existence de l'organisation transversale propre au groupe et des missions qui leur étaient confiées, peu important l'absence de lien juridique et de délégation de pouvoirs à leur profit ». La Cour tient compte de l'organisation concrète des entreprises et groupes : « l'organisation matricielle, bien que dénuée de personnalité juridique, impliquait des liens hiérarchiques à l'intérieur des *business groups* et des zones géographiques, de sorte que se superposait, pour chaque agent, une double hiérarchie, d'une part, de droit, au sein de la filiale qui le salariait et, d'autre part, de fait, au sein de l'organisation matricielle et transversale, dont relevait la procédure de recrutement des consultants et que cette double hiérarchie liait, de fait à la société pour le compte de laquelle agissaient les acteurs impliqués dans le process ». La Cour a aussi estimé que la responsabilité de la société était engagée par les décisions d'un organe interne (*Risk Assessment Committee*), qui n'est pas un organe de direction au sens légal mais avait validé des paiements litigieux (Crim. 16 juin 2021, n° 20-83.098 B : *D. actu. 30 juin 2021, obs. Dufourq ; AJ pénal 2021. 413, obs. Mercinier-Pantalacci et Snitsar ; JCP 2021, n° 768, note Brigant ; JCP E 2021, n° 1368, note Dreyer ; RJDA 2021, n° 568 ; Dr. pénal 2021, n° 140, obs. Conte ; BJS 9/2021. 24, note Salomon*).

I RÈGLES INTERNES

A Droit préventif et répressif

COMMENTAIRE

L'objet du présent code n'est pas d'examiner ces incriminations en détail. On renverra pour ce faire à la lecture du Code pénal Dalloz. Cependant, il est impossible d'analyser et comprendre les obligations de compliance qui pèsent sur les divers acteurs économiques, donc de prévention de ces infractions, si l'on n'en a pas une connaissance minimale et si l'on n'en mesure pas les enjeux.

Ces infractions ont un point commun : à chaque fois, des intérêts privés, personnels, auront été privilégiés à l'intérêt d'une entité publique, à l'intérêt général. L'un des cœurs d'action et de vigilance de la compliance sera de détecter et prévenir les conflits d'intérêts.

Code pénal

Concussion

Art. 432-10 **Le fait, par une personne dépositaire de l'autorité publique ou chargée d'une mission de service public, de recevoir, exiger ou ordonner de percevoir à titre de droits ou contributions, impôts ou taxes publics, une somme qu'elle sait ne pas**

être due, ou excéder ce qui est dû, est puni de cinq ans d'emprisonnement et *(L. nº 2013-1117 du 6 déc. 2013, art. 6)* **« d'une amende de 500 000 €, dont le montant peut être porté au double du produit tiré de l'infraction** *[ancienne rédaction : de 75 000 € d'amende]* **».**

Est puni des mêmes peines le fait, par les mêmes personnes, d'accorder sous une forme quelconque et pour quelque motif que ce soit une exonération ou franchise des droits, contributions, impôts ou taxes publics en violation des textes légaux ou réglementaires.

La tentative des délits prévus au présent article est punie des mêmes peines.

RÉP. PÉN. v^is *Concussion,* par BEAU ; *Officier public ou ministériel,* par REDON.

COMMENTAIRE

La concussion est prévue et réprimée à l'article 432-10 du code pénal. Dans les infractions de corruption publique active ou passive, l'agent public accepte ou sollicite un don, cadeau, avantage quelconque pour accomplir un acte entrant dans le cadre de sa mission. La concussion, elle, réprime le cas où l'agent exige une somme d'argent, sous prétexte d'un droit prétendument fondé sur la loi (Crim. 26 juill. 1917 : *D. 1921. 1. 142*).

L'auteur de l'infraction est défini comme « personne dépositaire de l'autorité publique ou chargée d'une mission de service public ». N'est pas prévue la personne investie d'un mandat public électif, contrairement à la corruption.

Le tiers bénéficiaire d'un avantage indu sera quant à lui complice ou receleur.

La concussion est punie de cinq ans d'emprisonnement et d'une amende de 500 000 euros, pouvant être portée au double du produit de l'infraction, outre les peines complémentaires d'interdiction de droits civils, civiques et de famille, d'interdiction d'exercer une fonction publique.

La prescription ne commence à courir qu'à compter de la dernière des perceptions indues (Crim. 31 janv. 2007, nº 05-87.096 P : *D. 2007. Chron. C. cass. 1824, obs. Ménotti* ; *AJ pénal 2007. 224, obs. Leblois-Happe* ; *Dr. pénal 2007, nº 74, obs. Véron*). Le point de départ n'est pas décalé au jour où la victime a pu prendre connaissance de l'infraction (Crim. 3 déc. 2008, nº 08-81.343 : *Dr. pén. 2009, nº 49, obs. Véron*).

Prise illégale d'intérêts

Art. 432-12 **Le fait, par une personne dépositaire de l'autorité publique ou chargée d'une mission de service public ou par une personne investie d'un mandat électif public, de prendre, recevoir ou conserver, directement ou indirectement, un intérêt** *(L. nº 2021-1729 du 22 déc. 2021, art. 15)* **« de nature à compromettre son impartialité, son indépendance ou son objectivité** *[ancienne rédaction : quelconque]* **» dans une entreprise ou dans une opération dont elle a, au moment de l'acte, en tout ou partie, la charge d'assurer la surveillance, l'administration, la liquidation ou le paiement, est puni de cinq ans d'emprisonnement et** *(L. nº 2013-1117 du 6 déc. 2013, art. 6-1º)* **« d'une amende de 500 000 €, dont le montant peut être porté au double du produit tiré de l'infraction** *[ancienne rédaction : de 75 000 € d'amende]* **».**

Toutefois, dans les communes comptant 3 500 habitants au plus, les maires, adjoints ou conseillers municipaux délégués ou agissant en remplacement du maire peuvent chacun traiter avec la commune dont ils sont élus pour le transfert de biens mobiliers ou immobiliers ou la fourniture de services dans la limite d'un montant annuel fixé à *(Ord. nº 2000-916 du 19 sept. 2000)* **« 16 000 € ».**

En outre, dans ces communes, les maires, adjoints ou conseillers municipaux délégués ou agissant en remplacement du maire peuvent acquérir une parcelle d'un lotissement communal pour y édifier leur habitation personnelle ou conclure des baux d'habitation avec la commune pour leur propre logement. Ces actes doivent être autorisés, après estimation des biens concernés par le service des domaines, par une délibération motivée du conseil municipal.

Dans les mêmes communes, les mêmes élus peuvent acquérir un bien appartenant à la commune pour la création ou le développement de leur activité professionnelle. Le prix ne peut être inférieur à l'évaluation du service des domaines. L'acte doit être

autorisé, quelle que soit la valeur des biens concernés, par une délibération motivée du conseil municipal.

Pour l'application des trois alinéas qui précèdent, la commune est représentée dans les conditions prévues par l'article L. 122-12 du code des communes *[devenu CGCT, art. L. 2122-26]* **et le maire, l'adjoint ou le conseiller municipal intéressé doit s'abstenir de participer à la délibération du conseil municipal relative à la conclusion ou à l'approbation du contrat. En outre, par dérogation au deuxième alinéa de l'article L. 121-15 du code des communes** *[devenu CGCT, art. L. 2121-18]*, **le conseil municipal ne peut décider de se réunir à huis clos.**

V. Circ. CRIM 98-03 G3 du 7 avr. 1998 (BOMJ n° 70, p. 140).

BIBL. ▶ ROGER, *JCP 1998. I. 102* (la notion d'avantage injustifié). – DUPIC, *JCP 2009, n° 26, 44, p. 26* (prise illégale d'intérêt ou le mélange des genres). – MULLER, *Dr. pénal 2012. Étude 1* (droit pénal des conflits d'intérêts). – BRIGANT, *ibid. Étude 3* (affaires, conflits d'intérêts, probité... Cachez cette prise illégale d'intérêts que je ne saurais voir). – SCHMIDT, *D. 2013. Chron. 446* (essai de systématisation des conflits d'intérêts). – SEGONDS, *RSC 2014. 877* (LO. n° 2013-906 et L. n° 2013-907 du 11 oct. 2013 relatives à la transparence de la vie publique... ou à la préservation des délits de prise illégale d'intérêts). – UNTERMAIER-KERLÉO, *AJCT 2021. 357* (le traitement du conflit d'intérêts par la HATVP – commentaire du Guide déontologique II). – DYENS, *AJCT 2022. 253* (la prévention des conflits d'intérêts après la loi 3DS). – M. FRANÇOIS, *D. actu. 23 juin 2022* (réécriture de l'art. 432-12 C. pén. par la L. du 22 déc. 2021 : enfin l'harmonisation ?).

COMMENTAIRE

La prise illégale d'intérêts est « le fait, par une personne dépositaire de l'autorité publique ou chargée d'une mission de service public ou par une personne investie d'un mandat électif public, de prendre, recevoir ou conserver, directement ou indirectement, un intérêt quelconque dans une entreprise ou dans une opération dont elle a, au moment de l'acte, en tout ou partie, la charge d'assurer la surveillance, l'administration, la liquidation ou le paiement » (C. pén., art. 432-12). Par exemple, il peut s'agir du maire d'une commune qui aura favorisé le recours aux services d'une entreprise dont il est par ailleurs actionnaire.

Elle est punie de cinq ans d'emprisonnement et 500 000 euros d'amende, pouvant être portée au double du produit de l'infraction. ❑

I. INCRIMINATION

A. PERSONNES INTÉRESSÉES

1. *Éléments constitutifs.* L'art. 432-12 C. pén. n'exige pas que la personne chargée d'une mission de service public au sens de ce texte dispose d'un pouvoir de décision au nom de la puissance publique. • Crim. 14 juin 2000, n° 99-84.054 P : *Dr. pénal 2001, n° 5, obs. Véron* (architecte investi d'une mission de maîtrise d'œuvre par et pour le compte d'une collectivité ou un organisme publics) • 26 sept. 2001, n° 01-84.565 P : *D. 2002. Somm. 1800, obs. Segonds* ; *Dr. pénal 2002, n° 34, obs. J.-H. Robert* (mandataires judiciaires) • 27 févr. 2002, n° 01-86.024 P (ingénieur au commissariat à l'énergie atomique mis à la disposition de l'agence nationale de valorisation de la recherche) • 9 mars 2005, n° 04-83.615 P : *D. 2005. IR 1050* ; *RSC 2006. 75, obs. Delmas Saint-Hilaire* ; *Dr. pénal 2005, n° 115* (élu ayant un simple pouvoir d'avis en vue de décisions prises par d'autres instances). Doit être regardée comme chargée d'une mission de service public, au sens de l'art. 432-12 C. pén., toute personne chargée, directement ou indirectement, d'accomplir des actes ayant pour but de satisfaire à l'intérêt général, peu important qu'elle ne disposât d'aucun pouvoir de décision au nom de la puissance publique (dirigeant de fait d'une association chargée de la gestion de mesures de protection judiciaire). • 30 janv. 2013, n° 11-89.224 P : *D. actu. 13 mars 2013, obs. Le Drevo* ; *D. 2013. Pan. 2713* ; *Gaz. Pal. 8-11 mai 2013, p. 34, obs. Dreyer* ; *AJ pénal 2013. 613, obs. Lasserre Capdeville* ; *Dr. pénal 2013, n° 73, obs. Véron* ; *ibid. 2014. Chron. 3, obs. Bonis-Garçon et Peltier.*

2. *Illustration.* Pour des exemples : Directeur départemental de l'équipement. • Rennes, 13 déc. 1994 : *D. 1995. 361, note Bénoit.* ◆ ... Directeur d'un service départemental d'incendie et de secours. • Crim. 27 nov. 2002, n° 02-83.092 P : *D. 2004. Somm. 314, obs. Segonds* ; *Gaz. Pal. 2003. 2. 2413, note Monnet.* ◆ ... Maire d'une commune. • Crim. 20 févr. 1995 : *Dr. pénal 1995, n° 173, obs. Véron* • 4 juin 1996, n° 94-84.405 P : *Dr. pénal 1996, n° 262, obs. Véron* • 25 juin 1996, n° 95-80.592 P : *Dr. pénal 1996, n° 264, obs. Véron* • 7 mai 1998, n° 97-81.102 P : *Dr. pénal 1998, n° 128, obs. Véron* • 19 mai 1999, n° 98-82.607 P : *Dr. pénal 1999, n° 139, obs. Véron* ; *D. 1999. IR 213* • 21 juin 2000, n° 99-86.871 P • 3 mai 2001, n° 00-82.880 P : *RSC 2002. 111, obs. Delmas Saint-Hilaire* ; *Dr. pénal 2001, n° 99, obs. Véron* • 9 mars 2005, n° 04-83.615 P : *RLCT*

2005/4, n° 97, note Mayaud; RSC 2006. 75, obs. Delmas Saint-Hilaire. ♦ ... Adjoint au maire. • Crim. 18 juin 1996 : *Dr. pénal 1996, n° 263, obs. Véron* • 6 août 1996, n° 95-84.602 P : *Dr. pénal 1996, n° 263, obs. Véron.* ♦... Conseiller municipal. • Crim. 14 nov. 2007, n° 07-80.220 P. ♦ ... Conseiller territorial de Corse. • Crim. 10 avr. 2002, n° 01-84.286 P : *D. 2003. Somm. 246, obs. Segonds; Dr. pénal 2002, n° 105, obs. Véron; Gaz. Pal. 2004. 1. Somm. 628, note A.C.* ♦ ... Président d'un syndicat intercommunal. • Toulouse, 31 mai 2000 : *JCP 2001. IV. 1514.* ♦ ... Président d'un conseil général. • Crim. 27 nov. 2002, n° 02-81.581 P : *D. 2003. 2406, note Segonds; JCP 2003. II. 10093, note Jeandidier; Gaz. Pal. 2003. 2. 2415, note Monnet.*

Pour un président d'une chambre de commerce et d'industrie. • Crim. 5 nov. 1998, n° 97-80.419 P : *JCP 1999. II. 10182, note Jeandidier.* ♦ ... Secrétaire général d'une chambre des métiers, auquel a été confié par l'État une mission d'intérêt général, qui doit être regardé tant comme agent du gouvernement, au sens de l'art. 175 ancien C. pén., que comme une personne chargée d'une mission de service public, au sens de l'art. 432-12 du même code. • Crim. 10 sept. 2003, n° 02-87.094 P : *D. 2004. Somm. 2758, obs. Segonds; Dr. pénal 2004, n° 19, obs. Véron.* ♦ ... Architecte investi d'une mission de maîtrise d'œuvre par et pour le compte d'une collectivité ou un organisme publics. • Crim. 14 juin 2000 : *préc. note 1.* ♦ ... Président de la Fédération nationale de ski, établissement d'utilité publique détenant des prérogatives de puissance publique. • Chambéry, 11 janv. 2001 : *JCP 2001. IV. 2596.* ♦ ... Mandataires judiciaires. • Crim. 26 sept. 2001 : *préc. note 1* • Versailles, 26 févr. 2003 : *Gaz. Pal. 2004. 1. Somm. 1300.* ♦ ... Président d'un conseil régional des notaires chargé de faciliter l'obtention de stages aux futurs notaires. • Crim. 21 sept. 2005, n° 04-85.056 P : *D. 2005. IR 2629.* ♦ ... Président d'un conseil régional des notaires, établissement d'utilité publique, auquel a été confiée par le Conseil supérieur du notariat, également établissement d'utilité publique, la mission d'intérêt général de faciliter l'obtention de stages aux futurs notaires, qui doit être regardé comme une personne chargée d'une mission de service public, au sens de l'art. 432-12 C. pén. (et 432-15, sol. impl.), peu important qu'il ne disposât pas, dans l'exercice de cette mission, de prérogatives de puissance publique. • Crim. 21 sept. 2005, n° 04-85.056 P. ♦ ... Directeur d'hôpital. • Crim. 14 déc. 2005, n° 05-83.898 P : *Dr. pénal 2006, n° 59, obs. Véron.* ♦ ... Président du conseil départemental de la Croix-Rouge (association), chargé en tant que tel d'exercer une fonction ou d'accomplir des actes ayant pour but de satisfaire à l'intérêt général, et qui est une personne investie d'une mission de service public au sens de l'art. 432-12 C. pén. • Crim. 3 avr. 2007, n° 06-83.801 P : *Dr. pénal 2007, n° 127, obs. Véron.* ♦ Mais dès lors que l'art. 18 de la loi d'orientation des transports intérieurs, codifié en 2010 pour devenir l'art. L. 2141-1 C. transp., applicable au moment des faits, a supprimé la référence à la notion de service public pour l'exploitation des services de fret, le directeur général adjoint de « fret SNCF » ne peut être considéré comme chargé d'une mission de service public, au sens de l'art. 432-12 C. pén. • Crim. 28 oct. 2015, n° 14-82.186 P : *D. actu. 12 nov. 2015, obs. Dufourq; AJ pénal 2016. 146, obs. Otéro.*

B. PRISE D'INTÉRÊTS

3. *Intérêt.* Selon les art. 175 ancien et 432-12 C. pén., le délit de prise illégale d'intérêts est constitué notamment par le fait, pour une personne investie d'un mandat électif public, de prendre un intérêt quelconque dans une entreprise ou dans une opération dont elle a, au moment de l'acte, en tout ou partie, la charge d'assurer la surveillance, l'administration, la liquidation ou le paiement; cet intérêt peut être de nature matérielle ou morale, direct ou indirect; méconnaît le sens et la portée des textes susvisés la cour d'appel qui, pour renvoyer un prévenu des fins de la poursuite, énonce que le législateur n'a pas prévu « une prise d'intérêt moral et familial » et que le prévenu n'a pris, même par personne interposée, aucun intérêt patrimonial dans les actes litigieux. • Crim. 29 sept. 1999, n° 98-81.796 P : *D. 2000. Somm. 125, obs. Segonds; Dr. pénal 2000, n° 15, obs. Véron.* ♦ Le délit prévu par l'art. 175 ancien, repris à l'art. 432-12 C. pén., est caractérisé par la prise d'un intérêt matériel ou moral, direct ou indirect, et se consomme par le seul abus de la fonction indépendamment de la recherche d'un gain ou de tout autre avantage personnel. • Crim. 21 juin 2000, n° 99-86.871 P. ♦ L'abus de fonction ainsi caractérisé suffit à lui seul pour consommer le délit de prise illégale d'intérêts et l'intention coupable est constituée par le seul fait que l'auteur a accompli sciemment l'acte constituant l'élément matériel du délit. Il n'est pas nécessaire qu'il ait agi dans une intention frauduleuse. • Crim. 20 mars 2020, n° 19-83.390 P : *D. 2020. Actu. 537; AJCT 2020. 489, obs. Lasserre Capdeville; JCP 2020, n° 337, obs. Brigant.* ♦ L'art. 432-12 C. pén. n'exige pas que l'intérêt pris par le prévenu soit en contradiction avec l'intérêt communal. • Crim. 19 mars 2008, n° 07-84.288 P : *RSC 2008. 593, obs. Mascala; AJ pénal 2008. 238.* ♦ L'intérêt, matériel ou moral, direct ou indirect, pris par des élus municipaux en participant au vote des subventions bénéficiant aux associations qu'ils président entre dans les prévisions de l'art. 432-12 C. pén. Il n'importe que ces élus n'en aient retiré un quelconque profit et que l'intérêt pris ou conservé ne soit pas en contradiction avec l'intérêt communal. • Crim. 22 oct. 2008, n° 08-82.068 P : *D. 2008. AJ 3013; AJ pénal 2009. 34, obs. Royer; Dr. pénal 2009, n° 3, obs. Véron; ibid. Chron. 9, obs. Linditch.* ♦ Un lien d'amitié peut être constitutif de l'« intérêt quelconque » nécessaire à la caractérisation du délit de prise illégale d'intérêts. • Crim. 5 avr. 2018, n° 17-81.912 P : *D. actu. 13 avr. 2018, obs. Goetz ; AJ pénal 2018. 313, obs. Lasserre Capdeville*.

4. Matérialité. Le délit, prévu et réprimé par l'art. 175, al. 1er, ancien C. pén., n'existe qu'autant que le fonctionnaire ou l'officier public a, au temps de l'acte, l'administration ou la surveillance de l'affaire dans laquelle il a pris intérêt. • Crim. 24 oct. 1957 : *Bull. crim. n° 676.* ♦ ... Celles-ci se réduiraient-elles à de simples pouvoirs de préparation ou de propositions de décisions prises par d'autres. • Crim. 7 oct. 1976 : *Bull. crim. n° 285 ; RSC 1977. 325, obs. Vitu* • 14 déc. 2005, n° 05-83.898 P : *D. 2006. IR 324 ; Dr. pénal 2006, n° 59.* ♦ Se rend coupable du délit de prise illégale d'intérêts le conseiller général dont l'entreprise familiale s'est vu attribuer un marché, quand bien même le prévenu avait délégué la signature du marché à un chef de service du conseil général, car il avait en réalité conservé la surveillance ou l'administration de la conclusion du marché et ainsi accompli sciemment l'acte constituant l'élément matériel du délit. • Crim. 9 févr. 2005, n° 03-85.697 P : *Dr. pénal 2005, n° 114 ; RSC 2005. 560, obs. Delmas Saint-Hilaire*.

Le délit prévu par les art. 175 ancien et 432-12 nouveau C. pén. est constitué par la prise d'intérêts dans une affaire dont l'officier public avait l'administration ou la surveillance, celles-ci se réduiraient-elles à de simples pouvoirs de préparation ou de propositions de décisions prises par d'autres. • Crim. 22 sept. 1998 : *Dr. pénal 1999, n° 21, obs. Véron.* ♦ Le délit de l'art. 432-12 C. pén. est consommé dès que le prévenu a pris, reçu ou conservé, directement ou indirectement, un intérêt dans une affaire dont il avait l'administration ou la surveillance, celles-ci se réduiraient-elles à de simples pouvoirs de préparation ou de propositions de décisions prises par d'autres. • Crim. 14 juin 2000, n° 99-84.054 P : *Dr. pénal 2001, n° 5, obs. Véron* • 14 déc. 2005, n° 05-83.898 P : *Dr. pénal 2006, n° 59, obs. Véron.* ♦ A justifié sa décision la cour d'appel qui relève que les marchés litigieux étaient renouvelables par tacite reconduction et que la prévenue n'avait pas fait cesser les situations illicites qui lui sont reprochées, peu important qu'elle ait retiré ou non un bénéfice quelconque des opérations visées à la prévention, dès lors qu'elle avait connaissance de leur caractère illicite. • Crim. 3 mai 2001, n° 00-82.880 : *préc. note 2.*

La participation d'un conseiller municipal, par personne interposée munie d'un pouvoir spécial, aux délibérations d'un conseil municipal, lorsque celles-ci portent sur une affaire dans laquelle il a un intérêt, vaut surveillance ou administration de l'opération au sens de l'art. 432-12 C. pén. • Crim. 24 oct. 2001 : *Dr. pénal 2002, n° 29, obs. Véron.* ♦ Une société dont le prévenu, conseiller territorial de Corse, était gérant associé, s'était vu attribuer une aide publique en application d'un règlement adopté par l'Assemblée de Corse, aide que le payeur de Corse avait refusé de verser au motif qu'elle ne remplissait pas les conditions prévues au règlement ; près de deux ans après, l'Assemblée de Corse a adopté un nouveau règlement, sur le fondement duquel des aides ont été versées à la société ; la cour d'appel a justifié sa décision de condamnation du prévenu pour prise illégale d'intérêts dès lors que, conseiller territorial de Corse, il a donné procuration à un autre élu afin qu'il prenne part à la délibération du second règlement accordant ces aides. • Crim. 10 avr. 2002, n° 01-84.286 P : *D. 2003. Somm. 246, obs. Segonds ; Dr. pénal 2002, n° 105, obs. Véron ; Gaz. Pal. 2004. 1. Somm. 628, note A.C.* ♦ La constante présence lors du conseil des ministres ayant approuvé le projet contesté - serait-elle exclusive de tout vote - vaut surveillance ou administration au sens de l'art. 432-12 C. pén. • Crim. 3 déc. 2008 : *Dr. pénal 2009, n° 38, obs. Véron ; ibid. Chron. 9, obs. Linditch.*

Est justifiée la décision de non-lieu à l'égard d'un adjoint au maire poursuivi pour délit d'ingérence, qui avait en sa qualité de directeur administratif d'une association reçu une subvention du conseil municipal ; en l'absence de délégation de pouvoirs, si ce n'est en matière d'état civil, il n'avait aucun rôle de surveillance ou de contrôle de l'association dont il n'était que le salarié ; ainsi, un des éléments constitutifs du délit d'ingérence faisait défaut. • Crim. 6 août 1996, n° 95-84.602 P : *Dr. pénal 1996, n° 263, obs. Véron.* ♦ Lorsqu'un fonctionnaire prend un intérêt dans un acte dont il a la surveillance, il est punissable alors même qu'il n'aurait retiré aucun profit personnel de l'opération, ou que le profit en résultant ne lui aurait été remis qu'après l'opération. • Crim. 1er juill. 1953 : *Bull. crim. n° 229.* ♦ Le délit se consomme par le seul abus de la fonction, indépendamment de la recherche d'un gain ou de tout autre avantage personnel. • Crim. 2 nov. 1961 : *Bull. crim. n° 438* • 14 juin 2000, n° 99-84.054 P : *Dr. pénal 2001, n° 5, obs. Véron.* ♦ ... Mais, à défaut de profit personnel procuré aux prévenus, de larges circonstances atténuantes doivent leur être accordées. • T. corr. Poitiers, 19 mars 1980 : *JCP 1980. II. 19409, note de Lestang.*

Il n'importe que, pour des raisons indépendantes de la volonté du prévenu, les affaires incriminées n'aient pu se réaliser, le délit d'ingérence étant alors consommé et non point seulement tenté. • Crim. 16 déc. 1975 : *Bull. crim. n° 279 ; Gaz. Pal. 1976. 1. 233 ; RSC 1976. 713, obs. Vitu ; Rev. sociétés 1976. 353, obs. Guilberteau.* ♦ Le délit de prise illégale d'intérêts est consommé dès que l'agent public a pris ou reçu un intérêt dans une opération dont il avait, au moment de l'acte, la charge d'assurer l'administration ou la surveillance, peu important que, pour des raisons indépendantes de sa volonté, l'opération en cause n'ait pu aboutir ; se rend coupable de prise illégale d'intérêts le gérant de tutelle de majeurs protégés d'un hôpital qui constitue une société civile immobilière afin d'acquérir les immeubles nécessaires à la réalisation d'une structure d'accueil pour majeurs protégés, le financement de la SCI étant assuré par des fonds prélevés sur les comptes bancaires des majeurs protégés, le prévenu ayant également fait souscrire des contrats d'assurance par des majeurs protégés par l'intermédiaire de son frère salarié dans un cabinet d'assurance, même si ces opérations financières n'ont pas abouti en raison du refus d'autorisation du juge des tutelles. • Crim. 21 févr. 2001, n° 00-81.167 P : *D. 2001. Somm. 2353, obs. Segonds*. ♦ Peu importe que l'acte par lequel se réalise la prise d'intérêts soit accompli par un délégataire de signature. • Crim. 27 nov. 2002, n° 02-83.092 P : *D. 2004. Somm. 314, obs. Segonds ; Gaz. Pal. 2003. 2. 2413, note Monnet.*

L'intention coupable est caractérisée par le seul fait que l'auteur a accompli sciemment l'acte constituant l'élément matériel du délit. • Crim. 27 nov. 2002, n° 02-81.581 P : *D. 2003. 2406, note Segonds ; JCP 2003. II. 10093, note Jeandidier ; Gaz. Pal. 2003. 2. 2415, note Monnet.* ♦ L'élément moral du délit résulte du manquement des prévenus à l'obligation, que leur impose leur mandat électif, de vérifier la régularité des engagements qu'ils prennent pour eux-mêmes ou pour la commune. • Crim. 25 juin 1996, n° 95-80.592 P : *Dr. pénal 1996, n° 264, obs. Véron.*

II. RÉPRESSION

5. Action civile. La commune étant la seule victime directe d'un délit d'ingérence imputé à un maire et à ses adjoints, la recevabilité de l'action civile qu'un contribuable de la commune entend exercer de ce chef est subordonnée à l'autorisation préalable du tribunal administratif prévue par l'art. L. 316-8 C. communes. • Crim. 3 janv. 1985 : *Bull. crim. n° 1.* ♦ De même, n'est pas recevable la constitution de partie civile d'un ancien maire, qui ne peut exciper d'un dommage personnel et qui n'a pas obtenu en tant que contribuable l'autorisation du tribunal administratif. • Crim. 2 févr. 1988 : *Bull. crim. n° 51.* ♦ Ne satisfait pas aux exigences de l'art. L. 122-20, 16°, C. communes, devenu l'art. L. 2122-22, 16°, CGCT, la délibération du conseil municipal qui se borne à se référer aux dispositions de l'article précité, sans définir les cas dans lesquels le maire pourra ester en justice au nom de la commune ; dès lors, c'est à bon droit que la cour d'appel a jugé irrecevable l'action civile du maire agissant au nom de la commune dans les poursuites exercées contre l'ancien maire pour délit d'ingérence. • Crim. 8 oct. 1996, n° 95-84.475 P : *Gaz. Pal. 1998. 1. 318, et 2. 649.*

La juridiction répressive ne peut prononcer la condamnation du prévenu à des réparations civiles qu'autant que cette réparation est fondée sur un préjudice résultant directement de l'infraction ; encourt la censure l'arrêt qui, dans une poursuite du chef d'ingérence, accueille la constitution de partie civile de la commune, alors que le préjudice invoqué n'est que la conséquence d'un engagement de caution qu'elle a souscrit. • Crim. 25 juin 1996, n° 95-80.592 P : *Dr. pénal 1996, n° 264, obs. Véron.*

6. Prescription. Le délit de prise illégale d'intérêts se prescrit à compter du dernier acte administratif accompli par l'agent public par lequel il prend ou reçoit directement ou indirectement un intérêt dans une opération dont il a l'administration ou la surveillance. • Crim. 4 oct. 2000, n° 99-85.404 P : *D. 2001. 1654, note Segonds ; Dr. pénal 2001, n° 16, obs. Véron ; Gaz. Pal. 2001. 1. Somm. 973, note Monnet* • 10 avr. 2002, n° 01-84.286 P : *D. 2003. Somm. 246, obs. Segonds ; Dr. pénal 2002, n° 105, obs. Véron ; Gaz. Pal. 2004. 1. Somm. 628, note A. C.* ♦ ... Les faits reprochés au maire d'une commune, lors de l'achat d'une maison par la commune, ont été commis lors de la délibération du conseil municipal, mais également lors du mandatement du prix par le maire, dernier acte administratif fait moins de trois ans avant l'acte de saisine pour enquête ; en conséquence, il n'y a pas acquisition de la prescription. • Crim. 10 avr. 2002, n° 01-84.286 P : *préc.*

Art. 432-12-1 *(L. n° 2021-1729 du 22 déc. 2021, art. 15)* **Constitue une prise illégale d'intérêts punie des peines prévues à l'article 432-12 le fait, par un magistrat ou toute personne exerçant des fonctions juridictionnelles, de prendre, recevoir ou conserver, directement ou indirectement, dans une entreprise ou dans une opération à l'égard de laquelle elle a la charge de prendre une décision judiciaire ou juridictionnelle, un intérêt de nature à influencer, au moment de sa décision, l'exercice indépendant, impartial et objectif de sa fonction.**

Favoritisme

Art. 432-14 *(L. n° 95-127 du 8 févr. 1995)* **Est puni de deux ans d'emprisonnement et** *(L. n° 2013-1117 du 6 déc. 2013, art. 6)* **« d'une amende de 200 000 €, dont le montant peut être porté au double du produit tiré de l'infraction** *[ancienne rédaction : de 30 000 € d'amende]*, **» le fait par une personne dépositaire de l'autorité publique ou chargée d'une mission de service public ou investie d'un mandat électif public ou exerçant les fonctions de représentant, administrateur ou agent de l'État, des collectivités territoriales, des établissements publics, des sociétés d'économie mixte d'intérêt national chargées d'une mission de service public et des sociétés d'économie mixte locales ou par toute personne agissant pour le compte de l'une de celles susmention-**

nées de procurer ou de tenter de procurer à autrui un avantage injustifié par un acte contraire aux dispositions législatives ou réglementaires ayant pour objet de garantir la liberté d'accès et l'égalité des candidats dans les marchés publics et les *(L. n° 2016-1691 du 9 déc. 2016, art. 19)* **« contrats de concession** *[ancienne rédaction : délégations de service public]* **».**

RÉP. PÉN. v° *Favoritisme (Marchés publics)*, par LASSERRE CAPDEVILLE.

COMMENTAIRE

Le délit de passation irrégulière de marché public (favoritisme) est prévu à l'article 432-14 du code pénal. Il sera constitué dès lors qu'il y aura violation formelle des règles prévues au code de la commande publique, et notamment des principes d'égalité entre les candidats, de publicité, etc. (V. ***CCP***).

Les peines encourues sont de deux ans d'emprisonnement et de 200 000 euros d'amende, pouvant être portée au double du produit de l'infraction. ❑

1. Personnes visées. Dès lors que le coordonnateur d'un groupement de commandes, qui, selon les art. 364 et 375 C. marchés alors applicables, était habilité à procéder aux opérations de consultation collective et à choisir, après avis de la commission de coordination des commandes, l'offre qu'il jugeait la plus intéressante pour les membres du groupement, est une personne entrant dans les prévisions de l'art. 432-14 C. pén., la cour d'appel, qui constate que la réglementation relative aux marchés publics était, en l'espèce, applicable, justifie sa décision par laquelle elle a déclaré le coordonnateur du groupement coupable de favoritisme à l'occasion de la passation d'un marché d'études. • Crim. 7 avr. 2004, n° 03-84.191 P. ♦ Entre dans la catégorie des personnes visées à l'art. 432-14 le secrétaire général d'une commune, agissant en qualité de représentant ou agent d'une collectivité territoriale, qui a le pouvoir d'intervenir dans le déroulement d'une procédure d'attribution de marchés, en vue de préparer ou de proposer des décisions prises par d'autres. • Crim. 20 avr. 2005, n° 04-83.017 P : *D. 2005. IR 2454* ; *JCP 2005. IV. 2352*.

2. Principe d'égalité. La méconnaissance de l'art. 1er C. marchés, dans sa rédaction issue du Décr. du 7 mars 2001, s'applique à tous les marchés publics, quel que soit leur montant, et entre dans les prévisions de l'art. 432-14 C. pén. • Crim. 14 févr. 2007, n° 06-81.924 P. ♦ Il résulte des termes de l'art. 432-14 C. pén. qu'il s'applique à l'ensemble des marchés publics et non pas seulement aux marchés régis par le code des marchés publics, lequel a été créé postérieurement à la date d'entrée en vigueur dudit article dans sa rédaction actuelle. Ces dispositions pénales ont en effet pour objet de faire respecter les principes à valeur constitutionnelle de liberté d'accès à la commande publique, d'égalité de traitement des candidats et de transparence des procédures et ces principes, qui constituent également des exigences posées par le droit de l'Union européenne, et qui gouvernent l'ensemble de la commande publique. Il s'en déduit que la méconnaissance des dispositions de l'Ord. n° 2005-649 du 6 juin 2005, relative aux marchés passés par certaines personnes publiques ou privées non soumises au code des marchés publics, et, notamment, de son art. 6, qui rappelle les mêmes principes, entre dans les prévisions dudit art. 432-14. • Crim. 15 déc. 2015, n° 15-85.363 : *AJ pénal 2016, obs. Février et Cazenave ; Dr. pénal 2016, n° 57, obs. Claverie-Rousset.*

Ne saurait se réfugier derrière une méconnaissance de la procédure d'appel d'offres le maire d'une commune depuis plus de deux ans, après avoir été conseiller municipal pendant plusieurs années. • Crim. 15 sept. 1999 : *Dr. pénal 2000, n° 28, obs. Véron.* ♦ Les marchés de prestations informatiques passés par une Caisse nationale d'assurance vieillesse, bien que n'ayant pas toujours respecté les règles édictées par le code des marchés publics en matière de mise en concurrence, ne révèlent pas d'intention frauduleuse de la part de ses dirigeants, dès lors que ceux-ci, à défaut de prévisions suffisantes, ont souvent agi dans l'urgence et se sont vu ainsi imposer le choix de certains fournisseurs ; c'est ainsi que, les constructeurs informatiques imposant leurs partenaires financiers, la caisse, obligée d'avoir recours à la location financière pour procéder au renouvellement de ses centres informatiques équipés de matériel Bull, n'a mis en concurrence que les seules sociétés de financement de matériel de ce constructeur. • Paris, 20 janv. 2000 : *D. 2000. IR 68*.

Constitue une atteinte à la liberté d'accès des candidats aux marchés de travaux publics le fait, après avoir prévu dans le marché initial deux options, de remplacer la seconde solution d'abord choisie par la première à l'occasion d'un renouvellement de marché, dès lors que ce renouvellement impliquait un bouleversement de l'économie du marché et entraînait le choix d'une société n'étant pas forcément la moins-disante, mais qui finançait des séjours de chasse coûteux au bénéfice du président du conseil général et de ses proches. • Chambéry, 10 mai 2000 : *JCP 2000. IV. 2766.* ♦ Commet le délit prévu et réprimé par l'art. 432-14 C. pén. le maire qui fractionne un marché pour éviter d'avoir recours à la procédure d'appel d'offres et paie des factures émises par des filiales d'une société de travaux publics bien qu'elles n'aient fourni aucune prestation; ces agissements ont pour conséquence directe d'écarter de l'accès au marché des candidats potentiels, créant ainsi au bénéfice de la société de travaux publics une irrégularité de traitement injustifié. • Crim. 13 déc. 2000, ♁ n° 99-86.876 P. ♦ En fractionnant le marché litigieux, dont l'attribution imposait le recours à une procédure d'appel d'offres, le prévenu a nécessairement attribué un avantage injustifié aux sociétés attributaires, par un acte contraire à l'art. 104-1, 10° C. marchés alors applicable. • Crim. 10 sept. 2008 : *Dr. pénal 2008, n° 158, obs. Véron; ibid. 2009. Chron. 9, obs. Linditch.* ♦ Dans le cadre de marchés de travaux publics sur appel d'offres, plusieurs entrepreneurs s'étaient réunis la veille de la remise des offres de soumission, pour mettre au point une entente sur les prix afin de se répartir, par maintien des positions acquises, les secteurs du marché départemental; se rend coupable de participation frauduleuse à une entente prohibée le vice-président du conseil général, notaire et président de la commission d'appel d'offres, qui a exercé un rôle personnel et déterminant dans la conception, l'organisation et la mise en œuvre de l'entente. • Crim. 16 mai 2001, ♁ n° 99-83.467 P.

L'incompétence du prévenu n'est nullement exclusive de sa mauvaise foi dans la gestion des deniers publics. • Crim. 24 oct. 2001 : *Dr. pénal 2002, n° 26, obs. Véron.* ♦ L'élément intentionnel du délit prévu par l'art. 432-14 C. pén. est caractérisé par l'accomplissement, en connaissance de cause, d'un acte contraire aux dispositions législatives ou réglementaires ayant pour objet de garantir la liberté d'accès et l'égalité des candidats dans les marchés publics et les délégations de service public; méconnaît les art. 432-14 C. pén., ensemble l'art. 121-3, al. 1er, du même code et le principe susénoncé la cour d'appel qui, pour relaxer le maire d'une commune du chef de tentative de favoritisme, faute d'intention coupable, après avoir relevé que le prévenu n'avait pas organisé de concours d'architecture pour le choix du maître d'œuvre bien que le montant du marché excédât 900 000 F alors applicable, énonce que, toutefois, il résulte des documents présentés par la défense et de l'enquête que le maire n'a pas cherché à favoriser le maître d'œuvre. • Crim. 14 janv. 2004, ♁ n° 03-83.396 P : *AJ pénal 2004. 113, obs. Pitoun* ✐; *Gaz. Pal. 2004. 2. Somm. 2700, obs. A.C.; Dr. pénal 2004, n° 50, obs. Véron.*

Une collectivité locale qui a décidé, bien qu'elle n'y soit pas légalement tenue, de recourir à la procédure d'appel d'offres doit se conformer aux règles imposées par cette dernière. • Crim. 15 mai 2008, ♁ n° 07-88.369 P : *D. 2009. Pan. 132, obs. Garé* ✐. ♦ Est susceptible de caractériser le délit de favoritisme la violation, en connaissance de cause, des règles de publicité et de concurrence prévues par le Décr. n° 93-990 du 3 août 1993 pris pour l'application de la L. du 11 déc. 1992, notamment de celles relatives aux critères d'attribution et aux conditions de légalité des variantes. • Crim. 4 mai 2011, ♁ n° 10-87.447 P. ♦ Le fait, par une personne dépositaire de l'autorité publique, de demander à des dirigeants d'entreprises de déposer des offres de couverture, simulant une proposition concurrente pour faire apparaître une autre entreprise comme mieux disante, dans le cadre d'une procédure d'appel d'offres est de nature à entraver le libre jeu de la concurrence, de façon contraire aux art. 47 C. marchés de 1964 et 1er C. marchés de 2001, alors applicables, et procure nécessairement un avantage injustifié à l'entreprise attributaire. • Crim. 16 nov. 2011 : *Dr. pénal 2012, n° 29, obs. Véron.*

3. Prescription. Le délit de favoritisme procède nécessairement d'actes en partie occultes; le délai de prescription ne saurait donc courir du jour de leur commission; il ne commence qu'à partir de la date à laquelle ils ont été révélés à l'autorité chargée de mettre en œuvre l'action publique. • Limoges, 17 juin 1998 : *BICC 1999, n° 423.* ♦ Le délit d'atteinte à la liberté d'accès et à l'égalité des candidats dans les marchés publics et les délégations de service public procède généralement d'actes pour partie occultes; il en résulte que le point de départ de la prescription doit se situer au jour où le délit est apparu et a pu être constaté dans des conditions permettant l'exercice de l'action publique. • Caen, 20 avr. 1998 : *BICC 1999, n° 561.*

Le délit d'atteinte à la liberté d'accès et à l'égalité des candidats dans les marchés publics et les délégations de service public est une infraction instantanée qui se prescrit à compter du jour où les faits la consommant ont été commis; toutefois, le délai de prescription de l'action publique ne commence à courir, lorsque les actes irréguliers ont été dissimulés ou accomplis de manière occulte, qu'à partir du jour où ils sont apparus et ont pu être constatés dans des conditions permettant l'exercice des poursuites. • Crim. 27 oct. 1999, ♁ n° 98-85.214 P : *Dr. pénal 2000, n° 27, obs. Véron; RSC 2000. 618, obs. Delmas Saint-Hilaire* ✐ • 27 oct. 1999, ♁ n° 98-85.757 P • 5 mai 2004, ♁ n° 03-85.503 P : *AJ pénal 2004. 285, obs. Girault* ✐; *Gaz. Pal. 2005. 1. Somm. 618, note A.C.; RSC 2004. 897, obs. Commaret* ✐ • 17 déc. 2008, ♁ n° 08-82.319 P : *RSC 2010. 141, obs. Mascala* ✐; *AJ pénal 2009. 131, obs. Lasserre Capdeville* ✐; *Dr. pénal 2009, n° 36, obs. Véron; ibid. Chron. 9, obs. Linditch; Procédures 2009, n° 92, obs. Buisson.* ♦ Ne donne donc pas de base légale à sa décision la cour d'appel qui retarde le point de départ de la prescription au jour du dépôt de plainte, sans établir que les actes irréguliers avaient été dissimulés ou accomplis de manière occulte. • Mêmes arrêts. ♦ Le caractère occulte du délit de favoritisme fait défaut lorsque les faits ont été commis dans le contexte d'un marché public argué d'aucun agissement clandestin; le point de départ de la prescription se situe dès lors au jour de la commission des faits délictueux, soit à la date de notification du marché. • Paris, 27 mars 2002 : *Gaz. Pal. 2002. 2. 950, note Repiquet.* ♦ Le délit de favoritisme, incriminé par l'art. 432-14 C. pén., est une infraction instantanée qui se prescrit à compter du jour où les faits consommant l'atteinte à la liberté d'accès et à l'égalité des candidats dans les marchés publics ont été réalisés ; toutefois, il résulte de la jurisprudence de la chambre criminelle de la Cour de cassation que le délai de prescription de l'action publique ne commence à courir, lorsque des actes irréguliers ont été dissimulés ou accomplis de manière occulte, qu'à partir du jour où ils sont apparus et ont pu être constatés dans des conditions permettant l'exercice des poursuites ; or, en l'occurrence, le point de départ du délai de prescription doit être fixé au jour de l'ouverture des plis et de l'attribution du marché public relatif à l'extension du réseau d'enneigement artificiel d'une station de ski dès lors qu'aucun acte irrégulier, dissimulé ou accompli de manière occulte n'a pu être établi. • Toulouse, 19 janv. 2005 : *JCP 2005. IV. 2316.*

Pour écarter la prescription invoquée par le prévenu, qui soutenait que plus de trois ans s'étaient écoulés entre la cessation de ses fonctions de président d'université, le 31 août 2002, et le 7 sept. 2005, date de la saisine des services de police par le procureur de la République, premier acte interruptif de prescription, l'arrêt énonce que le délai de prescription du délit poursuivi ne commence à courir, lorsque les actes ont été dissimulés, qu'à partir du jour où ils sont apparus et ont pu être constatés dans des conditions permettant l'exercice des poursuites ; les juges ajoutent que, dès le 1er sept. 2002, le nouvel agent comptable a décidé de rompre avec la pratique antérieure et a alerté le nouveau président du dépassement du seuil et de l'impossibilité de régler les factures ; en cet état, la Cour de cassation est en mesure de s'assurer que les faits imputés au prévenu, qui ont été dissimulés jusqu'au 31 août 2002, n'étaient pas prescrits le 22 août 2005, date des instructions du procureur général au procureur de la République, aux fins d'enquête. • Crim. 17 déc. 2008, n° 08-82.319 P : *AJ pénal 2009. 131, obs. Lasserre Capdeville ; Dr. pénal 2009, n° 36, obs. Véron ; RTD com. 2009. 471, obs. Bouloc ; RSC 2010. 141, obs. Mascala* . ♦ Les actes ayant pour objet la constatation de l'infraction prévue par l'art. 432-14 C. pén., accomplis par les membres de la Mission interministérielle d'enquête sur les marchés publics habilités à cet effet par l'art. 7 de la loi du 3 janv. 1991, sont interruptifs de prescription. • Crim. 1er déc. 2004, n° 04-83.079 P : *RLCT 2005/1, n° 10, obs. Mayaud ; Gaz. Pal. 2005. 2. Somm. 3620, note A.C.* • 30 nov. 2005, n° 05-80.862 P. ♦ ... Constitue un tel acte le courrier qu'adresse le chef de la Mission interministérielle d'enquête sur les marchés au préfet, dans le cadre de l'enquête dont ce dernier l'a saisie, et qui a pour objet de permettre à cette mission d'accéder à des documents et à des éléments d'information détenus par les services de l'État. • Crim. 8 avr. 2010, n° 09-86.691 P : *AJ pénal 2010. 296, obs. Perrier* .

4. Action civile. Est recevable la constitution de partie civile de deux sociétés dès lors que leurs candidatures avaient été retenues par la commission d'appel d'offres et que les agissements du prévenu ont eu pour effet de leur faire perdre une chance d'être déclarées attributaires du marché. • Crim. 21 sept. 2005 : *Dr. pénal 2006, n° 26, obs. Véron.*

5. Action des contribuables. La constitution de partie civile d'un contribuable autorisée par le tribunal administratif, dans une information pour favoritisme et détournement de fonds publics, en raison de l'inaction de la commune, en application de l'art. L. 2132-5 CGCT, devient sans objet lorsque le maire intervient, par la suite régulièrement, dans l'information au nom de la collectivité territoriale. • Crim. 25 nov. 2003, n° 03-80.905 P.

6. Recel. Le recel du délit d'atteinte à l'égalité des candidats dans les marchés publics est caractérisé dès lors que le prévenu s'est vu confier plusieurs marchés de gré à gré pour des prestations fournies au titre des documents d'arpentage et plans parcellaires, négociations foncières et levées topographiques, lesquelles, se rapportant à des travaux de même nature, auraient dû, eu égard à leur montant, donner lieu à un marché avec appel d'offres, ce que n'ignorait pas le prévenu. • Crim. 28 janv. 2004, n° 02-86.597 P : *JCP 2004. II. 10084, note Linditch ; Gaz. Pal. 2004. 2. 2541, note A.C. ; Dr. pénal 2004, n° 92, obs. Véron.* ♦ Le délit de recel de favoritisme est caractérisé à l'égard de celui qui bénéficie en connaissance de cause du produit provenant de l'attribution irrégulière d'un marché ; se rend coupable de ce délit le gérant de la société qui a reçu, en connaissance de son origine délictuelle, le paiement par le CIDE et le conseil général du prix de la prestation de cette société, et a, en sa qualité de gérant également, bénéficié des retombées positives pour la société, en termes de chiffre d'affaires et d'influence, résultant de l'obtention du marché litigieux. • Crim. 5 mai 2004, n° 03-85.503 P : *AJ pénal 2004. 285, obs. Girault* .

Détournement de fonds publics

Art. 432-15 **Le fait, par une personne dépositaire de l'autorité publique ou chargée d'une mission de service public, un comptable public, un dépositaire public ou l'un de ses subordonnés, de détruire, détourner ou soustraire un acte ou un titre, ou des fonds publics ou privés, ou effets, pièces ou titres en tenant lieu, ou tout autre objet qui lui a été remis en raison de ses fonctions ou de sa mission, est puni de dix ans**

d'emprisonnement et *(L. n° 2013-1117 du 6 déc. 2013, art. 6)* **« d'une amende de 1 000 000 €, dont le montant peut être porté au double du produit de l'infraction** *[ancienne rédaction : de 150 000 € d'amende]* **».**

(Ord. n° 2019-963 du 18 sept. 2019, art. 2) **« La peine d'amende est portée à 2 000 000 € ou, s'il excède ce montant, au double du produit de l'infraction, lorsque l'infraction** *(Abrogé par L. n° 2020-1672 du 24 déc. 2020, art. 30)* ***« prévue au premier alinéa porte atteinte aux recettes perçues, aux dépenses exposées ou aux avoirs qui relèvent du budget de l'Union européenne, des budgets des institutions, organes et organismes de l'Union européenne ou des budgets gérés et contrôlés directement par eux et qu'elle »*** **est commise en bande organisée. »**

La tentative *(Ord. n° 2019-963 du 18 sept. 2019, art. 2)* **« des délits prévus aux alinéas qui précèdent » est punie des mêmes peines.**

COMMENTAIRE

Le détournement de fonds publics est prévu et réprimé à l'article 432-15 du code pénal. Les peines encourues sont de dix ans de prison et 1 000 000 d'euros d'amende, pouvant être portée au double du produit de l'infraction. ❑

Corruption publique et trafic d'influence

RÉP. PÉN. v° *Corruption et trafic d'influence,* par JEANDIDIER.

COMMENTAIRE

I. CORRUPTION PUBLIQUE

La corruption publique active est prévue et réprimée à l'article 433-1 du code pénal ; la corruption passive à l'article 435-1 du même code (d'autres textes en récriminent des déclinaisons, éventuellement aggravées, selon que seront par exemple concernés un magistrat, un agent public international, etc.). Nous aborderons, *infra*, la corruption internationale (V. III. Règles internationales).

La personne du corrupteur importe peu, les textes utilisant le terme « quiconque ». Tout particulier est potentiellement corrupteur au regard de la loi. C'est à raison de la personne du corrompu, qui doit appartenir à des catégories spécifiques énumérées par la loi, que la corruption est dite « publique » ; à défaut, on sera dans la corruption dite « privée », infraction distincte.

La première catégorie de corrompu est celle des « dépositaires de l'autorité publique ». Il s'agira de personnes investies d'une délégation de la puissance publique, représentants de l'État ou des collectivités territoriales, fonctionnaires de l'ordre administratif, officiers ministériels, militaires, représentants de la force publique. On citera ainsi comme exemples : le Président de la République, un ministre, un préfet, un ambassadeur, un policier, un enseignant, etc.

La deuxième catégorie est celle des « personnes investies d'un mandat public électif », notamment les députés, les conseillers départementaux ou régionaux, les maires, mais également les élus des chambres de commerce ou des chambres des métiers.

La troisième catégorie est celle des « personnes chargées d'une mission de service public », ainsi le président d'un EPIC, des auxiliaires de justice (tels les administrateurs judiciaires), les membres d'autorités telles l'Autorité des marchés financiers ou l'Autorité de contrôle prudentiel et de résolution. Cette catégorie peut être vaste, et il conviendra de se rapporter de manière précise aux statuts et autres dispositions régissant certaines entités publiques spécifiques. Par exemple, sont chargés d'une mission de service public des sociétés comme France Télévisions ou Radio France.

Comme il a été indiqué plus haut, des textes spécifiques répriment la corruption de certains autres agents publics, notamment les magistrats (C. pén., art. 434-9) et les agents publics étrangers ou internationaux (« personne dépositaire de l'autorité publique, chargée d'une mission de service public ou investie d'un mandat électif public dans un État étranger ou au sein d'une organisation internationale publique ») (C. pén., art. 435-1 et 435-3).

La compliance anticorruption devra donc s'assurer d'une particulière vigilance dès lors que l'un ou l'autre de ces agents publics, nationaux ou non, sera potentiellement en rapport avec une entreprise, ses dirigeants, salariés, partenaires ou intermédiaires.

La corruption est délicate à prouver car elle nécessite la démonstration d'un pacte illicite, un accord entre corrompu et corrupteur, qui est par nature dissimulé. Les choses promises ou offertes sont de toute nature : « offres, promesses, dons, présents ou avantages quelconques ». Il s'agira de cadeaux, de voyages, d'argent liquide, de travaux personnels, de mise à disposition de biens ou de logements.

La jurisprudence a longtemps considéré que le cadeau devait être antérieur à l'obtention de l'avantage octroyé par le corrompu, jusqu'à un revirement de jurisprudence considérant que même si le don était postérieur, il n'était que la réalisation d'une promesse antérieure (V. not. Crim. 16 déc. 1997, nº 96-82.509 P : *Rev. sociétés 1998. 402, obs. Bouloc* ; *RSC 1998. 696, obs. Bouloc* ; *JCP 1998, nº 1876* ; *Dr. pénal 1998, nº 51, obs. Véron*). La loi nº 2000-595 du 30 juin 2000 a consacré cette évolution en ajoutant « à tout moment » dans les divers articles du code pénal relatifs à la corruption.

L'objet de la corruption est aussi vaste que l'avantage qui a permis de l'obtenir : « accomplir ou avoir accompli, [...] s'abstenir ou s'être abstenue d'accomplir un acte de sa fonction, de sa mission ou de son mandat ou facilité par sa fonction, sa mission ou son mandat » (C. pén., art. 435-1). Octroi d'un permis de construire, d'un certificat de conformité, d'un permis de visite dans une maison d'arrêt, rémunération d'un député pour faire passer une loi (Crim. 24 févr. 1893 : *S. 1893. Jur. 217, note Villey*).

Les sanctions sont lourdes : dix ans d'emprisonnement et un million d'euros d'amende, pouvant être portée au double du produit de l'infraction, outre des peines accessoires d'interdiction des droits civiques, civils et de famille, d'interdiction d'exercer une fonction publique ou d'exercer l'activité professionnelle ou sociale dans l'exercice ou à l'occasion de l'exercice de laquelle l'infraction a été commise, la confiscation des sommes ou objets irrégulièrement reçus, l'affichage ou la diffusion de la décision prononcée ou encore, pour les personnes morales, l'exclusion des marchés publics.

La corruption s'accompagne souvent d'autres infractions. Par exemple, le corrompu acceptera de violer l'égalité entre candidats à un marché public et commettra le délit de passation irrégulière de marché public (favoritisme). D'où la conception extensive du terme de corruption adoptée notamment par l'Agence française anticorruption. Souvent aussi, le corrupteur utilisera les fonds d'une entreprise privée commettant ainsi un abus de bien social, le corrompu étant receleur. Cette infraction d'abus de bien social sera d'ailleurs souvent utilisée par les autorités de poursuites pour assurer la répression de faits qui seraient prescrits sous la seule incrimination de corruption.

La prescription de la corruption, comme pour tout délit, est de six ans. Elle ne commencera à courir qu'à compter du dernier acte commis, le délit se renouvelant à chaque acte d'exécution (Crim. 9 nov. 1995, nº 94-84.204 P), par exemple à chaque échéance d'un prêt. En revanche, la prescription de l'abus de bien social bénéficie (dans une vision répressive), en cas de dissimulation, d'un point de départ différé au jour où l'infraction a pu être « constatée dans des conditions permettant l'exercice de l'action publique » (Crim. 13 févr. 1989, nº 88-81.218 P). Depuis la loi nº 2017-242 du 27 février 2017, ce délai de prescription ne peut plus excéder douze ans. Des faits prescrits au titre de la corruption peuvent donc parfois encore être poursuivis et réprimés sous la qualification d'ABS.

On peut s'attendre à ce que la jurisprudence étende à la corruption cette perception extensive de la prescription, elle l'a d'ailleurs fait au sujet du trafic d'influence dès lors qu'il y avait eu dissimulation (Crim. 19 mars 2008, nº 07-82.124 P : *AJ pénal 2008. 319, obs. Lelieur* ; *RTD com. 2008. 878, obs. Bouloc* ; *Dr. pénal 2008, nº 102, obs. Véron* ; *RPDP 2009. 176, obs. Segonds*).

C'est cette difficulté majeure, liée aussi bien à la dissimulation qu'à la prescription, qui va justifier que la politique pénale française, sous l'influence de textes étrangers et de conventions et institutions internationales, s'orientera vers la prévention de la corruption – la compliance – et non plus sur la seule répression traditionnelle. Plus précisément, la loi impose à certaines entités de déployer des dispositifs qui vont soit permettre de prévenir la commission de la corruption, soit favoriser sa détection en amont, alors que les faits ne sont pas prescrits, les entités concernées étant invitées à révéler spontanément les faits aux autorités.

II. TRAFIC D'INFLUENCE

Le trafic d'influence est très proche de la corruption : la corruption vise à convaincre d'une décision, le trafic d'influence, comme son nom l'indique, plus indirectement d'une influence qui, à terme, obtiendra la décision souhaitée.

A l'instar de la corruption, le trafic d'influence est soit actif (C. pén., art. 433-1, 2°), soit passif (C. pén., art. 435-2).

La notion d'influence est comprise de manière très large, la personne abusant de ses fonctions, de liens d'amitié, de confiance, le but étant l'obtention de « distinctions, emplois, marchés ou de toute autre décision favorable » : décorations, embauches, marchés de transports, de construction, d'armement, obtention de subventions, annulation de contraventions, obtention d'un titre de séjour, etc.

Les sanctions sont les mêmes que pour la corruption. ❑

Art. 433-1 *(L. n° 2011-525 du 17 mai 2011, art. 154-2°)* **Est puni de dix ans d'emprisonnement et** *(L. n° 2013-1117 du 6 déc. 2013, art. 6)* **« d'une amende de 1 000 000 €, dont le montant peut être porté au double du produit tiré de l'infraction, » le fait, par quiconque, de proposer sans droit, à tout moment, directement ou indirectement, des offres, des promesses, des dons, des présents ou des avantages quelconques à une personne dépositaire de l'autorité publique, chargée d'une mission de service public ou investie d'un mandat électif public, pour elle-même ou pour autrui :**

1° Soit pour qu'elle accomplisse ou s'abstienne d'accomplir, ou parce qu'elle a accompli ou s'est abstenue d'accomplir, un acte de sa fonction, de sa mission ou de son mandat, ou facilité par sa fonction, sa mission ou son mandat ;

2° Soit pour qu'elle abuse, ou parce qu'elle a abusé, de son influence réelle ou supposée en vue de faire obtenir d'une autorité ou d'une administration publique des distinctions, des emplois, des marchés ou toute autre décision favorable.

Est puni des mêmes peines le fait de céder à une personne dépositaire de l'autorité publique, chargée d'une mission de service public ou investie d'un mandat électif public qui sollicite sans droit, à tout moment, directement ou indirectement, des offres, des promesses, des dons, des présents ou des avantages quelconques, pour elle-même ou pour autrui, pour accomplir ou avoir accompli, pour s'abstenir ou s'être abstenue d'accomplir un acte mentionné au 1° ou pour abuser ou avoir abusé de son influence dans les conditions mentionnées au 2°.

(Ord. n° 2019-963 du 18 sept. 2019, art. 2) **« La peine d'amende est portée à 2 000 000 € ou, s'il excède ce montant, au double du produit de l'infraction, lorsque les infractions prévues au présent article** *(Abrogé par L. n° 2020-1672 du 24 déc. 2020, art. 30)* ***« portent atteinte aux recettes perçues, aux dépenses exposées ou aux avoirs qui relèvent du budget de l'Union européenne, des budgets des institutions, organes et organismes de l'Union européenne ou des budgets gérés et contrôlés directement par eux et qu'elles »*** **sont commises en bande organisée. »**

BIBL. ▶ DUCOULOUX-FAVARD, *D. 1996. Chron. 352* (fausses factures). – BURGELIN et GULPHE, *Gaz. Pal. 1998. 1. Doctr. 682* (corruption et marchés internationaux). – D. JEAN-PIERRE, *D. 2000. Chron. 307* (corruption des fonctionnaires et agents publics : dernières conventions internationales ratifiées par la France). – BERTREL, *Dr. et patr. 2000, n° 86, p. 24* (corruption dans les transactions commerciales internationales et nationales). – JEANDIDIER, *JCP 2002. I. 166* (du délit de corruption et des défauts qui l'affectent). – SEGONDS, *Dr. pénal 2006. Étude 12* (l'internationalisation de l'incrimination de la corruption). – BAILLET, *Gaz. Pal. 2006. 1. Doctr. 776* (corruption et trafic d'influence en droit pénal des affaires : état des risques, moyens de les prévenir). – CONTE, *Dr. pénal 2008. Étude 1* (le régime procédural de la criminalité organisée étendu à la corruption : l'exception tendrait-elle à devenir la règle ?). – BONFILS, *RSC 2008. 377* (L. n° 2007-1598 du 13 nov. 2007 relative à la lutte contre la corruption). – FEUGÈRE, *Gaz. Pal. 2011. 2. 3749* (conflit d'intérêts et droit pénal : l'exemple de la corruption).

I. CORRUPTION

1. *Éléments constitutifs.* La corruption résulte des offres ou promesses, dons ou présents, faits dans l'intention de corrompre, sans qu'il soit besoin que les personnes sollicitées aient été, en outre, l'objet de propositions verbales ou écrites. • Crim. 28 janv. 1897 : *Bull. crim. n° 27 ; DP 1897. 1. 240.* ♦ Le délit est consommé dès que le prévenu a usé des moyens énoncés par la loi, en vue du but qu'elle définit ; ainsi, l'offre d'une somme d'argent constitue, non une tentative qui ne serait pas punissable, mais le délit même de corruption active. • Crim. 10 juin 1948 : *Bull. crim. n° 154 ; D. 1949. 15, note Carteret ; S. 1948. 1. 117, note Rousselet et Patin ; Gaz. Pal. 1948. 2. 35.* ♦ Doit être rejeté le moyen tiré de ce qu'un prévenu aurait été condamné pour corruption en raison du fait qu'il aurait offert une somme d'argent à un fonctionnaire, cette offre n'ayant pas été suivie d'effet par suite de circonstances indépendantes de la volonté du prévenu, alors que l'art. 179 [anc. C. pén.]

ne prévoit pas la tentative de corruption. • Crim. 1er juill. 1948 : *Bull. crim. n° 172 ; D. 1949. Somm. 5.* ♦ Pour une analyse *sui generis* de la notion de tentative, présentée comme se trouvant incluse dans le texte de l'art. 179 ancien C. pén., mais sans que le mot y soit exprimé : • T. corr. Belfort, 7 nov. 1946 : *Gaz. Pal. 1947. 1. 51 ; S. 1947. 2. 73.*

Si, en matière de corruption active, il n'est pas indispensable que le corrupteur ait réussi à faire agréer ses offres, cette circonstance conserve cependant son intérêt pour caractériser le délit de corruption passive. • Orléans, 20 juin 1947 : *Gaz. Pal. 1947. 2. 99.*

Constitue le délit le fait, par un prévenu, de s'être engagé à verser une somme d'argent, pour obtenir un marché d'un office public d'HLM. • T. corr. Paris, 1er juin 1982 : *Gaz. Pal. 1983. 1. 253, note Marchi ; RSC 1983. 470, obs. Vitu.* ♦ Le délit de corruption active est caractérisé, dès lors que l'un des prévenus a remis à un inspecteur principal de la RATP la somme de 30 000 F en espèces, après l'avoir lui-même obtenue de l'autre prévenu, et dans la mesure où il s'agissait d'un présent, au sens de l'art. 179 ancien C. pén., aucun intérêt n'ayant été prévu et aucun remboursement n'ayant été demandé, la cour ajoutant qu'il existait bien un pacte de corruption selon lequel, en contrepartie de la remise des fonds, des chantiers devaient être confiés à l'entreprise du second prévenu. • Crim. 2 avr. 1998 : *D. 1998. IR 150.* ♦ Constitue le délit l'accomplissement par une entreprise de travaux effectués gratuitement au domicile personnel d'un employé de EDF, chargé d'une mission de service public, en échange de renseignements sur des marchés envisagés par cette entreprise. • Crim. 26 janv. 2011 : *Dr. pénal 2011, n° 45, obs. Véron.* ♦ La preuve du pacte de corruption peut ressortir d'un faisceau d'indices graves, précis et concordants résultant des liens très étroits d'amitié noués entre les protagonistes, des relations d'affaires renforçant ces liens, des intérêts communs tendant vers un même but (celui d'obtenir une décision favorable), et des écoutes téléphoniques démontrant les actes accomplis et la contrepartie proposée. Pour l'un des protagonistes, les faits de corruption consistent ainsi, en étant magistrat, à fournir des informations sur le pourvoi formé dans un dossier évoqué devant la chambre criminelle de la Cour de cassation (avis de l'avocat général préalablement à sa transmission officielle, avis du conseiller rapporteur, date des délibérations, opinion des conseillers siégeant dans la formation de jugement), informations recueillies grâce à sa position de premier avocat général à la Cour de cassation (affaire « Paul Bismuth »). • TJ Paris, 1er mars 2021, n° 14056000872 : *D. actu. 2 mars 2021, note Souchard ; AJ pénal 2021. 196, note Daoud et Msellati.*

2. Absence de droit. Est nécessairement sans droit la sollicitation, de la part d'un élu, de fonds destinés au financement d'activités politiques, en vue d'accomplir un acte de sa fonction ; il ne saurait donc être soutenu que si la sollicitation de fonds, par des élus, destinés aux besoins d'un financement politique était irrégulière comme excédant le montant maximal de la L. n° 90-55 du 15 janv. 1990, elle était néanmoins fondée sur le droit pour un élu de rechercher un financement politique de sorte qu'elle ne tombait pas sous le coup de l'art. 433-1 C. pén. • Crim. 30 juin 1999, n° 96-81.935 P : *D. 2000. Somm. 123, obs. Segonds.* ♦ Est nécessairement sans droit, au sens de l'art. 433-1 C. pén., la sollicitation de la part d'élus, de fonctionnaires territoriaux et d'assistants à une maîtrise d'ouvrages publics, chargés d'une mission de service public, de fonds destinés au financement d'activités politiques, en vue d'accomplir ou de s'abstenir d'accomplir un acte de leurs fonctions. • Crim. 20 févr. 2008, n° 02-82.676 P. ♦ Les commissions occultes, dont le versement était sollicité par les agents de l'État irakien, en marge du marché réglementé par la Résol. n° 986 du 14 avr. 1995 du Conseil de sécurité de l'ONU, n'étaient ni permises ni requises par la loi ou la réglementation écrite de l'État irakien (affaire « Pétrole contre nourriture »). • Crim. 10 mars 2021, n° 19-82.929.

3. Acte facilité par la fonction. Constitue un acte facilité par la fonction, au sens de l'art. 433-1, 1°, C. pén., le fait pour un salarié d'EDF, personne chargée d'une mission de service public, de fournir des renseignements sur les marchés envisagés par son entreprise. • Crim. 26 janv. 2011 : *Gaz. Pal. 2011. 1. 1074, note Dreyer ; Dr. pénal 2011, n° 45, obs. Véron ; RPDP 2011. 405, obs. Segonds.*

4. Conflit de qualifications. N'a pas mis la Cour de cassation en mesure de s'assurer de la légalité de sa décision au regard de l'art. 437, 3° de la L. du 24 juill. 1966, d'où il suit que la cassation est encourue de ce chef, la cour d'appel qui, pour déclarer le prévenu, dirigeant d'une société, coupable d'abus de biens sociaux, se borne à énoncer que le versement par lui d'une somme d'argent, qui ne correspond à aucune prestation réelle, est contraire à l'intérêt de ladite société, laquelle s'est appauvrie sans contrepartie, alors que sa démarche – fût-elle constitutive d'une infraction non poursuivie en l'espèce – a pu avoir pour résultat de minorer substantiellement la dette de cette société envers le Trésor public. • Crim. 6 févr. 1997, n° 96-80.615 P : *RSC 1997. 393, obs. Renucci ; Rev. sociétés 1997. 146, obs. Bouloc ; Gaz. Pal. 1997. 1. 229, note Doucet ; BJS 1997. 118, note Barbiéri ; Dr. pénal 1997, n° 61, obs. Véron ; ibid., n° 63, obs. J.-H. Robert. - Adde : Matsopoulou, D. Affaires 1997. 780* (réflexions sur l'évolution de l'abus de biens sociaux). ♦ Quel que soit l'avantage à court terme qu'elle peut procurer, l'utilisation des fonds sociaux ayant pour seul objet de commettre un délit tel que la corruption est contraire à l'intérêt social, en ce qu'elle expose la personne morale au risque anormal de sanctions pénales ou fiscales contre elle-même et ses dirigeants, et porte atteinte à son crédit et à sa réputation.

• Crim. 27 oct. 1997, n° 96-83.698 P : *D. Affaires 1997. 1429, note Boizard; Rev. sociétés 1997. 869, obs. Bouloc; RSC 1998. 336, obs. Renucci; LPA, 7 nov. 1997, note Ducouloux-Favard; JCP 1998. II. 10017, note Pralus; BJS 1998. 11, note Barbiéri; Dr. pénal 1998, nos 16 et 20, obs. Véron; ibid., n° 21, obs. J.-H. Robert.* ♦ Dans le même sens, mais relativement à la corruption d'un salarié d'une entreprise privée : • Crim. 22 sept. 2004 : *Dr. pénal 2004, n° 178, obs. J.-H. Robert.*

5. Prescription. Le directeur général d'une banque qui proposait à des mandataires de justice des prêts à taux réduit en contrepartie de l'ouverture, dans son établissement, de comptes au nom de sociétés placées sous administration judiciaire, a été mis en examen pour corruption active; pour écarter la prescription invoquée par le directeur du fait de sa démission, concernant les contrats de prêts dont l'amortissement s'est poursuivi, la cour d'appel rappelle que le délit de corruption, consommé dès la conclusion du pacte entre le corrupteur et le corrompu, se renouvelle à chaque acte d'exécution de ce pacte; dès lors que le maintien, par la banque, d'un taux privilégié aurait été subordonné à l'accomplissement, par les mandataires de justice, d'actes de leur fonction, constituant à chaque échéance un acte d'exécution du pacte de corruption, la chambre de l'instruction a, à bon droit, écarté la prescription. • Crim. 8 oct. 2003, n° 03-82.589 P : *D. 2004. 3023, note Segonds; Dr. pénal 2004, n° 16, obs. Véron; Gaz. Pal. 2004. 1. 1192, note Monnet.* ♦ L'accomplissement par le corrompu d'un acte de sa fonction ou facilité par sa fonction constitue un acte d'exécution du pacte conclu entre le corrupteur et le corrompu renouvelant le délit de corruption; il importe peu que le corrompu n'ait pas accompli lui-même cet acte dès lors qu'il entrait dans ses attributions d'en proposer ou préparer la réalisation. • Crim. 29 juin 2005, n° 05-82.265 P : *Dr. pénal 2005, n° 163, obs. Véron.*

II. TRAFIC ACTIF D'INFLUENCE

6. Pacte de corruption. Un ancien mécanicien de la Marine nationale a porté à la connaissance des services de la gendarmerie maritime que le dirigeant d'une société se serait livré à des actes de corruption afin d'obtenir des commandes publiques; une information ouverte à la suite de ces révélations a fait apparaître qu'un certain nombre d'employés de la direction de la construction navale (DCN) favorisaient certaines entreprises dans l'attribution de commandes ou de marchés publics, en échange de compensations financières; c'est à bon droit que la cour d'appel a condamné ce dirigeant pour trafic d'influence, dès lors qu'il a bénéficié de nombreuses commandes sur facture de la DCN; il a en outre bénéficié d'un marché important sur appel d'offres et d'un marché important à bon de commande; il n'a bénéficié de ces commandes publiques de la part d'un agent de la DCN qu'en contrepartie des avantages versés à celui-ci en considération de l'influence qu'il lui prêtait dans l'attribution des marchés ou commandes relevant de sa compétence, et en exécution du concert frauduleux nécessairement préalable entre les parties; l'abus d'influence a donc été précédé de promesses de dons faites par le prévenu à cette fin. • Crim. 10 mars 2004, n° 02-85.285 P.

Se rend coupable de trafic d'influence le prévenu qui a invité au restaurant un certain nombre de préparateurs de commandes ou acheteurs exerçant dans une unité de production de la DCN, qui leur a offerts divers objets et a, dans le même temps, bénéficié, par l'intermédiaire de ces agents, de plusieurs commandes; il est manifeste que le prévenu n'a versé ces avantages aux agents qu'en considération de l'influence réelle ou supposée qu'il leur prêtait dans l'attribution des commandes ou marchés relevant de leurs compétences et en exécution du concert frauduleux, nécessairement préalable, existant au sein de la DCN entre les parties, les avantages versés, avant ou après l'attribution de ces commandes ou marchés, n'ayant d'autre objet que de récompenser les actes passés ou à venir. • Crim. 10 mars 2004, n° 02-85.285 P : *préc.*

7. Décision favorable. Le fait « d'aplanir » auprès d'une administration publique toutes difficultés liées à l'exécution d'un contrat constitue l'attribution d'une décision favorable d'un droit ou d'une faveur, au sens des art. 432-11 et 433-1 C. pén. • Crim. 19 mars 2008, n° 07-82.124 P. ♦ Les faits révèlent, pour un magistrat, l'influence réelle ou supposée exercée auprès de l'avocat général ou des conseillers de la chambre criminelle de la Cour de cassation siégeant dans la formation de jugement, en vue d'obtenir une décision favorable; pour les corrupteurs actifs, l'objectif était d'obtenir ou de vérifier des informations et, dans le cadre du trafic d'influence, de peser sur le contenu d'une décision de la chambre criminelle (affaire « Paul Bismuth »). • TJ Paris, 1er mars 2021, n° 14056000872 : *préc. note 1.*

8. Prescription. Pour écarter la prescription de l'action publique, l'arrêt énonce que les comptes des prévenus ont été crédités, les 24 et 27 sept. 1999, de la part leur revenant sur le dernier versement effectué par une société et que ces opérations constituent le dernier acte d'exécution du pacte frauduleux conclu entre les parties; ils ajoutent que l'infraction ayant été dissimulée par la conclusion d'un contrat fictif et par l'utilisation d'une structure écran, les conditions de mise en œuvre de l'action publique n'ont été réunies que lors de la découverte des mouvements enregistrés sur les comptes des prévenus et de la dénonciation de ces faits par les autorités suisses au juge d'instruction français, le 23 août 2002; ils en déduisent qu'à la date de l'ouverture de l'information, le 12 sept. 2002, la prescription triennale n'était pas acquise; en l'état de ces énonciations, la cour d'appel a justifié sa décision ; en effet, si le délit de trafic d'influence est une infraction instantanée qui se prescrit à compter de la perception du dernier versement effectué en exécution du pacte litigieux, le délai de prescription de l'action publique ne commence à courir, en cas de dissimulation, qu'à partir du jour où l'infraction est apparue et a pu être constatée dans des conditions permettant l'exercice des poursuites. • Crim. 19 mars 2008, n° 07-82.124 P : *AJ pénal 2008. 319, note Lelieur ; Dr. pénal 2008, n° 102, obs. Véron ; RPDP 2009. 176, obs. Segonds.*

Art. 435-1 **Est puni de dix ans d'emprisonnement et** *(L. n° 2013-1117 du 6 déc. 2013, art. 6)* **« d'une amende de 1 000 000 €, dont le montant peut être porté au double du produit tiré de l'infraction,** *[ancienne rédaction : de 150 000 € d'amende]* **» le fait, par une personne dépositaire de l'autorité publique, chargée d'une mission de service public ou investie d'un mandat électif public dans un État étranger ou au sein d'une organisation internationale publique, de solliciter ou d'agréer, sans droit, à tout moment, directement ou indirectement, des offres, des promesses, des dons, des présents ou des avantages quelconques, pour elle-même ou pour autrui,** *(L. n° 2011-525 du 17 mai 2011, art. 154-6°)* **« pour accomplir ou avoir accompli, pour s'abstenir ou s'être abstenue** *[ancienne rédaction : afin d'accomplir ou de s'abstenir]* **» d'accomplir un acte de sa fonction, de sa mission ou de son mandat ou facilité par sa fonction, sa mission ou son mandat.**

(Ord. n° 2019-963 du 18 sept. 2019, art. 2) **« La peine d'amende est portée à 2 000 000 € ou, s'il excède ce montant, au double du produit de l'infraction, lorsque les infractions prévues au présent article** *(Abrogé par L. n° 2020-1672 du 24 déc. 2020, art. 30)* ***« portent atteinte aux recettes perçues, aux dépenses exposées ou aux avoirs qui relèvent du budget de l'Union européenne, des budgets des institutions, organes et organismes de l'Union européenne ou des budgets gérés et contrôlés directement par eux et qu'elles »*** **sont commises en bande organisée. »**

COMMENTAIRE

Les infractions de corruption d'agent public étranger sont inscrites au chapitre V, du titre II du livre V du code pénal, intitulé : « Des atteintes à l'administration publique et à l'action de la justice des Communautés européennes, des États membres de l'Union européenne, des autres États étrangers et des autres organisations internationales publiques ».

Ces infractions incriminent les faits de corruption lorsque l'agent mis en cause est étranger (agent public, magistrat). Elles sont donc, par essence, des infractions internationales.

Les incriminations sont construites sur le même modèle que la corruption d'agents publics français avec une distinction entre corruption active et corruption passive.

La jurisprudence en la matière est très faible pour le moment. Les quelques arrêts en la matière concernent pour la plupart l'articulation des infractions avec les règles de droit pénal général (l'application de la loi pénale dans l'espace, l'application de la loi dans le temps), excepté l'arrêt dit « Pétrole contre nourriture », rendu par la chambre criminelle le 14 mars 2018, qui traite de la caractérisation des infractions. ❑

1. Notion d'agent public étranger ou international. Les chefs d'État, mais également d'autres personnes exerçant des fonctions officielles dans les pays concernés, les personnes ayant des responsabilités au sein du gouvernement ou de l'administration publique sont susceptibles d'être considérées comme des agents publics étrangers. • Crim. 11 oct. 2017, n° 17-80.228. ♦ Pour déclarer le délit de corruption d'agents publics étrangers caractérisé en tous ses éléments, l'arrêt énonce que la société, entreprise d'État rattachée au ministère du Pétrole en Irak, est une personne chargée d'une mission de service public au sens de l'art. 435-3 C. pén. • Crim. 14 mars 2018, n° 16-82.117 P.

Le prévenu doit être condamné du chef de corruption active d'un agent public étranger, en l'occurrence d'un agent d'une entreprise publique algérienne, disposant de prérogatives de puissance publique et participant à une mission de service public dans le domaine des activités pétrolières. L'agent corrompu exerçait lui-même une mission de service public, même s'il n'avait pas un statut de fonctionnaire, dès lors qu'il intervenait dans les commissions d'appels d'offre de l'entreprise. Le prévenu a versé des fonds à cet agent en contrepartie de la révélation d'informations confidentielles sur les marchés publics relatifs à l'entreprise, ce qui a permis à la société du prévenu d'obtenir des marchés. • TGI Paris, ch. corr., 3 oct. 2016, n° 09006092024.

2. Compétence des juridictions françaises. Sur la compétence des juridictions françaises, notamment du juge d'instruction, une partie des faits ayant été commise en France (cadeaux de valeur, séjours dans des hôtels de luxe français déplacements et soins médicaux, administration par un avocat français, depuis son cabinet, de sociétés *off-shore*...), le produit de ces multiples activités ayant permis d'acquérir un important patrimoine immobilier tant en France qu'à l'étranger et d'assurer à sa compagne et sa maîtresse, vivant sur le territoire français, un train de vie incompatible avec leurs revenus officiels : • Crim. 11 oct. 2017, n° 17-80.228.

3. Élément matériel de l'infraction de corruption. Le délit de corruption d'agent public étranger est constitué dès lors qu'il n'était pas démontré que les commissions versées à un agent public étranger étaient permises ou requises par une loi étrangère, c'est-à-dire lorsqu'elles sont versées « sans droit » au sens de l'art. 435-3 C. pén. • Crim. 14 mars 2018, n° 16-82.117 P. ♦ Pour déclarer le délit de corruption d'agents publics étrangers caractérisé en tous ses éléments, l'arrêt énonce que la société, entreprise d'État rattachée au ministère du Pétrole en Irak, est une personne chargée d'une mission de service public au sens de l'art. 435-3 C. pén., lequel ne requiert pas la démonstration d'un quelconque enrichissement personnel du corrompu. • Même arrêt.

4. Articulation du délit avec les règles de droit pénal général. L'organe ayant commis l'infraction pour le compte de la personne morale et pouvant engager celle-ci peut être un organe collectif (en l'espèce un comité exécutif), et non pas nécessairement une personne physique. • Crim. 14 mars 2018, n° 16-82.117 P. ♦ Les juridictions françaises sont compétentes lorsqu'un délit de corruption active d'un agent public étranger a été décidé et organisé sur le territoire national où a également été versé le montant de la rémunération. Il en va de même lorsque le siège social de la société qui a bénéficié du produit de l'infraction est situé sur ce territoire et a servi à domicilier le compte ouvert à l'étranger destiné à faire transiter les commissions occultes. • Même arrêt.

5. Non-application de la règle de non bis in idem. Est écartée la règle de *non bis in idem* dans le cas d'une précédente condamnation américaine dès lors, d'une part, que l'art. 50 de la Charte des droits fondamentaux ne s'applique pas entre la France et les États-Unis et que, d'autre part, les dispositions de l'art. 692 C. pr. pén. et de l'art. 113-9 C. pén. ne s'appliquent pas dans le cas où une partie des faits a été commise en France (compétence territoriale). • Crim. 14 mars 2018, n° 16-82.117 P. ♦ Lorsqu'une décision étrangère est intervenue sur des faits en partie commis et jugés à l'étranger, celle-ci ne fait pas obstacle à l'engagement de nouvelles poursuites en France du moment où l'infraction est commise ou réputée commise sur le territoire de la République. • Crim. 17 janv. 2018, n° 16-86.491.

Art. 435-2 **Est puni de cinq ans d'emprisonnement et** *(L. n° 2013-1117 du 6 déc. 2013, art. 6)* **« d'une amende de 500 000 €, dont le montant peut être porté au double du produit tiré de l'infraction,** *[ancienne rédaction : de 75 000 € d'amende]* **» le fait, par quiconque, de solliciter ou d'agréer, à tout moment, directement ou indirectement, des offres, des promesses, des dons, des présents ou des avantages quelconques, pour lui-même ou pour autrui,** *(L. n° 2011-525 du 17 mai 2011, art. 154-7°)* **« pour abuser ou avoir abusé** *[ancienne rédaction : afin d'abuser]* **» de son influence réelle ou supposée en vue de faire obtenir des distinctions, des emplois, des marchés ou toute autre décision favorable d'une personne dépositaire de l'autorité publique, chargée d'une mission de service public ou investie d'un mandat électif public** *(L. n° 2016-1691 du 9 déc. 2016, art. 20)* **« dans un État étranger ou » au sein d'une organisation internationale publique.**

Art. 435-4 **Est puni de cinq ans d'emprisonnement et** *(L. n° 2013-1117 du 6 déc. 2013, art. 6)* **« d'une amende de 500 000 €, dont le montant peut être porté au double du produit tiré de l'infraction,** *[ancienne rédaction : de 75 000 € d'amende]* **» le fait, par quiconque, de proposer, sans droit, à tout moment, directement ou indirectement, des offres, des promesses, des dons, des présents ou des avantages quelconques à une personne, pour elle-même ou pour autrui,** *(L. n° 2011-525 du 17 mai 2011, art. 154-9°-a)* **« pour qu'elle abuse ou parce qu'elle a abusé** *[ancienne rédaction : afin qu'elle abuse]* **» de son influence réelle ou supposée en vue de faire obtenir des distinctions, des emplois, des marchés ou toute autre décision favorable d'une personne dépositaire de l'autorité publique, chargée d'une mission de service public ou investie d'un mandat électif public** *(L. n° 2016-1691 du 9 déc. 2016, art. 20)* **« dans un État étranger ou » au sein d'une organisation internationale publique.**

Est puni des mêmes peines le fait, par quiconque, de céder à toute personne qui sollicite, à tout moment, directement ou indirectement, des offres, des promesses, des dons, des présents ou des avantages quelconques, pour elle-même ou pour autrui, *(L. n° 2011-525 du 17 mai 2011, art. 154-9°-b)* **« pour abuser ou avoir abusé** *[ancienne rédaction : afin d'abuser]* **» de son influence réelle ou supposée en vue de faire obtenir**

société, laquelle s'est appauvrie sans contrepartie ; Mais attendu qu'en prononçant ainsi, alors que la démarche de X auprès de B fût-elle constitutive d'une infraction non poursuivie en l'espèce a pu avoir pour résultat, en échange d'un versement de 760 000 F, de minorer substantiellement la dette de la société envers le Trésor public, la cour d'appel n'a pas mis la Cour de cassation en mesure de s'assurer de la légalité de sa décision au regard de l'article 437, 3° de la loi du 24 juillet 1966 » (Crim. 6 févr. 1997, n° 96-80.615 P).

L'infraction a pu profiter à la société, il n'y a donc pas d'abus… Cette jurisprudence (commentée comme de circonstance) a donné lieu à un revirement quelques mois plus tard.

Ainsi, dans une troisième et dernière étape, la Cour de cassation est revenue à sa jurisprudence initiale, en la précisant : « Quel que soit l'avantage à court terme qu'elle peut procurer, l'utilisation des fonds sociaux ayant pour seul objet de commettre un délit tel que la corruption est contraire à l'intérêt social en ce qu'elle expose la personne morale au risque anormal de sanctions pénales ou fiscales contre elle-même et ses dirigeants et porte atteinte à son crédit et à sa réputation » (Crim. 27 oct. 1997, n° 96-83.698 P).

Cette jurisprudence est constante depuis : une infraction est toujours contraire à l'intérêt social de l'entreprise, même si elle est commise avec de « bonnes » intentions, comme obtenir de nouveaux marchés (Crim. 13 mars 2020, n° 18-80.162 P). ❑

Art. L. 241-3 **Est puni d'un emprisonnement de cinq ans et d'une amende de 375 000 € :**

1° Le fait, pour toute personne, de faire attribuer frauduleusement à un apport en nature une évaluation supérieure à sa valeur réelle ;

2° Le fait, pour les gérants, d'opérer entre les associés la répartition de dividendes fictifs, en l'absence d'inventaire ou au moyen d'inventaires frauduleux ;

3° Le fait, pour les gérants, même en l'absence de toute distribution de dividendes, de présenter aux associés des comptes annuels ne donnant pas, pour chaque exercice, une image fidèle du résultat des opérations de l'exercice, de la situation financière et du patrimoine à l'expiration de cette période en vue de dissimuler la véritable situation de la société ;

4° Le fait, pour les gérants, de faire, de mauvaise foi, des biens ou du crédit de la société, un usage qu'ils savent contraire à l'intérêt de celle-ci, à des fins personnelles ou pour favoriser une autre société ou entreprise dans laquelle ils sont intéressés directement ou indirectement ;

5° Le fait, pour les gérants, de faire, de mauvaise foi, des pouvoirs qu'ils possèdent ou des voix dont ils disposent, en cette qualité, un usage qu'ils savent contraire aux intérêts de la société, à des fins personnelles ou pour favoriser une autre société ou une autre entreprise dans laquelle ils sont intéressés directement ou indirectement.

(L. n° 2013-907 du 11 oct. 2013, art. 27-V) **« Outre les peines complémentaires prévues à l'article L. 249-1, le tribunal peut également prononcer à titre de peine complémentaire, dans les cas prévus au présent article, l'interdiction des droits civiques, civils et de famille prévue à l'article 131-26 du code pénal. »**

(L. n° 2013-1117 du 6 déc. 2013, art. 30) **« L'infraction définie au 4° est punie de sept ans d'emprisonnement et de 500 000 € d'amende lorsqu'elle a été réalisée ou facilitée au moyen soit de comptes ouverts ou de contrats souscrits auprès d'organismes établis à l'étranger, soit de l'interposition de personnes physiques ou morales ou de tout organisme, fiducie ou institution comparable établis à l'étranger. »**

RÉP. SOCIÉTÉS v° *Abus de biens sociaux*, par BOULOC.

Art. L. 242-6 **Est puni d'un emprisonnement de cinq ans et d'une amende de 375 000 € le fait pour :**

1° Le président, les administrateurs ou les directeurs généraux d'une société anonyme d'opérer entre les actionnaires la répartition de dividendes fictifs, en l'absence d'inventaire, ou au moyen d'inventaires frauduleux ;

2° Le président, les administrateurs ou les directeurs généraux d'une société anonyme de publier ou présenter aux actionnaires, même en l'absence de toute distribution de dividendes, des comptes annuels ne donnant pas, pour chaque exercice, une image fidèle du résultat des opérations de l'exercice, de la situation financière et du patrimoine, à l'expiration de cette période, en vue de dissimuler la véritable situation de la société ;

3° Le président, les administrateurs ou les directeurs généraux d'une société anonyme de faire, de mauvaise foi, des biens ou du crédit de la société, un usage qu'ils savent contraire à l'intérêt de celle-ci, à des fins personnelles ou pour favoriser une autre société ou entreprise dans laquelle ils sont intéressés directement ou indirectement;

4° Le président, les administrateurs ou les directeurs généraux d'une société anonyme de faire, de mauvaise foi, des pouvoirs qu'ils possèdent ou des voix dont ils disposent, en cette qualité, un usage qu'ils savent contraire aux intérêts de la société, à des fins personnelles ou pour favoriser une autre société ou entreprise dans laquelle ils sont intéressés directement ou indirectement.

(L. nº 2013-907 du 11 oct. 2013, art. 27-V) « Outre les peines complémentaires prévues à l'article L. 249-1, le tribunal peut également prononcer à titre de peine complémentaire, dans les cas prévus au présent article, l'interdiction des droits civiques, civils et de famille prévue à l'article 131-26 du code pénal. »

(L. nº 2013-1117 du 6 déc. 2013, art. 30) « L'infraction définie au 3° est punie de sept ans d'emprisonnement et de 500 000 € d'amende lorsqu'elle a été réalisée ou facilitée au moyen soit de comptes ouverts ou de contrats souscrits auprès d'organismes établis à l'étranger, soit de l'interposition de personnes physiques ou morales ou de tout organisme, fiducie ou institution comparable établis à l'étranger. »

Code de procédure pénale

Convention judiciaire d'intérêt public

DP COMPLIANCE vº *Convention judiciaire d'intérêt public.*

SOLUTION COMPLIANCE v^is^ *La convention judiciaire d'intérêt public; La coopération avec les autorités de poursuite; Le respect des droits de la défense.*

BIBL. GÉN. ▶ D'ORNANO, *Rev. crit. DIP 2016. 152 (non bis in idem* : l'autorité de la chose jugée de la transaction pénale obtenue à l'étranger). – MIGNON-COLOMBET, *AJ pénal 2017. 68* (vers une justice de coopération?). – REBUT, *JCP 2017, nº 49, p. 1297* (la CJIP au service du budget de l'État). – DEZEUZE et PELLEGRIN, *JCP 2017, nº 64* (extension de la transaction pénale). – VERGÈS, *RSC 2017. 577* (la procédure pénale hybride). – CLAUDE, *AJ pénal 2018. 30* (réflexions sur la première convention judiciaire d'intérêt public). – GALLI, *RSC 2018. 359* (une justice pénale propre aux personnes morales). – LEBLANC-WOHRER, *IFRI, 2018* (*Comply or die?* Les entreprises face à l'exigence de conformité venue des États-Unis). – ROUSSEAU, *JCP E 2019, nº 1595* (fraude fiscale et CJIP : comment est déterminé le montant de l'amende lorsque le contribuable décide de conclure une CJIP pour mettre fin aux poursuites pénales?). – DUFOURQ et LANTA DE BÉRARD, *D. actu. 9 sept. 2019* (justice négociée : quel sort pour les personnes physiques?). – PEREZ et AMOUZOU, *Banque et Dr. 1-2/2020* (l'introduction de la compliance et de la justice négociée en France : du DPA américain à la CJIP française). – QUENTIN, *JCP 2020, nº 77* (AFA. Du contrôle à l'enquête?). – PERRIER, *D. 2020. 396* (la convention judiciaire pour les infractions environnementales : vers une compliance environnementale). – CLAUSE et SAINT GEORGE, *AJ pénal 2020. 240* (la CJIP Airbus : les nouveaux contours de la coopération dans le cadre de la justice pénale négociée). – DE NAVACELLE et ZORRILLA, *RLDA mars 2020. 44* (l'enquête interne menée par l'avocat : un renouveau de la pratique pénale des affaires?). – PEREZ, *RTDF 2020, nº 1, p. 163* (le cas Airbus et la répression internationale de la corruption). – DAOUD et PARTOUCHE, *D. actu. 27 avr. 2020* (étude comparative des CJIP : bilan et perspectives). – KIRRY, BISCH et FLEURIOT, *JCP E 2020, nº 1184* (CJIP : lignes directrices PNF/AFA – quel encouragement à l'auto-dénonciation?). – D'ORNANO, *Rev. crit. DIP 2020. 627* (éclairages... sur la coordination d'accords transactionnels avec les autorités étrangères). – BOERINGER et COURVOISIER-CLÉMENT, *AJ pénal 2020. 455* (la CJIP en enquête préliminaire – des améliorations souhaitables pour un meilleur équilibre des droits des parties). – CLAUDE, *ibid. 564* (l'enquête interne et la CJIP). – QUENTIN et VOIRON, *ibid. 2021. 15* (la victime dans la procédure de CJIP : entre strapontin et siège éjectable?). – RUSSO, *ibid. 68* (CJIP : ajustements apportés par la L. du 24 déc. 2020 et autres sujets de réflexion pour l'avenir). – CAZENEUVE, VAN GAVER et MENNUCCI, *D. actu. 26 mars 2021* (justice pénale négociée : quels rapports entre la responsabilité des entreprises et celle des dirigeants?). – ROUSSEAU et NABIH, *ibid. 16 mai 2022* (les dérives néfastes du mécanisme de la CJIP). – Munoz-Pons et Mennucci, *ibid. 9 juin 2022* (justice pénale négociée : la délicate question de la situation des personnes physiques).

COMMENTAIRE

L'article 22 de la loi n° 2016-1691 du 9 décembre 2016 relative à la transparence, à la lutte contre la corruption et à la modernisation de la vie économique, dite « Sapin 2 », a instauré, à l'article 41-1-2 du code de procédure pénale, la possibilité pour le procureur de la République de négocier avec les personnes morales une alternative aux poursuites : la convention judiciaire d'intérêt public (CJIP). Intervenant en matière notamment de corruption et trafic d'influence, cette convention comporte le paiement d'une amende d'intérêt public, assortie, le cas échéant, de l'obligation de mise en œuvre d'un programme de conformité pour prévenir la réitération des faits et l'indemnisation des éventuelles victimes. La loi n° 2020-1672 du 24 décembre 2020 relative au Parquet européen, à la justice environnementale et à la justice pénale spécialisée a, quant à elle, créé au sein du code de procédure pénale un article 41-1-3 instaurant une procédure très semblable de « CJIP environnementale », pour les délits prévus par le code de l'environnement ainsi que pour les infractions connexes (à l'exclusion des crimes et délits contre les personnes prévus au livre II du code pénal).

La circulaire du 31 janvier 2018 relative à la présentation et la mise en œuvre des dispositions pénales prévues par la loi du 9 décembre 2016 (V. *infra*) précise les modalités d'application de la CJIP (V. le IV de la circulaire). De même, l'Agence française anticorruption (AFA) et le Parquet national financier (PNF) ont publié conjointement, le 26 juin 2019, des lignes directrices sur sa mise en œuvre (V. *infra*, B. Agence française anticorruption).

I. INSPIRATION DE COMMON LAW

La convention judiciaire d'intérêt public est directement inspirée des dispositifs anglo-saxons de *deferred prosecution agreement* (DPA), principalement utilisés dans le cadre de l'application des lois anticorruption, tels le *Foreign Corrupt Practices Act* aux États-Unis (FCPA – 1977 ; V. *infra*, IV. Règles étrangères) ou le *UK Bribery Act* au Royaume-Uni, adopté en 2010 et entré en vigueur le 1er juillet 2011 (UKBA ; V. *eod. loc.*).

Aux États-Unis, le DPA est fondé notamment sur le *Speedy trial Act* de 1974 (USC §§ 3161-3174) qui impose aux tribunaux fédéraux de fixer la date du procès dans les soixante-dix jours suivant le dépôt d'un acte d'accusation ou d'une inculpation mais permet toutefois de proroger ce délai pour la période « pendant laquelle l'avocat du gouvernement, en accord écrit avec le défendeur et avec l'approbation du tribunal, diffère les poursuites afin de permettre au défendeur de démontrer sa bonne conduite ». L'appréciation de l'usage de ce report dépend de divers critères, rappelés dans le *Justice Manual* (anciennement *United States Attorney's manual*), section 9-28.300, comprenant notamment l'existence de dispositif de compliance, la participation aux investigations, et les conséquences collatérales éventuelles (y compris un préjudice disproportionné pour les actionnaires ou employés).

Au Royaume-Uni, le DPA a été introduit le 24 février 2014, conformément aux dispositions de l'annexe 17 du *Crime and Courts Act* de 2013. D'autres pays adoptent peu à peu des *deferred prosecution agreements* (Australie, Singapour…).

Partout, le principe est le même : un accord est conclu avec l'entreprise aux termes duquel elle s'engage à verser une amende et à déployer des dispositifs de compliance (ou les amender s'ils existent déjà) afin d'éviter que les faits ne puissent se reproduire. Les entreprises devront éventuellement coopérer avec les autorités pour favoriser les poursuites contre les personnes physiques, y compris en menant des investigations internes à leurs frais. Si l'accord est parfaitement respecté par l'entreprise, les poursuites pénales sont abandonnées. Dans l'attente, elles sont suspendues (« *deferred* »).

Cette convention alternative à des poursuites pénales est potentiellement avantageuse pour l'ensemble des parties, qui s'épargnent le coût, la durée et l'aléa d'un procès : les autorités assurent le recouvrement à bref délai d'une amende conséquente ; les entreprises évitent une condamnation pénale, qui pourrait les exclure de marchés (publics ou privés). C'est ainsi qu'en France, l'article L. 2141-1 du code de la commande publique prévoit une exclusion de plein droit de la procédure de passation des marchés des entreprises condamnées, notamment, pour corruption, ou dirigées par une personne condamnée tant qu'elle exerce ses fonctions.

Il a été cependant observé qu'aux États-Unis le recours au DPA par le *Department of Justice* (DOJ) s'est concentré essentiellement sur des entreprises non américaines (on se référera ainsi à

Deals de justice, (dir.) A. Garapon et P. Servan-Schreiber, *PUF, 2013*, dont les développements demeurent d'actualité).

Il a pu être considéré que les entreprises européennes, et notamment françaises, se trouvaient en situation de fragilité à raison d'une compétence territoriale extensive de certaines juridictions étrangères, qui seraient utilisées à des fins de concurrence économique (Rapport Gauvain, Rétablir la souveraineté de la France et de l'Europe et protéger nos entreprises des lois et mesures à portée extraterritoriale, Ass. nat., 26 juin 2019).

Outre cette explication concurrentielle, la France ne disposait pas d'outils de même nature que le DPA, ce qui peut expliquer en partie que les autorités étrangères aient estimé nécessaire de sanctionner elles-mêmes les entreprises françaises en cause (A. Mignon-Colombet, audition à l'Ass. nat., 22 févr. 2018, Commission d'enquête chargée d'examiner les décisions de l'État en matière de politique industrielle, au regard des fusions d'entreprises intervenues récemment, notamment dans les cas d'Alstom, d'Alcatel et de STX, ainsi que les moyens susceptibles de protéger nos fleurons industriels nationaux dans un contexte commercial mondialisé).

Jouer à armes égales et, paradoxalement, protéger les entreprises françaises en disposant de sanctions efficaces sont les raisons de l'institution de la convention judiciaire d'intérêt public.

II. NOUVELLE ALTERNATIVE AUX POURSUITES

La convention judiciaire d'intérêt public – qu'elle soit anticorruption ou environnementale – est une mesure alternative aux poursuites, s'intégrant dans le principe d'opportunité des poursuites. Elle ne doit donc pas être confondue avec les procédures de condamnation simplifiées que sont notamment la composition pénale (C. pr. pén., art. 41-2) ou la comparution sur reconnaissance préalable de culpabilité (CRPC) prévue aux articles 495-7 et suivants du code de procédure pénale, même si les points de comparaison entre ces procédures sont nombreux, notamment en ce qu'elles comprennent une forme de discussion, voire négociation, entre parquet et mis en cause sur la sanction qui sera appliquée.

Le procureur peut proposer la CJIP « tant que l'action publique n'a pas été mise en mouvement », évitant donc à la personne morale mise en cause d'être poursuivie et *a fortiori* condamnée.

Dans l'appréciation de l'opportunité de proposer ou non une CJIP, le procureur français est très libre. Au Royaume-Uni, au contraire, il est strictement encadré par le *UK Deferred Prosecution Agreements Codes of Practice* qui définit dans quels cas un DPA peut être proposé, la procédure à suivre, que faire des informations obtenues durant la négociation, qui veille à l'équilibre des dispositions (« *fair, reasonable and proportionate* »)...

La Convention judiciaire d'intérêt public peut également être proposée à l'initiative ou sur recommandation du juge d'instruction si les faits sont l'objet d'une instruction préparatoire. L'article 180-2 du code de procédure pénale (V. *infra*) permet en effet au juge d'instruction de proposer à la personne morale mise en examen de transmettre le dossier au procureur de la République pour négocier une convention. Cette proposition peut se faire à tout moment de l'instruction.

La condition est que la personne morale reconnaisse les faits et accepte la qualification retenue, ce qui ne sera pas sans incidence sur la suite de la procédure d'instruction pour les éventuels autres mis en cause.

Le procureur conservera bien entendu toute liberté d'appréciation et, si aucune convention n'est conclue ou validée, ou si elle n'est pas respectée, l'instruction reprendra. ❑

Art. 41-1-2 *(L. nº 2016-1691 du 9 déc. 2016, art. 22)* **I. — Tant que l'action publique n'a pas été mise en mouvement, le procureur de la République peut proposer à une personne morale mise en cause pour un ou plusieurs délits prévus aux articles 433-1, 433-2, 435-3, 435-4, 435-9, 435-10, 445-1, 445-1-1, 445-2 et 445-2-1, à l'avant-dernier alinéa de l'article 434-9 et au deuxième alinéa de l'article 434-9-1 du code pénal** *(L. nº 2020-1672 du 24 déc. 2020, art. 14)* **« et leur blanchiment », pour** *(L. nº 2018-898 du 23 oct. 2018, art. 25)* **« les délits prévus aux articles 1741 et 1743 du code général des impôts et leur blanchiment, ainsi que pour des infractions connexes », de conclure une convention judiciaire d'intérêt public imposant une ou plusieurs des obligations suivantes :**

1º Verser une amende d'intérêt public au Trésor public. Le montant de cette amende est fixé de manière proportionnée aux avantages tirés des manquements

constatés, dans la limite de 30 % du chiffre d'affaires moyen annuel calculé sur les trois derniers chiffres d'affaires annuels connus à la date du constat de ces manquements. Son versement peut être échelonné, selon un échéancier fixé par le procureur de la République, sur une période qui ne peut être supérieure à un an et qui est précisée par la convention ;

2° Se soumettre, pour une durée maximale de trois ans et sous le contrôle de l'Agence française anticorruption, à un programme de mise en conformité destiné à s'assurer de l'existence et de la mise en œuvre en son sein des mesures et procédures énumérées au II de l'article 131-39-2 du code pénal.

Les frais occasionnés par le recours par l'Agence française anticorruption à des experts ou à des personnes ou autorités qualifiées, pour l'assister dans la réalisation d'analyses juridiques, financières, fiscales et comptables nécessaires à sa mission de contrôle sont supportés par la personne morale mise en cause, dans la limite d'un plafond fixé par la convention ;

Lorsque la victime est identifiée, et sauf si la personne morale mise en cause justifie de la réparation de son préjudice, la convention prévoit également le montant et les modalités de la réparation des dommages causés par l'infraction dans un délai qui ne peut être supérieur à un an.

La victime est informée de la décision du procureur de la République de proposer la conclusion d'une convention judiciaire d'intérêt public à la personne morale mise en cause. Elle transmet au procureur de la République tout élément permettant d'établir la réalité et l'étendue de son préjudice.

Les représentants légaux de la personne morale mise en cause demeurent responsables en tant que personnes physiques. Ils sont informés, dès la proposition du procureur de la République, qu'ils peuvent se faire assister d'un avocat avant de donner leur accord à la proposition de convention.

II. — Lorsque la personne morale mise en cause donne son accord à la proposition de convention, le procureur de la République saisit par requête le président du tribunal judiciaire aux fins de validation. La proposition de convention est jointe à la requête. La requête contient un exposé précis des faits ainsi que la qualification juridique susceptible de leur être appliquée. Le procureur de la République informe de cette saisine la personne morale mise en cause et, le cas échéant, la victime.

Le président du tribunal procède à l'audition, en audience publique, de la personne morale mise en cause et de la victime assistées, le cas échéant, de leur avocat. A l'issue de cette audition, le président du tribunal prend la décision de valider ou non la proposition de convention, en vérifiant le bien-fondé du recours à cette procédure, la régularité de son déroulement, la conformité du montant de l'amende aux limites prévues au 1° du I du présent article et la proportionnalité des mesures prévues aux avantages tirés des manquements. La décision du président du tribunal, qui est notifiée à la personne morale mise en cause et, le cas échéant, à la victime, n'est pas susceptible de recours.

Si le président du tribunal rend une ordonnance de validation, la personne morale mise en cause dispose, à compter du jour de la validation, d'un délai de dix jours pour exercer son droit de rétractation. La rétractation est notifiée au procureur de la République par lettre recommandée avec demande d'avis de réception. Si la personne morale mise en cause n'exerce pas ce droit de rétractation, les obligations que la convention comporte sont mises à exécution. Dans le cas contraire, la proposition devient caduque.

L'ordonnance de validation n'emporte pas déclaration de culpabilité et n'a ni la nature ni les effets d'un jugement de condamnation.

La convention judiciaire d'intérêt public n'est pas inscrite au bulletin n° 1 du casier judiciaire. Elle fait l'objet d'un communiqué de presse du procureur de la République.

L'ordonnance de validation, le montant de l'amende d'intérêt public et la convention sont publiés sur *(L. n° 2020-1672 du 24 déc. 2020, art. 14)* « les sites internet des ministères de la justice et du budget ».

La victime peut, au vu de l'ordonnance de validation, demander le recouvrement des dommages et intérêts que la personne morale s'est engagée à lui verser suivant la procédure d'injonction de payer, conformément aux règles prévues par le code de procédure civile.

III. — Si le président du tribunal ne valide pas la proposition de convention, si la personne morale mise en cause décide d'exercer son droit de rétractation ou si, dans le délai prévu par la convention, la personne morale mise en cause ne justifie pas de l'exécution intégrale des obligations prévues, le procureur de la République met en mouvement l'action publique, sauf élément nouveau. Si la convention a été conclue dans le cadre d'une information judiciaire, le dernier alinéa de l'article 180-2 est applicable. En cas de poursuites et de condamnation, il est tenu compte, s'il y a lieu, de l'exécution partielle des obligations prévues par la convention. — *V. infra.*

Si le président du tribunal ne valide pas la proposition de convention ou si la personne morale exerce son droit de rétractation, le procureur de la République ne peut faire état devant la juridiction d'instruction ou de jugement des déclarations faites ou des documents remis par la personne morale au cours de la procédure prévue au présent article.

A peine de nullité, le procureur de la République notifie à la personne morale mise en cause l'interruption de l'exécution de la convention lorsque cette personne ne justifie pas de l'exécution intégrale des obligations prévues. Cette décision prend effet immédiatement. Le cas échéant, elle entraîne de plein droit la restitution de l'amende d'intérêt public versée au Trésor public prévue au 1° du I. Elle n'entraîne cependant pas la restitution des éventuels frais supportés par la personne morale et occasionnés par le recours par l'Agence française anticorruption à des experts ou à des personnes ou autorités qualifiées pour l'assister dans la réalisation d'analyses juridiques, financières, fiscales et comptables nécessaires à sa mission de contrôle.

IV. — La prescription de l'action publique est suspendue durant l'exécution de la convention.

L'exécution des obligations prévues par la convention éteint l'action publique. Elle ne fait cependant pas échec au droit des personnes ayant subi un préjudice du fait des manquements constatés, sauf l'État, de poursuivre la réparation de leur préjudice devant la juridiction civile.

Le président du tribunal judiciaire peut désigner, aux fins de validation de la convention judiciaire d'intérêt public, tout juge du tribunal.

V. — Les modalités d'application du présent article sont fixées par décret en Conseil d'État. — *V. art. R. 15-33-60-1 s.* — ***C. pr. pén.***

COMMENTAIRE

I. PERSONNES POUVANT BÉNÉFICIER D'UNE CJIP

Seule une personne morale peut bénéficier d'une convention judiciaire d'intérêt public (C. pr. pén., art. 41-1-2, I, al. 1er et art. 41-1-3, al. 1er). La convention n'a pas d'effet sur les personnes physiques, et notamment les représentants de la personne morale. Il est précisé au 7e alinéa du I de l'article 41-1-2 que ces derniers peuvent se faire assister d'un avocat avant de signer la convention pour la personne morale, ce qui montre bien que la reconnaissance des faits peut engager leur propre responsabilité et fonder des poursuites à leur encontre.

En matière d'instruction préparatoire, l'article 180-2, alinéa 4, du code de procédure pénale précise également que « l''instruction se poursuit à l'égard des autres parties à la procédure ».

De manière générale, toute personne physique impliquée pourra être mise en cause. Il en sera ainsi notamment des dirigeants, mais surtout des salariés de l'entreprise, cette dernière ayant tout intérêt, dans le cadre de la participation à l'enquête qui lui est demandée, à rechercher des responsabilités internes isolées pour mieux se défendre elle-même. La défense ultérieure des personnes physiques concernées sera fortement impactée alors que la CJIP détaillera les faits et mettra en avant leur rôle et que l'entreprise aura eu intérêt pour sa propre défense à reporter les responsabilités sur les personnes physiques qui n'auront pas été associées aux discussions sur la convention.

II. INFRACTIONS CONCERNÉES

La convention judiciaire d'intérêt public ne peut intervenir que pour des faits relevant d'infractions limitativement énumérées par la loi.

Pour la CJIP anticorruption, il s'agira des infractions de corruption et de trafic d'influence, des infractions fiscales, ainsi que leur blanchiment, et les infractions connexes. Initialement, les infractions fiscales n'étaient pas incluses, seul leur blanchiment était prévu. Cette restriction était due à la particularité de la fraude fiscale, le procureur n'ayant pas en la matière une pleine initiative des poursuites mais dépendant d'une plainte préalable de l'administration fiscale. Cette restriction a été critiquée et l'extension a ainsi été introduite par l'article 25 de la loi n° 2018-898 du 23 octobre 2018 relative à la lutte contre la fraude. On observera que les lignes directrices publiées conjointement en 2019 par l'AFA et le Parquet national financier ne citent pas la fraude fiscale, l'AFA n'ayant pas compétence en cette matière (V. *infra*, B. Agence française anticorruption).

Pour la CJIP environnementale (V. *infra*), les infractions concernées sont les délits prévus par le code de l'environnement ainsi que les infractions connexes (à l'exclusion des crimes et délits contre les personnes prévus au livre II du code pénal).

III. CONTENU DE LA CJIP

La CJIP (anticorruption ou environnementale) s'articule autour de trois dispositions complémentaires qui peuvent être cumulées : l'obligation de verser une amende d'intérêt public, la soumission à un programme de mise en conformité (pour l'anticorruption, programme similaire à celui prévu à l'article 17 de la loi n° 2016-1691 du 9 décembre 2016 ; V. *infra*), et enfin l'indemnisation des victimes ou, pour la CJIP environnementale, « la réparation du préjudice écologique résultant des infractions commises ».

A. AMENDE D'INTÉRÊT PUBLIC

La loi fixe un plafond pour l'amende : le « chiffre d'affaires moyen annuel calculé sur les trois derniers chiffres d'affaires annuels ». La circulaire du 31 janvier 2018 précitée est venue préciser les modalités de calcul de cette amende (V. *infra*), qui n'atteint jamais en pratique le plafond légal.

La première question posée est le moment d'arrêté ou d'appréciation de ce plafond. Le texte mentionne les chiffres d'affaires « connus à la date du constat ». La circulaire considère que « la date du constat des manquements doit être comprise comme la date à laquelle le Parquet propose la convention ». On peut observer que la proposition est *a priori* plus tardive que le constat au sens strict. Cependant, on peut également considérer que les échanges entre l'entreprise et le Parquet durant la période précédant la proposition affineront et définiront précisément l'ampleur des manquements et donc aboutiront à leur constat définitif.

Le chiffre d'affaires est celui de la seule entité concernée : si la personne morale poursuivie est la filiale d'un groupe, seul le chiffre d'affaires de la filiale sera pris en compte, pas celui de l'ensemble du groupe. Mais ce sera le chiffre d'affaires mondial de la société, pas seulement celui réalisé sur le territoire national français.

Ce plafond étant déterminé, le montant effectif de l'amende se calculera en utilisant un montant de base, auquel s'appliquera un coefficient multiplicateur.

Le montant de base sera en général celui des avantages effectivement tirés des manquements constatés. En matière de corruption, ce sera ainsi le profit direct ou indirect retiré du marché obtenu frauduleusement, qui pourrait s'appuyer sur trois notions comptables : le chiffre d'affaires obtenu sur les marchés litigieux, l'excédent brut d'exploitation (EBE) sur les marchés litigieux, le bénéfice réalisé sur les marchés litigieux.

En matière d'anticorruption, le Parquet national financier a fait le choix de s'appuyer sur le bénéfice réalisé, évoquant la notion de « profit » (CJIP 30 oct. 2017, n° 11 024 092 018, *HSBC*) ou de « profit global » (CJIP 24 mai 2018, n° 15 254 000 424, *Société Générale*). C'est l'excédent brut d'exploitation (CJIP 14 févr. 2018, *Set Environnement* ; CJIP 15 févr. 2018, *Kaefer Wanner* ; CJIP 7 mai 2018, *SAS Poujaud*) qui sert de base au parquet de Nanterre.

Les lignes directrices AFA/PNF de juin 2019 (V. *infra*, B. Agence française anticorruption) apportent des précisions sur la notion de bénéfice, et notamment des charges qui seront déductibles. Seules peuvent être retirées du chiffre d'affaires les charges directement liées au marché considéré. Sont notamment exclus de cette déduction : les frais de structures (salaires, bâtiments) non exclusivement liés au projet ; les frais de recherches et développement ; les dotations aux provisions et aux amortissements ; le plus souvent, les charges résultant de l'application d'une clé de répartition, s'il est avéré qu'elles auraient été engagées indépendamment de la conclusion du marché ; les rémunérations ou avantages consentis par la personne morale dans le cadre des faits de corruption ou de trafic d'influence.

A ce montant de base va s'appliquer un coefficient multiplicateur « en fonction notamment de la gravité des faits, de la durée du manquement et des éventuels antécédents de la personne morale ». Il s'agit clairement d'une sanction, pas d'une simple réparation, ce que confirme la circulaire, « de manière à ce qu'après exécution de la convention, la commission de la fraude ait, au final, coûté plus cher à l'entreprise que ce qu'elle lui a rapporté ».

Éventuellement, un coefficient minorant pourra être également appliqué, qui sera fonction de l'ancienneté des faits, et surtout du caractère volontaire de la révélation des faits et, dans cette hypothèse, de la rapidité avec laquelle les faits ont été révélés, et du degré de coopération avec l'autorité judiciaire, que les faits aient été révélés par la personne morale ou non. Peut également être prise en compte toute circonstance propre à la personne morale en cause, notamment les mesures prises par elle pour remédier aux dysfonctionnements constatés, pour réparer les préjudices causés par les tiers ainsi que pour éviter toute réitération du manquement.

Enfin, la loi précise que le versement de l'amende peut être échelonné, sur une durée n'excédant pas un an.

B. PROGRAMME DE MISE EN CONFORMITÉ

Outre la sanction financière, la CJIP comprendra éventuellement pour la personne morale l'obligation de se soumettre à un programme de mise en conformité, pour une durée maximale de trois ans. En matière d'anticorruption, ce programme sera déployé (ou révisé) sous contrôle de l'Agence française anticorruption. En matière environnementale, le contrôle sera assuré par les « services compétents du ministère chargé de l'environnement ».

Toutes les conventions anticorruption n'ont pas imposé une telle mesure (V. not. CJIP 30 oct. 2017, n° 11 024 092 018, *HSBC*). Dans l'affirmative, les parquets ont fait preuve de pragmatisme, préférant dialoguer avec l'Agence française anticorruption pour son élaboration et non pas seulement son exécution. Si la convention a fixé la durée du programme, le détail a été laissé à l'AFA dans le cadre de sa mission de suivi et c'est l'AFA qui a donné les éléments permettant de fixer le plafond des frais de recours à des experts extérieurs. Ce dernier point donne lieu à un questionnaire (annexe 2 et 2 *bis* de la circulaire) qui est transmis à l'AFA par l'entreprise, par l'intermédiaire du Parquet.

Le programme comprend, en fait, dans les mêmes termes, la plupart des mesures énumérées à l'article 17 de la loi du 9 décembre 2016 : code de conduite anticorruption, dispositif d'alerte, cartographie des risques, procédures d'évaluation de la situation des clients, fournisseurs de premier rang et intermédiaires, procédures de contrôles comptables, dispositif de formation, régime disciplinaire (V. *infra*). La convention n'a donc pas seulement un objectif de sanction, avec l'amende, mais aussi celui d'éviter une réitération des faits.

Cependant, contrairement à l'article 17 de la loi du 9 décembre 2016, l'article 131-39-2 du code pénal ne prévoit aucun seuil de nombre de salariés et de chiffre d'affaires pour que les mesures soient imposées : toute entreprise peut être concernée. On doute cependant que les parquets voudront imposer cette mesure – facultative – à de petites entreprises qui n'auraient pas les moyens financiers et humains de la mettre en œuvre.

La loi Sapin 2 s'inscrit clairement dans une démarche novatrice au regard de la tradition purement répressive du droit français en matière de corruption, qui avait montré ses limites au vu du faible nombre de condamnations prononcées. L'enjeu est désormais d'être efficace et préventif.

C. INDEMNISATION DE LA VICTIME

La convention doit, le cas échéant, prévoir l'indemnisation de la victime (par exemple l'administration fiscale), conformément à l'article 41-1-2 du code de procédure pénale.

En pratique, la victime est informée par le procureur de sa décision de proposer une CJIP à la personne morale. Le procureur devra appeler l'attention de la victime sur la nécessité de ne donner aucune publicité à cette information.

Informée, la victime ne participe toutefois pas à la négociation de la convention et n'en a pas communication avant qu'elle ne soit conclue. Elle est donc dépendante de l'appréciation du procureur et de la négociation entre celui-ci et la personne morale.

Si l'indemnisation fixée ne satisfait pas la victime, il lui appartient de saisir les juridictions civiles de droit commun pour solliciter la condamnation de la personne morale à lui verser un complément.

En matière environnementale, la formulation est plus vaste, puisque l'entité ne devra pas seulement indemniser une victime, mais assurer « la réparation du préjudice écologique résultant des infractions commises ».

IV. VALIDATION, EFFETS ET SUITES DE LA CJIP

La convention judiciaire d'intérêt public doit être validée par le président du tribunal judiciaire. Celui-ci est saisi par voie de requête et l'audience est publique, en présence du mis en cause et de la victime, assistés le cas échéant de leur avocat.Le président du tribunal prend la décision de valider ou non la proposition de convention, en vérifiant le bien-fondé du recours à cette procédure, la régularité de son déroulement, la conformité du montant de l'amende aux limites prévues et la proportionnalité des mesures prévues aux avantages tirés des manquements. On notera qu'au Royaume-Uni, le rôle du juge est plus important puisqu'il est sollicité *ab initio* pour autoriser le recours même au *deferred prosecution agreement*.

L'ordonnance de validation n'est susceptible d'aucun recours (y compris de la victime). Mais le texte prévoit un délai de rétractation de dix jours pour la personne morale mise en cause.

La CJIP étant une mesure alternative aux poursuites, il est clairement précisé par l'article 41-1-2 du code de procédure pénale qu'elle n'emporte pas déclaration de culpabilité et n'est pas inscrite au bulletin n° 1 du casier judiciaire. C'est là sans doute l'un des principaux avantages pour la personne morale concernée, une condamnation pouvant *de facto* l'exclure, par exemple, de l'accès à des marchés publics.

V. PUBLICITÉ DE LA CJIP

L'un des intérêts de la convention est d'éviter une reconnaissance de culpabilité, pouvant porter atteinte à l'image de l'entreprise. La loi prévoit néanmoins une large publicité, non seulement sur l'existence de la CJIP, mais sur son contenu, puisqu'elle fait l'objet d'un communiqué du procureur de la République et d'une publication officielle sur les sites internet des ministères de la justice et du budget. Pour atténuer l'impact réputationnel de cette publicité, on observera que les conventions françaises sont moins détaillées sur les faits commis que les DPA américains.

En matière environnementale, l'ordonnance de validation, le montant de l'amende d'intérêt public et la convention sont publiés sur les sites internet du ministère de la justice, du ministère chargé de l'environnement et de la commune sur le territoire de laquelle l'infraction a été commise ou, à défaut, de l'établissement public de coopération intercommunale auquel la commune appartient.

VI. EXÉCUTION ET EFFETS DE LA CJIP

La CJIP est un *deferred prosecution agreement*, la poursuite pénale et sa prescription sont suspendues le temps de la négociation ainsi que de l'exécution. Il en est de même en matière d'instruction.

Il a été vu que la convention prévoit divers délais et durées d'exécution : jusqu'à un an de délai pour le versement de l'amende d'intérêt public et une durée maximale de trois ans du programme de conformité. Si dans ces délais la convention n'est pas respectée, l'action publique reprend pleinement et les amendes d'intérêt public éventuellement versées sont restituées à la personne morale. Si, en revanche, tout est parfaitement exécuté et respecté, l'action publique est définitivement éteinte, quand bien même la prescription ne serait-elle pas acquise. Un avis d'extinction de l'action publique sera alors publié.

VII. COOPÉRATION DE L'ENTREPRISE

La notion de coopération est fondamentale, et rejoint les pratiques étrangères des *deferred prosecution agreements*.

Les autorités invitent les entreprises à coopérer, à deux titres. En premier lieu, en révélant elles-mêmes les manquements qui ont pu être commis, sollicitant spontanément le bénéfice de la convention. Cette révélation volontaire est au cœur, sinon de la loi, du moins des attentes des autorités, aussi bien les parquets que l'Agence française anticorruption. En second lieu, cette coopération sera prise en considération pour la fixation de la sanction qui sera proposée (V. *supra*).

La coopération est même l'un des objectifs des lignes directrices communes AFA/PNF : « En précisant et en exposant les modalités de mise en œuvre de la CJIP, elles ont pour objectif d'inciter les personnes morales à adopter une approche de coopération avec l'autorité judiciaire comme avec l'AFA ».

En pratique, les modalités de cette coopération posent difficulté. Les échanges entre l'entreprise et les autorités ne sont en effet soumis à aucune confidentialité tant que la convention n'a pas été signée. La seule confidentialité garantie est limitée au cas où la convention aurait été effectivement conclue mais que le juge refuserait de l'homologuer : « Si le président du tribunal ne valide pas la proposition de convention ou si la personne morale exerce son droit de rétractation, le procureur de la République ne peut faire état devant la juridiction d'instruction ou de jugement des déclarations faites ou des documents remis par la personne morale au cours de la procédure prévue au présent article » (C. pr. pén., art. 41-1-2, III, al. 2).

Cette formulation est à comparer avec celle qui prévaut en matière de CRPC : « Lorsque la personne n'a pas accepté la ou les peines proposées ou lorsque le président du tribunal de grande instance ou le juge délégué par lui n'a pas homologué la proposition du procureur de la République, le procès-verbal ne peut être transmis à la juridiction d'instruction ou de jugement, et ni le ministère public ni les parties ne peuvent faire état devant cette juridiction des déclarations faites ou des documents remis au cours de la procédure » (C. pr. pén., art. 495-14, al. 2).

Certains parquets, afin de rassurer la personne morale et ses conseils et de sécuriser leurs échanges, s'appuient, dans un premier temps, sur la procédure de comparution sur reconnaissance de culpabilité, avant de bifurquer, dans un second temps, sur la convention judiciaire d'intérêt public.

VIII. EFFETS INTERNATIONAUX DE LA CJIP

L'un des enjeux de la CJIP est de protéger les entreprises françaises soumises aux législations étrangères.

Il faut écarter, en premier lieu, l'hypothèse d'une application de la règle *non bis in idem* en matière internationale, à l'égard des États-Unis notamment. Ce n'est pas parce qu'une entreprise serait sanctionnée en France qu'elle échapperait automatiquement à des poursuites et sanctions ailleurs.

La France reconnaît cette règle au profit de personnes condamnées à l'étranger pour les mêmes faits, notamment à l'article 113-9 du code pénal. C'est d'ailleurs conforme à diverses dispositions européennes et internationales, comme l'article 50 de la Charte des droits fondamentaux de l'Union européenne ou l'article 14, § 7 du Pacte international relatif aux droits civils et politiques (V. ces textes au ***C. const.***). Cependant, la jurisprudence française est relativement restrictive. La Cour de cassation a ainsi été saisie de l'application de la règle *non bis in idem* à la suite de la conclusion aux États-Unis d'un *deferred prosecution agreement*, dans l'affaire « Pétrole contre nourriture ». Le tribunal correctionnel de Paris (18 juin 2015) avait constaté l'extinction de l'action publique pour les quatre entreprises ayant conclu des DPA avec le DOJ des États-Unis. La cour d'appel de Paris avait infirmé cette décision et son arrêt a été confirmé par la chambre criminelle au motif que l'accord de la Cour suprême de New York avait été rendu du chef de « *grand larceny* » (vol aggravé) et non de corruption d'agents publics étrangers (Crim. 14 mars 2018, n° 16-82.117 P : *D. 2018. Pan. 1935, obs. D'Avout* ; *AJ pénal 2018. 254, obs. de Combles de Nayves* ; *Rev. sociétés 2018. 459, obs. J.-H. Robert* ; *JCP E 2018, n° 1363, note Dreyer* ; *JCP 2018, n° 389, note Brignat* ; *RJDA 2018, n° 641* ; *Dr. pénal 2019. Chron. 2, obs. Beauvallet, Sarliève, Chatzistavrou et Campos Sanchez* ; *RICEA 2018, n° 69, note Mignon Colombet*). Dès lors, la décision française sanctionnerait des intérêts différents.

Par ailleurs, la convention judiciaire d'intérêt public n'a pas, par principe, une nature pénale.

Il en résulte la nécessité pour les autorités françaises de se concerter au cas par cas avec les autorités étrangères, notamment le *Department of Justice* (DOJ) des États-Unis. C'est d'ailleurs ce qui est prévu par la convention de l'OCDE sur la lutte contre la corruption d'agents publics étrangers dans les transactions commerciales internationales (Conv. OCDE du 17 déc. 1997, art. 4, § 3 ; V. *infra*, III. Règles internationales). Cette notion de concertation est, par ailleurs, rappelée dans les lignes directrices AFA/PNF de juin 2019 (V. *infra*, B. Agence française anticorruption). Tel a été le cas avec la convention judiciaire d'intérêt public conclue le 24 mai 2018, dans laquelle une répartition égale des sommes a été décidée entre le DOJ, d'une part, et le Parquet national financier, d'autre part (CJIP 24 mai 2018, n° 15 254 000 424, *Société Générale* : environ 250 millions d'euros chacun). ❑

1. Pacte corrupteur. Condamnation de trois sociétés pour corruption active, en même temps qu'un préposé pour corruption passive. • TGI Nanterre, 15e ch. corr., 18 sept. 2019 : *D. 2019. 2137, note Poissonnier*. – V. aussi • TGI Nanterre, ord., 23 févr. 2018, n° 11245045572 : *AJ pénal 2018. 200, obs. Poissonnier*.

2. Abus de confiance. Pour une société ayant fait l'objet d'une enquête préliminaire pour corruption d'agent public étranger, abus de biens sociaux, abus de confiance, escroquerie en bande organisée, blanchiment de ces délits, faux et usage de faux. Était notamment en cause l'usage de nombreux intermédiaires commerciaux pour l'assister dans ses négociations commerciales avec ses clients publics et privés. • CJIP 29 janv. 2020, *Airbus SE : D. actu. 18 févr. 2020, obs. Dufourd ; AJ pénal 2020. 240, note Claude et Saint George ; RTDF 2020, n° 1, p. 163 ; RICEA 2020, n° 2, p. 31, obs. Graulle et Dos Santos.*

3. Dissimulation d'avoirs. Une banque a été mise en examen des chefs de démarchage bancaire et financier illicite et de blanchiment aggravé de fraude fiscale. Les investigations ont révélé qu'elle avait, par l'intermédiaire de plusieurs de ses chargés de clientèle, prospecté des contribuables français sur le territoire français pour leur apporter en toute connaissance de cause un concours en vue de leur permettre de dissimuler leurs avoirs à l'administration fiscale par le biais de différents services bancaires. • CJIP 30 oct. 2017, *HSBC*.

4. Corruption d'agents publics étrangers. **BIBL.** Catelan et Saenko, *Gaz. Pal. 14 sept. 2021* (corruption d'agents public étrangers : le temps des CJIP…). ♦ Sur la rémunération d'intermédiaires servant à procurer des avantages à des agents publics étrangers dans le but de conclure des contrats d'investissements avec les institutions étrangères, V. • CJIP 24 mai 2018, *Société Générale*. ♦ Sur le versement d'honoraires de consultant à des sociétés domiciliées dans des territoires non coopératifs, l'instruction ayant permis de révéler que la société avait rémunéré une personne physique, par l'intermédiaire d'une société domiciliée aux îles Vierges Britanniques, dans le but d'intervenir auprès d'agents publics pour influencer l'attribution d'un contrat, V. • CJIP 28 nov. 2019, *SAS EGIS AVIA*. ♦ Sur la prise en charge de dépenses de communication et de campagne électorale de dirigeants en échange de l'obtention de marchés, V. • CJIP 9 févr. 2021, *Bolloré SE*. ♦ Sur l'obtention d'un marché d'ingénierie en électrification de voie ferrée en Ouzbekistan, V. • CJIP 13 juill. 2021 : *SYSTRA SA*. ♦ Sur la corruption d'un agent public bangladais aux fins d'obtention d'un marché public de cartes d'identités à puce, V. • CJIP 20 juin 2022 : *IDEMIA France*. ♦ Sur la corruption d'agents publics en Angola pour obtenir un marché pétrolier, V. • CJIP 9 juin 2022 : *DORIS GROUP SA*.

5. Trafic d'influence. Contrat de consultant pour des missions de conseil et d'assistance au bénéfice d'une société de luxe, le consultant ayant en fait usé de son influence pour « débloquer des situations dans la sphère publique » et pour obtenir des informations classifiées ou couvertes par un secret, avec recours à des sociétés procédant à des missions de surveillance illicite. • CJIP 15 déc. 2021, *LVMH : D. actu. 12 janv. 2022, obs. Dufourq ; Gaz. Pal. 5 avr. 2022, note Catelan.*

6. Fraude fiscale. Pour une société suspectée d'avoir mis en place un montage pour minorer ses déclarations d'impôt sur les sociétés, V. • CJIP 20 juin 2019, *Carmignac Gestion (CGSA)*. ♦ Pour une soustraction volontaire de l'impôt sur les sociétés par dissimulation, sans que la société n'ait jamais émis une reconnaissance de sa culpabilité mais prenant simplement « acte des faits exposés », V. • CJIP 3 sept. 2019, *Google*. ♦ V. aussi • CJIP 31 mai 2022 : *Mc Donald's France, Mc Donald's System of France LLC et MCD Luxembourg Real Estate SARL.*

7. Complicité de fraude fiscale. Pour une complicité de fraude fiscale, destinée à permettre une soustraction volontaire de l'impôt sur les revenus, V. • CJIP 4 mai 2020, *Swiru Holding AG*. ♦ Pour une suspicion de soutien par la banque JPMorgan à un montage fiscal complexe mis en œuvre par des cadres dirigeants de la société Wendel (amende d'intérêt public de 25 millions d'euros) : • TJ Paris, ord., 2 sept. 2021, n° 85-2021, *JPMorgan Chase Bank : D. actu. 28 sept. 2021, note Dufourq ; Gaz. Pal. 12 oct. 2021, note Daïeff et Poissonnier.*

8. Blanchiment. Pour des faits de blanchiment, V. • CJIP 10 janv. 2020, *Bank of China Ltd (BOC) : RICEA 2020, n° 2, p. 35, obs. Picard et Cherruault.* ♦ Pour un blanchiment de fraude fiscale, V. • CJIP 17 janv. 2022 : *La Financière Atalian : Gaz. Pal. 5 avr. 2022, note Saenko.*

9. Connexité. Pour une banque poursuivie à la fois pour des faits de blanchiment aggravé de fraude fiscale et des faits de démarchage bancaire et financier illicite, la connexité de cette seconde infraction ayant permis de l'inclure dans la CJIP, • TGI Paris, ord., 14 nov. 2017, n° 11024092018 : *AJ pénal 2018. 30, note Claude*.

10. Partie civile. La constitution de partie civile de la société a été déclarée recevable contre toutes les entreprises, y compris celles ayant conclu une CJIP et qui l'avaient indemnisé dans ce cadre. Le tribunal a retenu que la partie civile pouvait poursuivre la réparation de son préjudice devant la juridiction civile, notamment lorsqu'elle estime son préjudice insuffisamment pris en compte ou qu'elle n'a pas été en capacité d'en mesurer toute l'étendue. • TGI Nanterre, 15e ch. corr., 18 sept. 2019 : *D. 2019. 2137, note Poissonnier*.

11. Cumul de sanctions. Sur le principe du cumul des sanctions pénales et administratives limité au montant le plus élevé de l'une des sanctions, V. • CJIP 20 juin 2019, *Carmignac Gestion (CGSA).*

12. Pénalité complémentaire. La gravité exceptionnelle des faits et leur caractère habituel justifient l'application d'une pénalité complémentaire. • CJIP 30 oct. 2017, *HSBC.* ♦ La durée des faits commis dans la cadre d'une relation contractuelle avec un opérateur chargé d'une mission de service public peut justifier l'application d'une pénalité complémentaire. • CJIP 14 févr. 2018, *SAS Set Environnement.* ♦ Il en va également ainsi lorsque la société n'a pas révélé les faits aux autorités judiciaires et n'a pas coopéré après leur révélation. • CJIP 4 mai 2018, *SAS Poujaud.* ♦ La gravité des faits, le montage fiscal complexe mettant en œuvre des structures implantées au Luxembourg et la durée des faits justifient l'ajout d'une pénalité complémentaire. • CJIP 20 juin 2019, *Carmignac Gestion (CGSA).* ♦ La répétition des faits et des dissimulations justifie l'application d'un coefficient multiplicateur. • CJIP 29 janv. 2020, *Airbus SE.*

13. Facteurs atténuants. Le départ du président impliqué dans les faits, le licenciement du secrétaire général et de la directrice administrative et financière impliqués dans les faits, la présence d'un nouvel actionnariat et d'une nouvelle direction sont des facteurs atténuants. • CJIP 14 févr. 2018, *SAS Set Environnement.* ♦ Sont des facteurs atténuants : la participation à l'enquête, la prise de mesures pour détecter et prévenir les faits de corruption, le lancement de formations de prévention des actes de corruption auprès des salariés les plus exposés, le changement de dirigeants et de règles de gouvernance, le renforcement du programme d'éthique. • CJIP 15 févr. 2018, *SAS Kaefer Wanner.* – De la même façon, estimant que le départ des anciens dirigeants et la mise en place d'un code de conduite destiné à la prévention des risques de corruption sont des facteurs atténuants : • CJIP 4 mai 2018, *SAS Poujaud.* ♦ Au titre des facteurs minorants, le caractère ancien des faits circonscrits à un seul contrat et la coopération active de la nouvelle direction de l'entreprise peuvent être pris en compte. • CJIP 28 nov. 2019, *SAS EGIS AVIA.*

14. Coopération. S'il est constaté que la banque n'a pas révélé les faits aux autorités judiciaires et n'a pas reconnu sa responsabilité pénale durant l'information judiciaire, il est cependant très justement remarqué qu'à la date d'ouverture de l'enquête, et jusqu'en décembre 2016, il n'existait pas en France de dispositif légal encourageant une pleine coopération. • CJIP 30 oct. 2017, *HSBC.*

15. Programme de mise en conformité. Concernant le programme de mise en conformité, la société s'est engagée, sur deux ans, à mettre en place un programme de mise en conformité sous le contrôle de l'AFA ; le coût des opérations de contrôle, dans un plafond maximum de 200 000 euros, étant supporté par l'entreprise. • CJIP 14 févr. 2018, *SAS Set Environnement.* ♦ Sur l'amélioration de la politique de conformité d'éthique et de lutte contre le blanchiment et la corruption, V. • CJIP 24 mai 2018, *Société Générale.* ♦ N'exigeant aucun programme de mise en conformité, l'entreprise ayant démontré avoir continuellement amélioré ses contrôles et son dispositif de vigilance : • CJIP 10 janv. 2020, *Bank of China Ltd (BOC) : RICEA 2020, n° 2, p. 35, obs. Picard et Cherruault.*

16. Signature simultanée d'une CJIP et d'un DPA. Pour une action coordonnée du PNF et du DOJ aboutissant à répartir par moitié le montant des pénalités, V. • CJIP 24 mai 2018, *Société Générale.* ♦ V. aussi des actions parallèles du DOJ américain et du *Serious Fraud Office* britannique sur le fondement du FCPA, de la réglementation en matière d'armement ITAR (*International Traffic in Arms Regulations*) et du *UK Bribery Act* : • CJIP 29 janv. 2020, *Airbus SE.*

17. Articulation avec la CRPC. Refusant d'homologuer les accords trouvés entre les prévenus personnes physiques et le parquet national financier (PNF) dans le cadre des comparutions sur reconnaissance préalable de culpabilité (CRPC) sollicitées, tout en validant, au bénéfice de la personne morale poursuivie dans la même affaire, une CJIP (affaire Bolloré), V. • TJ Paris, 26 févr. 2021 : *D. actu. 23 mars 2021, note Brunelle, Lachassagne, Brihi et Bousquet.*

Art. 41-1-3 *(L. n° 2020-1672 du 24 déc. 2020, art. 15)* **Tant que l'action publique n'a pas été mise en mouvement, le procureur de la République peut proposer à une personne morale mise en cause pour un ou plusieurs délits prévus par le code de l'environnement ainsi que pour des infractions connexes, à l'exclusion des crimes et délits contre les personnes prévus au livre II du code pénal, de conclure une convention judiciaire d'intérêt public imposant une ou plusieurs des obligations suivantes :**

1° Verser une amende d'intérêt public au Trésor public. Le montant de cette amende est fixé de manière proportionnée, le cas échéant*[,]* au regard des avantages tirés des manquements constatés, dans la limite de 30 % du chiffre d'affaires moyen annuel calculé sur les trois derniers chiffres d'affaires annuels connus à la date du constat de ces manquements. Son versement peut être échelonné, selon un échéancier fixé par le procureur de la République, sur une période qui ne peut être supérieure à un an et qui est précisée par la convention ;

2° Régulariser sa situation au regard de la loi ou des règlements dans le cadre d'un programme de mise en conformité d'une durée maximale de trois ans, sous le

contrôle des services compétents du ministère chargé de l'environnement *(L. nº 2021-1104 du 22 août 2021, art. 292)* **« et des services de l'Office français de la biodiversité » ;**

3° Assurer, dans un délai maximal de trois ans et sous le contrôle des mêmes services, la réparation du préjudice écologique résultant des infractions commises.

Les frais occasionnés par le recours par les services compétents du ministère chargé de l'environnement *(L. nº 2021-1104 du 22 août 2021, art. 292)* **« ou les services de l'Office français de la biodiversité » à des experts ou à des personnes ou autorités qualifiées pour les assister dans la réalisation d'expertises techniques nécessaires à leur mission de contrôle sont supportés par la personne morale mise en cause, dans la limite d'un plafond fixé par la convention. Ces frais ne peuvent être restitués en cas d'interruption de l'exécution de la convention.**

Lorsque la victime est identifiée, sauf si la personne morale mise en cause justifie de la réparation de son préjudice, la convention prévoit également le montant et les modalités de la réparation des dommages causés par l'infraction dans un délai qui ne peut être supérieur à un an.

La procédure applicable est celle prévue à l'article 41-1-2 et aux textes pris pour son application. L'ordonnance de validation, le montant de l'amende d'intérêt public et la convention sont publiés sur les sites internet du ministère de la justice, du ministère chargé de l'environnement et de la commune sur le territoire de laquelle l'infraction a été commise ou, à défaut, de l'établissement public de coopération intercommunale auquel la commune appartient.

BIBL. ▶ PERRIER, *D. 2020. 396* (la convention judiciaire pour les infractions environnementales : vers une compliance environnementale).

CJIP environnementale. Déversement de permanganate de potassium, amende d'intérêt public de 5 000 euros, programme de mise en conformité d'une durée de 30 mois et réparation du préjudice environnemental. • CJIP 23 nov. 2021, *Synd. mixte de production et d'adduction d'eau (SYMPAE) : D. actu. 31 janv. 2022, obs. Dufourcq.* ♦ Incident d'exploitation avec déversement d'une importante quantité de lisier, amende d'intérêt public de 1 000 euros, programme de mise en conformité d'une durée de 30 mois et réparation du préjudice environnemental. • CJIP 2 janv. 2022, *GAEC des Beaudor : D. actu. 22 mars 2022, obs. Dufourcq.* ♦ Déversement d'hydrocarbures dans le ruisseau du Chaponas, amende d'intérêt public de 3 000 euros, programme de mise en conformité d'une durée de 30 mois et réparation du préjudice environnemental. • CJIP 6 janv. 2022, *SAS AFF VISSERIE.* ♦ Utilisation d'un navire au-delà de la mer territoriale et de combustible dont la teneur en soufre est supérieure aux normes autorisées et constituant une pollution de l'air, amende d'intérêt public de 60 000 euros, pas de programme de conformité, la société ayant justifié d'une mise en conformité, pas de réparation du préjudice en l'absence de demandes de plaignants. • CJIP 18 avr. 2022, *TUI CRUISES GMBH.*

Art. 180-2 *(L. nº 2016-1691 du 9 déc. 2016, art. 22)* **Lorsque le juge d'instruction est saisi de faits qualifiés constituant un des délits mentionnés au I de l'article 41-1-2,** *(Abrogé par L. nº 2020-1672 du 24 déc. 2020, art. 14)* ***« que la personne morale mise en examen reconnaît les faits et qu'elle accepte la qualification pénale retenue, »*** **il peut, à la demande ou avec l'accord du procureur de la République, prononcer, par ordonnance, la transmission de la procédure au procureur de la République aux fins de mise en œuvre de la procédure prévue au même article 41-1-2.**

La demande ou l'accord du procureur de la République en vue de la mise en œuvre de la procédure prévue audit article 41-1-2 peut être exprimé ou recueilli au cours de l'information ou à l'occasion de la procédure de règlement prévue à l'article 175. Les représentants légaux de la personne morale mise en cause sont informés, dès la proposition du procureur de la République, qu'ils peuvent se faire assister d'un avocat avant de donner leur accord à la convention.

L'instruction est suspendue en ce qu'elle concerne la personne morale faisant l'objet de la transmission pour mise en œuvre de la procédure prévue à l'article 41-1-2. Les mesures prononcées, le cas échéant, au titre du contrôle judiciaire sont maintenues à l'égard de cette personne jusqu'à la validation de la convention.

L'instruction se poursuit à l'égard des autres parties à la procédure.

Si, dans un délai de trois mois à compter de la transmission de la procédure au procureur de la République, aucun accord sur une proposition de convention n'a été

trouvé, si le président du tribunal judiciaire refuse de valider la convention, si la personne morale décide d'exercer son droit de rétractation ou si, dans le délai prévu par la convention, la personne morale ne justifie pas de l'exécution intégrale des obligations à sa charge, le procureur de la République transmet la procédure au juge d'instruction, accompagnée des réquisitions aux fins de reprise de l'information.

Loi n° 2013-907 du 11 octobre 2013,

Relative à la transparence de la vie publique.

CHAPITRE I *LA PRÉVENTION DES CONFLITS D'INTÉRÊTS ET LA TRANSPARENCE DANS LA VIE PUBLIQUE*

SECTION 3 *BIS* *De la transparence des rapports entre les représentants d'intérêts et les pouvoirs publics*

(L. n° 2016-1691 du 9 déc. 2016, art. 25)

Art. 18-1 Un répertoire numérique assure l'information des citoyens sur les relations entre les représentants d'intérêts et les pouvoirs publics.

Ce répertoire est rendu public par la Haute Autorité pour la transparence de la vie publique. Cette publication s'effectue dans un format ouvert librement utilisable et exploitable par un système de traitement automatisé, dans les conditions prévues au titre II du livre III du code des relations entre le public et l'administration.

Ce répertoire fait état, pour chaque représentant d'intérêts, des informations communiquées en application de l'article 18-3 de la présente loi. Il est commun à la Haute Autorité, pour la mise en œuvre des règles prévues à la sous-section 2, ainsi qu'à l'Assemblée nationale et au Sénat pour la mise en œuvre des règles déterminées sur le fondement de la sous-section 1 de la présente section.

V. Décr. n° 2017-867 du 9 mai 2017, infra.

V. aussi Circ. n° 6306-SG du 11 oct. 2021 relative au renforcement de la transparence des actions d'influence étrangère conduites auprès des agents publics de l'État.

BIBL. ▶ UNTERMAIER-KERLÉO, *AJCT 2020. 416* (guide pratique de la déontologie des élus locaux).

Art. 18-2 Sont des représentants d'intérêts, au sens de la présente section, les personnes morales de droit privé, les établissements publics ou groupements publics exerçant une activité industrielle et commerciale, les organismes mentionnés au chapitre I du titre I du livre VII du code de commerce *(L. n° 2022-217 du 21 févr. 2022, art. 213)* « , au titre II du code de l'artisanat et au titre I du livre V du code rural et de la pêche maritime », dont un dirigeant, un employé ou un membre a pour activité principale ou régulière d'influer sur la décision publique, notamment sur le contenu d'une loi ou d'un acte réglementaire en entrant en communication avec :

1° Un membre du Gouvernement, ou un membre de cabinet ministériel ;

2° Un député, un sénateur, un collaborateur du Président de l'Assemblée nationale ou du Président du Sénat, d'un député, d'un sénateur ou d'un groupe parlementaire, ainsi qu'avec les agents des services des assemblées parlementaires ;

3° Un collaborateur du Président de la République ;

4° Le directeur général, le secrétaire général, ou leur adjoint, ou un membre du collège ou d'une commission investie d'un pouvoir de sanction d'une autorité administrative indépendante ou d'une autorité publique indépendante mentionnée au 6° du I de l'article 11 de la présente loi ;

5° Une personne titulaire d'un emploi ou d'une fonction mentionné au 7° du même I ;

6° Une personne titulaire d'une fonction ou d'un mandat mentionné aux 2°, 3° ou 8° dudit I *(L. n° 2022-217 du 21 févr. 2022, art. 213)* « , sous réserve d'un seuil d'application fixé à plus de 100 000 habitants pour les communes et les établissements publics de coopération intercommunale à fiscalité propre » ;

7° Un agent public occupant un emploi mentionné par le décret en Conseil d'État prévu au I de l'article 25 *quinquies* de la loi n° 83-634 du 13 juillet 1983 portant droits et obligations des fonctionnaires.

Sont également des représentants d'intérêts, au sens de la présente section, les personnes physiques qui ne sont pas employées par une personne morale mentionnée au premier alinéa du présent article et qui exercent à titre individuel une activité professionnelle répondant aux conditions fixées au même premier alinéa.

Ne sont pas des représentants d'intérêts au sens de la présente section :

a) Les élus, dans l'exercice de leur mandat ;

b) Les partis et groupements politiques, dans le cadre de leur mission prévue à l'article 4 de la Constitution ;

c) Les organisations syndicales de fonctionnaires et, dans le cadre de la négociation prévue à l'article L. 1 du code du travail, les organisations syndicales de salariés et les organisations professionnelles d'employeurs ;

d) Les associations à objet cultuel *(Abrogé par L. nº 2018-727 du 10 août 2018, art. 65)* « *, dans leurs relations avec le ministre et les services ministériels chargés des cultes* » ;

e) Les associations représentatives des élus dans l'exercice des missions prévues dans leurs statuts.

Art. 18-3 Tout représentant d'intérêts communique à la Haute Autorité pour la transparence de la vie publique, par l'intermédiaire d'un téléservice, les informations suivantes :

1º Son identité, lorsqu'il s'agit d'une personne physique, ou celle de ses dirigeants et des personnes physiques chargées des activités de représentation d'intérêts en son sein, lorsqu'il s'agit d'une personne morale ;

2º Le champ de ses activités de représentation d'intérêts ;

3º Les actions relevant du champ de la représentation d'intérêts menées auprès des personnes mentionnées aux 1º à 7º de l'article 18-2, en précisant le montant des dépenses liées à ces actions durant l'année précédente ;

4º Le nombre de personnes qu'il emploie dans l'accomplissement de sa mission de représentation d'intérêts et, le cas échéant, son chiffre d'affaires de l'année précédente ;

5º Les organisations professionnelles ou syndicales ou les associations en lien avec les intérêts représentés auxquelles il appartient.

Toute personne exerçant, pour le compte de tiers, une activité de représentation d'intérêts au sens du même article 18-2 communique en outre à la Haute Autorité pour la transparence de la vie publique l'identité de ces tiers.

Un décret en Conseil d'État, pris après un avis public de la Haute Autorité pour la transparence de la vie publique, précise :

a) Le rythme et les modalités des communications prévues au présent article ainsi que les conditions de publication des informations correspondantes ;

b) Les modalités de présentation des activités du représentant d'intérêts.

SOUS-SECTION 1 *Détermination et mise en œuvre des règles applicables aux assemblées parlementaires*

Art. 18-4 Les règles applicables aux représentants d'intérêts au sein de chaque assemblée parlementaire sont déterminées et mises en œuvre dans le respect des conditions fixées à l'article 4 *quinquies* de l'ordonnance nº 58-1100 du 17 novembre 1958 relative au fonctionnement des assemblées parlementaires.

SOUS-SECTION 2 *Règles applicables aux autorités gouvernementales et administratives et aux collectivités locales*

Art. 18-5 Les représentants d'intérêts exercent leur activité avec probité et intégrité. Ils sont tenus de :

1º Déclarer leur identité, l'organisme pour lequel ils travaillent et les intérêts ou entités qu'ils représentent dans leurs relations avec les personnes mentionnées aux 1º et 3º à 7º de l'article 18-2 ;

2º S'abstenir de proposer ou de remettre à ces personnes des présents, dons ou avantages quelconques d'une valeur significative ;

(L. nº 2017-1339 du 15 sept. 2017, art. 5, en vigueur 3 mois après la promulgation de la L. préc.) « 2º *bis* S'abstenir de verser toute rémunération aux collaborateurs du président de la République, aux membres de cabinet ministériel et aux collaborateurs d'un député, d'un sénateur ou d'un groupe parlementaire ; »

3º S'abstenir de toute incitation à l'égard de ces personnes à enfreindre les règles déontologiques qui leur sont applicables ;

4º S'abstenir de toute démarche auprès de ces personnes en vue d'obtenir des informations ou des décisions par des moyens frauduleux ;

5º S'abstenir d'obtenir ou d'essayer d'obtenir des informations ou décisions en communiquant délibérément à ces personnes des informations erronées ou en recourant à des manœuvres destinées à les tromper ;

6º S'abstenir d'organiser des colloques, manifestations ou réunions, dans lesquels les modalités de prise de parole par les personnes mentionnées aux 1º et 3º à 7º de l'article 18-2 sont liées au versement d'une rémunération sous quelque forme que ce soit ;

7º S'abstenir d'utiliser, à des fins commerciales ou publicitaires, les informations obtenues auprès des personnes mentionnées aux 1º et 3º à 7º de l'article 18-2 ;

8º S'abstenir de vendre à des tiers des copies de documents provenant du Gouvernement, d'une autorité administrative ou publique indépendante ou d'utiliser du papier à en-tête ainsi que le logo de ces autorités publiques et de ces organes administratifs ;

9º S'attacher à respecter l'ensemble des règles prévues aux 1º à 8º du présent article dans leurs rapports avec l'entourage direct des personnes exerçant les fonctions mentionnées aux 1º et 3º à 7º de l'article 18-2.

Les présentes dispositions peuvent être précisées au sein d'un code de déontologie des représentants d'intérêts défini par décret en Conseil d'État, pris après un avis public de la Haute Autorité pour la transparence de la vie publique.

Art. 18-6 La Haute Autorité pour la transparence de la vie publique s'assure du respect des articles 18-3 et 18-5 par les représentants d'intérêts.

Elle peut se faire communiquer, sur pièce, par les représentants d'intérêts, toute information ou tout document nécessaire à l'exercice de sa mission, sans que le secret professionnel puisse lui être opposé.

Elle peut également procéder à des vérifications sur place dans les locaux professionnels des représentants d'intérêts, sur autorisation du juge des libertés et de la détention du *(Décr. nº 2019-966 du 18 sept. 2019, art. 8, en vigueur le 1er janv. 2020)* « tribunal judiciaire » de Paris, dans des conditions fixées par décret en Conseil d'État.

La Haute Autorité protège la confidentialité des informations et documents auxquels elle a accès pour l'exercice de sa mission, à l'exception des informations et documents dont la publication est prévue à la présente section.

La Haute Autorité peut être saisie :

1º Par les personnes mentionnées aux 1º à 7º de l'article 18-2 sur la qualification à donner, au regard du même article 18-2, à l'activité d'une personne physique ou d'une personne morale mentionnée aux premier et neuvième alinéas dudit article 18-2 ;

2º Par les personnes qui y sont assujetties sur le respect des obligations déontologiques déterminées en application de l'article 18-5.

La Haute Autorité ou, par délégation, son président rend son avis dans un délai de deux mois à compter de sa saisine. Ce délai peut être prolongé de deux mois par décision de son président, après qu'il a informé l'auteur de la saisine.

Elle peut également être saisie par l'une des associations agréées par elle dans les conditions prévues à l'article 20.

Art. 18-7 Lorsque la Haute Autorité pour la transparence de la vie publique constate, de sa propre initiative ou à la suite d'un signalement, un manquement aux règles prévues aux articles 18-3 et 18-5, elle :

1° Adresse au représentant d'intérêts concerné une mise en demeure, qu'elle peut rendre publique, de respecter les obligations auxquelles il est assujetti, après l'avoir mis en état de présenter ses observations ;

2° Avise la personne entrant dans le champ des 1° et 3° à 7° de l'article 18-2 qui aurait répondu favorablement à une sollicitation effectuée par un représentant d'intérêts mentionné au 1° du présent article et, le cas échéant, lui adresse des observations, sans les rendre publiques.

Art. 18-8 **Un décret en Conseil d'État, pris après avis de la Commission nationale de l'informatique et des libertés et de la Haute Autorité pour la transparence de la vie publique, fixe les modalités d'application de la présente sous-section.**

SOUS-SECTION 3 *Sanctions pénales*

Art. 18-9 **Le fait, pour un représentant d'intérêts, de ne pas communiquer, de sa propre initiative ou à la demande de la Haute Autorité pour la transparence de la vie publique, les informations qu'il est tenu de communiquer à cette dernière en application de l'article 18-3 est puni d'un an d'emprisonnement et de 15 000 € d'amende.**

Art. 18-10 **Le fait, pour un représentant d'intérêts auquel la Haute Autorité pour la transparence de la vie publique a préalablement adressé, en application de l'article 18-7, une mise en demeure de respecter les obligations déontologiques prévues à l'article 18-5, de méconnaître à nouveau, dans les trois années suivantes, la même obligation est puni d'un an d'emprisonnement et de 15 000 € d'amende.**

Loi n° 2016-1691 du 9 décembre 2016,

Relative à la transparence, à la lutte contre la corruption et à la modernisation de la vie économique.

COMMENTAIRE

Dans le respect de ses engagements internationaux (notamment Conv. des Nations unies contre la corruption du 31 oct. 2003, Conv. de l'OCDE sur la lutte contre la corruption d'agents publics étrangers dans les transactions commerciales internationales du 21 nov. 1997 et Conv. pénale du Conseil de l'Europe sur la corruption du 27 janv. 1999 ; V. ces textes *infra*, II. Règles européennes et III. Règles internationales), la France a accentué la répression des délits de corruption prise dans une acception large, comprenant les délits de corruption publique et privée, passive et active (accepter ou proposer d'effectuer, dans le secteur privé ou public, un acte en contrepartie d'un don ou d'une offre ou d'une promesse), trafic d'influence (abus de l'influence réelle ou supposée en vue de faire obtenir d'une autorité publique une distinction ou un marché), prise illégale d'intérêts (intérêt pris par un agent public dans une entreprise ou une opération qu'elle a la charge de surveiller) ou encore de favoritisme (avantage injustifié procuré par un agent public à un candidat à un marché public).

Le durcissement s'est opéré, en partie, par la jurisprudence. Certains délits comme le favoritisme sont ainsi devenus « objectifs », constitués par un simple acte matériel, peu important l'intention de le commettre. Par ailleurs, les juges ont assoupli de plus en plus l'exigence de la démonstration de certains éléments constitutifs ; par exemple, l'« intérêt » pris par l'agent public dans la prise illégale d'intérêts est entendu très largement et peut résider dans un simple « lien d'amitié ».

La loi, de son côté, a considérablement durci les peines encourues : en matière de corruption publique et de trafic d'influence, elles sont désormais de dix ans d'emprisonnement et de 1 000 000 d'euros d'amende (soit le double de la corruption privée), l'amende pouvant être portée au double du produit tiré de l'infraction.

Enfin, des moyens complémentaires ont été donnés pour les poursuites de ces infractions. Aux juridictions interrégionales spécialisées (JIRS) créées en 2004 pour les affaires économiques et financières dites complexes, la loi n° 2013-1117 du 6 décembre 2013 a ajouté le Parquet national financier (PNF), autorité de poursuite autonome, dotée de moyens matériels, humains et financiers propres, et disposant d'une compétence concurrente à celle des autres parquets en matière d'atteintes à la probité. Le souhait est ici de centraliser, comme en matière de terrorisme, les affaires les plus importantes, les parquets territoriaux devant informer le PNF de toute infraction susceptible de relever de sa compétence (Circ. NOR : JUSD1402887C du 31 janv. 2014).

En outre, les règles de procédure pénale applicables aux crimes et délits les plus graves, supposées être dérogatoires (assouplissement des perquisitions, allongement des durées de garde à vue, etc.), le sont de moins en moins et peuvent s'appliquer à la poursuite de nombreux délits dès lors que ceux-ci sont commis en « bande organisée ».

Malgré tout cela, la répression des atteintes à la probité est restée faible en France. C'est ce qu'ont déploré régulièrement l'OCDE (rapports sur la France en 2012 et 2014, notamment) et le Conseil de l'Europe, le GRECO ayant, quant à lui, récemment relevé le faible engagement des autorités françaises (rapport d'évaluation de la France publié le 9 janv. 2020). Le contraste est flagrant entre la dureté du système répressif anticorruption et le faible nombre de condamnations, même si ce constat doit être nuancé, les tribunaux correctionnels utilisant plus souvent des infractions comme l'abus de biens sociaux (ABS), aux règles de prescription plus souples, pour sanctionner des faits de corruption (Crim. 27 oct. 1997, n° 96-83.698 P : *Rev. sociétés 1997. 869, note Bouloc* ; *JCP 1998. II. 10017, note Pralus ; RJDA 11/1998. 879, note Mercadal ; BJS 1998. 11, note Barbièri ; LPA 5 déc. 1997, note Dalmasso*).

Parallèlement à cette faiblesse relative de la répression, il a été relevé que les entreprises françaises étaient soumises à des lois étrangères particulièrement efficaces, telles le FCPA ou le *UK Bribery Act* (V. *infra*, IV Règles étrangères), avec une compétence extraterritoriale de leurs juridictions et des critères de rattachement extensifs (ainsi la simple utilisation du dollar comme monnaie d'échange). Ces mêmes lois étrangères avaient développé, en complément des textes répressifs, une dimension importante de prévention, grâce au recours à des dispositifs de compliance.

Telle est l'inspiration de la loi n° 2016-1691 du 9 décembre 2016, dite loi Sapin 2 : mieux protéger les entreprises en les incitant à mettre en œuvre des dispositifs complet de prévention, faciliter à cette occasion la détection des manquements et leur révélation aux autorités, et se doter de nouveaux instruments de répression répondant aux nouveaux standards internationaux. La loi a été l'objet d'une évaluation parlementaire (Rapport d'information, R. Gauvain et O. Marleix, Assemblée nationale 7 juill. 2021) donnant lieu à 50 recommandations. Surtout, les dispositions relatives aux alertes ont fait l'objet d'une refonte importante avec la loi n° 2022-401 du 21 mars 2022, laquelle transpose la directive de 2019 (V. v° *Lanceur d'alertes*). ❑

TITRE I DE LA LUTTE CONTRE LES MANQUEMENTS À LA PROBITÉ

CHAPITRE I *DE L'AGENCE FRANÇAISE ANTICORRUPTION*

Art. 1er L'Agence française anticorruption est un service à compétence nationale, placé auprès du ministre de la justice et du ministre chargé du budget, ayant pour mission d'aider les autorités compétentes et les personnes qui y sont confrontées à prévenir et à détecter les faits de corruption, de trafic d'influence, de concussion, de prise illégale d'intérêt, de détournement de fonds publics et de favoritisme.

Art. 2 L'Agence française anticorruption est dirigée par un magistrat hors hiérarchie de l'ordre judiciaire nommé par décret du Président de la République pour une durée de six ans non renouvelable. Il ne peut être mis fin à ses fonctions que sur sa demande ou en cas d'empêchement ou en cas de manquement grave.

Le magistrat qui dirige l'agence ne reçoit ni ne sollicite d'instruction d'aucune autorité administrative ou gouvernementale dans l'exercice des missions mentionnées aux 3° et 4° de l'article 3. Il ne peut être membre de la commission des sanctions ni assister à ses séances.

L'agence comprend une commission des sanctions chargée de prononcer les sanctions mentionnées au IV de l'article 17.

La commission des sanctions est composée de six membres :

1° Deux *(L. n° 2019-222 du 23 mars 2019, art. 102)* **« membres du Conseil » d'État désignés par le vice-président du Conseil d'État ;**

2° Deux *(L. n° 2019-222 du 23 mars 2019, art. 102)* **« membres de » la Cour de cassation désignés par le premier président de la Cour de cassation ;**

3° Deux *(L. n° 2019-222 du 23 mars 2019, art. 102)* « magistrats de » la Cour des comptes désignés par le premier président de la Cour des comptes.

Les membres de la commission sont nommés par décret pour un mandat de cinq ans. Le président de la commission est désigné parmi ses membres, selon les mêmes modalités.

Des suppléants sont nommés selon les mêmes modalités.

En cas de partage égal des voix, le président de la commission a voix prépondérante.

Le magistrat qui dirige l'agence et les membres de la commission des sanctions sont tenus au secret professionnel.

Un décret en Conseil d'État précise les conditions de fonctionnement de l'agence ainsi que les modalités de désignation des membres de la commission des sanctions, de manière à assurer une représentation équilibrée entre les femmes et les hommes pour chacune des catégories énumérées aux 1° à 3°.

COMMENTAIRE

La loi Sapin 2 du 9 décembre 2016 a institué l'Agence française anticorruption (AFA), chargée d'assurer le contrôle du respect des obligations de prévention de la lutte anticorruption. Ses attributions sont fixées par le décret n° 2017-329 du 14 mars 2017 (V. *infra*). Elle est organisée en interne autour d'une direction du conseil et d'une direction du contrôle, d'un conseil stratégique et d'une commission des sanctions.

L'AFA n'a pas statut d'autorité administrative indépendante mais de service interministériel, placé sous l'autorité conjointe du ministre de la justice et du ministre chargé du budget. Son indépendance repose donc principalement sur le statut de son directeur, magistrat nommé par décret du président de la République pour une durée de six ans non renouvelable, inamovible sauf manquement grave. ❑

Art. 3 L'Agence française anticorruption :

1° Participe à la coordination administrative, centralise et diffuse les informations permettant d'aider à prévenir et à détecter les faits de corruption, de trafic d'influence, de concussion, de prise illégale d'intérêt, de détournement de fonds publics et de favoritisme.

Dans ce cadre, elle apporte son appui aux administrations de l'État, aux collectivités territoriales et à toute personne physique ou morale ;

2° Élabore des recommandations destinées à aider les personnes morales de droit public et de droit privé à prévenir et à détecter les faits de corruption, de trafic d'influence, de concussion, de prise illégale d'intérêt, de détournement de fonds publics et de favoritisme.

Ces recommandations sont adaptées à la taille des entités concernées et à la nature des risques identifiés. Elles sont régulièrement mises à jour pour prendre en compte l'évolution des pratiques et font l'objet d'un avis publié au *Journal officiel* ; – *V. Recomm. AFA (déc. 2020) publiées au JO du 12 janv. 2021, infra.*

3° Contrôle, de sa propre initiative, la qualité et l'efficacité des procédures mises en œuvre au sein des administrations de l'État, des collectivités territoriales, de leurs établissements publics *(L. n° 2022-217 du 21 févr. 2022, art. 212)* « , des sociétés d'économie mixte et des sociétés relevant du titre II du livre V de la première partie du code général des collectivités territoriales », et des associations et fondations reconnues d'utilité publique pour prévenir et détecter les faits de corruption, de trafic d'influence, de concussion, de prise illégale d'intérêt, de détournement de fonds publics et de favoritisme. Elle contrôle également le respect des mesures mentionnées au II de l'article 17 *(L. n° 2022-217 du 21 févr. 2022, art. 212)* « de la présente loi ».

Ces contrôles peuvent également être effectués à la demande du président de la Haute Autorité pour la transparence de la vie publique, du Premier ministre, des ministres ou, pour les collectivités territoriales et leurs établissements publics et sociétés *(L. n° 2022-217 du 21 févr. 2022, art. 212)* « relevant du titre II du livre V de la première partie du code général des collectivités territoriales », du représentant de l'État. Ils peuvent faire suite à un signalement transmis à l'agence par une association agréée dans les conditions prévues à l'article 2-23 du code de procédure pénale.

Ces contrôles donnent lieu à l'établissement de rapports transmis aux autorités qui en sont à l'initiative ainsi qu'aux représentants de l'entité contrôlée. Ils contiennent les observations de l'agence concernant la qualité du dispositif de prévention et de détection de la corruption mis en place au sein des entités contrôlées ainsi que des recommandations en vue de l'amélioration des procédures existantes;

4° Exerce les attributions prévues à l'article 17 de la présente loi, à l'article 131-39-2 du code pénal et aux articles 41-1-2 et 764-44 du code de procédure pénale;

5° Veille, à la demande du Premier ministre, au respect de la loi n° 68-678 du 26 juillet 1968 relative à la communication de documents et renseignements d'ordre économique, commercial, industriel, financier ou technique à des personnes physiques ou morales étrangères, dans le cadre de l'exécution des décisions d'autorités étrangères imposant à une société dont le siège est situé sur le territoire français une obligation de se soumettre à une procédure de mise en conformité de ses procédures internes de prévention et de détection de la corruption; – *V. cette loi, v° Loi de blocage et extraterritorialité, infra.*

6° Avise le procureur de la République compétent en application de l'article 43 du code de procédure pénale des faits dont elle a eu connaissance dans l'exercice de ses missions et qui sont susceptibles de constituer un crime ou un délit. Lorsque ces faits sont susceptibles de relever de la compétence du procureur de la République financier en application des 1° à 8° de l'article 705 ou de l'article 705-1 du même code, l'Agence française anticorruption en avise simultanément ce dernier;

7° Élabore chaque année un rapport d'activité rendu public.

Un décret en Conseil d'État précise les conditions d'application du présent article.

SOLUTION COMPLIANCE v^is *L'Agence française anticorruption; La coopération avec les autorités de poursuite; La notion d'enquête indépendante.*

BIBL. ▶ ROLLAND, *AJCT 2017. 124* (création de l'AFA par la loi « Sapin 2 » : quels moyens pour quelle action?). – DUFOURQ, *D. actu. 10 nov. 2017* (les contrôles de la nouvelle Agence française anticorruption, Charte des droits et devoirs à destination des parties prenantes au contrôle). – JOURDAN et AYACHE, *JCP E 2019, n° 1581* (première décision de l'AFA : une décision sans sanction mais riche d'enseignement). – HANNOTIN, *ibid., n° 1653* (lutte contre la corruption : première décision de l'AFA); *D. 2020. 933* (lutte contre la corruption : deuxième décision de l'AFA). – MUNOZ-PONS, *D. avocats 2020. 274* (recommandations sur la stratégie à adopter en cas de contrôle de l'AFA). – DE BELLOY et NICOLAS, *ibid. 278* (contrôles de l'AFA : le droit de dire non?). – JAUNE et ERBA, *ibid. 282* (l'AFA : au cœur de la lutte anticorruption).

COMMENTAIRE

I. RECOMMANDATIONS ET DOCUMENTS PUBLIÉS PAR L'AFA

Conformément à sa mission de conseil, l'AFA élabore et publie des recommandations permettant aux personnes assujetties à la lutte contre la corruption de comprendre et de mettre en œuvre les dispositions de la loi Sapin 2.

C'est ainsi qu'ont été publiées au *Journal officiel* du 22 décembre 2017 des recommandations, auxquelles se sont ajoutées régulièrement diverses publications pratiques comme le guide sur les vérifications anticorruption dans le cadre des fusions-acquisitions, le guide sur les conflits d'intérêts dans l'entreprise, le guide sur les contrôles comptables en entreprise (V. *infra*, B. Agence française anticorruption). S'appuyant sur plus de trois années de contrôles et d'échanges avec les professionnels de la compliance et de l'anticorruption, l'AFA a publié, le 12 janvier 2021, une nouvelle version de ses Recommandations, profondément remaniée pour apporter plus de précision et de clarté aux acteurs privés et publics (V. *infra*, B. Agence française anticorruption).

II. CONTRÔLES DE L'AFA

L'AFA est une autorité de contrôle. Elle s'assure du respect effectif des dispositions de la loi Sapin 2 destinées à prévenir et détecter les faits de corruption, de trafic d'influence, de concussion, de prise illégale d'intérêt, de détournement de fonds publics et de favoritisme.

Les contrôles sont décidés soit d'initiative, sur décision du directeur, soit sur saisine d'autorités tierces limitativement énumérées (art. 3-3°). Le texte distingue, en fait, deux cadres de contrôle.

Le premier porte sur la qualité et l'efficacité des procédures mises en œuvre au sein des administrations de l'État, des collectivités territoriales, de leurs établissements publics et sociétés d'économie mixte, et des associations et fondations reconnues d'utilité publique. Cette mission n'est l'objet d'aucune autre précision légale. L'AFA en a déduit que chacune des entités concernées devait mettre en œuvre des dispositifs de prévention contre les infractions visées ; l'AFA en vérifiant l'adaptation à l'entité, sa dimension et son fonctionnement. Aucune sanction n'est prévue en cas d'irrégularité, l'agence pouvant simplement émettre des recommandations.

Le second porte sur le respect des dispositions du II de l'article 17 de la loi (V. *infra*). Il est alors expressément prévu qu'en cas d'irrégularité le directeur de l'AFA peut alors soit émettre un avertissement, soit saisir la commission des sanctions afin que celle-ci émette une injonction de se mettre en conformité ou prononce des sanctions pécuniaires pouvant aller jusqu'à 200 000 euros pour une personne physique et 1 000 000 euros pour une personne morale (art. 17-IV et V).

On notera que si l'AFA a pour mission de contrôler la conformité et l'efficacité de dispositifs de prévention, si des faits illicites étaient découverts ses agents sont soumis aux dispositions de l'article 40 du code de procédure pénale (art. 3-6°, apportant un rappel quelque peu redondant). ❑

Valeur juridique des recommandations de l'AFA. Dans l'hypothèse où la personne mise en cause a suivi à cet égard, en tout point, la méthode préconisée par l'agence elle-même dans ses recommandations, elle doit être regardée comme apportant des éléments suffisants, sauf à l'agence à démontrer qu'elle n'a pas, en réalité, suivi les recommandations. Dans l'hypothèse où la personne mise en cause n'a pas suivi cette méthode, ou ne l'a suivie qu'en partie, comme elle a en a le droit dès lors que les recommandations ne constituent qu'un référentiel dont l'usage n'est en rien obligatoire, il lui incombe de démontrer la pertinence, la qualité et l'effectivité du dispositif de détection et de prévention de la corruption en justifiant de la validité de la méthode qu'elle a librement choisie et suivie. • Décis. AFA n° 19-01 du 4 juill. 2019. – V. aussi • Décis. AFA n° 19-02 du 7 févr. 2020 : *citée ss. art. 17 de la L. n° 2016-1691 du 9 déc. 2016, infra.*

Art. 4 **Dans le cadre de ses missions définies aux 3° et 4° de l'article 3, les agents de l'Agence française anticorruption peuvent être habilités, par décret en Conseil d'État, à se faire communiquer par les représentants de l'entité contrôlée tout document professionnel, quel qu'en soit le support, ou toute information utile. Le cas échéant, ils peuvent en faire une copie.**

Ils peuvent procéder sur place à toute vérification de l'exactitude des informations fournies. Ils peuvent s'entretenir, dans des conditions assurant la confidentialité de leurs échanges, avec toute personne dont le concours leur paraît nécessaire.

Les agents habilités, les experts et les personnes ou autorités qualifiées auxquels ils ont recours et, de manière générale, toute personne qui concourt à l'accomplissement des missions mentionnées à l'article 3 sont astreints au secret professionnel pour les faits, actes ou renseignements dont ils ont connaissance en raison de leurs fonctions, sous réserve des éléments nécessaires à l'établissement de leurs rapports.

Nul ne peut procéder aux contrôles relatifs à une entité économique ou publique à l'égard de laquelle il détient ou a détenu un intérêt direct ou indirect.

Est puni de 30 000 € d'amende le fait de prendre toute mesure destinée à faire échec à l'exercice des fonctions dont les agents habilités mentionnés au présent article sont chargés.

Un décret en Conseil d'État détermine les conditions dans lesquelles sont recrutés les experts et les personnes ou autorités qualifiées auxquels il est recouru ainsi que les règles déontologiques qui leur sont applicables.

COMMENTAIRE

Les pouvoirs de l'AFA lors des contrôles sont fixés à l'article 4 de la loi : ils portent sur la communication et la consultation de documents et l'audition de personnes. L'obstacle aux missions de contrôle est sanctionné par un délit puni d'une amende de 30 000 euros.

L'AFA a publié deux documents importants concernant ses missions de contrôles : la Charte des droits et devoirs des parties prenantes aux contrôles (avril 2019) remplacée par la Charte des contrôles (juin 2022) et un Questionnaire et liste de pièces à fournir pour le contrôle des entités assujetties à l'article 17 de la loi du 9 décembre 2016 (dernière version en juillet 2021) (V. *infra*, B. Agence française anticorruption).

Ces documents ont été contestés au regard de l'interprétation parfois extensive qu'ils opèreraient par rapport aux dispositions de la loi.

Ainsi, la Charte des droits et devoirs des parties prenantes aux contrôles de l'AFA, rédigée par l'agence elle-même, prévoit que « les personnes participant aux opérations de contrôle de l'AFA doivent pouvoir accéder en lecture aux systèmes d'information et aux bases de données nécessaires à leurs travaux », ce qui a pu paraître dépasser le droit de communication prévu par l'article 4 de la loi. Saisie notamment de ce sujet, la commission des sanctions a renvoyé au juge du délit d'entrave le soin de statuer sur la licéité du refus d'une entité contrôlée de produire des documents ou de fournir des explications. La Charte de 2022 précise désormais sur ce sujet : « Dès lors que les personnes participant aux opérations de contrôle de l'AFA doivent pouvoir accéder en lecture aux systèmes d'information et aux bases de données nécessaires à leurs travaux, elles se conforment aux règles de protection des données, des systèmes d'information et des accès physiques qui leur sont communiquées par les entités contrôlées et s'abstiennent de tout usage abusif des matériels et accès dont la mise à disposition est sollicitée pour les besoins de leur mission ».

Il a également été contesté que l'AFA interroge sur les antécédents de l'entité, prescrits ou non (V. Question A26 du questionnaire de contrôle, *infra*, B. Agence française anticorruption). On renverra néanmoins à la jurisprudence constante de la CEDH sur le droit au silence et de ne pas s'auto-incriminer, au visa de l'article 6 de la convention européenne des droits de l'Homme (V. not. CEDH 25 févr. 1993, *Funke c/ France*, n° 10588/83 ; CEDH 8 févr. 1996, *Murray c/ Royaume-Uni*, n° 18731/91 ; CEDH 10 mars 2009, *Bykov c/ Russie*, n° 4378/02 ; CEDH 14 oct. 2010, *Brusco c/ France*, n° 1466/07).

D'éventuels excès pourraient être des causes de nullités des procédures subséquentes. Il sera rappelé à cet égard que l'article 111-5 du code pénal donne compétence aux juridictions pénales pour interpréter les actes administratifs, réglementaires ou individuels et pour en apprécier la légalité lorsque, de cet examen, dépend la solution du procès pénal qui leur est soumis. Certaines pratiques (auditions sans procès-verbal ou sans être assisté), constatées lors des premiers contrôles, ont d'ailleurs cessé depuis. ❑

Détournement de procédure. Il était notamment reproché par la société poursuivie un détournement de procédure en sollicitant et en utilisant dans le cadre du contrôle diligenté sur le fondement de la L. du 9 déc. 2016 des documents et informations à des fins, notamment, de recherche d'indices de pratiques restrictives de concurrence et de fraude fiscale, autres que celles prévues par la loi. Par ailleurs, les agents se seraient abstenus, en violation des principes de loyauté dans l'administration de la preuve et d'égalité des armes, d'établir des procès-verbaux des entretiens qu'ils ont eus avec des collaborateurs de la société et des tiers, entretiens dont ils ont néanmoins fait état dans le rapport de contrôle, ou encore d'avoir formulé des demandes et questions à des fins d'enquête ne relevant pas de la L. du 9 déc. 2016, en réalité pénales, en méconnaissance du droit de se taire et de ne pas contribuer à sa propre incrimination et de l'obligation de loyauté. La commission des sanctions a rejeté l'ensemble des arguments soulevés ; mais, n'ayant finalement prononcé ni injonction, ni sanction, sa décision n'a pas été l'objet d'un recours. • Décis. AFA n° 19-01 du 4 juill. 2019.

Art. 5 **I. — A compter de l'entrée en vigueur du décret de nomination du directeur de l'Agence française anticorruption mentionné à l'article 2 de la présente loi, les articles 1er à 6 de la loi n° 93-122 du 29 janvier 1993 relative à la prévention de la corruption et à la transparence de la vie économique et des procédures publiques sont abrogés.**

II. et III. — *Modifications du C. pr. pén. et du C. mon. fin.*

CHAPITRE II *DE LA PROTECTION DES LANCEURS D'ALERTE*

V. v° Lanceur d'alertes.

CHAPITRE III *AUTRES MESURES DE LUTTE CONTRE LA CORRUPTION ET DIVERS MANQUEMENTS À LA PROBITÉ*

Art. 17 **I. — Les présidents, les directeurs généraux et les gérants d'une société employant au moins cinq cents salariés, ou appartenant à un groupe de sociétés dont**

la société mère a son siège social en France et dont l'effectif comprend au moins cinq cents salariés, et dont le chiffre d'affaires ou le chiffre d'affaires consolidé est supérieur à 100 millions d'euros sont tenus de prendre les mesures destinées à prévenir et à détecter la commission, en France ou à l'étranger, de faits de corruption ou de trafic d'influence selon les modalités prévues au II.

Cette obligation s'impose également :

1° Aux présidents et directeurs généraux d'établissements publics à caractère industriel et commercial employant au moins cinq cents salariés, ou appartenant à un groupe public dont l'effectif comprend au moins cinq cents salariés, et dont le chiffre d'affaires ou le chiffre d'affaires consolidé est supérieur à 100 millions d'euros ;

2° Selon les attributions qu'ils exercent, aux membres du directoire des sociétés anonymes régies par l'article L. 225-57 du code de commerce et employant au moins cinq cents salariés, ou appartenant à un groupe de sociétés dont l'effectif comprend au moins cinq cents salariés, et dont le chiffre d'affaires ou le chiffre d'affaires consolidé est supérieur à 100 millions d'euros.

Lorsque la société établit des comptes consolidés, les obligations définies au présent article portent sur la société elle-même ainsi que sur l'ensemble de ses filiales, au sens de l'article L. 233-1 du code de commerce, ou des sociétés qu'elle contrôle, au sens de l'article L. 233-3 du même code. Les filiales ou sociétés contrôlées qui dépassent les seuils mentionnés au présent I sont réputées satisfaire aux obligations prévues au présent article dès lors que la société qui les contrôle, au sens du même article L. 233-3, met en œuvre les mesures et procédures prévues au II du présent article et que ces mesures et procédures s'appliquent à l'ensemble des filiales ou sociétés qu'elle contrôle.

II. — Les personnes mentionnées au I mettent en œuvre les mesures et procédures suivantes :

1° Un code de conduite définissant et illustrant les différents types de comportements à proscrire comme étant susceptibles de caractériser des faits de corruption ou de trafic d'influence. Ce code de conduite est intégré au règlement intérieur de l'entreprise et fait l'objet, à ce titre, de la procédure de consultation des représentants du personnel prévue à l'article L. 1321-4 du code du travail ;

2° Un dispositif d'alerte interne destiné à permettre le recueil des signalements émanant d'employés et relatifs à l'existence de conduites ou de situations contraires au code de conduite de la société ;

3° Une cartographie des risques prenant la forme d'une documentation régulièrement actualisée et destinée à identifier, analyser et hiérarchiser les risques d'exposition de la société à des sollicitations externes aux fins de corruption, en fonction notamment des secteurs d'activités et des zones géographiques dans lesquels la société exerce son activité ;

4° Des procédures d'évaluation de la situation des clients, fournisseurs de premier rang et intermédiaires au regard de la cartographie des risques ;

5° Des procédures de contrôles comptables, internes ou externes, destinées à s'assurer que les livres, registres et comptes ne sont pas utilisés pour masquer des faits de corruption ou de trafic d'influence. Ces contrôles peuvent être réalisés soit par les services de contrôle comptable et financier propres à la société, soit en ayant recours à un auditeur externe à l'occasion de l'accomplissement des audits de certification de comptes prévus à l'article L. 823-9 du code de commerce ;

6° Un dispositif de formation destiné aux cadres et aux personnels les plus exposés aux risques de corruption et de trafic d'influence ;

7° Un régime disciplinaire permettant de sanctionner les salariés de la société en cas de violation du code de conduite de la société ;

8° Un dispositif de contrôle et d'évaluation interne des mesures mises en œuvre.

Indépendamment de la responsabilité des personnes mentionnées au I du présent article, la société est également responsable en tant que personne morale en cas de manquement aux obligations prévues au présent II.

III. — L'Agence française anticorruption contrôle le respect des mesures et procédures mentionnées au II du présent article.

Le contrôle est réalisé selon les modalités prévues à l'article 4. Il donne lieu à l'établissement d'un rapport transmis à l'autorité qui a demandé le contrôle et aux représentants de la société contrôlée. Le rapport contient les observations de l'agence sur la qualité du dispositif de prévention et de détection de la corruption mis en place au sein de la société contrôlée ainsi que, le cas échéant, des recommandations en vue de l'amélioration des procédures existantes.

IV. — En cas de manquement constaté, et après avoir mis la personne concernée en mesure de présenter ses observations, le magistrat qui dirige l'agence peut adresser un avertissement aux représentants de la société.

Il peut saisir la commission des sanctions afin que soit enjoint à la société et à ses représentants d'adapter les procédures de conformité internes destinées à la prévention et à la détection des faits de corruption ou de trafic d'influence.

Il peut également saisir la commission des sanctions afin que soit infligée une sanction pécuniaire. Dans ce cas, il notifie les griefs à la personne physique mise en cause et, s'agissant d'une personne morale, à son représentant légal.

V. — La commission des sanctions peut enjoindre à la société et à ses représentants d'adapter les procédures de conformité internes à la société destinées à la prévention et à la détection des faits de corruption ou de trafic d'influence, selon les recommandations qu'elle leur adresse à cette fin, dans un délai qu'elle fixe et qui ne peut excéder trois ans.

La commission des sanctions peut prononcer une sanction pécuniaire dont le montant ne peut excéder 200 000 € pour les personnes physiques et un million d'euros pour les personnes morales.

Le montant de la sanction pécuniaire prononcée est proportionné à la gravité des manquements constatés et à la situation financière de la personne physique ou morale sanctionnée.

La commission des sanctions peut ordonner la publication, la diffusion ou l'affichage de la décision d'injonction ou de sanction pécuniaire ou d'un extrait de celle-ci, selon les modalités qu'elle précise. Les frais sont supportés par la personne physique ou morale sanctionnée.

La commission des sanctions statue par décision motivée. Aucune sanction ni injonction ne peut être prononcée sans que la personne concernée ou son représentant ait été entendu ou, à défaut, dûment convoqué.

Les sanctions pécuniaires sont versées au Trésor public et recouvrées comme créances de l'État étrangères à l'impôt et au domaine.

Un décret en Conseil d'État précise les conditions de fonctionnement de la commission, notamment les conditions de récusation de ses membres.

VI. — L'action de l'Agence française anticorruption se prescrit par trois années révolues à compter du jour où le manquement a été constaté si, dans ce délai, il n'a été fait aucun acte tendant à la sanction de ce manquement.

VII. — Les recours formés contre les décisions de la commission des sanctions sont des recours de pleine juridiction.

VIII. — Le présent article entre en vigueur le premier jour du sixième mois suivant la promulgation de la présente loi.

DP COMPLIANCE v° *Procédures anticorruption des sociétés.*

SOLUTION COMPLIANCE v^is^ *La cartographie des risques ; Le plan de compliance ; Le régime disciplinaire ; Les due diligences ; Usages commerciaux et pratiques.*

BIBL. ▶ FRISON-ROCHE, *D. 2019. 2432* (théorie juridique de la cartographie des risques, centre du droit de la compliance). – DUFOURQ, *D. actu. 29 janv. 2020* (présentation des vérifications anticorruption à mener dans le cadre d'opération de fusion-acquisition). – GUYADER, *RLDA avr. 2020* (guide de bonnes pratiques à l'usage des banques d'affaires : vers une démarche éthique). – DAOUD et BOUDJELLA, *D. avocats 2020. 175* (construire une cartographie des risques). – LAURENT, *ibid. 179* (rédiger les codes de conduite). – MUSSO, *RICEA 2020, n° 4, p. 26* (prévention de la corruption et engagement de l'instance dirigeante). – Dossier, *AJ pénal 2020. 551* (focus sur l'enquête interne). – SCEMLA et PAILLOT DE MONTABERT, *RLDA déc. 2020, suppl., p. 21* (DOJ et AFA : vers une approche pragmatique de l'évaluation des programmes de conformité ?). – DAOUD, BARBEZAT et PERRAULT, *D. actu. 22 mars 2021* (la place de l'instance dirigeante dans la mise en conformité de l'entreprise). – BELLO, DAOUD et PERRAULT, *ibid.* (la cartographie des risques : les nouveaux risques et leurs ramifications). – BROOKE, DAOUD, HEVER et MONGIN-ARCHAMBEAUD, *BRDA 2021, n° 7, p. 34* (lutte anticorruption : un rapport pour un meilleur encadrement de l'enquête interne). – JOURDAN et MAGLOIRE TRAORÉ, *JCP E 2022, n° 1003* (comment mener une enquête interne ?).

▸ FEUGÈRE, Cartographier ses risques, *Éditions législatives, coll. La compliance en pratique, juin 2020* ; Mener une enquête interne, *eod. loc.* – CNB, L'avocat français et les enquêtes internes, *Guide, juin 2020.* – DAOUD, PERRAULT et DOISY, Les enquêtes internes, *Éditions législatives, Livre blanc, oct. 2020.*

COMMENTAIRE

I. PRÉSENTATION GÉNÉRALE

L'article 17 de la loi oblige les dirigeants de certaines entités, publiques ou privées, à « prendre les mesures destinées à prévenir et à détecter la commission, en France ou à l'étranger, de faits de corruption ou de trafic d'influence », ces mesures étant énumérées par le texte.

C'est une obligation personnelle : une délégation de pouvoirs sera sans effet, elle n'exonèrera pas le dirigeant de sa responsabilité, même si opérationnellement c'est un responsable conformité qui assurera la gestion de projet au quotidien. En revanche, le II de l'article 17 précise qu'en cas de manquement la société sera « également responsable ». Les dirigeants sont limitativement énumérés, il s'agit des présidents, directeurs généraux et gérants.

Les entités concernées ne sont, en revanche, pour la plupart pas précisément définies. Le texte parle ainsi en premier lieu de « sociétés » ou de « groupe de sociétés », sans autre précision sur la forme sociale. Cette formulation exclura cependant *a priori* des entités de nature associative. Ce qui est précisé, c'est la dimension des entités en termes de salariés et de chiffre d'affaires : au moins 500 salariés et 100 millions d'euros de chiffre d'affaires, ces seuils étant cumulatifs et appréciés au niveau soit de la société, soit du groupe si la société mère a son siège en France.

Le texte porte les mêmes obligations sur les « présidents et directeurs généraux d'établissements publics à caractère industriel et commercial », et aux « membres du directoire des sociétés anonymes régies par l'article L. 225-57 du code de commerce », toujours sous réserve de répondre aux mêmes critères de seuils. Cette législation concerne donc les plus grandes entreprises ou entités publiques, leur nombre étant estimé à environ 1 600 en France.

Les mesures devant être mises en œuvre sont limitativement énumérées : cartographie des risques, code de conduite anticorruption, dispositif d'alerte interne, procédures d'évaluation des tiers, procédures de contrôle comptable, dispositif de formation, régime disciplinaire, et enfin dispositif de contrôle global des mesures mises en œuvre.

L'ordre choisi par la loi n'est pas celui le plus logique en pratique : en fait, c'est la cartographie des risques qui sert de fondement aux autres mesures.

Concernant le dispositif d'alertes, il s'agit de signalement de manquements au seul code de conduite anticorruption. Ce code étant annexé au règlement intérieur de l'entreprise, ce dispositif n'est prévu que pour les salariés. Par ailleurs, les protections attachées au statut des lanceurs d'alertes ne s'appliquent pas pour l'article 17 (V. v° *Lanceur d'alertes*).

La loi étant peu diserte sur chacun des items exigés, l'AFA a publié des Recommandations devant servir de guide pour les entités et leurs dirigeants (V. *infra*, B. Agence française anticorruption).

Si l'Agence française anticorruption constate une défaillance, le directeur peut saisir la commission des sanctions ; celle-ci n'est compétente que pour les seuls manquements à l'article 17. La loi semble scinder en deux le pouvoir de saisine du directeur de l'AFA, en indiquant qu'il peut saisir la commission des sanctions à des fins d'injonction (art. 17-IV, al. 2) et en précisant ensuite qu'il « peut également saisir la commission des sanctions afin que soit infligée une sanction pécuniaire ». En pratique, le directeur a, par deux fois, saisi la commission des sanctions sur les deux, conjointement, en sollicitant une injonction de se mettre en conformité dans un certain délai et, à défaut de respect dans le délai imparti, une sanction pécuniaire.

II. FOCUS SUR L'ENQUÊTE INTERNE

A. DÉFINITION

L'enquête interne peut se définir comme celle menée par l'entreprise, avec ses moyens propres, c'est-à-dire sous son autorité et son contrôle, concernant des faits relatifs à l'activité de l'entreprise ou l'impactant, avec les moyens financiers et humains de celle-ci. Elle se distingue d'un audit, qui est un outil de contrôle des procédures internes et des processus de management.

Les enquêtes internes ont pris une ampleur considérable en matière de santé et de sécurité des salariés, notamment de lutte contre les harcèlements moral et sexuel, ainsi qu'avec le développement de la compliance anticorruption et la soumission des entreprises françaises à des législations et juridictions étrangères (extraterritorialité).

L'enquête interne est un des éléments de jonction entre compliance et contentieux. Souvent, elle est menée en amont d'une éventuelle procédure que l'entreprise décidera d'engager elle-même pour des faits dont elle est victime, par exemple une action pénale. Parfois, c'est dans le cadre de sa propre défense que l'entreprise enquêtera : accusée de manquements, elle s'assurera de sa propre responsabilité ou de celle de ses préposés.

Avec des procédures de *deferred prosecution agreement* (DPA) en *common law* ou de convention judiciaire d'intérêt public (CJIP) depuis la loi Sapin 2, l'entreprise est invitée par les autorités à révéler spontanément les faits qu'elle aurait découverts à l'occasion d'une enquête, puis de poursuivre ses investigations pour établir les responsabilités des uns et des autres. De la qualité de cette coopération dépendra la sanction qui lui sera proposée.

Dans tous ces cas de figure, l'enquête s'intègre donc dans une stratégie de défense. Elle est aussi un outil précieux de compliance : les résultats de l'enquête vont permettre de faire le diagnostic des axes d'amélioration du dispositif de compliance en place, pour éviter que le manquement en cause ne puisse se reproduire : mise à jour de la cartographie des risques, révision du code de conduite, approfondissement des formations, etc. C'est à cet égard que l'enquête interne fait l'objet de développements spécifiques dans la dernière version des Recommandations de l'AFA, à la suite des paragraphes consacrés aux alertes internes (V. *infra*, B. Agence française anticorruption).

B. MISE EN ŒUVRE

Mener une enquête interne est un droit de l'employeur qui s'inscrit, notamment, dans son pouvoir de direction. Il a ainsi été jugé que « l'employeur, qui a connaissance de faits répréhensibles, susceptibles d'être disciplinairement sanctionnés, peut procéder à une enquête interne et recueillir les explications de ses salariés » (Crim. 28 févr. 2018, 17-81.929 P : *cité note 9 ss. art. 17*).

Au-delà de ce droit, certaines jurisprudences posent même le principe d'un devoir d'enquêter, d'une obligation d'investigations pour certains faits. Il en est ainsi en matière de harcèlement moral, en application combinée des articles L. 4121-1 (« L'employeur prend les mesures nécessaires pour assurer la sécurité et protéger la santé physique et mentale des salariés ») et L. 1152-4 du code du travail (« L'employeur prend toutes dispositions nécessaires en vue de prévenir les agissements de harcèlement moral »). Il en est de même en matière de harcèlement sexuel, en application de l'article L. 1153-5 du code du travail (« L'employeur prend toutes dispositions nécessaires en vue de prévenir les faits de harcèlement sexuel, d'y mettre un terme et de les sanctionner »).

Ainsi, l'employeur ne manque pas à son obligation de sécurité dès lors qu'il a pris les mesures nécessaires, en ce compris l'enquête interne et les suites appropriées (Soc. 17 avr. 2019, n° 17-20.892). A l'inverse, l'employeur commet une faute dès lors qu'il n'a pas enquêté à la suite d'une révélation de harcèlement, même en l'absence de harcèlement, l'absence d'investigations constituant une violation par l'employeur de son obligation de prévention des risques professionnels (Soc. 27 nov. 2019, n° 18-10.551 P : *D. actu. 9 déc. 2019, obs. de Montvalon ; D. 2019. Actu. 2357 ; RJS 2/2020, n° 94 ; JSL 2020, n° 492-4, obs. Pacotte et Layat ; JCP S 2020. 1011, obs. Armillei*). La jurisprudence a néanmoins atténué cette obligation d'enquête, lorsque les faits sont suffisamment étayés et caractérisés et qu'elle serait dès lors inutile (Paris, 4 mars 2020, n° 18/03708).

L'enquête doit avoir été suivie de mesures effectives et complètes pour que l'employeur puisse s'exonérer de sa responsabilité. Tel n'est pas le cas dans l'hypothèse où l'employeur qui, alors même qu'il avait procédé à une enquête interne, n'avait pas pris toutes les mesures de prévention imposées par les articles L. 4121-1 et L. 4121-2 du code du travail, notamment les actions d'information et de formation pour prévenir les faits de harcèlement moral (Soc. 5 oct. 2016, n° 15-20.140 : *RJS 2017, n° 5*). Les mesures doivent être prises rapidement (Paris, 8 janv. 2020, n° 17/04806). L'employeur qui tarde à prendre des mesures efficaces pour mettre fin à la situation de harcèlement moral manque à son obligation de sécurité à l'égard de ses salariés (Versailles, 1er mars 2017, n° 14/02125 ; Paris, 13 nov. 2019, n° 18/00804 ; Paris, 19 juin 2019, n° 17/05718).

Les institutions représentatives du personnel peuvent jouer un rôle actif en matière d'enquête interne. Ainsi en cas d'atteinte au droit des personnes, l'article L. 2312-59 du code du travail prévoit un droit d'alerte suivi d'une enquête menée conjointement par l'employeur avec un membre de la délégation du personnel du comité social et économique.

C. DÉROULEMENT

Droits des personnes mises en cause. L'enquête interne doit être menée sans porter une atteinte disproportionnée à la vie privée des salariés. Un contrôle de proportionnalité doit être mené par les juges du fond (Paris, 25 sept. 2019, n° 17/13830 ; Civ. 2e, 17 mars 2016, n° 15-11.412 P : *D. 2016. Pan. 2538, obs. Bretzner* ; *RJDA 2016, n° 498*). Ainsi, les investigations menées dans ce cadre doivent être justifiées et proportionnées par rapport aux faits qui sont à l'origine de l'enquête et ne sauraient porter d'atteinte excessive au droit du salarié au respect de sa vie privée (CE 2 mars 2020, n° 418.640 : *D. actu. 15 avr. 2020, note Daoud et Boudjellal*).

Dans le cadre de son obligation de loyauté et de l'exécution de bonne foi du contrat de travail (C. trav., art. L. 1222-1), le salarié est tenu de se présenter aux entretiens organisés pendant son temps de travail, sauf à présenter un motif légitime d'absence, de répondre aux questions qui lui sont posées par son employeur sur les tâches qu'il a accomplies pour ce dernier et de rendre compte de son activité pour l'employeur. Un salarié qui refuse de se présenter à un entretien dans le cadre d'une enquête interne commet une faute. L'employeur pourra alors en tirer toutes les conséquences, notamment en lui adressant un avertissement (Pau, 24 avr. 2014, n° 12/01540. – Conf. par Soc. 22 mars 2016, n° 15-10.503). Ces obligations n'excluent pas que le salarié fasse valoir son droit au silence si une déclaration pouvait conduire à l'incriminer. Le fait qu'un salarié ait été retenu dans son bureau sous la menace d'un licenciement a été ainsi justifié dans le cadre d'une enquête interne (Crim. 28 févr. 2018, n° 17-81.929 P : *D. actu. 30 mars 2018, obs. Morgante ; AJ pénal 2018. 256, obs. Airiau* ; *RSC 2018. 415, obs. Mayaud* ; *Dr. pénal 2018. 73, obs. Conte*). De même, les méthodes utilisées, même désagréables (interrogatoire mené, sans discontinuer, de 15 h à 20 h 30), ne caractérisaient pas un harcèlement moral, même si elles ont pu avoir des conséquences sur l'état de santé de la personne interrogée, à laquelle un arrêt de travail a été prescrit (Saint-Denis, 25 août 2009, n° 08/02071).

Fichiers et documents des salariés. L'employeur ne peut prendre connaissance des messages personnels d'un salarié sous peine de porter atteinte à la vie privée de celui-ci et au principe du secret des correspondances (Soc. 2 oct. 2001, n° 99-42.942 P : *D. 2001. 3148, note Gautier* ; *Dr. soc. 2001. 920, obs. Ray* ; *JCP E 2001. 1918, note Puigelier ; RJS 2001. 948, n° 1394*). Les fichiers créés par un salarié à l'aide d'un matériel professionnel et les e-mails qu'il adresse ou reçoit sur ce même matériel sont présumés avoir un caractère professionnel, sauf s'ils sont clairement identifiés par le salarié comme étant personnels ou privés (Soc. 17 mai 2005, n° 03-40.017 P : *D. 2006. Pan. 30, obs. Escande-Varniol* ; *JCP E 2005, n° 1880, note Raynaud ; RJDA 2005, n° 1177 ; RJS 2005. 589, n° 799 ; Dr. soc. 2005. 789, obs. Ray* ; *JCP S 2005. 1031, note Favennec-Héry*). L'employeur peut prendre connaissance de documents détenus par un salarié dans son bureau, même en dehors de sa présence, dès lors qu'aucune mention n'en signale le caractère personnel (Soc. 4 juill. 2012, n° 11-12.330 : *RJS 2012, n° 759*). La mention « mes documents » ne suffit pas (Soc. 10 mai 2012, n° 11-13.884 P : *D. 2013. Pan. 1026, obs. Porta* ; *RDT 2012. 428, obs. Keim-Bagot* ; *Dr. soc. 2012. 1027, obs. Ray* ; *RJS 2012, n° 611*), pas plus que les initiales du salarié (Soc. 21 oct. 2009, n° 07-43.877 P : *D. 2009. AJ 2614* ; *RJS 2010. 11, n° 2*).

Caractère impartial et objectif de l'enquête. En matière d'alertes, la directive UE du 23 octobre 2019 sur la protection des personnes dénonçant les infractions au droit de l'Union (V. v° *Lanceur d'alertes*) précise à cet égard que les procédures de signalement et de suivi des signalements visées à l'article 8 comprennent « la désignation d'une personne ou d'un service impartial compétent pour assurer le suivi des signalements » (Dir. (UE) 2019/1937 du 23 oct. 2019, art. 9). Il est ainsi préférable que les entretiens ne soient pas menés par le supérieur hiérarchique des personnes auditionnées (Soc. 19 juin 2019, n° 18-11.343). De manière générale, l'enquête doit être menée « de façon méticuleuse, paritaire et loyale » (Paris, 25 janv. 2018, n° 15/08177), à charge et à décharge (Soc. 9 févr. 2012, n° 10-26.123 ; 12 janv. 2012, n° 10-23.583), dans le respect du contradictoire (Paris, 14 mars 2019, n° 18/03484 ; 22 janv.

2020, n° 17/12240 ; 15 janv. 2020, n° 17/11200), en entendant un nombre suffisant de salariés (Chambéry, 13 sept. 2007, n° 06/02197).

Information des personnes visées. En principe, le salarié doit être informé qu'une enquête est menée sur des faits pour lesquels il est mis en cause. Conformément à l'article L. 1222-4 du code du travail, l'employeur doit informer préalablement le salarié des mesures de surveillance qu'il met en œuvre. Mais une enquête interne est-elle forcément une mesure de surveillance relevant de ces dispositions ? Il a été jugé, en matière de harcèlement moral, qu'une enquête effectuée au sein d'une entreprise à la suite de la dénonciation de faits de harcèlement moral n'est pas soumise aux dispositions de l'article L. 1222-4 du code du travail et ne constitue pas une preuve déloyale comme issue d'un procédé clandestin de surveillance de l'activité du salarié (Soc. 17 mars 2021, n° 18-25.597 P : *D. actu. 30 mars 2021, obs. Peyronnet ; D. 2021. 637* ; *RDT 2021. 454, obs. Mazaud* ; *Dr. soc. 2021. 657, obs. Mouly* ; *RJS 5/2021, n° 250 ; JCP 2021. 376, obs. Corrignan-Carsin*).

En matière d'alertes, il faudra être particulièrement vigilant concernant l'information des personnes visées : la CNIL précise que la personne visée ou mentionnée par l'alerte, que ce soit en tant que témoin, victime ou auteur présumé des faits, doit être informée « dans un délai raisonnable, ne pouvant pas dépasser un mois », à la suite de l'émission d'une alerte. Cependant cette information peut être différée lorsqu'elle est susceptible « de compromettre gravement la réalisation des objectifs dudit traitement », notamment lorsqu'il s'agit de prendre des mesures conservatoires et d'éviter une destruction de preuves (V. Référentiel CNIL du 10 déc. 2019, v° *Lanceur d'alertes*).

Confidentialité de l'enquête. L'article 9 de la loi n° 2016-1691 du 9 décembre 2016 a institué en la matière un délit de violation de confidentialité : est strictement interdite, sous peine de deux ans d'emprisonnement et de 30 000 € (personnes physiques) et 150 000 € (personnes morales) d'amende, toute divulgation et diffusion de l'identité du lanceur d'alertes, de l'information objet de l'alerte et de l'identité de la personne visée par l'alerte (V. v° *Lanceur d'alertes*). Cette obligation s'impose à tous : au lanceur d'alertes lui-même (notamment, toute violation des trois étapes de l'alerte est une violation délictuelle de confidentialité), à l'entreprise, aux dirigeants et cadres, aux tiers, mais aussi aux enquêteurs.

Obligation de ne pas altérer les preuves. L'article 434-4 du code pénal définit l'infraction de destruction, modification ou altération de documents de nature à faciliter la découverte d'un crime ou d'un délit, la recherche de preuve ou la condamnation des coupables. Toutefois, cet article ne peut *a priori* trouver application dans les enquêtes internes, sauf si celles-ci sont coordonnées avec les autorités. En effet, cette disposition a pour objet la protection d'un intérêt public lié à l'administration de la justice, et le délit qu'il réprime ne peut être commis que dans le dessein de faire obstacle à l'action de la justice, conduite par les personnes habilitées à rechercher les preuves ou à poursuivre le châtiment des crimes et des délits (Crim. 20 juill. 1982 : *Gaz. Pal. 1983. 1. Pan. 95* ; 18 janv. 1989, n° 88-80.163 P : *RSC 1989. 500, obs. Delmas Saint-Hilaire*).

Droit d'être assisté. Les textes et la jurisprudence ne prévoient pas de droit d'être assisté durant les auditions, ni pour les personnes mises en cause ni *a fortiori* pour les témoins (Soc. 22 mars 2016, n° 15-10.503 : *RJS 2016, n° 394*). Un tel droit n'est prévu, au profit des salariés, que pour les entretiens préalables. Toutefois, lorsque l'enquêteur est avocat, il a le devoir déontologique de proposer aux personnes mises en cause qu'il auditionne d'être assistées d'un avocat. (V. not. Vademecum du Barreau de Paris du 13 sept. 2016, amendé le 10 déc. 2019, annexé au Règlement intérieur du Barreau de Paris (RIBP) ; Guide « L'avocat français et les enquêtes internes », publié en juin 2020 par le Conseil national des Barreaux).

Sur la prise en charge des honoraires, la jurisprudence ne précise rien mais une analogie est possible avec ce qui prévaut en matière de défense pénale. L'employeur a l'obligation de prendre en charge les frais de défense pénale de son salarié dès lors que le contentieux pénal est lié à l'exercice de ses fonctions (Soc. 18 oct. 2006, n° 04-48.612 P : *D. 2007. 695, note Mouly* ; *RDT 2006. 282, obs. Moulinier* ; *RJS 2006. 921, obs. Mazars ; JCP E 2006. 2679, note Puigelier*), sauf si le salarié a abusé desdites fonctions. La jurisprudence permet d'ailleurs le remboursement par l'employeur des frais engendrés par l'enquête interne pour un salarié, sous réserve que ces frais soient justifiés (Paris, 12 sept. 2019, n° 17/09031). On notera que l'entreprise peut, elle-même et dans certaines conditions, obtenir réparation des investigations qu'elle a dû mener pour rechercher l'origine d'une fraude (Paris, 15 sept. 2017 ; TGI Lisieux, 26 fév. 2019, n° 16103000006).

Note d'entretien, procès-verbal, rapport. Rien n'oblige à la prise de procès-verbal des propos tenus durant les auditions. Toutefois, cela sera nécessaire si l'employeur veut pouvoir citer valablement les personnes sans contestation possible. En découlera la validité et l'opposabilité de la preuve. Il en va ainsi de la simple transcription des déclarations prêtées aux salariés durant les entretiens individuels menés par l'employeur qui, seulement dactylographiés et non signés, ne présentent aucune valeur probante et doivent être écartés (Soc. 8 janv. 2020, n° 18-19.775). En revanche, la retranscription des déclarations faites par des témoins entendus dans le cours de l'enquête interne ne saurait constituer un faux intellectuel, dès lors que ces témoins, à qui la transcription de leurs propos avait été remise, n'ont pas sollicité de corrections (Crim. 19 juin 2018, n° 17-84.485). La retranscription de l'entretien doit alors être impartiale et ne pas constituer « l'interprétation, par le rédacteur, des échanges qui ont eu lieu » (Paris, 9 janv. 2019, n° 16/15627).

L'employeur n'est pas soumis à l'obligation de communiquer à l'employé le rapport avant l'entretien préalable, en l'absence de droit d'accès au dossier disciplinaire (Paris, 29 août 2018, n° 16/13810 ; Aix-en-Provence, 11 févr. 2008, n° 07/08061). La solution est tout autre en droit public. Le Conseil d'État a ainsi jugé, au titre du droit de communication du dossier personnel du fonctionnaire, que lorsqu'une enquête administrative a été diligentée sur le comportement d'un agent public, y compris lorsqu'elle a été confiée à des corps d'inspection, le rapport établi à l'issue de cette enquête, ainsi que, lorsqu'ils existent, les procès-verbaux des personnes entendues sur le comportement de l'agent faisant l'objet de l'enquête, font partie des pièces dont ce dernier doit recevoir communication en application de l'article 65 de la loi du 22 avril 1905, sauf si la communication de ces procès-verbaux était de nature à porter gravement préjudice aux personnes qui ont témoigné (CE 5 févr. 2020, n° 433130).

La communication peut être ordonnée par le juge judiciaire, sous les mêmes réserves de protection des personnes ; ainsi « le nom des témoins sera occulté sur le rapport d'enquête interne et sur les témoignages » (Orléans, 25 févr. 2016, n° 15/01500). A l'inverse, a été autorisée la communication du rapport d'enquête, sans précision de cancelation, mais dans le cas d'espèce l'enquête avait été menée sans que le salarié ne soit auditionné, la lettre de licenciement citait des extraits du rapport sans le verser en intégralité, le salarié avait dès lors un motif légitime pour que le rapport lui soit communiqué avant d'engager une instance au fond (Paris, 14 oct. 2021, n° 20/07466).

Utilité judiciaire de l'enquête. Les éléments obtenus dans le cadre d'une enquête peuvent avoir la valeur d'« indices graves et concordants » (Crim. 17 déc. 2019, n° 17-87.465 : *JCP 2020, n° 342, note Rousseau*). *A contrario*, l'absence d'enquête ou son absence de démonstration entache le licenciement de nullité : tel est le cas lorsque l'employeur n'a pas produit l'enquête interne, et n'a pas justifié non plus d'obstacle à la réalisation d'une telle enquête (Paris, 19 févr. 2020, n° 17/14118) ou lorsque la société ne justifie pas de la réalité de l'enquête interne qu'elle dit avoir diligentée (Paris, 4 févr. 2020, n° 18/03510 ; 20 nov. 2019, n° 18/00502).

De jurisprudence constante, la remise du rapport d'enquête fait également courir le délai de deux mois permettant des mesures disciplinaires (Paris, 19 févr. 2020, n° 18/03050 ; 4 déc. 2019, n° 18/04446 ; 11 sept. 2019, n° 18/07539 ; 20 févr. 2019, n° 17/09827).

L'enquête interne prend, en matière judiciaire, une importance nouvelle avec la convention judiciaire d'intérêt public, introduite par l'article 22 de la loi n° 2016-1691 du 9 décembre 2016, qui s'inspire directement de procédures étrangères. La circulaire CRIM/2018-01/G3 du 31 janvier 2018 relative à la présentation et la mise en œuvre des dispositions pénales prévues par cette loi précise, notamment, les modalités d'application de la CJIP (V. *infra*). De même, l'Agence française anticorruption et le Parquet national financier ont publié conjointement le 26 juin 2019 des lignes directrices sur sa mise en œuvre (V. *infra*, B. Agence française anticorruption).

Les autorités invitent les entreprises à coopérer, à deux titres. En premier lieu, en révélant elles-mêmes les manquements qui ont pu être commis, sollicitant spontanément le bénéfice de la CJIP, et, en second lieu, pour la fixation de la sanction qui sera proposée. La coopération est même l'un des objectifs des lignes directrices communes AFA-PNF : « En précisant et en exposant les modalités de mise en œuvre de la CJIP, elles ont pour objectif d'inciter les personnes morales à adopter une approche de coopération avec l'autorité judiciaire comme avec l'AFA. » ❑

1. Code de conduite. Jugeant que les illustrations retenues dans le code de conduite sont génériques et sans lien avec les risques spécifiques que seule une cartographie réalisée selon une méthodologie pertinente aurait permis de révéler. • Décis. AFA n° 19-01 du 4 juill. 2019 : *JCP E 2019, n° 1581, note Jourdan et Ayache ; ibid., n° 1653, note Hannotin.* ♦ Sur le défaut d'annexion du programme de lutte contre la corruption au règlement intérieur, V. • Décis. AFA n° 19-02 du 7 févr. 2020 : *D. 2020. 933, obs. Hannotin ; Rev. sociétés 2020. 464, note Ida ; JCP E 2020, n° 1263, note Dunoyer de Segonzac et Boeringer ; Banque et Dr. 3-4/2020. 62, obs. Jouffin ; RICEA 2020, n° 2, p. 25, obs. Haeri et Munoz-Pons.* ♦ La société disposant, à l'instar d'autres entreprises d'envergure internationale, de plusieurs documents, en particulier d'un code d'éthique et de conduite des affaires et d'une politique anticorruption, susceptibles d'accueillir un code de conduite, l'injonction prononcée par la commission avait retenu que le code d'éthique pouvait être le vecteur adapté pour se conformer aux exigences de la loi. La commission des sanctions observe, à titre préliminaire, que la société a fait un autre choix consistant à introduire le code de conduite exigé par la loi dans le document du groupe dénommé « politique anticorruption ». La commission estime que ce choix, justifié par le fait que le code d'éthique et de conduite des affaires, qui contient l'ensemble des valeurs et des engagements du groupe en matière de RSE, a une portée beaucoup plus large que la politique anticorruption, relève d'un choix de communication interne de l'entreprise qu'elle ne remet pas en cause, même si le fait de disposer d'emblée d'un document correspondant à la dénomination exacte de la L. du 9 déc. 2016 aurait sans doute été plus simple, plus clair et plus conforme à l'esprit du texte. • Décis. AFA n° 19-2 du 7 juill. 2021, *Sté I. SA.* – V. aussi dans la même affaire et relative aux mesures de contrôle comptable : • Décis. AFA n° 19-2 du 30 nov. 2021.

2. Opposabilité des codes de conduite aux tiers. Dans l'appréciation de la déloyauté d'une partie invoquée par le cocontractant à l'appui d'une demande d'annulation pour dol, le juge doit tenir compte des pratiques professionnelles, charte de bonne conduite et toutes autres recommandations ou usages, même ceux n'ayant pas un caractère normatif. • Com. 26 juin 2019, n° 16-25.455. ♦ Le manquement au code éthique (en matière de droit du travail) que le fournisseur devait respecter est un motif valable pour justifier la rupture des relations commerciales. • Paris, 24 mars 2021, n° 19/15565. ♦ La rupture immédiate et sans préavis des relations commerciales prononcée sur le fondement de manquements contractuels du cocontractant, en raison de faits de corruption (cadeaux : champagne et voyages) commis en contrariété avec la charte éthique du groupe client signée par le sous-traitant et annexée à la convention de partenariat, est justifiée. • Paris, 5 mai 2021, n° 19/15680.

3. Opposabilité des codes de conduite aux salariés. Un motif tiré de la vie personnelle du salarié peut justifier un licenciement disciplinaire s'il constitue un manquement de l'intéressé à une obligation découlant de son contrat de travail. Pour retenir que le licenciement était dénué de cause réelle et sérieuse, l'arrêt, après avoir constaté qu'il ressortait du rapport d'enquête interne qu'un client de l'agence dirigée par le salarié avait réalisé des travaux dans cinq biens immobiliers appartenant à ce dernier et avait en outre cédé son véhicule à une société dont le gérant était le salarié, lequel n'avait jamais payé ni les travaux réalisés ni le véhicule, énonce que ces faits ne concernent aucunement l'emploi qu'il occupait auprès de la banque employeur ni sa relation de travail, dès lors qu'ils s'inscrivent dans le cadre de sa sphère privée et non professionnelle. En se déterminant ainsi, par des motifs inopérants, sans rechercher si l'acceptation de cadeaux importants de la part d'un client de l'agence dont il assumait la direction, à la supposer établie, ne constituait pas un manquement du salarié aux obligations découlant de son contrat de travail et plus précisément au code de bonne de conduite en vigueur au sein de l'entreprise, la cour d'appel a privé sa décision de base légale. • Soc. 31 mars 2021, n° 19-23.144. ♦ En présence d'un salarié qui, ayant acheté un ordinateur portable, a envoyé un e-mail à un fournisseur, avec ses coordonnées bancaires, obtenant un virement de remboursement, est justifié son licenciement pour faute grave, celui-ci ayant usé de sa position professionnelle pour bénéficier de cadeaux personnels en contradiction avec le code de conduite de l'entreprise. • Versailles, 11 mars 2021, n° 19/00096.

Est disproportionné le licenciement d'un salarié d'une société qui avait adopté un code éthique interdisant de recevoir des cadeaux d'une valeur supérieure à 100 dollars US, dès lors qu'il n'était pas établi que le prix du stylo, bien que celui-ci soit de luxe, était supérieur à la limite prévue, ni que le salarié avait connaissance de son prix. • Colmar, 10 déc. 2020, n° 20/1294. ♦ Le licenciement n'est pas fondé dès lors que la société ne démontre pas que le salarié avait suivi les formations compliance, qu'aucune pièce produite ne prouvait que le salarié avait été informé des procédure internes encadrant son activité et limitant ses capacités d'engagement financier et que le code éthique versé aux débats ne comprenait aucune préconisation pratique à ce sujet. • Paris, 1er juin 2021, n° 19/06021.

4. Charge de la preuve. Dans l'hypothèse où la personne mise en cause a suivi à cet égard, en tout point, la méthode préconisée par l'AFA elle-même dans ses recommandations, elle doit être regardée comme apportant des éléments suffisants, sauf à l'agence à démontrer qu'elle n'a pas, en réalité, suivi les recommandations. Dans l'hypothèse où la personne mise en cause n'a pas suivi cette méthode, ou ne l'a suivie qu'en partie, il lui incombe de démontrer la pertinence, la qualité et l'effectivité du dispositif de détection et de prévention de la corruption en justifiant de la validité de la méthode qu'elle a librement choisie et suivie. • Décis. AFA n° 19-01 du 4 juill. 2019 : *préc. note 1*. – V. aussi • Décis. AFA n° 19-02 du 7 févr. 2020 : *préc. note 1*.

5. ***Objet de la saisine.*** Dès sa saisine, la commission des sanctions se trouve pleinement investie de l'ensemble des pouvoirs de sanction qui lui sont conférés par les dispositions du V de l'art. 17 de la L. du 9 déc. 2016, lui permettant, sans que le législateur ait entendu interdire leur combinaison, d'enjoindre la mise en œuvre par les personnes qu'elle désigne de mesures dont elle définit la nature et les délais d'exécution, de prononcer une sanction pécuniaire dont elle définit le montant et, enfin, d'assortir sa décision d'une sanction complémentaire de publication selon les modalités et le délai qu'elle fixe. • Décis. AFA n° 19-02 du 7 févr. 2020 : *préc. note 1*.

6. ***Suivi des injonctions.*** Aucune règle n'impose à la commission des sanctions de statuer par une décision unique sur des injonctions assorties au demeurant d'échéances distinctes (ainsi dans l'affaire *Sté I. SA* ayant donné lieu à deux injonctions prononcées le même jour [Décis. AFA n° 19-02 du 7 févr. 2020], pour laquelle la commission des sanctions prendra deux décisions de suivi distinctes. • Décis. AFA n° 19-02 des 7 juill. et 30 nov. 2021, *Sté I. SA : citées note 1*.

7. ***Sanction des injonctions.*** En l'absence de toute disposition législative prévoyant la possibilité de prononcer une sanction pour inexécution d'une injonction et en fixant le montant, le principe de légalité des peines fait obstacle à ce que la commission des sanctions prononce une sanction de cette nature. • Décis. AFA n° 19-02 du 7 févr. 2020 : *préc. note 1*.

8. ***Licenciement pour négligence à la due diligence.*** Jugeant que le directeur commercial qui ne s'inquiète pas des vérifications anticorruption devant être réalisées avant la signature d'un contrat international peut être licencié pour cause réelle et sérieuse, V. • Angers, 11 mars 2021, n° 19/00128 : *D. actu. 31 mars 2021, obs. Rébier*.

9. ***Enquête interne.*** L'employeur, qui a connaissance de faits répréhensibles, susceptibles d'être disciplinairement sanctionnés, peut procéder à une enquête interne et recueillir les explications de ses salariés. • Crim. 28 févr. 2018, n° 17-81.929 P : *AJ pénal 2018. 256, obs. Airiau ; RDT 2018. 382, note Thierry ; Dr. soc. 2018. 484, note Mouly ; RSC 2018. 415, obs. Mayaud ; RJS 2018, n° 309 ; JCP S 2018, n° 1246, note Duquesne ; Dr. pénal 2018, n° 73, obs. Conte*.

Code pénal

Art. 131-39-2 *(L. n° 2016-1691 du 9 déc. 2016, art. 18)* I. — Lorsque la loi le prévoit à l'encontre d'une personne morale, un délit peut être sanctionné par l'obligation de se soumettre, sous le contrôle de l'Agence française anticorruption, pour une durée maximale de cinq ans, à un programme de mise en conformité destiné à s'assurer de l'existence et de la mise en œuvre en son sein des mesures et procédures définies au II.

II. — La peine prévue au I comporte l'obligation de mettre en œuvre les mesures et procédures suivantes :

1° Un code de conduite définissant et illustrant les différents types de comportements à proscrire comme étant susceptibles de caractériser des faits de corruption ou de trafic d'influence ;

2° Un dispositif d'alerte interne destiné à permettre le recueil des signalements émanant d'employés et relatifs à l'existence de conduites ou de situations contraires au code de conduite de la personne morale ;

3° Une cartographie des risques prenant la forme d'une documentation régulièrement actualisée et destinée à identifier, analyser et hiérarchiser les risques d'exposition de la personne morale à des sollicitations externes aux fins de corruption, en fonction notamment des secteurs d'activités et des zones géographiques dans lesquels la personne morale exerce son activité ;

4° Des procédures d'évaluation de la situation des clients, fournisseurs de premier rang et intermédiaires au regard de la cartographie des risques ;

5° Des procédures de contrôles comptables, internes ou externes, destinées à s'assurer que les livres, registres et comptes ne sont pas utilisés pour masquer des faits de corruption ou de trafic d'influence. Ces contrôles peuvent être réalisés soit par les services de contrôle comptable et financier propres à la personne morale, soit en ayant recours à un auditeur externe à l'occasion de l'accomplissement des audits de certification de comptes prévus à l'article L. 823-9 du code de commerce ;

6° Un dispositif de formation destiné aux cadres et aux personnels les plus exposés aux risques de corruption et de trafic d'influence ;

7° Un régime disciplinaire permettant de sanctionner les salariés de la personne morale en cas de violation du code de conduite de la personne morale.

III. — Lorsque le tribunal prononce la peine prévue au I du présent article, les frais occasionnés par le recours par l'Agence française anticorruption à des experts ou à des personnes ou autorités qualifiées pour l'assister dans la réalisation d'analyses juridiques, financières, fiscales et comptables sont supportés par la personne morale condamnée, sans que le montant de ces frais ne puisse excéder le montant de l'amende encourue pour le délit au titre duquel cette peine est prononcée.

Un décret en Conseil d'État précise les règles déontologiques applicables à ces experts et à ces personnes ou autorités qualifiées.

COMMENTAIRE

La peine de mise en conformité

Les dispositifs de compliance ont pour objectif d'éviter la commission de manquements ou délits. *A fortiori*, ils peuvent être efficaces pour éviter une réitération.

C'est ainsi que le législateur a prévu que des dispositifs similaires à ceux de l'article 17 de la loi de 2016 soient prononcés à titre de peine complémentaire pour les délits de corruption ou trafic d'influence. ❑

Art. 434-43-1 *(L. n° 2016-1691 du 9 déc. 2016, art. 18)* Le fait, pour les organes ou représentants d'une personne morale condamnée à la peine prévue à l'article 131-39-2, de s'abstenir de prendre les mesures nécessaires ou de faire obstacle à la bonne exécution des obligations qui en découlent est puni de deux ans d'emprisonnement et de 50 000 € d'amende.

Le montant de l'amende prononcée à l'encontre des personnes morales déclarées responsables pénalement pour le délit prévu au premier alinéa du présent article peut être porté au montant de l'amende encourue au titre du délit pour lequel elles ont été condamnées et qui a donné lieu au prononcé de la peine prévue à l'article 131-39-2. Les personnes morales déclarées responsables pénalement encourent également l'ensemble des autres peines encourues au titre du délit pour lequel elles ont été condamnées et qui a donné lieu au prononcé de cette peine.

Les personnes physiques et les personnes morales déclarées responsables pénalement encourent également la peine complémentaire d'affichage ou de diffusion de la décision prononcée dans les conditions prévues à l'article 131-35.

Code de procédure pénale **Art. 764-44** *(L. n° 2016-1691 du 9 déc. 2016, art. 18)*

I. — La peine prévue à l'article 131-39-2 du code pénal s'exécute sous le contrôle du procureur de la République.

L'Agence française anticorruption rend compte au procureur de la République, au moins annuellement, de la mise en œuvre de la peine. Elle l'informe de toute difficulté dans l'élaboration ou la mise en œuvre du programme de mise en conformité. Elle lui communique, en outre, un rapport à l'expiration du délai d'exécution de la mesure.

La personne morale condamnée peut informer le procureur de la République de toute difficulté dans la mise en œuvre de la peine.

II. — Lorsque la peine prévue à l'article 131-39-2 du code pénal a été prononcée à l'encontre d'une société mentionnée au I de l'article 17 de la loi n° 2016-1691 du 9 décembre 2016 relative à la transparence, à la lutte contre la corruption et à la modernisation de la vie économique, il est tenu compte, dans l'exécution de la peine, des mesures et procédures déjà mises en œuvre en application du II du même article 17.

III. — Lorsque la peine prononcée en application de l'article 131-39-2 du code pénal a été exécutée pendant au moins un an, qu'il résulte des rapports transmis au procureur de la République que la personne morale condamnée a pris les mesures et procédures appropriées pour prévenir et détecter la commission de faits de corruption ou de trafic d'influence et qu'aucun suivi ne paraît plus nécessaire, le procureur de la République peut saisir le juge d'application des peines de réquisitions tendant à ce qu'il soit mis fin à la peine de façon anticipée, par jugement motivé conformément à l'article 712-6 du présent code.

Décret n° 2017-329 du 14 mars 2017,

Relatif à l'Agence française anticorruption.

CHAPITRE I *DISPOSITIONS GÉNÉRALES*

Art. 1er I. – Au titre de sa mission de participation à la coordination administrative mentionnée au 1° de l'article 3 de la loi du 9 décembre 2016 susvisée, l'Agence française anticorruption :

1° Prépare un plan national pluriannuel de lutte contre la corruption, le trafic d'influence, la concussion, la prise illégale d'intérêt, le détournement de fonds publics et le favoritisme ;

2° Assiste les autorités françaises compétentes dans les organisations internationales pour la définition et la mise en œuvre des positions qu'elles ont adoptées sur les questions de corruption, de trafic d'influence, de concussion, de prise illégale d'intérêt, de détournement de fonds publics et de favoritisme, en participant à la coordination interministérielle conduite par le ministre des affaires étrangères et le secrétaire général des affaires européennes.

II. – Au titre de sa mission d'appui aux administrations de l'État, aux collectivités territoriales et à toute personne physique ou morale mentionnée au 1° de l'article 3 de la loi du 9 décembre 2016 susvisée, l'Agence française anticorruption assure des actions de formation, de sensibilisation et d'assistance sur la prévention et la détection des risques en matière de corruption, de trafic d'influence, de concussion, de prise illégale d'intérêt, de détournement de fonds publics et de favoritisme.

III. – Au titre de sa mission de diffusion des informations permettant d'aider à prévenir et à détecter les faits de corruption, de trafic d'influence, de concussion, de prise illégale d'intérêt, de détournement de fonds publics et de favoritisme, mentionnée au 1° de l'article 3 de la loi du 9 décembre 2016 susvisée, l'Agence française anticorruption contribue, par ses actions de coopération et ses missions d'appui et de soutien technique, à l'application des engagements internationaux des autorités françaises.

Art. 2 L'Agence française anticorruption comprend :

1° Outre des services communs, des unités de contrôle et d'expertise ;

2° Le conseil stratégique prévu à l'article 3 du présent décret ;

3° La commission des sanctions mentionnée à l'article 2 de la loi du 9 décembre 2016 susvisée.

Le directeur de l'agence est assisté d'un directeur adjoint qui peut le suppléer. Le directeur adjoint a rang de chef de service.

Un arrêté conjoint du garde des sceaux, ministre de la justice et du ministre chargé du budget précise l'organisation de l'agence.

Art. 3 Le conseil stratégique, présidé par le directeur de l'Agence française anticorruption, se réunit au moins une fois par an. Il est consulté par le directeur sur la stratégie globale qu'il entend mettre en œuvre. Le directeur peut, en outre, consulter le conseil stratégique sur tout sujet relatif aux missions de l'agence.

Le conseil stratégique est composé de son président et de huit membres désignés à raison de leur compétence financière et juridique ainsi que de leur expérience dans le domaine de la lutte contre la corruption :

1° Deux membres désignés par le garde des sceaux, ministre de la justice ;

2° Deux membres désignés par le ministre chargé du budget ;

3° Deux membres désignés par le ministre des affaires étrangères ;

4° Deux membres désignés par le ministre de l'intérieur.

Le conseil stratégique associe à ses travaux, en tant que de besoin, un ou plusieurs représentants des personnes et services prévus au 3° de l'article 3 et au I de l'article 17 de la loi du 9 décembre 2016 susvisée. Il peut convier à ses réunions toute personnalité qualifiée.

Les fonctions de membre du conseil stratégique sont incompatibles avec celles de membre de la commission des sanctions.

La durée du mandat des membres du conseil stratégique est de trois ans. Ce mandat est renouvelable une fois.

Art. 4 Les autorités appelées à désigner les membres de la commission des sanctions de l'Agence française anticorruption en application de l'article 2 de la loi du 9 décembre 2016 susvisée communiquent au garde des sceaux, ministre de la justice, les noms des personnes qu'elles entendent désigner au plus tard quatre mois avant la fin du mandat des membres faisant l'objet du renouvellement.

Chacune de ces autorités désigne un homme et une femme. Le suppléant doit être du même sexe que le titulaire.

Art. 5 I. — En cas de manquement constaté à l'obligation prévue au I de l'article 17 de la loi du 9 décembre 2016 susvisée, le directeur de l'Agence française anticorruption communique le rapport de contrôle à la personne concernée et la met en demeure, par lettre recommandée avec demande d'avis de réception, de présenter ses observations écrites dans un délai de deux mois à compter de la date figurant sur l'avis de réception.

A l'expiration de ce délai, lorsque le directeur décide :

1° De délivrer un avertissement, il le notifie à la personne concernée par lettre recommandée avec demande d'avis de réception ;

2° De saisir la commission des sanctions, il lui transmet le rapport de contrôle, les observations, le cas échéant, de la personne concernée et formule un avis concernant la nature, et, le cas échéant, le quantum et les modalités, de la sanction qui lui semble appropriée. Le directeur notifie les griefs à la personne mise en cause par lettre recommandée avec demande d'avis de réception.

II. — La commission des sanctions désigne parmi ses membres un rapporteur chargé d'instruire contradictoirement le dossier.

Le président de la commission informe la personne mise en cause, par lettre recommandée avec demande d'avis de réception, qu'elle peut se faire assister par le conseil de son choix. Il lui communique selon les mêmes modalités l'avis du directeur mentionné au I du présent article et l'invite à présenter ses observations dans un délai de deux mois à compter de la date figurant sur l'avis de réception.

A l'expiration de ce délai, le président de la commission convoque, selon les mêmes modalités, la personne mise en cause à une audience qui ne peut se tenir dans un délai inférieur à dix jours. Le directeur en est informé par tout moyen.

L'audience est publique. Toutefois, le président peut interdire au public l'accès de la salle pendant tout ou partie de l'audience pour préserver l'ordre public ou lorsque la publicité est susceptible de porter atteinte au secret des affaires ou à tout autre secret protégé par la loi.

La personne mise en cause et la personne désignée par le directeur au sein de l'agence pour le représenter peuvent faire valoir leurs observations oralement.

Les séances au cours desquelles la commission délibère sont secrètes. La commission délibère si au moins quatre de ses membres, y compris son président, sont présents. Si le président s'abstient de siéger ou est récusé en application de l'article 6, la séance est présidée par le plus ancien des membres présents. Le président de séance a voix prépondérante en cas de partage égal des voix.

La décision de la commission est notifiée à la personne mise en cause par lettre recommandée avec demande d'avis de réception. Le directeur de l'agence en est également informé par tout moyen.

Art. 6 Aucun membre de la commission des sanctions ne peut délibérer dans une affaire dans laquelle il a un intérêt ou a eu un intérêt au cours des trois années précédant la délibération.

Le membre de la commission des sanctions qui suppose en sa personne une cause de récusation ou estime en conscience devoir s'abstenir ne siège pas.

A peine d'irrecevabilité, la personne mise en cause qui veut récuser un membre de la commission des sanctions en forme la demande dans le délai de huit jours à compter de la date figurant sur l'avis de réception de la lettre de notification des griefs par acte remis au secrétariat de la commission qui en délivre récépissé ou par une déclaration qui est consignée par ce secrétariat dans un procès-verbal. La demande indique avec précision les motifs de la récusation et fournit les pièces propres à la justifier.

La récusation est demandée par la personne mise en cause ou par son mandataire.

Le secrétariat de la commission communique la copie de la demande de récusation au membre qui en est l'objet.

Dans les huit jours suivant cette communication, le membre qui est l'objet de la récusation fait connaître par écrit soit son acquiescement à celle-ci, soit les motifs pour lesquels il s'y oppose.

En cas d'opposition, les autres membres de la commission se prononcent sur la demande.

La décision de la commission est notifiée à l'auteur de la demande. Elle ne peut donner lieu à recours qu'avec la décision statuant sur les griefs.

Art. 7 Les magistrats ou fonctionnaires de catégorie A affectés dans les unités de contrôle et d'expertise mentionnées au 1° de l'article 2 et les agents contractuels qui y sont chargés de fonctions d'un niveau équivalent sont habilités de plein droit à exercer les contrôles prévus par les deux premiers alinéas de l'article 4 de la loi du 9 décembre 2016 susvisée.

Le directeur de l'Agence française anticorruption délivre à chacune des personnes mentionnées au premier alinéa une carte d'habilitation qui comporte la photographie de son titulaire et mentionne ses nom et prénom, ainsi que ses attributions.

Les agents habilités sont munis de leur carte d'habilitation lorsqu'ils exercent des contrôles sur place, qui ne peuvent être effectués que dans les locaux professionnels, à l'exclusion du domicile des personnes privées, et seulement aux heures ouvrables, après avoir informé le représentant de l'entité contrôlée qu'il peut se faire assister par une personne de son choix.

Art. 8 I. – Lors de leur désignation, les experts et les personnes qualifiées, au sens de l'article 4 de la loi du 9 décembre 2016 susvisée, communiquent au directeur de l'agence :

1° Les intérêts qu'ils ont détenus au cours des trois ans précédant leur nomination, qu'ils détiennent ou viendraient à détenir ;

2° Les fonctions dans une activité économique ou financière qu'ils ont exercées au cours des trois années précédant leur nomination, qu'ils exercent ou viendraient à exercer ;

3° Tout mandat au sein d'une personne morale qu'ils ont détenu au cours des trois années précédant leur nomination, qu'ils détiennent ou viendraient à détenir.

II. – Aucun expert ni aucune personne qualifiée ne peut réaliser ni participer à la réalisation d'une mission de contrôle au sein d'une société ou d'un établissement mentionnée à l'article 17 de la loi du 9 décembre 2016 susvisée dans lequel lui-même ou, le cas échéant, une personne morale au sein de laquelle il a, au cours des trois années précédentes, exercé des fonctions ou détenu un mandat, a ou a eu un intérêt au cours de la même période.

III. – Le recours aux experts et aux personnes ou autorités qualifiées, au sens des dispositions susmentionnées de l'article 4 de la loi du 9 décembre 2016 susvisée, fait l'objet d'un protocole d'accord conclu avec l'Agence française anticorruption, qui énonce les missions à mener et précise les conditions dans lesquelles elles doivent être exécutées, notamment le délai de sa réalisation et les honoraires prévisibles correspondants.

CHAPITRE II *DISPOSITIONS DIVERSES ET FINALES*

Art. 9 A compter de l'entrée en vigueur du décret de nomination du directeur de l'Agence française anticorruption mentionné à l'article 2 de la loi du 9 décembre 2016 susvisée, le décret n° 93-232 du 22 février 1993 relatif au service central de prévention de la corruption institué par la loi n° 93-122 du 29 janvier 1993 relative à la prévention de la corruption et à la transparence de la vie économique et des procédures publiques est abrogé.

Art. 10 Le présent décret, à l'exception de ses articles 5 et 6, est applicable en Nouvelle-Calédonie, en Polynésie française et dans les îles Wallis-et-Futuna.

Décret n° 2017-867 du 9 mai 2017,

Relatif au répertoire numérique des représentants d'intérêts.

Art. 1er Les dispositions du présent décret sont applicables à toute personne mentionnée au premier alinéa de l'article 18-2 de la loi n° 2013-907 du 11 octobre 2013 susvisée, dont un dirigeant, un employé ou un membre consacre plus de la moitié de son temps à une activité qui consiste à procéder à des interventions à son initiative auprès des personnes désignées aux 1° à 7° du même article en vue d'influer sur une ou plusieurs décisions publiques, notamment une ou plusieurs mesures législatives ou réglementaires.

Ces dispositions sont également applicables à toute personne mentionnée au premier alinéa de l'article 18-2 de la loi n° 2013-907 du 11 octobre 2013 susvisée, dont un dirigeant, un employé ou un membre entre en communication, à son initiative, au moins dix fois au cours des douze derniers mois avec des personnes désignées aux 1° à 7° du même article en vue d'influer sur une ou plusieurs décisions publiques, notamment une ou plusieurs mesures législatives ou réglementaires.

Ne constitue pas une entrée en communication au sens de l'alinéa précédent le fait de solliciter, en application de dispositions législatives ou règlementaires, la délivrance d'une autorisation ou le bénéfice d'un avantage dont l'attribution constitue un droit pour les personnes qui remplissent les conditions légales pour l'obtenir, ainsi que le fait de présenter un recours administratif ou d'effectuer une démarche dont la réalisation est, en vertu du droit applicable, nécessaire à la délivrance d'une autorisation, à l'exercice d'un droit ou à l'octroi d'un avantage.

TITRE I RÉPERTOIRE DES REPRÉSENTANTS D'INTÉRÊTS

CHAPITRE I *RYTHME ET MODALITÉS DES COMMUNICATIONS*

Art. 2 Tout représentant d'intérêts communique à la Haute Autorité pour la transparence de la vie publique, dans un délai de deux mois à compter de la date à laquelle l'une des conditions fixées à l'article 1er est remplie, les informations figurant aux 1°, 2° et 5° ainsi qu'au septième alinéa de l'article 18-3 de la loi du 11 octobre 2013 susvisée.

Toute modification de l'un de ces éléments donne lieu à une actualisation des informations communiquées à la Haute Autorité dans un délai d'un mois.

Art. 3 En application du 3° de l'article 18-3 de la loi du 11 octobre 2013 susvisée, tout représentant d'intérêts adresse à la Haute Autorité dans un délai de trois mois à compter de la clôture de son exercice comptable les informations suivantes relatives au dernier exercice :

1° Le type de décisions publiques sur lesquelles ont porté les actions de représentation d'intérêts engagées, au regard de la liste figurant en annexe au présent décret ;

2° Le type d'actions de représentations d'intérêts engagées, au regard de la liste figurant en annexe au présent décret ;

3° Les questions sur lesquelles ont porté ces actions, identifiées par leur objet et leur domaine d'intervention ;

4° Les catégories de responsables publics mentionnées aux 1° à 7° de l'article 18-2 de la même loi, avec lesquelles il est entré en communication, les déclarations relatives aux catégories mentionnées aux 1°, 4° et 6° du même article 18-2 s'effectuant au regard des listes annexées au présent décret ;

5° Lorsque le représentant d'intérêts a effectué les actions pour le compte d'un tiers, l'identité de ce tiers ;

6° Dans le cadre d'une liste de fourchettes établie par arrêté du ministre chargé de l'économie sur proposition de la Haute Autorité pour la transparence de la vie publique, le montant des dépenses consacrées aux actions de représentation d'intérêts pour l'année écoulée par le représentant d'intérêts, ainsi que, le cas échéant, le montant du chiffre d'affaires de l'année précédente liée à l'activité de représentation d'intérêts. – *V. Arr. du 4 juill. 2017, infra.*

Constituent des dépenses consacrées aux actions de représentation d'intérêts au sens du même article 18-2, l'ensemble des moyens humains, matériels et financiers mobilisés, par le représentant d'intérêts, en vue d'influer sur la décision publique, notamment sur le contenu d'une loi ou d'un acte réglementaire, dans les conditions prévues au même article 18-2.

Art. 4 Lorsqu'un représentant d'intérêts se déclare en cours d'année auprès de la Haute Autorité pour la transparence de la vie publique, les informations mentionnées à l'article 3 portent sur l'ensemble des actions menées entre la date de déclaration et la clôture du prochain exercice comptable, sur le montant des dépenses correspondantes ainsi que sur le montant de chiffre d'affaires dégagé au cours de cette période.

Lorsqu'un représentant d'intérêts déclaré cesse son activité en cours d'année, les informations mentionnées à l'article 3 portent sur l'ensemble des actions menées entre la clôture du précédent exercice comptable et la date à laquelle il informe la Haute Autorité pour la transparence de la vie publique de l'arrêt de ses activités, sur le montant des dépenses correspondantes ainsi que sur le montant de chiffre d'affaires dégagé au cours de cette période.

Art. 5 Les représentants d'intérêts communiquent à la Haute Autorité les éléments mentionnés aux articles 2 et 3 par l'intermédiaire d'un téléservice établi conformément aux règles fixées par le référentiel général de sécurité annexé au décret n° 2010-112 du 2 février 2010 susvisé.

Lorsque le représentant d'intérêts est une personne physique, il procède lui-même à son inscription au téléservice. Lorsqu'il s'agit d'une personne morale, son inscription est réalisée par une personne physique désignée en qualité de contact opérationnel par son représentant légal.

L'inscription s'effectue lors de la première connexion au téléservice. Elle nécessite la transmission de son nom, de son prénom, de son adresse électronique et de son numéro de téléphone ainsi que le choix d'un mot de passe devant répondre à des critères de robustesse vérifiés par le téléservice.

Lors des connexions suivantes, l'authentification s'effectue par l'intermédiaire de l'adresse électronique communiquée lors de l'inscription et du mot de passe choisi par l'intéressé.

Lorsque le représentant d'intérêts est une personne physique, il communique lui-même à la Haute Autorité les éléments mentionnés aux articles 2 et 3.

Lorsqu'il s'agit d'une personne morale, la personne désignée comme contact opérationnel est chargée de communiquer à la Haute Autorité les éléments mentionnés aux articles 2 et 3. Le contact opérationnel peut toutefois désigner une ou plusieurs autres personnes chargées de communiquer ces éléments, après inscription sur le téléservice.

Les inscriptions ainsi que la communication des éléments mentionnés aux articles 2 et 3 font l'objet d'un accusé de réception de la part de la Haute Autorité, qui fait état de la date et de l'heure à laquelle l'inscription a été effectuée ou les éléments ont été communiqués.

Une délibération de la Haute Autorité pour la transparence de la vie publique précise les modalités techniques de fonctionnement du téléservice, et en particulier les conditions d'enregistrement des représentants d'intérêts, ainsi que le format dans lequel les éléments mentionnés aux articles 2 à 5 sont communiqués.

CHAPITRE II *PUBLICATION DU RÉPERTOIRE*

Art. 6 Le répertoire des représentants d'intérêts est rendu public par la Haute Autorité pour la transparence de la vie publique par l'intermédiaire d'un service de communication au public en ligne.

Une délibération de la Haute Autorité pour la transparence de la vie publique détermine le format dans lequel les informations figurant sur le répertoire sont rendues publiques.

La Haute Autorité prend les mesures techniques nécessaires pour assurer l'intégrité du service. Elle assure l'information des représentants d'intérêts sur le recueil et la publicité des données les concernant.

Les informations relatives aux actions de représentation d'intérêts demeurent publiques pendant une durée de cinq ans à compter de leur publication par la Haute Autorité.

Lorsqu'une personne inscrite au répertoire cesse ses fonctions de représentation d'intérêts, elle en informe, par l'intermédiaire du téléservice mentionné à l'article 5, la Haute Autorité qui mentionne cette information dans le répertoire rendu public.

TITRE II PROCÉDURE DEVANT LA HAUTE AUTORITÉ

CHAPITRE I *SAISINE DE LA HAUTE AUTORITÉ*

Art. 7 La personne physique ou morale qui saisit, en application des 1° et 2° de l'article 18-6 de la loi du 11 octobre 2013 susvisée, la Haute Autorité pour la transparence de la vie publique indique par écrit les éléments nécessaires à l'analyse de la situation.

La personne physique ou morale qui saisit, en application de l'article 18-7 de la même loi, la Haute Autorité pour la transparence de la vie publique indique par écrit, en apportant toutes précisions utiles, les faits qu'elle invoque au soutien de son signalement.

CHAPITRE II *MISE EN DEMEURE*

Art. 8 La Haute Autorité pour la transparence de la vie publique notifie au représentant d'intérêts le ou les manquements aux obligations lui incombant. Ce dernier peut adresser ses observations dans un délai d'un mois.

A l'issue de ce délai, la Haute Autorité peut, conformément au 1° de l'article 18-7 de la loi du 11 octobre 2013 susvisée, adresser une mise en demeure, par lettre recommandée avec demande d'avis de réception, au représentant d'intérêts concerné.

Cette mise en demeure est susceptible de recours dans un délai de deux mois à compter de sa réception.

CHAPITRE III *VÉRIFICATION SUR PLACE*

Art. 9 Lorsque la Haute Autorité saisit le juge des libertés et de la détention du *(Décr. n° 2019-966 du 18 sept. 2019, art. 8, en vigueur le 1er janv. 2020)* « tribunal judiciaire » de Paris sur le fondement du deuxième alinéa de l'article 18-6 de la loi du 11 octobre 2013 susvisée afin que celui-ci autorise les vérifications sur place dans les locaux professionnels, le juge statue dans les quarante-huit heures.

L'ordonnance autorisant les vérifications sur place comporte l'adresse des lieux professionnels à visiter, le nom et la qualité du ou des agents habilités à procéder aux opérations de visite et de contrôle ainsi que les heures auxquelles ils sont autorisés à se présenter.

L'ordonnance, exécutoire au seul vu de la minute, est notifiée sur place, au moment de la visite, au responsable des lieux ou à son représentant qui en reçoit copie intégrale contre récépissé ou émargement au procès-verbal de visite.

L'acte de notification comporte mention des voies et délais de recours contre l'ordonnance ayant autorisé la visite et contre le déroulement des opérations de visite. Il mentionne également que le juge ayant autorisé la visite peut être saisi d'une demande de suspension ou d'arrêt de cette visite.

En l'absence du responsable des lieux ou de son représentant, l'ordonnance est notifiée, après la visite, par lettre recommandée avec demande d'avis de réception.

A défaut de réception de la lettre recommandée, il est procédé à la signification de l'ordonnance par acte d'huissier de justice.

Le juge des libertés et de la détention peut, s'il l'estime utile, se rendre dans les locaux pendant l'intervention. A tout moment, il peut décider la suspension ou l'arrêt de la visite. La saisine du juge des libertés et de la détention aux fins de suspension ou d'arrêt des opérations de visite et de vérifications n'a pas d'effet suspensif.

Lorsque la vérification sur place s'effectue dans les locaux professionnels d'un avocat, celle-ci ne peut être effectuée qu'en présence, selon les cas, du président de l'ordre des avocats au Conseil d'État et à la Cour de cassation ou de son délégué, ou du bâtonnier de l'ordre auprès duquel l'avocat est inscrit du bâtonnier ou de son délégué, informés par écrit au moins trois jours avant la visite. Ces derniers peuvent saisir le juge d'une demande de suspension ou d'arrêt de la visite. A défaut du respect de cette procédure, l'avocat est en droit de s'opposer à la vérification de la Haute Autorité.

Art. 10 L'ordonnance autorisant la visite peut faire l'objet d'un appel devant le premier président de la cour d'appel de Paris suivant les règles prévues par les articles 931 et suivants du code de procédure civile.

Cet appel est formé par déclaration remise ou adressée par lettre recommandée avec demande d'avis de réception au greffe de la cour dans un délai de quinze jours à compter de la notification de l'ordonnance. Cet appel n'est pas suspensif.

Le greffe du *(Décr. n° 2019-966 du 18 sept. 2019, art. 8, en vigueur le 1er janv. 2020)* « tribunal judiciaire » transmet sans délai le dossier de l'affaire au greffe de la cour d'appel où les parties peuvent le consulter.

L'ordonnance du premier président de la cour d'appel est susceptible d'un pourvoi en cassation selon les règles prévues aux articles 974 et suivants du même code.

Art. 11 Le premier président de la cour d'appel de Paris connaît des recours contre le déroulement des opérations de visite autorisées par le juge des libertés et de la détention.

Le recours est formé par déclaration remise ou adressée par lettre recommandée avec demande d'avis de réception au greffe de la cour dans un délai de quinze jours à compter de la notification du procès-verbal de la visite. Ce recours n'est pas suspensif.

L'ordonnance du premier président de la cour d'appel est susceptible d'un pourvoi en cassation selon les règles prévues par les articles 974 et suivants du code de procédure civile. Le délai du pourvoi en cassation est de quinze jours.

CHAPITRE IV *COMMUNICATION SUR PIÈCES*

Art. 12 Lorsque les demandes de communication d'informations ou de documents sont effectuées par la Haute Autorité auprès d'un avocat, celles-ci sont présentées, selon les cas, au président de l'ordre des avocats au Conseil d'État et à la Cour de cassation ou au bâtonnier de l'ordre auprès duquel l'avocat est inscrit. L'avocat transmet à l'autorité dont il relève les pièces qu'elle lui demande. L'autorité les transmet à la Haute Autorité. A défaut du respect de cette procédure, l'avocat est en droit de s'opposer à la communication des informations et documents demandés par la Haute Autorité.

TITRE III DISPOSITIONS TRANSITOIRES ET FINALES

Art. 13 Le présent article est applicable en Nouvelle-Calédonie, en Polynésie française et dans les îles Wallis-et-Futuna.

Art. 14 I. – Les représentants d'intérêts qui remplissent la condition fixées à l'article 1er du présent décret au jour de l'entrée en vigueur de l'article 18-2 de la loi du 11 octobre 2013 précitée communiquent à la Haute Autorité les informations mentionnées à l'article 2 dans un délai de deux mois à compter de cette date.

II. — Les représentants d'intérêts adressent pour la première fois à la Haute Autorité pour la transparence de la vie publique les informations mentionnées à l'article 3, dans lesquelles ils font figurer les actions de représentation d'intérêts effectuées au cours du second semestre 2017, au plus tard le 30 avril 2018.

III. — Les informations mentionnées à l'article 3 ne font état des actions de représentation d'intérêts effectuées auprès des personnes mentionnées aux 6° et 7° de l'article 18-2 de la loi du 11 octobre 2013 susvisée, qu'à compter du 1er juillet 2018.

ANNEXES

Annexe relative aux types de décisions publiques (1° de l'article 3)

— Lois, y compris constitutionnelles ;

— Ordonnances de l'article 38 de la Constitution ;

— Actes réglementaires ;

— Décisions mentionnées à l'article L. 221-7 du code des relations entre le public et l'administration ;

— Contrats entrant dans le champ d'application de l'ordonnance n° 2015-899 du 23 juillet 2015 relative aux marchés publics, lorsque la valeur estimée hors taxe du besoin est égale ou supérieure aux seuils européens publiés au *Journal officiel* de la République Française ;

— Contrats entrant dans le champ de l'ordonnance n° 2016-65 du 29 janvier 2016 relative aux contrats de concession, lorsque la valeur estimée hors taxe du besoin est égale ou supérieure aux seuils européens publiés au *Journal officiel* de la République Française ;

— Contrats mentionnés aux articles L. 2122-6 du code général de la propriété des personnes publiques et L. 1311-5 du code général des collectivités territoriales ;

— Contrats mentionnés aux articles L. 1311-2 du code général des collectivités territoriales et L. 6148-2 du code de la santé publique ;

— Contrats mentionnés aux articles L. 3211-1, L. 3211-2, L. 3211-13 et L. 3211-14 du code général de la propriété des personnes publiques ;

— Délibérations approuvant la constitution d'une société d'économie mixte à opération unique prévue à l'article L. 1541-1 du code général des collectivités territoriales ;

— Autres décisions publiques.

Annexe relative aux types d'action de représentations d'intérêts (2° de l'article 3)

Les actions de représentations d'intérêts visant à influencer une décision publique peuvent consister à :

— Organiser des discussions informelles ou des réunions en tête-à-tête ;

— Convenir pour un tiers d'une entrevue avec le titulaire d'une charge publique ;

— Inviter ou organiser des évènements, des rencontres ou des activités promotionnelles ;

— Établir une correspondance régulière (par courriel, par courrier…) ;

— Envoyer des pétitions, lettres ouvertes, tracts ;

— Organiser des débats publics, des marches, des stratégies d'influence sur internet ;

— Organiser des auditions, des consultations formelles sur des actes législatifs ou d'autres consultations ouvertes ;

— Transmettre des suggestions afin d'influencer la rédaction d'une décision publique ;

— Transmettre aux décideurs publics des informations, expertises dans un objectif de conviction ;

— Autres : à préciser.

Annexe relative aux catégories de responsables publics (4° de l'article 3)

Membres du Gouvernement ou membres de cabinet ministériel (1° de l'article 18-2 de la loi du 11 octobre 2013 susvisée) :

— Premier ministre ;

— Affaires étrangères et développement international ;

— Environnement, énergie et mer ;

— Éducation nationale, enseignement supérieur et recherche ;

— Économie et finances;
— Affaires sociales et santé;
— Défense;
— Justice;
— Aménagement du territoire, ruralité et collectivités territoriales;
— Travail, emploi, formation professionnelle et dialogue social;
— Intérieur;
— Agriculture, agroalimentaire et forêt;
— Logement;
— Culture et communication;
— Famille, enfance et droits des femmes;
— Fonction publique;
— Ville, jeunesse et sport;
— Outre-mer;
— Autres : à préciser.

Responsables des autorités administratives indépendantes et autorités administratives indépendantes (4° de l'article18-2 de la loi du 11 octobre 2013 susvisée) :

— Agence française de lutte contre le dopage;
— Autorité de contrôle des nuisances sonores aéroportuaires;

(Décr. n° 2021-1853 du 27 déc. 2021, art. 5, en vigueur le 1er janv. 2022) « — Autorité de régulation de la communication audiovisuelle et numérique; »

— Autorité de régulation des communications électroniques et des postes;
— Autorité de la concurrence;
— Autorité de régulation de la distribution de la presse;
— Autorité de régulation des transports;
— Autorité nationale des jeux;
— Autorité des marchés financiers;
— Autorité de sûreté nucléaire;
— Comité d'indemnisation des victimes des essais nucléaires;
— Commission d'accès aux documents administratifs;
— Commission du secret de la défense nationale;
— Contrôleur général des lieux de privation de liberté;
— Commission nationale des comptes de campagne et des financements politiques;
— Commission nationale de contrôle des techniques de renseignement;
— Commission nationale du débat public;
— Commission nationale de l'informatique et des libertés;
— Commission de régulation de l'énergie;

(Abrogé par Décr. n° 2021-1853 du 27 déc. 2021, art. 5, à compter du 1er janv. 2022) « — Conseil supérieur de l'audiovisuel; »

— Défenseur des droits;
— Haute Autorité de santé;
— Haut Conseil de l'évaluation de la recherche et de l'enseignement supérieur;
— Haut Conseil du commissariat aux comptes;

(Abrogé par Décr. n° 2021-1853 du 27 déc. 2021, art. 5, à compter du 1er janv. 2022) « — Haute Autorité pour la diffusion des œuvres et la protection des droits sur internet; »

— Haute Autorité pour la transparence de la vie publique;
— Médiateur national de l'énergie.

Responsables locaux (6° de l'article 18-2 de la loi du 11 octobre 2013 susvisée) : la collectivité territoriale ou l'établissement public de rattachement :

— Commune;
— Établissement publics *[public]* de coopération intercommunale;
— Métropole;
— Département;
— Région;
— Collectivité à statut spécial;
— Collectivité outre-mer.

Arrêté du 4 juillet 2017,

Fixant la liste de fourchettes prévue au 6° de l'article 3 du décret n° 2017-867 du 9 mai 2017 relatif au répertoire numérique des représentants d'intérêts.

Art. 1er **Les fourchettes relatives au montant des dépenses consacrées aux actions de représentation d'intérêts pour l'année écoulée que les représentants d'intérêts sont tenus d'adresser à la Haute Autorité pour la transparence de la vie publique, en application du 6° de l'article 3 du décret n° 2017-867 du 9 mai 2017 relatif au répertoire numérique des représentants d'intérêts, sont les suivantes :**

MONTANT DES DÉPENSES CONSACRÉES AUX ACTIONS DE REPRÉSENTATION D'INTÉRÊTS
< 10 000 euros
> = 10 000 euros et < 25 000 euros
> = 25 000 euros et < 50 000 euros
> = 50 000 euros et < 75 000 euros
> = 75 000 euros et < 100 000 euros
> = 100 000 euros et < 200 000 euros
> = 200 000 euros et < 300 000 euros
> = 300 000 euros et < 400 000 euros
> = 400 000 euros et < 500 000 euros
> = 500 000 euros et < 600 000 euros
> = 600 000 euros et < 700 000 euros
> = 700 000 euros et < 800 000 euros
> = 800 000 euros et < 900 000 euros
> = 900 000 euros et < 1 000 000 euros
> = 1 000 000 euros et < 1 250 000 euros
> = 1 250 000 euros et < 1 500 000 euros
> = 1 500 000 euros et < 1 750 000 euros
> = 1 750 000 euros et < 2 000 000 euros
> = 2 000 000 euros et < 2 250 000 euros
> = 2 250 000 euros et < 2 500 000 euros
> = 2 500 000 euros et < 2 750 000 euros
> = 2 750 000 euros et < 3 000 000 euros
> = 3 000 000 euros et < 3 250 000 euros
> = 3 250 000 euros et < 3 500 000 euros
> = 3 500 000 euros et < 3 750 000 euros
> = 3 750 000 euros et < 4 000 000 euros
> = 4 000 000 euros et < 4 250 000 euros
> = 4 250 000 euros et < 4 500 000 euros
> = 4 500 000 euros et < 4 750 000 euros
> = 4 750 000 euros et < 5 000 000 euros

MONTANT DES DÉPENSES CONSACRÉES AUX ACTIONS DE REPRÉSENTATION D'INTÉRÊTS
> = 5 000 000 euros et < 5 250 000 euros
> = 5 250 000 euros et < 5 500 000 euros
> = 5 500 000 euros et < 5 750 000 euros
> = 5 750 000 euros et < 6 000 000 euros
> = 6 000 000 euros et < 6 250 000 euros
> = 6 250 000 euros et < 6 500 000 euros
> = 6 500 000 euros et < 6 750 000 euros
> = 6 750 000 euros et < 7 000 000 euros
> = 7 000 000 euros et < 7 250 000 euros
> = 7 250 000 euros et < 7 500 000 euros
> = 7 500 000 euros et < 7 750 000 euros
> = 7 750 000 euros et < 8 000 000 euros
> = 8 000 000 euros et < 8 250 000 euros
> = 8 250 000 euros et < 8 500 000 euros
> = 8 500 000 euros et < 8 750 000 euros
> = 8 750 000 euros et < 9 000 000 euros
> = 9 000 000 euros et < 9 250 000 euros
> = 9 250 000 euros et < 9 500 000 euros
> = 9 500 000 euros et < 9 750 000 euros
> = 9 750 000 euros et < 10 000 000 euros
> = 10 000 000 euros

Art. 2 Les fourchettes relatives au montant du chiffre d'affaires de l'année précédente lié à l'activité de représentation d'intérêts que les représentants d'intérêts sont tenus de communiquer à la Haute Autorité pour la transparence de la vie publique, en application du 6° de l'article 3 du décret n° 2017-867 du 9 mai 2017 relatif au répertoire numérique des représentants d'intérêts, sont les suivantes :

MONTANT DU CHIFFRE D'AFFAIRES DE L'ANNÉE PRÉCÉDENTE LIÉ À L'ACTIVITÉ DE REPRÉSENTATION D'INTÉRÊTS
0 euros < 100 000 euros
> = 100 000 euros et < 500 000 euros
> = 500 000 euros et < 1 000 000 euros
> = 1 000 000 euros

Circulaire n° NOR : JUSD1802971C du 31 janvier 2018,

Relative à la présentation et la mise en œuvre des dispositions pénales prévues par la loi n° 2016-1691 du 9 décembre 2016 relative à la transparence, à la lutte contre la corruption et à la modernisation de la vie économique.

La loi du 9 décembre 2016 relative à la transparence, à la lutte contre la corruption et à la modernisation de la vie économique, publiée au *Journal officiel* du 10 décembre

2016, s'inscrit dans le prolongement des deux lois votées en 2013 qui ont considérablement renforcé les moyens des autorités nationales françaises en matière de lutte contre la corruption.

Ainsi, la loi n° 2013-907 du 11 octobre 2013 relative à la transparence de la vie publique créant la Haute Autorité pour la transparence de la vie publique (HATVP) a marqué une avancée significative pour le respect de règles éthiques par les responsables publics.

Par ailleurs, la loi n° 2013-1117 du 6 décembre 2013 a institué deux réformes significatives, d'une part, en créant le procureur de la République financier et, d'autre part, en améliorant les outils d'investigation et en aggravant les sanctions pénales encourues en matière de corruption.

Plus de vingt ans après la loi n° 93-122 du 29 janvier 1993 relative à la prévention de la corruption et à la transparence de la vie économique et des procédures publiques, la loi du 9 décembre 2016 aligne la législation française sur les standards européens et internationaux les plus exigeants.

A cet égard, cette loi renforce le traitement pénal des infractions d'atteinte à la probité d'une part, et instaure un dispositif innovant de prévention de la corruption d'autre part.

Ses dispositions sont entrées en vigueur le lendemain de la publication de la loi, soit le 11 décembre 2016, à l'exception des dispositions relatives à l'agence française anticorruption (AFA), entrées en vigueur le 16 mars 2017 (publication du décret n° 2017-329 le 14 mars 2017) et des dispositions relatives à la convention judiciaire d'intérêt public, entrées en vigueur le 30 avril 2017 (publication du décret n° 2017-660 le 27 avril 2017).

La présente circulaire expose les nouvelles dispositions issues de la loi, ainsi que les orientations de politique pénale en la matière.

I La création d'un statut général de protection des lanceurs d'alerte

Avant la loi du 9 décembre 2016 précitée, il n'existait pas, en France, de statut général des lanceurs d'alerte.

Depuis 2007, plusieurs dispositifs disparates ayant pour objet de protéger les personnes effectuant, de bonne foi, des signalements ont émergé dans des secteurs spécifiques (corruption, atteintes à l'environnement ou à la santé publique). Ceux-ci concernaient des domaines très variés sans pour autant permettre une appréhension exhaustive des situations ni une protection effective des personnes concernées.

La loi du 9 décembre 2016 répond à cet objectif de clarification et d'unification du dispositif.

Elle introduit un ensemble de dispositions générales relatives aux lanceurs d'alertes qui créent un socle protecteur unique et précise les modalités de la conciliation entre les dispositions relatives au droit d'alerte et les secrets pénalement protégés.

Elle permet un encadrement global de l'alerte. La définition du lanceur d'alerte et la procédure de signalement visent l'ensemble des alertes pouvant être mises en œuvre sur le lieu de travail, qu'elles soient relatives à la corruption, à la santé ou à la sécurité au travail ou à des situations de discrimination ou de harcèlement.

1 *La définition du lanceur d'alerte et de la procédure d'alerte*

A *La définition du lanceur d'alerte*

L'article 6 de la loi définit le lanceur d'alerte comme toute personne physique qui révèle ou signale, de manière désintéressée et de bonne foi, un fait dont il a eu personnellement connaissance et qui constitue :

• un crime ou un délit ;

• une violation grave et manifeste d'un engagement international régulièrement ratifié ou approuvé par la France ou d'un acte unilatéral d'une organisation internationale pris sur le fondement d'un tel engagement, et des dispositions législatives et règlementaires ;

• une menace ou un préjudice grave pour l'intérêt général.

Cette définition exclut les personnes qui n'agissent pas dans l'intérêt général mais pour leur propre compte ou qui cherchent à nuire.

Elle exclut également les personnes morales (les ONG et associations ne peuvent donc pas bénéficier de la protection accordée aux lanceurs d'alerte).

B *La procédure d'alerte*

L'article 8 de la loi instaure une procédure de signalement d'alerte graduée.

L'alerte doit être signalée :

• en premier lieu, au supérieur hiérarchique ou à un référent désigné par lui ;

• si aucune suite n'est donnée par celui-ci dans un délai raisonnable, auprès de l'autorité judiciaire ou administrative ou aux ordres professionnels ;

• en dernier ressort, si l'information ne reçoit toujours pas de traitement, l'alerte peut être rendue publique.

A titre exceptionnel, en cas de danger grave et imminent ou en présence d'un risque de dommages irréversibles, l'alerte peut être portée directement à la connaissance des autorités précitées et être rendue publique.

Le lanceur d'alerte peut également saisir le Défenseur des droits afin d'être orienté vers l'organisme approprié de recueil de l'alerte. Le Défenseur des droits n'a donc pas vocation à traiter l'alerte, mais à orienter le lanceur d'alerte.

2 *Le dispositif de protection du lanceur d'alerte*

2.1 *La création d'un fait justificatif du délit de violation du secret professionnel en faveur du lanceur d'alerte*

Une articulation entre le droit d'alerte et les autres secrets (notamment professionnels) pénalement protégés est prévue.

Un nouvel article 122-9 du code pénal crée un nouveau fait justificatif pour le lanceur d'alerte qui a porté atteinte, dans certaines conditions, à un secret pénalement protégé *[Article 122-9 du code pénal : "N'est pas pénalement responsable la personne qui porte atteinte à un secret protégé par la loi, dès lors que cette divulgation est nécessaire et proportionnée à la sauvegarde des intérêts en cause, qu'elle intervient dans le respect des procédures de signalement définies par la loi et que la personne répond aux critères de définition du lanceur d'alerte prévus à l'article 6 de la loi relative à la transparence, à la lutte contre la corruption et à la modernisation de la vie économique."]*.

En revanche, cette disposition n'autorise pas le lanceur d'alerte à porter atteinte à certains secrets dont le législateur a estimé qu'ils exigent une protection particulière. Le deuxième alinéa de l'article 6 de la loi exclut ainsi du régime de l'alerte "les faits, informations ou documents, quel que soit leur forme ou leur support," couverts par le secret de la défense nationale, le secret médical, et le secret des relations entre un avocat et son client.

2.3 *[2.2] La création de deux délits visant à garantir la protection du lanceur d'alerte*

La protection de l'identité du lanceur d'alerte – et celle de la personne mise en cause par l'alerte tant que les faits ne sont pas établis – est garantie, afin d'éviter les représailles, notamment en sanctionnant pénalement le fait de divulguer les éléments confidentiels de nature à identifier le lanceur d'alerte ou la personne mise en cause par un signalement d'une peine de deux ans d'emprisonnement et de 30 000 € d'amende.

Est également sanctionné d'une peine d'un an d'emprisonnement et de 15 000 € d'amende le fait de faire obstacle, de quelque façon que ce soit, à la transmission d'un signalement.

II L'amélioration du dispositif de prévention de la corruption et la création d'une agence francaise anticorruption

1 *L'obligation de mettre en place des programmes anticorruption au sein des entreprises*

L'article 17 de la loi du 9 décembre 2016 prévoit pour les dirigeants d'entreprises et d'établissements publics à caractère industriel ou commercial d'une certaine taille (au moins 500 salariés et un chiffre d'affaires supérieur à 100 millions d'euros) l'obligation de mettre en place des mesures destinées à prévenir et à détecter la commission, en France ou à l'étranger, de faits de corruption ou de trafic d'influence, y compris dans les filiales et les sociétés contrôlées.

Les mesures et procédures à mettre en œuvre sont les suivantes :

– un code de conduite définissant et illustrant les différents types de comportements à proscrire comme étant susceptibles de caractériser des faits de corruption ou de trafic d'influence ;

– un dispositif d'alerte interne destiné à permettre le recueil des signalements émanant d'employés et relatifs à l'existence de conduites ou de situations contraires au code de conduite ;

– une cartographie des risques prenant la forme d'une documentation régulièrement actualisée et destinée à identifier, analyser et hiérarchiser les risques d'exposition de la personne morale à des sollicitations externes aux fins de corruption, en fonction notamment des secteurs d'activités et des zones géographiques dans lesquels la personne morale exerce son activité ;

– des procédures d'évaluation de la situation des clients, fournisseurs de premier rang et intermédiaires au regard de la cartographie des risques ;

– des procédures de contrôles comptables, internes ou externes, destinées à s'assurer que les livres, registres et comptes ne sont pas utilisés pour masquer des faits de corruption ou de trafic d'influence ;

– un dispositif de formation destiné aux cadres et aux personnels les plus exposés aux risques de corruption et de trafic d'influence ;

– un régime disciplinaire permettant de sanctionner les salariés de la personne morale en cas de violation du code de conduite.

2 *La création d'une Agence française anticorruption*

L'article 1er de la loi du 9 décembre 2016 institue une Agence française anticorruption, service à compétence nationale placé sous l'autorité conjointe du garde des sceaux, ministre de la justice et du ministre chargé du budget. Il se substitue au service central de prévention de prévention de la corruption créé par l'article 1er de la loi du 29 janvier 1993 relative à la prévention de la corruption et à la transparence de la vie économique et des procédures publiques.

Aux termes de l'article 3 de la loi, l'agence est chargée notamment :

– de participer à la coordination interministérielle permettant d'aider à prévenir et à détecter les atteintes à la probité ;

– d'élaborer des recommandations destinées à aider les personnes morales de droit public et de droit privé dans la mise en œuvre de procédures internes de prévention et de détection des faits de corruption ;

– de contrôler, de sa propre initiative, la qualité et l'efficacité des procédures mises en œuvre au sein des administrations de l'État, des collectivités territoriales, de leurs établissements publics et sociétés d'économie mixte, et des associations reconnues d'utilité publique pour prévenir et détecter les faits de corruption, de trafic d'influence, de concussion, de prise illégale d'intérêt, de détournement de fonds publics et de favoritisme ;

– de contrôler la mise en œuvre des procédures de prévention et de détection de la corruption dans le cadre de l'obligation de vigilance prévue à l'article 17 de la loi. En cas de manquement à cette obligation, la commission des sanctions de l'AFA peut, après un avertissement délivré par le directeur, adresser une injonction de mise en conformité ou infliger une sanction pécuniaire dont le montant ne peut excéder 200 000 euros pour les personnes physiques et un million d'euros pour les personnes morales ;

– de contrôler la mise en œuvre du programme de conformité prévue dans le cadre d'une convention judiciaire d'intérêt public ;

– de contrôler la mise en œuvre de la peine de programme de mise en conformité prévue par l'article 131-39-2 du code pénal.

Une dépêche viendra préciser les modalités des échanges à intervenir entre les parquets et l'AFA.

III Le renforcement des incriminations, des sanctions et de l'application extraterritoriale de la loi pénale française

1 *Des infractions nouvelles ou renouvelées*

1.1 *L'incrimination du trafic d'influence d'agents publics étrangers (articles 435-2 et 435-4 du code pénal)*

Infraction très proche de la corruption, le trafic d'influence consiste à obtenir d'une personne qu'elle utilise abusivement son influence réelle ou supposée auprès d'une autorité ou d'une administration, dans le but d'obtenir d'elle des emplois, des marchés ou toute autre décision favorable.

Jusqu'à présent, le législateur avait choisi de ne pas incriminer le trafic d'influence d'un agent public étranger, alors que la corruption d'agent public étranger était quant à elle incriminée.

L'incrimination du trafic d'influence d'un agent public d'un État étranger s'inscrit dans le mouvement de renforcement de la lutte anticorruption transnationale qui constitue un des objectifs de cette loi.

Ce nouveau délit a notamment vocation à sanctionner l'intervention frauduleuse de certains intermédiaires dans la conclusion de contrats internationaux.

Cette réforme accroît donc la possibilité de réprimer la corruption dans les échanges internationaux dont le mode opératoire prend très souvent la forme d'un trafic d'influence.

1.2 *L'extension du champ d'application de l'infraction de favoritisme (article 432-14 du code pénal)*

Afin d'adapter le délit d'octroi d'avantages injustifiés, dit délit de "favoritisme", à la réalité de la commande publique dont le régime juridique a considérablement évolué au cours de ces dernières années *[le droit de la commande publique a été entièrement refondu, s'agissant tant des marchés publics que des contrats de concession, par l'Ord. n° 2015-899 du 23 juill. 2015 relative aux marchés publics et l'Ord. n° 2015-65 du 29 janv. 2016 relative aux contrats de concession]*, le législateur a étendu le champ d'application de ce délit à l'ensemble des contrats de la commande publique.

En effet, le délit d'octroi d'avantages injustifiés ne visait jusqu'ici que les marchés publics et les délégations de service public. La portée du texte était discutée et l'inclusion dans son champ d'application de tous les contrats de concession, notamment les délégations de simples services et les concessions de travaux publics, n'était pas acquise *[s'agissant des marchés publics, la jurisprudence récente retenait une interprétation large des dispositions de l'art. 432-14 C. pén. En effet, la chambre criminelle de la Cour de cassation avait, dans un arrêt du 17 févr. 2016 (n° 15-85.363), considéré que les marchés passés sur le fondement de l'ordonnance du 06 juin 2005 par des personnes publiques ou privées non soumises au code des marchés publics entraient également dans le champ de l'infraction de favoritisme]*. La nouvelle rédaction de l'article 432-14 du code pénal prévoit désormais que le délit de favoritisme est applicable à l'ensemble des marchés publics et des contrats de concession, et crée ainsi un dispositif répressif cohérent et unifié, permettant une efficacité accrue au bénéfice de la confiance publique.

2 *Des sanctions renforcées*

2.1 *L'extension des peines complémentaires assurant la publicité des condamnations*

La peine complémentaire d'affichage ou de diffusion de la décision n'était jusqu'ici applicable qu'aux seuls délits de corruption ou de trafic d'influence. Elle n'était donc pas prévue pour les autres délits d'atteinte à la probité.

La nouvelle rédaction du 4° de l'article 432-17 du code pénal étend la possibilité d'ordonner la publicité de la condamnation pour les délits de concussion (article 432-10 du même code), de prise illégale d'intérêt (articles 432-12 et 432-13 du même code), de favoritisme (article 432-14 du même code) et de détournement de fonds publics (articles 432-15 et 432-16 du même code).

2.2 *La peine obligatoire d'inéligibilité*

La loi du 9 décembre 2016 renforce l'exigence de probité des candidats aux élections politiques en permettant d'écarter des fonctions électives les personnes qui, en raison des infractions qu'elles ont commises, ne remplissent plus les conditions de moralité essentielles à l'exercice d'un mandat public.

Elle prévoit l'obligation pour les juridictions répressives de prononcer la peine complémentaire d'inéligibilité pour une série d'infractions à la probité.

La loi n° 2017-1339 du 15 septembre 2017 pour la confiance dans la vie politique a par la suite étendu l'obligation pour les juridictions répressives de prononcer cette peine.

Ces dispositions sont commentées dans la circulaire du 21 septembre 2017 de présentation de la peine complémentaire obligatoire d'inéligibilité, créée par la loi du 15 septembre 2017 pour la confiance dans la vie politique.

3 *La facilitation des poursuites des délits de corruption et de trafic d'influence commis à l'étranger*

Ces dernières années, la lutte contre la corruption s'est internationalisée, traduisant une prise de conscience générale du caractère global et transnational de ce phénomène.

Afin de mieux réprimer les contreparties occultes et illégales intervenant dans le cadre de transactions commerciales internationales, plusieurs législations étrangères se sont dotées d'une compétence très large leur permettant de poursuivre pénalement ces agissements, y compris lorsque ces faits sont commis par des personnes physiques ou par des entreprises étrangères ayant un lien de rattachement très ténu avec leur territoire national.

Les nouveaux articles 435-6-2 et 435-11-2 du code pénal étendent les possibilités d'application de la loi pénale française pour les délits de corruption et de trafic d'influence commis à l'étranger et assouplissent les conditions dans lesquelles ces délits peuvent être poursuivis en France.

3.1 *L'extension de l'application de la loi pénale française pour les délits de corruption et de trafic d'influence commis à l'étranger*

Avant l'adoption de la loi du 9 décembre 2016, la compétence des juridictions françaises concernant les délits de corruption et de trafic d'influence était fondée :

— sur une compétence territoriale, si un élément constitutif de l'infraction était commis sur le territoire national ;

— sur une compétence personnelle active, quand des faits étaient commis à l'étranger par une personne physique ou morale française ;

– sur une compétence personnelle passive, quand des faits avaient été commis à l'encontre d'une victime française.

Les nouvelles dispositions étendent désormais l'application de la loi pénale française aux infractions de corruption et de trafic d'influence commises à l'étranger par des personnes "résidant habituellement ou exerçant tout ou partie de [leur] activité économique sur le territoire français".

La notion de personne "exerçant tout ou partie de [leur] activité économique en France" recouvre *a minima* les personnes morales étrangères ayant en France une filiale, des succursales, des bureaux commerciaux ou d'autres établissements, mêmes dépourvus de personnalité juridique propre. Le législateur a ainsi entendu retenir une acception particulièrement large de l'exercice d'une activité économique.

Par ailleurs, les articles précités suppriment, pour ces mêmes infractions, l'exigence de double incrimination prévue au deuxième alinéa de l'article 113-6 du code pénal.

Ces nouvelles dispositions doivent être regardées comme des dispositions pénales de fond pour lesquelles s'applique le principe de non rétroactivité de la loi pénale plus sévère.

3.2 *L'assouplissement des modalités de poursuite en France des délits de corruption et de trafic d'influence commis à l'étranger*

En premier lieu, les nouveaux articles 435-6-2 et 435-11-2 du code pénal suppriment les conditions procédurales requises par l'article 113-8 du code pénal. Ils mettent fin au monopole des poursuites attribué au ministère public d'une part, et suppriment l'exigence d'une plainte préalable de la victime ou de ses ayants droit ou d'une dénonciation officielle de l'État dans lequel les faits ont été commis d'autre part.

Par ailleurs, s'agissant de la poursuite de la personne qui s'est rendue coupable sur le territoire français, comme complice, d'une infraction de trafic d'influence ou de corruption commise à l'étranger, la condition de constatation de l'infraction par une décision définitive de la juridiction étrangère prévue à l'article 113-5 n'est plus applicable.

Ces nouvelles dispositions doivent être regardées comme des dispositions pénales de procédure fixant les modalités des poursuites et applicables immédiatement à la répression des infractions commises avant leur entrée en vigueur.

Ces mesures permettront de faciliter la détection des faits de corruption transnationale en permettant notamment aux victimes et aux associations agréées en application de l'article 2-23 du code de procédure pénale *[à ce jour ont été agréées par le ministère de la justice à ce titre les associations Transparency International France, Sherpa et Anticor]* de se constituer partie civile dans des affaires de corruption transnationale, survenues y compris dans des pays où ces agissements ne sont pas poursuivis et en autorisant la poursuite de la société mère agissant en tant que complice par instruction données à sa filiale située à l'étranger.

IV La création d'une nouvelle alternative aux poursuites : la convention judiciaire d'intérêt public

L'article 22 de la loi du 9 décembre 2016 a créé dans un nouvel article 41-1-2 du code de procédure pénale un mécanisme procédural innovant, appelé convention judiciaire d'intérêt public (CJIP), qui constitue un dispositif transactionnel permettant un traitement efficace et rapide des procédures ouvertes pour des faits d'atteinte à la probité et de blanchiment de fraude fiscale. Ses modalités de mise en œuvre ont été précisées par l'article 1er du décret n° 2017-660 du 27 avril 2017 relatif à la convention d'intérêt public et au cautionnement *[ces dispositions sont codifiées aux art. R. 15-33-60-1 à R. 15-33-60-10 C. pr. pén.]*.

1 *Présentation de la convention*

La convention judiciaire d'intérêt public constitue une alternative aux poursuites qui peut être mise en œuvre à l'issue d'une enquête préliminaire. Cependant, à la différence des autres mesures alternatives aux poursuites, le nouvel article 180-2 du code de procédure pénale prévoit également que la CJIP peut être conclue au cours d'une information judiciaire, alors même que l'action publique a déjà été mise en mouvement.

Cette nouvelle procédure prévoit un mécanisme transactionnel entre le ministère public et la personne morale mise en cause, dans un souci partagé de rapidité. Il convient de rappeler que, dans ce domaine, la longueur des procédures ainsi que l'incertitude quant à leur issue, sont déstabilisantes pour la société mise en cause.

Elle présente une importante singularité par rapport aux autres mesures alternatives aux poursuites puisqu'elle permet de s'assurer, par l'intermédiaire du programme de mise en conformité effectué sous le contrôle de l'AFA, que la personne morale se dote d'un système efficace destiné à prévenir la réitération de faits similaires.

1.1 *La mise en œuvre de la convention à l'issue d'une enquête diligentée par le procureur de la République*

Figurant au nouvel article 41-1-2 du code de procédure pénale, cette alternative permet au procureur de la République, tant que l'action publique n'a pas été mise en mouvement, de proposer la conclusion d'une convention judiciaire d'intérêt public :

— à une personne morale, publique *[dans les conditions de l'art. 121-2 C. pén. : exclusion de la responsabilité pénale de l'État, responsabilité pénale des collectivités territoriales et de leurs groupements uniquement dans le cadre des activités susceptibles de faire l'objet de conventions de délégation de service public]* ou privée,

— lorsque cette personne morale est mise en cause pour un ou plusieurs délits de : corruption active d'agent public français commis par des particuliers (Natinf 11713, 11714, 26619 ou 11715), trafic d'influence actif commis par des particuliers (Natinf 11716, 11717 ou 11718), corruption et trafic d'influence actifs visant à entraver le cours de la justice française (Natinf 11725, 27422, 11727, 11728, 11726 ou 27424), corruption active d'agent public étranger ou d'agent d'une organisation internationale publique (Natinf 11713, 11714, 26619 ou 11715), trafic d'influence actif en vue d'orienter l'action d'un agent d'une organisation internationale publique (Natinf 11716, 11717 ou 11718), corruption active visant à entraver le cours de la justice internationale (Natinf 11725, 27422, 11727, 11728, 11726), trafic d'influence actif en vue d'orienter la justice internationale (Natinf 27424), corruption active des personnes n'exerçant pas une fonction publique (Natinf 1361, 1368 ou 28404), corruption passive des personnes n'exerçant pas une fonction publique (Natinf 1361, 1368 ou 28404), blanchiment des infractions prévues aux articles 1741 et 1743 du code général des impôts, ainsi que pour des infractions connexes, à l'exclusion de celles prévues aux mêmes articles 1741 et 1743.

Cette convention a pour objet d'imposer à la personne une ou plusieurs des obligations suivantes :

— verser une amende d'intérêt public au Trésor public, dont le montant devra être fixé de manière proportionnée aux avantages tirés des manquements constatés, dans la limite de 30 % du chiffre d'affaires moyen annuel calculé sur les trois derniers chiffres d'affaires annuels connus à la date du constat de ces manquements. Son versement pourra être échelonné, selon un échéancier fixé par le procureur de la République, sur une période qui ne peut être supérieure à un an et qui est précisée par la convention ;

— se soumettre, pour une durée maximale de trois ans et sous le contrôle de l'Agence française anticorruption, à un programme de mise en conformité destiné à s'assurer de l'existence et de la mise en œuvre en son sein des mesures et procédures de prévention et détection de faits de corruption. Ce programme comprend une ou plusieurs mesures de prévention et de détection énumérées au II de l'article 17 de la loi du 9 décembre 2016 (voir II 1.) ;

– lorsque la victime est identifiée, et sauf si la personne morale mise en cause justifie de la réparation de son préjudice, la convention prévoit également le montant et les modalités de la réparation des dommages causés par l'infraction dans un délai qui ne peut être supérieur à un an.

1.2 *La mise en œuvre de la convention au cours d'une information judiciaire*

Outre les conditions mentionnées ci-dessus relatives à la mise en œuvre de la convention à l'issue d'une enquête préliminaire, lorsque la convention est envisagée dans le cadre d'une information judiciaire, plusieurs conditions supplémentaires sont requises : la personne morale doit préalablement avoir été mise en examen, reconnu les faits et accepté la qualification pénale retenue.

Le juge d'instruction peut, à la demande ou avec l'accord du procureur de la République, prononcer, par ordonnance, la transmission de la procédure au procureur de la République aux fins de mise en œuvre de la procédure de convention judiciaire d'intérêt public.

La demande ou l'accord du procureur de la République en vue de la mise en œuvre de cette procédure peut être exprimé ou recueilli au cours de l'information ou à l'occasion de la procédure de règlement prévue à l'article 175 du code de procédure pénale. Les représentants légaux de la personne morale mise en cause sont informés, dès la proposition du procureur de la République, qu'ils peuvent se faire assister d'un avocat avant de donner leur accord à la convention.

L'instruction est suspendue en ce qu'elle concerne la personne morale faisant l'objet de la transmission pour mise en œuvre de la convention. Les mesures prononcées, le cas échéant, au titre du contrôle judiciaire sont maintenues à l'égard de cette personne jusqu'à la validation de la convention. L'instruction se poursuit à l'égard des autres parties à la procédure.

La conclusion de la convention doit intervenir dans un délai de 3 mois.

En cas d'accord sur la convention et validation de celle-ci, le procureur transmet l'ordonnance de validation au juge d'instruction.

2 *Le déroulement de la convention*

2.1 *La prise en compte des intérêts de la victime en amont de l'envoi de la proposition de convention à la personne morale*

Selon les termes de l'alinéa 5 de l'article 41-1-2 du code de procédure pénale, l'indemnisation du préjudice doit être prévue par la convention judiciaire d'intérêt public lorsque la victime est identifiée.

L'économie du texte de loi et du décret d'application relatifs à la convention judiciaire d'intérêt public impose la prise en compte des intérêts de la victime dès la proposition de la convention dès lors que la personne morale mise en cause ne justifie pas de la réparation de son préjudice.

Ainsi que le spécifie le nouvel article R. 15-33-60-1 du code de procédure pénale, avant d'adresser la proposition de convention aux représentants de la personne morale mise en cause, le procureur de la République doit en informer préalablement la victime lorsqu'elle est identifiée afin de lui permettre de transmettre tout élément de nature à établir la réalité et l'étendue de son préjudice.

Le procureur évalue ensuite, dans la proposition de convention, "le montant et les modalités de la réparation des dommages causés par l'infraction", lesquels peuvent être différents de ceux initialement sollicités par la victime. Il convient de souligner que les négociations préalables à la conclusion d'une convention sont marquées par une confidentialité très stricte, la divulgation d'informations relatives à la convention envisagée pouvant avoir des conséquences économiques particulièrement dommageables pour l'entreprise mise en cause (chute de la valeur du titre par exemple s'agissant d'une société cotée en bourse). Ainsi, l'avis du procureur à la victime ne devra intervenir que si, aux termes d'une discussion informelle engagée avec la personne morale mise en cause, l'éventualité de la conclusion d'une CJIP est confirmée. Le procureur devra par ailleurs appeler l'attention de la victime sur la nécessité de ne donner aucune publicité à cet avis avant que la CJIP ne soit formellement proposée à la personne morale mise en cause.

La victime ne peut ni provoquer une CJIP, ni s'opposer à la proposition de CJIP, ni interjeter appel de la décision qui la valide.

2.2 *L'envoi de la proposition de convention à la personne morale*

La proposition de convention (annexe 1) adressée aux organes représentants la personne morale par lettre recommandée avec demande d'avis de réception doit préciser :

– la dénomination sociale de la personne concernée ;

– un exposé précis des faits ainsi que la qualification juridique susceptible de leur être appliquée ;

– la nature et le quantum des obligations proposées en application des 1° et 2° du I de l'article 41-1-2, ainsi que les délais et modalités dans lesquels elles doivent être exécutées ;

– le cas échéant, le montant maximum des frais exposés pour le contrôle de la mise en œuvre du programme de conformité qui sont supportés par la personne morale mise en cause. Les parquets pourront, à cet égard, consulter l'Agence française anticorruption afin d'établir le plafond des frais d'expertise nécessaires à la mise en œuvre par l'Agence du contrôle (annexes 2 et 2 *bis*) ;

– le cas échéant, le montant et les modalités de la réparation des dommages causés par l'infraction.

Le procureur de la République doit également indiquer à la personne morale le délai dans lequel elle doit faire part de son acceptation ou de son refus de la proposition de convention.

Par ce même courrier, le procureur informe la personne morale de la possibilité de se faire assister par un avocat.

Il conviendra de préciser dans la convention que l'obligation de mise en œuvre d'un programme de conformité s'exerce sous le contrôle de l'Agence française anticorruption comme le prévoit le 2° du I de l'article 41-1-2 du code de procédure pénale.

Lors de la phase de proposition de la convention, le parquet peut faire usage des dispositions du II de l'article 77-2 du code de procédure pénale et ainsi communiquer tout ou partie de la procédure à la personne mise en cause.

2.3 *L'acceptation de la proposition*

L'article R. 15-33-60-2 du code de procédure pénale prévoit deux modalités d'acceptation de la proposition de convention par la personne morale dans le délai imparti par le procureur de la République : un courrier signé de ses représentants légaux ou une déclaration faite par ces derniers devant le procureur de la République, qui en dresse procès-verbal.

2.4 *La validation de la convention*

• La requête en validation

Selon l'article R. 15-33-60-3 du code de procédure pénale, le président du tribunal de grande instance est saisi par la voie d'une requête en validation signée par le procureur de la République (annexe 3). Y sont joints la proposition de convention acceptée par la personne morale, l'acte attestant de son accord ainsi que la procédure d'enquête ou d'instruction.

La requête, ainsi que la date, l'heure et l'adresse de l'audience à laquelle elles sont invitées à comparaître, sont notifiées aux représentants légaux de la personne morale mise en cause (annexe 4), et s'il y a lieu à la victime (annexe 5), par lettre recommandée avec demande d'accusé de réception.

• L'ordonnance

La CJIP fait l'objet d'une validation par le président du tribunal de grande instance (ou de tout juge qu'il aura désigné à cette fin) à l'issue d'une audience publique.

L'ordonnance de validation ou de refus de validation est rendue à l'issue de l'audience et immédiatement notifiée aux représentants légaux de la personne morale et à la victime s'il y a lieu (annexe 6). Une copie leur est remise après émargement. Si la victime n'est pas présente à l'audience, l'ordonnance lui est communiquée par tout moyen.

• Le droit de rétractation

La notification d'une ordonnance de validation fait courir un délai de rétractation de dix jours pour la personne morale, cette rétractation devant être notifiée par lettre recommandée avec accusé de réception au procureur de la République.

2.5 *Les effets de la convention*

Si la personne morale n'exerce pas son droit de rétractation dans ce délai de 10 jours, les obligations de la convention sont mises en œuvre.

Le procureur de la République doit communiquer la convention ainsi que l'ordonnance de validation à l'Agence française anticorruption (article R. 15-33-60-7 du code de procédure pénale). Cette communication pourra se faire par voie dématérialisée, sur la boîte structurelle de l'AFA : afa@afa.gouv.fr

L'alinéa 12 de l'article 41-1-2 prévoit que l'ordonnance doit faire l'objet d'un communiqué de presse par le parquet.

L'alinéa 13 dispose que "l'ordonnance de validation, le montant de l'amende d'intérêt public et la convention sont publiés sur le site internet de l'Agence française anticorruption".

La décision de validation du président du TGI n'emporte pas déclaration de culpabilité et n'est pas inscrite au bulletin n° 1 du casier judiciaire (elle ne peut par conséquent pas constituer le premier terme de la récidive).

La prescription de l'action publique est suspendue durant l'exécution des obligations de la convention.

Lorsque la convention prévoit la mise en place d'un programme de conformité sous le contrôle de l'AFA, celle-ci rend compte au procureur de la République de sa mise en œuvre et lui remet un rapport au terme du délai d'exécution de la mesure. L'AFA ou la personne morale doivent informer le parquet de toute difficulté.

L'exécution des obligations prévues par la convention éteint l'action publique, sans faire cependant échec au droit des personnes ayant subi un préjudice du fait des manquements constatés, sauf l'État, de poursuivre la réparation de leur préjudice devant la juridiction civile.

En application de l'article R. 15-33-60-9, lorsque la ou les obligations de la convention ont été intégralement exécutées, le procureur de la République avise les représentants de la personne morale et, le cas échéant, la victime, de l'extinction de l'action publique. Si la convention a été conclue dans le cadre d'une information judiciaire, le procureur de la République in forme également le juge d'instruction de l'extinction de l'action publique et requiert une ordonnance de non-lieu à l'encontre de la personne morale pour ce motif.

2.6 *Les cas d'échecs de la conclusion de la convention*

Les différentes hypothèses sont les suivantes :

– si, dans un délai de trois mois à compter de la transmission de la procédure au procureur de la République, aucun accord sur une proposition de convention n'a été trouvé ;

– si le président du tribunal de grande instance refuse de valider la convention ;

– si la personne morale décide d'exercer son droit de rétractation ;

Dans ce cas, le ministère public ne peut faire état devant la juridiction de jugement des "déclarations faites ou des documents remis par la personne morale au cours de la CJIP".

2.7 *L'hypothèse de l'interruption de la CJIP en cas d'inexécution ou de mauvaise exécution*

Si la personne morale ne justifie pas avoir exécuté intégralement ses obligations, l'alinéa 17 de l'article 41-1-2 prévoit que le parquet doit "à peine de nullité notifier à la personne morale mise en cause l'interruption de l'exécution de la convention". Cette notification est faite à la personne morale mise en cause par lettre recommandée avec accusé de réception et à la victime par tous moyens. La décision d'interruption de l'exécution de la convention prend effet immédiatement.

Dans le cas d'une convention envisagée au cours d'une enquête préliminaire, sauf élément nouveau, le ministère public met en mouvement l'action publique.

Dans le cas d'une convention conclue au cours d'une information judiciaire, le procureur de la République prend des réquisitions aux fins de reprise de l'information.

Dans ce cas, la procédure de convention est communiquée au tribunal ou au juge d'instruction pour versement à la procédure, afin qu'il puisse être tenu compte de l'exécution partielle des obligations (alinéa 15 de l'article 41-1-2 et dernier alinéa de l'article R. 15-33-60-10 du code de procédure pénale).

Par ailleurs, l'amende d'intérêt public versée au Trésor public doit être restituée de plein droit à la personne morale. L'article R. 15-33-60-10 du code de procédure pénale précise que "si des sommes ont été versées au titre de l'amende d'intérêt public, le procureur de la République communique la lettre de notification de l'interruption de l'exécution de la convention au comptable ayant reçu le paiement aux fins de restitution". La restitution ne concerne pas les frais occasionnés au titre du contrôle de la conformité par l'AFA. L'alinéa 17 de l'article 41-1-2, précise en effet que l'interruption de la CJIP "n'entraîne cependant pas restitution des éventuels frais supportés par la personne morale et occasionnés par le recours par l'Agence française anticorruption à des experts ou à des personnes ou autorités qualifiées pour l'assister dans la réalisation d'analyses juridiques, financières, fiscales et comptables nécessaires à sa mission de contrôle".

La mise en mouvement de l'action publique peut toutefois permettre de saisir sur le fondement de l'article 131-21 du code pénal ou d'appréhender, en application de l'article 138-11° du code de procédure pénale, les sommes d'ores-et-déjà versées au comptable public.

En outre, le procureur de la République pourra utilement requérir, à l'audience, la confiscation des sommes saisies pendant l'enquête.

3 *Le choix de recourir à la convention et l'articulation entre la convention et la mise en cause de personnes physiques ou d'autres personnes morales*

• Le choix de recourir à la convention

L'opportunité de mettre en œuvre une convention pourra s'apprécier en fonction de plusieurs critères :

— les antécédents de la personne morale ;

— le caractère volontaire de la révélation des faits ;

— le degré de coopération avec l'autorité judiciaire dont la personne morale fait preuve.

La prise en compte des antécédents de la personne morale conduira, dans la plupart des cas, à exclure la convention lorsque la personne morale aura déjà bénéficié d'une telle mesure.

• L'articulation entre la CJIP et la mise en cause de personnes physiques ou d'autres personnes morales

Le fait de mettre en œuvre une convention à l'encontre de la personne morale n'exclut en rien la possibilité d'apporter une réponse pénale aux faits imputables à la personne physique mise en cause en qualité de représentante de la personne morale.

L'opportunité de poursuivre la personne physique, ou de mettre en œuvre l'une des mesures alternatives aux poursuites prévues à l'article 41-1 du code de procédure pénale, devra faire l'objet d'une appréciation au cas par cas.

Lorsque la convention est conclue dans le cadre d'une information judiciaire, le nouvel article 180-2 alinéa 4 du code de procédure pénale précise que "l'instruction se poursuit à l'égard des autres parties à la procédure". En pratique, il suffira que le juge d'instruction rende une ordonnance de transmission au procureur de la République aux fins de mise en œuvre de la procédure prévue à l'article 41-1-2 du code de procédure pénale, au vu de la reconnaissance des faits et de leur qualification par la personne morale et de l'accord du procureur de la République.

4 *La détermination du montant de l'amende*

La convention judiciaire d'intérêt public a été adoptée par le législateur français dans un souci de pragmatisme et d'efficacité, afin que les sanctions prononcées par les juridictions françaises soient en relation avec les standards internationaux.

L'article 41-1-2 I 1° du code de procédure pénale prévoit que "le montant de cette amende est fixé de manière proportionnée aux avantages tirés des manquements constatés, dans la limite de 30 % du chiffre d'affaires moyen annuel calculé sur les trois derniers chiffres d'affaires annuels connus à la date du constat de ces manquements".

• La détermination du plafond

Dans un souci de respect des principes de proportionnalité et d'individualisation de la peine, le législateur a fixé un montant d'amende maximal à 30 % du chiffre d'affaires moyen annuel calculé sur les trois derniers chiffres d'affaires annuels connus à la date du constat des manquements.

La date du constat des manquements doit être comprise comme la date à laquelle le parquet propose la convention, si bien que vous prendrez en considération la moyenne des chiffres d'affaires des trois années précédant la proposition de convention.

Par ailleurs, le chiffre d'affaires pris en compte est le chiffre d'affaires mondial de la seule entité faisant l'objet de la proposition de convention. A titre d'exemple, si la personne morale susceptible de faire l'objet d'une convention est une filiale d'un grand groupe, seul sera pris en compte le chiffre d'affaires de cette filiale.

• La détermination des avantages tirés des manquements constatés

Les avantages tirés des manquements constatés peuvent être ainsi évalués :

— en matière de blanchiment de fraude fiscale, pourront être pris en compte les profits retirés par les établissements financiers grâce aux fonds blanchis ;

— en matière de corruption, il s'agit du profit direct et indirect retiré du marché obtenu frauduleusement. L'excédent brut d'exploitation pourra être une bonne base d'évaluation de ce profit. Les avantages tirés des manquements constatés peuvent être divers *[pour déterminer précisément l'avantage retiré de la corruption, vous pourrez utilement vous référer à l'analyse OCDE-StAR sur L'identification et la quantification des produits de la corruption : http://www.oecd.org/fr/daf/anti-corruption/50057598.pdf]* (ex. : ensemble des recettes résultant de l'exécution d'un contrat international obtenu frauduleusement, montant des impôts ou droits de douane éludés par l'entreprise grâce aux faits de corruption, ensemble des profits liés à l'autorisation obtenue indûment).

• L'application d'un coefficient

Vous appliquerez à cet avantage un coefficient multiplicateur, en fonction notamment de la gravité des faits, de la durée du manquement et des éventuels antécédents de la personne morale. En règle générale, ce coefficient sera au moins égal à deux, de manière à ce qu'après exécution de la convention, la commission de la fraude ait, au final, coûté à l'entreprise plus cher que ce qu'elle lui a rapporté.

Vous pourrez également appliquer à cet avantage un coefficient minorant, qui sera fonction de l'ancienneté des faits, et surtout du caractère volontaire de la révélation des faits et, dans cette hypothèse, de la rapidité avec laquelle les faits ont été révélés, et du degré de coopération avec l'autorité judiciaire, que les faits aient été révélés par la personne morale ou non. Vous pourrez également prendre en compte toute circonstance propre à la personne morale en cause, notamment les mesures prises par elle pour remédier aux dysfonctionnements constatés, pour réparer les préjudices causés par les tiers ainsi que pour éviter toute réitération du manquement.

En principe, l'existence ou la mise en place après les manquements de programmes de détection et prévention de corruption sera principalement pris en compte non par une diminution de l'amende mais pas un coût réduit du programme de mise en conformité, qui constitue l'autre volet de la convention.

L'amende transactionnelle est souvent supérieure au quantum encouru devant une juridiction de jugement mais ceci est la contrepartie de l'absence de déclaration de culpabilité et d'inscription au casier judiciaire. En effet, une condamnation pénale inscrite au casier judiciaire est susceptible d'avoir des conséquences économiques, notamment en termes d'accès aux marchés internationaux, bien supérieures à celle résultant du paiement de l'amende d'intérêt public. Si la somme mise à la charge de la personne morale pourra être lourde, les répercussions économiques et sociales seront contenues alors qu'une condamnation pénale est susceptible d'entraîner la perte de licences d'exploitation nécessaires à la poursuite de ses activités et pourrait ainsi mettre en jeu la survie même de la personne morale.

V La création d'une peine complémentaire de mise en conformité

L'article 18 de la loi n° 2016-1691 du 9 décembre 2016 crée une nouvelle peine complémentaire permettant aux juridictions répressives de contraindre les personnes morales reconnues coupables de faits de corruption ou de trafic d'influence à mettre en place des mécanismes internes destinés à prévenir la réitération de tels faits.

1 *Domaine d'application*

Prévue à l'article 131-9-2 du code pénal, cette nouvelle peine complémentaire s'applique aux personnes morales publiques et privées.

Elle est notamment applicable aux sociétés de toutes tailles, de toutes formes juridiques et de tous secteurs d'activité, qu'elles soient de nationalité française ou étrangère.

Ce dispositif vise les personnes morales reconnues coupables des infractions suivantes :

– art. 433-1 du code pénal : corruption active d'agent public français commis par des particuliers (Natinf 11713, 11714, 26619 ou 11715)

– art. 433-2 du code pénal : trafic d'influence actif commis par des particuliers (Natinf 11716, 11717 ou 11718)

– l'avant-dernier alinéa de l'article 434-9 et le deuxième alinéa de l'article 434-9-1 du code pénal : corruption et trafic d'influence actifs visant à entraver le cours de la justice française (Natinf 11725, 27422, 11727, 11728, 11726 ou 27424)

– art. 435-3 du code pénal : corruption active d'agent public étranger ou d'agent d'une organisation internationale publique (Natinf 11713, 11714, 26619 ou 11715)

– art. 435-4 du code pénal : trafic d'influence actif en vue d'orienter l'action d'un agent d'une organisation internationale publique (Natinf 11716, 11717 ou 11718)

– art. 435-9 du code pénal : corruption active visant à entraver le cours de la justice internationale (Natinf 11725, 27422, 11727, 11728, 11726)

– art. 435-10 du code pénal : trafic d'influence actif en vue d'orienter la justice internationale (Natinf 27424)

– art. 445-1 et 445-1-1 du code pénal : corruption active des personnes n'exerçant pas une fonction publique (Natinf 1361, 1368 ou 28404)

– art. 445-2 et 445-2-1 du code pénal : corruption passive des personnes n'exerçant pas une fonction publique (Natinf 1361, 1368 ou 28404)

2 *Contenu du programme*

Cette peine complémentaire comporte l'obligation de mettre en œuvre une (ou plusieurs) des mesures et procédures suivantes :

– un code de conduite définissant et illustrant les différents types de comportements à proscrire comme étant susceptibles de caractériser des faits de corruption ou de trafic d'influence ;

– un dispositif d'alerte interne destiné à permettre le recueil des signalements émanant d'employés et relatifs à l'existence de conduites ou de situations contraires au code de conduite de la personne morale ;

– une cartographie des risques prenant la forme d'une documentation régulièrement actualisée et destinée à identifier, analyser et hiérarchiser les risques d'exposition de la personne morale à des sollicitations externes aux fins de corruption, en fonction notamment des secteurs d'activités et des zones géographiques dans lesquels la personne morale exerce son activité ;

– des procédures d'évaluation de la situation des clients, fournisseurs de premier rang et intermédiaires au regard de la cartographie des risques ;

– des procédures de contrôles comptables, internes ou externes, destinées à s'assurer que les livres, registres et comptes ne sont pas utilisés pour masquer des faits de corruption ou de trafic d'influence. Ces contrôles peuvent être réalisés soit par les services de contrôle comptable et financier propres à la personne morale, soit en ayant recours à un auditeur externe à l'occasion de l'accomplissement des audits de certification de comptes prévus à l'article L. 823-9 du code de commerce ;

– un dispositif de formation destiné aux cadres et aux personnels les plus exposés aux risques de corruption et de trafic d'influence ;

– un régime disciplinaire permettant de sanctionner les salariés de la personne morale en cas de violation du code de conduite de la personne morale.

Le suivi de sa mise en œuvre est confié à l'Agence française anticorruption.

Le procureur de la République contrôle l'exécution de la peine de conformité (article 764-44 du code de procédure pénale).

Pour ce faire, il dispose des informations recueillies par l'Agence, laquelle lui transmet :

– au moins annuellement un rapport concernant la mise en œuvre du programme de mise en conformité ;

– un signalement dès qu'une difficulté se présente dans l'élaboration ou la mise en œuvre du programme de mise en conformité ;

– un rapport à l'expiration du délai d'exécution de la peine.

La personne morale est également autorisée à informer elle-même le procureur de la République en cas de difficulté dans l'exécution de la peine.

Le procureur de la République communique la décision exécutoire à l'Agence française anticorruption sur la boîte structurelle de l'AFA destinée à cet effet (afa@afa.gouv.fr) ainsi que par courrier (annexe 7).

L'article 131-39-2 du code pénal prévoit que "lorsque le tribunal prononce cette peine, les frais occasionnés par le recours par l'Agence française anticorruption à des experts pour l'assister dans la réalisation d'analyses juridiques, financières, fiscales et comptables sont supportés par la personne morale condamnée, sans que ce montant ne puisse excéder le montant de l'amende encourue pour le délit au titre duquel cette peine est prononcée".

Le montant de ces frais fera l'objet d'une avance consignée sur un compte ouvert par l'AFA à la Caisse des dépôts qui devra être payée dès la mise à exécution de la peine.

Le défaut de paiement sera constitutif du délit de non-respect des obligations (voir *infra*).

3 *La durée de la peine de mise en conformité*

L'article 131-39-2 du code pénal prévoit que la durée maximale de la peine de mise en conformité est de cinq ans.

Toutefois, il peut y être mis fin de manière anticipée par décision motivée du juge d'application des peines, saisi sur réquisitions du procureur de la République, lorsque les trois conditions cumulatives suivantes sont réunies :

— cette peine a été exécutée pendant au moins un an ;

— il résulte des rapports transmis au procureur de la République que la personne morale condamnée a pris les mesures et procédures appropriées pour prévenir et détecter la commission de faits de corruption ou de trafic d'influence ;

— aucun suivi ne paraît plus nécessaire.

Un rapport spécifique de l'AFA est adressé au procureur de la République.

4 *Le non-respect*

L'inexécution ou la mauvaise exécution de cette peine est constitutive d'un nouveau délit (nouvel article 434-43-1 du code pénal) passible pour les personnes physiques d'une peine d'emprisonnement de 2 ans et d'une amende de 50.000 euros, les personnes morales encourant quant à elles l'amende et l'ensemble des peines prévues au titre du délit pour lequel elles auront été condamnées et qui aura donné lieu au prononcé de la peine de mise en conformité. Les personnes physiques et morales encourent également de ce chef la peine d'affichage ou de diffusion de la décision.

L'article 434-43-1 du code pénal prévoit que les personnes responsables sont les "organes ou représentants" de la personne morale condamnée à la peine de programme de mise en conformité.

ANNEXES

Annexes non reproduites.

Circulaire nº NOR : JUSD2007407C du 2 juin 2020,

De politique pénale en matière de lutte contre la corruption internationale.

BIBL. ▸ CLAUDE et CHAMPAVERE, *D. actu. 24 juin 2020* (lutte contre la corruption internationale : nouvelle circulaire de politique pénale). – BOERINGER et MERVEILLEUX DU VIGNAUX, *RICEA 2020, nº 4, p. 16* (corruption internationale : nouvelles orientations de la politique pénale française). – JOUFFIN, *Banque et Dr. 9-10/2020. 72* (corruption internationale : circulaire de la Chancellerie du 2 juin 2020). – DETHOMAS, *RLDA déc. 2020, suppl., p. 16* (les apports des nouvelles lignes directrices de la politique pénale en matière de lutte contre la corruption internationale).

La lutte contre la corruption compte parmi les défis contemporains les plus importants auxquels nos sociétés démocratiques sont exposées.

Selon le FMI, le montant total des commissions occultes versées chaque année dans le monde peut être évalué entre 1 500 et 2 000 milliards de dollars, soit près de 2 % du PIB mondial *[Corruption : Costs and Mitigating Strategies. May 2016]*. Selon le Parlement européen, la corruption coûterait à elle seule chaque année au moins 179 milliards d'euros à l'économie européenne *[The Cost of Non-Europe in the area of Organised Crime and Corruption. March 2016]*.

A ces coûts économiques, s'ajoutent des coûts non quantifiables en termes politiques, sociaux et sécuritaires. Cette forme massive, occulte et particulièrement complexe de délinquance financière représente en effet une menace pour le bien-être économique et social de nos concitoyens, pour la confiance en l'État de droit ainsi que pour la sécurité et la stabilité démocratique de nos sociétés. Sur le plan économique et social, la corruption affecte les relations commerciales en faussant le jeu du marché et en créant des distorsions illégales de concurrence. Sur le plan politique, le phénomène corruptif conduit à la perte de confiance des citoyens et des opérateurs économiques dans la légitimité des pouvoirs publics. Sur le plan criminologique enfin, la corruption est l'outil indispensable du crime organisé en ce qu'elle permet aux trafics de tous ordres de se développer.

La lutte contre la grande corruption n'a toutefois pas toujours constitué une priorité de la communauté internationale. Ce phénomène a longtemps été présenté comme une conséquence inéluctable de la pauvreté n'affectant que les pays en voie de développement. A tel point que certains États développés ont pu adopter[,] à l'égard des entreprises implantées sur leur sol, une certaine tolérance lorsque celles-ci étaient amenées à verser des commissions occultes à l'extérieur de leur territoire.

Mais à partir de la fin des années 90, le contexte d'interdépendance toujours plus poussée des économies nationales s'est accompagné d'une demande croissante de la part de la société civile de voir renforcée la transparence dans la vie publique et dans la vie des affaires.

Plusieurs organisations internationales, telles que la Banque mondiale et le Fonds monétaire international, ont alors progressivement mis en place des dispositifs visant à prévenir et à détecter les faits de corruption susceptibles de survenir dans le cadre des programmes de développement et de réduction de la pauvreté financés par leurs soins.

Dans le même temps, un certain nombre d'États, dont la France, ont été à l'origine de plusieurs initiatives multilatérales destinées à établir un cadre général normatif partagé en matière de lutte contre la corruption qui ont abouti à l'adoption de :

– la convention de l'OCDE sur la lutte contre la corruption d'agents publics étrangers dans les transactions commerciales internationales signée à Paris le 17 décembre 1997 ;

– la convention pénale sur la corruption du Conseil de l'Europe signée à Strasbourg le 27 janvier 1999 ;

– la convention des Nations unies contre la corruption signée à Mérida le 9 décembre 2003.

En suite de la ratification de ces instruments internationaux par le Parlement, plusieurs lois ont été adoptées afin d'adapter nos instruments juridiques.

C'est ainsi qu'ont été créés une nouvelle autorité judiciaire spécialisée dans la poursuite de la criminalité financière la plus sophistiquée, le Parquet national financier (PNF) *[L. org. n° 2013-11 du 6 déc. 2013 relative au procureur de la République financier]*, et un service d'enquête spécialisé, l'Office central de lutte contre la corruption et les infractions financières et fiscales (OCLCIFF) *[Décr. n° 2013-960 du 25 oct. 2013]*.

Les pouvoirs d'investigations pouvant être mobilisés en ce domaine ont été élargis par le législateur qui a consacré la possibilité de recourir à certaines techniques spéciales d'enquêtes initialement réservées à la lutte contre la criminalité organisée *[L. n° 2007-1598 du 13 nov. 2007 relative à la lutte contre la corruption]*.

Par ailleurs, afin de renforcer l'effet dissuasif de la loi pénale, les amendes encourues pour ce type de faits ont été considérablement renforcées, tant pour les personnes physiques que pour les personnes morales *[L. n° 2013-1117 du 6 déc. 2013 relative à la lutte contre la fraude fiscale et la grande délinquance économique et financière]*.

Ce volet répressif a ensuite été complété par la consécration dans la loi d'un volet préventif dont il est résulté la création de l'Agence française anticorruption (AFA) et la possibilité pour l'autorité judiciaire de prononcer des peines de mise en conformité.

En parallèle, l'autorité judiciaire a été dotée d'un nouvel instrument juridique lui permettant de sanctionner de manière adaptée et diligente les faits de grande corruption commis par des personnes morales : la convention judiciaire d'intérêt public (CJIP) *[L. n° 2016-1691 du 9 déc. 2016 relative à la transparence, à la lutte contre la corruption et à la modernisation de la vie économique]*.

Enfin, pour parachever la consolidation de ce nouvel édifice anticorruption, le législateur a décidé d'allonger le délai de prescription, notamment en matière de corruption, pour le porter de 3 à 6 ans et de consacrer au niveau législatif la jurisprudence sur le report du point de départ du délai de prescription en matière d'infractions occultes ou dissimulées *[L. n° 2017-242 du 27 févr. 2017 portant réforme de la prescription en matière pénale]*.

Grâce à ces réformes successives, l'autorité judiciaire dispose désormais d'outils et de dispositifs pour poursuivre efficacement cette forme de délinquance financière particulièrement complexe et insidieuse, et ainsi faire respecter sa souveraineté judiciaire vis-à-vis des autorités de poursuite étrangères qui souhaiteraient exercer des poursuites à l'encontre d'opérateurs économiques français.

La présente circulaire fixe les lignes directrices de la politique pénale en matière de lutte contre la corruption internationale.

Elle rappelle tout d'abord le rôle central que doit jouer le PNF en ce domaine (1) puis présente les principes devant guider l'action judiciaire au stade de la détection (2), des investigations (3), et enfin du choix des modes de poursuite et de sanction pour ce type de faits (4).

1 Le rôle central du Parquet national financier en matière de lutte contre la corruption internationale

Le PNF occupe un rôle central en matière de lutte contre la corruption internationale, tant en raison de sa visibilité et de sa reconnaissance sur la scène internationale, que compte tenu de son expertise technique, juridique et des moyens spécifiques dont il dispose.

1.1. *La visibilité et la reconnaissance du PNF sur la scène internationale*

Sur la scène internationale, le PNF constitue un interlocuteur privilégié pour les organisations internationales (OCDE, Banque mondiale, etc.) comme pour les autorités judiciaires étrangères spécialisées dans le domaine de la lutte contre la grande délinquance économique et financière (*Departement of Justice* aux États-Unis, *Serious Fraud Office* au Royaume-Uni, *Økokrim* en Norvège, *Ministério Público da União* au Brésil, *Fiscalia Anticorrupción* en Espagne, *Direcţia Naţională Anticorupţie* en Roumanie, etc.). Les liens privilégiés que le PNF a développé ces dernières années avec les principaux partenaires internationaux en matière de lutte contre la corruption internationale, et en particulier sa connaissance fine des pratiques judiciaires des autorités étrangères les plus actives sur cette thématique, le désignent désormais comme un interlocuteur incontournable et respecté. Cette reconnaissance lui permet de peser dans le cadre des discussions qu'il mène avec ses principaux homologues lorsqu'il est question d'articuler au mieux l'organisation des enquêtes et des poursuites conformément à l'article 4 (3) de la convention anticorruption de l'OCDE *["Lorsque plusieurs Parties ont compétence à l'égard d'une infraction présumée visée dans la présente Convention, les Parties concernées se concertent, à la demande de l'une d'entre elles, afin de décider quelle est celle qui est la mieux à même d 'exercer les poursuites"]*.

1.2 *L'expertise technique et juridique et les moyens spécifiques du PNF*

Au plan national, son expertise avérée des mécanismes économiques et juridiques susceptibles d'être mis en œuvre, son expérience acquise en matière de traitement des données économiques sensibles, ainsi que dans la gestion de négociations avec les entreprises en cause dans le cadre notamment de la mise en œuvre de *[la]* CJIP, en font un acteur particulièrement bien placé pour traiter efficacement ce type de dossier. Par ailleurs, le PNF est en capacité de mobiliser très rapidement les moyens techniques et humains nécessaires pour mener efficacement les enquêtes en cette matière. Il est en outre en lien étroit avec les services de l'État chargés de veiller au respect des dispositions de la loi n° 68-678 du 26 juillet 1968 dite "loi de blocage" *[V. infra, v° Loi de blocage et extraterritorialité]*. Ce texte, qui vise à préserver les mécanismes de coopération judiciaire existants, permet au PNF d'être informé de procédures pénales étrangères diligentées ou envisagées à l'encontre de sociétés françaises et d'ouvrir le cas échéant une enquête miroir.

Pour l'ensemble de ces motifs, le PNF a naturellement vocation à exercer sa compétence sur l'ensemble des dossiers de corruption internationale et à centraliser leur traitement. Il convient par conséquent, dès lors que des suspicions de corruption internationale crédibles sont portées à la connaissance d'un parquet, ou apparaissent dans le cadre d'une procédure, et dans la continuité des instructions antérieurement données en ce sens, que le PNF soit informé de manière systématique de ces affaires, sans

distinction selon le stade de la procédure, le niveau de responsabilité des personnes impliquées ou la dimension financière du dossier *[pr-financier.tgi-paris@justice.fr]*.

2 L'exploitation de l'ensemble des canaux de signalement existants *[existant]* en matière de corruption internationale

Différents modes de signalement sont mobilisables par l'autorité judiciaire pour lui permettre d'apprécier l'opportunité d'ouvrir des enquêtes en la matière.

2.1 *Les différents canaux de recueil de l'information mobilisables*

La nature de leurs missions et les informations qu'elles sont amenées à traiter pour leur accomplissement mettent les administrations de l'État en position stratégique pour détecter des faits de corruption internationale impliquant des opérateurs économiques. C'est plus particulièrement le cas des personnels de l'administration fiscale, des postes diplomatiques et consulaires ainsi que des services économiques et des services économiques régionaux qui sont, comme tous les autres agents de l'administration, tenus de révéler à l'autorité judiciaire les faits délictueux dont ils acquièrent la connaissance en application du second alinéa de l'article 40 du code de procédure pénale.

A ce titre, ces dernières années, plusieurs services de l'État ont mis en place des codes, chartes ou guides de déontologie pour sensibiliser l'ensemble de leurs agents aux enjeux éthiques, qui comprennent la problématique de la corruption, notamment la direction générale du Trésor et la Direction générale des Finances publiques. Il convient de souligner à cet égard que l'administration fiscale – plus particulièrement la Direction des vérifications nationales et internationales (DVNI qui est chargée des missions de contrôle externe des grandes entreprises – peut constituer une source particulièrement précieuse d'information en matière de corruption internationale.

Dans le cadre des relations partenariales établies avec l'administration fiscale, il apparaît ainsi opportun que le PNF se livre à un travail de sensibilisation spécifique des vérificateurs aux possibilités de détection de tels faits au moment de l'examen des pièces justificatives de charges exposées en lien avec des contrats internationaux.

Dans le cadre de ses missions de contrôle de la robustesse des programmes anticorruption au sein des grandes entreprises, l'AFA peut également être amenée à découvrir des faits suspects pouvant justifier un signalement à l'autorité judiciaire en application du 6° de l'article 3 de la loi du 9 décembre 2016. L'AFA et le PNF ont ainsi signé un protocole en mars 2018 pour préciser les modalités d'échange entre les deux institutions.

De même, au titre des informations dont elles acquièrent la connaissance à l'occasion de la réalisation de leurs missions, plusieurs autorités administratives indépendantes peuvent être amenées à signaler à l'autorité judiciaire des suspicions d'infractions de cette nature. C'est notamment le cas de l'Autorité de la concurrence, de l'Autorité de contrôle prudentiel et de résolution, de l'Autorité des marchés financiers ou de la Haute Autorité pour la transparence de la vie publique.

Compte tenu de la nature de leurs missions, certains opérateurs publics ou parapublics intervenant en tant qu'investisseurs publics, dans le cadre des crédits à l'exportation ou encore au titre de l'aide bilatérale au développement peuvent entrer en possession d'informations pertinentes. C'est notamment le cas de Business France, de l'Agence française de développement, de Bpifrance, de l'Agence des participations de l'État ou encore de la Caisse des dépôts et consignations. La plupart de ces opérateurs ont édicté des codes ou des chartes éthiques destinées à détecter et prévenir les faits de corruption dans le cadre des opérations dans lesquelles ils interviennent. Là encore, il appartient au PNF de conduire des actions de sensibilisation en direction de ces opérateurs.

Les différentes banques multilatérales de développement, au premier rang desquelles la Banque mondiale, constituent également une source précieuse de signalements en cette matière. Ces institutions ont développé leurs relations avec les autori-

tés judiciaires des États pour favoriser la coopération en matière de détection et de prévention de la corruption *via* la signature de *Memorandum of Understanding*.

Les contrôles du fonctionnement financier des administrations d'État ou des collectivités territoriales auxquels procèdent la Cour des comptes et les chambres régionales des comptes peuvent révéler des situations litigieuses au regard des règles de probité publique. Les articles R. 141-3 et R. 241-3 du code des juridictions financières prévoient une information de l'autorité judiciaire qui peut être réalisée dans les conditions précisées par la circulaire du 10 décembre 2014 relative aux relations entre l'autorité judiciaire et les juridictions financières.

Au sein du ministère des finances, la cellule de renseignement financier Tracfin constitue un important pourvoyeur de dénonciations de situations "à risque corruptif" sous l'angle du blanchiment. Ce service est chargé de recevoir, d'analyser, d'enrichir puis de transmettre à l'autorité judiciaire les informations suspectes émanant des professionnels assujettis listés à l'article L. 561-2 du code monétaire et financier (parmi lesquels figurent notamment les établissements du secteur bancaire, les conseillers en investissements financiers, les experts-comptables, les notaires, etc.). Pour faciliter la détection de ce type d'affaires, Tracfin a diffusé en 2008 un guide d'aide à la détection de la corruption, actualisé en 2014, qui donne des exemples d'indicateurs de vigilance et de montages corruptifs notamment internationaux.

Dans la même optique, le PNF pourra utilement développer des relations avec le Service de l'information stratégique et de la sécurité économiques (SISSE) ainsi qu'avec les services de renseignement chargés, au titre de la "Stratégie nationale du renseignement", de la défense et de la promotion de notre économie.

L'article L. 823-12 du code de commerce fait peser sur les commissaires aux comptes une obligation de révélation des faits délictueux dont ils acquièrent la connaissance dans l'exercice de leurs fonctions. Le périmètre de cette obligation – dont le non-respect est pénalement sanctionné par l'article L. 820-7 du même code – a été précisé dans la circulaire du 18 avril 2014 relative à l'obligation de révélation des faits délictueux des commissaires aux comptes. La présence de commissaires aux comptes au sein des entreprises les plus importantes et l'étendue des missions qui leur sont imparties permettent d'en faire un outil précieux pour la détection des schémas corruptifs. Le PNF pourra opportunément engager, à l'attention du Haut Conseil du commissariat aux comptes, une action de sensibilisation et de formation spécifique sur la problématique de la détection des commissions occultes.

De la même façon, le PNF pourra utilement sensibiliser les représentants de la profession d'administrateurs et mandataires judiciaires quant à la portée de l'obligation de révélation à laquelle ils sont soumis en vertu de l'article L. 814-15 du code de commerce.

Les signalements émanant de personnes susceptibles de relever du statut de lanceurs d'alerte, tel que prévu par la loi du 9 décembre 2016, devront faire l'objet d'une attention et d'un suivi particuliers. Ce texte a permis de renforcer le dispositif de protection des lanceurs d'alerte afin de permettre à tout salarié ou fonctionnaire acquérant la connaissance de faits de corruption de pouvoir les dénoncer sans craintes de représailles au sein de son entreprise ou de son administration. Le cas échéant, les faits de divulgation d'éléments confidentiels de nature à identifier le lanceur d'alerte et ceux d'obstacle à la transmission d'un signalement devront être poursuivis par l'autorité judiciaire territorialement compétente sur le fondement des articles 9 et 13 de cette loi *[Est passible d'une peine de 2 ans d'emprisonnement et de 30 000 € le fait de divulguer des éléments confidentiels de nature à identifier un lanceur d'alerte. Est également sanctionné d'une peine d'un an d'emprisonnement et de 15 000 € le fait de faire obstacle, de quelque façon que ce soit, à la transmission d'un signalement]*.

De la même manière, une attention particulière devra être portée aux plaintes déposées par les associations anticorruption agréées par le ministère de la Justice qui, en vertu de l'article 2-23 du code de procédure pénale, disposent de la faculté de se constituer partie civile dans ce type d'affaires, quand bien même elles ne seraient pas directement victimes. A ce jour trois associations bénéficient de cet agrément :

Sherpa *[Agrément initial délvré par Arr. du 19 févr. 2015. Nouvel agrément délivré le 20 nov. 2019]*, **Anticor** *[Agrément initial délivré par Arr. du 19 févr. 2015, renouvelé le 15 févr. 2018]* et **Transparency International** *[Agrément initial délivré par Arr. du 30 oct. 2014, renouvelé le 12 oct. 2017]*.

La divulgation volontaire par les entreprises d'actes de corruption commis dans le cadre de leurs activités commerciales internationales par certains de leurs membres constitue une précieuse source de détection. Les entreprises françaises les plus importantes sont tenues, depuis 2016, de mettre en œuvre des dispositifs d'alerte interne destinés à permettre le recueil des signalements émanant d'employés et relatifs à l'existence de comportements susceptibles de caractériser des faits de corruption ou de trafic d'influence. Si les dirigeants de ces entreprises ne sont pas, à ce titre, soumis à l'obligation de dénoncer de tels faits à l'autorité judiciaire, il peut toutefois être dans leur intérêt de le faire en vue de solliciter en contrepartie une certaine forme de clémence quant aux modalités de poursuite susceptibles d'être envisagées par le PNF. La possibilité de solliciter la conclusion d'une CJIP présente en effet l'intérêt pour les entreprises à l'origine d'une démarche de divulgation volontaire de les préserver du risque d'exclusion des procédures de passation des marchés publics auxquels elles s'exposent en cas de condamnation par un tribunal *[L'Ord. du 26 nov. 2018 portant partie législative du code de la commande publique a en effet prévu une interdiction de soumissionner de plein droit en matière de marchés publics pour les personnes condamnées du chef de corruption ou trafic d'influence d'agent public étranger (art. L. 2141-1 CCP)]*. **Dans cette optique, le PNF pourra utilement développer les échanges avec les organisations représentatives des entreprises actives à l'international (MEDEF, AFEP) afin de définir et mettre en œuvre un cadre et des modalités pratiques incitatives en matière de divulgation spontanée.**

2.2. *Le rôle du PNF dans la recherche, l'analyse et l'exploitation des informations*

En complément des plaintes et signalements susévoqués, il conviendra que le PNF procède régulièrement à l'exploitation de l'ensemble des sources d'informations à sa disposition concernant l'activité des entreprises actives à l'international. Ainsi, les demandes d'entraide pénale entrantes impliquant des entreprises françaises ou exerçant une activité économique sur le territoire national seront systématiquement exploitées, au-delà de leur exécution proprement dite, en vue de l'éventuelle ouverture par le PNF d'une enquête miroir pour des faits de corruption.

Une attention particulière devra être portée aux articles de presse nationaux et étrangers qui sont susceptibles, lorsque des faits crédibles et circonstanciés y sont rapportés, de justifier que des vérifications approfondies soient effectuées dans la perspective de l'ouverture éventuelle d'une enquête pénale *[Cette fonction de veille médiatique a vocation à être confiée par exemple au magistrat chargé de la communication]*.

Enfin, le PNF, en qualité de membre de la délégation française au groupe de travail de l'OCDE sur la corruption dans les transactions internationales, devra exploiter les informations échangées entre représentants des 44 pays participants.

Il importe que dans le cadre de l'exploitation de ces différentes sources d'information, l'attention du PNF se concentre prioritairement sur les secteurs économiques identifiés comme les plus particulièrement exposés au risque de corruption par l'OCDE et par l'Union européenne, à savoir la construction, les industries extractives, le transport, les télécommunications, l'industrie pharmaceutique, l'énergie et le matériel militaire.

Au-delà du travail d'objectivation d'éléments factuels crédibles, il conviendra que le PNF vérifie systématiquement si un opérateur économique mis en cause dans un schéma corruptif international est susceptible d'entrer dans son champ de compétence au titre des articles 435-6-2 et 435-11-2 du code pénal aux termes desquels la loi pénale française est applicable aux faits de corruption ou de trafic d'influence commis à l'étranger par des personnes "résidant habituellement ou exerçant tout ou partie de [leur] activité économique sur le territoire français". Le législateur ayant

entendu retenir une acception large de l'exercice d'une activité économique, il conviendra de considérer que les personnes "exerçant tout ou partie de [leur] activité économique en France" au sens de ces textes recouvrent *a minima* les personnes morales étrangères ayant en France une filiale, des succursales, des bureaux commerciaux ou d'autres établissements, mêmes dépourvus de personnalité juridique propre.

3 L'emploi d'une stratégie d'enquête destinée à révéler, avec célérité et exhaustivité, les schémas de corruption utilisés et à identifier l'ensemble des parties prenantes

L'apparition ces dernières années de structures nouvelles et toujours plus sophistiquées favorables à la corruption (fiducies/trusts, prête-noms, sociétés écran *[sociétés-écrans]*, fondations...), la prolifération des paradis fiscaux, la démultiplication des flux financiers, la dissociation géographique des sociétés et de leurs comptes bancaires, l'emploi de "comptes rebonds" et la disponibilité d'outils de communication toujours plus puissants, constituent les principaux défis pour les enquêteurs. La conduite des enquêtes en la matière nécessite donc que le PNF conçoive et assure le suivi d'une stratégie assise sur une méthodologie rigoureuse, destinée à réunir rapidement l'ensemble des preuves nécessaires à la caractérisation des faits de corruption.

3.1 *La définition et le suivi des objectifs*

Les objectifs à atteindre devront viser à identifier le circuit financier de rémunération et à identifier de manière exhaustive l'ensemble des personnes physiques impliquées dans le schéma corruptif et leur*[s]* degré*[s]* d'implication respectifs.

Même si dans ce type d'affaire, il peut apparaître plus simple de concentrer les investigations du côté de l'opérateur économique installé en France plutôt que sur le versant passif de la corruption dans la mesure où le décideur public est étranger, il ne faut toutefois pas négliger les investigations patrimoniales qui permettent de déterminer si ce dernier détient en France, directement ou indirectement, des biens ou des avoirs, dont l'origine peut être liée au schéma de corruption en question, et dont la saisie pourrait alors être envisagée.

3.2 *Les différentes qualifications pénales applicables*

La principale infraction applicable est celle de corruption d'agent public étranger, dans son volet actif et passif, telle que prévue et réprimée par les articles 435-1 et 435-3 du code pénal. Il convient de souligner que, pour être constitué, ce délit n'impose pas de prouver l'existence d'un "pacte de corruption". Il suffit de prouver que le corrupteur actif a proposé une somme d'argent ou que le corrupteur passif a sollicité le versement d'une somme d'argent en échange de l'accomplissement d'un acte. Peu importe que cette proposition ou cette sollicitation ait ou non été acceptée *[Crim. 10 juin 1948 : le délit de corruption "n'exige pas que les offres ou promesses de corruption aient été agréées", ce délit "est consommé dès que le coupable a usé [...] de promesses, offres, dons ou présents dans le but défini par la loi" ; Crim. 16 oct. 1985.]*. C'est ainsi que la tentative de corruption n'est pas spécifiquement incriminée, puisque les faits qui pourraient correspondre à cette acception sont déjà constitutifs de l'infraction de corruption elle-même.

Certains faits peuvent également recevoir la qualification de trafic d'influence d'agent public étranger, selon les distinctions prévues par les articles 435-2 et 435-4 du même code. Schématiquement, la différence principale entre la qualification de corruption et celle de trafic d'influence réside dans le fait que le trafic d'influence, à la différence de la corruption qui vise une relation corrompu-corrupteur, s'applique à une relation triangulaire dans laquelle une personne dotée d'une influence réelle ou supposée sur certaines personnes échange cette influence contre un avantage fourni par un tiers qui souhaite profiter de cette influence.

Compte tenu du caractère occulte et de l'ingéniosité des auteurs de ce type de faits (fausses factures, intermédiaires multiples...), la caractérisation des éléments constitutifs de ces deux infractions peut toutefois s'avérer difficile à établir. Il conviendra donc de ne pas hésiter à enquêter sur certaines infractions périphériques dont la preuve peut être plus simple à établir.

Le blanchiment de capitaux pourra à cet égard constituer une infraction complémentaire utile sur laquelle investiguer, l'argent de la corruption transitant généralement par les circuits du blanchiment, ce d'autant que la preuve de ce délit est facilitée par la consécration à l'article 324-1-1 du code pénal d'une présomption d'illicéité lorsqu'il apparaît que les conditions matérielles, juridiques ou financières d'une opération de placement, de dissimulation ou de conversion ne peuvent avoir d'autre justification que de dissimuler l'origine ou le bénéficiaire effectif de ces biens ou revenus.

Le délit de recel pourra aussi être opportunément retenu à l'encontre de tous ceux qui détiennent un bien ou en bénéficient en sachant qu'il provient de la commission de faits de corruption ou de trafic d'influence d'agents publics étrangers. Il convient de rappeler à cet égard que le recel est envisagé de manière large par la jurisprudence qui admet que la détention puisse ne pas être personnelle (le pot-de-vin recelé pouvant ainsi se trouver chez un mandataire, par exemple sur un compte bancaire).

De même, le recours à la qualification d'abus de biens sociaux pourra s'avérer pertinent à l'encontre des dirigeants de SA et de SARL *[art. L. 241-3 et L. 242-6 C. com.]*. Le caractère très large donné par la jurisprudence à la notion de contrariété à l'intérêt social rend en effet la démonstration d'un abus de biens sociaux aisée. La Cour de cassation estime de manière constante que "l'usage des biens d'une société est nécessairement abusif lorsqu'il est fait dans un but illicite" *[Crim. 20 juin 1991 not. confirmé par Crim. 27 oct. 1997 ("Carignon")]*. Dans la suite logique de cette jurisprudence, elle affirme clairement que s'il n'est pas justifié qu'ils ont été utilisés dans le seul intérêt de la société, les fonds sociaux prélevés de manière occulte l'ont nécessairement été dans l'intérêt personnel du dirigeant *[Crim. 9 juill. 1998]*. En termes de répression, il doit par ailleurs être rappelé que les peines encourues sont aggravées lorsqu'un abus de biens sociaux a été réalisé ou facilité au moyen de comptes ouverts ou de contrats souscrits à l'étranger ou grâce à l'interposition de personnes physiques ou morales établies à l'étranger. Dans les entreprises où ce délit n'est pas applicable (sociétés en nom collectif, en commandite simple...), il pourra être recouru au délit d'abus de confiance.

L'infraction de publication ou présentation de comptes annuels ne donnant pas une image fidèle *[art. L. 241-3 3°, L. 242-6 2°, L. 242-30 C. com.]* pourra utilement être visée à l'encontre des dirigeants de SARL et de SA. Ce délit a en effet pu être déclaré constitué à l'encontre de dirigeants qui avaient voulu masquer des rémunérations occultes *[Crim. 15 mai 1974]*. Dans les entreprises pour lesquelles ce délit n'est pas applicable (sociétés en nom collectif, en commandite simple...), la responsabilité des dirigeants pour comptes infidèles pourra être recherchée sur le terrain du délit d'escroquerie ou de faux en écriture privée.

Enfin, dans la mesure où depuis 2000 l'article 39-2 *bis* du code général des impôts exclut de la déduction des bénéfices soumis à l'impôt les pots de vins *[pots-de-vins]* versés à un agent public ou à tiers par une entreprise dans le cadre d'une transaction commerciale intemationale *["A compter de l'entrée en vigueur sur le territoire de la République de la convention sur la lutte contre la corruption d'agents publics étrangers dans les transactions commerciales internationales, les sommes versées ou les avantages octroyés, directement ou par des intermédiaires, au profit d'un agent public au sens du 4 de l'article 1er de ladite convention ou d'un tiers pour que cet agent agisse ou s'abstienne d'agir dans l'exécution defonctions officielles, en vue d'obtenir ou conserver un marché ou un autre avantage indu dans des transactions commerciales internationales, ne sont pas admis en déduction des bénéfices soumis à l'impôt."]*, le fait pour une entreprise de déduire une commission occulte est susceptible de caractériser le délit de fraude fiscale prévu et réprimé par l'article 1741 du même code.

3.3. *Le choix du service d'enquête*

En matière de corruption internationale, l'expérience acquise par l'OCLCIFF le désigne tout particulièrement pour conduire les investigations les plus complexes décidées par le PNF. Cet office dispose en effet d'équipes d'enquêteurs aguerris formés à la délinquance financière, au droit des sociétés, aux marchés publics et à la comptabilité des entreprises.

Toutefois, le volume croissant de ce type d'affaires mais aussi la singularité du contexte géopolitique ou du secteur d'activité économique de certains dossiers peuvent nécessiter de saisir d'autres services tels que la section de recherches de la gendarmerie de Paris qui dispose d'une compétence nationale, ou bien encore plus exceptionnellement, pour les dossiers à la géographie plus limitée et des faits de moindre importance, les services territoriaux de la police judiciaire, les brigades spécialisées de la DRPJ de Paris, en particulier la brigade de répression de la délinquance économique (BRDE).

3.4 *Les actes et techniques d'enquête envisageables*

Outre les actes d'enquête classiques (constatations, recherches sur bases ouvertes et fermées, exploitations documentaires, auditions de témoins, gardes à vue, perquisitions, investigations comptables et fiscales...), il convient de rappeler qu'aux termes de l'article 706-1-1 du code de procédure pénale, peuvent être mises en œuvre au cours de l'enquête préliminaire en matière de corruption et de trafic d'influence d'agent public étranger les techniques spéciales d'enquête prévues aux articles 706-80 à 706-87 et 706-95 à 706-102-5 (sonorisation de locaux et infiltration par exemple).

Dans l'hypothèse où le placement en garde à vue ou la délivrance d'un mandat visant un agent public étranger serait envisagé, il conviendra de vérifier auprès du ministère de l'Europe et des Affaires étrangères *[sous-direction des privilèges et immunités diplomatiques et consulaires]* si le mis en cause ne bénéficie pas d'une immunité de juridiction prévue par le droit international public conventionnel ou coutumier *[outre les immunités dont bénéficient le personnel diplomatique et consulaire en vertu des conventions de Vienne du 18 avr. 1961 et du 24 avr. 1963, la Cour de cassation reconnaît par ailleurs une immunité de juridiction aux organes et entités qui constituent l'émanation d'un État étranger et de ses agents en raison d'actes qui relèvent de la souveraineté de cet État (Civ. 1re, 12 juin 1990; Crim. 19 janv. 2010, "Joola" ; Crim. 16 oct. 2018)]* et le cas échéant sur son opposabilité.

3.5 *Le recours aux mesures de saisie et de cautionnement*

La corruption internationale constituant une infraction économique dont le mobile premier est le profit, et dont l'opportunité est évaluée par ses auteurs en fonction d'un bilan "coût avantage", il importe que des investigations patrimoniales soient systématiquement menées afin d'identifier le produit de l'infraction et plus largement le patrimoine des mis en cause, que ceux-ci se trouvent en France ou à l'étranger. Dans la perspective de leur confiscation ultérieure, devront ensuite être saisies en tant que telles ou par équivalent les commissions occultes perçues par le corrompu, et rétrocommissions perçues le cas échéant par le corrupteur. S'agissant des avantages économiques et commerciaux obtenus indûment en exécution de l'acte de corruption par le corrupteur, ils pourront également faire l'objet de saisies par équivalent. Le cautionnement pourra enfin utilement être requis en cas d'ouverture d'une information judiciaire pour garantir le paiement de l'amende.

3.6. *La mise en œuvre de l'entraide internationale*

En pratique, le versement des commissions occultes intervenant dans le cadre de montages faisant appel à des intermédiaires dissimulés par l'interposition de sociétés-écrans logées dans des paradis fiscaux ou de sociétés de prestations de services ou sous-traitantes situées dans le pays des agents publics corrompus, la mise en œuvre de l'entraide judiciaire internationale apparaît particulièrement cruciale. A la difficulté liée à l'opacité de ces montages, vient s'ajouter le fait que les schémas corruptifs internationaux tirent parti des différences existantes entre les systèmes juridiques des pays, du manque de cohérence dans les actions publiques, et du fait que de ce type de délinquance reste encore généralement traité par les autorités judiciaires nationales de manière isolée les unes des autres. C'est pourquoi l'efficacité en matière de lutte contre la corruption internationale implique la mise en œuvre d'une approche inclusive qui nécessite que le PNF établisse des liens toujours plus étroits avec les divers organismes publics étrangers chargés de la lutte contre la corruption internationale.

4 La détermination d'un mode de poursuite adapté aux fins de sanctions efficaces, proportionnées et dissuasives

4.1. *S'agissant des personnes physiques*

Selon une étude réalisée sur la base de 427 affaires de corruption internationale impliquant des personnes morales et physiques appartenant aux pays signataires de la convention anticorruption de l'OCDE *["Rapport de l'OCDE sur la corruption transnationale : une analyse de l'infraction de corruption d'agents publics étrangers" (2014)]*, dans près d'une affaire de corruption internationale sur deux, les commissions occultes versées le sont ou leur versement est autorisé par de hauts représentants de la direction de l'entreprise. Par ailleurs, toujours selon la même étude, des intermédiaires sont impliqués dans trois affaires de corruption internationale sur quatre (il s'agit alors en général d'agents commerciaux, de distributeurs ou de courtiers locaux).

Il importe donc que les poursuites soient envisagées, non seulement à l'encontre des employés directement impliqués dans le schéma corruptif, mais également à l'encontre des dirigeants et de l'ensemble des personnes physiques extérieures à l'entreprise qui sont intervenues, à un titre ou à un autre, dans le processus de commission de l'infraction. A cet égard, ilconvient de rappeler que la jurisprudence considère comme complices de corruption active des intermédiaires *[Crim. 27 nov. 2001 ; Crim. 19 déc. 2001]* ou le conseil juridique qui donne sciemment des renseignements permettant de réaliser un montage financier destiné à permettre le versement d'une commission occulte par le biais d'une société étrangère de manière à dissimuler la consommation de l'infraction *[Crim. 9 nov. 1995.]*.

Là encore, dans l'hypothèse où des poursuites seraient envisagées à l'encontre d'un agent public étranger, il conviendra de vérifier auprès du ministère de l'Europe et des Affaires étrangères si le mis en cause ne bénéficie pas d'une immunité de juridiction conventionnelle ou coutumière.

Le choix de la réponse pénale la plus adaptée, entre recours à la procédure de comparution sur reconnaissance préalable de culpabilité (CRPC) ou renvoi devant le tribunal correctionnel, devra tenir compte des antécédents du mis en cause, ainsi que de son degré d'implication, de reconnaissance des faits et de coopération avec l'autorité judiciaire.

En cas de renvoi devant le tribunal, il conviendra de requérir des peines adaptées à la gravité des faits ainsi qu'à la personnalité et au degré d'implication du prévenu. Il doit être rappelé à cet égard qu'outre une peine d'emprisonnement pouvant aller jusqu'à 10 années, les personnes physiques encourent en matière de corruption active et passive d'agent public étranger une peine d'amende de 1 million d'euros, dont le montant peut être porté au double du produit tiré de l'infraction. En matière de trafic d'influence d'agent public étranger, ces peines sont de 5 ans d'emprisonnement et de 500 000 euros d'amende dont le montant peut également être porté au double du produit tiré de l'infraction *[pour déterminer précisément le montant du produit de l'infraction, il pourra utilement être fait référence aux méthodes de calcul proposées dans le guide StAR/OCDE : "Identification et quantification desprofits de la corruption" (2012)]*. Lorsque les personnes physiques mises en cause auront permis, par leur coopération avec l'autorité administrative ou judiciaire, de faire cesser l'infraction ou d'identifier les autres auteurs ou complices, il conviendra de leur faire bénéficier des dispositions de l'article 435-6-1 du code pénal qui prévoit que la peine d'emprisonnement encourue est alors réduite de moitié.

Enfin, chaque fois que cela paraîtra opportun, des peines complémentaires pourront être requises, notamment l'interdiction des droits civiques et civils, l'interdiction d'exercer l'activité professionnelle à l'occasion de laquelle les faits ont été commis, l'affichage/diffusion de la décision prononcée ou encore la confiscation des avoirs saisis.

4.2. *S'agissant des personnes morales*

Conformément aux engagements internationaux pris par la France, la mise cause effective de la responsabilité pénale des personnes morales doit permettre de faire cesser l'existence de stratégies commerciales fondées sur le recours habituel à ces pratiques illicites.

Il est par conséquent nécessaire de veiller à ce que les investigations établissent s'il existe des éléments pouvant justifier la poursuite des personnes morales des chefs de corruption ou trafic d'influence d'agent public étranger, que ce soit en qualité d'auteur/coauteur ou de complice notamment des actes commis à l'étranger par leurs filiales, intermédiaires ou fournisseurs.

L'étude de la jurisprudence montre que la Cour de cassation adopte une lecture souple des conditions dans lesquelles la responsabilité pénale d'une personne morale peut être engagée. Elle peut l'être par les agissements d'un délégataire de pouvoirs, tel un dirigeant de filiale à l'étranger, ou en l'absence même d'identification de la personne physique, auteur des faits de corruption, dès lors qu'il apparaît avec certitude que l'infraction a été commise par un organe ou un représentant, quel qu'il soit *[Crim. 26 juin 2001 ; Crim. 9 mars 2010. Dans un arrêt du 14 mars 2018 rendu dans le cadre de l'affaire "Pétrole contre nourriture" mettant en cause la société Total, la chambre criminelle a jugé que "l'infraction de corruption d'agents publics étrangers [avait] été commise, pour le compte de la personne morale, par le comex". Elle considère ainsi que pour engager la responsabilité pénale de la personne morale, il n'y a pas besoin de démontrer la responsabilité individuelle de la personne physique dirigeante, mais de viser l'organe sociétaire et d'impliquer la totalité de ses membres]*.

Une fois réunies les conditions d'engagement de la responsabilité de la ou des personnes morales impliquées dans le schéma corruptif, il conviendra de déterminer, au cas par cas, le mode de réponse pénale le plus adapté.

L'opportunité de recourir à la conclusion d'une CJIP dépendra des facteurs suivants :

– l'absence d'antécédents de la personne morale ;

– le caractère volontaire de la révélation des faits par celle-ci ;

– le degré de coopération avec l'autorité judiciaire dont les dirigeants de la personne morale auront fait preuve (plus particulièrement pour permettre d'identifier les personnes physiques les plus impliquées dans le schéma corruptif en question) *[à l'instar de ce que prévoit également la politique pénale du DoJ, comme rappelé en septembre 2015 dans le "Yates Memo" ("Individual Accountability for Corporate Wrongdoing")]*.

En cas de conclusion d'une CJIP, une attention toute particulière devra être apportée aux spécificités du programme de mise en conformité imposé et à la détermination du montant de l'amende de transaction qui sera proposée, conformément aux lignes directrices précisées dans la circulaire du 31 janvier 2018 présentant la loi du 9 décembre 2016 sur la transparence, la lutte contre la corruption et la modernisation de la vie économique.

Lorsque les conditions permettant la conclusion d'une CJIP n'apparaîtront pas réunies, une CRPC pourra être envisagée. Le renvoi devant le tribunal correctionnel pourra être réservé aux faits les plus graves et/ou systémiques et/ou impliquant des personnes morales non coopératives et/ou ne reconnaissant pas les faits.

En cas de poursuites, en complément d'une amende, il pourra utilement être requis l'affichage/diffusion de la décision, la mise en conformité, la fermeture de l'un ou de plusieurs des établissements de l'entreprise, la confiscation des avoirs saisis et/ou l'exclusion des marchés publics.

Vous veillerez à systématiquement rendre compte à la direction des affaires criminelles et des grâces, sous le timbre du bureau du droit économique, financier et social,

de l'environnement et de la santé publique, de toute procédure de corruption ou trafic d'influence d'agents publics étrangers signalée par vos parquets et de façon générale, de toute difficulté rencontrée dans la mise en œuvre de la présente circulaire.

ANNEXES

B Agence française anticorruption

Charte AFA (septembre 2018),

De l'appui aux acteurs économiques.

COMMENTAIRE

La charte d'appui aux acteurs économiques se fonde sur l'article 1er de la loi n° 2016-1691 du 9 décembre 2016 relative à la transparence, à la lutte contre la corruption et à la modernisation de la vie économique qui donne mission à l'Agence française anticorruption « d'aider […] les personnes qui y sont confrontées à prévenir et à détecter les faits de corruption, de trafic d'influence, de concussion, de prise illégale d'intérêt, de détournement de fonds publics et de favoritisme ».

La charte expose trois niveaux d'appui et en précise les modalités.

Le premier, « générique », par lequel l'AFA élabore, met à jour et diffuse une forme de référentiel anticorruption français, qui repose sur son interprétation de la loi du 9 décembre 2016 et ses attentes de la part des entités assujetties. Cela comprend les recommandations (V. *infra*) et les divers guides pratiques (V. *infra*).

S'ajoute un appui « spécifique » reposant notamment sur des formations ou ateliers d'échanges organisés notamment avec les fédérations professionnelles.

Plus problématique sans doute est la troisième strate : un appui « individuel » à une entité, soit pour répondre à une question qu'elle se pose, soit même pour l'accompagner individuellement « sur tout ou partie d'un programme anticorruption lors de sa constitution ou de son actualisation ». Un tel accompagnement par l'agence, qui est également une autorité de contrôle, interroge sur un éventuel mélange des genres.

Ce point est précisément abordé dans la charte d'appui aux acteurs économiques. Il est ainsi rappelé que l'AFA comprend deux sous-directions distinctes et indépendantes : la sous-direction du conseil assurant de nombreuses formations et publications, et la sous-direction du contrôle, conformément à l'arrêté du 14 mars 2017 relatif à l'organisation de l'Agence française anticorruption.

Il est précisé que l'accompagnement individuel « ne conduit pas à une "certification" ou une "labellisation" du programme anticorruption mis en œuvre » et qu'il « ne peut être valablement tiré argument des éclairages reçus pour justifier des manquements à l'article 17 de la loi du 9 décembre 2016 ». Néanmoins, sauf dissimulations graves par l'entité durant l'accompagnement, il est évident qu'il sera délicat d'envisager une saisine ultérieure de la commission des sanctions pour d'éventuelles irrégularités.

Introduction

La corruption porte atteinte au fonctionnement normal du marché économique notamment en faussant le jeu de la concurrence et en entravant l'accès de certaines entreprises aux marchés publics.

Pour l'entreprise, sa mise en cause judiciaire peut entraîner des conséquences financières, commerciales et organisationnelles particulièrement dommageables, ainsi qu'une atteinte à sa réputation.

L'impréparation aux risques de la corruption, et notamment l'absence de politique interne de prévention, peut conduire, en cas d'enquête pénale, à des réactions désor-

données susceptibles de déstabiliser en profondeur l'activité de groupes entiers. En outre, la mise en place d'un dispositif anticorruption solide est généralement prise en compte par les autorités judiciaires étrangères lorsqu'elles envisagent de proposer une transaction pénale ou d'infliger une sanction à une entreprise poursuivie pour de telles infractions.

Le développement des législations à portée extraterritoriale expose de surcroît les entreprises à des enquêtes ou à des poursuites pénales de plusieurs États.

L'article 1er de la loi n° 2016-1691 du 9 décembre 2016 relative à la transparence, à la lutte contre la corruption et à la modernisation de la vie économique charge l'Agence française anticorruption (AFA) "d'aider [...] les personnes qui y sont confrontées à prévenir et à détecter les faits de corruption, de trafic d'influence, de concussion, de prise illégale d'intérêt, de détournement de fonds publics et de favoritisme".

A ce titre, s'inspirant des meilleurs standards internationaux en la matière, l'AFA a élaboré, à la suite d'une consultation publique, des recommandations en ce sens publiées au *Journal officiel* du 22 décembre 2017. Ces recommandations générales ont vocation à être prolongées par des actions d'appuis spécifique et individuel afin de faciliter la mise en œuvre par les entités économiques d'un dispositif anticorruption efficace. – *V. les nouvelles recommandations (déc. 2020), infra.*

La présente charte vise à encadrer les relations de travail entre les entreprises ou établissements publics poursuivant un but lucratif et l'AFA dans l'exercice par cette dernière de ses missions d'appui.

1 Trois types d'appui pour répondre à l'ensemble des besoins de soutien

L'appui aux acteurs économiques est mis en œuvre par le département d'appui aux acteurs économiques (D2AE) de l'AFA.

Les besoins d'appui varient selon les secteurs, les modèles économiques et le niveau de maturité des dispositifs de conformité en place. Afin d'y répondre convenablement, l'offre d'appui de l'AFA se décline en trois modalités.

1.1 *L'appui générique*

L'appui générique vise l'ensemble des acteurs économiques concernés par les enjeux de prévention et de détection des faits de corruption, quels que soient leur modèle économique, leur taille, leur forme sociale, leur secteur d'activité, leur chiffre d'affaires ou l'importance de leurs effectifs.

Cet appui se traduit par l'élaboration, la maintenance et la diffusion du référentiel anticorruption français c'est-à-dire l'ensemble des standards pertinents pour prévenir et détecter les faits de corruption. Ce référentiel est composé de la loi du 9 décembre 2016 et des textes pris pour son application, des recommandations destinées à aider les personnes morales de droit public et de droit privé à prévenir et à détecter les faits de corruption, des "fiches repères", des guides pratiques et des réponses aux questions d'intérêt général que l'AFA publie sur son site internet.

1.2 *L'appui spécifique*

L'appui spécifique consiste à apporter un éclairage ou une expertise aux questions partagées par un groupe d'acteurs économiques (ex. : atelier au sein d'une fédération professionnelle), et qui a déjà engagé le déploiement d'un programme anticorruption ou est sur le point de le faire.

Cet appui prend la forme d'un soutien méthodologique et juridique (ex. : relecture d'un guide) ainsi que d'ateliers techniques. Ces ateliers visent un public restreint (idéalement pas plus de 20 ou 30 acteurs), regroupé autour d'un secteur d'activité, d'un métier (ex. : responsable de la conformité dans un secteur donné) ou d'un thème anticorruption (ex. : la cartographie des risques de corruption). Le contenu des échanges susceptibles d'intéresser l'ensemble des acteurs est utilisé par l'AFA pour alimenter l'offre d'appui générique, grâce aux retours d'expérience tirés de ce format.

1.3 *L'appui individuel*

L'appui individuel vise à apporter une réponse sous forme d'expertise juridique ou méthodologique aux questions que se pose un acteur économique déterminé. Les réponses apportées par l'AFA aux questions que lui adressent les acteurs économiques, par courrier ou par message électronique, entrent dans cette catégorie.

Cet appui peut également prendre la forme d'un accompagnement individuel. La caractéristique de cette forme d'appui est son caractère suivi sur une période. Dans ce cadre, l'AFA accompagne la réflexion et la démarche engagées par une entreprise ou un établissement public à but lucratif sur tout ou partie d'un programme anticorruption lors de sa constitution ou de son actualisation.

L'AFA s'attache à faciliter la compréhension et l'appropriation, par les acteurs de cette organisation, des standards applicables en matière d'anticorruption ainsi que des différentes méthodes et options de déploiement du programme. Cet appui constitue ainsi une aide à la décision.

Exemple : une société demande un accompagnement sur le déploiement de son dispositif d'alerte interne et l'évaluation de l'intégrité de ses tiers.

2 Conditions et modalités de l'accompagnement individuel

2.1 *Qui peut demander un accompagnement individuel ?*

Toutes les entreprises et tous les établissements publics industriels et commerciaux (EPIC), de toute taille et de tout secteur, peuvent demander à être accompagnés par l'AFA.

L'accompagnement individuel s'adresse à l'ensemble de ces acteurs économiques, y compris ceux ne relevant pas du périmètre de l'article 17 de la loi du 9 décembre 2016.

Les petites et moyennes entreprises (PME) et les entreprises de taille intermédiaire (ETI) sont :

– concernées par la nécessité de maintenir et de développer leur compétitivité et d'assurer la confiance de leurs partenaires et de leurs investisseurs. Elles sont également soucieuses de pouvoir accéder aux financements, et parfois d'investir les marchés internationaux ;

– susceptibles de faire l'objet de procédures judiciaires en France et à l'étranger pour des faits de corruption dont elles peuvent maîtriser le risque au moyen d'un programme de prévention ou de détection de la corruption ;

– de plus en plus fréquemment évaluées par les sociétés relevant du périmètre de l'article 17 susvisé et ayant mis en place des procédures d'évaluation de l'intégrité des tiers afin de répondre aux exigences légales.

L'accompagnement individuel par l'AFA procède d'une démarche volontaire de l'entreprise qui ne repose sur aucune obligation légale, règlementaire ou conventionnelle. Les dirigeants d'entreprises ou d'EPIC sont à cet égard invités à s'assurer de leur capacité à mobiliser des ressources adaptées à la conduite du projet envisagé.

2.2 *L'entreprise est-elle liée par les recommandations faites dans le cadre de l'accompagnement individuel ?*

En aucune manière les préconisations formulées à l'occasion d'un appui individuel ne doivent être considérées comme des obligations.

Les seules obligations de mise en place de programmes anticorruption sont celles qui résultent de la loi ou de décisions judiciaires ou administratives.

Par ailleurs, les agents de l'AFA veillent à éviter toute immixtion dans la gestion de l'entreprise. En particulier, les choix d'organisation de la fonction de la conformité restent à la libre appréciation des dirigeants, étant toutefois rappelé que cette fonction ne peut être assurée correctement que si son positionnement et ses ressources sont adaptées.

2.3 *L'accompagnement individuel a-t-il une incidence sur les contrôles de l'AFA ?*

Les missions d'appui et de conseil, d'une part, et de contrôle, d'autre part, sont exercées chacune par une sous-direction de l'AFA. Si elles poursuivent le même objectif – prévenir les atteintes à la probité –, ces deux missions s'exercent néanmoins de manière totalement indépendante.

A cet égard, les contrôles de l'AFA et leur programmation sont décidés par le directeur de l'Agence, indépendamment des fonctions d'appui individuel en général et des chantiers d'accompagnement individuel en particulier.

L'accompagnement individuel :

– ne consiste pas à vérifier le respect de l'obligation de conformité prévue à l'article 17 de la loi du 9 décembre 2016 ni à évaluer la pertinence et le déploiement réel des mesures et procédures composant le dispositif anticorruption ;

– ne conduit pas à une "certification" ou une "labellisation" du programme anticorruption mis en œuvre ;

– ne peut porter que sur les thématiques de conseil choisies par l'entreprise et sur les informations qu'elle décide de communiquer aux services de l'Agence.

Il importe de souligner que :

– les indications orales ou écrites de l'AFA sont faites sur la base des éléments que l'entreprise a communiqués au service ;

– les indications de l'AFA sont dépourvues de force obligatoire ; leur mise en œuvre, le cas échéant, relevant de la seule décision de l'entité. Il ne peut être valablement tiré argument des éclairages reçus pour justifier des manquements à l'article 17 de la loi du 9 décembre 2016.

2.4 *Quels sujets peuvent être traités dans le cadre d'un accompagnement individuel ?*

L'acteur accompagné bénéficie :

– d'un appui méthodologique sur les différentes étapes et outils d'un dispositif de lutte anticorruption ;

– d'un appui juridique pour éclairer les règles anticorruption et leur articulation avec les autres branches du droit (ex. : règles des marchés publics, droit du travail et de la fonction publique, protection des données personnelles).

Le cas échéant, l'accompagnement individuel de l'AFA peut s'inscrire en parallèle des moyens que les acteurs économiques mobilisent, en interne mais aussi en ayant recours à des prestataires de services, pour concevoir, mettre en place ou faire évoluer des programmes de conformité anticorruption.

Il s'agit pour l'AFA d'aider à la prise de décision de l'acteur accompagné et d'éclairer la compréhension des options susceptibles d'être retenues dans le cadre de la mise en œuvre d'un dispositif de conformité anticorruption.

Le périmètre du chantier d'accompagnement est déterminé en fonction des besoins de l'entité en matière d'anticorruption mais également de sa taille, de son secteur d'activité, du niveau de maturité de son dispositif anticorruption.

L'accompagnement peut porter sur l'un ou plusieurs des aspects suivants du programme de conformité anticorruption :

– l'engagement des instances dirigeantes de l'acteur concerné ;
– l'organisation de la fonction de la conformité ou du service de conformité ;
– l'élaboration d'une cartographie des risques de corruption ;
– la rédaction d'un code de conduite et son articulation avec d'autres instruments éthiques ;
– la mise en place d'un dispositif d'alerte interne ;
– les sanctions disciplinaires ;
– l'organisation des formations internes ;

– le monitorat du programme de conformité (indicateurs et suivi) ;

– et tout autre sujet thématique en lien avec les sujets portés par l'AFA (ex. : conflits d'intérêts, paiements de facilitations, cadeaux et invitations, mécénat et sponsoring...).

2.5 *Quelles suite l'AFA réserve-t-elle à une demande d'accompagnement individuel ?*

Les chantiers d'accompagnement individuel prioritairement éligibles seront ceux qui permettront à l'AFA, dans la limite de sa capacité de traitement :

– d'identifier et de tenter de résoudre les difficultés rencontrées par les acteurs économiques dans le déploiement des programmes anticorruption, dans une logique collaborative entre le régulateur et ces acteurs ;

– d'encourager l'appropriation du référentiel anticorruption français et la diffusion d'une culture éthique des affaires dans le tissu économique. Pour cette raison, l'expérience tirée d'un chantier d'accompagnement individuel pourra faire l'objet de témoignages ou d'action de communication, après anonymisation de l'acteur accompagné ou, si les instances dirigeantes de l'entreprise ou de l'établissement en sont d'accord, de manière identifiée ;

– de mutualiser les efforts accomplis et les initiatives prises par les acteurs économiques afin de partager les pratiques efficaces ;

– d'optimiser l'utilisation des moyens publics consacrés à l'appui aux acteurs économiques en exploitant l'expérience technique et opérationnelle tirée des chantiers d'appui pour compléter et enrichir le référentiel anticorruption ;

– de prévenir le risque de compromission d'intérêts stratégiques notamment à l'occasion d'une procédure étrangère ;

– de tirer des enseignements utiles aux autres acteurs économiques.

A noter : si la demande d'accompagnement individuel ne répond pas à ces critères, le besoin de soutien exprimé par l'acteur économique concerné est traité *via* d'autres actions d'appui.

Dans tous les cas, l'acteur à l'origine de la demande est informé des suites réservées à sa demande.

3 Déroulement d'un programme d'accompagnement individuel

3.1 *Confidentialité des informations communiquées et règles déontologiques applicables aux agents chargés de l'accompagnement individuel*

Indépendamment des règles générales applicables en matière de déontologie des agents publics, les agents de l'AFA ayant à connaître des chantiers d'accompagnement individuel sont astreints au secret professionnel. L'étendue de cette obligation porte sur les faits, actes ou renseignements dont ces agents ont connaissance à raison de leurs fonctions. Les manquements au secret professionnel sont pénalement répréhensibles (art. 226-13 du code pénal).

Les agents de l'AFA veillent donc scrupuleusement à respecter la confidentialité des informations communiquées.

3.2 *Lancement du chantier d'accompagnement individuel*

L'accompagnement est initié par l'organisation d'une première réunion entre le représentant de l'entreprise et les agents du département de l'appui aux acteurs économiques désignés dans le cadre de la mission.

Cette première réunion donne lieu à :

1. une présentation des agents et des représentants de l'entreprise ou établissement concerné ;
2. une définition précise des besoins de l'entité accompagnée en matière de conformité anticorruption ;
3. une formulation des objectifs partagés de l'accompagnement ;

4. l'établissement du calendrier de l'accompagnement.

La présente charte est remise à l'acteur accompagné.

A noter :

– l'importance de cette étape ne doit pas être sous-estimée car l'efficacité de l'accompagnement sera fonction du cadre donné et de son suivi ;

– la mission d'accompagnement permet d'inscrire le dispositif anticorruption dans une démarche d'amélioration continue, fondée sur l'évaluation des résultats et le renforcement progressif des outils de ce dispositif.

3.3 *Conduite du chantier d'accompagnement individuel*

La durée de l'accompagnement ne dépasse pas cinq mois, cette durée pouvant être adaptée en cas de difficulté particulière et motivée. Plusieurs réunions de travail sont organisées selon le calendrier défini lors de la première rencontre avec l'acteur accompagné.

Les échanges d'informations et de documents reçus, élaborés ou transmis par l'AFA sont tracés et conservés par le seul D2AE.

A noter : les questions de doctrine qui se présentent à l'occasion d'une mission d'accompagnement font l'objet d'un examen par l'AFA et d'une réponse ainsi que d'une publication, sous une forme anonymisée, sur le site internet de l'Agence.

3.4 *Valeur des éclairages et des comptes rendus de l'AFA*

Les éclairages de l'AFA sont formalisés, après chaque réunion, par des comptes rendus envoyés à l'acteur accompagné. Ces comptes rendus ne portent pas d'appréciation sur le dispositif de conformité anticorruption de cet acteur et n'évaluent ni ne valident l'efficacité de ce dispositif.

3.5 *Fin du chantier d'accompagnement individuel et suites internes à l'AFA*

Il est mis fin au chantier d'accompagnement individuel :

– au terme de l'exécution du programme de réunions fixé conjointement entre l'acteur accompagné et l'AFA au début du chantier ;

– à tout moment, à l'initiative de l'entité ; dans ce cas, les représentants en informent l'AFA par courriel ;

– à tout moment, à l'initiative de l'AFA si elle constate que l'entité ne respecte pas son engagement de mobiliser des ressources adaptées à la mission.

Il est organisé une réunion de fin de mission au cours de laquelle le service remet à l'acteur accompagné une note de synthèse des enjeux rencontrés et des retours d'expérience pouvant en être tirés. Les services de l'AFA et les représentants de l'entreprise ou de l'établissement peuvent poursuivre leurs échanges afin d'assurer la valorisation de l'expérience auprès d'acteurs placés devant des difficultés comparables à celles qui ont été l'objet de la mission.

La réunion de fin de mission donne lieu à un compte rendu établi par les services de l'AFA et communiqué aux représentants de l'acteur accompagné. Un formulaire d'évaluation de l'accompagnement est remis aux représentants de l'entreprise.

4 Comment demander un accompagnement individuel ?

Les demandes d'accompagnement individuel sont adressées :

– par messagerie électronique à l'adresse fonctionnelle afa@afa.gouv.fr.

– par courrier à l'adresse de l'AFA – Département de l'appui aux acteurs économiques – 23 avenue d'Italie 75013 PARIS.

Avant d'adresser leur demande, les services de l'entreprise ou de l'EPIC peuvent prendre un premier contact avec les agents de l'AFA qu'ils pourraient rencontrer à la faveur des évènements auxquels l'Agence participe.

Charte AFA (janvier 2019),

De l'accompagnement des acteurs publics.

COMMENTAIRE

Cette charte reprenant les mêmes principes et déclinaisons que la charte d'accompagnement des acteurs économiques (septembre 2018), il sera renvoyé aux commentaires relatifs à cette dernière (V. *supra*).

Introduction

L'article 1er de la loi n° 2016-1691 du 9 décembre 2016 relative à la transparence, à la lutte contre la corruption et à la modernisation de la vie économique charge l'Agence française anticorruption (AFA) "d'aider [...] les personnes qui y sont confrontées à prévenir et à détecter les faits de corruption, de trafic d'influence, de concussion, de prise illégale d'intérêt, de détournement de fonds publics et de favoritisme" *[dans la suite du document, ces infractions sont regroupées sous le terme d'atteintes à la probité]*.

La présente charte vise à présenter les modalités de l'accompagnement par l'AFA des acteurs publics.

En effet, au titre de l'article 1er du décret relatif à l'AFA *[art. 1er du Décr. n° 2017-329 du 14 mars 2017 : "Au titre de sa mission d'accompagnement aux administrations de l'État, aux collectivités territoriales et à toute personne physique ou morale mentionnée au 1° de l'art. 3 de la L. du 9 déc. 2016 susvisée, l'Agence française anticorruption assure des actions de formation, de sensibilisation et d'assistance sur la prévention et la détection des risques en matière de corruption, de trafic d'influence, de concussion, de prise illégale d'intérêt, de détournement de fonds publics et de favoritisme"]*, **celle-ci assiste les administrations de l'État, les collectivités territoriales, leurs établissements publics et sociétés d'économie mixte, les associations et fondations reconnues d'utilité publique** *[ils sont désignés dans la présente charte par le terme d'" acteurs publics"]* **sur la prévention et la détection des risques en matière de corruption, de trafic d'influence, de concussion, de prise illégale d'intérêt, de détournement de fonds publics et de favoritisme.**

De plus, au titre de l'article 1er de la loi susvisée, elle peut aider tout autre type d'acteur participant à la gestion publique qui serait confronté au risque d'atteintes à la probité comme les associations non reconnues d'utilité publique ou toute autre personne physique ou morale. Cette aide peut revêtir la forme d'un accompagnement.

La sous-direction du conseil, de l'analyse stratégique et des relations internationales de l'AFA est chargée de ces missions et en particulier son département du conseil aux acteurs publics.

I L'accompagnement au sein des missions d'appui de l'AFA

Les besoins d'appui varient selon la taille des entités, leur niveau d'autonomie, leur domaine d'action (la politique publique qu'ils portent par exemple) et les obligations qui les concernent. Afin d'y répondre de manière adaptée, l'offre d'appui de l'AFA se décline en trois modalités parmi lesquelles prend place l'accompagnement individuel.

1 *L'appui générique*

L'appui générique vise l'ensemble des acteurs publics concernés par les enjeux de prévention et de détection des atteintes à la probité quels que soient leur statut, leurs moyens financiers ou l'importance de leurs effectifs.

Cet appui se traduit par l'élaboration, la mise à jour et la diffusion du référentiel anticorruption français c'est-à-dire de l'ensemble des standards pertinents pour prévenir et détecter les atteintes à la probité. Ce référentiel est composé de la loi du 9 décembre 2016 et des textes pris pour son application, des recommandations *[à ce titre, s'inspirant des meilleurs standards internationaux en la matière, l'AFA a élaboré, à la suite* *d'une consultation publique, des recommandations en ce sens publiées au JO du 22 déc. 2017. Ces recommandations générales s'adressent à tous les acteurs, privés comme publics]* destinées à aider les personnes morales de droit public et de droit privé à prévenir et à détecter les atteintes à la probité, des "fiches repères", des guides pratiques et des réponses aux questions d'intérêt général que l'AFA publie sur son site internet.

L'AFA réalise ces outils dans le cadre de ses missions, le cas échéant en partenariat avec des autorités agissant sur un périmètre connexe (ex. : Commission nationale informatique et libertés, Direction des achats de l'État) ou des organisations relais (associations ou fédérations professionnelles, associations d'élus*[,]* etc.).

2 *L'appui spécifique*

L'appui spécifique ou sectoriel consiste à apporter un éclairage ou une expertise aux questions partagées par un groupe d'acteurs publics aux missions analogues.

Cet appui prend la forme d'un soutien méthodologique et juridique (ex. : relecture d'un guide) ou d'ateliers techniques. De tels ateliers visent un public restreint (idéalement pas plus de 20 ou 30 acteurs), regroupé autour d'un secteur d'activité, d'un métier (ex. : les acheteurs publics) ou d'un thème anticorruption (ex. : la cartographie des risques d'atteintes à la probité). Le contenu des échanges susceptibles d'intéresser l'ensemble des acteurs est mis à profit par l'AFA pour nourrir son offre d'appui générique, grâce aux retours d'expérience tirés des travaux selon ce format.

3 *L'appui individuel*

L'appui individuel vise à apporter une réponse sous forme d'expertise juridique ou méthodologique aux questions que se pose un acteur public déterminé. Les réponses apportées par l'AFA aux questions que lui adressent certains acteurs publics, par courrier ou par message électronique, entrent dans cette catégorie.

Cet appui peut également prendre la forme d'un accompagnement individuel. La caractéristique de l'accompagnement est son caractère suivi sur une période. Dans ce cadre, l'AFA apporte son appui à la réflexion et à la démarche engagées par un acteur public sur tout ou partie de son dispositif de prévention et de détection des atteintes au devoir de probité ("dispositif anticorruption") lors de sa mise en place ou de son actualisation.

L'AFA s'attache à faciliter la compréhension et l'appropriation, par les acteurs accompagnés, des standards applicables en matière d'anticorruption ainsi que des différentes méthodes et options de déploiement d'un programme structuré dans ce domaine. Cet accompagnement constitue ainsi une aide à la décision.

II Les principes sous-tendant l'offre d'accompagnement individuel de l'AFA

Principe du volontariat.

L'AFA peut être saisie d'une demande d'accompagnement directement ou par le biais d'une organisation ou d'une association professionnelle avec laquelle l'Agence a noué des relations de collaboration. L'AFA accompagne l'entité dans son appropriation du référentiel anticorruption et lui fournit des précisions en fonction des questions que l'entité identifie.

Principe d'utilité générale.

L'accompagnement de l'AFA est fondé sur un échange : elle apporte un accompagnement juridique ou méthodologique et l'entité réalise un retour d'expérience précis à l'AFA, au cours de l'accompagnement et dans la suite de ses travaux. L'objectif de ce retour d'expérience est d'identifier les difficultés particulières qui peuvent se présenter lors de l'élaboration, du déploiement ou de l'évolution d'un dispositif anticorruption, afin de faire bénéficier d'autres acteurs des enseignements de terrain. Il s'agit également d'identifier les bonnes pratiques pouvant être diffusées en présence d'enjeux similaires que rencontreraient d'autres acteurs, publics ou privés. C'est l'équilibre entre l'assistance apportée à un acteur et la contribution de l'acteur aux efforts collectifs anticorruption qui justifie la mission d'accompagnement. L'accompagnement se distingue à cet égard des consultations publiques ou privées auxquelles peut, en parallèle, recourir l'entité accompagnée.

Suivant le même principe d'utilité générale, si l'AFA ne dispose pas de toutes les ressources nécessaires pour satisfaire l'intégralité des demandes d'accompagnement individuel, elle peut proposer aux acteurs des modalités alternatives d'appui parmi les différentes options mentionnées au 1, en particulier la tenue d'ateliers collectifs dans le cadre de l'appui spécifique.

Principe de l'enrichissement du référentiel anticorruption.

Si l'accompagnement conduit à examiner une question nouvelle d'interprétation relative au référentiel français anticorruption, celle-ci fait en principe l'objet d'une publication après sa validation. Elle peut aussi être reprise ultérieurement dans le cadre de recommandations de l'AFA *[l'art. 3-2 de la L. du 9 déc. 2016 prévoit que les recommandations de l'Agence : "sont adaptées à la taille des entités concernées et à la nature des risques identifiés. Elles sont régulièrement mises à jour pour prendre en compte l'évolution des pratiques et font l'objet d'un avis publié au Journal officiel"]*.

Enfin, au cours de l'accompagnement, l'Agence peut fournir un accompagnement juridique en lien avec d'autres acteurs institutionnels, pour aider à clarifier l'articulation des règles anticorruption avec les autres branches du droit (droit de la commande publique, droit du travail ou de la fonction publique, législation relative à la protection des données personnelles ou à l'ouverture des données publiques...). Ces analyses juridiques font ensuite l'objet d'une publication pour bénéficier au plus grand nombre.

III Les modalités de l'accompagnement individuel des acteurs publics

Les modalités de collaboration entre l'AFA et un acteur public qu'elle assiste dans la mise en place de son dispositif anticorruption sont les suivantes.

1. Une démarche volontaire

L'accompagnement de l'AFA repose sur une démarche volontaire de la part des représentants de l'entité. Il se matérialise par un courrier ou un courriel de demande de la part d'un dirigeant de l'entité à l'attention du directeur de l'Agence auquel il est apporté une réponse écrite. Les dirigeants de l'entité s'assurent de pouvoir mobiliser des ressources adaptées à la conduite du projet. Au cours des échanges, l'accompagnement se fonde sur les éléments transmis volontairement par l'entité accompagnée.

2. La définition préalable des besoins d'accompagnement de l'entité

L'accompagnement porte sur tout ou partie du dispositif anticorruption. Le périmètre est précisé dans le courrier de demande, dans la mesure du possible, afin d'identifier précisément les besoins de l'entité.

3. Un accompagnement gratuit et cadré dans le temps, fondé sur la bonne foi des acteurs

L'accompagnement de l'AFA est gratuit et limité dans le temps à six à douze mois. Les parties coopèrent de bonne foi. Chacune peut interrompre l'accompagnement en cours de travaux en informant l'autre par courrier.

4. Une action de conseil indépendante des missions de contrôle de l'Agence

L'accompagnement de l'AFA au titre de ses missions d'assistance ne préjuge en rien d'éventuels contrôles réalisés par l'AFA.

5. Une communication concertée sur la démarche et ses résultats

Les agents de l'AFA sont soumis aux obligations déontologiques communes à tous les agents publics relevant du statut général de la fonction publique. Ils sont également soumis au secret professionnel au sujet des dossiers dont ils auraient eu à connaître.

Ceci étant, l'exploitation du retour d'expérience dans le cadre des publications de l'Agence est une composante essentielle de l'accompagnement, et de sa justification au regard des missions de centralisation et de diffusion des informations nécessaires à la prévention de la corruption. L'utilité de l'accompagnement est de fournir des informations concrètes permettant d'apprécier l'applicabilité des règles, ou les modalités de leur mise en œuvre, dans un contexte de terrain. Seule cette information concrète peut donner à l'autorité publique les éléments nécessaires à la conduite de sa mission de conseil auprès des acteurs publics et privés.

Afin de concilier ces principes, il est précisé que l'Agence ne communiquera pas d'information qui permettrait à un tiers d'opérer le rapprochement entre des difficultés concrètes exposées dans la documentation de l'Agence et l'identité d'une personne morale ou de ses agents (secret statistique).

Cette règle pourra être levée, en plein accord avec les représentants de l'entité, par exemple à l'occasion de publications ou d'actions de communication conjointe (prise de parole conjointe dans des formations ou des colloques, etc.).

Remarque : l'accompagnement ne produit en lui-même aucune certification ou labellisation de la part de l'AFA. Aucun acteur accompagné par l'Agence ou ayant eu, avant la création de celle-ci, des contacts professionnels avec le Service central de prévention de la corruption, que l'Agence française anticorruption a remplacé, ne peut se prévaloir auprès de tiers d'éventuelles certifications ou labellisations qui lui auraient été délivrées.

IV Comment solliciter un accompagnement individuel ?

Les demandes d'accompagnement individuel sont adressées :
– par messagerie électronique à l'adresse fonctionnelle : afa@afa.gouv.fr ;
– ou par courrier à l'adresse de l'AFA – Département du conseil aux acteurs publics – 23 avenue d'Italie 75013 Paris.

Avant d'adresser leur demande, il est conseillé aux acteurs publics de prendre un premier contact avec l'AFA.

Guide pratique AFA (avril 2019),

Sur la peine de programme de mise en conformité.

Avertissement

Ce guide a été réalisé par l'Agence française anticorruption (AFA) dont l'une des missions est de contrôler la mise en œuvre de la peine de programme de mise en conformité (PPMC) instituée par la loi n° 2016-1691 du 9 décembre 2016 relative à la transparence, à la lutte contre la corruption et la modernisation de la vie économique.

La sous-direction du contrôle de l'AFA est chargée, en vertu de l'arrêté du 14 mars 2017 relatif à l'organisation de l'AFA, de contrôler l'exécution de la peine de programme de mise en conformité prévu à l'article 131-39-2 du code pénal.

Introduction

La loi n° 2016-1691 du 9 décembre 2016 relative à la transparence, à la lutte contre la corruption et la modernisation de la vie économique a développé de nouvelles dispositions législatives dont l'ambition affichée est de "hisser la France au niveau des meilleurs standards internationaux en matière de lutte contre la corruption et de transparence de la vie publique" *[M. Sapin, Transparence, lutte contre la corruption, modernisation de la vie économique : la France aux avant-postes avec la publication de la loi du 9 déc. 2016, Lettre d'actualité juridique du ministère de l'Economie et Finances, n° 222, 15 déc. 2016]*.

Les dernières avancées de la lutte anticorruption réalisées par la loi n° 2016-1691 du 9 décembre 2016 ont été qualifiées de "capitales" par la représentation nationale *[S. Denaja, Rapp. AN n° 3795, p. 11]*.

Outre la création de l'Agence française anticorruption (AFA), qui se substitue au Service central de prévention de la corruption, l'une des innovations majeures de cette loi réside dans son article 18 qui crée une peine originale considérée par la doctrine comme un "instrument de prévention inédit" répondant à la "nécessité de prévenir la réitération des faits de corruption" *[M. Segonds, Les apports de la loi du 9 déc. 2016 à l'anticorruption, Revue mensuelle Lexisnexis jurisclasseur, févr. 2016, p. 13]*.

L'article 18 de la loi n° 2016-1691 du 9 décembre 2016 insère dans le code pénal un nouvel article 131-39-2, qui prévoit la possibilité, en répression de certains délits, d'imposer aux personnes morales, l'obligation de se soumettre, sous le contrôle de l'AFA, pour une durée maximale de cinq ans, à une peine de programme de mise en conformité (PPMC).

La circulaire de la direction des affaires criminelles et des grâces relative à la présentation et à la mise en œuvre des dispositions pénales prévues par la loi n° 2016-1691 du 9 décembre 2016 relative à la transparence, à la lutte contre la corruption et à la modernisation de la vie économique n° CRIM/2018-01/G3-31.01.2018 du 31 janvier 2018 en rappelle le régime.

Applicable à certains manquement*[s]* au devoir de probité et à toutes les personnes morales, le contenu du programme de mise en conformité est défini par la loi et correspond aux mesures et procédures mentionnées au II de l'article 17 de la loi n° 2016-1691 du 9 décembre 2016 à l'exclusion du point 8 correspondant au "dispositif de contrôle et d'évaluation interne des mesures prises en œuvre".

I Le domaine d'application de la peine

Le champ d'application vise une liste limitative de délits.

A *Personnes concernées*

L'article 131-39-2 du code pénal vise "une personne morale".

La PPMC est ainsi applicable aux personnes morales de toutes tailles, de toutes formes juridiques et de tous secteurs d'activité, qu'elles soient de nationalité française ou étrangère.

Elle s'applique également aux personnes morales de droit public, contrairement à la peine complémentaire de placement sous surveillance judiciaire (PPSJ) prévue à l'article 131-36 du code pénal qui exclut les personnes morales de droit public.

Les personnes morales susceptibles d'être condamnées à cette peine ne relèvent donc pas exclusivement du périmètre de celles à qui s'impose la mise en œuvre, sur le fondement de l'article 17 de la loi n° 2016-1691 du 9 décembre 2016, des mesures et procédures destinées à prévenir et à détecter la commission, en France ou à l'étranger, de faits de corruption ou de trafic d'influence.

B *Les infractions visées*

— art. 433-1 du code pénal : corruption active d'agent public français commis par des particuliers,

— art. 433-2 du code pénal : trafic d'influence public actif commis par des particuliers[,]

— l'avant-dernier alinéa de l'article 434-9 et le deuxième alinéa de l'article 434-9-1 du code pénal : corruption et trafic d'influence actifs visant à entraver le cours de la justice française,

— art. 435-3 du code pénal : corruption active d'agent public étranger ou d'agent d'une organisation internationale publique,

— art. 435-4 du code pénal : trafic d'influence actif en vue d'orienter l'action d'un agent d'une organisation internationale publique,

— art. 435-9 du code pénal : corruption active visant à entraver le cours de la justice internationale,

— art. 435-10 du code pénal : trafic d'influence actif en vue d'orienter la justice internationale,

— art. 445-1 et 445-1-1 du code pénal : corruption active des personnes n'exerçant pas une fonction publique,

– art. 445-2 et 445-2-1 du code pénal : corruption passive des personnes n'exerçant pas une fonction publique,

– contrairement à la convention judicaire d'intérêt public (CJIP), les infractions de blanchiment des infractions prévues aux articles 1741 et 1743 du code général des impôts ainsi que les infractions connexes ne sont pas visées dans le champ infractionnel de la PPMC.

II Le contenu du programme de mise en conformité

A *Le contenu du programme*

L'article 131-39-2 du code pénal dispose que "lorsque la loi le prévoit à l'encontre d'une personne morale, un délit peut être sanctionné par l'obligation de se soumettre, sous le contrôle de l'Agence française anticorruption, pour une durée maximale de cinq ans, à un programme de mise en conformité "qui comporte l'obligation pour la personne morale de mettre en œuvre en son sein les mesures et obligations suivantes" :

1) un code de conduite définissant et illustrant les différents types de comportements à proscrire comme étant susceptibles de caractériser des faits de corruption ou de trafic d'influence ;

2) un dispositif d'alerte interne destiné à permettre le recueil des signalements émanant d'employés et relatifs à l'existence de conduites ou de situations contraires au code de conduite de la personne morale ;

3) une cartographie des risques prenant la forme d'une documentation régulièrement actualisée et destinée à identifier, analyser et hiérarchiser les risques d'exposition de la personne morale à des sollicitations externes aux fins de corruption, en fonction notamment des secteurs d'activités et des zones géographiques dans lesquels la personne morale exerce son activité ;

4) des procédures d'évaluation de la situation des clients, fournisseurs de premier rang et intermédiaires au regard de la cartographie des risques ;

5) des procédures de contrôles comptables, internes ou externes, destinées à s'assurer que les livres, registres et comptes ne sont pas utilisés pour masquer des faits de corruption ou de trafic d'influence. Ces contrôles peuvent être réalisés soit par les services de contrôle comptable et financier propres à la personne morale, soit par recours à un auditeur externe à l'occasion de l'accomplissement des audits de certification de comptes prévus à l'article L. 823-9 du code de commerce ;

6) un dispositif de formation destiné aux cadres et aux personnels les plus exposés aux risques de corruption et de trafic d'influence ;

7) un régime disciplinaire permettant de sanctionner les salariés de la personne morale en cas de violation du code de conduite de la personne morale.

B *Le contrôle de la mise en œuvre du programme par l'AFA*

Alors que la PSSJ emporte la désignation d'un mandataire de justice dont la juridiction précise la mission, la PPMC est mise en œuvre sous le contrôle de l'AFA. Celle-ci rend compte de ce suivi au procureur de la République, qui contrôle l'exécution de cette peine.

1 *L'information de l'AFA par le parquet*

Le procureur de la République communique la décision exécutoire à l'AFA.

2 *Le contrôle de l'AFA*

La communication de la décision exécutoire de la PPMC déclenche l'édition de la lettre de mission de l'équipe de contrôle et de l'avis à destination de l'entité contrôlée.

Après désignation par l'entité contrôlée de la personne chargée de le représenter, celle-ci est destinataire d'un questionnaire et d'une liste de pièces à fournir sous quinze jours. En parallèle, un premier rendez-vous est organisé afin d'échanger sur la méthodologie du contrôle et d'expliciter, le cas échéant, le contenu du questionnaire et la liste des pièces à fournir.

Le contrôle se déroule selon les cinq phases suivantes :

• Phase 1 (durée indicative : 0 à 3 mois) :

– audit initial effectué par les agents de l'AFA et/ou par un ou plusieurs expert(s) externe(s) assistant l'AFA *[celui-ci a vocation à réaliser un état des lieux de la conformité anticorruption au sein de l'entité et notamment une cartographie des processus. Cet audit initial, complété par d'éventuels sous-audits spécialisés, doit en particulier permettre à l'équipe de contrôle d'évaluer l'existant, et de lui apporter une compréhension approfondie des méthodologies utilisées, des responsables des différents processus de l'entreprise, des modalités de prises de décision y afférentes, ainsi que du calendrier du déploiement envisagé. A travers celui-ci, l'équipe de contrôle doit disposer d'une connaissance complète de l'environnement et des processus de l'entité]* ;

– remise du rapport par l'AFA contenant les recommandations à l'entité contrôlée.

• Phase 2 (durée indicative : 0 à 6 mois) :

– définition d'un plan d'actions, reprenant les recommandations du rapport d'audit initial, par l'entité contrôlée ;

– remise du plan d'actions par l'entité contrôlée.

• Phase 3 (durée indicative : 0 à 1 mois) :

– retour du plan d'actions revu et validé par l'AFA à l'entité contrôlée.

• Phase 4 (durée indicative : 0 à 2 ans) :

– mise en œuvre du plan d'action par l'entité contrôlée ;

– validation par l'AFA des politiques cadres du dispositif de l'entité contrôlée ;

– au cours de la mise en œuvre, déploiement d'audits ciblés au sein des métiers, services, succursales, filiales de l'entité contrôlée par l'AFA éventuellement assistée d'experts ;

– transmission à l'AFA par l'entité contrôlée et/ou des experts assistant l'AFA de rapports trimestriels informant de l'avancée des travaux de mise en œuvre du plan d'action ;

– transmission par l'AFA d'un rapport annuel au parquet.

• Phase 5 (durée indicative : 0 à 3 mois) :

– audit final effectué par les agents de l'AFA et/ou par un ou plusieurs expert(s) externe(s) assistant l'AFA ;

– Rapport final au parquet.

3 *L'information du parquet par l'AFA*

• En cas de difficulté

L'article 764-44 alinéa 2 du code de procédure pénale ne dispose que l'AFA informe le procureur de la République de "toute difficulté dans l'élaboration ou la mise en œuvre du programme de mise en conformité".

Ces difficultés dans le contrôle de la mise en œuvre du programme de mise en conformité (relatives par exemple à la transmission de pièces, au contrôle sur place des dispositifs, aux entretiens avec des personnes dont le concours paraît nécessaire à l'AFA) font l'objet de notes adressées par l'AFA à l'entité condamnée et simultanément transmises au procureur de la République.

La personne morale peut également informer de son côté le procureur de la République de toute difficulté dans l'exécution de la peine.

• Annuellement

L'article 764-44 du code de procédure pénale précise que l'AFA rend compte "au procureur de la République au moins annuellement, de la mise en œuvre de la peine".

L'article 764-44 alinéa 5 du code de procédure pénale évoquant "les différents rapports transmis au procureur par l'AFA", il faut en déduire que cette information annuelle prend la forme d'un rapport écrit.

• En fin de mesure au parquet

L'article 764-44 alinéa 1 du code de procédure pénale prévoit que l'AFA adresse "un rapport au procureur de la République à l'expiration du délai d'exécution de la mesure".

Il est également précisé que lorsque cette peine a été prononcée contre une société mentionnée au I de l'article 17 de la loi n° 2016-1691 du 9 décembre 2016, il est tenu compte dans l'exécution de la peine, des mesures et procédures déjà mises en œuvre en application du II du même article 17.

La relation et la coordination entre les magistrats du parquet et l'Agence française anticorruption sont dès lors déterminantes pour s'assurer de la parfaite application de cette peine.

4 *Les frais liés au recours à des experts par l'AFA*

Pour ses missions, le législateur a prévu la possibilité pour l'AFA de recourir à des experts ou à des personnes qualifiées pour l'assister dans la réalisation d'analyses juridiques, financières, fiscales et comptables.

Les règles déontologiques applicables à ces experts et à ces autorités qualifiées ont été fixées par l'article 8 du décret n° 2017-329 du 14 mars 2017.

L'article 131-39-2 du code pénal prévoit que "lorsque le tribunal prononce cette peine, les frais occasionnés par le recours par l'Agence française anticorruption à des experts pour l'assister dans la réalisation d'analyses juridiques, financières, fiscales et comptables sont supportés par la personne morale condamnée, sans que ce montant ne puisse excéder le montant de l'amende encourue pour le délit au titre duquel cette peine est prononcée".

La personne morale condamnée devra verser par provision, dans les conditions et selon les modalités fixées par l'AFA, les sommes nécessaires à la couverture des frais d'expertise, l'absence de consignation préalable des sommes exigées étant susceptible de caractériser l'infraction prévue par l'article 434-43-1 du code pénal.

III La durée

A *La durée fixée par le tribunal*

L'article 131-39-2 du code pénal prévoit que la durée maximale de la peine de programme de mise en conformité est de cinq ans.

Elle excède la durée maximale du programme de mise en conformité prévu dans le cadre de la CJIP qui est de trois ans.

Cette durée plus longue est d'ailleurs un élément que les personnes morales pourront prendre en considération pour accepter la conclusion d'une CJIP.

B *La possibilité d'une fin anticipée*

L'article 764-44 du code de procédure pénale prévoit les conditions dans lesquelles, il peut être mis fin à la peine de façon anticipée.

L'article 764-44 alinéa 5 du code de procédure pénale précise que "lorsque la peine a été exécutée pendant au moins un an, qu'il résulte des rapports transmis au procureur de la république que la personne morale condamnée a pris les mesures et procédures appropriées pour prévenir et détecter la commission des faits de corruption et de trafic d'influence et qu'aucun suivi ne paraît plus nécessaire, le procureur de la République peut saisir le juge d'application des peines de réquisitions tendant à ce qu'il soit mis fin à la peine de façon anticipée, par jugement motivé conformément à l'article 712-6 du présent code".

Un rapport spécifique de l'AFA est alors adressé au procureur de la République.

Selon l'article 712-6 du code de procédure pénale, le jugement est rendu à l'issue d'un débat contradictoire tenu en chambre du conseil par le juge de l'application des peines.

En accord avec le condamné et le procureur de la République, l'article 712-6 du code de procédure pénale prévoit que le juge de l'application des peines peut rendre son jugement sans débat contradictoire.

IV Le non-respect

A *Les personnes concernées*

A l'instar de la peine de stage, le non-respect de la peine de programme de mise en conformité est constitutif d'une nouvelle infraction.

L'article 434-43-1 du code pénal prévoit que les personnes responsables sont "les organes ou représentants" de la personne morale condamnée à la peine de programme de mise en conformité.

B *La condamnation encourue*

L'article 434-43-1 du code pénal prévoit que le fait pour les organes ou représentants d'une personne morale de s'abstenir de prendre les mesures préconisées par l'AFA ou de faire obstacle à la bonne exécution des obligations qui découlent du programme de mise en conformité constitue "un délit puni de deux ans d'emprisonnement et 50 000 euros d'amende".

Les personnes morales déclarées responsables de ce délit peuvent voir le montant de l'amende porté au montant de l'amende encourue au titre du délit pour lequel elles ont été originellement condamnées. Elles encourent également les autres peines attachées à la répression de ce délit *[V. C. pr. pén., art. 434-43-1, al. 2 et 3]*.

Enfin, les personnes morales et physiques coupables du non-respect de la PPMC encourent une peine d'affichage ou de diffusion de la décision prononcée.

V Dispositions législatives et réglementaires

A *Article 131-39-2 du code pénal*

I. — La loi le prévoit à l'encontre d'une personne morale, un délit peut être sanctionné par l'obligation de se soumettre, sous le contrôle de l'Agence française anticorruption, pour une durée maximale de cinq ans, à un programme de mise en conformité destiné à s'assurer de l'existence et de la mise en œuvre en son sein des mesures et procédures définies au II.

II. — La peine prévue au I comporte l'obligation de mettre en œuvre les mesures et procédures suivantes :

1° Un code de conduite définissant et illustrant les différents types de comportements à proscrire comme étant susceptibles de caractériser des faits de corruption ou de trafic d'influence ;

2° Un dispositif d'alerte interne destiné à permettre le recueil des signalements émanant d'employés et relatifs à l'existence de conduites ou de situations contraires au code de conduite de la personne morale ;

3° Une cartographie des risques prenant la forme d'une documentation régulièrement actualisée et destinée à identifier, analyser et hiérarchiser les risques d'exposition de la personne morale à des sollicitations externes aux fins de corruption, en fonction notamment des secteurs d'activités et des zones géographiques dans lesquels la personne morale exerce son activité ;

4° Des procédures d'évaluation de la situation des clients, fournisseurs de premier rang et intermédiaires au regard de la cartographie des risques ;

5° Des procédures de contrôles comptables, internes ou externes, destinées à s'assurer que les livres, registres et comptes ne sont pas utilisés pour masquer des faits de corruption ou de trafic d'influence. Ces contrôles peuvent être réalisés soit par les services de contrôle comptable et financier propres à la personne morale, soit en ayant recours à un auditeur externe à l'occasion de l'accomplissement des audits de certification de comptes prévus à l'article L. 823-9 du code de commerce ;

6° Un dispositif de formation destiné aux cadres et aux personnels les plus exposés aux risques de corruption et de trafic d'influence ;

7° Un régime disciplinaire permettant de sanctionner les salariés de la personne morale en cas de violation du code de conduite de la personne morale.

III. – Lorsque le tribunal prononce la peine prévue au I du présent article, les frais occasionnés par le recours par l'Agence française anticorruption à des experts ou à des personnes ou autorités qualifiées pour l'assister dans la réalisation d'analyses juridiques, financières, fiscales et comptables sont supportés par la personne morale condamnée, sans que le montant de ces frais ne puisse excéder le montant de l'amende encourue pour le délit au titre duquel cette peine est prononcée.

Un décret en Conseil d'État précise les règles déontologiques applicables à ces experts et à ces personnes ou autorités qualifiées.

B *Article 764-44 du code de procédure pénale*

I. – La peine prévue à l'article 131-39-2 du code pénal s'exécute sous le contrôle du procureur de la République.

L'Agence française anticorruption rend compte au procureur de la République, au moins annuellement, de la mise en œuvre de la peine. Elle l'informe de toute difficulté dans l'élaboration ou la mise en œuvre du programme de mise en conformité. Elle lui communique, en outre, un rapport à l'expiration du délai d'exécution de la mesure. La personne morale condamnée peut informer le procureur de la République de toute difficulté dans la mise en œuvre de la peine.

II. – Lorsque la peine prévue à l'article 131-39-2 du code pénal a été prononcée à l'encontre d'une société mentionnée au I de l'article 17 de la loi n° 2016-1691 du 9 décembre 2016 relative à la transparence, à la lutte contre la corruption et à la modernisation de la vie économique, il est tenu compte, dans l'exécution de la peine, des mesures et procédures déjà mises en œuvre en application du II du même article 17.

III. – Lorsque la peine prononcée en application de l'article 131-39-2 du code pénal a été exécutée pendant au moins un an, qu'il résulte des rapports transmis au procureur de la République que la personne morale condamnée a pris les mesures et procédures appropriées pour prévenir et détecter la commission de faits de corruption ou de trafic d'influence et qu'aucun suivi ne paraît plus nécessaire, le procureur de la République peut saisir le juge d'application des peines de réquisitions tendant à ce qu'il soit mis fin à la peine de façon anticipée, par jugement motivé conformément à l'article 712-6 du code de procédure pénal.

Guide pratique AFA (avril 2019),

Sur la convention judiciaire d'intérêt public.

Avertissement

Ce guide a été réalisé par l'Agence française anticorruption (AFA) dont l'une des missions est de contrôler l'exécution des conventions judiciaires d'intérêt public, ci-après CJIP, mises en place par la loi n° 2016-1691 du 9 décembre 2016 relative à la transparence, à la lutte contre la corruption et la modernisation de la vie économique.

La sous-direction du contrôle de l'AFA est chargée en vertu de l'arrêté du 14 mars 2017 relatif à l'organisation de l'AFA de contrôler le programme de mise en conformité prévu à l'article 41-1-2 du code de procédure pénale.

Introduction

La loi n° 2016-1691 du 9 décembre 2016 relative à la transparence, à la lutte contre la corruption et la modernisation de la vie économique a développé de nouvelles dispositions législatives dont l'ambition affichée est de "hisser la France au niveau des meilleurs standards internationaux en matière de lutte contre la corruption et de transparence de la vie publique" *[M. Sapin, Transparence, lutte contre la corruption, modernisation de la vie économique : la France aux avant-postes avec la publication de la loi du 9 décembre 2016, Lettre d'actualité juridique du ministère de l'Economie et Finances, n° 222, 15 déc. 2016]*.

Les dernières avancées de la lutte contre la corruption réalisées par la loi n° 2016-1691 du 9 décembre 2016 ont été qualifiées de "capitales" par la représentation nationale *[S. Denaja, Rapp. AN n° 3795, p. 11]*.

Outre la création de l'Agence française anticorruption (AFA), qui se substitue ainsi au Service central de prévention de la corruption, l'une des innovations majeures de cette loi réside dans son article 22 *[lors de la préparation de cette loi, le Législateur est parti du constat que malgré un dispositif législatif d'ores et déjà développé en matière de lutte anticorruption, le nombre de condamnations restait encore très limité en France. Avec cette loi, l'objectif est donc, d'une part de renforcer la prévention de la corruption et, d'autre part, de rendre effective l'application de ces dispositions]*.

Ce texte introduit, dans le chapitre II (Du ministère public) du Titre 1er (Des autorités chargées de la conduite de la politique pénale, de l'action publique et de l'instruction) du Livre 1er du code de procédure pénale, dans la section 3 relative aux attributions du procureur de la République, un article 41-1-2 du code de procédure pénale consacré à la convention judiciaire d'intérêt public (CJIP).

Il introduit également dans le chapitre 1er (Du juge d'instruction) du titre III (Des juridictions d'instruction) de ce livre 1er du code de procédure pénale, dans la section 11 des ordonnances de règlement, un article 180-2 du code de procédure pénale consacré à l'utilisation de la convention judiciaire d'intérêt public dans le cadre de l'instruction.

L'article 22 de la loi précitée a fait l'objet d'un décret d'application n° 2017-660 du 27 avril 2017 relatif à la convention judiciaire d'intérêt public et au cautionnement judiciaire.

Le Législateur, comme le montrent les travaux parlementaires, s'est explicitement inspiré du modèle des "*deferred prosection agreement*" (DPA), américain ou britannique qui, dans certaines procédures ont conduit à des sanctions d'entreprises françaises pour des montants très élevés *[cinq sociétés françaises (BNP, ALSTOM, TOTAL, ALCATEL-LUCENT et TECHNIP) ont déjà conclu un tel accord avec les autorités américaines et se sont ainsi vu imposer de lourdes amendes (772 millions us dollars pour ALSTOM par exemple) pour éviter un procès public aux États-Unis]*.

De tous les modes alternatifs de règlement des contentieux (MARC) *[art. 41-1 ou 41-2 C. pr. pén. (V. J. Pradel, Une consécration du "plea-bargaining" à la française : la composition pénale instituée par la loi n° 99-515 du 23 juin 1999, D 1999. 379 ; J.-P. Céré et P. Rémilleux, De la composition pénale à la comparution sur reconnaissance préalable de culpabilité : le "plaider coupable" à la française, AJ pénal 2003. 45)]*, **et malgré des similitudes avec certains, la CJIP est la plus singulière.**

Ces modes alternatifs se sont développés, depuis une vingtaine d'années, dans notre procédure, permettant d'apporter des réponses rapides et en grand nombre à des faits délictueux.

La grande différence de la CJIP avec la composition pénale est qu'elle ne donne pas lieu à une reconnaissance de culpabilité.

Cette nouvelle procédure emprunte un vocabulaire contractuel car c'est une "convention". Le texte parle aussi de "rétractation" et de "proposition".

Comme la CRPC, inspirée du *plea bargaining* anglo-saxon, elle repose sur une négociation entre le ministère public et la personne mise en cause dans un souci partagé de rapidité.

Il convient de rappeler que, dans ce domaine, la longueur des procédures, concernant souvent des faits commis dans plusieurs pays, et l'incertitude sur leur issue, sont très déstabilisantes pour l'entreprise et son image, et plus particulièrement pour sa gouvernance, distraite durablement de la gestion des affaires. C'est ainsi que "de nombreuses entreprises souhaitaient pouvoir transiger rapidement et ainsi tourner la page pour aller de l'avant" *[V. Option finance, suppl. 29 mai 2017 – La convention judiciaire d'intérêt public, peut-elle tenir toutes ses promesses ?]*.

Si, comme pour la CRPC, l'exécution de la CJIP éteint l'action publique, l'ordonnance de validation de la seconde n'a pas les effets d'un jugement de condamnation

et n'est pas inscrite au bulletin n° 1 du casier judiciaire, ce dispositif n'emportant pas reconnaissance de culpabilité.

C'est là une différence essentielle avec la CRPC, la représentation nationale ayant fait valoir que "La reconnaissance de culpabilité empêche d'accéder ensuite aux marchés publics internationaux notamment américains, ce qui [risquait] de dissuader les personnes morales de s'orienter vers ce mécanisme" *[V. S. Denaja, Rapp. AN n° 3785, p. 155. Selon le rapporteur du Sénat, "la société est simplement mise en cause, aucun élément n'attestant de la reconnaissance de la commission de délits, alors même que l'exécution de la convention éteint l'action publique pour les faits en cause". — V. F. Pillet, Rapp. Sénat n° 712, p. 27]*. Cette nouvelle forme de transaction a donc cet avantage majeur de ne pas exclure les entreprises des marchés publics.

En contrepartie, les entreprises accepteront de payer des amendes, qui pourront apparaître comme élevées mais devront être proportionnées aux avantages tirés des manquements constatés, elles s'engageront par ailleurs à se soumettre à un dispositif exigeant de suivi par l'AFA de leurs mesures de conformité *[le principe de réalité économique l'a ici emporté sur toute autre considération. Ainsi a-t-il été déclaré durant les travaux préparatoires que "toute condamnation formelle exclut l'entreprise des marchés, notamment sur le continent américain. Il convient de trouver une autre qualification que la condamnation judiciaire, comme le font habilement des Américains". V. O. Marleix, Rapp. AN n° 3785, p. 154]*.

La CJIP permet en effet de s'assurer, sous le contrôle de l'AFA *[l'Agence peut, selon l'art. 41-1-2 I, 2° C. pr. pén., recourir à des experts ou à des personnes ou des autorités qualifiées pour l'assister dans la réalisation d'analyses juridiques, financières, fiscales et comptables nécessaires à sa mission de contrôle. Ces frais sont supportés par la personne morale mise en cause, dans la limite d'un plafond fixé par la CJIP]*, de la mise en œuvre par la personne morale d'un système efficace destiné à prévenir la réitération de faits de corruption au sens large *[ce qui conduit certains à considérer que "cette condamnation sans culpabilité, pour ne pas dire cette peine sans infraction, n'a de sens qu'associée à la mise en place d'un programme de mise en conformité destiné à s'assurer de l'existence et de la mise en œuvre en son sein des mesures et procédures énumérées au II de l'article 131-39-2 du code pénal, c'est-à-dire l'adoption d'un code de conduite, de dispositif d'alerte, de cartographie des risques, de procédures d'évaluation des partenaires de l'entreprise ou encore d'un régime disciplinaire contre les salariés de la personne morale en cas de violation du code de conduite de la personne morale." RLDA, n° 125, avr. 2017]*.

La circulaire de la direction des affaires criminelles et des grâces relative à la présentation et à la mise en œuvre des dispositions pénales prévues par la loi n° 2016-1691 du 9 décembre 2016 relative à la transparence, à la lutte contre la corruption et à la modernisation de la vie économique n° CRIM/2018-01/G3-31.01.2018 du 31 janvier 2018 rappelle cet enjeu *[V. supra, A. Droit préventif et répressif]*.

En offrant aux autorités de poursuite la faculté, d'une part, de sanctionner sans condamner et, d'autre part, de contraindre à un programme de mise en conformité, cette convention s'inscrit pour certains praticiens "dans un mouvement plus global de transformation politique, juridique et économique d'une société de discipline en une société de contrôle", dotée "d'une conduite réglée, normée, habituelle pour ne pas dire ascèse" *[C. Ghrenassia et K. El Gohari, La convention judiciaire d'intérêt public : en attendant la transaction pénale, RLDA, n° 125, avr. 2017]*.

La CJIP n'est pas seulement l'instrument des parties mais apparait bien, à ce titre, comme un dispositif véritablement lié à la protection de l'intérêt général.

Celui-ci réside dans le fait que les entreprises déploieront des mesures de prévention et de détection adéquates dans le cadre des programmes de conformités prévus par la convention.

Pour le Législateur, la sanction doit ainsi "mécaniquement" renforcer la prévention pour éviter la récidive.

La CJIP s'inscrit ainsi pleinement dans le dispositif global de lutte contre la corruption mis en place par la loi n° 2016-1691 du 9 décembre 2016.

Le décret n° 2017-660 du 27 avril 2017 a prévu que l'AFA rendrait compte, à la demande du ministère public et au moins annuellement, de la mise en œuvre du programme.

La mise en œuvre du programme de mise en conformité est assurée par l'AFA, auprès de laquelle le parquet pourra solliciter des informations.

En d'autres termes, de la coordination le plus en amont possible entre le ministère public et l'AFA dépendra aussi le succès de la CJIP et sa véritable capacité à concurrencer les fors étrangers *[C. Ghrenassia et K. El Gohari, La convention judiciaire d'intérêt public : en attendant la transaction pénale, RLDA, n° 125, avr. 2017 : "l'avenir de la CJIP dépendra également de la capacité des États à se concerter pour régler la question du for compétent pour exercer les poursuites, ou assumer les négociations aux fins de transaction."]*.

L'existence et l'utilisation de ce nouveau dispositif transactionnel pourra s'inscrire en parallèle avec une procédure déjà engagée le cas échéant par des autorités étrangères Les magistrats devront prendre attache avec leurs homologues dans la perspective de transactions multilatérales. Il permettra d'exercer pleinement les restrictions relatives aux atteintes à l'ordre public, à la souveraineté, à la sécurité et aux intérêts économiques essentiels de la France, visées à l'article 1er de la loi n° 68-678 du 26 juillet 1968 dite "loi de blocage" relatif aux demandes de transmission d'informations par des autorités publiques étrangères administratives ou judiciaires *[V. v° Loi de blocage et extraterritorialité]*, et à l'article 694-4 du code de procédure pénale en matière d'entraide internationale. En cas de mise en œuvre d'une procédure de "*monitoring*" à l'initiative d'une autorité étrangère, elle place par ailleurs naturellement l'AFA au sein du dispositif de supervision de ce programme, et lui permet d'exercer les compétences qui lui sont attribuées dans le cadre de l'article 3, 5° de la loi n° 2016-1691 du 9 décembre 2016.

Les développements récents en la matière vont dans le sens d'une plus grande coopération entre États "voire d'une harmonisation de poursuites multijuridictionnelles" par exemple dans les affaires Siemens, Odebrecht Braskem ou encore, Rolls Royce en janvier 2017 *[A. Mignon Colombe et S. Hannedouche-Leric, Le nouveau dispositif anti-corruption de la loi Sapin II : quelles avancées et quelles zones d'ombre ?, JCP 2017, 128.]*.

En France, la convention judiciaire d'intérêt public signée le 24 mai 2018 par le parquet national financier et la Société Générale comprenant un contrôle par l'AFA pendant deux ans illustre parfaitement cette tendance. En effet, les faits visés par cet accord faisaient également l'objet d'une enquête menée par le *Department of Justice* (DOJ) des États-Unis et le procureur fédéral du district-est de New York. Les deux autorités de poursuite ont ainsi coordonné leurs actions afin de parvenir à la signature simultanée d'une CJIP et d'un *deferred prosecution agreement* (DPA, accord de suspension de poursuites).

I Présentation de la CJIP

Le champ d'application de la CJIP vise une liste limitative de délits punissables pour les personnes morales de peines d'amende allant jusqu'au quintuple de celles prévues pour les personnes physiques *[art. 131-38 C. pén.]* (par exemple, pour l'infraction de corruption active, la peine encourue est une amende de 5 M€ ou d'un montant équivalent au double du produit tiré de l'infraction *[ce point fait l'objet d'un débat doctrinal. Certains auteurs considèrent qu'une personne morale reconnue coupable de faits de corruption peut être condamnée à une peine d'amende pouvant aller jusqu'au décuple du produit tiré de l'infraction (V. G. Poissonnier, Première convention judiciaire d'intérêt public entre le parquet national financier et une banque. - Une révolution sans lendemain ?, JCP E 2018, n° 1088)]*) et de nombreuses peines complémentaires parmi les suivantes :

— l'affichage ou la diffusion de la décision prononcée,
— la confiscation*[,]*
— l'interdiction d'exercer certaines activités,
— le placement sous surveillance judiciaire,
— la fermeture d'un ou plusieurs établissements,
— l'exclusion des marchés publics,
— l'interdiction de proposer au public ou de faire admettre des titres financiers aux négociations sur un marché réglementé,

— l'interdiction partielle d'émettre des chèques ou d'utiliser des cartes de paiement*[,]*

— et la peine de programme de mise en conformité (PPMC) *[art. 131-39-2 C. pén.]* qui, comme la CJIP, oblige la personne morale à se soumettre, sous le contrôle de l'AFA, à un programme de conformité pour une durée pouvant aller jusqu'à cinq ans (dans le cadre de la CJIP, ce contrôle ne peut excéder trois ans).

L'importance du montant de l'amende et les peines complémentaires encourues, dont l'obligation de mettre en place un programme de mise en conformité pour une durée plus longue de deux ans, devraient inciter à privilégier, en amont, la CJIP.

A *Personnes concernées*

Toutes les personnes morales sont concernées, quelle que soit leur forme juridique.

La procédure de CJIP est applicable aux entreprises de toutes tailles (de la PME à la grande entreprise) et de tous secteurs d'activité (industrie, produits finis, commerce, services...) publique *[dans les conditions de l'art. 121-2 C. pén. : exclusion de la responsabilité pénale de l'État, responsabilité pénale des collectivités territoriales et de leurs groupements uniquement dans le cadre des activités susceptibles de faire l'objet de conventions de délégation de service public]* ou privée, françaises ou étrangères.

Ces entreprises doivent être mises en cause pour des délits déterminés (voir B ci-après).

Cette procédure peut être mise en œuvre dans le cadre de l'enquête préliminaire tant que l'action publique n'a pas été mise en mouvement et la personne morale n'est pas tenue de reconnaitre les faits.

C'est là une grande différence avec la CRPC et la composition pénale.

En cas d'information judiciaire toutefois, la personne morale doit être mise en examen, avoir reconnu les faits et accepté la qualification pénale retenue.

Il y a donc une fragmentation du régime entre l'instruction et l'enquête préliminaire.

B *Les infractions visées*

• art. 433-1 du code pénal : corruption et trafic d'influence actifs d'agent public français commis par des particuliers,

• art. 433-2 du code pénal : trafic d'influence publique actif et passif commis par des particuliers,

• l'avant-dernier alinéa de l'article 434-9 du code pénal et le deuxième alinéa de l'article 434-9-1 du code pénal : corruption et trafic d'influence actifs visant à entraver le cours de la justice française,

• art. 435-3 du code pénal : corruption active d'agent public étranger ou d'agent d'une organisation internationale publique,

• art. 435-4 du code pénal : trafic d'influence actif en vue d'orienter l'action d'un agent d'une organisation internationale publique,

• art. 435-9 du code pénal : corruption active visant à entraver le cours de la justice internationale,

• art. 435-10 du code pénal : trafic d'influence actif en vue d'orienter la justice internationale,

• art. 445-1 du code pénal et 445-1-1 du code pénal : corruption active des personnes n'exerçant pas une fonction publique,

• art. 445-2 du code pénal et 445-2-1 du code pénal : corruption passive des personnes n'exerçant pas une fonction publique,

• blanchiment des infractions prévues aux articles 1741 du code général des impôts et 1743 du code général des impôts (fraudes fiscales), ainsi que pour des infractions connexes, à l'exclusion de celles prévues aux mêmes articles 1741 du code général des impôts et 1743 du code général des impôts.

Il est intéressant de relever que cette procédure ne s'applique pas qu'aux personnes morales mises en cause pour des faits de corruption ou de trafic d'influence, mais aussi à celles qui sont mises en cause pour des faits de blanchiment de fraudes fiscales et pour des infractions connexes.

II Le cadre procédural de mise en œuvre de la CJIP

A *En cas d'enquête conduite par le parquet*

L'article 41-1-2 du code de procédure pénale prévoit que cette initiative ne peut être prise que par le parquet et "tant que l'action publique n'a pas été mise en mouvement".

Ni l'article 41-1-2 du code de procédure pénale ni le décret n° 2017-660 du 27 avril 2017 ne donnent d'indication sur les circonstances et le type de dossiers qui pourraient conduire le ministère public à proposer une CJIP.

Ce n'est pas le cas au Royaume-Uni où le *Serious Fraud Office* (SFO) a édicté un *Code of Practise* [*https://www.cps.gov.uk/publications/directors-guid*].

Les critères posés peuvent malgré tout guider les magistrats français, qui pourront ainsi arbitrer en faveur d'une CJIP de la manière la plus objective possible :

– au regard des preuves, la personne morale est bien soupçonnée d'avoir commis l'infraction reprochée,

– l'ensemble des préjudices a été identifié ainsi que la ou les personne(s) les ayant subis,

– il est dans l'intérêt public national ou international de conclure une CJIP,

– les antécédents judiciaires de la personne morale ne s'y opposent pas,

– la présence ou non d'un programme de conformité ou la volonté d'en déployer un au moment de la commission des faits ou la coopération de la personne morale afin de faire cesser l'infraction peuvent être pris en considération.

Contrairement à la procédure de CRPC qui peut être sollicitée par la personne mise en cause, le recours à une procédure de CJIP relève, en droit du moins, de la seule initiative du ministère public, qui a une totale liberté d'appréciation.

B *En cas d'information judiciaire*

Une CJIP peut également, conformément à l'article 180-2 du code de procédure pénale, intervenir dans le cadre d'une information judiciaire lorsque "la personne morale mise en examen reconnaît les faits et qu'elle accepte la qualification retenue".

La mise en examen est donc un préalable nécessaire à la mise en œuvre de cette nouvelle procédure.

Cette reconnaissance des faits n'étant pas formalisée, il appartiendra au magistrat instructeur de la recueillir.

A la demande ou avec l'accord du procureur de la République, le juge d'instruction peut prononcer par ordonnance, la transmission de la procédure à ce dernier aux fins de mise en œuvre de la procédure prévue au même article 41-1-2 du code de procédure pénale.

Selon l'article 180-2 alinéa 2 du code de procédure pénale, "La demande ou l'accord du procureur de la République en vue de la mise en œuvre de la procédure prévue audit article 41-1-2 peut être exprimé ou recueilli au cours de l'information judiciaire ou à l'occasion de la procédure de règlement prévue à l'article 175. Les représentants légaux de la personne morale mise en cause sont informés, dès la proposition du procureur de la République, qu'ils peuvent se faire assister d'un avocat avant de donner leur accord à la convention".

Dans ce cas, l'instruction est suspendue. S'il existe des mesures de contrôle judiciaire, celles-ci sont maintenues jusqu'à validation de la CJIP.

Toutefois, l'article 180-2 alinéa 4 du code de procédure pénale précise que "l'instruction se poursuit à l'égard des autres parties à la procédure".

Afin d'éviter les manœuvres dilatoires, la conclusion de la CJIP doit intervenir dans un délai de trois mois.

En cas d'accord sur la CJIP et après validation de celle-ci, le procureur transmet l'ordonnance de validation au juge d'instruction pour qu'il prononce la disjonction de la procédure relative à la personne morale et poursuive l'information judiciaire concernant les personnes physiques.

Lorsque l'instruction est terminée et que la procédure a été transmise pour règlement au parquet dans le cadre de l'article 175 du code de procédure pénale, le parquet prendra, comme dans l'hypothèse d'une procédure de CRPC dans le cadre d'une information judiciaire, des réquisitions aux fins de disjonction pour permettre, la conclusion d'une CJIP s'agissant de la personne morale et de renvoi devant le tribunal correctionnel ou de CRPC pour les personnes physiques.

Selon l'alinéa 5 de l'article 180-2 du code de procédure pénale, si 3 mois après transmission de la procédure :

– aucun accord sur une CJIP n'a été trouvé,

– la convention n'a pas été validée,

– la personne morale exerce son droit de rétractation

– la personne morale ne justifie pas de l'exécution intégrale des obligations mises à sa charge dans le délai prévu dans la convention,

le procureur de la République transmet la procédure au juge d'instruction, accompagnée de réquisitions aux fins de reprise de l'information.

III Le déroulement de la CJIP

A *La prise en compte de la victime en amont*

La victime de l'infraction intervient au stade de la mise en œuvre de la CJIP. En effet, selon les termes de l'alinéa 5 de l'article 41-1-2 du code de procédure pénale, l'indemnisation du préjudice doit être prévue par la convention judiciaire d'intérêt public "lorsque la victime est identifiée".

Dès le stade de la proposition de CJIP, le projet doit être porté à la connaissance de la victime.

Le Législateur a en effet souhaité que les personnes ayant subi un préjudice soient associées en amont de la procédure *[V. Rapp. AN nº 3785, p. 159]*.

La représentation nationale a notamment précisé que "le procureur de la République est tenu de rechercher ces personnes" *[V. Rapp. AN nº 3785, p. 159]*.

Dans la première phase, comme c'est le cas pour la CRPC, la victime est créancière d'une seule obligation d'information puisque l'alinéa 6 de l'article 41-1-2 du code de procédure pénale prévoit que "la victime est informée de la décision du procureur de la République de proposer la conclusion d'une convention judiciaire d'intérêt public à la personne morale mise en cause".

Ce droit à l'information n'est reconnu qu'aux victimes et ne s'applique pas aux associations habilitées à "exercer les droits de la partie civile" en cas d'infractions d'atteintes à la probité, visées à l'article 2-23 du code de procédure pénale.

L'article R. 15-33-60-1 du code de procédure pénale précise que "le procureur de la République informe par tout moyen la victime, lorsqu'elle est identifiée, de sa décision de proposer la conclusion d'une convention judiciaire d'intérêt public à la personne morale mise en cause. Il fixe alors le délai dans lequel elle peut lui transmettre tout élément de nature à établir la réalité et l'étendue de son préjudice".

Le défaut d'accomplissement de ces diligences pourrait justifier un refus de validation de la CJIP par le Président du tribunal.

L'alinéa 5 de l'article 41-1-2 du code de procédure pénale prévoit en effet que "lorsque la victime est identifiée, et sauf si la personne morale mise en cause justifie de la réparation de son préjudice, la convention prévoit également le montant et les modalités de la réparation des dommages causés par l'infraction dans un délai qui ne peut être supérieur à un an".

Dans le cas d'une CJIP envisagée à l'occasion de l'ouverture d'une information judiciaire, la victime sera informée dans les mêmes conditions par le parquet.

Dans tous les cas, la victime ne peut ni provoquer, ni s'opposer à la proposition de CJIP, ni interjeter appel de la décision qui la validera. Elle ne participera pas à la négociation du contenu de la CJIP si ce n'est pour la détermination de son propre préjudice.

Au stade de la validation de la convention, les intérêts de la victime devront être pris en compte.

L'alinéa 8 de l'article 41-1-2 du code de procédure pénale prévoit que la victime est informée de la saisine du Président du tribunal de grande instance aux fins de validation de la CJIP.

L'article R. 15-33-60-3 du code de procédure pénale précise que la requête mentionnée au premier alinéa est notifiée aux représentants légaux de la personne morale et, le cas échéant à la victime, par lettre recommandée avec accusé de réception. Ces personnes sont également informées selon les mêmes modalités de l'heure et du lieu de l'audience à laquelle elles sont également invitées à comparaître en application de l'alinéa 9 de l'article 41-1-2 du code de procédure pénale, ainsi que de la possibilité qu'elles ont de se faire assister d'un avocat.

L'alinéa 9 de l'article 41-1-2 du code de procédure pénal prévoit qu'à l'audience publique, le Président du tribunal procède à l'audition de la victime assistée, le cas échéant, de son avocat.

L'alinéa 9 de l'article 41-1-2 du code de procédure pénal précise aussi que l'ordonnance validant ou non la convention n'est pas susceptible de recours par la victime (seule la voie de la rétractation de la personne morale mise en cause est envisagée).

L'article R. 15-33-60-4 du code de procédure pénale indique qu'"A l'issue de l'audience, l'ordonnance est immédiatement notifiée aux représentants de la personne morale et, le cas échéant, à la victime. Une copie leur est remise après émargement. Si la victime est absente de l'audience, l'ordonnance lui sera communiquée par tout moyen".

Il convient de rappeler que l'opposition de la victime, notamment en cas de désaccord sur les montants de dommages-intérêts, ne constitue pas un obstacle systématique à l'homologation de la CJIP.

La loi prévoit à l'alinéa 14 de l'article 41-1-2 du code de procédure pénale que "la victime peut, au vu de l'ordonnance de validation, demander le recouvrement des dommages-intérêts que la personne morale s'est engagée à lui verser suivant la procédure d'injonction de payer, conformément aux règles prévues par le code de procédure civile".

Le droit d'ester devant les juridictions civiles est ainsi clairement rappelé. Se pose toutefois, dans le cadre de l'enquête préliminaire ou de flagrant délit, la question de l'accès de la victime au dossier pénal ayant servi de base à la CJIP et de son usage.

A ce titre, l'article R. 15-33-60-2 du code de procédure pénale renvoie à l'article 77-2-II du code de procédure pénale qui prévoit la possibilité de communiquer tout ou partie de la procédure à la personne mise en cause et à la victime pour permettre de recueillir leurs observations.

Cette question de la communication à la victime des éléments de la procédure ne se pose pas dans le cadre de l'information judiciaire puisque dans ce cas, la partie civile constituée devant le juge d'instruction accède au dossier d'information dans les conditions prévues par la loi.

B *La recherche d'un accord*

1 *La proposition du procureur de la République*

a *La forme de la proposition de convention*

En cas d'absence de mise en mouvement de l'action publique, la proposition de convention émane du "procureur de la République".

L'article R. 15-33-60-2 du code de procédure pénale prévoit que la proposition de conclure une CJIP est adressée aux représentants de la personne morale mise en cause par lettre recommandée avec demande d'AR (annexe 1 : proposition de convention).

Il n'est pas possible pour le parquet de transmettre cette proposition par l'intermédiaire d'un officier de police judiciaire à l'instar de ce qui est permis en matière de procédure de comparution sur reconnaissance préalable de culpabilité et de composition pénale.

L'article R. 15-33-60-2 du code de procédure pénale prévoit que le procureur de la République indique à la personne morale le délai dans lequel elle doit faire part de son acceptation ou de son refus de la proposition de convention par courrier signé de ses représentants légaux ou par déclaration faite par ces derniers devant le procureur de la République qui en dresse procès-verbal ; par ce même courrier, le procureur de la République informe la personne de la possibilité qui lui est offerte de se faire assister par un avocat.

b *La coordination avec l'AFA*

La relation et la coordination entre les magistrats du parquet et l'AFA seront déterminantes à bien des égards.

La consultation de l'AFA, en amont de la proposition de CJIP, permettra au parquet de disposer au plus tôt des informations utiles pour, d'une part, apprécier l'opportunité d'imposer la mise en œuvre d'un programme de mise en conformité et, d'autre part, déterminer l'étendue de ce programme, sa durée et le montant des frais nécessaires à sa mise en place.

Dans cette perspective, le parquet pourra vérifier si l'entreprise est connue de l'AFA, au titre de ses activités de contrôle ou de conseil.

Si un contrôle a été réalisé, le magistrat du parquet pourra requérir de l'AFA la transmission de son rapport en application de l'article 77-1-1 du code de procédure pénale.

En tout état de cause, dans l'hypothèse où le projet de CJIP prévoit un programme de mise en conformité, le parquet peut consulter l'AFA aux fins de déterminer le plafond des frais d'expertise nécessaires à la mise en œuvre de ce programme. Ces frais sont supportés par la personne morale mise en cause.

c *La teneur de la proposition de convention*

Ainsi que le prévoit l'article R. 15-33-60-2 du code de procédure pénale introduit par le décret n° 2017-660 du 27 avril 2017, la proposition de convention contient :

1 – La dénomination sociale de la personne morale concernée ;

2 – Un exposé précis des faits ainsi que la **qualification juridique susceptible de leur être appliquée** ;

3 – La nature et le quantum des obligations proposées en application des **1° et 2° du I de l'article 41-1-2 du code de procédure pénale**, ainsi que les délais et les modalités dans lesquels elles doivent être exécutées, à savoir :

- 1°) Verser une amende d'intérêt public au Trésor Public

Le montant de cette amende est fixé de manière proportionnée aux avantages tirés des manquements constatés, dans la limite de 30 % du chiffre d'affaires moyen annuel calculé sur les trois derniers chiffres d'affaires annuels connus à la date du constat de ces manquements.

Son versement peut être échelonné, selon un échéancier fixé par le procureur de la République, sur une période qui ne peut être supérieure à un an et qui est précisée par la convention.

Pour établir le montant des avantages tirés des manquements constatés, la circulaire de la direction des affaires criminelles et des grâces rappelle que ces avantages, qui sont divers [*ex : ensemble des recettes résultant de l'exécution d'un contrat international obtenu frauduleusement, montant des impôts ou droits de douane éludés par l'entreprise grâce aux faits de corruption, ensemble des profits liés à l'autorisation obtenue indûment. Pour déterminer précisément l'avantage retiré de la corruption, la circulaire de la DACG renvoie à l'analyse OCDE-StAR sur l'identification et la quantification des produits de la corruption : http://www.oecd.org/fr/daf/anticorruption/50057598*], peuvent être évalués comme suit :

— en matière de blanchiment de fraude fiscale, pourront être pris en compte les profits retirés par les établissements financiers de la détention des fonds blanchis ;

— en matière de corruption, il s'agit du profit direct et indirect retiré du marché obtenu frauduleusement par exemple. A cet égard, l'excédent brut d'exploitation est présenté comme "une bonne base d'évaluation".

Certains auteurs se réfèrent quant à eux à l'excédent net d'exploitation [*V. G. Poissonnier, Une nouvelle façon de travailler pour les parquets ; Décision rendue par Tribunal de grande instance de Nanterre, AJ pénal 2018. 200*]. Il est également possible de prendre en compte la valeur totale du marché pour chiffrer le montant des avantages tirés des manquements, à l'instar de ce qui peut être saisi dans le cadre de l'enquête préliminaire ou de l'information judiciaire [*il est en effet rappelé que les infractions d'atteintes à la probité sont toutes sanctionnées d'une peine supérieure à un an d'emprisonnement. Ainsi, l'enquête ou l'information judiciaire peut permettre de saisir, non seulement le produit et l'instrument de l'infraction, mais également son objet. La saisie, puis la confiscation de l'objet de l'infraction décidée par le tribunal, peut permettre d'appréhender la valeur totale du marché obtenu par faveur et pas seulement le produit de l'infraction correspondant à la seule marge nette tirée de son exécution*].

Une fois le montant des avantages tirés des manquements constatés établi, le parquet pourra, pour établir le montant de l'amende d'intérêt public, comme indiqué dans la circulaire précitée, prendre en compte, à travers un coefficient minorant ou majorant, la gravité des faits, la durée du manquement, les éventuels antécédents de la personne morale, ainsi que le caractère volontaire de la révélation des faits et le degré de coopération avec l'autorité judiciaire. Cependant, le montant de l'amende ne pourra pas excéder 30 % du chiffre d'affaires moyen annuel calculé sur les trois derniers chiffres d'affaires annuels.

L'importance de l'amende est proportionnée au trouble causé par les faits commis, étant entendu que la CJIP n'a pas pour finalité d'obtenir des peines légères. En effet, éviter, grâce à la CJIP, un procès pénal et une déclaration de culpabilité interdisant l'accès aux marchés publics a un prix.

Du reste, les travaux parlementaires ont montré que la France n'avait pas condamné d'entreprises françaises pour des faits de corruptions d'agents publics étrangers et que les juridictions étrangères, prenant prétexte de cette situation, prononçaient de très lourdes sanctions à l'encontre des entreprises nationales. Le dispositif de CJIP a été créé pour répondre à cette critique et aligner notre système sur les meilleurs standards étrangers.

• 2°) Se soumettre à un programme de mise en conformité pour une durée maximale de trois ans et sous le contrôle de l'Agence française anticorruption, comprenant une ou plusieurs mesures de prévention et de détection énumérées au II de l'article 131-39-2 du code pénal, à savoir [*on notera qu'à la différence du II de l'art. 17 de la L. n° 2016-1691 du 9 déc. 2016, ne figure pas dans ces mesures celle du dispositif de contrôle et d'évaluation interne des mesures mises en œuvre qui est valide l'effectivité de l'ensemble du dispositif. Cependant il reste incontournable pour garantir l'efficacité du dispositif*] :

La mise en place :

— d'un code de conduite définissant et illustrant les différents types de comportements à proscrire comme étant susceptibles de caractériser des faits de corruption ou de trafic d'influence ;

— d'un dispositif d'alerte interne destiné à permettre le recueil des signalements émanant d'employés et relatifs à l'existence de conduites ou de situations contraires au code de conduite de la personne morale ;

— d'une cartographie des risques prenant la forme d'une documentation régulièrement actualisée et destinée à identifier, analyser et hiérarchiser les risques d'exposition de la personne morale à des sollicitations externes aux fins de corruption, en fonction notamment des secteurs d'activités et des zones géographiques dans lesquels la personne morale exerce son activité ;

— des procédures d'évaluation de la situation des clients, fournisseurs de premier rang et intermédiaires au regard de la cartographie des risques ;

— des procédures de contrôles comptables, internes ou externes, destinées à s'assurer que les livres, registres et comptes ne sont pas utilisés pour masquer des faits de corruption ou de trafic d'influence. Ces contrôles peuvent être réalisés soit par les services de contrôle comptable et financier propres à la personne morale, soit en ayant recours à un auditeur externe à l'occasion de l'accomplissement des audits de certification de comptes prévus à l'article L. 823-9 du code de commerce ;

– d'un dispositif de formation destiné aux cadres et aux personnels les plus exposés aux risques de corruption et de trafic d'influence ;

– d'un régime disciplinaire permettant de sanctionner les salariés de la personne morale en cas de violation du code de conduite de la personne morale.

4 – Le cas échéant, le montant maximum des frais exposés pour le contrôle de la mise en œuvre du programme de conformité qui sont supportés par la personne morale mise en cause.

En son alinéa 4, l'article 41-1-2 du code de procédure pénale prévoit que "Les frais occasionnés par le recours par l'Agence française anticorruption à des experts ou à des personnes ou autorités qualifiées, pour l'assister dans la réalisation d'analyses juridiques, financières, fiscales et comptables nécessaires à sa mission de contrôle sont supportés par la personne morale mise en cause, dans la limite d'un plafond fixé par la convention".

En l'absence de toute disposition légale ou règlementaire le prévoyant, il est indispensable d'insérer dans la convention soumise à la validation, une clause par laquelle la personne morale concernée, s'engage à verser par provision et à consigner, dans les conditions et selon les modalités prévues par l'AFA, le montant des sommes destinées à couvrir ces frais d'expertise.

L'AFA signalera au parquet toute difficulté rencontrée dans le versement de la provision destinée à couvrir les frais d'expertise et qui pourrait constituer une cause d'interruption de la convention.

Le défaut de paiement dans le délai prévu dans la convention sera en effet constitutif d'une inexécution de la CJIP et permettra une reprise des poursuites (voir B Les effets de la procédure en cas d'échec).

5 – Le cas échéant, le montant et les modalités de la réparation des dommages causés par l'infraction.

2 *L'exclusivité de la proposition*

La CJIP ne visant que les personnes morales, ses représentants, personnes physiques, sont susceptibles d'être mis en cause et poursuivis devant les juridictions répressives.

L'alinéa 7 de l'article 41-1-2 du code de procédure pénale prévoit que "les représentants légaux de la personne morale mise en cause demeurent responsables en tant que personnes physiques".

Lorsque le procureur de la République fait le choix de la mise en œuvre de la procédure de CJIP pour la personne morale, il appréciera, pour la personne physique, la suite à donner (établissement d'une CRPC, citation, comparution immédiate ou convocation par procès-verbal par OPJ...).

3 *L'acceptation de l'intéressé*

L'acceptation de la proposition de convention se formalise par courrier ou par signature d'un procès-verbal devant le procureur de la République.

a *La présence de l'avocat*

Si l'assistance d'un avocat n'est pas obligatoire, contrairement à la CRPC, elle est en pratique souhaitable.

L'alinéa 7 de l'article 41-1-2 du code de procédure pénale précise que les représentants légaux de la personne morale mise en cause "sont informés, dès la proposition du procureur de la République qu'ils peuvent se faire assister d'un avocat avant de donner leur accord à la proposition de convention".

L'article 77-2 du code de procédure pénale modifié par la loi no 2016-731 du 3 juin 2016 et auquel renvoie l'article R. 15-33-60-2 du code de procédure pénale, permet en son II au procureur de la République de communiquer à tout moment "tout ou partie de la procédure à la personne mise en cause ou à la victime pour recueillir ses éventuelles observations ou celles de leur avocat".

b *La faculté de disposer d'un délai de réflexion*

L'article R. 15-33-60-2 du code de procédure pénale prévoit que le procureur de la République doit informer la personne morale du délai dans lequel elle lui fait part de son acceptation ou de son refus de la proposition de convention.

Cette acceptation ou ce refus est communiqué par courrier signé de ses représentants légaux ou par déclaration faite par ces derniers devant le procureur de la République qui en dresse procès-verbal.

C *La consécration de l'accord*

1 *La saisine du juge*

a *La requête en validation*

Lorsque le représentant de la personne morale mise en cause donne son accord à la proposition de convention, le procureur de la République saisit par requête le président du tribunal de grande instance aux fins de validation. Il joint à sa requête la proposition de CJIP acceptée par la personne morale et l'acte attestant de l'accord sur l'ensemble des éléments de la procédure.

L'alinéa 8 de l'article 41-1-2 du code de procédure pénale précise que "la requête contient un exposé précis des faits ainsi que la qualification juridique susceptible de leur être appliquée. Le procureur de la République informe de cette saisine la personne morale mise en cause et, le cas échéant, la victime".

L'article R. 15-33-60-3 du code de procédure pénale précise que "La requête en validation de la convention est datée et signée par le procureur de la République. Y sont joints la proposition de convention acceptée par la personne morale, l'acte attestant de l'accord de la personne morale ainsi que la procédure d'enquête ou d'instruction".

Selon ce même article, "cette requête est notifiée aux représentants de la personne morale et, le cas échéant, à la victime, par lettre recommandée avec accusé de réception".

b *Le juge compétent*

C'est en principe le président du tribunal de grande instance.

L'alinéa 20 de l'article 41-1-2 du code de procédure pénale dispose que "le président du tribunal de grande instance peut désigner aux fins de validation de la CJIP tout juge du tribunal".

2 *Le rôle du juge*

a *L'audience publique*

L'alinéa 9 de l'article 41-1-2 du code de procédure pénale mentionne que "le président du tribunal procède à l'audition, en audience publique, de la personne morale mise en cause et de la victime assistées, le cas échéant, de leur avocat".

L'audience est publique et à juge unique.

Même si le texte ne le prévoit pas expressément, conformément au droit de ne pas contribuer à sa propre incrimination, le juge devra notifier à la personne morale et à son représentant son droit de se taire, de faire de simples déclarations ou de répondre aux questions.

La présence du ministère public n'est pas obligatoire.

c [b] *L'ordonnance de validation*

Selon l'alinéa 9 de l'article 41-1-2 du code de procédure pénale, à l'issue de cette audience et donc séance tenante (et non après une mise en délibéré), le président du tribunal par une ordonnance "prend la décision de valider ou non la proposition de convention, en vérifiant le bien-fondé du recours à cette procédure, la régularité de son déroulement, la conformité du montant de l'amende aux limites prévues au 1°du I du présent article et la proportionnalité des mesures prévues par rapport aux avantages tirés des manquements".

En application de cet alinéa 9 de l'article 41-1-2 du code de procédure pénale "la décision du président du tribunal, qui est notifiée à la personne morale mise en cause et, le cas échéant, à la victime, n'est pas susceptible de recours".

L'article R. 15-33-60-4 du code de procédure pénale prévoit qu'elle est immédiatement notifiée à l'issue de l'audience et qu'une copie est remise après émargement.

Si la victime n'est pas présente à l'audience, l'article R. 15-33-60-4 du code de procédure pénale prévoit que l'ordonnance lui est communiquée par tout moyen.

Cette communication pourra donc se faire par le greffe, par simple courrier.

L'article R. 15-33-60-5 du code de procédure pénale précise que "si le président du tribunal rend une ordonnance de validation, celle-ci précise que la personne morale dispose d'un délai de dix jours pour exercer son droit de rétractation par lettre recommandée avec accusé de réception adressée au procureur de la République".

Ce même article dispose : "il est également remis aux représentants de la personne morale un document l'informant des conditions dans lesquelles doivent être accomplies les obligations prévues. Ce document est accompagné si nécessaire de plusieurs feuillets destinés à permettre le paiement de l'amende d'intérêt public et dont le modèle est arrêté par le ministre du budget et le garde des sceaux, ministre de la justice. Il comporte également une mention indiquant que si la personne morale ne justifie pas de l'exécution intégrale des obligations prévues, le procureur de la République décidera, sauf élément nouveau, d'engager des poursuites à son encontre".

Si le président refuse de valider la convention, le procureur de la République sera tenu de mettre en mouvement l'action publique sauf élément nouveau.

IV Les effets de la procédure

A *Les effets de la procédure en cas de validation*

1 *Le droit de rétractation*

L'alinéa 10 de l'article 41-1-2 du code de procédure pénale prévoit que la personne morale dispose d'un délai de dix jours pour exercer son droit de rétractation.

L'article R. 15-33-60-5 du code de procédure pénale énonce en effet que "si le président rend une ordonnance de validation, celle-ci précise que la personne morale dispose d'un délai de dix jours pour se rétracter".

La rétractation est notifiée au procureur de la République par lettre recommandée avec demande d'avis de réception.

En cas de rétractation survenue en cours d'enquête préliminaire ou de flagrant délit, le parquet sera tenu de mettre en mouvement l'action publique, sauf élément nouveau.

2 *Les effets de l'ordonnance de validation*

Si la personne morale mise en cause n'exerce pas ce droit de rétractation, les obligations de la convention sont mises à exécution.

Passé ce délai et en l'absence de rétractation, le parquet communique l'ordonnance de validation ainsi que la convention à l'AFA (art. R. 15-33-60-7 du code de procédure pénale).

Les modalités de cette communication sont précisées dans le A)3)a) de ce présent chapitre.

L'alinéa 13 de l'article 41-1-2 prévoit que "l'ordonnance de validation, le montant de l'amende d'intérêt public et la convention sont publiés sur le site internet de l'Agence française anticorruption".

Si cette publicité peut à première vue être considérée comme un élément dissuasif pour la conclusion de ces conventions par les personnes morales, cette objection est à contre balancer avec la décision de publication de la décision que peut prendre le tribunal, à titre de peine complémentaire, et avec les risques toujours préjudiciables d'une médiatisation de l'enquête ou de l'instruction.

Selon l'alinéa 14 de l'article 41-1-2 du code de procédure pénale, "la victime peut, au vu de l'ordonnance de validation, demander le recouvrement des dommages et intérêts que la personne morale s'est engagée à lui verser suivant la procédure d'injonction de payer, conformément aux règles prévues par le code de procédure civile".

Contrairement à la CRPC et à la composition pénale, l'ordonnance en validation, qui ne consacre pas quelconque culpabilité ne peut ni constituer le premier terme de la récidive ni entrainer d'inscription au casier judiciaire.

La prescription de l'action publique est suspendue durant l'exécution de la convention.

La personne morale est tenue de respecter les obligations prévues par la convention et d'en justifier l'exécution au procureur de la République (notamment le versement de l'amende et la réparation du préjudice).

Lorsque la CJIP prévoit la mise en place d'un programme de conformité sous le contrôle de l'AFA, celle-ci rend compte au procureur de la République de sa mise en œuvre et lui remet un rapport au terme du délai d'exécution de la mesure. L'AFA ou la personne morale doivent informer le procureur de la République de toute difficulté.

Dès lors que les obligations ont été intégralement exécutées, le procureur de la République avise la personne morale et, le cas échéant, les victimes, de l'extinction de l'action publique.

Comme le prévoit l'alinéa 19 de l'article 41-1-2 du code de procédure pénale, en cas d'exécution de la CJIP, l'action publique sera éteinte.

Comme le prévoit également l'alinéa 19 de l'article 41-1-2 du code de procédure pénale, la CJIP ne fait cependant pas échec au droit des personnes ayant subi un préjudice du fait des manquements constatés, sauf l'État, de poursuivre la réparation de leur préjudice devant la juridiction civile.

3 *Le contrôle de conformité par l'AFA*

a *L'information de l'AFA par le parquet*

Lorsque la CJIP est validée par une décision exécutoire, l'AFA est informée par le procureur de la République par voie dématérialisée, sur la boite structurelle de l'AFA (afa@afa.gouv.fr). D'une manière générale, tous les échanges entre les parquets et l'AFA doivent emprunter ce canal.

L'ordonnance de validation doit faire l'objet d'un communiqué de presse par le parquet.

Bien qu'aucune disposition ne le prévoit, ce communiqué de presse est également publié sur le site de l'AFA.

b *Le contrôle de l'AFA*

En amont de la décision judiciaire, comme indiqué *supra*, l'AFA est consultée par le parquet afin de définir le plafond de frais d'expertise à prévoir dans le cadre de la CJIP.

Après validation de la CJIP par l'autorité judiciaire et expiration du délai de rétractation de 10 jours, la CJIP est publiée sur le site de l'AFA. Cette publication déclenche l'édition de la lettre de mission de l'équipe de contrôle et de l'avis à destination de l'entité contrôlée.

Après désignation par l'entité contrôlée de son représentant, celui-ci est destinataire d'un questionnaire et d'une liste de pièces à fournir sous 15 jours. En parallèle, un premier rendez-vous est organisé afin d'échanger sur la méthodologie du contrôle et d'expliciter, le cas échéant, le contenu du questionnaire et la liste des pièces à fournir.

Le contrôle se déroule selon les cinq phases suivantes :

Phase 1 (durée indicative : 0 à 3 mois) :

• audit initial effectué par les agents de l'AFA et/ou par un ou plusieurs expert(s) externe(s) assistant l'AFA [*celui-ci a vocation à réaliser un état des lieux de la conformité anticorruption au sein de l'entité et notamment une cartographie des processus. Cet audit initial, complété par d'éventuels sous-audits spécialisé, doit en particulier permettre à l'équipe de contrôle d'évaluer l'existant, et de lui apporter une compréhension approfondie des méthodologies utilisées, des responsables des différents processus de l'entreprise, des modalités de prises de décision y afférentes, ainsi que du calendrier du déploiement envisagé. A travers celui-ci, l'équipe de contrôle doit disposer d'une connaissance complète de l'environnement et des processus de l'entité*] ;

• remise du rapport par l'AFA contenant les recommandations à l'entité contrôlée [*c'est notamment l'exécution des recommandations présentes dans celui-ci qui permettra de valider ou non la CJIP, tant à l'expiration du délai défini par le juge qu'en cours de contrôle (à travers un rapport invitant à valider de manière anticipée sa réalisation ou au contraire à casser la convention)*].

Phase 2 (durée indicative : 0 à 6 mois) :

• définition d'un plan d'actions, reprenant les recommandations du rapport d'audit initial, par l'entité contrôlée ;

• remise du plan d'actions par l'entité contrôlée.

Phase 3 (durée indicative : 0 à 1 mois) :

• retour du plan d'actions revu et validé par l'AFA.

Phase 4 (durée indicative : 0 à 2 ans) :

• mise en œuvre du plan d'action par l'entité contrôlée ;

• validation par l'AFA des politiques cadres du dispositif de l'entité contrôlée ;

• au cours de la mise en œuvre, déploiement d'audits ciblés au sein des métiers, services, succursales, filiales de l'entité contrôlée par l'AFA éventuellement assistée d'experts ;

• transmission à l'AFA par l'entité contrôlée et/ou des experts assistant l'AFA sur place de rapports trimestriels informant de l'avancée des travaux de mise en œuvre du plan d'actions ;

• transmission par l'AFA d'un rapport annuel au parquet.

Phase 5 (durée indicative : 0 à 3 mois) :

• audit final effectué par les agents de l'AFA et/ou par un ou plusieurs expert(s) externe(s) assistant l'AFA ;

• rapport final au parquet.

c *L'information du parquet par l'AFA*

• A la demande du parquet

L'article R. 15-33-60-7 du code de procédure pénale prévoit que l'AFA rend compte au procureur, "à sa demande".

• En cas de difficulté

L'article R. 15-33-60-7 du code de procédure pénale prévoit que l'AFA informe le parquet (comme la personne morale également) de toute difficulté.

A la suite de ce signalement, le parquet pourra reprendre les poursuites après notification à la personne morale mise en cause de l'interruption de l'exécution de la convention.

La personne morale pourra également informer de son côté le procureur de la République de toute difficulté rencontrée dans l'exécution de la mesure.

• Annuellement

L'article R. 15-33-60-7 du code de procédure pénale prévoit que l'AFA rend compte au procureur au moins annuellement, de la mise en œuvre du programme.

Aucun formalisme n'est prévu par la loi mais l'AFA émettra un "rapport annuel de suivi de la CJIP".

• En fin de mesure au parquet

L'article R. 15-33-60-7 du code de procédure pénale prévoit que l'Agence française anticorruption communique un rapport à l'expiration du délai d'exécution de la mesure.

Un rapport dit "rapport de fin de mesure de CJIP" est adressé au parquet.

Ce rapport n'a pas à être adressé à la personne morale, la loi ne prévoyant que sa communication au parquet.

B *Les effets de l'ordonnance de validation*

1 *La reprise de l'information judiciaire*

L'alinéa 5 de l'article 180-2 du code de procédure pénale prévoit qu'en cas de transmission par le juge d'instruction en vue d'une CJIP, si trois mois après la transmission de la procédure :

– aucun accord sur une CJIP n'a été trouvé ;
– la convention n'a pas été validée par le président du tribunal ;
– la personne morale exerce son droit de rétractation ;
– la personne morale n'exécute pas l'intégralité des obligations dans le délai prévu à la CJIP.

Le procureur de la République transmet la procédure au juge d'instruction, accompagnée de réquisitions aux fins de reprise de l'information.

En application de l'alinéa 16 de l'article 41-1-2 du code de procédure pénale "si le président ne valide pas la proposition de convention ou si la personne morale exerce son droit de rétractation, le procureur de la République ne peut faire état devant la juridiction d'instruction des déclarations faites ou des documents remis par la personne morale au cours de *[la CJIP]*"

Cet article vise à préserver les droits du justiciable afin d'éviter que l'échec de la CJIP ne nuise à ses intérêts et que la procédure de poursuite subséquente ne soit critiquée devant la Cour européenne des droits de l'homme, au nom du droit à un procès-équitable.

2 *La mise en mouvement de l'action publique*

Dans tous les cas d'échec, le ministère public n'a pas d'autre choix que celui de mettre en mouvement l'action publique, sauf élément nouveau.

Il semble pouvoir être déduit de ce texte que le procureur, s'il peut librement choisir la voie de poursuite (enquête, saisine d'un juge d'instruction ou d'une juridiction), ne peut classer sans suite sans éléments nouveaux le justifiant.

Dans tous les cas d'échec, l'alinéa 15 de l'article 41-1-2 du code de procédure pénale prévoit que "si le président du tribunal ne valide pas la proposition de convention, si la personne morale mise en cause décide d'exercer son droit de rétractation ou si, dans le délai prévu par la convention, la personne morale mise en cause ne justifie pas de l'exécution intégrale de ses obligations, le procureur de la République met en mouvement l'action publique sauf élément nouveau". "Dans le cas de poursuites et condamnation", il est tenu compte, s'il y a lieu de l'exécution partielle des obligations prévues par la convention".

Comme dans le cadre de l'instruction, en cas d'absence de validation ou en cas de rétractation, l'alinéa 16 de l'article 41-1-2 du code de procédure pénale mentionne que le procureur ne peut faire état devant la juridiction de jugement des "déclarations faites ou des documents remis par la personne morale au cours de CJIP".

Là aussi, le secret de cette procédure est préservé.

En cas d'exécution partielle de la CJIP, si la personne morale ne justifie pas avoir exécuté intégralement ses obligations, l'alinéa 17 de l'article 41-1-2 du code de procédure pénale, prévoit que le parquet doit, à peine de nullité, notifier "à la personne morale mise en cause l'interruption de l'exécution de la convention".

L'article R. 15-33-60-10 du code de procédure pénale précise que cette notification est faite à la personne morale mise en cause par lettre recommandée avec AR et à la victime par tous moyens.

Selon l'alinéa 17 de l'article 41-1-2 du code de procédure pénale, cette décision d'interruption de l'exécution de la convention prend effet immédiatement.

Dans l'hypothèse d'exécution partielle de la CJIP, l'alinéa 17 de l'article 41-1-2 prévoit que "cette décision entraîne de plein droit la restitution de l'amende d'intérêt public versée au Trésor public."

L'article R. 15-33-60-10 du code de procédure pénale précise que "si des sommes ont été versées au titre de l'amende d'intérêt public, le procureur de la République communique la lettre de notification de l'interruption de l'exécution de la convention au comptable ayant reçu le paiement aux fins de restitution".

La restitution ne concernera pas les frais occasionnés au titre du contrôle du programme de mise en conformité par l'AFA. L'alinéa 17 de l'article 41-1-2 du code de procédure pénale précise en effet que l'interruption de la CJIP "n'entraîne cependant pas restitution des éventuels frais supportés par la personne morale et occasionnés par le recours par l'Agence française anticorruption à des experts ou à des personnes ou autorités qualifiées pour l'assister dans la réalisation d'analyses juridiques, financières, fiscales et comptables nécessaires à sa mission de contrôle".

L'engagement de l'action publique, quelle qu'en soit la forme, pourra toutefois permettre de saisir sur le fondement des articles 131-21 et 131-39 du code pénal ou d'appréhender en application de l'article 138-11° du code procédure pénale, les sommes d'ores et déjà versées entre les mains du comptable public.

Dans le cadre des poursuites engagées, la procédure de convention est communiquée au tribunal.

L'article R. 15-33-60-10 dernier alinéa du code de procédure pénale prévoit en effet que dans cette hypothèse "le dossier de la procédure de convention judiciaire d'intérêt public est joint au dossier dont est saisie la juridiction, afin qu'il puisse être tenu compte, en cas de condamnation, de l'exécution partielle des obligations mises à la charge de la personne morale".

Le parquet pourra dans ce cas requérir une amende supérieure à celle versée et restituée et une peine complémentaire de mise en conformité d'une durée pouvant aller jusqu'à cinq ans *[art. 131-39-2 C. pén.]*.

Il pourra enfin, le cas échéant, requérir utilement la confiscation des sommes saisies pendant l'enquête.

V Dispositions législatives et réglementaires

A *Décret n° 2017-660 du 27 avril 2017 relatif à la convention judiciaire d'intérêt public et au cautionnement judiciaire*

V. C. pr. pén., art. R. 15-33-60-1 à R. 15-33-60-10. — ***C. pr. pén.***

B *Article 41-1-2 du code de procédure pénale*

V. C. pr. pén., art. 41-1-2, supra.

C *Article 180-2 du code de procédure pénale*

V. C. pr. pén., art. 180-2, supra.

Guide pratique AFA (avril 2019),

Sur les opérations de contrôle de l'exécution des mesures judiciaires.

1 Les opérations de contrôle de l'exécution du programme de mise en conformité prévu par la convention judiciaire d'intérêt public (CJIP)

En amont de la mesure judiciaire, l'AFA est consultée par le parquet afin de définir le plafond des frais d'expertise à prévoir dans la CJIP.

Après validation de la CJIP par l'autorité judiciaire et expiration du délai de rétractation de 10 jours, la CJIP est publiée sur le site de l'AFA. Cette publication déclenche l'édition de la lettre de mission de l'équipe de contrôle et de l'avis de contrôle à destination de l'entité contrôlée.

Après désignation par l'entité contrôlée de son représentant, celui-ci est destinataire d'un questionnaire et d'une demande de production de pièces auxquels il doit répondre dans un délai de quinze jours. En parallèle, un premier rendez-vous est organisé afin d'échanger sur la méthodologie de contrôle et d'expliciter, le cas échéant, le contenu du questionnaire et de la demande de production de pièces.

1.1 *Les cinq phases du contrôle de l'AFA*

Le contrôle se déroule en 5 phases :

1.1.1 *Phase 1 (durée indicative : 0 à 3 mois)*

• audit initial effectué par les agents de l'AFA et/ou par un ou plusieurs expert(s) externe(s) assistant l'AFA : celui-ci a vocation à réaliser un état des lieux du dispositif anticorruption au sein de l'entité et notamment une cartographie des processus. Cet audit initial, complété par d'éventuels sous-audits spécialisé, doit en particulier permettre à l'équipe de contrôle d'évaluer l'existant, et de lui apporter une compréhension approfondie des méthodologies utilisées, des responsables des différents processus de l'entreprise, des modalités de prises de décision y afférentes, ainsi que du calendrier du déploiement envisagé. A travers celui-ci, l'équipe de contrôle doit disposer d'une connaissance complète de l'environnement et des processus de l'entité ;

• remise du rapport par l'AFA contenant les recommandations à l'entité contrôlée.

1.1.2 *Phase 2 (durée indicative : 0 à 6 mois)*

• définition d'un plan d'actions par l'entité contrôlée, reprenant les recommandations du rapport d'audit initial ;

• remise du plan d'actions par l'entité contrôlée à l'AFA.

1.1.3 *Phase 3 (durée indicative : 0 à 1 mois)*

• retour du plan d'actions revu et validé par l'AFA à l'entité contrôlée.

1.1.4 *Phase 4 (durée indicative : 0 à 2 ans)*

• mise en œuvre du plan d'action par l'entité contrôlée ;

• validation par l'AFA des politiques cadres, telles qu'illustrées ci-après ;

• au cours de la mise en œuvre du plan d'action, déploiement d'audits ciblés au sein des métiers, services, succursales, filiales de l'entité contrôlée par l'AFA et/ou des experts externes assistant l'AFA ;

• transmission à l'AFA par l'entité contrôlée et/ou des experts sur place de rapports trimestriels informant de l'avancée des travaux de mise en œuvre du plan d'action ;

• transmission par l'AFA d'un rapport annuel au parquet.

1.1.5 *Phase 5 (durée indicative : 0 à 3 mois)*

• audit final effectué par les agents de l'AFA et/ou par un ou plusieurs expert(s) externe(s) assistant l'AFA ;

• rapport final au parquet, mettant en lumière l'atteinte ou non des objectifs fixés par l'AFA lors de l'audit initial, en application de la convention.

1.2 *Les politiques cadres à valider*

Les politiques cadres à valider par l'équipe de contrôle sont notamment les suivantes :

1.2.1 *La cartographie des risques de corruption et de trafic d'influence*

La procédure méthodologique cadre doit préciser les points suivants :

• chef de projet : personne ayant l'autonomie et l'expertise nécessaire à la réalisation du projet au sein du Groupe, filiales, succursales, services, métiers ;

- identification des risques : définition du périmètre de la cartographie des risques de corruption et de trafic d'influence, méthode retenue (par scénario et/ou par processus), définition générale de la méthodologie d'identification (documents, entretiens...) ;
- évaluation des risques : méthodologie de calcul du risque brut et net avec notamment les variables retenues et la matrice d'évaluation pour la partie "quantitative" ;
- mise à jour : processus de mise à jour de la cartographie des risques.

1.2.2 *Le code de conduite*

Le code de conduite cadre (aux bornes de l'entité contrôlée, le cas échant au niveau du groupe) intègre les règles, les définitions, les illustrations des risques de l'entité contrôlée. Il est construit sous une méthodologie cadre qui permet, au-delà des définitions, de présenter les modalités pratiques de communication et de mise à jour. S'il existe des codes de conduite spécifiques à certains pays/filiales, ceux-ci devront respecter la méthodologie du code de conduite cadre en l'adaptant à leurs spécificités et/ou risques (réglementations spécifiques, illustrations adaptées...).

1.2.3 *Les procédures annexes (type cadeaux/invitations/voyages/mécénat/lobbying/gestion des conflits d'intérêt/habilitations...)*

La procédure cadre intègre notamment les définitions globales, les règles et/ou interdictions cadres, le cadre général des contrôles, les modalités de "*reporting*", notamment dans le SI dédié.

Les procédures spécifiques qui en découleront devront respecter les points fondamentaux en s'adaptant aux spécificités, réglementations, risques propres.

1.2.4 *La formation*

Le plan de formation cadre définira la fréquence minimale obligatoire des formations, leurs modalités de mise à jour, les contrôles de deuxième niveau et les modalités de "*reporting*", ainsi que les principes susceptibles de guider le déploiement des formations spécifiques.

1.2.5 *Les procédures d'évaluation des tiers*

La procédure méthodologique cadre doit préciser les points suivants :

- les principes directeurs, notamment le champ d'application, les relations interdites, les caractéristiques générales ;
- la définition du risque, en fonction des tiers, des produits, des opérations, des montants, etc. ;
- la ségrégation des tâches : personne ayant la responsabilité de réaliser l'évaluation, services associés, etc. ;
- le processus, notamment l'initiation, la mise à jour, la cessation ou le refus d'entrer en relation ;
- l'évaluation des risques, à travers tels ou tels documents, les informations à collecter pour évaluer le risque, le système de calcul ;
- le processus de validation, notamment les règles de prise de décision ;
- le traitement des cas particulier ;
- le contrôle, le "*reporting*" et la conservation des données.

En règle générale, la procédure locale d'évaluation des tiers se bornera à adapter à l'organisation locale et à ses propres risques les principes directeurs de la procédure cadre en y ajustant les variables spécifiques.

1.2.6 *Le dispositif d'alerte*

En règle générale, il est commun à l'ensemble des composantes de l'entité contrôlée. En cas de dispositif spécifique à un pays et/ou filiale, celui-ci devra s'assurer que ses collaborateurs bénéficient du même niveau d'exigence.

1.2.7 *Les procédures de contrôles comptables*

La procédure des contrôles comptables cadres doit présenter le dispositif général avec notamment :

• le ou les services en charge ;

• les principes guidant les contrôles comptables de premier, de deuxième niveau, ainsi que les audits comptables, notamment les modalités d'identification et de validation des points de contrôles spécifiques à la détection de la corruption et du trafic d'influence ;

• les modalités de "*reporting*" (traitement des incidents, remontées d'information).

1.2.8 *Le régime disciplinaire*

Le régime disciplinaire cadre intègre les règles, les définitions et la méthodologie cadres. Les régimes disciplinaires spécifiques à certains pays ou filiales devront, en sus du respect de la réglementation locale, s'assurer de respecter l'esprit et le niveau d'exigence du régime disciplinaire cadre.

1.2.9 *Le dispositif de contrôle*

Il convient de noter que si cet item n'apparaît pas dans la liste des points devant obligatoirement figurer dans les programmes de mise en conformité liés aux CJIP et PPMC. Pour autant, il reste incontournable pour garantir l'efficacité du dispositif.

L'équipe de contrôle y attachera une attention particulière, en se penchant sur l'organisation du service d'audit et de la méthodologie associée, y compris sur les services d'audit et méthodologies spécifiques à certains pays et/ou filiales.

L'organisation du service en charge des contrôles de deuxième niveau du dispositif anticorruption est définie dans une procédure cadre qui présente notamment le service en charge et le plan de contrôle générique qui devra être adapté spécifiquement au niveau des filiales et/ou métiers en fonction de leurs risques.

Un plan de contrôle générique, qui définit l'ensemble des contrôles à effectuer dans l'année sur un item comme celui de la prévention et de la détection de la corruption et du trafic d'influence, prévoira notamment le contrôle annuel sur les cadeaux/invitations reçus/offerts, sur le dispositif d'évaluation des tiers, etc. Les points de contrôle seront accompagnés d'une définition succincte. Chaque service/métier/filiale devra ensuite adapter le plan de contrôle cadre à ses risques propres en définissant son propre plan de contrôle.

1.3 *L'information du parquet par l'AFA*

[art. R. 15-33-60-7 C. pr. pén.]

1.3.1 *A la demande du parquet et au moins annuellement*

L'AFA rend compte au procureur de la République à sa demande et au moins annuellement.

A minima, l'équipe de contrôle rédige un rapport annuel à destination du parquet compétent, afin de permettre au parquet de prendre connaissance de la mise en œuvre du programme de mise en conformité.

1.3.2 *En cas de difficulté*

L'AFA informe le parquet (comme la personne morale) de toute difficulté.

La personne morale pourra également informer de son côté le procureur de la République de toute difficulté dans l'exécution de la mesure judiciaire.

1.3.3 *En fin de mesure*

L'AFA communique un rapport au procureur de la République à l'expiration du délai d'exécution de la mesure.

Préparé par l'équipe de contrôle, le rapport, dit "rapport de fin de mesure de CJIP", est adressé au parquet par lettre recommandée avec demande d'avis de réception. Aucune disposition de la loi ne prévoit la communication de ce rapport à la personne morale concernée.

1.4 *La reprise des poursuites en cas d'inexécution ou de mauvaise exécution*

Si la personne morale ne justifie pas avoir exécuté intégralement ses obligations, l'alinéa 17 de l'article 41-1-2 du code de procédure pénale prévoit que le parquet doit "à peine de nullité notifier à la personne morale mise en cause l'interruption de l'exécution de la convention".

Le refus de règlement par la personne morale mise en cause des frais prévus par l'alinéa 4 du I de l'article 41-1-2 du code de procédure pénale et susceptibles d'être occasionnés par le recours par l'AFA à des experts ou à des personnes ou autorités qualifiées, pour l'assister dans la réalisation d'analyses juridiques, financières, fiscales et comptables nécessaires à sa mission de contrôle peut caractériser l'inexécution de la convention prévue par l'alinéa 17 de l'article 41-1-2 susvisé.

De même, peut caractériser cette inexécution l'absence de versement préalable de ces frais (dans la limite du plafond fixé par la convention), lorsque cette obligation est prévue par la convention.

L'article R. 15-33-60-10 du code de procédure pénale précise que cette notification est faite à la personne morale mise en cause par lettre recommandée avec accusé de réception et à la victime par tous moyens.

En vertu de l'alinéa 17 de l'article 41-1-2 du code de procédure pénale, cette décision d'interruption de l'exécution de la convention prend effet immédiatement. Dans ce cas, l'alinéa 17 de l'article 41-1-2 prévoit que "cette décision entraîne de plein droit la restitution de l'amende d'intérêt public versée au Trésor public."

L'article R. 15-33-60-10 du code de procédure pénale introduit par le décret no 2017-660 du 27 avril 2017 précise que "si des sommes ont été versées au titre de l'amende d'intérêt public, le procureur de la République communique la lettre de notification de l'interruption de l'exécution de la convention au comptable ayant reçu le paiement aux fins de restitution".

La restitution ne concerne pas les frais occasionnés au titre du contrôle de mise en conformité par l'AFA. L'alinéa 17 de l'article 41-1-2 du code de procédure pénale précise en effet que l'interruption de la CJIP n'entraîne cependant pas restitution des éventuels frais supportés par la personne morale et occasionnés par le recours par l'AFA à des experts ou à des personnes ou autorités qualifiées pour l'assister dans la réalisation d'analyses juridiques, financières, fiscales et comptables nécessaires à sa mission de contrôle.

2 Les opérations de contrôle de l'execution de la PPMC

L'article 18 insère dans le code pénal un nouvel article 131-39-2, qui prévoit que, pour certains délits, les personnes morales peuvent être sanctionnées par l'obligation de se soumettre, sous le contrôle de l'AFA, pour une durée maximale de cinq ans, à une peine de programme de mise en conformité (PPMC).

Le contenu de la PPMC prévu par l'article 131-39-2 du code pénal est le même que celui du programme de conformité prévu par une CJIP.

2.1 *Coût du programme de conformité de la PPMC*

Comme pour la CJIP, la loi prévoit la possibilité pour l'AFA de recourir à des experts ou à des personnes qualifiées pour l'assister dans la réalisation d'analyses juridiques, financières, fiscales et comptables. Comme pour la CJIP, ces frais sont à la charge de la personne morale. Le défaut de paiement de ces frais sera constitutif du délit de non-respect des obligations constitutif d'un délit.

2.2 Les opérations de contrôle de l'exécution de la PPMC

2.2.1 L'information de l'AFA par le parquet

Lorsque la décision prononçant une PPMC a été prise par une juridiction, le parquet compétent communique la décision exécutoire à l'AFA.

2.2.2 Les modalités du contrôle

Les modalités du contrôle de l'exécution de la PPMC sont identiques à celles du contrôle des programmes de mise en conformité figurant dans les CJIP.

2.3 L'information du parquet par l'AFA

2.3.1 En cas de difficulté

L'alinéa 1 de l'article 764-44 du code de procédure pénale dispose que l'AFA informe le procureur de la République de "toute difficulté dans l'élaboration ou la mise en œuvre du programme de mise en conformité".

Dès qu'une difficulté se présente dans le contrôle du déploiement du programme de mise en conformité (refus de transmettre des pièces, obstacle au contrôle sur place des dispositifs, opposition à entretien avec des personnes dont le concours paraît nécessaire à l'AFA, etc.), cette difficulté fait l'objet d'un signalement adressé au procureur de la République à travers un rapport.

L'opportunité de la suite de ce signalement appartient au procureur de la république qui pourra diligenter une enquête pour non-exécution de la peine.

La personne morale pourra également informer de son côté le procureur de la République de toute difficulté dans l'exécution de la peine.

2.3.2 L'information annuelle

L'article 764-44 du code de procédure pénale précise que l'AFA rend compte "au procureur de la République au moins annuellement, de la mise en œuvre de la peine".

L'article 764-44 alinéa 5 évoquant "les différents rapports transmis au procureur par l'AFA", il faut en déduire que cette information annuelle prend la forme d'un rapport écrit de l'AFA transmis au procureur de la République.

• Après un an et avant l'expiration du délai d'exécution de la peine, en cas de mise en conformité

Une fin anticipée de la peine peut également intervenir après une durée minimale d'un an. L'article 764-44 du code de procédure pénale prévoit les conditions dans lesquelles il peut être mis fin à la peine de façon anticipée.

L'article 764-44 alinéa 5 précise que "lorsque la peine a été exécutée pendant au moins un an, qu'il résulte des rapports transmis au procureur de la république que la personne morale condamnée a pris les mesures et procédures appropriées pour prévenir et détecter la commission des faits de corruption et de trafic d'influence et qu'aucun suivi ne paraît plus nécessaire, le procureur de la République peut saisir le juge d'application des peines de réquisitions tendant à ce qu'il soit mis fin à la peine de façon anticipée, par jugement motivé conformément à l'article 712-6 du présent code".

Il est également précisé que lorsque cette peine a été prononcée contre une société mentionnée au I de l'article 17 de la loi n° 2016-1691 du 9 décembre 2016, il est tenu compte dans l'exécution de la peine, des mesures et procédures déjà mises en œuvre en application du II du même article 17.

Un rapport spécifique de l'AFA sera adressé au procureur de la République à cette fin.

Selon l'article 712-6 du code de procédure pénale, le jugement sera rendu à l'issue d'un débat contradictoire tenu en chambre du conseil par le juge de l'application des peines et l'alinéa 2 du même texte prévoit que le juge de l'application des peines peut, en accord avec le condamné et le procureur de la République, rendre son jugement sans débat contradictoire.

- A l'expiration du délai d'exécution de la peine

A la fin de la durée de la peine, dont le délai maximal est de cinq ans, l'article 764-44 alinéa 1 prévoit que l'AFA adresse un rapport au procureur de la République.

2.4 *Les sanctions en cas de non-respect du programme*

Le non-respect des obligations mises à la charge du condamné dans le cadre du programme de conformité est constitutif d'un délit.

Le non-respect doit s'entendre du non-respect du programme de conformité mais également du non-paiement des frais de recours par l'AFA à des experts.

L'article 434-43-1 du code pénal prévoit que les personnes responsables sont "les organes ou représentants" de la personne morale condamnée à la peine de programme de mise en conformité.

L'article 434-43-1 du code pénal prévoit que le fait de s'abstenir de prendre les mesures préconisées par l'AFA ou de faire obstacle à la bonne exécution des obligations qui découlent du programme de mise en conformité est "un délit puni de deux ans d'emprisonnement et 50 000 euros d'amende".

Les personnes morales déclarées responsables de ce délit peuvent voir le montant de l'amende porté au montant de l'amende encourue au titre du délit pour lequel elles ont été originellement condamnées. Elles encourent également les autres peines attachées audit délit.

Enfin, les personnes morales et physiques, en cas de non-respect de la PPMC, encourent une peine d'affichage ou de diffusion de la décision prononcée. Dans ce cas, le rapport de l'AFA envoyé au parquet pourra déclencher les poursuites.

Fiche AFA (avril 2019),

Périmètre des contrôles prévus au III de l'article 17 de la loi n° 2016-1691 du 9 décembre 2016.

L'article 17 de la loi n° 2016-1691 du 9 décembre 2016 relative à la transparence, à la lutte contre la corruption et à la modernisation de la vie économique impose aux dirigeants des sociétés et des établissements publics à caractère industriel et commercial (EPIC) répondant à des critères déterminés la mise en place de procédures destinées à prévenir et à détecter la commission en France ou à l'étranger des faits de corruption ou de trafic d'influence.

L'article 17 charge l'Agence française anticorruption (AFA) de contrôler le respect de cette obligation. En vertu du 3° de l'article 3 de la même loi, ces contrôles peuvent être exercés soit d'initiative, soit à la demande du président de la Haute Autorité pour la transparence de la vie publique, du Premier ministre, des ministres ou, pour les collectivités territoriales et leurs établissements publics et sociétés d'économie mixte, du représentant de l'État. Ils peuvent faire suite à un signalement transmis à l'Agence par une association agréée dans les conditions prévues à l'article 2-23 du code de procédure pénale.

L'article 17 est applicable sur tout le territoire de la République française, en métropole comme dans les outres mers. Il s'applique partout où les organisations susceptibles d'être concernées exercent une activité, y compris à l'étranger.

SECTION 1 Sociétés et dirigeants entrant dans le champ d'application de l'article 17

Le I de l'article 17 vise les présidents, les directeurs généraux et les gérants d'une société employant au moins cinq cents salariés, ou appartenant à un groupe de sociétés dont la société mère a son siège social en France et dont l'effectif comprend au moins cinq cents salariés, et dont le chiffre d'affaires ou le chiffre d'affaires consolidé est supérieur à 100 millions d'euros.

Si les membres des conseils d'administration ou des conseils de surveillance ne sont pas visés par cette obligation, il leur est recommandé de s'assurer, dans le cadre de leur mission de surveillance de la gestion de la société, de la pertinence et de l'efficacité des mesures prises par les dirigeants afin de se conformer aux obligations légales.

1 *Les sociétés*

A *Forme sociale*

Le I de l'article 17 de la loi ne précise pas la forme de la société. Tous les types de sociétés sont donc concernés. Sont par exemple concernées les formes juridiques suivantes :

— SA (avec président du conseil d'administration/directeur général ou avec directoire et conseil de surveillance) ;
— SARL/EURL ;
— SAS ;
— SNC ;
— Société en commandite simple ;
— Société en commandite par actions ;
— SCI ;
— Société en participation ;
— Société d'économie mixte ;
— Société mutualiste ;
— etc.

A noter que les sociétés d'économie mixte dépassant les seuils définis à l'article 17 de la loi n° 2016-1691 du 9 décembre 2016 sont en outre assujetties aux obligations définies par le 3° de l'article 3 de cette même loi, et peuvent faire l'objet d'un contrôle de l'AFA à la fois au titre du 3° de l'article 3 et au titre du III de l'article 17.

Plus généralement, les entités exerçant une activité économique sont concernées, indépendamment de leur forme juridique (GIE, association, syndicat professionnel, fondation, ordre professionnel...).

B *Seuils quantitatifs prévus au I de l'article 17*

Le I de l'article 17 de la loi du 9 décembre 2016 précité concerne les sociétés dont l'effectif et le chiffre d'affaires atteignent :

— un effectif d'au moins cinq cent salariés ;
— un chiffre d'affaires supérieur à 100 millions d'euros.

Ces deux seuils, cumulatifs, sont en général déterminés au niveau d'une société. Ils peuvent, dans certaines conditions, être déterminés au niveau du groupe.

C *Calcul de l'effectif d'une société*

Il est possible dans le cas général de se reporter à la législation sociale, en particulier, aux articles L. 1111-1 à L. 1111-3 du code du travail, ainsi qu'à l'article L. 5522-16 et au décret n° 2017-858 du 9 mai 2017 relatif aux modalités de décompte et de déclaration des effectifs, au recouvrement et au calcul des cotisations et des contributions sociales.

Le décompte de l'effectif par l'AFA s'effectue selon la règle de l'effectif moyen annuel. Le seuil sera apprécié au regard de la dernière déclaration sociale nominative de l'entité contrôlée.

Calcul de l'effectif

Pour calculer l'effectif moyen annuel à la date du dernier exercice clos, il faut tout d'abord calculer les effectifs pour chaque mois de l'année civile au prorata de leur temps de travail. Pour cela, il faut tenir compte de tous les salariés titulaires d'un contrat de travail le dernier jour de chaque mois, y compris les salariés absents.

Sont comptés pour une unité chacun :

Salariés en CDI à temps plein, qu'ils soient présents ou absents pour maladie ou congé	☐ les salariés ayant travaillé la totalité du mois ☐ les salariés en forfait jours, quelle que soit la durée de leur forfait ☐ les salariés dont le contrat de travail est suspendu (congé de maternité, d'adoption ou congé parental d'éducation par exemple)
Travailleurs à domicile	Les salariés ayant travaillé la totalité du mois sont comptés pour une unité chacun
Salariés en CDD	☐ Les salariés ayant travaillé la totalité du mois sont comptés pour une unité chacun ☐ Les salariés ayant travaillé une partie du mois sont comptés au prorata de leur temps de travail ☐ Les salariés ne sont pas pris en compte dans le calcul de l'effectif moyen en cas de remplacement d'un salarié absent ou dont le contrat est suspendu du fait d'un congé de maternité, d'un congé d'adoption ou d'un congé parental d'éducation
Salariés intermittents	☐ Les salariés ayant travaillé la totalité du mois sont comptés pour une unité chacun ☐ Les salariés ayant travaillé une partie du mois sont comptés au prorata de leur temps de travail
Salariés mis à disposition par une entreprise extérieure et présents depuis au moins 1 an, ainsi que les salariés titulaires d'un contrat de travail temporaire (intérimaires)	☐ Les salariés ayant travaillé la totalité du mois sont comptés pour une unité chacun ☐ Les salariés ayant travaillé une partie du mois sont comptés au prorata de leur temps de travail ☐ Les salariés ne sont pas pris en compte dans le calcul de l'effectif moyen en cas de remplacement d'un salarié absent ou dont le contrat est suspendu du fait d'un congé de maternité, d'un congé d'adoption ou d'un congé parental d'éducation
Salariés à temps partiel, quelle que soit la nature de leur contrat de travail	Chaque salarié est pris en compte au prorata de son temps de travail (somme totale des horaires inscrits dans le contrat de travail / durée légale ou conventionnelle du travail)

Ne sont pas pris en compte dans le calcul des effectifs les personnes :

– en contrat d'apprentissage (apprentis) ;

– en contrat unique d'insertion (CUI) ou contrat d'accès à l'emploi ;

– en contrat d'accompagnement dans l'emploi ;

– en contrat de professionnalisation ;

– stagiaires étudiants ou stagiaires en formation professionnelle.

Il existe des cas particuliers :

– les VRP multicartes sont compris dans l'effectif moyen ;

– les salariés embauchés dans le cadre du titre emploi service entreprise et du chèque emploi associatif (CEA) sont inclus dans l'effectif moyen ;

– les personnes handicapées employées par un établissement et service d'aide par le travail (ESAT) appartiennent à l'effectif de la personne morale gestionnaire de l'ESAT ;

– les travailleurs temporaires (intérimaires) sont comptabilisés dans l'effectif de l'entreprise de travail temporaire, et non dans celui de l'entreprise utilisatrice, lorsqu'ils remplacent un salarié absent ou dont le contrat de travail est suspendu ou lorsqu'ils ont été liés par contrat de travail temporaire pendant une durée totale de trois mois au cours de la dernière année civile (ce qui signifie que la durée cumulée de tous les contrats effectués au cours de l'année civile précédente est au moins égale à 455 heures) ;

– les salariés détachés ou mis à disposition d'une autre entreprise (prêt de main-d'œuvre) sont comptés dans l'entreprise qui a conclu le contrat de travail.

Pour calculer le nombre d'heures correspondant à un temps plein, il faut considérer le temps de travail non pas sur la semaine, mais sur l'année : 35 h x 52 semaines = 1 820 heures pour l'année, ce qui fait 1 820 h/12 mois = 151,67 heures par mois. Donc, 151,67 heures par mois correspondent à 35 heures hebdomadaires.

Ensuite, il faut calculer la moyenne des effectifs mensuels au 31 décembre, en additionnant le nombre moyen de salariés présents chaque mois et diviser par 12 mois. Ces règles sont identiques à celles que chaque employeur doit indiquer sur la déclaration sociale nominative (DSN).

Cas des groupes de sociétés

L'effectif d'un groupe de sociétés correspond à la somme des effectifs des sociétés du groupe, dans les conditions suivantes :

Selon que les sociétés d'un groupe font l'objet, par leurs société mère, d'un contrôle exclusif ou conjoint tels que définis par l'article L. 233-16 du code de commerce, l'effectif d'un groupe de sociétés correspond à la somme :

– des effectifs moyens des sociétés du groupe, contrôlées de manière exclusive au sens du II de l'article L. 233-16 susvisé ;

– de la quote-part des effectifs moyens des sociétés du groupe, contrôlées de manière conjointe au sens du III de l'article L. 233-16 susvisé.

D *Calcul du chiffre d'affaires d'une société*

Le dépassement du seuil de 100 millions d'euros de chiffre d'affaires peut être apprécié à l'échelle d'une société ou du groupe quand le chiffre d'affaires est consolidé.

☐ Chiffre d'affaires d'une société

Le plan comptable général définit le chiffre d'affaires comme le montant des affaires (hors taxes) réalisées par l'entreprise avec les tiers dans l'exercice de son activité professionnelle normale et courante. Il correspond à la somme des ventes de marchandises, de produits fabriqués, des prestations de services et des produits des activités annexes. Il est présenté hors taxes et après déduction des éventuelles ristournes accordées aux clients. Il peut inclure certaines subventions (subvention d'exploitation par exemple).

☐ Chiffre d'affaires consolidé

Dans le cas d'un groupe, on parle de chiffre d'affaires consolidé lorsque sont additionnés les chiffres d'affaires de l'ensemble des filiales (ou des sociétés contrôlées par la maison mère au sens de l'article L. 233-3 du code de commerce), après déduction des ventes internes au groupe. Ce chiffre d'affaires consolidé doit être celui établi par la société mère ayant son siège social en France.

Le chiffre d'affaires sera apprécié par référence au dernier exercice clos précédant le contrôle.

E *Lieu du siège social*

Le siège social s'entend, en principe, du siège social indiqué dans les statuts. Toutefois, si le siège social apparaît fictif, il y a lieu de retenir le siège réel, qui s'entend du lieu où sont, en fait, principalement concentrés les organes de direction, d'administration et de contrôle de la société (critère du siège de direction effective).

2 *Dirigeants des sociétés*

Les personnes physiques soumises au I de l'article 17 de la loi du 9 décembre 2016 sont les dirigeants sociaux des sociétés remplissant les critères définis ci-dessus. La dénomination de ces dirigeants sociaux dépend de la forme de la société. A titre d'exemple, peuvent ainsi être listés :

– SARL/SELARL/EURL : gérant ;

– SA avec conseil d'administration : président du conseil d'administration et directeur général (qui peuvent être une seule et même personne : un président directeur général) ;

– SA avec directoire et conseil de surveillance (L. 225-57 et suivants du code de commerce) : membres du directoire en fonction de leurs attributions (selon la situation, la responsabilité de tous les membres du directoire pourrait être recherchée, ou uniquement celle du président du directoire) ;
– SAS : président, au choix des statuts ;
– SNC : gérant.

SECTION 2 Groupes de sociétés : portée de l'obligation de mise en œuvre d'un dispositif anticorruption

3 *Notion de groupe de société*

Dans sa décision n° 2016-741 DC du 8 décembre 2016, le Conseil constitutionnel a précisé que les termes "groupe de sociétés" figurant au premier alinéa du paragraphe I de l'article 17 doivent être entendus comme désignant l'ensemble formé par une société et ses filiales au sens de l'article L. 233-1 du code de commerce ou comme l'ensemble formé par une société et celles qu'elle contrôle au sens de l'article L. 233-3 du même code.

Dans ce contexte, constitue un groupe de sociétés, pour l'application de l'article 17 de la loi du 9 décembre 2016, tout groupement formé d'une société avec les sociétés qu'elle contrôle.

□ Chiffre d'affaires consolidé

Dans le cas d'un groupe, on parle de chiffre d'affaires consolidé lorsque sont additionnés les chiffres d'affaires de l'ensemble des filiales (ou des sociétés contrôlées par la maison mère au sens de l'article L. 233-3 du code de commerce), après déduction des ventes internes au groupe.

Ce chiffre d'affaires consolidé doit être celui établi par la société mère ayant son siège social en France.

Le chiffre d'affaires sera apprécié par référence au dernier exercice clos précédant le contrôle.

4 *Périmètre du contrôle de l'Agence française anticorruption pour les groupes de sociétés*

Le I de l'article 17 de la loi du 9 décembre 2016 définit le périmètre de l'obligation de mise en œuvre d'un dispositif anticorruption pour les groupes de sociétés qui établissent des comptes consolidés. Pour ceux-ci, l'obligation de mettre en œuvre un dispositif anticorruption porte sur la société mère et sur l'ensemble des filiales ou des sociétés contrôlées, y compris si ces entités n'atteignent pas à elles seules les seuils d'effectif et de chiffres d'affaires.

Le périmètre de l'obligation de la mise en œuvre d'un dispositif anticorruption est donc élargi à l'ensemble des sociétés composant le groupe.

La loi prévoit que le dispositif anticorruption est mis en œuvre :

– soit par les dirigeants sociaux des filiales ou sociétés contrôlées pour leur filiale ou société contrôlée ;

– soit par les dirigeants sociaux de la société mère tant au niveau de la société mère que des filiales et sociétés contrôlées.

Dans ce contexte, l'AFA est susceptible de procéder, sur le fondement du III de l'article 17, au contrôle du dispositif anticorruption au sein de l'ensemble des sociétés qui composent le groupe, puisqu'elles sont toutes soumises aux obligations des I et II de l'article 17.

Dans le cas de filiales dont la société mère serait une association, l'AFA est susceptible de procéder au contrôle du dispositif anticorruption au sein de l'ensemble des entités sociétés ou association dès lors que les seuils sont atteints et que l'association répond en particulier au cas précisé au 1.A) de la section 1.

5 *Responsabilité des dirigeants sociaux et des sociétés dans le cas d'un groupe de sociétés*

Dans le cas d'un groupe de sociétés, la société mère et l'ensemble des filiales et sociétés contrôlées sont soumises à l'obligation de mettre en œuvre un dispositif anticorruption :

– Si la société mère ne met pas en œuvre de dispositif anticorruption : la responsabilité incombe aux dirigeants sociaux de la société mère ainsi qu'à la société mère en tant que personne morale ;

– Si une filiale ou une société contrôlée ne met pas en œuvre de dispositif anticorruption : la responsabilité incombe à la fois aux dirigeants sociaux de celle-ci et aux dirigeants sociaux de la société mère, outre aux sociétés elles-mêmes en tant que personnes morales.

NB : le cas des sociétés appartenant à un groupe public (hors établissements publics à caractère industriel et commercial) est assimilé aux règles régissant le contrôle d'une société individuelle ou d'un groupe de sociétés en fonction de l'existence ou non de comptes consolidés au niveau du groupe public.

SECTION 3 Établissements publics à caractère industriel et commercial individuels entrant dans le champ d'application de l'article 17

Le I de l'article 17 prévoit que l'obligation de mettre en œuvre un dispositif anticorruption "s'impose (...) Aux présidents et directeurs généraux d'établissements publics à caractère industriel et commercial employant au moins cinq cents salariés, ou appartenant à un groupe public dont l'effectif comprend au moins cinq cents salariés, et dont le chiffre d'affaires ou le chiffre d'affaires consolidé est supérieur à 100 millions d'euros (...)."

A noter que les établissements publics industriels et commerciaux (EPIC) dépassant les seuils définis à l'article 17 de la loi n° 2016-1691 du 9 décembre 2016 sont en outre assujettis aux obligations définies par le 3° de l'article 3 de cette même loi, et peuvent faire l'objet d'un contrôle de l'AFA à la fois au titre du 3° de l'article 3 et au titre du III de l'article 17.

L'EPIC constitue l'une des grandes catégories d'entreprises publiques. Il s'agit d'un établissement public, c'est-à-dire d'une personne morale de droit public à vocation spéciale créée par une autre personne publique, en principe, l'État (établissement public national) ou une collectivité territoriale (établissement public local).

Il se distingue des personnes morales de droit public *sui generis*, que sont notamment les groupements d'intérêt public (GIP) et les autorités publiques indépendantes dotées de la personnalité morale.

Le caractère industriel et commercial peut résulter de son texte institutif. Cette qualification ne s'impose toutefois que s'il s'agit d'une loi.

Les requalifications par le juge sont possibles en présence d'une qualification résultant d'un décret. Lorsqu'un établissement public gère plusieurs services de natures différentes, le juge ne s'attache pas à la qualification de l'établissement, pour déterminer le régime applicable, mais à la nature du service géré. Le caractère administratif ou industriel et commercial de l'établissement est déterminé à partir de l'activité principale.

Conformément à la jurisprudence du Conseil d'État, le caractère industriel et commercial est retenu seulement si l'objet est assimilable à celui d'une entreprise privée, si le financement est principalement tiré de l'activité en cause et si ses modalités d'organisation et de fonctionnement se distinguent de celles de l'administration *[CE 16 nov. 1956, Union syndicale des industries aéronautiques]*.

Aux termes de l'article 17 de la loi du 9 décembre 2016, deux conditions cumulatives doivent être réunies pour qu'un EPIC soit soumis à l'obligation de mise en œuvre du plan de conformité :

– un effectif d'au moins cinq cent salariés ;

– un chiffre d'affaires supérieur à 100 millions d'euros.

Le calcul de l'effectif et du chiffre d'affaires s'effectue selon les mêmes modalités que pour une société.

Sont également assujettis au respect de l'article 17 de la loi du 9 décembre 2016 les EPIC appartenant à un groupe public dont l'effectif comprend au moins 500 salariés et dont le chiffre d'affaires consolidé est supérieur à 100 millions d'euros.

Ce cas de figure demeure exceptionnel, dans la mesure où l'absence de capital de l'EPIC fait en principe obstacle à sa filialisation *[deux EPIC ont néanmoins été placés dans une situation analogue à celle de filiales dans un groupe public, en application de l'art. L. 2102-4 C. transp., introduit par l'art. 1er de la L. nº 2014-872 du 4 août 2014 portant réforme ferroviaire]*.

SECTION 4 Illustrations

1 *La société a son siège social en France ; elle emploie au moins 500 salariés et elle réalise un chiffre d'affaires supérieur à 100 millions d'euros*

La société remplit cumulativement les conditions suivantes :
- le siège social est en France ;
- plus de 100 millions d'euros de chiffre d'affaires ;
- plus de 500 salariés.

Les dirigeants de la société sont assujettis à l'obligation de mise en place de procédures destinées à prévenir et à détecter la commission en France ou à l'étranger des faits de corruption ou de trafic d'influence.

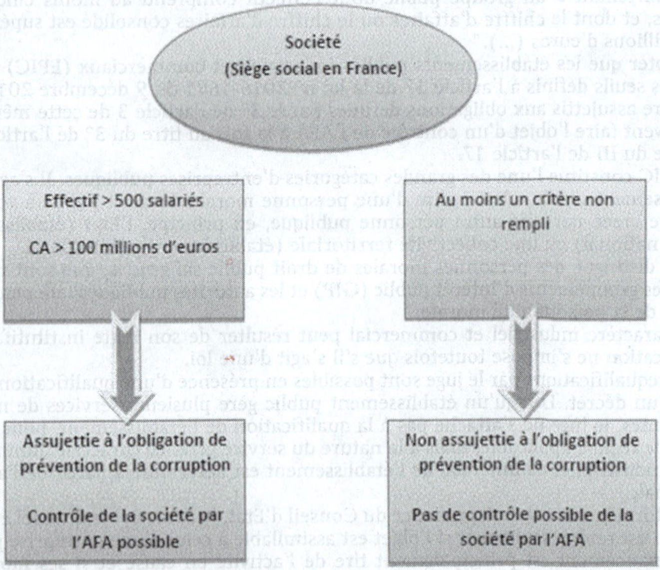

La société à son siège social à l'étranger (et n'est pas elle-même filiale d'une maison mère française)

La société a son siège social hors de France :

Les dirigeants ne sont pas assujettis aux dispositions du I de l'article 17 de la loi du 9 décembre 2016.

Toutefois, la mise en place d'un dispositif anticorruption tel que décrit au II de l'article 17 est vivement recommandée.

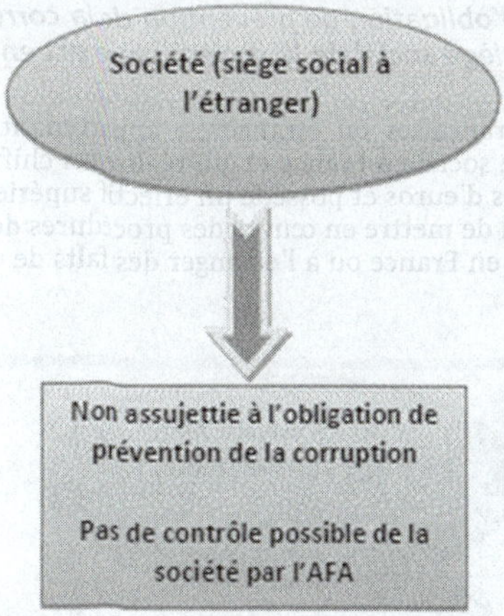

2 *La société a son siège social à l'étranger et un établissement en France (et n'est pas elle-même filiale d'une maison mère française)*

La société a son siège social hors de France et ne dispose en France que d'un établissement secondaire ou d'une succursale.

Les dirigeants ne sont pas visés au I de l'article 17 de la loi du 9 décembre 2016.

Toutefois, dans ce cas, la mise en œuvre des dispositifs décrits au II de l'article 17 est vivement recommandée.

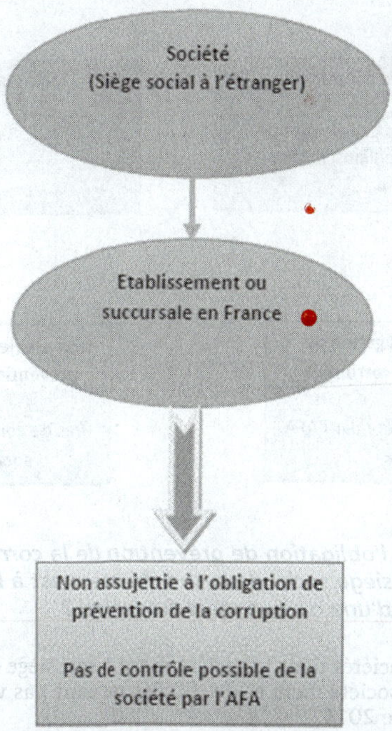

3 *Comment savoir si l'obligation de prévention de la corruption s'applique à un groupe, dont le siège social de la société mère est en France ?*

Toutes les sociétés françaises ou étrangères, appartenant à un groupe dont la société mère a son siège social en France et qui réalise un chiffre d'affaires consolidé supérieur à 100 millions d'euros et possède un effectif supérieur à 500 salariés, sont assujetties à l'obligation de mettre en œuvre des procédures destinées à prévenir et à détecter la commission en France ou à l'étranger des faits de corruption ou de trafic d'influence.

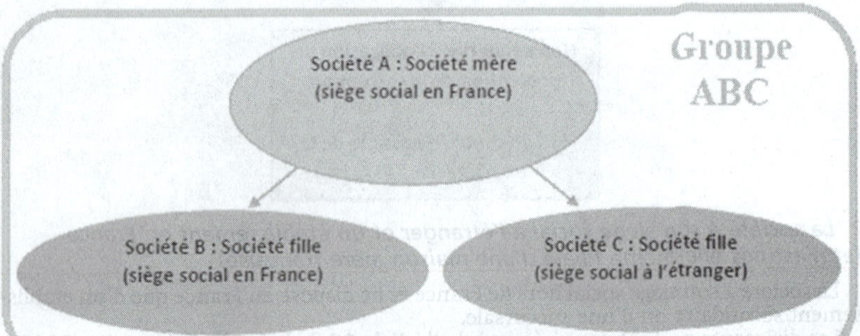

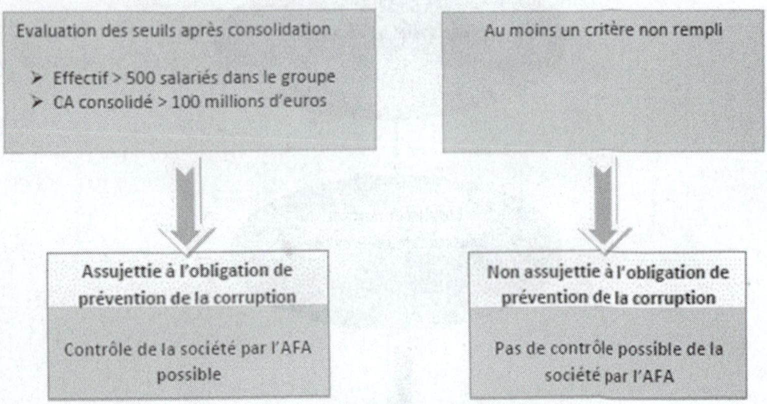

4 *Comment savoir si l'obligation de prévention de la corruption s'applique à un groupe, dont le siège social de la société mère est à l'étranger (et n'est pas elle-même filiale d'une maison mère française) ?*

Soit un groupe de sociétés dont la société mère à son siège social à l'étranger :

Les dirigeants de la société mère et des filiales ne sont pas visés au I de l'article 17 de la loi du 9 décembre 2016.

Toutefois, les filiales du groupe ayant leur siège social en France et atteignant à elles seules ou sous forme de sous-groupe les seuils de chiffre d'affaires et de nombre de salariés sont concernées et leurs dirigeants sont assujettis aux obligations du II de l'article 17.

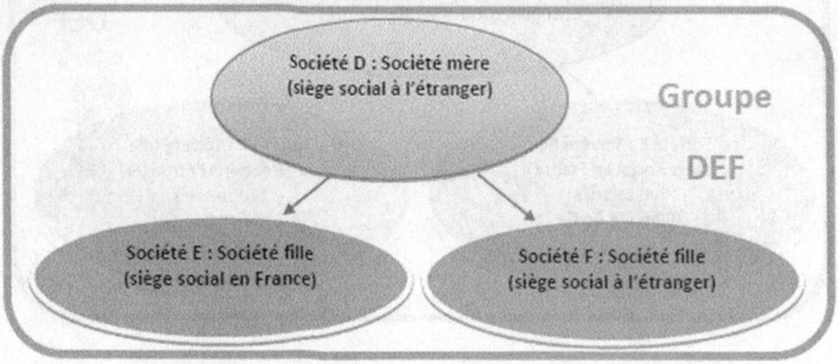

La société mère D et la société F ne sont pas assujetties à l'obligation de prévention de la corruption.

Idem pour la société E si elle n'atteint, à elle seule, les seuils.

Exemple : Filiale française d'un groupe étranger qui a elle seule atteint les seuils

Le groupe de sociétés DEF dont la société mère D à son siège social à l'étranger :

La société mère D et la filiale F ne sont pas assujettis à l'obligation de mise en place de procédures destinées à prévenir et à détecter la commission en France ou à l'étranger des faits de corruption ou de trafic d'influence.

La filiale E qui a son siège social en France et qui dépasse les seuils de chiffre d'affaires et de nombre de salariés est assujettie à l'obligation de prévention de la corruption.

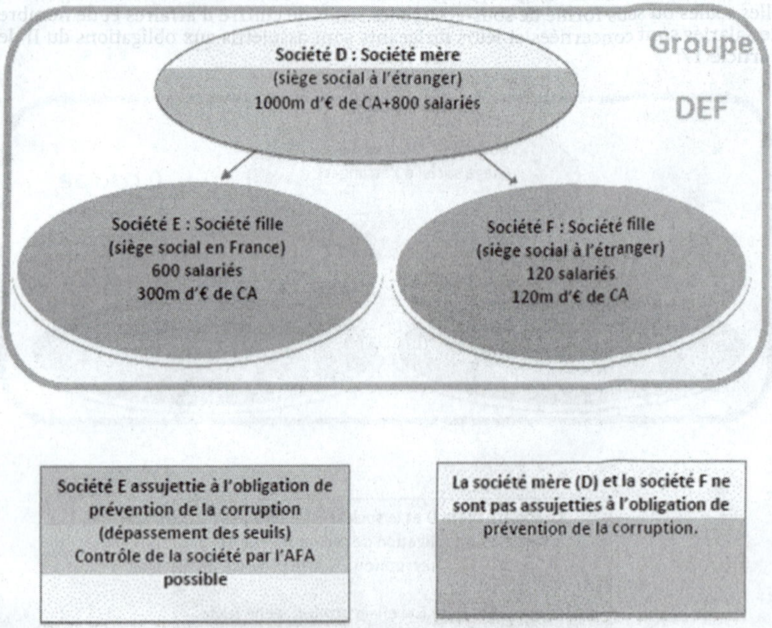

5 *Les sous-groupes dont la société mère a son siège en France sont assujettis aux obligations de dispositifs anticorruptions*

Le "sous-groupe" HIJ (tel que déterminé au moyen des articles L. 233-1 et L. 233-3 du code de commerce) dont la tête (H) a son siège en France et dont le chiffre d'affaires consolidé dépasse 100 millions d'euros est assujetti, s'il compte plus de 500 salariés, à l'obligation de mettre en œuvre les dispositifs anticorruption prévus au II de l'article 17 de la loi du 9 décembre 2016.

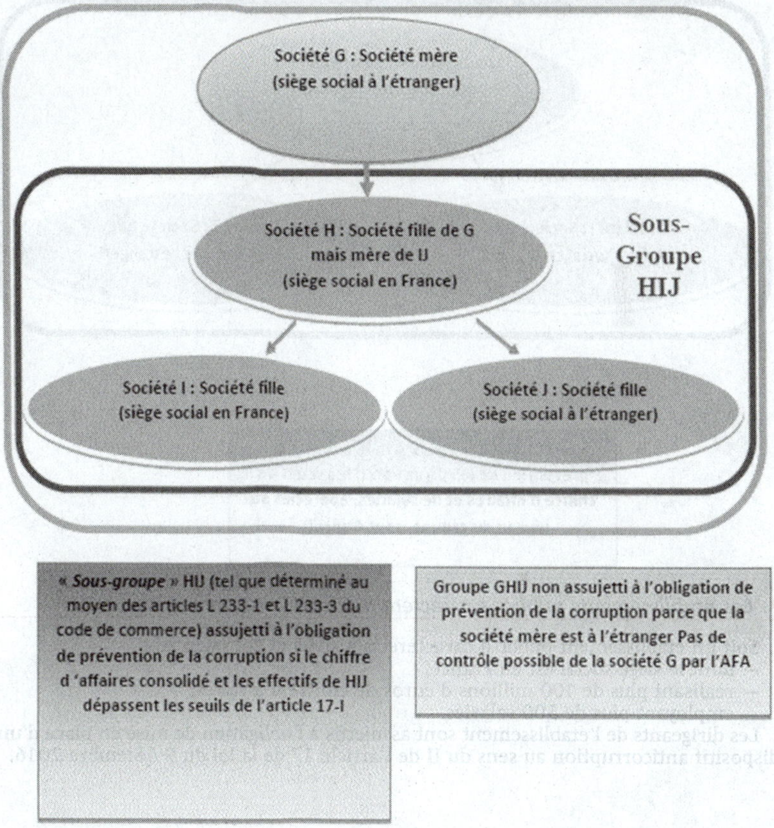

6 *Les groupes ayant à leur tête une association*

Le groupe HIJ dont la tête est une association, a son siège en France. Ce groupe est assujetti à l'obligation de mettre en œuvre les dispositifs anticorruption prévus au II de l'article 17 de la loi du 9 décembre 2016 si le chiffre d'affaires du groupe dépasse 100 millions d'euros et si le groupe compte plus de 500 salariés.

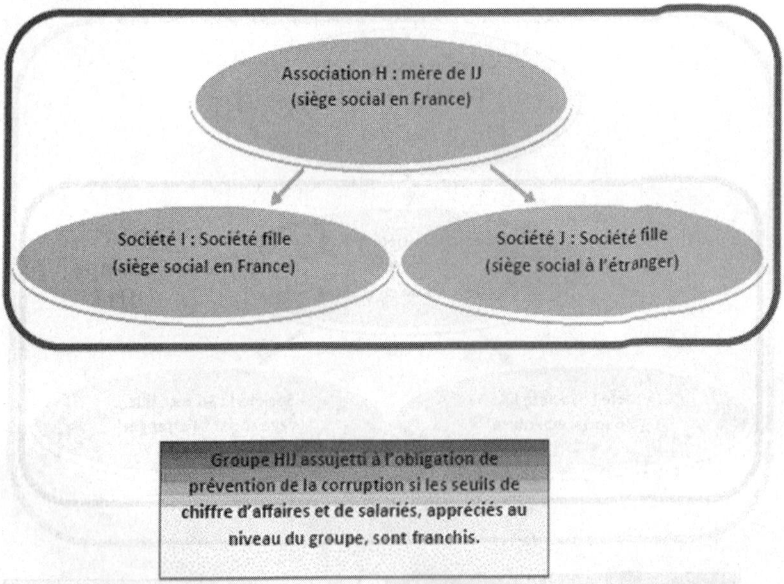

7 *Les établissements publics à caractère industriel et commercial (EPIC)*

Soit un établissement public à caractère industriel et commercial :
– dont le siège social est en France,
– réalisant plus de 100 millions d'euros de chiffre d'affaires,
– employant plus de 500 salariés.

Les dirigeants de l'établissement sont assujettis à l'obligation de mise en place d'un dispositif anticorruption au sens du II de l'article 17 de la loi du 9 décembre 2016.

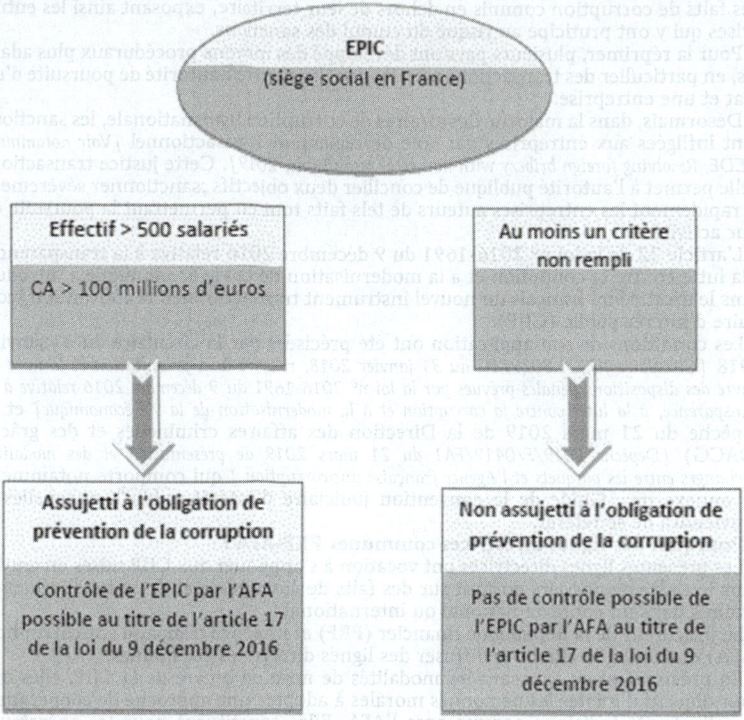

Lignes directrices communes AFA-PRF (juin 2019),

Sur la mise en œuvre de la convention judiciaire d'intérêt public.

La lutte contre la corruption est devenue, depuis les années 2000, un enjeu majeur pour l'Europe et la France. Cette forme de criminalité, souvent aux ramifications internationales, menace le pacte démocratique et porte atteinte au bon fonctionnement de l'économie. La corruption tend à consolider les régimes non démocratiques et fragilise les États de droit. Elle engendre un manque à gagner considérable et constitue un détournement des ressources publiques au profit de quelques intérêts privés. Elle freine la mise en place de politiques de croissance et de développement durables, notamment en décourageant les investissements étrangers.

Elle porte atteinte au lien social et à la confiance de la population dans les autorités publiques. Elle encourage l'évasion et la fraude fiscales et peut financer d'autres formes de criminalité.

La lutte judiciaire contre la corruption transnationale présente des difficultés particulières :

— la corruption transnationale est plus difficilement détectable car tout ou partie des faits sont commis en dehors du tenitoire français ;

— les investigations sont plus longues et plus complexes, et par suite plus coûteuses, car les flux financiers empruntent des circuits opaques traversant parfois plusieurs États ;

– plusieurs pays peuvent se reconnaître compétents pour poursuivre les auteurs des faits de corruption commis en dehors de leur territoire, exposant ainsi les entreprises qui y ont pruticipé au risque du cumul des sanctions.

Pour la réprimer, plusieurs pays ont développé des moyens procéduraux plus adaptés, en particulier des transactions pénales conclues entre l'autorité de poursuite d'un État et une entreprise.

Désormais, dans la majorité des affaires de corruption transnationale, les sanctions sont infligées aux entreprises par voie de règlement transactionnel *[Voir notamment OCDE, Resolving foreign bribery with non-trial resolutions, 2019]*. Cette justice transactionnelle permet à l'autorité publique de concilier deux objectifs :sanctionner sévèrement et rapidement les entreprises auteurs de tels faits tout en permettant la poursuite de leur activité.

L'article 22 de la loi n° 2016-1691 du 9 décembre 2016 relative à la transparence, à la lutte contre la conuption et à la modernisation de la vie économique a introduit dans le droit pénal français un nouvel instrument transactionnel, la convention judiciaire d'intérêt public (CJIP).

Les conditions de son application ont été précisées par la circulaire du 31 janvier 2018 *[Circulaire JUSDl 802971C du 31 janvier 2018, relative à la présentation et la mise en œuvre des dispositions pénales prévues par la loi n° 2016-1691 du 9 décembre 2016 relative à la transparence, à la lutte contre la corruption et à la modernisation de la vie économique]* et la dépêche du 21 mars 2019 de la Direction des affaires criminelles et des grâces (DACG) *[Dépêche 2019/F/0419/FA1 du 21 mars 2019 de présentation et des modalités d'échanges entre les parquets et l'Agence française anticorruption.]* qui comporte notamment en annexe un "Guide de la convention judiciaire d'intérêt public", auxquelles il conviendra de se référer.

Pourquoi des lignes directrices communes PRF-AFA ?

Les présentes lignes directrices ont vocation à s'appliquer aux CJIP mises en œuvre dans le cadre de dossiers portant sur des faits de corruption et de trafic d'influence commis dans un contexte national ou international.

Le procureur de la République financier (PRF) et l'Agence française anticorruption (AFA) ont souhaité établir et diffuser des lignes directrices communes.

En précisant et en exposant les modalités de mise en œuvre de la CJIP, elles ont pour objectif d'inciter les personnes morales à adopter une approche de coopération avec l'autorité judiciaire comme avec l'AFA. Elles constituent pour les opérateurs économiques et les autorités judiciaires étrangères un élément de prévisibilité et un facteur de sécurité juridique.

Elles n'engagent le PRF et l'AFA qu'en considération de leurs attributions respectives.

Le PRF

Les attributions et compétences du procureur de la République financier sont fixées par la loi n° 2013-1117 du 6 décembre 2013 relative à la fraude fiscale et à la grande délinquance économique et financière.

Aux termes de l'article 705 du code de procédure pénale, il dispose d'une compétence matérielle concurrente à celle des autres parquets en matière d'atteintes à la probité (corruption, trafic d'influence, détournement de fonds publics, prise illégale d'intérêt, favoritisme...) et, s'agissant du blanchiment de ces délits ou de l'association de malfaiteurs constituée en vue de leur commission, lorsque les faits apparaissent d'une grande complexité.

Il est compétent pour connaître des infractions commises sur l'ensemble du territoire national.

Ces lignes directrices précisent les principes et les conditions de mise en œuvre de la CJIP par le PRF au regard de la politique pénale définie par la circulaire précitée et des circonstances qui déterminent l'exercice de son action publique.

L'AFA

Créée par la loi n° 2016-1691 du 9 décembre 2016, l'AFA est un service à compétence nationale placé auprès du ministre de la justice et du ministre chargé du budget. Elle a pour mission d'aider les autorités compétentes et les personnes qui y sont confrontées à prévenir et à détecter les faits de corruption, de trafic d'influence, de concussion, de prise illégale d'intérêt, de détournement de fonds publics et de favoritisme.

A cette fin, l'AFA peut, d'une part, conseiller et appuyer les personnes morales de droit privé ou de droit public pour prévenir les atteintes à la probité et, d'autre pait, dans des conditions déterminées par la loi, contrôler la qualité et l'efficacité des dispositifs de conformité anticorruption mis en œuvre par certains opérateurs.

Par ailleurs, l'AFA est chatgée de veiller, à la demande du Premier ministre, au respect de la loi n° 68-678 du 26 juillet 1968 *[Loi relative à la communication de documents et renseignements d'ordre économique, commercial, industriel, financier ou technique à des personnes physiques ou morales étrangères.]*, dans le cadre de l'exécution des décisions d'autorités étrangères imposant à une société française une obligation de mettre en conformité ses procédures internes de prévention et de détection de la corruption.

1 Présentation de la CJIP

Le régime juridique de la CJIP est prévu aux articles 41-1-2, 180-2 et R. 15-33-60-1 et suivants du code de procédure pénale.

La convention peut être proposée par le procureur de la République à une personne morale mise en cause ou mise en examen pour une ou plusieurs des infractions suivantes et toute infraction connexe *[Selon la définition de l'article 203 du code de procédure pénale, les infractions ont connexes soit lorsqu'elles ont été commises en même tempspar plusieurs personnes réunies, soit lorsqu'elles ont été commises par différentespersonnes, même en différents temps et en divers lieux, mais par suite d'un concert formé à l'avance entre elles, soit lorsque les coupables ont commis les unes pour se procurer les moyens de commettre les autres, pour en faciliter, pour en consommer l'exécution ou pour en assurer l'impunité, soit lorsque des choses en levées, détournées ou obtenues à l'aide d'un crime ou d'un délit ont été, en tout ou partie, recelées.]* :

- corruption active (article 433-1) et trafic d'influence (article 433-2) commis par un particulier *[Les articles mentionnés dans ce paragraphe sont ceux du code pénal.]* ;
- corruption active (article 435-3) et trafic d'influence actif d'agent public étranger (article 435-4 :) ;
- corruption d'un membre d'une institution judiciaire étrangère (article 435-9) ;
- trafic d'influence sur un membre d'une institution judiciaire étrangère (article 435-10) ;
- corruption privée active (article 445-1) et passive (article 445-2 :) ;
- corruption sportive active (aiticle 445-1-1) et passive (article 445-2-1) ;
- corruption active d'un membre d'une institution judiciaire (avant-dernier alinéa de l'article 434-9) ;
- trafic d'influence actif sur un membre de l'institution judici aire (deuxième alinéa de l'article 434-9-1).

La convention peut comporter une ou plusieurs des obligations suivantes :

- le versement d'une amende d'intérêt public, dont le montant ne peut excéder 30 % du chiffre d'affaires annuel, calculé sur la moyenne des trois derniers exercices ;
- la mise en œuvre, sous le contrôle de l'AFA, d'un programme de mise en confmmité de ses procédures de prévention et de détection de la conuption, pendant une durée maximale de trois ans ;
- la réparation du dommage causé à la victime lorsque cette dernière peut être identifiée

Acceptée par la personne morale, la CJIP est soumise à la validation du président du tribunal. Celui-ci se prononce à l'issue d'une audience publique.

Si elle est validée, la convention fait l'objet, ainsi que l'ordonnance de validation, d'une publication sur le site internet de l'AFA et d'un communiqué de presse du procureur de la République.

En cas de refus de validation, de rétractation par la personne morale ou d'inexécution des obligations prévues dans la convention dans le délai imparti, le procureur de la République met en mouvement l'action publique, sauf élément nouveau.

La convention judiciaire d'intérêt public n'emporte pas déclaration de culpabilité et n'a ni la nature ni les effets d'un jugement de condamnation. Elle n'est donc pas inscrite au bulletin n° 1 du casier judiciaire de la personne morale.

Lorsqu'elle est proposée au cours d'une information judiciaire, le procureur de la République et la personne morale concernée disposent d'un délai de trois mois à compter de la transmission faite par le juge d'instrnction au parquet aux fins de mise en œuvre de la convention judiciaire d'intérêt public pour trouver un accord sur une proposition de convention. Cette transmission suppose au préalable l'accord du procureur de la République, une reconnaissance des faits et une acceptation de la qualification pénale retenue par la personne morale mise en examen.

Intérêt de la convention judiciaire d'intérêt public pour la personne morale

L'exécution d'une CJIP a pour principal effet d'éteindre l'action publique à l'encontre de la personne morale.

Celle-ci évite ainsi la condamnation à une peine d'amende pouvant aller jusqu'au quintuple de celle encourue par les personnes physiques (pour l'infraction de corrnption active par exemple, le montant maximum de l'amende encourue est de 5 000 000 euros ou d'un montant équivalent au double du produit tiré de l'infraction).

En outre, les peines complémentaires encourues devant le tribunal correctionnel ne peuvent être prévues dans la CJIP, notamment :

• la confiscation du produit ou de l'objet de l'infraction, encourue de plein droit et qui, s'agissant des atteintes à la probité, peut correspondre au montant du marché obtenu frauduleusement ; ou encore, pour les infractions d'atteinte à la probité punies d'une peine d'emprisonnement supérieure ou égale à 5 ans, la confiscation de l'ensemble des biens appartenant à la personne condamnée ou dont elle a la libre disposition, sous réserve des droits du tiers de bonne foi *[Art. 131-21 du code pénal.]* ;

• l'interdiction d'exercer certaines activités ;

• la fermeture d'un ou plusieurs établissements ;

• l'exclusion des marchés publics ;

• l'interdiction de proposer au public ou de faire admettre des titres financiers aux négociations sur un marché réglementé.

Dans le cadre de la CJIP, l'obligation de mise en conformité est de trois ans au plus, et non de cinq années comme cela est prévu au titre de la peine complémentaire de mise en conformité (PPMC) *[Art. 131-39-2 du code pénal]*, qui peut être prononcée par le tribunal en cas de poursuites juridictionnelles.

La CJIP n'emportant pas reconnaissance de culpabilité, elle n'entraine pas l'exclusion de la personne morale des marchés publics nationaux *[En application de l'article L. 2141-1 du code de la commande publique, seule une personne ayant fait l'objet d 'une condamnation définitive pour des faits d'atteinte à la probité peut être exclue d'une procédure de marchés publics.]*. L'absence de condamnation permet en outre, dans la majorité des cas, de continuer à répondre à des appels d'offres relatifs à des marchés publics internationaux *[En effet, dans l'Union européenne, la directive 2014/24/UE du Parlement européen et du Conseil du 26 février 2014 sur la passation des marchés publics indique dans son article 57 : "Les pouvoirs adjudicateurs excluent un opérateur économique de la participation à une procédure de passation de marché lorsqu'ils ont établi, en procédant à des vérifications conformément aux articles 59, 60 et 61, ou qu'ils sont informés de quelque autre manière que cet opérateur économique a fait l'objet d'une condamnation, prononcée par un jugement définitif, pour l'une des raisons suivantes : b) corruption, telle qu'elle est définie à l'article 3 de la convention relative à la lutte contre la corruption impliquant des fonctionnaires des Communautés européennes ou des fonctionnaires des États membres de l'Union européenne et à l'article 2, paragraphe 1, de la décision-cadre 2003/568/JAI du Conseil, ou telle qu'elle est définie dans le droit national du pouvoir adjudicateur ou de l'opérateur économique." Aux États-Unis, une infraction au FCPA peut entraîner également de lourdes sanctions connexes. Par exemple, le simple fait qu'une entreprise soit mise en accusation pour violation du FCPA peut l'exclure de l'attribution de marchés publics aux États-Unis et du bénéfice de certains avantages accordés par les pouvoirs publics (notamment en matière de financement) et déclencher une suspension des autorisations d 'exportation de biens et services destinés à la défense. Voir 10 U.S.C. § 2408 (interdisant l'emploi dans le secteur de la défense des personnes condamnées pour délit en rapport avec un marché public) ; 48 C.F.R. Subpt. 9.4 (exclusion de toute société condamnée pour une infraction concernant des pratiques frauduleuses ou révélant un manque d'intégrité) ; exclusion de divers programmes publics, par exemple les garanties accordées pour les investissements à l'étranger. Voir notamment Foreign Assistance Act de 1961 § 237(1) (Overseas Private Invcstment Corporation) ; 7 C.f.R. § 1493.270 (Commodity Credit Corporation). Source Rapport OCDE d'examen de l'application de la convention et de la recommandation de 1997 par les États-Unis.*

Par ailleurs, la Banque mondiale peut exclure temporairement, à titre de sanction, de ses projets de financement les entreprises qui ont commis des faits de corruption.].

La durée souvent très longue des procédures et leur caractère aléatoire sont déstabilisants pour la personne morale et son image ainsi que pour sa gouvernance, distraite durablement de la gestion des affaires. La mise en œuvre d'une procédure négociée accélère le traitement de la procédure pénale en atténuant l'aléa de son issue. La CJIP présente à cet égard l'intérêt de permettre à la personne morale de provisionner les sommes relatives à l'amende d'intérêt public et d'en infonner son actionnariat.

La célérité de la procédure, renforcée par la coopération de la personne morale à l'enquête, atténue le préjudice résultant de l'atteinte portée à la réputation de l'entreprise. Elle limite également l'effet négatif de la procédure pénale sur les capacités de financement de la personne morale, ainsi que sur ses relations commerciales, notamment lors de la mise en œuvre de dispositifs d'évaluation des tiers par ses cocontractants.

Lorsque la personne morale accepte un programme de mise en conformité, la CJIP contribue aussi à apaiser le climat social de l'entreprise en témoignant de l'engagement de ses dirigeants en matière de prévention et de détection des atteintes à la probité.

Enfin, lorsque la personne morale fait l'objet de poursuites simultanées intentées par plusieurs autorités, la CJIP (ou son équivalent en droit étranger) favorise la coordination de ces autorités et autorise la conclusion simultanée d'accords transactionnels parallèles *[Voir en ce sens la convention judiciaire d'intérêt public signée le 24 mai 2018 par le Parquet national financier et la Société générale, concomitammcnt avec un deferred prosecution agreement (accord de suspension de poursuites) conclu avec le Department of Justice des États-Unis et le procureur fédéral du district-est de New York.]* **(voir *infra* 5. La coordination internationale).**

L'acceptation d'une CJIP par les dirigeants non poursuivis de la personne morale, lorsque, par exemple, un changement de gouvernance est intervenu depuis la commission des faits délictueux, traduit leur engagement éthique et la gestion transparente de la nouvelle direction. Elle permet de circonscrire dans le temps les pratiques antérieures et favorise l'adoption de mesures correctrices afin de prévenir la commission de nouveaux faits.

Intérêt de la CJIP pour les personnes physiques

En application de l'article 41-1-2 du code de procédure pénale, la CJIP ne peut être proposée qu'à une personne morale. L'alinéa 7 précise que "les représentants légaux de la personne morale mise en cause demeurent responsables en tant que personnes physiques. Ils sont informés, dès la proposition du procureur de la République, qu'ils peuvent se faire assister d'un avocat avant de donner leur accord à la proposition de convention."

Pour les personnes physiques mises en cause, dirigeants et salariés (ou ex-dirigeants et salariés) de la personne morale concluant une CJIP, le PRF apprécie au cas par cas les suites susceptibles d'être données à leur situation.

2 Les conditions requises pour bénéficier d'une convention judiciaire d'intérêt public

L'article 41-1-2 du code de procédure pénale réserve au procureur de la République l'initiative de formuler la proposition de conclure une convention judiciaire d'intérêt public (CJIP). Il apprécie au cas par cas l'opportunité d'avoir recours à une telle mesure.

Cette proposition peut intervenir "tant que l'action publique n'a pas été mise en mouvement". En effet, comme le précise la circulaire de la DACG du 31 janvier 2018, la CJIP constitue une alternative aux poursuites. La conclusion d'une CJIP peut donc être proposée par le parquet à tout moment au cours de l'enquête, en tout état de cause avant la saisine du tribunal conectionnel. La proposition de CJIP peut aussi intervenir au cours de l'information judiciaire selon la procédure spécifique prévue à l'article 180-2 du code de procédure pénale.

Que ce soit au cours de l'enquête préliminaire ou au cours de l'information judiciaire, la proposition de CJIP intervient si plusieurs critères sont réunis. Cette mesure permettant aux entreprises d'échapper à une condamnation judiciaire et aux conséquences qui y sont attachées, elle doit être réservée aux situations dans lesquelles il apparaît conforme à l'intérêt public de ne pas engager de poursuites pénales.

Outre les conditions légales, la circulaire DACG du 31 janvier 2018 invite à prendre en considération d'autres critères de fait (tels que les antécédents de la personne morale, le caractère volontaire de la révélation des faits, le degré de coopération avec l'autorité judiciaire) en vue d'apprécier l'oppmtunité de mettre en œuvre cette mesure.

Le recours à la CJIP satisfait l'intérêt public lorsqu'il permet de réduire sensiblement le délai d'enquête, d'assurer l'effectivité et la fermeté de la réponse judiciaire en réponse aux comp01tements poursuivis, d'assurer l'indemnisation du préjudice de la victime et contribue à la prévention de la récidive par la mise en place de dispositifs effectifs de détection des atteintes à la probité.

Conformément à l'article 41-1-2 du code de procédure pénale, il doit ménager la possibilité d'engager des poursuites pénales contre les personnes physiques, notamment les dirigeants de la personne morale, auteurs ou complices des infractions envisagées par la CJIP.

Proposition de CJIP et discussion préalable

Si, en droit, seul le parquet peut proposer une CJIP dans le cadre de l'enquête préliminaire, en pratique le représentant légal de la personne morale ou son conseil peuvent faire connaître au PRF leur souhait de bénéficier de ce mécanisme transactionnel.

Pour cela, il conviendra que le représentant ou le conseil de la personne morale se rapproche du PRF afin qu'une discussion s'ouvre sur ce point.

La circulaire DACG du 31 janvier 2018 encourage l'ouverture de tels pourparlers informels avant même la formalisation de toute proposition de CJIP et l'information de la victime.

Aucun écrit n'est nécessaire pour engager ces discussions préalables dont l'objet est d'apprécier s'il est possible de parvenir à un accord avec la personne morale sur les termes essentiels de la convention envisagée (en particulier les qualifications pénales retenues, le montant de l'amende d'intérêt public et ses modalités de paiement, l'application et la durée du programme de mise en conformité et l'indemnisation des victimes éventuelles).

Un niveau suffisant de preuve de la commission de faits de corruption ou de trafic d'influence

Il résulte de l'article 41-1-2 du code de procédure pénale que si la proposition de CJIP n'est pas validée par le président du tribunal, ou si la personne morale fait usage de son droit de rétractation ou encore si elle n'exécute pas l'intégralité des obligations fixées dans la CJIP, le procureur de la République "met en mouvement l'action publique, sauf élément nouveau".

La mise en œuvre de la CJIP requiert donc la caractérisation d'une ou plusieurs infractions mentionnées à l'article 41-1-2 du code de procédure pénale.

Avant d'engager toute discussion sur la conclusion d'une CJIP, le PRF évalue les éléments réunis dans le cadre de l'enquête pour s'assurer qu'ils suffisent à caractériser l'un des délits mentionnés à l'aiiicle 41-1-2 du code de procédure pénale et qu'en cas d'échec de la CJIP il sera en mesure de mettre utilement en mouvement l'action publique.

Par l'examen des charges pesant sur la personne morale, le PRF s'assure également que les investigations lui ont permis d'évaluer l'ampleur des atteintes à la probité susceptibles d'avoir été commises par la personne morale durant la période de temps concernée par les investigations. Une enquête suffisamment approfondie, permettant de mettre àjour les faits délictueux les plus significatifs constitue un préalable nécessaire à toute discussion sur la conclusion d'une CJIP.

L'absence de sanction antérieure pour des faits de corruption ou de trafic d'influence

Le fait pour la personne morale ou l'une de ses filiales, voire l'un de ses dirigeants, d'avoir fait l'objet de sanctions antérieures pour des faits pouvant être qualifiés d'atteintes à la probité, que ce soit par une juridiction française ou par une autorité étrangère, constitue en principe un obstacle à la mise en œuvre d'une CJIP.

Il en est de même lorsque la personne morale a déjà bénéficié d'une CJIP ou d'un accord transactionnel conclu avec une autorité étrangère pour des faits d'atteinte à la probité.

L'appréciation donnée à l'existence de tels antécédents peut toutefois être modulée par la prise en compte d'autres facteurs, tels que l'ancienneté ou le périmètre des faits ayant donné lieu aux sanctions déjà prononcées contre la personne morale. Si des faits non couverts dans le cadre d'une précédente CJIP sont ultérieurement révélés, le parquet pourra prendre en compte la bonne foi des représentants de la personne morale pour apprécier s'il est possible de conclure une nouvelle CJIP.

La mise en œuvre d'un programme de conformité effectif

La loi du 9 décembre 2016 impose aux dirigeants des personnes morales visées au 3° de l'article 3 et à l'article 17 d'adopter les mesures et procédures destinées à prévenir et détecter les atteintes à la probité. Cette obligation est entrée en vigueur le 1"juin 2017.

Le défaut de mise en œuvre effective par la personne morale d'un programme de conformité répondant à l'obligation de l'article 17 pourra être apprécié comme une situation péjorative lors de l 'orientation de la procédure ou lors de la détermination de l'amende d'intérêt public.

Pour ce qui concerne les personnes morales exclues du champ d'application de l'article 17, la mise en œuvre spontanée d'un progranune de conformité effectif constitue un indicateur favorable pour bénéficier d'une CJIP.

Il est de la responsabilité des dirigeants de la personne morale de prendre, dès qu'ils ont eu connaissance de faits de corruption ou de trafic d'influence commis au sein de leur structure, les mesures correctives nécessaires pour renforcer l'effectivité du programme de prévention et de détection des atteintes à la probité. Ce point fera l'objet d'un examen attentif par le parquet lorsqu'il s'agira d'envisager la possibilité de conclure une CJIP.

Dans l'hypothèse où la personne morale n'a pas déjà fait l'objet d'un contrôle d'initiative de l'AFA *[Si un contrôle a été réalisé, le magistrat du parquet peut requérir de 1'Agence française anticorruption la transmission de son rapport en application de l'article 77-1-1 du code de procédure pénale.]* le PRF peut solliciter son expertise afin de disposer d'une analyse approfondie des mesures et procédures de prévention et de détection des atteintes à la probité ainsi que des mesures correctives effectivement appliquées.

La coopération à l'enquête et la mise en œuvre d'investigations internes

La coopération de la personne morale aux investigations judiciaires dont elle est l'objet constitue un préalable nécessaire à la conclusion d'une CJIP.

La qualité de cette coopération sera décisive de l'abandon des poursuites et du recours à la CJIP. Elle sera également prise en compte pour la détermination du montant de l'amende d'intérêt public (par l'application d'un coefficient de minoration).

— La révélation spontanée des faits par la personne morale

La révélation spontanée des faits au parquet par l'entreprise, si elle intervient dans un délai raisonnable, est prise en compte favorablement, tant pour le choix du recours à la CJIP que comme facteur de minoration dans l'évaluation du montant de l'amende d'intérêt public. L'appréciation du délai raisonnable par le parquet tient compte du temps qui s'est écoulé entre le moment où le dirigeant de la personne morale a eu connaissance des faits et celui de leur révélation. Le parquet s'attache à vérifier l'impact de ce délai sur le déroulement des investigations et la sincérité de leur résultat (en particulier au regard de la conservation des preuves et des risques de concertation).

La révélation des faits doit être circonstanciée pour permettre au parquet d'appréhender avec un degré suffisant de précision des faits dont il n'avait pas encore connaissance.

— La mise en œuvre d'une enquête interne

Le parquet attend de la personne morale qui souhaite bénéficier d'une CJIP qu'elle ait elle-même activement paiiicipé à la manifestation de la vérité au moyen d'une enquête interne ou d'un audit approfondi sur les faits et les dysfonctionnements du système de conformité qui en ont favorisé la commission. Les conclusions de cette enquête doivent lui être transmises dans un temps compatible avec les impératifs l'enquête judiciaire.

L'enquête interne peut être conduite intégralement avant la révélation au parquet, ou parallèlement à celle-ci, si l'ampleur des investigations à effectuer est telle que leur achèvement complet ne permettrait ce signalement au PRF dans un délai raisonnable.

Dans l'hypothèse où elles précèdent la révélation des faits au parquet et l'ouverture d'une enquête judiciaire, ces investigations doivent être réalisées de manière à garantir la préservation des preuves et notamment la sincérité des témoignages.

Dans l'hypothèse où le parquet a ouvert l'enquête préliminaire sans que les faits ne lui aient été révélés par la personne morale, cette dernière conserve la possibilité d'apporter sa coopération à l'enquête judiciaire en conduisant ses propres investigations ou en communiquant au parquet les documents et informations pertinents dont elle dispose.

La personne morale doit prendre toutes les mesures nécessaires afin que ses investigations internes ne perturbent pas le déroulement de l'enquête judiciaire. Lorsque les investigations internes et judiciaires se déroulent parallèlement, des échanges réguliers entre le parquet et les conseils de la personne morale doivent permettre d'assurer une bonne coordination.

L'enquête interne doit aboutir à l'établissement d'un rapport présenté au parquet et exposant les faits avec la plus grande précision possible.

Ainsi que le prévoit l'article 41-1-2 du code de procédure pénale, nonobstant la conclusion d'une CJIP, les représentants légaux de la personne morale mise en cause demeurent personnellement responsables. L'intérêt public exige que de telles poursuites soient exercées chaque fois que les conditions juridiques le permettent. Les investigations internes conduites par l'entreprise doivent donc également contribuer à établir les responsabilités individuelles.

Les principaux témoins doivent être identifiés et les documents pertinents en possession de l'entreprise doivent être communiqués au parquet *[Sous réserve des règles applicables au secret professionnel de l'avocat]*.

Si des entretiens ont été réalisés par l'entreprise ou ses conseils avec des témoins ou des personnes susceptibles d'être impliquées dans les faits, les comptes rendus de ces entretiens sont mis à disposition du parquet, ainsi que l'ensemble des documents sur lesquels ils s'appuient.

— Le secret professionnel de l'avocat

Lorsque les investigations internes sont conduites par un avocat, il appartient à l'entreprise et à son conseil de déterminer quels documents ils souhaitent mettre à disposition du parquet pour être versés au dossier de l'enquête judiciaire. Tous les éléments figurant dans le rapport d'enquête interne ne sont pas nécessairement couverts par le secret professionnel de l'avocat. Si le secret professionnel s'impose à l'avocat dans sa relation avec son client, ce dernier n'y est pas lui-même tenu.

Dans l'hypothèse où l'entreprise refuse de transmettre certains documents, il appartient au parquet de déterminer si ce refus apparaît justifié au regard des règles applicables à ce secret. En cas de désaccord, le parquet apprécie si l'absence de remise des documents concernés affecte défavorablement le niveau de coopération de l'entreprise. Cette appréciation tient compte, le cas échéant, des conséquences juridiques que pourrait entraîner la renonciation au secret professionnel au regard des législations étrangères.

— La confidentialité des éléments issus de l'enquête interne

Le respect de l'article 11 du code de procédure pénale assure la confidentialité de l'ensemble des éléments qui sont remis par l'entreprise au parquet au cours de l'enquête judiciaire.

En outre, le 2e alinéa du III de l'article 41-1-2 du code de procédure pénale dispose que "si le président du tribunal ne valide pas laproposition de convention ou si la personne morale exerce son droit de rétractation, le procureur de la République ne peut faire état devant la juridiction d'instruction ou de jugement des déclarations faites ou des documents remis par la personne morale au cours de la procédure prévue auprésent article."

Cette disposition concerne les documents et informations transmis au parquet après formalisation d'une proposition de CJIP, lesquels petmettent notamment de finaliser la fixation du montant de l'amende et de préciser les contours du programme de conformité auquel sera astreinte la personne morale. Il s'agit également des échanges écrits par lesquels la personne morale déclare accepter la qualification légale des faits, ainsi que ceux ayant servi de support à la négociation sur les termes de la proposition de CJIP.

En revanche, l'article 41-1-2 du code de procédure pénale n'affecte pas la possibilité pour le parquet de faire usage des documents et informations transmis par l'entreprise ou son conseil dans le cadre de la phase d'enquête, laquelle est nécessairement antérieure à la formalisation d'une proposition de CJIP et donc à la procédure prévue à l 'article 41-1-2 du code de procédure pénale.

Dans le cours de son enquête, et notamment en vue d'assurer la bonne coordination de ses investigations avec celles conduites par l'entreprise, le parquet peut communiquer à cette dernière les informations qu'il estime nécessaires en faisant application du II de l'article 77-2 du code de procédure pénale.

En tout état de cause, au plus tard lorsqu'il estime ses investigations achevées, le parquet communique la procédure à la personne morale et à son conseil.

L'indemnisation de la victime

L'initiative de l'entreprise d'indemniser le préjudice des victimes avant même que ne soit proposée la conclusion d'une CJIP, constitue également un facteur favorable.

Au terme des échanges informels engagés avec la personne morale, si l'éventualité de la conclusion d'une CJIP est confirmée, le parquet informe les victimes par l'avis prévu à l'article 41-1-2 du code de procédure pénale. Cette information intervient y compris si l'entreprise établit avoir déjà intégralement indemnisé le préjudice de la victime.

Dans la mesure du possible, cet avis est accompagné du projet de CJIP avec obligation pour la victime d'assurer sa confidentialité.

L'information donnée à la victime ne constitue pas une demande d'approbation de la proposition de CJIP.

Dans son avis à la victime, le parquet l'invite à lui donner connaissance de l'existence et de l'étendue de son préjudice résiduel éventuel.

Il revient au parquet, dans le cadre de l'établissement de la proposition de CJIP, de fixer le cas échéant le montant des dommages-intérêts qui seront versés à la victime par la personne morale mise en cause.

La victime a la possibilité de faire ses observations sur le montant retenu lors de l'audience au cours de laquelle le président du tribunal examine la requête aux fins de validation de la CJIP. La conclusion et la validation de la CJIP ne font pas échec au droit qu'ont les victimes de saisir lajuridiction civile.

3 La fixation du montant de l'amende d'intérêt public

L'évaluation des avantages tirés des manquements constatés

L'article 41-1-2 I, 1° du code de procédure pénale prévoit que "le montant de cette amende est fixé de manière proportionnée aux avantages tirés des manquements constatés, dans la limite de 30 % du chiffre d'affaires moyen annuel calculé sur les trois derniers chiffres d'affaires annuels connus à la date du constat de ces manquements".

Il est renvoyé à la circulaire de la DACG du 31 janvier 2018 qui dégage les principes et précise les critères retenus par le parquet pour fixer le montant de l'amende d'intérêt public.

A partir de ces éléments ainsi que de l'expérience retirée de la négociation et de la conclusion des premières CJIP, les principes suivants sont retenus.

— Détermination de l'avantage financier

Lorsque les données comptables sont disponibles, il convient de déterminer le bénéfice financier retiré par la personne morale de l'exécution du contrat affecté par les faits de corruption.

Le profit est alors calculé à partir du chiffre d'affaires généré par le contrat litigieux, déduction faite des charges directement imputables au projet. Seules peuvent être retirées du chiffre d'affaire les charges directement liées au marché considéré. Sont notamment exclus de cette déduction :

- les frais de structures (salaires, bâtiments) non exclusivement liés au projet ;
- les frais de recherches et développement ;
- les dotations aux provisions et aux amortissements ;
- le plus souvent, les charges résultant de l'application d'une clé de répartition, s'il est avéré qu'elles auraient été engagées indépendamment de la conclusion du marché ;
- les rémunérations ou avantages ("pots-de-vin") consentis par la personne morale dans le cadre des faits de corruption ou de trafic d'influence.

L'excédent brut d'exploitation (EBE) ou l'*earnings before interest*, taxes, depreciation, and amortization (EBITDA) peuvent constituer une base à partir de laquelle est déterminé, une fois effectués les retraitements présentés ci-dessus, l'avantage financier résultant des manquements.

Il est sollicité de la personne morale la communication de la comptabilité analytique et de tout document prospectif en rapport avec les marchés conclus. Ces documents permettent d'apprécier en particulier le bénéfice qui était attendu du projet concerné et d'effectuer un contrôle de cohérence avec le montant du profit illicite que l'entreprise considère devoir être retenu.

Ces documents doivent aussi permettre d'évaluer les avantages non comptables qui ont pu être retirés par l'entreprise grâce aux manquements constatés. En effet, la notion d'avantage retiré des manquements constatés s'apprécie également au regard des gains de parts de marché ou de l'accroissement de la visibilité et de l'amortissement des coûts fixes des unités de production, même si comptablement le marché en question a été déficitaire ou faiblement bénéficiaire.

Lorsque la CJIP est proposée alors que l'ensemble des gains attendus n'ont pas encore été perçus par la personne morale (cas des marchés à exécution échelonnée ou différée, ou lorsque les investigations interviennent alors que le marché n'est pas encore totalement exécuté), les sommes non encore comptabilisées dans les revenus de l'entreprise sont intégrées au calcul du profit illicite. S'agissant de contrats comportant des ventes avec options d'achat, il peut être appliqué un coefficient tenant compte de la probabilité de voir celles-ci transformées en ventes fermes ou à l'inverse annulées, en fonction des pratiques habituelles du marché considéré. Ces points font l'objet d'une discussion spécifique, au cas par cas, avec la personne morale.

Fixation du montant de l'amende

Le montant de l'amende ne peut excéder 30 % du chiffre d'affaires moyen annuel calculé par référence aux trois derniers chiffres d'affaires annuels connus à la date du constat de ces manquements. Comme l'indique la circulaire de la DACG du 31 janvier 2018, cette date est celle à laquelle le parquet propose la CJIP.

Aux termes de l'article 41-1-2 du code de procédure pénale, l'amende doit être proportionnée à la gravité des manquements constatés.

L'amende d'intérêt public comporte une dimension restitutive du profit illicite et une dimension punitive par l'application d'un coefficient multiplicateur calculé en fonction de l'application de plusieurs critères indiqués ci-dessous.

— Restitution du profit illicite

L'amende d'intérêt public est au moins égale au montant du profit illicite déterminé comme indiqué ci-dessus.

— Dimension punitive

La gravité des manquements constatés est appréciée par le parquet en tenant compte notamment des facteurs de majoration et de minoration suivants :

Facteurs majorants	Facteurs minorants
Corruption d'un agent public	La révélation spontanée des faits au parquet avant l'ouverture de toute enquête pénale et dans un temps raisonnable
Personne morale entrant dans le champ d'application des articles 3 (3°) et 17 de la loi du 9 décembre 2016	Excellente coopération et investigations internes complètes et efficaces
Personne morale déjà condamnée/sanctionnée en France ou à l'étranger pour des faits de corruption	Programme de conformité effectif / mise en œuvre de mesures correctives et adaptation de l'organisation interne
L'utilisation de ressources de la personne morale pour dissimuler les faits de corruption	Mise en œuvre spontanée d'un programme de conformité par une personne morale qui n'y est pas obligée légalement
Caractère répété voire systémique des faits de corruption	

4 Le programme de mise en conformité

Le programme de mise en conformité consiste, pour la personne morale, à mettre en place en son sein les,mesures et procédures définies à l'atticle 131-39-2 du code pénal *[Ces mesures énumérées sont les suivantes : **1) un code de conduite** définissant et illustrant les différents types de comportements à proscrire comme étant susceptibles de caractériser des faits de corruption ou de trafic d'influence ; **2) un dispositif d'alerte interne** destiné à permettre le recueil des signalements émanant d'employés et relatifs à l'existence de conduites ou de situations contraires au code de conduite de la personne morale ; **3) une cartographie des risques** prenant la forme d'une documentation régulièrement actualisée et destinée à identifier, analyser et hiérarchiser les risques d'exposition de la personne morale à des sollicitations externes aux fins de corruption, en fonction notamment des secteurs d'activités et des zones géographiques dans lesquels la personne morale exerce son activité ; **4) des procédures d'évaluation** de la situation des clients, fournisseurs de premier rang et intermédiaires au regard de la cartographie des risques ; **5) des procédures de contrôles comptables, internes ou externes,** destinées à s'assurer que les livres, registres et comptes ne sont pas utilisés pour masquer des faits de corruption ou de trafic d'influence. Ces contrôles peuvent être réalisés soit par les services de contrôle comptable et financier propres à la personne morale, soit en ayant recours à un auditeur externe à l'occasion de l'accomplissement des audits de certification de comptes prévus à l'article L. 823-9 du code de commerce ; **6) un dispositif de formation** destiné aux cadres et aux personnels les plus exposés aux risques de corruption et de trafic d'influence ; **7) un régime disciplinaire** permettant de sanctionner les salariés de la personne morale en cas de violation du code de conduite de la personne morale.]*. **L'AFA est chargée d'assurer, pendant trois ans au plus, le contrôle de la mise en œuvre de ce programme.**

Pour exercer sa mission de contrôle, l'AFA peut recourir à des experts ou à des personnes ou autorités qualifiées pour l'assister dans la réalisation d'analyses juridiques, financières, fiscales et comptables *[Article 41-1-2 du code de procédure pénale.]*. **Ces frais sont supportés par la personne morale dans la limite d'un plafond fixé par la CJIP.**

Correctement exécutée, cette obligation doit permettre à la personne morale de mieux se structurer pour prévenir efficacement la corruption.

√ L'opportunité du programme de mise en conformité et la détermination de son étendue et du montant maximal des frais d'expertise

Le PRF examine l'opportunité de prévoir une telle obligation en prenant en compte les éléments suivants, le cas échéant après consultation de l'AFA.

1 *Les mesures et procédures du programme devant être prévues dans la convention*

Leur détermination tient compte des conclusions, le cas échéant, d'un contrôle d'initiative antérieurement réalisé par l'AFA sur le fondement de l'aiticle 17 de la loi du 9 décembre 2016, à condition qu'il soit suffisamment récent.

Une obligation de conformité anticorruption imposée par une autorité étrangère, à condition que son contenu soit proche des prescriptions de l'article 41-1-2 du code de procédure pénale, peut être prise en compte.

2 *La durée du programme*

La durée d'un programme de conformité est fixée à deux ans minimum pour permettre à l'AFA de s'assurer de l'effectivité et de la robustesse des mesures déployées.

3 *Le montant maximal des frais d'expertise*

L'AFA procède à une évaluation du montant maximal de ces frais sur la base des renseignements et documents pertinents et d'un questionnaire qui lui sont transmis par l'entreprise par l'intermédiaire du parquet *[Questionnaire de calcul des frais, annexes 2 et 2 bis à la circulaire de la Direction des affaires criminelles et des grâces du 31 janvier 2018]*. Cette estimation repose sur le nombre d'heures nécessaires au contrôle du programme de mise en conformité. Elle distingue les frais inhérents à la conception du programme de ceux imputables au contrôle de sa mise en œuvre.

Elle est fixée en tenant notamment compte des éléments suivants :

• du contenu et durée du programme de mise en conformité définis dans la CJIP ;

• des caractéristiques propres de la personne morale. Elles sont susceptibles d'affecter :

o la portée du contrôle de l'AFA en raison de la diversité des métiers exercés, du nombre de filiales, en France et à l'étranger, de la nature et du nombre de clients, fournisseurs de premier rang et intermédiaires, etc.

o la profondeur du contrôle, en fonction du profil de risque spécifique de l'entité contrôlée qui dépend de son appartenance aux secteurs d'activités particulièrement exposés, ses interactions avec les pouvoirs publics, ou encore son développement international.

La CJIP stipule l'engagement de la personne morale de consigner le montant des frais d'expertise par virement sur le compte du contrôleur budgétaire et comptable ministériel dans un délai à déterminer avec l'AFA.

L'AFA signale au procureur de la République financier toute difficulté rencontrée dans le versement de la provision destinée à couvrir les frais d'expertise.

Le défaut de paiement peut constituer une cause d'inexécution de la convention qui expose la personne morale au risque d'une reprise de l'action publique.

√ Les conditions du contrôle exercé par l'AFA

Le contrôle de l'AFA sur l'exécution de cette mesure se déroule en cinq phases (cf. annexe 1. Les opérations de contrôle de l'exécution de la CJIP).

Le PRF est informé au moins annuellement de la mise en œuvre du programme de conformité et de toute difficulté d'exécution par l'AFA ou par la personne morale.

5 La coordination internationale

La CJIP permet aux autorités de poursuite de pays différents, saisies de mêmes faits, de coordonner la réponse pénale qu'elles souhaitent y apporter.

Dans cette hypothèse, la détermination du montant de l'amende d'intérêt public peut faire l'objet d'échanges avec les autorités de poursuites étrangères afin de per-

mettre une appréciation d'ensemble des amendes et pénalités versées par la personne morale.

Si un programme de mise en conformité est envisagé, la désignation d'un seul moniteur est préférée. Dans l'hypothèse où la personne morale mise en cause a son siège social ou opérationnel en France, ou qu'elle exerce tout ou partie de son activité économique sur le tenitoire français, la désignation de l'AFA pour contrôler cette mesure s'impose en application du 3e alinéa de l'article 41-1-2 du code de procédure pénale.

Cette mesure est alors exercée sous le contrôle du PRF qui informe le cas échéant les autorités de poursuite étrangères du déroulement de la mesure dans le respect des règles de l'entraide pénale internationale.

6 Le respect de la loi n° 68-678 du 26 juillet 1968

L'article 1er de la loi n° 68-678 du 26 juillet 1968, dite "loi de blocage" interdit, sous réserve des traités ou accords internationaux, à toute personne physique de nationalité française ou résidant habituellement sur le tenitoire français et à tout dirigeant, représentant, agent ou préposé d'une personne morale y ayant son siège ou un établissement de communiquer, à des autorités publiques étrangères des informations à caractère économique, commercial, industriel, financier ou technique lorsque cette communication est de nature à porter atteinte notamment aux intérêts économiques essentiels de la France.

L'article 1er *bis* interdit à toute personne de demander, de rechercher ou de communiquer, par écrit, oralement ou sous toute autre forme, des documents ou renseignements d'ordre économique, commercial, industriel, financier ou technique tendant à la constitution de preuves en vue de procédures judiciaires ou administratives étrangères ou dans le cadre de celles-ci.

Lorsqu'une entreprise française est soumise à un programme de conformité anticonuption décidé par une autorité étrangère, cette dernière peut recevoir diverses informations communiquées par l'entreprise elle-même (si elle est chargée de s'auto-évaluer), ou par un tiers désigné comme "moniteur", auquel est confiée la mission de veiller à l'exécution de la mesure.

En application de l'article 3, 5° de la loi du 9 décembre 2016, l'AFA est chargée de veiller à ce que les informations transmises à l'autorité étrangère ne contreviennent pas aux dispositions de la loi du 26 juillet 1968.

Dans une même affaire, le PRF et une autorité de poursuite étrangère peuvent s'accorder pour que l'obligation de programme de mise en conformité soit prévue dans la seule CJIP. Si la transaction conclue par l'entreprise avec l'autorité étrangère prévoit toutefois une obligation d'informer cette dernière du déroulement de cette mesure, l'AFA s'assure du respect des dispositions de la loi de blocage.

Enfin, il résulte des dispositions combinées de la loi du 26 juillet 1968 et de l'article 3, 5° de la loi du 9 décembre 2016 que lorsqu 'une entreprise soupçonne ou détecte des faits de conuption transnationale en son sein au cours de l'exécution d'une transaction qui lui a été imposée par une autorité étrangère, elle doit en infonner l'AFA avant de communiquer cette information à l'autorité étrangère.

L'AFA apprécie si une telle communication est de nature à violer les dispositions de la loi du 26 juillet 1968. L'AFA informe le PRF de l'évolution de la procédure de révélation à l'autorité étrangère pom lui permettre d'apprécier si les faits détectés entrent dans son champ de compétence.

Guide pratique AFA (décembre 2019),

Sur la fonction conformité anticorruption dans l'entreprise.

DP COMPLIANCE v° *La fonction compliance dans les entreprises.*

SOLUTION COMPLIANCE v° *Nommer un responsable compliance.*

BIBL. GÉN. ▶ GUTTIERREZ-CRESPIN et TROCHON, Mise en place de la fonction compliance en entreprise, *Éditions législatives, Livre blanc, juin 2019.*

COMMENTAIRE

Les recommandations de l'Agence française anticorruption mentionnent expressément que l'instance dirigeante « désigne un responsable de la conformité, chargé de piloter le déploiement, la mise en œuvre, l'évaluation et l'actualisation du programme de conformité anticorruption, en étroite coopération avec les parties prenantes de l'organisation » (V. *supra*).

Dès lors que l'AFA imposait une telle désignation, il était nécessaire d'en préciser les rôles et les missions. Ce guide pratique est donc élaboré pour permettre aux entreprises de structurer une fonction conformité anticorruption intégrée et efficace. Il a été mis à jour pour tenir compte, notamment, des observations transmises par des fédérations professionnelles.

Le profil du responsable conformité doit donner des garanties particulières – de neutralité et d'indépendance – afin que son intégrité ne puisse pas être mise en cause. Ainsi, une indépendance est nécessaire entre les fonctions d'audit et de contrôle, d'une part, et celle de la conformité, d'autre part, la conformité devant assurer un deuxième niveau de contrôle.

Le guide comprend quatre parties : la fonction conformité anticorruption, la gouvernance de la fonction conformité anticorruption, le profil et les attributions du responsable de la fonction conformité et la responsabilité du responsable de la fonction conformité.

Sur ce dernier point, il est rappelé que la responsabilité de la mise en œuvre des dispositifs de compliance pèse sur les dirigeants à titre personnel et non sur le responsable conformité. Celui-ci ne pourrait donc voir sa responsabilité engagée qu'en cas de faute professionnelle (responsabilité civile) ou de complicité de corruption (responsabilité pénale).

En pratique, en matière de lutte contre la corruption, dans 67,03 % des cas, la direction juridique est personnellement chargée de la compliance. Dans l'hypothèse où cette fonction est confiée à une direction compliance (54,39 %), la direction juridique reste, en tout état de cause, étroitement associée (61,4 %) (W. Feugère, Compliance & anticorruption, où en sont vraiment les entreprises en France ? Enquête ethicorp.org/AFJE, *Éditions législatives, 2e éd., janv. 2020*).

La question de la responsabilité personnelle du *compliance officer* est régulièrement posée. Le guide précise bien qu'elle ne peut pas être recherchée sur le fondement de l'article 17 de la loi Sapin 2, seul le dirigeant de l'entreprise étant responsable et pouvant être sanctionné, ainsi que la société. En revanche, un manquement à ses obligations professionnelles pourrait lui être reproché par son entreprise.

En matière de responsabilité pénale, le seul manquement par le *compliance officer* à ses obligations professionnelles ne suffirait pas à constituer un acte de participation comme auteur ou complice à la réalisation d'une infraction de corruption. On notera toutefois qu'une évolution est envisageable, sous l'angle de la certification. Aux États-Unis, le Procureur général adjoint Kenneth A. Polite a ainsi déclaré le 25 mars 2022 : « Pour renforcer l'autonomie des responsables de la conformité, pour toutes nos résolutions (...), j'ai demandé à mon équipe d'envisager de demander au directeur général et au *chief compliance officer* [des entreprises objet d'un DPA] de certifier, à la fin de la durée de l'accord, que le programme de conformité (...) est raisonnablement conçu et mis en œuvre pour détecter et prévenir les violations de la loi. (...) dans les cas où un monitor n'est pas imposé (...), nous envisagerons d'exiger que le PDG et le CCO certifient également que tous les rapports de conformité soumis pendant la durée de la résolution sont vrais, exacts et complets ».

Un nouveau rôle pourrait se dessiner pour le *compliance officer* qui, sous couvert d'autonomie croissante, serait tenu garant ou responsable de son entreprise (V. ainsi R. Family, Programme de compliance – Anatomie d'une indépendance, *RICEA 2022, n° 3, 98*).

Une autre évolution semble se dessiner avec la jurisprudence récente de la Cour de cassation sur la responsabilité pénale des personnes morales en matière de corruption. La chambre criminelle a ainsi validé la responsabilité d'une société holding pour corruption d'agent public étranger, l'infraction ayant été commise pour son compte par l'intervention notamment de trois salariés de ses filiales, « représentants de fait de la société mère », mais aussi en raison des décisions d'un organe interne (*Risk Assessment Committee*), qui n'est pas un organe de direction au sens légal mais qui avait validé des paiements litigieux (Crim. 16 juin 2021, n° 20-83.098 B : *D. actu. 30 juin 2021, obs. Dufourq ; AJ pénal 2021. 413, obs. Mercinier-Pantalacci et Snitsar* ; *JCP 2021, n° 768, note Brigant ; JCP E 2021, n° 1368, note Dreyer ; RJDA 2021, n° 568 ; Dr. pénal 2021, n° 140, obs. Conte ; BJS 9/2021. 24, note Salomon*).

Introduction

L'article 1er de la loi no 2016-1691 du 9 décembre 2016 relative à la transparence, à la lutte contre la corruption et à la modernisation de la vie économique assigne à l'Agence française anticorruption (AFA) la mission d'aider toutes les personnes qui y sont confrontées à prévenir et à détecter les atteintes à la probité.

A cet égard, l'AFA constate la nécessité d'aider les instances dirigeantes à structurer, au sein de leur entreprise, une fonction conformité anticorruption intégrée et efficace. Tel est l'objet du présent guide.

La conformité *[le présent guide utilise le terme "conformité" en guise de traduction du terme anglais "compliance"]* anticorruption peut être définie comme l'ensemble des mesures et procédures mises en œuvre par une organisation afin de prévenir et de détecter la commission d'atteintes à la probité (corruption et trafic d'influence en particulier) par elle-même, ses dirigeants, ses collaborateurs et les tiers avec lesquels l'organisation est en relation. Ces mesures et procédures sont décrites dans le référentiel anticorruption *[le référentiel anticorruption français est constitué de la L. no 2016-1691 du 9 déc. 2016 relative à la transparence, à la lutte contre la corruption et à la modernisation de la vie économique, des textes pris pour son application, des recommandations de l'AFA destinées à aider les personnes morales de droit public ou de droit privé à prévenir et à détecter les atteintes à la probité, des fiches et guides pratiques ainsi que des réponses aux questions d'intérêt général que l'AFA publie sur son site internet]*.

Il n'existe pas un modèle unique de fonction conformité anticorruption. Il appartient à chaque entreprise de définir, au regard de ses caractéristiques (taille, nature de ses activités, maturité de son dispositif de prévention et de détection de la corruption, etc.) et de ses risques, la gouvernance de la fonction conformité anticorruption ainsi que le profil et les attributions de son responsable.

Les missions de la fonction conformité anticorruption sont transverses et impliquent une coordination avec d'autres fonctions au sein de l'entreprise afin que le dispositif anticorruption s'applique à tous les collaborateurs et couvre l'ensemble de ses activités. Il revient aux instances dirigeantes de préciser les modalités d'articulation de ces fonctions entre elles.

Le présent guide est dépourvu de toute portée juridiquement contraignante. Il ne doit pas être interprété comme ayant pour objet ou pour effet d'impliquer la mise en œuvre d'une organisation déterminée de la fonction conformité.

Cela étant, l'AFA relève que la désignation d'un responsable de la fonction conformité anticorruption *[quel qu'en soit le titre (responsable, directeur, etc.)]*, son positionnement et les moyens qui lui sont alloués témoignent de l'engagement des instances dirigeantes en matière de prévention et de détection de la corruption.

I La fonction conformité anticorruption : une mission transverse relevant de la responsabilité des instances dirigeantes

La fonction conformité anticorruption présente plusieurs enjeux d'importance pour une entreprise.

1 *Un enjeu stratégique*

Ainsi que l'actualité s'en fait régulièrement l'écho, la mise en cause d'une entreprise dans une affaire de corruption peut entraîner des conséquences financières, commerciales et humaines lourdes : l'image de l'entreprise auprès de ses clients et partenaires est dégradée et l'accès aux financements peut être plus difficile.

A l'inverse, la mise en œuvre d'un dispositif anticorruption permet aux entreprises de se prémunir contre le risque de voir leur réputation entachée et leur valeur économique dégradée. Elle participe également de la sécurisation de leur performance économique dans un environnement concurrentiel où les valeurs d'intégrité et le comportement éthique sont examinés de plus en plus attentivement par les tiers.

Compte tenu de la gravité des conséquences susceptibles d'être générées par une affaire de corruption, bien au-delà de la seule mise en cause des auteurs de l'infraction, la conformité anticorruption constitue un enjeu stratégique relevant de la responsabilité des instances dirigeantes.

Leur responsabilité à l'égard des parties prenantes de l'entreprise (actionnaires, collaborateurs, fournisseurs, clients, pouvoirs publics locaux et nationaux, etc.) implique que les instances dirigeantes se donnent les moyens d'identifier et de maîtriser les risques auxquels l'entreprise est exposée, *a fortiori* dans un contexte de concurrence accrue et de complexification des normes, en France comme à l'étranger.

A ce titre, elles :

— définissent l'organisation de la fonction conformité anticorruption par la désignation d'un responsable disposant d'une autonomie suffisante et de moyens adaptés ;

— le cas échéant, aident celui-ci à lever les résistances qu'il pourrait rencontrer dans l'exercice de ses fonctions ;

— veillent au déploiement d'un dispositif anticorruption adapté aux risques de l'entreprise en y associant les fonctions concernées et en s'assurant de son efficacité ;

— veillent à l'amélioration continue de ce dispositif par son évaluation régulière et son actualisation lorsqu'il y a lieu.

Les instances dirigeantes peuvent toutefois déléguer la mise en œuvre du dispositif anticorruption au responsable de la fonction conformité anticorruption.

2 *Le cœur de la fonction conformité anticorruption*

Le cœur de la fonction conformité anticorruption peut être illustré comme suit :

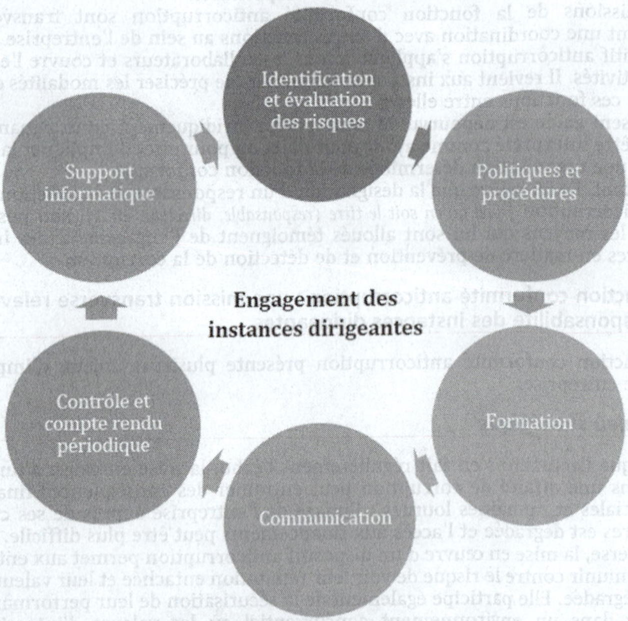

Cette fonction a notamment pour mission :

— de concevoir le dispositif anticorruption puis d'en piloter sa mise en œuvre et sa mise à jour, en lien avec les fonctions concernées ;

– de diffuser la culture anticorruption au sein de l'entreprise par des actions de communication, de sensibilisation et de formation, en lien notamment avec les ressources humaines ;

– le cas échéant, de s'assurer que les outils informatiques de l'entreprise permettent la mise en œuvre des procédures définies dans le cadre du dispositif anticorruption ;

– de contrôler le déploiement du dispositif anticorruption et de valider la conformité des processus avec celui-ci ;

– de fournir un appui opérationnel aux directeurs, cadres et employés sur les situations présentant un risque de corruption et d'être le point de contact des commerciaux ou autres fonctions exposées au risque de corruption ;

– d'assurer une veille sur les bonnes pratiques et l'évolution des normes et standards anticorruption ;

– de rendre compte de la mise en œuvre et de l'efficacité du dispositif anticorruption aux instances dirigeantes et de proposer des évolutions dans un souci d'amélioration continue.

3 *Une fonction transverse*

Afin que son action soit efficace, la fonction conformité anticorruption doit être articulée avec les autres fonctions de l'entreprise et les autres domaines de la conformité.

3.1 *Articulation avec les autres fonctions de l'entreprise*

Afin de faciliter son pilotage, il est essentiel de veiller à l'articulation de la fonction conformité avec les autres fonctions de l'entreprise telles que les services chargés des ressources humaines, des affaires juridiques, des affaires financières, du contrôle interne, de l'audit interne et des métiers. Il peut s'avérer utile de spécifier, dans la lettre de mission du responsable de la fonction conformité anticorruption, les modalités d'interaction avec les autres fonctions de l'entreprise.

3.2 *Articulation avec les autres domaines de la conformité ou l'éthique*

La conformité regroupe d'autres domaines que la prévention et de la détection de la corruption, par exemple :

– la lutte contre le blanchiment de capitaux et le financement du terrorisme ;

– le contrôle des exportations de biens soumis à une réglementation ;

– la protection des données personnelles ;

– le droit de la concurrence ;

– la prévention du délit d'initié ;

– les sanctions économiques internationales infligées à des États (par exemple, par l'ONU).

Si les instances dirigeantes confient la fonction conformité anticorruption à une personne ou à un service dédié, elles doivent veiller à la coordination de cette fonction avec ces autres domaines de la conformité.

En outre, elles peuvent associer à la fonction conformité anticorruption d'autres sujets, notamment :

– l'éthique, la responsabilité sociale et environnementale (RSE) et la déontologie ;

– la prévention des conflits d'intérêts ;

– la lutte contre les harcèlements et les discriminations ;

– les engagements volontaires ou contractuels de l'entreprise pris dans le cadre d'autres politiques.

A cette fin, il peut être utile de représenter, au sein d'une matrice des responsabilités, les rôles de l'ensemble des intervenants au sein de l'entreprise.

Exemple de matrice possible *[pilote : porte la responsabilité du suivi et de la remontée des indicateurs ; responsable : en charge de l'exécution opérationnelle ; consulté : pour avis à donner ; informé : pour information simple]* :

Fonctions / domaines de conformité	Directeur de la conformité	Directeur juridique	Directeur audit interne	Directeur ressources humaines	Direction financière
Droit de la concurrence	pilote	responsable	informé	consulté	consulté
Prévention de la corruption	responsable pilote	consulté	informé	consulté	consulté
Délits d'initiés	pilote	consulté	informé	consulté	responsable
Éthique	responsable pilote	consulté	informé	responsable	informé
Fraude	pilote	consulté	consulté	informé	responsable
Lutte anti-blanchiment et financement du terrorisme	responsable pilote	consulté	informé	-	consulté

Responsable de la fonction conformité anticorruption et délégué à la protection des données : quelles ressemblances ? quelles différences ?

Il importe de rappeler que seul le dirigeant de l'entreprise est responsable devant la commission des sanctions de l'AFA en cas de manquement à l'article 17 (outre la personne morale qu'il représente). De même, seul le responsable du traitement (ou le sous-traitant) est responsable devant la CNIL en cas de manquement à la législation sur la protection des données personnelles. Ni le responsable de la conformité anticorruption ni le délégué à la protection des données (DPD) ne sont responsables devant ces autorités administratives.

Les missions du DPD sont définies à l'article 39 du règlement général sur la protection des données (RGPD). Il s'agit notamment, pour lui, d'une part, d'informer et de conseiller le responsable du traitement ainsi que les employés intéressés sur leurs obligations légales et, d'autre part, de contrôler le respect des normes qui s'imposent à la société, "y compris en ce qui concerne la répartition des responsabilités, la sensibilisation et la formation du personnel participant aux opérations de traitement, et les audits s'y rapportant."

En outre, le délégué est le point de contact pour l'autorité de contrôle sur les questions relatives au traitement mis en œuvre. En pratique, le responsable de la conformité anticorruption est très souvent le point de contact régulier en cas de contrôle de l'AFA.

Tout comme le responsable de la conformité anticorruption, le DPD doit disposer, en vertu de l'article 38 du RGPD, d'une indépendance fonctionnelle et doit pouvoir s'adresser directement à l'échelon décisionnel pertinent, en l'occurrence, le responsable du traitement.

Quelques différences entre les deux fonctions peuvent toutefois être relevées :

— dans certains cas déterminés par le RGPD, la désignation d'un DPD est obligatoire alors que le dirigeant d'une entreprise n'est pas tenu légalement de désigner un responsable de la conformité anticorruption ;

— un DPD peut être un membre du personnel du responsable du traitement ou un prestataire de services, alors que le responsable de la conformité anticorruption est toujours un salarié, même si la société peut avoir recours à un prestataire de services pour l'établissement ou la mise à jour de son dispositif de conformité anticorruption ;

— le DPD doit, en application de l'article 37 du RGPD, être désigné "sur la base de ses qualités professionnelles et, en particulier de ses connaissances spécialisées du droit et des pratiques en matière de protection des données, et de sa capacité à accomplir [ses] missions" ; aucune norme ne définit les compétences requises pour exercer en tant que responsable de la conformité anticorruption *[la fonction conformité est toutefois encadrée dans les établissements financiers par la BCE, l'ACPR et l'AMF]*.

Le cas des sociétés évoluant dans le secteur financier

Certaines sociétés du secteur financier chargent un responsable de la conformité (responsable de la conformité pour les sociétés d'investissement – RCSI ou responsable de la conformité et du contrôle interne – RCCI) de veiller à l'application des normes contrôlées par l'Autorité des marchés financiers (AMF) mais également, le cas échéant, au bon exercice des fonctions de sécurité financière.

Ces fonctions peuvent regrouper le contrôle de l'application des règles de l'échange international (*export control*), la sécurité financière, la prévention de la fraude, la lutte contre le blanchiment de capitaux et le financement du terrorisme ainsi que l'anticorruption.

On observe, cependant, que cette fonction de sécurité financière est de plus en plus fréquemment attribuée à une ou plusieurs personnes dédiées.

II Gouvernance de la fonction conformité anticorruption

La gouvernance de la fonction conformité anticorruption dépend des caractéristiques de l'entreprise : modèle économique, taille, nature des activités, maturité du dispositif de conformité anticorruption, niveau d'engagement de ses instances dirigeantes, etc.

Ainsi, dans certains cas, les instances dirigeantes jugeront pertinent de confier la fonction conformité anticorruption au responsable d'une autre fonction (juridique, financière, etc.). Dans d'autres, les instances dirigeantes décideront opportunément de placer le responsable de la fonction conformité à la tête d'une équipe dédiée.

Dans tous les cas, il importe de veiller à ce que la fonction conformité anticorruption ne soit pas diluée au sein d'autres fonctions et soit dotée des moyens nécessaires à l'exercice de ses missions.

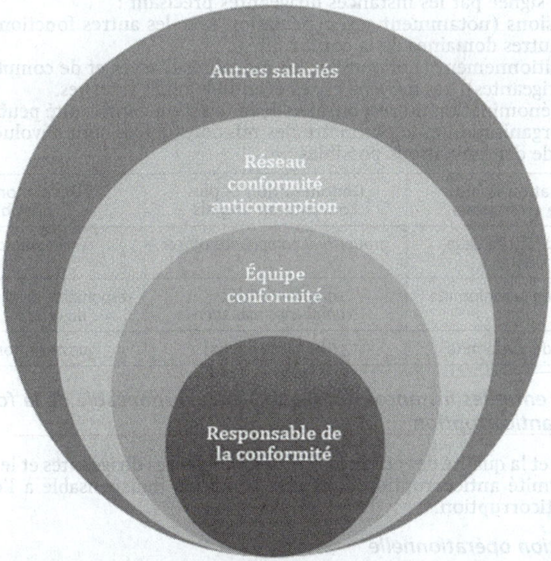

Le responsable de la fonction conformité anticorruption doit être clairement identifié au sein de l'entreprise comme pilote de l'élaboration et de la mise en œuvre du dispositif anticorruption.

Il doit disposer des moyens lui permettant d'assurer la coordination des fonctions concernées et être en mesure de rendre compte aux instances dirigeantes.

1 *Désignation et positionnement du responsable de la fonction conformité anticorruption*

Il appartient aux instances dirigeantes de désigner, le cas échéant, un responsable de la conformité anticorruption et de définir son positionnement. Celui-ci est susceptible de varier selon les entreprises mais il importe qu'il garantisse :

– l'objectivité de ses appréciations ;

– son autonomie vis-à-vis des autres fonctions de l'entreprise et la capacité à influer réellement sur ces dernières ;

– un accès aisé voire direct aux instances dirigeantes.

Le rattachement du responsable de la fonction conformité anticorruption à la direction générale et sa participation au comité de direction peuvent témoigner :

– de l'engagement des instances dirigeantes dans la prévention de la corruption ;

– de l'efficacité et de la maturité du dispositif anticorruption de l'entreprise.

Un rattachement à un niveau inférieur dans l'organigramme ne constitue pas nécessairement un obstacle à l'autonomie du responsable de la conformité anticorruption, dès lors que sont instituées des relations régulières avec les instances dirigeantes et que ce dernier a la faculté d'obtenir leur arbitrage.

L'autonomie du responsable de la fonction conformité ne signifie pas pour autant l'absence de contrôle sur son activité :

– il doit rendre compte de son activité dans des rapports internes communiqués périodiquement à sa hiérarchie ainsi qu'aux instances dirigeantes ;

– ses analyses et avis sont documentés ;

– l'exercice de la fonction conformité anticorruption fait partie des missions relevant du périmètre de l'audit interne.

Par ailleurs, la désignation du responsable peut faire l'objet d'une communication spécifique auprès des personnels et être formalisée par une lettre de mission ou une note interne signée par les instances dirigeantes précisant :

– ses missions (notamment son articulation avec les autres fonctions de l'entreprise et les autres domaines de la conformité) ;

– son positionnement (notamment les modalités d'accès et de compte rendu aux instances dirigeantes), ses moyens et ses éventuels relais internes.

Enfin, la dénomination du responsable de la fonction conformité peut varier selon les choix d'organisation et le périmètre des missions qui lui sont dévolues.

Exemples de dénominations possibles :

Dénomination la plus courante en français	Dénomination la plus courante en anglais	Autres dénominations possibles
directeur/directrice de la conformité	*group/chief compliance officer*	déontologue
responsable de la conformité	*compliance officer* *compliance manager*	responsable de la conformité et du contrôle interne
chargé(e) de conformité	*compliance analyst*	juriste en conformité

2 *Rapports entre les instances dirigeantes et le responsable de la fonction conformité anticorruption*

La fluidité et la qualité des échanges entre les instances dirigeantes et le responsable de la conformité anticorruption sont une condition indispensable à l'efficacité du dispositif anticorruption.

2.1 *Délégation opérationnelle*

En pratique, les instances dirigeantes délèguent au responsable de la fonction conformité les missions opérationnelles d'élaboration, de déploiement, de mise en œuvre, d'évaluation et d'actualisation du dispositif anticorruption.

Cette délégation opérationnelle ne doit pas remettre en cause le rôle des instances dirigeantes dans le suivi du dispositif anticorruption.

A ce titre, le responsable de la fonction conformité entretient un lien direct et régulier avec les instances dirigeantes.

2.2 *Compte rendu périodique*

Le responsable de la fonction conformité rend compte aux instances dirigeantes du déploiement et du fonctionnement du dispositif anticorruption de l'entreprise.

Ce compte rendu fait état de la mise en œuvre effective du dispositif, notamment de la stratégie de gestion des risques de corruption, des actions en matière de prévention (procédures, formations, etc.), des résultats des contrôles du dispositif anticorruption, des incidents majeurs et des alertes traitées.

3 *Ressources allouées au responsable de la fonction conformité anticorruption*

Pour accomplir sa mission, le responsable de la fonction conformité doit pouvoir mobiliser des moyens humains et financiers proportionnés aux risques de corruption.

Le budget de la fonction conformité anticorruption doit couvrir les frais résultant notamment de :

– l'équipe dédiée à la conformité ;

– la mise en place d'outils informatiques tels que des outils d'évaluation de l'intégrité des tiers, d'alerte interne, de gestion des risques, etc. ;

– l'élaboration et le déploiement du dispositif de formation ;

– l'éventuel recours à des conseils ou prestataires externes.

4 *Mise en place d'un réseau de "référents conformité" [quelle qu'en soit la dénomination]*

Selon la taille de l'entreprise, les risques identifiés et les options retenues dans l'organisation de la fonction conformité, il peut être constitué un réseau de "référents conformité" associant des acteurs métiers afin de faciliter le déploiement du dispositif anticorruption.

La création d'un réseau peut aider à la mise en œuvre des procédures au sein des différentes unités de l'entreprise, chaque référent ayant une bonne connaissance de l'activité de son unité. Le réseau peut en outre faciliter la remontée d'informations (retours d'expérience et interrogations des opérationnels et alertes, par exemple).

Les membres du réseau peuvent être rattachés fonctionnellement au service de la conformité ou rester attachés à leur service.

L'efficacité de ce réseau implique :

– de définir précisément les missions des "référents conformité" en cohérence avec celles du responsable de la fonction conformité anticorruption;

– de les former à leur rôle et notamment de les sensibiliser aux règles de confidentialité ;

– de prendre en compte dans leurs objectifs et leur charge de travail les missions de conformité anticorruption.

Pour la bonne information des salariés, il peut être utile de diffuser un organigramme présentant le réseau des "référents conformité".

Exemple :

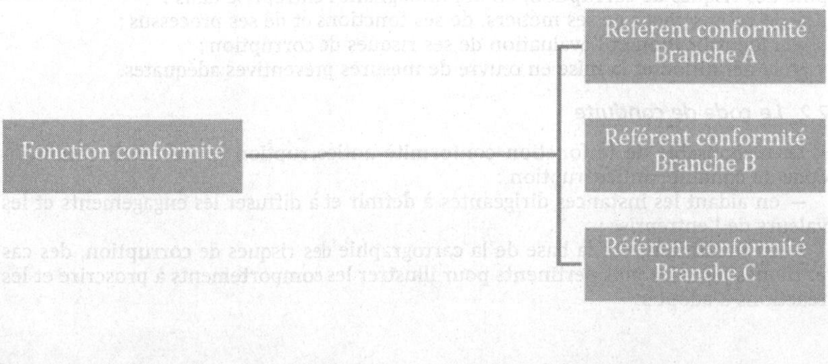

III Profil et missions du responsable de la fonction conformité

Compte tenu de l'importance de la fonction conformité anticorruption, il est nécessaire de porter un soin tout particulier au recrutement du responsable de cette fonction.

1 *Profil du responsable de la fonction conformité*

Il est nécessaire de s'assurer que le responsable de la fonction conformité :

– soit apte à exercer une fonction par nature transverse ; il devra posséder le sens des relations et des capacités managériales : capacité à échanger avec les instances dirigeantes et l'ensemble des unités de l'entreprise, objectivité et impartialité, capacité à travailler en équipe, sens de la discrétion, etc. ;

– dispose d'une connaissance solide des réglementations à mettre en œuvre ainsi que d'une expérience des méthodes de cartographie et de gestion des risques, des outils de contrôle et d'analyse internes.

Le fait d'avoir été spécifiquement formé à la conformité anticorruption constitue évidemment un atout.

Il paraît opportun de s'enquérir des références des candidats au poste de responsable de la fonction conformité *[avec son autorisation, conformément aux art. L. 1221-8 et L. 1221-9 C. trav.]* ; les informations demandées doivent être en relation directe et nécessaire avec l'emploi proposé et permettre d'évaluer les aptitudes professionnelles des candidats *[art. L. 1221-6 C. trav.]*.

De plus, dans certains secteurs d'activité, le responsable de la fonction conformité devra disposer de compétences et de qualifications techniques spécifiques.

Par exemple, un responsable de la fonction conformité exerçant dans une société d'investissement devra disposer d'une carte professionnelle délivrée par l'AMF. De plus, dans les établissements financiers, la Banque centrale européenne (BCE), l'Autorité de contrôle prudentiel et de résolution (ACPR) et l'AMF peuvent examiner le profil du responsable de la conformité et demander que cette fonction soit exercée par une personne compétente. L'ACPR ou la BCE peuvent, le cas échéant, demander le remplacement du RCSI ou RCCI.

2 *Missions liées au dispositif anticorruption*

Le responsable de la fonction conformité anticorruption pilote la mise en œuvre du dispositif anticorruption même lorsque l'entreprise est accompagnée par un prestataire. En effet, l'implication du responsable de la fonction conformité garantit la prise en compte des enjeux propres à l'entreprise.

2.1 *La cartographie des risques*

Le responsable de la fonction conformité coordonne l'élaboration de la cartographie des risques de corruption, en accompagnant l'entreprise dans :

– le recensement de ses métiers, de ses fonctions et de ses processus ;

– l'identification et l'évaluation de ses risques de corruption ;

– la définition et la mise en œuvre de mesures préventives adéquates.

2.2 *Le code de conduite*

Le responsable de la fonction conformité anticorruption pilote l'élaboration du code de conduite anticorruption :

– en aidant les instances dirigeantes à définir et à diffuser les engagements et les valeurs de l'entreprise ;

– en identifiant, sur la base de la cartographie des risques de corruption, des cas pratiques jugés les plus pertinents pour illustrer les comportements à proscrire et les réactions à adopter.

De même que pour la cartographie des risques, ce travail suppose de collaborer avec d'autres fonctions "support" (juridique, ressources humaines, communication, etc.) ainsi qu'avec les services opérationnels.

2.3 *Le dispositif de formation*

Le responsable de la fonction conformité réalise, en collaboration avec le service des ressources humaines et les autres services concernés le cas échéant, des actions de sensibilisation et de formation des personnels, en fonction des enjeux identifiés à l'occasion de la cartographie des risques de corruption.

Il contribue, en particulier, à l'identification des cadres et des collaborateurs les plus exposés aux risques de corruption qu'il convient de former en priorité. Il s'assure du déploiement effectif du dispositif de formation, que celui-ci soit internalisé ou externalisé, en présentiel ou en ligne.

2.4 *Le dispositif d'alerte interne*

En lien avec les autres fonctions concernées (service des ressources humaines, service juridique, etc.), le responsable de la fonction conformité pilote la mise en place de la procédure d'alerte interne à l'entreprise.

Il suit le traitement des alertes reçues, diligente une enquête interne si des faits de corruption sont révélés et concourt, le cas échéant, à ces enquêtes.

2.5 *Le régime disciplinaire*

Le responsable de la fonction conformité anticorruption est associé à l'instruction des dossiers disciplinaires. En cas de manquement au code de conduite anticorruption, il peut proposer aux instances dirigeantes et au service des ressources humaines des sanctions disciplinaires.

2.6 *L'évaluation de l'intégrité des tiers*

Le responsable de la fonction conformité apporte l'expertise utile aux opérationnels chargés de réaliser les évaluations et donne son appréciation dans les cas risqués. Il est alerté en cas d'incident intervenant au cours de la relation avec le tiers, par exemple lorsque des modalités anormales de paiement sont exigées.

Il vérifie que les évaluations sont convenablement effectuées et réalise ainsi un contrôle dit de deuxième niveau. Il élabore des indicateurs sur le dispositif d'évaluation des tiers dont il rend compte aux instances dirigeantes.

Son positionnement dans l'entreprise peut lui permettre de donner un avis sur le renouvellement d'un contrat.

2.7 *Les procédures de contrôles comptables*

Des procédures de contrôles comptables sont mises en place afin de détecter des anomalies (notes de frais, cadeaux, mécénat et sponsoring, etc.) susceptibles de masquer des faits de corruption. Ces procédures sont mises en œuvre en lien avec le responsable de la fonction conformité.

Les contrôles s'effectuent sur la comptabilité proprement dite mais aussi sur les systèmes qui concourent à son élaboration.

Dans ce contexte, le responsable de la fonction conformité anticorruption apporte son concours à la définition des points de contrôle et à la maîtrise d'ouvrage des systèmes d'information.

2.8 *Le dispositif de contrôle et d'évaluation interne*

Le respect des procédures définies dans le dispositif anticorruption donne lieu à un contrôle et à une évaluation interne.

☐ Les contrôles de premier niveau

Les manquements identifiés dans le cadre des contrôles internes de premier niveau sont signalés, systématiquement ou selon des règles définies à l'avance, au responsable de la fonction conformité. Ce responsable définit, après avoir analysé ces manquements, les mesures correctives à mettre en œuvre.

☐ Les contrôles de deuxième niveau

Le responsable de la fonction conformité élabore et met en œuvre un plan de contrôle de deuxième niveau couvrant l'ensemble du dispositif (ou en pilote sa mise en œuvre). Ce plan peut combiner des contrôles manuels et des contrôles automatisés.

☐ Les contrôles de troisième niveau

Un contrôle de troisième niveau est effectué sous forme d'audit interne. Ce contrôle se conclut par la production d'un rapport qui peut formuler des recommandations et des mesures correctrices à mettre en œuvre. Le responsable de la fonction conformité est destinataire de ce rapport.

Quel que soit le niveau de contrôle, le responsable de la fonction conformité peut diligenter une enquête interne lorsque des suspicions de corruption apparaissent. Si la fonction conformité est systématiquement chargée de ce type d'enquête, il convient d'en tenir compte dans la définition de ses moyens.

3 *Mission de conseil*

Outre les missions liées au dispositif anticorruption, le responsable de la fonction conformité est également consulté sur les projets importants de l'entreprise. Il peut ainsi donner un avis sur les projets de croissance externe (notamment de fusions ou d'acquisitions) et d'investissement, ou encore la prospection de nouveaux marchés, la constitution d'un partenariat, la commercialisation de nouveaux produits, etc.

De plus, le responsable de la conformité peut conseiller tout salarié exposé à un risque de corruption ou s'interrogeant sur une situation.

IV Responsabilité du titulaire de la fonction conformité anticorruption

1 *La responsabilité liée à l'obligation de prévention et de détection des faits de corruption*

La responsabilité du titulaire de la fonction conformité anticorruption ne *[peut]* être recherchée sur le fondement de l'article 17 de la loi nº 2016-1691 du 9 décembre 2016 relative à la transparence, à la lutte contre la corruption et à la modernisation de la vie économique. En effet, ces dispositions font peser la responsabilité de la mise en œuvre du dispositif de conformité anticorruption sur le dirigeant de l'entreprise dont la responsabilité personnelle, outre celle de la personne morale, peut être engagée devant la commission des sanctions de l'AFA en cas de manquement.

2 *La responsabilité pénale*

En principe, en cas de suspicion de corruption, la responsabilité pénale de toute personne physique ayant participé à la commission de l'infraction peut être recherchée. Il faut qu'elle ait pris part activement à la commission des faits de corruption. Le seul manquement par le responsable de la fonction conformité à ses obligations professionnelles ne peut constituer, du point de vue du droit pénal, un acte de participation, comme auteur ou complice, à la réalisation de l'infraction de corruption.

Une cartographie des risques incomplète, une évaluation de tiers insuffisante ou l'absence de signalement préalable au dirigeant sur une opération, même présentant un fort risque de corruption, ne constituent pas ainsi des faits de corruption ou de complicité de ce délit. En pratique donc, l'engagement de la responsabilité pénale du responsable de la fonction conformité pour corruption est peu probable si celui-ci s'est borné à agir (ou s'est abstenu d'agir) dans le champ de ses attributions.

En revanche, un manquement à ses obligations professionnelles pourrait lui être reproché par son entreprise en cas de commission de faits de corruption sans qu'il y ait participé, si celui-ci était en mesure de les prévenir, par exemple en en informant le dirigeant dans un délai utile. Il s'exposerait dans une telle situation à une sanction disciplinaire.

A cet égard, il est rappelé que le responsable de la fonction conformité peut agir en tant que lanceur d'alerte dans les conditions prévues aux articles 6 et suivants de la loi du 9 décembre 2016 relative à la transparence, à la lutte contre la corruption et à la modernisation de la vie économique.

Par ailleurs, pour mémoire, la responsabilité pénale de la personne morale peut également être engagée dans les conditions de droit commun prévues à l'article 121-2 du code pénal tel qu'interprété par la jurisprudence. Il est rappelé que la personne morale est pénalement responsable des infractions commises, pour son compte, par ses organes ou ses représentants.

Guide AFA de l'achat public (juin 2020),

Maîtriser le risque de corruption dans le cycle de l'achat public.

Texte non reproduit.

BIBL. GÉN. ▶ VILLENEUVE et FEUGÈRE, *AJCT 2020. 514* (de l'impératif de prévention à la nécessaire compliance en matière d'achats publics).

Guide pratique AFA (septembre 2020),

Relatif à la politique cadeaux et invitations dans les entreprises, les EPIC, les associations et les fondations.

Introduction

En offrant, c'est-à-dire en fournissant un bien ou une prestation sans recherche d'une contrepartie, une organisation peut manifester son attachement à certaines valeurs ou traditions. Elle peut également inscrire l'offre de cadeaux et d'invitations dans sa stratégie de promotion commerciale. De tels cadeaux et invitations participent donc de la vie normale des affaires.

De telles libéralités qui, en soi, ne heurtent ni la loi ni la morale peuvent, toutefois, dans certaines circonstances, faire soupçonner l'existence d'une contrepartie dissimulée qui exposerait alors l'organisation à un risque pénal. En effet, lorsqu'ils sont offerts ou reçus en vue d'obliger le bénéficiaire et le conduire à trahir les intérêts dont il est chargé, ces cadeaux peuvent caractériser des actes de corruption ou de trafic d'influence *[Par commodité, le présent guide emploie en général le terme corruption mais le trafic d'influence est également visé.]*.

La mise en œuvre par une organisation d'une politique formalisant les règles d'offre et d'acceptation des cadeaux et invitations (ci-après "politique cadeaux et invitations") constitue un outil de maîtrise d'un tel risque.

Si l'adoption de telles règles n'est pas imposée par la loi, toute organisation du secteur privé – entreprises, établissements publics à caractère industriel et commercial (EPIC), associations, fondations – peut avoir intérêt à se doter d'une politique dont les règles auront vocation à être définies et mises en œuvre en considération de la taille et des moyens de l'organisation et des risques auxquels elle est exposée.

Le présent guide, qui a fait l'objet d'une consultation publique, est dépourvu de toute portée juridiquement contraignante. Il propose des pistes pour aider les organisations à définir et à mettre efficacement en œuvre une politique cadeaux et invitations.

I La politique cadeaux et invitations, un outil de maîtrise du risque de corruption

I.1 *Les cadeaux et invitations, offerts ou reçus, un acte ordinaire de la vie des affaires*

Les cadeaux et invitations peuvent prendre des formes variées, par exemple des invitations au restaurant, à un salon professionnel, à un événement sportif ou culturel, etc. Ils peuvent être offerts ou reçus par l'organisation elle-même ou l'un de ses employés.

Les cadeaux et invitations sont des actes ordinaires de la vie des affaires et ne constituent pas, en tant que tels, des actes de corruption.

> **Exemple : La pratique des hospitalités sportives et culturelles**
>
> Les hospitalités désignent un ensemble de prestations proposées à l'occasion d'un événement sportif ou culturel. Ces prestations, qui font partie du modèle économique de ces secteurs, peuvent inclure, outre le billet pour assister à l'événement, le transport, la restauration, un accès privilégié à l'événement (comme un accès aux coulisses, une rencontre avec les acteurs de l'évenement), etc.
>
> Certaines entreprises offrent ces hospitalités à leurs collaborateurs, clients ou prospects, notamment dans le cadre de leur politique de relations publiques.
>
> Lorsque l'achat d'hospitalités s'inscrit dans le cadre d'un contrat de parrainage (*sponsoring*), l'entreprise peut associer, en contrepartie, son image à l'événement (Roland Garros, Grand Prix Formule 1, matchs de football ou de rugby, concerts, etc.).

I.2 *Le risque de corruption lié aux cadeaux et invitations*

L'offre ou l'acceptation d'un cadeau ou d'une invitation peut, dans certaines circonstances, constituer un acte de corruption, c'est le cas lorsqu'elle a pour finalité de déterminer l'accomplissement ou le non-accomplissement d'un acte par une personne, en méconnaissance de ses obligations légales, contractuelles ou professionnelles.

> Plus précisément, constitue un délit de **corruption active** le fait d'offrir un cadeau ou une invitation à :
>
> – un agent public pour qu'il accomplisse ou s'abstienne d'accomplir un acte de sa fonction, de sa mission ou de son mandat ou facilité par sa fonction, sa mission ou son mandat (corruption active d'agent public, national ou étranger) ;
>
> – une personne exerçant une fonction privée pour qu'elle accomplisse ou s'abstienne d'accomplir un acte de son activité ou de sa fonction en violation de ses obligations légales, contractuelles ou professionnelles (corruption active dite privée) *[C. pén., art. 445-1]*.
>
> **L'acceptation ou la sollicitation** de ces cadeaux et invitations, pour soi-même ou pour autrui, par un agent public ou par une personne exerçant une fonction privée, dans le même dessein, constitue un délit de corruption passive.
>
> Par ailleurs, constitue un acte de **trafic d'influence actif** le fait de proposer à un agent public, pour lui-même ou pour autrui, de tels cadeaux et invitations, pour qu'il abuse de son influence réelle ou supposée en vue de faire obtenir d'une autorité ou d'une administration publique des distinctions, des emplois, des marchés ou toute autre décision favorable. **L'acceptation ou la sollicitation** aux mêmes fins de tels cadeaux et invitations par un agent public constitue un acte de **trafic d'influence passif**.

La très grande majorité des cadeaux et invitations ne traduit pas l'existence d'actes de corruption car ils sont offerts ou acceptés par courtoisie ou à titre commercial (entretenir ses relations d'affaires ou chercher à développer sa clientèle). Pour autant, dès lors que cette pratique peut, dans certaines circonstances, permettre de verser la contrepartie d'un acte de corruption, elle constitue un risque qu'il appartient à l'organisation d'identifier et, le cas échéant, de gérer.

I.3 *Un[e] politique cadeau et invitations cohérente avec la cartographie des risques de corruption*

Dans sa cartographie des risques *[Voir les Recomm. AFA, "La cartographie des risques".]*, l'organisation identifie et évalue le risque de corruption que représentent pour elle les offres, sollicitations ou acceptations de cadeaux et invitations au regard notamment de ses activités, de son implantation géographique et des processus ou fonctions à risque.

La politique cadeaux et invitations est déterminée en cohérence avec cette cartographie et constitue ainsi, pour l'organisation, un instrument de maîtrise du risque de corruption identifié.

Elle pourra être révisée le cas échéant en fonction de la réévaluation de ce risque.

II L'élaboration de la politique cadeaux et invitations

II.1 *Déterminer les personnes auxquelles la politique cadeaux et invitations s'applique*

La politique cadeaux et invitations a vocation à s'appliquer à l'ensemble des personnes exerçant leurs fonctions au sein de l'organisation, soit :

– aux mandataires sociaux ;
– aux salariés et, le cas échéant, aux agents de droit public ;
– aux collaborateurs occasionnels (intérimaires, stagiaires, bénévoles, etc.).

En établissant et s'appliquant à elles-mêmes cette politique, les instances dirigeantes manifestent leur engagement à prévenir la corruption au sein de l'organisation.

Les règles de la politique cadeaux et invitation*[s]* peuvent toutefois varier en considération des processus ou des fonctions exercées. Par exemple, des règles plus strictes peuvent être prévues pour la fonction achats.

Par ailleurs, l'organisation peut intégrer dans un document relatif aux dispositions applicables à ses fournisseurs, des éléments de sa politique cadeaux et invitations afin de les inviter à les respecter.

Elle peut également demander, par voie contractuelle, à certains de ses tiers, par exemple ses intermédiaires, de respecter sa politique cadeaux et invitations.

II.2 *Définir les règles d'offre ou d'acceptation d'un cadeau ou d'une invitation*

Dès lors que l'organisation fait le choix de ne pas interdire les cadeaux et invitations, elle fixe des règles permettant de maîtriser son risque de corruption identifié et évalué dans sa cartographie.

Ces règles peuvent être différentes pour les cadeaux, d'une part, et les invitations, d'autre part. Au sein de chacune de ces deux catégories, les règles peuvent être déclinées selon le type de cadeaux ou d'invitations. Par exemple, des règles spécifiques peuvent être définies pour les hospitalités sportives et culturelles.

Par ailleurs, lorsque l'organisation détient une filiale ou accomplit des opérations à l'étranger, elle peut fixer des règles spécifiques applicables aux salariés qui y exercent pour tenir compte notamment du contexte et des usages locaux.

En tout cas, la politique doit être suffisamment précise et illustrée d'exemples pertinents pour être comprise des personnes auxquelles elle s'applique.

Une politique cadeaux et invitation*[s]* comprend en général des éléments de fond et de procédure qui peuvent être combinés.

II.2.1 *Les éléments de fond*

Lorsqu'il est saisi, le juge pénal se fonde sur un faisceau d'indices pour rechercher si l'offre ou l'acceptation du cadeau ou de l'invitation en cause peut caractériser un acte de corruption. Il examine notamment la finalité du cadeau ou de l'invitation, sa valeur, la fréquence. Ces indices sont autant d'éléments de fond que l'organisation peut prendre en compte pour définir sa politique cadeaux et invitations.

• **La finalité du cadeau ou de l'invitation**

Ainsi qu'il l'a été dit précédemment, sous peine d'être qualifié d'acte de corruption, l'offre d'un cadeau ou une invitation ne peut être faite en vue de déterminer l'accomplissement ou le non-accomplissement d'un acte entrant dans la fonction de la personne qui le reçoit. Et la sollicitation ou l'acceptation de ce cadeau par cette personne ne doit pas être envisagée comme la contrepartie de son action ou de son abstention.

La politique de l'organisation peut mentionner expressément cette interdiction.

Pour aider les collaborateurs à caractériser cette finalité, la politique cadeaux et invitations peut énoncer les circonstances qu'ils peuvent prendre en compte.

Ainsi, les cadeaux ou invitations qui sont justifiés par un motif professionnel en lien avec l'activité du bénéficiaire ou qui s'inscrivent dans le cadre d'une politique de l'organisation, par exemple de relations publiques, permettant d'objectiver les raisons pour lesquels ils sont offerts ou acceptés, constituent des situations à faible risque.

A contrario, les cadeaux ou invitations offerts à un proche de la personne avec qui une relation d'affaires est envisagée ou nouée ainsi que ceux offerts préalablement à une prise de décision sur l'attribution ou le renouvellement d'un contrat, notamment dans le cadre d'un appel d'offres*[,]* représentent des situations à fort risque de corruption.

• **La valeur du cadeau ou de l'invitation**

L'organisation peut ou non fixer un seuil au-delà duquel le cadeau ou l'invitation doit être refusé, étant entendu que la valeur du cadeau ou de l'invitation ne suffit pas à elle seule à caractériser un acte de corruption.

Ce seuil peut être un montant précisé ou situé dans une fourchette Ce choix présente l'avantage d'être facilement compréhensible par les collaborateurs ainsi que par les tiers. Toutefois, il est parfois difficile pour celui qui les reçoit, d'apprécier précisément la valeur d'un cadeau ou d'une invitation.

Si l'organisation choisit de ne pas fixer un seuil chiffré, elle peut définir la valeur du cadeau ou de l'invitation par un qualificatif (symbolique, raisonnable, modique, faible, etc.). Compte tenu de l'imprécision de ce type de seuil, il est important de l'assortir d'illustrations adaptées afin que la règle puisse être comprise par l'ensemble des personnes auxquelles elle s'applique.

• **La fréquence des cadeaux ou des invitations**

Une même personne peut offrir à un même tiers ou recevoir de lui plusieurs cadeaux ou invitations au cours d'une période déterminée. Compte tenu du risque que présente cette situation, une organisation peut prévoir des règles tendant à limiter une telle récurrence. Elle peut, par exemple, fixer un nombre maximal de cadeaux et d'invitations pouvant être reçus d'un même tiers par une même personne au cours d'une période déterminée. Elle peut également exiger que le bénéficiaire sollicite préalablement à l'acceptation du deuxième cadeau ou invitation, l'autorisation de son supérieur hiérarchique.

II.2.2 *Éléments de procédure*

Les organisations peuvent faire le choix d'interdire les cadeaux et invitations ou d'encadrer cette pratique.

Si elle n'interdit pas toute acceptation de cadeau ou d'invitation, la politique de l'organisation prévoit qui peut prendre la décision de les accepter ou de les refuser et selon quelle procédure. Deux modalités principales sont envisageables.

En premier lieu, l'organisation peut laisser à la discrétion de toute personne la décision d'accepter ou de refuser un cadeau ou une invitation. Si elle le juge utile, elle peut lui imposer de déclarer à son supérieur hiérarchique ou à toute autre personne désignée à cet effet (par exemple, le responsable de la conformité), certains cadeaux reçus, par exemple les cadeaux et invitations dont la valeur excède un montant déterminé.

Alternativement, l'organisation peut prévoir que l'offre d'un cadeau ou d'une invitation, par exemple au regard de sa valeur, ne peut être acceptée qu'après l'autorisation du supérieur hiérarchique ou de toute autre personne désignée à cet effet.

La volumétrie des déclarations ou des demandes d'autorisations peut nécessiter, pour l'organisation, de se doter d'un outil informatique pour les traiter. A défaut d'un tel outil, l'organisation peut proposer des formulaires-types.

Quelles que soient les modalités retenues, le décisionnaire devra prendre en compte les éléments de fond mentionnés ci-dessus pour accepter ou non l'offre. Afin de faciliter la prise de décision, la politique cadeaux et invitations peut énoncer des questions auxquelles la personne concernée peut chercher à répondre.

S'interroger

Toute personne à qui est proposé un cadeau ou une invitation est appelée à s'interroger sur les points suivants :

– quelle est la valeur approximative du bien ? respecte-t-il le sens de la mesure ? serais-je embarrassé si mon entourage professionnel apprenait que je l'ai reçu ? d'autres cadeaux ou invitations ont-ils été proposés par la même personne ou organisation dans les derniers mois ? le cadeau ou l'invitation sont-ils, par leur valeur ou leur récurrence, de nature à affecter l'exercice de mes fonctions ou à porter atteinte à la réputation de l'organisation ?

– dans quel contexte s'inscrit cette proposition ? le cadeau ou l'invitation sont-ils offerts par courtoisie ou à titre commercial, ou en vue d'obtenir une contrepartie ? à quel moment sont-ils offerts ?

– prendrais-je la même décision si je n'acceptais pas le cadeau ou l'invitation ?

En cas de doute, les personnes concernées peuvent être invitées à interroger leur supérieur hiérarchique ou tout*[e]* autre personne désignée (comme le responsable de la conformité) pour déterminer si le cadeau ou l'invitation peut être offert ou accepté.

Exemples de bonne pratique

Mutualiser certains cadeaux reçus

La politique de l'organisation peut prévoir que certains cadeaux peuvent être soit reversés à des œuvres caritatives soit partagés entre les collaborateurs d'un service.

Instaurer un registre des cadeaux et invitations

Si elle le juge opportun, l'organisation peut mettre en place un registre dans lequel sont consignées les informations relatives aux cadeaux et invitations reçus. L'organisation peut déterminer une valeur au-delà de laquelle ceux-ci doivent être enregistrés.

Par ailleurs, en fonction de la cartographie des risques de l'organisation, l'obligation de renseigner ce registre peut être imposée uniquement aux collaborateurs en charge de certains processus ou de certaines activités jugés risqués.

Les informations qu'il contient doivent permettre la réalisation d'un contrôle (contrôle interne, audit externe, etc.), par exemple :

– le nom, la fonction et l'organisation du bénéficiaire ;
– le nom, la fonction et l'organisation de la personne qui l'a offert ;
– la nature et la valeur ou le montant estimé du cadeau ou de l'invitation ;
– la date de l'acceptation.

Dès lors que le registre contient des données à caractère personnel, il y a lieu de veiller tout particulièrement au respect de la législation relative à la protection de ces données.

II.3 *Articuler la politique cadeaux et invitations*

II.3.1 *Articuler la politique avec le code de conduite*

Le code de conduite d'une organisation définit et illustre, sur la base de la cartographie des risques, les différents comportements à proscrire comme étant susceptibles de caractériser des faits de corruption ou de trafic d'influence *[Définition reprise du 1° du II de l'art. 17 de la L. n° 2016-1691 du 9 déc. 2016.]*.

Le code de conduite et la politique cadeaux et invitations telle qu'entendue dans le présent guide poursuivent la même finalité, prévenir la corruption. Il en résulte en pratique que ces deux documents sont liés. D'une part, le code de conduite peut inclure ou reprendre des éléments de la politique cadeaux et invitations. D'autre part, le code de conduite peut renvoyer expressément à la politique cadeaux et invitations (ou réciproquement), voire l'annexer.

Les articles 3, 3° et 17 de la loi n° 2016-1691 du 9 décembre 2016 n'imposent pas aux organisations concernées l'adoption d'une politique cadeaux et invitations. Pour les entreprises soumises à l'article 17, l'absence d'une politique cadeaux et invitations ne peut donc justifier, à elle seule, un manquement aux obligations imposées par ce texte.

II.3.2 *Articuler la politique avec les autres procédures*

La politique cadeaux et invitations doit être articulée avec les autres procédures de l'organisation. Ainsi, elle peut renvoyer à la politique relative aux notes de frais si celle-ci fixe les modalités de paiement et de remboursement des cadeaux et invitations.

En outre, lorsqu'elle a adopté des procédures relatives au mécénat *[Le mécénat peut être défini comme "un soutien matériel ou financier apporté sans contrepartie directe ou indirecte de la part du bénéficiaire à une œuvre ou à une personne morale pour l'exercice d'activités présentant un intérêt général" (instruction fiscale BOI-BIC-RICI-20-30-10-20-20190807).]* et au parrainage (*sponsoring*) *[Le parrainage peut s'entendre comme un soutien matériel ou financier apporté à un organisme par une entreprise qui en retire un bénéfice direct. Les opérations de parrainage sont destinées à promouvoir l'image du "parraineur" dans un but commercial. Elles se distinguent essentiellement du mécénat par la nature et le montant des contreparties. Dans le cadre d'une opération de parrainage, le versement de l'entreprise correspond à la rémunération de la prestation rendue par l'organisme.]*, l'organisation veille à les articuler avec sa procédure cadeaux et invitations.

III La mise en œuvre de la politique cadeaux et invitations

III.1 *Diffuser la politique cadeaux et invitations*

Il est conseillé à l'organisation de communiquer, par tout moyen, sa politique à l'ensemble des personnes auxquelles elle s'applique (publication sur son site intranet, diffusion par courriels, affichage dans des espaces communs, etc.).

Si la politique de la société mère française est appliquée dans ses filiales situées à l'étranger, elle doit être traduite dans la langue comprise par les salariés, en intégrant, le cas échéant, les règles spécifiques applicables à l'étranger.

De plus, elle peut publier tout ou partie de sa politique sur son site internet si elle souhaite que les tiers en connaissent.

En outre, lorsque l'organisation organise des événements de communication pour certaines catégories de leurs tiers (par exemple des conventions de fournisseurs), elle peut à cette occasion leur rappeler les principaux éléments de sa politique cadeaux et invitations (cadeaux autorisés ou interdits, etc.).

III.2 *Former les personnes les plus exposées au risque de corruption*

Une formation sur la politique cadeaux et invitations peut opportunément être dispensée aux personnes les plus exposées au risque de corruption (par exemple, les collaborateurs disposant d'une délégation de pouvoir ou de signature et les acheteurs).

Afin de renforcer la cohérence et la pertinence des formations anticorruption destinées à ces personnes, la politique cadeaux et invitations peut être traitée en même temps que d'autres composantes du dispositif anticorruption.

Cette formation est réalisée de préférence en présentiel. Afin de favoriser l'adoption de bons réflexes, elle intègre des cas pratiques et des mises en situation qui peuvent s'appuyer sur les scénarios de la cartographie des risques de corruption et des retours d'expérience des collaborateurs.

Pour les collaborateurs exerçant leur activité à l'étranger, lorsque la politique cadeaux et invitations est en contradiction avec certains usages locaux, la formation peut préconiser des comportements particuliers à adopter pour ne pas offenser l'autre partie.

Par ailleurs, les personnes qui ne sont pas formées peuvent être sensibilisées à la politique cadeaux et invitations au moyen de courtes vidéos ou d'outils tels que le *e-learning*.

III.3 *Contrôler le respect de la politique cadeaux et invitations*

Pour s'assurer de l'efficacité de sa politique cadeaux et invitations, l'organisation met en œuvre un dispositif de contrôle pouvant comprendre plusieurs niveaux :

— un contrôle hiérarchique

Si la politique l'a prévu, le supérieur hiérarchique, ou toute autre personne désignée à cet effet (par exemple, le responsable de la conformité), contrôle les demandes d'autorisation d'acceptation des cadeaux et invitations ainsi que les notes de frais.

— un contrôle comptable

Le service comptable procède à l'enregistrement comptable des cadeaux et invitations offerts et veille à ce qu'ils soient facilement identifiables dans les écritures.

Il refuse les paiements ou les remboursements qui ne respectent pas la procédure de paiement définie en cohérence avec la politique cadeaux et invitations. Il met en œuvre les contrôles comptables définis par l'organisation.

— le contrôle et l'audit internes

S'ils existent, le*[s]* service*[s]* de contrôle ou d'audit internes peuvent contrôler respectivement la correcte application de la politique cadeaux et invitations, d'une part, sa pertinence et son efficacité, d'autre part.

Par exemple, il peut être vérifié que :

— les cadeaux offerts ou acceptés d'une valeur supérieure à un certain seuil ont été préalablement approuvés si la procédure le prévoit ;

— les règles relatives à la fréquence des cadeaux et invitations ont été respectées.

Le registre des cadeaux et invitations mis en place, le cas échéant, par l'organisation peut faciliter l'exercice du contrôle interne, auquel le responsable de la conformité peut participer. Par exemple, il peut servir à analyser la récurrence éventuelle d'offres provenant d'un même tiers, ce qui peut permettre à l'organisation de prendre toute mesure utile).

Recommandations AFA (décembre 2020)

Destinées à aider les personnes morales de droit public et de droit privé à prévenir et à détecter les faits de corruption, de trafic d'influence, de concussion, de prise illégale d'intérêts, de détournement de fonds publics et de favoritisme.

Ces recommandations ont été publiées sous forme d'avis au JO du 12 janv. 2021. Elles remplacent celles publiées au JO du 22 déc. 2017 (V. ***C. compliance****, éd. 2021), avec une entrée en vigueur différée de six mois, soit après le 12 juill. 2021.*

BIBL. GÉN. ▶ FEUGÈRE, *D. actu. 2 févr. 2021* (nouvelles recommandations AFA : révision ou révolution ?). – LECAT et BRUNELLE, *BRDA 2021, nº 6, p. 23* (loi Sapin 2 et lutte anticorruption : mise à jour des recommandations de l'AFA). – DAOUD et BOUDJELLAL, *ibid. 22 mars 2021* (acteurs publics : comment s'approprier les recommandations de l'AFA ?). – JOUFFIN, *Banque et Dr. 3-4/2021. 49* (lignes directrices anticorruption – un droit mou sérieusement calcifié). – ARMINGAUD, SCHMIT, ARTUS et MEYER, *ibid. 7-8/2021. 12* (loi Sapin 2 – quelles recommandations suivre à partir de 2021 ?).

COMMENTAIRE

Les recommandations de l'Agence française anticorruption sont prises en application du 2° de l'article 3 de la loi nº 2016-1691 du 9 décembre 2016. Elles ont pour vocation, selon les termes de la loi, à « aider les personnes morales de droit public et de droit privé à prévenir et à détecter les faits de corruption, de trafic d'influence, de concussion, de prise illégale d'intérêt, de détournement de fonds publics et de favoritisme ».

Il s'agit d'une déclinaison pratique de la loi, permettant aux entités assujetties de comprendre comment se mettre en conformité. D'autres législations ont procédé de même, ainsi le UKBA anglais ou le FCPA américains (V. ces textes, *infra*, IV. Règles étrangères).

La question de la valeur des recommandations a été posée à deux reprises devant la commission des sanctions de l'AFA. En effet, alors qu'il est indiqué qu'elles sont dépourvues de force obligatoire et ne créent pas d'obligation juridique, elles servent de référentiel en cas de contrôle, et les entités contrôlées ont pu percevoir que ne pas les respecter était finalement assimilé à une irrégularité. La commission des sanctions a réaffirmé que « les recommandations ne constituent qu'un référentiel dont l'usage n'est en rien obligatoire » (Décis. AFA n° 19-01 du 4 juill. 2019). Toutefois, l'entité qui les respecte bénéficie d'une présomption de conformité.

I. DOUBLE RÉORGANISATION

Les nouvelles recommandations sont réorganisées à double titre.

En premier lieu, elles sont divisées en trois chapitres complémentaires, selon le type d'entités concernées : la première partie est relative à toutes les entités publiques ou privées, la deuxième est relative aux entreprises assujetties à l'article 17 de la loi n° 2016-1691 du 9 décembre 2016 et, enfin, la troisième et dernière est consacrée aux entités publiques, assujetties ou non à l'article 17. Cette réorganisation répond plus clairement aux objectifs de la loi qui ne limite pas les recommandations aux entités soumises à l'article 17, qui doivent mettre en œuvre des items précis sous peine de sanction, ni aux entités de l'article 3 pour lesquelles l'AFA a un pouvoir de contrôle, même si elle ne peut prononcer aucune sanction à leur encontre : c'est bien sur le fondement de l'article 2, plus large, que les recommandations sont établies, et elles s'adressent donc à toute entité publique ou privée. Reste que les règles seront à adaptées, ce qui explique la construction en trois chapitres.

En second lieu, chaque chapitre est construit selon une architecture semblable, reposant sur trois piliers : le premier est l'engagement des instances dirigeantes, le deuxième est la cartographie des risques et le troisième est constitué des mesures de prévention, détection et contrôle telles que le code de conduite anticorruption, le dispositif d'alertes, les formations des salariés, etc.

On retrouve donc ici les obligations de l'article 17, qui seront décrites plus précisément *infra*, mais pour toute entité même non soumise audit article. Cela signifie que, même si une entité n'a pas l'obligation explicite légale de mettre en œuvre un dispositif aussi structuré que celui de l'article 17, l'AFA recommande une généralisation adaptée à la dimension de chacune, l'agence ayant pour rôle de les guider dans cette voie vertueuse.

Cette réorganisation en trois piliers a été abondamment commentée. Elle n'est pas un bouleversement *contra legem* mais une présentation adaptée à la réalité pratique d'un dispositif efficace de conformité, qui impose un engagement réel des instances dirigeantes et l'établissement d'une cartographie des risques qui servira de socle aux autres éléments, ces derniers s'appuyant sur les risques identifiés afin d'être en phase avec la réalité de l'exposition de l'entité, prise dans son environnement global.

Cette présentation en trois piliers n'est d'ailleurs pas apparue avec la seconde version des Recommandations, elle figurait déjà dans des documents antérieurs, comme le Guide de l'achat public, ou dans des interventions publiques effectuées dans le cadre de la mission de conseil de l'AFA.

II. OPPOSABILITÉ ET PRÉSOMPTION SIMPLE

L'AFA rappelle, comme dans la première version, que les Recommandations ne créent pas d'obligation juridique pour ceux à qui elles s'adressent et qu'elles ne sont opposables qu'à l'AFA elle-même. Néanmoins, il est évident que les entités assujetties ont plus qu'intérêt à s'y conformer. Ainsi, l'AFA précise que « la loi, ses décrets d'application, les présentes recommandations et les guides publiés sur le site internet de l'AFA constituent le référentiel anticorruption français ». Chaque entité a donc intérêt à s'y référer et s'y conformer. Par ailleurs, les Recommandations servent de référentiel aux contrôleurs de l'AFA, un délai de six mois après la publication au *Journal officiel* étant prévu pour leur application.

Enfin, si les entités contrôlées ont suivi les Recommandations, elles bénéficient d'une présomption simple de conformité : ce sera à l'AFA de démontrer que l'application n'a pas été correcte, régulière, effective. Il s'agit là de la jurisprudence de la Commission des sanctions. Cette question de la présomption simple conforte l'idée que la méthodologie de l'AFA, de plus en plus détaillée, s'impose ; respecter les Recommandations apporte un surplus de sécurité, avec un regard plus favorable des contrôleurs. Si une entreprise choisit d'adopter une autre méthode, elle se trouvera dans la position peu confortable d'avoir, dès le début du contrôle, à justifier de son choix.

III. ENGAGEMENT DES INSTANCES DIRIGEANTES

L'Agence française anticorruption a toujours considéré, dès la première version de ses Recommandations, l'engagement des instances dirigeantes comme un préalable indispensable à toute démarche de prévention de la corruption, même si cela ne figure pas parmi les huit éléments obligatoires au regard de l'article 17 de la loi du 9 décembre 2016. La loi fait peser sur les dirigeants personnellement l'obligation de mettre en œuvre les dispositifs de prévention. Il convient donc que leur engagement soit fort et qu'il puisse être démontré en cas de contrôle (en matière de compliance, tout documenter est indispensable). C'est aussi une exigence très pragmatique : pour qu'un dispositif de compliance puisse être mis en œuvre, il faut mobiliser de nombreux services, de nombreuses personnes, l'engagement du dirigeant permettra de débloquer d'éventuels freins internes. Cet engagement doit se traduire par l'octroi de moyens humains et financiers, il ne s'agira pas de simples communications internes.

Dans les nouvelles Recommandations (partie 2), l'AFA opère une extension des instances dirigeantes concernées, en indiquant en effet que « si les membres des conseils d'administration ou autres organes de contrôle ou de surveillance ne sont pas visés, dans leur ensemble, par cette définition, ils s'assurent, dans le cadre de leur mission de surveillance des activités de l'entreprise, de l'existence, de la pertinence et de l'efficacité des mesures prises par les dirigeants afin de se conformer à leurs obligations légales ». Toutefois, le défaut de contrôle ne pourra pas donner lieu à leur poursuite devant la Commission des sanctions, seuls les dirigeants sont visés. Et surtout, l'AFA rappelle le principe du devoir de contrôle de ces organes, qui est prévu dans le code de commerce.

Viennent ensuite les dispositifs de l'article 17 proprement dits.

IV. CARTOGRAPHIE DES RISQUES

La cartographie est le socle du dispositif de compliance. Il est alors cohérent qu'elle soit présentée comme un pilier à part entière. L'AFA rappelle qu'elle est une « démarche d'identification, d'évaluation, de hiérarchisation et de gestion des risques de corruption inhérents aux activités de l'organisation. »

Elle précise qu'elle est complète, c'est-à-dire qu'elle « couvre "de bout en bout" les processus managériaux, opérationnels et support mis en œuvre par les organisations dans le cadre de leurs activités. » La méthodologie retenue par l'AFA est processuelle : il conviendra d'analyser chacun des principaux processus de l'entreprise, étape par étape, pour identifier les risques, les apprécier et les corriger. Pour cette raison, la démarche de cartographie nécessitera de faire participer les acteurs maîtrisant les processus, à différents niveaux hiérarchiques, des cadres dirigeants aux équipes opérationnelles.

Elle est par ailleurs « formalisée ». Tout doit être documenté et justifié. Cette documentation est nécessaire à plusieurs titres. En pratique, le projet cartographie est long et complexe et impose une rigueur documentaire. Par ailleurs, on a vu en termes de responsabilités l'importance de documenter l'engagement des instances dirigeantes. Enfin, naturellement, cette documentation sera demandée en cas de contrôle pour que les agents de l'AFA soient en mesure d'apprécier la pertinence du dispositif.

La cartographie impose en outre des choix stratégiques et politiques : sélection et hiérarchisation des risques, plan d'actions pour corriger et sécuriser. L'entreprise doit pouvoir en conserver la mémoire, alors que les personnes présentes auront oublié ou seront parties. Cette documentation servira également à décliner la cartographie dans d'autres documents (code de conduite…), d'inspirer les formations, etc.

Enfin, elle est « évolutive » et il faudra régulièrement apprécier l'opportunité de la réviser, de l'actualiser, notamment en cas de survenance d'un événement affectant l'organisation telle une fusion-acquisition (on reverra à cet égard au Guide consacré aux fusions-acquisitions ; V. *infra*).

Le paragraphe 87 des Recommandations rappelle que l'article 17 vise deux infractions – la corruption et le trafic d'influence –, alors que l'article 1er de la loi en vise six : corruption, trafic d'influence, concussion, prise illégale d'intérêts, détournement de fonds publics et favoritisme. Si on est très précis, l'article 17 ne prévoit étrangement la cartographie des risques que pour un seul et unique cas : les « sollicitations externes aux fins de corruption ».

L'AFA opère une généralisation en indiquant que les infractions mentionnées au paragraphe 87 (donc *a priori* toutes celles des art. 1er et 17 de la loi) seront « dénommées indistinctement "corruption" dans la suite du II des présentes recommandations ». Et elle ajoute qu'elle conseille, au-delà de ce que prévoit la loi, que le dispositif anticorruption d'une entreprise appréhende les infractions de faux, d'abus de biens sociaux, de recel ou de blanchiment, qui peuvent en être, selon ses termes, « les prémices ou la conséquence ». Ce n'est qu'un conseil, il n'y a aucune ambiguïté à cet égard dans la rédaction, mais lorsqu'il émane d'une autorité de contrôle, on a peut-être la tentation de le suivre plutôt que de l'écarter...

La corruption recouvrant en fait deux infractions – la corruption publique et la corruption privée –, ce sont finalement onze infractions qui sont désormais visées par les Recommandations.

Pour les praticiens du droit pénal et de la compliance, cette extension n'a rien de surprenant. Voilà plusieurs décennies que des faits de corruption sont poursuivis en utilisant l'infraction d'abus de biens sociaux (V. C. com., art. L. 241-3, *supra*). Et la corruption va, de la même manière, souvent s'accompagner de faux, de recel, de blanchiment. Pour protéger l'entreprise, il faut tenir compte de ces éléments.

V. CODE DE CONDUITE

Le code de conduite anticorruption se distingue du code éthique dont de nombreuses grandes entreprises disposaient avant la loi du 9 décembre 2016. Il est en effet orienté très spécifiquement sur la lutte anticorruption.

Il doit éclairer les salariés sur ce qui est interdit et les comportements à adopter en cas de difficulté. Il doit donc être rédigé en fonction des risques réels auxquels l'entreprise est confrontée au regard de son activité, de sa dimension, de son positionnement géographique. Le code est donc une déclinaison de la cartographie des risques qui a permis de détecter et de hiérarchiser les risques de l'entreprise.

Le code est intégré au règlement intérieur et doit donc, comme tel, être soumis à la consultation des institutions représentatives du personnel. On pourra se référer à la circulaire DGT n° 2008-22 du 19 novembre 2008, même si celle-ci n'a pas été révisée depuis l'entrée en vigueur de la loi du 9 décembre 2016. De cette intégration, on déduit que le code s'applique aux seuls salariés de l'entité. Le code doit impérativement traiter « des cadeaux et invitations, des paiements de facilitations, des conflits d'intérêts, du mécénat, du sponsoring ainsi que, le cas échéant, de la représentation d'intérêts (*lobbying*). »

VI. DISPOSITIF D'ALERTES

Le dispositif d'alertes, tel que prévu à l'article 17 de la loi, n'a pas pour vocation de faire remonter des délits, crimes ou autres manquements à la loi ou au règlement : il n'a pour rôle que de faire remonter les manquements au code de conduite interne, par conséquent des manquements purement processuels, qui ne constituent pas forcément en eux-mêmes une infraction à la loi.

Par ailleurs, s'agissant de manquements à un code interne, intégré au règlement intérieur, ce dispositif n'est ouvert qu'aux seuls employés de l'entité.

Il se distingue donc en principe du dispositif général prévu aux articles 6 à 8 de la loi du 9 décembre 2016, ce qui pose de nombreuses difficultés, notamment en termes de protection du lanceur d'alertes. On se reportera à cet égard aux développements sur les articles 6 à 8 de la loi Sapin 2 et les protections prévues pour les signalements effectués dans le cadre du travail (V. v° *Lanceur d'alertes*). Néanmoins, en pratique c'est un seul dispositif qui sera déployé, commun parfois avec d'autres lois telle la loi n° 2017-399 du 27 mars 2017 relative au devoir de vigilance des sociétés mères et des entreprises donneuses d'ordre, et les protections les plus élevées trouveront à s'appliquer.

Des alertes, l'AFA décline des développements sur les enquêtes internes. L'alerte seule ne suffit pas, il faut vérifier les faits, procéder à des recherches, des investigations. L'AFA donne les grandes lignes sur le sujet, sans précision excessive, permettant des procédures adaptées à chaque situation (sur l'enquête interne, V. le Comm. ss. l'art. 17 de la L. n° 2016-1691 du 9 déc. 2016, *supra*).

VII. ÉVALUATION DES TIERS

Élément essentiel et complexe, l'évaluation des tiers vise à s'assurer que l'entité n'est pas mise en danger en raison de ses interactions avec des tiers, clients, fournisseurs et intermédiaires.

Les tiers sur lesquels sont conduites les opérations de *due diligence* sont obligatoirement « les clients, fournisseurs de premier rang et intermédiaires » selon l'article 17 de la loi Sapin 2. D'autres tiers peuvent faire l'objet d'une *due diligence* : consultants, représentants commerciaux, etc.

Une attention particulière sera portée aux risques liés aux pays d'intervention et à la présence ou non d'une entité publique ou de personnes politiquement exposées (PPE).

Le principe est de collecter les informations utiles pour identifier et apprécier les risques (sur le fondement notamment de la cartographie des risques) de décider d'entrer ou non en relation avec le tiers (ou de mettre fin à une relation existante).

L'entité doit donc organiser des référentiels internes selon les tiers, comprenant des documents et des renseignements à collecter et vérifier, mais aussi des niveaux de contrôles pour qu'un élément incomplet ou une incertitude soit reporté et réanalysé avant toute décision. Cette évaluation peut ressembler à ce qui existe en matière de lutte contre le blanchiment (KYC – *know your customer*). Cependant, les procédures existantes en la matière ne peuvent suffire, les objectifs n'étant pas les mêmes. Il faut impérativement que l'évaluation porte sur le risque de corruption.

VIII. CONTRÔLES COMPTABLES

Les contrôles comptables ont plusieurs objectifs : prévenir la commission d'infraction en sécurisant les processus de l'entreprise et détecter d'éventuelles irrégularités.

Ces contrôles comptables doivent être adaptés spécifiquement à la lutte contre la corruption (V. Décis. AFA n° 19-01 du 4 juill. 2019, où il était reproché, notamment, que les contrôles ne soient pas « spécifiques au risque de corruption »).

IX. FORMATIONS

Les formations sont destinées à s'assurer que chaque salarié, et notamment les plus exposés, a compris les règles en vigueur et est en mesure de les appliquer dans ses fonctions quotidiennes. Un dispositif de compliance est par nature très opérationnel : chacun à son niveau, et notamment sur le terrain, risque d'être victime de tentatives de corruption et a un rôle de prévention et de détection.

Certaines formations pourront être faite à distance (*elearning*), d'autres seront impérativement réalisées en « présentiel », pour s'assurer que les règles ont été parfaitement comprises et assimilées.

L'AFA précise par ailleurs que des formations doivent être dispensées sur les dispositifs d'alertes.

X. MESURES DISCIPLINAIRES

Le programme de compliance doit rappeler les mesures disciplinaires encourues en cas de manquement. Ces mesures sont d'ailleurs prévues dans le règlement intérieur auquel le code de conduite anticorruption est intégré.

XI. DISPOSITIF DE CONTRÔLE

Un dispositif global de contrôle doit être mis en œuvre pour contrôler et évaluer l'adéquation et l'efficacité des procédures, et le cas échéant les adapter. Un manquement peut révéler que la cartographie des risques était incomplète, ou que le code n'était pas suffisamment précis, que les formations doivent être affinées… ❑

I Dispositions générales

I.1) *Objet*

1. Aux termes du premier alinéa du 2° de l'article 3 de la loi n° 2016-1691 du 9 décembre 2016 relative à la transparence, à la lutte contre la corruption et à la modernisation de la vie économique, dite loi Sapin II, dénommée, sauf indication contraire, "la loi" dans la suite de ces recommandations, l'Agence française anticorruption (AFA) "élabore des recommandations destinées à aider les personnes morales de droit public et de droit privé à prévenir et à détecter les faits de corrup-

tion, de trafic d'influence, de concussion, de prise illégale d'intérêt, de détournement de fonds publics et de favoritisme".

2. L'ensemble de ces faits, délictuels, sont définis au titre III du livre IV du code pénal, à la section 3 du chapitre II ("manquements au devoir de probité"), ainsi qu'à la section 1 du chapitre V ("corruption des personnes n'exerçant pas une fonction publique") du titre IV. Pour la simplification des présentes recommandations et sauf indication contraire, l'ensemble de ces infractions seront indistinctement qualifiées d'"atteinte à la probité".

3. Les présentes recommandations interprètent les dispositions de la loi relatives aux dispositifs de prévention et de détection de ces faits. Elles visent à mettre à jour et à enrichir les recommandations déjà émises sur ce sujet en décembre 2017, en tirant les enseignements de trois années d'exercice des missions de l'AFA.

4. La loi, ses décrets d'application, les présentes recommandations et les guides publiés sur le site internet de l'AFA constituent le référentiel anticorruption français. Ce dernier participe de la mise en œuvre des engagements internationaux de la France en matière de lutte contre la corruption.

5. Les présentes recommandations, qui entrent en vigueur le lendemain de leur publication, annulent et remplacent celles parues au *Journal officiel* de la République française le 22 décembre 2017.

I.2) *Champ d'application*

6. Les recommandations définissent les modalités de mise en œuvre des dispositifs de prévention et de détection des atteintes à la probité (ci-après dénommés "dispositifs anticorruption") que peuvent déployer, de manière proportionnée en fonction de leur profil de risque, toutes les personnes morales de droit privé ou de droit public, de droit français ou de droit étranger (ci-après dénommées "organisations"), qui déploient leurs activités en France comme à l'étranger, quels que soient leur taille, leur forme sociale ou leur statut juridique, leur secteur ou domaine d'activité, leur budget ou leur chiffre d'affaires ou l'importance de leurs effectifs.

7. Elles ont également pour objectif d'aider les organisations assujetties à l'obligation de déployer un dispositif anticorruption à se conformer à la loi.

I.3) *Portée juridique*

8. Les présentes recommandations ne créent pas d'obligation juridique pour ceux à qui elles s'adressent. Les organisations mentionnées au paragraphe 7 sont libres d'adopter d'autres méthodes, sous réserve que leur mise en œuvre permette de se conformer à la loi.

9. L'AFA se réfère aux recommandations dans le cadre de ses missions de conseil et de contrôle. Elle ne se référera aux présentes que pour les contrôles ouverts à compter du sixième mois suivant celui de leur entrée en vigueur.

10. Ces recommandations sont opposables à l'AFA dans le cadre de ses activités de contrôle, en ce sens que les organisations mentionnées au paragraphe 7 peuvent s'en prévaloir si elles ont décidé de s'y conformer.

11. Ainsi, une organisation mentionnée au paragraphe 7 qui indique lors d'un contrôle de l'AFA avoir suivi les présentes recommandations bénéficie d'une présomption simple de conformité. Celle-ci ne peut être renversée que par la démonstration par l'AFA d'une application non effective, incorrecte ou incomplète des recommandations.

12. Une organisation mentionnée au paragraphe 7 qui déciderait de ne pas mettre en œuvre tout ou partie des méthodes préconisées dans ces recommandations ne peut être *a priori* considérée comme ne respectant pas la loi. Cependant, dans le cas où l'AFA contesterait lors d'un contrôle tout ou partie des mesures prises par cette organisation, il reviendrait à cette dernière de démontrer que les choix qu'elle a faits lui permettent de satisfaire aux exigences posées par la loi.

I.4) *Principes fondamentaux*

13. Dans la suite de ces recommandations, un dispositif anticorruption désigne l'ensemble de mesures prises et procédures mises en place par une organisation pour connaître, prévenir, détecter et sanctionner tout ou partie des faits mentionnés au paragraphe 1.

1. *Principe de proportionnalité et périmètre d'intervention*

14. Ces recommandations sont adaptées par les organisations qui y ont recours en fonction de leur profil de risques, qui est affecté par différents paramètres, notamment les activités, compétences ou type de produit ou service qu'elles exercent ou fournissent, leur structure de gouvernance, leur organisation, leur taille, leur domaine ou secteur d'activité, leurs implantations géographiques, et les différentes catégories de tiers avec lesquels elles interagissent.

15. Les organisations qui exercent un contrôle sur d'autres entités s'assurent de la qualité et de l'efficacité du ou des dispositifs anticorruption déployés dans l'ensemble du périmètre qu'elles contrôlent.

2. *Trois piliers indissociables*

16. Un dispositif anticorruption repose sur trois piliers indissociables :

– premier pilier : l'engagement de l'instance dirigeante en faveur d'un exercice des missions, compétences ou activités de l'organisation exempt d'atteintes à la probité, ce qui suppose de sa part :

– d'avoir un comportement personnel exemplaire, en paroles comme en actes, en matière d'intégrité et de probité ;

– de promouvoir le dispositif anticorruption, par une communication personnelle ;

– de mettre en œuvre des moyens suffisants pour permettre d'atteindre l'effectivité et l'efficacité du dispositif ;

– d'être responsable du correct pilotage de ce dispositif ;

– de s'y conformer pour la prise des décisions qui lui reviennent en propre ;

– de s'assurer que des sanctions adaptées et proportionnées soient prononcées en cas de comportement contraire au code de conduite ou susceptible d'être qualifié d'atteinte à la probité ;

– deuxième pilier : la connaissance des risques d'atteintes à la probité auxquels l'entité est exposée, à travers l'élaboration d'une cartographie de ses risques ;

– troisième pilier : la gestion de ces risques, à travers la mise en œuvre de mesures et procédures efficaces tendant à leur prévention, à la détection d'éventuels comportements ou situations contraires au code de conduite ou susceptibles de constituer des atteintes à la probité et à la sanction de celles-ci. Cette gestion comprend également le contrôle et l'évaluation de l'efficacité desdites mesures et procédures.

Vue d'ensemble

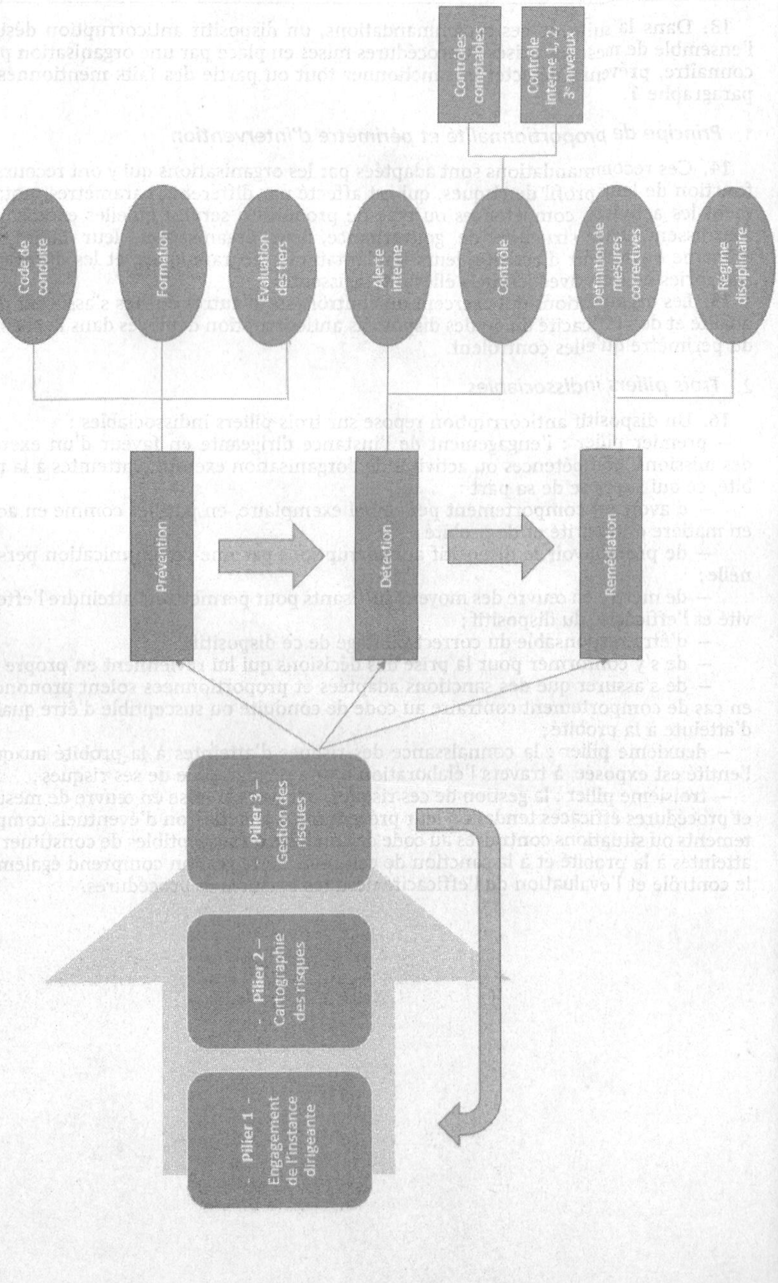

Premier pilier : l'engagement de l'instance dirigeante.

17. L'instance dirigeante s'entend des personnes placées à la tête de l'organisation et chargées de la gérer, en application de ses statuts et des normes en vigueur. Elle initie la démarche de mise en œuvre du dispositif anticorruption, valide sa conception et en assure le déploiement ainsi que le contrôle.

18. Lorsque l'instance dirigeante exerce ses fonctions sous le contrôle ou la surveillance d'un organe non exécutif, ce dernier veille à ce que les risques d'atteintes à la probité soient convenablement appréhendés par la mise en place d'un dispositif anticorruption adapté et efficace.

19. L'engagement de l'instance dirigeante en faveur d'un exercice des missions, compétences ou activités de l'organisation exempt d'atteintes la probité constitue un élément fondateur de tout dispositif anticorruption.

20. Cet engagement se manifeste non seulement par la volonté de l'instance dirigeante de prévenir et détecter toute atteinte à la probité au sein de son organisation, mais aussi par la mobilisation de moyens adaptés.

21. L'instance dirigeante déploie, selon des modalités adaptées et proportionnées au profil de risque de l'organisation qu'elle dirige, les moyens pour définir, mettre en œuvre et contrôler les mesures et procédures qui composent le dispositif anticorruption.

22. Elle est personnellement responsable de la conception, du déploiement et du contrôle du dispositif, même lorsqu'elle en confie la mise en œuvre à un collaborateur. Dans cette hypothèse, ce collaborateur doit être en mesure de lui rendre compte directement.

23. Elle s'assure que ce collaborateur, ainsi que les personnels qui l'assistent dans l'accomplissement de ses missions, disposent des connaissances nécessaires en raison de leur expérience ou de leur formation ainsi que d'un positionnement adéquat pour exercer leur mission et accéder aux informations nécessaires à l'exercice de leurs fonctions.

24. Elle s'assure également du bon fonctionnement du dispositif en place à travers l'examen des résultats des contrôles des différentes mesures et procédures du dispositif qui lui sont adressés.

25. L'instance dirigeante participe personnellement à la mise en œuvre opérationnelle de certaines mesures et procédures composant le dispositif anticorruption, à l'occasion, par exemple, de la validation de la cartographie des risques d'atteintes à la probité, de la prise de décision à l'issue de l'évaluation de certains tiers ou lorsqu'il s'agit de déterminer les sanctions à prononcer en cas de violation du code de conduite ou de faits susceptibles d'être qualifiés d'atteintes à la probité.

26. L'instance dirigeante communique sur son dispositif anticorruption en interne ainsi qu'en direction des tiers avec qui elle envisage d'entrer ou de demeurer en relation. Elle rappelle avec fermeté son engagement sans faille en faveur de l'éthique et de l'intégrité.

27. L'instance dirigeante s'assure que des sanctions adaptées et proportionnées sont prises en cas de violation avérée du code de conduite ou en présence de faits susceptibles d'être qualifiés d'atteintes à la probité.

Deuxième pilier : la cartographie des risques d'atteintes à la probité.

28. La cartographie des risques d'atteintes à la probité constitue la pierre angulaire du dispositif anticorruption, car c'est sur son fondement que sont définies les autres mesures de prévention et de détection. Elle repose sur l'identification, l'évaluation et la hiérarchisation des risques d'atteintes à la probité propres à chaque organisation.

29. Elle participe d'une approche par les risques qui nécessite, d'une part, de comprendre et d'évaluer les risques d'atteintes à la probité auxquels l'organisation est exposée et, d'autre part, de prendre des mesures et procédures adaptées et proportionnées afin de les maîtriser efficacement.

30. La cartographie des risques prend la forme d'une documentation régulièrement actualisée, destinée à permettre à l'organisation de connaître les risques d'atteintes à la probité auxquels elle est exposée.

31. Issue d'une analyse fine des processus de l'organisation, la cartographie est établie sur le fondement d'une méthode offrant l'assurance raisonnable que les risques identifiés sont le fidèle reflet de ceux auxquels l'organisation est réellement exposée ; ces risques sont évalués à leur juste niveau, correctement hiérarchisés et couverts par des plans d'actions de nature à en assurer la maîtrise.

32. Cette cartographie est validée par l'instance dirigeante après, le cas échéant, avoir été présentée à l'organe non exécutif. Cette validation doit intervenir avant qu'elle ne soit mise en œuvre et lors de chacune de ses mises à jour.

33. La cartographie des risques peut être insérée dans une cartographie couvrant un spectre plus large de risques, qui respecte elle-même les dispositions énoncées aux paragraphes 28 à 32.

Troisième pilier : mesures et procédures de maîtrise des risques d'atteintes à la probité.

Caractère systémique du dispositif anticorruption

34. La conception, le déploiement et la mise en œuvre du dispositif anticorruption doivent être adaptés aux risques préalablement identifiés, évalués et hiérarchisés par l'organisation.

35. Adaptées aux risques qu'elles ont pour objet de maîtriser, ces mesures et procédures s'articulent autour de trois objectifs : prévenir les risques, les détecter et, le cas échéant, remédier aux insuffisances constatées.

Mesures et procédures de prévention des atteintes à la probité

Le code de conduite et ses procédures/politiques annexes

36. Le code de conduite, ou tout document équivalent quelle que soit sa dénomination, précise les règles déontologiques applicables aux dirigeants, aux personnels, en définissant et illustrant, au regard de la cartographie des risques, les différents types de comportements à proscrire comme étant susceptibles de caractériser des atteintes à la probité.

37. Il est clair, sans réserve et sans équivoque.

38. Il est préfacé par l'instance dirigeante qui rappelle l'importance qu'elle attache à la lutte contre les atteintes à la probité au sein de l'organisation.

39. Dans le respect des normes applicables, le code de conduite est rendu opposable par tous moyens aux personnels de l'organisation. Lorsque l'organisation est dotée de règlement(s) intérieur(s), le code de conduite y est intégré, et fait l'objet, le cas échéant, de la procédure de consultation des instances, autorités ou services compétents.

40. D'autres politiques en matière de conduite éthique et de déontologie peuvent utilement y être intégrées ou lui être annexées, visant par exemple les cadeaux et invitations, le mécénat, le sponsoring, le lobbying, la gestion des conflits d'intérêts, les frais de représentation, les cumuls d'activités, ou toute autre procédure qui participe à la lutte contre les atteintes à la probité.

41. Le code de conduite et ses procédures et politiques annexes forment un ensemble cohérent, facilement accessible aux collaborateurs de l'organisation. Il peut utilement être communiqué aux tiers, le cas échéant, selon des modalités adaptées dans l'objectif de protéger les éventuelles informations confidentielles qu'il contient.

La sensibilisation et la formation aux risques d'atteintes à la probité

42. La sensibilisation de l'ensemble des personnels de l'organisation peut revêtir un caractère général.

43. Les cadres et les collaborateurs les plus exposés doivent, quant à eux, faire l'objet d'une formation obligatoire, adaptée à leurs métiers et aux risques auxquels ils peuvent être exposés. L'identification des bénéficiaires, comme le contenu de la formation, s'appuient sur la cartographie des risques d'atteintes à la probité.

44. Les collaborateurs bénéficiaires de cette formation doivent, à son issue, être en mesure de comprendre l'architecture du dispositif anticorruption, d'identifier les

risques auxquels ils sont spécifiquement exposés dans l'exercice de leurs missions et les mesures et procédures applicables dans de telles situations. Ces objectifs doivent être atteints, quelles que soient les modalités de la sensibilisation et de la formation retenues.

45. Des indicateurs de suivi et des tests de connaissance sont par ailleurs définis pour permettre le pilotage de ces formations.

L'évaluation de l'intégrité des tiers

46. Si elle n'est pas suffisamment vigilante sur l'intégrité des tiers avec lesquels elle est entrée ou envisage d'entrer en relation, l'organisation peut se trouver impliquée, plus ou moins directement, dans la commission d'atteintes à la probité susceptibles de ternir sa réputation, d'avoir des conséquences défavorables sur le développement de ses activités, d'engager sa responsabilité ainsi que celle de son instance dirigeante.

47. Destinée à maîtriser ces risques, l'évaluation des tiers consiste à apprécier le risque que fait courir à l'organisation sa relation avec tel ou tel tiers, qu'il s'agisse de clients, de fournisseurs et prestataires, d'intermédiaires, de sous-traitants, de titulaires de marchés publics, de concessionnaires, de délégataires, de bénéficiaires de subventions, de cibles d'acquisitions, d'usagers, de partenaires, etc., c'est-à-dire avec toute personne physique ou morale avec laquelle elle est en relation et qui peut l'exposer à des risques potentiels d'atteintes à la probité.

48. La nature et la profondeur des évaluations à réaliser et des informations à recueillir sont prédéterminées en fonction des différents groupes homogènes de tiers, c'est-à-dire présentant des profils de risques comparables, tels que la cartographie des risques permet de les dresser. Ainsi, les groupes de tiers jugés pas ou peu risqués pourront ne pas faire l'objet d'une évaluation ou faire l'objet d'une évaluation simplifiée tandis que les groupes les plus risqués nécessiteront une évaluation approfondie.

49. Les évaluations peuvent être réalisées par différents moyens, allant d'une simple recherche en source ouverte à une enquête approfondie, en passant par l'envoi d'un questionnaire d'évaluation au tiers lui-même.

50. Les évaluations réalisées permettent à l'instance dirigeante d'apprécier l'opportunité d'entrer en relation avec un tiers, de poursuivre cette relation, le cas échéant avec des mesures de vigilance adaptées, ou de la rompre si elle est déjà engagée *[sous réserve du respect des dispositions encadrant le processus considéré pour les acteurs publics]*.

51. Les tiers en relation avec l'organisation qui présentent des risques élevés font l'objet de mesures de vigilance approfondies, de nature à sécuriser les opérations concernées. La surveillance des flux financiers et de l'accomplissement effectif et conforme des missions qui leur sont confiées y contribue notamment.

52. Dans le respect du cadre légal, des clauses spécifiques peuvent par ailleurs être insérées dans les contrats, prévoyant la rupture ou le non-renouvellement de la relation d'affaires en cas de survenance de faits susceptibles de constituer des atteintes à la probité ou de refus de se conformer aux directives de l'organisation en ce domaine.

Mesures et procédures de détection des atteintes à la probité

Le dispositif d'alerte interne

53. Le dispositif d'alerte interne permet le recueil des signalements de comportements ou de situations contraires au code de conduite ou susceptibles de constituer des atteintes à la probité.

54. Sans préjuger des éventuelles règles spécifiques à tel ou tel type d'organisations susceptibles d'influer sur leur dispositif d'alerte interne, celui-ci doit être adapté à la nature des risques de l'organisation et permettre à l'auteur de l'alerte d'effectuer de bonne foi son signalement, ainsi que de garantir sa protection.

55. La gestion de ce dispositif peut être réalisée au sein de l'organisation ou sous-traitée à un tiers, sous réserve que ce tiers dispose des compétences nécessaires au bon traitement des alertes et des moyens permettant d'en préserver la confidentialité.

56. Le dispositif d'alerte peut prévoir un ou plusieurs canaux de signalement allant de la simple adresse électronique dédiée, au logiciel de gestion voire, pour certaines

organisations, à une plateforme éthique spécifique. Ils doivent être aisément accessibles aux agents ou collaborateurs de l'organisation, qu'ils soient ou non permanents. Les organisations peuvent utilement le rendre accessible aux tiers avec lesquels elles sont en relation.

57. **Le dispositif d'alerte peut également prévoir que l'auteur du signalement en réfère prioritairement à son supérieur hiérarchique. Ce dernier doit pouvoir, le cas échéant, l'orienter et le conseiller, sauf s'il est lui-même l'auteur du comportement en cause.**

58. **Le dispositif d'alerte est sécurisé et les droits d'accès sont limités aux seuls personnels autorisés à recueillir les alertes ou à les traiter.**

59. **Les alertes peuvent être lancées de manière anonyme. Le dispositif doit permettre une poursuite des échanges avec l'auteur de l'alerte tout en lui conservant le bénéfice de l'anonymat (il est par exemple envisageable de lui demander de fournir une adresse électronique qui ne permette pas son identification ou l'adresse d'une boîte postale).**

60. **L'organisation définit les modalités de traitement des alertes qu'elle reçoit, et précise notamment :**

— le référent fonctionnellement désigné pour recueillir les alertes au sein de l'organisation et, s'il est différent, le référent en charge de leur traitement ;

— les dispositions prises pour garantir la confidentialité de l'identité de l'auteur de l'alerte, des faits objets de l'alerte et des personnes qui y sont visées, y compris lorsque des vérifications ou lorsque le traitement de l'alerte nécessitent la communication avec des tiers ;

— les modalités selon lesquelles l'auteur de l'alerte fournit, le cas échéant, les informations ou documents à l'appui de son alerte ;

— en cas d'enquête interne, les informations et documents professionnels susceptibles d'être exploités dans ce cadre ;

— les dispositions prises pour informer l'auteur de l'alerte de la réception et, le cas échéant, de la recevabilité de son alerte, ainsi que du délai nécessaire à son traitement et des suites qui lui sont réservées ;

— si aucune suite n'a été donnée à l'alerte, les dispositions prises pour détruire, dans les deux mois suivant la clôture des vérifications, les éléments du dossier permettant d'identifier l'auteur de l'alerte et les personnes mises en cause ;

— si un traitement automatisé des alertes est mis en place, les dispositions prises pour en assurer la conformité au regard des normes régissant la protection des données ;

— la mise en place d'indicateurs afin d'apprécier la qualité et l'efficacité du dispositif d'alerte (notamment : nombre d'alertes reçues, classées sans suite ou traitées, délais de traitement, problématiques soulevées). Ces indicateurs sont transmis à l'instance dirigeante ainsi que les signalements les plus sensibles.

Le dispositif de contrôle

61. **L'organisation met en place un dispositif de contrôle et d'audit interne adapté et proportionné aux risques d'atteintes à la probité auxquels elle est exposée.**

62. **Ce dispositif répond à plusieurs objectifs :**

— prévenir et détecter, le cas échéant, des atteintes à la probité ;

— contrôler la mise en œuvre effective, conforme et efficace des mesures et procédures de prévention et de détection des atteintes à la probité et définir des recommandations ou mesures correctives adaptées, en vue de leur amélioration.

63. **Le dispositif de contrôle peut comprendre idéalement jusqu'à trois niveaux réalisés de façon autonome.**

64. **Le premier niveau de contrôle vise à s'assurer, au travers de contrôles préventifs réalisés avant que la décision ou l'opération ne soient mises en œuvre, que les tâches inhérentes à un processus opérationnel ou support ont été effectuées conformément aux procédures édictées par l'organisation. Les contrôles de premier niveau sont opérés par les équipes opérationnelles ou supports ou par la hiérarchie.**

65. **Les contrôles de deuxième niveau visent à s'assurer, au travers de contrôles détectifs conduits sur tout ou partie des décisions prises ou des opérations réalisées,**

selon une fréquence prédéfinie ou de façon aléatoire, de la bonne exécution des contrôles de premier niveau et du bon fonctionnement du dispositif anticorruption dans son ensemble.

66. Les contrôles de troisième niveau (ou "audits internes") sont périodiques et visent à s'assurer que le dispositif de contrôle est conforme aux exigences de l'organisation, efficacement mis en œuvre et tenu à jour. Les personnes en charge des contrôles de troisième niveau sont indépendantes. Elles sont missionnées par l'instance dirigeante et lui rendent compte directement.

67. Les résultats des contrôles de deuxième et troisième niveaux et la mise en œuvre des mesures correctives sont régulièrement transmis à l'instance dirigeante.

68. L'organisation peut insérer son dispositif de contrôle et d'audit interne du dispositif anticorruption au sein d'un dispositif couvrant un spectre plus large de risques, sous réserve de respecter les dispositions énoncées aux paragraphes 61 à 67.

69. Parmi les procédures de contrôle et d'audit interne, les procédures de contrôle et d'audit comptable peuvent constituer un instrument privilégié de prévention et de détection des atteintes à la probité.

70. Les contrôles comptables consistent à s'assurer que les livres, registres et comptes ne sont pas utilisés pour masquer des faits d'atteintes à la probité. Ces procédures ciblent les situations à risques mises en évidence dans la cartographie des risques d'atteintes à la probité. En l'absence de tels contrôles, l'organisation les définit et les déploie.

71. Sans préjuger des éventuelles normes ou réglementations spécifiques à tel ou tel type d'organisation susceptibles d'influer sur leurs contrôles comptables, la séparation des responsabilités entre la vérification du service fait, la demande de mise en paiement, l'autorisation de mise en paiement et la mise en paiement effective contribue à la prévention des atteintes à la probité.

72. Idéalement, l'organisation met en place trois niveaux de contrôle comptable, selon les mêmes modalités que celles du contrôle interne, définies *supra* : les contrôles comptables de premier et second niveaux et les audits comptables.

73. Ces contrôles comptables peuvent être réalisés soit par les services de contrôle comptable et financier propres à l'organisation, soit par un auditeur externe disposant des compétences nécessaires à leur bonne réalisation.

74. L'organisation peut insérer son dispositif de contrôle et d'audit comptable destiné à prévenir et détecter les atteintes à la probité au sein d'un dispositif de contrôle et d'audit comptable général sous réserve de respecter les dispositions énoncées aux paragraphes 69 à 73.

La gestion des insuffisances constatées

75. Les insuffisances constatées à l'occasion, notamment, des contrôles réalisés, donnent lieu à la définition de mesures correctives, qui peuvent s'inscrire dans le cadre d'un plan d'actions.

76. Les plans d'actions ainsi définis rappellent les insuffisances constatées, détaillent les actions correctives à mener, désignent les personnes responsables de leur mise en œuvre et fixent les délais dans lesquels elles doivent y procéder.

77. L'état d'avancement de ces plans d'action fait l'objet d'un suivi régulier dont les résultats sont transmis à l'instance dirigeante.

78. En cas de non-respect du code de conduite ou de ses éventuelles annexes ou de survenance de faits susceptibles d'être qualifiés d'atteintes à la probité, l'instance dirigeante prend des sanctions adaptées aux comportements constatés.

79. Les sanctions prononcées sont recensées afin d'identifier leurs causes et d'éviter leur réitération.

80. L'instance dirigeante communique au sein de son entité sur les faits constatés et les sanctions ainsi prononcées, en respectant le principe de l'anonymat et en veillant à ce que les personnes sanctionnées ne soient pas aisément identifiables.

81. Lorsque l'instance dirigeante n'a pas, compte tenu de sa qualité, l'obligation de mettre en œuvre les dispositions de l'article 40 du code de procédure pénale en informant l'autorité de poursuite compétente des atteintes qui seraient de nature à

constituer une infraction pénale, elle demeure libre de le faire si elle l'estime opportun, ainsi que de déposer plainte, le cas échéant.

Assurer la conservation et l'archivage des mesures et procédures et de leur méthode d'élaboration

82. Dans le respect des normes régissant la protection des données, et de celles relatives aux fichiers et aux libertés, l'organisation met en place un dispositif de conservation et d'archivage des documents et informations qui composent son dispositif anticorruption, afin d'en assurer l'auditabilité. Cette précaution est d'autant plus nécessaire lorsque les méthodes retenues par les organisations mentionnées au paragraphe 7 ne correspondent pas à celles proposées par les présentes recommandations.

83. Les méthodes suivies par l'organisation dans le cadre de l'élaboration de son dispositif anticorruption ou de ses mises à jour sont également conservées et archivées.

84. Ces documents et informations sont conservés selon des durées qui varient en fonction de la nature des informations contenues. En l'état de la législation et notamment du règlement général sur la protection des données (RGPD), une organisation ne peut pas conserver des données personnelles de manière illimitée. Les déclinaisons des dispositions générales ci-dessous précisent ce point.

II Déclinaison des dispositions générales aux entreprises assujetties à l'article 17 de la loi

85. Les dispositions qui suivent déclinent et précisent, pour les entités soumises à l'article 17 de la loi, les dispositions énoncées aux paragraphes 13 à 84 des présentes recommandations.

86. En application du I de l'article 17 de la loi, les dirigeants des organisations énumérées au paragraphe 93, dénommées ci-après "entreprises", sont tenus de "prendre les mesures et procédures destinées à prévenir et détecter la commission, en France ou à l'étranger, des faits de corruption et de trafic d'influence".

87. Les mesures et procédures énumérées au II de l'article 17 ne visent donc qu'à la prévention de deux des six infractions énumérées à l'article 1 de la loi, la corruption et le trafic d'influence. Au regard de ces dispositions, la prévention et la détection de ces deux infractions peuvent être envisagées par la mise en œuvre de mesures et procédures identiques, puisque ces délits recouvrent strictement les mêmes réalités en termes d'éléments matériels constitutifs et ne se distinguent, dans leur aspect passif, que par la qualité de leur auteur.

88. Au-delà de ce que prévoit la loi, il est conseillé que le dispositif anticorruption d'une entreprise appréhende plus largement d'autres risques non expressément prévus par le texte, mais qui pourraient constituer les prémices ou la conséquence de ceux prévus par la loi ; c'est le cas en particulier des infractions de faux ou d'abus de biens sociaux qui justifient en particulier les contrôles comptables ou des infractions de recel ou de blanchiment de l'ensemble des faits visés à l'article 1 de la loi.

89. Sauf indication contraire, les infractions mentionnées au paragraphe 87 seront dénommées indistinctement "corruption" dans la suite du II des présentes recommandations.

90. Les sociétés d'économie mixte et les établissements publics industriels et commerciaux qui atteignent les seuils définis à l'article 17 restent aussi assujettis aux obligations définies par le 3° de l'article 3 de la loi. Par conséquent, au-delà des risques de corruption et de trafic d'influence, leur dispositif anticorruption doit impérativement couvrir les risques de concussion, de prise illégale d'intérêt, de détournement de fonds publics et de favoritisme.

91. Les entreprises qui exercent un contrôle sur d'autres entités (par exemple : filiales, succursales, agences) sont invitées à mettre en place des procédures et un contrôle interne visant à s'assurer de la qualité et de l'efficacité du ou des dispositifs anticorruption déployés dans l'ensemble du périmètre qu'elles contrôlent.

II.1) *Premier pilier : l'engagement de l'instance dirigeante*

92. L'article 17 de la loi impose à l'instance dirigeante "(...) de prendre les mesures destinées à prévenir et détecter la commission, en France ou à l'étranger, de faits de corruption ou de trafic d'influence selon les modalités prévues au II". A défaut, sa responsabilité peut être engagée devant la commission des sanctions de l'AFA. Il est donc dans son intérêt de veiller à la mise en œuvre d'un dispositif anticorruption adapté sur l'ensemble du périmètre d'intervention de l'entreprise.

1. *Définition de l'instance dirigeante*

93. Constituent l'instance dirigeante, au sens du I de l'article 17 de la loi, les personnes suivantes :

— les présidents, les directeurs généraux et les gérants de sociétés ayant leur siège social en France, employant au moins cinq cents salariés et dont le chiffre d'affaires est supérieur à 100 millions d'euros ;

— les présidents, des directeurs généraux et des gérants de sociétés appartenant à un groupe de sociétés dont la société mère a son siège social en France, dont l'effectif comprend au moins cinq cents salariés et dont le chiffre d'affaires consolidé est supérieur à 100 millions d'euros ;

— les présidents et directeurs généraux d'établissements publics à caractère industriel et commercial employant au moins cinq cents salariés, ou appartenant à un groupe public dont l'effectif comprend au moins cinq cents salariés, et dont le chiffre d'affaires ou le chiffre d'affaires consolidé est supérieur à 100 millions d'euros ;

— les membres du directoire des sociétés anonymes régies par l'article L. 225-57 du code de commerce et employant au moins cinq cents salariés, ou appartenant à un groupe de sociétés dont l'effectif comprend au moins cinq cents salariés, et dont le chiffre d'affaires ou le chiffre d'affaires consolidé est supérieur à 100 millions d'euros.

94. Un "groupe de sociétés" doit être entendu comme désignant l'ensemble formé par une société et ses filiales au sens de l'article L. 233-1 du code de commerce ou comme l'ensemble formé par une société et celles qu'elle contrôle au sens de l'article L. 233-3 du même code.

95. Si les membres des conseils d'administration ou autres organes de contrôle ou de surveillance ne sont pas visés, dans leur ensemble, par cette définition, ils s'assurent, dans le cadre de leur mission de surveillance des activités de l'entreprise, de l'existence, de la pertinence et de l'efficacité des mesures prises par les dirigeants afin de se conformer à leurs obligations légales. Pour ce faire, dans les sociétés dotées de tels organes, l'AFA recommande que le dispositif anticorruption et ses actualisations leur soient périodiquement présentés afin qu'ils disposent de toutes les informations nécessaires pour veiller à la conformité de l'entreprise à l'article 17 de la loi.

2. *Responsabilité de l'instance dirigeante*

96. L'instance dirigeante s'engage à mettre en œuvre une politique de tolérance zéro à l'égard de tout fait de corruption, promeut et diffuse la culture de la conformité anticorruption au sein de l'entreprise et vis-à-vis des tiers, en érigeant la prévention et la détection des faits de corruption à un niveau prioritaire. Ceci constitue un élément fondateur de la démarche de prévention et de détection de la corruption.

97. La mise en place du dispositif anticorruption incombe à l'instance dirigeante qui peut, le cas échéant, en déléguer la mise en œuvre opérationnelle à un responsable de la conformité anticorruption, désigné ci-après "responsable de la conformité".

98. L'instance dirigeante définit la stratégie de gestion des risques et s'assure de sa mise en œuvre. A cet égard, elle veille à formaliser l'approbation du dispositif et en particulier de la cartographie des risques de corruption. Elle s'assure de la mise en place d'un plan d'actions y afférent et des moyens adaptés pour l'exécuter et pour en assurer le suivi régulier. L'instance dirigeante vérifie, au moyen d'indicateurs et

de rapports de contrôle et d'audit, que le dispositif anticorruption est organisé, efficace et à jour.

99. Au-delà de la mise en œuvre des mesures et procédures qui composent le dispositif anticorruption, l'instance dirigeante est invitée à veiller à l'intégration de mesures anticorruption aux procédures et politiques à risque, au sein, par exemple, de sa gestion des ressources humaines, de sa politique commerciale ou d'achat :

– En matière de gestion des ressources humaines, l'instance dirigeante veille à ce que :

– le processus de recrutement et de nomination des cadres et des personnels les plus exposés inclut l'évaluation de leur intégrité ;

– les initiatives des managers pour promouvoir la prévention et la détection de faits de corruption auprès de leurs équipes sont encouragées et valorisées. Par exemple, le respect des mesures de prévention de la corruption peut être pris en compte dans la fixation de leurs objectifs annuels et l'évaluation de leur performance ;

– En matière de politique commerciale, l'instance dirigeante est invitée à veiller à ce que l'octroi de remises commerciales, rabais et ristournes aux clients ne soit pas utilisé à des fins corruptives ;

– La mise en concurrence des fournisseurs participe enfin de la maîtrise des risques inhérents à la fonction achats.

100. L'instance dirigeante s'assure qu'un régime disciplinaire est mis en place et que des sanctions adéquates soient prises en cas de faits de corruption.

3. *Moyens dédiés*

101. La mise en œuvre d'un dispositif anticorruption nécessite des moyens humains et financiers proportionnés au profil de risque de l'entreprise, mis à disposition par l'instance dirigeante.

102. Ces moyens doivent couvrir notamment :

– l'équipe chargée de la conformité anticorruption ;

– le recours à des conseils ou prestataires externes, le cas échéant ;

– la mise en place d'outils tels que des outils d'évaluation de l'intégrité des tiers, d'alerte interne, de gestion des risques, de monitoring, d'*e-learning*, etc. ;

– la gestion de la formation anticorruption ;

– la production de rapports et d'évaluations périodiques.

Le responsable de la conformité

103. La désignation du responsable de la conformité peut faire l'objet d'une communication spécifique à l'ensemble des personnels et être formalisée par une lettre de mission de l'instance dirigeante précisant :

– les missions confiées, qui tiennent compte des choix stratégiques et organisationnels retenus et des caractéristiques de l'entreprise (notamment : modèle économique, secteur d'activité, taille) ;

– les éléments qui garantissent l'indépendance du responsable de la conformité à travers son positionnement dans l'organigramme et les modalités d'accès à l'instance dirigeante, au conseil d'administration et aux comités spécialisés qui en émanent ;

– l'articulation avec les autres fonctions de l'entreprise et les autres domaines de la conformité ;

– l'organisation de la fonction conformité anticorruption dans l'entreprise, notamment les moyens matériels et humains qui y sont consacrés.

104. L'instance dirigeante s'assure que le responsable de la conformité dispose des moyens lui permettant de réaliser ses missions, de coordonner les fonctions concernées et de lui rendre compte.

105. Dans le cas d'une entreprise structurée autour d'une entité centrale de type maison-mère et filiales, il est recommandé de nommer un responsable de la conformité au niveau central et des référents par exemple par filiale, par pays ou par unité opérationnelle.

106. Ce responsable peut inciter à la mise en œuvre du dispositif anticorruption dans les filiales, et les assister dans cet exercice, au moyen notamment de la diffusion

de méthodologies et de politiques communes, à adapter le cas échéant en fonction des contraintes locales (taille, risques propres identifiés, options retenues dans l'organisation de la fonction conformité, réglementations, etc.).

107. Le responsable de la conformité peut constituer avec ses interlocuteurs conformité de l'entreprise un réseau conformité anticorruption, afin d'aider à la conception, au déploiement et au contrôle du ou des dispositifs anticorruption. Ce réseau, qui facilite notamment la remontée de questions et, le cas échéant, d'alertes ainsi que des retours d'expérience, participe à l'amélioration du ou des dispositifs anticorruption de l'entreprise.

108. L'instance dirigeante veille à ce que le responsable de la conformité bénéficie à tout moment de :

— un accès à toute information utile à l'exercice de ses fonctions, lui permettant de disposer d'une image fidèle de l'activité de l'entreprise ;

— l'indépendance de son action vis-à-vis des autres fonctions de l'entreprise et la capacité à influer réellement sur ces dernières ;

— un accès à l'instance dirigeante, afin d'en obtenir l'écoute et le soutien.

109. Indépendamment de son positionnement dans l'organigramme, il est primordial que le responsable de la conformité entretienne un lien direct et régulier avec l'instance dirigeante, ainsi qu'un accès facilité au conseil d'administration.

110. Au-delà de ses missions récurrentes, le responsable de la conformité est associé à la mise en œuvre des projets stratégiques et aux prises de décisions structurantes de l'entreprise, tels que, par exemple, la conclusion de nouveaux contrats, les fusions-acquisitions, les investissements majeurs, la prospection ou la constitution d'un partenariat, la conception et la commercialisation de nouveaux produits ou services.

111. L'indépendance du responsable de la conformité ne signifie pas pour autant l'absence de contrôle. A cet effet, il rend compte à l'instance dirigeante de son activité.

112. L'instance dirigeante s'assure que le responsable de la conformité dispose des compétences requises, notamment :

— de la capacité à exercer une fonction transverse ;

— d'une connaissance des réglementations liées à la conformité anticorruption, ainsi que des activités de l'entreprise et des techniques de gestion des risques. Cette connaissance peut avoir été acquise par le suivi de formations ou résulter de l'expérience professionnelle.

Une politique de communication interne et externe adaptée

113. L'entreprise communique largement sur sa politique de prévention et de détection de la corruption, auprès de l'ensemble de son personnel.

114. Adaptée à sa structure et à ses activités, la communication interne du dispositif anticorruption porte nécessairement sur le code de conduite, la formation anticorruption et le dispositif d'alerte interne.

115. L'entreprise communique également, selon des modalités adaptées, sa politique anticorruption aux partenaires extérieurs, dans l'objectif de protéger son personnel de sollicitations indues.

II.2) *Deuxième pilier : la cartographie des risques*

116. Aux termes du 3° du II de l'article 17 de la loi, la cartographie des risques "[prend] la forme d'une documentation régulièrement actualisée et destinée à identifier, analyser et hiérarchiser les risques d'exposition de la société à des sollicitations externes aux fins de corruption, en fonction notamment des secteurs d'activité et des zones géographiques dans lesquels la société exerce son activité."

117. La lecture combinée des différentes dispositions de l'article 17 et notamment de son I, implique que les entreprises qui y sont soumises doivent réaliser une cartographie couvrant non seulement les risques de corruption comme le précise le texte, mais également ceux de trafic d'influence. Une autre interprétation, qui procéderait d'une lecture littérale du seul 3° de son II, priverait le dispositif global de son efficacité puisque les autres mesures, qui toutes procèdent de cette cartographie, prévoient

implicitement (code de conduite, procédures de contrôle comptable, dispositif de formation) ou explicitement (dispositif d'alerte, procédures d'évaluation des tiers, etc.) qu'elles ont aussi pour objet de prévenir et de détecter le trafic d'influence.

118. Indispensable instrument de la connaissance des risques de corruption, une cartographie permet aux entreprises d'engager et de formaliser une réflexion en profondeur pour créer les conditions d'une meilleure maîtrise de ces risques. La cartographie est mise en œuvre dans l'objectif de se prémunir contre les conséquences réputationnelles, juridiques, humaines, économiques et financières que pourrait générer leur réalisation.

119. L'établissement de la cartographie des risques de corruption nécessite :

– de *disposer d'une connaissance étendue de l'entreprise* et de ses activités, dont les processus *[Dans le cadre des présentes recommandations, la notion de processus s'entend d'un ensemble de tâches corrélées ou en interaction qui visent à la satisfaction d'un besoin managérial, opérationnel ou support.]* managériaux, opérationnels et support que ces activités nécessitent de mettre en œuvre. Cette connaissance est la condition préalable à l'analyse fine des processus qui apporte une assurance raisonnable que la cartographie reflète fidèlement les risques auxquels l'entreprise est réellement exposée lorsqu'elle interagit avec des tiers. Chaque entreprise établit sa propre cartographie des risques, qui lui est spécifique, et ne peut en conséquence être appliquée en l'état à une autre entreprise ;

– d'*identifier les rôles et responsabilités* des acteurs concernés de l'entreprise, quel que soit leur niveau.

1. *Objectifs de la cartographie des risques*

120. La cartographie des risques procède d'une analyse objective, structurée et documentée des risques de corruption auxquels une entreprise est exposée dans le cadre de ses activités. Elle résulte de l'analyse de l'ensemble des processus de l'entreprise qui la conduisent à interagir avec les tiers, ainsi que de l'identification des risques de corruption, et ce à chaque stade de ces processus.

121. Elle donne à l'instance dirigeante la visibilité nécessaire pour mettre en œuvre les mesures de prévention et de détection efficaces, proportionnées aux enjeux qu'elle a permis d'identifier et adaptées aux activités de l'entreprise concernée.

121. La cartographie des risques permet à l'entreprise de gérer efficacement ses risques à travers les mesures et procédures de prévention, de détection et de remédiation développées ci-dessous. Réciproquement, les enseignements tirés de la mise en œuvre de ces mesures et procédures sont pris en compte pour établir et mettre à jour la cartographie des risques de corruption. L'ensemble de ces interactions s'inscrit ainsi dans une approche systémique de la cartographie des risques de corruption et des mesures et procédures conçues et mises en œuvre pour les gérer.

2. *Caractéristiques de la cartographie des risques*

123. La *cartographie des risques est complète* dans la mesure où :

– d'une part, elle couvre les processus managériaux, opérationnels et support mis en œuvre par les entreprises dans le cadre de leurs interactions avec leurs tiers. Elle appréhende les risques de corruption en prenant en compte les particularités de chaque entreprise, notamment : secteurs d'activité, zones géographiques, contexte concurrentiel et réglementaire, typologies de tiers, modèle de revenus, chaîne de valeur, métiers et processus, organisation interne de l'entreprise, circuits de décision ;

– d'autre part, elle couvre le périmètre d'intervention de l'entreprise. Ainsi, lorsque l'entreprise exerce un contrôle de droit ou de fait sur d'autres entités, à l'instar d'une maison-mère sur ses filiales, elle établit sa cartographie en prenant en compte les risques inhérents aux activités des entreprises contrôlées. A cet effet, celles-ci communiquent leur cartographie des risques de corruption et les plans d'actions associés à la maison-mère qui en suit périodiquement la réalisation. Ces cartographies peuvent utilement être agrégées au sein de celle de l'entreprise-mère.

Cette dernière a ainsi une vision globale des risques encourus par ses différentes entités et des plans d'action associés.

124. La *cartographie des risques est formalisée*, c'est-à-dire qu'elle prend la forme d'une documentation écrite et structurée, qui décrit en détail les méthodes retenues pour son élaboration, les mesures prises pour maîtriser les risques, ainsi que les rôles et responsabilités des différentes personnes parties prenantes.

125. En fonction des activités et de l'organisation de l'entreprise, la cartographie peut être organisée, par exemple, par métier, par processus, par entité ou par zone géographique.

126. La cartographie des risques doit être un outil de pilotage des risques ; elle doit également faciliter l'appréciation, par des personnes extérieures à l'entreprise, de la pertinence du dispositif anticorruption (notamment en cas de contrôle administratif ou de procédure judiciaire).

127. La *cartographie des risques est évolutive* eu égard à la nécessité de réévaluer les risques de manière périodique, en particulier chaque fois qu'une évolution notable se produit dans l'entreprise. A la faveur de son actualisation, la cartographie participe d'un processus d'amélioration continue permettant aux entreprises de renforcer la maîtrise de leurs risques.

3. *Les différentes étapes de mise en place d'une cartographie des risques*

128. La cartographie des risques procède d'une analyse objective, structurée et documentée des risques de corruption auxquels une entreprise est exposée dans le cadre de ses activités. La description fait ressortir l'impact potentiel des risques (gravité) et leur probabilité d'occurrence (fréquence), les éléments susceptibles de les accroître (facteurs aggravants) ainsi que les réponses apportées dans le cadre du dispositif de maîtrise des risques existant ou à apporter dans le cadre d'un plan d'actions.

129. Dans ce contexte, afin d'identifier, d'évaluer et de gérer les risques de corruption, il est recommandé de respecter les étapes ci-après.

130. Pour les entreprises ayant déjà conduit des travaux de cartographie des risques dans un cadre plus large ou sur d'autres types de risques que ceux de corruption, ces démarches préexistantes peuvent être capitalisées.

1re étape : rôles et responsabilités des parties prenantes à la cartographie des risques.

131. Au sein des entreprises, les rôles et responsabilités peuvent utilement être répartis comme suit :

— *l'instance dirigeante* promeut l'exercice de cartographie des risques et donne les moyens de sa mise en œuvre au responsable de la conformité. Elle valide la stratégie de gestion des risques mise en œuvre sur son fondement et s'assure de la mise en œuvre du plan d'actions retenu.

— *le responsable de la conformité* coordonne l'élaboration de la cartographie des risques, en accompagnant l'entreprise dans le recensement des processus, dans l'identification des risques de corruption, dans l'évaluation et la hiérarchisation de ces risques et dans la définition et la mise en œuvre de mesures concourant à leur maîtrise. Le responsable de la conformité est chargé d'établir la cartographie des risques de corruption, qu'il communique à l'instance dirigeante à chacune de ses mises à jour ainsi que le suivi du plan d'actions.

— *les responsables des processus décisionnels*, opérationnels, comptables et autres activités support contribuent, tous et chacun à leur place, à l'élaboration et à la mise à jour de la cartographie des risques. Ils sont responsables de l'identification des risques spécifiques à leurs activités conformément aux procédures anticorruption en vigueur dans l'entreprise.

— *le responsable en charge de la maîtrise des risques*, quand l'entreprise en dispose, contribue également à la définition de la méthodologie utilisée pour identifier, analyser, hiérarchiser et gérer les risques de corruption. Sur ce point, le responsable de la conformité et le responsable de la gestion des risques travaillent en étroite collaboration. La cartographie des risques de corruption peut être réalisée en même temps qu'une cartographie concernant d'autres risques (opérationnels, comptables, de fraude, etc.) afin d'optimiser les ressources mobilisées. Il est alors important de bien distinguer, dans l'exercice de cartographie, entre les risques de corruption et les autres.

— *les personnels*, forts de leur expérience pratique des processus de l'entreprise, apportent leur contribution à l'exercice de cartographie en rendant compte des facteurs spécifiques aux fonctions exercées et aux risques encourus afin qu'en soient tirées les conséquences sur l'identification, l'évaluation et la hiérarchisation des risques.

132. L'entreprise, lors de l'élaboration de sa cartographie, veille à appréhender les risques inhérents aux activités exercées par l'ensemble des personnels travaillant dans la structure, quel que soit leur statut, y compris celles des dirigeants, des administrateurs et des gérants.

2e étape : identification des risques inhérents aux activités de l'entreprise (recensement des processus et scénarios de risques).

133. L'identification des risques de l'entreprise s'appuie sur *une analyse fine de ses processus* :

— dans une première étape, l'entreprise pourra établir un recensement de ces processus sur la base des activités qu'elle exerce, le cas échéant sur le fondement d'une cartographie des processus préexistante. A ce stade, l'entreprise s'attache à ne pas préjuger des résultats de la cartographie des risques en dressant *a priori* une liste de processus jugés les plus représentatifs ou les plus exposés aux risques ;

— dans une seconde étape et sur la base du recensement des processus, l'entreprise organise des échanges, notamment au moyen d'ateliers, d'entretiens, de l'envoi de questionnaires, avec des personnels de tous niveaux hiérarchiques et issus de l'ensemble de l'entreprise. Ces personnels sont choisis pour leur maîtrise opérationnelle de ces processus, afin d'identifier les scénarios de risques auxquels l'entreprise est exposée dans le cadre de ses activités, le cas échéant attachés à certains métiers, filiales ou zones géographiques notamment.

134. Il s'agit de procéder à un état des lieux précis permettant d'identifier, de manière circonstanciée et documentée, *les scénarios de risques propres à l'entreprise*. Si une liste de risques préétablie peut constituer un des supports sur lesquels s'appuie la réflexion menée lors des échanges susmentionnés, elle ne saurait pré déterminer la nature, le nombre et la classification des scénarios de risque retenus à l'issue des échanges.

135. Ces échanges permettent la libre expression des participants et font l'objet de synthèses écrites qui précisent notamment l'ensemble des scénarios et facteurs de risque identifiés.

136. Les scénarios de risques sont identifiés en tenant compte de l'environnement dans lequel s'inscrit l'entreprise, qui peut notamment être affecté par :

— les pays dans lesquels l'entreprise déploie ses activités ;

— les secteurs d'activité ;

— la nature des opérations, notamment les d'opérations stratégiques (opérations de fusions-acquisitions, cessions d'actifs, association avec un nouveau partenaire stratégique, etc.) ;

— la nature du tiers, son secteur d'activité, la nature des relations (directe ou indirecte), la présence de personnes politiquement exposées, le degré de dépendance économique ;

— la durée du cycle de vente et la pression concurrentielle, les modalités de rémunération des commerciaux ;

— les conditions et les moyens de paiement ;

— l'historique des incidents constatés au sein de l'entreprise : doivent notamment être pris en compte les incidents que les audits internes ou le dispositif d'alerte interne ont permis de révéler, qui ont, le cas échéant, donné lieu à l'application du régime disciplinaire ;

— les faits ayant donné lieu à des décisions juridictionnelles concernant des entreprises aux risques comparables.

3e étape : évaluation des risques bruts.

137. Cette étape vise à évaluer le niveau de vulnérabilité de l'entreprise pour chaque scénario de risque identifié à l'étape précédente. Il s'agit ici d'identifier les risques "bruts" auxquels l'entreprise est exposée, c'est-à-dire les risques considérés en amont des moyens de maîtrise mis en œuvre.

138. Ce niveau de vulnérabilité est évalué au moyen des trois indicateurs suivants : l'impact, la fréquence et les facteurs aggravants.

139. Une analyse de l'impact de chaque scénario de risque identifié est menée. Cet impact peut être réputationnel, financier, économique ou juridique. Un même scénario de risque peut naturellement cumuler plusieurs types d'impacts.

140. Une probabilité d'occurrence est déterminée à l'aide des informations les plus complètes et les plus adaptées à la spécificité du risque identifié (exemple : historique des incidents).

141. L'appréciation des facteurs jugés aggravants est réalisée par l'application de coefficients de gravité. Par exemple, dans la situation des entreprises développant leurs activités à l'international, ce coefficient permet de prendre en compte, au stade de l'évaluation des risques bruts, l'incidence de l'implantation géographique.

142. Les échanges organisés pour identifier les risques peuvent utilement conduire à leur évaluation. Qu'elle s'appuie ou pas sur ces échanges, l'évaluation des risques bruts est conduite sur le fondement d'une méthodologie homogène : l'entreprise veille notamment à ce que les évaluations des risques bruts émanant des différents métiers, filiales ou zones géographiques puissent être agrégées de manière cohérente.

4e étape : évaluation des risques nets ou résiduels.

143. Cette étape vise à évaluer le *niveau de maîtrise des risques par l'entreprise* afin de déterminer les risques "nets" ou "résiduels" auxquels elle est exposée. Il s'agit donc de réévaluer les scénarios de risques "bruts" en prenant en considération les moyens de maîtrise des risques déjà existants et mis en œuvre.

144. Il convient, à ce stade d'élaboration de la cartographie, d'évaluer l'efficacité des mesures de maîtrise des risques existantes en s'appuyant notamment sur les audits réalisés.

145. Idéalement, le recensement des moyens de maîtrise des risques déjà existants et mis en œuvre est réalisé à l'occasion des échanges avec le personnel, conduits dans le cadre de l'identification des risques inhérents aux activités de l'entreprise (2e étape). L'évaluation de l'efficacité de ces mesures et ce faisant des risques nets ou résiduels est faite par le responsable de la conformité, en lien si nécessaire avec les responsables des fonctions de l'entreprise concernées et avec l'appui éventuel de l'audit interne et du responsable de la maîtrise des risques, quand l'entreprise possède une telle fonction.

5e étape : hiérarchisation des risques nets ou résiduels et élaboration du plan d'actions.

146. Une fois les risques "nets" ou "résiduels" évalués, *un classement par niveau des scénarios de risques apparaît.*

147. Lorsque ces scénarios de risques présentent une évaluation nette de même niveau et si l'entreprise juge utile de les départager pour prioriser les actions à mettre en œuvre, elle peut les hiérarchiser au moyen d'une méthode objective adaptée à ses activités spécifiques, reposant sur la combinaison de plusieurs critères comme le risque-pays, le chiffre d'affaires, la nature et le type de relations avec les tiers.

148. Cette hiérarchisation des risques permet de distinguer les risques pour lesquels le niveau de maîtrise est considéré comme suffisant de ceux pour lesquels l'instance dirigeante souhaite améliorer la maîtrise, au moyen notamment d'un renforcement du contrôle interne.

149. Une fois cette limite d'acceptabilité fixée et documentée, il s'agit de déterminer, dans le cadre de la stratégie de gestion des risques, les mesures à mettre en œuvre afin de les maîtriser.

150. Sur la base de ces éléments, un *plan d'actions* est élaboré. Son calendrier et ses modalités de mise en œuvre, ainsi que son suivi et les modalités de compte rendu associés, sont confiés à la responsabilité d'acteurs précisément désignés. L'établissement, la formalisation et le suivi de ce plan d'actions constituent une condition de l'efficacité de la cartographie des risques.

6e étape : formalisation, mise à jour et archivage de la cartographie des risques.

151. L'ensemble des éléments précités constitue la cartographie des risques. Sa présentation participe de son appropriation comme outil de pilotage des risques de corruption. Elle peut être, au choix de l'entreprise, organisée par métier, par processus, par entité ou par zone géographique. Elle est accompagnée d'une annexe décrivant les modalités de son élaboration et la méthodologie d'identification, d'évaluation, de hiérarchisation et de gestion des risques.

152. La nécessité éventuelle d'actualiser la cartographie est appréciée chaque année.

153. La mise à jour de la cartographie peut opportunément permettre à l'entreprise d'adapter sa méthodologie ou d'adopter une nouvelle méthodologie pour que la cartographie qui en sera issue offre l'assurance raisonnable que les risques identifiés reflètent fidèlement les risques auxquels elle est réellement exposée, soient évalués à leur juste niveau et correctement hiérarchisés.

154. Il convient de conserver les éléments suivants, qui permettent d'apprécier la mise en œuvre effective de la cartographie :

— la trace des échanges avec les personnels concernés (calendriers, notes, synthèses écrites) ;

— la méthode de calcul des risques "bruts", ainsi que les définitions retenues ;

— la méthode de calcul des risques "nets" ou "résiduels", ainsi que les définitions retenues ;

— Les procédures d'identification et de classification des risques ;

— les différentes versions des cartographies présentées aux instances dirigeantes, leur validation et les plans d'actions validés y afférents ;

— les comptes rendus des différents comités dédiés.

155. Les différentes versions des cartographies, ainsi que leur piste d'audit, sont datées, référencées et archivées.

II.3) *Troisième pilier : la gestion des risques*

A. *Prévention des risques*

1. *Code de conduite*

156. Le 1° du II de l'article 17 de la loi dispose que les personnes mentionnées au I mettent en œuvre "un code de conduite définissant et illustrant les différents types de comportements à proscrire comme étant susceptibles de caractériser des faits de corruption ou de trafic d'influence. Ce code de conduite est intégré au règlement intérieur de l'entreprise et fait l'objet, à ce titre, de la procédure de consultation des représentants du personnel prévue à l'article L. 1321-4 du code du travail."

Définition et objectifs

157. Le code de conduite, quelle que soit la dénomination qui lui est donnée par l'entreprise, est un document qui manifeste la décision de l'instance dirigeante d'engager l'entreprise dans une démarche de prévention et de détection des faits de corruption.

158. Il recueille les engagements et principes de l'entreprise en cette matière. Il définit et illustre les différents types de comportements à proscrire comme étant susceptibles de caractériser des faits de corruption.

Champ d'application et communication

159. Le code de conduite est applicable et opposable à l'ensemble des personnels de l'entreprise.

160. En tant qu'instrument de bonne gouvernance, le code de conduite est applicable partout où l'entreprise exerce une activité, y compris à l'étranger. Il peut être commun à l'ensemble des entités d'une même entreprise à la condition que ce choix n'entrave pas son efficacité. Lorsque l'entreprise exerce une activité à l'étranger, il est conseillé d'y prévoir une déclinaison du code de conduite tenant compte, le cas échéant, des spécificités juridiques locales, pouvant parfois se matérialiser par l'application de normes anticorruption différentes. De même, lorsque l'entreprise exerce des activités sensiblement variées avec des risques de corruption spécifiques, il peut être opportun pour l'entreprise de décliner son code de conduite au niveau de ses entités ou de ses unités opérationnelles.

161. Les autres collaborateurs amenés à travailler avec l'entreprise et qui sont soumis à son règlement intérieur doivent respecter le code de conduite.

162. S'agissant des tiers, le code de conduite peut utilement leur être communiqué, sous réserve d'adaptations rendues nécessaires pour protéger les éventuelles informations confidentielles qu'il contient. Il est recommandé d'imposer aux tiers le respect de ce document, par une clause contractuelle.

Processus d'élaboration et de validation

163. Le code de conduite est préparé conjointement par le responsable de la conformité et les personnes qualifiées de l'entreprise.

164. Il est validé par l'instance dirigeante qui en assure le portage, par exemple en préfaçant son introduction. Il favorise ainsi au sein de l'entreprise le développement d'une culture de la conformité, de l'éthique, de l'intégrité et de la probité, dont chacun peut se prévaloir dans sa relation professionnelle.

165. L'instance dirigeante promeut le code de conduite et en applique scrupuleusement les principes. Son exemplarité est essentielle à la bonne appropriation et application du code de conduite par les personnels.

L'interdépendance du code de conduite avec d'autres documents

166. Le code de conduite peut renvoyer à des fiches "opérationnelles" (ou "processus", ou "procédures" relatives à la politique cadeau ou la gestion des conflits d'intérêts par exemple) qui, sans faire partie du code lui-même, définissent, sur la base de la cartographie des risques, le détail opérationnel des comportements à respecter afin de maîtriser les situations à risque. Il importe que l'ensemble de ces documents constituent un ensemble cohérent, clairement articulé et dont la lisibilité et l'accessibilité soient assurées pour l'ensemble des collaborateurs.

167. Il est par ailleurs possible d'intégrer le code de conduite dans un dispositif "d'éthique" (du type charte éthique) au périmètre plus large que la stricte lutte anticorruption, à la condition d'en permettre la parfaite lisibilité dans sa présentation.

L'articulation du code de conduite avec le règlement intérieur

168. Dans les entreprises dans lesquelles il existe un règlement intérieur, le code de conduite y est intégré.

169. Lorsque l'entreprise n'est pas soumise à l'obligation de disposer d'un règlement intérieur, en France ou à l'étranger, le code de conduite est remis aux membres du personnel ou leur est rendu accessible, selon les modalités déterminées par l'entreprise et dont elle devra conserver la trace.

Contenu

170. Le code de conduite a vocation à être rédigé postérieurement à l'élaboration de la cartographie des risques, dans la mesure où il décrit les comportements à proscrire à partir des risques identifiés.

171. Le code de conduite contient des dispositions sur les types de comportements à proscrire auxquels les collaborateurs sont susceptibles d'être confrontés du fait de l'activité de l'entreprise. Une structuration en rubriques correspondant aux différents types de comportements à proscrire est encouragée.

172. Le code de conduite est accompagné d'illustrations pertinentes sur des cas concrets.

173. Le code de conduite n'est pas limité à un recueil de bonnes pratiques, mais formule également des interdictions visant, dans le contexte particulier de l'entreprise concernée, les comportements et usages qui sont constitutifs d'atteintes à la probité. A ce titre, il peut traiter notamment des cadeaux et invitations, des paiements de facilitation, des conflits d'intérêts, du mécénat, du sponsoring ainsi que, le cas échéant, de la représentation d'intérêts (*lobbying*) et des frais de représentation.

174. Le code de conduite présente le dispositif d'alerte interne destiné à recueillir les signalements relatifs à l'existence de conduites ou de situations contraires à ses dispositions.

175. Le code de conduite prévoit que les comportements proscrits et, plus généralement, les comportements non conformes aux engagements et principes de l'entreprise en matière de prévention et de détection des faits de corruption font l'objet de sanctions disciplinaires.

176. Le code de conduite mentionne la fonction qualifiée pour répondre aux questions des personnels (par exemple : responsable de la conformité, référent conformité ou intégrité) et les modalités pour la contacter (notamment adresse générique).

177. Le code de conduite est rédigé en des termes qui le rendent intelligible et accessible à des non-spécialistes. Il est clair, sans réserve et sans équivoque. Il peut être traduit en une ou plusieurs langues étrangères afin de faciliter sa compréhension par les personnels ressortissants des États étrangers.

Mise à jour

178. L'opportunité de mettre à jour le code de conduite est examinée régulièrement et notamment après une mise à jour de la cartographie. Il comporte à cette fin une indication de date d'effet.

2. *Sensibilisation et formation*

179. Conformément au du 6° du II de l'article 17 de la loi, les personnes mentionnées au I sont tenues de mettre en œuvre "un dispositif de formation destiné aux cadres et aux personnels les plus exposés aux risques de corruption et de trafic d'influence".

180. Le dispositif de formation anticorruption s'adresse donc à l'ensemble des cadres, en tant que personnels chargés d'un certain niveau de responsabilité dans l'entreprise, ainsi qu'aux autres membres du personnel de l'entreprise considérés comme les plus exposés aux risques de corruption.

Définition et objectifs

181. Vecteur des valeurs et de la culture d'intégrité au sein de l'entreprise, un dispositif de formation efficace et adapté favorise une large diffusion des engagements pris par l'instance dirigeante en matière de lutte contre la corruption, ainsi que leur appropriation par les collaborateurs concernés. Il peut utilement s'inscrire dans un dispositif plus large de sensibilisation de l'ensemble du personnel.

182. Si le dispositif de sensibilisation permet aux bénéficiaires d'être mieux informés et réceptifs sur les sujets qui leur sont présentés, le dispositif de formation consiste à procurer les connaissances et les compétences nécessaires à l'exercice d'une activité ou d'un métier. Elle s'intègre dans le plan de formation général de l'entreprise.

183. Le dispositif de formation anticorruption doit :

— être coordonné avec les autres mesures et procédure du dispositif anticorruption. Par exemple : formation au contenu du code de conduite, formation prioritaire des personnes évaluées à risque par la cartographie, formation et sensibilisation à l'utilisation des dispositifs d'alerte ;

— tenir compte des risques spécifiques auxquels sont exposées les différentes catégories de personnels.

Le dispositif de sensibilisation destiné à tous les personnels

184. Si le dispositif de formation anticorruption s'adresse prioritairement aux cadres et aux personnels les plus exposés, il est recommandé d'organiser une sensibilisation de l'ensemble des personnels.

185. Les actions de sensibilisation peuvent porter notamment sur :
– le code de conduite, traduction de l'engagement de l'instance dirigeante ;
– la corruption en général, ses enjeux, ses formes et les sanctions encourues, qu'elles soient disciplinaires ou pénales ;
– le comportement à adopter face à des faits de corruption, le rôle et les responsabilités de chacun ;
– le dispositif d'alerte interne.

186. Quelles que soient les modalités retenues, ces actions de sensibilisation visent à favoriser la prise de conscience des enjeux du phénomène de corruption dans l'entreprise et son environnement.

Formation obligatoire destinée aux cadres et aux personnels les plus exposés

187. La formation des cadres et des personnels les plus exposés permet de les alerter à la fois sur la nécessaire vigilance dont ils devront faire preuve dans l'exercice de leurs activités, mais également sur les comportements qu'ils devront adopter face aux situations à risque. Elle vise à ce qu'ils s'approprient le dispositif anticorruption de l'entreprise.

188. A terme, la formation a pour effet de limiter les risques identifiés dans la cartographie des risques.

189. Les personnels les plus exposés sont identifiés à partir de la cartographie des risques. Il peut s'agir, en particulier :
– des personnels en relation avec certains tiers (notamment : commerciaux, acheteurs) ;
– des personnels qui participent à la mise en œuvre du dispositif anticorruption.

190. Le contenu des formations varie selon qu'elles s'adressent aux cadres et aux personnels les plus exposés aux risques de corruption ou à d'autres catégories de personnes.

191. Ce contenu est adapté à la nature des risques, aux fonctions exercées et aux zones géographiques d'activité de l'entreprise. Il est actualisé régulièrement, en lien avec la mise à jour de la cartographie des risques.

192. La formation a pour objectif d'améliorer la compréhension et la connaissance :
– des processus et des risques induits ;
– des infractions d'atteintes à la probité ;
– des diligences à accomplir et des mesures à appliquer pour réduire ces risques ;
– des comportements à adopter face à une sollicitation indue ;
– des sanctions disciplinaires encourues en cas de pratiques non conformes.

193. Le tronc commun de ces formations porte sur :
– le code de conduite, traduction de l'engagement de l'instance dirigeante ;
– la corruption en général, ses enjeux et ses formes ;
– les obligations juridiques applicables et les sanctions afférentes ;
– le dispositif de conformité anticorruption ;
– le comportement à adopter, le rôle et les responsabilités de chacun face à des faits de corruption ;
– le dispositif d'alerte anticorruption.

194. En complément, des thématiques spécifiques sont traitées, selon les fonctions exercées par les participants et les risques spécifiques auxquels ils sont confrontés. Les outils de détection de la corruption peuvent être une thématique couverte par la formation à destination des personnels chargés d'une fonction de contrôle.

195. Les cadres et les personnels les plus exposés sont formés au cours de leur parcours d'intégration. Les formations sont ensuite régulièrement dispensées tout au long de l'exercice de leur activité.

196. A l'instar du code de conduite, les formations s'appuient notamment sur des cas pratiques et des scénarios personnalisés par public et adaptés aux risques identifiés dans la cartographie des risques.

197. Des personnels de l'entreprise peuvent être invités à faire partager leur expérience en la matière, leurs réactions et les conclusions qu'ils en ont tirées, donnant ainsi lieu à des échanges au plus près des contraintes opérationnelles. Les mises en situation peuvent être utiles pour favoriser une appropriation des règles dans l'exercice quotidien des fonctions.

198. La mise en place d'outils permettant de vérifier la bonne compréhension des formations comme, par exemple, un contrôle de connaissances, est à encourager. Ce contrôle de connaissances peut être effectué au cours de la formation et passé un certain délai, afin de s'assurer que les connaissances ont bien été assimilées.

Contrôle et suivi du dispositif de formation

199. La mise en place d'indicateurs permet d'assurer le suivi du dispositif de formation y compris dans l'hypothèse d'une externalisation des formations. Ces indicateurs peuvent inclure les items suivants :

– taux de couverture de la formation au regard du public visé ;

– nombre d'heures de formation sur la conformité et le dispositif anticorruption.

200. Le responsable de la conformité doit être informé du calendrier des formations et de leur contenu pédagogique, mais doit aussi pouvoir contrôler le déploiement du dispositif et les indicateurs associés.

3. *Évaluation de l'intégrité des tiers*

201. Le 4° du II de l'article 17 de la loi prévoit que les personnes mentionnées au I mettent en œuvre "des procédures d'évaluation de la situation des clients, fournisseurs de premier rang et intermédiaires au regard de la cartographie des risques."

Définition et objectifs de l'évaluation de l'intégrité des tiers

202. La loi impose aux entreprises de procéder à l'évaluation des clients, des fournisseurs de premier rang et des intermédiaires.

203. Il est également recommandé d'inclure dans les dispositifs d'évaluation d'autres catégories de tiers avec lesquels l'entreprise peut être en relation ou vouloir entrer en relation, notamment : ses cibles d'acquisition, ses bénéficiaires d'action de *sponsoring* ou de mécénat.

204. Les évaluations visent à permettre de décider d'entrer ou pas en relation avec un tiers, de poursuivre une relation en cours ou d'y mettre fin.

Articulation du dispositif d'évaluation avec d'autres dispositifs (dont la lutte contre le blanchiment de capitaux et le financement du terrorisme LCB-FT)

205. Les évaluations des tiers doivent être distinguées des obligations de vigilance à l'égard de la clientèle auxquelles sont assujetties les personnes définies à l'article L. 561-2 du code monétaire et financier dans le cadre de la lutte contre le blanchiment des capitaux et le financement du terrorisme (article*[s]* L. 561-1 et suivants du code monétaire et financier).

206. Elles peuvent néanmoins être mises en œuvre à travers un dispositif unique, pour autant que ce dernier permette de faire ressortir le risque spécifique de corruption.

Définition des modalités d'évaluation des tiers

207. La nature et la profondeur des évaluations à réaliser et des informations à recueillir sont déterminées en fonction des différents groupes homogènes de tiers présentant des profils de risques comparables, tels que la cartographie des risques permet de les dresser. Ainsi, les groupes de tiers jugés pas ou peu risqués pourront ne pas faire l'objet d'une évaluation ou faire l'objet d'une évaluation simplifiée, tandis que les groupes les plus risqués nécessiteront une évaluation approfondie.

208. L'entreprise peut recenser de manière exhaustive ses tiers. Cette approche a pour objet de déterminer *ex ante*, sur le fondement de la cartographie des risques, les groupes de tiers qui lui semblent les plus sensibles aux risques de corruption.

209. Au sein de chaque groupe de tiers qui nécessite une évaluation, chacun est évalué individuellement, en fonction de ses particularités. Les procédures d'évalua-

tion des tiers visent en effet à apprécier le risque spécifique induit par la relation entretenue ou qu'il est envisagé d'entretenir avec un tiers donné.

210. L'évaluation de l'intégrité des tiers permet à l'entreprise d'apprécier des situations individuelles, ce que ne permet pas la cartographie des risques. Un tiers, considéré comme appartenant à un groupe peu risqué peut être requalifié en tiers risqué à l'issue de son évaluation individuelle. Par ailleurs, un incident, une alerte, une condamnation concernant un tiers dont le groupe est jugé peu risqué ou dont le comportement évolue au cours de la relation peuvent conduire l'entreprise à réaliser une évaluation plus poussée ou à l'évaluer en priorité.

211. Une base de données interne dédiée aux tiers, conforme à la réglementation, peut utilement être mise en place. Elle doit être sécurisée et à jour. Cette démarche suppose notamment l'adoption de procédures formalisées et sécurisées de création, validation, modification et suppression des tiers enregistrés dans la base, avec un respect strict de la répartition des tâches et des habilitations.

Modalités d'évaluation de l'intégrité des tiers

212. Trois niveaux d'acteurs participent aux évaluations :

— le personnel en charge des évaluations collecte les informations et documents utiles à l'évaluation des tiers avec lesquels l'entreprise est ou est appelée à être en relation. Il émet une première appréciation. Cette appréciation vaut décision dans les cas considérés comme peu risqués ;

— le service de la conformité (ou tout autre responsable désigné) apporte son expertise et ses conseils au personnel en charge des évaluations. Il accompagne le niveau opérationnel dans l'appréciation des cas les plus risqués et dans la prise de décision ;

— l'instance dirigeante décide des suites à donner aux cas les plus risqués que lui communiquent les services concernés.

213. L'entreprise peut, en tant que de besoin, avoir recours à des prestataires externes, notamment lorsqu'elle n'est pas en mesure d'obtenir par elle-même les informations ou documents nécessaires, ou lorsque le tiers réside ou intervient dans un pays où elle n'est pas implantée. Au regard des objectifs assignés par la loi, l'entreprise demeure responsable de la qualité et de la pertinence des évaluations réalisées pour son compte.

214. La procédure d'évaluation de l'intégrité des tiers est formalisée.

215. La nature des informations et documents utiles à l'évaluation des tiers est déterminée par l'entreprise sur le fondement de sa cartographie des risques.

216. A titre indicatif, les évaluations peuvent inclure :

— la collecte d'informations au moyen de la consultation de listes internes à l'entreprise ;

— la collecte d'informations en sources ouvertes, de documents publics ou à disposition du public (par exemple : articles de presse, états financiers, décisions de justice lorsqu'elles sont publiées) ;

— la vérification de la présence du tiers ou de ses bénéficiaires effectifs, tels que définis par les articles R. 561-1 et R. 561-2 du code monétaire et financier, de ses dirigeants ou de ses administrateurs, sur les listes des personnes physiques et morales sanctionnées (notamment la liste des personnes exclues des marchés publics financés par la banque mondiale, les banques de développement ainsi que la liste des personnes sous sanctions financières et internationales des ministères économiques et financiers) ;

— la collecte d'informations dans des bases de données commercialisées par des prestataires spécialisés ;

— la collecte d'informations et de documents auprès du tiers, au moyen par exemple d'un questionnaire, d'un entretien, d'un audit, d'un processus interne d'agrément ou de certification.

217. L'entreprise recense les principaux éléments d'identité du tiers : nom, raison ou dénomination sociale, forme juridique de la structure, date de création, effectifs, chiffre d'affaires, capital, secteur(s) d'activité, domaines de compétences (notamment pour les intermédiaires et prestataires de services), implantation géographique.

218. L'entreprise identifie les noms, prénoms des principaux actionnaires, ainsi que des bénéficiaires effectifs.

219. L'entreprise apprécie la sensibilité du secteur d'activité du tiers au regard du risque de corruption. Elle peut s'appuyer pour cela sur sa cartographie des risques de corruption ainsi que sur l'expérience qu'elle tire de ses activités. En complément, elle peut s'appuyer sur des analyses externes d'entreprises internationales ou d'organisations non gouvernementales.

220. L'entreprise s'assure que le tiers – en particulier s'il s'agit d'un intermédiaire ou un fournisseur – dispose de l'expérience, des qualifications et des compétences nécessaires à la réalisation de sa mission. A ce titre, elle peut demander au tiers de lui communiquer les références professionnelles qu'elle jugera nécessaires en fonction des données déjà recueillies (date de constitution, date du lancement de l'activité, etc.). Le manque de qualification ou d'expérience peut être défini comme un facteur aggravant lors de l'évaluation du niveau de risque du tiers.

221. L'entreprise recherche si le tiers, ses dirigeants, ses principaux actionnaires et ses bénéficiaires effectifs ont fait l'objet d'informations défavorables, d'allégations, de poursuites ou de condamnations pour atteintes à la probité (ou le recel et le blanchiment de ces infractions).

222. Les informations sont obtenues, dans le respect des réglementations applicables, notamment celles relatives à la protection des données personnelles.

223. L'entreprise peut également s'assurer que le tiers a mis en œuvre un dispositif de conformité anticorruption. Le fait que le tiers ne communique pas sur la mise en place d'un tel dispositif et ne le documente pas peut être considéré comme un point de vigilance.

224. Les relations public/privé présentent un risque identifié en termes de corruption. Il est pertinent que l'entreprise identifie les interactions que le tiers peut avoir avec des agents publics, *a fortiori* lorsqu'il s'agit de personnes politiquement exposées, au sens de l'article L. 561-10 du code monétaire et financier.

Appréciation du niveau de risque du tiers

225. L'entreprise apprécie le niveau de risque du tiers à partir des informations et documents collectés d'une part, et de l'analyse des conditions dans lesquelles s'inscrit la relation envisagée (ou de l'analyse de la nature et de l'objet de la relation), d'autre part. Elle tient compte également de facteurs aggravants comme le risque pays ou le comportement du tiers.

226. Certaines relations comportent un risque aigu de corruption comme, par exemple, le cas d'un tiers ayant pour mission d'assister l'entreprise dans l'obtention de contrats : d'une part, l'entreprise peut inciter le tiers à se livrer à des pratiques non conformes de façon à contourner son dispositif anticorruption ; d'autre part, le tiers peut se livrer à de telles pratiques de sa propre initiative, sans que l'entreprise n'en soit informée.

227. L'établissement d'une relation financière de longue durée ou à forte valeur peut constituer un facteur de risque lors de l'évaluation du niveau de risque du tiers. Par ailleurs, l'utilisation de certaines devises est également un élément à prendre en considération du fait de l'extraterritorialité de certaines législations anticorruption. De la même manière, le niveau de dépendance économique de l'entreprise vis-à-vis du tiers ou du tiers vis-à-vis de l'entreprise peut constituer un risque.

228. L'entreprise vérifie que le montant de la rémunération est cohérent avec la nature et le volume des biens ou services vendus par le tiers, et conforme au prix du marché. Une incohérence peut constituer un signal d'alerte et nécessite d'en justifier les raisons.

229. L'entreprise s'assure, en particulier pour les prestataires ou intermédiaires, que le recours à ces tiers est justifié et que leur prestation est effective.

230. L'entreprise identifie les raisons qui conduisent à choisir un tiers plutôt qu'un concurrent de ce tiers. Par exemple, constitue une alerte pour une entreprise le fait que le tiers soit recommandé ou imposé par un client.

231. Le versement de commissions liées à l'obtention de contrats peut constituer un facteur de risque lors de l'évaluation du niveau de risque du tiers.

232. La localisation du compte bancaire du tiers peut constituer un facteur de risque lors de l'évaluation du niveau de risque du tiers (par exemple, si le compte bancaire est domicilié dans un État figurant dans la liste des États et territoires non coopératifs).

233. De plus, certaines modalités de paiement, dont les paiements en espèces, les paiements transfrontaliers, les paiements effectués sur présentation de factures non détaillées peuvent constituer des facteurs de risque lors de l'évaluation du niveau de risque du tiers.

234. Si le tiers n'est pas implanté sur le territoire français ou si la prestation est réalisée à l'étranger, son évaluation prend en compte la sensibilité du pays au risque de corruption, à partir :

– de la liste des pays sous sanctions financières et internationales publiée par les ministères économiques et financiers ;

– des rapports de suivi de l'OCDE concernant la mise en œuvre de la convention sur la lutte contre la corruption d'agents publics étrangers dans les transactions commerciales internationales dans les pays signataires ;

– d'enquêtes ou d'indices publiés relatifs à la corruption dans le secteur public ;

– de l'enregistrement du tiers dans un État non coopératif ou dans un pays à législation non équivalente qui peut être défini comme un facteur de risque lors de l'évaluation du niveau de risque du tiers.

235. Le comportement du tiers est pris en compte dans l'évaluation du risque : le fait par exemple que le tiers refuse de fournir ou tarde à fournir les informations ou documents demandés peut être considéré comme un facteur de risque lors de son évaluation.

236. L'entreprise peut évoluer dans un écosystème regroupant plusieurs intervenants, sans pour autant être liée avec chacun d'entre eux (exemple : chaînes contractuelles). Dans ce cas, elle peut avoir intérêt à s'assurer que les tiers avec lesquels elle est liée effectuent l'évaluation de leurs propres tiers conformément aux paragraphes précédents.

Conclusions à tirer des évaluations des tiers

237. La décision est prise par les acteurs appropriés en fonction notamment du stade de la relation d'affaires (entrée en relation ou renouvellement, etc.), de la catégorie à laquelle appartient le tiers et de son niveau de risque.

238. A la suite de l'évaluation du niveau de risque, il est décidé :

– d'approuver la relation – avec ou sans mesures de vigilance renforcée ;

– de mettre un terme à la relation ou de ne pas l'engager ;

– de reporter la prise de décision (pour cause d'évaluations complémentaires, par exemple).

239. Les personnes à l'origine de la décision ainsi que les modalités de prise de décision sont clairement identifiées dans l'entreprise.

240. L'absence de facteurs de risque en suite d'évaluation ne garantit pas que la relation avec le tiers soit absolument dénuée de risque. A l'inverse, l'identification de facteurs de risques n'interdit pas la relation, mais doit conduire l'entreprise à prendre les mesures de vigilance appropriées pendant la relation.

Mesures de vigilance à déployer en cours de relation d'affaires

241. Les mesures de prévention et de détection de la corruption devant être adaptées à l'environnement de chaque entreprise, il revient à cette dernière de définir les mesures qu'elle juge cohérentes avec son modèle économique.

242. Dans ce cadre, l'entreprise peut utilement envisager l'une ou plusieurs des options suivantes :

– informer le tiers de l'existence de son dispositif anticorruption en communiquant, par exemple, le code de conduite ;

– former ou sensibiliser le tiers au risque de corruption ;

– exiger du tiers un engagement écrit de lutte anticorruption ou insérer une clause permettant à l'entreprise de mettre un terme à la relation contractuelle en cas de manquement à la probité si la nature juridique du contrat le permet ;

— inciter le tiers à vérifier l'intégrité de ses propres sous-traitants afin de sécuriser la chaîne contractuelle.

Suivi de la relation contractuelle avec le tiers

243. La relation contractuelle doit être clairement établie afin d'en contrôler la bonne exécution.

244. A cet égard, l'entreprise doit avoir une visibilité complète sur les paiements reçus de tiers ou effectués à leur profit afin de s'assurer que la rémunération et les modalités de paiement sont conformes aux dispositions contractuelles. Les services financiers et comptables alertent le responsable de la conformité ou tout autre responsable désigné lorsque des modalités anormales de paiement sont exigées (par exemple : des paiements en espèces, une délégation de paiement au profit d'un tiers ou un changement de domiciliation bancaire vers un pays ou territoire non coopératif en matière judiciaire ou fiscale, ou faisant l'objet d'un embargo).

Renouvellement et mise à jour des évaluations des tiers

245. Le processus d'évaluation est reconduit de manière périodique, en fonction de la catégorie et du niveau de risque du tiers. A ce titre, il est utile de fixer, lors de toute entrée en relation, une date de renouvellement.

246. Les informations sur la situation du tiers qui n'impactent pas le niveau de risque de l'entreprise donnent lieu à une mise à jour des informations sur le tiers. En revanche, si ces informations portent sur un changement significatif dans la situation du tiers comme, par exemple, un changement de bénéficiaire effectif, une fusion de deux entités ou l'acquisition d'une nouvelle entité, alors une nouvelle évaluation du tiers est conduite.

247. Le processus de réévaluation sera l'occasion de s'assurer que le tiers a respecté ses engagements anticorruption tout au long de la relation.

Suivi du processus d'évaluation des tiers

248. Un suivi du dispositif d'évaluation des tiers est mis en place et peut comprendre :

— des indicateurs portant sur les évaluations réalisées ;

— des indicateurs de renouvellement traçant le respect des fréquences de révision des évaluations des tiers ;

— des résultats des contrôles de premier et de deuxième niveau ;

— des indicateurs de renouvellement prioritaire, suite à un plan ponctuel de régularisation issu des contrôles de deuxième et de troisième niveau, révélant des cas non conformes.

249. L'ensemble de ces indicateurs et résultats peuvent, en fonction de leur objet, être transmis à la hiérarchie et au responsable de la conformité ou à tout autre responsable désigné.

Conservations des informations sur les tiers

250. L'intégralité du dossier d'évaluation du tiers ainsi que l'historique des modifications sont à conserver pendant 5 ans après la cessation de la relation d'affaires (ou après la date d'une opération occasionnelle), sous réserve d'une législation plus exigeante.

B *Détection*

1. *Dispositif d'alerte interne*

251. Conformément au 2° du II de l'article 17 de la loi, l'entreprise est tenue de mettre en œuvre "un dispositif d'alerte interne destiné à permettre le recueil des signalements émanant d'employés et relatifs à l'existence de conduites ou de situations contraires au code de conduite de la société".

Définition et objectifs

252. Le dispositif d'alerte interne est la procédure mise en œuvre par les entreprises afin de permettre notamment à leurs employés de porter à la connaissance d'un référent dédié, un comportement ou une situation potentiellement contraire au code de conduite, afin d'y mettre fin et de prendre les sanctions appropriées, le cas échéant (cf. annexe 1).

Articulation des différents dispositifs d'alerte

253. Différents dispositifs d'alerte professionnelle, prévus par des textes spécifiques, coexistent, il est conseillé, dans un souci de lisibilité, la mise en place d'un dispositif technique unique de recueil des signalements, qui feront l'objet de traitement approprié.

254. La mise en place d'un dispositif technique unique de recueil suppose d'ouvrir la possibilité de signalement non seulement aux personnels, mais aussi aux collaborateurs extérieurs et occasionnels [*collaborateur extérieur ou occasionnel (personnel intérimaire, stagiaire, prestataire de service, salarié des entreprises sous-traitantes, etc.)*].

255. Un signalement qui porte sur des atteintes à la probité et témoigne d'une défaillance du dispositif de conformité pourra être adressé à l'AFA.

Organisation du dispositif d'alerte

256. Le dispositif d'alerte interne doit être adapté au profil de risque de l'entreprise.

257. Le dispositif d'alerte interne précise le rôle du supérieur hiérarchique, qui doit pouvoir orienter et conseiller ses collaborateurs, sauf dans l'hypothèse où il est lui-même l'auteur du comportement incriminé.

258. L'entreprise veille à la formation des personnes en charge du traitement de l'alerte, au respect de la confidentialité de son traitement et à l'absence de tout conflit d'intérêts ; elle veille également à la formation des supérieurs hiérarchiques.

259. Le dispositif d'alerte interne est présenté sans délai aux collaborateurs venant de rejoindre l'entreprise.

260. La gestion de ce dispositif (y compris la fonction de référent définie ci-dessous) peut être sous-traitée à un tiers, sous réserve qu'il dispose des compétences nécessaires au bon traitement des alertes et au respect des moyens permettant d'en garantir la confidentialité. Les prestations fournies dans ce cadre devront faire l'objet de contrôles réguliers. L'entreprise veillera à donner au tiers retenu les moyens de traiter les alertes, notamment en veillant à lui faciliter l'accès aux services internes concernés de l'entreprise.

261. Le dispositif d'alerte est à déployer sur l'ensemble du périmètre des entités contrôlées par l'entreprise.

Traitement des alertes

262. La procédure d'alerte interne doit préciser les différentes étapes à suivre pour effectuer un signalement, les modalités de traitement par celui qui en est destinataire, le droit des personnes concernées (et notamment leur protection), et les mesures de sécurité et de conservation des données à caractère personnel.

263. Le dispositif d'alerte interne indique :

— le référent fonctionnellement désigné pour recueillir les alertes au sein de l'entreprise et, s'il est différent, le référent en charge de leur traitement ;

— les dispositions prises pour garantir la confidentialité de l'identité de l'auteur du signalement, des faits objets du signalement et des personnes visées par le signalement, y compris lorsque des vérifications ou lorsque le traitement du signalement nécessitent la communication avec des tiers. La violation de la confidentialité doit être susceptible d'entraîner des sanctions disciplinaires.

264. Le dispositif d'alerte est sécurisé et, le cas échéant, ses droits d'accès sont limités aux seuls personnels autorisés à recueillir les alertes ou à les traiter.

265. Dans l'hypothèse d'une mise en cause d'une ou plusieurs personnes, l'entreprise doit être vigilante quant à la réunion de preuves ou documents, notamment lorsque les personnes mises en cause dans l'alerte peuvent détruire des données ou documents les incriminant.

266. Le dispositif d'alerte interne précise les modalités d'accès au dispositif et d'échange d'informations avec l'auteur de l'alerte, notamment :

— les canaux pour effectuer une alerte : il peut s'agir d'une adresse électronique dédiée, d'un logiciel de gestion voire, pour certaines entreprises, d'une plateforme éthique spécifique. L'alerte peut aussi emprunter la voie hiérarchique. En tout état de cause, ces canaux doivent être aisément accessibles aux utilisateurs ;

– les conditions de transmission, par l'auteur du signalement, des informations ou documents produits à l'appui de son signalement ;

– en cas d'enquête interne, les informations et documents professionnels transmis par l'auteur de l'alerte et susceptibles d'être exploités ;

– les dispositions prises pour informer sans délai l'auteur du signalement de la réception de son alerte et du délai nécessaire à l'examen de sa recevabilité. Il est à ce titre recommandé de mentionner que l'accusé de réception ne vaut pas recevabilité du signalement ;

– les dispositions prises pour informer de la clôture de la procédure l'auteur du signalement et, le cas échéant, les personnes visées par celui-ci.

267. Si un traitement automatisé des alertes est mis en place, la procédure doit indiquer les dispositions prises pour en assurer la conformité aux dispositions de la loi n° 78-17 du 6 janvier 1978 relative à l'informatique, aux fichiers et aux libertés et à celles relatives à la protection des données personnelles. Une donnée à caractère personnel désigne toute information se rapportant à une personne physique identifiée ou identifiable.

268. Face à une multiplication croissante des obligations en matière de recueil des alertes, la CNIL a publié une délibération n° 2019-139 du 18 juillet 2019 portant adoption d'un référentiel relatif aux traitements de données à caractère personnel destinés à la mise en œuvre d'un dispositif d'alertes professionnelles.

269. Les alertes peuvent être adressées de manière anonyme. Le dispositif doit permettre une poursuite des échanges avec l'auteur de l'alerte tout en lui conservant le bénéfice de l'anonymat (il est par exemple envisageable de demander à l'auteur de l'alerte de fournir une adresse électronique qui ne permette pas son identification ou l'adresse d'une boîte postale).

270. Il est essentiel de définir et formaliser la procédure d'enquête interne préalablement à son lancement, tout en étant vigilant tant sur le choix des acteurs de l'enquête que sur son déroulé. La procédure d'enquête pourra prévoir notamment :

– les critères nécessaires au déclenchement d'une enquête ;

– les modalités de réalisation de l'enquête.

271. Les personnes chargées de mener l'enquête doivent être soumises à de très strictes obligations de confidentialité, qui doivent être formalisées.

272. En cas d'externalisation de l'enquête interne, la conformité des services fournis dans ce cadre par le prestataire sélectionné doit faire l'objet de contrôles réguliers au regard notamment du respect des règles de confidentialité et de protection des données.

273. Toute enquête interne est diligentée par une ou plusieurs personnes qualifiées, désignées par l'instance dirigeante de l'entreprise.

274. L'instance dirigeante est au minimum informée des enquêtes ouvertes relatives aux situations les plus sensibles, à l'exception de celles où elle est elle-même mise en cause.

275. A la suite d'une enquête interne, la rédaction formelle d'un rapport d'enquête est destinée à consigner l'ensemble des faits et preuves recueillies, à charge et à décharge, de nature à établir ou à lever le soupçon, ainsi que la méthode suivie. Le rapport d'enquête interne conclut sur la suite à donner au signalement.

276. Lorsque les soupçons apparaissent suffisamment étayés, ce rapport est communiqué à l'instance dirigeante (où à l'organe de contrôle lorsque cette dernière est mise en cause) afin qu'elle décide des suites à donner.

277. La démonstration, par l'enquête interne, d'un comportement contraire au code de conduite anticorruption doit donner lieu à l'application des sanctions disciplinaires prévues en tel cas, décidées par l'instance dirigeante ou son délégataire.

278. Enfin, une action judiciaire peut être diligentée à l'encontre de la personne physique concernée si l'entreprise décide de porter les faits à la connaissance de l'autorité judiciaire par le moyen d'une plainte ou d'un simple signalement. Elle est tenue de le faire si elle relève des autorités énumérées à l'article 40 du code de procédure pénale.

279. Ces signalements doivent permettre d'actualiser la cartographie des risques, en respectant la confidentialité garantie par le dispositif, et d'en tirer les conséquences sur les améliorations à apporter aux éléments du dispositif de prévention et de détection de la corruption (plan de formation, code de conduite, évaluation de l'intégrité des tiers).

Mise en œuvre du dispositif d'alerte interne

280. Les étapes suivantes peuvent utilement être observées :

– établissement d'une procédure formalisée qui peut notamment prévoir la désignation d'un référent alerte et la mise en place d'un comité intégrant des personnes qualifiées, soumises à des obligations de confidentialité renforcée. Ce comité assure une prise de décision collégiale sur les suites à réserver aux alertes reçues ;

– présentation du dispositif d'alerte dans le code de conduite renvoyant à ladite procédure ;

– diffusion de la procédure d'alerte interne à l'ensemble des personnels par tous moyens (courrier de la direction, affichage, site intranet, remise en main propre, etc.) permettant de s'assurer que chaque personne concernée en a connaissance et y a accès. Dans le cas d'un dispositif d'alerte commun à l'alerte anticorruption et à d'autres dispositifs légaux, la procédure doit être également diffusée aux collaborateurs occasionnels. L'entreprise peut décider d'ouvrir son dispositif d'alerte aux tiers. L'entreprise peut choisir de mettre à profit ses outils de communication externes pour mentionner l'existence de son dispositif d'alerte (par exemple son site internet, les documents remis à ses tiers, etc.) ;

– présentation du dispositif d'alerte dans le cadre des actions de sensibilisation de l'ensemble des personnels ;

– formation des personnels amenés à recueillir, gérer et traiter les alertes, notamment sur les obligations de confidentialité, et formation des personnels les plus exposés ;

– mise en place des contrôles de premier et second niveaux sur la procédure d'alerte interne et intégration du dispositif d'alerte (comme tous les autres outils du dispositif de prévention de la corruption) dans le plan de contrôle de l'audit interne au titre du contrôle de troisième niveau. Pour éviter toute situation de conflit d'intérêts ou d'autocontrôle, les trois niveaux de contrôles rappelés ci-dessus peuvent être adaptés. Il importe, le cas échéant, que le personnel qui traite l'alerte soit différent de celui qui en contrôle le bon traitement et qu'un contrôle *a posteriori* soit effectué ;

– mise en place d'indicateurs afin d'apprécier la qualité et l'efficacité du dispositif d'alerte (nombre d'alertes reçues, classées sans suite ou traitées, délais de traitement, problématiques soulevées, etc.). Ces indicateurs sont transmis à l'instance dirigeante.

Archivage des alertes et de leur traitement

281. La durée de conservation et d'archivage des données personnelles relatives à une alerte va différer suivant que l'alerte est ou non suivie d'effets.

282. Si le responsable du traitement décide de donner suite *["L'expression 'suites'désigne toute décision prise par l'organisme pour tirer des conséquences de l'alerte. Il peut s'agit de l'adoption ou de la modification des règles internes (règlement interne, charte éthique, etc.) de l'organisme, d'une réorganisation des opérations ou des services de la société, du prononcé d'une sanction ou de la mise en œuvre d'une action en justice". Cf. Guide pratique de la CNIL sur les durées de conservation]* à une alerte, ou qu'une action disciplinaire ou contentieuse est engagée, l'ensemble des données à caractère personnel collectées à l'occasion de l'instruction peuvent être conservées jusqu'au terme de la procédure, jusqu'à acquisition de la prescription (six ans) ou épuisement des voies de recours.

283. Dans le cas où l'instruction de l'alerte ne débouche sur aucune suite, les données à caractère personnel doivent être détruites ou anonymisées dans les deux mois suivants la clôture de l'instruction.

284. Pour les alertes recueillies par le biais d'un dispositif technique unique de recueil, et ne concernant pas des faits susceptibles d'être qualifiés de corruption, les durées de conservation sont encadrées, par le décret n° 2017-564 du 19 avril 2017 relatif aux procédures de recueil des signalements émis par les lanceurs d'alerte au sein des personnes morales de droit public ou de droit privé ou des administrations de l'État

2. *Le contrôle interne*

La contribution du dispositif de contrôle et d'audit interne à la prévention et à la détection des risques de corruption

285. L'article 17 de la loi impose aux entreprises qui y sont soumises de mettre en place des procédures de contrôles comptables et un dispositif de contrôle et d'évaluation interne des mesures et procédures composant le dispositif anticorruption.

286. Les entreprises sont généralement dotées d'un dispositif de contrôle et d'audit interne à vocation générale, qui peut comprendre jusqu'à trois niveaux :

— les contrôles de premier niveau *[Il s'agit de contrôles préventifs réalisés avant que la décision ou l'opération ne soient mises en œuvre.]* visent à s'assurer que les tâches inhérentes à un processus opérationnel ou support ont été effectuées conformément aux procédures édictées par l'entreprise. Ils peuvent être opérés par les équipes opérationnelles ou supports ou par le responsable hiérarchique ;

— les contrôles de deuxième niveau *[Il s'agit de contrôles détectifs conduits sur tout ou partie des décisions prises ou des opérations réalisées.]* visent à s'assurer, selon une fréquence prédéfinie ou de façon aléatoire, de la bonne exécution des contrôles de premier niveau. Les contrôles de deuxième niveau peuvent être réalisés par le responsable de la conformité, une fonction qualité, la fonction de gestion des risques, le contrôle de gestion notamment ;

— les contrôles de troisième niveau, également appelés "audits internes", visent à s'assurer que le dispositif de contrôle est conforme aux exigences de l'entreprise, efficacement mis en œuvre et tenu à jour.

287. Au-delà de la mise en œuvre des obligations prévues par l'article 17 de la loi, ce dispositif de contrôle et d'audit interne à vocation générale peut utilement permettre à l'entreprise de couvrir plus largement les risques identifiés à travers la cartographie des risques de corruption.

288. En effet, l'entreprise est en mesure, sur le fondement de celle-ci d'identifier :

— des situations à risque, pas ou peu couvertes par des mesures de contrôle ;

— et d'évaluer les dispositifs de contrôle en place de nature à maîtriser ces risques.

289. L'entreprise est ainsi invitée à s'assurer que son dispositif de contrôle et d'audit interne à vocation générale :

— couvre les situations à risque identifiées par sa cartographie des risques de corruption ;

— est adapté à ces risques et en mesure de les maîtriser ;

— est régulièrement mis à jour en fonction des situations de risque rencontrées et du résultat des contrôles réalisés.

290. Les contrôles ainsi définis viennent compléter le plan d'actions afférent à la cartographie des risques de corruption.

291. Les contrôles ainsi définis sont formalisés au sein d'une procédure qui précise notamment les processus et situations à risques identifiés, la fréquence des contrôles et leurs modalités, les responsables de ces contrôles et les modalités de transmission de leurs résultats à l'instance dirigeante.

Les contrôles comptables

292. Parmi les procédures de contrôle et d'audit interne, les procédures de contrôle et d'audit comptable, qui participent à la maîtrise des risques des entreprises, constituent un instrument privilégié de prévention et de détection de la corruption.

293. La comptabilité d'une entreprise est un outil d'évaluation contenant et présentant des informations sur son activité ainsi que sur les éléments de son patrimoine incorporel, matériel et financier. Les écritures comptables sont saisies, classées, retraitées et agrégées en vue de produire des documents retraçant fidèlement le détail des opérations.

Définition et objectifs

294. Les contrôles comptables prévus par l'article 17 de la loi (ci-après "contrôles comptables anticorruption") ont pour objectif de "s'assurer que les livres, registres

et comptes ne sont pas utilisés pour masquer des faits de corruption ou de trafic d'influence".

Articulation avec les contrôles comptables en place

295. Les entreprises disposent des procédures de contrôles comptables générales qui permettent d'avoir l'assurance raisonnable de la qualité de l'information comptable. Elles garantissent la régularité, la sincérité et la fidélité des opérations comptables et financières.

296. Les contrôles comptables anticorruption :

– garantissent *in fine* le respect des mêmes principes que les contrôles comptables généraux (régularité, sincérité et fidélité des opérations comptables et financières) ;

– visent en particulier à détecter des opérations sans cause ou sans justification (par exemple, paiements en tout ou partie non causés destinés à alimenter des "caisses noires") ;

– reposent sur les mêmes méthodes que les contrôles comptables généraux et comportent par exemple des contrôles par sondages, par revue de cohérence, par confrontation avec la réalité physique (inventaire) ou par confirmation par un tiers.

297. Ils sont établis au regard des situations à risques mises en évidence dans la cartographie des risques de corruption, parmi les contrôles généraux existants, par approfondissement ou en complément de ceux-ci.

298. Peuvent, par exemple, représenter des situations à risque et ainsi être traités, s'ils ressortent de la cartographie des risques :

– les opérations telles que le sponsoring, le mécénat, les honoraires et les commissions, les frais de représentation et de déplacement, les cadeaux et invitations, les dons, les legs, etc. ;

– les flux atypiques (par exemple, les comptes d'attente ou transitoires) ;

– les opérations exceptionnelles ou à enjeu ;

– les opérations liées au recours à des tiers relevant d'un groupe présentant un niveau de risque élevé tels que des intermédiaires ou des consultants ;

– les flux financiers ou de matière vers des comptes ou des tiers relevant d'un groupe présentant un niveau de risque élevé comme les intermédiaires ou les agents commerciaux ;

– les engagements hors bilan comme :

– les engagements pour compte de tiers (par exemple dirigeants, filiales) ;

– les garanties ;

– les cautions.

299. La gestion de certains comptes comptables peut également ressortir comme processus risqué lors de l'analyse des risques au cours de l'exercice de cartographie : c'est le cas notamment des comptes d'extourne, de rabais et remises, de dépenses diverses, de fonds de caisse. Des comptes bilanciels peuvent également comporter un niveau de risque élevé comme les écarts d'acquisition ou les comptes d'attente ou d'avance.

Formalisation des contrôles comptables anticorruption

300. Les modalités des contrôles comptables anticorruption sont formalisées au sein d'une procédure rappelant notamment :

– l'objet et le périmètre des contrôles ;

– les rôles et responsabilités dans leur mise en œuvre ;

– les modalités d'échantillonnage des opérations à contrôler, le cas échéant ;

– la définition d'un plan de contrôle ;

– les modalités de gestion des incidents ;

– les critères de seuils ou de matérialité devant entraîner un contrôle.

Contenu des contrôles comptables anticorruption

301. Les contrôles comptables anticorruption de premier niveau sont généralement effectués par les personnes en charge de la saisie et de la validation des écritures comptables. Ces personnes s'assurent que les écritures sont convenablement justifiées et documentées (en particulier les écritures manuelles).

302. Afin de limiter le risque lié à l'autocontrôle, il est recommandé de s'assurer que les écritures comptables à risque soient examinées et validées par un collaborateur différent de celui qui en a effectué la saisie.

303. Une validation croisée entre collaborateurs est satisfaisante pour des écritures inférieures à un seuil défini. Les écritures supérieures à ce seuil nécessitent une validation par la hiérarchie.

304. Les contrôles comptables anticorruption de deuxième niveau, réalisés par des personnes indépendantes de celles ayant réalisé les contrôles de premier niveau, sont réalisés tout au long de l'année.

305. Ils visent à s'assurer de la bonne exécution des contrôles comptables anticorruption de premier niveau. Ainsi, lors des contrôles par sondage, l'échantillon retenu doit être représentatif des risques inhérents aux opérations traitées (écritures manuelles, niveau d'habilitation et séparation des tâches notamment). Les modalités de l'échantillonnage sont définies en fonction d'une analyse préalable des différentes écritures et risques concernés pour en permettre la représentativité.

306. Dans l'hypothèse où des contrôles comptables anticorruption de premier niveau sont automatisés, les contrôles comptables anticorruption de deuxième niveau sont corrélativement adaptés.

307. Les résultats des contrôles comptables anticorruption de deuxième niveau donnent lieu à une synthèse conclusive incluant, en cas d'anomalies, la définition d'actions correctives dans le cadre d'un plan d'actions.

308. L'efficacité des procédures de contrôles comptables anticorruption est évaluée régulièrement dans le cadre de contrôles comptables de troisième niveau, également appelés "audits comptables".

309. Ces audits comptables couvrent l'ensemble des dispositifs comptables afin de s'assurer que les contrôles comptables anticorruption sont conformes aux exigences de l'entreprise, efficacement mis en œuvre et tenus à jour.

310. Dans ce cadre, les contrôles comptables de troisième niveau apprécieront la pertinence et l'efficacité :

— de la gouvernance et des ressources allouées aux procédures de contrôles comptables anticorruption ;

— de la méthode d'élaboration (notamment de la prise en compte de la cartographie des risques de corruption) et de l'application des contrôles comptables anticorruption de premier niveau et de deuxième niveaux.

Traitement des anomalies constatées

311. Le constat d'une anomalie peut amener à compléter certaines procédures comptables existantes pour y remédier.

312. Les cas d'anomalies alimentent également une mise à jour de la cartographie des risques de corruption et peuvent faire l'objet d'illustrations complémentaires dans le code de conduite et les supports de formation dédiés à la prévention de la corruption en coordination avec le responsable de la conformité.

313. Si l'anomalie relève d'un manquement dans la mise en œuvre des procédures ou du dispositif anticorruption, le responsable hiérarchique peut envisager des mesures envers l'auteur du manquement allant du simple rappel de la règle à la sanction, suivant l'importance du manquement constaté.

314. Si l'anomalie fait ressortir des soupçons ou des faits de corruption, elle doit être portée à la connaissance du responsable de la conformité et de l'instance dirigeante qui peut décider de diligenter une enquête interne.

Externalisation

315. Les contrôles comptables anticorruption peuvent être mis en œuvre :

— en interne, par les services comptables et financiers ou par des services spécialisés (centres de services partagés, contrôle de gestion, audit interne, etc.) que l'entreprise mobilise à cette fin ;

— en externe, par les entités que l'entreprise mandate à cette fin.

316. Au sein des entreprises qui ont l'obligation de nommer un commissaire aux comptes chargé de la certification des comptes, ce dernier participe, à l'occasion de

ses vérifications et dans l'objectif qui lui est assigné, à la prévention des difficultés éventuelles de l'entreprise auditée, à la prévention et à la détection de la corruption. Il est rappelé qu'il est tenu de révéler au procureur de la République les faits présumés délictueux – y compris donc les faits de corruption – dont il a connaissance au cours de sa mission.

C *Contrôle et évaluation du dispositif anticorruption*

1. *Objectifs et modalités*

317. Afin de s'assurer de l'adéquation et de l'efficacité des mesures et procédures visées au II de l'article 17 de la loi, l'entreprise développe un dispositif de contrôle et d'évaluation interne, qui peut être inséré dans son dispositif de contrôle et d'audit interne à vocation générale.

318. Ce dispositif répond à quatre objectifs :

– contrôler la mise en œuvre des mesures du dispositif anticorruption et tester leur efficacité ;

– identifier et comprendre les manquements dans la mise en œuvre des procédures ;

– définir des recommandations ou autres mesures correctives adaptées, si nécessaire, en vue d'améliorer l'efficacité du dispositif anticorruption ;

– détecter, le cas échéant, des faits de corruption.

319. Ces contrôles peuvent s'articuler autour des trois niveaux de contrôle susmentionnés.

320. Le responsable de la conformité élabore un plan de contrôle de deuxième niveau couvrant l'ensemble du dispositif anticorruption.

321. Pour chacun des contrôles, sont précisés l'objet et le périmètre, le ou les responsables en charge du contrôle, la méthode de contrôle (type de mesure, de pièces justificatives, d'analyse, et d'évaluation), le cas échéant, les modalités d'échantillonnage fondées sur une analyse des risques. De même, le plan prévoit la fréquence du contrôle, la formalisation attendue, la communication des résultats du contrôle et des mesures correctives pouvant être mises en place et les modalités de conservation des pièces afférentes aux contrôles.

322. Les manquements identifiés dans le cadre des contrôles de deuxième niveau font l'objet d'un rapport visé par le responsable de la conformité dont une synthèse peut utilement être communiquée à l'instance dirigeante et au service d'audit interne.

323. La pertinence et l'efficacité des mesures et procédures composant le dispositif anticorruption sont régulièrement évaluées par des contrôles de troisième niveau. Ces audits internes visent à s'assurer que le dispositif anticorruption est conforme aux exigences de l'entreprise, efficacement mis en œuvre et tenu à jour. L'audit interne est également invité à s'assurer que les situations de risque identifiées par la cartographie des risques de corruption sont couvertes par des mesures de prévention efficaces.

324. Les audits réalisés sont formalisés, documentés et conservés. Ils donnent lieu à la rédaction d'un rapport circonstancié et documenté, détaillant les mesures correctives ainsi que les recommandations formulées. Ce rapport est communiqué à l'instance dirigeante.

2. *Typologie de contrôles à déployer*

325. Pour chaque mesure et procédure visée à l'article 17 de la loi, des contrôles de premier, deuxième et troisième niveaux sont définis et mis en œuvre.

326. L'AFA recommande que ces contrôles portent notamment sur les éléments suivants :

	327. Cartographie des risques de corruption
Contrôles de 1er niveau :	Les contrôles liés à la cartographie ne peuvent être réalisés qu'après son établissement et ses mises à jour. Aucun contrôle de premier niveau ne peut être réalisé dans ce cadre.
Contrôles de 2e niveau :	Par ailleurs, le service en charge du pilotage du dispositif anticorruption, qui a participé à la mise en place de la cartographie ou à ses mises à jour ne peut réaliser de contrôle de second niveau, sauf à être en situation de contrôler le travail qu'il a lui-même produit.
Contrôles de 3e niveau :	– Revue du périmètre de la cartographie, de la méthodologie mise en œuvre, du déploiement des plans d'actions y afférents; – Analyse des insuffisances constatées et des incidents survenus (pour éventuelle mise à jour); – Analyse de la gouvernance et de la correcte allocation des ressources.
	Analyse du caractère systémique du dispositif
	– Analyse des illustrations retenues dans le code de conduite au regard des risques identifiés dans la cartographie; – Analyse du ciblage et du contenu des formations au regard des risques identifiés dans la cartographie; – Analyse des incidents révélés au travers du dispositif d'alerte ou des contrôles comptables et leurs conséquences sur la mise à jour de la cartographie; – Analyse de l'adéquation du dispositif d'évaluation des tiers au regard des risques identifiés dans la cartographie.

	328. Code de conduite
Contrôles de 1er niveau :	– Validation des opérations ou situations régies par les politiques ou procédures intégrées ou annexées au code de conduite (relatives notamment aux cadeaux et invitations).
Contrôles de 2e niveau :	– Contrôle régulier de la correcte réalisation des contrôles de premier niveau; – Contrôle par échantillonnage du respect des politiques ou procédures intégrées ou annexées au code de conduite. Par exemple : définition trimestrielle d'un échantillon de XX notes de frais sur la base d'une analyse des risques. Puis analyse de la cohérence du justificatif vis-à-vis de la déclaration, les noms des invités, le respect des seuils/des validations; – Revue du contenu du code au regard de la loi et de la cartographie et de l'intégration, pour les entités concernées, du code de conduite au sein de leur règlement intérieur; – Vérification, à chaque mise à jour de la cartographie, que les illustrations du code de conduite sont adaptées.
Contrôles de 3e niveau :	– Contrôle de la correcte réalisation et de l'efficacité des contrôles de premier et deuxième niveau; – Analyse de la communication, de la diffusion et de l'accessibilité du code de conduite et des politiques/procédures intégrées ou annexées.
	Analyse du caractère systémique du dispositif
	Par exemple, une analyse critique du contenu (notamment les illustrations) du code de conduite au regard des scénarios identifiés dans la cartographie et de l'intégration du contenu du code de conduite dans la formation.

	329. Formation
Contrôles de 1er niveau :	– Vérification de la présence des collaborateurs concernés et des connaissances qu'ils ont acquises lors des formations.
Contrôles de 2e niveau :	– Contrôle régulier de la correcte réalisation des contrôles de premier niveau; – Vérification de la cohérence entre les publics ciblés dans la formation, le contenu de la formation et les risques auxquels ils peuvent être exposés tels qu'identifiés dans la cartographie; – Revue de la participation des collaborateurs concernés et des éventuelles sanctions en cas de non-suivi de la formation.

Contrôles de 3e niveau :	– Contrôle de la correcte réalisation et de l'efficacité des contrôles de premier et deuxième niveau ; – Analyse de la gouvernance et de la correcte allocation des ressources. Par exemple, analyse des modalités (présentiel/à distance…) et du contenu de la formation destinée aux cadres et personnels les plus exposés au regard des risques qui leur sont propres.
	Analyse du caractère systémique du dispositif
	Par exemple, analyse du ciblage et du contenu de la formation destinée aux cadres et personnels les plus exposés au regard des risques identifiés dans la cartographie. S'assurer que les références au code de conduite et au dispositif d'alerte sont claires.

	330. Évaluation des tiers
Contrôles de 1er niveau :	– Contrôle de l'application de la/les procédure(s) d'évaluation des tiers. Par exemple, vérifier en amont de l'entrée en relation avec un nouveau fournisseur : – que l'ensemble des documents prévus par la procédure (ex. : liste des bénéficiaires effectifs, réponses à un éventuel questionnaire…) ont été collectés ; – que les recherches nécessaires ont été effectuées (sources ouvertes, bases de données…) ; – que l'évaluation est conforme aux éléments analysés ; – que la décision d'entrer ou de refus d'entrer en relation a été correctement formalisée.
Contrôles de 2e niveau :	– Contrôle régulier de la correcte réalisation des contrôles de premier niveau, sur la base d'un échantillonnage représentatif de dossiers ; – Vérification de la mise en place des mesures de vigilance et de leur suivi effectif ; – Vérification de la mise à jour des dossiers (renouvellement périodique de l'évaluation ou à la suite d'un signalement) ; – Contrôle de la pertinence des mesures de vigilance déployées.
Contrôles de 3e niveau :	– Contrôle de la correcte réalisation et de l'efficacité des contrôles de premier et deuxième niveau.
	Analyse du caractère systémique du dispositif
	Par exemple, contrôle de l'adéquation du dispositif d'évaluation des tiers avec les risques identifiés dans la cartographie. S'assurer de la mise à jour des dispositifs de contrôles comptables au regard des risques identifiés à l'occasion des évaluations de tiers.

	331. Alerte interne
Contrôles de 1er niveau :	– Contrôle du déploiement et de la correcte application de la procédure d'alerte. Par exemple, contrôle de l'accessibilité des canaux, et communication large sur le dispositif d'alerte, accusé de réception, analyse de recevabilité de l'alerte, identification des rôles et responsabilités au sein de l'équipe en charge de l'investigation, clôture de l'investigation, information de clôture, sanctions et plans d'actions, respect de la confidentialité et de l'anonymat, suivi des mesures de protection.
Contrôles de 2e niveau :	– Contrôle régulier de la correcte réalisation des contrôles de premier niveau, sur la base d'un échantillonnage représentatif de dossiers.
Contrôles de 3e niveau :	– Contrôle de la correcte réalisation et de l'efficacité des contrôles de premier et deuxième niveau ; – Analyse qualitative et quantitative des signalements reçus sur la période (Quels canaux utilisés ? Des signalements sont-ils remontés par d'autres canaux non identifiés ? Quels sujets visés ?) ; – Contrôle de la pertinence des réponses apportées aux signalements reçus.
	Analyse du caractère systémique du dispositif
	Par exemple, prise en compte des signalements dans la mise à jour de la cartographie, du dispositif d'évaluation des tiers ou des contrôles comptables. Contrôle de l'existence d'une formation/information des collaborateurs sur le dispositif d'alerte et d'une formation spécifique pour les personnes en charge de leur traitement.

	332. Contrôles comptables
Contrôles de 1er niveau :	– Contrôle automatisé de certaines opérations; – Contrôle des habilitations; – Règle « des quatre yeux » : revue par un collaborateur différent de celui en charge de passer l'opération; – Contrôle de la correcte application des contrôles comptables anticorruption avant réalisation de l'opération.
Contrôles de 2e niveau :	– Contrôle régulier de la correcte réalisation des contrôles comptables anticorruption après réalisation de l'opération sur la base d'un échantillonnage représentatif de dossiers.
Contrôles de 3e niveau :	– Contrôle de la correcte réalisation et de l'efficacité des contrôles comptables de premier et deuxième niveaux; – Analyse de la réalisation des contrôles comptables et de la correcte allocation des ressources; – Analyse de la pertinence des contrôles comptables au regard des risques identifiés par la cartographie.
	Analyse du caractère systémique du dispositif
	Par exemple, analyse critique des procédures de contrôles comptables en place au regard des mises à jour de la cartographie des risques de corruption.

	333. Régime disciplinaire
Contrôles de 1er niveau :	Le contrôle de la conformité du régime disciplinaire ne peut être effectué qu'une fois les sanctions prononcées.
Contrôles de 2e niveau :	– Contrôle, pour chaque incident, de la prise de sanction; – Vérification de l'adéquation entre l'incident et la sanction.
Contrôles de 3e niveau :	– Contrôle de la correcte réalisation et de l'efficacité des contrôles de deuxième niveau.
	Analyse du caractère systémique du dispositif.
	Par exemple, analyse des sanctions mises en œuvre et de la nécessité de renforcer la communication de l'instance dirigeante ou les formations sur telle ou telle mesure composant le dispositif anticorruption.

334. Si l'entreprise a déployé au sein de son dispositif anticorruption d'autres mesures et procédures en complément de celles visées par l'article 17 de la loi, l'AFA recommande que ces mesures et procédures fassent également l'objet de contrôles à travers le dispositif de contrôle et d'évaluation internes mis en place.

335. Les contrôles de premier niveau sont formalisés et documentés.

336. Les contrôles de deuxième niveau font l'objet d'un plan de contrôle formalisé décrivant notamment le périmètre des contrôles, les rôles et responsabilités, la fréquence, les modalités d'échantillonnage, la formalisation attendue, le suivi des anomalies et les plans d'actions associés.

337. Les contrôles de troisième niveau font l'objet d'un programme d'audit formalisé décrivant notamment le périmètre des contrôles, les modalités d'échantillonnage, la formalisation attendue, le suivi des anomalies et les plans d'actions associés.

D *Remédiation*

1. *Gestion et suivi des insuffisances constatées*

338. Les manquements liés à la mise en œuvre des procédures — et potentiellement signalés par les contrôles et audits — sont analysés afin d'en identifier l'origine et d'y remédier.

2. *Régime disciplinaire*

Définition

339. Le régime disciplinaire regroupe l'ensemble des mesures qu'une entreprise se réserve le droit de prendre à l'occasion d'un comportement qu'elle considère comme fautif.

340. Est notamment considéré comme une faute de nature à justifier l'application d'une sanction disciplinaire le non-respect des règles de discipline fixées par le règlement intérieur et donc par le code de conduite anticorruption qui y est intégré. Dans les entreprises d'au moins 20 salariés, le règlement intérieur est obligatoire. Une sanction ne peut alors être prononcée à l'encontre d'un salarié que si elle est prévue par le règlement intérieur.

Principe de gradation des sanctions

341. La sanction disciplinaire doit être proportionnée à la faute commise. Elle relève de l'échelle des sanctions prévues par le régime disciplinaire.

Mécanisme

342. Lorsque des manquements aux devoirs d'intégrité et de probité des personnels sont constatés, une procédure disciplinaire est engagée à leur encontre et des sanctions proportionnées leurs sont infligées.

343. L'instance dirigeante n'est pas tenue d'attendre que soit rendue une décision pénale pour mettre en œuvre des sanctions disciplinaires si les faits sont avérés et que leur gravité le justifie. La mise en œuvre de ces sanctions peut en effet s'appuyer sur les constatations d'une enquête interne circonstanciée, permettant d'établir avec rigueur la matérialité des faits reprochés à la personne concernée.

Recensement des sanctions

344. L'entreprise peut utilement recenser les sanctions disciplinaires prononcées à l'encontre des personnels de l'entité, ce qui favorise le renforcement des mécanismes de maîtrise des risques d'atteintes à la probité.

345. Quel que soit le support utilisé pour effectuer ce recensement, l'entreprise veillera à la stricte confidentialité de son contenu et l'établira dans le respect des règles de protection des données personnelles.

Communication interne

345 *bis*. La diffusion, sous un format garantissant la totale anonymisation, des sanctions disciplinaires peut être demandée par l'instance dirigeante, afin de rappeler la politique de tolérance zéro à l'égard de tout comportement contraire à l'intégrité et à la probité.

III Déclinaison des dispositions générales aux acteurs publics assujettis au 3° de l'article 3 de la loi

346. Les dispositions qui suivent déclinent et précisent, pour les acteurs publics soumis au 3° de l'article 3 de la loi, les dispositions énoncées aux paragraphes 13 à 84 des présentes recommandations.

347. La loi donne compétence à l'Agence française anticorruption pour contrôler "la qualité et l'efficacité des procédures mises en œuvre au sein des administrations de l'État, des collectivités territoriales, de leurs établissements publics et sociétés d'économie mixte, et des associations et fondations reconnues d'utilité publique pour prévenir et détecter les faits de corruption, de trafic d'influence, de concussion, de prise illégale d'intérêt, de détournement de fonds publics et de favoritisme". Le législateur a créé l'obligation pour les entités ainsi définies (ci-après dénommées "acteurs publics"), de déployer un dispositif anticorruption.

348. Les présentes recommandations visent à faciliter la réalisation par les acteurs publics des objectifs définis par la loi en proposant les modalités de mise en œuvre d'un dispositif anticorruption.

349. La spécificité des acteurs publics en matière de prévention et de détection des atteintes à la probité réside dans la grande diversité de leurs missions, compétences, statuts juridiques, structures de gouvernance, territoires, des normes d'intégrité qui les régissent, du statut de leurs collaborateurs, des différentes catégories de tiers avec lesquels ils interagissent et de leur taille. Il s'ensuit que les acteurs publics sont invités à mettre en œuvre les recommandations d'une façon proportionnée à leur profil de risques. Ils peuvent tout autant recourir à d'autres méthodes permettant d'atteindre les mêmes résultats.

350. Ces recommandations ne détaillent pas l'ensemble des dispositions obligatoires qui s'appliquent aux acteurs publics et qui concourent à la prévention et à la détection des atteintes à la probité, en raison à la fois de leur nombre et de la variété des régimes juridiques applicables aux différentes catégories d'acteurs publics. Toutefois, les recommandations comprennent des focus sur des points particuliers concernant un grand nombre d'acteurs publics.

351. Les acteurs publics qui exercent un contrôle sur d'autres entités (par exemple : fondations, filiales, entreprises publiques locales, établissements publics, etc.) s'assurent de la qualité et de l'efficacité du ou des dispositifs anticorruption déployés dans l'ensemble du périmètre qu'ils contrôlent. A ce titre, ils peuvent choisir soit d'élaborer eux-mêmes le dispositif anticorruption applicable aux entités qu'ils contrôlent (par exemple, pour celles qui sont de taille modeste), soit de mettre en place des procédures et un contrôle interne visant à s'assurer de la qualité et de l'efficacité du ou des dispositifs anticorruption déployés dans l'ensemble du périmètre qu'ils contrôlent.

352. Le dispositif anticorruption de l'acteur public concerne, outre ses agents et collaborateurs, les membres de l'instance dirigeante, l'ensemble des élus qui ne font pas partie de l'instance dirigeante et les membres des cabinets ainsi que, si nécessaire, les bénévoles contribuant à ses activités.

III.1) *Premier pilier : l'engagement de l'instance dirigeante*

353. Les obligations qui imposent aux acteurs publics de mettre en place des procédures pour prévenir et détecter les atteintes à la probité procèdent non seulement de la loi *[art. 3 et 8 de la loi et Décr. n° 2017-564 du 20 avr. 2017 relatif aux procédures de recueil des signalements émis par les lanceurs d'alerte au sein des personnes morales de droit public ou de droit privé ou des administrations de l'État.]*, mais également, pour la plupart d'entre eux, de diverses dispositions législatives et réglementaires. Il s'agit notamment, pour les acteurs publics qui emploient des agents publics, des obligations déontologiques (obligations de déclaration d'intérêts ou de situation patrimoniale pour certains élus et cadres dirigeants, obligation de déport ou d'abstention en cas de conflit d'intérêts, encadrement des cumuls d'activités, prévention des conflits d'intérêts lors des cessations de fonction, obligation de désignation d'un référent déontologue, etc.) *[Not. la L. n° 2013-907 du 11 oct. 2013 relative à la transparence de la vie publique; la L. n° 83-634 du 13 juill. 1983 portant droits et obligations des fonctionnaires, mod. par la L. n° 2016-483 du 20 avr. 2016 relative à la déontologie et aux droits et obligations des fonctionnaires et par la L. n° 2019-828 du 6 août 2019 de transformation de la fonction publique, le Décr. n° 2020-69 du 30 janv. 2020 relatif aux contrôles déontologiques dans la fonction publique]*. D'autres dispositions concourent également à la réduction des risques d'atteintes à la probité comme celles du code général des collectivités territoriales sur le fonctionnement des assemblées délibérantes, les règles de la commande publique et le décret n° 2012-1246 du 7 novembre 2012 modifié relatif à la gestion budgétaire et comptable publique.

354. Il incombe donc à l'instance dirigeante de veiller à ce que ces dispositions soient connues des personnes concernées et réellement mises en œuvre. A défaut, sa responsabilité administrative ou pénale pourrait être engagée.

355. Toutefois, la mise en œuvre de ces dispositions législatives et réglementaires ne permet pas, à elle seule, de disposer d'un dispositif complet et efficace de prévention et de détection des atteintes à la probité. Aussi ces recommandations ont-elles pour objectif d'aider les acteurs publics à élaborer un tel dispositif.

1. *Définition de l'instance dirigeante*

356. Constitue l'instance dirigeante les personnes – élues ou nommées – disposant de compétences et de pouvoirs propres pour gérer un acteur public, en application de ses statuts et des textes législatifs et réglementaires en vigueur.

357. Il s'agit notamment des personnes ou instances suivantes :

– pour les services de l'État : ministre, secrétaire général, directeur d'administration centrale, autorité préfectorale, responsable de services déconcentrés ;

– pour les collectivités territoriales : organe exécutif (maire, président de conseil départemental, de conseil régional, de conseil territorial, d'assemblée, etc.), président d'établissement public de coopération intercommunale (EPCI), ainsi que le directeur général des services ;
– pour les établissements publics, sociétés d'économie mixte : président du conseil d'administration et directeur ;
– pour les établissements publics de santé : directeur ;
– pour les fondations reconnues d'utilité publique, selon l'organisation qu'elles ont choisie : président du conseil de surveillance, président du directoire, président du conseil d'administration ainsi que directeur ;
– pour les associations reconnues d'utilité publique : président et directeur.

358. Ces instances disposent d'un pouvoir d'organisation de l'entité ou du service, d'allocation des moyens et de représentation de l'entité, qui leur confère un rôle déterminant dans la mise en place d'un dispositif anticorruption.

2. *Responsabilité de l'instance dirigeante*

359. L'instance dirigeante s'engage à mettre en œuvre une politique de tolérance zéro envers tout comportement qui pourrait contrevenir au devoir de probité, promeut et diffuse la culture de la probité au sein de l'acteur public et vis-à-vis des tiers, en érigeant la prévention et la détection des atteintes à la probité à un niveau prioritaire.

360. La responsabilité de la mise en place du dispositif anticorruption repose sur l'instance dirigeante qui peut, le cas échéant, et sans s'affranchir de sa responsabilité personnelle, en déléguer la mise en œuvre opérationnelle à un collaborateur ou un service.

361. Quelle que soit l'organisation retenue, le délégataire doit disposer d'un positionnement lui assurant l'autonomie et la légitimité nécessaires à la conduite de sa mission. Ce positionnement doit faciliter un accès direct à l'instance dirigeante.

362. L'instance dirigeante définit la stratégie de gestion des risques et s'assure de la mise en œuvre et de l'efficacité du dispositif anticorruption. A cet égard, elle veille à formaliser l'approbation de ce dispositif, et en particulier de la cartographie des risques d'atteintes à la probité. Elle s'assure de l'élaboration d'un plan d'actions y afférent et de la mise à disposition des moyens adaptés pour l'exécuter et en assurer le suivi régulier.

363. L'instance dirigeante s'assure que le respect des mesures de prévention et de détection des atteintes à la probité est pris en compte dans la fixation des objectifs annuels et l'évaluation de la performance de l'encadrement. Les initiatives de l'encadrement pour promouvoir la prévention et la détection des atteintes à la probité auprès de ses équipes doivent être valorisées.

364. L'instance dirigeante vérifie, au moyen d'indicateurs et de rapports de contrôle et d'audit, que le dispositif anticorruption est organisé, efficace et à jour.

365. La mise en œuvre des mesures et procédures qui composent le dispositif anticorruption induit pour l'instance dirigeante d'intégrer des mesures de maîtrise des risques aux procédures et politiques publiques exposées de son organisation, notamment la gestion des ressources humaines, la commande publique et l'attribution de subventions publiques.

366. L'instance dirigeante prend, dans le respect des normes applicables (droit du travail, statut de la fonction publique) les sanctions disciplinaires adéquates en cas de comportements constitutifs d'une atteinte à la probité, d'un manquement au code de conduite ou d'un manquement au devoir de probité.

367. L'instance dirigeante veille à ce que les entités que contrôle l'acteur public (en droit ou en fait) soient couvertes par un dispositif anticorruption.

368. L'instance dirigeante veille à ce que le dispositif anticorruption lui soit applicable.

369. Lorsque l'instance dirigeante exerce ses fonctions sous le contrôle ou la surveillance d'un organe non exécutif ou d'une tutelle, ces derniers veillent à ce que les

risques d'atteintes à la probité soient appréhendés par la mise en place d'un dispositif anticorruption adapté et efficace.

3. *Moyens dédiés*

370. La mise en œuvre d'un dispositif anticorruption nécessite des moyens humains et financiers proportionnés au profil de risque de l'acteur public.

371. La désignation du collaborateur ou du service chargé de la mise en œuvre opérationnelle du dispositif de prévention et de détection peut faire l'objet d'une communication spécifique à l'ensemble des personnels et, le cas échéant, être formalisée par une lettre de mission de l'instance dirigeante précisant notamment :
– les missions confiées ;
– les éléments qui garantissent son autonomie, tels que son positionnement dans l'organigramme et les modalités d'accès à l'instance dirigeante ;
– l'articulation avec les autres fonctions de l'acteur public ;
– les moyens matériels et humains affectés ou susceptibles d'être mobilisés.

372. L'instance dirigeante s'assure que ce collaborateur ou ce service dispose des moyens et des compétences lui permettant de réaliser ses missions, de coordonner les fonctions concernées et de rendre compte à l'instance dirigeante.

373. Son positionnement dans la structure doit lui garantir :
– un accès à toute information utile pour disposer d'une image fidèle de l'activité de l'acteur public ;
– l'indépendance de son action vis-à-vis des autres fonctions et la capacité à influer réellement sur ces dernières ;
– un accès aisé à l'instance dirigeante, afin d'en obtenir l'écoute et le soutien.

374. Indépendamment de son positionnement dans l'organigramme, il entretient un lien direct et régulier avec l'instance dirigeante.

4. *Une politique de communication interne et externe adaptée*

375. L'instance dirigeante communique sur sa politique de prévention et de détection des atteintes à la probité, ainsi que sur le dispositif global qui la matérialise auprès de l'ensemble des élus, du personnel et des tiers (usagers, fournisseurs, prestataires, associations, partenaires).

376. Adaptée à sa structure et à ses activités, la communication interne du dispositif anticorruption porte nécessairement sur le code de conduite et la déontologie, la formation et le dispositif d'alerte interne.

III.2) *Deuxième pilier : la cartographie des risques d'atteintes à la probité*

377. Indispensable instrument de la connaissance des risques d'atteintes à la probité, la cartographie des risques permet aux acteurs publics d'engager et de formaliser une réflexion en profondeur sur leurs risques ainsi que de créer les conditions d'une meilleure maîtrise de ces risques. Elle est mise en œuvre dans l'objectif de se prémunir contre les conséquences réputationnelles, juridiques, humaines, économiques et financières que pourrait générer la réalisation des risques.

378. Cette cartographie peut être spécifique ou intégrée dans une cartographie générale des risques, sous réserve de l'utilisation d'une méthodologie offrant l'assurance raisonnable que les risques d'atteintes à la probité identifiés, évalués et hiérarchisés soient le fidèle reflet des risques auxquels l'acteur public est réellement exposé.

379. La cartographie des risques des acteurs publics vise la maîtrise des risques de l'ensemble des infractions d'atteintes à la probité énumérées à l'article 1er de la loi.

380. Pour les acteurs publics relevant à la fois de l'article 3 et de l'article 17 de la loi (soit les établissements publics industriels et commerciaux et les SEM dont le chiffre d'affaires et les effectifs atteignent les seuils fixés par l'article 17), la cartographie doit intégrer les risques relatifs à l'ensemble des infractions d'atteintes à la probité énumérées à l'article 1er de la loi.

381. L'établissement de la cartographie des risques d'atteintes à la probité nécessite :

– de disposer d'une connaissance précise de l'acteur public et de ses activités, dont les processus *[Dans le cadre des présentes recommandations, la notion de processus s'entend d'un ensemble de tâches corrélées ou en interaction qui visent à la satisfaction d'un besoin managérial, opérationnel ou support.]* que celles-ci nécessitent de mettre en œuvre. Cette connaissance est la condition préalable à l'analyse fine des processus qui garantit que la cartographie des risques d'atteintes à la probité reflète fidèlement les risques auxquels l'acteur public est réellement exposé. Chaque acteur public établit sa propre cartographie des risques, qui lui est spécifique et ne peut en conséquence être transposée en l'état à un autre acteur public ;

– nécessite d'identifier les rôles et responsabilités des acteurs concernés à tous les niveaux de l'organisation.

1. *Objectifs de la cartographie des risques d'atteintes à la probité*

382. La cartographie des risques d'atteintes à la probité donne à l'instance dirigeante la connaissance nécessaire pour la mise en œuvre de mesures de prévention et de détection efficaces, proportionnées aux enjeux identifiés par la cartographie et adaptées aux activités de l'acteur public concerné.

383. Deuxième pilier du dispositif de prévention et de détection, la cartographie des risques d'atteintes à la probité permet à l'acteur public de gérer efficacement ses risques en identifiant les mesures et procédures de prévention, de détection et de remédiation à mettre en place. Réciproquement, les enseignements tirés de la mise en œuvre de ces mesures et procédures sont pris en compte pour établir et mettre à jour la cartographie des risques d'atteintes à la probité. L'ensemble de ces interactions s'inscrit ainsi dans une approche systémique de la cartographie des risques et des mesures et procédures conçues et mises en œuvre pour les gérer.

2. *Caractéristiques de la cartographie des risques d'atteintes à la probité*

384. La cartographie des risques est complète dans la mesure où elle couvre :

– tout d'abord, l'ensemble des acteurs, y compris les élus, les ministres, les membres des différents cabinets, les comptables publics, les contrôleurs généraux économiques et financiers, ainsi que l'ensemble des agents, quel que soit leur statut (agents titulaires, agents contractuels, agents détachés ou mis à disposition, personnels sous contrat de droit privé, vacataires, apprentis, stagiaires, bénévoles) ;

– ensuite, "de bout en bout", les processus managériaux, opérationnels et support mis en œuvre par l'acteur public dans le cadre de ses activités. Résultant de l'analyse de l'ensemble des processus de l'acteur public, ainsi que de l'identification des risques d'atteintes à la probité, et ce à chaque stade de ces processus, elle appréhende ces risques en prenant en compte les particularités de chaque acteur public : missions, compétences, spécialité, structure de gouvernance et circuits de décision, statut des personnels, territoires, typologies de tiers, ressources propres, etc. ;

– enfin, l'entier périmètre d'intervention de l'acteur public, soit l'ensemble des structures, notamment les entités qu'il contrôle. Si le choix a été fait de laisser tout ou partie des structures contrôlées réaliser par elles-mêmes leurs cartographies des risques d'atteintes à la probité, l'acteur public s'assure de leur existence et de la pertinence des méthodes choisies pour les établir.

385. La cartographie des risques d'atteintes à la probité est formalisée, c'est-à-dire qu'elle prend la forme d'une documentation écrite, structurée et auditable. La forme de la cartographie des risques doit permettre d'en faire un outil de pilotage des risques et faciliter également l'appréciation interne (par l'audit notamment) et externe (en cas de contrôle administratif ou de procédure judiciaire) de la pertinence du dispositif anticorruption.

386. Au choix de l'acteur public, la documentation peut être organisée, par exemple, par compétence, par processus, par entité ou par territoire. Elle est accompagnée d'une annexe décrivant notamment les rôles et responsabilités dans son éla-

boration, les modalités et les méthodologies mises en œuvre pour identifier, évaluer, hiérarchiser et gérer les risques d'atteintes à la probité.

387. La cartographie des risques est évolutive puisqu'il est nécessaire de réévaluer les risques de manière périodique, en particulier chaque fois qu'évolue un élément important de l'acteur public. A la faveur de son actualisation, la cartographie participe d'un processus d'amélioration continue permettant aux acteurs publics de renforcer la maîtrise de leurs risques.

3. *Les différentes étapes de mise en place d'une cartographie des risques d'atteintes à la probité*

388. La cartographie des risques d'atteintes à la probité procède d'une analyse objective, structurée et documentée des risques auxquels un acteur public est exposé dans le cadre de ses activités. La description fait ressortir l'impact des risques (gravité) et leur probabilité d'occurrence (fréquence), les éléments susceptibles de les accroître (facteurs aggravants) ainsi que les réponses apportées dans le cadre du dispositif de maîtrise des risques existant ou à apporter dans le cadre d'un plan d'actions.

389. Dans ce contexte, afin d'identifier, d'évaluer et de gérer les risques d'atteintes à la probité, il est recommandé de respecter les étapes ci-après, ou d'employer une autre méthode présentant une efficacité et pertinence au moins similaires.

390. Pour les acteurs publics ayant déjà conduit des travaux de cartographie des risques, par exemple des risques opérationnels, stratégiques, budgétaires ou comptables ou en matière de gestion des fonds européens, ces démarches préexistantes peuvent être capitalisées, sous réserve que la méthode employée pour les construire soit conforme aux préconisations qui suivent. En effet, la cartographie des risques d'atteintes à la probité relève d'une méthode analogue : l'acteur public a d'ores et déjà procédé à une description de tout ou partie de ses processus et il dispose d'une expérience en matière d'identification et de cotation des risques, ainsi que dans la détermination d'une stratégie de maîtrise des risques. Les scénarios de risque déjà identifiés au titre des risques opérationnels, stratégiques, budgétaires ou comptables ou en matière de gestion des fonds européens peuvent ainsi être examinés et enrichis, lorsque cela est pertinent, des risques d'atteintes à la probité qu'ils recèlent. Ce procédé ne garantit toutefois pas que les scénarios de risque ainsi identifiés reflètent fidèlement les risques d'atteintes à la probité auxquels l'organisation est réellement exposée. L'usage de la méthode basée sur l'analyse des processus exposée *infra* est de nature à utilement compléter cette approche.

1re étape : rôles et responsabilités des parties prenantes à la cartographie des risques d'atteintes à la probité.

391. Au sein des acteurs publics, les rôles et responsabilités peuvent utilement être répartis comme suit :

— *l'instance dirigeante* promeut l'exercice de cartographie des risques et donne les moyens de sa mise en œuvre au collaborateur ou au service auquel elle en a confié l'élaboration. Elle valide la stratégie de gestion des risques mise en œuvre sur son fondement et s'assure de l'exécution du plan d'actions retenu ;

— *le collaborateur ou service responsable* coordonne l'élaboration de la cartographie des risques, en accompagnant les services dans le recensement des processus, dans l'identification des risques d'atteintes à la probité, dans l'évaluation et la hiérarchisation de ces risques et dans la définition et la mise en œuvre de mesures concourant à leur maîtrise. Il communique la cartographie des risques à l'instance dirigeante à chacune de ses mises à jour ainsi que le suivi du plan d'actions ;

— *les responsables des processus décisionnels, opérationnels, comptables et support* contribuent à l'élaboration et à la mise à jour de la cartographie des risques en rendant compte des risques spécifiques au périmètre relevant de leur responsabilité ;

— *les personnels*, forts de leur expérience pratique des processus de l'acteur public, apportent leur contribution à l'exercice de cartographie en rendant compte des facteurs spécifiques aux fonctions exercées et aux risques encourus.

392. L'acteur public, lors de l'élaboration de sa cartographie, veille à appréhender les risques inhérents aux activités exercées par l'ensemble des personnels travaillant dans la structure, quel que soit leur statut (y compris les bénévoles et les stagiaires), ainsi que ceux attachés aux missions des dirigeants, des élus et de leurs collaborateurs.

2e étape : identification des risques inhérents aux activités de l'acteur public (recensement des processus et scénarios de risques).

393. L'identification des risques de l'acteur public s'appuie sur une analyse fine de ses processus :

— dans une première étape, l'acteur public établit un recensement de ces processus, le cas échéant sur le fondement d'une cartographie des processus préexistante. Lors de ce premier recensement, l'acteur public s'attache à ne pas préjuger des résultats de la cartographie des risques en dressant *a priori* une liste de processus jugés les plus représentatifs ou les plus exposés aux risques. Dans le cas d'un acteur public ne disposant d'aucune bibliothèque de processus, le recensement pourra, dans une première étape, cibler les macro-processus auxquels sera appliquée la méthodologie décrite aux paragraphes qui suivent. Cette première étape doit être suivie d'une revue à une échelle plus fine des processus et des scénarios de risques associés ;

— dans une seconde étape et sur la base du recensement des processus, l'acteur public organise des échanges (ateliers, entretiens individuels, etc.) avec des personnels de tout niveau hiérarchique et de toutes les fonctions de l'acteur public, choisis pour leur maîtrise opérationnelle de ces processus. Ces échanges permettent la libre expression des participants et font l'objet de comptes rendus écrits.

394. Ces échanges ont pour objet d'identifier, par processus, des scénarios de risques *[Un scénario de risque correspond à une situation susceptible de donner lieu à la commission d'une atteinte à la probité. Par exemple, la non déclaration d'un conflit d'intérêts par l'agent chargé de l'instruction d'une décision d'octroi de subvention concernant une association dont son conjoint est le président ou encore la non-réalisation de vérifications sur place de la part de l'agent chargé de certifier le service fait à réception de livraisons de la part d'un fournisseur.]* auxquels l'acteur public est exposé dans le cadre de ses activités et de certains métiers. Il ne s'agit pas de décliner la typologie théorique des risques auxquels il est exposé, mais de procéder à un état des lieux précis permettant d'identifier, de manière circonstanciée et documentée, les scénarios de risques qui lui sont propres. Si une liste de risques pré établie peut constituer un des supports sur lesquels peut s'appuyer la réflexion menée lors de ces entretiens, elle ne saurait pré déterminer la nature, le nombre et la classification des scénarios de risque retenus à l'issue des entretiens : l'acteur public doit en effet fonder sa cartographie sur la réalité de ses processus.

395. La cartographie des risques intègre l'intervention des tiers de l'acteur public, qui peut présenter un risque d'exposition à une sollicitation (facteur de risque).

396. Les scénarios de risques sont identifiés en tenant compte notamment des facteurs de risques suivants :

— le fonctionnement interne de l'acteur public et notamment sa gouvernance ;

— son organisation territoriale, notamment les administrations déconcentrées, les opérateurs de l'État ;

— les "liens d'intérêts" de l'instance dirigeante et des personnels ;

— la nature des tiers avec lesquels l'acteur public interagit, à l'occasion par exemple des achats auxquels il procède, des aides et subventions qu'il attribue ou des autorisations qu'il délivre, ainsi que des secteurs d'activité du tiers, la nature de la relation (directe ou indirecte), le degré de dépendance économique, etc. ;

— l'historique des incidents : doivent être pris en compte notamment les incidents ayant affecté l'acteur public, révélés par les audits internes ou par les dispositifs d'alerte interne et déontologique, les faits ayant donné lieu à l'application du régime disciplinaire ou à des décisions juridictionnelles concernant des acteurs publics similaires, les observations de la Cour des comptes et de la chambre régionale des comptes, le retour d'expérience tiré du contrôle de légalité.

3e étape : évaluation des risques bruts.

397. Cette étape vise à évaluer le niveau de vulnérabilité de l'acteur public pour chaque scénario de risque identifié à l'étape précédente. Il s'agit ici d'identifier les risques "bruts" auxquels l'acteur public est exposé, c'est-à-dire les risques considérés en amont des moyens de maîtrise mis en œuvre.

398. Ce niveau de vulnérabilité est évalué au moyen des trois indicateurs suivants : l'impact, la fréquence et les facteurs aggravants.

399. Une analyse de l'impact de chaque scénario de risque identifié est menée. Cet impact peut être réputationnel, humain, financier, économique ou juridique. Un même scénario de risque peut cumuler plusieurs types d'impact.

400. Une probabilité d'occurrence est déterminée à l'aide des informations les plus complètes et les plus adaptées à la spécificité du risque identifié (exemple : historique des incidents).

401. L'appréciation des facteurs jugés aggravants est réalisée par l'application de coefficients de gravité. Par exemple, dans la situation des acteurs publics développant leurs activités à l'international, ce coefficient permet de prendre en compte, au stade de l'évaluation des risques bruts, l'incidence de l'implantation géographique.

402. Les échanges organisés pour identifier les risques peuvent utilement permettre de procéder à l'évaluation des risques bruts identifiés. Qu'elle s'appuie ou pas sur ces échanges, l'évaluation des risques bruts est conduite sur le fondement d'une méthodologie homogène. L'acteur public veille notamment à ce que les évaluations des risques bruts émanant de ses différentes composantes puissent être agrégées de manière cohérente.

4e étape : évaluation des risques nets ou résiduels.

403. Cette étape vise à évaluer le niveau de maîtrise des risques par l'acteur public afin de déterminer les risques "nets" ou "résiduels" auxquels elle est exposée. Il s'agit donc de réévaluer les scénarios de risques "bruts" en prenant en considération les moyens de maîtrise des risques déjà existants et mis en œuvre.

404. Il convient dès lors, à ce stade d'élaboration de la cartographie, d'évaluer l'efficacité des mesures de maîtrise des risques existantes, comme celles inhérentes à l'existence de procédures formalisées, de dispositifs de formation et aux contrôles internes, en s'appuyant notamment sur les audits réalisés.

405. *Nota.* — Dans le cas d'une cartographie des risques "intégrée", conduisant à évaluer le niveau de risque d'un scénario ou d'un processus en agrégeant différentes natures de risque, dont le risque d'atteintes à la probité, il conviendra de s'assurer que cette évaluation fasse ressortir la cotation de ce risque en tant que tel.

5e étape : hiérarchisation des risques nets ou résiduels et élaboration du plan d'actions.

406. Une fois les risques "nets" ou "résiduels" évalués, un classement par niveau des scénarios de risques apparaît.

407. Lorsque ces scénarios de risques présentent une évaluation nette de même niveau, et si l'acteur public juge utile de les départager pour prioriser les actions à mettre en œuvre, il convient de les hiérarchiser au moyen d'une méthodologie objective adaptée aux activités spécifiques de l'acteur public, reposant sur la combinaison de plusieurs critères comme la part du budget consacré, la nature et le type de relations avec les tiers.

408. Il s'agit de déterminer, dans le cadre de la stratégie de gestion des risques, les mesures à mettre en œuvre afin de les maîtriser.

409. Sur la base de ces éléments, un plan d'actions est élaboré. Le calendrier et les modalités de mise en œuvre de ce plan d'actions, ainsi que son suivi et les modalités de compte rendu associés, sont confiés à la responsabilité d'acteurs précisément désignés. L'établissement, la formalisation et le suivi de ce plan d'actions constituent une condition de l'efficacité de la cartographie des risques.

410. Les acteurs publics pas ou peu familiers des exercices de cartographie des risques peuvent utilement, dans leur cheminement tendant à se doter d'une cartographie des risques d'atteintes à la probité, telle que proposée dans les précédents paragraphes, débuter leurs travaux en examinant prioritairement trois processus que l'expérience conduit à considérer comme particulièrement exposés aux risques d'atteintes à la probité : la commande publique, la gestion des ressources humaines, le versement des subventions (cf. annexe n° 2).

6e étape : formalisation, mise à jour et archivage de la cartographie des risques d'atteintes à la probité.

411. L'ensemble des éléments précités constitue la cartographie des risques. Sa présentation participe de son appropriation comme outil de pilotage des risques d'atteintes à la probité.

412. La nécessité d'une éventuelle actualisation de la cartographie doit être appréciée chaque année.

413. Cette mise à jour doit suivre la méthode ayant conduit à la construction de la cartographie, si celle-ci offre, au regard des modalités et méthodologies d'identification, d'évaluation, de hiérarchisation et de gestion des risques qu'elle prévoit, l'assurance raisonnable qu'elle reflète fidèlement les risques réels auxquels l'acteur public est exposé.

414. Il est recommandé de conserver tous les éléments permettant d'apprécier la mise en œuvre effective des modalités et méthodologies de la cartographie.

415. Les différentes versions des cartographies sont datées, référencées et archivées.

III.3) *Troisième pilier : la gestion des risques d'atteintes à la probité*

A. *Prévention des risques*

1. *Règles en matière de déontologie/éthique et code de conduite*

Définition et objectifs du code de conduite

416. Le code de conduite, quelle que soit la dénomination retenue, est un document qui manifeste la décision de l'instance dirigeante d'engager l'acteur public dans une démarche de prévention et de détection des atteintes à la probité. Il peut être intégré dans un dispositif "d'éthique" (du type charte éthique) ou de déontologie au périmètre plus large que la stricte prévention des atteintes à la probité, à condition d'en permettre la parfaite lisibilité dans sa présentation et sa diffusion.

417. Le code de conduite définit et illustre, à travers des exemples d'activités de l'acteur public, les différents types de comportements à éviter comme étant susceptibles de constituer des atteintes à la probité.

Champ d'application

418. Le code de conduite est applicable à l'ensemble des personnels et dirigeants de l'acteur public, ainsi que, le cas échéant, sous une forme adaptée, aux autres élus et à leurs collaborateurs.

419. Concernant les autres collaborateurs de l'acteur public (bénévoles, stagiaires), il est recommandé que le code leur soit également applicable, dans le respect des dispositions légales qui les concernent.

Processus d'élaboration et de validation

420. Afin de manifester son engagement, l'instance dirigeante promeut le code de conduite et en applique scrupuleusement les principes. L'exemplarité de l'instance dirigeante est essentielle à la bonne application du code de conduite par les personnels.

421. Le code de conduite, préfacé par l'instance dirigeante, rappelle ses valeurs et son engagement en matière de prévention et de détection des atteintes à la probité.

Ce portage favorise le développement d'une culture de la déontologie, de l'éthique, de l'intégrité et de la probité.

422. Pour ce qui concerne les acteurs publics dont les personnels relèvent du statut général des fonctionnaires, le code de conduite est signé par le chef de service. Il requiert la consultation préalable du comité technique ou, à l'avenir, du comité social compétent.

423. Lorsque l'acteur public est doté de règlement(s) intérieur(s), le code de conduite y est intégré, et fait l'objet, le cas échéant, de la procédure de consultation des instances, autorités ou services compétents.

Contenu

424. Le code de conduite a vocation à être rédigé ou mis à jour postérieurement à l'élaboration de la cartographie des risques d'atteintes à la probité, dans la mesure où il décrit les comportements à éviter à partir des risques spécifiques à l'acteur public.

Le code de conduite n'est pas limité à un recueil de bonnes pratiques, mais contient des dispositions sur les types de comportements à éviter auxquels personnels et dirigeants sont susceptibles d'être confrontés du fait de l'activité de l'acteur public. Une structuration en rubriques correspondant aux différents types de comportements à éviter est encouragée.

425. Par ailleurs, le code de conduite rappelle et précise les modalités de mise en œuvre des obligations déontologiques applicables au personnel et aux dirigeants de l'acteur public.

426. Certaines de ces obligations peuvent être d'origine législative ou réglementaire. Le code de conduite peut apporter des précisions quant à leur mise en œuvre opérationnelle. En outre, ces obligations peuvent être utilement complétées par des mesures propres à l'acteur public, en fonction de son profil de risque *[S'agissant des services dont les personnels relèvent du statut général des fonctionnaires, le chef de service fait alors application de la compétence qui lui est reconnue par l'art. 25 de la L. n° 83-634 du 13 juill. 1983 portant droits et obligations des fonctionnaires : "Tout chef de service peut préciser, après avis des représentants du personnel, les principes déontologiques applicables aux agents placés sous son autorité, en les adaptant aux missions du service".]*.

427. Le code de conduite traite notamment des cadeaux et invitations, des conflits d'intérêts, des règles d'utilisation des biens du service, des frais de représentation et peut ainsi détailler :

— les obligations d'intégrité et de probité cités à l'article 25 du titre I du statut général des fonctionnaires et à l'article 1er de la loi n° 2013-907 du 11 octobre 2013 relative à la transparence de la vie publique, pour les responsables publics ;

— les dispositions spécifiques à certaines catégories d'agents (forces de sécurité intérieure, secteur médico-social), dès lors qu'elles sont représentées au sein de l'acteur public ;

— les dispositions relatives aux déclarations d'intérêts et de situation patrimoniale applicables dans l'acteur public ;

— le cadre applicable en matière de cumul d'activités, de mobilité des agents publics vers le privé et de retour dans le service public d'agents en mobilité dans le secteur privé ;

— toutes règles applicables en matière de prévention des conflits d'intérêts : obligation de déport, voire dispositifs volontaires de déclaration de non-conflit d'intérêts ou de déclaration d'intérêts ;

— l'interdiction des emplois familiaux dans les cabinets des élus, si l'acteur public est concerné ;

— les règles applicables au cumul de fonctions électives et administratives ;

— l'obligation de gestion par un intermédiaire agréé des instruments financiers pour certains emplois ou fonctions ;

— les obligations de transparence et de communicabilité des documents applicables dans la gestion de l'acteur public.

428. Le code de conduite est appuyé d'illustrations pertinentes au regard de l'activité de l'acteur public et des risques définis dans sa cartographie des risques

d'atteintes à la probité (par exemple, quel comportement adopter en cas d'invitation par un fournisseur ou par une personne ayant formulé une demande de délivrance de titre ou d'autorisation).

429. Si l'acteur public fait le choix d'un code de conduite renvoyant à des fiches ou procédures "opérationnelles" qui, sans faire partie du code lui-même, définissent, sur la base de la cartographie des risques, le détail opérationnel des comportements à respecter afin de maîtriser les situations à risque, il importe que ces documents constituent un ensemble cohérent, clairement articulé et dont la lisibilité et l'accessibilité soient assurées pour tous les collaborateurs.

430. Le code de conduite mentionne le nom et les coordonnées du référent déontologue (lorsqu'il en existe un) et celles du référent alerte, qui peuvent le cas échéant être les mêmes. Afin d'éviter une confusion entre ces deux instances, le code de conduite précise leurs rôles respectifs et leurs procédures de saisine.

431. Il présente le dispositif d'alerte interne destiné à recueillir les signalements relatifs à l'existence de comportements ou de situations contraires au code de conduite et susceptibles, pour les agents relevant du statut général des fonctionnaires, de constituer un manquement au devoir de probité.

432. Le code de conduite rappelle que les violations de ses dispositions sont susceptibles de faire l'objet de sanctions disciplinaires dans le respect des dispositions applicables.

433. Pour ce qui concerne les personnels relevant du statut général des fonctionnaires, les manquements aux mesures d'organisation du service et de son activité prévues dans le code de conduite sont susceptibles de donner lieu à une sanction disciplinaire. Les manquements aux obligations déontologiques légales rappelées par le code de conduite sont également susceptibles de donner lieu à une sanction disciplinaire. Enfin, les manquements aux préconisations du code de conduite intervenant dans le domaine statutaire sont eux aussi susceptibles de donner lieu à une sanction disciplinaire dès lors qu'ils sont constitutifs d'un manquement aux devoirs de probité et d'intégrité des agents publics. Le manquement aux préconisations du code de conduite est un indice de l'existence d'un manquement aux devoirs de probité et d'intégrité.

Formalisation et accessibilité du code de conduite

434. Le code de conduite, rédigé en des termes qui le rendent intelligible et accessible à des non spécialistes est clair, sans réserve et sans équivoque.

435. Le code de conduite est communiqué en interne et constitue l'un des éléments auxquels sont formés les personnels et les dirigeants de l'acteur public.

436. Le code de conduite sert également d'outil de communication externe dans les relations avec les usagers, les fournisseurs, et, plus généralement, les partenaires de l'acteur public concerné.

Mise à jour

437. Le code de conduite est mis à jour régulièrement, notamment après la mise à jour de la cartographie des risques d'atteintes à la probité. Il comporte à cette fin une indication de sa date d'établissement.

2. *Formation et sensibilisation*

Définition et objectifs

438. Vecteur de la culture d'intégrité au sein de l'acteur public, un dispositif de sensibilisation et de formation efficace et adapté favorise une large diffusion des engagements en matière de lutte contre les atteintes à la probité par l'instance dirigeante, leur appropriation par les collaborateurs et la constitution d'un socle de connaissances commun aux différents personnels.

439. Une action de sensibilisation permet aux participants d'être mieux informés et réceptifs sur les sujets qui leur sont présentés.

440. Une action de formation consiste à procurer les connaissances et les compétences nécessaires à l'exercice d'une activité ou d'un métier. Elle s'intègre dans le plan de formation général de l'acteur public.

441. Le dispositif de sensibilisation et de formation doit :
— être coordonné avec les autres mesures et procédures du dispositif anticorruption. Par exemple : formation au contenu du code de conduite, formation prioritaire des personnes identifiées comme à risque sur le fondement de la cartographie des risques, formation et sensibilisation à l'utilisation des dispositifs d'alerte... ;
— tenir compte des risques spécifiques auxquels sont exposées les différentes catégories de personnels.

Le dispositif de sensibilisation destiné à tous les personnels

442. Si le dispositif de formation aux risques s'adresse prioritairement aux cadres et aux personnels les plus exposés, il est recommandé d'organiser une sensibilisation de l'ensemble des personnels.

443. Les actions de sensibilisation, destinées à tous les personnels, portent notamment sur :
— le code de conduite ;
— les atteintes à la probité en général, leurs enjeux, leurs formes et les sanctions y afférentes, qu'elles soient disciplinaires ou pénales ;
— le comportement à adopter face à des faits d'atteintes à la probité, le rôle et les responsabilités de chacun ;
— le dispositif d'alerte interne.

444. Quelles que soient les modalités d'organisation retenues, ces actions de sensibilisation visent à favoriser la prise de conscience des enjeux inhérents aux atteintes à la probité au sein de l'acteur public et son environnement.

Formation obligatoire destinée aux personnes les plus exposées

445. La formation de l'instance dirigeante, des élus et de leurs collaborateurs, des cadres et personnels les plus exposés permet de les alerter à la fois sur la nécessaire vigilance dont ils devront faire preuve dans l'exercice de leurs activités, mais également sur les comportements qu'ils devront adopter face aux situations à risque.

446. Cette formation vise à ce que les personnes concernées s'approprient le dispositif anticorruption de l'acteur public.

447. A terme, elle a pour effet de limiter les risques identifiés dans la cartographie des risques d'atteintes à la probité.

448. Sur le fondement de celle-ci, le responsable des ressources humaines identifie, avec l'aide de l'éventuel responsable ou service en charge du dispositif anticorruption (ou tout autre responsable désigné), les personnes les plus exposées aux risques d'atteintes à la probité, c'est-à-dire les personnes en charge ou participant aux processus à risque.

449. Il peut s'agir, en particulier :
— de l'instance dirigeante et des élus (notamment ceux titulaires d'une délégation) ;
— des cadres et des personnels en relation avec des tiers exposés (acheteurs, instructeurs de demandes de subventions ou d'autorisations, etc.) ;
— des personnels qui participent à la mise en œuvre du dispositif anticorruption.

450. D'autres éléments, comme les fiches de poste, peuvent servir de base à l'identification des cadres et personnels exposés.

451. Le contenu des formations varie selon qu'elles s'adressent aux cadres et aux personnels les plus exposés aux risques d'atteintes à la probité ou à d'autres catégories de personnes.

452. Ce contenu est adapté à la nature des risques, aux fonctions exercées et aux territoires sur lesquels intervient l'acteur public. Il est actualisé régulièrement, en lien avec la mise à jour de la cartographie des risques.

453. La formation a pour objet d'améliorer la compréhension et la connaissance :
— des processus et des risques induits ;
— des infractions d'atteintes à la probité ;
— des diligences à accomplir et des mesures à appliquer pour réduire ces risques ;
— des comportements à adopter face à une sollicitation indue ;
— des sanctions disciplinaires encourues en cas de pratiques non conformes.

454. Le tronc commun de ces formations porte sur :
— le code de conduite ;

– les atteintes à la probité en général, leurs enjeux et leurs formes ;
– les obligations juridiques applicables et les sanctions y afférentes ;
– le dispositif anticorruption ;
– le comportement à adopter, le rôle et les responsabilités de chacun face à des faits d'atteintes à la probité ;
– le dispositif d'alerte interne.

455. En complément, des thématiques spécifiques sont traitées, selon les fonctions exercées par les participants et les risques spécifiques auxquels ils sont confrontés. Les outils de détection des atteintes à la probité peuvent être une thématique couverte par la formation à destination des personnels chargés d'une fonction de contrôle.

456. Les personnes les plus exposées sont formées dès leur prise de fonction. Les formations sont régulièrement dispensées tout au long de l'exercice de leur fonction.

457. Les formations sont mises en œuvre avec des outils adaptés. Elles doivent être accessibles et adaptées aux publics auxquels elles s'adressent.

458. Les formations sont pragmatiques et pédagogiques. A l'instar du code de conduite, elles s'appuient notamment sur des cas pratiques et des scénarios personnalisés par public et adaptés aux risques identifiés dans la cartographie des risques d'atteintes à la probité.

459. Des membres de l'acteur public peuvent être invités à partager leur expérience en la matière, leurs réactions et les conclusions qu'ils en ont tirées, donnant ainsi lieu à des échanges au plus près des contraintes opérationnelles. Les mises en situation peuvent être utiles pour favoriser une appropriation des règles dans l'exercice quotidien des fonctions.

460. La mise en place d'outils permettant de vérifier la bonne compréhension des formations comme, par exemple, un contrôle de connaissances, est à encourager. Ce contrôle de connaissance peut être effectué au cours de la formation ou après un certain délai, afin de s'assurer que les connaissances ont été assimilées.

461. Les formations peuvent être assurées par des personnels en interne ou être dispensées par un prestataire extérieur.

462. Dans l'hypothèse d'une externalisation, il est nécessaire que l'acteur public participe à la conception et à la mise en œuvre de la formation afin que ses spécificités soient prises en compte et que le contenu de la formation soit en cohérence avec la politique déployée en la matière (ex. : éléments relatifs au code de conduite, à la cartographie des risques...).

463. Enfin, les atteintes à la probité peuvent également être abordées dans le cadre de formations plus générales (commande publique, management, prise de poste à responsabilité, formation des élus...).

Contrôle et suivi du dispositif de formation

464. La mise en place d'indicateurs permet d'assurer le suivi du dispositif de formation y compris dans l'hypothèse d'une externalisation des formations. Ces indicateurs peuvent inclure les items suivants :
– taux de couverture de la formation au regard du public visé ;
– nombre d'heures de formation sur le dispositif de prévention et de détection des atteintes à la probité.

465. La qualité du dispositif de formation et son suivi, ainsi que l'identification des participants font l'objet d'un contrôle.

466. Dans l'hypothèse d'une externalisation de tout ou partie du dispositif de formation, le collaborateur ou le service responsable du dispositif anticorruption (ou tout autre responsable désigné) doit non seulement être informé du calendrier des formations et de leur contenu pédagogique, mais doit aussi contrôler le déploiement effectif du dispositif et les indicateurs associés.

3. *L'évaluation de l'intégrité des tiers*

Définition et objectifs de l'évaluation de l'intégrité des tiers

467. Les évaluations sont réalisées à partir de la cartographie des risques d'atteintes à la probité. Elles peuvent concerner notamment les catégories de tiers suivantes : les fournisseurs et les sous-traitants, les entités que l'acteur public subven-

tionne, les bénéficiaires d'aides individuelles, les bénéficiaires d'autorisations, les partenaires ou mécènes, les usagers du service public, tout acteur privé ou public avec lequel l'acteur public est en relation dans le cadre de ses missions, y compris les entités avec lesquelles il entretient des relations régulières sans toutefois exercer sur elles un contrôle de fait ou de droit (comme les sociétés d'économie mixte dans lesquelles elle détient une participation minoritaire).

468. Elles visent à permettre de décider d'entrer en relation avec un tiers, de poursuivre une relation en cours, le cas échéant avec des mesures de vigilance renforcées, ou d'y mettre fin [*Sous réserve du respect des dispositions encadrant le processus considéré.*].

Définition des modalités d'évaluation des tiers

469. Le recensement exhaustif des tiers, à travers le cas échéant une base existante, est de nature à faciliter la réalisation et la gestion de leur évaluation.

470. Cette dernière doit être actualisée et sécurisée. Cette démarche suppose notamment l'adoption de procédures formalisées et sécurisées de création, validation, modification et suppression des tiers enregistrés dans la base, avec un respect strict de la répartition des tâches et des habilitations.

471. L'acteur public doit recenser de manière exhaustive ses catégories de tiers. Cette approche a pour objet de déterminer *ex ante*, sur le fondement de la cartographie des risques, les groupes de tiers qui l'exposent aux risques d'atteintes à la probité.

472. La nature et la profondeur des évaluations à réaliser et des informations à recueillir sont déterminées en fonction des différents groupes homogènes de tiers présentant des profils de risques comparables, tels que la cartographie des risques permet de les identifier. Ainsi, les groupes de tiers jugés pas ou peu risqués pourront ne pas faire l'objet d'une évaluation ou faire l'objet d'une évaluation simplifiée tandis que les groupes les plus risqués nécessiteront une évaluation approfondie. L'analyse des groupes de tiers pour déterminer ceux qui pourront ne faire l'objet d'aucune évaluation est particulièrement opportune pour les services publics accessibles à de très nombreux usagers.

473. Au sein de chaque groupe de tiers qui nécessite une évaluation, le tiers est évalué individuellement, en fonction de ses particularités. Les procédures d'évaluation des tiers visent en effet à apprécier le risque spécifique induit par la relation entretenue ou qu'il est envisagé d'entretenir avec un tiers donné.

474. L'évaluation de l'intégrité des tiers permet à l'acteur public d'apprécier des situations individuelles, ce que ne permet pas la cartographie des risques (et éventuellement la cartographie des tiers). Un tiers, considéré comme appartenant à une catégorie peu risquée dans la cartographie des risques, peut être requalifié en tiers risqué à l'issue de son évaluation individuelle. De même, un incident, une alerte, une condamnation concernant un tiers dont la catégorie est jugée peu risquée ou dont le comportement évolue au cours de la relation peuvent conduire l'acteur public à réaliser une évaluation plus poussée ou à l'évaluer en priorité.

Modalités d'évaluation de l'intégrité des tiers

475. Trois niveaux d'acteurs participent aux évaluations :

– le personnel en charge des évaluations et qui en est responsable, collecte les informations et documents utiles à l'évaluation des tiers avec lesquels il est ou est appelé à être en relation. Il émet une première appréciation. Cette appréciation vaut décision dans les cas considérés comme peu risqués ;

– le collaborateur ou le service en charge du dispositif anticorruption (ou tout autre responsable désigné) apporte son expertise et ses conseils au personnel en charge des évaluations. Il accompagne le niveau opérationnel dans l'appréciation des cas les plus risqués et dans la prise de décision ;

– l'instance dirigeante décide des suites à donner aux cas les plus risqués que lui communiquent les services concernés.

476. La procédure d'évaluation de l'intégrité des tiers est formalisée.

477. Les informations et documents utiles à l'évaluation des tiers sont déterminés par l'acteur public sur le fondement de sa cartographie des risques. Dans bien des

cas, une partie des données listées *infra* à titre indicatif est déjà demandée dans le cadre des procédures administratives d'instruction en vigueur.

478. A titre indicatif, les évaluations peuvent inclure :

— la collecte d'informations au moyen de la consultation de listes internes à l'acteur public ;

— la collecte d'informations en sources ouvertes, de documents publics ou à disposition du public (par exemple : articles de presse, états financiers, décisions de justice lorsqu'elles sont publiées, rapports de contrôle ou d'inspection...) ;

— la vérification de la présence du tiers ou de ses bénéficiaires effectifs, tels que définis par les articles R. 561-1 et R. 561-2 du code monétaire et financier, de ses dirigeants ou de ses administrateurs, sur les listes des personnes physiques et morales sanctionnées (notamment la liste des personnes exclues des marchés publics financés par la banque mondiale, les banques de développement ainsi que la liste des personnes sous sanctions financières et internationales des ministères économiques et financiers) ;

— la collecte d'informations et de documents auprès du tiers, au moyen par exemple d'un questionnaire, d'un entretien, d'un audit, d'un processus interne d'agrément ou de certification.

479. Les informations sont obtenues dans le respect des réglementations applicables, notamment celles relatives à la protection des données personnelles.

480. L'acteur public recense les principaux éléments d'identité du tiers : nom, raison ou dénomination sociale, nature juridique de la structure, date de création, effectifs, chiffre d'affaires, capital, secteur(s) d'activité, domaines de compétences (notamment pour les prestataires de services), implantation géographique.

481. L'acteur public s'assure que le tiers dispose de l'expérience, des qualifications et des compétences nécessaires à la réalisation de sa mission. A ce titre, il peut demander au tiers de lui communiquer les références professionnelles qu'il jugera nécessaires en fonction des données déjà recueillies (date de constitution, date du lancement de l'activité, etc.). Le manque de qualification ou d'expérience peut être défini comme un facteur aggravant lors de l'évaluation du niveau de risque du tiers. Pour ce qui concerne les tiers ayant la qualité de pouvoir adjudicateur, ces vérifications s'effectuent dans le respect du code de la commande publique.

482. La collecte de données personnelles relatives à l'intégrité du tiers, qui peuvent porter sur d'éventuelles poursuites ou condamnations pour atteintes à la probité, doit respecter les normes régissant la protection des données.

483. L'acteur public peut également s'assurer que le tiers a mis en œuvre un dispositif anticorruption. Le fait que le tiers ne communique pas sur la mise en place d'un tel dispositif lorsqu'il y est contraint par la loi et ne le documente pas peut être considéré comme un facteur de risque.

Appréciation du niveau du risque du tiers

484. L'acteur public apprécie le niveau de risque du tiers à partir des informations et documents collectés d'une part, et de l'analyse des conditions dans lesquelles s'inscrit la relation envisagée (ou de l'analyse de la nature et de l'objet de la relation), d'autre part.

485. Certaines relations comportent un risque aigu d'atteintes à la probité comme, par exemple, le cas d'un tiers ayant pour mission d'assister l'acteur public dans l'obtention de contrats. Il peut inciter le tiers à se livrer à des pratiques non conformes de façon à contourner son dispositif anticorruption.

486. L'établissement d'une relation financière de longue durée ou à forte valeur peut constituer un facteur de risque lors de l'évaluation du niveau de risque du tiers. De la même manière, le niveau de dépendance économique de l'acteur public vis-à-vis du tiers ou du tiers vis-à-vis de l'acteur public peut constituer un risque.

487. L'acteur public vérifie que le coût de la prestation est cohérent avec la nature et le volume des biens ou services vendus par le tiers et conforme au prix du marché. Une incohérence peut constituer un signal d'alerte et nécessite d'en justifier les raisons.

488. Le versement de commissions liées à l'obtention de contrats constitue un facteur de risque lors de l'évaluation du niveau de risque du tiers.

489. Le comportement du tiers est pris en compte dans l'évaluation du risque : le fait par exemple que le tiers refuse de fournir ou tarde à fournir les informations ou documents qui lui sont demandés peut être considéré comme un facteur de risque lors de son évaluation.

Conclusions à tirer des évaluations

490. A la suite de l'évaluation du niveau de risque, il peut être décidé :

— d'approuver la relation – avec ou sans mesures de vigilance renforcée ;

— de mettre un terme à la relation ou de ne pas l'engager *[Sous réserve du respect des dispositions encadrant le processus considéré.]* ;

— de reporter la prise de décision (pour cause d'évaluations complémentaires, par exemple).

491. Les personnes à l'origine de la décision sont clairement identifiées au sein de l'acteur public.

492. L'absence de facteurs de risque à la suite d'une évaluation ne garantit pas que la relation avec le tiers soit absolument dénuée de risque. A l'inverse, l'identification de facteurs de risque n'interdit pas la relation, mais doit conduire l'acteur public à prendre les mesures de vigilance appropriées pendant la relation.

Mesures de vigilance et de prévention à déployer en cours de relation avec un tiers

493. Les mesures de prévention et de détection des atteintes à la probité devant être adaptées à l'environnement de chaque acteur public, il revient à ce dernier de définir les mesures qu'il juge cohérentes avec ses spécificités.

494. Dans ce cadre, l'acteur public peut utilement envisager l'une ou plusieurs des options suivantes :

— informer le tiers de l'existence de son dispositif anticorruption en communiquant, par exemple, le code de conduite ;

— former ou sensibiliser le tiers au risque ;

— renforcer la collégialité dans la prise de décision ;

— renforcer le contrôle interne (notamment la validation hiérarchique) ;

— exiger du tiers un engagement écrit de lutte contre les atteintes à la probité ou insérer une clause permettant à l'acteur public de mettre un terme à la relation conventionnelle en cas de manquement à la probité si la nature juridique de la relation avec le tiers le permet.

Suivi de la relation contractuelle avec le tiers

495. La relation contractuelle doit être clairement établie afin d'en contrôler la bonne exécution.

496. A cet égard, l'acteur public doit avoir une visibilité complète sur les paiements reçus de tiers ou effectués à leur profit afin de s'assurer que le prix de la prestation et les modalités de paiement sont conformes aux dispositions contractuelles.

Évaluation des tiers et commande publique

497. L'évaluation de l'intégrité des tiers par les acteurs publics appliquant le code de la commande publique doit être menée dans le respect des principes fondamentaux de la commande publique : liberté d'accès à la commande publique, égalité de traitement des candidats et transparence des procédures.

498. Cette évaluation intègre les vérifications prévues par le code de la commande publique ; l'acteur public vérifie en particulier l'existence d'éventuelles mesures d'exclusion des procédures de marchés publics dont l'opérateur économique, candidat à un marché, est susceptible de faire l'objet :

— exclusion pour les entreprises ayant fait l'objet d'une condamnation définitive pour un certain nombre d'infractions, dont la corruption ;

— exclusions laissées à l'appréciation de l'acheteur :

— en cas de candidature créant une situation de conflit d'intérêts et lorsqu'il ne peut y être remédié par d'autres moyens ;

— en cas de tentative d'influence sur la décision ;

— en cas de tentative d'obtention d'informations confidentielles.

499. L'évaluation des opérateurs économiques permet, au regard du risque identifié, d'adapter la relation entre le pouvoir adjudicateur et le ou les tiers. Ainsi, dans le cas d'un tiers risqué ou d'un secteur identifié dans la cartographie des risques comme sensible, l'acteur public peut prendre des mesures de prévention comme par exemple :

– renforcer la collégialité dans la prise de décision ;
– former les agents chargés de la préparation ou du suivi du marché ;
– organiser, le cas échéant, le retrait des personnes susceptibles d'intervenir dans la passation du marché et qui se trouvent en situation de conflits d'intérêts ;
– renforcer le contrôle interne (notamment les cas de validation hiérarchique) ;
– maintenir une vigilance élevée tout au long de l'exécution d'un marché conclu avec un tiers évalué comme risqué.

500. Dans la mesure où les critères d'analyse des offres doivent avoir un lien avec l'objet du marché ou ses conditions d'exécution, l'introduction de critères relatifs à l'engagement anticorruption des entreprises candidates ne paraît envisageable que dans des cas résiduels. L'ajout de tels critères pourrait exposer le pouvoir adjudicateur à des reproches de favoritisme.

Renouvellement et mise à jour des évaluations des tiers

501. Le processus d'évaluation est reconduit de manière périodique, en fonction de la catégorie et du niveau de risque du tiers. A ce titre, il est utile de fixer, lors de toute entrée en relation, une date de renouvellement.

502. Les informations sur la situation du tiers qui n'impactent pas le niveau de risque de l'acteur public donnent lieu à une mise à jour des informations sur le tiers. En revanche, si ces informations portent sur un changement significatif dans la situation du tiers comme, par exemple, un changement de bénéficiaire effectif, une fusion de deux entités ou l'acquisition d'une nouvelle entité, alors une nouvelle évaluation du tiers est conduite.

503. Le processus de renouvellement sera l'occasion de s'assurer que le tiers a respecté ses engagements anticorruption tout au long de la relation.

Conservations des informations sur les tiers

504. L'intégralité du dossier d'évaluation du tiers ainsi que l'historique des modifications sont à conserver pendant 5 ans après la cessation de la relation (ou après la date d'une opération occasionnelle), sous réserve d'une législation plus exigeante.

B. *Détection*

1. *Dispositif d'alerte interne*

Définition et objectifs

505. Le dispositif d'alerte interne est la procédure mise en œuvre par les acteurs publics afin de permettre à leurs personnels de porter à la connaissance d'un référent dédié, un comportement ou une situation potentiellement contraire au code de conduite ou susceptibles de constituer des atteintes à la probité, afin d'y mettre fin et de prendre les sanctions appropriées, le cas échéant (cf. annexe 1).

506. Les administrations de l'État (administrations centrales, services à compétence nationale, services déconcentrés), les communes de plus de 10 000 habitants, les départements et les régions, les collectivités mentionnées à l'article 72-3 de la Constitution ainsi que les établissements publics en relevant et les établissements publics de coopération intercommunale à fiscalité propre regroupant au moins une commune de plus de 10 000 habitants, les autorités publiques indépendantes d'au moins cinquante agents et les autorités administratives indépendantes ainsi que toute autre personne morale de droit public ou de droit privé d'au moins cinquante agents ou salariés (établissements publics, groupement d'intérêt public, etc.) ont l'obligation de mettre en place des procédures appropriées de recueil des signalements émis par les membres de leur personnel ou par des collaborateurs extérieurs et occasionnels (article 8 de la loi).

507. Ces procédures doivent notamment permettre le signalement de délits (article 6 de la même loi) et concernent donc les situations de commission d'une atteinte à la probité.

508. Les agents affectés dans une collectivité, un établissement public ou un organisme non soumis à l'obligation de mettre en place une procédure de recueil des signalements peuvent également réaliser le signalement d'un délit, en respectant la procédure prévue au I de l'article 8 de la loi. Ils peuvent ainsi s'adresser à leur supérieur hiérarchique direct ou indirect.

509. Le statut général des fonctionnaires et le code du travail prévoient un régime protecteur en faveur des auteurs de l'alerte, dès lors qu'ils ont respecté les prévisions de la loi pour effectuer leur signalement (domaines susceptibles de faire l'objet d'une alerte et procédure).

510. Les agents relevant du statut général des fonctionnaires peuvent également effectuer un signalement concernant une situation de conflit d'intérêts, soit auprès de leur autorité hiérarchique, soit auprès de leur référent déontologue, en bénéficiant du même régime protecteur. Des situations qui, sans être constitutives du délit de prise illégale d'intérêts, apparaissent néanmoins comme contraires aux obligations déontologiques des agents publics, car constitutives d'un conflit d'intérêts peuvent ainsi faire l'objet d'un signalement.

511. Au regard des dispositifs d'ores et déjà applicables et dans l'attente de la transposition de la directive (UE) 2019/1937 du Parlement européen et du Conseil du 23 octobre 2019 sur la protection des personnes qui signalent des violations du droit de l'Union, l'AFA recommande la mise en place d'un dispositif d'alerte unique, non spécifique à l'anticorruption.

512. Toutefois, lorsqu'un signalement révèle une potentielle atteinte à la probité, une enquête interne doit être diligentée.

Articulation des différents dispositifs d'alerte

513. Différents dispositifs d'alerte professionnelle coexistent, il est conseillé, dans un souci de lisibilité, lorsque c'est juridiquement possible, la mise en place d'un dispositif technique unique de recueil des signalements, qui feront l'objet de traitement approprié.

514. La mise en place d'un dispositif technique unique de recueil suppose d'ouvrir la possibilité de signalement non seulement aux personnels, mais aussi aux collaborateurs extérieurs et occasionnels [*collaborateur extérieur ou occasionnel (personnel intérimaire, stagiaire, prestataire de service, salarié des organisations sous-traitantes, etc.)*], ou aux ordres professionnels. Il peut également être rendu public.

Organisation du dispositif d'alerte

515. Le dispositif d'alerte interne doit être adapté au profil de risque de l'acteur public.

516. La gestion de ce dispositif (y compris la fonction de référent) peut être réalisée au sein de l'acteur public ou sous-traitée à un tiers.

517. Le dispositif d'alerte interne précise le rôle du supérieur hiérarchique, qui doit pouvoir orienter et conseiller ses collaborateurs, sauf dans l'hypothèse où il serait lui-même l'auteur du comportement incriminé.

518. L'acteur public veille à la formation des personnes en charge du traitement de l'alerte, au respect de la confidentialité de son traitement et à l'absence de tout conflit d'intérêts ; il veille également à la formation des supérieurs hiérarchiques.

519. Le dispositif d'alerte interne est présenté sans délai aux collaborateurs venant de rejoindre l'acteur public.

520. La gestion de ce dispositif (y compris la fonction de référent défini ci-dessous) peut être sous-traitée à un tiers, sous réserve que ce tiers dispose des compétences nécessaires au bon traitement des alertes et des moyens permettant d'en garantir la confidentialité. Les prestations fournies dans ce cadre devront faire l'objet de contrôles réguliers. L'acteur public veillera à donner au tiers retenu les moyens de traiter les alertes, notamment en veillant à lui faciliter l'accès aux services internes concernés de l'acteur public.

521. Le dispositif d'alerte interne est à déployer sur l'ensemble du périmètre de l'acteur public. Il est à adapter aux spécificités des entités qui le composent (activité, taille, législation locale...).

Traitement des alertes

522. La procédure d'alerte interne doit préciser les différentes étapes à suivre pour effectuer un signalement, les modalités de traitement par celui qui en est destinataire, le droit des personnes concernées (et notamment leur protection), et les mesures de sécurité et de conservation des données à caractère personnel.

523. Le dispositif d'alerte interne indique :

– le référent fonctionnellement désigné pour recueillir les alertes au sein de l'acteur public et, s'il est différent, le référent en charge de leur traitement ;

– les dispositions prises pour garantir la confidentialité de l'identité de l'auteur du signalement, des faits objets du signalement et des personnes visées par le signalement, y compris lorsque des vérifications ou lorsque le traitement du signalement nécessitent la communication avec des tiers. La violation de la confidentialité doit être susceptible d'entraîner des sanctions disciplinaires.

524. Le dispositif d'alerte est sécurisé et, le cas échéant, ses droits d'accès sont limités aux seuls personnels autorisés à recueillir les alertes ou à les traiter.

525. Dans l'hypothèse d'une mise en cause d'une ou plusieurs personnes, l'acteur public doit être vigilant lors de la réunion de preuves ou documents, notamment lorsque les personnes mises en cause dans l'alerte sont susceptibles de se concerter ou de détruire des données ou documents les incriminant.

526. Le dispositif d'alerte interne précise les modalités d'accès au dispositif et d'échange d'informations avec l'auteur de l'alerte, notamment :

– les canaux pour effectuer une alerte : il peut s'agir d'une adresse électronique dédiée, d'un logiciel de gestion voire d'une plateforme éthique spécifique. L'alerte peut aussi emprunter la voie hiérarchique. En tout état de cause, ces canaux doivent être aisément accessibles aux utilisateurs ;

– les conditions de transmission, par l'auteur du signalement, des informations ou documents remis à l'appui de son signalement ;

– en cas d'enquête interne, les informations et documents professionnels transmis par l'auteur de l'alerte et susceptibles d'être exploités dans ce cadre ;

– les dispositions prises pour informer sans délai l'auteur du signalement de la réception de son alerte et du délai nécessaire à l'examen de sa recevabilité. Il est à ce titre recommandé de mentionner que l'accusé de réception ne vaut pas recevabilité du signalement ;

– les dispositions prises pour informer l'auteur du signalement et, le cas échéant, les personnes visées par celui-ci, de la clôture de la procédure.

527. Si un traitement automatisé des alertes est mis en place, la procédure doit indiquer les dispositions prises pour en assurer la conformité aux dispositions de la loi n° 78-17 du 6 janvier 1978 relative à l'informatique, aux fichiers et aux libertés et à celles relatives à la protection des données personnelles. Une donnée à caractère personnel désigne toute information se rapportant à une personne physique identifiée ou identifiable.

528. Face à une multiplication croissante des obligations en matière de recueil des alertes, la CNIL a publié une délibération n° 2019-139 du 18 juillet 2019 portant adoption d'un référentiel relatif aux traitements de données à caractère personnel destinés à la mise en œuvre d'un dispositif d'alertes professionnelles.

529. Les alertes peuvent être adressées de manière anonyme. Le dispositif doit permettre une poursuite des échanges avec le lanceur d'alerte tout en lui conservant le bénéfice de l'anonymat (il est par exemple envisageable de demander à l'auteur de l'alerte de fournir une adresse électronique qui ne permette pas son identification ou l'adresse d'une boîte postale).

530. Il est essentiel de définir et formaliser la procédure d'enquête interne préalablement à son lancement, tout en étant vigilant tant sur le choix des acteurs de l'enquête que sur son déroulé. La procédure d'enquête pourra prévoir notamment :

– les critères nécessaires au déclenchement d'une enquête ;

— les modalités de réalisation de l'enquête.

531. Les personnes chargées de mener l'enquête doivent être soumises à de très strictes obligations de confidentialité, qui doivent être formalisées.

532. En cas d'externalisation de l'enquête interne, la conformité des services fournis par le prestataire sélectionné doit faire l'objet de contrôles réguliers au regard notamment du respect des règles de confidentialité et de protection des données.

533. Toute enquête interne est diligentée par une ou plusieurs personnes qualifiées, désignées par l'instance dirigeante de l'acteur public.

534. L'instance dirigeante est systématiquement informée des enquêtes ouvertes relatives aux situations les plus sensibles, à l'exception de celles où elle est visée.

535. A la suite d'une enquête interne, la rédaction formelle d'un rapport d'enquête est destinée à consigner l'ensemble des faits et preuves recueillis, à charge et à décharge, de nature à établir ou à lever le soupçon, ainsi que la méthode suivie. Le rapport d'enquête interne conclut sur la suite à donner au signalement.

536. Lorsque les soupçons apparaissent suffisamment étayés, ce rapport est communiqué à l'instance dirigeante (ou à l'organe de contrôle lorsqu'elle est visée) qui décide des suites à y donner.

537. La démonstration, par l'enquête interne, d'un comportement contraire au code de conduite doit donner lieu à l'application des sanctions disciplinaires prévues en tel cas, décidées par l'instance dirigeante.

538. Enfin, une action judiciaire peut être diligentée à l'encontre de la personne physique concernée si l'acteur public décide de porter les faits à la connaissance de l'autorité judiciaire par le moyen d'une plainte ou d'un simple signalement. Elle est tenue de le faire si elle relève des autorités énumérées à l'article 40 du code de procédure pénale.

539. Ces signalements doivent permettre d'actualiser la cartographie des risques, en respectant la confidentialité garantie par le dispositif, et d'en tirer les conséquences sur les améliorations à apporter aux éléments du dispositif anticorruption (plan de formation, code de conduite, évaluation de l'intégrité des tiers).

Mise en œuvre du dispositif d'alerte interne

540. Les étapes suivantes peuvent utilement être observées :

— établissement d'une procédure formalisée qui peut notamment prévoir la désignation d'un référent alerte et la mise en place d'un comité intégrant des personnes qualifiées, soumises à des obligations de confidentialité. Ce comité assure une prise de décision collégiale sur les suites à réserver aux alertes reçues ;

— insertion d'un chapitre sur le dispositif d'alerte dans le code de conduite renvoyant à ladite procédure ;

— diffusion de la procédure d'alerte interne à l'ensemble des personnels par tous moyens (courrier de la direction, affichage, site intranet, remise en main propre...) permettant de s'assurer que chaque personne concernée en a connaissance et y a accès. Dans le cas d'un dispositif d'alerte commun à l'alerte anticorruption et à d'autres dispositifs légaux, la procédure doit être également diffusée aux collaborateurs occasionnels. L'acteur public peut décider d'ouvrir son dispositif d'alerte aux tiers. Il peut choisir de mettre à profit ses outils de communication externes pour mentionner l'existence de son dispositif d'alerte (par exemple son site internet, les documents remis à ses tiers...) ;

— présentation du dispositif d'alerte dans le cadre des actions de sensibilisation de l'ensemble des personnels ;

— formation des personnels amenés à recueillir, gérer et traiter les alertes, notamment sur les obligations de confidentialité, et formation des personnels les plus exposés ;

— mise en place des contrôles de premier et second niveaux sur la procédure d'alerte interne et intégration du dispositif d'alerte dans le plan de contrôle de l'audit interne au titre du contrôle de troisième niveau. Pour éviter toute situation de conflit d'intérêts ou d'autocontrôle, les trois niveaux de contrôles rappelés ci-dessus peuvent être adaptés. Il importe, le cas échéant, que le personnel qui traite l'alerte soit différent de celui qui en contrôle le bon traitement et qu'un contrôle *a posteriori* soit effectué ;

— mise en place d'indicateurs afin d'apprécier la qualité et l'efficacité du dispositif d'alerte (nombre d'alertes reçues, classées sans suite ou traitées, délais de traitement, problématiques soulevées, etc.). Ces indicateurs sont transmis à l'instance dirigeante.

Archivage des alertes et de leur traitement

541. La durée de conservation et d'archivage des données personnelles relatives à une alerte va différer suivant que l'alerte est ou non suivie d'effet.

542. Si le responsable du traitement décide de donner suite *["L'expression 'suites' désigne toute décision prise par l'organisme pour tirer des conséquences de l'alerte. Il peut s'agit de l'adoption ou de la modification des règles internes (règlement interne, charte éthique, etc.) de l'organisme, d'une réorganisation des opérations ou des services de la société, du prononcé d'une sanction ou de la mise en œuvre d'une action en justice". Cf. Guide pratique de la CNIL sur les durées de conservation]* à une alerte, ou qu'une action disciplinaire ou judiciaire est engagée, l'ensemble des données à caractère personnel collectées à l'occasion de l'instruction peut être conservé jusqu'au terme de la procédure, jusqu'à acquisition de la prescription (six ans) ou épuisement des voies de recours.

543. Dans le cas où l'instruction de l'alerte ne débouche sur aucune suite, les données à caractère personnel doivent être supprimées dans les deux mois suivant la clôture de l'instruction.

544. Pour les alertes recueillies par le biais d'un dispositif technique unique de recueil, et ne concernant pas des faits susceptibles d'être qualifiés d'atteintes à la probité, les durées de conservation sont encadrées, par le décret n° 2017-564 du 19 avril 2017 relatif aux procédures de recueil des signalements émis par les lanceurs d'alerte au sein des personnes morales de droit public ou de droit privé ou des administrations de l'État.

545. La procédure d'alerte interne (articles 8 ou 17 de la loi) est distincte du signalement au procureur de la République prévu par l'article 40 du code de procédure pénale *[L'art. 40 C. pr. pén. : "Toute autorité constituée, tout officier public ou fonctionnaire qui, dans l'exercice de ses fonctions, acquiert la connaissance d'un crime ou d'un délit est tenu d'en donner avis sans délai au procureur de la République et de transmettre à ce magistrat tous les renseignements, procès-verbaux et actes qui y sont relatifs."]*.

546. Plusieurs conditions sont exigées pour recourir à ce mode de signalement externe prévu à l'article 40 :

— les faits doivent être constitutifs d'un crime ou d'un délit ;

— ils doivent être "suffisamment établis" ;

— l'agent doit en avoir connaissance dans l'exercice de ses fonctions.

2. *Le contrôle interne des risques d'atteintes à la probité*

La contribution du dispositif de contrôle interne et d'audit interne à la prévention et à la détection des atteintes à la probité

547. Au sein des acteurs publics qui sont déjà dotés d'un dispositif de contrôle interne et d'audit interne non spécifique aux risques d'atteintes à la probité, celui-ci peut comprendre jusqu'à trois niveaux :

— les contrôles de premier niveau *[Il s'agit de contrôles préventifs réalisés avant que la décision ou l'opération ne soient mises en œuvre.]* visent à s'assurer que les tâches inhérentes à un processus opérationnel ou support ont été effectuées conformément aux procédures et aux finalités édictées par l'acteur public. Ils peuvent être opérés par les équipes opérationnelles ou support ou par leurs responsables hiérarchiques ;

— les contrôles de deuxième niveau *[Il s'agit de contrôles détectifs conduits sur tout ou partie des décisions prises ou des opérations réalisées.]* visent à s'assurer, selon une fréquence prédéfinie ou de façon aléatoire, de la bonne exécution des contrôles de premier niveau sur les processus opérationnels ou support. Ils sont réalisés par un service distinct de ceux qui gèrent et font fonctionner au quotidien chaque processus opérationnel ou support, comme les services en charge de la maîtrise des risques, du contrôle qualité, du contrôle de gestion, de la conformité, etc.

Les contrôles de premier et de deuxième niveaux, constitutifs du contrôle interne, sont formalisés au sein d'une procédure qui précise notamment les processus et situations à risque identifiés, la fréquence des contrôles et leurs modalités, les responsables de ces contrôles et les modalités de transmission de leurs résultats à l'instance dirigeante.

— les contrôles de troisième niveau, également appelés "audits internes", visent à s'assurer que le dispositif de contrôle interne est conforme aux exigences de l'acteur public, efficacement mis en œuvre et tenu à jour.

548. Le dispositif visant à maîtriser les risques d'atteintes à la probité fait partie du dispositif de contrôle interne de l'acteur public. Il s'appuie sur les dispositifs de maîtrise des risques préexistants (risques financiers et risques opérationnels, en particulier) qui permettent d'ores et déjà de prévenir, détecter et maîtriser certains risques d'atteintes à la probité. L'AFA recommande aux acteurs publics de compléter, sur la base de la cartographie des risques d'atteintes à la probité, les procédures de contrôle interne afin qu'elles prennent en compte de manière pertinente ces risques.

549. La cartographie des risques d'atteintes à la probité, le plan d'actions, le plan de contrôle et le plan d'audit associés enrichissent ainsi le dispositif de contrôle interne et d'audit interne non spécifique aux risques d'atteintes à la probité de l'acteur public.

550. Le contrôle interne comptable, qui préexiste bien souvent au dispositif spécifique de maîtrise des risques d'atteintes à la probité, joue un rôle particulier dans la prévention et la détection des atteintes à la probité. Il convient donc, dans cette perspective, de veiller à son correct déploiement.

Les contrôles comptables

551. La fiabilité des comptes publics est un principe fondateur des finances publiques *[L'art. 47-2 de la Constitution consacre les principes de sincérité, de régularité et d'image fidèle pour toutes les administrations publiques.]*. De même, le principe de séparation des ordonnateurs et des comptables constitue une caractéristique propre aux acteurs publics, en application duquel l'ordonnateur prescrit les opérations financières tandis que le comptable exécute, après contrôle de régularité, l'opération comptable. Lui seul manie les fonds. Il assure par ailleurs un contrôle sur les régies. Cette incompatibilité des fonctions d'ordonnateur avec celles de comptable public vise à assurer une bonne gestion des deniers publics et à garantir la probité, les contrôles du comptable public étant destinés à repérer les erreurs ou irrégularités avant paiement. Les comptables publics ont un rôle de premier plan à jouer dans la détection des atteintes à la probité. Ce risque doit être pris en compte dans la détermination de la méthodologie du contrôle hiérarchisé de la dépense et du contrôle allégé en partenariat.

552. Parmi les procédures de contrôle et d'audit internes, les procédures de contrôle interne et d'audit comptable de l'ordonnateur, qui participent à la maîtrise des risques des organisations, constituent un instrument privilégié de prévention et de détection des atteintes à la probité. Le déploiement de systèmes d'information financière fiables et faciles à manier constitue un facteur clé de leur efficacité.

553. Le contrôle interne comptable permet de donner ainsi une assurance raisonnable sur la qualité des comptes, c'est-à-dire, leur fidélité à la réalité économique, patrimoniale et financière. Le contrôle interne intègre un audit interne comptable et financier, à la charge d'un service distinct, permettant d'évaluer périodiquement l'efficacité du dispositif de contrôle interne.

554. Le recours éventuel à la certification des comptes par un tiers indépendant (comme les juridictions financières) ne dispense pas les acteurs publics concernés de concevoir et de mener les contrôles internes visant à s'assurer de la fiabilité des informations financières et à maîtriser leurs risques.

Définition et objectifs

555. Les contrôles comptables, ci-après "contrôles comptables anticorruption", ont pour objectif de s'assurer que les comptes ne sont pas utilisés pour masquer des faits d'atteintes à la probité.

Articulation avec les contrôles comptables en place

556. Les acteurs publics disposent de procédures de contrôles comptables générales qui permettent d'avoir l'assurance raisonnable de la qualité de l'information comptable. Elles garantissent la régularité, la sincérité et la fidélité des opérations comptables et financières.

557. Les contrôles comptables anticorruption :

– garantissent *in fine* le respect des mêmes principes que les contrôles comptables généraux (régularité, sincérité et fidélité des opérations comptables et financières) ;

– reposent sur les mêmes méthodes que les contrôles comptables généraux et comportent par exemple des contrôles par sondages, par revue de cohérence, par confrontation avec la réalité physique (inventaire) ou par confirmation par un tiers.

558. Ils sont établis, parmi les contrôles généraux existants, par approfondissement ou en complément de ceux-ci, pour cibler les situations à risques mises en évidence dans la cartographie des risques d'atteintes à la probité de l'acteur public.

559. Peuvent, par exemple, représenter des situations à risque et ainsi être traités les frais de représentation et de déplacement, le traitement des appels de fonds, la gestion des actifs immobiliers et des stocks, le fonctionnement des régies, les produits des services et du domaine, les éventuels engagements hors bilan.

Formalisation des contrôles comptables anticorruption

560. Les modalités des contrôles comptables anticorruption sont formalisées au sein d'une procédure rappelant notamment :

– l'objet et le périmètre des contrôles ;
– les rôles et responsabilités dans leur mise en œuvre ;
– les modalités d'échantillonnage des opérations à contrôler, le cas échéant ;
– la définition d'un plan de contrôle ;
– les modalités de gestion des incidents ;
– les critères de seuils ou de matérialité devant entraîner un contrôle.

Contenu des contrôles comptables anticorruption

561. Les contrôles comptables anticorruption de premier niveau sont généralement effectués par les personnes en charge de la saisie et de la validation des écritures comptables. Ces personnes s'assurent que les écritures sont convenablement justifiées et documentées (en particulier les écritures manuelles).

562. Afin de limiter le risque lié à l'autocontrôle, il est recommandé de s'assurer que les écritures comptables à risque soient examinées et validées par un collaborateur indépendant de celui qui en a effectué la saisie.

563. Une validation croisée entre collaborateurs est satisfaisante pour des écritures inférieures à un seuil défini. Les écritures supérieures à ce seuil nécessitent une validation par la hiérarchie.

564. Les contrôles comptables anticorruption de deuxième niveau, réalisés par des personnes indépendantes de celles ayant réalisé les contrôles de premier niveau, sont répartis tout au long de l'année.

565. Ils visent à s'assurer de la bonne exécution des contrôles comptables anticorruption de premier niveau. Ainsi, lors des contrôles par sondage, l'échantillon retenu doit être représentatif des risques inhérents aux opérations traitées (écritures manuelles, niveau d'habilitation et séparation des tâches notamment). Les modalités de l'échantillonnage sont définies en fonction d'une analyse préalable des différentes écritures et risques concernés pour en permettre la représentativité.

566. Dans l'hypothèse où des contrôles comptables anticorruption de premier niveau sont automatisés, les contrôles comptables anticorruption de deuxième niveau sont corrélativement adaptés.

567. Les résultats des contrôles comptables anticorruption de deuxième niveau donnent lieu à une synthèse conclusive incluant, en cas d'anomalies, la définition d'actions correctives dans le cadre d'un plan d'actions.

568. L'efficacité des procédures de contrôles comptables anticorruption est évaluée régulièrement dans le cadre de contrôles comptables de troisième niveau, également appelés "audits comptables".

569. Ces audits comptables couvrent l'ensemble des dispositifs comptables afin de s'assurer que les contrôles comptables anticorruption sont conformes aux exigences de l'acteur public, efficacement mis en œuvre et tenus à jour.

570. Dans ce cadre, les audits comptables apprécieront la pertinence et l'efficacité :

– de la gouvernance et des ressources allouées aux procédures de contrôles comptables anticorruption ;

– de la méthode d'élaboration (notamment de la prise en compte de la cartographie des risques d'atteintes à la probité) et de l'application des contrôles comptables anticorruption de premier niveau et de deuxième niveaux.

Traitement des anomalies constatées

571. Le constat d'une anomalie peut amener à compléter certaines procédures comptables existantes pour y remédier.

572. Les cas d'anomalies alimentent également une mise à jour de la cartographie des risques d'atteintes à la probité et peuvent faire l'objet d'illustrations complémentaires dans le code de conduite et les supports de formation dédiés à leur prévention.

573. Si l'anomalie relève d'un manquement dans la mise en œuvre des procédures ou du dispositif de prévention et de détection des atteintes à la probité, le responsable hiérarchique peut envisager des mesures envers l'auteur du manquement allant du simple rappel de la règle à la sanction, suivant l'importance du manquement constaté.

574. Si l'anomalie fait ressortir des soupçons ou des faits d'atteintes à la probité, elle doit être portée à la connaissance de l'instance dirigeante qui peut décider de diligenter une enquête administrative.

C. *Contrôle et évaluation interne du dispositif anticorruption*

1. *Objectifs et modalités*

575. Afin de s'assurer de l'adéquation et de l'efficacité des procédures de prévention et détection des atteintes à la probité, l'acteur public les contrôle et les évalue.

576. Ce dispositif répond à quatre objectifs :

– contrôler la mise en œuvre des mesures et procédures du dispositif de prévention et de détection et tester leur efficacité ;

– identifier et comprendre les manquements dans la mise en œuvre des mesures et procédures ;

– définir si nécessaire des recommandations ou autres mesures correctives adaptées, en vue d'améliorer l'efficacité du dispositif ;

– détecter, le cas échéant, des atteintes à la probité.

577. Pour chacun des contrôles doivent être précisés :

– l'objet et le périmètre des contrôles ;

– le ou les responsables en charge du contrôle ;

– la méthode de contrôle (type de mesure, de pièces justificatives, d'analyse et d'évaluation), le cas échéant, les modalités d'échantillonnage fondées sur une analyse des risques, la fréquence du contrôle, la formalisation attendue ;

– la communication des résultats du contrôle et des mesures correctives pouvant être mises en place ;

– les modalités de conservation des pièces afférentes aux contrôles.

578. La pertinence et l'efficacité des mesures et procédures composant le dispositif anticorruption sont régulièrement évaluées par des contrôles de troisième niveau. Ces audits internes visent à s'assurer que le dispositif anticorruption est conforme aux exigences de l'acteur public, efficacement mis en œuvre et tenu à jour. L'audit interne est également invité à s'assurer que les situations de risque identifiées par la cartographie des risques d'atteintes à la probité sont couvertes par des mesures de prévention efficaces.

2. *Typologie de contrôles à déployer*

579. Pour chaque mesure et procédure constitutive du dispositif anticorruption, des contrôles sont mis en œuvre.

580. L'AFA recommande que ces contrôles portent notamment sur les éléments suivants :

Procédure	Points d'attention
Cartographie des risques d'atteintes à la probité	– s'assurer régulièrement de la pertinence du périmètre de la cartographie, de la méthodologie mise en œuvre, du déploiement des plans d'actions afférents ; – analyser les insuffisances constatées et notamment les incidents survenus afin de mettre à jour la cartographie.
Code de conduite et politiques/procédures annexées	– s'assurer de la mise en œuvre effective des procédures (par exemple, en matière d'acceptation de cadeaux et invitations), par des contrôles a priori et des contrôles a posteriori sur échantillons ; – s'assurer de la diffusion du code de conduite et de sa connaissance par les personnes concernées ; – s'assurer de manière régulière de la pertinence du code de conduite et des exemples de situations et comportements décrits dans le code (notamment si des incidents ont été constatés et en cas d'actualisation de la cartographie des risques).
Formation	– s'assurer que les formations prévues ont bien été réalisées et suivies par les personnes concernées (notamment les personnes particulièrement exposées et les personnes chargées de mettre en œuvre les procédures de lutte contre les atteintes à la probité) ; – s'assurer de la cohérence entre les publics ciblés dans la formation, le contenu de la formation et les risques auxquels ils peuvent être exposés tels qu'identifiés dans la cartographie.
Évaluation des tiers	– s'assurer de la mise en œuvre effective des mesures de vigilance par des contrôles a priori et des contrôles a posteriori sur échantillons ; – vérifier régulièrement l'adéquation du dispositif d'évaluation des tiers au regard des risques identifiés dans la cartographie.
Alerte interne	– contrôler le déploiement et la correcte application de la procédure d'alerte ; – réaliser une analyse qualitative et quantitative des signalements reçus sur la période (quels canaux utilisés ? Des signalements sont-ils remontés par d'autres canaux non identifiés ? Quels sujets visés ? ...) ; – contrôler la pertinence des réponses apportées aux signalements reçus ; – contrôler les modalités d'archivage des signalements.
Contrôle interne et contrôles comptables	– s'assurer de la formalisation des procédures de contrôle ; – contrôler la mise en œuvre effective des contrôles prévus et leur traçabilité ; – vérifier régulièrement l'adéquation du dispositif de contrôle interne au regard des risques identifiés dans la cartographie.
Régime disciplinaire	– s'assurer que tout manquement au code de conduite et toute atteinte à la probité fait l'objet d'une sanction adaptée.

581. Les contrôles de premier niveau sont formalisés et documentés.

582. Les contrôles de deuxième niveau font l'objet d'un plan de contrôle formalisé décrivant notamment le périmètre des contrôles, les rôles et responsabilités, la fréquence, les modalités d'échantillonnage, la formalisation attendue, le suivi des anomalies et les plans d'actions associés.

583. Les contrôles de troisième niveau font l'objet d'un programme d'audit formalisé décrivant notamment le périmètre des contrôles, les modalités d'échantillonnage, la formalisation attendue, le suivi des anomalies et les plans d'actions associés.

3. *Gestion des insuffisances constatées et suivi des recommandations*

584. Ces manquements peuvent conduire l'instance dirigeante à décider la mise en œuvre de sanctions disciplinaires (adaptées et proportionnées) envers leurs auteurs.

D. *Remédiation*

1. *Gestion et suivi des insuffisances constatées*

585. Les manquements liés à la mise en œuvre des procédures – et potentiellement signalés par les contrôles et audits – sont analysés afin d'en identifier l'origine et d'y remédier.

2. *Régime disciplinaire*

Définition

586. Le régime disciplinaire correspond aux sanctions qu'un acteur public est susceptible de prendre à l'encontre d'un collaborateur dont le comportement est fautif.

587. Sont notamment considérés comme une faute de nature à justifier une sanction disciplinaire, des comportements constitutifs d'une atteinte à la probité, un manquement au code de conduite *[sous réserve, pour les personnels relevant du statut général des fonctionnaires, des précisions apportées au § 433 supra.]* ou un manquement au devoir de probité.

Principe de gradation des sanctions

588. La sanction disciplinaire doit être proportionnée à la faute commise. Elle relève de l'échelle des sanctions prévues par le régime disciplinaire applicable.

Mécanisme

589. L'engagement de l'instance dirigeante dans la maîtrise des risques d'atteintes à la probité implique, en cas de comportements constitutifs d'une atteinte à la probité, d'un manquement au code de conduite *[sous réserve, pour les personnels relevant du statut général des fonctionnaires, des précisions apportées au § 433 supra.]* ou d'un manquement au devoir de probité, d'engager une procédure disciplinaire et de mettre en œuvre des sanctions disciplinaires proportionnées.

590. Selon les cas, un dépôt de plainte ou un signalement au procureur de la République sur le fondement de l'article 40 du code de procédure pénale peuvent être réalisés parallèlement au lancement de la procédure disciplinaire.

591. L'instance dirigeante n'est pas tenue d'attendre la décision pénale pour mettre en œuvre des sanctions disciplinaires si les faits sont avérés et que leur gravité le justifie. La mise en œuvre de ces sanctions peut en effet s'appuyer sur les constatations d'une enquête interne circonstanciée, permettant d'établir avec rigueur la matérialité des faits reprochés à la personne concernée.

592. Dans le cas du code de conduite applicable aux élus, il appartient à l'instance dirigeante de tirer les conséquences du non-respect par l'un d'eux des dispositions de ce code. Cela peut, le cas échéant, conduire à, d'une part, modifier le périmètre de la délégation confiée à l'élu en question, voire à la lui retirer, d'autre part, à l'exclure de certaines instances comme la commission d'appel d'offres.

Mise en place d'un registre des sanctions

593. Le recensement des sanctions disciplinaires prononcées à l'encontre des personnels de l'entité favorise le renforcement des mécanismes de maîtrise des risques d'atteintes à la probité.

594. Quel que soit le support utilisé pour effectuer ce recensement, l'acteur public veillera à la stricte confidentialité de son contenu et l'établira dans le respect des règles de protection des données personnelles.

Communication interne

595. La diffusion, sous un format garantissant la totale anonymisation, des sanctions disciplinaires peut être demandée par l'instance dirigeante, afin de rappeler la politique de tolérance zéro à l'égard de tout comportement contraire à l'intégrité et à la probité.

ANNEXES

ANNEXE N° 1

LE LANCEUR D'ALERTE

[https://defenseurdesdroits.fr/]

596. Le régime de protection des lanceurs d'alerte nécessite de veiller à garantir la protection de leurs droits et notamment la stricte confidentialité de leur identité, mais également des faits

objets du signalement et des personnes visées par le signalement. La violation de la confidentialité doit être susceptible d'entraîner des sanctions disciplinaires.

597. Au-delà de la mise en place d'un dispositif de recueil des signalements, toute personne souhaitant signaler des faits relevant de l'article 6 de la loi peut les porter à la connaissance de son supérieur hiérarchique, direct ou indirect, ou d'un référent désigné par l'employeur.

598. Si ce signalement n'a pas fait l'objet de diligences de la personne destinataire dans un délai raisonnable, le lanceur d'alerte pourra, dans un deuxième temps, s'adresser à l'autorité judiciaire, à l'autorité administrative ou aux ordres professionnels.

599. Le lanceur d'alerte peut également l'adresser au Défenseur des droits afin d'être orienté vers l'organisme approprié pour le recueil de l'alerte.

600. Enfin, à défaut de traitement du signalement dans un délai de trois mois par l'un des organismes saisis, celui-ci pourra être rendu public.

601. En cas de danger grave et imminent ou en présence d'un risque de dommages irréversibles, le signalement relatif à des faits mentionnés à l'article 6 de la loi peut être adressé directement à l'autorité judiciaire, à l'autorité administrative ou aux ordres professionnels. Il peut également être rendu public.

ANNEXE N° 2

EXEMPLE DE SCÉNARIOS DE RISQUES POUR LES ACTEURS PUBLICS

L'AFA a identifié des exemples de scénarios de risques dans les trois processus suivants de gestion publique :

— le versement de subventions ;

— la gestion des ressources humaines ;

— la commande publique.

En miroir, elle a également identifié des exemples de mesures de prévention et de détection, ainsi que de bonnes pratiques, de nature à atténuer les risques. Comme le précise le paragraphe 410 des présentes recommandations, l'AFA suggère aux acteurs publics, et notamment à ceux qui ne seraient pas familiarisés avec la démarche de cartographie des risques, d'examiner prioritairement ces processus de gestion publique au démarrage de leurs travaux de cartographie.

Ces exemples ne sont pas exhaustifs et sont à adapter et à compléter en fonction du profil de risque de chaque acteur public.

Nota. — Cette annexe fait partie intégrante des recommandations destinées aux acteurs publics qu'elle vient préciser et illustrer.

1. VERSEMENT DE SUBVENTIONS

1.1. Principaux risques d'atteintes à la probité liés à l'attribution de subventions

L'attribution de subventions est particulièrement exposée aux risques de **détournement de fonds publics** et de **prise illégale d'intérêts :**

Détournement de fonds publics :

— En cas d'attribution d'une subvention à un organisme "écran".

— Lorsque la subvention est versée malgré un dossier de demande incomplet.

— Lorsque les fonds publics sont versés non pas à l'organisme demandeur, mais à un tiers qui a substitué son identité bancaire à celle de l'association.

— Lorsque l'association affecte tout ou partie des fonds publics reçus à un usage autre que celui qui a justifié le versement de la subvention.

Prise illégale d'intérêts :

— Lorsque l'instruction du dossier est réalisée par un agent public qui a un intérêt à ce que la subvention soit ou non attribuée (par exemple, lorsque son conjoint est membre du bureau de l'association).

— Lorsque la personne qui décide de l'attribution de la subvention ou qui participe à une décision collective d'attribution dispose d'un intérêt à ce que la subvention soit ou ne soit pas attribuée.

1.2. Exemples de mesures de prévention et de détection des atteintes à la probité dans le cadre du processus de versement de subventions

— Former les agents publics et les élus à la gestion des conflits d'intérêts et aux solutions à mettre en œuvre : déport, abstention de toute instruction…

— Concevoir le dossier de demande de subvention de telle sorte qu'il permette de vérifier l'existence de l'organisme demandeur, la réalité de son activité et l'identité des personnes participant à sa direction.

— Réaliser une étude de notoriété de l'organisme demandeur.

— Mettre en place un contrôle de cohérence systématique entre l'identité de l'organisme attributaire de la subvention et l'identité du titulaire du compte bancaire sur lequel les fonds seront versés.

— Ne pas verser immédiatement l'intégralité de la subvention accordée et soumettre le ou les versement(s) ultérieur(s) à un compte rendu intermédiaire de gestion ; pratiquer des contrôles sur place.

— Prévoir une obligation de compte rendu de l'usage de la subvention attribuée.

— Mettre en place un contrôle, éventuellement par sondage, de l'instruction des dossiers de demande de subvention.

2. GESTION DES RESSOURCES HUMAINES

2.1. Principaux risques d'atteintes à la probité liés à la gestion des ressources humaines

Dans ses actes liés au recrutement, à la gestion de carrière et à la paie, la gestion des ressources humaines est particulièrement exposée aux risques de **corruption**, de **trafic d'influence**, de **prise illégale d'intérêts**, de **détournement de fonds publics** et de **concussion** :

Corruption et trafic d'influence :

— Lorsqu'un recrutement est décidé en contrepartie d'un avantage octroyé au recruteur ou à une personne qui exerce une influence sur le recruteur.

Prise illégale d'intérêts :

— Lorsqu'un recruteur ou un membre de jury ne déclare pas qu'il a des liens personnels avec un candidat et participe au processus de décision concernant son embauche ou sa promotion.

Détournement de fonds publics :

— Lorsqu'un recrutement est réalisé et que la personne embauchée et rémunérée ne travaille pas pour l'entité publique (emploi fictif).

— Lorsqu'un gestionnaire de carrière ou de paie crée un collaborateur fictif dans le système d'information de gestion des ressources humaines, lui associe son propre compte bancaire et perçoit, par ce biais, une rémunération liée à un emploi fictif.

Concussion :

— Lorsqu'un agent déclare des heures supplémentaires qu'il n'a pas effectuées pour toucher la rémunération associée.

— Lorsqu'un agent perçoit un traitement indiciaire indu après avoir volontairement fourni des éléments inexacts ayant conduit à une reconstitution de carrière à son avantage.

2.2. Exemples de mesures de prévention et de détection des atteintes à la probité dans le cadre du processus de subventionnement

— Former les agents à la gestion des conflits d'intérêts dans le cadre des recrutements et organiser un large accès au déontologue pour obtenir des conseils en la matière.

— Rapprocher régulièrement les fiches de paie avec l'organigramme nominatif du service.

— Automatiser autant que possible le calcul des avancements et reclassements dans le système d'information de gestion des ressources humaines et prévoir un contrôle hiérarchique en cas de forçage manuel.

— Empêcher l'habilitation informatique d'un agent pour intervenir sur son propre dossier dans le système d'information de gestion des ressources humaines.

— Vérifier systématiquement les évolutions atypiques des montants de la paie pour un même agent.

— Organiser des contrôles par sondage des saisies, par les pairs et par la chaîne hiérarchique.

— Organiser une rotation régulière des agents occupant des postes particulièrement exposés aux atteintes à la probité.

3 COMMANDE PUBLIQUE

3.1. Principaux risques d'atteintes à la probité dans la commande publique

L'attribution des marchés publics est particulièrement exposée aux risques de **corruption** et de **trafic d'influence** :

— Attribution d'un marché à un acteur public en contrepartie d'une somme qu'il verse au décideur (corruption) ou qu'on lui propose de verser pour influencer un décideur public (trafic d'influence).

De plus, le non-respect des principes de la commande publique constitue en lui-même une atteinte à la probité, **le favoritisme** ; ces principes sont la liberté d'accès et l'égal accès des acteurs publics à la commande publique et la transparence des procédures. De nombreux types de situations recouvrent le risque de favoritisme :

— Choix inadapté de la procédure de consultation.

— Recours non justifié aux procédures dérogatoires (urgence/marché négocié sans mise en concurrence).

— Traitement plus favorable d'une des organisations au cours de la consultation (communication d'informations privilégiées, par exemple).

— Choix de critères d'analyse des offres biaisé ou "orienté".

— Recours abusifs aux avenants.

Par ailleurs, la décision d'attribution d'un marché public peut conduire à une **prise illégale d'intérêts** dès lors que le décideur ou que l'un des décideurs dispose d'un intérêt quelconque dans la société candidate ou attributaire d'un marché :

— Participation d'un élu à la commission d'appel d'offres alors qu'une des organisations candidates est détenue par un membre de sa famille, même si elle n'est pas retenue.

Enfin, un risque de **détournement de fonds publics** est associé à l'exécution d'un marché public :

— Paiement de prestations ou de travaux commandés, mais non réalisés.

— Établissement d'un avenant dans des conditions contraires aux règles de la commande publique.

— Paiement de l'ensemble des prestations ou travaux commandés alors que la réalisation était partielle.

3.2. Exemples de mesures de prévention et de détection des atteintes à la probité dans les étapes de la commande publique

— Choix de la consultation : respect des règles que l'entité se fixe en matière de marchés à procédures adaptées (seuils), stricte application des critères justifiant le recours aux procédures dérogatoires.

— Consultation : donner le même niveau d'information à tous les candidats, justifier le choix des critères d'analyse des offres, notamment les critères techniques.

— Attribution : mettre en œuvre un déport des décideurs ayant un intérêt (financier ou moral), privilégier un choix collégial pour l'attribution des marchés à procédures adaptées.

— Exécution : porter une attention particulière au service fait, réaliser des contrôles réguliers sur les prestations ou travaux réellement réceptionnés (volume, qualité).

Guide pratique AFA (mars 2021),

Sur les vérifications anticorruption dans le cadre des fusions-acquisitions.

BIBL. GÉN. ▶ TROCHON et FIFE, Les audits de compliance dans les fusions-acquisitions, *Éditions législatives, Livre blanc, janv. 2020*. – BLONDEL, *RICEA 2020, n° 2, p. 33* (vers encore plus de vigilance dans les audits préalables de fusions-acquisitions ?). – SALOMON, TROCHON et SCHILLER, *JCP E 2021, n° 1417* (compliance et opérations de fusions-acquisitions – le nouveau régime issu du revirement jurisprudentiel de nov. 2020).

COMMENTAIRE

Les Recommandations de l'Agence française anticorruption (V. *supra*) précisent que la cartographie des risques doit notamment être réévaluée en cas d'événements affectant l'organisation, par exemple une fusion-acquisition.

Le guide publié par l'AFA décrit les vérifications attendues aux différentes étapes d'une opération de fusion-acquisition, de même que la nécessité d'intégrer la société cible dans le dispositif en vigueur dans l'entité absorbante ou acquéreuse, avec harmonisation et actualisation de l'ensemble. Un éclairage particulier est également proposé notamment sur le rôle de l'instance dirigeante et du responsable de la fonction conformité, à la lumière des nouvelles recommandations de l'AFA. Le guide a en outre été enrichi de *scenarii* de risques illustratifs afin d'en faciliter la compréhension.

Une attention particulière sera apportée aux développements concernant les transferts de responsabilité. En matière de sanctions prononcées par l'Agence, il est mentionné que l'absorption transfère la responsabilité civile liée aux manquements antérieurs à l'absorption. En matière pénale, en revanche, il était de jurisprudence constante que la responsabilité était personnelle et ne pouvait être transférée à la société absorbante. La CEDH a cependant une jurisprudence différente puisqu'elle considère que la condamnation de la société absorbante n'est pas contraire au principe de la personnalité des peines garanti par l'article 6 § 1 de la convention EDH » (CEDH 24 oct. 2019, n° 37858/14 : *D. 2020. 475, concl. Gallois* ; *RTD com. 2020. 109, obs. Lecourt* ; *RTD civ. 2020. 107, obs. Barbier* ; *CCC 2020, n° 8, obs. Mathey; RJDA 2020, n° 148; BJS 12/2019. 29, note Reygrobellet; Dr. sociétés 2020, n° 20, obs. Mortier*).

Par un arrêt du 25 novembre 2020, la chambre criminelle de la Cour de cassation a opéré un important revirement de jurisprudence en matière de responsabilité pénale et de fusions-absorptions : elle considère désormais que la société absorbante peut être tenue pénalement responsable et condamnée pour une infraction commise par l'absorbée préalablement à la fusion (Crim. 25 nov. 2020, n° 18-86.955 P : *D. 2021. 161, avis Salomon et note Beaussonie* ; *ibid. Chron. C. cass. 379, obs. Fouquet* ; *Rev. sociétés 2021. 115, note Matsopoulou* ; *RTD com. 2020. 961, obs. Saenko* ; *AJ pénal 2020. 576, obs. Apelbaum et Battaglia* ; *JCP E 2021. 1006, note Stasiak; ibid. 2021, n° 1417, note Salomon, Trochon et Schiller; JCP 2021. 17, note Rebut; BJS 1/2021. 41, note Couret; RJDA 2021, n° 96*). Préalablement, il était de jurisprudence constante que la société absorbante ne pouvait être poursuivie, et ce, selon deux fondements : d'une part, le principe de personnalité des délits et des peines énoncé à l'article 121-1 du code pénal et, d'autre part, l'article 6 du code de procédure pénale qui prévoit l'extinction de l'action publique par décès d'une personne physique, qui s'appliquait aussi lors de la disparition d'une personne morale.

C'est sous l'impulsion successivement du droit européen et du droit conventionnel que la chambre criminelle a finalement changé cette conception anthropomorphique. La Cour de justice de l'Union européenne a d'abord rendu un arrêt dans lequel elle indique que « l'article 19, paragraphe 1, de la troisième directive 78/855/CEE du Conseil, du 9 octobre 1978, fondée sur l'article 54 paragraphe 3, sous g) du traité et concernant les fusions des sociétés anonymes, telle que modifiée par la directive 2009/109/CE du Parlement européen et du Conseil, du 16 septembre 2009, doit être interprété en ce sens qu'une fusion par absorption, au sens de l'article 3, paragraphe 1, de ladite directive, entraîne la transmission, à la société absorbante, de l'obligation de payer une amende infligée par décision définitive après cette fusion pour des infractions au droit du travail commises par la société absorbée avant ladite fusion » (CJUE, 5 mars 2015, n° C-343/13 : *D. 2015. Pan. 1506, obs. Mascala* ; *ibid. 2413, obs. Lamazerolles* ; *Rev. sociétés 2015. 677, note Lecourt* ; *RTD civ. 2015. 388, obs. Barbier* ; *JCP E 2015. 1234, note Barrière; BJS 2015. 200, note Couret; Dr. sociétés 2015, n° 89, obs. Roussille; RJDA 2015, n° 496; Gaz. Pal. 26-28 juill. 2015, p. 17, obs. Moulin; Dr. pénal 2015, n° 74, obs. Notté*). La responsabilité contraventionnelle est donc transmise à la société absorbante en tant qu'élément du patrimoine passif de la société absorbée. Cette jurisprudence a été suivie de la décision de la Cour européenne des droits de l'homme précitée, précisant qu'en raison de la continuité économique existant entre la société absorbée et la société absorbante, « la société absorbée n'est pas véritablement "autrui" à l'égard de la société absorbante » (CEDH 24 oct. 2019, n° 37858/14, préc.).

C'est donc à la lumière de ces deux décisions que la haute juridiction française a pu justifier qu'une société absorbante soit considérée comme pénalement responsable de faits commis par l'absorbée avant l'opération de fusion. Néanmoins, la portée de ce revirement ne concerne que les sociétés anonymes relevant du champ de la troisième directive 78/855/CEE du 9 octobre 1978, fondée sur l'article 54, paragraphe 3, sous g) du traité et concernant les fusions des sociétés anonymes, telle que modifiée par la directive 2009/109/CE du 16 septembre 2009, soit les SA et les SAS ou les sociétés empruntant au régime des SA. Par ailleurs, ce « transfert » de la responsabilité pénale ne peut s'opérer qu'au sujet de peines dites « matérielles », c'est-à-dire correspondant seulement à des peines d'amende et de confiscation. Tenant compte de cette nouvelle position, le guide AFA a ainsi été mis à jour en mars 2021.

La Cour de cassation précise cependant que ce revirement substantiel de jurisprudence ne pourra s'appliquer qu'aux opérations de fusion postérieures à la date de cet arrêt. Une exception existe toutefois, en cas de fraude à la loi dans le cadre d'une opération de fusion-absorption. Un arrêt avait déjà été rendu en cette matière, la haute juridiction ayant considéré qu'il incombait aux juges du fond de rechercher si la substitution d'une société commerciale à une autre n'avait pas dissimulé la continuation d'une même entreprise et si le changement de forme juridique apporté à cette entreprise n'a pas été utilisé, en fraude à la loi, pour faire échec à la libre désignation des délégués du personnel et des membres du comité d'entreprise (Crim. 23 avr. 1970, n° 68-91.333 P). C'est en se basant sur cette décision que la chambre criminelle considère désormais que, dès lors qu'une opération de fusion antérieure au revirement avait pour but de faire échapper la société absorbée à sa responsabilité pénale, la société absorbante pourra être poursuivie, pour toute forme de société, et encourra tout type de peine.

L'AFA insiste sur les responsabilités en matière administrative et notamment au regard des sanctions prévues à l'article 17 de la loi du 9 décembre 2016.

En cas d'acquisition, « si des manquements imputables à la cible sont constatés par l'AFA avant l'opération, cette société et le cédant (ainsi que leurs dirigeants) pourront être conduits à en répondre après l'opération devant la commission des sanctions ». La société acquéreuse n'encourt pas de sanction. En revanche, en cas d'absorption, « la société absorbante ou la société issue de la fusion peut, le cas échéant, répondre devant la commission des sanctions des manquements commis, avant l'opération, par la société dissoute ». Cependant, « le principe de la personnalité des peines fait obstacle à ce qu'une sanction autre que pécuniaire puisse être prononcée contre elle ». ❏

Introduction

Les fusions-acquisitions sont des opérations complexes qui se distinguent d'autres opérations commerciales dans la mesure où elles constituent, selon les cas, un transfert de la propriété de parts du capital social ou une transmission patrimoniale. Ces opérations, complexes par nature, requièrent, pour s'assurer de leur succès, différentes expertises se trouvant dans et hors de l'entreprise.

L'article 17 de la loi n° 2016-1691 du 9 décembre 2016 *[L. n° 2016-1691 du 9 déc. 2016 relative à la transparence, à la lutte contre la corruption et à la modernisation de la vie économique]*, **qui impose à certaines entreprises d'évaluer certains de leurs tiers, n'impose pas l'évaluation d'une société dont l'acquisition ou l'absorption est envisagée.**

Pour autant, et comme le précisent les recommandations de l'AFA *[avis relatif aux recommandations de l'AFA destinées à aider les personnes morales de droit public et de droit privé à prévenir et à détecter les faits de corruption, de trafic d'influence, de concussion, de prise illégale d'intérêts, de détournement de fonds publics et de favoritisme, publié au JO du 12 janv. 2021]*, **il peut être utile d'inclure dans les dispositifs d'évaluation d'autres catégories de tiers avec lesquels l'entreprise souhaite entrer en relation dont ses cibles d'acquisition. Les fusions-acquisitions comportent en effet des risques spécifiques dont la réalisation peut avoir des impacts financier, juridique et opérationnel significatifs. Il peut être opportun dans ces conditions de procéder à certaines vérifications, dites "vérifications anticorruption" dans le présent guide, avant de conclure l'opération.**

Ces vérifications peuvent être entendues comme les démarches entreprises en vue :

— d'une part, de déterminer l'implication éventuelle de la société cible, ci-après dénommée cible, dans une affaire de corruption ou de trafic d'influence *[par commodité, le présent guide emploie en général le terme corruption mais le trafic d'influence doit être également inclus dans les vérifications anticorruption]*, **ou [,] si celle-ci a été sanctionnée pour de tels faits, de connaître les sanctions prises à son encontre ;**

— d'autre part, de s'assurer de l'existence et, si cela est possible, d'évaluer la qualité de son dispositif anticorruption.

Au sens de ce guide, sont définies comme :

— une fusion : l'opération par laquelle une société transmet son patrimoine à une société existante (ci-après "absorption") ou à une nouvelle société qu'elles constituent *[V. le 1er al. de l'art. L. 236-1 C. com.]* **;**

— une acquisition : l'opération par laquelle une société acquiert le capital d'une autre qui demeure, à l'issue de cette opération, une personne morale distincte *[dans ce cas, l'acquéreur contrôle la société acquise au sens de l'art. L. 233-3 C. com.]*.

Les acquisitions de participations minoritaires et les apports partiels d'actifs ne sont pas traités dans le présent guide mais ces opérations peuvent faire l'objet de vérifications anticorruption similaires, proportionnées aux enjeux de l'opération.

Complémentaire des recommandations de l'AFA, le présent guide, qui a fait l'objet d'une consultation publique, ne revêt aucun caractère contraignant et ne crée pas d'obligation juridique pour ceux à qui il s'adresse. Il propose des pistes d'actions dont l'adoption et la mise en œuvre relèvent de la décision des instances dirigeantes des sociétés concernées par l'opération de fusion-acquisition.

I Les enjeux s'attachant aux vérifications anticorruption

Ces vérifications permettent d'affiner la connaissance de la cible afin de l'évaluer au plus juste, de mesurer les risques encourus en cas d'acquisition ou de fusion, et d'anticiper son intégration dans le dispositif anticorruption de l'acquéreur si l'opération est conclue.

I.1 *Enjeux financiers*

Les vérifications anticorruption peuvent mettre en évidence des éléments susceptibles d'avoir une influence sur la détermination du prix de l'opération.

En premier lieu, si la cible fait l'objet d'une enquête pour corruption, elle pourra se voir infliger, en France ou à l'étranger, des sanctions pénales postérieurement à son acquisition *[V., pour le cas de la fusion en France, la partie I.2.3. du présent guide]* :

– une amende, parfois d'un montant très élevé (plusieurs centaines millions d'euros) ;

– des frais inhérents à l'obligation de mise en conformité anticorruption, le cas échéant, sous la supervision d'un moniteur.

Peuvent s'y ajouter les frais relatifs à la réalisation d'une enquête interne et le recours à des conseils externes engagés postérieurement à son acquisition si l'enquête pénale se poursuit après l'opération.

En outre, la médiatisation d'une affaire de corruption impliquant la cible avant l'opération pourrait porter atteinte à sa réputation et affecter, dans certains cas, sa valeur économique. Après l'opération, la réputation de l'acquéreur pourrait elle-même être touchée "par contagion".

En second lieu, si, après réalisation de l'opération, l'acquéreur entre dans le champ des obligations prévues à l'article 17 de la loi n° 2016-1691 du 9 décembre 2016 *[parce qu'il atteindrait les seuils de chiffre d'affaires et du nombre d'employés prévus par ce texte]*, l'inexistence d'un dispositif anticorruption de la cible ou ses insuffisances généreront des coûts de mise à niveau pouvant être importants.

Quant au cédant, s'il est soumis à l'article 17 de la loi n° 2016-1691 du 9 décembre 2016, il peut avoir intérêt à réaliser des vérifications anticorruption sur la cible, tel un audit, afin de pouvoir démontrer, le cas échéant, aux sociétés intéressées par son acquisition la qualité et l'efficacité du dispositif anticorruption de celle-ci.

I.2 *Enjeux juridiques*

Les vérifications anticorruption peuvent permettre à l'acquéreur d'apprécier le risque d'engagement de sa responsabilité juridique pour des faits de corruption ou des manquements à l'article 17 de la loi du 9 décembre 2016, commis par la cible avant l'opération.

I.2.1 *Le transfert de responsabilité administrative et l'application des sanctions prévues à l'article 17 de la loi du 9 décembre 2016*

En cas de manquements constatés par l'AFA à l'occasion d'un contrôle sur la cible avant l'opération, se pose la question de savoir quelles sociétés peuvent être sanctionnées par la commission des sanctions de l'AFA statuant après l'opération. Deux situations peuvent être distinguées, sous réserve de l'appréciation de cette commission et, le cas échéant, de celle du juge administratif.

1) En cas d'acquisition de la cible

En vertu des dispositions du I de l'article 17 de la loi du 9 décembre 2016, lorsque la société mère établit des comptes consolidés, l'obligation de mettre en œuvre un dispositif anticorruption porte sur cette société ainsi que sur l'ensemble de ses filiales. Il en résulte que si des manquements imputables à la cible sont constatés par l'AFA avant l'opération, cette société et le cédant (ainsi que leurs dirigeants) pourront être conduits à en répondre après l'opération devant la commission des sanctions.

Pour autant, même si, dans une telle hypothèse, sa responsabilité ne peut être recherchée sur le fondement de l'article 17, la société acquéreuse a intérêt à se renseigner, avant l'opération, sur l'existence d'un contrôle exercé par l'AFA sur la cible. En effet, en fonction de la nature et de l'ampleur des manquements qui pourraient être reprochés à celle-ci, l'acquéreur pourrait être amené à prendre, après l'opération, des mesures visant à améliorer le dispositif anticorruption de la cible *[que le directeur adresse un avertissement aux représentants de la société cible ou saisisse la commission des sanctions]*.

2) En cas d'absorption ou de fusion de la cible

Seule la société absorbante ou celle résultant de la fusion (ainsi que les dirigeants de celles-ci) peut être sanctionnée par la commission des sanctions, la société cible absorbée ayant disparu de l'ordonnancement juridique.

Cependant, en l'état de la jurisprudence du Conseil d'État (encadré ci-après), si la société absorbante ou la société issue de la fusion peut, le cas échéant, répondre devant la commission des sanctions des manquements commis, avant l'opération, par la société dissoute, le principe de la personnalité des peines fait obstacle à ce qu'une sanction autre que pécuniaire puisse être prononcée contre elle.

S'agissant des sanctions prévues à l'article 17 de la loi du 9 décembre 2016, il résulterait de cette jurisprudence que l'injonction d'adapter ses procédures de conformité et la publicité de la décision en ce qui la concerne ne pourraient être prononcées contre la société absorbante ou la société issue de la fusion.

Comme le Conseil d'État l'a relevé dans une autre matière, il appartient donc à la société absorbante, *"lors de l'opération de fusion-absorption, de recueillir toute information utile sur la situation de la société"* absorbée *[CE 30 mai 2007, n° 293423, Société Tradition Securities ad Futures]*.

> Dans le contentieux des sanctions administratives prononcées pour manquement à la règlementation sur les marchés financiers, le Conseil d'État a jugé, à plusieurs reprises, que le principe de la personnalité des peines ne faisait pas obstacle à ce qu'une sanction pécuniaire soit infligée par l'Autorité des marchés financiers (ou, avant elle, le Conseil des marchés financiers) à la société absorbante à raison des manquements commis par la société absorbée *[CE 22 nov. 2000, n° 207697, Société Crédit agricole Indosuez Cheuvreux ; CE 6 juin 2008, n° 299203, Société Tradition Securities and Futures]*. Il a retenu le même raisonnement en matière fiscale *[CE 4 déc. 2009, n° 329173, Société Rueil Sport]*.

En revanche, il a estimé que ce même principe interdisait qu'un blâme fût prononcé contre la société absorbante *[CE 22 nov. 2000, n° 207697, Société Crédit agricole Indosuez Cheuvreux]* ou que l'autorité administrative ordonnât la publication de la sanction pécuniaire infligée à la société absorbante à raison des manquements commis par la société absorbée *[CE 17 déc. 2008, n° 316000, Société Oddo et Cie]*.

I.2.2 *Le transfert de responsabilité civile*

La responsabilité civile de l'acquéreur peut, dans certains cas, être engagée à raison de la participation de la cible à des faits de corruption avant l'opération. Trois situations peuvent être distinguées.

Lorsqu'une société acquiert une cible sans l'absorber, cette dernière demeure une personne morale distincte de l'acquéreur. Par conséquent, si la société acquise a participé à la commission de faits de corruption avant l'opération d'acquisition, elle demeurera seule responsable civilement *[il en va de même, pour la même raison, de sa responsabilité pénale, voir la partie I.2.3 du présent guide]*, que sa responsabilité soit engagée avant l'opération ou après.

Lorsqu'une société acquiert, en l'absorbant, une cible qui a commis des faits de corruption avant l'opération, la transmission universelle du patrimoine *[C. com., art. L. 236-3 : "I. La fusion ou la scission entraîne la dissolution sans liquidation des sociétés qui disparaissent et la transmission universelle de leur patrimoine aux sociétés bénéficiaires, dans l'état où il se trouve à la date de réalisation définitive de l'opération (...)"]* de cette dernière à l'acquéreur a pour conséquence l'intégration, dans le patrimoine de ce dernier, de la dette née ou pouvant naître d'une condamnation à des dommages et intérêts pour des faits de corruption ou d'une transaction prévoyant une telle indemnité. En disparaissant, la société acquise transmet sa dette civile à l'acquéreur qui en sera seul tenu.

Enfin, lorsque des sociétés créent, par fusion entre elles, une nouvelle entité juridique, la transmission universelle de leurs patrimoines respectifs à cette dernière a pour conséquence le transfert à celle-ci de leur éventuelle responsabilité civile pour des faits de corruption commis avant la fusion. Seule la nouvelle entité devra répondre, le cas échéant, de cette obligation civile.

Dans ces trois situations, les vérifications anticorruption permettraient à l'acquéreur de mesurer le risque d'obligation au paiement d'une indemnité à raison des faits de corruption commis par la cible avant l'opération.

I.2.3 *Le transfert de responsabilité pénale*

Pour l'acquéreur comme le cédant, les vérifications anticorruption peuvent avoir pour objet de déterminer le risque de sanctions pénales encouru par chacun d'eux à raison des faits commis antérieurement à l'opération par la cible.

Il importe de rappeler que la législation pénale française ainsi que celles d'autres pays peuvent être cumulativement applicables aux personnes, physiques ou morales, impliquées dans des faits de corruption (par exemple, le *Foreign corrupt practices act [V. infra]* ou le *UK bribery act [V. infra]*). Or, les conditions d'engagement de la responsabilité pénale d'une personne peuvent être fort différentes d'une législation à une autre. Par suite, à l'occasion d'une opération transfrontière, les vérifications anticorruption devront prendre en compte l'ensemble des législations applicables pour mesurer correctement le risque de sanctions pénales mentionné ci-dessus.

En droit français, nul n'est pénalement responsable que de son propre fait *[C. pén., art. 121-1]*. Le Conseil constitutionnel a consacré la valeur constitutionnelle de ce principe *["Nul n'est punissable que de son propre fait" (par exemple, décision n° 2018-710 QPC du 1er juin 2018)]*. La Cour de cassation exclut ainsi l'imputation d'une responsabilité pénale à toute personne, physique ou morale, qui n'a pas pris part aux faits en cause. Pour autant, il y a lieu de distinguer selon les types d'opération.

1) En cas d'acquisition de la cible

Dès lors que l'acquéreur n'a pas participé aux faits de corruption commis antérieurement à l'opération par la cible, sa responsabilité pénale ne pourra être recherchée par la suite. Seule la cible demeurera responsable pénalement.

A la faveur des vérifications anticorruption réalisées, l'acquéreur pourra, postérieurement à l'opération, engager une enquête interne en vue de déterminer la nature et l'ampleur des faits de corruption commis par la cible. Au terme de ces diligences, l'acquéreur pourra, le cas échéant, mettre un terme aux agissements délictueux et éviter la mise en cause de sa responsabilité pénale, pour de tels faits ou pour recel ou blanchiment de corruption, dans les conditions prévues à l'article 121-2 du code pénal.

S'il a connaissance de faits de corruption commis par la cible avant l'opération, le cédant aura également intérêt à réaliser une enquête interne afin de savoir s'il peut être impliqué comme complice ou pour recel ou blanchiment de cette infraction. Le cas échéant, il pourra envisager de s'autodénoncer au procureur de la République et ainsi devancer une éventuelle dénonciation de ces faits par l'acquéreur.

2) En cas d'absorption ou de fusion de la cible

En application du principe de la personnalité des peines, la chambre criminelle de la Cour de cassation considère que la responsabilité pénale d'une société absorbante ne peut être recherchée pour des faits commis antérieurement à l'opération d'absorption par la société absorbée *[V. par exemple Crim. 20 juin 2000, n° 99-86.742 ;*

Crim. 9 sept. 2009, n° 08-87.312; Crim. 14 oct. 2003, n° 02-86.376; Crim. 18 févr. 2014, n° 12-85.807; Crim. 25 oct. 2016, n° 16-80.366]. Cette solution peut être étendue à la société issue d'une fusion. Dans ces deux situations, les sociétés absorbées ou fusionnées, qui ont disparu de l'ordonnancement juridique, ne peuvent être ni poursuivies ni condamnées.

Naturellement, si des faits de corruption se poursuivent après l'absorption ou la fusion, ils pourront être imputés, dans les conditions prévues par l'article 121-2 du code pénal *["Les personnes morales, à l'exclusion de l'État, sont responsables pénalement (...) des infractions commises, pour leur compte, par leurs organes ou représentants (...)"]*, respectivement à la société absorbante ou à la nouvelle société résultant de la fusion.

De même, en application du principe selon lequel la fraude corrompt tout, l'opération de fusion-absorption réalisée en fraude à la loi, c'est-à-dire dans le but de faire échapper la société absorbée à sa responsabilité pénale, permet de poursuivre la société absorbante pour les faits commis par la société absorbée.

Par un arrêt du 25 novembre 2020 *[Crim. 25 nov. 2020, n° 18-86.955]*, intégrant les positions de la Cour de justice de l'Union européenne *[CJUE 5 mars 2015, n° C-343/13, Modelo Continente hipermercados SA]* et de la Cour européenne des droits de l'homme *[CEDH 24 oct. 2019, n° 37858/14, Carrefour France c/ France]* sur le sujet, la chambre criminelle de la Cour de cassation écarte l'obstacle tiré de l'existence de la personnalité morale de chaque société, sur lequel se fondait jusque-là sa jurisprudence*[,]* pour refuser d'engager la responsabilité pénale de la société absorbante pour des faits commis par la société qu'elle a absorbé*[e]*. Elle a ainsi considéré qu'en cas de fusion-absorption entre sociétés anonymes ou sociétés par actions simplifiées, la société absorbante pouvait être condamnée pénalement à une peine d'amende ou de confiscation pour des faits constitutifs d'une infraction, commis par la société absorbée avant l'opération de fusion ou d'absorption.

Ce revirement de jurisprudence ne concerne que les cas de fusion-absorption :

– d'une société par une autre société entrant dans le champ de la directive 78/855/CEE du Conseil du 9 octobre 1978 relative à la fusion des sociétés anonymes, codifiée en dernier lieu par la directive (UE) 2017/1132 du Parlement européen et du Conseil du 14 juin 2017 ;

– conclues postérieurement au 25 novembre 2020 afin, selon la Cour de cassation dans cet arrêt de "ne pas porter atteinte au principe de prévisibilité juridique".

Responsabilité pénale des personnes physiques en cas de fusion-absorption

La fusion-absorption est sans incidence sur les conditions d'engagement de la responsabilité pénale des personnes physiques, notamment des dirigeants des sociétés absorbées ou fusionnées, ayant participé aux faits de corruption avant l'opération.

Il en résulte que si ces personnes physiques ont pris part à des faits délictueux avant l'absorption ou la fusion, leur responsabilité pénale pourra toujours, sous réserve de la prescription de l'action publique, être recherchée postérieurement à l'opération.

I.3 *Enjeux opérationnels*

Pour l'acquéreur, les vérifications anticorruption peuvent le conduire à renoncer à l'opération si elles ont mis en évidence des risques majeurs.

Par ailleurs, si l'acquéreur découvre des faits de corruption, il pourra, après la réalisation de l'opération, y mettre un terme dans les plus brefs délais et prendre les mesures correctives qui s'imposent pour l'avenir.

Enfin, ces vérifications mettent en situation l'acquéreur d'anticiper l'intégration ou l'adaptation du dispositif anticorruption de la cible qui aura lieu après l'opération *[V. la partie III du présent guide]*.

Pour le cédant, les vérifications anticorruption lui donnent la possibilité de répondre plus facilement et précisément aux demandes d'information des sociétés intéressées par la cible. Une meilleure connaissance du dispositif anticorruption de la cible peut renforcer la transparence dans les négociations.

II La réalisation des vérifications anticorruption

Rappel des étapes d'un projet de fusion-acquisition
Les vérifications anticorruption s'insèrent dans un processus complexe comprenant différentes opérations. Il peut être synthétisé comme suit :

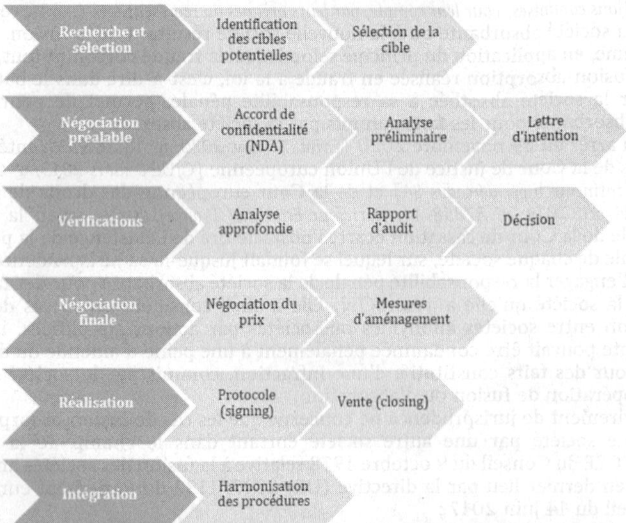

La durée des vérifications anticorruption varie en fonction de différents paramètres :
— des modalités d'acquisition (processus bilatéral ou compétitif, opération amicale ou hostile) de la cible ;
— de la date envisagée de réalisation de l'opération ;
— de l'accessibilité de l'information sur la cible.

L'accessibilité des informations nécessaires aux vérifications anticorruption dépendra de plusieurs éléments, notamment :
— de la nature du projet de fusion-acquisition (opération hostile ou amicale, processus bilatéral ou compétitif entre plusieurs sociétés intéressées par l'acquisition, prise de participation majoritaire ou minoritaire, etc.) qui conditionne la capacité de l'acquéreur à collecter des informations du cédant ;
— de la situation de la cible selon qu'elle est cotée ou non, les sociétés cotées étant tenues de publier certaines informations préalablement à certaines opérations ;
— du caractère transnational ou non de l'opération.

Les vérifications anticorruption ont vocation à être achevées avant le terme de l'opération de fusion-acquisition. Un audit complémentaire pourra être réalisé par l'acquéreur après la réalisation de l'opération *[V. la partie III du présent guide]*.

La nature et la profondeur des évaluations à réaliser et des informations à recueillir dans le cadre des vérifications anticorruption sont adaptées et proportionnées aux enjeux de l'opération (par exemple, taille de la cible) et au degré d'exposition au risque de corruption de la cible.

Un faisceau d'indices permet d'avoir, avant l'opération, une idée de ce niveau d'exposition : par exemple sa présence géographique, le recours à des intermédiaires, ses interactions avec les pouvoirs publics, etc.

Des scénarios de risque sont en effet susceptibles de se réaliser à tous les stades de l'opération. Par exemple :

• Dans le cadre des négociations préalables à l'opération :

– Un intermédiaire ou un employé de la cible démarche un potentiel acquéreur afin de lui fournir contre rémunération des informations confidentielles relatives aux propositions d'autres candidats à la reprise et lui permet d'adapter son offre en conséquence ;

– Un dirigeant ou un actionnaire de la cible propose contre rémunération à un potentiel acquéreur de lui faire bénéficier d'une exclusivité dans les négociations ;

– Un collaborateur de l'acquéreur propose un pot-de-vin à la cible ou à ses actionnaires en vue de privilégier son offre ;

– Un collaborateur de la cible propose une commission au personnel de l'acquéreur en charge des vérifications anticorruption pour taire certaines insuffisances ou pratiques répréhensibles constatées au sein de la cible*[.]*

• Dans le cadre des vérifications anticorruptions [anticorruption] menées entre le *signing* et le *closing* :

– Un collaborateur de l'acquéreur propose une commission occulte à un représentant d'une autorité administrative pour qu'elle approuve l'opération*[;]*

– Un collaborateur de la cible propose au collaborateur de l'acquéreur en charge d'apprécier la levée des conditions suspensives une commission afin qu'il se taise sur certains éléments de nature à y faire obstacle*[.]*

• En phase d'intégration (après le *closing*)

– Un collaborateur de l'acquéreur demande un pot-de-vin au cédant pour taire des anomalies pouvant engager la mise en œuvre de la garantie actif/passif ou falsifier des documents dans le même objectif.

II.1 *Le responsable des vérifications anticorruption*

• L'engagement de l'instance dirigeante dans le cadre des vérifications anticorruption

Dans le cadre tracé par les recommandations de l'Agence française anticorruption destinées à aider les personnes morales de droit public et de droit privé à prévenir et à détecter les faits de corruption, de trafic d'influence, de concussion, de prise illégale d'intérêts, de détournement de fonds publics et de favoritisme, publiées au *Journal officiel* du 12 janvier 2021, l'engagement de l'instance dirigeante en faveur d'une opération de fusion-acquisition exempte de toute atteinte à la probité est essentiel à la bonne réalisation de celle-ci.

Elle se manifeste notamment par l'allocation de moyens adaptés aux vérifications anticorruption devant être menées. Les instances peuvent désigner dans ce cadre un responsable des vérifications anticorruption en veillant à ce qu'il dispose des moyens humains et financiers nécessaires à l'exercice de ses missions.

Le responsable des vérifications anticorruption présente le résultat de ses travaux et les risques identifiés dans ce cadre aux instances dirigeantes afin qu'elles puissent prendre une décision éclairée sur la réalisation de l'opération.

Il peut en outre rendre compte de ses diligences, à leur demande, au conseil d'administration ou à un comité placé auprès de lui (par exemple au comité d'audit).

• La désignation du responsable des vérifications anticorruption

Les instances dirigeantes peuvent confier la réalisation de ces vérifications à une personne de l'entreprise, par exemple au responsable de la conformité, ou à un prestataire externe. Dans ce dernier cas, les travaux de celui-ci seront placés sous la supervision du responsable des vérifications au sein de l'entreprise.

Conformément aux recommandations de l'AFA précitées, il est important que le responsable de la conformité soit associé à la mise en œuvre des projets stratégiques et aux prises de décisions structurantes de l'entreprise, dans le cadre d'une fusion-acquisition par exemple,

A cet égard, si le responsable des vérifications anticorruption désigné est différent du responsable de la conformité ou étranger à son service, il est recommandé que le responsable des vérifications anticorruption informe régulièrement le responsable de la conformité de l'avancée des vérifications anticorruption effectuées et de leur résultat.

• **L'association du responsable des vérifications anticorruption au projet**

Si la confidentialité des négociations relatives aux fusions-acquisitions justifie de limiter le nombre de personnes impliquées dans l'opération, il est important d'associer le responsable des vérifications anticorruption au plus tôt à la conduite du projet. En effet, son association tardive pourrait retarder et même compromettre la réalisation des vérifications anticorruption.

Le responsable des vérifications anticorruption doit articuler ses travaux avec ceux menés par les autres fonctions impliquées dans l'opération (fonctions juridique et financière, autres domaines de la conformité, ressources humaines, etc.). Cette coordination permettra aux instances dirigeantes d'avoir une vision globale des risques potentiels liés à la cible. Afin de favoriser cette coordination, les dirigeants peuvent décider de constituer une équipe pluridisciplinaire dédiée au projet de fusion-acquisition.

• **Le rôle du responsable des vérifications anticorruption**

En bref, le responsable désigné réalise ou assure le pilotage des vérifications consistant en la collecte et l'analyse d'informations sur la cible recueillies au moyen de questionnaires, d'entretiens, de recherches documentaires en source ouverte, etc. Pour la réalisation de ces vérifications, il peut s'appuyer sur son homologue au sein du cédant et, si cela est possible, de la société cible.

Il peut par ailleurs lui être confié l'intégration de la cible dans le dispositif anticorruption du groupe une fois l'opération réalisée.

II.2 *La procédure de vérifications anticorruption*

Chaque entreprise définit sa procédure des vérifications anticorruption. En pratique, celles-ci varient en fonction des étapes de réalisation de l'opération :

– d'une part, avant la conclusion du contrat (*signing*) par lequel l'acquéreur et le cédant s'engagent à réaliser l'opération sous certaines conditions suspensives ;

– d'autre part, entre la signature de ce contrat et, une fois que l'ensemble des conditions suspensives ont été levées, la signature de la documentation juridique permettant la réalisation de l'opération (*closing*).

II.2.1 *Les vérifications anticorruption avant le signing*

A ce stade, les vérifications anticorruption sont limitées dans leur profondeur par l'incertitude pesant sur la réalisation de l'opération. En effet, le cédant peut refuser la communication de certaines informations demandées par les acquéreurs potentiels afin de protéger le secret des affaires de la cible. Ce n'est que lorsqu'il aura acquis l'assurance du sérieux de la démarche de la société intéressée qu'il lui communiquera davantage d'informations sur la cible.

Il importe de rappeler que les informations échangées sur la société cible doivent satisfaire aux exigences de la bonne foi, conformément aux dispositions de l'article 1112 du code civil [*"L'initiative, le déroulement et la rupture des négociations précontractuelles sont libres. Ils doivent impérativement satisfaire aux exigences de la bonne foi."*]. Par ailleurs, en application du premier alinéa de l'article 1112-1 du même code, "celle des parties qui connaît une information dont l'importance est déterminante pour le consentement de l'autre doit l'en informer dès lors que, légitimement, cette dernière ignore cette information ou fait confiance à son cocontractant".

En général, au cours des négociations, une lettre d'intention, signée par le cédant et la société intéressée, formalise leur volonté de mener l'opération à son terme, en rappelant les conditions de sa réalisation telles qu'elles ont été négociées jusque-là. Si elle ne vaut pas contrat définitif, elle contribue à structurer le cadre des négociations et constitue une protection pour les parties :

– en soumettant l'acquéreur potentiel à une obligation de confidentialité ;

– en imposant au cédant une exclusivité dans les négociations pendant une période définie.

Un équilibre entre la légitime protection par le cédant des informations relatives à la cible et le nécessaire accès de l'acquéreur à ces informations doit ainsi être trouvé.

• **Objet des vérifications anticorruption**

A ce stade, les vérifications anticorruption visent à :

– comprendre l'historique, les activités et l'environnement économique de la cible (concurrentiel, réglementaire, géographique, contexte conduisant le cédant à effectuer l'opération) ;

– connaître sa structure actionnariale, ses principaux dirigeants et ses bénéficiaires effectifs ;

– identifier les principaux tiers avec lesquels elle peut être en relation ;

– déterminer ses éventuels liens avec des personnes politiquement exposées et le degré de ses interactions avec des agents publics ;

– avoir une connaissance des principaux éléments de son dispositif anticorruption (par exemple, existence d'un code de conduite et d'une politique anticorruption, d'une cartographie des risques de corruption, etc.) ;

– le cas échéant et sous réserve de la disponibilité de l'information, identifier les affaires de corruption dans lesquelles elle pourrait être impliquée (procédures judiciaires en cours) ;

– vérifier l'existence de sanctions en cours, prononcées contre la cible par une autorité française ou étrangère (par exemple, convention judiciaire d'intérêt public ou *deferred prosecution agreement* américain ou britannique en cours).

• **Collecte des informations**

Après avoir établi la liste des informations relatives à la cible qui lui paraissent nécessaires, le responsable des vérifications anticorruption peut les rechercher :

– en source ouverte, par exemple en consultant des bases de données publiques gratuites ou payantes ;

– en les demandant au cédant, notamment par l'envoi d'un questionnaire et d'une liste de documents à fournir.

L'acquéreur et le cédant définissent conjointement les modalités de communication des informations demandées. A cette fin, le cédant peut créer une *data room*. L'accès aux informations les plus sensibles peut être limité aux personnes tenues à une obligation de confidentialité.

En outre, le responsable des vérifications anticorruption peut envisager de réaliser des entretiens avec le cédant ou, si cela est possible, avec la cible.

Le cédant sera plus en mesure de répondre à certaines questions de la société intéressée s'il a réalisé préalablement un audit de la conformité anticorruption de la cible. En y procédant, il sera en situation de démontrer la connaissance qu'il a des risques de celle-ci et d'établir, le cas échéant, qu'ils sont maîtrisés.

Opération sur une société cotée

Les opérations sur une société dont les actions sont admises aux négociations sur un marché réglementé ou sur un système multilatéral de négociation sont sujettes à une obligation d'information du public assez large et contraignante. Il convient de distinguer deux situations selon le type d'opérations :

i. **opération hostile** : l'information, hors information publique, n'est pas accessible puisqu'elle ne peut être collectée auprès de la cible sans une participation du management du processus ; la revue de la documentation publique constitue donc la majeure partie des vérifications pouvant être effectuées ;

ii. **opération amicale** : l'accès à l'information non publique est rendue possible par la participation du management de la cible ; il convient toutefois de veiller à ce que l'accès à une information jugée utile mais dont la publicité n'est pas prévue par la réglementation, ne constitue pas une infraction au code monétaire et financier (par exemple, délit d'initié) ; c'est la raison pour laquelle si le cédant estime que l'information communiquée à la société intéressée est privilégiée *[constitue une information privilégiée au sens de l'art. 7 du Règl. n° 596/2014 du Parlement européen et du Conseil du 16 avr. 2014 sur les abus de marché "une information à caractère précis qui n'a pas* *été rendue publique, qui concerne, directement ou indirectement, un ou plusieurs émetteurs, ou un ou plusieurs instruments financiers, et qui, si elle était rendue publique, serait susceptible d'influencer de façon sensible le cours des instruments financiers concernés ou le cours d'instruments financiers dérivés qui leur sont liés (...)"]*, il lui appartient de la rendre publique dès que possible.

Par ailleurs, s'agissant de la mise à disposition des informations privilégiées au moyen d'une *data room*, l'Autorité des marchés financiers recommande *[guide de l'information permanente et de la gestion de l'information privilégiée, DOC-2016-08]* de :

– limiter aux seules opérations significatives la mise en place de *data room* donnant lieu ou pouvant donner lieu à la transmission d'informations privilégiées ;

– ne donner accès à des informations privilégiées que si cet accès est strictement nécessaire à l'information des participants pour les besoins de l'opération concernée ;

– réserver l'accès à la *data room* aux signataires d'une lettre d'intention témoignant de leur intention de réaliser une opération financière et du sérieux de leur projet, en particulier de leur capacité à financer celui-ci.

II.2.2 *Les vérifications anticorruption entre le signing et le closing*

Afin de préparer l'intégration de la cible dans le dispositif anticorruption de l'acquéreur, le responsable des vérifications anticorruption approfondira l'analyse de la cible s'il lui est possible de le faire dans ce délai. Dans cette perspective, il pourra interroger le cédant sur la maturité du dispositif anticorruption, en particulier sur :

– les tiers les plus à risque (clients, fournisseurs et intermédiaires) au regard de la cartographie des risques de corruption ;

– les contrôles comptables, notamment ceux portant sur les opérations à risque, les cadeaux et invitations ainsi que sur les activités de mécénat et de *sponsoring* ;

– l'efficacité du dispositif d'alerte interne (par exemple, le traitement qui a été fait des dernières alertes portant sur des soupçons de corruption).

III L'intégration de la cible dans le dispositif anticorruption de la société acquéreuse ou absorbante

Quelle que soit l'ampleur des vérifications anticorruption effectuées jusqu'au dénouement de l'opération, il y a lieu de réaliser un audit afin d'évaluer la qualité et l'efficacité du dispositif anticorruption de la cible, s'il en existe un. Par ailleurs, si les vérifications anticorruption réalisées avant le *closing* ou l'audit ont mis en évidence des soupçons de corruption, une enquête interne pourra être diligentée.

III.1 *Audit et harmonisation du dispositif anticorruption de la cible*

III.1.1 *La réalisation de l'audit*

L'audit peut avoir notamment pour objet :

– d'identifier les défaillances dans le dispositif anticorruption de la cible ;

– de s'assurer de l'adéquation de son dispositif anticorruption à ses risques spécifiques ;

– d'identifier les actions correctives à mettre en œuvre pour chacune des huit mesures prévues à l'article 17 de la loi du 9 décembre 2016.

L'audit du dispositif anticorruption peut consister en :

– la revue de la cartographie des risques de corruption et de trafic d'influence, s'il en est une ;

– la vérification, au moyen de tests comptables et financiers, d'un échantillon de transactions identifiées sur la base de la cartographie des risques de corruption de la cible ;

– l'analyse des alertes reçues et de leur traitement par la cible ;

– l'examen de la gestion des tiers considérés à risque (processus de sélection, revues des appels d'offres et des contrats, analyse des paiements effectués, etc.).

En outre, l'efficacité des procédures mises en œuvre par la cible peut être testée au moyen de sondages aléatoires ou ciblés. Par exemple, pourront être examinées la formation et la sensibilisation du personnel, en particulier celui le plus exposé au risque de corruption (supports pédagogiques, publics ciblés et effectivement formés, fréquence des sessions, mise à jour, tests de connaissance, etc.).

III.1.2 *L'harmonisation du dispositif anticorruption de la cible*

Il reviendra à l'acquéreur en tant que société mère, selon la situation de la cible, de créer un dispositif anticorruption au sein de celle-ci, de le mettre à jour ou de s'assurer que son propre dispositif soit étendu à la cible avec les adaptations nécessaires.

Si l'acquéreur et la cible disposaient chacun, avant l'opération, d'un dispositif anticorruption, il pourrait être nécessaire d'harmoniser leurs procédures respectives et d'adapter en conséquence leurs systèmes d'information. Certaines bonnes pratiques déployées par la cible peuvent être reprises *mutatis mutandis* par l'acquéreur.

En tout cas, il sera important de définir les actions prioritaires à mettre en œuvre au sein de la cible au regard des vérifications anticorruption et de l'audit, par exemple, l'élaboration ou l'actualisation de la cartographie des risques propres à celle-ci, et la formation du personnel afin de faire émerger ou de conforter une culture anticorruption.

Des diligences similaires doivent être réalisées en cas de fusion, le dispositif anticorruption devant couvrir l'ensemble du périmètre de la société issue de l'opération.

III.2 *Détection et traitement de soupçons de corruption au sein de la cible*

Lorsque les vérifications anticorruption ou l'audit sur la cible mettent à jour des soupçons de corruption, une enquête interne approfondie pourra être diligentée. Si, à l'issue de ces investigations, les faits paraissent établis, il importera de faire cesser le plus tôt possible ces agissements délictueux et de prendre par la suite toute mesure corrective utile.

De plus, des procédures disciplinaires contre les personnes impliquées devraient être engagées promptement. Il peut être rappelé que la corruption, pénalement réprimée, doit être également prohibée par le code de conduite de la cible, lui-même intégré à son règlement intérieur.

Par ailleurs, se pose la question de la dénonciation par la cible ou l'acquéreur de ces faits de corruption au procureur de la République. Si les dirigeants d'une société ne sont pas soumis à l'obligation de dénoncer de tels faits à l'autorité judiciaire, il peut être dans leur intérêt de le faire en vue d'apurer la situation pénale de la société par la conclusion d'une convention judiciaire d'intérêt public (CJIP).

La CJIP : instrument de résolution des procédures ouvertes pour corruption

Les articles 41-1-2 et 180-2 du code de procédure pénale, résultant de l'article 22 de la loi n° 2016-1691 du 9 décembre 2016, prévoient la possibilité, pour le procureur de la République, de conclure avec une personne morale mise en cause ou mise en examen pour corruption, trafic d'influence, fraude fiscale, blanchiment de cette infraction, ou pour des infractions connexes, une convention comprenant une ou des obligations déterminées, dont l'exécution éteint l'action publique.

Ces obligations sont les suivantes :

– le versement d'une amende d'intérêt public dont le montant est plafonné par la loi, basé sur le chiffre d'affaires de la cible et déterminé par une négociation avec la personne morale ;

– la mise en œuvre, sous le contrôle de l'AFA, d'un programme de mise en conformité pendant trois ans au plus.

Contrairement à la décision d'une juridiction pénale prononçant une sanction, la CJIP n'emporte pas déclaration de culpabilité et n'a ni la nature ni les effets d'un jugement de condamnation.. Elle permet en outre à l'entreprise de ne pas être exclue des procédures de passation des marchés publics français.

La CJIP est applicable aux faits antérieurs à la loi du 9 décembre 2016.

Les lignes directrices du Parquet national financier et de l'AFA sur la mise en œuvre de la CJIP, en date du 26 juin 2019 *[V. supra]*, **présentent les intérêts de cette convention et les conditions dans lesquelles elle peut être négociée.**

Lorsque les faits de corruption revêtent une dimension internationale, les dirigeants de société peuvent envisager de dénoncer les faits, outre à la justice française, aux autorités judiciaires étrangères si elles sont compétentes pour en connaître *[par exemple, pour la politique de poursuite pénale du DOJ à l'occasion des opérations de fusion-acquisition, V. "A Resource Guide to the U.S. Foreign Corrupt Practices Act by the Criminal Division of the U.S. Department of Justice and the Enforcement Division of the U.S. Securities and Exchange Commission", daté de novembre 2012 et mis à jour en juillet 2020, p. 62]*. **Saisies des mêmes faits, ces autorités pourront, si elles le jugent opportun, coordonner la réponse pénale qu'elles entendent y apporter.**

Questionnaire AFA et pièces à fournir (juillet 2021),

Lors des contrôles des entités assujetties à l'article 17 de la loi nº 2016-1691 du 9 décembre 2016.

SOLUTION COMPLIANCE vº *Questionnaire AFA (tableur Excel).*

COMMENTAIRE

Le questionnaire élaboré par l'Agence française anticorruption a évolué. La précédente version, qui datait de novembre 2018 (V. ***C. compliance***, 1re éd.), a été remplacée par celle de juillet 2021. Il est public, pour répondre notamment aux contestations des premières entités contrôlées.

Le questionnaire est joint à l'avis de contrôle qui est notifié à l'entité contrôlée par courrier recommandé avec accusé de réception. Un bref délai (15 jours) est accordé pour répondre au questionnaire et transmettre les pièces sollicitées. Ce délai est rarement prorogé, au motif que le questionnaire est désormais public et que chaque entité peut anticiper un éventuel contrôle.

Le défaut total ou partiel de transmission, non justifié, constitue le délit d'entrave prévu à l'article 4 de la loi nº 2016-1691 du 9 décembre 2016.

Certaines questions posent difficulté et ont été contestées devant la commission des sanctions. On renverra à cet égard aux développements sous l'article 4 de la loi du 9 décembre 2016. ❑

(Fournir la ou les réponses demandées pour chaque question ou pièce demandée. Préciser pour chacune des réponses et pièces envoyées le numéro de la question à laquelle elle se rapporte. Si une question ne vous est pas applicable, en indiquer la raison.)

Remarques :

i. L'expression "entité contrôlée" désigne la société (ou l'EPIC) et l'ensemble des filiales ou sociétés qu'elle contrôle.

ii. Le terme "corruption" désigne les délits de corruption et de trafic d'influence.

iii. L'expression "contrôles de premier niveau" désigne les contrôles opérationnels et la surveillance permanente effectués par chaque collaborateur et sa hiérarchie dans le cadre naturel de leurs activités quotidiennes. Il s'agit de s'assurer, *a priori*, que les tâches inhérentes à un processus opérationnel ou support ont été effectuées conformément aux procédures édictées par l'entité contrôlée.

iv. L'expression "contrôles de deuxième niveau" désigne les contrôles réalisés *a posteriori*, à fréquence prédéfinie ou aléatoire, idéalement par des services non impliqués opérationnellement. Ces contrôles sont des contrôles de fond et de forme permettant de valider la conformité du processus aux procédures internes, de s'assurer de la bonne exécution des contrôles de premier niveau et du bon fonctionnement du dispositif mis en œuvre.

v. L'expression "contrôles de troisième niveau" désigne les contrôles assurés par l'audit interne et/ou externalisé qui conduit des missions d'investigation dans tout domaine afin d'offrir l'assurance raisonnable que le dispositif anticorruption est

conforme aux exigences réglementaires et internes, efficacement mis en œuvre et tenu à jour.

A Entité contrôlée

A.1. Préciser la dénomination légale et la raison sociale, ainsi que le nom commercial, s'il diffère, de l'entité contrôlée. Présenter les statuts et le K-BIS de l'entité contrôlée.

A.2. Préciser l'identité et les fonctions des membres de l'instance dirigeante de l'entité contrôlée, de la société mère comme des filiales. Présenter les organigrammes détaillés et nominatifs (groupe, métiers, divisions, pôles d'activité et filiales, y compris en participation) et tout document permettant de décrire la gouvernance générale de l'entité contrôlée (par exemple, sur le dernier exercice comptable, les rapports généraux, les rapports des comités de groupe, les conventions de service régissant les relations intragroupes, etc.).

A.3.

A.3.1 L'entité contrôlée fait-elle partie d'un groupe ? Si oui, quelle est l'entité tête de groupe ? L'entité contrôlée est-elle mère et/ou fille ?

A.3.2 Si l'entité contrôlée détient des filiales, préciser leur identité et leur adresse, en indiquant le pourcentage de détention (direct ou indirect).

A.3.3 Pour les filiales étrangères, préciser leur forme juridique.

A.5. Quels sont le chiffre d'affaires et le nombre de salariés de l'entité contrôlée à l'issue du dernier exercice connu ?

A.6. Le chiffre d'affaires et le nombre de salariés sont-ils consolidés ?

A.7. Présenter votre organisation à jour intégrant vos éventuels métiers, divisions, pôles d'activité et filiales.

A.8. Présenter les rapports d'activités des trois derniers exercices comptables de l'entité contrôlée et les rapports particuliers des trois derniers exercices (document de référence, rapport annuel *[de]* conformité, déclaration de performance extrafinancière et/ou rapports RSE dans l'hypothèse où ces derniers portent sur l'éthique et/ou la lutte contre la corruption, etc.).

A.9. Quels sont les principaux actionnaires (détenant au moins 25 % du capital) de l'entité contrôlée ? Préciser leur nom, statut juridique (personne morale ou personne physique), adresse, nationalité et pourcentage de détention.

A.10. Sur les relations commerciales de l'entité contrôlée, communiquer la liste :

A.10.1. des dix principaux clients en chiffres d'affaires, comprenant les clients étrangers, en précisant la part de ce chiffre d'affaires dans les ventes. Préciser également, s'ils sont établis à l'étranger (nom, pays d'immatriculation, adresse, montant des opérations réalisées (sur le dernier exercice clos), montant des opérations réalisées (sur le dernier exercice clos) et qualité du tiers (public ou privé).

A.10.2. des dix principaux fournisseurs de premier rang et intermédiaires en chiffre d'affaires, y compris ceux établis à l'étranger, en précisant la part de ce chiffre d'affaires dans les achats. Préciser également s'ils sont établis à l'étranger (nom, pays d'immatriculation, adresse, montant des opérations réalisées, montant des rémunérations versées (sur le dernier exercice clos) et qualité du tiers (public ou privé).

A.11. Quel pourcentage du chiffre d'affaires total de l'entité contrôlée est réalisé à l'étranger ? Présenter un tableau synthétisant, pour l'entité contrôlée y compris chacune de ses filiales, l'activité, le chiffre d'affaires total et le pourcentage réalisé à l'étranger. Concernant chaque filiale, réalisant une partie de son chiffre d'affaires à l'étranger, présenter le détail par pays en indiquant les montants en valeur, sur les trois derniers exercices.

A.13. L'entité contrôlée est-elle cotée ? Si oui, sur quel(s) marché(s) ?

A.15. Où sont localisés les principaux sites, établissements, succursales, bureaux de l'entité contrôlée (en France et à l'étranger) ?

A.16. L'entité contrôlée est-elle soumise à des réglementations spécifiques liées à son secteur d'activité (ex. : code de l'environnement, code de la santé publique, etc.) en France et/ou à l'étranger ? Présenter tout document faisant état d'une réglementation spécifique à l'entité contrôlée liée à sa forme juridique et/ou à son secteur d'activité et/ou son pays d'activité (par exemple, en lien avec les autorités de régulation sanitaire, environnementale, économique, etc.).

A.17. L'entité contrôlée a-t-elle fait l'objet de contrôles par des organismes chargés de faire appliquer ces réglementations au cours des trois dernières années ?

A.18. L'entité contrôlée a-t-elle soumissionné à des marchés publics français ou étrangers, au cours des trois dernières années ? Si oui, lesquels ? Présenter un tableau synthétique reprenant l'intitulé du marché public, la date, l'identité de l'acheteur, le montant du marché et l'attributaire et tout document décrivant les éventuelles procédures encadrant les marchés publics dans lesquelles l'entité contrôlée s'est inscrite.

A.19. L'entité contrôlée a-t-elle perçu des aides publiques ces trois dernières années (subventions, avances remboursables, garanties, prêts bonifiés, etc.), y compris en soutien à l'export ou à l'expansion de ses activités à l'international ? Si oui, préciser lesquelles et pour quels montants.

A.20. L'entité contrôlée a-t-elle perçu des fonds d'agences crédit-export dans le cadre de ses contrats à l'export ou pour l'expansion de ses activités à l'international au cours des trois dernières années ? Si oui, lesquelles et pour quel montant ?

A.23. L'entité contrôlée finance-t-elle des personnes morales à but non lucratif (association, fondation tierce ou créée par l'entité contrôlée), à travers, par exemple, des partenariats ou du mécénat ? Si oui, lesquelles et quel est le montant des financements accordés à chacune au cours des trois dernières années ? Pour les fondations créées par l'entité contrôlée, présenter la (ou les) procédure(s) interne(s) existante(s) encadrant leur fonctionnement.

A.25. Si l'entité contrôlée en dispose, présenter la (ou les) liste(s) des procédures internes existantes relatives au dispositif anticorruption.

A.26. L'entité contrôlée a-t-elle été confrontée à des incidents en France et/ou à l'étranger susceptibles d'être qualifiés de corruption ? Dans l'affirmative, quelles ont été les circonstances ayant conduit à la découverte de ces incidents et quelles mesures ont été prises ? Ces incidents ont-ils donné lieu à un dépôt de plainte ou une saisine de l'autorité de poursuite ? Dans cette hypothèse, à votre connaissance, quelles suites y ont été données ?

A.27. Dans le cadre de ses activités, l'entité contrôlée a-t-elle, au cours des trois dernières années, été partie à une transaction pénale en France/et ou à l'étranger ou sanctionnée pour des faits de corruption ?

B Présentation du service conformité ou tout autre responsable désigné

B.1.

B.1.1 Qui est responsable de la mise en œuvre du dispositif anticorruption au sein de l'entité contrôlée ?

B.1.2. Comment est garantie son indépendance (qui reposerait par exemple sur un lien direct avec l'instance dirigeante) et quel est son statut ?

B.1.3 Quels sont ses moyens financiers, matériels et humains pour l'élaboration, le suivi et les contrôles du dispositif anticorruption ?

B.2.

B.2.1. Présenter de manière générale le service en charge de la conformité (notamment la gouvernance, l'organigramme détaillé et nominatif avec les fiches de poste, l'organisation de la fonction conformité au niveau de l'entité contrôlée, la description des missions confiées).

B.2.2. Si l'entité contrôlée se compose de plusieurs groupes, métiers, divisions, pôles d'activité ou filiales, préciser pour chacun le positionnement du service en charge de la conformité (ou équivalent) de l'entité contrôlée (notamment positionnement du responsable de la conformité, des référents éventuels au sein des filiales ou activités).

B.3. Quel est le parcours universitaire et professionnel des collaborateurs du service en charge de la conformité (ou équivalent) ? Ont-ils suivi une formation initiale ou continue spécifique à la conformité anticorruption en interne ou en externe ?

B.4. Le service en charge de la conformité dispose-t-il d'une page intranet dédiée ? Présenter une capture d'écran du site intranet dédié à la conformité.

B.5. L'entité dispose-t-elle :

B.5.1 D'un ou plusieurs systèmes d'information ou outils dédiés à la conformité ? Si oui, lesquels ? Présenter le ou les guide(s) d'utilisation des systèmes d'information ou outils dédiés à la conformité.

B.5.2 D'une politique d'habilitation et de gestion des habilitations pour l'ensemble de ces systèmes d'information, dont les systèmes d'information dédiés à la conformité ?

B.7. Le service conformité a-t-il la charge de la réalisation de certains contrôles de 1er et 2e niveau relatifs au dispositif anticorruption ?

B.8. Présenter les différentes étapes du lancement et du déploiement du dispositif anticorruption au sein de l'entité contrôlée.

C Engagement de l'instance dirigeante

C.1. Quels sont les engagements personnels de l'instance dirigeante en faveur de l'éthique et de la conformité ? Comment ces engagements se matérialisent-ils (notamment approbation et suivi du dispositif anticorruption, préface et signature du code de conduite, communication sur l'engagement de l'instance dirigeante) ? Comment ces engagements sont-ils communiqués au sein de l'entité ?

C.2. Quel est le degré d'implication des organes non exécutifs (conseil d'administration ou équivalent) au sein du dispositif anticorruption ? Comment se manifeste cette implication (notamment par la participation à un ou plusieurs comités en lien avec le dispositif anticorruption et par la transmission d'indicateurs et de rapports de contrôle et d'audit) ?

C.4. Existe-t-il d'autres collaborateurs, équipes ou départements (RH, direction juridique, commerciale, achats, finances, etc.) intervenant dans la mise en œuvre opérationnelle du dispositif anticorruption ? Préciser leur rôle et leur positionnement.

C.5. Quels services sont responsables des contrôles de deuxième et troisième niveau du dispositif anticorruption au sein de l'entité contrôlée ? Quels sont leurs moyens financiers, matériels et humains ? Comment est garantie leur indépendance (qui reposerait par exemple sur un lien direct avec l'instance dirigeante) ? Présenter l'organigramme détaillé du ou de ces service(s).

C.6. La mise en œuvre du dispositif anticorruption est-elle déclinée à tous les niveaux de l'entité contrôlée (unités, divisions, départements, filiales, etc.) ? Si oui, comment ? Comment ce dispositif impacte-t-il le cas échéant les processus opérationnels (support et métier) ou certaines composantes de ceux-ci qui ne sont pas dans son champ direct (recrutement, objectifs des salariés et rémunération associée, gestion financière, dispositif commercial, achats, SI, etc.) ?

C.7. En particulier, les procédures ressources humaines de l'entité contrôlée (notamment concernant le recrutement, la rémunération – notamment variable, la gestion et le déroulement de carrière) intègrent-elles des mesures anticorruption ? Présenter les procédures.

C.10. Comment l'instance dirigeante s'assure-t-elle que le dispositif anticorruption de l'entité contrôlée est organisé, efficace et à jour ?

C.13. Le dispositif anticorruption de l'entité contrôlée est-il communiqué aux tiers ? Si oui, selon quelles modalités ? Dans l'affirmative, fournir une illustration.

C.14. Quels sont les documents publics destinés à faire connaître les engagements de l'entité contrôlée ? Présenter la charte éthique et/ou de déontologie, s'ils diffèrent du code de conduite, et tout document public destiné à faire connaître les engagements de l'entité contrôlée en matière de lutte contre la corruption.

C.15. Existe-t-il un partenariat avec des ONG engagées dans la lutte contre les atteintes à la probité ? Dans l'affirmative, présenter tout document en attestant.

C.16. L'entité contrôlée dispose-t-elle d'une certification de son dispositif anticorruption ?

C.17. Le dispositif anticorruption de l'entité contrôlée a-t-il été présenté à l'ensemble des collaborateurs ? Si oui, sous quelle forme ? Présenter tout document faisant état de supports de communication à destination des salariés de l'entité contrôlée (par exemple, communication relative au code de conduite, guide, site intranet, lettre d'information, etc.) en lien avec la prévention et la détection de faits de corruption.

C.18. Existe-t-il des indicateurs de mesure du dispositif anticorruption (de son existence, de sa qualité, de son déploiement, de son efficacité, etc.) au sein de l'entité contrôlée ? A qui sont-ils destinés ?

D Code de conduite

D. 1.

D. 1.1 Existe-t-il un code de conduite au sein de l'entité contrôlée ? Par qui a-t-il été élaboré et a-t-il fait l'objet d'une présentation à l'instance dirigeante ? Communiquer le ou les codes de conduite de l'entité contrôlée.

D. 1.2 Quelles sont leurs modalités de mise à jour ? Qui en assure le suivi ?

D. 2. Le code de conduite est-il intégré au règlement intérieur ? Présenter le ou les règlements intérieurs qui sont applicables à votre entité.

D. 6.

D. 6.1. Le code de conduite est-il accessible à l'ensemble du personnel ? Si oui, comment ?

D. 6.2. Le code de conduite a-t-il été traduit dans d'autres langues ?

D. 7. Par quelles modalités le code de conduite a-t-il été communiqué au sein de l'entité (notes internes, intranet, courriers aux salariés, contrat de travail des nouveaux collaborateurs, etc.) ?

D. 8. Le code de conduite de l'entité contrôlée s'inscrit-il dans un dispositif plus vaste (code éthique, code de déontologie, etc.) ? Si oui, lequel ? Présenter l'ensemble des documents du dispositif.

D. 9. Présenter l'ensemble des documents (procédures/guides/mode opératoire/communications, etc.) en lien avec la politique interne "Cadeaux et invitations" (offerts et reçus) de l'entité contrôlée et de ses filiales. Cette politique est-elle présentée dans le code de conduite ?

Présenter également les éventuels outils ou registres permettant l'enregistrement et le suivi des cadeaux et invitations.

D. 10. L'entité contrôlée dispose-t-elle de procédures particulières applicables aux conflits d'intérêts (définition, gestion, registre *ad hoc* le cas échéant, etc.), mécénat, sponsoring et aux activités politiques et de lobbying ? Si oui, présenter les procédures. Ces procédures sont-elles présentées dans le code de conduite ?

D. 11. Quelle est la procédure en matière de frais de déplacement et de représentation au sein de l'entité contrôlée ? Quels sont les contrôles associés ? Présenter les documents de procédures et de contrôles. Ces procédures sont-elles présentées dans le code de conduite ?

D. 12. Le code de conduite comporte-t-il d'autres procédures ou politiques annexes ? Les transmettre le cas échéant.

D. 13. Présenter la liste des représentants d'intérêts, des potentiels conflits d'intérêts remontés au cours de la dernière année écoulée et la liste des personnes politiquement exposées identifiées au sein de votre entité.

E Dispositif d'alerte interne

E.1. Existe-t-il un ou des dispositifs d'alerte interne au sein de l'entité contrôlée ? Si oui, depuis quand et sur quel périmètre ? Présenter tout document (guide, notes, supports, etc.) relatif au dispositif d'alerte interne, portant notamment sur le recueil et le traitement des alertes (en particulier modalités et suites des enquêtes internes). Le dispositif d'alerte interne est-il disponible dans plusieurs langues ? Si oui, lesquelles ?

E.2. Qui est chargé de recueillir et de traiter les alertes ? Présenter tout document définissant les rôles et responsabilités des personnes en charge du dispositif. Lorsque l'entité contrôlée dispose d'un comité de traitement des alertes, présenter le mode de fonctionnement de ce comité.

E.3. Présenter les différents canaux de recueil des alertes (voie hiérarchique, adresse électronique ou physique, SI dédié, etc.). Préciser leur architecture, leur articulation et leurs caractéristiques techniques.

E.5. Ces alertes sont-elles archivées ? Si oui, selon quelles modalités ? Qui en est garant ?

E.6. Combien de fois ce dispositif d'alerte a-t-il été actionné ? Comment se répartissent les alertes par catégories (alertes RH, alertes environnementales, alertes éthiques, etc.) ? Pour les alertes éthiques, préciser le nombre et la nature d'incidents potentiellement contraires au code de conduite au cours des trois dernières années (exemple : incident relatif à des faits susceptibles d'être qualifiés de corruption).

E.7. Quelles sont les garanties existantes permettant la stricte confidentialité de l'identité du collaborateur ayant actionné le dispositif d'alerte et des personnes mises en cause ? L'anonymat des alertes est-il permis ?

E.8. Comment est assurée la protection de l'auteur de l'alerte (notamment l'absence de représailles, discrimination ou sanctions disciplinaires) ?

E.9. Existe-il un circuit identifié permettant à l'auteur de l'alerte de fournir, le cas échéant, les informations ou documents complémentaires à l'appui de son signalement ?

E.10. Existe-t-il une procédure spécifique en matière d'enquête interne ? Si oui, la transmettre. Cette procédure prévoit-elle la réalisation d'une enquête pour déterminer la réalité des faits ? Si oui, par qui et comment ?

E.11. L'entité contrôlée a-t-elle déjà diligenté une enquête suite à la réception d'une alerte ?

E.12. Existe-t-il un dispositif informant l'auteur de l'alerte de sa bonne réception puis de sa recevabilité ? Existe-t-il un dispositif permettant d'informer l'auteur de l'alerte et le cas échéant, les personnes visées, du traitement de l'alerte ?

E.13. En l'absence de suite donnée à l'alerte, quelles sont les dispositions prises pour détruire les éléments du dossier permettant d'identifier l'auteur et les personnes visées par celle-ci ?

E.14. Quelles sont les modalités de contrôle du dispositif (contrôles de deuxième niveau et/ou audit interne) ? Qui contrôle l'efficacité de ce dispositif ?

E.15.

E.15.1 Ce dispositif a-t-il fait l'objet d'une communication vis-à-vis de ses bénéficiaires ? Si oui, selon quelles modalités ?

E.15.2 Les personnes participant à sa mise en œuvre y ont-elles été formées ? Si oui, selon quelles modalités ?

E.16. Existe-t-il un suivi statistique périodique (trimestriel, semestriel, annuel ou autre) du traitement des alertes ? Par qui est-il réalisé et à destination de qui ?

E.17. Les tiers de l'entité contrôlée ont-ils accès au dispositif d'alerte ? Si oui, décrire les tiers concernés et les modalités d'accès.

E.18. La protection légale de l'auteur de l'alerte a-t-elle fait l'objet d'une communication interne et externe le cas échéant ?

E.19. Des délais de traitement des alertes ont-ils été définis ?

F Cartographie des risques de corruption

F.1. Existe-t-il une ou des cartographies des risques de corruption (le cas échéant intégrées à une autre cartographie des risques) ? Si oui,

F.1.1 Comment leur périmètre a-t-il été déterminé ?

F.1.2. Ont-elles fait l'objet d'une validation ou d'une présentation à l'instance dirigeante ?

F.1.3 Présenter la méthodologie retenue pour leur élaboration et transmettre les principaux documents préparatoires et intermédiaires ayant jalonné sa conception.

F.1.4 Transmettre la ou les cartographies des risques de corruption en vigueur.

F.3.

F.3.1 Au sein de l'entité contrôlée, qui est responsable de l'élaboration de la ou des cartographie(s) des risques de corruption ? Présenter tout document définissant les rôles et responsabilités des collaborateurs en charges ou en appui méthodologique de l'élaboration de la cartographie des risques de corruption.

F.3.2 Comment ont été ou sont associés les collaborateurs de l'entité contrôlée à la création et/ou à la mise à jour de la cartographie des risques de corruption ? Préciser la méthode d'identification de ceux-ci et leur positionnement hiérarchique ou leurs fonctions.

F.4.

F.4.1 Comment sont identifiés les risques de corruption au sein de l'entité contrôlée ? Le cas échéant, préciser si des particularités inhérentes à l'organisation interne de l'entité contrôlée (groupe, métiers, divisions, pôles d'activité *ou* filiales) ont été prises en compte.

F.4.2 Présenter la méthodologie spécifique à l'identification des risques de corruption (notamment par l'analyse documentée de l'ensemble des processus et activités de l'entité et la réalisation d'entretiens avec les managers et les opérationnels).

F.4.3 Transmettre l'ensemble des éléments matérialisant la phase d'identification des risques.

F.6. Comment est construite la méthode de calcul des risques ?

F.6.1. Présenter la méthode de calcul des risques bruts, ainsi que la ou les échelles de cotations retenues.

F.6.2. Présenter la méthode retenue permettant de prendre en compte le dispositif de maîtrise de risque, ainsi que la ou les échelles de cotations retenues.

F.6.3 Présenter la méthode de calcul du risque net, ainsi que la ou les échelles de cotations retenues.

F.7. Préciser de quelle manière la hiérarchisation des risques de corruption a été établie et le cas échéant les fonctions qui s'en chargent.

F.9. Les résultats de la cartographie des risques de corruption sont-ils communiqués (ou partagés) au sein de l'entité contrôlée ? Par quels moyens et au travers de quel support ? Transmettre les éléments attestant de cette communication.

F.10. Quelles sont les modalités de mise à jour *[de]* la cartographie des risques de corruption (répartition des rôles et responsabilités, méthode, fréquence, communication interne) ?

F.12. Les documents ayant permis l'élaboration et la mise à jour de la cartographie des risques de corruption sont-ils conservés ? Si oui, présenter leur liste et leur durée de conservation ?

F.13. L'entité a-t-elle mis en place des plans d'action à la suite des résultats obtenus lors de l'exercice de cartographie des risques ? Si oui, communiquer ces plans d'action.

F.13.1. Par qui et comment sont élaborés puis validés les plans d'action ?

F.13.2. Des responsables sont-ils nommés pour la mise en œuvre et/ou le suivi de ces plans d'action ?

F.13.3 Existe-t-il un suivi des plans d'action validés ? Si oui, par qui et comment est-il effectué ?

G Évaluation de l'intégrité des tiers : clients, fournisseurs de premier rang, intermédiaires

G.1. Disposez-vous d'une ou plusieurs bases de données recensant l'ensemble de vos tiers ?

Avez-vous identifié des groupes homogènes de tiers présentant un profil de risque comparable ? Si oui, comment et quel est leur niveau ? En particulier, la cartographie des risques de corruption de l'entité contrôlée a-t-elle été utilisée ? Si oui, comment ?

G.2. Au sein de l'entité contrôlée, existe-t-il un dispositif d'évaluation des tiers spécifique ou intégrant les risques de corruption ? Ce dispositif d'évaluation des tiers est-il décliné par groupes homogènes de tiers présentant un profil de risque comparable ? Si oui, quelles sont les typologies retenues par l'entité contrôlée ?

Présenter tout document relatif au dispositif d'évaluation des tiers au regard des risques de corruption de l'entité contrôlée.

G.4. Indiquer les fonctions ou services en charge de l'évaluation de l'intégrité des tiers suivant les différentes typologies. Est-il fait appel à un prestataire externe pour évaluer ces tiers ? Présenter tout document définissant les rôles et responsabilités des collaborateurs en charge ou en appui de l'évaluation des tiers.

G.5. Le dispositif d'évaluation de l'intégrité des tiers est-il décliné au sein de l'entité contrôlée (notamment au sein des groupes, métiers, divisions, pôles d'activité ou filiales) ? Si oui, comment ?

Existe-t-il des dispositifs différents au sein de certains groupes, métiers, divisions, pôles d'activité ou filiales ?

G.6. Comment les diligences à accomplir (modalité, fréquence, nature des diligences, etc.) par groupe homogène de tiers ont-elles été définies ? Présenter tout document décrivant les diligences à accomplir par groupe homogène de tiers.

G.7. Quelles sont les diligences effectuées en fonction des risques identifiés (notamment par recours à des données en sources ouvertes, des documents demandés aux tiers, par la consultation de listes internes et externes, par des entretiens, par des audits, etc.) ? Suite aux diligences réalisées, une notation du risque spécifique ou détourée du risque global est-elle réalisée ?

G.8. Quel est le processus de validation (avis, consultation, décision) à l'issue de l'évaluation des tiers ?

G.9. Quelles sont les modalités de mise à jour et de suivi des dossiers d'évaluation des tiers (notamment leurs fréquences définies en fonction de la nature et du niveau de risque, le service responsable de la mise à jour et de son suivi) ?

G.10. Comment sont traités les dossiers non conformes (par exemple : dossiers ou questionnaires incomplets, échéance de mise à jour dépassée) ? Présenter tout document relatif au traitement des dossiers non conformes.

G.11. Existe-t-il des processus de dérogation au dispositif d'évaluation des tiers (portant le cas échéant sur des opérations ou projets particuliers, une catégorie de tiers spécifiques, un niveau de seuil défini, etc.) ? Si oui, lesquels et selon quels critères ?

G.12. Préciser les modalités et les délais de conservation et d'archivage des dossiers d'évaluation des tiers.

G.13. Qui est en charge du contrôle de premier niveau ? Présenter la méthode du contrôle permettant de s'assurer du respect de la procédure d'évaluation des tiers et de l'exhaustivité des dossiers (notamment pièces demandées, avis et visas obligatoires).

G.14. Qui est en charge du contrôle de deuxième niveau ? Présenter la méthode du contrôle permettant de s'assurer de la bonne exécution des contrôles de premier niveau et du bon fonctionnement du dispositif d'évaluation des tiers.

G.15. Existe-t-il un contrôle de troisième niveau pour s'assurer que le dispositif d'évaluation des tiers est conforme aux exigences réglementaires et internes et qu'il est efficacement mis en œuvre et tenu à jour ? Si oui, par qui est-il réalisé ?

G.16. Le dispositif d'évaluation des tiers s'adosse-t-il à un ou plusieurs systèmes d'information ? Si oui, lesquels ? Présenter tout document relatif à ce ou ces systèmes d'information.

G.17. Quelles sont les mesures de vigilance, spécifiques aux risques identifiés, prises, le cas échéant, à l'issue de l'évaluation, destinées à maîtriser les risques pendant la relation avec le tiers à risque (notamment procédures et fréquences de mises à jour adaptées, contrôles ciblés, suivi des flux financiers) ?

G.20. Existe-t-il une ou des procédures(s) d'évaluation spécifiques à d'autres types de tiers (bénéficiaires d'actions de mécénat ou de partenariat, cibles d'acquisition, lobbyistes, partenaires commerciaux, etc.), le cas échéant à travers des audits ou des contrôles comptables particuliers ?

G.21. Dans l'hypothèse où l'entité contrôlée a décidé de communiquer sur son engagement anticorruption auprès de ses tiers, comment cette communication se matérialise-t-elle (notamment clauses contractuelles, communication externe) ? Présenter tout document témoignant de la communication de cet engagement.

H Procédures comptables

H.1. Présenter l'organisation de la fonction comptable par groupe, métier, division, pôle d'activité ou filiale. Présenter les organigrammes détaillés des services en charge des contrôles comptables. Si certains de ces services sont situés à l'étranger, les présenter également.

H.3. Quel(s) système(s) d'information comptable(s) et outils sont utilisés par l'entité contrôlée et ses filiales (notamment pour l'enregistrement, les contrôles) ? La traçabilité des opérations (connexion, modification, suppression et sauvegarde, notamment) est-elle assurée ? Le système d'information est-il utilisé par l'ensemble des composantes de l'entité contrôlée ?

Les systèmes d'information comptable permettent-ils de distinguer les écritures manuelles des écritures générées automatiquement ? Si oui, quels contrôles sont spécifiquement mis en place concernant les écritures manuelles ?

Comment la sécurité des systèmes d'information est-elle assurée ?

H.5. Existe-t-il des procédures spécifiques de facturation, de paiement, de comptabilisation des opérations et toute autre procédure permettant d'assurer la régularité, la sincérité et la fidélité des opérations comptables ? Si oui, les communiquer.

Présenter les rapports sur les comptes annuels, consolidés et spéciaux, des commissaires aux comptes pour les trois derniers exercices.

H.6. Au regard des situations à risque mises en évidence dans la cartographie des risques de corruption, existe-t-il des contrôles comptables anticorruption de premier niveau, parmi les contrôles généraux, par approfondissement ou en complément de ceux-ci, permettant de s'assurer du respect des procédures comptables édictées par l'entité contrôlée (contrôle de certaines opérations, habilitations, etc.) et de la conformité de certaines opérations à risque ? Si oui, par qui sont-ils réalisés et selon quelles modalités ?

H.7. Au regard des situations à risque mises en évidence dans la cartographie des risques de corruption, existe-t-il des contrôles comptables anticorruption de deuxième niveau, parmi les contrôles généraux, par approfondissement ou en complément de ceux-ci, permettant de s'assurer de la bonne exécution des contrôles comptables anticorruption de premier niveau, ainsi que le cas échéant de la conformité de certaines opérations à risque (portant le cas échéant sur des flux atypiques, des opérations exceptionnelles ou à enjeux, des tiers ou des comptes à risque, etc.) ? Si oui, par qui sont-ils réalisés et selon quelles modalités ?

H.8. Au regard des situations à risque mises en évidence dans la cartographie des risques de corruption, existe-t-il des contrôles comptables anticorruption de troisième niveau, parmi les contrôles généraux, par approfondissement ou en complément de ceux-ci, permettant de s'assurer notamment de la conformité et de l'efficacité du dispositif de contrôle comptable anticorruption ? Si oui, par qui sont-ils réalisés et selon quelles modalités ?

H.12. Quel type d'anomalies (relatives par exemple aux écritures manuelles, aux amortissements, à la petite caisse, etc.) pouvez-vous détecter par vos contrôles comptables en place ? Lors de leur survenance comment et par qui sont-elles traitées ?

H.14. Avez-vous mandaté votre ou vos commissaires aux comptes ou autre cabinet externe pour effectuer des vérifications anticorruption spécifiques ?

I Formation

I.1. Au sein de l'entité contrôlée, quel service est en charge de la formation ?

I.2. Une ou plusieurs formations anticorruption ont-elles été organisées à l'attention des cadres et personnels les plus exposés au sein de l'entité contrôlée ? Si oui, selon quel calendrier ? Communiquer les supports de formation.

I.3. Qui élabore ces dispositifs de formation spécifiques au dispositif anticorruption ? Le service en charge de la conformité a-t-il été associé à la réalisation de ces dispositifs de formation ? Présenter le plan de formation déployé au sein de l'entité contrôlée.

I.4. Le dispositif de formation anticorruption (modalités d'identification des personnels les plus exposés bénéficiaires de la formation, contenu de la formation, etc.) a-t-il été établi au regard de la cartographie de risques de corruption ? Indiquer les catégories de personnels identifiées (direction, service, etc.).

I.5. Quels moyens et outils de formation sont utilisés pour déployer le dispositif de formation anticorruption (en présentiel, e-learning, etc.) ? Quels sont les modalités et outils techniques de suivi (liste d'émargement, courriels de confirmation, etc.) ? Communiquer quelques exemples.

I.6. Existe-t-il un parcours de formation anticorruption au sein *[de]* l'entité contrôlée (ex. : à l'arrivée d'un nouveau collaborateur, lors d'une mutation, etc.) ? Si oui, lequel ?

I.9. Le dispositif de formation anticorruption est-il assorti d'un contrôle des connaissances ? Si oui, sous quelle forme, à quelle fréquence et selon quelles modalités (exemple QCM) ? Présenter tout document témoignant de la réalisation du contrôle de connaissances.

I.10. Présenter tous les rapports ou indicateurs de suivi du dispositif de formation anticorruption (évolution, nombre et taux de participants) établis au cours des trois derniers exercices clos.

I.12. Qui est en charge du contrôle de deuxième niveau sur le dispositif de formation anticorruption ? Présenter la méthode du contrôle permettant de s'assurer du bon fonctionnement du dispositif de formation.

I.13. Existe-t-il un contrôle de troisième niveau permettant de s'assurer que le dispositif de formation anticorruption est conforme aux exigences réglementaires et internes et est efficacement mis en œuvre et tenu à jour ? Si oui, par qui est-il réalisé ?

I.14. Quelles sont les modalités de mise à jour du dispositif de formation anticorruption ?

I.15. Existe-t-il un dispositif de formation/sensibilisation anticorruption destiné à l'ensemble des collaborateurs ? Le cas échéant, présenter tout support de formation.

J Régime disciplinaire

J.1. Existe-t-il un ou plusieurs régimes disciplinaires pour l'entité contrôlée ? Si oui, sous quelles formes ? Présenter le ou les documents.

J.2. Le régime disciplinaire général ou spécifique de l'entité contrôlée intègre-t-il des sanctions disciplinaires pour violation du code de conduite ? Si oui, sous quelle forme ? Présenter le ou les documents.

J.3. Quelles sont les modalités de diffusion du régime disciplinaire ? Est-il intégré aux règlements intérieurs applicables ?

J.4. Existe-t-il un registre des sanctions disciplinaires ?

J.5. Au sein de l'entité contrôlée, quel comité, équipe ou service est en charge de la gestion du régime disciplinaire ? Présenter ses membres, leurs fonctions et leur rôle.

J.6. Des incidents contraires au code de conduite ont-ils été recensés ? Si oui, les décrire.

Des sanctions ont-elles été prononcées au cours des trois dernières années ? Si oui, lesquelles ?

Préciser les différentes étapes du traitement de l'incident jusqu'à la sanction.

J.7. Des sanctions relatives à des violations du code de conduite ont-elles été prononcées au cours des trois dernières années ? Si oui, lesquelles ? Préciser les différentes étapes du traitement de l'incident jusqu'à la sanction.

J.8. L'entité contrôlée a-t-elle ou prévoit-elle de communiquer auprès des collaborateurs les incidents ayant donné lieu à des sanctions ? Si oui, selon quelles modalités ?

J.9. Quelles sont les modalités de mise à jour du régime disciplinaire et de ses sanctions ? Qui en assure le suivi ?

K Dispositif de contrôle et d'évaluation interne du dispositif anticorruption

K.1. Qui est en charge du contrôle de deuxième niveau ? Présenter le plan de contrôle de deuxième niveau spécifique au dispositif anticorruption du dernier exercice clos, de l'exercice en cours et de celui à venir ainsi que les résultats associés.

K.3. Présenter les modalités de mise en œuvre de ces contrôles de deuxième niveau (critères d'échantillonnage, périmètre, responsables, fréquence, plans d'action et communication des résultats). Si ces éléments ont été formalisés, transmettre les documents.

K.4. Qui est en charge du contrôle de troisième niveau (audit interne et/ou externalisé) ? Existe-t-il des contrôles de troisième niveau spécifiques au dispositif anticorruption ? Présenter le plan de contrôle de troisième niveau du dernier exercice clos, de l'exercice en cours et de celui à venir (en cas d'exercice triennal merci de fournir les plans de contrôles correspondants) ainsi que les résultats de ces contrôles.

K.5. Présenter le service d'audit interne (ou équivalent) au sein de l'entité contrôlée, en précisant :

K.5.1 par une présentation générale, sa gouvernance, un organigramme détaillé et nominatif, son organisation au niveau de l'entité contrôlée et en indiquant la description des missions confiées ;

K.5.2 son positionnement et son rattachement hiérarchique.

K.8. Quels sont ses moyens financiers, matériels et humains ? Présenter tout document relatif au budget et ressources spécifiquement alloués au service d'audit interne ou à un/des cabinet(s) d'audit externe responsable des contrôles de troisième niveau.

K.9. Quel est le parcours professionnel des collaborateurs du service d'audit interne (ou équivalent) ? Ont-ils été formés à la conformité anticorruption ?

K.10. Comment et par qui est établi le plan de contrôle de troisième niveau ? Sur quelle base est-il établi ? Fait-il l'objet d'une procédure de validation ? Si oui, par qui ? (Présenter tout document participant à la création du plan de contrôle anticorruption et tout élément permettant de montrer qu'une validation du plan de contrôle de troisième niveau a été effectuée).

K.11. Comment et par qui sont réalisées les missions d'audit ? Présenter les procédures de mise en œuvre de ces contrôles de troisième niveau (critères d'échantillonnage, périmètre, responsables, fréquence, plans d'action et communication des résultats). Préciser si la méthodologie est différente pour les audits anticorruption spécifiques.

K.12. Qui assure le suivi des recommandations et des plans d'action des audits réalisés ? Selon quelles modalités ?

K.13. Les rapports d'audit sont-ils communiqués aux instances dirigeantes et au service en charge de la conformité le cas échéant ? Si oui, sous quels délais et selon quelles modalités ?

K.14. Ces rapports et leurs pièces justificatives sont-ils conservés ? Si oui, selon quelles modalités ? Préciser la durée de conservation, la localisation, le ou les responsables de leur archivage.

K.15. Existe-t-il des indicateurs de mesure (tableaux de bord) au sein de l'entité contrôlée intégrant des informations sur le suivi et les résultats des contrôles anticorruption de deuxième et troisième niveau. Si oui, qui a la charge de les réaliser et quelles sont leurs modalités de transmission aux organes de direction (notamment

au comité des risques, au comité éthique, au comité exécutif, au conseil d'administration) ?

K.16. Préciser sur quels outils/progiciels sont effectués et suivis les contrôles de deuxième et de troisième niveau.

K.17. L'entité contrôlée a-t-elle fait ou fait-elle l'objet d'audits externes sur son dispositif de conformité (notamment par des autorités de contrôle ou des cabinets externes) ?

Guide pratique AFA (novembre 2021),

Sur la prévention des conflits d'intérêts dans l'entreprise.

BIBL. ▶ NDLR, *BRDA 2022, nº 1, p. 23* (prévenir et gérer les conflits d'intérêts dans l'entreprise).

Avant-propos

La convention des Nations unies contre la corruption du 31 octobre 2003, dite de "Merida", rappelle l'importance pour chaque État partie d'adopter des mesures impliquant le secteur privé afin de prévenir le phénomène corruptif, parmi lesquelles, « la promotion de l'élaboration de normes et procédures visant à préserver l'intégrité des entités privées concernées, y compris de codes de conduite pour que les entreprises et toutes les professions concernées exercent leurs activités de manière correcte, honorable et adéquate, pour prévenir les conflits d'intérêts *[...]* **»** *[UNODC, Conv. des Nations unies contre la corruption, 31 oct. 2003, art. 12]*.

A cet égard, les activités d'appui et de contrôle de l'Agence française anticorruption (AFA) mettent en exergue le besoin de sensibiliser les instances dirigeantes *[Recomm. AFA, § 93 à § 95, supra]* **des entreprises (entreprises publiques et privées, établissements publics industriels et commerciaux, ci-après dans le Guide « les organisations »), qu'elles soient assujetties ou non aux obligations prévues au II de l'article 17 de la loi Sapin 2** *[L. nº 2016-1691 du 9 déc. 2016 relative à la transparence, à la lutte contre la corruption et à la modernisation de la vie économique, supra]*, **à la nécessité de maîtriser les liens d'intérêts qui, s'ils sont inhérents à la vie de toute organisation, peuvent entrer en conflit et favoriser la commission d'infractions relevant du champ de compétence de l'Agence** *[tel qu'il est défini dans les Recomm. AFA, § 2, supra]*.

A ce titre, le guide traite des conflits d'intérêts sous l'angle du risque de corruption *[dans la suite de ce guide, le terme général de « corruption », couvre l'ensemble des atteintes à la probité telles qu'elles sont définies dans les Recomm. AFA, § 2 et § 3. Le guide traite également de certaines infractions qui en constituent souvent les prémices (abus de bien social, abus de confiance, etc.) ou les conséquences (recel, blanchiment) conformément au § 88 des mêmes recommandations]*. **Aussi n'y sont, par exemple, pas abordés les conflits d'intérêts relatifs à la protection de la clientèle et des investisseurs dont la prévention et la gestion sont déjà prévues par des dispositions législatives et règlementaires spécifiques tant à l'échelon européen qu'à l'échelon national.**

La prévention et la gestion des risques de corruption impliquent pour une organisation d'identifier les situations susceptibles de l'exposer à des conséquences juridiques, humaines, économiques et financières préjudiciables. Dans ce contexte, l'exercice de la cartographie constitue, comme le soulignent les recommandations de l'AFA, la pierre angulaire de tout dispositif anticorruption et doit porter une attention particulière aux risques résultant des « liens d'intérêts » des dirigeants et collaborateurs de l'organisation *[dans le cadre de ce guide, le terme de « collaborateur » recouvre les catégories suivantes : les salariés, agents publics employés dans des services publics industriels et commerciaux, apprentis, stagiaires, et collaborateurs occasionnels]*. **Cette vigilance doit la conduire, en fonction des risques identifiés, à définir une procédure de gestion des conflits d'intérêts, à laquelle son code de conduite anticorruption peut utilement renvoyer** *[Recomm. AFA, § 173, supra]*.

Différentes mesures de prévention et de détection des situations à risques peuvent être mises en œuvre afin de se prémunir des conséquences négatives de potentiels

conflits d'intérêts, dont les premières victimes sont les organisations. En cas de conflit d'intérêts avéré, il est recommandé de mettre en œuvre des mesures de remédiation proportionnées à la gravité du risque induit par la situation en cause. Ces mesures doivent tenir compte du respect des droits fondamentaux des personnes visées, notamment du droit au respect de la vie privée. Pragmatique, ce guide vise à accompagner les organisations, leurs administrateurs, leurs dirigeants et collaborateurs, ainsi que les professionnels de la conformité dans l'appréhension de la problématique des conflits d'intérêts au regard du risque de corruption (I), dans l'identification des situations à risques (II) et dans la définition de mesures permettant de les prévenir et de les gérer (III).

A l'instar des recommandations de l'AFA sur lesquelles il s'appuie, le présent guide ne revêt aucun caractère contraignant et ne crée pas d'obligation juridique.

I Appréhender les conflits d'intérêts au regard du risque de corruption

1 *Définition des conflits d'intérêts dans l'entreprise*

Ni la loi ni la jurisprudence ne définissent le conflit d'intérêts dans le secteur privé. Les seules définitions juridiques existantes concernent le secteur public.

La loi n° 2013-907 du 11 octobre 2013 relative à la transparence de la vie publique définit le conflit d'intérêts comme « toute situation d'interférence entre un intérêt public et des intérêts publics ou privés qui est de nature à influencer ou paraître influencer l'exercice indépendant, impartial et objectif d'une fonction » (article 2, I°).

A l'identique, l'Organisation de coopération et de développement économique (OCDE) précise qu'un conflit d'intérêts « implique un conflit entre la mission publique et les intérêts privés d'un agent public, dans lequel l'agent public possède à titre privé des intérêts qui pourraient influencer indûment la façon dont il s'acquitte de ses obligations et de ses responsabilités » *[Recomm. du Conseil de l'OCDE sur les lignes directrices pour la gestion des conflits d'intérêts dans le service public, 28 mai 2003, p. 4]*.

Dans le secteur public, d'où procède historiquement la notion, les conflits d'intérêts sont associés au devoir de probité des agents qui doivent faire prévaloir l'intérêt public sur leurs intérêts personnels afin d'exercer leur fonction avec indépendance, impartialité, objectivité *[HATVP, Guide déontologique II du 1er févr. 2021, p. 17]*.

En revanche, aucun texte juridique ne définit le conflit entre intérêts privés *[des définitions ont toutefois été proposées par différents organismes dans le cadre de leurs productions et travaux respectifs (Service central de prévention de la corruption, Rapport 2010, p. 203, Transparency international, Guide pratique des conflits d'intérêts en entreprise du 5 mai 2018, p. 6, réponse à la question n° 700 par l'Institut français des administrateurs.)]*. Or, les conflits d'intérêts entre personnes privées étant tout aussi susceptibles d'exposer à un risque de corruption l'activité d'une organisation, il convient de ne pas restreindre l'approche aux seules relations faisant intervenir des intérêts publics.

L'existence d'un intérêt personnel...

Il est dès lors pertinent de considérer que constitue un conflit d'intérêts toute situation d'interférence entre la fonction exercée au sein d'une organisation et un intérêt personnel, de sorte que cette interférence influe ou paraisse influer l'exercice indépendant, impartial et objectif de la fonction pour le compte de cette organisation.

Encadré n° 1 *Exemples de conflits d'intérêts.*

→ Constitue un conflit d'intérêts le fait, pour un individu chargé de pourvoir un poste de travail au sein d'une organisation, d'avoir un lien personnel (de parenté, par exemple, auquel cas on parlera de risque de « népotisme ») avec un candidat à ce poste.

→ Constitue un conflit d'intérêts le fait, pour un administrateur, un dirigeant ou un collaborateur de l'organisation, d'intervenir ou d'agir pour qu'elle fasse l'acquisition de biens ou services fournis par une entité tierce au sein de laquelle l'un de ses proches exerce des responsabilités susceptibles d'influencer le déroulement du contrat en cause.

Chaque individu est lié par différents intérêts de nature très hétérogène, économiques, politiques, syndicaux, associatifs, familiaux, amicaux, etc. L'intérêt peut être direct ou indirect, c'est-à-dire concerner l'individu ou l'un de ses proches *[la notion de « proches » peut faire l'objet d'acceptions variables, selon la législation applicable et le contexte culturel et doit donc être interprétée de manière circonstanciée et proportionnée]*. Ainsi, la temporalité constitue également un critère d'appréciation du conflit d'intérêts, l'intérêt pouvant être présent, passé ou futur.

Encadré n° 2 *Exemples de liens passés.*

→ Les mandataires judiciaires ne peuvent exercer leurs fonctions auprès d'une personne physique ou morale dont ils ont perçu, directement ou indirectement, au cours des cinq dernières années une rétribution ou un paiement (article L. 812-2 du code de commerce).

→ Les commissaires aux comptes ne peuvent exercer de fonctions de direction ou d'administration des personnes ou entités qu'ils ont contrôlées moins de trois ans avant la cessation de leurs fonctions (article L. 822-12 du code de commerce).

... dont l'interférence avec la fonction exercée au sein de l'organisation...

L'existence d'intérêts personnels n'est pas incompatible, en tant que telle, avec la recherche de l'intérêt de l'organisation. Ce n'est qu'en cas d'interférence, avérée ou apparente, entre ces intérêts que naissent le conflit d'intérêts et le risque pour la personne concernée de faire prévaloir ses intérêts personnels sur celui de l'organisation.

Encadré n° 3 *Définitions.*

→ Un conflit d'intérêts est avéré lorsqu'un collaborateur, un dirigeant ou un administrateur, se trouve dans une situation dans laquelle son intérêt personnel interfère avec celui de l'organisation qui l'emploie ou pour laquelle il exerce un mandat. A noter que l'apparence de conflit d'intérêts est suffisante pour en caractériser l'existence dans la mesure où il n'appartient pas à la personne concernée d'apprécier sa capacité à juger de façon impartiale, objective et indépendante une situation la concernant *[selon la HATVP (Guide déontologique II), « il suffit que l'interférence puisse faire naître un doute raisonnable sur l'exercice indépendant, impartial et objectif de la fonction pour qu'un risque de conflit d'intérêts soit identifié [...] l'appréciation subjective que porte [la personne concernée] sur ses intérêts et sur ses capacités à exercer sa fonction de manière adéquate ne rentre pas en ligne de compte pour écarter une situation de conflit d'intérêts »]*.

→ Le conflit d'intérêts est potentiel si le collaborateur, le dirigeant ou l'administrateur est susceptible de se retrouver, par son action ou celle d'un tiers, dans la situation décrite précédemment en raison de ses liens d'intérêts.

Exemple : constitue un conflit d'intérêts potentiel, le fait pour un dirigeant ou un collaborateur de la fonction achat d'une organisation, d'avoir un lien d'intérêts personnel avec le responsable commercial d'une entreprise susceptible de répondre à un appel d'offres lancé par l'organisation. Ce conflit d'intérêts devient avéré lorsque l'entreprise décide de répondre à l'appel d'offres.

... est de nature à influer ou paraître influer l'exercice impartial, objectif et indépendant de la fonction pour le compte de cette organisation.

L'interférence doit être suffisamment significative pour influencer ou paraître influencer la personne en charge de défendre les intérêts de l'organisation.

Pour se prémunir efficacement du risque, la prévention des conflits d'intérêts ne doit pas se limiter aux conflits d'intérêts avérés mais doit être étendue aux conflits d'intérêts apparents, ces derniers pouvant également nuire à l'image de l'organisation et à la confiance qu'elle inspire.

2 *Pourquoi prévenir et gérer les conflits d'intérêts dans le cadre d'un programme de conformité anticorruption ?*

La gestion des conflits d'intérêts ne constitue pas l'une des mesures définies au II de l'article 17 de la loi Sapin 2. Pour autant, il est recommandé de prévenir ce risque dès lors que le conflit d'intérêts peut constituer les prémices d'une infraction de corruption.

La prise en compte de la problématique des conflits d'intérêts dans un programme de conformité anticorruption permet de mieux appréhender les risques de corruption auxquels l'organisation peut être exposée et leurs conséquences juridiques, économiques, financières et réputationnelles. L'absence de gestion du risque de conflit d'intérêts peut en effet déboucher sur des poursuites judiciaires en cas d'infraction pénale constituée, ou sur la perte de confiance des partenaires, des investisseurs et des collaborateurs de l'organisation.

Répression pénale d'atteintes à la probité nées de conflits d'intérêts des dirigeants et collaborateurs.

Si l'existence d'une situation de conflit d'intérêts dans le secteur privé ne constitue pas en tant que telle une infraction, elle peut éventuellement y conduire et caractériser certains des éléments constitutifs d'infractions pénales susceptibles d'être reprochées aux organisations, à leurs dirigeants ou à leurs collaborateurs.

Le juge pénal sanctionne ainsi, de cinq ans d'emprisonnement et 500 000 € d'amende pouvant être portés au double du produit tiré de l'infraction, le délit de corruption privée sous sa forme passive *[C. pén., art. 445-2 ; V. supra]*, qui vise le fait pour une personne chargée de défendre un intérêt privé, de proposer ou d'accepter d'accomplir ou de s'abstenir d'accomplir un acte de sa fonction en échange d'un avantage personnel quelconque. La personne fait ainsi prévaloir son intérêt personnel au détriment de l'intérêt privé qu'elle a la charge de défendre.

Encadré n° 4 *Corruption privée passive.*

Exemple tiré de l'arrêt de la Cour d'appel de Nîmes du 28 février 2019, n° 17/00649

M. X, dirigeant salarié d'un groupe de courtage en assurances A, est notamment chargé de mettre en relation assurés et experts lors d'un sinistre.

Il exerce par ailleurs une activité similaire de mise en relation pour son propre compte, par l'intermédiaire d'une holding H, en agissant comme apporteur d'affaires de la société d'expertise B, dirigée par M. Y.

82 % du CA de la société d'expertise B est réalisé grâce à des affaires apportées par M. X. De son côté, la holding H n'a pour seul client que la société d'expertise B.

M. Y procède à des remises en espèces à M. X en règlement des commissions d'apporteur d'affaires facturées à la société B par la holding H, afin de s'assurer de la désignation de la société B en qualité d'expert par la société A pour les sinistres déclarés par les assurés. M. Y soustrait de la société B les espèces destinées au règlement des commissions de M. X par l'établissement de fausses factures relatives à des prestations fictives.

M. X est en situation de conflit d'intérêts entre ses obligations de dirigeant salarié de la société de courtage A et son intérêt en tant que dirigeant et bénéficiaire effectif de la holding H.

En raison de ce système de corruption caractérisé par le paiement de commissions « occultes », M. X a été déclaré coupable de corruption privée passive et M. Y de corruption privée active et abus de biens sociaux.

Il en va de même pour les délits de corruption publique et de trafic d'influence, sous leur forme passive *[C. pén., art. 432-11]*, lorsque l'auteur, « chargé d'une mission de service public », est une entreprise ou l'un de ses dirigeants ou de ses collaborateurs. Dans ce cas, la personne fait prévaloir son intérêt personnel au détriment de l'intérêt public qu'elle a la charge de défendre. Ces délits sont punis de dix ans d'emprisonnement et un million d'euros d'amende.

Encadré n° 5 *Corruption publique passive.*

Exemple tiré de l'arrêt de la chambre criminelle de la Cour de cassation, le 29 juin 2011, nº 10-86.771

Un contremaître au sein d'une agence EDF fait bénéficier plusieurs personnes de la réalisation de branchements clandestins au réseau de distribution électrique à l'aide de matériel appartenant à EDF et sollicite en échange une somme d'argent allant de 500 € à 1000 € par branchement. En agissant ainsi, l'agent EDF fait prévaloir son intérêt personnel sur l'intérêt public qu'il est chargé de défendre.

Il est déclaré coupable de corruption passive publique, la Cour estimant que devait être considérée comme étant investie d'une mission de service public la personne chargée « d'accomplir des actes ayant pour but de satisfaire l'intérêt général, peu important qu'[elle] ne disposât d'aucun pouvoir de décision ».

Répression pénale de conflits d'intérêts dans le secteur public en relation avec le secteur privé.

Les éléments constitutifs de certains manquements à la probité visant des acteurs publics (ou des personnes privées chargées d'une mission de service public) correspondent à des situations de conflit d'intérêts. Ces infractions, ne sont pas sans lien avec le secteur privé.

Ainsi, le délit de prise illégale d'intérêts *[C. pén., art. 432-12 ; V. supra]* sanctionne le fait, pour une personne dépositaire de l'autorité publique, chargée d'une mission de service public ou investie d'un mandat électif public, de prendre, recevoir ou conserver, directement ou indirectement, un intérêt quelconque dans une entreprise ou dans une opération dont elle a, au moment de l'acte, en tout ou partie, la charge d'assurer la surveillance, l'administration, la liquidation ou le paiement. Ce délit est puni de cinq ans d'emprisonnement et d'une amende de 500 000 € dont le montant peut être porté au double du produit tiré de l'infraction.

Ce comportement est apprécié de manière extensive par la jurisprudence *[Crim. 9 mars 2005, nº 04-83.615 ; Crim. 14 déc. 2005, nº 05-83-898 ; Crim. 22 oct. 2008, nº 08-82.068]* afin de sanctionner le plus largement possible l'absence de prise en compte volontaire ou par négligence d'une situation de conflit d'intérêts.

En témoignent :

→ l'extension du champ d'application de l'infraction aux personnes du secteur privé qui participent à l'exercice d'une mission de service public ;

→ la définition souple de ses éléments constitutifs matériels et intentionnels ;

→ la portée donnée à la notion d'intérêt quelconque qui vise tout intérêt matériel ou moral ainsi que tout intérêt direct ou indirect.

Encadré n° 6 *Prise illégale d'intérêts.*

Exemple tiré de l'arrêt de la chambre criminelle de la Cour de cassation, le 21 novembre 2001, nº 00-87.532

Un membre du conseil d'administration d'un port autonome, établissement public à caractère industriel et commercial auquel a été confiée une mission d'intérêt général, est également actionnaire et gérant de fait d'une société de transport maritime, le plaçant dans une situation de conflit d'intérêts potentiel.

Ce conflit est avéré lorsqu'il participe à un vote du conseil d'administration visant à la remise gracieuse des redevances impayées par cette société.

A ce titre, il est condamné pour prise illégale d'intérêts, la Cour estimant l'intention coupable caractérisée par la participation au vote.

Le délit de pantouflage *[C. pén., art. 432-13]* vise également à appréhender les situations de conflit d'intérêts dans lesquelles peuvent se trouver les fonctionnaires ou les agents contractuels qui quittent la fonction publique pour rejoindre le secteur privé. Ce délit est sanctionné de trois ans d'emprisonnement et d'une amende de 200 000 € dont le montant peut être porté au double du produit tiré de l'infraction.

Est ainsi sanctionné le fait, par une personne ayant été chargée, en tant que fonctionnaire public, agent ou préposé d'une administration publique, à raison de sa fonction, soit d'assurer la surveillance ou le contrôle d'une entreprise privée, soit de conclure des contrats de toute nature avec une entreprise privée, soit d'exprimer son avis sur les opérations effectuées par une entreprise privée, de prendre ou de recevoir une participation par travail, conseil ou capitaux dans l'une de ces entreprises avant l'expiration d'un délai de trois ans suivant la cessation de cette fonction.

Est également sanctionnée toute participation par travail, conseil ou capitaux, dans une entreprise privée qui possède au moins 30 % de capital commun ou a conclu un contrat comportant une exclusivité de droit ou de fait avec l'une des entreprises mentionnées ci-dessus.

Encadré n° 7 *Pantouflage.*

Exemple tiré de l'arrêt rendu par la chambre criminelle de la Cour de cassation, le 22 octobre 2014, nº 13-86.783

Se rend coupable du délit de pantouflage l'ancien fonctionnaire d'une préfecture qui, moins de trois ans après avoir quitté cette fonction, rejoint une société mandataire et interlocutrice habituelle d'une collectivité dont il était en charge de contrôler la légalité des projets et actes d'urbanisme se plaçant ainsi dans une situation de conflit d'intérêts avéré. La cour précise à cette occasion que le délit de pantouflage peut être caractérisé lorsqu'un ancien fonctionnaire rejoint une société d'économie mixte moins de trois ans après avoir quitté ses fonctions dans le secteur public.

Enfin, si le conflit d'intérêts n'est pas un élément constitutif du délit d'octroi d'avantage injustifié *[C. pén., art. 432-14 ; V. supra]* (connu sous le nom de délit de favoritisme), il peut en être la cause et expliquer l'intention de l'auteur. En effet, une personne dépositaire de l'autorité publique, chargée d'une mission de service public ou investie d'un mandat électif peut chercher pour satisfaire un intérêt quelconque, « à procurer ou tenter de procurer à autrui un avantage injustifié par un acte contraire aux dispositions législatives ou réglementaires ayant pour objet de garantir la liberté d'accès et l'égalité des candidats dans les marchés publics et les délégations de service public ». Ce délit est puni de deux ans d'emprisonnement et de 300 000 € d'amende.

Encadré n° 8 *Favoritisme.*

Exemple tiré de l'arrêt rendu par la chambre criminelle de la Cour de cassation, le 4 mars 2020, nº 19-83.446

Durant plusieurs années, la société Bygmalion, dont le fondateur est un ancien membre de la direction de la société France Télévision, a bénéficié de contrats de prestations de services (veille internet, accompagnement stratégique du groupe France Télévision, etc.) accordés par la société France Télévision sans que n'ait lieu de procédure préalable de mise en concurrence, pourtant obligatoire, pour un total de 1 486 760 €.

Le dirigeant de la société France Télévision, société privée chargée d'une mission de service public, a été déclaré coupable de favoritisme en première instance. Le fondateur de la société Bygmalion a lui été reconnu coupable de recel de favoritisme et prise illégale d'intérêts.

Les deux dirigeants se trouvaient en situation de conflit d'intérêts, les premières commandes entre les deux sociétés ayant été passées peu de temps après que le fondateur de Bygmalion ait quitté France Télévision.

Conséquences pénales pour l'entreprise de la répression de conflits d'intérêts dans le secteur public.

Si les délits de prise illégale d'intérêts, de pantouflage et, dans certains cas, de favoritisme décrits précédemment correspondent bien à des situations de conflit d'intérêts dans le secteur public (ou dans une entreprise chargée d'une mission de service public), ces derniers ne visent pas *a priori* les entreprises, leurs dirigeants ou leurs collaborateurs. Cependant, il convient de noter que ces personnes peuvent être poursuivies des chefs de recel *[C. pén., art. 321-1]* **ou de blanchiment** *[C. pén., art. 324-1 ; V. supra]* **de ces délits, qui sont chacun punis de cinq ans d'emprisonnement et 375 000 € d'amende, mais aussi de complicité** *[C. pén., art. 121-7]* **de ces délits. Notons que le complice est susceptible d'être puni des mêmes peines que l'auteur de l'infraction** *[C. pén., art. 121-6]*.

Encadré n° 9 *Recel de prise illégale d'intérêts.*

Exemple tiré de l'arrêt de la chambre criminelle de la Cour de cassation, le 5 avril 2018, n° 17-81.912

Il ressort de cet arrêt que Mme B, maire d'une commune, a participé à la cession d'un terrain communal en vue de la construction d'un éco-quartier à une société dont le dirigeant était un ami de longue date et son partenaire de golf.

Mme B a participé à toutes les étapes du processus de décision : elle a présidé le jury formé pour désigner le cessionnaire du terrain, participé à la délibération du conseil municipal désignant le bénéficiaire du contrat de cession, signé personnellement l'acte de vente du terrain, participé à la délibération du conseil municipal engageant la commune à garantir financièrement la société. Elle a également participé à la délibération du conseil municipal autorisant la signature d'un avenant à l'acte de vente du terrain, supprimant la condition résolutoire obligeant la société à verser une caution d'un montant de 500 000 € visant à garantir l'achèvement des travaux de démolition et de construction.

Les juges du fond ont décidé de poursuivre Mme B du chef de prise illégale d'intérêts et son ami dirigeant de société, du chef de recel de ce délit. La maire a été déclarée coupable de ce délit aux motifs :

→ qu'elle avait pris un intérêt dans l'opération en contractant avec un ami de longue date.

Aux termes de l'article 432-12 du code pénal, cet intérêt peut être de nature matérielle ou morale, direct ou indirect. Il s'agit d'un intérêt « quelconque » qui n'a pas à être d'un « niveau suffisant ». Il ne suppose pas une contrepartie financière et il n'exige pas d'être en contradiction avec l'intérêt du service public en cause. Une simple relation amicale suffit. Ce point de droit a été confirmé en cassation.

→ qu'elle avait participé à l'opération de cession du terrain communal en ayant parfaitement conscience de la relation d'amitié qu'elle avait avec le cessionnaire. Son ami, dirigeant de la société, bénéficiaire de cette opération a, lui, été condamné du chef de recel de prise illégale d'intérêts.

Encadré n° 10 *Complicité de trafic d'influence.*

Exemple tiré de l'arrêt rendu par la chambre criminelle de la Cour de cassation, le 8 janvier 1998, n° 97-80.885

La ville de X a engagé une procédure de passation d'un marché public portant sur des travaux d'aménagement de son port. Une filiale du groupe Y se porte candidate à ce marché. Son dirigeant et son responsable commercial versent des sommes à un intermédiaire qui les reverse au premier adjoint au maire afin qu'il use de son influence au sein de la commission des marchés publics pour favoriser la société candidate. La filiale de Y remporte finalement le marché.

Le dirigeant et le responsable commercial ont été déclarés coupables de complicité de trafic d'influence.

Enfin, le juge pénal sanctionne également des infractions économiques et financières ne relevant pas de la catégorie des manquements à la probité mais qui peuvent en constituer les prémices et dont les éléments constitutifs correspondent à des situations de conflit d'intérêts, comme les délits d'abus de biens sociaux *[C. com., art. L. 241-3, 4° et 5° pour les SARL et art. L. 242-6, 3° et 4° pour les SA ; V. supra]* **ou d'abus de confiance** *[C. pén., art. 314-1]*.

II Identifier les situations de conflit d'intérêts

1 *Cartographier les situations à risques*

Il est conseillé d'identifier les situations de conflit d'intérêts pouvant avoir des répercussions sur l'activité de l'organisation, puis d'élaborer une politique de prévention des conflits d'intérêts adaptée aux besoins et spécificités de celle-ci (secteur d'activité, structure, gouvernance, etc.).

Encadré n° 11 *Norme ISO 37001.*

La norme ISO 37001 - Systèmes de management anticorruption recommande d'identifier le « risque de conflits d'intérêts internes et externes » afin d'aider l'organisme à « identifier les situations dans lesquelles le personnel pourrait faciliter ou ne pas parvenir à prévenir ou à rapporter un cas de corruption, par exemple :

***a)* si le dirigeant commercial de l'organisme fait partie de la famille du responsable des achats d'un client ; ou**

***b)* si un cadre hiérarchique de l'organisme exerce un intérêt financier personnel dans des activités d'un concurrent. »**

A noter que la certification ISO 37001 n'entraîne pas de présomption de conformité du dispositif de prévention et de détection de la corruption lors d'un contrôle de l'AFA. Elle témoigne néanmoins d'un engagement clair de l'instance dirigeante en matière de conformité anticorruption. La norme insiste sur la nécessité d'identifier les risques de conflits d'intérêts dans le cadre de la mise en place d'un « système de management anticorruption ».

L'identification des situations de conflit d'intérêts n'est pas un exercice aisé dans la mesure où tous les dirigeants et collaborateurs ont des liens d'intérêts et qu'il n'est pas possible d'anticiper, de manière systématique, les cas dans lesquels ces derniers vont entrer en conflit avec ceux de l'organisation. Par conséquent, le recensement des risques de conflit d'intérêts ne saurait prétendre à l'exhaustivité.

Il convient dès lors dans une démarche proportionnée, d'identifier les dirigeants et les collaborateurs exposés au risque de conflit d'intérêts. Il s'agit des personnes qui, dans le cadre de leurs fonctions, ont la capacité de prendre des décisions créant pour l'organisation des obligations à l'égard de tiers, ou des personnes susceptibles d'avoir une influence notable sur ces décisions, et dont les conflits d'intérêts potentiels pourraient porter atteinte aux intérêts de l'organisation en raison de leur nature et de leur importance.

L'identification des situations de conflit d'intérêts nécessite de porter une attention particulière aux :

Processus sensibles.

Il s'agit d'identifier les processus pour lesquels l'existence d'un conflit d'intérêts porterait atteinte aux intérêts de l'organisation. Parmi les processus sensibles, figurent notamment les achats, les ventes, les affaires publiques, les financements (apports, emprunts, subventions, etc.), les investissements, l'établissement des états financiers et la gestion des ressources humaines (recrutement, rémunération, etc.).

Fonctions sensibles.

Il s'agit de déterminer les fonctions sensibles au sein de l'organisation puis de rechercher comment les personnes en charge de ces fonctions pourraient favoriser leurs intérêts personnels au détriment de l'intérêt de l'organisation *[étant précisé que depuis la L. n° 2019-486 du 22 mai 2019 l'intérêt de l'entreprise doit prendre en compte les enjeux sociaux et environnementaux (C. civ., art. 1833 ; V. v° Devoir de vigilance et droits humains) et qu'une attention particulière doit être portée à définir l'intérêt de l'entreprise au sein des groupes de sociétés où l'intérêt des filiales ne coïncide pas toujours avec celui de la société mère]*.

Opérations sensibles.

Certaines opérations inhérentes à la vie d'une organisation (prospection, recherche de nouveaux marchés, opérations avec le secteur public, croissance externe, etc.) augmentent la probabilité d'exposition au risque de corruption. La prévention des situations de conflit d'intérêts qui peuvent émerger à l'occasion de ces opérations est susceptible de réduire le risque de corruption.

Encadré n° 12 *Les conflits d'intérêts dans le contexte d'un développement à l'international.*

L'accès à de nouveaux marchés, notamment à l'international, peut inciter une organisation à avoir recours aux services d'intermédiaires, souvent implantés localement, susceptibles d'aider à accéder à ces marchés. Dans ce cas, le risque de conflit d'intérêts est le plus souvent constitué par les liens entretenus par l'intermédiaire en cause avec les autorités publiques locales. Il est recommandé qu'un tel risque soit appréhendé dans le cadre de la cartographie des risques de corruption d'une part, de l'évaluation de l'intégrité des tiers, d'autre part.

En droit pénal français, un tel comportement lorsqu'il est volontaire peut d'ailleurs caractériser l'infraction de trafic d'influence. A ce titre, l'organisation doit être attentive aux conflits d'intérêts que peut faire naître l'intermédiaire chez un tiers, *a fortiori* lorsque ce tiers est un agent public.

Afin de formaliser cette phase d'identification, l'organisation peut dresser une cartographie spécifique, ou si elle est assujettie au II de l'article 17 de la loi Sapin 2, identifier les risques liés à l'existence de conflits d'intérêts lors de l'élaboration ou de l'actualisation de sa cartographie des risques de corruption. Cet exercice peut également s'intégrer dans une cartographie plus large comme une cartographie des risques opérationnels. L'identification des situations à risques permet d'apprécier de manière objective et collégiale les possibles conflits d'intérêts et de les gérer le cas échéant. Au titre des bonnes pratiques, l'organisation peut tenir un registre des situations de conflit d'intérêts récurrentes, élaboré à partir des déclarations volontaires de conflits d'intérêts ou de liens d'intérêts. Ce registre pourra se révéler utile lors de l'actualisation de la cartographie des risques de corruption.

2 *Exemples de situations à risques*

Les situations de conflit d'intérêts peuvent concerner les collaborateurs mais également les dirigeants et mandataires sociaux ainsi que les tiers (apporteurs d'affaires, commissaires aux comptes, avocats, etc.).

Exemples de situation à risques impliquant un collaborateur.

→ Exemple 1

Une situation de conflits d'intérêts...

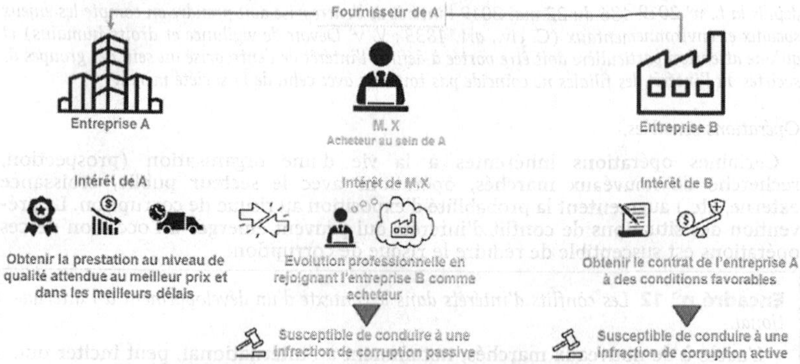

... susceptible de conduire à la commission d'une infraction de corruption

M. X accorde le marché à l'entreprise B alors que cette entreprise ne propose pas la meilleure prestation du point de vue de l'intérêt de l'entreprise A. En contrepartie, l'entreprise B a laissé entendre à M. X qu'elle pourrait l'embaucher à des conditions salariales avantageuses.

M. X a fait primer son intérêt personnel sur celui de son entreprise et au détriment de la mission qu'il doit exécuter dans le cadre de sa fonction actuelle : acheter la meilleure prestation au meilleur prix dans les meilleurs délais pour l'entreprise A.

Cette situation de conflit d'intérêts est susceptible d'être qualifiée par le juge d'infraction de corruption privée. En effet, l'article 445-1 du code pénal incrimine la corruption active de personnes n'exerçant pas de fonction publique tandis que l'article 445-2 du code pénal incrimine la corruption passive de personnes n'exerçant pas de fonction publique.

→ Exemple 2

Une situation de conflits d'intérêts...

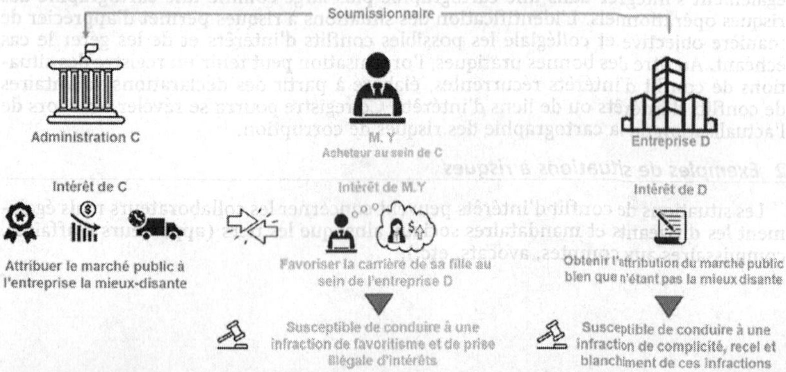

... susceptible de conduire à la commission d'une infraction de favoritisme ou de prise illégale d'intérêts

Au cours de ses fonctions d'acheteur public au sein de l'Administration C, M. Y a délivré à l'entreprise D, qui emploie sa fille, directrice commerciale et titulaire d'une

délégation de signature, une information confidentielle sur les conditions d'attribution d'un marché public qui lui a permis de le remporter. Cette situation de conflit d'intérêts est susceptible d'être qualifiée de favoritisme et de prise illégale d'intérêts, l'entreprise pouvant être poursuivie des chefs de recel et de blanchiment de ces infractions. Même en l'absence d'échange à ce sujet entre M. Y et sa fille, la seule existence de ce lien de parenté constitue un conflit d'intérêts apparent de nature à nuire à la réputation de l'entreprise.

Exemple de situation à risques impliquant un mandataire social.

Une situation de conflits d'intérêts...

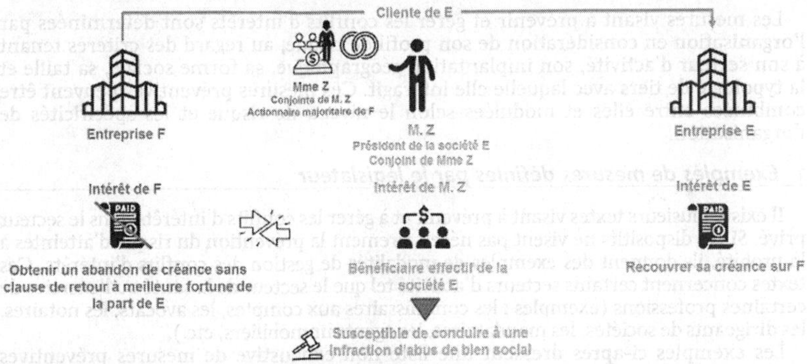

... susceptible de conduire à la commission d'une infraction d'abus de bien social

M. Z est Président du conseil d'administration de la société anonyme E. La société F, cliente de la société E, souhaite obtenir un abandon de créance sans contrepartie. Or M. Z est marié à Madame Z, actionnaire majoritaire de la société F. Dans l'hypothèse d'une intervention de M. Z, le fait de priver la société E de recouvrer les sommes qui lui sont dues, sans contrepartie, est contraire à l'intérêt social de la société E et conduirait M. Z à faire primer ses intérêts personnels au détriment de l'objet de son mandat social. Cette situation de conflit d'intérêts pourrait alors conduire à un abus de bien social.

Exemple de situation à risques impliquant un tiers à l'organisation.

Une situation de conflits d'intérêts...

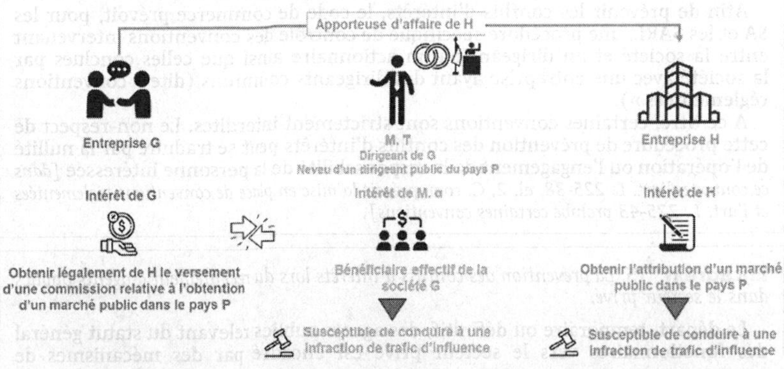

... susceptible de conduire à la commission d'une infraction de trafic d'influence

M.α est dirigeant de la société G, apporteuse d'affaires pour le compte de la société H dans le pays P. La société H demande à M. T, neveu d'un dirigeant public du pays P, d'utiliser ses relations personnelles afin que la société H remporte un marché public dans le pays P. Cette situation de conflit d'intérêts, que la démarche de la société H a fait naître pour le dirigeant public du pays P en faisant appel à la société G comme apporteuse d'affaires, est susceptible d'être qualifiée par le juge de trafic d'influence.

III Prévenir et gérer les conflits d'intérêts

Les mesures visant à prévenir et gérer les conflits d'intérêts sont déterminées par l'organisation en considération de son profil de risque, au regard des critères tenant à son secteur d'activité, son implantation géographique, sa forme sociale, sa taille et la typologie de tiers avec laquelle elle interagit. Ces mesures préventives peuvent être combinées entre elles et modulées selon le niveau de risque et les spécificités de l'organisation.

1 *Exemples de mesures définies par le législateur*

Il existe plusieurs textes visant à prévenir et à gérer les conflits d'intérêts dans le secteur privé. Si ces dispositifs ne visent pas nécessairement la prévention du risque d'atteintes à la probité, ils donnent des exemples de modalités de gestion des conflits d'intérêts. Ces textes concernent certains secteurs d'activité tel que le secteur de la santé ou l'exercice de certaines professions (exemples : les commissaires aux comptes, les avocats, les notaires, les dirigeants de sociétés, les mandataires, les agents immobiliers, etc.).

Les exemples ci-après dressent une liste non-exhaustive de mesures préventives définies par le législateur.

Encadré n° 13 *La prévention des conflits d'intérêts dans le secteur pharmaceutique.*

L'article 2 de la loi n° 2011-2012 du 29 décembre 2011 relative au renforcement de la sécurité sanitaire du médicament et des produits de santé impose ainsi aux laboratoires pharmaceutiques de « rendre publique l'existence des conventions » passées avec les différents acteurs du système de santé.

Cette loi interdit également aux experts de se trouver en conflit avec des membres de leur famille *[CSP, art. L. 1452-2]*.

Encadré n° 14 *La prévention des conflits d'intérêts dans certaines sociétés du code de commerce.*

Afin de prévenir les conflits d'intérêts, le code de commerce prévoit, pour les SA et les SARL, une procédure spécifique de contrôle des conventions intervenant entre la société et un dirigeant ou un actionnaire ainsi que celles conclues par la société avec une entreprise ayant des dirigeants communs (dite « conventions réglementées »).

A ce titre, certaines conventions sont strictement interdites. Le non-respect de cette procédure de prévention des conflits d'intérêts peut se traduire par la nullité de l'opération ou l'engagement de la responsabilité de la personne intéressée *[dans ce contexte, l'art. L. 225-38, al. 2, C. com. prévoit la mise en place de conventions réglementées et l'art. L. 225-43 prohibe certaines conventions]*.

Encadré n° 15 *La prévention des conflits d'intérêts lors du recrutement d'agents publics dans le secteur privé.*

Le départ, temporaire ou définitif, des agents publics relevant du statut général des fonctionnaires vers le secteur privé est encadré par des mécanismes de contrôle, modifiés par la loi n° 2019-828 du 6 août 2019 de transformation de la fonction publique, permettant de vérifier la compatibilité de cette activité lucrative, salariée ou non, dans une entreprise privée ou un organisme de droit privé ou de toute activité libérale avec les précédentes fonctions exercées au cours des trois dernières années.

Pour la très grande majorité de ces agents publics, ce contrôle déontologique des mobilités entre les secteurs public et privé relève du supérieur hiérarchique. C'est également lui qui prend la décision quant à la faisabilité du projet de l'agent public (reconversion professionnelle). En cas de doute sur le projet en cause, le supérieur hiérarchique peut saisir le référent déontologue et si le doute persiste la Haute autorité pour la transparence de la vie publique (HATVP).

Pour certains agents des trois fonctions publiques (État, territoriale et hospitalière), occupant un emploi dont le niveau hiérarchique ou la nature des fonctions le justifient, ce contrôle déontologique est assuré par la HATVP, qu'ils doivent directement saisir.

Lors du contrôle exercé tant par le supérieur hiérarchique que par la HATVP *[pour plus de précisions sur les contrôles réalisés, cf. HATVP, Guide déontologique II du 1er févr. 2021]*, il est examiné si la reconversion de l'agent dans le secteur privé n'est pas de nature à :

→ compromettre ou mettre en cause le fonctionnement normal, l'indépendance ou la neutralité de son ancienne administration ;

→ méconnaître les principes de dignité, impartialité, intégrité et probité de ses précédentes fonctions ;

→ placer l'intéressé en situation de commettre l'infraction de prise illégale d'intérêts ou celle de pantouflage.

2 *Définir et formaliser une politique intégrée au processus*

Après l'étape de cartographie décrite dans la partie précédente, la mise en place d'un dispositif de prévention et de gestion des conflits d'intérêts repose sur la définition d'une politique formalisée, articulée avec les autres politiques concourant à la maîtrise de ce risque, comme la politique cadeaux et invitations, et intégrée aux processus de l'organisation.

Définir et formaliser la politique de prévention et de gestion des conflits d'intérêts.

L'instance dirigeante manifeste sa volonté de prévenir et, s'ils existent, de maîtriser les conflits d'intérêts et s'assure de l'élaboration d'une politique de prévention et de gestion des conflits efficace.

Les grands principes de cette politique peuvent être énoncés dans le code de conduite anticorruption de l'organisation puis détaillés dans une procédure dédiée (ou tout autre document pertinent pour les organisations qui ne sont pas soumises aux obligations prévues au II de l'article 17 de la loi Sapin 2).

L'opposabilité aux collaborateurs des règles relatives à la gestion des conflits d'intérêts tient au fait qu'elles sont incluses dans le code de conduite anticorruption, lui-même intégré au règlement intérieur *[Soc. 5 mai 2021, n° 19-25.699 : les règles de conduite doivent avoir été intégrées au règlement intérieur pour être opposables aux salariés et permettre de les sanctionner sur ce fondement, étant précisé que la Circ. DGT n° 2008-22 du 19 nov. 2008 relative aux chartes éthiques, dispositifs d'alerte professionnelle et au règlement intérieur précise que les politiques et procédures concernant les conflits d'intérêts peuvent être intégrées au règlement intérieur même en l'absence d'obligation légale]*, y compris pour les organisations non assujetties au II de l'article 17 de la loi Sapin 2.

L'instance dirigeante veille à ce que cette politique fasse l'objet d'une diffusion adéquate auprès des collaborateurs (par exemple, au moment de l'embauche ou lors des actions de sensibilisation et de formation).

Définir et mettre en œuvre une politique relative aux cadeaux et invitations [Guide pratique AFA « La politique cadeaux et invitations dans les entreprises, les EPIC, les associations et les fondations » ; V. supra].

L'octroi ou l'acceptation d'un cadeau, d'une invitation ou d'un avantage peut constituer un conflit d'intérêts.

Afin de prévenir le risque de conflit d'intérêts, l'organisation définit une politique énonçant des règles claires visant à renforcer la transparence et la traçabilité des cadeaux et invitations reçus ou offerts (exemple : mise en place d'un système d'autorisation ou d'un registre dédié).

Prendre en compte le risque de conflit d'intérêts dans les processus de l'organisation.

→ Des mesures visant à prévenir les conflits d'intérêts peuvent être intégrées aux processus sensibles tels que les achats, les ventes, la croissance externe, l'établissement des états financiers, les affaires publiques et réglementaires, la gestion des ressources humaines (recrutement, rémunération variable, etc.).

A titre d'exemple, l'organisation peut mettre en place une procédure permettant aux collaborateurs de déclarer, à l'occasion du recrutement, d'une nomination ou d'un changement de poste, les éventuels conflits d'intérêts ou de consulter un référent, sur le modèle de ce qui existe dans le secteur public.

Ces déclarations peuvent être consignées dans un registre des conflits d'intérêts en s'assurant toutefois de l'application du cadre légal et règlementaire relatif au respect de la vie privée et à la protection des données personnelles. La protection de la vie privée limite la portée de la déclaration préalable tandis que la protection des données personnelles nécessite de s'assurer de la conformité au RGPD *[Règl. (UE) 2016/679 du Parlement européen et du Conseil du 27 avr. 2016 relatif à la protection des personnes physiques à l'égard du traitement des données à caractère personnel et à la libre circulation de ces données, et abrogeant la directive 95/46/CE (règlement général sur la protection des données)]* **et à la loi n° 78-17 du 6 janvier 1978 dite « Informatique et Libertés »** *[V. ces textes au **C. données personnelles**]*.

→ L'incompatibilité des conflits d'intérêts avec la fonction exercée peut faire l'objet d'une clause spécifique dans le contrat de travail. Afin d'être opposable, cette clause doit être suffisamment précise quant à la définition des liens interdits.

→ L'organisation peut également mettre en place des procédures de rotation des collaborateurs sur les fonctions qu'elle a identifiées comme sensibles et assurer la séparation physique et organisationnelle de la prise de décision (principe de séparation des tâches, visa renforcé, etc.).

Encadré n° 16 *Mesures spécifiques aux administrateurs et dirigeants : les recommandations de l'institut français des administrateurs (IFA) [IFA, Charte de l'administrateur, 2015 ; Comment identifier les conflits d'intérêts entre l'administrateur et sa société ? ; IFA, Note de synthèse de la commission de déontologie, « Administrateurs et conflits d'intérêts », Nov. 2010].*

L'Institut Français des Administrateurs a identifié, dans une note établie par sa commission de déontologie en novembre 2010, neuf mesures visant à prévenir et à gérer les conflits d'intérêts d'une part, et à rendre compte au conseil d'administration en cas de conflit d'intérêts, d'autre part.

L'IFA définit le conflit d'intérêts comme « toute situation dans laquelle un dirigeant social, exerçant ses droits et pouvoirs, doit choisir entre la satisfaction de l'intérêt de la société et la satisfaction d'un intérêt personnel opposé à l'intérêt social ».

L'IFA encourage les sociétés à se doter de règles de bonne gouvernance en complément des dispositifs législatifs et réglementaires.

Parmi les bonnes pratiques relevées, figurent :

→ l'identification et la déclaration par l'administrateur des situations de conflit d'intérêts dans lesquelles il pourrait se trouver, pendant toute la durée de son mandat ;

→ le devoir de vigilance des administrateurs vis-à-vis des situations de conflit d'intérêts qui ne seraient pas révélées par leurs collègues ;

→ l'examen annuel de la situation de chacun des administrateurs.

En cas de conflit d'intérêts avéré, la Charte de l'administrateur de l'IFA préconise d'informer le conseil et de s'abstenir de participer aux débats ainsi qu'à toute décision sur les matières concernées.

Si l'obligation d'information procède du devoir de loyauté, cette obligation doit être décrite dans le règlement intérieur de la société ou dans la charte du conseil d'administration.

L'IFA préconise également d'établir une « déclaration d'intérêts sur l'honneur » dès le moment du processus de sélection de l'administrateur ou lors de la prise de fonction, renouvelée chaque année. Elle « suppose la prise en compte des différentes situations pouvant être sources de conflits d'intérêts et non pas constituer une simple confirmation négative à caractère général ».

L'IFA recommande également de désigner une personne chargée de recueillir les déclarations et de gérer les situations de conflit d'intérêts, notamment en appréciant si l'acte qui tend à satisfaire des intérêts personnels procure à l'intéressé un avantage et cause un préjudice à la société.

Cette mission peut être confiée à un « administrateur référent ». La nomination d'un administrateur référent constitue, selon l'Autorité des Marchés Financiers (AMF), « une des modalités intéressantes de prévention d'éventuels conflits d'intérêts et déséquilibres au sein du conseil, tout particulièrement en cas de cumul des fonctions de *[sic]*

3 *Détecter les situations de conflits d'intérêts*

Au-delà de la définition d'une politique formalisée de prévention et de gestion des conflits d'intérêts, l'organisation se donne les moyens de détecter les situations à risques en instaurant un climat favorable à la révélation de ces dernières. Pour ce faire, elle donne les clés aux collaborateurs au moyen d'actions de sensibilisation et de formation mais aussi de ressources et d'outils, pour réagir face à une situation de conflit d'intérêts.

Instaurer un climat favorable à la révélation des conflits d'intérêts.

La prévention des conflits d'intérêts nécessite de mettre en place un dispositif constituant un environnement favorable à leur révélation.

Le rôle de l'instance dirigeante est essentiel pour instaurer un climat de confiance. Elle s'engage à prévenir les conflits d'intérêts et adopte une attitude exemplaire *[selon le Code de gouvernement d'entreprise Middlenext, sept. 2021 : « autant le dirigeant » que les administrateurs » doivent être « exemplaires pour générer de la confiance » envers l'entreprise]*, en déclarant par exemple ses conflits d'intérêts et en prenant les mesures adéquates pour y remédier.

L'instance dirigeante encourage les collaborateurs à révéler les situations dans lesquelles un conflit d'intérêts avéré ou apparent pourrait exister en instaurant un climat de confiance.

La prévention des conflits d'intérêts s'inscrit dans une démarche de bonne gouvernance.

Sensibiliser et former l'ensemble des collaborateurs, des dirigeants et des administrateurs.

En toute bonne foi, un collaborateur peut ne pas avoir identifié un conflit d'intérêts pouvant pourtant devenir problématique pour l'organisation. A ce titre, il est important d'aborder la prévention et la gestion des conflits d'intérêts dans les actions de formation et de sensibilisation de telle sorte que les collaborateurs se sentent à l'aise pour échanger sur ce sujet.

L'organisation développe des actions de formation et de sensibilisation sur les risques induits par les situations de conflit d'intérêts non maîtrisées.

Les actions de formation et de sensibilisation :

→ visent particulièrement les personnes susceptibles de se trouver dans un cas de conflit d'intérêts. Lorsque l'entité est soumise aux obligations prévues au II de l'article 17 de la loi Sapin 2, il est recommandé que cette catégorie inclue *a minima* les personnels les plus exposés aux risques de corruption et de trafic d'influence tels qu'ils ont été identifiés dans la cartographie des risques de corruption.

→ permettent aux collaborateurs d'être suffisamment informés pour déclarer à leur supérieur hiérarchique ou à tout autre référent désigné les situations de conflits d'intérêts avérés ou potentiels auxquelles ils peuvent être confrontés dans l'exercice de leurs fonctions.

→ sont illustrées par des cas pratiques et décrivent les mesures prises afin de maîtriser les risques identifiés.

Sensibiliser et former l'ensemble des collaborateurs, des dirigeants et des administrateurs.

→ L'organisation peut identifier un référent (le responsable conformité *[Recomm. AFA, § 176 ; Guide pratique AFA « La fonction conformité anticorruption dans l'entreprise » ; V. ces textes, supra]* ou toute autre personne habilitée) qui pourra aider les collaborateurs, les dirigeants et les administrateurs en cas de doute, dont les missions pourraient s'inspirer de celles du référent déontologue dans le secteur public.

Encadré n° 17 *Le référent déontologue dans le secteur public.*

Le statut général des fonctionnaires garantit, depuis la loi n° 2016-483 du 20 avril 2016 relative à la déontologie et aux droits et obligations des fonctionnaires, le droit pour tout agent public de « consulter un référent déontologue, chargé de lui apporter tout conseil utile au respect des obligations et des principes déontologiques » (article 28 *bis* du titre I du statut général des fonctionnaires). Les missions de référent déontologue peuvent être assurées par une ou plusieurs personnes ou par un collège.

L'article 8 du décret n° 2017-519 du 10 avril 2017 précise que « lorsque des faits susceptibles d'être qualifiés de conflit d'intérêts lui ont été signalés [...] le référent déontologue apporte, le cas échéant, aux personnes intéressées tout conseil de nature à faire cesser ce conflit ».

Lorsque le référent déontologue est saisi d'un potentiel conflit d'intérêts, il doit être en mesure :

→ d'analyser si la situation qui lui est présentée est réellement constitutive d'un conflit d'intérêts et pourrait déboucher sur la commission de l'infraction de prise illégale d'intérêts ;

→ si la réponse est positive :

• d'apporter tout conseil utile aux personnes concernées en vue de faire cesser la situation ;

• en particulier, de conseiller l'agent public qui le saisit en son nom propre sur l'attitude à adopter pour éviter la commission de l'infraction (déport, renonciation à l'intérêt, etc.).

→ La déclaration préalable des conflits d'intérêts potentiels peut se justifier pour les fonctions les plus sensibles, en particulier pour les collaborateurs ou les dirigeants ayant le pouvoir d'engager ou de représenter l'organisation *[les actions de ces collaborateurs pouvant entraîner l'engagement de la responsabilité pénale de l'entreprise sur le fondement de l'art. 121-2 C. pén.]*, *a fortiori* vis-à-vis de décideurs publics compte tenu du risque pour l'organisation d'être poursuivie des chefs de recel, de blanchiment ou de complicité de délits de prise illégale d'intérêts, de pantouflage et de favoritisme. A titre d'exemple, un régime de déclaration préalable est recommandé pour les collaborateurs exerçant des activités de lobbying.

Lorsqu'elle est mise en œuvre au sein de l'organisation, la déclaration préalable des conflits d'intérêts implique certaines contraintes opérationnelles (contrôle et gestion des déclarations permettant de garantir leur efficacité) et doit nécessairement être effectuée dans le respect des règles juridiques applicables à la protection de la vie privée et à la protection des données personnelles notamment.

→ L'organisation peut choisir de privilégier une approche au cas par cas en mettant à la disposition des collaborateurs, des dirigeants et des administrateurs un formulaire de déclaration spontanée ou un outil d'autodétection des conflits d'intérêts potentiels. Les collaborateurs, les dirigeants et les administrateurs peuvent déclarer qu'ils sont dans une situation de conflit d'intérêts sans préciser quels sont les intérêts personnels en jeu. Ces possibilités de déclaration peuvent faire l'objet d'une communication annuelle ou s'inscrire dans le cadre d'une campagne annuelle de déclaration volontaire.

→ Les collaborateurs et les dirigeants peuvent également signaler une situation de conflit d'intérêts au moyen du dispositif d'alerte interne qui couvre l'ensemble des comportements contraires au code de conduite de l'organisation.

Compléter la procédure d'évaluation de l'intégrité des tiers par des dispositifs ciblant la détection des conflits d'intérêts.

→ L'organisation peut choisir d'insérer dans ses dispositifs contractuels une clause faisant obligation aux tiers de déclarer leurs potentiels conflits d'intérêts et d'éventuelles personnes politiquement exposées parmi leurs bénéficiaires effectifs.

→ L'organisation peut sensibiliser les tiers avec lesquels elle s'engage contractuellement à la nécessité de déclarer et de gérer d'éventuels conflits d'intérêts par des formations appropriées portant notamment sur les modalités pratiques de signalement de ces derniers.

→ Enfin, l'organisation peut inclure dans ses diligences la vérification de l'existence de liens d'intérêts éventuels entre les tiers (et leurs bénéficiaires effectifs) et ses propres collaborateurs, dirigeants, administrateurs et bénéficiaires effectifs. Lorsque ces tiers agissent comme intermédiaires commerciaux pour son compte (apporteurs d'affaires, importateurs, distributeurs, etc.) ou lorsqu'ils disposent d'un pouvoir de représentation auprès d'autorités publiques, les vérifications peuvent être étendues à l'existence de liens d'intérêts entre ces tiers et le client final (et ses bénéficiaires effectifs) ou l'autorité publique en question.

4 *Adopter des mesures de remédiation adaptées*

Afin d'adopter les mesures de remédiation appropriées, il convient dans un premier temps pour l'organisation d'analyser les situations de conflits d'intérêts potentiels ou avérés qui sont détectées.

L'analyse vise à déterminer l'importance du conflit d'intérêts dans le but de définir les mesures de remédiation appropriées. Le référent désigné peut apporter son concours à l'analyse des situations complexes. L'analyse et le traitement d'un conflit d'intérêts ne relèvent pas nécessairement de la hiérarchie directe du collaborateur concerné, mais peuvent, au titre des bonnes pratiques, être traités de manière collégiale par la hiérarchie, les équipes RH et conformité.

Il peut ainsi être décidé :

→ de renforcer les modalités de visa et de contrôle hiérarchique appliquées à l'activité de l'intéressé, voire de moduler ses attributions, droits, délégations et autorisations, par exemple :

• un administrateur devrait s'abstenir de voter ou de participer aux délibérations du conseil d'administration portant sur un sujet sur lequel il est en conflit d'intérêts*[;]*

• un collaborateur devrait s'assurer par écrit de l'autorisation de sa hiérarchie avant de conclure une transaction avec une organisation dont lui-même ou un de ses proches est un bénéficiaire effectif ;

→ dans les cas les plus sensibles, d'exiger de l'intéressé qu'il mette fin à la situation de conflit d'intérêts (en application de son obligation de loyauté ou d'une clause explicite de son contrat de travail) afin d'éviter tout risque d'engagement de sa res-

ponsabilité par une décision ou une action susceptible d'être considérée comme favorisant ses intérêts personnels, par exemple :
• se déporter d'une procédure ;
• se retirer d'une commission de sélection d'un candidat ou d'un prestataire ;
• vendre ses parts ou actions *[lorsque cela est possible (titres liquides et non soumis à une clause d'agrément ou de préemption des actionnaires existants)]* ou en confier la gestion à un tiers (« gestion pilotée ») ;

→ de confier le dossier en cause à un autre collaborateur lorsque l'intéressé ne peut mettre fin ou refuse de mettre fin au conflit d'intérêts en veillant à ce que le collaborateur désormais en charge du dossier ne soit pas placé dans la ligne hiérarchique de celui présentant un conflit d'intérêts. Cela suppose une flexibilité dans l'organisation des équipes et la mise en place de mesures temporaires comme la modification des habilitations pour limiter l'accès à l'information ;

→ de renforcer la collégialité afin de s'assurer que la prise de décision repose sur des critères objectifs. Il est important de bien documenter la prise de décision.

En tout état de cause, et quelles que soient les mesures de remédiation retenues par l'organisation, il est recommandé de documenter l'analyse de la situation et les éventuelles mesures de remédiation retenues pour gérer le conflit d'intérêts afin de pouvoir par la suite justifier des décisions prises par l'organisation. Cette analyse pourra utilement être consignée dans le registre des conflits d'intérêts.

S'il est difficile de prévoir *ex ante* un traitement prédéfini pour chaque type de conflit d'intérêts, il est utile néanmoins de définir une méthodologie précisant les critères qui tendent à retenir une solution plutôt qu'une autre afin de garantir l'objectivité des décisions prises. Cette méthodologie peut utilement être exposée dans la procédure de gestion des conflits d'intérêts communiquée aux collaborateurs afin de les rassurer et de les encourager à la transparence.

5 *Sanctionner les manquements résultant de situations de conflits d'intérêts*

A l'exception des cas prévus par la loi présentés dans la partie I de ce document, le profit indûment tiré de ces situations de conflit d'intérêts n'est pas, en soi, constitutif dans le secteur privé d'une quelconque infraction, et ne peut par conséquent être pénalement sanctionné. Pour autant, des sanctions civiles et disciplinaires peuvent résulter d'un conflit d'intérêts. En effet, les actes et délibérations adoptés malgré l'existence d'un conflit d'intérêts peuvent être frappés de nullité et les situations de conflit d'intérêts des dirigeants peuvent donner lieu à des sanctions, notamment à leur révocation ou à l'engagement de leur responsabilité *[par exemple, le tribunal de commerce de Paris (T.com Paris, 10 nov. 2020, n° 2019036759) a retenu l'existence d'un conflit d'intérêts potentiel et d'un conflit d'intérêts avéré du dirigeant ainsi qu'une violation de son devoir de loyauté, justifiant sa condamnation à d'importants dommages et intérêts. Les dirigeants peuvent également être révoqués par les actionnaires ou les associés s'ils ont agi de façon contraire à l'intérêt social en raison de conflits d'intérêts : SA (C. com., art. L. 225-55), SARL (C. com., art. L. 223-25), SAS (C. com., art. L. 227-8) sociétés civiles (C. civ., art. 1851)]*. Par ailleurs, l'absence de prise en compte et de gestion des situations de conflit d'intérêts peut conduire à des sanctions disciplinaires des salariés en cas de manquement au devoir de loyauté.

A cet égard, le code du travail prévoit que « le contrat de travail est exécuté de bonne foi » *[C. trav., art. L. 1222-1]*. La jurisprudence en déduit un devoir de loyauté dans l'exécution du contrat de travail et retient par exemple une obligation de non-concurrence du salarié même en l'absence de stipulation expresse dans le contrat de travail. En cas d'interférence entre leurs intérêts personnels et ceux de l'organisation, le salarié - ainsi que le dirigeant – sont tenus de privilégier les intérêts de l'organisation *[selon la jurisprudence, un salarié ne peut réaliser des actes dans son intérêt personnel qui seraient contraires à l'intérêt de l'entreprise (Soc. 12 janv. 2012, n° 10-20.600). De même, un dirigeant social ne peut faire prévaloir son intérêt personnel au détriment de l'intérêt de son entreprise (Com. 15 nov. 2011, n° 10-15.049)]*.

La sanction disciplinaire doit être justifiée par un comportement fautif du salarié. Le seul constat d'un conflit d'intérêts ne suffit pas à caractériser une faute. La personne en cause devra avoir manqué à son obligation de loyauté, en ayant par exemple dissimulé volontairement à son employeur l'existence d'un conflit d'intérêts *[Soc. 10 févr. 2021, no 19-14.315 : le manquement au devoir de loyauté d'un salarié né d'une situation de conflit d'intérêts peut constituer une faute lourde, permettant à l'employeur d'engager la responsabilité civile du salarié]*. L'existence d'une faute sera plus simple à démontrer si l'organisation a déployé un dispositif de prévention des conflits d'intérêts (code de conduite anticorruption, actions de sensibilisation, clause dans le contrat de travail, etc.).

Enfin, le juge apprécie la proportionnalité des mesures mises en œuvre pour prévenir les conflits d'intérêts. Les règles internes ne doivent pas être générales et imprécises.

Encadré no 18 *Licenciement pour faute grave d'un salarie qui manque à son obligation de loyauté en dissimulant l'existence d'un conflit d'intérêts.*

Exemple tiré de l'arrêt rendu par la Cour d'appel de Paris, le 22 mai 2014, no 12/05073

En l'espèce, un salarié licencié pour conflit d'intérêts avait contesté cette mesure en faisant valoir que le seul risque de conflit d'intérêts ne pouvait justifier un licenciement. L'argument a été rejeté par les juges en ces termes : « les manquements ainsi prouvés de M. X à ses obligations de loyauté, de ne pas exercer une activité professionnelle susceptible de créer un conflit d'intérêts, prohibé par la charte de déontologie, avec son activité au sein de Y et de tout mettre en œuvre pour éviter de se trouver dans une situation de conflit d'intérêts, manquements facilités par la dissimulation de son activité extérieure qui caractérise la mauvaise foi et qui étaient de nature à porter préjudice à son employeur, rendaient impossible son maintien dans l'entreprise même pendant la durée du préavis. »

A toutes fins utiles, il est rappelé qu'en application du droit au respect de la vie privée, le fait pour un collaborateur de refuser de déclarer des intérêts détenus ne peut être sanctionné, seul un manquement au devoir de loyauté ou une décision contraire à l'intérêt social (trouvant leur origine dans un conflit d'intérêts) pouvant être sanctionné.

Encadré no 19 *Prévention des conflits d'intérêts et respect de la vie privée.*

Le principe de protection de la vie privée a été posé en 1948 par l'article 12 de la Déclaration universelle des droits de l'homme des Nations unies. En droit français, l'article 9 du code civil dispose que « toute personne a droit au respect de sa vie privée ».

En l'absence de définition légale de la vie privée, sa protection est régulièrement précisée par le Conseil constitutionnel sur le fondement de la liberté personnelle garantie par l'article 2 de la Déclaration des droits de l'homme et du citoyen de 1789. Sont ainsi protégés au titre du droit au respect de la vie privée, le domicile, l'image, l'intimité ou le secret professionnel et médical.

Dans ces conditions, un point d'équilibre doit être trouvé entre la transparence et la loyauté attendue de la part d'un individu vis-à-vis de l'organisation qui l'emploie et le respect de sa vie privée.

Guide pratique AFA (décembre 2021),

Anticorruption à destination des PME et des petites ETI 🏛.

Guide pratique AFA (janvier 2022),

Maîtriser le risque d'atteinte à la probité au sein des associations et fondations reconnues d'utilité publique. – Bonnes pratiques relatives à la gouvernance et la gestion du don 🏛.

Guide pratique AFA (février 2022),

Relatif à la mise en place d'un dispositif de prévention des risques de corruption dans le secteur du bâtiment et des travaux publics .

Guide pratique AFA (avril 2022),

Les contrôles comptables anticorruption en entreprise.

Introduction

Les recommandations de l'Agence française anticorruption (AFA) du 12 janvier 2021 *[V. supra]* précisent les modalités de mise en œuvre du dispositif de prévention et de détection de la corruption *[dans la suite de ce guide, nous emploierons le terme "corruption" pour couvrir les notions de corruption comme de trafic d'influence]*, défini à l'article 17 de la loi n° 2016-1691 du 9 décembre 2016 relative à la transparence, à la lutte contre la corruption et à la modernisation de la vie économique (dite "loi Sapin 2") *[V. supra]*. Ce dispositif repose sur trois piliers indissociables : l'engagement de l'instance dirigeante en faveur d'une activité exempte de faits de corruption, la connaissance des risques de corruption auxquels l'entreprise est exposée au travers de l'élaboration d'une cartographie de ces risques, et la gestion des risques identifiés par un ensemble de mesures et procédures permettant de les prévenir, de les détecter et d'y remédier.

Ce dispositif doit être adapté aux risques propres à chaque entreprise et s'envisage comme un système complet dont chacune des mesures est essentielle au bon fonctionnement de l'ensemble. Correctement appliqué, il permet de donner une assurance raisonnable que l'entreprise a pris toutes les mesures nécessaires, y compris les procédures de contrôles comptables anticorruption, objet de ce guide, pour se protéger des actes de corruption, que ces derniers laissent ou non une trace dans les documents comptables de l'entreprise. Certains actes de corruption ne laissent en effet aucune trace dans les comptes de l'entreprise (par exemple : l'obtention d'un avantage moral), d'autres peuvent y être visibles (notamment ceux fondés sur un flux financier) ou faire l'objet d'enregistrement dans les systèmes de l'entreprise (comme par exemple, une sortie de stocks).

Les contrôles comptables anticorruption garantissent le respect des mêmes principes et reposent sur les mêmes méthodes que les contrôles comptables généraux. Ils s'en distinguent en ce qu'ils sont établis, par approfondissement ou en complément de ceux-ci*[,]* afin de cibler les situations à risque mises en évidence dans la cartographie des risques de corruption.

Ce guide est destiné aux grandes entreprises *[soit les sociétés employant au moins cinq cents salariés, ou appartenant à un groupe de sociétés dont la société mère a son siège social en France et dont l'effectif comprend au moins cinq cents salariés, et dont le chiffre d'affaires ou le chiffre d'affaires consolidé est supérieur à 100 millions d'euros]* de tous secteurs d'activité soumises aux obligations du II de l'article 17 de la loi Sapin 2 qui prévoit dans son 5° l'obligation pour leurs instances dirigeantes de mettre en place, au titre du dispositif anticorruption, "des procédures de contrôles comptables, internes ou externes, destinées à s'assurer que les livres, registres et comptes ne sont pas utilisés pour masquer des faits de corruption ou de trafic d'influence", désignées par la suite sous le terme "contrôles comptables anticorruption". Les entreprises assujetties à cet article s'exposent en cas de manquements constatés lors d'un contrôle de l'AFA aux sanctions prévues à l'article 17, V de la loi Sapin 2, prononcées le cas échéant par la Commission des sanctions de l'AFA *[pour illustration, la Commission des sanctions de l'AFA a sanctionné une entreprise pour lacune dans la mise en place de contrôles comptables efficaces en trois niveaux. La Commission des sanctions a alors enjoint l'entreprise de transmettre à la Commission, dans un délai de 13 mois, toute preuve d'achèvement de la mise en conformité de ses procédures comptables : https://www.agence-française-anticorruption.gouv.fr/files/files/DECISION%2019-02%20COMMISSION%20DES%20SANCTIONS%20%20ANONYME.PDF]*. Il sera également utile aux entreprises de plus petite taille, qui ont pris conscience de l'importance du traitement du risque de corruption et de l'intérêt de mettre en place un dispositif de prévention et de détection de ce risque, quel que soit leur secteur d'activité *[l'AFA a dédié un guide aux mesures anticorruption dans les PME et petites ETI, qui comporte une fiche synthétique sur les contrôles comptables anticorruption ; V. supra]*.

Ce guide, qui s'appuie sur l'expérience acquise dans le cadre des contrôles que l'AFA a menés ou des conseils qu'elle a prodigués*[,]* ne revêt aucun caractère contraignant et ne crée pas d'obligation juridique pour ceux auxquels il s'adresse. Ses préconisations peuvent être adaptées au secteur d'activité de chaque entreprise et à son organisation, dans le respect des exigences légales. Il a été élaboré avec le concours d'un groupe de travail réunissant, sous la coordination de l'AFA, le Haut Conseil du commissariat aux comptes (H3C), la Compagnie nationale des commissaires aux comptes (CNCC), l'Ordre des experts-comptables, l'Association des directeurs financiers et de contrôle de gestion (DFCG), l'Institut français de l'audit et du contrôle internes (IFACI). Il prend la forme d'un recueil pédagogique de bonnes pratiques et d'illustrations qui n'a pas vocation à être exhaustif. Il rappelle qu'une comptabilité rigoureuse et organisée, établie suivant les normes en vigueur, contribue fortement à la prévention et à la détection des faits de corruption. Pour autant, et sur les zones à risques détectées par la cartographie des risques de corruption, l'entreprise peut mettre en place des contrôles comptables dédiés, recensés et formalisés qui lui permettront de renforcer la sécurité de ses activités.

1. Une comptabilité rigoureuse et organisée permet de limiter les risques de corruption

La comptabilité d'une entreprise française est rigoureusement tenue quand l'entreprise met en place des principes d'élaboration, de traitement et de contrôle de son information comptable et financière permettant de produire une information conforme aux règles et principes comptables en vigueur en France.

Compte tenu de leur importance dans le dispositif anticorruption, il est apparu nécessaire de rappeler ces principes et règles d'organisation comptables, dont sont familières les grandes entreprises, mais qui peuvent être pour certaines entreprises, responsables de la fonction conformité et toute autre personne en charge de déployer des mesures anticorruption, des concepts imparfaitement maîtrisés.

1.1 *Rappel des principes généraux de la comptabilité*

Le présent guide traite des obligations des sociétés françaises sans préjuger des autres normes applicables aux différentes activités des sociétés, notamment à l'étranger.

Les bases juridiques pour l'établissement d'une comptabilité

Tenir une comptabilité est une obligation légale

L'obligation de tenir une comptabilité est ainsi prévue à l'article L. 123-12 du code de commerce : "toute personne physique ou morale ayant la qualité de commerçant doit procéder à l'enregistrement comptable des mouvements affectant le patrimoine de son entreprise. Ces mouvements sont enregistrés chronologiquement". Ce même article précise que l'entreprise "doit contrôler par inventaire, au moins une fois tous les douze mois, l'existence et la valeur des éléments actifs et passifs du patrimoine de l'entreprise" et "doit établir des comptes annuels à la clôture de l'exercice au vu des enregistrements comptables et de l'inventaire" *[l'étendue des obligations comptables d'une entreprise dépend de son régime d'imposition, notamment pour les plus petites entreprises, mais la loi a prévu ce socle d'obligations communes, valables quelle que soit la taille de l'entreprise]*.

L'entreprise peut établir sa comptabilité avec ses ressources internes ou faire intervenir un expert-comptable extérieur (membre d'une profession libérale réglementée). Dans certains cas, l'établissement des comptes par un expert-comptable est obligatoire (par exemple, pour les entreprises adhérentes à un centre de gestion agréé).

Les normes en vigueur pour la tenue d'une comptabilité

Les normes à respecter pour tenir une comptabilité sont fixées par l'Autorité des normes comptables (ANC). Le règlement de l'ANC relatif au plan comptable général fixe notamment le classement des éléments du bilan et du compte de résultat ainsi que les mentions à inclure dans l'annexe.

Les comptes annuels comprennent le bilan, le compte de résultat et une annexe, qui forment un tout indissociable [*art. 111-1 du Règl. n° 2014-03 relatif au plan comptable général : "Les dispositions du présent règlement s'appliquent à toute personne physique ou morale soumise à l'obligation légale d'établir des comptes annuels comprenant le bilan, le compte de résultat et une annexe, sous réserve des dispositions qui leur sont spécifiques."*] :

— Le bilan décrit séparément les éléments actifs et passifs de l'entité et fait apparaître de façon distincte les capitaux propres et, le cas échéant, les autres fonds propres ;

— Le compte de résultat récapitule les charges et les produits de l'exercice, sans qu'il soit tenu compte de leur date de paiement ou d'encaissement ;

— L'annexe comporte toutes les informations d'importance significative destinées à compléter et à commenter celles données par le bilan et par le compte de résultat.

En plus de ces trois documents fondamentaux et des inventaires mentionnés en 1.1.1 du règlement n° 2014-03 de l'ANC relatif au plan comptable général, la tenue d'un livre journal, enregistrant chronologiquement toutes les opérations, et d'un grand livre, reprenant les écritures du livre journal ventilées selon le plan comptable, est obligatoire.

Les petites et moyennes entreprises peuvent, dans des conditions fixées par un règlement de l'ANC, adopter une présentation simplifiée de leurs comptes annuels.

Les entreprises françaises cotées doivent, en complément, présenter leurs états financiers consolidés en respectant les normes IFRS (*International financial reporting standards*). Cette obligation concerne les groupes cotés et les grands groupes internationaux. Il existe des normes IFRS adaptées aux PME qui souhaitent les mettre en œuvre.

L'obligation de faire certifier ses comptes

La certification des comptes d'une société par un commissaire aux comptes peut être obligatoire et dépend des seuils du total du bilan, du chiffre d'affaires hors taxe et du nombre de salariés au cours de l'exercice écoulé [*pour les sociétés (SARL, EURL, SA, SAS, SCA, SNC), il convient de prendre en considération le dépassement de deux des trois seuils suivants : - chiffre d'affaires supérieur à 8 000 000 € ; - bilan total supérieur à 4 000 000 € ; - plus de 50 salariés au cours de l'exercice écoulé*].

La désignation d'un commissaire aux comptes est également obligatoire pour les sociétés par actions simplifiée (SAS) qui contrôlent ou sont contrôlées par une autre entité.

Le commissaire aux comptes procède à la vérification des documents comptables et à un contrôle de conformité en suivant les règles en vigueur. Il s'assure notamment de la régularité, de la sincérité et de l'image fidèle du résultat de l'entreprise (voir 3.3. ci-dessous). Pour des raisons déontologiques, l'expert-comptable d'une société ne peut pas assurer la mission de commissariat aux comptes dans la même société.

Les cinq principes d'établissement des comptes annuels

L'établissement des comptes annuels doit respecter cinq grands principes, qui contribuent fortement à la prévention et à la détection de la corruption :

Principes comptables	Définitions (extraits du Plan comptable général)	Exemple de contribution à la prévention et détection de la corruption	Illustrations concrètes
Image fidèle	La comptabilité présente des états reflétant une image fidèle du patrimoine, de la situation financière et du résultat de l'entité à la date de clôture.	Les actifs doivent refléter la réalité physique de l'inventaire.	Les procédures comptables d'inventaires peuvent permettre de repérer des sorties de stocks non facturées utilisées pour corrompre un client afin qu'il attribue un marché.

Principes comptables	Définitions (extraits du Plan comptable général)	Exemple de contribution à la prévention et détection de la corruption	Illustrations concrètes
Comparabilité et continuité d'exploitation	La comptabilité permet d'effectuer des comparaisons périodiques et d'apprécier l'évolution de l'entité dans une perspective de continuité d'activité.	La comparaison permet de détecter des incohérences et de les analyser. Elle peut permettre de repérer des irrégularités qui peuvent être la manifestation d'actes de corruption. La numérotation des comptes doit notamment être stabilisée et ses éventuels changements dûment documentés.	L'analyse comparative des postes comptables peut permettre de repérer l'augmentation d'un poste d'achat de matières premières sans cohérence avec les ventes, pouvant ainsi masquer une surfacturation d'un fournisseur accordée en échange d'un avantage indu. L'encadrement des changements de numérotation de comptes peut permettre de repérer la suppression d'un compte dédié aux commissions intermédiaires effectuée afin de répartir les dites commissions dans d'autres comptes pour en diluer le montant et en obscurcir la lisibilité.
Régularité et sincérité	La comptabilité est conforme aux règles et procédures en vigueur qui sont appliquées avec sincérité afin de traduire la connaissance que les responsables de l'établissement des comptes ont de la réalité et de l'importance relative des événements enregistrés.	Les procédures comptables doivent donc permettre de s'assurer qu'une facture qui doit être réglée correspond à une prestation effectivement réalisée.	Le contrôle de la réalité des prestations réalisées peut permettre de repérer une facture adressée par un prestataire, mentionnant une prestation factice facturée indûment mais qui permettrait de décaisser une somme destinée à corrompre.
Prudence	La comptabilité est établie sur la base d'appréciations prudentes, pour éviter le risque de transfert, sur des périodes à venir, d'incertitudes présentes susceptibles de grever le patrimoine et le résultat de l'entité.	Les créances clients peuvent faire dans ce cadre l'objet de provisions pour créances irrécouvrables. En cas de liquidation judiciaire du client, elles sont passées en pertes sur créances irrécouvrables. Ce type de compte fait l'objet de revue et de surveillance particulière.	La surveillance et la revue des comptes provision pour créances douteuses et créances irrécouvrables peuvent permettre de repérer l'annulation injustifiée d'une créance d'un client livré en contrepartie d'un avantage indu.
Permanence des méthodes	La cohérence et la comparabilité des informations comptables au cours des périodes successives reposent sur la permanence des méthodes comptables et de la structure du bilan et du compte de résultat.	Les durées d'amortissement des actifs doivent être déterminées et ne peuvent faire l'objet de changements non justifiés.	L'encadrement des modifications des durées d'amortissement peut permettre de repérer la modification indue d'un amortissement d'un actif pour la raccourcir en vue de baisser sa valeur faciale pour le céder à un bas prix injustifié à un tiers.

Des règles d'organisation de l'information comptable et financière

Le respect des cinq principes d'établissement des comptes annuels conduit à mettre en œuvre les règles comptables suivantes :

La règle de non-compensation

En dehors de quelques exceptions, aucune compensation ne peut être opérée entre les postes d'actifs et de passifs au bilan ou entre les postes de charges ou de produits au compte de résultat. Cette règle permet, par exemple, de disposer d'un enregistrement des avoirs émis pour les factures clients et de détecter d'éventuels avoirs émis en contrepartie d'un avantage indu accordé à un salarié (commercial, comptable, etc.).

L'enregistrement des actifs au coût historique

Les biens acquis à titre onéreux doivent être enregistrés à leur coût d'acquisition, et les produits fabriqués doivent être enregistrés à leur coût de production ou de construction. Les biens peuvent sortir du bilan, par exemple, par mise au rebut. Cette mise au rebut ne peut être réalisée qu'après une analyse justifiant du bien-fondé de la décision. Il n'est donc pas autorisé de mettre au rebut sans validation formelle de leur valeur, des biens qui pourraient servir à corrompre (par exemple : marchandises légèrement abîmées, véhicules anciens, déchets de matières premières, etc.).

La comptabilité d'engagement

Les états financiers sont préparés sur la base de la comptabilité d'engagement qui enregistre tous les engagements donnés et reçus par l'entreprise à la différence d'une comptabilisation "en trésorerie" qui enregistre la comptabilité en se basant sur les flux de trésorerie, c'est-à-dire lorsqu'interviennent les encaissements et les décaissements. Selon ce principe, la créance d'un client qui, par exemple, a commandé des marchandises*[,]* est enregistrée dès que la vente est réalisée, ce qui permet de suivre l'ancienneté de cette créance et de détecter d'éventuels retards de paiement du client. Il n'est donc pas possible de différer l'encaissement d'un client qui a été livré en contrepartie d'un avantage indu sans que cela ne se traduise par un retard dans les comptes comptables qui pourra être détecté.

La règle de l'intangibilité du bilan d'ouverture

Le bilan d'ouverture d'un exercice doit correspondre au bilan de clôture avant répartition de l'exercice précédent. Cette règle permet d'éviter que des opérations soient effectuées entre deux exercices et donc sans contrôle.

Conservation de l'information

Le plan comptable général indique que la documentation comptable doit être "conservée aussi longtemps qu'est exigée la présentation des documents comptables auxquels elle se rapporte". Il est donc possible d'effectuer des recherches sur les exercices précédents en cas de doute sur certaines opérations qui présenteraient un risque de corruption.

Interdiction d'une comptabilité parallèle

La tenue d'une comptabilité permet de donner une image fidèle du patrimoine, de la situation financière et du résultat d'une entreprise. Il est donc interdit de tenir une comptabilité parallèle qui permettrait, par exemple, de tenir un registre séparé de versements effectués pour corrompre.

1.2 *Une organisation comptable rigoureuse*

L'organisation et la qualité des équipes comptables

La séparation des tâches entre les différents processus de l'entreprise est un des principes fondamentaux qui permet *[permettent]* d'assurer un contrôle indépendant et de réduire les risques. En application de ce principe, les étapes clés d'une opération (autorisation de réaliser l'opération, enregistrement de l'opération, conservation des actifs et contrôle) ne doivent pas être confiées à une même personne. Pour illustration, sur les processus achat ou vente, les opérations suivantes devraient être confiées à des personnes différentes :

— renseignement et modification des données permanentes concernant des clients ou des fournisseurs ;

— commande ;

— réception-livraison ;

— comptabilisation ;

— encaissement-règlement ;

— écritures d'inventaire (émission d'avoirs, passage en pertes sur créances irrécouvrables, écritures manuelles d'ajustements de créances-dettes).

L'organisation des équipes comptables respecte donc ce principe, par exemple en confiant la facturation client à une personne différente de celle chargée de l'encaissement des paiements.

Le caractère collectif et partagé des processus décisionnels au sein de l'entreprise constitue également un facteur clé. La centralisation de décisions sur un nombre limité de managers ou une forte autonomie de décision des commerciaux ou des acheteurs sont ainsi des points de vigilance. Le système de délégation des signatures permettant d'engager la société doit être clair, écrit et mis à jour suivant les évolutions de l'organigramme. Il doit être conservé de manière centralisée afin de le rendre accessible et de permettre, si nécessaire, un contrôle en interne par les équipes comptables.

L'entreprise veille donc à ce que l'organisation des équipes comptables permette de respecter ces deux principes, notamment en définissant des objectifs et des périmètres de responsabilités clairs, en formalisant un organigramme adéquat ainsi que des "circuits d'approbation" au sein du système d'information et en s'assurant que ces équipes ont accès aux informations nécessaires à l'accomplissement de leurs missions.

Il est également nécessaire que l'instance dirigeante s'assure que la fonction financière et comptable dispose des effectifs et budgets suffisants pour assurer ses fonctions.

Enfin, l'instance dirigeante veille à ce que les personnes en charge de la comptabilité aient ou puissent acquérir rapidement les compétences nécessaires pour assurer leurs fonctions. Au-delà de la formation et de l'expertise générale en comptabilité et finances, les personnes en charge du traitement comptable et financier peuvent :

— ressortir comme personnes exposées au risque de corruption à l'issue de la réalisation de la cartographie des risques (comme, par exemple, les personnes en charge du décaissement) ;

— être sollicitées dans le cadre de l'exercice de cartographie pour lister les contrôles comptables existants sur les différents processus financiers comme opérationnels ;

— être amenées à réaliser des contrôles comptables anticorruption de premier et de deuxième niveau, sans que ceux-ci ne portent sur les travaux qu'ils ont eux-mêmes réalisés.

Il est donc essentiel d'organiser une formation spécifique et approfondie des personnes concernées à la prévention et détection de la corruption *[conformément au 6° du II de l'art. 17 de la loi Sapin 2, les personnes mentionnées au I sont tenues de mettre en œuvre "un dispositif de formation destiné aux cadres et aux personnels les plus exposés aux risques de corruption et de trafic d'influence."]* comme les personnels qui participent à la mise en œuvre du dispositif anticorruption.

Les procédures comptables

Le plan comptable général prévoit l'établissement "d'une documentation décrivant les procédures et l'organisation comptables en vue de permettre la compréhension et le contrôle du système de traitement". Il indique également la nécessité de mettre en œuvre une "procédure de clôture destinée à figer la chronologie et à garantir l'intangibilité des enregistrements [...]". Les procédures comptables doivent donc être formalisées.

Les opérations doivent être enregistrées dans les comptes dont l'intitulé correspond à leur nature et selon le plan comptable général. Il n'est donc pas autorisé de mouvementer un compte pour masquer la nature d'une somme versée pour corrompre.

Chaque écriture enregistrée en comptabilité doit s'appuyer sur une pièce justificative datée (papier ou informatique sous réserve que le support permette d'assurer la fiabilité, la conservation et la restitution en clair du contenu de la pièce pendant les délais de conservation requis, qui sont fonction des obligations comptables légales, d'une part, et du Règlement général sur la protection des données (RGPD), d'autre part). L'organisation du système de traitement doit permettre de faire facilement le lien entre les comptes et les pièces justificatives. Les pièces justificatives comme les données d'inventaire sont conservées et organisées de manière à justifier le contenu de chacun des postes du bilan et du compte de résultat.

La procédure d'enregistrement comptable d'une transaction permet donc, au travers des contrôles comptables qui s'appuient sur des contrôles opérationnels effectués le plus en amont dans le processus de transaction, de s'assurer notamment :

– du bien-fondé et de l'objet de la transaction ;

– de la réalité de la transaction et de la mesure de la transaction (par exemple de la proportionnalité du prix par rapport au service/produit) ;

– de sa conformité avec la procédure définie par l'entreprise ;

– de l'identité du tiers et du bénéficiaire effectif ;

– de la traçabilité des validations et engagements ayant permis la transaction (délégations de pouvoirs notamment, suivi dans l'ERP, etc.) ;

– du moyen de paiement et de son origine ou sa destination, etc.

Il n'est donc pas autorisé, par exemple, d'enregistrer une transaction sans pièce justificative associée et par conséquent, il ne peut y avoir de paiement sans justification.

La qualité du système d'information comptable ("SIC")

Comme les autres composantes du système d'information de l'entreprise, le système d'information comptable et financier présente des enjeux de sécurisation et d'accès à l'information. Un faible niveau de contrôles généraux informatiques sur la gestion des accès et sur les sécurités constitue un facteur de risque pour la tenue de la comptabilité.

Le SIC doit présenter des garanties de sécurisation notamment en matière de :

– gestion rigoureuse des habilitations et contrôles des accès, c'est-à-dire des personnes autorisées à enregistrer et modifier des données, qui doivent être établis en lien avec la nature de leurs fonctions et notamment fondés sur le principe de séparation des tâches ;

– gestion des données modifiables (par exemple, mise en place d'une procédure de validation, qui interdit toute modification ou suppression d'un enregistrement comptable) ;

– sécurisation de la base des tiers qui représente un enjeu particulier en termes de création, modification, ou suppression des données comptables les concernant (coordonnées bancaires par exemple).

Ces garanties portent notamment sur :

– la traçabilité de tous les mouvements affectant le système d'information (exhaustivité et conservation de l'historique notamment) permettant d'effectuer des vérifications ;

– la mise en œuvre de points de blocage "système" adaptés, interdisant la saisie ou l'accès aux personnes non autorisées ;

– la gestion de la confidentialité des mots de passe utilisateurs.

Le SIC doit également permettre un accès à la documentation relative aux analyses, à la programmation et à l'exécution des traitements, en vue, notamment, de procéder aux tests nécessaires à la vérification des conditions d'enregistrement et de conservation des écritures.

Un SIC sécurisé permet par exemple de contrôler les accès aux données clients et fournisseurs et de gérer des données, qui pourraient être divulguées contre rémunération, ou de repérer des modifications irrégulières de conditions clients ou fournisseurs (montants, délais de paiement, etc.) qui pourraient être introduites dans le système contre un avantage indu.

1.3 *Le déploiement de contrôles comptables efficients*

Des contrôles comptables efficients sont fondés sur une analyse des risques du processus de comptabilité. Cette analyse peut notamment être alimentée par les résultats de contrôles externes provenant de l'expert-comptable, du commissaire aux comptes, ou encore par les contrôles effectués par le régulateur, les douanes, l'URSSAF, etc.

Les contrôles comptables peuvent comprendre jusqu'à trois niveaux :

— **Les contrôles de premier niveau**, préventifs et effectués avant que l'opération susceptible d'être traduite par une écriture au sein des livres, registres et comptes ne soit réalisée *[tels que définis par l'AFA dans ses Recomm. du 12 janv. 2021, § 332]*, visent à s'assurer que les tâches inhérentes à un processus comptable ont été effectuées conformément aux procédures édictées par l'entreprise. Ils peuvent inclure des contrôles applicatifs sur les processus métier du type paramétrage, contrôle des interfaces, contrôles bloquants. Ils sont opérés par les équipes comptables ou par le responsable hiérarchique. Sur certaines opérations comptables sensibles, un double contrôle de niveau 1 peut être pratiqué avec un contrôle réalisé par l'opérationnel et un contrôle complémentaire réalisé par le supérieur hiérarchique ;

— **Les contrôles de deuxième niveau**, effectués sur des opérations réalisées (soit après la matérialisation éventuelle du risque de corruption, c'est-à-dire après un paiement réalisé, par exemple) *[tels que définis par l'AFA dans ses Recomm. du 12 janv. 2021, § 65]*, visent à s'assurer, selon une fréquence prédéfinie ou de façon aléatoire, de la bonne exécution des contrôles de premier niveau. Les contrôles de deuxième niveau peuvent être réalisés par la direction comptable et financière, le responsable de la conformité *[le responsable de la conformité désigne, pour l'AFA, la personne en charge de piloter le déploiement, la mise en œuvre, l'évaluation et l'actualisation du programme de conformité anticorruption, en étroite coopération avec les fonctions concernées au sein de l'organisation. Cette fonction et son périmètre sont plus longuement définis dans le Guide pratique de l'AFA "La fonction conformité anticorruption dans l'entreprise" ; V. supra]*, la fonction contrôle interne ou contrôle permanent dans le cas des banques, une fonction qualité, la fonction de gestion des risques, le contrôle de gestion notamment. La personne qui réalise les contrôles de deuxième niveau doit être indépendante et différente de celle qui a réalisé les contrôles de premier niveau ;

— **Les contrôles de troisième niveau**, également appelés "audits internes", visent à s'assurer *a posteriori* que le dispositif de contrôle est conforme aux exigences de l'entreprise, efficacement mis en œuvre et tenu à jour. Ces contrôles peuvent être effectués par les équipes internes de l'entreprise ou être délégués à un prestataire extérieur compétent, mais dans ce dernier cas, la société reste responsable de la définition, de la qualité et de la pertinence de son plan de contrôle.

Exemple de contrôle comptable effectué sur le processus comptabilité fournisseurs/sous-processus enregistrement d'une facture *[dans les organisations comptables matures, ce type de rapprochement est plutôt systématique et informatisé. Dans ce cas, le contrôle de 1er niveau peut consister pour le responsable comptable à vérifier le rapport de non-anomalie édité par le système. Il reste cependant opportun que le responsable vérifie manuellement, par échantillonnage et selon une fréquence qu'il définira, certains dossiers validés]* :

Exemple de tâches à effectuer pour enregistrer la facture selon la procédure comptable	Vérification que le fournisseur fait partie de la base validée.	Vérification que l'ordonnateur des produits a confirmé que la facture correspond au bon de commande (montant, type de pièces livrées/service rendu, nombre de pièces livrées/heures effectuées).	Si anomalie sur un de ces deux points, enregistrement de la facture (principe de prudence) mais inscription de la facture dans un fichier d'anomalies à analyser et qui est transmis pour réponse au service ayant passé la commande avec un délai de réponse attendu. Sinon, enregistrement de la facture en statut "normal".
Contrôles de premier niveau	L'application "saisie de facture" ne s'ouvre que si le nom du fournisseur fait partie de la base "fournisseur validé" (contrôle automatisé prévu dans le système).	Le responsable comptable contrôle que l'ordonnateur a bien effectué et formalisé son contrôle de cohérence bon de commande/facture sur un échantillon de factures en attente de mise en paiement.	Le chef comptable valide toutes les factures qui doivent passer du statut anomalie au statut normal après explication du service ayant commandé.
Contrôles de deuxième niveau	Le responsable conformité sélectionne mensuellement x factures payées et vérifie que les contrôles de premier niveau ont bien été effectués. Sur toutes les factures de fournisseurs à risque inscrites initialement dans le fichier "anomalies" puis passées en statut "normal" après réception des renseignements par le service ordonnateur, il vérifie la conformité des contrôles de niveau 1. Le chef comptable (ou le responsable conformité) analyse les factures du fichier anomalies et n'ayant pas reçu de réponse satisfaisante ayant permis leur déblocage vers un statut normal.		
Contrôles de troisième niveau	L'audit interne vérifie périodiquement que : • les contrôles de niveau *[niveaux]* 1 et 2 sont effectivement menés ; • les anomalies détectées sont traitées et ont donné lieu, le cas échéant, à une évolution de la procédure ou à une action correctrice (formation, par exemple) ; • l'ensemble du processus allant de la commande au paiement est sécurisé et ne permet pas de régler un fournisseur non validé ou des factures indues.		

Le déploiement de contrôles comptables généraux efficaces contribue à la prévention et à la détection des faits de corruption. Dans l'illustration donnée ci-dessus, ils permettent, par exemple, d'éviter de régler sans analyse préalable justificative des fournisseurs non agréés par l'entreprise et d'éviter également de régler des factures dont le montant est supérieur au nombre de pièces livrées ou au prix convenu dans la commande (qui pourraient dissimuler un accord de corruption entre le fournisseur et l'acheteur).

2. Définition et contenu des contrôles comptables anticorruption

Si une comptabilité rigoureusement tenue selon les principes en vigueur contribue fortement à la prévention et à la détection des faits de corruption, les entreprises sont exposées à des risques de corruption spécifiques en fonction de leur activité, de leur implantation géographique, de leur structure, de leur historique, des tiers avec lesquels elles sont en relation, etc.

Un dispositif de prévention et de détection efficace se fonde sur une cartographie des risques de corruption, issue du recensement et de l'analyse des processus de l'entreprise. Sur la base de cette cartographie, l'entreprise va déterminer si des processus lui semblent insuffisamment maîtrisés par les mesures et procédures en vigueur. Il sera sans doute nécessaire pour certains de ces processus de compléter les mesures de maîtrise des risques de corruption et parmi ces mesures, de renforcer des contrôles comptables existants ou d'en créer de nouveaux afin de mieux maîtriser

les risques. Ces contrôles sont nommés contrôles comptables anticorruption en raison de leur lien avec la cartographie des risques de corruption. Ils viennent compléter les contrôles comptables déjà existants et s'insèrent dans le dispositif de contrôle interne de l'entreprise.

2.1 *Les contrôles comptables anticorruption sont déterminés sur la base de la cartographie des risques de corruption*

L'exercice de cartographie des risques a été décrit et commenté par l'AFA dans ses recommandations publiées au *Journal officiel* du 12 janvier 2021 [*Recomm. AFA du 12 janv. 2021, § 377 à § 415, supra*].

Il suit schématiquement les 6 étapes suivantes :

– Recensement des processus de l'entreprise ;

– Identification par une analyse fine des processus de l'entreprise sur ses activités opérationnelles, managériales et dites support des scénarios de risque de corruption auxquels elle est exposée (avant toute prise en compte des mesures de contrôle existantes dans l'entreprise) ;

– Cotation de ces risques, dits risques bruts, suivant leur probabilité de réalisation, leur impact en cas de réalisation et la prise en compte de facteurs aggravants le cas échéant ;

– Recensement des mesures de contrôle existantes en interne et contribuant à maîtriser le risque et mise à jour de la cotation du risque après prise en compte de l'effet de ces mesures de contrôle pour définir des risques nets ou résiduels ;

– Détermination des scénarios de risques qui restent insuffisamment maîtrisés et mise en place de mesures de maîtrise du risque supplémentaires dans le cadre d'un plan d'actions formalisé et suivi ;

– Formalisation, mise à jour et archivage de la cartographie.

Les processus comptables et financiers font partie des processus analysés dans la cartographie des risques de corruption (étape 1).

Les mesures de maîtrise des risques existantes sur tous les processus de l'entreprise répertoriées en étape 4 sont de natures diverses et peuvent comprendre des mesures de contrôle comptable anticorruption déjà existantes. Ces contrôles comptables généraux contribuent à la prévention et à la détection de la corruption.

Les mesures de maîtrise du risque supplémentaires mises en place en étape 5 peuvent comprendre également des "contrôles comptables anticorruption". Elles peuvent consister soit en des mesures de contrôle existantes approfondies (fréquence du contrôle augmentée, niveau de validation hiérarchique ajouté, échantillonnage étoffé, etc.), soit en des mesures de contrôle complémentaires.

L'exercice de cartographie des risques permet ainsi, sur chaque processus de l'entreprise, d'associer les contrôles nécessaires pour maîtriser au mieux le risque de corruption qu'elle a pu mettre en évidence.

Par exemple, une chaîne de contrôle efficace s'effectue, sur le processus achat, depuis la sélection du fournisseur jusqu'au paiement de la facture et, sur le processus de recrutement, de l'embauche au versement de la rémunération. Dès lors, le contrôle comptable permet de s'assurer que l'ensemble de la chaîne de contrôle a bien été effectué et à titre d'illustration, sur le processus de recrutement, de vérifier, à partir d'une transaction de paie, que le salarié a bien suivi le processus d'embauche, qu'un poste avait été ouvert, qu'il est inscrit dans les effectifs, qu'il a bien effectué le temps de travail correspondant, etc.

Les contrôles comptables interviennent ainsi généralement en fin de processus et s'appuient sur un ensemble de contrôles préalables, permettant de garantir leur efficacité.

Les contrôles comptables anticorruption sont donc les contrôles mis en œuvre afin de maîtriser les situations à risque identifiées dans la cartographie et qui visent à s'assurer que les livres, registres et comptes ne sont pas utilisés pour masquer des faits de corruption ou de trafic d'influence.

Liens entre la cartographie des risques de corruption et les contrôles comptables anticorruption

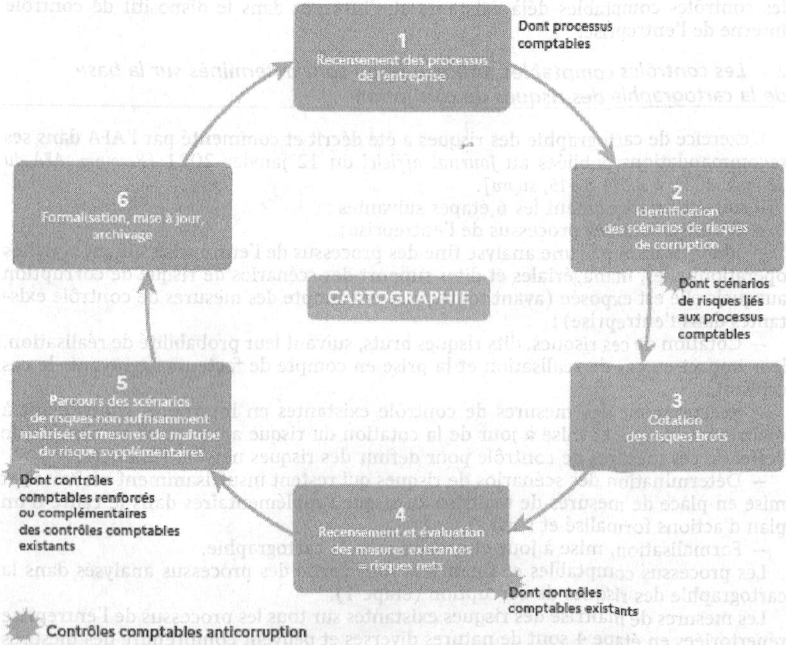

Face aux scénarios de risques identifiés dans la cartographie des risques de corruption, vont être recensées les procédures et les mesures de contrôle interne existantes (y compris contrôles comptables) qui contribuent à réduire le risque détecté. Parmi ces mesures de maîtrise des risques et pour les scénarios de risque se traduisant par des mouvements comptables, pourront être identifiés des contrôles comptables qui seront alors considérés et recensés comme des contrôles comptables anticorruption. Les contrôles généraux informatiques portant spécifiquement sur les systèmes d'information financiers et comptables sont identifiés et recensés comme faisant partie des contrôles comptables contribuant à limiter le risque de corruption.

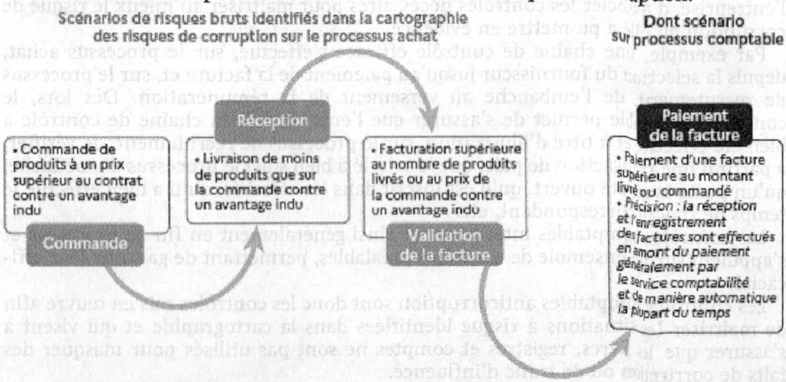

L'exemple est présenté sur la base d'un schéma de corruption passive mais la logique est identique pour les scénarios de corruption active *[la corruption active est le fait du corrupteur, la corruption passive est le fait du corrompu]*.

Sur les scénarios de risque que l'entreprise jugerait insuffisamment maîtrisés, l'entreprise peut mettre en place des mesures complémentaires dont des mesures de contrôle interne renforcées et des contrôles comptables anticorruption.

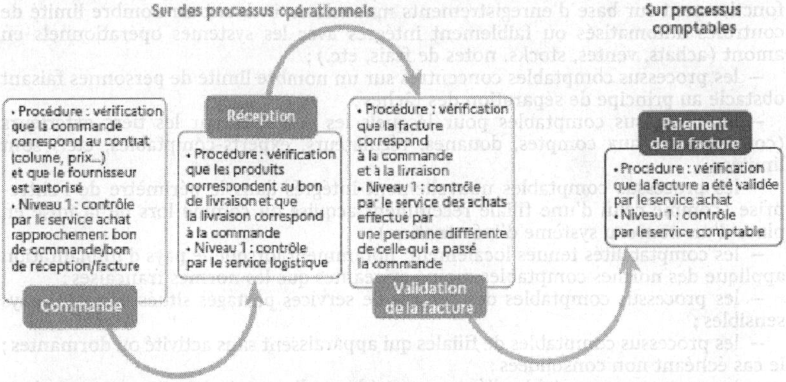

Pour illustration (dans le prolongement de l'exemple ci-dessus), pour les fournisseurs identifiés lors de l'évaluation des tiers comme présentant un risque de corruption, un contrôle comptable anticorruption supplémentaire de niveau 1 peut être mis en place : par exemple, les factures relatives à des fournisseurs considérés comme à risque (suite à l'évaluation des tiers) font l'objet d'une procédure de validation spécifique incluant le département achat et le chef comptable.

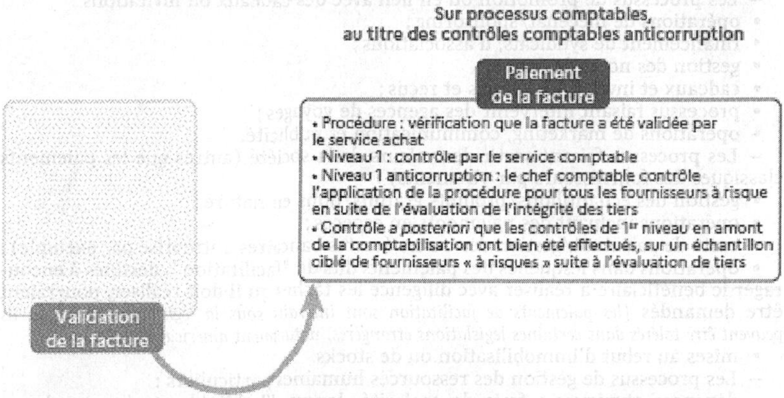

Comme indiqué au paragraphe 152 des recommandations de l'AFA *[V. ce texte supra]*, la nécessité éventuelle d'actualiser la cartographie des risques est appréciée chaque année par l'entreprise. A chaque actualisation de la cartographie est associée une revue des contrôles comptables anticorruption y afférents.

2.2 *Illustrations et exemples de zones de risques de corruption*

Exemples de situations méritant une vigilance comptable accrue

Lors de l'analyse des scénarios de risque, une attention particulière peut, par exemple, être portée aux situations suivantes :

– les processus comptables insuffisamment encadrés comme par exemple ceux fonctionnant sur base d'enregistrements manuels ou incluant un nombre limité de contrôles automatisés ou faiblement intégrés avec les systèmes opérationnels en amont (achats, ventes, stocks, notes de frais, etc.) ;

– les processus comptables concentrés sur un nombre limité de personnes faisant obstacle au principe de séparation des tâches ;

– les processus comptables pour lesquels les contrôles par les tiers extérieurs (commissaires aux comptes, douanes, régulateurs, experts-comptables, etc.) sont limités ;

– les processus comptables nouvellement intégrés dans le périmètre de l'entreprise (comme celui d'une filiale récemment acquise ou comme lors de la mise en place d'un nouveau système d'information) ;

– les comptabilités tenues localement, notamment lorsque le pays d'implantation applique des normes comptables moins exigeantes que les normes françaises ;

– les processus comptables des centres de services partagés situés dans des pays sensibles ;

– les processus comptables de filiales qui apparaissent sans activité ou dormantes ; le cas échéant non consolidées ;

– les processus comptables liés aux procédures d'urgence des entreprises (achats d'urgence par exemple).

Exemples d'opérations qui peuvent requérir une vigilance comptable renforcée

Lors de l'analyse des scénarios de risque sur les processus opérationnels de l'entreprise, une attention particulière doit être portée aux situations suivantes :

– Les processus de promotion ou en lien avec des cadeaux ou invitations :

• opérations de mécénat/sponsoring ;

• financement de syndicats, d'associations ;

• gestion des notes de frais ;

• cadeaux et invitations offerts et reçus ;

• processus faisant intervenir des agences de voyages ;

• opérations de marketing, communication et publicité.

– Les processus faisant sortir des valeurs de la société (autres que les paiements classiques des fournisseurs par virements) :

• gestion des échantillons/produits gratuits/dons en nature ;

• opérations incluant des paiements en espèces ;

• carte de paiement/gestion des cartes (cartes bancaires entreprise par exemple) ;

• opérations dans lesquelles des paiements dits de "facilitation", destinés à encourager le bénéficiaire à réaliser avec diligence les tâches qu'il doit réaliser, pourraient être demandés *[les paiements de facilitation sont interdits sous la législation française. Ils peuvent être tolérés dans certaines législations étrangères, notamment américaine]* ;

• mises au rebut d'immobilisation ou de stocks.

– Les processus de gestion des ressources humaines particuliers :

• dépenses atypiques : frais de scolarité, loyers d'habitation, prise en charge d'impôts sur le revenu pour le compte de salariés ;

• opérations de gestion de ressources humaines sensibles : conventions de licenciement, bonus, charges de personnel, avances sur salaires.

– Les opérations exceptionnelles ou à enjeu :

• acquisition d'une société, prise de participation ;

• gros projet d'investissement, implantation d'usine ;

• transactions immobilières, contrats de location/loyers, paiement des loyers pour le compte d'un tiers.

— Les processus de dépenses sans encadrement :

• dépenses sans commande – enregistrées sans nécessité de bon de commande/devis (c'est par exemple parfois le cas des dépenses relatives aux services généraux ou à certaines prestations) ;

• opération de contractualisation sans processus d'appel d'offres ou avec un processus peu encadré.

— Les flux financiers ou de matière vers des comptes ou des tiers présentant un risque élevé, au regard de la cartographie des risques :

• tiers bénéficiant de modalités de rémunération variables (commissions) ;

• intermédiaires, consultants, agents ;

• entités publiques.

Exemples de comptes comptables sensibles au risque de corruption *[Les différentes numérotations de comptes évoquées le cas échéant sont issues du Plan comptable général]*

Si la plupart des comptes comptables peuvent servir de véhicules pour masquer des faits de corruption, certains comptes peuvent présenter des risques de corruption élevés et requièrent une attention plus marquée. Aussi, lors de l'exercice de cartographie des risques de corruption, convient-il de s'assurer que les procédures de vérification comptable existantes concernant ces comptes sont suffisantes au regard de la maîtrise du risque de corruption ou doivent être renforcées, notamment sur certaines zones ou activités ressortant comme plus à risque.

Les comptes ou mouvements "inversés"

La comptabilité en partie double amène les comptes comptables à être traditionnellement débiteurs ou créditeurs selon leur nature. Les comptes de charges comportent plutôt des enregistrements à leur débit et les comptes de produits des enregistrements à leur crédit. Les comptes de bilan fournisseurs comportent par nature des soldes créditeurs et les comptes clients des soldes débiteurs. Tout mouvement ou compte contraire à la nature du compte comptable peut faire l'objet d'une analyse approfondie et d'une justification documentée :

— tout mouvement enregistré de façon inversée sur les comptes d'achats ou de ventes par rapport à la nature du compte ;

— les comptes dédiés à l'enregistrement de rabais, remises ou ristournes, comme les rabais, remises ou ristournes obtenus sur achats (comptes 609XX (sur achats), 619 (sur services extérieurs) ou 629 (sur autres services extérieurs)) ou accordés aux clients (compte 709XX) ;

— les comptes de tiers au bilan, 409XX fournisseurs débiteurs ou 419XX clients créditeurs ;

— les comptes enregistrant l'annulation de dettes ou de créances (exemple : créances irrécouvrables) ou l'ajournement d'une charge (exemple : transfert de charges) ;

— les mouvements créditeurs des comptes d'immobilisations autres que ceux correspondant à des amortissements classiques (comme une mise au rebut par exemple).

Ces enregistrements comptables peuvent tout à fait être légitimes, mais ils peuvent également comporter la trace d'une réduction de la créance sur un client ou de l'augmentation de la dette à l'égard d'un fournisseur obtenue par l'octroi d'un avantage indu accordé à un salarié de l'entreprise (comptable, commercial, acheteur, etc.). Ils peuvent donc nécessiter une analyse approfondie.

Les comptes d'attente ou d'avance

Ces comptes peuvent permettre, dans certaines circonstances, de faire sortir des fonds de l'entreprise pour corrompre. Par exemple, des avances faites à des salariés (et qui pourraient servir à corrompre), et dont le suivi ne serait pas effectué pourraient donner lieu à un mouvement d'extourne si l'avance est trop ancienne et que le salarié a quitté la société.

Les comptes de régularisation *[de]* type 48XX peuvent également être plus sensibles puisqu'ils traitent par nature d'opérations inhabituelles.

Les comptes comptables de prestation intellectuelle

Les comptes de dette de classe 4XX concernant les tiers fournisseurs de prestations intellectuelles comme les comptes de charge de classe 6 correspondants peuvent être des comptes sensibles (par exemple, 604 achat d'études et prestations de services, 617 études et recherches, 622 rémunération d'intermédiaires et honoraires, etc.). Ils enregistrent en effet des mouvements concernant un service dont la réalité, la date d'exécution et la valeur sont plus difficilement vérifiables que sur une livraison de produits physiques disposant d'un prix catalogue. Il peut s'avérer nécessaire de mettre en place des procédures de vérification spécifiques (comptables et opérationnelles) permettant de s'assurer de la légitimité des factures et de la réalité des prestations concernées.

Les comptes "divers"

Tous les comptes non précisément nommés ou affectés peuvent faciliter des mouvements masquant des faits de corruption comme les comptes à terminaison 8 (par exemple : 6238 divers [pourboires, dons courants, etc.], les comptes de tiers 468 [divers charges à payer ou produit à recevoir]).

Hors bilan et compte de résultat, les garanties et cautions accordées par l'entreprise peuvent être sensibles et nécessiter une vigilance accrue. Par exemple, une entreprise pourrait garantir indûment un emprunt pour le compte d'un tiers, procéder au règlement des échéances si le tiers faisait défaut et lui transférer ainsi des sommes permettant des actes de corruption.

Une liste plus extensive d'exemples de comptes sensibles est présentée en annexe 2.

3. La mise en œuvre des contrôles comptables anticorruption

3.1 *Méthodes de contrôles comptables anticorruption*

Les entreprises mettent en œuvre des contrôles comptables généraux, dont certains participent à la maîtrise du risque de corruption (exemples : contrôle factures, RIB, notes de frais, etc.). Ces contrôles peuvent, au regard de la cartographie des risques, être renforcés (exemples : *via* une double validation des factures) ou complétés par des contrôles comptables spécifiques anticorruption (exemples : contrôles dédiés sur les dépenses cadeaux, de mécénat, etc.). Ces derniers peuvent être étendus notamment quant à leur fréquence, leur périmètre, l'échantillonnage, en cas de risques mis en évidence par la cartographie des risques de corruption. Les méthodes de contrôles comptables anticorruption ne diffèrent donc pas des méthodes de contrôles comptables généraux.

Ces contrôles portent sur les documents comptables précédemment évoqués (bilan, compte de résultat, annexe, grand livre et livre journal) et sur les autres registres légaux de la société (registres sociaux, registres des titres, etc.) comme sur les documents de présentation analytique des comptes, notamment dans le cas des activités concernées par les contrats à long terme. Les méthodes de contrôles comptables d'une société sont généralement répertoriées dans son "manuel des procédures comptables". Ces contrôles relèvent d'analyses comptables comme financières.

Les méthodes suivantes peuvent être employées pour vérifier les comptes et transactions qui ressortent de l'analyse des risques décrite ci-dessus. La révision comptable, la revue analytique et l'analyse des comptes par confrontation à la réalité physique relèvent par leur nature de contrôles de niveau 2 ou 3.

La révision comptable

La révision comptable consiste à vérifier et justifier le contenu d'un poste comptable du bilan ou du compte de résultat. Cette revue est faite notamment au regard des dossiers de pièces justificatives.

La révision comptable peut inclure des revues de cohérence entre les différents documents comptables, avec des registres extracomptables ou avec des pièces justificatives, comme par exemple :

– le rapprochement du registre cadeaux avec les écritures comptables ;

– le rapprochement des comptes fournisseur/client avec les comptes de charge/produit correspondants (par exemple, compte "autres charges diverses") ;

– la revue de l'état des avoirs afin de s'assurer que tous les avoirs émis ont été enregistrés ;

– la revue des créances annulées ;

– la revue de la cohérence des écritures avec leur(s) pièce(s) (par exemple : contrats, bons de commande, bons de livraison, factures, procès-verbaux, etc.).

Elle comprend également la revue de l'imputation comptable adéquate d'une écriture dans le compte afférent. Par exemple, l'entreprise peut contrôler que les remises, rabais et ristournes enregistrés correspondent effectivement à des accords contractuels formalisés et autorisés.

Le repérage et l'analyse de montants atypiques ou récurrents à l'intérieur d'un compte comptable peuvent également participer à la détection de faits de corruption, par exemple sur les comptes d'honoraires et commissions.

Les tests par libellés sur un compte donné peuvent également permettre de détecter des anomalies :

– recherche par mots clés (honoraires, prestation intellectuelle, etc.) ;

– contrôle de la correcte imputation analytique des dépenses.

La période d'enregistrement comptable peut également être analysée, et notamment les enregistrements passés pendant des périodes de fermeture ou de congé traditionnel (qui peuvent être propices à la mise en place de systèmes de validation allégés).

Enfin, la révision comptable peut inclure la revue des rapports d'anomalies informatiques :

– par exemple, rapport d'anomalies sur les "rabais remises ristournes" si ce flux est automatisé (pourcentage différent du pourcentage contractuel prévu) ;

– ou revue des rapports d'anomalies de déversement du chiffre d'affaires dans l'outil comptable.

La revue analytique

La revue analytique consiste à s'assurer de la cohérence du montant d'un compte par une méthode de comparaison. Cette comparaison peut par exemple s'effectuer :

– par rapport au même compte sur les années précédentes ;

– par rapport à l'évolution de données liées (par exemple, le poste salaires est lié aux variations des effectifs) ;

– par revue des principaux ratios et comparaison par rapport aux standards du secteur.

Les différents écarts significatifs doivent trouver une explication logique. Si des incohérences subsistent après analyse des écarts, le compte doit faire l'objet d'une vérification approfondie. Cette méthode de contrôles comptables peut permettre, par exemple :

– de repérer des prix d'achat supérieurs aux prix observés par rapport aux budgets ou aux exercices précédents et correspondant par exemple à une augmentation factice du prix pièce unitaire facturé par un fournisseur, dissimulant ainsi le versement de sommes destinées à corrompre ;

– de repérer des prix de ventes clients inférieurs aux grilles tarifaires ou dérogeant aux conditions générales de ventes ;

– de détecter des sorties de stocks inhabituelles en effectuant un suivi de la démarque/casse ;

– de repérer des anomalies en suivant des indicateurs de gestion (taux de remise par contrat/fournisseur, réalisation de ventes non attendues, etc.) qui peuvent révéler des faits de corruption ;

— d'analyser les bonus rapportés aux salaires.

La notion de significativité d'un écart ne s'apprécie pas seulement au regard du montant financier en jeu, mais également en prenant en compte l'environnement du risque concerné : par exemple, les flux concernant des tiers à risques peuvent demander une analyse plus fine et sur des montants d'écarts plus faibles que sur les fournisseurs classiques. Les zones de risques à considérer sont déterminées lors de la cartographie des risques.

Le contrôle par sondage

Le contrôle par sondage permet d'apprécier la conformité d'un échantillon d'opérations comptables. Compte tenu du flux très important d'écritures comptables enregistrées, le contrôle se fait généralement par échantillonnage. La méthode de sélection des échantillons à vérifier est basée sur des critères spécifiques en lien avec la cartographie des risques. Le nombre d'échantillons à retenir est établi par le vérificateur et dépend du niveau de risque identifié sur le compte concerné. Des outils peuvent être utilisés pour aider à sélectionner des échantillons représentatifs des "populations" testées. Lorsque le contrôle est automatisable, l'échantillon peut être étendu, voire couvrir l'ensemble d'une population.

Une attention particulière est à porter sur les méthodes d'échantillonnage par seuils, c'est-à-dire qui réclament de vérifier un compte pour tous les enregistrements supérieurs à un seuil déterminé. Cette approche peut être pertinente dans le cadre d'une révision comptable classique, mais elle est à manipuler avec précaution dans le cadre d'un objectif de maîtrise d'un risque de corruption, qui n'est pas systématiquement lié au montant de l'enregistrement d'une opération. Sur les processus sensibles, il est recommandé de doubler les contrôles par seuils de contrôles sur un échantillon pris au hasard.

Les processus et contrôles comptables informatisés vont permettre de traiter des volumes plus conséquents de données comptables et de transactions grâce à l'automatisation. Ils contribuent ainsi à une maîtrise plus efficace des risques inhérents aux opérations comptables sous réserve de la mise en place de contrôles adaptés sur leur fonctionnement et qui ne se limitent pas à l'analyse des anomalies détectées par le système.

L'analyse des comptes par confrontation à la réalité physique

Ces contrôles recouvrent toutes les procédures permettant de réconcilier le solde d'un compte par comparaison avec des quantités physiques. Ils incluent bien évidemment les inventaires d'immobilisations, de stocks physiques (matières premières, produits finis ou en cours de production mais également déchets ou "scraps" ou produits de démonstration). Ils peuvent inclure également la réconciliation des soldes en caisse et du solde comptable.

La conduite de ces contrôles implique d'analyser tout écart significatif, qui doit être justifié et faire l'objet d'une écriture d'ajustement sur une période de temps limitée.

3.2 *Articulation des contrôles comptables anticorruption avec d'autres contrôles*

Articulation des contrôles comptables anticorruption avec les contrôles comptables existants

Les contrôles comptables anticorruption garantissent *in fine* le respect des mêmes principes que les contrôles comptables généraux et reposent sur les mêmes méthodes. Ils sont établis au regard des situations à risques mises en évidence dans la cartographie des risques de corruption, parmi les contrôles généraux existants, par approfondissement ou en complément de ceux-ci.

Articulation des contrôles comptables anticorruption avec d'autres contrôles financiers

Les entreprises peuvent être soumises à des réglementations françaises ou étrangères qui leur imposent de mettre en place un certain nombre de mesures de nature comptable et financière. Si ces mesures peuvent contribuer dans certains cas à la prévention et à la détection de la corruption, la conformité à ces réglementations ne présume pas de la conformité des contrôles comptables anticorruption prévus par l'article 17 de la loi du 9 décembre 2016.

Sarbanes Oxley

Les sociétés cotées ou émettant des titres sur le marché américain ainsi que leurs filiales sont assujetties à la loi *Sarbanes Oxley* (dite SOX) *[Public Law 107-204 du 30 juill. 2002]* qui prévoit que le management puis l'auditeur légal de ces sociétés émettent une opinion sur la qualité du contrôle interne d'une entreprise. Les entreprises soumises sont donc organisées pour démontrer qu'elles respectent les principes de contrôle interne. Si la mise en œuvre d'un contrôle interne efficace contribue à la prévention et à la détection de la corruption, il ne recouvre pas forcément la totalité des risques de corruption que seul l'exercice de cartographie des risques dédié permet d'identifier. De même, la contribution des mesures relevant du volet antifraude de SOX peut être évaluée au travers de la cartographie des risques de corruption et de l'efficacité des mesures existantes pour remédier aux risques identifiés. Les contrôles comptables anticorruption doivent cibler les risques de corruption identifiés lors de la cartographie. Si une partie de ces risques est couverte par des contrôles SOX, l'entreprise doit les identifier et formaliser l'identification.

Lutte contre la fraude

Les contrôles comptables développés par les entreprises dans un objectif de lutte contre la fraude participent de manière active à la lutte contre la corruption, par exemple : contrôles sur les RIB, rapprochements bancaires, etc. Ils feront largement partie des contrôles comptables existants répertoriés dans la cartographie des risques en étape 4 (voir 2.1).

Lutte anti-blanchiment et financement du terrorisme (LCB-FT)

Les systèmes d'évaluation et de gestion des risques de blanchiment de capitaux et de financement du terrorisme imposés par le code monétaire et financier à certains professionnels peuvent, par certains aspects, participer à la prévention et à la détection de la corruption *[C. mon. fin., art. L. 561-1 s. ; V. vº Blanchiment]*. Ils restent cependant centrés sur certains types de tiers et notamment les clients. Ces mécanismes sont de plus activés dans une optique spécifique à la LCB-FT et les informations demandées à la clientèle peuvent être différentes dans le cadre de la lutte anticorruption. Les sociétés assujetties ne demandent par exemple pas dans ce cadre à leurs clients personnes morales si elles ont mis en place un dispositif de prévention de la corruption. Par ailleurs, les contrôles relevant des obligations de vigilance à l'égard de la clientèle auxquelles sont assujetties les personnes au titre de la lutte contre le blanchiment des capitaux et le financement du terrorisme n'imposent pas la mise en place de contrôles comptables anticorruption. Les banques ou assurances sont d'autre part soumises aux réglementations de Bâle et Solvabilité 2 et ont à ce titre l'obligation de mettre en place un dispositif de contrôle interne comptable. La contribution de ce dispositif peut être évaluée au travers de la cartographie des risques de corruption et de l'efficacité des mesures existantes pour remédier aux risques identifiés.

3.3 *Une procédure dédiée et formalisée*

Les modalités des contrôles comptables anticorruption sont formalisées au sein d'une procédure rappelant notamment :

— l'objet et le périmètre des contrôles ;

— les rôles et responsabilités dans la mise en œuvre des contrôles de niveaux 1, 2 et 3 (sans oublier les étapes de présentation des contrôles aux instances dirigeantes et les modalités de validation des plans d'action par leur soin) ;
— les critères de seuils ou de matérialité devant entraîner un contrôle ;
— les modalités d'échantillonnage des opérations à contrôler, le cas échéant ;
— la définition d'un plan de contrôle qui peut inclure, suivant les niveaux de risque identifiés, des contrôles systématiques et des contrôles faits par rotation, ainsi que leur temporalité ;
— les modalités de gestion des anomalies.

La procédure précisera également les modalités de formalisation, de traçabilité et d'archivage des contrôles réalisés. L'entreprise peut utilement réaliser une matrice faisant un lien direct entre la cartographie des risques de corruption et les contrôles comptables participant à réduire ces risques.

La procédure peut notamment préciser le niveau de documentation attendu des différents contrôles comptables anticorruption mis en place, y compris sur des contrôles informatiques. À titre d'illustration, elle peut inclure :
— des procédures et modes opératoires ;
— des narratifs décrivant les différentes étapes des cycles et processus métiers, et distinguant les risques et contrôles associés ;
— des logigrammes décisionnels, des diagrammes de processus ;
— des autoévaluations de conception et d'efficacité opérationnelle du contrôle interne ;
— des matrices de contrôles définissant les objectifs des contrôles, les risques, les étapes des contrôles opérés, la fréquence des contrôles.

Comme pour les autres mesures et procédures du dispositif de prévention de la corruption, la procédure de contrôle comptable anticorruption est soumise à un dispositif de contrôle et d'audit interne en trois niveaux qui a pour but :
— de contrôler sa *[la]* mise en œuvre effective de la procédure de contrôles comptables anticorruption ;
— d'identifier et de comprendre les manquements dans cette mise en œuvre ;
— de définir des recommandations ou autres mesures correctives adaptées, si nécessaire, en vue de l'améliorer.

Ce contrôle interne déployé sur la procédure de contrôles comptables anticorruption s'organise également en trois niveaux dont des exemples sont donnés dans le tableau ci-dessous.

Contrôles de 1er niveau	Contrôle des habilitations. Contrôle de la correcte application des contrôles comptables anticorruption.
Contrôles de 2e niveau	Contrôle régulier de la correcte réalisation des contrôles comptables anticorruption après réalisation de l'opération sur la base d'un échantillonnage représentatif de dossiers.
Contrôles de 3e niveau	Contrôle de la correcte réalisation et de l'efficacité des contrôles comptables de premier et deuxième niveaux. Analyse de la réalisation des contrôles comptables et de la correcte allocation des ressources. Analyse de la pertinence des contrôles comptables au regard des risques identifiés par la cartographie. Analyse du caractère systémique du dispositif: par exemple, analyse critique des procédures de contrôles comptables en place au regard des mises à jour de la cartographie des risques de corruption.

3.4 *Rôles et responsabilités des différents acteurs*

Un grand nombre de départements de l'entreprise (opérationnels comme supports) sont garants de la bonne application du dispositif de prévention et de détection de la corruption. Les contrôles comptables ne constituent qu'une composante des contrôles mis en place par une entreprise dans le cadre de son dispositif anticorruption. Sur leur périmètre propre, ils impliquent un nombre plus limité d'acteurs en fonction des phases successives : analyse des risques, validation de la stratégie de maîtrise des risques, conception des procédures, établissement du plan de contrôle et réalisation et suivi des contrôles. Le tableau ci-dessous propose une répartition indicative des rôles et responsabilités que les entreprises peuvent adapter, en veillant au respect du principe de séparation des tâches.

	Instance dirigeante	Responsable de la fonction conformité	Direction comptable et financière	Équipes comptables	Contrôle interne	Audit interne	Commissaire aux comptes	Expert-comptable
Cartographie	X	X	X	X		X		
Conception des procédures de contrôles comptables anticorruption		X	X					
Établissement du plan de contrôles comptables anticorruption à mener		X	X			X		
Contrôles de niveau 1			X	X				
Contrôles de niveau 2		X	X		X	X		X
Contrôles de niveau 3	X					X	X	X

L'instance dirigeante valide formellement les résultats de la cartographie des risques et le plan d'action associé. Elle a donc connaissance des actions de renforcement des contrôles comptables existants ou de création de contrôles comptables au titre de la maîtrise des risques de corruption. Une fois les processus de contrôles déroulés, elle est informée des principaux résultats des audits internes et a communication des rapports des commissaires aux comptes. Elle s'assure de la réalisation des plans d'action visant à améliorer la gestion des risques de corruption, et affecte notamment les moyens nécessaires à la réalisation de ces plans d'action.

Le responsable de la fonction conformité est le pilote du dispositif de prévention de la corruption. Sur la partie contrôles comptables anticorruption, il travaille en étroite collaboration avec la direction financière et l'audit interne. Lors de l'élaboration de la cartographie des risques, il liste avec la direction financière les contrôles comptables déjà existants pour chaque scénario de risques détecté et détermine ceux à mettre en place afin de remédier aux risques jugés insuffisamment maîtrisés. Il formalise la procédure de contrôle comptable anticorruption en lien avec cette direction. Le responsable en charge de la maîtrise des risques, quand l'entreprise en dispose, contribue également à la définition de la méthodologie utilisée pour identifier, analyser, hiérarchiser et gérer les risques de corruption et travaille en étroite collaboration sur ces points avec le responsable conformité.

Il réalise enfin certains contrôles de niveau 2. Par exemple, il peut être amené à effectuer des rapprochements entre le registre des cadeaux et invitations offerts et le compte comptable cadeaux et invitations.

La direction comptable et financière participe, comme mentionné ci-dessous, à l'établissement de la liste des contrôles comptables existants, à la mise en place de nouveaux contrôles comptables anticorruption, le cas échéant, et à la conception de la procédure de contrôles comptables anticorruption. Les salariés comptables de cette direction réalisent également des contrôles de premier niveau comme de deuxième niveau. En premier niveau, ils peuvent, par exemple, être amenés à valider systématiquement tout rabais, remise ou ristourne supérieur à un certain montant. En deuxième niveau, ils peuvent, par exemple, contrôler par sondage aléatoire et à une fréquence prédéterminée que les rabais accordés ont bien fait l'objet d'une validation formelle du directeur commercial, qui certifie ainsi qu'ils correspondent au contrat.

Les équipes comptables et financières diligentent les contrôles comptables anticorruption de premier niveau. Afin de limiter le risque lié à l'autocontrôle, il est recommandé de s'assurer que les écritures comptables à risque soient examinées et validées par un collaborateur différent de celui qui en a effectué la saisie.

Les services de contrôle interne (et de contrôle permanent dans certains établissements bancaires) participent à la réalisation des contrôles de deuxième niveau.

Les services d'audit interne mènent les contrôles de niveau 3 qui visent à évaluer l'efficacité des procédures de contrôles comptables anticorruption et leur conformité aux exigences de l'entreprise. A ce titre, ils sont à même de fournir des informations sur l'application effective et sur l'efficacité des procédures de contrôles comptables existantes au moment de la réalisation de la cartographie des risques. Ils contribuent ainsi à une cotation documentée des risques nets. Ils inscrivent les procédures de contrôles comptables anticorruption au sein de leur programme d'audit.

Les commissaires aux comptes. La loi Sapin 2 prévoit expressément que les contrôles comptables anticorruption peuvent être réalisés "en ayant recours à un auditeur externe à l'occasion de l'accomplissement des audits de certification de comptes prévus à l'article L. 823-9 du code de commerce" *[L. nº 2016-1691 du 9 déc. 2016, art. 17-II-5º]* pour les sociétés qui sont soumises à l'obligation de faire certifier leurs comptes. Aux termes de l'article L. 823-9 du code de commerce, "les commissaires aux comptes certifient, en justifiant de leurs appréciations, que les comptes annuels sont réguliers et sincères et donnent une image fidèle du résultat des opérations de l'exercice écoulé ainsi que de la situation financière et du patrimoine de la personne ou de l'entité à la fin de cet exercice".

La certification des comptes annuels et consolidés est la principale mission des commissaires aux comptes. Le rapport de certification rendu dans le cadre de cette mission vérifie :

— la conformité et régularité des comptes par rapport au plan comptable général ;

— la sincérité des comptes (loyauté et bonne foi dans l'établissement des comptes) ;

— l'image fidèle de l'entreprise (principe de prudence, traduction financière de la réalité).

Pour ce faire, il met en œuvre un audit qui lui permet d'obtenir l'assurance raisonnable que les comptes ne comportent pas d'anomalies significatives *[le commissaire aux comptes peut se référer à la norme d'exercice professionnel relative aux principes applicables à l'audit des comptes mis en œuvre dans le cadre de la certification des comptes (C. com., art. A. 823-2 - NEP 200)]*. Cet audit consiste à mettre en œuvre des contrôles définis sur la base d'une analyse des risques. Ces contrôles portent à la fois sur les dispositifs de contrôle interne de l'entité et sur les comptes eux-mêmes. Des normes d'exercice professionnel déterminent les diligences à accomplir et le formalisme qui s'attache à la réalisation de sa mission. Le commissaire aux comptes restitue formellement la conclusion de ses travaux dans un rapport écrit dans lequel il exprime son opinion sur les comptes au regard du référentiel comptable applicable.

A l'occasion de ces vérifications et dans l'objectif qui leur est assigné de contribuer à la prévention des difficultés éventuelles de l'organisation auditée, les commissaires aux comptes participent à la prévention et à la détection de la corruption. Du reste, ils doivent révéler au procureur de la République les faits délictueux – y compris les faits de corruption – dont ils ont connaissance au cours de leur mission.

Le choix d'internaliser la réalisation des contrôles comptables anticorruption, de mandater son commissaire aux comptes ou un conseil spécialisé ou de cumuler les deux façons de faire est laissé à la libre appréciation de l'entreprise. La conception et la mise en œuvre des contrôles comptables "anticorruption" restent en revanche de la responsabilité de l'entreprise. Si l'entreprise souhaite solliciter son commissaire aux comptes, ce dernier peut réaliser des prestations (services autres que la certification des comptes), sous réserve de respecter les règles déontologiques. A l'exception des services interdits pour la certification des comptes d'une entité d'intérêt public, le commissaire aux comptes peut accepter toute prestation dès lors qu'elle n'affecte pas son indépendance dans l'exercice de sa mission de certification. Dans ces cas, conformément à sa déontologie et en complément de sa mission de certification, le commissaire aux comptes pourra réaliser des prestations au titre des procédures de contrôles comptables anticorruption *[le contenu des contrôles comptables de niveau 3 est indiqué dans les recommandations de l'AFA aux § 308 à 310]* et notamment :

– tester l'efficacité des contrôles comptables anticorruption existants, mis en place par l'entité dans le cadre du dispositif ;

– tester la conformité des contrôles mis en œuvre au référentiel de contrôle défini par l'entreprise ;

– identifier les forces et faiblesses d'éléments du contrôle interne mis en place par l'entité dans le cadre du dispositif anticorruption ;

– formuler des recommandations visant à contribuer à l'amélioration des éléments du contrôle interne mis en place dans le cadre du dispositif anticorruption.

De tels audits externes ne se confondent pas avec la certification des comptes.

Le commissaire aux comptes doit pouvoir justifier qu'il a analysé les risques susceptibles de compromettre son indépendance pour exercer sa mission, qu'il certifie les comptes d'une entité d'intérêt public ou ceux d'une autre entité, et le cas échéant, qu'il a pris les mesures appropriées pour que son indépendance soit préservée.

Les experts-comptables. L'expert-comptable de l'entreprise est l'interlocuteur privilégié de l'entreprise sur le respect des règles et normes comptables en vigueur. Il est, à ce titre, une ressource de conseil afin de mettre en place toute procédure destinée à s'assurer que les livres, registres et comptes ne sont pas utilisés pour masquer des faits de corruption.

Articulation des contrôles comptables dans un groupe de sociétés

Les entreprises qui exercent un contrôle sur d'autres entités (par exemple : filiales, succursales, agences) sont invitées à mettre en place des procédures et un contrôle interne visant à s'assurer de la qualité et de l'efficacité du ou des dispositifs anticorruption déployés dans l'ensemble du périmètre qu'elles contrôlent.

Les contrôles comptables dans les groupes sont partagés entre les contrôles opérés au niveau de la maison mère ou de ses divisions/branches et les contrôles opérés localement dans les filiales. Les contrôles opérés directement au niveau du groupe reposent le plus souvent sur les services de contrôle de gestion groupe et/ou d'audit interne. Ce sont généralement en conséquence des contrôles de supervision et de nature détective. Le groupe peut définir des principes généraux ainsi que des catalogues de procédures et de contrôles internes, que la filiale appliquera et pourra alors compléter, le cas échéant, au regard de sa propre cartographie des risques de corruption. Il faut souligner la nécessité d'adapter et de renforcer les contrôles comptables anticorruption en cas d'implantation ou d'opérations avec des entreprises situées dans des pays sensibles.

Dans les cas de détention d'une société en contrôle conjoint ou sans contrôle, la maison mère doit rester vigilante sur les contrôles comptables mis en place au sein de sa filiale ou participation.

Les comités d'audit, quand ils existent, sont responsables de la coordination et de la supervision de l'ensemble.

Selon le code de commerce *[art. L. 823-19]*, les comités d'audit sont notamment chargés, sous la responsabilité, selon le cas, de l'organe chargé de l'administration ou de l'organe de surveillance, du suivi :

– de l'élaboration de l'information financière ;

– de l'efficacité des systèmes de contrôle interne et de gestion des risques ;

– du contrôle légal des comptes annuels et, le cas échéant, des comptes consolidés par le CAC ;

– de l'indépendance des CAC.

3.5 *Traitement des anomalies*

Tout constat d'une anomalie à l'issue des contrôles comptables anticorruption doit faire l'objet d'une prise en compte par l'entreprise.

Les résultats des contrôles comptables anticorruption de deuxième niveau donnent lieu à une synthèse conclusive incluant, en cas d'anomalies, la définition d'actions correctives dans le cadre d'un plan d'action. Les résultats des contrôles de troisième niveau donnent lieu à l'émission d'un rapport dont les principales conclusions sont présentées à l'instance dirigeante.

L'entreprise peut ainsi être amenée à compléter certaines procédures comptables existantes pour remédier aux anomalies constatées. Les cas d'anomalies alimentent également une mise à jour de la cartographie des risques de corruption et peuvent faire l'objet d'illustrations complémentaires dans le code de conduite et les supports de formation dédiés à la prévention de la corruption en coordination avec le responsable de la conformité.

Si l'anomalie relève d'un manquement dans la mise en œuvre des procédures ou du dispositif anticorruption, le responsable hiérarchique peut envisager des mesures envers l'auteur du manquement allant du simple rappel de la règle à la sanction, suivant l'importance du manquement constaté.

Si l'anomalie fait ressortir des soupçons ou des faits de corruption, elle doit être portée à la connaissance du responsable de la conformité et de l'instance dirigeante qui peut décider de diligenter une enquête interne.

ANNEXE 1 COMPARAISON DES RÉFÉRENTIELS FRANÇAIS ET ANGLO-SAXONS EN MATIÈRE DE CONTRÔLES COMPTABLES ANTICORRUPTION

Les procédures de contrôles comptables font l'objet de développements dans le guide du *Foreign Corrupt Practices Act* (FCPA), "A Resource Guide to the U.S. Foreign Corrupt Practices Act". Comparativement, le *UK Bribery Act* (UKBA), loi britannique relative à la répression et la prévention de la corruption, n'en fait qu'une simple mention au détour d'un exemple relatif au contrôle interne.

Le guide FCPA précité dédie toute une partie aux procédures comptables en matière de lutte contre la corruption, à associer avec les dispositions de la loi SOX (Chapter 3 : the FCPA : *accounting provisions*). Toutefois, il faut garder à l'esprit que ces recommandations en matière comptable ont un périmètre restreint puisqu'elles ne sont applicables qu'aux entreprises cotées à la bourse américaine ("issuers").

En préambule, il convient de souligner que les recommandations de l'AFA concernant les contrôles comptables anticorruption n'ont pas de force légale, alors que le non-respect des dispositions comptables du FCPA peut représenter une infraction civile et pénale.

Comme l'AFA, le guide FCPA souligne que les contrôles comptables anticorruption doivent être mis en place sur le fondement de la cartographie des risques et de la prise en compte de la réalité opérationnelle de l'activité. Le guide FCPA n'indique donc pas non plus une liste de contrôles prédéterminés à effectuer, mais laisse logiquement à l'entreprise la faculté de déterminer les contrôles adéquats en fonction de son évaluation de ses risques spécifiques.

Le guide FCPA souligne comme l'AFA l'importance que revêt la tenue d'une comptabilité fiable et rigoureuse dans le dispositif de prévention et de détection de la corruption ("books and record provision"). Il insiste également sur la nécessité de mettre en œuvre en complément un système de contrôles comptables interne ("internal controls provision"). Les méthodes de contrôles ne sont en revanche pas évoquées dans le guide FCPA, hormis la comparaison régulière des comptes à la réalité physique des actifs.

Le guide FCPA rappelle que les auditeurs doivent alerter le régulateur américain SEC (*Securities and Exchange Commission*) s'ils découvrent des faits illégaux, en miroir de l'obligation des commissaires aux comptes en France d'effectuer un signalement au procureur de la République des faits présumés délictueux dont ils ont connaissance au cours de leurs missions.

Le guide FCPA donne moins d'exemples de comptes ou situations sensibles mais mentionne quand même que la corruption est souvent maquillée sous des paiements

qui apparaissent légitimes dans des comptes, comme les commissions ou les honoraires de conseils.

ANNEXE 2 AUTRES EXEMPLES DE COMPTES COMPTABLES SENSIBLES

[Les différentes numérotations de comptes évoquées sont issues du Plan comptable général]

1. *Compte de résultat*

604 – Achats d'études et de prestations de services
608 – (compte réservé, le cas échéant, à la récapitulation des frais accessoires incorporés aux achats)
609 – Rabais, remises et ristournes obtenus sur achats
611 – Sous-traitance générale
613 – Locations
618 – Divers
6185 – Frais de colloques, séminaires, conférences
619 – Rabais, remises et ristournes obtenus sur services extérieurs
622 – Rémunérations d'intermédiaires et honoraires
623 – Publicités publications relations publiques
6232 – Échantillons
6234 – Cadeaux à la clientèle
6235 – Primes
6238 – Divers (pourboire, dons courants, etc.)
625 – Déplacements, missions et réceptions
628 – Divers
641 – Rémunérations du personnel
6413 – Primes et gratifications
6414 – Indemnités et avantages divers
658 – Charges diverses de gestion courante
654 – Pertes sur créances irrécouvrables
671 – Charges exceptionnelles sur opérations de gestion
6713 – Dons, libéralités
6714 – Créances devenues irrécouvrables dans l'exercice
6718 – Autres charges exceptionnelles sur opérations de gestion
708 – Produits des activités annexes (examiner tous les sous-comptes)
709 – Rabais, remises et ristournes accordés par l'entreprise
75 – Autres produits de gestion courante
758 – Produits divers de gestion courante
79 – Transferts de charges
86 – Emplois des contributions volontaires en nature
860 – Secours en nature
861 – Mise à dispositions gratuites de biens
862 – Prestations
864 – Personnel bénévole
87 Contributions volontaires en nature
870 – Dons en nature
871 – Prestations en nature
875 – Bénévolat
Tous les comptes se terminant par "8" qui sont des comptes "divers".

2. *Bilan*

35 – Stocks de produits
40 et 41 – Comptes concernant des tiers risqués
512 – Banques
53 – Caisses
471 à 475 – Comptes d'attente

455 – Associés – comptes courants
Comptes d'avance
Écarts d'acquisition

Charte AFA (juin 2022),

Des contrôles.

COMMENTAIRE

La charte décrit le cadre des contrôles de l'Agence française anticorruption, relevant soit de l'article 3, 3°, soit de l'article 17 de la loi du 9 décembre 2016 : entités concernées (certaines pouvant relever des deux articles susvisés), décision de contrôle, objet du contrôle. La précédente datait d'avril 2019.

Il est rappelé que les agents contrôleurs de l'AFA sont soumis au secret professionnel, de même que toute personne concourant aux opérations.

Les contrôles peuvent se dérouler selon deux modalités distinctes, à la libre appréciation du directeur de l'AFA : soit il est procédé à un contrôle sur pièces, suivi d'un contrôle sur place, soit il est décidé de commencer par le contrôle sur place. Le contrôle sur pièces donne lieu à l'envoi d'un questionnaire spécifique (V. *supra*).

L'AFA peut demander à s'entretenir avec toute personne de son choix. Lors des premiers contrôles, les personnes n'étaient pas assistées et les entretiens n'étaient pas l'objet d'un procès-verbal. Cette pratique a changé. On notera cependant que l'assistance d'un conseil n'est mentionnée qu'en note de bas de page ; ce qui est explicitement prévu c'est que l'entretien puisse, si les agents de l'AFA en sont d'accord, « se dérouler avec plusieurs personnes ». Le droit à l'assistance d'un avocat n'est donc pas garanti alors même que les entretiens pourraient conduire à engager la responsabilité pénale des personnes auditionnées, étant rappelé que les agents de l'AFA sont soumis aux dispositions de l'article 40 du code de procédure pénale.

Pour éviter toute influence, la présence du responsable de la personne auditionnée est généralement écartée.

La charte explicite également la procédure devant la commission des sanctions. Elle est, à cet égard, une déclinaison de l'article 5 du décret n° 2017-329 du 14 mars 2017 relatif à l'Agence française anticorruption (V. *supra*, A. Droit préventif et répressif).

Au-delà de ces rappels procéduraux, la charte comporte une partie relative aux « principes de bonne conduite » concernant aussi bien les agents de l'AFA (dont le comportement sera loyal et professionnel) que les entités contrôlées. ❑

Introduction

L'Agence française anticorruption (AFA), service à compétence nationale créé par la loi n° 2016-1691 du 9 décembre 2016 (ci-après "la loi") relative à la transparence, à la lutte contre la corruption et à la modernisation de la vie économique, a pour mission d'aider les autorités et les personnes qui y sont confrontées à prévenir et à détecter les faits de corruption, de trafic d'influence, de concussion, de prise illégale d'intérêt, de détournement de fonds publics et de favoritisme *[art. 1er de la L. n° 2016-1691 du 9 déc. 2016]*.

L'AFA effectue des contrôles dits d'initiative sur décision de son directeur. Ces contrôles portent sur l'existence, la qualité et l'efficacité des mesures et procédures destinées à prévenir et à détecter les atteintes à la probité, ci-après "dispositifs anticorruption", mis en œuvre au sein, d'une part, des acteurs publics en application du 3° de l'article 3 de la loi et, d'autre part, des acteurs économiques entrant dans le champ d'application de l'article 17 de la loi. Par ailleurs, l'AFA s'assure de l'exécution des mesures judiciaires comportant mise en œuvre d'un programme de conformité anticorruption *[peine de mise en conformité prévue à l'art. 131-39-2 C. pén. et convention judiciaire d'intérêt public prévue à l'art. 41-1-2 C. pr. pén.]* **et, à sa demande, de l'exécution des décisions d'injonction prises par la commission des sanctions** *[art. 17-V de la L. n° 2016-1691 du 9 déc. 2016]*.

La présente charte, tout en rappelant succinctement le champ de compétence de l'AFA pour les missions de contrôle des acteurs publics et des acteurs économiques prévus *[prévues]* au 3° de l'article 3 et à l'article 17-III de la loi, expose les modalités d'exercice des contrôles d'initiative et leurs suites possibles.

Outre ces dispositions d'organisation, elle précise les principes de bonne conduite suivis par les agents en charge d'un contrôle et les comportements attendus des personnes sollicitées à cette occasion.

Cette charte n'a pas vocation à décrire avec exhaustivité tous les détails d'un contrôle. Elle a principalement pour objet d'informer sur les pratiques d'usage et renvoie, le cas échéant, aux textes applicables.

Toutefois, le respect des principes et comportements qu'elle décrit par toutes les personnes participant aux opérations de contrôle contribue au bon déroulement de celles-ci tout en préservant les droits et devoirs de chacun.

I. — Le champ de compétence de l'AFA dans ses missions de contrôle

Le 3° de l'article 3 de la loi charge l'AFA de contrôler les procédures mises en œuvre au sein de certaines catégories d'acteurs publics, des associations et fondations reconnues d'utilité publique pour prévenir et détecter les faits de corruption, de trafic d'influence, de concussion, de prise illégale d'intérêt *[intérêts]*, de détournement de fonds publics et de favoritisme.

Les personnes morales de droit public ou privé visées au I de l'article 17 de la loi ont par ailleurs une obligation légale de conformité dans le domaine de la lutte contre la corruption et le trafic d'influence, telle que définie au II de l'article 17. Le respect de ces mesures et procédures est contrôlé par l'AFA dans les conditions précisées au III du même texte.

Les articles 3 et 17 de la loi ne sont pas exclusifs. Ainsi, les établissements publics à caractère industriel et commercial (EPIC), les sociétés d'économie mixte (SEM) et les sociétés publiques locales (SPL) peuvent, sous réserve de l'atteinte des seuils mentionnés au I de l'article 17 de la loi, faire l'objet d'un contrôle de l'AFA fondé à la fois sur le 3° de l'article 3 et sur le III de l'article 17.

1. *Les personnes publiques ou privées susceptibles de faire l'objet d'un contrôle de l'AFA*

• Les acteurs publics, les associations et fondations reconnues d'utilité publique assujettis au 3° de l'article 3 de la loi

Le 3° de l'article 3 de la loi mentionne six catégories d'acteurs publics soumises au contrôle de l'AFA :

— les administrations de l'État;
— les collectivités territoriales;
— leurs établissements publics;
— les sociétés d'économie mixte;
— les sociétés publiques locales;
— les associations et fondations reconnues d'utilité publique.

Ces entités pourront utilement se référer à la note relative au périmètre des contrôles prévus par le 3° de l'article 3 de la loi, qui figure sur le site internet de l'AFA *[www.agence-francaise-anticorruption.gouv.fr/fr/document/fiche-perimetre-acteurs-publics-associations-et-fondations-reconnues-dutilite-publique]*.

• Les entreprises assujetties à l'article 17 de la loi

L'article 17 de la loi prévoit une obligation de mise en place de mesures et procédures de conformité en matière de détection et de prévention des faits de corruption et de trafic d'influence. Cette obligation est faite aux dirigeants de personnes morales d'une certaine taille *[art. 17-I de la L. n° 2016-1691 du 9 déc. 2016]*. Il s'agit :

— des présidents, des directeurs généraux et des gérants de société employant au moins cinq cents salariés et dont le chiffre d'affaires est supérieur à 100 M€;

— des présidents, des directeurs généraux et des gérants de sociétés appartenant à un groupe de sociétés dont la société mère a son siège social en France et dont l'effectif comprend au moins cinq cents salariés et le chiffre d'affaires consolidé est supérieur à 100 M€ d'euros ;

— des présidents et directeurs généraux d'établissements publics à caractère industriel et commercial employant au moins cinq cents salariés, ou appartenant à un groupe public dont l'effectif comprend au moins cinq cents salariés, et dont le chiffre d'affaires ou le chiffre d'affaires consolidé est supérieur à 100 M€ ;

— des membres du directoire des sociétés anonymes régies par l'article L. 225-57 du code de commerce et employant au moins cinq cents salariés, ou appartenant à un groupe de sociétés dont l'effectif comprend au moins cinq cents salariés, et dont le chiffre d'affaires ou le chiffre d'affaires consolidé est supérieur à 100 M€.

Ces obligations portent sur la société elle-même ainsi que sur l'ensemble de ses filiales ou des sociétés qu'elle contrôle *[le Conseil constitutionnel dans sa Décis. n° 2016-741 DC du 8 déc. 2016 portant sur la loi "Sapin II" précise que les termes "groupe de sociétés" figurant au 1er al. du I de l'art. 17 "doivent être entendus comme désignant l'ensemble formé par une société et ses filiales au sens de l'article L. 233-1 du code de commerce ou comme l'ensemble formé par une société et celles qu'elle contrôle au sens de l'article L. 233-3 du même code"]*.

A cet égard, les filiales ou sociétés appartenant à une société mère qui atteignent à elles seules les seuils des 500 salariés et de plus de 100 M€ de chiffre d'affaires *[Cf. Fiche périmètre de contrôle des acteurs économiques sur le site de l'AFA qui en donne la définition]* sont réputées satisfaire aux obligations prévues à l'article 17 de la loi du 9 décembre 2016 :

— dès lors que la société qui les contrôle met en œuvre les mesures et procédures prévues au II de cet article ;

— et que ces mesures et procédures s'appliquent à l'ensemble des filiales ou sociétés qu'elle contrôle *[art. 17-I-2° de la L. n° 2016-1691 du 9 déc. 2016]*.

Le double critère portant sur le nombre de salariés et le montant du chiffre d'affaires est apprécié à la date de clôture du dernier exercice comptable de la société ou de la société mère du groupe de sociétés.

Indépendamment de la responsabilité des dirigeants des sociétés, la société elle-même est également responsable en tant que personne morale en cas de manquement aux obligations *[art. 17-II, dern. al., de la L. n° 2016-1691 du 9 déc. 2016]*.

Ces entités pourront utilement se référer à la note relative au périmètre des contrôles prévus par l'article 17 de la loi précitée, qui figure sur le site de l'AFA *[www.agence-francaise-anticorruption.gouv.fr/fr/document/fiche-perimetre-acteurs-economiques-assujettis-au-respect-larticle-17]*.

2. *L'objet du contrôle*

Destinés à s'assurer de l'existence, de la qualité et l'efficacité des dispositifs anticorruption mis en place par les personnes assujetties, les contrôles de l'AFA s'appuient sur ses recommandations publiées au *Journal officiel* *[V. supra]*. Celles-ci permettent d'apporter une aide aux personnes morales de droit privé et de droit public pour élaborer leur dispositif anticorruption, de manière proportionnée à leur profil de risque.

• Les entreprises assujetties à l'article 17 de la loi

L'article 17 de la loi impose à l'instance dirigeante de prendre huit mesures et procédures destinées à prévenir et détecter la commission, en France ou à l'étranger, de faits de corruption ou de trafic d'influence selon les modalités prévues au II. A défaut, sa responsabilité peut être engagée devant la commission des sanctions de l'AFA. Il est donc dans son intérêt de veiller à la mise en œuvre d'un dispositif anticorruption adapté sur l'ensemble du périmètre d'intervention de l'entreprise en ayant une pleine connaissance de ses risques grâce, notamment, à l'élaboration d'une cartographie des risques de corruption.

L'AFA est chargée de contrôler, au sein des entreprises qui y sont assujetties, l'existence, la qualité et l'efficacité des huit mesures et procédures suivantes, visant à prévenir et à détecter la commission, en France ou à l'étranger, de faits de corruption ou de trafic d'influence :

1° **Un code de conduite** définissant et illustrant les différents types de comportements à proscrire comme étant susceptibles de caractériser des faits de corruption ou de trafic d'influence. Ce code de conduite étant intégré au règlement intérieur de l'entreprise, il fait l'objet, à ce titre, de la procédure de consultation des représentants du personnel prévue à l'article L. 1321-4 du code du travail ;

2° **Un dispositif d'alerte interne** destiné à permettre le recueil des signalements émanant d'employés visant l'existence de conduites ou de situations contraires au code de conduite de la société ;

3° **Une cartographie des risques** prenant la forme d'une documentation régulièrement actualisée et destinée à identifier, analyser et hiérarchiser les risques d'exposition de la société à des sollicitations externes aux fins de corruption, en fonction, notamment, des secteurs d'activités et des zones géographiques dans lesquels la société exerce son activité ;

4° **Des procédures d'évaluation de la situation** des clients, fournisseurs de premier rang et intermédiaires au regard de la cartographie des risques ;

5° **Des procédures de contrôles comptables**, internes ou externes, destinées à s'assurer que les livres, registres et comptes ne sont pas utilisés pour masquer des faits de corruption ou de trafic d'influence. Ces contrôles peuvent être réalisés soit par les services de contrôle comptable et financier propres à la société, soit en ayant recours à un auditeur externe à l'occasion de l'accomplissement des audits de certification de comptes prévus à l'article L. 823-9 du code de commerce ;

6° **Un dispositif de formation** destiné aux cadres et aux personnels les plus exposés aux risques de corruption et de trafic d'influence ;

7° **Un régime disciplinaire** permettant de sanctionner les salariés de la société en cas de violation du code de conduite ;

8° **Un dispositif de contrôle et d'évaluation interne** des mesures mises en œuvre.

Afin d'élaborer leur dispositif anticorruption, les acteurs économiques peuvent utilement s'appuyer sur les recommandations de l'agence publiées au *Journal officiel* *[V. supra]*.

Il est précisé que les huit mesures et procédures énoncées au II de l'article 17 de la loi ne sont pas opposables aux sociétés d'économie mixte, aux sociétés publiques locales et aux EPIC dont le chiffre d'affaires n'excède pas 100 M€ et dont le nombre de salariés est inférieur à 500 salariés, ces entités entrant en revanche dans le périmètre de contrôles prévu à l'article 3 de la loi (cf. ci-dessous).

• Les acteurs publics, les associations et fondations reconnues d'utilité publique assujettis au 3° de l'article 3 de la loi

L'AFA est chargée de contrôler, au sein des personnes morales de droit public qui y sont assujetties, l'existence, la qualité et l'efficacité des mesures et procédures destinées à prévenir et détecter les atteintes à la probité prévues au 3° de l'article 3 de la loi.

Les manquements au devoir de probité regroupent les délits suivants :

– la corruption (art. 432-11 et 433-1 du code pénal) ;
– le trafic d'influence (art. 433-2 du code pénal) ;
– la concussion (art. 432-10 du code pénal) ;
– la prise illégale d'intérêt *[intérêts]* (art. 432-12 et 432-13 du code pénal) ;
– le détournement de fonds publics (art. 432-15 du code pénal) ;
– le favoritisme (art. 432-14 du code pénal).

Afin de satisfaire au 3° de l'article 3 de la loi, l'AFA recommande aux dirigeants des acteurs publics et des associations et fondations reconnues d'utilité publique qui y sont assujettis de mettre en place, de manière proportionnée à leur profil de risque, un dispositif anticorruption permettant sur la base de l'identification de leurs risques propres de prévenir, détecter et sanctionner les éventuelles atteintes à la probité. Celui-ci doit reposer sur trois piliers indissociables :

– l'engagement de l'instance dirigeante ;
– la connaissance des risques d'atteintes à la probité auxquels l'entité est exposée, à travers l'élaboration d'une cartographie des risques d'atteintes à la probité ;

— la gestion de ces risques par des mesures de prévention et de détection des atteintes à la probité, comprenant :

▪ un code de conduite rappelant et précisant les règles déontologiques en vigueur, qu'elles correspondent à des obligations légales ou à des pratiques mises en œuvre au sein de l'entité ;

▪ un dispositif de formation au risque d'atteintes à la probité ;

▪ une procédure d'évaluation de l'intégrité des tiers (fournisseurs, partenaires, etc.) ;

▪ un dispositif d'alerte interne ;

▪ des dispositifs de contrôle et d'audit internes adaptés et prenant en compte le risque d'atteinte à la probité ;

▪ un régime disciplinaire précisant les sanctions disciplinaires encourues par les agents ou les salariés de l'entité en cas de violation du code de conduite ou de manquement au devoir de probité *[pour les agents soumis au droit de la fonction publique, dans le cas où le code de conduite comprendrait des dispositions revêtant un caractère statutaire, une sanction disciplinaire ne peut être prononcée sur le seul motif d'une violation de ces dispositions, mais uniquement en cas de manquement au devoir de probité, éclairé le cas échéant par le code de conduite]*.

En outre, l'AFA recommande aux acteurs publics qui exercent un contrôle sur d'autres entités (par exemple et de manière non exhaustive : organismes contrôlés au sens de l'article L. 233-3 du code du *[de]* commerce, organismes financés de manière majoritaire par l'acteur public, organismes et réseaux sous tutelle de l'acteur public, etc.) de s'assurer de l'existence, *[de]* la qualité et de l'efficacité du ou des dispositifs anticorruption déployés dans l'ensemble du périmètre qu'ils contrôlent. A ce titre, ils peuvent choisir soit :

— d'élaborer eux-mêmes tout ou partie du dispositif anticorruption des entités qu'ils contrôlent (par exemple, pour celles qui sont de petite taille, un code de conduite ou des instances déontologiques communes peuvent être envisagées *[envisagés]*), dans le respect des règles de gouvernance de ces entités ;

— de laisser à ces entités la responsabilité de l'élaboration de leur dispositif anticorruption, le cas échéant en leur proposant un appui. Dans ce cas, il convient de mettre en place des procédures et un contrôle visant à s'assurer de la qualité et de l'efficacité des dispositifs anticorruption déployés par ces entités.

II. — L'organisation des contrôles

1. *La décision du contrôle*

Les contrôles des dispositifs anticorruption sont diligentés à l'initiative du directeur de l'AFA, le cas échéant à la demande du président de la Haute autorité pour la transparence de la vie publique, du Premier ministre, des ministres et, pour les collectivités territoriales et leurs établissements publics et les sociétés relevant du titre II du livre V de la première partie du code général des collectivités locales, à la demande du représentant de l'État. Ils peuvent également faire suite à un signalement transmis par une association de prévention de la corruption agréée dans les conditions prévues à l'article 2-23 du code de procédure pénale *[art. 3-3°, 2e al., de la L. n° 2016-1691 du 9 déc. 2016]*.

Dans l'exercice de ses missions de contrôle, le magistrat qui dirige l'AFA ne reçoit, ni ne sollicite d'instruction d'aucune autorité administrative ou gouvernementale *[art. 2, 2e al., de la L. n° 2016-1691 du 9 déc. 2016]*.

2. *Les personnes habilitées à procéder aux opérations de contrôle*

La sous-direction du contrôle est chargée d'exercer les missions de contrôle dévolues à l'AFA *[art. 3, 1er al., de l'Arr. du 14 mars 2017 relatif à l'organisation de l'AFA]*. Elle est composée du département du contrôle des acteurs économiques et du département du contrôle des acteurs publics.

Pour ces missions, les agents de la sous-direction du contrôle de l'AFA disposent d'une carte d'habilitation délivrée par son directeur, comportant leurs photographies et mentionnant leurs identité et attributions *[art. 7, 2e al., du Décr. no 2017-329 du 14 mars 2017]*. En tant que de besoin, ils pourront s'appuyer sur l'avis d'experts et de personnes qualifiées dûment mandatés par l'AFA pour les opérations de contrôle *[art. 4, 3e al., de la L. no 2016-1691 du 9 déc. 2016]*.

3. *Les modalités de contrôle*

Dans le cadre des opérations de contrôles *[contrôle]*, les agents de l'AFA ou, sous leur contrôle, les experts et personnes qualifiées dûment mandatés peuvent se faire communiquer par les représentants de l'entité contrôlée tout document professionnel, quel qu'en soit la nature ou le support, ou toute information utile *[art. 4, 1er al., de la L. no 2016-1691 du 9 déc. 2016]*.

Ils peuvent procéder sur place à toute vérification de l'exactitude des informations fournies.

L'examen des pièces fournies sur place pourra faire l'objet d'avis par les experts et les personnes qualifiées mandatées *[mandatés]* par l'AFA. Les agents de l'AFA pourront faire une copie sur place des documents consultés *[art. 4, 1er et 3e al., de la L. no 2016-1691 du 9 déc. 2016]*.

De même, les agents de l'AFA peuvent s'entretenir avec toute personne dont le concours leur paraît nécessaire *[art. 4, 2e al., de la L. no 2016-1691 du 9 déc. 2016]*. Les experts et personnes dûment mandatées *[mandatés]* pourront être amenés à participer à ces entretiens ou à les réaliser sous le contrôle des agents de l'AFA.

Outre l'équipe de contrôle, ces réunions peuvent également associer, au cas d'espèce, des chargés de mission et des représentants de la ligne hiérarchique de la sous-direction du contrôle de l'AFA ainsi que des experts et des personnes ou autorités qualifiées et mandatées par l'AFA.

Le calendrier et les modalités techniques de ces réunions sont arrêtés d'un commun accord entre le représentant de l'entité contrôlée et l'équipe de contrôle de l'AFA, dont les coordonnées figurent sur l'avis de contrôle.

Lors de ces entretiens, le représentant de l'entité contrôlée (qu'il soit le représentant légal ou la personne par lui désignée) peut se faire assister par une personne de son choix.

A l'inverse de ce qui est prévu pour le représentant de l'entité contrôlée, aucune disposition légale ou règlementaire ne prévoit la possibilité pour les autres personnes d'être assistées à l'occasion des entretiens.

Toutefois, à la demande de l'équipe de contrôle ou, avec son accord, à la demande du référent de l'entité contrôlée, un entretien peut se dérouler avec plusieurs personnes à la fois *[peuvent figurer parmi celles-ci le ou les éventuels conseils de l'entité contrôlée]* sans toutefois remettre en cause la fluidité des échanges entre l'équipe de contrôle et les personnes avec qui elle souhaite s'entretenir *[notamment, la présence hiérarchique des personnes entendues lors de ces entretiens]*.

4. *Le déroulé des contrôles sur pièces et sur place*

L'AFA contrôle, sur pièces et sur place *[art. 3, 4e al., de l'Arr. du 14 mars 2017 relatif à l'organisation de l'AFA]*, la qualité et l'efficacité des mesures et procédures mises en œuvre par les acteurs précités pour prévenir et détecter les atteintes à la probité.

Les opérations de contrôle se déroulent en deux phases successives, la deuxième étant optionnelle :

— La première phase du contrôle a pour objectif de vérifier l'existence, la qualité et l'efficacité de tout ou partie du dispositif anticorruption de l'entité contrôlée au regard de son environnement de risque. Elle repose sur les réponses apportées à un questionnaire initial, sur la conduite d'entretiens, et sur les réponses apportées aux questions éventuellement posées à l'issue de ces entretiens ;

— La deuxième phase du contrôle a pour objectif d'approfondir, lorsque cela paraît nécessaire à l'appréciation de la qualité et de l'efficacité du dispositif, l'étude du profil de risque et l'analyse du dispositif anticorruption de l'entité contrôlée (par exemple et de manière non exhaustive, une mesure du dispositif anticorruption, une zone géographique ou une activité spécifique, un ou plusieurs processus à risque). Elle s'appuie sur des questionnaires, des demandes de pièces et la conduite d'entretiens complémentaires. Le choix d'engager cette deuxième phase est laissé à l'appréciation du directeur de l'AFA, sur avis de la sous-direction du contrôle, à partir des constats effectués par l'équipe de contrôle lors de la première phase.

En tant que de besoin, les deux phases peuvent être fusionnées.

I. *L'avis de contrôle, le questionnaire et les entretiens initiaux*

Les dirigeants de l'entité contrôlée sont informés par lettre recommandée avec accusé de réception du contrôle dont ils font l'objet. Cet avis de contrôle indique l'objet et le périmètre du contrôle, ainsi que la composition de l'équipe qui en est chargée. Il est accompagné du premier questionnaire.

Pour faciliter le contrôle, il est demandé aux dirigeants de l'entité contrôlée de désigner par écrit à l'AFA une personne pour les représenter, le cas échéant, au cours de l'ensemble des opérations de contrôle et répondre aux courriers et aux demandes de pièces adressées par l'AFA. Cette personne doit disposer d'un positionnement fonctionnel et hiérarchique lui permettant de veiller au suivi et à l'organisation des demandes d'entretiens et de communication d'informations. Ce représentant peut se faire assister par une personne de son choix.

Un ou plusieurs entretiens initiaux sont organisés avec le représentant de l'entité contrôlée et les autres membres de l'entité désignés par l'équipe de contrôle, afin de présenter les objectifs du contrôle et ses différentes phases. Ils permettent d'apporter les précisions nécessaires sur l'organisation du contrôle et la teneur des documents attendus en réponse aux demandes de l'AFA. Ils sont aussi l'occasion pour l'équipe de contrôle de bénéficier d'une première présentation de l'entité contrôlée et de lui présenter les experts et les personnes ou autorités qualifiées, associés aux agents de l'AFA.

II. *Les modalités de réponse au premier questionnaire et des entretiens de la première phase*

L'entité contrôlée dispose d'un délai d'un mois suivant sa réception pour répondre au premier questionnaire.

En complément des réponses apportées au premier questionnaire, des entretiens sont organisés entre l'équipe de contrôle et les personnes qu'elle aura désignées au sein de l'entité ou des tiers.

Le cas échéant, des questions écrites complémentaires peuvent être posées à l'issue de ces entretiens.

La durée de cette première phase de contrôle sera fonction, notamment, de la fluidité des échanges avec l'entité contrôlée et de leur qualité.

A l'issue des échanges et entretiens de cette première phase, le directeur de l'AFA apprécie, au vu des éléments recueillis, si les opérations de contrôle justifient d'être poursuivies dans le cadre d'une deuxième phase.

Dans le cas contraire :

— une réunion de clôture est organisée avec l'entité contrôlée afin d'évoquer les premiers enseignements du contrôle tels qu'appréhendés par l'équipe de contrôle, ainsi que le déroulement des étapes suivantes ;

— un rapport provisoire est établi sur le fondement des constats réalisés par l'équipe de contrôle pendant cette période. Ce rapport est soumis à la contradiction.

Si, à l'issue de la première phase, il apparaît que l'analyse du dispositif anticorruption de l'entité contrôlée mériterait d'être approfondie, sur décision du directeur, l'équipe de contrôle en informe l'entité contrôlée comme indiqué ci-dessous lors d'une réunion intermédiaire.

III. *Les opérations de contrôle de la deuxième phase*

Au lancement de la deuxième phase, une réunion intermédiaire avec le représentant du dirigeant de l'entité contrôlée est organisée par l'équipe de contrôle. Elle a pour but de faire un point d'étape sur les premiers constats à l'issue de la phase 1 et d'évoquer la suite des opérations de contrôle, notamment les entretiens complémentaires à organiser, la préparation de l'échantillonnage souhaité de dossiers et la teneur et la durée prévisionnelle de ces opérations.

La rencontre de personnes autres que celle envisagée initialement, dont l'entretien est jugé nécessaire par l'AFA, pourra être demandée tout au long du contrôle de deuxième phase.

A la suite des échanges et entretiens de cette deuxième phase :

– une réunion de clôture est organisée avec l'entité contrôlée afin d'évoquer les premiers enseignements du contrôle tels qu'appréhendés par l'équipe de contrôle, ainsi que la suite de procédure ;

– un rapport provisoire sera établi sur le fondement des constats réalisés par l'équipe de contrôle pendant cette période. Ce rapport est soumis à la contradiction.

5. *La phase contradictoire*

S'appuyant sur les constats réalisés par l'équipe de contrôle, le rapport provisoire est adressé par le directeur de l'AFA à l'instance dirigeante de l'entité contrôlée. Il contient les observations de l'AFA concernant l'existence, la qualité et l'efficacité du dispositif anticorruption de l'entité contrôlée. Il peut présenter des recommandations en vue de l'amélioration des procédures existantes *[art. 3-3°, 3e al., de la L. n° 2016-1691 du 9 déc. 2016]* et le cas échéant, pour les personnes morales soumises à l'article 17 de la loi, des constats de manquement.

Le rapport provisoire est adressé pour observation à l'entité contrôlée par lettre recommandée avec demande d'avis de réception ou par lien sécurisé de l'application informatique SOFIE du ministre de l'Économie, des Finances et de la Souveraineté industrielle et numérique. Lors de cet envoi, l'entité contrôlée est invitée à transmettre dans un délai de deux mois à compter de la date figurant sur l'avis de réception *[art. 5-I du Décr. n° 2017-329 du 14 mars 2017 relatif à l'Agence française anticorruption]*, un projet de plan d'action précisant les modalités et le calendrier des actions envisagées pour répondre aux recommandations formulées dans le rapport ainsi que les personnes responsables de leur mise en œuvre.

Si l'entité contrôlée entend formuler des observations sur le contenu ou les conclusions du rapport, elle doit le faire par écrit et dans le même délai.

Il appartient à l'entité contrôlée d'apporter tout élément de nature à modifier les observations, recommandations et éventuels constats de manquement y figurant et de transmettre toute pièce relative au projet de plan d'action.

A réception des observations de l'entité contrôlée et du projet de plan d'action, l'équipe de contrôle peut procéder aux vérifications utiles, au vu des informations et pièces communiquées par l'entité contrôlée, afin de s'assurer de la qualité et de l'effectivité des mesures mises en œuvre à la suite de la réception du rapport provisoire.

Elle peut également échanger avec l'entité contrôlée, notamment pour évoquer la pertinence du projet de plan d'action.

Pendant cette phase du contradictoire, le représentant de l'entité contrôlée a la possibilité de solliciter un entretien auprès du directeur de l'AFA pour lui présenter oralement ses observations. Cette faculté ne le dispense toutefois pas d'établir ses observations par écrit au cours du délai imparti.

En l'absence de réponse de l'entité contrôlée dans le délai imparti, le rapport provisoire sera considéré comme définitif.

6. *La fin des opérations de contrôle*

La date de la réponse de l'entité contrôlée au rapport provisoire constitue la fin des opérations de contrôle de l'AFA.

A l'expiration du délai de deux mois imparti à l'entité contrôlée pour faire parvenir ses observations accompagnées de pièces éventuelles et son projet de plan d'action, et à la suite des échanges intervenus dans le cadre du contradictoire, le directeur de l'AFA adresse à l'entité contrôlée, par lettre recommandée avec accusé de réception *[ou en version dématérialisée par lien sécurisé de l'application informatique SOFIE du ministre de l'Économie, des Finances et de la Relance]*, le rapport de contrôle définitif.

Ce rapport définitif dresse, à la date de la réponse de l'entité contrôlée au rapport provisoire, des observations, recommandations et le cas échéant, pour les entités relevant de l'article 17 de la loi, des constats de manquement.

Il comprend, en annexe, le plan d'action, ainsi que l'analyse faite par l'AFA des observations formulées par l'entité contrôlée.

Dans le cas d'un contrôle conduit au titre du 3° de l'article 3 de la loi, le directeur de l'AFA peut adresser certaines observations ou recommandations aux acteurs publics concernés (notamment à destination des ministères exerçant les tutelles).

Dans le cas d'un contrôle fondé sur l'article 17 ou à la fois sur les articles 3 et 17 de la loi, le directeur de l'AFA peut décider *[art. 17-IV, 1er et 2e al., de la L. n° 2016-1691 du 9 déc. 2016, et art. 5-I du Décr. n° 2017-329 du 14 mars 2017]* :

– de délivrer un avertissement notifié par lettre recommandée avec demande d'avis de réception qui pourra conduire à l'ouverture d'un nouveau contrôle afin de vérifier la mise en œuvre, aux dates d'échéances fixées, des recommandations émises ;

– de saisir la commission des sanctions. Le ou les dirigeants en sont alors informés par lettre recommandée avec demande d'avis de réception.

Le rapport de contrôle est confidentiel et ne peut être communiqué par l'AFA dans sa version définitive à toute personne qui en ferait la demande que sous les réserves mentionnées aux articles L. 311-5 et L. 311-6 du code des relations entre le public et l'administration.

Le directeur avise le procureur de la République compétent des faits dont l'AFA a eu connaissance dans l'exercice de ses missions lorsqu'ils sont susceptibles de constituer un crime ou un délit *[art. 3-6° de la L. n° 2016-1691 du 9 déc. 2016]*.

III. — Les droits et devoirs des parties prenantes au contrôle

1. *Les droits des agents habilités de l'AFA*

I. *Le droit de se faire communiquer tout renseignement ou document*

Les agents habilités de l'AFA disposent d'un droit de communication *[art. 4, 1er al., de la L. n° 2016-1691 du 9 déc. 2016]* qui les autorise notamment à :

– se faire communiquer et vérifier tout document utile au contrôle diligenté, relatif à la situation de l'entité contrôlée et aux opérations qu'elle pratique, quelle qu'en soit la nature et quel qu'en soit le support : par exemple livres, registres, contrats, bordereaux, procès-verbaux, documents relatifs aux marchés publics, pièces comptables, extraits de comptabilité, etc. ;

– en obtenir copie sous forme électronique afin, notamment, de pouvoir en faire une exploitation informatique ;

– procéder aux vérifications, par exemple en ayant accès aux outils et données informatiques utilisés par l'entité contrôlée ;

– demander à l'entité contrôlée tout renseignement, éclaircissement ou justification nécessaires à l'exercice de leur mission.

II. *Le droit d'accès aux locaux professionnels*

Afin de mener leurs contrôles, les agents de l'AFA ont un droit d'accès aux locaux à usage professionnel de l'entité contrôlée *[art. 4, 2e al., de la L. n° 2016-1691 du 9 déc. 2016]*.

Les agents de l'AFA sont munis de leur carte d'habilitation lorsqu'ils exercent des contrôles sur place, qui ne peuvent être effectués que dans les locaux professionnels, à l'exclusion du domicile des personnes privées, et seulement pendant les heures ouvrables *[art. 7, 3e al., du Décr. no 2017-329 du 14 mars 2017 relatif à l'Agence française anticorruption]*.

III. *Le droit de s'entretenir avec toute personne*

Il est rappelé que les agents de l'AFA peuvent conduire des entretiens avec toute personne dont le concours leur paraît nécessaire pour mener à bien les opérations de contrôle *[art. 4, 2e al., de la L. no 2016-1691 du 9 déc. 2016]*.

Ils peuvent donc s'entretenir avec les représentants ou collaborateurs de l'entité contrôlée susceptibles de fournir les renseignements et documents utiles aux contrôles. A ce titre, les agents de l'AFA doivent pouvoir s'entretenir avec le personnel qui pourra leur fournir les informations qu'ils jugent nécessaires. Ils peuvent aussi s'entretenir avec toute personne en relation avec les entités contrôlées, notamment les tutelles, inspections générales, actionnaires, fournisseurs, prestataires de services, partenaires, clients et intermédiaires.

Ces entretiens doivent être réalisés dans des conditions assurant la discrétion des échanges, notamment à travers la mise à disposition d'une pièce adaptée. Ils ne peuvent pas être enregistrés.

2. *Les devoirs des agents de l'AFA*

Les personnes participant aux opérations de contrôle de l'AFA agissent avec loyauté et professionnalisme.

Tout au long du contrôle, elles se comportent avec courtoisie et s'attachent à tenir compte des contraintes opérationnelles de l'entité contrôlée, dans la mesure où cela ne nuit pas au bon déroulement du contrôle. Les équipes de contrôle s'attachent à formaliser par écrit les demandes de documents et d'entretiens qu'elles souhaitent obtenir ou réaliser.

Dès lors que les personnes participant aux opérations de contrôle de l'AFA doivent pouvoir accéder en lecture aux systèmes d'information et aux bases de données nécessaires à leurs travaux, elles se conforment aux règles de protection des données, des systèmes d'information et des accès physiques qui leur sont communiquées par les entités contrôlées et s'abstiennent de tout usage abusif des matériels et accès dont la mise à disposition est sollicitée pour les besoins de leur mission.

Les personnes participant aux contrôles sont soumises à des obligations légales ou réglementaires détaillées ci-dessous.

I. *Le secret professionnel*

Dans le cadre des contrôles effectués par l'AFA, sont astreints au secret professionnel *[art. 4, 3e al., de la L. no 2016-1691 du 9 déc. 2016]* :

– les agents de l'AFA ;

– les experts et les personnes ou autorités qualifiées auxquels ils ont recours ;

– et, de manière générale, toute personne qui concourt à l'accomplissement des missions de contrôle.

L'étendue de cette obligation porte sur les faits, actes ou renseignements dont ils ont connaissance en raison de leurs fonctions.

En application de l'article 226-13 du code pénal, la violation du secret professionnel par une personne participant aux opérations de contrôle est passible d'une sanction pénale pouvant aller jusqu'à un an d'emprisonnement et 15 000 euros d'amende *[art. 226-13 C. pén.]*.

II. *L'absence de conflit d'intérêts*

Aucune personne ne peut procéder au contrôle d'une entité dans laquelle elle détient ou a détenu un intérêt direct ou indirect *[art. 4, 4e al., de la L. no 2016-1691 du 9 déc. 2016]*. A ce titre, les équipes de contrôles *[contrôle]* et les éventuels experts participant aux opérations de contrôle signent une déclaration de non-conflit d'intérêts ou le cas échéant formalisent explicitement leur déport du contrôle.

Aucun expert ni aucune personne qualifiée ne peut participer à la réalisation d'un contrôle au sein d'une entité dans laquelle lui-même ou, le cas échéant, une personne morale au sein de laquelle il a, au cours des trois années précédentes, exercé des fonctions ou détenu un mandat, a ou a eu un intérêt au cours de la même période *[art. 8-II du Décr. n° 2017-329 du 14 mars 2017]*.

3. *Les droits des entités contrôlées*

I. *Être informé [informées] du début du contrôle et de son déroulement*

L'AFA avise l'entité contrôlée de l'ouverture d'un contrôle, de son objet et de son étendue, par lettre recommandée avec demande d'avis de réception. Toute modification ultérieure est portée à sa connaissance dans les mêmes formes.

L'équipe de contrôle informe par ailleurs l'entité contrôlée des éventuelles difficultés rencontrées comme du bon déroulement des opérations. Enfin, en cas de difficultés dans la conduite du contrôle ou dans les relations avec l'équipe qui en est chargée, l'entité contrôlée peut demander à tout moment un rendez-vous avec le directeur pour s'entretenir de ces difficultés.

II. *Être informé [informées] des résultats du contrôle*

Les résultats du contrôle sont indiqués dans le rapport provisoire transmis à l'entité contrôlée *[art. 3-3°, 3e al., de la L. n° 2016-1691 du 9 déc. 2016]*. Ce rapport comprend un rappel des opérations de contrôle, les observations de l'AFA portant sur l'existence, la qualité et l'efficacité du dispositif anticorruption, accompagnées d'éventuelles recommandations en vue de l'amélioration des procédures existantes. L'entité contrôlée dispose d'un délai de deux mois pour adresser ses éventuelles observations, tel que précisé ci-dessus.

Concernant les entités contrôlées au titre de l'article 17 et dans l'hypothèse d'un manquement figurant dans le rapport définitif à la suite de la phase du contradictoire, le directeur de l'AFA peut décider de saisir la commission des sanctions ; cette action de l'AFA se prescrit par trois années révolues à compter du jour où le manquement a été constaté dans le rapport définitif si, dans ce délai, il n'a été fait aucun acte tendant à la sanction de ce manquement *[art. 17-VI de la L. n° 2016-1691 du 9 déc. 2016]*.

4. *Les devoirs des entités contrôlées*

Les entités contrôlées doivent prendre les dispositions nécessaires pour permettre aux agents de l'AFA d'exercer l'ensemble des pouvoirs de contrôle prévus par les dispositions législatives et réglementaires *[en l'état actuel du droit : L. n° 2016-1691 du 9 déc. 2016, Décr. n° 2017-329 du 14 mars 2017 et Arr. du 14 mars 2017 relatif à l'organisation de l'AFA]*.

Elles doivent notamment communiquer tout document professionnel demandé, en délivrer une copie et permettre la vérification sur place de l'exactitude des informations ainsi fournies. Elles doivent également permettre aux agents de l'AFA de s'entretenir avec toute personne dont le concours leur paraît nécessaire dans des conditions assurant la confidentialité de leurs échanges.

A cet égard, toute mesure destinée à faire échec à l'exercice des fonctions des agents de l'AFA constitue un délit d'entrave passible d'une amende de 30 000 euros *[art. 4, 5e al., de la L. n° 2016-1691 du 9 déc. 2016]*.

Les entités contrôlées doivent assurer la sécurité des documents transmis à l'AFA en format dématérialisé *[pour des raisons de sécurité, l'utilisation de la plateforme dédiée du ministère de l'Action et des Comptes publics sera privilégiée, selon les modalités convenues avec l'équipe de contrôle. La transmission éventuelle de clés USB devra être exclusivement réalisée par porteur]*, par l'usage de dispositifs informatiques et numériques compatibles et prise en considération des contraintes, tant de l'entité contrôlée que de l'AFA *[formats compatibles pour l'AFA : Suite Microsoft office, PDF, ZIP, RAR, ODT, ODS, JPG, BMP, PNG, MPEG-4, ainsi que tout format lisible par logiciel libre].*

IV. — La commission des sanctions

1. *La saisine de la commission des sanctions*

Dans le cadre d'un contrôle conduit au titre de l'article 17 de la loi précitée ou sur le double fondement du 3° de l'article 3 et de l'article 17 de la même loi, en cas de manquement constaté et après avoir reçu les éventuelles observations de l'entité contrôlée qui demeurent jointes au rapport de contrôle provisoire, le directeur de l'AFA peut saisir la commission des sanctions afin *[art. 17-IV, 2e et 3e al., de la L. no 2016-1691 du 9 déc. 2016]* **:**

— que soit enjoint à l'entité contrôlée et à ses représentants d'adapter les procédures de conformité internes destinées à la prévention et à la détection des faits de corruption ou de trafic d'influence ;

— que leur soit infligée une sanction pécuniaire.

Le directeur de l'AFA transmet le rapport de contrôle définitif à la commission des sanctions, les observations, le cas échéant, de la personne concernée et formule un avis concernant la nature et, le cas échéant, le quantum et les modalités de la sanction qui lui semble appropriée.

Il notifie, à la date de transmission de ce rapport, les griefs à la personne mise en cause par lettre recommandée avec demande d'avis de réception.

2. *La composition de la commission des sanctions* *[art. 2, 3e al., 17-V, VII et VIII de la L. no 2016-1691 du 9 déc. 2016, et art. 6 du Décr. no 2017-329 du 14 mars 2017]*

L'AFA comprend une commission des sanctions composée de six membres :

— 1° Deux conseillers d'État désignés par le vice-président du Conseil d'État ;

— 2° Deux conseillers à la Cour de cassation désignés par le premier président de la Cour de cassation ;

— 3° Deux conseillers maîtres à la Cour des comptes désignés par le premier président de la Cour des comptes.

Les membres de la commission sont nommés par décret pour un mandat de cinq ans. Ils sont tenus au secret professionnel.

Aucun membre de la commission des sanctions ne peut délibérer dans une affaire dans laquelle il a un intérêt ou a eu un intérêt au cours des trois années précédant la délibération. Le membre de la commission des sanctions qui suppose en sa personne une cause de récusation, ou estime en conscience devoir s'abstenir, ne siège pas.

A peine d'irrecevabilité, la personne mise en cause qui veut récuser un membre de la commission des sanctions en forme la demande dans le délai de huit jours à compter de la date figurant sur l'avis de réception de la lettre de notification des griefs par acte remis au secrétariat de la commission qui en délivre récépissé, ou par une déclaration qui est consignée par ce secrétariat dans un procès-verbal. La demande indique avec précision les motifs de la récusation et fournit les pièces propres à la justifier.

La récusation est demandée par la personne mise en cause ou par son mandataire. Le secrétariat de la commission communique la copie de la demande de récusation au membre qui en est l'objet.

Dans les huit jours suivant cette communication, le membre qui est l'objet de la récusation fait connaître par écrit soit son acquiescement à celle-ci, soit les motifs pour lesquels il s'y oppose. En cas d'opposition, les autres membres de la commission se prononcent sur la demande.

La décision de la commission des sanctions est notifiée à la personne mise en cause par lettre recommandée avec demande d'avis de réception.

3. *La procédure devant la commission des sanctions* *[art. 5-II du Décr. no 2017-329 du 14 mars 2017]*

Lorsqu'elle est saisie par le directeur de l'AFA, la commission des sanctions désigne parmi ses membres un rapporteur chargé d'instruire contradictoirement le dossier.

Le président de la commission informe la personne mise en cause par lettre recommandée avec demande d'avis de réception qu'elle peut se faire assister par le conseil de son choix. Il lui transmet selon les mêmes modalités l'avis du directeur de l'AFA et l'invite à faire valoir ses observations écrites, pouvant faire l'objet d'un mémoire en réplique de la part de l'AFA, dans un délai de deux mois à compter de la date figurant sur l'avis de réception, suivant les mêmes modalités.

A l'expiration de ce délai, le président de la commission convoque la personne mise en cause à une audience qui ne peut se tenir dans un délai inférieur à dix jours. Le directeur de l'AFA en est informé. L'audience est publique. Toutefois, le président peut interdire au public l'accès de la salle pendant tout ou partie de l'audience pour préserver l'ordre public ou lorsque la publicité est susceptible de porter atteinte au secret des affaires ou à tout autre secret protégé par la loi.

La personne mise en cause et le ou les représentants de l'AFA peuvent faire valoir leurs observations oralement. Lors de cette audience, la personne mise en cause peut se faire assister par le conseil de son choix.

Les séances au cours desquelles la commission délibère sont secrètes. La décision de la commission est notifiée à la personne mise en cause par lettre recommandée avec demande d'avis de réception. Le directeur de l'agence en est également informé.

Suite à sa délibération, la commission des sanctions peut *[art. 17-V de la L. nº 2016-1691 du 9 déc. 2016]* :

— enjoindre à l'entité contrôlée et à ses représentants d'adapter les procédures de conformité internes à la société destinées à la prévention et à la détection des faits de corruption ou de trafic d'influence, selon les recommandations qu'elle leur adresse à cette fin, dans un délai qu'elle fixe et qui ne peut excéder trois ans ;

— prononcer une sanction pécuniaire dont le montant ne peut excéder 200 000 € pour les personnes physiques et un million d'euros pour les personnes morales ;

— ordonner la publication, la diffusion ou l'affichage de la décision d'injonction ou de sanction pécuniaire ou d'un extrait de celle-ci, selon les modalités qu'elle précise et aux frais de la ou des personnes sanctionnées.

Le montant de la sanction pécuniaire prononcée est proportionné à la gravité des manquements constatés et à la situation financière de la personne physique ou morale sanctionnée.

La commission des sanctions statue par décision motivée. Aucune sanction ni injonction ne peut être prononcée sans que la personne concernée (ou son représentant) ait été entendue ou dûment convoquée.

Les recours formés contre les décisions de la commission des sanctions le sont devant le Tribunal administratif et sont des recours de pleine juridiction *[art. 17-VII de la L. nº 2016-1691 du 9 déc. 2016]*.

Fiche AFA (juin 2022),

Périmètre des contrôles prévus par le 3º de l'article 3 de la loi nº 2016-1691 du 9 décembre 2016.

Le 3º de l'article 3 de la loi nº 2016-1691 du 9 décembre 2016 relative à la transparence, à la lutte contre la corruption et à la modernisation de la vie économique *[cet art. a été modifié par la L. nº 2022-217 du 21 févr. 2022 relative à la différenciation, la décentralisation, la déconcentration et portant diverses mesures de simplification de l'action publique locale]* charge l'Agence française anticorruption de contrôler "la qualité et l'efficacité des procédures mises en œuvre au sein des administrations de l'État, des collectivités territoriales, de leurs établissements publics, des sociétés d'économie mixte et des sociétés relevant du titre II du livre V de la première partie du code général des collectivités territoriales, et des associations et fondations reconnues d'utilité publique pour prévenir et détecter les faits de corruption, de trafic d'influence, de concussion, de prise illégale d'intérêt, de détournement de fonds publics et de favoritisme".

Ces contrôles peuvent être exercés soit à l'initiative de l'Agence, soit à la demande du président de la Haute Autorité pour la transparence de la vie publique, du Premier ministre, des ministres ou, pour les collectivités territoriales et leurs établissements publics et sociétés d'économie mixte, du représentant de l'État. Ils peuvent faire suite à un signalement transmis à l'Agence par une association agréée dans les conditions prévues à l'article 2-23 du code de procédure pénale.

La loi précise que ces contrôles donnent lieu à l'établissement de rapports transmis aux autorités qui en sont à l'initiative ainsi qu'aux représentants de l'entité contrôlée. Ils contiennent les observations de l'agence concernant la qualité du dispositif de prévention et de détection de la corruption mis en place au sein des entités contrôlées ainsi que des recommandations en vue de l'amélioration des procédures existantes. A la différence des contrôles mis en place par l'Agence sur le fondement de l'article 17 de la loi n° 2016-1691 du 9 décembre 2016, les contrôles diligentés sur le fondement du 3° de l'article 3 ne sont pas susceptibles de donner lieu à des sanctions administratives.

La présente fiche a pour objet de préciser le champ des entités soumises au contrôle de l'Agence française anticorruption en vertu du 3° de l'article 3. Il est rappelé que ces entités pourront utilement se référer aux recommandations mises en ligne sur le site de l'Agence française anticorruption.

1. Les administrations de l'État

Sont dans le périmètre des administrations de l'État susceptibles d'être contrôlées sur le fondement du 3° de l'article 3 de la loi les administrations civiles et militaires de l'État, notamment :

– Les administrations centrales ;

– Les services à compétence nationale (SCN) ;

– Les services déconcentrés ;

– Les "agences de l'État" entendues comme l'ensemble des entités (EPA, EPIC, GIP, associations, etc.) figurant sur l'une des listes suivantes :

◦ Les opérateurs de l'État *[les opérateurs de l'État n'ont pas de définition juridique. Ils font l'objet depuis 2007 d'un recensement annuel dans une annexe au projet de loi de finances ("jaune" budgétaire). Une entité dotée de la personnalité morale, quel que soit son statut juridique, est présumée appartenir au périmètre des opérateurs de l'État dès lors qu'elle répond cumulativement à trois critères : une activité de service public ; un financement assuré majoritairement par l'État ; un contrôle direct par l'État. Il est également possible de qualifier opérateur de l'État des organismes ne répondant pas à tous ces critères mais considérés comme porteurs d'enjeux importants pour l'État. L'annexe au PLF 2022 recense 437 opérateurs de l'État]*,

◦ Les organismes divers d'administration centrale (ODAC) *[le périmètre des opérateurs et celui des ODAC se recoupent très largement]*,

◦ Les autorités administratives indépendantes (AAI) *[les AAI n'ont pas de personnalité juridique, contrairement aux API. La liste des AAI et API a été modifiée en janvier 2017 (LO n° 2017-54 du 20 janv. 2017 relative aux autorités administratives indépendantes et autorités publiques indépendantes ; L. n° 2017-55 du 20 janv. 2017 portant statut général des autorités administratives indépendantes et des autorités publiques indépendantes)]* et les autorités publiques indépendantes (API).

2. Les collectivités territoriales

Depuis la révision constitutionnelle du 28 mars 2003, sont définies comme "collectivités territoriales de la République" à l'article 72 de la Constitution :

– les communes ;

– les départements y compris les départements d'outre-mer ;

– les régions y compris les régions d'outre-mer ;

– les collectivités à statut particulier, qui sont créées par la loi : Métropole de Lyon ; Ville de Paris à compter du 1er janvier 2019 ; collectivités territoriales uniques exerçant sur son territoire les compétences dévolues au département et à la Région (Martinique, Guyane, Mayotte, Corse depuis le 1er janvier 2018) ;

– les collectivités d'outre-mer (Polynésie française, Wallis-et-Futuna, Saint-Pierre-et-Miquelon, Saint-Barthélemy, Saint-Martin), ainsi que la Nouvelle-

Calédonie, collectivité d'outre-mer à statut particulier régie par le titre XIII de la Constitution.

3. Les établissements publics

Le périmètre des établissements publics comprend notamment :

– Les établissements publics nationaux :

◦ Les établissements publics nationaux à caractère administratif (EPA) : caisses nationales de sécurité sociale du régime général (CNAF, CNAM, CNAV, ACOSS), Pôle Emploi, agences régionales de santé, Centre national de la fonction publique territoriale (CNFPT), etc. ;

◦ Les établissements publics nationaux à caractère industriel et commercial (EPIC) : établissements publics fonciers d'État, établissements publics d'aménagement, etc. A noter que les EPIC dépassant les seuils définis à l'article 17 de la loi nº 2016-1691 du 9 décembre 2016 *[les EPIC employant au moins 500 salariés, ou appartenant à un groupe public dont l'effectif comprend au moins 500 salariés et dont le chiffre d'affaires ou le chiffre d'affaires consolidé est supérieur à 100 M€ doivent mettre en œuvre, sous le contrôle de l'AFA, les mesures prévues par l'art. 17 de la L. nº 2016-1691 du 9 déc. 2016 relative à la transparence, à la lutte contre la corruption et à la modernisation de la vie économique. Pour plus de précisions, V. sur le site de l'AFA la charte des droits et devoirs des parties prenantes aux contrôles et la fiche périmètre des contrôles prévus au titre du III de l'art. 17 de la L. nº 2016-1691 du 9 déc. 2016 relative à la transparence, à la lutte contre la corruption et à la modernisation de la vie économique]* **sont en outre assujettis aux obligations définies par cet article et peuvent faire l'objet d'un contrôle de l'AFA à la fois au titre du 3º de l'article 3 et au titre du III de l'article 17 ;**

◦ Les catégories particulières d'établissements publics, établissements :

▪ établissements publics à caractère scientifique et technologique (EPST) *[art. L. 311-1 C. rech. : les établissements publics à caractère scientifique et technologique ont un caractère administratif]* **;**

▪ établissements publics à caractère culturel (EPCC), qui peuvent aussi être locaux ;

▪ établissements publics à caractère scientifique, culturel et professionnel (EPSCP) ;

▪ établissements publics à caractère scientifique et culturel (EPSC) ;

▪ établissements consulaires : chambres de commerce et d'industrie, chambres d'agriculture ;

▪ établissements publics de coopération scientifique (EPCS) ;

▪ les établissements publics d'enseignement supérieur, etc.

– Les établissements publics de santé *[les établissements publics de santé, sont, depuis l'intervention de la L. nº 2009-879 du 21 juill. 2009, considérés comme des établissements publics de l'État. Selon l'art. L. 6141-1 CSP, "les établissements publics de santé sont des personnes morales de droit public dotées de l'autonomie administrative et financière. Ils sont soumis au contrôle de l'État [...]. Leur objet principal n'est ni industriel ni commercial." "Le ressort des centres hospitaliers peut être communal, intercommunal, départemental, régional, interrégional ou national. Ils sont créés par décret lorsque leur ressort est national, interrégional ou régional et par arrêté du directeur général de l'agence régionale de santé dans les autres cas [...]"]* **;**

– Les établissements publics locaux :

◦ Les établissements publics de coopération intercommunale (EPCI) à fiscalité propre : communautés de communes, communautés d'agglomération, communautés urbaines, métropoles *[au 1er janv. 2021, on recense 1 253 EPCI à fiscalité propre sur le territoire français. Parmi ceux-ci, on dénombre 21 métropoles, 14 communautés urbaines, 223 communautés d'agglomération et 995 communautés de communes]* **;**

◦ Les autres EPCI : syndicats intercommunaux et syndicats mixtes *[les syndicats intercommunaux sont des établissements publics regroupant des communes. Les syndicats mixtes peuvent regrouper des collectivités territoriales de niveau différent ou des établissements publics de coopération intercommunale]* **;**

◦ Les institutions ou organismes interdépartementaux (art. L. 5421-1 et suivants du CGCT) ;

◦ Les agences interdépartementales (art. L. 5511-1 du CGCT) ;

◦ Les EPA locaux : centre communaux (ou intercommunaux) d'action sociale (CCAS ou CIAS), caisses des écoles, régies personnalisées, services départementaux d'incendie et de secours (SDIS), centres de gestion de la fonction publique territoriale (CGFPT), etc. ;

◦ Les EPIC locaux : offices publics de l'habitat, établissements publics d'aménagement, établissements publics fonciers locaux (EPFL), etc. A noter que les EPIC dépassant les seuils définis à l'article 17 de la loi n° 2016-1691 du 9 décembre 2016 sont en outre assujettis aux obligations définies par cet article et peuvent faire l'objet d'un contrôle de l'AFA à la fois au titre du 3° de l'article 3 et au titre du III de l'article 17 ;

◦ Les établissements publics locaux d'enseignement (EPLE) ;

◦ Les établissements publics sociaux et médico-sociaux *[un établissement public social ou médico-social est un établissement public assurant les missions d'un établissement social ou médico-social au sens de l'art. L. 312-1 CASF]* ;

◦ Les associations syndicales autorisées (ASA) *[les ASA sont des groupements de propriétaires qui contribuent à l'exercice de missions regroupées autour de quatre thèmes : la prévention contre les risques naturels ou sanitaires, les pollutions ou les nuisances, la préservation, la restauration et l'exploitation de ressources naturelles, l'aménagement et l'entretien des cours d'eau, lacs ou plans d'eau, voies et réseaux divers, la mise en valeur des propriétés. Elles sont créées, modifiées et dissoutes par arrêté préfectoral]* et associations syndicales constituées d'office (ASCO) *[les ASCO sont imposées par l'État, après constatation de leur nécessité et de l'incapacité des propriétaires concernés à constituer une ASL ou une ASA]*, etc.

4. Les sociétés d'économie mixte (SEM) et les sociétés relevant du titre II du livre V de la première partie du code général des collectivités territoriales

◦ Les SEM ;

◦ Les SEM locales (art. L. 1521-1 et suivants du CGCT) ;

◦ Les SEM à opération unique (SEMOP) (art. L. 1541-1 et suivants du CGCT) *[conformément à l'art. L. 1541-1 CGCT, "Sous réserve du présent titre, la société d'économie mixte à opération unique revêt la forme de société anonyme régie par le livre II du code de commerce et par le titre II du présent livre."]* ;

◦ Les sociétés d'économie mixte d'aménagement à opération unique (SEMAOP) *[conformément à l'art. L. 32-10-1 C. urb., "La société d'économie mixte d'aménagement à opération unique revêt la forme de société anonyme régie par le livre II du code de commerce et par le titre II du livre V de la première partie du code général des collectivités territoriales."]* ;

◦ Les sociétés publiques locales (art. L. 1531-1 du CGCT) *[conformément à l'art. L. 1531-1 CGCT, "sous réserve des dispositions du présent article, les sociétés publiques locales sont soumises au titre II du présent livre"]* ;

◦ les sociétés publiques locales d'aménagement (SPLA) et les sociétés publiques locales d'aménagement d'intérêt national (SPLA-IN) *[conformément à l'art. L. 327-1 C. urb., les sociétés publiques locales d'aménagement et les sociétés publiques locales d'aménagement d'intérêt national "sous réserve du présent chapitre, [...] sont soumises au titre II du livre V de la première partie du code général des collectivités territoriales."]*.

A noter que les SEM et les SPL dépassant les seuils définis à l'article 17 de la loi n° 2016-1691 du 9 décembre 2016 sont en outre assujetties aux obligations définies par cet article et peuvent faire l'objet d'un contrôle de l'AFA à la fois au titre du 3° de l'article 3 et au titre du III de l'article 17.

5. Les associations et fondations reconnues d'utilité publique

— Les associations reconnues d'utilité publique et fondation *[fondations]* reconnues d'utilité publique par le ministère de l'Intérieur ;

— Les associations agréées par le ministère des Sports et reconnues d'utilité publique (fédérations sportives).

Questionnaire AFA (juin 2022),

Contrôle des entités assujetties au 3° de l'article 3 de la loi n° 2016-1691 du 9 décembre 2016.

Remarques :

i. Le terme d'"atteintes à la probité" désigne les faits de corruption, de trafic d'influence, de concussion, de prise illégale d'intérêt, de détournement de fonds publics et de favoritisme.

ii. Ce questionnaire a vocation à être adapté en fonction des spécificités de l'entité contrôlée (catégorie juridique, organisation, activité, etc.). Il sera le cas échéant complété de demandes de pièces générales et de questions portant sur certains processus spécifiques ou composantes de l'entité contrôlée non abordés ci-après. Il a pour objectif de permettre à l'équipe de contrôle de cerner le profil de risque de l'entité contrôlée et d'acquérir une vision d'ensemble de son dispositif de prévention et de détection des atteintes à la probité (ci-après "dispositif anticorruption").

iii. L'avis relatif aux recommandations de l'Agence française anticorruption destinées à aider les personnes morales de droit public et de droit privé à prévenir et à détecter les faits de corruption, de trafic d'influence, de concussion, de prise illégale d'intérêts, de détournement de fonds publics et de favoritisme a fait l'objet d'une publication au JO en date du 12 janvier 2021 et est consultable sur le site de l'AFA. L'entité contrôlée est invitée à prendre connaissance de ces recommandations.

iv. Conformément aux recommandations mentionnées ci-dessus, les entités assujetties au 3° de l'article 3 qui exercent un contrôle sur d'autres entités (par exemple et de manière non exhaustive : organismes contrôlés au sens de l'article L. 233-3 du code du *[de]* commerce, organismes financés de manière majoritaire par l'acteur public, organismes et réseaux sous tutelle de l'acteur public) s'assurent de la qualité et de l'efficacité du ou des dispositifs anticorruption déployés dans l'ensemble du périmètre qu'ils *[elles]* contrôlent. Le contrôle de l'AFA permettra, le cas échéant, de s'en assurer.

v. L'expression "**contrôles de premier niveau**" désigne les contrôles opérationnels et la surveillance permanente effectués par chaque collaborateur et sa hiérarchie dans le cadre de leurs activités quotidiennes. Il s'agit de s'assurer, *a priori*, que les tâches inhérentes à un processus opérationnel ou support ont été effectuées conformément aux procédures édictées par l'entité contrôlée.

vi. L'expression "**contrôles de deuxième niveau**" désigne les contrôles réalisés *a posteriori*, à fréquence prédéfinie ou aléatoire, idéalement par des services non impliqués opérationnellement. Ces contrôles sont des contrôles de fond et de forme permettant de valider la conformité du processus aux procédures internes, de s'assurer de la bonne exécution des contrôles de premier niveau et du bon fonctionnement du dispositif mis en œuvre.

vii. L'expression "**contrôles de troisième niveau**" désigne les contrôles assurés par l'audit interne et/ou externalisé qui conduit des missions d'investigation dans tout domaine afin d'offrir l'assurance raisonnable que le dispositif anticorruption est conforme aux exigences réglementaires et internes, efficacement mis en œuvre et tenu à jour.

A. *Engagement de l'instance dirigeante*

[cf. recommandations générales de l'AFA, § 353 s.]

A.1 Fournir tout élément témoignant de l'engagement/de l'implication de l'instance dirigeante dans l'élaboration et dans l'animation d'un dispositif anticorruption au sein de l'entité contrôlée et dans les entités qu'elle contrôle. Comment cet engagement se matérialise-t-il ?

A.2 Qui est responsable de la mise en œuvre du dispositif anticorruption au sein de l'entité contrôlée ? Quel est son rattachement hiérarchique ? Quels sont ses moyens financiers, matériels et humains ? Fournir tout document utile.

A.3 [Si applicable : Des objectifs ont-ils été assignés par la/les tutelle(s) (lettre d'objectifs, convention d'objectifs, etc.) en matière de prévention et de détection des atteintes à la probité ? Transmettre tout document utile.]

B. *Cartographie des risques d'atteintes à la probité*

[cf. recommandations générales de l'AFA, § 377 s.]

B.1 Transmettre les cartographies des risques d'atteintes à la probité de l'entité contrôlée et des entités sur lesquelles celle-ci exerce un contrôle (cf. *supra*, remarque iv) ainsi que, le cas échéant, les autres cartographies des risques existantes susceptibles de prendre en compte les atteintes à la probité (notamment risques majeurs, risques comptables et financiers, risques de fraude, risques en matière d'achat public, etc.).

B.2 Transmettre la méthode ayant servi à les élaborer permettant notamment de répondre aux questions suivantes :

a) Quels étaient le rôle et les responsabilités des personnes qui ont participé à sa détermination (qui en a été le pilote ? quelle a été la composition des groupes de travail ?)

b) Quels sont les processus *[dans le cadre des recommandations de l'AFA et du présent questionnaire, la notion de processus s'entend d'un ensemble de tâches corrélées ou en interaction qui visent à la satisfaction d'un besoin managérial, opérationnel ou support. Par exemple, le versement des subventions et la commande publique sont deux processus]* et sous-processus couverts par le périmètre de la cartographie ?

c) Qui a validé le périmètre et les risques retenus ?

d) Quelle a été la méthode conduisant à l'identification et l'évaluation des risques bruts *[dans le cadre des recommandations de l'AFA et du présent questionnaire, les risques bruts s'entendent comme les risques considérés en amont des moyens de maîtrise mis en œuvre]* ?

e) Quelle a été la méthode conduisant à l'évaluation des risques nets *[dans le cadre des recommandations de l'AFA et du présent questionnaire, les risques nets, ou résiduels, s'entendent comme les risques bruts réévalués en prenant en considération les moyens de maîtrise des risques déjà existants et mis en œuvre]* ?

f) Quelle a été la méthode de la hiérarchisation des risques nets ?

g) Quand et comment est réalisée la mise à jour de cette cartographie ?

B.3 L'entité a-t-elle mis en place des plans d'action à la suite des résultats obtenus lors de l'exercice de cartographie des risques ? Si oui, communiquer ces plans d'action et préciser :

- Par qui et comment sont élaborés puis validés les plans d'action ?
- Des responsables sont-ils nommés pour la mise en œuvre et/ou le suivi de ces plans d'action ?
- Existe-t-il un suivi des plans d'action validés ? Si oui, par qui et comment est-il effectué ?

B.4 En l'absence de cartographie des risques, avez-vous néanmoins réalisé une analyse visant à identifier les risques d'atteintes à la probité ? Si oui, expliquer la méthode. Des mesures correctives ont-elles été mises en œuvre ? Si oui, quelles sont les modalités de suivi de ces mesures ? Fournir tous les documents correspondants.

C. *Déontologie*

[cf. recommandations générales de l'AFA, § 416 s.]

C.1 Existe-t-il un ou des référents déontologues ou équivalent au(x)quel(s) peuvent s'adresser **les personnels** de l'entité contrôlée ? Si oui, à quel service est-il rattaché et quelles sont ses missions précises ? Transmettre les documents y afférents (lettre de mission, fiche de poste, bilan d'activité, processus de saisine, etc.).

C.2 Existe-t-il une instance déontologique (commission, référent, etc.) à laquelle peuvent s'adresser **les élus/les membres du CA** de l'entité contrôlée ? Si oui, fournir les éléments définissant le statut et les missions de cette instance. Transmettre tout document afférent (lettre de mission, bilan d'activité, processus de saisine, etc.).

C.3 Transmettre l'ensemble des codes de conduite/chartes de déontologie/chartes éthiques en vigueur à destination **des personnels** de l'entité contrôlée. Pour chacun de ces documents, préciser qui les a élaborés et comment ils sont portés à la connaissance des intéressés. Expliquer la méthode et fournir les documents correspondants.

C.4 Existe-t-il un code de conduite (ou une charte de déontologie ou tout autre document équivalent) à destination **des élus/des membres du CA** de l'entité contrôlée *[la charte de l'élu local n'est pas concernée par cette question]* ? Si oui, fournir le document et expliciter l'objectif de ce code et les moyens mis en œuvre pour veiller à sa bonne mise en application.

C.5 Préciser quels sont *[les]* **élus/membres du CA/personnels** concernés par les obligations déclaratives issues de la loi du 11 octobre 2013 relative à la transparence de la vie publique et de *[la]* loi du 20 avril 2016 relative à la déontologie et droits et obligations des fonctionnaires. Qui est chargé de l'accompagnement des personnes assujetties à ces déclarations ? Transmettre tout document y afférent.

C.6 Expliciter les modalités de prévention et de gestion des conflits d'intérêts des **élus/des membres du CA/des membres des commissions/des personnels** (modalités d'exploitation des déclarations d'intérêts à la HATVP, des déclarations préalables à nomination et celles éventuellement mises en œuvre par l'entité contrôlée en complément, déclarations de non-conflit d'intérêts, arrêtés de déport, etc.) Transmettre tout document y afférent.

C.7 Transmettre la procédure interne relative aux cumuls d'activités et expliciter les modalités de diffusion aux personnels de cette procédure. Sous format Excel : transmettre le tableau de suivi des demandes de cumul (accordées/refusées avec indication des motifs de refus ou des réserves formulées) ces trois dernières années.

C.8 Transmettre tout document relatif au processus de suivi des mobilités vers ou provenant du secteur privé. Préciser les éventuelles modalités de contrôle déontologique mises en œuvre. Sous format Excel : transmettre le tableau de suivi des demandes de mobilité (accordées/refusées avec indication des motifs de refus ou des réserves formulées) des trois dernières années.

C.9 Transmettre l'ensemble des documents (procédures/guides/notes/communications, etc.) relatifs à la politique "cadeaux, voyages et invitations" et préciser le dispositif de suivi. *[Si applicable : Transmettre en particulier les procédures relatives aux modalités de distribution et de suivi des places achetées ou offertes aux évènements sportifs et culturels.]*

D. *Formation*

[cf. recommandations générales de l'AFA, § 438 s.]

D. 1 Décrire comment la thématique de lutte contre les atteintes au devoir de probité est intégrée au plan de formation de l'entité contrôlée (détermination des besoins, élaboration des programmes, suivi et évaluation, etc.). Qui pilote les formations relatives à la probité ? Comment les besoins des personnels sont-ils recensés ?

D. 2 L'entité contrôlée a-t-elle mis en place un dispositif de sensibilisation aux risques d'atteinte à la probité à destination de l'ensemble des personnels et élus/administrateurs ? Fournir tout élément y afférent (nombre de personnes sensibilisées, supports, etc.).

D. 3 Si l'entité contrôlée a recensé les personnes les plus exposées aux risques d'atteinte à la probité, transmettre la liste des personnes ou fonctions concernées. Transmettre la liste des formations relatives à la probité proposées aux personnels et aux élus/administrateurs les plus exposés en précisant s'il s'agit de formations en interne ou externalisées, les dates et le nombre de stagiaires. Ces formations sont-elles obligatoires ? Quelles en sont les modalités de suivi (liste d'émargement, courriels de confirmation, évaluations, etc.) ? Le cas échéant, quelles suites sont données à l'absentéisme des personnels à ces formations ? Transmettre les supports de ces formations.

D. 4 Existe-t-il d'autres formations qui incluent la thématique *[de la]* probité ? Si oui, lesquelles ? En fournir les supports et les modalités.

E. *Évaluation de l'intégrité des tiers*

[cf. recommandations générales de l'AFA, § 467 s.]

E.1 L'entité contrôlée a-t-elle identifié des groupes homogènes de tiers, c'est-à-dire présentant des profils de risques comparables d'atteintes à la probité ? Fournir tout élément de méthode relatif à la constitution de ces groupes. En particulier, la cartographie des risques d'atteinte à la probité de l'entité contrôlée a-t-elle été utilisée ? Si oui, comment ?

E.2 A partir de cette identification, existe-t-il un dispositif d'évaluation de l'intégrité des tiers les plus à risque ? Si oui, expliciter les modalités de recensement et d'évaluation et la méthode retenue (source ouverte, outils spécialisés, etc.) et transmettre tout document utile.

E.3 Si un tel dispositif existe, expliciter les diligences effectuées pour les tiers considérés comme les plus à risque et transmettre tout document utile.

F. *Dispositif d'alerte*

[cf. recommandations générales de l'AFA, § 505 s.]

F.1 Transmettre tout document sur l'organisation et le fonctionnement du dispositif de recueil des signalements, conformément aux dispositions des articles 6 et 8 de la loi n° 2016-1691 du 9 décembre 2016 relative à la transparence, à la lutte contre la corruption et à la modernisation de la vie économique (guide, notes, supports ou tout autre document utile) et sur le référent (lettre de mission, fiche de poste, arrêté de nomination, etc.). A défaut d'un tel recueil, transmettre la procédure mise en place pour permettre aux personnels de signaler des manquements (à qui s'adressent-ils ? comment ?).

F.2 Ce dispositif est-il étendu aux personnes morales sur lesquelles l'entité exerce un contrôle ? Sinon, ont-elles leur propre dispositif ? Transmettre tout document utile.

F.3 Existe-t-il un dispositif d'alerte externe (ouvert aux tiers tels que les usagers, fournisseurs, etc.) permettant de recueillir des signalements relatifs à la probité ? Auquel cas, transmettre tout document sur l'organisation, le fonctionnement *[de]* ce dispositif.

F.4 Combien de fois ce(s) dispositif(s) ont-ils été actionnés ces trois dernières années ? Quels ont été les objets de ces signalements ? Quelles sont les modalités de traitement des signalements reçus ? Quelles ont été les suites données (transmission à l'autorité judiciaire le cas échéant, enquêtes internes ou autre) ?

G. *Structuration du contrôle et de l'audit internes*

[cf. recommandations générales de l'AFA, § 547 s.]

Contrôle interne (1er et 2e niveaux) :

G.1 Existe-t-il un service chargé du pilotage et du déploiement du contrôle interne ? Si oui, en présenter les modalités de fonctionnement et fournir les comptes rendus de réunion y afférents. Transmettre tous les éléments relatifs à ce pilotage (stratégie, calendrier de déploiement, notes et directives, etc.).

G.2 Présenter les modalités de mise en œuvre du contrôle interne : procédures, plans de contrôle, bilans et suivis des contrôles. Préciser s'il existe une articulation entre les différents plans de contrôle et la/les cartographies des risques.

Audit interne (3e niveau) :

G.3 Transmettre les rapports d'audits internes/d'audits externes/d'inspection réalisés au cours des trois dernières années.

G.4 Présenter les modalités de pilotage et de déploiement de l'audit interne. Comment et par qui est défini le programme d'audit interne ? Sur quel périmètre ? Transmettre les documents correspondants (membres du comité d'audit, programmation, comptes rendus du comité d'audit, etc.).

G.5 Présenter les modalités de suivi des audits : plans d'action, comité de suivi, contrôles des suites données aux recommandations, etc.

G.6 Les personnes morales contrôlées par l'entité font-elles l'objet d'audits ? Fournir tous les livrables y afférents sur les trois dernières années. Présenter les modalités de suivi et de contrôle (tant par les services que par les élus/administrateurs) de ces entités, notamment en matière de probité. Fournir tout document utile (convention cadre, plan de contrôle des dernières années, résultats, mesures de remédiation prises, etc.).

Dispositif de contrôle et d'évaluation du dispositif anticorruption :

G.7 Présenter les modalités de mise en œuvre de ces contrôles (critères d'échantillonnage, périmètre, responsables, fréquence, plans d'action et communication des résultats). Si ces éléments ont été formalisés, transmettre les documents afférents.

G.8 Si le dispositif anticorruption n'est pas encore déployé, présenter les modalités de contrôle des mesures et procédures de prévention et de détection des atteintes à la probité néanmoins déployées. Si ces éléments ont été formalisés, transmettre les documents afférents.

H. *Régime disciplinaire*

[cf. recommandations générales de l'AFA, § 586 s.]

H.1 Transmettre les documents précisant les sanctions encourues en cas de violation du code de conduite ou de manquement au devoir de probité ainsi que la procédure interne relative au processus disciplinaire (pilotage et partage de tâches entre les directions opérationnelles et la DRH, circuit de validation, enquêtes administratives, conseil de discipline, etc.).

H.2 L'entité contrôlée et les entités qu'elle contrôle ont-elles été confrontées, au cours des cinq dernières années, à des faits susceptibles d'être qualifiés d'atteintes à la probité ou à des manquements aux règles déontologiques ? Dans l'affirmative, fournir la liste en précisant la date, le service/élu concerné, l'origine du signalement (contrôle hiérarchique, alerte interne/externe, dénonciation anonyme, etc.), les faits et si des suites ont été données (enquêtes administratives, audits, sanctions disciplinaires, signalements à l'autorité judiciaire, dépôts de plainte, etc.) ou non (faits non avérés, sans suite, etc.).

H.3 Pour les dossiers listés précédemment (H2), transmettre les dossiers d'instruction (signalements reçus, enquêtes administratives, comptes rendus de réunion, etc.) et les sanctions prononcées (comptes rendus des conseils de discipline, arrêtés).

H.4 A la suite de ces faits, quelles mesures de remédiation (modification de l'organisation administrative, modification *[du]* fonctionnement du processus, renforcement des contrôles ou toute autre mesure) ont-*[elles]* été prises ?

Mesures et procédures en vigueur sur certains processus à risque

I. *Commande publique*

I.1 Comment la fonction achats est-elle organisée au sein de l'entité et dans les entités de son périmètre ? Transmettre tout document interne afférent (matrice des responsabilités, délégations de signature, rôle des directions métiers, etc.).

I.2 Transmettre les guides/fiches/procédures internes relatifs à la commande publique (sourçage, évaluation et expression des besoins, computation des seuils, passation, attribution, avenants, contrôle du service fait, relance des marchés arrivant à terme, etc.). Quelles sont les modalités de prévention et de gestion des conflits d'intérêts ?

I.3 Présenter les contrôles internes (1er et 2e niveaux) en matière de commande publique (sourçage, évaluation et expression des besoins, computation des seuils, passation, attribution, avenants, contrôle du service fait, relance des marchés arrivant à terme, etc.) et leurs méthodes respectives, en lien avec l'utilisation des systèmes d'information (SI) dédiés (marchés, finances, etc.). Fournir tout document relatif à ces contrôles (responsabilités des différents acteurs, plans de contrôle, suivi des plans de contrôle, articulation avec la cartographie des risques, etc.).

J. *Attribution des aides et des subventions*

J.1 Fournir la liste de l'ensemble des dispositifs d'aides et de subventions. S'ils existent, fournir les documents encadrant l'attribution de ces aides (règlement d'intervention ou équivalent). Expliciter les modalités de communication de ces dispositifs aux potentiels bénéficiaires (portail, publicité ciblée, etc.).

J.2 Transmettre les procédures internes relatives au processus d'instruction/validation/attribution, de suivi/de contrôle des aides et subventions et préciser le rôle des différents acteurs intervenant dans ce processus.

J.3 Indiquer à chacun des stades (dépôt de la demande, recevabilité, instruction et décision finale), quels sont les intervenants, les modalités de décision (collégiale ou individuelle) et leur traçabilité (système d'information dédié, enregistrement, comptes rendus, etc.). Quelles sont les modalités de prévention et de gestion des conflits d'intérêt ? Transmettre tout document utile.

J.4 Présenter les contrôles internes (1er et 2e niveaux) en matière d'attribution des aides/subventions et leurs méthodes respectives, en lien avec l'utilisation des systèmes d'information (SI) dédiés. Fournir tout document relatif à ces contrôles (responsabilités des différents acteurs, plans de contrôle, suivis des plans de contrôle, articulation avec la cartographie des risques, etc.).

K. *Gestion des ressources humaines et des moyens généraux*

K.1 Transmettre les procédures internes relatives au recrutement (recensement et classification des emplois, cotation des postes, existence de fiches de poste types, organisation du recrutement).

K.2 Présenter les contrôles internes afférents au processus de recrutement et leurs méthodes et fournir tout document relatif à ces contrôles (responsabilités des différents acteurs, plans de contrôle, suivi des plans de contrôle, articulation avec la cartographie des risques, etc.).

K.3 Transmettre les procédures internes en matière de frais de déplacements, de représentation, d'utilisation des cartes affaires/achats/carburant, d'avantages en nature des personnels et élus/administrateurs.

K.4 Concernant les sujets listés en K.3, présenter les contrôles internes afférents et leurs méthodes et fournir tout document relatif à ces contrôles (responsabilités des différents acteurs, plans de contrôle, suivi des plans de contrôle, articulation avec la cartographie des risques, etc.).

Guide AFA (juillet 2022),

Sur la prévention des atteintes à la probité à destination des fédérations sportives.

Texte non reproduit.

Guide AFA (juillet 2022),

Sur la prévention des atteintes à la probité à destination des opérateurs du ministère des Sports et des Jeux Olympiques et Paralympiques.

Texte non reproduit.

C Haute Autorité pour la transparence de la vie publique

Lignes directrices HATVP (octobre 2018),

Relatives au Répertoire des représentants d'intérêts.

En application de l'article 18-1 de la loi n° 2013-907 du 11 octobre 2013 relative à la transparence de la vie publique, "un répertoire numérique assure l'information des citoyens sur les relations entre les représentants d'intérêts et les pouvoirs publics". Ce répertoire est géré par la Haute Autorité pour la transparence de la vie publique, à laquelle les représentants d'intérêts doivent, sur le fondement de l'article 18-3 de la même loi, communiquer des informations relatives à leur identité et aux actions de représentation d'intérêts qu'ils effectuent à l'égard des responsables publics.

Ces lignes directrices ont vocation à accompagner les représentants d'intérêts en explicitant les notions utilisées par la loi et son décret d'application n° 2017-867 du 9 mai 2017. Elles formulent également les interprétations que la Haute Autorité retient de certaines notions encore floues ou imprécises.

Les modalités d'élaboration et d'évolution des lignes directrices

Ces lignes directrices ont été élaborées par la Haute Autorité en plusieurs étapes, tout au long du second semestre 2017, afin de concilier la nécessité de donner aux représentants d'intérêts de premières indications sur la mise en œuvre du dispositif prévu aux articles 18-1 et suivants de la loi du 11 octobre 2013 dès l'entrée en vigueur du dispositif, en juillet 2017, et la volonté d'affiner ces éléments au regard des questions progressivement soulevées et des remarques formulées par les différentes parties prenantes.

A cet effet, une première version des lignes directrices, ne portant que sur les éléments de définition des représentants d'intérêts et les informations à déclarer lors de l'inscription sur le répertoire, ont été publiées le 3 juillet 2017, à la suite d'une consultation publique qui s'est déroulée entre le 19 mai et le 19 juin 2017.

Un complément de ces lignes directrices, portant sur les informations qui doivent apparaître dans les déclarations annuelles que les représentants d'intérêts adresseront à la Haute Autorité, a été publié le 5 décembre 2017, à l'issue d'une seconde consultation publique, menée entre le 12 octobre et le 10 novembre 2017.

En parallèle, des travaux ont été menés avec plusieurs parties prenantes afin de préciser et d'ajuster les notions développées dans ces lignes directrices. D'une part, des groupes de travail réunissant des organismes appartenant aux quatre grandes catégories de représentants d'intérêts (organisations professionnelles, entreprises, cabinets de conseil et d'avocats, associations) se sont réunis à deux reprises en novembre et décembre 2017 pour passer en revue l'ensemble du contenu des lignes directrices. D'autre part, un travail a été engagé avec les principales autorités de régulation en vue d'identifier, dans leurs relations avec les opérateurs régulés, ce qui peut relever de la représentation d'intérêts.

En juillet 2018, la Haute Autorité a souhaité réunir de nouveau deux groupes de travail afin de dresser le bilan du premier exercice des déclarations d'activité. Ce retour d'expérience a notamment permis de dégager des bonnes pratiques quant à la formulation de l'"objet" d'une action de représentation d'intérêt, ainsi qu'en matière de reporting interne. Celles-ci ont été prises en compte dans les présentes lignes directrices et sont également détaillées sous forme de fiches pratiques, disponibles sur le site internet de la Haute Autorité.

Ces lignes directrices s'intéressent à la définition des représentants d'intérêts (I), aux informations qu'ils doivent communiquer à la Haute Autorité au moment de leur inscription sur le répertoire (II) et aux informations qu'ils doivent adresser chaque année (III).

I La définition des représentants d'intérêts

Aux termes de l'article 18-2 de la loi du 11 octobre 2013 précitée, sont des représentants d'intérêts, pour l'application de ces dispositions, "les personnes morales de droit privé, les établissements publics ou groupements publics exerçant une activité industrielle et commerciale, les organismes mentionnés au chapitre I du titre I du livre VII du code de commerce et au titre II du code de l'artisanat, dont un dirigeant, un employé ou un membre a pour activité principale ou régulière d'influer sur la décision publique, notamment sur le contenu d'une loi ou d'un acte réglementaire en entrant en communication" avec un certain nombre de responsables publics dont la liste est fixée par le même article.

Le neuvième alinéa de l'article 18-2 précité dispose que peuvent également recevoir la qualité de représentants d'intérêts "les personnes physiques qui ne sont pas employées par une personne morale mentionnée au premier alinéa du présent article et qui exercent à titre individuel une activité professionnelle" de représentation d'intérêts.

A la lecture de ces dispositions, une personne reçoit la qualification de représentant d'intérêts lorsque deux critères cumulatifs sont réunis, un critère organique, tenant à son statut (1), et un critère matériel, relatif à ses activités (2).

1 *Le critère organique*

Deux catégories de personnes peuvent recevoir la qualification de représentant d'intérêts : des personnes morales (1.1) et des personnes physiques (1.2).

1.1 *Les représentants d'intérêts, personnes morales*

Ne sont susceptibles d'être des représentants d'intérêts, en application de l'article 18-2 précité, que les personnes morales suivantes :

• toutes les personnes morales de droit privé, quel que soit leur statut ou leur objet social (y compris celles qui remplissent une mission d'intérêt général) : il peut s'agit de sociétés commerciales, de sociétés civiles, d'entreprises publiques, d'associations, de fondations, de syndicats, d'organismes professionnels ou de tout autre structure ayant la personnalité morale et n'étant pas une personne publique ;

• les établissements publics à caractère industriel et commercial et les groupements d'intérêt public à caractère industriel et commercial, dès lors qu'ils ont été qualifiés comme tels par une loi, par un acte règlementaire ou par la jurisprudence ;

• les chambres de commerce et les chambres d'artisanat.

Ainsi, les structures ou organisation qui n'entrent dans aucune des trois catégories précitées ne peuvent être des représentants d'intérêts. Il s'agit notamment :

• des chambres d'agriculture ;

• des établissements publics administratifs et les organismes à statut particulier comme la Banque de France ;

• des regroupements informels ne disposant pas de la personnalité morale. En revanche, les actions menées par ce type de groupements doivent être imputées aux différentes personnes morales qui les composent, afin de déterminer si celles-ci remplissent les critères permettant de les qualifier de représentants d'intérêts.

Il convient de rappeler que les dispositions de l'article 18-2 précité ne s'appliquent pas uniquement aux "personnes morales françaises" : dès lors qu'une personne morale, même non implantée en France, en remplit les conditions, elle peut être considérée comme un représentant d'intérêts.

Ainsi, une société qui n'a pas son siège social en France est un représentant d'intérêts si ses salariés – qu'ils soient ou non basés en France – effectuent des actions de représentation d'intérêts au sens des présentes lignes directrices.

1.2 *Les représentants d'intérêts, personnes physiques*

Peuvent être qualifiés de représentants d'intérêts, les personnes physiques qui exercent individuellement et à titre professionnel – c'est-à-dire en contrepartie d'une rémunération – une activité de représentation d'intérêts sans pour autant être employées par l'une des personnes morales mentionnées au 1.1 des présentes lignes directrices.

Cette activité peut en effet être exercée sous différents statuts : profession libérale, auto-entrepreneur, entreprise individuelle à responsabilité limitée (EIRL), micro-entreprise, etc. Entrent également dans cette catégorie les personnes physiques qui se sont regroupées dans le cadre d'une structure de moyens ou d'une structure d'exercice sans pour autant créer une personne morale.

> Ainsi, des avocats regroupés au sein d'une association d'avocats à responsabilité professionnelle individuelle (AARPI) sont des représentants d'intérêts en tant que personnes physiques s'ils remplissent les conditions de la loi.
>
> Au contraire, lorsque des avocats sont regroupés au sein d'une société d'exercice libéral à responsabilité limitée (SELARL) ou une société civile professionnelle (SCP) d'avocats, ils ne sont pas des représentants d'intérêts en tant que personnes physiques. C'est la personne morale elle-même qui pourra être qualifiée de représentant d'intérêts quand celle-ci en remplit les conditions.

A l'inverse, ne peuvent être considérées comme des représentants d'intérêts les personnes physiques :

• qui exercent des activités de représentation d'intérêts pour elles-mêmes et à titre non professionnel ;

> Ainsi, un particulier qui écrit à son député pour demander la modification d'une loi ou suggérer le dépôt d'un amendement n'est pas un représentant d'intérêts.

• qui ont créé une personne morale distincte pour exercer leur activité ;

> Ainsi, la personne qui créé une entreprise unipersonnelle à responsabilité limitée (EURL) ou une société par actions simplifiée unipersonnelle (SASU) pour exercer son activité n'est pas un représentant d'intérêts. Dans ce cas, c'est la personne morale qui pourra être qualifiée de représentant d'intérêts.

• qui exercent une activité de représentation d'intérêts pour le compte d'une personne morale n'entrant pas dans le champ de l'article 18-2.

> Ainsi, le responsable des affaires publiques d'un établissement public administratif n'est pas un représentant d'intérêts, car les établissements publics administratifs ne sont pas des représentants d'intérêts au sens de la loi.

2 *Le critère matériel*

Au sens de l'article 18-2 précité, une personne doit remplir trois conditions cumulatives pour être qualifiée de représentant d'intérêts :

• elle doit exercer des actions de représentation d'intérêts (2.1) ;

• s'il s'agit d'une personne morale, ces actions doivent être exercées par un ou plusieurs de ses dirigeants, de ses employés ou de ses membres (2.2) ;

• les activités de représentation d'intérêts doivent constituer l'activité principale ou une activité régulière de celui ou ceux qui en sont chargés (2.3).

2.1 *Définition d'une activité de représentation d'intérêts*

Aux termes de l'article 18-2 de la loi, effectuer une action de représentation d'intérêts signifie "influer sur la décision publique, notamment sur le contenu d'une loi ou d'un acte réglementaire, en entrant en communication" avec un des responsables publics mentionnés à cet article. L'article 1er du décret du 9 mai 2017 précise quant à lui que cette communication doit être à l'initiative du représentant d'intérêts et mentionne les types de communications qui ne sont pas considérés comme des actions de représentation d'intérêts.

Il résulte de la lecture combinée de ces dispositions que pour être considérée comme telle, une action de représentation d'intérêts suppose la réunion de cinq conditions cumulatives :

• elle doit consister en une communication entre un représentant d'intérêts et un tiers (2.1.1) ;
• ce tiers doit être l'un des responsables publics mentionnés à l'article 18-2 précité (2.1.2) ;
• cette communication doit être à l'initiative du représentant d'intérêts (2.1.3) ;
• cette communication doit avoir pour objet une décision publique (2.1.4) ;
• son objectif doit être d'influer sur cette décision publique (2.1.5).

2.1.1 *Qu'est-ce qu'une communication ?*

En l'absence de définition de la notion de communication, et afin d'objectiver cette dernière, trois types d'actions sont considérés comme des communications susceptibles de constituer des actions de représentation d'intérêts au sens de ces lignes directrices :

• une rencontre physique, quel que soit le contexte dans lequel elle se déroule (rendez-vous dédié, déjeuner professionnel, visite d'un salon professionnel, réunion d'un club, etc.) ;
• une conversation téléphonique, par vidéo-conférence ou par l'intermédiaire d'un service de communication électronique ;
• l'envoi d'un courrier, d'un courrier électronique ou d'un message privé par l'intermédiaire d'un service de communication électronique. Il en va de même de l'interpellation directe et nominative d'un responsable public sur un réseau social.

Lorsque ces actions sont effectuées de manière répétée sur un court laps de temps, pour un même objet et auprès d'une même catégorie de responsables publics (au sens de la liste annexée au décret du 9 mai 2017), elles constituent une unique communication.

Ainsi un représentant d'intérêts n'a réalisé qu'une seule communication au sens de l'article 18-2 :

– lorsqu'un même courrier ou message est envoyé concomitamment à plusieurs personnes ;

– lorsqu'il appelle le secrétariat d'un membre du Gouvernement pour lui proposer une réunion, confirme cette réunion par courrier électronique, participe à cette réunion avec le membre du Gouvernement et son directeur de cabinet et en adresse le compte rendu à son directeur de cabinet quelques jours plus tard.

A l'inverse, si à l'issue de la réunion avec le ministre, le représentant d'intérêts adresse des propositions de rédactions à l'un des directeurs généraux du ministère concerné, qui n'était pas présent à la réunion, ce courrier électronique constitue une nouvelle communication, dans la mesure où le directeur relève d'une autre catégorie de responsables publics que le ministre.

Cette objectivation de la notion de communication, indispensable pour le bon fonctionnement du répertoire, conduit donc à écarter du champ certains types d'actions.

Ainsi ne sont pas des "communications" au sens de l'article 18-2 :

• les campagnes de sensibilisation de l'opinion ou les manifestations sur la voie publique ;
• les activités de veille de l'actualité législative et réglementaire ;
• la préparation de notes, dossiers, éléments de langage, en amont d'une communication ;
• les lettres d'information, dès lors qu'elles ne portent pas sur une décision publique et ne sont pas adressées spécifiquement à des responsables publics.

Une association organise une manifestation destinée à recueillir des signatures pour demander la modification d'une loi. Cette action n'est pas une communication au sens de l'article 18-2, car l'association n'est pas entrée en communication avec un responsable public.

Si, postérieurement à cette manifestation, l'association sollicite un rendez-vous avec un conseiller du ministre pour remettre la pétition, il s'agit à l'inverse d'une communication au sens de l'article 18-2.

2.1.2 *Qui sont les responsables publics visés par l'article 18-2 ?*

L'article 18-2 précité fixe la liste exhaustive des responsables publics à l'égard desquels une communication peut constituer une action de représentation d'intérêts. Jusqu'au 30 juin 2021, il s'agit uniquement des personnes suivantes :

- les membres du Gouvernement ;
- les membres des cabinets ministériels et les collaborateurs du Président de la République ;
- les députés, les sénateurs et leurs collaborateurs ;
- le Président de l'Assemblée nationale, le Président du Sénat et leurs membres de cabinet ;
- les agents des services de l'Assemblée nationale et du Sénat, dont la liste figure sur le site internet de chaque assemblée ;
- les membres des collèges et des commissions des sanctions des autorités administratives et publiques indépendantes mentionnées au 6° du I de l'article 11 de la loi du 11 octobre 2013 précitée, la liste de ces autorités étant annexée au décret du 9 mai 2017 précité ;
- les directeurs généraux, secrétaires généraux, ainsi que leurs adjoints, des mêmes autorités, étant précisé que seules les personnes dont les fonctions ont cette dénomination exacte sont visées par le dispositif ;
- les personnes titulaires d'un emploi à la décision du Gouvernement pour lequel elles ont été nommées en Conseil des ministres. La liste de ces emplois est publiée et mise à jour régulièrement sur le site internet de la Haute Autorité.

A compter du 1er juillet 2021, seront également visés les titulaires de certaines fonctions exécutives locales et d'autres agents publics, notamment certains chefs de services et sous-directeurs au sein des administrations centrales.

Ainsi, ne réalise pas une action de représentation d'intérêts :

- un établissement public industriel et commercial qui échange avec le bureau qui, au sein d'un ministère, est chargé de sa tutelle. Dans la mesure où les membres de ce bureau ne sont pas des responsables publics énumérés par l'article 18-2, ces communications ne sont pas des actions de représentation d'intérêts ;
- une entreprise qui propose une modification règlementaire directement à un sous-directeur ou un chef de bureau.

2.1.3 *Dans quel cas une communication est-elle à l'initiative du représentant d'intérêts ?*

En application de l'article 18-2 précité, il n'y a action de représentation d'intérêts que si c'est le représentant d'intérêts qui entre en communication avec un responsable public. L'article 1er du décret du 9 mai 2017 en déduit que ne peuvent être considérées comme des actions de représentation d'intérêts que les communications faites à l'initiative des représentants d'intérêts.

Ainsi :

- les communications qui se déroulent dans le cadre d'une audition organisée à la demande d'un responsable public, d'un groupe de travail créé par une administration ou d'un organisme consultatif (lorsque ses statuts et les modalités de désignation de ses membres sont prévus par une loi ou un règlement), ne sont pas effectuées à l'initiative d'un représentant d'intérêts et ne peuvent donc être considérées comme des actions de représentation d'intérêts ;

• lorsqu'un représentant d'intérêts a tenté de joindre, sans succès, un responsable public et que ce dernier le rappelle quelques jours plus tard, cette conversation téléphonique constitue bien une communication à l'initiative du représentant d'intérêts ;

• à l'inverse, lorsqu'un représentant d'intérêts est invité à une audition par un responsable public et que ce dernier lui demande, au cours de l'audition, de lui transmettre des suggestions de rédactions, l'envoi de ces éléments ne constitue pas une communication à l'initiative du représentant d'intérêts ;

• de même, lorsqu'un organisme participe aux échanges mentionnés à l'article 4 du décret n° 2016-360 du 25 mars 2016 sur les marchés publics, également appelés opérations de "sourcing", la transmission d'avis ou propositions ne constitue pas une communication à son initiative ;

• enfin, lorsqu'un représentant d'intérêts est mis en contact avec un responsable public sur recommandation d'un autre responsable public, cette communication ne constitue pas une communication à l'initiative du représentant d'intérêts.

2.1.4 *Quelles sont les décisions publiques concernées ?*

Une annexe au décret du 9 mai 2017 fixe la liste des types de décisions publiques qui devront être mentionnées par les représentants d'intérêts dans les rapports qu'ils devront adresser annuellement. Par souci de cohérence et de simplicité, ce sont les mêmes décisions publiques qui peuvent caractériser une action de représentation d'intérêts, lorsqu'elles sont évoquées dans le cadre d'une communication entre un responsable public et un représentant d'intérêts.

La liste de ces décisions publiques est la suivante :

• les lois, y compris constitutionnelles ;

• les ordonnances de l'article 38 de la Constitution ;

• les actes réglementaires ;

• les décisions dites d'espèce, mentionnées à l'article L. 221-7 du code des relations entre le public et l'administration. Il peut s'agir, par exemple, d'une déclaration d'utilité publique dans le cadre d'une procédure d'expropriation (ou de la décision de classement d'une installation classée pour la protection de l'environnement) ;

• les marchés publics, lorsque la valeur estimée hors taxe du besoin est égale ou supérieure aux seuils européens ;

• les contrats de concession, lorsque la valeur estimée hors taxe du besoin est égale ou supérieure aux seuils européens ;

• les contrats valant autorisation temporaire d'occupation du domaine public ;

• les baux emphytéotiques administratifs ;

• les contrats portant cession des biens immobiliers relevant du domaine privé de l'État ou de ses établissements publics ;

• les délibérations des collectivités territoriales approuvant la constitution d'une société d'économie mixte à opération unique.

Au titre des "autres décisions publiques" dont les contours ne sont pas précisés, sont prises en compte :

• les décisions individuelles ayant pour objet la délivrance, la modification, le retrait ou le renouvellement d'un agrément, d'une autorisation, d'une certification, d'une dérogation, d'une dispense, d'une exemption, d'une habilitation, d'une homologation, d'une inscription sur une liste, d'une licence, d'un permis, d'un titre, ou d'un avantage financier de quelque nature que ce soit ;

• les décisions individuelles de nomination ;

• les actes pris par les autorités administratives et publiques indépendantes lorsqu'ils ont une portée normative certaine, c'est-à-dire lorsqu'ils revêtent le caractère de dispositions générales et impératives ou lorsqu'ils énoncent des prescriptions dont la méconnaissance peut être sanctionnée.

La consistance de la décision publique comprend :

• la décision publique en vigueur, afin par exemple d'en obtenir la modification ou la suppression ;

• la décision publique en projet, c'est-à-dire qui n'a pas encore été adoptée ;

• la décision publique dont on sollicite l'adoption.

Ainsi :

• le fait de solliciter le ministre de l'agriculture pour appeler son attention sur la nécessité de prévoir rapidement des dispositions nouvelles pour interdire un certain type de pesticide, alors même qu'un projet de loi en matière agricole n'est pas encore publiquement envisagé, constitue bien une communication portant sur une décision publique ;

• une communication qui porte sur une décision publique en cours d'élaboration, par exemple un projet de loi en cours de discussion au Parlement ou un projet de décret qu'un ministère est en train de rédiger, est considérée comme portant sur une décision publique ;

De la même manière, lorsqu'une association écrit à un parlementaire pour lui proposer de déposer une proposition de loi sur un sujet spécifique, cette démarche constitue bien une communication portant sur une décision publique.

Le dispositif ne concerne que les décisions publiques françaises. Les décisions publiques prises au niveau européen ou international ne peuvent pas faire l'objet d'action de représentation d'intérêts au sens des dispositions législatives et réglementaires mentionnées ci-dessus. De la même manière, les positions de la représentation permanente de la France auprès de l'Union européenne ou d'autres organisations internationales ne sont pas des décisions publiques au sens de l'article 18-2 de la loi du 11 octobre 2013 précitée.

Enfin, les délibérations des conseils d'administration des sociétés à participation publique ne sont pas des décisions publiques sur lesquelles des actions de représentation d'intérêts peuvent être menées. En revanche, constituent des décisions publiques au sens de l'article 18-2 précité les décrets et arrêtés par lesquels sont réalisés des opérations sur le capital de sociétés à participation publique en application des articles 22 et 23 de l'ordonnance n° 2014-948 relative à la gouvernance et aux opérations sur le capital des sociétés à participation publique.

2.1.5 *Dans quel cas une communication n'a pas pour objectif d'influer sur la décision publique ?*

De façon générale, afin de simplifier la compréhension de ce nouveau dispositif, il convient d'avoir à l'esprit que lorsqu'un représentant d'intérêts entre en communication avec un responsable public pour évoquer une décision publique, cette communication doit être considérée comme ayant pour objectif d'influer sur cette décision et constitue une action de représentation d'intérêts.

Certaines exceptions doivent néanmoins être soulignées.

• Certaines communications relatives aux décisions individuelles

L'article 1er du décret du 9 mai 2017 prévoit néanmoins une exception à ce principe, en précisant que "ne constitue pas une entrée en communication au sens de l'alinéa précédent le fait de solliciter, en application de dispositions législatives ou règlementaires, la délivrance d'une autorisation ou le bénéfice d'un avantage dont l'attribution constitue un droit pour les personnes qui remplissent les conditions légales pour l'obtenir, ainsi que le fait de présenter un recours administratif ou d'effectuer une démarche dont la réalisation est, en vertu du droit applicable, nécessaire à la délivrance d'une autorisation, à l'exercice d'un droit ou à l'octroi d'un avantage".

Par extension, la Haute Autorité considère plus généralement que ne constituent pas des communications tous les échanges d'informations qui se déroulent entre une personne morale et un responsable public dans le cadre du suivi d'une demande tendant à l'obtention d'une décision individuelle, quelle qu'elle soit. Ces échanges n'ont pas pour objectif d'influer sur la décision individuelle en question, et ne peuvent donc être considérés comme des actions de représentation d'intérêts.

Cette exclusion vise précisément les situations suivantes :

— préalablement au dépôt d'une demande, les communications avec l'autorité compétente qui se limitent à annoncer ce dépôt, à préciser la nature et les caractéristiques de l'opération ou à convenir d'un calendrier ;

— pendant l'instruction de la demande, toutes les communications entre le demandeur et l'administration compétente pour la traiter. Cette exclusion vaut uniquement pour les communications qui portent sur la décision en cause, durant la période d'instruction, entre le demandeur et l'administration compétente ;

— en cas de refus de la demande, les communications qui se déroulent dans le cadre d'un recours gracieux, hiérarchique ou contentieux ;

— en cas d'acceptation de la demande, toutes les communications qui se limitent au suivi de la mise en œuvre de la décision individuelle.

> Ainsi, la plupart des échanges entre une entreprise et une autorité indépendante dans le domaine économique, même lorsqu'ils sont à l'initiative de l'entreprise, ne sont pas des actions de représentation d'intérêts. Tel est le cas de ceux qui s'inscrivent dans le cadre du suivi de procédures en cours (demande d'autorisation, procédure de règlement des différends, procédure de sanction, etc.) ou qui portent sur des informations nécessaires à la mise en œuvre des compétences de régulation de l'autorité (envoi de données chiffrées pour la mise en œuvre des obligations légales de l'entreprise, interrogation sur l'interprétation à retenir des délibérations de l'autorité, etc.).
>
> Seules constituent des actions de représentation d'intérêts les communications avec un membre ou un dirigeant de l'autorité par lesquelles l'entreprise cherche à influer sur une de ces décisions, par exemple en amont de l'adoption d'une délibération de portée règlementaire, dans le cadre de l'élaboration de lignes directrices ou dans la perspective d'un avis de l'autorité sur un projet de loi ou de règlement.

• Certaines communications relatives aux procédures de mises en concurrence

N'ont pas non plus pour objectif d'influer sur une décision publique les informations transmises à un responsable public par un candidat à une procédure de mise en concurrence sur le fondement de l'article 42 de l'ordonnance n° 2015-899 du 23 juillet 2015 relative aux marchés publics ou de l'article 36 de l'ordonnance n° 2016-65 du 29 janvier 2016 relative aux contrats de concession.

Il en va de même, pour un organisme titulaire d'un contrat de la commande publique, des communications nécessaires à l'exécution de ce contrat.

> Ainsi, le dirigeant d'une entreprise spécialisée dans la sécurité informatique, qui sollicite le cabinet du ministre de la défense pour le convaincre de la nécessité de lancer un marché public pour l'acquisition d'une technologie de cryptage des données en vue de renforcer la sécurité des systèmes d'information du ministère réalise une action de représentation d'intérêts. En revanche, dès lors que le ministère lance la procédure de mise en concurrence, les relations qu'il entretient dans ce cadre avec cette entreprise et avec les autres candidats, jusqu'à la signature du contrat, sont exclues du champ de la représentation d'intérêts, de même que les relations qui se noueront, pour l'exécution du contrat, avec le candidat retenu.

• Les communications se limitant à des échanges factuels

Au-delà de cette exception, les communications qui se limitent à des échanges factuels, indispensables au bon fonctionnement de la vie administrative, ne paraissent pas susceptibles d'avoir pour objet d'influer sur la décision publique. Il s'agit des situations dans lesquelles la communication se limite à l'un des objectifs suivants :

— lorsqu'un organisme demande des informations factuelles, accessibles à toute personne, à un responsable public ;

– lorsqu'un organisme demande à un responsable public l'interprétation à retenir d'une décision publique en vigueur ;

– lorsqu'un organisme transmet à un responsable public des informations sur son fonctionnement ou ses activités, sans lien direct avec une décision publique, par exemple dans le cadre de l'envoi d'un rapport annuel d'activité ou d'une visite d'usine.

> Ainsi, l'essentiel des relations entre les établissements publics, les groupements d'intérêts publics ou les sociétés à participation publique et leurs ministères de tutelle ne constituent pas des actions de représentation d'intérêts. En effet, outre les exclusions précédemment évoquées (échanges ne portant pas sur des décisions publiques, ne se déroulant pas en présence d'un responsable public mentionné à l'article 18-2 ou qui ne sont pas à l'initiative de la personne morale), les échanges qui se limitent à des échanges factuels sont également exclus. Ainsi, parmi l'ensemble des communications entre l'un de ces organismes et ses directions de tutelle, seules celles par lesquelles un organisme tente d'influer sur un texte législatif ou règlementaire – comme pourrait le faire toute entreprise de son secteur économique – sont en pratique susceptibles de recevoir la qualification de représentation d'intérêts.

Dans de nombreuses hypothèses, notamment lorsqu'un représentant d'intérêts a des relations régulières avec des responsables publics visés à l'article 18-2, ces communications auront simultanément plusieurs objets, et n'entreront qu'en partie dans le cadre des exclusions prévues ci-dessus. Dans ce cas, par exemple lorsque la communication ne visait pas à l'origine à influer sur une décision publique mais a conduit le représentant d'intérêts et le responsable public concerné à avoir un échange argumenté sur une décision publique, il appartient au représentant d'intérêts lui-même d'apprécier si cette communication a eu *in fine* pour objectif d'influer sur cette décision publique.

> Ainsi, lorsque la visite d'une entreprise se conclut par l'envoi, par le dirigeant de l'entreprise au cabinet du ministre, d'arguments pour que le projet de loi de finances contienne une disposition abaissant le taux de TVA des produits fabriqués par l'entreprise, cette communication aura bien eu pour objectif d'influer sur la décision publique.

2.2 *Détermination des personnes chargées des activités de représentation d'intérêts*

Au sein des personnes morales, l'article 18-2 détermine de manière limitative les personnes physiques dont les communications avec des responsables publics peuvent être qualifiées d'actions de représentation d'intérêts au sens de la loi. Seules sont concernées les communications initiées par "un dirigeant, un employé ou un membre" de la personne morale (2.2.1). En outre, lorsque des représentants de plusieurs personnes morales différentes effectuent ensemble une même action de représentation d'intérêts, il convient de déterminer à quelle personne morale cette action doit être attribuée (2.2.2).

2.2.1 *Détermination des notions de dirigeant, d'employé et de membre d'une personne morale*

• La notion d'employé

L'identification des personnes entrant dans la catégorie des employés ne pose pas de difficulté particulière : elle vise de manière générale les salariés de la personne morale ainsi que toutes les personnes qui sont placées dans un lien de subordination à son égard, comme les stagiaires ou les apprentis.

S'agissant des cabinets de conseils et d'avocats, sont également considérés comme des employés les consultants non-salariés que le cabinet rémunère pour réaliser des actions de représentation d'intérêts pour le compte de l'un de ses clients. De même, l'avocat collaborateur doit être considéré, au sens de ces dispositions, comme un employé du cabinet pour lequel il travaille.

Dans ces deux hypothèses en effet, les clients pour le compte desquels les actions de représentation d'intérêts sont menées sont bien les clients du cabinet de conseil ou d'avocat, c'est donc ce dernier qui doit s'inscrire sur le répertoire s'il remplit les conditions fixées par la loi. Les consultants indépendants ou avocats collaborateurs peuvent néanmoins être par ailleurs tenus de s'inscrire au répertoire en tant que personnes physiques, au titre des actions de représentation d'intérêts qu'ils peuvent mener pour le compte de leur propre clientèle.

En revanche, dans le cas particulier des sociétés de portage salarial, le salarié porté n'est pas considéré comme "employé" de la société de portage ni de la société d'accueil. S'il remplit les conditions fixées à l'article 18-2 de la loi, il devra s'inscrire au répertoire en tant que représentant d'intérêts personne physique.

• La notion de dirigeant

La catégorie des dirigeants vise uniquement les représentants légaux de l'organisme, c'est-à-dire la ou les personnes qui se voient attribuer, par ses statuts, la possibilité de l'engager juridiquement et de le représenter dans ses relations avec les tiers.

> Ainsi, dans une société commerciale, il s'agira de la personne occupant les fonctions de président-directeur général, de directeur général, de membre du directoire, de gérant ou des fonctions équivalentes ainsi que, le cas échéant, les fonctions de directeur général délégué. Dans une association, il s'agira, dans la plupart des cas, du président.

• La notion de membre

S'agissant des membres, sont concernées uniquement les personnes ayant un lien juridique ou financier avec la personne morale (adhérents, cotisants, bénévoles liés par une convention de bénévolat, etc.) qui ont été désignées pour participer à ces instances statutaires (son bureau, son conseil d'administration, son comité stratégique, etc.) ou explicitement mandatées, par son dirigeant, pour mener des actions de représentation d'intérêts pour son compte.

> Peuvent ainsi être concernés :
> – un administrateur d'une société anonyme ;
> – un vice-président d'une fédération professionnelle ;
> – un membre bénévole d'une association chargé par son président de mener des actions de représentation d'intérêts pour le compte de l'association.

Lorsque les membres d'une personne morale sont eux-mêmes des personnes morales, ce qui est notamment souvent le cas dans les organisations professionnelles, ces critères doivent être appliqués aux personnes physiques qui les représentent. Il convient dans ce cas de rechercher si la ou les personnes physiques qui représentent leur entreprise au sein d'une fédération professionnelle remplissent l'un des critères du décret du 9 mai 2017 dans leurs activités pour le compte de la fédération.

> Si le dirigeant d'une entreprise représente cette dernière au sein du conseil d'administration d'une fédération professionnelle, il conviendra de vérifier si les critères mentionnés au 2.3 sont remplis pour les actions qu'il réalise pour le compte de cette fédération.

Enfin, lorsqu'une personne est membre de plusieurs personnes morales, l'attribution des actions de représentation d'intérêts qu'elle réalise dépend de l'intérêt défendu lors de ces actions.

Ainsi, lorsque le délégué général d'une fédération sectorielle également membre du comité exécutif d'une organisation interprofessionnelle mène des actions de représentation d'intérêts, celles-ci doivent être attribuées à la fédération si l'intérêt défendu est sectoriel. En revanche, elles doivent être attribuées à l'organisation interprofessionnelle si l'intérêt défendu n'est pas propre à son secteur d'activité.

2.2.2 *Attribution des actions de représentation d'intérêts entre les représentants de plusieurs personnes morales différentes*

En principe, chaque personne morale susceptible d'être qualifiée de représentant d'intérêts doit rechercher si elle remplit les critères fixés à l'article 18-2 et, si c'est le cas, s'inscrire sur le répertoire puis déclarer ses activités de représentation d'intérêts.

Il arrive que des représentants de plusieurs personnes morales réalisent des actions de représentation d'intérêts en commun : par exemple, les directeurs des affaires publiques de deux entreprises ayant un intérêt commun peuvent rencontrer ensemble un membre du Gouvernement pour évoquer un projet de loi, de même que les représentants d'une société et de l'une de ses filiales peuvent mener en commun une action de représentation d'intérêts à l'égard d'une autorité de régulation.

Dans la plupart des cas, cela ne pose pas de difficulté particulière : il doit être considéré que chacune des personnes morales concernées a mené une action de représentation d'intérêts pour son propre compte, bien que cette action ait été faite en commun avec une autre personne morale. Ainsi, lorsque les directeurs généraux de cinq entreprises rencontrent le ministre de l'économie pour évoquer les difficultés de leur secteur d'activité dans le cadre de l'élaboration d'un projet de loi, cinq actions de représentation d'intérêts différentes ont en réalité été menées par cinq personnes morales différentes.

De la même manière, lorsqu'un cabinet de conseil ou d'avocat mène une action de représentation d'intérêts accompagné de l'un de ses clients, cette action doit être attribuée aux deux personnes morales.

Deux cas particuliers méritent toutefois d'être relevés.

- Le cas des organisations représentatives

Il s'agit d'abord du cas dans lequel un représentant d'une organisation représentative, par exemple une fédération professionnelle ou une coordination d'ONG, mène une action de représentation d'intérêts en étant accompagné d'un représentant d'une des personnes morales adhérant à cette organisation. Dans cette hypothèse, la personne morale à laquelle sera attribuée l'action de représentation d'intérêts dépend de l'objet de celle-ci : s'il s'agit de représenter l'intérêt global de l'organisation, transversal à l'ensemble de ses membres, c'est à cette dernière que doit être attribuée l'action de représentation d'intérêts. Le représentant de l'adhérent peut éventuellement, s'il en remplit les conditions (V. *infra* II. 1.3), être considéré comme une personne physique chargée des actions de représentation d'intérêts pour le compte de l'association. A l'inverse, s'il s'agit de défendre les intérêts propres de la personne morale adhérente, l'action doit être attribuée à cette dernière.

- Le cas des groupes de sociétés

Les actions de représentation d'intérêts effectuées par les différentes sociétés d'un même groupe doivent être chacune attribuées à la société qui les a réalisées, chaque personne morale étant susceptible d'être qualifiée de représentant d'intérêts. Tant la société mère que ses filiales doivent ainsi comptabiliser leurs actions de représentation d'intérêts afin de savoir si elles doivent individuellement s'inscrire sur le répertoire.

Il peut néanmoins arriver que les représentants d'une société et de l'une de ses filiales réalisent ensemble une même action de représentation d'intérêts. Dans ce cas, si l'action de représentation d'intérêts vise principalement à défendre l'intérêt commun du groupe de sociétés, elle doit être attribuée à la société-mère. En revanche, s'il s'agit uniquement de représenter les intérêts de la filiale, c'est à cette dernière que l'action de représentation d'intérêts devra être attribuée.

En pratique, les groupes de sociétés peuvent déléguer à une personne unique, par exemple le responsable des affaires publiques de la société mère, le soin de communiquer à la Haute Autorité les informations pour chacune des sociétés du groupe. Chaque dirigeant de filiale peut en effet mandater un tiers, en l'espèce un employé de la société mère, pour procéder à son inscription sur le téléservice et communiquer les informations requises par la loi. Dans cette hypothèse, la personne chargée de satisfaire ces obligations devra inscrire au répertoire autant de représentants d'intérêts qu'il y a de filiales qui remplissent les conditions fixées à l'article 18-2 et communiquer, pour chaque filiale, les informations relatives aux actions que cette filiale a entreprises. Il n'est donc pas possible d'inscrire seulement la société mère au répertoire et de consolider à son niveau les actions entreprises par tout le groupe, l'obligation légale pesant individuellement sur chaque personne morale. En outre, le délégataire agit alors pour le compte du dirigeant de chaque filiale qui reste, en cas de manquement, seul responsable.

2.3 *Détermination du caractère principal ou régulier des activités de représentation d'intérêts*

Pour qu'une personne soit qualifiée de représentant d'intérêts, il ne suffit pas qu'elle, s'il s'agit d'une personne physique, ou que l'un de ses représentants, pour une personne morale, ait effectué une action de représentation d'intérêts. En application de l'article 18-2 précité, il faut en effet que la représentation d'intérêts constitue l'activité principale de l'intéressé (2.3.1) ou qu'il exerce cette activité de manière régulière (2.3.2), ces critères étant alternatifs.

2.3.1 *Le caractère principal de l'activité de représentation d'intérêts*

En application de l'article 1er du décret du 9 mai 2017 précité, une personne effectue des actions de représentation d'intérêts à titre principal lorsqu'elle consacre à cette activité "plus de la moitié de son temps".

Ce critère doit s'apprécier par période de six mois. Ainsi, si une personne a consacré plus de la moitié de son temps à des actions de représentation d'intérêts sur une période d'au moins six mois, elle ou la personne morale qu'elle représente est un représentant d'intérêts, qui devra s'inscrire sur le répertoire et communiquer à la Haute Autorité l'année suivante, ses actions de représentation d'intérêts effectuées.

En second lieu, pour apprécier la part du temps passé à réaliser des actions d'intérêts par la personne concernée, il convient de s'attacher non seulement à la durée des communications elles-mêmes, mais également au temps consacré à leur préparation, à leur organisation et à leur suivi. Le temps consacré à des activités sans lien avec des actions de représentation d'intérêts, par exemple des activités de veille, est en revanche exclu de ce décompte. Si la personne fait l'objet d'un décompte précis de son temps de travail, par exemple dans le cadre d'une facturation à l'heure, ce décompte constituera nécessairement le principal élément d'appréciation du temps passé à réaliser des actions de représentation d'intérêts. Dans les autres cas, il n'est pas nécessaire d'opérer un décompte précis, à l'heure près, des différentes activités réalisées par la personne pour vérifier si ce critère est rempli. Il est en effet possible de se fonder sur la méthode du faisceau d'indices. A cet égard, les indices suivants pourront être utilisés, sans qu'il soit nécessaire qu'ils soient tous remplis :

– l'intitulé du poste de l'intéressé, dont ses principales missions peuvent parfois être déduites ;

– la description de ses missions, par exemple dans une fiche de poste ;

– le nombre d'actions de représentation d'intérêts réalisées sur la période de six mois considérée ;

– la participation aux travaux des organismes auxquels son organisation est affiliée et qui sont en lien avec les intérêts représentés (voir II. 5) ;

– la part globale, sur la période de six mois considérée, des activités sans aucun lien avec de la représentation d'intérêts.

Ainsi, le directeur des affaires publiques d'une entreprise est entré en contact à cinq reprises au cours des six derniers mois, avec des responsables publics. La durée cumulée de ces contacts et de leur préparation ne représente pas, en tant que telle, la moitié de son activité. Toutefois, il ressort clairement de l'intitulé de son poste et de ses missions qu'il a pour activité principale la représentation des intérêts de l'entreprise.

2.3.2 *Le caractère régulier de l'activité de représentation d'intérêts*

En application de l'article 1er du décret du 9 mai 2017 précité, une personne exerce une activité de représentation d'intérêts de manière régulière lorsqu'elle a réalisé, pendant une période de douze mois, plus de dix actions de représentation d'intérêts. Cette période de douze mois doit être appréciée de manière continue et ne couvre pas nécessairement l'année civile.

Si un consultant indépendant réalise neuf actions de représentation d'intérêts entre juillet et décembre d'une année N et une dixième action le 15 février de l'année N+1, il est considéré comme un représentant d'intérêts à compter de cette date. Il devra donc s'inscrire sur le répertoire avant le 15 avril de l'année N+1.

Au sein des personnes morales, ce critère doit être apprécié de manière individuelle : une personne morale n'est un représentant d'intérêts que si au moins une personne en son sein a réalisé, à elle seule, plus de dix actions de représentation d'intérêts sur l'année.

Si, au sein d'une PME, quatre personnes ont chacune réalisé trois actions de représentation d'intérêts, cette personne morale ne sera pas considérée comme un représentant d'intérêts au sens de la loi (sauf si l'activité de représentation d'intérêts est, par ailleurs, exercée à titre principal par l'un de ses employés ou dirigeants).

II Les informations à communiquer à la Haute Autorité pour procéder à l'inscription

Il résulte des dispositions combinées des articles 18-3 de la loi du 11 octobre 2013 et 2 du décret du 9 mai 2017 que les représentants d'intérêts doivent communiquer à la Haute Autorité les informations suivantes lors de leur inscription sur le répertoire : leur identité (1) l'identité de leur dirigeant (2) et des personnes physiques chargées des activités de représentation d'intérêts en leur sein (3) lorsqu'il s'agit de personnes morales, le champ de leurs activités de représentation d'intérêts (4), leurs affiliations (5) et, lorsqu'ils exercent des activités de représentation d'intérêts pour le compte de tiers, l'identité de ces tiers (6).

Dès que les représentants d'intérêts remplissent les conditions évoquées ci-dessus, ils ont deux mois pour procéder à leur inscription au répertoire. Par ailleurs, lorsque l'une des informations à déclarer fait l'objet d'une modification, cette modification doit être portée dans le répertoire dans un délai d'un mois.

La transmission de ces informations est effectuée par l'intermédiaire d'un téléservice, dont les conditions de fonctionnement sont fixées par la délibération de la Haute Autorité n° 2017-236 du 20 décembre 2017.

Agora, le téléservice des représentants d'intérêts

En application de l'article 5 du décret n° 2017-867 du 9 mai 2017 relatif au répertoire numérique des représentants d'intérêts, "les représentants d'intérêts communiquent à la Haute Autorité les éléments mentionnés aux articles 2 et 3 par l'intermédiaire d'un téléservice". Conçu comme un outil de travail mis au service des représentants d'intérêts, le téléservice a pour ambition de limiter la charge administrative, notamment de la déclaration annuelle d'activité de représentation d'intérêts, en permettant un enregistrement des informations en continu, et pas uniquement lors des échéances de publication prévues par la loi.

Ce même article prévoit par ailleurs, que "lorsque le représentant d'intérêts est une personne physique, il procède lui-même à son inscription au téléservice. Lorsqu'il s'agit d'une personne morale, son inscription est réalisée par une personne physique désignée en qualité de contact opérationnel par son représentant légal". Cette désignation prend la forme d'un mandat, dont le modèle disponible *via* un lien sur le téléservice, dûment rempli, doit être transmis à la Haute Autorité par simple téléchargement sur le téléservice.

Chaque représentant d'intérêts, qu'il soit une personne morale ou une personne physique bénéficie d'un espace dédié, dit "espace collaboratif", pour l'ensemble de ses déclarations, qu'elles soient relatives à son inscription sur le répertoire ou aux informations relatives à ses activités de représentation d'intérêts.

Une fois inscrit, l'utilisateur se voit alors proposer de créer un espace collaboratif pour le représentant d'intérêts qu'il représente, conçu comme une plateforme de travail commune pour tous ses utilisateurs. Dans le cas où un autre utilisateur a déjà créé cet espace, il se verra proposer d'introduire une demande pour rejoindre l'espace collaboratif existant, demande qui devra être validée par le contact opérationnel de cet espace collaboratif. En effet, dans le cas d'un représentant d'intérêts personne morale, le contact opérationnel autorise dans le téléservice, des utilisateurs à communiquer des informations à la Haute Autorité en vue de leur publication. Il peut, à cet effet, distinguer entre les utilisateurs autorisés à enregistrer des informations dans le téléservice et ceux autorisés à adresser effectivement ces informations à la Haute Autorité.

1 *L'identité du représentant d'intérêts*

En application de l'article 5 de la délibération du 20 décembre 2017 précitée, les représentants d'intérêts communiquent leur identité à la Haute Autorité en saisissant dans le téléservice, selon les cas, leur numéro SIREN ou leur numéro d'identification au répertoire national des associations.

Lorsqu'ils ne disposent d'aucun de ces deux numéros, une prise de contact avec les services de la Haute Autorité, par l'intermédiaire du téléservice, permet aux représentants d'intérêts de communiquer leur identité et de se voir attribuer un numéro d'identification pour s'inscrire au répertoire.

2 *L'identité des dirigeants du représentant d'intérêts*

Les dirigeants dont l'identité et la fonction doivent être communiquées à la Haute Autorité sont ceux qui remplissent les conditions fixées au 2.2.1, c'est-à-dire les représentants légaux qui disposent des prérogatives nécessaires pour agir au nom de l'organisme et le représenter à l'égard des tiers, qu'ils réalisent ou non des actions de représentation d'intérêts.

Un tableau permettant de déterminer le représentant légal d'une entité selon sa forme juridique est disponible sur le site internet de la Haute Autorité.

3 *L'identité des personnes chargées des activités de représentation d'intérêts*

Les personnes devant être considérées comme "chargées des activités de représentation d'intérêts" au sein d'une personne morale, et dont l'identité et la fonction doivent être mentionnées dans le répertoire, se limite aux deux catégories suivantes :

— les personnes qui exercent une activité de représentation d'intérêts à titre principal, au regard des critères fixés au 2.3.1 ;

— les personnes qui réalisent des actions de représentation d'intérêts de manière régulière (voir 2.3.2).

4 *Le champ des activités de représentation d'intérêts*

Au titre du champ des activités de représentation d'intérêts, les représentants d'intérêts doivent déclarer d'une part, une liste de secteurs d'activités et d'autre part, les niveaux auxquels ils effectuent des actions de représentation d'intérêts.

A cet effet, une liste des grands secteurs d'activités est présente dans le téléservice. Les représentants d'intérêts doivent sélectionner, au sein de cette liste, l'ensemble des secteurs dans lesquels ils réalisent des actions de représentation d'intérêts.

Les représentants d'intérêts doivent également faire apparaître, à ce titre, le ou les niveaux auxquels ils réalisent des activités de représentation d'intérêts : local, national, européen ou mondial.

> Ainsi, un groupe de transports de voyageurs pourrait par exemple sélectionner les secteurs d'activités suivants : (1) Transports, logistique ; (2) Énergie ; (3) Environnement ; (4) Sports, loisirs, tourisme et (5) Concurrence, consommation.

5 *Les organismes dont le représentant d'intérêts est membre*

En application du 5° de l'article 18-3 précité, les représentants d'intérêts doivent mentionner dans le répertoire "les organisations professionnelles ou syndicales ou les associations en lien avec les intérêts représentés auxquelles il appartient". Trois précisions peuvent être apportées à cet égard.

D'une part, un organisme doit être mentionné quelles que soient les modalités selon lesquelles le représentant d'intérêts y est affilié (membre, adhérent, donateur, bienfaiteur, etc.), y compris lorsque celui-ci se contente de payer les cotisations à cet organisme, par exemple pour le compte de l'un de ses employés, ou de participer aux travaux.

Dans les groupes de sociétés, lorsque la société qui finance la cotisation à un organisme n'est pas la même que celle qui participe effectivement à ses travaux, les deux sociétés doivent mentionner cet organisme. De même, lorsque l'une des sociétés du groupe adhère à une organisation en lien avec les intérêts communs du groupe, la société mère doit également mentionner cette organisation.

En revanche, cette affiliation doit être directe : par exemple, lorsqu'un représentant d'intérêts est membre d'une fédération professionnelle et que cette fédération est elle-même membre d'une confédération, sans que le représentant d'intérêts lui-même en soit directement membre, seule la fédération doit être mentionnée sur le répertoire.

D'autre part, ne doivent être mentionnés que les organismes ayant un lien avec les activités de représentation d'intérêts au sens de l'article 18-2, ce qui exclut notamment les organismes dont les activités de représentation d'intérêts ne s'adressent qu'aux institutions européennes.

> Ainsi, une fédération professionnelle est membre d'une fédération européenne, qui n'effectue pas d'actions de représentation d'intérêts auprès des responsables publics mentionnés à l'article 18-2. Cette fédération européenne n'a pas à être mentionnée.

Enfin, ne sont visés que les organismes en rapport avec l'activité principale du représentant d'intérêts ou les intérêts qu'il défend. Doivent donc être exclus du répertoire les autres organismes dont il est membre ou pour lesquels il paye la cotisation pour le compte d'un de ses dirigeants, employés ou membres.

> Ainsi, un avocat qui exerce individuellement une activité de représentation d'intérêts n'a pas à déclarer les associations, par exemple sportives ou culturelles dont il est membre.
>
> De même, un représentant d'intérêts n'a pas à déclarer l'association d'anciens élèves à laquelle adhère l'un de ses salariés et dont il prend en charge la cotisation.

6 *L'identité des tiers pour le compte desquels des actions de représentation d'intérêts sont effectuées*

Cette catégorie d'informations ne concerne que les représentants d'intérêts qui exercent cette activité en tout ou partie pour le compte de tiers, à savoir principalement les cabinets de conseils, les avocats, et, éventuellement, les organisations et fédérations professionnelles ou les associations.

Seules peuvent être considérées comme "tiers" les personnes qui remplissent elles-mêmes le critère organique de la définition de représentant d'intérêts posée à l'article 18-2 de la loi, c'est-à-dire les personnes morales de droit privé, les établissements publics à caractère industriel et commercial et les groupements d'intérêt public à caractère industriel et commercial et les chambres de commerce et d'artisanat. Sont ainsi exclus, par exemple, les établissements publics administratifs et les chambres d'agriculture.

> Ainsi, un cabinet de conseil qui réalise des actions de représentation d'intérêts pour le compte d'une société commerciale, d'un organisme professionnel et d'une chambre d'agriculture devra renseigner l'identité de la société et de l'organisme professionnel, mais pas celle de la chambre d'agriculture, puisque cette dernière ne peut elle-même pas être qualifiée de représentant d'intérêts en raison de son statut.

- Cabinets de conseils et avocats

S'agissant des cabinets de conseils et des avocats, doivent être mentionnés au répertoire les clients pour lesquels au moins une action de représentation d'intérêts a été effectuée dans les six derniers mois, y compris à titre gratuit, par exemple dans le cadre d'un mécénat de compétence ou d'une action pro bono. Lorsqu'une action de représentation d'intérêts est effectuée pour le compte d'un nouveau client, son identité doit être mentionnée au répertoire dans un délai d'un mois. A l'inverse, lorsqu'aucune prestation n'a été réalisée depuis plus de six mois pour un client, son identité doit être retirée du répertoire. Elle demeurera néanmoins dans les rapports d'activité des années précédentes, pendant une durée de cinq ans.

Lorsqu'un cabinet de conseils ou d'avocats exerce une action de représentation d'intérêts pour le compte d'une personne morale mais facture sa prestation à une autre entité, il doit mentionner les deux entités comme des tiers pour le compte desquels il réalise des actions de représentation d'intérêts.

> Ainsi, lorsqu'un sous-traitant d'une société noue un contrat avec un cabinet de conseil afin que celui-ci mène des actions de représentation d'intérêts pour le compte de la société commanditaire, tant celle-ci que son sous-traitant doivent être mentionnés comme tiers.

Enfin, au sein d'un groupe de sociétés exerçant des activités de conseils, lorsqu'un client a un lien contractuel avec une des sociétés du groupe mais que les activités de représentation d'intérêts sont en pratique effectuées par une autre société du même groupe, les deux sociétés devront déclarer ce client si elles sont toutes deux inscrites sur le répertoire.

- Syndicats, fédérations professionnelles et associations

Les associations, syndicats et fédérations professionnels sont présumés mener des actions de représentation d'intérêts pour le compte de l'ensemble de leurs membres ou adhérents. Ces derniers ne sont donc pas considérés comme des tiers au sens de l'article 18-3 de la loi du 11 octobre 2013 précitée et leur identité ne doit pas obligatoirement être mentionnée sur le répertoire. Le cas échéant, il est néanmoins recommandé aux organisations concernées de renseigner, sur le téléservice AGORA, le lien renvoyant vers la page de leur site internet qui contient la liste de leurs membres.

Néanmoins, lorsqu'une association, un syndicat ou une fédération professionnelle réalise des actions de représentation d'intérêts pour le compte d'une partie seulement de ses membres, ces derniers doivent être mentionnés comme des tiers pour le compte desquels ces actions sont menées.

• Groupes de sociétés

Enfin, dans un groupe de sociétés, lorsque la société mère réalise des actions de représentation d'intérêts pour le compte d'une ou plusieurs filiales en particulier, ces dernières doivent être mentionnées dans cette rubrique.

III Les informations à communiquer chaque année à la Haute Autorité

En application de l'article 18-3 de la loi n° 2013-907 du 11 octobre 2013 relative à la transparence de la vie publique, les représentants d'intérêts communiquent notamment à la Haute Autorité les informations suivantes :

"3° Les actions relevant du champ de la représentation d'intérêts menées auprès des personnes mentionnées aux 1° à 7° de l'article 18-2, en précisant le montant des dépenses liées à ces actions durant l'année précédente ;

"4° Le nombre de personnes qu'il emploie dans l'accomplissement de sa mission de représentation d'intérêts et, le cas échéant, son chiffre d'affaires de l'année précédente ;"

L'article 3 du décret n° 2017-867 du 9 mai 2017 précise à cet égard que ces informations doivent être communiquées par chaque représentant d'intérêts "dans un délai de trois mois à compter de la clôture de son exercice comptable".

Il résulte de la lecture combinée de ces dispositions que les représentants d'intérêts doivent transmettre chaque année à la Haute Autorité quatre types d'informations : les actions de représentation d'intérêts qu'ils ont menées l'année précédente (1), les dépenses afférentes (2), le nombre de personnes qu'ils ont employé*[e]*s dans l'accomplissement de ces missions (3) et, le cas échéant, leur chiffre d'affaires de l'année écoulée (4). L'ensemble de ces informations est communiqué et rendu public directement par l'intermédiaire du téléservice AGORA.

1 *Les actions de représentation d'intérêts menées l'année précédente*

En vue de décrire les actions de représentation d'intérêts menées l'année précédente, l'article 3 du décret du 9 mai 2017, prévoit la déclaration annuelle des informations suivantes :

"1° Le type de décisions publiques sur lesquelles ont porté les actions de représentation d'intérêts engagées, au regard de la liste figurant en annexe au présent décret ;

"2° Le type d'actions de représentations d'intérêts engagées, au regard de la liste figurant en annexe au présent décret ;

"3° Les questions sur lesquelles ont porté ces actions, identifiées par leur objet et leur domaine d'intervention ;

"4° Les catégories de responsables publics mentionnées aux 1° à 7° de l'article 18-2 de la même loi, avec lesquelles il est entré en communication, les déclarations relatives aux catégories mentionnées aux 1°, 4° et 6° du même article 18-2 s'effectuant au regard des listes annexées au présent décret ;

"5° Lorsque le représentant d'intérêts a effectué les actions pour le compte d'un tiers, l'identité de ce tiers".

Seules les actions de représentation d'intérêts qui remplissent les critères fixés par ces lignes directrices (voir I. 2.1) doivent être obligatoirement communiquées à la Haute Autorité. Les autres activités que peuvent mener les représentants d'intérêts (par exemple la veille législative ou règlementaire ou les actions de sensibilisation de l'opinion publique) n'ont pas, en tant que telles, à être déclarées, même si certaines sont listées à l'annexe du décret du 9 mai 2017 "relative aux types d'actions de représentation d'intérêts". En effet, les activités qui ne remplissent pas les critères fixés par ces lignes directrices ne peuvent être considérées comme des actions de représentation d'intérêts au sens des dispositions de l'article 18-2 de la loi du

11 octobre 2013, lesquelles visent uniquement le fait "d'influer sur la décision publique [...] en entrant en communication avec" un responsable public.

Ainsi, dans le cas d'un cabinet de conseil qui a eu deux types d'activités l'année écoulée :

– pour l'un de ses clients, il a organisé des rencontres avec un membre du Gouvernement et a réalisé des activités de veille législative ;

– pour un autre client, il a uniquement élaboré une pétition sur internet en vue de sensibiliser l'opinion publique.

Les rencontres organisées pour le premier client devront figurer dans le répertoire selon les modalités précisées ci-dessous.

A l'inverse, les prestations facturées au second client ne remplissent pas les conditions fixées par la loi et ne constituent donc pas des actions de représentation d'intérêts devant figurer dans le répertoire.

En outre, s'agissant des personnes morales, seules les actions menées par les personnes physiques apparaissant dans le répertoire doivent être mentionnées dans les déclarations d'activité adressées annuellement. Il s'agit donc uniquement des actions menées par les personnes physiques "chargées des activités de représentation d'intérêts". Cela implique que les actions de représentation d'intérêts menées par une personne dont ce n'est ni l'activité principale ni une activité régulière n'ont pas vocation à figurer dans le répertoire. Il est donc primordial que les représentants d'intérêts identifient précisément, en leur sein, quelles sont les personnes physiques qui remplissent les conditions fixées par la loi. Lorsqu'une personne physique remplit les critères en cours d'année, et doit donc être inscrite sur le répertoire dans un délai d'un mois à compter de cette date, c'est l'intégralité des actions qu'elle a menées dans l'année qui devra figurer dans sa déclaration annuelle des activités de représentation d'intérêts. Dans le même sens, lorsqu'une personne physique remplissait les conditions prévues par la loi et était mentionnée sur le répertoire comme personne physique chargée des activités de représentation d'intérêts, ses actions devront être prises en compte dans la déclaration annuelle quand bien même elle aurait quitté la personne morale entre temps.

Ainsi, lorsque le directeur général d'une société n'a réalisé que deux actions de représentation d'intérêts dans l'année, ces actions n'ont pas vocation à figurer dans la déclaration d'activité de cette société.

En revanche, si ce directeur général réalise onze actions dans l'année, il doit être mentionné comme personne physique chargée des activités de représentation d'intérêts dans un délai d'un mois à compter de la date de la onzième action et ce sont les onze actions qui devront apparaître dans la déclaration.

Ces informations sont transmises, par l'intermédiaire du téléservice AGORA, sous la forme d'une déclaration annuelle des activités de représentation d'intérêts : ces déclarations sont organisées en fonction de l'"objet" de ces activités, entendu comme "objectif poursuivi". Ainsi, chaque objet déclaré doit dans la mesure du possible répondre à la question : "quel était le but recherché par les activités de représentation d'intérêts entreprises ?" (1.1). Pour chaque objectif des actions de représentation d'intérêts, les représentants d'intérêts devront préciser les types de décisions publiques concernées (1.2), les types d'actions menées (1.3) et les catégories de responsables publics rencontrés (1.4). Si ces actions ont été réalisées pour le compte d'un tiers, l'identité de ce tiers sera également précisée (1.5).

Les représentants d'intérêts disposent également de champs permettant, de manière facultative, la transmission d'éléments d'informations ou d'explications générales, comme les décisions publiques sur lesquelles les actions ont été réalisées ou les fonctions occupées par les responsables publics auprès desquels elles ont été menées.

Afin d'illustrer ces différentes notions, ces lignes directrices proposent de prendre l'exemple – fictif – de trois représentants d'intérêts. Pour chacun de ces trois organismes, seront présentées des illustrations des situations susceptibles de se présenter. Un tableau récapitulatif figure, pour chaque exemple, en annexe de ces lignes directrices.

* Le premier représentant d'intérêts est un fournisseur d'accès à internet dont les actions de représentation d'intérêts ont consisté à :

– de nombreuses communications (réunions, entretiens téléphoniques, échanges de courriers électroniques) avec le ministre du numérique et son cabinet pour les convaincre de la nécessité de faire adopter une loi garantissant la neutralité d'internet ;

– l'envoi d'un rapport d'analyse au président de l'ARCEP afin de le convaincre de la nécessité de lancer un appel à candidature pour des services de téléphonie mobile sur une bande de fréquences hertziennes disponibles ;

– plusieurs réunions au ministère de la justice et à l'Élysée dans le cadre de la préparation d'un décret sur l'accès aux données de communication à Internet par les autorités judiciaires, afin que l'État prenne en charge le coût de cet accès.

* Le second représentant d'intérêts est une fédération professionnelle regroupant des petites entreprises du secteur de la construction. Elle a également mené trois grandes séries d'actions de représentation d'intérêts au cours de l'année précédente :

– plusieurs séries de réunions à la direction des affaires juridiques des ministères économiques et financiers, dans le cadre d'une réforme de l'ordonnance relative aux marchés publics ;

– l'envoi de courriers à l'attention des députés membres de la commission des affaires sociales pour les alerter sur la nécessité d'alléger, à l'occasion du prochain projet de loi de financement de la sécurité sociale, les cotisations des entreprises en matière d'indemnisation des accidents de travail et des maladies professionnelles ;

– l'organisation d'un colloque, en présence du ministre de l'économie, pour le sensibiliser sur la place insuffisante réservée aux PME dans les contrats publics de l'État.

* Enfin, le dernier représentant d'intérêts est une association de défense des droits des femmes qui a concentré ses actions sur deux sujets :

– envoi d'amendements au cabinet du ministre des affaires sociales et au directeur général du travail pour obtenir une modification des dispositions du code du travail sur le congé parental ;

– réunion au CSA et transmission d'une note d'analyse sur la place des femmes dans les médias audiovisuels, dans la perspective de l'adoption d'une délibération du conseil formulant des recommandations sur le sujet.

La Haute Autorité attire enfin l'attention des représentants d'intérêts sur le fait que les déclarations annuelles d'activités ayant vocation à être rendues publiques, aucune information présentant "un caractère de secret de la défense nationale" au sens des dispositions de l'article 413-9 du code pénal ne doit figurer dans ces déclarations.

1.1 *Les objectifs poursuivis par les actions de représentations d'intérêts*

Dans leur déclaration annuelle à la Haute Autorité, les représentants d'intérêts devront remplir une déclaration d'activités pour chaque "objet" sur lequel ils ont mené des actions de représentation d'intérêts l'année précédente, notion qu'il convient d'entendre comme "objectif poursuivi" plutôt que comme "sujet abordé".

En vertu des dispositions de l'article 3 du décret du 9 mai 2017 précité, les fiches d'activités doivent être identifiées par leur objet (1.1.1) et par leur domaine d'intervention (1.1.2).

1.1.1 *L'objet*

L'objet d'une action de représentation d'intérêt est la principale information autour de laquelle chaque déclaration va s'articuler. Cette notion correspond à la description de l'objectif recherché par l'entrée en communication avec le responsable public. Pour aider les représentants d'intérêts dans leurs déclarations annuelles, la Haute Autorité met à disposition sur son site internet des fiches pratiques, dont une consacrée à la question "comment renseigner l'objet d'une fiche d'activité ?".

> Ainsi, le fournisseur d'accès à Internet pourra par exemple résumer autour des objets suivants les actions de représentation d'intérêts qu'il a menées sur une année :
> – Introduire un projet de loi relatif à la neutralité de l'Internet ;
> – Accélérer l'attribution des fréquences hertziennes aux opérateurs de téléphonie mobile ;
> – Obtenir le remboursement par l'État des dépenses liées à l'accès aux données de connexion par les autorités publiques.
> De son côté, la fédération professionnelle mentionnera les objets suivants :
> – Simplifier la règlementation en matière de marchés publics ;
> – Alléger le niveau des cotisations versées par les PME en matière d'indemnisation des accidents de travail et des maladies professionnelles ;
> – Renforcer la place des PME dans la commande publique.
> Enfin, l'association de lutte pour les droits des femmes identifiera quant à elle deux sujets sur lesquels elle a mené des actions de représentation d'intérêts :
> – Renforcer l'indemnisation du congé parental ;
> – Disposer de mesures de la représentativité des femmes aux heures de grande écoute.

1.1.2 *Le domaine d'intervention*

Pour chaque objet identifié, les représentants d'intérêts doivent choisir un ou plusieurs domaines d'intervention parmi une liste de 117 domaines proposés par la Haute Autorité. Ces domaines correspondent en pratique à des sous-catégories des champs des activités de représentation d'intérêts qui doivent être choisis au moment de l'inscription sur le téléservice (voir II. 4. de ces lignes directrices).

Il sera toujours possible, pour un représentant d'intérêts qui ne trouverait aucun domaine d'intervention correspondant aux actions qu'il mentionne, d'en proposer un nouveau à la Haute Autorité.

> Ainsi pour les trois représentants d'intérêts pris en exemple, la sélection des domaines d'intervention peut conduire aux choix suivants :
> Le fournisseur d'accès à internet mentionnera les domaines d'intervention :
> – "Marché du numérique" ;
> – "Infrastructures de télécommunications" ;
> – "Protection des données".
> La fédération professionnelle mentionnera quant à elle :
> – "Partenariats public/privé" ;
> – "Système de santé" ;
> – "PME/TPE".
> Enfin, s'agissant de l'association, les décisions publiques seront :
> – "Famille" ;
> – "Égalité femmes/hommes".

Au moment de l'élaboration de sa déclaration annuelle d'activités, un représentant d'intérêts peut parfaitement choisir des domaines d'intervention qui ne correspondent pas à l'un des secteurs d'activités qu'il avait sélectionnés au moment de son inscription. Néanmoins, si un représentant d'intérêts sélectionne plusieurs fois des domaines d'intervention ne correspondant pas à l'un des secteurs d'activités retenus au moment de l'inscription, cela peut l'inciter à revoir ce choix.

Ainsi, au moment de son inscription, le fournisseur d'accès à internet n'avait pas sélectionné "Défense, sécurité" parmi les principaux secteurs d'activités dans lesquels il mène des actions de représentation d'intérêts. Toutefois, en raison de la succession d'un grand nombre de textes législatifs et règlementaires en matière de lutte contre le terrorisme qui impactent fortement son activité, il a sélectionné "Lutte contre le terrorisme" comme domaine d'intervention à plusieurs reprises dans les déclarations d'activité qu'il a adressés sur les trois dernières années. Cela peut justifier qu'il modifie la liste des principaux secteurs d'activité choisis lors de l'inscription.

1.2 *Le type de décisions publiques*

Dans leur déclaration d'activités, les représentants d'intérêts doivent préciser, pour chaque question identifiée, "le type de décisions publiques sur lesquelles ont porté les actions de représentation d'intérêts engagées", étant entendu que pour la même question, plusieurs types de décisions publiques peuvent être concernés.

La liste des types de décisions publiques qui doivent figurer dans le répertoire est celle qui figure à l'annexe du décret relative "aux types de décisions publiques" :

– les lois, y compris constitutionnelles ;
– les ordonnances de l'article 38 de la Constitution ;
– les actes réglementaires ;
– les décisions dites d'espèce, mentionnées à l'article L. 221-7 du code des relations entre le public et l'administration. Il peut s'agir, par exemple, d'une déclaration d'utilité publique dans le cadre d'une procédure d'expropriation (ou de la décision de classement d'une installation classée pour la protection de l'environnement) ;
– les marchés publics, lorsque la valeur estimée hors taxe du besoin est égale ou supérieure aux seuils européens ;
– les contrats de concession, lorsque la valeur estimée hors taxe du besoin est égale ou supérieure aux seuils européens ;
– les contrats valant autorisation temporaire d'occupation du domaine public ;
– les baux emphytéotiques administratifs ;
– les contrats portant cession des biens immobiliers relevant du domaine privé de l'État ou de ses établissements publics ;
– les délibérations des collectivités territoriales approuvant la constitution d'une société d'économie mixte à opération unique ;
– les autres décisions publiques.

La liste des "autres décisions publiques" concernées ainsi que la consistance des décisions publiques sur lesquelles des actions de représentation d'intérêts peuvent être menées sont précisées au point I. 2.1.4 de ces lignes directrices.

> Ainsi, dans le cas des trois organismes pris en exemple, les décisions publiques concernées seront mentionnées *a minima* de la manière suivante :
>
> Le fournisseur d'accès à internet mentionnera les types de décisions publiques suivantes :
>
> – "Loi, y compris constitutionnelle" ;
> – "Acte règlementaire" ;
> – "Autre décision publique".
>
> La fédération professionnelle mentionnera quant à elle :
>
> – "Ordonnance de l'article 38 de la Constitution" ;
> – "Loi, y compris constitutionnelle" ;
> – "Marché public" et "contrat de concession" ;
>
> Enfin, s'agissant de l'association, les décisions publiques seront :
>
> – "Autre décision publique" ;
> – "Loi, y compris constitutionnelle" et "Acte règlementaire".

1.3 *Le type d'actions de représentation d'intérêts*

A l'instar des types de décisions publiques, les types d'actions de représentation d'intérêts qui doivent être mentionnés dans le répertoire sont précisés par une liste annexée au décret du 9 mai 2017.

Il s'agit des actions suivantes :

– Organiser des discussions informelles ou des réunions en tête-à-tête ;

– Convenir pour un tiers d'une entrevue avec le titulaire d'une charge publique ;

– Inviter ou organiser des évènements, des rencontres ou des activités promotionnelles ;

– Établir une correspondance régulière (par courriel, par courrier...) ;

– Envoyer des pétitions, lettres ouvertes, tracts ;

– Organiser des débats publics, des marches, des stratégies d'influence sur internet ;

– Organiser des auditions, des consultations formelles sur des actes législatifs ou d'autres consultations ouvertes ;

– Transmettre des suggestions afin d'influencer la rédaction d'une décision publique ;

– Transmettre aux décideurs publics des informations, expertises dans un objectif de conviction ;

– Autres (dans ce cas, il convient de préciser le type d'action effectuée).

Ainsi, dans les exemples retenus, pourront être mentionnés les types d'actions de représentation d'intérêts suivants.

Pour le fournisseur d'accès à Internet :

– "Organiser des discussions informelles ou des réunions en tête-à-tête" ;

– "Établir une correspondance régulière (par courriel, par courrier...)" ;

– "Transmettre aux décideurs publics des informations, expertises dans un objectif de conviction".

Pour la fédération professionnelle :

– "Organiser des discussions informelles ou des réunions en tête-à-tête" ;

– "Convenir pour un tiers d'une entrevue avec le titulaire d'une charge publique" ;

– "Établir une correspondance régulière (par courriel, par courrier...)" ;

– "Inviter ou organiser des évènements, des rencontres ou des activités promotionnelles" ;

– "Transmettre aux décideurs publics des informations, expertises dans un objectif de conviction".

Pour l'association :

– "Organiser des discussions informelles ou des réunions en tête-à-tête" ;

– "Transmettre des suggestions afin d'influencer la rédaction d'une décision publique" ;

– "Transmettre aux décideurs publics des informations, expertises dans un objectif de conviction".

1.4 *Les catégories de responsables publics avec lesquels le représentant d'intérêts est entré en communication*

Les représentants d'intérêts n'ont pas l'obligation de mentionner l'identité ou la fonction précisément occupée par les responsables publics avec lesquels ils sont entrés en communication. Ils doivent faire mention de la catégorie dans laquelle se trouve la fonction du responsable public concerné, parmi les catégories suivantes :

– un membre du Gouvernement ou un membre de cabinet ministériel, en précisant le ministère concerné au regard de la liste annexée au décret du 9 mai 2017 ;

– un député, un sénateur, un collaborateur du Président de l'Assemblée nationale ou du Président du Sénat, d'un député, d'un sénateur ou d'un groupe parlementaire, ainsi qu'avec les agents des services des assemblées parlementaires ;

– un collaborateur du Président de la République ;

– le directeur général, le secrétaire général, ou leur adjoint, ou un membre du collège ou d'une commission investie d'un pouvoir de sanction d'une autorité administrative indépendante ou d'une autorité publique indépendante, en précisant le nom de l'autorité au regard de la liste annexée au décret du 9 mai 2017 ;

– une personne titulaire d'un emploi ou d'une fonction à la décision du Gouvernement.

> Ainsi, dans l'exemple proposé, seront mentionnées les catégories suivantes.
>
> Pour le fournisseur d'accès à internet :
>
> – "un membre du Gouvernement ou un membre de cabinet ministériel *[Autres : numérique]*" ;
>
> – "un collaborateur du Président de la République" ;
>
> – "le directeur général, le secrétaire général, ou leur adjoint, ou un membre du collège ou d'une commission investie d'un pouvoir de sanction d'une autorité administrative indépendante ou d'une autorité publique indépendante *[ARCEP]*" ;
>
> – "une personne titulaire d'un emploi ou d'une fonction à la décision du Gouvernement".
>
> Pour la fédération professionnelle :
>
> – "un membre du Gouvernement ou un membre de cabinet ministériel *[Économie et finances]*" ;
>
> – "un député, un sénateur, un collaborateur du Président de l'Assemblée nationale ou du Président du Sénat, d'un député, d'un sénateur ou d'un groupe parlementaire, ainsi qu'avec les agents des services des assemblées parlementaire" ;
>
> – "une personne titulaire d'un emploi ou d'une fonction à la décision du Gouvernement".
>
> Pour l'association :
>
> – "un membre du Gouvernement ou un membre de cabinet ministériel *[Affaires sociales]*" ;
>
> – "le directeur général, le secrétaire général, ou leur adjoint, ou un membre du collège ou d'une commission investie d'un pouvoir de sanction d'une autorité administrative indépendante ou d'une autorité publique indépendante *[CSA]*" ;
>
> – "une personne titulaire d'un emploi ou d'une fonction à la décision du Gouvernement".

1.5 *Les tiers pour le compte desquels les actions de représentation d'intérêts ont été effectués*

Si le représentant d'intérêts a exercé des activités pour le compte d'un tiers, à l'instar d'un cabinet de conseil ou d'une société mère dans un groupe de sociétés, il doit distinguer entre les actions réalisées pour son compte et celles réalisées pour le compte de tiers. Les différentes hypothèses envisageables de répartition des actions de représentation d'intérêts entre plusieurs personnes morales ont été précisées au point I. 2.2.2 de ces lignes directrices.

Ainsi, pour chaque question identifiée, le représentant d'intérêts doit fournir l'ensemble des informations demandées (types de décisions, types d'actions et catégories de responsables publics) s'agissant des actions menées pour son propre compte puis s'agissant des actions menées pour le compte de chaque tiers, dès lors que ces informations varient.

Ainsi, un cabinet de conseil qui a fait des actions de représentation d'intérêts différentes pour le compte de plusieurs clients afin d'obtenir une baisse de la TVA sur les produits alimentaires devra par exemple déclarer les actions réalisées de la manière suivante :

Question		Bénéficiaire	Type de décisions publiques	Type d'actions de représentation d'intérêts	Catégorie de responsables publics	Éléments généraux d'explication (facultatif)
Objet	Domaine d'intervention					
Diminuer la TVA sur les produits alimentaires	Fiscalité indirecte	Client A	Loi, y compris constitutionnelle	Organiser des discussions informelles… Établir une correspondance régulière…	Un membre de Gouvernement ou un membre de cabinet ministériel [Économie]	Nombreuses communications avec le ministre de l'économie et son cabinet
		Client B		Transmettre des suggestions…	Un député, un sénateur…	Envoi d'amendements aux membres de la commission des finances

2 *Les dépenses de représentation d'intérêts*

L'article 18-3 de la loi du 11 octobre 2013 dispose que les représentants d'intérêts doivent communiquer annuellement à la Haute Autorité le "montant des dépenses" liées aux actions de représentation d'intérêts de l'année précédente.

A cet égard, le décret du 9 mai 2017 précise que "constituent des dépenses consacrées aux actions de représentation d'intérêts […], l'ensemble des moyens humains, matériels et financiers mobilisés, par le représentant d'intérêts," pour mener ses activités de représentation d'intérêts. Il fixe également le mode de communication de ces dépenses, lesquelles doivent être mentionnées dans le répertoire "dans le cadre d'une liste de fourchettes établie par arrêté du ministre de l'économie pris sur proposition de la Haute Autorité pour la transparence de la vie publique". Cet arrêté a été publié le 4 juillet 2017 et fixe 51 fourchettes réparties de la manière suivante :

– de 0 € à 10 000 € ;
– de 10 000 € à 25 000 € ;
– par tranches de 25 000 € entre 25 000 € et 100 000 € ;
– par tranches de 100 000 € entre 100 000 € et 1 000 000 € ;
– par tranches de 250 000 € entre 1 000 000 € et 10 000 000 € ;
– plus de 10 000 000 €.

Lorsqu'un représentant d'intérêts effectue une dépense pour le compte d'une autre entité, qui la lui rembourse par la suite, c'est à cette entité, si elle est elle-même inscrite sur le répertoire, d'intégrer cette dépense dans le calcul de ses dépenses de représentation d'intérêts.

> Ainsi, lorsqu'un cabinet de conseils organise un évènement pour le compte d'une société cliente et que les dépenses afférentes à l'organisation de cet évènement lui sont par la suite remboursées par ce client, c'est à ce dernier qu'il appartient, s'il est lui-même inscrit sur le répertoire, de les intégrer dans le calcul de ses dépenses annuelles.

De la même manière, lorsque pour des raisons strictement comptables, un représentant d'intérêts fait prendre en charge des dépenses par un tiers, et que ce dernier n'a pas vocation à recevoir la qualification de représentant d'intérêts, il doit intégrer cette dépense dans le calcul de ses dépenses de représentation d'intérêts.

> Ainsi, lorsque la rémunération du responsable des affaires publiques d'une association professionnelle est en pratique payée par une société qui a pour seul objet de gérer les aspects financiers des activités de l'association, cette rémunération doit être prise en compte par l'association professionnelle dans le calcul de ses dépenses.

Dans ce cadre, ces lignes directrices doivent préciser les modalités de calcul des dépenses de représentation d'intérêts pour chaque poste de dépenses considéré, à savoir, les rémunérations des personnes chargées des activités de représentation d'intérêts (2.1), les frais liés à l'organisation d'évènements (2.2), les frais d'expertise (2.3), les avantages accordés à des responsables publics (2.4), les achats de prestations auprès de sociétés de conseils ou de cabinets d'avocats (2.5) et les cotisations à des fédérations professionnelles (2.6).

Pour chacun de ces postes de dépenses, les représentants d'intérêts devront, en cas de contrôle, être en mesure de justifier des sommes retenues pour calculer le montant global de leurs dépenses de représentation d'intérêts.

2.1 *Les frais liés à la rémunération des personnes chargées des activités de représentation d'intérêts*

Le premier poste de dépenses qui doit être pris en compte dans le calcul des dépenses de représentation d'intérêts correspond aux frais liés à l'emploi, par l'organisme, de personnes physiques chargées des activités de représentation d'intérêts.

A cet égard, seuls doivent être comptabilisés les frais liés à l'emploi des personnes mentionnées dans le répertoire au titre des "personnes chargées des activités de représentation d'intérêts" (voir II. 3). Ces frais correspondent à la rémunération totale versée annuellement à ces personnes, en incluant les primes et les cotisations salariales et patronales. Sont également inclus dans ce poste de dépense les remboursements de frais professionnels accordés aux personnes physiques concernées (frais de transport, d'hébergement et de restauration).

Lorsque les personnes physiques chargées des activités de représentation d'intérêts exercent également d'autres activités au sein de la personne morale, leur rémunération doit être comptabilisée au prorata de ce que représentent les activités de représentation d'intérêts par rapport à leur activité totale.

Ce prorata doit être calculé par les représentants d'intérêts pour chaque personne physique concernée, en tenant notamment compte du critère au titre duquel ces personnes sont mentionnées dans le répertoire. Pour les personnes dont la représentation d'intérêts est l'activité principale (au regard des indices figurant au I.2.3 de ces lignes directrices), ce prorata ne pourra être inférieur à 50 %. Pour les autres personnes physiques, il devra être compris entre 0 et 50 %.

Ainsi, dans le cas d'une entreprise qui a deux personnes chargées des activités de représentation d'intérêts, son directeur général, qui a réalisé une douzaine d'actions de représentation d'intérêts dans l'année, et un chargé de mission "relations institutionnelles", dont c'est l'activité exclusive à l'exception de la réalisation d'une veille légale et règlementaire, ce poste de dépense pourra être estimé de la manière suivante :

– 5 % de la rémunération du directeur général (300 000 € charges comprises) : 15 000 € ;

– 80 % de la rémunération du chargé de mission (90 000 € charges comprises) : 72 000 € ;

Le montant des frais liés à la rémunération des personnes chargées des activités de représentation d'intérêts s'élève donc à 87 000 €.

2.2 *Les frais liés à l'organisation d'évènements*

Dès lors qu'un évènement organisé par un représentant d'intérêts constitue une action de représentation d'intérêts au sens des dispositions de l'article 18-2 de la loi du 11 octobre 2013, les frais afférents, toutes taxes comprises, doivent être pris en compte dans le calcul des dépenses de représentation d'intérêts. Ces frais doivent être pris en compte quel que soit le contexte dans lequel se déroule cet évènement, y compris dans le cadre d'un club informel réunissant des responsables publics et des représentants d'intérêts.

Lorsqu'un évènement a un objet plus large que la réalisation d'actions de représentation d'intérêts et qu'il est possible de distinguer précisément, au sein des frais d'organisation de cet évènement, ceux liés à ces actions, ses frais peuvent être seuls pris en compte dans le calcul des dépenses.

> Ainsi, un cabinet de conseil qui organise pour l'un de ses clients une conférence en présence de plusieurs responsables publics, pour les sensibiliser sur la situation de cette entreprise dans le cadre d'un projet de loi en cours de discussion, devra prendre en compte l'intégralité du coût de cette conférence dans ses dépenses de représentation d'intérêts.
>
> En revanche, lorsque ce cabinet organise pour le même client un salon professionnel ouvert au public, au cours duquel un dîner/débat est organisé avec un membre du Gouvernement, seul le coût de ce dîner doit être pris en compte.

2.3 *Les frais d'expertise*

Lorsqu'un représentant d'intérêts fait appel à un ou plusieurs experts pour produire des analyses ou des documents communiqués à l'un des responsables publics mentionnés à l'article 18-2 précité dans le cadre d'une action de représentation d'intérêts, les frais liés à la rémunération de ces experts, et plus généralement à la réalisation de l'expertise, doivent être pris en compte dans le calcul des dépenses de représentation d'intérêts.

> Ainsi, lorsqu'une entreprise fait réaliser une étude scientifique pour appuyer son argumentation auprès de parlementaires dans le cadre d'un débat législatif, la rémunération des experts ayant contribué à cette étude constitue une dépense de représentation d'intérêts.
>
> De la même manière, lorsqu'un représentant d'intérêts remet à un directeur d'administration centrale une consultation juridique réalisée par un professeur de droit dans le cadre d'échanges sur un projet de décret, les honoraires versés à ce professeur doivent être pris en compte.

2.4 *Les libéralités et avantages accordés à des responsables publics*

L'ensemble des avantages (cadeaux et invitations) offerts par des représentants d'intérêts dans l'exercice de leur activité professionnelle à des responsables publics mentionnés à l'article 18-2 de la loi du 11 octobre 2013 doit être pris en compte, dès lors que la valeur de ces cadeaux et invitations excède 50 € toutes taxes comprises.

S'agissant des cadeaux, le montant à prendre en compte est celui du prix proposé au public et non le prix payé par le représentant d'intérêts, notamment lorsqu'il s'agit de biens qu'il produit lui-même. S'agissant des invitations, le coût à prendre en compte est celui par invité.

> Ainsi, lorsqu'un représentant d'intérêts invite trois parlementaires à déjeuner pour un montant total de 120 € (quatre menus à 30 €), cette invitation ne doit pas être prise en compte dans le calcul des dépenses de représentation d'intérêts.
>
> En revanche, si le montant total de la note s'élève à 240 € (soit 60 € par convive), le représentant d'intérêts doit intégrer la somme de 180 € au titre de l'avantage ainsi accordé à un responsable public (le prix de son repas n'étant pas compté comme un avantage à un responsable public) et 60 € au titre des frais professionnels engagés dans une action de représentation d'intérêts, qu'il intégrera dans le calcul de ses dépenses de représentation d'intérêts.

La Haute Autorité rappelle que ce seuil est celui à partir duquel les cadeaux et invitations doivent être pris en compte pour le calcul des dépenses de représentation d'intérêts, et non le seuil au-delà duquel ces avantages sont considérés comme "significatifs" au sens des dispositions de l'article 18-5 de la loi du 11 octobre 2013, aux termes desquels les représentants d'intérêts doivent "s'abstenir de proposer ou de remettre à ces personnes des présents, dons ou avantages quelconques d'une valeur significative". Ce seuil devra être fixé par décret pris après avis de la Haute Autorité.

2.5 *Les achats de prestation auprès de sociétés de conseil ou de cabinets d'avocats*

Doivent être pris en compte, à ce titre, tous les honoraires versés pour des prestations de représentation d'intérêts, toutes taxes comprises. Lorsqu'un prestataire exerce différentes missions pour un même client, il convient de distinguer ce qui relève de la représentation d'intérêts du reste.

Cette facturation distincte constitue au demeurant une obligation pour les cabinets d'avocats, en application de l'article 6.3.4 du règlement intérieur national de la profession d'avocat.

> Ainsi, lorsqu'une entreprise rémunère un cabinet de conseil de manière forfaitaire, par exemple à l'année, il faut déterminer, parmi les différentes prestations réalisées, celles qui relèvent des activités de représentation d'intérêts.

2.6 *Les cotisations à des organisations professionnelles*

Les représentants d'intérêts qui adhèrent à des organisations professionnelles ou des associations en lien avec les intérêts représentés (voir II. 5) doivent en conséquence inclure une part du montant annuel de leurs cotisations à ces organisations dans le calcul de leurs dépenses de représentation d'intérêts.

Par exception, ne doivent pas être prises en compte les cotisations aux organisations reconnues comme représentatives au niveau interprofessionnel, en application des dispositions des articles L. 2151-1 et suivants du code du travail, compte tenu de leur large champ d'intervention.

Afin d'évaluer la part de la cotisation à une organisation professionnelle qui correspond à des dépenses de représentation d'intérêts, les organisations peuvent se référer à leur objet social. Pour celles qui ont uniquement pour objectif de défendre les intérêts d'une profession auprès de pouvoirs publics, c'est l'intégralité de la cotisation qui devra être prise en compte. En revanche, si l'organisation a d'autres missions, comme la négociation de branche par exemple ou la délivrance de formations à ses membres, il conviendra d'évaluer la part que représente la représentation d'intérêts dans ses missions.

A cet effet, la Haute Autorité préconise aux organisations concernées de communiquer à leurs membres la part correspondant aux activités de représentation d'intérêts dans les cotisations qui leurs sont versées.

Ainsi, une entreprise qui adhère à une fédération professionnelle représentative au niveau de sa branche et à une organisation dont le seul objet est de défendre les intérêts de ce secteur d'activité auprès des responsables publics pourra par exemple inclure 30 % de sa cotisation à la première organisation dans ses dépenses de représentation d'intérêts et 100 % de sa cotisation à la seconde.

3 *Le nombre de personnes employées dans le cadre des activités de représentation d'intérêts*

En application du 4° de l'article 18-3 de la loi du 11 octobre 2013, les représentants d'intérêts doivent communiquer annuellement le nombre de personnes qu'ils emploient dans le cadre de leurs activités de représentation d'intérêts.

Ne sont visées par cette disposition que les personnes mentionnées au moment de l'inscription, puis à chaque modification, comme des personnes chargées des activités de représentation d'intérêts, c'est-à-dire celles qui remplissent les critères fixés par la loi (voir II. 3).

Ainsi, un représentant d'intérêts qui a deux salariés remplissant les conditions fixées par la loi et trois autres salariés qui participent aux activités de représentation d'intérêts sans atteindre les seuils fixés par le décret ne mentionnera que deux personnes dans sa déclaration annuelle.

En outre, le nombre communiqué doit correspondre à des fonctions, sans tenir compte du nombre de personnes différentes qui ont effectivement occupé ces postes dans le courant de l'année. En pratique, il s'agira du plus grand nombre de fonctions qui auront été mentionnées de manière simultanée dans le courant de l'année pour chaque représentant d'intérêts.

Ainsi, même si le directeur des affaires publiques d'une entreprise a changé à trois reprises au cours de l'année, cela correspond à 1 personne dans la déclaration annuelle.

4 *Le chiffre d'affaires de l'année précédente*

En application du 4° de l'article 18-3 de la loi du 11 octobre 2013, les représentants d'intérêts doivent également communiquer leur chiffre d'affaires de l'année précédente.

Le chiffre d'affaires qui doit être communiqué est celui réalisé en France par l'organisme pour l'année précédente, et non celui lié aux activités de représentation d'intérêts, qu'il est souvent impossible, en dehors des cabinets de conseil ou d'avocats, de déterminer précisément. Lorsqu'il s'agit d'un groupe de sociétés, la société mère doit faire apparaître le chiffre d'affaires consolidé du groupe et les filiales doivent faire apparaître leur propre chiffre d'affaires.

En application de l'article 2 de l'arrêté du 4 juillet 2017, le chiffre d'affaires est déclaré selon les fourchettes suivantes :

– de 0 à moins de 100 000 € ;
– de 100 000 € à moins de 500 000 € ;
– de 500 000 € à moins de 1 000 000 € ;
– à partir de 1 000 000 €.

ANNEXE

TABLEAU DE SYNTHÈSE DES EXEMPLES DE DÉCLARATIONS ANNUELLES D'ACTIVITÉ (VOIR III. 1)

Le cas du fournisseur d'accès à Internet

Question		Bénéficiaire	Type de décisions publiques	Type d'actions de représentation d'intérêts	Catégorie de responsables publics	Éléments généraux d'explication (facultatif)
Objet	Domaine d'intervention					
Introduire un projet de loi relatif à la neutralité de l'Internet	Marché du numérique	Pour son compte	Loi, y compris constitutionnelle	Organiser des discussions informelles… Établir une correspondance régulière…	Un membre du Gouvernement ou un membre de cabinet ministériel [Autres : numérique]	Nombreuses communications (réunions, entretiens téléphoniques, échanges de courriers électroniques) avec le ministre du numérique et son cabinet

Question		Bénéficiaire	Type de décisions publiques	Type d'actions de représentation d'intérêts	Catégorie de responsables publics	Éléments généraux d'explication (facultatif)
Objet	Domaine d'intervention					
Accélérer l'attribution des fréquences hertziennes aux opérateurs de téléphonie mobile	Infrastructures de télécommunications		Autre décision publique	Organiser des discussions informelles... Transmettre aux décideurs publics des informations, expertises...	Le membre ou le dirigeant d'une AAI [ARCEP]	Envoi d'un rapport d'analyse au président de l'ARCEP sur la nécessité de lancer un appel à candidature sur la bande des 700 Mhz
Obtenir le remboursement par l'État des dépenses liées à l'accès aux données de connexion par les autorités publiques	Protection des données		Acte règlementaire	Organiser des discussions informelles...	Collaborateur du Président de la République Emploi à la décision du Gouvernement	Plusieurs réunions au ministère de la justice et à l'Élysée dans le cadre de la préparation d'un décret sur l'accès aux données de communication à Internet par les autorités judiciaires

Le cas de la fédération professionnelle

Question		Bénéficiaire	Type de décisions publiques	Type d'actions de représentation d'intérêts	Catégorie de responsables publics	Éléments généraux d'explication (facultatif)
Objet	Domaine d'intervention					
Simplifier la règlementation en matière de marchés publics	Partenariats public/privé	Pour son compte	Ordonnance de l'article 38 de la Constitution	Organiser des discussions informelles...	Une personne titulaire d'un emploi à la décision du Gouvernement	Plusieurs séries de réunions à la DAJ de Bercy, dans le cadre d'une réforme de l'ordonnance relative aux marchés publics
Alléger le niveau des cotisations versées par les PME en matière d'indemnisation des accidents du travail et des maladies professionnelles	Système de santé		Loi, y compris constitutionnelle	Établir une correspondance régulière...	Un député, un sénateur...	Envoi de courriers à l'attention des députés membres de la commission des affaires sociales
Renforcer la place des PME dans la commande publique	PME/TPE		Marché public Contrat de concession	Inviter ou organiser des évènements, des rencontres...	Un membre du Gouvernement ou un membre de cabinet ministériel [Économie et finances]	Organisation d'un colloque, en présence du ministre de l'économie

Le cas de l'association

Question		Bénéficiaire	Type de décisions publiques	Type d'actions de représentation d'intérêts	Catégorie de responsables publics	Éléments généraux d'explication (facultatif)
Objet	Domaine d'intervention					
Renforcer l'indemnisation du congé parental	Famille	Pour son compte	Loi, y compris constitutionnelle Acte réglementaire	Transmettre des suggestions afin d'influencer la rédaction d'une décision publique	un membre du Gouvernement ou un membre de cabinet [Affaires sociales] Une personne titulaire d'un emploi à la décision du Gouvernement	Envoi d'amendements au cabinet du ministre des affaires sociales et au directeur général du travail pour obtenir une modification des dispositions du code du travail
Disposer de mesures de la représentativité des femmes aux heures de grande écoute	Égalité femmes/ hommes		Autre décision publique	Transmettre aux décideurs publics des informations, expertises… Organiser des discussions informelles…	Le membre ou le dirigeant d'une AAI [CSA]	Réunion au CSA et transmission d'une note d'analyse sur la place des femmes dans les médias audiovisuels, dans la perspective de l'adoption d'une délibération du conseil formulant des recommandations sur le sujet

TABLEAU DES DOMAINES D'INTERVENTION (VOIR III. 1)

Secteurs d'activité	Domaines d'intervention
Aéronautique, aérospatiale	Industrie aéronautique
	Industrie aérospatiale
Agriculture, agroalimentaire	Agriculture
	Développement des territoires
	Industrie agroalimentaire
	Appellations
	Sécurité et normes alimentaires
Arts, culture	Musique
	Cinéma
	Livre
	Jeux vidéos
	Patrimoine
	Spectacle vivant
	Accès à la culture
Banques, assurances, secteur financier	Banques
	Assurances
	Finances

Secteurs d'activité	Domaines d'intervention
Commerce extérieur	Accords internationaux
	Taxation
Coopération internationale	Aide au développement
	Humanitaire
Défense, sécurité	Sécurité nationale
	Défense
	Accidents et catastrophes naturelles
	Espionnage et surveillance
Économie	Politique industrielle
	Marchés réglementés
Éducation, enseignement, formation	Formation professionnelle
	Éducation
Énergie	Énergie nucléaire
	Énergies fossiles
	Énergies renouvelables
Emploi, solidarité	Droit du travail
	Dialogue social
	Assurance chômage
	Retraites
Enseignement supérieur, recherche, innovation	Enseignement supérieur
	Recherche et innovation
Environnement	Impact de l'activité industrielle
	Impact des transports marchands et collectifs
	Impact des transports individuels
	Qualité de l'eau
	Déchets
	Dépollution
	Produits chimiques
	Principe de précaution
	Normes de production
Finances publiques	Impôts
	Taxes
	Budget
	Statistiques
Justice	Institutions judiciaires
	Institutions pénitentiaires

Secteurs d'activité	Domaines d'intervention
	Justice pénale
	Justice civile
	Ordre administratif
Construction, Logement, aménagement du territoire	Construction
	Logements
	Bâtiments et travaux publics
	Occupation des sols
Médias	Audiovisuel
	Presse écrite
	Liberté d'expression et d'information
	Publicité
Numérique	Accès à l'Internet
	E-commerce
	Marché du numérique
	Protection des données
Outre-mer	Institutions des outre-mer
	Économie des outre-mer
	Développement économique des outre-mer
Pouvoirs publics et institutions	Fonction publique
	Collectivités territoriales
	Moralisation/transparence
	Institutions européennes
	Partenariats publics/privés
Propriété intellectuelle	Brevet
	Droit d'auteur
	Protection des marques
	Secret des affaires / Secret professionnel
Questions migratoires	Asile
	Immigration
	Français de l'étranger
Ressources naturelles	Pêche
	Chasse
	Forêt
	Ressources minières
	Eaux
Santé	Système de santé et médico-social

Secteurs d'activité	Domaines d'intervention
	Soins et maladies
	Médicaments
	Prévention
	Remboursements
Entreprises et professions libérales	Aides aux entreprises
	PME/TPE
	Professions réglementées
	Droit de la concurrence
Société	Laïcité
	Égalité femmes/hommes
	Égalité des chances
	Famille
	Discriminations
	Handicap
	Droits et libertés fondamentales
	Droits des victimes
	Bien-être animal
Sports, loisirs, tourisme	Sports
	Jeux d'argent
	Tourisme/hôtellerie
Télécommunications	Infrastructures de télécommunications
	Accès aux moyens de télécommunications
Transports, logistique	Transport de voyageurs
	Transport de fret
	Infrastructures
	Sécurité routière
	Services postaux
	Transports alternatifs

Délibération HATVP n° 2017-236 du 20 décembre 2017,

Portant création du téléservice AGORA 🏛.

II RÈGLES EUROPÉENNES

A Union européenne

COMMENTAIRE

L'Union européenne comprend désormais 27 États membres (Allemagne, Autriche, Belgique, Bulgarie, Chypre, Croatie, Danemark, Espagne, Estonie, Finlande, France, Grèce, Hongrie, Irlande, Italie, Lettonie, Lituanie, Luxembourg, Malte, Pays-Bas, Pologne, Portugal, Roumanie, Slovaquie, Slovénie, Suède et Tchéquie), tous par ailleurs membres du Conseil de l'Europe (sur lequel, V. *infra*, B. Conseil de l'Europe).

L'article 83 du traité sur le fonctionnement de l'Union européenne (TFUE) classe la corruption parmi les « domaines de criminalité particulièrement graves » pour lesquels le Parlement européen et le Conseil peuvent établir des règles minimales relatives à la définition des infractions pénales et des sanctions.

Le fondement pratique de la lutte anticorruption au niveau de l'Union européenne est l'article 325 TFUE. ❑

Traité sur le fonctionnement de l'Union européenne (2016)

Art. 83 **1. Le Parlement européen et le Conseil, statuant par voie de directives conformément à la procédure législative ordinaire, peuvent établir des règles minimales relatives à la définition des infractions pénales et des sanctions dans des domaines de criminalité particulièrement grave revêtant une dimension transfrontière résultant du caractère ou des incidences de ces infractions ou d'un besoin particulier de les combattre sur des bases communes.**

Ces domaines de criminalité sont les suivants : le terrorisme, la traite des êtres humains et l'exploitation sexuelle des femmes et des enfants, le trafic illicite de drogues, le trafic illicite d'armes, le blanchiment d'argent, la corruption, la contrefaçon de moyens de paiement, la criminalité informatique et la criminalité organisée.

En fonction des développements de la criminalité, le Conseil peut adopter une décision identifiant d'autres domaines de criminalité qui remplissent les critères visés au présent paragraphe. Il statue à l'unanimité, après approbation du Parlement européen.

2. Lorsque le rapprochement des dispositions législatives et réglementaires des États membres en matière pénale s'avère indispensable pour assurer la mise en œuvre efficace d'une politique de l'Union dans un domaine ayant fait l'objet de mesures d'harmonisation, des directives peuvent établir des règles minimales relatives à la définition des infractions pénales et des sanctions dans le domaine concerné. Ces directives sont adoptées selon une procédure législative ordinaire ou spéciale identique à celle utilisée pour l'adoption des mesures d'harmonisation en question, sans préjudice de l'article 76.

3. Lorsqu'un membre du Conseil estime qu'un projet de directive visée au paragraphe 1 ou 2 porterait atteinte aux aspects fondamentaux de son système de justice pénale, il peut demander que le Conseil européen soit saisi. Dans ce cas, la procédure législative ordinaire est suspendue. Après discussion, et en cas de consensus, le Conseil européen, dans un délai de quatre mois à compter de cette suspension, renvoie le projet au Conseil, ce qui met fin à la suspension de la procédure législative ordinaire.

Dans le même délai, en cas de désaccord, et si au moins neuf États membres souhaitent instaurer une coopération renforcée sur la base du projet de directive concerné, ils en informent le Parlement européen, le Conseil et la Commission. Dans un tel cas, l'autorisation de procéder à une coopération renforcée, qui est visée à l'article 20, paragraphe 2, du traité sur l'Union européenne et à l'article 329, para-

graphe 1, du présent traité est réputée accordée et les dispositions relatives à la coopération renforcée s'appliquent.

Art. 325 **1. L'Union et les États membres combattent la fraude et tout autre activité illégale portant atteinte aux intérêts financiers de l'Union par des mesures prises conformément au présent article qui sont dissuasives et offrent une protection effective dans les États membres, ainsi que dans les institutions, organes et organismes de l'Union.**

2. Les États membres prennent les mêmes mesures pour combattre la fraude portant atteinte aux intérêts financiers de l'Union que celles qu'ils prennent pour combattre la fraude portant atteinte à leurs propres intérêts financiers.

3. Sans préjudice d'autres dispositions des traités, les États membres coordonnent leur action visant à protéger les intérêts financiers de l'Union contre la fraude. A cette fin, ils organisent, avec la Commission, une collaboration étroite et régulière entre les autorités compétentes.

4. Le Parlement européen et le Conseil, statuant conformément à la procédure législative ordinaire, arrêtent, après consultation de la Cour des comptes, les mesures nécessaires dans les domaines de la prévention de la fraude portant atteinte aux intérêts financiers de l'Union et de la lutte contre cette fraude en vue d'offrir une protection effective et équivalente dans les États membres ainsi que dans les institutions, organes et organismes de l'Union.

5. La Commission, en coopération avec les États membres, adresse chaque année au Parlement européen et au Conseil un rapport sur les mesures prises pour la mise en œuvre du présent article.

COMMENTAIRE

L'Office européen de lutte antifraude (OLAF) mène des enquêtes administratives indépendantes sur la fraude, la corruption et toute autre activité illégale impliquant des fonds ou des recettes de l'UE, enquête sur les fautes graves commises par des membres du personnel et des institutions de l'UE, et contribue à l'élaboration des politiques antifraude de l'UE en tant que service de la Commission.

Par ailleurs, un Parquet européen a été institué par le règlement (UE) 2017/1939 du Conseil du 12 octobre 2017. Cet organe de l'UE, entré en fonction en 2020, est habilité à mener des enquêtes pénales et à poursuivre les affaires de fraude et de corruption portant atteinte aux intérêts financiers de l'UE. ☐

Convention établie sur la base de l'article K.3, paragraphe 2, point c), du traité sur l'Union européenne du 26 mai 1997,

Relative à la lutte contre la corruption impliquant des fonctionnaires des Communautés européennes ou des fonctionnaires des États membres de l'Union européenne.

Les hautes parties contractantes à la présente convention, États membres de l'Union européenne,

Se référant à l'acte du Conseil de l'Union européenne du 26 mai 1997,

Considérant que les États membres estiment que le renforcement de la coopération judiciaire dans la lutte contre la corruption est une question d'intérêt commun qui relève de la coopération instituée par le titre vi du traité ;

Considérant que le Conseil a établi, par acte du 27 septembre 1996, un protocole visant notamment la lutte contre les actes de corruption dans lesquels des fonctionnaires, tant nationaux que communautaires, sont impliqués et qui portent atteinte ou sont susceptibles de porter atteinte aux intérêts financiers des Communautés européennes ;

Considérant que, aux fins du renforcement de la coopération judiciaire en matière pénale entre les États membres, il est nécessaire d'aller au-delà dudit protocole et d'établir une convention visant les actes de corruption dans lesquels sont impliqués

des fonctionnaires des Communautés ou des fonctionnaires des États membres en général ;

Soucieuses d'assurer une application cohérente et effective de la présente convention sur tout le territoire de l'Union européenne,

Sont convenues des dispositions qui suivent :

Art. 1er *Définitions.* Aux fins de la présente convention :

a) l'expression "fonctionnaire" désigne tout fonctionnaire tant communautaire que national, y compris tout fonctionnaire national d'un autre État membre ;

b) l'expression "fonctionnaire communautaire" désigne :

– toute personne qui a la qualité de fonctionnaire ou d'agent engagé par contrat au sens du statut des fonctionnaires des Communautés européennes ou du régime applicable aux autres agents des Communautés européennes,

– toute personne mise à la disposition des Communautés européennes par les États membres ou par tout organisme public ou privé, qui exerce des fonctions équivalentes à celles qu'exercent les fonctionnaires ou autres agents des Communautés européennes.

Les membres des organismes créés en application des traités instituant les Communautés européennes et le personnel de ces organismes sont assimilés aux fonctionnaires communautaires lorsque le statut des fonctionnaires des Communautés européennes ou le régime applicable aux autres agents des Communautés européennes ne leur sont pas applicables ;

c) l'expression "fonctionnaire national" est interprétée par référence à la définition de "fonctionnaire" ou d'"officier public" dans le droit national de l'État membre où la personne en question présente cette qualité aux fins de l'application du droit pénal de cet État membre.

Néanmoins, si des poursuites impliquant un fonctionnaire d'un État membre sont engagées par un autre État membre, ce dernier n'est tenu d'appliquer la définition de "fonctionnaire national" que dans la mesure où celle-ci est compatible avec son droit national.

Art. 2 *Corruption passive.* 1. Aux fins de la présente convention, est constitutif de corruption passive le fait intentionnel, pour un fonctionnaire, directement ou par interposition de tiers, de solliciter ou de recevoir des avantages de quelque nature que ce soit, pour lui-même ou pour un tiers, ou d'en accepter la promesse, pour accomplir ou ne pas accomplir, de façon contraire à ses devoirs officiels, un acte de sa fonction ou un acte dans l'exercice de sa fonction.

2. Chaque État membre prend les mesures nécessaires pour assurer que les comportements visés au paragraphe 1 sont érigés en infractions pénales.

Art. 3 *Corruption active.* 1. Aux fins de la présente convention, est constitutif de corruption active le fait intentionnel, pour quiconque, de promettre ou de donner, directement ou par interposition de tiers, un avantage de quelque nature que ce soit, à un fonctionnaire, pour lui-même ou pour un tiers, pour qu'il accomplisse ou s'abstienne d'accomplir, de façon contraire à ses devoirs officiels, un acte de sa fonction ou un acte dans l'exercice de sa fonction.

2. Chaque État membre prend les mesures nécessaires pour assurer que les comportements visés au paragraphe 1 sont érigés en infractions pénales.

Art. 4 *Assimilation.* 1. Chaque État membre prend les mesures nécessaires pour assurer que, dans son droit pénal, les qualifications des infractions visées aux articles 2 et 3 commises par ou envers les ministres de son gouvernement, les élus de ses assemblées parlementaires, les membres de ses plus hautes juridictions ou les membres de sa Cour des comptes dans l'exercice de leurs fonctions sont applicables de la même façon aux cas dans lesquels les infractions sont commises par ou envers les membres de la Commission des Communautés européennes, du Parlement européen, de la Cour de justice et de la Cour des comptes des Communautés européennes, respectivement, dans l'exercice de leurs fonctions.

2. Si un État membre a adopté des lois spéciales portant sur des actes ou omissions dont les ministres de son gouvernement doivent répondre en raison de la position politique particulière qu'ils occupent dans cet État, le paragraphe 1 peut ne pas s'appliquer à ces lois, à condition que l'État membre garantisse que les lois pénales qui mettent en œuvre les articles 2 et 3 visent aussi les membres de la Commission des Communautés européennes.

3. Les paragraphes 1 et 2 s'entendent sans préjudice des dispositions applicables dans chaque État membre en ce qui concerne la procédure pénale et la détermination des juridictions compétentes.

4. La présente convention s'applique dans le plein respect des dispositions pertinentes des traités instituant les Communautés européennes, du protocole sur les privilèges et immunités des Communautés européennes, des statuts de la Cour de justice, ainsi que des textes pris pour leur application, en ce qui concerne la levée des immunités.

Art. 5 *Sanctions.* 1. Chaque État membre prend les mesures nécessaires pour assurer que les comportements visés aux articles 2 et 3, ainsi que la complicité et l'instigation auxdits comportements, sont passibles de sanctions pénales effectives, proportionnées et dissuasives, incluant, au moins dans les cas graves, des peines privatives de liberté pouvant entraîner l'extradition.

2. Le paragraphe 1 s'entend sans préjudice de l'exercice des pouvoirs disciplinaires par les autorités compétentes à l'encontre des fonctionnaires nationaux ou des fonctionnaires communautaires. Dans la détermination d'une sanction pénale à imposer, les juridictions nationales peuvent prendre en compte, selon les principes de leur droit national, toute sanction disciplinaire déjà imposée à la même personne pour le même comportement.

Art. 6 *Responsabilité pénale des chefs d'entreprise.* Chaque État membre prend les mesures nécessaires pour permettre que les chefs d'entreprise ou toute personne ayant le pouvoir de décision ou de contrôle au sein d'une entreprise puissent être déclarés pénalement responsables selon les principes définis par son droit interne, en cas d'actes de corruption tels que visés à l'article 3, commis par une personne soumise à leur autorité pour le compte de l'entreprise.

Art. 7 *Compétence.* 1. Chaque État membre prend les mesures nécessaires pour établir sa compétence à l'égard des infractions qu'il a instituées conformément aux obligations découlant des articles 2, 3 et 4 dans les cas où :

a) l'infraction est commise, en tout ou en partie, sur son territoire ;

b) l'auteur de l'infraction est un de ses ressortissants ou un de ses fonctionnaires ;

c) l'infraction est commise à l'encontre des personnes visées à l'article 1er ou d'un des membres des institutions des Communautés européennes visées à l'article 4 paragraphe 1, qui est en même temps un de ses ressortissants ;

d) l'auteur de l'infraction est un fonctionnaire communautaire au service d'une institution des Communautés européennes ou d'un organisme créé conformément aux traités instituant les Communautés européennes et ayant son siège dans l'État membre concerné.

2. Tout État membre peut déclarer, lors de la notification prévue à l'article 13 paragraphe 2, qu'il n'applique pas, ou n'applique que dans des cas ou dans des conditions spécifiques, une ou plusieurs des règles de compétence énoncées au paragraphe 1 points b), c) et d).

Art. 8 *Extradition et poursuites.* 1. Tout État membre qui, en vertu de sa législation, n'extrade pas ses propres ressortissants prend les mesures nécessaires pour établir sa compétence sur les infractions qu'il a instituées conformément aux obligations découlant des articles 2, 3 et 4 lorsqu'elles sont commises par ses propres ressortissants hors de son territoire.

2. Chaque État membre doit, lorsqu'un de ses ressortissants est présumé avoir commis dans un autre État membre une infraction instituée en vertu des obligations découlant des articles 2, 3 ou 4 et qu'il n'extrade pas cette personne vers cet autre État membre uniquement en raison de sa nationalité, soumettre l'affaire à ses autori-

tés compétentes aux fins de poursuites, s'il y a lieu. Afin de permettre l'exercice des poursuites, les dossiers, informations et objets relatifs à l'infraction seront adressés selon les modalités prévues à l'article 6 de la convention européenne d'extradition du 13 décembre 1957. L'État membre requérant sera informé des poursuites engagées et de leurs résultats.

3. Aux fins du présent article, les termes "ressortissants" d'un État membre sont interprétés conformément à toute déclaration faite par cet État en vertu de l'article 6 paragraphe 1 point b) de la convention européenne d'extradition et au paragraphe 1 point c) dudit article.

Art. 9 *Coopération.* 1. Si une procédure relative à une infraction instituée conformément aux obligations découlant des articles 2, 3 et 4 concerne au moins deux États membres, ceux-ci coopèrent de façon effective à l'enquête, aux poursuites judiciaires et à l'exécution de la sanction prononcée au moyen, par exemple, de l'entraide judiciaire, de l'extradition, du transfert des poursuites ou de l'exécution des jugements prononcés dans un autre État membre.

2. Lorsqu'une infraction relève de la compétence de plus d'un État membre et que n'importe lequel de ces États peut valablement engager des poursuites sur la base des mêmes faits, les États membres concernés coopèrent pour décider lequel d'entre eux poursuivra le ou les auteurs de l'infraction avec pour objectif de centraliser, si possible, les poursuites dans un seul État membre.

Art. 10 *Ne bis in idem.* 1. Les États membres appliquent en droit pénal interne le principe *ne bis in idem* en vertu duquel une personne qui a été définitivement jugée dans un État membre ne peut être poursuivie pour les mêmes faits dans un autre État membre, à condition que, en cas de condamnation, la sanction ait été exécutée, soit en cours d'exécution ou ne puisse plus être exécutée selon la loi de l'État de condamnation.

2. Tout État membre peut déclarer, lors de la notification visée à l'article 13 paragraphe 2, qu'il n'est pas lié par le paragraphe 1 du présent article dans un ou plusieurs des cas suivants :

a) lorsque les faits visés par le jugement rendu à l'étranger ont eu lieu, en tout ou en partie, sur son territoire. Dans ce dernier cas, cette exception ne s'applique cependant pas si ces faits ont eu lieu en partie sur le territoire de l'État membre où le jugement a été rendu ;

b) lorsque les faits visés par le jugement rendu à l'étranger constituent une infraction contre la sûreté ou d'autres intérêts également essentiels de cet État membre ;

c) lorsque les faits visés par le jugement rendu à l'étranger ont été commis par un fonctionnaire de cet État membre en violation des obligations de sa charge.

3. Si une nouvelle poursuite est intentée dans un État membre contre une personne qui a été définitivement jugée pour les mêmes faits dans un autre État membre, toute période de privation de liberté subie dans ce dernier État en raison de ces faits doit être déduite de la sanction qui sera éventuellement prononcée. Il sera également tenu compte, dans la mesure où les législations nationales le permettent, des sanctions autres que celles privatives de liberté qui ont déjà été subies.

4. Les exceptions qui ont fait l'objet d'une déclaration au titre du paragraphe 2 ne s'appliquent pas lorsque l'État membre concerné a, pour les mêmes faits, demandé la poursuite à l'autre État membre ou accordé l'extradition de la personne concernée.

5. Les accords bilatéraux ou multilatéraux conclus entre les États membres en la matière et les déclarations y relatives ne sont pas affectés par le présent article.

Art. 11 *Dispositions internes.* Aucune disposition de la présente convention n'empêche les États membres d'adopter des dispositions de droit internes allant audelà des obligations découlant de cette convention.

Art. 12 *Cour de justice.* 1. Tout différend entre États membres relatif à l'interprétation ou à l'application de la présente convention qui n'a pu être résolu bilatéralement, doit, dans une première étape, être examiné au sein du Conseil selon la procédure prévue au titre VI du traité sur l'Union européenne, en vue d'une solution. A l'expiration d'un délai de six mois, si une solution n'a pu être trouvée, la Cour de justice des Communautés européennes peut être saisie par une partie au différend.

2. Tout différend relatif à l'article 1er, à l'exception du point c), et aux articles 2, 3 et 4 entre un ou plusieurs États membres et la Commission des Communautés européennes, dans la mesure où il concerne une question relevant du droit communautaire ou des intérêts financiers des Communautés, ou impliquant des membres ou des fonctionnaires de leurs institutions ou des organismes créés en application des traités instituant les Communautés européennes, qui n'a pu être réglé par la voie de négociation, peut être soumis à la Cour de justice par une partie au différend.

3. Toute juridiction d'un État membre peut demander à la Cour de justice de statuer à titre préjudiciel sur une question concernant l'interprétation des articles 1er à 4 et 12 à 16, soulevée dans une affaire dont elle est saisie, impliquant des membres ou des fonctionnaires des institutions communautaires ou des organismes créés en application des traités instituant les Communautés européennes, agissant dans l'exercice de leurs fonctions, dès lors qu'elle estime qu'une décision sur ce point est nécessaire pour rendre son jugement.

4. La compétence de la Cour de justice prévue au paragraphe 3 est subordonnée à son acceptation par l'État membre concerné sous la forme d'une déclaration en ce sens faite lors de la notification visée à l'article 13 paragraphe 2, ou à tout moment ultérieur.

5. Un État membre qui fait une déclaration au titre du paragraphe 4 peut limiter la faculté de demander à la Cour de justice de statuer à titre préjudiciel à ses juridictions dont les décisions ne sont pas susceptibles d'un recours juridictionnel de droit interne.

6. Le statut de la Cour de justice des Communautés européennes et son règlement de procédure sont applicables. Conformément à ce statut, tout État membre, ainsi que la Commission, a le droit, qu'il ait ou non fait une déclaration au titre du paragraphe 4, de déposer devant la Cour de justice un mémoire ou des observations écrites dans les affaires dont elle est saisie en vertu du paragraphe 3.

Art. 13 *Entrée en vigueur.* 1. La présente convention est soumise à l'adoption par les États membres selon leurs règles constitutionnelles respectives.

2. Les États membres notifient au secrétaire général du Conseil de l'Union européenne l'accomplissement des procédures requises par leurs règles constitutionnelles respectives pour l'adoption de la présente convention.

3. La présente convention entre en vigueur quatre-vingt-dix jours après la notification visée au paragraphe 2 par l'État membre qui procède le dernier à cette formalité.

4. Jusqu'à l'entrée en vigueur de la présente convention, chaque État membre peut, lors de la notification visée au paragraphe 2 ou à tout moment ultérieur, déclarer que la convention, à l'exception de son article 12, sera applicable à son égard, dans ses rapports avec les États membres qui auront fait la même déclaration. La présente convention devient applicable à l'égard de l'État membre ayant fait une telle déclaration le premier jour du mois qui suit l'expiration d'une période de quatre-vingt-dix jours suivant la date du dépôt de sa déclaration.

5. Un État membre qui n'a fait aucune déclaration selon le paragraphe 4 peut appliquer la présente convention à l'égard des autres États membres contractants sur la base d'accords bilatéraux.

Art. 14 *Adhésion de nouveaux États membres.* 1. La présente convention est ouverte à l'adhésion de tout État qui devient membre de l'Union européenne.

2. Le texte de la présente convention dans la langue de l'État adhérent, établi par le Conseil de l'Union européenne, fait foi.

3. Les instruments d'adhésion sont déposés auprès du dépositaire.

4. La présente convention entre en vigueur à l'égard de tout État qui y adhère quatre-vingt-dix jours après la date de dépôt de son instrument d'adhésion ou à la date de l'entrée en vigueur de cette convention, si elle n'est pas encore entrée en vigueur au moment de l'expiration de ladite période de quatre-vingt-dix jours.

2. Un État membre peut décider de ne pas appliquer ou de n'appliquer que dans des cas ou des conditions spécifiques les règles de compétence définies au paragraphe 1, points b) et c), lorsque l'infraction a été commise en dehors de son territoire.

3. Un État membre qui, conformément à sa législation nationale, ne remet pas encore ses ressortissants, prend les mesures nécessaires pour établir sa compétence à l'égard des infractions visées aux articles 2 et 3, lorsqu'elles sont commises par un de ses ressortissants en dehors de son territoire.

4. Les États membres informent le secrétariat général du Conseil et la Commission de leur décision d'appliquer le paragraphe 2, en indiquant, le cas échéant, les cas ou les conditions spécifiques dans lesquels leur décision s'applique.

Art. 8 *Abrogation.* **L'action commune 98/742/JAI est abrogée.**

Art. 9 *Mise en œuvre.* **1. Les États membres prennent les mesures nécessaires pour se conformer aux dispositions de la présente décision-cadre avant le 22 juillet 2005.**

2. Les États membres communiquent à la même date au secrétariat général du Conseil et à la Commission le texte des dispositions transposant dans leur droit national les obligations découlant de la présente décision-cadre. Sur la base d'un rapport établi à partir de ces informations et d'un rapport écrit de la Commission, le Conseil vérifie, avant le 22 octobre 2005 dans quelle mesure les États membres se sont conformés à la présente décision-cadre.

Art. 10 *Application territoriale.* **La présente décision-cadre s'applique à Gibraltar.**

Art. 11 *Entrée en vigueur.* **La présente décision-cadre entre en vigueur le jour de sa publication au *Journal officiel de l'Union européenne.***

Directive (UE) 2017/1371 du Parlement européen et du Conseil du 5 juillet 2017,

Relative à la lutte contre la fraude portant atteinte aux intérêts financiers de l'Union au moyen du droit pénal.

BIBL. GÉN. ▶ CUTAJAR, *AJ pénal 2019. 356* (les investigations financières au service de la lutte contre la criminalité organisée). – SEGONDS, *Dr. pénal 2019. Étude 10* (de l'incrimination *a minima* du blanchiment. A propos de la pertinence de l'art. 3 de la Dir. du 23 oct. 2018 visant à lutter contre le blanchiment de capitaux au moyen du droit pénal). – IDOT, *Europe 2019. Alerte 55* (lutte contre le blanchiment de capitaux et financement du terrorisme : le bilan de la Commission Junker).

▶ CESONI, La construction supranationale de la lutte contre le blanchiment, *in* La lutte contre le blanchiment en droit belge, suisse, français, italien et international. Incrimination et confiscation, prévention, entraide judiciaire, *Bruylant, 2013, p. 15, spéc. p. 49.*

COMMENTAIRE

La directive (UE) 2017/1371 du 5 juillet 2017, dite « directive PIF », intègre la convention de protection des intérêts financiers de l'Union européenne du 26 juillet 1995 et ses protocoles des 27 septembre 1996, 29 novembre 1996 et 19 juin 1997 (art. 16). Elle a été transposée en droit français par l'ordonnance n° 2019-963 du 18 septembre 2019 relative à la lutte contre la fraude portant atteinte aux intérêts financiers de l'Union européenne au moyen du droit pénal.

La directive, à l'instar de la convention, a pour objectif d'établir des règles minimales relatives à la définition des infractions pénales et des sanctions en matière de lutte contre la fraude et les autres activités illégales portant atteinte aux intérêts financiers de l'Union, afin de renforcer efficacement la protection de l'UE et des États membres contre les infractions pénales qui portent atteinte à ses intérêts financiers et contre le blanchiment des sommes qui en sont issues.

I. CHAMP D'APPLICATION INITIAL

La convention relative à la protection des intérêts financiers des Communautés européennes du 26 juillet 1995 avait pour objet de lutter contre les fraudes au budget communautaire atteignant les recettes ou les dépenses de l'Union. Ce texte, aujourd'hui intégré à la directive (UE)

2017/1371, s'accompagnait de règles prévoyant des sanctions administratives et de règles d'assistance administrative mutuelle entre les États membres dans le cadre de la protection des intérêts financiers de l'UE. Il visait à créer une base commune de lutte contre les atteintes aux intérêts financiers de l'Union européenne, le détournement de fonds communautaires et la non-communication des informations.

La directive du 5 juillet 2017 définit la fraude en matière de dépenses comme tout acte ou omission intentionnelle relative à l'utilisation ou à la présentation de déclaration ou de documents faux, inexacts ou incomplets ayant pour effet la perception ou la rétention indue de fonds provenant du budget général communautaire ou des budgets gérés par l'Union européenne ou pour son compte. Elle vise également tout acte ou omission intentionnelle relative à la non-communication d'une information en violation d'une obligation spécifique, ayant le même effet, ou encore tout acte ou omission intentionnelle relative au détournement de tels fonds à d'autres fins que celles pour lesquelles ils ont été initialement octroyés (art. 3, § 2, a et b).

La fraude en matière de recettes est définie, quant à elle, comme tout acte ou omission intentionnelle relative soit à l'utilisation ou soit à la présentation de déclarations ou de documents faux, inexacts ou incomplets, ayant pour effet la diminution illégale de ressources du budget général communautaire ou des budgets gérés par l'Union européenne ou pour son compte. Elle est aussi définie comme la non-communication d'une information en violation d'une obligation spécifique qui a pour effet de diminuer les ressources du budget général de l'Union ou des budgets gérés par l'Union européenne ou pour son compte, ou encore comme le détournement d'un avantage légalement obtenu ayant le même effet (art. 3, § 2, c). S'ajoute, en matière de recettes, la fraude aux ressources propres de l'UE provenant de la taxe sur la valeur ajoutée (art. 3, § 2, d).

La directive PIF de 2017 prévoit la répression de la tentative et de la complicité de ces délits, la nécessité de sanctions effectives, proportionnées et dissuasives et notamment de peines privatives de liberté et la possibilité d'extrader l'infracteur pour les infractions les plus graves (art. 5 et 7). Enfin, les droits nationaux des États membres doivent permettre d'engager la responsabilité pénale des chefs d'entreprise ou de toute personne ayant le pouvoir de décision ou de contrôle au sein d'une entreprise (art. 6 et 9).

II. INTÉGRATION DE L'INFRACTION DE BLANCHIMENT

La directive intègre l'infraction de blanchiment à la lutte globale contre les fraudes au sein de l'Union européenne au titre du deuxième protocole additionnel à la convention du 19 juin 1997. Ces infractions de blanchiment bénéficient ainsi des instruments de coopération pénale mis en place dans le cadre de la convention de protection des intérêts financiers de l'Union européenne (mandat d'arrêt européen, décision d'enquête européenne). Les États membres doivent prendre les mesures nécessaires pour incriminer le blanchiment de capitaux provenant des infractions visées par la directive (art. 4, § 1).

De possibles difficultés pourraient cependant voir le jour du fait de la création d'un régime spécifique à ces infractions et à leur blanchiment, infractions de blanchiment qui sont à ce titre exclues du champ d'application de la directive (UE) 2018/1673 du 23 octobre 2018 visant à lutter contre le blanchiment de capitaux au moyen du droit pénal (V. v° *Blanchiment*).

L'incrimination de blanchiment retenue par la directive PIF du 5 juillet 2017 est issue de la directive (UE) 2015/849 du 20 mai 2015 relative à la prévention de l'utilisation du système financier aux fins du blanchiment de capitaux ou du financement du terrorisme (V. v° *Blanchiment*) qui prévoit trois modalités de blanchiment. Il s'agit soit d'un acte commis intentionnellement consistant à la conversion ou au transfert de biens, dont celui qui s'y livre sait qu'ils proviennent d'une activité criminelle ou d'une participation à une activité criminelle, dans le but de dissimuler ou de déguiser l'origine illicite de ces biens ou d'aider toute personne impliquée dans une telle activité à échapper aux conséquences juridiques des actes qu'elle a commis. Il s'agit aussi d'un acte intentionnel qui réside dans le fait de dissimuler ou de déguiser la nature, l'origine, l'emplacement, la disposition, le mouvement ou la propriété réels de biens ou des droits qui y sont liés, dont celui qui s'y livre sait qu'ils proviennent d'une activité criminelle ou d'une participation à une telle activité. Il s'agit enfin d'un acte intentionnel tendant à l'acquisition, la détention ou l'utilisation de biens, dont celui qui s'y livre sait, au moment où il les réceptionne, qu'ils proviennent d'une activité criminelle ou d'une participation à une telle activité. La participation à l'un des actes visés dans ces trois modalités est également incriminée, que l'infracteur s'associe à l'auteur pour le commettre, tente de le commettre, aide ou incite quelqu'un à le commettre, le conseille à cet effet, ou encore facilite l'exécution d'un tel acte (Dir. 2015/849 du 20 mai 2015, art. 1er, § 3).

La directive impose par ailleurs, comme pour les fraudes portant atteinte aux intérêts financiers de l'Union européenne, d'engager la responsabilité pénale des personnes morales pour cette infraction (art. 6 et 9) mais également d'assurer la confiscation de certains biens, conformément à la directive 2014/42/UE du Parlement européen et du Conseil du 3 avril 2014 concernant le gel et la confiscation des instruments et des produits du crime dans l'Union européenne (art. 10). ❑

TITRE I OBJET, DÉFINITIONS ET CHAMP D'APPLICATION

Art. 1er *Objet.* **La présente directive établit des règles minimales relatives à la définition des infractions pénales et des sanctions en matière de lutte contre la fraude et les autres activités illégales portant atteinte aux intérêts financiers de l'Union, afin de renforcer efficacement la protection contre les infractions pénales qui portent atteinte à ces intérêts financiers, conformément à l'acquis de l'Union dans ce domaine.**

Art. 2 *Définitions et champ d'application.* **1. Aux fins de la présente directive, on entend par :**

a) "intérêts financiers de l'Union", l'ensemble des recettes perçues, des dépenses exposées et des avoirs qui relèvent :

i) du budget de l'Union ;

ii) des budgets des institutions, organes et organismes de l'Union institués en vertu des traités ou des budgets gérés et contrôlés directement ou indirectement par eux ;

b) "personne morale", toute entité dotée de la personnalité juridique en vertu du droit applicable, exception faite des États ou des entités publiques dans l'exercice de leurs prérogatives de puissance publique et des organisations internationales publiques.

2. En matière de recettes issues des ressources propres provenant de la TVA, la présente directive s'applique uniquement en cas d'infraction grave contre le système commun de TVA. Aux fins de la présente directive, les infractions contre le système commun de TVA sont considérées comme graves lorsque les actes ou omissions intentionnels définis à l'article 3, paragraphe 2, point d), ont un lien avec le territoire de deux États membres de l'Union ou plus et entraînent un préjudice d'un montant total d'au moins 10 000 000 EUR.

3. La présente directive n'a pas d'incidence sur la structure ou sur le fonctionnement des administrations fiscales des États membres.

TITRE II INFRACTIONS PÉNALES EN MATIÈRE DE FRAUDE PORTANT ATTEINTE AUX INTÉRÊTS FINANCIERS DE L'UNION

Art. 3 *Fraude portant atteinte aux intérêts financiers de l'Union.* **1. Les États membres prennent les mesures nécessaires pour garantir que la fraude portant atteinte aux intérêts financiers de l'Union constitue une infraction pénale, lorsqu'elle est intentionnelle.**

2. Aux fins de la présente directive, les éléments suivants sont considérés comme étant une fraude portant atteinte aux intérêts financiers de l'Union :

a) en matière de dépenses non liées à la passation de marchés publics, tout acte ou omission relatif :

i) à l'utilisation ou à la présentation de déclarations ou de documents faux, inexacts ou incomplets, ayant pour effet le détournement ou la rétention indue de fonds ou d'avoirs provenant du budget de l'Union ou des budgets gérés par l'Union ou pour son compte ;

ii) à la non-communication d'une information en violation d'une obligation spécifique, ayant le même effet ; ou

iii) au détournement de tels fonds ou avoirs à des fins autres que celles pour lesquelles ils ont été initialement accordés ;

b) en matière de dépenses relatives aux marchés publics, à tout le moins en vue, pour son auteur ou une autre personne, de réaliser un gain illicite en causant un préjudice aux intérêts financiers de l'Union, tout acte ou omission relatif :

i) à l'utilisation ou à la présentation de déclarations ou de documents faux, inexacts ou incomplets, ayant pour effet le détournement ou la rétention indue de fonds ou d'avoirs provenant du budget de l'Union ou des budgets gérés par l'Union ou pour son compte ;

ii) à la non-communication d'une information en violation d'une obligation spécifique, ayant le même effet ; ou

iii) au détournement de tels fonds ou avoirs à des fins autres que celles pour lesquelles ils ont été initialement accordés, qui porte atteinte aux intérêts de l'Union ;

c) en matière de recettes autres que les recettes issues des ressources propres provenant de la TVA visées au point d), tout acte ou omission relatif :

i) à l'utilisation ou à la présentation de déclarations ou de documents faux, inexacts ou incomplets, ayant pour effet la diminution illégale de ressources du budget de l'Union ou des budgets gérés par l'Union ou pour son compte ;

ii) à la non-communication d'une information en violation d'une obligation spécifique, ayant le même effet ; ou

iii) au détournement d'un avantage légalement obtenu, ayant le même effet ;

d) en matière de recettes issues des ressources propres provenant de la TVA, tout acte ou omission commis dans le cadre d'un système frauduleux transfrontière concernant :

i) l'utilisation ou la présentation de déclarations ou de documents relatifs à la TVA qui sont faux, inexacts ou incomplets, ayant pour effet la diminution des ressources du budget de l'Union ;

ii) la non-communication d'une information relative à la TVA en violation d'une obligation spécifique, ayant le même effet ; ou

iii) la présentation de déclarations relatives à la TVA correctes aux fins de la dissimulation frauduleuse d'une absence de paiement ou de la création illégitime de droits à des remboursements de TVA.

Art. 4 *Autres infractions pénales liées portant atteinte aux intérêts financiers de l'Union.*
1. Les États membres prennent les mesures nécessaires pour que le blanchiment de capitaux, tel que décrit à l'article 1er, paragraphe 3, de la directive (UE) 2015/849, concernant des biens provenant des infractions couvertes par la présente directive constitue une infraction pénale.

2. Les États membres prennent les mesures nécessaires pour que la corruption passive et la corruption active, lorsqu'elles sont intentionnelles, constituent des infractions pénales.

a) Aux fins de la présente directive, on entend par "corruption passive", le fait, pour un agent public, directement ou par interposition de tiers, de solliciter ou de recevoir des avantages, de quelque nature que ce soit, pour lui-même ou pour un tiers, ou d'en accepter la promesse, pour accomplir ou ne pas accomplir un acte relevant de sa fonction ou un acte dans l'exercice de sa fonction qui porte atteinte ou est susceptible de porter atteinte aux intérêts financiers de l'Union.

b) Aux fins de la présente directive, on entend par "corruption active", le fait, pour quiconque, de promettre, de proposer, ou de donner, directement ou par l'intermédiaire de tiers, un avantage, de quelque nature que ce soit, à un agent public, pour lui-même ou pour un tiers, pour que cet agent public accomplisse ou s'abstienne d'accomplir un acte relevant de sa fonction ou un acte dans l'exercice de sa fonction qui porte atteinte ou est susceptible de porter atteinte aux intérêts financiers de l'Union.

3. Les États membres prennent les mesures nécessaires pour qu'un détournement, lorsqu'il est intentionnel, constitue une infraction pénale.

Aux fins de la présente directive, on entend par "détournement", le fait, pour un agent public auquel est confiée, directement ou indirectement, la gestion de fonds ou d'avoirs d'engager ou de dépenser des fonds ou de s'approprier ou d'utiliser des avoirs d'une manière contraire aux fins prévues pour ces derniers, portant atteinte aux intérêts financiers de l'Union.

4. Aux fins de la présente directive, on entend par "agent public" :

a) un agent de l'Union ou un agent national, y compris tout agent national d'un autre État membre et tout agent national d'un pays tiers ;

i) par "agent de l'Union", on entend une personne qui est :

– fonctionnaire ou autre agent engagé par contrat par l'Union au sens du statut des fonctionnaires de l'Union européenne et du régime applicable aux autres agents de l'Union européenne fixé par le règlement (CEE, Euratom, CECA) n° 259/68 du Conseil (ci-après dénommé "statut"), ou

– détachée auprès de l'Union par un État membre ou par tout organisme public ou privé et qui y exerce des fonctions équivalentes à celles qu'exercent les fonctionnaires ou autres agents de l'Union.

Sans préjudice des dispositions sur les privilèges et immunités figurant dans les protocoles n°s 3 et 7, sont assimilés aux fonctionnaires de l'Union les membres des institutions, organes et organismes de l'Union créés conformément aux traités, ainsi que le personnel de ces derniers, pour autant que le statut ne s'applique pas à leur égard ;

ii) les termes "agent national" s'entendent par référence à la définition du "fonctionnaire" ou de l'"agent public" dans le droit national de l'État membre ou du pays tiers dans lequel la personne en question exerce ses fonctions.

Néanmoins, lorsqu'il s'agit de poursuites impliquant un agent national d'un État membre ou un agent d'un pays tiers et engagées par un autre État membre, ce dernier n'est tenu d'appliquer la définition d'"agent national" que dans la mesure où celle-ci est compatible avec son droit national.

Les termes "agent national" incluent toute personne exerçant une fonction exécutive, administrative ou juridictionnelle au niveau national, régional ou local. Toute personne exerçant des fonctions législatives au niveau national, régional ou local est assimilée aux agents nationaux ;

b) toute autre personne investie d'une fonction de service public touchant à la gestion des intérêts financiers de l'Union ou comportant des décisions relatives à ceux-ci dans les États membres ou dans des pays tiers et qui exerce une telle fonction.

TITRE III DISPOSITIONS GÉNÉRALES CONCERNANT LA FRAUDE ET LES AUTRES INFRACTIONS PÉNALES PORTANT ATTEINTE AUX INTÉRÊTS FINANCIERS DE L'UNION

Art. 5 *Incitation, complicité et tentative.* 1. Les États membres prennent les mesures nécessaires pour que le fait d'inciter à commettre l'une quelconque des infractions pénales visées aux articles 3 et 4 et de s'en rendre complice soit passible de sanctions en tant qu'infraction pénale.

2. Les États membres prennent les mesures nécessaires pour que la tentative de commettre l'une quelconque des infractions pénales visées à l'article 3 ou à l'article 4, paragraphe 3, soit passible de sanctions en tant qu'infraction pénale.

Art. 6 *Responsabilité des personnes morales.* 1. Les États membres prennent les mesures nécessaires pour que les personnes morales puissent être tenues pour responsables des infractions pénales visées aux articles 3, 4 et 5, lorsque ces dernières sont commises à leur profit par toute personne, agissant soit individuellement, soit en tant que membre d'un organe de la personne morale, qui exerce un pouvoir de direction en son sein, sur la base :

a) d'un pouvoir de représentation de la personne morale ;

b) d'un pouvoir de prendre des décisions au nom de la personne morale ; ou

c) d'un pouvoir d'exercer un contrôle au sein de la personne morale.

2. Les États membres prennent également les mesures nécessaires pour que les personnes morales puissent être tenues pour responsables lorsque le défaut de surveillance ou de contrôle de la part d'une personne visée au paragraphe 1 du présent article a rendu possible la commission de l'une des infractions pénales visées aux articles 3, 4 ou 5, au profit de ladite personne morale, par une personne soumise à son autorité.

3. La responsabilité de la personne morale en vertu des paragraphes 1 et 2 du présent article n'exclut pas la possibilité de poursuites pénales contre les personnes physiques qui sont les auteurs des infractions pénales visées aux articles 3 et 4 ou qui sont pénalement responsables en vertu de l'article 5.

Art. 7 *Sanctions à l'encontre des personnes physiques.* 1. En ce qui concerne les personnes physiques, les États membres veillent à ce que les infractions pénales visées aux articles 3, 4 et 5 soient passibles de sanctions pénales effectives, proportionnées et dissuasives.

2. Les États membres prennent les mesures nécessaires pour que les infractions pénales visées aux articles 3 et 4 soient passibles d'une peine maximale qui prévoie l'emprisonnement.

3. Les États membres prennent les mesures nécessaires pour que les infractions pénales visées aux articles 3 et 4 soient passibles d'une peine maximale d'au moins quatre ans d'emprisonnement lorsqu'elles entraînent un préjudice ou un avantage considérable.

Le préjudice ou l'avantage résultant des infractions pénales visées à l'article 3, paragraphe 2, points a), b) et c), et à l'article 4 est réputé considérable lorsqu'il se monte à plus de 100 000 EUR.

Le préjudice ou l'avantage résultant des infractions pénales visées à l'article 3, paragraphe 2, point d), et relevant de l'article 2, paragraphe 2, est toujours réputé considérable.

Les États membres peuvent également prévoir une peine maximale d'au moins quatre ans d'emprisonnement dans d'autres circonstances graves définies dans leur droit national.

4. Lorsqu'une infraction pénale visée à l'article 3, paragraphe 2, points a), b) ou c), ou à l'article 4 entraîne un préjudice ou un avantage d'un montant inférieur à 10 000 EUR, les États membres peuvent prévoir des sanctions autres que pénales.

5. Le paragraphe 1 s'entend sans préjudice de l'exercice des pouvoirs disciplinaires par les autorités compétentes à l'encontre des agents publics.

Art. 8 *Circonstances aggravantes.* Les États membres prennent les mesures nécessaires pour garantir que soit considéré comme circonstance aggravante le fait qu'une infraction pénale visée aux articles 3, 4 ou 5 soit commise dans le cadre d'une organisation criminelle au sens de la décision-cadre 2008/841/JAI.

Art. 9 *Sanctions à l'encontre des personnes morales.* Les États membres prennent les mesures nécessaires pour garantir qu'une personne morale déclarée responsable au sens de l'article 6 soit passible de sanctions effectives, proportionnées et dissuasives, qui incluent des amendes pénales ou non pénales et peuvent inclure d'autres sanctions, notamment :

a) des mesures d'exclusion du bénéfice d'un avantage ou d'une aide publics ;

b) des mesures d'exclusion temporaire ou permanente des procédures d'appel d'offres ;

c) des mesures d'interdiction temporaire ou définitive d'exercer une activité commerciale ;

d) un placement sous surveillance judiciaire ;

e) une mesure judiciaire de dissolution ;

f) la fermeture temporaire ou définitive d'établissements ayant servi à commettre l'infraction pénale.

Art. 10 *Gel et confiscation.* Les États membres prennent les mesures nécessaires pour que les instruments et produits des infractions pénales visées aux articles 3, 4 et 5 puissent être gelés et confisqués. Les États membres liés par la directive 2014/42/UE du Parlement européen et du Conseil *[du 3 avr. 2014 concernant le gel et la confiscation des instruments et des produits du crime dans l'Union européenne]* le font conformément à ladite directive.

Art. 11 *Compétence.* 1. Chaque État membre prend les mesures nécessaires pour établir sa compétence à l'égard des infractions pénales visées aux articles 3, 4 et 5 lorsque :

a) l'infraction pénale a été commise, en tout ou en partie, sur son territoire ; ou
b) l'auteur de l'infraction est l'un de ses ressortissants.

2. Chaque État membre prend les mesures nécessaires pour établir sa compétence à l'égard des infractions pénales visées aux articles 3, 4 et 5 dans les cas où l'auteur de l'infraction pénale, au moment où celle-ci est commise, est soumis au statut. Chaque État membre peut ne pas appliquer, ou n'appliquer que dans des cas ou sous des conditions spécifiques, les règles de compétence énoncées au présent paragraphe. Il en informe la Commission.

3. Un État membre informe la Commission lorsqu'il décide d'élargir, dans l'une des situations suivantes, sa compétence à l'égard des infractions pénales visées aux articles 3, 4 ou 5 qui ont été commises en dehors de son territoire :
a) l'auteur de l'infraction réside habituellement sur son territoire ;
b) l'infraction pénale a été commise au profit d'une personne morale établie sur son territoire ; ou
c) l'auteur de l'infraction est l'un de ses agents qui agit dans le cadre de ses fonctions officielles.

4. Dans le cas visé au paragraphe 1, point b), les États membres prennent les mesures nécessaires pour s'assurer que l'exercice de leur compétence n'est pas subordonné à la condition que des poursuites ne puissent être engagées qu'à la suite d'une plainte de la victime faite sur le lieu de l'infraction pénale ou d'une dénonciation émanant de l'État sur le territoire duquel l'infraction pénale a été commise.

Art. 12 *Délais de prescription des infractions pénales portant atteinte aux intérêts financiers de l'Union.* 1. Les États membres prennent les mesures nécessaires pour prévoir un délai de prescription permettant que l'enquête, les poursuites, le jugement et la décision judiciaire sur les infractions pénales visées aux articles 3, 4 et 5 puissent intervenir pendant une période suffisamment longue après que ces infractions pénales ont été commises, afin de lutter contre ces infractions pénales de façon efficace.

2. Pour ce qui est des infractions pénales visées aux articles 3, 4 et 5 qui sont passibles d'une peine maximale d'au moins quatre ans d'emprisonnement, les États membres prennent les mesures nécessaires pour que l'enquête, les poursuites, le jugement et la décision judiciaire sur les infractions pénales puissent intervenir pendant une période d'au moins cinq ans après que ces infractions pénales ont été commises.

3. Par dérogation au paragraphe 2, les États membres peuvent prévoir un délai de prescription inférieur à cinq ans mais non inférieur à trois ans, à condition que ce délai puisse être interrompu ou suspendu par certains actes spécifiques.

4. Les États membres prennent les mesures nécessaires pour que :
a) une peine de plus d'un an d'emprisonnement, ou alternativement,
b) une peine d'emprisonnement en cas d'infraction pénale passible d'une peine maximale d'au moins quatre ans d'emprisonnement,

infligée à la suite d'une condamnation définitive pour une infraction pénale visée aux articles 3, 4 ou 5, puisse être exécutée pendant au moins cinq ans à compter de la date de ladite condamnation. Cette période peut comprendre des prorogations du délai de prescription découlant de son interruption ou de sa suspension.

Art. 13 *Recouvrement.* La présente directive s'applique sans préjudice du recouvrement des montants suivants :

1) au niveau de l'Union, des montants indûment versés dans le contexte de la commission des infractions pénales visées à l'article 3, paragraphe 2, points a), b) ou c), ou aux articles 4 ou 5 ;

2) au niveau national, de tout montant de TVA non acquitté dans le contexte de la commission des infractions pénales visées à l'article 3, paragraphe 2, point d), ou aux articles 4 ou 5.

Art. 14 *Interaction avec d'autres actes juridiques applicables de l'Union.* L'application de mesures, de sanctions et d'amendes administratives prévues par le droit de l'Union, en particulier celles au sens des articles 4 et 5 du règlement (CE, Euratom) n° 2988/95, ou par des dispositions de droit national adoptées conformément à une obligation spécifique relevant du droit de l'Union s'entend sans préjudice de la présente directive. Les États membres veillent à ce que toute procédure pénale engagée sur la base de dispositions nationales mettant en œuvre la présente directive n'affecte pas excessivement l'application correcte et effective de mesures, de sanctions et d'amendes administratives qui ne peuvent être assimilées à des actions pénales, prévues par le droit de l'Union ou par des dispositions nationales d'application.

TITRE IV DISPOSITIONS FINALES

Art. 15 *Coopération entre les États membres et la Commission (OLAF) et d'autres institutions, organes et organismes de l'Union.* 1. Sans préjudice des règles en matière de coopération transfrontière et d'entraide judiciaire en matière pénale, les États membres, Eurojust, le Parquet européen et la Commission coopèrent, dans les limites de leurs compétences respectives, dans le domaine de la lutte contre les infractions pénales visées aux articles 3, 4 et 5. A cette fin, la Commission et, le cas échéant, Eurojust fournissent toute l'assistance technique et opérationnelle nécessaire dont les autorités nationales compétentes ont besoin pour faciliter la coordination de leurs enquêtes.

2. Les autorités compétentes des États membres peuvent, dans les limites de leurs compétences, échanger des éléments d'information avec la Commission aux fins de faciliter l'établissement des faits et d'assurer une action efficace contre les infractions pénales visées aux articles 3, 4 et 5. La Commission et les autorités nationales compétentes tiennent compte, pour chaque cas spécifique, des exigences de confidentialité et des règles en matière de protection des données. Sans préjudice des dispositions de droit national en matière d'accès aux informations, lorsqu'un État membre fournit des informations à la Commission, il peut, à cette fin, fixer des conditions spécifiques régissant l'utilisation de ces informations par la Commission ou par tout autre État membre auquel ces informations sont transmises.

3. La Cour des comptes et les auditeurs chargés d'une mission d'audit des budgets des institutions, organes et organismes de l'Union institués en vertu des traités, et des budgets gérés et contrôlés par les institutions, révèlent à l'OLAF et aux autres autorités compétentes tout fait dont ils ont pris connaissance dans l'exercice de leur mission qui pourrait être considéré comme une infraction pénale visée aux articles 3, 4 ou 5. Les États membres veillent à ce que les organismes d'audit nationaux fassent de même.

Art. 16 *Remplacement de la convention relative à la protection des intérêts financiers des Communautés européennes.* La convention relative à la protection des intérêts financiers des Communautés européennes du 26 juillet 1995, y compris ses protocoles des 27 septembre 1996, 29 novembre 1996 et 19 juin 1997, est remplacée par la présente directive à l'égard des États membres liés par la présente directive, avec effet au 6 juillet 2019.

Pour les États membres liés par la présente directive, les références faites à la convention s'entendent comme faites à la présente directive.

Art. 17 *Transposition.* 1. Les États membres adoptent et publient, au plus tard le 6 juillet 2019, les dispositions législatives, réglementaires et administratives nécessaires pour se conformer à la présente directive. Ils communiquent immédiatement à la Commission le texte de ces dispositions. Ils appliquent ces dispositions à partir du 6 juillet 2019.

Lorsque les États membres adoptent ces dispositions, celles-ci contiennent une référence à la présente directive ou sont accompagnées d'une telle référence lors de leur publication officielle. Elles contiennent également une mention précisant que, à l'égard des États membres liés par la présente directive, les références faites, dans les dispositions législatives, réglementaires et administratives en vigueur, à la convention remplacée par la présente directive s'entendent comme faites à la présente directive. Les modalités de cette référence et la formulation de cette mention sont arrêtées par les États membres.

2. Les États membres communiquent à la Commission le texte des dispositions essentielles de droit interne qu'ils adoptent dans le domaine régi par la présente directive.

Art. 18 *Établissement de rapports et évaluation.* **1. La Commission présente au Parlement européen et au Conseil, au plus tard le 6 juillet 2021, un rapport évaluant dans quelle mesure les États membres ont pris les mesures nécessaires pour se conformer à la présente directive.**

2. Sans préjudice des obligations en matière d'établissement de rapports prévues par d'autres actes juridiques de l'Union, les États membres transmettent chaque année à la Commission les statistiques suivantes relatives aux infractions pénales visées aux articles 3, 4 et 5, si elles sont disponibles à un niveau central dans l'État membre concerné :

a) le nombre de procédures pénales engagées, de rejets, d'acquittements, de condamnations et de procédures en cours ;

b) les sommes recouvrées à l'issue de procédures pénales et le préjudice estimé.

3. La Commission présente au Parlement européen et au Conseil, au plus tard le 6 juillet 2024, et compte tenu de son rapport présenté en application du paragraphe 1 et des statistiques des États membres présentées en application du paragraphe 2, un rapport évaluant l'incidence de la législation nationale transposant la présente directive sur la prévention de la fraude portant atteinte aux intérêts financiers de l'Union.

4. Au plus tard le 6 juillet 2022, et sur la base des statistiques présentées par les États membres en application du paragraphe 2, la Commission présente un rapport au Parlement européen et au Conseil évaluant, au regard de l'objectif général consistant à renforcer la protection des intérêts financiers de l'Union, si :

a) le seuil indiqué à l'article 2, paragraphe 2, est adapté ;

b) les dispositions de l'article 12 relatives aux délais de prescription sont suffisamment efficace ;

c) la présente directive permet de lutter efficacement contre les cas de fraude en matière de passation de marchés publics.

5. Les rapports visés aux paragraphes 3 et 4 sont, si nécessaire, accompagnés d'une proposition législative qui peut inclure une disposition spécifique sur la fraude en matière de passation de marchés publics.

Art. 19 *Entrée en vigueur.* **La présente directive entre en vigueur le vingtième jour suivant celui de sa publication au *Journal officiel de l'Union européenne*.**

Règlement (UE) 2017/1939 du Conseil du 12 octobre 2017,

Mettant en œuvre une coopération renforcée concernant la création du Parquet européen.

Texte non reproduit. — V. ***C. pr. pén.***

Sur sa transposition en droit interne par la L. n° 2020-1672 du 24 déc. 2020, V. C. pr. pén., art. 696-108 s. **— *C. pr. pén.*** *— V. aussi COJ, art. L. 211-19 et L. 213-13.* **— *C. pr. civ.***

BIBL. GÉN. ▸ Dossier, *AJ pénal 2018. 275* (parquet européen, c'est parti !) ; *AJ pénal 2021. 63* (la loi Parquet européen et justice pénale spécialisée). – LAGOUTTE, *Dr. pénal 2021. Étude 5* (parquet européen). – LETOUZEY, *ibid. 6* (intégration du parquet européen). – LEBLOIS-HAPPE, *D. 2021. 1341* (parquet européen : *let's go* !).

B Conseil de l'Europe

COMMENTAIRE

Le Conseil de l'Europe a été institué le 5 mai 1949 par le traité de Londres. Il regroupe actuellement 47 États membres (Albanie, Allemagne, Andorre, Arménie, Autriche, Azerbaïdjan, Belgique, Bosnie-Herzégovine, Bulgarie, Chypre, Croatie, Danemark, Espagne, Estonie, Finlande, France, Fédération de Russie, Grèce, Géorgie, Hongrie, Irlande, Islande, Italie, Lettonie, Liechtenstein, Lituanie, Luxembourg, Macédoine du Nord, Malte, Monaco, Monténégro, Norvège, Pays-Bas, Pologne, Portugal, Roumanie, Royaume-Uni, République de Moldova, République slovaque, République tchèque, Saint-Marin, Serbie, Slovénie, Suisse,

Suède, Turquie, Ukraine), dont les membres de l'Union européenne, et 6 États observateurs : Canada, États-Unis, Israël, Japon, Mexique et Vatican.

L'objectif premier du Conseil de l'Europe est de promouvoir les droits de l'homme. C'est ainsi qu'il a adopté la convention européenne des droits de l'homme le 4 novembre 1950, entrée en vigueur le 3 novembre 1953.

En matière de lutte contre la corruption, le Conseil de l'Europe a notamment adopté deux conventions : une convention pénale et une convention civile. ❑

Convention pénale du Conseil de l'Europe du 27 janvier 1999,

Sur la corruption.

COMMENTAIRE

La convention pénale sur la corruption est entrée en vigueur le 1er juillet 2002.

Elle vise à incriminer, de manière coordonnée, un large éventail de conduites de corruption et d'améliorer la coopération internationale pour accélérer ou permettre la poursuite des corrupteurs et des corrompus. Elle est ouverte aux États non membres.

Sa mise en œuvre est suivie par le Groupe d'États contre la corruption (GRECO) qui a commencé ses travaux le 1er mai 1999.

La convention complète les instruments juridiques déjà existants (la convention de l'Union européenne, de mai 1997 portant sur la corruption impliquant des fonctionnaires des Communautés européennes ou des fonctionnaires des États de l'UE ; celle de l'OCDE, de décembre 1997, se limitant à la lutte contre la corruption active d'agents publics étrangers dans les transactions commerciales internationales).

La convention pénale du Conseil de l'Europe couvre les formes suivantes de corruption, en principe considérées comme des formes spécifiques : corruption active et passive d'agents publics nationaux et d'agents publics étrangers, corruption active et passive de parlementaires nationaux, étrangers et de membres d'assemblées parlementaires internationales, corruption active et passive dans le secteur privé, corruption active et passive de fonctionnaires internationaux, corruption active et passive de juges nationaux, étrangers et internationaux et d'agents de cours internationales, trafic d'influence, blanchiment du produit des délits de corruption, infractions comptables (factures, écritures comptables, etc.) liées à la commission des infractions de corruption.

Les États sont tenus de prévoir des sanctions et des mesures efficaces et dissuasives incluant des sanctions privatives de liberté pouvant donner lieu à l'extradition. Les personnes morales devront être, elles aussi, tenues pour responsables des infractions pénales commises à leur profit. Elles seront passibles de sanctions efficaces, de nature pénale ou non pénale, y compris pécuniaires.

La convention prévoit également des dispositions concernant les actes de complicité, l'immunité, les critères pour établir la compétence des États, la mise en place d'unités spécialisées dans la lutte contre la corruption, la protection des collaborateurs de justice ainsi que la collecte de preuves et la confiscation des produits de la corruption.

Un Protocole additionnel a été conclu le 15 mai 2003 et est entré en vigueur le 1er février 2005 (*V. infra*). Il étend le champ d'application de la convention pénale aux arbitres en matière commerciale, civile et autres, ainsi qu'aux jurés, complétant ainsi les dispositions de la convention visant à protéger les juridictions contre la corruption.

Le dernier rapport du GRECO du 9 janvier 2020 concernant la France n'est guère favorable et exhorte cette dernière à renforcer l'efficacité et l'application dans la pratique du cadre en place pour prévenir la corruption au sein même de l'exécutif (président de la République, ministres, membres des cabinets et hauts fonctionnaires) ainsi que dans la police nationale et la gendarmerie nationale. ❑

Préambule

Les États membres du Conseil de l'Europe et les autres États signataires de la présente Convention,

Considérant que le but du Conseil de l'Europe est de réaliser une union plus étroite entre ses membres ;

Reconnaissant l'importance de renforcer la coopération avec les autres États signataires de la présente Convention ;

Convaincus de la nécessité de poursuivre, en tant que priorité, une politique pénale commune tendant à la protection de la société contre la corruption, y compris par l'adoption d'une législation appropriée et des mesures préventives adéquates ;

Soulignant que la corruption constitue une menace pour la prééminence du droit, la démocratie et les droits de l'homme, sape les principes de bonne administration, d'équité et de justice sociale, fausse la concurrence, entrave le développement économique et met en danger la stabilité des institutions démocratiques et les fondements moraux de la société ;

Convaincus que l'efficacité de la lutte contre la corruption passe par une coopération internationale pénale intensifiée, rapide et adaptée en matière pénale ;

Se félicitant des développements récents qui contribuent à améliorer la prise de conscience et la coopération au niveau international dans la lutte contre la corruption, y compris des actions menées par les Nations unies, la Banque mondiale, le Fonds monétaire international, l'Organisation mondiale du commerce, l'Organisation des États américains, l'OCDE et l'Union européenne ;

Eu égard au Programme d'action contre la corruption, adopté par le Comité des Ministres du Conseil de l'Europe en novembre 1996, à la suite des recommandations de la 19e Conférence des ministres européens de la Justice (La Valette, 1994) ;

Rappelant dans ce contexte l'importance de la participation des États non membres aux activités du Conseil de l'Europe contre la corruption et se félicitant de leur contribution précieuse à la mise en œuvre du Programme d'action contre la corruption ;

Rappelant en outre que la Résolution no 1 adoptée par les ministres européens de la Justice lors de leur 21e Conférence (Prague, 1997) appelle à la mise en œuvre rapide du Programme d'action contre la corruption et recommande, en particulier, l'élaboration d'une convention pénale sur la corruption prévoyant l'incrimination coordonnée des infractions de corruption, une coopération renforcée dans la poursuite de telles infractions et un mécanisme de suivi efficace ouvert aux États membres et aux États non membres sur un pied d'égalité ;

Gardant à l'esprit que les chefs d'État et de gouvernement du Conseil de l'Europe ont décidé, lors de leur Deuxième Sommet qui s'est tenu à Strasbourg les 10 et 11 octobre 1997, de rechercher des réponses communes aux défis posés par l'extension de la corruption et ont adopté un Plan d'action qui, visant à promouvoir la coopération dans la lutte contre la corruption, y compris ses liens avec le crime organisé et le blanchiment de l'argent, charge le Comité des Ministres notamment de conclure rapidement les travaux d'élaboration d'instruments juridiques internationaux, conformément au Programme d'action contre la corruption ;

Considérant de surcroît que la Résolution (97) 24 portant sur les 20 principes directeurs pour la lutte contre la corruption, adoptée le 6 novembre 1997 par le Comité des Ministres à l'occasion de sa 101e Session, souligne la nécessité de conclure rapidement l'élaboration d'instruments juridiques internationaux, en exécution du Programme d'action contre la corruption,

Eu égard à l'adoption lors de la 102e session du Comité des Ministres, le 4 mai 1998, de la Résolution (98) 7 portant autorisation de créer l'Accord partiel élargi établissant le "Groupe d'États contre la Corruption – GRECO", institution qui a pour objet d'améliorer la capacité de ses membres à lutter contre la corruption en veillant à la mise en œuvre de leurs engagements dans ce domaine,

Sont convenus de ce qui suit.

CHAPITRE I ***TERMINOLOGIE***

Art. 1er *Terminologie.* Aux fins de la présente Convention :

a) l'expression "agent public" est interprétée par référence à la définition de "fonctionnaire", "officier public", "maire", "ministre" ou "juge" dans le droit national de l'État dans lequel la personne en question exerce cette fonction et telle qu'elle est appliquée dans son droit pénal ;

b) le terme "juge" qui figure à l'alinéa a ci-dessus comprend les membres du ministère public et les personnes exerçant des fonctions judiciaires ;

c) dans le cas de poursuites impliquant un agent public d'un autre État, l'État qui poursuit ne peut appliquer la définition d'agent public que dans la mesure où cette définition est compatible avec son droit national ;

d) "personne morale" s'entend de toute entité ayant ce statut en vertu du droit national applicable, exception faite des États ou des autres entités publiques dans l'exercice de leurs prérogatives de puissance publique et des organisations internationales publiques.

CHAPITRE II *MESURES À PRENDRE AU NIVEAU NATIONAL*

Art. 2 *Corruption active d'agents publics nationaux.* Chaque Partie adopte les mesures législatives et autres qui se révèlent nécessaires pour ériger en infraction pénale, conformément à son droit interne, lorsque l'acte a été commis intentionnellement, le fait de proposer, d'offrir ou de donner, directement ou indirectement, tout avantage indu à l'un de ses agents publics, pour lui-même ou pour quelqu'un d'autre, afin qu'il accomplisse ou s'abstienne d'accomplir un acte dans l'exercice de ses fonctions.

Art. 3 *Corruption passive d'agents publics nationaux.* Chaque Partie adopte les mesures législatives et autres qui se révèlent nécessaires pour ériger en infraction pénale, conformément à son droit interne, lorsque l'acte a été commis intentionnellement, le fait pour un de ses agents publics de solliciter ou de recevoir, directement ou indirectement, tout avantage indu pour lui-même ou quelqu'un d'autre ou d'en accepter l'offre ou la promesse afin d'accomplir ou de s'abstenir d'accomplir un acte dans l'exercice de ses fonctions.

Art. 4 *Corruption de membres d'assemblées publiques nationales.* Chaque Partie adopte les mesures législatives et autres qui se révèlent nécessaires pour ériger en infraction pénale, conformément à son droit interne, les actes visés aux articles 2 et 3 lorsqu'ils impliquent toute personne membre d'une quelconque assemblée publique nationale exerçant des pouvoirs législatifs ou administratifs.

Art. 5 *Corruption d'agents publics étrangers.* Chaque Partie adopte les mesures législatives et autres qui se révèlent nécessaires pour ériger en infraction pénale, conformément à son droit interne, les actes visés aux articles 2 et 3 lorsqu'ils impliquent un agent public de tout autre État.

Art. 6 *Corruption de membres d'assemblées publiques étrangères.* Chaque Partie adopte les mesures législatives et autres qui se révèlent nécessaires pour ériger en infraction pénale, conformément à son droit interne, les actes visés aux articles 2 et 3 lorsqu'ils impliquent toute personne membre d'une quelconque assemblée publique exerçant des pouvoirs législatifs ou administratifs de tout autre État.

Art. 7 *Corruption active dans le secteur privé.* Chaque Partie adopte les mesures législatives et autres qui se révèlent nécessaires pour ériger en infraction pénale, conformément à son droit interne, lorsque l'acte a été commis intentionnellement, dans le cadre d'une activité commerciale, le fait de promettre d'offrir ou de donner, directement ou indirectement, tout avantage indu à toute personne qui dirige ou travaille pour une entité du secteur privé, pour elle-même ou pour quelqu'un d'autre, afin qu'elle accomplisse ou s'abstienne d'accomplir un acte en violation de ses devoirs.

Art. 8 *Corruption passive dans le secteur privé.* Chaque Partie adopte les mesures législatives et autres qui se révèlent nécessaires pour ériger en infraction pénale, conformément à son droit interne, lorsque l'acte a été commis intentionnellement, dans le cadre d'une activité commerciale, le fait pour toute personne qui dirige ou travaille pour une entité du secteur privé de solliciter ou de recevoir, directement ou par l'intermédiaire de tiers, un avantage indu ou d'en accepter l'offre ou la promesse, pour elle-même ou pour quelqu'un d'autre, afin qu'elle accomplisse ou s'abstienne d'accomplir un acte en violation de ses devoirs.

Art. 9 *Corruption de fonctionnaires internationaux.* Chaque Partie adopte les mesures législatives et autres qui se révèlent nécessaires pour ériger en infraction pénale, conformément à son droit interne, les actes mentionnés aux articles 2 et 3 lorsqu'ils impliquent toute personne qui a la qualité de fonctionnaire ou d'agent contractuel, au sens du statut des agents, de toute organisation publique internationale ou supranationale dont la Partie est membre, ainsi que toute personne, qu'elle soit détachée ou non auprès d'une telle organisation, qui exerce des fonctions correspondant à celles desdits fonctionnaires ou agents.

Art. 10 *Corruption de membres d'assemblées parlementaires internationales.* Chaque Partie adopte les mesures législatives et autres qui se révèlent nécessaires pour ériger en infraction pénale, conformément à son droit interne, les actes visés à l'article 4 lorsqu'ils impliquent toute personne membre d'une assemblée parlementaire d'une organisation internationale ou supranationale dont la Partie est membre.

Art. 11 *Corruption de juges et d'agents de cours internationales.* Chaque Partie adopte les mesures législatives et autres qui se révèlent nécessaires pour ériger en infraction pénale, conformément à son droit interne, les actes mentionnés aux articles 2 et 3 lorsqu'ils impliquent toute personne exerçant des fonctions judiciaires au sein d'une cour internationale dont la compétence est acceptée par la Partie ou tout fonctionnaire au greffe d'une telle cour.

Art. 12 *Trafic d'influence.* Chaque Partie adopte les mesures législatives et autres qui se révèlent nécessaires pour ériger en infraction pénale, conformément à son droit interne, lorsque l'acte a été commis intentionnellement, le fait de proposer, d'offrir ou de donner, directement ou indirectement, tout avantage indu à titre de rémunération à quiconque affirme ou confirme être capable d'exercer une influence sur la prise de décision de toute personne visée aux articles 2, 4 à 6 et 9 à 11, que l'avantage indu soit pour lui-même ou pour quelqu'un d'autre, ainsi que le fait de solliciter, de recevoir ou d'en accepter l'offre ou la promesse à titre de rémunération pour ladite influence, que l'influence soit ou non exercée ou que l'influence supposée produise ou non le résultat recherché.

Art. 13 *Blanchiment du produit des délits de la corruption.* Chaque Partie adopte les mesures législatives et autres qui se révèlent nécessaires pour ériger en infraction pénale, conformément à son droit interne, les actes mentionnés dans la Convention du Conseil de l'Europe relative au blanchiment, au dépistage, à la saisie et à la confiscation des produits du crime (STE n° 141), à l'article 6, paragraphes 1 et 2, dans les conditions y prévues, lorsque l'infraction principale est constituée par l'une des infractions établies en vertu des articles 2 à 12 de la présente Convention, dans la mesure où la Partie n'a pas formulé de réserve ou de déclaration à l'égard de ces infractions ou ne considère pas ces infractions comme des infractions graves au regard de la législation relative au blanchiment de l'argent.

Art. 14 *Infractions comptables.* Chaque Partie adopte les mesures législatives et autres qui se révèlent nécessaires pour ériger en infraction passible de sanctions pénales ou autres types de sanctions, conformément à son droit interne, lorsqu'ils sont commis intentionnellement, les actes ou omissions suivants, destinés à commettre, dissimuler ou déguiser des infractions visées par les articles 2 à 12, dans la mesure où la Partie n'a pas formulé de réserve ou de déclaration :

a) établir ou utiliser une facture ou tout autre document ou écriture comptable qui contient des informations fausses ou incomplètes ;

b) omettre de manière illicite de comptabiliser un versement.

Art. 15 *Actes de participation.* Chaque Partie adopte les mesures législatives et autres qui se révèlent nécessaires pour ériger en infraction pénale, conformément à son droit interne, tout acte de complicité d'une des infractions pénales établies en vertu de la présente Convention.

Art. 16 *Immunité.* Les dispositions de la présente Convention ne portent pas atteinte aux dispositions de tout traité, protocole ou statut, ainsi que de leurs textes d'application, en ce qui concerne la levée de l'immunité.

Art. 17 *Compétence.* 1. Chaque Partie adopte les mesures législatives et autres qui se révèlent nécessaires pour établir sa compétence relativement à une infraction pénale établie en vertu des articles 2 à 14 de la présente Convention, lorsque :

a) l'infraction est commise en tout ou en partie sur son territoire ;

b) l'auteur de l'infraction est un de ses ressortissants, un de ses agents publics ou un de ses membres d'assemblées publiques nationales ;

c) l'infraction implique l'un de ses agents publics ou membres de ses assemblées publiques nationales ou toute personne visée aux articles 9 à 11, qui est en même temps un de ses ressortissants.

2. Chaque État peut, au moment de la signature ou du dépôt de son instrument de ratification, d'acceptation, d'approbation ou d'adhésion, dans une déclaration adressée au Secrétaire Général du Conseil de l'Europe, préciser qu'il se réserve le droit de ne pas appliquer, ou de n'appliquer que dans des cas ou conditions spécifiques, les règles de compétence définies aux paragraphes 1 b et c du présent article ou une partie quelconque de ces paragraphes.

3. Lorsqu'une Partie a fait usage de la possibilité de réserve prévue au paragraphe 2 du présent article, elle adopte les mesures qui se révèlent nécessaires pour établir sa compétence relativement aux infractions pénales, établies en vertu de la présente Convention, lorsque l'auteur présumé de l'infraction est présent sur son territoire et ne peut être extradé vers une autre Partie au seul titre de sa nationalité, après une demande d'extradition.

4. La présente Convention n'exclut pas l'exercice par une Partie de toute compétence pénale établie conformément à son droit interne.

Art. 18 *Responsabilité des personnes morales.* 1. Chaque Partie adopte les mesures législatives et autres qui se révèlent nécessaires pour s'assurer que les personnes morales puissent être tenues pour responsables des infractions de corruption active, de trafic d'influence et de blanchiment de capitaux établies en vertu de la présente Convention, lorsqu'elles sont commises pour leur compte par toute personne physique, agissant soit individuellement, soit en tant que membre d'un organe de la personne morale, qui exerce un pouvoir de direction en son sein, sur les bases suivantes :

– un pouvoir de représentation de la personne morale ; ou

– une autorité pour prendre des décisions au nom de la personne morale ; ou

– une autorité pour exercer un contrôle au sein de la personne morale ;

ainsi que de la participation d'une telle personne physique en qualité de complice ou d'instigatrice à la commission des infractions mentionnées ci-dessus.

2. Abstraction faite des cas déjà prévus au paragraphe 1, chaque Partie prend les mesures nécessaires pour s'assurer qu'une personne morale puisse être tenue pour responsable lorsque l'absence de surveillance ou de contrôle de la part d'une personne physique visée au paragraphe 1 a rendu possible la commission des infractions mentionnées au paragraphe 1 pour le compte de ladite personne morale par une personne physique soumise à son autorité.

3. La responsabilité de la personne morale en vertu des paragraphes 1 et 2 n'exclut pas les poursuites pénales contre les personnes physiques auteurs, instigatrices ou complices des infractions mentionnées au paragraphe 1.

Art. 19 *Sanctions et mesures.* 1. Compte tenu de la gravité des infractions pénales établies en vertu de la présente Convention, chaque Partie prévoit, à l'égard des infractions établies conformément aux articles 2 à 14, des sanctions et des mesures effectives, proportionnées et dissuasives incluant, lorsqu'elles sont commises par des personnes physiques, des sanctions privatives de liberté pouvant donner lieu à l'extradition.

2. Chaque Partie s'assure qu'en cas de responsabilité établie en vertu de l'article 18, paragraphes 1 et 2, les personnes morales soient passibles de sanctions efficaces,

proportionnées et dissuasives de nature pénale ou non pénale, y compris des sanctions pécuniaires.

3. Chaque Partie adopte les mesures législatives et autres qui se révèlent nécessaires pour lui permettre de confisquer ou de priver autrement des instruments et des produits des infractions pénales établies en vertu de la présente Convention, ou des biens dont la valeur correspond à ces produits.

Art. 20 *Autorités spécialisées.* Chaque Partie adopte les mesures qui se révèlent nécessaires pour que des personnes ou des entités soient spécialisées dans la lutte contre la corruption. Elles disposeront de l'indépendance nécessaire, dans le cadre des principes fondamentaux du système juridique de la Partie, pour pouvoir exercer leurs fonctions efficacement et libres de toute pression illicite. Les Parties veillent à ce que le personnel desdites entités dispose d'une formation et des ressources financières adaptées aux fonctions qu'elles exercent.

Art. 21 *Coopération entre autorités nationales.* Chaque Partie adopte les mesures appropriées qui se révèlent nécessaires pour s'assurer que les autorités publiques, ainsi que tout agent public, coopèrent, en conformité avec le droit national, avec les autorités chargées des investigations et poursuites des infractions pénales :

a) en informant les autorités en question, de leur propre initiative, lorsqu'il existe des motifs raisonnables de considérer que l'une des infractions pénales établies en vertu des articles 2 à 14 a été commise, ou

b) en fournissant, sur demande, aux autorités en question toutes les informations nécessaires.

Art. 22 *Protection des collaborateurs de justice et des témoins.* Chaque Partie adopte les mesures législatives et autres qui se révèlent nécessaires pour assurer une protection effective et appropriée :

a) aux personnes qui fournissent des informations concernant des infractions pénales établies en vertu des articles 2 à 14 ou qui collaborent d'une autre manière avec les autorités chargées des investigations ou des poursuites ;

b) aux témoins qui font une déposition concernant de telles infractions.

Art. 23 *Mesures visant à faciliter la collecte de preuves et la confiscation des produits.* 1. Chaque Partie adopte les mesures législatives et autres, y compris celles permettant l'utilisation de techniques d'investigation spéciales conformément à la législation nationale, qui se révèlent nécessaires pour faciliter la collecte de preuves relatives aux infractions pénales établies en vertu des articles 2 à 14 et pour lui permettre d'identifier, de rechercher, de geler et de saisir les instruments et les produits de la corruption ou des biens dont la valeur correspond à ces produits, susceptibles de faire l'objet de mesures aux termes du paragraphe 3 de l'article 19 de la présente Convention.

2. Chaque Partie adopte les mesures législatives et autres qui se révèlent nécessaires pour habiliter ses tribunaux ou ses autres autorités compétentes à ordonner la communication ou la saisie de dossiers bancaires, financiers ou commerciaux afin de mettre en œuvre les mesures visées au paragraphe 1 du présent article.

3. Le secret bancaire ne constitue pas un obstacle aux mesures définies aux paragraphes 1 et 2 du présent article.

CHAPITRE III *SUIVI DE LA MISE EN ŒUVRE*

Art. 24 *Suivi.* Le Groupe d'États contre la Corruption (GRECO) assure le suivi de la mise en œuvre de la présente Convention par les Parties.

CHAPITRE IV *COOPÉRATION INTERNATIONALE*

Art. 25 *Principes généraux et mesures s'appliquant à la coopération internationale.* 1. Les Parties coopèrent, conformément aux dispositions des instruments internationaux pertinents sur la coopération internationale en matière pénale ou aux arrangements établis sur la base des législations uniformes ou réciproques et à leur droit national, dans la mesure la plus large possible les unes avec les autres, aux fins d'investigations et de procédures concernant les infractions pénales relevant du champ d'application de la présente Convention.

2. Lorsque aucun instrument international ou arrangement parmi ceux visés au paragraphe 1 ci-dessus n'est en vigueur entre les Parties, les articles 26 à 31 du présent chapitre s'appliquent.

3. Les articles 26 à 31 du présent chapitre s'appliquent également lorsqu'ils sont plus favorables que les dispositions contenues dans les instruments internationaux ou arrangements visés au paragraphe 1 ci-dessus.

Art. 26 *Entraide.* 1. Les Parties s'accordent l'entraide la plus large possible pour traiter sans délai des requêtes émanant des autorités qui sont habilitées, en vertu de leurs lois nationales, à enquêter sur ou à poursuivre les infractions pénales relevant du champ d'application de la présente Convention.

2. L'entraide au sens du paragraphe 1 du présent article peut être refusée si la Partie requise considère que le fait d'accéder à la demande serait de nature à porter atteinte à ses intérêts fondamentaux, à la souveraineté nationale, à la sécurité nationale ou à l'ordre public.

3. Les Parties ne sauraient invoquer le secret bancaire pour justifier leur refus de coopérer en vertu du présent chapitre. Lorsque son droit interne l'exige, une Partie peut exiger qu'une demande de coopération qui impliquerait la levée du secret bancaire soit autorisée, soit par un juge, soit par une autre autorité judiciaire, y compris le ministère public, ces autorités agissant en matière d'infractions pénales.

Art. 27 *Extradition.* 1. Les infractions pénales relevant du champ d'application de la présente Convention sont considérées comme incluses dans tout traité d'extradition en vigueur entre les Parties en tant qu'infractions donnant lieu à l'extradition. Les Parties s'engagent à inclure ces infractions dans tout traité d'extradition qu'elles concluront en tant qu'infractions donnant lieu à l'extradition.

2. Si une Partie qui subordonne l'extradition à l'existence d'un traité reçoit une demande d'extradition d'une Partie avec laquelle elle n'a pas conclu pareil traité, elle peut considérer la présente Convention comme base légale de l'extradition pour toutes les infractions établies conformément à la présente Convention.

3. Les Parties qui ne subordonnent pas l'extradition à l'existence d'un traité reconnaissent les infractions établies conformément à la présente Convention en tant qu'infractions donnant lieu à extradition.

4. L'extradition est subordonnée aux conditions prévues par le droit de la Partie requise ou par les traités d'extradition applicables, y compris les motifs pour lesquels la Partie requise peut refuser l'extradition.

5. Si l'extradition demandée à raison d'une infraction établie conformément à la présente Convention est refusée uniquement sur la base de la nationalité de la personne qui fait l'objet de la requête, ou parce que la Partie requise se considère compétente en l'espèce, la Partie requise soumet l'affaire à ses autorités compétentes aux fins de poursuites, sauf si d'autres dispositions ont été convenues avec la Partie requérante, et l'informe en temps opportun du résultat définitif.

Art. 28 *Informations spontanées.* Sans préjudice de ses propres investigations ou procédures, une Partie peut, sans demande préalable, communiquer à une autre Partie des informations factuelles lorsqu'elle considère que la divulgation desdites informations est susceptible d'aider la Partie bénéficiaire à entamer ou à effectuer des investigations ou des poursuites concernant les infractions établies en vertu de la présente Convention ou est susceptible d'entraîner une requête de cette Partie au sens du présent chapitre.

Art. 29 *Autorité centrale.* 1. Les Parties désignent une autorité centrale ou, au besoin, plusieurs autorités centrales, chargée(s) d'envoyer les demandes formulées en vertu du présent chapitre, d'y répondre, de les exécuter ou de les transmettre aux autorités qui ont compétence pour les exécuter.

2. Chaque Partie communique au Secrétaire Général du Conseil de l'Europe, au moment de la signature ou au moment du dépôt de son instrument de ratification,

d'acceptation, d'approbation ou d'adhésion, la dénomination et l'adresse des autorités désignées en application du paragraphe 1 du présent article.

Art. 30 *Correspondance directe.* 1. Les autorités centrales communiquent directement entre elles.

2. En cas d'urgence, les demandes d'entraide judiciaire ou communications y relatives peuvent être envoyées directement par les autorités judiciaires, y compris le ministère public, de la Partie requérante à de telles autorités de la Partie requise. En pareil cas, une copie doit être envoyée simultanément à l'autorité centrale de la Partie requise par l'intermédiaire de l'autorité centrale de la Partie requérante.

3. Toute demande ou communication formulée en application des paragraphes 1 et 2 du présent article peut être présentée par l'intermédiaire de l'Organisation internationale de police criminelle (Interpol).

4. Si une demande est présentée en vertu du paragraphe 2 du présent article et si l'autorité saisie n'est pas compétente pour y donner suite, elle la transmet à l'autorité compétente de son pays et en informe directement la Partie requérante.

5. Les demandes ou communications, présentées en vertu du paragraphe 2 du présent chapitre, qui n'impliquent pas de mesures coercitives, peuvent être transmises directement par l'autorité compétente de la Partie requérante à l'autorité compétente de la Partie requise.

6. Chaque État peut, au moment de la signature ou du dépôt de son instrument de ratification, d'acceptation, d'approbation ou d'adhésion, informer le Secrétaire Général du Conseil de l'Europe que, dans un souci d'efficacité, les demandes formulées en application de ce chapitre doivent être adressées à son autorité centrale.

Art. 31 *Information.* La Partie requise informe sans délai la Partie requérante de la suite donnée aussitôt à une demande formulée en vertu du présent chapitre et du résultat définitif de la suite donnée à la demande. La Partie requise informe également sans délai la Partie requérante de toutes circonstances rendant impossible l'exécution des mesures sollicitées ou risquant de la retarder considérablement.

CHAPITRE V *DISPOSITIONS FINALES*

Art. 32 *Signature et entrée en vigueur.* 1. La présente Convention est ouverte à la signature des États membres du Conseil de l'Europe et des États non membres qui ont participé à son élaboration. Ces États peuvent exprimer leur consentement à être liés par :

a) signature sans réserve de ratification, d'acceptation ou d'approbation ; ou

b) signature sous réserve de ratification, d'acceptation ou d'approbation, suivie de ratification, d'acceptation ou d'approbation.

2. Les instruments de ratification, d'acceptation ou d'approbation seront déposés près le Secrétaire Général du Conseil de l'Europe.

3. La présente Convention entrera en vigueur le premier jour du mois qui suit l'expiration d'une période de trois mois après la date à laquelle quatorze États auront exprimé leur consentement à être liés par la Convention, conformément aux dispositions du paragraphe 1. Un tel État qui n'est pas membre du Groupe d'États contre la Corruption (GRECO) au moment de la ratification le deviendra automatiquement le jour de l'entrée en vigueur de la présente Convention.

4. Pour tout État signataire qui exprimera ultérieurement son consentement à être lié par la Convention, celle-ci entrera en vigueur le premier jour du mois qui suit l'expiration d'une période de trois mois après la date de l'expression de son consentement à être lié par la Convention conformément aux dispositions du paragraphe 1. Un État signataire non membre du Groupe d'États contre la Corruption (GRECO) au moment de la ratification le deviendra automatiquement le jour de l'entrée en vigueur de la présente Convention à son égard.

Art. 33 *Adhésion à la Convention.* 1. Après l'entrée en vigueur de la présente Convention, le Comité des Ministres du Conseil de l'Europe pourra, après avoir consulté les États contractants à la Convention, inviter la Communauté européenne ainsi que tout État non membre du Conseil n'ayant pas participé à son élaboration à adhérer à la présente Convention par une décision prise à la majorité prévue à l'article 20.d du Statut du Conseil de l'Europe et à l'unanimité des représentants des États contractants ayant le droit de siéger au Comité des Ministres.

2. Pour la Communauté européenne et pour tout État adhérent, la Convention entrera en vigueur le premier jour du mois qui suit l'expiration d'une période de trois mois après la date de dépôt de l'instrument d'adhésion près le Secrétaire Général du Conseil de l'Europe. La Communauté européenne et tout État adhérent deviendront automatiquement membres du GRECO, s'ils ne le sont pas déjà au moment de l'adhésion, le jour de l'entrée en vigueur de la présente Convention à leur égard.

Art. 34 *Application territoriale.* 1. Tout État pourra, au moment de la signature ou au moment du dépôt de son instrument de ratification, d'acceptation, d'approbation ou d'adhésion, désigner le ou les territoires auxquels s'appliquera la présente Convention.

2. Toute Partie pourra, à tout autre moment par la suite, par une déclaration adressée au Secrétaire Général du Conseil de l'Europe, étendre l'application de la présente Convention à tout autre territoire désigné dans la déclaration. La Convention entrera en vigueur à l'égard de ce territoire le premier jour du mois qui suit l'expiration d'une période de trois mois après la date de réception de ladite déclaration par le Secrétaire Général.

3. Toute déclaration faite en vertu des deux paragraphes précédents pourra être retirée, en ce qui concerne tout territoire désigné dans cette déclaration, par notification adressée au Secrétaire Général du Conseil de l'Europe. Le retrait prendra effet le premier jour du mois qui suit l'expiration d'une période de trois mois après la date de réception de ladite notification par le Secrétaire Général.

Art. 35 *Relations avec d'autres conventions et accords.* 1. La présente Convention ne porte pas atteinte aux droits et obligations découlant de conventions internationales multilatérales concernant des questions particulières.

2. Les Parties à la Convention pourront conclure entre elles des accords bilatéraux ou multilatéraux relatifs aux questions réglées par la présente Convention, aux fins de compléter ou de renforcer les dispositions de celle-ci ou pour faciliter l'application des principes qu'elle consacre.

3. Lorsque deux ou plusieurs Parties ont déjà conclu un accord ou un traité sur un sujet couvert par la présente Convention, ou lorsqu'elles ont établi d'une autre manière leurs relations quant à ce sujet, elles auront la faculté d'appliquer ledit accord, traité ou arrangement au lieu de la présente Convention, dès lors qu'il facilite la coopération internationale.

Art. 36 *Déclarations.* Tout État peut, au moment de la signature ou au moment du dépôt de son instrument de ratification, d'acceptation, d'approbation ou d'adhésion, déclarer qu'il érigera en infraction pénale la corruption active et passive d'agents publics étrangers au sens de l'article 5, de fonctionnaires internationaux au sens de l'article 9 ou de juges et d'agents de cours internationales au sens de l'article 11, uniquement dans la mesure où l'agent public ou le juge accomplit ou s'abstient d'accomplir un acte en violation de ses devoirs officiels.

Art. 37 *Réserves.* 1. Tout État peut, au moment de la signature ou au moment du dépôt de son instrument de ratification, d'acceptation, d'approbation ou d'adhésion, déclarer qu'il n'érigera pas en infractions pénales conformément à son droit interne, en tout ou en partie, les actes visés aux articles 4, 6 à 8, 10 et 12 ou les infractions de corruption passive visées à l'article 5.

2. Tout État peut, au moment de la signature ou au moment du dépôt de son instrument de ratification, d'acceptation, d'approbation ou d'adhésion, déclarer qu'il fait usage de la réserve figurant à l'article 17, paragraphe 2.

3. Tout État peut, au moment de la signature ou au moment du dépôt de son instrument de ratification, d'acceptation, d'approbation ou d'adhésion, déclarer qu'il peut refuser une demande d'entraide judiciaire en vertu de l'article 26, paragraphe 1, si la demande concerne une infraction que la Partie requise considère comme une infraction politique.

4. Un État ne peut pas, en application des paragraphes 1, 2 et 3 du présent article, faire des réserves à plus de cinq des dispositions mentionnées auxdits paragraphes. Aucune autre réserve n'est admise. Les réserves de même nature relatives aux articles 4, 6 et 10 seront considérées comme une seule réserve.

Art. 38 *Validité et examen des déclarations et réserves.* 1. Les déclarations prévues à l'article 36 et les réserves prévues à l'article 37 sont valables trois ans à compter du premier jour de l'entrée en vigueur de la Convention pour l'État concerné. Toutefois, ces réserves peuvent être renouvelées pour des périodes de la même durée.

2. Douze mois avant l'expiration de la déclaration ou réserve, le Secrétaire Général du Conseil de l'Europe informe l'État concerné de cette expiration. Trois mois avant la date d'expiration, l'État notifie au Secrétaire Général son intention de maintenir, de modifier ou de retirer la déclaration ou la réserve. Dans le cas contraire, le Secrétaire Général informe cet État que sa déclaration ou réserve est automatiquement prolongée pour une période de six mois. Si l'État concerné ne notifie pas sa décision de maintenir ou modifier ses réserves avant l'expiration de cette période, la ou les réserves tombent.

3. Lorsqu'une Partie formule une déclaration ou une réserve conformément aux articles 36 et 37, elle fournit, avant son renouvellement ou sur demande, des explications au GRECO quant aux motifs justifiant son maintien.

Art. 39 *Amendements.* 1. Des amendements à la présente Convention peuvent être proposés par chaque Partie et toute proposition sera communiquée par le Secrétaire Général du Conseil de l'Europe aux États membres du Conseil de l'Europe et à chaque État non membre qui a adhéré ou a été invité à adhérer à la présente Convention conformément aux dispositions de l'article 33.

2. Tout amendement proposé par une Partie est communiqué au Comité européen pour les problèmes criminels (CDPC) qui soumet au Comité des Ministres son avis sur l'amendement proposé.

3. Le Comité des Ministres examine l'amendement proposé et l'avis soumis par le CDPC et, après consultation des États non membres parties à la présente Convention, peut adopter l'amendement.

4. Le texte de tout amendement adopté par le Comité des Ministres conformément au paragraphe 3 du présent article est transmis aux Parties pour acceptation.

5. Tout amendement adopté conformément au paragraphe 3 du présent article entrera en vigueur le trentième jour après que toutes les Parties auront informé le Secrétaire Général qu'elles l'ont accepté.

Art. 40 *Règlement des différends.* 1. Le Comité européen pour les problèmes criminels du Conseil de l'Europe sera tenu informé de l'interprétation et de l'application de la présente Convention.

2. En cas de différend entre les Parties sur l'interprétation ou l'application de la présente Convention, les Parties s'efforceront de parvenir à un règlement du différend par la négociation ou tout autre moyen pacifique de leur choix, y compris la soumission du différend au Comité européen pour les problèmes criminels, à un tribunal arbitral qui prendra des décisions qui lieront les Parties au différend, ou à la Cour internationale de justice, selon un accord commun entre les Parties concernées.

Art. 41 *Dénonciation.* 1. Toute Partie peut, à tout moment, dénoncer la présente Convention en adressant une notification au Secrétaire Général du Conseil de l'Europe.

2. La dénonciation prendra effet le premier jour du mois qui suit l'expiration d'une période de trois mois après la date de réception de la notification par le Secrétaire Général.

Art. 42 *Notifications.* Le Secrétaire Général du Conseil de l'Europe notifiera aux États membres du Conseil de l'Europe et à tout État ayant adhéré à la présente Convention :

a) toute signature ;

b) le dépôt de tout instrument de ratification, d'acceptation, d'approbation ou d'adhésion ;

c) toute date d'entrée en vigueur de la présente Convention conformément à ses articles 32 et 33 ;

d) toute déclaration ou réserve en vertu de l'article 36 ou de l'article 37 ;

e) tout autre acte, notification ou communication ayant trait à la présente Convention.

Protocole additionnel du Conseil de l'Europe du 15 mai 2003,

A la convention pénale sur la corruption.

Les États membres du Conseil de l'Europe et les autres États signataires du présent Protocole,

Considérant qu'il est opportun de compléter la Convention pénale sur la corruption (STE nº 173, dénommée ci-après "la Convention") afin de prévenir et de lutter contre la corruption ;

Considérant également que le présent Protocole permettra une mise en œuvre plus large du Programme d'action contre la corruption de 1996,

Sont convenus de ce qui suit :

CHAPITRE I *TERMINOLOGIE*

Art. 1er *Terminologie.* Aux fins du présent Protocole :

1. Le terme "arbitre" doit être considéré par référence au droit national de l'État partie au présent Protocole, mais, en tout état de cause, doit inclure une personne qui, en raison d'un accord d'arbitrage, est appelée à rendre une décision juridiquement contraignante sur un litige qui lui est soumis par les parties à ce même accord.

2. Le terme "accord d'arbitrage" désigne un accord reconnu par le droit national et par lequel les parties conviennent de soumettre un litige à un arbitre pour décision.

3. Le terme "juré" doit être considéré par référence au droit national de l'État partie au présent Protocole, mais en tout état de cause, doit inclure une personne agissant en tant que membre non professionnel d'un organe collégial chargé de se prononcer dans le cadre d'un procès pénal sur la culpabilité d'un accusé.

4. Dans le cas de poursuites impliquant un arbitre ou un juré étranger, l'État qui poursuit ne peut appliquer la définition d'arbitre ou de juré que dans la mesure où cette définition est compatible avec son droit national.

CHAPITRE II *MESURES À PRENDRE AU NIVEAU NATIONAL*

Art. 2 *Corruption active d'arbitres nationaux.* Chaque Partie adopte les mesures législatives et autres qui se révèlent nécessaires pour ériger en infraction pénale, conformément à son droit interne, lorsque l'acte a été commis intentionnellement, le fait de proposer, d'offrir ou de donner, directement ou indirectement, tout avantage indu à un arbitre exerçant ses fonctions sous l'empire du droit national sur l'arbitrage de cette Partie, pour lui-même ou pour quelqu'un d'autre, afin d'accomplir ou de s'abstenir d'accomplir un acte dans l'exercice de ses fonctions.

Art. 3 *Corruption passive d'arbitres nationaux.* Chaque Partie adopte les mesures législatives et autres qui se révèlent nécessaires pour ériger en infraction pénale, conformément à son droit interne, lorsque l'acte a été commis intentionnellement, le fait pour un arbitre exerçant ses fonctions sous l'empire du droit national sur l'arbitrage de cette Partie, de solliciter ou de recevoir, directement ou indirectement, tout avantage indu pour lui-même ou quelqu'un d'autre ou d'en accepter l'offre ou la promesse afin qu'il accomplisse ou s'abstienne d'accomplir un acte dans l'exercice de ses fonctions.

Art. 4 *Corruption d'arbitres étrangers.* Chaque Partie adopte les mesures législatives et autres qui se révèlent nécessaires pour ériger en infraction pénale, conformément à son droit interne, les actes mentionnés aux articles 2 et 3 du présent Protocole, lorsqu'ils impliquent un arbitre exerçant ses fonctions sous l'empire du droit national sur l'arbitrage de tout autre État.

Art. 5 *Corruption de jurés nationaux.* Chaque Partie adopte les mesures législatives et autres qui se révèlent nécessaires pour ériger en infraction pénale, conformément à son droit interne, les actes mentionnés aux articles 2 et 3 du présent Protocole, lorsqu'ils impliquent toute personne exerçant les fonctions de juré au sein de son système judiciaire.

Art. 6 *Corruption de jurés étrangers.* Chaque Partie adopte les mesures législatives et autres qui se révèlent nécessaires pour ériger en infraction pénale, conformément à son droit interne, les actes mentionnés aux articles 2 et 3 du présent Protocole, lorsqu'ils impliquent toute personne exerçant les fonctions de juré au sein du système judiciaire de tout autre État.

CHAPITRE III *SUIVI DE LA MISE EN ŒUVRE ET DISPOSITIONS FINALES*

Art. 7 *Suivi de la mise en œuvre.* Le Groupe d'États contre la corruption (GRECO) assure le suivi de la mise en œuvre du présent Protocole par les Parties.

Art. 8 *Relations avec la Convention.* 1. Les États parties considèrent les dispositions des articles 2 à 6 du présent Protocole comme des articles additionnels à la Convention.

2. Les dispositions de la Convention sont applicables dans la mesure où elles sont compatibles avec les dispositions du présent Protocole.

Art. 9 *Déclarations et réserves.* 1. Si une Partie a fait une déclaration sur la base de l'article 36 de la Convention, elle peut faire une déclaration similaire concernant les articles 4 et 6 du présent Protocole au moment de la signature ou au moment du dépôt de son instrument de ratification, d'acceptation, d'approbation ou d'adhésion.

2. Si une Partie a fait une réserve sur la base de l'article 37, paragraphe 1, de la Convention limitant l'application des infractions de corruption passive visées à l'article 5 de la Convention, elle peut faire une réserve similaire concernant les articles 4 et 6 du présent Protocole, au moment de la signature ou au moment du dépôt de son instrument de ratification, d'acceptation, d'approbation ou d'adhésion. Toute autre réserve faite par une Partie sur la base de l'article 37 de la Convention s'applique également au présent Protocole, à moins que cette Partie n'exprime l'intention contraire au moment de la signature ou au moment du dépôt de son instrument de ratification, d'acceptation, d'approbation ou d'adhésion.

3. Aucune autre réserve n'est admise.

Art. 10 *Signature et entrée en vigueur.* 1. Le présent Protocole est ouvert à la signature des États qui ont signé la Convention. Ces États peuvent exprimer leur consentement à être liés par :

a) signature sans réserve de ratification, d'acceptation ou d'approbation ; ou

b) signature sous réserve de ratification, d'acceptation ou d'approbation, suivie de ratification, d'acceptation ou d'approbation.

2. Les instruments de ratification, d'acceptation ou d'approbation seront déposés près le Secrétaire Général du Conseil de l'Europe.

3. Le présent Protocole entrera en vigueur le premier jour du mois qui suit l'expiration d'une période de trois mois après la date à laquelle cinq États auront exprimé leur consentement à être liés par le Protocole, conformément aux dispositions des paragraphes 1 et 2 ci-dessus, et seulement après que la Convention elle-même soit entrée en vigueur.

4. Pour tout État signataire qui exprimera ultérieurement son consentement à être lié par le Protocole, celui-ci entrera en vigueur le premier jour du mois qui suit l'expiration d'une période de trois mois après la date de l'expression de son consentement à être lié par le Protocole, conformément aux dispositions des paragraphes 1 et 2 ci-dessus.

5. Un État signataire ne pourra ratifier, accepter ou approuver le présent Protocole sans avoir simultanément ou préalablement exprimé son consentement à être lié par la Convention.

Art. 11 *Adhésion au Protocole.* 1. Tout État ou la Communauté européenne qui a adhéré à la Convention pourra adhérer au présent Protocole après que celui-ci soit entré en vigueur.

2. Pour tout État ou la Communauté européenne adhérent au présent Protocole, celui-ci entrera en vigueur le premier jour du mois qui suit l'expiration d'une période de trois mois après la date de dépôt d'un instrument d'adhésion près le Secrétaire Général du Conseil de l'Europe.

Art. 12 *Application territoriale.* 1. Tout État ou la Communauté européenne peut, au moment de la signature ou au moment du dépôt de son instrument de ratification, d'acceptation, d'approbation ou d'adhésion, désigner le ou les territoires auxquels s'appliquera le présent Protocole.

2. Toute Partie peut, à tout autre moment par la suite, étendre l'application du présent Protocole, par déclaration adressée au Secrétaire Général du Conseil de l'Europe, à tout autre territoire désigné dans la déclaration et dont il assure les relations internationales ou pour lequel il est habilité à stipuler. Le Protocole entrera en vigueur à l'égard de ce territoire le premier jour du mois qui suit l'expiration d'une période de trois mois après la date de réception de ladite déclaration par le Secrétaire Général.

3. Toute déclaration faite en vertu des deux paragraphes précédents pourra être retirée, en ce qui concerne tout territoire désigné dans cette déclaration, par notification adressée au Secrétaire Général du Conseil de l'Europe. Le retrait prendra effet le premier jour du mois qui suit l'expiration d'une période de trois mois après la date de réception de ladite notification par le Secrétaire Général.

Art. 13 *Dénonciation.* 1. Toute Partie peut, à tout moment, dénoncer le présent Protocole en adressant une notification au Secrétaire Général du Conseil de l'Europe.

2. La dénonciation prendra effet le premier jour du mois qui suit l'expiration d'une période de trois mois après la date de réception de ladite notification par le Secrétaire Général.

3. La dénonciation de la Convention entraînera automatiquement la dénonciation du présent Protocole.

Art. 14 *Notification.* Le Secrétaire Général du Conseil de l'Europe notifiera aux États membres du Conseil de l'Europe et à tout État, ou à la Communauté européenne, ayant adhéré au présent Protocole :

a) toute signature de ce Protocole ;

b) le dépôt de tout instrument de ratification, d'acceptation, d'approbation ou d'adhésion ;

c) toute date d'entrée en vigueur du présent Protocole conformément à ses articles 10, 11 et 12 ;

d) toute déclaration ou réserve formulée en vertu des articles 9 et 12 ;

e) tout autre acte, notification ou communication ayant trait au présent Protocole.

Convention civile du Conseil de l'Europe du 4 novembre 1999,

Sur la corruption.

COMMENTAIRE

La convention civile sur la corruption est entrée en vigueur le 1er novembre 2003.

Les États contractants doivent prévoir dans leur droit interne « des recours efficaces en faveur des personnes qui ont subi un dommage résultant d'un acte de corruption afin de leur permettre de défendre leurs droits et intérêts, y compris la possibilité d'obtenir des dommages-intérêts » (art. 1er).

La convention traite ainsi des aspects suivants : l'indemnisation des dommages, la responsabilité (y compris celle de l'État dans les cas d'actes de corruption commis par des agents publics), la validité des contrats, la protection des employés qui dénoncent des faits de corruption, l'obtention des preuves, les mesures conservatoires et la coopération internationale. ❑

Préambule

Les États membres du Conseil de l'Europe, les autres États et la Communauté européenne, signataires de la présente Convention,

Considérant que le but du Conseil de l'Europe est de réaliser une union plus étroite entre ses membres ;

Conscients de l'importance de renforcer la coopération internationale dans la lutte contre la corruption ;

Soulignant le fait que la corruption représente une grave menace pour la prééminence du droit, la démocratie et les droits de l'homme, l'équité et la justice sociale, empêche le développement économique et met en danger le fonctionnement correct et loyal des économies de marché ;

Reconnaissant les conséquences négatives de la corruption sur les individus, les entreprises et les États, ainsi que sur les institutions internationales ;

Convaincus de l'importance pour le droit civil de contribuer à la lutte contre la corruption, notamment en permettant aux personnes qui ont subi un dommage d'obtenir une réparation équitable ;

Rappelant les conclusions et résolutions des 19e (Malte, 1994), 21e (République tchèque, 1997) et 22e (Moldova, 1999) Conférences des ministres européens de la Justice ;

Tenant compte du Programme d'action contre la corruption adopté par le Comité des Ministres en novembre 1996 ;

Tenant également compte de l'étude relative à la possibilité d'élaborer une convention sur les actions civiles en indemnisation des dommages résultant de faits de corruption, approuvée par le Comité des Ministres en février 1997 ;

Eu égard à la Résolution (97) 24 portant sur les 20 principes directeurs pour la lutte contre la corruption, adoptée par le Comité des Ministres en novembre 1997, lors de sa 101e Session, à la Résolution (98) 7 portant autorisation de créer l'Accord partiel et élargi établissant le "Groupe d'États contre la Corruption – GRECO", adoptée par le Comité des Ministres en mai 1998, lors de sa 102e Session, et à la Résolution (99) 5 établissant le GRECO, adoptée le 1er mai 1999 ;

Rappelant la Déclaration finale et le Plan d'action adoptés par les chefs d'État et de gouvernement du Conseil de l'Europe lors de leur 2e Sommet à Strasbourg, en octobre 1997,

Sont convenus de ce qui suit :

CHAPITRE I *MESURES À PRENDRE AU NIVEAU NATIONAL*

Art. 1er *Objet.* **Chaque Partie prévoit dans son droit interne des recours efficaces en faveur des personnes qui ont subi un dommage résultant d'un acte de corruption afin de leur permettre de défendre leurs droits et leurs intérêts, y compris la possibilité d'obtenir des dommages-intérêts.**

Art. 2 *Définition de la corruption.* **Aux fins de la présente Convention, on entend par "corruption" le fait de solliciter, d'offrir, de donner ou d'accepter, directement ou indirectement, une commission illicite, ou un autre avantage indu ou la promesse d'un tel avantage indu qui affecte l'exercice normal d'une fonction ou le comportement requis du bénéficiaire de la commission illicite, ou de l'avantage indu ou de la promesse d'un tel avantage indu.**

Art. 3 *Indemnisation des dommages.* **1. Chaque Partie prévoit dans son droit interne que les personnes qui ont subi un dommage résultant d'un acte de corruption disposent d'une action en vue d'obtenir la réparation de l'intégralité de ce préjudice.**

2. Cette réparation peut porter sur les dommages patrimoniaux déjà subis, le manque à gagner et les préjudices extra-patrimoniaux.

Art. 4 *Responsabilité.* 1. Chaque Partie prévoit dans son droit interne que les conditions suivantes doivent être réunies pour que le préjudice puisse être indemnisé :

i) le défendeur a commis ou autorisé l'acte de corruption, ou omis de prendre des mesures raisonnables pour prévenir l'acte de corruption ;

ii) le demandeur a subi un dommage ; et

iii) il existe un lien de causalité entre l'acte de corruption et le dommage.

2. Chaque Partie prévoit dans son droit interne que, si plusieurs défendeurs sont responsables de dommages résultant du même acte de corruption, ils en portent solidairement la responsabilité.

Art. 5 *Responsabilité de l'État.* Chaque Partie prévoit dans son droit interne des procédures appropriées permettant aux personnes qui ont subi un dommage résultant d'un acte de corruption commis par un de ses agents publics dans l'exercice de ses fonctions de demander à être indemnisées par l'État ou, dans le cas où la Partie n'est pas un État, par les autorités compétentes de cette Partie.

Art. 6 *Faute concurrente.* Chaque Partie prévoit dans son droit interne que l'indemnisation du dommage peut être réduite ou supprimée en tenant compte des circonstances si le demandeur a, par sa faute, contribué à la survenance du dommage ou à son aggravation.

Art. 7 *Délais.* 1. Chaque Partie prévoit dans son droit interne que l'action en réparation du dommage se prescrit à l'expiration d'un délai d'au moins trois ans à compter du jour où la personne qui a subi un dommage a eu connaissance ou aurait dû raisonnablement avoir connaissance du dommage ou de l'acte de corruption, et de l'identité de la personne responsable. Néanmoins, cette action ne pourra plus être exercée après l'expiration d'un délai d'au moins dix ans à compter de la date à laquelle l'acte de corruption a été commis.

2. Le droit des Parties régissant la suspension ou l'interruption des délais s'applique, s'il y a lieu, aux délais prescrits dans le paragraphe 1.

Art. 8 *Validité des contrats.* 1. Chaque Partie prévoit dans son droit interne que tout contrat ou toute clause d'un contrat dont l'objet est un acte de corruption sont entachés de nullité.

2. Chaque Partie prévoit dans son droit interne que tout contractant dont le consentement a été vicié par un acte de corruption peut demander au tribunal l'annulation de ce contrat, sans préjudice de son droit de demander des dommages-intérêts.

Art. 9 *Protection des employés.* Chaque Partie prévoit dans son droit interne une protection adéquate contre toute sanction injustifiée à l'égard des employés qui, de bonne foi et sur la base de soupçons raisonnables, dénoncent des faits de corruption aux personnes ou autorités responsables.

Art. 10 *Établissement du bilan et vérification des comptes.* 1. Chaque Partie prend les mesures nécessaires en droit interne pour que les comptes annuels des sociétés soient établis avec clarté et qu'ils donnent une image fidèle de la situation financière de la société.

2. Afin de prévenir la commission d'actes de corruption, chaque Partie prévoit dans son droit interne que les personnes chargées du contrôle des comptes s'assurent que les comptes annuels présentent une image fidèle de la situation financière de la société.

Art. 11 *Obtention des preuves.* Chaque Partie prévoit dans son droit interne des procédures efficaces pour le recueil des preuves dans le cadre d'une procédure civile consécutive à un acte de corruption.

Art. 12 *Mesures conservatoires.* Chaque Partie prévoit dans son droit interne des mesures conservatoires judiciaires afin de préserver les droits et intérêts des parties pendant les procédures civiles consécutives à un acte de corruption.

CHAPITRE II *COOPÉRATION INTERNATIONALE ET SUIVI DE LA MISE EN ŒUVRE*

Art. 13 *Coopération internationale.* Les Parties coopèrent efficacement pour les questions relatives aux procédures civiles dans des affaires de corruption, notamment en ce qui concerne la notification des actes, l'obtention des preuves à l'étranger, la compétence, la reconnaissance et l'exécution des jugements étrangers et les dépens, conformément aux dispositions des instruments internationaux pertinents relatifs à la coopération internationale en matière civile et commerciale auxquels elles sont Parties, ainsi qu'à celles de leur droit interne.

Art. 14 *Suivi.* Le Groupe d'États contre la corruption (GRECO) assure le suivi de la mise en œuvre de la présente Convention par les Parties.

CHAPITRE III *CLAUSES FINALES*

Art. 15 *Signature et entrée en vigueur.* 1. La présente Convention est ouverte à la signature des États membres du Conseil de l'Europe, des États non membres qui ont participé à son élaboration, ainsi que de la Communauté européenne.

2. La présente Convention sera soumise à ratification, acceptation ou approbation. Les instruments de ratification, d'acceptation ou d'approbation seront déposés près le Secrétaire Général du Conseil de l'Europe.

3. La présente Convention prendra effet le premier jour du mois qui suit l'expiration d'une période de trois mois après la date à laquelle quatorze signataires auront exprimé leur consentement à être liés par la Convention, conformément aux dispositions du paragraphe 1. Un tel signataire non membre du Groupe d'États contre la corruption (GRECO) au moment de la ratification, acceptation ou approbation le deviendra automatiquement le jour de l'entrée en vigueur de la présente Convention.

4. Pour tout signataire qui exprimera ultérieurement son consentement à être lié par la Convention, celle-ci entrera en vigueur le premier jour du mois qui suit l'expiration d'une période de trois mois après la date de l'expression de son consentement à être lié par la Convention conformément aux dispositions du paragraphe 1. Tout signataire non membre du Groupe d'États contre la corruption (GRECO) au moment de la ratification, acceptation ou approbation le deviendra automatiquement le jour de l'entrée en vigueur de la présente Convention à son égard.

5. Des modalités particulières de participation de la Communauté européenne au Groupe d'États contre la Corruption (GRECO) seront déterminées en tant que de besoin d'un commun accord avec la Communauté européenne.

Art. 16 *Adhésion à la Convention.* 1. Après l'entrée en vigueur de la présente Convention, le Comité des Ministres du Conseil de l'Europe pourra, après avoir consulté les Parties à la Convention, inviter tout État non membre du Conseil n'ayant pas participé à son élaboration, à adhérer à la présente Convention par une décision prise à la majorité prévue à l'article 20.d du Statut du Conseil de l'Europe et à l'unanimité des représentants des Parties ayant le droit de siéger au Comité.

2. Pour tout État adhérent, la Convention entrera en vigueur le premier jour du mois qui suit l'expiration d'une période de trois mois après la date de dépôt de l'instrument d'adhésion près le Secrétaire Général du Conseil de l'Europe. Tout État adhérent deviendra automatiquement membre du GRECO, s'il ne l'est pas déjà au moment de l'adhésion, le jour de l'entrée en vigueur de la présente Convention à son égard.

Art. 17 *Réserves.* Aucune réserve n'est admise aux dispositions de cette Convention.

Art. 18 *Application territoriale.* 1. Tout État ou la Communauté européenne pourra, au moment de la signature ou au moment du dépôt de son instrument de ratification, d'acceptation, d'approbation ou d'adhésion, désigner le ou les territoires auxquels s'appliquera la présente Convention.

2. Toute Partie pourra, à tout autre moment par la suite, par une déclaration adressée au Secrétaire Général du Conseil de l'Europe, étendre l'application de la présente Convention à tout autre territoire désigné dans la déclaration. La Convention entrera

en vigueur à l'égard de ce territoire le premier jour du mois qui suit l'expiration d'une période de trois mois après la date de réception de ladite déclaration par le Secrétaire Général.

3. Toute déclaration faite en vertu des deux paragraphes précédents pourra être retirée, en ce qui concerne tout territoire désigné dans cette déclaration, par notification adressée au Secrétaire Général. Le retrait prendra effet le premier jour du mois qui suit l'expiration d'une période de trois mois après la date de réception de ladite notification par le Secrétaire Général.

Art. 19 *Relations avec d'autres instruments et accords.* 1. La présente Convention ne porte pas atteinte aux droits et obligations découlant d'instruments internationaux multilatéraux concernant des questions particulières.

2. Les Parties à la Convention pourront conclure entre elles des accords bilatéraux ou multilatéraux relatifs aux questions réglées par la présente Convention, aux fins de compléter ou de renforcer les dispositions de celle-ci ou pour faciliter l'application des principes qu'elle consacre ou, sans préjudice des objectifs et des principes de la présente Convention, se soumettre à des règles en la matière dans le cadre d'un système spécial qui est contraignant au moment de l'ouverture à la signature de la présente Convention.

3. Lorsque deux ou plus de deux Parties ont déjà conclu un accord ou un traité sur un sujet couvert par la présente Convention, ou lorsqu'elles ont établi d'une autre manière leurs relations quant à ce sujet, elles auront la faculté d'appliquer ledit accord, traité ou arrangement au lieu de la présente Convention.

Art. 20 *Amendements.* 1. Des amendements à la présente Convention peuvent être proposés par chaque Partie et toute proposition sera communiquée par le Secrétaire Général du Conseil de l'Europe aux États membres du Conseil de l'Europe, aux États non membres qui ont participé à l'élaboration de cette Convention, à la Communauté européenne, ainsi qu'à tout État qui a adhéré ou qui a été invité à adhérer à la présente Convention, conformément aux dispositions de l'article 16.

2. Tout amendement proposé par une Partie est communiqué au Comité européen de coopération juridique (CDCJ) qui soumet au Comité des Ministres son avis sur l'amendement proposé.

3. Le Comité des Ministres examine l'amendement proposé et l'avis soumis par le Comité européen de coopération juridique (CDCJ) et, après consultation des Parties à cette Convention qui ne sont pas membres du Conseil de l'Europe, peut adopter l'amendement.

4. Le texte de tout amendement adopté par le Comité des Ministres conformément au paragraphe 3 du présent article est transmis aux Parties pour acceptation.

5. Tout amendement adopté conformément au paragraphe 3 du présent article entrera en vigueur le trentième jour après que toutes les Parties auront informé le Secrétaire Général qu'elles l'ont accepté.

Art. 21 *Règlement des différends.* 1. Le Comité européen de coopération juridique (CDCJ) du Conseil de l'Europe sera tenu informé de l'interprétation et de l'application de la présente Convention.

2. En cas de différend entre les Parties sur l'interprétation ou l'application de la présente Convention, elles s'efforceront de parvenir à un règlement du différend par la négociation ou tout autre moyen pacifique de leur choix, y compris la soumission du différend au Comité européen de coopération juridique (CDCJ), à un tribunal arbitral qui prendra des décisions qui lieront les Parties au différend ou à la Cour internationale de justice, selon un accord commun entre les Parties concernées.

Art. 22 *Dénonciation.* 1. Chaque Partie peut, à tout moment, dénoncer la présente Convention en adressant une notification au Secrétaire Général du Conseil de l'Europe.

2. La dénonciation prendra effet le premier jour du mois qui suit l'expiration d'une période de trois mois après la date de réception de la notification par le Secrétaire Général.

Art. 23 *Notifications.* Le Secrétaire Général du Conseil de l'Europe notifiera aux États membres du Conseil et à tous les autres signataires et Parties à la présente Convention :

a) toute signature ;

b) le dépôt de tout instrument de ratification, d'acceptation, d'approbation ou d'adhésion ;

c) toute date d'entrée en vigueur de la présente Convention conformément à ses articles 15 et 16 ;

d) tout autre acte, notification ou communication ayant trait à la présente Convention.

Recommandation n° R(2000)10 du Conseil de l'Europe du 11 mai 2000,

Sur les codes de conduite pour les agents publics.

Le Comité des Ministres, conformément à l'article 15.b du Statut du Conseil de l'Europe,

Considérant que le but du Conseil de l'Europe est de réaliser une plus grande unité entre ses membres ;

Considérant que les administrations publiques jouent un rôle essentiel dans les sociétés démocratiques et qu'elles doivent avoir à leur disposition un personnel approprié pour accomplir convenablement les tâches qui leur sont confiées ;

Considérant que les agents publics sont l'élément clé de l'administration publique, qu'ils ont des devoirs et des obligations spécifiques, et qu'ils doivent avoir les qualifications nécessaires et un environnement juridique et matériel approprié pour pouvoir s'acquitter de leurs tâches d'une manière adéquate ;

Convaincu que la corruption représente une menace sérieuse contre l'État de droit, la démocratie, les droits de l'homme, l'équité et la justice sociale ; qu'elle entrave le développement économique, met en danger la stabilité des institutions démocratiques et les fondations morales de la société ;

Vu les recommandations des 19e et 21e Conférences des ministres européens de la Justice (La Valette, 1994, et Prague, 1997, respectivement) ;

Vu le Programme d'action contre la corruption adopté par le Comité des Ministres en 1996 ;

Vu la Recommandation du Comité des Ministres du Conseil de l'Europe n° R(81)19 sur l'accès à l'information détenue par les autorités publiques ;

Vu la Recommandation du Comité des Ministres du Conseil de l'Europe n° R(2000)6 sur le statut des agents publics en Europe ;

Conformément à la Déclaration finale et au Plan d'action adoptés par les chefs d'État et de gouvernement du Conseil de l'Europe lors de leur 2e Sommet qui s'est tenu à Strasbourg, les 10 et 11 octobre 1997 ;

Rappelant dans ce contexte l'importance de la participation des États non membres aux activités du Conseil de l'Europe contre la corruption et se félicitant de leur contribution, précieuse à la mise en œuvre du Programme d'action contre la corruption ;

Tenant compte de la Résolution (97) 24 portant sur vingt principes directeurs pour la lutte contre la corruption ;

Vu les Résolutions (98) 7 et (99) 5 portant autorisation et adoption respectivement de l'Accord partiel élargi établissant le "Groupe d'États contre la Corruption – GRECO", institution qui a pour objet d'améliorer la capacité de ses membres à lutter contre la corruption en veillant à la mise en œuvre de leurs engagements dans ce domaine ;

Persuadé que la sensibilisation de l'opinion publique et la promotion des valeurs éthiques constituent des moyens importants pour prévenir la corruption,

Recommande aux gouvernements des États membres de promouvoir, dans le respect de la législation nationale et des principes régissant l'administration publique, l'adoption de codes nationaux de conduite pour les agents publics en s'inspirant du

Code modèle de conduite pour les agents publics annexé à la présente Recommandation ; et

Charge le "Groupe d'États contre la corruption – GRECO" de suivre la mise en œuvre de cette Recommandation.

ANNEXE

CODE MODÈLE DE CONDUITE POUR LES AGENTS PUBLICS

INTERPRÉTATION ET APPLICATION

Art. 1er 1. Le présent code s'applique à tous les agents publics.

2. Aux fins du présent code, le terme "agent public" signifie toute personne employée par une autorité publique.

3. Les dispositions du présent code peuvent aussi être appliquées à toute personne employée par une entité privée chargée d'une mission de service public.

4. Les dispositions du présent code ne concernent pas les représentants publics élus, les membres du gouvernement ni les personnes exerçant des fonctions judiciaires.

Art. 2 1. Dès l'entrée en vigueur de ce code, l'administration publique a le devoir d'informer les agents publics sur ses dispositions.

2. Ce code fera partie des conditions de travail des agents publics à partir du moment où ils ont certifié qu'ils en ont pris connaissance.

3. Chaque agent public se doit de prendre toutes les mesures nécessaires afin de se conformer aux dispositions du présent code.

Art. 3 *Objet du code.* La finalité de ce code est de préciser les règles en matière d'intégrité et de conduite que les agents publics doivent observer, de les aider à respecter ces normes et à informer le public de la conduite à laquelle il est en droit de s'attendre de la part des agents publics.

PRINCIPES GÉNÉRAUX

Art. 4 1. L'agent public doit s'acquitter de ses devoirs dans le respect de la loi, des instructions légitimes et des règles déontologiques relatives à ses fonctions.

2. L'agent public doit agir d'une manière politiquement neutre et ne pas tenter de contrecarrer les politiques, les décisions ou les actions légitimes des autorités publiques.

Art. 5 1. L'agent public a le devoir de servir loyalement l'autorité nationale, locale ou régionale constituée conformément à la loi.

2. L'agent public est appelé à être honnête, impartial et efficace, et à remplir ses devoirs au mieux de ses capacités, avec compétence, équité et compréhension, en ne prenant en compte que l'intérêt public et les circonstances pertinentes de l'affaire.

3. L'agent public est tenu à la courtoisie dans ses relations avec les citoyens qu'il ou elle sert, ainsi que dans ses relations avec ses supérieurs, collègues et subordonnés.

Art. 6 Dans l'exercice de ses fonctions, l'agent public ne doit pas agir de façon arbitraire au détriment de quelque personne, groupe de personnes ou entité que ce soit, et doit tenir dûment compte des droits, des obligations et des intérêts légitimes d'autrui.

Art. 7 Dans le processus de prise de décision, l'agent public doit agir conformément à la loi et exercer son pouvoir d'appréciation d'une manière impartiale, en tenant compte uniquement des circonstances pertinentes.

Art. 8 1. L'agent public doit éviter que ses intérêts privés entrent en conflit avec ses fonctions publiques. Il est de sa responsabilité d'éviter de tels conflits, qu'ils soient réels, potentiels ou susceptibles d'apparaître comme tels.

2. En aucun cas, l'agent public ne doit tirer un avantage indu de sa position officielle pour son intérêt personnel.

Art. 9 L'agent public a le devoir de se conduire toujours de manière à préserver et à renforcer la confiance du public dans l'intégrité, l'impartialité et l'efficacité des pouvoirs publics.

Art. 10 L'agent public est responsable auprès de son supérieur hiérarchique immédiat, sauf disposition contraire de la loi.

Art. 11 En tenant dûment compte du droit d'accès aux informations officielles, l'agent public doit traiter de manière adéquate, avec toute la confidentialité nécessaire, toutes les informations et tous les documents acquis dans l'exercice, ou à l'occasion de l'exercice, de ses fonctions.

Art. 12 *Faire rapport.* 1. L'agent public qui estime qu'on lui demande d'agir de manière illégale, irrégulière ou contraire à l'éthique, pouvant relever de la forfaiture ou en contradiction de toute autre manière avec le présent code, doit le signaler conformément à la loi.

2. L'agent public doit signaler conformément à la loi aux autorités compétentes toute violation du présent code par d'autres agents publics dont il ou elle a connaissance.

3. L'agent public qui a signalé, conformément à la loi, un cas prévu ci-dessus, et qui estime que la réponse n'est pas satisfaisante, peut en informer par écrit le chef compétent de la fonction publique.

4. Lorsqu'un cas ne peut être réglé de manière acceptable pour l'agent concerné par les procédures et voies de recours prévues dans la législation sur la fonction publique, l'agent doit exécuter les instructions légales qu'il ou elle a reçues.

5. L'agent public doit signaler aux autorités compétentes toute preuve, allégation ou soupçon d'activité illégale ou criminelle concernant la fonction publique dont il ou elle a connaissance dans ou à l'occasion de l'exercice de ses fonctions. L'enquête sur les faits rapportés incombe aux autorités compétentes.

6. L'administration publique doit veiller à ce que l'agent public qui signale un cas prévu ci-dessus sur la base de soupçons raisonnables et de bonne foi ne subisse aucun préjudice.

Art. 13 *Conflit d'intérêts.* 1. Un conflit d'intérêts naît d'une situation dans laquelle un agent public a un intérêt personnel de nature à influer ou paraître influer sur l'exercice impartial et objectif de ses fonctions officielles.

2. L'intérêt personnel de l'agent public englobe tout avantage pour lui-même ou elle-même ou en faveur de sa famille, de parents, d'amis et de personnes proches, ou de personnes ou organisations avec lesquelles il ou elle a ou a eu des relations d'affaires ou politiques. Il englobe également toute obligation financière ou civile à laquelle l'agent public est assujetti.

3. Étant donné que l'agent est généralement seul à savoir s'il ou elle se trouve dans cette situation, il est personnellement tenu :

— d'être attentif à tout conflit d'intérêts réel ou potentiel ;

— de prendre des mesures pour éviter un tel conflit ;

— d'informer son supérieur hiérarchique de tout conflit d'intérêts dès qu'il ou elle en a connaissance ;

— de se conformer à toute décision finale lui enjoignant de se retirer de la situation dans laquelle il ou elle se trouve ou de renoncer à l'avantage à l'origine du conflit.

4. Lorsqu'on le lui demande, l'agent public doit déclarer s'il ou elle a ou non un conflit d'intérêts.

5. Tout conflit d'intérêts déclaré par un candidat à l'administration ou à un nouveau poste dans la fonction publique doit être résolu avant la nomination.

Art. 14 *Déclaration d'intérêts.* L'agent public qui occupe un poste dans lequel ses intérêts personnels ou privés sont susceptibles d'être affectés par ses fonctions officielles doit déclarer, conformément à la loi, lors de sa nomination, puis à intervalles réguliers et lors de tout changement de situation la nature et l'étendue de ces intérêts.

Art. 15 *Intérêts extérieurs incompatibles.* 1. L'agent public ne doit se livrer à aucune activité ou transaction ni occuper aucun poste ou fonction, rémunéré ou non, incompatible avec le bon exercice de ses fonctions publiques ou portant préjudice à celles-ci. Lorsqu'il n'est pas clair qu'une activité soit compatible, il ou elle doit demander l'avis de son supérieur.

2. Sous réserve de la législation applicable, l'agent public est tenu d'informer et d'obtenir l'approbation de son employeur dans la fonction publique avant d'exercer certaines activités, rémunérées ou non, ou d'accepter certains postes ou fonctions quels qu'ils soient, extérieurs à son emploi dans la fonction publique.

3. L'agent public doit se conformer à toute obligation légale de déclarer son affiliation ou son appartenance à des organisations susceptibles de nuire à sa fonction ou au bon exercice de ses fonctions en tant qu'agent public.

Art. 16 *Activité politique ou publique.* 1. Sous réserve du respect des droits fondamentaux et constitutionnels, l'agent public doit veiller à ce que sa participation dans des activités politiques ou son implication dans les débats publics ou politiques n'altère pas la confiance du public ou de ses employeurs dans sa capacité à s'acquitter de sa mission avec impartialité et loyauté.

2. Dans l'exercice de ses fonctions, l'agent public ne doit pas se prêter à sa propre utilisation à des fins politiques partisanes.

3. L'agent public doit se conformer à toute restriction imposée conformément à la loi à certaines catégories d'agents publics en ce qui concerne l'exercice d'une activité politique en raison de leur position ou de la nature de leurs fonctions.

Art. 17 *Protection de la vie privée de l'agent public.* Toutes les mesures nécessaires doivent être prises pour s'assurer que la vie privée de l'agent public est respectée de manière appropriée ; par conséquent, les déclarations prévues au présent code doivent demeurer confidentielles, sauf disposition contraire de la loi.

Art. 18 *Cadeaux.* 1. L'agent public ne doit ni solliciter ni accepter de cadeaux, faveurs, invitations ou tout autre avantage lui étant destinés, ou destinés à sa famille, à ses parents ou amis proches, ou à des personnes ou organisations avec lesquels l'agent public a ou a eu des relations d'affaires ou politiques, qui peuvent influer ou paraître influer sur l'impartialité avec laquelle il ou elle exerce ses fonctions ou peuvent constituer ou paraître constituer une récompense en rapport avec ses fonctions. Cela n'inclut pas l'hospitalité conventionnelle ni les cadeaux mineurs.

2. Lorsque l'agent public ne sait pas s'il ou elle peut accepter un cadeau ou l'hospitalité, il ou elle doit demander l'avis de son supérieur hiérarchique.

Art. 19 *Réaction face aux offres d'avantages indus.* Si l'agent public se voit proposer un avantage indu, il ou elle doit prendre les mesures suivantes afin d'assurer sa protection :

— refuser l'avantage indu ; il n'est pas nécessaire de l'accepter en vue de s'en servir comme preuve ;

— tenter d'identifier la personne qui a fait l'offre ;

— éviter des contacts prolongés, bien que la connaissance du motif de l'offre puisse être utile dans une déposition ;

— dans le cas où le cadeau ne peut être ni refusé ni retourné à son expéditeur, il doit être conservé en le manipulant aussi peu que possible ;

— essayer d'avoir des témoins, par exemple des collègues travaillant à proximité ;

— rédiger dans les meilleurs délais un compte rendu écrit sur cette tentative, de préférence dans un registre officiel ;

— signaler dès que possible la tentative à son supérieur hiérarchique ou directement à l'autorité compétence en matière d'application de la loi ;

— continuer à travailler normalement, en particulier sur l'affaire à propos de laquelle l'avantage indu a été offert.

Art. 20 *Vulnérabilité à l'influence d'autrui.* L'agent public ne doit pas se laisser placer ou paraître être placé dans une situation l'obligeant à accorder en retour une faveur à une personne ou à une entité quelle qu'elle soit. De même, sa conduite, tant publique que privée, ne doit pas le ou la rendre vulnérable à l'influence indue d'autrui.

Art. 21 *Abus de la position officielle.* 1. L'agent public ne doit pas offrir d'avantages liés d'une quelconque manière à sa situation d'agent public, à moins d'y avoir été autorisé légalement.

2. L'agent public ne doit pas essayer d'influencer à des fins privées quelque personne ou entité que ce soit, y compris d'autres agents publics, en se servant de sa position officielle, ou en leur proposant des avantages personnels.

Art. 22 *Informations détenues par les autorités publiques.* 1. Eu égard au cadre général du droit national en matière d'accès aux informations détenues par les autorités publiques, l'agent public ne doit communiquer des informations que dans le respect des règles et exigences applicables à l'autorité qui l'emploie.

2. L'agent public doit prendre les mesures appropriées pour garantir la sécurité et la confidentialité des informations dont il ou elle est responsable ou dont il ou elle a connaissance.

3. L'agent public ne doit pas chercher à avoir accès aux informations qu'il serait inapproprié pour lui ou elle d'avoir. L'agent public ne doit pas faire un usage inadéquat des informations qu'il ou elle peut obtenir dans ou à l'occasion de l'exercice de ses fonctions.

4. De même, l'agent public ne doit pas procéder à la rétention d'informations officielles qui peuvent ou devraient être légitimement rendues publiques, ni diffuser des informations dont il ou elle sait ou a des motifs raisonnables pour croire qu'elles sont inexactes ou trompeuses.

Art. 23 *Ressources publiques et officielles.* Dans l'exercice de son pouvoir discrétionnaire, l'agent public doit veiller à ce que, d'une part, le personnel et, d'autre part, les biens, installations, services et ressources financières qui lui sont confiés soient gérés et employés de façon utile, efficace et économique. Ils ne doivent pas être employés à des fins privées, sauf autorisation accordée conformément à la loi.

Art. 24 *Vérification de l'intégrité.* 1. L'agent public ayant des responsabilités en matière de recrutement, de promotion ou de nomination doit veiller à ce que les vérifications appropriées de l'intégralité du candidat soient effectuées conformément à la loi.

2. Si, à la suite de cette vérification, il n'est pas sûr quant à la manière de procéder, il ou elle doit rechercher des conseils appropriés.

Art. 25 *Responsabilité des supérieurs hiérarchiques.* 1. L'agent public chargé de contrôler ou de diriger d'autres agents publics doit le faire conformément aux politiques et objectifs de l'autorité publique dont il ou elle dépend. Il ou elle devra répondre des actes et omissions de son personnel contraires à ces politiques et objectifs s'il ou elle n'a pas pris les mesures que la diligence normale exigeait d'une personne dans sa position pour empêcher de tels actes ou omissions.

2. L'agent public chargé de contrôler ou de diriger d'autres agents publics doit prendre les mesures nécessaires pour empêcher son personnel de se livrer à des actes de corruption ayant trait à son emploi. Ces mesures peuvent être : d'attirer l'attention et d'appliquer les lois et règlements, d'assurer une formation adéquate contre la corruption, d'être attentif aux difficultés financières ou autres que peut rencontrer son personnel et de donner, grâce à sa conduite personnelle, un exemple d'intégrité.

Art. 26 *Cessation de fonctions publiques.* 1. L'agent public ne doit pas tirer abusivement parti de sa fonction publique pour obtenir une possibilité d'emploi hors de la fonction publique.

2. L'agent public ne doit pas laisser la perspective d'un autre emploi lui créer un conflit d'intérêts réel, potentiel ou susceptible d'apparaître comme tel. Il ou elle doit immédiatement signaler à son supérieur hiérarchique toute offre d'emploi concrète susceptible de créer un tel conflit. Il ou elle doit également signaler à son supérieur son acceptation de toute offre d'emploi.

3. Conformément à la loi, pendant une période appropriée, l'ancien agent public ne doit pas non plus agir pour le compte de quelque personne ou entité que ce soit dans une affaire pour laquelle il ou elle était intervenu(e) au nom de la fonction publique ou avait conseillé cette dernière, et qui procurerait un avantage particulier à cette personne ou entité.

4. L'ancien agent public ne doit pas utiliser ou divulguer d'informations confidentielles obtenues par lui ou elle en sa qualité d'agent public, à moins d'avoir été autorisé(e) à le faire conformément à la loi.

5. L'agent public doit se conformer à toutes les règles établies en conformité avec la loi qui s'appliquent à lui ou elle en ce qui concerne l'acceptation d'engagements lorsqu'il ou elle cesse ses fonctions publiques.

Art. 27 *Relations avec les anciens agents publics.* L'agent public ne doit pas donner un traitement préférentiel ni un accès privilégié à l'administration aux anciens agents publics.

Art. 28 *Respect du code et sanctions.* 1. Le présent code est publié sous l'autorité du ministre ou du chef de la fonction publique. L'agent public est tenu de se conduire conformément au code et doit, par conséquent, prendre connaissance de ses dispositions et de toute modification. Lorsqu'il ou elle n'est pas sûr(e) quant à la manière de procéder, il ou elle doit demander l'avis d'une personne compétente.

2. Sous réserve des dispositions de l'article 2, paragraphe 2, les dispositions du présent code font partie du contrat d'emploi de l'agent public. Leur violation peut donner lieu à des sanctions disciplinaires.

3. L'agent public qui négocie les conditions d'emploi d'autres agents publics doit y inclure une disposition précisant que le présent code doit être respecté et qu'il fait partie de ces conditions.

4. Il appartient à l'agent public chargé de contrôler ou de diriger d'autres agents publics de veiller à ce que ces derniers respectent le présent code et de prendre ou de proposer des mesures disciplinaires appropriées pour sanctionner toute violation de ses dispositions.

5. L'administration publique reconsidérera à des intervalles réguliers les dispositions de ce code.

III RÈGLES INTERNATIONALES

COMMENTAIRE

La compliance anticorruption a une origine fortement internationale. Outre les lois étrangères elles-mêmes (V. *infra*, IV. Règles étrangères), les institutions internationales et européennes jouent un rôle prééminent en adoptant des conventions multilatérales, exigeant des États membres qu'ils adoptent un standard commun de lutte contre la corruption, ces institutions assurant un contrôle régulier de l'adéquation des conventions aux évolutions des pratiques de la corruption et du respect par les États de leurs engagements. Ce sont notamment les critiques formulées à l'égard de la France par l'OCDE qui seront l'une des raisons d'être de la loi dite Sapin 2. ❑

A Organisation des Nations unies

COMMENTAIRE

L'ONU a adopté diverses conventions relatives à la lutte contre la criminalité organisée et la corruption. L'institution regroupant actuellement 193 États, ce sont les dispositions les plus « universelles » en la matière. ❑

Convention des Nations unies du 15 novembre 2000 (convention de Palerme),

Contre la criminalité transnationale organisée.

COMMENTAIRE

La première des conventions majeures est la convention des Nations unies contre la criminalité transnationale organisée (dite UNTOC ou convention de Palerme), adoptée le 15 novembre 2000 et entrée en vigueur le 29 septembre 2003.

C'est la première fois que les États adoptent ensemble des règles générales sur la lutte contre la criminalité organisée. Ils se sont engagés notamment à reconnaître certains délits en tant qu'infraction pénale (participation à un groupe criminel organisé, blanchiment d'argent, corruption et entrave à la justice) et à adopter des cadres en matière d'extradition, d'entraide mutuelle en matière pénale.

La corruption est l'objet des articles 8 et suivants.

Il convient de préciser que comme son intitulé l'indique, cette convention ne vise que les faits de corruption transnationale, commise par un groupe criminel organisé et structuré, comprenant trois personnes au moins.

Par ailleurs, seule la corruption publique est visée (active et passive), c'est-à-dire les faits de corruption liés à un agent public ou un fonctionnaire international.

Les États s'engagent à incriminer la corruption, lorsque les actes ont été commis intentionnellement, de même qu'à établir la responsabilité des personnes morales, pénale, civile ou administrative.

Ils s'engagent également à coopérer en matière de saisies et confiscations et, conformément à l'article 14, si une confiscation est organisée à la demande d'un État, les fonds lui seront restitués de manière prioritaire.

La convention prévoit que chaque État adopte les mesures nécessaires pour « promouvoir l'intégrité et prévenir, détecter et punir la corruption des agents publics » (art. 9.1) et s'assure que « ses autorités agissent efficacement en matière de prévention, de détection et de répression de la corruption » (art. 9.2).

La prévention de la corruption est un des objectifs assignés aux législations nationales. Elle est l'objet d'un article 31 spécifique, disposant que les États doivent « mettre en place et promouvoir les meilleures pratiques et politiques pour prévenir la criminalité transnationale organisée » (art. 31.1) et assurer « la promotion de l'élaboration de normes et procédures visant à préserver l'intégrité des entités publiques et des entités privées concernées, ainsi que de codes de déontologie pour les professions concernées, notamment celles de juriste, de notaire, de conseiller fiscal et de comptable » (art. 31.2, b).

Meilleures pratiques, normes et procédures de prévention : cette convention est ainsi l'un des fondements juridiques de la compliance.

On évoquera également le *Global Compact* ou Pacte mondial, initiative des Nations unies lancée en 2000 visant à inciter les entreprises à adopter une attitude socialement responsable (démarche de RSE). Le *Global Compact* propose un cadre d'engagement non contraignant, qui s'articule autour de quatre thèmes réunissant dix principes, le dixième principe, adopté en 2004, étant précisément consacré à la lutte contre la corruption : « Les entreprises sont invitées à agir contre la corruption sous toutes ses formes, y compris l'extorsion de fonds et les pots-de-vin. » La signature du Pacte mondial est une démarche volontaire de la part de l'entreprise. Les entreprises adhérentes s'engagent à progresser chaque année dans chacun des quatre thèmes du Pacte mondial et doivent remettre un rapport annuel appelé « communication sur le progrès » (COP) expliquant les progrès qu'elles ont réalisés (V. aussi, v° *Devoir de vigilance et droits humains*). ❑

Art. 1er *Objet.* **L'objet de la présente Convention est de promouvoir la coopération afin de prévenir et de combattre plus efficacement la criminalité transnationale organisée.**

Art. 2 *Terminologie.* **Aux fins de la présente Convention :**

a) L'expression "groupe criminel organisé" désigne un groupe structuré de trois personnes ou plus existant depuis un certain temps et agissant de concert dans le but de commettre une ou plusieurs infractions graves ou infractions établies conformément à la présente Convention, pour en tirer, directement ou indirectement, un avantage financier ou un autre avantage matériel ;

b) L'expression "infraction grave" désigne un acte constituant une infraction passible d'une peine privative de liberté dont le maximum ne doit pas être inférieur à quatre ans ou d'une peine plus lourde ;

c) L'expression "groupe structuré" désigne un groupe qui ne s'est pas constitué au hasard pour commettre immédiatement une infraction et qui n'a pas nécessairement de rôles formellement définis pour ses membres, de continuité dans sa composition ou de structure élaborée ;

d) Le terme "biens" désigne tous les types d'avoirs, corporels ou incorporels, meubles ou immeubles, tangibles ou intangibles, ainsi que les actes juridiques ou documents attestant la propriété de ces avoirs ou les droits y relatifs ;

e) L'expression "produit du crime" désigne tout bien provenant directement ou indirectement de la commission d'une infraction ou obtenu directement ou indirectement en la commettant ;

f) Les termes "gel" ou "saisie" désignent l'interdiction temporaire du transfert, de la conversion, de la disposition ou du mouvement de biens, ou le fait d'assumer

temporairement la garde ou le contrôle de biens sur décision d'un tribunal ou d'une autre autorité compétente ;

g) Le terme "confiscation" désigne la dépossession permanente de biens sur décision d'un tribunal ou d'une autre autorité compétente ;

h) L'expression "infraction principale" désigne toute infraction à la suite de laquelle un produit est généré, qui est susceptible de devenir l'objet d'une infraction définie à l'article 6 de la présente Convention ;

i) L'expression "livraison surveillée" désigne la méthode consistant à permettre le passage par le territoire d'un ou de plusieurs États d'expéditions illicites ou suspectées de l'être, au su et sous le contrôle des autorités compétentes de ces États, en vue d'enquêter sur une infraction et d'identifier les personnes impliquées dans sa commission ;

j) L'expression "organisation régionale d'intégration économique" désigne toute organisation constituée par des États souverains d'une région donnée, à laquelle ses États membres ont transféré des compétences en ce qui concerne les questions régies par la présente Convention et qui a été dûment mandatée, conformément à ses procédures internes, pour signer, ratifier, accepter, approuver ladite Convention ou y adhérer ; les références dans la présente Convention aux "États Parties" sont applicables à ces organisations dans la limite de leur compétence.

Art. 3 *Champ d'application.* 1. La présente Convention s'applique, sauf disposition contraire, à la prévention, aux enquêtes et aux poursuites concernant :

a) Les infractions établies conformément aux articles 5, 6, 8 et 23 de la présente Convention ; et

b) Les infractions graves telles que définies à l'article 2 de la présente Convention ; lorsque ces infractions sont de nature transnationale et qu'un groupe criminel organisé y est impliqué.

2. Aux fins du paragraphe 1 du présent article, une infraction est de nature transnationale si :

a) Elle est commise dans plus d'un État ;

b) Elle est commise dans un État mais qu'une partie substantielle de sa préparation, de sa planification, de sa conduite ou de son contrôle a lieu dans un autre État ;

c) Elle est commise dans un État mais implique un groupe criminel organisé qui se livre à des activités criminelles dans plus d'un État ; ou

d) Elle est commise dans un État mais a des effets substantiels dans un autre État.

Art. 4 *Protection de la souveraineté.* 1. Les États Parties exécutent leurs obligations au titre de la présente Convention d'une manière compatible avec les principes de l'égalité souveraine et de l'intégrité territoriale des États et avec celui de la non-intervention dans les affaires intérieures d'autres États.

2. Aucune disposition de la présente Convention n'habilite un État Partie à exercer sur le territoire d'un autre État une compétence et des fonctions qui sont exclusivement réservées aux autorités de cet autre État par son droit interne.

Art. 5 *Incrimination de la participation à un groupe criminel organisé.* 1. Chaque État Partie adopte les mesures législatives et autres nécessaires pour conférer le caractère d'infraction pénale, lorsque commis intentionnellement :

a) A l'un ou l'autre des actes suivants ou aux deux, en tant qu'infractions pénales distinctes de celles impliquant une tentative d'activité criminelle ou sa consommation :

i) Au fait de s'entendre avec une ou plusieurs personnes en vue de commettre une infraction grave à une fin liée directement ou indirectement à l'obtention d'un avantage financier ou autre avantage matériel et, lorsque le droit interne l'exige, impliquant un acte commis par un des participants en vertu de cette entente ou impliquant un groupe criminel organisé ;

ii) A la participation active d'une personne ayant connaissance soit du but et de l'activité criminelle générale d'un groupe criminel organisé soit de son intention de commettre les infractions en question :

a. Aux activités criminelles du groupe criminel organisé ;

b. A d'autres activités du groupe criminel organisé lorsque cette personne sait que sa participation contribuera à la réalisation du but criminel susmentionné ;

b) Au fait d'organiser, de diriger, de faciliter, d'encourager ou de favoriser au moyen d'une aide ou de conseils la commission d'une infraction grave impliquant un groupe criminel organisé.

2. La connaissance, l'intention, le but, la motivation ou l'entente visés au paragraphe 1 du présent article peuvent être déduits de circonstances factuelles objectives.

3. Les États Parties dont le droit interne subordonne l'établissement des infractions visées à l'alinéa a i du paragraphe 1 du présent article à l'implication d'un groupe criminel organisé veillent à ce que leur droit interne couvre toutes les infractions graves impliquant des groupes criminels organisés. Ces États Parties, de même que les États Parties dont le droit interne subordonne l'établissement des infractions visées à l'alinéa a i du paragraphe 1 du présent article à la commission d'un acte en vertu de l'entente, portent cette information à la connaissance du Secrétaire général de l'Organisation des Nations unies au moment où ils signent la présente Convention ou déposent leurs instruments de ratification, d'acceptation ou d'approbation ou d'adhésion.

Art. 6 *Incrimination du blanchiment du produit du crime.* 1. Chaque État Partie adopte, conformément aux principes fondamentaux de son droit interne, les mesures législatives et autres nécessaires pour conférer le caractère d'infraction pénale, lorsque l'acte a été commis intentionnellement :

a) i) A la conversion ou au transfert de biens dont celui qui s'y livre sait qu'ils sont le produit du crime, dans le but de dissimuler ou de déguiser l'origine illicite desdits biens ou d'aider toute personne qui est impliquée dans la commission de l'infraction principale à échapper aux conséquences juridiques de ses actes ;

ii) A la dissimulation ou au déguisement de la nature véritable, de l'origine, de l'emplacement, de la disposition, du mouvement ou de la propriété de biens ou de droits y relatifs dont l'auteur sait

qu'ils sont le produit du crime ;

b) Et, sous réserve des concepts fondamentaux de son système juridique :

i) A l'acquisition, à la détention ou à l'utilisation de biens dont celui qui les acquiert, les détient ou les utilise sait, au moment où il les reçoit, qu'ils sont le produit du crime ;

ii) A la participation à l'une des infractions établies conformément au présent article ou à toute autre association, entente, tentative ou complicité par fourniture d'une assistance, d'une aide ou de conseils en vue de sa commission.

2. Aux fins de l'application du paragraphe 1 du présent article :

a) Chaque État Partie s'efforce d'appliquer le paragraphe 1 du présent article à l'éventail le plus large d'infractions principales ;

b) Chaque État Partie inclut dans les infractions principales toutes les infractions graves telles que définies à l'article 2 de la présente Convention et les infractions établies conformément à ses articles 5, 8 et 23. S'agissant des États Parties dont la législation contient une liste d'infractions principales spécifiques, ceux-ci incluent dans cette liste, au minimum, un éventail complet d'infractions liées à des groupes criminels organisés ;

c) Aux fins de l'alinéa b, les infractions principales incluent les infractions commises à l'intérieur et à l'extérieur du territoire relevant de la compétence de l'État Partie en question. Toutefois, une infraction commise à l'extérieur du territoire relevant de la compétence d'un État Partie ne constitue une infraction principale que lorsque l'acte correspondant est une infraction pénale en vertu du droit interne de l'État où il a été commis et constituerait une infraction pénale en vertu du droit interne de l'État Partie appliquant le présent article s'il avait été commis sur son territoire ;

d) Chaque État Partie remet au Secrétaire général de l'Organisation des Nations unies une copie de ses lois qui donnent effet au présent article ainsi qu'une copie de toute modification ultérieurement apportée à ces lois ou une description de ces lois et modifications ultérieures ;

e) Lorsque les principes fondamentaux du droit interne d'un État Partie l'exigent, il peut être disposé que les infractions énoncées au paragraphe 1 du présent article ne s'appliquent pas aux personnes qui ont commis l'infraction principale ;

f) La connaissance, l'intention ou la motivation, en tant qu'éléments constitutifs d'une infraction énoncée au paragraphe 1 du présent article, peuvent être déduites de circonstances factuelles objectives.

COMMENTAIRE

La Convention des Nations unies contre la criminalité transnationale organisée du 15 novembre 2000, dite « convention de Palerme » est entrée en vigueur en 2003. Elle a pour objet de promouvoir la coopération pénale et de renforcer le droit substantiel relatif à la lutte contre la criminalité organisée. Elle contient à ce titre deux articles relatifs au blanchiment de capitaux (art. 6 et 7). La convention de Palerme s'inscrit dans le prolongement de la convention des Nations unies du 20 décembre 1988, dite convention de Vienne, contre le trafic illicite de stupéfiants et de substances psychotropes (V. v° *Blanchiment*), qui consacrait implicitement comme une conséquence possible de l'infraction de trafic de stupéfiant, l'infraction de blanchiment. Elle s'inscrit également, dans le prolongement de la convention du Conseil de l'Europe du 8 novembre 1990 relative au blanchiment, au dépistage, à la saisie et à la confiscation des produits du crime (V. v° *Blanchiment*) qui consacre explicitement l'infraction. La convention de Palerme fait à ce titre partie intégrante des conventions auxquelles les Recommandations n°s 36 à 40 du Groupe d'action financière (V. v° *Blanchiment*), révisées en 2012, renvoient afin de renforcer la coopération internationale obligatoire dans le cadre de la lutte contre le blanchiment et le financement du terrorisme.

I. PÉRIMÈTRE DE L'INCRIMINATION DE BLANCHIMENT AU TITRE DE LA CONVENTION DE PALERME

L'objet de la convention du 15 novembre 2000 est de promouvoir la coopération afin de prévenir et de combattre plus efficacement la criminalité transnationale organisée et traite, à ce titre, de l'incrimination de blanchiment du produit du crime. Celui-ci est défini comme tout bien provenant directement ou indirectement de la commission d'une infraction ou obtenu directement ou indirectement en la commettant (art. 2). La convention promeut également le gel et la saisie de ces produits qui s'entendent comme l'interdiction temporaire du transfert, de la conversion, de la disposition ou du mouvement de biens, ou encore comme le fait d'assumer temporairement la garde ou le contrôle de biens sur décision d'un tribunal ou d'une autre autorité compétente (art. 2).

La convention appelle explicitement les États parties à incriminer le blanchiment du produit du crime dans ses différentes modalités. Le blanchiment peut au titre de la convention prendre trois formes distinctes. L'acte de blanchiment peut être constitué par la conversion ou le transfert de biens dont celui qui s'y livre sait qu'ils sont le produit du crime, dans le but de dissimuler ou de déguiser l'origine illicite de ces biens ou d'aider toute personne qui est impliquée dans la commission de l'infraction principale à échapper aux conséquences juridiques de ses actes. Il peut également être constitué par la dissimulation ou le déguisement de la nature véritable, de l'origine, de l'emplacement, de la disposition, du mouvement ou de la propriété de biens ou de droits y relatifs dont l'auteur sait qu'ils sont le produit du crime. L'acte de blanchiment peut enfin être constitué par l'acquisition, la détention ou l'utilisation de biens dont celui qui les acquiert, les détient ou les utilise sait, au moment où il les reçoit, qu'ils sont le produit du crime.

Cette variante conventionnelle du délit de blanchiment constitue au regard du droit interne, non des faits de blanchiment mais plutôt des faits de recel, plus précisément de recel-profit. Les différentes modalités d'imputation pénale de l'infraction de blanchiment tenant à la complicité et à la tentative, notamment, peuvent également être incriminées par les États parties. Quant au champ des infractions principales permettant d'appliquer l'infraction de blanchiment, il se doit d'être le plus étendu possible et d'embrasser *a minima* l'ensemble des infractions liées à des groupes criminels organisés.

II. EXTENSION DE L'INCRIMINATION DE BLANCHIMENT PAR LA CONVENTION DE PALERME

La convention de Palerme élargit donc, dans le cadre du droit onusien et dans le prolongement du droit européen (V. la convention du Conseil de l'Europe du 8 nov. 1990 relative au blanchiment, au dépistage, à la saisie et à la confiscation des produits du crime, vº *Blanchiment*), le champ d'application de l'incrimination de blanchiment bien au-delà du trafic de stupéfiants. L'incrimination de blanchiment concerne à présent tout produit du crime (art. 2, e). Par ailleurs, l'article 6 de la convention de Palerme représente une avancée en matière de répression par rapport à la convention du 9 décembre 1999 (V. vº *Blanchiment*) en prévoyant que les infractions principales, supports de l'infraction de blanchiment, incluent les infractions commises sur le territoire mais également hors du territoire de l'État de répression et ce à la seule condition qu'elles constituent une infraction pénale en vertu de son droit interne. ❑

Art. 7 *Mesures de lutte contre le blanchiment d'argent.* **1. Chaque État Partie :**

a) Institue un régime interne complet de réglementation et de contrôle des banques et institutions financières non bancaires, ainsi que, le cas échéant, des autres entités particulièrement exposées au blanchiment d'argent, dans les limites de sa compétence, afin de prévenir et de détecter toutes formes de blanchiment d'argent, lequel régime met l'accent sur les exigences en matière d'identification des clients, d'enregistrement des opérations et de déclaration des opérations suspectes ;

b) S'assure, sans préjudice des articles 18 et 27 de la présente Convention, que les autorités administratives, de réglementation, de détection et de répression et autres, chargées de la lutte contre le blanchiment d'argent (y compris, quand son droit interne le prévoit, les autorités judiciaires) sont en mesure de coopérer et d'échanger des informations aux niveaux national et international, dans les conditions définies par son droit interne et, à cette fin, envisage la création d'un service de renseignement financier qui fera office de centre national de collecte, d'analyse et de diffusion d'informations concernant d'éventuelles opérations de blanchiment d'argent.

2. Les États Parties envisagent de mettre en œuvre des mesures réalisables de détection et de surveillance du mouvement transfrontière d'espèces et de titres négociables appropriés, sous réserve de garanties permettant d'assurer une utilisation correcte des informations et sans entraver d'aucune façon la circulation des capitaux licites. Il peut être notamment fait obligation aux particuliers et aux entreprises de signaler les transferts transfrontières de quantités importantes d'espèces et de titres négociables appropriés.

3. Lorsqu'ils instituent un régime interne de réglementation et de contrôle aux termes du présent article, et sans préjudice de tout autre article de la présente Convention, les États Parties sont invités à prendre pour lignes directrices les initiatives pertinentes prises par les organisations régionales, interrégionales et multilatérales pour lutter contre le blanchiment d'argent.

4. Les États Parties s'efforcent de développer et de promouvoir la coopération mondiale, régionale, sous-régionale et bilatérale entre les autorités judiciaires, les services de détection et de répression et les autorités de réglementation financière en vue de lutter contre le blanchiment d'argent.

COMMENTAIRE

L'article 7 de la convention de Palerme du 15 novembre 2000 introduit, quant à lui, pour la première fois dans une convention internationale, des obligations préventives, ou prudentielles en matière de lutte contre le blanchiment. La convention appelle ainsi les États à mettre en place dans leurs législations internes des mesures préventives de LBC/FT dans le prolongement des Recommandations du GAFI (V. vº *Blanchiment*).

Il s'agit pour les États d'instituer un régime interne complet de réglementation et de contrôle des banques et institutions financières non bancaires, ainsi que d'autres entités particulièrement exposées au blanchiment d'argent afin de prévenir et de détecter toutes formes de blanchiment d'argent. Pour ce faire, les États sont appelés à respecter les lignes directrices des organisations régionales, interrégionales et multilatérales de lutte contre le blanchiment d'argent.

L'article 7 reprend ainsi une part des exigences du GAFI relatives à l'identification des clients, l'enregistrement des opérations et la déclaration des opérations suspectes. Le texte prévoit également la nécessité d'instaurer des mesures de coopération et d'échanges d'informations entre autorités compétentes aux niveaux national et international. ❑

Art. 8 *Incrimination de la corruption.* 1. Chaque État Partie adopte les mesures législatives et autres nécessaires pour conférer le caractère d'infraction pénale, lorsque les actes ont été commis intentionnellement :

a) Au fait de promettre, d'offrir ou d'accorder à un agent public, directement ou indirectement, un avantage indu, pour lui-même ou pour une autre personne ou entité, afin qu'il accomplisse ou s'abstienne d'accomplir un acte dans l'exercice de ses fonctions officielles ;

b) Au fait pour un agent public de solliciter ou d'accepter, directement ou indirectement, un avantage indu pour lui-même ou pour une autre personne ou entité, afin d'accomplir ou de s'abstenir d'accomplir un acte dans l'exercice de ses fonctions officielles.

2. Chaque État Partie envisage d'adopter les mesures législatives et autres nécessaires pour conférer le caractère d'infraction pénale aux actes visés au paragraphe 1 du présent article impliquant un agent public étranger ou un fonctionnaire international. De même, chaque État Partie envisage de conférer le caractère d'infraction pénale à d'autres formes de corruption.

3. Chaque État Partie adopte également les mesures nécessaires pour conférer le caractère d'infraction pénale au fait de se rendre complice d'une infraction établie conformément au présent article.

4. Aux fins du paragraphe 1 du présent article et de l'article 9 de la présente Convention, le terme "agent public" désigne un agent public ou une personne assurant un service public, tel que ce terme est défini dans le droit interne et appliqué dans le droit pénal de l'État Partie où la personne en question exerce cette fonction.

Art. 9 *Mesures contre la corruption.* 1. Outre les mesures énoncées à l'article 8 de la présente Convention, chaque État Partie, selon qu'il convient et conformément à son système juridique, adopte des mesures efficaces d'ordre législatif, administratif ou autre pour promouvoir l'intégrité et prévenir, détecter et punir la corruption des agents publics.

2. Chaque État Partie prend des mesures pour s'assurer que ses autorités agissent efficacement en matière de prévention, de détection et de répression de la corruption des agents publics, y compris en leur donnant une indépendance suffisante pour empêcher toute influence inappropriée sur leurs actions.

Art. 10 *Responsabilité des personnes morales.* 1. Chaque État Partie adopte les mesures nécessaires, conformément à ses principes juridiques, pour établir la responsabilité des personnes morales qui participent à des infractions graves impliquant un groupe criminel organisé et qui commettent les infractions établies conformément aux articles 5, 6, 8 et 23 de la présente Convention.

2. Sous réserve des principes juridiques de l'État Partie, la responsabilité des personnes morales peut être pénale, civile ou administrative.

3. Cette responsabilité est sans préjudice de la responsabilité pénale des personnes physiques qui ont commis les infractions.

4. Chaque État Partie veille, en particulier, à ce que les personnes morales tenues responsables conformément au présent article fassent l'objet de sanctions efficaces, proportionnées et dissuasives de nature pénale ou non pénale, y compris de sanctions pécuniaires.

Art. 11 *Poursuites judiciaires, jugement et sanctions.* 1. Chaque État Partie rend la commission d'une infraction établie conformément aux articles 5, 6, 8 et 23 de la présente Convention passible de sanctions qui tiennent compte de la gravité de cette infraction.

2. Chaque État Partie s'efforce de faire en sorte que tout pouvoir judiciaire discrétionnaire conféré par son droit interne et afférent aux poursuites judiciaires engagées contre des individus pour des infractions visées par la présente Convention soit exercé de façon à optimiser l'efficacité des mesures de détection et de répression de ces infractions, compte dûment tenu de la nécessité d'exercer un effet dissuasif en ce qui concerne leur commission.

3. S'agissant d'infractions établies conformément aux articles 5, 6, 8 et 23 de la présente Convention, chaque État Partie prend les mesures appropriées conformé-

ment à son droit interne et compte dûment tenu des droits de la défense, pour faire en sorte que les conditions auxquelles sont subordonnées les décisions de mise en liberté dans l'attente du jugement ou de la procédure d'appel tiennent compte de la nécessité d'assurer la présence du défendeur lors de la procédure pénale ultérieure.

4. Chaque État Partie s'assure que ses tribunaux ou autres autorités compétentes ont à l'esprit la gravité des infractions visées par la présente Convention lorsqu'ils envisagent l'éventualité d'une libération anticipée ou conditionnelle de personnes reconnues coupables de ces infractions.

5. Lorsqu'il y a lieu, chaque État Partie détermine, dans le cadre de son droit interne, une période de prescription prolongée au cours de laquelle des poursuites peuvent être engagées du chef d'une des infractions visées par la présente Convention, cette période étant plus longue lorsque l'auteur présumé de l'infraction s'est soustrait à la justice.

6. Aucune disposition de la présente Convention ne porte atteinte au principe selon lequel la définition des infractions établies conformément à celle-ci et des moyens juridiques de défense applicables ainsi que d'autres principes juridiques régissant la légalité des incriminations relève exclusivement du droit interne d'un État Partie et selon lequel lesdites infractions sont poursuivies et punies conformément au droit de cet État Partie.

Art. 12 *Confiscation et saisie.* 1. Les États Parties adoptent, dans toute la mesure possible dans le cadre de leurs systèmes juridiques nationaux, les mesures nécessaires pour permettre la confiscation :

a) Du produit du crime provenant d'infractions visées par la présente Convention ou de biens dont la valeur correspond à celle de ce produit ;

b) Des biens, des matériels et autres instruments utilisés ou destinés à être utilisés pour les infractions visées par la présente Convention.

2. Les États Parties adoptent les mesures nécessaires pour permettre l'identification, la localisation, le gel ou la saisie de tout ce qui est mentionné au paragraphe 1 du présent article aux fins de confiscation éventuelle.

3. Si le produit du crime a été transformé ou converti, en partie ou en totalité, en d'autres biens, ces derniers peuvent faire l'objet des mesures visées au présent article en lieu et place dudit produit.

4. Si le produit du crime a été mêlé à des biens acquis légitimement, ces biens, sans préjudice de tous pouvoirs de gel ou de saisie, peuvent être confisqués à concurrence de la valeur estimée du produit qui y a été mêlé.

5. Les revenus ou autres avantages tirés du produit du crime, des biens en lesquels le produit a été transformé ou converti ou des biens auxquels il a été mêlé peuvent aussi faire l'objet des mesures visées au présent article, de la même manière et dans la même mesure que le produit du crime.

6. Aux fins du présent article et de l'article 13 de la présente Convention, chaque État Partie habilite ses tribunaux ou autres autorités compétentes à ordonner la production ou la saisie de documents bancaires, financiers ou commerciaux. Les États Parties ne peuvent invoquer le secret bancaire pour refuser de donner effet aux dispositions du présent paragraphe.

7. Les États Parties peuvent envisager d'exiger que l'auteur d'une infraction établisse l'origine licite du produit présumé du crime ou d'autres biens pouvant faire l'objet d'une confiscation, dans la mesure où cette exigence est conforme aux principes de leur droit interne et à la nature de la procédure judiciaire et des autres procédures.

8. L'interprétation des dispositions du présent article ne doit en aucun cas porter atteinte aux droits des tiers de bonne foi.

9. Aucune disposition du présent article ne porte atteinte au principe selon lequel les mesures qui y sont visées sont définies et exécutées conformément au droit interne de chaque État Partie et selon les dispositions dudit droit.

Art. 13 *Coopération internationale aux fins de confiscation.* 1. Dans toute la mesure possible dans le cadre de son système juridique national, un État Partie qui a reçu d'un autre État Partie ayant compétence pour connaître d'une infraction visée par la présente Convention une demande de confiscation du produit du crime, des biens, des matériels ou autres instruments visés au paragraphe 1 de l'article 12 de la présente Convention, qui sont situés sur son territoire :

a) Transmet la demande à ses autorités compétentes en vue de faire prononcer une décision de confiscation et, si celle-ci intervient, la faire exécuter ; ou

b) Transmet à ses autorités compétentes, afin qu'elle soit exécutée dans les limites de la demande, la décision de confiscation prise par un tribunal situé sur le territoire de l'État Partie requérant conformément au paragraphe 1 de l'article 12 de la présente Convention, pour ce qui est du produit du crime, des biens, des matériels ou autres instruments visés au paragraphe 1 de l'article 12 situés sur le territoire de l'État Partie requis.

2. Lorsqu'une demande est faite par un autre État Partie qui a compétence pour connaître d'une infraction visée par la présente Convention, l'État Partie requis prend des mesures pour identifier, localiser et geler ou saisir le produit du crime, les biens, les matériels ou les autres instruments visés au paragraphe 1 de l'article 12 de la présente Convention, en vue d'une éventuelle confiscation à ordonner soit par l'État Partie requérant, soit comme suite à une demande formulée en vertu du paragraphe 1 du présent article, par l'État Partie requis.

3. Les dispositions de l'article 18 de la présente Convention s'appliquent *mutatis mutandis* au présent article. Outre les informations visées au paragraphe 15 de l'article 18, les demandes faites conformément au présent article contiennent :

a) Lorsque la demande relève de l'alinéa *a* du paragraphe 1 du présent article, une description des biens à confisquer et un exposé des faits sur lesquels se fonde l'État Partie requérant qui permettent à l'État Partie requis de faire prononcer une décision de confiscation dans le cadre de son droit interne ;

b) Lorsque la demande relève de l'alinéa b du paragraphe 1 du présent article, une copie légalement admissible de la décision de confiscation rendue par l'État Partie requérant sur laquelle la demande est fondée, un exposé des faits et des informations indiquant dans quelles limites il est demandé d'exécuter la décision ;

c) Lorsque la demande relève du paragraphe 2 du présent article, un exposé des faits sur lesquels se fonde l'État Partie requérant et une description des mesures demandées.

4. Les décisions ou mesures prévues aux paragraphes 1 et 2 du présent article sont prises par l'État Partie requis conformément à son droit interne et selon les dispositions dudit droit, et conformément à ses règles de procédure ou à tout traité, accord ou arrangement bilatéral ou multilatéral le liant à l'État Partie requérant.

5. Chaque État Partie remet au Secrétaire général de l'Organisation des Nations unies une copie de ses lois et règlements qui donnent effet au présent article ainsi qu'une copie de toute modification ultérieurement apportée à ces lois et règlements ou une description de ces lois, règlements et modifications ultérieures.

6. Si un État Partie décide de subordonner l'adoption des mesures visées aux paragraphes 1 et 2 du présent article à l'existence d'un traité en la matière, il considère la présente Convention comme une base conventionnelle nécessaire et suffisante.

7. Un État Partie peut refuser de donner suite à une demande de coopération en vertu du présent article dans le cas où l'infraction à laquelle elle se rapporte n'est pas une infraction visée par la présente Convention.

8. L'interprétation des dispositions du présent article ne doit en aucun cas porter atteinte aux droits des tiers de bonne foi.

9. Les États Parties envisagent de conclure des traités, accords ou arrangements bilatéraux ou multilatéraux afin de renforcer l'efficacité de la coopération internationale instaurée aux fins du présent article.

Art. 14 *Disposition du produit du crime ou des biens confisqués.* 1. Un État Partie qui confisque le produit du crime ou des biens en application de l'article 12 ou du paragraphe 1 de l'article 13 de la présente Convention en dispose conformément à son droit interne et à ses procédures administratives.

2. Lorsque les États Parties agissent à la demande d'un autre État Partie en application de l'article 13 de la présente Convention, ils doivent, dans la mesure où leur droit interne le leur permet et si la demande leur en est faite, envisager à titre prioritaire

de restituer le produit du crime ou les biens confisqués à l'État Partie requérant, afin que ce dernier puisse indemniser les victimes de l'infraction ou restituer ce produit du crime ou ces biens à leurs propriétaires légitimes.

3. Lorsqu'un État Partie agit à la demande d'un autre État Partie en application des articles 12 et 13 de la présente Convention, il peut envisager spécialement de conclure des accords ou arrangements prévoyant :

a) De verser la valeur de ce produit ou de ces biens, ou les fonds provenant de leur vente, ou une partie de ceux-ci, au compte établi en application de l'alinéa *c* du paragraphe 2 de l'article 30 de la présente Convention et à des organismes intergouvernementaux spécialisés dans la lutte contre la criminalité organisée ;

b) De partager avec d'autres États Parties, systématiquement ou au cas par cas, ce produit ou ces biens, ou les fonds provenant de leur vente, conformément à son droit interne ou à ses procédures administratives.

Art. 15 *Compétence.* 1. Chaque État Partie adopte les mesures nécessaires pour établir sa compétence à l'égard des infractions établies conformément aux articles 5, 6, 8 et 23 de la présente Convention dans les cas suivants :

a) Lorsque l'infraction est commise sur son territoire ; ou

b) Lorsque l'infraction est commise à bord d'un navire qui bat son pavillon ou à bord d'un aéronef immatriculé conformément à son droit interne au moment où ladite infraction est commise.

2. Sous réserve de l'article 4 de la présente Convention, un État Partie peut également établir sa compétence à l'égard de l'une quelconque de ces infractions dans les cas suivants :

a) Lorsque l'infraction est commise à l'encontre d'un de ses ressortissants ;

b) Lorsque l'infraction est commise par un de ses ressortissants ou par une personne apatride résidant habituellement sur son territoire ; ou

c) Lorsque l'infraction est :

i) Une de celles établies conformément au paragraphe 1 de l'article 5 de la présente Convention et est commise hors de son territoire en vue de la commission, sur son territoire, d'une infraction grave ;

ii) Une de celles établies conformément à l'alinéa b ii du paragraphe 1 de l'article 6 de la présente Convention et est commise hors de son territoire en vue de la commission, sur son territoire, d'une infraction établie conformément aux alinéas a i ou ii, ou b i du paragraphe 1 de l'article 6 de la présente Convention.

3. Aux fins du paragraphe 10 de l'article 16 de la présente Convention, chaque État Partie adopte les mesures nécessaires pour établir sa compétence à l'égard des infractions visées par la présente Convention lorsque l'auteur présumé se trouve sur son territoire et qu'il n'extrade pas cette personne au seul motif qu'elle est l'un de ses ressortissants.

4. Chaque État Partie peut également adopter les mesures nécessaires pour établir sa compétence à l'égard des infractions visées par la présente Convention lorsque l'auteur présumé se trouve sur son territoire et qu'il ne l'extrade pas.

5. Si un État Partie qui exerce sa compétence en vertu du paragraphe 1 ou 2 du présent article a été avisé, ou a appris de toute autre façon, qu'un ou plusieurs autres États Parties mènent une enquête ou ont engagé des poursuites ou une procédure judiciaire concernant le même acte, les autorités compétentes de ces États Parties se consultent, selon qu'il convient, pour coordonner leurs actions.

6. Sans préjudice des normes du droit international général, la présente Convention n'exclut pas l'exercice de toute compétence pénale établie par un État Partie conformément à son droit interne.

Art. 16 *Extradition.* 1. Le présent article s'applique aux infractions visées par la présente Convention ou dans les cas où un groupe criminel organisé est impliqué dans une infraction visée à l'alinéa a ou b du paragraphe 1 de l'article 3 et que la personne faisant l'objet de la demande d'extradition se trouve sur le territoire de l'État Partie requis, à condition que l'infraction pour laquelle l'extradition est demandée soit punissable par le droit interne de l'État Partie requérant et de l'État Partie requis.

2. Si la demande d'extradition porte sur plusieurs infractions graves distinctes, dont certaines ne sont pas visées par le présent article, l'État Partie requis peut appliquer également cet article à ces dernières infractions.

3. Chacune des infractions auxquelles s'applique le présent article est de plein droit incluse dans tout traité d'extradition en vigueur entre les États Parties en tant qu'infraction dont l'auteur peut être extradé. Les États Parties s'engagent à inclure ces infractions en tant qu'infractions dont l'auteur peut être extradé dans tout traité d'extradition qu'ils concluront entre eux.

4. Si un État Partie qui subordonne l'extradition à l'existence d'un traité reçoit une demande d'extradition d'un État Partie avec lequel il n'a pas conclu pareil traité, il peut considérer la présente Convention comme la base légale de l'extradition pour les infractions auxquelles le présent article s'applique.

5. Les États Parties qui subordonnent l'extradition à l'existence d'un traité :

a) Au moment du dépôt de leur instrument de ratification, d'acceptation, d'approbation ou d'adhésion à la présente Convention, indiquent au Secrétaire général de l'Organisation des Nations unies s'ils considèrent la présente Convention comme la base légale pour coopérer en matière d'extradition avec d'autres États Parties ; et

b) S'ils ne considèrent par la présente Convention comme la base légale pour coopérer en matière d'extradition, s'efforcent, s'il y a lieu, de conclure des traités d'extradition avec d'autres États Parties afin d'appliquer le présent article.

6. Les États Parties qui ne subordonnent pas l'extradition à l'existence d'un traité reconnaissent entre eux aux infractions auxquelles le présent article s'applique le caractère d'infraction dont l'auteur peut être extradé.

7. L'extradition est subordonnée aux conditions prévues par le droit interne de l'État Partie requis ou par les traités d'extradition applicables, y compris, notamment, aux conditions concernant la peine minimale requise pour extrader et aux motifs pour lesquels l'État Partie requis peut refuser l'extradition.

8. Les États Parties s'efforcent, sous réserve de leur droit interne, d'accélérer les procédures d'extradition et de simplifier les exigences en matière de preuve y relatives en ce qui concerne les infractions auxquelles s'applique le présent article.

9. Sous réserve des dispositions de son droit interne et des traités d'extradition qu'il a conclus, l'État Partie requis peut, à la demande de l'État Partie requérant et s'il estime que les circonstances le justifient et qu'il y a urgence, placer en détention une personne présente sur son territoire dont l'extradition est demandée ou prendre à son égard toutes autres mesures appropriées pour assurer sa présence lors de la procédure d'extradition.

10. Un État Partie sur le territoire duquel se trouve l'auteur présumé de l'infraction, s'il n'extrade pas cette personne au titre d'une infraction à laquelle s'applique le présent article au seul motif qu'elle est l'un de ses ressortissants, est tenu, à la demande de l'État Partie requérant l'extradition, de soumettre l'affaire sans retard excessif à ses autorités compétentes aux fins de poursuites. Lesdites autorités prennent leur décision et mènent les poursuites de la même manière que pour toute autre infraction grave en vertu du droit interne de cet État Partie. Les États Parties intéressés coopèrent entre eux, notamment en matière de procédure et de preuve, afin d'assurer l'efficacité des poursuites.

11. Lorsqu'un État Partie, en vertu de son droit interne, n'est autorisé à extrader ou remettre de toute autre manière l'un de ses ressortissants que si cette personne est ensuite renvoyée dans cet État Partie pour purger la peine prononcée à l'issue du procès ou de la procédure à l'origine de la demande d'extradition ou de remise, et lorsque cet État Partie et l'État Partie requérant s'accordent sur cette option et d'autres conditions qu'ils peuvent juger appropriées, cette extradition ou remise conditionnelle est suffisante aux fins de l'exécution de l'obligation énoncée au paragraphe 10 du présent article.

12. Si l'extradition, demandée aux fins d'exécution d'une peine, est refusée parce que la personne faisant l'objet de cette demande est un ressortissant de l'État Partie requis, celui-ci, si son droit interne le lui permet, en conformité avec les prescriptions de ce droit et à la demande de l'État Partie requérant, envisage de faire exécuter lui-même la peine qui a été prononcée conformément au droit interne de l'État Partie requérant, ou le reliquat de cette peine.

13. Toute personne faisant l'objet de poursuites en raison de l'une quelconque des infractions auxquelles le présent article s'applique se voit garantir un traitement équitable à tous les stades de la procédure, y compris la jouissance de tous les droits et de toutes les garanties prévus par le droit interne de l'État Partie sur le territoire duquel elle se trouve.

14. Aucune disposition de la présente Convention ne doit être interprétée comme faisant obligation à l'État Partie requis d'extrader s'il a de sérieuses raisons de penser que la demande a été présentée aux fins de poursuivre ou de punir une personne en raison de son sexe, de sa race, de sa religion, de sa nationalité, de son origine ethnique ou de ses opinions politiques, ou que donner suite à cette demande causerait un préjudice à cette personne pour l'une quelconque de ces raisons.

15. Les États Parties ne peuvent refuser une demande d'extradition au seul motif que l'infraction est considérée comme touchant aussi à des questions fiscales.

16. Avant de refuser l'extradition, l'État Partie requis consulte, le cas échéant, l'État Partie requérant afin de lui donner toute possibilité de présenter ses opinions et de donner des informations à l'appui de ses allégations.

17. Les États Parties s'efforcent de conclure des accords ou arrangements bilatéraux et multilatéraux pour permettre l'extradition ou pour en accroître l'efficacité.

Art. 17 *Transfert des personnes condamnées.* Les États Parties peuvent envisager de conclure des accords ou arrangements bilatéraux ou multilatéraux relatifs au transfert sur leur territoire de personnes condamnées à des peines d'emprisonnement ou autres peines privatives de liberté du fait d'infractions visées par la présente Convention afin qu'elles puissent y purger le reste de leur peine.

Art. 18 *Entraide judiciaire.* 1. Les États Parties s'accordent mutuellement l'entraide judiciaire la plus large possible lors des enquêtes, poursuites et procédures judiciaires concernant les infractions visées par la présente Convention, comme prévu à l'article 3, et s'accordent réciproquement une entraide similaire lorsque l'État Partie requérant a des motifs raisonnables de soupçonner que l'infraction visée à l'alinéa a ou b du paragraphe 1 de l'article 3 est de nature transnationale, y compris quand les victimes, les témoins, le produit, les instruments ou les éléments de preuve de ces infractions se trouvent dans l'État Partie requis et qu'un groupe criminel organisé y est impliqué.

2. L'entraide judiciaire la plus large possible est accordée, autant que les lois, traités, accords et arrangements pertinents de l'État Partie requis le permettent, lors des enquêtes, poursuites et procédures judiciaires concernant des infractions dont une personne morale peut être tenue responsable dans l'État Partie requérant, conformément à l'article 10 de la présente Convention.

3. L'entraide judiciaire qui est accordée en application du présent article peut être demandée aux fins suivantes :

a) Recueillir des témoignages ou des dépositions ;

b) Signifier des actes judiciaires ;

c) Effectuer des perquisitions et des saisies, ainsi que des gels ;

d) Examiner des objets et visiter des lieux ;

e) Fournir des informations, des pièces à conviction et des estimations d'experts ;

f) Fournir des originaux ou des copies certifiées conformes de documents et dossiers pertinents, y compris des documents administratifs, bancaires, financiers ou commerciaux et des documents de sociétés ;

g) Identifier ou localiser des produits du crime, des biens, des instruments ou d'autres choses afin de recueillir des éléments de preuve ;

h) Faciliter la comparution volontaire de personnes dans l'État Partie requérant ;

i) Fournir tout autre type d'assistance compatible avec le droit interne de l'État Partie requis.

4. Sans préjudice de son droit interne, les autorités compétentes d'un État Partie peuvent, sans demande préalable, communiquer des informations concernant des affaires pénales à une autorité compétente d'un autre État Partie, si elles pensent que ces informations pourraient l'aider à entreprendre ou à conclure des enquêtes et des

poursuites pénales, ou amener ce dernier État Partie à formuler une demande en vertu de la présente Convention.

5. La communication d'informations conformément au paragraphe 4 du présent article se fait sans préjudice des enquêtes et poursuites pénales dans l'État dont les autorités compétentes fournissent les informations. Les autorités compétentes qui reçoivent ces informations accèdent à toute demande tendant à ce que lesdites informations restent confidentielles, même temporairement, ou à ce que leur utilisation soit assortie de restrictions. Toutefois, cela n'empêche pas l'État Partie qui reçoit les informations de révéler, lors de la procédure judiciaire, des informations à la décharge d'un prévenu. Dans ce dernier cas, l'État Partie qui reçoit les informations avise l'État Partie qui les communique avant la révélation et, s'il lui en est fait la demande, consulte ce dernier. Si, dans un cas exceptionnel, une notification préalable n'est pas possible, l'État Partie qui reçoit les informations informe sans retard de la révélation l'État Partie qui les communique.

6. Les dispositions du présent article n'affectent en rien les obligations découlant de tout autre traité bilatéral ou multilatéral régissant ou devant régir, entièrement ou partiellement, l'entraide judiciaire.

7. Les paragraphes 9 à 29 du présent article sont applicables aux demandes faites conformément au présent article si les États Parties en question ne sont pas liés par un traité d'entraide judiciaire. Si lesdits États Parties sont liés par un tel traité, les dispositions correspondantes de ce traité sont applicables, à moins que les États Parties ne conviennent d'appliquer à leur place les dispositions des paragraphes 9 à 29 du présent article. Les États Parties sont vivement encouragés à appliquer ces paragraphes s'ils facilitent la coopération.

8. Les États Parties ne peuvent invoquer le secret bancaire pour refuser l'entraide judiciaire prévue au présent article.

9. Les États Parties peuvent invoquer l'absence de double incrimination pour refuser de donner suite à une demande d'entraide judiciaire prévue au présent article. L'État Partie requis peut néanmoins, lorsqu'il le juge approprié, fournir cette assistance, dans la mesure où il le décide à son gré, indépendamment du fait que l'acte constitue ou non une infraction conformément au droit interne de l'État Partie requis.

10. Toute personne détenue ou purgeant une peine sur le territoire d'un État Partie, dont la présence est requise dans un autre État Partie à des fins d'identification ou de témoignage ou pour qu'elle apporte de toute autre manière son concours à l'obtention de preuves dans le cadre d'enquêtes, de poursuites ou de procédures judiciaires relatives aux infractions visées par la présente Convention, peut faire l'objet d'un transfert si les conditions ci-après sont réunies :

a) Ladite personne y consent librement et en toute connaissance de cause ;

b) Les autorités compétentes des deux États Parties concernés y consentent, sous réserve des conditions que ces États Parties peuvent juger appropriées.

11. Aux fins du paragraphe 10 du présent article :

a) L'État Partie vers lequel le transfert est effectué a le pouvoir et l'obligation de garder l'intéressé en détention, sauf demande ou autorisation contraire de la part de l'État Partie à partir duquel la personne a été transférée ;

b) L'État Partie vers lequel le transfert est effectué s'acquitte sans retard de l'obligation de remettre l'intéressé à la garde de l'État Partie à partir duquel le transfert a été effectué, conformément à ce qui aura été convenu au préalable ou à ce que les autorités compétentes des deux États Parties auront autrement décidé ;

c) L'État Partie vers lequel le transfert est effectué ne peut exiger de l'État Partie à partir duquel le transfert est effectué qu'il engage une procédure d'extradition pour que l'intéressé lui soit remis ;

d) Il est tenu compte de la période que l'intéressé a passée en détention dans l'État Partie vers lequel il a été transféré aux fins du décompte de la peine à purger dans l'État Partie à partir duquel il a été transféré.

12. A moins que l'État Partie à partir duquel une personne doit être transférée en vertu des paragraphes 10 et 11 du présent article ne donne son accord, ladite personne, quelle que soit sa nationalité, ne sera pas poursuivie, détenue, punie ou soumise à d'autres restrictions à sa liberté de mouvement sur le territoire de l'État Partie

vers lequel elle est transférée à raison d'actes, d'omissions ou de condamnations antérieurs à son départ du territoire de l'État Partie à partir duquel elle a été transférée.

13. Chaque État Partie désigne une autorité centrale qui a la responsabilité et le pouvoir de recevoir les demandes d'entraide judiciaire et, soit de les exécuter, soit de les transmettre aux autorités compétentes pour exécution. Si un État Partie a une région ou un territoire spécial doté d'un système d'entraide judiciaire différent, il peut désigner une autorité centrale distincte qui aura la même fonction pour ladite région ou ledit territoire. Les autorités centrales assurent l'exécution ou la transmission rapide et en bonne et due forme des demandes reçues. Si l'autorité centrale transmet la demande à une autorité compétente pour exécution, elle encourage l'exécution rapide et en bonne et due forme de la demande par l'autorité compétente. L'autorité centrale désignée à cette fin fait l'objet d'une notification adressée au Secrétaire général de l'Organisation des Nations unies au moment où chaque État Partie dépose ses instruments de ratification, d'acceptation ou d'approbation ou d'adhésion à la présente Convention. Les demandes d'entraide judiciaire et toute communication y relative sont transmises aux autorités centrales désignées par les États Parties. La présente disposition s'entend sans préjudice du droit de tout État Partie d'exiger que ces demandes et communications lui soient adressées par la voie diplomatique et, en cas d'urgence, si les États Parties en conviennent, par l'intermédiaire de l'Organisation internationale de police criminelle, si cela est possible.

14. Les demandes sont adressées par écrit ou, si possible, par tout autre moyen pouvant produire un document écrit, dans une langue acceptable pour l'État Partie requis, dans des conditions permettant audit État Partie d'en établir l'authenticité. La ou les langues acceptables pour chaque État Partie sont notifiées au Secrétaire général de l'Organisation des Nations unies au moment où ledit État Partie dépose ses instruments de ratification, d'acceptation ou d'approbation ou d'adhésion à la présente Convention. En cas d'urgence et si les États Parties en conviennent, les demandes peuvent être faites oralement, mais doivent être confirmées sans délai par écrit.

15. Une demande d'entraide judiciaire doit contenir les renseignements suivants :

a) La désignation de l'autorité dont émane la demande ;

b) L'objet et la nature de l'enquête, des poursuites ou de la procédure judiciaire auxquelles se rapporte la demande, ainsi que le nom et les fonctions de l'autorité qui en est chargée ;

c) Un résumé des faits pertinents, sauf pour les demandes adressées aux fins de la signification d'actes judiciaires ;

d) Une description de l'assistance requise et le détail de toute procédure particulière que l'État Partie requérant souhaite voir appliquée ;

e) Si possible, l'identité, l'adresse et la nationalité de toute personne visée ; et

f) Le but dans lequel le témoignage, les informations ou les mesures sont demandés.

16. L'État Partie requis peut demander un complément d'information lorsque cela apparaît nécessaire pour exécuter la demande conformément à son droit interne ou lorsque cela peut faciliter l'exécution de la demande.

17. Toute demande est exécutée conformément au droit interne de l'État Partie requis et, dans la mesure où cela ne contrevient pas au droit interne de l'État Partie requis et lorsque cela est possible, conformément aux procédures spécifiées dans la demande.

18. Lorsque cela est possible et conforme aux principes fondamentaux du droit interne, si une personne qui se trouve sur le territoire d'un État Partie doit être entendue comme témoin ou comme expert par les autorités judiciaires d'un autre État Partie, le premier État Partie peut, à la demande de l'autre, autoriser son audition par vidéoconférence s'il n'est pas possible ou souhaitable qu'elle comparaisse en personne sur le territoire de l'État Partie requérant. Les États Parties peuvent convenir que l'audition sera conduite par une autorité judiciaire de l'État Partie requérant et qu'une autorité judiciaire de l'État Partie requis y assistera.

19. L'État Partie requérant ne communique ni n'utilise les informations ou les éléments de preuve fournis par l'État Partie requis pour des enquêtes, poursuites ou

procédures judiciaires autres que celles visées dans la demande sans le consentement préalable de l'État Partie requis. Rien dans le présent paragraphe n'empêche l'État Partie requérant de révéler, lors de la procédure, des informations ou des éléments de preuve à décharge. Dans ce dernier cas, l'État Partie requérant avise l'État Partie requis avant la révélation et, s'il lui en est fait la demande, consulte l'État Partie requis. Si, dans un cas exceptionnel, une notification préalable n'est pas possible, l'État Partie requérant informe sans retard l'État Partie requis de la révélation.

20. L'État Partie requérant peut exiger que l'État Partie requis garde le secret sur la demande et sa teneur, sauf dans la mesure nécessaire pour l'exécuter. Si l'État Partie requis ne peut satisfaire à cette exigence, il en informe sans délai l'État Partie requérant.

21. L'entraide judiciaire peut être refusée :

a) Si la demande n'est pas faite conformément aux dispositions du présent article ;

b) Si l'État Partie requis estime que l'exécution de la demande est susceptible de porter atteinte à sa souveraineté, à sa sécurité, à son ordre public ou à d'autres intérêts essentiels ;

c) Au cas où le droit interne de l'État Partie requis interdirait à ses autorités de prendre les mesures demandées s'il s'agissait d'une infraction analogue ayant fait l'objet d'une enquête, de poursuites ou d'une procédure judiciaire dans le cadre de sa propre compétence ;

d) Au cas où il serait contraire au système juridique de l'État Partie requis concernant l'entraide judiciaire d'accepter la demande.

22. Les États Parties ne peuvent refuser une demande d'entraide judiciaire au seul motif que l'infraction est considérée comme touchant aussi à des questions fiscales.

23. Tout refus d'entraide judiciaire doit être motivé.

24. L'État Partie requis exécute la demande d'entraide judiciaire aussi promptement que possible et tient compte dans toute la mesure possible de tous délais suggérés par l'État Partie requérant et qui sont motivés, de préférence dans la demande. L'État Partie requis répond aux demandes raisonnables de l'État Partie requérant concernant les progrès faits dans l'exécution de la demande. Quand l'entraide demandée n'est plus nécessaire, l'État Partie requérant en informe promptement l'État Partie requis.

25. L'entraide judiciaire peut être différée par l'État Partie requis au motif qu'elle entraverait une enquête, des poursuites ou une procédure judiciaire en cours.

26. Avant de refuser une demande en vertu du paragraphe 21 du présent article ou d'en différer l'exécution en vertu de son paragraphe 25, l'État Partie requis étudie avec l'État Partie requérant la possibilité d'accorder l'entraide sous réserve des conditions qu'il juge nécessaires. Si l'État Partie requérant accepte l'entraide sous réserve de ces conditions, il se conforme à ces dernières.

27. Sans préjudice de l'application du paragraphe 12 du présent article, un témoin, un expert ou une autre personne qui, à la demande de l'État Partie requérant, consent à déposer au cours d'une procédure ou à collaborer à une enquête, à des poursuites ou à une procédure judiciaire sur le territoire de l'État Partie requérant ne sera pas poursuivi, détenu, puni ou soumis à d'autres restrictions à sa liberté personnelle sur ce territoire à raison d'actes, d'omissions ou de condamnations antérieurs à son départ du territoire de l'État Partie requis. Cette immunité cesse lorsque le témoin, l'expert ou ladite personne ayant eu, pour une période de quinze jours consécutifs ou pour toute autre période convenue par les États Parties, à compter de la date à laquelle ils ont été officiellement informés que leur présence n'était plus requise par les autorités judiciaires, la possibilité de quitter le territoire de l'État Partie requérant, y sont néanmoins demeurés volontairement ou, l'ayant quitté, y sont revenus de leur plein gré.

28. Les frais ordinaires encourus pour exécuter une demande sont à la charge de l'État Partie requis, à moins qu'il n'en soit convenu autrement entre les États Parties concernés. Lorsque des dépenses importantes ou extraordinaires sont ou se révèlent ultérieurement nécessaires pour exécuter la demande, les États Parties se consultent pour fixer les conditions selon lesquelles la demande sera exécutée, ainsi que la manière dont les frais seront assumés.

29. L'État Partie requis :

a) Fournit à l'État Partie requérant copies des dossiers, documents ou renseignements administratifs en sa possession et auxquels, en vertu de son droit interne, le public a accès ;

b) Peut, à son gré, fournir à l'État Partie requérant intégralement, en partie ou aux conditions qu'il estime appropriées, copies de tous dossiers, documents ou renseignements administratifs en sa possession et auxquels, en vertu de son droit interne, le public n'a pas accès.

30. Les États Parties envisagent, s'il y a lieu, la possibilité de conclure des accords ou des arrangements bilatéraux ou multilatéraux qui servent les objectifs et les dispositions du présent article, leur donnent un effet pratique ou les renforcent.

Art. 19 *Enquêtes conjointes.* Les États Parties envisagent de conclure des accords ou arrangements bilatéraux ou multilatéraux en vertu desquels, pour les affaires qui font l'objet d'enquêtes, de poursuites ou de procédures judiciaires dans un ou plusieurs États, les autorités compétentes concernées peuvent établir des instances d'enquêtes conjointes. En l'absence de tels accords ou arrangements, des enquêtes conjointes peuvent être décidées au cas par cas. Les États Parties concernés veillent à ce que la souveraineté de l'État Partie sur le territoire duquel l'enquête doit se dérouler soit pleinement respectée.

Art. 20 *Techniques d'enquête spéciales.* 1. Si les principes fondamentaux de son système juridique national le permettent, chaque État Partie, compte tenu de ses possibilités et conformément aux conditions prescrites dans son droit interne, prend les mesures nécessaires pour permettre le recours approprié aux livraisons surveillées et, lorsqu'il le juge approprié, le recours à d'autres techniques d'enquête spéciales, telles que la surveillance électronique ou d'autres formes de surveillance et les opérations d'infiltration, par ses autorités compétentes sur son territoire en vue de combattre efficacement la criminalité organisée.

2. Aux fins des enquêtes sur les infractions visées par la présente Convention, les États Parties sont encouragés à conclure, si nécessaire, des accords ou arrangements bilatéraux ou multilatéraux appropriés pour recourir aux techniques d'enquête spéciales dans le cadre de la coopération internationale. Ces accords ou arrangements sont conclus et appliqués dans le plein respect du principe de l'égalité souveraine des États et ils sont mis en œuvre dans le strict respect des dispositions qu'ils contiennent.

3. En l'absence d'accords ou d'arrangements visés au paragraphe 2 du présent article, les décisions de recourir à des techniques d'enquête spéciales au niveau international sont prises au cas par cas et peuvent, si nécessaire, tenir compte d'ententes et d'arrangements financiers quant à l'exercice de leur compétence par les États Parties intéressés.

4. Les livraisons surveillées auxquelles il est décidé de recourir au niveau international peuvent inclure, avec le consentement des États Parties concernés, des méthodes telles que l'interception des marchandises et l'autorisation de la poursuite de leur acheminement, sans altération ou après soustraction ou remplacement de la totalité ou d'une partie de ces marchandises.

Art. 21 *Transfert des procédures pénales.* Les États Parties envisagent la possibilité de se transférer mutuellement les procédures relatives à la poursuite d'une infraction visée par la présente Convention dans les cas où ce transfert est jugé nécessaire dans l'intérêt d'une bonne administration de la justice et, en particulier lorsque plusieurs juridictions sont concernées, en vue de centraliser les poursuites.

Art. 22 *Établissement des antécédents judiciaires.* Chaque État Partie peut adopter les mesures législatives ou autres qui sont nécessaires pour tenir compte, dans les conditions et aux fins qu'il juge appropriées, de toute condamnation dont l'auteur présumé d'une infraction aurait antérieurement fait l'objet dans un autre État, afin d'utiliser cette information dans le cadre d'une procédure pénale relative à une infraction visée par la présente Convention.

Art. 23 *Incrimination de l'entrave au bon fonctionnement de la justice.* Chaque État Partie adopte les mesures législatives et autres qui sont nécessaires pour conférer le caractère d'infraction pénale, lorsque les actes ont été commis intentionnellement :

a) Au fait de recourir à la force physique, à des menaces ou à l'intimidation ou de promettre, d'offrir ou d'accorder un avantage indu pour obtenir un faux témoignage ou empêcher un témoignage ou la présentation d'éléments de preuve dans une procédure en rapport avec la commission d'infractions visées par la présente Convention ;

b) Au fait de recourir à la force physique, à des menaces ou à l'intimidation pour empêcher un agent de la justice ou un agent des services de détection et de répression d'exercer les devoirs de leur charge lors de la commission d'infractions visées par la présente Convention. Rien dans le présent alinéa ne porte atteinte au droit des États Parties de disposer d'une législation destinée à protéger d'autres catégories d'agents publics.

Art. 24 *Protection des témoins.* 1. Chaque État Partie prend, dans la limite de ses moyens, des mesures appropriées pour assurer une protection efficace contre des actes éventuels de représailles ou d'intimidation aux témoins qui, dans le cadre de procédures pénales, font un témoignage concernant les infractions visées par la présente Convention et, le cas échéant, à leurs parents et à d'autres personnes qui leur sont proches.

2. Les mesures envisagées au paragraphe 1 du présent article peuvent consister notamment, sans préjudice des droits du défendeur, y compris du droit à une procédure régulière :

a) A établir, pour la protection physique de ces personnes, des procédures visant notamment, selon les besoins et dans la mesure du possible, à leur fournir un nouveau domicile et à permettre, le cas échéant, que les renseignements concernant leur identité et le lieu où elles se trouvent ne soient pas divulgués ou que leur divulgation soit limitée ;

b) A prévoir des règles de preuve qui permettent aux témoins de déposer d'une manière qui garantisse leur sécurité, notamment à les autoriser à déposer en recourant à des techniques de communication telles que les liaisons vidéo ou à d'autres moyens adéquats.

3. Les États Parties envisagent de conclure des arrangements avec d'autres États en vue de fournir un nouveau domicile aux personnes mentionnées au paragraphe 1 du présent article.

4. Les dispositions du présent article s'appliquent également aux victimes lorsqu'elles sont témoins.

Art. 25 *Octroi d'une assistance et d'une protection aux victimes.* 1. Chaque État Partie prend, dans la limite de ses moyens, des mesures appropriées pour prêter assistance et accorder protection aux victimes d'infractions visées par la présente Convention, en particulier dans les cas de menace de représailles ou d'intimidation.

2. Chaque État Partie établit des procédures appropriées pour permettre aux victimes d'infractions visées par la présente Convention d'obtenir réparation.

3. Chaque État Partie, sous réserve de son droit interne, fait en sorte que les avis et préoccupations des victimes soient présentés et pris en compte aux stades appropriés de la procédure pénale engagée contre les auteurs d'infractions, d'une manière qui ne porte pas préjudice aux droits de la défense.

Art. 26 *Mesures propres à renforcer la coopération avec les services de détection et de répression.* 1. Chaque État Partie prend des mesures appropriées pour encourager les personnes qui participent ou ont participé à des groupes criminels organisés :

a) A fournir des informations utiles aux autorités compétentes à des fins d'enquête et de recherche de preuves sur des questions telles que :

i) L'identité, la nature, la composition, la structure ou les activités des groupes criminels organisés, ou le lieu où ils se trouvent ;

ii) Les liens, y compris à l'échelon international, avec d'autres groupes criminels organisés ;

iii) Les infractions que les groupes criminels organisés ont commises ou pourraient commettre ;

b) A fournir une aide factuelle et concrète aux autorités compétentes, qui pourrait contribuer à priver les groupes criminels organisés de leurs ressources ou du produit du crime.

2. Chaque État Partie envisage de prévoir la possibilité, dans les cas appropriés, d'alléger la peine dont est passible un prévenu qui coopère de manière substantielle à l'enquête ou aux poursuites relatives à une infraction visée par la présente Convention.

3. Chaque État Partie envisage de prévoir la possibilité, conformément aux principes fondamentaux de son droit interne, d'accorder l'immunité de poursuites à une personne qui coopère de manière substantielle à l'enquête ou aux poursuites relatives à une infraction visée par la présente Convention.

4. La protection de ces personnes est assurée comme le prévoit l'article 24 de la présente Convention.

5. Lorsqu'une personne qui est visée au paragraphe 1 du présent article et se trouve dans un État Partie peut apporter une coopération substantielle aux autorités compétentes d'un autre État Partie, les États Parties concernés peuvent envisager de conclure des accords ou arrangements, conformément à leur droit interne, concernant l'éventuel octroi par l'autre État Partie du traitement décrit aux paragraphes 2 et 3 du présent article.

Art. 27 *Coopération entre les services de détection et de répression.* 1. Les États Parties coopèrent étroitement, conformément à leurs systèmes juridiques et administratifs respectifs, en vue de renforcer l'efficacité de la détection et de la répression des infractions visées par la présente Convention. En particulier, chaque État Partie adopte des mesures efficaces pour :

a) Renforcer ou, si nécessaire, établir des voies de communication entre ses autorités, organismes et services compétents pour faciliter l'échange sûr et rapide d'informations concernant tous les aspects des infractions visées par la présente Convention, y compris, si les États Parties concernés le jugent approprié, les liens avec d'autres activités criminelles ;

b) Coopérer avec d'autres États Parties, s'agissant des infractions visées par la présente Convention, dans la conduite d'enquêtes concernant les points suivants :

i) Identité et activités des personnes soupçonnées d'implication dans lesdites infractions, lieu où elles se trouvent ou lieu où se trouvent les autres personnes concernées ;

ii) Mouvement du produit du crime ou des biens provenant de la commission de ces infractions ;

iii) Mouvement des biens, des matériels ou d'autres instruments utilisés ou destinés à être utilisés dans la commission de ces infractions ;

c) Fournir, lorsqu'il y a lieu, les pièces ou quantités de substances nécessaires à des fins d'analyse ou d'enquête ;

d) Faciliter une coordination efficace entre les autorités, organismes et services compétents et favoriser l'échange de personnel et d'experts, y compris, sous réserve de l'existence d'accords ou d'arrangements bilatéraux entre les États Parties concernés, le détachement d'agents de liaison ;

e) Échanger, avec d'autres États Parties, des informations sur les moyens et procédés spécifiques employés par les groupes criminels organisés, y compris, s'il y a lieu, sur les itinéraires et les moyens de transport ainsi que sur l'usage de fausses identités, de documents modifiés ou falsifiés ou d'autres moyens de dissimulation de leurs activités ;

f) Échanger des informations et coordonner les mesures administratives et autres prises, comme il convient, pour détecter au plus tôt les infractions visées par la présente Convention.

2. Afin de donner effet à la présente Convention, les États Parties envisagent de conclure des accords ou des arrangements bilatéraux ou multilatéraux prévoyant une coopération directe entre leurs services de détection et de répression et, lorsque de tels accords ou arrangements existent déjà, de les modifier. En l'absence de tels accords ou arrangements entre les États Parties concernés, ces derniers peuvent se baser sur la présente Convention pour instaurer une coopération en matière de

détection et de répression concernant les infractions visées par la présente Convention. Chaque fois que cela est approprié, les États Parties utilisent pleinement les accords ou arrangements, y compris les organisations internationales ou régionales, pour renforcer la coopération entre leurs services de détection et de répression.

3. Les États Parties s'efforcent de coopérer, dans la mesure de leurs moyens, pour faire face à la criminalité transnationale organisée perpétrée au moyen de techniques modernes.

Art. 28 *Collecte, échange et analyse d'informations sur la nature de la criminalité organisée.* 1. Chaque État Partie envisage d'analyser, en consultation avec les milieux scientifiques et universitaires, les tendances de la criminalité organisée sur son territoire, les circonstances dans lesquelles elle opère, ainsi que les groupes professionnels et les techniques impliqués.

2. Les États Parties envisagent de développer leurs capacités d'analyse des activités criminelles organisées et de les mettre en commun directement entre eux et par le biais des organisations internationales et régionales. A cet effet, des définitions, normes et méthodes communes devraient être élaborées et appliquées selon qu'il convient.

3. Chaque État Partie envisage de suivre ses politiques et les mesures concrètes prises pour combattre la criminalité organisée et d'évaluer leur mise en œuvre et leur efficacité.

Art. 29 *Formation et assistance technique.* 1. Chaque État Partie établit, développe ou améliore, dans la mesure des besoins, des programmes de formation spécifiques à l'intention du personnel de ses services de détection et de répression, y compris des magistrats du parquet, des juges d'instruction et des agents des douanes, ainsi que d'autres personnels chargés de prévenir, de détecter et de réprimer les infractions visées par la présente Convention. Ces programmes peuvent prévoir des détachements et des échanges de personnel. Ils portent en particulier, dans la mesure où le droit interne l'autorise, sur les points suivants :

a) Méthodes employées pour prévenir, détecter et combattre les infractions visées par la présente Convention ;

b) Itinéraires empruntés et techniques employées par les personnes soupçonnées d'implication dans des infractions visées par la présente Convention, y compris dans les États de transit, et mesures de lutte appropriées ;

c) Surveillance du mouvement des produits de contrebande ;

d) Détection et surveillance du mouvement du produit du crime, des biens, des matériels ou des autres instruments, et méthodes de transfert, de dissimulation ou de déguisement de ce produit, de ces biens, de ces matériels ou de ces autres instruments, ainsi que les méthodes de lutte contre le blanchiment d'argent et contre d'autres infractions financières ;

e) Rassemblement des éléments de preuve ;

f) Techniques de contrôle dans les zones franches et les ports francs ;

g) Matériels et techniques modernes de détection et de répression, y compris la surveillance électronique, les livraisons surveillées et les opérations d'infiltration ;

h) Méthodes utilisées pour combattre la criminalité transnationale organisée perpétrée au moyen d'ordinateurs, de réseaux de télécommunication ou d'autres techniques modernes ; et

i) Méthodes utilisées pour la protection des victimes et des témoins.

2. Les États Parties s'entraident pour planifier et exécuter des programmes de recherche et de formation conçus pour échanger des connaissances spécialisées dans les domaines visés au paragraphe 1 du présent article et, à cette fin, mettent aussi à profit, lorsqu'il y a lieu, des conférences et séminaires régionaux et internationaux pour favoriser la coopération et stimuler les échanges de vues sur les problèmes communs, y compris les problèmes et besoins particuliers des États de transit.

3. Les États Parties encouragent les activités de formation et d'assistance technique de nature à faciliter l'extradition et l'entraide judiciaire. Ces activités de formation et d'assistance technique peuvent inclure une formation linguistique, des détache-

ments et des échanges entre les personnels des autorités centrales ou des organismes ayant des responsabilités dans les domaines visés.

4. Lorsqu'il existe des accords ou arrangements bilatéraux et multilatéraux en vigueur, les États Parties renforcent, autant qu'il est nécessaire, les mesures prises pour optimiser les activités opérationnelles et de formation au sein des organisations internationales et régionales et dans le cadre d'autres accords ou arrangements bilatéraux et multilatéraux en la matière.

Art. 30 *Autres mesures : application de la Convention par le développement économique et l'assistance technique.* 1. Les États Parties prennent des mesures propres à assurer la meilleure application possible de la présente Convention par la coopération internationale, compte tenu des effets négatifs de la criminalité organisée sur la société en général, et sur le développement durable en particulier.

2. Les États Parties font des efforts concrets, dans la mesure du possible, et en coordination les uns avec les autres ainsi qu'avec les organisations régionales et internationales :

a) Pour développer leur coopération à différents niveaux avec les pays en développement, en vue de renforcer la capacité de ces derniers à prévenir et combattre la criminalité transnationale organisée ;

b) Pour accroître l'assistance financière et matérielle à fournir aux pays en développement afin d'appuyer les efforts qu'ils déploient pour lutter efficacement contre la criminalité transnationale organisée et de les aider à appliquer la présente Convention avec succès ;

c) Pour fournir une assistance technique aux pays en développement et aux pays à économie en transition afin de les aider à répondre à leurs besoins aux fins de l'application de la présente Convention. Pour ce faire, les États Parties s'efforcent de verser volontairement des contributions adéquates et régulières à un compte établi à cet effet dans le cadre d'un mécanisme de financement des Nations unies. Les États Parties peuvent aussi envisager spécialement, conformément à leur droit interne et aux dispositions de la présente Convention, de verser au compte susvisé un pourcentage des fonds ou de la valeur correspondante du produit du crime ou des biens confisqués en application des dispositions de la présente Convention ;

d) Pour encourager et convaincre d'autres États et des institutions financières, selon qu'il convient, de s'associer aux efforts faits conformément au présent article, notamment en fournissant aux pays en développement davantage de programmes de formation et de matériel moderne afin de les aider à atteindre les objectifs de la présente Convention.

3. Autant que possible, ces mesures sont prises sans préjudice des engagements existants en matière d'assistance étrangère ou d'autres arrangements de coopération financière aux niveaux bilatéral, régional ou international.

4. Les États Parties peuvent conclure des accords ou des arrangements bilatéraux ou multilatéraux sur l'assistance matérielle et logistique, en tenant compte des arrangements financiers nécessaires pour assurer l'efficacité des moyens de coopération internationale prévus par la présente Convention et pour prévenir, détecter et combattre la criminalité transnationale organisée.

Art. 31 *Prévention.* 1. Les États Parties s'efforcent d'élaborer et d'évaluer des projets nationaux ainsi que de mettre en place et de promouvoir les meilleures pratiques et politiques pour prévenir la criminalité transnationale organisée.

2. Conformément aux principes fondamentaux de leur droit interne, les États Parties s'efforcent de réduire, par des mesures législatives, administratives ou autres appropriées, les possibilités actuelles ou futures des groupes criminels organisés de participer à l'activité des marchés licites en utilisant le produit du crime. Ces mesures devraient être axées sur :

a) Le renforcement de la coopération entre les services de détection et de répression ou les magistrats du parquet et entités privées concernées, notamment dans l'industrie ;

b) La promotion de l'élaboration de normes et procédures visant à préserver l'intégrité des entités publiques et des entités privées concernées, ainsi que de codes de déontologie pour les professions concernées, notamment celles de juriste, de notaire, de conseiller fiscal et de comptable ;

c) La prévention de l'usage impropre par les groupes criminels organisés des procédures d'appel d'offres menées par des autorités publiques ainsi que des subventions et licences accordées par des autorités publiques pour une activité commerciale ;

d) La prévention de l'usage impropre par des groupes criminels organisés de personnes morales ; ces mesures pourraient inclure :

i) L'établissement de registres publics des personnes morales et physiques impliquées dans la création, la gestion et le financement de personnes morales ;

ii) La possibilité de déchoir les personnes reconnues coupables d'infractions visées par la présente Convention, par décision de justice ou par tout moyen approprié, pour une période raisonnable, du droit de diriger des personnes morales constituées sur leur territoire ;

iii) L'établissement de registres nationaux des personnes déchues du droit de diriger des personnes morales ; et

iv) L'échange d'informations contenues dans les registres mentionnés aux sous-alinéas d i et iii du présent alinéa avec les autorités compétentes des autres États Parties.

3. Les États Parties s'efforcent de promouvoir la réinsertion dans la société des personnes reconnues coupables d'infractions visées par la présente Convention.

4. Les États Parties s'efforcent d'évaluer périodiquement les instruments juridiques et les pratiques administratives pertinents en vue de déterminer s'ils comportent des lacunes permettant aux groupes criminels organisés d'en faire un usage impropre.

5. Les États Parties s'efforcent de mieux sensibiliser le public à l'existence, aux causes et à la gravité de la criminalité transnationale organisée et à la menace qu'elle représente. Ils peuvent le faire, selon qu'il convient, par l'intermédiaire des médias et en adoptant des mesures destinées à promouvoir la participation du public aux activités de prévention et de lutte.

6. Chaque État Partie communique au Secrétaire général de l'Organisation des Nations unies le nom et l'adresse de l'autorité ou des autorités susceptibles d'aider les autres États Parties à mettre au point des mesures de prévention de la criminalité transnationale organisée.

7. Les États Parties collaborent, selon qu'il convient, entre eux et avec les organisations régionales et internationales compétentes en vue de promouvoir et de mettre au point les mesures visées dans le présent article. A ce titre, ils participent à des projets internationaux visant à prévenir la criminalité transnationale organisée, par exemple en agissant sur les facteurs qui rendent les groupes socialement marginalisés vulnérables à l'action de cette criminalité.

Art. 32 *Conférence des Parties à la Convention.* 1. Une Conférence des Parties à la Convention est instituée pour améliorer la capacité des États Parties à combattre la criminalité transnationale organisée et pour promouvoir et examiner l'application de la présente Convention.

2. Le Secrétaire général de l'Organisation des Nations unies convoquera la Conférence des Parties au plus tard un an après l'entrée en vigueur de la présente Convention. La Conférence des Parties adoptera un règlement intérieur et des règles régissant les activités énoncées aux paragraphes 3 et 4 du présent article (y compris des règles relatives au financement des dépenses encourues au titre de ces activités).

3. La Conférence des Parties arrête des mécanismes en vue d'atteindre les objectifs visés au paragraphe 1 du présent article, notamment :

a) Elle facilite les activités menées par les États Parties en application des articles 29, 30 et 31 de la présente Convention, y compris en encourageant la mobilisation de contributions volontaires ;

b) Elle facilite l'échange d'informations entre États Parties sur les caractéristiques et tendances de la criminalité transnationale organisée et les pratiques efficaces pour la combattre ;

c) Elle coopère avec les organisations régionales et internationales et les organisations non gouvernementales compétentes ;

d) Elle examine à intervalles réguliers l'application de la présente Convention ;

e) Elle formule des recommandations en vue d'améliorer la présente Convention et son application ;

4. Aux fins des alinéas d et e du paragraphe 3 du présent article, la Conférence des Parties s'enquiert des mesures adoptées et des difficultés rencontrées par les États Parties pour appliquer la présente Convention en utilisant les informations que ceux-ci lui communiquent ainsi que les mécanismes complémentaires d'examen qu'elle pourra établir.

5. Chaque État Partie communique à la Conférence des Parties, comme celle-ci le requiert, des informations sur ses programmes, plans et pratiques ainsi que sur ses mesures législatives et administratives visant à appliquer la présente Convention.

Art. 33 *Secrétariat.* 1. Le Secrétaire général de l'Organisation des Nations unies fournit les services de secrétariat nécessaires à la Conférence des Parties à la Convention.

2. Le secrétariat :

a) Aide la Conférence des Parties à réaliser les activités énoncées à l'article 32 de la présente Convention, prend des dispositions et fournit les services nécessaires pour les sessions de la Conférence des Parties ;

b) Aide les États Parties, sur leur demande, à fournir des informations à la Conférence des Parties comme le prévoit le paragraphe 5 de l'article 32 de la présente Convention ; et

c) Assure la coordination nécessaire avec le secrétariat des organisations régionales et internationales compétentes.

Art. 34 *Application de la Convention.* 1. Chaque État Partie prend les mesures nécessaires, y compris législatives et administratives, conformément aux principes fondamentaux de son droit interne, pour assurer l'exécution de ses obligations en vertu de la présente Convention.

2. Les infractions établies conformément aux articles 5, 6, 8 et 23 de la présente Convention sont établies dans le droit interne de chaque État Partie indépendamment de leur nature transnationale ou de l'implication d'un groupe criminel organisé comme énoncé au paragraphe 1 de l'article 3 de la présente Convention, sauf dans la mesure où, conformément à l'article 5 de la présente Convention, serait requise l'implication d'un groupe criminel organisé.

3. Chaque État Partie peut adopter des mesures plus strictes ou plus sévères que celles qui sont prévues par la présente Convention afin de prévenir et de combattre la criminalité transnationale organisée.

Art. 35 *Règlement des différends.* 1. Les États Parties s'efforcent de régler les différends concernant l'interprétation ou l'application de la présente Convention par voie de négociation.

2. Tout différend entre deux États Parties ou plus concernant l'interprétation ou l'application de la présente Convention qui ne peut être réglé par voie de négociation dans un délai raisonnable est, à la demande de l'un de ces États Parties, soumis à l'arbitrage. Si, dans un délai de six mois à compter de la date de la demande d'arbitrage, les États Parties ne peuvent s'entendre sur l'organisation de l'arbitrage, l'un quelconque d'entre eux peut soumettre le différend à la Cour internationale de Justice en adressant une requête conformément au Statut de la Cour.

3. Chaque État Partie peut, au moment de la signature, de la ratification, de l'acceptation ou de l'approbation de la présente Convention ou de l'adhésion à celle-ci, déclarer qu'il ne se considère pas lié par le paragraphe 2 du présent article. Les autres États Parties ne sont pas liés par le paragraphe 2 du présent article envers tout État Partie ayant émis une telle réserve.

4. Tout État Partie qui a émis une réserve en vertu du paragraphe 3 du présent article peut la retirer à tout moment en adressant une notification au Secrétaire général de l'Organisation des Nations unies.

Art. 36 *Signature, ratification, acceptation, approbation et adhésion.* 1. La présente Convention sera ouverte à la signature de tous les États du 12 au 15 décembre 2000 à Palerme (Italie) et, par la suite, au Siège de l'Organisation des Nations unies, à New York, jusqu'au 12 décembre 2002.

2. La présente Convention est également ouverte à la signature des organisations régionales d'intégration économique à la condition qu'au moins un État membre d'une telle organisation ait signé la présente Convention conformément au paragraphe 1 du présent article.

3. La présente Convention est soumise à ratification, acceptation ou approbation. Les instruments de ratification, d'acceptation ou d'approbation seront déposés auprès du Secrétaire général de l'Organisation des Nations unies. Une organisation régionale d'intégration économique peut déposer ses instruments de ratification, d'acceptation ou d'approbation si au moins un de ses États membres l'a fait. Dans cet instrument de ratification, d'acceptation ou d'approbation, cette organisation déclare l'étendue de sa compétence concernant les questions régies par la présente Convention. Elle informe également le dépositaire de toute modification pertinente de l'étendue de sa compétence.

4. La présente Convention est ouverte à l'adhésion de tout État ou de toute organisation régionale d'intégration économique dont au moins un État membre est Partie à la présente Convention. Les instruments d'adhésion sont déposés auprès du Secrétaire général de l'Organisation des Nations unies. Au moment de son adhésion, une organisation régionale d'intégration économique déclare l'étendue de sa compétence concernant les questions régies par la présente Convention. Elle informe également le dépositaire de toute modification pertinente de l'étendue de sa compétence.

Art. 37 *Relation avec les protocoles.* 1. La présente Convention peut être complétée par un ou plusieurs protocoles.

2. Pour devenir Partie à un protocole, un État ou une organisation régionale d'intégration économique doit être également Partie à la présente Convention.

3. Un État Partie à la présente Convention n'est pas lié par un protocole, à moins qu'il ne devienne Partie audit protocole conformément aux dispositions de ce dernier.

4. Tout protocole à la présente Convention est interprété conjointement avec la présente Convention, compte tenu de l'objet de ce protocole.

Art. 38 *Entrée en vigueur.* 1. La présente Convention entrera en vigueur le quatre-vingt-dixième jour suivant la date de dépôt du quarantième instrument de ratification, d'acceptation, d'approbation ou d'adhésion. Aux fins du présent paragraphe, aucun des instruments déposés par une organisation régionale d'intégration économique n'est considéré comme un instrument venant s'ajouter aux instruments déjà déposés par les États membres de cette organisation.

2. Pour chaque État ou organisation régionale d'intégration économique qui ratifiera, acceptera ou approuvera la présente Convention ou y adhérera après le dépôt du quarantième instrument pertinent, la présente Convention entrera en vigueur le trentième jour suivant la date de dépôt de l'instrument pertinent par ledit État ou ladite organisation.

Art. 39 *Amendement.* 1. A l'expiration d'un délai de cinq ans à compter de l'entrée en vigueur de la présente Convention, un État Partie peut proposer un amendement et en déposer le texte auprès du Secrétaire général de l'Organisation des Nations unies. Ce dernier communique alors la proposition d'amendement aux États Parties et à la Conférence des Parties à la Convention en vue de l'examen de la proposition et de l'adoption d'une décision. La Conférence des Parties n'épargne aucun effort pour parvenir à un consensus sur tout amendement. Si tous les efforts en ce sens ont été épuisés sans qu'un accord soit intervenu, il faudra, en dernier recours, pour que l'amendement soit adopté, un vote à la majorité des deux tiers des États Parties présents à la Conférence des Parties et exprimant leur vote.

2. Les organisations régionales d'intégration économique disposent, pour exercer, en vertu du présent article, leur droit de vote dans les domaines qui relèvent de leur compétence, d'un nombre de voix égal au nombre de leurs États membres Parties à la présente Convention. Elles n'exercent pas leur droit de vote si leurs États membres exercent le leur, et inversement.

3. Un amendement adopté conformément au paragraphe 1 du présent article est soumis à ratification, acceptation ou approbation des États Parties.

4. Un amendement adopté conformément au paragraphe 1 du présent article entrera en vigueur pour un État Partie quatre-vingt-dix jours après la date de dépôt par ledit État Partie auprès du Secrétaire général de l'Organisation des Nations unies d'un instrument de ratification, d'acceptation ou d'approbation dudit amendement.

5. Un amendement entré en vigueur a force obligatoire à l'égard des États Parties qui ont exprimé leur consentement à être liés par lui. Les autres États Parties restent liés par les dispositions de la présente Convention et tous amendements antérieurs qu'ils ont ratifiés, acceptés ou approuvés.

Art. 40 *Dénonciation.* **1. Un État Partie peut dénoncer la présente Convention par notification écrite adressée au Secrétaire général de l'Organisation des Nations unies. Une telle dénonciation prend effet un an après la date de réception de la notification par le Secrétaire général.**

2. Une organisation régionale d'intégration économique cesse d'être Partie à la présente Convention lorsque tous ses États membres l'ont dénoncée.

3. La dénonciation de la présente Convention conformément au paragraphe 1 du présent article entraîne la dénonciation de tout protocole y relatif.

Art. 41 *Dépositaire et langues.* **1. Le Secrétaire général de l'Organisation des Nations unies est le dépositaire de la présente Convention.**

2. L'original de la présente Convention, dont les textes anglais, arabe, chinois, espagnol, français et russe font également foi, sera déposé auprès du Secrétaire général de l'Organisation des Nations unies.

Convention des Nations unies du 31 octobre 2003,

Contre la corruption (CNUCC/UNCAC).

COMMENTAIRE

La convention des Nations unies contre la corruption (CNUCC) a été adoptée par l'Assemblée générale des Nations unies le 31 octobre 2003 et est entrée en vigueur le 14 décembre 2005.

La CNUCC exige des parties qu'elles critiquent un large éventail d'actes de corruption, y compris en matière de corruption nationale et étrangère et d'infractions connexes telles que le blanchiment d'argent. En revanche, la CNUCC ne donne pas de définition de la corruption, ce qui évite une limitation interprétative.

La CNUCC est organisée en huit chapitres. Le chapitre I est relatif aux dispositions générales (objet, définitions, etc).

Le chapitre II est consacré aux mesures préventives, visant à la fois le secteur public et le secteur privé. L'article 5 de la convention enjoint à chaque État partie d'établir et de promouvoir des pratiques efficaces visant à prévenir la corruption. Ces mesures comprennent des modèles de politiques préventives, comme la création d'organes de lutte contre la corruption et une plus grande transparence dans le financement des campagnes électorales et des partis politiques. Les États doivent s'efforcer de veiller à ce que leurs services publics soient soumis à des règles qui favorisent l'efficacité, la transparence et le recrutement fondé sur le mérite. Une fois recrutés, les fonctionnaires devraient être soumis à des codes de conduite, à des exigences de transparence financière et à des mesures disciplinaires appropriées. La transparence et la responsabilité en matière de finances publiques doivent être encouragées, et des exigences spécifiques sont établies pour la prévention de la corruption dans les domaines particulièrement critiques tels que le système judiciaire et les marchés publics. La convention invite les pays à promouvoir activement la participation des organisations non gouvernementales ainsi qu'à sensibiliser le public à la corruption et à ce qui peut être fait pour la combattre.

Le chapitre III est consacré aux incriminations, à la détection et à la répression. La CNUCC exige des pays qu'ils établissent des infractions pénales et autres pour couvrir un large éventail d'actes de corruption, si ceux-ci ne sont pas déjà des crimes en vertu du droit interne. Dans certains cas, les États sont légalement tenus d'établir des infractions, dans d'autres, afin de tenir compte des différences dans le droit interne, ils sont tenus d'envisager de le faire. La convention va au-delà des instruments précédents de ce type, en incriminant non seulement des formes fondamentales de corruption telles que la corruption et le détournement de fonds publics, mais aussi le trafic d'influence et le blanchiment. Les infractions prévues par la convention portent également sur la corruption dans le secteur privé.

Le chapitre IV est relatif à la coopération internationale. Les pays ont convenu de coopérer les uns avec les autres dans tous les aspects de la lutte contre la corruption, y compris la prévention, les enquêtes et la poursuite des contrevenants. Les pays sont tenus par la convention à une entraide judiciaire pour la collecte et le transfert de preuves en vue de leur utilisation devant les tribunaux et afin d'extrader les délinquants (V. not. art. 43). Les pays sont également tenus de prendre des mesures pour faciliter le dépistage, le gel, la saisie et la confiscation des produits de la corruption.

Le chapitre V est consacré au recouvrement des avoirs. Il s'agit d'une question particulièrement importante pour de nombreux pays en développement où la corruption de haut niveau a porté atteinte aux richesses nationales et où les ressources sont indispensables à la reconstruction. En cas de détournement de fonds publics, les biens confisqués seraient restitués à l'État requérant. Dans le cas des produits d'une autre infraction, les biens seraient restitués en apportant la preuve de la propriété ou de la reconnaissance du dommage causé à un État requérant. Dans tous les autres cas, une attention prioritaire serait accordée à la restitution des biens confisqués à l'État requérant, à la restitution de ces biens aux propriétaires légitimes antérieurs ou à l'indemnisation des victimes.

Le chapitre VI concerne les modalités de coopération et d'assistance, de formation des personnels chargés de prévenir et combattre la corruption.

Le chapitre VII institue l'organe décisionnel et de suivi de la CNUCC qui est la Conférence des États parties (COSP). Tous les États ayant ratifié la CNUCC font automatiquement partie de cette conférence. Les autres États, les organisations intergouvernementales et les organisations non gouvernementales peuvent demander le statut d'observateur auprès de la COSP.

La COSP se réunit tous les deux ans et adopte des résolutions et des décisions dans le but d'améliorer la capacité des États parties à atteindre les objectifs énoncés dans la CNUCC et à renforcer leur coopération à cet effet. Elle a également pour objectif de promouvoir et d'examiner l'application de la CNUCC. Elle opère sous l'autorité du règlement intérieur adopté par la Conférence.

A l'occasion de la troisième réunion de la COSP à Doha en 2009, un dispositif d'examen par les pairs a été institué, c'est-à-dire d'évaluation par des États parties de la mise en œuvre de la CNUCC par d'autres États parties. Le processus d'examen comprend deux cycles de cinq ans : le premier cycle (2010 – 2015) couvre le chapitre III de la CNUCC sur l'incrimination, la détection et la répression, et le chapitre IV sur la coopération internationale et le deuxième cycle (2015 – 2020) couvre le chapitre II sur les mesures préventives et le chapitre V sur le recouvrement d'avoirs.

Le processus d'examen comprend quatre phases : l'autoévaluation, l'État contrôlé remplissant lui-même une liste de contrôle d'autoévaluation standardisée ; l'examen par les pairs, conduit par deux pays examinateurs ; le rapport d'examen avec résumé analytique ; et, enfin, théoriquement, le suivi, même si aucun mécanisme ne permet de s'assurer d'un suivi effectif postérieurement au rapport.

Le 3 juin 2021, à l'occasion de la session spéciale de l'assemblée générale des Nations unies consacrée à la corruption, un réseau international de coopération a été officiellement mis en place : le GlobE – *Global Operational Network of Anti-Corruption Law Enforcement Authorities* (https://globenetwork.unodc.org/globenetwork/en/about.html). Il s'agit d'une plateforme d'échanges entre les autorités et les praticiens de la lutte anticorruption de l'ensemble des pays membres des Nations unies. ❑

Préambule

Les États Parties à la présente Convention,

Préoccupés par la gravité des problèmes que pose la corruption et de la menace qu'elle constitue pour la stabilité et la sécurité des sociétés, en sapant les institutions et les valeurs démocratiques, les valeurs éthiques et la justice et en compromettant le développement durable et l'état de droit,

Préoccupés également par les liens qui existent entre corruption et d'autres formes de criminalité, en particulier la criminalité organisée et la criminalité économique, y compris le blanchiment d'argent,

Préoccupés en outre par les affaires de corruption qui portent sur des quantités considérables d'avoirs, pouvant représenter une part substantielle des ressources des États, et qui menacent la stabilité politique et le développement durable de ces États,

Convaincus que la corruption n'est plus une affaire locale mais un phénomène transnational qui frappe toutes les sociétés et toutes les économies, ce qui rend la coopération internationale essentielle pour la prévenir et la juguler,

Convaincus également qu'une approche globale et multidisciplinaire est nécessaire pour prévenir et combattre la corruption efficacement,

Convaincus en outre que l'offre d'assistance technique peut contribuer de manière importante à rendre les États mieux à même, y compris par le renforcement des capacités et des institutions, de prévenir et de combattre la corruption efficacement,

Convaincus du fait que l'acquisition illicite de richesses personnelles peut être particulièrement préjudiciable aux institutions démocratiques, aux économies nationales et à l'état de droit,

Résolus à prévenir, détecter et décourager de façon plus efficace les transferts internationaux d'avoirs illicitement acquis et à renforcer la coopération internationale dans le recouvrement d'avoirs,

Reconnaissant les principes fondamentaux du respect des garanties prévues par la loi dans les procédures pénales et dans les procédures civiles ou administratives concernant la reconnaissance de droits de propriété,

Ayant à l'esprit qu'il incombe à tous les États de prévenir et d'éradiquer la corruption et que ceux-ci doivent coopérer entre eux, avec le soutien et la participation de personnes et de groupes n'appartenant pas au secteur public, comme la société civile, les organisations non gouvernementales et les communautés de personnes, pour que leurs efforts dans ce domaine soient efficaces,

Ayant également à l'esprit les principes de bonne gestion des affaires publiques et des biens publics, d'équité, de responsabilité et d'égalité devant la loi et la nécessité de sauvegarder l'intégrité et de favoriser une culture de refus de la corruption,

Se félicitant des travaux menés par la Commission pour la prévention du crime et la justice pénale et l'Office des Nations unies contre la drogue et le crime afin de prévenir et combattre la corruption,

Rappelant les travaux menés dans ce domaine par d'autres organisations internationales et régionales, notamment les activités du Conseil de coopération douanière (également appelé Organisation mondiale des douanes), du Conseil de l'Europe, de la Ligue des États arabes, de l'Organisation de coopération et de développement économiques, de l'Organisation des États américains, de l'Union africaine et de l'Union européenne,

Prenant acte avec satisfaction des instruments multilatéraux visant à prévenir et combattre la corruption, tels que, entre autres, la Convention interaméricaine contre la corruption, adoptée par l'Organisation des États américains le 29 mars 1996, la Convention relative à la lutte contre la corruption impliquant des fonctionnaires des communautés européennes ou des fonctionnaires des États membres de l'Union européenne, adoptée par le Conseil de l'Union européenne le 26 mai 1997, la Convention sur la lutte contre la corruption d'agents publics étrangers dans les transactions commerciales internationales, adoptée par l'Organisation de coopération et de développement économiques le 21 novembre 1997, la Convention pénale sur la corruption, adoptée par le Comité des ministres du Conseil de l'Europe le 27 janvier 1999, la Convention civile sur la corruption, adoptée par le Comité des ministres du Conseil de l'Europe le 4 novembre 1999, et la Convention sur la prévention et la lutte contre la corruption, adoptée par les chefs d'État et de gouvernement de l'Union africaine le 12 juillet 2003,

Se félicitant de l'entrée en vigueur, le 29 septembre 2003, de la Convention des Nations unies contre la criminalité transnationale organisée,

Sont convenus de ce qui suit :

CHAPITRE I ***DISPOSITIONS GÉNÉRALES***

Art. 1er *Objet.* La présente Convention a pour objet :

a) De promouvoir et renforcer les mesures visant à prévenir et combattre la corruption de manière plus efficace ;

b) De promouvoir, faciliter et appuyer la coopération internationale et l'assistance technique aux fins de la prévention de la corruption et de la lutte contre celle-ci, y compris le recouvrement d'avoirs ;

c) De promouvoir l'intégrité, la responsabilité et la bonne gestion des affaires publiques et des biens publics.

Art. 2 *Terminologie.* Aux fins de la présente Convention :

a) On entend par "agent public" : i) toute personne qui détient un mandat législatif, exécutif, administratif ou judiciaire d'un État Partie, qu'elle ait été nommée ou élue, à titre permanent ou temporaire, qu'elle soit rémunérée ou non rémunérée, et quel que soit son niveau hiérarchique ; ii) toute autre personne qui exerce une fonction publique, y compris pour un organisme public ou une entreprise publique, ou qui fournit un service public, tels que ces termes sont définis dans le droit interne de l'État Partie et appliqués dans la branche pertinente du droit de cet État ; iii) toute autre personne définie comme "agent public" dans le droit interne d'un État Partie. Toutefois, aux fins de certaines mesures spécifiques prévues au chapitre II de la présente Convention, on peut entendre par "agent public" toute personne qui exerce une fonction publique ou qui fournit un service public tels que ces termes sont définis dans le droit interne de l'État Partie et appliqués dans la branche pertinente du droit de cet État ;

b) On entend par "agent public étranger" toute personne qui détient un mandat législatif, exécutif, administratif ou judiciaire d'un pays étranger, qu'elle ait été nommée ou élue ; et toute personne qui exerce une fonction publique pour un pays étranger, y compris pour un organisme public ou une entreprise publique ;

c) On entend par "fonctionnaire d'une organisation internationale publique" un fonctionnaire international ou toute personne autorisée par une telle organisation à agir en son nom ;

d) On entend par "biens" tous les types d'avoirs, corporels ou incorporels, meubles ou immeubles, tangibles ou intangibles, ainsi que les actes juridiques ou documents attestant la propriété de ces avoirs ou les droits y relatifs ;

e) On entend par "produit du crime" tout bien provenant directement ou indirectement de la commission d'une infraction ou obtenu directement ou indirectement en la commettant ;

f) On entend par "gel" ou "saisie" l'interdiction temporaire du transfert, de la conversion, de la disposition ou du mouvement de biens, ou le fait d'assumer temporairement la garde ou le contrôle de biens sur décision d'un tribunal ou d'une autre autorité compétente ;

g) On entend par "confiscation" la dépossession permanente de biens sur décision d'un tribunal ou d'une autre autorité compétente ;

h) On entend par "infraction principale" toute infraction par suite de laquelle est généré un produit qui est susceptible de devenir l'objet d'une infraction définie à l'article 23 de la présente Convention ;

i) On entend par "livraison surveillée" la méthode consistant à permettre la sortie du territoire, le passage par le territoire, ou l'entrée sur le territoire d'un ou de plusieurs États, d'expéditions illicites ou suspectées de l'être, au su et sous le contrôle des autorités compétentes de ces États, en vue d'enquêter sur une infraction et d'identifier les personnes impliquées dans sa commission.

Art. 3 *Champ d'application.* 1. La présente Convention s'applique, conformément à ses dispositions, à la prévention, aux enquêtes et aux poursuites concernant la corruption ainsi qu'au gel, à la saisie, à la confiscation et à la restitution du produit des infractions établies conformément à la présente Convention.

2. Aux fins de l'application de la présente Convention, il n'est pas nécessaire, sauf si celle-ci en dispose autrement, que les infractions qui y sont visées causent un dommage ou un préjudice patrimonial à l'État.

Art. 4 *Protection de la souveraineté.* 1. Les États Parties exécutent leurs obligations au titre de la présente Convention d'une manière compatible avec les principes de l'égalité souveraine et de l'intégrité territoriale des États et avec celui de la non-intervention dans les affaires intérieures d'autres États.

2. Aucune disposition de la présente Convention n'habilite un État Partie à exercer sur le territoire d'un autre État une compétence et des fonctions qui sont exclusivement réservées aux autorités de cet autre État par son droit interne.

CHAPITRE II *MESURES PRÉVENTIVES*

Art. 5 *Politiques et pratiques de prévention de la corruption.* 1. Chaque État Partie élabore et applique ou poursuit, conformément aux principes fondamentaux de son système juridique, des politiques de prévention de la corruption efficaces et coordonnées qui favorisent la participation de la société et reflètent les principes d'état de droit, de bonne gestion des affaires publiques et des biens publics, d'intégrité, de transparence et de responsabilité.

2. Chaque État Partie s'efforce de mettre en place et de promouvoir des pratiques efficaces visant à prévenir la corruption.

3. Chaque État Partie s'efforce d'évaluer périodiquement les instruments juridiques et mesures administratives pertinents en vue de déterminer s'ils sont adéquats pour prévenir et combattre la corruption.

4. Les États Parties collaborent, selon qu'il convient et conformément aux principes fondamentaux de leur système juridique, entre eux et avec les organisations régionales et internationales compétentes pour la promotion et la mise au point des mesures visées dans le présent article. Dans le cadre de cette collaboration, ils peuvent participer à des programmes et projets internationaux visant à prévenir la corruption.

Art. 6 *Organe ou organes de prévention de la corruption.* 1. Chaque État Partie fait en sorte, conformément aux principes fondamentaux de son système juridique, qu'existent un ou plusieurs organes, selon qu'il convient, chargés de prévenir la corruption par des moyens tels que :

a) L'application des politiques visées à l'article 5 de la présente Convention et, s'il y a lieu, la supervision et la coordination de cette application ;

b) L'accroissement et la diffusion des connaissances concernant la prévention de la corruption.

2. Chaque État Partie accorde à l'organe ou aux organes visés au paragraphe 1 du présent article l'indépendance nécessaire, conformément aux principes fondamentaux de son système juridique, pour leur permettre d'exercer efficacement leurs fonctions à l'abri de toute influence indue. Les ressources matérielles et les personnels spécialisés nécessaires, ainsi que la formation dont ces personnels peuvent avoir besoin pour exercer leurs fonctions, devraient leur être fournis.

3. Chaque État Partie communique au Secrétaire général de l'Organisation des Nations unies le nom et l'adresse de l'autorité ou des autorités susceptibles d'aider d'autres États Parties à mettre au point et à appliquer des mesures spécifiques de prévention de la corruption.

Art. 7 *Secteur public.* 1. Chaque État Partie s'efforce, s'il y a lieu et conformément aux principes fondamentaux de son système juridique, d'adopter, de maintenir et de renforcer des systèmes de recrutement, d'embauchage, de fidélisation, de promotion et de retraite des fonctionnaires et, s'il y a lieu, des autres agents publics non élus, qui :

a) Reposent sur les principes d'efficacité et de transparence et sur des critères objectifs tels que le mérite, l'équité et l'aptitude ;

b) Comportent des procédures appropriées pour sélectionner et former les personnes appelées à occuper des postes publics considérés comme particulièrement exposés à la corruption et, s'il y a lieu, pour assurer une rotation sur ces postes ;

c) Favorisent une rémunération adéquate et des barèmes de traitement équitables, compte tenu du niveau de développement économique de l'État Partie ;

d) Favorisent l'offre de programmes d'éducation et de formation qui leur permettent de s'acquitter de leurs fonctions de manière correcte, honorable et adéquate et les fassent bénéficier d'une formation spécialisée appropriée qui les sensibilise davantage aux risques de corruption inhérents à l'exercice de leurs fonctions. Ces programmes peuvent faire référence aux codes ou normes de conduite applicables.

2. Chaque État Partie envisage aussi d'adopter des mesures législatives et administratives appropriées, compatibles avec les objectifs de la présente Convention et conformes aux principes fondamentaux de son droit interne, afin d'arrêter des critères pour la candidature et l'élection à un mandat public.

3. Chaque État Partie envisage également d'adopter des mesures législatives et administratives appropriées, compatibles avec les objectifs de la présente Convention et conformes aux principes fondamentaux de son droit interne, afin d'accroître la transparence du financement des candidatures à un mandat public électif et, le cas échéant, du financement des partis politiques.

4. Chaque État Partie s'efforce, conformément aux principes fondamentaux de son droit interne, d'adopter, de maintenir et de renforcer des systèmes qui favorisent la transparence et préviennent les conflits d'intérêts.

Art. 8 *Codes de conduite des agents publics.* 1. Afin de lutter contre la corruption, chaque État Partie encourage notamment l'intégrité, l'honnêteté et la responsabilité chez ses agents publics, conformément aux principes fondamentaux de son système juridique.

2. En particulier, chaque État Partie s'efforce d'appliquer, dans le cadre de ses propres systèmes institutionnel et juridique, des codes ou des normes de conduite pour l'exercice correct, honorable et adéquat des fonctions publiques.

3. Aux fins de l'application des dispositions du présent article, chaque État Partie prend acte, s'il y a lieu et conformément aux principes fondamentaux de son système juridique, des initiatives pertinentes d'organisations régionales, interrégionales et multilatérales, telles que le Code international de conduite des agents de la fonction publique annexé à la résolution 51/59 de l'Assemblée générale, en date du 12 décembre 1996.

4. Chaque État Partie envisage aussi, conformément aux principes fondamentaux de son droit interne, de mettre en place des mesures et des systèmes de nature à faciliter le signalement par les agents publics aux autorités compétentes des actes de corruption dont ils ont connaissance dans l'exercice de leurs fonctions.

5. Chaque État Partie s'efforce, s'il y a lieu et conformément aux principes fondamentaux de son droit interne, de mettre en place des mesures et des systèmes faisant obligation aux agents publics de déclarer aux autorités compétentes notamment toutes activités extérieures, tout emploi, tous placements, tous avoirs et tous dons ou avantages substantiels d'où pourrait résulter un conflit d'intérêts avec leurs fonctions d'agent public.

6. Chaque État Partie envisage de prendre, conformément aux principes fondamentaux de son droit interne, des mesures disciplinaires ou autres à l'encontre des agents publics qui enfreignent les codes ou normes institués en vertu du présent article.

Art. 9 *Passation des marchés publics et gestion des finances publiques.* 1. Chaque État Partie prend, conformément aux principes fondamentaux de son système juridique, les mesures nécessaires pour mettre en place des systèmes appropriés de passation des marchés publics qui soient fondés sur la transparence, la concurrence et des critères objectifs pour la prise des décisions et qui soient efficaces, entre autres, pour prévenir la corruption. Ces systèmes, pour l'application desquels des valeurs-seuils peuvent être prises en compte, prévoient notamment :

a) La diffusion publique d'informations concernant les procédures de passation des marchés et les marchés, y compris d'informations sur les appels d'offres et d'informations pertinentes sur l'attribution des marchés, suffisamment de temps étant laissé aux soumissionnaires potentiels pour établir et soumettre leurs offres ;

b) L'établissement à l'avance des conditions de participation, y compris les critères de sélection et d'attribution et les règles d'appels d'offres, et leur publication ;

c) L'utilisation de critères objectifs et prédéterminés pour la prise des décisions concernant la passation des marchés publics, afin de faciliter la vérification ultérieure de l'application correcte des règles ou procédures ;

d) Un système de recours interne efficace, y compris un système d'appel efficace, qui garantisse l'exercice des voies de droit en cas de non-respect des règles ou procédures établies conformément au présent paragraphe ;

e) S'il y a lieu, des mesures pour réglementer les questions touchant les personnels chargés de la passation des marchés, telles que l'exigence d'une déclaration d'intérêt pour certains marchés publics, des procédures de sélection desdits personnels et des exigences en matière de formation.

2. Chaque État Partie prend, conformément aux principes fondamentaux de son système juridique, des mesures appropriées pour promouvoir la transparence et la responsabilité dans la gestion des finances publiques. Ces mesures comprennent notamment :

a) Des procédures d'adoption du budget national ;

b) La communication en temps utile des dépenses et des recettes ;

c) Un système de normes de comptabilité et d'audit, et de contrôle au second degré ;

d) Des systèmes efficaces de gestion des risques et de contrôle interne ; et

e) S'il y a lieu, des mesures correctives en cas de manquement aux exigences du présent paragraphe.

3. Chaque État Partie prend, conformément aux principes fondamentaux de son droit interne, les mesures civiles et administratives nécessaires pour préserver l'intégrité des livres et états comptables, états financiers ou autres documents concernant les dépenses et recettes publiques et pour en empêcher la falsification.

Art. 10 *Information du public.* Compte tenu de la nécessité de lutter contre la corruption, chaque État Partie prend, conformément aux principes fondamentaux de son droit interne, les mesures nécessaires pour accroître la transparence de son administration publique, y compris en ce qui concerne son organisation, son fonctionnement et ses processus décisionnels s'il y a lieu. Ces mesures peuvent inclure notamment :

a) L'adoption de procédures ou de règlements permettant aux usagers d'obtenir, s'il y a lieu, des informations sur l'organisation, le fonctionnement et les processus décisionnels de l'administration publique, ainsi que, compte dûment tenu de la protection de la vie privée et des données personnelles, sur les décisions et actes juridiques qui les concernent ;

b) La simplification, s'il y a lieu, des procédures administratives afin de faciliter l'accès des usagers aux autorités de décision compétentes ; et

c) La publication d'informations, y compris éventuellement de rapports périodiques sur les risques de corruption au sein de l'administration publique.

Art. 11 *Mesures concernant les juges et les services de poursuite.* 1. Compte tenu de l'indépendance des magistrats et de leur rôle crucial dans la lutte contre la corruption, chaque État Partie prend, conformément aux principes fondamentaux de son système juridique, des mesures pour renforcer leur intégrité et prévenir les possibilités de les corrompre, sans préjudice de leur indépendance. Ces mesures peuvent comprendre des règles concernant leur comportement.

2. Des mesures dans le même sens que celles prises en application du paragraphe 1 du présent article peuvent être instituées et appliquées au sein des services de poursuite dans les États Parties où ceux-ci forment un corps distinct mais jouissent d'une indépendance semblable à celle des juges.

Art. 12 *Secteur privé.* 1. Chaque État Partie prend, conformément aux principes fondamentaux de son droit interne, des mesures pour prévenir la corruption impliquant le secteur privé, renforcer les normes de comptabilité et d'audit dans le secteur privé et, s'il y a lieu, prévoir des sanctions civiles, administratives ou pénales efficaces, proportionnées et dissuasives en cas de non-respect de ces mesures.

2. Les mesures permettant d'atteindre ces objectifs peuvent notamment inclure :

a) La promotion de la coopération entre les services de détection et de répression et les entités privées concernées ;

b) La promotion de l'élaboration de normes et procédures visant à préserver l'intégrité des entités privées concernées, y compris de codes de conduite pour que les entreprises et toutes les professions concernées exercent leurs activités de manière correcte, honorable et adéquate, pour prévenir les conflits d'intérêts et pour encourager l'application de bonnes pratiques commerciales par les entreprises entre elles ainsi que dans leurs relations contractuelles avec l'État ;

c) La promotion de la transparence entre les entités privées, y compris, s'il y a lieu, grâce à des mesures concernant l'identité des personnes physiques et morales impliquées dans la constitution et la gestion des sociétés ;

d) La prévention de l'usage impropre des procédures de réglementation des entités privées, y compris des procédures concernant les subventions et les licences accordées par des autorités publiques pour des activités commerciales ;

e) La prévention des conflits d'intérêts par l'imposition, selon qu'il convient et pendant une période raisonnable, de restrictions à l'exercice d'activités professionnelles par d'anciens agents publics ou à l'emploi par le secteur privé d'agents publics après leur démission ou leur départ à la retraite, lorsque lesdites activités ou ledit emploi sont directement liés aux fonctions que ces anciens agents publics exerçaient ou supervisaient quand ils étaient en poste ;

f) L'application aux entreprises privées, compte tenu de leur structure et de leur taille, d'audits internes suffisants pour faciliter la prévention et la détection des actes de corruption et la soumission des comptes et des états financiers requis de ces entreprises privées à des procédures appropriées d'audit et de certification.

3. Afin de prévenir la corruption, chaque État Partie prend les mesures nécessaires, conformément à ses lois et règlements internes concernant la tenue des livres et états comptables, la publication d'informations sur les états financiers et les normes de comptabilité et d'audit, pour interdire que les actes suivants soient accomplis dans le but de commettre l'une quelconque des infractions établies conformément à la présente Convention :

a) L'établissement de comptes hors livres ;

b) Les opérations hors livres ou insuffisamment identifiées ;

c) L'enregistrement de dépenses inexistantes ;

d) L'enregistrement d'éléments de passif dont l'objet n'est pas correctement identifié ;

e) L'utilisation de faux documents ; et

f) La destruction intentionnelle de documents comptables plus tôt que ne le prévoit la loi.

4. Chaque État Partie refuse la déductibilité fiscale des dépenses qui constituent des pots-de-vin, dont le versement est un des éléments constitutifs des infractions établies conformément aux articles 15 et 16 de la présente Convention et, s'il y a lieu, des autres dépenses engagées à des fins de corruption.

Art. 13 *Participation de la société.* 1. Chaque État Partie prend des mesures appropriées, dans la limite de ses moyens et conformément aux principes fondamentaux de son droit interne, pour favoriser la participation active de personnes et de groupes n'appartenant pas au secteur public, tels que la société civile, les organisations non gouvernementales et les communautés de personnes, à la prévention de la corruption et à la lutte contre ce phénomène, ainsi que pour mieux sensibiliser le public à l'existence, aux causes et à la gravité de la corruption et à la menace que celle-ci représente. Cette participation devrait être renforcée par des mesures consistant notamment à :

a) Accroître la transparence des processus de décision et promouvoir la participation du public à ces processus ;

b) Assurer l'accès effectif du public à l'information ;

c) Entreprendre des activités d'information du public l'incitant à ne pas tolérer la corruption, ainsi que des programmes d'éducation du public, notamment dans les écoles et les universités ;

d) Respecter, promouvoir et protéger la liberté de rechercher, de recevoir, de publier et de diffuser des informations concernant la corruption. Cette liberté peut être soumise à certaines restrictions, qui doivent toutefois être prescrites par la loi et nécessaires :

i) Au respect des droits ou de la réputation d'autrui ;

ii) A la protection de la sécurité nationale ou de l'ordre public, ou de la santé ou de la moralité publiques.

2. Chaque État Partie prend des mesures appropriées pour veiller à ce que les organes de prévention de la corruption compétents mentionnés dans la présente Convention soient connus du public et fait en sorte qu'ils soient accessibles, lorsqu'il y a lieu, pour que tous faits susceptibles d'être considérés comme constituant une infraction établie conformément à la présente Convention puissent leur être signalés, y compris sous couvert d'anonymat.

Art. 14 *Mesures visant à prévenir le blanchiment d'argent.* 1. Chaque État Partie :

a) Institue un régime interne complet de réglementation et de contrôle des banques et institutions financières non bancaires, y compris des personnes physiques ou morales qui fournissent des services formels ou informels de transmission de fonds ou de valeurs ainsi que, s'il y a lieu, des autres entités particulièrement exposées au blanchiment d'argent, dans les limites de sa compétence, afin de décourager et de détecter toutes formes de blanchiment d'argent. Ce régime met l'accent sur les exigences en matière d'identification des clients et, s'il y a lieu, des ayants droit économiques, d'enregistrement des opérations et de déclaration des opérations suspectes ;

b) S'assure, sans préjudice de l'article 46 de la présente Convention, que les autorités administratives, de réglementation, de détection et de répression et autres chargées de la lutte contre le blanchiment d'argent (y compris, dans les cas où son droit interne le prévoit, les autorités judiciaires) sont en mesure de coopérer et d'échanger des informations aux niveaux national et international, dans les conditions définies par son droit interne et, à cette fin, envisage la création d'un service de renseignement financier faisant office de centre national de collecte, d'analyse et de diffusion d'informations concernant d'éventuelles opérations de blanchiment d'argent.

2. Les États Parties envisagent de mettre en œuvre des mesures réalisables de détection et de surveillance du mouvement transfrontière d'espèces et de titres négociables appropriés, sous réserve de garanties permettant d'assurer une utilisation correcte des informations et sans entraver d'aucune façon la circulation des capitaux licites. Il peut être notamment fait obligation aux particuliers et aux entreprises de signaler les transferts transfrontières de quantités importantes d'espèces et de titres négociables appropriés.

3. Les États Parties envisagent de mettre en œuvre des mesures appropriées et réalisables pour exiger des institutions financières, y compris des sociétés de transfert de fonds :

a) Qu'elles consignent sur les formulaires et dans les messages concernant les transferts électroniques de fonds des informations exactes et utiles sur le donneur d'ordre ;

b) Qu'elles conservent ces informations tout au long de la chaîne de paiement ; et

c) Qu'elles exercent une surveillance accrue sur les transferts de fonds non accompagnés d'informations complètes sur le donneur d'ordre.

4. Lorsqu'ils instituent un régime interne de réglementation et de contrôle en vertu du présent article, et sans préjudice de tout autre article de la présente Convention, les États Parties sont invités à s'inspirer des initiatives pertinentes prises par les organisations régionales, interrégionales et multilatérales pour lutter contre le blanchiment d'argent.

5. Les États Parties s'efforcent de développer et de promouvoir la coopération mondiale, régionale, sous-régionale et bilatérale entre les autorités judiciaires, les services de détection et de répression et les autorités de réglementation financière en vue de lutter contre le blanchiment d'argent.

CHAPITRE III *INCRIMINATION, DÉTECTION ET RÉPRESSION*

Art. 15 *Corruption d'agents publics nationaux.* Chaque État Partie adopte les mesures législatives et autres nécessaires pour conférer le caractère d'infraction pénale, lorsque les actes ont été commis intentionnellement :

a) Au fait de promettre, d'offrir ou d'accorder à un agent public, directement ou indirectement, un avantage indu, pour lui-même ou pour une autre personne ou entité, afin qu'il accomplisse ou s'abstienne d'accomplir un acte dans l'exercice de ses fonctions officielles ;

b) Au fait pour un agent public de solliciter ou d'accepter, directement ou indirectement, un avantage indu, pour lui-même ou pour une autre personne ou entité, afin d'accomplir ou de s'abstenir d'accomplir un acte dans l'exercice de ses fonctions officielles.

Art. 16 *Corruption d'agents publics étrangers et de fonctionnaires d'organisations internationales publiques.* 1. Chaque État Partie adopte les mesures législatives et autres nécessaires pour conférer le caractère d'infraction pénale, lorsque les actes ont été commis intentionnellement, au fait de promettre, d'offrir ou d'accorder à un agent public étranger ou à un fonctionnaire d'une organisation internationale publique, directement ou indirectement, un avantage indu, pour lui-même ou pour une autre personne ou entité, afin qu'il accomplisse ou s'abstienne d'accomplir un acte dans l'exercice de ses fonctions officielles, en vue d'obtenir ou de conserver un marché ou un autre avantage indu en liaison avec des activités de commerce international.

2. Chaque État Partie envisage d'adopter les mesures législatives et autres nécessaires pour conférer le caractère d'infraction pénale, lorsque les actes ont été commis intentionnellement, au fait, pour un agent public étranger ou un fonctionnaire d'une organisation internationale publique, de solliciter ou d'accepter, directement ou indirectement, un avantage indu, pour lui-même ou pour une autre personne ou entité, afin d'accomplir ou de s'abstenir d'accomplir un acte dans l'exercice de ses fonctions officielles.

Art. 17 *Soustraction, détournement ou autre usage illicite de biens par un agent public.* Chaque État Partie adopte les mesures législatives et autres nécessaires pour conférer le caractère d'infraction pénale, lorsque les actes ont été commis intentionnellement, à la soustraction, au détournement ou à un autre usage illicite, par un agent public, à son profit ou au profit d'une autre personne ou entité, de tous biens, de tous fonds ou valeurs publics ou privés ou de toute autre chose de valeur qui lui ont été remis à raison de ses fonctions.

Art. 18 *Trafic d'influence.* Chaque État Partie envisage d'adopter les mesures législatives et autres nécessaires pour conférer le caractère d'infraction pénale, lorsque les actes ont été commis intentionnellement :

a) Au fait de promettre, d'offrir ou d'accorder à un agent public ou à toute autre personne, directement ou indirectement, un avantage indu afin que ledit agent ou ladite personne abuse de son influence réelle ou supposée en vue d'obtenir d'une administration ou d'une autorité publique de l'État Partie un avantage indu pour l'instigateur initial de l'acte ou pour toute autre personne ;

b) Au fait, pour un agent public ou toute autre personne, de solliciter ou d'accepter, directement ou indirectement, un avantage indu pour lui-même ou elle-même ou pour une autre personne afin d'abuser de son influence réelle ou supposée en vue de faire obtenir d'une administration ou d'une autorité publique de l'État Partie un avantage indu.

Art. 19 *Abus de fonctions.* Chaque État Partie envisage d'adopter les mesures législatives et autres nécessaires pour conférer le caractère d'infraction pénale, lorsque l'acte a été commis intentionnellement, au fait pour un agent public d'abuser de ses fonctions ou de son poste, c'est-à-dire d'accomplir ou de s'abstenir d'accomplir, dans l'exercice de ses fonctions, un acte en violation des lois afin d'obtenir un avantage indu pour lui-même ou pour une autre personne ou entité.

Art. 20 *Enrichissement illicite.* Sous réserve de sa constitution et des principes fondamentaux de son système juridique, chaque État Partie envisage d'adopter les mesures législatives et autres nécessaires pour conférer le caractère d'infraction pénale, lorsque l'acte a été commis intentionnellement, à l'enrichissement illicite, c'est-à-dire une augmentation substantielle du patrimoine d'un agent public que celui-ci ne peut raisonnablement justifier par rapport à ses revenus légitimes.

Art. 21 *Corruption dans le secteur privé.* Chaque État Partie envisage d'adopter les mesures législatives et autres nécessaires pour conférer le caractère d'infraction pénale, lorsque les actes ont été commis intentionnellement dans le cadre d'activités économiques, financières ou commerciales :

a) Au fait de promettre, d'offrir ou d'accorder, directement ou indirectement, un avantage indu à toute personne qui dirige une entité du secteur privé ou travaille pour une telle entité, en quelque qualité que ce soit, pour elle-même ou pour une autre personne, afin que, en violation de ses devoirs, elle accomplisse ou s'abstienne d'accomplir un acte ;

b) Au fait, pour toute personne qui dirige une entité du secteur privé ou travaille pour une telle entité, en quelque qualité que ce soit, de solliciter ou d'accepter, directement ou indirectement, un avantage indu, pour elle-même ou pour une autre personne, afin d'accomplir ou de s'abstenir d'accomplir un acte en violation de ses devoirs.

Art. 22 *Soustraction de biens dans le secteur privé.* Chaque État Partie envisage d'adopter les mesures législatives et autres nécessaires pour conférer le caractère d'infraction pénale, lorsque l'acte a été commis intentionnellement dans le cadre d'activités économiques, financières ou commerciales, à la soustraction par une personne qui dirige une entité du secteur privé ou travaille pour une telle entité, en quelque qualité que ce soit, de tous biens, de tous fonds ou valeurs privés ou de toute autre chose de valeur qui lui ont été remis à raison de ses fonctions.

Art. 23 *Blanchiment du produit du crime.* 1. Chaque État Partie adopte, conformément aux principes fondamentaux de son droit interne, les mesures législatives et autres nécessaires pour conférer le caractère d'infraction pénale, lorsque les actes ont été commis intentionnellement :

a) i) A la conversion ou au transfert de biens dont celui qui s'y livre sait qu'ils sont le produit du crime, dans le but de dissimuler ou de déguiser l'origine illicite desdits biens ou d'aider toute personne qui est impliquée dans la commission de l'infraction principale à échapper aux conséquences juridiques de ses actes ;

ii) A la dissimulation ou au déguisement de la nature véritable, de l'origine, de l'emplacement, de la disposition, du mouvement ou de la propriété de biens ou de droits y relatifs dont l'auteur sait qu'ils sont le produit du crime ;

b) Sous réserve des concepts fondamentaux de son système juridique :

i) A l'acquisition, à la détention ou à l'utilisation de biens dont celui qui les acquiert, les détient ou les utilise sait, au moment où il les reçoit, qu'ils sont le produit du crime ;

ii) A la participation à l'une des infractions établies conformément au présent article ou à toute association, entente, tentative ou complicité par fourniture d'une assistance, d'une aide ou de conseils en vue de sa commission.

2. Aux fins de l'application du paragraphe 1 du présent article :

a) Chaque État Partie s'efforce d'appliquer le paragraphe 1 du présent article à l'éventail le plus large d'infractions principales ;

b) Chaque État Partie inclut dans les infractions principales au minimum un éventail complet d'infractions pénales établies conformément à la présente Convention ;

c) Aux fins de l'alinéa b) ci-dessus, les infractions principales incluent les infractions commises à l'intérieur et à l'extérieur du territoire relevant de la compétence de l'État Partie en question. Toutefois, une infraction commise à l'extérieur du territoire relevant de la compétence d'un État Partie ne constitue une infraction principale que lorsque l'acte correspondant est une infraction pénale dans le droit interne de l'État où il a été commis et constituerait une infraction pénale dans le droit interne de l'État Partie appliquant le présent article s'il avait été commis sur son territoire ;

d) Chaque État Partie remet au Secrétaire général de l'Organisation des Nations unies une copie de ses lois qui donnent effet au présent article ainsi que de toute modification ultérieurement apportée à ces lois ou une description de ces lois et modifications ultérieures ;

e) Lorsque les principes fondamentaux du droit interne d'un État Partie l'exigent, il peut être disposé que les infractions énoncées au paragraphe 1 du présent article ne s'appliquent pas aux personnes qui ont commis l'infraction principale.

Art. 24 *Recel.* Sans préjudice des dispositions de l'article 23 de la présente Convention, chaque État Partie envisage d'adopter les mesures législatives et autres nécessaires pour conférer le caractère d'infraction pénale, lorsque les actes ont été commis intentionnellement après la commission de l'une quelconque des infractions établies conformément à la présente Convention sans qu'il y ait eu participation auxdites infractions, au fait de dissimuler ou de retenir de façon continue des biens en sachant que lesdits biens proviennent de l'une quelconque des infractions établies conformément à la présente Convention.

Art. 25 *Entrave au bon fonctionnement de la justice.* Chaque État Partie adopte les mesures législatives et autres nécessaires pour conférer le caractère d'infraction pénale, lorsque les actes ont été commis intentionnellement :

a) Au fait de recourir à la force physique, à des menaces ou à l'intimidation ou de promettre, d'offrir ou d'accorder un avantage indu pour obtenir un faux témoignage ou empêcher un témoignage ou la présentation d'éléments de preuve dans une procédure en rapport avec la commission d'infractions établies conformément à la présente Convention ;

b) Au fait de recourir à la force physique, à des menaces ou à l'intimidation pour empêcher un agent de la justice ou un agent des services de détection et de répression d'exercer les devoirs de leur charge en rapport avec la commission d'infractions établies conformément à la présente Convention. Rien dans le présent alinéa ne porte atteinte au droit des États Parties de disposer d'une législation destinée à protéger d'autres catégories d'agents publics.

Art. 26 *Responsabilité des personnes morales.* 1. Chaque État Partie adopte les mesures nécessaires, conformément à ses principes juridiques, pour établir la responsabilité des personnes morales qui participent aux infractions établies conformément à la présente Convention.

2. Sous réserve des principes juridiques de l'État Partie, la responsabilité des personnes morales peut être pénale, civile ou administrative.

3. Cette responsabilité est sans préjudice de la responsabilité pénale des personnes physiques qui ont commis les infractions.

4. Chaque État Partie veille, en particulier, à ce que les personnes morales tenues responsables conformément au présent article fassent l'objet de sanctions efficaces, proportionnées et dissuasives de nature pénale ou non pénale, y compris de sanctions pécuniaires.

Art. 27 *Participation et tentative.* 1. Chaque État Partie adopte les mesures législatives et autres nécessaires pour conférer le caractère d'infraction pénale, conformément à son droit interne, au fait de participer à quelque titre que ce soit, par exemple comme complice, autre assistant ou instigateur, à une infraction établie conformément à la présente Convention.

2. Chaque État Partie peut adopter les mesures législatives et autres nécessaires pour conférer le caractère d'infraction pénale, conformément à son droit interne, au fait de tenter de commettre une infraction établie conformément à la présente Convention.

3. Chaque État Partie peut adopter les mesures législatives et autres nécessaires pour conférer le caractère d'infraction pénale, conformément à son droit interne, au fait de préparer une infraction établie conformément à la présente Convention.

Art. 28 *La connaissance, l'intention et la motivation en tant qu'éléments d'une infraction.* La connaissance, l'intention ou la motivation nécessaires en tant qu'éléments d'une infraction établie conformément à la présente Convention peuvent être déduites de circonstances factuelles objectives.

Art. 29 *Prescription.* Lorsqu'il y a lieu, chaque État Partie fixe, dans le cadre de son droit interne, un long délai de prescription dans lequel des poursuites peuvent être engagées du chef d'une des infractions établies conformément à la présente Convention et fixe un délai plus long ou suspend la prescription lorsque l'auteur présumé de l'infraction s'est soustrait à la justice.

Art. 30 *Poursuites judiciaires, jugement et sanctions.* 1. Chaque État Partie rend la commission d'une infraction établie conformément à la présente Convention passible de sanctions qui tiennent compte de la gravité de cette infraction.

2. Chaque État Partie prend les mesures nécessaires pour établir ou maintenir, conformément à son système juridique et à ses principes constitutionnels, un équilibre approprié entre toutes immunités ou tous privilèges de juridiction accordés à ses agents publics dans l'exercice de leurs fonctions, et la possibilité, si nécessaire, de rechercher, de poursuivre et de juger effectivement les infractions établies conformément à la présente Convention.

3. Chaque État Partie s'efforce de faire en sorte que tout pouvoir judiciaire discrétionnaire conféré par son droit interne et afférent aux poursuites judiciaires engagées contre des personnes pour des infractions établies conformément à la présente Convention soit exercé de façon à optimiser l'efficacité des mesures de détection et de répression de ces infractions, compte dûment tenu de la nécessité d'exercer un effet dissuasif en ce qui concerne leur commission.

4. S'agissant d'infractions établies conformément à la présente Convention, chaque État Partie prend des mesures appropriées, conformément à son droit interne et compte dûment tenu des droits de la défense, pour faire en sorte que les conditions auxquelles sont subordonnées les décisions de mise en liberté dans l'attente du jugement ou de la procédure d'appel tiennent compte de la nécessité d'assurer la présence du défendeur lors de la procédure pénale ultérieure.

5. Chaque État Partie prend en compte la gravité des infractions concernées lorsqu'il envisage l'éventualité d'une libération anticipée ou conditionnelle de personnes reconnues coupables de ces infractions.

6. Chaque État Partie, dans la mesure compatible avec les principes fondamentaux de son système juridique, envisage d'établir des procédures permettant, s'il y a lieu, à l'autorité compétente de révoquer, de suspendre ou de muter un agent public accusé d'une infraction établie conformément à la présente Convention, en gardant à l'esprit le respect du principe de la présomption d'innocence.

7. Lorsque la gravité de l'infraction le justifie, chaque État Partie, dans la mesure compatible avec les principes fondamentaux de son système juridique, envisage d'établir des procédures permettant de déchoir, par décision de justice ou par tout autre moyen approprié, pour une durée fixée par son droit interne, les personnes reconnues coupables d'infractions établies conformément à la présente Convention du droit :

a) D'exercer une fonction publique ; et

b) D'exercer une fonction dans une entreprise dont l'État est totalement ou partiellement propriétaire.

8. Le paragraphe 1 du présent article s'entend sans préjudice de l'exercice des pouvoirs disciplinaires par les autorités compétentes à l'encontre des fonctionnaires.

9. Aucune disposition de la présente Convention ne porte atteinte au principe selon lequel la définition des infractions établies conformément à celle-ci et des moyens juridiques de défense applicables ou autres principes juridiques régissant la légalité des incriminations relève exclusivement du droit interne d'un État Partie et selon lequel lesdites infractions sont poursuivies et punies conformément à ce droit.

10. Les États Parties s'efforcent de promouvoir la réinsertion dans la société des personnes reconnues coupables d'infractions établies conformément à la présente Convention.

Art. 31 *Gel, saisie et confiscation.* 1. Chaque État Partie prend, dans toute la mesure possible dans le cadre de son système juridique interne, les mesures nécessaires pour permettre la confiscation :

a) Du produit du crime provenant d'infractions établies conformément à la présente Convention ou de biens dont la valeur correspond à celle de ce produit ;

b) Des biens, matériels ou autres instruments utilisés ou destinés à être utilisés pour les infractions établies conformément à la présente Convention.

2. Chaque État Partie prend les mesures nécessaires pour permettre l'identification, la localisation, le gel ou la saisie de tout ce qui est mentionné au paragraphe 1 du présent article aux fins de confiscation éventuelle.

3. Chaque État Partie adopte, conformément à son droit interne, les mesures législatives et autres nécessaires pour réglementer l'administration par les autorités compétentes des biens gelés, saisis ou confisqués visés aux paragraphes 1 et 2 du présent article.

4. Si ce produit du crime a été transformé ou converti, en partie ou en totalité, en d'autres biens, ces derniers peuvent faire l'objet des mesures visées au présent article en lieu et place dudit produit.

5. Si ce produit du crime a été mêlé à des biens acquis légitimement, ces biens, sans préjudice de tout pouvoir de gel ou de saisie, sont confiscables à concurrence de la valeur estimée du produit qui y a été mêlé.

6. Les revenus ou autres avantages tirés de ce produit du crime, des biens en lesquels le produit a été transformé ou converti ou des biens auxquels il a été mêlé peuvent aussi faire l'objet des mesures visées au présent article, de la même manière et dans la même mesure que le produit du crime.

7. Aux fins du présent article et de l'article 55 de la présente Convention, chaque État Partie habilite ses tribunaux ou autres autorités compétentes à ordonner la production ou la saisie de documents bancaires, financiers ou commerciaux. Un État Partie ne peut invoquer le secret bancaire pour refuser de donner effet aux dispositions du présent paragraphe.

8. Les États Parties peuvent envisager d'exiger que l'auteur d'une infraction établisse l'origine licite du produit présumé du crime ou d'autres biens confiscables, dans la mesure où cette exigence est conforme aux principes fondamentaux de leur droit interne et à la nature des procédures judiciaires et autres.

9. L'interprétation des dispositions du présent article ne doit en aucun cas porter atteinte aux droits des tiers de bonne foi.

10. Aucune disposition du présent article ne porte atteinte au principe selon lequel les mesures qui y sont visées sont définies et exécutées conformément aux dispositions du droit interne de chaque État Partie et sous réserve de celles-ci.

Art. 32 *Protection des témoins, des experts et des victimes.* 1. Chaque État Partie prend, conformément à son système juridique interne et dans la limite de ses moyens, des mesures appropriées pour assurer une protection efficace contre des actes éventuels de représailles ou d'intimidation aux témoins et aux experts qui déposent concernant des infractions établies conformément à la présente Convention et, s'il y a lieu, à leurs parents et à d'autres personnes qui leur sont proches.

2. Les mesures envisagées au paragraphe 1 du présent article peuvent consister notamment, sans préjudice des droits du défendeur, y compris du droit à une procédure régulière :

a) A établir, pour la protection physique de ces personnes, des procédures visant notamment, selon les besoins et dans la mesure du possible, à leur fournir un nouveau domicile et à permettre, s'il y a lieu, que les renseignements concernant leur identité et le lieu où elles se trouvent ne soient pas divulgués ou que leur divulgation soit limitée ;

b) A prévoir des règles de preuve qui permettent aux témoins et experts de déposer d'une manière qui garantisse leur sécurité, notamment à les autoriser à déposer en recourant à des techniques de communication telles que les liaisons vidéo ou à d'autres moyens adéquats.

3. Les États Parties envisagent de conclure des accords ou arrangements avec d'autres États en vue de fournir un nouveau domicile aux personnes mentionnées au paragraphe 1 du présent article.

4. Les dispositions du présent article s'appliquent également aux victimes lorsqu'elles sont témoins.

5. Chaque État Partie, sous réserve de son droit interne, fait en sorte que les avis et préoccupations des victimes soient présentés et pris en compte aux stades appropriés de la procédure pénale engagée contre les auteurs d'infractions d'une manière qui ne porte pas préjudice aux droits de la défense.

Art. 33 *Protection des personnes qui communiquent des informations.* Chaque État Partie envisage d'incorporer dans son système juridique interne des mesures appropriées pour assurer la protection contre tout traitement injustifié de toute personne qui signale aux autorités compétentes, de bonne foi et sur la base de soupçons raisonnables, tous faits concernant les infractions établies conformément à la présente Convention.

Art. 34 *Conséquences d'actes de corruption.* Compte dûment tenu des droits des tiers acquis de bonne foi, chaque État Partie prend, conformément aux principes fondamentaux de son droit interne, des mesures pour s'attaquer aux conséquences de la corruption. Dans cette perspective, les États Parties peuvent considérer la corruption comme un facteur pertinent dans une procédure judiciaire pour décider l'annulation ou la rescision d'un contrat, le retrait d'une concession ou de tout autre acte juridique analogue ou prendre toute autre mesure corrective.

Art. 35 *Réparation du préjudice.* Chaque État Partie prend les mesures nécessaires, conformément aux principes de son droit interne, pour donner aux entités ou personnes qui ont subi un préjudice du fait d'un acte de corruption le droit d'engager une action en justice à l'encontre des responsables dudit préjudice en vue d'obtenir réparation.

Art. 36 *Autorités spécialisées.* Chaque État Partie fait en sorte, conformément aux principes fondamentaux de son système juridique, qu'existent un ou plusieurs organes ou des personnes spécialisés dans la lutte contre la corruption par la détection et la répression. Ce ou ces organes ou ces personnes se voient accorder l'indépendance nécessaire, conformément aux principes fondamentaux du système juridique de l'État Partie, pour pouvoir exercer leurs fonctions efficacement et à l'abri de toute influence indue. Ces personnes ou le personnel dudit ou desdits organes devraient avoir la formation et les ressources appropriées pour exercer leurs tâches.

Art. 37 *Coopération avec les services de détection et de répression.* 1. Chaque État Partie prend des mesures appropriées pour encourager les personnes qui participent ou ont participé à la commission d'une infraction établie conformément à la présente Convention à fournir aux autorités compétentes des informations utiles à des fins d'enquête et de recherche de preuves, ainsi qu'une aide factuelle et concrète qui pourrait contribuer à priver les auteurs de l'infraction du produit du crime et à récupérer ce produit.

2. Chaque État Partie envisage de prévoir la possibilité, dans les cas appropriés, d'alléger la peine dont est passible un prévenu qui coopère de manière substantielle à l'enquête ou aux poursuites relatives à une infraction établie conformément à la présente Convention.

3. Chaque État Partie envisage de prévoir la possibilité, conformément aux principes fondamentaux de son droit interne, d'accorder l'immunité de poursuites à une personne qui coopère de manière substantielle à l'enquête ou aux poursuites relatives à une infraction établie conformément à la présente Convention.

4. La protection de ces personnes est assurée, *mutatis mutandis*, comme le prévoit l'article 32 de la présente Convention.

5. Lorsqu'une personne qui est visée au paragraphe 1 du présent article et se trouve dans un État Partie peut apporter une coopération substantielle aux autorités compétentes d'un autre État Partie, les États Parties concernés peuvent envisager de

conclure des accords ou arrangements, conformément à leur droit interne, concernant l'éventuel octroi par l'autre État Partie du traitement décrit aux paragraphes 2 et 3 du présent article.

Art. 38 *Coopération entre autorités nationales.* Chaque État Partie prend les mesures nécessaires pour encourager, conformément à son droit interne, la coopération entre, d'une part, ses autorités publiques ainsi que ses agents publics et, d'autre part, ses autorités chargées des enquêtes et des poursuites relatives à des infractions pénales. Cette coopération peut consister :

a) Pour les premiers à informer, de leur propre initiative, les secondes lorsqu'il existe des motifs raisonnables de considérer que l'une des infractions établies conformément aux articles 15, 21 et 23 de la présente Convention a été commise ; ou

b) Pour les premiers à fournir, sur demande, aux secondes toutes les informations nécessaires.

Art. 39 *Coopération entre autorités nationales et secteur privé.* 1. Chaque État Partie prend les mesures nécessaires pour encourager, conformément à son droit interne, la coopération entre les autorités nationales chargées des enquêtes et des poursuites et des entités du secteur privé, en particulier les institutions financières, sur des questions concernant la commission d'infractions établies conformément à la présente Convention.

2. Chaque État Partie envisage d'encourager ses ressortissants et les autres personnes ayant leur résidence habituelle sur son territoire à signaler aux autorités nationales chargées des enquêtes et des poursuites la commission d'une infraction établie conformément à la présente Convention.

Art. 40 *Secret bancaire.* Chaque État Partie veille, en cas d'enquêtes judiciaires nationales sur des infractions établies conformément à la présente Convention, à ce qu'il y ait dans son système juridique interne des mécanismes appropriés pour surmonter les obstacles qui peuvent résulter de l'application de lois sur le secret bancaire.

Art. 41 *Antécédents judiciaires.* Chaque État Partie peut adopter les mesures législatives ou autres nécessaires pour tenir compte, dans les conditions et aux fins qu'il juge appropriées, de toute condamnation dont l'auteur présumé d'une infraction aurait antérieurement fait l'objet dans un autre État, afin d'utiliser cette information dans le cadre d'une procédure pénale relative à une infraction établie conformément à la présente Convention.

Art. 42 *Compétence.* 1. Chaque État Partie adopte les mesures nécessaires pour établir sa compétence à l'égard des infractions établies conformément à la présente Convention dans les cas suivants :

a) Lorsque l'infraction est commise sur son territoire ; ou

b) Lorsque l'infraction est commise à bord d'un navire qui bat son pavillon ou à bord d'un aéronef immatriculé conformément à son droit interne au moment où ladite infraction est commise.

2. Sous réserve de l'article 4 de la présente Convention, un État Partie peut également établir sa compétence à l'égard de l'une quelconque de ces infractions dans les cas suivants :

a) Lorsque l'infraction est commise à l'encontre d'un de ses ressortissants ; ou

b) Lorsque l'infraction est commise par l'un de ses ressortissants ou par une personne apatride résidant habituellement sur son territoire ; ou

c) Lorsque l'infraction est l'une de celles établies conformément à l'alinéa b) ii) du paragraphe 1 de l'article 23 de la présente Convention et est commise hors de son territoire en vue de la commission, sur son territoire, d'une infraction établie conformément aux alinéas a) i) ou ii) ou b) i) du paragraphe 1 de l'article 23 de la présente Convention ; ou

d) Lorsque l'infraction est commise à son encontre.

3. Aux fins de l'article 44 de la présente Convention, chaque État Partie prend les mesures nécessaires pour établir sa compétence à l'égard des infractions établies conformément à la présente Convention lorsque l'auteur présumé se trouve sur son

territoire et qu'il n'extrade pas cette personne au seul motif qu'elle est l'un de ses ressortissants.

4. Chaque État Partie peut également prendre les mesures nécessaires pour établir sa compétence à l'égard des infractions établies conformément à la présente Convention lorsque l'auteur présumé se trouve sur son territoire et qu'il ne l'extrade pas.

5. Si un État Partie qui exerce sa compétence en vertu du paragraphe 1 ou 2 du présent article a été avisé, ou a appris de toute autre façon, que d'autres États Parties mènent une enquête ou ont engagé des poursuites ou une procédure judiciaire concernant le même acte, les autorités compétentes de ces États Parties se consultent, selon qu'il convient, pour coordonner leurs actions.

6. Sans préjudice des normes du droit international général, la présente Convention n'exclut pas l'exercice de toute compétence pénale établie par un État Partie conformément à son droit interne.

CHAPITRE IV *COOPÉRATION INTERNATIONALE*

Art. 43 *Coopération internationale.* 1. Les États Parties coopèrent en matière pénale conformément aux articles 44 à 50 de la présente Convention. Lorsqu'il y a lieu et conformément à leur système juridique interne, les États Parties envisagent de se prêter mutuellement assistance dans les enquêtes et les procédures concernant des affaires civiles et administratives relatives à la corruption.

2. En matière de coopération internationale, chaque fois que la double incrimination est considérée comme une condition, celle-ci est réputée remplie, que la législation de l'État Partie requis qualifie ou désigne ou non l'infraction de la même manière que l'État Partie requérant, si l'acte constituant l'infraction pour laquelle l'assistance est demandée est une infraction pénale en vertu de la législation des deux États Parties.

Art. 44 *Extradition.* 1. Le présent article s'applique aux infractions établies conformément à la présente Convention lorsque la personne faisant l'objet de la demande d'extradition se trouve sur le territoire de l'État Partie requis, à condition que l'infraction pour laquelle l'extradition est demandée soit punissable par le droit interne de l'État Partie requérant et de l'État Partie requis.

2. Nonobstant les dispositions du paragraphe 1 du présent article, un État Partie dont la législation le permet peut accorder l'extradition d'une personne pour l'une quelconque des infractions visées par la présente Convention qui ne sont pas punissables en vertu de son droit interne.

3. Si la demande d'extradition porte sur plusieurs infractions distinctes, dont au moins une donne lieu à extradition en vertu du présent article et dont certaines ne donnent pas lieu à extradition en raison de la durée de l'emprisonnement mais ont un lien avec des infractions établies conformément à la présente Convention, l'État Partie requis peut appliquer le présent article également à ces infractions.

4. Chacune des infractions auxquelles s'applique le présent article est de plein droit incluse dans tout traité d'extradition en vigueur entre les États Parties en tant qu'infraction dont l'auteur peut être extradé. Les États Parties s'engagent à inclure ces infractions en tant qu'infractions dont l'auteur peut être extradé dans tout traité d'extradition qu'ils concluront entre eux. Un État Partie dont la législation le permet, lorsqu'il se fonde sur la présente Convention pour l'extradition, ne considère aucune des infractions établies conformément à la présente Convention comme une infraction politique.

5. Si un État Partie qui subordonne l'extradition à l'existence d'un traité reçoit une demande d'extradition d'un État Partie avec lequel il n'a pas conclu pareil traité, il peut considérer la présente Convention comme la base légale de l'extradition pour les infractions auxquelles le présent article s'applique.

6. Un État Partie qui subordonne l'extradition à l'existence d'un traité :

a) Au moment du dépôt de son instrument de ratification, d'acceptation, d'approbation ou d'adhésion à la présente Convention, indique au Secrétaire général de l'Organisation des Nations unies s'il considère la présente Convention comme la base légale pour coopérer en matière d'extradition avec d'autres États Parties ; et

b) S'il ne considère pas la présente Convention comme la base légale pour coopérer en matière d'extradition, s'efforce, s'il y a lieu, de conclure des traités d'extradition avec d'autres États Parties afin d'appliquer le présent article.

7. Les États Parties qui ne subordonnent pas l'extradition à l'existence d'un traité reconnaissent entre eux aux infractions auxquelles le présent article s'applique le caractère d'infraction dont l'auteur peut être extradé.

8. L'extradition est subordonnée aux conditions prévues par le droit interne de l'État Partie requis ou par les traités d'extradition applicables, y compris, notamment, aux conditions concernant la peine minimale requise pour extrader et aux motifs pour lesquels l'État Partie requis peut refuser l'extradition.

9. Les États Parties s'efforcent, sous réserve de leur droit interne, d'accélérer les procédures d'extradition et de simplifier les exigences en matière de preuve y relatives en ce qui concerne les infractions auxquelles s'applique le présent article.

10. Sous réserve des dispositions de son droit interne et des traités d'extradition qu'il a conclus, l'État Partie requis peut, à la demande de l'État Partie requérant et s'il estime que les circonstances le justifient et qu'il y a urgence, placer en détention une personne présente sur son territoire dont l'extradition est demandée ou prendre à son égard d'autres mesures appropriées pour assurer sa présence lors de la procédure d'extradition.

11. Un État Partie sur le territoire duquel se trouve l'auteur présumé d'une infraction, s'il n'extrade pas cette personne au titre d'une infraction à laquelle s'applique le présent article au seul motif qu'elle est l'un de ses ressortissants, est tenu, à la demande de l'État Partie requérant l'extradition, de soumettre l'affaire sans retard excessif à ses autorités compétentes aux fins de poursuites. Lesdites autorités prennent leur décision et mènent les poursuites de la même manière que pour toute autre infraction grave en vertu du droit interne de cet État Partie. Les États Parties intéressés coopèrent entre eux, notamment en matière de procédure et de preuve, afin d'assurer l'efficacité des poursuites.

12. Lorsqu'un État Partie, en vertu de son droit interne, n'est autorisé à extrader ou remettre de toute autre manière l'un de ses ressortissants que si cette personne est ensuite renvoyée sur son territoire pour purger la peine prononcée à l'issue du procès ou de la procédure à l'origine de la demande d'extradition ou de remise, et lorsque cet État Partie et l'État Partie requérant s'accordent sur cette option et d'autres conditions qu'ils peuvent juger appropriées, cette extradition ou remise conditionnelle est suffisante aux fins de l'exécution de l'obligation énoncée au paragraphe 11 du présent article.

13. Si l'extradition, demandée aux fins d'exécution d'une peine, est refusée parce que la personne faisant l'objet de cette demande est un ressortissant de l'État Partie requis, celui-ci, si son droit interne le lui permet, en conformité avec les prescriptions de ce droit et à la demande de l'État Partie requérant, envisage de faire exécuter lui-même la peine prononcée conformément au droit interne de l'État Partie requérant, ou le reliquat de cette peine.

14. Toute personne faisant l'objet de poursuites en raison de l'une quelconque des infractions auxquelles le présent article s'applique se voit garantir un traitement équitable à tous les stades de la procédure, y compris la jouissance de tous les droits et de toutes les garanties prévus par le droit interne de l'État Partie sur le territoire duquel elle se trouve.

15. Aucune disposition de la présente Convention ne doit être interprétée comme faisant obligation à l'État Partie requis d'extrader s'il a de sérieuses raisons de penser que la demande a été présentée aux fins de poursuivre ou de punir une personne en raison de son sexe, de sa race, de sa religion, de sa nationalité, de son origine ethnique ou de ses opinions politiques, ou que donner suite à cette demande causerait un préjudice à cette personne pour l'une quelconque de ces raisons.

16. Les États Parties ne peuvent refuser une demande d'extradition au seul motif que l'infraction est considérée comme touchant aussi à des questions fiscales.

17. Avant de refuser l'extradition, l'État Partie requis consulte, s'il y a lieu, l'État Partie requérant afin de lui donner toute possibilité de présenter ses opinions et de fournir des informations à l'appui de ses allégations.

18. Les États Parties s'efforcent de conclure des accords ou arrangements bilatéraux et multilatéraux pour permettre l'extradition ou pour en accroître l'efficacité.

Art. 45 *Transfèrement des personnes condamnées.* Les États Parties peuvent envisager de conclure des accords ou des arrangements bilatéraux ou multilatéraux relatifs au transfèrement sur leur territoire de personnes condamnées à des peines d'emprisonnement ou autres peines privatives de liberté du fait d'infractions établies conformément à la présente Convention afin qu'elles puissent y purger le reliquat de leur peine.

Art. 46 *Entraide judiciaire.* 1. Les États Parties s'accordent mutuellement l'entraide judiciaire la plus large possible lors des enquêtes, poursuites et procédures judiciaires concernant les infractions visées par la présente Convention.

2. L'entraide judiciaire la plus large possible est accordée, autant que les lois, traités, accords et arrangements pertinents de l'État Partie requis le permettent, lors des enquêtes, poursuites et procédures judiciaires concernant les infractions dont une personne morale peut être tenue responsable dans l'État Partie requérant, conformément à l'article 26 de la présente Convention.

3. L'entraide judiciaire qui est accordée en application du présent article peut être demandée aux fins suivantes :

a) Recueillir des témoignages ou des dépositions ;

b) Signifier des actes judiciaires ;

c) Effectuer des perquisitions et des saisies, ainsi que des gels ;

d) Examiner des objets et visiter des lieux ;

e) Fournir des informations, des pièces à conviction et des estimations d'experts ;

f) Fournir des originaux ou des copies certifiées conformes de documents et dossiers pertinents, y compris des documents administratifs, bancaires, financiers ou commerciaux et des documents de société ;

g) Identifier ou localiser des produits du crime, des biens, des instruments ou d'autres choses afin de recueillir des éléments de preuve ;

h) Faciliter la comparution volontaire de personnes dans l'État Partie requérant ;

i) Fournir tout autre type d'assistance compatible avec le droit interne de l'État Partie requis ;

j) Identifier, geler et localiser le produit du crime, conformément aux dispositions du chapitre V de la présente Convention ;

k) Recouvrer des avoirs, conformément aux dispositions du chapitre V de la présente Convention.

4. Sans préjudice du droit interne, les autorités compétentes d'un État Partie peuvent, sans demande préalable, communiquer des informations concernant des affaires pénales à une autorité compétente d'un autre État Partie, si elles pensent que ces informations pourraient aider celle-ci à entreprendre ou à mener à bien des enquêtes et des poursuites pénales, ou amener ce dernier État Partie à formuler une demande en vertu de la présente Convention.

5. La communication d'informations conformément au paragraphe 4 du présent article se fait sans préjudice des enquêtes et poursuites pénales dans l'État dont les autorités compétentes fournissent les informations. Les autorités compétentes qui reçoivent ces informations accèdent à toute demande tendant à ce que lesdites informations restent confidentielles, même temporairement, ou à ce que leur utilisation soit assortie de restrictions. Toutefois, cela n'empêche pas l'État Partie qui reçoit les informations de révéler, lors de la procédure judiciaire, des informations à la décharge d'un prévenu. Dans ce dernier cas, l'État Partie qui reçoit les informations avise l'État Partie qui les communique avant la révélation, et s'il lui en est fait la demande, consulte ce dernier. Si, dans un cas exceptionnel, une notification préalable n'est pas possible, l'État Partie qui reçoit les informations informe sans retard de la révélation l'État Partie qui les communique.

6. Les dispositions du présent article n'affectent en rien les obligations découlant de tout autre traité bilatéral ou multilatéral régissant ou devant régir, entièrement ou partiellement, l'entraide judiciaire.

7. Les paragraphes 9 à 29 du présent article sont applicables aux demandes faites conformément au présent article si les États Parties en question ne sont pas liés par un traité d'entraide judiciaire. Si lesdits États Parties sont liés par un tel traité, les dispositions correspondantes de ce traité sont applicables, à moins que les États Parties ne conviennent d'appliquer à leur place les dispositions des paragraphes 9 à 29 du présent article. Les États Parties sont vivement encouragés à appliquer ces paragraphes s'ils facilitent la coopération.

8. Les États Parties ne peuvent invoquer le secret bancaire pour refuser l'entraide judiciaire prévue au présent article.

9. a) Lorsqu'en application du présent article il répond à une demande d'aide en l'absence de double incrimination, un État Partie requis tient compte de l'objet de la présente Convention tel qu'énoncé à l'article premier ;

b) Les États Parties peuvent invoquer l'absence de double incrimination pour refuser de fournir une aide en application du présent article. Toutefois, un État Partie requis, lorsque cela est compatible avec les concepts fondamentaux de son système juridique, accorde l'aide demandée si elle n'implique pas de mesures coercitives. Cette aide peut être refusée lorsque la demande porte sur des questions mineures ou des questions pour lesquelles la coopération ou l'aide demandée peut être obtenue sur le fondement d'autres dispositions de la présente Convention ;

c) Chaque État Partie peut envisager de prendre les mesures nécessaires pour lui permettre de fournir une aide plus large en application du présent article, en l'absence de double incrimination.

10. Toute personne détenue ou purgeant une peine sur le territoire d'un État Partie, dont la présence est requise dans un autre État Partie à des fins d'identification ou de témoignage ou pour qu'elle apporte de toute autre manière son concours à l'obtention de preuves dans le cadre d'enquêtes, de poursuites ou de procédures judiciaires relatives aux infractions visées par la présente Convention, peut faire l'objet d'un transfèrement si les conditions ci-après sont réunies :

a) Ladite personne y consent librement et en toute connaissance de cause ;

b) Les autorités compétentes des deux États Parties concernés y consentent, sous réserve des conditions que ces États Parties peuvent juger appropriées.

11. Aux fins du paragraphe 10 du présent article :

a) L'État Partie vers lequel la personne est transférée a le pouvoir et l'obligation de la garder en détention, sauf demande ou autorisation contraire de la part de l'État Partie à partir duquel elle a été transférée ;

b) L'État Partie vers lequel la personne est transférée s'acquitte sans retard de l'obligation de la remettre à la garde de l'État Partie à partir duquel elle a été transférée, conformément à ce qui aura été convenu au préalable ou autrement décidé par les autorités compétentes des deux États Parties ;

c) L'État Partie vers lequel la personne est transférée ne peut exiger de l'État Partie à partir duquel elle a été transférée qu'il engage une procédure d'extradition pour qu'elle lui soit remise ;

d) Il est tenu compte de la période que la personne a passée en détention dans l'État Partie vers lequel elle a été transférée aux fins du décompte de la peine à purger dans l'État Partie à partir duquel elle a été transférée.

12. A moins que l'État Partie à partir duquel une personne doit être transférée en vertu des paragraphes 10 et 11 du présent article ne donne son accord, ladite personne, quelle que soit sa nationalité, n'est pas poursuivie, détenue, punie ni soumise à d'autres restrictions de sa liberté personnelle sur le territoire de l'État Partie vers lequel elle est transférée à raison d'actes, d'omissions ou de condamnations antérieurs à son départ du territoire de l'État Partie à partir duquel elle a été transférée.

13. Chaque État Partie désigne une autorité centrale qui a la responsabilité et le pouvoir de recevoir les demandes d'entraide judiciaire et, soit de les exécuter, soit de les transmettre aux autorités compétentes pour exécution. Si un État Partie a une région ou un territoire spécial doté d'un système d'entraide judiciaire différent, il peut désigner une autorité centrale distincte qui aura la même fonction pour ladite

région ou ledit territoire. Les autorités centrales assurent l'exécution ou la transmission rapide et en bonne et due forme des demandes reçues. Si l'autorité centrale transmet la demande à une autorité compétente pour exécution, elle encourage l'exécution rapide et en bonne et due forme de la demande par l'autorité compétente. L'autorité centrale désignée à cette fin fait l'objet d'une notification adressée au Secrétaire général de l'Organisation des Nations unies au moment où chaque État Partie dépose son instrument de ratification, d'acceptation ou d'approbation ou d'adhésion à la présente Convention. Les demandes d'entraide judiciaire et toute communication y relative sont transmises aux autorités centrales désignées par les États Parties. La présente disposition s'entend sans préjudice du droit de tout État Partie d'exiger que ces demandes et communications lui soient adressées par la voie diplomatique et, en cas d'urgence, si les États Parties en conviennent, par l'intermédiaire de l'Organisation internationale de police criminelle, si cela est possible.

14. Les demandes sont adressées par écrit ou, si possible, par tout autre moyen pouvant produire un document écrit, dans une langue acceptable pour l'État Partie requis, dans des conditions permettant audit État Partie d'en établir l'authenticité. La ou les langues acceptables pour chaque État Partie sont notifiées au Secrétaire général de l'Organisation des Nations unies au moment où ledit État Partie dépose son instrument de ratification, d'acceptation ou d'approbation ou d'adhésion à la présente Convention. En cas d'urgence et si les États Parties en conviennent, les demandes peuvent être faites oralement mais doivent être confirmées sans délai par écrit.

15. Une demande d'entraide judiciaire doit contenir les renseignements suivants :

a) La désignation de l'autorité dont émane la demande ;

b) L'objet et la nature de l'enquête, des poursuites ou de la procédure judiciaire auxquelles se rapporte la demande, ainsi que le nom et les fonctions de l'autorité qui en est chargée ;

c) Un résumé des faits pertinents, sauf pour les demandes adressées aux fins de la signification d'actes judiciaires ;

d) Une description de l'assistance requise et le détail de toute procédure particulière que l'État Partie requérant souhaite voir appliquée ;

e) Si possible, l'identité, l'adresse et la nationalité de toute personne visée ; et

f) Le but dans lequel le témoignage, les informations ou les mesures sont demandés.

16. L'État Partie requis peut demander un complément d'information lorsque cela apparaît nécessaire pour exécuter la demande conformément à son droit interne ou lorsque cela peut en faciliter l'exécution.

17. Toute demande est exécutée conformément au droit interne de l'État Partie requis et, dans la mesure où cela ne contrevient pas au droit interne de l'État Partie requis et lorsque cela est possible, conformément aux procédures spécifiées dans la demande.

18. Lorsque cela est possible et conforme aux principes fondamentaux du droit interne, si une personne qui se trouve sur le territoire d'un État Partie doit être entendue comme témoin ou comme expert par les autorités judiciaires d'un autre État Partie, le premier État Partie peut, à la demande de l'autre, autoriser son audition par vidéoconférence s'il n'est pas possible ou souhaitable qu'elle comparaisse en personne sur le territoire de l'État Partie requérant. Les États Parties peuvent convenir que l'audition sera conduite par une autorité judiciaire de l'État Partie requérant et qu'une autorité judiciaire de l'État Partie requis y assistera.

19. L'État Partie requérant ne communique ni n'utilise les informations ou les éléments de preuve fournis par l'État Partie requis pour des enquêtes, poursuites ou procédures judiciaires autres que celles visées dans la demande sans le consentement préalable de l'État Partie requis. Rien dans le présent paragraphe n'empêche l'État Partie requérant de révéler, lors de la procédure, des informations ou des éléments de preuve à décharge. Dans ce cas, l'État Partie requérant avise l'État Partie requis avant la révélation et, s'il lui en est fait la demande, consulte ce dernier. Si, dans un cas exceptionnel, une notification préalable n'est pas possible, l'État Partie requérant informe sans retard l'État Partie requis de la révélation.

20. L'État Partie requérant peut exiger que l'État Partie requis garde le secret sur la demande et sa teneur, sauf dans la mesure nécessaire pour l'exécuter. Si l'État Partie requis ne peut satisfaire à cette exigence, il en informe sans délai l'État Partie requérant.

21. L'entraide judiciaire peut être refusée :

a) Si la demande n'est pas faite conformément aux dispositions du présent article ;

b) Si l'État Partie requis estime que l'exécution de la demande est susceptible de porter atteinte à sa souveraineté, à sa sécurité, à son ordre public ou à d'autres intérêts essentiels ;

c) Au cas où le droit interne de l'État Partie requis interdirait à ses autorités de prendre les mesures demandées s'il s'agissait d'une infraction analogue ayant fait l'objet d'une enquête, de poursuites ou d'une procédure judiciaire dans le cadre de sa propre compétence ;

d) Au cas où il serait contraire au système juridique de l'État Partie requis concernant l'entraide judiciaire d'accepter la demande.

22. Les États Parties ne peuvent refuser une demande d'entraide judiciaire au seul motif que l'infraction est considérée comme touchant aussi à des questions fiscales.

23. Tout refus d'entraide judiciaire doit être motivé.

24. L'État Partie requis exécute la demande d'entraide judiciaire aussi promptement que possible et tient compte dans toute la mesure possible de tous délais suggérés par l'État Partie requérant et qui sont motivés, de préférence dans la demande. L'État Partie requérant peut présenter des demandes raisonnables d'informations sur l'état d'avancement des mesures prises par l'État Partie requis pour faire droit à sa demande. L'État Partie requis répond aux demandes raisonnables de l'État Partie requérant concernant les progrès réalisés dans l'exécution de la demande. Quand l'entraide demandée n'est plus nécessaire, l'État Partie requérant en informe promptement l'État Partie requis.

25. L'entraide judiciaire peut être différée par l'État Partie requis au motif qu'elle entraverait une enquête, des poursuites ou une procédure judiciaire en cours.

26. Avant de refuser une demande en vertu du paragraphe 21 du présent article ou d'en différer l'exécution en vertu du paragraphe 25, l'État Partie requis étudie avec l'État Partie requérant la possibilité d'accorder l'entraide sous réserve des conditions qu'il juge nécessaires. Si l'État Partie requérant accepte l'entraide sous réserve de ces conditions, il se conforme à ces dernières.

27. Sans préjudice de l'application du paragraphe 12 du présent article, un témoin, un expert ou une autre personne qui, à la demande de l'État Partie requérant, consent à déposer au cours d'une procédure ou à collaborer à une enquête, à des poursuites ou à une procédure judiciaire sur le territoire de l'État Partie requérant ne sera pas poursuivi, détenu, puni ni soumis à d'autres restrictions de sa liberté personnelle sur ce territoire à raison d'actes, d'omissions ou de condamnations antérieurs à son départ du territoire de l'État Partie requis. Cette immunité cesse lorsque le témoin, l'expert ou ladite personne ayant eu, pendant une période de 15 jours consécutifs ou toute autre période convenue par les États Parties à compter de la date à laquelle ils ont été officiellement informés que leur présence n'était plus requise par les autorités judiciaires, la possibilité de quitter le territoire de l'État Partie requérant, y sont néanmoins demeurés volontairement ou, l'ayant quitté, y sont revenus de leur plein gré.

28. Les frais ordinaires encourus pour exécuter une demande sont à la charge de l'État Partie requis, à moins qu'il n'en soit convenu autrement entre les États Parties concernés. Lorsque des dépenses importantes ou extraordinaires sont ou se révèlent ultérieurement nécessaires pour exécuter la demande, les États Parties se consultent pour fixer les conditions selon lesquelles la demande sera exécutée, ainsi que la manière dont les frais seront assumés.

29. L'État Partie requis :

a) Fournit à l'État Partie requérant copie des dossiers, documents ou renseignements administratifs en sa possession et auxquels, en vertu de son droit interne, le public a accès ;

b) Peut, à son gré, fournir à l'État Partie requérant intégralement, en partie ou aux conditions qu'il estime appropriées, copie de tous dossiers, documents ou renseignements administratifs en sa possession et auxquels, en vertu de son droit interne, le public n'a pas accès.

30. Les États Parties envisagent, s'il y a lieu, la possibilité de conclure des accords ou des arrangements bilatéraux ou multilatéraux qui servent les objectifs du présent article, mettent en pratique ses dispositions ou les renforcent.

Art. 47 *Transfert des procédures pénales.* Les États Parties envisagent la possibilité de se transférer mutuellement les procédures relatives à la poursuite d'une infraction établie conformément à la présente Convention dans les cas où ce transfert est jugé nécessaire dans l'intérêt d'une bonne administration de la justice et, en particulier lorsque plusieurs juridictions sont concernées, en vue de centraliser les poursuites.

Art. 48 *Coopération entre les services de détection et de répression.* 1. Les États Parties coopèrent étroitement, conformément à leurs systèmes juridiques et administratifs respectifs, en vue de renforcer l'efficacité de la détection et de la répression des infractions visées par la présente Convention. En particulier, les États Parties prennent des mesures efficaces pour :

a) Renforcer les voies de communication entre leurs autorités, organismes et services compétents et, si nécessaire, en établir afin de faciliter l'échange sûr et rapide d'informations concernant tous les aspects des infractions visées par la présente Convention, y compris, si les États Parties concernés le jugent approprié, les liens avec d'autres activités criminelles ;

b) Coopérer avec d'autres États Parties, s'agissant des infractions visées par la présente Convention, dans la conduite d'enquêtes concernant les points suivants :

i) Identité et activités des personnes soupçonnées d'implication dans lesdites infractions, lieu où elles se trouvent ou lieu où se trouvent les autres personnes concernées ;

ii) Mouvement du produit du crime ou des biens provenant de la commission de ces infractions ;

iii) Mouvement des biens, des matériels ou d'autres instruments utilisés ou destinés à être utilisés dans la commission de ces infractions ;

c) Fournir, lorsqu'il y a lieu, les pièces ou quantités de substances nécessaires à des fins d'analyse ou d'enquête ;

d) Échanger, lorsqu'il y a lieu, avec d'autres États Parties des informations sur les moyens et procédés spécifiques employés pour commettre les infractions visées par la présente Convention, tels que l'usage de fausses identités, de documents contrefaits, modifiés ou falsifiés ou d'autres moyens de dissimulation des activités ;

e) Faciliter une coordination efficace entre leurs autorités, organismes et services compétents et favoriser l'échange de personnel et d'experts, y compris, sous réserve de l'existence d'accords ou d'arrangements bilatéraux entre les États Parties concernés, le détachement d'agents de liaison ;

f) Échanger des informations et coordonner les mesures administratives et autres prises, comme il convient, pour détecter au plus tôt les infractions visées par la présente Convention.

2. Afin de donner effet à la présente Convention, les États Parties envisagent de conclure des accords ou des arrangements bilatéraux ou multilatéraux prévoyant une coopération directe entre leurs services de détection et de répression et, lorsque de tels accords ou arrangements existent déjà, de les modifier. En l'absence de tels accords ou arrangements entre les États Parties concernés, ces derniers peuvent se baser sur la présente Convention pour instaurer une coopération en matière de détection et de répression concernant les infractions visées par la présente Convention. Chaque fois que cela est approprié, les États Parties utilisent pleinement les accords ou arrangements, y compris les organisations internationales ou régionales, pour renforcer la coopération entre leurs services de détection et de répression.

3. Les États Parties s'efforcent de coopérer, dans la mesure de leurs moyens, pour lutter contre les infractions visées par la présente Convention commises au moyen de techniques modernes.

Art. 49 *Enquêtes conjointes.* Les États Parties envisagent de conclure des accords ou des arrangements bilatéraux ou multilatéraux en vertu desquels, pour les affaires qui font l'objet d'enquêtes, de poursuites ou de procédures judiciaires dans un ou plusieurs États, les autorités compétentes concernées peuvent établir des instances d'enquête conjointes. En l'absence de tels accords ou arrangements, des enquêtes conjointes peuvent être décidées au cas par cas. Les États Parties concernés veillent à ce que la souveraineté de l'État Partie sur le territoire duquel l'enquête doit se dérouler soit pleinement respectée.

Art. 50 *Techniques d'enquête spéciales.* 1. Afin de combattre efficacement la corruption, chaque État Partie, dans la mesure où les principes fondamentaux de son système juridique interne le permettent et conformément aux conditions prescrites par son droit interne, prend, dans la limite de ses moyens, les mesures nécessaires pour que ses autorités compétentes puissent recourir de façon appropriée, sur son territoire, à des livraisons surveillées et, lorsqu'il le juge opportun, à d'autres techniques d'enquête spéciales, telles que la surveillance électronique ou d'autres formes de surveillance et les opérations d'infiltration, et pour que les preuves recueillies au moyen de ces techniques soient admissibles devant ses tribunaux.

2. Aux fins des enquêtes sur les infractions visées par la présente Convention, les États Parties sont encouragés à conclure, si nécessaire, des accords ou des arrangements bilatéraux ou multilatéraux appropriés pour recourir aux techniques d'enquête spéciales dans le cadre de la coopération internationale. Ces accords ou arrangements sont conclus et appliqués dans le plein respect du principe de l'égalité souveraine des États et ils sont mis en œuvre dans le strict respect des dispositions qu'ils contiennent.

3. En l'absence d'accords ou d'arrangements visés au paragraphe 2 du présent article, les décisions de recourir à des techniques d'enquête spéciales au niveau international sont prises au cas par cas et peuvent, si nécessaire, tenir compte d'ententes et d'arrangements financiers quant à l'exercice de leur compétence par les États Parties concernés.

4. Les livraisons surveillées auxquelles il est décidé de recourir au niveau international peuvent inclure, avec le consentement des États Parties concernés, des méthodes telles que l'interception de marchandises ou de fonds et l'autorisation de la poursuite de leur acheminement, sans altération ou après soustraction ou remplacement de la totalité ou d'une partie de ces marchandises ou fonds.

CHAPITRE V *RECOUVREMENT D'AVOIRS*

Art. 51 *Disposition générale.* 1. La restitution d'avoirs en application du présent chapitre est un principe fondamental de la présente Convention, et les États Parties s'accordent mutuellement la coopération et l'assistance la plus étendue à cet égard.

Art. 52 *Prévention et détection des transferts du produit du crime.* 1. Sans préjudice de l'article 14 de la présente Convention, chaque État Partie prend, conformément à son droit interne, les mesures nécessaires pour que les institutions financières relevant de sa juridiction soient tenues de vérifier l'identité des clients et de prendre des mesures raisonnables pour déterminer l'identité des ayants droit économiques des fonds déposés sur de gros comptes, ainsi que de soumettre à une surveillance accrue les comptes que des personnes qui exercent, ou ont exercé, des fonctions publiques importantes et des membres de leur famille et de leur proche entourage cherchent à ouvrir ou détiennent directement ou cherchent à faire ouvrir ou font détenir par un intermédiaire. Cette surveillance est raisonnablement conçue de façon à détecter les opérations suspectes afin de les signaler aux autorités compétentes et ne devrait pas être interprétée comme un moyen de décourager les institutions financières – ou de leur interdire – d'entretenir des relations d'affaires avec des clients légitimes.

2. Afin de faciliter l'application des mesures prévues au paragraphe 1 du présent article, chaque État Partie, conformément à son droit interne et en s'inspirant des initiatives pertinentes prises par les organisations régionales, interrégionales et multilatérales pour lutter contre le blanchiment d'argent :

a) Publie des lignes directrices concernant les types de personne physique ou morale sur les comptes desquels les institutions financières relevant de sa juridiction devront exercer une surveillance accrue, les types de compte et d'opération auxquels elles devront prêter une attention particulière, ainsi que les mesures à prendre concernant l'ouverture de tels comptes, leur tenue et l'enregistrement des opérations ; et

b) S'il y a lieu, notifie aux institutions financières relevant de sa juridiction, à la demande d'un autre État Partie ou de sa propre initiative, l'identité des personnes physiques ou morales dont elles devront surveiller plus strictement les comptes, en sus des personnes que les institutions financières pourront par ailleurs identifier.

3. Dans le contexte de l'alinéa a) du paragraphe 2 du présent article, chaque État Partie applique des mesures afin que ses institutions financières tiennent des états adéquats, pendant une durée appropriée, des comptes et opérations impliquant les personnes mentionnées au paragraphe 1 du présent article, lesquels états devraient contenir, au minimum, des renseignements sur l'identité du client ainsi que, dans la mesure du possible, de l'ayant droit économique.

4. Dans le but de prévenir et de détecter les transferts du produit d'infractions établies conformément à la présente Convention, chaque État Partie applique des mesures appropriées et efficaces pour empêcher, avec l'aide de ses organismes de réglementation et de contrôle, l'établissement de banques qui n'ont pas de présence physique et qui ne sont pas affiliées à un groupe financier réglementé. En outre, les États Parties peuvent envisager d'exiger de leurs institutions financières qu'elles refusent d'établir ou de poursuivre des relations de banque correspondante avec de telles institutions et se gardent d'établir des relations avec des institutions financières étrangères permettant que leurs comptes soient utilisés par des banques qui n'ont pas de présence physique et qui ne sont pas affiliées à un groupe financier réglementé.

5. Chaque État Partie envisage d'établir, conformément à son droit interne, pour les agents publics appropriés, des systèmes efficaces de divulgation de l'information financière et prévoit des sanctions adéquates en cas de non-respect. Chaque État Partie envisage également de prendre les mesures nécessaires pour permettre à ses autorités compétentes de partager cette information avec les autorités compétentes d'autres États Parties lorsque celles-ci en ont besoin pour enquêter sur le produit d'infractions établies conformément à la présente Convention, le réclamer et le recouvrer.

6. Chaque État Partie envisage de prendre, conformément à son droit interne, les mesures nécessaires pour que ses agents publics appropriés ayant un droit ou une délégation de signature ou tout autre pouvoir sur un compte financier domicilié dans un pays étranger soient tenus de le signaler aux autorités compétentes et de conserver des états appropriés concernant ces comptes. Il prévoit également des sanctions appropriées en cas de non-respect de cette obligation.

Art. 53 *Mesures pour le recouvrement direct de biens.* Chaque État Partie, conformément à son droit interne :

a) Prend les mesures nécessaires pour permettre à un autre État Partie d'engager devant ses tribunaux une action civile en vue de voir reconnaître l'existence d'un droit de propriété sur des biens acquis au moyen d'une infraction établie conformément à la présente Convention ;

b) Prend les mesures nécessaires pour permettre à ses tribunaux d'ordonner aux auteurs d'infractions établies conformément à la présente Convention de verser une réparation ou des dommages-intérêts à un autre État Partie ayant subi un préjudice du fait de telles infractions ; et

c) Prend les mesures nécessaires pour permettre à ses tribunaux ou autorités compétentes, lorsqu'ils doivent décider d'une confiscation, de reconnaître le droit de propriété légitime revendiqué par un autre État Partie sur des biens acquis au moyen d'une infraction établie conformément à la présente Convention.

Art. 54 *Mécanismes de recouvrement de biens par la coopération internationale aux fins de confiscation.* 1. Afin d'assurer l'entraide judiciaire prévue à l'article 55 de la présente Convention concernant les biens acquis au moyen d'une infraction établie conformément à la présente Convention ou utilisés pour une telle infraction, chaque État Partie, conformément à son droit interne :

a) Prend les mesures nécessaires pour permettre à ses autorités compétentes de donner effet à une décision de confiscation d'un tribunal d'un autre État Partie ;

b) Prend les mesures nécessaires pour permettre à ses autorités compétentes, lorsqu'elles ont compétence en l'espèce, d'ordonner la confiscation de tels biens d'origine étrangère, en se prononçant sur une infraction de blanchiment d'argent ou une autre infraction relevant de sa compétence, ou par d'autres procédures autorisées par son droit interne ; et

c) Envisage de prendre les mesures nécessaires pour permettre la confiscation de tels biens en l'absence de condamnation pénale lorsque l'auteur de l'infraction ne peut être poursuivi pour cause de décès, de fuite ou d'absence ou dans d'autres cas appropriés.

2. Afin d'accorder l'entraide judiciaire qui lui est demandée en application du paragraphe 2 de l'article 55, chaque État Partie, conformément à son droit interne :

a) Prend les mesures nécessaires pour permettre à ses autorités compétentes de geler ou de saisir des biens, sur décision d'un tribunal ou d'une autorité compétente d'un État Partie requérant ordonnant le gel ou la saisie, qui donne à l'État Partie requis un motif raisonnable de croire qu'il existe des raisons suffisantes de prendre de telles mesures et que les biens feront ultérieurement l'objet d'une ordonnance de confiscation aux fins de l'alinéa a) du paragraphe 1 du présent article ;

b) Prend les mesures nécessaires pour permettre à ses autorités compétentes de geler ou de saisir des biens sur la base d'une demande donnant à l'État Partie un motif raisonnable de croire qu'il existe des raisons suffisantes de prendre de telles mesures et que les biens feront ultérieurement l'objet d'une ordonnance de confiscation aux fins de l'alinéa *a)* du paragraphe 1 du présent article ; et

c) Envisage de prendre des mesures supplémentaires pour permettre à ses autorités compétentes de préserver les biens en vue de leur confiscation, par exemple sur la base d'une arrestation ou d'une inculpation intervenue à l'étranger en relation avec leur acquisition.

Art. 55 *Coopération internationale aux fins de confiscation.* 1. Dans toute la mesure possible dans le cadre de son système juridique interne, un État Partie qui a reçu d'un autre État Partie ayant compétence pour connaître d'une infraction établie conformément à la présente Convention une demande de confiscation du produit du crime, des biens, des matériels ou autres instruments visés au paragraphe 1 de l'article 31 de la présente Convention, qui sont situés sur son territoire :

a) Transmet la demande à ses autorités compétentes en vue de faire prononcer une décision de confiscation et, si celle-ci intervient, de la faire exécuter ; ou

b) Transmet à ses autorités compétentes, afin qu'elle soit exécutée dans les limites de la demande, la décision de confiscation prise par un tribunal situé sur le territoire de l'État Partie requérant conformément au paragraphe 1 de l'article 31 et à l'alinéa a) du paragraphe 1 de l'article 54 de la présente Convention, pour autant qu'elle porte sur le produit du crime, les biens, les matériels ou autres instruments visés au paragraphe 1 de l'article 31, qui sont situés sur son territoire.

2. Lorsqu'une demande est faite par un autre État Partie qui a compétence pour connaître d'une infraction établie conformément à la présente Convention, l'État Partie requis prend des mesures pour identifier, localiser et geler ou saisir le produit du crime, les biens, les matériels ou les autres instruments visés au paragraphe 1 de l'article 31 de la présente Convention, en vue d'une confiscation ultérieure à ordonner soit par l'État Partie requérant soit, comme suite à une demande formulée en vertu du paragraphe 1 du présent article, par l'État Partie requis.

3. Les dispositions de l'article 46 de la présente Convention s'appliquent *mutatis mutandis* au présent article. Outre les informations visées au paragraphe 15 de l'article 46, les demandes faites en application du présent article contiennent :

a) Lorsque la demande relève de l'alinéa a) du paragraphe 1 du présent article, une description des biens à confisquer, y compris, dans la mesure du possible, le lieu où ceux-ci se trouvent et, selon qu'il convient, leur valeur estimative et un exposé des faits sur lesquels se fonde l'État Partie requérant qui soit suffisant pour permettre à l'État Partie requis de demander une décision de confiscation sur le fondement de son droit interne ;

b) Lorsque la demande relève de l'alinéa b) du paragraphe 1 du présent article, une copie légalement admissible de la décision de confiscation émanant de l'État Partie requérant sur laquelle la demande est fondée, un exposé des faits et des informations indiquant dans quelles limites il est demandé d'exécuter la décision, une déclaration spécifiant les mesures prises par l'État Partie requérant pour aviser comme il convient les tiers de bonne foi et garantir une procédure régulière, et une déclaration selon laquelle la décision de confiscation est définitive ;

c) Lorsque la demande relève du paragraphe 2 du présent article, un exposé des faits sur lesquels se fonde l'État Partie requérant et une description des mesures demandées ainsi que, lorsqu'elle est disponible, une copie légalement admissible de la décision sur laquelle la demande est fondée.

4. Les décisions ou mesures prévues aux paragraphes 1 et 2 du présent article sont prises par l'État Partie requis conformément à son droit interne et sous réserve des dispositions dudit droit, et conformément à ses règles de procédure ou à tout accord ou arrangement bilatéral ou multilatéral le liant à l'État Partie requérant.

5. Chaque État Partie remet au Secrétaire général de l'Organisation des Nations unies une copie de ses lois et règlements qui donnent effet au présent article ainsi qu'une copie de toute modification ultérieurement apportée à ces lois et règlements ou une description de ces lois, règlements et modifications ultérieures.

6. Si un État Partie décide de subordonner l'adoption des mesures visées aux paragraphes 1 et 2 du présent article à l'existence d'un traité en la matière, il considère la présente Convention comme une base conventionnelle nécessaire et suffisante.

7. La coopération en vertu du présent article peut aussi être refusée ou les mesures conservatoires peuvent être levées si l'État Partie requis ne reçoit pas en temps voulu des preuves suffisantes ou si le bien est de valeur minime.

8. Avant de lever toute mesure conservatoire prise en application du présent article, l'État Partie requis donne, si possible, à l'État Partie requérant la faculté de présenter ses arguments en faveur du maintien de la mesure.

9. Les dispositions du présent article ne doivent pas être interprétées comme portant atteinte aux droits des tiers de bonne foi.

Art. 56 *Coopération spéciale.* Sans préjudice de son droit interne, chaque État Partie s'efforce de prendre des mesures lui permettant, sans préjudice de ses propres enquêtes, poursuites ou procédures judiciaires, de communiquer, sans demande préalable, à un autre État Partie des informations sur le produit d'infractions établies conformément à la présente Convention lorsqu'il considère que la divulgation de ces informations pourrait aider ledit État Partie à engager ou mener une enquête, des poursuites ou une procédure judiciaire ou pourrait déboucher sur la présentation par cet État Partie d'une demande en vertu du présent chapitre de la Convention.

Art. 57 *Restitution et disposition des avoirs.* 1. Un État Partie ayant confisqué des biens en application de l'article 31 ou 55 de la présente Convention en dispose, y compris en les restituant à leurs propriétaires légitimes antérieurs, en application du paragraphe 3 du présent article et conformément aux dispositions de la présente Convention et à son droit interne.

2. Chaque État Partie adopte, conformément aux principes fondamentaux de son droit interne, les mesures législatives et autres nécessaires pour permettre à ses autorités compétentes de restituer les biens confisqués, lorsqu'il agit à la demande d'un autre État Partie, conformément à la présente Convention, et compte tenu des droits des tiers de bonne foi.

3. Conformément aux articles 46 et 55 de la présente Convention et aux paragraphes 1 et 2 du présent article, l'État Partie requis :

a) Dans les cas de soustraction de fonds publics ou de blanchiment de fonds publics soustraits, visés aux articles 17 et 23 de la présente Convention, lorsque la confiscation a été exécutée conformément à l'article 55 et sur la base d'un jugement définitif rendu dans l'État Partie requérant, exigence à laquelle il peut renoncer, restitue les biens confisqués à l'État Partie requérant ;

b) Dans le cas du produit de toute autre infraction visée par la présente Convention, lorsque la confiscation a été exécutée conformément à l'article 55 de la présente Convention et sur la base d'un jugement définitif dans l'État Partie requérant, exigence à laquelle il peut renoncer, restitue les biens confisqués à l'État Partie requérant, lorsque ce dernier fournit des preuves raisonnables de son droit de propriété antérieur sur lesdits biens à l'État Partie requis ou lorsque ce dernier reconnaît un préjudice à l'État Partie requérant comme base de restitution des biens confisqués ;

c) Dans tous les autres cas, envisage à titre prioritaire de restituer les biens confisqués à l'État Partie requérant, de les restituer à ses propriétaires légitimes antérieurs ou de dédommager les victimes de l'infraction.

4. S'il y a lieu, et sauf si les États Parties en décident autrement, l'État Partie requis peut déduire des dépenses raisonnables encourues pour les enquêtes, poursuites ou procédures judiciaires ayant abouti à la restitution ou à la disposition des biens confisqués en application du présent article.

5. S'il y a lieu, les États Parties peuvent aussi envisager en particulier de conclure, au cas par cas, des accords ou des arrangements mutuellement acceptables pour la disposition définitive des biens confisqués.

Art. 58 *Service de renseignement financier.* Les États Parties coopèrent dans le but de prévenir et de combattre le transfert du produit des infractions établies conformément à la présente Convention, ainsi que de promouvoir les moyens de recouvrer ledit produit et, à cette fin, envisagent d'établir un service de renseignement financier qui sera chargé de recevoir, d'analyser et de communiquer aux autorités compétentes des déclarations d'opérations financières suspectes.

Art. 59 *Accords et arrangements bilatéraux et multilatéraux.* Les États Parties envisagent de conclure des accords ou des arrangements bilatéraux ou multilatéraux afin de renforcer l'efficacité de la coopération internationale instaurée en application du présent chapitre de la Convention.

CHAPITRE VI *ASSISTANCE TECHNIQUE ET ÉCHANGE D'INFORMATIONS*

Art. 60 *Formation et assistance technique.* 1. Chaque État Partie établit, développe ou améliore, dans la mesure des besoins, des programmes de formation spécifiques à l'intention de ses personnels chargés de prévenir et de combattre la corruption. Ces programmes pourraient porter notamment sur ce qui suit :

a) Mesures efficaces de prévention, de détection, d'investigation, de répression et de lutte dirigées contre la corruption, y compris l'utilisation des méthodes de rassemblement de preuves et d'investigation ;

b) Renforcement des capacités d'élaboration et de planification de stratégies contre la corruption ;

c) Formation des autorités compétentes à l'établissement de demandes d'entraide judiciaire qui répondent aux exigences de la présente Convention ;

d) Évaluation et renforcement des institutions, de la gestion du service public et des finances publiques (y compris des marchés publics), et du secteur privé ;

e) Prévention des transferts du produit d'infractions établies conformément à la présente Convention, lutte contre ces transferts, et recouvrement de ce produit ;

f) Détection et gel des transferts du produit d'infractions établies conformément à la présente Convention ;

g) Surveillance des mouvements du produit d'infractions établies conformément à la présente Convention, ainsi que des méthodes de transfert, de dissimulation ou de déguisement de ce produit ;

h) Mécanismes et méthodes judiciaires et administratifs appropriés et efficaces pour faciliter la restitution du produit d'infractions établies conformément à la présente Convention ;

i) Méthodes employées pour la protection des victimes et des témoins qui coopèrent avec les autorités judiciaires ; et

j) Formation aux réglementations nationales et internationales et formation linguistique.

2. Les États Parties envisagent, dans leurs plans et programmes nationaux de lutte contre la corruption, de s'accorder, selon leurs capacités, l'assistance technique la plus étendue, en particulier au profit des pays en développement, y compris un appui matériel et une formation dans les domaines mentionnés au paragraphe 1 du présent article, ainsi qu'une formation et une assistance, et l'échange mutuel de données d'expérience pertinentes et de connaissances spécialisées, ce qui facilitera la coopération internationale entre États Parties dans les domaines de l'extradition et de l'entraide judiciaire.

3. Les États Parties renforcent, autant qu'il est nécessaire, les mesures prises pour optimiser les activités opérationnelles et de formation au sein des organisations internationales et régionales et dans le cadre des accords ou des arrangements bilatéraux et multilatéraux pertinents.

4. Les États Parties envisagent de s'entraider, sur demande, pour mener des évaluations, des études et des recherches portant sur les types, les causes, les effets et les coûts de la corruption sur leur territoire, en vue d'élaborer, avec la participation des autorités compétentes et de la société, des stratégies et plans d'action pour combattre la corruption.

5. Afin de faciliter le recouvrement du produit d'infractions établies conformément à la présente Convention, les États Parties peuvent coopérer en se communiquant les noms d'experts susceptibles d'aider à atteindre cet objectif.

6. Les États Parties envisagent de mettre à profit des conférences et séminaires sous-régionaux, régionaux et internationaux pour favoriser la coopération et l'assistance technique et stimuler les échanges de vues sur les problèmes communs, y compris les problèmes et les besoins particuliers des pays en développement et des pays à économie en transition.

7. Les États Parties envisagent d'établir des mécanismes à caractère volontaire en vue de contribuer financièrement, par des programmes et projets d'assistance technique, aux efforts des pays en développement et des pays à économie en transition pour appliquer la présente Convention.

8. Chaque État Partie envisage de verser des contributions volontaires à l'Office des Nations unies contre la drogue et le crime afin d'encourager, par l'intermédiaire de ce dernier, des programmes et projets dans les pays en développement visant à appliquer la présente Convention.

Art. 61 *Collecte, échange et analyse d'informations sur la corruption.* 1. Chaque État Partie envisage d'analyser, en consultation avec des experts, les tendances de la corruption sur son territoire ainsi que les circonstances dans lesquelles les infractions de corruption sont commises.

2. Les États Parties envisagent de développer et de mettre en commun, directement entre eux et par le biais d'organisations internationales et régionales, leurs statistiques et leur connaissance analytique de la corruption ainsi que des informations en vue d'élaborer, dans la mesure du possible, des définitions, normes et méthodes communes, et des informations sur les pratiques les mieux à même de prévenir et de combattre la corruption.

3. Chaque État Partie envisage d'assurer le suivi de ses politiques et mesures concrètes de lutte contre la corruption et d'évaluer leur mise en œuvre et leur efficacité.

Art. 62 *Autres mesures : application de la Convention par le développement économique et l'assistance technique.* 1. Les États Parties prennent des mesures propres à assurer l'application optimale de la présente Convention dans la mesure du possible, par la coopération internationale, compte tenu des effets négatifs de la corruption sur la société en général et sur le développement durable en particulier.

2. Les États Parties font des efforts concrets, dans la mesure du possible et en coordination les uns avec les autres ainsi qu'avec les organisations régionales et internationales :

a) Pour développer leur coopération à différents niveaux avec les pays en développement, en vue de renforcer la capacité de ces derniers à prévenir et combattre la corruption ;

b) Pour accroître l'assistance financière et matérielle apportée aux pays en développement afin d'appuyer les efforts qu'ils déploient pour prévenir et combattre efficacement la corruption et de les aider à appliquer la présente Convention avec succès ;

c) Pour fournir une assistance technique aux pays en développement et aux pays à économie en transition afin de les aider à répondre à leurs besoins aux fins de l'application de la présente Convention. Pour ce faire, les États Parties s'efforcent de verser volontairement des contributions adéquates et régulières à un compte établi à cet effet dans le cadre d'un mécanisme de financement des Nations unies. Les États Parties peuvent aussi envisager en particulier, conformément à leur droit interne et aux dispositions de la présente Convention, de verser à ce compte un pourcentage des fonds ou de la valeur correspondante du produit du crime ou des biens confisqués conformément aux dispositions de la présente Convention ;

d) Pour encourager et amener d'autres États et des institutions financières, selon qu'il convient, à s'associer aux efforts qu'ils déploient conformément au présent article, notamment en faisant bénéficier les pays en développement de davantage de programmes de formation et de matériel moderne afin de les aider à atteindre les objectifs de la présente Convention.

3. Autant que possible, ces mesures sont prises sans préjudice des engagements existants en matière d'aide extérieure ou d'autres arrangements de coopération financière aux niveaux bilatéral, régional ou international.

4. Les États Parties peuvent conclure des accords ou des arrangements bilatéraux ou multilatéraux sur l'aide matérielle et logistique, en tenant compte des arrangements financiers nécessaires pour assurer l'efficacité des moyens de coopération internationale prévus par la présente Convention et pour prévenir, détecter et combattre la corruption.

CHAPITRE VII *MÉCANISMES D'APPLICATION*

Art. 63 *Conférence des États Parties à la Convention.* **1.** Une Conférence des États Parties à la Convention est instituée pour améliorer la capacité des États Parties à atteindre les objectifs énoncés dans la présente Convention et renforcer leur coopération à cet effet ainsi que pour promouvoir et examiner l'application de la présente Convention.

2. Le Secrétaire général de l'Organisation des Nations unies convoquera la Conférence des États Parties au plus tard un an après l'entrée en vigueur de la présente Convention. Par la suite, la Conférence des États Parties tiendra des réunions ordinaires conformément au règlement intérieur qu'elle aura adopté.

3. La Conférence des États Parties adopte un règlement intérieur et des règles régissant le fonctionnement des activités énoncées dans le présent article, y compris des règles concernant l'admission et la participation d'observateurs et le financement des dépenses encourues au titre de ces activités.

4. La Conférence des États Parties arrête des activités, des procédures et des méthodes de travail en vue d'atteindre les objectifs énoncés au paragraphe 1 du présent article, notamment :

a) Elle facilite les activités menées par les États Parties en vertu des articles 60 et 62 et des chapitres II à V de la présente Convention, y compris en encourageant la mobilisation de contributions volontaires ;

b) Elle facilite l'échange d'informations entre États Parties sur les caractéristiques et tendances de la corruption et les pratiques efficaces pour la prévenir et la combattre et pour restituer le produit du crime, notamment par la publication des informations pertinentes visées dans le présent article ;

c) Elle coopère avec les organisations et mécanismes régionaux et internationaux, et les organisations non gouvernementales compétents ;

d) Elle utilise de manière appropriée les informations pertinentes produites par d'autres mécanismes internationaux et régionaux visant à combattre et prévenir la corruption afin d'éviter une répétition inutile d'activités ;

e) Elle examine périodiquement l'application de la présente Convention par les États Parties ;

f) Elle formule des recommandations en vue d'améliorer la présente Convention et son application ;

g) Elle prend note des besoins d'assistance technique des États Parties en ce qui concerne l'application de la présente Convention et recommande les mesures qu'elle peut juger nécessaires à cet égard.

5. Aux fins du paragraphe 4 du présent article, la Conférence des États Parties s'enquiert des mesures prises et des difficultés rencontrées par les États Parties pour appliquer la présente Convention en utilisant les informations que ceux-ci lui communiquent et par le biais des mécanismes complémentaires d'examen qu'elle pourra établir.

6. Chaque État Partie communique à la Conférence des États Parties, comme celle-ci le requiert, des informations sur ses programmes, plans et pratiques ainsi que sur ses mesures législatives et administratives visant à appliquer la présente Convention. La Conférence des États Parties examine le moyen le plus efficace de recevoir des informations et d'y réagir, y compris, notamment, d'États Parties et d'organisations internationales compétentes. Les contributions reçues d'organisations non gouvernementales compétentes, dûment accréditées conformément aux procédures devant être arrêtées par la Conférence des États Parties, peuvent aussi être pris en compte.

7. Conformément aux paragraphes 4 à 6 du présent article, la Conférence des États Parties crée, si elle le juge nécessaire, tout mécanisme ou organe approprié pour faciliter l'application effective de la Convention.

Art. 64 *Secrétariat.* 1. Le Secrétaire général de l'Organisation des Nations unies fournit les services de secrétariat nécessaires à la Conférence des États Parties à la Convention.

2. Le secrétariat :

a) Aide la Conférence des États Parties à réaliser les activités énoncées à l'article 63 de la présente Convention, prend des dispositions et fournit les services nécessaires pour les sessions de la Conférence des États Parties ;

b) Aide les États Parties, sur leur demande, à fournir des informations à la Conférence des États Parties comme le prévoient les paragraphes 5 et 6 de l'article 63 de la présente Convention ; et

c) Assure la coordination nécessaire avec le secrétariat des organisations régionales et internationales compétentes.

CHAPITRE VIII *DISPOSITIONS FINALES*

Art. 65 *Application de la Convention.* 1. Chaque État Partie prend les mesures nécessaires, y compris législatives et administratives, conformément aux principes fondamentaux de son droit interne, pour assurer l'exécution de ses obligations en vertu de la présente Convention.

2. Chaque État Partie peut prendre des mesures plus strictes ou plus sévères que celles qui sont prévues par la présente Convention afin de prévenir et de combattre la corruption.

Art. 66 *Règlement des différends.* 1. Les États Parties s'efforcent de régler les différends concernant l'interprétation ou l'application de la présente Convention par voie de négociation.

2. Tout différend entre deux États Parties ou plus concernant l'interprétation ou l'application de la présente Convention qui ne peut être réglé par voie de négociation dans un délai raisonnable est, à la demande de l'un de ces États Parties, soumis à l'arbitrage. Si, dans un délai de six mois à compter de la date de la demande d'arbitrage, les États Parties ne peuvent s'entendre sur l'organisation de l'arbitrage, l'un

quelconque d'entre eux peut soumettre le différend à la Cour internationale de Justice en adressant une requête conformément au Statut de la Cour.

3. Chaque État Partie peut, au moment de la signature, de la ratification, de l'acceptation ou de l'approbation de la présente Convention ou de l'adhésion à celle-ci, déclarer qu'il ne se considère pas lié par le paragraphe 2 du présent article. Les autres États Parties ne sont pas liés par le paragraphe 2 du présent article envers tout État Partie ayant émis une telle réserve.

4. Tout État Partie qui a émis une réserve en vertu du paragraphe 3 du présent article peut la retirer à tout moment en adressant une notification au Secrétaire général de l'Organisation des Nations unies.

Art. 67 *Signature, ratification, acceptation, approbation et adhésion.* 1. La présente Convention sera ouverte à la signature de tous les États du 9 au 11 décembre 2003 à Mérida (Mexique) et, par la suite, au Siège de l'Organisation des Nations unies, à New York, jusqu'au 9 décembre 2005.

2. La présente Convention est également ouverte à la signature des organisations régionales d'intégration économique à la condition qu'au moins un État membre d'une telle organisation l'ait signée conformément au paragraphe 1 du présent article.

3. La présente Convention est soumise à ratification, acceptation ou approbation. Les instruments de ratification, d'acceptation ou d'approbation seront déposés auprès du Secrétaire général de l'Organisation des Nations unies. Une organisation régionale d'intégration économique peut déposer son instrument de ratification, d'acceptation ou d'approbation si au moins un de ses États membres l'a fait. Dans cet instrument de ratification, d'acceptation ou d'approbation, cette organisation déclare l'étendue de sa compétence concernant les questions régies par la présente Convention. Elle informe également le dépositaire de toute modification pertinente de l'étendue de sa compétence.

4. La présente Convention est ouverte à l'adhésion de tout État ou de toute organisation régionale d'intégration économique dont au moins un État membre est Partie à la présente Convention. Les instruments d'adhésion sont déposés auprès du Secrétaire général de l'Organisation des Nations unies. Au moment de son adhésion, une organisation régionale d'intégration économique déclare l'étendue de sa compétence concernant les questions régies par la présente Convention. Elle informe également le dépositaire de toute modification pertinente de l'étendue de sa compétence.

Art. 68 *Entrée en vigueur.* 1. La présente Convention entrera en vigueur le quatre-vingt-dixième jour suivant la date de dépôt du trentième instrument de ratification, d'acceptation, d'approbation ou d'adhésion. Aux fins du présent paragraphe, aucun des instruments déposés par une organisation régionale d'intégration économique n'est considéré comme un instrument venant s'ajouter aux instruments déjà déposés par les États membres de cette organisation.

2. Pour chaque État ou organisation régionale d'intégration économique qui ratifiera, acceptera ou approuvera la présente Convention ou y adhérera après le dépôt du trentième instrument pertinent, la présente Convention entrera en vigueur le trentième jour suivant la date de dépôt de l'instrument pertinent par ledit État ou ladite organisation ou à la date à laquelle elle entre en vigueur conformément au paragraphe 1 du présent article, si celle-ci est postérieure.

Art. 69 *Amendement.* 1. A l'expiration d'un délai de cinq ans à compter de l'entrée en vigueur de la présente Convention, un État Partie peut proposer un amendement et le transmettre au Secrétaire général de l'Organisation des Nations unies. Ce dernier communique alors la proposition d'amendement aux États Parties et à la Conférence des États Parties à la Convention en vue de l'examen de la proposition et de l'adoption d'une décision. La Conférence des États Parties n'épargne aucun effort pour parvenir à un consensus sur tout amendement. Si tous les efforts en ce sens ont été épuisés sans qu'un accord soit intervenu, il faudra, en dernier recours, pour que l'amendement soit adopté, un vote à la majorité des deux tiers des États Parties présents à la Conférence des États Parties et exprimant leur vote.

2. Les organisations régionales d'intégration économique disposent, pour exercer, en vertu du présent article, leur droit de vote dans les domaines qui relèvent de leur compétence, d'un nombre de voix égal au nombre de leurs États membres Parties à la présente Convention. Elles n'exercent pas leur droit de vote si leurs États membres exercent le leur, et inversement.

3. Un amendement adopté conformément au paragraphe 1 du présent article est soumis à ratification, acceptation ou approbation des États Parties.

4. Un amendement adopté conformément au paragraphe 1 du présent article entrera en vigueur pour un État Partie quatre-vingt-dix jours après la date de dépôt par ledit État Partie auprès du Secrétaire général de l'Organisation des Nations unies d'un instrument de ratification, d'acceptation ou d'approbation dudit amendement.

5. Un amendement entré en vigueur a force obligatoire à l'égard des États Parties qui ont exprimé leur consentement à être liés par lui. Les autres États Parties restent liés par les dispositions de la présente Convention et tous amendements antérieurs qu'ils ont ratifiés, acceptés ou approuvés.

Art. 70 *Dénonciation.* **1. Un État Partie peut dénoncer la présente Convention par notification écrite adressée au Secrétaire général de l'Organisation des Nations unies. Une telle dénonciation prend effet un an après la date de réception de la notification par le Secrétaire général.**

2. Une organisation régionale d'intégration économique cesse d'être Partie à la présente Convention lorsque tous ses États membres l'ont dénoncée.

Art. 71 *Dépositaire et langues.* **1. Le Secrétaire général de l'Organisation des Nations unies est le dépositaire de la présente Convention.**

2. L'original de la présente Convention, dont les textes anglais, arabe, chinois, espagnol, français et russe font également foi, sera déposé auprès du Secrétaire général de l'Organisation des Nations unies.

B Organisation de coopération et de développement économique

COMMENTAIRE

L'Organisation de coopération et de développement économiques (OCDE) a succédé en 1961 à l'Organisation européenne de coopération économique (OECE) créée en 1948 et issue du plan Marshall. Elle comprend actuellement 36 membres, représentant la plupart des pays dits « développés » et donc l'essentiel du PIB mondial (Allemagne, Australie, Autriche, Belgique, Canada, Chili, Corée, Danemark, Espagne, Estonie, États-Unis, Finlande, France, Grèce, Hongrie, Irlande, Islande, Israël, Italie, Japon, Lettonie, Lituanie, Luxembourg, Mexique, Norvège, Nouvelle-Zélande, Pays-Bas, Pologne, Portugal, Royaume-Uni, République slovaque, République tchèque, Slovénie, Suisse, Suède et Turquie).

L'OCDE se présente elle-même comme œuvrant « pour la mise en place de politiques meilleures pour une vie meilleure » avec comme objectif de « promouvoir des politiques publiques qui favorisent la prospérité, l'égalité des chances et le bien-être pour tous ». ❑

Convention de l'OCDE du 17 décembre 1997,

Sur la lutte contre la corruption d'agents publics étrangers dans les transactions commerciales internationales.

Adoptée par la Conférence de négociations le 21 nov. 1997.

COMMENTAIRE

A ce jour 44 pays sont signataires de la convention sur la lutte contre la corruption d'agents publics étrangers dans les transactions commerciales internationales, entrée en vigueur le

15 février 1999, à savoir les 36 pays membres de l'organisation et 8 pays non membres : l'Afrique du Sud, l'Argentine, le Brésil, la Bulgarie, la Colombie, le Costa Rica, le Pérou et la Russie.

La convention de l'OCDE est un accord international juridiquement contraignant ; les pays qui y adhèrent s'engagent à faire de la corruption d'agents publics étrangers une infraction pénale dans leur droit interne, et à mettre en œuvre des politiques efficaces visant à prévenir, détecter, enquêter et punir cette forme de corruption.

La convention anticorruption de l'OCDE se concentre sur la corruption active, c'est-à-dire sur la personne ou l'entité qui offre, promet ou octroie un pot-de-vin.

La législation interne des États parties, pays signataires, doit établir la responsabilité des personnes physiques et morales pour ces actes de corruption. Les faits doivent être répréhensibles, même si les résultats escomptés ne sont pas atteints ou si l'entreprise aurait obtenu ces résultats sans verser de pot-de-vin. Elle englobe la corruption commise par le biais d'un intermédiaire, d'une filiale ou d'un autre agent ; ainsi que les pots-de-vin versés au bénéfice de la famille d'un agent public étranger, d'un parti politique ou d'un autre tiers.

La convention prévoit, en outre, une entraide judiciaire aux autres pays dans le cadre des enquêtes et poursuites de cas de corruption transnationale.

Un mécanisme de suivi de la convention anticorruption de l'OCDE est prévu avec le Groupe de travail sur la corruption dont les membres se soumettent à une évaluation par leurs pairs et jouent le rôle d'examinateurs d'autres pays. Ce processus international d'évaluation mutuelle a pour objectif de créer une émulation et d'inciter les pays à respecter la convention et engager des actions concrètes pour combattre la corruption.

Les activités de suivi obéissent à un processus en plusieurs phases. La phase 1 consiste en un examen approfondi des législations nationales et autres textes de loi de chaque pays afin de déterminer s'ils sont conformes aux normes établies dans la convention. La phase 2 étudie l'efficacité pratique des cadres législatif et institutionnel de lutte contre la corruption des parties. Ces examens comprennent une mission d'une semaine dans le pays, pendant laquelle les examinateurs du Groupe de travail sur la corruption et le Secrétariat de l'OCDE mènent des entretiens détaillés avec les autres parties prenantes. L'objet de la phase 3 est d'assurer une évaluation à jour des structures mises en place par les parties à la convention, elle comporte une évaluation plus brève et plus ciblée incluant les progrès accomplis par les parties à la convention à propos des carences mises en évidence lors de la phase 2 (ce qui est un suivi que ne prévoit pas la CNUCC).

Il convient également de mentionner la recommandation de l'OCDE, publiée le 9 décembre 2009, visant à renforcer la lutte contre la corruption d'agents publics étrangers dans les transactions commerciales internationales (V. *infra*). Cette recommandation inclut un Guide de bonnes pratiques pour les contrôles internes, la déontologie et la conformité destiné aux entreprises reprenant l'essentiel des éléments désormais habituels en la matière : engagement des instances dirigeantes, code de conduite, formations, dispositifs de signalement interne, etc.

On notera que les rapports d'évaluation concernant la France n'ont guère été favorables.

Ainsi, en octobre 2012, le groupe de travail ayant évalué la mise en œuvre de la convention par la France (rapport de phase 3) « déplore que compte tenu du rôle très important joué par les entreprises françaises dans l'économie internationale, seules 33 procédures aient été initiées et cinq condamnations – dont une seule, non définitive, concernant une personne morale – prononcées depuis que la France a adhéré à la convention de l'OCDE en 2000. Le groupe est particulièrement préoccupé par la faible réactivité des autorités françaises vis-à-vis des personnes morales mises en cause dans d'autres pays parties à la convention ».

Deux ans plus tard, en décembre 2014 (rapport de suivi écrit de phase 3), « le groupe de travail a salué plusieurs réformes significatives, y compris la création du parquet national financier, la suppression des instructions individuelles du ministre de la Justice au Parquet, la protection généralisée des lanceurs d'alerte, la possibilité donnée aux associations de lutte contre la corruption de se constituer partie civile ainsi que l'augmentation substantielle des sanctions pénales pour l'infraction de corruption active d'agent public étranger. Malgré ces progrès, il a aussi considéré que la France ne se conformait pas encore suffisamment à la convention en ne mettant pas en œuvre une partie significative des 33 recommandations formulées par le groupe de travail. Il reste en effet préoccupé par la faible proactivité des autorités dans des affaires impliquant des entreprises françaises pour des faits avérés ou présumés de corruption à l'étranger. En effet, aucune entreprise française n'a à ce jour fait l'objet de condamnation définitive en France du chef de corruption transnationale, alors que des condamnations de ce chef ont été prononcées à l'étranger contre des sociétés françaises, et les sanctions appliquées aux personnes physiques ne sont pas dissuasives ».

Préambule

Les Parties,

Considérant que la corruption est un phénomène répandu dans les transactions commerciales internationales, y compris dans le domaine des échanges et de l'investissement, qui suscite de graves préoccupations morales et politiques, affecte la bonne gestion des affaires publiques et le développement économique et fausse les conditions internationales de concurrence ;

Considérant que la responsabilité de la lutte contre la corruption dans le cadre de transactions commerciales internationales incombe à tous les pays ;

Vu la recommandation révisée sur la lutte contre la corruption dans les transactions commerciales internationales, adoptée par le Conseil de l'Organisation de coopération et de développement économiques (OCDE) le 23 mai 1997, C(97)123/FINAL, qui, entre autres, demande que soient prises des mesures efficaces pour décourager, prévenir et combattre la corruption d'agents publics étrangers dans le cadre de transactions commerciales internationales et, en particulier, que cette corruption soit rapidement incriminée de façon efficace et coordonnée en conformité avec les éléments communs convenus qui figurent dans cette recommandation ainsi qu'avec les principes de compétence et les autres principes juridiques fondamentaux applicables dans chaque pays ;

Se félicitant d'autres initiatives récentes qui font progresser l'entente et la coopération internationales en matière de lutte contre la corruption d'agents publics, notamment les actions menées par les Nations unies, la Banque mondiale, le Fonds monétaire international, l'Organisation mondiale du commerce, l'Organisation des États américains, le Conseil de l'Europe et l'Union européenne ;

Se félicitant des efforts des entreprises, des organisations patronales et syndicales ainsi que d'autres organisations non gouvernementales dans la lutte contre la corruption ;

Reconnaissant le rôle des gouvernements dans la prévention des sollicitations de pots-de-vin de la part des individus et des entreprises dans les transactions commerciales internationales ;

Reconnaissant que tout progrès dans ce domaine exige non seulement des efforts de chaque pays, mais aussi une coopération, une surveillance et un suivi au niveau multilatéral ;

Reconnaissant qu'assurer l'équivalence entre les mesures que doivent prendre les Parties constitue un objet et un but essentiels de la Convention qui exigent que la Convention soit ratifiée sans dérogations affectant cette équivalence.

Sont convenues de ce qui suit :

Art. 1er *L'infraction de corruption d'agents publics étrangers.* **1. Chaque Partie prend les mesures nécessaires pour que constitue une infraction pénale en vertu de sa loi le fait intentionnel, pour toute personne, d'offrir, de promettre ou d'octroyer un avantage indu pécuniaire ou autre, directement ou par des intermédiaires, à un agent public étranger, à son profit ou au profit d'un tiers, pour que cet agent agisse ou s'abstienne d'agir dans l'exécution de fonctions officielles, en vue d'obtenir ou conserver un marché ou un autre avantage indu dans le commerce international.**

2. Chaque Partie prend les mesures nécessaires pour que constitue une infraction pénale le fait de se rendre complice d'un acte de corruption d'un agent public étranger, y compris par instigation, assistance ou autorisation. La tentative et le complot en vue de corrompre un agent public étranger devront constituer une infraction pénale dans la mesure où la tentative et le complot en vue de corrompre un agent public de cette Partie constituent une telle infraction.

3. Les infractions définies aux paragraphes 1 et 2 ci-dessus sont dénommées ci-après "corruption d'un agent public étranger".

4. Aux fins de la présente Convention,

a) "agent public étranger" désigne toute personne qui détient un mandat législatif, administratif ou judiciaire dans un pays étranger, qu'elle ait été nommée ou élue, toute personne exerçant une fonction publique pour un pays étranger, y compris pour une entreprise ou un organisme publics et tout fonctionnaire ou agent d'une organisation internationale publique ;

b) "pays étranger" comprend tous les niveaux et subdivisions d'administration, du niveau national au niveau local ;

c) "agir ou s'abstenir d'agir dans l'exécution de fonctions officielles" désigne toute utilisation qui est faite de la position officielle de l'agent public, que cette utilisation relève ou non des compétences conférées à cet agent.

Art. 2 *Responsabilité des personnes morales.* Chaque Partie prend les mesures nécessaires, conformément à ses principes juridiques, pour établir la responsabilité des personnes morales en cas de corruption d'un agent public étranger.

Art. 3 *Sanctions.* 1. La corruption d'un agent public étranger doit être passible de sanctions pénales efficaces, proportionnées et dissuasives. L'éventail des sanctions applicables doit être comparable à celui des sanctions applicables à la corruption des agents publics de la Partie en question et doit, dans le cas des personnes physiques, inclure des peines privatives de liberté suffisantes pour permettre une entraide judiciaire efficace et l'extradition.

2. Si, dans le système juridique d'une Partie, la responsabilité pénale n'est pas applicable aux personnes morales, cette Partie fait en sorte que les personnes morales soient passibles de sanctions non pénales efficaces, proportionnées et dissuasives, y compris pécuniaires, en cas de corruption d'agents publics étrangers.

3. Chaque Partie prend les mesures nécessaires pour assurer que l'instrument et les produits de la corruption d'un agent public étranger ou des avoirs d'une valeur équivalente à celle de ces produits puissent faire l'objet d'une saisie et d'une confiscation ou que des sanctions pécuniaires d'un effet comparable soient prévues.

4. Chaque Partie envisage l'application de sanctions complémentaires civiles ou administratives à toute personne soumise à des sanctions pour corruption d'un agent public étranger.

Art. 4 *Compétence.* 1. Chaque Partie prend les mesures nécessaires pour établir sa compétence à l'égard de la corruption d'un agent public étranger lorsque l'infraction est commise en tout ou partie sur son territoire.

2. Chaque Partie ayant compétence pour poursuivre ses ressortissants à raison d'infractions commises à l'étranger prend les mesures nécessaires pour établir sa compétence à l'égard de la corruption d'un agent public étranger selon les mêmes principes.

3. Lorsque plusieurs Parties ont compétence à l'égard d'une infraction présumée visée dans la présente Convention, les Parties concernées se concertent, à la demande de l'une d'entre elles, afin de décider quelle est celle qui est la mieux à même d'exercer les poursuites.

4. Chaque Partie examine si le fondement actuel de sa compétence est efficace pour lutter contre la corruption d'agents publics étrangers ; si tel n'est pas le cas, elle prend les mesures correctrices appropriées.

Art. 5 *Mise en œuvre.* Les enquêtes et poursuites en cas de corruption d'un agent public étranger sont soumises aux règles et principes applicables de chaque Partie. Elles ne seront pas influencées par des considérations d'intérêt économique national, les effets possibles sur les relations avec un autre État ou l'identité des personnes physiques ou morales en cause.

Art. 6 *Prescription.* Le régime de prescription de l'infraction de corruption d'un agent public étranger devra ménager un délai suffisant pour l'enquête et les poursuites relatives à cette infraction.

Art. 7 *Blanchiment de capitaux.* Chaque Partie ayant fait en sorte que la corruption de ses agents publics soit une infraction principale aux fins de l'application de sa législation relative au blanchiment de capitaux prendra la même mesure en cas de corruption d'un agent public étranger, quel que soit le lieu où la corruption s'est produite.

Art. 8 *Normes comptables.* 1. Pour combattre efficacement la corruption d'agents publics étrangers, chaque Partie prend les mesures nécessaires, dans le cadre de ses lois et règlements concernant la tenue de livres et états comptables, la publication d'informations sur les états financiers et les normes de comptabilité et de vérification des comptes, pour interdire aux entreprises soumises à ces lois et règlements l'établissement de comptes hors livres, les opérations hors livres ou insuffisamment identifiées, l'enregistrement de dépenses inexistantes, l'enregistrement d'éléments de passif dont l'objet n'est pas correctement identifié, ainsi que l'utilisation de faux documents, dans le but de corrompre un agent public étranger ou de dissimuler cette corruption.

2. Chaque Partie prévoit des sanctions civiles, administratives ou pénales efficaces, proportionnées et dissuasives en cas de telles omissions ou falsifications dans les livres, les documents, les comptes et les états financiers de ces entreprises.

Art. 9 *Entraide judiciaire.* 1. Chaque Partie accorde, autant que le permettent ses lois et ses instruments internationaux pertinents, une entraide judiciaire prompte et efficace aux autres Parties aux fins des enquêtes et des procédures pénales engagées par une Partie pour les infractions relevant de la présente Convention ainsi qu'aux fins des procédures non pénales relevant de la présente Convention engagées par une Partie contre des personnes morales. La Partie requise informe la Partie requérante, sans retard, de tout élément ou document additionnels qu'il est nécessaire de présenter à l'appui de la demande d'entraide et, sur demande, des suites données à cette demande d'entraide.

2. Lorsqu'une Partie subordonne l'entraide judiciaire à une double incrimination, celle-ci est réputée exister si l'infraction pour laquelle l'entraide est demandée relève de la présente Convention.

3. Une Partie ne peut refuser d'accorder l'entraide judiciaire en matière pénale dans le cadre de la présente Convention en invoquant le secret bancaire.

Art. 10 *Extradition.* 1. La corruption d'un agent public étranger est réputée constituer une infraction pouvant donner lieu à extradition en vertu du droit des Parties et des Conventions d'extradition entre celles-ci.

2. Lorsqu'une Partie qui subordonne l'extradition à l'existence d'une Convention d'extradition reçoit une demande d'extradition de la part d'une autre Partie avec laquelle elle n'a pas de Convention d'extradition, elle peut considérer la présente Convention comme base juridique pour l'extradition en ce qui concerne l'infraction de corruption d'un agent public étranger.

3. Chaque Partie prend les mesures nécessaires pour faire en sorte soit de pouvoir extrader ses ressortissants, soit de pouvoir les poursuivre à raison de l'infraction de corruption d'un agent public étranger. Une Partie qui refuse une demande d'extradition d'une personne pour corruption d'un agent public étranger au seul motif que cette personne est son ressortissant doit soumettre l'affaire à ses autorités compétentes aux fins de poursuites.

4. L'extradition pour corruption d'un agent public étranger est soumise aux conditions fixées par le droit national et par les accords et arrangements applicables pour chaque Partie. Lorsqu'une Partie subordonne l'extradition à l'existence d'une double incrimination, cette condition est réputée remplie lorsque l'infraction pour laquelle l'extradition est demandée relève de l'article 1 de la présente Convention.

Art. 11 *Autorités responsables.* Aux fins de la concertation prévue à l'article 4, paragraphe 3, de l'entraide judiciaire prévue à l'article 9 et de l'extradition prévue à l'article 10, chaque Partie notifie au Secrétaire général de l'OCDE une autorité ou des autorités, chargées de l'envoi et de la réception des demandes, qui joueront le rôle d'interlocuteur pour cette Partie pour ces matières, sans préjudice d'autres arrangements entre les Parties.

Art. 12 *Surveillance et suivi.* Les Parties coopèrent pour mettre en œuvre un programme de suivi systématique afin de surveiller et promouvoir la pleine application de la présente Convention. Sauf décision contraire prise par consensus des Parties, cette action est menée au sein du Groupe de travail de l'OCDE sur la corruption dans le cadre de transactions commerciales internationales et conformément au mandat de ce groupe, ou au sein et conformément au mandat de tout organe qui pourrait lui succéder dans ses fonctions, et les Parties supportent le coût du programme selon les règles applicables à cet organe.

Art. 13 *Signature et adhésion.* 1. Jusqu'à la date de son entrée en vigueur, la présente Convention est ouverte à la signature des pays Membres de l'OCDE et des non membres qui ont été invités à devenir participants à part entière aux activités de son Groupe de travail sur la corruption dans le cadre de transactions commerciales internationales.

2. Après son entrée en vigueur, la présente Convention est ouverte à l'adhésion de tout non-signataire devenu membre de l'OCDE ou participant à part entière du Groupe de travail sur la corruption dans le cadre de transactions commerciales internationales ou de tout organe lui succédant dans ses fonctions. Pour chaque non-signataire adhérant à la Convention, la Convention entre en vigueur le soixantième jour suivant la date du dépôt de son instrument d'adhésion.

Art. 14 *Ratification et dépôt.* 1. La présente Convention est soumise à acceptation, approbation ou ratification par les signataires conformément à leur loi.

2. Les instruments d'acceptation, d'approbation, de ratification ou d'adhésion sont déposés auprès du Secrétaire général de l'OCDE, dépositaire de la présente Convention.

Art. 15 *Entrée en vigueur.* 1. La présente Convention entrera en vigueur le soixantième jour suivant la date à laquelle cinq pays qui comptent parmi les dix premiers pays pour la part des exportations, selon DAFFE/IME/BR(97)18/FINAL (annexé), et qui représentent à eux cinq au moins 60 % des exportations totales cumulées de ces dix pays, auront déposé leur instrument d'acceptation, d'approbation ou de ratification. Pour chaque signataire déposant son instrument après cette entrée en vigueur, la Convention entrera en vigueur le soixantième jour suivant le dépôt de cet instrument.

2. Si la Convention n'est pas entrée en vigueur le 31 décembre 1998 conformément au paragraphe 1, tout signataire ayant déposé son instrument d'acceptation, d'approbation ou de ratification peut déclarer par écrit au dépositaire qu'il est prêt à accepter l'entrée en vigueur de la Convention conformément au présent paragraphe 2. La Convention entrera en vigueur pour cet *[ce]* signataire le soixantième jour suivant la date à laquelle une telle déclaration aura été faite par au moins deux signataires. Pour chaque signataire ayant déposé sa déclaration après cette entrée en vigueur, la Convention entrera en vigueur le soixantième jour suivant la date du dépôt.

Art. 16 *Modification.* Toute Partie peut proposer de modifier la présente Convention. La modification proposée est soumise au dépositaire, qui la transmet aux autres Parties au moins soixante jours avant de convoquer une réunion des Parties pour l'examiner. Toute modification, adoptée par consensus des Parties ou selon toute autre modalité que les Parties fixeront par consensus, entre en vigueur soixante jours après le dépôt d'un instrument de ratification, d'acceptation ou d'approbation par toutes les Parties, ou selon toutes autres conditions qui pourront être fixées par les Parties au moment de l'adoption de la modification.

Art. 17 *Retrait.* Une Partie peut se retirer de la présente Convention par notification écrite au dépositaire. Ce retrait prend effet un an après la date de réception de la notification. Après le retrait, la coopération se poursuit entre les Parties et la Partie qui s'est retirée pour toutes les demandes d'entraide ou d'extradition présentées avant la date d'effet du retrait.

Recommandation du Conseil de l'OCDE du 25 mai 2009,

Sur les mesures fiscales visant à renforcer la lutte contre la corruption d'agents publics étrangers dans les transactions commerciales internationales.

Vu l'Article 5 b) de la Convention relative à l'Organisation de Coopération et de Développement Économiques du 14 décembre 1960 ;

Vu la Recommandation du Conseil sur la déductibilité fiscale des pots-de-vin versés à des agents publics étrangers *[C(96)27/FINAL]* (ci-après "Recommandation de 1996"), à laquelle la présente Recommandation succède ;

Vu la Recommandation révisée du Conseil sur la lutte contre la corruption dans les transactions commerciales internationales *[C(97)123/FINAL]* ;

Vu la Convention sur la lutte contre la corruption d'agents publics étrangers dans les transactions commerciales internationales (ci-après "Convention anticorruption de l'OCDE") à laquelle, à la date de la présente Recommandation, tous les Membres de l'OCDE et huit pays non Membres sont Parties ;

Vu les Commentaires relatifs à la Convention anticorruption de l'OCDE ;

Vu la Recommandation du Conseil relative au Modèle de Convention fiscale concernant le revenu et la fortune (ci-après "Modèle de Convention fiscale de l'OCDE") *[C(97)195/FINAL]* ;

Se félicitant de la Convention des Nations unies contre la corruption, à laquelle la plupart des Parties à la Convention anticorruption de l'OCDE ont adhéré, et en particulier de l'article 12.4 qui dispose que "Chaque État Partie refuse la déductibilité fiscale des dépenses qui constituent des pots-de-vin" ;

Considérant que la Recommandation de 1996 a eu un impact important au sein et au-delà de l'OCDE et que des mesures significatives ont déjà été prises par les pouvoirs publics, le secteur privé et les organisations non gouvernementales pour lutter contre la corruption d'agents publics étrangers, mais que ce problème reste très répandu et nécessite des mesures renforcées ;

Considérant qu'une législation explicite qui refuse la déductibilité des pots-de-vin favorise la prise de conscience, dans les milieux d'affaires, du caractère illégal de la corruption d'agents publics étrangers et, au sein des administrations fiscales, de la nécessité de détecter et d'interdire les déductions au titre du versement de pots-de-vin aux agents publics étrangers ;

Considérant que le partage d'informations par les autorités fiscales avec d'autres autorités répressives peut constituer un outil efficace de détection et d'enquête en cas d'infraction de corruption transnationale ;

Sur proposition du Comité des affaires fiscales et du Comité de l'investissement ;

I. RECOMMANDE que :

(i) Les pays Membres et les autres Parties à la Convention anticorruption de l'OCDE refusent explicitement la déductibilité fiscale des pots-de-vin versés à des agents publics étrangers, à toutes fins fiscales, de manière efficace. Ce refus devrait être établi par la loi ou par tout autre moyen ayant force obligatoire et produisant les mêmes effets, tel que :

- l'interdiction de la déductibilité fiscale des pots-de-vin versés à des agents publics étrangers ;
- l'interdiction de la déductibilité fiscale de tout pot-de-vin versé ou de toute dépense engagée à des fins de corruption en violation du droit pénal ou de toutes autres lois de la Partie à la Convention anticorruption de l'OCDE.

Le rejet de la déductibilité fiscale n'est pas subordonné à l'ouverture d'une enquête par les autorités répressives ou à l'introduction d'une action en justice.

(ii) Chaque pays Membre et autre Partie à la Convention anticorruption de l'OCDE examine régulièrement l'efficacité de ses dispositifs légaux, administratifs et politiques ainsi que de ses pratiques visant à refuser la déductibilité fiscale des pots-de-vin versés à des agents publics étrangers. Ces examens devraient déterminer si des indications adéquates sont fournies aux contribuables et aux autorités fiscales concernant le type de dépenses réputées constituer des pots-de-vin à des agents publics étrangers, et si ces pots-de-vin sont bien détectés par les autorités fiscales.

(iii) Les pays Membres et autres Parties à la Convention anticorruption de l'OCDE envisagent d'inclure dans leurs conventions fiscales bilatérales l'option prévue par le paragraphe 12.3 des Commentaires sur l'article 26 du Modèle de Convention fiscale de l'OCDE, qui autorise "le partage de renseignements fiscaux par les autorités fiscales avec d'autres organismes chargés de l'application de la loi et autorités judiciaires sur certaines questions hautement prioritaires (par exemple la lutte contre le blanchiment de capitaux, la corruption, le financement du terrorisme)" et libellée comme suit :

"Nonobstant ce qui précède, les renseignements reçus par un État contractant peuvent être utilisés à d'autres fins lorsque cette possibilité résulte des lois des deux États et lorsque l'autorité compétente de l'État qui fournit les renseignements autorise cette utilisation."

II. RECOMMANDE en outre aux pays Membres et aux autres Parties à la Convention anticorruption de l'OCDE, conformément à leurs systèmes juridiques, d'établir un cadre légal et administratif efficace et de fournir des orientations afin de faciliter le signalement, par les autorités fiscales, des soupçons de corruption transnationale détectés dans l'exercice de leurs fonctions, aux autorités répressives compétentes.

III. INVITE les pays non Membres qui ne sont pas encore Parties à la Convention anticorruption de l'OCDE à appliquer cette Recommandation dans toute la mesure du possible.

IV. CHARGE le Comité des affaires fiscales, en coopération avec le Comité de l'investissement d'assurer le suivi de la mise en œuvre de cette Recommandation et de la promouvoir dans le cadre de ses contacts avec les pays non Membres, et de faire rapport au Conseil en tant que de besoin.

Principes directeurs de l'OCDE (2011).

A l'intention des entreprises multinationales.

Les développements qui suivent sont issus du chapitre VII de la partie I consacrée aux recommandations pour une conduite responsable des entreprises dans le contexte international.

Lutte contre la corruption, la sollicitation de pots-de-vin et d'autres formes d'extorsion

Les entreprises ne devraient pas, directement ou indirectement, offrir, promettre, accorder ou exiger des paiements illicites ou d'autres avantages indus en vue d'obtenir ou de conserver un marché ou un autre avantage illégitime. Les entreprises devraient également repousser toute sollicitation de pots-de-vin et autres formes d'extorsion. En particulier, les entreprises :

1. Ne devraient pas offrir, promettre ou accorder des avantages indus, pécuniaires ou autres, à des agents publics ou à des salariés de leurs partenaires commerciaux. De la même façon, elles ne devraient pas demander, convenir de recevoir ou accepter des avantages indus, pécuniaires ou autres, d'agents publics ou de salariés de leurs partenaires commerciaux. Les entreprises ne devraient pas avoir recours à des tiers tels que des agents ou autres intermédiaires, consultants, représentants, distributeurs, consortiums, contractants et fournisseurs ou associés dans des co-entreprises pour faire parvenir des avantages indus, pécuniaires ou autres, à des agents publics ou à des salariés de leurs partenaires commerciaux, ou à des membres de la famille ou associés de ceux-ci.

2. Devraient mettre au point et adopter des mécanismes de contrôle interne et des programmes ou des mesures de déontologie et de conformité appropriés visant à prévenir et à détecter la corruption, élaborés à partir d'une évaluation des risques

prenant en compte les circonstances individuelles propres à chaque entreprise, en particulier des risques de corruption auxquels elle pourrait être confrontée (par exemple son implantation géographique ou son secteur d'activité). Ces mécanismes de contrôle interne et programmes ou mesures de déontologie et de conformité devraient comprendre notamment un ensemble de procédures financières et comptables, en particulier un système de contrôles internes conçu de manière à donner une assurance raisonnable sur la tenue de livres, registres et comptes sincères et exacts permettant de garantir qu'ils ne pourront pas être utilisés à des fins de corruption ou de dissimulation d'actes de corruption. Ces circonstances individuelles et risques de corruption devraient être régulièrement surveillés et réévalués en tant que de besoin pour garantir que les mécanismes de contrôle interne et les programmes ou mesures de déontologie et de conformité adoptés par l'entreprise sont bien adaptés et restent efficaces, et réduire le risque qu'elle se rende complice d'actes de corruption, de sollicitation de pots-de-vin ou d'autres formes d'extorsion.

3. Devraient insérer, dans leurs mécanismes de contrôle interne et dans leurs programmes ou mesures de déontologie et de conformité, des dispositions interdisant ou dissuadant de recourir à de petits paiements de facilitation, qui sont généralement illégaux dans les pays où ils sont effectués et, si de tels paiements existent, les comptabiliser précisément dans les livres et états financiers.

4. Devraient, en tenant compte des risques particuliers de corruption auxquels elles sont confrontées, exercer une diligence raisonnable, attestée par des documents en bonne et due forme, vis-à-vis du recrutement d'agents, ainsi que de leur contrôle régulier et approprié, et s'assurer que la rémunération de ces agents est correcte et n'est versée que pour des services légitimes. Le cas échéant, une liste des agents engagés dans le cadre de transactions avec des organismes publics ou des entreprises publiques devrait être établie et tenue à la disposition des autorités compétentes, conformément aux obligations applicables en matière de communication d'informations au public.

5. Devraient améliorer la transparence de leurs activités de lutte contre la corruption, la sollicitation de pots-de-vin et les autres formes d'extorsion. Elles pourraient ainsi par exemple prendre des engagements publics contre la corruption, la sollicitation de pots-de-vin et les autres formes d'extorsion, et communiquer des informations sur les systèmes de gestion et sur les mécanismes de contrôle interne ou les programmes et mesures de déontologie et de discipline adoptés par elles afin de tenir ces engagements. Les entreprises devraient également encourager l'ouverture et le dialogue avec le public afin de le sensibiliser à la question de la lutte contre la corruption, la sollicitation de pots-de-vin et d'autres formes d'extorsion et de s'assurer sa coopération.

6. Devraient informer leurs salariés de leurs politiques et de leurs mécanismes de contrôle interne ainsi que de leurs programmes ou mesures de déontologie et de conformité ou des mesures qu'elles prennent pour lutter contre la corruption, la sollicitation de pots-de-vin et les autres formes d'extorsion, et promouvoir le respect de ces dispositions par les salariés, en assurant une diffusion convenable de ces politiques, programmes ou mesures et en mettant en place des programmes de formation et des procédures disciplinaires.

7. Ne devraient verser aucune contribution illégale à des candidats à des charges publiques, à des partis politiques ou à d'autres organisations politiques. Les contributions politiques devraient se conformer intégralement aux règles de publication d'informations et être portées à la connaissance des dirigeants de l'entreprise.

Commentaire sur la lutte contre la corruption, la sollicitation de pots-de-vin et d'autres formes d'extorsion

La corruption, active ou passive, est préjudiciable aux institutions démocratiques et au gouvernement d'entreprise. Elle décourage l'investissement et exerce des distorsions sur la compétitivité internationale. En particulier, les détournements de fonds dus à la corruption sapent l'action menée par les citoyens pour améliorer leur bien-être économique, social et environnemental et entravent en outre les efforts de réduction de la pauvreté. Les entreprises ont un grand rôle à jouer dans la lutte contre de telles pratiques.

Légitimé, intégrité et transparence dans le domaine public comme dans le domaine privé sont des valeurs essentielles de la lutte contre la corruption et les diverses formes d'extorsion. La communauté des affaires, les organisations non gouvernementales, les pouvoirs publics et les organisations intergouvernementales coopèrent pour renforcer le soutien du public envers les mesures de lutte contre la corruption et pour améliorer la transparence et la sensibilisation du public aux problèmes soulevés par la corruption active et passive. L'adoption de pratiques adéquates de gouvernement d'entreprise constitue également un volet essentiel pour favoriser une culture de l'éthique au sein de l'entreprise.

La Convention de l'OCDE sur la lutte contre la corruption d'agents publics étrangers dans les transactions commerciales internationales (la "Convention sur la lutte contre la corruption") est entrée en vigueur le 15 février 1999. La Convention sur la lutte contre la corruption, de même que la Recommandation de 2009 visant à renforcer la lutte contre la corruption d'agents publics étrangers dans les transactions commerciales internationales (la "Recommandation de 2009"), la Recommandation de 2009 sur les mesures fiscales visant à renforcer la lutte contre la corruption d'agents publics étrangers dans les transactions commerciales internationales et la Recommandation de 2006 sur la corruption et les crédits à l'exportation bénéficiant d'un soutien public, sont les principaux instruments de l'OCDE visant les activités de corruption du côté de l'offre. Ils ont pour but d'éliminer l'"offre" de pots-de-vin à des agents publics étrangers, chaque pays étant compétent pour les activités de ses entreprises et les actes commis sur son territoire *[dans la Convention, un "pot-de-vin" est défini comme le fait "d'offrir, de promettre ou d'octroyer un avantage indu pécuniaire ou autre, directement ou par des intermédiaires, à un agent public étranger, à son profit ou au profit d'un tiers, pour que cet agent agisse ou s'abstienne d'agir dans l'exécution de fonctions officielles, en vue d'obtenir ou conserver un marché ou un autre avantage indu dans le commerce international. "Dans les Commentaires relatifs à la Convention, il est précisé (au paragraphe 9) que "Les petits paiements dits de "facilitation" ne constituent pas des paiements" en vue d'obtenir ou de conserver un marché ou un autre avantage indu" au sens du paragraphe 1 et, en conséquence, ils ne constituent pas une infraction au sens de cette disposition. De tels paiements, qui sont faits, dans certains pays, pour inciter les agents publics à exécuter leurs fonctions, notamment lorsqu'il s'agit de délivrer une autorisation ou un permis, sont généralement illicites dans le pays étranger concerné. Les autres pays peuvent et devraient s'attaquer à ce phénomène corrosif par des mesures telles que le soutien de programmes de bonne gestion des affaires publiques."]*. Un dispositif de suivi rigoureux et systématique de la mise en œuvre, par les pays, de la Convention sur la lutte contre la corruption afin de favoriser la pleine application de ces instruments.

Dans la Recommandation de 2009 en particulier, les signataires sont invités à encourager leurs entreprises à mettre au point et à adopter des mécanismes de contrôle interne et des programmes ou mesures de déontologie et de discipline adéquats afin de prévenir et de détecter les actes de corruption transnationale, en se fondant sur le Guide de bonnes pratiques pour les contrôles internes, la déontologie et la conformité qui forme l'annexe II de la Recommandation de 2009. Ce Guide de bonnes pratiques, qui s'adresse aux entreprises aussi bien qu'aux organisations patronales et professionnelles, met en exergue les bonnes pratiques permettant de garantir l'efficacité des mécanismes de contrôle interne et des programmes et mesures de déontologie et de conformité destinés à prévenir et à détecter les actes de corruption transnationale.

Des initiatives émanant du secteur privé et de la société civile peuvent également aider les entreprises à concevoir et à appliquer des stratégies efficaces de lutte contre la corruption.

La Convention des Nations unies contre la corruption, qui est entrée en vigueur le 14 décembre 2009, contient un large éventail de normes, de mesures et de règles destinées à lutter contre la corruption. Les États parties à cette Convention des Nations unies doivent interdire à leurs agents publics de recevoir des pots-de-vin et à leurs entreprises de verser des pots-de-vin à des agents publics de leur pays, ainsi qu'à des agents publics étrangers ou à des agents appartenant à des organisations internationales publiques, et envisager par ailleurs de refuser la corruption entre acteurs du secteur privé. La Convention des Nations unies et la Convention de l'OCDE sur la lutte contre la corruption se renforcent mutuellement et sont complémentaires.

Sous l'angle de la "demande", de saines pratiques de gouvernement d'entreprise sont importantes en ce qu'elles contribuent à éviter aux entreprises d'être confrontées à des sollicitations de pots-de-vin. Les entreprises peuvent soutenir les initiatives collectives visant à résister à la sollicitation de pots-de-vin et à d'autres formes d'extorsion. Leurs gouvernements comme les pouvoirs publics des pays d'accueil devraient aider les entreprises confrontées à des sollicitations de pots-de-vin ou à des tentatives d'extorsion. Le Guide de bonnes pratiques sur certains articles de la Convention qui figure en annexe I de la Recommandation de 2009 dispose que la Convention sur la lutte contre la corruption devrait être mise en œuvre de façon à ne pas prévoir de moyen de défense ou d'exception dans les cas où un agent public étranger sollicite un pot-de-vin. Par ailleurs, la Convention des Nations unies prévoit d'attribuer la qualification pénale à la sollicitation de pots-de-vin par des agents publics nationaux.

Recommandation du Conseil de l'OCDE du 16 novembre 2016,

A l'intention des acteurs de la coopération pour le développement sur la gestion du risque de corruption.

VU l'Article 5 b) de la Convention relative à l'Organisation de coopération et de développement économiques du 14 décembre 1960 ;

VU la Recommandation de 1996 du CAD sur les propositions de clauses anticorruption à intégrer dans les contrats relatifs aux marchés financés par l'aide bilatérale *[DCD/DAC(96)11/FINAL]*, que la présente Recommandation remplace ;

VU la Convention sur la lutte contre la corruption d'agents publics étrangers dans les transactions commerciales internationale ; la Recommandation du Conseil sur la corruption et les crédits à l'exportation bénéficiant d'un soutien public *[C(2006)163]* ; la Recommandation du Conseil visant à renforcer la lutte contre la corruption d'agents publics étrangers dans les transactions commerciales internationales et en particulier son Annexe II : Guide de bonnes pratiques pour les contrôles internes, la déontologie et la conformité *[C(2009)159/REV1/FINAL]* et la Recommandation du Conseil sur les marchés publics *[C(2015)2]* ;

VU la Note d'orientation de l'OCDE sur la lutte contre la corruption intitulée Définir un programme d'action collective *[DCD/DAC/GOVNET(2006)3/REV2]* et l'étude du Comité d'aide au développement intitulée "*Working Towards More Effective Donor Responses to Corruption*" qui appelle à une action coordonnée et collective plus efficace de la part des organismes de développement internationaux en cas d'affaires de corruption en rapport avec l'aide ;

RECONNAISSANT l'ampleur des travaux consacrés à la lutte contre la corruption menés dans le cadre des Nations unies (NU), notamment la Convention des Nations unies contre la corruption (CNUCC) et les Objectifs de développement durable des NU, en particulier la cible de l'objectif 16 visant à réduire nettement la corruption et la pratique des pots-de-vin sous toutes leurs formes ;

RECONNAISSANT que la corruption met gravement en péril les objectifs de développement et que les organismes de développement internationaux ont pour intérêt commun de gérer et de réduire, dans la mesure du possible, les risques internes et externes auxquels sont exposées les activités d'aide, afin de parvenir à une utilisation efficace des ressources de l'aide ;

RECONNAISSANT que la corruption peut être une constante inexpugnable du contexte opérationnel des activités de développement et que l'aide peut constituer une autre source de financements susceptible de finir par être exploitée à des fins de corruption ;

RECONNAISSANT le rôle que les organismes de coopération pour le développement peuvent jouer pour lutter contre la corruption active, notamment la corruption d'agents publics étrangers ;

RECONNAISSANT que, conformément aux bonnes pratiques, les organismes de développement international devraient s'efforcer de mieux connaître l'économie politique des pays et des contextes dans lesquels ils opèrent ;

CONSIDÉRANT qu'il est difficile de gérer les risques de corruption à l'aide d'approches à court terme ou techniques, mais qu'il faut plutôt les aborder dans une optique globale et permanente de gestion du risque interne et externe, en complète coordination avec les activités menées à bien par les principaux acteurs concernés chargés des échanges, des crédits à l'exportation, de la coopération internationale et des représentations diplomatiques, ainsi que par le secteur privé ;

CONSIDÉRANT que les organismes de développement international ont un intérêt à exercer une influence sur leurs homologues publics ainsi que sur d'autres acteurs exerçant leur activité dans les pays en développement, et qu'ils ont un rôle à jouer dans ce domaine afin de se conformer effectivement aux obligations anticorruption qui leur incombent, comme les engagements qu'ils ont pris en matière de lutte contre la corruption, afin d'améliorer les normes de fonctionnement dans les pays en développement ;

CONSIDÉRANT que le personnel employé par un organisme de développement international (fonctionnaire ou contractuel) constitue la première ligne de défense en matière de prévention de la corruption et de gestion des risques de corruption lors du versement de l'aide, mais qu'un grand nombre d'autres acteurs sont également concernés ;

RECONNAISSANT que les organismes donneurs mettent en œuvre nombre de bonnes pratiques et de normes déjà élaborées par l'OCDE ainsi que d'autres, dont la Recommandation cherche à s'inspirer, et que les donneurs ont déjà mis au point un éventail de politiques et de pratiques pour lutter contre les risques associés dont il est fait état dans l'étude menée en 2015 par l'OCDE, intitulée "*Building Donors'Integrity Systems : Background Study on Development Practice*" *[DCD/DAC/GOVNET/RD(2015)2/RD10]* ;

Sur proposition du Comité d'aide au développement et du Groupe de travail sur la corruption dans le cadre de transactions commerciales internationales.

I. CONVIENT que l'objet de cette Recommandation est de promouvoir une conception générale de la manière dont les organismes de développement international peuvent œuvrer pour lutter contre la corruption, telle que définie aux articles 15 à 25 de la CNUCC, notamment la corruption d'agents publics étrangers, et d'aider ces organismes à tenir leurs engagements internationaux et régionaux en matière de lutte contre la corruption ;

II. CONVIENT qu'aux fins de la présente Recommandation, il est fait usage des définitions suivantes :

— "gestion du risque de corruption" désigne les aspects des politiques et pratiques d'une institution (publique ou privée) qui définissent, permettent d'évaluer et visent à atténuer les risques internes et externes de corruption présents dans le cadre de ses activités ;

— "partenaires d'exécution" désigne les ministères de tutelle ou d'autres organismes publics, ainsi que les partenaires des organismes de développement international comme les administrations publiques des pays en développement, les organisations non gouvernementales, les organisations multilatérales et les fournisseurs de biens ou services prenant part à la mise en œuvre des projets ou des programmes d'aide ou les organisations du secteur privé bénéficiaires de financements d'aide ;

— "système d'intégrité interne et de lutte contre la corruption" désigne les composantes des systèmes de déontologie, de contrôle et de gestion des risques (législations, réglementations et politiques) se rapportant au risque de corruption, englobant à la fois le volet préventif et le volet répressif ;

— "organisme de développement international" (également appelé donneur) désigne les ministères de tutelle ou d'autres organismes, publics ou privés, chargés de verser des financements publics comptabilisés en tant qu'aide publique au développement (APD) ;

— "agent public" désigne quiconque exerce une fonction publique ou fournit un service public, autrement dit toute personne détenant un mandat législatif, administratif ou judiciaire, qu'elle ait été nommée ou élue ; toute personne exerçant une fonction publique, y compris pour une entreprise publique ou un organisme public et tout fonctionnaire ou agent d'une organisation internationale publique.

III. RECOMMANDE aux Membres et non-Membres adhérant à la présente Recommandation (ci-après les "Adhérents") de mettre en place ou de réviser leur système de gestion des risques de corruption dans le cadre de la coopération pour le développement, ou d'intervention en cas de pratiques avérées de corruption. Un tel système devrait être mis en œuvre par les organismes de développement international des Adhérents et leurs partenaires d'exécution quand ils prennent part au versement et/ou à la gestion de l'aide et comporter, s'il y a lieu :

1. Un Code de conduite (ou équivalent), qui devrait :

i) être applicable aux agents publics prenant part à un aspect quelconque des missions de coopération pour le développement et à la gestion des financements au titre de l'aide ;

ii) être décidé et approuvé par l'autorité supérieure de l'organisme de développement international, diffusé à l'ensemble de son personnel et faire l'objet de communications de façon continue ;

iii) énoncer sans équivoque quelles pratiques devraient être évitées en matière de corruption ou adoptées pour lutter contre la corruption, à l'aide d'exemple précis de pratiques de corruption, de façon à limiter le plus possible les différences de conception en la matière tenant à la diversité des contextes sociaux, culturels et institutionnels.

2. Des services d'assistance/de conseil en matière de déontologie ou de lutte contre la corruption, qui devraient :

i) garantir que des ressources humaines et financières soient disponibles pour prodiguer à leurs agents, en toute sécurité, confidentialité et indépendance et quand les agents en ont besoin, des conseils, des orientations et un soutien en matière de déontologie et de lutte contre la corruption ;

ii) assurer que le personnel bénéficiant de ces conseils est formé et préparé pour pouvoir aborder des questions sensibles (par exemple concernant la manière de réagir en cas de preuves ou de soupçons d'actes de corruption ainsi que de questions connexes) dans un environnement sûr et neutre, afin de parvenir à partager une juste conception des comportements acceptables et inacceptables ;

iii) instaurer la confiance entre les agents chargés de dispenser des conseils en matière de lutte contre la corruption et le reste du personnel, notamment lorsque les instances chargées des signalements sont également responsables des enquêtes.

3. Des dispositifs de formation et de sensibilisation à la lutte contre la corruption, qui devraient :

i) prévoir des formations se rapportant à la déontologie et à la lutte contre la corruption, y compris pour leurs agents locaux en poste dans des pays partenaires. Il conviendrait de proposer des solutions de formation interactive, comme l'examen de scénarios ou une analyse des parades possibles, pour que les codes de conduite et les autres dispositions anticorruption soient applicables dans la pratique et incontestables quel que soit les contextes sociaux, culturels et institutionnels ;

ii) préciser la fonction et la responsabilité assignées aux différents agents et adapter le périmètre et le degré de spécialisation de la formation à l'exposition au risque de corruption attachée à chaque fonction, en particulier lorsque les ressources sont limitées ;

iii) pour tous les agents occupant un poste qui est plus directement exposé au risque de corruption (comme la conception de programmes, la gestion, la passation de marchés et la supervision), veiller à ce que la formation ne se limite pas au régime interne de déontologie et de signalement mais couvre aussi les méthodes d'identification, d'évaluation et d'atténuation des risques de corruption, ainsi que les principales obligations internationales que leur pays s'est engagé à respecter.

4. Des mécanismes à haut niveau de vérification et d'enquête interne permettant d'assurer une utilisation correcte des ressources dévolues à la prévention, à la détection et à la remédiation des risques de corruption, et se composant des éléments suivants :

i) des services de vérification internes. Des normes détaillées sont mises à la disposition des vérificateurs internes par l'intermédiaire des associations professionnelles internationales compétentes et devraient donner des orientations, s'il y a lieu ;

ii) des services de vérification externes, notamment des organismes, ainsi que des projets/activités qu'ils financent, dispensés par les autorités compétentes (Cour des comptes, vérificateurs extérieurs indépendants). Des normes détaillées sont mises à la disposition des vérificateurs externes par l'intermédiaire des associations professionnelles internationales compétentes et devraient donner des orientations, s'il y a lieu ;

iii) un accès à des capacités d'enquête, au sein ou en dehors de l'organisme, pour prendre les mesures qui s'imposent selon les conclusions de la vérification ;

iv) un contrôle systématique et opportun des suites données aux conclusions de la vérification interne, ainsi qu'aux conclusions des vérifications financières indépendantes externes afin d'assurer que les lacunes mises au jour ont été comblées et les éventuelles sanctions appliquées ;

v) la communication au personnel des procédures de vérification et d'enquête et de leurs résultats, dans les limites de la confidentialité, afin d'instaurer la confiance, d'atténuer l'impression d'opacité et de tenir compte des enseignements tirés.

5. Une évaluation et une gestion dynamiques et systématiques des risques de corruption, menées de façon continue et à différents niveaux de décision, qui devraient :

i) intégrer l'évaluation du risque de corruption dans les cycles de planification et de gestion des programmes, d'une manière formelle, en informant les niveaux hiérarchiques compétents de l'organisme de développement international, en assurant que l'analyse et l'examen du risque de corruption se déroulent tout au long du cycle d'un projet et ne sont pas seulement un exercice ponctuel réalisé au moment de la phase de conception ;

ii) dispenser des orientations ou mettre en place des dispositifs correspondant à différents niveaux d'analyse du risque de corruption en vue d'aider les gestionnaires des programmes à déterminer dans quelle mesure la corruption est susceptible d'avoir une incidence directe sur les résultats attendus de l'activité. Il s'agit notamment de mener à bien une évaluation allant plus loin qu'une analyse générale d'économie politique et consistant, par exemple, à examiner avec soin les hypothèses à prendre en compte concernant les obstacles et les conditions propices à la lutte contre la corruption et à recenser les parades à ce problème ;

iii) utiliser des outils comme des registres ou des matrices de risques dès le début d'une action de développement, et les tenir à jour régulièrement tout au long de sa mise en œuvre, en adaptant comme il convient les mesures anticorruption ;

iv) renforcer l'intégration entre les fonctions de contrôle de l'organisme concerné, notamment celles des vérificateurs et des contrôleurs d'une part, et les fonctions de gestion des programmes ainsi que celles exercées par d'autres parties prenantes d'autre part, afin de renforcer l'efficacité de l'évaluation et de la gestion du risque de corruption ;

v) mettre en place une base d'éléments factuels pour gérer le risque de corruption grâce à un échange d'expériences en interne et avec les autres organismes de développement international concernant le contenu et la forme des instruments d'évaluation et de gestion du risque de corruption, et les modalités d'intégration de la gestion des risques dans le cycle de projet, ainsi que l'impact de ces processus.

6. Des mesures visant à prévenir et à détecter la corruption figurant dans les dispositions contractuelles applicables aux marchés financés par l'APD, qui devraient :

i) assurer que le financement des projets financés par l'APD s'accompagne des mesures appropriées de prévention et de détection de la corruption et que les partenaires d'exécution, notamment d'autres organismes publics, des administrations publiques de pays en développement, des ONG et des entreprises ayant été condamnés pour corruption se voient refuser ce financement, le cas échéant ;

ii) assurer que les personnes soumissionnant aux marchés financés par l'APD soient tenues de déclarer qu'elles n'ont pas été condamnées pour infraction de corruption ;

iii) instaurer des mécanismes de vérification de l'exactitude des informations communiquées par les soumissionnaires et assurer que les vérifications d'usage sont menées à bien avant l'attribution de marchés financés par l'APD, notamment en prenant en compte le dispositif de gestion des risques de corruption des soumissionnaires, par exemple leur programme de contrôles internes, de déontologie et de conformité, en particulier en ce qui concerne les transactions commerciales internationales ;

iv) vérifier les listes d'exclusion publiées par les institutions financières nationales et multilatérales lors du processus de sélection des soumissionnaires ; prévoir que ces listes constituent une base possible pour interdire à des soumissionnaires un accès aux marchés financés par l'APD ;

v) assurer que les dispositions contractuelles applicables aux marchés financés par l'APD interdisent spécifiquement aux partenaires d'exécution (venant du pays de l'organisme de développement international, recrutés localement dans des pays en développement ou venant de pays tiers) et à leurs éventuels sous-contractants de se livrer à la corruption.

7. Des mécanismes de signalement/de lancement d'alerte, qui devraient :

i) s'appliquer à l'ensemble des agents publics prenant part à la coopération pour le développement ainsi qu'aux partenaires d'exécution faisant état, de bonne foi et en se fondant sur des motifs raisonnables, de soupçons d'actes de corruption ;

ii) rappeler aux agents publics s'occupant du versement de l'aide, notamment aux partenaires d'exécution, l'obligation qui leur incombe de signaler les faits de corruption, y compris les actes de corruption transnationale ;

iii) diffuser des instructions précises sur les moyens de reconnaître des indices d'actes de corruption et sur les mesures concrètes à prendre lorsque des soupçons ou des indices de corruption apparaissent, portant notamment sur le signalement du problème, s'il y a lieu, aux autorités compétentes du pays destinataire et/ou du pays d'origine de l'organisme de développement international ;

iv) veiller à ce que des mécanismes de signalement sûrs soient largement accessibles à des personnes ne se limitant pas aux membres du personnel de l'organisme de développement international mais incluant aussi, dans la mesure du possible, les collaborateurs des partenaires d'exécution ;

v) faire savoir clairement comment effectuer des signalements en toute confidentialité, notamment en dispensant des formations, si nécessaire, et en simplifiant les circuits de signalement pour limiter la confusion lorsqu'il existe des mécanismes de signalement différents selon les parties prenantes ;

vi) prévoir des solutions de substitution à la chaîne de gestion normale ou aux services de conseil, par exemple la possibilité de s'adresser à des conseillers indépendants, à des médiateurs et, s'il y a lieu, aux autorités répressives ;

vii) assurer la protection des lanceurs d'alerte, notamment par des mesures de protection contre les représailles en cas de signalement de soupçons de corruption, y compris d'allégations de versement de pots-de-vin par le propre personnel du donneur ou par des partenaires d'exécution ;

viii) donner une suite, sans attendre, aux incidents en lien avec des soupçons de corruption ;

ix) faire connaître, avec précision et à intervalles fréquents, les procédures de signalement d'actes de corruption et les résultats obtenus afin d'instaurer la confiance et d'atténuer l'impression d'opacité entourant ces signalements et les enquêtes qui sont menées.

8. Un régime de sanctions, qui devrait :

i) prévoir, dans les dispositions contractuelles applicables aux marchés financés par l'APD, l'inclusion de clauses de résiliation, de suspension ou de remboursement ou, le cas échéant, la possibilité d'engager d'autres actions, civiles ou pénales, lorsque les organismes internationaux de développement constatent que les informations communiquées par les demandeurs de financements au titre de l'APD sont fausses, ou que le partenaire d'exécution s'est livré après coup à la corruption au moment de l'exécution du marché ;

ii) s'appliquer à toutes les affaires de corruption ;

iii) s'appuyer sur des sanctions efficaces, proportionnées et dissuasives ;

iv) prévoir, pour les sanctions, des processus et des critères précis et impartiaux, assortis d'un mécanisme de contrôle des décisions afin de limiter le risque de partialité ;

v) permettre l'échange d'informations sur les cas de corruption, les enquêtes, les conclusions rendues et/ou les sanctions, comme l'inscription sur des listes d'exclusion, dans le respect des obligations de confidentialité et/ou d'autres obligations prévues par la loi, pour aider d'autres organismes internationaux de développement et d'autres acteurs de l'aide à recenser et à gérer les risques de corruption.

9. Des dispositions communes pour faire face à la corruption afin de renforcer l'efficacité des activités de lutte contre la corruption, grâce aux mesures suivantes :

i) être prêt à faire face à des affaires de corruption en rapport avec l'aide lorsqu'elles surviennent, convenir par avance d'une réponse conjointe graduée et proportionnelle à mettre en œuvre progressivement si les résultats obtenus ne s'améliorent pas ou se dégradent ;

ii) suivre les initiatives prises le cas échéant par l'État partenaire ;

iii) promouvoir et renforcer la transparence, la redevabilité et la coordination entre les donneurs en l'absence de telles initiatives ;

iv) encourager d'autres donneurs à prendre des mesures collectives dans la mesure du possible, tout en laissant une certaine latitude aux différents donneurs et en appliquant le principe de l'avantage comparatif ;

v) favoriser la redevabilité et la transparence à l'échelon national et international, notamment en faisant largement connaître les raisons ayant motivé les mesures prises et la nature de ces mesures dans les affaires de corruption ;

vi) agir à l'échelle internationale, notamment en œuvrant pour influencer les organismes publics homologues sur la manière dont ils respectent leurs obligations internationales de lutte contre la corruption, tout en aidant les pays partenaires et les agents de terrain à articuler les efforts déployés à l'échelle internationale avec les mesures anticorruption prises par les pays partenaires.

10. Une prise en compte des risques posés par le contexte opérationnel, grâce aux mesures suivantes :

i) s'adapter au fait que, s'agissant des systèmes de gestion des risques de corruption mis en place par les destinataires de l'aide et par les bénéficiaires de dons, certains risques de corruption échappent à tout contrôle direct de la part des organismes de développement international ;

ii) mener à bien des analyses approfondies de l'économie politique lorsque le contexte le permet afin d'acquérir une bonne connaissance des conditions dans lesquelles l'action de développement sera mise en œuvre, de sorte qu'elle soit conçue de manière à ce que les acteurs de la coopération pour le développement disposent de mécanismes adéquats de lutte contre la corruption, et qu'ils ne contribuent pas involontairement à renforcer ou à encourager la corruption ;

iii) coopérer – en leur procurant des ressources et/ou une assistance technique – avec les destinataires de l'aide et les bénéficiaires de dons du pays d'origine des organismes de développement international ou des pays en développement pour améliorer leur système de gestion des risques de corruption ;

iv) coopérer avec les principaux services publics concernés chargés des échanges, des crédits à l'exportation, de la coopération juridique internationale et de la représentation diplomatique ayant leur siège dans le pays d'origine de l'organisme de développement international pour renforcer les efforts communs de lutte contre les pratiques de corruption, notamment le versement de pots-de-vin par des entreprises ;

v) sensibiliser d'autres acteurs concernés, privés et publics, exerçant des activités dans les pays en développement et les encourager à adopter une conduite responsable, en les dissuadant d'effectuer des paiements de facilitation et, le cas échéant, en insistant sur le caractère illicite de ces paiements en vertu de la législation du pays donneur.

IV. INVITE le Secrétaire général à diffuser la présente Recommandation.

V. INVITE les Adhérents et leurs organismes publics compétents, comme les organismes de développement international, à diffuser la présente Recommandation auprès de leurs employés et au sein des organismes partenaires.

VI. ENCOURAGE les partenaires publics, les contractants et les bénéficiaires de dons concernés à diffuser et à suivre la présente Recommandation.

VII. INVITE les non-Adhérents à tenir compte de la présente Recommandation et à y adhérer.

VIII. CHARGE le Comité d'aide au développement et le Groupe de travail sur la corruption dans le cadre de transactions commerciales internationales de :

i) mettre en place un mécanisme de suivi régulier de la mise en œuvre de la Recommandation dans le cadre ou en dehors de leur mécanisme respectif d'examen par les pairs et conformément à leur mandat et à leur programme de travail et budget ;

ii) faire rapport au Conseil, dans les cinq suivant l'adoption de la présente Recommandation, et régulièrement par la suite, notamment en vue d'examiner si cet instrument est toujours pertinent et applicable, et s'il est nécessaire de le modifier à la lumière de l'expérience acquise par les Adhérents.

Recommandation du Conseil de l'OCDE du 13 mars 2019,

Sur la corruption et les crédits à l'exportation bénéficiant d'un soutien public.

CONSIDÉRANT l'article 5 b) de la Convention relative à l'Organisation de coopération et de développement économiques du 14 décembre 1960 ;

CONSIDÉRANT les Principes directeurs de l'OCDE à l'intention des entreprises multinationales [C(76)99/FINAL, tels que modifiés] (en particulier leur chapitre VII sur la lutte contre la corruption, la sollicitation de pots-de-vin et d'autres formes d'extorsion), la Convention sur la lutte contre la corruption d'agents publics étrangers dans les transactions commerciales internationales (ci-après "Convention anti-corruption"), la Recommandation visant à renforcer la lutte contre la corruption d'agents publics étrangers dans les transactions commerciales internationales [C(2009)159/REV1/FINAL telle que modifiée] (ci-après "Recommandation de 2009") (y compris son Annexe II : Guide de bonnes pratiques pour les contrôles internes, la déontologie et la conformité, qui en fait partie intégrante), la Recommandation du Conseil sur les marchés publics [C(2015)2] et la Recommandation du Conseil à l'intention des acteurs de la coopération pour le développement sur la gestion du risque de corruption [C(2016)156] ;

RECONNAISSANT que la Convention anti-corruption et la Convention des Nations unies contre la corruption (CNUCC) se soutiennent et se complètent mutuellement, et que la ratification et la mise en œuvre de la CNUCC favorisent une approche globale de la lutte contre la corruption dans les transactions commerciales internationales ;

NOTANT que la présente Recommandation repose sur l'expérience acquise par les Adhérents dans la mise en œuvre de la Recommandation du Conseil sur la corruption et les crédits à l'exportation bénéficiant d'un soutien public [C(2006)163], qu'elle remplace, et sur la Déclaration d'action de 2006 sur la corruption et les crédits à l'exportation bénéficiant d'un soutien public ;

CONSIDÉRANT que la lutte contre la corruption dans les transactions commerciales internationales est une question prioritaire, comme en témoigne l'importance accordée à la lutte contre la corruption dans les forums internationaux comme le G20, et que le Groupe de travail sur les crédits et garanties de crédit à l'exportation (GCE) est l'instance compétente pour assurer la mise en œuvre des instruments de lutte contre la corruption de l'OCDE dans le cas des transactions commerciales internationales financées à l'aide de crédits à l'exportation bénéficiant d'un soutien public ;

NOTANT que l'application de cette Recommandation par les Membres et les non-Membres qui y ont adhéré (les "Adhérents") n'atténue en aucune façon la responsabilité de l'exportateur et des autres parties dans les transactions bénéficiant d'un soutien public, lesquels doivent (i) se conformer à toutes les lois et réglementations en la matière, notamment celles qui visent à lutter contre la corruption dans les transactions commerciales internationales, ou (ii) fournir la description exacte de la transaction pour laquelle un soutien est sollicité, notamment de tous les paiements y afférents ;

Sur proposition du Groupe de travail sur les crédits et garanties de crédit à l'exportation :

I. RECOMMANDE que les Adhérents prennent les mesures appropriées pour décourager la corruption dans les transactions commerciales internationales financées à l'aide de crédits à l'exportation bénéficiant d'un soutien public, conformément à la Convention anti-corruption, à la CNUCC, au système juridique de chaque Adhérent et au type de crédit à l'exportation, sans porter préjudice aux droits des parties qui ne sont pas responsables de la corruption.

II. CONVIENT que cette Recommandation s'applique aux transactions de crédits à l'exportation bénéficiant de tout type de soutien public, en reconnaissant que tous les produits de crédit à l'exportation ne se prêtent pas à une mise en œuvre uniforme de la Recommandation. À titre d'exemple, dans le cas de polices d'assurance de crédit à l'exportation de court terme couvrant l'ensemble du chiffre d'affaires, des acheteurs multiples et des lettres de crédit, les Adhérents peuvent, en tant que de besoin, mettre en œuvre la Recommandation sur la base des polices de crédit à l'exportation plutôt que sur la base des transactions.

III. CONVIENT que, aux fins de la présente Recommandation :

L'expression "mesures équivalentes" englobe, par exemple, les cas de règlement d'une infraction de corruption au moyen d'un accord d'abandon des poursuites (AAP) ou d'un accord de suspension des poursuites (ASP), ou ceux qui résultent d'un aveu formel ou d'une auto-dénonciation volontaire de corruption, lorsque ces procédures existent. Les conditions des éventuelles mesures équivalentes convenues avec l'autorité juridique compétente peuvent être prises en considération par l'Adhérent lorsqu'il envisage des actions ultérieures.

Les "institutions financières multilatérales" sont la Banque africaine de développement, la Banque asiatique de développement, la Banque européenne pour la reconstruction et le développement, la Banque interaméricaine de développement et le Groupe de la Banque mondiale.

L'expression "parties concernées" peut s'appliquer au demandeur, à l'acheteur, à l'emprunteur ou à toute partie avec laquelle un Adhérent a ou compte avoir une relation contractuelle. Dans ce contexte, on entend par "partie avec laquelle un Adhérent a ou compte avoir une relation contractuelle" toute partie à une opération de crédits à l'exportation avec laquelle l'organisme de crédit à l'exportation (OCE) a ou compte avoir une relation contractuelle directe résultant d'un contrat écrit ou d'une déclaration contraignante du même ordre et faisant état de l'accord mutuel de l'Adhérent et de la partie de nouer une relation de crédit, de garantie et/ou d'assurance, à l'exclusion des partenaires des opérations de réassurance, de cofinancement ou de contre-garantie.

Mesures générales visant à décourager la corruption

IV. RECOMMANDE que chaque Adhérent :

1. Informe les exportateurs et, s'il y a lieu, les autres parties concernées, des conséquences légales de la corruption dans les transactions commerciales internationales telles que prévues par leur système juridique, notamment par les législations nationales interdisant la corruption d'agents publics étrangers et nationaux et, le cas échéant, celles qui interdisent la corruption dans le secteur privé.

2. Encourage les exportateurs et, s'il y a lieu, les autres parties concernées, à élaborer, à appliquer et à formaliser des systèmes de contrôle de gestion adaptés permettant de prévenir et de détecter la corruption.

3. Sensibilise sur le fait que les parties intervenant dans des transactions commerciales internationales doivent aussi se conformer à toutes les lois et réglementations interdisant la corruption qui s'appliquent dans le pays ou territoire où elles exercent une activité.

4. Fasse la promotion de la conduite responsable des entreprises auprès des parties qui interviennent dans les demandes de crédits à l'exportation bénéficiant d'un soutien public.

5. Élabore, applique et formalise au sein de son système de crédit à l'exportation des systèmes de contrôle de gestion adaptés qui visent à décourager la corruption dans les transactions commerciales internationales et qui soient soutenus par une formation adéquate du personnel, des mécanismes de notification et des procédures d'audit interne adaptés.

6. Élabore et mette en œuvre, des politiques et procédures à appliquer, lorsque celles-ci n'existent pas encore, pour faire connaître aux autorités chargées de l'application des lois, les allégations ou preuves crédibles de corruption dans l'attribution ou l'exécution du contrat d'exportation qu'il a recueillies, conformément aux lois nationales sur la divulgation de telles informations.

Examen préalable

V. RECOMMANDE que les Adhérents procèdent à l'examen préalable et exercent leur devoir de diligence à l'égard de toutes les demandes de crédits à l'exportation bénéficiant d'un soutien public visées par la présente Recommandation, afin d'identifier celles qui devraient faire l'objet de vérifications approfondies relatives aux risques de corruption. À cet effet, les Adhérents devraient :

1. Commencer l'examen préalable aussi tôt que possible dans le processus d'évaluation des risques.

2. Exiger, au besoin, que les parties prenantes à une demande fournissent toutes les informations nécessaires à la réalisation de l'examen préalable, puis, le cas échéant, à des vérifications approfondies.

3. Exiger des exportateurs et, s'il y a lieu, des autres parties concernées, une déclaration précisant que ni eux-mêmes, ni aucune personne physique ou morale agissant pour leur compte dans le cadre de la transaction, par exemple un agent, ne se sont livrés ou ne se livreront à des actes de corruption :

a) Dans le cas des exportateurs et des parties concernées qui exercent une activité dans le pays de l'Adhérent ou sous son autorité, cette déclaration doit s'appliquer à la corruption des agents publics étrangers et nationaux, ainsi que, lorsqu'elle est interdite par la législation nationale de l'Adhérent, à la corruption dans le secteur privé.

b) Dans le cas des autres parties concernées, cette déclaration doit s'appliquer à la corruption des agents publics étrangers et nationaux.

4. Exiger des exportateurs et, s'il y a lieu, des autres parties concernées, qu'ils déclarent si eux-mêmes, ou une personne physique et morale agissant pour leur compte dans le cadre de la transaction, par exemple un agent :

a) font l'objet de poursuites devant un quelconque tribunal ou, font l'objet, à leur connaissance, d'une enquête officielle du parquet pour cause d'infraction aux lois concernant la lutte contre la corruption de quelque pays que ce soit ; et/ou

b) au cours des cinq années ayant précédé la demande, ont été condamnés par un quelconque tribunal pour cause d'infraction aux lois concernant la lutte contre la corruption de quelque pays que ce soit, ont fait l'objet de mesures équivalentes, ou ont été reconnus coupables d'actes de corruption dans le cadre d'une sentence arbitrale rendue publique.

5. Vérifier – ou exiger une déclaration qui l'atteste – que les exportateurs et, s'il y a lieu, les autres parties concernées, ainsi que les personnes physiques ou morales agissant pour leur compte dans le cadre de la transaction, par exemple des agents, ne figurent pas sur les listes d'exclusion accessibles au public de l'une des institutions financières multilatérales.

6. Exiger des exportateurs et, s'il y a lieu, des autres parties concernées, qu'ils déclarent que les commissions et les sommes versées, ou qu'il a été convenu de verser, à des personnes physiques ou morales agissant pour leur compte dans le cadre de la transaction, par exemple des agents, sont, ou seront, versées uniquement pour des services légitimes.

7. Exiger, sur demande, la divulgation des éléments suivants : (i) l'identité des personnes physiques ou morales agissant pour le compte de l'exportateur dans le cadre de la transaction, par exemple des agents et, s'il y a lieu, des autres parties concernées ; (ii) le montant et l'objet des commissions et des sommes versées, ou qu'il a été convenu de verser, à ces personnes ; et (iii) le pays ou territoire dans lequel les commissions et les sommes ont été ou doivent être versées.

8. Lorsqu'elles sont nécessaires pour une opération donnée de crédit à l'exportation, les déclarations exigées en vertu de ce paragraphe de la Recommandation peuvent être obtenues par l'intermédiaire d'autres parties à la transaction si, en raison de la nature du produit de crédit à l'exportation, l'OCE n'entretient pas de relation contractuelle avec l'exportateur ou la partie concernée.

Vérifications approfondies

VI. RECOMMANDE que les Adhérents :

1. Évaluent les informations fournies dans le formulaire de demande, les déclarations formulées en vertu du paragraphe V de la présente Recommandation et du devoir de diligence éventuellement exercé au regard de ces informations et/ou déclarations dans le but de procéder à des vérifications approfondies d'une transaction ou d'une partie intervenant dans la transaction si, par exemple, il existe un risque accru de corruption, si l'Adhérent a des raisons de penser que la transaction peut être entachée de corruption, ou si l'Adhérent exige des informations complémentaires pour dissiper des soupçons de corruption.

2. Décident quelles mesures de vérifications approfondies prendre, en particulier, par exemple :

a) Si l'une des parties à la transaction a été condamnée pour infraction aux lois sur la corruption, a fait l'objet de mesures équivalentes ou a été reconnue coupable d'actes de corruption dans le cadre d'une sentence arbitrale rendue publique dans les cinq ans précédant la date de la demande, en vérifiant que la partie concernée a pris, maintenu en vigueur et formalisé des mesures internes de correction et de prévention appropriées, comme le remplacement des personnes qui ont été impliquées dans la corruption, l'adoption de programmes appropriés de lutte contre la corruption, le recours à des procédures d'audit et la communication des résultats des audits périodiques, s'il y a lieu.

b) En vérifiant et en notant si d'autres parties intervenant dans une transaction figurent sur les listes d'exclusion accessibles au public de l'une des institutions financières multilatérales.

c) Au cas où ces informations n'ont pas encore été demandées dans le cadre de l'examen préalable de la demande et de l'exercice du devoir de diligence, en exigeant, sur demande, la divulgation des éléments suivants : (i) l'identité de toute personne physique ou morale, par exemple des agents, agissant pour le compte de l'exportateur et, s'il y a lieu, des autres parties concernées dans le cadre de la transaction ; (ii) le montant et l'objet des commissions et des sommes versées, ou qu'il a été convenu de verser, à ces personnes ; et (iii) le pays ou territoire dans lequel les commissions et les sommes ont été ou doivent être versées.

d) En vérifiant si le niveau des commissions et des sommes versées ou qu'il a été convenu de verser, leur objet et l'endroit où s'effectuent les paiements semblent être adaptés et se rapportent uniquement à des services légitimes.

e) En élargissant les vérifications préalables aux autres parties associées à une transaction, y compris, par exemple, aux partenaires des entreprises communes et consortiums, et en demandant des informations sur la propriété effective et la situation financière de l'une ou l'autre des parties à la transaction.

f) En examinant les déclarations ou rapports éventuellement publiés par le point de contact national (PCN) de l'Adhérent à l'issue d'une procédure relative à une circonstance spécifique, conformément aux Principes directeurs de l'OCDE.

Évaluation et décision

VII. RECOMMANDE que les Adhérents évaluent les informations fournies par l'examen préalable, l'exercice du devoir de diligence et/ou les vérifications approfondies d'une transaction ou d'une partie intervenant dans une transaction, et décident de demander ou non des renseignements complémentaires, de ne pas accorder un soutien public ou accorder un soutien public. Les Adhérents devraient à cet effet :

1. Informer sans délai leurs autorités chargées de l'application des lois si, avant de fournir d'un crédit à l'exportation bénéficiant d'un soutien public, ils prennent connaissance d'une allégation ou d'une preuve crédible de corruption dans l'attribution ou l'exécution du contrat d'exportation.

2. Refuser de fournir le soutien public si l'examen préalable, l'exercice du devoir de diligence et/ou les vérifications approfondies permettent de conclure que la transaction est entachée de corruption et/ou si les déclarations exigées en vertu du paragraphe V de la présente Recommandation ne sont pas fournies.

3. Décider, dans l'hypothèse où un soutien serait accordé, si ce soutien devrait être subordonné à des conditions à remplir avant ou après l'engagement final d'octroyer un soutien public, notamment, par exemple :

a) des garanties, présentées dans les documents appropriés, que l'Adhérent sera informé de toute modification significative des déclarations formulées en vertu du paragraphe V de la présente Recommandation ;

b) des garanties, présentées dans les documents appropriés, que les exportateurs et, s'il y lieu, les autres parties concernées et les personnes physiques ou morales agissant pour leur compte dans le cadre de la transaction, par exemple des agents, se conforment et continueront de se conformer à l'ensemble des lois et réglementations qui interdisent la corruption dans le pays ou territoire où elles exercent une activité ; et

c) des droits d'audit ou d'examen des systèmes de lutte contre la corruption de la partie, de la transaction pour laquelle un soutien est fourni, notamment de tous les paiements y afférents.

Mesures à prendre après l'engagement final

VIII. RECOMMANDE que, après avoir octroyé un crédit à l'exportation bénéficiant d'un soutien public, les Adhérents prennent les mesures suivantes, le cas échéant :

1. Informer sans délai leurs autorités chargées de l'application des lois s'ils prennent connaissance d'une allégation ou d'une preuve crédible de corruption dans l'attribution ou l'exécution du contrat d'exportation.

2. Prendre les mesures appropriées, conformément à leurs lois nationales, et sans porter préjudice aux droits des parties qui ne sont pas responsables de la corruption, par exemple en exerçant leur devoir de diligence, en refusant le paiement ou l'indem-

nisation ou en demandant le remboursement des sommes versées si l'une des parties à la transaction est condamnée pour infraction aux lois sur la corruption, fait l'objet de mesures équivalentes, ou a été reconnue coupable d'actes de corruption dans le cadre d'une sentence arbitrale rendue publique.

3. Procéder à des vérifications approfondies s'ils sont informés que la transaction peut être entachée de corruption (communiqués de presse émanant d'une source fiable, informations données par des parties à la transaction, renseignements provenant de lanceurs d'alerte par exemple).

Notification et suivi

IX. RECOMMANDE que les Adhérents :

1. Publient les déclarations ou principes concernant les politiques nationales de lutte contre la corruption et les politiques connexes des OCE qui présentent de l'intérêt pour la mise en œuvre de la présente Recommandation.

2. Suivent et évaluent, au fil des ans, l'expérience acquise en matière d'application de la présente Recommandation au niveau national, et échangent leurs expériences et leurs bonnes pratiques avec les autres Adhérents.

3. Continuent de renforcer et d'améliorer les procédures nationales visant à décourager et à combattre la lutte contre la corruption dans les transactions commerciales internationales, et d'encourager les OCE à allouer des ressources adéquates à cette fin.

4. Rendent compte au GCE des informations ex post relatives à toute transaction entachée de corruption dans l'attribution ou l'exécution d'un contrat d'exportation ayant donné lieu à une condamnation pour infraction aux lois sur la corruption ou à des mesures équivalentes à l'encontre de l'une des parties à la transaction, ou dont l'une des parties a été reconnue coupable d'actes de corruption dans le cadre d'une sentence arbitrale rendue publique, en précisant notamment la partie concernée et la ou les mesure(s) appropriée(s) prise(s) par l'Adhérent, conformément à ses lois nationales sur la divulgation de telles informations.

5. Constituent une somme d'expérience sur l'application de la présente Recommandation, à travers des notifications et des échanges d'informations réguliers sur les mesures prises par les Adhérents pour lutter à la fois contre la corruption des agents publics étrangers et nationaux et contre la corruption du secteur privé dans les transactions commerciales internationales financées à l'aide de crédits à l'exportation bénéficiant d'un soutien public, afin d'améliorer les pratiques communes, d'élaborer des directives et de promouvoir une mise en œuvre uniforme de la présente Recommandation.

X. INVITE le Secrétaire général à diffuser la présente Recommandation.

XI. INVITE les Adhérents à diffuser la présente Recommandation à tous les niveaux d'administration.

XII. INVITE les non-Adhérents à tenir compte de la présente Recommandation et à y adhérer, sous réserve d'un examen réalisé par le Groupe de travail sur les crédits et garanties de crédit à l'exportation.

XIII. CHARGE le Groupe de travail sur les crédits et garanties de crédit à l'exportation de :

1. Servir de cadre à l'échange d'informations sur les activités internationales de lutte contre la corruption, en y associant les parties prenantes concernées, en particulier le Groupe de travail sur la corruption dans le cadre de transactions commerciales internationales, et sur les modalités de prise en compte de la Convention anticorruption et de la Recommandation de 2009 dans les systèmes nationaux de soutien public aux crédits à l'exportation ;

2. Suivre les activités internationales de lutte contre la corruption et les tendances nouvelles susceptibles d'influer sur les transactions commerciales internationales financées à l'aide de crédits à l'exportation bénéficiant d'un soutien public ;

3. Procéder à la collecte et à l'analyse des informations échangées et continuer de constituer une somme d'expérience sur l'application de la Recommandation, en vue de réfléchir aux nouvelles mesures à prendre pour décourager et combattre à la fois la corruption d'agents publics étrangers et nationaux et la corruption touchant le secteur privé dans les transactions commerciales internationales financées à l'aide de crédits à l'exportation bénéficiant d'un soutien public ; et

4. Suivre la mise en œuvre de la Recommandation et en faire rapport au Conseil dans les cinq ans suivant son adoption, et régulièrement par la suite, notamment en vue d'examiner si cet instrument est toujours pertinent et applicable, et s'il est nécessaire de le modifier à la lumière de l'expérience acquise par les Adhérents.

Recommandation du Conseil de l'OCDE du 26 novembre 2021,

Visant à renforcer la lutte contre la corruption d'agents publics étrangers dans les transactions commerciales internationales.

BIBL. ▶ JOUFFIN, *Banque et Dr. 1-2/2022. 66* (prévention de la corruption d'agents publics étrangers : la nouvelle recommandation de l'OCDE).

VU les articles 3, 5a) et 5b) de la Convention relative à l'Organisation de coopération et de développement économiques du 14 décembre 1960 ;

VU la Convention sur la lutte contre la corruption d'agents publics étrangers dans les transactions commerciales internationales du 21 novembre 1997 [OECD/LEGAL/0293] (ci-après « la Convention anticorruption de l'OCDE ») ;

VU la Recommandation révisée du Conseil sur *[la]* lutte contre la corruption dans les transactions commerciales internationales du 23 mai 1997 [C(97)123/FINAL] et la Recommandation du Conseil visant à renforcer la lutte contre la corruption dans les transactions commerciales internationales du 26 novembre 2009 [C(2009)159/REV1/FINAL and C(2010)19] (ci-après « la Recommandation de 2009 ») à laquelle succède la présente Recommandation ;

VU la Recommandation du Conseil sur les mesures fiscales visant à renforcer la lutte contre la corruption d'agents publics étrangers dans les transactions commerciales internationales [OECD/LEGAL/0371], la Recommandation du Conseil à l'intention des acteurs de la coopération pour le développement sur la gestion du risque de corruption [OECD/LEGAL/0431], la Recommandation du Conseil sur la corruption et les crédits à l'exportation bénéficiant d'un soutien public [OECD/LEGAL/0447], la Recommandation du Conseil relative aux Lignes directrices sur l'intégrité et la lutte contre la corruption dans les entreprises publiques [OECD/LEGAL/0451] et les Principes directeurs de l'OCDE à l'intention des entreprises multinationales [OECD/LEGAL/0144], la Recommandation du Conseil sur l'Intégrité Publique [OECD/LEGAL/0435] et la Recommandation du Conseil relative au Guide de l'OCDE sur le devoir de diligence pour une conduite responsable des entreprises [OECD/LEGAL/0443] ;

CONSIDÉRANT les progrès qui ont été accomplis dans la mise en œuvre de la Convention anticorruption de l'OCDE et de la version de 2009 de cette Recommandation, et réaffirmant l'importance continue de la Convention anticorruption de l'OCDE et des Commentaires sur la Convention ;

CONSIDÉRANT que la corruption d'agents publics étrangers est un phénomène répandu dans les transactions commerciales internationales, y compris dans les échanges et les investissements, qui suscite de graves préoccupations morales et politiques, affecte la bonne gestion des affaires publiques et le développement économique durable, et fausse les conditions internationales de concurrence ;

RECONNAISSANT les effets néfastes de la corruption d'agents publics étrangers et considérant l'importance de combattre efficacement la corruption d'agents publics étrangers afin de traiter et de prévenir ces effets sur la société ;

CONSIDÉRANT que la responsabilité de la lutte contre la corruption d'agents publics étrangers dans le cadre de transactions commerciales internationales incombe à tous les pays ;

RÉITÉRANT l'importance d'une mise en œuvre complète et vigoureuse de la Convention anticorruption de l'OCDE, y compris dans les périodes de crise, et réaffirmant l'engagement des pays membres pour une mise en œuvre robuste des lois d'application de l'infraction de corruption transnationale, tel que réaffirmé dans le Communiqué sur un Engagement commun en matière de lutte contre la corruption transnationale adopté par les Ministres à des pays membres de la Convention anticorruption de l'OCDE le 21 novembre 2007, les Conclusions politiques sur la corruption dans les transactions commerciales internationales adoptées le 19 juin 2009 par le Groupe de travail sur la corruption, les Conclusions adoptées par la Réunion du Conseil de l'OCDE au niveau des Ministres du 25 juin 2009 [C/MIN(2009)5/FINAL], et les Conclusions politiques de la Réunion ministérielle sur la lutte contre la corruption du 16 mars 2016 ;

RECONNAISSANT que la Convention anticorruption de l'OCDE et la Convention des Nations unies contre la corruption (CNUCC) se soutiennent et se complètent mutuellement, et que la ratification et la mise en œuvre de la CNUCC favorisent une approche globale de la lutte contre la corruption d'agents publics étrangers dans les transactions commerciales internationales ;

SE FÉLICITANT d'autres initiatives qui ont fait progresser l'entente et la coopération internationales en matière de lutte contre la corruption dans les transactions internationales, notamment les actions du Conseil de l'Europe, de l'Union européenne et de l'Organisation des États Américains ;

SE FÉLICITANT des efforts des entreprises, des organisations patronales et syndicales, des organisations non gouvernementales et des médias dans la lutte contre la corruption ;

RECONNAISSANT la nécessité de mieux comprendre les liens entre le genre et la corruption, y compris la corruption d'agents publics étrangers, la façon dont la corruption peut affecter les genres de manière différente, et reconnaissant l'importance de promouvoir l'égalité des genres et l'émancipation des femmes ;

RECONNAISSANT le rôle que sont susceptibles de jouer les technologies innovantes pour soutenir les efforts des secteurs public et privé dans la lutte contre la corruption d'agents publics étrangers ;

RECONNAISSANT que tout progrès dans ce domaine exige non seulement des efforts au niveau national, mais aussi une coopération au niveau multilatéral, ainsi qu'une surveillance et un suivi rigoureux et systématique.

Généralités

I. NOTE que la présente Recommandation visant à renforcer la lutte contre la corruption d'agents publics étrangers dans les transactions commerciales internationales s'applique aux pays Membres de l'OCDE et aux autres pays Parties à la Convention anticorruption de l'OCDE (ci-après les "pays membres").

II. NOTE que la présente Recommandation doit être mise en œuvre en conformité avec les principes juridictionnels et les autres principes juridiques fondamentaux des pays membres.

III. RECOMMANDE que les pays membres continuent de prendre des mesures efficaces pour dissuader, prévenir et combattre la corruption d'agents publics étrangers dans le cadre de transactions commerciales internationales.

IV. RECOMMANDE que chaque pays membre prenne des mesures concrètes et significatives pour examiner ou examiner plus avant les domaines suivants :

i) la sensibilisation et les actions de formation dans le secteur public en vue de prévenir et de détecter la corruption transnationale ;

ii) la sensibilisation dans le secteur privé, en particulier parmi les sociétés opérant à l'étranger, y compris les petites et moyennes entreprises, en vue de prévenir et de détecter la corruption transnationale, ainsi que, s'il y a lieu, par des actions ciblées à l'attention de professions et secteurs spécifiques, y compris sur le Guide de Bonnes Pratiques pour les contrôles internes, la déontologie et la conformité, figurant à l'Annexe II, qui fait partie intégrante de la présente Recommandation, et par des actions collectives et des partenariats entre les secteurs privé et public pour des activités de sensibilisation ;

iii) le droit pénal et son application, conformément à la Convention anticorruption de l'OCDE, ainsi qu'aux sections V à XVIII de la présente Recommandation, et au Guide de bonnes pratiques sur la mise en œuvre de certains Articles de la Convention sur la lutte contre la corruption d'agents publics étrangers dans les transactions commerciales internationales, figurant à l'Annexe I, qui fait partie intégrante de la présente Recommandation ;

iv) la coopération internationale en matière d'enquêtes et autres procédures judiciaires, conformément à la section 11X de la présente Recommandation ;

v) les lois, réglementations et pratiques fiscales afin d'éliminer tout ce qui peut favoriser indirectement la corruption transnationale, conformément à la Recommandation du Conseil de 2009 sur les mesures fiscales visant à renforcer la lutte contre la corruption d'agents publics étrangers dans les transactions commerciales internationales [OECD/LEGAL/0371], et à la section 10X de la présente Recommandation ;

vi) les dispositions et mesures visant à assurer le signalement de la corruption transnationale et la protection des personnes auteurs de signalements, conformément aux sections XXI et XXII de la présente Recommandation ;

vii) les normes et pratiques comptables des entreprises et les normes et pratiques des entreprises en matière de vérification externe, ainsi que de contrôle interne, de déontologie et de conformité, conformément à la section 10XIII de la présente Recommandation ;

viii) les lois et règlementations sur les banques et autres institutions financières, en vue de la tenue et de la mise à disposition de registres appropriés à des fins d'inspection et d'enquête ;

ix) les subventions publiques, les autorisations publiques, les marchés publics, les contrats financés par l'aide publique au développement, les crédits à l'exportation bénéficiant d'un soutien public, ou autres avantages octroyés par les pouvoirs publics, de façon que ces avantages puissent être refusés ou suspendus à titre de mesures de lutte contre la corruption transnationale dans les cas appropriés, et les incitations à mettre en place des programmes de conformité liées à des mesures correctives, conformément aux sections XXIV et XXV de la présente Recommandation ;

x) les lois et réglementations en matière civile, commerciale et administrative, visant à combattre la corruption transnationale ;

Incrimination et mise en œuvre de l'infraction de corruption d'agents publics étrangers

V. RECOMMANDE, en vue d'assurer l'application complète et vigoureuse de la Convention anticorruption de l'OCDE, et notamment la mise en œuvre de l'infraction de corruption d'agents publics étrangers, que les pays membres tiennent pleinement compte du Guide de bonnes pratiques sur la mise en œuvre de certains Articles de la Convention sur la lutte contre la corruption d'agents publics étrangers dans les transactions commerciales internationales, figurant à l'Annexe I.

VI. RECOMMANDE que les pays membres :

i) réexaminent périodiquement leurs lois de mise en œuvre de la Convention anticorruption de l'OCDE et leur modalités d'application afin de lutter efficacement contre la corruption internationale d'agents publics étrangers ;

ii) prennent toutes les mesures nécessaires pour veiller à ce que les autorités répressives agissent promptement et de manière proactive, de sorte que les plaintes pour corruption d'agents publics étrangers fassent l'objet d'enquêtes sérieuses, et que les allégations crédibles soient évaluées par les autorités compétentes ;

iii) adoptent une approche proactive de l'enquête et des poursuites pour corruption d'agents publics étrangers, tant en ce qui concerne les personnes physiques que les personnes morales, y compris en s'assurant que les autorités compétentes reçoivent une formation et des orientations adaptées concernant les méthodes efficaces de détection et d'enquête en matière de corruption transnationale.

VII. RECOMMANDE que les pays membres dotent les autorités répressives de ressources adéquates, de façon à permettre des enquêtes et poursuites efficaces en matière de corruption d'agents publics étrangers, en tenant compte du Commentaire 27 de la Convention anticorruption de l'OCDE.

VIII. RECOMMANDE que les pays membres encouragent les autorités répressives à agir de manière proactive afin de rassembler des informations en provenance de sources variées en vue d'améliorer la détection de la corruption transnationale et l'efficacité des enquêtes, notamment des médias, des auteurs de signalements, des agences publiques, notamment celles auxquelles il est fait référence sous la section 10XI, d'autorités en charge des enquêtes à l'étranger et du secteur privé ;

IX. RECOMMANDE que les pays membres :

i) s'assurent que les affaires de corruption d'agents publics étrangers fassent l'objet d'enquêtes et de poursuites sans retard indu ;

ii) lorsque des retards dans les enquêtes, les poursuites et les procédures judiciaires ou administratives surviennent, prennent des mesures raisonnables afin de s'assurer que ceux-ci ne font pas indûment obstacle à la répression efficace de l'infraction de corruption d'agents publics étrangers et n'entraînent pas l'expiration des délais de prescription dans ces affaires de corruption.

X. RECOMMANDE que les pays membres :

i) veillent à ce qu'un large éventail de mesures d'enquête soit disponible dans les enquêtes et les poursuites pour corruption transnationale, telles que l'accès à des informations financières, bancaires et sur l'entreprise, y compris sur les bénéficiaires effectifs, la localisation des avoirs, le recours à des techniques de police scientifique et à des techniques spéciales d'enquête, s'il y a lieu ;

ii) s'il y a lieu et que leur usage est proportionné, et dans la mesure autorisée et dans les conditions prescrites par la législation nationale, s'assurent que les autorités compétentes fassent un plein usage du large éventail de mesures d'enquête disponibles, dans le cadre des enquêtes et des poursuites pour corruption transnationale, y compris, des techniques spéciales d'enquête ;

iii) envisagent des mesures pour encourager les personnes qui ont participé à la commission de l'infraction de corruption d'agents publics étrangers ou qui y ont été associées, à fournir des informations utiles aux autorités compétentes afin d'enquêter ou de poursuivre cette infraction, et veillent à ce que des mécanismes appropriés soient en place concernant l'application de ces mesures dans le cadre des enquêtes et des poursuites pour corruption transnationale.

XI. RECOMMANDE que les pays membres permettent et encouragent une coopération et un partage d'informations efficaces et en temps utile entre et au sein des autorités nationales compétentes afin d'améliorer la détection, les enquêtes et les poursuites en matière de corruption d'agents publics étrangers. En particulier, les pays membres devraient envisager des méthodes et outils à mettre en place pour faciliter cette coopération.

Lutte contre la sollicitation

XII. RECOMMANDE que les pays membres :

i) mènent des actions de sensibilisation aux risques de sollicitation de pots-de-vin auprès des agents publics concernés, particulièrement ceux qui sont en poste à l'étranger et auprès du secteur privé, en portant une attention particulière aux secteurs d'activité géographiques et industriels à haut risque ;

ii) dispensent une formation à leurs agents publics en poste à l'étranger concernant les informations à communiquer et les mesures d'assistance aux entreprises confrontées à des sollicitations de pots-de-vin, s'il y a lieu, et fournissent des instructions claires sur les autorités auxquelles les allégations de sollicitation de pots-de-vin et de corruption transnationale doivent être signalées ;

iii) entreprennent, s'il y a lieu, des actions coordonnées avec d'autres pays membres et non-membres, en vue de s'engager avec le pays hôte dans la lutte contre la sollicitation et l'acceptation de pots-de-vin ;

iv) envisagent d'encourager, de faciliter, de prendre part, ou de participer aux initiatives d'action collective contre la corruption, aux côtés de représentants des secteurs privé et public, ainsi que d'organisations de la société civile, visant à traiter la corruption transnationale et la sollicitation de pots-de-vin.

XIII. DEMANDE INSTAMMENT à tous les pays :

i) de sensibiliser leurs agents publics à leurs lois nationales sur la corruption et la sollicitation en vue de mettre un terme à la sollicitation et l'acceptation de pots de vin et de petits paiements de facilitation ;

ii) de publier sur un site web librement accessible les règles et réglementations qui s'appliquent aux agents publics nationaux en matière de cadeaux, de frais d'hébergement, de divertissement et autres dépenses, afin que les individus et les entreprises sachent que ces règles existent et puissent s'y conformer.

XIV. RECOMMANDE, compte tenu de l'effet corrosif des petits paiements de facilitation, en particulier sur le développement économique durable et l'état de droit, que les pays membres :

i) s'engagent à réexaminer régulièrement leurs politiques et leur façon d'appréhender les petits paiements de facilitation afin de lutter efficacement contre ce phénomène ;

ii) encouragent les entreprises à interdire ou décourager le recours aux petits paiements de facilitation dans le cadre de leurs programmes ou mesures de contrôle interne, de déontologie et de conformité, en reconnaissant que de tels paiements sont généralement illicites dans les pays où ils sont versés et qu'ils doivent dans tous les cas être inscrits fidèlement dans les livres de comptes et états financiers de ces entreprises.

Sanctions et confiscation

XV. RECOMMANDE que les pays membres :

i) prennent des mesures appropriées, notamment en dispensant des orientations et/ou une formation aux autorités répressives et aux autorités judiciaires, sans préjudice des pouvoirs souverains des autorités judiciaires ou autres autorités compétentes, afin de contribuer à s'assurer que les sanctions prononcées à l'encontre de personnes physiques et morales pour corruption transnationale sont transparentes, efficaces, proportionnées et dissuasives en pratique, y compris en tenant compte du montant du pot-de-vin payé et de la valeur des bénéfices ou autres avantages tirés de la corruption, et d'autres circonstances atténuantes ou aggravantes ;

ii) dans le but d'inciter et de récompenser les comportements vertueux des entreprises, envisagent de tenir compte de circonstances atténuantes, telles que :

a) la divulgation complète, volontaire et en temps utile du comportement illicite aux autorités répressives ;

b) l'entière coopération avec les autorités répressives, y compris la divulgation de tous les faits pertinents en lien avec l'acte illicite considéré ;

c) l'acceptation de la responsabilité ; ou

d) la mise en œuvre en temps utile de mesures correctives appropriées, y compris la mise en œuvre ou l'amélioration de mesures de déontologie et de conformité efficaces ;

iii) rendent publics et accessibles, en conformité avec les règles applicables en matière de protection des données et de protection de la vie privée, et par tous moyens appropriés, les éléments importants des affaires résolues de corruption d'agents publics étrangers et infractions connexes en vertu des Articles 7 et 8 de la Convention anticorruption de l'OCDE (ci-après, les "infractions connexes"), y compris les faits principaux, les personnes physiques ou morales sanctionnées, les sanctions prononcées et les motifs ayant présidé à l'application de ces sanctions.

XVI. RECOMMANDE que les pays membres en vue de contribuer à assurer que les sanctions encourues pour corruption d'agents publics étrangers soient efficaces, proportionnées et dissuasives :

i) fassent plein usage, dans tous les cas où cela est possible et approprié, des mesures disponibles en vertu de leur législation nationale, pour l'identification, le gel, la saisie et la confiscation de l'instrument et des produits de la corruption d'agents publics étrangers, ou des avoirs d'une valeur équivalente à celles de ces produits ;

ii) développent une approche proactive de l'identification, du gel, de la saisie et de la confiscation de l'instrument et des produits de la corruption d'agents publics étrangers, ou des avoirs d'une valeur équivalente à celles de ces produits, y compris dans le contexte de procédures impliquant des personnes morales ;

iii) sensibilisent les autorités répressives et autres autorités compétentes à l'importance de procéder à des enquêtes financières approfondies afin de détecter et de recouvrer l'instrument et les produits de la corruption d'agents publics étrangers, et de confisquer cet instrument et ces produits, ou des avoirs d'une valeur équivalente à celles de ces produits ; et

iv) envisagent de développer, publier et diffuser auprès des autorités répressives des lignes directrices sur l'identification, la quantification et la confiscation de l'instrument et des produits de la corruption d'agents publics étrangers, ou des avoirs d'une valeur équivalente à celles de ces produits.

Accords hors procès

XVII. RECOMMANDE que les pays membres examinent la possibilité d'utiliser des formes variées de résolution des affaires pénales, administratives et civiles avec des personnes morales et physiques, y compris des accords hors procès. Les accords hors procès désignent des mécanismes élaborés et utilisés pour résoudre des affaires sans recourir à une audience judiciaire classique ou une procédure administrative complète, sur la base d'un accord négocié entre une personne physique ou morale et une autorité poursuivante ou une autre autorité.

XVIII. RECOMMANDE que les pays membres veillent à garantir que les accords hors procès visant à résoudre des affaires liées à des infractions au sens de la Convention anticorruption de l'OCDE respectent le droit à une procédure équitable et les principes de transparence et de responsabilité, et en particulier :

i) adoptent un cadre clair et transparent concernant les accords hors procès, précisant les autorités habilitées à conclure ces accords, si ces accords peuvent être conclus avec des personnes physiques et/ou morales, et la nécessité pour l'auteur allégué de l'infraction d'admettre les faits et/ou sa culpabilité, le cas échéant;

ii) développent des critères clairs et transparents pour le recours à des accords hors procès, y compris, s'il y a lieu, la divulgation volontaire de l'infraction, la coopération avec les autorités répressives, et l'adoption de mesures correctives ;

iii) fournissent des informations claires et publiquement accessibles sur les avantages que l'auteur allégué de l'infraction peut obtenir grâce à la conclusion d'un accord hors procès ;

iv) s'il y a lieu et en conformité avec leurs règles en matière de protection des données et de protection de la vie privée, rendent publics des éléments des accords hors procès, y compris ;

a) les faits essentiels et les personnes physiques et/ou morales concernées ;

b) les considérations pertinentes ayant conduit à régler l'affaire au moyen d'un accord hors procès ;

c) la nature des sanctions infligées et les motifs justifiant l'application de ces sanctions ;

d) les mesures correctives, y compris l'adoption ou l'amélioration des contrôles internes et des programmes ou mesures de conformité anti-corruption ; et leur contrôle ;

v) veillent à ce que les sanctions encourues dans le cadre des accords hors procès soient transparentes ainsi qu'efficaces, proportionnées et dissuasives, comme le prévoit l'article 3 de la Convention anticorruption de l'OCDE ;

vi) veillent à ce que la résolution d'affaires au moyen d'accords hors procès ne constitue pas une entrave à l'efficacité des enquêtes et poursuites à l'encontre de personnes physiques et morales dans d'autres pays et, de manière générale, permette une coopération internationale efficace, comme le prévoient les articles 9 et 10 de la Convention anticorruption de l'OCDE ;

vii) veillent à ce que la conclusion d'un accord hors procès avec une personne physique ou morale intervienne sans préjudice d'une action répressive à l'encontre d'autres personnes physiques ou morales concernées s'il y a lieu ;

viii) veillent à ce que les accords hors procès fassent l'objet d'un contrôle approprié, telle que par une autorité judiciaire, une autorité publique indépendante ou une autre autorité compétente appropriée, y compris les autorités répressives.

Coopération internationale

XIX. RECOMMANDE que les pays membres, afin de lutter efficacement contre la corruption d'agents publics étrangers dans les transactions commerciales internationales, en conformité avec leurs principes juridictionnels et autres principes juridiques fondamentaux, se concertent et coopèrent avec les autorités compétentes des autres pays, et, s'il y a lieu, avec les réseaux internationaux et régionaux d'autorités répressives impliquant les pays membres et pays non membres, dans les enquêtes et autres procédures judiciaires concernant des cas spécifiques de corruption transnationale, par des moyens tels que l'échange de renseignements spontané ou sur demande, la fourniture d'éléments de preuve, l'extradition et l'identification, le gel, la saisie, la confiscation et le rapatriement du produit de la corruption d'agents publics étrangers. A cet égard :

A *Procédures d'entraide judiciaire*

Les pays membres devraient, afin de lutter efficacement contre la corruption d'agents publics étrangers dans des transactions commerciales internationales :

i) faire pleinement usage des accords et arrangements en vigueur pour l'entraide judiciaire internationale et, au besoin, conclure de nouveaux accords ou arrangements à cette fin ;

ii) veiller à ce que des canaux clairement rendus publics et aisément accessibles sont en place pour les demandes entrantes et sortantes d'entraide judiciaire ;

iii) en conformité avec les Articles 9 et 10 de la Convention anti-corruption de l'OCDE, veiller à ce que leur législation nationale offre une base appropriée pour l'entraide judiciaire à toutes fins, en conformité avec les législations, traités, accords et arrangements pertinents, y compris la fourniture de preuves, l'exécution de mesures de perquisition, de saisie et de gel, l'identification et la localisation des produits, des biens ou des instruments de l'infraction, et la confiscation et le recouvrement des produits de la corruption d'agents publics étrangers ;

iv) fournir, autant que possible, dans le cadre des législations nationales, traités, accords et arrangements pertinents, des mesures d'entraide judiciaire dans le cadre des enquêtes et procédures non pénales entrant dans le champ de la Convention anticorruption de l'OCDE impliquant des personnes morales, y compris lorsque les enquêtes et procédures non pénales ne sont pas directement liées à des procédures pénales à l'encontre d'une personne physique ;

v) envisager des moyens de faciliter l'entraide judiciaire entre les pays membres et les pays qui ne sont pas Parties à la Convention anticorruption de l'OCDE dans de tels cas de corruption, y compris concernant les seuils de preuve pour certains pays membres ;

vi) assurer un traitement prompt et efficace des demandes entrantes et sortantes d'entraide judiciaire ;

vii) veiller à ce que les délais de prescription permettent le temps nécessaire à la fourniture et la demande rapide et efficace d'entraide judiciaire dans les affaires de corruption d'agents publics étrangers ;

viii) faire en sorte de se doter d'un cadre institutionnel efficace pour l'entraide judiciaire, et veiller à ce que les ressources pour la fourniture et la demande d'entraide judiciaire soient adéquates et utilisées de manière efficace. En particulier, les pays membres devraient s'assurer que les autorités responsables de la réception des demandes d'entraide judiciaire entrantes et de la gestion des demandes sortantes disposent d'un effectif adéquat de personnel ayant l'expertise requise, et à ce qu'une formation adéquate soit dispensée au personnel concerné, y compris sur le cadre institutionnel d'entraide judiciaire et les exigences et politiques applicables en matière de rédaction des demandes sortantes, s'il y a lieu ;

ix) envisager l'utilisation de technologies pour une plus grande efficacité des procédures d'entraide judiciaire, y compris les outils adéquats pour assurer le suivi des progrès accomplis dans le traitement des demandes d'entraide judiciaire entrantes ou sortantes, la présentation des demandes d'entraide judiciaire sortantes sous format dématérialisé, et la présentation des informations fournies en réponse aux demandes d'entraide judiciaire sous un format dématérialisé approprié à leur utilisation par le pays requérant ;

x) adopter une approche proactive dans la demande de coopération internationale concernant les infractions au titre de la Convention anti-corruption de l'OCDE, y compris en sensibilisant et formant les autorités compétentes à l'identification des affaires de corruption transnationale exigeant une entraide judiciaire, afin de veiller à ce qu'une demande d'entraide judiciaire sortante en suspens ne compromette pas une enquête en cours.

B *Renforcement de la coopération internationale*

Les pays membres devraient :

i) prendre des mesures efficaces pour développer la coopération directe avec les autorités compétentes d'autres pays membres, s'il y a lieu, y compris en :

a) concluant des accords ou arrangements bilatéraux d'entraide judiciaire avec d'autres pays membres et en faisant pleinement usage des accords en vigueur ;

b) participant activement à des réseaux régionaux et internationaux d'instances répressives spécialisés dans la lutte contre la corruption et impliquant des pays membres et pays non membres ; et

c) promouvant l'échange de personnel et d'experts, y compris le détachement d'agents de liaison dans d'autres pays ou auprès d'organisations internationales ;

ii) sans demande préalable, envisager de transmettre des informations, s'il y a lieu et conformément aux législations nationales, traités, accords et arrangements pertinents, à une autorité compétente d'un autre pays membre si ces informations sont susceptibles d'aider ce pays membre à ouvrir des enquêtes ou à conclure une procédure avec succès. La transmission d'informations de manière spontanée devrait être effectuée sans préjudice des enquêtes et procédures menées par les autorités compétentes du pays membre fournissant les informations ;

iii) envisager, conformément aux législations nationales, traités, accords et arrangements pertinents, des formes complémentaires d'échange international d'informations via d'autres mécanismes, notamment en facilitant (a) l'échange d'informations financières par les Cellules de renseignement financier ; (b) l'échange d'informations fiscales ; (c) l'échange d'informations avec les autorités de régulation financière ; et (d) la coopération, s'il y a lieu, avec les réseaux internationaux et régionaux compétents ;

iv) enquêter promptement sur les allégations crédibles de corruption d'agents publics étrangers qui leur sont rapportées par des organisations internationales gouvernementales, telles que les banques multilatérales et régionales de développement et, le cas échéant, solliciter auprès de ces organisations internationales gouvernementales la levée du secret sur l'enquête interne concernée.

C *Affaires multijuridictionnelles*

Les pays membres devraient :

i) encourager la coordination directe dans des enquêtes et poursuites concurrentes ou parallèles, s'il y a lieu, y compris par des moyens tels que le partage d'informations et d'éléments de preuves ;

ii) en conformité avec l'article 4.3 de la Convention anticorruption de l'OCDE, lorsque plusieurs pays membres ont compétence à l'égard d'une infraction présumée visée dans la Convention anticorruption de l'OCDE, envisager de se concerter, s'il y a lieu, pendant les enquêtes, les poursuites et la conclusion des cas, conformément à leurs systèmes juridiques. Les pays membres devraient également prêter attention au risque qu'une même personne physique ou morale soit poursuivie plus d'une fois au titre d'une même conduite constitutive d'infraction ;

iii) envisager de se coordonner aussi tôt que possible dans la procédure et s'il y a lieu, et d'une manière qui respecte l'indépendance des juridictions individuellement concernées, et reconnaisse les avantages de la coopération afin de parvenir à une répression efficace. Les pays membres devraient prendre des mesures visant à s'assurer raisonnablement que leurs efforts de coordination n'influent pas indûment sur l'efficacité des enquêtes et des poursuites dans d'autres pays ;

iv) envisager de s'appuyer sur les organisations internationales et régionales pertinentes qui peuvent assister dans le cadre des consultations entre pays, s'il y a lieu ;

v) s'il y a lieu, et conformément aux législations nationales et traités et accords pertinents, envisager la création d'équipes communes ou parallèles d'enquêtes lors de la conduite d'enquêtes et de poursuites pour corruption d'agents publics étrangers qui peuvent nécessiter une action coordonnée et concertée avec un ou plusieurs autres pays membres.

Déductibilité fiscale

XX. RECOMMANDE aux pays membres de :

i) mettre en œuvre pleinement et rapidement la Recommandation du Conseil de 2009 sur les mesures fiscales visant à renforcer la lutte contre la corruption d'agents publics étrangers dans les transactions commerciales internationales [OECD/LEGAL/0371], qui recommande en particulier "que les pays membres et les autres Parties à la Convention anti-corruption de l'OCDE refusent explicitement la déductibilité fiscale des pots-de-vin versés à des agents publics étrangers, à toutes fins fiscales, de manière efficace" et "conformément à leurs systèmes juridiques, d'établir un cadre légal et administratif efficace et de fournir des orientations afin de faciliter le signalement, par les autorités fiscales, des soupçons de corruption transnationale détectés dans l'exercice de leurs fonctions, aux autorités répressives compétentes" ;

ii) soutenir le suivi effectué par le Comité des affaires fiscales tel que prévu dans la Recommandation du Conseil de 2009 sur les mesures fiscales visant à renforcer la lutte contre la corruption d'agents publics étrangers dans les transactions commerciales internationales [OECD/LEGAL/0371].

Signalement des faits de corruption transnationale

XXI. RECOMMANDE que les pays membres :

i) mettent en place et diffusent des politiques et procédures claires permettant à toute personne, y compris aux agents publics, de signaler les soupçons de corruption transnationale et d'infractions connexes aux autorités compétentes, y compris en permettant un signalement confidentiel et, s'il y a lieu, anonyme ;

ii) mettent en place divers canaux de signalement facilement accessibles en vue du signalement des soupçons d'actes de corruption d'agents publics étrangers et d'infractions connexes, et sensibilisent à l'existence de ces canaux de signalement et à l'importance de signaler ces soupçons, y compris en fournissant des orientations et un suivi de telle manière à encourager et soutenir les personnes communiquant des informations ;

iii) veillent à ce que des mesures appropriées soient en place pour permettre aux agents publics de signaler ou de porter à l'attention des autorités compétentes des soupçons d'actes de corruption transnationale et d'infractions connexes détectés dans l'exercice de leurs fonctions, en particulier aux agents d'organismes publics qui sont en contact avec les entreprises exerçant des activités à l'étranger, ou qui sont amenés à avoir connaissance d'informations les concernant, tels que les représentations à l'étranger, les cellules de renseignements financiers, les administrations fiscales, les agences de promotion des échanges, les autorités de régulation des marchés de valeurs mobilières et des marchés financiers concernées, les agences anti-corruption et les autorités chargées des procédures de marchés publics ;

iv) encouragent la détection proactive par les agents publics, en particulier ceux qui sont en contact avec les entreprises exerçant des activités à l'étranger, ou qui sont amenés à avoir connaissance d'informations les concernant, par des moyens appropriés, tels qu'une veille des médias et des alertes parues dans les médias, ainsi que le signalement précoce de soupçons de corruption d'agents publics étrangers et d'infractions connexes ;

v) examinent périodiquement l'efficacité des politiques, procédures et canaux de signalement et envisagent de rendre publics les résultats de ces examens périodiques ;

vi) mènent des activités de sensibilisation et de formation régulières sur l'infraction de corruption transnationale et les obligations de signalement auprès des fonctionnaires des autorités publiques qui pourraient jouer un rôle dans la prévention et/ou la détection et le signalement de la corruption transnationale, y compris les missions diplomatiques, les organismes de crédit à l'exportation et les organismes officiels d'aide au développement, en vue d'informer leurs entreprises opérant à l'étranger de la législation sur la corruption transnationale et de l'importance de programmes de conformité efficaces.

Protection des personnes auteurs de signalements

XXII. RECOMMANDE, considérant le rôle essentiel que les auteurs de signalements peuvent jouer en tant que source de détection d'affaires de corruption transnationale, que les pays membres mettent en place, conformément à leurs principes juridictionnels et autres principes juridiques fondamentaux, des cadres juridiques et institutionnels solides et efficaces visant à protéger les personnes travaillant dans les secteurs public ou privé qui font légitimement état de soupçons d'actes de corruption d'agents publics étrangers dans des transactions commerciales internationales et d'infractions connexes, ou à offrir réparation à ces personnes en cas de représailles, et en particulier ;

i) veillent à ce que des autorités compétentes, disposant des ressources suffisantes et adéquatement formées, appliquent le cadre juridique pour la protection des auteurs de signalements, et reçoivent, enquêtent ou de toute autre façon traitent les plaintes en matière de représailles ;

ii) offrent une protection au plus large éventail possible des auteurs de signalements dans un contexte professionnel, y compris, s'il y a lieu, aux personnes dont la relation de travail a pris fin, aux personnes qui obtiennent des informations sur des soupçons d'actes de corruption d'agents publics étrangers pendant des phases avancées du processus de recrutement ou de négociations contractuelles, et qui pourraient faire l'objet de représailles, par exemple sous la forme d'une attestation de travail négative ou d'une mise sur liste noire, et envisager d'étendre la protection aux personnes tierces liées à l'auteur de signalements et qui pourraient faire l'objet de représailles dans un contexte professionnel ;

iii) veillent à ce que les dispositions nécessaires soient en place pour permettre la confidentialité de l'identité des auteurs de signalements, ainsi que du contenu des signalements, conformément aux lois nationales, en particulier relatives aux enquêtes par les autorités compétentes et aux procédures judiciaires ;

iv) envisagent de permettre les signalements anonymes et veillent à ce que toutes les protections adéquates soient mises à la disposition des personnes qui pourraient être identifiées par la suite et qui pourraient souffrir de représailles ;

v) veillent à ce que des mesures adéquates soient en place afin d'interdire ou rendre inopérantes toute clause contractuelle visant à renoncer, résilier, diminuer ou modifier les droits et les protections légales des auteurs de signalements éligibles à une protection auprès des autorités compétentes ;

vi) proposent une définition large de la notion de représailles à l'encontre des auteurs de signalements, ne se limitant pas aux actions de représailles sur le lieu de travail et pouvant également inclure celles pouvant aboutir à un préjudice de réputation, professionnel, financier, social, psychologique ou physique ;

vii) veillent à ce que des mesures de réparation soient disponibles pour les auteurs de signalements afin de compenser les conséquences directes et indirectes des actions de représailles subies à la suite d'un signalement éligible à une protection, y compris des compensations financières et des mesures provisoires dans l'attente du règlement des procédures judiciaires ;

viii) prévoient des sanctions efficaces, proportionnées et dissuasives à l'encontre des auteurs d'actions de représailles visant les auteurs de signalements ;

ix) dans le cadre des procédures administratives civiles ou de droit du travail, renversent la charge de la preuve de sorte qu'elle pèse sur les personnes physiques et morales et les entités ayant exercé des mesures de représailles à l'encontre d'auteurs de signalements afin qu'elles aient à prouver que lesdites mesures sont sans rapport avec le signalement en question ;

x) s'assurent que les auteurs de signalements n'encourent pas de sanctions disciplinaires ou autre mise en cause de leur responsabilité pour avoir effectué un signalement éligible à une protection ;

xi) envisagent la possibilité d'adopter des mesures incitant à effectuer des signalements éligibles à une protection ;

xii) sensibilisent et prévoient des formations à la conception et à la mise en œuvre des cadres juridiques et institutionnels destinés à protéger les auteurs de signalements, ainsi qu'aux mesures de protection et de réparation existantes ;

xiii) examinent périodiquement l'efficacité des cadres juridiques et institutionnels ayant pour objet de protéger les auteurs de signalements et envisagent de rendre publics les résultats de ces examens périodiques ;

xiv) en tenant dûment compte des règles en matière de protection des données et de respect de la vie privée, veillent à ce que ces règles et les lois qui interdisent la transmission d'informations économiques ou commerciales ne font pas indûment obstacle aux signalements et à la protection des auteurs de signalements.

Règles comptables, vérification externe des comptes, contrôles internes, déontologie et conformité

XXIII. RECOMMANDE que les pays membres prennent les mesures nécessaires, en tenant compte, en tant que de besoin, des circonstances propres à chaque entreprise, y compris sa taille, sa forme, sa structure juridique et son secteur d'exploitation géographique et industrielle, pour que les lois, réglementations ou pratiques concernant les normes comptables, la vérification externe, le contrôle interne, la déontologie et la conformité soient conformes aux principes suivants et soient pleinement utilisées pour prévenir et détecter la corruption d'agents publics étrangers dans les transactions commerciales internationales, conformément à leurs principes en matière de compétence et leurs autres principes juridiques fondamentaux. A cette fin :

A *Règles comptables adéquates*

i) Les pays membres devraient, conformément à l'Article 8 de la Convention anticorruption de l'OCDE, prendre les mesures nécessaires, dans le cadre de leurs lois et règlements concernant la tenue de livres et états comptables, la publication d'informations sur les états financiers et les normes de comptabilité et de vérification des comptes, pour interdire aux entreprises soumises à ces lois et règlements l'établissement de comptes hors livres, les opérations hors livres ou insuffisamment identifiées, l'enregistrement de dépenses inexistantes, l'enregistrement d'éléments de passif dont l'objet n'est pas correctement identifié, ainsi que l'utilisation de faux documents, dans le but de corrompre un agent public étranger ou de dissimuler cette corruption ;

ii) Les pays membres doivent, conformément à l'Article 8 de la Convention, prévoir des sanctions civiles, administratives ou pénales efficaces, proportionnées et dissuasives en case *[cas]* de telles omissions et falsifications dans les livres, les documents, les comptes et les états financiers de ces entreprises, et devraient veiller à ce que les personnes physiques et morales puissent être tenues responsables de l'ensemble des agissements décrits à l'Article 8.1 de la Convention ;

iii) Les pays membres devraient exiger des entreprises qu'elles divulguent dans leurs états financiers tous les éléments d'appréciation du passif éventuel ;

iv) Les pays membres devraient veiller à ce que les autorités compétentes considèrent également comme il se doit la poursuite les *[des]* personnes physiques ou morales impliquées dans les infractions comptables commises dans le but de corrompre des agents publics étrangers ou de dissimuler cette corruption, telle que cette infraction est définie à l'Article 8 de la Convention anticorruption de l'OCDE.

B *Vérification externe indépendante*

i) Les pays membres devraient examiner si les règles concernant l'obligation pour les entreprises de se soumettre à une vérification externe des comptes sont adéquates ;

ii) Les pays membres et les associations professionnelles devraient fixer les normes adéquates pour assurer l'indépendance des vérificateurs externes, afin de leur permettre d'effectuer une évaluation objective des comptes, états financiers et contrôles internes des entreprises ;

iii) Les pays membres devraient exiger du vérificateur externe des comptes qui découvre des indices d'éventuels actes de corruption d'agents publics étrangers qu'il en informe les dirigeants et, le cas échéant, les organes de contrôle et de gouvernance de l'entreprise ;

iv) Les pays membres devraient encourager les entreprises qui reçoivent de la part d'un vérificateur externe des comptes des signalements de soupçons d'actes de corruption d'agents publics étrangers à réagir activement et efficacement à de tels signalements ;

v) Les pays membres devraient envisager de requérir les vérificateurs externes des comptes de signaler des soupçons d'actes de corruption d'agents publics étrangers aux autorités compétentes, indépendantes de l'entreprise, telles que les autorités répressives ou de la réglementation, et, pour les pays qui autorisent ce type de signalement, de s'assurer que les vérificateurs qui procèdent à de tels signalements sur la base de soupçons raisonnables sont protégés contre tout recours en justice.

C *Contrôles internes, déontologie et conformité*

Les pays membres devraient encourager :

i) les entreprises, y compris les entreprises publiques, à mettre au point et adopter des programmes ou mesures de contrôle interne, de déontologie et de conformité adéquats en vue de prévenir et de détecter la corruption transnationale, en tenant compte du Guide de bonnes pratiques pour les contrôles internes, la déontologie et la conformité, figurant à l'Annexe II ;

ii) les organisations patronales et associations professionnelles, en tant que de besoin, dans leurs efforts pour encourager et aider les entreprises, en particulier les petites et moyennes entreprises, à élaborer des programmes ou mesures de contrôle interne, de déontologie et de conformité en vue de prévenir et de détecter la corruption transnationale, en tenant compte du Guide de bonnes pratiques pour les contrôles internes, la déontologie et la conformité, figurant à l'Annexe II ;

iii) les dirigeants d'entreprises à faire des déclarations dans leurs rapports annuels ou à rendre public de toute autre manière leurs programmes ou mesures de contrôle interne, de déontologie et de conformité, y compris ceux contribuant à prévenir et détecter la corruption ;

iv) la création d'organes de contrôle, indépendants des dirigeants, tels que les comités d'audit des conseils d'administration ou des conseils de surveillance ;

v) les entreprises à mettre en place un cadre de protection pour les personnes signalant de possibles violations de la loi, ainsi que des canaux de signalement, y compris au titre d'un programme ou de mesures de contrôle interne, de déontologie et de conformité visant à prévenir et détecter la corruption d'agents publics étrangers, et à prendre des mesures appropriées sur la base de tels signalements.

D *Incitations à la mise en place de programmes de conformité*

Les pays membres devraient :

i) encourager leurs agences gouvernementales à examiner, lorsque les transactions commerciales internationales sont concernées et en tant que de besoin, les programmes ou mesures de contrôle interne, de déontologie et de conformité visant à prévenir et détecter la corruption transnationale, dans le cadre de leurs décisions d'attribution d'avantages octroyés par les pouvoirs publics, y compris les subventions publiques, les autorisations publiques, les marchés publics, les marchés financés par l'aide publique au développement, et les crédits à l'exportation bénéficiant d'un soutien public ;

ii) lorsque les pays membres mettent en œuvre des mesures visant à inciter les entreprises à développer de tels programmes ou mesures, dispenser des formations et fournir des orientations aux autorités compétentes sur la manière dont les programmes ou mesures de contrôle interne, de déontologie et de conformité sont pris en compte dans les prises de décisions des autorités publiques, et s'assurer que ces orientations sont rendues publiques et facilement accessibles par les entreprises ;

iii) encourager les autorités répressives, dans le cadre de la répression des actes de corruption transnationale et des infractions connexes, à envisager des mesures visant à inciter les entreprises à développer des programmes ou mesures de contrôle interne, de déontologie et de conformité, y compris en faisant de tels programmes ou mesures une possible circonstance atténuante. Les pays membres devraient néanmoins s'assurer que la simple existence d'un programme ou de mesures de contrôle interne, de déontologie et de conformité ne peut pas totalement exonérer une personne morale de sa responsabilité, que l'examen final de tels programmes ou mesures relève de la seule responsabilité des autorités judiciaires, des autorités répressives ou d'autres autorités publiques, et que les sanctions demeurent efficaces, proportionnées et dissuasives, conformément à l'Article 3 de la Convention anticorruption de l'OCDE ;

iv) lorsque les pays membres mettent en œuvre des mesures afin d'inciter les entreprises à développer de tels programmes ou mesures, veiller à ce que les autorités compétentes envisagent de dispenser des formations et de fournir des orientations aux autorités compétentes sur l'évaluation du caractère adéquat et l'efficacité des programmes ou mesures de contrôle interne, de déontologie et de conformité afin de prévenir et détecter la corruption transnationale, ainsi que sur la manière dont ces programmes sont pris en compte dans la résolution des affaires de corruption transnationale, et, en tant que besoin, s'assurer que ces informations ou orientations sont rendues publiques et facilement accessibles par les entreprises.

Avantages octroyés par les pouvoirs publics, y compris les marchés publics

XXIV. RECOMMANDE que :

i) les lois et réglementations des pays membres permettent aux autorités de suspendre et d'exclure, de manière appropriée, l'accès aux contrats publics ou autres avantages octroyés par les pouvoirs publics, y compris les marchés publics et les marchés financés par l'aide publique au développement, des entreprises reconnues coupables de corruption d'agents publics étrangers en violation de leur loi nationale, en tenant compte de circonstances atténuantes. Dans la mesure où les lois et réglementations des pays membres permettent l'application de ces mesures aux entreprises reconnues coupables de corruption d'agents publics nationaux, ces mesures devraient également être autorisées en cas de corruption d'agents publics étrangers ;

ii) les pays membres s'assurent que les autorités publiques compétentes ont accès aux informations sur les entreprises sanctionnées pour corruption transnationale ou, si cela n'est pas possible, peuvent obtenir ces informations auprès des entreprises ;

iii) lorsque cela est approprié et dans la mesure du possible, les pays membres tiennent compte comme circonstances atténuantes, lorsqu'ils prennent ces décisions de suspension et d'exclusion, des mesures correctives prises par les entreprises pour parer aux risques de corruption transnationale ainsi qu'aux défaillances dans leurs programmes ou mesures de contrôle interne, de déontologie et de conformité ;

iv) les pays membres fournissent des orientations et délivrent des formations aux autorités publiques compétentes sur les mesures de suspension et d'exclusion applicables aux entreprises reconnues coupables de corruption d'agents publics étrangers, ainsi que les mesures correctives pouvant être mises en place par les entreprises, y compris leurs programmes ou mesures de contrôle interne, de déontologie et de conformité, pouvant être prises en compte ;

v) conformément à la Recommandation du Conseil de 2016 à l'intention des acteurs des de la coopération pour le développement sur la gestion du risque de corruption [OECD/LEGAL/0431], les pays membres exigent des dispositions anti-corruption dans les marchés financés par l'aide bilatérale, encouragent une bonne mise en œuvre des dispositions anti-corruption dans les institutions internationales de développement, y compris les banques multilatérales de développement, et collaborent étroitement avec leurs partenaires en développement à la lutte contre la corruption dans tous les efforts de coopération au développement ;

vi) les pays membres soutiennent les efforts du Comité de la gouvernance publique de l'OCDE en faveur de l'application des principes contenus dans la Recommandation du Conseil sur les marchés publics [OECD/LEGAL/0411], ainsi que les travaux sur la transparence dans les marchés publics entrepris dans d'autres organisations internationales gouvernementales comme les Nations unies, l'Organisation mondiale du commerce (OMC) et l'Union européenne. Ils sont encouragés à adhérer aux normes internationales pertinentes telles que l'Accord de l'OMC sur les marchés publics.

Crédits à l'exportation bénéficiant d'un soutien public

XXV. RECOMMANDE que :

i) les pays Parties à la Convention anticorruption de l'OCDE qui ne sont pas Membres de l'OCDE adhèrent et mettent en œuvre la Recommandation du Conseil de l'OCDE sur la corruption et les crédits à l'exportation bénéficiant d'un soutien public [OECD/LEGAL/0447] ;

ii) les pays membres soutiennent les efforts du Groupe de travail sur les crédits et garanties de crédit à l'exportation en faveur du suivi de l'application de la Recommandation du Conseil de l'OCDE sur la corruption et les crédits à l'exportation bénéficiant d'un soutien public [OECD/LEGAL/0447].

Protection des données

XXVI. RECOMMANDE que, en tenant dûment compte des règles en matière de protection des données et de respect de la vie privée :

i) les pays membres veillent à ce que la conformité avec les règles de protection des données et les lois qui interdisent la transmission d'informations économiques ou commerciales n'empêchent pas indûment de poursuivre une coopération internationale efficace dans les enquêtes et poursuites pour corruption transnationale et infractions connexes, conformément aux articles 9 et 10 de la Convention anticorruption de l'OCDE ;

ii) les pays membres veillent à ce que la conformité avec les règles de protection des données et les lois qui interdisent la transmission d'informations économiques

ou commerciales ne compromettent pas indûment l'efficacité des programmes ou mesures de contrôle interne, de déontologie et de conformité, y compris des mécanismes de signalement interne, de vérifications préalables ("due diligence") des informations et des procédures d'enquête interne ;

iii) s'ils se sont dotés de règles de protection des données, les pays membres fournissent des orientations aux entreprises et, s'il y a lieu, envisagent d'adopter des réglementations permettant le traitement de données dans la conduite des procédures de vérifications préalables ("due diligence") des informations et des procédures d'enquête interne visant à lutter contre la corruption.

Suivi et modalités institutionnelles

XXVII. CHARGE le Groupe de travail sur la corruption dans le cadre de transactions commerciales internationales, d'exécuter un programme de suivi systématique afin de surveiller et de promouvoir la pleine application de la Convention anticorruption de l'OCDE et de la présente Recommandation, en coopération avec le Comité des affaires fiscales, le Comité d'aide au développement, le Comité de la gouvernance publique, le Comité de l'investissement, le Groupe de travail sur les crédits et garanties de crédit à l'exportation et d'autres organes de l'OCDE, en tant que de besoin. Ce suivi comprendra en particulier :

i) la poursuite du programme de suivi rigoureux et systématique de la mise en œuvre par les pays membres de la Convention anticorruption de l'OCDE et de la présente Recommandation, en vue de promouvoir la mise en œuvre complète de ces instruments, y compris par un système continu d'évaluation mutuelle, chaque pays membre étant examiné à tour de rôle par le Groupe de travail sur la corruption, à partir d'un rapport évaluant de façon objective les progrès accomplis par les pays membres dans la mise en œuvre de la Convention anticorruption de l'OCDE et de la présente Recommandation et qui fera l'objet d'une diffusion publique ;

ii) la réception des notifications et autres informations qui lui seront soumises par les pays membres concernant les autorités servant d'interlocuteurs afin de faciliter la coopération internationale pour l'application de la Convention anticorruption de l'OCDE et de la présente Recommandation ;

iii) un compte rendu régulier, présenté au cours des réunions du Groupe de travail sur la corruption, des mesures prises par les pays membres pour la mise en œuvre de la Convention anticorruption de l'OCDE et de la présente Recommandation, y compris des informations non confidentielles sur les enquêtes et poursuites relatives à la corruption d'agents publics étrangers, et, s'il y a lieu, un compte rendu régulier des mesures prises par les pays membres pour réprimer l'infraction de corruption transnationale du côté de la demande dans ces affaires ;

iv) des réunions volontaires des représentants des autorités répressives, directement impliqués dans la mise en œuvre de l'infraction de corruption transnationale, pour discuter des pratiques exemplaires et des questions transversales relatives aux enquêtes et aux poursuites de faits de corruption d'agents publics étrangers, en plus de la participation volontaire de ces représentants aux sessions plénières du Groupe de travail sur la corruption, au programme de surveillance par les pairs et d'autres activités pertinentes ;

v) un examen des tendances, des problèmes et des contre-mesures qui prévalent en matière de corruption transnationale, y compris à travers des travaux sur les typologies et des études transversales ;

vi) la mise au point d'outils et de mécanismes permettant de renforcer l'impact de la surveillance et du suivi, ainsi que des activités de sensibilisation, y compris par la recherche, des évaluations du risque de corruption et la soumission annuelle et la communication publique de données non confidentielles sur l'action répressive ;

vii) l'information régulière du public sur ses travaux et activités et sur la mise en œuvre de la Convention anticorruption de l'OCDE et de la présente Recommandation ; et

viii) un rapport au Conseil concernant le mise en œuvre de cette Recommandation, pas plus tard que dans les cinq ans suivant son adoption et au moins une fois tous les cinq ans par la suite.

XXVIII. PREND NOTE de l'obligation qui incombe aux pays membres de coopérer étroitement à ce programme de suivi, en vertu de l'article 3 de la Convention relative à l'Organisation de coopération et de développement économiques du 14 décembre 1960 et de l'article 12 de la Convention anticorruption de l'OCDE.

Coopération avec les pays non membres

XXIX. APPELLE les pays non membres et qui sont de grands exportateurs et investisseurs à l'étranger à accéder à et mettre en œuvre la Convention anticorruption de l'OCDE et la présente Recommandation et à participer à tout mécanisme institutionnel de suivi ou de mise en œuvre.

XXX. CHARGE le Groupe de travail sur la corruption dans le cadre de transactions commerciales internationales d'offrir un forum de consultations avec les pays qui n'ont pas encore adhéré, afin de promouvoir une plus large participation à la Convention anticorruption de l'OCDE et à la présente Recommandation, ainsi qu'à leur suivi.

Relations avec les organisations internationales gouvernementales et non gouvernementales et avec le secteur privé

XXXI. INVITE le Groupe de travail sur la corruption dans le cadre de transactions commerciales internationales à procéder à des consultations et à coopérer avec les organisations internationales et les institutions financières internationales actives dans le domaine de la lutte contre la corruption d'agents publics étrangers dans les transactions commerciales internationales, et à consulter régulièrement les organisations non gouvernementales et les organes représentatifs des entreprises exerçant des activités dans ce domaine.

ANNEXE 1

Guide de bonnes pratiques sur la mise en œuvre de certains articles de la Convention sur la lutte contre la corruption d'agents publics étrangers dans les transactions commerciales internationales

Vu les conclusions et recommandations du Groupe de travail sur la corruption dans le cadre de transactions commerciales internationales énoncées dans le cadre de son programme de suivi systématique en vue de surveiller et promouvoir la pleine application de la Convention sur la lutte contre la corruption d'agents publics étrangers dans les transactions commerciales internationales (la Convention anticorruption de l'OCDE), comme le prévoit l'article 12 de la Convention, les bonnes pratiques sur la pleine application de certains articles spécifiques de la Convention se sont développées comme suit.

A ARTICLE 1er DE LA CONVENTION ANTICORRUPTION DE L'OCDE : L'INFRACTION DE CORRUPTION D'AGENTS PUBLICS ÉTRANGERS

1. L'article 1er de la Convention anticorruption de l'OCDE devrait être mis en œuvre de façon à ne pas prévoir de moyen de défense ou d'exception lorsque l'agent public étranger sollicite un pot-de-vin.

2. Les pays membres devraient mener des actions de sensibilisation et produire des lignes directrices écrites à l'intention du public sur leurs lois de mise en œuvre de la Convention anti-corruption de l'OCDE et les Commentaires relatifs à la Convention.

3. Les pays membres devraient fournir des informations et des formations, en tant que de besoin, à leurs agents publics en poste à l'étranger sur leurs lois de mise en œuvre de la Convention anticorruption de l'OCDE, de sorte que ces agents puissent fournir les informations élémentaires à leurs entreprises dans des pays étrangers et leur apporter une aide appropriée lorsque ces entreprises sont confrontées à des sollicitations de pots-de-vin.

B ARTICLE 2 DE LA CONVENTION ANTICORRUPTION DE L'OCDE : RESPONSABILITÉ DES PERSONNES MORALES

1. Les pays membres devraient s'assurer que les entreprises publiques puissent être tenues responsables d'actes de corruption d'agents publics étrangers dans les transactions commerciales internationales.

2. Les régimes de responsabilité des personnes morales pour corruption d'agent public étranger dans les transactions commerciales internationales dont sont dotés les pays membres ne devraient pas restreindre la responsabilité aux cas où la ou les personnes physiques ayant commis l'infraction sont poursuivies ou condamnées.

3. Les régimes de responsabilité des personnes morales pour corruption d'agent public étranger dans les transactions commerciales internationales dont sont dotés les pays membres devraient adopter l'une des approches suivantes :

a) le niveau hiérarchique de la personne dont la conduite engage la responsabilité de la personne morale est suffisamment flexible et reflète la grande diversité des systèmes de décision en vigueur au sein des personnes morales ; ou

b) l'approche est fonctionnellement équivalente à la précédente, même si la responsabilité n'est engagée que par les actes de personnes situées au niveau hiérarchiquement le plus élevé de la direction, parce que les cas suivants sont couverts :

— une personne située au niveau hiérarchique le plus élevé de la direction offre, promet ou octroie un pot-de-vin à un agent public étranger ;

— une personne située au niveau hiérarchique le plus élevé de la direction donne l'instruction ou l'autorisation à une personne d'un rang hiérarchique inférieur d'offrir, de promettre ou d'octroyer un pot-de-vin à un agent public étranger ; et

— une personne située au niveau hiérarchique le plus élevé de la direction s'abstient d'empêcher une personne de rang hiérarchique inférieur de corrompre un agent public étranger, y compris en s'abstenant de superviser cette personne ou en s'abstenant de mettre en œuvre les programmes ou mesures appropriés en matière *[de]* contrôle interne, de déontologie et de conformité.

4. En conformité avec les Articles 2 et 4 de la Convention anticorruption de l'OCDE et du Commentaire qui s'y rattache, les pays membres devraient :

a) étudier tous les fondements de compétence disponibles en vertu de leur droit lorsqu'ils enquêtent sur des infractions de corruption transnationale et engagent des poursuites à ce titre à l'encontre de personnes morales, y compris afin d'établir leur compétence en se fondant sur le principe de territorialité et de nationalité ;

b) en invoquant une compétence fondée sur la nationalité à l'égard des personnes morales à l'effet d'enquêter sur l'infraction de corruption d'agents publics étrangers et d'exercer des poursuites à ce titre, y compris, mais sans caractère limitatif, se fonder sur des critères comme la loi en vertu de laquelle la personne morale a été constituée ou est immatriculée, ou le siège de la personne morale ou le lieu où s'exercent effectivement la direction et le contrôle de la personne morale ;

c) s'assurer qu'ils sont capables d'exercer leur compétence à l'égard des personnes morales, même dans les cas où ils n'ont pas compétence à l'égard de la personne physique qui a commis l'infraction de corruption d'un agent public étranger.

5. Les pays membres devraient se doter de règles ou adopter d'autres mesures appropriées afin de s'assurer que les personnes morales ne puissent pas se soustraire à leur responsabilité ou à des sanctions afférentes en procédant à une restructuration, en fusionnant, en étant acquises ou en modifiant autrement leur identité sociale.

C RESPONSABILITÉ AU TITRE D'ACTES DE CORRUPTION COMMIS PAR DES INTERMÉDIAIRES

1. Les pays membres devraient s'assurer que conformément à l'article 1er de la Convention anticorruption de l'OCDE et au principe d'équivalence fonctionnelle énoncé au Commentaire 2 de la Convention anticorruption de l'OCDE, une personne morale ne peut se soustraire à sa responsabilité en ayant recours à un intermédiaire, y compris une personne morale liée ou toute autre personne tierce, quelle que soit sa nationalité, pour offrir, promettre ou octroyer en son nom un pot de vin à un agent public étranger ;

2. Les pays membres devraient entreprendre des actions de sensibilisation auprès des secteurs public et privé et, en particulier, des autorités répressives compétentes à cet égard.

D ARTICLE 5 : MISE EN ŒUVRE

1. Les pays membres devraient s'assurer avec vigilance que les enquêtes et les poursuites pour corruption d'agents publics étrangers dans les transactions commerciales internationales ne soient pas influencées par des considérations d'intérêt économique national, les effets possibles sur les relations avec un autre pays ou l'identité des personnes physiques ou morales en cause, conformément à l'Article 5 de la Convention anticorruption de l'OCDE.

2. Les pays membres devraient s'assurer, en conformité avec leur système juridique, que le niveau de preuve ou toute autre norme nécessaire pour ouvrir des enquêtes, n'est pas appliqué de manière à faire obstacle à des enquêtes et poursuites efficaces pour corruption d'agents publics étrangers.

ANNEXE 2

GUIDE DE BONNES PRATIQUES POUR LES CONTRÔLES INTERNES, LA DÉONTOLOGIE ET LA CONFORMITÉ

INTRODUCTION

Le présent Guide de bonnes pratiques (ci-après "Guide") s'adresse aux entreprises, y compris aux entreprises publiques, en vue d'établir et de veiller à l'efficacité des programmes ou mesures de contrôle interne, de déontologie et de conformité pour prévenir et détecter la corruption d'agents publics étrangers dans leurs transactions commerciales internationales (ci-après "corruption transnationale"), et aux organisations patronales et associations professionnelles, qui contribuent de façon déterminante à aider les entreprises dans ces efforts. Il reconnaît qu'afin d'être efficaces, les programmes ou mesures de contrôle interne, de déontologie et de conformité doivent faire partie intégrante de la politique de conformité de l'entreprise. Il a pour objet de servir de guide juridiquement non contraignant aux entreprises dans l'élaboration de leurs programmes ou mesures de contrôle interne, de déontologie et de conformité pour prévenir et détecter la corruption transnationale. Le présent Guide est flexible et a vocation à être adapté par les entreprises, en particulier les petites et moyennes entreprises (ci-après "PME"), en fonction des circonstances propres à chacune d'elles, y compris leur taille, leur forme, leur structure juridique et leur secteur d'exploitation géographique et industriel, ainsi que les principes en matière de compétence et autres principes juridiques fondamentaux dans le cadre desquels elles opèrent.

A GUIDE DE BONNES PRATIQUES POUR LES ENTREPRISES

Pour être efficaces, les programmes ou les mesures de contrôle interne, de déontologie et de conformité aux fins de prévention et de détection de la corruption transnationale devraient être mis au point sur la base d'une évaluation des risques tenant compte des circonstances propres à chaque entreprise, notamment les risques de corruption transnationale auxquels elle est confrontée (en raison, par exemple, de son secteur géographique et industriel d'exploitation, du cadre règlementaire, de ses clients et partenaires commerciaux potentiels, de ses transactions avec des États étrangers, de son recours à des tiers). Ces circonstances et ces risques devraient être régulièrement surveillés, réévalués et pris en compte en tant que de besoin pour déterminer l'allocation des ressources consacrées à la conformité et garantir l'efficacité continue des programmes ou mesures de contrôle interne, de déontologie et de conformité de l'entreprise. Les entreprises devraient examiner, entre autres, les bonnes pratiques suivantes afin d'assurer l'efficacité des programmes ou des mesures de contrôle interne, de déontologie et de conformité aux fins de prévention et de détection de la corruption transnationale :

1. un soutien et un engagement solides, explicites et visibles, du conseil d'administration ou de l'organe dirigeant équivalent et du plus haut niveau de la direction, concernant les programmes ou mesures de contrôle interne, de déontologie et de conformité aux fins de prévention et de détection de la corruption transnationale, dans le but d'instaurer une culture de l'éthique et de la conformité ;

2. une politique interne clairement formulée et visible interdisant la corruption transnationale, aisément accessible à tous les salariés et tiers concernés, y compris les filiales étrangères, le cas échéant, et traduite en tant que besoin ;

3. le respect de cette interdiction et des programmes ou mesures correspondants de contrôle interne, de déontologie et de conformité est la responsabilité de chaque individu à tous les niveaux de l'entreprise ;

4. la surveillance des programmes ou mesures de déontologie et de conformité concernant la corruption transnationale, y compris le pouvoir de rendre compte directement à des organes de surveillance indépendants, au plus haut niveau de direction, au conseil d'administration ou à un organe dirigeant équivalent, au conseil de surveillance ou à leurs comités compétents, relèvent de la responsabilité d'un ou plusieurs haut responsables, tel qu'un responsable de la déontologie et de la conformité, disposant d'un degré d'autonomie adéquat par rapport aux dirigeants et autres personnes ayant des fonctions opérationnelles, de ressources, d'accès aux sources de données pertinentes, d'expérience, de qualification et de prérogatives ;

5. des programmes ou des mesures de déontologie et de conformité élaborés aux fins de prévenir et détecter la corruption transnationale, applicables à tous les directeurs, cadres et employés ainsi qu'à toutes les entités sur lesquelles une entreprise exerce un contrôle effectif, y compris les filiales, entre autres dans les domaines suivants :

i. cadeaux ;

ii. frais d'hébergement, de divertissement et autres dépenses ;

iii. voyages, y compris voyages des clients ;

iv. contributions politiques ;

v. dons à des organismes caritatifs et parrainages ;

vi. paiements de facilitation ;

vii. sollicitations et extorsions ;

viii. conflits d'intérêts ;

ix. procédures de recrutement ;

x. risques liés au recours à des intermédiaires, et notamment ceux qui interagissent avec des agents publics étrangers ; et

xi. procédures de réponse à des appels d'offres publics, le cas échéant.

6. des programmes ou des mesures de déontologie et de conformité destinés à prévenir et à détecter la corruption transnationale applicables, en tant que de besoin et sous réserve de dispositions contractuelles, aux tiers, tels que les agents et autres intermédiaires, les consultants, les représentants, les distributeurs, les contractants et les fournisseurs, les partenaires au sein des consortiums et des co-entreprises, (ci-après "les partenaires commerciaux") y compris, entre autres, les éléments essentiels suivants :

i. des vérifications préalables ("due diligence") fondées sur les risques et documentées de façon adéquate, relatives à l'engagement et l'exercice d'une surveillance appropriée et continue des partenaires commerciaux pendant toute la durée des relations commerciales ;

ii. l'information des partenaires commerciaux sur les engagements pris par l'entreprise de respecter les lois sur l'interdiction de la corruption transnationale et sur le programme ou les mesures de l'entreprise en matière de déontologie et de conformité visant à prévenir et détecter cette corruption ;

iii. la recherche d'un engagement réciproque de la part des partenaires commerciaux ;

iv. la mise en place de mécanismes garantissant que les clauses du contrat, s'il y a lieu, décrivent spécifiquement les services à fournir, que les conditions de paiement sont appropriées, que les travaux décrits dans le contrat sont exécutés, et que la rémunération de ces services correspond aux services rendus ;

v. en tant que de besoin, la garantie des droits d'audit de l'entreprise afin d'analyser les livres et registres de ses partenaires commerciaux et la garantie de l'exercice de ces droits dans la mesure appropriée ;

vi. la mise en place de mécanismes permettant de traiter des incidents de corruption d'agents publics étrangers par les partenaires commerciaux, y compris, par exemple, par des droits de résiliation contractuels.

7. un système de procédures financières et comptables, y compris des contrôles comptables internes, élaboré de façon adéquate pour assurer la tenue de livres, registres et comptes justes et exacts, afin de faire en sorte qu'ils ne puissent être utilisés à des fins de corruption transnationale ou pour masquer cette corruption ;

8. l'utilisation de systèmes de contrôle internes dans le but d'identifier des schémas pouvant signaler des actes de corruption d'agents publics étrangers y compris, en tant que besoin, en appliquant des technologies innovantes ;

9. des mesures en vue d'assurer une communication périodique et des formations documentées à tous les niveaux de l'entreprise, relatives au programme ou aux mesures de déontologie et de conformité de l'entreprise concernant la corruption transnationale, ainsi que, en tant que de besoin, aux partenaires commerciaux ;

10. des mesures appropriées afin d'encourager et d'offrir un soutien positif et des incitations au respect des programmes ou mesures de déontologie et de conformité concernant la corruption transnationale, à tous les niveaux de l'entreprise, y compris en intégrant l'intégrité et la conformité dans les processus de ressources humaines, en vue de mettre en place une culture de la conformité ;

11. des mesures afin de traiter les cas de soupçons de corruption transnationale, qui peuvent inclure :

i. des procédures d'identification, d'enquête et de signalement de l'acte illicite, et des procédures en vue de garantir un engagement authentique et proactif aux côtés des autorités répressives ;

ii. des mesures correctives, y compris, entre autres, l'analyse des causes profondes de l'acte illicite et la correction des points faibles identifiés dans le programme ou les mesures de conformité de l'entreprise ;

iii. des procédures et mesures disciplinaires appropriées et cohérentes pour répondre, entre autres, aux violations, à tous les niveaux de l'entreprise, des lois contre la corruption transnationale, et du programme ou des mesures de déontologie et de conformité de l'entreprise ; et

iv. une communication appropriée afin de garantir que ces mesures soient connues et que les procédures disciplinaires soient appliquées de manière cohérente dans toute l'entreprise.

12. des mesures efficaces en vue de fournir des lignes directrices et des conseils aux directeurs, cadres, employés et, en tant que de besoin, aux partenaires commerciaux, sur le respect du programme ou des mesures de déontologie et de conformité de l'entreprise, y compris lorsque ceux-ci ont besoin d'un avis urgent en cas de situations difficiles dans des pays étrangers, ainsi que des mesures de protection contre toute forme de représailles à l'encontre de toute personne de l'entreprise qui recevrait des instructions ou ferait l'objet d'une pression, y compris de la part de ses supérieurs hiérarchiques, afin de se livrer à l'infraction de corruption transnationale, et qui choisirait de ne pas commettre cette infraction ;

13. un mécanisme solide et efficace permettant d'effectuer des signalements protégés, y compris :

i. un mécanisme de signalement interne, confidentiel et, s'il y a lieu, anonyme, et de protection contre toute forme de représailles pour les directeurs, cadres, employés et, en tant que de besoin, les partenaires commerciaux qui ne veulent pas commettre une infraction à la déontologie et aux normes professionnelles sur les instructions ou sous la pression de leurs supérieurs hiérarchiques, ainsi que pour les personnes voulant signaler, pour des motifs raisonnables, des manquements à la loi, à la déontologie ou aux normes professionnelles se produisant au sein de l'entreprise ; et

ii. des procédures clairement définies et canaux de signalement visibles, accessibles et diversifiés pour toutes les personnes ayant à signaler des manquements à la loi, aux normes professionnelles ou à la déontologie se produisant au sein de l'entreprise.

14. des examens et tests périodiques des contrôles internes, programmes ou mesures de déontologie et de conformité, y compris en ce qui concerne la formation, afin d'évaluer et d'améliorer leur efficacité dans la prévention et la détection de la corruption transnationale, à la fois sur une base régulière et en cas de survenance de développements spécifiques, en tenant compte du profil de risque de l'entreprise, tel que :

i. des changements intervenant dans l'activité, la structure et le modèle d'exploitation de l'entreprise ;

ii. les résultats des tests et audits ;

iii. des développements pertinents survenus dans ce domaine ;

iv. de l'évolution des normes internationales et sectorielles ; et

v. des leçons tirées de fautes éventuellement commises par l'entreprise et par d'autres entreprises confrontées à des risques similaires, sur la base de la documentation et des données pertinentes.

15. en cas de fusions et d'acquisitions, des vérifications préalables exhaustives des cibles de l'acquisition, sur la base des risques liés à ces opérations ; l'incorporation rapide de l'entreprise

acquise dans son programme de contrôles internes, de déontologie et de conformité ; et la formation de nouveaux employés et des audits post acquisition ;

16. la communication externe de l'engagement de l'entreprise pour la mise en œuvre de contrôles internes et de programmes de déontologie et de conformité efficaces.

B ACTIONS DES ORGANISATIONS PATRONALES ET DES ASSOCIATIONS PROFESSIONNELLES

Les organisations patronales et les associations professionnelles peuvent contribuer de façon déterminante à aider les entreprises, en particulier les PME, à mettre au point des programmes ou des mesures efficaces de contrôle interne, de déontologie et de conformité aux fins de prévention et de détection de la corruption transnationale. Cette aide peut revêtir notamment les formes suivantes :

1. la diffusion d'informations sur les questions de corruption transnationale, y compris concernant les évolutions intervenues à cet égard dans les forums internationaux et régionaux, et l'accès aux banques de données pertinentes ;

2. la mise à disposition d'outils de formation, de prévention, de vérification préalable et d'autres instruments de conformité ;

3. des conseils d'ordre général concernant la réalisation des vérifications préalables ; et,

4. des conseils et un soutien d'ordre général sur les moyens de résister aux tentatives d'extorsion et aux sollicitations, y compris, s'il y a lieu, en promouvant l'action collective.

Les associations professionnelles exerçant des pouvoirs règlementaires sur certaines professions peuvent également jouer un rôle important dans l'adoption et la mise en place de standards éthiques robustes par leurs membres, y compris en développant des lignes directives pour soutenir leurs membres dans la prévention de la corruption ou lorsque ceux-ci font face à des actes de corruption alléguée d'agents publics étrangers et infractions connexes commises par des clients ou des employeurs.

IV RÈGLES ÉTRANGÈRES

COMMENTAIRE

La lutte contre la corruption ne saurait se résumer à l'application de textes de droit français, ni même de droit européen ou international.

Le commerce est transfrontière. Les entreprises françaises exercent à l'étranger, elles sont soumises à des lois étrangères qui ont, pour certaines, une importance toute particulière, soit au regard de la compétence territoriale ou matérielle qui en permet une application élargie, soit au regard de l'influence qu'elles ont pu avoir en inspirant d'autres lois, y compris en France la loi n° 2016-1691 du 9 décembre 2016 relative à la transparence, à la lutte contre la corruption et à la modernisation de la vie économique, dite « loi Sapin 2 ».

A ce titre, doivent ainsi être mentionnés les textes des États-Unis (FCPA), du Royaume-Uni (UKBA) et du Japon (FIEA), mais aussi trois textes intéressants en ce qu'ils prévoient une exonération de la responsabilité pénale des personnes morales en cas de dispositifs de compliance efficients : ceux de la Suisse, de l'Italie et de l'Espagne. ❑

The Foreign Corrupt Practices Act, 1977 (FCPA – États-Unis)

COMMENTAIRE

Le *Foreign Corrupt Practices Act* (FCPA) est l'un des textes fondateurs de la compliance, ayant influencé nombre d'autres législations, y compris en France la loi Sapin 2.

Le contrôle du respect du FCPA est placé sous la responsabilité conjointe de la *Securities and Exchange Commission* (SEC) – organisme fédéral de régulation des marchés financiers créé en 1934 – pour les sociétés concernées, et du *Department of Justice* (DOJ).

L'adoption du FCPA fait suite à une enquête menée par la *Securities and Exchange Commission* à la suite de l'affaire du *Watergate* qui a révélé que plus de 400 entreprises américaines avaient utilisé des « caisses noires » et versé des centaines de millions de dollars en pots-de-vin à des fonctionnaires de gouvernements étrangers pour s'assurer de marchés à l'étranger et pour verser des contributions illégales à des campagnes politiques aux États-Unis.

Le FCPA aborde le problème de la corruption internationale sous deux angles, en premier lieu avec des dispositions anticorruption proprement dites, et en second lieu avec des dispositions comptables, imposant la tenue de registres et des dispositifs de contrôle interne.

Les dispositions anticorruption du FCPA s'appliquent à trois catégories de personnes et d'entités :

– les « émetteurs » et leurs dirigeants, administrateurs, employés, agents et actionnaires (15 U.S.C. § 78dd-1). En synthèse, une société est émetteur si elle est cotée aux États-Unis ou si elle est tenue de déposer des rapports auprès de la SEC ;

– les « entreprises nationales » et leurs dirigeants, administrateurs, employés, agents et actionnaires (15 U.S.C. § 78dd-2) ;

– les personnes et entités agissant, directement ou indirectement, sur le territoire des États-Unis (15 U.S.C. § 78dd-3), notamment depuis une réforme de 1998. Cela inclut toute autre personne agissant pour celles-ci (agents, intermédiaires, actionnaires…).

La compétence territoriale est appréciée de manière très étendue, incluant l'utilisation d'un courriel ou du dollar comme monnaie d'échange. Selon le guide commun SEC/DOJ publié en 2012 sur le FCPA, « passer un appel téléphonique ou envoyer un courriel, un message textuel ou un fax depuis, vers ou *via* les États-Unis implique un commerce interétatique – tout comme l'envoi d'un virement bancaire depuis ou vers une banque américaine ou l'utilisation du système bancaire américain, ou encore le fait de voyager à travers les frontières des États ou à l'étranger depuis ou vers les États-Unis ».

Le FCPA vise tout paiement de corruption à l'égard d'un fonctionnaire ou d'une autorité étrangère. Sont exclus les paiements de pure facilitation, c'est-à-dire qui ne déterminent pas une décision mais en facilitent l'accomplissement ; par exemple, la fourniture rapide d'un service d'électricité auquel l'entreprise avait droit.

La responsabilité des personnes morales est engagée soit par ses dirigeants, salariés, actionnaires lorsqu'ils agissent dans le cadre de leurs fonctions, soit en qualité de sociétés mères par leurs filiales selon les interactions constatées entre les entités concernées. Une entreprise peut également être responsable en cas de fusion-acquisition en raison des actions passées de la société absorbée. Il est donc nécessaire d'être particulièrement vigilant en cas de telles opérations. Un avis du *Department of Justice* peut éventuellement être sollicité pour une opération précise.

Le lien entre le FCPA et les programmes de compliance s'opère, en pratique, au stade de l'opportunité des poursuites et de l'appréciation de la peine.

Les *Principles of Federal Prosecutions* (US Attorney Manual, Chapitre 9-27.000) prévoient que soit prise en considération par le DOJ la participation de la personne en cause aux investigations, y compris à l'égard d'autres personnes. Concernant les personnes morales, les *Principles of Federal Prosecution of Business Organizations* (US Attorney Manual, Chapitre 9-28.000) prévoient, quant à eux, la prise en compte de plusieurs facteurs, comprenant notamment la divulgation volontaire et en temps utile des actes répréhensibles de l'entreprise et sa volonté de coopérer à l'enquête sur ses agents, l'existence et l'efficacité du programme de conformité préexistant de l'entreprise et les mesures correctives de l'entreprise, y compris la mise en œuvre d'un programme de conformité efficace ou l'amélioration d'un programme existant. Des principes similaires sont mis en œuvre par la SEC.

L'auto-déclaration ou confession et la coopération sont des éléments liés aux programmes de compliance. On renverra à cet égard à nos développements sur l'infraction de corruption et la responsabilité pénale, d'une part, et sur la convention judiciaire d'intérêt public, d'autre part : les autorités ont mis l'accent sur les dispositifs de prévention pour assurer que les faits de corruption soient évités, sans doute, mais également pour faciliter la découverte, la révélation de ce qui est dissimulé, par exemple grâce aux dispositifs d'alertes ou aux procédures d'évaluation des tiers.

On renverra à la lecture de deux guides importants (V. *infra*) : en premier lieu, *A Resource Guide to the U.S. Foreign Corrupt Practices Act*, guide conjoint du DOJ et de la SEC publié en 2012 et révisé en juillet 2020, qui décrit le FCPA, les attentes des contrôleurs et les suites judiciaires. En second lieu, *Evaluation of Corporate Compliance Programs*, guide du DOJ publié pour la première fois en 2017 et révisé en juin 2020, détaillant chacun des éléments d'un programme de conformité efficace et ce qui est attendu des entreprises : évaluation des risques, évaluation des tiers, formations, dispositifs d'alertes, étant précisé par les autorités que chaque dispositif doit être adapté aux besoins commerciaux spécifiques de l'entreprise. En référence à ce qui s'apparenterait à de la conformité plus que de la compliance, le guide indique d'ailleurs : « Les programmes de conformité qui utilisent une approche "à cocher" peuvent être inefficaces. Chaque programme de conformité devant être adapté aux besoins, aux risques et aux défis spécifiques d'une organisation, les informations fournies ci-dessous ne doivent pas être considérées comme un substitut à l'évaluation par l'entreprise du programme de conformité le plus approprié pour cette organisation commerciale particulière. En fin de compte, s'il est conçu avec soin, mis en œuvre avec sérieux et appliqué de manière équitable, le programme de conformité d'une entreprise – quelle que soit sa taille – permettra généralement à l'entreprise de prévenir les infractions, de détecter celles qui se produisent et d'y remédier rapidement et de manière appropriée. »

Les grands principes du FCPA ont inspiré directement les auteurs du *UK Bribery Act*, de même qu'en France l'article 17 de la loi Sapin 2 et les Recommandations de l'Agence française anticorruption (V. *supra*, I. Règles internes). L'accent est mis, en premier lieu, sur l'engagement des instances dirigeantes. Sont ensuite déclinés les codes de conduite, l'évaluation des risques, la formation des salariés, les mesures disciplinaires, les vérifications périodiques ou contrôle interne, etc. On retrouve même des développements sur les fusions-acquisitions qui ont à l'évidence inspiré le guide publié par l'AFA sur le sujet.

Il convient de souligner que les poursuites contres des entreprises étrangères en matière de corruption sont souvent fondées à la fois sur le FCPA et sur une autre disposition – l'article 18, section 371 de l'US Code, relative à la *Conspiracy to commit offense or to defraud United States*, que nous reproduisons donc ici : « *If two or more persons conspire either to commit any offense against the United States, or to defraud the United States, or any agency thereof in any manner or for any purpose, and one or more of such persons do any act to effect the object of the conspiracy, each shall be fined under this title or imprisoned not more than five years, or both. If, however, the offense, the commission of which is the object of the conspiracy, is a misdemeanor only, the punishment for such conspiracy shall not exceed the maximum punishment provided for such misdemeanor.* » ☐

UNITED STATES CODE

TITLE 15 *Commerce and trade*

CHAPTER 2B *Securities exchanges*

§ 78m *Periodical and other reports.*

(a) Reports by issuer of security; contents Every issuer of a security registered pursuant to section 78l of this title shall file with the Commission, in accordance with such rules and regulations as the Commission may prescribe as necessary or appropriate for the proper protection of investors and to insure fair dealing in the security–

(1) such information and documents (and such copies thereof) as the Commission shall require to keep reasonably current the information and documents required to be included in or filed with an application or registration statcment filed pursuant to section 78l of this title, except that the Commission may not require the filing of any material contract wholly executed before July 1, 1962.

(2) such annual reports (and such copies thereof), certified if required by the rules and regulations of the Commission by independent public accountants, and such quarterly reports (and such copies thereof), as the Commission may prescribe.

Every issuer of a security registered on a national securities exchange shall also file a duplicate original of such information, documents, and reports with the exchange.

(b) Form of report; books, records, and internal accounting; directives

*** * ***

(2) Every issuer which has a class of securities registered pursuant to section 78l of this title and every issuer which is required to file reports pursuant to section 78o(d) of this title shall–

(A) make and keep books, records, and accounts, which, in reasonable detail, accurately and fairly reflect the transactions and dispositions of the assets of the issuer; and

(B) devise and maintain a system of internal accounting controls sufficient to provide reasonable assurances that–

(i) transactions are executed in accordance with management's general or specific authorization;

(ii) transactions are recorded as necessary (I) to permit preparation of financial statements in conformity with generally accepted accounting principles or any other criteria applicable to such statements, and (II) to maintain accountability for assets;

(iii) access to assets is permitted only in accordance with management's general or specific authorization; and

(iv) the recorded accountability for assets is compared with the existing assets at reasonable intervals and appropriate action is taken with respect to any differences.

(3)(A) With respect to matters concerning the national security of the United States, no duty or liability under paragraph (2) of this subsection shall be imposed upon any person acting in cooperation with the head of any Federal department or agency responsible for such matters if such act in cooperation with such head of a department or agency was done upon the specific, written directive of the head of such department or agency pursuant to Presidential authority to issue such directives. Each directive issued under this paragraph shall set forth the specific facts and circumstances with respect to which the provisions of this paragraph are to be invoked. Each such directive shall, unless renewed in writing, expire one year after the date of issuance.

(B) Each head of a Federal department or agency of the United States who issues such a directive pursuant to this paragraph shall maintain a complete file of all such directives and shall, on October 1 of each year, transmit a summary of matters covered by such directives in force at any time during the previous year to the Permanent Select Committee on Intelligence of the House of Representatives and the Select Committee on Intelligence of the Senate.

(4) No criminal liability shall be imposed for failing to comply with the requirements of paragraph (2) of this subsection except as provided in paragraph (5) of this subsection.

(5) No person shall knowingly circumvent or knowingly fail to implement a system of internal accounting controls or knowingly falsify any book, record, or account described in paragraph (2).

(6) Where an issuer which has a class of securities registered pursuant to section 78l of this title or an issuer which is required to file reports pursuant to section 78o(d) of this title holds 50 per centum or less of the voting power with respect to a domestic or foreign firm, the provisions of paragraph (2) require only that the issuer proceed in good faith to use its influence, to the extent reasonable under the issuer's circumstances, to cause such domestic or foreign firm to devise and maintain a system of internal accounting controls consistent with paragraph (2). Such circumstances include the relative degree of the issuer's ownership of the domestic or foreign firm and the laws and practices governing the business operations of the country in which such firm is located. An issuer which demonstrates good faith efforts to use such influence shall be conclusively presumed to have complied with the requirements of paragraph (2).

(7) For the purpose of paragraph (2) of this subsection, the terms "reasonable assurances" and "reasonable detail" mean such level of detail and degree of assurance as would satisfy prudent officials in the conduct of their own affairs.

* * *

§ 78dd-1 *[Section 30A of the Securities & Exchange Act of 1934]*
Prohibited foreign trade practices by issuers.

(a) Prohibition It shall be unlawful for any issuer which has a class of securities registered pursuant to section 78l of this title or which is required to file reports under section 78o(d) of this title, or for any officer, director, employee, or agent of such issuer or any stockholder thereof acting on behalf of such issuer, to make use of the mails or any means or instrumentality of interstate commerce corruptly in furtherance of an offer, payment, promise to pay, or authorization of the payment of any money, or offer, gift, promise to give, or authorization of the giving of anything of value to–

(1) any foreign official for purposes of–

(A) (i) influencing any act or decision of such foreign official in his official capacity, (ii) inducing such foreign official to do or omit to do any act in violation of the lawful duty of such official, or (iii) securing any improper advantage; or

(B) inducing such foreign official to use his influence with a foreign government or instrumentality thereof to affect or influence any act or decision of such government or instrumentality,

in order to assist such issuer in obtaining or retaining business for or with, or directing business to, any person;

(2) any foreign political party or official thereof or any candidate for foreign political office for purposes of–

(A) (i) influencing any act or decision of such party, official, or candidate in its or his official capacity, (ii) inducing such party, official, or candidate to do or omit to do an act in violation of the lawful duty of such party, official, or candidate, or (iii) securing any improper advantage; or

(B) inducing such party, official, or candidate to use its or his influence with a foreign government or instrumentality thereof to affect or influence any act or decision of such government or instrumentality.

in order to assist such issuer in obtaining or retaining business for or with, or directing business to, any person; or

(3) any person, while knowing that all or a portion of such money or thing of value will be offered, given, or promised, directly or indirectly, to any foreign official, to any foreign political party or official thereof, or to any candidate for foreign political office, for purposes of–

(A) (i) influencing any act or decision of such foreign official, political party, party official, or candidate in his or its official capacity, (ii) inducing such foreign official, political party, party official, or candidate to do or omit to do any act in violation of the lawful duty of such foreign official, political party, party official, or candidate, or (iii) securing any improper advantage; or

(B) inducing such foreign official, political party, party official, or candidate to use his or its influence with a foreign government or instrumentality thereof to affect or influence any act or decision of such government or instrumentality,

in order to assist such issuer in obtaining or retaining business for or with, or directing business to, any person.

(b) Exception for routine governmental action Subsections (a) and (g) of this section shall not apply to any facilitating or expediting payment to a foreign official, political party, or party official the purpose of which is to expedite or to secure the performance of a routine governmental action by a foreign official, political party, or party official.

(c) Affirmative defenses It shall be an affirmative defense to actions under subsection (a) or (g) of this section that–

(1) the payment, gift, offer, or promise of anything of value that was made, was lawful under the written laws and regulations of the foreign official's, political party's, party official's, or candidate's country; or

(2) the payment, gift, offer, or promise of anything of value that was made, was a reasonable and bona fide expenditure, such as travel and lodging expenses, incurred

by or on behalf of a foreign official, party, party official, or candidate and was directly related to—

(A) the promotion, demonstration, or explanation of products or services; or

(B) the execution or performance of a contract with a foreign government or agency thereof.

(d) Guidelines by Attorney General Not later than one year after August 23, 1988, the Attorney General, after consultation with the Commission, the Secretary of Commerce, the United States Trade Representative, the Secretary of State, and the Secretary of the Treasury, and after obtaining the views of all interested persons through public notice and comment procedures, shall determine to what extent compliance with this section would be enhanced and the business community would be assisted by further clarification of the preceding provisions of this section and may, based on such determination and to the extent necessary and appropriate, issue—

(1) guidelines describing specific types of conduct, associated with common types of export sales arrangements and business contracts, which for purposes of the Department of Justice's present enforcement policy, the Attorney General determines would be in conformance with the preceding provisions of this section; and

(2) general precautionary procedures which issuers may use on a voluntary basis to conform their conduct to the Department of Justice's present enforcement policy regarding the preceding provisions of this section.

The Attorney General shall issue the guidelines and procedures referred to in the preceding sentence in accordance with the provisions of subchapter II of chapter 5 of Title 5 and those guidelines and procedures shall be subject to the provisions of chapter 7 of that title.

(e) Opinions of Attorney General (1) The Attorney General, after consultation with appropriate departments and agencies of the United States and after obtaining the views of all interested persons through public notice and comment procedures, shall establish a procedure to provide responses to specific inquiries by issuers concerning conformance of their conduct with the Department of Justice's present enforcement policy regarding the preceding provisions of this section. The Attorney General shall, within 30 days after receiving such a request, issue an opinion in response to that request. The opinion shall state whether or not certain specified prospective conduct would, for purposes of the Department of Justice's present enforcement policy, violate the preceding provisions of this section. Additional requests for opinions may be filed with the Attorney General regarding other specified prospective conduct that is beyond the scope of conduct specified in previous requests. In any action brought under the applicable provisions of this section, there shall be a rebuttable presumption that conduct, which is specified in a request by an issuer and for which the Attorney General has issued an opinion that such conduct is in conformity with the Department of Justice's present enforcement policy, is in compliance with the preceding provisions of this section. Such a presumption may be rebutted by a preponderance of the evidence. In considering the presumption for purposes of this paragraph, a court shall weight all relevant factors, including but not limited to whether the information submitted to the Attorney General was accurate and complete and whether it was within the scope of the conduct specified in any request received by the Attorney General. The Attorney General shall establish the procedure required by this paragraph in accordance with the provisions of subchapter II of chapter 5 of Title 5 and that procedure shall be subject to the provisions of chapter 7 of that title.

(2) Any document or other material which is provided to, received by, or prepared in the Department of Justice or any other department or agency of the United States in connection with a request by an issuer under the procedure established under paragraph (1), shall be exempt from disclosure under section 552 of Title 5 and shall not, except with the consent of the issuer, be made publicly available, regardless of whether the Attorney General responds to such a request or the issuer withdraws such request before receiving a response.

(3) Any issuer who has made a request to the Attorney General under paragraph (1) may withdraw such request prior to the time the Attorney General issues an opinion in response to such request. Any request so withdrawn shall have no force or effect.

(4) The Attorney General shall, to the maximum extent practicable, provide timely guidance concerning the Department of Justice's present enforcement policy with respect to the preceding provisions of this section to potential exporters and small businesses that are unable to obtain specialized counsel on issues pertaining to such provisions. Such guidance shall be limited to responses to requests under paragraph (1) concerning conformity of specified prospective conduct with the Department of Justice's present enforcement policy regarding the preceding provisions of this section and general explanations of compliance responsibilities and of potential liabilities under the preceding provisions of this section.

(f) Definitions For purpose of this section:

(1) (A) The term "foreign official" means any officer or employee of a foreign government or any department, agency, or instrumentality thereof, or of a public international organization, or any person acting in an official capacity for or on behalf of any such government or department, agency, or instrumentality, or for or on behalf of any such public international organization.

(B) For purposes of subparagraph (A), the term "public international organization" means–

(i) an organization that is designated by Executive Order pursuant to section 1 of the International Organizations Immunities Act (22 U.S.C. § 288); or

(ii) any other international organization that is designated by the President by Executive order for the purposes of this section, effective as of the date of publication of such order in the Federal Register.

(2) (A) A person's state of mind is "knowing" with respect to conduct, a circumstance, or a result if–

(i) such person is aware that such person is engaging in such conduct, that such circumstance exists, or that such result is substantially certain to occur; or

(ii) such person has a firm belief that such circumstance exists or that such result is substantially certain to occur.

(B) When knowledge of the existence of a particular circumstance is required for an offense, such knowledge is established if a person is aware of a high probability of the existence of such circumstance, unless the person actually believes that such high probability of the existence of such circumstance, unless the person actually believes that such circumstance does not exist.

(3) (A) The term "routine governmental action" means only an action which is ordinarily and commonly performed by a foreign official in–

(i) obtaining permits, licenses, or other official documents to qualify a person to do business in a foreign country;

(ii) processing governmental papers, such as visas and work orders;

(iii) providing police protection, mail pick-up and delivery, or scheduling inspections associated with contract performance or inspections related to transit of goods across country;

(iv) providing phone service, power and water supply, loading and unloading cargo, or protecting perishable products or commodities from deterioration; or

(v) actions of a similar nature.

(B) The term "routine governmental action" does not include any decision by a foreign official whether, or on what terms, to award new business to or to continue business with a particular party, or any action taken by a foreign official involved in the decision-making process to encourage a decision to award new business to or continue business with a particular party.

(g) Alternative Jurisdiction (1) It shall also be unlawful for any issuer organized under the laws of the United States, or a State, territory, possession, or commonwealth of the United States or a political subdivision thereof and which has a class of securities registered pursuant to section 12 of this title or which is required to file reports under section 15(d) of this title, or for any United States person that is an officer, director, employee, or agent of such issuer or a stockholder thereof acting on behalf of such issuer, to corruptly do any act outside the United States in furtherance of an offer, payment, promise to pay, or authorization of the payment of any money, or offer, gift, promise to give, or authorization of the giving of anything of value to any of the persons or entities set forth in paragraphs (1), (2), and (3) of this subsection (a) of this section for the purposes set forth therein, irrespective of whether such issuer or such officer, director, employee, agent, or stockholder makes use of the mails or any means or instrumentality of interstate commerce in furtherance of such offer, gift, payment, promise, or authorization.

(2) As used in this subsection, the term "United States person" means a national of the United States (as defined in section 101 of the Immigration and Nationality Act (8 U.S.C. § 1101)) or any corporation, partnership, association, joint-stock company, business trust, unincorporated organization, or sole proprietorship organized under the laws of the United States or any State, territory, possession, or commonwealth of the United States, or any political subdivision thereof.

1. Corruption et irrégularités comptables. Société allemande cotée au *NY Stock Exchange* et enregistrée auprès de la SEC. Faits de corruption commis à l'étranger (Afrique et Europe, notamment) et irrégularités comptables. Conclusion d'un *non prosecution agreement* en échange du versement d'une amende et de la mise en œuvre d'un dispositif de compliance sous surveillance d'un monitor indépendant. • SEC 29 mars 2019, *Fresenius Medical Care AG & Co. KGaA*. ♦ Société publique brésilienne. Les dirigeants de Petrobras, des sous-traitants et fournisseurs se seraient livrés à un vaste schéma de corruption y compris au profit de partis politiques. Un accord de *non prosecution agreement* a été conclu avec le DOJ en échange du paiement d'une amende et de la mise en œuvre d'un programme de conformité, le DOJ ayant constaté la coopération et les mesures correctives prises par l'entreprise. En parallèle, la SEC a ordonné le versement d'une amende. • DOJ 27 sept. 2018, *Petroleo Brasileiro S.A. – Petrobras*.

2. Obtention de marchés. Recrutement et promotion de candidats recommandés par des fonctionnaires et des cadres supérieurs de plusieurs entités publiques en Chine et dans la région Asie-Pacifique, ou liés à ceux-ci, en contrepartie de l'obtention de marchés. Accord de non-poursuite avec le DOJ, moyennant le versement d'une amende et un rapport au DOJ sur l'état de leur conformité anticorruption pour une période de trois ans. Procédure connexe de la SEC. • DOJ 24 mai 2018, *Credit Suisse (Hong Kong) Limited*. ♦ Société publique établie en Norvège dans le secteur du pétrole et du gaz naturel. Conclusion d'un « contrat de consultation » avec une société intermédiaire offshore pour inciter le fonctionnaire iranien à user de son influence pour aider l'entreprise à obtenir des contrats. *Deferred prosecution agreement* de trois ans avec le DOJ incluant le règlement d'une amende et la désignation d'un monitor indépendant en matière de conformité. • DOJ 13 oct. 2006, *United States of America v. Statoil, ASA*. ♦ Société californienne développant des systèmes de tests de diagnostic médical. Filiale en Chine ayant versé des commissions abusives à des médecins et à des employés de laboratoire qui contrôlaient les décisions d'achat dans les hôpitaux publics chinois. Plaidé coupable, avec paiement d'une mise en œuvre de procédures renforcées de conformité à la lutte contre la corruption pour une durée de trois ans. Procédure connexe ouverte par la SEC. • US district court of Central District of California, 20 mai 2005, *United States of America v. DPC (Tianjin) Co. Ltd*. ♦ Versement de commissions à des intermédiaires en vue de l'obtention d'un marché. Négociation d'un DPA avec versement d'une amende et révision des dispositifs de compliance. • US district court of Eastern District of Virginia, 22 nov. 2019, *United States of America v. Samsung Heavy Industries Co. Ltd*. ♦ Versement de pots-de-vin afin de remporter un contrat de conception d'un complexe gaz-chimie au Brésil. • US district court of Eastern District of New York, 25 juin 2021, *United States of America v. Amec Foster Wheeler Energy Ltd*.

3. Accord de remboursement. Société néerlandaise ayant conclu un accord de remboursement de 10 % à l'État irakien des contrats conclus dans le cadre du programme *Oil for Food*. Accord de non-poursuite passé avec le DOJ, ce dernier ayant constaté qu'une entente pénale avait été conclue avec les autorités néerlandaises. • DOJ 20 déc. 2007, *Akzo Nobel N.V.*

4. Barrière à l'entrée d'un concurrent. Société hongroise de télécoms exploitant des filiales en Macédoine, au Monténégro et dans d'autres pays. Divers plans de corruption de fonctionnaires du gouvernement de la République de Macédoine afin de retarder ou d'empêcher l'introduction d'un nouveau concurrent, d'obtenir certains avantages réglementaires et de faciliter l'acquisition à des conditions favorables d'une société locale. *Deferred prosecution agreement* de deux ans avec le DOJ, moyennent le paiement d'une amende, la mise en œuvre d'un programme de conformité renforcée avec rapports annuels au DOJ. • DOJ 29 déc. 2011, *United States of America v. Magyar Telekom, Plc*.

5. Contrats fictifs. Entreprise française faisant partie d'une coentreprise de quatre sociétés ayant conçu et mis en œuvre un système de corruption des fonctionnaires du gouvernement nigérian pour obtenir des contrats pour la construction d'installations de production de gaz naturel liquéfié. Contrats fictifs avec une société écran contrôlée par un avocat britannique et une société commerciale japonaise comme intermédiaires. *Deferred prosecution agreement* avec le DOJ, avec paiement d'une amende, engagement de continuer à coopérer aux enquêtes en cours et monitor pour surveiller la conformité de l'entreprise. Procédure connexe par la SEC. • DOJ 28 juin 2010, *United States of America v. Technip S.A.*

§ 78dd-2 *Prohibited foreign trade practices by domestic concerns.*

(a) Prohibition It shall be unlawful for any domestic concern, other than an issuer which is subject to section 78dd-1 of this title, or for any officer, director, employee, or agent of such domestic concern or any stockholder thereof acting on behalf of such domestic concern, to make use of the mails or any means or instrumentality of interstate commerce corruptly in furtherance of an offer, payment, promise to pay, or authorization of the payment of any money, or offer, gift, promise to give, or authorization of the giving of anything of value to—

(1) any foreign official for purposes of—

(A) (i) influencing any act or decision of such foreign official in his official capacity, (ii) inducing such foreign official to do or omit to do any act in violation of the lawful duty of such official, or (iii) securing any improper advantage; or

(B) inducing such foreign official to use his influence with a foreign government or instrumentality thereof to affect or influence any act or decision of such government or instrumentality,

in order to assist such domestic concern in obtaining or retaining business for or with, or directing business to, any person;

(2) any foreign political party or official thereof or any candidate for foreign political office for purposes of—

(A) (i) influencing any act or decision of such party, official, or candidate in its or his official capacity, (ii) inducing such party, official, or candidate to do or omit to do an act in violation of the lawful duty of such party, official, or candidate, or (iii) securing any improper advantage; or

(B) inducing such party, official, or candidate to use its or his influence with a foreign government or instrumentality thereof to affect or influence any act or decision of such government or instrumentality,

in order to assist such domestic concern in obtaining or retaining business for or with, or directing business to, any person;

(3) any person, while knowing that all or a portion of such money or thing of value will be offered, given, or promised, directly or indirectly, to any foreign official, to any foreign political party or official thereof, or to any candidate for foreign political office, for purposes of—

(A) (i) influencing any act or decision of such foreign official, political party, party official, or candidate in his or its official capacity, (ii) inducing such foreign official, political party, party official, or candidate to do or omit to do any act in violation of the lawful duty of such foreign official, political party, party official, or candidate, or (iii) securing any improper advantage; or

(B) inducing such foreign official, political party, party official, or candidate to use his or its influence with a foreign government or instrumentality thereof to affect or influence any act or decision of such government or instrumentality,

in order to assist such domestic concern in obtaining or retaining business for or with, or directing business to, any person.

(b) Exception for routine governmental action Subsections (a) and (i) of this section shall not apply to any facilitating or expediting payment to a foreign official, political party, or party official the purpose of which is to expedite or to secure the performance of a routine governmental action by a foreign official, political party, or party official.

(c) Affirmative defenses It shall be an affirmative defense to actions under subsection (a) or (i) of this section that–

(1) the payment, gift, offer, or promise of anything of value that was made, was lawful under the written laws and regulations of the foreign official's, political party's, party official's, or candidate's country; or

(2) the payment, gift, offer, or promise of anything of value that was made, was a reasonable and bona fide expenditure, such as travel and lodging expenses, incurred by or on behalf of a foreign official, party, party official, or candidate and was directly related to–

(A) the promotion, demonstration, or explanation of products or services; or

(B) the execution or performance of a contract with a foreign government or agency thereof.

(d) Injunctive relief (1) When it appears to the Attorney General that any domestic concern to which this section applies, or officer, director, employee, agent, or stockholder thereof, is engaged, or about to engage, in any act or practice constituting a violation of subsection (a) or (i) of this section, the Attorney General may, in his discretion, bring a civil action in an appropriate district court of the United States to enjoin such act or practice, and upon a proper showing, a permanent injunction or a temporary restraining order shall be granted without bond.

(2) For the purpose of any civil investigation which, in the opinion of the Attorney General, is necessary and proper to enforce this section, the Attorney General or his designee are empowered to administer oaths and affirmations, subpoena witnesses, take evidence, and require the production of any books, papers, or other documents which the Attorney General deems relevant or material to such investigation. The attendance of witnesses and the production of documentary evidence may be required from any place in the United States, or any territory, possession, or commonwealth of the United States, at any designated place of hearing.

(3) In case of contumacy by, or refusal to obey a subpoena issued to, any person, the Attorney General may invoke the aid of any court of the United States within the jurisdiction of which such investigation or proceeding is carried on, or where such person resides or carries on business, in requiring the attendance and testimony of witnesses and the production of books, papers, or other documents. Any such court may issue an order requiring such person to appear before the Attorney General or his designee, there to produce records, if so ordered, or to give testimony touching the matter under investigation. Any failure to obey such order of the court may be punished by such court as a contempt thereof.

All process in any such case may be served in the judicial district in which such person resides or may be found. The Attorney General may make such rules relating to civil investigations as may be necessary or appropriate to implement the provisions of this subsection.

(e) Guidelines by Attorney General Not later than 6 months after August 23, 1988, the Attorney General, after consultation with the Securities and Exchange Commission, the Secretary of Commerce, the United States Trade Representative, the Secretary of State, and the Secretary of the Treasury, and after obtaining the views of all interested persons through public notice and comment procedures, shall determine to what extent compliance with this section would be enhanced and the business community would be assisted by further clarification of the preceding provisions of this section and may, based on such determination and to the extent necessary and appropriate, issue–

(1) guidelines describing specific types of conduct, associated with common types of export sales arrangements and business contracts, which for purposes of the Department of Justice's present enforcement policy, the Attorney General determines would be in conformance with the preceding provisions of this section; and

(2) general precautionary procedures which domestic concerns may use on a voluntary basis to conform their conduct to the Department of Justice's present enforcement policy regarding the preceding provisions of this section.

The Attorney General shall issue the guidelines and procedures referred to in the preceding sentence in accordance with the provisions of subchapter II of chapter 5 of Title 5 and those guidelines and procedures shall be subject to the provisions of chapter 7 of that title.

(f) Opinions of Attorney General (1) The Attorney General, after consultation with appropriate departments and agencies of the United States and after obtaining the views of all interested persons through public notice and comment procedures, shall establish a procedure to provide responses to specific inquiries by domestic concerns concerning conformance of their conduct with the Department of Justice's present enforcement policy regarding the preceding provisions of this section. The Attorney General shall, within 30 days after receiving such a request, issue an opinion in response to that request. The opinion shall state whether or not certain specified prospective conduct would, for purposes of the Department of Justice's present enforcement policy, violate the preceding provisions of this section. Additional requests for opinions may be filed with the Attorney General regarding other specified prospective conduct that is beyond the scope of conduct specified in previous requests. In any action brought under the applicable provisions of this section, there shall be a rebuttable presumption that conduct, which is specified in a request by a domestic concern and for which the Attorney General has issued an opinion that such conduct is in conformity with the Department of Justice's present enforcement policy, is in compliance with the preceding provisions of this section. Such a presumption may be rebutted by a preponderance of the evidence. In considering the presumption for purposes of this paragraph, a court shall weigh all relevant factors, including but not limited to whether the information submitted to the Attorney General was accurate and complete and whether it was within the scope of the conduct specified in any request received by the Attorney General. The Attorney General shall establish the procedure required by this paragraph in accordance with the provisions of subchapter II of chapter 5 of Title 5 and that procedure shall be subject to the provisions of chapter 7 of that title.

(2) Any document or other material which is provided to, received by, or prepared in the Department of Justice or any other department or agency of the United States in connection with a request by a domestic concern under the procedure established under paragraph (1), shall be exempt from disclosure under section 552 of Title 5 and shall not, except with the consent of the domestic concern, by made publicly available, regardless of whether the Attorney General response to such a request or the domestic concern withdraws such request before receiving a response.

(3) Any domestic concern who has made a request to the Attorney General under paragraph (1) may withdraw such request prior to the time the Attorney General issues an opinion in response to such request. Any request so withdrawn shall have no force or effect.

(4) The Attorney General shall, to the maximum extent practicable, provide timely guidance concerning the Department of Justice's present enforcement policy with respect to the preceding provisions of this section to potential exporters and small businesses that are unable to obtain specialized counsel on issues pertaining to such provisions. Such guidance shall be limited to responses to requests under paragraph (1) concerning conformity of specified prospective conduct with the Department of Justice's present enforcement policy regarding the preceding provisions of this section and general explanations of compliance responsibilities and of potential liabilities under the preceding provisions of this section.

(g) Penalties (1) (A) Any domestic concern that is not a natural person and that violates subsection (a) or (i) of this section shall be fined not more than $2,000,000.

(B) Any domestic concern that is not a natural person and that violates subsection (a) or (i) of this section shall be subject to a civil penalty of not more than $10,000 imposed in an action brought by the Attorney General.

(2) (A) Any natural person that is an officer, director, employee, or agent of a domestic concern, or stockholder acting on behalf of such domestic concern, who

willfully violates subsection (a) or (i) of this section shall be fined not more than $100,000 or imprisoned not more than 5 years, or both.

(B) Any natural person that is an officer, director, employee, or agent of a domestic concern, or stockholder acting on behalf of such domestic concern, who violates subsection (a) or (i) of this section shall be subject to a civil penalty of not more than $10,000 imposed in an action brought by the Attorney general.

(3) Whenever a fine is imposed under paragraph (2) upon any officer, director, employee, agent, or stockholder of a domestic concern, such fine may not be paid, directly or indirectly, by such domestic concern.

(h) Definitions For purposes of this section:

(1) The term "domestic concern" means—

(A) any individual who is a citizen, national, or resident of the United States; and

(B) any corporation, partnership, association, joint-stock company, business trust, unincorporated organization, or sole proprietorship which has its principal place of business in the United States, or which is organized under the laws of a State of the United States or a territory, possession, or commonwealth of the United States.

(2) (A) The term "foreign official" means any officer or employee of a foreign government or any department, agency, or instrumentality thereof, or of a public international organization, or any person acting in an official capacity for or on behalf of any such government or department, agency, or instrumentality, or for or on behalf of any such public international organization.

(B) For purposes of subparagraph (A), the term "public international organization" means—

(i) an organization that has been designated by Executive order pursuant to Section 1 of the International Organizations Immunities Act (22 U.S.C. § 288); or

(ii) any other international organization that is designated by the President by Executive order for the purposes of this section, effective as of the date of publication of such order in the Federal Register.

(3) (A) A person's state of mind is "knowing" with respect to conduct, a circumstance, or a result if—

(i) such person is aware that such person is engaging in such conduct, that such circumstance exists, or that such result is substantially certain to occur; or

(ii) such person has a firm belief that such circumstance exists or that such result is substantially certain to occur.

(B) When knowledge of the existence of a particular circumstance is required for an offense, such knowledge is established if a person is aware of a high probability of the existence of such circumstance, unless the person actually believes that such circumstance does not exist.

(4) (A) The term "routine governmental action"means only an action which is ordinarily and commonly performed by a foreign official in—

(i) obtaining permits, licenses, or other official documents to qualify a person to do business in a foreign country;

(ii) processing governmental papers, such as visas and work orders;

(iii) providing police protection, mail pick-up and delivery, or scheduling inspections associated with contract performance or inspections related to transit of goods across country;

(iv) providing phone service, power and water supply, loading and unloading cargo, or protecting perishable products or commodities from deterioration; or

(v) actions of a similar nature.

(B) The term "routine governmental action" does not include any decision by a foreign official whether, or on what terms, to award new business to or to continue business with a particular party, or any action taken by a foreign official involved in the decision-making process to encourage a decision to award new business to or continue business with a particular party.

(5) The term "interstate commerce" means trade, commerce, transportation, or communication among the several States, or between any foreign country and any

State or between any State and any place or ship outside thereof, and such term includes the intrastate use of–

(A) a telephone or other interstate means of communication, or

(B) any other interstate instrumentality.

(i) Alternative Jurisdiction (1) It shall also be unlawful for any United States person to corruptly do any act outside the United States in furtherance of an offer, payment, promise to pay, or authorization of the payment of any money, or offer, gift, promise to give, or authorization of the giving of anything of value to any of the persons or entities set forth in paragraphs (1), (2), and (3) of subsection (a), for the purposes set forth therein, irrespective of whether such United States person makes use of the mails or any means or instrumentality of interstate commerce in furtherance of such offer, gift, payment, promise, or authorization.

(2) As used in this subsection, a "United States person" means a national of the United States (as defined in section 101 of the Immigration and Nationality Act (8 U.S.C. § 1101)) or any corporation, partnership, association, joint-stock company, business trust, unincorporated organization, or sole proprietorship organized under the laws of the United States or any State, territory, possession, or commonwealth of the United States, or any political subdivision thereof.

§ 78dd-3 *Prohibited foreign trade practices by persons other than issuers or domestic concerns.*

(a) Prohibition It shall be unlawful for any person other than an issuer that is subject to section 30A of the Securities Exchange Act of 1934 or a domestic concern, as defined in section 104 of this Act), or for any officer, director, employee, or agent of such person or any stockholder thereof acting on behalf of such person, while in the territory of the United States, corruptly to make use of the mails or any means or instrumentality of interstate commerce or to do any other act in furtherance of an offer, payment, promise to pay, or authorization of the payment of any money, or offer, gift, promise to give, or authorization of the giving of anything of value to–

(1) any foreign official for purposes of–

(A) (i) influencing any act or decision of such foreign official in his official capacity, (ii) inducing such foreign official to do or omit to do any act in violation of the lawful duty of such official, or (iii) securing any improper advantage; or

(B) inducing such foreign official to use his influence with a foreign government or instrumentality thereof to affect or influence any act or decision of such government or instrumentality,

in order to assist such person in obtaining or retaining business for or with, or directing business to, any person;

(2) any foreign political party or official thereof or any candidate for foreign political office for purposes of–

(A) (i) influencing any act or decision of such party, official, or candidate in its or his official capacity, (ii) inducing such party, official, or candidate to do or omit to do an act in violation of the lawful duty of such party, official, or candidate, or (iii) securing any improper advantage; or

(B) inducing such party, official, or candidate to use its or his influence with a foreign government or instrumentality thereof to affect or influence any act or decision of such government or instrumentality.

in order to assist such person in obtaining or retaining business for or with, or directing business to, any person; or

(3) any person, while knowing that all or a portion of such money or thing of value will be offered, given, or promised, directly or indirectly, to any foreign official, to any foreign political party or official thereof, or to any candidate for foreign political office, for purposes of–

(A) (i) influencing any act or decision of such foreign official, political party, party official, or candidate in his or its official capacity, (ii) inducing such foreign official, political party, party official, or candidate to do or omit to do any act in violation of the lawful duty of such foreign official, political party, party official, or candidate, or (iii) securing any improper advantage; or

(B) inducing such foreign official, political party, party official, or candidate to use his or its influence with a foreign government or instrumentality thereof to affect or influence any act or decision of such government or instrumentality,

in order to assist such person in obtaining or retaining business for or with, or directing business to, any person.

(b) Exception for routine governmental action Subsection (a) of this section shall not apply to any facilitating or expediting payment to a foreign official, political party, or party official the purpose of which is to expedite or to secure the performance of a routine governmental action by a foreign official, political party, or party official.

(c) Affirmative defenses It shall be an affirmative defense to actions under subsection (a) of this section that—

(1) the payment, gift, offer, or promise of anything of value that was made, was lawful under the written laws and regulations of the foreign official's, political party's, party official's, or candidate's country; or

(2) the payment, gift, offer, or promise of anything of value that was made, was a reasonable and bona fide expenditure, such as travel and lodging expenses, incurred by or on behalf of a foreign official, party, party official, or candidate and was directly related to—

(A) the promotion, demonstration, or explanation of products or services; or

(B) the execution or performance of a contract with a foreign government or agency thereof.

(d) Injunctive relief (1) When it appears to the Attorney General that any person to which this section applies, or officer, director, employee, agent, or stockholder thereof, is engaged, or about to engage, in any act or practice constituting a violation of subsection (a) of this section, the Attorney General may, in his discretion, bring a civil action in an appropriate district court of the United States to enjoin such act or practice, and upon a proper showing, a permanent injunction or a temporary restraining order shall be granted without bond.

(2) For the purpose of any civil investigation which, in the opinion of the Attorney General, is necessary and proper to enforce this section, the Attorney General or his designee are empowered to administer oaths and affirmations, subpoena witnesses, take evidence, and require the production of any books, papers, or other documents which the Attorney General deems relevant or material to such investigation. The attendance of witnesses and the production of documentary evidence may be required from any place in the United States, or any territory, possession, or commonwealth of the United States, at any designated place of hearing.

(3) In case of contumacy by, or refusal to obey a subpoena issued to, any person, the Attorney General may invoke the aid of any court of the United States within the jurisdiction of which such investigation or proceeding is carried on, or where such person resides or carries on business, in requiring the attendance and testimony of witnesses and the production of books, papers, or other documents. Any such court may issue an order requiring such person to appear before the Attorney General or his designee, there to produce records, if so ordered, or to give testimony touching the matter under investigation. Any failure to obey such order of the court may be punished by such court as a contempt thereof.

(4) All process in any such case may be served in the judicial district in which such person resides or may be found. The Attorney General may make such rules relating to civil investigations as may be necessary or appropriate to implement the provisions of this subsection.

(e) Penalties (1) (A) Any juridical person that violates subsection (a) of this section shall be fined not more than $2,000,000.

(B) Any juridical person that violates subsection (a) of this section shall be subject to a civil penalty of not more than $10,000 imposed in an action brought by the Attorney General.

(2) (A) Any natural person who willfully violates subsection (a) of this section shall be fined not more than $100,000 or imprisoned not more than 5 years, or both.

(B) Any natural person who violates subsection (a) of this section shall be subject to a civil penalty of not more than $10,000 imposed in an action brought by the Attorney General.

(3) Whenever a fine is imposed under paragraph (2) upon any officer, director, employee, agent, or stockholder of a person, such fine may not be paid, directly or indirectly, by such person.

Whenever a fine is imposed under paragraph (2) upon any officer, director, employee, agent, or stockholder of a person, such fine may not be paid, directly or indirectly, by such person.

(f) Definitions For purposes of this section:

(1) The term "person," when referring to an offender, means any natural person other than a. national of the United States (as defined in 8 U.S.C. § 1101) or any corporation, partnership, association, joint-stock company, business trust, unincorporated organization, or sole proprietorship organized under the law of a foreign nation or a political subdivision thereof

(2) (A) The term "foreign official" means any officer or employee of a foreign government or any department, agency, or instrumentality thereof, or of a public international organization, or any person acting in an official capacity for or on behalf of any such government or department, agency, or instrumentality, or for or on behalf of any such public international organization.

For purposes of subparagraph (A), the term "public international organization" means–

(i) an organization that has been designated by Executive Order pursuant to Section 1 of the International Organizations Immunities Act (22 U.S.C. § 288); or

(ii) any other international organization that is designated by the President by Executive order for the purposes of this section, effective as of the date of publication of such order in the Federal Register.

(3) (A) A person's state of mind is "knowing" with respect to conduct, a circumstance, or a result if–

(i) such person is aware that such person is engaging in such conduct, that such circumstance exists, or that such result is substantially certain to occur; or

(ii) such person has a firm belief that such circumstance exists or that such result is substantially certain to occur.

(B) When knowledge of the existence of a particular circumstance is required for an offense, such knowledge is established if a person is aware of a high probability of the existence of such circumstance, unless the person actually believes that such circumstance does not exist.

(4) (A) The term "routine governmental action" means only an action which is ordinarily and commonly performed by a foreign official in–

(i) obtaining permits, licenses, or other official documents to qualify a person to do business in a foreign country;

(ii) processing governmental papers, such as visas and work orders;

(iii) providing police protection, mail pick-up and delivery, or scheduling inspections associated with contract performance or inspections related to transit of goods across country;

(iv) providing phone service, power and water supply, loading and unloading cargo, or protecting perishable products or commodities from deterioration; or

(v) actions of a similar nature.

(B) The term "routine governmental action" does not include any decision by a foreign official whether, or on what terms, to award new business to or to continue business with a particular party, or any action taken by a foreign official involved in the decision-making process to encourage a decision to award new business to or continue business with a particular party.

(5) The term "interstate commerce" means trade, commerce, transportation, or communication among the several States, or between any foreign country and any State or between any State and any place or ship outside thereof, and such term includes the intrastate use of—

(A) a telephone or other interstate means of communication, or

(B) any other interstate instrumentality.

1. Obtention de marchés. Société américaine concevant des logiciels. Filiales en Chine ayant versé des paiements indus à des fonctionnaires employés par des entités publiques chinoises (voyages non professionnels, cadeaux et divertissements) pour obtenir ou conserver des contrats avec les entreprises d'État. *Non prosecution agreement* avec le DOJ pour une durée de trois ans, moyennant le versement d'une amende et l'engagement de continuer à améliorer les politiques et procédures de conformité à la lutte contre la corruption. Action connexe engagée par la SEC. • DOJ 16 févr. 2016, *Parametric Technology (Shanghai) Software Co. Ltd. and Parametric Technology (Hong Kong) Ltd.* ♦ Société allemande dans le secteur de l'automobile. Paiement par la filiale chinoise de commissions, cadeaux au bénéfice de fonctionnaires. *Deferred prosecution agreement* avec versement d'une amende. • DOJ 4 avr. 2012, *United States of America v. DaimlerChrysler China Ltd.* ♦ Société coréenne filiale d'une société américaine, ayant versé des pots-de-vin à des fonctionnaires de Chine et de Corée du Sud. La filiale a plaidé coupable, la société mère a bénéficié d'un *deferred prosecution agreement* incluant la mise en œuvre de dispositifs de compliance sous contrôle d'un monitor indépendant. • DOJ 16 oct. 2006, *United States of America v. SSI International Far East, Ltd.* ♦ Société taiwanaise en imagerie médicale filiale d'une société américaine. Commissions à du personnel médical en échange de commandes. Accord de plaidé coupable. • US district court of Central District of California, 9 déc. 2002, *United States of America v. Syncor Taiwan, Inc.*

Filiale russe d'une société informatique américaine ayant versé des commissions pour obtenir des contrats avec le gouvernement russe. Plaidé coupable de la filiale. • US district court of Northern District of California, 9 avr. 2014, *United States of America v. ZAO Hewlett-Packard A.O.* ♦ Société japonaise filiale d'une société française, ayant versé des commissions à des fonctionnaires en Indonésie pour sécuriser l'obtention de contrats. Plaidé coupable avec versement d'une amende. • DOJ 19 mars 2014, *United States of America v. Marubeni Corporation.* ♦ Société pétrolière irlandaise, ayant une filiale en Angola. Création d'une joint-venture destinée à assurer le versement de commissions afin de sécuriser l'obtention de contrats. Plaidé coupable de la filiale et *deferred prosecution agreement* avec la société mère. • US district court of Southern District of Texas, 26 nov. 2013, *United States of America v. Weatherford Services, Ltd.* ♦ Société américaine de l'industrie du tabac, ayant versé des commissions à des fonctionnaires en Thaïlande. Plaidé coupable avec paiement d'une amende et engagement de mise en œuvre d'un dispositif de compliance. • US district court of Western District of Virginia, 6 août 2010, *United States of America v. Alliance One International AG.* ♦ Schéma de corruption avec intermédiaires, en vue de l'obtention de marchés publics et privés en Chine. Négociation d'un DPA avec versement d'une amende et mise en œuvre d'un dispositif de compliance. Négociation en parallèle d'une CJIP avec le Parquet national financier français et d'un DPA avec le *Serious Fraud Office* britannique. • US district court of District of Columbia, 28 janv. 2020, *United States of America v. Airbus SE.* ♦ Invitations et défraiements à des médecins en échange de la prescription de médicaments. Négociation d'un DPA avec versement d'une amende et mise en œuvre d'un dispositif de compliance. • US district court of District of New Jersey, 25 juin 2020, *United States of America v. Novartis Hellas S.A.C.I.*

2. Facilités de dédouanement. Société suisse fournissant des services de transport de fret et de logistique. Mise en place d'un système de paiement de pots-de-vin à des fonctionnaires étrangers, notamment *via* une filiale en Azerbaïdjan, dans l'industrie du pétrole et du gaz, versés afin d'accélérer le processus de dédouanement, d'éviter des amendes et des pénalités, et de contourner les règles et règlements relatifs à l'importation de biens et de matériaux. Procédure ouverte par le DOJ au Texas. *Deferred prosecution agreement* moyennant paiement d'une amende. Action connexe de la SEC. • DOJ 4 nov. 2010, *United States of America v. Panalpina World Transport (Holding) Ltd.* ♦ Paiements illicites aux fonctionnaires des douanes du Nigéria. Plaidé coupable des filiales et *deferred prosecution agreement* de la société mère moyennent l'engagement de mettre en œuvre un dispositif de compliance. L'engagement n'ayant pas été valablement respecté, les poursuites ont repris et se sont conclues par un plaidé coupable avec amende et obligation de dispositif anticorruption. • US district court of Southern District of Texas, 7 nov. 2008, *United States of America v. Aibel Group Ltd.*

3. Absence de sanctions pécuniaires. Filiale d'une société allemande ayant versé des pots-de-vin pour obtenir et conserver des contrats de services auprès d'autorités publiques au Mexique, au Panama et au Brésil. La société mère a volontairement révélé les faits et conclu un *non prosecution agreement* avec le DOJ, acceptant de continuer à mettre en œuvre et à améliorer ses politiques et procédures de conformité et de rendre compte périodiquement de son programme de conformité au DOJ pendant les trois ans suivants. Le DOJ n'a pas demandé de sanction pécuniaire en se fondant, en partie, sur les facteurs suivants : (a) la divulgation complète, volontaire et en temps utile de la conduite de Lufthansa ; (b) la coopération extraordinaire en temps réel avec le DOJ ; (c) les efforts de correction déjà entrepris y compris les améliorations de son programme de conformité ; et (d) l'accord de fournir des rapports annuels écrits au DOJ sur ses progrès et son expérience dans le contrôle et l'amélioration de ses politiques et procédures de conformité. • DOJ 14 mars 2012, *Lufthansa Technik AG*.

§ 78ff *Penalties.*

(a) Willful violations; false and misleading statements Any person who willfully violates any provision of this chapter (other than section 78dd-1 of this title), or any rule or regulation thereunder the violation of which is made unlawful or the observance of which is required under the terms of this chapter, or any person who willfully and knowingly makes, or causes to be made, any statement in any application, report, or document required to be filed under this chapter or any rule or regulation thereunder or any undertaking contained in a registration statement as provided in subsection (d) of section 78o of this title, or by any self-regulatory organization in connection with an application for membership or participation therein or to become associated with a member thereof, which statement was false or misleading with respect to any material fact, shall upon conviction be fined not more than $5,000,000, or imprisoned not more than 20 years, or both, except that when such person is a person other than a natural person, a fine not exceeding $25,000,000 may be imposed; but no person shall be subject to imprisonment under this section for the violation of any rule or regulation if he proves that he had no knowledge of such rule or regulation.

(b) Failure to file information, documents, or reports Any issuer which fails to file information, documents, or reports required to be filed under subsection (d) of section 78o of this title or any rule or regulation thereunder shall forfeit to the United States the sum of $100 for each and every day such failure to file shall continue. Such forfeiture, which shall be in lieu of any criminal penalty for such failure to file which might be deemed to arise under subsection (a) of this section, shall be payable into the Treasury of the United States and shall be recoverable in a civil suit in the name of the United States.

(c) Violations by issuers, officers, directors, stockholders, employees, or agents of issuers (1) (A) Any issuer that violates subsection (a) or (g) of section 30A of this title *[15 U.S.C. § 78dd-1]* shall be fined not more than $2,000,000.

(B) Any issuer that violates subsection (a) or (g) of section 30A of this title *[15 U.S.C. § 78dd-1]* shall be subject to a civil penalty of not more than $10,000 imposed in an action brought by the Commission.

(2) (A) Any officer, director, employee, or agent of an issuer, or stockholder acting on behalf of such issuer, who willfully violates subsection (a) or (g) of section 30A of this title *[15 U.S.C. § 78dd-1]* shall be fined not more than $100,000, or imprisoned not more than 5 years, or both.

(B) Any officer, director, employee, or agent of an issuer, or stockholder acting on behalf of such issuer, who violates subsection (a) or (g) of section 30A of this title *[15 U.S.C. § 78dd-1]* shall be subject to a civil penalty of not more than $10,000 imposed in an action brought by the Commission.

(3) Whenever a fine is imposed under paragraph (2) upon any officer, director, employee, agent, or stockholder of an issuer, such fine may not be paid, directly or indirectly, by such issuer.

Financial Instruments and Exchange Act, 2006 (FIEA – Japon)

Texte non reproduit.

COMMENTAIRE

Le FIEA (*Financial Instruments and Exchange Act*) a été adopté pour étendre les obligations de contrôle interne des entreprises en matière financière. Ses dispositions sont entrées en vigueur en septembre 2007.

Il prévoit des conséquences pénales pour un rapport de contrôle interne qui serait faux, ou qui ne serait pas publié. Il s'agit d'un maximum de cinq ans d'emprisonnement ou d'une amende de 5 millions de yens maximum, ou les deux dans le cas d'une personne physique, ou 500 millions de yens d'amende pour les personnes morales (art. 197-2(v) et (vi) et 207(1)(ii)).

La liste détaillée des catégories de sociétés incluses dans ce dispositif est disponible à l'article 24(1)(i).

Le rapport doit contenir des informations concernant la procédure de base de contrôle du rapport financier, l'étendue, la date de référence et la procédure de vérification, la vérification des résultats, et des informations supplémentaires.

Ces dernières consistent, en premier lieu, en la procédure de contrôle interne, afin de permettre aux autorités d'en jauger la pertinence. Le contrôle doit avoir pour objectif de s'assurer de l'effectivité et de l'efficacité des opérations commerciales, de la véracité du rapport financier, de la conformité avec les lois en vigueur, de la sécurité des atouts de l'entreprise.

En second lieu, le rapport doit comporter une évaluation du dispositif de contrôle par le management de l'entreprise. C'est en effet le management qui est responsable de son efficacité.

Enfin, un cabinet d'audit externe devra être mandaté afin d'évaluer la pertinence du rapport du management. Ainsi, ce ne sont pas les contrôles eux-mêmes que jugent ces cabinets externes, mais la pertinence de l'évaluation qu'en a fait le management.

On retrouve ainsi les notions de *tone-at-the-top* et d'engagement des instances dirigeantes.

Le rapport doit être publié en même temps que le rapport annuel concernant les instruments financiers. Il doit ensuite faire l'objet d'un audit par un cabinet externe indépendant et doit être certifié. Le rapport d'audit doit être disponible au public pendant cinq ans. Le rapport financier, lui, doit être conservé à la disposition du public uniquement trois ans.

Si elle obtient l'accord des autorités, une société peut produire, en guise de rapport de contrôle interne, le rapport de contrôle interne qu'elle aurait déjà établi pour respecter une loi étrangère. Dans certaines conditions, ce rapport pourra même être en anglais, au lieu du japonais. ❑

Bribery Act, 2010 (UKBA – Royaume-Uni)

COMMENTAIRE

Le *UK Bribery Act* (UKBA) a une influence indéniable sur les entreprises françaises. Adopté le 8 avril 2010, son entrée en vigueur a été décalée au 1er juillet 2011 afin, notamment, de permettre la publication de lignes directrices ou *Guidances*.

Contrairement au FCPA américain (V. *supra*), le *UK Bribery Act* incrimine explicitement (section 7) le défaut de mise en œuvre de dispositifs de compliance.

Les *Guidances* publiées expliquent ce qui est attendu d'un dispositif adéquat et les principes que celui-ci doit respecter :

– les procédures doivent être proportionnées aux risques effectifs et à leur nature, elles doivent être claires, facilement accessibles et effectivement mises en œuvre ;

– l'engagement des instances dirigeantes est fondamental pour la diffusion d'une culture anticorruption dans l'entreprise ;

– une évaluation ou cartographie des risques doit être effectuée et régulièrement révisée ;

– des procédures d'évaluation des tiers (*due diligence*) doivent être mises en œuvre ;

– une communication et des formation doivent être organisées pour assurer la compréhension du dispositif par les salariés et partenaires ;

– un dispositif de contrôle interne doit être assuré pour vérifier l'efficacité et le respect du dispositif global.

La compétence territoriale est moins large que celle des autorités des États-Unis, mais néanmoins importante : il suffit qu'une société ait des relations commerciales établies avec le Royaume-Uni pour que les juges britanniques soient compétents, quand bien même les faits n'auraient aucun rattachement avec le territoire britannique.

Contrairement au FCPA, le *UK Bribery Act* incrimine les paiements de pure facilitation qui ne serviraient qu'à accélérer la mise en œuvre d'une décision par ailleurs acquise. ❑

CHAPTER 23 An Act to make provision about offences relating to bribery; and for connected purposes

General bribery offences.

1 Offences of bribing another person (1) A person ("P") is guilty of an offence if either of the following cases applies.

(2) Case 1 is where–

(a) P offers, promises or gives a financial or other advantage to another person, and

(b) P intends the advantage–

(i) to induce a person to perform improperly a relevant function or activity, or

(ii) to reward a person for the improper performance of such a function or activity.

(3) Case 2 is where–

(a) P offers, promises or gives a financial or other advantage to another person, and

(b) P knows or believes that the acceptance of the advantage would itself constitute the improper performance of a relevant function or activity.

(4) In case 1 it does not matter whether the person to whom the advantage is offered, promised or given is the same person as the person who is to perform, or has performed, the function or activity concerned.

(5) In cases 1 and 2 it does not matter whether the advantage is offered, promised or given by P directly or through a third party.

2 Offences relating to being bribed (1) A person ("R") is guilty of an offence if any of the following cases applies.

(2) Case 3 is where R requests, agrees to receive or accepts a financial or other advantage intending that, in consequence, a relevant function or activity should be performed improperly (whether by R or another person).

(3) Case 4 is where–

(a) R requests, agrees to receive or accepts a financial or other advantage, and

(b) the request, agreement or acceptance itself constitutes the improper performance by R of a relevant function or activity.

(4) Case 5 is where R requests, agrees to receive or accepts a financial or other advantage as a reward for the improper performance (whether by R or another person) of a relevant function or activity.

(5) Case 6 is where, in anticipation of or in consequence of R requesting, agreeing to receive or accepting a financial or other advantage, a relevant function or activity is performed improperly–

(a) by R, or

(b) by another person at R's request or with R's assent or acquiescence.

(6) In cases 3 to 6 it does not matter–

(a) whether R requests, agrees to receive or accepts (or is to request, agree to receive or accept) the advantage directly or through a third party,

(b) whether the advantage is (or is to be) for the benefit of R or another person.

(7) In cases 4 to 6 it does not matter whether R knows or believes that the performance of the function or activity is improper.

(8) In case 6, where a person other than R is performing the function or activity, it also does not matter whether that person knows or believes that the performance of the function or activity is improper.

3 Function or activity to which bribe relates (1) For the purposes of this Act a function or activity is a relevant function or activity if–

(a) it falls within subsection (2), and

(b) meets one or more of conditions A to C.

(2) The following functions and activities fall within this subsection–

(a) any function of a public nature,

(b) any activity connected with a business,

(c) any activity performed in the course of a person's employment,

(d) any activity performed by or on behalf of a body of persons (whether corporate or unincorporate).

(3) Condition A is that a person performing the function or activity is expected to perform it in good faith.

(4) Condition B is that a person performing the function or activity is expected to perform it impartially.

(5) Condition C is that a person performing the function or activity is in a position of trust by virtue of performing it.

(6) A function or activity is a relevant function or activity even if it–

(a) has no connection with the United Kingdom, and

(b) is performed in a country or territory outside the United Kingdom.

(7) In this section "business" includes trade or profession.

4 Improper performance to which bribe relates (1) For the purposes of this Act a relevant function or activity–

(a) is performed improperly if it is performed in breach of a relevant expectation, and

(b) is to be treated as being performed improperly if there is a failure to perform the function or activity and that failure is itself a breach of a relevant expectation.

(2) In subsection (1) "relevant expectation"–

(a) in relation to a function or activity which meets condition A or B, means the expectation mentioned in the condition concerned, and

(b) in relation to a function or activity which meets condition C, means any expectation as to the manner in which, or the reasons for which, the function or activity will be performed that arises from the position of trust mentioned in that condition.

(3) Anything that a person does (or omits to do) arising from or in connection with that person's past performance of a relevant function or activity is to be treated for the purposes of this Act as being done (or omitted) by that person in the performance of that function or activity.

5 Expectation test (1) For the purposes of sections 3 and 4, the test of what is expected is a test of what a reasonable person in the United Kingdom would expect in relation to the performance of the type of function or activity concerned.

(2) In deciding what such a person would expect in relation to the performance of a function or activity where the performance is not subject to the law of any part of the United Kingdom, any local custom or practice is to be disregarded unless it is permitted or required by the written law applicable to the country or territory concerned.

(3) In subsection (2) "written law" means law contained in–

(a) any written constitution, or provision made by or under legislation, applicable to the country or territory concerned, or

(b) any judicial decision which is so applicable and is evidenced in published written sources.

Bribery of foreign public officials.

6 Bribery of foreign public officials (1) A person ("P") who bribes a foreign public official ("F") is guilty of an offence if P's intention is to influence F in F's capacity as a foreign public official.

(2) P must also intend to obtain or retain–

(a) business, or

(b) an advantage in the conduct of business.

(3) P bribes F if, and only if–

(a) directly or through a third party, P offers, promises or gives any financial or other advantage–

(i) to F, or

(ii) to another person at F's request or with F's assent or acquiescence, and

(b) F is neither permitted nor required by the written law applicable to F to be influenced in F's capacity as a foreign public official by the offer, promise or gift.

(4) References in this section to influencing F in F's capacity as a foreign public official mean influencing F in the performance of F's functions as such an official, which includes–

(a) any omission to exercise those functions, and

(b) any use of F's position as such an official, even if not within F's authority.

(5) "Foreign public official" means an individual who–

(a) holds a legislative, administrative or judicial position of any kind, whether appointed or elected, of a country or territory outside the United Kingdom (or any subdivision of such a country or territory),

(b) exercises a public function–

(i) for or on behalf of a country or territory outside the United Kingdom (or any subdivision of such a country or territory), or

(ii) for any public agency or public enterprise of that country or territory (or subdivision), or

(c) is an official or agent of a public international organisation.

(6) "Public international organisation" means an organisation whose members are any of the following–

(a) countries or territories,

(b) governments of countries or territories,

(c) other public international organisations,

(d) a mixture of any of the above.

(7) For the purposes of subsection (3)(b), the written law applicable to F is–

(a) where the performance of the functions of F which P intends to influence would be subject to the law of any part of the United Kingdom, the law of that part of the United Kingdom,

(b) where paragraph (a) does not apply and F is an official or agent of a public international organisation, the applicable written rules of that organisation,

(c) where paragraphs (a) and (b) do not apply, the law of the country or territory in relation to which F is a foreign public official so far as that law is contained in–

(i) any written constitution, or provision made by or under legislation, applicable to the country or territory concerned, or

(ii) any judicial decision which is so applicable and is evidenced in published written sources.

(8) For the purposes of this section, a trade or profession is a business.

Failure of commercial organisations to prevent bribery.

7 Failure of commercial organisations to prevent bribery (1) A relevant commercial organisation ("C") is guilty of an offence under this section if a person ("A") associated with C bribes another person intending–

(a) to obtain or retain business for C, or

(b) to obtain or retain an advantage in the conduct of business for C.

(2) But it is a defence for C to prove that C had in place adequate procedures designed to prevent persons associated with C from undertaking such conduct.

(3) For the purposes of this section, A bribes another person if, and only if, A–

(a) is, or would be, guilty of an offence under section 1 or 6 (whether or not A has been prosecuted for such an offence), or

(b) would be guilty of such an offence if section 12(2)(c) and (4) were omitted.

(4) See section 8 for the meaning of a person associated with C and see section 9 for a duty on the Secretary of State to publish guidance.

(5) In this section–

"partnership" means–

(a) a partnership within the Partnership Act 1890, or

(b) a limited partnership registered under the Limited Partnerships Act 1907,

or a firm or entity of a similar character formed under the law of a country or territory outside the United Kingdom,

"relevant commercial organisation" means–

(a) a body which is incorporated under the law of any part of the United Kingdom and which carries on a business (whether there or elsewhere),

(b) any other body corporate (wherever incorporated) which carries on a business, or part of a business, in any part of the United Kingdom,

(c) a partnership which is formed under the law of any part of the United Kingdom and which carries on a business (whether there or elsewhere), or

(d) any other partnership (wherever formed) which carries on a business, or part of a business, in any part of the United Kingdom,

and, for the purposes of this section, a trade or profession is a business.

8 Meaning of associated person (1) For the purposes of section 7, a person ("A") is associated with C if (disregarding any bribe under consideration) A is a person who performs services for or on behalf of C.

(2) The capacity in which A performs services for or on behalf of C does not matter.

(3) Accordingly A may (for example) be C's employee, agent or subsidiary.

(4) Whether or not A is a person who performs services for or on behalf of C is to be determined by reference to all the relevant circumstances and not merely by reference to the nature of the relationship between A and C.

(5) But if A is an employee of C, it is to be presumed unless the contrary is shown that A is a person who performs services for or on behalf of C.

9 Guidance about commercial organisations preventing bribery (1) The Secretary of State must publish guidance about procedures that relevant commercial organisations can put in place to prevent persons associated with them from bribing as mentioned in section 7(1).

(2) The Secretary of State may, from time to time, publish revisions to guidance under this section or revised guidance.

(3) The Secretary of State must consult the Scottish Ministers before publishing anything under this section.

(4) Publication under this section is to be in such manner as the Secretary of State considers appropriate.

(5) Expressions used in this section have the same meaning as in section 7.

Prosecution and penalties.

10 Consent to prosecution (1) no proceedings for an offence under this Act may be instituted in England and Wales except by or with the consent of–

(a) the Director of Public Prosecutions,

(b) the Director of the Serious Fraud Office, or

(c) the Director of Revenue and Customs Prosecutions.

(2) no proceedings for an offence under this Act may be instituted in Northern Ireland except by or with the consent of–

(a) the Director of Public Prosecutions for Northern Ireland, or

(b) the Director of the Serious Fraud Office.

(3) no proceedings for an offence under this Act may be instituted in England and Wales or Northern Ireland by a person–

(a) who is acting-

(i) under the direction or instruction of the Director of Public Prosecutions, the Director of the Serious Fraud Office or the Director of Revenue and Customs Prosecutions, or

(ii) on behalf of such a Director, or

(b) to whom such a function has been assigned by such a Director,

except with the consent of the Director concerned to the institution of the proceedings.

(4) The Director of Public Prosecutions, the Director of the Serious Fraud Office and the Director of Revenue and Customs Prosecutions must exercise personally any function under subsection (1), (2) or (3) of giving consent.

(5) The only exception is if–

(a) the Director concerned is unavailable, and
(b) there is another person who is designated in writing by the Director acting personally as the person who is authorised to exercise any such function when the Director is unavailable.
(6) In that case, the other person may exercise the function but must do so personally.
(7) Subsections (4) to (6) apply instead of any other provisions which would otherwise have enabled any function of the Director of Public Prosecutions, the Director of the Serious Fraud Office or the Director of Revenue and Customs Prosecutions under subsection (1), (2) or (3) of giving consent to be exercised by a person other than the Director concerned.
(8) No proceedings for an offence under this Act may be instituted in Northern Ireland by virtue of section 36 of the Justice (Northern Ireland) Act 2002 (delegation of the functions of the Director of Public Prosecutions for Northern Ireland to persons other than the Deputy Director) except with the consent of the Director of Public Prosecutions for Northern Ireland to the institution of the proceedings.
(9) The Director of Public Prosecutions for Northern Ireland must exercise personally any function under subsection (2) or (8) of giving consent unless the function is exercised personally by the Deputy Director of Public Prosecutions for Northern Ireland by virtue of section 30(4) or (7) of the Act of 2002 (powers of Deputy Director to exercise functions of Director).
(10) Subsection (9) applies instead of section 36 of the Act of 2002 in relation to the functions of the Director of Public Prosecutions for Northern Ireland and the Deputy Director of Public Prosecutions for Northern Ireland under, or (as the case may be) by virtue of, subsections (2) and (8) above of giving consent.
11 Penalties (1) An individual guilty of an offence under section 1, 2 or 6 is liable–
(a) on summary conviction, to imprisonment for a term not exceeding 12 months, or to a fine not exceeding the statutory maximum, or to both,
(b) on conviction on indictment, to imprisonment for a term not exceeding 10 years, or to a fine, or to both.
(2) Any other person guilty of an offence under section 1, 2 or 6 is liable–
(a) on summary conviction, to a fine not exceeding the statutory maximum,
(b) on conviction on indictment, to a fine.
(3) A person guilty of an offence under section 7 is liable on conviction on indictment to a fine.
(4) The reference in subsection (1)(a) to 12 months is to be read–
(a) in its application to England and Wales in relation to an offence committed before the commencement of section 154(1) of the Criminal Justice Act 2003, and
(b) in its application to Northern Ireland,
as a reference to 6 months.

Other provisions about offences.

12 Offences under this Act : territorial application (1) An offence is committed under section 1, 2 or 6 in England and Wales, Scotland or Northern Ireland if any act or omission which forms part of the offence takes place in that part of the United Kingdom.
(2) Subsection (3) applies if–
(a) no act or omission which forms part of an offence under section 1, 2 or 6 takes place in the United Kingdom,
(b) a person's acts or omissions done or made outside the United Kingdom would form part of such an offence if done or made in the United Kingdom, and
(c) that person has a close connection with the United Kingdom.
(3) In such a case–
(a) the acts or omissions form part of the offence referred to in subsection (2)(a), and

(b) proceedings for the offence may be taken at any place in the United Kingdom.

(4) For the purposes of subsection (2)(c) a person has a close connection with the United Kingdom if, and only if, the person was one of the following at the time the acts or omissions concerned were done or made–

(a) a British citizen,

(b) a British overseas territories citizen,

(c) a British National (Overseas),

(d) a British Overseas citizen,

(e) a person who under the British Nationality Act 1981 was a British subject,

(f) a British protected person within the meaning of that Act,

(g) an individual ordinarily resident in the United Kingdom,

(h) a body incorporated under the law of any part of the United Kingdom,

(i) a Scottish partnership.

(5) An offence is committed under section 7 irrespective of whether the acts or omissions which form part of the offence take place in the United Kingdom or elsewhere.

(6) Where no act or omission which forms part of an offence under section 7 takes place in the United Kingdom, proceedings for the offence may be taken at any place in the United Kingdom.

(7) Subsection (8) applies if, by virtue of this section, proceedings for an offence are to be taken in Scotland against a person.

(8) Such proceedings may be taken–

(a) in any sheriff court district in which the person is apprehended or in custody, or

(b) in such sheriff court district as the Lord Advocate may determine.

(9) In subsection (8) "sheriff court district" is to be read in accordance with section 307(1) of the Criminal Procedure (Scotland) Act 1995.

13 Defence for certain bribery offences etc. (1) It is a defence for a person charged with a relevant bribery offence to prove that the person's conduct was necessary for–

(a) the proper exercise of any function of an intelligence service, or

(b) the proper exercise of any function of the armed forces when engaged on active service.

(2) The head of each intelligence service must ensure that the service has in place arrangements designed to ensure that any conduct of a member of the service which would otherwise be a relevant bribery offence is necessary for a purpose falling within subsection (1)(a).

(3) The Defence Council must ensure that the armed forces have in place arrangements designed to ensure that any conduct of–

(a) a member of the armed forces who is engaged on active service, or

(b) a civilian subject to service discipline when working in support of any person falling within paragraph (a),

which would otherwise be a relevant bribery offence is necessary for a purpose falling within subsection (1)(b).

(4) The arrangements which are in place by virtue of subsection (2) or (3) must be arrangements which the Secretary of State considers to be satisfactory.

(5) For the purposes of this section, the circumstances in which a person's conduct is necessary for a purpose falling within subsection (1)(a) or (b) are to be treated as including any circumstances in which the person's conduct–

(a) would otherwise be an offence under section 2, and

(b) involves conduct by another person which, but for subsection (1)(a) or (b), would be an offence under section 1.

(6) In this section–

"active service" means service in–

(a) an action or operation against an enemy,

(b) an operation outside the British Islands for the protection of life or property, or

(c) the military occupation of a foreign country or territory,

"armed forces" means Her Majesty's forces (within the meaning of the Armed Forces Act 2006),

"civilian subject to service discipline" and "enemy" have the same meaning as in the Act of 2006,

"GCHQ" has the meaning given by section 3(3) of the Intelligence Services Act 1994,

"head" means–

(a) in relation to the Security Service, the Director General of the Security Service,

(b) in relation to the Secret Intelligence Service, the Chief of the Secret Intelligence Service, and

(c) in relation to GCHQ, the Director of GCHQ,

"intelligence service" means the Security Service, the Secret Intelligence Service or GCHQ,

"relevant bribery offence" means–

(a) an offence under section 1 which would not also be an offence under section 6,

(b) an offence under section 2,

(c) an offence committed by aiding, abetting, counselling or procuring the commission of an offence falling within paragraph (a) or (b),

(d) an offence of attempting or conspiring to commit, or of inciting the commission of, an offence falling within paragraph (a) or (b), or

(e) an offence under Part. 2 of the Serious Crime Act 2007 (encouraging or assisting crime) in relation to an offence falling within paragraph (a) or (b).

14 Offences under sections 1, 2 and 6 by bodies corporate etc. (1) This section applies if an offence under section 1, 2 or 6 is committed by a body corporate or a Scottish partnership.

(2) If the offence is proved to have been committed with the consent or connivance of–

(a) a senior officer of the body corporate or Scottish partnership, or

(b) a person purporting to act in such a capacity,

the senior officer or person (as well as the body corporate or partnership) is guilty of the offence and liable to be proceeded against and punished accordingly.

(3) But subsection (2) does not apply, in the case of an offence which is committed under section 1, 2 or 6 by virtue of section 12(2) to (4), to a senior officer or person purporting to act in such a capacity unless the senior officer or person has a close connection with the United Kingdom (within the meaning given by section 12(4)).

(4) In this section–

"director", in relation to a body corporate whose affairs are managed by its members, means a member of the body corporate,

"senior officer" means–

(a) in relation to a body corporate, a director, manager, secretary or other similar officer of the body corporate, and

(b) in relation to a Scottish partnership, a partner in the partnership.

15 Offences under section 7 by partnerships (1) Proceedings for an offence under section 7 alleged to have been committed by a partnership must be brought in the name of the partnership (and not in that of any of the partners).

(2) For the purposes of such proceedings–

(a) rules of court relating to the service of documents have effect as if the partnership were a body corporate, and

(b) the following provisions apply as they apply in relation to a body corporate–

(i) section 33 of the Criminal Justice Act 1925 and Schedule 3 to the Magistrates'Courts Act 1980,

(ii) section 18 of the Criminal Justice Act (Northern Ireland) 1945 (c. 15 (N.I.)) and Schedule 4 to the Magistrates'Courts (Northern Ireland) Order 1981 (S.I. 1981/1675 (N.I.26)),

(iii) section 70 of the Criminal Procedure (Scotland) Act 1995.

(3) A fine imposed on the partnership on its conviction for an offence under section 7 is to be paid out of the partnership assets.

(4) In this section "partnership" has the same meaning as in section 7.

Supplementary and final provisions.

16 Application to Crown This Act applies to individuals in the public service of the Crown as it applies to other individuals.

17 Consequential provision (1) The following common law offences are abolished—

(a) the offences under the law of England and Wales and Northern Ireland of bribery and embracery,

(b) the offences under the law of Scotland of bribery and accepting a bribe.

(2) Schedule 1 (which contains consequential amendments) has effect.

(3) Schedule 2 (which contains repeals and revocations) has effect.

(4) The relevant national authority may by order make such supplementary, incidental or consequential provision as the relevant national authority considers appropriate for the purposes of this Act or in consequence of this Act.

(5) The power to make an order under this section—

(a) is exercisable by statutory instrument,

(b) includes power to make transitional, transitory or saving provision,

(c) may, in particular, be exercised by amending, repealing, revoking or otherwise modifying any provision made by or under an enactment (including any Act passed in the same Session as this Act).

(6) Subject to subsection (7), a statutory instrument containing an order of the Secretary of State under this section may not be made unless a draft of the instrument has been laid before, and approved by a resolution of, each House of Parliament.

(7) A statutory instrument containing an order of the Secretary of State under this section which does not amend or repeal a provision of a public general Act or of devolved legislation is subject to annulment in pursuance of a resolution of either House of Parliament.

(8) Subject to subsection (9), a statutory instrument containing an order of the Scottish Ministers under this section may not be made unless a draft of the instrument has been laid before, and approved by a resolution of, the Scottish Parliament.

(9) A statutory instrument containing an order of the Scottish Ministers under this section which does not amend or repeal a provision of an Act of the Scottish Parliament or of a public general Act is subject to annulment in pursuance of a resolution of the Scottish Parliament.

(10) In this section—

"devolved legislation" means an Act of the Scottish Parliament, a Measure of the National Assembly for Wales or an Act of the Northern Ireland Assembly,

"enactment" includes an Act of the Scottish Parliament and Northern Ireland legislation,

"relevant national authority" means—

(a) in the case of provision which would be within the legislative competence of the Scottish Parliament if it were contained in an Act of that Parliament, the Scottish Ministers, and

(b) in any other case, the Secretary of State.

18 Extent (1) Subject as follows, this Act extends to England and Wales, Scotland and Northern Ireland.

(2) Subject to subsections (3) to (5), any amendment, repeal or revocation made by Schedule 1 or 2 has the same extent as the provision amended, repealed or revoked.

(3) The amendment of, and repeals in, the Armed Forces Act 2006 do not extend to the Channel Islands.

(4) The amendments of the International Criminal Court Act 2001 extend to England and Wales and Northern Ireland only.

(5) Subsection (2) does not apply to the repeal in the Civil Aviation Act 1982.

19 Commencement and transitional provision etc. (1) Subject to subsection (2), this Act comes into force on such day as the Secretary of State may by order made by statutory instrument appoint.

(2) Sections 16, 17(4) to (10) and 18, this section (other than subsections (5) to (7)) and section 20 come into force on the day on which this Act is passed.

(3) An order under subsection (1) may—

(a) appoint different days for different purposes,

(b) make such transitional, transitory or saving provision as the Secretary of State considers appropriate in connection with the coming into force of any provision of this Act.

(4) The Secretary of State must consult the Scottish Ministers before making an order under this section in connection with any provision of this Act which would be within the legislative competence of the Scottish Parliament if it were contained in an Act of that Parliament.

(5) This Act does not affect any liability, investigation, legal proceeding or penalty for or in respect of-

(a) a common law offence mentioned in subsection (1) of section 17 which is committed wholly or partly before the coming into force of that subsection in relation to such an offence, or

(b) an offence under the Public Bodies Corrupt Practices Act 1889 or the Prevention of Corruption Act 1906 committed wholly or partly before the coming into force of the repeal of the Act by Schedule 2 to this Act.

(6) For the purposes of subsection (5) an offence is partly committed before a particular time if any act or omission which forms part of the offence takes place before that time.

(7) Subsections (5) and (6) are without prejudice to section 16 of the Interpretation Act 1978 (general savings on repeal).

20 Short title This Act may be cited as the Bribery Act 2010.

Guidance about procedures which relevant commercial organisations can put into place to prevent persons associated with them from bribing

Lignes directrices DOJ (juin 2020),

Evaluation of Corporate Compliance Programs.

BIBL. ▶ HAMISCH, ROSEN, ORTIZ, DARGHAM et SFOGGIA, *RICEA 2020, nº 4, étude 154* (Evaluation of Corporate Compliance Programs. New Guidance from the DOJ). – SCEMLA et PAILLOT DE MONTABERT, *RLDA déc. 2020, suppl., p. 21* (DOJ et AFA : vers une approche pragmatique de l'évaluation des programmes de conformité ?). – SCEMLA, *RDBF 2020. Pratique 3* (les critères d'évaluation des programmes anticorruption retenus par les autorités françaises et américaines).

COMMENTAIRE

En juin 2020, la *Criminal Division* du *Department of Justice* (DOJ) a mis à jour son guide « *Evaluation of Corporate Compliance Programs* », publié pour la première fois en 2017 et dont la précédente mise à jour datait de juillet 2019.

Le guide précise que les procureurs prendront « une décision raisonnable et individualisée dans chaque cas, en tenant compte de divers facteurs, notamment, mais sans s'y limiter, la taille de l'entreprise, son secteur d'activité, son implantation géographique, son paysage réglementaire et d'autres facteurs, tant internes qu'externes aux activités de l'entreprise, qui pourraient avoir une incidence sur son programme de conformité ».

Les procureurs s'assureront par ailleurs auprès des entreprises que le programme de conformité est « suffisamment financé et habilité à fonctionner » efficacement, alors que la dernière version leur demandait plus simplement de vérifier si le programme de conformité était « mis en œuvre efficacement ».

Le guide détaille chacun des éléments d'un programme de conformité efficace et ce qui est attendu des entreprises : évaluation des risques, évaluation des tiers, formations, dispositifs d'alertes, etc.

Ce qui est intéressant, c'est l'évolution par rapport aux versions précédentes.

Les orientations révisées ajoutent ainsi des précisions à la section « Évaluation des risques », indiquant que « les procureurs doivent s'efforcer de comprendre pourquoi l'entreprise a choisi de mettre en place le programme de conformité de la manière dont elle l'a fait, et pourquoi et comment le programme de conformité de l'entreprise a évolué dans le temps ».

Ils doivent aussi vérifier si la révision périodique est limitée à un « instantané dans le temps » ou basée sur un accès continu aux données et informations opérationnelles de toutes les fonctions. En d'autres termes, un dispositif efficace est mis à jour continuellement.

L'entreprise doit aussi intégrer les « leçons apprises », c'est-à-dire disposer d'un processus de suivi et d'intégration dans son évaluation périodique des risques des enseignements tirés soit de ses propres problèmes antérieurs, soit de ceux d'autres entreprises opérant dans le même secteur et/ou la même région géographique.

L'accent est mis, également, sur l'accessibilité des politiques et procédures internes et sur la formation des salariés, les entreprises devant investir dans des sessions de formation « plus courtes et plus ciblées pour permettre aux employés d'identifier et de soulever les problèmes en temps utile pour les fonctions appropriées de conformité, d'audit interne ou d'autres fonctions de gestion des risques ». De même, l'entreprise doit s'assurer que la formation a un impact sur le comportement des employés ou sur les opérations.

Au sujet de l'évaluation des tiers, les procureurs sont invités à examiner « si l'entreprise connaît les raisons commerciales pour lesquelles elle a besoin de la tierce partie dans la transaction, et les risques posés par les partenaires tiers, y compris la réputation des partenaires tiers et les relations, le cas échéant, avec les fonctionnaires étrangers ».

En matière de fusions et acquisitions, la division criminelle ajoute une mention précisant qu'un programme de conformité bien conçu ne doit pas seulement comprendre un contrôle préalable complet de toute cible d'acquisition, mais aussi « un processus d'intégration rapide et ordonnée de l'entité acquise dans les structures du programme de conformité et les contrôles internes existants ».

Autre question posée : « Le personnel chargé de la conformité et du contrôle a-t-il un accès direct ou indirect suffisant aux sources de données pertinentes pour permettre une surveillance et/ou une mise à l'essai rapide et efficace des politiques, des contrôles et des transactions ? Existe-t-il des obstacles qui limitent l'accès aux sources de données pertinentes et, dans l'affirmative, que fait l'entreprise pour y remédier ? »

Ce guide est important car il inspirera sans aucun doute les révisions des recommandations d'autres autorités dans le monde, notamment celles de l'Agence française anticorruption. ❑

Introduction

The "Principles of Federal Prosecution of Business Organizations" in the Justice Manual describe specific factors that prosecutors should consider in conducting an investigation of a corporation, determining whether to bring charges, and negotiating plea or other agreements. JM 9-28.300. These factors include "the adequacy and effectiveness of the corporation's compliance program at the time of the offense, as well as at the time of a charging decision" and the corporation's remedial efforts "to implement an adequate and effective corporate compliance program or to improve an existing one." JM 9-28.300 (citing JM 9-28.800 and JM 9-28.1000). Additionally, the United States Sentencing Guidelines advise that consideration be given to whether the corporation had in place at the time of the misconduct an effective compliance program for purposes of calculating the appropriate organizational criminal fine. *See* U.S.S.G. §§ 8B2.1, 8C2.5(f), and 8C2.8(11). Moreover, the memorandum entitled "Selection of Monitors in Criminal Division Matters" issued by Assistant Attorney General Brian Benczkowski (hereafter, the "Benczkowski Memo") instructs prosecutors to consider, at the time of the resolution, "whether

the corporation has made significant investments in, and improvements to, its corporate compliance program and internal controls systems" and "whether remedial improvements to the compliance program and internal controls have been tested to demonstrate that they would prevent or detect similar misconduct in the future" to determine whether a monitor is appropriate.

This document is meant to assist prosecutors in making informed decisions as to whether, and to what extent, the corporation's compliance program was effective at the time of the offense, and is effective at the time of a charging decision or resolution, for purposes of determining the appropriate (1) form of any resolution or prosecution; (2) monetary penalty, if any; and (3) compliance obligations contained in any corporate criminal resolution (e.g., monitorship or reporting obligations).

Because a corporate compliance program must be evaluated in the specific context of a criminal investigation, the Criminal Division does not use any rigid formula to assess the effectiveness of corporate compliance programs. We recognize that each company's risk profile and solutions to reduce its risks warrant particularized evaluation. Accordingly, we make a reasonable, individualized determination in each case that considers various factors including, but not limited to, the company's size, industry, geographic footprint, regulatory landscape, and other factors, both internal and external to the company's operations, that might impact its compliance program. There are, however, common questions that we may ask in the course of making an individualized determination. As the Justice Manual notes, there are three "fundamental questions" a prosecutor should ask:

1. "Is the corporation's compliance program well designed?"
2. "Is the program being applied earnestly and in good faith?" In other words, is the program adequately resourced and empowered to function effectively?
3. "Does the corporation's compliance program work" in practice?

See JM 9-28.800.

In answering each of these three "fundamental questions," prosecutors may evaluate the company's performance on various topics that the Criminal Division has frequently found relevant in evaluating a corporate compliance program both at the time of the offense and at the time of the charging decision and resolution. The sample topics and questions below form neither a checklist nor a formula. In any particular case, the topics and questions set forth below may not all be relevant, and others may be more salient given the particular facts at issue and the circumstances of the company *[Prosecutors should consider whether certain aspects of a compliance program may be impacted by foreign law. Where a company asserts that it has structured its compliance program in a particular way or has made a compliance decision based on requirements of foreign law, prosecutors should ask the company the basis for the company's conclusion about foreign law, and how the company has addressed the issue to maintain the integrity and effectiveness of its compliance program while still abiding by foreign law.]*. Even though we have organized the topics under these three fundamental questions, we recognize that some topics necessarily fall under more than one category.

I Is the Corporation's Compliance Program Well Designed?

The "critical factors in evaluating any program are whether the program is adequately designed for maximum effectiveness in preventing and detecting wrongdoing by employees and whether corporate management is enforcing the program or is tacitly encouraging or pressuring employees to engage in misconduct." JM 9-28.800.

Accordingly, prosecutors should examine "the comprehensiveness of the compliance program," JM 9-28.800, ensuring that there is not only a clear message that misconduct is not tolerated, but also policies and procedures – from appropriate assignments of responsibility, to training programs, to systems of incentives and discipline – that ensure the compliance program is well-integrated into the company's operations and workforce.

A *Risk Assessment*

The starting point for a prosecutor's evaluation of whether a company has a well-designed compliance program is to understand the company's business from a commercial perspective, how the company has identified, assessed, and defined its risk profile, and the degree to which the program devotes appropriate scrutiny and resources to the spectrum of risks. In short, prosecutors should endeavor to understand why the company has chosen to set up the compliance program the way that it has, and why and how the company's compliance program has evolved over time.

Prosecutors should consider whether the program is appropriately "designed to detect the particular types of misconduct most likely to occur in a particular corporation's line of business" and "complex regulatory environment[]." JM 9-28.800 *[As discussed in the Justice Manual, many companies operate in complex regulatory environments outside the normal experience of criminal prosecutors. JM 9-28.000. For example, financial institutions such as banks, subject to19the Bank Secrecy Act statute and regulations, require prosecutors to conduct specialized analyses of their compliance programs in the context of their anti-money laundering requirements. Consultation with the Money Laundering and Asset Recovery Section is recommended when reviewing AML compliance. See https://www.justice.gov/criminal-mlars. Prosecutors may also wish to review guidance published by relevant federal and state agencies. See Federal Financial Institutions Examination Council/Bank Secrecy Act/Anti-Money Laundering Examination Manual, available at https://www.ffiec.gov/bsa aml infobase/pages manual/manual online.htm).]* **. For example, prosecutors should consider whether the company has analyzed and addressed the varying risks presented by, among other factors, the location of its operations, the industry sector, the competitiveness of the market, the regulatory landscape, potential clients and business partners, transactions with foreign governments, payments to foreign officials, use of third parties, gifts, travel, and entertainment expenses, and charitable and political donations.**

Prosecutors should also consider "[t]he effectiveness of the company's risk assessment and the manner in which the company's compliance program has been tailored based on that risk assessment" and whether its criteria are "periodically updated." ***See, e.g.,*** **JM 9-47-120(2)(c); U.S.S.G. § 8B2.1(c) ("the organization shall periodically assess the risk of criminal conduct and shall take appropriate steps to design, implement, or modify each requirement** *[of the compliance program]* **to reduce the risk of criminal conduct").**

Prosecutors may credit the quality and effectiveness of a risk-based compliance program that devotes appropriate attention and resources to high-risk transactions, even if it fails to prevent an infraction. Prosecutors should therefore consider, as an indicator of risk-tailoring, "revisions to corporate compliance programs in light of lessons learned." JM 9-28.800.

☐ **Risk Management Process** – What methodology has the company used to identify, analyze, and address the particular risks it faces? What information or metrics has the company collected and used to help detect the type of misconduct in question? How have the information or metrics informed the company's compliance program?

☐ **Risk-Tailored Resource Allocation** – Does the company devote a disproportionate amount of time to policing low-risk areas instead of high-risk areas, such as questionable payments to third-party consultants, suspicious trading activity, or excessive discounts to resellers and distributors? Does the company give greater scrutiny, as warranted, to high-risk transactions (for instance, a large-dollar contract with a government agency in a high-risk country) than more modest and routine hospitality and entertainment?

☐ **Updates and Revisions** – Is the risk assessment current and subject to periodic review? Is the periodic review limited to a "snapshot" in time or based upon continuous access to operational data and information across functions? Has the periodic review led to updates in policies, procedures, and controls? Do these updates account for risks discovered through misconduct or other problems with the compliance program?

☐ **Lessons Learned** – Does the company have a process for tracking and incorporating into its periodic risk assessment lessons learned either from the company's own prior issues or from those of other companies operating in the same industry and/or geographical region?

B *Policies and Procedures*

Any well-designed compliance program entails policies and procedures that give both content and effect to ethical norms and that address and aim to reduce risks identified by the company as part of its risk assessment process. As a threshold matter, prosecutors should examine whether the company has a code of conduct that sets forth, among other things, the company's commitment to full compliance with relevant Federal laws that is accessible and applicable to all company employees. As a corollary, prosecutors should also assess whether the company has established policies and procedures that incorporate the culture of compliance into its day-to-day operations.

☐ **Design** – What is the company's process for designing and implementing new policies and procedures and updating existing policies and procedures, and has that process changed over time? Who has been involved in the design of policies and procedures? Have business units been consulted prior to rolling them out?

☐ **Comprehensiveness** – What efforts has the company made to monitor and implement policies and procedures that reflect and deal with the spectrum of risks it faces, including changes to the legal and regulatory landscape?

☐ **Accessibility** – How has the company communicated its policies and procedures to all employees and relevant third parties? If the company has foreign subsidiaries, are there linguistic or other barriers to foreign employees'access? Have the policies and procedures been published in a searchable format for easy reference? Does the company track access to various policies and procedures to understand what policies are attracting more attention from relevant employees?

☐ **Responsibility for Operational Integration** – Who has been responsible for integrating policies and procedures? Have they been rolled out in a way that ensures employees'understanding of the policies? In what specific ways are compliance policies and procedures reinforced through the company's internal control systems?

☐ **Gatekeepers** – What, if any, guidance and training has been provided to key gatekeepers in the control processes (e.g., those with approval authority or certification responsibilities)? Do they know what misconduct to look for? Do they know when and how to escalate concerns?

C *Training and Communications*

Another hallmark of a well-designed compliance program is appropriately tailored training and communications.

Prosecutors should assess the steps taken by the company to ensure that policies and procedures have been integrated into the organization, including through periodic training and certification for all directors, officers, relevant employees, and, where appropriate, agents and business partners. Prosecutors should also assess whether the company has relayed information in a manner tailored to the audience's size, sophistication, or subject matter expertise. Some companies, for instance, give employees practical advice or case studies to address real-life scenarios, and/or guidance on how to obtain ethics advice on a case-by-case basis as needs arise. Other companies have invested in shorter, more targeted training sessions to enable employees to timely identify and raise issues to appropriate compliance, internal audit, or other risk management functions. Prosecutors should also assess whether the training adequately covers prior compliance incidents and how the company measures the effectiveness of its training curriculum.

Prosecutors, in short, should examine whether the compliance program is being disseminated to, and understood by, employees in practice in order to decide whether the compliance program is "truly effective." JM 9-28.800.

☐ **Risk-Based Training** – What training have employees in relevant control functions received? Has the company provided tailored training for high-risk and control employees, including training that addresses risks in the area where the misconduct occurred? Have supervisory employees received different or supplementary training? What analysis has the company undertaken to determine who should be trained and on what subjects?

☐ **Form/Content/Effectiveness of Training** – Has the training been offered in the form and language appropriate for the audience? Is the training provided online or in-person (or both), and what is the company's rationale for its choice? Has the training addressed lessons learned from prior compliance incidents? Whether online or in-person, is there a process by which employees can ask questions arising out of the trainings? How has the company measured the effectiveness of the training? Have employees been tested on what they have learned? How has the company addressed employees who fail all or a portion of the testing? Has the company evaluated the extent to which the training has an impact on employee behavior or operations?

☐ **Communications about Misconduct** – What has senior management done to let employees know the company's position concerning misconduct? What communications have there been generally when an employee is terminated or otherwise disciplined for failure to comply with the company's policies, procedures, and controls (*e.g.*, anonymized descriptions of the type of misconduct that leads to discipline)?

☐ **Availability of Guidance** – What resources have been available to employees to provide guidance relating to compliance policies? How has the company assessed whether its employees know when to seek advice and whether they would be willing to do so?

D *Confidential Reporting Structure and Investigation Process*

Another hallmark of a well-designed compliance program is the existence of an efficient and trusted mechanism by which employees can anonymously or confidentially report allegations of a breach of the company's code of conduct, company policies, or suspected or actual misconduct. Prosecutors should assess whether the company's complaint-handling process includes proactive measures to create a workplace atmosphere without fear of retaliation, appropriate processes for the submission of complaints, and processes to protect whistleblowers. Prosecutors should also assess the company's processes for handling investigations of such complaints, including the routing of complaints to proper personnel, timely completion of thorough investigations, and appropriate follow-up and discipline.

Confidential reporting mechanisms are highly probative of whether a company has "established corporate governance mechanisms that can effectively detect and prevent misconduct." JM 9-28.800; *see also* U.S.S.G. § 8B2.1(b)(5)(C) (an effectively working compliance program will have in place, and have publicized, "a system, which may include mechanisms that allow for anonymity or confidentiality, whereby the organization's employees and agents may report or seek guidance regarding potential or actual criminal conduct without fear of retaliation").

☐ **Effectiveness of the Reporting Mechanism** – Does the company have an anonymous reporting mechanism and, if not, why not? How is the reporting mechanism publicized to the company's employees and other third parties? Has it been used? Does the company take measures to test whether employees are aware of the hotline and feel comfortable using it? How has the company assessed the seriousness of the allegations it received? Has the compliance function had full access to reporting and investigative information?

☐ **Properly Scoped Investigations by Qualified Personnel** – How does the company determine which complaints or red flags merit further investigation? How does the company ensure that investigations are properly scoped? What steps does the company take to ensure investigations are independent, objective, appropriately conducted, and properly documented? How does the company determine who should conduct an investigation, and who makes that determination?

□ **Investigation Response** – Does the company apply timing metrics to ensure responsiveness? Does the company have a process for monitoring the outcome of investigations and ensuring accountability for the response to any findings or recommendations?

□ **Resources and Tracking of Results** – Are the reporting and investigating mechanisms sufficiently funded? How has the company collected, tracked, analyzed, and used information from its reporting mechanisms? Does the company periodically analyze the reports or investigation findings for patterns of misconduct or other red flags for compliance weaknesses? Does the company periodically test the effectiveness of the hotline, for example by tracking a report from start to finish?

E *Third Party Management*

A well-designed compliance program should apply risk-based due diligence to its third-party relationships. Although the need for, and degree of, appropriate due diligence may vary based on the size and nature of the company, transaction, and third party, prosecutors should assess the extent to which the company has an understanding of the qualifications and associations of third-party partners, including the agents, consultants, and distributors that are commonly used to conceal misconduct, such as the payment of bribes to foreign officials in international business transactions.

Prosecutors should also assess whether the company knows the business rationale for needing the third party in the transaction, and the risks posed by third-party partners, including the third-party partners'reputations and relationships, if any, with foreign officials. For example, a prosecutor should analyze whether the company has ensured that contract terms with third parties specifically describe the services to be performed, that the third party is actually performing the work, and that its compensation is commensurate with the work being provided in that industry and geographical region. Prosecutors should further assess whether the company engaged in ongoing monitoring of the third-party relationships, be it through updated due diligence, training, audits, and/or annual compliance certifications by the third party.

In sum, a company's third-party management practices are a factor that prosecutors should assess to determine whether a compliance program is in fact able to "detect the particular types of misconduct most likely to occur in a particular corporation's line of business." JM 9-28.800.

□ **Risk-Based and Integrated Processes** – How has the company's third-party management process corresponded to the nature and level of the enterprise risk identified by the company? How has this process been integrated into the relevant procurement and vendor management processes?

□ **Appropriate Controls** – How does the company ensure there is an appropriate business rationale for the use of third parties? If third parties were involved in the underlying misconduct, what was the business rationale for using those third parties? What mechanisms exist to ensure that the contract terms specifically describe the services to be performed, that the payment terms are appropriate, that the described contractual work is performed, and that compensation is commensurate with the services rendered?

□ **Management of Relationships** – How has the company considered and analyzed the compensation and incentive structures for third parties against compliance risks? How does the company monitor its third parties? Does the company have audit rights to analyze the books and accounts of third parties, and has the company exercised those rights in the past? How does the company train its third party relationship managers about compliance risks and how to manage them? How does the company incentivize compliance and ethical behavior by third parties? Does the company engage in risk management of third parties throughout the lifespan of the relationship, or primarily during the onboarding process?

☐ **Real Actions and Consequences** – Does the company track red flags that are identified from due diligence of third parties and how those red flags are addressed? Does the company keep track of third parties that do not pass the company's due diligence or that are terminated, and does the company take steps to ensure that those third parties are not hired or re-hired at a later date? If third parties were involved in the misconduct at issue in the investigation, were red flags identified from the due diligence or after hiring the third party, and how were they resolved? Has a similar third party been suspended, terminated, or audited as a result of compliance issues?

F *Mergers and Acquisitions (M&A)*

A well-designed compliance program should include comprehensive due diligence of any acquisition targets, as well as a process for timely and orderly integration of the acquired entity into existing compliance program structures and internal controls. Pre-M&A due diligence, where possible, enables the acquiring company to evaluate more accurately each target's value and negotiate for the costs of any corruption or misconduct to be borne by the target. Flawed or incomplete pre-or post-acquisition due diligence and integration can allow misconduct to continue at the target company, causing resulting harm to a business's profitability and reputation and risking civil and criminal liability.

The extent to which a company subjects its acquisition targets to appropriate scrutiny is indicative of whether its compliance program is, as implemented, able to effectively enforce its internal controls and remediate misconduct at all levels of the organization.

☐ **Due Diligence Process** – Was the company able to complete pre-acquisition due diligence and, if not, why not? Was the misconduct or the risk of misconduct identified during due diligence? Who conducted the risk review for the acquired/merged entities and how was it done? What is the M&A due diligence process generally?

☐ **Integration in the M&A Process** – How has the compliance function been integrated into the merger, acquisition, and integration process?

☐ **Process Connecting Due Diligence to Implementation** – What has been the company's process for tracking and remediating misconduct or misconduct risks identified during the due diligence process? What has been the company's process for implementing compliance policies and procedures, and conducting post-acquisition audits, at newly acquired entities?

II Is the Corporation's Compliance Program Adequately Resourced and Empowered to Function Effectively?

Even a well-designed compliance program may be unsuccessful in practice if implementation is lax, under-resourced, or otherwise ineffective. Prosecutors are instructed to probe specifically whether a compliance program is a "paper program" or one "implemented, reviewed, and revised, as appropriate, in an effective manner." JM 9-28.800. In addition, prosecutors should determine "whether the corporation has provided for a staff sufficient to audit, document, analyze, and utilize the results of the corporation's compliance efforts." JM 9-28.800. Prosecutors should also determine "whether the corporation's employees are adequately informed about the compliance program and are convinced of the corporation's commitment to it." JM 9-28.800; *see also* JM 9-47.120(2)(c) (criteria for an effective compliance program include "[t]he company's culture of compliance, including awareness among employees that any criminal conduct, including the conduct underlying the investigation, will not be tolerated").

A *Commitment by Senior and Middle Management*

Beyond compliance structures, policies, and procedures, it is important for a company to create and foster a culture of ethics and compliance with the law at all levels of the company. The effectiveness of a compliance program requires a high-level commitment by company leadership to implement a culture of compliance from the middle and the top.

The company's top leaders – the board of directors and executives – set the tone for the rest of the company. Prosecutors should examine the extent to which senior management have clearly articulated the company's ethical standards, conveyed and disseminated them in clear and unambiguous terms, and demonstrated rigorous adherence by example. Prosecutors should also examine how middle management, in turn, have reinforced those standards and encouraged employees to abide by them. See U.S.S.G. § 8B2.1(b)(2)(A)-(C) (the company's "governing authority shall be knowledgeable about the content and operation of the compliance and ethics program and shall exercise reasonable oversight" of it; "[h]igh-level personnel ... shall ensure that the organization has an effective compliance and ethics program" (emphasis added)).

□ **Conduct at the Top** – How have senior leaders, through their words and actions, encouraged or discouraged compliance, including the type of misconduct involved in the investigation? What concrete actions have they taken to demonstrate leadership in the company's compliance and remediation efforts? How have they modelled proper behavior to subordinates? Have managers tolerated greater compliance risks in pursuit of new business or greater revenues? Have managers encouraged employees to act unethically to achieve a business objective, or impeded compliance personnel from effectively implementing their duties?

□ **Shared Commitment** – What actions have senior leaders and middle-management stakeholders (*e.g.*, business and operational managers, finance, procurement, legal, human resources) taken to demonstrate their commitment to compliance or compliance personnel, including their remediation efforts? Have they persisted in that commitment in the face of competing interests or business objectives?

□ **Oversight** – What compliance expertise has been available on the board of directors? Have the board of directors and/or external auditors held executive or private sessions with the compliance and control functions? What types of information have the board of directors and senior management examined in their exercise of oversight in the area in which the misconduct occurred?

B *Autonomy and Resources*

Effective implementation also requires those charged with a compliance program's day-to-day oversight to act with adequate authority and stature. As a threshold matter, prosecutors should evaluate how the compliance program is structured. Additionally, prosecutors should address the sufficiency of the personnel and resources within the compliance function, in particular, whether those responsible for compliance have : (1) sufficient seniority within the organization ; (2) sufficient resources, namely, staff to effectively undertake the requisite auditing, documentation, and analysis ; and (3) sufficient autonomy from management, such as direct access to the board of directors or the board's audit committee. The sufficiency of each factor, however, will depend on the size, structure, and risk profile of the particular company. "A large organization generally shall devote more formal operations and greater resources... than shall a small organization." Commentary to U.S.S.G. § 8B2.1 note 2(C). By contrast, "a small organization may [rely on] less formality and fewer resources." Id. Regardless, if a compliance program is to be truly effective, compliance personnel must be empowered within the company.

Prosecutors should evaluate whether "internal audit functions [are] conducted at a level sufficient to ensure their independence and accuracy," as an indicator of whether compliance personnel are in fact empowered and positioned to "effectively detect and prevent misconduct." JM 9-28.800. Prosecutors should also evaluate "[t]he resources the company has dedicated to compliance," "[t]he quality and experience of the personnel involved in compliance, such that they can understand

and identify the transactions and activities that pose a potential risk," and "[t]he authority and independence of the compliance function and the availability of compliance expertise to the board." JM 9-47.120(2)(c); see also JM 9-28.800 (instructing prosecutors to evaluate whether "the directors established an information and reporting system in the organization reasonably designed to provide management and directors with timely and accurate information sufficient to allow them to reach an informed decision regarding the organization's compliance with the law"); U.S.S.G. § 8B2.1(b)(2)(C) (those with "day-to-day operational responsibility" shall have "adequate resources, appropriate authority and direct access to the governing authority or an appropriate subgroup of the governing authority").

☐ **Structure** – Where within the company is the compliance function housed (e.g., within the legal department, under a business function, or as an independent function reporting to the CEO and/or board)? To whom does the compliance function report? Is the compliance function run by a designated chief compliance officer, or another executive within the company, and does that person have other roles within the company? Are compliance personnel dedicated to compliance responsibilities, or do they have other, non-compliance responsibilities within the company? Why has the company chosen the compliance structure it has in place? What are the reasons for the structural choices the company has made?

☐ **Seniority and Stature** – How does the compliance function compare with other strategic functions in the company in terms of stature, compensation levels, rank/title, reporting line, resources, and access to key decision-makers? What has been the turnover rate for compliance and relevant control function personnel? What role has compliance played in the company's strategic and operational decisions? How has the company responded to specific instances where compliance raised concerns? Have there been transactions or deals that were stopped, modified, or further scrutinized as a result of compliance concerns?

☐ **Experience and Qualifications** – Do compliance and control personnel have the appropriate experience and qualifications for their roles and responsibilities? Has the level of experience and qualifications in these roles changed over time? How does the company invest in further training and development of the compliance and other control personnel? Who reviews the performance of the compliance function and what is the review process?

☐ **Funding and Resources** – Has there been sufficient staffing for compliance personnel to effectively audit, document, analyze, and act on the results of the compliance efforts? Has the company allocated sufficient funds for the same? Have there been times when requests for resources by compliance and control functions have been denied, and if so, on what grounds?

☐ **Data Resources and Access** – Do compliance and control personnel have sufficient direct or indirect access to relevant sources of data to allow for timely and effective monitoring and/or testing of policies, controls, and transactions? Do any impediments exist that limit access to relevant sources of data and, if so, what is the company doing to address the impediments?

☐ **Autonomy** – Do the compliance and relevant control functions have direct reporting lines to anyone on the board of directors and/or audit committee? How often do they meet with directors? Are members of the senior management present for these meetings? How does the company ensure the independence of the compliance and control personnel?

☐ **Outsourced Compliance Functions** – Has the company outsourced all or parts of its compliance functions to an external firm or consultant? If so, why, and who is responsible for overseeing or liaising with the external firm or consultant? What level of access does the external firm or consultant have to company information? How has the effectiveness of the outsourced process been assessed?

C *Incentives and Disciplinary Measures*

Another hallmark of effective implementation of a compliance program is the establishment of incentives for compliance and disincentives for non-compliance.

Prosecutors should assess whether the company has clear disciplinary procedures in place, enforces them consistently across the organization, and ensures that the procedures are commensurate with the violations. Prosecutors should also assess the extent to which the company's communications convey to its employees that unethical conduct will not be tolerated and will bring swift consequences, regardless of the position or title of the employee who engages in the conduct. *See* U.S.S.G. § 8B2.1(b)(5)(C) ("the organization's compliance program shall be promoted and enforced consistently throughout the organization through (A) appropriate incentives to perform in accordance with the compliance and ethics program; and (B) appropriate disciplinary measures for engaging in criminal conduct and for failing to take reasonable steps to prevent or detect criminal conduct").

By way of example, some companies have found that publicizing disciplinary actions internally, where appropriate and possible, can have valuable deterrent effects. At the same time, some companies have also found that providing positive incentives – personnel promotions, rewards, and bonuses for improving and developing a compliance program or demonstrating ethical leadership – have driven compliance. Some companies have even made compliance a significant metric for management bonuses and/or have made working on compliance a means of career advancement.

☐ **Human Resources Process** – Who participates in making disciplinary decisions, including for the type of misconduct at issue? Is the same process followed for each instance of misconduct, and if not, why? Are the actual reasons for discipline communicated to employees? If not, why not? Are there legal or investigation-related reasons for restricting information, or have pre-textual reasons been provided to protect the company from whistleblowing or outside scrutiny?

☐ **Consistent Application** – Have disciplinary actions and incentives been fairly and consistently applied across the organization? Does the compliance function monitor its investigations and resulting discipline to ensure consistency? Are there similar instances of misconduct that were treated disparately, and if so, why?

☐ **Incentive System** – Has the company considered the implications of its incentives and rewards on compliance? How does the company incentivize compliance and ethical behavior? Have there been specific examples of actions taken (e.g., promotions or awards denied) as a result of compliance and ethics considerations? Who determines the compensation, including bonuses, as well as discipline and promotion of compliance personnel?

III Does the Corporation's Compliance Program Work in Practice?

The Principles of Federal Prosecution of Business Organizations require prosecutors to assess "the adequacy and effectiveness of the corporation's compliance program at the time of the offense, as well as at the time of a charging decision." JM 9-28.300. Due to the backward-looking nature of the first inquiry, one of the most difficult questions prosecutors must answer in evaluating a compliance program following misconduct is whether the program was working effectively at the time of the offense, especially where the misconduct was not immediately detected.

In answering this question, it is important to note that the existence of misconduct does not, by itself, mean that a compliance program did not work or was ineffective at the time of the offense. See U.S.S.G. § 8B2.1(a) ("[t]he failure to prevent or detect the instant offense does not mean that the program is not generally effective in preventing and deterring misconduct"). Indeed, "[t]he Department recognizes that no compliance program can ever prevent all criminal activity by a corporation's employees." JM 9-28.800. Of course, if a compliance program did effectively identify misconduct, including allowing for timely remediation and self-reporting, a prosecutor should view the occurrence as a strong indicator that the compliance program was working effectively.

In assessing whether a company's compliance program was effective at the time of the misconduct, prosecutors should consider whether and how the misconduct was detected, what investigation resources were in place to investigate suspected misconduct, and the nature and thoroughness of the company's remedial efforts.

To determine whether a company's compliance program is working effectively at the time of a charging decision or resolution, prosecutors should consider whether the program evolved over time to address existing and changing compliance risks. Prosecutors should also consider whether the company undertook an adequate and honest root cause analysis to understand both what contributed to the misconduct and the degree of remediation needed to prevent similar events in the future.

For example, prosecutors should consider, among other factors, "whether the corporation has made significant investments in, and improvements to, its corporate compliance program and internal controls systems" and "whether remedial improvements to the compliance program and internal controls have been tested to demonstrate that they would prevent or detect similar misconduct in the future." Benczkowski Memo at 2 (observing that "[w]here a corporation's compliance program and controls are demonstrated to be effective and appropriately resourced at the time of resolution, a monitor will not likely be necessary").

A Continuous Improvement, Periodic Testing, and Review

One hallmark of an effective compliance program is its capacity to improve and evolve. The actual implementation of controls in practice will necessarily reveal areas of risk and potential adjustment. A company's business changes over time, as do the environments in which it operates, the nature of its customers, the laws that govern its actions, and the applicable industry standards. Accordingly, prosecutors should consider whether the company has engaged in meaningful efforts to review its compliance program and ensure that it is not stale. Some companies survey employees to gauge the compliance culture and evaluate the strength of controls, and/or conduct periodic audits to ensure that controls are functioning well, though the nature and frequency of evaluations may depend on the company's size and complexity.

Prosecutors may reward efforts to promote improvement and sustainability. In evaluating whether a particular compliance program works in practice, prosecutors should consider "revisions to corporate compliance programs in light of lessons learned." JM 9-28.800; see also JM 9-47-120(2)(c) (looking to "[t]he auditing of the compliance program to assure its effectiveness"). Prosecutors should likewise look to whether a company has taken "reasonable steps" to "ensure that the organization's compliance and ethics program is followed, including monitoring and auditing to detect criminal conduct," and "evaluate periodically the effectiveness of the organization's" program. U.S.S.G. § 8B2.1(b)(5). Proactive efforts like these may not only be rewarded in connection with the form of any resolution or prosecution (such as through remediation credit or a lower applicable fine range under the Sentencing Guidelines), but more importantly, may avert problems down the line.

☐ **Internal Audit** – What is the process for determining where and how frequently internal audit will undertake an audit, and what is the rationale behind that process? How are audits carried out? What types of audits would have identified issues relevant to the misconduct? Did those audits occur and what were the findings? What types of relevant audit findings and remediation progress have been reported to management and the board on a regular basis? How have management and the board followed up? How often does internal audit conduct assessments in high-risk areas?

☐ **Control Testing** – Has the company reviewed and audited its compliance program in the area relating to the misconduct? More generally, what testing of controls, collection and analysis of compliance data, and interviews of employees and third parties does the company undertake? How are the results reported and action items tracked?

☐ **Evolving Updates** – How often has the company updated its risk assessments and reviewed its compliance policies, procedures, and practices? Has the company undertaken a gap analysis to determine if particular areas of risk are not sufficiently addressed in its policies, controls, or training? What steps has the company taken to determine whether policies/procedures/practices make sense for particular business segments/subsidiaries? Does the company review and adapt its compliance program based upon lessons learned from its own misconduct and/or that of other companies facing similar risks?

☐ **Culture of Compliance** – How often and how does the company measure its culture of compliance? Does the company seek input from all levels of employees to determine whether they perceive senior and middle management's commitment to compliance? What steps has the company taken in response to its measurement of the compliance culture?

B *Investigation of Misconduct*

Another hallmark of a compliance program that is working effectively is the existence of a well-functioning and appropriately funded mechanism for the timely and thorough investigations of any allegations or suspicions of misconduct by the company, its employees, or agents. An effective investigations structure will also have an established means of documenting the company's response, including any disciplinary or remediation measures taken.

☐ **Properly Scoped Investigation by Qualified Personnel** – How has the company ensured that the investigations have been properly scoped, and were independent, objective, appropriately conducted, and properly documented?

☐ **Response to Investigations** – Have the company's investigations been used to identify root causes, system vulnerabilities, and accountability lapses, including among supervisory managers and senior executives? What has been the process for responding to investigative findings? How high up in the company do investigative findings go?

C *Analysis and Remediation of Any Underlying Misconduct*

Finally, a hallmark of a compliance program that is working effectively in practice is the extent to which a company is able to conduct a thoughtful root cause analysis of misconduct and timely and appropriately remediate to address the root causes.

Prosecutors evaluating the effectiveness of a compliance program are instructed to reflect back on "the extent and pervasiveness of the criminal misconduct; the number and level of the corporate employees involved; the seriousness, duration, and frequency of the misconduct; and any remedial actions taken by the corporation, including, for example, disciplinary action against past violators uncovered by the prior compliance program, and revisions to corporate compliance programs in light of lessons learned." JM 9-28.800; see also JM 9-47.120(3)(c) ("to receive full credit for timely and appropriate remediation" under the FCPA Corporate Enforcement Policy, a company should demonstrate "a root cause analysis" and, where appropriate, "remediation to address the root causes").

Prosecutors should consider "any remedial actions taken by the corporation, including, for example, disciplinary action against past violators uncovered by the prior compliance program." JM 98-28.800; see also JM 9-47-120(2)(c) (looking to "[a]ppropriate discipline of employees, including those identified by the company as responsible for the misconduct, either through direct participation or failure in oversight, as well as those with supervisory authority over the area in which the criminal conduct occurred" and "any additional steps that demonstrate recognition of the seriousness of the misconduct, acceptance of responsibility for it, and the implementation of measures to reduce the risk of repetition of such misconduct, including measures to identify future risk").

☐ **Root Cause Analysis** – What is the company's root cause analysis of the misconduct at issue? Were any systemic issues identified? Who in the company was involved in making the analysis?

☐ **Prior Weaknesses** - What controls failed? If policies or procedures should have prohibited the misconduct, were they effectively implemented, and have functions that had ownership of these policies and procedures been held accountable?

☐ **Payment Systems** – How was the misconduct in question funded (e.g., purchase orders, employee reimbursements, discounts, petty cash)? What processes could have prevented or detected improper access to these funds? Have those processes been improved?

☐ **Vendor Management** – If vendors were involved in the misconduct, what was the process for vendor selection and did the vendor undergo that process?

☐ **Prior Indications** – Were there prior opportunities to detect the misconduct in question, such as audit reports identifying relevant control failures or allegations, complaints, or investigations? What is the company's analysis of why such opportunities were missed?

☐ **Remediation** – What specific changes has the company made to reduce the risk that the same or similar issues will not occur in the future? What specific remediation has addressed the issues identified in the root cause and missed opportunity analysis?

☐ **Accountability** – What disciplinary actions did the company take in response to the misconduct and were they timely? Were managers held accountable for misconduct that occurred under their supervision? Did the company consider disciplinary actions for failures in supervision? What is the company's record (e.g., number and types of disciplinary actions) on employee discipline relating to the types of conduct at issue? Has the company ever terminated or otherwise disciplined anyone (reduced or eliminated bonuses, issued a warning letter, etc.) for the type of misconduct at issue?

Resource Guide DOJ-SEC (juillet 2020),

A Resource Guide to the U.S. Foreign Corrupt Practices Act.

Texte non reproduit.

BIBL. ▶ PEREZ et AMOUZOU, *Banque et Dr. 1-2/2021. 11* (le guide FCPA).

COMMENTAIRE

Le *US Department of Justice* et la *Securities and Exchange Commission* ont mis à jour, en juillet 2020, leur guide commun relatif à la mise en œuvre pratique du FCPA, la précédente version datant de décembre 2012.

L'objectif de ce texte est de fournir aux entreprises, aux praticiens et au public des informations sur les exigences légales du *Foreign Corrupt Practices Act*, tout en donnant un aperçu des pratiques d'application du DOJ et de la SEC.

Cette révision était rendue nécessaire par l'évolution des pratiques de la corruption et celle des textes en vigueur.

Outre des explications sur les dispositions du FCPA et les définitions des termes employés, le guide décrit les attentes des autorités en matière de compliance et les critères conduisant à l'engagement éventuel de poursuites. Il rappelle enfin les suites procédurales envisageables, comprenant notamment la négociation de *deferred prosecution agreements* ou de *non prosecution agreements*. ☐

DEVOIR DE VIGILANCE ET DROITS HUMAINS

RÉP. SOCIÉTÉS v° *Responsabilité sociale des entreprises : entreprise et éthique environnementale*, par TRÉBULLE.

RÉP. TRAV. v° *Responsabilité sociale des entreprises*, par DE QUENAUDON.

SOLUTION COMPLIANCE v^{is} *Le devoir de vigilance ; La responsabilité sociétale internationale.*

BIBL. GÉN. ▶ Articles : JACQUET, *RTD com. 2001. 296* (version révisée des principes directeurs de l'OCDE à l'intention des entreprises multinationales). – ROZEC, *JCP S 2010, n° 1548* (la norme ISO 26 000 : un nouveau souffle pour la responsabilité sociale des entreprises ?). – DE QUENAUDON et LARONZE, *RDT 2013. 487* (réflexions juridiques après la tragédie du Rana Plaza). – DEUMIER, *D. 2013. 1564* (la responsabilité sociétale de l'entreprise et les droits fondamentaux). – CERF-HOLLENDER, *RSC 2014. 793* (recours au travail dissimulé : ne pas confondre contrat conclu pour son usage personnel et contrat conclu pour un usage professionnel). – MAGNIER, *Cah. dr. entr. 2014, n° 4* (les codes d'éthiques prémices d'une gouvernance transnationale). – B. LECOURT, *Rev. sociétés 2015. 134* (Dir. n° 2014/95/UE du 22 oct. 2014 sur la publication d'informations non financières par les sociétés). – VACARIE, *RDT 2015. 634* (le travail dans un marché sans frontières). – HAUTEREAU-BOUTONNET, *EEI 2016. Étude 14* (le potentiel climatique du contrat d'approvisionnement transnational). – DROUIN, *Dr. soc. 2016. 246* (développement du contentieux à l'encontre des entreprises transnationales : quel rôle pour le devoir de vigilance ?). – GAMET, *ibid. 1029* (droits de l'homme au travail, *urbi et orbi*). – MOREAU, *Dr. soc. 2017. 205* (évolution du combat contre le travail forcé et l'esclavage moderne) ; *ibid. 792* (originalité de la loi française du 27 mars 2017 relative au devoir de vigilance dans les chaînes d'approvisionnement mondiales). – MARTIN-CHENUT, *ibid. 798* (devoir de vigilance : internormativités et durcissement de la RSE). – FRANÇOIS, *Rev. sociétés 2017. 603* (déclaration de performance extra-financière). – SCHILLER et PERRIN, *Actes prat. sociétaires, janv.-févr. 2018, p. 3* (compliance et transparence en 2018 : nouvelles obligations de vigilance, d'obligations anti-corruption et d'information extra-financières). – EPSTEIN, *Cah. dr. entr. 2018, n° 4, p. 47* (portée extraterritoriale du devoir de vigilance des sociétés mères et des entreprises donneuses d'ordre). – COSLIN et RENARD, *Revue Droit & Affaires, nov. 2019, n° 16, p. 20* (du droit souple vers le droit dur : le devoir de vigilance et la responsabilité civile des entreprises en matière de droits humains). – QUEINNEC, *AJ contrat 2020. 121* (le contrat durable : pour une conciliation contractuelle effective des enjeux économiques, sociaux et environnementaux). – RATIER, *RICEA 2020, n° 2, Étude 73* (le numérique et les droits humains à la croisée des chemins). – Dossier, *Dr. soc. 2020. 288* (la lutte contre la discrimination au travail). – PASQUALINI et LEQUET, *D. avocats 2020. 240* (RSE et compliance). – CASADO, *LPA 13 mai 2020* (covid-19 : quatre propositions concrètes pour réussir son déconfinement et sa transition écologique grâce au droit social à vocation environnemental [DSVA]). – SERENO, *Dr. soc. 2020. 409* (la lutte contre les discriminations dans l'accès à l'emploi en quête de sens). – ROBIN-OLIVIER, *ibid. 432* (la place de la prohibition du travail forcé dans le droit du travail : quelques questions). – PÉCAUT-RIVOLIER, *RDT 2020. 374* (de l'existence d'une discrimination systémique). – MERCAT-BRUNS, *ibid. 376* (pour une définition juridique de la discrimination systémique ?) ; *ibid. 423* (la discrimination systémique : un concept présent ailleurs mais un défi commun ?). – MOUA, *Cah. just. 2020. 245* (la lutte contre la traite dans les entreprises). – BUFFLIER, *Cah. dr. entr. 2020, n° 3, p. 45* (IA et éthique d'entreprise). – MÉTAIS, VALETTE et MARTIN, *D. actu. 26 juin 2020* (effet catalyseur du covid-19 sur la responsabilité sociétale des entreprises). – LENOIR, *JCP E 2020, n° 1250* (la loi sur le devoir de vigilance ou les incertitudes de la transformation du droit souple en règles impératives). – MICHON et SAVOUREY, *RICEA 2020, n° 3, Éude 115* (covid-19, respect des droits humains et premières démarches pour les entreprises). – DUNOYER DE SEGONZAC et BAUDESSON, *ibid. 116* (versement des dividendes en temps de crise – vers une nouvelle définition de la RSE). – MARTI, *Rev. prat. prospective et innovation 2020, n° 2, Dossier 13* (algorithmes et droits humains : état des lieux des risques et préconisations – à propos de la recommandation du comité des ministres du Conseil de l'Europe du 8 avr. 2020 sur les impacts des systèmes algorithmiques sur les droits de l'homme). – VACARIE, *RDT 2020. 601* (travail et développement durable). – DAOUD, *RLDA déc. 2020, suppl., p. 41* (les limites actuelles de la lutte contre les crimes économiques : le point de vue du pénaliste). – COSSART et BOURGEOIS, *ibid., p. 44* (... : le point de vue de l'ONG). - Teyssié, *JCP E 2021, n° 1045* (chronique RSE). - Boskovic, *D. 2021. 252* (la loi applicable aux « actions pour violation des droits de l'homme en matière commerciale »). - d'Ornano, *Rev. crit. DIP 2021. 249* (sur une proposition de directive relative à la responsabilité sociale des entreprises). - Chatelier, *D. actu. 1er avr. 2021* (devoir de vigilance : de la loi vigilance à une directive européenne ?). - Lecourt, *Rev. sociétés 2021. 335* (vers une directive sur le devoir de vigilance des sociétés). - Bello et Lesteven, *D. actu. 21 mai 2021* (RSE et e-commerce : entre obligations juridiques et valeurs éthiques). - Kerbrat, *RLDA juin 2021. 27* (le renforcement des obligations de diligence des États en droit international et son impact pour les entreprises). - Béguin, Pueyo et Casse, *RDT 2021. 307* (réflexions sur les liens entre le travail humain et le développement durable). - Chalas et Muir Watt, *Rev. crit. DIP 2021. 333* (vers un régime de compétence adapté à la responsabilité environnementale des entreprises multinationales ?). - Abadie, *JCP 2021, n° 786* (l'alliance du droit climatique et de la RSE au soutien de la lutte contre la déforestation importée). - Barthélémy, *RDT 2021. 441* (réflexions sur la promotion de la sanction positive en droit du travail). - Urban, *RTD com. 2021. 479* (le droit de la responsabilité des groupes transnationaux). - Camy, *JCP E 2021, n° 1396* (la résolution du Parlement européen sur le devoir de vigilance). - Buisine, *BJS 9/2021. 58* (RSE et comptabilité environnementale). - Granotier, *RD. rur. 2021. Étude 21* (taxinomie et reporting climat : le printemps sera-t-il (un peu) plus vert ?). - Michon, *Cah. dr. entr. 2022. Repère 1* (à quand un devoir de vigilance européen ?). - Boskovic, *D. 2022. 185* (les aspects de droit international privé du devoir de diligence et de la responsabilité des entreprises : bilan d'étape). - Jouffin, *Banque et Dr. 1-2/2022. 10* (le bateau ivre de la finance durable). - Buisine, *Dr. sociétés 2022. Étude 3* (la compensation écologique après la loi Climat). - Fornasari, *LPA 31 mars 2022* (pour la reconnaissance d'un lien de causalité entre le changement climatique et les activités polluantes des entreprises). - Frison-Roche, *D. 2022. 621* (la responsabilité *ex ante*, pilier du droit de la compliance). - Dossier, *RDT 2022. 138* (quel droit du travail pour la transition écologique ?). - Parance, *JCP E 2022, n° 1153* (l'ambition européenne d'un devoir de vigilance, une belle avancée !). - Lecourt, *Rev. sociétés 2022. 310* (proposition de directive sur le devoir de vigilance : le nouveau tournant du droit européen des sociétés). - Archambeaud, *BRDA 2022, n° 11, p. 25* (une proposition de directive ambitieuse pour le devoir de vigilance des entreprises). - Cazeneuve et Sellal, *D. actu. 2 juin 2022* (projet de directive concernant un devoir de vigilance européen : quels défis pour les entreprises assujetties ?). - Russo et Tiberghien, *JCP E 2022, n° 1204* (RSE : les bonnes intentions obligent désormais ceux qui les expriment). - Magnier, *D. 2022. 1100* (le droit européen des sociétés se met au vert ! Bref commentaire de la proposition de directive sur le devoir de vigilance). - Danis-Fatôme, *ibid. 1107* (la responsabilité civile dans la proposition de directive européenne sur le devoir de vigilance). - Sachs, *RDT 2022. 352* (les dangers d'une dilution du devoir de vigilance dans la compliance). - Clerc, *ibid. 356* (devoir de vigilance : la compliance, de l'incomplétude à l'exonomie). - Casse, Pueyo et Béguin, *ibid. 371* (responsabilité sociale des entreprises, développement durable et travail). - Pierson et Fournier de Saint Jean, *Cah. dr. entr. 2022. Étude 6* (l'impact de la durabilité sur la stratégie et le fonctionnement interne des entreprises). - Lyon-Caen, *RDT 2022. 429* (vers un droit du travail écologique).

▸ **Ouvrages :** Boisson de Chazournes et Mazuyer, Le Pacte mondial des Nations unies 10 ans après, *Bruylant, 2001*. - Mazuyer, La mise en œuvre du Pacte. - Quelques leçons d'une étude relative aux principes du travail, *in* Boisson de Chazournes et Mazuyer (dir.), Le Pacte mondial des Nations unies 10 ans après, *Bruylant, 2001*. - Supiot, Du nouveau au self-service normatif : la RSE, *Mél. Pélissier, 2004, Dalloz*. - Supiot et Delmas-Marty (dir.), Mondialisation, travail et droits fondamentaux, *Bruylant, 2005*. - Supiot, L'entreprise dans un monde sans frontières, *Dalloz, 2015*. - Deumier, Les codes de conduite des entreprises et l'effectivité des droits de l'homme, *in* Boy, Racine et Siiriainen (dir.), Droit économique et droits de l'homme, *Larcier, 2009, p. 671*. - Capron, Quairel-Lanoizelee et Turcotte (dir.), ISO 26 000 : une Norme « hors norme » ?, *Economica, 2010*. - Daugareilh, L'ISO à l'assaut du social : risques et limites d'un exercice de normalisation sociale, *in* Daugareilh (dir.), Responsabilité sociale de l'entreprise transnationale et globalisation de l'économie, *Bruylant, 2010, p. 563*. - Mazuyer, Pacte mondial des Nations unies, *in* Postel et Sobel, Dictionnaire critique de la RSE, *PU du Septentrion, 2013*. - Launay et Queinnec, De la prévention à la réparation des impacts ESG. Le contrat durable, outil de formalisation du devoir de vigilance, *in* Martin-Chenut et de Quenaudon (dir.), La RSE saisie par le droit. Perspectives interne et internationale, *Pedone, 2016, p. 471*. - Lhuillier, Le Droit transnational, *LGDJ, 2016*. - Colloque SFDI 2016, L'entreprise extraterritoriale et le droit international, *Pédone, 2017*. - Boursier, Droit pénal des affaires internationales, Compliance et mondialisation, *Lextenso, Précis Joly, 2e éd., 2020*.

COMMENTAIRE

De la catastrophe de Bhopal en 1983 à l'affaire du Rana Plaza en 2013, la mondialisation a révélé la nécessité de mieux protéger les droits humains. En effet, le développement des entreprises multinationales qui implantent des filiales dans le monde entier – notamment dans des territoires dans lesquels les standards internationaux en la matière ne sont pas respectés – engendre un risque d'impunité en faveur de ces sociétés mères ou donneuses d'ordre. Leur chaîne de production et d'approvisionnement – ou chaîne de valeur – constitue un risque élevé d'atteintes aux droits humains, aux libertés fondamentales, à la santé et sécurité des personnes et à l'environnement, en raison de trois obstacles majeurs à l'engagement de la responsabilité des sociétés mères. Le premier obstacle est lié au voile de la personnalité morale des filiales ; le second aux contrats successifs qui forment cette chaîne de valeur (appel aux sous-traitants, intermédiaires, etc.) ; le troisième à l'application des règles de conflit de loi en matière délictuelle qui se résout en appréciant le comportement de l'entreprise par rapport au droit local, potentiellement beaucoup moins protecteur des droits de l'homme. Face à ces risques nouveaux, il s'avérait nécessaire d'apprécier les conséquences des activités des entreprises multinationales et de leur chaîne de valeur à l'aune du respect ou non de ces droits.

L'émergence de la notion de droits humains est le fruit de la mobilisation des organisations internationales et régionales depuis le début du XXe siècle. L'Organisation internationale du travail (OIT), agence tripartite de l'ONU réunissant des représentants des gouvernements, employeurs et travailleurs de 187 États membres, travaille depuis la fin de la Première Guerre mondiale à la conception de normes internationales, élabore des politiques et conçoit des programmes visant à promouvoir la justice sociale, les droits de l'homme et les droits au travail reconnus internationalement. Les normes internationales du travail sont des instruments universels adoptés par la communauté internationale et les États qui les ratifient, qui reflètent des valeurs et des principes communs concernant le travail (déclaration de l'OIT relative aux principes et droits fondamentaux au travail de 1998, révisée en 2010 et son suivi). L'intérêt de ces travaux s'est amplifié avec le phénomène de mondialisation et le développement d'entreprises transnationales intervenant directement ou indirectement dans des territoires n'assurant pas le respect des droits minimums des travailleurs et des populations. La Déclaration sur les entreprises multinationales (EMN) constitue l'instrument par lequel l'OIT fournit une orientation directe aux entreprises sur leur politique sociale et sur des pratiques inclusives, responsables et durables au sein du milieu de travail. Adoptée il y a près de 40 ans, modifiée à deux reprises en 2000 et en 2006 et revue en 2017, ses principes s'adressent aux entreprises multinationales, aux gouvernements, et aux organisations d'employeurs et de travailleurs. Ils traitent de sujets en lien avec l'emploi, la formation, les conditions de travail et de vie, et les relations professionnelles, aussi bien que de sujets de politique générale. Tous les principes inclus dans cette déclaration reposent sur les normes internationales du travail (conventions et recommandations de l'OIT). La déclaration encourage les entreprises à mettre en place des mécanismes en matière de devoir de vigilance afin d'identifier, de prévenir et d'atténuer les incidences négatives réelles et potentielles de leurs activités sur les droits de l'homme reconnus au niveau international et de rendre compte de la manière dont elles traitent ces incidences.

Ce corpus est désormais pleinement intégré dans le cœur des droits humains, dont la protection a connu un tournant sous l'impulsion des Nations unies.

En effet, le Pacte mondial des Nations unies, initié en l'an 2000, a accéléré la promotion des droits humains en étendant leur champ à la Charte internationale des droits de l'homme, aux trois générations de droits de l'homme et à la Déclaration de l'OIT relative aux principes et droits fondamentaux au travail. Les droits de l'homme de la première génération (droit de propriété, liberté de conscience, droits politiques, *habeas corpus*, etc.), les droits de l'homme de la seconde génération (droit au travail, à l'accès aux soins, à l'éducation, droit de grève, etc.), et les droits de l'homme de la troisième génération (environnement, bioéthique, etc.) en font désormais partie. Le cadre de référence des Nations unies pour les entreprises et les droits de l'homme intitulé « protéger, respecter et réparer » de 2008 repose sur trois piliers : l'obligation incombant à l'État de protéger contre les atteintes aux droits de l'homme commises par des tiers, y compris par des entreprises, au moyen de politiques, de lois et de procédures judiciaires appropriées ; la responsabilité des entreprises de respecter les droits de l'homme, c'est-à-dire d'agir avec toute la vigilance requise pour éviter de porter atteinte aux droits d'autrui et remédier aux incidences négatives ; et la nécessité d'améliorer l'accès des victimes à des voies de recours efficaces, tant judiciaires que non judiciaires. Ce cadre a précédé l'approbation, en 2011, des « principes directeurs relatifs aux entreprises et aux droits de l'homme » par le

Conseil des droits de l'homme des Nations unies (V. *infra*, III. Règles internationales). Les principes directeurs des Nations unies ont instauré la première norme mondiale en matière de devoir de vigilance et ont mis en place un cadre non contraignant permettant aux entreprises de donner corps à la responsabilité qui leur incombe de respecter les droits de l'homme.

Le Conseil des droits de l'homme a ensuite adopté la résolution 26/9 en 2014, par laquelle il a décidé de « créer un groupe de travail intergouvernemental à composition non limitée sur les sociétés transnationales et autres entreprises et les droits de l'homme, qui sera chargé d'élaborer un instrument international juridiquement contraignant pour réglementer, dans le cadre du droit international des droits de l'homme, les activités des sociétés transnationales et autres entreprises ». Ce groupe de travail a pour but d'élaborer un instrument international juridiquement contraignant pour réglementer, dans le cadre du droit international des droits de l'homme, les activités des sociétés transnationales et autres entreprises. Après l'élaboration de plusieurs projets de traité, dont le dernier date d'octobre 2021, un nouveau projet est actuellement en préparation et devrait être soumis à la discussion des États au cours de l'année 2022. D'autres instruments de l'ONU participent de ce devoir de vigilance tels que le programme de développement durable à l'horizon 2030 de l'ONU, adopté en 2015, les dix-sept objectifs de développement durable (ODD) et l'accord de Paris sur le réchauffement climatique adopté le 12 décembre 2015 à la suite de la Conférence de Paris de 2015 de la Convention-cadre des Nations unies sur les changements climatiques constituent autant de repères permettant de déterminer les obligations des entreprises et les intérêts qu'elles doivent protéger.

Ces travaux sont intégrés dans les principes directeurs élaborés par l'OCDE en 2011 à l'intention des entreprises multinationales, principes qui font largement référence à la diligence raisonnable, ou devoir de vigilance (V. *infra*, III. Règles internationales). L'OCDE a alors élaboré des orientations pour aider les entreprises à exercer leur devoir de vigilance dans des secteurs et des chaînes d'approvisionnement spécifiques (guide OCDE sur le devoir de diligence applicable aux chaînes d'approvisionnement responsables dans le secteur de l'habillement et de la chaussure, 2018 ; guide OCDE sur le devoir de diligence pour des chaînes d'approvisionnement responsables en minerais provenant de zones de conflit ou à haut risque, 2016 ; guide OCDE-FAO pour des filières agricoles responsables, 2016 ; orientations OCDE sur le devoir de diligence pour une conduite responsable des entreprises à destination des investisseurs institutionnels ; orientations OCDE sur le devoir de diligence pour des prêts aux entreprises et des garanties d'émission responsable). En 2018, l'OCDE a adopté le guide OCDE sur le devoir de diligence pour une conduite responsable des entreprises, qui revêt une portée générale (V. *infra*, III. Règles internationales).

D'autres organisations régionales ou instruments internationaux complètent le corpus de règles pesant sur les entreprises. En 2016, le Comité des ministres du Conseil de l'Europe a adressé aux États membres une recommandation sur les droits de l'homme et les entreprises, qui les invite à adopter notamment des mesures législatives pour s'assurer que les violations des droits de l'homme dans la chaîne de valeur d'une entreprise donnent lieu à une responsabilité civile, administrative et pénale devant les juridictions européennes. Le pacte mondial des Nations unies de 2012, les Droits de l'enfant et les Principes régissant les entreprises de l'UNICEF et *Save the Children* déterminent les principales considérations relatives aux droits de l'enfant en ce qui concerne les incidences négatives des entreprises. L'UNICEF a élaboré une série de documents d'orientation visant le soutien au devoir de vigilance des entreprises et aux enfants. L'observation générale n° 16 (2013) du Comité des droits de l'enfant des Nations unies détermine un ensemble complet d'obligations des États concernant les incidences du secteur des entreprises sur les droits de l'enfant, notamment le fait pour les États d'imposer aux entreprises d'exercer leur devoir de vigilance dans le domaine des droits de l'enfant.

Ces travaux, notamment ceux des Nations unies et de l'OCDE, sont déclinés, d'une part, dans le droit de l'Union européenne qui, à la suite de la résolution du Parlement européen du 10 mars 2021 contenant des recommandations sur le devoir de vigilance et la responsabilité des entreprises, a conduit la Commission à présenter le 23 février 2022 une proposition de directive sur le devoir de vigilance des entreprises en matière de durabilité (V. *infra*, II. Règles européennes), et, d'autre part, en droit interne, droit qui s'appuie sur la nécessité d'impliquer les entreprises transnationales dans la mise en œuvre du respect de ces normes, au-delà de l'engagement des États à introduire et à garantir le respect de ces droits dans leur ordre juridique.

La France joue un rôle précurseur en la matière en imposant un devoir de vigilance aux entreprises, répondant à certains critères, sur l'ensemble de leur chaîne de valeur, depuis l'adoption de la loi n° 2017-399 du 27 mars 2017 relative au devoir de vigilance des sociétés mères et des entreprises donneuses d'ordre à l'égard de leurs filiales, sous-traitants et fournisseurs. Cette loi constitue le point central du mouvement de protection des droits humains par les entreprises. La mise en œuvre effective d'un plan de vigilance par l'entreprise suppose la démonstration des moyens mis en œuvre dans le but d'identifier les risques et prévenir les atteintes graves aux droits humains, à la sécurité, à la santé des personnes et à l'environnement. Les entreprises sont dès lors appelées à exercer une vigilance non seulement pour elles-mêmes, mais également à l'égard de l'ensemble de leur chaîne de valeur. Le législateur interne a par la suite introduit deux nouvelles sanctions complémentaires et pour certaines entreprises une nouvelle obligation de vigilance relative à la déforestation (V. *infra*, I. Règles internes).

La France a été suivie dans cette voie par d'autres pays dont les Pays-Bas (loi du 13 novembre 2019 relative au devoir de vigilance lié au travail des enfants, qui doit entrer en vigueur en 2022), la Norvège (loi du 10 juin 2021 sur la transparence) et l'Allemagne (loi du 11 juin 2021 sur le devoir de vigilance des entreprises pour éviter les violations des droits de l'homme dans les chaînes d'approvisionnement). Ce mouvement explique la mobilisation des instances européennes au regard de la nécessité d'une harmonisation des règles au sein de l'Union européenne.

L'implication des entreprises donneuses d'ordre dépend du caractère contraignant de ces normes. Pour ce faire, les organisations internationales font appel aux mécanismes déjà éprouvés (V. comm. en début de code) pour pallier les difficultés à contraindre des États à l'application des normes éditées. Les mécanismes développés pour la mise en œuvre des conventions internationales avec les procédures de suivi et d'évaluation des États sont en effet convoqués afin d'alerter ces derniers sur leurs défaillances dans l'application de la responsabilité sociale et environnementale, du droit de l'environnement ou encore des droits de l'homme. Du côté des entreprises sur lesquelles pèse un devoir de vigilance, voire le devoir d'agir pour prévenir et réparer toute atteinte aux droits humains, un mouvement de légalisation de ces obligations, issues d'engagements volontaires en matière de RSE, les a fait advenir au rang de véritables obligations légales contraignantes et juridiquement sanctionnées. Le passage du « droit doux » au droit contraignant donne un essor sans précédent à la protection des droits humains.

L'introduction en droit positif d'un devoir de vigilance imposé aux entreprises est donc au cœur de la protection des droits humains, droit social et environnemental dans les instruments internationaux (ONU, OIT, OCDE), régionaux (UE) et nationaux (droits étrangers et droit interne). La crise sanitaire planétaire du covid-19 mobilise d'ailleurs les organisations internationales et nationales qui appellent actuellement l'attention des États sur les risques accrus d'atteinte aux droits de l'homme engendrés par les bouleversements sociaux et économiques dus à la pandémie (L'impact du covid-19 sur le travail des enfants et le travail forcé. La réponse du Programme phare IPEC+ de l'OIT, du 20 mai 2020 ; Le télétravail durant la pandémie de covid-19 et après, Guide pratique de l'OIT, 2020). ❑

I RÈGLES INTERNES

BIBL GÉN. ▶ QUEINNEC et BOURDON, *JEDH 2013, n° 2, p. 175* (entreprises transnationales et droits de l'homme : à la recherche des combinaisons normatives adaptées). – HANNOUN, *RDT 2014. 441* (quel devoir de vigilance des sociétés mères et des sociétés donneuses d'ordre ?). – LAGOUTTE, *RCA 2015, n° 11* (le devoir de vigilance des sociétés mères et des sociétés donneuses d'ordre ou la rencontre de la RSE et de la responsabilité juridique). – CUZACQ, *D. 2015. 1049* (le devoir de vigilance des sociétés mères et des entreprises donneuses d'ordre : acte II, scène 1). – PÉRIN, *RTD com. 2015. 215* (devoir de vigilance et responsabilité illimitée des entreprises : qui trop embrasse mal étreint). – MALECKI, *BJS 4/2015. 171* (devoir de vigilance des sociétés mères et des entreprises donneuses d'ordre : la France peut-elle faire cavalier seul ?). – BOSKOVIC, *D. 2016. 385* (brèves remarques sur le devoir de vigilance et le droit international privé). – HANNOUN, *Dr. soc. 2017. 806* (le devoir de vigilance des sociétés mères et entreprises donneuses d'ordre après la loi du 27 mars 2017). – SACHS, *RDT 2017. 380* (la loi sur le devoir de vigilance des sociétés-mères et sociétés donneuses d'ordre : les ingrédients d'une corégulation). – DANIS-FATÔME et VINEY, *D. 2017. 1610* (la responsabilité civile dans la loi relative au devoir de vigilance des sociétés mères et des entreprises donneuses d'ordre). – MOREAU, *Dr. soc. 2017. 205* (évolution du combat contre le travail forcé et l'esclavage moderne). – GAMET, *SSL, 6 mars 2017, n° 1759* (devoir de vigilance). – ROMAN, *RDT 2017. 391* (droits humains et libertés fondamentales : des notions « intelligibles » mais « imprécises ?). – MOREAU, *Dr. soc. 2017. 792* (l'originalité de la loi française du 27 mars 2017 relative au devoir de vigilance dans les chaînes d'approvisionnement mondiales). – CAILLET, *Dr. soc. 2017. 819* (du devoir de vigilance aux plans de vigilance ; quelle mise en œuvre ?). – BRABANT, MICHON et SAVOUREY, *RICEA 2017, nº 4, étude 91* (loi sur le devoir de vigilance. Pour une approche contextualisée) ; *ibid., étude 92* (devoir de vigilance – Le champ de la loi – Les sociétés soumises aux obligations de vigilance) ; *ibid., étude 93* (devoir de vigilance. – Le plan de vigilance, clé de voute de la loi relative au devoir de vigilance). – MUIR WATT, *ibid., étude 95* (devoir de vigilance et droit international privé. – Le symbole et le procédé de la loi du 27 mars 2017). – SOLVEIG EPSTEIN, *Cah. dr. entr. 2018, nº 4* (devoir de vigilance – La portée extraterritoriale du devoir de vigilance des sociétés mères et des entreprises donneuses d'ordre). – TAP, *RJ com. 2018. 5* (le devoir de vigilance, un nouvel horizon). – MAGENDIE, *Rev. sociétés 2019. 730* (éthique et conformité dans les entreprises). – MEKKI, *AJ contrat 2020. 112* (l'intelligence contractuelle et numérique au service de la responsabilité sociétale des entreprises). – DUNOYER DE SEGONZAC et BAUDESSON, *RICEA 2020, nº 3, étude 116* (versement des dividendes en temps de crise. Vers une nouvelle définition de la RSE ?). – COUCHOUX, *RLDA déc. 2020, suppl., p. 47* (mécénat et fondation comme supports de l'entreprise « à impact »). – CAMY, *JCP E 2021, nº 1135* (loi sur le devoir de vigilance et loi Sapin II : quelles obligations des entreprises ?). – COUPET, *BJS 4/2021. 1* (le printemps des devoirs de vigilance). – DRILLET, *RLDA juin 2021. 37* (l'entreprise du 21e siècle). – BALDON, *JCP E 2021, nº 1403* (les résolutions climatiques au prisme du principe de séparation des pouvoirs au sein de la SA). – MARZO, *Dr. soc. 2021. 708* (vers un devoir de vigilance pour les plateformes numériques ?).

COMMENTAIRE

Le droit français connaissait l'obligation de vigilance des entreprises dans certaines circonstances, et avait déjà introduit l'obligation de transparence pesant sur les entreprises françaises donneuses d'ordre. Il la consacre de façon éclatante par la loi nº 2017-399 du 27 mars 2017 relative au devoir de vigilance des sociétés mères et des entreprises donneuses d'ordre qui s'inscrit dans le mouvement international visant à assurer le respect par les entreprises des droits de l'homme dans leurs activités et tout au long de leurs chaînes de valeurs à travers le monde. Elle s'inspire explicitement des Principes directeurs des Nations unies relatifs aux entreprises et aux droits de l'homme (V. *infra*, III. Règles internationales) en leur donnant une portée normative contraignante, en les accompagnant d'un impératif d'effectivité et de sanctions éventuelles.

Ce droit s'inscrit dans le mouvement des droits étrangers. L'État de Californie a adopté en 2010 la *Transparency in Supply Chains Act* (art. 1714.43 du code civil) dans le but de s'assurer que les grands détaillants et les fabricants actifs en Californie informent les consommateurs des efforts entrepris si nécessaire pour éradiquer l'esclavage et la traite des êtres humains de leurs chaînes d'approvisionnement. Cette information doit être publiée sur le site Internet de toute entreprise de vente au détail et de tout fabricant dont les recettes brutes annuelles dépassent 100 millions de dollars US à l'échelle mondiale. Le Royaume-Uni a, quant à lui, adopté en 2015 une loi sur l'esclavage moderne qui impose aux organisations commerciales dont le chiffre d'affaires annuel est supérieur ou égal à 36 millions de livres sterling (soit environ 1 200 sociétés) une déclaration sur l'esclavage et sur la traite des êtres humains pour chaque exercice financier (art. 54). Cette déclaration, approuvée par les instances dirigeantes de la société et publiée sur son site Internet, mentionne, s'il y a lieu, les mesures prises par la société afin de s'assurer de l'absence de traite dans les activités menées et dans ses chaînes d'approvisionnement. En Australie, une loi relative à l'esclavage moderne de janvier 2019 contraint les entreprises ayant un chiffre d'affaires annuel consolidé supérieur à 100 millions de dollars australiens, comme les entreprises qu'elles contrôlent, à publier des états annuels décrivant les risques d'esclavage moderne dans leurs opérations mondiales et leurs chaînes d'approvisionnement. Ces informations doivent préciser les mesures prises pour gérer les risques identifiés par ces sociétés et la façon dont elles en évaluent l'efficacité. Aux Pays-Bas, la loi de 2019 sur le devoir de vigilance en matière de travail des enfants oblige les entreprises opérant sur le marché néerlandais à vérifier s'il existe un motif raisonnable de soupçonner que les biens ou les services fournis ont été produits en recourant au travail d'enfants et, si tel est le cas, à adopter et à mettre en œuvre un plan d'action. Par ailleurs, dans de nombreux États membres de l'Union européenne, un débat est en cours sur l'introduction d'obligations de vigilance pour les entreprises, et certains États membres envisagent actuellement l'adoption d'une telle législation, notamment l'Allemagne, la Suède, l'Autriche, la Finlande, le Danemark et le Luxembourg (V. *infra*, II. Règles européennes).

I. ADOPTION DES RÈGLES DE REPORTING EXTRA-FINANCIER

La France s'est engagée dans la voie d'une forme de responsabilité sociale des entreprises – conçue autour de l'obligation d'informer sur leurs activités et de rendre des comptes – par la loi n° 2001-420 du 15 mai 2001 sur les nouvelles régulations économiques. L'article 116 de la loi NRE imposait aux sociétés cotées la publication, au sein de leur rapport de gestion annuel, des informations sur les conséquences sociales et environnementales de leurs activités. Le dispositif a été renforcé par l'article 225 de la loi n° 2010-788 du 12 juillet 2010 (et son décret d'application n° 2012-557 du 26 avr. 2012) imposant des modalités de contrôle des informations publiées par un organisme tiers indépendant (OTI) et en élargissant, d'une part, le nombre d'entreprises soumises à la loi et, d'autre part, les sujets devant faire l'objet d'une communication.

L'obligation de communication de l'entreprise porte sur le champ social (emploi, relations de travail, santé et sécurité…), l'environnement (pollution et gestion des déchets, consommation d'énergie et, depuis la loi du 22 juillet 2015 sur la transition écologique, les conséquences sur le changement climatique des activités et l'usage des biens et services produits). Cette obligation porte également sur l'engagement de l'entreprise en faveur du développement durable (impacts sociaux de son activité, relations avec les parties prenantes, respect des droits de l'homme…) reprenant ainsi les standards internationaux en la matière (norme ISO 26 000, *Global Compact*, Principes directeurs de l'ONU relatifs aux entreprises et aux droits de l'homme, Lignes directrices de l'OCDE pour les entreprises multinationales, *Global Rapportage Initiative*).

Dans le prolongement de ces textes, l'ordonnance n° 2017-1180 du 19 juillet 2017 a transposé la directive 2014/95/UE relative au *reporting* extra-financier imposant aux entreprises de réaliser une déclaration de performance extra-financière. Cette déclaration, prévue à l'article L. 225-102-1 du code de commerce (V. *infra*) porte, entre autres, sur les conséquences de l'activité de la société et de l'usage des biens et services qu'elle produit sur le changement climatique, sur les engagements sociétaux en faveur du développement durable, de l'économie circulaire et de la lutte contre le gaspillage alimentaire. Cette déclaration porte également sur les accords collectifs conclus dans l'entreprise et leurs impacts sur la performance économique de l'entreprise, et sur les conditions de travail des salariés, les actions de lutte contre les discriminations et de promotion de la diversité. Les sociétés cotées doivent également produire des informations relatives aux droits de l'homme et à la lutte contre la corruption.

II. DROIT À L'INFORMATION DES CONSOMMATEURS SUR LES CONDITIONS DE FABRICATION DES PRODUITS

La loi n° 2014-858 du 31 juillet 2014 a créé, dans le code de la consommation, un chapitre intitulé « Transparence sur les conditions sociales de fabrication d'un produit ». Le fabricant, le producteur ou le distributeur d'un bien commercialisé en France doit transmettre au consommateur qui le demande, en raison de doutes sur les conditions de fabrication d'un bien (doutes sur le respect des conventions internationales relatives aux droits humains fondamentaux), toutes les informations dont il dispose sur l'origine géographique des matériaux et composants utilisés dans la fabrication, les contrôles de qualité et audits, l'organisation de la chaîne de production et l'identité, l'implantation géographique et les qualités du fabricant, de ses sous-traitants et fournisseurs (C. consom., art. L. 113-1). L'article D. 113-1 du même code fixe la liste des conventions internationales relatives aux droits humains fondamentaux dont la violation supposée justifie la demande. Cette liste inclut les conventions fondamentales de l'OIT (n°s 29, 87, 98, 100, 105, 111, 138 et 182).

III. DE L'OBLIGATION DE VIGILANCE…

La loi n° 2014-790 du 10 juillet 2014 visant à lutter contre la concurrence sociale déloyale a pour objectif, notamment, les détachements transnationaux d'une main-d'œuvre à bas coût. Trois obligations sont mises à la charge du donneur d'ordre ou du maître d'ouvrage, non seulement au moment de la conclusion du contrat, mais également au cours de son exécution afin de lutter contre les fraudes organisées. D'abord, l'entreprise donneuse d'ordre doit vérifier, lors de la conclusion d'un contrat de sous-traitance, que son cocontractant a bien déclaré auprès de l'administration du travail les travailleurs qu'il emploie ou qu'il détache. Ensuite, l'entreprise doit, au cours de l'exécution du contrat, enjoindre à son cocontractant de faire cesser immédiatement toute infraction à la législation du travail dont il a eu connaissance. Enfin, l'entreprise donneuse d'ordre est tenue d'informer les services de contrôle compétent (C. trav., art. L. 8281-1) lorsque le sous-traitant ne donne pas suite à l'injonction du donneur d'ordre. A l'égard des salariés, le manquement à ces obligations rend le donneur d'ordre solidairement responsable des manquements du sous-traitant. Ce dispositif a pour objectif de rendre responsable la société qui, en définitive, profite financièrement des irrégularités, lesquelles alimentent une baisse du prix des prestations proposées.

La loi créée par ailleurs une obligation de vigilance du donneur d'ordre en matière d'hébergement portant atteinte à la dignité des salariés (C. trav., art. L. 4231-1).

Dans le cadre de la lutte contre le travail dissimulé, une obligation de vigilance pèse sur tout client d'un entrepreneur aux fins de vérifier la régularité de la situation de son cocontractant (C. trav., art. L. 8222-1). Si le contrat est conclu entre professionnels, l'obligation de vigilance porte sur l'ensemble des formalités mentionnées par le code du travail. Dans le cadre d'un contrat conclu par un particulier, la seule remise d'un devis comportant le nom, l'adresse de l'entreprise et son numéro d'immatriculation suffit pour éviter la qualification de travail dissimulé (en ce sens : Crim. 16 sept. 2014, n° 13-86.382).

IV. ... AU DEVOIR DE VIGILANCE DES ENTREPRISES DONNEUSES D'ORDRE

Le devoir de vigilance des entreprises donneuses d'ordre se concrétise soit par la voie contractuelle, soit de façon plus novatrice par la voie légale avec l'intégration en droit positif de normes de « droit doux » issues des travaux internationaux.

La première voie contractualise un devoir de vigilance entre une société donneuse d'ordre et ses fournisseurs par des instruments issus des textes internationaux relatifs à responsabilité sociale des entreprises, en partie repris par les Principes directeurs de l'ONU, de l'OCDE, des conventions de l'OIT (V. *infra*, III. Règles internationales), ou encore de la norme ISO 26 000 (achats responsables – norme AFNOR, NF X 50-135-1 – ou contrat durable). Ce devoir de vigilance oblige le donneur d'ordre à « veiller à l'application effective des droits des travailleurs » dans les entreprises entrant dans sa « sphère d'influence », concept incluant l'ensemble de ses sous-traitants. Le donneur d'ordre doit, dès lors, identifier par un audit les risques d'incidences négatives suscités par la chaîne d'approvisionnement, y remédier et les prévenir. Pour ce faire, l'audit est l'instrument principal pour atteindre ces objectifs. Cette contractualisation est le fait des clauses RSE ou des clauses Développement durable insérées dans le contrat d'approvisionnement.

La seconde voie, qui légalise les obligations issues des textes internationaux de « droit doux », est la voie choisie par le législateur français avec la loi n° 2017-399 du 27 mars 2017 relative au devoir de vigilance des sociétés mères et des entreprises donneuses d'ordre. Cette loi constitue une avancée considérable relative au devoir de vigilance pesant sur les entreprises qui, au-delà de leur obligation de rendre des comptes, pose le principe de leur responsabilité en cas de défaillance dans leurs obligations relatives à la mise en place d'un plan de vigilance ouvrant la voie à un contentieux judiciaire en construction (V. *infra*, C. com., art. L. 225-102-4). Elle soulève cependant de nombreuses questions quant à son effectivité et à celle de ses sanctions, difficultés soulignées tant par les organisations non gouvernementales de protection des droit humains et de l'environnement que par le rapport parlementaire d'information sur l'évaluation de la loi du 27 mars 2017 (C. Dubost et D. Potier, Rapport parlementaire du 24 févr. 2022).

Certaines difficultés ont été anticipées par le législateur et notamment la question de l'articulation des obligations résultant du devoir de vigilance avec celles relevant plus particulièrement du reporting extrafinancier. En effet, l'article L. 225-102-1 du code de commerce dispose que les déclarations résultant du reporting extrafinancier peuvent renvoyer aux informations mentionnées dans le plan de vigilance, permettant d'éviter tout risque de redondance entre les deux dispositifs, l'obligation de publication du plan de vigilance, prévue par l'article L. 225-102-4 du code de commerce, s'inscrivant en complémentarité des obligations de reporting extrafinancier.

Par ailleurs, le cadre normatif du devoir de vigilance s'est densifié, pour répondre à la recherche d'une plus grande efficacité, avec l'introduction de deux nouvelles sanctions : articles L. 2141-7-1 et L. 3123-7-1 du code de la commande publique prévoyant l'exclusion de la procédure de passation d'un marché public et l'exclusion d'un contrat de concession publique en cas de violation de l'obligation prévue à l'article L. 225-102-4 du code de commerce. Leur entrée en vigueur est différée et sera fixée par voie réglementaire au plus tard en août 2026. Le législateur prévoit, de plus, pour certaines entreprises, une nouvelle obligation de vigilance relative à la déforestation, introduite par la loi n° 2021-1104 du 22 août 2021 portant lutte contre le dérèglement climatique et renforcement de la résilience face à ses effets, dont les dispositions en cause seront applicables au 1er janvier 2024. ❑

Code civil

LIVRE III DES DIFFÉRENTES MANIÈRES DONT ON ACQUIERT LA PROPRIÉTÉ

TITRE IX DE LA SOCIÉTÉ

CHAPITRE I *DISPOSITIONS GÉNÉRALES*

Art. 1833 **Toute société doit avoir un objet licite et être constituée dans l'intérêt commun des associés.**

(L. nº 2019-486 du 22 mai 2019, art. 169) **« La société est gérée dans son intérêt social, en prenant en considération les enjeux sociaux et environnementaux de son activité. »**

BIBL. ▶ MARDINE et PAVAGEAU, *RDT 2018. 101* (que peut-on attendre en droit du travail d'une modification de l'objet social de l'entreprise ?). – CLERC, *ibid. 107* (objet social, objet de réforme sociale). – LÉON et ANGEI, *ibid. 171* (droit du travail et modification de « l'objet social » de l'entreprise). – TADROS, *D. 2018. 1765* (regard critique sur l'intérêt social et la raison d'être de la société dans le projet de loi PACTE). – MASSART, *Gaz. Pal. 2018. 3070* (réforme des art. 1833 et 1835). – Dossier, *Rev. sociétés 2018. 551* (la réécriture des articles 1833 et 1835 du code civil : révolution ou constat ?). – ARAKÉLIAN, *AJ contrat 2019. 272* (loi PACTE : aspects de droit des sociétés). – CONAC, *Rev. sociétés 2019. 570* (l'art. 1833 et l'intégration de l'intérêt social et de la responsabilité sociale d'entreprise). – DUCHANGE, *D. 2019. 1296* (réformer l'entreprise : contrat de société ou contrat de travail ?). – LECOURT, *RTD com. 2019. 385* (loi PACTE). – TIREL, *D. 2019. 2317* (la réforme de l'intérêt social et la « ponctuation signifiante »). – LE MOULEC, *RTD com. 2020. 1* (les implications de la réécriture des art. 1833 et 1835 C. civ. par la loi PACTE sur l'abus de biens sociaux). – GICQUIAUD, *LPA 23 nov. 2020* (focus sur l'intérêt social et la raison d'être des sociétés : les standards de la loi PACTE). – PAILLUSSEAU, *Rev. sociétés 2020. 523* (la mutation de la notion de société et l'intérêt social). – BUCHBERGER, *ibid. 659* (pour un abandon de l'intérêt social comme condition de validité des contrats conclus par la société).

Art. 1835 **Les statuts doivent être établis par écrit. Ils déterminent, outre les apports de chaque associé, la forme, l'objet, l'appellation, le siège social, le capital social, la durée de la société et les modalités de son fonctionnement.** *(L. nº 2019-486 du 22 mai 2019, art. 169)* **« Les statuts peuvent préciser une raison d'être, constituée des principes dont la société se dote et pour le respect desquels elle entend affecter des moyens dans la réalisation de son activité. »**

BIBL. ▶ BARFETY, *RDT. 2018. 268* (raison d'être de l'entreprise). – Dossier, *Rev. sociétés 2018. 551* (la réécriture des articles 1833 et 1835 du code civil : révolution ou constat ?). – URBAIN-PARLEANI, *Rev. sociétés 2019. 575* (l'article 1835 et la raison d'être). – GICQUIAUD, *LPA 23 nov. 2020* (focus sur l'intérêt social et la raison d'être des sociétés : les standards de la loi PACTE). – GRIMONT, *D. actu. 10 mars 2021* (la raison d'être face au mur de la rentabilité maximale). – DANNENBERGER, *JCP N 2021, nº 1191* (comment, pour une SA, rédiger la clause de « raison d'être » ?). – DAVY et COUCHOUX, *RLDA juin 2021. 23* (le droit préventif : une solution pour rendre impactante la raison d'être des entreprises). – ALOGNA, *RDBF 2021. Dossier 22* (la raison d'être, nouveau moyen de défense anti-OPA ?). – Dossier, *Actes pratiques nov.-déc. 2021. Dossier 6* (la raison d'être). – MENAIS, *RLDA déc. 2021, suppl., p. 40* (de la RSE à la raison d'être : la révolution calme des sociétés).

Code de commerce

PREMIÈRE PARTIE : *LÉGISLATIVE*

LIVRE II DES SOCIÉTÉS COMMERCIALES ET DES GROUPEMENTS D'INTÉRÊT ÉCONOMIQUE

TITRE I DISPOSITIONS PRÉLIMINAIRES

Art. L. 210-10 *(L. nº 2019-486 du 22 mai 2019, art. 176)* **Une société peut faire publiquement état de la qualité de société à mission lorsque les conditions suivantes sont respectées :**

1° Ses statuts précisent une raison d'être, au sens de l'article 1835 du code civil ;

2° Ses statuts précisent un ou plusieurs objectifs sociaux et environnementaux que la société se donne pour mission de poursuivre dans le cadre de son activité ;

3° Ses statuts précisent les modalités du suivi de l'exécution de la mission mentionnée au 2°. Ces modalités prévoient qu'un comité de mission, distinct des organes sociaux prévus par le présent livre et devant comporter au moins un salarié, est chargé exclusivement de ce suivi et présente annuellement un rapport joint au rapport de gestion, mentionné à l'article L. 232-1 du présent code, à l'assemblée chargée de l'approbation des comptes de la société. Ce comité procède à toute vérification qu'il juge opportune et se fait communiquer tout document nécessaire au suivi de l'exécution de la mission ;

4° L'exécution des objectifs sociaux et environnementaux mentionnés au 2° fait l'objet d'une vérification par un organisme tiers indépendant, selon des modalités et une publicité définies par décret en Conseil d'État. Cette vérification donne lieu à un avis joint au rapport mentionné au 3° ; – *V. C. com., art. R. 210-21, ci-dessous.*

5° La société déclare sa qualité de société à mission au greffier du tribunal de commerce, qui la publie, sous réserve de la conformité de ses statuts aux conditions mentionnées aux 1° à 3°, au registre du commerce et des sociétés, dans des conditions précisées par décret en Conseil d'État.

DP COMPLIANCE v° *Société à mission.*

BIBL. ▶ MASSET, *Rev. sociétés 2019. 581* ; *ibid. 2020. 207* (Décr. n° 2020-1 du 2 janv. 2020 : la fusée peut désormais décoller). – DALMAU, *JCP E 2020, n° 1136* (les sociétés à mission : quelle nature et quelles sanctions ?). – LAURENT-BELLUE et LAFFONT, *RLDA avr. 2020. 17* (la société à mission : réalité ou artifice ?). – LOPEZ, *ibid. 37* (les procédures de suivi des sociétés à mission et l'investissement socialement responsable). – RANDRIANIRANA, *LPA 25 nov. 2020* (un nouveau véhicule juridique : la société à mission). – ZOLOMIAN, *RLDA déc. 2021, suppl., p. 35* (de la dissociation à la société à mission : la fin de la direction générale autocratique ?). – MORTIER, *BRDA 2021, n° 24, p. 22* (société à mission et fonds de pérennité : les voies de la réforme à venir).

Code de commerce Art. R. 210-21 *(Décr. n° 2020-1 du 2 janv. 2020, art. 3)* I. — L'organisme tiers indépendant mentionné au 4° de l'article L. 210-10 est désigné parmi les organismes accrédités à cet effet par le Comité français d'accréditation défini par le décret n° 2008-1401 du 19 décembre 2008 relatif à l'accréditation et à l'évaluation de conformité pris en application de l'article 137 de la loi n° 2008-776 du 4 août 2008 de modernisation de l'économie ou par tout autre organisme d'accréditation signataire de l'accord de reconnaissance multilatéral établi par la coordination européenne des organismes d'accréditation.

Il est soumis aux incompatibilités prévues à l'article L. 822-11-3.

II. — Sauf clause contraire des statuts de la société, cet organisme est désigné par l'organe en charge de la gestion, pour une durée initiale qui ne peut excéder six exercices. Cette désignation est renouvelable, dans la limite d'une durée totale de douze exercices.

Il procède, au moins tous les deux ans, à la vérification de l'exécution des objectifs mentionnés au 2° de l'article L. 210-10. La première vérification a lieu dans les dix-huit mois suivant la publication de la déclaration de la qualité de société à mission au registre du commerce et des sociétés.

Lorsque la société répond aux conditions mentionnées à l'article L. 210-12, la première vérification a lieu dans les vingt-quatre mois suivant cette publication.

Lorsque la société emploie, sur une base annuelle, moins de cinquante salariés permanents au titre du dernier exercice comptable ayant fait l'objet de la dernière vérification, elle peut demander à l'organisme tiers indépendant de ne procéder à la prochaine vérification qu'au bout de trois ans.

III. — Pour délivrer l'avis mentionné au 4° de l'article L. 210-10, l'organisme tiers indépendant a accès à l'ensemble des documents détenus par la société, utiles à la formation de son avis, notamment au rapport annuel mentionné au 3° de l'article L. 210-10.

Il procède à toute vérification sur place qu'il estime utile au sein de la société et, avec leur accord, au sein des entités concernées par un ou plusieurs objectifs sociaux et environnementaux constitutifs de la mission de la société.

L'organisme tiers indépendant rend un avis motivé qui retrace les diligences qu'il a mises en œuvre et indique si la société respecte ou non les objectifs qu'elle s'est fixés. Le cas échéant, il mentionne les raisons pour lesquelles, selon lui, les objectifs n'ont pas été atteints ou pour lesquelles il lui a été impossible de parvenir à une conclusion.

(Décr. n° 2021-669 du 27 mai 2021, art. 1er) « Un arrêté du ministre chargé de l'économie et du garde des sceaux, ministre de la justice, précise les modalités selon lesquelles l'organisme tiers indépendant conduit sa mission. » — *V. C. com., art. A. 210-1 et A. 210-2, ci-dessous.*

IV. — L'avis motivé le plus récent de l'organisme tiers indépendant est joint au rapport mentionné au 3° de l'article L. 210-10. Cet avis est publié sur le site internet de la société et demeure accessible publiquement au moins pendant cinq ans.

Pour la première vérification de la société, l'organisme tiers indépendant appelé à vérifier, en application du 4° de l'art. L. 210-10 C. com., l'exécution du ou des objectifs sociaux et environnementaux, est désigné parmi les organismes accrédités ou, à défaut, parmi les organismes ayant déposé une demande d'accréditation dont la recevabilité a été admise par l'organisme d'accréditation (Décr. n° 2020-1 du 2 janv. 2020, art. 5).

....

Art. A. 210-1 *(Arr. du 27 mai 2021, art. 1er)* Pour délivrer l'avis mentionné au III de l'article R. 210-21, l'organisme tiers indépendant réalise les diligences suivantes :

1° Il examine l'ensemble des documents détenus par la société utiles à la formation de son avis, notamment les rapports annuels mentionnés au 3° de l'article L. 210-10 ;

2° Il interroge le comité de mission ou le référent de mission sur son appréciation de l'exécution du ou des objectifs mentionnés au 2° de l'article L. 210-10 ainsi que, s'il y a lieu, les parties prenantes sur l'exécution du ou des objectifs qui les concernent ;

3° Il interroge l'organe en charge de la gestion de la société sur la manière dont la société exécute son ou ses objectifs mentionnés au 2° de l'article L. 210-10, sur les actions menées et sur les moyens financiers et non financiers affectés, comportant le cas échéant l'application de référentiels, normes ou labels sectoriels formalisant de bonnes pratiques professionnelles, que la société met en œuvre pour les exécuter ;

4° Il s'enquiert de l'existence d'objectifs opérationnels ou d'indicateurs clés de suivi et de mesures des résultats atteints par la société à la fin de la période couverte par la vérification pour chaque objectif mentionné au 2° de l'article L. 210-10. Le cas échéant, il examine par échantillonnage les procédures de mesure de ces résultats, en ce compris les procédures de collecte, de compilation, d'élaboration, de traitement et de contrôle des informations, et réalise des tests de détails, s'il y a lieu par des vérifications sur site ;

5° Il procède à toute autre diligence qu'il estime nécessaire à l'exercice de sa mission, y compris, s'il y a lieu, par des vérifications sur site au sein de la société ou, avec leur accord, des entités concernées par un ou plusieurs objectifs mentionnés au 2° de l'article L. 210-10.

Art. A. 210-2 *(Arr. du 27 mai 2021, art. 1er)* L'organisme tiers indépendant rend un avis motivé qui comprend les éléments suivants :

1° La preuve de son accréditation ;

2° Les objectifs et le périmètre de la vérification ;

3° Les diligences qu'il a mises en œuvre, en mentionnant les principaux documents consultés et les entités ou personnes qui ont fait l'objet de ses vérifications et précisant, le cas échéant, les difficultés rencontrées dans l'accomplissement de sa mission ;

4° Une appréciation, pour chaque objectif mentionné au 2° de l'article L. 210-10, depuis la dernière vérification ou, à défaut, depuis la date à laquelle les conditions prévues à l'article L. 210-10 ont été satisfaites :

a) Des moyens mis en œuvre pour le respecter ;

b) Des résultats atteints à la fin de la période couverte par la vérification, si possible exprimés de manière quantitative par rapport à l'objectif et, le cas échéant, aux objectifs opérationnels ou indicateurs clés de suivi ;

c) De l'adéquation des moyens mis en œuvre au respect de l'objectif au regard de l'évolution des affaires sur la période ;

d) Le cas échéant, l'existence de circonstances extérieures à la société ayant affecté le respect de l'objectif ;

5° Au regard de l'ensemble des éléments de son appréciation, une conclusion motivée déclarant, pour chaque objectif mentionné au 2° de l'article L. 210-10 :

a) Soit que la société respecte son objectif ;

b) Soit que la société ne respecte pas son objectif ;

c) Soit qu'il lui est impossible de conclure.

Art. L. 210-11 *(L. nº 2019-486 du 22 mai 2019, art. 176)* Lorsque l'une des conditions mentionnées à l'article L. 210-10 n'est pas respectée, ou lorsque l'avis de l'organisme tiers indépendant conclut qu'un ou plusieurs des objectifs sociaux et environnementaux que la société s'est assignée *[assignés]* en application du 2° du même article L. 210-10 ne sont pas respectés, le ministère public ou toute personne intéressée peut saisir le président du tribunal statuant en référé aux fins d'enjoindre, le cas échéant sous astreinte, au représentant légal de la société de supprimer la mention "société à mission" de tous les actes, documents ou supports électroniques émanant de la société.

Art. L. 210-12 *(L. nº 2019-486 du 22 mai 2019, art. 176)* Une société qui emploie au cours de l'exercice moins de cinquante salariés permanents et dont les statuts remplissent les conditions définies au*[x]* 1° et 2° de l'article L. 210-10 peut prévoir dans ses statuts qu'un référent de mission se substitue au comité de mission mentionné au 3° du même article L. 210-10. Le référent de mission peut être un salarié de la société, à condition que son contrat de travail corresponde à un emploi effectif.

TITRE II DISPOSITIONS PARTICULIÈRES AUX DIVERSES SOCIÉTÉS COMMERCIALES

CHAPITRE V *DES SOCIÉTÉS ANONYMES*

SECTION 3 *Des assemblées d'actionnaires*

Art. L. 225-102-1 *(Ord. nº 2017-1180 du 19 juill. 2017, art. 1er)* I. — Une déclaration de performance extra-financière est insérée dans le rapport de gestion prévu au deuxième alinéa de l'article L. 225-100, lorsque le total du bilan ou le chiffre d'affaires et le nombre de salariés excèdent des seuils fixés par décret en Conseil d'État :

(Abrogé par Ord. nº 2020-1142 du 16 sept. 2020, art. 3-26°, à compter du 1er janv. 2021) « ***1° Pour toute société dont les titres sont admis aux négociations sur un marché réglementé ;***

« ***2° Pour toute société dont les titres ne sont pas admis aux négociations sur un marché réglementé.*** »

II. — Les sociétés mentionnées au I qui établissent des comptes consolidés conformément à l'article L. 233-16 sont tenues de publier une déclaration consolidée de performance extra-financière lorsque le total du bilan ou du chiffre d'affaires et le nombre de salariés de l'ensemble des entreprises comprises dans le périmètre de consolidation excèdent les seuils mentionnés au I.

III. — Dans la mesure nécessaire à la compréhension de la situation de la société, de l'évolution de ses affaires, de ses résultats économiques et financiers et des incidences de son activité, la déclaration mentionnée aux I et II présente des informations sur la manière dont la société prend en compte les conséquences sociales et environnementales de son activité *(Abrogé par Ord. nº 2020-1142 du 16 sept. 2020, art. 3-26°, à compter du 1er janv. 2021)* « ***, ainsi que, pour les sociétés mentionnées au 1° du I, les effets de cette activité quant au respect des droits de l'homme et à la lutte contre la corruption et l'évasion fiscale*** ». La déclaration peut renvoyer, le cas échéant, aux informations mentionnées dans le plan de vigilance prévu au I de l'article L. 225-102-4.

La déclaration comprend notamment des informations relatives aux conséquences sur le changement climatique de l'activité de la société et de l'usage des biens et services qu'elle produit, à ses engagements sociétaux en faveur du développement durable, de l'économie circulaire *(L. nº 2018-938 du 30 oct. 2018, art. 55)* « , » de la lutte contre le gaspillage alimentaire *(L. nº 2018-938 du 30 oct. 2018, art. 55)* « , de la lutte contre la précarité alimentaire, du respect du bien-être animal et d'une alimentation responsable, équitable et durable », aux accords collectifs conclus dans l'entreprise et à leurs impacts sur la performance économique de l'entreprise ainsi que sur les conditions de travail des salariés *(L. nº 2018-771 du 5 sept. 2018, art. 84)* « , aux actions visant à lutter contre les discriminations et promouvoir les diversités

(L. n° 2022-296 du 2 mars 2022, art. 27) **« , aux actions visant à promouvoir la pratique d'activités physiques et sportives » et aux mesures prises en faveur des personnes handicapées ».** *(L. n° 2021-1104 du 22 août 2021, art. 138)* **« Les informations relatives aux conséquences sur le changement climatique mentionnées à la première phrase du présent alinéa comprennent les postes d'émissions directes et indirectes de gaz à effet de serre liées aux activités de transport amont et aval de l'activité et sont accompagnées d'un plan d'action visant à réduire ces émissions, notamment par le recours aux modes ferroviaire et fluvial ainsi qu'aux biocarburants dont le bilan énergétique et carbone est vertueux et à l'électromobilité. »**

Lorsque la société établit une déclaration consolidée de performance extra-financière conformément au II, ces informations portent sur l'ensemble des entreprises incluses dans le périmètre de consolidation conformément à l'article L. 233-16.

Ces informations font l'objet d'une publication librement accessible sur le site internet de la société.

Un décret en Conseil d'État précise les modalités de présentation et de publication de ces informations, selon que la société relève du *(Ord. n° 2020-1142 du 16 sept. 2020, art. 3-26°, en vigueur le 1er janv. 2021)* **« I du présent article ou du I de l'article L. 22-10-36** *[ancienne rédaction : 1° ou du 2° du I]* **».**

IV. — Les sociétés définies au I ou au II *(Ord. n° 2020-1142 du 16 sept. 2020, art. 3-26°, en vigueur le 1er janv. 2021)* **« et à l'article L. 22-10-36, » qui sont sous le contrôle d'une société qui les inclut dans ses comptes consolidés conformément à l'article L. 233-16 ne sont pas tenues de publier de déclaration sur la performance extra-financière si la société qui les contrôle est établie en France et publie une déclaration consolidée sur la performance extra-financière conformément au II du présent article ou si la société qui les contrôle est établie dans un autre État membre de l'Union européenne et publie une telle déclaration en application de la législation dont elle relève.**

V. — Pour les sociétés dont le total du bilan ou le chiffre d'affaires et le nombre de salariés excèdent des seuils fixés par décret en Conseil d'État, le cas échéant sur une base consolidée, les informations figurant dans les déclarations mentionnées au I et au II font l'objet d'une vérification par un organisme tiers indépendant, selon des modalités fixées par décret en Conseil d'État. Cette vérification donne lieu à un avis qui est transmis aux actionnaires en même temps que le rapport mentionné au deuxième alinéa de l'article L. 225-100.

VI. — Les sociétés qui s'acquittent de l'obligation énoncée au présent article sont réputées avoir satisfait à l'obligation prévue au 2° du I de l'article L. 225-100-1, pour ce qui concerne les indicateurs de performance de nature non financière.

Lorsque le rapport prévu au deuxième alinéa de l'article L. 225-100 ne comporte pas la déclaration prévue au I ou au II du présent article, toute personne intéressée peut demander au président du tribunal statuant en référé d'enjoindre, le cas échéant sous astreinte, au conseil d'administration ou au directoire, selon le cas, de communiquer les informations mentionnées au III *(Ord. n° 2020-1142 du 16 sept. 2020, art. 3-26°, en vigueur le 1er janv. 2021)* **« ou à l'article L. 22-10-36 ». Lorsqu'il est fait droit à la demande, l'astreinte et les frais de procédure sont à la charge, individuellement ou solidairement selon le cas, des administrateurs ou des membres du directoire.** *— V. C. com., art. L. 22-10-36, ci-dessous.*

Les dispositions de l'Ord. n° 2017-1180 du 19 juill. 2017 s'appliquent aux rapports afférents aux exercices ouverts à compter du 1er août 2017 (Ord. préc., art. 15).

Les dispositions de la L. n° 2021-1104 du 22 août 2021 s'appliquent aux déclarations de performance extra-financière afférentes aux exercices comptables ouverts à compter du 1er juill. 2022 (L. préc., art. 138-III).

V. C. com., art. R. 225-104 s., infra.

DP COMPLIANCE v° *Déclaration de performance extra-financière.*

SOLUTION COMPLIANCE v° *La déclaration de performance extra-financière.*

BIBL. ▶ FRANCOIS, *Rev. sociétés 2012. 607* (*reporting* RSE : commentaire du Décr. n° 2012-557 du 24 avr. 2012). - CUZACQ, *RDT 2013. 15* (les nouveautés issues du Décr. n° 2012-557 du 24 avr. 2012 relatif aux obligations de transparence des entreprises en matière sociale et environnementale). – FRANÇOIS, *Rev. sociétés 2017. 603* (déclaration de performance extra-financière). – MARTIN-CHENUT, *Dr. soc. 2017. 798* (devoir de vigilance : internormativités et durcissement de la RSE). – MALECKI, *BJS 2017. 632*. – CUZACQ, *Rev. sociétés 2018. 347*. – PARANCE et GROULX, *JCP E 2018. 1128*. – FÉLIX, *BJB 2018. 328*. – GALVIN, *JCP E 2020, nº 1492* (réforme du code de commerce par l'Ord. nº 2020-1142 du 16 sept. 2020). – TEYSSIÉ, *JCP E 2021, nº 1356* (la déclaration de performance extra-financière). – LERAY, *Rev. sociétés 2021. 682* (la loi climat et l'entreprise). – MALECKI, *RLDA déc. 2021, suppl., p. 19* (l'information non financière).

COMMENTAIRE

La transparence est au cœur des démarches de responsabilité sociale des entreprises (RSE) et de développement durable, elle l'est également pour la promotion des droits humains qui s'appuie sur le devoir de vigilance des entreprises et sur leur obligation à rendre compte à l'égard des consommateurs et des investisseurs. La nécessité de rapporter sur ses activités, engagement volontaire dans la démarche RSE, est aujourd'hui consacrée par le législateur français qui impose aux sociétés d'une certaine importance la publication périodique d'une déclaration de performance extra-financière contenant les indicateurs en matière de droits humains, incluant le domaine social et environnemental. Dans son dernier état, la législation transpose la directive nº 2014/95/UE du Parlement européen et du Conseil du 22 octobre 2014 modifiant la directive nº 2013/34/UE en ce qui concerne la publication d'informations non financières et d'informations relatives à la diversité par certaines grandes entreprises et certains groupes.

I. OBLIGATION D'ÉTABLIR UNE DÉCLARATION DE PERFORMANCE EXTRA-FINANCIÈRE INTÉGRÉE AU RAPPORT DE GESTION

L'obligation d'émettre une déclaration concerne toutes les sociétés dont le total de bilan ou le chiffre d'affaires est au minimum de 100 millions d'euros (40 millions d'euros pour les sociétés cotées) et dont le nombre moyen de salariés permanents employés au cours de l'exercice est de 500 au moins (V. aussi art. R. 225-105 et R. 225-105-1, *infra*). La déclaration présente des informations sur la manière dont la société prend en compte les conséquences sociales et environnementales de son activité. S'y ajoute pour les sociétés cotées la description des effets de cette activité sur le respect des droits de l'homme, la lutte contre la corruption « et l'évasion fiscale ». La déclaration peut renvoyer, pour ce faire, aux informations mentionnées dans le plan de vigilance prévu au I de l'article L. 225-102-4 (V. *infra*).

La déclaration comprend, notamment, un nombre d'informations accru par des lois récentes relatives aux conséquences sur le changement climatique de l'activité de la société et de l'usage des biens et services qu'elle produit, à ses engagements sociétaux en faveur du développement durable, de l'économie circulaire de la lutte contre le gaspillage, de la lutte contre la précarité alimentaire...

Ces sociétés, lorsqu'elles établissent des comptes consolidés, doivent publier une déclaration consolidée lorsque l'ensemble des sociétés incluses dans la consolidation excède les mêmes seuils. Les filiales dépassant ces seuils sont dès lors exemptées de déclaration lorsque la société mère y pourvoit en France ou dans l'un des États membres de l'Union européenne.

La déclaration doit être accessible sur le site internet de la société dans un délai de huit mois à compter de la clôture de l'exercice, et ce pendant une durée de cinq années afin que le public soit en mesure d'en prendre connaissance (C. com., art. R. 225-105-III). La consultation des déclarations sur plusieurs années permet ainsi de comparer les données produites par la société (C. com., art. R. 225-105-I).

Le contenu de la déclaration est vérifié par un organisme tiers indépendant (C. com., art. L. 225-102-1-IV) choisi au sein de la liste des organismes accrédités à cet effet par le Comité français d'accréditation (COFRAC) ou un homologue européen (C. com., art. R. 225-105-2-I). Cet organisme est désigné par le directeur général de la société assujettie ou le président de son directoire, pour une durée qui ne peut excéder six exercices.

II. SANCTION DU DÉFAUT DE DÉCLARATION DE PERFORMANCE EXTRA-FINANCIÈRE

Seul le défaut d'établissement de la déclaration est sanctionné civilement. Il entraîne la nullité des délibérations prises en assemblée (C. com., art. L. 225-121, al. 1er). Par ailleurs, toute personne intéressée peut demander au président du tribunal statuant en référé d'enjoindre sous astreinte au conseil d'administration ou au directoire de communiquer ces informations. Lorsqu'il est fait droit à la demande, l'astreinte et les frais de procédure sont à la charge des administrateurs ou des membres du directoire (C. com., art. L. 225-102-1-VI).

En revanche, le code de commerce ne prévoit pas de sanction en cas d'informations erronées ou mensongères dans la déclaration intégrée au rapport de gestion. ❑

Code de commerce **Art. L. 22-10-36** *(Ord. n° 2020-1142 du 16 sept. 2020, art. 6, en vigueur le 1er janv. 2021)* Les dispositions de l'article L. 225-102-1, relatives à la déclaration de performance extra-financière et à la déclaration consolidée de performance extra-financière, sont applicables aux sociétés dont les titres sont admis aux négociations sur un marché réglementé lorsque le total du bilan ou le chiffre d'affaires et le nombre de salariés excèdent des seuils fixés par décret en Conseil d'État.

Pour ces sociétés, en complément des informations mentionnées au III de l'article L. 225-102-1, la déclaration de performance extra-financière et la déclaration consolidée de performance extra-financière présentent les effets de leur activité quant au respect des droits de l'homme et à la lutte contre la corruption et l'évasion fiscale.

Lorsque le rapport prévu au deuxième alinéa de l'article L. 225-100 ne comporte pas la déclaration prévue au I ou au II de l'article L. 225-102-1, toute personne intéressée peut demander au président du tribunal statuant en référé d'enjoindre, le cas échéant sous astreinte, au conseil d'administration ou au directoire, selon le cas, de communiquer les informations mentionnées au III de l'article L. 225-102-1 et au deuxième alinéa du présent article. Lorsqu'il est fait droit à la demande, l'astreinte et les frais de procédure sont à la charge, individuellement ou solidairement selon le cas, des administrateurs ou des membres du directoire.

V. art. R. 225-104 et R. 225-105, infra.

Art. L. 225-102-2 *(L. n° 2003-699 du 30 juill. 2003, art. 23)* **Pour les sociétés exploitant au moins une installation figurant sur la liste prévue** *(L. n° 2013-619 du 16 juill. 2013, art. 11-II, en vigueur le 1er juin 2015)* **« à l'article L. 515-36 » du code de l'environnement, le rapport** *(Ord. n° 2017-1162 du 12 juill. 2017, art. 11-III)* **« mentionné au deuxième alinéa de l'article L. 225-100 » du présent code :**

— informe de la politique de prévention du risque d'accident technologique menée par la société ;

— rend compte de la capacité de la société à couvrir sa responsabilité civile vis-à-vis des biens et des personnes du fait de l'exploitation de telles installations ;

— précise les moyens prévus par la société pour assurer la gestion de l'indemnisation des victimes en cas d'accident technologique engageant sa responsabilité.

Art. L. 225-102-3 *(L. n° 2014-1662 du 30 déc. 2014, art. 12-I)* **I. — Les sociétés mentionnées aux 1° à 3° de l'article L. 123-16-2 ou celles qui dépassent, au titre du dernier exercice comptable clos et sur une base annuelle, deux des trois seuils fixés, respectivement, pour le total de bilan, le montant net du chiffre d'affaires ou le nombre moyen de salariés et dont tout ou partie des activités consiste en l'exploration, la prospection, la découverte, l'exploitation ou l'extraction d'hydrocarbures, de houille et de lignite, de minerais métalliques, de pierres, de sables et d'argiles, de minéraux chimiques et d'engrais minéraux, de tourbe, de sel ou d'autres ressources minérales ou en l'exploitation de forêts primaires rendent public annuellement et dans les conditions fixées au III du présent article un rapport sur les paiements effectués au profit des autorités de chacun des États ou territoires dans lesquels elles exercent ces activités.**

Par dérogation au premier alinéa du présent I, les sociétés mentionnées au même premier alinéa et les sociétés qui contrôlent, au sens de l'article L. 233-16, une société remplissant les conditions prévues au même I et qui sont tenues d'établir des comptes consolidés en application du même article L. 233-16 rendent public un rapport consolidé sur les paiements effectués au profit des autorités d'un ou de plusieurs États ou territoires.

II. — Une société contrôlée remplissant les conditions du I du présent article et celles de l'article L. 233-19 n'est pas incluse dans le champ du rapport consolidé mentionné au second alinéa du I du présent article.

Les sociétés contrôlées répondant aux conditions prévues au même I ne sont pas tenues de publier un rapport lorsque leur société consolidante relève du droit d'un État membre de l'Union européenne et que les paiements effectués par ces sociétés sont inclus dans le rapport consolidé établi par la société consolidante en application de la législation dont elle relève.

III. — Le rapport sur les paiements prévu au I du présent article mentionne le montant de tout versement individuel, ou ensemble de versements lorsque ceux-ci sont liés entre eux, égal ou supérieur à 100 000 € au cours de l'exercice précédent et qui est effectué au profit de toute autorité nationale, régionale ou locale d'un État ou territoire, ou de toute administration, agence ou entreprise contrôlée, au sens de l'article L. 233-16, par une telle autorité, ainsi que le montant des paiements effectués pour chacune des catégories de paiements définies comme suit :

1° Droits à la production ;

2° Impôts ou taxes perçus sur le revenu, la production ou les bénéfices des sociétés, à l'exclusion des impôts ou taxes perçus sur la consommation, tels que les taxes sur la valeur ajoutée, les impôts sur le revenu des personnes physiques ou les impôts sur les ventes ;

3° Redevances ;

4° Dividendes ;

5° Primes de signature, de découverte et de production ;

6° Droits de licence, frais de location, droits d'entrée et autres contreparties de licence et/ou de concession ;

7° Paiements pour des améliorations des infrastructures.

Lorsque ces paiements ont été imputés à un ou à plusieurs projets spécifiques, le rapport précise également le montant total et par catégorie des paiements effectués pour chacun des projets.

Un projet désigne les activités opérationnelles régies par un contrat, une licence, un bail, une concession ou tout autre accord juridique similaire ou par un ensemble de ces accords lorsque ceux-ci ont un lien substantiel entre eux, et constituant la base d'obligations de paiement.

IV. — Le rapport sur les paiements prévu au I fait l'objet d'une approbation par le conseil d'administration ou le directoire. Il est déposé au greffe du tribunal de commerce, pour être annexé au registre du commerce et des sociétés, dans le mois suivant l'approbation des comptes annuels par l'assemblée générale des actionnaires ou dans les deux mois suivant cette approbation lorsque ce dépôt est effectué par voie électronique. Il fait également l'objet, dans les mêmes délais, d'une publication gratuite, accessible au public et lisible sur le site internet de la société, dans des conditions prévues par décret en Conseil d'État.

V. — Les conditions d'application du présent article sont fixées par décret en Conseil d'État, en ce qui concerne notamment les seuils prévus au premier alinéa du I, les catégories de paiements prévues au premier alinéa du III et la publication sur le site internet de la société prévue au IV.

VI. — Le fait de ne pas satisfaire aux obligations de publicité prévues au IV ou de publier des informations partielles ou erronées est puni d'une amende de 3 750 €.

Les personnes morales encourent, outre cette amende, la peine complémentaire prévue au 9° de l'article 131-39 du code pénal.

(Abrogé par Ord. n° 2020-1142 du 16 sept. 2020, art. 3-27°, à compter du 1er janv. 2021) (Ord. n° 2015-1576 du 3 déc. 2015, art. 5) « VII. — Par dérogation aux deuxième et troisième phrases du IV, les émetteurs mentionnés aux I et II de l'article L. 451-1-2 du code monétaire et financier et soumis aux obligations définies au I du présent article, dont des titres de capital ou des titres de créance sont admis aux négociations sur un marché réglementé, publient leur rapport sur les paiements effectués au profit des autorités et le déposent au greffe du tribunal de commerce, ainsi qu'auprès de l'Autorité des marchés financiers, dans les six mois qui suivent la clôture de leur exercice. Ce rapport est tenu à la disposition du public pendant dix ans. » — V. C. com., art. L. 22-10-37, ci-dessous.

L'art. L. 225-102-3 est applicable aux exercices ouverts à compter du 1er janv. 2015 dans les sociétés dont le nombre moyen de salariés permanents, y compris ceux des filiales directes ou indirectes, est supérieur à 5 000 au cours de l'exercice, et à compter du 1er janv. 2016 dans les autres sociétés (L. n° 2014-1662 du 30 déc. 2014, art. 12-II).

COMMENTAIRE

La sensibilité de certains secteurs d'activité en raison de leur nature et de leur localisation justifie de mettre à la charge des entreprises une obligation supplémentaire visant à rendre compte des modalités de la relation d'affaires suivie dans ce cadre. L'exemple des minerais, visés par le texte, est éloquent puisqu'il a donné lieu à une mobilisation des organisations internationales et régionales afin de sécuriser les conditions de leur acquisition.

Ce secteur fait, en effet, l'objet d'une attention particulière. Certains minerais et métaux – étain, tungstène, tantale et or – appelés « minerais de sang » proviennent de mines contrôlées par des groupes armés dans la région des Grands Lacs en Afrique. Les entreprises, dont ces minerais entrent dans la chaîne d'approvisionnement, sont donc l'objet de réglementations ou lignes directrices prises par plusieurs pays et organisations internationales.

Ainsi, le législateur français a approuvé l'adhésion de la France à l'initiative pour la transparence dans les industries extractives (ITIE) (L. n° 2014-773 du 7 juill. 2014 d'orientation et de programmation relative à la politique de développement et de solidarité internationale), tandis que l'ensemble des dispositions du règlement (UE) 2017/821 du Parlement européen et du Conseil du 17 mai 2017 fixant des obligations liées au devoir de diligence à l'égard de la chaîne d'approvisionnement pour les importateurs de l'Union qui importent de l'étain, du tantale et du tungstène, leurs minerais et de l'or provenant de zones de conflit ou à haut risque est applicable depuis le 1er janvier 2021 dans l'ensemble des pays membres de l'Union européenne.

Aux États-Unis, une loi fédérale de 2010 institue un devoir de diligence à l'égard des sociétés cotées en bourse aux États-Unis s'approvisionnant en matières provenant de cette région. Cette loi impose des contrôles sur les chaînes d'approvisionnement afin de déterminer si leurs achats de minerais ont bénéficié à des groupes armés impliqués dans des exactions. Si tel est le cas, les entreprises soumettent un rapport public à la *Security and Exchange Commission* (SEC), à propos des mesures qu'elles ont prises (*Dodd-Frank Act*, Titre XV).

En 2016, l'OCDE a publié des lignes directrices intitulées « Guide sur le devoir de diligence pour des chaînes d'approvisionnement responsables en minerais issus de zones de conflit ou à haut risque ». Le Parlement européen a, quant à lui, adopté le 16 mars 2017 une résolution législative sur la proposition de règlement du Parlement européen et du Conseil instaurant un mécanisme européen d'auto-certification, dans le cadre du devoir de diligence relatif aux chaînes d'approvisionnement, pour les importateurs responsables d'étain, de tantale, de tungstène, de leurs minerais et d'or originaires de zones de conflit ou à haut risque. La résolution du Parlement européen a été suivie de l'édiction d'un règlement dédié, applicable en toutes ses dispositions depuis le 1er janvier 2021 (Règl. (UE) 2017/821 du Parlement européen et du Conseil du 17 mai 2017). ❑

Code de commerce **Art. L. 22-10-37** *(Ord. n° 2020-1142 du 16 sept. 2020, art. 6, en vigueur le 1er janv. 2021)* Par dérogation aux deuxième et troisième phrases du IV de l'article L. 225-102-3, les émetteurs mentionnés aux I et II de l'article L. 451-1-2 du code monétaire et financier et soumis aux obligations définies au I de l'article L. 225-102-3 dont des titres de capital ou des titres de créance sont admis aux négociations sur un marché réglementé publient leur rapport sur les paiements effectués au profit des autorités de chacun des États ou territoires dans lesquels elles exercent les activités mentionnées au I de l'article L. 225-102-3 et le déposent au greffe du tribunal de commerce, ainsi qu'auprès de l'Autorité des marchés financiers, dans les six mois qui suivent la clôture de leur exercice.

Ce rapport est tenu à la disposition du public pendant dix ans.

Art. L. 225-102-4 *(L. n° 2017-399 du 27 mars 2017, art. 1er)* **I. – Toute société qui emploie, à la clôture de deux exercices consécutifs, au moins cinq mille salariés en son sein et dans ses filiales directes ou indirectes dont le siège social est fixé sur le territoire français, ou au moins dix mille salariés en son sein et dans ses filiales**

directes ou indirectes dont le siège social est fixé sur le territoire français ou à l'étranger, établit et met en œuvre de manière effective un plan de vigilance.

Les filiales ou sociétés contrôlées qui dépassent les seuils mentionnés au premier alinéa sont réputées satisfaire aux obligations prévues au présent article dès lors que la société qui les contrôle, au sens de l'article L. 233-3, établit et met en œuvre un plan de vigilance relatif à l'activité de la société et de l'ensemble des filiales ou sociétés qu'elle contrôle.

Le plan comporte les mesures de vigilance raisonnable propres à identifier les risques et à prévenir les atteintes graves envers les droits humains et les libertés fondamentales, la santé et la sécurité des personnes ainsi que l'environnement, résultant des activités de la société et de celles des sociétés qu'elle contrôle au sens du II de l'article L. 233-16, directement ou indirectement, ainsi que des activités des sous-traitants ou fournisseurs avec lesquels est entretenue une relation commerciale établie, lorsque ces activités sont rattachées à cette relation.

(L. n° 2021-1104 du 22 août 2021, art. 273, en vigueur le 1er janv. 2024) « Pour les sociétés produisant ou commercialisant des produits issus de l'exploitation agricole ou forestière, ce plan comporte en particulier des mesures de vigilance raisonnable propres à identifier les risques et à prévenir la déforestation associée à la production et au transport vers la France de biens et de services importés.

« Un arrêté définit les catégories d'entreprises mentionnées au quatrième alinéa du présent I. »

Le plan a vocation à être élaboré en association avec les parties prenantes de la société, le cas échéant dans le cadre d'initiatives pluripartites au sein de filières ou à l'échelle territoriale. Il comprend les mesures suivantes :

1° Une cartographie des risques destinée à leur identification, leur analyse et leur hiérarchisation ;

2° Des procédures d'évaluation régulière de la situation des filiales, des sous-traitants ou fournisseurs avec lesquels est entretenue une relation commerciale établie, au regard de la cartographie des risques ;

3° Des actions adaptées d'atténuation des risques ou de prévention des atteintes graves ;

4° Un mécanisme d'alerte et de recueil des signalements relatifs à l'existence ou à la réalisation des risques, établi en concertation avec les organisations syndicales représentatives dans ladite société ;

5° Un dispositif de suivi des mesures mises en œuvre et d'évaluation de leur efficacité.

Le plan de vigilance et le compte rendu de sa mise en œuvre effective sont rendus publics et inclus dans le rapport *(Ord. n° 2017-1162 du 12 juill. 2017, art. 11-IV)* « de gestion mentionné au deuxième alinéa de l'article L. 225-100. »

Un décret en Conseil d'État peut compléter les mesures de vigilance prévues aux 1° à 5° du présent article. Il peut préciser les modalités d'élaboration et de mise en œuvre du plan de vigilance, le cas échéant dans le cadre d'initiatives pluripartites au sein de filières ou à l'échelle territoriale.

II. — Lorsqu'une société mise en demeure de respecter les obligations prévues au I n'y satisfait pas dans un délai de trois mois à compter de la mise en demeure, la juridiction compétente peut, à la demande de toute personne justifiant d'un intérêt à agir, lui enjoindre, le cas échéant sous astreinte, de les respecter.

Le président du tribunal, statuant en référé, peut être saisi aux mêmes fins.

Les art. L. 225-102-4 et L. 225-102-5 s'appliquent à compter du rapport mentionné à l'art. L. 225-102 portant sur le premier exercice ouvert après la publication de la L. n° 2017-399 du 27 mars 2017. Par dérogation, pour l'exercice au cours duquel la L. n° 2017-399 du 27 mars 2017 a été publiée, le I de l'art. L. 225-102-4 s'applique, à l'exception du compte rendu prévu à son avant-dernier al. (L. préc., art. 4, JO 28 mars).

DP COMPLIANCE v° *Devoir de vigilance.*

SOLUTION COMPLIANCE v^is *Le plan de vigilance ; Les achats responsables.*

BIBL. ▶ DANIS-FATÔME et VINEY, *D. 2017. Chron. 1610* (responsabilité civile dans la loi du 27 mars 2017). – SCHILLER, *JCP E 2017. 1193 ; BRDA 2017, n° 8, p. 19.* – MALECKI, *BJS 2017. 298.* – HEINICH, *Dr. sociétés 2017, n° 78.* – Dossier ANSA n° 17-037 (entrée en vigueur de la communication sur le plan de vigilance). – Dossier spécial, *RICEA déc. 2017*. – PORACCHIA, *RTDF 2017, n° 4, p. 93*. – Dossier « Compliance et transparence en 2018 », *Actes pratiques janv.-févr. 2018*. – ROLLAND, *RPC 2018, n° 52* (obligation de vigilance en matière environnementale). – TAP, *RJ com. 2018. 5*. – QUEINNEC et FEUNTEUN, *RLDA mai 2018. 23* (la preuve de vigilance, un challenge d'interprétation). – TATOUX, *RLDA févr. 2019. 27* (*reporting* social et environnemental extra-financier : quelle mesure de la performance d'entreprise au service de quelle stratégie ?). – Table ronde, *Cah. dr. entr. 2020, n° 2, p. 9* (devoir de vigilance : premières mises en demeure et actions en justice). – HAUTEREAU-BOUTONNET, *D. 2020. 609* (première assignation d'une entreprise pour non-respect de son devoir de vigilance en matière climatique : quel rôle préventif pour le juge ?). – CAMY et OBERKAMPF, *Dr. soc. 2020. 239* (devoir de vigilance des banques : quels constats à l'aune des premiers plans ?). – MÉTAIS et VALETTE, *D. avocats 2020. 235* (stratégie contentieuse et devoir de vigilance). – B. LECOURT, *Rev. sociétés 2020. 315* (pour un texte européen sur le devoir de vigilance des sociétés). – CUZACQ, *D. 2020. 970* (premier contentieux relatif à la loi « vigilance » du 27 mars 2017, une illustration de l'importance du droit judiciaire privé). – MONGIN-ARCHAMBEAUD et DE DREUILLE, *BRDA 2020, n° 6, p. 29* (devoir de vigilance : quels enseignements tirer des premiers contentieux). – LENOIR, *JCP E 2020, n° 1250* (la loi sur le devoir de vigilance ou les incertitudes de la transformation du droit souple en règles impératives). – MOUA, *Cah. just. 2020. 245* (la lutte contre la traite dans les entreprises). – MUNOZ-PONS et GUISARD, *D. actu. 3 mars 2021* (quelles perspectives européennes pour le devoir de vigilance ?). – BELLO, DAOUD et PERRAULT, *D. actu. 22 mars 2021* (la cartographie des risques : les nouveaux risques et leurs ramifications). – TEYSSIÉ, *D. 2021. 1823* (le plan de vigilance : trois années d'application). – LERAY, *Rev. sociétés 2021. 682* (la loi climat et l'entreprise).

► V. aussi la Bibl. Gén. en tête de rubrique.

COMMENTAIRE

Dans le prolongement des textes internationaux relatifs à la protection des droits humains, le législateur français consacre un devoir de vigilance pesant sur les entreprises d'une certaine importance. Il se traduit par la nécessité d'adopter un plan de vigilance tendant principalement à mettre en place des processus d'identification des risques actuels et potentiels de violation des droits humains, concernant les activités directes et indirectes de ces entreprises (relations avec les distributeurs, fournisseurs, sous-traitants, ...). Le législateur adopte *de facto* l'interprétation donnée à ces notions par les Principes directeurs de l'ONU relatifs aux entreprises et aux droits de l'homme (V. *infra*, III. Règles internationales). Il s'inscrit aussi dans les objectifs de la responsabilité sociale des entreprises (RSE) en leur donnant un caractère obligatoire. La loi impose ainsi aux entreprises une nouvelle phase d'intégration dans un corpus de règles sanctionnées d'engagements jusqu'alors volontaires (codes de conduite, chartes éthiques ou accords-cadres internationaux).

L'obligation de vigilance des entreprises donneuses d'ordre porte sur toute la chaîne de valeur de l'entreprise. L'objectif est de permettre aux entreprises de prévenir les atteintes graves aux droits humains, aux libertés fondamentales, à la santé et la sécurité des personnes, et à l'environnement dans le cadre de leurs activités, de celles des sociétés qu'elles contrôlent, des sous-traitants ou fournisseurs avec lesquels elles entretiennent une relation commerciale établie.

I. OBLIGATION DE VIGILANCE DE L'ENTREPRISE

A. ENTREPRISES CONCERNÉES

Les deux premiers alinéas du I de l'article L. 225-102-4 du code de commerce fixent les critères justifiant la soumission des entreprises au respect du devoir de vigilance. Il s'agit de « toute société qui emploie, à la clôture de deux exercices consécutifs, au moins cinq mille salariés en son sein et dans ses filiales directes ou indirectes dont le siège social est fixé sur le territoire français, ou au moins dix mille salariés en son sein et dans ses filiales directes ou indirectes dont le siège social est fixé sur le territoire français ou à l'étranger, établit et met en œuvre de manière effective un plan de vigilance ». La loi précise que « Les filiales ou sociétés contrôlées qui dépassent les seuils mentionnés au premier alinéa sont réputées satisfaire aux obligations prévues au présent article dès lors que la société qui les contrôle, au sens de l'article L. 233-3, établit et met en œuvre un plan de vigilance relatif à l'activité de la société et de l'ensemble des filiales ou sociétés qu'elle contrôle ».

B. NATURE ET CHAMP D'APPLICATION DE L'OBLIGATION DE VIGILANCE

L'obligation de diligence raisonnable, ou devoir de diligence (« *due diligence* »), consacrée sous la qualification d'obligation de vigilance par la norme ISO 26 000, consiste en « une démarche globale et active de l'entreprise afin d'identifier, d'éviter et atténuer les impacts négatifs sociaux, environnementaux et économiques réels, qui résultent des décisions et activités d'une organisation sur tout le cycle de vie d'un de ses projets ou activités ». Cette démarche porte, dès lors, sur les relations commerciales de l'entreprise entendues comme les relations « avec ses partenaires commerciaux, les entités de sa chaîne de valeur et toute autre entité non étatique ou étatique directement liée à ses activités, ses produits ou ses services commerciaux ». A cette notion, la norme ISO 26 000 relative à la responsabilité sociétale des organisations lui préfère celle de « sphère d'influence » définie comme « un domaine, des relations politiques, contractuelles ou économiques à travers lesquelles une entreprise peut influencer les décisions ou les activités d'autres entreprises ou de personnes individuelles ».

La loi n° 2021-1104 du 22 août 2021 portant lutte contre le dérèglement climatique et renforcement de la résilience face à ses effets ajoute au I de l'article L. 225-102-4 une nouvelle obligation de vigilance pour les sociétés produisant ou commercialisant des produits issus de l'exploitation agricole ou forestière, dans la mesure où le plan devra comporter, en particulier, des mesures de vigilance raisonnable propres à identifier les risques et à prévenir la déforestation associée à la production et au transport vers la France de biens et de services importés. Cette obligation sera applicable au 1er janvier 2024.

Le champ d'application de l'obligation de vigilance, ainsi entendu, assure un rayonnement important de la loi française permettant de dépasser les obstacles liés au voile de la personnalité morale des entreprises et à la multiplicité des contrats liant l'entreprise donneuse d'ordre à ses filiales, fournisseurs et sous-traitants (V. *supra*, le comm. en tête de cette rubrique).

II. CONDITIONS D'ÉLABORATION DU PLAN DE VIGILANCE

A. CRITÈRES D'EFFECTIVITÉ DU PLAN DE VIGILANCE

Les éléments guidant la mise en œuvre effective des plans de vigilance s'appuient sur les meilleures pratiques des entreprises, les guides de l'OCDE sur le devoir de diligence, les principes directeurs relatifs aux entreprises et aux droits de l'homme des Nations unies qui contiennent, quant à eux, plusieurs indices sur la manière dont l'efficacité d'un plan de vigilance doit se manifester au stade des cartographies, des processus décisionnels et budgétaires à déployer, ou du suivi de l'efficacité des mesures et des mécanismes d'alerte (V. ces textes, *infra*, III. Règles internationales).

La mise en œuvre effective du plan de vigilance constitue une obligation de moyen pour les entreprises qui doivent dès lors démontrer qu'elles ont mis en œuvre les moyens nécessaires dans le but d'identifier les risques et de prévenir les atteintes graves aux droits humains, aux libertés fondamentales, à la sécurité et à la santé des personnes et à l'environnement (obs. du Gouvernement, AN, 11 mars 2015, rapp. n° 26285 et AN, 16 mars 2016, rapp. n° 3582, qui réfute l'existence d'une obligation de résultat à l'égard des sociétés visées).

B. PARTICIPATION DES PARTIES PRENANTES À L'ÉLABORATION DU PLAN DE VIGILANCE

Sans qu'il s'agisse d'une obligation, les parties prenantes de l'entreprise ont vocation à participer à l'élaboration du plan. Les parties prenantes, notion issue du droit souple apparue dans les rapports « développement durable » dans la loi n° 2001-420 du 15 mai 2001 sur les nouvelles régulations économiques et les normes en matière de RSE (Principes directeurs de l'OCDE à l'intention des multinationales, Principes directeurs des Nations unies relatifs aux entreprises et aux droits de l'homme ou norme ISO 26 000) rassemblent les travailleurs, syndicats, fournisseurs, clients, banques, pouvoirs publics, ONG, communautés locales, et ce, dans tout le périmètre du plan de vigilance, c'est-à-dire en prenant en compte filiales, sous-traitants et fournisseurs. L'instauration d'un dialogue avec les parties prenantes, tant internes qu'externes à l'entreprise, principe essentiel de la RSE qui renvoie au principe de participation du public au processus décisionnel et au principe de redevabilité renvoyant au droit d'accès à la justice, revêt tout son sens pour l'élaboration d'un plan de vigilance. Ce dialogue entre l'entreprise et ses parties prenantes permet en effet de créer un lien direct avec les personnes potentiellement affectées par son activité.

La difficulté pour les entreprises résidera cependant dans l'identification de ses parties prenantes au regard de leur nombre potentiellement élevé. Cette démarche doit être portée vers la recherche de représentativité et de crédibilité (norme ISO 26 000, art. 5.3.2) des parties prenantes identifiées. A ce titre, les travailleurs et leurs représentants sont évidemment incontournables.

III. CONTENU DU PLAN DE VIGILANCE

Les plans de vigilance contiennent nécessairement une cartographie des risques destinée à leur identification, leur analyse et leur hiérarchisation ; des procédures d'évaluation régulière de la situation des filiales, des sous-traitants ou fournisseurs avec lesquels est entretenue une relation commerciale établie, au regard de la cartographie des risques ; des actions adaptées d'atténuation des risques ou de prévention des atteintes graves, un mécanisme d'alerte et de recueil des signalements relatifs à l'existence ou à la réalisation des risques, établi en concertation avec les organisations syndicales représentatives dans ladite société ; et enfin un dispositif de suivi des mesures mises en œuvre et d'évaluation de leur efficacité.

Les instruments relatifs au devoir de vigilance sont communs avec d'autres instruments tels que la cartographie des risques ou l'alerte de la loi n° 2016-1691 du 9 décembre 2016 relative à la transparence, à la lutte contre la corruption et à la modernisation de la vie économique (V. v° *Corruption*), ou des obligations d'informations extra-financières (Ord. n° 2017-1180 du 19 juill. 2017 relative à la publication d'informations non financières par certaines grandes entreprises et certains groupes d'entreprises).

Ils se superposent ainsi à de nombreuses obligations – comme à des instruments de RSE adoptés volontairement – expliquant le paysage impressionniste laissé par les plans de vigilances publiés depuis 2017. Certains se réfèrent au titre de ces obligations à d'autres parties de leur rapport de gestion, tandis que d'autres traitent explicitement de cette obligation (V., pour une étude approfondie des rapports publiés entre 2017 et 2019, Rapport remis au Bureau international du travail. Mise en œuvre de la loi sur le devoir de vigilance. Rapport sur les premiers plans adoptés par les entreprises ; P. Barraud de Lagerie, É. Béthoux, R. Bourguignon, A. Mias et É. Penalva-Icher, Univ. Paris Dauphine, IRISSO, École normale supérieure Paris-Saclay, IDHES, Univ. Paris Est Créteil, IRG, 2019).

Les plans de vigilance qui doivent s'accompagner du compte rendu relatif à leur mise en œuvre effective sont rendus publics et inclus dans le rapport mentionné à l'article L. 225-102 du code de commerce.

IV. LETTRES DE MISES EN DEMEURE DE SE METTRE EN CONFORMITÉ AVEC LES OBLIGATIONS RELATIVES AU DEVOIR DE VIGILANCE

Le lundi 24 juin 2019, quatre associations ougandaises ont mis en demeure un groupe pétrolier français de se conformer à la loi relative au devoir de vigilance des multinationales concernant un important projet pétrolier en Ouganda. En effet, selon ces associations, plusieurs enquêtes et études commandées par leurs soins, tendaient à démontrer que ce projet pétrolier engendrerait des atteintes graves aux droits humains d'une part, et menacerait un parc naturel, d'autre part. Il était enjoint au groupe pétrolier de combler les lacunes et défaillances de son plan de vigilance actuel, lequel ne comprendrait aucune identification réelle des risques, ni de mesures spécifiques concernant ses activités en Ouganda.

De la même façon, le 18 juillet 2019, une entreprise du secteur de l'externalisation des centres d'appels a été destinataire d'une lettre de mise en demeure émise par une ONG et une fédération syndicale internationale pour manquement à son devoir de vigilance. Il était reproché à la multinationale d'avoir insuffisamment pris en compte dans son plan de vigilance les risques d'atteintes graves aux droits des travailleurs dans plusieurs de ses filiales à l'étranger. Ainsi la secrétaire générale de l'ONG a pu déclarer que la société « [avait] décidé de mener ses activités dans des pays souvent peu respectueux des droits humains (Inde, Philippines, Colombie et Mexique). Dans ce contexte, il lui [revenait] d'adopter un plan crédible et holistique, pour empêcher que ces risques ne deviennent réalité ». Elle déplorait également « une cartographie insuffisante des risques, l'absence de mesures concrètes pour garantir les droits humains, aucune consultation avec les parties prenantes, et aucune consultation avec les syndicats français sur le mécanisme d'alerte ».

V. SANCTION DE LA DÉFAILLANCE DANS L'ÉTABLISSEMENT DU PLAN DE VIGILANCE

Afin d'assurer l'effectivité du dispositif, la violation par l'entreprise de ses obligations de vigilance peut conduire à sa mise en cause, par toute personne justifiant d'un intérêt à agir devant le juge français, qui peut lui enjoindre, après mise en demeure, de se mettre en conformité avec les dispositions relatives au contenu et à la publication du plan de vigilance. Âprement débattue, la question de la juridiction compétente a été tranchée par la loi n° 2021-1729 du 22 décembre 2021 pour la confiance dans l'institution judiciaire. L'article L. 211-21 du code de l'organisation judiciaire dispose ainsi que « le tribunal judiciaire de Paris connaît des actions relatives au devoir de vigilance fondées sur les articles L. 225-102-4 et L. 225-102-5 du code de commerce », mettant un terme définitif au débat entretenu en jurisprudence entre les compétences du tribunal de commerce et du tribunal judiciaire, voire l'existence d'une option de compétence entre les deux juridictions.

Une action en responsabilité civile extracontractuelle à l'encontre de l'entreprise concernée peut également être portée devant le juge, en raison des dommages causés aux personnes ou à l'environnement, ayant résulté de ses activités, notamment lorsque ses obligations de vigilance n'ont pas fait l'objet d'un suivi suffisamment attentif. L'action est exercée dans les conditions du droit commun afin de « réparer le préjudice que l'exécution de ces obligations aurait permis d'éviter » (V. C. com., art. L. 225-102-5).

S'ajoutent à ces sanctions éventuelles deux nouvelles sanctions inscrites au sein des articles L. 2141-7-1 et L. 3123-7-1 du code de la commande publique issues de la loi n° 2021-1104 du 22 août 2021 portant lutte contre le dérèglement climatique et renforcement de la résilience face à ses effets. La loi introduit en effet les peines d'exclusion de la procédure de passation d'un marché public et d'exclusion d'un contrat de concession publique en cas de violation de l'obligation de vigilance prévue à l'article L. 225-102-4 du code de commerce. Dans l'attente d'un décret d'application, ces deux nouvelles sanctions ne seront applicables qu'au plus tard le 22 août 2026. ❑

1. Notion de relation commerciale établie. La L. n° 2017-399 du 27 mars 2017 relative au devoir de vigilance impose aux sociétés donneuses d'ordre d'évaluer régulièrement la situation de leurs filiales, des sociétés qu'elles contrôlent, ainsi que des sous-traitants ou fournisseurs avec lesquels elles entretiennent « une relation commerciale établie ». Cette relation commerciale est définie comme la relation dont chaque partenaire peut raisonnablement anticiper la poursuite pour l'avenir (à propos de l'anc. art. L. 442-6 C. com.). • Com. 15 sept. 2009, n° 08-19.200 P : *D. 2009. AJ 2277, obs. Chevrier ; D. 2011. Pan. 547, obs. Ferrier ; RTD com. 2009. 799, obs. Bouloc ; JCP E 2009, n° 42, p. 22, note Augagneur ; CCC 2009, n° 264, obs. Mathey ; LPA 9 nov. 2009, note Grimonprez ; RJDA 2010, n° 81 ; RLDA déc. 2009. 40, note Courdier-Cuisinier.*

2. Compétence du juge commercial. BIBL. Lartigue, *D. actu. 4 mai 2021* (contentieux relatif au devoir de vigilance : vers la désignation de tribunaux judiciaires dédiés). – Berion, *RICEA 2021, n° 2, Étude 86* (quelle compétence juridictionnelle pour la loi sur le devoir de vigilance ?). ♦ Sur la compétence en matière d'injonction, V. • TJ Nanterre, ord. réf., 30 janv. 2020, n° 19/02833 : *D. 2020. 970, note Cuzacq ; BRDA 2020, n° 6, p. 31, note Mongin-Archambeaud et de Dreuille.* ♦ Sur la compétence du juge consulaire pour connaître de l'action prévue par le II de l'art. L. 225-102-4, V. • Versailles, 10 déc. 2020, n° 20/01693 : *D. 2021. 515, note Lenoir ; RTD com. 2021. 135, obs. Lecourt ; Rev. sociétés 2021. 298, note Leray ; RJDA 2021, n° 471 ; BJS 4/2021. 25, note Reygrobellet* (cassé par • Com. 15 déc. 2021, n° 21-11.882 B : *cité note 3*). ♦ V. désormais COJ, art. L. 211-21, fixant la compétence au TJ de Paris, ss. C. com., art. L. 225-102-5.

3. Option de compétence. BIBL. Martin et Siret, *D. 2021. 1044* (quelle compétence d'attribution et territoriale en cas de mise en cause du devoir de vigilance ?). ♦ Il résulte des art. L. 211-3 COJ et L. 721-3 et L. 225-102-4 C. com. que le plan de vigilance, incombant à une SA en application de l'art. L. 225-102-4, ne constitue pas un acte de commerce au sens du 3° de l'art. L. 721-3 et que, si l'établissement et la mise en œuvre d'un tel plan présentent un lien direct avec la gestion de cette société, justifiant la compétence des juridictions consulaires par application du 2° de l'art. L. 721-3, le demandeur non commerçant qui entend agir à cette fin dispose toutefois, en ce cas, du choix de saisir le tribunal civil ou le tribunal de commerce. Pour retenir la compétence exclusive du tribunal de commerce, l'arrêt retient que le plan de vigilance, dont l'établissement et la mise en œuvre sont en lien direct avec la gestion de la société, constitue un acte commercial et non un acte mixte qui, seul, ouvrirait un droit d'option aux associations demanderesses. En statuant ainsi, alors que les demandeurs, non commerçants, pouvaient choisir d'agir devant la juridiction civile, la cour d'appel a violé les textes susvisés. • Com. 15 déc. 2021, n° 21-11.882 B : *D. actu. 17 janv. 2022, obs. Chatelier ; D. 2022. 826, note Dumont ; RTD com. 2022. 33, obs. Saintourens ; Rev. sociétés 2022. 173, note Reygrobellet ; JCP E 2022, n° 1067, note Dondero ; RJDA 2022, n° 121 ; Dr. sociétés 2022, n° 30, obs. Hamelin ; LPA 31 mai 2022, note Torron.* ♦ La plénitude de juridiction du tribunal judiciaire combinée à l'absence de prévision d'une compétence exclusive du tribunal de commerce ainsi que l'engagement direct de la responsabilité sociale de la société très au-delà du lien effectivement direct avec sa gestion prise en lien avec la qualité de non-commerçant des demanderesses fondent à leur bénéfice un droit d'option, qu'elles exercent à leur convenance, entre le tribunal judiciaire, qu'elles ont valablement saisi, et le tribunal de commerce. • TJ Nanterre, ord., 11 févr. 2021, n° 20/00915 : *D. 2021. 614, note Abadie ; RTD com. 2021. 135, obs. Lecourt ; Rev. sociétés 2021. 298, note Leray ; JCP E 2021, n° 1323, note Schiller, Leprêtre et Bignebat.* ♦ Si l'élaboration et la mise en œuvre du plan de vigilance sont en lien direct avec la gestion de la société, critère qui fonde la compétence du tribunal de commerce, ce constat ne commande pas à lui seul l'incompétence du tribunal judiciaire, la loi ne précisant pas que la compétence définie par l'art. L. 721-3 C. com., en particulier en 2°, soit exclusive. • Même ordonnance. ♦ V., donnant compétence au tribunal judiciaire : • Versailles, 18 nov. 2021, n° 21/01661 : *RJDA 2022, n° 120.* ♦ V. désormais COJ, art. L. 211-21, fixant la compétence au TJ de Paris, ss. C. com., art. L. 225-102-5.

4. Mise en demeure. Dans le dispositif actuel de sanctions retenu par le législateur, il n'appartient pas aux pouvoirs publics de mettre en demeure les entreprises assujetties qui n'auraient pas publié de plan de vigilance. * Rép. min. n° 11950 : *JO Sénat Q, 21 janv. 2021 ; D. actu. 1er févr. 2021.*

Art. L. 225-102-5 *(L. n° 2017-399 du 27 mars 2017, art. 2)* **Dans les conditions prévues aux articles 1240 et 1241 du code civil, le manquement aux obligations définies à l'article L. 225-102-4 du présent code engage la responsabilité de son auteur et l'oblige à réparer le préjudice que l'exécution de ces obligations aurait permis d'éviter.**

L'action en responsabilité est introduite devant la juridiction compétente par toute personne justifiant d'un intérêt à agir à cette fin.

La juridiction peut ordonner la publication, la diffusion ou l'affichage de sa décision ou d'un extrait de celle-ci, selon les modalités qu'elle précise. Les frais sont supportés par la personne condamnée.

La juridiction peut ordonner l'exécution de sa décision sous astreinte.

V. note ss. art. L. 225-102-4.

COMMENTAIRE

La première action, prévue au II de l'article L. 225-102-4 du code de commerce, permet de saisir un juge aux fins d'enjoindre à l'entreprise de respecter l'obligation d'adopter et de publier un plan de vigilance et le compte rendu de sa mise en œuvre effective. Le juge doit vérifier que l'entreprise a adopté, publié et rendu compte de la mise en œuvre effective de son obligation de vigilance dans son rapport de gestion. Le manquement à cette obligation n'emporte pas, en lui-même, de sanction financière, sauf à préciser que l'injonction judiciaire peut être assortie d'une astreinte, des conséquences financières découlant alors du non-respect de l'injonction.

L'article L. 225-102-5 du code de commerce prévoit, quant à lui, une action en responsabilité civile fondée sur les articles 1240 et 1241 du code civil supposant la démonstration d'une faute, d'un dommage et d'un lien de causalité.

Diverses interprétations semblent envisageables. Dans une première hypothèse, la faute consisterait en un manquement à l'obligation d'adopter et de publier un plan de vigilance ainsi que le compte rendu de sa mise en œuvre effective. L'action supposerait alors pour prospérer l'existence d'un dommage liée à l'absence de plan et de sa publication et d'un lien de causalité direct entre les deux faits. Si ces conditions sont réunies, l'entreprise pourrait être condamnée à réparer le dommage subi par le demandeur. Il faut souligner que le dommage visé résiderait dans les conséquences de cette absence de publication et non dans celles éventuelles liées à la survenance d'un dommage dans une filiale, chez un sous-traitant ou un fournisseur, et ne saurait donc être regardé comme une méconnaissance du devoir de vigilance de la société.

Au-delà de cette première hypothèse rejoignant manifestement les travaux parlementaires, l'article L. 225-102-5 du code de commerce pourrait conduire, dans une seconde hypothèse, à concevoir cette obligation extra-contractuelle de surveillance comme s'inscrivant dans une obligation générale de prudence découlant des articles 1240 et 1241 du code civil. En privilégiant l'objectif de prévention sur la réparation, cette loi viserait l'absence d'efforts fournis et mis en œuvre par l'entreprise pour prévenir le fait dommageable, absence qui pourrait être sanctionnée. Le juge pourrait alors apprécier si la nature et les moyens mis en œuvre par les sociétés débitrices de l'obligation ont été suffisants, en fonction des diligences réalisées pour identifier et prévenir les risques d'incidence que leurs activités peuvent avoir pour les droits humains, la santé et l'environnement. Le caractère contraignant et incitatif de ces dispositions dépendra dès lors de la façon dont ces dispositions sont interprétées par le juge. ❑

Code de l'organisation judiciaire Art. L. 211-21 *(L. nº 2021-1729 du 22 déc. 2021, art. 56)* Le tribunal judiciaire de Paris connaît des actions relatives au devoir de vigilance fondées sur les articles L. 225-102-4 et L. 225-102-5 du code de commerce.

BIBL. ▸ CHATELIER, *D. actu. 17 janv. 2022* (le devoir de vigilance dans la main du tribunal judiciaire [de Paris]). – NDLR, *BRDA 2022, nº 2, p. 5* (devoir de vigilance : le tribunal judiciaire de Paris est seul compétent). – PARANCE, *JCP 2022, nº 86* (le débat sur la juridiction compétente pour apprécier un plan de vigilance définitivement tranché). – BUISINE, *Dr. sociétés 2021. Alerte 44* (compétence du tribunal en matière de devoir de vigilance : le législateur a tranché !). – DONDERO, *JCP E 2022. Actu. 61* (loi pour la confiance dans l'institution judiciaire : mesures de droit des affaires). – DUMONT, *D. 2022. 826* (devoir de vigilance des sociétés mères et compétence des tribunaux : la Cour de cassation et le législateur rendent concomitamment deux solutions différentes). – LECOURT, *RTD com. 2022. 65* (compétence exclusive du tribunal judiciaire de Paris pour connaître du devoir de vigilance des grandes sociétés : une issue critiquable ?).

DEUXIÈME PARTIE : *RÉGLEMENTAIRE*

LIVRE II DES SOCIÉTÉS COMMERCIALES ET DES GROUPEMENTS D'INTÉRÊT ÉCONOMIQUE

TITRE II DISPOSITIONS PARTICULIÈRES AUX DIVERSES SOCIÉTÉS COMMERCIALES

CHAPITRE V *DES SOCIÉTÉS ANONYMES*

SECTION 3 *Des assemblées d'actionnaires*

Art. R. 225-104 *(Décr. nº 2020-1742 du 29 déc. 2020, art. 5, en vigueur le 1er janv. 2021)* **Les seuils prévus à l'article L. 225-102-1, évalués à la date de clôture de l'exercice, sont fixés à 100 millions d'euros pour le total du bilan, à 100 millions d'euros pour le montant net du chiffre d'affaires et à 500 pour le nombre moyen de salariés permanents employés au cours de l'exercice.**

Le total du bilan et le montant net du chiffre d'affaires sont déterminés conformément aux cinquième et sixième alinéas de l'article D. 123-200. Le nombre moyen de salariés permanents est déterminé conformément aux dispositions de l'article D. 210-21.

Art. R. 225-105 *(Décr. nº 2017-1265 du 9 août 2017, art. 2)* **I. — La déclaration de performance extra-financière mentionnée au I de l'article L. 225-102-1 et la déclaration consolidée de performance extra-financière mentionnée au II du même article présentent le modèle d'affaires de la société ou, le cas échéant, de l'ensemble de sociétés pour lesquelles la société établit des comptes consolidés.**

Elles présentent en outre, pour chaque catégorie d'information mentionnée au III du même article *(Décr. nº 2020-1742 du 29 déc. 2020, art. 5, en vigueur le 1er janv. 2021)* **« ou au deuxième alinéa de l'article L. 22-10-36 » :**

1º Une description des principaux risques liés à l'activité de la société ou de l'ensemble de sociétés y compris, lorsque cela s'avère pertinent et proportionné, les risques créés par ses relations d'affaires, ses produits ou ses services ;

2º Une description des politiques appliquées par la société ou l'ensemble de sociétés incluant, le cas échéant, les procédures de diligence raisonnable mises en œuvre pour prévenir, identifier et atténuer la survenance des risques mentionnés au 1º ;

3º Les résultats de ces politiques, incluant des indicateurs clés de performance.

Lorsque la société n'applique pas de politique en ce qui concerne un ou plusieurs de ces risques, la déclaration comprend une explication claire et motivée des raisons le justifiant.

II. — La déclaration contient, lorsqu'elles sont pertinentes au regard des principaux risques ou des politiques mentionnées au I du présent article :

A. – Pour toutes les sociétés mentionnées au I de l'article L. 225-102-1 *(Décr. n° 2020-1742 du 29 déc. 2020, art. 5, en vigueur le 1er janv. 2021)* « ou au premier alinéa de l'article L. 22-10-36 », les informations suivantes :

1° Informations sociales :

a) Emploi :

– l'effectif total et la répartition des salariés par sexe, par âge et par zone géographique ;

– les embauches et les licenciements ;

– les rémunérations et leur évolution ;

b) Organisation du travail :

– l'organisation du temps de travail ;

– l'absentéisme ;

c) Santé et sécurité :

– les conditions de santé et de sécurité au travail ;

– les accidents du travail, notamment leur fréquence et leur gravité, ainsi que les maladies professionnelles ;

d) Relations sociales :

– l'organisation du dialogue social, notamment les procédures d'information et de consultation du personnel et de négociation avec celui-ci ;

– le bilan des accords collectifs, notamment en matière de santé et de sécurité au travail ;

e) Formation :

– les politiques mises en œuvre en matière de formation, notamment en matière de protection de l'environnement ;

– le nombre total d'heures de formation ;

f) Égalité de traitement :

– les mesures prises en faveur de l'égalité entre les femmes et les hommes ;

– les mesures prises en faveur de l'emploi et de l'insertion des personnes handicapées ;

– la politique de lutte contre les discriminations ;

2° Informations environnementales :

a) Politique générale en matière environnementale :

– l'organisation de la société pour prendre en compte les questions environnementales et, le cas échéant, les démarches d'évaluation ou de certification en matière d'environnement ;

– les moyens consacrés à la prévention des risques environnementaux et des pollutions ;

– le montant des provisions et garanties pour risques en matière d'environnement, sous réserve que cette information ne soit pas de nature à causer un préjudice sérieux à la société dans un litige en cours ;

b) Pollution :

– les mesures de prévention, de réduction ou de réparation de rejets dans l'air, l'eau et le sol affectant gravement l'environnement ;

– la prise en compte de toute forme de pollution spécifique à une activité, notamment les nuisances sonores et lumineuses ;

c) Économie circulaire :

i) Prévention et gestion des déchets :

– les mesures de prévention, de recyclage, de réutilisation, d'autres formes de valorisation et d'élimination des déchets ;

– les actions de lutte contre le gaspillage alimentaire ;

ii) Utilisation durable des ressources :

– la consommation d'eau et l'approvisionnement en eau en fonction des contraintes locales ;

– la consommation de matières premières et les mesures prises pour améliorer l'efficacité dans leur utilisation ;

– la consommation d'énergie, les mesures prises pour améliorer l'efficacité énergétique et le recours aux énergies renouvelables ;

– l'utilisation des sols ;

d) Changement climatique :

— les postes significatifs d'émissions de gaz à effet de serre générés du fait de l'activité de la société, notamment par l'usage des biens et services qu'elle produit ;

— les mesures prises pour l'adaptation aux conséquences du changement climatique ;

— les objectifs de réduction fixés volontairement à moyen et long terme pour réduire les émissions de gaz à effet de serre et les moyens mis en œuvre à cet effet ;

e) Protection de la biodiversité : les mesures prises pour préserver ou restaurer la biodiversité ;

3° Informations sociétales :

a) Engagements sociétaux en faveur du développement durable :

— l'impact de l'activité de la société en matière d'emploi et de développement local ;

— l'impact de l'activité de la société sur les populations riveraines ou locales ;

— les relations entretenues avec les parties prenantes de la société et les modalités du dialogue avec celles-ci ;

— les actions de partenariat ou de mécénat ;

b) Sous-traitance et fournisseurs :

— la prise en compte dans la politique d'achat des enjeux sociaux et environnementaux ;

— la prise en compte dans les relations avec les fournisseurs et les sous-traitants de leur responsabilité sociale et environnementale ;

c) Loyauté des pratiques : les mesures prises en faveur de la santé et de la sécurité des consommateurs ;

B. — Pour les sociétés mentionnées au *(Décr. n° 2020-1742 du 29 déc. 2020, art. 5, en vigueur le 1er janv. 2021)* « premier alinéa de l'article L. 22-10-36 », les informations complémentaires suivantes :

1° Informations relatives à la lutte contre la corruption : les actions engagées pour prévenir la corruption ;

2° Informations relatives aux actions en faveur des droits de l'homme :

a) Promotion et respect des stipulations des conventions fondamentales de l'Organisation internationale du travail relatives :

— au respect de la liberté d'association et du droit de négociation collective ;

— à l'élimination des discriminations en matière d'emploi et de profession ;

— à l'élimination du travail forcé ou obligatoire ;

— à l'abolition effective du travail des enfants ;

b) Autres actions engagées en faveur des droits de l'homme.

Les dispositions du Décr. n° 2017-1265 du 9 août 2017 s'appliquent aux rapports afférents aux exercices ouverts à compter du 1er sept. 2017 (Décr. préc., art. 7).

Art. R. 225-105-1 *(Décr. n° 2017-1265 du 9 août 2017, art. 3)* I. — Les déclarations mentionnées au*[x]* I et II de l'article L. 225-102-1 présentent les données observées au cours de l'exercice clos et, le cas échéant, au cours de l'exercice précédent, de façon à permettre une comparaison entre ces données. Elles comprennent, le cas échéant, des renvois aux montants indiqués dans les documents mentionnés à l'article R. 232-1 du présent code.

II. — Lorsqu'une société se conforme volontairement à un référentiel national ou international pour s'acquitter de ses obligations au titre du présent article, elle le mentionne en indiquant les préconisations de ce référentiel qui ont été retenues et les modalités de consultation de ce dernier.

III. — Sans préjudice des obligations de publicité applicables au rapport prévu à l'article L. 225-100, ces déclarations sont mises à la libre disposition du public et rendues aisément accessibles sur le site internet de la société dans un délai de huit mois à compter de la clôture de l'exercice et pendant une durée de cinq années.

Sur les dispositions transitoires du Décr. n° 2017-1265 du 9 août 2017, V. note ss. art. R. 225-105.

Art. R. 225-105-2 *(Décr. n° 2017-1265 du 9 août 2017, art. 4)* I. — L'organisme tiers indépendant mentionné au V de l'article L. 225-102-1 est désigné, selon le cas, par le directeur général ou le président du directoire, pour une durée qui ne peut excéder six exercices, parmi les organismes accrédités à cet effet par le Comité français d'accréditation (COFRAC) ou par tout autre organisme d'accréditation signataire de l'accord de reconnaissance multilatéral établi par la coordination européenne des organismes d'accréditation.

L'organisme tiers indépendant est soumis aux incompatibilités prévues à l'article L. 822-11-3.

II. – Lorsque les informations sont publiées par les sociétés dont les seuils dépassent 100 millions d'euros pour le total du bilan ou 100 millions d'euros pour le montant net du chiffre d'affaires et 500 pour le nombre moyen de salariés permanents employés au cours de l'exercice, le rapport de l'organisme tiers indépendant comprend :

a) Un avis motivé sur la conformité de la déclaration aux dispositions prévues au I et au II de l'article R. 225-105, ainsi que sur la sincérité des informations fournies en application du 3° du I et du II de l'article R. 225-105 ;

b) Les diligences qu'il a mises en œuvre pour conduire sa mission de vérification.

III. – Un arrêté conjoint du garde des sceaux, ministre de la justice, et des ministres chargés de l'écologie, de l'économie et du travail précise les modalités dans lesquelles l'organisme tiers indépendant conduit sa mission. – *V. C. com., art. A. 225-1 s., ci-dessous.*

IV. – Lorsqu'une société se conforme volontairement au règlement (CE) n° 1221/2009 du Parlement européen et du Conseil du 25 novembre 2009 concernant la participation volontaire des organisations à un système communautaire de management environnemental et d'audit (EMAS), la déclaration signée par le vérificateur environnemental conformément aux dispositions des 8 et 9 de l'article 25 de ce règlement, annexée au rapport de gestion, vaut avis de l'organisme tiers indépendant sur les informations environnementales.

Les informations qui ne sont pas vérifiées par le vérificateur environnemental mentionné à l'alinéa précédent demeurent soumises à la vérification de l'organisme tiers indépendant selon les modalités définies aux I, II, III et IV.

Sur les dispositions transitoires du Décr. n° 2017-1265 du 9 août 2017, V. note ss. art. R. 225-105.

Code de commerce

Art. A. 225-1 *(Arr. du 13 mai 2013, art. 2)* Afin de procéder à la vérification prévue au *(Arr. du 14 sept. 2018)* « V » de l'article L. 225-102-1, l'organisme tiers indépendant obtient une attestation d'accréditation délivrée par le Comité français d'accréditation (COFRAC) ou par un autre organisme, signataire de l'accord européen multilatéral pris dans le cadre de la coordination européenne des organismes d'accréditation (EA).

Pour l'exercice en cours à la date de la publication de l'Arr. du 13 mai 2013, l'organisme tiers indépendant appelé à vérifier, en application du 7e al. de l'art. L. 225-102-1, les informations devant figurer, en vertu de son 5e al., dans le rapport présenté par le conseil d'administration ou le directoire de la société est désigné parmi les organismes accrédités ou, à défaut, parmi les organismes ayant déposé une demande d'accréditation dont la recevabilité a été admise par l'organisme d'accréditation (Arr. préc., art. 3, JO 14 juin).

Art. A. 225-2 *(Arr. du 14 sept. 2018)* Pour délivrer l'avis mentionné au *a* du II de l'article R. 225-105-2, l'organisme tiers indépendant prend connaissance des informations mentionnées au I de l'article R. 225-105. Le cas échéant, il signale les informations manquantes ainsi que les informations mentionnées aux 2° et 3° du I de l'article R. 225-105 qui ont été omises sans que soient fournies les explications prévues au sixième alinéa du I de ce même article.

Pour donner son avis sur les explications relatives à l'absence de certaines informations en application du sixième alinéa de l'article R. 225-105, l'organisme tiers indépendant prend en considération, le cas échéant, les bonnes pratiques professionnelles pouvant être formalisées dans un référentiel sectoriel.

Art. A. 225-3 *(Arr. du 13 mai 2013, art. 2)* I. — Pour délivrer son avis motivé *(Arr. du 14 sept. 2018)* « mentionné au *a* du II de l'article R. 225-105-2 », l'organisme tiers indépendant s'assure de la mise en place par la société de processus de collecte visant à l'exhaustivité et à la cohérence des informations devant être mentionnées dans *(Arr. du 14 sept. 2018)* « la déclaration ». S'il identifie des irrégularités au cours de sa mission, il les décrit.

A cette fin :

— il identifie les personnes qui, au sein de la société, sont en charge des processus de collecte et, le cas échéant, sont responsables des procédures de contrôle interne et de gestion des risques ;

— il s'enquiert de l'existence de procédures de contrôle interne et de gestion des risques mises en place par la société ;

— il examine par échantillonnage les processus de collecte, de compilation, de traitement et de contrôle des informations et réalise des tests de détails *(Arr. du 14 sept. 2018)* « , le cas échéant, par des vérifications sur site ».

Pour les données chiffrées, les tests incluent, notamment, la réalisation de calculs qui lui permettent de s'assurer de l'efficacité des processus de collecte des informations prévues à l'article *(Arr. du 14 sept. 2018)* « R. 225-105 ».

Pour les informations qualitatives, telles que des études, des diagnostics ou des exemples de bonnes pratiques, ces tests comprennent, notamment, la consultation des sources documentaires et, si possible, de leurs auteurs.

Al. 8 abrogé par Arr. du 14 sept. 2018.

(Arr. du 14 sept. 2018) « II. — L'organisme tiers indépendant exprime son avis motivé en déclarant :

« — soit qu'il n'a pas relevé d'anomalie significative de nature à remettre en cause la conformité de la déclaration aux dispositions de l'article R. 225-105 et la sincérité des informations fournies ;

« — soit que la conformité de la déclaration ou la sincérité des informations fournies appellent de sa part des réserves, décrites dans son rapport ;

« — soit qu'il lui est impossible d'exprimer une conclusion sur la déclaration. »

III. — L'organisme tiers indépendant clôt son avis motivé sur la sincérité des informations en déclarant :

— soit qu'il n'a pas relevé d'anomalie significative de nature à mettre en cause la sincérité des informations présentées ;

— soit que la sincérité des informations présentées appelle de sa part des réserves, décrites dans son rapport.

S'il l'estime utile, l'organisme tiers indépendant peut par ailleurs attirer, par des observations, l'attention sur des éléments relatifs aux procédures utilisées ou au contenu de certaines informations, aux fins d'en améliorer la fiabilité.

Art. A. 225-4 *(Arr. du 13 mai 2013, art. 2)* Au titre des diligences qu'il a mises en œuvre pour conduire sa mission, l'organisme tiers indépendant présente :

a) La preuve de son accréditation ;

(Arr. du 14 sept. 2018) « *b)* Les travaux accomplis, le périmètre couvert et, pour les données chiffrées, les taux de couverture des informations testées ; »

c) Abrogé par Arr. du 14 sept. 2018 ;

d) Les moyens mobilisés et le calendrier et la durée de sa mission ;

e) Le nombre d'entretiens qui ont été conduits ;

f) Le périmètre de ses travaux lorsque la société établit des comptes consolidés.

Art. R. 225-105-3 *(Décr. nº 2015-1380 du 29 oct. 2015, art. 1er)* **I. — Les seuils prévus au premier alinéa du I de l'article L. 225-102-3 sont fixés à 20 millions d'euros pour le total de bilan, à 40 millions d'euros pour le chiffre d'affaires net et à 250 pour le nombre moyen de salariés employés au cours de l'exercice.**

II. — Les sociétés mentionnées au I de l'article L. 225-102-3 mettent gratuitement le rapport sur les paiements à disposition du public sur leur site internet dans un délai de huit mois à compter de la clôture de l'exercice et pendant une durée de cinq années.

Code du travail

Obligation de vigilance et responsabilité du donneur d'ordre

Art. L. 4231-1 Tout maître d'ouvrage ou tout donneur d'ordre, informé par écrit, par un agent de contrôle mentionné à l'article L. 8271-1-2 du présent code, du fait

que des salariés de son cocontractant ou d'une entreprise sous-traitante directe ou indirecte sont soumis à des conditions d'hébergement collectif incompatibles avec la dignité humaine, mentionnées à l'article 225-14 du code pénal, lui enjoint aussitôt, par écrit, de faire cesser sans délai cette situation.

A défaut de régularisation de la situation signalée, le maître d'ouvrage ou le donneur d'ordre est tenu de prendre à sa charge l'hébergement collectif des salariés, dans des conditions respectant les normes prises en application de l'article L. 4111-6 du présent code *(L. n° 2016-1088 du 8 août 2016, art. 111)* **« ou, le cas échéant, de l'article L. 716-1 du code rural et de la pêche maritime ».**

Le présent article ne s'applique pas au particulier qui contracte avec une entreprise pour son usage personnel, celui de son conjoint, de son partenaire lié par un pacte civil de solidarité, de son concubin ou de ses ascendants ou descendants. – *V. C. trav., art. R. 4231-1.*

Conformité à la Constitution. Les dispositions du 2e al. de l'art. L. 4231-1 sont conformes à la Constitution avec deux réserves d'interprétation : la mise en œuvre de la responsabilité du maître d'ouvrage ou du donneur d'ordre est nécessairement subordonnée au constat par les agents de contrôle compétents d'une infraction aux dispositions de l'art. 225-14 C. pén. imputable à l'un de ses cocontractants ou d'une entreprise sous-traitante directe ou indirecte ; l'obligation de prise en charge de l'hébergement collectif des salariés de l'entreprise cocontractante ou sous-traitante par le maître d'ouvrage ou le donneur d'ordre est limitée aux salariés qui sont employés à l'exécution du contrat direct ou de sous-traitance et à la durée d'exécution dudit contrat. • Cons. const. 22 janv. 2016, n° 2015-517 QPC : *D. 2016. Actu. 206 ; RDT 2016. 276, obs. Lapin ; Dr. soc. 2016. 372, note Muller ; RJS 4/2016, n° 252 ; JSL 2016, n° 405-3 ; JCP 2016. 208, obs. Mathieu.*

Art. L. 8222-1 **Toute personne vérifie lors de la conclusion d'un contrat dont l'objet porte sur une obligation d'un montant minimum en vue de l'exécution d'un travail, de la fourniture d'une prestation de services ou de l'accomplissement d'un acte de commerce, et périodiquement jusqu'à la fin de l'exécution du contrat, que son cocontractant** *(L. n° 2011-672 du 16 juin 2011, art. 73-II)* **« s'acquitte » :**

1° des formalités mentionnées aux articles L. 8221-3 et L. 8221-5 ;

2° de l'une seulement des formalités mentionnées au 1°, dans le cas d'un contrat conclu par un particulier pour son usage personnel, celui de son conjoint, partenaire lié par un pacte civil de solidarité, concubin, de ses ascendants ou descendants.

Les modalités selon lesquelles sont opérées les vérifications imposées par le présent article sont précisées par décret. – *V. C. trav., art. R. 8222-1 s.*

Art. L. 8281-1 **Le maître d'ouvrage ou le donneur d'ordre, informé par écrit par l'un des agents mentionnés à l'article L. 8271-1-2 d'une infraction aux dispositions légales et aux stipulations conventionnelles applicables au salarié d'un sous-traitant direct ou indirect dans les matières suivantes :**

1° Libertés individuelles et collectives dans la relation de travail ;

2° Discriminations et égalité professionnelle entre les femmes et les hommes ;

3° Protection de la maternité, congés de maternité et de paternité et d'accueil de l'enfant, congés pour événements familiaux ;

4° Conditions de mise à disposition et garanties dues aux salariés par les entreprises exerçant une activité de travail temporaire ;

5° Exercice du droit de grève ;

6° Durée du travail, repos compensateurs, jours fériés, congés annuels payés, durée du travail et travail de nuit des jeunes travailleurs ;

7° Conditions d'assujettissement aux caisses de congés et intempéries ;

8° Salaire minimum et paiement du salaire, y compris les majorations pour les heures supplémentaires ;

9° Règles relatives à la santé et sécurité au travail, âge d'admission au travail, emploi des enfants,

enjoint aussitôt, par écrit, à ce sous-traitant de faire cesser sans délai cette situation.

Le sous-traitant mentionné au premier alinéa informe, par écrit, le maître d'ouvrage ou le donneur d'ordre de la régularisation de la situation. Ce dernier en transmet une copie à l'agent de contrôle mentionné au même premier alinéa.

En l'absence de réponse écrite du sous-traitant dans un délai fixé par décret en Conseil d'État, le maître d'ouvrage ou le donneur d'ordre informe aussitôt l'agent de contrôle.

Pour tout manquement à ses obligations d'injonction et d'information mentionnées au présent article, le maître d'ouvrage ou le donneur d'ordre est passible d'une sanction prévue par décret en Conseil d'État.

II RÈGLES EUROPÉENNES

COMMENTAIRE

I. ÉMERGENCE D'UN DEVOIR DE VIGILANCE AU SEIN DE L'UNION EUROPÉENNE

Le droit européen s'inscrit dans le prolongement de l'ensemble des instruments internationaux et notamment ceux de l'Organisation des Nations unies dont les Principes directeurs des Nations unies relatifs aux entreprises et aux droits de l'homme (V. *infra*, III. Règles internationales) et de l'OCDE avec les Principes directeurs à l'attention des entreprises multinationales (*eod. loc.*). Il s'inspire aussi des instruments de l'Organisation internationale du travail (OIT) en prenant acte du rôle et de la responsabilité sociale des entreprises donneuses d'ordre pour assurer la protection des droits de l'homme et de l'environnement.

II. INSTRUMENTS SECTORIELS EN MATIÈRE DE DEVOIR DE VIGILANCE

L'Union européenne a d'abord élaboré des cadres obligatoires sectoriels pour le devoir de vigilance dans des domaines spécifiques afin de lutter contre les pratiques portant atteinte aux intérêts de l'Union et de ses États membres, telles que le financement du terrorisme ou la déforestation. Ainsi, en 2010, l'Union a adopté le règlement (UE) n° 995/2010 qui soumet les opérateurs qui mettent du bois et des produits dérivés sur le marché intérieur à des obligations de vigilance et impose aux commerçants au sein de la chaîne d'approvisionnement de fournir des informations de base sur leurs fournisseurs et leurs acheteurs afin d'améliorer la traçabilité du bois et des produits dérivés (Règl. (UE) n° 995/2010 du Parlement européen et du Conseil du 20 oct. 2010). De même, le règlement (UE) 2017/821 établit un système au sein de l'Union européenne en ce qui concerne le devoir de vigilance dans la chaîne d'approvisionnement en vue de limiter les possibilités, pour les groupes armés, les groupes terroristes et/ou les forces de sécurité, de se livrer au commerce d'étain, de tantale, de tungstène, de leurs minerais et d'or provenant de zones de conflit ou à haut risque (Règl. (UE) 2017/821 du Parlement européen et du Conseil du 17 mai 2017).

III. INSTRUMENTS TRANSVERSAUX DE DÉVELOPPEMENT DU DEVOIR DE VIGILANCE

Parallèlement, l'Union européenne a initié une approche transversale en lien avec le développement du devoir de vigilance, approche fondée sur la transparence et la durabilité, par l'adoption de la directive 2014/95/UE (Dir. 2014/95/UE du Parlement européen et du Conseil du 22 oct. 2014 ; V. *infra*). Cette directive emblématique introduit un devoir de *reporting* extra-financier pesant sur l'entreprise qui, au-delà de son statut d'opérateur économique, revêt celui d'acteur responsable du respect des droits fondamentaux. Ce texte impose aux entreprises de plus de 500 salariés l'obligation de rendre compte des politiques qu'elles mènent en ce qui concerne les questions environnementales, sociales et de personnel, la lutte contre la corruption et les pots-de-vin, ainsi que le respect des droits de l'Homme, en décrivant notamment les procédures de vigilance mises en place.

D'autres textes ont été pris en matière financière qui renforcent le devoir de vigilance pesant sur les entreprises (Dir. 2013/34/UE du Parlement européen et du Conseil du 26 juin 2013 relative aux états financiers annuels, aux états financiers consolidés et aux rapports y afférents de certaines formes d'entreprises, V. *infra* ; Dir. (UE) 2017/828 du Parlement européen et du Conseil du 17 mai 2017 modifiant la directive 2007/36/CE en vue de promouvoir l'engagement à long terme des actionnaires, dite « directive sur les droits des actionnaires » ; Règl. (UE)

2019/2088 du Parlement européen et du Conseil du 27 nov. 2019 sur la publication d'informations en matière de durabilité dans le secteur des services financiers, dit « règlement sur la publication d'informations » ; Règl. (UE) 2020/852 du Parlement européen et du Conseil du 18 juin 2020 sur l'établissement d'un cadre visant à favoriser les investissements durables, dit « règlement établissant une taxinomie », V. *infra*).

Au titre des instruments transversaux, l'Union européenne a également adopté le statut du lanceur d'alerte (V. Dir. (UE) 2019/1937 du Parlement européen et du Conseil du 23 oct. 2019, v° *Lanceur d'alertes*), pièce maîtresse de l'efficacité de la détection de faits de corruption comme de celle de la participation réelle et effective des parties prenantes de l'entreprise dans l'élaboration de son plan de vigilance.

IV. CONSÉCRATION D'UN DEVOIR DE VIGILANCE GLOBAL AU SEIN DE L'UNION EUROPÉENNE

L'impulsion politique de l'Union européenne en matière de respect des droits humains est constante (Plan d'action de l'Union : « Financer la croissance durable » (COM (2018)0097 final) ; Pacte vert pour l'Europe (COM (2019)0640 final) ; Résol. du Parlement européen du 25 oct. 2016 sur la responsabilité des entreprises dans les violations graves des droits de l'homme dans les pays tiers, JOUE C 215 du 19 juin 2018 ; Résol. du Parlement européen du 27 avr. 2017 sur l'initiative phare de l'Union pour le secteur de la confection, *JOUE C 298 du 23 août 2018* ; Résol. du Parlement européen du 29 mai 2018 sur la finance durable, *JOUE C 76 du 9 mars 2020*).

Dans le prolongement de la résolution du Parlement européen du 10 mars 2021 contenant des recommandations sur le devoir de vigilance et la responsabilité des entreprises, la Commission a présenté le 23 février 2022 une proposition de directive sur le devoir de vigilance des entreprises en matière de durabilité. Le champ d'application de cette proposition est plus étendu que celui prévu par le dispositif français et le périmètre d'assujettissement inclut des critères supplémentaires, au-delà du nombre de salariés, liés au chiffre d'affaires et au secteur d'activité. Les entreprises soumises au devoir de vigilance européen seraient ainsi : les sociétés à responsabilité limitée de l'Union européenne employant plus de 500 salariés et réalisant un chiffre d'affaires net supérieur à 150 millions d'euros à l'échelle mondiale ; les sociétés à responsabilité limitée de l'Union européenne qui emploient plus de 250 personnes et réalisant un chiffre d'affaires net de plus de 40 millions d'euros à l'échelle mondiale, dont la moitié au moins a été réalisée dans un secteur à risque (textile, matières premières agricoles, extraction de minerais). Les entreprises des pays tiers, actives sur le marché européen, sont également assujetties au devoir de vigilance européen si elles dépassent les seuils indiqués ci-dessus, étant précisé que le chiffre d'affaires doit être réalisé sur le seul territoire de l'Union européenne. La future directive s'appliquerait ainsi à environ 17 000 entreprises au sein de l'Union européenne.

La proposition de directive, inspirée du droit français, instaure l'obligation d'identifier des « incidences négatives potentielles ou réelles sur les droits de l'homme et sur l'environnement » et de mettre en place des actions adaptées de prévention, d'atténuation et correctives en réponse à ces incidences. Un dispositif d'alerte et de recueil des signalements ainsi qu'un suivi des mesures de vigilance sont prévus.

En outre, la Commission européenne propose une définition des notions essentielles fondant le périmètre des obligations des entreprises, à savoir les notion d'« incidences potentielles ou réelles sur les droits de l'homme et sur l'environnement » et de « relations commerciales établies ».

La future directive prévoit également la désignation d'autorités nationales de contrôle en charge de veiller à la bonne application des dispositions relatives au devoir de vigilance. Ces autorités pourraient être en charge de pouvoirs d'enquête et de sanction importants, mais elles ne seraient toutefois pas investies de missions pédagogiques comparables à celles de l'Agence française anticorruption. Les lignes directrices nécessaires à la bonne application de la directive seraient éventuellement émises par la Commission européenne.

La proposition de directive apporte des précisions quant aux conditions d'engagement de la responsabilité civile des entreprises et notamment la nature des actions de prévention et d'atténuation des risques qui pourraient être déployées. Elle prévoit par ailleurs une cause d'exonération de responsabilité des entreprises via une obligation de moyens pour l'entreprise à l'égard de ses partenaires indirects, obligation renforcée voire de résultat à l'égard de ses partenaires directs. Ainsi, la cause d'exonération proposée s'appliquerait lorsque les entreprises sont en mesure de démontrer qu'elles ont inséré des garanties contractuelles suffisantes obligeant leurs partenaires commerciaux à respecter leur code de conduite ou leur plan de vigilance et qu'elles ont également réalisé des audits suffisants pour s'assurer que ces garanties seront respectées. L'exonération potentielle de responsabilité est limitée aux dommages causés par les partenaires commerciaux indirects. La responsabilité des entreprises s'agissant des activités de ses partenaires commerciaux directs est pleinement affirmée en raison du contrôle, direct, qu'elles peuvent exercer. ❑

Directive 94/33/CE du Conseil du 22 juin 1994,

Relative à la protection des jeunes au travail.

SECTION 1

Art. 1er *Objet.* **1. Les États membres prennent les mesures nécessaires pour interdire le travail des enfants.**

Ils veillent, dans les conditions prévues par la présente directive, à ce que l'âge minimal d'admission à l'emploi ou au travail ne soit pas inférieur à l'âge auquel cesse l'obligation scolaire à temps plein imposée par la législation nationale ni, en tout cas, à quinze ans.

2. Les États membres veillent à ce que le travail des adolescents soit strictement réglementé et protégé selon les conditions prévues par la présente directive.

3. D'une manière générale, les États membres veillent à ce que tout employeur garantisse aux jeunes des conditions de travail adaptées à leur âge.

Ils veillent à protéger les jeunes contre l'exploitation économique et tout travail susceptible de nuire à leur sécurité, à leur santé ou à leur développement physique, psychologique, moral ou social ou de compromettre leur éducation.

Art. 2 *Champ d'application.* **1. La présente directive s'applique à toute personne âgée de moins de dix-huit ans ayant un contrat de travail ou une relation de travail défini(e) par le droit en vigueur dans un État membre et/ou soumis au droit en vigueur dans un État membre.**

2. Les États membres peuvent, par voie législative ou réglementaire, prévoir que la présente directive ne s'applique pas, dans les limites et dans les conditions qu'ils fixent, par voie législative ou réglementaire, aux travaux occasionnels ou de courte durée concernant :

a) le service domestique exercé dans un ménage privé

ou

b) le travail considéré comme n'étant ni nuisible, ni préjudiciable, ni dangereux pour les jeunes dans l'entreprise familiale.

Art. 3 *Définitions.* **Aux fins de la présente directive, on entend par :**

a) "jeune" : toute personne âgée de moins de dix-huit ans visée à l'article 2 paragraphe 1 ;

b) "enfant" : tout jeune qui n'a pas atteint l'âge de quinze ans ou qui est encore soumis à l'obligation scolaire à temps plein imposée par la législation nationale ;

c) "adolescent" : tout jeune âgé de quinze ans au moins et de moins de dix-huit ans et qui n'est plus soumis à l'obligation scolaire à temps plein imposée par la législation nationale ;

d) "travaux légers" : tous travaux qui, en raison de la nature propre des tâches qu'ils comportent et des conditions particulières dans lesquelles celles-ci sont effectuées :

i) ne sont pas susceptibles de porter préjudice à la sécurité, à la santé ou au développement des enfant*[s]*

et

ii) ne sont pas de nature à porter préjudice à leur assiduité scolaire, à leur participation à des programmes d'orientation ou de formation professionnelle approuvés par l'autorité compétente ou à leur aptitude à bénéficier de l'instruction reçue ;

e) "temps de travail" : toute période durant laquelle le jeune est au travail, à la disposition de l'employeur et dans l'exercice de son activité ou de ses fonctions, conformément aux législations et/ou pratiques nationales ;

f) "période de repos" : toute période qui n'est pas du temps de travail.

Art. 4 *Interdiction du travail des enfants.* 1. Les États membres prennent les mesures nécessaires pour interdire le travail des enfants.

2. En tenant compte des objectifs visés à l'article 1er, les États membres peuvent, par voie législative ou réglementaire, prévoir que l'interdiction du travail des enfants ne s'applique pas :

a) aux enfants exerçant les activités visées à l'article 5 ;

b) aux enfants âgés de quatorze ans au moins qui travaillent dans le cadre d'un système de formation en alternance ou de stage en entreprise, pour autant que ce travail soit accompli conformément aux conditions prescrites par l'autorité compétente ;

c) aux enfants âgés de quatorze ans au moins effectuant des travaux légers autres que ceux relevant de l'article 5 ; des travaux légers autres que ceux relevant de l'article 5 peuvent toutefois, être effectués par des enfants à partir de l'âge de treize ans pour un nombre limité d'heures par semaine et pour des catégories de travaux, déterminés par la législation nationale.

3. Les États membres qui font usage de la faculté visée au paragraphe 2 point c) déterminent, dans le respect des dispositions de la présente directive, les conditions de travail liées aux travaux légers en question.

Art. 5 *Activités culturelles ou similaires.* 1. L'embauche des enfants en vue de se produire dans des activités de nature culturelle, artistique, sportive ou publicitaire est soumise à l'obtention d'une autorisation préalable délivrée par l'autorité compétente dans des cas individuels.

2. Les États membres déterminent, par voie législative ou réglementaire, les conditions de travail des enfants dans les cas visés au paragraphe 1 et les modalités de la procédure d'autorisation préalable, à condition que les activités :

i) ne soient pas susceptibles de porter préjudice à la sécurité, à la santé ou au développement des enfants

et

ii) ne soient pas de nature à porter préjudice à leur assiduité scolaire, à leur participation à des programmes d'orientation ou de formation professionnelle approuvés par l'autorité compétente ou à leur aptitude à bénéficier de l'instruction reçue.

3. Par dérogation à la procédure prévue au paragraphe 1 et pour les enfants qui ont atteint l'âge de treize ans, les États membres peuvent autoriser, par voie législative ou réglementaire, dans les conditions qu'ils déterminent, l'occupation d'enfants en vue de se produire dans des activités de nature culturelle, artistique, sportive ou publicitaire.

4. Les États membres qui disposent d'un système d'agrément spécifique pour les agences de mannequins en ce qui concerne les activités des enfants peuvent maintenir ce système.

SECTION 2

Art. 6 *Obligations générales de l'employeur.* 1. Sans préjudice de l'article 4 paragraphe 1, l'employeur prend les mesures nécessaires pour la protection de la sécurité et de la santé des jeunes, en tenant particulièrement compte des risques spécifiques visés à l'article 7 paragraphe 1.

2. L'employeur met en œuvre les mesures prévues au paragraphe 1 sur la base d'une évaluation des risques existant pour les jeunes et liés à leur travail.

L'évaluation doit être effectuée avant que les jeunes commencent leur travail et lors de toute modification importante des conditions de travail et doit porter notamment sur les points suivants :

a) l'équipement et l'aménagement du lieu de travail et du poste de travail ;

b) la nature, le degré et la durée de l'exposition aux agents physiques, biologiques et chimiques ;

c) l'aménagement, le choix et l'utilisation d'équipements de travail, notamment d'agents, de machines, d'appareils et d'engins, ainsi que leur manipulation ;

d) l'aménagement des procédés de travail et du déroulement du travail et leur interaction (organisation du travail) ;

e) l'état de la formation et de l'information des jeunes.

Lorsque cette évaluation a révélé l'existence d'un risque pour la sécurité, la santé physique ou mentale ou le développement des jeunes, une évaluation et une surveillance de la santé des jeunes, gratuites et adéquates, à des intervalles réguliers, doivent être assurées, sans préjudice de la directive 89/391/CEE.

L'évaluation et la surveillance gratuites de la santé peuvent faire partie d'un système national de santé.

3. L'employeur informe les jeunes des risques éventuels et de toutes les mesures prises en ce qui concerne la sécurité et la santé des jeunes.

En outre, il informe les représentants légaux des enfants des risques éventuels et de toutes les mesures prises en ce qui concerne la sécurité et la santé des enfants.

4. L'employeur associe les services de protection et de prévention visés à l'article 7 de la directive 89/391/CEE à la planification, à l'application et au contrôle des conditions de sécurité et de santé applicables au travail des jeunes.

Art. 7 *Vulnérabilité des jeunes - Interdictions de travail.* 1. Les États membres veillent à ce que les jeunes soient protégés contre les risques spécifiques pour la sécurité, la santé et le développement, résultant d'un manque d'expérience, de l'absence de la conscience des risques existants ou virtuels, ou du développement non encore achevé des jeunes.

2. Sans préjudice de l'article 4 paragraphe 1, les États membres interdisent, à cet effet, le travail des jeunes pour des travaux qui :

a) vont objectivement au-delà de leurs capacités physiques ou psychologiques ;

b) impliquent une exposition nocive à des agents toxiques, cancérigènes, causant des altérations génétiques héréditaires, ayant des effets néfastes pour le fœtus pendant la grossesse ou ayant tout autre effet néfaste chronique sur l'être humain ;

c) impliquent une exposition nocive à des radiations ;

d) présentent des risques d'accident dont on peut supposer que des jeunes, du fait de leur manque de sens de la sécurité ou de leur manque d'expérience ou de formation, ne peuvent les identifier ou les prévenir

ou

e) qui mettent en péril la santé en raison d'extrêmes de froid ou de chaud ou en raison de bruit ou de vibrations.

Parmi les travaux qui sont susceptibles d'entraîner des risques spécifiques pour les jeunes, au sens du paragraphe 1, figurent notamment :

– les travaux qui impliquent une exposition nocive aux agents physiques, biologiques et chimiques visés à l'annexe point I

et

– les procédés et travaux visés à l'annexe point II.

3. Les États membres peuvent, par voie législative ou réglementaire, autoriser, pour les adolescents, des dérogations au paragraphe 2, lorsqu'elles sont indispensables à la formation professionnelle des adolescents et à condition que la protection de la sécurité et de la santé de ceux-ci soit assurée du fait que les travaux sont effectués sous la surveillance d'une personne compétente au sens de l'article 7 de la directive 89/391/CEE et sous réserve de garantir la protection assurée par ladite directive.

SECTION 3

Art. 8 *Temps de travail.* 1. Les États membres qui font usage de la faculté visée à l'article 4 paragraphe 2 point b) ou c) prennent les mesures nécessaires pour limiter le temps de travail des enfants :

a) à huit heures par jour et à quarante heures par semaine pour les enfants qui suivent un système de formation en alternance ou de stage en entreprise ;

b) à deux heures par jour d'enseignement et à douze heures par semaine pour les travaux effectués durant la période scolaire et en dehors des heures d'enseignement scolaire, dans la mesure où les législations et/ou pratiques nationales ne l'interdisent pas ;

en aucun cas, le temps journalier de travail ne peut excéder sept heures ; cette limite peut être portée à huit heures pour les enfants qui ont atteint l'âge de quinze ans ;

c) à sept heures par jour et à trente-cinq heures par semaine pour les travaux effectués durant une période d'inactivité scolaire d'une semaine au moins ; ces limites peuvent être portées à huit heures par jour et à quarante heures par semaine pour les enfants qui ont atteint l'âge de quinze ans ;

d) à sept heures par jour et à trente-cinq heures par semaine, pour les travaux légers effectués par les enfants qui ne sont plus soumis à l'obligation scolaire à temps plein imposée par la législation nationale.

2. Les États membres prennent les mesures nécessaires pour limiter le temps de travail des adolescents à huit heures par jour et à quarante heures par semaine.

3. Le temps consacré à la formation par le jeune qui travaille dans le cadre d'un système de formation théorique et/ou pratique en alternance ou de stage en entreprise est compris dans le temps de travail.

4. Lorsqu'un jeune est employé par plusieurs employeurs, les jours de travail et les heures de travail effectués sont additionnés.

5. Les États membres peuvent, par voie législative ou réglementaire, autoriser des dérogations au paragraphe 1 point a) et au paragraphe 2, à titre d'exception ou lorsque des raisons objectives le justifient.

Les États membres déterminent, par voie législative ou réglementaire, les conditions, les limites et les modalités de mise en œuvre de telles dérogations.

Art. 9 *Travail de nuit.* 1. a) Les États membres qui font usage de la faculté visée à l'article 4 paragraphe 2 point b) ou c) prennent les mesures nécessaires pour interdire le travail des enfants entre vingt et six heures.

b) Les États membres prennent les mesures nécessaires pour interdire le travail des adolescents soit entre vingt-deux et six heures soit entre vingt-trois et sept heures.

2. a) Les États membres peuvent, par voie législative ou réglementaire, autoriser le travail des adolescents durant la période d'interdiction de travail de nuit visée au paragraphe 1 point b) pour des secteurs d'activité particuliers.

Dans ce cas, les États membres prennent les mesures appropriées concernant la surveillance de l'adolescent par un adulte pour les cas dans lesquels une telle surveillance est nécessaire pour la protection de l'adolescent.

b) En cas d'application du point a), le travail reste interdit entre minuit et quatre heures.

Toutefois, les États membres peuvent, par voie législative ou réglementaire, autoriser le travail des adolescents durant la période d'interdiction du travail de nuit dans les cas visés ci-dessous lorsque des raisons objectives le justifient et à condition qu'un repos compensateur approprié soit accordé aux adolescents et que les objectifs visés à l'article 1er ne soient pas mis en cause :

– travaux effectués dans les secteurs de la navigation ou de la pêche,
– travaux effectués dans le cadre des forces armées ou de la police,
– travaux effectués dans les hôpitaux ou des établissements similaires,
– activités de nature culturelle, artistique, sportive ou publicitaire.

3. Les adolescents bénéficient, préalablement à leur affectation éventuelle au travail de nuit, et à des intervalles réguliers par la suite, d'une évaluation gratuite de leur santé et de leurs capacités, sauf si leur travail pendant la période d'interdiction de travail a un caractère exceptionnel.

Art. 10 *Période de repos.* 1. a) Les États membres qui font usage de la faculté visée à l'article 4 paragraphe 2 point b) ou c) prennent les mesures nécessaires pour que, pour chaque période de vingt-quatre heures, les enfants bénéficient d'une période minimale de repos de quatorze heures consécutives.

b) Les États membres prennent les mesures nécessaires pour que, pour chaque période de vingt-quatre heures, les adolescents bénéficient d'une période minimale de repos de douze heures consécutives.

2. Les États membres prennent les mesures nécessaires pour que, pour chaque période de sept jours :
— les enfants à l'égard desquels ils ont fait usage de la faculté visée à l'article 4 paragraphe 2 point b) ou c)
et
— les adolescents
bénéficient d'une période minimale de repos de deux jours, si possible consécutifs.
Lorsque des raisons techniques ou d'organisation le justifient, la période minimale de repos peut être réduite, mais ne peut, en aucun cas, être inférieure à trente-six heures consécutives.
La période minimale de repos visée aux premier et deuxième alinéas comprend, en principe, le dimanche.

3. Les États membres peuvent, par voie législative ou réglementaire, prévoir que les périodes minimales de repos visées aux paragraphes 1 et 2 peuvent être interrompues dans les cas d'activités caractérisées par des périodes de travail fractionnées ou de courte durée dans la journée.

4. Les États membres peuvent, par voie législative ou réglementaire, prévoir pour les adolescents des dérogations au paragraphe 1 point b) et au paragraphe 2 dans les cas visés ci-dessous, lorsque des raisons objectives le justifient et à condition qu'un repos compensateur approprié soit accordé aux adolescents et que les objectifs visés à l'article 1er ne soient pas mis en cause :
a) travaux effectués dans les secteurs de la navigation ou de la pêche ;
b) travaux effectués dans le cadre des forces armées ou de la police ;
c) travaux effectués dans les hôpitaux ou les établissements similaires ;
d) travaux effectués dans l'agriculture ;
e) travaux effectués dans le secteur du tourisme ou dans le secteur des hôtels, restaurants et cafés ;
f) activités caractérisées par des périodes de travail fractionnées dans la journée.

Art. 11 *Repos annuel.* Les États membres qui font usage de la faculté visée à l'article 4 paragraphe 2 point b) ou c) veillent à ce qu'une période libre de tout travail soit comprise, dans toute la mesure du possible, dans les vacances scolaires des enfants soumis à l'obligation scolaire à temps plein imposée par la législation nationale.

Art. 12 *Temps de pause.* Les États membres prennent les mesures nécessaires pour que les jeunes bénéficient, au cas où le temps de travail journalier est supérieur à quatre heures et demie, d'un temps de pause d'au moins trente minutes, si possible consécutives.

Art. 13 *Travaux d'adolescents en cas de force majeure.* Les États membres peuvent, par voie législative ou réglementaire, autoriser des dérogations à l'article 8 paragraphe 2, à l'article 9 paragraphe 1 point b), à l'article 10 paragraphe 1 point b) et, en ce qui concerne les adolescents, à l'article 12, pour des travaux dans les circonstances visées à l'article 5 paragraphe 4 de la directive 89/391/CEE, à condition que ces travaux soient passagers et ne souffrent aucun retard, que des travailleurs adultes ne soient pas disponibles et que des périodes équivalentes de repos compensateur soient accordées aux adolescents concernés dans un délai de trois semaines.

SECTION 4

Art. 14 *Mesures.* Chaque État membre détermine toutes les mesures nécessaires à appliquer en cas de violation des dispositions prises en application de la présente directive ; ces mesures doivent avoir un caractère effectif et proportionné.

Art. 15 *Modifications de l'annexe. (Règl. (UE) 2019/1243 du 20 juin 2014)* La Commission est habilitée à adopter des actes délégués conformément à l'article 15 *bis* afin d'apporter des modifications strictement techniques à l'annexe, en fonction du progrès technique ainsi que de l'évolution des réglementations ou spécifications internationales et des connaissances concernant la protection des jeunes au travail.

Art. 15 *bis* *Exercice de la délégation. (Règl. (UE) 2019/1243 du 20 juin 2014)* 1. Le pouvoir d'adopter des actes délégués conféré à la Commission est soumis aux conditions fixées au présent article.

2. Le pouvoir d'adopter des actes délégués visé à l'article 15 est conféré à la Commission pour une période de cinq ans à compter du 26 juillet 2019. La Commission élabore un rapport relatif à la délégation de pouvoir au plus tard neuf mois avant la fin de la période de cinq ans. La délégation de pouvoir est tacitement prorogée pour des périodes d'une durée identique, sauf si le Parlement européen ou le Conseil s'oppose à cette prorogation trois mois au plus tard avant la fin de chaque période.

3. La délégation de pouvoir visée à l'article 15 peut être révoquée à tout moment par le Parlement européen ou le Conseil. La décision de révocation met fin à la délégation de pouvoir qui y est précisée. La révocation prend effet le jour suivant celui de la publication de ladite décision au *Journal officiel de l'Union européenne* ou à une date ultérieure qui est précisée dans ladite décision. Elle ne porte pas atteinte à la validité des actes délégués déjà en vigueur.

4. Avant l'adoption d'un acte délégué, la Commission consulte les experts désignés par chaque État membre, conformément aux principes définis dans l'accord interinstitutionnel du 13 avril 2016 "Mieux légiférer".

5. Aussitôt qu'elle adopte un acte délégué, la Commission le notifie au Parlement européen et au Conseil simultanément.

6. Un acte délégué adopté en vertu de l'article 15 n'entre en vigueur que si le Parlement européen ou le Conseil n'a pas exprimé d'objections dans un délai de deux mois à compter de la notification de cet acte au Parlement européen et au Conseil ou si, avant l'expiration de ce délai, le Parlement européen et le Conseil ont tous deux informé la Commission de leur intention de ne pas exprimer d'objections. Ce délai est prolongé de deux mois à l'initiative du Parlement européen ou du Conseil.

Art. 16 *Clause de non-régression.* Sans préjudice du droit des États membres de développer, eu égard à l'évolution de la situation, des dispositions différentes dans le domaine de la protection des jeunes, pour autant que les exigences minimales prévues par la présente directive soient respectées, la mise en œuvre de la présente directive ne constitue pas une justification valable pour la régression du niveau général de protection des jeunes.

Art. 17 *Dispositions finales.* 1. a) Les États membres mettent en vigueur les dispositions législatives, réglementaires et administratives nécessaires pour se conformer à la présente directive au plus tard le 22 juin 1996 ou s'assurent, au plus tard à cette date, que les partenaires sociaux mettent en place les dispositions nécessaires par voie d'accord, les États membres devant prendre toute mesure nécessaire pour pouvoir à tout moment garantir les résultats imposés par la présente directive.

b) Pendant une période de quatre ans à compter de la date visée au point a), le Royaume-Uni peut s'abstenir de mettre en œuvre l'article 8 paragraphe 1 point b) premier alinéa, en ce qui concerne la disposition relative à la durée maximale hebdomadaire du travail, ainsi que l'article 8 paragraphe 2 et l'article 9 paragraphe 1 point b) et paragraphe 2.

La Commission présente un rapport sur les effets de la présente disposition.

Le Conseil, statuant selon les conditions prévues par le traité, décide si la période susvisée devrait être prolongée.

c) Les États membres en informent immédiatement la Commission.

2. Lorsque les États membres adoptent les dispositions visées au paragraphe 1, celles-ci contiennent une référence à la présente directive ou sont accompagnées d'une telle référence lors de leur publication officielle. Les modalités de cette référence sont arrêtées par les États membres.

3. Les États membres communiquent à la Commission le texte des dispositions essentielles de droit interne déjà adoptées ou qu'ils adoptent dans le domaine régi par la présente directive.

(Abrogé par Règl. 2007/30/CE du 20 juin 2007, art. 3) « 4. Les États membres font rapport à la Commission tous les cinq ans sur la mise en œuvre pratique des dispositions de la présente directive, en indiquant les points de vue des partenaires sociaux.

« La Commission en informe le Parlement européen, le Conseil et le Comité économique et social.

« 5. La Commission présente périodiquement au Parlement européen, au Conseil et au Comité économique et social un rapport sur l'application de la présente directive en tenant compte des paragraphes 1, 2, 3 et 4. »

Art. 17 *bis* *Rapport de mise en œuvre. (Règl. 2007/30/CE du 20 juin 2007, art. 2)* **Tous les cinq ans, les États membres soumettent un rapport à la Commission sur la mise en œuvre pratique de la présente directive sous la forme d'un chapitre spécifique du rapport unique prévu à l'article 17 *bis*, paragraphes 1, 2 et 3, de la directive 89/391/CEE qui sert de base à l'évaluation à effectuer par la Commission conformément au paragraphe 4 du même article 17 *bis*.**

ANNEXE

LISTE NON EXHAUSTIVE DES AGENTS, PROCÉDÉS ET TRAVAUX
(ARTICLE 7 PARAGRAPHE 2 DEUXIÈME ALINÉA)

Annexe non reproduite.

Directive 2000/43/CE du Conseil du 29 juin 2000,

Relative à la mise en œuvre du principe de l'égalité de traitement entre les personnes sans distinction de race ou d'origine ethnique.

CHAPITRE I *DISPOSITIONS GÉNÉRALES*

Art. 1er *Objet.* **La présente directive a pour objet d'établir un cadre pour lutter contre la discrimination fondée sur la race ou l'origine ethnique, en vue de mettre en œuvre, dans les États membres, le principe de l'égalité de traitement.**

Art. 2 *Concept de discrimination.* **1. Aux fins de la présente directive, on entend par "principe de l'égalité de traitement", l'absence de toute discrimination directe ou indirecte fondée sur la race ou l'origine ethnique.**

2. Aux fins du paragraphe 1 :

a) une discrimination directe se produit lorsque, pour des raisons de race ou d'origine ethnique, une personne est traitée de manière moins favorable qu'une autre ne l'est, ne l'a été ou ne le serait dans une situation comparable ;

b) une discrimination indirecte se produit lorsqu'une disposition, un critère ou une pratique apparemment neutre est susceptible d'entraîner un désavantage particulier pour des personnes d'une race ou d'une origine ethnique donnée par rapport à d'autres personnes, à moins que cette disposition, ce critère ou cette pratique ne soit objectivement justifié par un objectif légitime et que les moyens de réaliser cet objectif ne soient appropriés et nécessaires.

3. Le harcèlement est considéré comme une forme de discrimination au sens du paragraphe 1 lorsqu'un comportement indésirable lié à la race ou à l'origine ethnique se manifeste, qui a pour objet ou pour effet de porter atteinte à la dignité d'une personne et de créer un environnement intimidant, hostile, dégradant, humiliant ou offensant. Dans ce contexte, la notion de harcèlement peut être définie conformément aux législations et pratiques nationales des États membres.

4. Tout comportement consistant à enjoindre à quiconque de pratiquer une discrimination à l'encontre de personnes pour des raisons de race ou d'origine ethnique est considéré comme une discrimination au sens du paragraphe 1.

Art. 3 *Champ d'application.* **1. Dans les limites des compétences conférées à la Communauté, la présente directive s'applique à toutes les personnes, tant pour le**

secteur public que pour le secteur privé, y compris les organismes publics, en ce qui concerne :

a) les conditions d'accès à l'emploi aux activités non salariées ou au travail, y compris les critères de sélection et les conditions de recrutement, quelle que soit la branche d'activité et à tous les niveaux de la hiérarchie professionnelle, y compris en matière de promotion ;

b) l'accès à tous les types et à tous les niveaux d'orientation professionnelle, de formation professionnelle, de perfectionnement et de formation de reconversion, y compris l'acquisition d'une expérience pratique ;

c) les conditions d'emploi et de travail, y compris les conditions de licenciement et de rémunération ;

d) l'affiliation à et l'engagement dans une organisation de travailleurs ou d'employeurs ou à toute organisation dont les membres exercent une profession donnée, y compris les avantages procurés par ce type d'organisations ;

e) la protection sociale, y compris la sécurité sociale et les soins de santé ;

f) les avantages sociaux ;

g) l'éducation ;

h) l'accès aux biens et services et la fourniture de biens et services, à la disposition du public, y compris en matière de logement.

2. La présente directive ne vise pas les différences de traitement fondées sur la nationalité et s'entend sans préjudice des dispositions et conditions relatives à l'admission et au séjour des ressortissants de pays tiers et des personnes apatrides sur le territoire des États membres et de tout traitement lié au statut juridique des ressortissants de pays tiers et personnes apatrides concernés.

Art. 4 *Exigence professionnelle essentielle et déterminante.* Sans préjudice de l'article 2, paragraphes 1 et 2, les États membres peuvent prévoir qu'une différence de traitement fondée sur une caractéristique liée à la race ou à l'origine ethnique ne constitue pas une discrimination lorsque, en raison de la nature d'une activité professionnelle ou des conditions de son exercice, la caractéristique en cause constitue une exigence professionnelle essentielle et déterminante, pour autant que l'objectif soit légitime et que l'exigence soit proportionnée.

Art. 5 *Action positive.* Pour assurer la pleine égalité dans la pratique, le principe de l'égalité de traitement n'empêche pas un État membre de maintenir ou d'adopter des mesures spécifiques destinées à prévenir ou à compenser des désavantages liés à la race ou à l'origine ethnique.

Art. 6 *Prescriptions minimales.* 1. Les États membres peuvent adopter ou maintenir des dispositions plus favorables à la protection du principe de l'égalité de traitement que celles prévues dans la présente directive.

2. La mise en œuvre de la présente directive ne peut en aucun cas constituer un motif d'abaissement du niveau de protection contre la discrimination déjà accordé par les États membres dans les domaines régis par la présente directive.

CHAPITRE II *VOIES DE RECOURS ET APPLICATION DU DROIT*

Art. 7 *Défense des droits.* 1. Les États membres veillent à ce que des procédures judiciaires et/ou administratives, y compris, lorsqu'ils l'estiment approprié, des procédures de conciliation, visant à faire respecter les obligations découlant de la présente directive soient accessibles à toutes les personnes qui s'estiment lésées par le non-respect à leur égard du principe de l'égalité de traitement, même après que les relations dans lesquelles la discrimination est présumée s'être produite se sont terminées.

2. Les États membres veillent à ce que les associations, les organisations ou les personnes morales qui ont, conformément aux critères fixés par leur législation nationale, un intérêt légitime à assurer que les dispositions de la présente directive sont respectées puissent, pour le compte ou à l'appui du plaignant, avec son approbation, engager toute procédure judiciaire et/ou administrative prévue pour faire respecter les obligations découlant de la présente directive.

3. Les paragraphes 1 et 2 sont sans préjudice des règles nationales relatives aux délais impartis pour former un recours en ce qui concerne le principe de l'égalité de traitement.

Art. 8 *Charge de la preuve.* 1. Les États membres prennent les mesures nécessaires, conformément à leur système judiciaire, afin que, dès lors qu'une personne s'estime lésée par le non-respect à son égard du principe de l'égalité de traitement et établit, devant une juridiction ou une autre instance compétente, des faits qui permettent de présumer l'existence d'une discrimination directe ou indirecte, il incombe à la partie défenderesse de prouver qu'il n'y a pas eu violation du principe de l'égalité de traitement.

2. Le paragraphe 1 ne fait pas obstacle à l'adoption par les États membres de règles de la preuve plus favorables aux plaignants.

3. Le paragraphe 1 ne s'applique pas aux procédures pénales.

4. Les paragraphes 1, 2 et 3 s'appliquent également à toute procédure engagée conformément à l'article 7, paragraphe 2.

5. Les États membres peuvent ne pas appliquer le paragraphe 1 aux procédures dans lesquelles l'instruction des faits incombe à la juridiction ou à l'instance compétente.

Art. 9 *Protection contre les rétorsions.* Les États membres introduisent dans leur système juridique interne les mesures nécessaires pour protéger les personnes contre tout traitement ou toute conséquence défavorable en réaction à une plainte ou à une action en justice visant à faire respecter le principe de l'égalité de traitement.

Art. 10 *Diffusion de l'information.* Les États membres veillent à ce que les dispositions adoptées en application de la présente directive ainsi que celles qui sont déjà en vigueur dans ce domaine soient portées à la connaissance des personnes concernées par tous moyens appropriés et sur l'ensemble de leur territoire.

Art. 11 *Dialogue social.* 1. Conformément à leurs traditions et pratiques nationales, les États membres prennent les mesures appropriées afin de favoriser le dialogue entre les partenaires sociaux en vue de promouvoir l'égalité de traitement, y compris par la surveillance des pratiques sur le lieu de travail, par des conventions collectives, des codes de conduite, et par la recherche ou l'échange d'expériences et de bonnes pratiques.

2. Dans le respect de leurs traditions et pratiques nationales, les États membres encouragent les partenaires sociaux, sans préjudice de leur autonomie, à conclure, au niveau approprié, des accords établissant des règles de non-discrimination dans les domaines visés à l'article 3 qui relèvent du champ d'application des négociations collectives. Ces accords respectent les exigences minimales fixées par la présente directive et par les mesures nationales de transposition.

Art. 12 *Dialogue avec les organisations non gouvernementales.* Les États membres encouragent le dialogue avec les organisations non gouvernementales concernées qui ont, conformément aux pratiques et législations nationales, un intérêt légitime à contribuer à la lutte contre la discrimination fondée sur la race ou l'origine ethnique, en vue de promouvoir le principe de l'égalité de traitement.

CHAPITRE III *ORGANISMES DE PROMOTION DE L'ÉGALITÉ DE TRAITEMENT*

Art. 13 1. Les États membres désignent un ou plusieurs organismes chargés de promouvoir l'égalité de traitement entre toutes les personnes sans discrimination fondée sur la race ou l'origine ethnique. Ils peuvent faire partie d'organes chargés de défendre à l'échelon national les droits de l'homme ou de protéger les droits des personnes.

2. Les États membres font en sorte que ces organismes aient pour compétence :

— sans préjudice des droits des victimes et des associations, organisations et autres personnes morales visées à l'article 7, paragraphe 2, d'apporter aux personnes victimes d'une discrimination une aide indépendante pour engager une procédure pour discrimination,

– de conduire des études indépendantes concernant les discriminations,

– de publier des rapports indépendants et d'émettre des recommandations sur toutes les questions liées à ces discriminations.

CHAPITRE IV *DISPOSITIONS FINALES*

Art. 14 *Conformité.* Les États membres prennent les mesures nécessaires afin que :

a) soient supprimées les dispositions législatives, réglementaires et administratives contraires au principe de l'égalité de traitement ;

b) soient ou puissent être déclarées nulles et non avenues ou soient modifiées les dispositions contraires au principe de l'égalité de traitement qui figurent dans les contrats ou les conventions collectives, dans les règlements intérieurs des entreprises ainsi que dans les règles régissant les associations à but lucratif ou non lucratif, les professions indépendantes et les organisations de travailleurs et d'employeurs.

Art. 15 *Sanctions.* Les États membres déterminent le régime des sanctions applicables aux violations des dispositions nationales adoptées en application de la présente directive et prennent toute mesure nécessaire pour assurer l'application de celles-ci. Les sanctions ainsi prévues, qui peuvent comprendre le versement d'indemnités à la victime, doivent être effectives, proportionnées et dissuasives. Les États membres notifient ces dispositions à la Commission au plus tard le 19 juillet 2003 et toute modification ultérieure les concernant dans les meilleurs délais.

Art. 16 *Mise en œuvre.* Les États membres adoptent les dispositions législatives, réglementaires et administratives nécessaires pour se conformer à la présente directive au plus tard le 19 juillet 2003 ou peuvent confier aux partenaires sociaux, à leur demande conjointe, la mise en œuvre de la présente directive, pour ce qui est des dispositions relevant des accords collectifs. Dans ce cas, ils s'assurent que, au plus tard le 19 juillet 2003, les partenaires sociaux ont mis en place les dispositions nécessaires par voie d'accord, les États membres concernés devant prendre toute disposition nécessaire leur permettant d'être à tout moment en mesure de garantir les résultats imposés par la présente directive. Ils en informent immédiatement la Commission.

Lorsque les États membres adoptent lesdites dispositions, celles-ci contiennent une référence à la présente directive ou sont accompagnées d'une telle référence lors de leur publication officielle. Les modalités de cette référence sont arrêtées par les États membres.

Art. 17 *Rapport.* 1. Les États membres communiquent à la Commission, au plus tard le 19 juillet 2005 et ensuite tous les cinq ans, toutes les informations nécessaires à l'établissement par la Commission d'un rapport au Parlement européen et au Conseil sur l'application de la présente directive.

2. Le rapport de la Commission prend en considération, comme il convient, l'opinion de l'Observatoire européen des phénomènes racistes et xénophobes ainsi que le point de vue des partenaires sociaux et des organisations non gouvernementales concernées. Conformément au principe de la prise en compte systématique de la question de l'égalité des chances entre les hommes et les femmes, ce rapport fournit, entre autres, une évaluation de l'impact que les mesures prises ont sur les hommes et les femmes. A la lumière des informations reçues, ce rapport inclut, si nécessaire, des propositions visant à réviser et à actualiser la présente directive.

Art. 18 *Entrée en vigueur.* La présente directive entre en vigueur le jour de sa publication au *Journal officiel des Communautés européennes.*

Charte des droits fondamentaux de l'Union européenne du 7 décembre 2000

V. C. const.

Directive 2006/54/CE du Parlement européen et du Conseil du 5 juillet 2006,

Relative à la mise en œuvre du principe de l'égalité des chances et de l'égalité de traitement entre hommes et femmes en matière d'emploi et de travail.

TITRE I DISPOSITIONS GÉNÉRALES

Art. 1er *Objet.* La présente directive vise à garantir la mise en œuvre du principe de l'égalité des chances et de l'égalité de traitement entre hommes et femmes en matière d'emploi et de travail.

A cette fin, elle contient des dispositions destinées à mettre en œuvre le principe de l'égalité de traitement en ce qui concerne :

a) l'accès à l'emploi, y compris la promotion, et à la formation professionnelle ;

b) les conditions de travail, y compris les rémunérations ;

c) les régimes professionnels de sécurité sociale.

Elle comprend également des dispositions visant à faire en sorte que la mise en œuvre de ce principe soit rendue plus effective par l'établissement de procédures appropriées.

Art. 2 *Définitions.* 1. Aux fins de la présente directive, on entend par :

a) "discrimination directe" : la situation dans laquelle une personne est traitée de manière moins favorable en raison de son sexe qu'une autre ne l'est, ne l'a été ou ne le serait dans une situation comparable ;

b) "discrimination indirecte" : la situation dans laquelle une disposition, un critère ou une pratique apparemment neutre désavantagerait particulièrement des personnes d'un sexe par rapport à des personnes de l'autre sexe, à moins que cette disposition, ce critère ou cette pratique ne soit objectivement justifié par un but légitime et que les moyens pour parvenir à ce but soient appropriés et nécessaires ;

c) "harcèlement" : la situation dans laquelle un comportement non désiré lié au sexe d'une personne survient avec pour objet ou pour effet de porter atteinte à la dignité d'une personne et de créer un environnement intimidant, hostile, dégradant, humiliant ou offensant ;

d) "harcèlement sexuel" : la situation dans laquelle un comportement non désiré à connotation sexuelle, s'exprimant physiquement, verbalement ou non verbalement, survient avec pour objet ou pour effet de porter atteinte à la dignité d'une personne et, en particulier, de créer un environnement intimidant, hostile, dégradant, humiliant ou offensant ;

e) "rémunération" : le salaire ou traitement ordinaire de base ou minimal et tout autre avantage, payés directement ou indirectement, en espèces ou en nature, par l'employeur au travailleur en raison de l'emploi de ce dernier ;

f) "régimes professionnels de sécurité sociale" : les régimes non régis par la directive 79/7/CEE du Conseil du 19 décembre 1978 relative à la mise en œuvre progressive du principe de l'égalité de traitement entre hommes et femmes en matière de sécurité sociale qui ont pour objet de fournir aux travailleurs, salariés ou indépendants, groupés dans le cadre d'une entreprise ou d'un groupement d'entreprises, d'une branche économique ou d'un secteur professionnel ou interprofessionnel, des prestations destinées à compléter les prestations des régimes légaux de sécurité sociale ou à s'y substituer, que l'affiliation à ces régimes soit obligatoire ou facultative.

2. Aux fins de la présente directive, la discrimination inclut :

a) le harcèlement et le harcèlement sexuel, ainsi que tout traitement moins favorable reposant sur le rejet de tels comportements par la personne concernée ou sa soumission à ceux-ci ;

b) l'injonction de pratiquer à l'encontre de personnes une discrimination fondée sur le sexe ;

c) tout traitement moins favorable d'une femme lié à la grossesse ou au congé de maternité au sens de la directive 92/85/CEE.

Art. 3 *Mesures positives.* Les États membres peuvent maintenir ou adopter des mesures au sens de l'article 141, paragraphe 4, du traité, pour assurer concrètement une pleine égalité entre hommes et femmes dans la vie professionnelle.

TITRE II DISPOSITIONS SPÉCIFIQUES

CHAPITRE I *ÉGALITÉ DE RÉMUNÉRATION*

Art. 4 *Interdiction de toute discrimination.* Pour un même travail ou pour un travail auquel est attribuée une valeur égale, la discrimination directe ou indirecte fondée sur le sexe est éliminée dans l'ensemble des éléments et conditions de rémunération.

En particulier, lorsqu'un système de classification professionnelle est utilisé pour la détermination des rémunérations, ce système est fondé sur des critères communs aux travailleurs masculins et féminins et est établi de manière à exclure les discriminations fondées sur le sexe.

CHAPITRE II *ÉGALITÉ DE TRAITEMENT DANS LES RÉGIMES PROFESSIONNELS DE SÉCURITÉ SOCIALE*

Art. 5 *Interdiction de toute discrimination.* Sans préjudice de l'article 4, toute discrimination directe ou indirecte fondée sur le sexe est proscrite dans les régimes professionnels de sécurité sociale, en particulier en ce qui concerne :

a) le champ d'application de tels régimes et les conditions d'accès à de tels régimes ;

b) l'obligation de cotiser et le calcul des cotisations ;

c) le calcul des prestations, y compris les majorations dues au titre du conjoint et pour personne à charge, et les conditions de durée et de maintien du droit aux prestations.

Art. 6 *Champ d'application personnel.* Le présent chapitre s'applique à la population active, y compris les travailleurs indépendants, les travailleurs dont l'activité est interrompue par une maladie, une maternité, un accident ou un chômage involontaire, et les personnes à la recherche d'un emploi, ainsi qu'aux travailleurs retraités et aux travailleurs invalides, et aux ayants droit de ces travailleurs, conformément aux législations et/ou pratiques nationales.

Art. 7 *Champ d'application matériel.* 1. Le présent chapitre s'applique :

a) aux régimes professionnels de sécurité sociale qui assurent une protection contre les risques suivants :

i) maladie,

ii) invalidité,

iii) vieillesse, y compris dans le cas de retraites anticipées,

iv) accident du travail et maladie professionnelle,

v) chômage ;

b) aux régimes professionnels de sécurité sociale qui prévoient d'autres prestations sociales, en nature ou en espèces, et notamment des prestations de survivants et des prestations familiales, si ces prestations constituent des avantages payés par l'employeur au travailleur en raison de l'emploi de ce dernier.

2. Le présent chapitre s'applique également aux régimes de pension destinés à une catégorie particulière de travailleurs, comme celle des fonctionnaires, si les prestations payables en vertu du régime sont versées en raison de la relation de travail avec l'employeur public. Le fait qu'un tel régime fasse partie d'un régime légal général est sans préjudice de la disposition précédente.

Art. 8 *Exclusions du champ d'application matériel.* 1. Le présent chapitre ne s'applique pas :

a) aux contrats individuels des travailleurs indépendants ;

b) aux régimes à membre unique des travailleurs indépendants ;

c) dans le cas des travailleurs, aux contrats d'assurance auxquels l'employeur n'est pas partie ;

d) aux dispositions facultatives des régimes professionnels de sécurité sociale qui sont offertes individuellement aux participants en vue de leur garantir :

i) soit des prestations complémentaires,

ii) soit le choix de la date à laquelle les prestations normales des travailleurs indépendants prennent cours ou le choix entre plusieurs prestations ;

e) aux régimes professionnels de sécurité sociale, dans la mesure où les prestations qu'ils fournissent sont financées par des cotisations volontaires des travailleurs.

2. Les dispositions du présent chapitre ne s'opposent pas à ce qu'un employeur accorde à des personnes qui ont atteint l'âge de la retraite pour l'octroi d'une pension en vertu d'un régime professionnel de sécurité sociale, mais qui n'ont pas encore atteint l'âge de la retraite pour l'octroi d'une pension de retraite légale, un complément de pension visant à égaliser ou à rapprocher le montant des prestations globales par rapport aux personnes de l'autre sexe dans la même situation qui ont déjà atteint l'âge de la retraite légale, jusqu'à ce que les bénéficiaires du complément atteignent l'âge de la retraite légale.

Art. 9 *Exemples de discrimination.* 1. Sont à classer au nombre des dispositions contraires au principe de l'égalité de traitement celles qui se fondent sur le sexe, soit directement, soit indirectement, pour :

a) définir les personnes admises à participer à un régime professionnel de sécurité sociale ;

b) fixer le caractère obligatoire ou facultatif de la participation à un régime professionnel de sécurité sociale ;

c) établir des règles différentes en ce qui concerne l'âge d'entrée dans le régime ou en ce qui concerne la durée minimale d'emploi ou d'affiliation au régime pour l'obtention des prestations ;

d) prévoir des règles différentes, sauf dans la mesure prévue aux points h) et j), pour le remboursement des cotisations quand le travailleur quitte le régime sans avoir rempli les conditions qui lui garantissent un droit différé aux prestations à long terme ;

e) fixer des conditions différentes d'octroi des prestations ou réserver celles-ci aux travailleurs de l'un des deux sexes ;

f) imposer des âges différents de retraite ;

g) interrompre le maintien ou l'acquisition de droits pendant les périodes de congé de maternité ou de congé pour raisons familiales, légalement ou conventionnellement prescrits et rémunérés par l'employeur ;

h) fixer des niveaux différents pour les prestations, sauf dans la mesure nécessaire pour tenir compte d'éléments de calcul actuariel qui sont différents pour les deux sexes dans le cas de régimes à cotisations définies ; dans le cas de régimes à prestations définies, financées par capitalisation, certains éléments peuvent être inégaux dans la mesure où l'inégalité des montants est due aux conséquences de l'utilisation de facteurs actuariels différents selon le sexe lors de la mise en œuvre du financement du régime ;

i) fixer des niveaux différents pour les cotisations des travailleurs ;

j) fixer des niveaux différents pour les cotisations des employeurs, sauf :

i) dans le cas de régimes à cotisations définies, si le but est d'égaliser ou de rapprocher les montants des prestations de pension fondées sur ces cotisations,

ii) dans le cas de régimes à prestations définies, financées par capitalisation lorsque les cotisations patronales sont destinées à compléter l'assiette financière indispensable pour couvrir le coût de ces prestations définies ;

k) prévoir des normes différentes ou des normes applicables seulement aux travailleurs d'un sexe déterminé, sauf dans la mesure prévue aux points h) et j), en ce qui concerne la garantie ou le maintien du droit à des prestations différées quand le travailleur quitte le régime.

2. Quand l'octroi de prestations relevant du présent chapitre est laissé à la discrétion des organes de gestion du régime, ceux-ci respectent le principe de l'égalité de traitement.

Art. 10 *Mise en œuvre en ce qui concerne les travailleurs indépendants.* **1. Les États membres prennent les mesures nécessaires afin que les dispositions des régimes professionnels de sécurité sociale des travailleurs indépendants contraires au principe de l'égalité de traitement soient révisées avec effet au 1er janvier 1993, au plus tard, ou, pour les États membres dont l'adhésion à la Communauté a eu lieu après cette date, à la date à laquelle la directive 86/378/CEE est devenue applicable sur leur territoire.**

2. Le présent chapitre ne fait pas obstacle à ce que les droits et obligations afférents à une période d'affiliation à un régime professionnel de sécurité sociale des travailleurs indépendants antérieure à la révision de ce régime demeurent régis par les dispositions du régime en vigueur au cours de cette période.

Art. 11 *Possibilité d'application différée en ce qui concerne les travailleurs indépendants.* **Pour ce qui est des régimes professionnels de sécurité sociale de travailleurs indépendants, les États membres peuvent différer la mise en application obligatoire du principe de l'égalité de traitement en ce qui concerne :**

a) la fixation de l'âge de la retraite pour l'octroi de pensions de vieillesse et de retraite, ainsi que les conséquences pouvant en découler pour d'autres prestations, à leur choix :

i) soit jusqu'à la date à laquelle cette égalité est réalisée dans les régimes légaux,

ii) soit au plus tard jusqu'à ce qu'une directive impose cette égalité ;

b) les pensions de survivants, jusqu'à ce que le droit communautaire impose le principe de l'égalité de traitement dans les régimes légaux de sécurité sociale sur ce sujet ;

c) l'application de l'article 8, paragraphe 1, point i), en ce qui concerne l'utilisation d'éléments de calcul actuariel jusqu'au 1er janvier 1999 ou, pour les États membres dont l'adhésion à la Communauté a eu lieu après cette date, à la date à laquelle la directive 86/378/CEE est devenue applicable sur leur territoire.

Art. 12 *Effet rétroactif.* **1. Toute mesure de transposition du présent chapitre, en ce qui concerne les travailleurs, couvre toutes les prestations en vertu des régimes professionnels de sécurité sociale attribuées aux périodes d'emploi postérieures à la date du 17 mai 1990 et aura un effet rétroactif à cette date, sans préjudice des travailleurs ou de leurs ayants droit qui ont, avant cette date, engagé une action en justice ou soulevé une réclamation équivalente selon le droit national. Dans ce cas, les mesures de transposition ont un effet rétroactif à la date du 8 avril 1976 et couvrent toutes les prestations attribuées à des périodes d'emploi après cette date. Pour les États membres qui ont adhéré à la Communauté après le 8 avril 1976 et avant le 17 mai 1990, cette date est remplacée par la date à laquelle l'article 141 du traité est devenu applicable sur leur territoire.**

2. La deuxième phrase du paragraphe 1 ne s'oppose pas à ce que les règles nationales relatives aux délais de recours de droit interne soient opposées aux travailleurs ou à leurs ayants droit qui avaient engagé une action en justice ou introduit une réclamation équivalente selon le droit national avant le 17 mai 1990, à condition qu'elles ne soient pas moins favorables pour ce type de recours que pour les recours similaires de nature interne et qu'elles ne rendent pas impossible en pratique l'exercice des droits conférés par la législation communautaire.

3. Pour les États membres dont l'adhésion à la Communauté a eu lieu après le 17 mai 1990 et qui, au 1er janvier 1994, étaient parties contractantes à l'accord sur l'Espace économique européen, la date du 17 mai 1990 figurant à la première phrase du paragraphe 1 est remplacée par celle du 1er janvier 1994.

4. Pour d'autres États membres dont l'adhésion à la Communauté a eu lieu après le 17 mai 1990, la date du 17 mai 1990 figurant aux paragraphes 1 et 2 est remplacée par la date à laquelle l'article 141 du traité est devenu applicable sur leur territoire.

Art. 13 *Système souple de fixation de l'âge de la retraite.* **Si les hommes et les femmes demandent à bénéficier, dans les mêmes conditions, d'un système souple en ce qui concerne l'âge de la retraite, cette disposition n'est pas considérée comme incompatible avec le présent chapitre.**

CHAPITRE III *ÉGALITÉ DE TRAITEMENT EN CE QUI CONCERNE L'ACCÈS À L'EMPLOI, À LA FORMATION ET À LA PROMOTION PROFESSIONNELLES, ET LES CONDITIONS DE TRAVAIL*

Art. 14 *Interdiction de toute discrimination.* **1. Toute discrimination directe ou indirecte fondée sur le sexe est proscrite dans les secteurs public ou privé, y compris les organismes publics, en ce qui concerne :**

a) les conditions d'accès à l'emploi, aux activités non salariées ou au travail, y compris les critères de sélection et les conditions de recrutement, quelle que soit la branche d'activité et à tous les niveaux de la hiérarchie professionnelle, y compris en matière de promotion ;

b) l'accès à tous les types et à tous les niveaux d'orientation professionnelle, de formation professionnelle, de perfectionnement et de formation de reconversion, y compris l'acquisition d'une expérience pratique du travail ;

c) les conditions d'emploi et de travail, y compris les conditions de licenciement ainsi que la rémunération, comme le prévoit l'article 141 du traité ;

d) l'affiliation à, et l'engagement dans, une organisation de travailleurs ou d'employeurs, ou toute organisation dont les membres exercent une profession donnée, y compris les avantages procurés par ce type d'organisation.

2. Les États membres peuvent prévoir, en ce qui concerne l'accès à l'emploi, y compris la formation qui y donne accès, qu'une différence de traitement fondée sur une caractéristique liée au sexe ne constitue pas une discrimination lorsque, en raison de la nature des activités professionnelles particulières concernées ou du cadre dans lequel elles se déroulent, une telle caractéristique constitue une exigence professionnelle véritable et déterminante, pour autant que son objectif soit légitime et que l'exigence soit proportionnée.

1. Discrimination à l'emploi. La République française, en maintenant en vigueur des systèmes de recrutements distincts en fonction du sexe, non justifiés par la Dir. 76/207/CEE du 9 févr. 1976 relative à la mise en œuvre du principe de l'égalité de traitement entre hommes et femmes en ce qui concerne l'accès à l'emploi, à la formation et à la promotion professionnelles, et les conditions de travail, aux fins de la nomination dans les corps du personnel de direction et du personnel technique et de formation professionnelle des services extérieurs de l'administration pénitentiaire, ainsi que dans l'ensemble des cinq corps de la police nationale, a manqué aux obligations qui lui incombent en vertu du traité. • CJCE 30 juin 1988, n° C-318/86.

2. Discrimination positive. L'art. 2, § 1 et 4, de la Dir. 76/207/CEE du 9 févr. 1976 relative à la mise en œuvre du principe de l'égalité de traitement entre hommes et femmes en ce qui concerne l'accès à l'emploi, à la formation et à la promotion professionnelles, et les conditions de travail, ne s'oppose pas à une règle nationale qui oblige, à qualifications égales des candidats de sexe différent quant à leur aptitude, à leur compétence et à leurs prestations professionnelles, à promouvoir prioritairement les candidats féminins dans les secteurs d'activité du service public où les femmes sont moins nombreuses que les hommes au niveau de poste considéré, à moins que des motifs tenant à la personne d'un candidat masculin ne fassent pencher la balance en sa faveur, à condition qu'elle garantisse, dans chaque cas individuel, aux candidats masculins ayant une qualification égale à celle des candidats féminins que les candidatures font l'objet d'une appréciation objective qui tient compte de tous les critères relatifs à la personne des candidats et écarte la priorité accordée aux candidats féminins, lorsqu'un ou plusieurs de ces critères font pencher la balance en faveur du candidat masculin, et que de tels critères ne soient pas discriminatoires envers les candidats féminins. • CJCE 11 nov. 1997, n° C-409/95.

Art. 15 *Retour de congé de maternité.* **Une femme en congé de maternité a le droit, au terme de ce congé, de retrouver son emploi ou un emploi équivalent à des conditions qui ne lui soient pas moins favorables et de bénéficier de toute amélioration des conditions de travail à laquelle elle aurait eu droit durant son absence.**

Art. 16 *Congé de paternité ou d'adoption.* **La présente directive est aussi sans préjudice de la faculté dont disposent les États membres de reconnaître des droits distincts au congé de paternité et/ou d'adoption. Les États membres qui reconnaissent de tels droits prennent les mesures nécessaires pour protéger les travailleurs et travailleuses du licenciement résultant de l'exercice de ces droits et pour veiller à ce que, à l'issue de ce congé, ils aient le droit de retrouver leur emploi ou un emploi équivalent à des**

conditions qui ne leur soient pas moins favorables et de bénéficier de toute amélioration des conditions de travail à laquelle ils auraient eu droit durant leur absence.

TITRE III DISPOSITIONS HORIZONTALES

CHAPITRE I *VOIES DE RECOURS ET APPLICATION DU DROIT*

SECTION 1 *Voies de recours*

Art. 17 *Défense des droits.* 1. Les États membres veillent à ce que, après un recours éventuel à d'autres instances compétentes, y compris, lorsqu'ils l'estiment approprié, à des procédures de conciliation, des procédures judiciaires visant à faire respecter les obligations découlant de la présente directive soient accessibles à toutes les personnes qui s'estiment lésées par la non-application à leur égard du principe de l'égalité de traitement, même après que les relations dans lesquelles la discrimination est présumée s'être produite ont cessé.

2. Les États membres veillent à ce que les associations, les organisations ou les autres entités juridiques qui ont, conformément aux critères fixés par leur législation nationale, un intérêt légitime à veiller à ce que les dispositions de la présente directive soient respectées puissent, au nom ou à l'appui du plaignant, avec son approbation, engager toute procédure judiciaire et/ou administrative prévue pour faire respecter les obligations découlant de la présente directive.

3. Les paragraphes 1 et 2 s'entendent sans préjudice des règles nationales relatives aux délais impartis pour former un recours en ce qui concerne le principe de l'égalité de traitement.

Art. 18 *Indemnisation ou réparation.* Les États membres introduisent dans leur ordre juridique interne les mesures nécessaires pour veiller à ce que le préjudice subi par une personne lésée du fait d'une discrimination fondée sur le sexe soit effectivement réparé ou indemnisé selon des modalités qu'ils fixent, de manière dissuasive et proportionnée par rapport au dommage subi. Une telle compensation ou réparation ne peut être *a priori* limitée par un plafond maximal, sauf dans les cas où l'employeur peut prouver que le seul dommage subi par un demandeur comme à la suite d'une discrimination au sens de la présente directive est le refus de prendre en considération sa demande d'emploi.

SECTION 2 *Charge de la preuve*

Art. 19 *Charge de la preuve.* 1. Les États membres, conformément à leur système judiciaire, prennent les mesures nécessaires afin que, dès lors qu'une personne s'estime lésée par le non-respect à son égard du principe de l'égalité de traitement et établit, devant une juridiction ou une autre instance compétente, des faits qui permettent de présumer l'existence d'une discrimination directe ou indirecte, il incombe à la partie défenderesse de prouver qu'il n'y a pas eu violation du principe de l'égalité de traitement.

2. Le paragraphe 1 n'empêche pas les États membres d'imposer un régime probatoire plus favorable à la partie demanderesse.

3. Les États membres peuvent ne pas appliquer le paragraphe 1 aux procédures dans lesquelles l'instruction des faits incombe à la juridiction ou à l'instance compétente.

4. Les paragraphes 1, 2 et 3 s'appliquent également :

a) aux situations couvertes par l'article 141 du traité et, dans la mesure où il y a discrimination fondée sur le sexe, par les directives 92/85/CEE et 96/34/CE ;

b) dans le cadre de toute procédure civile ou administrative concernant le secteur public ou le secteur privé qui prévoit les recours selon le droit national en application des dispositions visées au point a), à l'exception des procédures gracieuses de nature volontaire ou prévues par le droit national.

5. Le présent article ne s'applique pas aux procédures pénales, sauf si les États membres en disposent autrement.

CHAPITRE II *PROMOTION DE L'ÉGALITÉ DE TRAITEMENT – DIALOGUE*

Art. 20 *Organismes pour l'égalité de traitement.* 1. Les États membres désignent un ou plusieurs organismes chargés de promouvoir, d'analyser, de surveiller et de soutenir l'égalité de traitement entre toutes les personnes sans discrimination fondée sur le sexe et prennent les dispositions nécessaires. Ces organismes peuvent faire partie d'organes chargés de défendre à l'échelon national les droits de l'homme ou de protéger les droits des personnes.

2. Les États membres veillent à ce que ces organismes aient pour compétence :

a) sans préjudice du droit des victimes et des associations, organisations et autres entités juridiques visées à l'article 17, paragraphe 2, d'apporter aux personnes victimes d'une discrimination une aide indépendante pour engager une procédure pour discrimination ;

b) de procéder à des études indépendantes concernant les discriminations ;

c) de publier des rapports indépendants et de formuler des recommandations sur toutes les questions liées à ces discriminations ;

d) au niveau approprié, d'échanger les informations disponibles avec des organismes européens homologues, tels qu'un Institut européen de l'égalité des sexes.

Art. 21 *Dialogue social.* 1. Conformément à leurs traditions et pratiques nationales, les États membres prennent les mesures appropriées afin de favoriser le dialogue social entre les partenaires sociaux en vue de promouvoir l'égalité de traitement, y compris, par exemple, par la surveillance des pratiques sur le lieu de travail, dans l'accès à l'emploi, à la formation et à la promotion professionnelles, ainsi que par la surveillance des conventions collectives, par des codes de conduite, par la recherche ou par l'échange d'expériences et de bonnes pratiques.

2. Dans le respect de leurs traditions et pratiques nationales, les États membres encouragent les partenaires sociaux, sans préjudice de leur autonomie, à promouvoir l'égalité entre hommes et femmes et des règles de travail souples contribuant à faciliter une meilleure conciliation entre vie professionnelle et vie privée et à conclure, au niveau approprié, des accords établissant des règles de non-discrimination dans les domaines visés à l'article 1er qui relèvent du champ d'application des négociations collectives. Ces accords respectent les dispositions de la présente directive et les mesures nationales d'exécution.

3. Les États membres encouragent, en conformité avec la législation nationale, les conventions collectives ou les pratiques nationales, les employeurs à promouvoir, de manière organisée et systématique, l'égalité de traitement des hommes et des femmes sur le lieu de travail, dans l'accès à l'emploi, à la formation et à la promotion professionnelles.

4. A cet effet, les employeurs sont encouragés à fournir, à intervalles réguliers appropriés, aux travailleurs et/ou à leurs représentants, des informations appropriées sur l'égalité de traitement entre hommes et femmes dans l'entreprise.

Ces informations peuvent contenir une synthèse portant sur les pourcentages d'hommes et de femmes aux différents niveaux de l'entreprise, les rémunérations et les écarts de rémunération, et les mesures possibles pour améliorer la situation, en coopération avec les représentants des travailleurs.

Art. 22 *Dialogue avec les organisations non gouvernementales.* Les États membres encouragent le dialogue avec les organisations non gouvernementales concernées qui ont, conformément aux pratiques et législations nationales, un intérêt légitime à contribuer à la lutte contre les discriminations fondées sur le sexe, en vue de promouvoir le principe de l'égalité de traitement.

CHAPITRE III *DISPOSITIONS HORIZONTALES À CARACTÈRE GÉNÉRAL*

Art. 23 *Conformité.* Les États membres prennent toutes les mesures nécessaires pour que :

a) soient supprimées toutes dispositions législatives, réglementaires et administratives contraires au principe de l'égalité de traitement ;

b) soient ou puissent être déclarées nulles et non avenues ou soient modifiées les dispositions contraires au principe de l'égalité de traitement qui figurent dans les contrats individuels ou les conventions collectives, dans les règlements intérieurs des entreprises ou dans les règles régissant les professions indépendantes et les organisations de travailleurs et d'employeurs ou encore dans tout autre type d'accord ;

c) les régimes professionnels de sécurité sociale contenant de telles dispositions ne puissent faire l'objet de mesures administratives d'approbation ou d'extension.

Art. 24 *Protection contre les rétorsions.* Les États membres introduisent dans leur ordre juridique interne les mesures nécessaires prévues par la législation et/ou les pratiques nationales, pour protéger les travailleurs, y compris leurs représentants, contre tout licenciement ou tout autre traitement défavorable par l'employeur en réaction à une plainte formulée au niveau de l'entreprise ou à une action en justice visant à faire respecter le principe de l'égalité de traitement.

Art. 25 *Sanctions.* Les États membres déterminent le régime des sanctions applicables aux violations des dispositions nationales adoptées conformément à la présente directive et prennent toute mesure nécessaire pour assurer l'application de ces sanctions. Les sanctions, qui peuvent comprendre le versement d'indemnités à la victime, doivent être effectives, proportionnées et dissuasives. Les États membres notifient les dispositions pertinentes à la Commission au plus tard le 5 octobre 2005 et toute modification ultérieure les concernant dans les meilleurs délais.

Art. 26 *Prévention de toute discrimination.* Les États membres encouragent, dans le cadre de leurs législation, conventions collectives ou pratiques nationales, les employeurs et les personnes responsables de l'accès à la formation professionnelle à prendre des mesures efficaces pour empêcher toute forme de discrimination fondée sur le sexe et, en particulier, le harcèlement et le harcèlement sexuel sur le lieu de travail dans l'accès à l'emploi, à la formation et à la promotion professionnelles.

Art. 27 *Prescriptions minimales.* 1. Les États membres peuvent adopter ou maintenir des dispositions plus favorables à la protection du principe de l'égalité de traitement que celles qui sont prévues dans la présente directive.

2. La mise en œuvre de la présente directive ne constitue en aucun cas un motif suffisant pour justifier une réduction du niveau de protection des travailleurs dans les domaines couverts par celle-ci, sans préjudice du droit des États membres d'adopter, eu égard à l'évolution de la situation, des dispositions législatives, réglementaires ou administratives différentes de celles qui existent au moment de la notification de la présente directive, pour autant que les dispositions de la présente directive soient respectées.

Art. 28 *Lien avec les dispositions communautaires ou nationales.* 1. La présente directive ne fait pas obstacle aux dispositions relatives à la protection de la femme, notamment en ce qui concerne la grossesse et la maternité.

2. La présente directive s'entend sans préjudice des dispositions des directives 96/34/CE et 92/85/CEE.

Art. 29 *Intégration dans les différentes politiques des questions d'égalité entre les hommes et les femmes.* Les États membres tiennent activement compte de l'objectif de l'égalité entre hommes et femmes lors de l'élaboration et de la mise en œuvre des dispositions législatives, réglementaires et administratives, ainsi que des politiques et activités dans les domaines visés par la présente directive.

Art. 30 *Diffusion de l'information.* Les États membres veillent à ce que les mesures prises en application de la présente directive, ainsi que les dispositions déjà en vigueur en la matière, soient portées à la connaissance de toute personne concernée, sous toute forme appropriée, et, le cas échéant, sur le lieu de travail.

TITRE IV DISPOSITIONS FINALES

Art. 31 *Rapports.* 1. Au plus tard le 15 février 2011, les États membres communiquent à la Commission toutes les informations nécessaires à l'établissement par la

Commission d'un rapport au Parlement européen et au Conseil sur l'application de la présente directive.

2. Sans préjudice du paragraphe 1, les États membres communiquent à la Commission, tous les quatre ans, le texte des mesures adoptées en application de l'article 141, paragraphe 4, du traité, ainsi que des rapports sur ces mesures et leur mise en œuvre. Sur la base de ces informations, la Commission adopte et publie, tous les quatre ans, un rapport établissant une évaluation comparative de ces mesures à la lumière de la déclaration n° 28 annexée à l'acte final du traité d'Amsterdam.

3. Les États membres procèdent à un examen des activités professionnelles visées à l'article 14, paragraphe 2, afin d'apprécier, compte tenu de l'évolution sociale, s'il est justifié de maintenir les exclusions concernées. Ils communiquent périodiquement, et au moins tous les huit ans, le résultat de cet examen à la Commission.

Art. 32 *Réexamen.* Au plus tard le 15 février 2013, la Commission examine la mise en œuvre de la présente directive et, le cas échéant, propose toute modification qu'elle juge nécessaire.

Art. 33 *Mise en œuvre.* Les États membres mettent en vigueur les dispositions législatives, réglementaires et administratives nécessaires pour se conformer à la présente directive au plus tard le 15 août 2008 ou veillent, d'ici à cette date, à ce que les partenaires sociaux introduisent les dispositions requises par voie d'accord. Si des difficultés particulières le justifient, les États membres peuvent disposer d'un an de plus pour se conformer à la présente directive. Les États membres prennent toutes les mesures nécessaires leur permettant d'être en mesure de garantir les résultats imposés par la présente directive. Ils communiquent immédiatement à la Commission le texte de ces mesures.

Lorsque les États membres adoptent ces dispositions, celles-ci contiennent une référence à la présente directive ou sont accompagnées d'une telle référence lors de leur publication officielle. Elles contiennent également une mention précisant que les références faites, dans les dispositions législatives, réglementaires et administratives en vigueur, aux directives abrogées par la présente directive s'entendent comme faites à la présente directive. Les modalités de cette référence et la formulation de cette mention sont arrêtées par les États membres.

L'obligation de transposer la présente directive en droit national est limitée aux dispositions qui constituent une modification de fond par rapport aux directives précédentes. L'obligation de transposer les dispositions inchangées résulte des directives précédentes.

Les États membres communiquent à la Commission le texte des dispositions essentielles de droit interne qu'ils adoptent dans le domaine régi par la présente directive.

Art. 34 *Abrogation.* 1. Avec effet au 15 août 2009, les directives 75/117/CEE, 76/207/CEE, 86/378/CEE et 97/80/CE sont abrogées, sans préjudice des obligations des États membres en ce qui concerne les délais de transposition en droit interne et d'application des directives indiqués à l'annexe I, partie B.

2. Les références faites aux directives abrogées s'entendent comme faites à la présente directive et sont à lire selon le tableau de correspondance figurant à l'annexe II.

Art. 35 *Entrée en vigueur.* La présente directive entre en vigueur le vingtième jour suivant celui de sa publication au *Journal officiel de l'Union européenne.*

Directive 2013/34/UE du Parlement européen et du Conseil du 26 juin 2013,

Relative aux états financiers annuels, aux états financiers consolidés et aux rapports y afférents de certaines formes d'entreprises.

V. le texte complet sur le Code en ligne 🏛.

Art. 19 *bis* *Déclaration non financière. (Dir. 2014/95 du 22 oct. 2014)* 1. Les grandes entreprises qui sont des entités d'intérêt public dépassant, à la date de clôture de leur bilan, le critère du nombre moyen de 500 salariés sur l'exercice incluent dans le rapport de gestion une déclaration non financière comprenant des informations, dans la mesure nécessaire à la compréhension de l'évolution des affaires, des performances, de la situation de l'entreprise et des incidences de son activité, relatives au moins aux questions environnementales, aux questions sociales et de personnel, de respect des droits de l'homme et de lutte contre la corruption, y compris :

a) une brève description du modèle commercial de l'entreprise ;

b) une description des politiques appliquées par l'entreprise en ce qui concerne ces questions, y compris les procédures de diligence raisonnable mises en œuvre ;

c) les résultats de ces politiques ;

d) les principaux risques liés à ces questions en rapport avec les activités de l'entreprise, y compris, lorsque cela s'avère pertinent et proportionné, les relations d'affaires, les produits ou les services de l'entreprise, qui sont susceptibles d'entraîner des incidences négatives dans ces domaines, et la manière dont l'entreprise gère ces risques ;

e) les indicateurs clés de performance de nature non financière concernant les activités en question.

Lorsque l'entreprise n'applique pas de politique en ce qui concerne l'une ou plusieurs de ces questions, la déclaration non financière comprend une explication claire et motivée des raisons le justifiant.

La déclaration non financière visée au premier alinéa contient également, le cas échéant, des renvois aux montants indiqués dans les états financiers annuels et des explications supplémentaires y afférentes.

Les États membres peuvent autoriser l'omission d'informations portant sur des évolutions imminentes ou des affaires en cours de négociation dans des cas exceptionnels où, de l'avis dûment motivé des membres des organes d'administration, de gestion et de surveillance, agissant dans le cadre des compétences qui leur sont dévolues en vertu du droit national et au titre de leur responsabilité collective quant à cet avis, la communication de ces informations nuirait gravement à la position commerciale de l'entreprise, à condition que cette omission ne fasse pas obstacle à une compréhension juste et équilibrée de l'évolution des affaires, des performances, de la situation de l'entreprise et des incidences de son activité.

Lorsque les États membres exigent la publication des informations visées au premier alinéa, ils prévoient que les entreprises peuvent s'appuyer sur des cadres nationaux, de l'Union ou internationaux et, dans une telle hypothèse, les entreprises indiquent les cadres sur lesquels elles se sont appuyées.

2. Les entreprises qui s'acquittent de l'obligation énoncée au paragraphe 1 sont réputées avoir satisfait à l'obligation relative à l'analyse des informations non financières figurant à l'article 19, paragraphe 1, troisième alinéa.

3. Une entreprise qui est une filiale est exemptée de l'obligation énoncée au paragraphe 1 si cette entreprise et ses filiales sont comprises dans le rapport consolidé de gestion ou le rapport distinct d'une autre entreprise, établi conformément à l'article 29 et au présent article.

4. Lorsqu'une entreprise établit, en s'appuyant ou non sur des cadres nationaux, de l'Union ou internationaux, un rapport distinct qui porte sur le même exercice et qui couvre les informations requises pour la déclaration non financière telles qu'elles sont prévues au paragraphe 1, les États membres peuvent exempter ladite entreprise de l'obligation d'établir la déclaration non financière prévue au paragraphe 1 pour autant que ce rapport distinct :

a) soit publié en même temps que le rapport de gestion, conformément à l'article 30 ; ou

b) soit mis à la disposition du public dans un délai raisonnable, et au plus tard six mois après la date de clôture du bilan, sur le site internet de l'entreprise, et soit visé dans le rapport de gestion.

Le paragraphe 2 s'applique *mutatis mutandis* aux entreprises qui préparent le rapport distinct visé au premier alinéa du présent paragraphe.

5. Les États membres veillent à ce que le contrôleur légal des comptes ou le cabinet d'audit vérifie que la déclaration non financière visée au paragraphe 1 ou le rapport distinct visé au paragraphe 4 a été fourni(e).

6. Les États membres peuvent exiger que les informations figurant dans la déclaration non financière visée au paragraphe 1 ou dans le rapport distinct visé au paragraphe 4 soient vérifiées par un prestataire de services d'assurance indépendant.

....

Art. 29 *bis* *Déclaration non financière consolidée.* (*Dir. 2014/95 du 22 oct. 2014*) 1. Les entités d'intérêt public qui sont des entreprises mères d'un grand groupe dépassant, à la date de clôture de leur bilan, sur une base consolidée, le critère du nombre moyen de 500 salariés sur l'exercice incluent dans le rapport consolidé de gestion une déclaration non financière consolidée comprenant des informations, dans la mesure nécessaire à la compréhension de l'évolution des affaires, des performances, de la situation du groupe et des incidences de son activité, relatives au moins aux questions environnementales, aux questions sociales et de personnel, de respect des droits de l'homme et de lutte contre la corruption, y compris :

a) une brève description du modèle commercial du groupe ;

b) une description des politiques appliquées par le groupe en ce qui concerne ces questions, y compris pour les procédures de diligence raisonnable mises en œuvre ;

c) les résultats de ces politiques ;

d) les principaux risques liés à ces questions en rapport avec les activités du groupe, y compris, lorsque cela s'avère pertinent et proportionné, les relations d'affaires, les produits ou les services du groupe, qui sont susceptibles d'entraîner des incidences négatives dans ces domaines, et la manière dont le groupe gère ces risques ;

e) les indicateurs clés de performance de nature non financière concernant les activités en question.

Lorsque le groupe n'applique pas de politique concernant l'une ou plusieurs de ces questions, la déclaration non financière consolidée comprend une explication claire et motivée des raisons le justifiant.

La déclaration non financière consolidée visée au premier alinéa contient également, le cas échéant, des renvois aux montants indiqués dans les états financiers consolidés et des explications supplémentaires y afférentes.

Les États membres peuvent autoriser l'omission d'informations portant sur des évolutions imminentes ou des affaires en cours de négociation dans des cas exceptionnels où, de l'avis dûment motivé des membres des organes d'administration, de gestion et de surveillance, agissant dans le cadre des compétences qui leur sont dévolues par le droit national et au titre de leur responsabilité collective quant à cet avis, la communication de ces informations nuirait gravement à la position commerciale du groupe, à condition que cette omission ne fasse pas obstacle à une compréhension juste et équilibrée de l'évolution des affaires, des performances, de la situation du groupe et des incidences de son activité.

Lorsque les États membres exigent la publication des informations visées au premier alinéa, ils prévoient que l'entreprise mère peut s'appuyer sur des cadres nationaux, de l'Union ou internationaux et, dans une telle hypothèse, l'entreprise mère indique les cadres sur lesquels elle s'est appuyée.

2. Une entreprise mère qui s'acquitte de l'obligation énoncée au paragraphe 1 est réputée avoir satisfait à l'obligation relative à l'analyse des informations non financières figurant à l'article 19, paragraphe 1, troisième alinéa, et à l'article 29.

3. Une entreprise mère qui est également une filiale est exemptée de l'obligation énoncée au paragraphe 1 si cette entreprise mère exemptée et ses filiales sont comprises dans le rapport consolidé de gestion ou le rapport distinct d'une autre entreprise, établi conformément à l'article 29 et au présent article.

4. Lorsqu'une entreprise mère établit, en s'appuyant ou non sur des cadres nationaux, de l'Union ou internationaux, un rapport distinct qui porte sur le même exercice et sur l'ensemble du groupe, et qui couvre les informations requises pour la déclaration non financière consolidée prévues au paragraphe 1, les États membres peuvent exempter cette entreprise mère de l'obligation d'établir la déclaration non financière consolidée prévue au paragraphe 1 pour autant que ce rapport distinct :

a) soit publié en même temps que le rapport consolidé de gestion, conformément à l'article 30 ; ou

b) soit mis à la disposition du public dans un délai raisonnable, et au plus tard six mois après la date de clôture du bilan, sur le site internet de l'entreprise mère, et soit visé dans le rapport consolidé de gestion.

Le paragraphe 2 s'applique *mutatis mutandis* aux entreprises mères qui préparent le rapport distinct visé au premier alinéa du présent paragraphe.

5. Les États membres veillent à ce que le contrôleur légal des comptes ou le cabinet d'audit vérifie que la déclaration non financière consolidée visée au paragraphe 1 ou le rapport distinct visé au paragraphe 4 a été fourni(e).

6. Les États membres peuvent exiger que les informations figurant dans la déclaration non financière consolidée visée au paragraphe 1 ou dans le rapport distinct visé au paragraphe 4 soient vérifiées par un prestataire de services d'assurance indépendant.

Règlement (UE) 2020/852 du Parlement européen et du Conseil du 18 juin 2020,

Sur l'établissement d'un cadre visant à favoriser les investissements durables .

BIBL. ▶ STORCK, *Banque et Dr. 7-8/2020. 53* (finance durable : publication du règlement européen « Taxonomie »). – Dossier, *BJB 3-4/2021. 38* (la finance au service du climat). – Dossier, *RLDA mai 2021. 25* (le rôle de la finance dans la lutte contre le réchauffement climatique).

III RÈGLES INTERNATIONALES

A Organisation des Nations unies

COMMENTAIRE

I. ÉLABORATION DU PACTE MONDIAL DES NATIONS UNIES

Le Pacte mondial des Nations unies, élaboré en 2000, constitue l'une des premières étapes du mouvement « entreprises et droits de l'homme ». Il s'inscrit en réaction à l'hostilité d'une partie de l'opinion publique internationale aux normes de responsabilité sociale des entreprises, appréhendées sous un prisme éthique et utilitariste (normes d'autorégulation). Ces normes étant perçues comme des moyens utilisés par les entreprises transnationales pour échapper aux prérogatives régaliennes des États, dépassés par le champ d'action mondialisé de ces entreprises.

Les entreprises adhérentes au Pacte mondial s'engagent à respecter dix principes relatifs aux droits de l'homme, incluant le respect des normes internationales du travail, la protection de l'environnement et la lutte contre la corruption. Il s'agit d'un engagement volontaire qui impose de rendre compte, dans le cadre d'un rapport annuel, de la manière dont elles intègrent ces principes dans leurs activités.

L'élaboration et la mise en place par les Nations unies, entre 2005 et 2011, des Principes directeurs (V. *infra*) marque une deuxième étape dans le mouvement « entreprises et droits de l'homme ». Après trois années de travail, le représentant spécial du secrétaire général chargé de la question des droits de l'homme et des sociétés transnationales et autres entreprises a proposé le cadre « Protéger, Respecter et Réparer ». Il se compose de trois axes fondamentaux : l'obligation de l'État de protéger les droits de l'homme, la responsabilité des entreprises auxquelles il incombe de respecter les droits de l'homme en ne portant pas atteinte à ces droits et en remédiant aux incidences négatives éventuelles qu'elles pourraient avoir causées ou auxquelles elles auraient pu contribuer, et enfin l'accès effectif, pour les victimes, à des mesures de réparation, par la voie de mécanismes judiciaires ou non judiciaires.

Ce cadre a donné lieu à l'adoption, le 16 juin 2011, des Principes directeurs relatifs aux entreprises et aux droits de l'homme (V. *infra*) dont l'objectif consiste à rendre opérationnel le cadre « Protéger, Respecter, Réparer ». Il s'accompagne, à compter de 2010, d'un Guide interprétatif permettant aux entreprises d'appliquer le plus concrètement possible les Principes directeurs (V. aussi le comm. des Principes directeurs de l'ONU relatifs aux entreprises et aux droits de l'homme, *infra*).

Le Conseil des droits de l'homme a adopté la résolution 26/9 en 2014, par laquelle il a décidé de « créer un groupe de travail intergouvernemental à composition non limitée sur les sociétés transnationales et autres entreprises et les droits de l'homme, qui sera chargé d'élaborer un instrument international juridiquement contraignant pour réglementer, dans le cadre du droit international des droits de l'homme, les activités des sociétés transnationales et autres entreprises ». Après plusieurs propositions de projet de traité, dont le dernier date d'octobre 2021, et en l'absence de tout consensus, un nouveau projet est actuellement en préparation et devrait être soumis à la discussion des États dans le courant de l'année 2022.

Pour l'heure, ces Principes directeurs constituent les standards internationaux en la matière. Ils ont ensuite été intégrés à la version révisée des Principes directeurs de l'OCDE à l'intention des entreprises multinationales (V. *infra*, B. Organisation de coopération et de développement économique), ainsi qu'à une série de standards sectoriels concernant notamment les industries extractives.

Les entreprises sont invitées à promouvoir les droits de l'homme (protection du droit international relatif aux droits de l'homme dans leur sphère d'influence ; engagement des entreprises de ne pas se rendre complices de violations des droits de l'homme). Elles sont également incitées à respecter les normes du travail (liberté d'association, droit de négociation collective, élimination de toutes les formes de travail forcé ou obligatoire ; abolition effective du travail des enfants ; élimination de la discrimination en matière d'emploi et de profession) mais également à veiller à la protection de l'environnement (approche de précaution face aux problèmes touchant l'environnement ; initiatives tendant à promouvoir une plus grande responsabilité en matière d'environnement ; mise au point et diffusion de technologies respectueuses de l'environnement).

II. ADHÉSION VOLONTAIRE DES ENTREPRISES AU PACTE MONDIAL

Le Pacte mondial de l'ONU incite les entreprises à adopter, soutenir et appliquer dans leur sphère d'influence – notion définie par la norme ISO 26 000 comme « un domaine, des relations politiques, contractuelles ou économiques à travers lesquelles une entreprise peut influencer les décisions ou les activités d'autres entreprises ou de personnes individuelles » – les dix principes directeurs représentant des valeurs fondamentales, dans les domaines des droits de l'homme, des normes applicables dans le monde du travail et en matière d'environnement. Le Pacte mondial joue donc un rôle particulier concernant les initiatives volontaires en matière de responsabilité sociale des entreprises (RSE) au regard de son champ d'application et de l'autorité morale qu'il revêt en tant qu'instrument des Nations unies.

Les entreprises qui adhèrent au Pacte mondial sur la base du volontariat doivent, dès lors, prouver chaque année leur engagement en communiquant sur les progrès réalisés ; lesquels sont appréciés dans une communication annuelle sur le progrès. Il s'agit d'un rapport public annuel pour leurs parties prenantes sur les progrès effectués dans leur engagement à l'égard du Pacte mondial. Ce document est appelé « communication sur le progrès » (COP).

La responsabilité des entreprises à ce titre implique la mise en place d'une procédure permettant de prévenir les incidences négatives sur les droits de l'homme qui pourraient découler soit de leurs relations commerciales – définies comme les relations entretenues avec leurs partenaires commerciaux, les entités de leurchaîne de valeur et toute autre entité non étatique ou étatique directement liée à leurs activités, leurs produits ou leurs services commerciaux –, soit de leur organisation en groupe de sociétés. Cette procédure doit être étendue à toute la « chaîne de valeur » sur laquelle l'entreprise possède une capacité d'action ou, autre formule, à toute sa « zone d'influence » afin qu'elle se conforme à la « diligence raisonnable » à laquelle elle est tenue.

Pour aller plus loin, le Bureau du Pacte mondial a mis en place la catégorie *Global Compact Advanced* (GCA), ajoutant vingt et un critères supplémentaires visant principalement les mesures préventives permettant aux entreprises d'accéder à une « certification » additionnelle en matière de lutte contre la corruption, et donnant lieu à une COP dite « COP 21 ». Il s'agit pour les entreprises dans le cadre de leur COP annuelle de détailler les engagements, stratégies et politiques mises en place pour assurer le respect des principes.

Le non-respect de cette obligation de publication est susceptible d'entraîner une radiation de la liste des entreprises adhérentes au Pacte mondial afin d'assurer l'effectivité des Principes directeurs.

Pacte international de l'ONU du 16 décembre 1966,

Relatif aux droits économiques, sociaux et culturels.

Entrée en vigueur le 3 janv. 1976. — Signé par la France le 4 nov. 1980.

*V. **C. const.***

Convention de l'ONU du 18 décembre 1979,

Sur l'élimination de toutes les formes de discrimination à l'égard des femmes.

Entrée en vigueur le 3 sept. 1981. — Signée par la France le 14 déc. 1983.

V. aussi le Protocole facultatif à la Convention, adopté le 6 oct. 1999, entré en vigueur le 22 déc. 2000, accepté par la France le 9 juin 2000.

Les États parties à la présente Convention,

Notant que la Charte des Nations unies réaffirme la foi dons les droits fondamentaux de l'homme, dans la dignité et la valeur de la personne humaine et dans l'égalité des droits de l'homme et de la femme,

Notant que la Déclaration universelle des droits de l'homme affirme le principe de la non-discrimination et proclame que tous les êtres humains naissent libres et égaux en dignité et en droit et que chacun peut se prévaloir de tous les droits et de toutes les libertés qui y sont énoncés, sans distinction aucune, notamment de sexe,

Notant que les États parties aux Pactes internationaux relatifs aux droits de l'homme ont l'obligation d'assurer 1'égalité des droits de l'homme et de la femme dans l'exercice de tous les droits économiques, sociaux, culturels, civils et politiques,

Considérant les conventions internationales conclues sous l'égide de l'Organisation des Nations unies et des institutions spécialisées en vue de promouvoir l'égalité des droits de l'homme et de la femme,

Notant également les résolutions, déclarations et recommandations adoptées par l'Organisation des Nations unies et les institutions spécialisées en vue de promouvoir l'égalité des droits de l'homme et de la femme,

Préoccupés toutefois de constater qu'en dépit de ces divers instruments les femmes continuent de faire l'objet d'importantes discriminations,

Rappelant que la discrimination à l'encontre des femmes viole les principes de l'égalité des droits et du respect de la dignité humaine, qu'elle entrave la participation des femmes, dans les mêmes conditions que les hommes, à la vie politique, sociale, économique et culturelle de leur pays, qu'elle fait obstacle à l'accroissement du bien-être de la société et de la famille et qu'elle empêche les femmes de servir leur pays et l'humanité dans toute la mesure de leurs possibilités,

Préoccupés par le fait que, dans les situations de pauvreté, les femmes ont un minimum d'accès à l'alimentation, aux services médicaux, à l'éducation, à la formation ainsi qu'aux possibilités d'emploi et à la satisfaction d'autres besoins,

Convaincus que l'instauration du nouvel ordre économique international fondé sur l'équité et la justice contribuera de façon significative à promouvoir l'égalité entre l'homme et la femme,

Soulignant que l'élimination de l'apartheid, de toutes les formes de racisme, de discrimination raciale, de colonialisme, de néo-colonialisme, d'agression, d'occupation et domination étrangères et d'ingérence dans les affaires intérieures des États est indispensable à la pleine jouissance par l'homme et la femme de leurs droits,

Affirmant que le renforcement de la paix et de la sécurité internationales, le relâchement de la tension internationale, la coopération entre tous les États quels que soient leurs systèmes sociaux et économiques, le désarmement général et complet et, en particulier, le désarmement nucléaire sous contrôle international strict et efficace, l'affirmation des principes de la justice, de l'égalité et de l'avantage mutuel dans les relations entre pays et la réalisation du droit des peuples assujettis à une domination étrangère et coloniale et à une occupation étrangère à l'autodétermination et à l'indé-

pendance, ainsi que le respect de la souveraineté nationale et de l'intégrité territoriale favoriseront le progrès social et le développement et contribueront par conséquent à la réalisation de la pleine égalité entre l'homme et la femme,

Convaincus que le développement complet d'un pays, le bien-être du monde et la cause de la paix demandent la participation maximale des femmes, à l'égalité avec les hommes, dans tous les domaines,

Ayant à l'esprit l'importance de la contribution des femmes au bien-être de la famille et au progrès de la société, qui jusqu'à présent n'a pas été pleinement reconnue, de l'importance sociale de la maternité et du rôle des parents dans la famille et dans l'éducation des enfants, et conscients du fait que le rôle de la femme dans la procréation ne doit pas être une cause de discrimination et que l'éducation des enfants exige le portage des responsabilités entre les hommes, les femmes et la société dans son ensemble,

Conscients que le rôle traditionnel de l'homme dans la famille et dans la société doit évoluer autant que celui de la femme si on veut parvenir à une réelle égalité de l'homme et de la femme,

Résolus à mettre en œuvre les principes énoncés dans la Déclaration sur l'élimination de la discrimination à l'égard des femmes et, pour ce faire, à adopter les mesures nécessaires à la suppression de cette discrimination sous toutes ses formes et dans toutes ses manifestations,

Sont convenus de ce qui suit :

PREMIÈRE PARTIE

Art. 1er Aux fins de la présente Convention, l'expression "discrimination à l'égard des femmes" vise toute distinction, exclusion ou restriction fondée sur le sexe qui a pour effet ou pour but de compromettre ou de détruire la reconnaissance, la jouissance ou l'exercice par les femmes, quel que soit leur état matrimonial, sur la base de l'égalité de l'homme et de la femme, des droits de l'homme et des libertés fondamentales dans les domaines politique, économique, social, culturel et civil ou dans tout autre domaine.

Art. 2 Les États parties condamnent la discrimination à l'égard des femmes sous toutes ses formes, conviennent de poursuivre par tous les moyens appropriés et sans retard une politique tendant à éliminer la discrimination à l'égard des femmes et, à cette fin, s'engagent à :

a) Inscrire dans leur constitution nationale ou toute autre disposition législative appropriée le principe de l'égalité des hommes et des femmes, si ce n'est déjà fait, et à assurer par voie de législation ou par d'autres moyens appropriés, l'application effective dudit principe ;

b) Adopter des mesures législatives et d'autres mesures appropriées assorties, y compris des sanctions en cas de besoin, interdisant toute discrimination à l'égard des femmes ;

c) Instaurer une protection juridictionnelle des droits des femmes sur un pied d'égalité avec les hommes et garantir, par le truchement des tribunaux nationaux compétents et d'autres institutions publiques, la protection effective des femmes contre tout acte discriminatoire ;

d) S'abstenir de tout acte ou pratique discriminatoire à l'égard des femmes et faire en sorte que les autorités publiques et les institutions publiques se conforment à cette obligation ;

e) Prendre toutes mesures appropriées pour éliminer la discrimination pratiquée à l'égard des femmes par une personne, une organisation ou une entreprise quelconque ;

f) Prendre toutes les mesures appropriées, y compris des dispositions législatives, pour modifier ou abroger toute loi, disposition réglementaire, coutume ou pratique qui constitue une discrimination à l'égard des femmes ;

g) Abroger toutes les dispositions pénales qui constituent une discrimination à l'égard des femmes.

Art. 3 Les États parties prennent dans tous les domaines, notamment dans les domaines politique, social, économique et culturel, toutes les mesures appropriées, y compris des dispositions législatives, pour assurer le plein développement et le progrès des femmes, en vue de leur garantir l'exercice et la jouissance des droits de l'homme et des libertés fondamentales sur la base de l'égalité avec les hommes.

Art. 4 1. L'adoption par les États parties de mesures temporaires spéciale visant à accélérer l'instauration d'une égalité de fait entre les hommes et les femmes n'est pas considéré comme un acte de discrimination tel qu'il est défini dans la présente Convention, mais ne doit en aucune façon avoir pour conséquence le maintien de normes inégales ou distinctes ; ces mesures doivent être abrogées dès que les objectifs en matière d'égalité de chances et de traitement ont été atteints.

2. L'adoption par les États parties de mesures spéciales, y compris de mesures prévues dans la présente Convention, qui visent à protéger la maternité n'est pas considérée comme un acte discriminatoire.

Art. 5 Les États parties prennent toutes les mesures appropriées pour :

a) Modifier les schémas et modèles de comportement socioculturel *[socioculturel]* de l'homme et de la femme en vue de parvenir à l'élimination des préjugés et des pratiques coutumières, ou de tout autre type, qui sont fondés sur l'idée de l'infériorité ou de la supériorité de l'un ou l'autre sexe ou d'un rôle stéréotypé des hommes et des femmes ;

b) Faire en sorte que l'éducation familiale contribue à faire bien comprendre que la maternité est une fonction sociale et à faire reconnaître la responsabilité commune de l'homme et de la femme dans le soin d'élever leurs enfants et d'assurer leur développement, étant entendu que l'intérêt des enfants est la condition primordiale dans tous les cas.

Art. 6 Les États parties prennent toutes les mesures appropriées, y compris des dispositions législatives, pour réprimer, sous toutes leurs formes, le trafic des femmes et l'exploitation de la prostitution des femmes.

DEUXIÈME PARTIE

Art. 7 Les États parties prennent toutes les mesures appropriées pour éliminer la discrimination à l'égard des femmes dans la vie politique et publique du pays et, en particulier, leur assurent, dans des conditions d'égalité avec les hommes, le droit :

a) De voter à toutes les élections et dans tous les référendums publics et être éligibles à tous les organismes publiquement élus ;

b) De prendre part à l'élaboration de la politique de l'État et à son exécution, occuper des emplois publics et exercer toutes les fonctions publiques à tous les échelons du gouvernement ;

c) De participer aux organisations et associations non gouvernementales s'occupant de la vie publique et politique du pays.

Art. 8 Les États parties prennent toutes les mesures appropriées pour que les femmes, dans des conditions d'égalité avec les hommes et sans aucune discrimination, aient la possibilité de représenter leur gouvernement à l'échelon international et de participer aux travaux des organisations internationales.

Art. 9 1. Les États parties accordent aux femmes des droits égaux à ceux des hommes en ce qui concerne l'acquisition, le changement et la conservation de la nationalité ils garantissent en particulier que ni le mariage avec un étranger, ni le changement de nationalité du mari pendant le mariage ne change automatiquement la nationalité de la femme, ni ne la rend apatride, ni ne l'oblige à prendre la nationalité de son mari ce qui concerne la nationalité de leurs enfants.

2. Les États parties accordent à la femme des droits égaux à ceux de l'homme en ce qui concerne la nationalité de leurs enfants.

TROISIÈME PARTIE

Art. 10 Les États parties prennent toutes les mesures appropriées pour éliminer la discrimination à l'égard des femmes afin de leur assurer des droits égaux à ceux des hommes en ce qui concerne l'éducation et, en particulier, pour assurer, sur la base de l'égalité de l'homme et de la femme :

a) Les mêmes conditions d'orientation professionnelle, d'accès aux études et d'obtention de diplômes dans les établissements d'enseignement de toutes catégories, dans les zones rurales comme dans les zones urbaines, cette égalité devant être assurée dans l'enseignement préscolaire, général, technique, professionnel et technique supérieur, ainsi que dans tout autre moyen de formation professionnelle ;

b) L'accès aux mêmes programmes, aux mêmes examens, à un personnel enseignant possédant les qualifications de même ordre, à des locaux scolaires et à un équipement de même qualité ;

c) L'élimination de toute conception stéréotypée des rôles de l'homme et de la femme à tous les niveaux et dans toutes les formes d'enseignement en encourageant l'éducation mixte et d'autres types d'éducation qui aideront à réaliser cet objectif et, en particulier, en révisant les livres et programmes scolaires et en adaptant les méthodes pédagogiques ;

d) Les mêmes possibilités en ce qui concerne l'octroi des bourses et autres subventions pour les études ;

e) Les mêmes possibilités d'accès aux programmes d'éducation permanents, y compris aux programmes d'alphabétisation pour adultes et d'alphabétisation fonctionnelle, en vue notamment de réduire au plus tôt tout écart d'instruction existant entre les hommes et les femmes ;

f) La réduction des taux d'abandon féminin des études et l'organisation des programmes pour les filles et les femmes qui ont quitté l'école prématurément ;

g) Les mêmes possibilités de participer activement aux sports et à l'éducation physique ;

h) L'accès à des renseignements spécifiques d'ordre éducatif tendant à assurer la santé et le bien-être des familles, y compris l'information et des conseils relatifs à la planification de la famille.

Art. 11 1. Les États parties s'engagent prendre toutes les mesures appropriées pour éliminer la discrimination à l'égard des femmes dans le domaine de l'emploi, afin d'assurer, sur la base de l'égalité de l'homme et de la femme, les mêmes droits, et en particulier :

a) Le droit au travail en tant que droit inaliénable de tous les êtres humains ;

b) Le droit aux mêmes possibilités d'emploi, y compris l'application des mêmes critères de sélection en matière d'emploi ;

c) Le droit au libre choix de la profession et de l'emploi, le droit à la promotion, à la stabilité de l'emploi et à toutes les prestations et conditions de travail, le droit à la formation professionnelle et au recyclage, y compris l'apprentissage, le perfectionnement professionnel et la formation permanents ;

d) Le droit à l'égalité de rémunération, y compris de prestation, à l'égalité de traitement pour un travail d'égale valeur aussi bien qu'à l'égalité de traitement en ce qui concerne l'évaluation de la qualité du travail ;

e) Le droit a *[à]* la sécurité sociale, notamment aux prestations de retraite, de chômage, de maladie, d'invalidité et de vieillesse au pour toute autre perte de capacité de travail, ainsi que le droit à des congés payés ;

f) Le droit à la protection de la santé et à la sécurité des conditions de travail, y compris la sauvegarde de la fonction de reproduction.

2. Afin de prévenir la discrimination à l'égard des femmes en raison de leur mariage au de leur maternité et de garantir leur droit effectif au travail, les États parties s'engagent à prendre des mesures appropriées ayant pour objet :

a) D'interdire, sous peine de sanctions, le licenciement pour cause de grossesse ou de congé de maternité et la discrimination dans les licenciements fondée sur le statut matrimonial ;

b) D'instituer l'octroi de congés de maternité payés ou ouvrant droit à des prestations sociales comparables, avec la garantie du maintien de l'emploi antérieur, des droits d'ancienneté et des avantages sociaux ;

c) D'encourager la fourniture des services sociaux d'appui nécessaires pour permettre aux parents de combiner les obligations familiales avec les responsabilités professionnelles et la participation à la vie publique, en particulier en favorisant l'établissement et le développement d'un réseau de garderies d'enfants ;

d) D'assurer une protection spéciale aux femmes enceintes dont il est prouvé que le travail est nocif ;

3. Les lois visant à protéger les femmes dans les domaines visés par le présent article seront revues périodiquement en fonction des connaissances scientifiques et techniques et seront révisées, abrogées ou étendues, selon les besoins.

Art. 12 1. Les États parties prennent toutes les mesures appropriées pour éliminer la discrimination à l'égard des femmes dans le domaine des soins de santé en vue de leur assurer, sur la base de l'égalité de l'homme et de la femme, les moyens d'accéder aux services médicaux, y compris ceux qui concernent la planification de la famille.

2. Nonobstant les dispositions du paragraphe 1 ci-dessus, les États parties fourniront aux femmes pendant la grossesse, pendant l'accouchement et après l'accouchement, des services appropriés et, au besoin, gratuits, ainsi qu'une nutrition adéquate pendant la grossesse et l'allaitement.

Art. 13 Les États parties s'engagent à prendre toutes les mesures appropriées pour éliminer la discrimination à l'égard des femmes dans d'autres domaines de la vie économique et sociale, afin d'assurer, sur la base de l'égalité de l'homme et de la femme, les mêmes droits et, en particulier :

a) Le droit aux prestations familiales ;

b) Le droit aux prêts bancaires, prêts hypothécaires et autres formes de crédit financier ;

c) Le droit de participer aux activités récréatives, aux sports et à tous les aspects de la vie culturelle.

Art. 14 1. Les États parties tiennent compte des problèmes particuliers qui se posent aux femmes rurales et du rôle important que ces femmes jouent dans la survie économique de leurs familles, notamment par leur travail dans les secteurs non monétaires de l'économie, et prennent toutes les mesures appropriées pour assurer l'application des dispositions de la présente Convention aux femmes des zones rurales.

2. Les États parties prennent toutes les mesures appropriées pour éliminer la discrimination à l'égard des femmes dans les zones rurales afin d'assurer, sur la base de l'égalité de l'homme et de la femme, leur participation au développement rural et à ses avantages et, en particulier, ils leur assurent le droit :

a) De participer pleinement à l'élaboration et à l'exécution des plans de développement à tous les échelons ;

b) D'avoir accès aux services adéquats dans le domaine de la santé, y compris aux informations, conseils et services en matière de planification de la famille ;

c) De bénéficier directement des programmes de sécurité sociale ;

d) De recevoir tout type de formation et d'éducation, scolaires ou non, y compris en matière d'alphabétisation fonctionnelle, et de pouvoir bénéficier de tous les services communautaires et de vulgarisation, notamment pour accroître leurs compétences techniques ;

e) D'organiser des groupes d'entraide et des coopératives afin de permettre l'égalité de chances sur le plan économique, qu'il s'agisse de travail salarié ou de travail indépendant ;

f) De participer à toutes les activités de la communauté ;

g) D'avoir accès au crédit et aux prêts agricoles, ainsi qu'aux services de commercialisation et aux technologies appropriées, et de recevoir un traitement égal dans les réformes foncières et agraires et dans les projets d'aménagement rural ;

h) De bénéficier de conditions de vie convenables, notamment en ce qui concerne le logement, l'assainissement, l'approvisionnement en électricité et en eau, les transports et les communications.

QUATRIÈME PARTIE

Art. 15 1. Les États parties reconnaissent à la femme l'égalité avec l'homme devant la loi.

2. Les États parties reconnaissent à la femme, en matière civile, une capacité juridique identique à celle de l'homme et les mêmes possibilités pour exercer cette capacité. Ils lui reconnaissent en particulier des droits égaux en ce qui concerne la conclusion de contrats et l'administration des biens et leur accordant le même traitement à tous les stades de la procédure judiciaire.

3. Les États parties conviennent que tout contrat et tout autre instrument privé, de quelque type que ce soit, ayant un effet juridique visant à limiter la capacité juridique de la femme doit être considéré comme nul.

4. Les États parties reconnaissent à l'homme et à la femme les mêmes droits en ce qui concerne la législation relative au droit des personnes à circuler librement et à choisir leur résidence et leur domicile.

Art. 16 1. Les États parties prennent toutes les mesures nécessaires pour éliminer la discrimination à l'égard des femmes dans toutes les questions découlant du mariage et dans les rapports familiaux et, en particulier, assurer, sur la base de l'égalité de l'homme et de la femme :

a) Le même droit de contracter mariage ;

b) Le même droit de choisir librement son conjoint et de ne contracter mariage que de son libre et plein consentement ;

c) Les mêmes droits et les mêmes responsabilités au cours du mariage et lors de sa dissolution ;

d) Les mêmes droits et les mêmes responsabilités en tant que parents, quel que soit leur état matrimonial, pour les questions se rapportant à leurs enfants ; dans tous les cas, l'intérêt des enfants sera la considération primordiale ;

e) Les mêmes droits de décider librement et en toute connaissance de cause du nombre et de l'espacement des naissances et d'avoir accès aux informations, à l'éducation et aux moyens nécessaires pour leur permettre d'exercer ces droits ;

f) Les mêmes droits et responsabilités en matière de tutelle, de curatelle, de garde et d'adoption des enfants, ou d'institutions similaires, lorsque ces concepts existent dans la législation nationale ; dans tous les cas, l'intérêt des enfants sera la considération primordiale ;

g) Les mêmes droits personnels au mari et à la femme, y compris en ce qui concerne les choix du nom de familles d'une profession et d'une occupation ;

h) Les mêmes droits à chacun des époux en matière de propriété, d'acquisition, de gestion, d'administration, de jouissance et de disposition des biens, tant à titre gratuit qu'à titre onéreux.

2. Les fiançailles et les mariages d'enfants n'auront pas d'effets juridiques et toutes les mesures nécessaires, y compris des dispositions législatives, seront prises afin de fixer un âge minimal pour le mariage et de rendre obligatoire l'inscription du mariage sur un registre officiel.

CINQUIÈME PARTIE

Art. 17 1. Aux fins d'examiner les progrès réalisés dans l'application de la présente Convention, il est constitué un Comité pour l'élimination de la discrimination à l'égard des femmes (ci-après dénommé le Comité) qui se compose, au moment de l'entrée en vigueur de la Convention, de dix-huit, et après sa ratification ou l'adhésion du trente cinquième État partie, de vingt-trois experts d'une haute autorité morale et éminemment compétents dans le domaine auquel s'applique la présente Convention. Ces experts sont élus par les États parties parmi leurs ressortissants et siègent à titre personnel, compte tenu du principe d'une répartition géographique équitable et de la représentation des différentes formes de civilisation ainsi que des principaux systèmes juridiques.

2. Les membres du Comité sont élus au scrutin secret sur une liste de candidats désignés par les États parties. Chaque État partie peut désigner un candidat choisi parmi ses ressortissants.

3. La première élection a lieu six mois après la date d'entrée en vigueur de la présente Convention. Trois mois au moins avant la date de chaque élection, le Secrétaire général de l'Organisation des Nations unies adresse une lettre aux États parties pour les inviter à soumettre leurs candidatures dans un délai de deux mois. Le Secrétaire général dresse une liste alphabétique de tous les candidats, en indiquant par quel État ils ont été désignés, liste qu'il communique aux États parties.

4. Les membres du Comité sont élus au cours d'une réunion des États parties convoquée par le Secrétaire général au Siège de l'Organisation des Nations unies. A cette réunion, où le quorum est constitué par les deux tiers des États parties, sont élus membres du Comité les candidats ayant obtenu le plus grand nombre de voix et la majorité absolue des votes des représentants des États parties présents et votants.

5. Les membres du Comité sont élus pour quatre ans. Toutefois, le mandat de neuf des membres élus à la première élection prendra fin au bout de deux ans ; le Président du Comité tirera au sort les noms de ces neuf membres immédiatement après la première élection.

6. L'élection des cinq membres additionnels du Comité se fera conformément aux dispositions des paragraphes 2, 3 et 4 du présent article à la suite de la trente-cinquième ratification ou adhésion. Le mandat de deux des membres additionnels élus à cette occasion prendra fin au bout de deux ans ; le nom de ces deux membres sera tiré au sort par le Président du Comité.

7. Pour remplir les vacances fortuites, l'État partie dont l'expert a cessé d'exercer ses fonctions de membre du Comité nommera un autre expert parmi ses ressortissants, sous réserve de l'approbation du Comité.

8. Les membres du Comité reçoivent, avec l'approbation de l'Assemblée générale, des émoluments prélevés sur les ressources de l'Organisation des Nations unies dans les conditions fixées par l'Assemblée eu égard à l'importance des fonctions du Comité.

9. Le Secrétaire général de l'Organisation des Nations unies met à la disposition du Comité le personnel et les moyens matériels qui lui sont nécessaires pour s'acquitter efficacement des fonctions qui lui sont confiées en vertu de la présente Convention.

Art. 18 1. Les États parties s'engagent à présenter au Secrétaire général de l'Organisation des Nations unies, pour examen par le Comité, un rapport sur les mesures d'ordre législatif, judiciaire, administratif ou autre qu'ils ont adoptées pour donner effet aux dispositions de la présente Convention et sur les progrès réalisés à cet égard :

a) Dans l'année suivant l'entrée en vigueur de la Convention dans l'État intéressé ; et

b) Puis tous les quatre ans, ainsi qu'à la demande du Comité.

2. Les rapports peuvent indiquer les facteurs et difficultés influant sur la mesure dans laquelle sont remplies les obligations prévues par la présente Convention.

Art. 19 1. Le Comité adopte son propre règlement intérieur.

2. Le Comité élit son Bureau pour une période de deux ans.

Art. 20 1. Le Comité se réunit normalement pendant une période de deux semaine*[s]* ou plus chaque année pour examiner les rapports présentés conformément à l'article 18 de la présente Convention.

2. Les séances du Comité se tiennent normalement au Siège de l'Organisation des Nations unies ou en tout autre lieu adéquat déterminé par le Comité.

Art. 21 1. Le Comité rend compte chaque année à l'Assemblée générale de l'Organisation des Nations unies par l'intermédiaire du Conseil économique et social de ses activités et peut formuler des suggestions et des recommandations générales fondées sur l'examen des rapports et des renseignements reçus des États parties. Ces suggestions et recommandations sont incluses dans le rapport du Comité, accompagnées, le cas échéant, des observations des États parties.

2. Le Secrétaire général transmet les rapports du Comité à la Commission de la condition de la femme, pour information.

Art. 22 Les institutions spécialisées ont le droit d'être représentées lors de l'examen de la mise en œuvre de toute disposition de la présente Convention qui entre dans le cadre de leurs activités. Le Comité peut inviter les institutions spécialisées à soumettre des rapports sur l'application de la Convention dans les domaines qui entrent dans le cadre de leurs activités.

SIXIÈME PARTIE

Art. 23 Aucune des dispositions de la présente Convention ne portera atteinte aux dispositions plus propices à la réalisation de l'égalité entre l'homme et la femme pouvant être contenues :

a) Dans la législation d'un État partie ; ou

b) Dans toute autre convention, tout autre traits *[traités]* ou accord international en vigueur dans cet État.

Art. 24 Les États parties s'engagent à adopter toutes les mesures nécessaires au niveau national pour assurer le plein exercice des droits reconnus par la présente Convention.

Art. 25 1. La présente Convention est ouverte à la signature de tous les États.

2. Le Secrétaire général de l'Organisation des Nations unies est désigné comme dépositaire de la présente Convention.

3. La présente Convention est sujette à ratification et les instruments de ratification seront déposés auprès du Secrétaire général de l'Organisation des Nations unies.

4. La présente Convention sera ouverte à l'adhésion de tous les États. L'adhésion l'effectuera par le dépôt d'un instrument d'adhésion auprès du Secrétaire général de l'Organisation des Nations unies.

Art. 26 1. Tout État partie peut demander à tout moment la révision de la présente Convention en adressant une communication écrite à cet effet au Secrétaire général de l'Organisation des Nations unies.

2. L'Assemblée générale de l'Organisation des Nations unies décide des mesures à prendre le cas échéant, au sujet d'une demande de cette nature.

Art. 27 1. La présente Convention entrera en vigueur le trentième jour qui suivra la date du dépôt auprès du Secrétaire général de l'Organisation des Nations unies du vingtième instrument de ratification ou d'adhésion.

2. Pour chacun des États qui ratifieront la présente Convention ou y adhéreront après le dépôt du vingtième instrument de ratification ou d'adhésion, ladite Convention entrera en vigueur le trentième jour après la date du dépôt par cet État de son instrument de ratification ou d'adhésion.

Art. 28 1. Le Secrétaire général de l'Organisation des Nations unies recevra et communiquera à tous les États le texte des réserves qui auront été faites au moment de la ratification ou de l'adhésion.

2. Aucune réserve incompatible avec l'objet et le but de la présente Convention ne sera autorisée.

3. Les réserves peuvent être retirées à tout moment par voie de notification adressée au Secrétaire général de l'Organisation des Nations unies, lequel informe tous les États parties à la Convention. La notification prendra effet à la date de réception.

Art. 29 1. Tout différend entre deux ou plusieurs États parties concernant l'interprétation ou l'application de la présente Convention qui n'est pas réglé par voie de négociation est soumis à l'arbitrage, à la demande de l'un d'entre eux. Si, dans les six mois qui suivent la date de la demande d'arbitrage, les parties ne parviennent pas à se mettre d'accord sur l'organisation de l'arbitrage, l'une quelconque d'entre elles peut soumettre le différend à la Cour Internationale de Justice, en déposant une requête conformément au Statut de la Cour.

2. Tout État partie pourra, au moment où il signera la présente Convention, la ratifiera ou y adhérera, déclarer qu'il ne se considère pas lié par les dispositions du paragraphe 1 du présent article. Les autres États parties ne seront pas liés par lesdites dispositions envers un État partie qui aura formulé une telle réserve.

3. Tout État partie qui aura formulé une réserve conformément aux dispositions du paragraphe 2 du présent article pourra à tout moment lever cette réserve par une notification adressée au Secrétaire général de l'Organisation des Nations unies.

Art. 30 **La présente Convention, dont les textes en anglais, arabe, chinois, espagnol, français et russe font également foi, sera déposée auprès du Secrétaire général de l'Organisation des Nations unies.**

Principes directeurs de l'ONU relatifs aux entreprises et aux droits de l'homme (2011),

Mise en œuvre du cadre de référence « protéger, respecter et réparer » des Nations unies.

COMMENTAIRE

I. VALEUR CONTRAIGNANTE DES PRINCIPES DIRECTEURS RELATIFS AUX ENTREPRISES ET AUX DROITS DE L'HOMME

Les Principes directeurs ne créent pas d'obligations juridiques susceptibles d'être sanctionnées par les juridictions étatiques ou internationales. Leur valeur contraignante est le fait d'une reconnaissance de leur nécessité par les États et de leur adoption volontaire par les entreprises. En effet, l'engagement à respecter les droits humains constitue aujourd'hui un passage obligé pour les entreprises à l'égard de l'opinion publique, et notamment des consommateurs, des investisseurs et de leurs partenaires. Les risques liés à leur méconnaissance sont importants (réputation, risques financiers, juridiques *via* des actions en responsabilité). Parallèlement, ces contraintes deviennent aussi des atouts pour l'entreprise qui peut, en démontrant le strict respect de ces Principes directeurs, obtenir plus facilement des financements internationaux, des investissements conditionnés par le respect d'un cahier des charges respectueux des droits de l'homme, etc.

Le champ d'application des Principes directeurs comprend les activités mondialisées des entreprises transnationales. L'obligation de respecter les droits de l'homme concerne dès lors toute la chaîne de valeur de l'entreprise. Cette chaîne de valeur s'entend de toutes les entités avec lesquelles l'entreprise transnationale entretient des relations commerciales directes ou indirectes et qui, soit fournissent des produits ou des services qui contribuent aux propres produits et services de l'entreprise, soit reçoivent des produits ou services de l'entreprise.

II. SUBSTANCE DES PRINCIPES DIRECTEURS RELATIFS AUX ENTREPRISES ET AUX DROITS DE L'HOMME

Les principes directeurs visent la « Charte internationale des droits de l'homme » composée de cinq textes : la Déclaration universelle des droits de 1948, les deux Pactes internationaux de 1966 en matière de droits économiques, sociaux et culturels (PIDESC) et droits civils et politiques (PIDCP) ; les deux Protocoles facultatifs complétant le PIDCP autorisant les réclamations individuelles et actant l'abolition de la peine de mort.

C'est sur le contenu de cette charte et de ces textes que porte, *a minima*, l'obligation de l'entreprise de se conduire en respectant une diligence raisonnable définie par les Principes directeurs. L'obligation de diligence raisonnable impose à différentes organisations d'identifier et d'atténuer les impacts négatifs sociaux et environnementaux de leur activité. La notion de diligence raisonnable a ensuite été consacrée par la norme ISO 26 000 sous l'appellation « devoir de vigilance ».

Le législateur interne adopte une vision large de ces droits qui regroupent à la fois les droits de première génération (droit de propriété, liberté de conscience, droits politiques, *habeas corpus*, etc.), de seconde génération (droit au travail, à l'accès aux soins, à l'éducation, droit de grève, etc.) et de troisième génération (environnement, bioéthique, etc.). Par l'invocation des trois générations de droits de l'homme, il est aussi possible de couvrir, du moins en partie, les risques et atteintes graves en matière de santé et sécurité des personnes, et aussi d'environnement. A ces engagements en matière de droits de l'homme, peuvent venir s'ajouter des engagements internationaux supplémentaires et plus spécifiques relatifs à l'environnement ou à la santé et à la sécurité des personnes. Il est par ailleurs utile de noter que c'est bien la santé et la sécurité des personnes qui sont visées, et non pas exclusivement celle des travailleurs, ce qui devrait permettre, selon le contexte, d'intégrer *ratione materiae* au périmètre du plan de vigilance une variété de personnes qui peuvent être touchées par les activités d'une entreprise, en particulier les communautés locales.

En présence d'un plan de vigilance dont le périmètre *ratione personae* regroupe des entités localisées dans plusieurs pays, la notions de droits humains peut faire l'objet d'une protection juridique différente selon les juridictions dans lesquelles opèrent ces entités. Les Principes directeurs rappellent que si les entreprises sont censées respecter à la fois les lois applicables où elles opèrent et les « droits de l'homme internationalement reconnus », en cas de contradiction entre les lois locales et ces standards internationaux, elles sont tenues de rechercher les moyens d'honorer les principes des droits de l'homme internationalement reconnus.

Voir aussi le commentaire en tête du III. Règles internationales, *supra*. ❑

Note

Les appellations employées dans la présente publication et la présentation des données qui y figurent n'impliquent de la part du Secrétariat de l'Organisation des Nations unies aucune prise de position quant au statut juridique des pays, territoires, villes ou zones, ou de leurs autorités, ni quant au tracé de leurs frontières ou limites.

Les cotes des documents de l'Organisation des Nations unies se composent de lettres majuscules et de chiffres. La simple mention d'une cote dans un texte signifie qu'il s'agit d'un document de l'Organisation.

La présente publication contient les "Principes directeurs relatifs aux entreprises et aux droits de l'homme : mise en œuvre du cadre de référence 'protéger, respecter et réparer'", qui ont été élaborés par le Représentant spécial du Secrétaire général chargé de la question des droits de l'homme et des sociétés transnationales et autres entreprises. Le Représentant spécial a annexé les Principes directeurs au rapport final qu'il a présenté au Conseil des droits de l'homme (A/HRC/17/31), et qui contient également une introduction aux Principes directeurs, ainsi qu'une vue d'ensemble du processus qui a conduit à leur élaboration.

Le Conseil des droits de l'homme a approuvé les Principes directeurs dans sa résolution 17/4 du 16 juin 2011.

Principes généraux

Les Principes directeurs reconnaissent fondamentalement :

a) Les obligations existantes qui incombent aux États de respecter, protéger et mettre en œuvre les droits de l'homme et les libertés fondamentales ;

b) Le rôle dévolu aux entreprises en qualité d'organes spécialisés de la société remplissant des fonctions particulières, tenues de se conformer à toutes les lois applicables et de respecter les droits de l'homme ;

c) La nécessité que les droits et obligations s'accompagnent des voies de recours appropriées et efficaces en cas de violation.

Les Principes directeurs s'appliquent à tous les États et à toutes les entreprises commerciales, transnationales ou autres, indépendamment de leur taille, de leur secteur, de leur lieu d'implantation, de leur régime de propriété et de leur structure.

Les Principes directeurs constituent un ensemble cohérent et doivent être interprétés, ensemble ou séparément, en fonction de leur objectif qui est d'améliorer les normes et les pratiques concernant les entreprises et les droits de l'homme afin d'obtenir des résultats tangibles pour les individus et les collectivités concernés et, partant, de contribuer aussi à une mondialisation durable sur le plan social.

Aucun élément des Principes directeurs ne doit être interprété comme instituant de nouvelles obligations en vertu du droit international, ou limitant ou compromettant la moindre obligation juridique qu'un État aurait contractée ou à laquelle il serait

assujetti conformément au droit international dans le domaine des droits de l'homme.

Les Principes directeurs doivent être appliqués d'une manière non discriminatoire, en accordant une attention particulière aux droits et aux besoins, ainsi qu'aux difficultés, des individus appartenant à des groupes ou des populations très susceptibles de devenir vulnérables ou d'être marginalisés, en accordant toute l'importance voulue aux risques différents auxquels s'exposent les hommes et les femmes.

I Obligation de protéger les droits de l'homme incombant à l'État

A *Principes fondateurs*

1. Les États ont l'obligation de protéger lorsque des tiers, y compris des entreprises, portent atteinte aux droits de l'homme sur leur territoire et/ou sous leur juridiction. Cela exige l'adoption de mesures appropriées pour empêcher ces atteintes, et lorsqu'elles se produisent, enquêter à leur sujet, en punir les auteurs, et les réparer par le biais de politiques, de lois, de règles et de procédures judiciaires.

2. Les États devraient énoncer clairement qu'ils attendent de toutes les entreprises domiciliées sur leur territoire et/ou sous leur juridiction qu'elles respectent les droits de l'homme dans toutes leurs activités.

B *Principes opérationnels*

Fonctions réglementaires et politiques générales de l'État

3. Pour remplir leur obligation de protéger, les États sont tenus :

a) D'appliquer des lois tendant à exiger des entreprises qu'elles respectent les droits de l'homme, ou qui ont cet effet, et, périodiquement, d'évaluer la validité de ces lois et de combler les éventuelles lacunes ;

b) De faire en sorte que les autres lois et politiques régissant la création et l'exploitation courante des entreprises, comme le droit des sociétés, n'entravent pas mais favorisent le respect des droits de l'homme par ces entités ;

c) De fournir des orientations effectives aux entreprises sur la manière de respecter les droits de l'homme dans toutes leurs activités ;

d) D'inciter les entreprises à faire connaître la façon dont elles gèrent les incidences de leur activité sur les droits de l'homme, et de les y contraindre, le cas échéant.

Liens entre État et entreprises

4. Les États devraient prendre des mesures plus rigoureuses pour exercer une protection contre les violations des droits de l'homme commises par des entreprises qui leur appartiennent ou sont contrôlées par eux, ou qui reçoivent un soutien et des services conséquents d'organismes publics tels que des organismes de crédit à l'exportation et des organismes officiels d'assurance ou de garantie des investissements, y compris, le cas échéant, en prescrivant l'exercice d'une diligence raisonnable en matière de droits de l'homme.

5. Les États devraient exercer un contrôle adéquat afin de satisfaire à leurs obligations internationales en matière de droits de l'homme lorsqu'ils s'assurent par contrat auprès d'entreprises de services qui peuvent avoir une incidence sur l'exercice des droits de l'homme, ou s'ils légifèrent en la matière.

6. Les États devraient promouvoir le respect des droits de l'homme par les entreprises avec lesquelles ils effectuent des transactions commerciales.

Appui au respect des droits de l'homme par les entreprises dans les zones touchées par des conflits

7. Comme le risque de violations caractérisées des droits de l'homme est plus élevé dans les zones touchées par des conflits, les États devraient faire en sorte de garantir que les entreprises opérant dans ces contextes ne prennent pas part à ces violations, en prenant notamment les dispositions suivantes :

a) Établir des relations avec les entreprises aussitôt que possible pour les aider à identifier et prévenir les risques liés aux droits de l'homme que présentent leurs activités et relations commerciales, et à en atténuer les effets ;

b) Fournir une aide adéquate aux entreprises pour évaluer et traiter les risques accrus d'atteintes, en accordant une attention spéciale à la violence sexiste ainsi qu'aux sévices sexuels ;

c) Refuser l'accès au soutien et aux services publics à une entreprise coupable de violations caractérisées des droits de l'homme qui refuse de coopérer pour remédier à la situation ;

d) Veiller à ce que leurs politiques, lois, règlements et mesures d'application soient efficaces quant à la prise en compte du risque que des entreprises soient impliquées dans des violations caractérisées des droits de l'homme.

Assurer la cohérence des politiques

8. Les États devraient veiller à ce que les ministères, les organismes d'État et autres institutions publiques qui influent sur le comportement des entreprises connaissent les obligations de l'État en matière de droits de l'homme et les observent lorsqu'ils remplissent leurs mandats respectifs, notamment en fournissant à ces entités les informations, la formation et le soutien voulus.

9. Les États devraient maintenir une marge d'action nationale suffisante pour satisfaire à leurs obligations en matière de droits de l'homme lorsqu'ils poursuivent des objectifs politiques à caractère commercial avec d'autres États ou des entreprises, par exemple par le biais de traités ou de contrats d'investissement.

10. Les États, lorsqu'ils agissent en qualité de membres d'institutions multilatérales qui traitent de questions à caractère commercial, devraient :

a) S'efforcer de garantir que ces institutions ne restreignent pas les capacités de leurs États membres à remplir leur obligation de protéger les droits de l'homme ni n'empêchent les entreprises de respecter ces droits ;

b) Encourager ces institutions, dans le cadre de leurs mandats et de leurs capacités respectifs, à promouvoir le respect des droits de l'homme par les entreprises et, le cas échéant, à aider les États à remplir leur obligation d'exercer une protection contre les atteintes des droits de l'homme commises par des entreprises, notamment par l'assistance technique, le renforcement des capacités et la sensibilisation ;

c) S'inspirer des Principes directeurs pour promouvoir une compréhension commune des problèmes et faciliter la coopération internationale pour traiter la problématique des entreprises et des droits de l'homme.

II Responsabilité incombant aux entreprises de respecter les droits de l'homme

A *Principes fondateurs*

11. Les entreprises devraient respecter les droits de l'homme. Cela signifie qu'elles devraient éviter de porter atteinte aux droits de l'homme d'autrui et remédier aux incidences négatives sur les droits de l'homme dans lesquelles elles ont une part.

12. La responsabilité des entreprises de respecter les droits de l'homme porte sur les droits de l'homme internationalement reconnus ? à savoir, au minimum, ceux figurant dans la Charte internationale des droits de l'homme et les principes concernant les droits fondamentaux énoncés dans la Déclaration relative aux principes et droits fondamentaux au travail de l'Organisation internationale du Travail.

13. La responsabilité de respecter les droits de l'homme exige des entreprises :

a) Qu'elles évitent d'avoir des incidences négatives sur les droits de l'homme ou d'y contribuer par leurs propres activités, et qu'elles remédient à ces incidences lorsqu'elles se produisent ;

b) Qu'elles s'efforcent de prévenir ou d'atténuer les incidences négatives sur les droits de l'homme qui sont directement liées à leurs activités, produits ou services par leurs relations commerciales, même si elles n'ont pas contribué à ces incidences.

14. La responsabilité qui incombe aux entreprises de respecter les droits de l'homme s'applique à toutes les entreprises indépendamment de leur taille, de leur secteur, de leur cadre de fonctionnement, de leur régime de propriété et de leur structure. Néanmoins, la portée et la complexité des moyens par lesquels les entreprises s'acquittent de cette responsabilité peuvent varier selon ces facteurs et la gravité des incidences négatives sur les droits de l'homme.

15. Afin de s'acquitter de leur responsabilité en matière de respect des droits de l'homme, les entreprises doivent avoir en place des politiques et des procédures en rapport avec leur taille et leurs particularités, y compris :

a) L'engagement politique de s'acquitter de leur responsabilité en matière de respect des droits de l'homme ;

b) Une procédure de diligence raisonnable en matière de droits de l'homme pour identifier leurs incidences sur les droits de l'homme, prévenir ces incidences et en atténuer les effets, et rendre compte de la manière dont elles y remédient ;

c) Des procédures permettant de remédier à toutes les incidences négatives sur les droits de l'homme qu'elles peuvent avoir ou auxquelles elles contribuent.

B *Principes opérationnels*

Engagement politique

16. Pour pouvoir ancrer leur responsabilité quant au respect des droits de l'homme, les entreprises doivent formuler leur engagement de s'acquitter de cette responsabilité par le biais d'une déclaration de principe qui :

a) Est approuvée au plus haut niveau de l'entreprise ;

b) Est établie en recourant aux compétences internes et/ou externes voulues ;

c) Énonce ce que l'entreprise attend du personnel, des partenaires commerciaux et d'autres parties directement liés à ses activités, produits et services dans le domaine des droits de l'homme ;

d) Est accessible au public et fait l'objet d'une communication interne et externe au profit de l'ensemble du personnel, des partenaires commerciaux et d'autres parties concernées ;

e) Est reprise dans les politiques et procédures opérationnelles afin d'être incorporée d'un bout à l'autre de l'entreprise.

Diligence raisonnable en matière de droits de l'homme

17. Afin d'identifier leurs incidences sur les droits de l'homme, prévenir ces incidences et en atténuer les effets, et rendre compte de la manière dont elles y remédient, les entreprises doivent faire preuve de diligence raisonnable en matière de droits de l'homme. Ce processus devrait consister à évaluer les incidences effectives et potentielles sur les droits de l'homme, à regrouper les constatations et à leur donner une suite, à suivre les mesures prises et à faire savoir comment il est remédié à ces incidences. La diligence raisonnable en matière de droits de l'homme :

a) Devrait viser les incidences négatives sur les droits de l'homme que l'entreprise peut avoir ou auxquelles elle peut contribuer par le biais de ses propres activités, ou qui peuvent découler directement de ses activités, produits ou services par ses relations commerciales ;

b) Sera plus ou moins complexe suivant la taille de l'entreprise commerciale, le risque qu'elle présente de graves incidences sur les droits de l'homme, et la nature et le cadre de ses activités ;

c) Devrait s'exercer en permanence, étant donné que les risques en matière de droits de l'homme peuvent changer à terme au fur et à mesure de l'évolution des activités et du cadre de fonctionnement de l'entreprise commerciale.

18. Pour évaluer les risques relatifs aux droits de l'homme, les entreprises devraient identifier et évaluer toutes les incidences négatives effectives ou potentielles sur les droits de l'homme dans lesquelles elles peuvent avoir une part soit par le biais de leurs propres activités ou du fait de leurs relations commerciales. Ce processus devrait :

a) Recourir à des compétences internes et/ou indépendantes externes dans le domaine des droits de l'homme ;

b) Comprendre de véritables consultations avec des groupes et autres acteurs concernés susceptibles d'être touchés, et ce en fonction de la taille de l'entreprise et de la nature et du cadre de l'activité.

19. Afin de prévenir et d'atténuer les incidences négatives sur les droits de l'homme, les entreprises devraient tenir compte des résultats de leurs études d'impact pour toute l'étendue des fonctions et processus internes pertinents et prendre les mesures qui s'imposent :

a) Pour que cela soit efficace, les deux conditions ci-après doivent être réunies :

i) La responsabilité de remédier à ces incidences est assignée au niveau et à la fonction appropriés au sein de l'entreprise ;

ii) Le processus décisionnel interne, les allocations budgétaires et les processus de contrôle permettent de prendre des mesures efficaces contre ces incidences ;

b) Les mesures qu'il convient de prendre varieront selon :

i) Que l'entreprise est à l'origine de l'incidence négative ou y contribue, ou qu'elle est impliquée seulement parce que l'incidence est directement liée à son exploitation, ses produits ou ses services par une relation commerciale ;

ii) Qu'elle dispose d'une marge de manœuvre plus ou moins élevée pour lutter contre l'incidence négative.

20. Pour vérifier s'il est remédié aux incidences négatives sur les droits de l'homme, les entreprises devraient contrôler l'efficacité des mesures qu'elles ont prises. Ce contrôle devrait :

a) Se fonder sur des indicateurs qualitatifs et quantitatifs appropriés ;

b) S'appuyer sur les appréciations de sources tant internes qu'externes, y compris des acteurs concernés.

21. Pour rendre compte de la façon dont elles remédient à leurs incidences sur les droits de l'homme, les entreprises devraient être prêtes à communiquer l'information en externe, en particulier lorsque des préoccupations sont exprimées par les acteurs concernés ou en leur nom. Les entreprises dont les activités ou les cadres de fonctionnement présentent des risques d'incidences graves sur les droits de l'homme doivent faire connaître officiellement la manière dont elles y font face. Dans tous les cas, les communications devraient :

a) S'effectuer selon des modalités et à une fréquence en rapport avec les incidences sur les droits de l'homme de l'entreprise et être faciles d'accès pour les publics auxquels elles s'adressent ;

b) Fournir des informations suffisantes pour évaluer l'efficacité des mesures prises par une entreprise pour remédier à l'incidence sur les droits de l'homme dont il est plus particulièrement question ;

c) Éviter à leur tour de présenter des risques pour les acteurs et le personnel concernés, sans préjudice des prescriptions légitimes en matière de confidentialité des affaires commerciales.

Réparation

22. Lorsque les entreprises déterminent qu'elles ont eu des incidences négatives, ou y ont contribué, elles devraient prévoir des mesures de réparation ou collaborer à leur mise en œuvre suivant des procédures légitimes.

Questions relatives au contexte

23. Dans tous les contextes, les entreprises devraient :

a) Se conformer à toutes les lois applicables et respecter les droits de l'homme internationalement reconnus, où qu'elles opèrent ;

b) Rechercher les moyens d'honorer les principes des droits de l'homme internationalement reconnus lorsqu'elles se heurtent à des obligations contradictoires ;

c) Parer au risque de commettre des atteintes caractérisées aux droits de l'homme ou d'y contribuer sous l'angle du respect de la légalité où qu'elles opèrent.

24. Lorsqu'il est nécessaire de conférer aux mesures un rang de priorité pour remédier aux incidences négatives potentielles sur les droits de l'homme, les entreprises devraient commencer par prévenir et atténuer les atteintes les plus graves ou celles auxquelles tout retard d'intervention donnerait un caractère irrémédiable.

III Accès à des voies de recours

A *Principe fondateur*

25. Au titre de leur obligation de protéger contre les atteintes aux droits de l'homme commises par des entreprises, les États doivent prendre des mesures appropriées pour assurer, par le biais de moyens judiciaires, administratifs, législatifs ou autres, que lorsque de telles atteintes se produisent sur leur territoire et/ou sous leur juridiction, les parties touchées ont accès à un recours effectif.

B *Principes opérationnels*

Mécanismes judiciaires relevant de l'État

26. Les États devraient prendre des mesures appropriées pour assurer l'efficacité des mécanismes judiciaires internes lorsqu'ils font face à des atteintes aux droits de l'homme commises par des entreprises, y compris en examinant les moyens de réduire les obstacles juridiques, pratiques et autres qui pourraient amener à refuser l'accès aux voies de recours.

Mécanismes de réclamation non judiciaires relevant de l'État

27. Les États devraient fournir des mécanismes de réclamation non judiciaires efficaces et appropriés, en plus des mécanismes judiciaires, dans le cadre d'un système étatique complet de réparation des atteintes aux droits de l'homme commises par les entreprises.

Mécanismes de réclamation ne relevant pas de l'État

28. Les États devraient envisager les moyens de faciliter l'accès à des mécanismes efficaces de réclamation étatiques qui traitent les atteintes aux droits de l'homme commises par des entreprises.

29. Pour pouvoir examiner rapidement les plaintes et y remédier directement, les entreprises devraient établir des mécanismes de réclamation au niveau opérationnel ou y participer pour les individus et les collectivités qui risquent d'être lésés.

30. Les initiatives sectorielles, multipartites et autres initiatives conjointes qui sont fondées sur le respect des normes liées aux droits de l'homme devraient faire en sorte que des mécanismes de réclamation efficaces soient disponibles.

Critères d'efficacité pour les mécanismes de réclamation non judiciaires

31. Afin que leur efficacité soit assurée, les mécanismes de réclamation non judiciaires, relevant ou non de l'État, devraient être :

a) Légitimes : ils suscitent la confiance des groupes d'acteurs auxquels ils s'adressent et doivent répondre du bon déroulement des procédures de réclamation ;

b) Accessibles : ils sont communiqués à tous les groupes d'acteurs auxquels ils sont destinés et fournissent une assistance suffisante à ceux qui se voient opposer des obstacles particuliers pour y accéder ;

c) Prévisibles : ils prévoient une procédure clairement établie assortie d'un calendrier indicatif pour chaque étape, et un descriptif précis des types de procédures et d'issues disponibles et des moyens de suivre la mise en œuvre ;

d) Équitables : ils s'efforcent d'assurer que les parties lésées ont un accès raisonnable aux sources d'information, aux conseils et aux compétences nécessaires à la mise en œuvre d'une procédure de réclamation dans des conditions équitables, avisées et conformes ;

e) Transparents : ils tiennent les requérants informés du cours de la procédure et fournissent des informations suffisantes sur la capacité du mécanisme à susciter la confiance dans son efficacité et à répondre à tous les intérêts publics en jeu ;

f) Compatibles avec les droits : ils veillent à ce que l'issue des recours et les mesures de réparation soient compatibles avec les droits de l'homme internationalement reconnus ;

g) Une source d'apprentissage permanent : ils s'appuient sur les mesures pertinentes pour tirer les enseignements propres à améliorer le mécanisme et à prévenir les réclamations et atteintes futures ;

Les mécanismes de niveau opérationnel devraient aussi être :

h) Fondés sur la participation et le dialogue : consulter les groupes d'acteurs auxquels ils s'adressent au sujet de leur conception et de leurs résultats en mettant l'accent sur le dialogue concernant les moyens d'examiner et de résoudre les plaintes.

Guide interprétatif de l'ONU (2012).

La responsabilité des entreprises de respecter les droits de l'homme.

Note

Les appellations employées dans la présente publication et la présentation des données qui y figurent n'impliquent de la part du Secrétariat de l'Organisation des Nations unies aucune prise de position quant au statut juridique des pays, territoires, villes ou zones, ou de leurs autorités, ni quant au tracé de leurs frontières ou limites.

Les cotes des documents de l'Organisation des Nations unies se composent de lettres majuscules et de chiffres. La simple mention d'une cote signifie que l'on se réfère à un document de l'Organisation.

Il est impossible de distiller six années de recherche, de consultation et de réflexion dans un document de la longueur des Principes directeurs. Le Guide interprétatif est un moyen de fournir des explications complémentaires sur les Principes qui concernent la responsabilité des entreprises de respecter les droits de l'homme. Tandis que le travail se poursuit afin d'analyser en détail les implications de cette responsabilité dans différents secteurs, domaines et situations, je forme le vœu que ce Guide puisse aider à enraciner ces efforts profondément et fermement en se fondant sur l'intention et sur le sens originel des Principes directeurs mêmes.

Professeur John Ruggie

Avant-propos

En juin 2011, le Conseil des droits de l'homme des Nations unies a entériné les Principes directeurs relatifs aux entreprises et aux droits de l'homme qui lui ont été présentés par le Professeur John Ruggie, Représentant spécial du Secrétaire général des Nations unies.

Cette décision a établi les Principes directeurs comme norme mondiale de pratique qui est désormais attendue de la part de tous les États et de toutes les entreprises en ce qui concerne les entreprises et les droits de l'homme. Bien qu'eux-mêmes ne constituent pas un document juridiquement contraignant, les Principes directeurs élaborent les implications des normes et pratiques en vigueur pour les États et les entreprises, tout en incluant des points que le droit national et le droit international abordent différemment.

Le cadre de référence des Nations unies "protéger, respecter et réparer".

Les Principes directeurs se fondent sur six années de travail accompli par l'ancien Représentant spécial, travail qui comprend une recherche approfondie, de larges consultations auprès d'entreprises, de gouvernements, de membres de la société civile, de collectivités et d'individus concernés, de juristes, d'investisseurs et autres acteurs, ainsi qu'une mise à l'essai des propositions. Leur élaboration visait à mettre en application le Cadre de référence "protéger, respecter et réparer" proposé en 2008 par le Représentant spécial des Nations unies. Ce Cadre de référence comprend trois fondements :

- L'obligation de l'État de protéger les droits de l'homme
- La responsabilité des entreprises de respecter les droits de l'homme
- La nécessité de faciliter l'accès à des voies de recours pour les victimes de violations causées par des entreprises.

La Haut-Commissaire des Nations unies aux droits de l'homme s'est réjouie du Cadre de référence "protéger, respecter et réparer", qui constitue :

à la fois un repère net et précis et un jalon important pour la nouvelle perception des droits de l'homme dans nos sociétés (...) La première étape pour développer des réponses efficaces et appropriées, c'est de définir clairement ce que l'on attend avant tout des entreprises en matière de droits de l'homme *[Navanethem Pillay, "The corporate responsibility to respect : a human rights milestone", International Labour and Social Policy Review (2009)]*.

Les principes directeurs relatifs aux entreprises et aux droits de l'homme.

Les Principes directeurs reposent sur les trois fondements du Cadre de référence "protéger, respecter et réparer". Ils comprennent 31 principes, dont chacun est accompagné d'un bref commentaire. Pris ensemble, les Principes directeurs soulignent les mesures que les États doivent prendre pour inciter les entreprises à respecter les droits de l'homme ; pour fournir aux entreprises un schéma directeur pour gérer le risque d'incidence négative ; et enfin pour offrir une série de repères à l'intention des acteurs afin d'évaluer le respect des droits de l'homme par les entreprises.

Les Principes directeurs ont emporté un large soutien tant au sein des entreprises et de la société civile qu'au sein des États. Un nombre important d'organisations régionales et internationales les ont également intégrés dans leurs propres normes, et l'on s'attend à ce que d'autres encore le fassent dans les mois et les années à venir. De nombreuses entreprises dans le monde considèrent déjà comment appliquer les Principes directeurs dans leurs activités.

Le Haut-Commissariat des Nations unies aux droits de l'homme (HCDH), au cours de six années, a soutenu le processus qui a conduit aux Principes sous la houlette du Représentant spécial. Avant que le Conseil des droits de l'homme les entérine, la Haut-Commissaire a déclaré :

"Les Principes directeurs clarifient la responsabilité des entreprises en matière de droits de l'homme. Ils entendent fournir la première norme mondiale pour prévenir et prendre en compte le risque d'incidence négative sur les droits de l'homme lié aux activités des entreprises. S'ils sont entérinés, les Principes directeurs constitueront un corpus normatif qui fera autorité et qui donnera par ailleurs une orientation concernant les mesures juridiques et politiques que les États peuvent mettre en place, en conformité avec leurs obligations en matière de droits de l'homme, afin de veiller à ce que les entreprises respectent les droits de l'homme" *[déclaration du Groupe des Employeurs à la Conférence internationale du Travail, 7 juin 2011]*.

Comme l'a déclaré le Professeur Ruggie, les Principes directeurs ne résoudront pas tous les défis en matière de droits de l'homme, mais les entériner marque la fin de l'étape préliminaire. Ils constituent des fondations solides et utiles sur lesquelles peuvent s'ériger connaissances et bonnes pratiques.

Désormais la première des tâches est de veiller à leur mise en œuvre effective. Le Guide interprétatif, qui a été réalisé avec la collaboration pleine et entière de l'ancien Représentant spécial, est conçu pour soutenir ce processus *[le Haut-Commissariat souhaite remercier tout particulièrement Caroline Rees du Harvard Kennedy School of Government, qui était conseiller principale à l'équipe du Représentant spécial]*.

Objet du guide interprétatif.

Le présent Guide ne constitue ni un amendement, ni un ajout aux dispositions des Principes directeurs ou aux attentes que ceux-ci formulent à l'égard des entreprises. Son objet est de fournir un complément d'explication contextuelle aux Principes directeurs pour s'assurer que ceux-ci soient pleinement compris dans leur signification et leur intention. Le contenu du Guide qui a été soumis à de nombreuses consultations au cours des six années qu'a duré le mandat du Professeur Ruggie, et dont se sont fait l'écho de nombreux rapports et discours publics, n'a pas été rassemblé auparavant.

Le Guide n'est pas un manuel opérationnel qui vise à expliquer précisément comment mettre les Principes directeurs en pratique. Un travail supplémentaire sera ensuite nécessaire pour développer une orientation opérationnelle, qui variera selon le secteur, le contexte d'exploitation et autres facteurs. Le Groupe de travail des Nations unies relatif aux entreprises et aux droits de l'homme jouera à cet égard un rôle crucial. De plus, d'autres organisations qui se concentrent sur un secteur ou une question particulière élaborent déjà leur façon à elles d'envisager la mise en œuvre. Tandis qu'elles s'y consacrent, nous souhaitons que le présent Guide les aide à expliciter davantage l'intention à la base des Principes directeurs, lesquels s'attachent à la responsabilité des entreprises de respecter les droits de l'homme. A ce titre, c'est une ressource non seulement pour les entreprises, mais aussi pour les gouvernements, la société civile, les investisseurs, les juristes et autres qui accompagnent les entreprises sur ces questions.

Tandis que le présent Guide se concentre sur la responsabilité des entreprises de respecter les droits de l'homme, il ne réduit en rien l'obligation tout aussi importante qui incombe aux États de protéger les droits de l'homme contre les violations commises par des tiers, notamment des entreprises.

Structure du guide interprétatif.

Le chapitre I définit brièvement les concepts fondamentaux utilisés dans les Principes directeurs.

Les chapitres II et III se concentrent sur le fond des Principes directeurs relatifs à la responsabilité des entreprises de respecter les droits de l'homme, à travers une série de questions et de réponses élémentaires pour aider à interpréter chaque principe, son intention et les implications de sa mise en œuvre. Le chapitre II couvre les cinq "principes fondateurs" qui forment le fondement de tous les "principes opérationnels" du chapitre III. Ces principes opérationnels offrent une analyse détaillée des politiques et procédures que les entreprises doivent mettre en place pour veiller au respect des droits de l'homme. Ils suivent la même structure que les Principes directeurs, à savoir :

A. Engagement politique
B. Diligence raisonnable en matière de droits de l'homme
C. Réparation
D. Questions relatives au contexte

Les Principes directeurs s'intéressent à la question de la réparation à la fois en vertu du deuxième fondement (la responsabilité des entreprises de respecter les droits de l'homme) et en vertu du troisième fondement (accès à des voies de recours). Les Principes directeurs relatifs à l'accès à des voies de recours qui concernent les entreprises sont inclus ici, afin d'être exhaustif, sous le terme "Réparation". La section D se concentre sur les dilemmes qui apparaissent lorsque le contexte d'exploitation d'une entreprise semble empêcher ou limiter sa capacité à respecter les droits de l'homme dans la pratique.

Les annexes contiennent du matériel de références utile.

Statut du guide interprétatif.

Le commentaire formel offert par les Principes directeurs n'est pas reproduit dans le présent Guide, bien qu'il soit parfois cité. Les questions et les réponses qui sont fournies ici vont au-delà du commentaire afin d'offrir une assistance et des détails complémentaires pour mieux appréhender les Principes directeurs. A ce titre, ils viennent compléter le commentaire mais ni ne le remplacent, ni ne le dépassent.

I Concepts fondamentaux

Acteur/Acteur concerné Un acteur désigne tout individu qui peut influer sur les activités d'une organisation ou être influé par elles. Un acteur concerné désigne ici précisément un individu dont les droits de l'homme ont été influés par les activités, produits ou services d'une entreprise.

Atteintes caractérisées aux droits de l'homme Il n'existe pas une seule et unique définition des atteintes caractérisées aux droits de l'homme en droit international, mais elles comprennent généralement les pratiques suivantes : génocide, esclavage et pratiques analogues, exécutions sommaires ou arbitraires, torture, disparitions forcées, détention arbitraire et prolongée et discrimination systématique. D'autres types d'atteintes aux droits de l'homme, notamment les droits culturels, sociaux et économiques, peuvent aussi être considérés comme des atteintes caractérisées si elles sont graves et systématiques, par exemple les violations à grande échelle ou qui visent des groupes spécifiques de la population.

Atténuation L'atténuation de l'incidence négative sur les droits de l'homme désigne des mesures prises afin d'en réduire l'étendue, en ayant alors recours à la réparation pour toute incidence résiduelle. L'atténuation des risques pour les droits de l'homme désigne des mesures prises afin de réduire la probabilité que survienne une quelconque incidence négative.

Chaîne de valeur La chaîne de valeur d'une entreprise commerciale englobe les activités qui transforment les entrées en sorties en additionnant une valeur ajoutée. Elle inclut des entités avec lesquelles elle entretient des relations commerciales directes ou indirectes et qui soit a) fournissent des produits ou des services qui contribuent aux propres produits et services de l'entreprise, soit b) reçoivent des produits ou services de l'entreprise.

Complicité La complicité a une signification à la fois juridique et non juridique. Du point de vue juridique, la plupart des législations nationales interdisent la complicité dans la commission d'un crime, et un certain nombre envisagent en pareils cas la responsabilité pénale des entreprises commerciales. Le poids de la jurisprudence internationale en matière pénale montre bien que la norme concernée relative à la complicité désigne "le fait d'apporter sciemment une assistance pratique ou un encouragement qui a un effet majeur dans la commission d'un crime".

Quant aux exemples de "complicité" non juridique, il pourrait s'agir de situations où l'on constate qu'une entreprise commerciale profite de violations commises par des tiers, tels qu'une baisse des coûts due à des pratiques analogues à l'esclavage dans sa chaîne logistique ou qui s'abstient de dénoncer des violations liées à ses propres activités, produits ou services, malgré des questions de principe qui l'incitent à le faire. Bien qu'aucune entreprise n'ait encore été jugée complice par un tribunal pour ce type d'implication dans des violations, l'opinion publique est plus sévère et peut leur infliger des coûts considérables.

La procédure de diligence raisonnable en matière de droits de l'homme devrait exposer les risques de complicité juridique et non juridique (ou perçue) et apporter des réponses appropriées.

Diligence raisonnable La diligence raisonnable a été définie comme étant "une mesure de prudence, d'action, d'assiduité, qui est attendue, à juste titre, de la part d'une [personne] prudente et raisonnable dans des circonstances particulières et qui est généralement appliquée par elle ; qui n'est pas évaluée par une quelconque norme absolue, mais qui dépend de faits relatifs au cas précis" *[dictionnaire Black's Law, 6e éd. (St. Paul, Minnesota, West, 1990)]*. Dans le cadre des Principes directeurs, la diligence raisonnable en matière de droits de l'homme comprend une procédure de gestion continue, qu'une entreprise raisonnable et prudente se doit de réaliser, à la lumière des circonstances (à savoir le secteur, le contexte d'exploitation, la taille et autres facteurs similaires) pour accomplir sa responsabilité en matière de respect des droits de l'homme.

Droits de l'homme et crimes internationaux Certaines atteintes aux droits de l'homme les plus graves peuvent constituer des crimes internationaux. Les crimes internationaux ont été définis par les États en vertu du Statut de Rome de la Cour pénale internationale. Ils comprennent le génocide ("actes [...] commis dans l'intention de détruire, en tout ou en partie, un groupe national, ethnique, racial ou religieux"), les crimes contre l'humanité (attaque généralisée et systématique lancée contre une population civile qui comprend meurtre, réduction en esclavage, torture, viol, persécution discriminatoire, etc.), les crimes de guerre (tels que définis par le droit humanitaire international) et le crime d'agression.

Droits de l'homme manifestes Les droits de l'homme les plus manifestes pour une entreprise commerciale sont ceux qui ressortent comme étant les plus en danger. Cette notion varie généralement en fonction du secteur et du contexte d'exploitation. Les Principes directeurs insistent sur le fait qu'une entreprise ne doit pas se concentrer exclusivement sur les questions soulevées par les droits de l'homme les plus manifestes et ignorer ceux qui peuvent surgir par la suite. Mais les droits les plus manifestes sont logiquement ceux sur lesquels on concentre les premiers efforts.

Engagement/consultation des acteurs L'engagement ou consultation des acteurs désigne ici un processus continu d'interaction et de dialogue entre une entreprise et ses acteurs potentiellement concernés, ce qui permet à l'entreprise d'entendre, de comprendre leurs intérêts et préoccupations – notamment par une collaboration – et d'y répondre.

Incidence grave sur les droits de l'homme Le commentaire des Principes directeurs définit l'incidence grave sur les droits de l'homme en se référant à sa dimension, son objectif et son caractère irrémédiable. Cela signifie que sa gravité et le nombre d'individus qui sont ou seront concernés (par exemple par les effets retardés d'un dommage écologique) sont deux considérations majeures. "L'aspect irrémédiable" est le troisième facteur important, utilisé ici pour signifier toute limite sur la capacité à rétablir les personnes concernées dans une situation au moins identique, ou similaire, à leur situation avant l'incidence négative. Dans cette perspective, la compensation financière n'est importante que dans la mesure où elle peut permettre le rétablissement en question.

Incidence négative sur les droits de l'homme Une "incidence négative sur les droits de l'homme" se produit lorsqu'une action supprime ou réduit la capacité d'un individu à jouir des droits de l'homme qui sont les siens.

Incidence potentielle sur les droits de l'homme Une "incidence potentielle sur les droits de l'homme" est une incidence négative qui peut survenir mais ne l'a pas encore fait.

Incidence réelle sur les droits de l'homme Par "incidence réelle sur les droits de l'homme", on entend une incidence négative qui s'est déjà produite ou est en train de se produire.

Influence L'influence est un avantage qui confère un pouvoir. Dans le cadre des Principes directeurs, elle désigne la capacité d'une entreprise commerciale à apporter des changements aux pratiques illicites d'une autre partie qui cause une incidence négative sur les droits de l'homme, ou y contribue.

Prévention La prévention d'une incidence négative sur les droits de l'homme désigne des mesures prises pour s'assurer que pareille incidence ne survienne pas.

Relations commerciales Les relations commerciales se réfèrent aux relations qu'une entreprise commerciale entretient avec ses partenaires commerciaux, les entités de sa chaîne de valeur et toute autre entité publique ou privée directement liée à ses activités, produits ou services commerciaux. Elles comprennent les relations commerciales indirectes dans sa chaîne de valeur, au-delà du premier niveau, ainsi que les positions minoritaires et majoritaires des actionnaires au sein des coentreprises.

Réparation/recours La réparation et le recours désignent à la fois les procédures qui visent à fournir un recours à une incidence négative sur les droits de l'homme et l'issue qui peut contrebalancer, ou rendre positive, l'incidence négative. Cette issue peut prendre un éventail de formes, tels que des excuses, une restitution, une réhabilitation, une compensation financière ou autre et des sanctions (soit pénales ou administratives, comme des amendes), de même que la prévention d'un dommage, notamment par des injonctions ou des garanties de non-récidive.

Risques pour les droits de l'homme Les risques pour les droits de l'homme qui sont causés par une entreprise commerciale correspondent à tout risque du fait que ses activités peuvent entraîner une ou plusieurs incidences négatives sur les droits de l'homme. Par conséquent ils sont reliés à son incidence potentielle sur les droits de l'homme. Dans l'évaluation traditionnelle des risques, le risque prend en compte à la fois les conséquences de l'événement (sa gravité) et sa probabilité. Dans le cas du risque pour les droits de l'homme, la gravité est le facteur prédominant. Dans certains cas, la probabilité peut être un facteur important pour établir un ordre de priorité dans la gestion des incidences potentielles (voir ci-dessous "incidence grave sur les droits de l'homme"). A noter que les risques pour les droits de l'homme dus à une entreprise sont les risques que ses activités font courir aux droits de l'homme. Ceci n'a rien à voir avec tout risque que peut causer l'implication de l'entreprise dans une incidence sur les droits de l'homme, bien que les deux soient de plus en plus liés.

II Principes fondateurs

Principe directeur 11

Les entreprises devraient respecter les droits de l'homme. Cela signifie qu'elles devraient éviter de porter atteinte aux droits de l'homme d'autrui et remédier aux incidences négatives sur les droits de l'homme dans lesquelles elles ont une part.

Principe directeur 12

La responsabilité des entreprises de respecter les droits de l'homme porte sur les droits de l'homme internationalement reconnus – à savoir, au minimum, ceux figurant dans la Charte internationale des droits de l'homme et les principes concernant les droits fondamentaux énoncés dans la Déclaration relative aux principes et droits fondamentaux au travail de l'Organisation internationale du Travail.

Question 1. Qu'est-ce que les droits de l'homme ?

L'idée des droits de l'homme est aussi simple que forte : à savoir que toute personne a le droit d'être traitée avec dignité. Les droits de l'homme sont inhérents à tous les êtres humains, quels que soient leur nationalité, lieu de résidence, sexe, origine nationale ou ethnique, couleur, religion, langue, ou toute autre situation. Tout individu a le droit de jouir des droits de l'homme sans discrimination. Ces droits sont tous reliés, interdépendants et indivisibles.

Les droits de l'homme sont souvent exprimés et garantis par le droit, sous la forme de traités, de droit international coutumier, de principes généraux et autre sources de droit international. Le droit international relatif aux droits de l'homme établit des obligations envers les États, afin qu'ils agissent dans un sens ou qu'ils évitent certains actes, pour défendre et protéger les droits de l'homme et les libertés fondamentales des individus et des groupes.

La Déclaration universelle des droits de l'homme de 1948, qui a été rédigée par des représentants issus de diverses nations afin d'empêcher la répétition des atrocités de la seconde guerre mondiale, est la pierre angulaire du droit moderne relatif aux droits de l'homme. En 1993, à Vienne, au cours de la Conférence mondiale sur les droits de l'homme, les 171 pays participants ont tous réaffirmé leur engagement envers les aspirations exprimées par la Déclaration universelle.

La Déclaration universelle trouve sa codification dans le droit international à travers le Pacte international relatif aux droits civils et politiques et le Pacte international relatif aux droits économiques, sociaux et culturels, tous deux de 1966. Chacun des pactes a été ratifié par plus de 150 États. Pris ensemble, ces trois documents sont connus sous l'appellation de Charte internationale des droits de l'homme.

Dans le domaine des droits de l'homme pour les travailleurs, la Déclaration de l'Organisation internationale du Travail relative aux principes et droits fondamentaux au travail engage tous les États membres en vertu de quatre catégories de principes et de droits : la liberté d'association et le droit de négociation collective ; l'élimination du travail obligatoire ; l'abolition du travail des enfants ; et l'élimination de la discrimination en matière d'emploi et de profession. Ceux-ci sont assurés par les huit conventions fondamentales de l'Organisation internationale du Travail (OIT).

Pris ensemble ces documents constituent le point de référence minimum pour ce que les Principes directeurs appellent les droits de l'homme internationalement reconnus.

Question 2. En quoi les droits de l'homme concernent-ils les États ?

Les États ont l'obligation juridique de respecter, protéger et mettre en œuvre les droits de l'homme établis dans les conventions internationales relatives aux droits de l'homme qu'ils ont ratifiées. Des obligations similaires, bien que généralement non juridiquement contraignantes, résultent des déclarations des droits de l'homme et autres engagements politiques que prennent les États.

La responsabilité des États de respecter les droits de l'homme signifie qu'ils doivent s'abstenir de s'opposer à la jouissance des droits de l'homme, ou de la restreindre. Leur obligation de protéger les droits de l'homme leur impose de protéger les individus et les groupes contre les violations des droits de l'homme, notamment par des entreprises commerciales. Leur obligation de mettre en œuvre les droits de l'homme signifie que les États doivent prendre des mesures de discrimination positive pour faciliter la jouissance des droits de l'homme élémentaires.

Question 3. En quoi les droits de l'homme concernent-ils les entreprises ?

Les traités internationaux relatifs aux droits de l'homme n'imposent pas d'obligations juridiques directes aux entreprises commerciales. La responsabilité juridique et la répression pour violation par des entreprises des normes internationales relatives aux droits de l'homme sont par conséquent largement définies par le droit national [*il est important de noter que les dispositions de droit national, ainsi que certaines exigences relatives aux droits de l'homme dans les contrats, peuvent être grandement influencées par les traités internationaux relatifs aux droits de l'homme ou encore en découler*]. Cependant, les actions des entreprises commerciales, tout comme les actions des acteurs privés, peuvent influer sur la jouissance des droits de l'homme, de façon positive ou négative. Les entreprises peuvent influer sur les droits de l'homme de leurs employés, de leurs clients, des travailleurs de leurs chaînes logistiques ou des collectivités qui gravitent autour de leurs activités. En effet, l'expérience montre que les entreprises peuvent porter atteinte aux droits de l'homme et le font effectivement là où elles n'accordent pas suffisamment d'attention à ce risque et à la façon de le réduire.

La Charte internationale des droits de l'homme, ainsi que les conventions fondamentales de l'OIT offrent des références aux entreprises pour commencer à comprendre ce que sont les droits de l'homme ; comment leurs activités peuvent influer sur eux ; et comment elles peuvent veiller ou atténuer le risque d'une incidence négative. *Human Rights Translated : A Business Reference Guide* fournit un éventail d'exemples pour chaque droit de l'homme [*Human Rights Translated : A Business Reference Guide (Monash University, Forum international des chefs d'entreprises, le HCDH et le Pacte mondial des Nations unies, 2008). Disponible sur www.ohchr.org*]. (Voir aussi le tableau 2 qui montre, à travers des exemples, comment une entreprise peut être impliquée de diverses façons dans une incidence négative sur les droits de l'homme.)

Question 4. Quelles autres normes relatives aux droits de l'homme sont concernées ?

Selon les circonstances de leurs activités, les entreprises peuvent prendre en considération des normes supplémentaires en plus de la Charte internationale des droits de l'homme et des conventions fondamentales de l'OIT, pour veiller à agir conformément aux droits de l'homme : par exemple si leurs activités présentent un risque pour les droits de l'homme des individus qui appartiennent à des groupes ou à des populations spécifiques qui nécessitent une attention particulière. Certains instruments des Nations unies relatifs aux droits de l'homme ont analysé en détails les droits de l'homme des personnes qui appartiennent à ces groupes ou populations, en reconnaissant qu'elles peuvent avoir besoin d'un arrangement ou d'une protection particulière, afin de pleinement jouir des droits de l'homme sans discrimination (voir tableau 1).

TABLEAU 1

Instruments des Nations unies relatifs aux droits de l'homme qui analysent les droits des personnes appartenant à des groupes ou populations spécifiques

La Convention sur l'élimination de toutes les formes de discrimination raciale

La Convention sur l'élimination de toutes les formes de discrimination à l'égard des femmes

La Convention relative aux droits de l'enfant

La Convention internationale sur la protection des droits de tous les travailleurs migrants et des membres de leurs familles

La Convention relative aux droits des personnes handicapées

La Déclaration des Nations Unis sur les droits des peuples autochtones

La Déclaration sur les droits des personnes appartenant à des minorités nationales ou ethniques, religieuses et linguistiques

Dans la plupart des instances, les droits de ces instruments se réfèrent aux individus dans les groupes concernés. La Déclaration des Nations unies sur les droits des peuples autochtones prend en compte à la fois les droits de l'homme des individus autochtones et les droits collectifs des peuples autochtones.

Les personnes, groupes et collectivités vulnérables sont ceux qui sont confrontés à un risque particulier d'être exposés à la discrimination et à l'incidence négative sur les droits de l'homme. Les personnes qui sont désavantagées, marginalisées ou exclues de la société sont souvent particulièrement vulnérables. On compte, parmi les exemples, les enfants, les femmes, les peuples autochtones, les personnes qui appartiennent à des minorités ethniques ou autres, ou encore les personnes handicapées. La vulnérabilité peut dépendre du contexte. Par exemple, alors que les femmes sont plus vulnérables aux violations que les hommes dans certains contextes, elles ne sont pas nécessairement vulnérables dans tous les contextes. A l'inverse, dans certaines situations, les femmes issues de groupes marginalisées peuvent être vulnérables à double titre : parce qu'elles sont marginalisées et parce que ce sont des femmes.

En conflit armé, les normes du droit humanitaire international s'appliquent aux entreprises commerciales comme aux autres. D'une part, le droit humanitaire international garantit la protection du personnel commercial – à condition qu'il ne participe pas directement aux hostilités – mais aussi des avoirs et des investissements de capitaux des entreprises. D'autre part, il impose aux dirigeants et au personnel l'obligation de respecter le droit humanitaire international et les met en garde – y compris les entreprises elles-mêmes – contre le risque de responsabilité civile ou pénale, au cas où ils violeraient leurs obligations. Le Comité international de la Croix-Rouge a élaboré une orientation relative aux droits et obligations des entreprises commerciales en vertu du droit humanitaire international *[les Entreprises et le droit international humanitaire : Introduction aux droits et obligations des entreprises commerciales au regard du droit international humanitaire (Comité international de la Croix-Rouge, 2006)]*.

Question 5. En quoi tous les droits de l'homme internationalement reconnus concernent-ils l'entreprise ?

La responsabilité des entreprises de respecter les droits de l'homme s'applique à tous les droits de l'homme internationalement reconnus, parce que les entreprises commerciales peuvent avoir une incidence – directe ou indirecte – potentiellement sur l'ensemble de ces droits. Même des droits comme le droit à un procès équitable, qui s'adresse clairement aux États, peuvent être enfreints par une entreprise, par exemple par rétention de preuves ou subornation de témoins. En pratique, certains droits seront plus importants ou manifestes que d'autres, dans certains secteurs et circonstances, et les sociétés devront y accorder une attention particulière. Ainsi, les risques pour les droits de l'homme qui sont les plus manifestes pour les entreprises dans le secteur de l'habillement, qui emploient des ouvriers dans des usines sur plusieurs pays, seront différents de ceux des entreprises du secteur minier, qui doivent réinstaller une collectivité autochtone. Mais rien, en principe, n'empêche une entreprise d'avoir une incidence négative sur tout droit de l'homme internationalement reconnu ou d'y contribuer. Par conséquent il est impossible de limiter l'application de la responsabilité de respecter les droits de l'homme à un nombre restreint de droits dans certains secteurs.

Question 6. Que signifie "éviter de porter atteinte" aux droits de l'homme ?

Cela signifie que les entreprises peuvent continuer à exercer leurs activités, dans le respect de la loi, tant qu'elles ne portent pas atteinte aux droits de l'homme. Par exemple, si une usine ou une mine pollue l'eau de source des collectivités environnantes, ce qui fait que la population n'a plus le même accès à l'eau potable qu'auparavant, elle enfreint la jouissance du droit à l'eau potable. Ou encore, si une entreprise expulse une collectivité sans procédure, consultation et compensation voulue, elle porte atteinte au droit à un logement convenable.

Question 7. La responsabilité de respecter les droits de l'homme est-elle facultative pour les entreprises commerciales ?

Non. Dans de nombreux cas, la responsabilité des entreprises de respecter les droits de l'homme est reprise au moins en partie dans le droit ou les règlements nationaux, qui correspondent aux normes internationales relatives aux droits de l'homme. Par exemple, les lois qui protègent les personnes contre la nourriture contaminée ou l'eau polluée, ou qui ordonnent la mise en conformité des lieux de travail avec les conventions et les garanties de l'OIT contre la discrimination, ou encore qui exigent le consentement éclairé des individus avant qu'ils ne participent à des tests cliniques, sont autant de moyens pour les lois nationales de réglementer le comportement des entreprises pour veiller à ce qu'elles respectent les droits de l'homme.

Toutefois, la responsabilité de respecter les droits de l'homme n'est pas limitée à la conformité avec les dispositions du droit national. Elle existe au-delà du respect de la légalité et constitue une norme mondiale de conduite attendue, applicable à toutes les entreprises, dans toutes les situations. Par conséquent elle existe aussi indépendamment de l'engagement particulier d'une entreprise envers les droits de l'homme. Elle est reprise dans les instruments du droit souple, tels que les Principes directeurs de l'Organisation de coopération et de développement économiques (OCDE) à l'intention des entreprises multinationales. Si les entreprises manquent à leur responsabilité de respecter les droits de l'homme, elles encourent des conséquences juridiques et financières, et mettent en danger leur réputation. Un tel manquement peut également entraver la capacité d'une entreprise à recruter ou à garder le personnel, à obtenir des permis, des investissements, de nouveaux projets de développement ou avantages similaires qui sont primordiaux à la réussite durable d'une entreprise. En conséquence, là où l'entreprise présente un risque pour les droits de l'homme, peu à peu elle présente aussi un risque pour ses propres intérêts à long terme.

Question 8. Les entreprises ont-elles des responsabilités supplémentaires en matière de droits de l'homme ?

Les Principes directeurs définissent la responsabilité fondamentale de toute entreprise de respecter les droits de l'homme partout où elle exerce ses activités. Au-delà de cela, les entreprises peuvent volontairement prendre des engagements supplémentaires relatifs aux droits de l'homme – tels que la promotion de certains droits de l'homme – pour des raisons philanthropiques, pour protéger ou améliorer leur réputation ou encore pour ouvrir de nouveaux marchés. Les droits et règlements nationaux peuvent exiger des activités supplémentaires de la part des entreprises, en matière de droits de l'homme, dans certaines situations, comme peuvent le faire les pouvoirs publics dans des contrats qui portent sur des projets spécifiques. Ainsi, un contrat passé avec un État pour l'approvisionnement en eau peut imposer à une entreprise commerciale de respecter le droit de l'homme relatif à l'eau. Des conditions d'exploitation peuvent aussi conduire les entreprises à assumer des responsabilités supplémentaires dans certaines circonstances. Par exemple, les entreprises peuvent voir la nécessité d'investir dans le social, comme dans des soins de santé ou dans l'éducation au niveau local, afin d'obtenir ou de conserver le soutien des collectivités environnantes (ce qu'on a appelé autorisation sociale d'exploitation). Défendre les droits de l'homme fait aussi partie de l'engagement qu'ont pris les signataires du Pacte mondial des Nations unies.

Le débat se poursuit afin de savoir si, dans certains cas et pour certaines entreprises, il existe une responsabilité à aller au-delà du respect jusqu'à la promotion des droits de l'homme. Cette question dépasse l'objet des Principes directeurs, qui constituent une norme mondiale de responsabilité pour toutes les entreprises, dans tous les cas et qui, par conséquent, se concentrent sur la responsabilité de respecter les droits de l'homme. Le respect des droits de l'homme concerne les activités fondamentales de l'entreprise – l'exercice quotidien de ses activités. Il ne s'agit pas d'actions de bénévolat – même si elles sont les bienvenues – loin de ses activités fondamentales.

Il est également important de souligner que dans ce contexte, il n'existe pas de crédit compensatoire pour atteinte aux droits de l'homme : un manquement aux droits de l'homme dans un domaine ne peut effacer un avantage accordé dans une autre.

Principe directeur 13

La responsabilité de respecter les droits de l'homme exige des entreprises :

a) Qu'elles évitent d'avoir des incidences négatives sur les droits de l'homme ou d'y contribuer par leurs propres activités, et qu'elles remédient à ces incidences lorsqu'elles se produisent ;

b) Qu'elles s'efforcent de prévenir ou d'atténuer les incidences négatives sur les droits de l'homme qui sont directement liées à leurs activités, produits ou services par leurs relations commerciales, même si elles n'ont pas contribué à ces incidences.

Question 9. Comment les entreprises peuvent-elles être impliquées dans une incidence négative sur les droits de l'homme ?

Il existe trois façons essentielles pour une entreprise d'être impliquée dans une incidence négative sur les droits de l'homme :

a) Elle peut causer l'incidence à travers ses propres activités ;

b) Elle peut contribuer à l'incidence à travers ses propres activités – soit directement, soit par le biais d'une entité externe (gouvernement, entreprise ou autre) ;

c) Elle peut ne pas causer l'incidence, ni y contribuer, mais être impliquée parce que l'incidence est causée par une entité avec laquelle elle entretient une relation commerciale et qui est liée à ses propres activités, produits ou services.

I. Cause

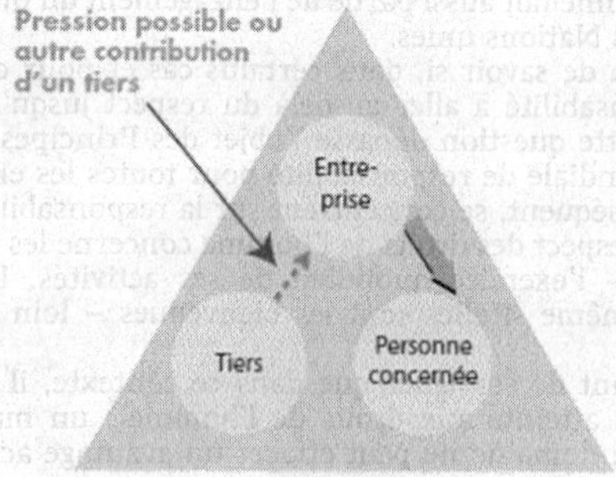

II. Contribution

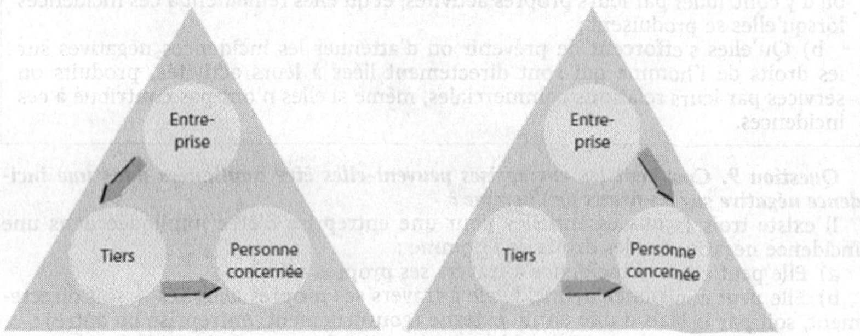

III. Absence de contribution, mais lien

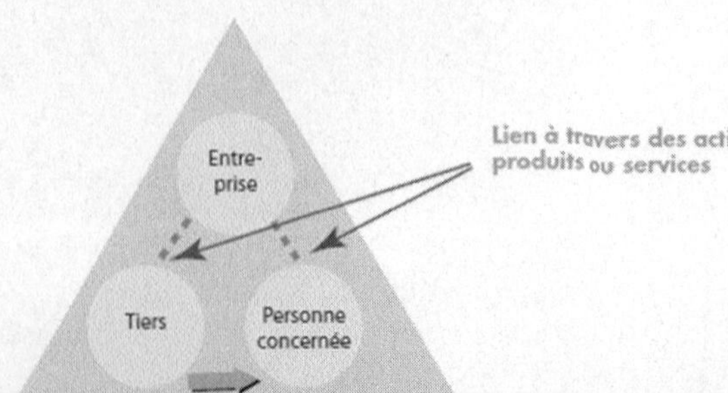

Chaque scénario a des implications différentes sur la nature des responsabilités qui incombent à l'entreprise, comme nous le verrons à la question 11 ci-dessous et comme nous l'analyserons en détail dans le Principe directeur 19.

Question 10. Que faut-il entendre par "incidence négative sur les droits de l'homme" ?

Une "incidence négative sur les droits de l'homme" se produit lorsqu'une action ôte ou limite la capacité d'un individu à jouir des droits de l'homme qui sont les siens.

Les Principes directeurs établissent une distinction entre incidence "réelle" et "potentielle" sur les droits de l'homme. Une incidence réelle s'est déjà produite ou est en train de se produire. Une incidence potentielle peut se produire mais ne l'a pas encore fait.

Une incidence réelle exige une réparation (voir Principe directeur 22). Une incidence potentielle – ou un risque pour les droits de l'homme – nécessite une action pour empêcher sa matérialisation, ou du moins pour atténuer (réduire) autant qu'elle le peut son étendue (voir Principes directeurs 17-21 sur la diligence raisonnable en matière de droits de l'homme). Si une incidence résiduelle sur les droits de l'homme est inévitable, c'est alors qu'intervient la réparation.

TABLEAU 2

Exemples d'incidence d'entreprise sur les droits de l'homme

Exemples de situations où l'on peut considérer que des entreprises commerciales ont causé une incidence négative sur les droits de l'homme :

– Faire couramment une discrimination raciale dans le traitement des clients dans un restaurant ;

– Exposer des travailleurs en usine à des conditions de travail à risque sans équipement de sécurité adéquat ;

– Être l'unique ou principale source de pollution de l'eau potable qui approvisionne une collectivité à cause de produits chimiques utilisés dans le processus de production.

Exemples d'entreprises qui sont accusées de contribuer à une incidence négative sur les droits de l'homme :

– Fournir des données sur les utilisateurs des services internet à un gouvernement qui les utilise pour retracer et poursuivre les dissidents politiques, et ce en opposition avec les droits de l'homme ;

– Assurer la construction et l'entretien d'un camp de détention où l'on prétend que des détenus sont soumis à des traitements inhumains ;

– Miser sur des aliments et des boissons à forte teneur en sucre à l'attention des enfants, avec une incidence sur l'obésité infantile ;

– Changer les exigences de production destinées aux fournisseurs à la dernière minute sans adapter les prix et les délais de production, poussant ainsi les fournisseurs à violer les normes du travail afin de pouvoir livrer.

Exemples d'incidence négative qui est directement liée aux activités, produits ou services d'une entreprise à travers ses relations commerciales, mais à laquelle l'entreprise elle-même n'a pas forcément contribué :

– Offrir des prêts financiers à une entreprise pour ses activités commerciales qui, en violation des normes acceptées, proviennent de l'expulsion de collectivités ;

– Confier en sous-traitance la broderie de pièces d'habillement d'un détaillant à un fournisseur qui fait travailler des enfants à domicile, en violation des obligations contractuelles ;

– Recourir à l'imagerie auprès d'institutions médicales pour détecter les fétus filles et provoquer des avortements, au profit des garçons.

Human Rights Translated contient d'autres exemples qui montrent comment les entreprises commerciales peuvent être impliquées dans une incidence négative sur les droits de l'homme.

Question 11. Que doit faire une entreprise qui risque d'être impliquée dans une incidence négative sur les droits de l'homme ?

Les réponses appropriées aux différentes situations sont analysées en détail dans le Principe directeur 19. En résumé :

a) Si une entreprise risque de causer une incidence négative sur les droits de l'homme, ou d'y contribuer, à travers ses activités, elle doit cesser ou changer l'activité qui en est la cause, afin de prévenir ou d'atténuer l'éventualité que l'incidence survienne ou se répète. Si toutefois une incidence se produit, l'entreprise doit s'engager activement dans sa réparation, soit directement, soit en collaboration avec d'autres (qu'il s'agisse de tribunaux, du gouvernement, d'autres entreprises impliquées ou d'autres tiers) ;

b) Si une entreprise risque d'être impliquée dans une incidence négative uniquement parce que l'incidence est liée à ses activités, produits ou services en vertu de ses relations commerciales, elle n'est pas responsable de l'incidence même : cette responsabilité incombe à l'entité qui l'a causée ou qui y a contribué. Par conséquent, l'entreprise n'a pas à fournir de réparation (bien qu'elle puisse décider d'y recourir pour protéger sa réputation ou pour toute autre raison). Cependant, elle a la responsabilité d'user de son influence pour encourager l'entité qui a causé l'incidence, ou qui y a contribué, à prévenir ou à atténuer sa répétition. Ceci peut revenir à travailler avec l'entité et/ou avec ceux qui sont en mesure d'apporter leur aide.

Principe directeur 14

La responsabilité qui incombe aux entreprises de respecter les droits de l'homme s'applique à toutes les entreprises indépendamment de leur taille, de leur secteur, de leur cadre de fonctionnement, de leur régime de propriété et de leur structure. Néanmoins, la portée et la complexité des moyens par lesquels les entreprises s'acquittent de cette responsabilité peuvent varier selon ces facteurs et la gravité des incidences négatives sur les droits de l'homme.

Question 12. Quelle est l'importance de la "gravité" d'une incidence sur les droits de l'homme causée par une entreprise par rapport à d'autres facteurs énoncés ici ?

La gravité d'une incidence négative potentielle sur les droits de l'homme est le facteur principal pour déterminer l'ampleur et la complexité des procédures que l'entreprise doit mettre en place pour savoir et montrer qu'elle respecte les droits de l'homme. C'est pourquoi, les procédures doivent avant toute chose être proportionnelles aux risques que ses activités font courir aux droits de l'homme.

Question 13. Que faut-il entendre par incidence "grave" sur les droits de l'homme ?

Le commentaire de ce Principe indique que "la gravité des incidences sera établie en fonction de leur ampleur, de leur portée et du fait de savoir si elles sont irrémédiables ou non". Cela signifie que la gravité de l'incidence (son ampleur) et le nombre d'individus qui sont ou seront concernés (sa portée) entrent tous deux en ligne de compte. L'aspect "irrémédiable" est le troisième facteur important, utilisé ici pour signifier toute limite sur la capacité à rétablir ceux qui sont concernés dans une situation au moins identique, ou similaire, à leur situation avant l'incidence négative.

Une incidence n'a pas besoin d'avoir plus d'une de ces caractéristiques pour être raisonnablement considérée comme "grave", même si bien souvent, plus l'ampleur ou la portée est grande, moins elle "remédiable".

Le concept de "gravité" est débattue ci-dessous dans le Principe directeur 24, y compris dans le cas d'une évaluation des risques.

Question 14. En quoi la taille d'une entreprise concerne-t-elle sa responsabilité en matière de respect des droits de l'homme ?

Toutes les entreprises ont la même responsabilité de respecter les droits de l'homme dans le cadre de leurs activités. Cependant, la taille influence souvent le type d'approches qu'elles adoptent pour accomplir leur responsabilité.

Une grande entreprise qui emploie plus de personnes, entreprend en général plus d'activités et entretient plus de relations qu'une petite. Cela peut augmenter ses risques pour les droits de l'homme. Par ailleurs les grandes entreprises ont aussi plus souvent des systèmes et des procédures plus complexes pour les prises de décision, la communication, le contrôle et la supervision. Elles auront, plus volontiers que les petites entreprises, des activités, des relations liées aux chaînes de valeur, des clients répartis dans de nombreux pays, ce qui complique la mise en œuvre et le contrôle des normes. Il leur arrive d'avoir des chaînes de valeur plus longues et plus complexes, avec des formes diverses de relations, dont certaines impliquent, plus que d'autres, des risques pour les droits de l'homme.

Les politiques et les procédures dont une grande entreprise a besoin pour veiller au respect des droits de l'homme dans l'entreprise toute entière devront se faire l'écho de tous ces facteurs. Elles devront s'étendre à tous ceux qui, dans l'entreprise, travaillent en lien avec les activités et les relations qui sont associées aux risques pour les droits de l'homme. Ce que signifie ancrer le respect des droits de l'homme dans toutes les fonctions et services importants de l'entreprise est débattu plus loin dans le Principe directeur 16.

Les petites et moyennes entreprises ont sans doute moins de capacité et des procédures et des structures de gestion plus informelles que les grandes entreprises et c'est pourquoi les politiques et procédures prendront des formes diverses. Avec moins d'employés, la communication à travers les fonctions sera sans doute plus facile et moins formelle. Les systèmes internes et les fonctions de supervision sont en général moins complexes.

Dans de nombreux cas, les approches nécessaires pour ancrer le respect des droits de l'homme dans les activités d'une petite entreprise reflèteront l'absence de complexité de ses activités. Cependant, la taille n'est jamais le seul facteur qui détermine la nature et l'ampleur des procédures qui sont nécessaires pour qu'une entreprise gère ses risques pour les droits de l'homme. Le facteur important est la gravité de l'incidence réelle et potentielle sur les droits de l'homme. Par exemple, une petite entreprise de moins de 10 employés qui fait le négoce de minerais et de métaux dans un secteur caractérisé par des conflits et des atteintes aux droits de l'homme en relation avec l'exploitation minière a un profil très élevé de risque pour les droits de l'homme. Ses politiques et procédures pour veiller à ne pas être impliquée dans ces violations devront être proportionnelles à ce risque.

Le commentaire qui accompagne le Principe directeur 17 analyse plus largement comment une compétence externe et un partage de ressources peut aider toutes les entreprises, et en particulier les petites et moyennes entreprises, à mener à bien une diligence raisonnable en matière de droits de l'homme, qui soit à la fois efficace et proportionnelle aux risques pour les droits de l'homme et à leurs ressources.

Question 15. En quoi le secteur et le contexte opérationnel d'une entreprise concernent-ils sa responsabilité de respecter les droits de l'homme ?

Toutes les entreprises ont la même responsabilité de respecter tous les droits de l'homme internationalement reconnus (voir Principe directeur 12). Cela étant, le secteur de l'entreprise et son contexte opérationnel vont généralement déterminer quels sont les droits de l'homme qui ont le plus chance d'avoir une incidence sur le cours normal de ses activités. Un engagement auprès des acteurs locaux permettra très souvent à une entreprise commerciale de mieux comprendre le contexte dans lequel elle travaille.

Le secteur de l'entreprise détermine bon nombre des activités dans lesquelles elle est engagée, dont certaines peuvent comporter des risques précis pour les droits de l'homme. Ainsi, les entreprises agroalimentaires investissent souvent dans la terre pour accroître leurs activités agricoles. Il se peut que la terre soit habitée par des collectivités ou qu'elles en vivent, qu'elles détiennent ou non un titre de propriété. Cela entraîne un risque particulier pour le droit des individus concernés à un niveau de vie convenable. Une entreprise de technologie de l'information et des communications peut être confrontée au risque précis d'avoir une incidence sur les droits à la vie privée et/ou à l'information de ses usagers en conséquence d'un partage des données ou de la censure. Les entreprises dans des secteurs qui d'ordinaire emploient des produits toxiques, tels les entreprises chimiques, les sociétés de fabrication, ainsi que les sociétés minières, peuvent présenter un risque particulier pour le droit à l'eau potable. (Ce sont là de simples illustrations, d'autres droits peuvent également être en danger dans ces secteurs).

Le contexte opérationnel d'une entreprise peut aussi faire une grande différence. Si les lois relatives au travail sont peu appliquées et exécutées par les pouvoirs publics, alors travailler avec les fournisseurs de la région augmentera le risque d'être impliqué dans des atteintes aux droits de l'homme. Si la région connaît des conflits, ou est sujette à des conflits, il peut y avoir des risques particuliers concernant la sécurité, le droit à la vie et la discrimination ethnique. Si la région souffre de sècheresse, alors le risque d'incidence négative sur le droit à l'eau potable sera élevé. Si les collectivités concernées comprennent des populations autochtones, alors leurs droits, y compris leurs droits culturels sont particulièrement en danger.

Ces facteurs de secteur et de contexte opérationnel sont par conséquent particulièrement importants quand il s'agit de déterminer quels droits de l'homme sont plus en danger à cause des activités d'une entreprise. Comme nous l'avons souligné précédemment, ceci ne signifie pas qu'ils doivent devenir l'unique préoccupation. Mais il faudra certainement y apporter une attention régulière et systématique.

Question 16. En quoi le régime de propriété d'une entreprise concerne-t-elle sa responsabilité en matière de respect des droits de l'homme ?

Toutes les entreprises ont la même responsabilité de respecter les droits de l'homme peu importe leur régime de propriété. Cela s'applique aux entreprises cotées en bourse, aux entreprises privées, aux entreprises d'État, aux coentreprises ou à toutes autres formes, même hybrides, de propriété.

Des violations commises par des entreprises d'État – c'est-à-dire lorsque l'État contrôle l'entreprise ou lorsque la conduite de l'entreprise peut par ailleurs être attribuée à l'État – peuvent constituer une violation par l'État, de ses obligations en vertu du droit international *[V. l'obligation de l'État de protéger les droits de l'homme, en particulier le Principe directeur 4, non examiné dans la présente publication]*. Si des États possèdent ou contrôlent des entreprises commerciales, ils ont tous les moyens en leur pouvoir pour veiller à ce que les politiques, législations et règlements concernant le respect des droits de l'homme soient appliqués. En général, la direction rend des comptes à des organismes publics et les services gouvernementaux exercent un examen et un contrôle majeur, y compris en veillant à ce que la diligence raisonnable en matière de droits de l'homme soit effectivement mise en œuvre. Les obligations juridiques de l'État qui consistent à respecter et à protéger les droits de l'homme viennent s'ajouter à la responsabilité même de l'entreprise de respecter les droits de l'homme et ne la réduisent à aucun égard.

Pour les coentreprises qui sont confrontées à des risques importants pour les droits de l'homme, il est primordial de veiller à ce que les accords juridiques et autres, qui en sont le fondement même, fournissent la base nécessaire pour s'assurer que les droits de l'homme soient respectés lors de leurs activités.

Question 17. En quoi la structure d'une entreprise concerne-t-elle sa responsabilité en matière de respect des droits de l'homme ?

Les entreprises commerciales ont des structures diverses. Par exemple, certaines sont globalement séparées – juridiquement et fonctionnellement – de toute autre entreprise ; d'autres suivent un modèle de franchise où les franchisés sont soumis à des contraintes contractuelles plus ou moins importantes ; d'autres encore font partie de coopératives ou créent une holding qui rassemble un groupe d'entreprises. D'autres enfin agissent comme une société mère et des filiales, avec des degrés de contrôle variés de la part de la société mère et par conséquent des niveaux variés d'autorité dévolue aux filiales.

La structure sociale du groupe ne fait aucune différence quand il s'agit de savoir si oui ou non les entités au sein du groupe doivent respecter les droits de l'homme. Ce qui compte uniquement, c'est comment veiller à ce que les droits de l'homme soient respectés dans la pratique, par exemple à travers des accords contractuels, des systèmes de gestion internes, des structures de gouvernance ou de responsabilisation. Si des atteintes aux droits de l'homme surviennent, il incombera au droit national de la juridiction compétente de déterminer la responsabilité.

Principe directeur 15

Afin de s'acquitter de leur responsabilité en matière de respect des droits de l'homme, les entreprises doivent avoir en place des politiques et des procédures en rapport avec leur taille et leurs particularités, y compris :

(a) L'engagement politique de s'acquitter de leur responsabilité en matière de respect des droits de l'homme ;

(b) Une procédure de diligence raisonnable en matière de droits de l'homme pour identifier leurs incidences sur les droits de l'homme, prévenir ces incidences et en atténuer les effets, et rendre compte de la manière dont elles y remédient ;

(c) Des procédures permettant de remédier à toutes les incidences négatives sur les droits de l'homme qu'elles peuvent avoir ou auxquelles elles contribuent.

Question 18. Pourquoi des politiques et des procédures sont-elles nécessaires s'il s'agit uniquement d'empêcher les violations ?

Le respect des droits de l'homme n'est pas une responsabilité passive : elle exige des actions de la part des entreprises. Il est relativement facile pour une entreprise de dire qu'elle respecte les droits de l'homme et elle peut sincèrement croire que c'est le cas. Mais pour le déclarer en toute légitimité, une entreprise doit savoir et pouvoir montrer qu'en pratique elle respecte bien les droits de l'homme. Par contre, cela implique d'avoir certaines politiques et procédures en place. Les Principes directeurs les définissent ainsi : une déclaration d'engagement politique, une procédure de diligence raisonnable en matière de droits de l'homme et des procédures qui permettent la réparation.

Le chapitre II analyse en détail les facteurs qu'une entreprise doit prendre en considération pour développer ces politiques et procédures et veiller à ce que celles-ci, ensemble, répondent à l'objectif qui consiste à lui permettre de gérer efficacement les risques pour les droits de l'homme. La section A, en particulier, s'attarde sur l'engagement politique, la section B sur la diligence raisonnable en matière de droits de l'homme et la section C sur la réparation. Enfin, la section D se concentre sur les questions et les défis qui se posent dans des contextes spécifiques.

Question 19. Que faut-il pour que les politiques et les procédures soient "en rapport avec leur taille et leurs particularités" ?

Il n'existe pas une seule et unique réponse à cette question. Cela dépend de tous les facteurs abordés dans le Principe directeur 14, en attachant la plus grande attention à la gravité de l'incidence négative sur les droits de l'homme causée par l'entreprise.

Les bonnes politiques et procédures ne nécessitent pas forcément beaucoup de ressources. Si le profil de risque pour les droits de l'homme d'une entreprise est faible, il se peut que ses procédures pour prendre en compte ce risque soient proportionnellement simples. De plus, toute entreprise peut bénéficier de ressources externes pour maintenir les coûts (voir tableau 3 et annexe II).

Question 20. En combien de temps une entreprise est-elle censée y parvenir ?

Il est relativement aisé à une entreprise d'affirmer qu'elle respecte les droits de l'homme ou qu'elle s'engage à le faire. Remplir cet engagement peut être particulièrement compliqué, surtout dans des grandes entreprises qui ont beaucoup d'employés, des relations commerciales multiples et complexes et qui opèrent dans différents lieux. C'est également un défi pour les entreprises pour lesquelles ces questions sont relativement nouvelles. De plus, maintenir le respect des droits de l'homme requiert souvent un travail constant pour relever les nouveaux défis.

TABLEAU 3

Beaucoup d'entreprises commerciales – pas uniquement les petites et moyennes entreprises – bénéficient des ressources d'experts indépendants qui peuvent les aider dans leurs efforts pour remplir leur responsabilité en matière de respect des droits de l'homme. La première des tâches concernent la fiabilité de ces ressources

– écrites, audiovisuelles ou humaines. Il existe divers modes d'évaluation. Par exemple :

• Existe-t-il des preuves que d'autres entreprises ont réussi en y recourant ?

• Ont-elles été développées par une personne ou une organisation qui jouit de la confiance et du respect des acteurs dans ce domaine ?

• Sont-elles mentionnées, utilisées ou reconnues par d'autres personnes ou organisations respectées (dans l'industrie, à l'université, dans la société civile, notamment auprès d'experts des droits de l'homme, etc.) ?

Donc même si une entreprise reconnaît rapidement qu'elle a la responsabilité de respecter les droits de l'homme, la réalité c'est que savoir et montrer qu'elle assume sa responsabilité peut prendre du temps. Une entreprise ne doit pas essayer de surmonter cet obstacle en suggérant que son engagement politique est simplement souhaitable. Cela sous-entend très souvent que l'engagement est souple ou négociable, ce qui diminue les attentes et les incitations à réussir parmi le personnel et les partenaires commerciaux. Par ailleurs, la responsabilité de respecter les droits de l'homme existe, peu importe l'engagement personnel de l'entreprise : ce n'est pas l'engagement qui crée la responsabilité.

Une entreprise qui développe ou adapte les politiques et procédures nécessaires a tout intérêt à jouer la transparence sur les efforts dont elle fait preuve pour gérer la transition. Ainsi, elle peut fournir des informations publiques sur les échéances qu'elle s'est fixées pour les différentes étapes de la mise en œuvre. Elle peut engager un groupe d'experts indépendants – des individus respectés issus de la société civile, des institutions nationales des droits de l'homme, du monde universitaire ou autre – pour la conseiller sur le développement de ces nouvelles procédures et pour vérifier ses efforts à les appliquer. Si elle a recours à un groupe d'acteurs ou d'experts de ce type, des rapports indépendants qui émanent du groupe peuvent assurer transparence et crédibilité aux efforts entrepris.

En bref, si une entreprise est en mesure de démontrer qu'elle a instauré de véritables procédures pour mettre en pratique son engagement politique, ceci peut aider à créer l'espace nécessaire pour développer les politiques, procédures et pratiques internes afin d'être à la hauteur de cet engagement. En effet, si les défis relatifs aux droits de l'homme qui se posent à une entreprise changent au fil du temps et exigent d'adapter les systèmes qui y remédient, des approches de ce type présenteront un intérêt continu.

III Principes opérationnels

A *Engagement politique*

Principe directeur 16

Pour pouvoir ancrer leur responsabilité quant au respect des droits de l'homme, les entreprises doivent formuler leur engagement de s'acquitter de cette responsabilité par le biais d'une déclaration de principe qui :

(a) Est approuvée au plus haut niveau de l'entreprise ;

(b) Est établie en recourant aux compétences internes et/ou externes voulues ;

(c) Enonce ce que l'entreprise attend du personnel, des partenaires commerciaux et d'autres parties directement liés à ses activités, produits et services dans le domaine des droits de l'homme ;

(d) Est accessible au public et fait l'objet d'une communication interne et externe au profit de l'ensemble du personnel, des partenaires commerciaux et d'autres parties concernées ;

(e) Est reprise dans les politiques et procédures opérationnelles afin d'être incorporée d'un bout à l'autre de l'entreprise.

Question 21. Pourquoi est-ce important ?

Le terme "engagement politique" est utilisé ici pour désigner une déclaration publique à haut niveau de la part d'une entreprise qui définit son engagement à remplir sa responsabilité en matière de respect des droits de l'homme. Cela fait de cet engagement une politique générale claire qui déterminera chacune de ses actions. L'engagement politique diffère des politiques et procédures opérationnelles mentionnées au sous-paragraphe e) de ce Principe directeur, qui sont le plus souvent non publiques, de nature plus spécifique et qui aident à traduire en termes opérationnels un engagement au plus haut niveau.

Un engagement politique afin de remplir sa responsabilité de respecter les droits de l'homme :

a) Démontre, qu'à la fois en dedans et en-dehors de l'entreprise, la direction comprend que c'est la norme *ad minima* pour diriger une entreprise en toute légitimité ;

b) Transmet clairement les attentes de la direction sur la façon dont tout le personnel, ainsi que les partenaires commerciaux et autres collaborateurs de l'entreprise, doivent agir ;

c) Incite à développer des procédures et systèmes internes qui sont nécessaires pour remplir son engagement dans la pratique ;

d) Est la première étape fondamentale pour ancrer le respect des droits de l'homme parmi les valeurs de l'entreprise.

Ce Principe dispose que l'engagement politique doit faire état des attentes de l'entreprise en matière de droits de l'homme, ainsi que celles des partenaires commerciaux et autres parties directement liées à ses activités, produits ou services. Agir ainsi fournit un point de départ à partir duquel l'entreprise peut, si nécessaire, plus aisément exercer une influence en faveur du respect des droits de l'homme, auprès de ses collaborateurs. Ainsi, elle peut inciter à inclure des clauses relatives au respect des droits de l'homme dans des contrats avec des fournisseurs et des partenaires ; et elle peut fournir les éléments de base pour l'évaluation et le contrôle des résultats, ainsi que la transposition de ceux-ci en décisions dans ses futures relations commerciales. A l'inverse, s'il n'apparaît pas clairement que ces attentes concernant les droits de l'homme expriment une politique ferme de l'entreprise, elles peuvent facilement devenir "négociables" et être mises entre parenthèses dans certaines relations ou circonstances. Ceci entame la capacité de l'entreprise à veiller à ne pas être impliquée dans des atteintes aux droits de l'homme commises par des tiers, ce qui à son tour augmente ses propres risques.

Question 22. Un engagement politique doit-il être détaillé ?

Un engagement politique de la part d'une entreprise restera généralement inchangé pendant une longue période de temps, même s'il peut être mis à jour selon les leçons tirées du passé. C'est un point de référence constant pour les employés, les parties avec lesquelles l'entreprise travaille et ses acteurs au sens large. Il établit les attentes fondamentales qui engendreront politiques et procédures opérationnelles en vue de sa mise en œuvre. Par conséquent il n'y a pas lieu de détailler les politiques et procédures qui ont des chances de changer fréquemment au gré des circonstances.

Ainsi le niveau de détail d'un engagement politique peut varier. Il peut simplement exprimer un engagement général de respecter tous les droits de l'homme internationalement reconnus, ainsi que l'attente de voir ceux avec qui l'entreprise travaille faire de même. Il peut également inclure un résumé de ceux des droits de l'homme que l'entreprise reconnaît comme les plus manifestes dans ses activités, ainsi que des informations pour rendre compte des actions menées pour remplir sa responsabilité en matière de respect des droits de l'homme. Cependant, la politique doit refléter un engagement à respecte tous les droits de l'homme internationalement reconnus, même si certains sont soulignés comme étant particulièrement manifestes.

Question 23. Quelles questions de droits de l'homme sont particulièrement manifestes pour votre entreprise ?

Ceux qui ont la charge de développer l'engagement politique et les procédures en matière de droits de l'homme devront savoir sur quels droits de l'homme l'entreprise risque d'avoir une incidence – c'est-à-dire quels droits sont les plus manifestes dans ses activités – tout en s'assurant que ceux-ci ne deviennent pas son unique centre d'intérêt. La question 15 explore le lien fréquent entre droits de l'homme manifestes et secteur ou contexte d'exploitation de l'entreprise.

Ainsi, un des risques les plus courants pour une entreprise de jouets ou de chaussures sera l'implication dans les atteintes aux droits du travail dans sa chaîne logistique. Pour une entreprise de boissons ou une entreprise alimentaire, les risques classiques sont à la fois les droits du travail et l'incidence sur l'utilisation de l'eau et/ou de la terre, ainsi que la santé des consommateurs. Pour une société pharmaceutique, le droit à la santé sera particulièrement manifeste, tout comme le sera la liberté d'expression et le droit à la vie privée pour une société de technologie de l'information et des communications.

Si une entreprise exerce ses activités généralement et régulièrement dans des contextes qui multiplient les risques pour les droits de l'homme, ceux-ci viennent s'ajouter à la liste des droits de l'homme manifestes que l'engagement politique peut mettre en lumière. Ainsi une société d'exploitation forestière ou de construction qui exerce souvent ses activités dans des régions où vivent des populations autochtones, devra tout particulièrement comprendre l'incidence dont peuvent souffrir ces populations ; une société de produits électroniques qui tire son activité essentielle d'un État ou d'une région où les lois relatives au travail sont faibles ou peu appliquées devra prendre cet élément en compte ; une compagnie pétrolière qui développent de nouveaux gisements dans des zones de conflits pourra souligner, dans son engagement politique, les risques liés à la sécurité.

Question 24. Sur quelle compétence primordiale l'entreprise peut-elle s'appuyer ?

Il existe diverses sources auxquelles une entreprise peut recourir pour voir quelles questions relatives aux droits de l'homme elle doit souligner – et comment – dans son engagement politique général. En premier lieu, l'expérience propre à l'entreprise sera un indicateur primordial des questions les plus manifestes, mais ce n'est pas le seul. L'entreprise peut aussi avoir en interne des compétences relatives aux droits de l'homme sur lesquelles s'appuyer. Au-delà de l'entreprise elle-même, différentes ressources sont disponibles, dont bon nombre ne coûtent rien (voir exemples en annexe II).

Dans plusieurs cas, les grandes entreprises ou celles qui connaissent des risques importants pour les droits de l'homme, jugeront primordial de consulter des individus qui sont les représentants de groupes d'acteurs les plus susceptibles d'être concernés par leurs activités. Ces représentants peuvent offrir des perspectives intéressantes sur la manière dont l'entreprise peut avoir une incidence sur les droits de l'homme et sur l'importance éventuelle de cette incidence. Ils seront aussi en mesure d'apporter leur conseil sur la façon dont ces groupes d'acteurs essentiels perçoivent la formulation de l'engagement politique.

Question 25. Comment l'engagement politique public est-il lié aux politiques et procédures internes ?

Les implications de l'engagement politique général doivent être comprises en interne et reflétées dans les politiques et procédures internes essentielles. C'est à travers elles que l'engagement est mis en pratique et peut s'ancrer dans les valeurs de l'entreprise.

Dans une petite entreprise avec des risques très limités pour les droits de l'homme, il suffit parfois d'une simple note à l'intention du personnel, qui souligne la responsabilité de respecter les droits de l'homme et les questions fondamentales en leur faveur (par exemple, la non-discrimination), la signification dans la pratique pour le personnel et la responsabilisation (notamment les conséquences pour violations).

Dans une grande entreprise, il sera souvent nécessaire d'avoir en interne des politiques complémentaires en matière de droits de l'homme qui analyseront les implications de l'engagement politique. Celles-ci peuvent être spécifiques aux différents services, comme les achats, les ressources humaines, la production, la vente, etc. Il faudra alors s'assurer que les autres domaines politiques et procédures soient conformes à ceux qui concernent les droits de l'homme. S'il n'y a pas conformité, lorsque les problèmes surgissent, il peut s'avérer plus difficile encore pour l'entreprise de remplir sa responsabilité en matière de respect des droits de l'homme.

Par exemple, si le service des achats d'une société de jouets prend des décisions sans tenir compte de l'incidence possible sur la capacité des fournisseurs à suivre les normes du droit du travail, l'entreprise risque de contribuer à une incidence négative sur les droits de l'homme. Si une entreprise de construction récompense le personnel opérationnel uniquement sur la vitesse de construction d'une nouvelle infrastructure et sans considérer si elle porte atteinte aux collectivités en agissant ainsi, il y a des chances qu'elle favorise les comportements qui engendrent une incidence négative sur les droits de l'homme. Si le personnel d'une entreprise Internet accepte systématiquement toutes les demandes d'information de la part du gouvernement sur les utilisateurs, sans tenir compte des implications sur les droits de l'homme, il court le risque d'être impliqué dans toute atteinte aux droits de l'homme qui en résulte.

De nombreux facteurs ont tendance à influencer le degré d'efficacité des politiques et procédures internes à ancrer les droits de l'homme à tous les échelons de l'entreprise. Les systèmes existants peuvent fournir des modèles intéressants et efficaces, par exemple des systèmes relatifs à la santé et à la sécurité ou à la non-discrimination sur lesquels s'appuyer. L'attention et la responsabilisation de la direction dans la gestion des risques pour les droits de l'homme peuvent aussi contribuer, tout comme la formation du personnel. Il peut s'avérer particulièrement intéressant d'inclure des indicateurs concernant les politiques et procédures en matière de droits de l'homme dans l'évaluation des résultats du personnel pour toutes les fonctions importantes – pas uniquement celles qui incitent aux droits de l'homme.

QUESTIONS À SE POSER

Quels sont les éléments que doit inclure notre déclaration d'engagement politique pour respecter les droits de l'homme afin de :

a) Définir des attentes claires quant au comportement du personnel, des partenaires commerciaux et autres parties liées à nos activités ?

b) Favoriser en interne l'attention, les ressources et les actions nécessaires à sa diffusion ?

c) Etre crédible aux yeux des groupes d'acteurs essentiels ?

Quelles sources pouvons-nous utiliser pour nous aider à identifier nos risques principaux pour les droits de l'homme ?

Auprès de qui pouvons-nous tester nos idées afin de définir quels sont les risques pour les droits de l'homme les plus manifestes dans notre secteur et dans les domaines où nous exerçons ?

Comment pouvons-nous être sûrs qu'en nous concentrant sur les droits de l'homme les plus manifestes, nous n'oublions pas d'incidence éventuelle sur d'autres droits ?

A quels experts fiables, peut-être au sein d'un groupe d'acteurs externes, pouvons-nous demander un commentaire de notre projet d'engagement politique ?

Quelles politiques et procédures supplémentaires nous faut-il en interne pour réaliser cet engagement politique dans la pratique ?

Quels sont les services qui ont besoin de connaître et de détenir ces politiques et procédures, et comment pouvons-nous les impliquer dans leur développement ?

Qui doit signer l'engagement politique définitif au sommet de l'entreprise, pour envoyer un signal clair à tout le personnel qu'il s'agit là d'une priorité ?

Comment communiquer publiquement à propos de notre engagement politique, en gardant à l'esprit que les acteurs ont différents accès possibles à l'information ?

B *Diligence raisonnable en matière de droits de l'homme*

Principe directeur 17

Afin d'identifier leurs incidences sur les droits de l'homme, prévenir ces incidences et en atténuer les effets, et rendre compte de la manière dont elles y remédient, les entreprises doivent faire preuve de diligence raisonnable en matière de droits de l'homme. Ce processus devrait consister à évaluer les incidences effectives et potentielles sur les droits de l'homme, à regrouper les constatations et à leur donner une suite, à suivre les mesures prises et à faire savoir comment il est remédié à ces incidences. La diligence raisonnable en matière de droits de l'homme :

(a) Devrait viser les incidences négatives sur les droits de l'homme que l'entreprise peut avoir ou auxquelles elle peut contribuer par le biais de ses propres activités, ou qui peuvent découler directement de ses activités, produits ou services par ses relations commerciales ;

(b) Sera plus ou moins complexe suivant la taille de l'entreprise commerciale, le risque qu'elle présente de graves incidences sur les droits de l'homme, et la nature et le cadre de ses activités ;

(c) Devrait s'exercer en permanence, étant donné les risques en matière de droits de l'homme peuvent changer à terme au fur et à mesure de l'évolution des activités et du cadre de fonctionnement de l'entreprise commerciale.

Question 26. Pourquoi est-ce important ?

C'est à travers la diligence raisonnable en matière de droits de l'homme qu'une entreprise identifie les informations dont elle a besoin pour comprendre les risques spécifiques pour les droits de l'homme à un moment donné, dans un contexte d'exploitation donné, ainsi que les mesures nécessaires pour les prévenir et les atténuer. "Les risques pour les droits de l'homme" se rapportent aux risques d'engendrer une incidence négative sur les droits de l'homme, à l'opposé des risques subis par l'entreprise elle-même, bien que les premiers conduisent de plus en plus aux derniers.

La diligence raisonnable en matière de droits de l'homme n'est pas une simple formule à appliquer. Les entreprises de tailles différentes, de secteurs différents, avec des structures sociales et des contextes d'exploitation différents devront ajuster leurs procédures pour répondre à ces besoins. Cependant, les éléments fondamentaux concernant la diligence raisonnable en matière de droits de l'homme – l'évaluation, l'intégration et l'action, le suivi et la communication – pris ensemble dans les procédures de réparation, permettent de gérer toute entreprise, dans le cadre voulu, afin de savoir et de montrer que, dans la pratique, elle respecte bien les droits de l'homme.

Question 27. Que doit-être la portée de la diligence raisonnable en matière de droits de l'homme ?

Selon les Principes directeurs, la diligence raisonnable "devrait viser les incidences négatives sur les droits de l'homme que l'entreprise peut avoir ou auxquelles elle peut contribuer par le biais de ses propres activités, ou qui peuvent être liées directement à ses activités, produits ou services par ses relations commerciales". Voir le Principe directeur 13 pour plus de détails sur ces trois formes possibles d'engagement dans une incidence négative sur les droits de l'homme.

La diligence raisonnable met l'accent sur l'identification et la prise en compte de l'incidence sur les droits de l'homme, c'est-à-dire celle qui est en relation avec les propres activités de l'entreprise et ses relations commerciales. Ainsi ce sont ces mêmes activités et relations commerciales qui fixent la portée de la diligence raisonnable en matière de droits de l'homme.

"Les relations commerciales" qui sont définies dans les Principes directeurs, se rapportent aux relations qu'une entreprise entretient avec "ses partenaires commerciaux, les entités de sa chaîne de valeur, et toute autre entité non étatique ou étatique directement liée à ses activités, ses produits ou ses services commerciaux". Lorsque l'on considère les relations commerciales, l'accent est mis, non pas sur les risques que la partie liée pose aux droits de l'homme en général, mais bien sur les risques qu'elle puisse porter atteinte aux droits de l'homme en relation avec les propres activités, produits ou services de l'entreprise.

Question 28. Comment la taille et autres caractéristiques peuvent influer sur la procédure de diligence raisonnable en matière de droits de l'homme mise en place par une entreprise ?

La diligence raisonnable en matière de droits de l'homme est nécessaire pour toute entreprise qui veut savoir et montrer qu'elles respectent les droits de l'homme dans la pratique. Elle devra comprendre tous les éléments établis dans ce Principe directeur : l'évaluation des incidences réelles et potentielles sur les droits de l'homme, l'intégration et l'action selon les conclusions, le suivi et la communication sur la façon dont il est remédié à ces incidences. Cependant, l'ampleur et la complexité de ces procédures varieront selon la taille de l'entreprise, ainsi que son secteur, son contexte d'exploitation, son régime de propriété et sa structure. Toutefois, le facteur qui prime à lui seul dans la détermination des procédures nécessaires reste la gravité de l'incidence sur les droits de l'homme. Le commentaire du Principe directeur 14 s'attarde plus longuement sur ces distinctions, tandis que le Principe directeur 24 explore plus en détail le concept de "gravité".

Question 29. Pourquoi la diligence raisonnable en matière de droits de l'homme doit-elle être "continue" ?

La diligence raisonnable en matière de droits de l'homme a pour objet d'aider une entreprise à savoir et montrer qu'elle respecte les droits de l'homme d'un bout à l'autre de ses activités et à tout moment, notamment lorsque surviennent des changements dans ses activités ou ses contextes d'exploitation. C'est pourquoi elle nécessite des procédures continues et répétées, plutôt qu'une seule et unique réalisation, hormis si les activités et contextes en question ne changent guère.

Question 30. A quoi sert l'engagement des acteurs ?

La diligence raisonnable en matière de droits de l'homme concerne les personnes. Elle reflète le droit de chaque être humain à être traité avec dignité. Elle implique donc des relations – entre une entreprise et ceux sur lesquels elle peut avoir une incidence.

Voilà pourquoi l'élément fondamental de la diligence raisonnable en matière de droits de l'homme, c'est la nécessité de comprendre la perspective de l'atteinte potentielle envers les individus et les groupes. Si possible et selon la taille de l'entreprise ou son profil de risque pour les droits de l'homme, ceci doit impliquer la consultation directe de ceux qui peuvent être concernés ou de leurs représentants légitimes, comme il en est débattu dans le Principe directeur 18.

Question 31. De quelle capacité une entreprise a-t-elle besoin pour mener à bien la diligence raisonnable en matière de droits de l'homme ?

Il n'existe pas une seule et unique réponse à cette question. Si une entreprise ne remplit pas sa responsabilité de respecter les droits de l'homme, ceci implique un risque pour l'entreprise tout comme pour les personnes. Comme avec tout autre risque, l'entreprise devra affecter la capacité interne nécessaire pour le gérer efficacement. Cela doit être mesuré selon le profil de risque pour les droits de l'homme que présente une entreprise. Pour une petite entreprise avec des risques limités pour les droits de l'homme, ce sera probablement une tâche qui sera affectée à un membre du personnel existant qui y consacrera une part limitée de son temps. Pour une entreprise qui présente de gros risques pour les droits de l'homme, il faudra proportionnellement y consacrer davantage de temps et davantage de ressources financières.

Pour beaucoup d'entreprises, il existe déjà des procédures en place pour d'autres formes de diligence raisonnable (concernant l'environnement, la santé, la sécurité, etc.) qui peuvent servir de base pour assurer la diligence raisonnable en matière de droits de l'homme. Il faut apporter une attention particulière pour veiller à ce que ces systèmes soient adaptés à la mission spécifique de gérer efficacement les risques pour les droits de l'homme. Il est important pour toutes les entreprises de s'assurer que le personnel responsable de la diligence raisonnable en matière de droits de l'homme ait les compétences et la formation nécessaires. Il faut également qu'il ait un pouvoir suffisant au sein de l'organisation.

En premier lieu, le profil global de risque pour les droits de l'homme de l'entreprise doit être évalué pour élaborer son engagement politique en matière de droits de l'homme et les politiques et procédures qui le soutiennent. Mais l'entreprise doit maintenir sous surveillance tout changement qui pourrait porter atteinte au profil général. Un tel changement peut découler d'un certain nombre de facteurs, par exemple, si l'entreprise s'installe dans une nouvelle région géographique en butte à des questions d'état de droit ou de conflits, ou encore lance une nouvelle gamme de produits qui nécessite le concours de régions qui présente des problèmes notoires de droit du travail. Il peut découler du développement de nouveaux services à la clientèle qui sont liés à des atteintes aux droits de l'homme ou de produits ou services établis de longue date qui soudainement sont utilisés à des fins non prévues.

L'examen de ces évolutions ou d'autres, permettra de mettre en évidence les questions soudaines qui modifient le profil général de risques de l'entreprise et qui peuvent exiger d'employer plus de moyens afin de prendre en compte l'augmentation des risques.

Question 32. En quoi la diligence raisonnable en matière de droits de l'homme concerne-t-elle la réparation ?

La diligence raisonnable en matière de droits de l'homme vise à prévenir et à atténuer l'incidence potentielle sur les droits de l'homme dans laquelle une entreprise peut être impliquée. La réparation vise à corriger toute incidence réelle sur les droits de l'homme qu'une entreprise cause ou à laquelle elle contribue. Bien que séparées, les deux procédures sont reliées. Ainsi, un mécanisme efficace de réclamation à travers lequel ceux qui sont directement concernés peuvent exprimer leurs préoccupations concernant une possible violation actuelle ou à venir, est un bon indicateur d'une incidence potentielle et répétée sur les droits de l'homme. Ces réactions, ainsi que l'engagement plus large d'acteurs, contribuent également au contrôle de l'efficacité des réponses qu'apporte l'entreprise à une incidence sur les droits de l'homme. Et les entreprises devraient être prêtes à communiquer, si nécessaire, à la fois sur leur façon de prendre en compte les risques pour les droits de l'homme en général et sur la façon de remédier à une incidence importante sur les droits de l'homme.

Question 33. La diligence raisonnable en matière de droits de l'homme peut-elle être assurée, totalement ou partiellement, par des experts indépendants ?

Il est tout à fait possible d'avoir recours à des experts indépendants pour mener à bien certaines procédures qui concernent la diligence raisonnable en matière de droits de l'homme, et ceci peut être parfois raisonnable et nécessaire. Cependant, cela devrait toujours être fait avec le plus grand soin. Le respect des droits de l'homme concerne les activités fondamentales d'une entreprise. La meilleure façon d'y veiller et d'y parvenir durablement, c'est de l'ancrer dans les valeurs de l'entreprise. Plus l'entreprise a recours à des tiers pour réaliser certaines procédures fondamentales de diligence raisonnable, moins cet "ancrage" se réalisera au cœur de l'entreprise. Il est particulièrement important que toutes les conclusions concernant l'incidence de l'entreprise sur les droits de l'homme qui sont réalisées à travers le travail d'experts indépendants soient effectivement intégrées à tous les échelons de l'entreprise afin de permettre une action efficace (voir Principe directeur 19).

Par ailleurs il est peu judicieux pour une entreprise de déléguer entièrement à des experts indépendants son engagement auprès d'acteurs potentiellement concernés, dans la mesure où cela amoindrit sa capacité à réellement comprendre la vision de ceux sur lesquels elle a une incidence et à construire avec eux des relations fructueuses dans la confiance. Cependant, l'implication de tiers locaux dans les efforts accomplis par l'entreprise dans son engagement peuvent aider à combler les différences culturelles. En particulier, dans des relations où les acteurs concernés ont gardé du passé une certaine méfiance, il semble important de définir un tiers neutre qui puisse aider et assister cet engagement des acteurs, au moins dans les étapes initiales.

QUESTIONS À SE POSER

Avons-nous déjà des systèmes sur lesquels nous pouvons nous appuyer tandis que nous développons nos procédures de diligence raisonnable en matière de droits de l'homme ?

Ces systèmes sont-ils efficaces et conviennent-ils à l'objet qui est de prendre en compte les risques envers les droits de l'homme ? Quels changements faut-il apporter pour qu'ils conviennent à cet objet ?

Existe-t-il des circonstances qui imposent des procédures distinctes pour les droits de l'homme ?

Qui doit diriger la diligence raisonnable en matière de droits de l'homme ? A qui incombe le contrôle ?

Quels sont les services qui ont le plus chance d'être impliqués dans des questions de diligence raisonnable en matière de droits de l'homme ? Comment pouvons-nous les impliquer dans le développement des procédures ? Comment pouvons-nous structurer et motiver leur collaboration ?

Quelle compétence externe nous faudra-t-il ? Si nous avons recours à des experts indépendants, comment pouvons-nous nous assurer que ceci, loin de nuire, contribuera à ancrer le respect des valeurs et des pratiques internes ?

Comment et jusqu'où, dans la procédure de diligence raisonnable envers les droits de l'homme, devons-nous chercher à impliquer directement les acteurs atteints ou leurs représentants ? Si c'est impossible, comment pouvons-nous comprendre leurs probables préoccupations et leurs points de vue ?

Comment s'assurer que nous mettons à jour notre diligence raisonnable en matière de droits de l'homme afin de pouvoir reconnaître les changements qui peuvent nécessiter de nouvelles évaluations de notre incidence et de nouvelles réponses à y apporter ?

Principe directeur 18

Pour évaluer les risques relatifs aux droits de l'homme, les entreprises devraient identifier et évaluer toutes les incidences négatives effectives ou potentielles sur les droits de l'homme dans lesquelles elles peuvent avoir une part soit par le biais de leurs propres activités ou du fait de leurs relations commerciales. Ce processus devrait :

(a) Recourir à des compétences internes et/ou indépendantes externes dans le domaine des droits de l'homme ;

(b) Comprendre de véritables consultations avec des groupes et autres acteurs concernés susceptibles d'être touchés, et ce en fonction de la taille de l'entreprise et de la nature et du cadre de l'activité.

Question 34. Pourquoi est-ce important ?

Toute entreprise, pour comprendre comment traduire dans la pratique sa déclaration de principe en matière de droits de l'homme – donc sa responsabilité de respecter les droits de l'homme – doit commencer en tout premier lieu par évaluer ses risques pour les droits de l'homme. C'est le préalable pour savoir comment prévenir et atténuer l'incidence négative potentielle et remédier à toute incidence réelle qu'elle cause ou à laquelle elle contribue. C'est donc le pas essentiel pour gérer le risque pour les droits de l'homme.

Question 35. Qu'entend-on par "risques pour les droits de l'homme" et quels sont les droits de l'homme concernés ?

La diligence raisonnable en matière de droits de l'homme met l'accent presque entièrement sur les risques pour les droits de l'homme – ou l'incidence potentielle sur les droits de l'homme dans laquelle une entreprise peut être impliquée. L'incidence réelle sur les droits de l'homme est une question avant tout de réparation, bien que ce soit aussi un indicateur important d'incidence potentielle. Il est nécessaire de souligner encore une fois que les risques causés par une entreprise pour les droits de l'homme sont les risques que ses activités font courir aux droits de l'homme.

Ceci n'a rien à voir avec tout risque causé du fait de l'implication de l'entreprise dans une incidence sur les droits de l'homme, bien que les deux soient de plus en plus liés.

Les activités d'une entreprise peuvent engendrer des risques pour les droits de l'homme de différents groupes. A cet égard, les salariés représentent toujours un groupe important. Mais les acteurs potentiellement concernés peuvent être aussi des collectivités situées autour des installations de l'entreprise, des employés d'autres entreprises dans sa chaîne de valeur (dans la mesure où ils peuvent être concernés par ses propres actions ou décisions), des utilisateurs de ses produits ou services, des tiers impliqués dans le développement des produits (tels que les tests de produits), et ainsi de suite. Il importe pour les entreprises de voir au-delà des groupes les plus évidents et de ne pas considérer, par exemple, que le défi consiste à prendre en compte l'incidence sur les acteurs externes, tout en oubliant les salariés ; ou encore considérer que ceux qui sont concernés sont les seuls salariés, en ignorant les autres acteurs concernés au-delà des murs de l'entreprise. Les individus issus de groupes de populations qui sont plus vulnérables à l'incidence sur les droits de l'homme nécessitent une attention particulière. (Voir question 4 pour plus de détails sur les populations et groupes vulnérables).

Question 36. Quand l'incidence doit-elle être évaluée ?

La diligence raisonnable en matière de droits de l'homme nécessite des procédures continues pour évaluer l'incidence des droits de l'homme pour qu'une entreprise maintienne un tableau réel des risques pour les droits de l'homme, au fil du temps, en prenant en compte les changements de circonstances. Cela ne peut être réalisé par une seule et unique évaluation de l'incidence sur les droits de l'homme, à moins que les activités de l'entreprise et le contexte d'exploitation restent pratiquement les mêmes. Le commentaire du Principe directeur 18 montre clairement que des évaluations répétées sont souvent nécessaires à divers moments critiques : avant une nouvelle activité ou relation ; avant des décisions ou changements majeurs dans l'activité (par exemple, une introduction sur le marché, le lancement d'un produit, un changement politique ou de grands changements dans l'entreprise) ; en réponse à ces changements, ou en prévision de ceux-ci dans le contexte d'exploitation (par ex. une montée des tensions sociales) ; et régulièrement tout au long de l'existence de l'activité ou de la relation.

Le plus efficace, c'est de commencer à évaluer l'incidence aussitôt que possible dans l'existence de l'activité ou de la relation. Les termes des contrats au début de nouveaux investissements ou relations commerciales dictent souvent s'il sera facile ou difficile d'assurer le respect des droits de l'homme durant leur durée. Un exercice initial qui évalue les risques pour les droits de l'homme permet d'établir les termes justes du contrat afin de veiller au respect des droits de l'homme.

De la même façon, si une entreprise est impliquée dans une fusion ou acquisition qui donne naissance à de nouveaux projets, activités et relations dans son portefeuille, ses procédures de diligence raisonnable doivent inclure la diligence raisonnable en matière de droits de l'homme, à commencer par une évaluation de tout risque pour les droits de l'homme qu'elle assume. De plus, si une entreprise achète une autre entreprise qu'elle identifie comme étant, ou ayant été, impliquée dans des atteintes aux droits de l'homme, elle acquiert les responsabilités qu'a cette entreprise de prévenir ou d'atténuer leur poursuite ou leur répétition. Si l'entreprise qu'elle achète a réellement causé des violations, ou y a contribué, mais n'a pas cherché à y remédier, et qu'aucune autre forme de recours n'est possible, la responsabilité de respecter les droits de l'homme nécessite alors que l'entreprise acheteuse se doit de permettre une réparation efficace à la hauteur de la contribution. Des évaluations initiales seront cruciales pour faire la lumière sur ces situations.

TABLEAU 4

Principes pour des contrats responsables : intégrer la gestion des risques pour les droits de l'homme dans les négociations contractuelles entres États et investisseurs : conseils à l'intention des négociateurs

Les principes pour des contrats responsables identifient 10 principes pour aider les États et les investisseurs commerciaux à intégrer la gestion des risques pour les droits de l'homme dans les négociations de contrat relatif à des projets d'investissement. Chaque principe est expliqué en bref, ainsi que ses implications fondamentales, accompagnées d'une liste récapitulative à l'intention des négociateurs. Le présent guide a vu le jour après quatre années de recherche et d'échanges multipartites et complets, accomplis sous le mandat du Professeur John Ruggie, Représentant spécial du Secrétaire général des Nations unies pour les entreprises et les droits de l'homme. Il reflète les expériences collectives des experts impliqués dans d'importants projets d'investissement qui émanent du gouvernement, d'entreprises commerciales, d'organisations non gouvernementales et d'institutions de crédit.

Les 10 principes sont les suivants :

1. Préparation et planification des négociations relatives au projet : les parties doivent être bien préparées et pouvoir examiner les effets du projet sur les droits de l'homme durant les négociations.

2. Gestion des effets potentiellement néfastes sur les droits de l'homme : les responsabilités en matière de prévention et d'atténuation des risques pour les droits de l'homme associés au projet et à ses activités doivent être clairement définies et acceptées avant la signature du contrat.

3. Normes opérationnelles liées au projet : les lois, réglementations et normes qui régissent l'exécution du projet doivent faciliter la prévention, l'atténuation et la réparation des effets négatifs sur les droits de l'homme tout au long du projet.

4. Clauses de stabilisation : s'il y est fait recours, les clauses contractuelles de stabilisation doivent être rédigées soigneusement de sorte que toute protection des investisseurs contre les modifications ultérieures de la législation ne porte pas atteinte aux efforts déployés de bonne foi par l'État pour appliquer des lois, des réglementations ou des politiques de manière non discriminatoire afin d'honorer ses engagements dans le domaine des droits de l'homme.

5. "Fourniture de produits ou services supplémentaires" : si le contrat prévoit que les investisseurs fourniront des services débordant du cadre du projet, cela doit être fait d'une manière compatible avec les obligations de l'État et les responsabilités des investisseurs dans le domaine des droits de l'homme.

6. Sécurité physique autour du projet : la sécurité physique des installations ou du personnel du projet doit être assurée dans le respect des principes et normes relatifs aux droits de l'homme.

7. Participation de la population locale : le projet doit être assorti d'un plan en faveur de la participation de la population locale dès le départ et tout au long de sa mise en œuvre.

8. Suivi du projet et respect des normes : l'État doit pouvoir vérifier que le projet respecte les normes pertinentes afin de protéger les droits de l'homme, tout en donnant l'assurance voulue aux investisseurs commerciaux qu'il s'abstiendra de toute ingérence arbitraire.

9. Mécanismes de réclamation en cas de préjudice non contractuel envers un tiers : les particuliers et les communautés qui subissent les effets du projet mais qui ne sont pas parties au contrat doivent avoir accès à un mécanisme de réclamation non judiciaire efficace.

10. Transparence et divulgation des dispositions contractuelles : les dispositions du contrat doivent être rendues publiques, et la portée et la durée des exceptions à cette divulgation doivent être fondées sur des motifs impérieux.

Source : A/HRC/17/31/Add.3.

Question 37. Comment évaluer l'incidence sur les droits de l'homme ?

Des approches normatives concernant l'évaluation des risques peuvent suggérer que la probabilité d'une incidence négative sur les droits de l'homme est aussi importante que sa gravité. Cependant, si une incidence potentielle sur les droits de l'homme a une probabilité faible mais une gravité importante, la première ne peut compenser la seconde. La gravité des incidences, en fonction de leur "ampleur, de leur portée et du fait de savoir si elles sont irrémédiables", est primordiale (voir

Principe directeur 14). De la même façon, les risques pour les droits de l'homme ne peuvent pas être l'objet d'une simple analyse de coût-bénéfice, où les coûts assumés par l'entreprise pour prévenir et atténuer une incidence négative sur les droits de l'homme sont comparés aux coûts que représente une mise en cause de l'entreprise pour cette violation.

Comme l'explique le commentaire du Principe directeur 18, la procédure d'évaluation de l'incidence négative réelle et potentielle sur les droits de l'homme consiste généralement à "évaluer la situation des droits de l'homme avant de lancer un projet d'activité commerciale ; identifier qui pourrait être touché ; répertorier les normes et questions pertinentes en matière de droits de l'homme ; et anticiper de quelle manière le projet d'activité et les relations commerciales qui en découlent pourraient avoir des incidences négatives sur les droits de l'homme des acteurs identifiés".

Une entreprise peut choisir de procéder à des évaluations autonomes de son incidence sur les droits de l'homme ou encore intégrer des considérations relatives aux droits de l'homme dans le cadre d'évaluations plus générales sur l'incidence sociale et environnementale. Il peut s'avérer nécessaire de faire une évaluation autonome de l'incidence sur les droits de l'homme, si les activités ou le contexte d'exploitation de l'entreprise présente un risque accru pour les droits de l'homme. Un nombre d'outils et de méthodologies ont été développés et continuent à l'être afin d'évaluer l'incidence sur les droits de l'homme. Cependant, comme souligné précédemment, ce Principe ne vise pas à une seule et unique évaluation, mais plutôt à un processus continu d'évaluation de l'incidence qui s'appuiera sur diverses sources.

A côté des évaluations formelles entamées par l'entreprise elle-même, d'autres sources peuvent aussi apporter leur contribution. Ainsi, un mécanisme de réclamation grâce auquel les acteurs concernés peuvent soulever des préoccupations peut fournir des indications sur l'incidence réelle ou potentielle sur les droits de l'homme. Une autre source peut être constituée par les informations ou les rapports d'expert sur des contextes d'exploitation ou des développements industriels spécifiques. Les campagnes orchestrées par des organisations non gouvernementales (ONG) ou autres tiers en sont une autre. Toutes ces sources peuvent alimenter un processus continu d'évaluation de l'incidence.

Lorsqu'elles évaluent l'incidence réelle ou potentielle sur les droits de l'homme, les entreprises doivent être particulièrement attentives aux groupes marginalisés ou vulnérables. Dans certaines sociétés, des schémas internes de discrimination peuvent être omniprésents (mais pas nécessairement visibles au regard externe). Tandis que les entreprises ne sont pas responsables de ces pratiques générales de discrimination, elles doivent être attentives aux droits et besoins, mais aussi aux difficultés de ces groupes marginalisés et vulnérables afin de veiller à ne pas contribuer, ou exacerber, cette discrimination.

En résumé, les procédures d'évaluation de l'incidence sur les droits de l'homme doivent être systématiques, afin que les divers éléments participent à une vision cohérente de l'incidence réelle et potentielle sur les droits de l'homme liée aux activités et aux relations de l'entreprise et qu'ils informent avec soin les étapes suivant[e]s dans la procédure de diligence raisonnable.

Question 38. Jusqu'où doit aller une entreprise dans l'évaluation de l'incidence sur les droits de l'homme ?

L'objet de l'évaluation de l'incidence est d'identifier toute incidence négative dans laquelle l'entreprise peut être impliquée. Comme l'établit le Principe directeur 13, ceci inclut l'incidence qu'elle peut causer ou à laquelle elle contribue de par ses propres activités, et l'incidence à laquelle elle n'a pas contribué, mais qui est reliée à ses activités, produits ou services à travers une relation commerciale. C'est pourquoi, en évaluant l'incidence réelle et potentielle sur les droits de l'homme, une entreprise doit considérer à la fois ses propres activités et ses relations commerciales.

Question 39. Que signifie évaluer l'incidence qui survient par le biais des propres activités de l'entreprise ?

Une entreprise, par le biais de ses activités, peut causer une incidence négative sur les droits de l'homme, ou encore y contribuer. Elle peut contribuer à une incidence, par exemple si elle maintient des employés au travail tard dans la nuit, dans une zone où il est dangereux pour une femme de rentrer chez elle à la nuit, et qu'en conséquence certaines femmes ont été agressées en rentrant chez elles ; ou encore si elle prête des véhicules aux forces de sécurité qui les utilisent pour se rendre dans les villages environnants et y commettre des atrocités.

Question 40. Que signifie évaluer l'incidence dans laquelle une entreprise est impliquée en conséquence de ses relations commerciales ?

Le Principe directeur 18 n'a pas pour objet d'imposer aux entreprises de dresser le bilan des droits de l'homme de chaque entité avec laquelle elle entretient des relations. Il s'agit plutôt d'évaluer le risque que ces entités peuvent causer sur les droits de l'homme lorsqu'elles agissent en relation avec les activités, produits ou services propres à l'entreprise.

Ainsi, si les installations d'une entreprise sont sécurisées par les forces de sécurité, l'entreprise n'a pas à dresser le bilan général des droits de l'homme concernant les forces de sécurité de l'État, mais à évaluer les risques que surviennent des atteintes aux droits de l'homme du fait de la présence des forces de sécurité dans ses locaux. Une fois considéré leur bilan concernant les droits de l'homme, il existe d'autres facteurs qui comprennent la stabilité générale et l'état de droit dans la région en question ; des circonstances locales, telles que les tensions actuelles ou éventuelles au sein des collectivités, entre les collectivités et les autorités locales ou entre les collectivités et l'entreprise ; les attitudes locales envers le gouvernement et les forces armées ; et bien sûr, la formation et la capacité des forces armées à gérer de telles missions en relation avec les droits de l'homme.

Dans des chaînes de valeur complexes, à plusieurs niveaux, ainsi que pour des entreprises avec des milliers de fournisseurs même sur un seul niveau, il est plus difficile encore d'évaluer chacune des relations commerciales. La même chose est vraie pour une petite et moyenne entreprise avec un grand nombre de relations commerciales liées à ses propres ressources. Cependant, cela ne diminue pas sa responsabilité en matière de respect des droits de l'homme : ne pas être au courant des atteintes aux droits de l'homme liées à ses activités, produits ou services, a peu de chance en soi de satisfaire les principaux acteurs, et peut faire l'objet d'une action en justice, si l'entreprise devait vraisemblablement être au courant du risque à travers la diligence raisonnable et y réagir.

Comme l'explique le commentaire du Principe directeur 17, s'il est impossible d'appliquer la diligence raisonnable à chacune des relations, "les entreprises doivent recenser les domaines généraux où le risque d'incidences négatives sur les droits de l'homme est le plus important, que cela soit dû au cadre d'exploitation de certains fournisseurs ou clients, aux activités, produits ou services particuliers en question ou à d'autres considérations, et établir un ordre de priorité pour l'exercice de la diligence raisonnable en matière de droits de l'homme". Ceci doit comprendre, par exemple, les produits agricoles qui proviennent de fournisseurs dans une région connue pour le travail des enfants, les services de sécurité fournis par des contractants ou forces dans des zones de conflit ou de faible gouvernance ou état de droit ; et des essais cliniques conduits par le biais de partenaires dans des régions où l'éducation, l'alphabétisation et les garanties juridiques sont faibles. Si des violations surviennent là où l'on ne pouvait raisonnablement les prévoir, les acteurs de l'entreprise l'évalueront à ses réactions ; si elle réagit vite et bien en prenant des mesures pour prévenir ou atténuer leur répétition et pour fournir une réparation ou y apporter son concours (voir Principes directeurs 22 et 29).

Question 41. Quel est le rôle de la compétence interne et externe dans l'évaluation de l'incidence sur les droits de l'homme ?

Le Principe directeur 18 dispose que la procédure d'évaluation de l'incidence négative sur les droits de l'homme doit "s'appuyer sur des compétences internes et/ou externes – indépendantes – dans le domaine des droits de l'homme". Même si une entreprise a une compétence interne en matière de droits de l'homme, le personnel en question devra consulter des sources externes qui reflètent une évolution dans la compréhension des entreprises du secteur et de leur incidence sur les droits de l'homme, les bonnes pratiques pour évaluer l'incidence, ainsi que les informations sur les changements dans le contexte d'exploitation de l'entreprise et ses implications sur les droits de l'homme. Beaucoup de ces sources sont sous forme écrite et disponibles à la consultation. La vision et les conseils qui émanent d'experts individuels du gouvernement, des milieux universitaires, des professionnels et des membres de la société civile sont aussi couramment accessibles et disponibles.

Ces types de ressources peuvent être particulièrement importants pour aider les petites et moyennes entreprises – qui ont rarement une compétence relative aux droits de l'homme en interne – à garder les ressources impliquées pour répondre à la responsabilité de respecter les droits de l'homme proportionnels au risque pour les droits de l'homme qu'elles doivent prendre en compte. Si la consultation directe des acteurs concernés n'est pas possible (voir question 42), ce type de ressources prend toute son importance, tout comme la vision proposée par des organisations ou des individus qui transmettent légitimement les perspectives – ou les perspectives probables – de ceux qui peuvent être concernés par les activités ou les relations de l'entreprise.

Question 42. Quel rôle joue la consultation des groupes directement concernés et autres acteurs pertinents dans l'évaluation de l'incidence sur les droits de l'homme ?

Le Principe directeur 18 déclare aussi que la procédure d'évaluation de l'incidence négative sur les droits de l'homme doit "comprendre de véritables consultations avec des groupes et autres acteurs concernés susceptibles d'être touchés, et ce en fonction de la taille de l'entreprise et de la nature et du cadre de l'activité". Comme le déclare clairement le commentaire, les entreprises doivent comprendre, autant que possible, les préoccupations de ceux qui sont directement concernés par leurs activités. Ceci est particulièrement important pour les entreprises dont les activités et les contextes d'exploitation laissent entendre qu'il existe des risques significatifs pour les droits de l'homme.

L'engagement des acteurs joue un rôle à différents niveaux. Il permet à une entreprise de déterminer si les acteurs ont des perspectives semblables ou différentes (par rapport à l'entreprise et entre eux) sur la nature de l'incidence sur les droits de l'homme et sur son ampleur. Ainsi, les dommages causés aux terres qui appartiennent à une collectivité autochtone mais qui ne sont pas labourées ou encore utilisées à des fins économiques, peuvent apparaître à l'entreprise comme une incidence mineure sur le droit de propriété qui peut être aisément résolue par une compensation financière ou la mise à disposition de terres en remplacement ; à l'inverse, la collectivité autochtone peut considérer qu'il s'agit d'une incidence majeure, si l'on considère le rôle que joue la terre dans sa culture, ses traditions et croyances. Le passage au travail posté en usine, qui semble logique pour la direction de l'entreprise, peut avoir une incidence particulière sur les femmes qui ont des enfants à charge ou des individus dont les pratiques religieuses seront gênées par les nouveaux horaires. C'est souvent par l'échange avec ceux qui peuvent être concernés que ces questions surgissent et peuvent être prises en compte.

Ce Principe directeur reconnaît également que, pour bon nombre de petites et moyennes entreprises, les consultations des acteurs directement concernés ne sont pas possibles, étant donné les contraintes financières, géographiques et autres qui sont légitimes. Les Principes directeurs mettent en évidence d'autres façons de multiplier les informations que l'entreprise peut obtenir concernant son incidence sur les droits de l'homme et comment elle est perçue, y compris à travers des sources de compétence externe, comme le mentionne la question 41.

TABLEAU 5

L'engagement auprès des groupes potentiellement concernés et autres acteurs pertinents

L'engagement auprès des groupes potentiellement concernés et autres acteurs pertinents donne une vision importante de leurs perspectives et préoccupations concernant les activités de l'entreprise et les implications sur les droits de l'homme. Un engagement efficace peut aussi aider à montrer que l'entreprise prend sérieusement en compte les opinions des acteurs, tout comme leur dignité, leur bien-être et leurs droits de l'homme. Cela peut ainsi contribuer à instaurer la confiance et à trouver plus facilement des solutions pour gérer les incidences conjointement et durablement, en évitant les plaintes et les litiges inutiles.

La consultation des acteurs potentiellement concernés peut exiger une sensibilité particulière. Elle nécessite une attention accrue aux obstacles – linguistiques, culturels, sexistes ou autres – auxquels les acteurs peuvent être confrontés en parlant ouvertement aux représentants de l'entreprise. Elle nécessite d'être sensible aux différences culturelles et de déceler les déséquilibres de pouvoir, lorsqu'ils existent. Certains individus ou groupes peuvent courir le risque d'être exclus du processus de consultation, à moins que des efforts ciblés ne soient entrepris pour les inclure. Il se peut, qu'au sein des groupes d'acteurs, apparaissent des vues opposées quant à l'importance relative de certaines incidences. Lorsque l'entreprise et les acteurs ont gardé du passé une certaine méfiance, le recours à une personne de confiance, neutre, peut s'avérer nécessaire pour faciliter le processus d'engagement.

Il existe un grand nombre d'outils qui analysent précisément comment mener l'engagement des acteurs de façon à ce qu'il réponde à l'objectif, qui est de dresser un tableau complet de l'incidence négative potentiel sur les droits de l'homme, en incluant la perception de chacun. Beaucoup sont disponibles sur le site du Pacte mondial des Nations unies à l'adresse suivante :

www.unglobalcompact.org/Issues/human_rights/Tools_and_Guidance_Materials. html#stakeholder (dernière consultation le 5 mars 2012).

QUESTIONS À SE POSER

Quels sont les personnes ou les groupes internes et externes qui courent le risque d'être atteints par nos activités ? Certains d'entre eux sont-ils particulièrement vulnérables dans un de nos contextes d'exploitation ?

Disposons-nous de procédures dans lesquelles nous puissions intégrer des étapes supplémentaires pour nous aider à évaluer l'incidence sur les droits de l'homme ?

S'agit-il de procédures solides et fiables qui peuvent s'adapter à ce nouvel objectif ?

Existe-t-il des circonstances dans lesquelles il faut opter pour des évaluations autonomes de l'incidence sur les droits de l'homme, notamment quand les risques pour les droits de l'homme sont particulièrement élevés ?

Sur quelles autres procédures et sources pouvons-nous nous appuyer pour procéder à l'évaluation continue de notre incidence : les médias, les rapports d'experts, les réactions du personnel et des acteurs, le mécanisme de réclamation ?

Pouvons-nous raisonnablement examiner toutes nos relations commerciales pour identifier le risque d'être impliqués, à travers elles, dans une incidence négative sur les droits de l'homme ? Sinon, où se trouvent les zones de risque majeur dans nos relations commerciales, et comment pouvons-nous au moins assurer la diligence raisonnable complète concernant ces risques ?

Pouvons-nous nous engager directement auprès des groupes sur lesquels nous risquons d'avoir une incidence ? Sinon, quelles autres sources fiables peuvent nous aider à comprendre leurs perspectives et préoccupations possibles ?

Quelles ressources écrites ou quels experts peuvent nous aider à tester nos hypothèses concernant ceux sur lesquels nous risquons d'avoir une incidence et comment ?

Principe directeur 19

Afin de prévenir et d'atténuer les incidences négatives sur les droits de l'homme, les entreprises devraient tenir compte des résultats de leurs études d'impact pour toute l'étendue des fonctions et processus internes pertinents et prendre les mesures qui s'imposent.

(a) Pour que cela soit efficace, les deux conditions ci-après doivent être réunies :

(i) La responsabilité de remédier à ces incidences est assignée au niveau et à la fonction appropriée au sein de l'entreprise ;

(ii) Le processus décisionnel interne, les allocations budgétaires et les processus de contrôle permettent de prendre des mesures efficaces contre ces incidences ;

(b) Les mesures qu'il convient de prendre varieront selon :

(i) Que l'entreprise est à l'origine de l'incidence négative ou y contribue, ou qu'elle est impliquée seulement parce que l'incidence est directement liée à son exploitation, ses produits ou ses services par une relation commerciale ;

(ii) Qu'elle dispose d'une marge de manœuvre plus ou moins élevée pour lutter contre l'incidence négative.

Question 43. Pourquoi est-ce important ?

Plus l'entreprise est grande, plus il y a de chances que l'individu ou l'équipe responsable d'évaluer l'incidence des droits de l'homme soit à l'écart du personnel qui accomplit les activités ou supervise les relations qui généralement donnent lieu à l'incidence. Ainsi ceux qui évaluent l'incidence ne contrôlent pas les décisions et les mesures qui peuvent la prévenir, l'atténuer ou encore y remédier. C'est pourquoi les services qui ont le pouvoir sur ces décisions et mesures doivent s'impliquer dans la détermination et la mise en œuvre de solutions. C'est ce que permet l'intégration.

La vitesse et la facilité avec laquelle une entreprise répond à l'incidence potentielle sur les droits de l'homme peuvent jouer un rôle décisif pour une gestion efficace des risques pour les droits de l'homme. C'est là que la capacité d'une entreprise à ancrer son engagement politique en matière de droits de l'homme à tous les échelons de l'entreprise fait toute la différence.

"Ancrer" se rapporte à un macro-processus qui consiste à s'assurer que tout le personnel connaît l'engagement politique de l'entreprise en matière de droits de l'homme, en comprend les implications dans sa façon d'accomplir son travail, d'être formé, mandaté et incité à agir en faveur de cet engagement et à le considérer comme étant au cœur des valeurs de l'entreprise. C'est un processus continu, généralement guidé par la direction de l'entreprise. "L'intégration", telle qu'elle est mentionnée au Principe directeur 19, correspond à un microprocessus qui consiste à rassembler les conclusions concernant une incidence potentielle spécifique, en identifiant qui, dans l'entreprise, doit s'impliquer pour la gérer et s'assurer d'une action efficace. Elle se répète à chaque nouvelle incidence et c'est très souvent le service chargé des droits de l'homme qui la dirige. Si le processus d'ancrage est réussi, il y aura de grandes chances de réussir l'intégration des conclusions, d'y apporter des réponses durables et opportunes et de réduire les risques pour les droits de l'homme.

Question 44. Quelles sont les procédures les plus appropriées pour permettre l'intégration ?

Cela dépend, entre autres facteurs, de la taille de l'entreprise et de la régularité ou prévisibilité des questions des droits de l'homme qui surgissent. Dans une petite entreprise où la communication entre le personnel est relativement aisée et la coopération quotidienne fréquente, l'intégration peut survenir naturellement. Dans les entreprises où, à cause de leur taille ou de la dispersion du personnel, la coopération est plus difficile, cela nécessitera une approche plus systématique. Une approche systématique peut sembler des plus utiles, si une entreprise fait face à une forte probabilité continue d'incidence spécifique sur les droits de l'homme. Cela peut impliquer une collaboration structurée à travers les services, la nécessité de rendre clairement des comptes en interne, une coopération régulière avec des experts indépendants et une action collective avec des tiers dans l'industrie ou le gouvernement ou autres équivalents. En développant d'avance une compréhension partagée des risques fondamentaux identifiés pour les droits de l'homme et des façons de prévenir ou d'atténuer leur réalisation, l'entreprise sera plus à même de répondre aux cas spécifiques qui surgissent.

Question 45. En quoi l'intégration concerne-t-elle les relations commerciales ?

Si les activités d'une entreprise peuvent contribuer à une incidence sur les droits de l'homme, pour prendre en compte ce risque, il est essentiel d'intégrer cette conclusion dans tous les services qui accomplissent cette activité. De la même façon, les individus ou services qui déterminent les termes des relations d'une entreprise avec ses partenaires commerciaux, ses fournisseurs et autres sont essentiels dans le processus d'intégration. Les clauses du contrat ou autres accords formels peuvent jouer un rôle important pour imposer aux autres parties de respecter les droits de l'homme, ou les inciter à le faire. De plus, si ces clauses sont mises en place, l'entreprise sera plus à même de faire pression sur les tiers en faveur d'un comportement approprié.

En effet, si un nouveau projet ou activité est régi par un contrat négocié avec des parties externes, des échanges préliminaires entre le personnel qui établit le contrat, les services qui sont chargés de son exécution et ceux qui contrôlent les questions des droits de l'homme, peuvent aider à prévenir les problèmes par la suite. Si un contrat met en place des termes qui accroissent les risques pour les droits de l'homme ou freine la capacité de l'entreprise à les résoudre, celle-ci met en danger sa propre capacité à assumer sa responsabilité de respecter les droits de l'homme.

Cela étant, conclure des termes de contrat qui nécessitent ou suscitent le respect des droits de l'homme, lorsqu'en fait, il n'existe aucune preuve que l'autre partie est à la fois désireuse et capable de remplir les exigences, vide le contrat de son contenu en tant que mécanisme préventif et en tant que moyen de pression et laisse l'entreprise confrontée aux risques pour les droits de l'homme. (Voir tableau 4 pour plus de détails sur les Principes pour des contrats responsables concernant les contrats d'investissement public.)

Question 46. Quel type d'action faut-il envisager, une fois que les risques pour les droits de l'homme sont identifiés ?

Comme l'explique le commentaire du Principe directeur 19, "lorsqu'une entreprise cause ou peut causer une incidence négative sur les droits de l'homme, elle doit prendre les mesures nécessaires pour la prévenir ou la faire cesser". Quand elle contribue ou peut contribuer à une telle incidence, elle devrait de la même façon prendre des mesures pour cesser ou prévenir sa contribution, et également faire pression pour atténuer le plus possible l'incidence restante (par les tiers impliqués). Dans ce contexte, "l'influence" est la capacité de modifier les pratiques préjudiciables de la partie qui a causé l'incidence, ou y a contribué (voir tableau 6). Dans ces deux cas, une action supplémentaire est nécessaire pour permettre la réparation, qui est prise en compte dans le Principe directeur 22.

La situation devient plus complexe lorsqu'une entreprise identifie un risque d'incidence négative sur les droits de l'homme en relation avec ses activités, produits ou services et causé par une partie avec laquelle elle a des relations commerciales. Dans cette situation, l'entreprise a un pouvoir ou une influence directe minime sur la réalisation de l'incidence.

TABLEAU 6

"L'influence" exercée sur une entité (commerciale, gouvernementale ou non gouvernementale) dans ce contexte peut refléter un ou plusieurs facteurs, à savoir :

a) Le degré de contrôle direct par l'entreprise sur l'entité, s'il existe ;

b) Les termes du contrat entre l'entreprise et l'entité ;

c) La proportion d'affaires que l'entreprise représente pour l'entité ;

d) La capacité de l'entreprise à susciter l'entité à améliorer les résultats en matière de droits de l'homme en termes d'échanges à venir, d'avantages liés à la réputation, d'aide au renforcement des capacités, etc. ;

e) Les avantages à travailler avec l'entreprise à la réputation de l'entité et l'atteinte à sa réputation si la relation se termine ;

f) La capacité de l'entreprise à susciter d'autres entreprises ou organisations à améliorer leurs propres résultats en matière de droits de l'homme, notamment à travers les associations commerciales et les initiatives incluant divers acteurs ;

g) La capacité de l'entreprise à s'engager avec le gouvernement local ou central en exigeant de meilleurs résultats en matière de droits de l'homme par l'entité, à travers la mise en œuvre de règlements, contrôles, sanctions, etc.

C'est le cas, par exemple, si un fournisseur agit contrairement aux termes de son contrat en recourant au travail des enfants ou au travail forcé pour fabriquer un produit de l'entreprise, sans aucune pression directe ou indirecte de la part de l'entreprise ; ou si une entreprise agroalimentaire obtient une concession d'un gouvernement pour développer des terres et que le gouvernement mandate une autre entreprise pour expulser les individus qui traditionnellement les ont occupées, sans consultation ou compensation voulue, et contrairement à l'idée claire qu'une telle action n'était pas nécessaire. Comme le montrent ces exemples, c'est souvent la survenance d'une violation réelle qui met en lumière le risque de sa continuation ou répétition.

Le commentaire du Principe directeur 19 établit les questions qui doivent être prises en compte pour répondre opportunément à pareille situation. Celles-ci peuvent être représentées, en termes généraux, dans la décision première qui suit :

	Influence	**Absence d'influence**
Relations commerciales cruciales	**A.** ➤ Atténue le risque que la violation continue/se répète ➤ En cas d'échec	**B.** ➤ Cherche à augmenter l'influence ➤ En cas de réussite, cherche à atténuer le risque de voir la violation se poursuivre/se répéter ➤ En cas d'échec, envisage de mettre un terme à la relation** ; ou montre les efforts entrepris pour atténuer la violation en reconnaissant les possibles conséquences d'un maintien
Relations commerciales non cruciales	**C.** ➤ Essaie d'atténuer le risque que la violation continue/se répète ➤ En cas d'échec, prend des mesures pour mettre un terme à la relation*	**D.** ➤ Evalue les options raisonnables pour augmenter la pression afin d'atténuer le risque que la violation continue/se répète ➤ En cas d'échec ou d'impossibilité, envisage de mettre un terme à la relation*

* Les décisions de mettre un terme à la relation doivent prendre en compte les évaluations fiables de toute incidence négative potentielle sur les droits de l'homme qui en découlerait.

** Si la relation est jugée cruciale, la gravité de l'incidence doit aussi être considérée en évaluant la conduite à tenir.

Aux fins de ce modèle, une relation peut être jugée cruciale, si elle fournit un produit ou service qui est essentiel à l'activité de l'entreprise et pour lequel il n'existe aucune autre source raisonnable. Dans cette situation, mettre un terme à la relation pose quelques problèmes. La gravité de l'incidence négative sur les droits de l'homme doit aussi être considérée : plus la violation est grave, plus rapidement l'entreprise doit constater des changements avant de prendre une décision sur l'éventualité de mettre un terme à la relation. Dans tous les cas, comme le souligne le commentaire, "tant que l'atteinte se poursuit, et que l'entreprise demeure dans la relation, elle devrait pouvoir démontrer les efforts constants qu'elle a menés pour atténuer l'incidence et être prête à accepter toutes les conséquences – en matière de réputation, du point de vue financier ou juridique – du maintien de ce lien".

Ce qui précède s'applique aux relations commerciales existantes. Une entreprise peut aussi considérer d'entamer une nouvelle relation avec un tiers qu'elle identifie comme ayant été autrefois impliqué dans des atteintes aux droits de l'homme. Dans ce cas, l'entreprise doit d'abord évaluer si elle a des chances de pouvoir utiliser cette relation pour atténuer la survenance de pareille violation en relation avec ses propres activités, produits ou services et chercher à veiller – à travers les termes du contrat ou autres moyens – qu'elle jouit de l'influence nécessaire pour le faire. Si elle évalue que ceci est possible, alors les risques d'entamer la relation peuvent être jugés acceptables, à condition que l'entreprise adopte alors des mesures pour les atténuer. Si elle évalue qu'elle ne sera pas en mesure d'atténuer les risques d'atteintes aux droits de l'homme causés par l'autre partie ou que les risques pour les droits de l'homme sont simplement trop élevés, elle aurait tord *[tort]* de se lancer dans cette relation.

Question 47. Comment une entreprise doit-elle aborder des situations complexes qui ne présentent pas de solutions évidentes ou faciles ?

Dans certaines situations, il sera relativement simple de prévenir ou d'atténuer les atteintes potentielles aux droits de l'homme qui ont été identifiées. Dans d'autres cas, ce sera plus délicat. Si des difficultés majeures surviennent, il faudra alors certainement faire appel à la participation de la direction pour décider des mesures opportunes. Les processus de décision doivent alors reposer sur la compétence nécessaire à disposition dans l'entreprise. De plus, dans de nombreux cas, une entreprise bénéficie de conseils d'experts fiables et indépendants, venant de l'extérieur qui l'aident à trouver des solutions qui sont crédibles et considérées comme telles par d'autres, y compris par rapport aux droits de l'homme. Il existe des sources de conseils respectées au sein du gouvernement, des institutions nationales des droits de l'homme, de la société civile, des initiatives multipartites, etc. Ceci doit être réalisé, si l'engagement direct de ceux qui sont concernés est possible sans les exposer ou en exposer d'autres à plus d'atteintes aux droits de l'homme.

QUESTIONS À SE POSER

Quel type de responsabilité et de responsabilisation existe-t-il pour prendre en compte les conclusions relatives à l'incidence potentielle sur les droits de l'homme ?

Quelles approches systématiques peuvent nous aider à intégrer les conclusions de nos évaluations dans tous les services ou fonctions de l'entreprise, afin de prendre des mesures efficaces ?

Faut-il avoir recours à un ou plusieurs groupes transversaux pour relier les questions continues relatives aux droits de l'homme ou les nécessités de communication transversale, avant de prendre des décisions ou des mesures ?

Pouvons-nous construire des scénarios ou des arborescences décisionnelles à tous les échelons de l'entreprise afin de se préparer à répondre à l'incidence potentielle la plus probable ou la plus grave ? Le personnel a-t-il besoin de formation ou d'orientation sur ces questions ?

Comment pouvons-nous au mieux intégrer des mesures pour prendre en compte l'incidence potentielle au stade du contrat relatif à de nouveaux projets, partenariats ou activités ?

Si nous découvrons que l'incidence sur les droits de l'homme est liée à nos activités, produits ou services, sommes-nous à même de prendre en compte de façon rapide et appropriée, le risque de la voir se poursuivre ou se répéter ? Comment les décisions seront-elles prises ? A quelles sources fiables pouvons-nous faire appel pour des conseils ?

Comment évaluer notre influence dans les relations commerciales, en particulier celles qui se déroulent dans des régions à haut risque pour les droits de l'homme ? Comment pouvons-nous utiliser au mieux notre influence dès le début de la relation ? Quelles possibilités pouvons-nous envisager pour exercer ou accroître notre influence ?

Avons-nous des relations commerciales "cruciales" ? Comment répondre à ces relations qui mènent à une incidence négative sur les droits de l'homme en relation avec nos activités, produits ou services ? Sommes-nous équipés pour faire face à cette situation en termes de conseils internes et externes ?

Principe directeur 20

Pour vérifier s'il est remédié aux incidences négatives sur les droits de l'homme, les entreprises devraient contrôler l'efficacité des mesures qu'elles ont prises. Ce contrôle devrait :

a) Se fonder sur des indicateurs qualitatifs et quantitatifs appropriés ;

b) S'appuyer sur les appréciations de sources tant internes qu'externes, y compris des acteurs concernés.

Question 48. Pourquoi est-ce important ?

Il est généralement reconnu que "ce qui se mesure, se gère". Il est essentiel d'assurer un suivi qui montre comment une entreprise a répondu à la fois à une incidence négative potentielle et réelle sur les droits de l'homme afin que son personnel puisse être en mesure d'expliquer comment il a réussi à respecter les droits de l'homme, que ce soit grâce à une gestion en interne, ou à travers les actionnaires ou plus encore les acteurs en externe. Le Principe directeur 21 considère la question spécifique de savoir quelle part des informations obtenues par le suivi d'une entreprise doit être communiquée à l'extérieur. Quoi qu'il en soit, en augmentant les informations qu'elle détient concernant les résultats en matière de droits de l'homme, l'entreprise permet de renforcer la responsabilisation interne et jette les bases de toute communication externe, si conseillée ou nécessaire.

Le suivi des questions relatives aux droits de l'homme et des réponses apportées permet aussi d'identifier des tendances et des schémas. C'est ainsi que la direction ou d'autres parviennent à un "panorama" : il met en évidence les problèmes répétés qui nécessitent peut-être des changements plus systémiques de politiques et de procédures, et il fait ressortir les bonnes pratiques qui peuvent être réparties dans toute l'entreprise pour davantage réduire le risque et améliorer les résultats.

Question 49. Comment effectuer un suivi des réponses efficaces ?

Il n'existe pas une seule et unique réponse à cette question. Les procédures de suivi doivent avoir du sens dans les systèmes et la culture plus vastes de l'entreprise s'ils doivent contribuer à ancrer le respect des droits de l'homme. Il peut exister d'autres systèmes de suivi au sein de l'entreprise qui offrent des modèles pertinents et efficaces – peut-être dans le domaine de la santé et de la sécurité ou de l'environnement. Les procédures visant à garder la trace des réponses apportées à une incidence sur les droits de l'homme qui sont intégrées dans d'autres systèmes de suivi peuvent permettre de "normaliser" l'attention envers les droits de l'homme. Elles peuvent aussi comporter des risques si elles ne permettent pas une forme de réaction qualitative – notamment, si possible de ceux qui sont potentiellement concernés – qui est nécessaire pour prendre en compte l'incidence sur les droits de l'homme.

S'il existe des questions relatives aux droits de l'homme qui proviennent d'incidences environnementales – par exemple en relation avec l'eau et la santé – il se peut qu'il y ait des normes nationales et internationales assez précises qui offrent des paramètres déjà établis. Cela ne signifie pas nécessairement que ceux qui croient qu'ils sont atteints font confiance à ces normes ou font confiance à l'honnêteté de l'entreprise (ou tout autre tiers payé par l'entreprise) concernant les mesures qu'elle fournit. Dans des situations comme celles-ci, l'entreprise doit considérer l'objet pour se mettre d'accord avec les acteurs concernés sur le choix d'un individu ou d'une organisation en qui tous les concernés ont confiance pour fournir des évaluations justes. Sinon, une recherche des faits conjointe entre l'entreprise et les représentants de la collectivité est aussi possible. Pour cela, il faut souvent soit que les acteurs concernés soient libres de choisir un expert pour les représenter au cours de la procédure, ou qu'un ou plusieurs acteurs concernés soient eux-mêmes formés pour avoir la compétence nécessaire pour pouvoir participer à une procédure conjointe.

Question 50. Jusqu'où doit aller le système de suivi ?

Le système de suivi des réponses qu'une entreprise donne à une incidence sur les droits de l'homme peut simplement examiner comment elle a répondu à l'incidence potentielle identifiée, et si ces réponses préviennent l'incidence – et dans quelle mesure. Mais si une incidence importante sur les droits de l'homme est survenue, l'entreprise a tout intérêt à entreprendre une analyse des causes ou une procédure équivalente pour comprendre le pourquoi et le comment. Ce type de procédure peut s'avérer important si l'entreprise doit prévenir ou atténuer sa poursuite ou sa répétition. Une analyse des causes peut permettre de faire ressortir les actions par lesquelles l'entreprise, ou d'autres parties en lien avec l'entreprise, ont joué un rôle dans la commission de l'incidence et comment. Si les preuves sont suffisamment claires, le fait de relier ce type d'analyse aux incitations et freins du personnel – qu'il s'agisse de compensation financière, promotion ou autres récompenses – peut jouer un rôle non négligeable en contribuant à ancrer le respect des droits de l'homme dans les pratiques de l'entreprise.

Question 51. Quels indicateurs une entreprise doit-elle utiliser ?

Pour déterminer les indicateurs appropriés, il faut considérer avant tout : la conjugaison des questions de droits de l'homme auxquelles l'entreprise est généralement confrontée ; si ce sont des indicateurs déjà bien établis pour traiter ces questions ; quelles données peuvent raisonnement être obtenues de l'entreprise ; s'il est aisé d'obtenir une réaction directe de la part des acteurs concernés, et ainsi de suite. Dans le droit du travail, par exemple, les audits et indicateurs sont relativement bien établis. Dans d'autres domaines, tel l'incidence en matière de santé, sécurité et environnement, il existe des normes techniques, y compris au niveau international, bien que les visions diffèrent sur les normes à utiliser. Pour ce qui est de la consultation des collectivités et leur réinstallation, les organisations internationales et autres organes fiables proposent une orientation croissante sur le mode d'évaluation des résultats.

Ces types d'orientation peuvent aider les entreprises à forger les indicateurs appropriés pour garder la trace des réponses efficaces aux incidences négatives sur les droits de l'homme. Pour de grandes entreprises ou celles qui présentent des risques majeurs relatifs aux droits de l'homme, il est essentiel d'inclure des indicateurs qui enregistrent comment elles ont géré l'incidence différente qu'elles peuvent avoir sur les femmes et les hommes et sur les individus issus de groupes particulièrement vulnérables.

Certains indicateurs sont quantitatifs, d'autres qualitatifs. Il peut y avoir des avantages à avoir des indicateurs quantitatifs, étant donné la précision qu'ils offrent et leur facilité d'intégration, ou de liaison avec des indicateurs utilisés dans d'autres services de l'entreprise. Cependant, étant donné que le respect des droits de l'homme concerne la dignité des peuples, les indicateurs qualitatifs – qui incluent, autant que possible, les perspectives des groupes d'acteurs concernés – auront toujours leur importance. Dans certaines situations, les indicateurs qualitatifs compteront dans l'interprétation précise des indicateurs quantitatifs : par exemple, évaluer si une baisse du nombre de rapports relatifs au non-respect des normes de sécurité dans le travail reflète une baisse des accidents, un manque de confiance dans le système de rapports ou encore que l'intimidation empêche d'établir un rapport.

Question 52. A quoi doit servir le retour d'information des sources internes et externes ?

L'engagement auprès des "sources internes et externes, notamment des acteurs concernés" dans la procédure de suivi a pour objectif de définir un panorama aussi précis que possible de la qualité des réponses que l'entreprise fournit aux incidences sur les droits de l'homme. Cela permet de réduire le risque de manque d'objectivité qui peut surgir quand on est juge et partie.

Différentes sources peuvent s'avérer utiles. Il se peut que les individus dans l'entreprise aient vu ou entendu des choses qui offrent des preuves du comportement de l'entreprise et il peut être utile de leur offrir un canal pour qu'ils fassent entendre leur voix (bien sûr, sans la peur des représailles si le retour d'information est négatif). Des observateurs expérimentés (autorités locales, société civile, etc.) et les acteurs directement concernés en dehors de l'entreprise peuvent aussi avoir une vision intéressante. Pour une petite entreprise avec une incidence limitée, un simple moyen pour les personnes de donner leur réaction peut être suffisant, tel qu'une adresse courriel ou un numéro de téléphone connu et accessible. Pour les entreprises qui présentent des risques majeurs pour les droits de l'homme, une approche plus active pour obtenir un retour d'information semble plus appropriée.

Un mécanisme de réclamation au niveau opérationnel peut aussi jouer un rôle important à cet égard.

Un tel mécanisme peut fournir un canal pour exprimer les réactions à savoir si l'incidence sur les droits de l'homme est efficacement prise en compte du point de vue des acteurs concernés. Des mécanismes similaires pour les employés peuvent être tout aussi importants en ce qui concerne l'incidence sur leur travail ou sur d'autres droits de l'homme et parce qu'il leur permet de s'exprimer lorsqu'ils ont à redire sur la réponse de l'entreprise à l'incidence sur les droits de l'homme concernant des individus en dehors de l'entreprise. Pour optimiser leur efficacité, ces mécanismes doivent remplir des critères minimum qui sont établis dans le Principe directeur 31 et débattus dans la section C ci-dessous.

Question 53. Comment démontrer la fiabilité du système de suivi ?

Les systèmes de suivi doivent être fiables et solides quand il s'agit d'aider une entreprise à savoir et à montrer qu'elle respecte les droits de l'homme. Plus les indicateurs sont clairs et plus les procédures sont complètes pour rassembler des informations sur l'efficacité de l'entreprise, mieux elle sera placée pour répondre à la critique, si elle le souhaite et s'il le faut. Si l'entreprise a cherché l'apport d'acteurs ou d'experts indépendants et respectés, ceci peut aussi aider à renforcer la crédibilité des informations qui en résultent.

QUESTIONS À SE POSER

Possédons-nous déjà des systèmes de suivi dans lesquels nous pourrions efficacement intégrer une partie ou l'ensemble des aspects pour garder la trace de nos incidences sur les droits de l'homme et des réponses apportées ? Si tel est le cas, conviennent-ils à cet objectif supplémentaire ?

Quelles mesures devrions-nous adopter ?

- Existe-t-il des indicateurs établis et largement acceptés sur lesquels nous pouvons nous appuyer ?
- Existe-t-il des paramètres quantitatifs qui puissent s'appliquer ?
- Quelles mesures qualitatives sont nécessaires pour s'assurer que nous interprétons correctement les données quantitatives et pour nous donner un panorama complet ?
- Quels indicateurs pouvons-nous raisonnablement inclure pour nous aider à voir comment nous répondons à une incidence qui concernent des femmes et des hommes séparément, et également des groupes vulnérables ?
- Quels moyens avons-nous pour obtenir la réaction des groupes d'acteurs directement concernés ou de leurs représentants légitimes ? Nos procédures d'engagement des acteurs au sens plus large ou nos mécanismes de réclamation contribuent-ils à ce processus ?

Dans quel type de situations devrions-nous entreprendre des analyses approfondies des causes de l'incidence et des réponses apportées dans le cadre du suivi ? Comment pouvons-nous être surs qu'à tous les échelons de l'entreprise, nous avons tiré des leçons du passé ?

Principe directeur 21

Pour rendre compte de la façon dont elles remédient à leurs incidences sur les droits de l'homme, les entreprises devraient être prêtes à communiquer l'information en externe, en particulier lorsque des préoccupations sont exprimées par les acteurs concernés ou en leur nom. Les entreprises dont les activités ou les cadres de fonctionnement présentent des risques d'incidences graves sur les droits de l'homme doivent faire connaître officiellement la manière dont elles y font face. Dans tous les cas, les communications devraient :

(a) S'effectuer selon des modalités et à une fréquence en rapport avec les incidences sur les droits de l'homme de l'entreprise et être faciles d'accès pour les publics auxquels elles s'adressent ;

(b) Fournir des informations suffisantes pour évaluer l'efficacité des mesures prises par une entreprise pour remédier à l'incidence sur les droits de l'homme dont il est plus particulièrement question ;

(c) Éviter à leur tour de présenter des risques pour les acteurs et le personnel concernés, sans préjudice de prescriptions légitimes en matière de confidentialité des affaires commerciales.

Question 54. Pourquoi est-ce important ?

Les entreprises connaissent bien le concept de responsabilisation. Elles reconnaissent généralement l'importance de la responsabilisation interne pour atteindre leurs objectifs commerciaux et – dans le cas d'entreprises cotées en bourse – leurs objectifs comptables pour en rendre compte aux actionnaires. Lorsqu'il s'agit de savoir comment les entreprises considèrent leur incidence réelle et potentielle sur les droits de l'homme, des questions plus larges d'intérêt public ont des implications supplémentaires sur la responsabilisation.

C'est pourquoi les entreprises doivent être en mesure de montrer qu'elles remplissent leur responsabilité en matière de respect des droits de l'homme dans la pratique. Ceci signifie, au minimum, d'avoir des systèmes internes de recueil d'informations et de responsabilisation et d'être capable de rendre compte à l'extérieur de ses actions si l'on est confronté à des accusations d'atteintes aux droits de l'homme.

Question 55. Jusqu'où l'entreprise est-elle censée communiquer ?

Le Principe directeur 21 met l'accent sur le fait d'être prêt à communiquer sur la façon dont une entreprise prend en compte son incidence négative sur les droits de l'homme. Cela signifie être en possession des informations afin d'être en mesure de les communiquer. Le moment, le contenu et les moyens de cette communication font ensuite l'objet de décisions séparées.

Ce Principe ne propose pas à une entreprise de révéler publiquement toutes les questions qu'elle identifie dans ses évaluations continues concernant l'incidence sur les droits de l'homme ou les mesures qu'elle entreprend pour atténuer tous les risques identifiés. C'est avant tout être prêt à communiquer son approche générale pour prendre en compte les risques pour les droits de l'homme, qui peut inclure certains exemples, des communications sur des réponses spécifiques à une incidence particulière sur les droits de l'homme.

Si l'entreprise présente des risques importants pour les droits de l'homme, l'intérêt public majeur impose d'informer l'opinion, sous forme de rapports formels et réguliers, pour justifier des systèmes que l'entreprise a mis en place pour atténuer ces risques et prendre en compte les violations qui peuvent survenir.

Question 56. Qu'est-ce que l'entreprise doit être prête à communiquer ?

Les premières étapes de la procédure de diligence raisonnable en matière de droits de l'homme permettent à une entreprise d'identifier son incidence réelle et potentielle sur les droits de l'homme, d'agir sur les conclusions et de garder la trace de l'efficacité de la réponse. Ces procédures et résultats fournissent le corps des informations qu'une entreprise doit avoir à disposition pour communiquer de façon appropriée, si nécessaire.

Certaines communications peuvent se concentrer sur les approches générales de l'entreprise pour prendre en compte les risques pour les droits de l'homme, en particulier l'incidence potentielle sur les droits de l'homme les plus manifestes dans ses activités. Ainsi, une société de détail doit être prête à communiquer sur la façon dont elle prend en compte les atteintes réelles et potentielles dans sa chaîne logistique. Les entreprises qui utilisent beaucoup d'eau doivent être prêtes à communiquer sur la façon dont elles prennent en compte les risques pour les droits de l'homme sur cette question. Les compagnies pharmaceutiques doivent être capables de communiquer sur la façon dont elles veillent à ce que les tests cliniques soient menés en toute sécurité et avec les informations et le consentement appropriés.

Certaines communications peuvent être spécifiques à une incidence en particulier et à la façon dont elle est ou sera prise en compte. Ainsi, une mine avec déversement d'un bassin de réception de résidus doit être prête à communiquer sur la façon dont elle a pris, ou elle prend en compte, l'incidence réelle ou potentielle de cet accident sur les droits de l'homme. Si les forces de sécurité qui gardent les installations d'une compagnie pétrolière ou gazière attaquent les villageois alentours, l'entreprise doit être prête à communiquer sur la façon dont elle prend en compte les atteintes aux droits de l'homme qui en résultent et le risque de leur répétition.

Question 57. Quelle(s) forme(s) doit prendre la communication ?

La forme de la communication dépend de l'objectif.

Si l'objectif est de communiquer à des acteurs potentiellement concernés sur la façon dont l'entreprise prend en compte le risque pour les droits de l'homme qui a été identifié, alors la communication peut être limitée à ce groupe et doit envisager les barrières sociales, linguistiques et culturelles (par exemple si la communication orale est jugée plus respectueuse que la communication écrite). Des rencontres avec le groupe ou ses représentants légitimes peuvent être appropriées et fructueuses.

Si l'objectif est de prendre aussi en compte les actionnaires et les autres parties concernées, notamment dans la société civile, pour montrer comment l'entreprise considère un risque spécifique ou des risques en général, alors des documents et des présentations lors de l'assemblée générale annuelle, des mises à jour sur internet, des courriels adressés à des listes de diffusion qui s'identifient comme parties intéressées ou d'autres moyens similaires de communication semblent appropriés.

La question se pose ensuite de savoir quand une entreprise doit produire des rapports formels publics qui présentent sa façon de prendre en compte les droits de l'homme. Comme le précise le Principe directeur 21, les entreprises dont les activités ou les cadres de fonctionnement présentent un risque d'incidences graves sur les droits de l'homme doivent faire connaître formellement la manière dont elles y font face. L'opinion publique est largement engagée lorsque l'entreprise risque une implication dans une incidence sur les droits de l'homme qui soit vaste ou irrémédiable (voir Principe directeur 14). Communiquer au public est par conséquent approprié.

Il peut même sembler judicieux pour certaines entreprises avec des profils moins à risque pour les droits de l'homme, d'inclure des informations sur leurs résultats en matière de droits de l'homme dans des rapports publics formels. Ainsi, la procédure interne qui consiste à écrire un rapport peut aider à ancrer au sein d'une entreprise une compréhension des questions relatives aux droits de l'homme et de l'importance que prend le fait de respecter les droits de l'homme pour l'entreprise elle-même. La transparence supplémentaire qu'un rapport de ce type fournit peut aider à protéger la réputation de l'entreprise et à instaurer davantage de confiance dans ses efforts à respecter les droits de l'homme. Ces relations renforcées avec les acteurs peuvent s'avérer utiles si une entreprise doit gérer des problèmes imprévus.

Des rapports formels peuvent être des rapports indépendants sur les résultats de l'entreprise en matière de droits de l'homme uniquement, ou une partie d'un plus grand rapport sur des résultats financiers qui couvrent des questions sociales et environnementales ou encore une partie d'un rapport intégré sur les résultats à la fois financiers et autres. Si l'entreprise est capable d'intégrer un rapport sur les droits de l'homme dans ses rapports financiers, avec des paramètres appropriés, ceci peut montrer que respecter les droits est considérée comme partie intégrante de l'entreprise et concerne ses fondamentaux. Les rapports peuvent être sous format papier, format électronique ou les deux (et ces choix doivent montrer le souci de rendre le rapport accessible à ses lecteurs supposés). Ils peuvent paraître de façon périodique (chaque année ou plus fréquemment) ou lorsqu'une incidence spécifique surgit ou dans les deux cas.

Question 58. Quand la communication externe est-elle nécessaire ?

Si une entreprise identifie une incidence actuelle ou potentielle sur les droits de l'homme que les individus ou les groupes concernés doivent connaître pour leur sécurité et leur bien-être, ceci doit leur être communiqué directement le plus rapidement possible. L'entreprise doit aussi les informer sur sa façon de chercher à gérer l'incidence. Elle ne doit pas attendre une demande de telles informations pour prendre ces mesures.

Lorsqu'une entreprise est mise en cause par des parties externes sur la façon de gérer son incidence présumée sur les droits de l'homme, elle doit considérer si elle peut raisonnablement communiquer pour gérer cette préoccupation et ce qu'elle doit communiquer. Si les parties qui la mettent en cause déclarent être elles-mêmes concernés directement ou être les représentants légitimes de ces individus ou groupes, le choix de la communication directe s'impose plus que jamais. Un manque de communication comprend des risques pour l'entreprise et sera souvent invoqué pour sous-entendre que l'accusation est fondée ou que l'entreprise ne dispose pas des procédures en place pour savoir et montrer qu'elle n'est pas impliquée dans une incidence présumée.

Il peut arriver qu'une entreprise conclut qu'une partie externe qui la met en cause manque de légitimité et qu'il n'est pas nécessaire ou approprié de répondre. En l'absence d'obligations juridiques, c'est à l'entreprise que revient la décision. Même si elle choisit de ne pas communiquer en réponse à une accusation, elle devra prendre cette décision en se fondant sur la connaissance interne de la situation, ainsi que sur des critères clairs et nets.

Question 59. Qu'est-ce qui rend la communication externe d'informations "suffisante" ?

Toutes les communications, y compris les rapports formels, doivent être précis *[es]* et sincères. Si les informations communiquées se rapportent à une incidence spécifique sur des acteurs, elles doivent faire état de tous les faits nécessaires pour que ceux qui sont concernés puissent prendre des décisions éclairées concernant leurs propres intérêts.

Les communications qui de toute évidence cherchent à embrouiller ou à s'autocongratuler ne recueilleront pas les bénéfices de la transparence, et risquent de conduire à la critique et à la méfiance envers l'entreprise. Inversement, les entreprises qui ont poussé les limites de la transparence pour débattre des défis qui se posent à elles en matière de droits de l'homme, et du type d'incidence sur les droits de l'homme qu'elles essaient de prendre en compte, sont généralement vues comme plus crédibles quand elles proclament respecter les droits de l'homme. Ceci n'empêche en rien la possibilité de réfuter les plaintes ou accusations d'incidences sur les droits de l'homme que l'entreprise a de bonnes raisons de rejeter – si possible en expliquant ces raisons.

Question 60. Qu'entend-on par risques que la communication peut poser aux acteurs, au personnel concerné ou aux exigences légitimes en matière de confidentialité des affaires commerciales ?

Certaines formes d'informations qui portent sur la façon de gérer l'incidence sur les droits de l'homme peuvent présenter des risques pour les acteurs ou le personnel concernés. Ce peut être le cas s'ils doivent révéler, par implication, l'identité d'un plaignant ou d'individus responsables d'actions qui sont jugées dommageables, en les désignant comme cibles pour d'éventuelles représailles. Diffuser publiquement les informations relatives aux débats avec le gouvernement, les forces de police ou de sécurité qui s'efforcent de mettre un terme ou de prévenir les actions dommageables contres *[contre]* les individus peut mettre en danger la procédure. Cependant, il faut prendre garde que les hypothèses générales sur ces risques ne deviennent pas une justification facile pour éviter de partager des informations qui peuvent légitimement être rendues publiques.

La nécessité légitime de la confidentialité commerciale s'étend généralement aux informations cruciales quant aux négociations concernant une transaction commerciale importante, pendant la durée de ces négociations. Elle englobe aussi les informations qui sont juridiquement protégées contre la divulgation à des tiers.

S'il n'existe aucun risque pour ces groupes ou exigences, d'autres considérations qui portent sur savoir s'il faut, quand et comment communiquer feront l'objet de décisions selon les types de facteurs évoqués précédemment.

Question 61. En quoi la communication concerne l'engagement général des acteurs ?

Comme il a été souligné, il peut s'avérer important pour une entreprise de s'engager directement auprès des acteurs potentiellement concernés sur la façon de prendre en compte son incidence sur les droits de l'homme. Il peut s'agir d'expliquer comment elle prend en compte l'incidence potentielle en termes généraux ou une incidence en particulier qui est survenue.

Pour toute entreprise qui présente un risque significatif d'incidence sur les droits de l'homme, ce n'est qu'une façon de s'engager auprès des acteurs concernés. L'engagement des acteurs doit aussi figurer dans les efforts de l'entreprise afin d'évaluer son incidence et d'obtenir une réaction sur l'efficacité de sa réponse. Plus généralement, c'est un moyen important de comprendre les préoccupations et les intérêts des acteurs concernés et de bâtir des relations efficaces avec ces groupes essentiels sur une base continue.

QUESTIONS À SE POSER

Avons-nous la communication interne nécessaire et les systèmes de rapports pour recueillir toutes les informations pertinentes sur la façon dont nous prenons en compte notre incidence négative sur les droits de l'homme ? Sinon, quels systèmes supplémentaires possédons-nous ?

Quels sont les différents groupes avec qui nous pourrions avoir besoin de communiquer et sur quels types de questions ?

De quels moyens de communication avons-nous besoin pour ces différents groupes, en prenant en compte leur mode d'accès à l'information et ce qui serait le plus efficace ?

Ces communications doivent-elles être conduites par un agenda défini, être une réponse à des événements spécifiques ou les deux ?

Quelles sont les procédures en place pour prendre des décisions judicieuses et motivées concernant le moment où nous devons communiquer publiquement ?

Si nos opérations ou nos contextes opérationnels présentent des risques importants pour les droits de l'homme, comment fournir des rapports publics formels sur notre façon de gérer le risque ?

Si nous ne sommes pas dans un contexte de risques élevés pour les droits de l'homme et que nous ne sommes pas tenus de faire un rapport public sur nos résultats en matière de droits de l'homme, y aurait-il néanmoins d'autres avantages à faire un rapport public formel ?

Comment s'assurer que notre communication ne présente aucun risque pour les personnes à l'intérieur et à l'extérieur de l'entreprise ?

Comment obtenir une réaction sur notre communication publique pour savoir comment elle est perçue et voir comment l'améliorer ?

C *Réparation*

Principe directeur 22

Lorsque les entreprises déterminent qu'elles ont eu des incidences négatives, ou y ont contribué, elles devraient prévoir des mesures de réparation ou collaborer à leur mise en œuvre suivant des procédures légitimes.

Question 62. Pourquoi est-ce important ?

Par définition, une entreprise ne peut pas remplir sa responsabilité en matière de respect des droits de l'homme si elle cause une incidence négative sur les droits de l'homme, ou y contribue, sans prévoir par la suite sa réparation.

Avoir des systèmes en place pour permettre la réparation d'une telle incidence n'implique en aucun cas que l'entreprise n'a pas l'intention de respecter les droits de l'homme. Au contraire, cela montre une reconnaissance que l'incidence peut survenir malgré ses efforts, et que l'intention de veiller au respect des droits de l'homme est restaurée aussi rapidement et efficacement que possible, si cela devait arriver.

Question 63. En est-il de même si les accusations sont infondées ?

Non. Ce Principe directeur est limité aux situations où l'entreprise elle-même reconnaît qu'elle a causé une incidence négative sur les droits de l'homme, ou y a contribué. C'est dans ces situations que l'on attend de l'entreprise qu'elle permette la réparation de cette incidence. Elle peut découvrir qu'elle a causé l'incidence négative, ou y a contribué, à travers ses propres évaluations de l'incidence, son mécanisme de réclamation ou autres procédures internes, ou l'incidence peut être portée à son attention par d'autres sources et confirmée par ses enquêtes.

Question 64. Quand une entreprise doit-elle directement prévoir la réparation ?

Si une entreprise reconnaît qu'elle a causé une incidence contraire aux droits de l'homme, ou y a contribué, dans de nombreux cas, elle sera bien placée pour jouer un rôle direct en prévoyant une réparation efficace et en temps utile. Les réparations peuvent prendre diverses formes et il est important de comprendre ce que ceux qui sont concernés considèrent comme une réparation efficace, en dehors de la vision propre de l'entreprise. Il s'agira peut-être d'excuses, de dispositions pour veiller à ce que le dommage ne se répète pas, d'une compensation (financière ou autre) relative au dommage, de la cessation d'une activité ou d'une relation spécifique, ou de toute autre réparation conclue entre les parties.

Dans certains cas, il est souhaitable que la réparation soit proposée par une entité autre que l'entreprise. Par exemple, si une procédure judiciaire ou quelque autre procédure relevant de l'État est en cours, il peut être utile ou opportun pour l'entreprise de s'en remettre à cette procédure plutôt que de chercher une réparation directe. Comme le montre bien le commentaire du Principe directeur 22, cela peut s'avérer nécessaire, lorsque l'entreprise est accusée de crimes. Chaque fois que c'est possible, ceux qui sont concernés doivent avoir la possibilité de prendre une décision éclairée sur la procédure qu'ils souhaitent adopter, après avoir pris connaissance des alternatives.

Si l'entreprise a contribué à l'incidence mais qu'une autre entité (par exemple, un sous-traitant, un fournisseur ou les forces armées) en est la cause première et que celle-ci prévoit une réparation ou bien qu'elle est tenue de rendre des comptes à travers un mécanisme légitime relevant de l'État, c'est précisément le cas approprié pour s'en remettre à cette procédure chaque fois qu'une réparation parallèle pourrait la mettre en danger. Ces mécanismes relevant de l'État pourraient être le bureau du médiateur, un bureau du travail, un Point de Contact National ou une institution nationale des droits de l'homme. En pareils cas, l'entreprise doit coopérer dans la procédure de réparation.

Question 65. Quel type de procédures de réparation une entreprise doit-elle prévoir ?

Le Principe directeur 22 est consacré à la réalisation de la réparation. Cela étant, les moyens de fournir une réparation peuvent influer sur l'efficacité de ce résultat. Ainsi, si une entreprise s'appuie entièrement sur des procédures *ad hoc* pour remédier à toute incidence qu'elle a causée, ou à laquelle elle a contribué, il y a peu de chance d'arriver à une compréhension partagée au sein de l'entreprise sur une réponse appropriée. Ceci crée un risque de différend interne sur la façon de procéder et donc une réparation tardive.

Certaines entreprises peuvent avoir des procédures formalisées sur l'incidence négative spécifique qui est un risque particulier à leurs activités – par exemple si un polluant s'échappe dans une canalisation d'eau ou si un employé est blessé. Le risque d'une approche spécifique à la question est qu'il n'y a pas de procédure précise disponible lorsqu'une incidence imprévisible survient.

C'est pourquoi il est généralement préférable d'avoir à disposition des procédures conclues pour réparation d'une incidence négative sur les droits de l'homme dans tout domaine d'activités, même si cela requiert plus d'un type de procédures (par exemple, pour des employés directs et pour des acteurs externes).

Dans de nombreux cas, la façon la plus efficace est de prévoir des procédures de réparation à travers un mécanisme de réclamation au niveau opérationnel. Un mécanisme de réclamation n'est pas une simple procédure administrative interne pour gérer les incidences ou les plaintes. Alors qu'une procédure interne est généralement passive, c'est-à-dire qu'elle attend que surgissent les problèmes pour y répondre, le mécanisme de réclamation est actif : il vise à faciliter l'identification des plaintes et à les prendre en compte aussitôt que possible. Il agit ainsi en s'assurant que les acteurs pour lesquelles il est prévu, le connaissent et lui font confiance. Les procédures fondamentales fournies par le mécanisme sont publiques, tout comme les échéances habituelles qu'il propose pour gérer les plaintes et les façons dont les individus peuvent consigner leurs problèmes. Il y a une transparence de communication envers les plaignants et la responsabilisation de prévoir pour eux une procédure équitable. Certes, un mécanisme de réclamation requiert aussi quelques procédures internes, mais celles-ci ne sont qu'une partie d'une plus grande procédure qui est offerte.

Les mécanismes de réclamation et les critères relatifs à leur efficacité sont débattus plus loin aux Principes directeurs 29 et 31.

Question 66. Quels types de "procédures légitimes" la réparation peut-elle prévoir autre[s] que celles de l'entreprise elle-même ?

Il peut y avoir un ou plusieurs types de mécanismes relevant de l'État qui sont à même de fournir une réparation si l'entreprise ne peut ou ne devrait pas le faire elle-même. Ils comprennent bien évidemment les tribunaux mais peuvent aussi inclure le médiateur ou les bureaux de plaintes (parfois spécifiques à un secteur), le bureau des normes du travail, le Point de Contact National (dans les États qui ont signé les Principes directeurs à l'intention des entreprises multinationales de l'Organisation pour la coopération et développement économique), les institutions nationales des droits de l'homme ou tout autre organe géré par l'État ou réglementaire doté de ce rôle. Ils peuvent aussi comprendre les mécanismes locaux, traditionnels auxquels ont recours les autochtones ou autres collectivités. Dans certains cas, un mécanisme géré par une initiative multipartite peut jouer un rôle, par exemple, si les plaintes impliquent un fournisseur ou sous-traitant pour plus d'un des membres de son entreprise.

Tous ces mécanismes ne sont pas présents ou efficaces dans tous les États. Une entreprise doit recueillir l'avis des experts pour savoir dans quelle mesure ces mécanismes peuvent jouer un rôle pratique dans son contexte d'exploitation local, loin de la corruption ou de la manipulation, et avec suffisamment de crédibilité aux yeux des plaignants pour que les résultats soient durables.

Question 67. Qu'advient-il si une entreprise reconnaît qu'elle a causé une incidence, ou y a contribué, mais n'est pas d'accord sur la réparation appropriée pour ceux qui sont concernés ?

Si l'entreprise et ceux qui sont concernés n'arrivent pas à un accord sur la réparation appropriée, il peut s'avérer nécessaire d'impliquer un tiers neutre, comme médiateur, ou d'avoir recours à un jugement.

Tout médiateur tiers doit être librement accepté par toutes les personnes concernées. Le rôle du médiateur est d'assister les parties dans la recherche d'une solution concertée et aucune partie à la médiation ne peut être forcée d'accepter une issue définie. Si les parties s'accordent sur une issue, elles sont également libres d'accepter de s'y soumettre.

Le jugement ne requiert pas l'accord des parties sur l'issue et est souvent contraignant. Il s'inscrit à travers les tribunaux, un organe gouvernemental ou réglementaire tels qu'un médiateur ou une institution nationale des droits de l'homme ou un autre mécanisme qui est compétent ou dont sont convenues l'entreprise et les personnes concernées.

Question 68. Qu'advient-il si une entreprise ne reconnaît pas qu'elle a causé une incidence sur les droits de l'homme, ou y a contribué ?

Si une entreprise réfute une accusation disant qu'elle a causé une incidence négative ou y a contribué, on ne peut s'attendre à ce qu'elle prévoit une réparation elle-même, à moins d'y être contrainte (par exemple par un tribunal). Néanmoins, s'il existe des occasions crédibles de chercher une solution concertée à un différend, à travers des négociations ou une médiation, une entreprise a souvent tout intérêt à participer à ces efforts.

QUESTIONS À SE POSER

Quelles procédures avons-nous déjà en place pour remédier à toute incidence négative que nous avons causée, ou à laquelle nous avons contribué ?

Ces procédures ont-elles fait preuve d'efficacité dans le passé ? Impliquent-elles toutes les parties concernées de l'entreprise ? Pouvons-nous les renforcer pour les rendre plus efficaces ?

Couvrent-elles tous les domaines d'où peut surgir l'incidence négative ? Sinon, quelles lacunes devons-nous combler au regard des procédures existantes ou supplémentaires ?

Pouvons-nous systématiser ces procédures dans un ou plusieurs mécanismes de réclamation au niveau opérationnel ?

Quelles procédures judiciaires et non judiciaires existe-t-il dans l'État ou les États dans lesquels nous exerçons nos activités ? Sont-elles efficaces et jusqu'à quel point pouvons-nous ou devons-nous généralement nous en remettre à elles ? Qui peut nous donner un avis d'expert dans ce domaine ?

Y a-t-il eu des situations dans lesquelles nous aurions pu bénéficier d'une partie neutre pour nous aider à trouver un accord sur des solutions ou des réparations avec ceux qui sont concernés ? Pouvons-nous envisager pareilles situations à l'avenir ? Si tel est le cas, où trouver des médiateurs experts qui puissent nous assister dans ce sens et qui soient acceptés par tous ceux qui sont impliqués ?

Principe directeur 29

Pour pouvoir examiner rapidement les plaintes et y remédier, les entreprises devraient établir des mécanismes de réclamation au niveau opérationnel ou y participer pour les individus et les collectivités qui risquent d'être lésés.

Question 69. Pourquoi est-ce important ?

Comme il est dit dans le Principe directeur 22, une entreprise ne peut remplir sa responsabilité en matière de respect des droits de l'homme, si elle cause une incidence négative sur les droits de l'homme, ou y contribue, et n'envisage pas ensuite de réparation. Le recours à un mécanisme de réclamation au niveau opérationnel est un des moyens les plus systématiques pour une entreprise de prévoir une réparation à une telle incidence.

Contrairement aux mécanismes relevant de l'État (tribunaux, bureaux du médiateur, et ainsi de suite), un mécanisme de réclamation au niveau opérationnel n'a pas à attendre qu'une question devienne une atteinte aux droits de l'homme ou une violation d'autres normes pour pouvoir la prendre en compte. Il peut recevoir et prendre en compte les problèmes bien avant qu'ils n'atteignent ce niveau et avant qu'un individu ou une collectivité n'envisage une plainte.

Les mécanismes de réclamation efficaces contribuent également à renforcer les aspects de la procédure de diligence raisonnable en matière de droits de l'homme. Ils peuvent aider à identifier l'incidence négative sur les droits de l'homme en temps utile et à garder la trace des réponses efficaces apportées à l'incidence à travers le mécanisme. Ils peuvent aussi aider à instaurer une relation positive avec les acteurs en démontrant que l'entreprise prend au sérieux leurs préoccupations et l'incidence sur les droits de l'homme.

Question 70. Qu'est-ce qu'un mécanisme de réclamation au niveau opérationnel ?

Un mécanisme de réclamation au niveau opérationnel est un moyen formalisé grâce auquel des individus ou des groupes expriment leurs préoccupations quant à l'incidence qu'une entreprise a sur eux – notamment mais pas uniquement, sur leurs droits de l'homme – et cherche une réparation. Comme l'explique le commentaire du Principe directeur 29, les mécanismes de réclamation au niveau opérationnel sont : "... directement accessibles pour les individus et les collectivités qui risquent de pâtir de l'activité d'une entreprise. Ils sont généralement administrés par des entreprises, seules ou en collaboration avec d'autres, y compris avec les acteurs concernés. Ils peuvent aussi être assurés en recourant à un expert ou un organe extérieur mutuellement acceptable. Ils n'exigent pas que les plaignants se dirigent d'abord vers d'autres voies de recours. Ils peuvent demander directement aux entreprises d'examiner les problèmes et de réparer les préjudices subis."

En résumé, leur objectif premier est de fournir une possibilité immédiate de recours pour définir et prendre en compte les problèmes des acteurs directement concernés avant une aggravation ou avant qu'ils ne mènent à un dommage autrement évitable.

Ces mécanismes diffèrent des systèmes d'alerte, qui permettent aux employés de soulever des problèmes relatifs à des violations des codes et de l'éthique de l'entreprise, qui peut atteindre ces individus, mais qui concernent l'entreprise dans son ensemble. Des mécanismes de réclamation au niveau opérationnel sont en particulier un moyen pour les individus – à l'intérieur ou à l'extérieur de l'entreprise – de soulever un problème sur l'incidence qu'ils subissent et n'exigent pas de l'individu de montrer une violation du code de l'entreprise.

Question 71. Doit-il s'appeler "mécanisme de réclamation" ?

"Mécanisme de réclamation" est utilisé dans les Principes directeurs et leurs commentaires comme terme consacré pour désigner un éventail de mécanismes qui prennent en compte les plaintes et les différends qui impliquent les entreprises et leurs acteurs. Il est possible que le terme ait des connotations négatives dans certaines cultures ou contextes, et il n'est absolument pas nécessaire d'utiliser ce terme pour chaque mécanisme de réclamation. Cependant, il est dangereux d'appeler un mécanisme de réclamation par un terme jugé inapproprié par ses utilisateurs potentiels, par exemple s'il diminue ou gomme son objectif réel. En agissant ainsi, cela peut rendre la chose plus acceptable pour l'entreprise mais laisser ceux qui ont des plaintes à formuler, avec le sentiment qu'on les méprise ou qu'on leur manque de respect.

Question 72. A qui doit s'adresser un mécanisme de réclamation au niveau opérationnel ?

La plupart des mécanismes de réclamation au niveau opérationnel sont accessibles uniquement aux individus et aux groupes qui sont directement concernés par les activités d'une entreprise, ou à leurs représentants légitimes, plutôt qu'à tout un éventail de groupes qui peuvent avoir des préoccupations ou des critiques concernant leurs activités. Ceci ne doit pas exclure d'autres moyens d'inclure d'autres voix et il est dans l'intérêt de l'entreprise d'agir ainsi au moins dans certains cas.

Comme cela a été dit dans le cadre du Principe directeur 22, il est assez courant d'avoir des mécanismes de réclamation séparés pour les employés directs et pour les acteurs concernés extérieurs à l'entreprise, bien qu'il ne soit pas toujours nécessaire de faire la distinction. Il peut s'avérer utile d'avoir des mécanismes de réclamation taillés sur mesure dans des situations précises, telles que la réinstallation d'une collectivité, ou pour des groupes particuliers, tels que les populations autochtones. Cependant, plus les mécanismes sont simplifiés, plus il est facile d'en contrôler l'efficacité, et mieux ils parviennent à identifier des tendances et des schémas généraux qui montrent comment l'entreprise prend en compte son incidence sur les droits de l'homme.

Question 73. Quelles questions un mécanisme de réclamation au niveau opérationnel doit-il pouvoir prendre en compte ?

Pour être totalement efficace, un mécanisme de réclamation ne doit pas se limiter à prendre en compte les plaintes qui correspondent à des violations présumées des droits de l'homme ou d'autres normes spécifiques. Pareilles limites pourraient exclure un grand nombre de préoccupations qui peuvent, si elles sont négligées, porter atteinte aux droits de l'homme ou conduire à des manifestations ou des actions violentes, qui à leur tour peuvent accroître les risques de violations des droits de l'homme. Ainsi, les collectivités qui trouvent qu'une entreprise persiste à ignorer leurs préoccupations concernant le bruit, la poussière ou les possibilités d'emploi peuvent se sentir poussées à entreprendre des actions pour entraver ses activités comme unique moyen d'attirer l'attention, éventuellement jusqu'à la confrontation physique et même jusqu'à mettre leur vie en danger. Un des avantages comparatifs d'un mécanisme de réclamation au niveau opérationnel sur les mécanismes formels des tiers, c'est justement sa capacité à identifier et prendre en compte les problèmes immédiatement, avant que les choses empirent.

Il est logique pour un mécanisme d'exclure les plaintes clairement abusives, mais il faut être très attentif avant de conclure qu'une plainte entre dans cette catégorie relativement rare. Une plainte qui apparaît abusive peut masquer d'autres préoccupations sincères avec de possibles implications au niveau des droits de l'homme ou des risques majeurs pour l'entreprise. Par défaut, toute plainte doit être prise au sérieux dans un premier temps.

Question 74. Qui doit superviser le mécanisme ?

Un mécanisme de réclamation sera rarement efficace sans responsabilisation et supervision adéquates au plus haut niveau de l'entreprise. Dans une petite entreprise, ceci peut correspondre à un rapport direct entre la direction de l'entreprise et la personne qui gère les plaintes. Dans une grande entreprise, cela incombe généralement à des systèmes de contrôle et de supervision interne plus formels. La création de fonctions de contrôle doit éviter tout conflit d'intérêt, par exemple entre veiller à l'efficacité du mécanisme et défendre les actions ou décisions de certains services de l'entreprise.

Si la confiance entre l'entreprise et les acteurs concernés est limitée ou que les risques pour les droits de l'homme sont élevés, il peut s'avérer très utile d'envisager un contrôle conjoint du mécanisme par des représentants à la fois de l'entreprise et des acteurs concernés. Ceci permet de s'assurer que le mécanisme jouit bien de la confiance de ses utilisateurs présumés et que son accessibilité et ses procédures sont conçues en fonction de leurs besoins. Si le contrôle conjoint n'est pas jugé nécessaire ou opportun, il faudrait au minimum que les acteurs concernés puissent avoir voix au chapitre concernant sa forme et son évaluation, tel que prévu dans le Principe directeur 31.

Question 75. En quoi un mécanisme de réclamation au niveau opérationnel concerne-t-il l'ensemble des activités de l'entreprise ?

Le personnel ou les services d'une entreprise qui sont responsables des droits de l'homme et des questions sociales jouent un rôle fondamental de coordination dans tout mécanisme de réclamation. Mais le mécanisme échouera s'il est perçu comme relevant de leur seule et unique responsabilité. Résoudre l'incidence, et y remédier, nécessitera souvent d'autres participations dans toute l'entreprise. Le rôle de la direction est particulièrement important car elle assure que ce type de réponse transversale aux plaintes est possible et encouragée dans toute l'entreprise, par exemple à travers des incitations adéquates auprès du personnel concerné.

Il peut sembler nécessaire et approprié pour le personnel ou les services dans l'entreprise dont les décisions ou les actions concernent l'incidence présumée sur les droits de l'homme de prendre part aux enquêtes initiales internes. Là où cela n'est pas nécessaire – par exemple, en raison d'un conflit d'intérêt potentiel ou de risques encourus par des individus – ils assureront toujours un rôle d'information pour ceux qui mènent l'enquête. Ils peuvent contribuer à concevoir différentes solutions pour la réparation – encore une fois, si nécessaire. Et ils auront un rôle essentiel pour s'assurer que l'entreprise en a tiré les leçons afin de prévenir ou d'atténuer toute répétition.

Question 76. En quoi le mécanisme concerne l'engagement général des acteurs ?

A maintes reprises, les Principes directeurs et ce Guide interprétatif souligne le rôle de l'engagement des acteurs dans la diligence raisonnable en matière de droits de l'homme auprès d'une entreprise qui présente des risques importants pour les droits de l'homme. Un mécanisme de réclamation efficace n'est pas un substitut à cet engagement général de la part des acteurs. C'est plutôt un complément important. Avoir un mécanisme de réclamation, quelle que soit sa qualité, sans procédures d'engagement général des acteurs, risque d'envoyer aux acteurs concernés le message que l'entreprise veut les consulter uniquement quand elle est confrontée à des problèmes majeurs.

Cela étant, les Principes directeurs reconnaissent aussi que les petites et moyennes entreprises n'ont peut-être pas besoin de s'engager directement auprès des acteurs concernés si elles présentent des risques limités pour les droits de l'homme et que leur engagement est un défi sincère pour des raisons géographiques, financières ou autres. Comme il en a été débattu dans le Principe directeur 18, ces entreprises envisageront d'autres moyens de recueillir des informations et d'autres perspectives quant à leur incidence sur les droits de l'homme. Pour ces entreprises, avoir un mécanisme de réclamation simple mais efficace peut être une façon d'assurer qu'elles sont à même d'identifier les problèmes directement soulevés par ceux qui sont concernés.

Question 77. Quand une entreprise peut-elle "prendre part" à un mécanisme de réclamation plutôt que d'en établir un elle-même ?

Il semble généralement approprié pour une grande entreprise ou une entreprise qui présente des risques importants pour les droits de l'homme d'avoir son propre mécanisme de réclamation. Les petites et moyennes entreprises qui présentent des risques limités pour les droits de l'homme peuvent aussi développer des mécanismes de réclamation qui sont simples dans la forme, mais capables de répondre aux critères d'efficacité établis dans le Principe directeur 31. Cependant, les entreprises peuvent aussi envisager de participer à un mécanisme de réclamation fourni pas une organisation externe, s'il présente des qualités similaires pour identifier l'incidence négative et y remédier rapidement. Parmi les exemples, on peut citer une assistance téléphonique et une réparation fournies par une organisation externe – gouvernement, entreprise, ONG ou action multipartite – ou un mécanisme classique dirigé par des collectivités ou des autorités locales comme faisant partie de leurs pratiques locales. De tels mécanismes doivent être examinés pour savoir s'ils répondent aux critères d'efficacité et comment appréhender les lacunes.

A l'inverse, une entreprise peut établir son propre mécanisme mais utiliser des ressources externes et partagées pour permettre de réduire ses coûts et/ou accroître sa capacité et son efficacité. Par exemple, une ONG qui jouit de la confiance des acteurs pourrait agir comme point d'accès et pourrait s'engager avec l'entreprise à trouver des solutions pour légitimer les plaintes. Une telle ONG peut prendre ce rôle pour plus d'une entreprise, que ce soit avec des financements indépendants ou des financements groupés de plusieurs entreprises, à condition que cela ne porte pas atteinte à sa crédibilité. Les syndicats officiels doivent jouer ce genre de rôle au moins pour les travailleurs qu'ils représentent. Plusieurs entreprises peuvent aussi rassembler de petites contributions financières pour aider une institution locale à offrir des conseils d'expert aux plaignants ou à proposer une médiation, si nécessaire.

QUESTIONS À SE POSER

Avons-nous déjà un mécanisme qui gère les plaintes au moins en partie ?

Si tel est le cas, est-il disponible pour les acteurs concernés ou faut-il élargir sa portée ? Est-il capable de prendre en compte tout type d'incidence ou faut-il l'élargir pour cela ?

Existe-t-il une supervision à haut niveau quant au mécanisme de réclamation et une responsabilisation quant à ses résultats dans l'entreprise ?

Y-a-t-il une possibilité ou un avantage à avoir une supervision conjointe du mécanisme avec des représentants des groupes d'acteurs ? Si tel n'est pas le cas, comment pouvons-nous au moins obtenir les réactions de la part des acteurs concernés sur ses résultats et sur ses possibles améliorations ?

Est-ce que le mécanisme permet à tous les services et fonctions concernés de l'entreprise de s'impliquer dans l'enquête et la résolution des plaintes, tout en évitant les conflits d'intérêts et les risques pour les personnes ?

Si des contraintes de ressources rendent difficile la gestion d'un mécanisme de réclamation autonome, pouvons-nous bénéficier de ressources partagées pour le rendre utilisable, ou encore pouvons-nous participer à un mécanisme efficace externe ?

Principe directeur 31

Afin que leur efficacité soit assurée, les mécanismes de réclamation non judiciaires, relevant ou non de l'État, devraient être :

(a) Légitimes : ils suscitent la confiance des groupes d'acteurs auxquels ils s'adressent et doivent répondre au bon déroulement des procédures de réclamation ;

(b) Accessibles : ils sont communiqués à tous les groupes d'acteur auxquels ils sont destinés et fournissent une assistance suffisante à ceux qui se voient opposer des obstacles particuliers pour y accéder ;

(c) Prévisibles : ils prévoient une procédure clairement établie assortie d'un calendrier indicatif pour chaque étape, et un descriptif précis des types de procédures et d'issues disponibles et des moyens de suivre la mise en œuvre ;

(d) Equitables : ils s'efforcent d'assurer que les parties lésées ont un accès raisonnable aux sources d'information, aux conseils et aux compétences nécessaires à la mise en œuvre d'une procédure de réclamation dans des conditions équitables, avisées et conformes ;

(e) Transparents : ils tiennent les requérants informés du cours de la procédure et fournissent des informations suffisantes sur la capacité du mécanisme à susciter la confiance dans son efficacité et à répondre à tous les intérêts publics en jeu ;

(f) Compatibles avec les droits : ils veillent à ce que l'issue des recours et les mesures de réparation soient compatibles avec les droit de l'homme internationalement reconnus ;

(g) Une source d'apprentissage permanent : ils s'appuient sur les mesures pertinentes pour tirer les enseignements propres à améliorer le mécanisme et à prévenir les réclamations et atteintes futures ;

Les mécanismes de niveau opérationnel devraient aussi être :

(h) Fondés sur la participation et le dialogue : consulter les groupes d'acteurs auxquels ils s'adressent au sujet de leur conception et de leurs résultats en mettant l'accent sur le dialogue concernant les moyens d'examiner et de résoudre les plaintes.

Question 78. Pourquoi est-ce important ?

Les mécanismes de réclamation qui à la fois relèvent de l'État et se situent au niveau opérationnel doivent être efficaces pour fournir une réparation à ceux qui sont concernés par des atteintes aux droits de l'homme de la part des entreprises. Un mécanisme de réclamation au niveau opérationnel réellement efficace peut offrir le type d'avantages présentés dans le Principe directeur 29, y compris l'identification immédiate des problèmes, des solutions rapides et concertées, une confiance accrue et l'économie de manifestations publiques, litiges et autres formes d'opposition.

Un mécanisme de réclamation mal conçu ou mal administré peut déformer les évaluations qui donnent la mesure de la bonne gestion des risques pour les droits de l'homme. Il peut faire croire que les problèmes seront pris en compte, sans recours à des procédures qui permettent la résolution. Dans le pire des cas, un mécanisme de réclamation inefficace peut alimenter chez les acteurs le sentiment de mécontentement.

C'est pourquoi il est important que les mécanismes de réclamation au niveau opérationnel répondent à certains critères qui permettent de veiller à leur efficacité.

Question 79. Pourquoi ces critères ?

Les critères énoncés dans ce Principe directeur ont été développés à travers un processus de recherche, consultation et évaluation sur le terrain. Il existe d'autres moyens pour les définir ou pour désigner ou rassembler les questions qu'ils recouvrent. Mais les éléments fondamentaux qu'ils reflètent fournissent un ensemble de repères pour s'assurer qu'un mécanisme peut aboutir à des avantages et éviter les écueils définis en réponse à la question 78. Ces critères doivent être pris dans leur ensemble, étant donné qu'ils sont reliés – en exclure un reviendrait à réduire la capacité à répondre aux autres et rendrait le mécanisme moins efficace dans son ensemble. Les critères sont expliqués individuellement dans le commentaire des Principes directeurs.

Comme il est noté ci-dessus, pour être efficace, le mécanisme de réclamation exige que tous les services et fonctions concernés, tout comme la direction, y apportent leur soutien à la fois en théorie et en pratique. Il conviendra aussi d'inclure le personnel ou les services concernés dans le développement du mécanisme de réclamation afin qu'ils comprennent ses objectifs et les normes qu'il faut respecter et qu'ils soutiennent le modèle développé. Il est particulièrement important pour le personnel de voir que le fait d'évoquer les problèmes n'est pas une menace, mais que c'est constructif et nécessaire pour permettre à l'entreprise d'en tirer des leçons et, avec le temps, de réussir.

Question 80. Comment faut-il évaluer l'efficacité d'un mécanisme de réclamation ?

Il est important pour l'entreprise de développer des mesures appropriées qui permettent d'évaluer l'efficacité du mécanisme dans la pratique. Il peut y avoir des avantages à consulter les acteurs sur ce que ces mesures doivent comprendre, afin de veiller à ce qu'ils considèrent comme une "réussite" soit bien reflété.

Une entreprise doit se garder des hypothèses rapides sur le sens à donner à certains indicateurs chiffrés. Une baisse des plaintes avec le temps peut indiquer que l'entreprise tire les leçons du passé et évite de répéter ses erreurs ; cela peut aussi signifier que les acteurs perdent confiance dans le mécanisme de réclamation et se tournent vers d'autres moyens pour faire part de leurs doléances. A l'inverse, une augmentation des plaintes – au moins au début ou après un changement majeur – peut indiquer soit que le mécanisme inspire la confiance et fonctionne bien, ou que les problèmes se multiplient. Les indicateurs qualitatifs – notamment les réactions de ceux pour lesquels le mécanisme est conçu (et non pas seulement ceux qui l'ont utilisé en réalité) – permettent d'interpréter précisément ce type de données.

QUESTIONS À SE POSER

Comment tout mécanisme de réclamation que nous avons en place mesure-t-il ces critères ?

Comment obtenir les points de vue des utilisateurs présumés du mécanisme sur sa capacité d'évaluation ?

Les lacunes que nous avons identifiées peuvent-elles être comblées par des adaptations des systèmes en place ou avons-nous intérêt à concevoir une nouvelle procédure ? Si oui, pouvons-nous impliquer les représentants des groupes d'utilisateurs présumés (les acteurs concernés) dans sa conception ?

Quelles mesures à long terme devons-nous mettre en place pour évaluer l'efficacité continue du mécanisme ?

Pouvons-nous faire confiance à l'interprétation des données quantitatives sur ses résultats et comment pouvons-nous compléter avec des mesures qualitatives ?

D *Questions relatives au contexte*

Principe directeur 23

Dans tous les contextes, les entreprises devraient :

(a) Se conformer à toutes les lois applicables et respecter les droits de l'homme internationalement reconnus, où qu'elles opèrent ;

(b) Rechercher les moyens d'honorer les principes des droits de l'homme internationalement reconnus lorsqu'elles se heurtent à des obligations contradictoires ;

(c) Parer au risque de commettre des atteintes caractérisées aux droits de l'homme ou d'y contribuer sous l'angle du respect de la légalité où qu'elles opèrent.

Question 81. Pourquoi est-ce important ?

La responsabilité de respecter les droits de l'homme s'applique à tous les contextes. Il s'agit d'une norme uniforme, qui s'ancre dans l'attente universelle que les entreprises ne doivent pas porter atteinte à la dignité des personnes, lorsqu'elles exercent leurs activités. Ceci permet la prévisibilité à la fois pour les entreprises et pour leurs acteurs. Cependant, les risques pour les droits de l'homme liés aux activités et aux relations commerciales d'une entreprise varient souvent en fonction des contextes spécifiques dans lesquels elle évolue. Ces contextes peuvent poser des questions ou des dilemmes particuliers pour les entreprises dans leurs efforts à remplir leur responsabilité de respecter les droits de l'homme, par exemple lorsque des exigences locales semblent obliger une entreprise à agir d'une manière contraire aux droits de l'homme internationalement reconnus. Les entreprises doivent se munir d'une "boussole" toute simple lorsqu'elles se retrouvent en pareils cas, étant donné que par définition, il n'y a pas de réponses faciles ou de réponses toutes faites.

Question 82. En quoi le respect de la légalité concerne-t-il le respect des droits de l'homme ?

Les entreprises reconnaissent que leurs responsabilités sociales commencent avec le respect de la loi. La responsabilité de respecter les droits de l'homme en soi se reflète souvent – au moins en partie – dans les lois et règlements. Le concept de respect de la loi impose aux entreprises de se conformer aux lois et règlements nationaux qui protègent les droits de l'homme, même si l'État se montre incapable de faire appliquer ces lois.

Toutefois, la responsabilité de respecter les droits de l'homme s'étend au-delà de la conformité aux lois et règlements nationaux qui protègent les droits de l'homme et implique le respect de tous les droits de l'homme internationalement reconnus. Par conséquent elle s'applique aussi là où il n'existe aucune loi ou règlement national pour protéger ces droits. Pour la même raison, lorsque les lois et règlements nationaux offrent un niveau de protection en matière de droits de l'homme inférieur aux normes des droits de l'homme internationalement reconnus, les entreprises doivent agir selon la norme supérieure.

En résumé, la responsabilité de respecter les droits de l'homme, comme norme mondiale attendue de toutes les entreprises dans toutes les situations, offre la clarté et la prévisibilité pour les entreprises qui sont confrontées à diverses attentes et exigences. Cela signifie aussi que les entreprises ne doivent pas profiter d'environnements d'exploitation qui fournissent une protection insuffisante aux droits de l'homme pour réduire leur propre norme de conduite.

Question 83. Comment une entreprise gère-t-elle les obligations contradictoires ?

Dans certains contextes d'exploitation, les coutumes, règlements et droits nationaux peuvent exiger des entreprises (et non simplement leur permettre) d'agir en opposition avec leur responsabilité en matière de respect des droits de l'homme internationalement reconnus. Ces exigences peuvent par exemple être en relation avec les droits des femmes, les droits du travail ou le droit à la vie privée. Ce type de situation pose problème aux entreprises quand elles doivent à la fois se conformer à toutes les lois applicables, mais aussi remplir leur responsabilité de respecter les droits de l'homme dans tous les contextes.

La procédure de diligence raisonnable en matière de droits de l'homme impose à une entreprise de révéler quand elle est aux prises avec un tel dilemme et quelles mesures peuvent prévenir ou atténuer le risque. S'il existe un conflit direct d'obligations, le défi est de trouver le moyen d'honorer les principes des droits internationalement reconnus. Quant aux autres questions, il n'existe aucun plan directeur sur la façon de répondre. Toutefois, plus une entreprise a ancré le respect des droits de l'homme dans ses valeurs et plus elle a préparé son personnel à faire face à des questions d'éthique, à travers des formations, des scénarios, des leçons tirées du passé, des schémas décisionnels et autres processus, plus elle sera à même d'identifier en temps utile les réponses appropriées.

Comprendre la nature, la portée et les implications exactes d'obligations contradictoires est une étape importante pour voir comment résoudre un dilemme. Il se peut que les exigences locales soient plus ambigües que prévu ou que le conflit soit d'une certaine manière surestimé. Le reconnaître peut offrir des solutions pour atténuer le conflit. Il est peut-être possible d'obtenir des éclaircissements auprès du gouvernement ou des autorités locales concernant la portée de l'obligation contradictoire et même de la défier. Ceci peut à la fois réduire les risques pour les personnes et l'entreprise, mais également signaler aux acteurs l'engagement de l'entreprise à respecter les droits de l'homme. Il se peut aussi que d'autres, dans le secteur ou dans le pays, aient des approches qui atténuent l'atteinte aux droits de l'homme qui peut être reproduite. Par exemple, certaines entreprises qui exercent leurs activités dans des pays où la liberté d'association est restreinte ont établi des procédures parallèles pour s'engager auprès des travailleurs.

Si une entreprise ne peut pas trouver de solutions évidentes et immédiates, elle aura intérêt à s'engager auprès des acteurs concernés experts en la matière – notamment, si possible, tout groupe ou individu dont les droits peuvent être concernés par des obligations contradictoires. A tout moment, les entreprises doivent être conscientes de tous les risques qu'une conduite particulière peut poser aux acteurs concernés et les considérer dans leurs décisions.

Il y a de grandes chances qu'une entreprise qui fait face à des défis de ce type, verra sa conduite examinée en détail par les acteurs. Les entreprises doivent pouvoir rendre compte de leurs efforts pour maintenir le respect des droits de l'homme dans ces situations et il est souvent conseillé de faire des rapports à ce propos, à condition que ceci n'accroisse pas les risques envers les droits de l'homme.

Dans de rares situations où le droit local ou autres obligations mettent une entreprise en danger d'être impliquée dans des atteintes graves aux droits de l'homme, comme les crimes internationaux, elle doit considérer avec attention si et comment elle peut continuer à exercer ses activités avec intégrité en pareilles circonstances, tout en étant consciente de l'incidence sur les droits de l'homme qui peut résulter de la fin de ses activités.

Question 84. Pourquoi le risque d'être impliqué dans des atteintes caractérisées aux droits de l'homme doit être considéré comme une question de respect de la loi ?

Si les entreprises risquent d'être impliquées dans des atteintes caractérisées aux droits de l'homme, il serait prudent veut qu'elles traitent ce risque de la même façon que le risque d'implication dans un crime grave, qu'il soit évident ou non qu'elles seraient jugées responsables aux yeux de la loi. Ceci à la fois à cause de la gravité des atteintes aux droits de l'homme en jeu et aussi à cause des risques juridiques croissants pour les entreprises du fait de l'implication dans ces atteintes.

Les entreprises peuvent être la cause d'atteintes caractérisées aux droits de l'homme du fait de leurs propres activités, par exemple si elles ont recours à l'esclavage ou traitent les employés d'une façon qui correspond à un traitement cruel, inhumain ou dégradant. Elles peuvent aussi contribuer à des atteintes caractérisées aux droits de l'homme qui sont commises par d'autres parties, notamment les forces de sécurité. Cette contribution indirecte aux atteintes caractérisées aux droits de l'homme peut engendrer des accusations de complicité juridique ou non juridique.

Le commentaire du Principe directeur 17 déclare : "du point de vue juridique, la plupart des juridictions nationales interdisent que l'on soit complice de la commission d'un délit et plusieurs confèrent une responsabilité pénale à l'entreprise en pareil cas. Généralement, des poursuites au civil peuvent aussi se fonder sur la contribution présumée d'une entreprise à un préjudice, même si elles peuvent ne pas être formulées du point de vue des droits de l'homme. L'opinion majoritaire qui se dégage de la jurisprudence pénale internationale est que pour qu'il y ait complicité, il faut apporter en connaissance de cause une assistance pratique ou un encouragement qui a un effet notoire sur la commission d'un délit." Par exemple, des entreprises se sont vu opposer des charges de complicité juridique sur la base d'accusations selon lesquelles elles fournissaient des produits chimiques à une autre partie qui les utilisait pour commettre des actes de génocide ou qu'elles fournissait un soutien logistique aux forces gouvernementales engagées dans des crimes de guerre.

L'histoire récente des actions juridiques – le plus souvent sous forme de demandes d'indemnités en matière de responsabilité civile – contre des entreprises multinationales impliquées dans des atteintes caractérisées contre les droits de l'homme révèle un réseau irrégulier mais croissant de responsabilité juridique potentielle d'entreprises. En raison de la nature des risques pour les droits de l'homme impliqués, mais aussi à cause des limites juridiques croissantes, qui incluent des limites territoriales dans ces exemples, les entreprises doivent traiter tous les cas de risques d'implication dans les atteintes caractérisées envers les droits de l'homme comme une question de respect de la loi, peu importe la situation du droit où l'entreprise exerce son activité *[le Centre de Ressources sur les Entreprises & les Droits de l'Homme entretient un portail qui rassemble des informations sur les actions en justice relatives aux implications présumées des entreprises dans des atteintes aux droits de l'homme : www.business-humanrights.org]*.

Question 85. Quelles sont les situations qui présentent un risque particulier d'implication de l'entreprise dans des atteintes caractérisées aux droits de l'homme ?

Les risques d'implication dans des atteintes caractérisées aux droits de l'homme apparaissent le plus souvent dans des contextes où il n'y a pas d'institutions gouvernementales efficaces, ni protection juridique ou encore où il existe des schémas ancrés de discrimination grave. Les risques majeurs surgissent sans doute dans les zones de conflit, bien qu'ils ne soient pas limités à ces régions. Ces contextes doivent automatiquement alerter l'entreprise et déclencher les procédures de diligence raisonnable en matière de droits de l'homme qui sont bien adaptées et sensibles à ce haut niveau de risque. Cette diligence raisonnable renforcée en matière de droits de l'homme doit aussi être considérée comme essentielle si l'entreprise exerce, ou envisage d'exercer, des activités dans des pays qui sont frappés par des sanctions qui émanent des Nations unies ou d'organisations intergouvernementales régionales.

Question 86. Où une entreprise peut-elle trouver de l'aide pour évaluer et prendre en compte les défis qui surgissent dans des contextes difficiles ?

Bon nombre d'entreprises, quand elles envisagent de travailler, ou qu'elles travaillent dans des contextes qui posent particulièrement problème quant au respect des droits de l'homme, tels que des zones de conflit, trouvent difficile d'évaluer les risques de façon appropriée. Si tel est le cas, elles doivent chercher conseil auprès de sources externes fiables, notamment les organisations issues de la société civile qui travaillent dans la région ou qui font des rapports à ce sujet. Si nécessaire, elles peuvent aussi chercher conseil auprès de gouvernements, y compris celui de l'État d'origine. Les institutions nationales des droits de l'homme peuvent représenter une autre source de conseils non négligeable. En travaillant avec des partenaires commerciaux, des organismes du secteur ou des initiatives multipartites, les entreprises peuvent aussi échanger des approches qui sont bien adaptées aux risques pour les droits de l'homme que présentent des circonstances complexes. (Voir annexe II pour plus d'exemples sur les ressources externes).

QUESTIONS À SE POSER

Exerçons-nous nos activités dans un contexte où le droit national en matière de droits de l'homme est faible, non appliqué ou inexistant ? Notre diligence raisonnable évalue-t-elle ces facteurs et leurs implications sur les risques pour les droits de l'homme ?

Est-ce clair pour tout le personnel et tous ceux avec qui nous avons des relations commerciales dans ces contextes que nous travaillons en faveur de la norme de respect pour tous les droits de l'homme internationalement reconnus ? Ont-ils bien saisi ce que cela implique ?

Exerçons-nous nos activités dans un contexte où il existe des obligations contradictoires entre le droit national et les droits de l'homme internationalement reconnus ?

Si tel est le cas, sommes-nous certains que le droit et les normes internationales ne peuvent se concilier ? Y a-t-il intérêt à approcher les autorités en quête d'une solution, sans accroître les risques pour les droits de l'homme ?

Existe-t-il des moyens bien établis de traiter ce conflit d'obligations ou encore des exemples réussis accomplis par d'autres entreprises ?

Face à de réels dilemmes, vers qui pouvons-nous nous tourner pour nous aider à identifier les meilleures réponses possibles ? Est-il possible d'inclure des représentants des acteurs concernés dans ce processus ?

Quelles procédures avons-nous en place pour rendre compte de nos décisions et actions dans ces scénarios ?

Là où les exigences locales présentent un risque d'implication dans des atteintes caractérisées des droits de l'homme telles que des crimes internationaux, à travers quelles procédures et avec quelle participation de haut niveau, allons-nous déterminer si nous restons, et si oui selon quelles conditions ?

Le danger d'être impliqués dans des atteintes caractérisées des droits de l'homme est-il géré au sein de l'entreprise comme le serait une question de respect de la loi ? Qui doit s'impliquer et à quel moment pour veiller que ce soit le cas ?

Si nous sommes actifs dans des zones de conflit – ou ceux avec qui nous avons des relations commerciales le sont – ces situations mènent-elles automatiquement à une procédure de diligence raisonnable plus rigoureuse dans l'entreprise ?

Comment allons-nous évaluer la situation des droits de l'homme et ses implications en ce qui nous concerne dans ces zones de conflit ? Sur quelles ressources pouvons-nous compter ?

Principe directeur 24

Lorsqu'il est nécessaire de conférer aux mesures un rang de priorité pour remédier aux incidences négatives potentielles sur les droits de l'homme, les entreprises devraient commencer par prévenir et atténuer les plus graves ou celles auxquelles tout retard d'intervention donnerait un caractère irrémédiable.

Question 87. Pourquoi est-ce important ?

Il n'existe pas de hiérarchie dans le droit international relatif aux droits de l'homme. Ou plutôt, les droits de l'homme sont traités comme étant indivisibles, interdépendants et reliés. Cependant, il n'est pas toujours possible pour une entreprise de prendre en compte immédiatement toute l'incidence négative envers les droits de l'homme. Beaucoup d'entreprises évoluent dans des contextes différents et ont des chaînes logistiques complexes et une multitude de partenaires. Elles risquent d'être impliquées dans un éventail d'incidences négatives sur les droits de l'homme, et il peut y avoir des contraintes financières et logistiques légitimes qui viennent freiner la capacité de l'entreprise à les prendre en compte toutes immédiatement.

La diligence raisonnable en matière de droits de l'homme et les procédures de réparation ont pour objectif d'aider les entreprises à minimiser l'incidence sur les droits de l'homme qui découle de leurs activités, produits et services. Si ces incidences ne peuvent raisonnablement être prises en compte toutes en même temps, il faut se concentrer sur celles qui pourraient causer le plus grand préjudice aux personnes. Ceci signifie qu'il faut établir une priorité dans ces incidences qui sont, ou seraient, plus graves dans leur portée ou ampleur ou si une réponse tardive les rendait irrémédiables. Dès que les incidences les plus graves ont été prises en compte, l'entreprise doit se tourner vers celles qui viennent en deuxième dans l'échelle de gravité et ainsi de suite jusqu'à ce qu'elle ait pris en compte toutes les incidences réelles et potentielles sur les droits de l'homme (en gardant à l'esprit qu'il s'agit là d'une mission continue qui s'ajuste en fonction des changements de circonstances).

Question 88. Que faut-il entendre par incidence "grave" ?

Le commentaire du Principe directeur 14 dispose que la gravité des incidences sur les droits de l'homme "sera établie en fonction de leur ampleur, de leur portée et du fait de savoir si elles sont irrémédiables ou non". Cela signifie que la gravité de l'incidence et le nombre d'individus qui sont ou seront concernés (par exemple, par les effets retardés d'un dommage environnemental) seront deux considérations importantes. L'aspect "irrémédiable" est le troisième facteur important, utilisé ici pour signifier toute limite sur la capacité à rétablir ceux qui sont concernés dans une situation au moins identique, ou similaire, à leur situation avant l'incidence. Dans cette perspective, la compensation financière n'est pertinente que dans la mesure où elle peut fournir pareil rétablissement.

L'incidence ne doit pas forcément avoir plus d'une de ces caractéristiques pour être raisonnablement considérée comme "grave". Cela étant, il arrive souvent que plus l'ampleur ou la portée de l'incidence est grande, plus il sera difficile d'y remédier. De plus, le Principe directeur 24 souligne le fait qu'une réponse tardive à une incidence donnée peut à elle seule, la rendre moins remédiable et cela doit être pris en compte en établissant une priorité. Ainsi, si les employés sont injustement licenciés, un délai supplémentaire dans la réparation peut les obliger à déménager à la recherche d'un autre emploi, ce qui rend leur réintégration plus difficile.

Si une incidence négative est potentielle plus que réelle, les approches classiques concernant la gestion des risques suggèrent que la probabilité qu'elle se réalise devient un facteur premier, à côté de la gravité. Néanmoins, une probabilité faible concernant une incidence grave sur les droits de l'homme ne peut justifier à elle-seule de réduire la priorité des efforts qui visent à atténuer le risque. Au contraire, l'aspect remédiable de l'incidence potentielle doit être un facteur fondamental pour déterminer la légitimité de reporter ces efforts. En résumé, dans un contexte de risques pour les droits de l'homme, la gravité des risques réels ou potentiels doit être le facteur prédominant.

Dans de nombreux cas, définir si l'incidence est "grave" ou "irrémédiable" apparaît comme une évidence, par exemple l'incidence sur le droit à la vie et à la santé des individus ou l'incidence qui concerne le bien-être fondamental de collectivités ou de groupes entiers. Et dans des cas où une entreprise a identifié le risque d'être impliquée dans des atteintes caractérisées envers les droits de l'homme, ce risque doit toujours être prioritaire.

Dans d'autres situations, on peut se demander si l'incidence sur les droits de l'homme doit être considérée comme très grave ou quels facteurs peuvent contribuer à son caractère remédiable. De plus, comme le déclare le commentaire du Principe directeur 24, "la gravité" ne doit pas être considérée comme absolue, mais s'établit par rapport à celle des autres incidences sur les droits de l'homme que l'entreprise a identifiées. Si possible, il est conseillé aux entreprises de s'engager auprès de ceux dont les droits sont en danger afin de veiller à ce qu'elles comprennent quelle incidence elles peuvent avoir.

Selon le contexte opérationnel, l'incidence la plus grave sur les droits de l'homme est subie par les personnes qui appartiennent à des groupes qui présentent de forts risques de vulnérabilité ou de marginalisation, tels que les enfants, les femmes, les populations autochtones, ou les personnes qui appartiennent à des minorités ethniques ou autres. Si l'entreprise décide de mettre un ordre de priorité dans ses réponses aux incidences sur les droits de l'homme, elle doit prendre en compte la vulnérabilité de ces groupes et le risque qu'une réponse tardive à certaines incidences puisse les concerner de façon disproportionnée.

Question 89. Qu'en est-il des incidences qui ne sont pas jugées graves ?

Prendre en compte les questions jugées les plus graves n'implique en aucun cas que les autres incidences sur les droits de l'homme qui sont identifiées selon la procédure de diligence raisonnable de l'entreprise ne doivent pas appréhendées. Ou plutôt, ce principe concerne des réponses par étapes dans le cas où toute l'incidence ne peut pas être prise en compte en une seule fois. Une entreprise se doit toujours de prendre en compte toute son incidence réelle et potentielle sur les droits de l'homme. Il convient aussi de garder à l'esprit que même une incidence qui au départ n'est pas considérée comme grave peut évoluer vers des violations plus graves (ou être perçue comme telle) si elle n'est pas prise en compte correctement.

QUESTIONS À SE POSER

Devons-nous répondre par étapes à toute incidence négative sur les droits de l'homme que nous avons identifiées ou sont-elles de nature à être prises en compte toutes en même temps ?

Si nous devons établir une priorité afin d'agir par étapes, avons-nous un moyen d'évaluer la gravité de nos incidences ?

Nos systèmes pour évaluer la gravité des incidences prennent-ils en compte la portée, l'ampleur et le caractère remédiable ?

Montrent-ils que si une incidence potentielle est grave, c'est là qu'il faut agir en priorité, peu importe sa probabilité ?

Accordent-ils une attention particulière aux personnes qui appartiennent à des groupes vulnérables qui pourraient subir l'incidence la plus grave en matière de droits de l'homme ?

Est-ce qu'ils identifient des situations où une réponse tardive à une incidence réelle peut rendre la réparation plus difficile ?

Une fois que les incidences les plus graves en matière de droits de l'homme ont été prises en compte, nos systèmes passent-ils automatiquement sur les incidences au deuxième niveau de gravité jusqu'à ce que toutes aient été prises en compte ?

Observation générale n° 16 (2013) du Comité des droits de l'enfant des Nations unies du 17 avril 2013,

Sur les obligations des États concernant les incidences du secteur des entreprises sur les droits de l'enfant 🏛.

B Organisation de coopération et de développement économique

COMMENTAIRE

Les Principes directeurs de l'OCDE sont des recommandations que les gouvernements adressent aux entreprises multinationales afin de favoriser une conduite raisonnable de ces entreprises dans les domaines des relations professionnelles, des droits de l'homme, de l'environnement, de la fiscalité, de la publication d'informations, de la lutte contre la corruption, des intérêts des consommateurs, de la science et de la technologie, et de la concurrence. Les Principes directeurs de l'OCDE à l'intention des entreprises multinationales invitent à promouvoir le développement durable et le respect des droits de l'homme. Ils les engagent également à appliquer et diffuser des principes de bonne gouvernance tant à l'intérieur de l'entreprise qu'à l'égard des pouvoirs publics. Ils concernent également la publication d'informations, l'emploi et les relations professionnelles, l'environnement, l'intérêt des consommateurs, la science et la technologie, le commerce et la fiscalité. Ces principes ont intégré les Principes directeurs relatifs aux entreprises et aux droits de l'homme de l'ONU du 16 juin 2000 (V. *supra*, A. Organisation des Nations unies).

Les Principes directeurs, précédés en 1976 des Principes directeurs de l'OCDE relatifs à la déclaration sur l'investissement international et les entreprises multinationales, traitent spécifiquement des aspects liés au fonctionnement interne des groupes de sociétés et d'aspects externes liés à l'activité transnationale des groupes. Ainsi, ils appréhendent l'impact des activités et des relations des entreprises avec leurs parties prenantes partout dans le monde. Ces principes ont été initiés par la Déclaration de l'OCDE sur l'investissement international et les entreprises multinationales du 27 juin 2000.

Il s'agissait des premiers textes internationaux traitant des entreprises multinationales en l'absence de tout corps de règles internationales et incitant les entreprises à lutter contre la corruption.

I. MODALITÉS D'APPLICATION DES PRINCIPES DIRECTEURS DE L'OCDE

Le bilan annuel de leur application au sein des quarante-trois États qui les ont adoptés fait l'objet de la publication de rapports annuels par le secrétariat de l'OCDE. Ces Principes directeurs, inspirés directement des Principes directeurs des Nations unies relatifs aux entreprises et aux droits de l'homme, sont accompagnés d'un Guide OCDE sur le devoir de diligence pour une conduite responsable des entreprises (V. *infra*), qui a pour objectif de fournir aux entreprises un guide pratique pour la mise en œuvre des Principes directeurs de l'OCDE à l'intention des entreprises multinationales. Ce guide privilégie des recommandations concrètes concernant le devoir de diligence. La mise en œuvre de ces recommandations doit permettre aux entreprises d'éviter et de traiter les risques d'impacts négatifs sur les travailleurs, les droits de l'homme, l'environnement, la corruption, les consommateurs et la gouvernance d'entreprise liés à leurs activités, à leur chaîne d'approvisionnement et à leurs relations d'affaires. Une annexe jointe au Guide propose des textes explicatifs, des conseils et des exemples d'application du devoir de diligence.

Ce Guide vise également à promouvoir une définition commune aux gouvernements et aux parties prenantes du devoir de diligence pour une conduite responsable des entreprises. Les Principes directeurs des Nations unies sur les entreprises et les droits de l'homme ainsi que la Déclaration de principes tripartite sur les entreprises multinationales et la politique sociale de l'OIT contiennent aussi des recommandations relatives au devoir de diligence, auquel le Guide s'applique également en tant qu'instrument destiné à faciliter leur mise en œuvre.

II. VALEUR NORMATIVE DES PRINCIPES DIRECTEURS

Dépourvus de force contraignante, les Principes directeurs revêtent cependant une double valeur opératoire. D'une part, ces principes sont insérés dans la Déclaration de l'OCDE sur l'investissement international et les entreprises multinationales du 27 juin 2000 (il s'agit dès lors de recommandations des gouvernements à l'égard des entreprises multinationales opérant sur leur territoire). D'autre part, le suivi de l'application de ces principes est assuré par le Comité de l'investissement international et des entreprises multinationales (CIME) de l'OCDE. Il impose aux pays membres la création de « points de contact nationaux » (PCN) qui sont des structures tripartites rassemblant les syndicats, les entreprises et l'Administration. En France, l'activité du PCN est coordonnée par la direction générale du Trésor chargée d'assurer la diffusion et la promotion des principes et de répondre aux saisines pour non-respect de ces principes. Les points de contact nationaux appliquent des procédures dites de « circonstances spécifiques » permettant de préciser les contours de l'obligation de diligence raisonnable pesant sur les entreprises. Ils font par ailleurs partie, comme les autres instruments de promotion des droits humains, du mouvement tendant à les intégrer ensuite dans le droit positif par des instruments législatifs régionaux et nationaux déclinant ces engagements. ☐

Principes directeurs de l'OCDE (2011),

A l'intention des entreprises multinationales.

BIBL. ▶ JACQUET, *RTD com. 2001. 296* (version révisée des principes directeurs de l'OCDE à l'intention des entreprises multinationales).

Avant-propos

Les *Principes directeurs de l'OCDE à l'intention des entreprises multinationales* sont des recommandations que les gouvernements adressent aux entreprises multinationales exerçant leurs activités dans les pays adhérents ou à partir de ces derniers. Ils contiennent des principes et des normes non contraignants destinés à favoriser une conduite raisonnable des entreprises dans un environnement mondialisé, en conformité avec les législations applicables et les normes internationalement admises. Les Principes directeurs constituent, en matière de conduite responsable des entreprises, le seul code exhaustif convenu à l'échelon multilatéral que les gouvernements se sont engagés à promouvoir.

Les recommandations énoncées dans les *Principes directeurs* expriment les valeurs partagées par les gouvernements des pays dont provient une grande partie de l'investissement direct international et dans lesquels sont implantées nombre des entreprises multinationales parmi les plus grandes. Les *Principes directeurs* ont vocation à promouvoir une contribution positive des entreprises au progrès économique, environnemental et social partout dans le monde.

Les *Principes directeurs* sont étayés par un mécanisme de mise en œuvre unique en son genre, les Points de contact nationaux (PCN), qui sont les instances établies par les gouvernements adhérents pour promouvoir et mettre en œuvre les Principes

directeurs. Les PCN aident les entreprises et leurs parties prenantes à prendre les mesures adéquates pour en renforcer encore l'application. Ils constituent également un pôle de médiation et de conciliation permettant de résoudre les problèmes pratiques susceptibles de se poser.

Le 4 mai 2010, les gouvernements de 42 pays membres et non membres de l'OCDE ayant adhéré à la Déclaration de l'OCDE sur l'investissement international et les entreprises multinationales et à la Décision connexe ont lancé les travaux de mise à jour des *Principes directeurs* afin de tenir compte des évolutions du paysage de l'investissement international et des entreprises multinationales intervenues depuis la dernière révision effectuée en 2000. Les modifications convenues dans ce cadre ont pour objet de garantir que les *Principes directeurs* continueront à jouer leur rôle d'instrument international de premier plan dans la promotion d'une conduite responsable des entreprises.

Les *Principes directeurs* mis à jour et la Décision connexe ont été adoptés par les 42 pays adhérents le 25 mai 2011 lors de la Réunion ministérielle du 50e anniversaire de l'OCDE.

Parmi les modifications apportées aux *Principes directeurs*, on peut citer :

• Un nouveau chapitre sur les droits de l'homme inspiré des Principes directeurs pour les entreprises et les droits de l'homme : mise en œuvre du cadre "Protéger, respecter et réparer" établi par les Nations unies.

• Une approche nouvelle et plus complète de la diligence et de la gestion responsable de la chaîne d'approvisionnement qui représente un progrès significatif par rapport aux conceptions antérieures.

• Des changements importants dans de nombreux chapitres spécialisés concernant par exemple l'emploi et les relations sociales, la lutte contre la corruption, la sollicitation de pots-de-vin et d'autres formes d'extorsion, l'environnement, les intérêts des consommateurs, la publication d'informations ou encore la fiscalité.

• Des lignes directrices de procédure plus claires et plus strictes destinées à renforcer le rôle des PCN, à en améliorer les performances et à favoriser l'équivalence fonctionnelle.

• Un agenda proactif de mise en œuvre destiné à aider les entreprises à assumer leurs responsabilités au fur et à mesure que de nouveaux défis se présenteront à elles.

La mise à jour des *Principes directeurs* a été menée par les gouvernements adhérents qui ont procédé à des consultations intensives avec un large éventail de parties prenantes et de partenaires. Tous les pays du G20 non adhérents ont été invités à y prendre part sur un pied d'égalité ; ils ont apporté à ce titre des contributions importantes, de même que les participants aux consultations régionales organisées en Asie, en Afrique, en Amérique latine ainsi qu'au Moyen-Orient et en Afrique du Nord. Le Comité consultatif économique et industriel auprès de l'OCDE (BIAC), la Commission syndicale consultative auprès de l'OCDE (TUAC) et OECD Watch se sont fait les porte-paroles des entreprises, des organisations syndicales et des organisations non gouvernementales (ONG) grâce à des consultations régulières et à leur participation active au groupe consultatif du Président du Groupe de travail chargé de la mise à jour des Principes directeurs. Le Représentant spécial pour la question des droits de l'homme et des sociétés transnationales et autres entreprises auprès du Secrétaire général des Nations unies, le Professeur John Ruggie, l'Organisation internationale du travail et d'autres organisations internationales ont également apporté de larges contributions à la mise à jour.

Au sein de l'OCDE, le Comité des affaires fiscales ; le Comité de la concurrence ; le Comité de l'emploi, du travail et des affaires sociales ; le Comité sur la gouvernance d'entreprise ; le Comité de la politique à l'égard des consommateurs ; le Comité des politiques d'environnement ; et le Groupe de travail sur la corruption dans le cadre de transactions commerciales internationales ont pour leur part contribué à la révision des différents chapitres spécialisés des *Principes directeurs* relevant de leurs activités.

Les travaux consacrés à la mise à jour ont été menés avec le soutien de la Division de l'investissement qui a assuré le Secrétariat du Comité de l'investissement de l'OCDE, en collaboration avec la Direction des affaires juridiques, le Centre de politique et d'administration fiscales, la Division de lutte contre la corruption, la Division de la concurrence, la Division des affaires d'entreprise, la Division de l'analyse et des politiques de l'emploi, la Division de l'intégration de l'environnement et de l'économie et la Division de la politique de l'information, des communications et des consommateurs.

La déclaration sur l'investissement international et les entreprises multinationales (25 mai 2011)

Les gouvernements adhérents [au 25 mai 2011, les gouvernements adhérents sont ceux de l'ensemble des pays Membres de l'OCDE ainsi que l'Argentine, le Brésil, l'Égypte, la Lettonie, la Lituanie, le Maroc, le Pérou et la Roumanie. La Communauté européenne est invitée à s'associer à la section sur le Traitement national pour les questions relevant de sa compétence].

CONSIDÉRANT :

– Que les investissements internationaux revêtent une importance majeure pour l'économie mondiale et ont contribué dans une mesure considérable au développement de leur pays.

– Que les entreprises multinationales jouent un rôle important dans le processus d'investissement.

– Que la coopération internationale peut améliorer le climat des investissements étrangers, favoriser la contribution positive que les entreprises multinationales peuvent apporter au progrès économique, social et environnemental, et permettre de réduire au minimum et de résoudre les difficultés qui peuvent résulter de leurs opérations.

– Que les avantages de la coopération internationale peuvent être accrus en abordant les questions afférentes à l'investissement international et aux entreprises multinationales au moyen d'un ensemble équilibré d'instruments interdépendants.

DÉCLARENT :

Principes directeurs à l'intention des entreprises multinationales

I. Qu'ils recommandent conjointement aux entreprises multinationales opérant sur le territoire de leurs pays ou à partir de celui-ci d'observer les Principes directeurs énoncés dans l'Annexe 1 ci-jointe *[le texte des Principes Directeurs à l'intention des Entreprises Multinationales est reproduit dans la Partie I. de cette publication]*, en tenant compte des considérations et des précisions qui figurent dans la Préface et le premier chapitre desdits Principes et qui en font partie intégrante ;

Traitement national

II. 1. Que les gouvernements adhérents, compte tenu de la nécessité de maintenir l'ordre public, de protéger les intérêts essentiels de leur sécurité et de remplir leurs engagements concernant la paix et la sécurité internationales, devraient accorder aux entreprises opérant sur leur territoire et qui appartiennent à, ou sont contrôlées directement ou indirectement par des ressortissants d'un autre gouvernement adhérent (appelés ci-dessous "entreprises sous contrôle étranger"), un régime résultant de leurs lois, réglementations et pratiques administratives (appelé ci-dessous "Traitement national") qui, en harmonie avec le droit international, ne sera pas moins favorable que celui dont bénéficient dans les mêmes circonstances les entreprises nationales ;

2. Que les gouvernements adhérents envisageront d'appliquer le "Traitement national" à l'égard d'autres pays que les gouvernements adhérents ;

3. Que les gouvernements adhérents s'efforceront de veiller à ce que les subdivisions territoriales appliquent le "Traitement national" ;

4. Que la Déclaration ne concerne pas le droit de tout gouvernement adhérent de réglementer l'admission des investissements étrangers ou les conditions d'établissement des entreprises étrangères.

Obligations contradictoires

III. Qu'ils coopéreront afin d'éviter ou d'atténuer l'imposition d'obligations contradictoires aux entreprises multinationales et qu'ils prendront en compte les considéra-

tions générales et les modalités pratiques qui sont énoncées à l'annexe 2 ci-après *[le texte des considérations générales et approches pratiques, relatif aux obligations contradictoires imposées aux entreprises multinationales est disponible sur le site Web de l'OCDE www.oecd.org/daf/investissement/]*.

Stimulants et obstacles à l'investissement international

IV. 1. Qu'ils reconnaissent la nécessité de renforcer leur coopération dans le domaine des investissements directs internationaux ;

2. Qu'ils reconnaissent ainsi la nécessité de tenir dûment compte des intérêts des gouvernements adhérents qui seraient affectés par les lois, réglementations et pratiques administratives (appelées ci-dessous "mesures") visant spécifiquement les investissements directs internationaux et constituant des stimulants ou des obstacles à ces investissements ;

3. Que les gouvernements adhérents s'efforceront de rendre ces mesures aussi transparentes que possible, de façon que leur importance et leur objet puissent être facilement déterminés et que des informations à leur sujet puissent être facilement obtenues ;

Procédures de consultation

V. Qu'ils sont prêts à se consulter sur les questions ci-dessus, en application des Décisions pertinentes du Conseil ;

Réexamen

VI. Qu'ils réexamineront les questions ci-dessus périodiquement, en vue de rendre plus efficace la coopération économique internationale entre gouvernements adhérents dans les domaines relatifs à l'investissement international et aux entreprises multinationales.

PARTIE I Les Principes directeurs de l'OCDE à l'intention des entreprises multinationales

Recommandations pour une conduite responsable des entreprises dans le contexte international

Texte et commentaires

Note du Secrétariat : Les commentaires ont été élaborés par le Comité de l'investissement en session élargie, y compris les huit pays non-Membres *[Argentine, Brésil, Égypte, Lettonie, Lituanie, Maroc, Pérou et Roumanie]* **adhérant à la Déclaration de l'investissement international et les entreprises internationales, afin de fournir des informations et des explications sur le texte des *Principes directeurs de l'OCDE à l'intention des entreprises multinationales* et la Décision du Conseil sur les *Principes directeurs de l'OCDE à l'intention des entreprises multinationales*. Ils ne font partie de la *Déclaration sur l'investissement international et les entreprises multinationales* ni à la Décision du Conseil sur les *Principes directeurs de l'OCDE à l'intention des entreprises multinationales*.**

Dans cette publication, les commentaires sont situés après le chapitre auquel ils font référence et sont numérotés consécutivement de 1 à 106.

Préface

Les *Principes directeurs de l'OCDE à l'intention des entreprises multinationales* (les *Principes directeurs*) sont des recommandations que les gouvernements adressent aux entreprises multinationales. Les *Principes directeurs* visent à faire en sorte que les activités des entreprises multinationales s'exercent en harmonie avec les politiques des gouvernements, à renforcer la confiance mutuelle entre les entreprises et les sociétés dans lesquelles elles exercent leurs activités, à améliorer l'environnement pour l'investissement étranger et à accroître la contribution des entreprises multinationales au développement durable. Les *Principes directeurs* font partie de la *Déclaration de l'OCDE sur l'investissement international et les entreprises multinationales*, dont les autres éléments concernent le traitement national, les obligations contradictoires imposées aux entreprises ainsi que les incitations et les obstacles à

l'investissement international. Les Principes directeurs énoncent des principes et des normes volontaires de conduite responsable des entreprises, en conformité avec les législations applicables et les normes internationalement admises. Toutefois, les pays adhérant aux *Principes directeurs* prennent l'engagement contraignant de les mettre en œuvre conformément à la *Décision du Conseil relative aux Principes directeurs de l'OCDE à l'intention des entreprises multinationales*. En outre, les sujets abordés dans les *Principes directeurs* peuvent également faire l'objet de législations nationales et d'engagements internationaux.

Les activités internationales des entreprises ont subi de profonds changements structurels et les *Principes directeurs* ont eux-mêmes évolué pour tenir compte de ces changements. Avec le développement des secteurs des services et des secteurs à forte intensité de savoir et l'expansion de l'économie de l'Internet, les entreprises opérant dans les services et la technologie jouent un rôle de plus en plus important sur le marché international. Les grandes entreprises représentent toujours une forte proportion de l'investissement international et les grandes fusions internationales se multiplient. Dans le même temps, les petites et moyennes entreprises investissent elles aussi davantage à l'étranger et jouent maintenant un rôle non négligeable sur la scène internationale. Comme leurs homologues nationales, les entreprises multinationales ont évolué et font aujourd'hui appel à un plus large éventail de mécanismes industriels et commerciaux et de formes d'organisation. La conclusion d'alliances stratégiques et le resserrement des liens avec les fournisseurs et les sous-traitants ont tendance à brouiller les frontières de l'entreprise.

La rapide évolution de la structure des entreprises multinationales se reflète aussi dans leurs activités dans le monde en développement, où l'investissement direct étranger croît rapidement. Dans les pays en développement, les entreprises multinationales ont diversifié leurs activités, autrefois limitées à la production primaire et aux industries extractives, et se sont lancées dans la fabrication et le montage, la mise en valeur du marché intérieur et les services. L'apparition d'entreprises multinationales implantées dans des pays en développement s'imposant comme des investisseurs internationaux de poids constitue un autre fait marquant.

Par le biais des échanges et des investissements internationaux, les activités des entreprises multinationales ont permis de renforcer et d'approfondir les liens entre les différents pays et les différentes régions du monde. De telles activités sont très bénéfiques pour les pays d'origine comme pour les pays d'accueil. Les avantages qui en découlent se concrétisent lorsque les entreprises multinationales fournissent à des prix concurrentiels les produits ou services recherchés par les consommateurs et lorsqu'elles assurent un juste rendement à ceux qui leur apportent des capitaux. En outre, les activités des entreprises multinationales dans le domaine des échanges et de l'investissement contribuent à l'utilisation efficace du capital, de la technologie et des ressources humaines et naturelles. Elles facilitent les transferts de technologie entre les différentes régions du monde et la mise au point de technologies adaptées aux conditions locales. Grâce à une formation institutionnalisée et à l'apprentissage en cours d'emploi, les entreprises contribuent également à valoriser le capital humain et à créer des perspectives d'emploi dans les pays d'accueil.

La nature, l'étendue et la rapidité des changements économiques représentent de nouveaux défis stratégiques pour les entreprises et leurs parties prenantes. Les entreprises multinationales ont ainsi l'occasion de mettre en place des politiques de pratiques exemplaires dans le domaine du développement durable qui visent à la cohérence des objectifs économiques, environnementaux et sociaux. Les entreprises multinationales sont d'autant mieux à même de promouvoir le développement durable que les échanges et les investissements s'effectuent dans le cadre de marchés ouverts, concurrentiels et convenablement réglementés.

De nombreuses entreprises multinationales ont démontré que le respect de normes strictes de conduite pouvait améliorer la croissance. Dans le monde d'aujourd'hui, la concurrence est intense et les entreprises multinationales font face à des paramètres différents, qu'ils soient juridiques, sociaux ou réglementaires. Dans ce contexte, des entreprises pourraient être tentées de négliger certains principes ou certaines normes de conduite adéquats afin d'obtenir un avantage concurrentiel indu. De telles pratiques émanant d'un petit nombre d'entreprises pourraient remettre en cause la réputation de la majorité d'entre elles et susciter des préoccupations de la part du public.

Beaucoup d'entreprises ont pris en compte ces préoccupations du public en mettant sur pied des programmes internes et des dispositifs d'orientation et de gestion qui étayent leurs engagements de citoyenneté, de respect de bonnes pratiques et de bonne conduite de l'entreprise et de ses salariés. Certaines ont fait appel à des services de conseil, d'audit et de certification, ce qui a contribué à l'accumulation d'un savoir-faire dans ce domaine. Les entreprises ont également favorisé le dialogue social sur ce qui constitue une conduite responsable des entreprises et elles ont coopéré avec les parties prenantes, dans le cadre d'initiatives pluripartites, afin d'élaborer des orientations relatives à une conduite responsable des entreprises. Les Principes directeurs clarifient les attentes communes aux pouvoirs publics des pays qui y adhèrent et ont en outre valeur de référence pour les entreprises comme pour les autres parties prenantes. Par conséquent, ils complètent et renforcent les initiatives privées qui visent à définir et à faire appliquer des règles de conduite responsable pour les entreprises.

Les gouvernements coopèrent, entre eux et avec d'autres acteurs, pour renforcer le cadre international, juridique et réglementaire, dans lequel les entreprises exercent leurs activités. On peut faire remonter ce processus aux travaux engagés par l'Organisation internationale du travail au début du vingtième siècle. L'adoption par les Nations unies, en 1948, de la Déclaration universelle des droits de l'homme est aussi à marquer d'une pierre blanche. Elle a été suivie par l'élaboration continue de normes applicables dans de nombreux domaines relevant de la responsabilité des entreprises, laquelle se poursuit encore aujourd'hui. L'OCDE a apporté une contribution de poids à ce processus en édictant des normes applicables valables dans des domaines tels que l'environnement, la lutte contre la corruption, les intérêts des consommateurs, le gouvernement d'entreprise ou encore la fiscalité.

L'objectif commun des gouvernements souscrivant aux Principes directeurs est d'encourager la contribution positive que les entreprises multinationales peuvent apporter au progrès économique, environnemental et social, et de réduire au minimum les difficultés que leurs diverses activités peuvent engendrer. Pour atteindre cet objectif, les gouvernements travaillent en partenariat avec les nombreuses entreprises, organisations syndicales et autres organisations non gouvernementales qui œuvrent à leur manière aux mêmes fins. Les pouvoirs publics peuvent y contribuer en mettant en place des cadres d'action nationaux efficaces reposant sur plusieurs volets : une politique macro-économique stable, un traitement non discriminatoire des entreprises, une réglementation judicieuse et une surveillance prudentielle adéquate, une justice et une application des lois impartiales ainsi qu'une administration publique efficace et intègre. Ils peuvent aussi y concourir en appliquant et en incitant à adopter des normes et des politiques propices à un développement durable, et en procédant sans relâche à des réformes visant à assurer l'efficience et l'efficacité des activités du secteur public. Les gouvernements souscrivant aux Principes directeurs s'engagent à améliorer continuellement leurs politiques intérieures et internationales dans le but d'accroître le bien-être et de relever le niveau de vie de tous.

I *Concepts et principes*

1. Les *Principes directeurs* sont des recommandations que les gouvernements adressent conjointement aux entreprises multinationales. Ils énoncent des principes et des normes de bonnes pratiques conformes aux législations en vigueur et aux autres normes internationalement admises. Le respect des *Principes directeurs* par les entreprises est volontaire et n'est pas juridiquement contraignant. Néanmoins, certains sujets abordés dans les *Principes directeurs* peuvent également être réglementés par des législations nationales ou des engagements internationaux.

2. Les entreprises ont pour obligation première de se conformer à la législation de leur pays. Les *Principes directeurs* ne sauraient se substituer à une législation ou une réglementation nationale, ni prévaloir sur elles. Si les *Principes directeurs* vont au-delà de la loi dans de nombreux cas, ils ne devraient pas – et tel n'est pas leur but – placer les entreprises dans une situation où elles feraient face à des obligations contradictoires. Dans les pays où la législation ou la réglementation intérieure contredisent les principes et les normes énoncés dans les *Principes directeurs*, les entreprises devraient rechercher le moyen de respecter ces principes et ces normes dans toute la mesure du possible sans toutefois risquer de contrevenir à leur législation nationale ;

3. Dans la mesure où les entreprises multinationales exercent leurs activités dans le monde entier, la coopération internationale dans ce domaine devrait s'étendre à tous les pays. Les gouvernements souscrivant aux *Principes directeurs* encouragent les entreprises opérant sur leur territoire à respecter les *Principes directeurs* partout où elles exercent leurs activités, en tenant compte de la situation particulière de chaque pays d'accueil.

4. Une définition précise des entreprises multinationales n'est pas nécessaire pour les besoins des *Principes directeurs*. Ces entreprises sont en effet présentes dans tous les secteurs de l'économie. Il s'agit généralement d'entreprises ou d'autres entités établies dans plusieurs pays et liées de telle façon qu'elles peuvent coordonner leurs activités de diverses manières. Une ou plusieurs de ces entités peuvent être en mesure d'exercer une grande influence sur les activités des autres, mais leur degré d'autonomie au sein de l'entreprise peut être très variable d'une multinationale à l'autre. Leur actionnariat peut être privé, public ou mixte. Les *Principes directeurs* s'adressent à toutes les entités qui composent l'entreprise multinationale (sociétés mères et/ou entités locales). En fonction de la répartition effective des responsabilités entre elles, on attend des différentes entités qu'elles coopèrent et se prêtent mutuellement concours pour faciliter l'observation des *Principes directeurs*.

5. Les *Principes directeurs* ne visent pas à instaurer des différences de traitement entre les entreprises multinationales et les entreprises nationales ; ils traduisent des pratiques pouvant être recommandées à toutes. On attend donc des entreprises multinationales et nationales qu'elles aient le même comportement dans tous les cas où les *Principes directeurs* s'appliquent aux unes et aux autres.

6. Les gouvernements souhaitent encourager un respect aussi large que possible des *Principes directeurs*. Tout en reconnaissant que les petites et moyennes entreprises peuvent ne pas avoir les mêmes moyens que les grandes, les gouvernements adhérant aux *Principes directeurs* les encouragent néanmoins à respecter dans toute la mesure du possible les recommandations qu'ils contiennent.

7. Les gouvernements souscrivant aux *Principes directeurs* ne doivent pas s'en servir à des fins protectionnistes ni d'une manière qui mette en cause l'avantage comparatif d'un pays où les entreprises multinationales investissent.

8. Les gouvernements ont le droit de réglementer les conditions d'activité des entreprises multinationales dans les limites de leurs compétences, sous réserve du respect du droit international. Les entités d'une entreprise multinationale situées dans divers pays sont soumises aux lois en vigueur dans ces pays. Si des entreprises multinationales sont soumises à des obligations contradictoires de la part de pays adhérents ou de pays tiers, les pouvoirs publics concernés sont invités à coopérer en toute bonne foi afin de résoudre les problèmes susceptibles de se poser.

9. Les gouvernements souscrivant aux *Principes directeurs* les ont établis en prenant l'engagement d'assumer la responsabilité qui leur incombe de traiter les entreprises d'une façon équitable et conformément au droit international et à leurs obligations contractuelles.

10. Le recours à des mécanismes internationaux adéquats de règlement des différends, y compris l'arbitrage, est encouragé afin de faciliter le règlement des problèmes juridiques susceptibles de surgir entre les entreprises et les autorités des pays d'accueil.

11. Les gouvernements souscrivant aux *Principes directeurs* conviennent de les mettre en œuvre et d'en encourager l'usage. Ils créeront des Points de contact natio-

naux qui auront pour tâche de promouvoir les *Principes directeurs* et serviront de forum de discussion pour toutes les questions concernant les *Principes directeurs*. En outre, les gouvernements adhérents participeront à des procédures adéquates d'examen et de consultation pour les questions concernant l'interprétation des *Principes directeurs* dans un monde en mutation.

II *Principes généraux*

Les entreprises doivent tenir pleinement compte des politiques établies dans les pays où elles exercent leurs activités et prendre en considération les points de vue des autres acteurs. A cet égard :

A. Les entreprises devraient :

1. Contribuer aux progrès économiques, environnementaux et sociaux en vue de parvenir à un développement durable.

2. Respecter les droits de l'homme internationalement reconnus vis-à-vis des personnes affectées par leurs activités.

3. Encourager le renforcement de capacités au niveau local en coopérant étroitement avec la communauté locale, y compris les milieux d'affaires, tout en développant les activités de l'entreprise sur le marché intérieur et sur les marchés extérieurs d'une manière compatible avec de saines pratiques commerciales.

4. Encourager la formation de capital humain, en particulier en créant des possibilités d'emploi et en facilitant la formation des salariés.

5. S'abstenir de rechercher ou d'accepter des exceptions non prévues dans le dispositif législatif ou réglementaire concernant les droits de l'homme, l'environnement, la santé, la sécurité, le travail, la fiscalité, les incitations financières ou d'autres domaines.

6. Appuyer et faire observer des principes de bon gouvernement d'entreprise et mettre au point et appliquer de bonnes pratiques de gouvernement d'entreprise, y compris au sein des groupes d'entreprises.

7. Élaborer et appliquer des pratiques d'autodiscipline et des systèmes de gestion efficaces qui favorisent une relation de confiance mutuelle entre les entreprises et les sociétés dans lesquelles elles exercent leurs activités.

8. Faire en sorte que les travailleurs qu'elles emploient soient bien au fait des politiques qu'elles ont mises en place et les inciter à s'y conformer en les diffusant comme il convient, notamment par des programmes de formation.

9. S'abstenir d'engager des actions discriminatoires ou disciplinaires à l'encontre des travailleurs qui auraient, de bonne foi, rapporté à la direction ou, le cas échéant, aux autorités publiques compétentes, des informations sur des pratiques contraires à la loi, aux *Principes directeurs* ou aux politiques de l'entreprise.

10. Exercer une diligence raisonnable fondée sur les risques, par exemple en intégrant cette dimension dans leurs systèmes de gestion des risques, afin d'identifier, de prévenir ou d'atténuer les incidences négatives, réelles ou potentielles, décrites dans les paragraphes 11 et 12, et rendre compte de la manière dont elles répondent à de telles incidences. La nature et la portée de la diligence raisonnable dépendent des circonstances propres à une situation particulière.

11. Éviter d'avoir, du fait de leurs propres activités, des incidences négatives dans des domaines visés par les *Principes directeurs*, ou d'y contribuer, et prendre des mesures qu'imposent ces incidences lorsqu'elles se produisent.

12. S'efforcer d'empêcher ou d'atténuer une incidence négative, dans le cas où elles n'y ont pas contribué mais où cette incidence est néanmoins directement liée à leurs activités, à leurs produits ou à leurs services en vertu d'une relation d'affaires. Ceci ne doit pas être interprété comme transférant la responsabilité de l'entité à l'origine d'une incidence négative sur l'entreprise avec laquelle elle entretient une relation d'affaires.

13. En plus de répondre à des incidences négatives dans des domaines visés par les *Principes directeurs*, encourager dans la mesure du possible leurs partenaires commer-

ciaux, y compris leurs fournisseurs et leurs sous-traitants, à appliquer des principes de conduite responsable conformes aux *Principes directeurs*.

14. S'engager auprès des parties prenantes concernées en leur donnant de réelles possibilités de faire valoir leurs points de vue lorsqu'il s'agit de planifier et de prendre des décisions relatives à des projets ou d'autres activités susceptibles d'avoir un impact significatif sur les populations locales.

15. S'abstenir de toute ingérence indue dans les activités politiques locales.

B. Les entreprises sont encouragées à :

1. Soutenir, en fonction des circonstances qui leur sont propres, les efforts concertés déployés dans les enceintes appropriées pour favoriser la liberté sur l'Internet, notamment par le respect de la liberté d'expression, de réunion et d'association en ligne.

2. Participer ou apporter leur soutien, le cas échéant, à des initiatives privées ou multipartites et au dialogue social sur une gestion responsable de la chaîne d'approvisionnement, en s'assurant que ces initiatives prennent dûment en compte leurs conséquences sociales ou économiques sur les pays en développement et respectent les normes internationalement admises existantes

Commentaire sur les principes généraux

1. Le chapitre des *Principes directeurs* consacré aux principes généraux est le premier qui contienne des recommandations précises adressées aux entreprises. Il est important en ce sens qu'il fixe l'orientation générale et établit des principes fondamentaux communs pour les recommandations spécifiques des chapitres suivants.

2. Les entreprises sont encouragées à coopérer avec les pouvoirs publics pour la mise au point et l'application des politiques et des réglementations. Prendre en considération les points de vue des autres acteurs de la société peut également enrichir ce processus ; on vise ici la communauté locale et les milieux d'affaires. Il est également admis que les pouvoirs publics doivent faire preuve de transparence dans leurs rapports avec les entreprises et les consulter sur ces mêmes questions. Les entreprises doivent être considérées comme des partenaires des pouvoirs publics pour la mise au point et l'application des dispositifs volontaires et réglementaires (dont les *Principes directeurs* constituent un élément) ayant trait aux politiques qui les concernent.

3. Il ne saurait y avoir de contradiction entre les activités des entreprises multinationales et le développement durable. C'est précisément cette complémentarité que les Principes directeurs entendent favoriser. De fait, il est fondamental que des liens existent entre les progrès économiques, sociaux et environnementaux pour conforter l'objectif du développement durable *[l'une des définitions les plus largement acceptées du développement durable a été donnée en 1987 par la Commission mondiale sur l'environnement et le développement (Commission "Brundtland"). Il s'agit d'un "développement qui répond aux besoins du présent sans compromettre la capacité des générations futures de répondre aux leurs"]*.

4. Le chapitre 4 reprend de manière plus détaillée les recommandations générales relatives aux droits de l'homme formulées au paragraphe A.2.

5. Par ailleurs, les *Principes directeurs* reconnaissent et encouragent la contribution que les entreprises multinationales peuvent apporter à la création de capacités locales en raison de leurs activités au niveau local. De même, la recommandation concernant la formation de capital humain est résolument tournée vers l'avenir, en reconnaissant expressément la contribution que les entreprises multinationales peuvent offrir à leurs travailleurs sur le plan du développement humain individuel. Cette recommandation n'a pas seulement trait à l'embauche ; elle englobe également la formation et les autres actions de développement professionnel. La formation de capital humain couvre également la notion de non-discrimination au niveau de l'embauche, de la promotion, de l'apprentissage tout au long de la vie et des autres formules de formation en cours d'emploi.

6. Les *Principes directeurs* préconisent que, d'une manière générale, les entreprises évitent de chercher à obtenir des exceptions non prévues dans le dispositif législatif ou réglementaire ayant trait aux droits de l'homme, à l'environnement, à la santé, à la sécurité, au travail, à la fiscalité ou aux incitations financières, pour n'en citer que quelques-uns, mais sans préjudice du droit qu'elles ont par ailleurs de chercher à

faire évoluer un cadre législatif ou réglementaire. L'expression "ou d'accepter" souligne par ailleurs le rôle de l'État qui peut avoir proposé les exceptions. Une disposition de ce type s'adresse traditionnellement aux pouvoirs publics, mais elle concerne également les entreprises multinationales directement. Il faut néanmoins garder à l'esprit que, dans certains cas, des exceptions particulières à des lois ou à d'autres mesures peuvent être conformes à ces lois pour des raisons légitimes d'intérêt public. On en trouvera des exemples dans les chapitres consacrés à l'environnement ou à la politique de la concurrence.

7. Aux termes des *Principes directeurs*, il est recommandé que les entreprises mettent en œuvre de saines pratiques de gouvernement d'entreprise inspirées des *Principes de gouvernement d'entreprise de l'OCDE*. Elles sont en particulier appelées à protéger et à faciliter l'exercice des droits des actionnaires, notamment le droit à un traitement équitable. Les entreprises devraient reconnaître les droits des parties prenantes tels que définis dans des textes législatifs ou des accords mutuels et encourager une coopération active avec ces parties prenantes pour favoriser la création de richesses et d'emplois et assurer la viabilité d'entreprises financièrement saines.

8. Selon les *Principes directeurs*, le conseil d'administration d'une entité-mère doit assurer le pilotage stratégique de l'entreprise, et en contrôler efficacement la direction. Le conseil d'administration doit aussi rendre des comptes à l'entreprise et aux actionnaires, tout en veillant aux intérêts des parties prenantes. Lorsqu'il s'acquitte de ces responsabilités, le conseil d'administration doit s'assurer de l'intégrité des systèmes de comptabilité et de communication financière de l'entreprise, et notamment de l'indépendance de la vérification des comptes, de l'existence de dispositifs de contrôle adéquats, en particulier pour la gestion des risques et le contrôle financier et opérationnel, ainsi que du respect du droit et des normes applicables.

9. Les *Principes directeurs* visent aussi les groupes d'entreprises, même si le conseil d'administration des filiales peut être tenu par des obligations découlant de la législation du pays où elles sont constituées en société. Les dispositifs de conformité et de contrôle doivent aussi intéresser ces filiales dans la mesure du possible. De plus, la mission de surveillance des pratiques de gouvernance qui incombe au conseil implique également de contrôler en permanence les structures internes d'un groupe afin de s'assurer que les responsabilités y sont clairement définies partout.

10. Les entreprises multinationales publiques sont soumises aux mêmes recommandations que les entreprises privées, mais la surveillance exercée par l'État est souvent démultipliée lorsque celui-ci est le propriétaire final. Les Lignes directrices de l'OCDE sur le gouvernement d'entreprise des entreprises publiques constituent pour ces sociétés un guide utile et personnalisé et les recommandations qui y sont énoncées sont de nature à améliorer sensiblement leur gouvernance.

11. Bien que les pouvoirs publics soient au premier chef responsables de l'amélioration du cadre juridique et institutionnel de la réglementation, les entreprises ont aussi d'excellentes raisons commerciales de mettre en place un gouvernement d'entreprise de qualité.

12. Il existe un arsenal de plus en plus étoffé d'instruments et de mesures émanant des organisations professionnelles qui abordent bien des aspects de la conduite des entreprises et de leurs relations avec la collectivité. A cet égard, des évolutions intéressantes sont en cours dans le secteur financier. Les entreprises reconnaissent que leurs activités ont souvent une incidence sur la société et sur l'environnement. La mise en place de pratiques d'autodiscipline et de systèmes de gestion par les entreprises soucieuses de réaliser les objectifs en question – en contribuant ainsi au développement durable – en offre un exemple. Développer ces pratiques ne peut que contribuer à des relations fructueuses entre les entreprises et les sociétés dans lesquelles elles opèrent.

13. Puisqu'on attend des entreprises des pratiques efficaces d'autodiscipline, on attend également d'elles une sensibilisation de leurs salariés aux mesures qu'elles mettent en œuvre. Des mécanismes de protection des salariés qui "donnent l'alerte" de bonne foi sont également recommandés, y compris pour protéger les salariés qui, en l'absence de mesures réparatrices promptes ou confrontés à un risque raisonnable

de conséquences négatives pour leur emploi, signalent aux autorités publiques compétentes des pratiques contraires à la loi. Bien qu'une telle protection concerne tout particulièrement les mesures de lutte contre la corruption et de protection de l'environnement, elle s'applique également aux autres recommandations des *Principes directeurs*.

14. Dans les *Principes directeurs*, on entend par diligence raisonnable le processus qui, en tant que partie intégrante de leurs systèmes de prise de décisions et de gestion des risques, permet aux entreprises d'identifier, de prévenir et d'atténuer les incidences négatives, réelles ou potentielles, de leurs activités, ainsi que de rendre compte de la manière dont elles abordent cette question. La diligence raisonnable peut être intégrée dans d'autres systèmes de gestion de risque au sein de l'entreprise à condition qu'elle aille au-delà de l'identification et la gestion des risques significatifs pour l'entreprise elle-même, pour englober également les risques d'incidences négatives dans des domaines visés par les *Principes directeurs*. Les incidences potentielles doivent être traitées grâce à des mesures de prévention ou d'atténuation, tandis que les incidences réelles doivent être traitées grâce à des mesures de réparation. Les *Principes directeurs* concernent les incidences négatives dont les entreprises sont à l'origine ou auxquelles elles contribuent, ou qui sont directement liées à leurs activités, leurs produits et leurs services du fait de l'existence d'une relation d'affaires, telle qu'elle est définie aux paragraphes A.11 et A.12. En exerçant une diligence raisonnable, les entreprises peuvent mieux se prémunir contre le risque de provoquer de telles incidences négatives. Aux fins de la présente recommandation, "contribuer à" une incidence négative doit être interprété comme une contribution substantielle, c'est-à-dire une activité qui provoque, facilite ou incite une autre entité à provoquer une incidence négative, et n'inclut pas les contributions mineures ou négligeables. On entend par "relation d'affaires" toute relation avec des partenaires commerciaux, des entités appartenant à la chaîne d'approvisionnement ou toute autre entité, publique ou non, directement liée à ses activités, ses produits ou ses services. La recommandation exprimée au paragraphe A.10 s'applique aux questions ayant trait aux incidences négatives couvertes par les *Principes directeurs*. Elle ne s'applique pas aux chapitres consacrés à la science et à la technologie, à la concurrence et à la fiscalité.

15. La nature et la portée de la diligence raisonnable (telles que les mesures spécifiques à prendre) appropriée à une situation particulière dépendront de facteurs tels que la taille de l'entreprise, le contexte dans lequel s'inscrivent ses activités, les recommandations spécifiques des *Principes directeurs* et la gravité des incidences négatives. Des recommandations portant spécifiquement sur la diligence raisonnable en matière de droits de l'homme figurent au chapitre IV.

16. Lorsque les entreprises ont un grand nombre de fournisseurs, elles sont invitées à identifier les domaines généraux dans lesquels le risque d'incidences négatives est le plus significatif puis, à partir de cette évaluation du risque, à exercer la diligence raisonnable de manière prioritaire à l'égard de certains fournisseurs.

17. Le fait, pour les entreprises, d'éviter d'avoir, du fait de leurs propres activités, des incidences négatives dans des domaines visés par les *Principes directeurs*, ou d'y contribuer, inclut leurs activités dans la chaîne d'approvisionnement. Les relations dans la chaîne d'approvisionnement peuvent prendre diverses formes, par exemple des franchises, des accords de licence ou de sous-traitance. Les entités dans la chaîne d'approvisionnement sont souvent elles-mêmes des entreprises multinationales et, de ce fait, celles qui exercent leurs activités dans ou à partir de pays adhérant à la Déclaration sont couvertes par les présents *Principes directeurs*.

18. Dans le contexte de la chaîne d'approvisionnement, si une entreprise s'aperçoit qu'il existe un risque d'incidence négative, elle devrait alors prendre les mesures nécessaires pour y mettre fin ou pour l'empêcher.

19. Si une entreprise s'aperçoit qu'elle risque de contribuer à une incidence négative, elle devrait alors prendre les mesures nécessaires pour interrompre ou pour empêcher cette contribution et user de son influence pour atténuer les incidences résiduelles dans toute la mesure du possible. On considère qu'il y a influence lors-

qu'une entreprise a la capacité de faire modifier les pratiques néfastes de l'entité responsable du dommage.

20. Bien répondre à l'attente exprimée au paragraphe A.12 signifie qu'une entreprise, seule ou en collaboration avec d'autres entités, le cas échéant, devrait utiliser son influence pour intervenir auprès de l'entité responsable de l'incidence négative afin de prévenir ou d'atténuer cette incidence.

21. Les *Principes directeurs* reconnaissent qu'il existe des limites pratiques concernant la capacité des entreprises à amener leurs fournisseurs à changer de comportement. Cette limitation tient aux caractéristiques des produits, au nombre des fournisseurs, à la structure et à la complexité de la chaîne d'approvisionnement, ou encore à la position de marché de l'entreprise vis-à-vis de ses fournisseurs ou d'autres entités de la chaîne d'approvisionnement. Cela étant, les entreprises peuvent aussi influencer leurs fournisseurs par le biais d'accords contractuels tels que des contrats de gestion, des obligations de pré-qualification pour les fournisseurs potentiels, des conventions de vote ou encore des accords de licence ou de franchise. Parmi d'autres facteurs pouvant être pris en compte pour déterminer la réponse adéquate à des risques identifiés, on peut citer la gravité des incidences négatives et la probabilité qu'elles surviennent, ou encore le degré d'importance du fournisseur pour l'entreprise.

22. Du point de vue de la relation d'affaires, les réponses appropriées peuvent prendre plusieurs formes : poursuite de la relation avec le fournisseur pendant toute la durée des efforts d'atténuation des risques ; suspension temporaire de la relation avec poursuite des efforts d'atténuation des risques ; ou, en dernier recours, rupture de la relation avec le fournisseur, soit après que les efforts d'atténuation des risques ont échoué, soit parce que l'entreprise estime qu'aucune atténuation n'est possible, soit à cause de la gravité de l'incidence négative. L'entreprise devrait aussi prendre en compte les incidences négatives éventuelles, sur les plans social et économique, d'une décision de désengagement.

23. Les entreprises peuvent aussi s'engager aux côtés des fournisseurs et d'autres entités de la chaîne d'approvisionnement pour améliorer leurs performances, en coopération avec d'autres parties prenantes, notamment grâce à la formation du personnel ou à d'autres formes de renforcement des capacités, et pour les aider à intégrer, dans leurs pratiques professionnelles, des principes de conduite responsable compatibles avec les *Principes directeurs*. Lorsque des fournisseurs ont de nombreux clients et sont potentiellement confrontés à des obligations contradictoires imposées par des acheteurs différents, les entreprises sont encouragées, en tenant dûment compte des préoccupations relatives à la concurrence, à participer aux efforts collectifs déployés à l'échelle de leur secteur d'activité aux côtés des autres entreprises avec lesquelles elles ont des fournisseurs communs afin de coordonner leurs politiques vis-à-vis de la chaîne d'approvisionnement et leurs stratégies de gestion des risques, y compris grâce à des échanges d'informations.

24. Les entreprises sont également encouragées à participer à des initiatives privées ou multipartites et au dialogue social sur une gestion responsable de la chaîne d'approvisionnement, telles que celles qui sont engagées dans le cadre de "l'agenda proactif" du Comité préconisé par la Décision du Conseil de l'OCDE sur les *Principes directeurs de l'OCDE à l'intention des entreprises multinationales* et aux Lignes de procédure figurant en annexe.

25. L'engagement des parties prenantes repose sur des procédures interactives avec les parties prenantes concernées grâce par exemple à des réunions, des auditions ou des consultations. Un engagement efficace des parties prenantes suppose une communication à double sens et la bonne foi de tous les participants. Un tel engagement peut être particulièrement utile lorsqu'il s'agit de planifier et de prendre des décisions sur des projets ou d'autres activités impliquant par exemple une utilisation intensive de terres ou d'eau, susceptibles d'avoir des retombées significatives sur les populations locales.

26. Le paragraphe B.1 prend acte de l'émergence d'une question importante. Il ne vise pas à instaurer de nouvelles normes, mais ne préjuge pas non plus de l'élabora-

tion de normes nouvelles. Il prend acte du fait que les entreprises ont des intérêts qui seront affectés et qu'en participant, aux côtés d'autres parties prenantes, à l'examen des questions soulevées, elles-mêmes et d'autres pourront mieux comprendre ces questions et apporter ainsi une contribution positive. Il admet que ces questions comportent sans doute plusieurs aspects et souligne que la coopération doit être recherchée au sein des enceintes appropriées. Il ne préjuge pas des positions adoptées par les différents pays dans le domaine du commerce électronique au sein de l'Organisation mondiale du commerce (OMC). Il n'a pas pour objet de négliger d'autres intérêts importants de l'action publique liés à l'utilisation de l'Internet qui devraient être pris en compte *[certains pays ont fait référence à cet égard à l'Agenda 2005 de Tunis pour la société de l'information]*. Enfin, comme c'est le cas plus généralement pour les *Principes directeurs*, il n'a pas pour objet d'imposer aux entreprises des obligations contradictoires, conformément aux paragraphes 2 et 8 du chapitre "Concepts et principes" des *Principes directeurs*.

27. Enfin, il faut noter que les mesures d'autodiscipline et les mesures du même type, y compris les *Principes directeurs*, ne doivent pas restreindre illégalement la concurrence et ne doivent pas non plus être considérées comme se substituant à une législation ou une réglementation publique efficaces. Il est entendu que les entreprises multinationales doivent éviter tout effet de distorsion des échanges et des investissements qui pourrait résulter des codes ou des pratiques d'autodiscipline qu'elles mettent au point.

III *Publication d'informations*

1. Les entreprises devraient s'assurer de la publication, dans les délais requis, d'informations exactes sur tous les aspects significatifs de leurs activités, de leur structure, de leur situation financière, de leurs résultats, de leur actionnariat et de leur système de gouvernement d'entreprise. Ces informations devraient être fournies pour l'entreprise dans son ensemble et, s'il y a lieu, par branche d'activité ou zone géographique. Les politiques de publication d'informations des entreprises devraient être adaptées à leur nature, à leur taille et au lieu de leur implantation, en tenant compte du coût, de la confidentialité et d'autres considérations relevant de la concurrence.

2. Dans leurs politiques de publication d'informations, les entreprises devraient (sans que la liste suivante soit limitative) prévoir de publier des informations détaillées concernant :

a) leurs résultats financiers et leurs résultats d'exploitation ;

b) leurs objectifs ;

c) les participations significatives et le détail des droits de vote, y compris la structure des groupes d'entreprise et les relations intragroupe, ainsi que les mécanismes de renforcement du contrôle ;

d) la politique de rémunération des membres du conseil d'administration et des principaux dirigeants, avec des informations sur les administrateurs, en particulier leurs qualifications, le processus mis en œuvre pour leur nomination, leur appartenance éventuelle au conseil d'administration d'autres sociétés et l'appréciation du conseil d'administration sur leur indépendance ;

e) les transactions avec des parties liées ;

f) les facteurs de risque prévisibles ;

g) les questions relatives aux travailleurs et aux autres parties prenantes ;

h) les structures et les politiques de gouvernement d'entreprise, en particulier le contenu de tout code ou stratégie de gouvernement d'entreprise élaboré par la société ainsi que la procédure destinée à en assurer la mise en œuvre.

3. Les entreprises sont encouragées à communiquer des informations supplémentaires pouvant inclure :

a) des déclarations de principes ou des règles de conduite à l'intention du public, y compris, si leurs activités le justifient, des informations relatives à leurs politiques vis-à-vis des thèmes abordés dans les Principes directeurs ;

b) des politiques ou autres codes de conduite auxquels elles souscrivent, avec la date de leur adoption et la mention des pays et des entités auxquels ils s'appliquent;

c) leurs performances en matière de respect de ces déclarations ou codes;

d) des informations sur les dispositifs d'audit interne, de gestion des risques et d'application de la loi;

e) des informations sur les relations avec les travailleurs et les autres parties prenantes.

4. Les entreprises devraient respecter des normes de haute qualité en matière de publication d'informations comptables, financières et non financières, y compris d'informations environnementales et sociales le cas échéant. Les normes ou les politiques de recueil et de publication des informations devraient être communiquées. Les comptes devraient être vérifiés chaque année par un réviseur comptable indépendant, compétent et qualifié, chargé de donner au conseil d'administration et aux actionnaires un avis extérieur objectif certifiant que les états financiers donnent une image fidèle de la situation financière et des résultats de la société sous tous leurs aspects significatifs.

Commentaire sur la publication d'informations

28. Ce chapitre a pour objet de favoriser une meilleure compréhension des activités des entreprises multinationales. Des informations claires et complètes sur les entreprises sont importantes pour une multitude d'utilisateurs, depuis les actionnaires et la communauté financière jusqu'aux travailleurs, en passant par les communautés locales, les groupes d'intérêts, les pouvoirs publics ou la société dans son ensemble. Pour que l'on puisse mieux connaître les entreprises et leurs interactions avec la société et l'environnement, il faut qu'elles exercent leurs activités dans la transparence et répondent aux demandes d'information d'un public de plus en plus exigeant.

29. Les informations citées dans le présent chapitre répondent de deux manières à l'obligation de publication d'informations. La première série de recommandations reprend les éléments qui sont mentionnés dans les Principes de gouvernement d'entreprise de l'OCDE. Les notes les concernant contiennent des orientations complémentaires et les recommandations énoncées dans les *Principes directeurs* devraient en être rapprochés. Le premier ensemble de recommandations en matière de publication d'informations pourrait être complété par un second ensemble de recommandations sur le même thème que les entreprises seront invitées à suivre. Ces recommandations visent en priorité les entreprises cotées, mais si elles sont jugées applicables compte tenu de la nature, de la taille et de l'emplacement des entreprises concernées, elles pourraient en outre contribuer fort utilement à améliorer le gouvernement d'entreprise des sociétés non cotées, privées ou publiques.

30. Les recommandations en matière de publication d'informations ne sont pas censées imposer aux entreprises une charge excessive en termes de coûts ou de lourdeurs administratives. On n'attend pas non plus des entreprises qu'elles rendent publiques des informations pouvant compromettre leur situation concurrentielle, à moins que ces informations ne soient indispensables pour éclairer pleinement les investisseurs et éviter de les induire en erreur. Pour définir quelles sont les informations qui devraient au minimum être publiées, les *Principes directeurs* utilisent la notion de caractère significatif. On considère qu'une information est significative si le fait de ne pas la publier ou de la fausser risquerait d'influencer les décisions économiques des personnes auxquelles elle est destinée.

31. De plus, selon les *Principes directeurs*, il convient généralement d'établir et de publier ces informations en respectant des normes de grande qualité en matière de comptabilité et de communication financière et non financière. Cela permet d'améliorer de manière significative la capacité des investisseurs à suivre l'entreprise, parce que les informations publiées gagnent en fiabilité et en comparabilité et parce que les performances de l'entreprise sont plus faciles à saisir. La vérification annuelle des comptes par un réviseur comptable indépendant préconisée dans les *Principes directeurs* devrait également contribuer à un meilleur contrôle et à un plus grand degré de conformité de la part des entreprises.

32. La publication d'informations est abordée sous deux angles. Le premier ensemble de recommandations appelle les entreprises à publier, dans les délais requis, des informations exactes sur tous leurs aspects significatifs, en particulier leur situation financière, leurs résultats, leur actionnariat et leur système de gouvernement d'entreprise. On attend également des entreprises qu'elles publient des informations suffisantes concernant la rémunération des membres des organes d'administration et des principaux dirigeants (de manière individuelle ou globale), afin que les investisseurs puissent évaluer correctement les coûts et avantages des plans de rémunération et le rôle que jouent dans les résultats de l'entreprise les dispositifs incitatifs comme l'attribution d'options d'achat d'actions. Les transactions avec des parties liées et les facteurs de risque significatifs prévisibles doivent également être divulgués, de même que les questions importantes concernant les travailleurs et les autres parties prenantes.

33. Les *Principes directeurs* encouragent également une deuxième catégorie de pratiques de publication ou de communication portant sur des domaines où les normes d'information sont encore en train d'évoluer (par exemple données sociales, informations environnementales ou informations concernant les risques). C'est le cas, en particulier, pour les émissions de gaz à effet de serre, dans la mesure où le champ d'application de leur suivi s'étend aux émissions directes et indirectes, actuelles et futures, au niveau de chaque entreprise et de chaque produit ; la biodiversité constitue un autre exemple. De nombreuses entreprises fournissent des informations qui vont au-delà des seuls résultats financiers et considèrent que la publication de ces informations est un bon moyen de manifester leur attachement à des pratiques socialement acceptables. Dans certains cas, ce deuxième type de publication d'informations – ou de communication avec le public et les autres parties directement affectées par les activités de l'entreprise – peut s'appliquer à des entités allant au-delà de celles couvertes par la comptabilité financière de l'entreprise. Il peut également s'étendre, par exemple, à des informations sur les activités de sous-traitants et de fournisseurs, ou de partenaires dans le cadre de co-entreprises. Ceci est particulièrement approprié pour contrôler le transfert, à des partenaires, d'activités dommageables pour l'environnement.

34. Beaucoup d'entreprises ont adopté des mesures qui ont pour but de les aider à se conformer à la loi et à certaines normes de conduite, et aussi à améliorer la transparence de leurs activités. De plus en plus nombreuses sont celles qui ont mis en place des codes de conduite volontaires, traduisant leur adhésion à certaines valeurs éthiques dans des domaines comme l'environnement, les droits de l'homme, les normes du travail, la protection des consommateurs ou la fiscalité. Des systèmes de gestion spécialisés ont été élaborés ou sont en cours de mise au point et continuent à évoluer pour les aider à respecter ces engagements ; ils portent en particulier sur des systèmes d'informations, des procédures opérationnelles ou encore des obligations en matière de formation. Les entreprises coopèrent avec les ONG et les organisations intergouvernementales à la mise au point de normes de publication d'informations grâce auxquelles elles seront mieux à même de rendre compte de l'influence de leurs activités dans les domaines qui se rapportent au développement durable *[dans le cadre, par exemple, de l'Initiative mondiale sur les rapports de performance ("Global Reporting Initiative")]*.

35. On encourage les entreprises à rendre l'accès aux informations publiées facile et peu coûteux et à envisager d'utiliser à cet effet les technologies de l'information. Les informations communiquées aux usagers sur le marché du pays d'origine devraient être également accessibles à tous les usagers intéressés. Les entreprises peuvent prendre des mesures spéciales pour diffuser ces informations au sein des communautés n'ayant pas accès aux médias imprimés (par exemple les populations pauvres directement affectées par les activités de l'entreprise).

IV *Droits de l'homme*

Les États ont le devoir de protéger les droits de l'homme. Dans le cadre des droits de l'homme internationalement reconnus, des engagements internationaux envers les droits de l'homme souscrits par les pays où elles exercent leurs activités ainsi que des lois et règlements nationaux pertinents, les entreprises devraient :

1. Respecter les droits de l'homme, ce qui signifie qu'elles doivent se garder de porter atteinte aux droits d'autrui et parer aux incidences négatives sur les droits de l'homme dans lesquelles elles ont une part.

2. Dans le cadre de leurs activités, éviter d'être la cause d'incidences négatives sur les droits de l'homme ou d'y contribuer, et parer à ces incidences lorsqu'elles surviennent.

3. S'efforcer de prévenir et d'atténuer les incidences négatives sur les droits de l'homme directement liées à leurs activités, leurs biens ou leurs services en raison d'une relation d'affaires avec une autre entité, même si elles ne contribuent pas à ces incidences.

4. Élaborer une politique formulant leur engagement à respecter les droits de l'homme.

5. Exercer une diligence raisonnable en matière de droits de l'homme, en fonction de leur taille, de la nature et du contexte de leurs activités et de la gravité des risques d'incidences négatives sur ces droits.

6. Établir des mécanismes légitimes ou s'y associer afin de remédier aux incidences négatives sur les droits de l'homme lorsqu'il s'avère qu'elles en sont la cause ou qu'elles y ont contribué.

Commentaire sur les droits de l'homme

36. Ce chapitre s'ouvre sur un chapeau qui définit le cadre dans lequel s'inscrivent les recommandations spécifiques relatives au respect des droits de l'homme par les entreprises. Il s'inspire du cadre pour les entreprises et les droits de l'homme "Protéger, respecter et réparer" établi par les Nations unies et est conforme à ses lignes directrices de mise en œuvre.

37. Le chapeau et le premier paragraphe disposent que les États ont le devoir de protéger les droits de l'homme, et que les entreprises, quels que soient leurs taille, secteur d'activité, contexte opérationnel, structure de propriété et organisation, doivent respecter les droits de l'homme partout où elles exercent leurs activités. Le respect des droits de l'homme est la norme mondiale de conduite attendue des entreprises, indépendamment de la capacité et/ou de la volonté des États de satisfaire à leurs obligations en la matière, et ne saurait atténuer ces obligations.

38. Le fait qu'un État n'applique pas sa législation nationale pertinente ou ne respecte pas ses obligations internationales en matière de droits de l'homme, ou qu'il puisse enfreindre cette législation ou ces obligations internationales est sans effet sur la responsabilité des entreprises de respecter les droits de l'homme. Dans les pays où les lois et règlements nationaux sont contraires aux droits de l'homme reconnus internationalement, les entreprises doivent rechercher les moyens de les respecter le plus possible sans violer la législation nationale, conformément au paragraphe 2 du chapitre consacré aux concepts et principes.

39. Dans tous les cas et indépendamment du pays ou du contexte spécifique dans lequel s'inscrivent les activités des entreprises, il faut se référer pour le moins aux droits de l'homme reconnus internationalement exprimés dans la Charte internationale des droits de l'homme, qui comprend la Déclaration universelle des droits de l'homme et les principaux instruments d'après lesquels elle a été codifiée : le Pacte international relatif aux droits civils et politiques et le Pacte international relatif aux droits économiques, sociaux et culturels, ainsi qu'aux principes concernant les droits fondamentaux exposés dans la Déclaration de l'Organisation internationale du travail de 1998 sur les principes et droits fondamentaux au travail.

40. Les entreprises peuvent avoir une incidence sur pratiquement tous les droits de l'homme reconnus internationalement. Dans la pratique, certains droits de l'homme peuvent être plus vulnérables que d'autres dans certains secteurs ou contextes, et feront donc l'objet d'une attention plus soutenue. Toutefois, les situations peuvent changer ; par conséquent, tous les droits doivent être périodiquement examinés. En fonction des circonstances, les entreprises commerciales peuvent être amenées à envisager l'adoption de normes supplémentaires. Par exemple, les entreprises doivent

respecter les droits de l'homme des personnes qui appartiennent à des catégories spécifiques ou de populations qui méritent une attention particulière, dès lors qu'elles risquent d'avoir une incidence négative sur ces droits. Dans ce contexte, les instruments des Nations unies ont précisé les droits des populations autochtones ; des personnes appartenant à des minorités nationales ou ethniques, religieuses et linguistiques ; des femmes ; des enfants ; des personnes handicapées ; et des travailleurs migrants et leurs familles. En outre, dans les situations de conflit armé, les entreprises devraient respecter les normes du droit international humanitaire, ce qui peut les aider à éviter d'avoir des incidences négatives ou d'y contribuer lorsqu'elles exercent des activités dans un environnement aussi difficile.

41. Dans le paragraphe 1, parer aux incidences négatives, réelles et potentielles, sur les droits de l'homme consiste à prendre des mesures adéquates pour repérer, si possible prévenir, et atténuer les incidences potentielles sur les droits de l'homme, parer aux incidences réelles, et rendre compte des mesures prises à cette fin. L'expression "porter atteinte" désigne les incidences négatives qu'une entreprise peut avoir sur les droits de l'homme.

42. Le paragraphe 2 recommande aux entreprises d'éviter d'être la cause d'incidences négatives sur les droits de l'homme ou d'y contribuer par leurs activités et de parer à ces incidences négatives lorsqu'elles surviennent. Le terme "activités" recouvre à la fois les actions et les omissions. Lorsqu'une entreprise a ou est susceptible d'avoir une incidence négative sur les droits de l'homme, elle devrait prendre les mesures nécessaires pour empêcher cette incidence ou y mettre un terme. Lorsqu'une entreprise contribue ou est susceptible de contribuer à une telle incidence, elle devrait prendre les mesures nécessaires pour empêcher cette contribution ou y mettre un terme, ou user de son pouvoir pour atténuer le plus possible l'incidence résiduelle éventuelle. L'entreprise détient un tel pouvoir lorsqu'elle est en mesure de modifier les pratiques d'une entité qui ont des incidences négatives sur les droits de l'homme.

43. Le paragraphe 3 concerne des situations plus complexes dans lesquelles une entreprise n'a pas contribué à une incidence négative sur les droits de l'homme, mais où cette incidence est néanmoins directement liée à ses activités, biens ou services du fait de sa relation d'affaires avec une autre entité. Le paragraphe 3 n'a pas pour but de transférer la responsabilité de l'entité qui est la cause d'une incidence négative sur les droits de l'homme à l'entreprise avec qui elle a une relation d'affaires. Pour répondre à l'intention exprimée dans ce paragraphe, une entreprise, agissant seule ou en coopération avec d'autres entités, le cas échéant, devrait exercer son pouvoir pour convaincre l'entité qui a une incidence négative sur les droits de l'homme d'empêcher ou d'atténuer cette incidence. Les "relations d'affaires" d'une entreprise englobent les relations avec ses partenaires commerciaux, les agents de sa chaîne d'approvisionnement, d'autres acteurs non publics et des agents de l'État directement liés à ses activités commerciales, biens ou services. Parmi les facteurs qui entreront en ligne de compte pour déterminer l'action appropriée à engager en pareilles situations figurent le pouvoir exercé par l'entreprise sur l'entité concernée, l'importance de cette relation pour l'entreprise, la gravité de l'incidence, et le point de savoir si la rupture de la relation avec l'entité aurait en soi une incidence négative sur les droits de l'homme.

44. Le paragraphe 4 recommande aux entreprises d'exprimer leur engagement à respecter les droits de l'homme par une déclaration qui : (i) soit approuvée au niveau hiérarchique le plus élevé de l'entreprise ; (ii) soit établie par des spécialistes internes et/ou externes ; (iii) définisse les attentes en matière de respect des droits de l'homme de la part du personnel, des partenaires commerciaux et d'autres parties directement associées aux activités, biens ou services de l'entreprise ; (iv) soit diffusée publiquement et communiquée en interne et en externe à l'ensemble du personnel, des partenaires commerciaux et des autres parties concernées ; (v) se traduise par des politiques et procédures opérationnelles qui donnent à cet engagement une dimension concrète.

45. Le paragraphe 5 recommande aux entreprises d'exercer une diligence raisonnable en matière de droits de l'homme. Ce processus implique d'évaluer les incidences réelles et potentielles sur les droits de l'homme, d'intégrer les résultats et d'engager des actions correspondantes, de suivre les réponses et de faire connaître les mesures prises pour parer aux incidences. La diligence raisonnable en matière de droits de l'homme peut être intégrée dans les systèmes généraux de gestion des risques de l'entreprise, à condition qu'ils ne se limitent pas à identifier et gérer les risques significatifs pour l'entreprise proprement dite, mais s'étendent aux risques pour les détenteurs de droits. Il s'agit d'une activité continue, étant entendu que les risques concernant les droits de l'homme peuvent changer à mesure que les activités de l'entreprise et son environnement évoluent.

Les paragraphes A.10 à A.12 du chapitre sur les principes généraux et leurs commentaires formulent des indications complémentaires sur la diligence raisonnable, y compris en lien avec la chaîne d'approvisionnement, et des réponses adéquates aux risques liés aux chaînes d'approvisionnement.

46. Lorsqu'une entreprise détecte, grâce à son processus de diligence raisonnable ou par d'autres moyens, qu'elle a été la cause d'une incidence négative sur les droits de l'homme ou qu'elle y a contribué, les *Principes directeurs* recommandent de mettre en place des procédures pour y remédier. Dans certaines situations, il est nécessaire de coopérer avec des mécanismes judiciaires ou non judiciaires relevant de l'État. Dans d'autres cas, des mécanismes de réclamation au sein de l'entreprise disponibles pour les personnes susceptibles d'être affectées par les activités de l'entreprise peuvent être un moyen efficace d'établir de telles procédures, à condition de remplir les critères fondamentaux suivants : légitimité, accessibilité, prévisibilité, caractère équitable, compatibilité avec les *Principes directeurs* et transparence ; ils doivent également être fondés sur le dialogue et la volonté de parvenir à des solutions concertées. Ces mécanismes peuvent être gérés par l'entreprise, seule ou en collaboration avec d'autres parties prenantes, et peuvent être source d'apprentissage continu. Les mécanismes de contestation au sein de l'entreprise ne devraient pas être utilisés en vue de saper le rôle des syndicats dans le règlement des conflits du travail, pas plus qu'ils ne devraient empêcher l'accès aux mécanismes de recours judiciaires ou non judiciaires, y compris aux Points de contact nationaux prévus par les *Principes directeurs*.

V *Emploi et relations professionnelles*

Les entreprises devraient, dans le cadre des lois et règlements applicables et des pratiques en vigueur en matière d'emploi et de relations du travail ainsi que des normes internationales du travail applicables :

1. a) Respecter le droit des travailleurs employés par l'entreprise multinationale de constituer des syndicats et des organisations représentatives de leur choix ou de s'y affilier.

b) Respecter le droit des travailleurs employés par l'entreprise multinationale de mandater des syndicats et des organisations représentatives de leur choix afin de les représenter lors de négociations collectives, et d'engager, soit individuellement, soit par l'intermédiaire d'associations d'employeurs, des négociations constructives avec ces représentants, en vue d'aboutir à des accords sur les conditions d'emploi.

c) Contribuer à l'abolition effective du travail des enfants, et prendre des mesures immédiates et efficaces pour assurer de façon urgente l'interdiction et l'élimination des pires formes du travail des enfants.

d) Contribuer à l'élimination de toute forme de travail forcé ou obligatoire et prendre les mesures adéquates pour empêcher tout recours au travail forcé ou obligatoire dans leurs activités.

e) S'inspirer, dans leurs activités, du principe de l'égalité des chances et de traitement dans le travail, et ne pas pratiquer de discrimination envers leurs travailleurs en matière d'emploi ou de profession pour des motifs tels que la race, la couleur, le sexe, la religion, l'opinion politique, l'ascendance nationale ou l'origine sociale, ou toute autre circonstance, les pratiques sélectives concernant les caractéristiques des travailleurs ne pouvant que servir une politique établie des pouvoirs publics qui favorise spécifiquement une plus grande égalité des chances en matière d'emploi ou répondre aux exigences intrinsèques d'un emploi.

2. a) Fournir aux représentants des travailleurs les moyens nécessaires pour faciliter la mise au point de conventions collectives efficaces.

b) Communiquer aux représentants des travailleurs les informations nécessaires à des négociations constructives sur les conditions d'emploi.

c) Fournir aux travailleurs et à leurs représentants les informations leur permettant de se faire une idée exacte et correcte de l'activité et des résultats de l'entité ou, le cas échéant, de l'entreprise dans son ensemble.

3. Promouvoir les consultations et la coopération entre les employeurs, les travailleurs et leurs représentants sur des sujets d'intérêt commun.

4. a) Observer en matière d'emploi et de relations du travail des normes aussi favorables que celles qui sont observées par des employeurs comparables dans le pays d'accueil.

b) Lorsque des entreprises multinationales opèrent dans des pays en développement où il peut ne pas exister des employeurs comparables, elles devraient octroyer les meilleurs salaires, prestations et conditions de travail possibles dans le cadre des politiques publiques. Ceux-ci devraient être en rapport avec la situation économique de l'entreprise, mais devraient être au moins suffisants pour satisfaire les besoins essentiels des travailleurs et de leurs familles.

c) Prendre les mesures nécessaires afin d'assurer dans leurs activités la santé et la sécurité du milieu de travail.

5. Dans leurs activités, dans toute la mesure du possible, employer du personnel local et assurer une formation en vue d'améliorer les niveaux de qualification, en coopération avec les représentants des travailleurs et, le cas échéant, avec les autorités publiques compétentes.

6. Lorsqu'elles envisagent d'apporter à leurs opérations des changements susceptibles d'avoir des effets importants sur les moyens d'existence de leurs travailleurs, notamment en cas de fermeture d'une entité entraînant des licenciements collectifs, en avertir dans un délai raisonnable les représentants de leurs travailleurs et, le cas échéant, les autorités nationales compétentes et coopérer avec ces représentants et autorités de façon à atténuer au maximum tout effet défavorable. Compte tenu des circonstances particulières dans chaque cas, il serait souhaitable que la direction en avertisse les intéressés avant que la décision définitive ne soit prise. D'autres moyens pourront être également utilisés pour que s'instaure une coopération constructive en vue d'atténuer les effets de telles décisions.

7. Lors des négociations menées de bonne foi avec des représentants des travailleurs sur les conditions d'emploi, ou lorsque les travailleurs exercent leur droit de s'organiser, ne pas menacer de transférer hors du pays en cause tout ou partie d'une unité d'exploitation ni de transférer des travailleurs venant d'entités constitutives de l'entreprise situées dans d'autres pays en vue d'exercer une influence déloyale sur ces négociations ou de faire obstacle à l'exercice du droit de s'organiser.

8. Permettre aux représentants habilités de leurs travailleurs de mener des négociations sur les questions relatives aux conventions collectives ou aux relations entre salariés et employeurs et autoriser les parties à entreprendre des consultations sur les sujets d'intérêt commun avec les représentants patronaux habilités à prendre des décisions sur ces questions.

Commentaire sur l'emploi et les relations professionnelles

47. Ce chapitre débute par un chapeau qui fait référence aux lois et règlements "applicables" afin de tenir compte du fait que les entreprises multinationales, tout en opérant sur le territoire de certains pays, peuvent être soumises en matière d'emploi et de relations professionnelles à des dispositions nationales et internationales. Les termes "pratiques en vigueur en matière d'emploi et de relations de travail" sont suffisamment larges pour permettre diverses interprétations compte tenu des différentes situations nationales – par exemple, en ce qui concerne les diffé-

rentes possibilités de négociation offertes aux travailleurs en vertu de la législation nationale.

48. L'Organisation internationale du travail (OIT) est l'organe compétent pour établir les normes internationales du travail et s'en occuper et pour promouvoir les droits fondamentaux au travail tels qu'ils sont reconnus dans la Déclaration de l'OIT de 1998 sur les principes et droits fondamentaux au travail. Les *Principes directeurs*, en tant qu'instrument non contraignant, ont un rôle à jouer pour promouvoir l'observation de ces normes et principes par les entreprises multinationales. Les *Principes directeurs* reflètent les dispositions pertinentes de la Déclaration de 1998 ainsi que de la Déclaration de principes tripartite de l'OIT de 1977 sur les entreprises multinationales et la politique sociale (révisée pour la dernière fois en 2006) (la "Déclaration de l'OIT sur les entreprises multinationale"). La Déclaration de l'OIT sur les entreprises multinationales établit des principes dans le domaine de l'emploi, de la formation, des conditions de travail et des relations professionnelles, tandis que les *Principes directeurs* couvrent tous les aspects majeurs de la conduite des entreprises. Les *Principes directeurs* de l'OCDE et la Déclaration de l'OIT sur les entreprises multinationales ont trait à la conduite attendue des entreprises, et s'inscrivent en parallèle et non en contradiction. La Déclaration de l'OIT sur les entreprises multinationales peut donc être utile pour la bonne compréhension des *Principes directeurs* en ce qu'elle est plus approfondie. Néanmoins, les procédures de suivi de la Déclaration de l'OIT sur les entreprises multinationales et des *Principes directeurs* ne relèvent pas des mêmes organes.

49. La terminologie employée dans le chapitre V est conforme à celle utilisée dans la Déclaration l'OIT sur les entreprises multinationales. Les termes "travailleurs employés par l'entreprise multinationale" et "leurs travailleurs" ont le même sens que dans la Déclaration de l'OIT sur les entreprises multinationales. Ils désignent les travailleurs qui sont "en relation de travail avec l'entreprise multinationale". Les entreprises qui souhaitent comprendre la portée de leur responsabilité au titre du chapitre V trouveront des orientations utiles pour déterminer l'existence d'une relation de travail dans le contexte des *Principes directeurs* dans la liste non exhaustive d'indices cités par la Recommandation 198 de l'OIT de 2006, paragraphes 13 (a) et (b). En outre, il est reconnu que les arrangements contractuels évoluent et se transforment au fil du temps et que les entreprises doivent structurer leurs relations avec leurs travailleurs de manière à éviter de promouvoir ou d'encourager des relations de travail déguisées ou d'y prendre part. Il y a relation de travail déguisée lorsqu'un employeur traite une personne autrement que comme un salarié d'une manière qui dissimule son statut juridique réel.

50. Ces recommandations n'entrent pas en conflit avec les relations civiles et commerciales proprement dites, mais cherchent plutôt à garantir que les personnes engagées dans une relation de travail bénéficient de la protection à laquelle elles ont droit au titre des *Principes directeurs*. Il est admis qu'en l'absence de relation de travail, les entreprises n'en sont pas moins tenues d'agir conformément aux recommandations relatives à la diligence raisonnable et à la chaîne d'approvisionnement, compte tenu des risques, qui figurent aux paragraphes A.10 à A.13 du chapitre II consacré aux Principes généraux.

51. Le premier paragraphe du présent chapitre fait référence aux quatre principes et droits fondamentaux au travail énoncés dans la Déclaration de l'OIT de 1998, à savoir la liberté d'association et le droit de négociation collective, l'abolition effective du travail des enfants, l'élimination de toute forme de travail forcé ou obligatoire et la non-discrimination en matière d'emploi et de profession. Ces principes et droits ont été développés sous la forme de droits et obligations spécifiques dans les Conventions de l'OIT reconnues comme fondamentales.

52. Le paragraphe 1c) recommande que les entreprises multinationales contribuent à l'abolition effective du travail des enfants au sens de la Déclaration de l'OIT de 1998 et de la Convention 182 de l'OIT sur les pires formes de travail des enfants. La Convention 138 et la Recommandation 146 (adoptées en 1973), qui concernent l'âge minimum d'admission à l'emploi, sont deux instruments plus anciens de l'OIT

dans le domaine du travail des enfants. Grâce à leurs pratiques en matière de gestion de la main-d'œuvre, aux emplois de haute qualité et bien rémunérés qu'elles créent et à leur contribution à la croissance économique, les entreprises multinationales peuvent jouer un rôle positif en aidant à s'attaquer aux causes fondamentales de la pauvreté en général et du travail des enfants en particulier. Il importe de reconnaître et de favoriser le rôle que peuvent jouer les entreprises multinationales en contribuant à la recherche d'une solution durable au problème du travail des enfants. A cet égard, l'amélioration du niveau d'éducation des enfants dans les pays d'accueil doit retenir tout particulièrement l'attention.

53. Le paragraphe 1d) recommande que les entreprises contribuent à l'élimination de toute forme de travail forcé et obligatoire, autre principe repris de la Déclaration de l'OIT de 1998. La référence à ce droit fondamental du travail se fonde sur les Conventions de l'OIT 29 (1930) et 105 (1957). La Convention 29 demande aux gouvernements de "supprimer l'emploi du travail forcé ou obligatoire sous toutes ses formes dans le plus bref délai possible" et la Convention 105 leur demande de "supprimer le travail forcé ou obligatoire et n'y recourir sous aucune forme" dans un certain nombre de cas énumérés (par exemple, en tant que moyen de coercition politique ou mesure de discipline du travail) et de "prendre des mesures efficaces en vue de l'abolition immédiate et complète du travail forcé ou obligatoire". Dans le même temps, il est bien entendu que l'OIT est l'instance compétente en ce qui concerne la question délicate du travail carcéral, en particulier lorsqu'il s'agit de l'emploi de prisonniers par des particuliers, des entreprises ou des associations (ou leur mise à disposition).

54. La référence au principe de non-discrimination en matière d'emploi et de profession au paragraphe 1er s'applique aux conditions telles que l'embauche, l'affectation, le licenciement, la rémunération et autres avantages, l'avancement, le transfert ou la relocalisation, la cessation d'emploi, la formation et la retraite. La liste des formes interdites de discrimination énumérées dans la Convention 111 de l'OIT (1958), la Convention 183 sur la protection de la maternité (2000), la Convention 159 sur la réadaptation professionnelle et l'emploi des personnes handicapées (1983), la Recommandation 162 sur les travailleurs âgés (1980) et la Recommandation 200 concernant le VIH et le SIDA et le monde du travail (2010), considère que toute distinction, exclusion ou préférence pour ces motifs est contraire aux Conventions, Recommandations et Codes. Le terme "autre circonstance" aux fins des *Principes directeurs* recouvre l'activité syndicale et des caractéristiques personnelles comme l'âge, l'invalidité, la grossesse, la situation de famille, l'orientation sexuelle et la sérologie VIH. Conformément aux dispositions du paragraphe 1er), les entreprises se doivent de promouvoir les mêmes opportunités pour les hommes et les femmes, en insistant tout particulièrement sur l'égalité des critères pour la sélection, la rémunération et l'avancement, et sur une application égalitaire de ces critères ; elles se doivent également d'empêcher les discriminations ou le licenciement pour cause de mariage, de grossesse, de maternité ou de paternité.

55. Le paragraphe 2c) de ce chapitre dispose que les informations fournies par les entreprises aux travailleurs et à leurs représentants doivent donner une "idée exacte et correcte" des résultats. Ces informations concernent : la structure de l'entreprise, sa situation et ses perspectives économiques et financières, l'évolution de l'emploi et les changements importants attendus dans leurs activités, compte tenu des impératifs légitimes de confidentialité. L'élément de confidentialité signifie que les informations peuvent n'être pas fournies sur certains points, ou n'être fournies qu'avec certaines protections.

56. La référence aux formes consultatives de participation des travailleurs au paragraphe 3 du chapitre provient de la Recommandation 94 de l'OIT (1952) concernant la consultation et la collaboration entre employeurs et travailleurs sur le plan de l'entreprise. Elle est également conforme à une disposition de la Déclaration de l'OIT sur les entreprises multinationales. De tels dispositifs de consultation ne sauraient se substituer au droit des travailleurs de négocier leurs conditions de travail. Une

recommandation au sujet des dispositifs de consultation relatifs aux conditions de travail figure également au paragraphe 8.

57. Au paragraphe 4, les normes d'emploi et de relations professionnelles sont réputées couvrir la rémunération et le temps de travail. La référence à la santé et à la sécurité du milieu de travail implique que les entreprises multinationales se doivent d'appliquer les réglementations et les normes professionnelles en vigueur pour réduire le risque d'accident et de maladie professionnelle en cours d'emploi ou en liaison avec l'emploi. Il s'agit d'encourager les entreprises à travailler à l'amélioration du niveau de performance en matière de santé et de sécurité du milieu du travail dans toutes leurs composantes, même si ceci n'est pas formellement exigé par les réglementations en vigueur dans les pays où elles opèrent. Il s'agit aussi d'encourager les entreprises à respecter la possibilité, pour les travailleurs, de se retirer d'une situation de travail lorsqu'il y a des motifs raisonnables de penser qu'elle présente un danger imminent et grave pour la santé ou la sécurité. Les problèmes de santé et de sécurité, vu leur importance et les complémentarités avec d'autres recommandations, sont traités également dans d'autres dispositions des *Principes directeurs*, surtout à propos de la protection des consommateurs et de l'environnement. La Recommandation 194 de l'OIT (2002) fournit une liste indicative des maladies professionnelles et précise les recueils de directives pratiques ou guides que les entreprises doivent prendre en compte pour mettre en œuvre cette recommandation des *Principes directeurs*.

58. En vertu de la recommandation énoncée au paragraphe 5, les entreprises multinationales sont invitées à recruter sur place une proportion adéquate de leur main-d'œuvre (y compris le personnel de gestion) et à leur assurer une formation. Les dispositions de ce paragraphe concernant la formation et le niveau de qualification complètent le texte du paragraphe A.4 du chapitre sur les principes généraux qui a trait à la promotion de la formation du capital humain. La référence au personnel local complète le texte encourageant la création de capacités locales au paragraphe A.3 du chapitre sur les principes généraux. Conformément à la Recommandation 195 de l'OIT sur la mise en valeur des ressources humaines (2004), les entreprises sont également encouragées à investir, dans toute la mesure du possible, dans l'éducation et la formation tout au long de la vie, tout en garantissant l'égalité des chances dans l'éducation pour les femmes et d'autres catégories vulnérables, telles que les jeunes, les personnes peu qualifiées, les personnes handicapées, les migrants, les travailleurs âgés et les populations autochtones.

59. Le paragraphe 6 recommande aux entreprises d'avertir dans un délai raisonnable les représentants des travailleurs et les autorités publiques compétentes lorsqu'elles envisagent d'apporter à leurs opérations des changements susceptibles d'avoir des effets importants sur les moyens d'existence de leurs travailleurs, notamment en cas de fermeture d'une entité entraînant des licenciements collectifs. Comme il est indiqué dans ce paragraphe, le but est de ménager la possibilité d'une coopération afin d'atténuer les effets de ces changements. C'est là un principe important qui se reflète largement dans les réglementations et pratiques relatives aux relations du travail des pays souscrivant aux *Principes directeurs*, même si les solutions adoptées pour ménager la possibilité d'une coopération constructive ne sont pas identiques dans tous les pays considérés. Comme l'indique également ce paragraphe, il conviendrait, compte tenu des circonstances particulières dans chaque cas, que la direction en avertisse les intéressés avant que la décision définitive soit prise. De fait, un tel préavis avant la décision finale est prévu dans les réglementations et pratiques relatives aux relations du travail d'un certain nombre de pays souscrivant aux *Principes directeurs*. Mais ce n'est pas le seul moyen de ménager la possibilité d'une coopération constructive pour atténuer les effets de ce type de décisions, et les lois et pratiques d'autres pays souscrivant aux *Principes directeurs* prévoient d'autres moyens en fixant notamment un délai au cours duquel des consultations doivent avoir lieu avant qu'une décision puisse être mise en œuvre.

VI *Environnement*

Les entreprises devraient, dans le cadre des lois, règlements et pratiques administratives en vigueur dans les pays où elles opèrent, et eu égard aux accords, principes, objectifs et normes internationaux pertinents, tenir dûment compte de la nécessité de protéger l'environnement, la santé et la sécurité publiques, et d'une manière générale, de conduire leurs activités d'une manière qui contribue à l'objectif plus large de développement durable. En particulier, les entreprises devraient :

1. Mettre en place et appliquer un système de gestion environnementale adapté à l'entreprise et prévoyant :

a) la collecte et l'évaluation en temps utile d'informations adéquates relatives aux effets potentiels de leurs activités sur l'environnement, la santé et la sécurité ;

b) la fixation d'objectifs mesurables et, en tant que de besoin, spécifiques concernant l'amélioration de leurs performances environnementales et de l'utilisation de leurs ressources, et un examen périodique de la pertinence de ces objectifs ; le cas échéant, les objectifs devraient être cohérents avec les politiques nationales et les engagements internationaux pertinents ; et

c) le suivi et le contrôle réguliers des progrès réalisés dans la poursuite des objectifs généraux et spécifiques en matière d'environnement, de santé et de sécurité.

2. Eu égard aux considérations liées aux coûts, à la confidentialité des affaires et aux droits de propriété intellectuelle :

a) fournir au public et aux travailleurs en temps voulu des informations adéquates, mesurables et vérifiables (si possible) relatives aux effets potentiels de leurs activités sur l'environnement, la santé et la sécurité, ces informations pouvant comprendre un bilan des progrès accomplis dans l'amélioration des performances environnementales ; et

b) entrer en temps voulu en communication et en consultation avec les collectivités directement concernées par les politiques de l'entreprise en matière d'environnement, de santé et de sécurité et par leur mise en œuvre.

3. Évaluer et prendre en compte, lors de la prise de décision, les effets prévisibles sur l'environnement, la santé et la sécurité, des procédés, biens et services de l'entreprise sur l'ensemble de leur cycle de vie en vue d'éviter ces effets et, s'ils sont inévitables, de les atténuer. Lorsque les activités envisagées risquent d'avoir des effets importants sur l'environnement, la santé ou la sécurité, et qu'elles sont subordonnées à une décision d'une autorité compétente, les entreprises devraient réaliser une évaluation appropriée d'impact sur l'environnement.

4. Compte tenu des connaissances scientifiques et techniques des risques, lorsqu'il existe des menaces de dommages graves pour l'environnement, compte tenu également de la santé et la sécurité humaines, ne pas invoquer l'absence de certitude scientifique absolue pour remettre à plus tard l'adoption de mesures efficaces par rapport aux coûts destinées à prévenir ou réduire ces dommages.

5. Établir des plans d'urgence afin de prévenir, d'atténuer et de maîtriser les dommages graves à l'environnement et à la santé pouvant résulter de leurs activités, y compris du fait d'accidents et de situations d'urgence, et mettre en place des mécanismes d'alerte immédiate des autorités compétentes.

6. S'efforcer constamment d'améliorer leurs performances environnementales au niveau de l'entreprise et, le cas échéant, de sa chaîne d'approvisionnement, en encourageant des activités telles que :

a) l'adoption, dans toutes les composantes de l'entreprise, de technologies et de procédures d'exploitation qui reflètent les normes de performance environnementale de la composante la plus performante de l'entreprise ;

b) la mise au point et la fourniture de produits ou de services qui n'ont pas d'incidences indues sur l'environnement, dont l'utilisation aux fins prévues est sans danger, qui réduisent les émissions de gaz à effet de serre, qui sont économes en énergie et en ressources naturelles, et qui peuvent être réutilisés, recyclés ou éliminés en toute sécurité ;

c) la sensibilisation de leurs clients aux conséquences environnementales de l'utilisation des produits et services de l'entreprise, en fournissant des informations exactes sur leurs produits (par exemple sur les émissions de gaz à effet de serre, la biodiversité, l'utilisation efficiente des ressources ou d'autres aspects environnementaux) ; et

d) l'étude et l'évaluation des moyens d'améliorer à long terme les performances environnementales de l'entreprise, par exemple en élaborant des stratégies de réduction des émissions, d'utilisation efficiente des ressources, de recyclage, de remplacement ou de réduction de l'utilisation de substances toxiques, ou des stratégies portant sur la biodiversité.

7. Offrir aux travailleurs un enseignement et une formation appropriés sur les questions de santé et de sécurité de l'environnement, notamment la manipulation des matières dangereuses et la prévention des accidents affectant l'environnement, ainsi que sur les aspects plus généraux de la gestion environnementale, tels que les procédures d'évaluation d'impact sur l'environnement, les relations publiques et les technologies environnementales.

8. Contribuer à la mise au point d'une politique publique en matière d'environnement qui soit bien conçue et économiquement efficiente au moyen, par exemple, de partenariats ou d'initiatives susceptibles d'améliorer la sensibilisation et la protection environnementales.

Commentaire sur l'environnement

60. Le chapitre sur l'environnement reflète largement les principes et objectifs énoncés dans la Déclaration de Rio sur l'environnement et le développement, dans Action 21 (dans le cadre de la Déclaration de Rio) et dans la Convention (d'Aarhus) sur l'accès à l'information, la participation du public au processus décisionnel et l'accès à la justice en matière d'environnement. Il reflète également les normes édictées dans des instruments comme la norme ISO sur les systèmes de gestion environnementale.

61. Une saine gestion de l'environnement est un volet essentiel du développement durable et elle est considérée de plus en plus comme une responsabilité et une opportunité pour les entreprises. Les entreprises multinationales ont un rôle à jouer sur ces deux plans. Il convient donc que les dirigeants de ces entreprises prêtent l'attention qui s'impose aux problèmes environnementaux dans leurs stratégies. L'amélioration des performances environnementales nécessite un engagement envers une approche systématique et une amélioration continue du système. Un système de gestion environnementale offre le cadre interne nécessaire pour contrôler l'impact environnemental d'une entreprise et pour intégrer les considérations environnementales dans ses activités. La mise en place d'un tel système devrait contribuer à assurer les actionnaires, les salariés et la communauté de la volonté de l'entreprise de préserver l'environnement de l'impact de ses activités.

62. Outre l'amélioration des performances environnementales, la mise en place d'un système de gestion environnementale peut présenter des avantages économiques pour les entreprises grâce à des coûts réduits d'exploitation et d'assurance, des économies d'énergie et de ressources, des charges plus faibles de conformité et de responsabilité, un accès plus facile au capital et aux compétences, une plus grande satisfaction des clients et de meilleures relations avec la communauté et le public.

63. Dans le contexte des *Principes directeurs*, l'expression "système de gestion environnementale adapté" doit être interprétée très largement, en couvrant les activités de l'entreprise qui visent à maîtriser l'impact direct et indirect à long terme sur l'environnement, la lutte contre la pollution et la gestion des ressources.

64. Dans la plupart des entreprises, un système de contrôle interne est nécessaire à la gestion des activités de l'entreprise. Les composantes environnementales de ce système peuvent comprendre des éléments tels que des objectifs de meilleure performance et des contrôles réguliers des progrès accomplis dans la réalisation de ces objectifs.

65. Les informations concernant les activités des entreprises ainsi que leurs relations avec leurs sous-traitants et fournisseurs et l'impact environnemental qui y est

lié contribuent à instaurer un climat de confiance avec le public. Ceci est particulièrement efficace lorsque les informations sont fournies de manière transparente et qu'on encourage des consultations actives avec les parties prenantes telles que les salariés, les clients, les fournisseurs, les contractants, les communautés locales et le public en général, afin de promouvoir une atmosphère de confiance et de compréhension à long terme sur les questions environnementales d'intérêt commun. Les rapports et la communication sont particulièrement appropriés lorsque des biens environnementaux rares ou à risque sont en jeu, dans un contexte régional, national ou international ; des normes de *reporting* telles que la *Global Reporting Initiative* fournissent des références utiles.

66. Pour fournir des informations exactes sur leurs produits, les entreprises ont à leur disposition diverses solutions, telles que des mécanismes volontaires d'étiquetage et de certification. Lorsqu'elles y recourent, elles devraient tenir dûment compte de leurs répercussions économiques et sociales sur les pays en développement, ainsi que de l'existence de normes reconnues à l'échelle internationale.

67. L'activité normale de l'entreprise peut impliquer une évaluation *a priori* de l'impact potentiel de ses opérations sur l'environnement. Les entreprises procèdent souvent à des évaluations d'impact environnemental appropriées, même si la loi ne les y oblige pas. Les évaluations environnementales effectuées par les entreprises peuvent mesurer, dans une optique large et prospective, l'impact potentiel de leurs activités et de celles des sous-traitants et des fournisseurs, en prenant en compte les effets pertinents et en examinant d'autres options et des mesures d'atténuation afin d'éviter les effets négatifs ou d'y remédier. Les *Principes directeurs* reconnaissent également que les entreprises multinationales ont certaines responsabilités à d'autres stades du cycle de vie du produit.

68. Plusieurs instruments adoptés par les pays souscrivant aux *Principes directeurs*, notamment le principe 15 de la Déclaration de Rio sur l'environnement et le développement, se réfèrent au "principe de précaution". Aucun de ces instruments ne s'adresse expressément aux entreprises, bien que la contribution des entreprises soit implicite dans la totalité d'entre eux.

69. Les *Principes directeurs* posent en prémisse que les entreprises devraient prendre des mesures le plus tôt possible et de façon anticipative pour éviter, par exemple, les dommages graves ou irréversibles à l'environnement liés à leurs activités. Toutefois, le fait que les *Principes directeurs* s'adressent aux entreprises signifie qu'aucun instrument actuel n'est totalement adéquat pour exprimer cette recommandation. En conséquence, les *Principes directeurs* s'appuient sur les instruments existants, mais ne les reflètent pas totalement.

70. Les *Principes directeurs* n'ont pas pour but de réinterpréter les instruments actuels ni de créer, pour les pouvoirs publics, de nouveaux engagements ou des précédents ; ils ont uniquement pour but de recommander comment mettre en œuvre une approche de précaution au niveau des entreprises. Ce processus n'en étant qu'à ses débuts, on reconnaît que son application nécessite une certaine souplesse, en fonction du contexte spécifique dans lequel il intervient. On reconnaît également que les pouvoirs publics déterminent dans ce domaine le cadre de base et qu'il leur incombe de consulter périodiquement les parties prenantes sur la meilleure façon d'aller de l'avant.

71. Les *Principes directeurs* encouragent également les entreprises à s'efforcer d'améliorer le niveau de performance environnementale de toutes leurs composantes, même si les pays dans lesquels elles opèrent ne l'exigent pas expressément dans la pratique. A cet égard, les entreprises devraient prendre dûment en compte leur impact social et économique sur les pays en développement.

72. Par exemple, les entreprises multinationales sont souvent à même de faire appel à des technologies existantes ou innovantes ou à des procédures opérationnelles qui pourraient, si elles étaient utilisées, contribuer à améliorer globalement les performances environnementales. Les entreprises multinationales étant fréquemment considérées comme des chefs de file dans leur secteur, il ne faut pas oublier qu'elles peuvent exercer un effet d'émulation sur les autres entreprises. Faire en sorte que

l'environnement des pays dans lesquels les entreprises multinationales opèrent bénéficie également des technologies et des pratiques disponibles et innovantes est un moyen important de soutenir les activités d'investissement international sur un plan plus général.

73. Les entreprises ont un grand rôle à jouer dans la formation et l'éducation de leurs salariés en matière d'environnement. Elles sont encouragées à s'acquitter de cette responsabilité de manière aussi large que possible, particulièrement dans les domaines touchant directement à la santé et la sécurité humaines.

VII *Lutte contre la corruption, la sollicitation de pots-de-vin et d'autres formes d'extorsion*

Les entreprises ne devraient pas, directement ou indirectement, offrir, promettre, accorder ou exiger des paiements illicites ou d'autres avantages indus en vue d'obtenir ou de conserver un marché ou un autre avantage illégitime. Les entreprises devraient également repousser toute sollicitation de pots-de-vin et autres formes d'extorsion. En particulier, les entreprises :

1. Ne devraient pas offrir, promettre ou accorder des avantages indus, pécuniaires ou autres, à des agents publics ou à des salariés de leurs partenaires commerciaux. De la même façon, elles ne devraient pas demander, convenir de recevoir ou accepter des avantages indus, pécuniaires ou autres, d'agents publics ou de salariés de leurs partenaires commerciaux. Les entreprises ne devraient pas avoir recours à des tiers tels que des agents ou autres intermédiaires, consultants, représentants, distributeurs, consortiums, contractants et fournisseurs ou associés dans des co-entreprises pour faire parvenir des avantages indus, pécuniaires ou autres, à des agents publics ou à des salariés de leurs partenaires commerciaux, ou à des membres de la famille ou associés de ceux-ci.

2. Devraient mettre au point et adopter des mécanismes de contrôle interne et des programmes ou des mesures de déontologie et de conformité appropriés visant à prévenir et à détecter la corruption, élaborés à partir d'une évaluation des risques prenant en compte les circonstances individuelles propres à chaque entreprise, en particulier des risques de corruption auxquels elle pourrait être confrontée (par exemple son implantation géographique ou son secteur d'activité). Ces mécanismes de contrôle interne et programmes ou mesures de déontologie et de conformité devraient comprendre notamment un ensemble de procédures financières et comptables, en particulier un système de contrôles internes conçu de manière à donner une assurance raisonnable sur la tenue de livres, registres et comptes sincères et exacts permettant de garantir qu'ils ne pourront pas être utilisés à des fins de corruption ou de dissimulation d'actes de corruption. Ces circonstances individuelles et risques de corruption devraient être régulièrement surveillés et réévalués en tant que de besoin pour garantir que les mécanismes de contrôle interne et les programmes ou mesures de déontologie et de conformité adoptés par l'entreprise sont bien adaptés et restent efficaces, et réduire le risque qu'elle se rende complice d'actes de corruption, de sollicitation de pots-de-vin ou d'autres formes d'extorsion.

3. Devraient insérer, dans leurs mécanismes de contrôle interne et dans leurs programmes ou mesures de déontologie et de conformité, des dispositions interdisant ou dissuadant de recourir à de petits paiements de facilitation, qui sont généralement illégaux dans les pays où ils sont effectués et, si de tels paiements existent, les comptabiliser précisément dans les livres et états financiers.

4. Devraient, en tenant compte des risques particuliers de corruption auxquels elles sont confrontées, exercer une diligence raisonnable, attestée par des documents en bonne et due forme, vis-à-vis du recrutement d'agents, ainsi que de leur contrôle régulier et approprié, et s'assurer que la rémunération de ces agents est correcte et n'est versée que pour des services légitimes. Le cas échéant, une liste des agents engagés dans le cadre de transactions avec des organismes publics ou des entreprises publiques devrait être établie et tenue à la disposition des autorités compétentes,

conformément aux obligations applicables en matière de communication d'informations au public.

5. Devraient améliorer la transparence de leurs activités de lutte contre la corruption, la sollicitation de pots-de-vin et les autres formes d'extorsion. Elles pourraient ainsi par exemple prendre des engagements publics contre la corruption, la sollicitation de pots-de-vin et les autres formes d'extorsion, et communiquer des informations sur les systèmes de gestion et sur les mécanismes de contrôle interne ou les programmes et mesures de déontologie et de discipline adoptés par elles afin de tenir ces engagements. Les entreprises devraient également encourager l'ouverture et le dialogue avec le public afin de le sensibiliser à la question de la lutte contre la corruption, la sollicitation de pots-de-vin et d'autres formes d'extorsion et de s'assurer sa coopération.

6. Devraient informer leurs salariés de leurs politiques et de leurs mécanismes de contrôle interne ainsi que de leurs programmes ou mesures de déontologie et de conformité ou des mesures qu'elles prennent pour lutter contre la corruption, la sollicitation de pots-de-vin et les autres formes d'extorsion, et promouvoir le respect de ces dispositions par les salariés, en assurant une diffusion convenable de ces politiques, programmes ou mesures et en mettant en place des programmes de formation et des procédures disciplinaires.

7. Ne devraient verser aucune contribution illégale à des candidats à des charges publiques, à des partis politiques ou à d'autres organisations politiques. Les contributions politiques devraient se conformer intégralement aux règles de publication d'informations et être portées à la connaissance des dirigeants de l'entreprise.

Commentaire sur la lutte contre la corruption, la sollicitation de pots-de-vin et d'autres formes d'extorsion

74. La corruption, active ou passive, est préjudiciable aux institutions démocratiques et au gouvernement d'entreprise. Elle décourage l'investissement et exerce des distorsions sur la compétitivité internationale. En particulier, les détournements de fonds dus à la corruption sapent l'action menée par les citoyens pour améliorer leur bien-être économique, social et environnemental et entravent en outre les efforts de réduction de la pauvreté. Les entreprises ont un grand rôle à jouer dans la lutte contre de telles pratiques.

75. Légitimé, intégrité et transparence dans le domaine public comme dans le domaine privé sont des valeurs essentielles de la lutte contre la corruption et les diverses formes d'extorsion. La communauté des affaires, les organisations non gouvernementales, les pouvoirs publics et les organisations intergouvernementales coopèrent pour renforcer le soutien du public envers les mesures de lutte contre la corruption et pour améliorer la transparence et la sensibilisation du public aux problèmes soulevés par la corruption active et passive. L'adoption de pratiques adéquates de gouvernement d'entreprise constitue également un volet essentiel pour favoriser une culture de l'éthique au sein de l'entreprise.

76. La Convention de l'OCDE sur la lutte contre la corruption d'agents publics étrangers dans les transactions commerciales internationales (la "Convention sur la lutte contre la corruption") est entrée en vigueur le 15 février 1999. La Convention sur la lutte contre la corruption, de même que la Recommandation de 2009 visant à renforcer la lutte contre la corruption d'agents publics étrangers dans les transactions commerciales internationales (la "Recommandation de 2009"), la Recommandation de 2009 sur les mesures fiscales visant à renforcer la lutte contre la corruption d'agents publics étrangers dans les transactions commerciales internationales et la Recommandation de 2006 sur la corruption et les crédits à l'exportation bénéficiant d'un soutien public, sont les principaux instruments de l'OCDE visant les activités de corruption du côté de l'offre. Ils ont pour but d'éliminer l'"offre" de pots-de-vin à des agents publics étrangers, chaque pays étant compétent pour les activités de ses entreprises et les actes commis sur son territoire *[dans la Convention, un "pot-de-vin" est défini comme le fait "d'offrir, de promettre ou d'octroyer un avantage indu pécuniaire ou autre, directement ou par des intermédiaires, à un agent public étranger, à son profit ou au profit d'un tiers, pour que cet agent agisse ou s'abstienne d'agir dans l'exécution de fonctions officielles, en vue*

d'obtenir ou conserver un marché ou un autre avantage indu dans le commerce international." Dans les Commentaires relatifs à la Convention, il est précisé (au paragraphe 9) que "Les petits paiements dits de "facilitation" ne constituent pas des paiements "en vue d'obtenir ou de conserver un marché ou un autre avantage indu" au sens du paragraphe 1 et, en conséquence, ils ne constituent pas une infraction au sens de cette disposition. De tels paiements, qui sont faits, dans certains pays, pour inciter les agents publics à exécuter leurs fonctions, notamment lorsqu'il s'agit de délivrer une autorisation ou un permis, sont généralement illicites dans le pays étranger concerné. Les autres pays peuvent et devraient s'attaquer à ce phénomène corrosif par des mesures telles que le soutien de programmes de bonne gestion des affaires publiques."]. Un dispositif de suivi rigoureux et systématique de la mise en œuvre, par les pays, de la Convention sur la lutte contre la corruption afin de favoriser la pleine application de ces instruments.

77. Dans la *Recommandation de 2009* en particulier, les signataires sont invités à encourager leurs entreprises à mettre au point et à adopter des mécanismes de contrôle interne et des programmes ou mesures de déontologie et de discipline adéquats afin de prévenir et de détecter les actes de corruption transnationale, en se fondant sur le *Guide de bonnes pratiques pour les contrôles internes, la déontologie et la conformité* qui forme l'annexe II de la *Recommandation de 2009*. Ce *Guide de bonnes pratiques*, qui s'adresse aux entreprises aussi bien qu'aux organisations patronales et professionnelles, met en exergue les bonnes pratiques permettant de garantir l'efficacité des mécanismes de contrôle interne et des programmes et mesures de déontologie et de conformité destinés à prévenir et à détecter les actes de corruption transnationale.

78. Des initiatives émanant du secteur privé et de la société civile peuvent également aider les entreprises à concevoir et à appliquer des stratégies efficaces de lutte contre la corruption.

79. *La Convention des Nations unies contre la corruption*, qui est entrée en vigueur le 14 décembre 2009, contient un large éventail de normes, de mesures et de règles destinées à lutter contre la corruption. Les États parties à cette *Convention des Nations unies* doivent interdire à leurs agents publics de recevoir des pots-de-vin et à leurs entreprises de verser des pots-de-vin à des agents publics de leur pays, ainsi qu'à des agents publics étrangers ou à des agents appartenant à des organisations internationales publiques, et envisager par ailleurs de refuser la corruption entre acteurs du secteur privé. La *Convention des Nations unies* et la *Convention de l'OCDE sur la lutte contre la corruption* se renforcent mutuellement et sont complémentaires.

80. Sous l'angle de la "demande", de saines pratiques de gouvernement d'entreprise sont importantes en ce qu'elles contribuent à éviter aux entreprises d'être confrontées à des sollicitations de pots-de-vin. Les entreprises peuvent soutenir les initiatives collectives visant à résister à la sollicitation de pots-de-vin et à d'autres formes d'extorsion. Leurs gouvernements comme les pouvoirs publics des pays d'accueil devraient aider les entreprises confrontées à des sollicitations de pots-de-vin ou à des tentatives d'extorsion. Le *Guide de bonnes pratiques sur certains articles de la Convention* qui figure en annexe I de la *Recommandation de 2009* dispose que la *Convention sur la lutte contre la corruption* devrait être mise en œuvre de façon à ne pas prévoir de moyen de défense ou d'exception dans les cas où un agent public étranger sollicite un pot-de-vin. Par ailleurs, la Convention des Nations unies prévoit d'attribuer la qualification pénale à la sollicitation de pots-de-vin par des agents publics nationaux.

VIII *Intérêts des consommateurs*

Dans leurs relations avec les consommateurs, les entreprises devraient se conformer à des pratiques loyales dans l'exercice de leurs activités en matière commerciale, de marketing et de publicité et prendre toutes les mesures raisonnables pour garantir la qualité et la fiabilité des biens ou des services qu'elles fournissent. En particulier, elles devraient :

1. Veiller à ce que les biens et les services qu'elles fournissent soient conformes à toutes les normes requises en matière de santé et de sécurité des consommateurs,

notamment à celles concernant les mises en garde en matière de santé et les informations sur la sécurité.

2. Donner des renseignements exacts, vérifiables et clairs qui soient suffisants pour permettre aux consommateurs de prendre leurs décisions en connaissance de cause, notamment des renseignements sur les prix et, s'il y a lieu, le contenu, la sécurité d'utilisation, les effets sur l'environnement, l'entretien, le stockage et l'élimination des biens et des services. Si possible, ces informations devraient être formulées de manière à permettre aux consommateurs de comparer les produits.

3. Fournir aux consommateurs l'accès à des mécanismes extrajudiciaires de règlement des différends et des mesures correctrices équitables, faciles à utiliser, rapides et efficaces sans coûts ou charges inutiles.

4. S'abstenir de toute affirmation, omission ou toute autre pratique qui soit trompeuse, fallacieuse, frauduleuse ou déloyale.

5. Soutenir les efforts en vue de promouvoir l'éducation des consommateurs dans les domaines qui relèvent de leurs activités commerciales, notamment dans le but d'améliorer la capacité des consommateurs : i) de prendre des décisions en connaissance de cause concernant des biens, des services et des marchés complexes, ii) de mieux comprendre l'impact économique, environnemental et social de leurs décisions et iii) de soutenir la consommation durable.

6. Respecter la vie privée des consommateurs et prendre des mesures raisonnables pour assurer la sécurité des données à caractère personnel qu'elles collectent, conservent, traitent ou diffusent.

7. Coopérer étroitement avec les autorités publiques pour empêcher et combattre les pratiques commerciales mensongères (y compris la publicité trompeuse et la fraude commerciale) et réduire ou empêcher les menaces graves à la santé et à la sécurité publiques ou à l'environnement résultant de la consommation, de l'utilisation ou de l'élimination de leurs biens et de leurs services.

8. Prendre en considération, dans l'application des principes ci-dessus, i) les besoins des consommateurs vulnérables et défavorisés et ii) les problèmes spécifiques que le commerce électronique peut poser aux consommateurs.

Commentaire sur les intérêts des consommateurs

81. Le chapitre des *Principes directeurs de l'OCDE à l'intention des entreprises multinationales* sur les intérêts des consommateurs s'appuie sur les travaux du Comité de la politique à l'égard des consommateurs et du Comité des marchés financiers de l'OCDE ainsi que sur les travaux d'autres organisations internationales, notamment la Chambre de commerce internationale, l'Organisation internationale de normalisation et les Nations unies (c'est-à-dire les Principes directeurs des Nations unies pour la protection du consommateur tels qu'étendus en 1999).

82. Le chapitre reconnaît que la satisfaction du consommateur et la défense de ses intérêts constituent une base essentielle pour un fonctionnement satisfaisant des entreprises. Il reconnaît par ailleurs que les marchés de biens et de services de consommation ont subi une transformation majeure au fil du temps. Les réformes de la réglementation, l'ouverture des marchés au niveau mondial, le développement des nouvelles technologies et le développement des services aux consommateurs ont constitué des éléments essentiels du changement, en offrant aux consommateurs davantage de choix ainsi que les autres bénéfices qui résultent d'une plus grande ouverture à la concurrence. Par ailleurs, du fait du rythme du changement et de la complexité accrue de nombreux marchés, il est devenu en général plus difficile aux consommateurs de comparer et d'évaluer les produits. De plus, la démographie des consommateurs s'est également modifiée au fil du temps. Les enfants deviennent de plus en plus des forces importantes sur le marché, et il en est de même des adultes âgés qui sont de plus en plus nombreux. Bien que les consommateurs soient dans l'ensemble mieux formés, il manque encore à un grand nombre d'entre eux les compétences en arithmétique et l'aptitude à la lecture qui sont requises désormais sur des marchés de plus en plus complexes et à forte intensité d'information. En outre, beaucoup de consommateurs cherchent de plus en plus à connaître la position et les activités des entreprises dans un large éventail de domaines économiques,

sociaux et environnementaux et prennent ces considérations en compte lorsqu'elles choisissent des produits.

83. Le chapeau appelle les entreprises à recourir à des pratiques loyales en matière commerciale, de distribution et de publicité et à s'assurer de la qualité et de la fiabilité des produits qu'elles fournissent. Il y a lieu de noter que ces principes s'appliquent à la fois aux biens et aux services.

84. Le paragraphe 1 souligne la nécessité, pour les entreprises, d'adhérer aux normes requises en matière de santé et de sécurité ainsi que de donner aux consommateurs des informations suffisantes concernant les effets de leurs produits sur la santé et la sécurité.

85. Le paragraphe 2 concerne la divulgation d'informations. Il appelle les entreprises à fournir des informations qui soient suffisantes pour que les consommateurs puissent prendre leurs décisions en connaissance de cause. Il s'agirait notamment, le cas échéant, d'informations sur les risques financiers associés aux produits. Par ailleurs, les entreprises sont parfois légalement tenues de fournir des informations qui permettent d'effectuer des comparaisons directes entre produits (prix unitaire, par exemple). En l'absence de législation contraignante, les entreprises sont incitées, dans leurs relations avec les consommateurs, à fournir des informations qui facilitent les comparaisons entre produits et qui permettent de déterminer le coût total d'un produit. Il y a lieu de noter que ce qui est considéré comme "suffisant" peut varier au fil du temps et que les entreprises devraient réagir à ces changements. Toutes les déclarations faites par les entreprises en ce qui concerne les produits et l'environnement devraient être fondées sur des éléments de preuve suffisants et, s'il y a lieu, des tests appropriés. Étant donné l'intérêt croissant des consommateurs pour les questions d'environnement et la consommation durable, des informations devraient être données, le cas échéant, au sujet de l'impact des produits sur l'environnement. Il pourrait s'agir d'informations sur l'efficience énergétique et le degré de recyclabilité des produits, et, dans le cas des produits alimentaires, d'informations sur les procédés agricoles.

86. Les consommateurs tiennent de plus en plus compte de la conduite des entreprises lorsqu'ils prennent leurs décisions d'achat. Les entreprises sont par conséquent invitées à communiquer des informations sur les initiatives qu'elles ont prises pour intégrer les préoccupations sociales et environnementales dans leurs activités industrielles ou commerciales et pour soutenir par ailleurs la consommation durable. Le chapitre III des *Principes directeurs* sur la publication d'informations est significatif à cet égard. Les entreprises y sont invitées à publier des déclarations sur leurs valeurs ou leurs pratiques commerciales, comprenant des informations sur leurs politiques sociales, éthiques et environnementales et autres codes de conduite auxquelles elles adhèrent. Les entreprises sont invitées à rendre ces informations disponibles en langage simple et sous une forme qui soit attrayante pour les consommateurs. Il serait souhaitable qu'un nombre croissant d'entreprises communiquent dans ces domaines et ciblent les informations sur les consommateurs.

87. Le paragraphe 3 reflète les termes utilisés dans la *Recommandation de 2007 du Conseil sur le règlement des litiges de consommation et leur réparation.* La Recommandation fixe un cadre pour la mise au point de méthodes efficaces de traitement des réclamations des consommateurs, et notamment une série de mesures que les différents secteurs peuvent prendre à cet égard. Il est fait observer que les mécanismes mis en place par un grand nombre d'entreprises pour résoudre les différends en matière de consommation ont contribué à renforcer la confiance et la satisfaction des consommateurs. Ces mécanismes peuvent déboucher en cas de réclamation sur des solutions plus facilement applicables que les actions judiciaires, qui peuvent être complexes et coûteuses en temps et en argent pour toutes les parties concernées. Cependant, pour que ces mécanismes extrajudiciaires soient efficaces, il faut que les consommateurs soient au courant de leur existence et il serait souhaitable de leur communiquer des indications sur les moyens de déposer des réclamations, notamment lorsque leurs demandes portent sur des transactions transfrontalières ou multidimensionnelles.

88. Le paragraphe 4 porte sur les pratiques commerciales trompeuses, fallacieuses, frauduleuses et autres pratiques déloyales. Ces pratiques peuvent provoquer des distorsions sur les marchés, aux dépens des consommateurs et des entreprises responsables et il y a lieu de les éviter.

89. Le paragraphe 5 concerne l'éducation des consommateurs, qui a pris une grande importance avec la complexité croissante d'un grand nombre de marchés et de produits. Les gouvernements, les organisations de consommateurs et beaucoup d'entreprises ont reconnu qu'il s'agit d'une responsabilité partagée et qu'ils peuvent jouer des rôles importants à cet égard. Les difficultés que les consommateurs ont connues dans l'évaluation des produits complexes, notamment dans le domaine financier, ont souligné la nécessité pour les différentes parties prenantes de travailler ensemble en vue de promouvoir une éducation visant à améliorer la prise de décisions par les consommateurs.

90. Le paragraphe 6 concerne les données de caractère personnel. Le développement de la collecte et de l'utilisation de données à caractère personnel par les entreprises, alimenté en partie par l'Internet et les avancées technologiques, a mis en lumière la nécessité de préserver ces données contre toute violation de la vie privée des consommateurs, y compris contre les menaces à leur sécurité.

91. Le paragraphe 7 souligne la nécessité, pour les entreprises, de coopérer avec les autorités publiques pour contribuer à empêcher et à combattre les pratiques commerciales mensongères d'une manière plus efficace. Elles sont également appelées à coopérer pour réduire ou empêcher les menaces pesant sur la santé et la sécurité publiques ainsi que sur l'environnement. Cela inclut aussi bien les menaces qui sont liées à l'élimination des produits que celles qui portent sur leur consommation et leur utilisation. Cela traduit la prise de conscience du fait qu'il faut envisager la totalité du cycle de vie des produits.

92. Le paragraphe 8 appelle les entreprises à prendre en compte les situations des consommateurs vulnérables et défavorisés lorsqu'elles commercialisent leurs produits. Ce terme de consommateurs défavorisés ou vulnérables se réfère à des consommateurs ou à des catégories de consommateurs spécifiques qui, en raison de caractéristiques ou de circonstances personnelles (telles que l'âge, la capacité mentale ou physique, l'éducation, le revenu, la langue ou l'éloignement), peuvent rencontrer des difficultés particulières sur les marchés actuels qui sont mondialisés et à forte intensité d'informations. Le paragraphe met par ailleurs en lumière l'importance croissante du commerce mobile et des autres formes de commerce électronique sur les marchés mondialisés. Les avantages que procure ce commerce sont importants et croissants. Les gouvernements ont consacré un temps considérable à examiner les moyens de faire en sorte que le niveau de transparence et d'efficacité de la protection des consommateurs ne soit pas moins élevé dans le cas du commerce électronique que dans celui des formes plus traditionnelles de commerce.

IX *Science et technologie*

Les entreprises devraient :

1. S'efforcer de faire en sorte que leurs activités soient compatibles avec les politiques et plans scientifiques et technologiques des pays dans lesquels elles opèrent et, le cas échéant, contribuer au développement de la capacité d'innovation à l'échelon local et national.

2. Dans la mesure où cela est réalisable, adopter dans le cadre de leurs activités commerciales des pratiques permettant d'assurer le transfert et la diffusion rapide des technologies et du savoir-faire, en tenant dûment compte de la protection des droits de propriété intellectuelle.

3. Le cas échéant, mener des activités de développement scientifique et technologique dans les pays d'accueil de façon à répondre aux besoins du marché local, ainsi qu'employer du personnel du pays d'accueil dans des activités scientifiques et technologiques et encourager sa formation, compte tenu des besoins commerciaux.

4. Lorsqu'elles accordent des licences pour l'utilisation de droits de propriété intellectuelle ou qu'elles transfèrent des technologies par d'autres moyens, elles devraient le faire sur la base de conditions et modalités raisonnables et de manière à contribuer aux perspectives de développement durable à long terme du pays d'accueil.

5. Lorsque les objectifs commerciaux s'y prêtent, elles devraient établir localement des liens avec les universités et les établissements publics de recherche et participer à des projets de recherche en coopération avec les entreprises ou associations professionnelles locales.

Commentaire sur la science et la technologie

93. Dans une économie mondialisée et fondée sur le savoir, où les frontières nationales jouent un moindre rôle, même pour les entreprises de petite taille ou à vocation nationale, la possibilité d'accéder aux technologies et au savoir-faire et de les utiliser est essentielle pour améliorer les performances des entreprises. Cet accès est également important pour que se concrétisent les effets macro-économiques du progrès technologique, notamment la croissance de la productivité et la création d'emplois, dans le contexte du développement durable. Les entreprises multinationales sont le principal vecteur des transferts internationaux de technologie. Elles contribuent à la capacité nationale d'innovation de leur pays d'accueil dès lors qu'elles produisent de nouvelles technologies, en assurent la diffusion et en facilitent également l'utilisation dans les entreprises et institutions nationales. Les activités de R-D *[R&D]* des entreprises multinationales, lorsqu'elles sont bien reliées au système national d'innovation, peuvent contribuer à accroître le progrès économique et social de leur pays d'accueil. Par ailleurs, la mise en place d'un système d'innovation dynamique dans le pays d'accueil élargit les débouchés commerciaux des entreprises multinationales.

94. Ce chapitre a donc pour but d'encourager les entreprises multinationales, en tenant compte des contraintes de faisabilité économique et de considérations de compétitivité ou autres, à diffuser dans les pays où elles opèrent les résultats des activités de R-D *[R&D]* qu'elles mènent, en contribuant ainsi à la capacité d'innovation de leur pays d'accueil. Sur ce plan, les entreprises peuvent favoriser la diffusion des technologies en commercialisant des produits intégrant de nouvelles technologies, en accordant des licences pour des innovations de procédé, en embauchant et en formant du personnel spécialisé en science et technologie et en lançant des opérations de R-D *[R&D]* en coopération. Lors de la vente ou de la concession de technologies, non seulement les modalités négociées devraient être raisonnables, mais il serait souhaitable que les entreprises multinationales envisagent les impacts à long terme des technologies sur le développement, l'environnement et d'autres domaines dans les pays d'origine et d'accueil. Dans leurs activités, les entreprises multinationales peuvent doter leurs filiales internationales et leurs sous-traitants de capacités d'innovation et améliorer ces capacités. En outre, les entreprises multinationales peuvent attirer l'attention sur l'importance des infrastructures scientifiques et technologiques locales, aussi bien matérielles qu'institutionnelles. A cet égard, les entreprises multinationales peuvent contribuer utilement à la formulation, par les pays d'accueil, de cadres d'action propices au développement de systèmes d'innovation dynamiques.

X *Concurrence*

Les entreprises devraient :

1. Mener leurs activités d'une manière compatible avec tous les textes législatifs et réglementaires applicables, en prenant en compte le droit de la concurrence de tous les pays dans lesquels leurs activités risquent d'avoir des effets anticoncurrentiels.

2. S'abstenir de conclure ou d'exécuter des accords contraires à la concurrence, notamment des accords visant à :

a) fixer des prix ;
b) procéder à des soumissions concertées (ou collusions d'offres) ;
c) établir des limitations ou des quotas de production ; ou
d) se partager ou diviser les marchés en se répartissant des clients, des fournisseurs, des zones géographiques ou des lignes d'activités.

3. Dans le cadre d'enquêtes, coopérer avec les autorités de la concurrence, notamment, et sous réserve de la législation applicable et des précautions appropriées, en apportant des réponses aussi rapides et aussi exhaustives que possible aux demandes de renseignements, et en envisageant d'utiliser tous les instruments disponibles, par exemple les déclarations de renonciation au droit à la confidentialité, afin de favoriser une coopération efficace et efficiente entre les autorités chargées de mener les enquêtes.

4. Procéder régulièrement à des opérations de sensibilisation de leurs salariés à l'importance du respect de l'ensemble des lois et réglementations en matière de concurrence et, en particulier, former leurs dirigeants aux questions de concurrence.

Commentaire sur la concurrence

95. Ces recommandations soulignent l'importance, dans chaque pays, du droit et de la réglementation de la concurrence pour un fonctionnement efficace des marchés tant nationaux qu'internationaux, et réaffirment l'importance du respect de ces lois et de ces réglementations par les entreprises nationales et multinationales. Elles visent également à garantir que toutes les entreprises sont bien au fait des évolutions concernant la portée du droit de la concurrence, les recours et les sanctions prévus, ainsi que de l'importance de la coopération entre les autorités de la concurrence. L'expression "droit de la concurrence" est utilisée pour désigner les lois, y compris les lois antitrust et anti-monopole qui, selon des modalités diverses, interdisent : a) les accords contraires à la concurrence ; b) l'abus de pouvoir de marché ou de position dominante ; c) l'acquisition d'un pouvoir de marché ou d'une position dominante par des moyens autres qu'une performance efficiente ; ou encore d) l'amoindrissement substantiel de la concurrence ou l'exercice d'entraves significatives à une concurrence efficace par le biais de fusions ou d'acquisitions.

96. D'une manière générale, le droit et la politique de la concurrence interdisent : a) les ententes injustifiables ; b) les autres accords contraires à la concurrence ; c) les comportements anticoncurrentiels fondés sur l'exploitation ou l'élargissement d'une position dominante ou d'un pouvoir de marché ; et d) les fusions et acquisitions contraires à la concurrence. Aux termes de la *Recommandation du Conseil de l'OCDE concernant une action efficace contre les ententes injustifiables* (C(98)35/Final) adoptée en 1998, les accords anticoncurrentiels visés au point a) constituent des ententes injustifiables, mais la Recommandation tient compte des différences existant entre les différents droits nationaux des pays membres, notamment des différences dans les exceptions ou dispositions législatives prévoyant d'accorder une exception ou une autorisation pour des activités qui auraient été autrement interdites. Toutefois, cette recommandation ne signifie pas nécessairement que les entreprises ne devraient pas profiter de ces exceptions ou de ces dispositions. Les points b) et c) sont plus généraux parce que les effets d'autres formes d'accords et de comportements unilatéraux sont plus difficiles à apprécier, et parce que le consensus sur ce qu'il convient de considérer comme contraire à la concurrence est moins large.

97. La politique de la concurrence a pour objectif de contribuer au bien-être global et à la croissance économique générale en favorisant des conditions de marché dans lesquelles la nature, la qualité et le prix des biens et des services sont déterminés par le jeu des forces concurrentielles du marché. Outre qu'il bénéficie aux consommateurs et à l'économie d'un pays tout entière, un tel environnement concurrentiel est gratifiant pour les entreprises qui répondent efficacement à la demande des consommateurs. Bien souvent, les entreprises sont sources d'informations et de conseils lorsque les pouvoirs publics envisagent d'adopter des lois et des politiques risquant de nuire à l'efficience ou de réduire de toute autre manière la compétitivité des marchés.

98. Les entreprises doivent savoir que des lois sur la concurrence continuent d'être adoptées et qu'il est de plus en plus courant que ces lois interdisent les activités anticoncurrentielles menées à l'étranger si celles-ci devaient avoir des conséquences dommageables pour les consommateurs du pays concerné. Par ailleurs, du fait du caractère transnational des échanges et des investissements, un comportement anticoncurrentiel observé dans un pays est davantage susceptible d'avoir des conséquences dommageables dans un autre. En conséquence, un comportement qui est ou

qui pourrait être légal dans un pays risque de plus en plus souvent d'être illégal dans un autre. Il faut donc que les entreprises prennent en compte aussi bien la réglementation du pays où elles opèrent que celle de tous les pays où leurs activités sont susceptibles de produire des effets.

99. Enfin, les entreprises devraient admettre que les autorités de la concurrence coopèrent de plus en plus étroitement pour enquêter sur les activités contraires à la concurrence et pour y faire échec. Pour des informations plus générales, on pourra se reporter à la *Recommandation révisée du Conseil sur la coopération entre pays membres dans le domaine des pratiques anticoncurrentielles affectant les échanges internationaux [C(95)130/FINAL]* ou encore à la Recommandation du Conseil sur le contrôle des fusions *[C(2005)34]*. Lorsque les autorités de la concurrence de différents pays examinent un même comportement, le fait, pour les entreprises, de faciliter la coopération entre les autorités concernées permettra de favoriser la cohérence et la pertinence des décisions et des recours et permettra également aux pouvoirs publics comme aux entreprises de réaliser des économies de coûts.

XI *Fiscalité*

1. Il est important que les entreprises contribuent aux finances publiques des pays d'accueil en acquittant avec ponctualité les impôts dont elles sont redevables. En particulier, les entreprises devraient se conformer à la lettre comme à l'esprit des lois et règlements fiscaux des pays où elles opèrent. Respecter l'esprit de la loi signifie comprendre et suivre l'intention du législateur. Cette interprétation ne signifie pas qu'une entreprise doive acquitter un impôt supérieur au montant prévu par la loi. La discipline fiscale implique notamment de communiquer en temps voulu aux autorités compétentes les informations prescrites ou nécessaires à la détermination correcte des impôts dont sont passibles leurs activités et de se conformer dans leurs pratiques de prix de transfert au principe de pleine concurrence.

2. Les entreprises devraient considérer la gouvernance fiscale et la discipline fiscale comme des éléments importants de leurs mécanismes de contrôle et de leurs systèmes de gestion des risques au sens large. En particulier, les conseils d'administration devraient adopter des stratégies de gestion du risque fiscal qui permettent d'identifier et d'évaluer pleinement les risques financiers, réglementaires et de réputation associés à la fiscalité.

Commentaire sur la fiscalité

100. Une conduite responsable dans le domaine fiscal signifie que les entreprises devraient se conformer à la lettre comme à l'esprit des lois et règlements fiscaux de tous les pays dans lesquels elles exercent leurs activités, coopérer avec les autorités et leur communiquer les informations pertinentes ou requises par la loi. Une entreprise respecte l'esprit des lois et règlements fiscaux si elle prend des mesures raisonnables pour déterminer l'intention du législateur et interprète ces règles fiscales conformément à cette intention, à la lumière du texte de loi et de la jurisprudence contemporaine pertinente. Les transactions ne devraient pas être structurées en vue d'obtenir des résultats fiscaux sans rapport avec les conséquences économiques sous-jacentes de la transaction, sauf s'il existe une législation spécifique destinée à produire ce résultat. En pareil cas, l'entreprise devrait avoir de bonnes raisons de penser que la transaction est structurée de telle sorte qu'elle aboutit à un résultat fiscal qui n'est pas contraire à l'intention du législateur.

101. La discipline fiscale implique également de coopérer avec les autorités fiscales et de leur fournir les informations requises afin de garantir une application efficace et équitable des lois fiscales. Cette coopération suppose d'apporter des réponses rapides et complètes aux demandes de renseignements formulées par une autorité compétente conformément aux dispositions d'une convention fiscale ou d'un accord d'échange de renseignements. Cette exigence de communication d'informations connaît toutefois certaines limites. En particulier, les Principes directeurs établissent un lien entre les informations qui doivent être fournies et leur pertinence pour l'application des réglementations fiscales concernées. On prend ainsi en compte

l'impératif d'équilibre entre la charge que représente pour les entreprises le respect des réglementations fiscales applicables et la nécessité, pour les autorités fiscales, de disposer d'informations complètes, actuelles et exactes pour pouvoir appliquer leurs réglementations fiscales.

102. Les engagements des entreprises en matière de coopération, de transparence et de discipline fiscale devraient se refléter dans des systèmes, structures et politiques de gestion des risques. Pour les entreprises constituées en société, les conseils d'administration sont en mesure de contrôler le risque fiscal par divers moyens. Par exemple, le conseil d'administration devrait, de manière anticipative, élaborer des principes appropriés de politique fiscale, et mettre en place des systèmes de contrôle interne garantissant que les actions des dirigeants sont conformes à l'analyse du risque fiscal effectuée par le conseil. Le conseil devrait être tenu informé de tout risque fiscal potentiellement grave, et les responsabilités devraient être établies pour l'exercice des fonctions internes de contrôle fiscal et de communication d'informations au conseil. Une stratégie globale de gestion des risques comportant un volet fiscal permettra à l'entreprise non seulement de faire preuve de civisme, mais aussi de gérer efficacement le risque fiscal, lui permettant ainsi de se prémunir contre d'importants risques financiers, réglementaires et de réputation.

103. Un membre d'un groupe multinational implanté dans un pays peut avoir d'étroites relations économiques avec d'autres membres du même groupe implantés dans d'autres pays et ces liens peuvent avoir une incidence sur les obligations fiscales de chacune des parties. En conséquence, les autorités fiscales peuvent avoir besoin d'informations en provenance de l'étranger pour se prononcer sur ces liens et déterminer l'impôt dû par le membre du groupe multinational sur leur territoire. Cette fois encore, les informations devant être fournies se limitent à ce qui est en rapport avec l'évaluation envisagée de ces liens économiques ou à ce qui est requis par la loi aux fins de cette évaluation en vue de déterminer correctement l'impôt dû par le membre du groupe multinational. Les entreprises multinationales devraient coopérer pour la communication de ces informations.

104. Une question importante du point de vue de la conduite responsable des entreprises dans le domaine de la fiscalité est celle des prix de transfert. L'expansion spectaculaire des échanges mondiaux et des investissements directs transnationaux (et le rôle de premier plan que jouent dans ces échanges et ces investissements les entreprises multinationales) signifie que les prix de transfert sont aujourd'hui un déterminant essentiel des obligations fiscales des membres d'un groupe multinational parce qu'ils conditionnent fortement la répartition de la base d'imposition entre les pays dans lesquels l'entreprise multinationale exerce ses activités. Le principe de pleine concurrence, qui figure à la fois dans le Modèle de convention fiscale de l'OCDE et le Modèle de convention des Nations unies concernant les doubles impositions entre pays développés et pays en développement, est la norme internationale utilisée pour répartir les bénéfices entre entreprises associées. L'application du principe de pleine concurrence évite le transfert inapproprié de bénéfices ou de pertes et minimise les risques de double imposition. Son application correcte nécessite que les entreprises multinationales coopèrent avec les autorités fiscales et leur communiquent toutes les informations pertinentes ou requises par la loi concernant le choix de la méthode de détermination des prix de transfert adoptée pour les transactions internationales entreprises par elles et par la partie associée. Il est admis qu'il est souvent difficile, aussi bien pour les entreprises multinationales que pour les administrations fiscales, de déterminer si les prix de transfert sont conformes à la norme (ou au principe) de pleine concurrence et que son application n'est pas une science exacte.

105. Le Comité des affaires fiscales de l'OCDE travaille en permanence à la mise au point de recommandations visant à assurer la conformité des prix de transfert au principe de pleine concurrence. Ses travaux ont abouti à la publication, en 1995, des Principes de l'OCDE applicables en matière de prix de transfert à l'intention des entreprises multinationales et des administrations fiscales, qui ont donné lieu à la Recommandation du Conseil de l'OCDE sur la détermination des prix de transfert

entre entreprises associées (les membres d'un groupe multinational constituent normalement des entreprises associées). Les Principes de l'OCDE applicables en matière de prix de transfert et cette Recommandation du Conseil sont régulièrement mis à jour afin de tenir compte des changements dans l'économie mondiale et de l'expérience des administrations fiscales et des contribuables confrontés aux prix de transfert. Le principe de pleine concurrence appliqué à l'attribution de bénéfices aux établissements stables afin de déterminer les droits d'imposition d'un pays d'accueil en vertu d'une convention fiscale a fait l'objet d'une Recommandation du Conseil de l'OCDE adoptée en 2008.

106. Les Principes de l'OCDE applicables en matière de prix de transfert concernent l'application du principe de pleine concurrence pour la détermination des prix de transfert des entreprises associées. Ils ont pour but d'aider les administrations fiscales (des pays membres de l'OCDE et des pays non membres) et les entreprises multinationales en indiquant des solutions mutuellement satisfaisantes aux problèmes que peuvent poser les prix de transfert, de façon à réduire les différends entre les administrations fiscales et, également, entre ces administrations et les entreprises multinationales, et à éviter ainsi de coûteux procès. Les entreprises multinationales sont encouragées à se conformer aux Principes de l'OCDE applicables en matière de prix de transfert, tels que modifiés et complétés *[un pays adhérent non membre de l'OCDE, le Brésil, n'applique pas les Principes de l'OCDE applicables en matière de prix de transfert sur le territoire qui relève de sa compétence. Par conséquent, l'utilisation des indications figurant dans ces Principes par les entreprises multinationales aux fins de déterminer le revenu imposable généré par leurs activités dans ce pays est sans objet à la lumière des obligations fiscales prévues par la législation de ce pays. Un autre pays non membre de l'OCDE, l'Argentine, souligne que l'application des Principes applicables en matière de prix de transfert n'est pas obligatoire dans les territoires relevant de sa compétence]*, afin que leurs prix de transfert respectent le principe de pleine concurrence.

PARTIE II Procédures de mise en œuvre des Principes directeurs de l'OCDE à l'intention des entreprises multinationales

Non reproduite.

Guide OCDE (2018),

Sur le devoir de diligence pour une conduite responsable des entreprises.

Avant-propos

Le Guide OCDE sur le devoir de diligence pour une conduite responsable des entreprises (ci-après "Guide") a pour objectif de fournir un guide pratique aux entreprises pour la mise en œuvre des Principes directeurs de l'OCDE à l'intention des entreprises multinationales à travers une explication simple des recommandations concernant le devoir de diligence. La mise en œuvre de ces recommandations doit permettre aux entreprises d'éviter et de traiter les risques d'impacts négatifs sur les travailleurs, les droits de l'Homme, l'environnement, la corruption, les consommateurs et la gouvernance d'entreprise liés à leurs activités, à leur chaîne d'approvisionnement et à leurs relations d'affaires. L'Annexe au Guide propose des textes explicatifs, des conseils et des exemples d'application du devoir de diligence.

Ce Guide vise également à promouvoir une définition commune aux gouvernements et aux parties prenantes du devoir de diligence pour une conduite responsable des entreprises. Les Principes directeurs des Nations unies sur les entreprises et les droits de l'Homme ainsi que la Déclaration de principes tripartite sur les entreprises multinationales et la politique sociale de l'OIT contiennent également des recommandations relatives au devoir de diligence, et ce Guide peut aider les entreprises à les mettre en œuvre.

Ce Guide répond à la Déclaration adoptée par les dirigeants du G7 les 7 et 8 juin 2015 à Schloss Elmau, qui a reconnu l'importance d'adopter une définition commune du devoir de diligence, en particulier pour les petites et moyennes entreprises, et qui a encouragé les entreprises ayant leur siège ou exerçant des activités dans les pays du G7 à mettre en œuvre le devoir de diligence dans leurs chaînes d'approvisionnement. Dans leur Déclaration adoptée le 8 juillet 2017 à Hambourg, les dirigeants du G20 se sont engagés à promouvoir les normes du travail, sociales et environnementales et les droits de l'Homme, conformément aux cadres internationalement reconnus, afin de développer des chaînes d'approvisionnement durables et inclusives, et ont souligné que les entreprises avaient la responsabilité d'exercer leur devoir de diligence dans cette optique.

Le développement de ce Guide a été supervisé par le Groupe de travail de l'OCDE sur la conduite responsable des entreprises (GTCRE) dans le cadre d'un processus multipartite impliquant des pays membres et non-membres de l'OCDE ainsi que des représentants d'entreprises, de syndicats et de la société civile. Une première version a été soumise pour avis au GTCRE et aux parties prenantes institutionnelles de l'OCDE en mai 2016. Une version révisée a fait l'objet d'une consultation publique en février 2017. Un groupe consultatif multipartite a été constitué en juin 2017 pour aider le GTCRE à intégrer les commentaires des parties prenantes et à finaliser le Guide. Le Conseil des droits de l'Homme des Nations unies a activement collaboré à ce processus.

Ce Guide a été approuvé par le Groupe de travail de l'OCDE sur la conduite responsable des entreprises le 6 mars 2018 et par le Comité de l'investissement de l'OCDE le 3 avril 2018. Une Recommandation relative au Guide a été adoptée lors de la réunion du Conseil OCDE au niveau ministériel du 30 mai 2018.

L'OCDE a également développé des guides pour aider les entreprises à exercer leur devoir de diligence pour une conduite responsable des entreprises dans des secteurs et chaînes d'approvisionnement spécifiques, en particulier : chaînes d'approvisionnement en minerais ; chaînes d'approvisionnement du secteur de l'habillement et de la chaussure ; chaînes d'approvisionnement de l'agriculture ; industries extractives ; et finance.

Acronymes et abréviations.

CRE : Conduite responsable des entreprises
EIA : Environmental impact assessments
EPZ : Export processing zone
ESIA : Environmental and social impact assessments
GTCRE : Groupe de travail de l'OCDE sur la conduite responsable des entreprises
HRIA : Human rights impact assessments
KYC : Know your counterparty
PME : Petite et moyenne entreprise
INDH : Institution nationale des droits de l'Homme
SGPNO : Système de gestion des plaintes au niveau opérationnel
PCN : Point de contact national pour les Principes directeurs de l'OCDE à l'intention des entreprises multinationales
Enjeux CRE : Droits de l'Homme, y compris droits des travailleurs et relations professionnelles, environnement, corruption, publication d'informations et intérêts du consommateur
EMN : Entreprise multinationale

Introduction

Source.

Ce Guide sur le devoir de diligence pour une conduite responsable des entreprises (le "Guide") se base sur les Principes directeurs de l'OCDE à l'intention des entreprises multinationales (les "Principes directeurs EMN"). Les Principes directeurs EMN sont des recommandations non-contraignantes relatives à la conduite responsable des entreprises ("CRE"), émises par les gouvernements à l'intention des entreprises multinationales. Les Principes directeurs EMN reconnaissent et encouragent la contribution positive que les entreprises peuvent apporter au progrès économique, environnemental et social, et incitent ces dernières à poursuivre leurs efforts en ce sens, mais également que leurs activités peuvent entraîner des risques d'impacts négatifs sur les travailleurs, les droits de l'Homme, l'environnement, la corruption, les consommateurs et la gouvernance d'entreprise. Les Principes directeurs EMN recommandent donc aux entreprises d'adopter des pratiques de diligence adaptées aux risques liées à leurs activités, à leurs chaînes d'approvisionnement et à leurs relations d'affaires et de prendre les mesures qu'imposent ces incidences lorsqu'elles se produisent.

Objectif.

Ce Guide aide les entreprises à comprendre et à mettre en œuvre le devoir de diligence pour une CRE comme le préconisent les Principes directeurs EMN ("le devoir de diligence"). Ce Guide vise également à promouvoir une définition commune aux gouvernements et aux parties prenantes du devoir de diligence pour une CRE.

Les Principes directeurs EMN laissent aux entreprises une certaine marge de manœuvre pour adapter au contexte dans lequel elles évoluent les caractéristiques, les mesures concrètes et les processus relatifs à leur devoir de diligence. Il est recommandé aux entreprises d'utiliser ce Guide comme un cadre de référence pour développer et renforcer leurs propres systèmes et processus de diligence, puis de mobiliser des ressources supplémentaires pour approfondir leurs connaissances en la matière, en fonction de leurs besoins.

Les Principes directeurs EMN incluent un système "unique" de gestion et de transmission des plaintes – les Points de contact nationaux ("PCN"). Ce Guide constitue une source d'informations utile pour les PCN souhaitant comprendre et promouvoir les Principes directeurs EMN.

Voir Encadré 8 pour plus d'informations sur les PCN

Champ d'application.

TABLEAU 1	
CHAMPS D'APPLICATION DU GUIDE OCDE SUR LE DEVOIR DE DILIGENCE POUR UNE CRE	
Entreprises concernées	• Toutes les entreprises multinationales ("EMN"), quels que soient leur structure d'actionnariat, leur secteur et leur taille, exerçant leurs activités ou ayant leur siège dans des pays adhérents aux Principes directeurs EMN, y compris les petites et moyennes entreprises ("PME") multinationales.
	• Toutes les entités au sein du groupe EMN – entité mère et entités locales, y compris leurs filiales.
Sujets liés au devoir de diligence ("problématiques CRE") *[trois chapitres des Principes directeurs EMN ne sont pas couverts par ce Guide : Science et technologie ; Concurrence et Fiscalité]*	• Droits de l'Homme *(Chapitre IV des Principes directeurs EMN)*
	• Emploi et relations professionnelles *(Chapitre V des Principes directeurs EMN)*
	• Environnement *(Chapitre VI des Principes directeurs EMN)*
	• Lutte contre la corruption, la sollicitation de pots-de-vin et d'autres formes d'extorsion *(Chapitre VII des Principes directeurs EMN)*
	• Intérêts des consommateurs *(Chapitre VIII des Principes directeurs EMN)*
	• Publication d'informations *(Chapitre III des Principes directeurs EMN)*

TABLEAU 1	
CHAMPS D'APPLICATION DU GUIDE OCDE SUR LE DEVOIR DE DILIGENCE POUR UNE CRE	
Relations d'affaires auxquelles s'applique le devoir de diligence	• Tous les types de relations d'affaires que peut avoir une entreprise – fournisseur, franchisés, licenciés, co-entreprise, investisseurs, clients, prestataires, consommateurs, consultants, conseillers financiers, juridiques et autres, et toute entité publique ou privée liée à ses activités, produits ou services.

Cible.

Ce Guide s'adresse en premier lieu aux professionnels chargés de mettre en œuvre le devoir de diligence au sein des entreprises. Vu la grande variété des sujets couverts par les Principes directeurs EMN et la nature transversale des actions nécessaires pour mettre en œuvre le devoir de diligence dans le cadre des diverses activités et relations d'affaires d'une entreprise, il est probable qu'un certain nombre d'unités, de fonctions et d'individus soient concernés. Ce Guide peut aussi être utile à d'autres parties prenantes, comme les initiatives sectorielles et multipartites qui facilitent la collaboration à des activités relatives au devoir de diligence, ou encore les travailleurs, les syndicats, les représentants de travailleurs et les organisations de la société civile *[ce Guide utilise les termes "représentants de travailleurs", "syndicats" et "organisations de représentation de leur choix" tels que définis par le droit du travail international : Convention n° 87 de l'OIT sur la liberté syndicale et la protection du droit syndical, Convention n° 98 de l'OIT sur le droit d'organisation et de négociation collective et Convention n° 135 de l'OIT sur les représentants des travailleurs]*.

Structure.

Ce Guide commence avec une brève synthèse de chaque chapitre des Principes directeurs EMN. Puis il fournit un aperçu du devoir de diligence, y compris les concepts clés et principales caractéristiques, afin que le lecteur puisse comprendre facilement l'approche recommandée par les Principes directeurs EMN.

La partie centrale de ce Guide décrit le processus du devoir de diligence et les mesures nécessaires à sa mise en œuvre étape par étape, bien que dans la pratique le devoir de diligence implique des actions continues et itératives, qu'il n'est pas toujours possible de séquencer, et qui doivent parfois être menées simultanément, les résultats de certaines actions dépendant des résultats de ceux des autres. Chaque étape détaillée dans ce Guide inclut des "actions pratiques" qui illustrent comment mettre en œuvre, ou adapter si nécessaire, les mesures concourant au bon déroulement du processus du devoir de diligence. Ces actions pratiques ne doivent pas être considérées comme une liste de "cases à cocher" pour respecter son devoir de diligence. Certaines actions pratiques ne s'appliquent pas à certaines situations. Les entreprises peuvent en outre identifier des actions ou des mesures additionnelles à prendre dans certaines situations qui leur sont propres.

Des textes explicatifs, des conseils et des exemples d'application du devoir de diligence sont référencés et recroisés tout au long du Guide. Ces éléments sont présentés sous la forme de "questions - réponses" et reliés à des parties spécifiques du Guide.

Liens avec d'autres processus et instruments.

Guides sectoriels de l'OCDE sur la conduite responsable des entreprises

L'OCDE a développé des guides sectoriels sur le devoir de diligence et des documents de bonnes pratiques spécifiques à certains chaînes d'approvisionnement – minerais, agriculture, habillement et chaussure – et à certains secteurs – industries extractives, finance (voir OCDE, 2016a ; OCDE, 2016b ; OCDE, 2016c ; OCDE, 2017a ; et OCDE, 2017b). Ces guides ont été développés en étroite collaboration avec des gouvernements, des entreprises, des syndicats et des organisations de la société civile. Les approches proposées pour chaque secteur sont conformes à celle présentée dans ce Guide, mais incluent des recommandations plus détaillées et adaptées au contexte spécifique desdits secteurs. Ce Guide n'a pas vocation à remplacer ni à modifier les guides OCDE sectoriels ou thématiques existants sur la CRE, mais peuvent les compléter. Il est recommandé aux entreprises cherchant des réponses à leurs questions de se référer au guide le plus précis et le plus pertinent pour leurs activités, chaîne d'approvisionnement ou secteur.

Autres instruments de l'OCDE

Les Principes directeurs EMN sont cités dans un certain nombre d'instruments de l'OCDE qui renforcent les liens entre la CRE et d'autres sujets, notamment : les Principes de gouvernance d'entreprise du G20 et de l'OCDE ; les Lignes directrices de l'OCDE sur la gouvernance d'entreprise des entreprises publiques ; les Approches communes de l'OCDE pour les crédits à l'exportation bénéficiant d'un soutien public et le devoir de diligence environnementale et sociale ; le Cadre d'action de l'OCDE pour l'investissement ; la Recommandation du Conseil de l'OCDE sur les marchés publics ; et la Recommandation du Conseil de l'OCDE visant à renforcer la lutte contre la corruption d'agents publics étrangers dans les transactions commerciales internationales (voir OCDE, 2016d ; OCDE, 2015a ; OCDE, 2015b ; OCDE, 2015c ; OCDE, 2015d ; et OCDE, 2009).

Autres processus et instruments multilatéraux

Concernant la question des droits de l'Homme, et notamment des droits des travailleurs, ce Guide s'aligne sur les Principes directeurs des Nations unies relatifs aux entreprises et aux droits de l'Homme (PDNU), sur la Déclaration de l'OIT relative aux principes et droits fondamentaux au travail, sur les Conventions et Recommandations de l'OIT citées dans les Principes directeurs EMN, et sur la Déclaration de principes tripartite de l'OIT sur les entreprises multinationales et la politique sociale (voir ONU, 2011 ; OIT, 1998 ; et OIT, 2017).

Les chapitres des principes directeurs de l'OCDE.

I. Concepts et principes

Le premier chapitre des *Principes directeurs* définit les concepts et principes qui replacent dans leur contexte toutes les recommandations figurant dans les chapitres suivants. Ces concepts et principes (par exemple, respecter les législations nationales est la première obligation des entreprises) forment la clé de voûte des Principes directeurs et définissent les notions fondamentales qui les sous-tendent.

II. Principes généraux

Ce chapitre est le premier contenant des recommandations spécifiques à l'intention des entreprises sous la forme de principes généraux qui donnent le ton et définissent un cadre de principes communs aux chapitres qui suivent. Il contient des dispositions importantes comme la mise en œuvre d'une diligence raisonnable, les mesures à prendre par rapport aux incidences négatives ou encore l'engagement des parties prenantes, entre autres.

III. Publication d'informations

Pouvoir disposer d'informations claires et complètes sur une entreprise est important pour toute une palette d'utilisateurs. Ce chapitre appelle les entreprises à faire preuve de transparence dans leurs activités et de réactivité face aux exigences de plus en plus complexes du public en matière d'information.

IV. Droits de l'Homme

Les entreprises peuvent avoir un impact sur pratiquement la totalité des droits de l'Homme internationalement reconnus. De ce fait, il est important qu'elles assument leurs responsabilités. Partant de ce constat, ce nouveau chapitre des *Principes directeurs* s'inspire du Cadre de référence "Protéger, respecter, réparer" des Nations unies, et des *Principes directeurs des Nations unies relatifs aux entreprises et aux droits de l'Homme*, qui en sont la mise en œuvre.

V. Emploi et relations professionnelles

L'OIT est l'organisme compétent chargé de fixer et de suivre les normes internationales du travail et de promouvoir les droits fondamentaux au travail, comme en témoigne la Déclaration relative aux principes et droits fondamentaux au travail qu'elle a adoptée en 1998. Ce chapitre met l'accent sur le rôle des Principes directeurs dans la promotion du respect, par les entreprises multinationales, des normes internationales du travail élaborées par l'OIT.

VI. Environnement

Le chapitre consacré à l'environnement contient un ensemble de recommandations pour inciter les entreprises multinationales à améliorer leurs performances environnementales et les aider à optimiser leur contribution à la protection de l'environnement, grâce à une amélioration de leur gestion interne et de leur planification. Il reflète pour l'essentiel les principes et les objectifs de la Déclaration de Rio sur l'environnement et le développement et de l'Agenda 21.

À l'intention des entreprises multinationales.

VII. Lutte contre la corruption, la sollicitation de pots-de-vin et d'autres formes d'extorsion

La corruption active et passive sape les institutions démocratiques et la gouvernance des entreprises, qui ont un rôle important à jouer dans la lutte contre ces pratiques. L'OCDE est à la tête des efforts déployés dans le monde pour offrir aux entreprises internationales des règles du jeu équitables en luttant pour éradiquer la corruption. Les recommandations figurant dans les *Principes directeurs* s'inspirent des nombreux travaux que l'OCDE a déjà effectués dans ce domaine.

VIII. Intérêts des consommateurs

Les *Principes directeurs* appellent les entreprises à se conformer à des pratiques loyales en matière commerciale, de marketing et de publicité, et à garantir la qualité et la fiabilité des biens ou des services qu'elles fournissent. Ce chapitre s'inspire des travaux du Comité de la politique à l'égard des consommateurs et du Comité des marchés financiers de l'OCDE, et de ceux menés par d'autres organisations internationales comme la Chambre de commerce internationale, l'Organisation internationale de normalisation ou les Nations unies.

IX. Science et technologie

Ce chapitre confirme que les entreprises multinationales sont le principal vecteur des transferts internationaux de technologie. Il vise à favoriser les transferts de technologie à destination des pays d'accueil et à promouvoir leur contribution aux capacités d'innovation de ces pays.

X. Concurrence

Ce chapitre montre combien il importe que les entreprises multinationales exercent leurs activités d'une manière compatible avec tous les textes législatifs et réglementaires applicables en matière de concurrence, en prenant en compte le droit de la concurrence de tous les pays dans lesquels leurs activités risquent d'avoir des effets anticoncurrentiels. Les entreprises doivent s'abstenir de conclure des accords contraires à la concurrence, qui nuisent à un fonctionnement efficace des marchés nationaux et internationaux.

XI. Fiscalité

Les *Principes directeurs* sont le premier instrument international de responsabilité des entreprises à traiter de fiscalité. Ils s'inspirent, en les enrichissant, d'un imposant corpus de travaux menés sur la fiscalité, notamment le Modèle de convention fiscale de l'OCDE et le Modèle de convention des Nations unies concernant les doubles impositions entre pays développés et pays en développement. Cet important chapitre contient des recommandations fondamentales en matière de fiscalité.

Présentation du devoir de diligence pour une conduite responsable des entreprises

Les Principes directeurs EMN reconnaissent la contribution positive que les entreprises peuvent apporter au progrès économique, environnemental et social, et incitent ces dernières à poursuivre leurs efforts en ce sens. Mais ils reconnaissent également que leurs activités peuvent entraîner des risques de corruption et d'impacts négatifs sur les travailleurs, les droits de l'Homme, l'environnement, les consommateurs et la gouvernance d'entreprise. Le devoir de diligence est un processus que les entreprises devraient mettre en œuvre pour identifier, prévenir, et atténuer les impacts négatifs réels et potentiels de leurs activités, de leur chaîne d'approvisionnement et de leurs relations d'affaires, mais aussi pour rendre des comptes de la manière dont ces impacts sont traités, et comme le recommandent les Principes directeurs EMN. Pour être efficace, la mise en œuvre du devoir de diligence passe par l'intégration des principes de la CRE dans les politiques et systèmes de gestion des entreprises, et doit permettre à ces dernières de réparer les impacts négatifs qu'elles causent ou auxquels elles contribuent. – *Voir Schéma 1.*

Impacts négatifs et risques.

Mettre en œuvre son devoir de diligence permet de traiter ses impacts négatifs réels et potentiels ("risques") liés aux enjeux suivants, couverts par les Principes directeurs EMN : droits de l'Homme, y compris droits des travailleurs et relations professionnelles, environnement, corruption, publication d'informations et intérêts du consommateur ("enjeux CRE"). Les différents chapitres des Principes directeurs EMN donnent des indications détaillées sur le type de comportement à adopter pour chaque enjeu CRE. La probabilité qu'une entreprise ait un impact négatif augmente dans les situations où son comportement ou le contexte dans lequel s'inscrivent sa chaîne d'approvisionnement et ses relations d'affaires ne sont pas conformes aux recommandations des Principes directeurs EMN. Un risque d'impacts négatifs peut exister lorsqu'un comportement potentiellement contraire aux recommandations des Principes directeurs EMN existe, car cela implique des impacts qui pourraient survenir dans le futur. – *Voir Annexe Q11.*

Pourquoi mettre en œuvre le devoir de diligence ?

Certains produits, services ou activités comportent une part inhérente de risques parce qu'ils sont susceptibles de causer des impacts négatifs sur les enjeux CRE, d'y contribuer ou d'y être directement liés. Dans un contexte donné, ces activités peuvent ne pas revêtir de risques intrinsèques, mais certains cas (ex. : problèmes d'état de droit, non-application des lois, mauvais comportement des relations d'affaires) peuvent entraîner des risques d'impacts négatifs. Le devoir de diligence doit aider les entreprises à anticiper et prévenir ou atténuer ces impacts. Dans certains cas précis, le devoir de diligence peut aider les entreprises à déterminer, en dernier ressort, si elles doivent mettre un terme ou non à certaines activités ou relations d'affaires, parce que le risque d'impact négatif est trop important, ou parce qu'elles ont échoué à atténuer ce risque.

ENCADRÉ 1. Comprendre la notion de risque selon les principes directeurs EMN

Pour beaucoup d'entreprises, le terme de "risque" désigne en premier lieu les risques qu'elles encourent elles-mêmes – risque financier, risque de marché, risque opérationnel, risque d'image, etc. Les entreprises sont attentives à leur position sur le marché vis-à-vis de leurs concurrents, à leur réputation et leurs perspectives de long terme. Ainsi, lorsqu'elles font une analyse de risques, elles se concentrent généralement sur les risques qui les menacent directement. Les Principes directeurs EMN s'intéressent en revanche aux impacts négatifs sur les personnes, sur l'environnement et sur la société que les entreprises peuvent causer, auxquels elles peuvent contribuer, ou auxquels elles peuvent être liées directement – en d'autres termes, les Principes directeurs EMN abordent la question des risques d'un point de vue extérieur.

Les entreprises peuvent identifier les risques liés aux enjeux CRE en observant les divergences entre les recommandations des Principes directeurs EMN d'une part, et le contexte dans lequel s'inscrivent leurs activités, leurs chaînes d'approvisionnement et leurs relations d'affaires d'autre part. – *Voir Annexe Q1.*

Une entreprise qui prévient et atténue efficacement ses impacts négatifs peut également, par voie de fait, maximiser ses contributions positives à la société, améliorer les relations avec ses parties prenantes et protéger sa réputation. Le devoir de diligence peut aider les entreprises à créer de la valeur, notamment en les aidant à identifier des moyens de réduire leurs coûts, à améliorer leur compréhension du marché dans lequel elles évoluent et des sources d'approvisionnement stratégiques auprès desquelles elles se fournissent. Il peut également les aider à renforcer leur gestion des risques opérationnels spécifiques à leurs activités, à réduire la probabilité d'incidents liés aux enjeux couverts par les Principes directeurs EMN, et à diminuer leur exposition aux risques systémiques. La mise en œuvre du devoir de diligence peut aussi aider une entreprise à se conformer aux règlementations portant sur certains enjeux CRE spécifiques, tels que le droit du travail, le droit environnemental, la gouvernance d'entreprise, le droit pénal et la lutte contre la corruption.

Caractéristiques du devoir de diligence – L'essentiel à savoir.

• **Le devoir de diligence est préventif.**

La mise en œuvre du devoir de diligence vise avant toute chose à éviter de causer des impacts négatifs sur les gens, sur l'environnement ou sur la société, ou d'y contribuer, et à prévenir les risques d'impacts négatifs directement liés à des activités, produits, services et relations d'affaires. Quand l'implication dans des impacts négatifs s'avère inévitable, le devoir de diligence est censé permettre d'atténuer ces impacts, d'empêcher qu'ils se reproduisent régulièrement voire, si possible, de les réparer intégralement.

• **La mise en œuvre du devoir de diligence implique diverses procédures pour atteindre divers objectifs.**

Le concept du devoir de diligence tel que défini par les Principes directeurs EMN lie un ensemble de procédures permettant aux entreprises d'identifier, de prévenir et d'atténuer leurs impacts négatifs, d'assurer le suivi de la mise en œuvre et les résultats des mesures qu'elles prennent à cet effet, et de communiquer sur la manière dont elles traitent leurs impacts négatifs dans le cadre de leurs activités, chaînes d'approvisionnement et relations d'affaires. Le devoir de diligence doit faire partie intégrante des processus de décision et des systèmes de gestion des risques de l'entreprise. Dans cette optique, sa mise en œuvre peut s'inscrire dans d'autres processus de transaction traditionnels tels que les mesures de diligence relatives à la clientèle KYC ("*know your counterparty*") – mais sans s'y limiter. Prendre en compte la CRE dans les politiques et les systèmes de gestion des entreprises aide ces dernières à prévenir leurs impacts négatifs sur les enjeux CRE et à mettre en œuvre leur devoir de diligence de manière efficace, en leur permettant de clarifier leur stratégie, de développer les compétences de leurs équipes, de mobiliser les ressources nécessaires et de communiquer clairement sur les engagements pris par leurs dirigeants.

• **La mise en œuvre du devoir de diligence doit être proportionnée au risque (fondée sur les risques).**

Le devoir de diligence est fondé sur les risques. Les mesures qu'une entreprise prend pour mettre en œuvre son devoir de diligence doivent être proportionnées à la gravité et à la probabilité des risques encourus. Quand la gravité et la probabilité d'un impact négatif sont élevées, le champ d'application du devoir de diligence doit être étendu. Les modalités du devoir de diligence dépendent également de la nature du risque d'impact négatif sur des enjeux CRE, tels que les droits de l'Homme, l'environnement ou la corruption. Cela implique d'adapter les approches en fonction des risques spécifiques encourus et de prendre en compte la façon dont ces risques affectent différents groupes ; par exemple, la question du genre peut avoir une incidence sur la mise en œuvre du devoir de diligence. – *Voir Annexe Q2.*

• **La mise en œuvre du devoir de diligence peut répondre à un ordre de priorité (fondé sur les risques).**

Lorsqu'il n'est pas possible de traiter en même temps tous les impacts négatifs identifiés, il est recommandé à l'entreprise d'établir un ordre de priorité entre les mesures qu'elle doit prendre, en fonction de la gravité et de la probabilité desdits impacts. Une fois que les impacts les plus négatifs sont identifiés et traités, l'entreprise peut s'occuper des impacts moins significatifs. Lorsqu'une entreprise cause un impact négatif sur des enjeux CRE, ou y contribue, elle doit toujours mettre un terme aux activités qui causent l'impact ou y contribuent, en mobilisant les moyens nécessaires pour les réparer, ou en participant à leur résolution. L'ordre de priorité établi par l'entreprise peut lui-même évoluer au fil du temps, de nouveaux impacts négatifs pouvant émerger et nécessiter un traitement plus urgent que d'autres impacts plus anciens mais moins significatifs. En cas de risques d'impacts négatifs sur les droits de l'Homme, c'est la gravité potentielle de ces impacts, par exemple le fait qu'un impact deviendrait irrémédiable s'il n'est pas traité sans délai, qui doit être le facteur prédominant pour déterminer l'ordre de priorité. — *Voir Annexe Q3-5.*

• **La mise en œuvre du devoir de diligence est un processus dynamique.**

Le processus du devoir de diligence n'est pas figé, mais continu, réactif et évolutif. Il inclut un système de remontée de l'information pour que les entreprises puissent savoir ce qui a fonctionné ou pas. Les entreprises doivent toujours s'efforcer d'améliorer les procédures et les systèmes qu'elles mettent en place pour éviter ou traiter tout impact négatif. Le processus du devoir de diligence est censé permettre aux entreprises de réagir à une éventuelle évolution de leur profil de risque (ex. : changement du cadre juridique dans un pays, risques émergents dans un secteur, développement de nouveaux produits ou de nouvelles relations d'affaires).

• **Le devoir de diligence ne permet pas de transférer ses responsabilités.**

Toute entreprise engagée dans une relation d'affaire a la responsabilité d'identifier et de traiter ses impacts négatifs. Les recommandations des Principes directeurs EMN sur le devoir de diligence n'ont pas pour objectif de transférer les responsabilités des gouvernements vers les entreprises, ni les responsabilités des entreprises causant des impacts négatifs, ou y contribuant, vers les entreprises directement liées à des impacts négatifs dans le cadre de leurs relations d'affaires. Au contraire, les Principes directeurs EMN recommandent aux entreprises d'assumer la part de responsabilité dans leurs impacts négatifs, et si ces impacts sont directement liés à leurs activités, produits ou services, de faire tout leur possible pour faire évoluer la situation en usant de leur influence, seules ou en collaboration avec d'autres parties prenantes.

• **La mise en œuvre du devoir de diligence s'inscrit dans le respect des normes internationales de CRE.**

Les Principes directeurs EMN édictent des normes de CRE conformes aux lois en vigueur et aux normes internationalement reconnues. Ils rappellent notamment que les entreprises ont pour obligation première de respecter les lois du (des) pays où elles exercent des activités et/ou dans lesquels elles sont domiciliées. Le devoir de diligence peut aider les entreprises à se conformer aux législations relatives aux enjeux visés par les Principes directeurs EMN. Dans les pays où les lois et réglementations nationales entrent en contradiction avec les normes et règles édictées dans les Principes directeurs EMN, la mise en œuvre du devoir de diligence peut aider les entreprises à respecter l'esprit des Principes directeurs EMN dans les limites permises par les textes nationaux. Dans certains cas, les lois nationales imposeront aux entreprises de prendre des mesures relatives à certains enjeux CRE (ex. : corruption d'agents étrangers, esclavage moderne, exploitation de minerais issus de zones de conflit ou à haut risque).

• **Les modalités de mise en œuvre du devoir de diligence dépendent du contexte dans lequel évolue l'entreprise.**

La nature et le champ d'application du devoir de diligence peuvent varier en fonction de facteurs tels que la taille de l'entreprise, le contexte dans lequel elle exerce ses activités, son modèle d'affaires, sa position dans la chaîne d'approvisionnement, ainsi que la nature de ses produits ou services. Pour identifier et gérer efficacement leurs risques, les grandes entreprises opérant à grande échelle et produisant de nombreux produits ou assurant de nombreux services auront besoin de mettre en place des systèmes plus étendus et plus formels que les petites entreprises avec un nombre réduit de produits ou services. — *Voir Annexe Q6-7 et Tableau 4.*

• **Les modalités de mise en œuvre du devoir de diligence peuvent être adaptées en fonction des limitations pesant sur leurs relations d'affaires.**

Les entreprises peuvent être confrontées à des contraintes pratiques et légales limitant l'influence ou les pressions qu'elles sont en mesure d'exercer sur leurs relations d'affaires pour faire cesser, prévenir ou atténuer leurs impacts négatifs sur les enjeux CRE, ou pour les réparer. Les entreprises, en particulier les PME, ne disposent pas toujours d'un pouvoir suffisant sur leur marché pour exercer seules une influence sur leurs relations d'affaires. Les entreprises peuvent tenter de surmonter cet obstacle en recourant à des moyens juridiques – accords contractuels, critères de préqualification, convention de vote fiduciaire, système de licence ou de franchise – et en s'associant *via* des initiatives sectorielles ou intersectorielles pour accroître leur capacité d'influence par la force du nombre.

• **La mise en œuvre du devoir de diligence se base sur des informations obtenues en échangeant avec les parties prenantes.**

Les parties prenantes sont des personnes ou des groupes dont les intérêts peuvent être affectés par les activités d'une entreprise *[exemples de parties prenantes : travailleurs, représentants de travailleurs, syndicats (dont les syndicats internationaux), membres de communautés, organisations de la société civile, investisseurs, organisations sectorielles et professionnelles]*. Les échanges avec les parties prenantes doivent être réciproques. Ils impliquent de partager dans les délais requis toutes les informations dont les parties prenantes ont besoin pour prendre des décisions éclairées, dans un format compréhensible et accessible. Pour être constructifs, les échanges entre parties prenantes doivent reposer sur une bonne foi mutuelle. Ces échanges constructifs entre parties prenantes doivent avoir lieu tout au long du processus du devoir de diligence. Lorsqu'une entreprise est susceptible de causer ou d'avoir causé un impact négatif, d'y contribuer ou d'y avoir contribué, il est particulièrement important qu'elle échange avec les parties prenantes et les détenteurs de droit impactés ou susceptibles d'être impactés – par exemple, selon la nature de l'impact négatif traité, en participant à des études sur le terrain, en prenant des mesures d'atténuation des risques, en mettant en place un système de suivi continu et un système de gestion des plaintes, et en partageant les résultats de toutes ces actions *[V. Annexe Q8 pour une explication des termes parties prenantes concernées, parties prenantes impactées ou susceptibles d'être impactées et détenteurs de droit, et Annexe Q8-11 pour plus d'informations sur les échanges avec les parties prenantes]*.

• **La mise en œuvre du devoir de diligence implique de communiquer en continu.**

Communiquer des informations sur le processus du devoir de diligence, sur ses résultats et sur ses objectifs fait partie du processus en tant que tel. Cela permet à l'entreprise de donner renforcer la confiance dans ses actions et ses décisions et de démontrer sa bonne foi. Il est recommandé aux entreprises de rendre compte de la manière dont elles identifient et traitent leurs impacts négatifs réels et potentiels, et de communiquer en ce sens auprès des publics concernés (ex. : parties prenantes, investisseurs, consommateurs, etc.), en diffusant des informations suffisamment détaillées pour démontrer qu'elles apportent une réponse adéquate aux problèmes rencontrés. La communication devrait être effectuée en tenant dûment compte de la confidentialité, de la concurrence et de la sécurité *[les questions touchant à la concurrence doivent être traitées à la lumière du droit de la concurrence applicable à l'entreprise]*. Les entreprises peuvent adopter diverses stratégies pour communiquer dans les limites permises par les enjeux de confidentialité. – *Voir Annexe Q47.*

ENCADRÉ 2. Collaboration dans le cadre de la mise en œuvre du devoir de diligence

Les entreprises peuvent collaborer au niveau sectoriel ou intersectoriel ainsi qu'avec leurs parties prenantes tout au long du processus du devoir de diligence – même si elles demeurent responsables de la mise en œuvre effective de leur devoir de diligence. Par exemple, elles peuvent collaborer pour rassembler des connaissances, accroître leur capacité d'influence, ou généraliser des mesures prises. La collaboration au niveau sectoriel permet souvent de mutualiser et réduire les coûts, ce qui peut s'avérer particulièrement utile pour les PME. – *Voir Annexe Q12.*

Si le fait de collaborer dans le cadre du processus du devoir de diligence n'entre généralement pas en contradiction avec le droit de la concurrence, les entreprises impliquées dans des initiatives collaboratives sont encouragées à prendre les mesures nécessaires pour comprendre les questions relatives au droit de la concurrence dans la juridiction où elles exercent et éviter toute activité susceptible d'être considérée comme illégale. – *Voir Annexe Q3.*

II Processus du devoir de diligence

Partant du principe que la mise en œuvre du devoir de diligence doit être proportionnée aux risques encourus et adaptée au contexte spécifique dans lequel évoluent les entreprises, cette partie du Guide propose des mesures (1) pour prendre en compte la CRE dans le cadre des politiques et systèmes de gestion des entreprises et pour aider ces dernières à mettre en œuvre leur devoir de diligence en (2) identifiant leurs impacts négatifs réels ou potentiels sur les enjeux CRE, (3) faisant cesser, prévenant ou atténuant lesdits impacts, (4) contrôlant la mise en œuvre et les résultats des mesures qu'elles prennent à cet effet, et (5) communiquant sur la manière dont elles traitent lesdits impacts ; et (6) pour réparer lesdits impacts, si possible. – *Voir Schéma 1.*

Les actions pratiques présentées dans cette partie ne doivent pas être considérées comme une liste de "cases à cocher" pour respecter son devoir de diligence. Certaines actions pratiques ne s'appliquent pas à certaines situations. Il peut exister des actions ou des mesures additionnelles utiles à prendre dans certaines situations qui ne sont pas décrites dans ce Guide.

SCHÉMA 1. MESURES À PRENDRE DANS LE CADRE DU PROCESSUS DE DILIGENCE

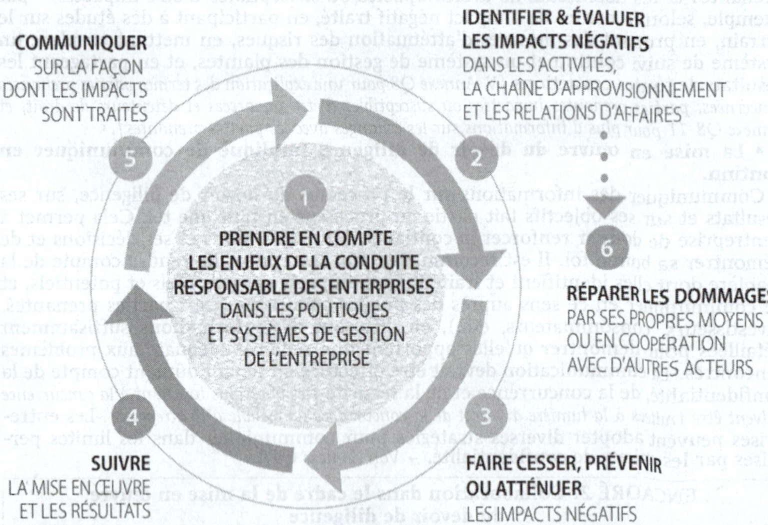

1 *Prendre en compte les principes de la conduite responsable des entreprises dans le cadre des politiques et systèmes de gestion de l'entreprise*

1.1 Élaborer, adopter et diffuser des politiques relatives aux enjeux CRE dans lesquelles l'entreprise s'engage à respecter les principes et normes édictés dans les Principes directeurs EMN et présente ses plans pour mettre en œuvre son devoir de

diligence dans le cadre de ses activités, de sa chaîne d'approvisionnement et de ses relations d'affaires. – *Voir Annexe Q14-15.*

Actions pratiques.

• a. Passer en revue et mettre à jour les politiques existantes relatives aux enjeux CRE (ex. : droit du travail, droits de l'Homme, environnement, publication d'informations, protection des consommateurs, gouvernance, lutte anticorruption) pour les aligner sur les principes et normes édictés dans les Principes directeurs EMN.

• b. Développer des politiques spécifiques en fonction des principaux risques encourus par l'entreprise, en se basant sur les résultats des études d'évaluation des risques qu'elle a menées, afin d'indiquer la manière dont elle traite lesdits risques. Il peut être pertinent d'inclure à ces politiques les plans de mise en œuvre du devoir de diligence de l'entreprise.

• c. Rendre publiques les politiques relatives aux enjeux CRE de l'entreprise, par exemple en les publiant sur le site Internet ou en les affichant dans les locaux de l'entreprise. Si nécessaire, traduire lesdites politiques dans les langues locales.

• d. Communiquer sur les politiques relatives aux enjeux CRE de l'entreprise auprès des employés et des autres travailleurs concernés, par exemple à l'occasion de séminaires d'intégration ou d'ateliers de formation, en réitérant l'opération à intervalles réguliers pour maintenir un bon niveau de sensibilisation.

• e. Mettre à jour les politiques relatives aux enjeux CRE de l'entreprise à mesure que les risques liés aux activités, à la chaîne d'approvisionnement et aux relations d'affaires de l'entreprise évoluent.

1.2 S'efforcer de prendre en compte la mise en œuvre des politiques relatives aux enjeux CRE de l'entreprise dans le cadre du fonctionnement des organismes de surveillance de l'entreprise. Prendre en compte les politiques relatives aux enjeux CRE de l'entreprise dans le cadre des systèmes de gestion de l'entreprise, afin que la mise en œuvre des dites politiques s'inscrive dans le cadre des processus opérationnels réguliers de l'entreprise, tout en respectant l'indépendance, l'autonomie et la structure juridique des organismes de surveillance de l'entreprise, comme prévu par les lois et règlementations nationales.

Actions pratiques.

• a. Confier la responsabilité de la mise en œuvre du devoir de diligence et de son suivi à des hauts responsables et la responsabilité plus large des enjeux CRE au conseil d'administration ou de surveillance de l'entreprise. – *Voir Annexe Q16.*

• b. Confier la responsabilité de la mise en œuvre de certains aspects spécifiques de la politique relative aux enjeux CRE de l'entreprise aux départements concernés, en prêtant une attention particulière aux travailleurs dont les actions et les décisions sont les plus susceptibles d'accroître ou de réduire les risques encourus. – *Voir Annexe Q16.*

• c. Développer des systèmes d'information et d'archivage, ou adapter ceux existants, pour collecter des données sur le processus du devoir de diligence mis en place par l'entreprise, et sur les décisions prises et actions menées dans son cadre.

• d. Mettre en place des canaux de communication, ou utiliser ceux existants, entre les managers seniors et les départements chargés de la mise en œuvre du devoir de diligence, pour qu'ils puissent partager des informations et des documents sur les risques à traiter et les décisions prises à cet effet.

• e. Favoriser la coordination des actions menées par les différentes équipes et entités de l'entreprise pour mettre en œuvre les politiques relatives aux enjeux CRE, par exemple en créant des groupes ou comités plurifonctionnels pour partager des informations sur les risques encourus par l'entreprise et prendre des décisions concertées à cet égard, et en incluant à ces groupes ou comités les entités qui sont en mesure de faire en sorte que lesdites décisions respectent les politiques relatives aux enjeux CRE. – *Voir Annexe Q16.*

• f. Organiser des ateliers de formation à l'intention des travailleurs concernés pour les aider à comprendre et à mettre en œuvre les politiques relatives aux enjeux CRE de l'entreprise, et mobiliser des ressources proportionnées aux mesures de diligence à prendre.

• g. Mettre en place des incitations pour les travailleurs et pour les entités qui soient compatibles avec les politiques relatives aux enjeux CRE de l'entreprise.

• h. Développer des procédures de plaintes, s'inspirer des procédures existantes ou les adapter pour permettre aux travailleurs de signaler tout problème ou toute plainte liés aux enjeux CRE (ex. : conditions de travail, corruption, gouvernance d'entreprise).

• i. Développer des procédures pour traiter les situations, ou le cas échéant les réparer dans le cas où les politiques relatives aux enjeux CRE de l'entreprise ne sont pas respectées (ex. : collecter des données supplémentaires, développer les compétences et les moyens des travailleurs concernés, prendre des mesures disciplinaires ou des sanctions).

1.3 Prendre en compte les politiques et règles relatives aux enjeux CRE de l'entreprise dans le cadre de ses échanges avec ses fournisseurs et de ses autres relations d'affaires. – *Voir Annexe Q18.*

Actions pratiques.

• a. Communiquer sur les aspects clés des politiques relatives aux enjeux CRE de l'entreprise auprès des fournisseurs et des autres relations d'affaires concernées.

• b. Inclure des clauses et des règles relatives aux enjeux CRE dans les contrats ou autres formes d'accords écrits que noue l'entreprise avec ses fournisseurs et ses autres relations d'affaires.

• c. Développer et mettre en place des procédures de pré-qualification pour les fournisseurs et autres relations d'affaires de l'entreprise, et, si possible, adapter ces procédures en fonction du contexte et des risques spécifiques à l'entreprise, afin de donner la priorité aux enjeux CRE qui concernent directement les relations d'affaires de l'entreprise, leurs activités et leur(s) zone(s) d'implantation.

• d. Mobiliser les ressources nécessaires et organiser des ateliers de formation pour aider les fournisseurs et autres relations d'affaires de l'entreprise à comprendre et à appliquer les politiques relatives aux enjeux CRE, ainsi qu'à mettre en œuvre le devoir de diligence.

• e. S'efforcer de comprendre comment certaines pratiques de l'entreprise elle-même (ex. : pratiques d'achat, incitations commerciales) peuvent empêcher ses fournisseurs et autres relations d'affaires de mettre en œuvre ses politiques relatives aux enjeux CRE, puis dépasser les obstacles ainsi identifiés.

2 *Identifier et évaluer les impacts négatifs réels et potentiels liés aux activités, produits et services de l'entreprise*

2.1 Mener de vastes recherches pour identifier quels aspects des activités, relations d'affaires et chaîne d'approvisionnement de l'entreprise présentent des risques particulièrement significatifs d'impacts négatifs graves sur les enjeux CRE. Les éléments pertinents à rechercher sont, entre autres, les facteurs de risque liés au secteur d'activité, à la région d'implantation et au produit de l'entreprise – notamment sur les risques réels auxquels l'entreprise a déjà été exposée ou est susceptible d'être exposée. Ce travail de recherche doit permettre à l'entreprise de classer ses risques par ordre de priorité avant de les évaluer plus en profondeur. Ce travail de recherche peut ne pas s'avérer nécessaire pour les entreprises ayant des activités peu diversifiées, notamment les petites entreprises ; ces dernières peuvent alors passer directement à l'étape d'identification et de classement par ordre de priorité des impacts négatifs spécifiques auxquels elles sont liées. – *Voir Annexe Q19-22.*

Actions pratiques.

• a. Dresser un panorama initial et complet des champs d'activités et des types de relations d'affaires de l'entreprise pour comprendre quelles sont les informations à rassembler.

• b. Rassembler les informations nécessaires pour comprendre les risques importants d'impacts négatifs liés au secteur de l'entreprise (ex. : produits et chaînes d'approvisionnement, services et autres activités), à sa (ses) région(s) d'implantation (ex. : gouvernance et régime juridique, conflit, respect des droits de l'Homme ou de l'environnement) ou les risques liés à l'entreprise elle-même (ex. : cas avérés de corruption, conduite inappropriée, mise en œuvre des normes de CRE). – *Voir Annexe Q20.* Les sources à consulter peuvent inclure des rapports de gouvernements, d'organisations internationales, d'organisations de la société civile, de représentants de travailleurs, de syndicats, d'institutions nationales des droits de l'Homme ("INDH"), de médias ou d'autres experts. – *Voir Annexe Q21-22.*

• c. Quand les informations manquent, consulter les parties prenantes et experts concernés.

• d. Étudier les informations obtenues par le biais de systèmes d'alerte (ex. : assistance téléphonique) et de systèmes de gestion des plaintes.

• e. Identifier les risques relatifs aux enjeux CRE les plus significatifs et les classer par ordre de priorité avant d'évaluer plus en profondeur les impacts réels et potentiels.

• f. Passer régulièrement en revue les résultats des recherches.

• g. Mettre à jour les résultats des recherches à chaque fois que la situation de l'entreprise change de manière significative, par exemple lorsqu'elle exerce des activités ou s'approvisionne dans un nouveau pays, lorsqu'elle développe une nouvelle gamme de produits ou de services qui se différencie nettement de son offre existante, lorsqu'elle change les données d'un de ses produits ou services, lorsqu'elle se restructure ou lorsqu'elle s'engage dans de nouvelles formes de relations d'affaires (ex. : fusions, acquisitions, nouveaux clients et marchés).

2.2 En se basant sur les risques significatifs identifiés ci-dessus, mener des études d'évaluation itératives, de plus en plus précises, sur les activités, fournisseurs et autres relations d'affaires que l'entreprise a définis comme prioritaires, afin d'identifier et d'évaluer les impacts négatifs réels et potentiels de ces derniers sur les enjeux CRE. – *Voir Annexe Q23-28.*

Actions pratiques.

• a. Dresser la liste des activités, fournisseurs et autres relations d'affaires de l'entreprise concernés par les risques définis comme prioritaires, ainsi que des chaînes d'approvisionnement qui leur sont associées.

• b. Dresser la liste des normes et enjeux CRE spécifiques aux risques à évaluer, dont les dispositions des Principes directeurs EMN qui s'appliquent à la situation envisagée, ainsi que les lois nationales et les cadres réglementaires internationaux et sectoriels relatifs aux enjeux CRE.

• c. Obtenir, si nécessaire et possible, des informations sur les relations d'affaires de l'entreprise dépassant les liens contractuels (ex. : fournisseurs de "rang 2" et au-delà), et mettre en place des procédures au niveau de l'entreprise ou de l'ensemble de ses partenaires afin d'évaluer le profil de risque des niveaux de relation plus éloignés, notamment en passant en revue les études disponibles à leur sujet, et en échangeant avec les acteurs intermédiaires et les "points de contrôle" de la chaîne d'approvisionnement pour évaluer leurs pratiques par rapport aux principes du devoir de diligence énoncés dans ce Guide.

• d. Évaluer la nature et la gravité des impacts négatifs réels et potentiels des activités, fournisseurs et autres relations d'affaires de l'entreprise définis comme prioritaires (c.-à-d. quel enjeu CRE est impacté, de quelle façon, dans quelle proportion, etc.). Si possible, utiliser les informations rassemblées par l'entreprise elle-même ou par des tiers dans le cadre d'études d'incidences environnementales ("EIE"), d'études d'incidences environnementales et sociales ("EIES"), d'études d'incidences sur les droits de l'Homme ("EIDH"), d'avis juridiques, de systèmes de gestion de la conformité, de dispositifs anticorruption, d'audits financiers (si ils sont publiables) et d'inspections relatives à la santé et sécurité au travail, ou encore de toute étude menée par l'entreprise elle-même ou par des initiatives sectorielles ou multipartites sur les relations d'affaires de l'entreprise, qu'il s'agisse d'audits environnementaux ou sociaux, d'inspections du travail, d'évaluations de la corruption ou de procédures KYC.

• e. Identifier les activités éventuelles de l'entreprise dont le cadre légal et institutionnel ne suffit pas à protéger les droits de toutes les personnes et entreprises impliquées.

• f. Avant de s'engager dans une nouvelle activité commerciale (ex. : acquisition, restructuration, entrée sur un nouveau marché, développement d'un nouveau produit ou service), étudier et anticiper les éventuels impacts négatifs de cette activité et des relations d'affaires qu'elle induit sur les enjeux CRE.

• g. Réévaluer les impacts négatifs des activités ou des relations d'affaires de l'entreprise à intervalles réguliers et lorsque la situation l'exige, notamment avant une décision ou un changement d'activité majeur (ex. : entrée sur un marché, lancement de produit, changement de politique, changements plus larges du modèle d'affaires), en réaction à des changements dans l'environnement opérationnel de l'entreprise ou afin d'anticiper ces derniers (ex. : tensions sociales croissantes), et périodiquement tant que dureront lesdites activités ou relations d'affaires.

• h. Pour les impacts sur les droits de l'Homme, échanger et se concerter avec les détenteurs de droits impactés ou susceptibles de l'être, dont les travailleurs, les représentants de travailleurs et les syndicats, afin de rassembler des informations sur lesdits impacts négatifs ; et prendre en compte les éventuels obstacles pouvant entraver ces échanges entre parties prenantes. Lorsqu'il n'est pas possible de se concerter directement avec les détenteurs de droits, réfléchir à des alternatives raisonnables ; par exemple, consulter des experts indépendants fiables, y compris des défenseurs des droits de l'Homme, des syndicats et des organisations de la société civile. Consulter les détenteurs de droits potentiellement impactés aussi bien avant que pendant les projets et activités susceptibles de les impacter (par exemple en menant des études sur le terrain). – *Voir Annexe Q8-11 et Q25.*

• i. Lors des études d'incidences sur les droits de l'Homme, prêter une attention particulière aux éventuels impacts négatifs sur des personnes issues de groupes ou de populations susceptibles d'être particulièrement vulnérables ou marginalisés, et aux risques différents auxquels les femmes et les hommes peuvent être confrontés.

• j. Pour les groupes composés de multiples entités en leur sein, aider les entités locales à mener leurs propres études.

2.3 Évaluer le degré d'implication de l'entreprise dans les impacts négatifs réels ou potentiels qu'elle a identifiés afin de déterminer les réponses adéquates à apporter (Voir 3.1 et 3.3 ci-après). En particulier, évaluer si l'entreprise (a) a causé (ou pourrait causer) lesdits impacts négatifs, ou si elle (b) a contribué (ou pourrait contribuer) auxdits impacts négatifs, ou encore si (c) lesdits impacts négatifs sont (ou pourraient être) directement liés à ses activités, produits ou services au travers de ses relations d'affaires. – *Voir Annexe Q29-30.*

Actions pratiques.

• a. Consulter les relations d'affaires et les autres entreprises et parties prenantes concernées.

• b. Consulter les parties prenantes et détenteurs de droits impactés ou leurs représentants légitimes.

• c. Solliciter des experts en interne ou en externe si nécessaire.

• d. Si les parties prenantes ou détenteurs de droits impactés ne sont pas d'accord avec l'évaluation faite par l'entreprise de son degré d'implication dans les impacts négatifs réels ou potentiels qu'elle a identifiés, coopérer de bonne foi avec les mécanismes légitimes existants conçus pour aider à résoudre les désaccords et à réparer les situations sur lesquelles ils portent. – *Voir Annexe Q51-52.*

2.4 A partir des informations obtenues sur les impacts négatifs réels et potentiels de l'entreprise, classer si nécessaire les risques d'impacts négatifs sur les enjeux CRE par ordre de priorité, et définir les mesures à prendre en fonction de la gravité et de la probabilité de ces derniers. Ce classement par ordre de priorité sera pertinent dans l'éventualité où il s'avèrerait impossible de traiter tous les impacts négatifs réels ou potentiels immédiatement. Une fois que les impacts les plus significatifs seront identifiés et gérés, l'entreprise pourra traiter les impacts moins significatifs. – *Voir Annexe Q3-5 et Q31.*

Actions pratiques.

• a. Identifier les impacts négatifs réels ou potentiels à traiter immédiatement, au moins en partie (ex. : mettre à jour les modalités des contrats avec les fournisseurs, amender les protocoles d'audit pour se concentrer sur les risques omis par les précédents audits).

• b. Agir en priorité sur les activités qui causent des impacts négatifs sur des enjeux CRE, ou qui y contribuent, en se fondant sur l'évaluation qu'a faite l'entreprise de son degré d'implication dans lesdits impacts négatifs, comme indiqué dans le point 2.3 ci-avant.

• c. Pour les impacts négatifs impliquant des relations d'affaires, évaluer à quel point les politiques et procédures mises en place par lesdites relations d'affaires permettent à ces dernières d'identifier, de prévenir et d'atténuer elles-mêmes les risques relatifs aux enjeux CRE qui leur sont associés.

• d. Lorsqu'il n'est pas possible de traiter tous les impacts négatifs réels et potentiels directement liés aux activités, produits et services des relations d'affaires de l'entreprise (ou de les traiter comme il serait souhaitable de le faire) évaluer la probabilité et la gravité des impacts ou risques identifiés pour déterminer sur quels enjeux agir en priorité.

• e. Solliciter l'avis des relations d'affaires de l'entreprise, des autres entreprises concernées et des parties prenantes et détenteurs de droits impactés ou susceptibles de l'être sur les décisions à prendre en priorité.

• f. Consulter des experts en interne ou en externe, si nécessaire.

3 *Faire cesser, prévenir et atténuer les impacts négatifs*

3.1 Cesser les activités qui causent des impacts négatifs sur les enjeux CRE, ou qui y contribuent, en se fondant sur l'évaluation qu'a faite l'entreprise de son degré d'implication dans lesdits impacts négatifs, comme indiqué dans le point 2.3 ci-avant. Développer et mettre en œuvre des plans d'action adaptés aux besoins identifiés pour prévenir et atténuer les impacts négatifs potentiels (futurs) de l'entreprise. – *Voir Annexe Q32-33.*

Actions pratiques.

• a. Confier à des managers seniors compétents la responsabilité de s'assurer que les activités de l'entreprise causant des impacts négatifs ou y contribuant cessent, et pour empêcher des activités qui pourraient causer ou contribuer à des impacts négatifs futurs.

• b. Pour les activités de l'entreprise complexes ou difficiles à faire cesser pour des raisons opérationnelles, contractuelles ou juridiques, élaborer une feuille de route définissant la démarche à suivre, en impliquant les juristes de l'entreprise et les parties prenantes et détenteurs de droits impactés ou susceptibles de l'être.

• c. Intégrer aux politiques de l'entreprise des directives sur la manière d'éviter et de traiter les impacts négatifs à l'avenir et s'assurer de la mise en œuvre desdites directives.

• d. Organiser des ateliers de formation adaptés aux besoins des travailleurs et managers de l'entreprise concernés par ces questions.

• e. En se basant sur les résultats des études d'évaluation des risques, mettre à jour et renforcer les systèmes de gestion de l'entreprise afin d'améliorer la détection des informations et l'identification des risques avant qu'ils n'entraînent des impacts négatifs effectifs (Voir 1.2 ci-avant).

• f. Se concerter et échanger avec les parties prenantes et détenteurs de droits impactés ou susceptibles de l'être, ainsi qu'avec leurs représentants, pour élaborer et mettre en œuvre un plan d'action adapté. – *Voir Annexe Q8-1.*

• g. En cas d'impacts collectifs ou cumulatifs (c.-à-d. si l'entreprise n'est pas la seule entité à contribuer à l'impact négatif identifié), si nécessaire, s'efforcer d'échanger avec les autres entités impliquées pour faire cesser ledit impact négatif et éliminer tout risque qu'il se produise ou empêcher qu'il se reproduise, par exemple en prenant part à des initiatives sectorielles et en échangeant avec les autorités. – *Voir Encadré 6.*

• h. Lorsque l'entreprise contribue à des risques ou à des impacts négatifs qui sont causés par une autre entité, prendre les mesures nécessaires pour cesser de contribuer auxdits impacts négatifs et pour ne plus y contribuer à l'avenir, comme décrit ci-avant, mais aussi accumuler de l'influence et en user auprès de ladite entité pour atténuer au maximum les impacts négatifs restants. – *Voir 3.2 (c) - (e) et Annexe Q34.*

3.2 En se basant sur les priorités établies par l'entreprise comme indiqué dans le point 2.4 ci-dessus, développer et mettre en œuvre des plans d'action pour prévenir ou atténuer les impacts négatifs réels ou potentiels sur les enjeux CRE directement liés aux activités, produits ou services de l'entreprise au travers de ses relations d'affaires. Le plan d'action doit détailler les mesures que prendra l'entreprise et les mesures que l'entreprise attend de la part de ses fournisseurs, acheteurs et autres relations d'affaires. Selon les cas, l'entreprise peut procéder de différentes façons pour répondre de manière adéquate aux risques associés à ses relations d'affaires : (a) continuer la relation d'affaire tout en prenant des mesures pour atténuer les risques ; (b) suspendre temporairement la relation d'affaire le temps de prendre des mesures pour atténuer les risques ; ou (c) mettre un terme à la relation d'affaire, soit parce que les mesures prises pour atténuer les risques ont échoué, soit parce que l'entreprise estime qu'il n'est pas possible d'atténuer les risques, soit parce que l'impact négatif visé est trop grave. Lorsque l'entreprise prend la décision de mettre à un terme à une relation d'affaire, elle doit prendre en compte l'impact social et économique potentiellement négatif de cette décision. Dans ce cas aussi, elle doit définir un plan d'action détaillant les mesures qu'elle doit prendre et les mesures qu'elle attend de la part de ses fournisseurs, acheteurs et autres relations d'affaires. — *Voir Annexe Q34-40.*

Actions pratiques.

• a. Confier la responsabilité du développement, de la mise en œuvre et du suivi des plans d'action à des personnes identifiées.

• b. Aider les relations d'affaires de l'entreprise à développer des plans adaptés de prévention et d'atténuation de leurs impacts négatifs (parfois appelés "plans d'action correctifs") reposant sur un calendrier précis et raisonnable ainsi que sur des indicateurs qualitatifs et quantitatifs permettant de mesurer les progrès enregistrés. — *Voir Annexe Q38.*

• c. Dans la mesure du possible, user de son influence sur les relations d'affaires de l'entreprise pour les pousser à prévenir ou à atténuer leurs risques ou impacts négatifs. — *Voir Annexe Q36 et 40.*

• d. Si l'entreprise n'a pas suffisamment d'influence, réfléchir à d'autres moyens d'acquérir de l'influence supplémentaire sur ses relations d'affaires, par exemple au travers de contacts personnalisés pris par ses managers seniors ou de la mise place d'incitations commerciales. Dans la mesure du possible, coopérer avec d'autres acteurs pour exercer une influence collective, par exemple en collaborant *via* des associations sectorielles ou en échangeant avec les autorités. — *Voir Annexe Q37.*

• e. Pour prévenir les impacts négatifs potentiels (futurs) et traiter les impacts négatifs réels de l'entreprise, s'efforcer d'accroître la capacité d'influence de cette dernière sur ses relations d'affaires existantes comme sur ses nouvelles relations d'affaires, par exemple en leur faisant adopter des politiques ou des codes de conduite, en leur faisant signer des contrats ou des accords écrits, ou en exerçant son pouvoir de marché. — *Voir Section 2, 1.3 et Annexe Q36.*

• f. Pour les impacts sur les droits de l'Homme, encourager les entités causant des impacts négatifs ou y contribuant à échanger avec les détenteurs de droits impactés ou susceptibles de l'être, ou avec leurs représentants, afin de développer et de mettre en œuvre des plans d'action correctifs. — *Voir Annexe Q8-11.*

• g. Aider les fournisseurs et autres relations d'affaires de l'entreprise à prévenir ou à atténuer leurs risques ou impacts négatifs, par exemple en organisant des formations, en améliorant leurs équipements ou en renforçant leurs systèmes de gestion, dans l'optique d'une amélioration continue. — *Voir Annexe Q38.*

• h. Envisager de rompre une relation d'affaire à risques en dernier recours après que des mesures prises pour prévenir ou atténuer de graves impacts négatifs ont échoué ; lorsque les impacts négatifs sont irrémédiables ; lorsqu'aucune perspective de changement n'est en vue ; ou lorsque de graves risques ou impacts négatifs sont identifiés et que l'entité causant ledit impact ne prend pas de mesures immédiates pour le prévenir ou l'atténuer. Tout projet de rupture d'une relation avec un fournisseur ou avec toute autre relation d'affaire devrait prendre en compte l'importance dudit fournisseur ou de ladite relation d'affaire pour l'entreprise, les conséquences juridiques de la poursuite ou de la rupture de la relation, les changements que la rupture produirait sur le terrain, ainsi que toute information crédible concernant les impacts négatifs potentiels de la décision de rupture sur le plan économique et social. – *Voir Annexe Q39.*

• i. Si l'entreprise décide de maintenir la relation d'affaire, se préparer à rendre compte des mesures qu'elle prend pour atténuer les risques identifiés et avoir conscience qu'elle encourt des risques d'image, des risques financiers ou des risques juridiques en poursuivant ladite relation.

• j. Exhorter les autorités compétentes du pays où les impacts négatifs ont lieu à agir, par exemple en organisant des inspections et en intervenant pour faire appliquer les lois et réglementations en vigueur. – *Voir Encadré 6.*

4 *Suivi de la mise en œuvre du devoir de diligence et ses résultats*

4.1 Assurer le suivi de la mise en œuvre et l'efficacité des pratiques de diligence de l'entreprise, c.-à-d. des mesures qu'elle prend, seule ou avec ses relations d'affaires, pour identifier, prévenir et atténuer ses impacts négatifs, voire si possible pour les réparer. Tirer des leçons de ces suivis pour améliorer les procédures de l'entreprise au fil du temps. – *Voir Annexe Q41-45.*

Actions pratiques.

• a. Surveiller la mise en œuvre et l'efficacité des engagements de l'entreprise relatifs à son propre devoir de diligence, de ses activités et objectifs à cet égard, par exemple en menant des enquêtes ou en réalisant des audits, en interne ou avec l'aide de tiers, à intervalles réguliers, pour évaluer les progrès réalisés, et communiquer les résultats aux personnes concernées au sein de l'entreprise.

• b. Évaluer à intervalles réguliers les relations d'affaires de l'entreprise afin de vérifier qu'elles prennent bien des mesures pour atténuer leurs risques et qu'elles préviennent ou atténuent bien leurs impacts négatifs.

• c. Pour les impacts négatifs que l'entreprise cause ou peut causer sur les droits de l'Homme, ou auxquels elle contribue ou peut contribuer, se concerter et échanger avec les détenteurs de droits impactés ou susceptibles de l'être, dont les travailleurs, les représentants des travailleurs et les syndicats. – *Voir Annexe Q8-11.*

• d. Encourager le passage en revue régulier des initiatives sectorielles ou multipartites pertinentes dont l'entreprise est membre pour vérifier qu'elles respectent bien les principes édictés dans ce Guide et qu'elles aident bien l'entreprise à identifier, prévenir ou atténuer les impacts négatifs liés à ses activités, en prenant en compte leur indépendance. – *Voir Annexe Q12.*

• e. Identifier les risques ou impacts négatifs que l'entreprise a pu omettre de prendre en compte par le passé dans le cadre des processus relatifs à son devoir de diligence, et les y inclure à l'avenir ;

• f. Prendre en compte les leçons tirées des expériences passées dans le cadre du processus de diligence de l'entreprise afin d'en améliorer le fonctionnement et les résultats à l'avenir. – *Voir Annexe Q44.*

5 *Communiquer sur la manière dont l'entreprise traite ses impacts négatifs*

5.1 Publier des informations sur la politique, les processus et les mesures de diligence adoptés par l'entreprise pour identifier et traiter ses impacts négatifs réels ou potentiels, et sur les résultats et conclusions de ces actions. – *Voir Annexe Q46-47.*

Actions pratiques.

• a. Dans les limites permises par le secret des affaires et par les enjeux de concurrence et de sécurité, rendre publiques des informations sur les processus du devoir de diligence adoptés par l'entreprise, par exemple en intégrant lesdites informations aux rapports RSE annuels de l'entreprise, ou à tout autre support adapté. Inclure des informations sur les politiques relatives aux enjeux CRE de l'entreprise ; sur les mesures que prend l'entreprise pour prendre en compte les enjeux CRE dans le cadre de ses politiques et systèmes de gestion ; sur les types de risques particulièrement significatifs que l'entreprise a identifiés, classés par ordre de priorité et traités, ainsi que sur les critères de priorité ; sur les mesures qu'a prises l'entreprise pour prévenir ou atténuer ses risques, en indiquant si possible le calendrier des dites mesures, leurs résultats et les pistes d'amélioration ; sur les mesures de suivi mises en place par l'entreprise et leurs résultats ; et sur toute réparation que l'entreprise a offerte ou à laquelle elle a collaboré.

• b. Diffuser les informations énumérées ci-dessus dans un format accessible et adapté, par exemple en les publiant sur le site Internet de l'entreprise, en les affichant dans les locaux de l'entreprise et en les traduisant dans les langues locales.

• c. Pour les impacts négatifs sur les droits de l'Homme que l'entreprise cause ou auxquels elle contribue, être prêt à communiquer aux détenteurs de droits impactés ou susceptibles de l'être les informations qui les concernent parmi celles énumérées ci-avant, à bref délai, dans le respect de leurs spécificités culturelles, et dans un format accessible, en particulier lorsque les enjeux sur lesquels portent ces informations ont été soulevés par lesdits détenteurs de droit ou en leur nom. – *Voir Section 2, 2.4 ; et Section 2, 2.12.*

6 *Réparer les impacts négatifs de l'entreprise, par ses propres moyens ou en coopération avec d'autres acteurs*

6.1 Lorsque l'entreprise constate qu'elle a causé des impacts négatifs réels ou qu'elle y a contribué, traiter lesdits impacts négatifs en les réparant par ses propres moyens ou en coopération avec d'autres acteurs. – *Voir 2.3 et Annexe Q48-50.*

Actions pratiques.

• a. Faire en sorte que la (les) personne(s) affectée(s) soi(en)t placée(s) la situation dans laquelle elle(s) se serai(en)t trouvée(s) si l'impact négatif ne s'était pas réalisé (si possible) et lui (leur) accorder des réparations proportionnées à l'importance et à l'ampleur dudit impact négatif.

• b. Se conformer aux lois et se référer aux normes internationales existantes en matière de réparation des dommages, et lorsque de telles normes ou directives ne sont pas disponibles, s'inspirer des réparations accordées dans des cas similaires. Le type de réparation ou la combinaison de réparations appropriée dépendra de la nature et de l'ampleur de l'impact négatif : il peut s'agir d'excuses, d'une restitution ou d'une réhabilitation (ex. : réintégration de travailleurs congédiés, reconnaissance d'un syndicat aux fins de négociation collective), de compensations financières ou autres (ex. : création d'un fonds d'indemnisation pour les victimes, financement d'opérations de sensibilisation et de programmes éducatifs), de sanctions punitives (ex. : licenciement des membres du personnel responsables de actions dommageables) ou de mesures visant à prévenir d'autres impacts négatifs à l'avenir. – *Voir Annexe Q50.*

• c. Pour les impacts négatifs sur les droits de l'homme, se concerter et échanger avec les détenteurs de droits concernés et leurs représentants pour déterminer quelles réparations accorder. – *Voir Annexe Q8-11 et Q50.*

• d. Essayer d'évaluer le degré de satisfaction des plaignants quant au processus de réparation et de ses résultats.

6.2 Si possible, proposer un mécanisme de réparation propre à l'entreprise, ou coopérer avec un mécanisme de réparation légitime, grâce auquel les parties prenantes et détenteurs de droits impactés pourront formuler leurs plaintes afin que l'entreprise les traite. Confier l'examen d'un impact négatif allégué à un mécanisme de réparation légitime peut s'avérer particulièrement utile en cas de désaccord sur le fait que l'entreprise ait causé ou contribué audit impact négatif (Voir Section 2, 2.3), ou sur la nature et l'étendue des réparations à accorder. – *Voir Annexe Q 51-54.*

Actions pratiques.

• a. Coopérer de bonne foi avec les mécanismes judiciaires et non-judiciaires. Par exemple lorsqu'une circonstance spécifique est soumise à un PCN ou *via* des initiatives proposant d'autres types de mécanismes de gestion des plaintes relatives à la conduite de l'entreprise. Si l'impact négatif avéré constitue une infraction pénale ou administrative, l'entreprise pourra faire l'objet de poursuites pénales ou de sanctions administratives.

• b. Mettre en place des systèmes de gestion des plaintes au niveau opérationnel ("SGPNO"), par exemple des systèmes internes de gestion des plaintes des travailleurs ou des systèmes de gestion des plaintes impliquant une tierce partie. Cela peut impliquer de mettre en place une procédure spécifique de traitement des plaintes détaillant : la démarche à suivre pour traiter les plaintes et accorder des dommages ; le calendrier à respecter pour traiter les plaintes ; les démarches accomplir si un accord n'est pas trouvé ou si les impacts négatifs sont particulièrement graves ; l'étendue de la compétence du SGPNO ; l'avis des parties prenantes concernées sur la forme que doivent prendre le SGPNO et la procédure de traitement des plaintes pour être accessibles aux plaignants et pour respecter leurs spécificités culturelles ; les moyens humains et matériels mobilisés pour le SGPNO ; et les méthodes de contrôle et de suivi des performances du SGPNO. Pour les impacts négatifs sur les droits de l'Homme, faire en sorte que le SGPNO respecte les critères de légitimité, accessibilité, prévisibilité, équitabilité, conformité aux Principes directeurs EMN, transparence, et d'engagement basé sur le dialogue.

• c. Échanger avec les représentants des travailleurs et les syndicats pour mettre en place une procédure permettant auxdits travailleurs de formuler leurs plaintes auprès de l'entreprise, par exemple en recourant aux systèmes de gestion des plaintes prévus par les accords-cadres internationaux ou par toute autre convention collective.

ANNEXE

QUESTIONS RELATIVES À LA VUE D'ENSEMBLE DU DEVOIR DE DILIGENCE POUR UNE CONDUITE RESPONSABLE DES ENTREPRISES
EXEMPLES ET EXPLICATIONS SUR LE DEVOIR DE DILIGENCE POUR UNE CONDUITE RESPONSABLE DES ENTREPRISES

Ces exemples et explications ont pour but d'illustrer les recommandations énoncées dans le Guide OCDE sur le devoir de diligence pour une conduite responsable des entreprises.

Ils n'introduisent pas de recommandations nouvelles ou supplémentaires relatives aux processus du devoir de diligence.

Mettre en œuvre un devoir de diligence permet de traiter ses impacts négatifs réels et potentiels ("risques") sur les enjeux ci-après, couverts par les Principes directeurs EMN : droits de l'Homme, y compris les droits des travailleurs et des relations professionnelles, environnement, corruption, publication d'informations et intérêts des consommateurs. — *Voir Section 1, Impacts négatifs et risques.*

Q1 *Quels sont des exemples d'impacts négatifs sur les enjeux couverts par les Principes directeurs EMN ?*

TABLEAU 2. EXEMPLES D'IMPACTS NÉGATIFS SUR LES ENJEUX COUVERTS PAR LES PRINCIPES DIRECTEURS EMN	
SUJET :	EXEMPLES D'IMPACTS NÉGATIFS (1)
Publication d'informations (2)	• Ne pas publier d'informations importantes sur les résultats financiers et opérationnels de l'entreprise; sur les objectifs de l'entreprise ; sur la structure d'actionnariat et les droits de vote ; sur la politique de rémunération des membres du conseil d'administration ou de surveillance et des hauts responsables ; sur les membres du conseil, les transactions de l'entreprise avec des parties liées ; sur les facteurs de risques prévisibles de l'entreprise ; sur les problèmes relatifs aux travailleurs et aux autres parties prenantes de l'entreprise ; sur les politiques et la structure de gouvernance de l'entreprise.
	• Ne pas fournir au public et aux travailleurs, à bref délai, des informations adéquates, mesurables et vérifiables (si possible) relatives aux effets potentiels de l'activité de l'entreprise sur l'environnement, la santé et la sécurité.

TABLEAU 2. EXEMPLES D'IMPACTS NÉGATIFS SUR LES ENJEUX COUVERTS PAR LES PRINCIPES DIRECTEURS EMN

SUJET : EXEMPLES D'IMPACTS NÉGATIFS (1)	
Droits de l'homme	• Recourir au travail forcé. (3)
	• Pratiquer une discrimination salariale pour une quantité égale de travail ou pour un travail de valeur égale.
	• Se rendre coupable de violences liées au genre ou de harcèlement, notamment de harcèlement sexuel.
	• Ne pas identifier les peuples autochtones là où ils sont présents, et ne pas échanger avec ces derniers quand les activités de l'entreprise sont susceptibles d'avoir un impact négatif sur eux.
	• Être impliqué dans des représailles contre des organisations de la société civile ou des défenseurs des droits de l'Homme qui documentent des impacts négatifs sur les droits de l'Homme réels ou potentiels associés à des projets de l'entreprise, qui en parlent publiquement, ou qui les signalent de toute autre manière.
	• Restreindre l'accès de certaines personnes à l'eau potable.
Droit du travail et relations professionnelles	• Ne pas respecter le droit des travailleurs à créer ou à intégrer un syndicat ou une organisation représentative de leur choix et à mandater ledit syndicat ou ladite organisation représentative pour les représenter dans le cadre de négociations collectives *(OCDE, 2011, chapitre V, para.1.b).*
	• Ne pas ouvrir de négociations constructives, soit individuellement soit par le biais d'associations d'employeurs, avec ces représentants afin d'aboutir à des accords sur les conditions d'emploi des travailleurs *(OCDE, 2011, chapitre V, para.1.b).*
	• Recourir au travail des enfants, notamment aux pires formes de travail des enfants *(OCDE, 2011, chapitre V, para.1.c).*
	• Discriminer des travailleurs pour l'accès à certains emplois ou postes à cause de leur race, couleur de peau, sexe, religion, opinions politiques, ascendance nationale ou origine sociale, ou pour toute autre raison *(OCDE, 2011, chapitre V, para.1.e).*
	• Ne pas adapter les machines, le matériel, le temps de travail, l'organisation du travail et les procédés de travail aux capacités physiques et mentales des travailleurs *(OCDE, 2011, chapitre V, 1.e ; OIT, 1981, N° 155).*
	• Ne pas remplacer les substances dangereuses par des substances sans danger ou moins dangereuses partout où cela est possible *(OIT, 1988, N° 167).*
	• Verser des salaires qui ne suffisent pas à satisfaire les besoins essentiels des travailleurs et de leurs familles *(OCDE, 2011, chapitre V, para.4b).*
	• Menacer de transférer tout ou partie d'une unité d'exploitation dans le but de dissuader les travailleurs de créer ou d'intégrer un syndicat *(OCDE, 2011, chapitre V, para.7).*
Environnement	• Dégrader l'écosystème en dégradant la terre, en épuisant les sources aquatiques et/ou en détruisant les forêts vierges et la biodiversité.
	• Fournir des produits ou services à hauts risques biologiques, chimiques ou physiques.

(1) Cette liste est fournie à titre illustratif et n'est pas exhaustive. Une entreprise peut causer des impacts négatifs, y contribuer, ou y être liée par le biais d'une relation d'affaire.

(2) Le concept de risque d'impact négatif peut s'avérer particulièrement difficile à comprendre quand on l'applique au chapitre des Principes directeurs consacré à la "Publication d'informations", qui porte en premier lieu sur les impacts négatifs potentiels de l'entreprise sur la gouvernance d'entreprise, les marchés financiers, les investisseurs et les travailleurs. Pour cette raison, les Principes directeurs énoncent des principes et des normes auxquels se référer pour mesurer et contrôler les activités de l'entreprise.

(3) Déclaration universelle des droits de l'Homme, Articles 4 et 13; Déclaration de l'OIT relative aux principes et droits fondamentaux au travail.

***Les modalités du devoir de diligence dépendent également de la nature de l'impact négatif sur des enjeux CRE, tels que les droits de l'Homme, l'environnement ou la corruption. Cela implique d'adapter les approches aux risques spécifiques encourus et de prendre en compte la façon dont ces risques affectent différents groupes; par exemple, la question du genre peut avoir une incidence sur la mise en œuvre du devoir de diligence.** – Voir Section I, Caractéristiques du devoir de diligence – La mise en œuvre du devoir de diligence doit être proportionnée au risque (fondée sur les risques).*

Q2 *Comment les entreprises peuvent-elles prendre en compte la question du genre dans le cadre de leur approche du devoir de diligence ?*

Prendre en compte la question du genre dans le cadre du processus du devoir de diligence implique de se demander si certains impacts négatifs réels ou potentiels affectent différemment ou spécifiquement les femmes.

PAR EXEMPLE, il est important d'être conscient de la question du genre et des droits des femmes dans les situations où des femmes sont susceptibles d'être affectées de manière disproportionnée par un impact négatif – à savoir :

- dans les situations où des femmes font face à des discriminations graves.
- dans les situations où les activités d'une entreprise affectent de manière significative l'économie, l'environnement, l'accès à certaines terres et les moyens de subsistance de la population locale.
- dans les zones de conflit ou d'après-conflit.
- dans les secteurs et les chaînes d'approvisionnement internationales employant un grand nombre de femmes, tels que les secteurs de l'habillement, de l'électronique, du tourisme, des soins de santé et des services sociaux, du travail domestique, de l'agriculture et des fleurs coupées.

Cela peut aussi impliquer, tel qu'indiqué, d'adapter les mesures que prend l'entreprise pour identifier, prévenir, atténuer et traiter ses impacts négatifs, afin de s'assurer que lesdites mesures soient efficaces et appropriées.

PAR EXEMPLE

- Collecter et étudier des données ventilées par sexe afin de déterminer si les activités de l'entreprise ont un impact différent sur les femmes et les hommes.
- Prendre en compte la question du genre lors du développement, de l'élaboration et de l'évaluation des politiques et des plans d'action que l'entreprise met en œuvre pour atténuer et traiter les impacts négatifs réels et potentiels qu'elle a identifiés.
- Identifier les situations de vulnérabilité se recoupant/se cumulant (ex. : travailleuse illettrée issue d'une population autochtone).
- Développer des systèmes d'alerte et de protection des lanceurs d'alerte prenant en compte la question du genre.
- Appuyer la participation active et égale des femmes aux consultations et aux négociations de l'entreprise.
- Évaluer si les femmes bénéficient de manière égale de paiements compensatoires ou d'autres formes de restitutions.
- Consulter les femmes en l'absence des hommes et ménager des espaces réservés aux femmes afin de leur permettre d'exprimer leurs opinions et de donner leur avis sur les décisions de l'entreprise.
- Identifier, parmi les impacts négatifs réels ou potentiels identifiés, les tendances et schémas liés à la question du genre que l'entreprise a pu omettre de prendre en compte dans le cadre de ses processus du devoir de diligence.
- Évaluer si les systèmes de gestion des plaintes prennent bien en compte la question du genre, et considérer les éventuels obstacles susceptibles d'empêcher aux femmes d'y accéder.

La mise en œuvre du devoir de diligence peut répondre à un ordre de priorité (fondé sur les risques). Lorsqu'il n'est pas possible de traiter en même temps tous les impacts négatifs identifiés, il est recommandé à l'entreprise de prendre des mesures par ordre de priorité, en fonction de la

gravité et de la probabilité desdits impacts. – Voir Section 1, Caractéristiques du devoir de diligence – *La mise en œuvre du devoir de diligence peut répondre à un ordre de priorité (fondé sur les risques).*

Q3 *Comment l'entreprise peut-elle décider quelles mesures prendre en priorité ?*

Comme indiqué dans le Guide, il n'est pas toujours possible de traiter en même temps tous les impacts négatifs liés aux activités et aux relations d'affaires de l'entreprise. Sur ce point, les Principes directeurs EMN précisent également que lorsque "les entreprises ont un grand nombre de fournisseurs, elles sont invitées à identifier les domaines généraux dans lesquels le risque d'impacts négatifs est le plus significatif puis, à partir de cette évaluation du risque, à exercer la diligence raisonnable de manière prioritaire à l'égard de certains fournisseurs" *[OCDE (2011), commentaire sur les principes généraux, § 16]*. Les entreprises ont la responsabilité de traiter les impacts négatifs qu'elles causent, ou auxquels elles contribuent.

On mesure l'importance d'un impact négatif en fonction de sa probabilité et de sa gravité. On mesure la gravité d'un impact négatif en fonction de son ampleur, de son échelle et de son caractère irrémédiable.

— La notion d'ampleur réfère à la gravité de l'impact négatif.

— La notion d'échelle désigne la portée de l'impact négatif, par exemple le nombre d'individus affectés ou susceptibles de l'être ou l'étendue de dommages environnementaux.

— La notion de caractère irrémédiable désigne toute limite à la possibilité de replacer les personnes ou l'environnement affectés par l'impact négatif dans une situation équivalente à celle dans laquelle ils se trouvaient avant le dommage.

TABLEAU 3. EXEMPLES D'INDICATEURS PERMETTANT DE DÉTERMINER L'AMPLEUR, L'ÉCHELLE ET LE CARACTÈRE IRRÉMÉDIABLE D'UN IMPACT NÉGATIF

IMPACT NÉGATIF - AMPLEUR - ÉCHELLE - CARACTÈRE IRRÉMÉDIABLE	
Environnement	Gravité de l'impact négatif sur la santé
	Étendue des changements dans la composition des espèces
	Intensité de l'usage de l'eau (% utilisé sur l'ensemble des ressources disponibles)
	Quantité de déchets produits et de produits chimiques générés (tonnes ; % générés)
	Portée géographique de l'impact négatif
	Nombre d'espèces impactées
	Niveau de réhabilitation possible ou réalisable du site
	Temps nécessaire pour réparer les dommages
Corruption	Montant du pot-de-vin
	Mort ou blessure physique grave causée par l'acte de corruption
	Nature criminelle de l'acte de corruption
	Étendue de l'impact négatif des décisions prises du fait de l'acte de corruption sur les marchés, les personnes, l'environnement et la société
	Montant du profit généré par l'acte de corruption
	Fréquence à laquelle les pots-de-vin sont versés
	Portée géographique de l'acte de corruption
	Nombre et/ou niveau hiérarchique des employés, agents et représentants des autorités impliqués dans l'acte de corruption
	Étendue des activités liées à l'acte de corruption

TABLEAU 3. EXEMPLES D'INDICATEURS PERMETTANT DE DÉTERMINER L'AMPLEUR, L'ÉCHELLE ET LE CARACTÈRE IRRÉMÉDIABLE D'UN IMPACT NÉGATIF	
IMPACT NÉGATIF - AMPLEUR - ÉCHELLE - CARACTÈRE IRRÉMÉDIABLE	
	Nombre de groupes identifiables impactés par les décisions prises du fait de l'acte de corruption
	Étendue des dommages subis par la société du fait de l'utilisation frauduleuse de fonds publics
	Mesure dans laquelle les activités engagées du fait de l'acte de corruption et permises par ce dernier sont susceptibles de mener à des impacts négatifs irrémédiables
Droit du travail	Gravité de l'impact négatif sur la santé ou la sécurité des travailleurs
	Violation des droits fondamentaux au travail
	Nombre de travailleurs/ employés impactés
	Caractère systémique (c.-à-d. spécifique à une zone géographique, à un secteur ou à un sous-secteur) de l'impact négatif
	Mesure dans laquelle l'impact négatif peut être rectifié (ex. : par des réparations, par une réintégration dans l'entreprise, etc.)
	Possibilité pour les travailleurs de retrouver la jouissance du droit dont ils ont été privés
	Mesure dans laquelle certains groupes (ex. : minorités, femmes, etc.) sont affectés de manière disproportionnée par l'impact négatif
	Mesure dans laquelle le fait d'intimider les travailleurs qui créent ou intègrent un syndicat a effectivement privé des travailleurs de leur droit d'être représentés
Droits de l'Homme	Mesure dans laquelle l'accès aux besoins vitaux et libertés de base est empêché (ex. : éducation, moyens de subsistance, etc.)
	Nombre de personnes impactées
	% de groupes identifiables parmi les personnes impactées
	Mesure dans laquelle l'impact négatif peut être rectifié (ex. : par des réparations, par des restitutions, etc.)
	Possibilité pour les personnes impactées de retrouver la jouissance du droit dont elles ont été privées
Publication d'informations	Mesure dans laquelle la publication d'informations fausses ou inexactes a eu un impact matériel
	Étendue de l'impact négatif sur les marchés, les personnes, l'environnement et la société des décisions prises sur la foi d'informations fausses ou inexactes
	Mesure dans laquelle des décisions ont été prises sur la foi d'informations fausses ou inexactes
	Nombre de personnes (ex. : parties prenantes) impactées
	Nombre de groupes identifiables impactés par des décisions prises sur la foi d'informations fausses ou inexactes
	Mesure dans laquelle le manque d'informations ou la publication d'informations fausses est susceptible de mener à des pertes financières irréparables ou des impacts négatifs irrémédiables

TABLEAU 3. EXEMPLES D'INDICATEURS PERMETTANT DE DÉTERMINER L'AMPLEUR, L'ÉCHELLE ET LE CARACTÈRE IRRÉMÉDIABLE D'UN IMPACT NÉGATIF	
IMPACT NÉGATIF - AMPLEUR - ÉCHELLE - CARACTÈRE IRRÉMÉDIABLE	
Intérêts des consommateurs	Gravité de l'impact négatif sur la santé ou la sécurité
	Montant des pertes financières pour les consommateurs
	Nombre de consommateurs impactés
	Nombre de groupes identifiables de consommateurs impactés
	% de groupes identifiables parmi les consommateurs impactés Mesure dans laquelle l'impact négatif peut être rectifié (ex. : par des réparations, par des restitutions, etc.)

La notion de gravité n'est pas absolue et peut varier selon le contexte. Pour des exemples d'indicateurs permettant de déterminer l'ampleur, l'échelle et le caractère irrémédiable des impacts négatifs couverts par les Principes directeurs EMN, consulter le Tableau 3. Ces indicateurs sont fournis à titre illustratif et leur interprétation peut varier selon le contexte dans lequel l'entreprise exerce ses activités.

Les Principes directeurs EMN ne visent pas à classer les impacts négatifs en fonction de leur gravité. Il n'est pas nécessaire qu'un impact négatif présente plus qu'une seule des caractéristiques ci-dessus (ampleur, échelle, caractère irrémédiable) pour qu'on puisse le considérer comme "grave". Cependant, en règle générale, plus l'ampleur ou l'échelle d'un impact négatif sont important*[s]*, plus ce dernier est susceptible de s'avérer irrémédiable.

Les risques d'impacts négatifs les plus significatifs seront propres à l'entreprise, son secteur et ses relations d'affaires. Parfois, l'entreprise devra en juger elle-même. C'est pourquoi l'entreprise pourra souhaiter consulter les parties prenantes concernées pour savoir comment établir ses priorités, puis comment communiquer sur la logique qu'elle aura décidé de suivre dans ses politiques CRE. Le fait de publier des informations sur la logique suivie par l'entreprise pour établir ses priorités peut aider cette dernière à donner confiance en son approche du devoir de diligence. Dans certains cas, les priorités établies par l'entreprise pourront aussi dépendre de ses obligations légales.

PAR EXEMPLE, dans le cadre d'un devoir de diligence, certaines lois nationales imposent aux entreprises de certaines juridictions d'éviter et de traiter le risque de trafic des êtres humains dans leurs chaînes d'approvisionnement, ou le risque de s'approvisionner en minerais qui financent des conflits.

Bien qu'il soit recommandé aux entreprises mettant en œuvre leur devoir de diligence de classer leurs risques par ordre de priorité en fonction du caractère plus ou moins significatif de ces derniers, les options dont elles disposent pour traiter les risques qu'elles identifient dépendent de contraintes juridiques et pratiques, telles que leur capacité à influer sur le comportement de leurs relations d'affaires, ou l'importance de tel ou tel fournisseur pour leurs activités. — Voir Annexe Q7 et Q34-40.

Q4 *À quelles étapes du processus du devoir de diligence est-il pertinent de procéder par ordre de priorité ?*

Les entreprises devront procéder par ordre de priorité dans les cas où elles ne seront pas en mesure d'identifier et de traiter en même temps tous les impacts négatifs associés à leurs activités et à leurs relations d'affaires. L'établissement de priorités sera pertinent autant au moment où les entreprises identifieront les impacts qu'au moment où elles se mettront à les prévenir et à les atténuer. Les impacts négatifs qu'elles choisiront de prévenir et d'atténuer en priorité devront également faire l'objet d'un suivi, afin de s'assurer qu'ils soient bien traités. — *Voir Annexe Q24, Q31, Q45 pour savoir comment classer ces différentes étapes par ordre de priorité dans la pratique.*

Q5 *Faut-il classer les risques d'impacts négatifs différemment selon qu'ils concernent les droits de l'Homme ou d'autres domaines ?*

Dans l'ensemble, le processus de classement par ordre de priorité des risques d'impacts négatifs sur les droits de l'Homme doit respecter les recommandations énoncées dans la Section 2, 2.4 du Guide. Les Principes directeurs EMN indiquent que la gravité des impacts négatifs sur les droits de l'Homme devrait être un facteur de priorité plus important que leur probabilité. Ainsi, lorsqu'il est nécessaire de procéder par ordre de priorité, il est recommandé à l'entreprise de commencer par les risques dont les impacts négatifs sur les droits de l'Homme seraient les plus graves, eu égard au fait qu'attendre pour les traiter pourrait les rendre irrémédiable.

PAR EXEMPLE, s'il existe un risque d'impact négatif potentiel susceptible d'entraîner des pertes humaines, mieux vaut le traiter en priorité, même s'il est moins probable que d'autres (ex. : mise en place de mesures pour éviter des pertes humaines et des dommages matériels en cas de catastrophe naturelle sur le site d'une centrale électrique).

Les modalités de mise en œuvre du devoir de diligence dépendent du contexte dans lequel évolue l'entreprise — La nature et le champ d'application du devoir de diligence peuvent varier en fonction de facteurs tels que la taille de l'entreprise, le contexte dans lequel elle exerce ses activités, son modèle d'affaires, sa position dans les chaînes d'approvisionnement, ainsi que la nature de ses produits ou services. — *Voir Section 1, Caractéristiques du devoir de diligence — Les modalités de mise en œuvre du devoir de diligence dépendent du contexte dans lequel évolue l'entreprise.*

Q6 *Comment gérer le manque de moyens ?*

La mise en œuvre du devoir de diligence a des implications humaines et financières. Si la question des moyens à mobiliser pour mettre en œuvre le devoir de diligence peut concerner toutes les entreprises, les petites entreprises auront sans doute moins de personnel et de ressources financières pour exercer leur devoir de diligence. Cependant, elles disposent aussi souvent d'une plus grande marge de manœuvre pour définir et mettre en œuvre leurs politiques, et ont généralement moins d'impacts négatifs et de fournisseurs à gérer que les grandes entreprises. La taille d'une entreprise et les moyens qu'elle est capable de mobiliser ne changent rien au fait qu'elle a la responsabilité de mettre en œuvre son devoir de diligence en prenant des mesures proportionnées aux risques qu'elle encourt, mais peut influer sur sa manière de faire. Les entreprises qui ont des moyens restreints peuvent se reposer davantage sur les initiatives collaboratives existantes pour les aider à mettre en œuvre leur devoir de diligence, et doivent se montrer plus prudentes lorsqu'elles établissent leurs priorités. Elles peuvent aussi profiter de ressources préexistantes, telles que des modèles types de politiques, des informations accessibles au grand public sur certaines chaînes d'approvisionnement, ou encore l'assistance technique des associations professionnelles dont elles sont membres. — *Voir Tableau 4 pour plus d'informations.*

Q7 *Comment adapter la mise en œuvre du devoir de diligence en fonction du contexte dans lequel exerce l'entreprise ?*

Les modalités de mise en œuvre du devoir de diligence peuvent dépendre de facteurs tels que la taille de l'entreprise, le contexte dans lequel elle exerce ses activités, son modèle d'affaires, sa position dans les chaînes d'approvisionnement et la nature de ses produits ou services. — *Voir Tableau 4 pour des exemples.*

TABLEAU 4. COMMENT ADAPTER LA MISE EN ŒUVRE DU DEVOIR DE DILIGENCE EN FONCTION DU CONTEXTE DANS LEQUEL EXERCE L'ENTREPRISE – EXEMPLES

Facteurs	Exemples
Taille de l'entreprise	Une PME disposant d'une capacité d'influence limitée sur ses fournisseurs et de ressources restreintes à allouer au développement des moyens et des compétences de ses fournisseurs pour les aider à respecter ses exigences en matière de CRE peut mettre en place des procédures strictes de pré-qualification pour ne sélectionner que des fournisseurs atteignant un haut niveau de CRE. Ce faisant, la PME aura besoin de mobiliser moins de ressources pour identifier, surveiller et prévenir les risques d'impacts négatifs une fois qu'un fournisseur aura été engagé.
	Une grande entreprise multinationale échangeant avec de nombreux fournisseurs et relations d'affaires et exerçant dans divers contextes à hauts risques peut capitaliser sur l'expérience de ses filiales locales dotées de responsables dédiés et formés à la supervision de la mise en œuvre du devoir de diligence sur le terrain.

TABLEAU 4. COMMENT ADAPTER LA MISE EN ŒUVRE DU DEVOIR DE DILIGENCE EN FONCTION DU CONTEXTE DANS LEQUEL EXERCE L'ENTREPRISE – EXEMPLES	
Facteurs	**Exemples**
Contexte dans lequel l'entreprise exerce ses activités	Dans le cadre de ses échanges avec ses parties prenantes, une entreprise s'approvisionnant dans une zone de conflit ou dans une région dangereuse peut échanger avec des agences de développement bilatérales (ex. : agences de donateurs) qui ont les moyens, les accès et l'expertise nécessaires concernant ces régions, ou avec la société civile de ces régions, tandis qu'une entreprise exerçant dans un environnement plus sûr pourra échanger directement avec les parties prenantes et détenteurs de droits impactés ou susceptibles de l'être.
Modèle d'affaires de l'entreprise	Une entreprise d'infrastructures réalisant des investissements à long terme dans des pays en voie de développement peut trouver efficace de collaborer avec les autorités nationales pour les aider à régler les problèmes systémiques qu'elle rencontre dans les régions où elle exerce ses activités, en plus des mesures de prévention et d'atténuation des risques qu'elle prend par elle-même, afin de prévenir ses risques d'impacts négatifs sur le long terme. À l'inverse, une banque finançant un projet à court terme (ex. : travaux d'amélioration d'un bâtiment) dans un pays en voie de développement n'aura pas nécessairement besoin de traiter les problèmes systémiques de la région, et aura plutôt intérêt à concentrer ses efforts sur la réalisation d'études d'impacts détaillées sur les droits de l'Homme et sur la fixation de conditions de financement spécifiques et adaptées.
Position de l'entreprise dans la chaîne	Une entreprise en aval de la chaîne d'approvisionnement (ex. : un détaillant) peut mener des études sur les fournisseurs au milieu de la chaîne d'approvisionnement pour évaluer si ces derniers soumettent leurs propres fournisseurs en amont de la chaîne d'approvisionnement aux procédures du devoir de diligence pour identifier d'éventuels risques de travail des enfants. Une entreprise exerçant ses activités au milieu de la chaîne d'approvisionnement peut mettre en place des systèmes de traçabilité remontant jusqu'à ses relations d'affaires en amont de la chaîne d'approvisionnement exerçant dans des zones à hauts risques pour identifier d'éventuels risques de travail des enfants. Dans les deux cas, le traitement du risque de travail des enfants sera prioritaire, mais la manière dont chaque entreprise identifie le risque diffère selon la position occupée dans la chaîne d'approvisionnement.
Nature des produits ou services de l'entreprise	Une entreprise fournissant une plateforme en ligne de services de pair à pair (ex. : hébergement) n'inspectera pas nécessairement ses opérateurs (ex. : ceux qui fournissent l'hébergement) sur le terrain à la manière des entreprises proposant des services plus classiques. Cependant, l'entreprise peut mettre en place un système de gestion des plaintes fiable et imposer des règles strictes à ses opérateurs pour se prémunir contre toute violation de son code de conduite et de ses politiques, ainsi que pour décourager les infractions et réagir efficacement à ces dernières.

La mise en œuvre du devoir de diligence se base sur des informations obtenues en échangeant avec les parties prenantes – Les parties prenantes sont des personnes ou des groupes dont les intérêts peuvent être affectés par les activités d'une entreprise. *– Voir Section I, Caractéristiques du devoir de diligence – Informations obtenues en échangeant avec les parties prenantes.*

Q8 *Qui sont les parties prenantes de l'entreprise ?*

Les parties prenantes sont des personnes ou des groupes dont les intérêts sont ou peuvent être impactés par les activités d'une entreprise. Les individus ou groupes considérés comme des parties prenantes n'auront pas tous des intérêts susceptibles d'être impactés par une activité spécifique d'une entreprise. Il est donc important pour l'entreprise d'identifier les individus et groupes dont les intérêts doivent être pris en compte dans le cadre d'une activité spécifique ("parties prenantes concernées"). Par ailleurs, le devoir de diligence s'applique aux intérêts des parties prenantes qui ont été affectées par une activité de l'entreprise ("parties prenantes impactées") comme à ceux des parties prenantes qui n'ont pas été affectées mais sont susceptibles de l'être ("parties prenantes susceptibles d'être impactées"). De plus, tous les intérêts n'ont pas la même importance, et il n'est pas nécessaire de traiter toutes les parties prenantes de la même manière. Si les intérêts envisagés relèvent des droits de l'Homme, qu'ils soient individuels ou collectifs (c'est-à-dire détenus par des groupes comme des peuples autochtones), les parties prenantes dont les droits sont affectés ou susceptibles de l'être peuvent être désignées par le terme "détenteurs de droits".

Les parties prenantes d'une entreprise diffèrent en fonction des activités de cette dernière.

PAR EXEMPLE, les parties prenantes et détenteurs de droits impactés ou susceptibles de l'être peuvent inclure :

• des communautés au niveau local, régional ou national

• des travailleurs et des employés, dont ceux qui exercent dans le cadre d'accords informels au sein des chaînes d'approvisionnement et des syndicats

• des consommateurs ou des utilisateurs finaux des produits de l'entreprise

En outre, il peut être important de prendre en compte les parties prenantes concernées suivantes pour des échanges constructifs :

• ONG, organisations de la société civile locales, INDH

• organisations communautaires et défenseurs des droits de l'Homme locaux

• pairs du secteur

• pouvoirs publics (autorités locales, régionales et nationales)

• partenaires commerciaux

• investisseurs/actionnaires

Il existe de nombreuses ressources pour aider les entreprises à identifier leurs parties prenantes (ex. : OCDE, 2015).

Dans les cas où les activités de l'entreprise impactent ou sont susceptibles d'impacter un grand nombre de parties prenantes ou de détenteurs de droits, l'entreprise peut échanger avec des représentants crédibles desdites parties prenantes, en particulier lorsque le fait d'échanger directement avec certains individus peut porter atteinte à certains droits ou à certains intérêts collectifs.

PAR EXEMPLE, lorsqu'une entreprise décide de se restructurer ou de fermer une usine, elle peut avoir intérêt à échanger avec les syndicats plutôt qu'avec les travailleurs directement, afin d'atténuer l'impact négatif de sa décision sur l'emploi, étant donné que le droit des travailleurs à créer ou à intégrer un syndicat et leur droit à la négociation collective font partie des droits de l'Homme reconnus par la communauté internationale.

Les entreprises peuvent décider d'échanger en priorité avec les parties prenantes ou détenteurs de droits les plus gravement impactés ou susceptibles d'être les plus gravement impactés. Les modalités des échanges peuvent être déterminées en fonction de la gravité de l'impact négatif sur les parties prenantes ou sur les détenteurs de droits.

Q9 *Que signifie "échange constructif avec les parties prenantes" ?*

• Les échanges avec parties prenantes impliquent des procédures d'échange interactives avec les parties prenantes concernées. Les échanges avec les parties prenantes peuvent avoir lieu dans le cadre de réunions, d'audiences ou de consultations. Pour être constructifs, les échanges entre parties prenantes doivent être réciproques et reposer sur une bonne foi mutuelle *[OCDE (2011), commentaire sur les principes généraux, § 25]*. Ils doivent également être réceptifs et continus, et dans de nombreux cas précéder toute décision.

• Par échanges réciproques, il est entendu que l'entreprise et les parties prenantes peuvent exprimer leurs opinions et partager leurs avis librement, qu'elles acceptent de prendre en compte des points de vue divergents afin de parvenir à une compréhension mutuelle. Il implique également que les parties prenantes concernées reçoivent elles-mêmes la possibilité d'aider à définir et mettre en œuvre les activités d'échange.

• L'entreprise et les parties prenantes sont censées faire preuve de bonne foi dans le cadre de leurs échanges. Cela implique que l'entreprise participe aux échanges avec l'intention réelle de comprendre comment les intérêts des parties prenantes sont affectés par ses activités, et donc qu'elle est prête à traiter les impacts négatifs qu'elle cause ou auxquels elle contribue. Cela implique aussi que les parties prenantes présentent de manière honnête leurs intérêts, leurs intentions et leurs préoccupations.

• Par échanges réceptifs, il est entendu que l'entreprise cherche à éclairer ses décisions en sollicitant l'avis de ceux qui sont susceptibles d'être impactés par ses décisions. Il est important que l'entreprise échange avec les parties prenantes et détenteurs de droits concernés avant de prendre toute décision susceptible de les impacter *[dans certains cas, cela sera même requis, par exemple lorsque le droit à l'information participe à la réalisation des droits de l'Homme]*. Cela implique de fournir à bref délai toutes les informations dont les parties prenantes et détenteurs de droits susceptibles d'être impactés par une décision de l'entreprise peuvent avoir besoin pour être en mesure d'évaluer si leurs intérêts sont affectés. Cela implique aussi de mettre en place un suivi des accords conclus, pour s'assurer que les risques d'impacts négatifs réels et potentiels sur les parties prenantes et les détenteurs de droits sont traités, et notamment que les entreprises réparent le(s) dommage(s) qu'elles ont causé(s) ou au(x)quel(s) elles ont contribué.

• Par échanges continus, il est entendu que les échanges avec les parties prenantes se poursuivent tout au long du cycle de vie des opérations et des activités de l'entreprise, et ne se limitent pas à une initiative ponctuelle.

Les échanges constructifs avec les parties prenantes constituent un élément clé du processus du devoir de diligence.

Cependant ce Guide n'a pas pour visée de donner un aperçu exhaustif de cette question. Il existe de nombreuses ressources pour aider les entreprises à mettre en place des activités d'échange avec leurs parties prenantes et à gérer les problèmes communs qu'elles peuvent susciter (ex. : OCDE, 2015c).

Q10 ***Quand est-il important d'échanger avec les parties prenantes de l'entreprise sur la question du devoir de diligence ?***

Il est important que l'entreprise ait des échanges constructifs avec ses parties prenantes tout au long du processus du devoir de diligence. Il peut être particulièrement pertinent d'échanger avec les parties prenantes et les détenteurs de droits impactés par l'entreprise ou susceptibles de l'être lorsque celle-ci :

• identifie des impacts négatifs réels ou potentiels dans le cadre de ses activités.

• passe en revue ses relations d'affaires du point de vue de leurs impacts négatifs réels ou potentiels.

• élabore des mesures de prévention et d'atténuation des risques d'impacts négatifs qu'elle cause ou auxquels elle contribue.

• détermine comment elle peut réparer les dommages qu'elle cause ou auxquels elle contribue et met en place les procédures nécessaires pour permettre ces réparations.

• assure le suivi des risques d'impacts négatifs sur les droits de l'Homme réels ou potentiels associés à ses activités sont bien traités, et communique à ce sujet.

En outre, dans certains cas, échanger avec l'entreprise ou être consulté par elle constitue un droit en tant que tel pour les parties prenantes *[par exemple, la Déclaration des Nations unies sur les droits des peuples autochtones prévoit que les États consultent et coopèrent avec les peuples autochtones concernés afin d'obtenir leur consentement libre, préalable et éclairé dans un certain nombre de situations, y compris l'approbation de projets affectant leurs terres, territoires et autres ressources (voir articles 19 et 32). La Convention n° 169 de l'OIT, qui est juridiquement contraignante pour les pays qui l'ont ratifiée, oblige les États-membres à consulter les peuples autochtones dans le but de parvenir à un accord ou d'approuver les mesures proposées (voir article 6)]*.

PAR EXEMPLE, le droit des travailleurs à créer ou intégrer un syndicat et leur droit à la négociation collective font partie des droits de l'Homme reconnus par la communauté internationale. C'est pourquoi il est important d'impliquer les représentants des syndicats ou des travailleurs dans les échanges avec ces derniers. Par ailleurs, les relations professionnelles constituent une forme d'échange entre parties prenantes.

Pour certains types d'impacts négatifs qui causent des dommages collectifs (tels que la corruption qui affecte l'ensemble de la population de la juridiction concernée, ou que les émissions de gaz à effet de serre qui contribuent à des dommages collectifs et transfrontaliers), il peut s'avérer impossible d'échanger largement avec l'ensemble des parties prenantes et détenteurs de droits impactés ou susceptibles de l'être. Dans ces cas, il peut être utile d'échanger avec des représentants crédibles desdites parties prenantes, ou avec des organisations mandataires (ex. : ONG, agences gouvernementales représentatives, etc.).

Au-delà de leurs échanges avec leurs parties prenantes, les entreprises peuvent aussi consulter des experts sur certains sujets ou contextes spécifiques (ex. : chercheurs, ONG, organisations locales) et leur demander conseil sur les mesures à prendre pour mettre en œuvre leur devoir de diligence.

Q11 *Comment l'entreprise peut-elle échanger avec des parties prenantes potentiellement vulnérables ?*

Il est important d'identifier et de chercher à dépasser les obstacles potentiels aux échanges avec les parties prenantes de l'entreprise (ex. : barrière de la langue, différences culturelles, déséquilibre entre les sexes, logiques de pouvoir, divisions au sein d'une communauté, etc.) afin de s'assurer que ces échanges soient effectifs.

PAR EXEMPLE, on peut partager des informations oralement dans une communauté où le degré d'alphabétisation est bas.

Certains individus ou groupes peuvent être exposés à des risques particulièrement élevés de vulnérabilité ou de marginalisation, par exemple à cause d'une stigmatisation sociale. Or ce sont souvent les parties prenantes les plus vulnérables qui sont également les plus affectées par les activités d'une entreprise. Par exemple, des parties prenantes comme les femmes, les enfants et les communautés socialement marginalisées peuvent être plus affectées que d'autres par les activités d'une entreprise, ou de manières différentes – auquel cas elles doivent faire l'objet d'une attention particulière dans le cadre des échanges que noue l'entreprise avec ses parties prenantes.

Il existe de nombreuses ressources expliquant comment gérer les obstacles potentiels aux échanges avec les parties prenantes d'une entreprise, et notamment aux échanges avec des groupes de parties prenantes particulièrement vulnérables *[V. par exemple OECD (2016c), Annexes B-D]*.

Les entreprises peuvent collaborer au niveau sectoriel ou intersectoriel ainsi qu'avec leurs parties prenantes tout au long du processus du devoir de diligence – même si elles restent responsables de la mise en œuvre effective de leur devoir de diligence. *— Voir Section 1, Caractéristiques du devoir de diligence, Encadré 2.*

Q12 *Comment les entreprises peuvent-elles collaborer dans le cadre du processus du devoir de diligence ?*

Un grand nombre des recommandations énoncées dans ce Guide peuvent être appliquées en collaboration avec d'autres acteurs du secteur ou en partenariat avec des syndicats ou des initiatives multipartites.

PAR EXEMPLE, les entreprises peuvent s'associer ou nouer directement des accords avec des syndicats pour faciliter l'implication des travailleurs dans le développement et la mise en œuvre du processus du devoir de diligence, l'application des normes relatives aux droits des travailleurs et le dépôt de plaintes. Les accords avec les syndicats peuvent prendre diverses formes et s'appliquer au niveau du lieu de travail, de l'entreprise ou du secteur, ou encore au niveau mondial. Il peut s'agir de conventions collectives, d'accords-cadres internationaux ou de protocoles d'accords.

Les entreprises peuvent avoir intérêt à collaborer pour rassembler des connaissances sur les risques d'un secteur donné et sur leurs solutions, pour accroître leur influence, dans la mesure du possible, sur les relations d'affaires qu'elles ont en commun, et pour améliorer l'efficacité du processus du devoir de diligence pour toutes les parties prenantes, par exemple *via* la reconnaissance mutuelle des études d'évaluation dont elles disposent sur leurs relations d'affaires, ou *via* un cadre commun de rapportage pour leurs relations d'affaires. La mutualisation et la diminution des coûts est souvent un avantage de la collaboration au niveau sectoriel. *— Voir Annexe Q18, Q27-28, Q37 et Encadré 5.*

ENCADRÉ 3. Bonne gouvernance des initiatives collaboratives relatives au devoir de diligence

La liste ci-dessous inclut des exemples de bonne gouvernance pouvant aider une entreprise à déterminer si l'initiative collaborative dans laquelle elle s'engage est crédible.

L'initiative :

- a mis en place un système de gestion des plaintes opérationnel, accessible et efficace qui permet aux parties prenantes de formuler des préoccupations relatives aux activités de l'initiative, sans avoir à craindre de représailles *[ceci renvoie aux mécanismes de réclamation relatifs aux activités de l'initiative et non des mécanismes de réclamation que les initiatives peuvent mettre en place pour faciliter l'octroi de mesures correctives entre les parties prenantes ou les détenteurs de droits impactés et les membres de l'initiative]*.

• a mis en place une procédure pour solliciter l'avis des parties prenantes et d'experts sur les objectifs et les activités de l'initiative.

• a mis en place une procédure efficace pour informer à bref délai les entreprises participantes sur des impacts négatifs réels ou potentiels, afin de les aider à mettre en œuvre leurs propres activités relatives au devoir de diligence.

• a mis en place une procédure pour dresser régulièrement un bilan de ses activités, notamment en contrôlant et évaluant si elle atteint ses buts et objectifs, et si nécessaire, pour mettre à jour ses politiques, ses activités, et toute recommandation qu'elle adresse aux entreprises participantes.

• a pris en compte les conflits d'intérêts réels ou potentiels entre les responsables de l'initiative et les entreprises participantes, et a mis en place une procédure pour gérer lesdits conflits d'intérêts.

• publie des informations sur sa structure de gouvernance interne, sur son équipe, sur ses ressources et sur ses mécanismes de surveillance.

• publie des rapports évaluant si elle atteint ses buts et objectifs relatifs à des pratiques d'approvisionnement responsables.

• permet la reconnaissance mutuelle, sous réserve des contrôles de qualité nécessaires, avec d'autres initiatives relatives au devoir de diligence.

La participation à une initiative ne transfère pas à cette initiative la responsabilité de l'entreprise relative aux impacts négatifs qu'elle cause, auxquels elle contribue ou auxquels elle est directement liée.

Lorsqu'une entreprise décide de collaborer avec une initiative dans le cadre du processus du devoir de diligence, elle doit d'abord évaluer la qualité de ladite initiative. Pour ce faire, elle peut :

• solliciter l'avis des parties prenantes concernées sur la crédibilité de l'initiative.

• évaluer si l'initiative et les procédures qu'elle met en place sont crédibles, c'est-à-dire si elles sont conformes aux recommandations de ce Guide.

• s'assurer que l'approche collaborative est appliquée et adaptée au contexte spécifique de chaque entreprise, de manière à constituer une mise en œuvre solide de son devoir de diligence.

• participer de manière active à la collaboration avec l'initiative.

• appliquer les principes de bonne gouvernance lorsque la collaboration se fait dans le cadre d'une initiative formelle. — *Voir Encadré 3.*

Q13 *La collaboration entre entreprises est-elle compatible avec le respect du droit de la concurrence ?*

Si, dans de nombreux cas, les entreprises peuvent collaborer dans le cadre du processus du devoir de diligence sans enfreindre le droit de la concurrence, il est recommandé aux entreprises et aux initiatives collaboratives dans lesquelles elles sont impliquées de prendre les mesures nécessaires pour s'assurer qu'elles comprennent bien les questions relatives au droit de la concurrence tel qu'il s'exerce dans leur juridiction, et pour éviter de mener des activités qui pourraient être considérées comme illégales.

PAR EXEMPLE, les entreprises et les initiatives collaboratives dans lesquelles elles sont impliquées peuvent :

• quant aux risques que celles-ci peuvent entraîner sur le plan réglementaire.

• renforcer la transparence des initiatives collaboratives pour atténuer les risques d'infraction au droit de la concurrence. Les autorités de la concurrence se méfieront plus des initiatives ou des accords dont la conduite est complètement privée. De plus, la transparence peut contribuer à mettre au jour des sujets potentiellement problématiques, qui pourront ainsi être traités rapidement.

• mettre en place des programmes de conformité au droit de la concurrence. Des conseils sur la manière d'élaborer et faire appliquer de tels programmes de conformité sont souvent disponibles auprès des autorités de la concurrence de leur juridiction.

Chaque juridiction a ses propres règles relatives au droit de la concurrence ; toutefois, les entreprises peuvent se poser quelques questions-types lorsqu'elles cherchent à évaluer si une initiative relative aux enjeux CRE respecte le droit de la concurrence.

PAR EXEMPLE

• La collaboration ou l'initiative implique-t-elle un accord entre concurrents ?

• La collaboration ou l'initiative peut-elle être considérée comme contraire en tant que telle au droit de la concurrence (c.-à-d. implique-t-elle de fixer les prix, de procéder à des soumissions concertées, de limiter la production, de diviser ou de répartir les marchés) ?

• La collaboration ou l'initiative a-t-elle un effet anticoncurrentiel (c.-à-d. un impact négatif sur le marché, tel qu'une augmentation des prix ou une raréfaction des produits/services), même si ce n'est pas son but ?
• Tout compte fait, les effets pro-concurrentiels de la collaboration ou de l'initiative sont-ils plus importants que ses effets anticoncurrentiels ?
• La collaboration ou l'initiative a-t-elle des effets bénéfiques pour l'intérêt public qui puissent contrebalancer ses effets négatifs, voire les annuler ? — *Voir Capobianco, Gillard et Bijelic, 2015.*

Questions relatives au processus du devoir de diligence

A.1 PRENDRE EN COMPTE LES PRINCIPES DE LA CONDUITE RESPONSABLE DES ENTREPRISES DANS LE CADRE DES POLITIQUES ET SYSTÈMES DE GESTION DE L'ENTREPRISE

Élaborer, adopter et diffuser des politiques relatives aux enjeux CRE dans lesquelles l'entreprise s'engage à respecter les principes et normes édictées dans les Principes directeurs EMN et présente ses plans pour mettre en œuvre son devoir de diligence dans le cadre de ses activités, de sa chaîne d'approvisionnement et de ses autres relations d'affaires. — *Voir Section 2, 1.*

Q14 *Que recouvrent les politiques relatives aux enjeux CRE ? — Voir Section 2, 1.1.*

Comme indiqué dans ce Guide, les politiques relatives aux enjeux CRE d'une entreprise incluent des engagements relatifs aux sujets couverts par les Principes directeurs EMN et détaillent plus particulièrement les engagements relatifs aux risques les plus significatifs de l'entreprise.

Les politiques relatives aux enjeux CRE de l'entreprise peuvent aussi être utiles pour expliquer comment l'entreprise définit ses priorités dans le cadre de son devoir de diligence (c.-à-d. pourquoi elle considère que certains risques sont plus significatifs que d'autres).

Les politiques relatives aux enjeux CRE d'une entreprise peuvent également préciser comment l'entreprise compte exercer ses responsabilités — comment elle conçoit le devoir de diligence, les échanges avec les parties prenantes et les réparations. Dans cette optique, les politiques relatives aux enjeux CRE d'une entreprise peuvent aussi préciser les attentes de l'entreprise au regard de à la mise en œuvre de sa politique CRE vis-à-vis des travailleurs (y compris les employés, les travailleurs temporaires et les autres personnes qui travaillent pour l'entreprise) et de ses relations d'affaires. — *Voir Annexe Q18.*

Les politiques relatives aux enjeux CRE de l'entreprise peuvent être adaptées en fonction du contexte local ou des activités de l'entreprise.

Par exemple, la filiale d'une grande EMN implantée dans un pays présentant des risques spécifiques relatifs aux droits des travailleurs peut adapter la politique de CRE de sa maison mère pour traiter les problèmes spécifiques. Par exemple, la filiale d'une grande EMN implantée dans un pays présentant des risques spécifiques relatifs aux droits des travailleurs peut adapter la politique de CRE de sa maison mère pour traiter de ces problèmes spécifiques.

Q15 *Sur quelle expertise l'entreprise peut-elle se baser pour développer des politiques relatives aux enjeux CRE ? — Voir Section 2, 1.1.*

Des modèles de politiques éprouvés existent déjà pour de nombreux secteurs dans le cadre d'initiatives sectorielles ou multipartites. Une entreprise peut choisir d'adopter ou de s'inspirer de ces modèles, à condition de respecter les recommandations énoncées dans la Section 2, 1.1 de ce Guide et à conditions qu'ils soient adaptés aux secteurs ou à la zone géographique où elle exerce *[par exemple, voir OCDE (2016a), "Modèle de politique pour une chaîne d'approvisionnement globale responsable en minerais provenant de zones de conflit ou à haut risque", Guide OCDE sur le devoir de diligence pour des chaînes d'approvisionnement responsables en minerais provenant de zones de conflit ou à haut risque; voir aussi OCDE (2017a), "Modèle de politique d'entreprise pour des filières agricoles responsables", Guide OCDE-FAO pour des filières agricoles responsables].*

Il peut être utile pour une entreprise de consulter les parties prenantes concernées lorsqu'elle développe ses politiques relatives aux enjeux CRE – notamment lorsqu'il n'existe pas de modèle de politique de référence. Elle peut aussi demander conseil aux organisations d'employeurs, aux associations professionnelles, aux ONG ou aux initiatives multipartites concernées. — *Voir Annexe Q8-11.*

Impliquer les unités concernées d'une entreprise dans le développement de ses politiques relatives aux enjeux CRE peut aider à identifier des approches réalistes et efficaces pour mettre en œuvre lesdites politiques. — *Voir Annexe Q16.*

S'efforcer de prendre en compte la mise en œuvre des politiques de l'entreprise relatives aux enjeux CRE dans le cadre du fonctionnement des organismes de surveillance de l'entreprise. Prendre en compte les politiques de l'entreprise relatives aux enjeux CRE dans le cadre des systèmes de gestion de l'entreprise, afin que la mise en œuvre desdites politiques s'inscrive dans le cadre des processus opérationnels réguliers de l'entreprise, tout en respectant l'indépendance, l'autonomie et la structure juridique des organismes de surveillance de l'entreprise, comme prévu par les lois et réglementations nationales. — *Voir Section 2, 1.2.*

Q16 *Quelles équipes ou unités doivent être particulièrement prises en compte lors du développement et de l'alignement des objectifs avec les politiques relatives aux enjeux CRE de l'entreprise ? — Voir Section 1, Caractéristiques du devoir de diligence ; Section 2, 1.2.*

En pratique, cet alignement parmi ses équipes et unités dépendra grandement de la nature des activités de l'entreprise, de sa taille et de la nature spécifique des risques qu'elle encourt. L'entreprise peut étudier quelles unités opérationnelles sont susceptibles d'avoir un impact sur le respect de ses politiques relatives aux enjeux CRE afin d'identifier lesquelles de ces entités prendre en compte pour l'alignement des objectifs.

Ces entités peuvent être :

• celles qui prennent les décisions stratégiques de l'entreprise (ex. : conseils d'administration ou de surveillance, direction générale).

• celles qui sont en charge des questions de conformité (ex. : service juridique, conformité, ressources humaines, département de l'environnement, gestion opérationnelles).

• celles qui prennent les décisions relatives aux nouvelles relations d'affaires (ex. : département de l'approvisionnement, département des achats, département des ventes, gestionnaires de fonds d'investissement). — *Voir Tableau 5.*

• celles qui sont en charge du développement ou de la supervision des produits et opérations liés à des risques (ex. : designers de produits, directions techniques et opérationnelles) ;

• celles qui sont responsables des ventes et du marketing des produits et services.

Ces entités peuvent aussi être impliquées dans la mise en œuvre effective du processus du devoir de diligence (par exemple en développant des politiques relatives aux enjeux CRE, en mettant en place des systèmes de gestion, ou encore en identifiant, prévenant et atténuant les impacts négatifs de l'entreprise).

Selon la structure de l'entreprise, il sera également important de s'assurer que les filiales, franchises et autres antennes locales s'alignent également sur les engagements et procédures clés de l'entreprise, tout en adaptant leurs politiques relatives aux enjeux CRE au contexte local. — *Voir Annexe Q14.*

TABLEAU 5. EXEMPLES DE DÉPARTEMENTS ET DE FONCTIONS À IMPLIQUER DANS LA MISE EN ŒUVRE DU DEVOIR DE DILIGENCE

Départements et/ou fonctions	Impacts négatifs
Développement durable, RSE, approvisionnements éthiques	Potentiellement de nombreuses/toutes les problématiques relatives aux Principes EMN, ces départements/fonctions jouant souvent un rôle moteur/central/de coordination sur les enjeux CRE
Environnement et/ou social	Environnement
	Santé et sécurité
	Droits de l'Homme
	Autres questions sociales qu'aucun autre département / fonction ne traite
Ressources humaines	Emploi et relations professionnelles
	Santé et sécurité au travail
	Droits de l'Homme
	Recrutement

TABLEAU 5. EXEMPLES DE DÉPARTEMENTS ET DE FONCTIONS À IMPLIQUER DANS LA MISE EN ŒUVRE DU DEVOIR DE DILIGENCE

Départements et/ou fonctions	Impacts négatifs
Représentants des travailleurs, représentants des syndicats	Emploi et relations professionnelles
	Santé et sécurité au travail
	Droits de l'Homme
Opérations, production	Environnement
	Santé et sécurité au travail
	Droits de l'Homme
	Protection des consommateurs
Juridique	Conformité juridique
	Emploi et relations professionnelles
	Lutte anti-corruption
	Droits de l'Homme
	Protection des consommateurs
	Publication d'informations
	Contrats avec les relations d'affaires
Conformité, éthique/intégrité	Conformité au sens large
	Lutte anti-corruption
Achats, chaînes d'approvisionnement, relations d'affaires	Toutes les problématiques relatives aux Principes EMN liées à la chaîne d'approvisionnement et aux relations d'affaires
	Sélection, contractualisation et suivi des chaînes d'approvisionnement / relations d'affaires, en fonction de ces problématiques
Ventes et marketing	Droits de l'Homme
	Protection des consommateurs
	Publication d'informations
Développement des communautés locales	Échanges avec les parties prenantes
	Environnement
	Santé et sécurité des communautés locales
	Droits de l'Homme
Affaires extérieures, publication d'informations	Échanges avec les parties prenantes
	Publication d'informations
Gestion des risques	Potentiellement toutes les problématiques
Direction générale	Potentiellement toutes les problématiques
Conseils d'administration ou de surveillance/Propriétaires	Potentiellement toutes les problématiques

* Liste non-exhaustive de problématiques relatives aux Principes EMN particulièrement pertinentes pour le département/la fonction lorsqu'il/elle remplit sa fonction relative au devoir de diligence ou partage son expertise.

Q17 *Quelles sont les différences entre le rôle du conseil d'administration ou de surveillance et le rôle de la direction générale dans la mise en œuvre des politiques relatives aux enjeux CRE de l'entreprise ? – Voir Section 2, 1.22.*

Les conseils d'administration ou de surveillance sont généralement impliqués dans l'approbation des politiques relatives aux enjeux CRE d'une entreprise. Ils peuvent aussi être impliqués dans les décisions stratégiques ayant des répercussions sur les enjeux CRE. En outre, ils peuvent intervenir dans les cas où les politiques relatives aux enjeux CRE ne sont pas mises en œuvre, et demander à leurs responsables de prendre des mesures. Il peut être utile de nommer au conseil d'administration ou de surveillance une ou plusieurs personne(s) reconnue(s) pour leur expertise en tant que responsable(s) pour les problématiques CRE. Dans cette optique, les Principes de gouvernance d'entreprise du G20 et de l'OCDE indiquent qu'une responsabilité importante des conseils d'administration ou de surveillance des entreprises publiques est de superviser les systèmes de gestion des risques et leurs autres systèmes chargés du respect par l'entreprise des lois en vigueur relatives, entre autres, à la fiscalité, à la concurrence, au droit du travail, à l'environnement, à l'égalité des chances, à la lutte contre la corruption, à la santé et à la sécurité (OCDE, 2015a, Ch.VI). La direction générale, de son côté, a la responsabilité de développer une stratégie pour s'assurer que la politique relative aux enjeux CRE de l'entreprise soit mise en œuvre.

Si le rôle des conseils d'administration ou de surveillance et celui de la direction générale sont distincts, dans la pratique, les membres de la direction générale siègent souvent au sein des conseils d'administration ou de surveillance, et peuvent donc jouer les deux rôles.

Prendre en compte les politiques et règles de l'entreprise relatives aux enjeux CRE dans le cadre de ses échanges avec ses fournisseurs et de ses autres relations d'affaires. – *Voir Section 2, 1.3.*

Q18 *Comment inclure des attentes relatives aux enjeux CRE dans ses relations d'affaires ? – Voir Section 2, 1.3.*

Outre le fait d'intégrer aux textes des politiques relatives aux enjeux CRE de l'entreprise les règles que celle-ci demande à ses relations d'affaires de respecter, d'autres mesures peuvent être prises pour s'assurer que les attentes de l'entreprise en matière de CRE sont incluses dans ses relations d'affaires.

PAR EXEMPLE, comme indiqué dans ce Guide, les attentes envers les nouvelles relations d'affaires peuvent faire l'objet de communications et d'accords formellement documentés (ex. : code de conduite des fournisseurs, contrats d'association momentanée, avenants adressés aux entités émettrices, etc.). Dans ces documents et accords, l'entreprise peut spécifier :

• qu'elle attend de ses relations d'affaires qu'elles respectent les Principes directeurs EMN et/ou ce Guide ou d'autres normes similaires ;

• qu'elle attend de ses relations d'affaires qu'elles fassent preuve de transparence, effectuent des suivi et publient des informations sur leurs activités.

• si et comment elle attend de ses relations d'affaires qu'elles répercutent ses exigences sur leurs propres relations d'affaires tout au long de la chaîne d'approvisionnement ou de la chaîne de valeur.

• les raisons pour lesquelles elle peut mettre un terme à ses contrats avec ses relations d'affaires lorsque celles-ci ne respectent pas ses attentes ni les Principes directeurs EMN.

Les départements chargés de prendre les décisions relatives aux nouvelles relations d'affaires peuvent prendre en compte les enjeux CRE avant de nouer une nouvelle relation d'affaire. Pour ce faire, ils peuvent mettre en place des procédures de pré-qualification, des critères de candidature ou des critères de sélection prenant en compte les enjeux CRE.

Les relations d'affaires (notamment les fournisseurs) d'une entreprise ont souvent de nombreux clients et peuvent fournir des services et des produits à plusieurs secteurs d'activité. Ainsi, il peut être impraticable ou fastidieux pour une entreprise d'imposer ses propres attentes à ses fournisseurs/relations d'affaires sans prendre en compte le fait que ces attentes sont susceptibles dans certains cas d'entrer en conflit avec les exigences existantes ou potentielles d'autres clients desdits fournisseurs/relations d'affaires. Les entreprises peuvent gérer cette difficulté en :

• s'alignant sur les normes sectorielles et internationales relatives à la mise en œuvre du devoir de diligence dans les chaînes d'approvisionnement.

• collaborant avec d'autres acteurs du secteur pour harmoniser les attentes qu'elles ont vis-à-vis de leurs relations d'affaires, notamment en adoptant des politiques communes relatives aux enjeux CRE et des formats de rapport communs. – *Voir Annexe Q12.*

• échangeant avec leurs relations d'affaires pour réduire les conflits avec les exigences d'autres entreprises clientes, pour les rationaliser parmi leurs clients, et pour élaborer des accords de reconnaissance mutuelle supplémentaires entre les initiatives, politiques et programmes existants.

A.2 IDENTIFIER ET ÉVALUER LES IMPACTS NÉGATIFS RÉELS ET POTENTIELS LIÉS AUX ACTIVITÉS, PRODUITS ET SERVICES DE L'ENTREPRISE

Mener de vastes recherches pour identifier quels aspects des activités, relations d'affaires et chaîne d'approvisionnement de l'entreprise présentent des risques particulièrement significatifs d'impacts négatifs particulièrement graves sur les enjeux CRE. — *Voir Section 2, 2.1.*

Q19 *Qu'entend-on par "mener de vastes recherches" ? À quel point faut-il pousser ces recherches ? — Voir Section 2, 2.*

Par "mener des recherches", il est entendu lancer un processus d'identification des principaux types de risques associés aux opérations (ex. : activités, gammes de produits) et relations d'affaires ex : à tous les niveaux de la chaîne d'approvisionnement ou de la chaîne de valeur) de l'entreprise. Ces recherches doivent être vastes, pour permettre à terme de définir un ordre de priorité. Par "études d'évaluation" (Section 2, 2.2), il est entendu un processus plus approfondi, visant à identifier et à évaluer les risques prioritaires associés à une activité ou à une relation d'affaire spécifique de l'entreprise. — *Voir Annexe Q23-28.*

Les modalités pratiques des recherches menées par l'entreprise, notamment sur les risques associés à ses relations d'affaires, varieront grandement en fonction des caractéristiques de l'entreprise.

PAR EXEMPLE, un investisseur institutionnel pourra recourir à des études de marché et à d'autres ressources externes (rapports de la société civile, médias, etc.) pour mener des recherches sur les risques associés à son portefeuille d'investissement, tandis qu'un détaillant pourra analyser la structure de sa chaîne d'approvisionnement et identifier les principaux types et facteurs de risques associés à sa zone géographique, à son secteur, à son produit ou à son fonctionnement.

Cependant, si l'entreprise apprend par une source extérieure (ex. : rapports, échanges avec les parties prenantes, système de gestion des plaintes) qu'une de ses gammes de produits ou que le composant d'un de ses produits est associé à un risque en particulier, il est important qu'elle examine cette information en sus de celles qu'elle a collectées dans le cadre de ses recherches.

Q20 *Qu'entend-on par "risques associés au secteur, au produit, à la zone géographique et au fonctionnement de l'entreprise" ? — Voir Section 2, 2.1.*

Il peut être utile de distinguer les risques associés au secteur, au produit, à la zone géographique et au fonctionnement de l'entreprise lorsqu'on fait des recherches sur l'ensemble des risques associés aux opérations et aux relations d'affaires de ladite entreprise. Pour déterminer ces différents facteurs de risques, on se réfère à la fois aux impacts négatifs constatés par le passé et aux nouveaux problèmes pouvant survenir.

ENCADRÉ 4. À quel stade de ses recherches et de ses études d'évaluation l'entreprise doit-elle analyser la structure de sa chaîne d'approvisionnement ?

Lorsqu'elle lance ses recherches, l'entreprise doit commencer par dresser la liste de ses opérations et cartographier la structure de sa chaîne d'approvisionnement afin d'identifier ses activités, zones géographiques, produits et relations d'affaires les plus risqués. Lorsqu'elle aura identifié ces risques, elle pourra analyser plus en détails chacune de ses relations d'affaires afin d'identifier celles qui méritent un examen plus approfondi.

Par exemple, une entreprise automobile peut apprendre dans le cadre de ses recherches que ses batteries sont plus susceptibles d'être associées à des risques significatifs que ses autres composants, sur base d'informations relatives au secteur. A ce stade, il est peu probable que l'entreprise dispose d'informations suffisamment détaillées sur les fournisseurs indirects et pays d'origine spécifiques pour lancer une étude d'évaluation approfondie de sa chaîne d'approvisionnement en batteries. Elle peut donc commencer par rassembler des informations complémentaires sur l'endroit où ses batteries sont fabriquées, sur les points de la chaîne d'approvisionnement particulièrement risqués, sur les pays d'origine probables des matériaux contenus dans les batteries, et sur la qualité et la nature du processus de diligence mis en œuvre par ses fournisseurs indirects à haut risque. Alors seulement, l'entreprise pourra décider quelles relations d'affaires soumettre en priorité à des études d'évaluation approfondies.

Par exemple, après avoir fait des recherches sur ses gammes de produits, une entreprise du secteur de la chaussure découvre que la phase de tannage de ses modèles en cuir est associée à des risques relatifs au droit du travail et à l'environnement particulièrement significatifs. L'entreprise peut alors dresser la liste de ses relations d'affaires (ex. : tanneries) spécifiquement liées à la production de ses produits en cuir et repérer, parmi ces dernières, les fournisseurs qui exercent dans des zones géographiques particulièrement risquées, afin de les soumettre en priorité à des études d'évaluation approfondies.

- Les risques associés à un secteur sont les risques qui prévalent globalement au sein d'un secteur en raison de ses caractéristiques, de ses activités, de ses produits et de ses processus de production. Par exemple, les industries extractives sont souvent associées à des risques liés à une grande empreinte environnementale et à des impacts négatifs sur les communautés locales. Dans le secteur de l'habillement et de la chaussure, les risques associés au droit syndical, à la santé et à la sécurité au travail, et aux conditions salariales des travailleurs sont particulièrement fréquents, parmi d'autres *[Voir OCDE (2017a) pour plus d'informations sur les risques connus du secteur de l'habillement et des chaussures ; voir le Guide sur le devoir de diligence raisonnable dans les industries extractives pour plus d'informations sur les risques liés aux industries extractives]*.
- Les risques associés à un produit sont les risques associés aux composants et processus de production utilisés dans le cadre du développement ou de l'exploitation de certains produits spécifiques. Par exemple, les produits du secteur de l'habillement avec des perles ou des broderies sont souvent associés à des risques de travail informel ou précaire, tandis que les téléphones et les ordinateurs contiennent parfois des composants susceptibles d'avoir été extraits dans des zones de conflit.
- Les risques associés à une zone géographique sont les risques associés au secteur de l'entreprise dont la probabilité est aggravée par les conditions de production dans le pays où exerce l'entreprise. Les facteurs de risque d'une zone géographique tiennent généralement à son cadre réglementaire (ex. : conformité avec les conventions internationales), à sa gouvernance (ex. : vitalité des corps d'inspection, état de droit, niveau de corruption), à son contexte socio-économique (ex. : taux de pauvreté et de scolarisation, vulnérabilité et discrimination de populations spécifiques) et à son contexte politique (ex. : existence de conflits).
- Les risques associés au fonctionnement d'une entreprise sont les risques associés à une entreprise spécifique : faible gouvernance ; violation des droits de l'Homme, des droits des travailleurs, des normes anticorruption et des normes environnementales ; ou encore méconnaissance des enjeux CRE.

Q21 *Quelles sources d'informations l'entreprise peut-elle utiliser pour mener ses recherches ? — Voir Section 2, 2.1.*

La plupart des risques associés à un secteur, à un produit ou à un pays donné sont généralement connus, ou faciles à comprendre sur base d'informations immédiatement disponibles. Par exemple, les effets néfastes sur la santé et sur l'environnement d'un produit ou d'un procédé technique donné sont généralement bien connus au sein du secteur concerné.

Les rapports publiés par les organisations internationales, les organisations de la société civile, les INDH, les agences gouvernementales, les syndicats, les associations d'employeur et les associations professionnelles peuvent contenir des informations précieuses tout au long du processus du devoir de diligence, et plus particulièrement lors de la phase de recherches. Les articles des médias peuvent aussi aider à comprendre la situation locale, régionale et nationale, ainsi que la situation sociale et politique nationale. — *Voir Tableau 6 pour une liste de sources documentaires à consulter.*

Il est important pour les entreprises d'évaluer l'exactitude et la fiabilité des sources sur lesquelles elles s'appuient pour obtenir des informations sur leurs risques. C'est particulièrement vrai pour les informations qu'on lui transmet directement, telles que les études de base et les recherches réalisées par ses partenaires, par les entreprises dont elle fait l'acquisition, par d'autres entreprises du même secteur ou par d'autres sources secondaires. L'entreprise peut vérifier ces informations en les comparant avec d'autres sources, en analysant leur nature, leur source et leur date de publication, et en consultant des tiers tels que des organisations de la société civile en cas de doute. Cependant, l'entreprise n'a pas besoin de vérifier l'intégralité des informations présentées dans des rapports externes pour les utiliser comme point de départ de ses recherches.

Q22 *Comment procéder si les informations manquent ? – Voir Section 2, 2.1 - 2.2.*

Certaines stratégies peuvent être utiles pour compenser le manque d'informations sur les risques liés aux activités de l'entreprise et à ses relations d'affaires, tout en prenant en compte le contexte dans lequel elle évolue et ses contraintes.

PAR EXEMPLE

- Des systèmes de gestion des plaintes ou d'autres plateformes de surveillance (ex. : comités de surveillance nationaux) peuvent être mis en place pour alerter les entreprises sur les risques d'impacts négatifs réels ou potentiels qu'elles n'ont pas identifiés elles-mêmes. — *Voir Annexe Q54.*

• Les informations ou allégations sur des impacts négatifs réels ou potentiels ne doivent pas être entièrement vérifiées pour susciter des études d'évaluation plus approfondies.

• Les entreprises peuvent échanger avec leurs parties prenantes clés ou avec des experts pour mieux comprendre les risques associés à leur secteur, à leur produit ou à leur zone géographique, par exemple en organisant des tables rondes.

En se basant sur les risques significatifs identifiés ci-dessus, mener des études d'évaluation itératives, de plus en plus précises, sur les activités, fournisseurs et autres relations d'affaires que l'entreprise a définis comme prioritaires, afin d'identifier et d'évaluer les impacts négatifs réels et potentiels de ces derniers sur les enjeux CRE. — *Voir Section 2, 2.2.*

Q23 *Comment l'entreprise peut-elle évaluer les risques d'impacts négatifs associés à ses activités ? — Voir Section 2, 2.2.*

La plupart des entreprises pilotent déjà des études d'évaluation internes, des audits externes et des inspections en lien avec les principaux risques associés à leur secteur. Dans certains cas, elles y sont obligées par la loi du pays dans lequel elles exercent. Les inspections du travail, les inspections environnementales requises pour obtenir une licence d'exploitation, les études d'impacts environnementaux, les systèmes de gestion de la conformité anticorruption, les procédures de KYC ("*know your customer*"), les audits financiers, les études d'impact sur les droits de l'Homme et les procédures d'obtention de licence produit constituent autant de formes courantes d'études d'évaluation des risques qu'une entreprise peut mener spontanément, par ses propres moyens ou en coopération avec les autorités concernées. Les entreprises peuvent modifier ou compléter ces études d'évaluation afin qu'elles prennent en compte les normes internationales et les recommandations relatives aux enjeux CRE.

Outre les études d'évaluation standards qu'une entreprise est susceptible d'avoir déjà utilisé, des études d'évaluation internes additionnelles peuvent s'avérer nécessaires pour comprendre les risques d'impacts négatifs réels ou potentiels associés aux activités de l'entreprise et pour s'assurer du respect des attentes relatives aux enjeux CRE énoncées dans les Principes directeurs EMN.

PAR EXEMPLE, une entreprise peut engager un prestataire extérieur pour vérifier la bonne application de ses politiques de lutte contre les discriminations et contre le harcèlement sexuel.

PAR EXEMPLE, une filiale de l'entreprise peut réaliser une étude d'impact sur l'environnement de ses activités et la communiquer à sa maison mère.

TABLEAU 6. EXEMPLES DE DÉPARTEMENTS ET FONCTIONS POTENTIELLEMENT PERTINENTS POUR L'IMPLÉMENTATION DU DEVOIR DE DILIGENCE

Sources principales	Contrats, licences, réglementations et législation, politique de l'entreprise décrivant le régime légal et réglementaire s'appliquant aux activités ou aux projets envisagés.
	Études de base/d'incidences commandées par des tiers, ou durant les phases antérieures du projet.
	Données fournies par les pouvoirs publics sur l'emploi, le taux de pauvreté, les normes de santé et d'éducation, les rémunérations, les conditions de travail, la santé et la sécurité au travail, etc.
	Données de recensement, données sur les revenus et les taux de pauvreté (ces données ne sont pas toujours fiables dans des contextes d'économie en développement).
	Cartographie du territoire et autres informations relatives aux activités ou aux projets envisagés.
	Indicateurs clés collectés par le biais de systèmes d'informations géographiques et d'autres sources.
	Autres documents ou informations obtenues dans le cadre d'une acquisition (si disponibles).
	Archives des demandes et plaintes des communautés locales.

TABLEAU 6. EXEMPLES DE DÉPARTEMENTS ET FONCTIONS POTENTIELLEMENT PERTINENTS POUR L'IMPLÉMENTATION DU DEVOIR DE DILIGENCE	
Sources secondaires	Études et indices de chercheurs, INDH, agences gouvernementales et associations professionnelles.
	Études et rapports d'organisations intergouvernementales et d'agences de développement bilatérales et multilatérales.
	Études et indices d'ONG et d'organisations syndicales sectorielles, nationales et internationales.
	Informations sur les investissements et programmes de développement liés aux communautés et aux projets sectoriels de la zone ou la région envisagée.
	Études réalisées par des communautés locales, par exemple par des peuples autochtones ou par leurs organisations représentatives, sur des questions clés pour le projet de développement envisagé.
	Rapports disponibles réalisés par d'autres entreprises exerçant leurs activités dans la zone ou la région envisagée.

Q24 *Comment décider quelles activités ou quelles relations d'affaires évaluer en priorité ? — Voir Section 2, 2.2.*

Pour de nombreuses entreprises, notamment les plus grandes, il s'avèrera impossible d'évaluer les impacts négatifs réels ou potentiels associés à l'ensemble de ses activités et de ses relations d'affaires. Les entreprises doivent définir quelles activités ou relations d'affaires évaluer en priorité, en ciblant celles où les risques d'impacts négatifs sont les plus significatifs. — *Voir Section 2, 2.4 et Annexe Q3 pour plus de précisions sur les impacts les plus significatifs.*

Pour établir ses priorités, l'entreprise peut notamment se baser sur les critères ci-dessous :

• les activités ou relations d'affaires de l'entreprise se situent dans un pays particulièrement risqué (ex. : existence d'un conflit, présence de groupes vulnérables, faiblesse de l'état de droit, taux élevés de corruption, etc.).

• les opérations ou relations d'affaires de l'entreprise sont associées à des activités ou des procédés de production particulièrement risqués (recours fréquent au travail informel, usage des produits chimiques dangereux, usage d'équipements lourds, etc.) ;

• des risques ont été identifiés lors d'une précédente étude d'évaluation.

Il est important de souligner que les relations d'affaires seront classées comme "à haut risque" et comme à évaluer en priorité sur base de leur profil de risque, et non en fonction de l'étroitesse de leurs liens avec l'entreprise.

PAR EXEMPLE, une entreprise de composants électroniques peut classer certains de ses fournisseurs dans la catégorie "à haut risque" si ces derniers extraient des minerais dans des zones de conflit ou à haut risque, et ce même si elle n'a pas de lien contractuel direct avec eux.

Parfois, l'entreprise devra même classer ses relations d'affaires à haut risque par ordre de priorité. Auquel cas, tout en gardant comme objectif final d'évaluer l'intégralité de ses relations d'affaires à haut risque, l'entreprise pourra donner la priorité à celles qui lui fournissent la part la plus importante des composants nécessaires à la fabrication de ses produits (ou qui exercent dans les pays où elle s'approvisionne en majorité).

Q25 *Comment évaluer les relations d'affaires identifiées comme prioritaires durant les recherches de l'entreprise ? — Voir Section 2, 2.2.*

Durant ses recherches, l'entreprise identifie les principales catégories de risques associés à ses relations d'affaires. Les études d'évaluation sont des études plus approfondies sur les risques qu'elle considère comme prioritaires et qui complètent les recherches initiales. Ces études peuvent prendre la forme de questionnaires d'autoévaluation soumis aux fournisseurs, d'inspections sur le terrain et d'audits, entre autres. Le type d'évaluation auquel peut recourir l'entreprise dépend de la nature du risque envisagé.

PAR EXEMPLE

• Les inspections sur le terrain sont adaptées pour évaluer les risques liés à la santé et à la sécurité au travail, à la sécurité des produits et à la performance environnementale (entre autres).

• Les études documentaires sont adaptées pour vérifier que l'entreprise se conforme bien aux normes comptables et financières.

• Les entretiens individuels avec des travailleurs et les groupes de discussion sont adaptés pour évaluer les risques de violation des droits des travailleurs et des droits de l'Homme, notamment les risques les plus sensibles et les moins bien documentés. Eu égard au fait que les travailleurs ne sont pas toujours à l'aise à l'idée d'échanger de manière honnête et transparente avec leurs responsables, les entretiens individuels et les groupes de discussion peuvent dans certains cas être menés par des tiers de confiance.

• Les échanges avec les parties prenantes et les consultations avec les organisations de la société civile concernées sont adaptées pour évaluer les impacts négatifs des activités d'une entreprise sur les communautés locales.

Q26 *Quels sujets les études d'évaluation des relations d'affaires peuvent-elles recouvrir et qui est censé les mener ? — Voir Section 2, 2.2.*

Pour la plupart des types de risques, les études d'évaluation couvriront les sujets ci-dessous :

• impacts négatifs réels ou risques d'impacts négatifs causés par les relations d'affaires, ou auxquels ces dernières contribuent (ex. : manipulation dangereuse de produits chimiques ; versement de pots-de-vin à des représentants des autorités), dont ceux associés à des projets à venir ou à des activités futures.

• capacité et volonté qu'ont les relations d'affaires de mettre en œuvre leur devoir de diligence.

• adéquation du processus du devoir de diligence mis en œuvre – notamment des mesures prises par l'entreprise et par ses relations d'affaires pour prévenir et atténuer leurs impacts négatifs (ex. : politiques, systèmes de gestion de la conformité, évaluation des fournisseurs indirects, amélioration des infrastructures, accès à des systèmes de gestion des plaintes).

Pour mener ces évaluations, il est utile d'avoir les compétences ci-dessous :

• expertise des risques que l'entreprise évalue (ex. : droits de l'Homme, santé et sécurité, corruption), notamment connaissance des meilleures méthodologies pour identifier les impacts négatifs réels et potentiels de l'entreprise dans le contexte local.

• connaissance des normes nationales et internationales relatives aux impacts négatifs visés.

• aptitude à mener les études d'évaluation nécessaires dans le contexte local de l'entreprise (ex. : maîtrise de la langue).

Il est peu probable qu'un seul individu ait l'ensemble des compétences ci-dessous pour l'intégralité des types de risques et des contextes existants. Les études d'évaluation doivent donc être menées par des équipes dont les membres réunissent ensemble toutes les compétences ci-avant.

Q27 *Quand évaluer les relations d'affaires ? — Voir Section 2, 2.2.*

Il est recommandé aux entreprises de mener des études d'évaluation :

• sur leurs relations d'affaires à haut risque existantes (c.-à-d. sur leurs relations d'affaires associées à des zones géographiques, des produits ou des secteurs présentant des risques élevés d'impacts négatifs) qui n'ont pas encore été évaluées.

• avant de nouer une nouvelle relation d'affaire directe à haut risque. – *Voir Annexe Q18.*

• lorsque le contexte d'une relation d'affaire à haut risque est susceptible d'avoir changé.

Dans certains cas, les risques d'impacts négatifs dans une région donnée sont si fréquents que les études d'évaluations portant sur une seule relation d'affaire n'apporteront aucun élément nouveau. Dans ces cas, l'entreprise peut choisir de se concentrer immédiatement sur la prévention et l'atténuation des dits impacts négatifs.

PAR EXEMPLE, une entreprise apprend que le harcèlement sexuel est fréquent dans une zone franche industrielle d'exportation ("EPZ"). Eu égard au fait qu'il est difficile d'identifier des cas spécifiques de harcèlement sexuel, l'entreprise peut choisir de ne pas d'abord évaluer ses fournisseurs, mais plutôt de les inciter directement à prendre des mesures de prévention contre le harcèlement sexuel (ex. : formation des responsables d'équipes).

Dans certains cas, des études d'évaluation fiables sur les relations d'affaires de l'entreprise peuvent déjà exister. Auquel cas, il est recommandé aux entreprises de passer en revue les résultats de ces études et de concentrer leurs efforts sur la prévention ou l'atténuation des impacts négatifs identifiés, ainsi que sur le suivi de l'évolution de la situation.

Q28 *Comment les entreprises peuvent-elles évaluer les relations d'affaires avec lesquelles elles n'ont pas de lien contractuel ? — Voir Section 2, 2.2.*

Il existe divers outils et approches pour évaluer les relations d'affaires à haut risque avec lesquelles l'entreprise n'a pas de lien contractuel, pour avoir une meilleure vue sur elles et gagner en influence.

PAR EXEMPLE, pour une meilleure visibilité, l'entreprise peut :

• demander à ses relations d'affaires de publier les informations dont elle a besoin pour évaluer les risques associés à leurs propres fournisseurs et relations d'affaires, notamment les informations relatives à leurs fournisseurs indirects, à leurs sous-traitants et à leur pays d'origine. L'entreprise peut créer et utiliser un format type de rapport pour ses relations d'affaires au sein d'un même secteur, pour leur faciliter la tâche. — *Voir Annexe Q12.*

• recourir à une chaîne de responsabilité ou à un système de traçabilité *[la traçabilité est le processus utilisé par une entreprise pour localiser des matériaux ou produits le long de la chaîne d'approvisionnement]* existant pour obtenir une meilleure vue sur ses relations d'affaires situées en amont de la chaîne d'approvisionnement. Cette approche est particulièrement pertinente pour des entreprises orientées produit ayant recours à des chaînes d'approvisionnement physiques.

Pour évaluer les impacts négatifs de ses relations d'affaires situées en amont de la chaîne d'approvisionnement, l'entreprise peut si possible :

• se référer aux études d'évaluation fiables existantes sur lesdites relations d'affaires, telles que les études d'évaluation partagées par les membres d'une initiative collaborative ou transmises de partenaire à partenaire, ou telles que les clauses de transfert des obligations *[la transmission d'informations de partenaire à partenaire désigne les cas où l'entreprise fournit des informations à ses partenaires commerciaux immédiats en aval de la chaîne d'approvisionnement, qui à leur tour les transmettent à leurs propres partenaires commerciaux immédiats ; une clause de transfert des obligations est une clause issue d'un contrat de l'entreprise qui est intégrée à d'autres contrats avec des partenaires indirects de ladite entreprise]* pouvant figurer dans certains accords écrits ou contrats ;

• si aucune étude d'évaluation fiable n'est disponible, que ce soit par le biais de partenaires, de clauses de transfert des obligations ou de systèmes de traçabilité, identifier quelles relations d'affaires l'entreprise partage avec d'autres acteurs du secteur pour leur proposer de mener ou de commander ensemble des études d'évaluation communes sur lesdites relations d'affaires.

• évaluer le processus du devoir de diligence des relations d'affaires exerçant aux points de contrôle de la chaîne d'approvisionnement de l'entreprise. — *Voir Encadré 5.*

Évaluer le degré d'implication de l'entreprise dans les impacts négatifs réels ou potentiels qu'elle a identifiés afin de déterminer les réponses adéquates à apporter. En particulier, évaluer si l'entreprise (a) a causé (ou pourrait causer) lesdits impacts négatifs, ou si elle (b) a contribué (ou pourrait contribuer) auxdits impacts négatifs, ou encore si (c) lesdits impacts négatifs sont (ou pourraient être) directement liés à ses activités, produits ou services au travers de ses relations d'affaires. — *Voir Section 2, 2.3.*

Q29 *Quelle différence entre "causer" un impact négatif, y "contribuer" ou y "être directement lié" au travers d'une relation d'affaires ? — Voir Section 2, 2.3.*

Causer : Une entreprise "cause" un impact négatif lorsque ses activités suffisent pour entraîner à elles seules ledit impact négatif *[OCDE (2011), Chapitre IV Para 42 : "Le terme "activités" recouvre à la fois les actions et les omissions."]*.

PAR EXEMPLE, l'entreprise discrimine les femmes ou une minorité ethnique à l'embauche, ou verse un pot-de-vin à un représentant des autorités étrangères.

Contribuer : Une entreprise "contribue à" un impact négatif si ses activités combinées à celles d'autres entités causent ledit impact, ou si ses activités ont causé, facilité ou incité une autre entité à le causer. Cette contribution doit être substantielle, c'est-à-dire qu'elle ne doit pas être mineure ou négligeable.

ENCADRÉ 5. Échanger avec les relations d'affaires exerçant aux points de contrôle des chaînes d'approvisionnement

L'entreprise peut identifier les points de contrôle (parfois appelés "goulots d'étranglement") de sa chaîne d'approvisionnement en prenant en compte :

• les points clés de transformation dans la chaîne d'approvisionnement, où les informations relatives à la traçabilité ou à la chaîne de responsabilité peuvent être rassemblées ou perdues.

• le nombre d'acteurs, par exemple là où un nombre relativement limité d'entreprises traite ou manipule la majorité des matériaux qu'elles envoient sur le reste d'une chaîne d'approvisionnement.

• les principaux points au bout de la chaîne d'approvisionnement où l'entreprise peut exercer son influence.

• les points de la chaîne d'approvisionnement où des dispositifs et des programmes d'audit existent déjà, pour utiliser ces derniers et éviter la duplication.

Les entreprises situées au niveau des points de contrôle des chaînes d'approvisionnement ("entreprises aux points de contrôle") auront probablement plus de visibilité et/ou d'influence sur leurs fournisseurs et relations d'affaires situées en amont de la chaîne d'approvisionnement que les entreprises plus proches des consommateurs et des utilisateurs finaux. Soumettre les entreprises aux points de contrôle au processus du devoir de diligence pour déterminer si elles mettent elles-mêmes en œuvre leur devoir de diligence et respectent les recommandations de ce Guide permet de s'assurer, dans une certaine mesure, qu'elles ont identifié, prévenu et atténué les risques d'impacts négatifs directement liés à leurs fournisseurs. Pour identifier les entreprises aux points de contrôle et échanger avec elles, l'entreprise peut inclure à ses contrats avec ses fournisseurs et relations d'affaires des clauses stipulant que ces derniers doivent identifier les points de contrôle de leur chaîne d'approvisionnement (sur base confidentielle), leur demander de ne s'approvisionner qu'auprès des entreprises aux points de contrôle respectant les recommandations de ce Guide, en recourant à des systèmes d'échange d'informations et/ou des programmes sectoriels confidentiels pour désigner les acteurs situés en amont de leur chaîne d'approvisionnement.

Il faut prendre en compte de nombreux facteurs pour établir le caractère substantiel d'une contribution à un impact négatif et pour déterminer si les activités de l'entreprise ont pu causer, faciliter ou inciter une autre entité à causer ledit impact négatif. Les facteurs suivants peuvent être pris en considération :

• dans quelle mesure l'entreprise encourage ou motive une autre entité à causer un impact négatif, c.-à-d. dans quelle mesure ses activités ont accru le risque que l'impact négatif se produise.

• dans quelle mesure l'entreprise aurait pu ou aurait dû savoir qu'il existait un risque d'impact négatif réel ou potentiel, c.-à-d. dans quelle mesure l'impact négatif était prévisible.

• dans quelle mesure certaines activités de l'entreprise ont en réalité permis d'atténuer ou de réduire le risque d'impact négatif.

La simple existence d'une relation d'affaire ou d'activités créant les conditions généralement susceptibles de mener à un impact négatif ne constitue pas nécessairement une contribution audit impact négatif. L'activité en question doit accroître significativement le risque d'impact négatif.

PAR EXEMPLE, un détaillant fixe à un fournisseur un délai de livraison très court tout en sachant que, par le passé, pour des produits similaires, s'est révélé impossible, et cela tout en restreignant le recours à des sous-traitants pré-qualifiés.

• Le fait de fixer un délai intenable et de restreindre le recours à des sous-traitants favorise le risque d'accroitre le temps de travail au niveau du fabricant.

• L'impact négatif paraît très prévisible car le détaillant sait que par le passé, pour des produits similaires, un tel délai n'a pas pu être respecté, et que les délais très courts entrainent souvent des heures de travail excessives dans le secteur.

• Si aucune mesure d'atténuation n'a été prise pour réduire le risque d'impact négatif, il se peut que le détaillant contribue à créer les conditions de temps de travail excessif chez le fabricant.

PAR EXEMPLE, un investisseur investit dans une aciérie. L'investisseur siège au conseil d'administration de l'aciérie et interagit régulièrement avec les responsables de l'aciérie. L'investisseur vote contre l'installation d'équipements coûteux qui permettraient de traiter les écoulements de l'usine, cette absence de traitement des écoulements causant la pollution de l'eau potable de la communauté locale.

• Le fait d'encourager les responsables de l'aciérie à ne pas installer d'équipements pouvant prévenir ou atténuer les impacts environnementaux sur les sources d'eau locales accroît le risque d'impact négatif.

• L'impact négatif paraît très prévisible si les spécialistes de la protection de l'environnement travaillant dans le secteur de l'acier savent communément qu'il faut installer des équipements de traitement des eaux dans les aciéries pour éviter de polluer l'eau potable.

• Si l'investisseur avait mis en œuvre son devoir de diligence et proposé une solution alternative de traitement des écoulements, le risque de pollution des ressources en eau et la prévisibilité de l'impact négatif auraient été réduits, de même que la possibilité que l'investisseur contribue à un tel impact.

Être directement lié : La notion de "lien" renvoie à la relation qui peut être établie entre un impact négatif et les produits, services ou activités d'une entreprise, par le biais d'une entité tierce (c.-à-d. une relation d'affaire). Un "lien direct" n'est pas par définition une relation contractuelle directe telle qu'un "approvisionnement direct".

PAR EXEMPLE, si une entreprise achète du cobalt extrait par des enfants et l'utilise pour fabriquer ses produits, l'entreprise peut être directement reliée à l'impact négatif (c.-à-d. au travail des enfants). Dans ce cas, l'entreprise n'a pas causé elle-même l'impact négatif, pas plus qu'elle n'y a contribué, mais il n'en reste pas moins qu'il peut y avoir un lien direct entre les produits de l'entreprise et l'impact négatif, par le biais de sa relation d'affaire avec les entités impliquées dans l'approvisionnement en cobalt (c.-à-d. le fondeur, le négociant et l'entreprise minière recourant au travail des enfants).

La relation entre une entreprise et un impact négatif n'est pas statique. Elle peut changer, par exemple en fonction de l'évolution de la situation ou de la mesure dans laquelle la mise en œuvre du devoir de diligence et les mesures prises pour traiter les risques et impacts négatifs identifiés permettent de réduire le risque que ces impacts se produisent.

Le plus souvent, les entreprises sont très susceptibles de causer des impacts négatifs dans le contexte des activités liées à leurs propres opérations, et sont très susceptibles d'être directement liées aux impacts négatifs causés dans le cadre de leurs relations d'affaires. Elles peuvent contribuer à un impact négatif dans le cadre de leurs propres activités comme par le biais d'une relation d'affaire.

Les définitions données ci-dessus n'ont pas vocation à se substituer aux questions juridiques de responsabilité. Les lois nationales peuvent contenir des méthodes ou des règles spécifiques pour déterminer la relation entre un impact et une entreprise et définir juridiquement la responsabilité de cette dernière. Par exemple, une entreprise condamnée pénalement pour corruption sera généralement considérée par la loi nationale sur la corruption comme ayant causé ou contribué à cet impact.

Q30 *Pourquoi le degré d'implication de l'entreprise dans un impact négatif importe-t-il ? — Voir Section 2, 2.3.*

Définir la nature de la relation entre une entreprise et un impact négatif (c.-à-d. si l'entreprise a causé l'impact négatif, si elle y a contribué ou si elle est directement liée à celui-ci par le biais d'une relation d'affaire) est important car cela permet de déterminer comment l'entreprise doit répondre audit impact négatif et si elle engage sa responsabilité pour le réparer par ses propres moyens ou en coopération avec d'autres acteurs. — *Voir Schéma 2.*

SCHÉMA 2. Traiter un impact négatif

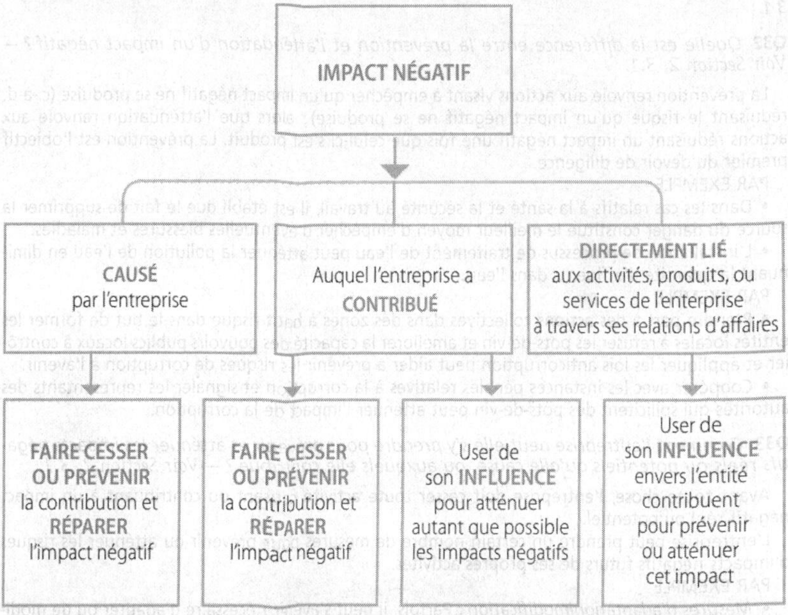

Note : Voir OCDE (2011), chapitre IV, pour avoir plus d'explications.

A partir des informations obtenues sur les impacts négatifs réels et potentiels de l'entreprise, classer si nécessaire les risques d'impacts négatifs sur les enjeux CRE par ordre de priorité, et définir les mesures à prendre en fonction de la gravité et de la probabilité de ces derniers. Ce classement par ordre de priorité sera pertinent dans l'éventualité où il s'avèrerait impossible de traiter tous les impacts négatifs réels ou potentiels immédiatement. Une fois que les impacts les plus significatifs auront été identifiés et gérés, l'entreprise pourra traiter les impacts moins significatifs. *– Voir Section 2, 2.4.*

Q31 *Comment l'entreprise peut-elle classer par priorité les actions qu'elle doit engager pour prévenir et atténuer les impacts négatifs de ses activités et de ses relations d'affaires ? – Voir Section 1, Caractéristiques du devoir de diligence – La mise en œuvre du devoir de diligence peut faire l'objet d'une priorisation (fondée sur les risques) ; Section 2, 2.4.*

Pour classer ses actions par priorité, le facteur le plus important est le caractère plus ou moins significatif du dommage réel ou potentiel *[en revanche, lorsque l'entreprise doit évaluer la priorité à donner à des risques relatifs aux droits de l'Homme, c'est la gravité de l'impact négatif potentiel qui prime sur sa probabilité]*. Cependant, étant donné que les entreprises peuvent être exposées à plusieurs risques d'impacts négatifs aussi significatifs les uns que les autres, l'imminence du dommage peut aussi être prise en compte en second lieu.

PAR EXEMPLE, si une usine est exposée à un risque imminent d'incendie à cause d'une installation électrique dangereuse, elle peut donner la priorité au fait de sécuriser le bâtiment et d'informer les travailleurs sur la conduite à suivre en cas d'incendie, avant de traiter un risque de contamination des eaux, potentiellement aussi grave, mais qui ne risque pas de se produire au cours des 5 prochaines années.

A.3 FAIRE CESSER, PRÉVENIR ET ATTÉNUER LES IMPACTS NÉGATIFS

Cesser les activités qui causent ou contribuent à des impacts négatifs en matière de CRE, en se basant sur l'évaluation établie par l'entreprise et qui concerne son degré d'implication dans lesdits

impacts négatifs. Développer et mettre en œuvre des plans d'action adaptés aux besoins identifiés pour prévenir et atténuer les impacts négatifs potentiels (futurs) de l'entreprise. – *Voir Section 2, 3.1.*

Q32 *Quelle est la différence entre la prévention et l'atténuation d'un impact négatif ? – Voir Section 2, 3.1.*

La prévention renvoie aux actions visant à empêcher qu'un impact négatif ne se produise (c.-à-d. réduisant le risque qu'un impact négatif ne se produise) ; alors que l'atténuation renvoie aux actions réduisant un impact négatif une fois que celui-ci s'est produit. La prévention est l'objectif premier du devoir de diligence.

PAR EXEMPLE

• Dans les cas relatifs à la santé et la sécurité au travail, il est établi que le fait de supprimer la source du danger constitue le meilleur moyen d'empêcher d'éventuelles blessures et maladies.

• L'installation de processus de traitement de l'eau peut atténuer la pollution de l'eau en diminuant la quantité d'effluents dans l'eau.

PAR EXEMPLE

• Prendre part à des actions collectives dans des zones à haut risque dans le but de former les entités locales à refuser les pots-de-vin et améliorer la capacité des pouvoirs publics locaux à contrôler et appliquer les lois anticorruption peut aider à prévenir les risques de corruption à l'avenir.

• Coopérer avec les instances pénales relatives à la corruption et signaler les représentants des autorités qui sollicitent des pots-de-vin peut atténuer l'impact de la corruption.

Q33 *Comment l'entreprise peut-elle s'y prendre pour prévenir et atténuer les impacts négatifs réels ou potentiels qu'elle cause, ou auxquels elle contribue ? – Voir Section 2, 3.1.*

Avant toute chose, l'entreprise doit cesser toute activité causant ou contribuant à un impact négatif réel ou potentiel.

L'entreprise peut prendre un certain nombre de mesures pour prévenir ou atténuer les risques d'impacts négatifs futurs de ses propres activités.

PAR EXEMPLE

• *Mesures d'adaptation/modification :* Parfois, il peut s'avérer nécessaire d'adapter ou de modifier certains aspects des activités, produits ou services de l'entreprise pour prévenir ou atténuer ses impacts négatifs ; il s'agira alors, par exemple, de détourner un oléoduc pour éviter tout risque d'atteinte à la santé des membres d'une communauté locale, ou encore le fait de changer un procédé de production pour éviter tout recours à des substances toxiques.

• *Amélioration des locaux :* Certains impacts ne peuvent être prévenus qu'en investissant dans l'amélioration des infrastructures et des équipements de l'entreprise. Ces investissements peuvent porter sur l'éclairage, la ventilation, l'accès aux issues de secours, l'acquisition de nouvelles machines, le développement de technologies pour assurer le suivi des impacts négatifs, etc.

• *Politiques :* Le développement de politiques d'entreprise et de protocoles de mise en œuvre peut constituer en soi un moyen de prévenir les risques d'impacts négatifs. Par exemple, adopter une politique et des procédures de lutte contre la discrimination à l'embauche peut aider à empêcher les discriminations. – *Voir Section 2, 1.1-1.2.*

• *Formation :* Former les travailleurs, les employés et les responsables de l'entreprise peut aider à prévenir la survenance d'impacts négatifs. Les formations peuvent couvrir les politiques et protocoles de l'entreprise, les lois et les obligations, la manipulation des machines et des produits chimiques en toute sécurité, etc., et permettre de sensibiliser les participants sur les moyens pour identifier les risques. – *Voir Section 2, 1.2(f) ; 1.3(d).*

• *Systèmes d'alerte :* Adopter un système d'alerte implique d'identifier des signaux d'alerte ou des indicateurs de risques, et de développer des procédures à suivre lorsque l'entreprise constate qu'elle risque de causer ou de contribuer à un impact négatif.

• *Traitement des problèmes systémiques :* Les entreprises ont la responsabilité de traiter les impacts négatifs qu'elles causent ou auxquels elles contribuent, même lorsqu'elles exercent leurs activités dans des contextes où les problèmes systémiques sont fréquents. Si la résolution de ces problèmes systémiques au niveau sociétal ne relève pas de la responsabilité des entreprises, il en demeure néanmoins que les entreprises peuvent avoir intérêt à les traiter pour mieux prévenir ou atténuer leurs impacts négatifs. – *Voir Encadré 6 pour plus d'informations sur le traitement des risques systémiques.*

ENCADRÉ 6. Traitement des risques systémiques

Les risques systémiques désignent des problèmes ou difficultés qui sont à la fois fréquents dans un certain contexte et dus à des causes profondes échappant au suivi immédiat de l'entreprise, mais dont les risques d'impacts négatifs augmentent lorsqu'ils sont associés aux activités de l'entreprise ou à sa chaîne d'approvisionnement. Les risques systémiques peuvent être dus à des problèmes de gouvernance ou au fait que les pouvoirs publics ne remplissent pas leur mission d'application des lois et de protection des droits de l'Homme. Comme exemples de risques systémiques, on peut citer les difficultés d'accès aux écoles et les taux élevés de pauvreté, qui peuvent accroître le risque de travail des enfants ; la corruption endémique au sein des pouvoirs publics ; la discrimination systématique de certaines minorités ; ou encore le caractère généralisé du harcèlement et des agressions à l'encontre des femmes et des filles au sein de la société. Bien que les entreprises ne soient pas responsables des manquements des pouvoirs publics, leur décision d'exercer des activités dans des contextes où il existe des risques systémiques devra accroître la nature et l'étendue de leur devoir de diligence.

Il existe de nombreuses manières pour une entreprise de traiter les risques associés à des problèmes systémiques. Par exemple, l'entreprise peut :

• **Collaborer avec les acteurs d'autres secteurs** — Dans ce cadre, les risques systémiques touchent souvent de nombreux secteurs. A cet égard, les entreprises peuvent choisir de coordonner leurs actions et de collaborer avec les acteurs d'autres secteurs pour prendre des mesures de prévention et d'atténuation des risques efficaces à plus grande échelle. Cela permet d'éviter que le problème ne soit simplement rejeté par chaque secteur sur les autres *[par exemple, dans les contextes où il existe un risque systémique de travail des enfants, le fait de mettre fin au travail des enfants dans un secteur donné peut avoir pour seul effet de pousser les enfants à trouver du travail dans un autre secteur. C'est pourquoi il est recommandé d'adopter une approche intersectorielle]*.

• **Échanger avec les pouvoirs publics** — Tout en prenant acte du fait qu'il existe des limites juridiques et pratiques à ce type de démarches, et dans des contextes où les pouvoirs publics ne remplissent pas correctement leur devoir de protection, les entreprises peuvent user de leur influence auprès des autorités (locales ou nationales) pour les encourager à apporter des changements, par exemple en renforçant les lois et règlements, ou en facilitant la mise en œuvre de la CRE. Ces échanges peuvent prendre plusieurs formes : lettres ouvertes aux autorités, échanges *via* des initiatives multipartites, participation au dialogue, etc. Les entreprises peuvent également échanger avec leurs propres gouvernements pour les encourager à s'exprimer en faveur de la CRE.

• **Identifier les initiatives existantes qui fonctionnent** — Pour les risques fréquemment associés à un secteur donné, l'entreprise peut s'inspirer des mesures de prévention et d'atténuation développées et recommandées par les pouvoirs publics, les associations industrielles, les initiatives multipartites ou leurs pairs au sein du secteur. Identifier les initiatives existantes et leurs objectifs aidera l'entreprise à comprendre comment utiliser les stratégies existantes pour prévenir et atténuer les risques systémiques. Par exemple, une entreprise peut recourir au système de gestion des plaintes existant d'une communauté locale.

Il peut falloir du temps avant que les mesures prises pour traiter les problèmes systémiques ne donnent des résultats tangibles, mais cela ne doit pas saper ou décourager les actions en réponse à ces problèmes systémiques. Pour autant, les entreprises exerçant des activités dans un contexte où il existe des problèmes systémiques susceptibles d'entraîner des impacts négatifs associés à leurs propres activités ou à leur chaîne d'approvisionnement doivent se préparer à faire preuve de transparence en expliquant les raisons de leur décision de maintenir leurs activités dans ledit contexte, et à s'assurer qu'elles seront bien en mesure de continuer à exercer leurs activités ou à s'approvisionner de manière responsable dans ce contexte le temps que leurs mesures de prévention et d'atténuation des risques fassent leur effet. Dans de nombreux cas, elles devront redoubler d'efforts pour contrôler et prévenir les impacts négatifs associés à leurs propres activités et à leur chaîne d'approvisionnement, tout en faisant leur possible pour traiter leurs risques systémiques en parallèle.

En se basant sur les priorités établies par l'entreprise, développer et mettre en œuvre des plans d'action, de prévention ou d'atténuation des impacts négatifs réels ou potentiels en matière de CRE et qui sont directement liés aux activités, produits ou services de l'entreprise au travers de ses relations d'affaires. *— Voir Section 2, 3.2.*

Q34 *Comment l'entreprise peut-elle prévenir et atténuer les impacts négatifs réels ou potentiels directement liés à ses activités, produits, services au travers de ses relations d'affaires ? – Voir Section 2, 3.2.*

Le fait qu'il est attendu d'une entreprise qu'elle s'efforce de prévenir ou d'atténuer tout impact négatif directement lié à ses activités, produits ou services en vertu d'une relation d'affaire ne doit pas être interprété comme un transfert des responsabilités de l'entité ayant causé ou contribué audit impact négatif vers l'entreprise avec laquelle elle entretient une relation d'affaires *[OCDE (2011), chapitre II, paragraphe 12]*. La responsabilité de cet impact négatif incombe toujours à l'entité ou aux entités qui causent ou contribuent à l'impact négatif [*idem*]. Cependant, si l'entreprise n'est pas en mesure de répondre par elle-même audit impact négatif, elle doit s'efforcer d'user de son influence auprès de sa relation d'affaire pour prévenir ou atténuer ledit impact négatif. – *Voir Section 1, Caractéristiques du devoir de diligence – Le devoir de diligence ne permet pas de transférer ses responsabilités.*

Dans cette optique, une entreprise souhaitant prendre des mesures pour s'efforcer de prévenir et d'atténuer les impacts négatifs associés à ses relations d'affaires peut :

• modifier ses opérations ou activités pour prévenir et atténuer les impacts négatifs liés à ses relations d'affaires. – *Voir Annexe Q35.*

• user de son influence pour inciter l'entité responsable à opérer, dans la mesure du possible, des changements au niveau de ses pratiques causant des impacts négatifs. – *Voir Annexe Q36-37.*

• soutenir et appuyer ses relations d'affaires à prévenir ou à atténuer leurs impacts négatifs. – *Voir Annexe Q38.*

• rompre ses relations d'affaires. – *Voir Annexe Q39.*

• traiter les problèmes systémiques. – *Voir Encadré 6 pour plus d'explications.*

Q35 *Comment l'entreprise peut-elle modifier ses opérations ou activités pour prévenir et atténuer les impacts négatifs liés à ses relations d'affaires ? – Voir Section 2, 3.2.*

La plupart des systèmes de gestion que les entreprises mettent en place conformément à la Section 2, 1.1 de ce Guide visent à prévenir et atténuer les impacts négatifs dans leur chaîne d'approvisionnement, soit en réduisant les possibilités de nouer des relations d'affaires à haut risque, soit en accroissant leur capacité d'influence sur leurs nouveaux fournisseurs/relations d'affaires. Ces systèmes peuvent inclure des mesures spécifiques pour que les entreprises intègrent leurs attentes en matière de CRE dans leurs relations d'affaires, telles que la mise en place de procédures de pré-qualification ou de critères de candidature basés sur les normes CRE.

Les autres mesures que peut prendre une entreprise pour prévenir et atténuer les impacts négatifs liés à ses relations d'affaires impliquent d'adapter ou de modifier certains aspects de ses activités, produits ou services.

Par exemple, prendre en compte les principes du devoir de diligence lors du processus de création d'un produit, en examinant les risques potentiels de ce produit liés aux enjeux CRE au même titre que d'autres questions telles que la faisabilité, le coût et la demande, avant de décider de passer de la phase de conception à la phase de développement, peut permettre d'éviter certains risques à l'avenir.

Q36 *Comment l'entreprise peut-elle user de son influence ? – Voir Section 2, 3.2(c)-(e).*

On considère qu'une entreprise a de l'influence lorsqu'elle a "la capacité de faire modifier les pratiques néfastes de l'entité responsable du dommage" [OCDE (2011), *commentaire sur les principes généraux, § 19*]. La bonne approche pour user de son influence dépendra de l'impact en question, du degré d'influence dont dispose l'entreprise sur sa relation d'affaires, et d'autres caractéristiques spécifiques au secteur et/ou à la nature de la relation d'affaires.

Les entreprises peuvent aussi combiner différentes approches pour user de leur influence.

PAR EXEMPLE, selon son secteur et sa situation spécifique, l'entreprise peut user de son influence :

• en échangeant avec ses relations d'affaires pour les exhorter à prévenir et/ou à atténuer leurs impacts et leur faire part de sa vision des enjeux CRE, par le biais de lettres, d'e-mails, d'appels téléphoniques ou de rencontres en face-à-face avec les responsables opérationnels et/ou les membres des conseils d'administration ou de surveillance ;

• en mentionnant explicitement ses attentes relatives aux enjeux CRE et au devoir de diligence dans ses contrats commerciaux.

• en liant les incitations commerciales – tels que des engagements pour des contrats à long terme ou des commandes futures – aux performances réalisées en matière de CRE.

• pour les investisseurs, en assistant aux Assemblées générales annuelles, en y intervenant et en utilisant leurs droits de vote pour exprimer leur vision des enjeux CRE, en réclamant des informations aux entreprises ou en échangeant avec ces dernières pour obtenir lesdites informations et formuler clairement leurs attentes.

• en échangeant avec les régulateurs et les décideurs sur les enjeux CRE pour qu'ils interviennent auprès des entités responsables des dommages dans le but d'apporter des changements au niveau de leurs pratiques néfastes.

• en communiquant sur le fait que l'entreprise se réserve la possibilité de rompre toute relation d'affaire qui ne respecterait pas ses attentes en matière de CRE (par le biais de clauses contractuelles, de politique d'entreprise, de rencontres avec les responsables de la relation d'affaire).

Parfois, une entreprise peut se voir opposer des limites à l'usage de son influence, ou ne pas avoir assez d'influence à elle seule. — *Voir Annexe Q37.*

Q37 *Comment l'entreprise peut-elle compenser son manque d'influence ?*

Lorsqu'une entreprise manque d'influence sur ses relations d'affaires, elle peut s'efforcer d'accroître son influence dans la mesure du possible.

PAR EXEMPLE, l'entreprise peut :

• intégrer ses attentes relatives aux enjeux CRE et au devoir de diligence dans ses contrats commerciaux.

• mettre en place des incitations commerciales liées aux enjeux CRE.

• nouer des relations à plus long terme avec ses fournisseurs ou relations d'affaires.

Les entreprises qui n'ont pas d'influence sur leurs relations d'affaires peuvent augmenter leur influence dans la mesure du possible en communiquant des attentes communes et en menant des activités en commun.

PAR EXEMPLE

• Les entreprises qui s'approvisionnent auprès du même fournisseur peuvent développer et partager un ensemble d'exigences communes relatives aux enjeux CRE qui s'appliqueront audit fournisseur. De même, les entreprises s'approvisionnant auprès du même fournisseur peuvent combiner leurs influences, dans le respect du droit de la concurrence, pour encourager ledit fournisseur à mettre en œuvre des plans d'action correctifs. — *Voir Annexe Q13.*

• Plusieurs entreprises du même secteur peuvent collaborer au niveau sectoriel ou régional pour identifier et échanger avec les fournisseurs situés au niveau des points de contrôle communs de la chaîne d'approvisionnement du secteur.

• Plusieurs entreprises peuvent intégrer des initiatives visant à prévenir et atténuer les impacts négatifs associés à une zone géographique ou une problématique spécifique (ex. : tables rondes sur un pays, un produit ou un secteur donné, initiatives multipartites et programmes sur le terrain).

• Les investisseurs minoritaires d'une entreprise peuvent adresser une lettre commune à ladite entreprise pour lui signifier leurs attentes en matière de CRE et pour l'encourager à prévenir/atténuer ses impacts négatifs.

Les Principes directeurs reconnaissent "qu'il existe des limites pratiques concernant la capacité des entreprises à amener leurs fournisseurs à changer de comportement." *[OCDE (2011), commentaire sur les principes généraux, § 21].* De plus, il arrive que les lois sur la gouvernance d'entreprise restreignent la capacité des entreprises à contrôler ou à influencer les comportements, par exemple entre les actionnaires et les entreprises dans lesquelles ils investissent, entre les conseils d'administration ou de surveillance et les responsables des entreprises, et entre les maisons mères et leurs filiales et/ou co-entreprise. Le degré d'influence dont dispose une entreprise sur une relation d'affaires causant un impact négatif est un facteur pertinent pour déterminer ce que ladite entreprise peut faire concrètement pour convaincre l'entité de prendre des mesures. Il n'en reste pas moins que les entreprises ont la responsabilité de mettre en œuvre leur devoir de diligence et d'user de leur influence, aussi limitée puisse-t-elle être.

Q38 *Comment l'entreprise peut-elle aider ses relations d'affaires à prévenir ou à atténuer leurs impacts négatifs ? — Voir Section 2, 3.2(b) et 3.2(g).*

Une entreprise peut soutenir ses relations d'affaires à mettre en œuvre les mesures prévues dans la Section 2, 3.2 de ce Guide.

PAR EXEMPLE, l'entreprise peut :

• collaborer avec ses fournisseurs/relations d'affaires à développer et à mettre en œuvre des plans d'action correctifs reposant sur un calendrier et des objectifs précis.

• fournir une assistance technique à ses fournisseurs/relations d'affaires – par exemple en leur proposant des formations, en améliorant leurs systèmes de gestion, etc.

• faciliter la participation de ses fournisseurs/relations d'affaires à des initiatives sectorielles ou régionales pour prévenir les impacts négatifs.

• faciliter la création de liens entre ses fournisseurs/relations d'affaires et des prestataires de services locaux.

• faciliter l'accès de ses fournisseurs/relations d'affaires aux financements pour mettre en place des plans d'action correctifs – ces fonds pouvant prendre la forme de financements directs, de prêts à taux bas, de contrats d'approvisionnement à long terme ou d'assistance pour l'obtention de financements nécessaires.

Q39 *Comment une entreprise peut-elle envisager de rompre une relation d'affaires ? — Voir Section 2, 3.2(h).*

Comme indiqué dans ce Guide, l'entreprise peut envisager en dernier recours de rompre une relation d'affaires après l'échec des efforts d'atténuation ou de prévention des impacts négatifs graves ; lorsque les impacts négatifs sont irrémédiables ; lorsqu'il n'y a aucune perspective raisonnable de changement ; ou lorsque des risques ou impacts négatifs graves ont été identifiés et que l'entité responsable desdits risques ou impacts négatifs n'a pas pris de mesures immédiates pour les prévenir ou les atténuer. Dans de nombreux cas, la possibilité réelle d'une rupture d'une relation d'affaires sera nécessaire pour que l'influence d'une entreprise puisse produire ses effets. Dans ce cadre, l'entreprise devra étudier et traiter les éventuels impacts négatifs associés à toute décision de rupture. Si l'entreprise en arrive à la conclusion que rompre la relation d'affaires est la solution la plus appropriée, elle peut prendre un ensemble de mesures pour que le processus de désengagement se déroule de manière responsable. – *Voir Section 2, 3.2(h).*

PAR EXEMPLE, l'entreprise :

• doit respecter les lois nationales, les normes internationales du travail et les conventions collectives de travail.

• peut détailler les étapes pouvant mener à une éventuelle rupture dès qu'elle noue une relation d'affaires.

• peut fournir les informations détaillées de la décision de rupture aux responsables de ladite relation d'affaire, ainsi qu'au représentant des travailleurs, lorsqu'il existe.

• dans la mesure du possible, avertir dans un délai raisonnable l'entreprise avec laquelle elle entretient une relation d'affaires *[lorsque l'entreprise identifie un impact négatif grave, ou lorsqu'elle estime qu'il n'est pas possible de prévenir ou d'atténuer un impact négatif, elle peut ne pas être en mesure de donner un préavis à la relation d'affaires en cause]*.

Dans certains cas, il peut s'avérer très difficile voire impossible pour l'entreprise de rompre une relation d'affaires.

PAR EXEMPLE

• Dans les cas où la date de fin de la relation d'affaires est fixée contractuellement ou dictée par des considérations pratiques (ex. : un portefeuille mutualisé d'investissements ; quand les clients d'un gestionnaire d'investissements refusent de se désinvestir ; un contrat à durée déterminée)

• Dans les cas où le fournisseur revêt une importance capitale pour l'entreprise *[on peut considérer qu'une relation d'affaire revêt une importance capitale lorsqu'elle fournit un produit ou service sans lequel l'entreprise ne pourrait pas exercer ses activités, et pour lequel il n'existe pas de véritable alternative]* (ex. : quand l'entreprise a besoin d'un minerai rare pour fabriquer son produit phare et que ledit minerai n'est disponible qu'auprès d'un groupe restreint de fournisseurs exerçant leurs activités dans une zone à haut risque).

Dans ces cas, il est recommandé à l'entreprise de signaler la situation en interne, de surveiller la relation d'affaires en continu, par exemple en maintenant à jour une base de données, et de reconsidérer sa décision de maintenir la relation d'affaires dès que la situation aura changé ou une fois qu'elle aura mis en place une stratégie à long terme de traitement systématique de ces impacts négatifs. L'entreprise peut aussi avoir intérêt à expliquer pourquoi elle a décidé de ne pas rompre la relation d'affaires, en quoi cette décision est conforme à ses politiques et priorités, quelles mesures ont été prises pour tenter d'user de son influence sur la relation d'affaires afin d'atténuer les impacts négatifs, et comment elle compte surveiller la relation d'affaires à l'avenir.

Q40 *Comment l'entreprise peut-elle prévenir et atténuer les impacts négatifs associés aux relations d'affaires avec lesquelles elle n'a pas de lien contractuel ? – Voir Section 2, 3.2.*

L'entreprise dispose d'un certain nombre de moyens pour essayer de prévenir et d'atténuer les impacts négatifs associés aux relations d'affaires avec lesquelles elle n'a pas de lien contractuel.

PAR EXEMPLE, l'entreprise peut :

• solliciter des relations d'affaires avec lesquelles elle a un lien contractuel de collaborer avec des entreprises qui auront été pré-approuvées.

• diriger ses approvisionnements ou d'autres formes d'activités vers des relations d'affaires qui sont situées au niveau des points de contrôle de la chaîne d'approvisionnement et qui ont mis en place des processus du devoir de diligence fiables pour effectuer le suivi de leurs fournisseurs. – *Voir Encadré 5.*

• identifier et collaborer avec les relations d'affaires à haut risque avec lesquelles elle n'a pas de lien contractuel notamment pour prévenir et atténuer leurs impacts négatifs, en adoptant la même approche que celle décrite dans la question 34 ci-dessus.

A.4 SUIVI DE LA MISE EN ŒUVRE DU DEVOIR DE DILIGENCE ET SES RÉSULTATS

Assurer le suivi de la mise en œuvre et l'efficacité des pratiques de diligence de l'entreprise, c.-à-d. des mesures qu'elle prend, seule ou avec ses relations d'affaires, pour identifier, prévenir et atténuer ses impacts négatifs, et dans la mesure du possible, y remédier. Tirer des leçons de ces suivis pour améliorer les procédures de l'entreprise au fil du temps. – *Voir Section 2, 4.1.*

Q41 *Quelles informations relatives au devoir de diligence doivent faire l'objet d'un suivi par l'entreprise ? – Voir Section 2, 4.1.*

Le suivi implique en premier lieu d'évaluer si les impacts négatifs identifiés ont été traités de manière efficace. En plus d'assurer le suivi du traitement des impacts négatifs identifiés, l'entreprise peut passer en revue son processus du devoir de diligence ou encore les initiatives multipartites et sectorielles pertinentes, pour s'assurer plus largement de leur efficacité. Ces mesures peuvent être prises à intervalles réguliers, ou lorsque le suivi révèle que des impacts négatifs significatifs n'ont pas été traités de manière efficace.

La mise en place d'indicateurs qualitatifs et quantitatifs appropriés peut se révéler utile pour assurer le suivi.

PAR EXEMPLE, les indicateurs pertinents peuvent comprendre :

• Le pourcentage des parties prenantes concernées considérant que l'impact négatif a été bien traité

• Le pourcentage/nombre de mesures qui ont été prises dans les délais prévus

• Le pourcentage des parties prenantes concernées considérant que les systèmes de gestion des plaintes sont accessibles, équitables et efficaces

• Le taux de problèmes récurrents associés aux impacts négatifs identifiés

Le choix des indicateurs à suivre peut dépendre des contextes et varier en fonction des objectifs et mesures associées au processus du devoir de diligence de l'entreprise.

Q42 *Comment l'entreprise peut-elle contrôler la mise en œuvre et les résultats de ses actions ? – Voir Section 2, 4.1.*

La manière dont une entreprise peut assurer le suivi de la mise en œuvre du devoir de diligence et les résultats de ses actions, et s'assurer que ses impacts négatifs ont été traités de manière efficace, dépend du contexte dans lequel elle exerce ses activités, de sa taille, et des risques associés à ses activités et à ses relations d'affaires. Dans de nombreux cas, l'entreprise aura besoin d'examiner un grand nombre de données, parmi lesquelles les résultats de ses études d'évaluation, les données relatives aux mécanismes de réclamation et le retour des parties prenantes, afin d'avoir une vision globale de la situation et de déterminer si ses impacts négatifs sont bien traités.

PAR EXEMPLE, une entreprise cherchant à s'assurer qu'elle traite de manière efficace les risques de travail des enfants liés à ses fournisseurs directs dans divers pays peut procéder comme suit :

• Au niveau local, elle peut :

— vérifier les progrès de ses fournisseurs par rapport au plan d'action correctif contre le travail des enfants.

— recueillir les avis des travailleurs, des représentants des travailleurs et des syndicats sur les questions du travail des enfants, si ces questions ont été effectivement traitées sur chaque site de production.

— assurer le suivi des cas de travail des enfants identifiés et indiquer comment ils ont été traités (c.-à-d. quelles réparations ont été accordées aux victimes).

• Au niveau global, l'entreprise peut annuellement passer en revue les résultats de ses études d'évaluation, les réclamations formulées et les rapports crédibles qu'elle a pu collecter auprès de ses fournisseurs à haut risque ou sur les zones géographiques à haut risque, afin d'évaluer les tendances et les progrès qui ont été enregistrés dans la prévention et l'atténuation des risques liés au travail des enfants.

De même, la fréquence à laquelle l'entreprise peut suivre les effets de ses mesures dépend de la nature et de la gravité des impacts négatifs réels ou potentiels. Par exemple, l'entreprise a intérêt à s'assurer plus prioritairement que ses impacts négatifs les plus graves sont effectivement traités.

Dans de nombreux cas, l'entreprise peut assurer le suivi de la mise en œuvre du devoir de diligence et des résultats de ses actions dans le cadre de ces procédures internes de contrôle et d'établissement des rapports.

Q43 *Quelles sont les parties que l'entreprise peut impliquer dans le suivi de la mise en œuvre et des résultats de ses actions ? — Voir Section 2, 4.1.*

L'entreprise peut confier la responsabilité du suivi de la mise en œuvre et des résultats de ses actions aux différentes unités opérationnelles ou bureaux au sein de l'entreprise.

PAR EXEMPLE

• Le bureau d'approvisionnement d'une entreprise peut se voir confié la responsabilité du suivi de la mise en œuvre des études d'évaluation et plans d'action correctifs des fournisseurs.

• Le service des achats d'une entreprise peut se voir confier la responsabilité première d'effectuer le suivi du ratio des commandes qui sont formulées tardivement, modifiées ou annulées – autant de pratiques qui favorisent les risques liés au travail au niveau des fournisseurs.

• Les équipes opérationnelles peuvent demander aux parties prenantes et détenteurs de droits si un impact négatif qui les concerne a été traité (ex. : en consultant les communautés locales, en recueillant les retours des personnes qui assistent à des forums et à des réunions, en prenant note des problèmes soulevés dans le cadre de procédures de réparation).

La supervision par les hauts responsables des progrès de l'entreprise relatifs à la mise en œuvre et aux résultats de ses actions en ce sens peut fournir une vision plus complète des progrès enregistrés à tous les niveaux de l'organisation.

Par exemple, mettre en place un système qui collecte les informations au niveau local (ex. : résultats des études d'évaluation des fournisseurs) puis les centralise au niveau de la direction de l'entreprise (ex. : siège social, antenne régionale) peut aider cette dernière à identifier des tendances générales, à en tirer des leçons et à les partager avec toutes les équipes de l'entreprise.

Q44 *Comment l'entreprise peut-elle traiter les résultats de son suivi ? — Voir Section 2, 4. 1(e)-(f).*

La mise en place d'un tel suivi permet à l'entreprise de comprendre si les systèmes qu'elle a mis en place permettent effectivement à l'entreprise d'éviter et de traiter les impacts négatifs associés à ses activités et à sa chaîne d'approvisionnement, ou si lesdits systèmes pourraient être modifiés pour plus d'efficacité.

PAR EXEMPLE

• Si une étude d'évaluation révèle qu'un fournisseur ne présente aucun risque d'incendie, et si ce fournisseur est ensuite victime d'un incendie, l'entreprise peut réagir en réexaminant la manière dont elle évalue les risques d'incendie chez ses fournisseurs.

• Si une entreprise organise des formations en interne et prend des mesures de suivi relatives au versement de pots-de-vin pour l'octroi de licences, et si elle apprend ensuite, par le biais de rapports externes, que les pratiques de corruption en échange de licences persistent, elle peut réexaminer ses contrôles internes afin de mieux prévenir et atténuer les infractions futures.

Lorsque le processus du devoir de diligence d'une entreprise s'avère inefficace, il peut être utile de procéder à une étude d'évaluation en interne pour comprendre les raisons de cet échec, ainsi que de consulter les employés et parties prenantes externes impliquées. Par ailleurs, le fait de confier à des hauts responsables la supervision du suivi des actions de l'entreprise peut aider à s'assurer que les leçons des échecs soient prises en compte et que les systèmes de diligence soient continuellement améliorés.

Q45 *Comment l'entreprise peut-elle définir un ordre de priorité entre ses actions de suivi ? – Voir Section 2, 4.1.*

Il doit y avoir une cohérence entre l'ordre de priorité que définit l'entreprise pour ses actions de suivi et l'ordre de priorité que l'entreprise définit pour ses mesures de prévention et d'atténuation des risques. Autrement dit, l'entreprise doit suivre en priorité les mesures qu'elle a prises pour prévenir et atténuer ses impacts négatifs les plus significatifs. Elle peut en outre mener une étude d'évaluation sur l'ensemble de son processus du devoir de diligence à intervalles réguliers, ou lorsqu'elle constate que ses impacts négatifs significatifs ne sont pas traités de manière efficace. – *Voir Annexe Q3 et Q31.*

A5 COMMUNIQUER SUR LA MANIÈRE DONT L'ENTREPRISE TRAITE SES IMPACTS NÉGATIFS

Publier des informations sur la politique, les processus et les mesures de diligence adoptés par l'entreprise pour identifier et traiter ses impacts négatifs réels ou potentiels, et sur les résultats et conclusions de ses actions. – *Voir Section 2, 5.1.*

Q46 *Sous quelle(s) forme(s) communiquer auprès du public et des parties prenantes impactées par l'entreprise ? – Voir Section 2, 5.1.*

Comme indiqué dans la Section 2, 5.1 de ce Guide, la communication auprès du public peut prendre différentes formes, tant qu'elle permet de rendre l'information facilement accessible. Par ailleurs, certaines juridictions ou place de marché imposent des règles spécifiques relatives à la publication d'informations dans le cadre du processus du devoir de diligence.

Lorsqu'une entreprise cause un impact négatif sur les droits de l'Homme, ou lorsqu'elle y contribue, elle doit communiquer à bref délai aux détenteurs de droits impactés ou susceptibles de l'être les informations qui les concernent, dans le respect de leurs spécificités culturelles, et dans un format accessible. Par "accessible", il est entendu qu'elles soient non seulement physiquement accessibles, mais aussi compréhensibles ; autrement dit, les informations doivent être publiées à la fois dans un délai, dans un format, dans une (des) langue(s) et dans un (des) lieu(x) permettant à ceux à qui elles s'adressent de pourvoir formuler leurs avis et de les utiliser de manière efficace. Les informations publiées doivent être "suffisantes pour évaluer l'efficacité des mesures prises par une entreprise pour remédier à l'incidence sur les droits de l'Homme dont il est plus particulièrement question" et "éviter à leur tour de présenter des risques pour les acteurs et le personnel concernés, sans préjudice des prescriptions légitimes en matière de confidentialité des affaires commerciales" *[NU (2011) Principe 21, commentaire]*.

La communication d'une entreprise doit prendre une forme accessible au public visé.

PAR EXEMPLE, l'entreprise peut choisir de communiquer sous les formes suivantes :

- entretiens personnels
- dialogues en ligne
- consultation des détenteurs de droits impactés ou qui sont susceptible de l'être
- rapports publics officiels *[NU (2011) Principe 21, commentaire]*
- partage des résultats d'audits ou d'études d'évaluation avec les syndicats
- par le biais d'un intermédiaire adapté

Pour identifier le bon format à adopter pour communiquer avec ses parties prenantes, il peut être utile de se poser les questions suivantes :

- A quel public s'adresse l'information ?
- Comment ce public peut-il accéder à l'information ?
- Existe-t-il des barrières susceptibles d'empêcher certains groupes marginalisés ou vulnérables d'accéder à l'information ?
- Quelles sont les capacités du public visé (langue, alphabétisation, localisation, horaires, disponibilité, compétence technique) ?
- L'information pose-t-elle des problèmes de confidentialité ou de sécurité ?
- Quelles informations et quels canaux de communication les parties prenantes et détenteurs de droits impactés ou susceptibles de l'être ont-elles indiqué trouver importants et utiles ?

L'entreprise peut aussi envisager de communiquer avec les parties prenantes et les détenteurs de droits impactés ou qui sont susceptibles de l'être lorsque leurs relations d'affaires causent ou contribuent à des impacts négatifs significatifs.

Dans ces cas, l'entreprise peut choisir de communiquer sous les formes suivantes :

• Partage des résultats des études d'évaluation ou d'audits relatifs aux droits des travailleurs, aux droits de l'Homme ou à l'environnement avec les détenteurs de droits impactés ou qui sont susceptibles de l'être, tout en respectant les exigences de confidentialité.

• Communication avec les détenteurs de droits impactés ou qui sont susceptibles de l'être, en collaboration avec les relations d'affaires concernées.

• Communication avec les détenteurs de droits impactés ou qui sont susceptibles de l'être par le biais d'une initiative multipartite ou sectorielle qui serait en contact plus étroit avec lesdits détenteurs de droits.

Q47 *Comment communiquer des informations pertinentes mais sensibles sur le plan commercial ? — Voir Section 2, 5.1.*

L'entreprise doit communiquer dans les limites permises par les enjeux relatifs à la confidentialité des affaires commerciales, à la concurrence et à la sécurité.

PAR EXEMPLE

• Les lois nationales interdisent parfois de publier certaines informations, ou protègent certains types de données commerciales.

• Les contrats entre les entreprises et leurs relations d'affaires contiennent parfois des clauses interdisant de publier certaines informations (ex. : l'identité des clients).

• Le secret des affaires peut empêcher l'entreprise de publier certaines informations (ex. : prix, relations avec les fournisseurs).

• Certaines informations (notamment les données à caractère personnel), si elles sont divulguées, peuvent exposer les parties prenantes ou l'équipe de l'entreprise à des risques. Dans ce cas, leur publication peut ne pas être envisagée.

Cependant, dans certaines circonstances, publier certaines informations peut être un aspect fondamental de la responsabilité incombant aux entreprises de respecter les droits de l'Homme.

PAR EXEMPLE

• Alerter les travailleurs si l'entreprise les expose à des substances dangereuses.

• Publier les résultats des tests de produits et des tests environnementaux pour garantir la protection effective des Droits à la vie et à la santé.

• Publier les informations sur les substances dangereuses qui sont nécessaires pour fournir un traitement médical efficace aux victimes en cas de catastrophe industrielle.

Certaines approches peuvent s'avérer particulièrement utiles pour communiquer dans les limites permises par les enjeux de confidentialité.

PAR EXEMPLE

• Réserver l'accès à une information sensible à une liste de personnes validées par celui qui a fourni ladite information.

• Préserver l'anonymat de la source de l'information.

• Expliquer et justifier valablement, dans la mesure du possible, pourquoi l'information n'a pas été partagée.

• Recourir à des tiers ou à des technologies innovantes permettant de publier des informations clés tout en protégeant les données commerciales sensibles, par exemple en les présentant sous une forme agrégée ou sans identifier de relation d'affaires spécifique.

• Retarder la publication d'une information jusqu'à ce que les risques concernant certaines personnes aient disparu, par exemple après que leurs plaintes ou que les risques aient été traités.

• Présenter d'autres formes de garanties, par exemple en invitant un tiers indépendant à examiner le processus du devoir de diligence et en partageant ses conclusions publiquement ou dans le cadre d'une initiative collaborative.

A.6 RÉPARER LES IMPACTS NÉGATIFS DE L'ENTREPRISE, PAR SES PROPRES MOYENS OU EN COOPÉRATION AVEC D'AUTRES ACTEURS

Q48 *Quel est le lien entre le processus du devoir de diligence et le processus de réparation ? — Voir Section 2, 6.*

Le processus de réparation n'est pas une composante du processus du devoir de diligence. Il s'agit d'un processus séparé, extrêmement important, que la mise en œuvre du devoir de diligence doit rendre possible et appuyer. Les systèmes de gestion des plaintes et les processus de réparation interagissent avec le processus du devoir de diligence et peuvent en définitive appuyer ce dernier à travers des canaux permettant aux entreprises de faire face aux impacts CRE d'y répondre. Les informations et les témoignages obtenus dans le cadre des processus de réparation peuvent renforcer l'identification des impacts négatifs réels ou potentiels en mettant en lumière des problèmes qui n'ont pas fait l'objet d'une attention suffisante, et en ouvrant des pistes de réflexion pour traiter de manière efficace lesdits impacts négatifs. Cependant les exemples et explications ci-dessous n'ont pas pour vocation à donner un aperçu exhaustif de la question des réparations.

Lorsque l'entreprise constate qu'elle a causé des impacts négatifs réels ou qu'elle y a contribué, traiter lesdits impacts négatifs en les réparant par ses propres moyens ou en coopération avec d'autres acteurs. — *Voir Section 2, 6.1.*

Q49 *Qu'entend-on par "réparation" et "réparer" ? — Voir Section 2, 6.1 et 6.2.*

Les termes "réparation" et "réparer" renvoient à la fois aux processus permettant d'obtenir des réparations et aux résultats matériels de ces processus (c.-à-d. les réparations elles-mêmes) qui peuvent compenser un impact négatif, ou le "corriger".

Q50 *Comment déterminer les formes adaptées de réparation ? — Voir Section 2, 6.1.*

Le type de réparation ou l'ensemble des réparations adaptées dépend de la nature et de l'ampleur de l'impact négatif. Des formes de réparations adaptées sont décrites dans la Section 2 6.1(b) de ce Guide. Cependant, il peut être utile, pour déterminer le type de réparation adapté, de se référer : — *Voir Section 2, 6.1(b).*

• Aux normes existantes – Il peut exister des normes ou lois nationales et internationales spécifiant le type de réparation à accorder dans certains cas.

• Aux cas antérieurs – Quand il n'existe aucune norme nationale ou internationale, l'entreprise peut chercher à s'aligner sur les réparations accordées dans des cas similaires.

• Aux préférences des parties prenantes – Le point de vue de ceux qui sont affectés sur ce qui constitue une réparation adaptée est important en cas d'impact négatif sur les droits de l'Homme.

Si possible, proposer un mécanisme de réparation propre à l'entreprise, ou coopérer avec un mécanisme de réparation légitime, grâce auquel les parties prenantes et détenteurs de droits impactés pourront formuler leurs plaintes afin que l'entreprise puisse les traiter. — *Voir Section 2, 6.2.*

Q51 *Qu'est-ce qu'un "mécanisme de réparation légitime" ? — Voir Section 2, 6.2.*

Un mécanisme de réparation légitime peut désigner un processus étatique ou non-étatique permettant de formuler des plaintes au sujet d'impacts négatifs associés aux activités d'une entreprise, et de réclamer des réparations *[OCDE (2011), chapitre IV, commentaire 46].*

PAR EXEMPLE

• Les procédures juridiques comme les poursuites judiciaires, les procès et les arbitrages constituent des exemples répandus de processus étatiques qui permettent les réparations.

• Les mécanismes étatiques non judiciaires, tels que des organismes publics spécialisés, des agences de protection des consommateurs, des instances de surveillance des régulations ou des agences de protection de l'environnement.

• Les Points de contact nationaux adossés aux Principes directeurs EMN constituent un mécanisme non judiciaire étatique permettant de signaler des problèmes relatifs à la mise en œuvre des Principes directeurs EMN dans des circonstances spécifiques (V. Encadré 8).

• Les systèmes de gestion des plaintes des entreprises, sous réserve qu'ils soient à la fois légitimes, accessibles, prévisibles, équitables, conformes aux Principes directeurs EMN, transparents et basés sur un dialogue constructif.

• Les accords-cadres internationaux entre les entreprises et les fédérations syndicales internationales, les systèmes de gestion des plaintes multipartites, les systèmes de gestion des plaintes des communautés locales, les conventions collectives et les systèmes de gestion des plaintes des chaînes d'approvisionnement constituent autant d'exemples de processus non-étatiques permettant de réclamer des réparations.

Q52 *Que signifie "coopérer avec un mécanisme de réparation légitime" ? – Voir Section 2, 6.2.*

Lorsqu'une entreprise soupçonne qu'elle a causé un impact négatif ou qu'elle y a contribué, elle peut se tourner vers l'un des mécanismes décrits dans la Section 2, 6.2(a)-(c) de ce Guide pour déterminer si elle a effectivement causé ledit impact négatif ou si elle y a contribué, et auquel cas, pour définir quelles réparations accorder aux victimes.

Cependant, si l'entreprise n'a pas causé l'impact négatif ou n'y a pas contribué, mais y est plutôt directement liée, elle peut toujours jouer un rôle dans la réparation, même si elle n'est pas censée réparer elle-même ledit impact négatif. Par exemple, l'entreprise peut, dans la limite du possible, user de son influence sur sa relation d'affaires pour l'amener à prendre part au processus de réparation. L'entreprise peut également, dans la mesure du possible, fournir des informations qui faciliteront l'enquête ou les discussions.

ENCADRÉ 7. Le rôle de l'État dans l'accès aux réparations

Les États ont le devoir de protéger leurs citoyens contre les violations des droits de l'Homme liées aux activités des entreprises. C'est pourquoi ils doivent prendre les mesures nécessaires, par des moyens judiciaires, administratifs, législatifs ou tout autre moyen approprié, pour s'assurer qu'en cas d'infractions sur leur territoire ou dans leur juridiction, les victimes auront accès à un processus de réparation effectif. Les Principes directeurs EMN n'ont pas vocation à définir des concepts juridiques relatifs à la responsabilité, y compris entre entreprises. Les cours et tribunaux nationaux devront utiliser leurs propres notions et tests pour établir la responsabilité d'un dommage et définir les réparations à apporter. Cependant, si une entreprise choisit d'exercer ses activités dans un État qui ne remplit pas son obligation de protéger, cela ne la décharge pas pour autant de sa responsabilité de réparer les impacts négatifs qu'elle a causés ou auxquels elle a contribué.

ENCADRÉ 8. Les Points de contact nationaux des Principes directeurs EMN

Les Principes directeurs à l'intention des entreprises multinationales (EMN) intègrent un système de gestion des plaintes non judiciaire par l'intermédiaire des Points de contact nationaux (PCN). Les PCN sont établis par les pays adhérents à la Déclaration de l'OCDE sur l'investissement international et les entreprises multinationales. Ils ont pour mission d'appuyer la mise en œuvre des Principes directeurs EMN, notamment : en menant des activités de promotion, en répondant aux demandes de renseignements à leur sujet, et en contribuant à la résolution des problèmes soulevés par leur mise en œuvre dans certaines circonstances spécifiques *[les Principes directeurs EMN utilisent le terme "circonstances spécifiques" pour désigner les problèmes pratiques que peut soulever la mise en œuvre des Principes directeurs EMN]*. Toute personne ou organisation peut signaler une circonstance spécifique (c'est-à-dire adresser une plainte) relative à une entreprise au PCN du pays dans lequel elle siège ou opère, et ce partout dans le monde. Les PCN facilitent l'accès à des procédures simples, consensuelles et non contentieuses, telles que la conciliation et la médiation, pour aider les parties au règlement des questions soulevées. Les PCN ont l'obligation de publier un communiqué sur l'issue des circonstances spécifiques qu'ils ont traitées. Les PCN peuvent aussi formuler des recommandations en fonction du contexte des circonstances spécifiques qu'ils ont à traiter.

Q53 *Dans quelles circonstances adopter tel ou tel processus de réparation ? – Voir Section 2, 6.2.*

Le processus de réparation le plus adapté dépendra de plusieurs facteurs, notamment les obligations légales, les préférences des parties prenantes, la disponibilité de tel ou tel mécanisme, la nature de l'impact négatif et le lieu où l'impact négatif se produit (c.-à-d. dans le cadre des activités de l'entreprise ou de sa chaîne d'approvisionnement).

PAR EXEMPLE

• Dans certains cas, les entreprises peuvent avoir l'obligation de prendre part à des systèmes de gestion des plaintes judiciaires et étatiques, ou faire l'objet de poursuites judiciaires.

• Pour ce qui concerne les activités de l'entreprise elle-même, un système de gestion des plaintes interne peut être un moyen efficace de fournir des réparations, sous réserve que ledit système soit à la fois légitime, accessible, prévisible, équitable, conforme aux Principes directeurs EMN, transparent et basé sur un dialogue constructif ayant pour but d'aboutir à des solutions concertées *[OCDE (2011), chapitre IV, § 46]*.

• Les options disponibles peuvent être limitées lorsque les plaintes concernent la chaîne d'approvisionnement de l'entreprise (c.-à-d. en dehors du strict cadre de ses activités). Elle peut mettre en place des processus réalisables et adaptés aux circonstances, ou y prendre part, cela pouvant impliquer de mettre en place un système de gestion des plaintes à l'échelle de sa chaîne d'approvisionnement, de prendre part à un système de gestion des plaintes multipartite, ou de signer un accord-cadre international.

Q54 *Quelle est la différence entre un système d'alerte précoce et un processus de réparation ? – Voir Section 2, 6.2.*

L'objectif d'un système d'alerte précoce est d'identifier des risques (ou des impacts négatifs) associés aux activités d'une entreprise ou à ses relations d'affaires.

PAR EXEMPLE, une entreprise peut mettre en place une ligne téléphonique pour permettre à ses travailleurs de signaler des problèmes portant atteinte à leurs droits, tels que les conditions de santé et de sécurité.

L'objectif d'un processus de réparation est d'accorder des réparations à des personnes qui ont subi des dommages.

PAR EXEMPLE, un travailleur peut porter plainte contre son employeur pour licenciement abusif. Le travailleur et l'entreprise sont alors réunis pour définir une réparation adéquate (ex. : réintégration à l'entreprise, indemnités, etc.).

Le même système — par exemple un système de gestion des plaintes — peut remplir à la fois la fonction de système d'alerte précoce et la fonction de processus de réparation.

APPENDIX

Recommandations du Conseil sur le Guide du devoir de diligence pour une conduite responsable des entreprises

Telle qu'adoptée le 30 mai 2018

LE CONSEIL,

VU l'Article 5b) de la Convention de l'Organisation de coopération et de développement économiques du 14 décembre 1960 ;

VU la Déclaration sur l'investissement international et les entreprises multinationales *[C(76)99/FINAL]*, la Décision du Conseil relative aux Principes directeurs de l'OCDE à l'intention des entreprises multinationales *[C(2000)96/FINAL]* (ci-après "Décision sur les Principes directeurs"), la Convention sur la lutte contre la corruption d'agents publics étrangers dans les transactions commerciales internationales, la Recommandation du Conseil relative au Guide de l'OCDE sur le devoir de diligence pour des chaînes d'approvisionnement responsables en minerais provenant de zones de conflit ou à haut risque *[C/MIN(2011)12/FINAL]*, la Recommandation du Conseil relative au Cadre d'action pour l'investissement *[C(2015)56/REV1]*, la Recommandation du Conseil sur le Guide OCDE-FAO pour des filières agricoles responsables *[C(2016)83]*, la Recommandation du Conseil relative au Guide de l'OCDE sur le devoir de diligence pour un engagement constructif des parties prenantes dans le secteur extractif *[C(2016)100]* et la Recommandation du Conseil relative au Guide OCDE sur le devoir de diligence pour des chaînes d'approvisionnement responsable dans le secteur de l'habillement et de la chaussure *[C(2017)63]* ;

VU que les Ministres de l'OCDE ont encouragé l'OCDE à élaborer un ensemble de guides sur le devoir de diligence de portée générale qui puisse s'appliquer à n'importe quel secteur *[C/MIN(2017)9/FINAL]* ;

RAPPELANT que l'objectif commun des gouvernements qui recommandent le respect des Principes directeurs de l'OCDE à l'intention des entreprises multinationales (ci-après "Principes directeurs") est de promouvoir la conduite responsable des entreprises ;

RAPPELANT EN OUTRE que la Décision sur les Principes directeurs stipule que le Comité de l'investissement doit, en coopération avec les Points de contact nationaux, poursuivre un agenda proactif en collaboration avec les parties prenantes afin de promouvoir le respect effectif par les entreprises des principes et normes inclus dans les Principes directeurs concernant certains produits, régions, secteurs ou industries ;

CONSIDÉRANT les efforts de la communauté internationale pour promouvoir une conduite responsable des entreprises à l'échelle mondiale afin de renforcer et d'harmoniser la mise en œuvre des normes relatives aux droits de l'Homme, au travail, à l'environnement et à la lutte contre la corruption, et de soutenir des règles du jeu équitables pour les entreprises qui prennent en compte leurs impacts sociétaux et environnementaux ;

RECONNAISSANT que la conduite responsable des entreprises de tous les secteurs de l'économie est essentielle au développement durable ;

NOTANT que les Principes directeurs recommandent aux entreprises d'exercer une diligence raisonnable fondée sur les risques afin d'identifier, de prévenir et d'atténuer les impacts négatifs réels ou potentiels liés à la publication d'information, aux droits de l'Homme, à l'emploi et aux relations professionnelles, à la protection de l'environnement, à la corruption et aux pots-de-vin, et aux intérêts des consommateurs dans leurs activités, leurs chaînes d'approvisionnement et dans leurs relations d'affaires ;

RECONNAISSANT que les gouvernements, les entreprises, les syndicats, les organisations de la société civile et les organisations internationales peuvent tirer profit de leurs compétences et de leurs rôles respectifs pour promouvoir et appuyer la conduite responsable des entreprises, y compris dans les chaînes d'approvisionnement ;

VU le Guide OCDE sur le devoir de diligence pour une conduite responsable des entreprises *[C(2018)42/ADD1]* (ci-après "le Guide"), qui peut être modifié si nécessaire par le Comité de l'investissement, à mesure que les pratiques relatives au devoir de diligence évolueront et deviendront plus efficaces pour éviter et traiter les impacts négatifs des entreprises sur la société et l'environnement ;

VU les Principes directeurs des Nations unies relatifs aux entreprises et aux droits de l'Homme et la Déclaration de principes tripartite de l'Organisation internationale du Travail sur les entreprises multinationales et la politique sociale, qui contiennent des recommandations relatives au devoir de diligence sur lesquelles ce Guide vise à s'aligner ;

RECONNAISSANT l'intérêt de la collaboration entre l'OCDE et d'autres organisations intergouvernementales concernées pour développer et mettre en œuvre ce Guide ;

NOTANT que le devoir de diligence est un processus continu et réactif, qu'il implique de nombreux processus et objectifs, qu'il doit viser à prévenir les impacts négatifs sur la société et l'environnement, qu'il doit être fondé sur les risques, être adapté au contexte de l'entreprise et aux limites inhérentes au fait de travailler avec des relations d'affaires, et être éclairé par des échanges constructifs avec les parties prenantes

Sur proposition du Comité de l'investissement ;

I. RECOMMANDE que les Membres et non-Membres adhérant à cette Recommandation (ci-après "Adhérents") et, le cas échéant, leurs Points de contact nationaux (ci-après "PCN"), promeuvent activement l'utilisation du Guide par les entreprises exerçant leurs activités sur leur territoire ou à partir de celui-ci avec pour objectif de s'assurer qu'elles observent les normes internationales de conduite responsable des entreprises afin de prévenir les impacts négatifs associés à leurs activités et de contribuer au développement durable ;

II. RECOMMANDE, en particulier, que les Adhérents prennent des mesures pour appuyer et contrôler activement l'adoption du cadre relatif au devoir de diligence défini dans le Guide, selon lequel les entreprises exerçant leurs activités sur leur territoire ou à partir de celui-ci devraient :

1. prendre en compte les principes de la conduite responsable des entreprises dans le cadre de leurs politiques et systèmes de gestion ;
2. identifier et évaluer les impacts négatifs réels et potentiels associés à leurs activités, produits et services ;
3. faire cesser, prévenir et atténuer leurs impacts négatifs ;
4. assurer le suivi de la mise en œuvre du devoir de diligence et ses résultats ;
5. communiquer sur la manière dont elles traitent leurs impacts ; et
6. réparer leurs impacts négatifs, par leurs propres moyens ou en coopération avec d'autres acteurs, si nécessaire.

III. RECOMMANDE que les Adhérents et, le cas échéant, leurs PCN, avec l'appui du Secrétariat de l'OCDE, assurent la diffusion la plus large possible du Guide et son utilisation active par les entreprises, et promeuvent l'usage du Guide comme ressource par les parties prenantes telles que les associations industrielles, les syndicats, les organisations de la société civile et les initiatives sectorielles et multipartites, et fassent rapport régulièrement au Comité de l'investissement sur les activités de contrôle, de dissémination et de mise en œuvre du Guide ;

IV. INVITE les Adhérents et le Secrétaire général à diffuser cette Recommandation ;

V. INVITE les non-Adhérents à prendre dûment en compte la présente Recommandation et à y adhérer ;

VI. CHARGE le Comité de l'investissement de suivre la mise en œuvre de la Recommandation et de faire rapport au Conseil au plus tard cinq ans après son adoption et en tant que de besoin par la suite.

C Organisation internationale du travail

BIBL. GÉN. ▶ Dossier, *RDT 2020. 84* (l'OIT peut-elle relever le défi des multinationales ?).

COMMENTAIRE

La question de la protection des droits sociaux suscite des nombreuses difficultés dans un contexte de mondialisation et de concurrence exacerbée entre les entreprises transnationales qui développent des chaînes de production à l'étranger. La catastrophe du *Rana Plaza* le 24 avril 2013, au cours de laquelle un immeuble de la banlieue de Dacca, au Bangladesh, s'est effondré, tuant plus d'un millier de salariés travaillant pour des donneurs d'ordre occidentaux se disant victimes d'une sous-traitance sauvage, est aujourd'hui l'emblème des risques et atteintes aux droits sociaux, et donc au droits humains. Ces risques sont amplifiés et facilités par l'appel à des sous-traitants géographiquement éloignés de leurs donneurs d'ordre.

L'ambition de l'Organisation internationale du travail (OIT) est donc d'assurer un régime de travail décent pour l'ensemble des travailleurs, régime appliqué et respecté par l'ensemble des juridictions. Ces travaux sont bien antérieurs au mouvement onusien « Entreprises et droits de l'Homme ». La Déclaration de l'OIT relative aux principes et droits fondamentaux au travail et son suivi a ainsi été adoptée par la Conférence internationale du travail le 18 juin 1998 et son annexe révisée le 15 juin 2010 (V. *infra*). Ces travaux constituent aujourd'hui un élément essentiel en fixant, dans les conventions élaborées, les standards de protection des salariés dans tous les aspects de l'exercice de leur profession. Pour ce faire, le respect des droits fondamentaux doit être le fruit d'un engagement des États à faire progresser leur législation nationale, mais plus encore de l'implication des entreprises transnationales.

En plus des droits fondamentaux (interdiction de l'esclavage, protection de la liberté d'expression des salariés, salaires, etc.) qui doivent être garantis à toute personne dans le cadre de son travail, la Déclaration de l'OIT sur la justice sociale pour une mondialisation équitable de 2008 constitue le troisième énoncé de principes et de politiques adopté par la Conférence internationale du travail. Elle s'inspire de la Déclaration concernant les buts et objectifs de l'Organisation internationale du travail (Déclaration de Philadelphie de 1944) et de la Déclaration de l'OIT relative aux principes et droits fondamentaux au travail de 1998. Elle place les mesures de protection sociales parmi les premiers objectifs stratégiques à l'échelle internationale. Elle affiche clairement l'objectif d'assurer l'universalisation des droits sociaux.

Ces objectifs visent particulièrement les entreprises multinationales avec la Déclaration de principes tripartite sur les entreprises multinationales et la politique sociale de 1977, plusieurs fois révisée, qui dans sa dernière version de 2017 énonce des principes destinés à guider les entreprises multinationales, les gouvernements, les employeurs et les travailleurs dans des domaines tels que l'emploi, la formation, les conditions de travail et de vie et les relations professionnelles (V. *infra*).

Le rayonnement de ce *corpus* et de la Déclaration est amplifié par les Principes directeurs relatifs aux entreprises et aux droits de l'homme de 2011 des Nations unies qui intègrent ces exigences sociales invitant les entreprises multinationales à les respecter (V. *supra*, A. Organisation des Nations unies). Les mécanismes mis en place sont fondés sur le devoir de diligence des entreprises et une obligation de vigilance mise à la charge des sociétés mères et des donneurs d'ordre. Elle se concrétise en droit interne par le devoir de vigilance des entreprises dans le cadre de la loi n° 2017-399 du 27 mars 2017 relative au devoir de vigilance des sociétés mères et des entreprises donneuses d'ordre (V. C. com., art. L. 225-102-4, *supra*, I. Règles internes). ❑

Convention OIT n° 2 du 28 novembre 1919,

Sur le chômage.

Art. 1er Chaque Membre ratifiant la présente convention communiquera au Bureau international du Travail à des intervalles aussi courts que possible et qui ne devront pas dépasser trois mois, toute information disponible, statistique ou autre, concernant le chômage, y compris tous renseignements sur les mesures prises ou à prendre en vue de lutter contre le chômage. Toutes les fois que ce sera possible, les informations devront être recueillies de telle façon que communication puisse en être faite dans les trois mois suivant la fin de la période à laquelle elles se rapportent.

Art. 2 1. Chaque Membre ratifiant la présente convention devra établir un système de bureaux publics de placement gratuit placé sous le contrôle d'une autorité centrale. Des comités qui devront comprendre des représentants des patrons et des ouvriers seront nommés et consultés pour tout ce qui concerne le fonctionnement de ces bureaux.

2. Lorsque coexistent des bureaux gratuits publics et privés, des mesures devront être prises pour coordonner les opérations de ces bureaux sur un plan national.

3. Le fonctionnement des différents systèmes nationaux sera coordonné par le Bureau international du Travail, d'accord avec les pays intéressés.

Art. 3 Les Membres de l'Organisation internationale du Travail qui ratifieront la présente convention, et qui ont établi un système d'assurance contre le chômage, devront, dans les conditions arrêtées d'un commun accord entre les Membres intéressés, prendre des arrangements permettant à des travailleurs ressortissant à l'un de ces Membres et travaillant sur le territoire d'un autre de recevoir des indemnités d'assurance égales à celles touchées par les travailleurs ressortissant à ce deuxième Membre.

Convention OIT n° 14 du 17 novembre 1921,

Concernant l'application du repos hebdomadaire dans les établissements industriels.

Art. 1er 1. Pour l'application de la présente convention, seront considérés comme établissements industriels :

(a) les mines, carrières et industries extractives de toute nature ;

(b) les industries dans lesquelles des produits sont manufacturés, modifiés, nettoyés, réparés, décorés, achevés, préparés pour la vente, ou dans lesquelles les matières subissent une transformation, y compris la construction des navires, les industries de démolition de matériel, ainsi que la production, la transformation et la transmission de la force motrice en général et de l'électricité ;

(c) la construction, la reconstruction, l'entretien, la réparation, la modification ou la démolition de tous bâtiments et édifices, chemins de fer, tramways, ports, docks, jetées, canaux, installations pour la navigation intérieure, routes, tunnels, ponts, viaducs, égouts collecteurs, égouts ordinaires, puits, installations téléphoniques ou télégraphiques, installations électriques, usines à gaz, distribution d'eau, ou autres travaux de construction, ainsi que les travaux de préparation et de fondation précédant les travaux ci-dessus ;

(d) le transport de personnes ou de marchandises par route, voie ferrée ou voie d'eau intérieure, y compris la manutention des marchandises dans les docks, quais, wharfs et entrepôts, à l'exception du transport à la main.

2. L'énumération ci-dessus est faite sous réserve des exceptions spéciales d'ordre national prévues dans la Convention de Washington tendant à limiter à huit heures par jour et à quarante-huit heures par semaine le nombre des heures de travail dans les établissements industriels, dans la mesure où ces exceptions sont applicables à la présente convention.

3. En sus de l'énumération qui précède, s'il est reconnu nécessaire, chaque Membre pourra déterminer la ligne de démarcation entre l'industrie, d'une part, le commerce et l'agriculture, d'autre part.

Art. 2 1. Tout le personnel occupé dans tout établissement industriel, public ou privé, ou dans ses dépendances, devra, sous réserve des exceptions prévues dans les articles ci-après, jouir, au cours de chaque période de sept jours, d'un repos comprenant au minimum vingt-quatre heures consécutives.

2. Ce repos sera accordé autant que possible en même temps à tout le personnel de chaque établissement.

3. Il coïncidera, autant que possible, avec les jours consacrés par la tradition ou les usages du pays ou de la région.

Art. 3 Chaque Membre pourra excepter de l'application des dispositions de l'article 2 les personnes occupées dans les établissements industriels dans lesquels sont seuls employés les membres d'une même famille.

Art. 4 1. Chaque Membre peut autoriser des exceptions totales ou partielles (y compris des suspensions et des diminutions de repos) aux dispositions de l'article 2, en tenant compte spécialement de toutes considérations économiques et humanitaires appropriées et après consultation des associations qualifiées des employeurs et des ouvriers, là où il en existe.

2. Cette consultation ne sera pas nécessaire dans le cas d'exceptions qui auront été déjà accordées par application de la législation en vigueur.

Art. 5 Chaque Membre devra autant que possible établir des dispositions prévoyant des périodes de repos en compensation des suspensions ou des diminutions accordées en vertu de l'article 4, sauf dans les cas où les accords ou les usages locaux auront déjà prévu de tels repos.

Art. 6 1. Chaque Membre établira une liste des exceptions accordées conformément aux articles 3 et 4 de la présente convention et la communiquera au Bureau international du Travail. Chaque Membre communiquera ensuite, tous les deux ans, toutes les modifications qu'il aura apportées à cette liste.

2. Le Bureau international du Travail présentera un rapport à ce sujet à la Conférence générale de l'Organisation internationale du Travail.

Art. 7 En vue de faciliter l'application des dispositions de la présente convention, chaque patron, directeur ou gérant sera soumis aux obligations ci-après :

(a) faire connaître, dans le cas où le repos hebdomadaire est donné collectivement à l'ensemble du personnel, les jours et heures de repos collectif au moyen d'affiches apposées d'une manière apparente dans l'établissement ou en tout autre lieu convenable ou selon tout autre mode approuvé par le gouvernement ;

(b) faire connaître, lorsque le repos n'est pas donné collectivement à l'ensemble du personnel, au moyen d'un registre dressé selon le mode approuvé par la législation du pays ou par un règlement de l'autorité compétente, les ouvriers ou employés soumis à un régime particulier de repos et indiquer ce régime.

Convention OIT n° 19 du 25 juin 1925,

Concernant l'égalité de traitement des travailleurs étrangers et nationaux en matière de réparation des accidents du travail.

Art. 1er 1. Tout Membre de l'Organisation internationale du Travail qui ratifie la présente convention s'engage à accorder aux ressortissants de tout autre Membre ayant ratifié ladite convention qui seront victimes d'accidents du travail survenus sur son territoire, ou à leurs ayants droit, le même traitement qu'il assure à ses propres ressortissants en matière de réparation des accidents du travail.

2. Cette égalité de traitement sera assurée aux travailleurs étrangers et à leurs ayants droit sans aucune condition de résidence. Toutefois, en ce qui concerne les paiements qu'un Membre ou ses ressortissants auraient à faire en dehors du territoire dudit Membre en vertu de ce principe, les dispositions à prendre seront réglées, si cela est nécessaire, par des arrangements particuliers pris avec les Membres intéressés.

Art. 2 Pour la réparation des accidents du travail survenus à des travailleurs occupés d'une manière temporaire ou intermittente sur le territoire d'un Membre pour le compte d'une entreprise située sur le territoire d'un autre Membre, il peut être prévu qu'il sera fait application de la législation de ce dernier par accord spécial entre les Membres intéressés.

Art. 3 Les Membres qui ratifient la présente convention et chez lesquels n'existe pas un régime d'indemnisation ou d'assurance forfaitaire des accidents du travail conviennent d'instituer un tel régime dans un délai de trois ans à dater de leur ratification.

Art. 4 Les Membres qui ratifient la présente convention s'engagent à se prêter mutuellement assistance en vue de faciliter son application, ainsi que l'exécution de leurs lois et règlements respectifs en matière de réparation des accidents du travail, et à porter à la connaissance du Bureau international du Travail, qui en informera les autres Membres intéressés, toute modification dans les lois et règlements en vigueur en matière de réparation des accidents de travail.

Convention OIT nº 26 du 16 juin 1928,

Sur les méthodes de fixation des salaires minima.

Art. 1er 1. Tout Membre de l'Organisation internationale du Travail qui ratifie la présente convention s'engage à instituer ou à conserver des méthodes permettant de fixer des taux minima de salaires pour les travailleurs employés dans des industries ou parties d'industries (et en particulier dans les industries à domicile) où il n'existe pas de régime efficace pour la fixation des salaires par voie de contrat collectif ou autrement et où les salaires sont exceptionnellement bas.

2. Le mot industries, aux fins de la présente convention, comprend les industries de transformation et le commerce.

Art. 2 Chaque Membre qui ratifie la présente convention a la liberté de décider, après consultation des organisations patronales et ouvrières, s'il en existe pour l'industrie ou partie d'industrie en question, à quelles industries ou parties d'industries, et en particulier à quelles industries à domicile ou parties de ces industries, seront appliquées les méthodes de fixation des salaires minima prévues à l'article 1.

Art. 3 1. Chaque Membre qui ratifie la présente convention a la liberté de déterminer les méthodes de fixation des salaires minima ainsi que les modalités de leur application.

2. Toutefois,

(1) avant d'appliquer les méthodes à une industrie ou partie d'industrie déterminée, les représentants des employeurs et travailleurs intéressés, y compris les représentants de leurs organisations respectives si de telles organisations existent, devront être consultés, ainsi que toutes autres personnes, spécialement qualifiées à cet égard par leur profession ou leurs fonctions, auxquelles l'autorité compétente jugerait opportun de s'adresser ;

(2) les employeurs et travailleurs intéressés devront participer à l'application des méthodes, sous la forme et dans la mesure qui pourront être déterminées par la législation nationale, mais, dans tous les cas, en nombre égal et sur un pied d'égalité ;

(3) les taux minima de salaires qui auront été fixés seront obligatoires pour les employeurs et travailleurs intéressés ; ils ne pourront être abaissés par eux ni par accord individuel, ni, sauf autorisation générale ou particulière de l'autorité compétente, par contrat collectif.

Art. 4 1. Tout Membre qui ratifie la présente convention doit prendre les mesures nécessaires, au moyen d'un système de contrôle et de sanctions, pour que, d'une part, les employeurs et travailleurs intéressés aient connaissance des taux minima des salaires en vigueur et que, d'autre part, les salaires effectivement versés ne soient pas inférieurs aux taux minima applicables.

2. Tout travailleur auquel les taux minima sont applicables et qui a reçu des salaires inférieurs à ces taux doit avoir le droit, par voie judiciaire ou autre voie légale, de recouvrer le montant de la somme qui lui reste due, dans le délai qui pourra être fixé par la législation nationale.

Convention OIT n° 29 du 28 juin 1930,

Concernant le travail forcé ou obligatoire.

Art. 1er 1. Tout Membre de l'Organisation internationale du Travail qui ratifie la présente convention s'engage à supprimer l'emploi du travail forcé ou obligatoire sous toutes ses formes dans le plus bref délai possible.

2. En vue de cette suppression totale, le travail forcé ou obligatoire pourra être employé, pendant la période transitoire, uniquement pour des fins publiques et à titre exceptionnel, dans les conditions et avec les garanties stipulées par les articles qui suivent.

3. A l'expiration d'un délai de cinq ans à partir de l'entrée en vigueur de la présente convention et à l'occasion du rapport prévu à l'article 31 ci-dessous, le Conseil d'administration du Bureau international du Travail examinera la possibilité de supprimer sans nouveau délai le travail forcé ou obligatoire sous toutes ses formes et décidera s'il y a lieu d'inscrire cette question à l'ordre du jour de la Conférence.

Art. 2 1. Aux fins de la présente convention, le terme *travail forcé ou obligatoire* désignera tout travail ou service exigé d'un individu sous la menace d'une peine quelconque et pour lequel ledit individu ne s'est pas offert de plein gré.

2. Toutefois, le terme *travail forcé ou obligatoire* ne comprendra pas, aux fins de la présente convention :

(a) tout travail ou service exigé en vertu des lois sur le service militaire obligatoire et affecté à des travaux d'un caractère purement militaire ;

(b) tout travail ou service faisant partie des obligations civiques normales des citoyens d'un pays se gouvernant pleinement lui-même ;

(c) tout travail ou service exigé d'un individu comme conséquence d'une condamnation prononcée par une décision judiciaire, à la condition que ce travail ou service soit exécuté sous la surveillance et le contrôle des autorités publiques et que ledit individu ne soit pas concédé ou mis à la disposition de particuliers, compagnies ou personnes morales privées ;

(d) tout travail ou service exigé dans les cas de force majeure, c'est-à-dire dans les cas de guerre, de sinistres ou menaces de sinistres tels qu'incendies, inondations, famines, tremblements de terre, épidémies et épizooties violentes, invasions d'animaux, d'insectes ou de parasites végétaux nuisibles, et en général toutes circonstances mettant en danger ou risquant de mettre en danger la vie ou les conditions normales d'existence de l'ensemble ou d'une partie de la population ;

(e) les menus travaux de village, c'est-à-dire les travaux exécutés dans l'intérêt direct de la collectivité par les membres de celle-ci, travaux qui, de ce chef, peuvent être considérés comme des obligations civiques normales incombant aux membres de la collectivité, à condition que la population elle-même ou ses représentants directs aient le droit de se prononcer sur le bien-fondé de ces travaux.

BIBL. ▶ ROBIN-OLIVIER, *Dr. soc.* 2020. 432 (la place de la prohibition du travail forcé dans le droit du travail : quelques questions).

1. Travail forcé : absence de menace. L'avocat ne peut invoquer utilement la violation des règles relatives au travail forcé ou obligatoire incompatibles avec l'art. 4, § 2 Conv. EDH et une atteinte au respect de ses biens contraire à l'art. 1er du Protocole n° 1. Le premier texte ne définissant pas les notions de travail forcé ou de travail obligatoire, ces notions doivent être interprétées à la lumière des Conv. OIT nos 29 et 105. En l'absence de toute menace, l'existence d'un travail forcé ne peut être retenue. • CEDH 23 nov. 1983, *Van der Mussele c/ Belgique*, n° 8919/80. ♦ Ayant choisi de travailler comme fonctionnaire pour la commune, le requérant aurait dû savoir dès le début qu'il pouvait être appelé à travailler hors des heures normales sans être rémunéré. De plus, même si aucune indemnisation pécuniaire n'était possible, il aurait pu prendre des jours de congés de compensation, ce qu'il n'avait jamais fait. Dès lors, le requérant ne peut se prétendre lésé par une charge exorbitante. Le risque d'une réduction de salaire, voire d'un licenciement, pour refus de travail hors des heures normales ne suffit pas à conclure que l'intéressé avait été astreint à travailler sous la menace d'une « peine ». Ainsi, les tâches supplémentaires que le requérant avait été tenu d'accomplir ne s'analysaient pas en un « travail forcé ou obligatoire ». • CEDH 6 févr. 2018, *Adiguzel c/ Turquie.*

2. Travail forcée : disproportion. S'agissant du travail obligatoire, les services demandés (obligation pour un avocat stagiaire d'assister un prévenu impécunieux sans rémunération et sans remboursement de ses frais) ne sortent pas du cadre des activités normales d'un avocat et se rapprochent même d'une « obligation civique normale ». Par ailleurs, le requérant ne s'est pas vu imposer un fardeau disproportionné (une cinquantaine de désignations au cours de ses trois années de stage), de telle sorte qu'il n'existait pas un déséquilibre disproportionné entre le but poursuivi (l'accès au barreau) et les obligations assurées pour y arriver. • CEDH, 23 nov. 1983, *Van der Mussele c/ Belgique,* n° 8919/80. ♦ L'obligation litigieuse (obligation pour un ophtalmologue exerçant dans le secteur privé de participer à un dispositif de service d'urgence) repose sur une notion de solidarité professionnelle et civique visant à faire face aux urgences. Par ailleurs, la charge de six jours de service par trimestre imposée n'est pas disproportionnée de telle sorte que les services que le requérant avait été contraint d'assurer ne constituaient pas un « travail forcé ou obligatoire ». • CEDH 14 sept. 2010, *Steindel c/ Allemagne.*

3. Traite des êtres humains. Au même titre que l'esclavage, la traite d'êtres humains, compte tenu de sa nature et des fins d'exploitation qu'elle poursuit, suppose l'exercice de pouvoirs comparables au droit de propriété. Les trafiquants voient l'être humain comme un bien qui se négocie et qui est affecté à des travaux forcés. Ils doivent surveiller étroitement les activités des victimes qui, souvent, ne peuvent aller et venir à leur guise. Ils ont recours contre leurs victimes à la violence et aux menaces. Dès lors, l'art. 4 Conv. EDH (interdiction de l'esclavage et du travail forcé) interdit ce type de trafic. En ne mettant pas en place un dispositif légal et administratif adapté à la lutte contre ce trafic, en ne prenant aucune mesure concrète pour protéger la fille du requérant de ce trafic, alors que les circonstances pouvaient légitimement laisser soupçonner qu'elle pouvait être victime de faits de cette nature, le pays avait manqué aux obligations positives que l'art. 4 faisait peser sur lui à deux titres. • CEDH 7 janv. 2010, *Rantzev c/ Chypre et Russie,* n° 25965/04 : *AJDA 2010. 997, chron. Flauss*; *RSC 2010. 681, obs. Roets*. ♦ Les éléments exposés par la requérante ne suffisent pas à prouver que les autorités policières savaient ou auraient dû savoir que la requérante était victime d'un réseau de traite des êtres humains au moment où elles ont décidé la mesure d'éloignement. Par ailleurs, s'agissant d'un risque de ré-enrôlement dans un réseau de prostitution, si la législation du Nigéria en matière de prévention de la prostitution et de lutte contre les réseaux n'est pas aboutie, elle démontre cependant des avancées considérables, de telle sorte qu'il était envisageable que la requérante bénéficie d'une assistance à son retour. • CEDH 29 nov. 2011, *VF c/ France,* n° 7916/10.

L'art. 4 Conv. EDH n'exige pas des États qu'ils établissent une compétence universelle en matière de traite des êtres humains commise à l'étranger. Par ailleurs, en ce qui concerne les faits qui s'étaient passés dans le pays, les autorités ont pris toutes les mesures que l'on pouvait raisonnablement attendre d'elles dans les circonstances de la cause. Ainsi, les requérantes, assistées par une ONG subventionnée par l'État, avaient été entendues par des policiers spécialement formés et avaient reçu des permis de séjour et de travail régularisant leur situation. De plus, l'enquête menée sur leurs allégations avait été suffisante et, compte tenu des faits de la cause et des preuves disponibles, l'appréciation qu'avaient portée les autorités avait été raisonnable. Enfin, s'il avait été pris dans cette affaire d'autres mesures telles que la confrontation des employeurs des requérantes aux allégations formulées contre eux, ces mesures n'auraient présenté aucune perspective raisonnable de succès : d'une part, il n'existait aucun accord d'entraide judiciaire entre les deux pays en cause et, d'autre part, les requérantes ne s'étaient adressées à la police qu'un an environ après les faits, alors que leurs employeurs avaient déjà quitté le pays depuis longtemps. • CEDH 29 nov. 2011, *J et a. c/ Autriche,* n° 58216/16.

Art. 3 **Aux fins de la présente convention, le terme *autorités compétentes* désignera soit les autorités métropolitaines, soit les autorités centrales supérieures du territoire intéressé.**

Art. 4 **1. Les autorités compétentes ne devront pas imposer ou laisser imposer le travail forcé ou obligatoire au profit de particuliers, de compagnies ou de personnes morales privées.**

2. Si une telle forme de travail forcé ou obligatoire au profit de particuliers, de compagnies ou de personnes morales privées existe à la date à laquelle la ratification de la présente convention par un Membre est enregistrée par le Directeur général du Bureau international du Travail, ce Membre devra supprimer complètement ledit travail forcé ou obligatoire dès la date de l'entrée en vigueur de la présente convention à son égard.

Art. 5 1. Aucune concession accordée à des particuliers, à des compagnies ou à des personnes morales privées ne devra avoir pour conséquence l'imposition d'une forme quelconque de travail forcé ou obligatoire en vue de produire ou de recueillir les produits que ces particuliers, compagnies ou personnes morales privées utilisent ou dont ils font le commerce.

2. Si des concessions existantes comportent des dispositions ayant pour conséquence l'imposition d'un tel travail forcé ou obligatoire, ces dispositions devront être rescindées aussitôt que possible afin de satisfaire aux prescriptions de l'article premier de la présente convention.

Art. 6 Les fonctionnaires de l'administration, même lorsqu'ils devront encourager les populations dont ils ont la charge à s'adonner à une forme quelconque de travail, ne devront pas exercer sur ces populations une contrainte collective ou individuelle en vue de les faire travailler pour des particuliers, compagnies ou personnes morales privées.

Art. 7 1. Les chefs qui n'exercent pas des fonctions administratives ne devront pas avoir recours au travail forcé ou obligatoire.

2. Les chefs exerçant des fonctions administratives pourront, avec l'autorisation expresse des autorités compétentes, avoir recours au travail forcé ou obligatoire dans les conditions visées à l'article 10 de la présente convention.

3. Les chefs légalement reconnus et ne recevant pas une rémunération adéquate sous d'autres formes pourront bénéficier de la jouissance de services personnels dûment réglementés, toutes mesures utiles devant être prises pour prévenir les abus.

Art. 8 1. La responsabilité de toute décision de recourir au travail forcé ou obligatoire incombera aux autorités civiles supérieures du territoire intéressé.

2. Toutefois, ces autorités pourront déléguer aux autorités locales supérieures le pouvoir d'imposer du travail forcé ou obligatoire dans les cas où ce travail n'aura pas pour effet d'éloigner les travailleurs de leur résidence habituelle. Ces autorités pourront également déléguer aux autorités locales supérieures, pour les périodes et dans les conditions qui seront stipulées par la réglementation prévue à l'article 23 de la présente convention, le pouvoir d'imposer un travail forcé ou obligatoire pour l'exécution duquel les travailleurs devront s'éloigner de leur résidence habituelle, lorsqu'il s'agira de faciliter le déplacement de fonctionnaires de l'administration dans l'exercice de leurs fonctions et le transport du matériel de l'administration.

Art. 9 Sauf dispositions contraires stipulées à l'article 10 de la présente convention, toute autorité ayant le droit d'imposer du travail forcé ou obligatoire ne devra permettre le recours à cette forme de travail que si elle s'est d'abord assurée :

(a) que le service ou travail à exécuter est d'un intérêt direct et important pour la collectivité appelée à l'exécuter ;

(b) que ce service ou travail est d'une nécessité actuelle ou imminente ;

(c) qu'il a été impossible de se procurer la main-d'œuvre volontaire pour l'exécution de ce service ou travail malgré l'offre de salaires et de conditions de travail au moins égaux à ceux qui sont pratiqués dans le territoire intéressé pour des travaux ou services analogues ; et

(d) qu'il ne résultera pas du travail ou service un fardeau trop lourd pour la population actuelle, eu égard à la main-d'œuvre disponible et à son aptitude à entreprendre le travail en question.

Art. 10 1. Le travail forcé ou obligatoire demandé à titre d'impôt et le travail forcé ou obligatoire imposé, pour des travaux d'intérêt public, par des chefs qui exercent des fonctions administratives devront être progressivement supprimés.

2. En attendant cette abolition, lorsque le travail forcé ou obligatoire sera demandé à titre d'impôt et lorsque le travail forcé ou obligatoire sera imposé, par des chefs qui exercent des fonctions administratives, en vue de l'exécution de travaux d'intérêt public, les autorités intéressées devront s'assurer préalablement :

(a) que le service ou travail à exécuter est d'un intérêt direct et important pour la collectivité appelée à l'exécuter ;

(b) que ce service ou travail est d'une nécessité actuelle ou imminente ;

(c) qu'il ne résultera pas du travail ou service un fardeau trop lourd pour la population actuelle, eu égard à la main-d'œuvre disponible et à son aptitude à entreprendre le travail en question ;

(d) que l'exécution de ce travail ou service n'obligera pas les travailleurs à s'éloigner du lieu de leur résidence habituelle ;

(e) que l'exécution de ce travail ou service sera dirigée conformément aux exigences de la religion, de la vie sociale ou de l'agriculture.

Art. 11 1. Seuls les adultes valides du sexe masculin dont l'âge ne sera pas présumé inférieur à 18 ans ni supérieur à 45, pourront être assujettis au travail forcé ou obligatoire. Sauf pour les catégories de travail visées à l'article 10 de la présente convention, les limitations et conditions suivantes devront être observées :

(a) reconnaissance préalable, dans tous les cas où cela sera possible, par un médecin désigné par l'administration, de l'absence de toute maladie contagieuse et de l'aptitude physique des intéressés à supporter le travail imposé et les conditions où il sera exécuté ;

(b) exemption du personnel des écoles, élèves et professeurs, ainsi que du personnel administratif en général ;

(c) maintien dans chaque collectivité du nombre d'hommes adultes et valides indispensables à la vie familiale et sociale ;

(d) respect des liens conjugaux et familiaux.

2. Aux fins indiquées par l'alinéa c) ci-dessus, la réglementation prévue à l'article 23 de la présente convention fixera la proportion d'individus de la population permanente mâle et valide qui pourra faire l'objet d'un prélèvement déterminé, sans toutefois que cette proportion puisse, en aucun cas, dépasser 25 pour cent de cette population. En fixant cette proportion, les autorités compétentes devront tenir compte de la densité de la population, du développement social et physique de cette population, de l'époque de l'année et de l'état des travaux à effectuer par les intéressés sur place et à leur propre compte ; d'une manière générale, elles devront respecter les nécessités économiques et sociales de la vie normale de la collectivité envisagée.

Art. 12 1. La période maximum pendant laquelle un individu quelconque pourra être astreint au travail forcé ou obligatoire sous ses diverses formes ne devra pas dépasser soixante jours par période de douze mois, les jours de voyage nécessaires pour aller au lieu de travail et pour en revenir devant être compris dans ces soixante jours.

2. Chaque travailleur astreint au travail forcé ou obligatoire devra être muni d'un certificat indiquant les périodes de travail forcé ou obligatoire qu'il aura effectuées.

Art. 13 1. Les heures normales de travail de toute personne astreinte au travail forcé ou obligatoire devront être les mêmes que celles en usage pour le travail libre et les heures de travail effectuées en sus de la durée normale devront être rémunérées aux mêmes taux que les taux en usage pour les heures supplémentaires des travailleurs libres.

2. Un jour de repos hebdomadaire devra être accordé à toutes les personnes soumises à une forme quelconque de travail forcé ou obligatoire et ce jour devra coïncider autant que possible avec le jour consacré par la tradition ou les usages du pays ou de la région.

Art. 14 1. A l'exception du travail prévu à l'article 10 de la présente convention, le travail forcé ou obligatoire sous toutes ses formes devra être rémunéré en espèces et à des taux qui, pour le même genre de travail, ne devront être inférieurs ni à ceux en vigueur dans la région où les travailleurs sont employés, ni à ceux en vigueur dans la région où les travailleurs ont été recrutés.

2. Dans le cas de travail imposé par des chefs dans l'exercice de leurs fonctions administratives, le paiement de salaires dans les conditions prévues au paragraphe précédent devra être introduit aussitôt que possible.

3. Les salaires devront être versés à chaque travailleur individuellement et non à son chef de tribu ou à tout autre autorité.

4. Les jours de voyage pour aller au lieu de travail et pour en revenir devront être comptés pour le paiement des salaires comme journées de travail.

5. Le présent article n'aura pas pour effet d'interdire la fourniture aux travailleurs des rations alimentaires habituelles comme partie du salaire, ces rations devant être au moins équivalentes à la somme d'argent qu'elles sont censées représenter ; mais aucune déduction ne devra être opérée sur le salaire, ni pour l'acquittement des impôts, ni pour la nourriture, les vêtements et le logement spéciaux qui seront fournis aux travailleurs pour les maintenir en état de continuer leur travail eu égard aux conditions spéciales de leur emploi, ni pour la fourniture d'outils.

Art. 15 1. Toute législation concernant la réparation des accidents ou des maladies résultant du travail et toute législation prévoyant l'indemnisation des personnes à la charge de travailleurs décédés ou invalides, qui sont ou seront en vigueur sur le territoire intéressé, devront s'appliquer aux personnes assujetties au travail forcé ou obligatoire dans les mêmes conditions qu'aux travailleurs libres.

2. De toute façon, toute autorité employant un travailleur au travail forcé ou obligatoire devra avoir l'obligation d'assurer la subsistance dudit travailleur si un accident ou une maladie résultant de son travail a pour effet de le rendre totalement ou partiellement incapable de subvenir à ses besoins. Cette autorité devra également avoir l'obligation de prendre des mesures pour assurer l'entretien de toute personne effectivement à la charge dudit travailleur en cas d'incapacité ou de décès résultant du travail.

Art. 16 1. Les personnes soumises au travail forcé ou obligatoire ne devront pas, sauf dans les cas de nécessité exceptionnelle, être transférées dans des régions où les conditions de nourriture et de climat seraient tellement différentes de celles auxquelles elles ont été accoutumées qu'elles offriraient un danger pour leur santé.

2. Dans aucun cas, un tel transfert de travailleurs ne sera autorisé sans que toutes les mesures d'hygiène et d'habitat qui s'imposent pour leur installation et pour la sauvegarde de leur santé n'aient été strictement appliquées.

3. Lorsqu'un tel transfert ne pourra être évité, des mesures assurant l'adaptation progressive des travailleurs aux nouvelles conditions de nourriture et de climat devront être adoptées après avis du service médical compétent.

4. Dans les cas où ces travailleurs sont appelés à exécuter un travail régulier auquel ils ne sont pas accoutumés, des mesures devront être prises pour assurer leur adaptation à ce genre de travail, notamment en ce qui concerne l'entraînement progressif, les heures de travail, l'aménagement de repos intercalaires et les améliorations ou accroissements de rations alimentaires qui pourraient être nécessaires.

Art. 17 Avant d'autoriser tout recours au travail forcé ou obligatoire pour des travaux de construction ou d'entretien qui obligeront les travailleurs à séjourner sur des lieux de travail pendant une période prolongée, les autorités compétentes devront s'assurer :

(1) que toutes les mesures nécessaires ont été prises pour assurer l'hygiène des travailleurs et leur garantir les soins médicaux indispensables, et que, en particulier (a) ces travailleurs subissent un examen médical avant de commencer les travaux et de nouveaux examens à des intervalles déterminés durant la durée de l'emploi, (b) il a été prévu un personnel médical suffisant ainsi que les dispensaires, infirmeries, hôpitaux et matériel nécessaires pour faire face à tous les besoins, et (c) la bonne hygiène des lieux de travail, l'approvisionnement des travailleurs en eau, en vivres, en combustibles et matériel de cuisine ont été assurés d'une manière satisfaisante et des vêtements et un logement satisfaisants ont été prévus s'il est nécessaire ;

(2) que des mesures appropriées ont été prises pour assurer la subsistance de la famille du travailleur, notamment en facilitant l'envoi d'une partie du salaire à celle-ci, par un procédé sûr, avec l'assentiment ou sur la demande du travailleur ;

(3) que les voyages des travailleurs pour aller au lieu du travail et pour en revenir seront assurés par l'administration, sous sa responsabilité et à ses frais, et que l'administration facilitera ces voyages en utilisant dans la plus large mesure possible tous les moyens de transport disponibles ;

(4) que, en cas de maladie ou d'accident du travailleur entraînant une incapacité de travail d'une certaine durée, le rapatriement du travailleur sera assuré aux frais de l'administration ;

(5) que tout travailleur qui désirerait rester sur place comme travailleur libre, à l'expiration de sa période de travail forcé ou obligatoire, aura la faculté de le faire sans être déchu, pendant une période de deux ans, de ses droits au rapatriement gratuit.

Art. 18 1. Le travail forcé ou obligatoire pour le transport de personnes ou de marchandises, par exemple pour le portage et le pagayage, devra être supprimé dans le plus bref délai possible et, en attendant cette suppression, les autorités compétentes devront édicter des règlements fixant notamment : a) l'obligation de n'utiliser ce travail que pour faciliter le déplacement de fonctionnaires de l'administration dans l'exercice de leurs fonctions, ou le transport du matériel de l'administration, ou, en cas de nécessité absolument urgente, le transport d'autres personnes que des fonctionnaires ; b) l'obligation de n'employer à de tels transports que des hommes reconnus physiquement aptes à ce travail par un examen médical préalable, dans tous les cas où cet examen est possible ; dans les cas où il ne sera pas possible, la personne employant cette main-d'œuvre devra s'assurer, sous sa responsabilité, que les travailleurs employés ont l'aptitude physique requise et ne souffrent pas d'une maladie contagieuse ; c) la charge maximum à porter par les travailleurs ; d) le parcours maximum qui pourra être imposé à ces travailleurs du lieu de leur résidence ; e) le nombre maximum de jour par mois ou par toute autre période, pendant lesquels ces travailleurs pourront être réquisitionnés, en comprenant dans ce nombre les journées du voyage de retour ; f) les personnes qui sont autorisées à faire appel à cette forme de travail forcé ou obligatoire ainsi que la mesure dans laquelle elles ont le droit d'y recourir.

2. En fixant les maxima dont il est question sous les lettres c), d), e) du paragraphe précédent, les autorités compétentes devront tenir compte des divers éléments à considérer, notamment de l'aptitude physique de la population qui devra subir la réquisition, de la nature de l'itinéraire à parcourir, ainsi que des conditions climatiques.

3. Les autorités compétentes devront, en outre, prendre des dispositions pour que le trajet quotidien normal des porteurs ne dépasse pas une distance correspondant à la durée moyenne d'une journée de travail de huit heures, étant entendu que, pour la déterminer, on devra tenir compte non seulement de la charge à porter et de la distance à parcourir, mais encore de l'état de la route, de l'époque de l'année et de tous autres éléments à considérer ; s'il était nécessaire d'imposer aux porteurs des heures de marche supplémentaires, celles-ci devront être rémunérées à des taux plus élevés que les taux normaux.

Art. 19 1. Les autorités compétentes ne devront autoriser le recours aux cultures obligatoires que dans le but de prévenir la famine ou une disette de produits alimentaires et toujours sous la réserve que les denrées ou les produits ainsi obtenus devront rester la propriété des individus ou de la collectivité qui les auront produits.

2. Le présent article ne devra pas avoir pour effet, lorsque la production se trouve organisée suivant la loi et la coutume, sur une base communale et lorsque les produits ou les bénéfices provenant de la vente de ces produits restent la propriété de la collectivité, de supprimer l'obligation pour les membres de la collectivité de s'acquitter du travail ainsi imposé.

Art. 20 Les législations prévoyant une répression collective applicable à une collectivité entière pour des délits commis par quelques-uns de ses membres ne devront pas comporter le travail forcé ou obligatoire pour une collectivité comme une des méthodes de répression.

Art. 21 Il ne sera pas fait appel au travail forcé ou obligatoire pour les travaux souterrains à exécuter dans les mines.

Art. 22 Les rapports annuels que les Membres qui ratifient la présente convention s'engagent à présenter au Bureau international du Travail, conformément aux dispositions de l'article 22 de la Constitution de l'Organisation internationale du Travail, sur les mesures prises par eux pour donner effet aux dispositions de la présente convention, devront contenir des informations aussi complètes que possible, pour chaque territoire intéressé, sur la mesure dans laquelle il aura été fait appel au travail forcé ou obligatoire dans ce territoire, ainsi que sur les points suivants : fins auxquelles ce travail aura été effectué ; taux de morbidité et de mortalité ; heures de travail ; méthodes de paiement des salaires et taux de ces derniers ; ainsi que tous autres renseignements pertinents.

Art. 23 1. Pour donner effet aux dispositions de la présente convention, les autorités compétentes devront promulguer une réglementation complète et précise sur l'emploi du travail forcé ou obligatoire.

2. Cette réglementation devra comporter, notamment, des règles permettant à chaque personne assujettie au travail forcé ou obligatoire de présenter aux autorités toutes réclamations relatives aux conditions de travail qui lui sont faites et lui donnant des garanties que ces réclamations seront examinées et prises en considération.

Art. 24 Des mesures appropriées devront être prises dans tous les cas pour assurer la stricte application des règlements concernant l'emploi du travail forcé ou obligatoire soit par l'extension au travail forcé ou obligatoire des attributions de tout organisme d'inspection déjà créé pour la surveillance du travail libre, soit par tout autre système convenable. Des mesures devront également être prises pour que ces règlements soient portés à la connaissance des personnes assujetties au travail forcé ou obligatoire.

Art. 25 Le fait d'exiger illégalement du travail forcé ou obligatoire sera passible de sanctions pénales et tout Membre ratifiant la présente convention aura l'obligation de s'assurer que les sanctions imposées par la loi sont réellement efficaces et strictement appliquées.

Protocole OIT nº 29 du 11 juin 2014,

Relatif à la convention sur le travail forcé.

Art. 1er 1. En s'acquittant de ses obligations en vertu de la convention de supprimer le travail forcé ou obligatoire, tout Membre doit prendre des mesures efficaces pour en prévenir et éliminer l'utilisation, assurer aux victimes une protection et un accès à des mécanismes de recours et de réparation appropriés et efficaces, tels que l'indemnisation, et réprimer les auteurs de travail forcé ou obligatoire.

2. Tout Membre doit élaborer, en consultation avec les organisations d'employeurs et de travailleurs, une politique nationale et un plan d'action national visant la suppression effective et durable du travail forcé ou obligatoire, qui prévoient une action systématique de la part des autorités compétentes, lorsqu'il y a lieu en coordination avec les organisations d'employeurs et de travailleurs, ainsi qu'avec d'autres groupes intéressés.

3. La définition du travail forcé ou obligatoire figurant dans la convention est réaffirmée et, par conséquent, les mesures visées dans le présent protocole doivent inclure une action spécifique contre la traite des personnes à des fins de travail forcé ou obligatoire.

Art. 2 Les mesures qui doivent être prises pour prévenir le travail forcé ou obligatoire doivent comprendre :

a) l'éducation et l'information des personnes, notamment celles considérées comme particulièrement vulnérables, afin d'éviter qu'elles ne deviennent victimes de travail forcé ou obligatoire ;

b) l'éducation et l'information des employeurs, afin d'éviter qu'ils ne se trouvent impliqués dans des pratiques de travail forcé ou obligatoire ;

c) des efforts pour garantir que :

i) le champ d'application et le contrôle de l'application de la législation pertinente en matière de prévention du travail forcé ou obligatoire, y compris la législation du travail en tant que de besoin, couvrent tous les travailleurs et tous les secteurs de l'économie ;

ii) les services de l'inspection du travail et autres services chargés de faire appliquer cette législation sont renforcés ;

d) la protection des personnes, en particulier des travailleurs migrants, contre d'éventuelles pratiques abusives ou frauduleuses au cours du processus de recrutement et de placement ;

e) un appui à la diligence raisonnable dont doivent faire preuve les secteurs tant public que privé pour prévenir les risques de travail forcé ou obligatoire et y faire face ;

f) une action contre les causes profondes et les facteurs qui accroissent le risque de travail forcé ou obligatoire.

Art. 3 Tout Membre doit prendre des mesures efficaces pour identifier, libérer et protéger toutes les victimes de travail forcé ou obligatoire et pour permettre leur rétablissement et leur réadaptation, ainsi que pour leur prêter assistance et soutien sous d'autres formes.

Art. 4 1. Tout Membre doit veiller à ce que toutes les victimes de travail forcé ou obligatoire, indépendamment de leur présence ou de leur statut juridique sur le territoire national, aient effectivement accès à des mécanismes de recours et de réparation appropriés et efficaces, tels que l'indemnisation.

2. Tout Membre doit, conformément aux principes fondamentaux de son système juridique, prendre les mesures nécessaires pour que les autorités compétentes ne soient pas tenues d'engager de poursuites ou d'imposer de sanctions à l'encontre de victimes de travail forcé ou obligatoire pour avoir pris part à des activités illicites qu'elles auraient été contraintes de réaliser et qui seraient une conséquence directe de leur soumission au travail forcé ou obligatoire.

Art. 5 Les Membres doivent coopérer entre eux pour assurer la prévention et l'élimination de toutes les formes de travail forcé ou obligatoire.

Art. 6 Les mesures prises pour appliquer les dispositions du présent protocole et de la convention doivent être déterminées par la législation nationale ou par l'autorité compétente, après consultation des organisations d'employeurs et de travailleurs intéressées.

Art. 7 Les dispositions transitoires de l'article 1, paragraphes 2 et 3, et des articles 3 à 24 de la convention sont supprimées.

Recommandation OIT nº 203 du 11 juin 2014,

Sur des mesures complémentaires en vue de la suppression effective du travail forcé.

1. Les Membres devraient établir ou renforcer, selon que de besoin, en consultation avec les organisations d'employeurs et de travailleurs ainsi que d'autres groupes intéressés :

a) des politiques et des plans d'action nationaux contenant des mesures assorties de délais et fondées sur une approche soucieuse des enfants et du principe de l'égalité entre hommes et femmes pour parvenir à la suppression effective et durable du travail forcé ou obligatoire sous toutes ses formes, par la prévention, la protection et l'accès à des mécanismes de recours et de réparation, tels que l'indemnisation des victimes, et la répression des auteurs ;

b) les autorités compétentes telles que les services de l'inspection du travail, les institutions judiciaires et les organismes nationaux ou autres mécanismes institutionnels compétents en matière de travail forcé ou obligatoire, afin d'assurer l'élaboration, la coordination, la mise en œuvre, le suivi et l'évaluation des politiques et plans d'action nationaux.

2. 1) Les Membres devraient régulièrement collecter, analyser et diffuser des informations et des données statistiques fiables, impartiales et détaillées, ventilées selon des critères pertinents, tels que le sexe, l'âge et la nationalité, sur la nature et l'ampleur du travail forcé ou obligatoire, ce qui permettrait une évaluation des progrès accomplis.

2) Le droit à la protection de la vie privée, s'agissant des données personnelles, devrait être respecté.

Prévention.

3. Les Membres devraient prendre des mesures préventives qui comprennent :

a) le respect, la promotion et la réalisation des principes et droits fondamentaux au travail ;

b) la promotion de la liberté syndicale et de la négociation collective pour permettre aux travailleurs à risque de s'affilier à des organisations de travailleurs ;

Mécanismes de recours et de réparation, tels que l'indemnisation et l'accès à la justice.

12. Les Membres devraient prendre des mesures pour s'assurer que toutes les victimes de travail forcé ou obligatoire ont accès à la justice et à d'autres mécanismes de recours et de réparation efficaces et appropriés, tels que l'indemnisation pour le préjudice moral et matériel subi, y compris à travers :

a) la garantie, conformément à la législation et à la pratique nationales, que toutes les victimes ont, seules ou par l'intermédiaire d'un représentant, effectivement accès aux tribunaux ou à d'autres mécanismes de règlement des différends pour présenter des recours à des fins de réparation, telle que l'indemnisation et les dommages et intérêts ;

b) des dispositions prévoyant que les victimes peuvent demander une indemnisation et des dommages et intérêts, y compris pour les salaires non versés et les cotisations obligatoires au titre des prestations de sécurité sociale, de la part des auteurs des infractions ;

c) la garantie de l'accès à des régimes d'indemnisation appropriés existants ;

d) l'information et le conseil aux victimes au sujet de leurs droits et des services disponibles, dans une langue qui leur est compréhensible, ainsi que l'accès à une assistance juridique, de préférence gratuite ;

e) des dispositions prévoyant que toutes les victimes de travail forcé ou obligatoire, perpétré dans un État Membre, ressortissantes nationales ou étrangères, peuvent présenter dans cet État des recours appropriés administratifs ou judiciaires, civils ou pénaux, indépendamment de leur présence ou de leur statut juridique dans ledit État, en vertu de règles procédurales simplifiées s'il y a lieu.

Contrôle de l'application.

13. Les Membres devraient prendre des dispositions pour renforcer l'application de la législation nationale et des autres mesures, et notamment :

a) doter les autorités compétentes, telles que les services de l'inspection du travail, des attributions, des ressources et des moyens de formation nécessaires pour leur permettre de faire appliquer effectivement la législation et de coopérer avec d'autres organisations intéressées aux fins de la prévention et de la protection des victimes de travail forcé ou obligatoire ;

b) prévoir, outre les sanctions pénales, l'imposition d'autres sanctions, telles que la confiscation des profits tirés du travail forcé ou obligatoire et d'autres biens, conformément à la législation nationale ;

c) s'assurer, en appliquant l'article 25 de la convention et l'alinéa b) ci-dessus, que les personnes morales peuvent être tenues responsables de la violation de l'interdiction de recourir au travail forcé ou obligatoire ;

d) intensifier les efforts dans le domaine de l'identification des victimes, y compris en définissant des indicateurs du travail forcé ou obligatoire qui pourraient être utilisés par les inspecteurs du travail, les forces de l'ordre, les agents des services sociaux, les agents des services de l'immigration, le ministère public, les employeurs, les organisations d'employeurs et de travailleurs, les organisations non gouvernementales et les autres acteurs concernés.

Coopération internationale.

14. La coopération internationale devrait être renforcée entre les Membres et avec les organisations internationales et régionales concernées, lesquels devraient se prêter mutuellement assistance en vue de parvenir à la suppression effective et durable du travail forcé ou obligatoire, notamment par :

a) le renforcement de la coopération internationale entre les institutions chargées de l'application de la législation du travail outre celle concernant l'application du droit pénal ;

b) la mobilisation de ressources pour les programmes d'action nationaux ainsi que pour la coopération et l'assistance techniques internationales ;

c) l'entraide judiciaire ;

d) la coopération pour combattre et prévenir le recours au travail forcé ou obligatoire par le personnel diplomatique ;

e) une assistance technique mutuelle, comprenant l'échange d'informations et la mise en commun des bonnes pratiques et des enseignements tirés de la lutte contre le travail forcé ou obligatoire.

Convention OIT n° 35 du 29 juin 1933,

Concernant l'assurance-vieillesse obligatoire des salariés des entreprises industrielles et commerciales, des professions libérales, ainsi que des travailleurs à domicile et des gens de maison.

Convention OIT n° 37 du 29 juin 1933,

Concernant l'assurance-invalidité obligatoire des salariés des entreprises industrielles et commerciales, des professions libérales, ainsi que des travailleurs à domicile et des gens de maison.

Convention OIT n° 42 du 21 juin 1934,

Concernant la réparation des maladies professionnelles.

Art. 1er **1. Tout Membre de l'Organisation internationale du Travail ratifiant la présente convention s'engage à assurer aux victimes de maladies professionnelles ou à leurs ayants droit une réparation basée sur les principes généraux de sa législation nationale concernant la réparation des accidents du travail.**

2. Le taux de cette réparation ne sera pas inférieur à celui que prévoit la législation nationale pour les dommages résultant d'accidents du travail. Sous réserve de cette disposition, chaque Membre sera libre, en déterminant dans sa législation nationale les conditions réglant le paiement de la réparation des maladies dont il s'agit, et en appliquant à ces maladies sa législation relative à la réparation des accidents du travail, d'adopter les modifications et adaptations qui lui sembleraient expédientes.

Art. 2 **Tout Membre de l'Organisation internationale du Travail ratifiant la présente convention s'engage à considérer comme maladies professionnelles les maladies ainsi que les intoxications produites par les substances inscrites sur le tableau ci-après, lorsque ces maladies ou intoxications surviennent à des travailleurs occupés à des professions, industries ou procédés qui y correspondent dans ledit tableau et résultent du travail dans une entreprise assujettie à la législation nationale.**

Liste des maladies et des substances toxiques.	Liste des professions, industries ou procédés correspondants.
Intoxication par le plomb, ses alliages ou ses composés, avec les conséquences directes de cette intoxication.	Traitement des minerais contenant du plomb, y compris les cendres plombeuses d'usines à zinc. Fusion du vieux zinc et du plomb en saumon. Fabrication d'objets en plomb fondu ou en alliages plombifères. Industries polygraphiques. Fabrication des composés de plomb. Fabrication et réparation des accumulateurs. Préparation et emploi des émaux contenant du plomb. Polissage au moyen de limaille de plomb ou de potée plombifère. Travaux de peinture comportant la préparation ou la manipulation d'enduits, de mastics ou de teintes contenant des pigments de plomb.
Intoxication par le mercure, ses amalgames et ses composés, avec les conséquences directes de cette intoxication.	Traitement des minerais de mercure. Fabrication des composés de mercure. Fabrication des appareils de mesure ou de laboratoire. Préparation des matières premières pour la chapellerie. Dorure au feu. Emploi des pompes à mercure pour la fabrication des lampes à incandescence. Fabrication des amorces au fulminate de mercure.
Infection charbonneuse.	Ouvriers en contact avec des animaux charbonneux. Manipulation de débris d'animaux. Chargement, déchargement ou transport de marchandises.

Liste des maladies et des substances toxiques.	Liste des professions, industries ou procédés correspondants.
Silicose avec ou sans tuberculose pulmonaire, pour autant que la silicose soit une cause déterminante de l'incapacité ou de la mort.	Les industries ou procédés reconnus par la législation nationale comme comportant l'exposition au risque de silicose.
Intoxication par le phosphore ou ses composés avec les conséquences directes de cette intoxication.	Tous procédés comportant la production, le dégagement ou l'utilisation du phosphore ou de ses composés.
Intoxication par l'arsenic ou ses composés avec les conséquences directes de cette intoxication.	Tous procédés comportant la production, le dégagement ou l'utilisation de l'arsenic ou de ses composés.
Intoxication par le benzène ou ses homologues, leurs dérivés nitrés et aminés, avec les conséquences directes de cette intoxication.	Tous procédés comportant la production, le dégagement ou l'utilisation du benzène ou de ses homologues ou de leurs dérivés nitrés et aminés.
Intoxication par les dérivés halogénés des hydrocarbures de la série grasse.	Tous procédés comportant la production, le dégagement ou l'utilisation des dérivés halogénés des hydrocarbures de la série grasse, désignés par la législation nationale.
Troubles pathologiques dus: a) au radium et aux autres substances radio-actives; b) aux Rayons X.	Tous procédés exposant à l'action du radium des substances radio-actives ou des Rayons X.
Épithéliomas primitifs de la peau.	Tous procédés comportant la manipulation ou l'emploi du goudron, du brai, du bitume, des huiles minérales, de la paraffine, ou de composés, produits ou résidus de ces substances.

Convention OIT n° 44 du 23 juin 1934,

Assurant aux chômeurs involontaires des indemnités ou des allocations.

Art. 1er 1. Tout Membre de l'Organisation internationale du Travail qui ratifie la présente convention s'engage à entretenir un système qui assure aux chômeurs involontaires visés par cette convention soit :

(a) une indemnité, c'est-à-dire une somme versée en raison de contributions payées du fait de l'emploi du bénéficiaire par affiliation à un système soit obligatoire, soit facultatif ;

(b) une allocation, c'est-à-dire une prestation qui ne constitue ni une indemnité ni un secours alloué en vertu des mesures générales d'assistance aux indigents, mais qui peut constituer la rémunération d'un emploi dans des travaux de secours organisés dans les conditions prévues à l'article 9 ;

(c) une combinaison d'indemnités et d'allocations.

2. A condition qu'il assure, à toutes les personnes auxquelles s'applique la présente convention, les indemnités ou allocations prévues au paragraphe premier, ce système peut être :

(a) une assurance obligatoire ;

(b) une assurance facultative ;

(c) une combinaison de systèmes d'assurance obligatoire et d'assurance facultative ;

(d) un des systèmes précités complété par un système d'assistance.

3. Il appartient à la législation nationale de fixer, le cas échéant, les conditions dans lesquelles les chômeurs seraient appelés à passer du régime des indemnités au régime des allocations.

Art. 2 1. La présente convention s'applique à toutes personnes habituellement employées en échange d'un salaire ou d'un traitement.

2. Toutefois, chaque Membre peut prévoir, dans sa législation nationale, telles exceptions qu'il juge nécessaires en ce qui concerne :

(a) les gens de maison ;
(b) les travailleurs à domicile ;
(c) les travailleurs qui occupent des emplois stables dépendant du gouvernement, des autorités locales ou d'un service d'utilité publique ;
(d) les travailleurs non manuels dont les gains sont considérés par l'autorité compétente comme étant assez élevés pour leur permettre de se prémunir eux-mêmes contre le risque du chômage ;
(e) les travailleurs dont l'emploi a un caractère saisonnier, lorsque la durée de la saison est normalement inférieure à six mois et que les intéressés ne sont pas ordinairement occupés, pendant le reste de l'année, à un autre emploi couvert par la présente convention ;
(f) les jeunes travailleurs n'ayant pas encore atteint un âge déterminé ;
(g) les travailleurs ayant dépassé un âge déterminé et qui sont au bénéfice d'une pension de retraite ou de vieillesse ;
(h) les personnes qui ne sont occupées qu'à titre occasionnel ou subsidiaire à des emplois couverts par la présente convention ;
(i) les membres de la famille de l'employeur ;
(j) des catégories exceptionnelles de travailleurs pour lesquelles des circonstances particulières font qu'il ne serait pas nécessaire ou qu'il ne serait pas praticable de leur appliquer les dispositions de la présente convention.

3. Les Membres doivent faire connaître dans les rapports annuels soumis par eux sur l'application de la présente convention les exceptions qu'ils auront faites en vertu du paragraphe précédent.

4. La présente convention ne s'applique pas aux marins, aux marins pêcheurs, ni aux travailleurs agricoles, tels que ces catégories peuvent être définies par la législation nationale.

Art. 3 En cas de chômage partiel, des indemnités ou des allocations doivent être attribuées aux chômeurs dont l'emploi se trouve réduit dans les conditions déterminées par la législation nationale.

Art. 4 Le droit de recevoir une indemnité ou une allocation peut être subordonné aux conditions suivantes à remplir par le requérant :
(a) être apte au travail et disponible pour le travail ;
(b) s'être inscrit à un bureau de placement public ou à quelque autre bureau approuvé par l'autorité compétente et, sous réserve des exceptions et conditions qui pourraient être prescrites par la législation nationale, fréquenter régulièrement ledit bureau ;
(c) se conformer à toutes les autres prescriptions qui pourraient être édictées par la législation nationale en vue de déterminer s'il remplit les conditions relatives à l'octroi d'une indemnité ou d'une allocation.

Art. 5 Le droit de recevoir une indemnité ou une allocation peut être soumis à d'autres conditions ou disqualifications et notamment à celles prévues aux articles 6, 7, 8, 9, 10, 11 et 12. Les conditions et disqualifications autres que celles prévues aux articles susmentionnés doivent être indiquées dans les rapports annuels soumis par les Membres sur l'application de la présente convention.

Art. 6 Le droit de recevoir une indemnité ou une allocation peut être subordonné à l'accomplissement d'un stage comportant :
(a) soit le versement d'un nombre déterminé de cotisations au cours d'une période déterminée précédant la demande d'indemnité ou le commencement du chômage ;
(b) soit un emploi couvert par la présente convention pendant une période déterminée précédant la demande d'indemnités ou d'allocations ou précédant le commencement du chômage ;
(c) soit une combinaison des méthodes ci-dessus.

Art. 7 Le droit de recevoir une indemnité ou une allocation peut être subordonné à l'expiration d'un délai de carence dont la durée et les conditions d'application doivent être fixées par la législation nationale.

Art. 8 Le droit de recevoir une indemnité ou une allocation peut être subordonné à la fréquentation d'un cours d'enseignement professionnel ou autre.

Art. 9 Le droit de recevoir une indemnité ou une allocation peut être subordonné à l'acceptation, dans des conditions à déterminer par la législation nationale, d'un emploi à des travaux de secours organisés par une autorité publique.

Art. 10 1. Le requérant peut être disqualifié du droit aux indemnités ou aux allocations pendant une période appropriée s'il refuse d'accepter un emploi convenable. Ne doit pas être considéré comme convenable :

(a) un emploi dont l'acceptation comporterait la résidence dans une région où il n'existe pas de possibilités de logement appropriées ;

(b) un emploi dont le taux de salaire offert est inférieur ou dont les autres conditions d'emploi sont moins favorables :

(i) que n'aurait pu raisonnablement espérer le requérant en tenant compte de ceux qu'il obtenait habituellement dans sa profession ordinaire, dans la région où il était généralement employé, ou qu'il aurait obtenus s'il avait continué à être ainsi employé (lorsqu'il s'agit d'un emploi offert dans la profession et dans la région où le requérant était habituellement employé en dernier lieu) ;

(ii) que le niveau généralement observé à ce moment dans la profession et dans la région dans lesquelles l'emploi est offert (dans tous les autres cas) ;

(c) un emploi se trouvant vacant en raison d'un arrêt du travail dû à un conflit professionnel ;

(d) un emploi tel que, pour une raison autre que celles visées ci-dessus et compte tenu de toutes les circonstances y compris la situation personnelle du requérant, le refus de cet emploi ne peut lui être raisonnablement reproché.

2. Le requérant peut être disqualifié du droit aux indemnités ou aux allocations, pendant une période appropriée :

(a) s'il a perdu son emploi en raison directe d'un arrêt du travail dû à un conflit professionnel ;

(b) s'il a perdu son emploi par sa propre faute ou s'il l'a quitté volontairement sans motifs légitimes ;

(c) s'il a essayé d'obtenir frauduleusement une indemnité ou une allocation ;

(d) s'il ne se conforme pas, pour retrouver du travail, aux instructions d'un bureau de placement public ou de toute autre autorité compétente, ou si l'autorité compétente prouve que, délibérément ou par négligence, il n'a pas profité d'une occasion raisonnable d'emploi convenable.

3. Tout requérant qui, en quittant son emploi, a reçu de son employeur, en vertu de son contrat de travail, une compensation substantiellement égale à sa perte de gain durant une période donnée, peut être privé du droit aux indemnités et allocations pour la durée de cette période. Cependant, une indemnité de licenciement prévue par la législation nationale ne pourra être considérée comme une telle compensation.

Art. 11 Le droit de recevoir une indemnité ou une allocation peut n'être accordé que pendant une période limitée qui devra n'être pas normalement inférieure à 156 jours ouvrables par an et n'être, en aucun cas, inférieure à 78 jours ouvrables par an.

Art. 12 1. Le paiement des indemnités ne doit pas être subordonné à l'état de besoin du requérant.

2. Le droit de recevoir une allocation peut être subordonné à la constatation, dans des conditions à déterminer par la législation nationale, d'un état de besoin du requérant.

Art. 13 1. Les indemnités doivent être payées en espèces, mais des prestations supplémentaires destinées à faciliter la remise de l'assuré au travail peuvent être attribuées en nature.

2. Les allocations peuvent être attribuées en nature.

Art. 14 Des tribunaux ou autres autorités compétentes doivent être institués, conformément à la législation nationale, pour trancher les questions suscitées par les demandes d'indemnités ou d'allocations présentées par les personnes auxquelles s'applique la présente convention.

Art. 15 1. Le requérant peut être privé du droit aux indemnités ou aux allocations pour toute période où il réside à l'étranger.

2. Un régime spécial peut être établi pour les travailleurs frontaliers qui ont leur lieu de travail dans un pays et leur lieu de résidence dans un autre.

Art. 16 Les étrangers doivent avoir droit aux indemnités et allocations dans les mêmes conditions que les nationaux. Toutefois, tout Membre peut refuser aux ressortissants de tout Membre ou État qui n'est pas lié par la présente convention, l'égalité de traitement avec ses propres ressortissants au sujet des prestations provenant de fond auxquels le requérant n'a pas contribué.

Convention OIT nº 52 du 24 juin 1936,

Sur les congés payés.

Art. 1er 1. La présente convention s'applique au personnel occupé dans les entreprises et établissements suivants, qu'ils soient publics ou privés :

(a) entreprises dans lesquelles des produits sont manufacturés, modifiés, nettoyés, réparés, décorés, achevés, préparés pour la vente, détruits ou démolis, ou dans lesquelles les matières subissent une transformation, y compris les entreprises de construction des navires ainsi que les entreprises de production, de transformation et de transmission de l'électricité et de la force motrice en général ;

(b) entreprises s'adonnant exclusivement ou principalement à des travaux de construction, reconstruction, entretien, réparation, modification ou démolition des ouvrages suivants :

bâtiments et édifices,
chemins de fer,
tramways,
aéroports,
ports,
docks,
jetées,
ouvrages de protection contre l'action des cours d'eau et de la mer,
canaux,
installations pour la navigation intérieure, maritime ou aérienne,
routes,
tunnels,
ponts,
viaducs,
égouts collecteurs,
égouts ordinaires,
puits,
installations pour l'irrigation et le drainage,
installations de télécommunication,
installations afférentes à la production ou à la distribution de force électrique et de gaz,
pipe-lines,
installations de distribution d'eau,

ainsi que les entreprises s'adonnant aux autres travaux similaires et aux travaux de préparation ou de fondation précédant les travaux ci-dessus ;

(c) entreprises de transport de personnes ou de marchandises par route ou voie ferrée, par voie d'eau intérieure ou par air, y compris la manutention des marchandises dans les docks, quais, wharfs, entrepôts ou aéroports ;

(d) mines, carrières et industries extractives de toute nature ;

(e) établissements commerciaux, y compris les postes et les services de télécommunication ;
(f) établissements et administrations dont le fonctionnement repose essentiellement sur un travail de bureau ;
(g) entreprises de presse ;
(h) établissements ayant pour objet le traitement ou l'hospitalisation des malades, des infirmes, des indigents et des aliénés ;
(i) hôtels, restaurants, pensions, cercles, cafés et autres établissements où sont servies des consommations ;
(j) entreprises de spectacles et de divertissements ;
(k) établissements revêtant un caractère à la fois commercial et industriel ne correspondant pas complètement à l'une des catégories précédentes.

2. Dans chaque pays, l'autorité compétente doit, après consultation des principales organisations d'employeurs et de travailleurs intéressées, s'il en existe, déterminer la ligne de démarcation entre les entreprises et établissements mentionnés au paragraphe précédent et ceux qui ne sont pas visés par la présente convention.

3. Dans chaque pays, l'autorité compétente peut exempter de l'application de la présente convention :
(a) les personnes occupées dans les entreprises ou établissements où sont seuls occupés les membres de la famille de l'employeur ;
(b) les personnes occupées dans des administrations publiques dont les conditions d'emploi donnent droit à un congé annuel payé d'une durée au moins égale à celle du congé prévu par la présente convention.

Art. 2 1. Toute personne à laquelle s'applique la présente convention a droit, après un an de service continu, à un congé annuel payé comprenant au moins six jours ouvrables.

2. Les personnes de moins de seize ans, y compris les apprentis, ont droit, après un an de service continu, à un congé annuel payé comprenant au moins douze jours ouvrables.

3. Ne sont pas comptés dans le congé annuel payé :
(a) les jours fériés officiels ou coutumiers ;
(b) les interruptions de travail dues à la maladie.

4. La législation nationale peut autoriser, à titre exceptionnel, le fractionnement du congé annuel payé, mais seulement en ce qui concerne la partie du congé dépassant la durée minimum prévue par le présent article.

5. La durée du congé annuel payé doit s'accroître progressivement avec la durée du service, selon des modalités à fixer par la législation nationale.

Art. 3 Toute personne prenant un congé en vertu de l'article 2 de la présente convention doit recevoir pour toute la durée dudit congé :
(a) soit sa rémunération habituelle, calculée d'une façon qui doit être fixée par la législation nationale, majorée de l'équivalent de sa rémunération en nature, s'il en existe ;
(b) soit une rémunération fixée par convention collective.

Art. 4 Tout accord portant sur l'abandon du droit au congé annuel payé ou sur la renonciation audit congé doit être considéré comme nul.

Art. 5 La législation nationale peut prévoir que toute personne qui entreprend un travail rétribué pendant la durée de son congé annuel payé pourra être privée de sa rémunération pour toute la durée dudit congé.

Art. 6 Toute personne congédiée pour une cause imputable à l'employeur, avant d'avoir pris un congé qui lui est dû, doit recevoir, pour chaque jour de congé dû en vertu de la présente convention, le montant de la rémunération prévue à l'article 3.

Art. 7 En vue de faciliter l'application effective de la présente convention, chaque employeur doit inscrire sur un registre, selon le mode approuvé par l'autorité compétente :

(a) la date d'entrée en service des personnes employées par lui et la durée du congé annuel payé auquel chacune d'elles a droit ;

(b) les dates auxquelles le congé annuel payé de chaque personne est pris ;

(c) la rémunération reçue par chaque personne pour la durée de son congé annuel payé.

Art. 8 Tout Membre qui ratifie la présente convention doit instituer un système de sanctions pour en assurer l'application.

Art. 9 Rien dans cette convention n'affecte toute loi, toute sentence, toute coutume ou tout accord entre les employeurs et les travailleurs qui assure des conditions plus favorables que celles prévues par la présente convention.

Convention OIT nº 90 du 10 juillet 1948,

Concernant le travail de nuit des enfants dans l'industrie.

PARTIE I Dispositions générales

Art. 1er 1. Aux fins de la présente convention, seront considérées comme entreprises industrielles, notamment :

(a) les mines, carrières et industries extractives de toute nature ;

(b) les entreprises dans lesquelles des produits sont manufacturés, modifiés, nettoyés, réparés, décorés, achevés, préparés pour la vente, détruits ou démolis, ou dans lesquelles les matières subissent une transformation, y compris les entreprises de construction de navires, de production, de transformation et de transmission de l'électricité et de la force motrice en général ;

(c) les entreprises du bâtiment et du génie civil, y compris les travaux de construction, de réparation, d'entretien, de transformation et de démolition ;

(d) les entreprises de transport de personnes ou de marchandises par route ou voie ferrée, y compris la manutention des marchandises dans les docks, quais, wharfs, entrepôts ou aéroports.

2. L'autorité compétente déterminera la ligne de démarcation entre l'industrie, d'une part, l'agriculture, le commerce et les autres travaux non industriels, d'autre part.

3. La législation nationale pourra exempter de l'application de la présente convention l'emploi à un travail considéré comme n'étant pas nuisible ou préjudiciable aux enfants, ni dangereux pour ceux-ci, dans les entreprises familiales où sont occupés seulement les parents et leurs enfants ou pupilles.

Art. 2 1. Aux fins de la présente convention, le terme *nuit* signifie une période d'au moins douze heures consécutives.

2. Pour les enfants de moins de seize ans, cette période comprendra l'intervalle écoulé entre dix heures du soir et six heures du matin.

3. Pour les enfants de seize ans révolus, mais de moins de dix-huit ans, cette période comprendra un intervalle déterminé par l'autorité compétente d'au moins sept heures consécutives et s'insérant entre dix heures du soir et sept heures du matin ; l'autorité compétente pourra prescrire des intervalles différents pour différentes régions, industries, entreprises ou branches d'industries ou d'entreprises, mais consultera les organisations d'employeurs et de travailleurs intéressées avant de déterminer un intervalle commençant après onze heures du soir.

Art. 3 1. Les enfants de moins de dix-huit ans ne devront pas être employés ou travailler la nuit dans les entreprises industrielles, publiques ou privées, ou dans leurs dépendances, sauf dans les cas prévus ci-après.

2. Lorsque les besoins de leur apprentissage ou de leur formation professionnelle l'exigent dans les industries ou occupations déterminées qui nécessitent un travail continu, l'autorité compétente, après consultation des organisations d'employeurs et de travailleurs intéressées, pourra autoriser l'emploi, pendant la nuit, d'enfants de seize ans révolus, mais de moins de dix-huit ans.

3. Les enfants occupés la nuit conformément au paragraphe précédent devront bénéficier, entre deux périodes de travail, d'un repos d'au moins treize heures consécutives.

4. Lorsque la législation du pays interdit le travail de nuit à tout le personnel dans les boulangeries, l'autorité compétente pourra substituer, pour les enfants de seize ans révolus, lorsque leur apprentissage ou leur formation professionnelle l'exigent, la période comprise entre neuf heures du soir et quatre heures du matin à la période d'au moins sept heures consécutives s'insérant entre dix heures du soir et sept heures du matin prescrite par l'autorité compétente en vertu du paragraphe 3 de l'article 2.

Art. 4 1. Dans les pays où le climat rend le travail de jour particulièrement pénible, la période de nuit et l'intervalle d'interdiction pourront être plus courts que la période et l'intervalle fixés aux articles précédents, à condition qu'un repos compensateur soit accordé pendant le jour.

2. Les dispositions des articles 2 et 3 ne s'appliqueront pas au travail de nuit des enfants âgés de seize à dix-huit ans lorsqu'un cas de force majeure qui ne pouvait être prévu ou empêché, et qui ne présente pas un caractère périodique, met obstacle au fonctionnement normal d'une entreprise industrielle.

Art. 5 Lorsque, en raison de circonstances particulièrement graves, l'intérêt public l'exigera, l'interdiction du travail de nuit pourra être suspendue par une décision de l'autorité publique, en ce qui concerne les enfants âgés de seize à dix-huit ans.

Art. 6 1. La législation donnant effet aux dispositions de la présente convention doit :

(a) prescrire les dispositions nécessaires afin que cette législation soit portée à la connaissance de tous les intéressés ;

(b) préciser les personnes chargées d'en assurer l'exécution ;

(c) prescrire des sanctions appropriées en cas d'infractions ;

(d) prévoir l'institution et le maintien d'un régime d'inspection propre à assurer effectivement l'observation des dispositions susmentionnées ;

(e) obliger chaque employeur dans une entreprise industrielle, publique ou privée, à tenir un registre ou à garder à disposition des documents officiels, indiquant les noms et dates de naissance de toutes les personnes de moins de dix-huit ans qu'il occupe ainsi que toutes autres informations pertinentes requises par l'autorité compétente.

2. Les rapports annuels soumis par les Membres conformément à l'article 22 de la Constitution de l'Organisation internationale du Travail contiendront des renseignements complets sur la législation mentionnée au paragraphe précédent et un exposé général des résultats des inspections effectuées conformément au présent article.

PARTIE II Dispositions spéciales à certains pays

Art. 7 1. Tout Membre qui, avant la date à laquelle il adopte une législation permettant la ratification de la présente convention, possédait une législation réglementant le travail de nuit des enfants dans l'industrie et prévoyant une limite d'âge inférieure à dix-huit ans peut, par une déclaration annexée à sa ratification, remplacer l'âge de dix-huit ans imposé au paragraphe 1 de l'article 3 par un âge inférieur à dix-huit ans, mais en aucun cas inférieur à seize ans.

2. Tout Membre qui aura fait une telle déclaration pourra l'annuler en tout temps par une déclaration ultérieure.

3. Tout Membre à l'égard duquel est en vigueur une déclaration faite conformément au paragraphe 1 du présent article doit indiquer chaque année, dans son rapport sur l'application de la présente convention, dans quelle mesure un progrès quelconque a été réalisé en vue de l'application intégrale des dispositions de la convention.

Art. 8 1. Les dispositions de la partie I de la présente convention s'appliquent à l'Inde sous réserve des modifications établies par le présent article.

2. Lesdites dispositions s'appliquent à tous les territoires à l'égard desquels l'"*Indian Legislature*" a compétence pour les appliquer.

3. Seront considérées comme entreprises industrielles :

(a) les fabriques définies comme telles dans la loi sur les fabriques de l'Inde (*Indian Factories Act*) ;

(b) les mines auxquelles s'applique la loi sur les mines de l'Inde (*Indian Mines Act*) ;

(c) les chemins de fer et les ports.

4. L'article 2, paragraphe 2, s'appliquera aux enfants de treize ans révolus, mais de moins de quinze ans.

5. L'article 2, paragraphe 3, s'appliquera aux enfants de quinze ans révolus, mais de moins de dix-sept ans.

6. L'article 3, paragraphe 1, et l'article 4, paragraphe 1, s'appliqueront aux enfants de moins de dix-sept ans.

7. L'article 3, paragraphes 2, 3 et 4, l'article 4, paragraphe 2, et l'article 5 s'appliqueront aux enfants de quinze ans révolus, mais de moins de dix-sept ans.

8. L'article 6, paragraphe 1 e), s'appliquera aux enfants de moins de dix-sept ans.

Art. 9 1. Les dispositions de la partie I de la présente convention s'appliquent au Pakistan sous réserve des modifications établies par le présent article.

2. Lesdites dispositions s'appliquent à tous les territoires à l'égard desquels la "*Pakistan Legislature*" a compétence pour les appliquer.

3. Seront considérées comme entreprises industrielles :

(a) les fabriques définies comme telles dans la loi sur les fabriques ;

(b) les mines auxquelles s'applique la loi sur les mines ;

(c) les chemins de fer et les ports.

4. L'article 2, paragraphe 2, s'appliquera aux enfants de treize ans révolus, mais de moins de quinze ans.

5. L'article 2, paragraphe 3, s'appliquera aux enfants de quinze ans révolus, mais de moins de dix-sept ans.

6. L'article 3, paragraphe 1, et l'article 4, paragraphe 1, s'appliqueront aux enfants de moins de dix-sept ans.

7. L'article 3, paragraphes 2, 3 et 4, l'article 4, paragraphe 2, et l'article 5 s'appliqueront aux enfants de quinze ans révolus, mais de moins de dix-sept ans.

8. L'article 6, paragraphe 1 e), s'appliquera aux enfants de moins de dix-sept ans.

Art. 10 1. La Conférence internationale du Travail peut, à toute session où la matière est comprise dans son ordre du jour, adopter à la majorité des deux tiers des projets d'amendements à l'un ou à plusieurs des articles précédents de la partie II de la présente convention.

2. Un tel projet d'amendement devra indiquer le Membre ou les Membres auxquels il s'applique et devra, dans le délai d'un an, ou, par suite de circonstances exceptionnelles, dans le délai de dix-huit mois à partir de la clôture de la session de la Conférence, être soumis par le Membre ou les Membres auxquels il s'applique à l'autorité ou aux autorités dans la compétence desquelles rentre la matière, en vue de le transformer en loi ou de prendre des mesures d'un autre ordre.

3. Le Membre qui aura obtenu le consentement de l'autorité ou des autorités compétentes communiquera sa ratification formelle de l'amendement au Directeur général du Bureau international du Travail, aux fins d'enregistrement.

4. Un tel projet d'amendement, une fois ratifié par le Membre ou les Membres auxquels il s'applique, entrera en vigueur en tant qu'amendement à la présente convention.

Convention OIT nº 95 du 1er juillet 1949,

Sur la protection du salaire.

Art. 1er Aux fins de la présente convention, le terme *salaire* signifie, quels qu'en soient la dénomination ou le mode de calcul, la rémunération ou les gains susceptibles d'être évalués en espèces et fixés par accord ou par la législation nationale, qui sont dus en vertu d'un contrat de louage de services, écrit ou verbal, par un employeur à un travailleur, soit pour le travail effectué ou devant être effectué, soit pour les services rendus ou devant être rendus.

Art. 2 1. La présente convention s'applique à toutes personnes auxquelles un salaire est payé ou payable.

2. L'autorité compétente, après consultation des organisations d'employeurs et de travailleurs, là où de telles organisations existent et y sont directement intéressées, pourra exclure de l'application de l'ensemble ou de certaines des dispositions de la présente convention les catégories de personnes qui travaillent dans des circonstances et dans des conditions d'emploi telles que l'application de l'ensemble ou de certaines desdites dispositions ne conviendrait pas, et qui ne sont pas employées à des travaux manuels ou qui sont employées à des services domestiques ou à des occupations analogues.

3. Tout Membre doit indiquer, dans son premier rapport annuel à soumettre sur l'application de la présente convention en vertu de l'article 22 de la Constitution de l'Organisation internationale du Travail, toute catégorie de personnes qu'il se propose d'exclure de l'application de l'ensemble ou de l'une des dispositions de la convention conformément aux termes du paragraphe précédent. Par la suite, aucun Membre ne pourra procéder à des exclusions, sauf en ce qui concerne les catégories de personnes ainsi indiquées.

4. Tout Membre ayant indiqué dans son premier rapport annuel les catégories de personnes qu'il se propose d'exclure de l'application de l'ensemble ou de l'une des dispositions de la présente convention doit indiquer, dans ses rapports ultérieurs, les catégories de personnes pour lesquelles il renonce au droit de recourir aux dispositions du paragraphe 2 du présent article, et tout progrès qui pourrait avoir été effectué en vue de l'application de la présente convention à ces catégories de personnes.

Art. 3 1. Les salaires payables en espèces seront payés exclusivement en monnaie ayant cours légal, et le paiement sous forme de billets à ordre, de bons, de coupons ou sous toute autre forme censée représenter la monnaie ayant cours légal sera interdit.

2. L'autorité compétente pourra permettre ou prescrire le paiement du salaire par chèque tiré sur une banque ou par chèque ou mandat postal, lorsque ce mode de paiement est de pratique courante ou est nécessaire en raison de circonstances spéciales, lorsqu'une convention collective ou une sentence arbitrale le prévoit ou lorsque, à défaut de telles dispositions, le travailleur intéressé y consent.

Art. 4 1. La législation nationale, les conventions collectives ou les sentences arbitrales peuvent permettre le paiement partiel du salaire en nature dans les industries ou professions où ce mode de paiement est de pratique courante ou souhaitable en raison de la nature de l'industrie ou de la profession en cause. Le paiement du salaire sous forme de spiritueux ou de drogues nuisibles ne sera admis en aucun cas.

2. Dans les cas où le paiement partiel du salaire en nature est autorisé, des mesures appropriées seront prises pour que :

(a) les prestations en nature servent à l'usage personnel du travailleur et de sa famille et soient conformes à leur intérêt ;

(b) la valeur attribuée à ces prestations soit juste et raisonnable.

Art. 5 Le salaire sera payé directement au travailleur intéressé, à moins que la législation nationale, une convention collective ou une sentence arbitrale n'en dispose autrement ou que le travailleur intéressé n'accepte un autre procédé.

Art. 6 Il est interdit à l'employeur de restreindre de quelque manière que ce soit la liberté du travailleur de disposer de son salaire à son gré.

Art. 7 1. Lorsqu'il est créé, dans le cadre d'une entreprise, des économats pour vendre des marchandises aux travailleurs ou des services destinés à leur fournir des prestations, aucune contrainte ne sera exercée sur les travailleurs intéressés pour qu'ils fassent usage de ces économats ou services.

2. Lorsqu'il n'est pas possible d'accéder à d'autres magasins ou services, l'autorité compétente prendra des mesures appropriées tendant à obtenir que les marchandises

soient vendues et que les services soient fournis à des prix justes et raisonnables, ou que les économats ou services établis par l'employeur ne soient pas exploités dans le but d'en retirer un bénéfice mais dans l'intérêt des travailleurs intéressés.

Art. 8 1. Des retenues sur les salaires ne seront autorisées que dans des conditions et limites prescrites par la législation nationale ou fixées par une convention collective ou une sentence arbitrale.

2. Les travailleurs devront être informés, de la façon que l'autorité compétente considérera comme la plus appropriée, des conditions et des limites dans lesquelles de telles retenues pourront être effectuées.

Art. 9 Est interdite toute retenue sur les salaires dont le but est d'assurer un paiement direct ou indirect par un travailleur à un employeur, à son représentant ou à un intermédiaire quelconque (tel qu'un agent chargé de recruter la main-d'œuvre) en vue d'obtenir ou de conserver un emploi.

Art. 10 1. Le salaire ne pourra faire l'objet de saisie ou de cession que selon les modalités et dans les limites prescrites par la législation nationale.

2. Le salaire doit être protégé contre la saisie ou la cession dans la mesure jugée nécessaire pour assurer l'entretien du travailleur et de sa famille.

Art. 11 1. En cas de faillite ou de liquidation judiciaire d'une entreprise, les travailleurs employés dans celle-ci auront rang de créanciers privilégiés soit pour les salaires qui leur sont dus au titre de services fournis au cours d'une période antérieure à la faillite ou à la liquidation et qui sera prescrite par la législation nationale, soit pour les salaires qui ne dépassent pas un montant prescrit par la législation nationale.

2. Le salaire constituant une créance privilégiée sera payé intégralement avant que les créanciers ordinaires ne puissent revendiquer leur quote-part.

3. L'ordre de priorité de la créance privilégiée constituée par le salaire, par rapport aux autres créances privilégiées, doit être déterminé par la législation nationale.

Art. 12 1. Le salaire sera payé à intervalles réguliers. A moins qu'il n'existe d'autres arrangements satisfaisants qui assurent le paiement du salaire à des intervalles réguliers, les intervalles auxquels le salaire doit être payé seront prescrits par la législation nationale ou fixés par une convention collective ou une sentence arbitrale.

2. Lorsque le contrat de travail prend fin, le règlement final de la totalité du salaire dû sera effectué conformément à la législation nationale, à une convention collective ou à une sentence arbitrale, ou, à défaut d'une telle législation, d'une telle convention ou d'une telle sentence, dans un délai raisonnable, compte tenu des dispositions du contrat.

Art. 13 1. Le paiement du salaire, lorsqu'il est fait en espèces, sera effectué les jours ouvrables seulement, et au lieu du travail ou à proximité de celui-ci, à moins que la législation nationale, une convention collective ou une sentence arbitrale n'en dispose autrement ou que d'autres arrangements dont les travailleurs intéressés auront eu connaissance paraissent plus appropriés.

2. Le paiement du salaire est interdit dans les débits de boissons ou autres établissements similaires et, si la prévention des abus l'exige, dans les magasins de vente au détail et dans les lieux de divertissement, sauf lorsqu'il s'agit de personnes occupées dans lesdits établissements.

Art. 14 S'il y a lieu, des mesures efficaces seront prises en vue d'informer les travailleurs d'une manière appropriée et facilement compréhensible :

(a) des conditions de salaire qui leur seront applicables, et cela avant qu'ils ne soient affectés à un emploi ou à l'occasion de tous changements dans ces conditions ;

(b) lors de chaque paiement de salaire, des éléments constituant leur salaire pour la période de paie considérée, dans la mesure où ces éléments sont susceptibles de varier.

Art. 15 La législation donnant effet aux dispositions de la présente convention doit :
(a) être portée à la connaissance des intéressés ;
(b) préciser les personnes chargées d'en assurer l'exécution ;
(c) prescrire des sanctions appropriées en cas d'infraction ;
(d) prévoir, dans tous les cas où il y a lieu, la tenue d'états suivant une forme et une méthode appropriées.

Art. 16 Les rapports annuels qui doivent être présentés aux termes de l'article 22 de la Constitution de l'Organisation internationale du Travail contiendront des renseignements complets sur les mesures donnant effet aux dispositions de la présente convention.

Art. 17 1. Lorsque le territoire d'un Membre comprend de vastes régions où, en raison du caractère clairsemé de la population ou de l'état de leur développement, l'autorité compétente estime impraticable d'appliquer les dispositions de la présente convention, elle peut, après consultation des organisations d'employeurs et de travailleurs intéressées, là où de telles organisations existent, exempter lesdites régions de l'application de la convention, soit d'une manière générale, soit avec les exceptions qu'elle juge appropriées à l'égard de certaines entreprises ou de certains travaux.

2. Tout Membre doit indiquer, dans son premier rapport annuel à soumettre sur l'application de la présente convention en vertu de l'article 22 de la Constitution de l'Organisation internationale du Travail, toute région pour laquelle il se propose d'avoir recours aux dispositions du présent article, et doit donner les raisons pour lesquelles il se propose d'avoir recours à ces dispositions. Par la suite, aucun Membre ne pourra recourir aux dispositions du présent article, sauf en ce qui concerne les régions qu'il aura ainsi indiquées.

3. Tout Membre recourant aux dispositions du présent article doit reconsidérer, à des intervalles n'excédant pas trois années et en consultation avec les organisations d'employeurs et de travailleurs intéressées, là où de telles organisations existent, la possibilité d'étendre l'application de la présente convention aux régions exemptées en vertu du paragraphe 1.

4. Tout Membre recourant aux dispositions du présent article doit indiquer, dans ses rapports annuels ultérieurs, les régions pour lesquelles il renonce au droit de recourir auxdites dispositions, et tout progrès qui pourra avoir été effectué en vue de l'application progressive de la présente convention dans de telles régions.

Convention OIT n° 100 du 29 juin 1951,

Concernant l'égalité de rémunération entre la main-d'œuvre masculine et la main-d'œuvre féminine pour un travail de valeur égale.

Art. 1er Aux fins de la présente convention :
(a) le terme *rémunération* comprend le salaire ou traitement ordinaire, de base ou minimum, et tous autres avantages, payés directement ou indirectement, en espèces ou en nature, par l'employeur au travailleur en raison de l'emploi de ce dernier ;
(b) l'expression *égalité de rémunération entre la main-d'œuvre masculine et la main-d'œuvre féminine pour un travail de valeur égale* se réfère aux taux de rémunération fixés sans discrimination fondée sur le sexe.

Art. 2 1. Chaque Membre devra, par des moyens adaptés aux méthodes en vigueur pour la fixation des taux de rémunération, encourager et, dans la mesure où ceci est compatible avec lesdites méthodes, assurer l'application à tous les travailleurs du principe de l'égalité de rémunération entre la main-d'œuvre masculine et la main-d'œuvre féminine pour un travail de valeur égale.

2. Ce principe pourra être appliqué au moyen :
(a) soit de la législation nationale ;
(b) soit de tout système de fixation de la rémunération établi ou reconnu par la législation ;
(c) soit de conventions collectives passées entre employeurs et travailleurs ;
(d) soit d'une combinaison de ces divers moyens.

Art. 3 1. Lorsque de telles mesures seront de nature à faciliter l'application de la présente convention, des mesures seront prises pour encourager l'évaluation objective des emplois sur la base des travaux qu'ils comportent.

2. Les méthodes à suivre pour cette évaluation pourront faire l'objet de décisions, soit de la part des autorités compétentes en ce qui concerne la fixation des taux de rémunération, soit, si les taux de rémunération sont fixés en vertu de conventions collectives, de la part des parties à ces conventions.

3. Les différences entre les taux de rémunération qui correspondent, sans considération de sexe, à des différences résultant d'une telle évaluation objective dans les travaux à effectuer ne devront pas être considérées comme contraires au principe de l'égalité de rémunération entre la main-d'œuvre masculine et la main-d'œuvre féminine pour un travail de valeur égale.

Art. 4 Chaque Membre collaborera, de la manière qui conviendra, avec les organisations d'employeurs et de travailleurs intéressées, en vue de donner effet aux dispositions de la présente convention.

Convention OIT nº 105 du 25 juin 1957,

Concernant l'abolition du travail forcé.

Art. 1er Tout Membre de l'Organisation internationale du Travail qui ratifie la présente convention s'engage à supprimer le travail forcé ou obligatoire et à n'y recourir sous aucune forme :

(a) en tant que mesure de coercition ou d'éducation politique ou en tant que sanction à l'égard de personnes qui ont ou expriment certaines opinions politiques ou manifestent leur opposition idéologique à l'ordre politique, social ou économique établi ;

(b) en tant que méthode de mobilisation et d'utilisation de la main-d'œuvre à des fins de développement économique ;

(c) en tant que mesure de discipline du travail ;

(d) en tant que punition pour avoir participé à des grèves ;

(e) en tant que mesure de discrimination raciale, sociale, nationale ou religieuse.

Art. 2 Tout Membre de l'Organisation internationale du Travail qui ratifie la présente convention s'engage à prendre des mesures efficaces en vue de l'abolition immédiate et complète du travail forcé ou obligatoire tel qu'il est décrit à l'article 1 de la présente convention.

Convention OIT nº 111 du 25 juin 1958,

Concernant la discrimination en matière d'emploi et de profession.

Art. 1er 1. Aux fins de la présente convention, le terme *discrimination* comprend :

(a) toute distinction, exclusion ou préférence fondée sur la race, la couleur, le sexe, la religion, l'opinion politique, l'ascendance nationale ou l'origine sociale, qui a pour effet de détruire ou d'altérer l'égalité de chances ou de traitement en matière d'emploi ou de profession ;

(b) toute autre distinction, exclusion ou préférence ayant pour effet de détruire ou d'altérer l'égalité de chances ou de traitement en matière d'emploi ou de profession, qui pourra être spécifiée par le Membre intéressé après consultation des organisations représentatives d'employeurs et de travailleurs, s'il en existe, et d'autres organismes appropriés.

2. Les distinctions, exclusions ou préférences fondées sur les qualifications exigées pour un emploi déterminé ne sont pas considérées comme des discriminations.

3. Aux fins de la présente convention, les mots emploi et profession recouvrent l'accès à la formation professionnelle, l'accès à l'emploi et aux différentes professions, ainsi que les conditions d'emploi.

1. Discriminations liées à l'affiliation syndicale. En l'état de la pratique judiciaire russe, les recours existant en matière de discriminations fondées sur l'affiliation syndicale ne sont pas de nature à porter une solution adéquate, performante et satisfaisante aux salariés victimes. L'État n'a ainsi pas assuré une protection judiciaire appropriée et effective contre la discrimination fondée sur l'affiliation syndicale, violant ainsi l'art. 14 combiné avec l'art. 11 Conv. EDH (théorie des obligations positives, conférant ainsi à l'art. 14 un effet horizontal entre employeurs et employés). • CEDH 20 juill. 2009, *Danilenkov c/ Russie*, n° 67336/01.

2. Discriminations liées à l'état de santé. Sur la violation de l'art. 8 (droit au respect de la vie privée et familiale) combiné avec l'art. 14 (interdiction de la discrimination) de la Conv. EDH en ce que les juges internes avaient fondé leur décision sur une donnée manifestement inexacte, à savoir le caractère contagieux du requérant (atteint du VIH) et avaient insuffisamment exposé en quoi les intérêts de l'employeur l'emportaient sur ceux du requérant, de telle sorte qu'ils avaient manqué de mettre correctement en balance les droits des deux parties. • CEDH 3 oct. 2013, *I.B. c c/ Grèce*, n° 552/10.

3. Discriminations liées à la religion. V., notamment : • CEDH 15 févr. 2001, *Dahlab c/ Suisse*, n° 42393/98 : *AJDA 2001. 480, note Flauss ; RFDA 2003. 536, note Chauvin* • 12 févr. 2008, *Guja c/ Moldavie*, n° 14277/04 : *AJDA 2008. 978, chron. Flauss ; JCP 2008. I. 167, chron. Sudre.*

4. Discrimination liées à une opinion politique. Dans une société démocratique et pluraliste saine, le droit à la liberté d'association en vertu de l'art. 11 Conv. EDH doit s'appliquer non seulement aux personnes ou associations dont les vues sont accueillies avec faveur ou considérées comme inoffensives mais également à celles dont les idées heurtent, choquent ou inquiètent. Un système juridique qui permet de licencier un salarié uniquement en raison de son appartenance à un parti politique est potentiellement générateur d'abus et donc intrinsèquement déficient. • CEDH 6 nov. 2012, *Redfearn c/ Royaume-Uni*, n° 64846/11.

5. Liberté d'expression. Le droit à la liberté d'expression dans le contexte des relations de travail n'est pas illimité, les caractéristiques de ces relations devant être prises en compte. Une distinction claire doit ainsi être faite entre critique et insulte, cette dernière pouvant, en principe, justifier des sanctions. Quant à savoir si la sanction imposée aux requérants, en l'espèce leur licenciement, était proportionnée au degré de gravité, il convient de souligner que la caricature et les articles litigieux, s'il ont été publiés dans le bulletin de la section syndicale à laquelle appartenaient les requérants, et s'inscrivaient donc dans le cadre d'un conflit opposant les requérants et la société, ils contenaient toutefois des critiques et des accusations adressées non pas directement à cette dernière mais à deux collaborateurs de telle sorte que le licenciement dont les requérants ont fait l'objet n'était pas une sanction manifestement disproportionnée ou excessive, de nature à exiger que l'État y portât remède en l'annulant ou en y substituant une sanction moins sévère. • CEDH 12 sept. 2011, *Palomo Sanchez et a. c/ Espagne*, n° 28955/06. ♦ Le licenciement de la requérante, en raison de ses déclarations à la presse, constitue une ingérence dans l'exercice de son droit à la liberté d'expression. Il ressort en effet des faits que les déclarations par lesquelles la requérante a répondu aux critiques du président du conseil d'administration n'étaient pas disproportionnées et n'ont pas dépassé les limites de la critique admissible. Ainsi, le licenciement de la requérante, qui constituait une ingérence dans l'exercice de sa liberté d'expression, n'était pas nécessaire dans une société démocratique pour protéger la réputation et les droits de l'entreprise. • CEDH 28 mars 2017, *Marunic c/ Croatie*, n° 51706/11. ♦ Les juridictions internes ne se sont pas livrées à une mise en balance adéquate du droit à la liberté d'expression du requérant à l'aune du droit pour la banque de protéger ses intérêts commerciaux légitimes. En particulier, les articles sur des sujets intéressant un public professionnel pouvaient bénéficier de la protection de la liberté d'expression du simple fait qu'ils s'inscrivaient dans un débat général d'intérêt public. • CEDH, 5 nov. 2019, *Herbaiet c/ Hongrie*, n° 11608/15 : *Légipresse 2020. 184, note Gras* .

6. Discriminations positives. La disposition en cause – qui permet aux personnes handicapées de bénéficier d'une protection spéciale en matière de licenciement, en ce sens qu'une telle décision doit faire l'objet d'une autorisation préalable donnée par un comité spécial – a été établie dans l'intérêt des personnes handicapées, de telle sorte qu'elle doit s'analyser en une discrimination positive et qu'elle est dès lors justifiée. • CEDH 5 févr. 2004, *Wintersberger c/ Autriche*, n° 10533/83.

7. Justification objective et raisonnable. Une distinction se révèle discriminatoire si elle manque de justification objective et raisonnable, c'est-à-dire si elle ne poursuit pas un but légitime ou si fait défaut un « rapport raisonnable de proportionnalité entre les moyens employés et le but visé ». • CEDH 13 juin 1979, *Marckx c/ Belgique*, n° 6833/74 : *CDE 1980. 473, obs. Cohen-Jonathan ; AFDI 1980. 317, chron. Pelloux ; JDI 1982. 183, obs. Rolland.*

8. Responsabilité de l'employeur pour des faits commis par des tiers. Lorsque des agissements discriminatoires ont porté atteinte à la santé du salarié, la responsabilité de l'employeur peut être engagée au titre des dommages causés par les agissements de personnes exerçant, de fait ou de droit, une autorité sur les salariés (agissements discriminatoires à l'égard d'une salariée commis par les bénévoles d'une association). • Soc. 30 janv. 2019, n° 17-28.905 P : *D. actu. 25 févr. 2019, obs. Castel ; D. 2019. Actu. 261 ; RDT 2019. 335, note Adam ; RJS 4/2019, n° 196 ; SSL 2019, n° 1848, p. 11, obs. Champeaux ; JSL 2019, n° 472-2, obs. Hautefort ; JCP 2019. 168, obs. Dedessus-Le-Moustier ; JCP S 2019. 1133, obs. Leborgne-Ingelaere.*

Art. 2 Tout Membre pour lequel la présente convention est en vigueur s'engage à formuler et à appliquer une politique nationale visant à promouvoir, par des méthodes adaptées aux circonstances et aux usages nationaux, l'égalité de chances et de traitement en matière d'emploi et de profession, afin d'éliminer toute discrimination en cette matière.

Art. 3 Tout Membre pour lequel la présente convention est en vigueur doit, par des méthodes adaptées aux circonstances et aux usages nationaux :

(a) s'efforcer d'obtenir la collaboration des organisations d'employeurs et de travailleurs et d'autres organismes appropriés pour favoriser l'acceptation et l'application de cette politique ;

(b) promulguer des lois et encourager des programmes d'éducation propres à assurer cette acceptation et cette application ;

(c) abroger toute disposition législative et modifier toute disposition ou pratique administratives qui sont incompatibles avec ladite politique ;

(d) suivre ladite politique en ce qui concerne les emplois soumis au contrôle direct d'une autorité nationale ;

(e) assurer l'application de ladite politique dans les activités des services d'orientation professionnelle, de formation professionnelle et de placement soumis au contrôle d'une autorité nationale ;

(f) indiquer, dans ses rapports annuels sur l'application de la convention, les mesures prises conformément à cette politique et les résultats obtenus.

Art. 4 Ne sont pas considérées comme des discriminations toutes mesures affectant une personne qui fait individuellement l'objet d'une suspicion légitime de se livrer à une activité préjudiciable à la sécurité de l'État ou dont il est établi qu'elle se livre en fait à cette activité, pour autant que ladite personne ait le droit de recourir à une instance compétente établie suivant la pratique nationale.

Art. 5 1. Les mesures spéciales de protection ou d'assistance prévues dans d'autres conventions ou recommandations adoptées par la Conférence internationale du Travail ne sont pas considérées comme des discriminations.

2. Tout Membre peut, après consultation, là où elles existent, des organisations représentatives d'employeurs et de travailleurs, définir comme non discriminatoires toutes autres mesures spéciales destinées à tenir compte des besoins particuliers de personnes à l'égard desquelles une protection ou une assistance spéciale est, d'une façon générale, reconnue nécessaire pour des raisons telles que le sexe, l'âge, l'invalidité, les charges de famille ou le niveau social ou culturel.

Convention OIT nº 118 du 28 juin 1962,

Concernant l'égalité de traitement des nationaux et des non-nationaux en matière de sécurité sociale 🔒.

Convention OIT nº 122 du 9 juillet 1964,

Sur la politique de l'emploi.

Art. 1er 1. En vue de stimuler la croissance et le développement économiques, d'élever les niveaux de vie, de répondre aux besoins de main-d'œuvre et de résoudre le problème du chômage et du sous-emploi, tout Membre formulera et appliquera, comme un objectif essentiel, une politique active visant à promouvoir le plein emploi, productif et librement choisi.

2. Ladite politique devra tendre à garantir :

(a) qu'il y aura du travail pour toutes les personnes disponibles et en quête de travail ;

(b) que ce travail sera aussi productif que possible ;

(c) qu'il y aura libre choix de l'emploi et que chaque travailleur aura toutes possibilités d'acquérir les qualifications nécessaires pour occuper un emploi qui lui convienne et d'utiliser, dans cet emploi, ses qualifications ainsi que ses dons, quels que soient sa race, sa couleur, son sexe, sa religion, son opinion politique, son ascendance nationale ou son origine sociale.

3. Ladite politique devra tenir compte du stade et du niveau du développement économique ainsi que des rapports existant entre les objectifs de l'emploi et les autres objectifs économiques et sociaux, et sera appliquée par des méthodes adaptées aux conditions et aux usages nationaux.

Droit à l'emploi. Il est loisible au législateur d'apporter à la liberté d'entreprendre qui découle de l'art. 4 DDH les limitations justifiées par l'intérêt général ou liées à des exigences constitutionnelles, à la condition que lesdites limitations n'aient pas pour conséquence d'en dénaturer la portée ; il revient par ailleurs au législateur de fixer les principes fondamentaux du droit du travail, et notamment de poser des règles propres à assurer au mieux, conformément au 5e al. Préamb. Const. 1946, le droit pour chacun d'obtenir un emploi, tout en ouvrant le bénéfice de ce droit au plus grand nombre d'intéressés. En réduisant, à l'art. 1er de la loi d'orientation et d'incitation relative à la réduction du temps de travail, de trente-neuf à trente-cinq heures, la durée légale du travail effectif, en 2000 ou 2002, selon les cas, et en prévoyant, à l'art. 3, un dispositif visant à inciter les employeurs à réduire la durée du travail avant ces échéances, le législateur a entendu, dans le contexte actuel du marché du travail, s'inscrire dans le cadre du 5e al. Préamb. Const. de 1946. • Cons. const. 10 juin 1998, n° 98-401. ♦ Considérant que le droit à l'emploi n'est pas une liberté fondamentale, mais un droit-créance qui doit être concilié avec d'autres droits ou principes constitutionnels, tels que la liberté d'entreprendre qui fonde, pour l'employeur, le droit de recruter librement ou de licencier un salarié : • Soc. 21 sept. 2017, n° 16-20.270 P : *D. actu. 30 oct. 2017, obs. Siro ; D. 2017. Actu. 1923, note explicative Cass ; JSL 2017, n° 441-2, obs. Lajeunesse ; JCP 2017. 1090, obs. Dedessus-Le-Moustier.*

Art. 2 Tout Membre devra, par des méthodes adaptées aux conditions du pays et dans la mesure où celles-ci le permettent :

(a) déterminer et revoir régulièrement, dans le cadre d'une politique économique et sociale coordonnée, les mesures à adopter en vue d'atteindre les objectifs énoncés à l'article 1 ;

(b) prendre les dispositions qui pourraient être requises pour l'application de ces mesures, y compris, le cas échéant, l'élaboration de programmes.

Art. 3 Dans l'application de la présente convention, les représentants des milieux intéressés par les mesures à prendre, et en particulier les représentants des employeurs et des travailleurs, devront être consultés au sujet des politiques de l'emploi, afin qu'il soit pleinement tenu compte de leur expérience et de leur opinion, qu'ils collaborent entièrement à l'élaboration de ces politiques et qu'ils aident à recueillir des appuis en faveur de ces dernières.

Convention OIT n° 131 du 22 juin 1970,

Sur la fixation des salaires minima.

Art. 1er 1. Tout Membre de l'Organisation internationale du Travail qui ratifie la présente convention s'engage à établir un système de salaires minima protégeant tous les groupes de salariés dont les conditions d'emploi sont telles qu'il serait approprié d'assurer leur protection.

2. L'autorité compétente de chaque pays devra, en accord avec les organisations représentatives des employeurs et des travailleurs intéressées, s'il en existe, ou après avoir pleinement consulté celles-ci, déterminer les groupes de salariés qui doivent être protégés.

3. Tout Membre qui ratifie la présente convention devra faire connaître, dans le premier rapport sur l'application de la convention qu'il présentera au titre de l'article 22 de la Constitution de l'Organisation internationale du Travail, les groupes de salariés qui ne seraient pas protégés en vertu du présent article, en en indiquant les motifs, et devra indiquer dans ses rapports ultérieurs l'état de sa législation et de sa pratique en ce qui concerne les groupes non protégés, en précisant dans quelle mesure il a été donné suite, ou quelle suite il se propose de donner à la convention en ce qui concerne lesdits groupes.

Art. 2 1. Les salaires minima auront force de loi et ne pourront pas être abaissés ; leur non application entraînera l'application de sanctions appropriées, pénales ou autres, à l'encontre de la personne ou des personnes responsables.

2. Sous réserve des dispositions du paragraphe 1 ci-dessus, la liberté de négociation collective devra être pleinement respectée.

Art. 3 Les éléments à prendre en considération pour déterminer le niveau des salaires minima devront, autant qu'il sera possible et approprié, compte tenu de la pratique et des conditions nationales, comprendre :

(a) les besoins des travailleurs et de leur famille, eu égard au niveau général des salaires dans le pays, au coût de la vie, aux prestations de sécurité sociale et aux niveaux de vie comparés d'autres groupes sociaux ;

(b) les facteurs d'ordre économique, y compris les exigences du développement économique, la productivité et l'intérêt qu'il y a à atteindre et à maintenir un haut niveau d'emploi.

Art. 4 1. Tout Membre qui ratifie la présente convention devra instituer et maintenir des méthodes adaptées aux conditions et aux besoins du pays, permettant de fixer et d'ajuster de temps à autre les salaires minima payables aux groupes de salariés protégés en vertu de l'article 1 ci-dessus.

2. Des dispositions seront prises pour consulter pleinement les organisations représentatives d'employeurs et de travailleurs intéressées ou, en l'absence de telles organisations, les représentants des employeurs et des travailleurs intéressés, au sujet de l'établissement et de l'application des méthodes visées ci-dessus, ou des modifications qui y seraient apportées.

3. Dans les cas appropriés, compte tenu de la nature des méthodes de fixation des salaires minima existantes, des dispositions seront également prises pour permettre que participent directement à leur application :

(a) des représentants d'organisations d'employeurs et de travailleurs intéressées ou, en l'absence de telles organisations, des représentants des employeurs et des travailleurs intéressés, cette participation devant s'effectuer sur un pied d'égalité ;

(b) des personnes dont la compétence pour représenter les intérêts généraux du pays est reconnue et qui auront été nommées après que des organisations représentatives des employeurs et des travailleurs intéressées auront été pleinement consultées là où de telles organisations existent et où pareille consultation est conforme à la législation ou à la pratique nationales.

Art. 5 Des mesures appropriées, telles qu'un système adéquat d'inspection complété par toutes autres mesures nécessaires, seront prises pour assurer l'application effective de toutes les dispositions relatives aux salaires minima.

Art. 6 La présente convention ne doit pas être considérée comme portant révision de l'une quelconque des conventions existantes.

Convention OIT n° 138 du 26 juin 1973,

Concernant l'âge minimum d'admission à l'emploi.

Art. 1er Tout Membre pour lequel la présente convention est en vigueur s'engage à poursuivre une politique nationale visant à assurer l'abolition effective du travail des enfants et à élever progressivement l'âge minimum d'admission à l'emploi ou au travail à un niveau permettant aux adolescents d'atteindre le plus complet développement physique et mental.

Art. 2 1. Tout Membre qui ratifie la présente convention devra spécifier, dans une déclaration annexée à sa ratification, un âge minimum d'admission à l'emploi ou au travail sur son territoire et dans les moyens de transport immatriculés sur son territoire ; sous réserve des dispositions des articles 4 à 8 de la présente convention, aucune personne d'un âge inférieur à ce minimum ne devra être admise à l'emploi ou au travail dans une profession quelconque.

2. Tout Membre ayant ratifié la présente convention pourra, par la suite, informer le Directeur général du Bureau international du Travail, par de nouvelles déclarations, qu'il relève l'âge minimum spécifié précédemment.

3. L'âge minimum spécifié conformément au paragraphe 1 du présent article ne devra pas être inférieur à l'âge auquel cesse la scolarité obligatoire, ni en tout cas à quinze ans.

4. Nonobstant les dispositions du paragraphe 3 du présent article, tout Membre dont l'économie et les institutions scolaires ne sont pas suffisamment développées pourra, après consultation des organisations d'employeurs et de travailleurs intéressées, s'il en existe, spécifier, en une première étape, un âge minimum de quatorze ans.

5. Tout Membre qui aura spécifié un âge minimum de quatorze ans en vertu du paragraphe précédent devra, dans les rapports qu'il est tenu de présenter au titre de l'article 22 de la Constitution de l'Organisation internationale du Travail, déclarer :

(a) soit que le motif de sa décision persiste ;

(b) soit qu'il renonce à se prévaloir du paragraphe 4 ci-dessus à partir d'une date déterminée.

Art. 3 1. L'âge minimum d'admission à tout type d'emploi ou de travail qui, par sa nature ou les conditions dans lesquelles il s'exerce, est susceptible de compromettre la santé, la sécurité ou la moralité des adolescents ne devra pas être inférieur à dix-huit ans.

2. Les types d'emploi ou de travail visés au paragraphe 1 ci-dessus seront déterminés par la législation nationale ou l'autorité compétente, après consultation des organisations d'employeurs et de travailleurs intéressées, s'il en existe.

3. Nonobstant les dispositions du paragraphe 1 ci-dessus, la législation nationale ou l'autorité compétente pourra, après consultation des organisations d'employeurs et de travailleurs intéressées, s'il en existe, autoriser l'emploi ou le travail d'adolescents dès l'âge de seize ans à condition que leur santé, leur sécurité et leur moralité soient pleinement garanties et qu'ils aient reçu, dans la branche d'activité correspondante, une instruction spécifique et adéquate ou une formation professionnelle.

Art. 4 1. Pour autant que cela soit nécessaire et après avoir consulté les organisations d'employeurs et de travailleurs intéressées, s'il en existe, l'autorité compétente pourra ne pas appliquer la présente convention à des catégories limitées d'emploi ou de travail lorsque l'application de la présente convention à ces catégories soulèverait des difficultés d'exécution spéciales et importantes.

2. Tout Membre qui ratifie la présente convention devra, dans le premier rapport sur l'application de celle-ci qu'il est tenu de présenter au titre de l'article 22 de la Constitution de l'Organisation internationale du Travail, indiquer, avec motifs à l'appui, les catégories d'emploi qui auraient été l'objet d'une exclusion au titre du paragraphe 1 du présent article, et exposer, dans ses rapports ultérieurs, l'état de sa législation et de sa pratique quant à ces catégories, en précisant dans quelle mesure il a été donné effet ou il est proposé de donner effet à la présente convention à l'égard desdites catégories.

3. Le présent article n'autorise pas à exclure du champ d'application de la présente convention les emplois ou travaux visés à l'article 3.

Art. 5 1. Tout Membre dont l'économie et les services administratifs n'ont pas atteint un développement suffisant pourra, après consultation des organisations d'employeurs et de travailleurs intéressées, s'il en existe, limiter, en une première étape, le champ d'application de la présente convention.

2. Tout Membre qui se prévaut du paragraphe 1 du présent article devra spécifier, dans une déclaration annexée à sa ratification, les branches d'activité économique ou les types d'entreprises auxquels s'appliqueront les dispositions de la présente convention.

3. Le champ d'application de la présente convention devra comprendre au moins : les industries extractives ; les industries manufacturières ; le bâtiment et les travaux publics ; l'électricité, le gaz et l'eau ; les services sanitaires ; les transports, entrepôts et communications ; les plantations et autres entreprises agricoles exploitées princi-

palement à des fins commerciales, à l'exclusion des entreprises familiales ou de petites dimensions produisant pour le marché local et n'employant pas régulièrement des travailleurs salariés.

4. Tout Membre ayant limité le champ d'application de la convention en vertu du présent article :

(a) devra indiquer, dans les rapports qu'il est tenu de présenter au titre de l'article 22 de la Constitution de l'Organisation internationale du Travail, la situation générale de l'emploi ou du travail des adolescents et des enfants dans les branches d'activité qui sont exclues du champ d'application de la présente convention ainsi que tout progrès réalisé en vue d'une plus large application des dispositions de la convention ;

(b) pourra, en tout temps, étendre le champ d'application de la convention par une déclaration adressée au Directeur général du Bureau international du Travail.

Art. 6 La présente convention ne s'applique ni au travail effectué par des enfants ou des adolescents dans des établissements d'enseignement général, dans des écoles professionnelles ou techniques ou dans d'autres institutions de formation professionnelle, ni au travail effectué par des personnes d'au moins quatorze ans dans des entreprises, lorsque ce travail est accompli conformément aux conditions prescrites par l'autorité compétente après consultation des organisations d'employeurs et de travailleurs intéressées, s'il en existe, et qu'il fait partie intégrante :

(a) soit d'un enseignement ou d'une formation professionnelle dont la responsabilité incombe au premier chef à une école ou à une institution de formation professionnelle ;

(b) soit d'un programme de formation professionnelle approuvé par l'autorité compétente et exécuté principalement ou entièrement dans une entreprise ;

(c) soit d'un programme d'orientation destiné à faciliter le choix d'une profession ou d'un type de formation professionnelle.

Art. 7 1. La législation nationale pourra autoriser l'emploi à des travaux légers des personnes de treize à quinze ans ou l'exécution, par ces personnes, de tels travaux, à condition que ceux-ci :

(a) ne soient pas susceptibles de porter préjudice à leur santé ou à leur développement ;

(b) ne soient pas de nature à porter préjudice à leur assiduité scolaire, à leur participation à des programmes d'orientation ou de formation professionnelles approuvés par l'autorité compétente ou à leur aptitude à bénéficier de l'instruction reçue.

2. La législation nationale pourra aussi, sous réserve des conditions prévues aux alinéas a) et b) du paragraphe 1 ci-dessus, autoriser l'emploi ou le travail des personnes d'au moins quinze ans qui n'ont pas encore terminé leur scolarité obligatoire.

3. L'autorité compétente déterminera les activités dans lesquelles l'emploi ou le travail pourra être autorisé conformément aux paragraphes 1 et 2 du présent article et prescrira la durée, en heures, et les conditions de l'emploi ou du travail dont il s'agit.

4. Nonobstant les dispositions des paragraphes 1 et 2 du présent article, un Membre qui a fait usage des dispositions du paragraphe 4 de l'article 2 peut, tant qu'il s'en prévaut, substituer les âges de douze et quatorze ans aux âges de treize et quinze ans indiqués au paragraphe 1 et l'âge de quatorze ans à l'âge de quinze ans indiqué au paragraphe 2 du présent article.

Art. 8 1. Après consultation des organisations d'employeurs et de travailleurs intéressées, s'il en existe, l'autorité compétente pourra, en dérogation à l'interdiction d'emploi ou de travail prévue à l'article 2 de la présente convention, autoriser, dans des cas individuels, la participation à des activités telles que des spectacles artistiques.

2. Les autorisations ainsi accordées devront limiter la durée en heures de l'emploi ou du travail autorisés et en prescrire les conditions.

Art. 9 1. L'autorité compétente devra prendre toutes les mesures nécessaires, y compris des sanctions appropriées, en vue d'assurer l'application effective des dispositions de la présente convention.

2. La législation nationale ou l'autorité compétente devra déterminer les personnes tenues de respecter les dispositions donnant effet à la convention.

3. La législation nationale ou l'autorité compétente devra prescrire les registres ou autres documents que l'employeur devra tenir et conserver à disposition ; ces registres ou documents devront indiquer le nom et l'âge ou la date de naissance, dûment attestés dans la mesure du possible, des personnes occupées par lui ou travaillant pour lui et dont l'âge est inférieur à dix-huit ans.

Art. 10 1. La présente convention porte révision de la convention sur l'âge minimum (industrie), 1919, de la convention sur l'âge minimum (travail maritime), 1920, de la convention sur l'âge minimum (agriculture), 1921, de la convention sur l'âge minimum (soutiers et chauffeurs), 1921, de la convention sur l'âge minimum (travaux non industriels), 1932, de la convention (révisée) sur l'âge minimum (travail maritime), 1936, de la convention (révisée) de l'âge minimum (industrie), 1937, de la convention (révisée) sur l'âge minimum (travaux non industriels), 1937, de la convention sur l'âge minimum (pêcheurs), 1959, et de la convention sur l'âge minimum (travaux souterrains), 1965, dans les conditions fixées ci-après.

2. L'entrée en vigueur de la présente convention ne ferme pas à une ratification ultérieure la convention (révisée) sur l'âge minimum (travail maritime), 1936, la convention (révisée) de l'âge minimum (industrie), 1937, la convention (révisée) sur l'âge minimum (travaux non industriels), 1937, la convention sur l'âge minimum (pêcheurs), 1959, et la convention sur l'âge minimum (travaux souterrains), 1965.

3. La convention sur l'âge minimum (industrie), 1919, la convention sur l'âge minimum (travail maritime), 1920, la convention sur l'âge minimum (agriculture), 1921, et la convention sur l'âge minimum (soutiers et chauffeurs), 1921, seront fermées à toute ratification ultérieure lorsque tous les États Membres parties à ces conventions consentiront à cette fermeture, soit en ratifiant la présente convention, soit par une déclaration communiquée au Directeur général du Bureau international du Travail.

4. Dès l'entrée en vigueur de la présente convention :

(a) le fait qu'un Membre partie à la convention (révisée) de l'âge minimum (industrie), 1937, accepte les obligations de la présente convention et fixe, conformément à l'article 2 de la présente convention, un âge minimum d'au moins quinze ans entraîne de plein droit la dénonciation immédiate de la convention (révisée) de l'âge minimum (industrie), 1937 ;

(b) le fait qu'un Membre partie à la convention sur l'âge minimum (travaux non industriels), 1932, accepte les obligations de la présente convention pour les travaux non industriels au sens de ladite convention entraîne de plein droit la dénonciation immédiate de la convention sur l'âge minimum (travaux non industriels), 1932 ;

(c) le fait qu'un Membre partie à la convention (révisée) sur l'âge minimum (travaux non industriels), 1937, accepte les obligations de la présente convention pour les travaux non industriels au sens de ladite convention et fixe, conformément à l'article 2 de la présente convention, un âge minimum d'au moins quinze ans entraîne de plein droit la dénonciation immédiate de la convention (révisée) sur l'âge minimum (travaux non industriels), 1937 ;

(d) le fait qu'un Membre partie à la convention (révisée) sur l'âge minimum (travail maritime), 1936, accepte les obligations de la présente convention pour le travail maritime et, soit fixe, conformément à l'article 2 de la présente convention, un âge minimum d'au moins quinze ans, soit précise que l'article 3 de la présente convention s'applique au travail maritime, entraîne de plein droit la dénonciation immédiate de la convention (révisée) sur l'âge minimum (travail maritime), 1936 ;

(e) le fait qu'un Membre partie à la convention sur l'âge minimum (pêcheurs), 1959, accepte les obligations de la présente convention pour la pêche maritime et, soit fixe, conformément à l'article 2 de la présente convention, un âge minimum d'au moins quinze ans, soit précise que l'article 3 de la présente convention s'applique à la pêche maritime, entraîne de plein droit la dénonciation immédiate de la convention sur l'âge minimum (pêcheurs), 1959 ;

(f) le fait qu'un Membre partie à la convention sur l'âge minimum (travaux souterrains), 1965, accepte les obligations de la présente convention et, soit fixe, conformément à l'article 2 de la présente convention, un âge minimum au moins égal à celui qu'il avait spécifié en exécution de la convention de 1965, soit précise qu'un tel âge s'applique, conformément à l'article 3 de la présente convention, aux travaux souterrains, entraîne de plein droit la dénonciation immédiate de la convention sur l'âge minimum (travaux souterrains), 1965.

5. Dès l'entrée en vigueur de la présente convention :

(a) l'acceptation des obligations de la présente convention entraîne la dénonciation de la convention sur l'âge minimum (industrie), 1919, en application de son article 12 ;

(b) l'acceptation des obligations de la présente convention pour l'agriculture entraîne la dénonciation de la convention sur l'âge minimum (agriculture), 1921, en application de son article 9 ;

(c) l'acceptation des obligations de la présente convention pour le travail maritime entraîne la dénonciation de la convention sur l'âge minimum (travail maritime), 1920, en application de son article 10, et de la convention sur l'âge minimum (soutiers et chauffeurs), 1921, en application de son article 12.

Déclaration de principes tripartite de l'OIT (novembre 1977),

Sur les entreprises multinationales et la politique sociale.

Adoptée par le Conseil d'administration du Bureau international du Travail à sa 204ᵉ session (Genève, nov. 1977) et amendée à ses 279ᵉ (nov. 2000), 295ᵉ (mars 2006) et 329ᵉ (mars 2017) sessions.

Introduction

Les principes énoncés dans la Déclaration de principes tripartite sur les entreprises multinationales et la politique sociale (ci-après dénommée la Déclaration sur les entreprises multinationales) visent à orienter les entreprises multinationales, les gouvernements, les employeurs et les travailleurs dans des domaines tels que l'emploi, la formation, les conditions de travail et de vie et les relations professionnelles. Ces orientations se fondent pour l'essentiel sur les principes contenus dans les conventions et les recommandations internationales du travail. La Déclaration de l'OIT relative aux principes et droits fondamentaux au travail et son suivi, universellement reconnue comme un instrument essentiel à la réalisation de l'objectif du travail décent pour tous, sous-tend également les orientations proposées. Une liste récapitulative des conventions et recommandations internationales du travail pertinentes au regard de la Déclaration sur les entreprises multinationales figure dans l'annexe I.

Étant donné le rôle prédominant que continuent de jouer les entreprises multinationales dans le processus de mondialisation économique et sociale, l'application des principes de la Déclaration sur les entreprises multinationales est importante et nécessaire dans le contexte des investissements directs étrangers et du commerce ainsi qu'au regard de l'utilisation des chaînes d'approvisionnement mondiales. Les parties intéressées peuvent suivre les principes de cette Déclaration comme autant de lignes directrices pour renforcer les effets positifs sur le plan social et du travail des activités et de la gouvernance des entreprises multinationales afin de concrétiser le travail décent pour tous, objectif universel consacré dans le Programme de développement durable à l'horizon 2030. Ces lignes directrices peuvent également être mises à profit pour nouer des partenariats, y compris des partenariats multipartites et des initiatives de coopération internationale, en vue de remédier à bon nombre des problèmes que ni les gouvernements ni les entreprises ne sont en mesure de résoudre seuls.

Cet instrument établit des principes de politique sociale dans un secteur d'activité sensible et fort complexe. L'adhésion à la Déclaration sur les entreprises multinationales par toutes les parties intéressées contribuera à l'instauration d'un climat plus propice au travail décent, à une croissance économique partagée et au développement durable. Toutes les parties sont encouragées à appliquer les principes de la

Déclaration. A cet effet, le Conseil d'administration du Bureau international du Travail a adopté des outils opérationnels qui sont énumérés dans l'annexe II.

L'Organisation internationale du Travail (OIT), du fait de sa structure tripartite unique, de sa compétence et de sa longue expérience dans le domaine social, a un rôle essentiel à jouer en élaborant des principes pour orienter les gouvernements, les organisations d'employeurs et de travailleurs ainsi que les entreprises multinationales elles-mêmes.

Le Conseil d'administration du Bureau international du Travail a approuvé la Déclaration de principes tripartite sur les entreprises multinationales et la politique sociale à sa 204e session (novembre 1977) et l'a amendée par la suite à ses 279e (novembre 2000) et 295e (mars 2006) sessions. Tenant compte des évolutions survenues au sein de l'Organisation depuis la dernière mise à jour de cet instrument en 2006 – Déclaration de l'OIT sur la justice sociale pour une mondialisation équitable adoptée par la Conférence internationale du Travail en 2008, nouvelles normes internationales du travail, conclusions de la Conférence concernant la promotion d'entreprises durables (2007) et concernant le travail décent dans les chaînes d'approvisionnement mondiales (2016) – ainsi que des Principes directeurs relatifs aux entreprises et aux droits de l'homme : mise en œuvre du cadre de référence "Protéger, respecter et réparer" des Nations unies (2011), et des objectifs et des cibles du Programme de développement durable à l'horizon 2030 (2015) qui revêtent un intérêt particulier pour la Déclaration, et prenant note en outre du Programme d'action d'Addis-Abeba (2015) sur le financement du développement, de l'Accord de Paris (2015) concernant les changements climatiques et des Principes directeurs de l'OCDE à l'intention des entreprises multinationales (révisés en 2011), le Conseil d'administration décide, à sa 329e session (mars 2017), d'amender de nouveau la Déclaration. Il approuve le texte révisé ci-après de la Déclaration de principes tripartite sur les entreprises multinationales et la politique sociale, qui pourra être dénommée Déclaration sur les entreprises multinationales, et invite les gouvernements des États membres de l'OIT, les organisations d'employeurs et de travailleurs intéressées et les entreprises multinationales présentes sur leur territoire à respecter les principes qu'elle contient.

Objet et champ d'application

1. Les entreprises multinationales jouent dans les économies de la plupart des pays et dans les relations économiques internationales un rôle important qui intéresse de plus en plus les gouvernements ainsi que les employeurs et les travailleurs et leurs organisations respectives. Ces entreprises peuvent, grâce à leurs investissements directs internationaux, au commerce et par d'autres moyens, apporter aux pays du siège comme aux pays d'accueil des bénéfices tangibles en contribuant à l'utilisation plus efficace du capital, des techniques et de la main-d'œuvre. Dans le cadre des politiques de développement durable instaurées par les gouvernements, elles peuvent aussi contribuer largement à la promotion du bien-être économique et social, à l'amélioration des niveaux de vie et à la satisfaction des besoins essentiels, à la création, directement ou indirectement, de possibilités d'emploi et à la jouissance des droits de l'homme, y compris la liberté syndicale, dans le monde entier. Mais les progrès réalisés par les entreprises multinationales dans l'organisation de leurs activités hors du cadre national peuvent conduire à des concentrations abusives de puissance économique et donner lieu à des conflits avec les objectifs des politiques nationales et avec les intérêts des travailleurs. En outre, la complexité des entreprises multinationales et le fait qu'il est difficile de discerner clairement la diversité de leurs structures, de leurs opérations et de leurs politiques suscitent parfois des préoccupations dans les pays du siège, dans les pays d'accueil ou dans les uns et les autres.

2. La présente Déclaration a pour objet d'encourager les entreprises multinationales à contribuer positivement au progrès économique et social et à la concrétisation du travail décent pour tous, ainsi qu'à atténuer et à résoudre les difficultés que leurs diverses opérations peuvent soulever.

3. Cet objectif sera favorisé par la législation, les politiques, les mesures et les décisions appropriées qu'adopteront les gouvernements, y compris dans les domaines de l'administration du travail et de l'inspection publique du travail, ainsi que par la coopération entre les gouvernements et les organisations d'employeurs et de travailleurs de tous les pays.

4. Les principes énoncés dans la présente Déclaration sont destinés à guider les gouvernements, les organisations d'employeurs et de travailleurs des pays du siège et des pays d'accueil et les entreprises multinationales dans les mesures et les initiatives qu'ils prennent et les politiques sociales qu'ils adoptent, y compris celles qui se fondent sur les principes énoncés dans la Constitution et dans les conventions et recommandations pertinentes de l'OIT, afin d'encourager le progrès social et le travail décent.

5. Ces principes ne visent pas à instaurer ou à faire subsister des différences de traitement entre entreprises multinationales et entreprises nationales. Ils traduisent de bonnes pratiques pour toutes les entreprises. Chaque fois que les principes de la présente Déclaration sont applicables tant aux entreprises multinationales qu'aux entreprises nationales, on devrait attendre des unes et des autres la même conduite en général et les mêmes pratiques sociales en particulier.

6. Une définition juridique précise des entreprises multinationales n'est pas indispensable pour que la Déclaration sur les entreprises multinationales puisse répondre à son but ; le présent paragraphe est destiné à mieux faire comprendre la Déclaration et non à donner une telle définition. Les entreprises multinationales comprennent les entreprises – qu'elles soient entièrement ou partiellement détenues par l'État ou qu'elles soient privées – qui possèdent ou contrôlent des moyens de production ou de distribution, des services ou d'autres moyens en dehors du pays où elles ont leur siège. Elles peuvent être de grande ou de petite taille et avoir leur siège dans une quelconque partie du monde. Le degré d'autonomie de chaque entité par rapport aux autres au sein des entreprises multinationales est très variable d'une entreprise à l'autre, selon la nature des liens qui unissent ces entités et leur domaine d'activité et compte tenu de la grande diversité qui caractérise les entreprises concernées du point de vue des formes de propriété, de la taille, de la nature des activités et du lieu d'implantation. Sauf indication contraire, le terme "entreprise multinationale", tel qu'il est utilisé dans la présente Déclaration, se réfère aux diverses entités (société mère, entité locale ou les deux, ou encore ensemble du groupe), entre lesquelles se répartissent les responsabilités, dans l'idée qu'elles coopéreront et s'entraideront, le cas échéant, pour être mieux à même d'observer les principes énoncés dans cette Déclaration. À cet égard, il tient aussi compte du fait que les entreprises multinationales fonctionnent souvent à travers leurs relations avec d'autres entreprises, dans le cadre de leur processus de production global, et qu'à ce titre elles peuvent servir l'objet visé par la présente Déclaration.

7. Dans la présente Déclaration sont exposés des principes concernant les domaines de l'emploi, de la formation, des conditions de travail et de vie et des relations professionnelles qu'il est recommandé aux gouvernements, aux organisations d'employeurs et de travailleurs et aux entreprises multinationales d'observer de leur plein gré ; ces principes n'ont pas pour effet de restreindre ou de modifier en quoi que ce soit les obligations découlant de la ratification d'une convention de l'OIT.

Politique générale

8. Toutes les parties que la Déclaration sur les entreprises multinationales concerne devraient respecter les droits souverains des États, observer les législations et réglementations nationales, tenir dûment compte des pratiques locales et se conformer aux normes internationales pertinentes. Elles devraient également tenir les engagements qu'elles ont librement souscrits, en conformité avec la législation nationale et les obligations internationales acceptées. Elles devraient respecter la Déclaration universelle des droits de l'homme (1948) et les Pactes internationaux correspondants (1966) que l'Assemblée générale des Nations unies a adoptés, de même que la Constitution de l'Organisation internationale du Travail et ses principes en vertu desquels la liberté d'expression et d'association est une condition indispensable d'un progrès soutenu.

9. Toutes les parties devraient contribuer à la mise en œuvre de la Déclaration de l'OIT relative aux principes et droits fondamentaux au travail et son suivi, adoptée en 1998. L'ensemble des Membres, même lorsqu'ils n'ont pas ratifié les conventions fondamentales en question, ont l'obligation, du seul fait de leur appartenance à l'Organisation, de respecter, promouvoir et réaliser, de bonne foi et conformément à la Constitution, les principes relatifs aux droits fondamentaux qui sont l'objet desdites conventions, à savoir : a) la liberté d'association et la reconnaissance effective du droit de négociation collective ; b) l'élimination de toute forme de travail forcé ou obligatoire ; c) l'abolition effective du travail des enfants ; d) l'élimination de la discrimination en matière d'emploi et de profession. Les gouvernements des États qui n'ont pas encore ratifié les conventions relatives aux principes et droits fondamentaux au travail consacrés dans la Déclaration de 1998 sont instamment priés de le faire. Les entreprises multinationales, à travers leurs activités, peuvent contribuer de manière significative à la réalisation de ses objectifs.

10. Les principes énoncés dans la présente Déclaration sont recommandés à l'attention des gouvernements, des organisations d'employeurs et de travailleurs des pays du siège et des pays d'accueil et des entreprises multinationales elles-mêmes. Ainsi, ils tiennent compte du fait qu'un rôle spécifique incombe aux différents acteurs. A cet égard, aux fins de la présente Déclaration :

a. Les Principes directeurs relatifs aux entreprises et aux droits de l'homme : mise en œuvre du cadre de référence "Protéger, respecter et réparer" des Nations unies (2011) définissent les devoirs et responsabilités respectifs des États et des entreprises en matière de droits de l'homme. Ces principes reconnaissent fondamentalement : i) les obligations existantes qui incombent aux États de respecter, protéger et mettre en œuvre les droits de l'homme et les libertés fondamentales ("obligation de protéger les droits de l'homme incombant à l'État") ; ii) le rôle dévolu aux entreprises en qualité d'organes spécialisés de la société remplissant des fonctions particulières, tenues de se conformer à toutes les lois applicables et de respecter les droits de l'homme ("responsabilité incombant aux entreprises de respecter les droits de l'homme") ; iii) la nécessité que les droits et obligations s'accompagnent de voies de recours appropriées et efficaces en cas de violation ("accès aux voies de recours").

b. Les principes directeurs s'appliquent à tous les États et à toutes les entreprises, multinationales ou autres, indépendamment de leur taille, de leur secteur, de leur cadre de fonctionnement, de leur régime de propriété et de leur structure.

c. La responsabilité de respecter les droits de l'homme exige des entreprises, y compris des entreprises multinationales partout où elles opèrent : i) qu'elles évitent d'avoir des incidences négatives sur les droits de l'homme ou d'y contribuer par leurs propres activités, et qu'elles remédient à ces incidences lorsqu'elles se produisent ; ii) qu'elles s'efforcent de prévenir ou d'atténuer les incidences négatives sur les droits de l'homme qui sont directement liées à leurs activités, produits ou services par leurs relations commerciales, même si elles n'ont pas contribué à ces incidences.

d. Les entreprises, y compris les entreprises multinationales, devraient faire preuve de diligence raisonnable afin d'identifier, de prévenir et d'atténuer les incidences négatives, réelles ou potentielles, de leurs activités sur les droits de l'homme, ainsi que de rendre compte de la manière dont elles remédient à celles qui ont trait aux droits de l'homme internationalement reconnus, à savoir, au minimum, ceux figurant dans la Charte internationale des droits de l'homme et les principes concernant les droits fondamentaux énoncés dans la Déclaration de l'OIT relative aux principes et droits fondamentaux au travail.

e. Pour évaluer les risques relatifs aux droits de l'homme, les entreprises, y compris les entreprises multinationales, devraient identifier et évaluer toutes les incidences négatives, réelles ou potentielles, sur les droits de l'homme dans lesquelles elles peuvent avoir une part soit par le biais de leurs propres activités, soit du fait de leurs relations commerciales. Ce processus devrait comprendre de véritables consultations avec des groupes et autres acteurs concernés susceptibles d'être touchés, y compris des organisations de travailleurs, et ce en fonction de la taille de l'entreprise et de la nature et du cadre de l'activité. Pour atteindre l'objectif de la Déclaration sur les entreprises multinationales, ce processus devrait tenir compte en permanence du rôle essentiel de la liberté syndicale et de la négociation collective ainsi que des relations professionnelles et du dialogue social.

11. Les entreprises multinationales devraient tenir pleinement compte des objectifs de politique générale que se sont fixés les pays où elles opèrent. Leurs activités devraient être conformes à la législation nationale et s'harmoniser avec les priorités du développement ainsi qu'avec les structures et les objectifs sociaux du pays où elles s'exercent. A cet effet, des consultations devraient avoir lieu entre les entreprises multinationales, le gouvernement et, le cas échéant, les organisations nationales d'employeurs et de travailleurs intéressées.

12. Les gouvernements des pays d'accueil devraient promouvoir de bonnes pratiques sociales, conformément à la présente Déclaration, auprès des entreprises multinationales qui exercent leurs activités sur leur territoire. Les gouvernements des pays du siège devraient promouvoir de bonnes pratiques sociales, conformément à la présente Déclaration, auprès de leurs entreprises multinationales qui exercent leurs activités à l'étranger, compte tenu de la législation, de la réglementation et des pratiques sociales dans les pays d'accueil, ainsi que des normes internationales pertinentes. Les gouvernements des pays d'accueil comme des pays du siège devraient être prêts à avoir des consultations réciproques, chaque fois que nécessaire, à l'initiative des uns ou des autres.

Emploi

Promotion de l'emploi

13. Pour stimuler une croissance et un développement économiques durables, relever le niveau de vie, répondre aux besoins en matière d'emploi et remédier au chômage et au sous-emploi, les gouvernements devraient formuler et appliquer, comme un objectif essentiel, une politique active visant à promouvoir le plein emploi, productif et librement choisi, et le travail décent.

14. Cela est particulièrement important dans le cas des gouvernements des pays d'accueil où les problèmes de chômage et de sous-emploi revêtent le plus de gravité, en particulier dans les régions en développement du monde. A cet égard, il convient de garder à l'esprit l'Agenda global pour l'emploi (2003), les conclusions de la Conférence concernant la promotion d'entreprises durables (2007), le Pacte mondial pour l'emploi (2009), et l'objectif de développement durable 8.

15. Les paragraphes 13 et 14 tracent le cadre dans lequel il devrait être dûment tenu compte, aussi bien dans les pays du siège que dans les pays d'accueil, de l'impact des entreprises multinationales sur l'emploi.

16. Les entreprises multinationales devraient, surtout lorsqu'elles exercent leur activité dans des pays en développement, s'efforcer d'améliorer les possibilités et normes d'emploi, compte tenu de la politique et des objectifs des gouvernements en matière d'emploi, ainsi que de la sécurité de l'emploi et de l'évolution à long terme de l'entreprise.

17. Avant de commencer leurs activités, les entreprises multinationales devraient, dans tous les cas appropriés, consulter les autorités compétentes et les organisations nationales d'employeurs et de travailleurs de manière à harmoniser autant que possible leurs plans en matière d'emploi avec les politiques nationales de développement social. Elles devraient poursuivre ces consultations, comme dans le cas des entreprises nationales, avec toutes les parties intéressées, y compris les organisations de travailleurs.

18. Les entreprises multinationales devraient donner la priorité à l'emploi, à l'épanouissement professionnel, à la promotion et à l'avancement des ressortissants du pays d'accueil à tous les niveaux, en coopération, le cas échéant, avec les représentants des travailleurs qu'elles emploient ou des organisations auxquelles ils appartiennent et avec les autorités gouvernementales.

19. Lorsqu'elles investissent dans des pays en développement, les entreprises multinationales devraient tenir compte de la nécessité de recourir à des techniques qui génèrent des emplois, directement ou indirectement. Dans toute la mesure possible, compte tenu de la nature du procédé et de la situation du secteur économique en cause, elles devraient adapter les techniques aux besoins et caractéristiques des pays d'accueil. Elles devraient aussi participer, lorsque cela est possible, à l'élaboration de techniques appropriées dans les pays d'accueil.

20. Pour promouvoir l'emploi dans les pays en développement, dans le contexte d'une économie mondiale en expansion, les entreprises multinationales devraient, chaque fois que cela *[est]* possible, envisager de conclure avec des entreprises nationales des contrats pour la fabrication de pièces et d'équipements, d'utiliser des matières premières locales et d'encourager progressivement la transformation sur place des matières premières. Elles ne devraient pas se prévaloir de tels arrangements pour éluder les responsabilités contenues dans les principes de la présente Déclaration.

21. Les gouvernements devraient élaborer et mettre en œuvre des cadres d'action intégrés afin de faciliter la transition vers l'économie formelle, en tenant compte du fait que les déficits de travail décent sont plus prononcés dans l'économie informelle. Les entreprises multinationales et les autres entreprises devraient elles aussi contribuer à cet objectif.

Sécurité sociale

22. Les gouvernements devraient établir ou maintenir, selon le cas, des socles de protection sociale en tant qu'élément fondamental de leurs systèmes nationaux de sécurité sociale et mettre en œuvre ces socles dans le cadre de stratégies d'extension de la sécurité sociale qui assurent progressivement des niveaux plus élevés de sécurité sociale au plus grand nombre de personnes possible, selon les orientations données par les normes de l'OIT relatives à la sécurité sociale. Les partenaires sociaux pourraient jouer un rôle dans la promotion de ces politiques. Les entreprises multinationales et les autres entreprises pourraient compléter les systèmes publics de sécurité sociale et aider à encourager leur développement, y compris par le biais des programmes qu'elles mettent elles-mêmes en place en tant qu'employeurs.

Élimination du travail forcé ou obligatoire

23. Les gouvernements devraient prendre des mesures efficaces pour prévenir et éliminer le travail forcé, assurer aux victimes une protection et un accès à des mécanismes de recours et de réparation appropriés et efficaces, tels que l'indemnisation et la réadaptation, et réprimer les auteurs de travail forcé ou obligatoire. Ils devraient élaborer, en consultation avec les organisations d'employeurs et de travailleurs, une politique nationale et un plan d'action national qui prévoient une action systématique de la part des autorités compétentes et, lorsqu'il y a lieu, en coordination avec les organisations d'employeurs et de travailleurs ainsi qu'avec d'autres groupes intéressés.

24. En vue de supprimer le travail forcé ou obligatoire, les gouvernements devraient orienter et appuyer les employeurs et les entreprises afin qu'ils prennent des mesures efficaces pour identifier, prévenir et atténuer les risques de travail forcé ou obligatoire, et pour rendre compte de la manière dont ils appréhendent ces risques, dans leurs activités ou dans les produits, services ou activités auxquels ils peuvent être directement liés.

25. Les entreprises multinationales ainsi que les entreprises nationales devraient prendre, dans leur domaine de compétence, des mesures immédiates et efficaces pour obtenir l'interdiction et l'élimination du travail forcé ou obligatoire dans le cadre de leurs activités.

Abolition effective du travail des enfants : âge minimum et pires formes de travail

26. Les gouvernements devraient élaborer une politique nationale visant à assurer l'abolition effective du travail des enfants, prendre d'urgence des mesures immédiates et efficaces pour assurer l'interdiction et l'élimination des pires formes de travail des enfants, et élever progressivement l'âge minimum d'admission à l'emploi ou au travail à un niveau permettant aux adolescents d'atteindre le plus complet développement physique et mental.

27. Les entreprises multinationales ainsi que les entreprises nationales devraient respecter l'âge minimum d'admission à l'emploi ou au travail, en vue d'assurer l'abolition effective du travail des enfants dans le cadre de leurs activités, et devraient prendre d'urgence, dans leur domaine de compétence, des mesures immédiates et efficaces pour assurer l'interdiction et l'élimination des pires formes de travail des enfants.

Égalité de chances et de traitement

28. Les gouvernements devraient mener des politiques destinées à promouvoir l'égalité de chances et de traitement en matière d'emploi afin d'éliminer toute discrimination fondée sur la race, la couleur, le sexe, la religion, les opinions politiques, l'origine nationale ou sociale.

29. Les gouvernements devraient promouvoir le principe de l'égalité de rémunération entre la main-d'œuvre masculine et la main-d'œuvre féminine pour un travail de valeur égale.

30. Les entreprises multinationales devraient s'inspirer dans toutes leurs activités du principe de la non-discrimination, sans préjudice des mesures envisagées au paragraphe 18 ou des politiques gouvernementales conçues pour corriger des situations historiques de discrimination et pour promouvoir ainsi l'égalité de chances et de traitement dans l'emploi. Les entreprises multinationales devraient en conséquence faire des qualifications, de la compétence et de l'expérience les critères du recrutement, du placement, de la formation et du perfectionnement de leur personnel à tous les échelons.

31. Les gouvernements ne devraient jamais contraindre ou encourager des entreprises multinationales à pratiquer une discrimination fondée sur l'une des caractéristiques mentionnées au paragraphe 28. Il leur est recommandé de continuer à donner des orientations, le cas échéant, pour éviter toute forme de discrimination dans l'emploi.

Sécurité de l'emploi

32. Les gouvernements devraient étudier soigneusement l'impact des entreprises multinationales sur l'emploi dans les différents secteurs industriels. Les gouvernements et les entreprises multinationales de tous les pays devraient prendre des mesures appropriées pour faire face aux répercussions des activités de ces entreprises sur l'emploi et le marché du travail.

33. Les entreprises multinationales ainsi que les entreprises nationales devraient s'efforcer d'assurer, par une planification active de l'emploi, un emploi stable aux travailleurs employés par chaque entreprise et s'acquitter des obligations librement négociées concernant la stabilité de l'emploi et la sécurité sociale. En raison de la souplesse que les entreprises multinationales peuvent avoir, elles devraient s'efforcer de jouer un rôle moteur dans la promotion de la sécurité de l'emploi, en particulier dans les pays où la cessation de leurs activités serait susceptible d'accentuer le chômage à long terme.

34. Les entreprises multinationales qui envisagent d'apporter à leurs activités des modifications (y compris celles qu'occasionnent les fusions, rachats ou transferts de production) pouvant avoir des effets importants sur l'emploi devraient en aviser dans un délai raisonnable les autorités gouvernementales compétentes et les représentants des travailleurs qu'elles emploient, ainsi que leurs organisations, afin de pouvoir étudier avec eux ces effets et atténuer le plus possible toute incidence défavorable. Cela est particulièrement important en cas de fermeture d'une entité entraînant des licenciements collectifs.

35. Les procédures de licenciements arbitraires devraient être évitées.

36. Les gouvernements devraient, en coopération avec les entreprises multinationales et les entreprises nationales, assurer sous une forme ou une autre la protection du revenu des travailleurs qui ont été licenciés.

Formation

37. Les gouvernements devraient, en coopération avec toutes les parties intéressées, élaborer des politiques nationales de formation et d'orientation professionnelles étroitement liées à l'emploi, traçant ainsi le cadre dans lequel les entreprises multinationales devraient inscrire leur politique de formation.

38. Les entreprises multinationales devraient veiller, en déployant leurs activités, à ce que les travailleurs qu'elles emploient bénéficient à tous les niveaux, dans le pays d'accueil, d'une formation appropriée qui réponde aux besoins de l'entreprise ainsi qu'à la politique de développement du pays. Cette formation devrait, dans la mesure possible, développer des aptitudes utiles en général et promouvoir les possibilités de carrière et l'apprentissage tout au long de la vie. Cette responsabilité devrait s'exercer, le cas échéant, en coopération avec les autorités du pays, les organisations d'employeurs et de travailleurs et les institutions locales, nationales ou internationales compétentes.

39. Les entreprises multinationales qui exercent leurs activités dans des pays en développement devraient participer, au même titre que les entreprises nationales, à des programmes, y compris des fonds spéciaux, encouragés par les gouvernements des pays d'accueil et soutenus par les organisations d'employeurs et de travailleurs. Ces programmes devraient viser à encourager l'acquisition et le développement de compétences et l'apprentissage tout au long de la vie ainsi qu'à fournir une orientation professionnelle. Ils devraient être administrés conjointement par les parties qui les soutiennent. Autant que possible, les entreprises multinationales devraient, à titre de participation au développement national, fournir les services de personnel de formation qualifié pour aider à mettre en œuvre les programmes de formation organisés par les gouvernements.

40. Les entreprises multinationales devraient, en coopération avec les gouvernements et dans la mesure où cela est compatible avec le bon fonctionnement de l'entreprise, offrir à l'ensemble du personnel d'encadrement local la possibilité d'élargir son expérience dans des domaines appropriés tels que les relations professionnelles.

Conditions de travail et de vie

Salaires, prestations et conditions de travail

41. Les salaires, prestations et conditions de travail offerts par les entreprises multinationales dans l'ensemble de leurs activités ne devraient pas être moins favorables pour les travailleurs que ceux qu'accordent les employeurs comparables dans le pays d'accueil. Lorsqu'il n'existe pas d'employeurs comparables, elles devraient octroyer les meilleurs salaires, prestations et conditions de travail possibles. Les éléments à prendre en considération à cet effet devraient comprendre : a) les besoins des travailleurs et de leur famille, eu égard au niveau général des salaires dans le pays, au coût de la vie, aux prestations de sécurité sociale et aux niveaux de vie d'autres groupes sociaux ; et b) les facteurs d'ordre économique, y compris les exigences du développement économique, la productivité et l'intérêt qu'il y a à atteindre et à maintenir un haut niveau d'emploi. Lorsque l'employeur fait bénéficier les travailleurs d'avantages essentiels tels que logement, soins médicaux ou nourriture, ces avantages devraient être d'un bon niveau.

42. Les gouvernements, en particulier ceux des pays en développement, devraient s'efforcer d'adopter des mesures appropriées afin d'assurer que les groupes à bas revenus et les régions peu développées profitent autant que possible des activités des entreprises multinationales.

Sécurité et santé

43. Les gouvernements devraient faire en sorte que les entreprises multinationales et les entreprises nationales appliquent des normes adéquates en matière de sécurité et de santé et contribuent à promouvoir une culture de la prévention dans les entreprises, afin d'instaurer progressivement un environnement de travail sûr et sain. Cela consisterait notamment à prendre des mesures pour combattre la violence contre les femmes et les hommes sur le lieu de travail et à veiller à la sécurité des bâtiments. Les normes internationales du travail pertinentes, y compris la liste des maladies professionnelles, ainsi que les recueils de directives pratiques et les principes directeurs figurant sur la liste des publications du BIT consacrées à la sécurité et à la santé au travail devraient également être pris en considération. Les travailleurs qui ont été victimes d'un accident du travail ou d'une maladie professionnelle devraient être indemnisés.

44. Les entreprises multinationales devraient maintenir les normes de sécurité et de santé les plus élevées, conformément aux exigences nationales, compte tenu de l'expérience de chaque entreprise dans son ensemble, y compris la connaissance de risques particuliers. Elles devraient aussi mettre à la disposition des représentants des travailleurs et, sur leur demande, des autorités compétentes et des organisations de travailleurs et d'employeurs de tous les pays où elles exercent leurs activités, des informations sur les normes de sécurité et de santé applicables à leurs activités locales qu'elles observent dans d'autres pays. En particulier, elles devraient faire connaître aux intéressés tous les risques particuliers qui sont associés à de nouveaux produits et procédés, et les mesures de protection correspondantes. De même que les entreprises nationales comparables, elles devraient être appelées à jouer un rôle de premier plan dans l'examen des causes des risques en matière de sécurité et de santé au travail et dans l'application, à l'échelle de l'entreprise, des améliorations qui en découlent.

45. Les entreprises multinationales devraient coopérer à l'action des organisations internationales qui se chargent de préparer et d'adopter des normes internationales en matière de sécurité et de santé.

46. Les entreprises multinationales devraient, conformément à la pratique nationale, coopérer pleinement avec les autorités compétentes en matière de sécurité et de santé, les représentants des travailleurs et leurs organisations et les organismes établis de sécurité et de santé. Le cas échéant, les questions concernant la sécurité et la santé devraient figurer dans les conventions conclues avec les représentants des travailleurs et leurs organisations.

Relations professionnelles

47. Les entreprises multinationales devraient appliquer, dans l'ensemble de leurs activités, les normes en matière de relations professionnelles.

Liberté syndicale et droit d'organisation

48. Les travailleurs employés par les entreprises multinationales ou par les entreprises nationales devraient avoir le droit, sans distinction d'aucune sorte et sans autorisation préalable, de constituer des organisations de leur choix, ainsi que celui de s'affilier à ces organisations, à la seule condition de se conformer aux statuts de ces dernières. Ils devraient également bénéficier d'une protection adéquate contre les actes de discrimination tendant à porter atteinte à la liberté syndicale en matière d'emploi.

49. Les organisations représentant les entreprises multinationales ou les travailleurs employés par elles devraient bénéficier d'une protection adéquate contre tous actes d'ingérence des unes à l'égard des autres soit directement, soit par leurs agents ou membres, dans leur formation, leur fonctionnement et leur administration.

50. Lorsque les circonstances locales s'y prêtent, les entreprises multinationales devraient donner leur appui à des organisations d'employeurs représentatives.

51. Les gouvernements qui ne le font pas encore sont instamment priés d'appliquer les principes de la convention nº 87, article 5, étant donné l'importance qu'il y a, en relation avec les entreprises multinationales, à permettre aux organisations représentant ces entreprises ou les travailleurs qu'elles emploient de s'affilier à des organisations internationales d'employeurs et de travailleurs de leur choix.

52. Là où les gouvernements des pays d'accueil offrent des avantages particuliers pour attirer les investissements étrangers, ces avantages ne devraient pas se traduire par des restrictions quelconques apportées à la liberté syndicale des travailleurs ou à leur droit d'organisation et de négociation collective.

53. Les représentants des travailleurs des entreprises multinationales et des entreprises nationales ne devraient pas être empêchés de se réunir pour se consulter et échanger leurs points de vue, pour autant que le fonctionnement des opérations de l'entreprise et les procédures normales régissant les relations avec les représentants des travailleurs et leurs organisations n'en pâtissent pas.

54. Les gouvernements ne devraient pas apporter de restrictions à l'entrée de représentants d'organisations d'employeurs et de travailleurs qui viennent d'autres pays à l'invitation des organisations locales ou nationales intéressées dans le but de tenir des consultations sur des questions d'intérêt commun, au seul motif qu'ils sollicitent l'entrée à ce titre.

Négociation collective

55. Les travailleurs employés par les entreprises multinationales devraient avoir le droit, conformément à la législation et à la pratique nationales, de faire reconnaître des organisations représentatives de leur propre choix aux fins de la négociation collective.

56. Des mesures appropriées aux conditions nationales devraient être prises pour encourager et promouvoir le développement et l'utilisation les plus larges de procédures de négociation volontaire entre les employeurs ou leurs organisations et les organisations de travailleurs en vue de régler les conditions d'emploi par le moyen de conventions collectives.

57. Les entreprises multinationales, de même que les entreprises nationales, devraient fournir aux représentants des travailleurs les moyens nécessaires pour aider à mettre au point des conventions collectives efficaces.

58. Les entreprises multinationales devraient faire en sorte que les représentants dûment autorisés des travailleurs employés par elles puissent, dans chacun des pays où elles exercent leurs activités, mener des négociations avec les représentants de la direction qui sont autorisés à prendre des décisions sur les questions en discussion.

59. Lors des négociations menées de bonne foi avec les représentants des travailleurs sur les conditions d'emploi, ou lorsque les travailleurs exercent leur droit de s'organiser, les entreprises multinationales ne devraient pas menacer de recourir à la faculté de transférer hors du pays en cause tout ou partie d'une unité d'exploitation en vue d'exercer une influence déloyale sur ces négociations ou de faire obstacle à l'exercice du droit d'organisation ; elles ne devraient pas non plus déplacer des travailleurs de leurs filiales dans des pays étrangers pour nuire aux négociations de bonne foi engagées avec les représentants des travailleurs ou à l'exercice par les travailleurs de leur droit de s'organiser.

60. Les conventions collectives devraient comporter des dispositions en vue du règlement des conflits auxquels pourraient donner lieu leur interprétation et leur application et des dispositions assurant le respect mutuel des droits et des responsabilités.

61. Les entreprises multinationales devraient fournir aux représentants des travailleurs les renseignements nécessaires à des négociations constructives avec l'entité en cause et, lorsque cela est conforme à la législation et à la pratique locales, elles devraient également fournir des informations de nature à leur permettre de se faire une idée exacte et correcte de l'activité et des résultats de l'entité ou, le cas échéant, de l'entreprise dans son ensemble.

62. Les gouvernements devraient fournir aux représentants des organisations de travailleurs, à leur demande et pour autant que la législation et la pratique le permettent, des informations sur les branches dans lesquelles opère l'entreprise qui puissent leur être utiles pour définir des critères objectifs dans le cadre de la négociation collective. A cet égard, tant les entreprises multinationales que les entreprises nationales devraient répondre de manière constructive aux gouvernements qui leur demandent des informations pertinentes sur leurs activités.

Consultation

63. Dans les entreprises tant multinationales que nationales, des systèmes élaborés d'un commun accord par les employeurs, les travailleurs et leurs représentants devraient prévoir, conformément à la législation et à la pratique nationales, des consultations régulières sur les questions d'intérêt mutuel. Ces consultations ne devraient pas se substituer aux négociations collectives.

Accès aux voies de recours et examen des réclamations

64. Au titre de leur obligation d'assurer une protection contre les atteintes aux droits de l'homme commises par des entreprises, les gouvernements devraient prendre des mesures appropriées pour faire en sorte, par le biais de moyens judiciaires, administratifs, législatifs ou autres, que, lorsque de telles atteintes se produisent sur leur territoire ou sous leur juridiction, le ou les travailleurs touchés aient accès à un recours effectif.

65. Les entreprises multinationales devraient user de leur influence pour encourager leurs partenaires commerciaux à prévoir des moyens efficaces à des fins de réparation en cas de violation des droits de l'homme internationalement reconnus.

66. Les entreprises multinationales, comme les entreprises nationales, devraient respecter le droit des travailleurs qu'elles emploient de faire examiner toutes leurs réclamations de manière conforme aux dispositions suivantes : tout travailleur qui, agissant individuellement ou conjointement avec d'autres travailleurs, considère avoir un motif de réclamation devrait avoir le droit de présenter cette réclamation sans subir de ce fait un quelconque préjudice et de faire examiner cette réclamation selon une procédure appropriée. Cela est particulièrement important lorsque les entreprises multinationales opèrent dans des pays qui n'observent pas les principes des conventions de l'OIT relatifs à la liberté syndicale, au droit d'organisation et de négociation collective, à la discrimination, au travail des enfants et au travail forcé.

Règlement des conflits du travail

67. Les gouvernements devraient veiller à ce qu'un mécanisme de conciliation et d'arbitrage volontaires, adapté aux conditions nationales, soit établi en vue de contribuer à prévenir et à régler les conflits du travail entre employeurs et travailleurs. La procédure devrait être gratuite et expéditive.

68. Les entreprises multinationales, tout comme les entreprises nationales, devraient, de concert avec les représentants et les organisations des travailleurs qu'elles emploient, s'efforcer d'instituer un mécanisme de conciliation volontaire, adapté aux circonstances nationales, pouvant comporter des dispositions relatives à l'arbitrage volontaire, afin de contribuer à prévenir et à régler les conflits du travail entre employeurs et travailleurs. Ce mécanisme de conciliation volontaire devrait prévoir l'égalité de représentation des employeurs et des travailleurs.

ANNEXES

V. sur le Code en ligne .

Convention OIT n° 156 du 23 juin 1981,

Concernant l'égalité de chances et de traitement pour les travailleurs des deux sexes : travailleurs ayant des responsabilités familiales.

Art. 1er 1. La présente convention s'applique aux travailleurs des deux sexes ayant des responsabilités à l'égard de leurs enfants à charge, lorsque ces responsabilités limitent leurs possibilités de se préparer à l'activité économique, d'y accéder, d'y participer ou d'y progresser.

2. Les dispositions de la présente convention seront également appliquées aux travailleurs des deux sexes ayant des responsabilités à l'égard d'autres membres de leur famille directe qui ont manifestement besoin de leurs soins ou de leur soutien, lorsque ces responsabilités limitent leurs possibilités de se préparer à l'activité économique, d'y accéder, d'y participer ou d'y progresser.

3. Aux fins de la présente convention, les termes "enfants à charge" et "autre membre de la famille directe qui a manifestement besoin de soins ou de soutien" s'entendent au sens défini dans chaque pays par l'un des moyens visés à l'article 9 ci-dessous.

4. Les travailleurs visés aux paragraphes 1 et 2 ci-dessus sont dénommés ci-après *travailleurs ayant des responsabilités familiales.*

Art. 2 La présente convention s'applique à toutes les branches d'activité économique et à toutes les catégories de travailleurs.

Art. 3 1. En vue d'instaurer l'égalité effective de chances et de traitement pour les travailleurs des deux sexes, chaque Membre doit, parmi ses objectifs de politique nationale, viser à permettre aux personnes ayant des responsabilités familiales qui occupent ou désirent occuper un emploi d'exercer leur droit de l'occuper ou de l'obtenir sans faire l'objet de discrimination et, dans la mesure du possible, sans conflit entre leurs responsabilités professionnelles et familiales.

2. Aux fins du paragraphe 1 ci-dessus, le terme *discrimination* signifie la discrimination en matière d'emploi et de profession, telle que définie aux articles 1 et 5 de la convention concernant la discrimination (emploi et profession), 1958.

Art. 4 En vue d'instaurer l'égalité effective de chances et de traitement pour les travailleurs des deux sexes, toutes les mesures compatibles avec les conditions et possibilités nationales doivent être prises pour :

(a) permettre aux travailleurs ayant des responsabilités familiales d'exercer leur droit au libre choix de leur emploi ;

(b) tenir compte de leurs besoins en ce qui concerne les conditions d'emploi et la sécurité sociale.

Art. 5 Toutes les mesures compatibles avec les conditions et possibilités nationales doivent également être prises pour :

(a) tenir compte des besoins des travailleurs ayant des responsabilités familiales dans l'aménagement des collectivités, locales ou régionales ;

(b) développer ou promouvoir des services communautaires, publics ou privés, tels que des services et installations de soins aux enfants et d'aide à la famille.

Art. 6 Les autorités et organismes compétents dans chaque pays doivent prendre des mesures appropriées pour promouvoir une information et une éducation qui suscitent dans le public une meilleure compréhension du principe de l'égalité de chances et de traitement pour les travailleurs des deux sexes et des problèmes des travailleurs ayant des responsabilités familiales, ainsi qu'un courant d'opinion favorable à la solution de ces problèmes.

Art. 7 Toutes les mesures compatibles avec les conditions et possibilités nationales, entre autres des mesures dans le domaine de l'orientation et de la formation professionnelles, doivent être prises pour permettre aux travailleurs ayant des responsabilités familiales de s'intégrer dans la population active, de continuer à en faire partie et de reprendre un emploi après une absence due à ces responsabilités.

Art. 8 Les responsabilités familiales ne peuvent, en tant que telles, constituer un motif valable pour mettre fin à la relation de travail.

Art. 9 Les dispositions de la présente convention peuvent être appliquées par voie de législation, de conventions collectives, de règlements d'entreprise, de sentences arbitrales, de décisions judiciaires, ou par une combinaison de ces divers moyens, ou de toute autre manière appropriée, conforme à la pratique nationale et tenant compte des conditions nationales.

Art. 10 1. Compte tenu des conditions nationales, les dispositions de la présente convention pourront, si nécessaire, être appliquées par étapes, étant entendu que les mesures prises à cet effet s'appliqueront en tout état de cause à tous les travailleurs visés à l'article 1, paragraphe 1.

2. Tout Membre qui ratifie la présente convention indiquera dans le premier rapport sur l'application de celle-ci qu'il est appelé à soumettre en vertu de l'article 22 de la Constitution de l'Organisation internationale du Travail si et au sujet de quelles dispositions de la convention il entend se prévaloir de la possibilité offerte au paragraphe 1 du présent article, et il indiquera, dans les rapports suivants, la mesure dans laquelle il a donné, ou se propose de donner effet auxdites dispositions.

Art. 11 Les organisations d'employeurs et de travailleurs auront le droit de participer, selon des modalités appropriées aux conditions et à la pratique nationales, à l'élaboration et à l'application des mesures prises pour donner effet aux dispositions de la présente convention.

Convention OIT n° 158 du 22 juin 1982,

Concernant la cessation de la relation de travail à l'initiative de l'employeur.

BIBL. ▸ CAVAT, *RDT 2022. 300* (rappel à l'ordre de l'OIT : pour un « véritable contrôle judiciaire » des accords de performance collective et des licenciements subséquents).

PARTIE I Méthodes d'application, champ d'application et définition

Art. 1er Pour autant que l'application de la présente convention n'est pas assurée par voie de conventions collectives, de sentences arbitrales ou de décisions judiciaires, ou de toute autre manière conforme à la pratique nationale, elle devra l'être par voie de législation nationale.

Art. 2 1. La présente convention s'applique à toutes les branches d'activité économique et à tous les travailleurs salariés.

2. Un Membre pourra exclure du champ d'application de l'ensemble ou de certaines des dispositions de la présente convention les catégories suivantes de travailleurs salariés :

(a) les travailleurs engagés aux termes d'un contrat de travail portant sur une période déterminée ou une tâche déterminée ;

(b) les travailleurs effectuant une période d'essai ou n'ayant pas la période d'ancienneté requise, à condition que la durée de celle-ci soit fixée d'avance et qu'elle soit raisonnable ;

(c) les travailleurs engagés à titre occasionnel pour une courte période.

3. Des garanties adéquates seront prévues contre le recours à des contrats de travail de durée déterminée visant à éluder la protection découlant de la présente convention.

4. Pour autant qu'il soit nécessaire, des mesures pourront être prises par l'autorité compétente ou par l'organisme approprié dans un pays, après consultation des orga-

nisations d'employeurs et de travailleurs intéressées, là où il en existe, afin d'exclure de l'application de la présente convention ou de certaines de ses dispositions certaines catégories de travailleurs salariés dont les conditions d'emploi sont soumises à un régime spécial qui, dans son ensemble, leur assure une protection au moins équivalente à celle offerte par la convention.

5. Pour autant qu'il soit nécessaire, des mesures pourront être prises par l'autorité compétente ou par l'organisme approprié dans un pays, après consultation des organisations d'employeurs et de travailleurs intéressées, là où il en existe, afin d'exclure de l'application de la présente convention ou de certaines de ses dispositions d'autres catégories limitées de travailleurs salariés au sujet desquelles se posent des problèmes particuliers revêtant une certaine importance, eu égard aux conditions d'emploi particulières des travailleurs intéressés, à la taille de l'entreprise qui les emploie ou à sa nature.

6. Tout Membre qui ratifie la présente convention devra, dans le premier rapport sur l'application de la convention qu'il sera tenu de présenter en vertu de l'article 22 de la Constitution de l'Organisation internationale du Travail, indiquer, avec motifs à l'appui, les catégories qui pourront avoir été l'objet d'une exclusion en application des paragraphes 4 et 5 du présent article, et il devra exposer dans des rapports ultérieurs l'état de sa législation et de sa pratique à leur égard en précisant dans quelle mesure il a été donné effet ou il est proposé de donner effet à la convention en ce qui les concerne.

Art. 3 Aux fins de la présente convention, le terme *licenciement* signifie la cessation de la relation de travail à l'initiative de l'employeur.

PARTIE II Normes d'application générale

SECTION A *Justification du licenciement*

Art. 4 Un travailleur ne devra pas être licencié sans qu'il existe un motif valable de licenciement lié à l'aptitude ou à la conduite du travailleur ou fondé sur les nécessités du fonctionnement de l'entreprise, de l'établissement ou du service.

Art. 5 Ne constituent pas des motifs valables de licenciement, notamment :

(a) l'affiliation syndicale ou la participation à des activités syndicales en dehors des heures de travail ou, avec le consentement de l'employeur, durant les heures de travail ;

(b) le fait de solliciter, d'exercer ou d'avoir exercé un mandat de représentation des travailleurs ;

(c) le fait d'avoir déposé une plainte ou participé à des procédures engagées contre un employeur en raison de violations alléguées de la législation, ou présenté un recours devant les autorités administratives compétentes ;

(d) la race, la couleur, le sexe, l'état matrimonial, les responsabilités familiales, la grossesse, la religion, l'opinion politique, l'ascendance nationale ou l'origine sociale ;

(e) l'absence du travail pendant le congé de maternité.

Art. 6 1. L'absence temporaire du travail en raison d'une maladie ou d'un accident ne devra pas constituer une raison valable de licenciement.

2. La définition de ce qui constitue l'absence temporaire du travail, la mesure dans laquelle un certificat médical sera requis et les limitations possibles dans l'application du paragraphe 1 du présent article seront déterminées conformément aux méthodes d'application mentionnées à l'article 1 de la présente convention.

SECTION B *Procédure à suivre avant le licenciement ou au moment de celui-ci*

Art. 7 Un travailleur ne devra pas être licencié pour des motifs liés à sa conduite ou à son travail avant qu'on ne lui ait offert la possibilité de se défendre contre les allégations formulées, à moins que l'on ne puisse pas raisonnablement attendre de l'employeur qu'il lui offre cette possibilité.

SECTION C *Procédure de recours contre le licenciement*

Art. 8 1. Un travailleur qui estime avoir fait l'objet d'une mesure de licenciement injustifiée aura le droit de recourir contre cette mesure devant un organisme impartial tel qu'un tribunal, un tribunal du travail, une commission d'arbitrage ou un arbitre.

2. Dans les cas où le licenciement aura été autorisé par une autorité compétente, l'application du paragraphe 1 du présent article pourra être adaptée en conséquence conformément à la législation et à la pratique nationales.

3. Un travailleur pourra être considéré comme ayant renoncé à exercer son droit de recourir contre le licenciement s'il ne l'a pas fait dans un délai raisonnable.

Art. 9 1. Les organismes mentionnés à l'article 8 de la présente convention devront être habilités à examiner les motifs invoqués pour justifier le licenciement ainsi que les autres circonstances du cas et à décider si le licenciement était justifié.

2. Afin que le salarié n'ait pas à supporter seul la charge de prouver que le licenciement n'était pas justifié, les méthodes d'application mentionnées à l'article 1 de la présente convention devront prévoir l'une ou l'autre ou les deux possibilités suivantes :

(a) la charge de prouver l'existence d'un motif valable de licenciement tel que défini à l'article 4 de la présente convention devra incomber à l'employeur ;

(b) les organismes mentionnés à l'article 8 de la présente convention devront être habilités à former leur conviction quant aux motifs du licenciement au vu des éléments de preuve fournis par les parties et selon des procédures conformes à la législation et à la pratique nationales.

3. En cas de licenciement motivé par les nécessités du fonctionnement de l'entreprise, de l'établissement ou du service, les organismes mentionnés à l'article 8 de la présente convention devront être habilités à déterminer si le licenciement est intervenu véritablement pour ces motifs, étant entendu que l'étendue de leurs pouvoirs éventuels pour décider si ces motifs sont suffisants pour justifier ce licenciement sera définie par les méthodes d'application mentionnées à l'article 1 de la présente convention.

Art. 10 Si les organismes mentionnés à l'article 8 de la présente convention arrivent à la conclusion que le licenciement est injustifié, et si, compte tenu de la législation et de la pratique nationales, ils n'ont pas le pouvoir ou n'estiment pas possible dans les circonstances d'annuler le licenciement et/ou d'ordonner ou de proposer la réintégration du travailleur, ils devront être habilités à ordonner le versement d'une indemnité adéquate ou toute autre forme de réparation considérée comme appropriée.

Indemnité adéquate. Les stipulations de l'art. 10 qui créent des droits dont les particuliers peuvent se prévaloir à l'encontre d'autres particuliers et qui, eu égard à l'intention exprimée des parties et à l'économie générale de la convention, ainsi qu'à son contenu et à ses termes, n'ont pas pour objet exclusif de régir les relations entre États et ne requièrent l'intervention d'aucun acte complémentaire, sont d'effet direct en droit interne. • Soc. 11 mai 2022, n° 21-14.490 B. ♦ Selon la décision du Conseil d'administration de l'OIT, le terme « adéquat » visé à l'art. 10 signifie que l'indemnité pour licenciement injustifié doit, d'une part, être suffisamment dissuasive pour éviter le licenciement injustifié et, d'autre part, raisonnablement permettre l'indemnisation de la perte injustifiée de l'emploi. Les dispositions des art. L. 1235-3 et L. 1235-3-1 C. trav., qui octroient au salarié, en cas de licenciement injustifié, une indemnité à la charge de l'employeur, dont le montant est compris entre des montants minimaux et maximaux variant en fonction du montant du salaire mensuel et de l'ancienneté du salarié et qui prévoient que, dans les cas de licenciements nuls dans des situations énumérées, le barème ainsi institué n'est pas applicable, permettent raisonnablement l'indemnisation de la perte injustifiée de l'emploi. D'autre part, le caractère dissuasif des sommes mises à la charge de l'employeur est également assuré par l'application, d'office par le juge, des dispositions de l'art. L. 1235-4 C. trav. Les dispositions des art. L. 1235-3, L. 1235-3-1 et L. 1235-4 sont ainsi de nature à permettre le versement d'une indemnité adéquate ou une réparation considérée comme appropriée au sens de l'art. 10 de la Conv. OIT n° 158. Il en résulte que les dispositions de l'art. L. 1235-3 C. trav. sont compatibles avec les stipulations de l'art. 10 de la Conv. préc. • Même arrêt. – V. aussi • Cass., ass. plén., 17 juill. 2019, n°s 19-70.010 P et 19-70.011 P : *D. 2019. 1916, note Sachs*; *RDT 2019. 569, note Bargain*.

SECTION D *Préavis*

Art. 11 Un travailleur qui va faire l'objet d'une mesure de licenciement aura droit à un préavis d'une durée raisonnable ou à une indemnité en tenant lieu, à moins qu'il ne se soit rendu coupable d'une faute grave, c'est-à-dire une faute de nature telle que l'on ne peut raisonnablement exiger de l'employeur qu'il continue à occuper ce travailleur pendant la période du préavis.

SECTION E *Indemnité de départ et autres formes de protection du revenu*

Art. 12 1. Un travailleur licencié aura droit, conformément à la législation et à la pratique nationales :

(a) soit à une indemnité de départ ou à d'autres prestations similaires dont le montant sera fonction, entre autres éléments, de l'ancienneté et du niveau de salaire et qui seront versées directement par l'employeur ou par un fonds constitué par des cotisations des employeurs ;

(b) soit à des prestations d'assurance-chômage ou d'assistance aux chômeurs ou à d'autres prestations de sécurité sociale, telles que les prestations de vieillesse ou d'invalidité, aux conditions normales ouvrant droit à de telles prestations ;

(c) soit à une combinaison de ces indemnités et prestations.

2. Lorsqu'un travailleur ne remplit pas les conditions requises pour bénéficier de prestations d'assurance-chômage ou d'assistance aux chômeurs, au titre d'un régime de portée générale, il ne pourra prétendre aux indemnités ou prestations visées à l'alinéa a) du paragraphe 1 du présent article du seul fait qu'il ne reçoit pas de prestations de chômage au titre de l'alinéa b) dudit paragraphe.

3. En cas de licenciement pour faute grave, la perte du droit aux indemnités ou prestations mentionnées à l'alinéa a) du paragraphe 1 du présent article pourra être prévue par les méthodes d'application mentionnées à l'article 1 de la présente convention.

PARTIE III Dispositions complémentaires concernant les licenciements pour des motifs économiques, technologiques, structurels ou similaires

SECTION A *Consultation des représentants des travailleurs*

Art. 13 1. L'employeur qui envisage des licenciements pour des motifs de nature économique, technologique, structurelle ou similaire devra :

(a) fournir en temps utile aux représentants des travailleurs intéressés les informations pertinentes, y compris les motifs des licenciements envisagés, le nombre et les catégories de travailleurs qu'ils sont susceptibles d'affecter et la période au cours de laquelle il est prévu d'y procéder ;

(b) donner, conformément à la législation et à la pratique nationales, aussi longtemps à l'avance possible, l'occasion aux représentants des travailleurs intéressés d'être consultés sur les mesures à prendre pour prévenir ou limiter les licenciements et les mesures visant à atténuer les effets défavorables de tout licenciement pour les travailleurs intéressés, notamment les possibilités de reclassement dans un autre emploi.

2. L'application du paragraphe 1 du présent article pourra être limitée, par les méthodes d'application mentionnées à l'article 1 de la présente convention, aux cas où le nombre des travailleurs dont le licenciement est envisagé atteint au moins un nombre déterminé ou un pourcentage déterminé du personnel.

3. Aux fins du présent article, l'expression représentants des travailleurs intéressés signifie les représentants des travailleurs reconnus comme tels par la législation ou la pratique nationales, conformément à la convention concernant les représentants des travailleurs, 1971.

SECTION B *Notification à l'autorité compétente*

Art. 14 1. Lorsque l'employeur envisage des licenciements pour des motifs de nature économique, technologique, structurelle ou similaire, il devra, conformément à la législation et à la pratique nationales, les notifier à l'autorité compétente aussi longtemps à l'avance que possible, en lui donnant les informations pertinentes, y compris un exposé écrit des motifs de ces licenciements, du nombre et des catégories de travailleurs qu'ils sont susceptibles d'affecter et de la période au cours de laquelle il est prévu d'y procéder.

2. La législation nationale pourra limiter l'application du paragraphe 1 du présent article aux cas où le nombre des travailleurs dont le licenciement est envisagé atteint au moins un nombre déterminé ou un pourcentage déterminé du personnel.

3. L'employeur devra informer l'autorité compétente des licenciements mentionnés au paragraphe 1 du présent article dans un délai minimum, à déterminer par la législation nationale, avant de procéder à ces licenciements.

Convention OIT n° 159 du 20 juin 1983,

Concernant la réadaptation professionnelle et l'emploi des personnes handicapées.

PARTIE I Définitions et champ d'application

Art. 1er 1. Aux fins de la présente convention, l'expression *personne handicapée* désigne toute personne dont les perspectives de trouver et de conserver un emploi convenable ainsi que de progresser professionnellement sont sensiblement réduites à la suite d'un handicap physique ou mental dûment reconnu.

2. Aux fins de la présente convention, tout Membre devra considérer que le but de la réadaptation professionnelle est de permettre aux personnes handicapées d'obtenir et de conserver un emploi convenable, de progresser professionnellement et, partant, de faciliter leur insertion ou leur réinsertion dans la société.

3. Tout Membre devra appliquer les dispositions de la présente convention par des mesures appropriées aux conditions nationales et conformes à la pratique nationale.

4. Les dispositions de la présente convention s'appliquent à toutes les catégories de personnes handicapées.

PARTIE II Principes des politiques de réadaptation professionnelle et d'emploi pour les personnes handicapées

Art. 2 Tout Membre devra, conformément aux conditions et à la pratique nationales et en fonction de ses possibilités, formuler, mettre en œuvre et revoir périodiquement une politique nationale concernant la réadaptation professionnelle et l'emploi des personnes handicapées.

Art. 3 Ladite politique devra avoir pour but de garantir que des mesures de réadaptation professionnelle appropriées soient accessibles à toutes les catégories de personnes handicapées et de promouvoir les possibilités d'emploi des personnes handicapées sur le marché libre du travail.

Art. 4 Ladite politique devra être fondée sur le principe d'égalité de chances entre les travailleurs handicapés et les travailleurs en général. L'égalité de chances et de traitement entre les travailleurs handicapés et les travailleuses handicapées devra être respectée. Des mesures positives spéciales visant à garantir l'égalité effective de chances et de traitement entre les travailleurs handicapés et les autres travailleurs ne devront pas être considérées comme étant discriminatoires à l'égard de ces derniers.

Art. 5 Les organisations représentatives des travailleurs et des employeurs doivent être consultées sur la mise en œuvre de ladite politique, y compris les mesures qui doivent être prises pour promouvoir la coopération et la coordination entre les institutions publiques et privées qui s'occupent de la réadaptation professionnelle. Les organisations représentatives qui sont composées de personnes handicapées ou qui s'occupent de ces personnes devront être également consultées.

PARTIE III Mesures à prendre au niveau national pour le développement des services de réadaptation professionnelle et d'emploi pour les personnes handicapées

Art. 6 Tout Membre devra, par voie de législation nationale, ou par toute autre méthode conforme à la pratique et aux conditions nationales, prendre toute mesure qui peut être nécessaire pour donner effet aux articles 2, 3, 4 et 5 de la présente convention.

Art. 7 Les autorités compétentes devront prendre des mesures en vue de fournir et d'évaluer des services d'orientation professionnelle, de formation professionnelle, de placement, d'emploi, et autres services connexes destinés à permettre aux personnes handicapées d'obtenir et de conserver un emploi et de progresser professionnellement ; les services existants pour les travailleurs en général devront, dans tous les cas où cela est possible et approprié, être utilisés avec les adaptations nécessaires.

Art. 8 Des mesures devront être prises pour promouvoir la création et le développement de services de réadaptation professionnelle et d'emploi pour personnes handicapées dans les zones rurales et les collectivités isolées.

Art. 9 Tout Membre devra s'efforcer de garantir que soient formés et mis à la disposition des intéressés des conseillers en matière de réadaptation ainsi que d'autre personnel qualifié approprié chargés de l'orientation professionnelle, de la formation professionnelle, du placement et de l'emploi des personnes handicapées.

Déclaration OIT du 18 juin 1998,

Relative aux principes et droits fondamentaux au travail.

Attendu que la création de l'OIT procédait de la conviction que la justice sociale est essentielle pour assurer une paix universelle et durable ;

Attendu que la croissance économique est essentielle mais n'est pas suffisante pour assurer l'équité, le progrès social et l'éradication de la pauvreté, et que cela confirme la nécessité pour l'OIT de promouvoir des politiques sociales solides, la justice et des institutions démocratiques ;

Attendu que l'OIT se doit donc plus que jamais de mobiliser l'ensemble de ses moyens d'action normative, de coopération technique et de recherche dans tous les domaines de sa compétence, en particulier l'emploi, la formation professionnelle et les conditions de travail, pour faire en sorte que, dans le cadre d'une stratégie globale de développement économique et social, les politiques économiques et sociales se renforcent mutuellement en vue d'instaurer un développement large et durable ;

Attendu que l'OIT doit porter une attention spéciale aux problèmes des personnes ayant des besoins sociaux particuliers, notamment les chômeurs et les travailleurs migrants, mobiliser et encourager les efforts nationaux, régionaux et internationaux tendant à résoudre leurs problèmes, et promouvoir des politiques efficaces visant à créer des emplois ;

Attendu que, dans le but d'assurer le lien entre progrès social et croissance économique, la garantie des principes et des droits fondamentaux au travail revêt une importance et une signification particulières en donnant aux intéressés eux-mêmes la possibilité de revendiquer librement et avec des chances égales leur juste participation aux richesses qu'ils ont contribué à créer, ainsi que de réaliser pleinement leur potentiel humain ;

Attendu que l'OIT est l'organisation internationale mandatée par sa Constitution, ainsi que l'organe compétent pour établir les normes internationales du travail et s'en occuper, et qu'elle bénéficie d'un appui et d'une reconnaissance universels en matière de promotion des droits fondamentaux au travail, en tant qu'expression de ses principes constitutionnels ;

Attendu que, dans une situation d'interdépendance économique croissante, il est urgent de réaffirmer la permanence des principes et droits fondamentaux inscrits dans la Constitution de l'Organisation ainsi que de promouvoir leur application universelle ;

LA CONFÉRENCE INTERNATIONALE DU TRAVAIL

1. Rappelle :

(a) qu'en adhérant librement à l'OIT, l'ensemble de ses Membres ont accepté les principes et droits énoncés dans sa Constitution et dans la Déclaration de Philadelphie, et se sont engagés à travailler à la réalisation des objectifs d'ensemble de l'Organisation, dans toute la mesure de leurs moyens et de leur spécificité ;

(b) que ces principes et droits ont été exprimés et développés sous forme de droits et d'obligations spécifiques dans des conventions reconnues comme fondamentales, tant à l'intérieur qu'à l'extérieur de l'Organisation.

2. Déclare que l'ensemble des Membres, même lorsqu'ils n'ont pas ratifié les conventions en question, ont l'obligation, du seul fait de leur appartenance à l'Organisation, de respecter, promouvoir et réaliser, de bonne foi et conformément à la Constitution, les principes concernant les droits fondamentaux qui sont l'objet desdites conventions, à savoir :

(a) la liberté d'association et la reconnaissance effective du droit de négociation collective ;

(b) l'élimination de toute forme de travail forcé ou obligatoire ;

(c) l'abolition effective du travail des enfants

(d) l'élimination de la discrimination en matière d'emploi et de profession.

3. Reconnaît l'obligation qui incombe à l'Organisation d'aider ses Membres, en réponse à leurs besoins établis et exprimés, de façon à atteindre ces objectifs en faisant pleinement appel à ses moyens constitutionnels, pratiques et budgétaires, y compris par la mobilisation des ressources et l'assistance extérieures, ainsi qu'en encourageant d'autres organisations internationales avec lesquelles l'OIT a établi des relations, en vertu de l'article 12 de sa Constitution, à soutenir ces efforts :

(a) en offrant une coopération technique et des services de conseil destinés à promouvoir la ratification et l'application des conventions fondamentales ;

(b) en assistant ceux de ses Membres qui ne sont pas encore en mesure de ratifier l'ensemble ou certaines de ces conventions dans leurs efforts pour respecter, promouvoir et réaliser les principes concernant les droits fondamentaux qui sont l'objet desdites conventions

(c) en aidant ses Membres dans leurs efforts pour instaurer un climat propice au développement économique et social.

4. Décide que, pour donner plein effet à la présente Déclaration, un mécanisme de suivi promotionnel, crédible et efficace sera mis en œuvre conformément aux modalités précisées dans l'annexe ci-jointe, qui sera considérée comme faisant partie intégrante de la présente Déclaration.

5. Souligne que les normes du travail ne pourront servir à des fins commerciales protectionnistes et que rien dans la présente Déclaration et son suivi ne pourra être invoqué ni servir à pareilles fins ; en outre, l'avantage comparatif d'un quelconque pays ne pourra, en aucune façon, être mis en cause du fait de la présente Déclaration et son suivi.

Convention OIT n° 182 du 17 juin 1999,

Concernant l'interdiction des pires formes de travail des enfants et l'action immédiate en vue de leur élimination.

Art. 1er Tout Membre qui ratifie la présente convention doit prendre des mesures immédiates et efficaces pour assurer l'interdiction et l'élimination des pires formes de travail des enfants et ce, de toute urgence.

Art. 2 Aux fins de la présente convention, le terme *enfant* s'applique à l'ensemble des personnes de moins de 18 ans.

Art. 3 Aux fins de la présente convention, l'expression *les pires formes de travail des enfants* comprend :

(a) toutes les formes d'esclavage ou pratiques analogues, telles que la vente et la traite des enfants, la servitude pour dettes et le servage ainsi que le travail forcé ou obligatoire, y compris le recrutement forcé ou obligatoire des enfants en vue de leur utilisation dans des conflits armés ;

(b) l'utilisation, le recrutement ou l'offre d'un enfant à des fins de prostitution, de production de matériel pornographique ou de spectacles pornographiques ;

(c) l'utilisation, le recrutement ou l'offre d'un enfant aux fins d'activités illicites, notamment pour la production et le trafic de stupéfiants, tels que les définissent les conventions internationales pertinentes ;

(d) les travaux qui, par leur nature ou les conditions dans lesquelles ils s'exercent, sont susceptibles de nuire à la santé, à la sécurité ou à la moralité de l'enfant.

Art. 4 1. Les types de travail visés à l'article 3 d) doivent être déterminés par la législation nationale ou l'autorité compétente, après consultation des organisations d'employeurs et de travailleurs intéressées, en prenant en considération les normes internationales pertinentes, et en particulier les paragraphes 3 et 4 de la recommandation sur les pires formes de travail des enfants, 1999.

2. L'autorité compétente, après consultation des organisations d'employeurs et de travailleurs intéressées, doit localiser les types de travail ainsi déterminés.

3. La liste des types de travail déterminés conformément au paragraphe 1 du présent article doit être périodiquement examinée et, au besoin, révisée en consultation avec les organisations d'employeurs et de travailleurs intéressées.

Art. 5 Tout Membre doit, après consultation des organisations d'employeurs et de travailleurs, établir ou désigner des mécanismes appropriés pour surveiller l'application des dispositions donnant effet à la présente convention.

Art. 6 1. Tout Membre doit élaborer et mettre en œuvre des programmes d'action en vue d'éliminer en priorité les pires formes de travail des enfants.

2. Ces programmes d'action doivent être élaborés et mis en œuvre en consultation avec les institutions publiques compétentes et les organisations d'employeurs et de travailleurs, le cas échéant en prenant en considération les vues d'autres groupes intéressés.

Art. 7 1. Tout Membre doit prendre toutes les mesures nécessaires pour assurer la mise en œuvre effective et le respect des dispositions donnant effet à la présente convention, y compris par l'établissement et l'application de sanctions pénales ou, le cas échéant, d'autres sanctions.

2. Tout Membre doit, en tenant compte de l'importance de l'éducation en vue de l'élimination du travail des enfants, prendre des mesures efficaces dans un délai déterminé pour :

(a) empêcher que des enfants ne soient engagés dans les pires formes de travail des enfants ;

(b) prévoir l'aide directe nécessaire et appropriée pour soustraire les enfants des pires formes de travail des enfants et assurer leur réadaptation et leur intégration sociale ;

(c) assurer l'accès à l'éducation de base gratuite et, lorsque cela est possible et approprié, à la formation professionnelle pour tous les enfants qui auront été soustraits des pires formes de travail des enfants ;

(d) identifier les enfants particulièrement exposés à des risques et entrer en contact direct avec eux ;

(e) tenir compte de la situation particulière des filles.

3. Tout Membre doit désigner l'autorité compétente chargée de la mise en œuvre des dispositions donnant effet à la présente convention.

Art. 8 Les Membres doivent prendre des mesures appropriées afin de s'entraider pour donner effet aux dispositions de la présente convention par une coopération et/ou une assistance internationale renforcées, y compris par des mesures de soutien

au développement économique et social, aux programmes d'éradication de la pauvreté et à l'éducation universelle

Recommandation OIT nº 190 du 17 juin 1999,

Concernant l'interdiction des pires formes de travail des enfants et l'action immédiate en vue de leur élimination.

1. Les dispositions de la présente recommandation complètent celles de la convention sur les pires formes de travail des enfants, 1999 (ci-après dénommée "la convention"), et devraient s'appliquer conjointement avec elles.

I. *Programmes d'action.*

2. Les programmes d'action visés à l'article 6 de la convention devraient être élaborés et mis en œuvre de toute urgence, en consultation avec les institutions publiques compétentes et les organisations d'employeurs et de travailleurs, en prenant en considération les vues des enfants directement affectés par les pires formes de travail des enfants ainsi que les vues de leurs familles et, le cas échéant, celles d'autres groupes intéressés acquis aux objectifs de la convention et de la présente recommandation. Ces programmes devraient viser, entre autres, à :

(a) identifier et dénoncer les pires formes de travail des enfants ;

(b) empêcher que des enfants ne soient engagés dans les pires formes de travail des enfants ou les y soustraire, les protéger de représailles, assurer leur réadaptation et leur intégration sociale par des mesures tenant compte de leurs besoins en matière d'éducation et de leurs besoins physiques et psychologiques ;

(c) accorder une attention particulière :

(i) aux plus jeunes enfants ;

(ii) aux enfants de sexe féminin ;

(iii) au problème des travaux exécutés dans des situations qui échappent aux regards extérieurs, où les filles sont particulièrement exposées à des risques ;

(iv) à d'autres groupes d'enfants spécialement vulnérables ou ayant des besoins particuliers ;

(d) identifier les communautés dans lesquelles les enfants sont particulièrement exposés à des risques, entrer en contact et travailler avec elles ;

(e) informer, sensibiliser et mobiliser l'opinion publique et les groupes intéressés, y compris les enfants et leurs familles.

II. *Travaux dangereux.*

3. En déterminant les types de travail visés à l'article 3 d) de la convention et leur localisation, il faudrait, entre autres, prendre en considération :

(a) les travaux qui exposent les enfants à des sévices physiques, psychologiques ou sexuels ;

(b) les travaux qui s'effectuent sous terre, sous l'eau, à des hauteurs dangereuses ou dans des espaces confinés ;

(c) les travaux qui s'effectuent avec des machines, du matériel ou des outils dangereux, ou qui impliquent de manipuler ou porter de lourdes charges ;

(d) les travaux qui s'effectuent dans un milieu malsain pouvant, par exemple, exposer des enfants à des substances, des agents ou des procédés dangereux, ou à des conditions de température, de bruit ou de vibrations préjudiciables à leur santé ;

(e) les travaux qui s'effectuent dans des conditions particulièrement difficiles, par exemple pendant de longues heures, ou la nuit, ou pour lesquels l'enfant est retenu de manière injustifiée dans les locaux de l'employeur.

4. En ce qui concerne les types de travail visés à l'article 3 d) de la convention ainsi qu'au paragraphe 3 ci-dessus, la législation nationale ou l'autorité compétente peut, après consultation des organisations d'employeurs et de travailleurs intéressées, autoriser l'emploi ou le travail à partir de l'âge de 16 ans, pour autant que la santé, la sécurité et la moralité de ces enfants soient totalement protégées et qu'ils aient reçu un enseignement particulier ou une formation professionnelle adaptés à la branche d'activité dans laquelle ils seront occupés.

III. *Mise en œuvre.*

5. (1) Des informations détaillées et des données statistiques sur la nature et l'étendue du travail des enfants devraient être compilées et tenues à jour en vue d'établir les priorités de l'action nationale visant à abolir le travail des enfants et, en particulier, à interdire et éliminer ses pires formes et ce, de toute urgence.

(2) Dans la mesure du possible, ces informations et données statistiques devraient comprendre des données ventilées par sexe, groupe d'âge, profession, branche d'activité économique, situation dans la profession, fréquentation scolaire et localisation géographique. L'importance d'un système efficace d'enregistrement des naissances comportant la délivrance d'actes de naissance devrait être prise en considération.

(3) Des données pertinentes devraient être compilées et tenues à jour en ce qui concerne les violations des dispositions nationales visant l'interdiction et l'élimination des pires formes de travail des enfants.

6. La compilation et le traitement des informations et données mentionnées au paragraphe 5 ci-dessus devraient être effectués en tenant dûment compte du droit à la protection de la vie privée.

7. Les informations compilées conformément au paragraphe 5 ci-dessus devraient être régulièrement communiquées au Bureau international du Travail.

8. Les Membres devraient établir ou désigner des mécanismes nationaux appropriés pour surveiller l'application des dispositions nationales visant l'interdiction et l'élimination des pires formes de travail des enfants, après consultation des organisations d'employeurs et de travailleurs.

9. Les Membres devraient veiller à ce que les autorités compétentes chargées de mettre en œuvre les dispositions nationales visant l'interdiction et l'élimination des pires formes de travail des enfants coopèrent entre elles et coordonnent leurs activités.

10. La législation nationale ou l'autorité compétente devrait déterminer les personnes qui seront tenues responsables en cas de non-respect des dispositions nationales concernant l'interdiction et l'élimination des pires formes de travail des enfants.

11. Les Membres devraient, pour autant que cela soit compatible avec le droit national, coopérer aux efforts internationaux visant à interdire et éliminer les pires formes de travail des enfants et ce, de toute urgence, en :

(a) rassemblant et échangeant des informations concernant les infractions pénales, y compris celles impliquant des réseaux internationaux ;

(b) recherchant et poursuivant les personnes impliquées dans la vente et la traite des enfants ou dans l'utilisation, le recrutement ou l'offre d'enfants aux fins d'activités illicites, de prostitution ou de production de matériel pornographique ou de spectacles pornographiques ;

(c) tenant un registre des auteurs de telles infractions.

12. Les Membres devraient prévoir que les pires formes de travail des enfants indiquées ci-après sont des infractions pénales :

(a) toutes les formes d'esclavage ou pratiques analogues, telles que la vente et la traite des enfants, la servitude pour dettes et le servage ainsi que le travail forcé ou obligatoire, y compris le recrutement forcé ou obligatoire des enfants en vue de leur utilisation dans les conflits armés ;

(b) l'utilisation, le recrutement ou l'offre d'un enfant à des fins de prostitution, de production de matériel pornographique ou de spectacles pornographiques ;

(c) l'utilisation, le recrutement ou l'offre d'un enfant aux fins d'activités illicites, notamment pour la production et le trafic de stupéfiants, tels que les définissent les conventions internationales pertinentes, ou pour des activités qui impliquent le port ou l'utilisation illégaux d'armes à feu ou d'autres armes.

13. Les Membres devraient veiller à ce que des sanctions, y compris s'il y a lieu des sanctions pénales, soient appliquées en cas de violation des dispositions nationales visant l'interdiction et l'élimination des types de travail mentionnés à l'article 3 d) de la convention.

14. Le cas échéant, les Membres devraient également prévoir de toute urgence d'autres moyens administratifs, civils ou pénaux en vue d'assurer l'application effective des dispositions nationales visant l'interdiction et l'élimination des pires formes de travail des enfants, par exemple la surveillance particulière des entreprises qui ont eu recours aux pires formes de

travail des enfants et, en cas de violation persistante, le retrait temporaire ou définitif de leur permis d'exploitation.

15. D'autres mesures visant l'interdiction et l'élimination des pires formes de travail des enfants pourraient notamment consister à :

(a) informer, sensibiliser et mobiliser le grand public, y compris les dirigeants politiques nationaux et locaux, les parlementaires et les autorités judiciaires ;

(b) associer et former les organisations d'employeurs et de travailleurs et les organisations civiques ;

(c) dispenser la formation appropriée aux agents des administrations intéressés, en particulier aux inspecteurs et aux représentants de la loi, ainsi qu'à d'autres professionnels concernés ;

(d) permettre à tout Membre de poursuivre sur son territoire ses ressortissants qui commettent des infractions aux dispositions de sa législation nationale visant l'interdiction et l'élimination immédiate des pires formes de travail des enfants, même lorsque ces infractions sont commises en dehors de son territoire ;

(e) simplifier les procédures judiciaires et administratives et veiller à ce qu'elles soient appropriées et rapides ;

(f) encourager les entreprises à mettre au point des politiques visant à promouvoir les objectifs de la convention ;

(g) recenser et faire connaître les meilleures pratiques relatives à l'élimination du travail des enfants ;

(h) faire connaître les dispositions juridiques ou autres relatives au travail des enfants dans les langues ou dialectes divers ;

(i) prévoir des procédures spéciales de plainte et des dispositions visant à protéger contre toutes discriminations et représailles ceux qui font légitimement état de violations des dispositions de la convention et mettre en place des lignes téléphoniques ou centres d'assistance et des médiateurs ;

(j) adopter des mesures appropriées en vue d'améliorer les infrastructures éducatives et la formation nécessaire aux enseignants pour répondre aux besoins des garçons et des filles ;

(k) dans la mesure du possible, tenir compte dans les programmes d'action nationaux de la nécessité :

(i) de promouvoir l'emploi et la formation professionnelle des parents et des adultes appartenant à la famille des enfants qui travaillent dans les conditions couvertes par la convention ;

(ii) de sensibiliser les parents au problème des enfants travaillant dans ces conditions.

16. Une coopération et/ou une assistance internationales renforcées entre les Membres en vue de l'interdiction et de l'élimination effective des pires formes de travail des enfants devraient compléter les efforts déployés à l'échelle nationale et pourraient, le cas échéant, être développées et mises en œuvre en consultation avec les organisations d'employeurs et de travailleurs. Une telle coopération et/ou assistance internationales devraient inclure :

(a) la mobilisation de ressources pour des programmes nationaux ou internationaux ;

(b) l'assistance mutuelle en matière juridique ;

(c) l'assistance technique, y compris l'échange d'informations ;

(d) des mesures de soutien au développement économique et social, aux programmes d'éradication de la pauvreté et à l'éducation universelle.

Convention OIT n° 187 du 15 juin 2006,

Concernant le cadre promotionnel pour la sécurité et la santé au travail.

I. Définitions

Art. 1er Aux fins de la présente convention :

(a) l'expression *politique nationale* désigne la politique nationale relative à la sécurité et la santé au travail et au milieu de travail définie conformément aux principes de l'article 4 de la convention (n° 155) sur la sécurité et la santé des travailleurs, 1981 ;

(b) l'expression *système national de sécurité et de santé au travail* ou *système national* désigne l'infrastructure qui constitue le cadre principal pour la mise en œuvre de la politique nationale et des programmes nationaux de sécurité et de santé au travail ;

(c) l'expression *programme national de sécurité et de santé au travail* ou *programme national* désigne tout programme national qui inclut des objectifs à réaliser selon un calendrier prédéterminé, des priorités et des moyens d'action établis en vue d'améliorer la sécurité et la santé au travail ainsi que des moyens permettant d'évaluer les progrès ;

(d) l'expression *culture de prévention nationale en matière de sécurité et de santé* désigne une culture où le droit à un milieu de travail sûr et salubre est respecté à tous les niveaux, où le gouvernement, les employeurs et les travailleurs s'emploient activement à assurer un milieu de travail sûr et salubre au moyen d'un système de droits, de responsabilités et d'obligations définis et où le principe de prévention se voit accorder la plus haute priorité.

II. Objectif

Art. 2 1. Tout Membre qui ratifie la présente convention doit promouvoir l'amélioration continue de la sécurité et de la santé au travail pour prévenir les lésions et maladies professionnelles et les décès imputables au travail par le développement, en consultation avec les organisations d'employeurs et de travailleurs les plus représentatives, d'une politique nationale, d'un système national et d'un programme national.

2. Tout Membre doit prendre des mesures actives en vue de réaliser progressivement un milieu de travail sûr et salubre au moyen d'un système national et de programmes nationaux de sécurité et de santé au travail, en tenant compte des principes énoncés dans les instruments de l'Organisation internationale du Travail (OIT) pertinents pour le cadre promotionnel pour la sécurité et la santé au travail.

3. Tout Membre doit, en consultation avec les organisations d'employeurs et de travailleurs les plus représentatives, considérer périodiquement quelles mesures pourraient être prises pour ratifier les conventions pertinentes de l'OIT relatives à la sécurité et à la santé au travail.

1. Protection de l'intégrité physique et psychique des travailleurs. En dépit de l'absence de recensement des maladies psychiques dans la liste des maladies professionnelles par le législateur grec, le requérant avait disposé de moyens pour se plaindre de la détérioration de son état de santé psychique sur son lieu de travail et obtenir, le cas échéant, une indemnité pour préjudice moral. Dès lors, les autorités grecques n'avaient pas failli à protéger l'intégrité physique et morale de l'intéressé et à lui garantir le respect de la vie privée auquel il a droit. • CEDH 17 nov. 2015, *Dolopoulos c/ Grèce*, n° 36656/14. ♦ En dépit de la marge d'appréciation laissée aux États pour décider comment gérer de tels risques, le gouvernement maltais a manqué aux obligations positives que lui impose la Conv. EDH en ne prenant pas les mesures pratiques pour faire en sorte que les salariés soient suffisamment protégés et informés du risque auquel étaient exposées leur santé et leur vie. • CEDH 24 juill. 2014, *Brincat et a. c/ Malte*, n° 60908/11.

2. Information du salarié. Les autorités doivent veiller à mettre à la disposition des salariés des informations essentielles qui leur permettent d'apprécier les risques pour leur santé et leur vie liés à leur profession. • CEDH 5 déc. 2013, *Vilnes et a. c/ Norvège*, n° 52806/09.

3. Obligation de sécurité de résultat. Dès lors qu'elle avait constaté qu'un risque d'exposition aux fumées de soudage avait été identifié en prévention duquel des masques à adduction d'air devaient être mis à la disposition des soudeurs, il en résultait que la seule circonstance qu'un tel masque n'ait pas été fourni dès le début de la mission constituait un manquement de l'entreprise utilisatrice à son obligation de sécurité de résultat causant nécessairement un préjudice au salarié. • Soc. 30 nov. 2010, n° 08-70.390 P : *D. actu. 6 janv. 2011, obs. Ines ; D. 2011. AJ 22 ; JSL 2011, n° 292-2, obs. Hautefort ; JCP S 2011. 1183, obs. Bousez.*

III. Politique nationale

Art. 3 1. Tout Membre doit promouvoir un milieu de travail sûr et salubre, en élaborant à cette fin une politique nationale.

2. Tout Membre doit promouvoir et faire progresser, à tous les niveaux concernés, le droit des travailleurs à un milieu de travail sûr et salubre.

3. Lors de l'élaboration de sa politique nationale, tout Membre doit promouvoir, à la lumière des conditions et de la pratique nationales et en consultation avec les organisations d'employeurs et de travailleurs les plus représentatives, des principes de base tels que les suivants : évaluer les risques ou les dangers imputables au travail ; combattre à la source les risques ou les dangers imputables au travail ; et développer une culture de prévention nationale en matière de sécurité et de santé, qui comprenne l'information, la consultation et la formation.

IV. Système national

Art. 4 1. Tout Membre doit établir, maintenir, développer progressivement et réexaminer périodiquement un système national de sécurité et de santé au travail, en consultation avec les organisations d'employeurs et de travailleurs les plus représentatives.

2. Le système national de sécurité et de santé au travail doit inclure, entre autres :

(a) la législation, les accords collectifs le cas échéant, et tout autre instrument pertinent en matière de sécurité et de santé au travail ;

(b) une autorité ou un organisme, ou des autorités ou des organismes, responsables aux fins de la sécurité et de la santé au travail, désignés conformément à la législation et à la pratique nationales ;

(c) des mécanismes visant à assurer le respect de la législation nationale, y compris des systèmes d'inspection ;

(d) des mesures pour promouvoir, au niveau de l'établissement, la coopération entre la direction, les travailleurs et leurs représentants, en tant qu'élément essentiel de prévention en milieu de travail.

3. Le système national de sécurité et de santé au travail doit inclure, s'il y a lieu :

(a) un organe tripartite consultatif national ou des organes tripartites consultatifs nationaux compétents en matière de sécurité et de santé au travail ;

(b) des services d'information et des services consultatifs en matière de sécurité et de santé au travail ;

(c) l'offre d'une formation en matière de sécurité et de santé au travail ;

(d) des services de santé au travail conformément à la législation et à la pratique nationales ;

(e) la recherche en matière de sécurité et de santé au travail ;

(f) un mécanisme de collecte et d'analyse des données sur les lésions et maladies professionnelles tenant compte des instruments pertinents de l'OIT ;

(g) des dispositions en vue d'une collaboration avec les régimes d'assurance ou de sécurité sociale couvrant les lésions et maladies professionnelles ;

(h) des mécanismes de soutien pour l'amélioration progressive des conditions de sécurité et de santé au travail dans les micro-entreprises, les petites et moyennes entreprises et l'économie informelle.

V. Programme national

Art. 5 1. Tout Membre doit élaborer, mettre en œuvre, contrôler, évaluer et réexaminer périodiquement un programme national de sécurité et de santé au travail, en consultation avec les organisations d'employeurs et de travailleurs les plus représentatives.

2. Le programme national doit :

(a) promouvoir le développement d'une culture de prévention nationale en matière de sécurité et de santé ;

(b) contribuer à la protection des travailleurs en éliminant ou en réduisant au minimum, dans la mesure où cela est raisonnable et pratiquement réalisable, les dangers et les risques liés au travail, conformément à la législation et à la pratique nationales, en vue de prévenir les lésions et maladies professionnelles et les décès imputables au travail et de promouvoir la sécurité et la santé sur le lieu de travail ;

(c) être élaboré et réexaminé sur la base d'une analyse de la situation nationale en matière de sécurité et de santé au travail comportant une analyse du système national de sécurité et de santé au travail ;

(d) comporter des objectifs, des cibles et des indicateurs de progrès ;

(e) être soutenu, si possible, par d'autres programmes et plans nationaux complémentaires qui aideront à atteindre progressivement l'objectif d'un milieu de travail sûr et salubre.

3. Le programme national doit être largement diffusé et, dans la mesure du possible, appuyé et lancé par les plus hautes autorités nationales.

Convention OIT n° 190 du 21 juin 2019,

Concernant l'élimination de la violence et du harcèlement dans le monde du travail.

▸ LEROUGE, *Dr. soc. 2022. 54* (la ratification de la Conv. OIT n° 190 : formalité ou opportunité pour le système français ?).

I. Définitions

Art. 1er 1. Aux fins de la présente convention :

a) l'expression "violence et harcèlement" dans le monde du travail s'entend d'un ensemble de comportements et de pratiques inacceptables, ou de menaces de tels comportements et pratiques, qu'ils se produisent à une seule occasion ou de manière répétée, qui ont pour but de causer, causent ou sont susceptibles de causer un dommage d'ordre physique, psychologique, sexuel ou économique, et comprend la violence et le harcèlement fondés sur le genre ;

b) l'expression "violence et harcèlement fondés sur le genre" s'entend de la violence et du harcèlement visant une personne en raison de son sexe ou de son genre ou ayant un effet disproportionné sur les personnes d'un sexe ou d'un genre donné, et comprend le harcèlement sexuel.

2. Sans préjudice des dispositions des alinéas a) et b) du paragraphe 1 du présent article, les définitions figurant dans la législation nationale peuvent énoncer un concept unique ou des concepts distincts.

II. Champ d'application

Art. 2 1. La présente convention protège les travailleurs et autres personnes dans le monde du travail, y compris les salariés tels que définis par la législation et la pratique nationales, ainsi que les personnes qui travaillent, quel que soit leur statut contractuel, les personnes en formation, y compris les stagiaires et les apprentis, les travailleurs licenciés, les personnes bénévoles, les personnes à la recherche d'un emploi, les candidats à un emploi et les individus exerçant l'autorité, les fonctions ou les responsabilités d'un employeur.

2. La présente convention s'applique à tous les secteurs, public ou privé, dans l'économie formelle ou informelle, en zone urbaine ou rurale.

Art. 3 La présente convention s'applique à la violence et au harcèlement dans le monde du travail s'exerçant à l'occasion, en lien avec ou du fait du travail :

a) sur le lieu de travail, y compris les espaces publics et les espaces privés lorsqu'ils servent de lieu de travail ;

b) sur les lieux où le travailleur est payé, prend ses pauses ou ses repas ou utilise des installations sanitaires, des salles d'eau ou des vestiaires ;

c) à l'occasion de déplacements, de voyages, de formations, d'événements ou d'activités sociales liés au travail ;

d) dans le cadre de communications liées au travail, y compris celles effectuées au moyen de technologies de l'information et de la communication ;

e) dans le logement fourni par l'employeur ;

f) pendant les trajets entre le domicile et le lieu de travail.

III. Principes fondamentaux

Art. 4 1. Tout Membre qui ratifie la présente convention doit respecter, promouvoir et réaliser le droit de toute personne à un monde du travail exempt de violence et de harcèlement.

2. Tout Membre doit adopter, conformément à la législation et à la situation nationales et en consultation avec les organisations représentatives d'employeurs et de travailleurs, une approche inclusive, intégrée et tenant compte des considérations de genre, qui vise à prévenir et à éliminer la violence et le harcèlement dans le monde du travail. Cette approche devrait prendre en compte la violence et le harcèlement impliquant des tiers, le cas échéant, et consiste notamment à :

a) interdire en droit la violence et le harcèlement ;

b) garantir que des politiques pertinentes traitent de la violence et du harcèlement ;

c) adopter une stratégie globale afin de mettre en œuvre des mesures pour prévenir et combattre la violence et le harcèlement ;

d) établir des mécanismes de contrôle de l'application et de suivi ou renforcer les mécanismes existants ;

e) garantir l'accès à des moyens de recours et de réparation ainsi qu'à un soutien pour les victimes ;

f) prévoir des sanctions ;

g) élaborer des outils, des orientations et des activités d'éducation et de formation et sensibiliser, sous des formes accessibles selon le cas ;

h) garantir l'existence de moyens d'inspection et d'enquête efficaces pour les cas de violence et de harcèlement, y compris par le biais de l'inspection du travail ou d'autres organismes compétents.

3. Lorsqu'il adopte et met en œuvre l'approche visée au paragraphe 2 du présent article, tout Membre doit reconnaître les fonctions et rôles différents et complémentaires des gouvernements, et des employeurs et travailleurs et de leurs organisations respectives, en tenant compte de la nature et de l'étendue variables de leurs responsabilités respectives.

Art. 5 En vue de prévenir et d'éliminer la violence et le harcèlement dans le monde du travail, tout Membre doit respecter, promouvoir et réaliser les principes et droits fondamentaux au travail, à savoir la liberté d'association et la reconnaissance effective du droit de négociation collective, l'élimination de toute forme de travail forcé ou obligatoire, l'abolition effective du travail des enfants et l'élimination de la discrimination en matière d'emploi et de profession, et aussi promouvoir le travail décent.

Art. 6 Tout Membre doit adopter une législation et des politiques garantissant le droit à l'égalité et à la non-discrimination dans l'emploi et la profession, notamment aux travailleuses, ainsi qu'aux travailleurs et autres personnes appartenant à un ou plusieurs groupes vulnérables ou groupes en situation de vulnérabilité qui sont touchés de manière disproportionnée par la violence et le harcèlement dans le monde du travail.

IV. Protection et prévention

Art. 7 Sans préjudice des dispositions de l'article 1 et conformément à celles-ci, tout Membre doit adopter une législation définissant et interdisant la violence et le harcèlement dans le monde du travail, y compris la violence et le harcèlement fondés sur le genre.

Art. 8 Tout Membre doit prendre des mesures appropriées pour prévenir la violence et le harcèlement dans le monde du travail, notamment :

a) reconnaître le rôle important des pouvoirs publics en ce qui concerne les travailleurs de l'économie informelle ;

b) identifier, en consultation avec les organisations d'employeurs et de travailleurs concernées et par d'autres moyens, les secteurs ou professions et les modalités de travail qui exposent davantage les travailleurs et autres personnes concernées à la violence et au harcèlement ;

c) prendre des mesures pour protéger ces personnes de manière efficace.

Art. 9 Tout Membre doit adopter une législation prescrivant aux employeurs de prendre des mesures appropriées correspondant à leur degré de contrôle pour prévenir la violence et le harcèlement dans le monde du travail, y compris la violence et le harcèlement fondés sur le genre, et en particulier, dans la mesure où cela est raisonnable et pratiquement réalisable :

a) d'adopter et de mettre en œuvre, en consultation avec les travailleurs et leurs représentants, une politique du lieu de travail relative à la violence et au harcèlement ;

b) de tenir compte de la violence et du harcèlement, et des risques psychosociaux qui y sont associés, dans la gestion de la sécurité et de la santé au travail ;

c) d'identifier les dangers et d'évaluer les risques de violence et de harcèlement, en y associant les travailleurs et leurs représentants, et de prendre des mesures destinées à prévenir et à maîtriser ces dangers et ces risques ;

d) de fournir aux travailleurs et autres personnes concernées, sous des formes accessibles selon le cas, des informations et une formation sur les dangers et les risques de violence et de harcèlement identifiés et sur les mesures de prévention et de protection correspondantes, y compris sur les droits et responsabilités des travailleurs et autres personnes concernées en lien avec la politique visée à l'alinéa a) du présent article.

Licenciement. Lorsque l'absence prolongée du salarié est la conséquence du harcèlement moral dont il a été l'objet, l'employeur ne peut se prévaloir de la perturbation que l'absence prolongée du salarié a causée au fonctionnement de l'entreprise. • Soc. 30 janv. 2019, n° 17-31.473 P : *D. actu. 20 févr. 2019, obs. Drutinus ; D. 2019. Actu. 261 ; Dr. soc. 2019. 265, note Mouly ; RJS 4/2019, n° 203 ; JSL 2019, n° 472-1, obs. Martin, Lubineau et Verneret.*

V. Contrôle de l'application et moyens de recours et de réparation

Art. 10 Tout Membre doit prendre des mesures appropriées pour :

a) suivre et faire appliquer la législation nationale relative à la violence et au harcèlement dans le monde du travail ;

b) garantir un accès aisé à des moyens de recours et de réparation appropriés et efficaces ainsi qu'à des mécanismes et procédures de signalement et de règlement des différends en matière de violence et de harcèlement dans le monde du travail, qui soient sûrs, équitables et efficaces, tels que :

i) des procédures de plainte et d'enquête et, s'il y a lieu, des mécanismes de règlement des différends au niveau du lieu de travail ;

ii) des mécanismes de règlement des différends extérieurs au lieu de travail ;

iii) des tribunaux et autres juridictions ;

iv) des mesures de protection des plaignants, des victimes, des témoins et des lanceurs d'alerte contre la victimisation et les représailles ;

v) des mesures d'assistance juridique, sociale, médicale ou administrative pour les plaignants et les victimes ;

c) protéger la vie privée des personnes concernées et la confidentialité, dans la mesure du possible et selon qu'il convient, et veiller à ce que les exigences en la matière ne soient pas appliquées abusivement ;

d) prévoir des sanctions, s'il y a lieu, en cas de violence et de harcèlement dans le monde du travail ;

e) prévoir que les victimes de violence et de harcèlement fondés sur le genre dans le monde du travail auront effectivement accès à des mécanismes de plainte et de règlement des différends, à un soutien, à des services et à des moyens de recours et de réparation tenant compte des considérations de genre, sûrs et efficaces ;

f) reconnaître les effets de la violence domestique et, dans la mesure où cela est raisonnable et pratiquement réalisable, atténuer son impact dans le monde du travail ;

g) garantir que tout travailleur a le droit de se retirer d'une situation de travail dont il a des motifs raisonnables de penser qu'elle présente un danger imminent et grave pour sa vie, sa santé ou sa sécurité, en raison de violence et de harcèlement, sans subir de représailles ni autres conséquences indues, et le devoir d'en informer la direction ;

h) veiller à ce que l'inspection du travail et d'autres autorités compétentes, le cas échéant, soient habilitées à traiter la question de la violence et du harcèlement dans le monde du travail, notamment en ordonnant des mesures immédiatement exécu-

toires ou l'arrêt du travail lorsqu'il existe un danger imminent pour la vie, la santé ou la sécurité, sous réserve de tout droit de recours judiciaire ou administratif qui pourrait être prévu par la législation.

VI. Orientations, formation et sensibilisation

Art. 11 **Tout Membre doit, en consultation avec les organisations représentatives d'employeurs et de travailleurs, s'efforcer de garantir que :**

a) la question de la violence et du harcèlement dans le monde du travail est traitée dans les politiques nationales pertinentes, comme celles relatives à la sécurité et à la santé au travail, à l'égalité et à la non-discrimination et aux migrations ;

b) des orientations, des ressources, des formations ou d'autres outils concernant la violence et le harcèlement dans le monde du travail, y compris la violence et le harcèlement fondés sur le genre, sont mis à la disposition des employeurs et des travailleurs et de leurs organisations ainsi que des autorités compétentes, sous des formes accessibles selon le cas ;

c) des initiatives sont prises en la matière, notamment des campagnes de sensibilisation.

VII. Méthodes d'application

Art. 12 **Les dispositions de la présente convention doivent être appliquées par voie de législation nationale ainsi que par des conventions collectives ou d'autres mesures conformes à la pratique nationale, y compris en étendant, ou en adaptant, les mesures existantes de sécurité et de santé au travail à la question de la violence et du harcèlement et en élaborant des mesures spécifiques si nécessaire.**

LANCEUR D'ALERTES

DP COMPLIANCE v° *Lanceur d'alerte.*

SOLUTION COMPLIANCE v° *Les lanceurs d'alerte.*

BIBL. GÉN. ▸ BOURSIER, *BJB 2016. 382* (l'irrésistible ascension du *whistleblowing* en droit financier s'étend aux abus de marché). – DEDIEU et GALLOIS-COCHET, *BJS 2018. 173* (obligations et responsabilité des dirigeants dans le cadre des obligations de compliance en droit français). – FEUGÈRE, *Cah. dr. entr. 2019, n° 3, éditorial, p. 3* (la protection des lanceurs d'alerte, un enjeu sociétal) ; *Actes pratiques et ingénierie sociétaire, sept. 2019, p. 5* (alerte éthique – L'alerte éthique en pratique : les enjeux et besoins concrets des entreprises). – MONTEIL, *RICEA 2020, n° 2, Étude 71* (la protection du salarié en cas de détection d'une situation illicite). – FRISON-ROCHE, L'impossible unicité juridique de la catégorie des lanceurs d'alertes, *in* Chacornac (dir.), Lanceurs d'alertes, regards comparatistes, *Publications du Centre français de droit comparé, mai 2020, vol. 21, p. 13*. – MAGNIER, *D. 2020. 1307* (le lanceur d'alerte actionnaire ou mandataire social, un acteur « stratégique » de la gouvernance des sociétés). – ALIBERT, *RDSS 2020. 566* (l'apport contrasté de la « loi Sapin II » aux dispositifs de signalement et de protection des lanceurs d'alerte dans le secteur médico-social). – PITRAS, *RTD eur. 2020. 181* (le lanceur d'alerte. Étude comparée entre droit français et droit de l'Union européenne). – PERRAULT et DOISY, *D. actu. 22 mars 2021* (les évolutions du mécanisme de signalement : directive européenne lanceurs d'alerte et méthode d'enquête interne). – HABOUZIT, *RSC 2021. 297* (la protection pénale des lanceurs d'alerte dans le cadre de la relation de travail). – GOUBIN et JANASZEWICZ, *Dalloz IP/IT 2021. 505* (le *hacking* éthique : votre meilleur ennemi ?). – MIGNON COLOMBET et MUNOZ-PONS, *JCP 2022, n° 538* (lanceurs d'alerte – Entre « soft law » et réglementation, l'enquête interne cherche son cadre).

▸ L. n° 2022-401 du 21 mars 2022 : DUFOURQ, *D. actu. 6 avr. 2022* (protection des lanceurs d'alerte et rôle du Défenseur des droits : les enseignements des lois du 21 mars 2022). – Table ronde, *Cah. dr. entr. 2022, n° 2, p. 9* (la protection des lanceurs d'alerte). – RAGIMBEAU, *AJDA 2022. 1089* (le nouveau cadre juridique des lanceurs d'alerte). – LECLERC, *RDT 2022. 281* (ce que l'alerte fait aux frontières de l'entreprise). – CHATEAURAYNAUD, *ibid. 285* (après la protection des personnes, protéger les alertes). – BOURDON et LEFEBVRE, *Légipresse 2022. 313* (la loi Waserman, une véritable avancée, mais encore un bout de chemin à faire). – NDLR, *BRDA 2022, n° 8, p. 20* (protection des lanceurs d'alerte : amélioration et harmonisation au 1er sept. 2022). – BARRIÈRE, *Rev. sociétés 2022. 327* (vers davantage d'alertes professionnelles : un nouveau paradigme à anticiper pour les entreprises). – PELLISSIER et CHEIKH, *JCP E 2022, n° 1214* (du nouveau domaine de la protection du lanceur d'alerte et de quelques difficultés d'articulation avec les dispositifs de droit du travail). – RIANCHO, *ibid., n° 1215* (sanctions des atteintes au lanceur d'alerte). – SAUPIN, *ibid., n° 1216* (articulation entre le dispositif commun et les dispositifs sectoriels, l'exemple du droit bancaire et financier). – BARBIÈRI, *ibid., n° 1217* (lanceur d'alerte et droit des sociétés).

▸ FEUGÈRE, Déployer un dispositif d'alertes efficace, *Éditions législatives, coll. La compliance en pratique, juin 2020.*

RÈGLES INTERNES

COMMENTAIRE

Les dispositifs d'alertes n'ont été reconnu que tardivement en droit français, au contraire d'autres pays, tels les États-Unis, qui valorisent le *whistleblowing*. Longtemps, ni l'alerte ni le lanceur d'alertes n'étaient définis ; la loi ne prévoyait qu'une protection, dans le code du travail, de celui ou celle qui avait procédé à une alerte, et dans des cas limités : harcèlement sexuel (anc. art. L. 1153-3 C. trav.), harcèlement moral (anc. art. L. 1152-2 C. trav.).

La CNIL – très réticente sur le principe même des alertes – avait fixé des règles restrictives dans sa délibération n° 2005-305 du 8 décembre 2005 portant autorisation unique de traitements automatisés de données à caractère personnel mis en œuvre dans le cadre de dispositifs d'alerte professionnelle (décision d'autorisation unique n° AU-004). L'article 1er limitait strictement les finalités du dispositif d'alertes aux « domaines financier, comptable, bancaire et de la lutte contre la corruption. ». Une fois le dispositif en place, l'article 3 permettait toutefois une forme d'extension, dans la mesure où des « faits qui ne se rapportent pas à ces domaines peuvent toutefois être communiqués aux personnes compétentes de l'organisme concerné lorsque l'intérêt vital de cet organisme ou l'intégrité physique ou morale de ses employés est en jeu ».

La loi n° 2007-1598 du 17 novembre 2007 relative à la lutte contre la corruption a étendu le régime de protection aux signalements de corruption (anc. art. L. 1161-1 C. trav.). Sera alors rédigée une circulaire DGT n° 2008-22 du 19 novembre 2008 relative aux chartes éthiques, dispositifs d'alerte professionnelle et au règlement intérieur (non publiée au *Journal officiel*, et non révisée depuis).

C'est avec la loi n° 2013-1117 du 6 décembre 2013 relative à la lutte contre la fraude fiscale et la grande délinquance économique et financière que le domaine des alertes sera considérablement élargi. Un article L. 1132-3-3 est alors introduit dans le code du travail, prévoyant une protection juridique de tout salarié ayant relaté de bonne foi, tout fait susceptible de constituer « un délit ou un crime » (V. *infra*).

Il n'y avait alors plus de restriction, ni quant au crime ou délit qui pouvait être dénoncé, ni quant aux personnes auprès desquelles la dénonciation est recevable, puisqu'il ne s'agit pas seulement des employeurs ou des autorités judiciaires (malgré plusieurs amendements en ce sens par le Sénat), mais tout tiers, y compris extérieur à l'entreprise, donc y inclus la presse et pourquoi pas les réseaux sociaux.

Reste que la seule protection demeurait, en droit privé, celle du code du travail et concernait dès lors exclusivement les travailleurs et, en droit public, celle du code général de la fonction publique. Par ailleurs, aucune méthodologie n'était prévue pour les alertes, qui pouvaient être déposées n'importe où, auprès de n'importe qui, de n'importe quelle manière. Enfin, si les alertes étaient évoquées dans la loi, aucune disposition n'obligeait les entreprises à mettre en œuvre des dispositifs d'alertes ; leur déploiement, sauf lois étrangères les imposant, relevait du bon vouloir des entreprises.

Après la loi du 6 décembre 2013, la CNIL n'a révisé que partiellement sa définition des finalités d'un dispositif d'alertes, la décision d'autorisation unique n° AU-004 comprenant désormais les domaines « 1. Financier, comptable, bancaire et de la lutte contre la corruption ; 2. Pratiques anticoncurrentielles ; 3. Lutte contre les discriminations et le harcèlement au travail ; 4. Santé, hygiène et sécurité au travail ; 5. Protection de l'environnement, et ce dès lors que la mise en œuvre de ces traitements répond à une obligation légale ou à un intérêt légitime dans ces domaines. » Cette définition demeurait infiniment plus restrictive que celle de la loi (« un délit ou un crime »), confirmant les infinies réticences de la CNIL sur ces dispositifs au regard de la protection des données personnelles.

C'est alors qu'est intervenue la loi n° 2016-1691 du 9 décembre 2016, dite loi Sapin 2, introduisant des modifications substantielles : définition du lanceur d'alertes, extension du champ des alertes, encadrement du dépôt des alertes avec un système de gradation progressive, création d'un délit de violation de confidentialité des alertes et pour certaines entités privées ou publiques obligations de mise en œuvre de dispositif d'alertes, sous la responsabilité personnelle des dirigeants.

On insistera sur la distinction entre définition du lanceur d'alertes, devoirs et protections du lanceur d'alertes et obligation de mise en œuvre d'un dispositif : on peut répondre parfaitement à la définition du lanceur d'alertes et pour autant ne pas être protégé en théorie, faute d'intervenir dans un cadre prévu par la loi, ou même si ce cadre ne prévoit pas de protection spécifique.

Il faut aussi préciser que la loi instaure en réalité plusieurs dispositifs : les articles 6 à 15 forment un régime général, l'article 16 instaure des dispositifs spécifiques pour les entreprises relevant de l'Autorité des marchés financiers et de l'Autorité de contrôle prudentiel, et l'article 17, qui relève d'un chapitre distinct de la loi, instaure un régime spécifique pour les atteintes aux codes de conduite anticorruption. Tous ces dispositifs peuvent coexister et se compléter, mais les régimes et protections ne sont pas harmonisés. Nous aborderons plus loin ces éléments et leurs distinctions.

Quelques mois après la loi Sapin 2, la loi n° 2017-399 du 27 mars 2017 relative au devoir de vigilance des sociétés mères et des entreprises donneuses d'ordre a elle aussi prévu des obligations de compliance spécifiques, incluant un dispositif d'alertes (V. v° *Devoir de vigilance et droits humains*).

A la suite de ces évolutions, la CNIL a d'abord révisé, en 2017, la décision d'autorisation unique n° AU-004, avant d'adopter le 18 juillet 2019 un référentiel relatif aux traitements de données à caractère personnel destinés à la mise en œuvre d'un dispositif d'alertes professionnelles (V. *infra*), le RGPD ayant substitué les référentiels aux autorisations préalables. La CNIL admet désormais une vision très élargie.

Cette reconnaissance forte des dispositifs d'alertes s'explique en partie, comme la loi Sapin 2 elle-même, par le constat que la vision purement répressive de la corruption n'était pas pleinement efficace. La loi y a donc ajouté la prévention et la détection, les deux étant complémentaires : l'alerte est un moyen de détecter un manquement, donc non seulement d'y mettre fin mais également d'en permettre la sanction.

Enfin, la directive (UE) 2019/1937 du 23 octobre 2019 sur la protection des personnes qui signalent des violations du droit de l'Union (V. *infra*, II. Règles européennes) apporte des évolutions substantielles au régime français. Cette directive est relative aux violations du droit de l'Union, énumérées à l'article 2. Le champ est très vaste : marchés publics, blanchiment, sécurité et conformité des produits, sécurité des transports, protection de l'environnement, radioprotection et sûreté nucléaire, sécurité des aliments, santé publique, protection des consommateurs, protection de la vie privée et des données à caractère personnel, et sécurité des réseaux et des systèmes d'information, luttes contre la fraude, violations relatives au marché intérieur y compris en matière de concurrence, d'aides d'État et d'impôt sur les sociétés...

L'Union européenne a considéré « nécessaire de renforcer l'application de la loi en mettant en place des canaux de signalement efficaces, confidentiels et sécurisés et en garantissant aux lanceurs d'alerte une protection efficace contre les représailles ».

De manière intéressante, il est indiqué que « les signalements et les divulgations publiques des lanceurs d'alerte constituent une composante en amont de l'application du droit et des politiques de l'Union ». Ils contribuent au respect du droit, mais peut-être aussi à son amélioration, à ses évolutions, en faisant apparaître les dysfonctionnements.

La transposition des dispositions législatives, réglementaires et administratives devait intervenir avant le 17 décembre 2021, sauf pour les entités privées comptant entre 50 et 249 travailleurs, qui auront jusqu'au 17 décembre 2023 au plus tard pour se conformer aux nouvelles règles. C'est finalement avec la loi n° 2022-401 du 21 mars 2022, entrant en vigueur le 1er septembre 2022, que la transposition de cette directive est intervenue, opérant des modifications profondes du texte et de ses équilibres. Un décret en Conseil d'État reste attendu au moment où ces lignes sont écrites, pour préciser certaines dispositions importantes. ❑

Loi n° 2016-1691 du 9 décembre 2016,

Relative à la transparence, à la lutte contre la corruption et à la modernisation de la vie économique.

TITRE I DE LA LUTTE CONTRE LES MANQUEMENTS À LA PROBITÉ

CHAPITRE II *DE LA PROTECTION DES LANCEURS D'ALERTE*

COMMENTAIRE

La loi n° 2016-1691 du 9 décembre 2016, dite loi Sapin 2, instaure plusieurs régimes distincts d'alertes. Certains (art. 16) sont spécifiques aux personnes soumises aux contrôles de l'Autorité des marchés financiers et de l'Autorité de contrôle prudentiel et de résolution (C. mon. fin., art. L. 634-1 à L. 634-4, *infra*) et assurent le signalement de manquements aux réglementations spécifiques dont ces autorités assurent le respect. Un autre (art. 17) est relatif aux manquements aux codes de conduite anticorruption que certaines grandes entités publiques ou privées doivent mettre en œuvre (V. v° *Corruption*).

I. RÉGIME GÉNÉRAL DES LANCEURS D'ALERTES

Les articles 6 et suivants créent ce que l'on peut qualifier de « régime général », au regard notamment de la définition très large qu'il fait du lanceur d'alertes, de la gamme potentielle de manquements qui ne se limite pas à des réglementations sectorielles, et parce qu'il sert de référence dans d'autres textes relatifs aux protections des lanceurs d'alertes et à leurs éventuelles irresponsabilités pénales. Ces dispositions feront l'objet de commentaires spécifiques sous les articles dédiés de la loi.

II. DISPOSITIFS PARTICULIERS

A. DISPOSITIFS AMF/ACPR

L'article 16 de la loi introduit quatre nouveaux articles au code monétaire et financier prévoyant deux dispositifs spécifiques applicables en matière de réglementations de l'Autorité des marchés financiers (AMF) et de l'Autorité de contrôle prudentiel et de résolution (ACPR). D'une part, un signalement direct est prévu auprès de ces autorités. L'instruction DOC-2018-13 de l'AMF détaille les modalités et procédures applicables aux signalements des manquements. L'ACPR a également mis en place un dispositif de saisine directe par courrier postal ou courriel. D'autre part, les personnes soumises au contrôle de ces deux autorités doivent mettre en place des dispositifs internes pour révéler des manquements aux réglementations contrôlées par ces autorités (V. C. mon. fin., art. L. 634-1 à L. 634-4, ss. art. 8 de la loi).

Ces textes ne prévoient aucune restriction quant au lieu du siège social, au nombre de salariés ou au chiffre d'affaires.

B. DISPOSITIF DE L'ARTICLE 17 DE LA LOI SAPIN 2

Le dispositif prévu à l'article 17, qui est plus précisément abordé sous cet article (V. v° *Corruption*), a trois particularités.

En premier lieu, l'obligation de mise en œuvre est à la charge des dirigeants (personnellement) d'entités d'une taille respectable : sociétés, EPIC ou groupe (dont la société-mère a son siège en France) ayant plus de 500 salariés et plus de 100 millions de chiffre d'affaires. Ces sociétés sont donc soumises à deux obligations qui se cumulent : celles de l'article 6 et celles de l'article 17 (voire celles de l'article 16 le cas échéant).

En second lieu, conformément au 3° du II de l'article 17 de la loi Sapin 2, le dispositif d'alerte est « destiné à permettre le recueil des signalements émanant d'employés et relatifs à l'existence de conduites ou de situations contraires au code de conduite de la société ». Ce dispositif n'est donc relatif qu'à la lutte contre la corruption et le trafic d'influence, et n'a pas pour vocation de faire remonter des délits, crimes ou autres manquements à la loi ou au règlement mais des manquements purement processuels à un code interne.

Enfin, s'agissant de manquements à un code interne intégré au règlement intérieur, ce dispositif n'est destiné qu'aux seuls salariés de l'entité.

C. DISPOSITIF DE LA LOI SUR LE DEVOIR DE VIGILANCE

Quelques mois après la loi Sapin 2, la loi n° 2017-399 du 27 mars 2017 relative au devoir de vigilance des sociétés mères et des entreprises donneuses d'ordre a, elle aussi, prévu des obligations de compliance spécifiques, incluant un dispositif d'alertes (V., plus globalement, v° *Devoir de vigilance et droits humains*).

L'article L. 225-102-4 du code de commerce impose ainsi à « toute société qui emploie, à la clôture de deux exercices consécutifs, au moins cinq mille salariés en son sein et dans ses filiales directes ou indirectes dont le siège social est fixé sur le territoire français, ou au moins dix mille salariés en son sein et dans ses filiales directes ou indirectes dont le siège social est fixé sur le territoire français ou à l'étranger » d'établir et mettre en œuvre un « un plan de vigilance ».

Ce plan de vigilance comprend « un mécanisme d'alerte et de recueil des signalements relatifs à l'existence ou à la réalisation des risques, établi en concertation avec les organisations syndicales représentatives dans ladite société ». Le plan de vigilance est relatif aux risques d'atteintes « envers les droits humains et les libertés fondamentales, la santé et la sécurité des personnes ainsi que l'environnement ».

A l'évidence, ces éléments appartiennent également à l'une ou l'autre des catégories prévues à l'article 6 de la loi Sapin 2 (crime, délit, violation grave et manifeste de la loi ou du règlement, menace ou préjudice graves pour l'intérêt général). Il y aurait alors doublon entre les deux textes. Cependant, les risques sont ceux « résultant des activités de la société et de celles des sociétés qu'elle contrôle (…), directement ou indirectement, ainsi que des activités des sous-traitants ou fournisseurs avec lesquels est entretenue une relation commerciale établie, lorsque ces activités sont rattachées à cette relation ». Se pose alors la question de l'ouverture du dispositif non seulement aux salariés des sociétés soumises au devoir de vigilance et à leurs filiales, mais également à leurs sous-traitants et fournisseurs, ce qui est plus large que ce que les dispositifs de la loi Sapin 2 exigent.

III. ARTICULATION DES DISPOSITIFS

Les textes prévoyaient de nombreux dispositifs et canaux distincts. La question pour les entreprises sera leur articulation. On distinguera deux ordres distincts.

A. ARTICULATION AVEC LES CANAUX TRADITIONNELS D'INFORMATION DE L'ENTREPRISE

Conformément à l'article 8 de la loi sapin 2, « le signalement d'une alerte est porté à la connaissance du supérieur hiérarchique, direct ou indirect, de l'employeur ou d'un référent désigné par celui-ci. » En d'autres termes, le supérieur hiérarchique, direct ou indirect, et l'employeur sont des vecteurs de transmission/réception d'une alerte, et le recours par le lanceur d'alertes à un référent spécifique, interne ou externe, n'est pas obligatoire.

Ce qui est obligatoire, c'est de mettre ce référent à la disposition des lanceurs d'alertes. La CNIL précise d'ailleurs dans son Référentiel du 10 décembre 2019 (art. 8.3.2 ; V. *infra*) : « Le responsable de traitement rappelle que le dispositif d'alertes n'est qu'un moyen de signalement parmi d'autres (comme peut l'être la voie hiérarchique), et que le fait de ne pas y avoir recours ne peut entraîner aucune sanction à l'encontre des membres du personnel. » Les lanceurs d'alertes ont donc le choix, et aucune procédure interne ne doit les contraindre à s'adresser à leur supérieur hiérarchique (qui peut d'ailleurs être en conflit d'intérêts) ou à utiliser le dispositif d'alertes.

B. ARTICULATION ENTRE DISPOSITIFS

Une difficulté va naître des incohérences législatives, qui instituent des dispositifs variés, parfois complémentaires, parfois concurrents, avec des régimes différents, et des protections différentes : articles 8, 16 et 17 de la loi sapin 2, devoir de vigilance... En droit, il serait possible de mettre en œuvre un dispositif par texte. En pratique, les entreprises choisissent très majoritairement un dispositif global, avec parfois des dispositifs complémentaires sur le harcèlement moral ou des lignes d'urgence psychologique (W. Feugère, Compliance & anticorruption, où en sont vraiment les entreprises en France ? Enquête nationale ethicorp/AFJE, *Éditions législatives, janv. 2020*).

IV. MISE EN PLACE DU DISPOSITIF

Il faut distinguer les régimes selon les dispositifs légaux.

A l'exception de celui prévu à l'article 17 de la loi Sapin 2 (V. v° *Corruption*), les dispositifs d'alertes n'entrent pas automatiquement dans le champ du règlement intérieur et leur usage est facultatif pour les salariés (Circ. du 19 nov. 2008), sauf s'ils prévoient des règles déontologiques générale et permanentes devant être respectées par les salariés sous peine de sanctions disciplinaires (TGI Nanterre, 27 déc. 2006, n° 06-03071).

Ils sont néanmoins des dispositifs de contrôle des salariés. Leur mise en œuvre impose dès lors la consultation des institutions représentatives du personnel (V. notamment TGI Caen, 5 nov. 2009, n° 09/00287 : *RJS 2010, n° 3*). La consultation doit intervenir avant toute décision, lorsque la mesure est encore à l'état de projet, mais le projet doit être suffisamment avancé (Nancy, 25 juin 1996, n° 95-2298 : *RJS 1996, n° 1182*). A défaut, il y a délit d'entrave. ❑

Art. 6 *(L. n° 2022-401 du 21 mars 2022, art. 1er, en vigueur le 1er sept. 2022)* **I. — Un lanceur d'alerte est une personne physique qui signale ou divulgue, sans contrepartie financière directe et de bonne foi, des informations portant sur un crime, un délit, une menace ou un préjudice pour l'intérêt général, une violation ou une tentative de dissimulation d'une violation d'un engagement international régulièrement ratifié ou approuvé par la France, d'un acte unilatéral d'une organisation internationale pris sur le fondement d'un tel engagement, du droit de l'Union européenne, de la loi ou du règlement. Lorsque les informations n'ont pas été obtenues dans le cadre des activités professionnelles mentionnées au I de l'article 8, le lanceur d'alerte doit en avoir eu personnellement connaissance.**

II. — Les faits, informations et documents, quel que soit leur forme ou leur support, dont la révélation ou la divulgation est interdite par les dispositions relatives au secret de la défense nationale, au secret médical, au secret des délibérations judiciaires, au secret de l'enquête ou de l'instruction judiciaires ou au secret professionnel de l'avocat sont exclus du régime de l'alerte défini au présent chapitre.

III. — Lorsque sont réunies les conditions d'application d'un dispositif spécifique de signalement de violations et de protection de l'auteur du signalement prévu par la loi ou le règlement ou par un acte de l'Union européenne mentionné dans la partie II de l'annexe à la directive (UE) 2019/1937 du Parlement européen et du Conseil du 23 octobre 2019 sur la protection des personnes qui signalent des violations du droit de l'Union *[V. ce texte, infra, II. Règles européennes]*, **le présent chapitre ne s'applique pas.**

Sous réserve de l'article L. 861-3 du code de la sécurité intérieure, lorsqu'une ou plusieurs des mesures prévues aux articles 10-1,12 et 12-1 de la présente loi sont plus favorables à l'auteur du signalement que celles prévues par un dispositif spécifique mentionné au premier alinéa du présent III, ces mesures s'appliquent. Sous la même réserve, à défaut de mesure équivalente prévue par un tel dispositif spécifique, les articles 13 et 13-1 sont applicables.

Ancien art. 6 ***Un lanceur d'alerte est une personne physique qui révèle ou signale, de manière désintéressée et de bonne foi, un crime ou un délit, une violation grave et manifeste d'un engagement international régulièrement ratifié ou approuvé par la France, d'un acte unilatéral d'une organisation internationale pris sur le fondement d'un tel engagement, de la loi ou du règlement, ou une menace ou un préjudice graves pour l'intérêt général, dont elle a eu personnellement connaissance.***

Les faits, informations ou documents, quel que soit leur forme ou leur support, couverts par le secret de la défense nationale, le secret médical ou le secret des relations entre un avocat et son client sont exclus du régime de l'alerte défini par le présent chapitre.

V. Circ. NOR : CPAF1900656C du 19 juill. 2018 relative à la procédure de signalement des alertes émises par les agents publics dans le cadre des art. 6 à 15 de la L. n° 2016-1691 du 9 déc. 2016 relative à la transparence, à la lutte contre la corruption et à la modernisation de la vie économique, et aux garanties et protections qui leur sont accordées dans la fonction publique, infra.

V. aussi Circ. n° 6306-SG du 11 oct. 2021 relative au renforcement de la transparence des actions d'influence étrangère conduites auprès des agents publics de l'État. – **CGFP.**

COMMENTAIRE

C'est la première fois en droit français qu'une définition est donnée du lanceur d'alertes. Elle comporte trois éléments complémentaires : la personne du lanceur d'alerte, ses intentions et les informations qu'il révèle ou signale.

I. QUALITÉ DE LANCEUR D'ALERTES

Le lanceur d'alertes est une personne physique, sans autre précision. Cette définition est générale et n'est donc pas limitée au secteur du travail. Cette définition exclut les personnes morales, donc les syndicats, les associations, les institutions représentatives du personnel. On notera que la directive du 23 octobre 2019 apporte quant à elle une définition différente, puisque l'article 1er définit l'« auteur de signalement » comme une personne « physique qui signale ou divulgue publiquement des informations sur des violations qu'elle a obtenues dans le cadre de ses activités professionnelles » (V. *infra*, II. Règles européennes). La mention « activités professionnelles » restreint le champ d'application par rapport à la définition plus large en droit français, même si ce n'est pas limité au cadre salarial, la notion d'activités professionnelles incluant par exemple des cocontractants (clients, fournisseurs, etc.).

Dans la rédaction initiale de 2016, il était indiqué que le lanceur d'alertes devait avoir « personnellement connaissance » des faits. La révision opérée en 2022 a introduit une nuance : cette connaissance personnelle ne s'impose que « lorsque les informations n'ont pas été obtenues dans le cadre des activités professionnelles mentionnées au I de l'article 8 ». Ce n'est donc que dans le cadre professionnel que le lanceur d'alerte doit être le témoin personnel et direct des faits (voire victime qui en a par définition personnellement connaissance).

II. INTENTIONS DU LANCEUR D'ALERTES

Le lanceur d'alertes doit, en premier, lieu être désintéressé. Cela ne signifie pas qu'il n'est pas concerné par les faits, puisque la victime peut être lanceur d'alertes. Ce terme signifie que le lanceur d'alertes n'est pas rémunéré pour son alerte, contrairement à ce que peuvent permettre d'autres systèmes (aux États-Unis notamment). Cette définition du désintéressement figurait dans les travaux parlementaires de 2016. Pour éviter toute discussion, la loi du 21 mars 2022 a remplacé l'expression « de manière désintéressée » par « sans contrepartie financière directe ».

Par ailleurs, le lanceur d'alertes doit être de bonne foi, qui se définit comme la croyance qu'a une personne de se trouver dans une situation conforme au droit, et la conscience d'agir sans léser les droits d'autrui.

III. INFORMATIONS RÉVÉLÉES

Le législateur a intégré dans la définition du lanceur d'alertes la typologie d'informations qui sont révélées ou signalées. Si l'alerte porte sur un fait d'une autre nature, la personne ne sera donc potentiellement pas considérée comme lanceur d'alertes quand bien même toutes les autres conditions sus-évoquées de la définition seraient-elles réunies.

Cette hypothèse sera sans doute exceptionnelle, tant la typologie est large et diverse, le texte du 21 mars 2022 ayant encore adouci les exigences initiales qui prévoyaient que la violation de la loi, du règlement ou des engagements internationaux soit « grave et manifeste », expression supprimée, ou que la menace ou le préjudice pour l'intérêt général soit « grave », terme là encore supprimé. Ces dernières modifications vont dans le sens d'un allègement au bénéfice du lanceur d'alertes, qui jouera au stade de l'analyse de recevabilité de l'alerte et de sa motivation.

La loi Sapin 2 n'est donc pas une loi exclusivement orientée sur la lutte contre la corruption ; en pratique, les faits révélés pourront comprendre des cas aussi variés que la corruption, des harcèlements moraux ou sexuels, des discriminations, des escroqueries, des abus de confiance. La catégorie d'une « menace ou un préjudice graves pour l'intérêt général » est plus délicate à appréhender ; elle servira sans doute à intégrer des faits d'optimisation fiscale qui, sans relever aucunement d'un délit, sont l'objet d'« alertes » médiatiques (Cour de cassation du Grand Duché de Luxembourg, arrêt n° 01/2018 pénal, du 11 janv. 2018, *Deltour*, reconnaissant le statut de lanceur d'alertes au prévenu).

On notera, par ailleurs, que la loi n° 2022-401 du 21 mars 2022 a restreint le champ des informations pouvant donner lieu à alertes. Sont désormais exclues les informations protégées par le secret des délibérations judiciaires et le secret de l'enquête ou de l'instruction judiciaires. ❑

1. *Inspecteur du travail.* Il y a lieu d'examiner la situation de la prévenue, inspectrice du travail, au regard de l'art. 7 de la L. du 9 déc. 2016. • Crim. 17 oct. 2018, n° 17-80.485 : *cité ss. art. 122-9 C. pén., infra.*

2. *Expert.* Sur la récusation d'un expert ayant dévoilé ses conclusions et le rejet du bénéfice du statut de lanceur d'alertes au motif que l'expert n'avait pas la certitude de sa solution, des analyses devant être réalisées. Dès lors, il n'avait aucune obligation d'alerter les services sanitaires et il ne peut être considéré comme un lanceur d'alertes, ni être délié du secret professionnel. • Toulouse, 8 mars 2018, n° 17/05082.

3. *Auditeur.* Eu égard à la marge nationale d'appréciation, le Luxembourg pouvait, sans enfreindre la Conv. EDH, condamner un lanceur d'alerte à 1 000 € d'amende pour avoir révélé des informations attentatoires à la réputation de son employeur au motif que les documents divulgués n'avaient apporté aucune information essentielle, nouvelle et inconnue jusqu'alors. • CEDH 11 mai 2021, *Halet c/ Luxembourg*, n° 21884/18 : *D. 2021. 1901, note Lassalle ; AJ pénal 2021. 368, obs. Daoud, Perrault et Gaddi* (application des six critères posés en la matière par la CEDH dans son arrêt du 12 févr. 2008, n° 14277/04, *Guja c/ Moldavie* : l'intérêt public des informations divulguées, leur authenticité, la disponibilité ou non d'autres moyens pour procéder à la divulgation, la bonne foi de l'employé, le préjudice causé à l'employeur et la sévérité de la sanction).

4. *Intention malveillante.* Pour une analogie avec les commissaires aux comptes et le devoir de révélation de faits délictueux (en principe, leur responsabilité ne peut être engagée par leur révélation [C. com., art. L. 823-12], à moins que cette révélation procède d'une intention malveillante) : • Com. 15 mars 2017, n° 14-26.970 P : *D. 2017. Actu. 646 ; JCP E 2017. 1565, note Nonorgue ; RJDA 2017, n° 469 ; BJS 2017. 329, note Barbièri ; Dr. sociétés 2017, n° 103, note Coupet.*

5. *Bonne foi.* La mauvaise foi ne peut résulter que de la connaissance par le salarié de la fausseté de ses allégations et non de la seule circonstance que les faits dénoncés ne sont pas établis. • Soc. 8 juill. 2020, n° 18-13.593 : *D. 2020. Actu. 1468 ; Légipresse 2020. 557, note Lefebvre et Cagnat ; JCP E 2020, n° 1427, note Chenu.* – V. aussi • Pau, 28 janv. 2021, n° 19/03322. ♦ Retenant la mauvaise foi du salarié à travers un faisceau d'indices caractérisant des agissements déloyaux, V. • Amiens, 30 mars 2021, n° 18/02573.

6. *Simple inexécution contractuelle.* L'inexécution, même délibérée, de prestations contractuelles ne constitue ni un crime ou un délit, ni une menace ou un préjudice graves pour l'intérêt général. Dès lors, le salarié d'une société de distribution de prospectus, qui contacte les clients de manière anonyme pour les informer de distributions prétendument non réalisées, n'est pas fondé à se prévaloir du statut de lanceur d'alerte. • Riom, 19 janv. 2021, n° 19/00218.

Code pénal Art. 122-9 *(L. n° 2016-1691 du 9 déc. 2016, art. 7)* N'est pas pénalement responsable la personne qui porte atteinte à un secret protégé par la loi, dès lors que cette divulgation est nécessaire et proportionnée à la sauvegarde des intérêts en cause, qu'elle intervient dans le respect des *(L. n° 2022-401 du 21 mars 2022, art. 6, en vigueur le 1er sept. 2022)* « conditions *[ancienne rédaction : procédures]* » de signalement définies par la loi et que la personne répond aux critères de définition du lanceur d'alerte prévus à l'article 6 de la loi n° 2016-1691 du 9 décembre 2016 relative à la transparence, à la lutte contre la corruption et à la modernisation de la vie économique.

(L. n° 2022-401 du 21 mars 2022, art. 6, en vigueur le 1er sept. 2022) « N'est pas non plus pénalement responsable le lanceur d'alerte qui soustrait, détourne ou recèle les documents ou tout autre support contenant les informations dont il a eu connaissance de manière licite et qu'il signale ou divulgue dans les conditions mentionnées au premier alinéa du présent article.

« Le présent article est également applicable au complice de ces infractions. »

BIBL. ▶ Dossier, *AJ pénal 2017. 61* (la loi « Sapin II » à hauteur des enjeux ?).

COMMENTAIRE

L'article 7 de la loi a inséré un article 122-9 du code pénal instituant une irresponsabilité pénale dans l'hypothèse où la divulgation porterait atteinte à un secret légalement protégé. Cependant, la loi écarte clairement le secret de la défense nationale, le secret médical et le secret des relations entre un avocat et son client (art. 6, al. 2).

Application dans le temps. Le statut général de lanceur d'alertes, créé par la loi dite « Sapin II » entrée en vigueur pendant l'instance de cassation, s'applique rétroactivement aux faits commis par une inspectrice du travail, le récent art. 122-9 C. pén. étant plus favorable en ce qu'il instaure une nouvelle cause d'irresponsabilité pénale. • Crim. 17 oct. 2018, n° 17-80.485 : *D. actu. 7 nov. 2018, obs. Azoulay ; D. 2019. 105, avis Salomon ; ibid., note Saenko ; ibid. Pan. 2320, obs. Roujou de Boubée ; AJ pénal 2018. 574, obs. Sordino ; JCP 2018, n° 1208, note Brigant ; JCP E 2019, n° 1204, obs. Pagnerre ; RJS 2018, n° 761.*

Code de commerce Art. L. 151-8 *(L. n° 2018-670 du 30 juill. 2018, art. 1er)* A l'occasion d'une instance relative à une atteinte au secret des affaires, le secret n'est pas opposable lorsque son obtention, son utilisation ou sa divulgation est intervenue :

1° Pour exercer le droit à la liberté d'expression et de communication, y compris le respect de la liberté de la presse, et à la liberté d'information telle que proclamée dans la Charte des droits fondamentaux de l'Union européenne ;

2° Pour révéler, dans le but de protéger l'intérêt général et de bonne foi, une activité illégale, une faute ou un comportement répréhensible, y compris lors de l'exercice du droit d'alerte défini à l'article 6 de la loi n° 2016-1691 du 9 décembre 2016 relative à la transparence, à la lutte contre la corruption et à la modernisation de la vie économique *(L. n° 2022-401 du 21 mars 2022, art. 14, en vigueur le 1er sept. 2022)* « dans les conditions définies aux articles 6 et 8 de la même loi » ;

3° Pour la protection d'un intérêt légitime reconnu par le droit de l'Union européenne ou le droit national.

COMMENTAIRE

La loi du 30 juillet 2018 sur le secret des affaires a introduit dans le code de commerce des précisions qui concernent les alertes. La protection ne sera appréciée et garantie qu'*a posteriori*, lors de l'examen par un juge à l'occasion d'une « instance relative à une atteinte au secret des affaires ».

Par ailleurs, le texte évoque le « droit d'alerte » de l'article 6, qui n'existe pas, cet article définissant le lanceur d'alertes sans garantir véritablement de droits. Cette formulation maladroite pourrait laisser entendre que la protection du lanceur d'alertes vaut pour tout dispositif d'alertes utilisé ; article 8, article 17 ou autre.

Enfin, le texte ajoute l'exigence d'une forme de mobile du lanceur d'alertes : « dans le but de protéger l'intérêt général » qui ne figure pas dans la définition de l'article 6 de la loi Sapin 2. ❑

Art. 6-1 *(L. nº 2022-401 du 21 mars 2022, art. 2, en vigueur le 1er sept. 2022)* **Les articles 10-1, 12 et 12-1 et le II de l'article 13 s'appliquent également, le cas échéant, aux :**

1º Facilitateurs, entendus comme toute personne physique ou toute personne morale de droit privé à but non lucratif qui aide un lanceur d'alerte à effectuer un signalement ou une divulgation dans le respect des articles 6 et 8 ;

2º Personnes physiques en lien avec un lanceur d'alerte, au sens des mêmes articles 6 et 8, qui risquent de faire l'objet de l'une des mesures mentionnées au II de l'article 10-1 dans le cadre de leurs activités professionnelles de la part de leur employeur, de leur client ou du destinataire de leurs services ;

3º Entités juridiques contrôlées, au sens de l'article L. 233-3 du code de commerce, par un lanceur d'alerte au sens des articles 6 et 8 de la présente loi, pour lesquelles il travaille ou avec lesquelles il est en lien dans un contexte professionnel.

COMMENTAIRE

L'article 6-1, introduit par la loi nº 2022-401 du 21 mars 2022, étend les protections des lanceurs d'alertes à d'autres personnes, conformément aux dispositions de la directive (UE) 2019/1937 du 23 octobre 2019.

Apparaît en premier lieu en droit interne la notion de « facilitateur », qui vient consacrer une pratique rencontrée dans les entreprises, une personne venant aider un lanceur d'alertes à procéder à son signalement, soit en l'accompagnant, soit en procédant elle-même au dépôt en ses lieux et places. On voit que la frontière est mince entre facilitateur et lanceur d'alertes, et il était logique que les protections soient les mêmes. On notera que le facilitateur n'est pas nécessairement une personne physique, contrairement au lanceur d'alertes lui-même. Il peut s'agir d'une personne morale de droit privé à but non lucratif. Les associations de soutien aux lanceurs d'alertes ou de lutte contre la corruption, de même que les syndicats, obtiennent ainsi une reconnaissance.

Est également protégée la personne « en lien » avec un lanceur d'alertes, dont la définition est peu claire. La directive européenne, à l'article 4, était plus explicite, prévoyant l'extension des protections aux « tiers qui sont en lien avec les auteurs de signalement et qui risquent de faire l'objet de représailles dans un contexte professionnel, tels que des collègues ou des proches des auteurs de signalement ». Dans son considérant 41, elle indiquait en outre que « la protection devrait être assurée contre les mesures de représailles prises non seulement directement à l'encontre des auteurs de signalement eux-mêmes, mais aussi contre celles qui peuvent être prises indirectement, y compris à l'encontre des facilitateurs, des collègues ou des proches de l'auteur de signalement qui sont également en lien dans un contexte professionnel avec l'employeur, le client ou le destinataire des services de l'auteur de signalement ». Gageons que la jurisprudence interprètera le texte français en se référant à la directive européenne.

Le troisième ajout vise les entités contrôlées par un lanceur d'alertes ou pour lesquelles il travaille. Il s'agira par exemple du cas d'un lanceur d'alertes collaborateur externe et occasionnel, salarié d'une entité sous-traitante, qui utilise le dispositif d'alertes d'un donneur d'ordre pour procéder à un signalement. Il convient alors que l'entreprise sous-traitante ne fasse pas ensuite l'objet de mesures de rétorsion (par exemple, la rupture des relations contractuelles). ❑

Art. 7 *V. C. pén., art. 122-9, supra, ss. L. nº 2016-1691 du 9 déc. 2016, art. 6.*

Art. 7-1 *(L. nº 2022-401 du 21 mars 2022, art. 3, en vigueur le 1er sept. 2022)* **Les lanceurs d'alerte définis au I de l'article 6 bénéficient des protections prévues au présent chapitre :**

1º Si, ayant eu connaissance des informations concernées dans le cadre de leurs activités professionnelles, ils adressent un signalement interne dans les conditions prévues au I de l'article 8 ;

2° S'ils adressent un signalement externe dans les conditions prévues au II du même article 8, après avoir adressé un signalement interne ou directement ;

3° S'ils procèdent à une divulgation publique, dans les conditions prévues au III dudit article 8.

Lorsqu'un signalement ou une divulgation publique a été réalisé de manière anonyme, le lanceur d'alerte dont l'identité est révélée par la suite bénéficie des mêmes protections. Les dispositions des I et II du même article 8 qui imposent d'effectuer un retour d'informations auprès de l'auteur d'un signalement interne ou externe ne sont pas applicables en cas de signalement anonyme. Le 1° du III du même article 8 n'est pas applicable en cas de signalement externe anonyme.

COMMENTAIRE

L'article 7-1 résume les trois modes d'alertes désormais prévus par la loi, en transposition de la directive européenne de 2019 : l'alerte interne (« signalement interne »), l'alerte aux autorités désignées par décret (« signalement externe ») et l'alerte aux médias ou réseaux sociaux (« divulgation publique »).

Le dernier paragraphe précise que le lanceur d'alertes bénéficie des mêmes protections dans les trois cas, dès lors qu'il respecte les procédures prévues. Dans la formulation « lorsqu'un signalement […] », le terme « signalement » vise aussi bien le signalement interne que le signalement externe. ❑

Art. 8 *(L. n° 2022-401 du 21 mars 2022, art. 3, en vigueur le 1er sept. 2022)* **I. — A. —** Les personnes physiques mentionnées aux 1° à 5° du présent A qui ont obtenu, dans le cadre de leurs activités professionnelles, des informations mentionnées au I de l'article 6 et portant sur des faits qui se sont produits ou sont très susceptibles de se produire dans l'entité concernée, peuvent signaler ces informations par la voie interne, dans les conditions prévues au B du présent I, notamment lorsqu'elles estiment qu'il est possible de remédier efficacement à la violation par cette voie et qu'elles ne s'exposent pas à un risque de représailles.

Cette faculté appartient :

1° Aux membres du personnel, aux personnes dont la relation de travail s'est terminée, lorsque les informations ont été obtenues dans le cadre de cette relation, et aux personnes qui se sont portées candidates à un emploi au sein de l'entité concernée, lorsque les informations ont été obtenues dans le cadre de cette candidature ;

2° Aux actionnaires, aux associés et aux titulaires de droits de vote au sein de l'assemblée générale de l'entité ;

3° Aux membres de l'organe d'administration, de direction ou de surveillance ;

4° Aux collaborateurs extérieurs et occasionnels ;

5° Aux cocontractants de l'entité concernée, à leurs sous-traitants ou, lorsqu'il s'agit de personnes morales, aux membres de l'organe d'administration, de direction ou de surveillance de ces cocontractants et sous-traitants ainsi qu'aux membres de leur personnel.

B. — Au sein des entités dans lesquelles il n'existe pas de procédure interne de recueil et de traitement des signalements, les personnes physiques mentionnées aux 1° à 5°du A du présent I peuvent signaler les informations concernées à leur supérieur hiérarchique direct ou indirect, à l'employeur ou à un référent désigné par celui-ci.

Sont tenues d'établir une procédure interne de recueil et de traitement des signalements, après consultation des instances de dialogue social et dans les conditions fixées par décret en Conseil d'État :

1° Les personnes morales de droit public employant au moins cinquante agents, à l'exclusion des communes de moins de 10 000 habitants, des établissements publics qui leur sont rattachés et des établissements publics de coopération intercommunale qui ne comprennent parmi leurs membres aucune commune excédant ce seuil de population ;

2° Les administrations de l'État ;

3° Les personnes morales de droit privé et les entreprises exploitées en leur nom propre par une ou plusieurs personnes physiques, employant au moins cinquante salariés ;

4° Toute autre entité relevant du champ d'application des actes de l'Union européenne mentionnés au B de la partie I et à la partie II de l'annexe à la directive (UE) 2019/1937 du Parlement européen et du Conseil du 23 octobre 2019 sur la protection des personnes qui signalent des violations du droit de l'Union *[V. infra, II. Règles européennes]*.

Le décret mentionné au deuxième alinéa du présent B définit notamment les garanties d'indépendance et d'impartialité de cette procédure et les délais du retour d'informations fait à l'auteur du signalement, dans les conditions prévues par la directive (UE) 2019/1937 du Parlement européen et du Conseil du 23 octobre 2019 précitée. Il détermine les modalités de clôture des signalements et de collecte et de conservation des données ainsi que les conditions dans lesquelles le recueil des signalements peut être confié à un tiers.

Les entités mentionnées au 3° du présent B employant moins de deux cent cinquante salariés peuvent mettre en commun leurs procédures de recueil et de traitement des signalements, dans le respect des conditions prévues par le décret mentionné au deuxième alinéa du présent B. Il en est de même des communes et de leurs établissements publics mentionnés au 1° employant moins de deux cent cinquante agents.

Les communes et leurs établissements publics membres d'un centre de gestion de la fonction publique territoriale peuvent confier à celui-ci le recueil et le traitement des signalements internes dans les conditions prévues à l'article L. 452-43-1 du code général de la fonction publique, quel que soit le nombre de leurs agents. – *V.* ***CGFP.***

C. — La procédure de recueil et de traitement des signalements peut être commune à plusieurs ou à l'ensemble des sociétés d'un groupe, selon des modalités fixées par décret. Ce décret fixe également les conditions dans lesquelles des informations relatives à un signalement effectué au sein de l'une des sociétés d'un groupe peuvent être transmises à une autre de ses sociétés, en vue d'assurer ou de compléter leur traitement.

II. — Tout lanceur d'alerte, défini au I de l'article 6, peut également adresser un signalement externe, soit après avoir effectué un signalement interne dans les conditions prévues au I du présent article, soit directement :

1° A l'autorité compétente parmi celles désignées par le décret prévu au sixième alinéa du présent II ;

2° Au Défenseur des droits, qui l'oriente vers la ou les autorités les mieux à même d'en connaître ;

3° A l'autorité judiciaire ;

4° A une institution, à un organe ou à un organisme de l'Union européenne compétent pour recueillir des informations sur des violations relevant du champ d'application de la directive (UE) 2019/1937 du Parlement européen et du Conseil du 23 octobre 2019 précitée.

Un décret en Conseil d'État dresse la liste des autorités mentionnées au 1° du présent II, choisies parmi les autorités administratives, les autorités publiques indépendantes, les autorités administratives indépendantes, les ordres professionnels et les personnes morales chargées d'une mission de service public pour recueillir et traiter les signalements relevant de leur champ de compétence. Ce décret fixe les garanties d'indépendance et d'impartialité de la procédure et les délais du retour d'informations réalisé par ces autorités auprès des auteurs des signalements externes, dans les conditions prévues par la directive (UE) 2019/1937 du Parlement européen et du Conseil du 23 octobre 2019 précitée. Il précise également les modalités de clôture des signalements, les conditions d'évaluation des procédures et les obligations de formation des personnes concernées.

Les autorités mentionnées au 1° du présent II rendent compte annuellement de leur action au Défenseur des droits. Elles lui communiquent les informations nécessaires à l'élaboration du rapport prévu à l'avant-dernier alinéa du II de l'article 36 de la loi organique n° 2011-333 du 29 mars 2011 relative au Défenseur des droits. La nature de ces informations est précisée par décret en Conseil d'État.

Lorsqu'une autorité externe saisie d'un signalement estime que celui-ci ne relève pas de sa compétence ou qu'il concerne également la compétence d'autres autorités, elle le transmet à l'autorité externe compétente ou au Défenseur des droits, dans des conditions fixées par décret en Conseil d'État. Ce décret précise également les conditions dans lesquelles les autorités externes peuvent échanger des informations en vue de traiter le signalement.

III. — Les protections prévues au présent chapitre bénéficient à tout lanceur d'alerte, défini au I de l'article 6 de la présente loi, qui divulgue publiquement des informations mentionnées au même I :

1° Après avoir effectué un signalement externe, précédé ou non d'un signalement interne, sans qu'aucune mesure appropriée ait été prise en réponse à ce signalement à l'expiration du délai du retour d'informations mentionné au sixième alinéa du II du présent article ou, lorsqu'une autorité mentionnée aux 2° à 4° du même II a été saisie, à l'expiration d'un délai fixé par décret en Conseil d'État ;

2° En cas de danger grave et imminent ;

3° Ou lorsque la saisine de l'une des autorités compétentes mentionnées aux 1° à 4° dudit II ferait encourir à son auteur un risque de représailles ou qu'elle ne permettrait pas de remédier efficacement à l'objet de la divulgation, en raison des circonstances particulières de l'affaire, notamment si des preuves peuvent être dissimulées ou détruites ou si l'auteur du signalement a des motifs sérieux de penser que l'autorité peut être en conflit d'intérêts, en collusion avec l'auteur des faits ou impliquée dans ces faits.

Par dérogation au 2° du présent III, les protections mentionnées au premier alinéa du présent III bénéficient à tout lanceur d'alerte, défini au I de l'article 6, qui divulgue publiquement des informations obtenues dans le cadre de ses activités professionnelles en cas de danger imminent ou manifeste pour l'intérêt général, notamment lorsqu'il existe une situation d'urgence ou un risque de préjudice irréversible.

Les 2° et 3° ainsi que l'avant-dernier alinéa du présent III ne s'appliquent pas lorsque la divulgation publique porte atteinte aux intérêts de la défense et de la sécurité nationales.

Ancien art. 8 *I. — Le signalement d'une alerte est porté à la connaissance du supérieur hiérarchique, direct ou indirect, de l'employeur ou d'un référent désigné par celui-ci.*

En l'absence de diligences de la personne destinataire de l'alerte mentionnée au premier alinéa du présent I à vérifier, dans un délai raisonnable, la recevabilité du signalement, celui-ci est adressé à l'autorité judiciaire, à l'autorité administrative ou aux ordres professionnels.

En dernier ressort, à défaut de traitement par l'un des organismes mentionnés au deuxième alinéa du présent I dans un délai de trois mois, le signalement peut être rendu public.

II. — En cas de danger grave et imminent ou en présence d'un risque de dommages irréversibles, le signalement peut être porté directement à la connaissance des organismes mentionnés au deuxième alinéa du I. Il peut être rendu public.

III. — Des procédures appropriées de recueil des signalements émis par les membres de leur personnel ou par des collaborateurs extérieurs et occasionnels sont établies par les personnes morales de droit public ou de droit privé d'au moins cinquante salariés, les administrations de l'État, les communes de plus de 10 000 habitants ainsi que les établissements publics de coopération intercommunale à fiscalité propre dont elles sont membres, les départements et les régions, dans des conditions fixées par décret en Conseil d'État.

IV. — Toute personne peut adresser son signalement au Défenseur des droits afin d'être orientée vers l'organisme approprié de recueil de l'alerte.

COMMENTAIRE

I. DÉPÔT DUNE ALERTE

La loi n° 2022-401 du 21 mars 2022, qui transpose en droit interne la directive du 23 octobre 2019, réforme en profondeur les modalités de dépôt d'une alerte avec cet article 8 désormais particulièrement dense.

En premier lieu (art. 8, I, A), est réformée la graduation initialement prévue par la loi Sapin 2. Les anciennes dispositions imposaient au lanceur d'alertes qu'il respecte trois étapes successives impératives : en premier lieu, l'étape « interne » (qui n'excluait pas un référent externalisé) ; à défaut de réponse dans un délai raisonnable, il pouvait saisir les autorités disciplinaires ou de poursuites ; enfin, à défaut de « traitement » sous trois mois par ces autorités, il pouvait rendre son alerte publique. Seule exception alors prévue : l'alerte pouvait être rendue directement publique « en cas de danger grave et imminent ou en présence d'un risque de dommages irréversibles ».

La nouvelle formulation rend facultative la première étape, interne, puisque les lanceurs d'alertes « peuvent » y recourir lorsqu'ils « estiment qu'il est possible de remédier efficacement à la violation par cette voie » et qu'ils « ne s'exposent pas à un risque de représailles. » C'est donc soumis à leur libre appréciation. Cette étape interne ne s'applique naturellement que pour les informations « dans le cadre de leurs activités professionnelles », à défaut il n'y aurait aucune raison objective d'utiliser le dispositif d'une entreprise.

On notera une extension considérable du domaine des alertes, puisque ce ne sont pas seulement des manquements effectifs qui peuvent être signalés, mais également des faits « très susceptibles de se produire dans l'entité concernée ». Cette formulation va poser des difficultés concrètes aux entités saisies par le lanceur d'alertes : il sera très délicat d'enquêter sur certains faits qui ne sont qu'éventuels, en conjuguant cela avec la présomption d'innocence des personnes mises en cause et le principe de minimisation des données personnelles qui auront à être traitées. Il faudra en pratique que la potentialité des faits soit étayée par le lanceur d'alertes pour permettre des investigations ultérieures efficaces.

L'article 8, II, est consacré, quant à lui, au signalement externe, précisant qu'il peut soit suivre un signalement interne, soit être effectué directement, auprès d'autorités administratives ou judiciaires, ordres professionnels, etc., dont la liste sera fixée par décret en conseil d'État.

II. DÉFENSEUR DES DROITS

La loi organique n° 2022-400 du 21 mars 2022 visant à renforcer le rôle du Défenseur des droits en matière de signalement d'alerte a introduit d'importantes modifications.

Depuis la loi organique du 9 décembre 2016, le Défenseur des droits était compétent pour orienter les lanceurs d'alerte vers les autorités compétentes pour recevoir leur signalement et veiller à leurs droits et leurs libertés. La mission du Défenseur des droits est étendue : outre son rôle d'orientation, il devra désormais informer et conseiller les lanceurs d'alerte et défendre leurs droits et libertés. Cette protection est étendue aux autres personnes protégées dans le cadre d'une procédure d'alerte, en particulier les tiers et les facilitateurs (L. org. n° 2011-333 du 29 mars 2011, art. 4, 5°, *infra*).

Ces nouvelles missions seront assurées par un nouvel adjoint au Défenseur des droits « chargé de l'accompagnement des lanceurs d'alerte » (L. org. n° 2011-333 du 29 mars 2011, art. 11). Les lanceurs d'alerte pourront directement lui adresser un signalement. Si le signalement relève de sa compétence, il le recueillera et le traitera et fournira un retour d'informations à son auteur. Dans le cas contraire, le lanceur d'alerte sera orienté vers l'autorité compétente (L. org. n° 2011-333 du 29 mars 2011, art. 35-1, *infra*).

Toute personne pourra par ailleurs demander au Défenseur des droits de certifier sa qualité de lanceur d'alerte. Cette certification prendra la forme d'un avis. Une réponse devra être apportée à l'intéressé dans un délai de six mois (L. org. n° 2011-333 du 29 mars 2011, art. 35-1, IV, *infra*). Cette reconnaissance formelle facilitera l'accès du lanceur d'alerte aux diverses mesures de protection contre les représailles ainsi qu'un accès privilégié aux dispositifs de soutien financier prévus par la loi ordinaire du 21 mars 2022 visant à améliorer la protection des lanceurs d'alerte.

Le Défenseur des droits devra présenter tous les deux ans un rapport public sur le fonctionnement global de la protection des lanceurs d'alerte.

III. PERSONNES POUVANT ACCÉDER AU DISPOSITIF

La liste des personnes auxquelles le dispositif interne est ouvert est étendue. Il ne s'agit plus seulement des salariés ou des collaborateurs externes et occasionnels, mais également d'anciens salariés ou d'anciens candidats au recrutement (il faudra veiller à conserver les données personnelles les concernant jusqu'à expiration des délais de prescription d'éventuelles infractions), d'actionnaires et de membres du conseil d'administration. Sont aussi visés les cocontractants, leurs dirigeants et leurs salariés. Ce dernier point est distinct des collaborateurs externes et occasionnels. Il faut donc en déduire que tout cocontractant ou sous-traitant doit être informé du dispositif d'alertes et en informer lui-même ses propres salariés. On comprend l'idée du législateur : plus le dispositif est ouvert, plus on aura de possibilité de découvrir un manquement. Pour une entreprise, inclure la mention de son dispositif d'alertes dans un bon de commande, un contrat ou une facture, et informer ainsi ses cocontractants sur son existence sera assez aisé. Mais dans l'autre sens, il sera très délicat d'informer ses propres salariés sur les nombreux dispositifs de cocontractants, auxquels ils ont potentiellement accès.

IV. ENTITÉS ASSUJETTIES ET MISE EN COMMUN

Est également révisée (art. 8, I, B) la liste des entités assujetties à l'obligation de déployer un dispositif d'alertes. La mise en commun de dispositifs par ces entités a généré des interrogations des praticiens et des entreprises. Conformément à l'article 8, § 6, de la directive (UE) 2019/1937 du 23 octobre 2019, les entreprises qui comptent de 50 à 249 salariés peuvent mettre en commun leurs procédures de recueil et de traitement des signalements. *A contrario*, les entités de plus de 249 salariés ne peuvent donc pas procéder à cette mise en commun. Le sujet est sensible dans les groupes de sociétés, qui ont structuré et centralisé leur dispositif d'alertes, en particulier pour les signalements de cas de corruption. La Commission européenne, dans une réponse du 2 juin 2021, a considéré que la directive impose à toute société employant plus de 249 salariés de mettre en place une procédure interne propre, la mutualisation des moyens étant réservée aux sociétés comptant entre 50 et 249 salariés, que la société appartienne à un groupe ou pas.

Cette restriction n'est pas explicitement inscrite dans la loi de transposition française. Au contraire, l'article 8, I, C, de la loi Sapin 2, tel que modifié par la loi n° 2022-401 du 21 mars 2022, prévoit très spécifiquement que « la procédure de recueil et de traitement des signalements peut être commune à plusieurs ou à l'ensemble des sociétés d'un groupe, selon des modalités fixées par décret. Ce décret fixe également les conditions dans lesquelles des informations relatives à un signalement effectué au sein de l'une des sociétés d'un groupe peuvent être transmises à une autre de ses sociétés, en vue d'assurer ou de compléter leur traitement. » Cette disposition ne comporte aucune exigence de seuil.

Notre interprétation est que de petites entreprises n'appartenant pas à un même groupe peuvent librement s'organiser pour mettre en commun un dispositif, pour se simplifier la gestion des alertes, à condition qu'elles aient moins de 250 salariés et sous réserve bien entendu d'assurer l'impartialité et l'indépendance de la procédure, autant que la confidentialité des données. En revanche, dans un groupe, le dispositif peut librement être centralisé, et les signalements confiés à l'une des sociétés du groupe (société mère ou non) « en vue d'assurer ou de compléter leur traitement ».

La loi française apparaît donc moins restrictive que la directive, ou plutôt que l'interprétation qu'a pu en faire la Commission européenne.

Ajoutons que l'article 17, I, 2°, de la loi Sapin 2 n'a pas été modifié par la loi du 21 mars 2022. Or, il prévoit la faculté pour un groupe de mettre en œuvre un dispositif commun : « Les filiales ou sociétés contrôlées qui dépassent les seuils mentionnés au présent I sont réputées satisfaire aux obligations prévues au présent article dès lors que la société qui les contrôle, au sens du même article L. 233-3 [du code de commerce], met en œuvre les mesures et procédures prévues au II du présent article et que ces mesures et procédures s'appliquent à l'ensemble des filiales ou sociétés qu'elle contrôle ». Ces « mesures et procédures » comprennent le dispositif d'alertes prévu au 2° du II du même article permettant le signalement d'atteintes au code de conduite anticorruption.

N'a pas non plus été modifié l'article L. 225-102-4, I, du code de commerce relatif aux plans de vigilance.

V. INDÉPENDANCE ET IMPARTIALITÉ DES PROCÉDURES

L'article 8 prévoit, pour les signalements aussi bien internes qu'externes, qu'un décret définisse « les garanties d'indépendance et d'impartialité » de la procédure. L'article 9, § 1, de la directive dispose, quant à lui : « Les procédures de signalement interne et de suivi visées à l'article 8 comprennent les éléments suivants : [...] c) la désignation d'une personne ou d'un service impartial compétent pour assurer le suivi des signalements [...] ». La transposition ajoute l'exigence d'indépendance. Il faudra se référer au décret en espérant plus de précision. ❑

1. *Danger grave et imminent.* En l'espèce, c'est le risque de licenciement qui a été considéré comme constituant un danger grave et imminent pour le lanceur d'alertes, justifiant que l'alerte ait été directement rendue publique. • Versailles, 27 févr. 2018, n° 16/04357.

2. *Consultant lanceur d'alertes.* Pour un consultant ayant enregistré et diffusé des propos antisyndicaux du dirigeant, V. • Versailles, 27 févr. 2018, n° 16/04357.

3. *Signalement de l'alerte.* Sur le cas d'un salarié ayant signalé une simple inexécution contractuelle et n'est donc ainsi pas fondé à se prévaloir du statut de lanceur d'alertes, d'autant plus qu'il ne démontre ni même n'allègue avoir préalablement signalé « son alerte » à son employeur, ce qui est pourtant exigé par l'art. 8-I : • Riom, 19 janv. 2021, n° 19/00218.

Code monétaire et financier

BIBL. ▶ PAILLER, *RDBF 2017, n° 41* (le nouveau statut du lanceur d'alerte). – NERMONT, *Rev. Banque 2018, n° 818, p. 72* (protection des lanceurs d'alerte dans la loi Sapin 2 : révolution ou simple réponse aux scandales récents ?). – NICOLAS-GRÉCIANO, *RDBF 2018. Dossier 43* (l'alerte professionnelle au sein des établissements de crédit face à la liberté d'expression).

Art. L. 634-1 *(L. n° 2016-1691 du 9 déc. 2016, art. 16)* L'Autorité des marchés financiers et l'Autorité de contrôle prudentiel et de résolution mettent en place des procédures permettant que leur soit signalé *(L. n° 2022-401 du 21 mars 2022, art. 16, en vigueur le 1er sept. 2022)* « par toute personne, y compris de manière anonyme » *(Ord. n° 2020-115 du 12 févr. 2020, art. 11)* « , par des canaux de communication sécurisés et garantissant *(L. n° 2022-401 du 21 mars 2022, art. 16, en vigueur le 1er sept. 2022)* « , le cas échéant, la confidentialité de l'identité *[ancienne rédaction : l'anonymat]* » des personnes communiquant des informations à cette fin, » tout manquement aux obligations définies par les règlements européens et par le présent code *(Ord. n° 2018-361 du 16 mai 2018, art. 12, en vigueur le 1er oct. 2018)* « , le code des assurances, le code de la mutualité et le code de la sécurité sociale » ou le règlement général de l'Autorité des marchés financiers et dont la surveillance est assurée par l'une ou l'autre de ces autorités.

Le règlement général de l'Autorité des marchés financiers, pour ce qui concerne cette autorité, et un arrêté du ministre chargé de l'économie, pour ce qui concerne l'Autorité de contrôle prudentiel et de résolution, fixent les modalités d'application du présent chapitre. — *V. Règl. gén. AMF, art. 145-1 s., Instr. AMF DOC-2018-13 et Arr. du 22 déc. 2017.* — ***C. mon. fin.***

Art. L. 634-2 *(L. n° 2022-401 du 21 mars 2022, art. 16, en vigueur le 1er sept. 2022)* La procédure établie, en application du I de l'article 8 de la loi n° 2016-1691 du 9 décembre 2016 relative à la transparence, à la lutte contre la corruption et à la modernisation de la vie économique, par les personnes mentionnées aux 1° à 8° et 10° à 18° du II de l'article L. 621-9 du présent code et par les personnes mentionnées à l'article L. 612-2, lorsqu'elles exercent des activités soumises aux obligations fixées par les règlements mentionnés à l'article L. 634-1, permet le recueil et le traitement des signalements anonymes portant sur des manquements mentionnés au même article L. 634-1 et garantit l'anonymat de leur auteur.

Ancien art. L. 634-2 (L. n° 2016-1691 du 9 déc. 2016, art. 16) *Mettent en place des procédures internes appropriées permettant à leurs personnels de signaler* (Ord. n° 2020-115 du 12 févr. 2020, art. 11) «*, par des canaux de communication sécurisés et garantissant l'anonymat des personnes communiquant des informations à cette fin* [,] » *tout manquement mentionné à l'article L. 634-1 :*

1° Les personnes mentionnées aux 1° à 8° et 10° à (Ord. n° 2017-1107 du 22 juin 2017, art. 13, en vigueur le 3 janv. 2018) *« 18° » du II de l'article L. 621-9;*

2° Les personnes mentionnées à l'article L. 612-2, lorsqu'elles exercent des activités soumises aux obligations fixées par les règlements mentionnés à l'article L. 634-1 ;

(Ord. n° 2021-1652 du 15 déc. 2021, art. 13, en vigueur le 28 févr. 2022) *« 3° Les mécanismes de déclaration agréés et les dispositifs de publications agréés, lorsqu'ils bénéficient de la dérogation prévue à l'article 2, paragraphe 3, du règlement (UE) 600/2014* [du 15 mai 2014 concernant les marchés d'instruments financiers]. »

Art. L. 634-3 *(L. n° 2022-401 du 21 mars 2022, art. 16, en vigueur le 1er sept. 2022)* Le III de l'article 8 et les articles 10-1 et 12 à 13-1 de la loi n° 2016-1691 du 9 décembre 2016 relative à la transparence, à la lutte contre la corruption et à la modernisation de la vie économique sont applicables à toute personne physique ayant signalé de bonne foi à l'Autorité des marchés financiers ou à l'Autorité de contrôle prudentiel et de résolution des faits susceptibles de caractériser un ou plusieurs des manquements mentionnés à l'article L. 634-1 du présent code.

Ancien art. L. 634-3 (L. n° 2016-1691 du 9 déc. 2016, art. 16) *Les personnes physiques ayant signalé de bonne foi à l'Autorité des marchés financiers ou à l'Autorité de contrôle prudentiel et de résolution des faits susceptibles de caractériser l'un ou plusieurs des manquements mentionnés à l'article L. 634-1 ne peuvent faire l'objet, pour ce motif, d'un licenciement, d'une sanction, d'une* *mesure discriminatoire, directe ou indirecte, notamment en matière de rémunération ou d'évolution professionnelle, ou de toute autre mesure défavorable.*

Toute décision prise en méconnaissance du premier alinéa du présent article est nulle de plein droit.

En cas de litige relatif à l'application des deux premiers alinéas, dès lors que l'auteur du signalement établit des faits qui permettent de présumer qu'il a agi de bonne foi, il incombe à la partie défenderesse, au vu de ces faits, de prouver que sa décision est justifiée par des éléments objectifs étrangers au signalement. Le juge peut ordonner toute mesure d'instruction utile.

Art. L. 634-4 *(L. n° 2016-1691 du 9 déc. 2016, art. 16)* Les personnes physiques mises en cause par un signalement adressé à l'Autorité des marchés financiers ou à l'Autorité de contrôle prudentiel et de résolution au titre d'un manquement mentionné à l'article L. 634-1 ne peuvent faire l'objet, au seul motif qu'elles ont fait l'objet d'un tel signalement, d'une mesure mentionnée au premier alinéa de l'article L. 634-3.

Toute décision prise en méconnaissance du premier alinéa du présent article est nulle de plein droit.

Loi organique n° 2011-333 du 29 mars 2011,

Relative au Défenseur des droits.

Art. 4 *[...]*

(L. org. n° 2016-1690 du 9 déc. 2016) « 5° *(L. org. n° 2022-400 du 21 mars 2022, art. 1er)* « D'informer, de conseiller et » d'orienter vers les autorités compétentes toute personne signalant une alerte dans les conditions fixées par la loi *(L. org. n° 2022-400 du 21 mars 2022, art. 1er)* « et de défendre les » droits et libertés *(L. org. n° 2022-400 du 21 mars 2022, art. 1er)* « des lanceurs d'alerte ainsi que des personnes protégées dans le cadre d'une procédure d'alerte ». »

....

Art. 35-1 *(L. org. n° 2022-400 du 21 mars 2022, art. 3)* I. — Tout lanceur d'alerte, au sens du I de l'article 6 de la loi n° 2016-1691 du 9 décembre 2016 relative à la transparence, à la lutte contre la corruption et à la modernisation de la vie économique, peut adresser un signalement au Défenseur des droits.

II. — Lorsque le signalement qui lui est adressé relève de sa compétence, le Défenseur des droits le recueille, le traite, selon une procédure indépendante et autonome, et fournit un retour d'informations à son auteur. Un décret en Conseil d'État précise les délais et les garanties de confidentialité applicables à cette procédure, dans les conditions prévues par la directive (UE) 2019/1937 du Parlement européen et du Conseil du 23 octobre 2019 sur la protection des personnes qui signalent des violations du droit de l'Union.

III. — Lorsque le signalement relève de la compétence d'une autre autorité mentionnée au 1° du II de l'article 8 de la loi n° 2016-1691 du 9 décembre 2016 précitée, le Défenseur des droits oriente son auteur vers celle-ci. Lorsque le signalement ne relève de la compétence d'aucune de ces autorités ou que son objet concerne les compétences de plusieurs d'entre elles, il l'oriente vers l'autorité, l'administration ou l'organisme le mieux à même d'en connaître.

IV. — Le Défenseur des droits peut être saisi par toute personne pour rendre un avis sur sa qualité de lanceur d'alerte au regard des conditions fixées aux articles 6 et 8 de la loi n° 2016-1691 du 9 décembre 2016 précitée.

Il peut également être saisi par toute personne pour rendre un avis dans lequel il apprécie si elle a respecté les conditions pour bénéficier de la protection prévue par un autre dispositif spécifique de signalement de violations et de protection de l'auteur du signalement prévu par la loi ou le règlement.

Les avis mentionnés aux deux premiers alinéas du présent IV sont rendus dans un délai de six mois à compter de la réception de la demande.

Art. 9 **I. — Les procédures mises en œuvre pour recueillir** *(L. n° 2022-401 du 21 mars 2022, art. 5, en vigueur le 1er sept. 2022)* **« et traiter » les signalements, dans les conditions mentionnées à l'article 8, garantissent une stricte confidentialité de l'identité des auteurs du signalement, des personnes visées par celui-ci** *(L. n° 2022-401 du 21 mars 2022, art. 5, en vigueur le 1er sept. 2022)* **« et de tout tiers mentionné dans le signalement » et des informations recueillies par l'ensemble des destinataires du signalement.**

(L. nº 2022-401 du 21 mars 2022, art. 5, en vigueur le 1er sept. 2022) **« Les éléments de nature à identifier le lanceur d'alerte ne peuvent être divulgués qu'avec le consentement de celui-ci. Ils peuvent toutefois être communiqués à l'autorité judiciaire, dans le cas où les personnes chargées du recueil ou du traitement des signalements sont tenues de dénoncer les faits à celle-ci. Le lanceur d'alerte en est alors informé, à moins que cette information ne risque de compromettre la procédure judiciaire. Des explications écrites sont jointes à cette information** *[ancienne rédaction : Les éléments de nature à identifier le lanceur d'alerte ne peuvent être divulgués, sauf à l'autorité judiciaire, qu'avec le consentement de celui-ci]*. **»**

Les éléments de nature à identifier la personne mise en cause par un signalement ne peuvent être divulgués, sauf à l'autorité judiciaire, qu'une fois établi le caractère fondé de l'alerte.

II. – Le fait de divulguer les éléments confidentiels définis au I est puni de deux ans d'emprisonnement et de 30 000 € d'amende.

(L. nº 2022-401 du 21 mars 2022, art. 5, en vigueur le 1er sept. 2022) **« III. – Les signalements ne peuvent être conservés que le temps strictement nécessaire et proportionné à leur traitement et à la protection de leurs auteurs, des personnes qu'ils visent et des tiers qu'ils mentionnent, en tenant compte des délais d'éventuelles enquêtes complémentaires. Des données relatives aux signalements peuvent toutefois être conservées au-delà de cette durée, à la condition que les personnes physiques concernées n'y soient ni identifiées, ni identifiables.**

« Lorsqu'elles font l'objet d'un traitement, les données à caractère personnel relatives à des signalements sont conservées dans le respect du règlement (UE) 2016/679 du Parlement européen et du Conseil du 27 avril 2016 relatif à la protection des personnes physiques à l'égard du traitement des données à caractère personnel et à la libre circulation de ces données, et abrogeant la directive 95/46/ CE (règlement général sur la protection des données). »

COMMENTAIRE

Le délit de violation de confidentialité des alertes était une innovation majeure de la loi Sapin 2, sécurisant les dispositifs d'alertes et les personnes et entités concernées. Quatre informations sont protégées.

En premier lieu, l'identité de l'auteur du signalement. Il s'agit d'une protection fondamentale du lanceur d'alertes, qu'il ait choisi ou non l'anonymat. Mais cette protection et ce délit ne sont valables que pour des signalements effectués « dans les conditions mentionnées à l'article 8 ». La loi pénale étant d'interprétation stricte, le délit ne devrait pas trouver application pour les autres dispositifs, sauf peut-être en cas de dispositif unique… Il convient de préciser que l'identité du lanceur d'alertes peut être divulguée à l'autorité judiciaire, avec son consentement, ce dernier n'étant pas nécessaire lorsque la personne chargée de recueillir le signalement est tenue de dénoncer les faits signalés. On citera notamment les personnes assujetties à l'article 40, alinéa 2, du code de procédure pénale, à savoir « toute autorité constituée, tout officier public ou fonctionnaire ».

Par ailleurs, est protégée l'identité de la personne visée. Il est évident que celle-ci doit bénéficier de la présomption d'innocence et qu'une diffusion de son identité porterait une atteinte grave, voire irrémédiable, à sa réputation.

La réforme du 21 mars 2022 a ajouté la protection de l'identité de « tout tiers mentionné dans le signalement ». On rejoint, avec cet ajout, les protections déjà reconnues en matière de données personnelles, la notion de personne visée étant définie par la CNIL comme une personne mentionnée, et non restrictivement comme la personne mise en cause.

Enfin, l'information objet de l'alerte est également couverte par la confidentialité. Avant la réforme du 21 mars 2022, c'était un élément fondamental pour le respect de la graduation des alertes par le lanceur d'alertes lui-même, puisque sa violation pouvait s'analyser comme une diffusion anormale des « informations recueillies ». Le fait que la première étape – le signalement interne – devienne facultative ne devrait pas changer les choses : dès lors que l'alerte a été déposée, sa divulgation devient potentiellement délictuelle.

La question s'est posée de la diffusion pour les besoins de l'enquête d'informations sur les faits objets de l'alerte (information de l'enquêteur, des personnes auditionnées, etc.). Il faut considérer que cette diffusion est nécessaire pour vérifier les faits et ne saurait relever du délit de l'article 9, pour autant qu'elle est limitée et effectuée dans le but précis et exclusif de vérifier les faits signalés. On se reportera utilement sur ce sujet aux publications successives de la CNIL.

L'article 4 de la délibération de la CNIL n° 2017-191 du 22 juin 2017 disposait : « Dans tous les cas, les personnes chargées du recueil et du traitement des alertes professionnelles sont en nombre limité, spécialement formées et astreintes à une obligation renforcée de confidentialité contractuellement définie ». La CNIL a supprimé cette exigence dans son Référentiel publié 10 décembre 2019 (V. *infra*). Néanmoins, un contrôle strict doit être assuré : « Les données personnelles doivent uniquement être rendues accessibles aux personnes habilitées à en connaître au regard de leurs attributions. Les habilitations d'accès doivent être documentées par les organismes, et les accès aux différents traitements doivent faire l'objet de mesures de traçabilité ».

Art. 10 *V. C. trav., art. L. 1132-3-3 et CGFP, art. L. 135-2, L. 134-4 et L. 135-5, infra, ss. L. n° 2016-1691 du 9 déc. 2016, art. 12.*

Art. 10-1 *(L. n° 2022-401 du 21 mars 2022, art. 6, en vigueur le 1er sept. 2022)* **I. — Les personnes ayant signalé ou divulgué publiquement des informations dans les conditions prévues aux articles 6 et 8 ne sont pas civilement responsables des dommages causés du fait de leur signalement ou de leur divulgation publique dès lors qu'elles avaient des motifs raisonnables de croire, lorsqu'elles y ont procédé, que le signalement ou la divulgation publique de l'intégralité de ces informations était nécessaire à la sauvegarde des intérêts en cause.**

Les personnes ayant signalé ou divulgué des informations dans les conditions prévues aux mêmes articles 6 et 8 bénéficient de l'irresponsabilité pénale prévue à l'article 122-9 du code pénal. — *V. ce texte ss. art. 6 de la loi.*

II. — Les personnes auxquelles sont applicables l'article L. 1121-2 du code du travail, l'article L. 135-4 du code général de la fonction publique ou le III de l'article L. 4122-4 du code de la défense ne peuvent faire l'objet, à titre de représailles, ni des mesures mentionnées aux mêmes articles, ni des mesures de représailles mentionnées aux 11° et 13° à 15° du présent II, pour avoir signalé ou divulgué des informations dans les conditions prévues aux articles 6 et 8 de la présente loi.

Dans les mêmes conditions, les personnes autres que celles mentionnées au premier alinéa du présent II ne peuvent faire l'objet de mesures de représailles, ni de menaces ou de tentatives de recourir à ces mesures, notamment sous les formes suivantes :

1° Suspension, mise à pied, licenciement ou mesures équivalentes ;

2° Rétrogradation ou refus de promotion ;

3° Transfert de fonctions, changement de lieu de travail, réduction de salaire, modification des horaires de travail ;

4° Suspension de la formation ;

5° Évaluation de performance ou attestation de travail négative ;

6° Mesures disciplinaires imposées ou administrées, réprimande ou autre sanction, y compris une sanction financière ;

7° Coercition, intimidation, harcèlement ou ostracisme ;

8° Discrimination, traitement désavantageux ou injuste ;

9° Non-conversion d'un contrat de travail à durée déterminée ou d'un contrat temporaire en un contrat permanent, lorsque le travailleur pouvait légitimement espérer se voir offrir un emploi permanent ;

10° Non-renouvellement ou résiliation anticipée d'un contrat de travail à durée déterminée ou d'un contrat temporaire ;

11° Préjudice, y compris les atteintes à la réputation de la personne, en particulier sur un service de communication au public en ligne, ou pertes financières, y compris la perte d'activité et la perte de revenu ;

12° Mise sur liste noire sur la base d'un accord formel ou informel à l'échelle sectorielle ou de la branche d'activité, pouvant impliquer que la personne ne trouvera pas d'emploi à l'avenir dans le secteur ou la branche d'activité ;

13° Résiliation anticipée ou annulation d'un contrat pour des biens ou des services ;

14° Annulation d'une licence ou d'un permis ;

15° Orientation abusive vers un traitement psychiatrique ou médical.

Tout acte ou décision pris en méconnaissance du présent II est nul de plein droit.

III. — A. — En cas de recours contre une mesure de représailles mentionnée au II, dès lors que le demandeur présente des éléments de fait qui permettent de supposer qu'il a signalé ou divulgué des informations dans les conditions prévues aux articles 6 et 8, il incombe à la partie défenderesse de prouver que sa décision est dûment justifiée. Le juge forme sa conviction après avoir ordonné, en cas de besoin, toutes les mesures d'instruction qu'il estime utiles.

Dans les mêmes conditions, le demandeur peut demander au juge de lui allouer, à la charge de l'autre partie, une provision pour frais de l'instance en fonction de la situation économique respective des parties et du coût prévisible de la procédure ou, lorsque sa situation financière s'est gravement dégradée en raison du signalement ou de la divulgation publique, une provision visant à couvrir ses subsides. Le juge statue à bref délai.

Le juge peut décider, à tout moment de la procédure, que cette provision est définitivement acquise.

B. — Au cours d'une instance civile ou pénale, lorsque le défendeur ou le prévenu présente des éléments de fait qui permettent de supposer qu'il a signalé ou divulgué publiquement des informations dans les conditions prévues aux articles 6 et 8 et que la procédure engagée contre lui vise à entraver son signalement ou sa divulgation publique, il peut demander au juge de lui allouer, à la charge du demandeur ou de la partie civile, une provision pour frais de l'instance en fonction de la situation économique respective des parties et du coût prévisible de la procédure ou, lorsque sa situation financière s'est gravement dégradée en raison du signalement ou de la divulgation publique, une provision visant à couvrir ses subsides. Le juge forme sa conviction après avoir ordonné, en cas de besoin, toutes les mesures d'instruction qu'il estime utiles. Il statue à bref délai.

Le juge peut décider, à tout moment de la procédure, que cette provision est définitivement acquise.

COMMENTAIRE

L'article 10-1, introduit par la loi du 21 mars 2022, opère une refonte du régime de protection des lanceurs d'alertes.

Celui-ci est protégé contre toute sanction. Les dispositions protectrices du code du travail et du code général de la fonction publique renvoient désormais à l'article 10-1 de la loi Sapin 2. Ne sont plus seulement protégés les travailleurs, mais aussi les personnes autres que celles mentionnées au premier alinéa du II. Mais pour les travailleurs, la mention est maintenue que les protections sont subordonnées au respect par le lanceur d'alertes des procédures prévues aux articles 6 à 8 de la loi.

Par ailleurs, le lanceur d'alertes ne sera pas responsable civilement dès lors qu'il avait « des motifs raisonnables de croire (…) que le signalement ou la divulgation publique de l'intégralité de ces informations était nécessaire à la sauvegarde des intérêts en cause ». On peut s'étonner de cette condition, qui ne figure pas dans les critères permettant un signalement ou une divulgation publique… Cela introduit un risque d'incompréhension et des difficultés d'interprétation.

De même, le lanceur d'alertes ne sera pas pénalement responsable en cas de violation du secret professionnel, avec une extension nouvelle au vol et au recel de documents protégés par le secret professionnel. Ces protections sont par ailleurs étendues au complice.

Notons, enfin, que l'article 9 de la loi du 21 mars 2022 intègre au délit général de discrimination du code pénal (art. 225-1) les atteintes subies par un lanceur d'alertes, une personne en lien avec ce dernier ou un facilitateur. C'est sans doute la mesure de protection la plus lourde introduite par la révision de la loi Sapin 2.

Art. 11 *V. CJA, art. L. 911-1-1, infra, ss. L. n° 2016-1691 du 9 déc. 2016, art. 12.*

Art. 12 *(L. n° 2022-401 du 21 mars 2022, art. 8, en vigueur le 1er sept. 2022)* « I. — » **En cas de rupture du contrat de travail consécutive au signalement d'une alerte au sens de l'article 6, le salarié peut saisir le conseil des prud'hommes dans les conditions prévues au chapitre V du titre V du livre IV de la première partie du code du travail.**

(L. n° 2022-401 du 21 mars 2022, art. 8, en vigueur le 1er sept. 2022) **« II. — A l'occasion de tout litige, le conseil des prud'hommes peut, en complément de toute autre sanction, obliger l'employeur à abonder le compte personnel de formation du salarié ayant lancé l'alerte jusqu'à son plafond mentionné à l'article L. 6323-11-1 du code du travail.**

« Les modalités d'application du présent article sont définies par décret. »

Code du travail

Art. L. 1121-2 *(L. n° 2022-401 du 21 mars 2022, art. 7, en vigueur le 1er sept. 2022)* Aucune personne ne peut être écartée d'une procédure de recrutement ou de l'accès à un stage ou à une période de formation en entreprise, aucun salarié ne peut être sanctionné, licencié ni faire l'objet d'une mesure discriminatoire, directe ou indirecte, notamment en matière de rémunération, au sens de l'article L. 3221-3, de mesures d'intéressement ou de distribution d'actions, de formation, de reclassement, d'affectation, de qualification, de classification, de promotion professionnelle, d'horaires de travail, d'évaluation de la performance, de mutation ou de renouvellement de contrat, ni de toute autre mesure mentionnée au II de l'article 10-1 de la loi n° 2016-1691 du 9 décembre 2016 relative à la transparence, à la lutte contre la corruption et à la modernisation de la vie économique, pour avoir signalé ou divulgué des informations dans les conditions prévues aux articles 6 et 8 de la même loi.

....

Art. L. 1132-3-3 *(L. n° 2022-401 du 21 mars 2022, art. 7, en vigueur le 1er sept. 2022)* Aucune personne ayant témoigné, de bonne foi, de faits constitutifs d'un délit ou d'un crime dont elle a eu connaissance dans l'exercice de ses fonctions ou ayant relaté de tels faits ne peut faire l'objet des mesures mentionnées à l'article L. 1121-2.

Les personnes mentionnées au premier alinéa du présent article bénéficient des protections prévues aux I et III de l'article 10-1 et aux articles 12 à 13-1 de la loi n° 2016-1691 du 9 décembre 2016 relative à la transparence, à la lutte contre la corruption et à la modernisation de la vie économique.

Ancien art. L. 1132-3-3 (L. n° 2013-1117 du 6 déc. 2013, art. 35) *Aucune personne ne peut être écartée d'une procédure de recrutement ou de l'accès à un stage ou à une période de formation en entreprise, aucun salarié ne peut être sanctionné, licencié ou faire l'objet d'une mesure discriminatoire, directe ou indirecte, notamment en matière de rémunération, au sens de l'article L. 3221-3, de mesures d'intéressement ou de distribution d'actions, de formation, de reclassement, d'affectation, de qualification, de classification, de promotion professionnelle, de mutation ou de renouvellement de contrat, pour avoir relaté ou témoigné, de bonne foi, de faits constitutifs d'un délit ou d'un crime dont il aurait eu connaissance dans l'exercice de ses fonctions.*

(L. n° 2016-1691 du 9 déc. 2016, art. 10-I) *« Aucune personne ne peut être écartée d'une procédure de recrutement ou de l'accès à un stage ou à une période de formation professionnelle, aucun salarié ne peut être sanctionné, licencié ou faire l'objet d'une mesure discriminatoire, directe ou indirecte, notamment en matière de rémunération, au sens de l'article L. 3221-3, de mesures d'intéressement ou de distribution d'actions, de formation, de reclassement, d'affectation, de qualification, de classification, de promotion professionnelle, de mutation ou de renouvellement de contrat, pour avoir signalé une alerte dans le respect des articles 6 à 8 de la loi n° 2016-1691 du 9 décembre 2016 relative à la transparence, à la lutte contre la corruption et à la modernisation de la vie économique.*

« En cas de litige relatif à l'application des premier et deuxième alinéas, dès lors que la personne présente des éléments de fait qui permettent de présumer qu'elle a relaté ou témoigné de bonne foi de faits constitutifs d'un délit ou d'un crime, ou qu'elle a signalé une alerte dans le respect des articles 6 à 8 de la loi n° 2016-1691 du 9 décembre 2016 précitée, il incombe à la partie défenderesse, au vu des éléments, de prouver que sa décision est justifiée par des éléments objectifs étrangers à la déclaration ou au témoignage de l'intéressé. » Le juge forme sa conviction après avoir ordonné, en cas de besoin, toutes les mesures d'instruction qu'il estime utiles.

En cas de rupture du contrat de travail consécutive au signalement d'une alerte au sens de l'art. 6, le salarié peut saisir le conseil des prud'hommes dans les conditions prévues au chapitre V du titre V du livre IV de la première partie du code du travail (L. n° 2016-1691 du 9 déc. 2016, art. 12).

BIBL. ▶ MATHIEU et TERRYN, *RDT 2016. 159* (le statut du lanceur d'alerte en quête de cohérence). – VERDUN, *JCP S 2017. 1011* (statut du lanceur d'alerte). – ICARD, *Dr. soc. 2017. 545* (l'alerte individuelle en droit du travail). – HABOUZIT, *RSC 2021. 297* (la protection pénale des lanceurs d'alerte dans le cadre de la relation de travail).

COMMENTAIRE

L'article L. 1132-3-3 du code du travail a été modifié successivement par la loi du 6 décembre 2013, élargissant les protections aux crimes et délits, et non plus seulement à des faits limités comme le harcèlement moral ou sexuel, puis par la loi Sapin 2 de 2016 qui avait introduit un alinéa 2 protégeant le salarié dès lors qu'il avait utilisé les voies prévues par les articles 6 à 8 de la loi, dispositions visant la définition du lanceur d'alertes et l'obligation pour certaines entités de déployer un dispositif d'alertes (notamment les entités de plus de 50 salariés ou agents).

Pour autant, le premier alinéa avait été conservé par le législateur, pouvant laisser penser à un oubli, puisque la révélation de crimes ou délits entrait également dans les prescriptions des articles 6 à 8 de la loi Sapin 2 et était donc aussi incluse dans l'alinéa 2.

La révision du 21 mars 2022 conserve pourtant ce doublon, avec même désormais deux articles distincts. Il faut donc en conclure que le législateur entend bien maintenir la faculté, pour un lanceur d'alertes, de signaler par tout moyen un crime ou un délit, sans encourir de rétorsion, qu'il utilise ou non la procédure prévue aux articles 6 à 8 de la loi.

Jurispr. antérieure à la L. nº 2022-401 du 21 mars 2022.

1. *Articulation entre les alinéas 1er et 2.* Dès lors qu'au soutien d'une mesure de licenciement l'employeur reproche, implicitement mais nécessairement, à la salariée d'avoir relaté des faits caractérisés d'agression sexuelle qui constituent bien un délit, il lui appartient, pour échapper à la sanction de nullité posée par l'art. L. 1132-4 C. trav., de prouver que la salariée n'a pas agi de bonne foi, étant relevé que les conditions supplémentaires posées par les art. 6 à 8 de la L. nº 2016-1691 du 9 déc. 2016 et imposées par l'al. 2 de l'art. L. 1132-3-3 C. trav. ne sont pas exigées par l'al. 1er de ce texte qui ne conditionne la protection de la salariée dénonçant un crime ou un délit qu'à sa bonne foi. • Aix-en-Provence, 4 juin 2021, nº 20/09564.

2. *Nullité du licenciement du lanceur d'alertes.* Le fait pour un salarié de porter à la connaissance du procureur de la République des faits concernant l'entreprise qui lui paraissent anormaux, qu'ils soient ou non susceptibles de qualification pénale, ne constitue pas en soi une faute (jurisprudence rendue avant l'entrée en vigueur de la L. du 6 déc. 2013). • Soc. 30 juin 2016, nº 15-10.557 P : *D. 2016. 1740, concl. Marguénaud et Mouly ; RDT 2016. 566, note Adam ; JCP 2016, nº 858, note Dedessus-Le-Moustier ; RJS 10/2016, nº 612 ; JCP S 2016. 1381, obs. Duchange ; CCC 2016, nº 71, obs. Lepage ; LPA 17 nov.2016, note Malherbe.* ♦ Aucun salarié ne peut être sanctionné, licencié ou faire l'objet d'une mesure discriminatoire, directe ou indirecte, pour avoir relaté ou témoigné, de bonne foi, de faits constitutifs d'un délit ou d'un crime dont il aurait eu connaissance dans l'exercice de ses fonctions. Il s'en déduit que le salarié ne peut être licencié pour ce motif sauf mauvaise foi, laquelle ne peut résulter que de la connaissance par le salarié de la fausseté des faits qu'il dénonce et non de la seule circonstance que les faits dénoncés ne sont pas établis. Pour rejeter la demande du salarié en paiement de dommages-intérêts pour licenciement abusif, l'arrêt retient que les faits pour lesquels l'intéressé a déposé plainte auprès de la gendarmerie n'ont pas donné lieu à des poursuites pénales et que le salarié ne peut sérieusement plaider la bonne foi dès lors qu'il ne pouvait ignorer que cette plainte allait nécessairement déstabiliser son agence. En statuant ainsi, par des motifs impropres à caractériser la mauvaise foi du salarié, la cour d'appel a violé l'art. L. 1132-3-3. • Soc. 8 juill. 2020, nº 18-13.593 P : *D. 2020. Actu. 1468 ; Légipresse 2020. 557, note Lefebvre et Cagnat ; JCP E 2020, nº 1427, note Chenu ; BRDA 2020, nº 17, p. 31.* ♦ Mais pour accorder la protection reconnue au lanceur d'alertes, encore faut-il que les juges constatent que le salarié avait relaté ou témoigné de faits susceptibles d'être constitutifs d'un délit ou d'un crime, ce qui n'était pas le cas en l'espèce. • Soc. 4 nov. 2020, nº 18-15.669 P : *D. 2020. Actu. 2242 ; JCP S 2020, nº 3091, obs. Bossu ; CCE 2021, nº 12, obs. Lepage ; RJS 2021, nº 6.* ♦ Déclarant nul le licenciement d'un salarié qui repose sur le signalement d'une alerte que ce dernier a lancé dans le respect des art. 6 à 8 de la L. nº 2016-1691 du 9 déc. 2016 : • Pau, 28 janv. 2021, nº 19/03322.

En raison de l'atteinte qu'il porte à la liberté d'expression, en particulier au droit pour les salariés de signaler les conduites ou actes illicites constatés par eux sur leur lieu de travail, le licenciement d'un salarié intervenu pour avoir relaté ou témoigné, de bonne foi, de faits dont il a eu connaissance dans l'exercice de ses fonctions et qui, s'ils étaient établis, seraient de nature à caractériser des infractions pénales, est atteint de nullité. Lorsque le salarié présente des éléments de fait qui permettent de présumer qu'il a relaté ou témoigné de bonne foi de faits constitutifs d'un délit ou d'un crime, il appartient à l'employeur de rapporter la preuve que sa décision de licencier est justifiée par des éléments objectifs étrangers à toute volonté de sanctionner l'exercice, par le salarié, de son droit de signaler des conduites ou actes illicites. En ne recherchant pas si le salarié, qui soutenait avoir préalablement à sa convocation à un entretien préalable avisé sa hiérarchie des faits qu'il jugeait illicites et de son intention de procéder à un signalement aux autorités compétentes, ne présentait pas des éléments de fait permettant de présumer qu'il avait relaté ou témoigné de bonne foi de faits qui, s'ils étaient établis, seraient de nature à caractériser des infractions pénales et si l'employeur rapportait alors la preuve que le licenciement était justifié par des éléments objectifs étrangers à la déclaration ou au témoignage de l'intéressé, la cour d'appel a privé sa décision de base légale (décision rendue au visa de l'art. 10, § 1, Conv. EDH). • Soc. 7 juill. 2021, n° 19-25.754 B : *D. 2021. Actu. 1383* ; *AJCT 2021. 438, obs. Villeneuve*. ♦ En raison de l'atteinte qu'il porte à la liberté d'expression, en particulier au droit pour les salariés de signaler les conduites ou actes illicites constatés par eux sur leur lieu de travail, le licenciement d'un salarié prononcé pour avoir relaté ou témoigné, de bonne foi, de faits dont il a eu connaissance dans l'exercice de ses fonctions et qui, s'ils étaient établis, seraient de nature à caractériser des infractions pénales ou des manquements à des obligations déontologiques prévues par la loi ou le règlement, est frappé de nullité. • Soc. 19 janv. 2022, n° 20-10.057 B : *D. actu. 3 févr. 2022, obs. Malfettes*; *D. 2022. Actu. 170* ; *RDT 2022. 106, obs. Maillard*.

3. Intervention d'un tiers. En l'espèce le salarié se prévalait d'avoir dénoncé des faits de corruption. Il produisait aux débats un document dactylographié, sans titre et sans signataire, et des lettres émanant de syndicalistes. La cour a considéré que l'analyse des documents permet d'établir que les auteurs de l'alerte étaient les syndicalistes et non le salarié lui-même. La nullité du licenciement a donc été rejetée. • Paris, 12 févr. 2020, n° 18/01307 (rendue au visa de l'anc. art. L. 1161-1 C. trav.).

Art. L. 1152-2 *(L. n° 2022-401 du 21 mars 2022, art. 7, en vigueur le 1er sept. 2022)* Aucune personne ayant subi ou refusé de subir des agissements répétés de harcèlement moral ou ayant, de bonne foi, relaté ou témoigné de tels agissements ne peut faire l'objet des mesures mentionnées à l'article L. 1121-2.

Les personnes mentionnées au premier alinéa du présent article bénéficient des protections prévues aux I et III de l'article 10-1 et aux articles 12 à 13-1 de la loi n° 2016-1691 du 9 décembre 2016 relative à la transparence, à la lutte contre la corruption et à la modernisation de la vie économique.

Art. L. 1153-2 *(L. n° 2022-401 du 21 mars 2022, art. 7, en vigueur le 1er sept. 2022)* Aucune personne ayant subi ou refusé de subir des faits de harcèlement sexuel définis à l'article L. 1153-1, y compris, dans le cas mentionné au 1° du même article L. 1153-1, si les propos ou comportements n'ont pas été répétés, ou ayant, de bonne foi, témoigné de faits de harcèlement sexuel ou relaté de tels faits ne peut faire l'objet des mesures mentionnées à l'article L. 1121-2.

Les personnes mentionnées au premier alinéa du présent article bénéficient des protections prévues aux I et III de l'article 10-1 et aux articles 12 à 13-1 de la loi n° 2016-1691 du 9 décembre 2016 relative à la transparence, à la lutte contre la corruption et à la modernisation de la vie économique.

Art. R. 8124-22 *(Décr. n° 2017-541 du 12 avr. 2017)* Soumis au devoir de discrétion professionnelle, les agents du système d'inspection du travail s'abstiennent de divulguer à quiconque n'a le droit d'en connaître les informations dont ils ont connaissance dans l'exercice de leurs fonctions, sous réserve de l'article 8 de la loi n° 2016-1691 du 9 décembre 2016 relative à la transparence, à la lutte contre la corruption et à la modernisation de la vie économique.

Code général de la fonction publique

Art. L. 131-12 *(L. n° 2022-401 du 21 mars 2022, art. 7, en vigueur le 1er sept. 2022)* Aucun agent public ne peut faire l'objet de mesures mentionnées au premier alinéa de l'article L. 135-4 pour avoir :

1° Subi ou refusé de subir des agissements contraires aux principes énoncés aux articles L. 131-1 à L. 131-3 ;

2° Formulé un recours auprès d'un supérieur hiérarchique ou engagé une action en justice visant à faire respecter ces principes ;

3° De bonne foi, témoigné d'agissements contraires à ces principes ou relaté de tels agissements.

Dans les cas prévus aux 1° à 3° du présent article, les agents publics bénéficient des protections prévues aux I et III de l'article 10-1 et aux articles 12 à 13-1 de la loi n° 2016-1691 du

9 décembre 2016 relative à la transparence, à la lutte contre la corruption et à la modernisation de la vie économique.

....

Art. L. 133-3 *(L. nº 2022-401 du 21 mars 2022, art. 7, en vigueur le 1er sept. 2022)* Aucun agent public ne peut faire l'objet de mesures mentionnées au premier alinéa de l'article L. 135-4 pour avoir :

1° Subi ou refusé de subir les faits de harcèlement sexuel mentionnés à l'article L. 133-1, y compris, dans le cas mentionné au 1° du même article L. 133-1, si les propos ou comportements n'ont pas été répétés, ou de harcèlement moral mentionnés à l'article L. 133-2 ;

2° Formulé un recours auprès d'un supérieur hiérarchique ou engagé une action en justice visant à faire cesser ces faits ;

3° De bonne foi, relaté ou témoigné de tels faits.

Dans les cas prévus aux 1° à 3° du présent article, les agents publics bénéficient des protections prévues aux I et III de l'article 10-1 et aux articles 12 à 13-1 de la loi nº 2016-1691 du 9 décembre 2016 relative à la transparence, à la lutte contre la corruption et à la modernisation de la vie économique.

....

Art. L. 135-1 *(L. nº 2022-401 du 21 mars 2022, art. 7, en vigueur le 1er sept. 2022)* Un agent public signale aux autorités judiciaires des faits constitutifs d'un délit ou d'un crime dont il a eu connaissance dans l'exercice de ses fonctions conformément à l'article L. 121-11. Il peut signaler les mêmes faits aux autorités administratives.

Ancien art. L. 135-1 (Ord. nº 2021-1574 du 24 nov. 2021, en vigueur le 1er mars 2022) *Aucune mesure concernant notamment le recrutement, la titularisation, la rémunération, la formation, l'évaluation, la notation, la discipline, la promotion, l'affectation et la mutation ne peut être prise à l'égard d'un agent public pour avoir relaté ou témoigné, de bonne foi, aux autorités judiciaires ou administratives de faits constitutifs d'un délit, d'un crime ou susceptibles d'être qualifiés de conflit d'intérêts au sens* [de]*l'article L. 121-5 dont il aurait eu connaissance dans l'exercice de ses fonctions.*

BIBL. ▶ SLAMA, *AJDA 2014. 2229* (le lanceur d'alerte, une nouvelle figure du droit public ?). – LOCHAK, *ibid. 2236* (l'alerte éthique, entre dénonciation et désobéissance). – MEYER, *ibid. 2242* (le droit d'alerte en perspective : 50 années de débats dans le monde). – SAUVÉ, *ibid. 2249* (la prévention des conflits d'intérêts et l'alerte éthique). – FOEGLE et PRINGAULT, *ibid. 2256* (les « lanceurs d'alertes » dans la fonction publique).

Art. L. 135-2 *(Abrogé par L. nº 2022-401 du 21 mars 2022, art. 7, à compter du 1er sept. 2022) (Ord. nº 2021-1574 du 24 nov. 2021, en vigueur le 1er mars 2022) Un agent public ne peut être sanctionné ou faire l'objet d'une mesure discriminatoire, directe ou indirecte, pour avoir signalé une alerte dans le respect des articles 6 à 8 de la loi nº 2016-1691 du 9 décembre 2016 relative à la transparence, à la lutte contre la corruption et à la modernisation de la vie économique.*

Toute disposition ou tout acte contraire est nul de plein droit.

Art. L. 135-3 *(L. nº 2022-401 du 21 mars 2022, art. 7, en vigueur le 1er sept. 2022)* Un agent public peut signaler à l'une des autorités hiérarchiques dont il relève des faits susceptibles d'être qualifiés de conflit d'intérêts au sens de l'article L. 121-5 dont il a eu connaissance dans l'exercice de ses fonctions.

Il peut également témoigner de tels faits auprès du référent déontologue prévu à l'article L. 124-2.

Ancien art. L. 135-3 (Ord. nº 2021-1574 du 24 nov. 2021, en vigueur le 1er mars 2022) *Un agent public qui souhaite signaler un conflit d'intérêts doit avoir préalablement alerté en vain l'une des autorités hiérarchiques dont il relève.*

Il peut également témoigner de tels faits auprès du référent déontologue prévu à l'article L. 124-2.

Art. L. 135-4 *(L. nº 2022-401 du 21 mars 2022, art. 7, en vigueur le 1er sept. 2022)* Aucun agent public ne peut faire l'objet d'une mesure concernant le recrutement, la titularisation, la radiation des cadres, la rémunération, la formation, l'appréciation de la valeur professionnelle, la discipline, le reclassement, la promotion, l'affectation, les horaires de travail ou la mutation, ni de toute autre mesure mentionnée aux 11° et 13° à 15° du II de l'article 10-1 de la loi nº 2016-1691 du 9 décembre 2016 relative à la transparence, à la lutte contre la corruption et à la modernisation de la vie économique, ni de menaces ou de tentatives de recourir à celles-ci pour avoir :

1° Effectué un signalement ou une divulgation publique dans les conditions prévues aux articles 6 et 8 de la même loi ;

2° Signalé ou témoigné des faits mentionnés aux articles L. 135-1 et L. 135-3 du présent code.

Dans les cas prévus aux 1° et 2° du présent article, les agents publics bénéficient des protections prévues aux I et III de l'article 10-1 et aux articles 12 à 13-1 de la loi n° 2016-1691 du 9 décembre 2016 précitée.

Ancien art. L. 135-4 (Ord. n° 2021-1574 du 24 nov. 2021, en vigueur le 1er mars 2022) *En cas de litige relatif à l'application des articles L. 135-1 et L. 135-2, dès lors que l'agent public présente des éléments de fait qui permettent de présumer qu'il a relaté ou témoigné de bonne foi de faits constitutifs d'un délit, d'un crime, d'une situation de conflit d'intérêts ou d'un signalement constitutif d'une alerte au sens de l'article 6 de la loi n° 2016-1691 du 9 décembre 2016 relative à la transparence, à la lutte contre la corruption et à la modernisation de la vie économique, il incombe à la partie défenderesse, au vu des éléments, de prouver que sa décision est justifiée par des éléments objectifs étrangers à la déclaration ou au témoignage de l'intéressé.*

Le juge forme sa conviction après avoir ordonné, en cas de besoin, toutes les mesures d'instruction qu'il estime utiles.

Art. L. 135-5 *(Ord. n° 2021-1574 du 24 nov. 2021, en vigueur le 1er mars 2022)* L'agent public qui relate ou témoigne de faits relatifs à une situation de conflit d'intérêts de mauvaise foi, avec l'intention de nuire ou avec la connaissance au moins partielle de l'inexactitude des faits rendus publics ou diffusés*[,]* est puni des peines prévues au premier alinéa de l'article 226-10 du code pénal.

Art. L. 135-6 A *(L. n° 2022-401 du 21 mars 2022, art. 7, en vigueur le 1er sept. 2022)* Aucun agent public ne doit subir des atteintes volontaires à son intégrité physique, des actes de violence, des menaces ou tout autre acte d'intimidation.

Aucun agent public ne peut faire l'objet de mesures mentionnées au premier alinéa de l'article L. 135-4 pour avoir :

1° Subi ou refusé de subir les actes mentionnés au premier alinéa du présent article ;

2° Exercé un recours auprès d'un supérieur hiérarchique ou engagé une action en justice visant à faire cesser ces actes ;

3° De bonne foi, relaté ou témoigné de tels actes.

Dans les cas prévus aux 1° à 3° du présent article, les agents publics bénéficient des protections prévues aux I et III de l'article 10-1 et aux articles 12 à 13-1 de la loi n° 2016-1691 du 9 décembre 2016 relative à la transparence, à la lutte contre la corruption et à la modernisation de la vie économique.

Est passible d'une sanction disciplinaire tout agent public ayant procédé ou enjoint de procéder aux actes définis au premier alinéa du présent article.

Code de justice administrative **Art. L. 911-1-1** *(L. n° 2016-1691 du 9 déc. 2016, art. 11)* Lorsqu'il est fait application de l'article L. 911-1, la juridiction peut prescrire de réintégrer toute personne ayant fait l'objet d'un licenciement, d'un non-renouvellement de son contrat ou d'une révocation en méconnaissance du *(L. n° 2022-401 du 21 mars 2022, art. 13, en vigueur le 1er sept. 2022)* « II de l'article 10-1 de la loi n° 2016-1691 du 9 décembre 2016 relative à la transparence, à la lutte contre la corruption et à la modernisation de la vie économique *[ancienne rédaction : deuxième alinéa de l'article L. 4122-4 du code de la défense, du deuxième alinéa de l'article L. 1132-3-3 du code du travail ou de l'article L. 135-2 du code général de la fonction publique]* », y compris lorsque cette personne était liée par une relation à durée déterminée avec la personne morale de droit public ou l'organisme de droit privé chargé de la gestion d'un service public.

Art. 12-1 *(L. n° 2022-401 du 21 mars 2022, art. 8, en vigueur le 1er sept. 2022)* **Les droits relatifs au présent chapitre ne peuvent faire l'objet d'aucune renonciation ni limitation de droit ou de fait d'aucune forme.**

Toute stipulation ou tout acte pris en méconnaissance du premier alinéa est nul de plein droit.

Art. 13 **I. — Toute personne qui fait obstacle, de quelque façon que ce soit, à la transmission d'un signalement aux personnes et organismes mentionnés aux**

(L. n° 2022-401 du 21 mars 2022, art. 9, en vigueur le 1er sept. 2022) **« I et II** *[ancienne rédaction : deux premiers alinéas du I]* **» de l'article 8 est punie d'un an d'emprisonnement et de 15 000 € d'amende.**

(L. n° 2022-401 du 21 mars 2022, art. 9, en vigueur le 1er sept. 2022) **« II. — Lors d'une procédure dirigée contre un lanceur d'alerte en raison des informations signalées ou divulguées, le montant de l'amende civile qui peut être prononcée dans les conditions prévues aux articles 177-2 et 212-2 et au dernier alinéa de l'article 392-1 du code de procédure pénale ou par les juridictions civiles en cas d'action abusive ou dilatoire est porté à 60 000 euros.**

« L'amende civile peut être prononcée sans préjudice de l'octroi de dommages et intérêts à la partie victime de la procédure dilatoire ou abusive *[ancienne rédaction : II. — Lorsque le juge d'instruction ou la chambre de l'instruction est saisi d'une plainte pour diffamation contre un lanceur d'alerte, le montant de l'amende civile qui peut être prononcée dans les conditions prévues aux articles 177-2 et 212-2 du code de procédure pénale est porté à 30 000 €]*. **»**

COMMENTAIRE

L'Agence française anticorruption n'a pas compétence pour les articles 6 à 16 de la loi. Elle ne peut donc sanctionner – contrairement à ce qui prévaut avec l'article 17 (V. v° *Corruption*) – l'absence de mise en œuvre d'un dispositif conformément à l'article 8 ou d'éventuelles irrégularités.

Pour autant, il serait inexact de considérer que les violations de l'article 8 ne sont l'objet d'aucune sanction alors que, de par l'ampleur des infractions et manquements concernés, il répond fortement à l'intérêt général.

Précisément, l'article 13 de la loi institue un nouveau délit d'obstacle « à la transmission d'un signalement », ce qui inclut l'hypothèse même d'une absence complète de mise en œuvre de ce dispositif. ❑

Art. 13-1 *(L. n° 2022-401 du 21 mars 2022, art. 9, en vigueur le 1er sept. 2022)* **Les personnes coupables des infractions prévues à l'article 13 encourent également la peine complémentaire d'affichage ou de diffusion de la décision prononcée, dans les conditions prévues à l'article 131-35 du code pénal.**

Art. 14 *[Dispositions déclarées non conformes à la Constitution par la décision du Conseil constitutionnel n° 2016-741 DC du 8 décembre 2016.]*

Art. 14-1 *(L. n° 2022-401 du 21 mars 2022, art. 12, en vigueur le 1er sept. 2022)* **Les autorités compétentes mentionnées au 1° du II de l'article 8 peuvent, le cas échéant en commun, assurer la mise en place de mesures de soutien psychologique à destination des personnes ayant adressé un signalement dans les conditions prévues aux articles 6 et 8 et leur accorder un secours financier temporaire si elles estiment que leur situation financière s'est gravement dégradée en raison du signalement.**

Décret n° 2017-564 du 19 avril 2017,

Relatif aux procédures de recueil des signalements émis par les lanceurs d'alerte au sein des personnes morales de droit public ou de droit privé ou des administrations de l'État.

COMMENTAIRE

La mise en œuvre d'un dispositif d'alertes – qu'elle soit ou non la conséquence d'une obligation légale – est soumise au respect de dispositions législatives et réglementaires rigoureuses, assurant la protection des droits et libertés des personnes. Un dispositif d'alertes est, en outre, un ensemble complexe, avec des étapes qui doivent être attentivement mesurées et pensées.

Une procédure est dès lors indispensable. Son formalisme est l'objet, notamment, des dispositions du décret n° 2017-564 du 19 avril 2017, qui décrit les mentions que doit comporter la procédure. Il faut également se reporter, en complément, aux prescriptions du référentiel de la CNIL publié en décembre 2019 (V. *infra*).

Le décret vient en application des articles 6 à 8 de la loi du 9 décembre 2016 ; il ne concerne donc pas les autres dispositifs ce texte (art. 16 et 17) ou la loi sur le devoir de vigilance

(V. v° *Devoir de vigilance et droits humains*), sauf à ce qu'un dispositif commun unique ait été mis en œuvre.

Le décret rappelle la nécessité que le référent « dispose, par son positionnement, de la compétence, de l'autorité et des moyens suffisants à l'exercice de ses missions » (art. 4). On comparera cette formulation avec celle de l'article 9 de la directive UE du 23 octobre 2019 sur la protection des personnes dénonçant les infractions au droit de l'Union (V. *infra*, II. Règles européennes), qui entrera en vigueur en 2021, qui ajoute une exigence d'impartialité. ❑

Art. 1er **I. — Les personnes morales de droit public autres que l'État ou les personnes morales de droit privé d'au moins cinquante agents ou salariés, les communes de plus de 10 000 habitants, les départements et les régions ainsi que les établissement publics en relevant et les établissements publics de coopération intercommunale à fiscalité propre regroupant au moins une commune de plus de 10 000 habitants établissent les procédures de recueil des signalements prévues au III de l'article 8 de la loi du 9 décembre 2016 susvisée** *[n° 2016-1691, relative à la transparence, à la lutte contre la corruption et à la modernisation de la vie économique]*, **conformément aux règles qui régissent l'instrument juridique qu'ils adoptent.**

II. — Dans les administrations centrales, les services à compétence nationale et les services déconcentrés relevant des administrations de l'État, la procédure de recueil des signalements est créée par arrêté du ou des ministres compétents.

III. — Les autorités publiques indépendantes d'au moins cinquante agents et les autorités administratives indépendantes établissent leurs procédures de recueil de signalement dans des conditions et selon des modalités précisées par ces autorités et conformément aux règles qui les régissent.

Art. 2 **Les organismes mentionnés à l'article 1er peuvent prévoir que les procédures de recueil des signalements sont communes à plusieurs d'entre eux.**

Dans les organismes autres que ceux mentionnés au II de l'article 1er, une procédure commune à plusieurs organismes est établie après décision concordante des organes compétents.

Un arrêté du ou des ministres compétents peut également créer une procédure commune à des services placés sous leur autorité et à des établissements publics placés sous leur tutelle, après décision en ce sens des organes compétents de ces établissements.

Art. 3 **I. — Pour les personnes morales de droit privé et pour les personnes morales de droit public employant des personnels dans les conditions du droit privé, le seuil de cinquante salariés prévu au III de l'article 8 de la loi du 9 décembre 2016 susvisée est déterminé selon les modalités prévues** *(Décr. n° 2020-100 du 7 févr. 2020, art. 14, en vigueur le 1er juill. 2020)* **« au I de l'article L. 130-1 du code de la sécurité sociale » et au premier alinéa de l'article L. 2322-2 du code du travail.**

II. — Pour les personnes morales de droit public autres que celles mentionnées au I du présent article, le seuil de cinquante agents prévu au III de l'article 8 de la loi du 9 décembre 2016 susvisée est déterminé selon les modalités prévues pour le calcul des effectifs applicables aux comités techniques dont elles relèvent.

III. — Lorsque la personne morale de droit public emploie des personnels dans des conditions de droit privé et de droit public, le seuil prévu au III de l'article 8 de la loi du 9 décembre 2016 susvisée est déterminé par le cumul des effectifs calculés respectivement selon les modalités prévues au I et au II du présent article.

Art. 4 **I. — Le référent mentionné au premier alinéa du I de l'article 8 de la loi du 9 décembre 2016 susvisée est désigné par les autorités compétentes de l'organisme mentionné à l'article 1er du présent décret. Il peut être extérieur à cet organisme.**

Le référent dispose, par son positionnement, de la compétence, de l'autorité et des moyens suffisants à l'exercice de ses missions.

Le référent peut être une personne physique ou, quelle que soit sa dénomination, toute entité de droit public ou de droit privé, dotée ou non de la personnalité morale.

Le référent et l'ensemble des personnes appelées à connaître du signalement sont soumis aux obligations prévues à l'article 9 de la loi du 9 décembre 2016 susvisée.

II. — La procédure de recueil des signalements précise l'identité du référent susceptible de recevoir les alertes.

III. — Dans les organismes mentionnés *(Ord. nº 2021-1574 du 24 nov. 2021, art. 4, en vigueur le 1er mars 2022)* « aux articles L. 3, L. 4 et L. 5 du code général de la fonction publique *[ancienne rédaction : à l'article 2 de la loi nº 84-16 du 11 janvier 1984 susvisée, au premier alinéa de l'article 2 de la loi du 26 janvier 1984 susvisée et à l'article 2 de la loi nº 86-33 du 9 janvier 1986 susvisée]* » le référent déontologue mentionné à l'article *(Ord. nº 2021-1574 du 24 nov. 2021, art. 4, en vigueur le 1er mars 2022)* « L. 124-2 du code général de la fonction publique *[ancienne rédaction : 28 bis de la loi du 13 juillet 1983 susvisée]* » peut également être désigné pour exercer les missions de référent mentionné au I.

Le référent déontologue prévu à l'article L. 4122-10 du code de la défense peut également être désigné pour exercer les missions de référent mentionné au I.

Art. 5 I. — La procédure de recueil des signalements précise les modalités selon lesquelles l'auteur du signalement :

1º Adresse son signalement au supérieur hiérarchique, direct ou indirect, à l'employeur ou au référent mentionné à l'article 4 du présent décret ;

2º Fournit les faits, informations ou documents quel que soit leur forme ou leur support de nature à étayer son signalement lorsqu'il dispose de tels éléments ;

3º Fournit les éléments permettant le cas échéant un échange avec le destinataire du signalement.

II. — La procédure précise les dispositions prises par l'organisme :

1º Pour informer sans délai l'auteur du signalement de la réception de son signalement, ainsi que du délai raisonnable et prévisible nécessaire à l'examen de sa recevabilité et des modalités suivant lesquelles il est informé des suites données à son signalement ;

2º Pour garantir la stricte confidentialité de l'auteur du signalement, des faits objets du signalement et des personnes visées, y compris en cas de communication à des tiers dès lors que celle-ci est nécessaire pour les seuls besoins de la vérification ou du traitement du signalement ;

3º Pour détruire les éléments du dossier de signalement de nature à permettre l'identification de l'auteur du signalement et celle des personnes visées par celui-ci lorsqu'aucune suite n'y a été donnée, ainsi que le délai qui ne peut excéder deux mois à compter de la clôture de l'ensemble des opérations de recevabilité ou de vérification. L'auteur du signalement et les personnes visées par celui-ci sont informés de cette clôture.

III. — La procédure mentionne l'existence d'un traitement automatisé des signalements mis en œuvre après autorisation de la Commission nationale de l'informatique et des libertés.

Art. 6 L'organisme procède à la diffusion de la procédure de recueil des signalements qu'il a établie par tout moyen, notamment par voie de notification, affichage ou publication, le cas échéant sur son site internet, dans des conditions propres à permettre à la rendre accessible aux membres de son personnel ou à ses agents, ainsi qu'à ses collaborateurs extérieurs ou occasionnels. Cette information peut être réalisée par voie électronique.

Art. 7 Le présent décret est applicable en Nouvelle-Calédonie, en Polynésie française et dans les îles Wallis-et-Futuna *(Décr. nº 2020-100 du 7 févr. 2020, art. 14, en vigueur le 1er juill. 2020)* « dans sa rédaction résultant du décret nº 2020-100 du 7 février 2020 ».

Pour l'application des dispositions de l'article 3 du présent décret, les références au code du travail *(Décr. nº 2020-100 du 7 févr. 2020, art. 14, en vigueur le 1er juill. 2020)* « et au code de la sécurité sociale » sont remplacées par les références aux textes applicables localement en matière de calcul des seuils d'effectifs.

Pour l'application du présent décret, les références au département et à la région sont remplacées par la référence à la collectivité pour la Guyane, la Martinique, Saint-Barthélemy, Saint-Martin, Saint-Pierre-et-Miquelon, la Nouvelle-Calédonie, la Polynésie française et les îles Wallis-et-Futuna.

Art. 8 Le présent décret entre en vigueur le 1er janvier 2018.

Guide du Défenseur des droits (juillet 2017),

Orientation et protection des lanceurs d'alerte.

Introduction

Ce guide s'adresse aux personnes qui souhaitent effectuer un signalement pour des faits dont elles ont eu personnellement connaissance.

Ces faits peuvent relever :

• Soit du régime général des lanceurs d'alerte prévu par les articles 6 à 15 de la loi n° 2016-1691 du 9 décembre 2016 relative à la transparence, à la lutte contre la corruption et à la modernisation de la vie économique et précisé par le décret n° 2017-564 du 19 avril 2017 relatif aux procédures de recueil des signalements émis par les lanceurs d'alerte au sein des personnes morales de droit public ou de droit privé ou des administrations de l'État ;

• Soit d'autres régimes de lanceur d'alerte recensés dans ce guide à la fiche 8 dont les règles sont spécifiques mais dont les principes généraux sont comparables.

Ce guide est organisé en neuf fiches dont l'objectif est d'assurer votre orientation afin que votre alerte puisse être lancée dans de bonnes conditions et traitée dans les meilleurs délais.

Le suivi de la procédure sommairement rappelée ci-dessous et décrite dans les différentes fiches de ce guide est impératif afin que vous puissiez bénéficier du régime protecteur des lanceurs d'alerte.

Ainsi, vous devez respecter une procédure graduée en trois phases :

□ Premier niveau : saisine de votre organisme employeur, de l'organisme mis en cause ou de l'autorité compétente ;

□ Deuxième niveau : en cas d'absence de réponse de cet organisme dans un délai raisonnable, vous pourrez saisir l'autorité qui vous paraît compétente pour faire cesser l'alerte ;

□ Troisième niveau : si au deuxième niveau, l'alerte n'est toujours pas prise en charge vous pourrez rendre public le signalement.

A tous les stades de la procédure, la confidentialité des informations liées au fait et aux personnes doit être assurée.

Le Défenseur des droits n'est pas l'autorité qui traitera votre alerte, votre employeur ou la structure au sein de laquelle se déroulent les pratiques contestées seront, bien souvent, en capacité de faire cesser les troubles à l'origine de l'alerte.

En effet, le législateur par la loi organique n° 2016-1690 du 9 décembre 2016 relative à la compétence du Défenseur des droits pour l'orientation et la protection des lanceurs d'alerte a confié au Défenseur des droits le rôle d'aider l'ensemble des lanceurs d'alerte à s'orienter à toutes les étapes de leurs démarches et celui de veiller à leurs droits et libertés.

FICHE 1 Êtes-vous lanceur d'alerte ?

Aucune autorité ne vous délivrera le statut de lanceur d'alerte.

C'est en révélant des faits et en respectant impérativement la procédure de signalement telle que définie, ci-après, que le bénéfice du régime protecteur de lanceur d'alerte vous sera applicable.

Pour être lanceur d'alerte, vous devez être une personne physique ayant eu personnellement connaissance de faits vous paraissant devoir être révélés ou signalés.

Vous devez être désintéressé, c'est-à-dire que vous ne devez pas tirer un avantage, notamment financier, du signalement et vous devez être de bonne foi, c'est-à-dire que vous devez avoir des motifs raisonnables vous permettant de croire à la véracité des dysfonctionnements signalés.

Les faits, informations ou documents, quel que soit leur forme ou leur support, couverts par le secret de la défense nationale, le secret médical ou le secret des relations entre avocat et son client ne peuvent faire l'objet d'une alerte.

Les faits dénoncés doivent vous paraître constitutifs :
- D'un crime ;
- D'un délit ;
- D'une violation grave et manifeste :
– de la loi ou du règlement;
– d'un engagement international régulièrement ratifié ou approuvé par la France ;
– d'un acte unilatéral d'une organisation internationale pris sur le fondement d'un engagement international régulièrement ratifié ou approuvé par la France ;
- D'une menace ou d'un préjudice graves pour l'intérêt général.

La multiplicité des faits susceptibles de faire l'objet d'une alerte est telle qu'il n'est pas possible d'en faire une typologie précise. Entrent, par exemple :
- Dans le domaine économique : les infractions de corruption, de trafic d'influence, de concussion, de prise illégale d'intérêt, de détournement de fonds publics ou encore de favoritisme ;
- Dans le domaine de la santé, de l'environnement, de la sécurité sanitaire : les agissements susceptibles de faire courir un risque majeur ou un préjudice grave pour la population.

Votre responsabilité pénale ne pourra être que très difficilement engagée si vous répondez à la définition du lanceur d'alerte et si vous avez respecté la procédure de signalement adaptée à votre cas décrites dans les fiches qui suivent.

Vous devez consulter la fiche 8 :
- Si vous êtes une personne physique sans relation professionnelle avec l'organisme mis en cause ;
- Si vous êtes une personne morale (association, syndicat*[,]* etc.) ;
- Si votre alerte intervient dans le domaine du renseignement, de la banque de l'assurance, de la santé de l'environnement, de la sécurité aérienne ou dans un établissement médico-social.

FICHE 2 Un signalement dans le respect de la confidentialité

Votre signalement doit se faire dans le respect de la confidentialité de votre identité, de celle des personnes visées par l'alerte et des faits signalés.

A toutes les étapes de la procédure de signalement et quel que soit le régime dont vous relevez, vous devez prendre toutes les précautions nécessaires à la préservation de la confidentialité de votre identité et de celle des personnes visées ainsi que des faits à l'origine de l'alerte sans quoi votre responsabilité pénale pourrait être engagée.

2.1 *Lorsque vous vous adressez à l'organisme mis en cause ou à toute autorité publique ou privée*

Si vous vous adressez à votre organisme employeur, il vous appartient de vérifier si cette structure a mis en place une procédure particulière de signalement.

Cette procédure est obligatoire pour les employeurs ou organismes d'une certaine taille, voir fiche 3.

Si aucune procédure n'est prévue (voir fiche 4) ou si vous vous adressez à une autorité publique ou privée, qui n'est pas votre employeur (voir fiches 5 et 6), il convient de respecter des règles strictes de confidentialité comme le système de double enveloppe préconisé pour la saisine du Défenseur des droits au paragraphe ci-après.

Lorsque vous adressez votre courrier, il est fortement souhaitable de transmettre votre courrier en recommandé avec accusé de réception. Cette précaution vous permettra d'établir si nécessaire le point de départ de votre signalement et ainsi le délai de réponse (voir notamment fiche*[s]* 5 et 6).

2.2 *Lorsque vous vous adressez au Défenseur des droits*

Votre signalement devra être adressé par la poste, par écrit et sous double enveloppe.

Tous les éléments de la saisine doivent être insérés dans une enveloppe fermée – dite enveloppe intérieure – laquelle sera insérée dans une seconde enveloppe adressée au Défenseur des droits, dite enveloppe extérieure.

Sur l'enveloppe intérieure figurera EXCLUSIVEMENT la mention suivante : "SIGNALEMENT D'UNE ALERTE (date de l'envoi)"

Sur l'enveloppe extérieure figurera l'adresse d'expédition :

Défenseur des droits
Libre réponse 71120
75342 PARIS CEDEX 07

Un accusé réception vous sera adressé comportant un numéro identifiant qu'il vous appartiendra d'utiliser pour l'ensemble de vos échanges avec le Défenseur des droits.

Pour respecter la confidentialité des échanges ultérieurs, tous vos courriers adressés aux différents organismes sollicités et au Défenseur des droits devront suivre la même procédure de double enveloppe.

FICHE 3 Procédure à suivre dans les grands organismes employeurs

Dans le respect des règles de confidentialité énoncées à la fiche 2, si vous êtes :

□ Dans une relation de travail avec un employeur relevant d'une des catégories suivantes :

- Personne morale de droit privé d'au moins 50 salariés (entreprise[,] etc.) ;
- Personne morale de droit public d'au moins 50 agents et salariés (établissement public administratif, établissement public industriel et commercial[,] etc.) ;
- Administration de l'État ;
- Département ;
- Région ;
- Commune de plus de 10 000 habitants ;
- Établissement de coopération intercommunale à fiscalité propre d'une commune de plus de 10 000 habitants.

□ Et si vous relevez d'une des catégories suivantes :

- Salarié ;
- Fonctionnaire ;
- Agent public ;
- Collaborateur extérieur ou occasionnel (personnel intérimaire, stagiaire, prestataire de service, salarié des entreprises sous-traitantes[,] etc.)

□ Vous devez suivre la procédure décrite ci-après.

Le décret n° 2017-564 du 19 avril 2017 impose, au plus tard au 1er janvier 2018, à votre employeur de mettre en place des procédures de recueil des signalements. Cette procédure doit faire l'objet d'une publicité suffisante afin que vous puissiez en prendre connaissance.

Elle sera différente pour chaque structure mais devra vous permettre au minimum de savoir :

- A qui adresser votre signalement au sein de l'organisme employeur ;
- Comment lui adresser (voie postale, messagerie, etc.) ;
- Quelles informations il vous appartiendra de lui transmettre ;
- Quelles précautions doivent être prises pour préserver la confidentialité de l'alerte ;
- Les modalités suivant lesquelles il va vous être répondu (accusé de réception, délais de réponse sur la recevabilité de votre signalement, modalités d'information sur les conditions de traitement de l'alerte, etc.).

Si vous exercez dans une très grande entreprise de plusieurs milliers de salarié votre employeur a dû mettre en place un mécanisme d'alerte et de recueil des signalements.

Si vous exercez dans une entreprise d'au moins 500 salariés votre employeur a également dû mettre en place un dispositif interne d'alerte pour le recueil des signalements portant sur des faits de corruption ou de trafic d'influence.

Sauf dans les cas décrits aux fiches 5 et 6, il est interdit de rendre public les faits et l'identité des personnes et organismes sujets de l'alerte. Le non-respect de cette

règle pourrait entraîner des poursuites pénales notamment pour diffamation et vous faire perdre le statut protecteur de lanceur d'alerte (fiche 7).

FICHE 4 Procédure à suivre dans les plus petits organismes employeurs

Dans le respect des règles de confidentialité énoncées à la fiche 2, si vous êtes :

□ Dans une relation de travail avec :

• Une entreprise de moins de 50 salariés ;

• Un établissement public de moins de 50 agents et salariés ;

• Une commune de moins de 10 000 habitants ;

• Un établissement de coopération intercommunale à fiscalité propre d'une commune de moins de 10 000 habitants.

□ Et que vous relevez d'une des catégories suivantes :

• Salarié ;

• Fonctionnaire ;

• Agent public ;

• Collaborateur extérieur ou occasionnel (personnel intérimaire, stagiaire, prestataire de service, salarié des entreprises sous-traitantes, etc.)

□ Vous devez suivre la procédure décrite ci-après :

• Saisir par écrit en recommandé avec accusé de réception l'employeur ou l'organisme en suivant les règles de confidentialité définies à la fiche 2 ;

• Dans les mêmes formes, le relancer par écrit en recommandé avec accusé de réception si dans un délai raisonnable aucune suite n'a été donnée à votre première saisine afin de vous assurer qu'il n'a pas l'intention de répondre (voir fiche 5) ;

• Si l'employeur persiste dans son absence de réponse, vous pouvez adresser votre signalement aux autorités susceptibles de le traiter en recommandé avec accusé de réception. Il peut s'agir d'une ou plusieurs des autorités suivantes :

– autorité administrative ;

– ordre professionnel ;

– autorité judiciaire (voir fiche 5).

L'autorité choisie dispose de trois mois pour vous apporter une réponse. Ce qui ne veut pas dire que les dysfonctionnements dénoncés devront cesser dans le délai de 3 mois car tout dépendra de la complexité de traitement du signalement.

Sauf dans les cas décrits aux fiches 5 et 6, il est interdit de rendre public les faits et l'identité des personnes et organismes sujets de l'alerte. Le non-respect de cette règle pourrait entraîner des poursuites pénales notamment pour diffamation et vous faire perdre le statut protecteur de lanceur d'alerte (fiche 7).

FICHE 5 Que faire si votre alerte n'est pas traitée dans un délai raisonnable ?

Votre objectif en lançant une alerte est bien sûr de faire cesser les troubles que vous avez constatés et signalés.

Dans la majorité des cas, car ce sera son intérêt, il est probable que l'organisme en cause que vous devez saisir en premier se chargera de faire cesser les troubles à l'origine du signalement.

□ Si dans un délai raisonnable vous n'avez aucune réponse sur la recevabilité de votre alerte vous pouvez alternativement ou simultanément saisir :

• L'autorité administrative compétente

La variété des autorités compétentes étant très vaste car différente selon le sujet de votre alerte, ce guide ne peut récapituler l'ensemble des instances à saisir. Il peut s'agir de toutes autorités qui exercent un pouvoir de contrôle ou de tutelle sur l'organisme en cause (préfet, recteur, inspections, etc.)

• L'ordre professionnel compétent

Suivant le domaine de l'alerte, il peut s'agir notamment de l'ordre des avocats, des médecins, des architectes, des vétérinaires, des experts-comptables, des pharmaciens, des notaires, des huissiers de justice*[,]* etc.

• Le juge compétent

Il vous appartiendra de saisir le juge compétent pour votre litige. En règle générale, il s'agira du juge judiciaire pour les litiges concernant des relations entre des personnes privées ou du juge administratif pour les litiges mettant en cause une autorité publique.

☐ En cas d'absence de réponse, dans les trois mois, de l'autorité administrative, de l'ordre professionnel ou du juge sur le traitement de l'alerte :

Vous disposez de la faculté, et non de l'obligation, de rendre public votre alerte.

Le délai de réponse raisonnable à la recevabilité de votre alerte devra vous être précisé pour les grands organismes employeurs mentionnés à la fiche 3. Ce délai sera laissé à votre appréciation dans les organismes employeurs de petites tailles mentionnés à la fiche 4 ou si vous n'êtes pas en relation professionnelle avec l'organisme en cause (voir fiche 8).

Dans tous les cas, il est préférable de transmettre vos courriers en recommandé avec accusé de réception en respectant les règles de confidentialité (voir fiche 2).

FICHE 6 Urgences justifiant l'absence de saisine de l'organisme en cause

☐ Dans l'hypothèse où les faits à l'origine de l'alerte vous paraissent constituer :

- Un danger grave et imminent (exemple : intoxication) ;
- ou un risque de dommages irréversibles (exemple : pollution).

☐ Vous pourrez porter votre signalement directement à la connaissance :

- De l'autorité judiciaire ;
- De l'autorité administrative ;
- De l'ordre professionnel (voir fiche 5).

Ces instances peuvent être saisies alternativement ou simultanément. Il est préférable d'effectuer cette saisine en recommandé avec accusé de réception.

Il est également recommandé de respecter les modalités de transmission définies notamment à la fiche 2 (système de double enveloppe) pour assurer le respect des règles de confidentialité.

☐ Si vous estimez que votre signalement est d'une particulière gravité (exemple : péril imminent)

Vous disposez également de la faculté de rendre publique l'alerte.

Ce dispositif exceptionnel ne doit être utilisé qu'avec un grand discernement car vous ne pourrez être reconnu irresponsable pénalement que si votre appréciation de l'urgence de la situation est incontestable.

La divulgation publique ne peut donc être envisagée qu'en dernier ressort en cas d'impossibilité manifeste d'agir autrement pour faire cesser le risque à l'origine de votre alerte.

FICHE 7 Quelle est votre protection ?

7.1 *Vous ne devez subir aucune conséquence liée à votre signalement*

A *Dans l'exercice de vos fonctions vous ne devez subir aucune mesure de rétorsion ou de représailles*

Votre employeur ne peut prendre aucune mesure à votre encontre consécutive à votre alerte.

Si vous constatez que tel est le cas, vous bénéficierez d'un aménagement des règles de la preuve. Il vous suffira d'apporter des éléments de faits laissant présumer l'existence de représailles à la suite de l'alerte que vous avez lancée à charge pour votre organisme employeur de démontrer que la mesure contestée a été prise pour un motif étranger à l'alerte.

Généralement, il suffit de démontrer l'enchaînement chronologique des faits consistant à faire l'objet d'une mesure défavorable (exemples : baisse de rémunération, sanction disciplinaire, réduction de l'avancement, licenciement, etc.) dans un temps proche du moment où l'employeur a eu connaissance de l'alerte.

A noter que si vous êtes agent contractuel, à la suite d'un référé demandant la suspension de votre licenciement, le juge administratif pourra enjoindre l'organisme public à vous réintégrer éventuellement dans le cadre d'une procédure de référé, c'est-à-dire que le juge se prononcera dans les plus brefs délais.

B *Dans tous les domaines autres que professionnels, vous ne devez subir aucune mesure de rétorsion ou de représailles*

Le signalement de dysfonctionnements ne peut entraîner aucune conséquence négative liée à l'alerte. Ainsi, il ne pourra, par exemple, vous être refusé ou retiré un droit (inscription en crèche, en centre aéré, retrait d'une concession, etc.) en raison du signalement.

Ici, aussi, la chronologie proche dans le temps entre le refus ou le retrait d'un droit et l'alerte militeront dans le sens de l'existence de mesures de représailles.

7.2 *En respectant la procédure vous serez pénalement protégé*

A *Comment bénéficier du régime d'irresponsabilité pénale ?*

☐ La divulgation des informations doit être nécessaire et proportionnée à la sauvegarde des intérêts en cause ;

☐ C'est pourquoi vous devez avoir au minimum tenté de faire cesser les dysfonctionnements auprès des autorités compétentes en respectant la procédure à plusieurs étapes précédemment décrite dans les fiches de ce guide ;

☐ Vous devez être une personne physique (voir fiche 1).

B *Divulguer votre identité est pénalement sanctionnée* [sanctionné]

Les éléments de nature à vous identifier sont confidentiels et ne doivent donc pas être divulgués sous peine d'encourir une peine de deux ans d'emprisonnement et de 30 000 euros d'amende.

C *Tenter de vous empêcher de lancer une alerte est pénalement sanctionné*

Toute personne qui tenterait de vous empêcher d'effectuer une alerte encourt une peine de 1 an d'emprisonnement et de 15 000 euros d'amende.

FICHE 8 Lanceur d'alerte externe, personne morale ou relevant d'un régime spécial ?

Êtes-vous un lanceur d'alerte externe à l'organisme mis en cause, personne morale ou relevant d'un régime spécial ?

Cette fiche vous indique les procédures particulières de signalement que vous devez suivre si votre alerte relève de l'un des domaines répertoriés ci-dessous. Les règles de confidentialités décrites dans les fiches précédentes devront, impérativement, être respectées.

8.1 *Vous êtes une personne physique dans une relation non professionnelle avec l'organisme mis en cause*

Vous êtes une personne physique (usager, citoyen) sans relation professionnelle avec l'organisme dans lequel vous constatez des dysfonctionnements. Votre alerte relève du régime général prévu par la loi n° 2016-1691 du 9 décembre 2016 relative à la transparence, à la lutte contre la corruption et à la modernisation de la vie économique.

Il convient que vous vous reportiez aux fiches 1, 2, 5, 6, 7, 8 pour connaître la démarche à suivre dans votre cas.

8.2 *Vous êtes une personne morale*

Le dispositif de la loi n° 2016-1691 du 9 décembre 2016 relative à la transparence, à la lutte contre la corruption et à la modernisation de la vie économique ne vous est pas applicable car il ne s'adresse qu'aux personnes physiques.

Il se peut, cependant, que vous releviez d'un des régimes spéciaux décrits, ci-après, notamment pour la banque et l'assurance ou la sécurité aérienne. Dans ce cas, il vous appartient de suivre une des procédures ci-après décrites.

8.3 *Vous relevez d'un régime spécial d'alerte si :*

A *Votre alerte intervient dans le domaine du renseignement*

En raison de la grande confidentialité qui s'attache aux faits qui peuvent être révélés dans le domaine du renseignement, le législateur a maintenu un régime spécifique. Ainsi :

☐ Si vous vous travaillez dans l'un des services suivants :

- Direction générale de la sécurité extérieure ;
- Direction de la protection et de la sécurité de la défense ;
- Direction du renseignement militaire ;
- Direction générale de la sécurité intérieure ;
- Direction nationale du renseignement et des enquêtes douanières ;
- Service de traitement du renseignement et d'action contre les circuits financiers clandestins.

☐ Et que vous avez connaissance de faits susceptibles de constituer une violation manifeste du livre VIII du code de la sécurité intérieure relatif au renseignement ;

☐ Vous pouvez, dans le respect des règles de confidentialité définies à la fiche 2, saisir la Commission de contrôle des techniques de renseignement qui, seule, est compétente pour prendre en charge votre alerte.

Cette commission peut aussi saisir le procureur de la République lorsqu'elle estime que l'illégalité que vous avez signalée est susceptible de constituer une infraction. Parallèlement, la commission consultative du secret de la défense nationale est saisie afin qu'un avis soit donné au Premier ministre sur la nécessité de déclassifier tout ou partie des éléments en vue de leur transmission au procureur de la République.

Les éléments transmis le sont dans le respect du secret de la défense nationale.

B *Votre alerte intervient dans le domaine de la banque ou de l'assurance*

En raison de la sensibilité et de la complexité des faits susceptibles d'être à l'origine de votre signalement concernant les marchés financiers et les assurances, le législateur a prévu un régime particulier.

Ainsi, il vous appartiendra dans ce cas de saisir l'Autorité des marchés financiers ou l'Autorité de contrôle prudentiel et de résolution suivant les procédures que ces autorités ont définies.

Sont concernés par cette procédure spécifique les signalements portant sur tout manquement aux obligations définies par les règlements européens et par le code monétaire et financier ou le règlement général de l'Autorité des marchés financiers et dont la surveillance est assurée par l'une ou l'autre de ces autorités.

Pour connaître la procédure mise en place par l'autorité des marchés financiers vous pouvez consulter la page "signalement des infractions à la réglementation" sur le site de l'autorité des marchés financiers : http://www.amf-france.org/.

C *Votre alerte concerne des produits ou procédés de fabrication de votre employeur présentant des risques pour la santé et l'environnement*

Si vous estimez de bonne foi, que les produits ou procédés de fabrication utilisés ou mis en œuvre dans l'établissement font peser un risque grave sur la santé publique ou l'environnement :

☐ Vous devez en alerter immédiatement votre employeur.

☐ Votre alerte devra être consignée par écrit dans un registre spécial.
☐ Votre alerte sera datée et signée[.]
☐ Votre alerte précisera :

• Les produits ou procédés de fabrication utilisés ou mis en œuvre par l'établissement dont vous estimez de bonne foi qu'ils présentent un risque grave pour la santé publique ou l'environnement ;

• Le cas échéant, les conséquences potentielles pour la santé publique ou l'environnement ;

• Toute autre information utile à l'appréciation de l'alerte consignée.

☐ Votre employeur devra vous informer des suites réservées à l'alerte.

☐ En cas de divergence sur le bienfondé de l'alerte ou si aucune suite n'a été donnée dans un délai d'un mois, vous pouvez saisir le préfet de votre département.

D *Votre alerte porte sur des mauvais traitements dans un établissement médico-social ou dans un service social et médico-social ou sur la personne âgée ou handicapée qui vous emploie*

Vous souhaitez témoigner de mauvais traitements ou de privations infligés à une personne accueillie ou relater de tels agissements qui se déroulent dans un établissement médico-social ou dans un service social et médicosocial ou sur une personne âgée ou un adulte handicapé auprès duquel vous êtes le salarié.

Pour vérifier si votre employeur fait partie de cette catégorie, vous pouvez consulter la liste des établissements de ce type, disponible en ligne sur le site du ministère chargé des affaires sociales.

Il convient que vous vous reportiez aux fiches 1 à 8 pour connaître la démarche à suivre dans votre cas.

E *Votre alerte concerne la sécurité aérienne*

Si vous exercez dans l'aviation civile et que vous avez connaissance d'un événement susceptible d'avoir des conséquences sur la sécurité aérienne (tout type d'interruption anomalie, défaillance opérationnelle ou autre circonstance inhabituelle) vous êtes tenu d'en rendre compte sans délai au ministre chargé de l'aviation civile ou, le cas échéant, à votre employeur.

FICHE 9 Le rôle du défenseur des droits

Le Défenseur des droits vous oriente dans vos démarches et veille à vos droits et libertés, quel que soit le régime de lanceur d'alerte applicable.

Le Défenseur des droits a pour mission de vous orienter et de vous protéger de toutes mesures de rétorsion ou de représailles quel que soit le régime légal de lanceur d'alerte applicable à votre situation.

Lorsque vous saisissez par courrier le Défenseur des droits, vous devez être aussi précis que possible afin qu'une réponse à votre demande d'orientation et/ou de protection puisse intervenir dans les meilleurs délais.

Ainsi, il vous appartient de joindre à ce courrier :

• Les coordonnées précises auxquelles il sera possible de vous joindre ;

• Une copie de toutes les pièces en votre possession permettant de comprendre votre situation : échanges avec les organismes et autorités, actes pris à votre encontre pouvant constituer des mesures répressives, etc.

Vous devez obligatoirement saisir le Défenseur des droits par écrit dans les conditions définies à la fiche 2.

9.1 *Le Défenseur des droits vous oriente à chaque étape de vos démarches*

Si après avoir lu les fiches précédentes de ce guide, vous hésitez encore sur la procédure à suivre, le Défenseur des droits vous orientera dans vos démarches, en particulier dans la détermination de l'organisme ou de l'autorité à saisir pour faire cesser les faits à l'origine de l'alerte.

9.2 *Le Défenseur des droits vous protège de toutes mesures de rétorsion ou de représailles*

Si à la suite de votre alerte, vous saisissez le Défenseur des droits car vous estimez être victime de mesures de rétorsion ou de représailles telles qu'énoncées à la fiche 7, le Défenseur des droits, après vérification de votre situation auprès des organismes mis en cause, analyse de la réalité du caractère répressif de ces mesures, interviendra pour les faire cesser.

Cette protection ne présente pas un caractère automatique, elle n'interviendra, le cas échéant, qu'après une instruction contradictoire auprès de l'organisme mis en cause.

9.3 *Le Défenseur des droits n'est pas l'autorité compétente pour faire cesser les dysfonctionnements à l'origine de votre alerte*

Le Défenseur des droits a pour mission de vous orienter pour déposer votre alerte et de vous protéger contre d'éventuelles représailles dont vous seriez victime à la suite du signalement mais il n'est pas compétent pour effectuer les vérifications nécessaires pour constater la réalité des dysfonctionnements à l'origine de votre signalement et les faire cesser.

Seuls les organismes saisis aux différentes étapes de vos démarches sont habilités à traiter votre alerte.

Circulaire NOR : CPAF1800656C du 19 juillet 2018,

Relative à la procédure de signalement des alertes émises par les agents publics dans le cadre des articles 6 à 15 de la loi n° 2016-1691 du 9 décembre 2016 relative à la transparence, à la lutte contre la corruption et à la modernisation de la vie économique, et aux garanties et protections qui leur sont accordées dans la fonction publique.

V. aussi Circ. n° 6306-SG du 11 oct. 2021 relative au renforcement de la transparence des actions d'influence étrangère conduites auprès des agents publics de l'État.

COMMENTAIRE

La circulaire du 19 juillet 2018 vient, notamment, compléter pour les agents publics le décret n° 2017-564 du 19 avril 2017 relatif aux procédures de recueil des signalements émis par les lanceurs d'alertes au sein des personnes morales de droit public ou de droit privé ou des administrations de l'État (V. *supra*). Elle rappelle ce qu'est un lanceur d'alertes et le régime légal applicable aux dispositifs d'alertes.

On notera particulièrement l'article 2.1.1 qui précise que « dans l'hypothèse où l'auteur d'un signalement acquiert la connaissance d'un crime ou d'un délit dans l'exercice de ses fonctions au sens de l'article 40 du code de procédure pénale, il est tenu d'en donner avis sans délai au procureur de la République ». Or l'article 8 de la loi n° 2016-1691 du 9 décembre 2016 prévoit trois étapes dans l'alerte, la saisine des autorités (y compris *a priori* aux termes de l'art. 40 C. pr. pén.) ne venant qu'en deuxième position, à défaut de réponse interne dans un délai raisonnable. La circulaire ne semble donc pas conforme à l'article 8 de la loi Sapin 2. ❑

Introduction

La loi n° 2016-1691 du 9 décembre 2016 relative à la transparence, à la lutte contre la corruption et à la modernisation de la vie économique a donné un cadre commun et harmonisé au dispositif relatif aux alertes, remplaçant ainsi la plupart des dispositifs spécifiques ou sectoriels qui avaient été auparavant instaurés notamment dans le secteur public [*L. n° 2016-1691 du 9 déc. 2016, l'art. 15 supprime les art. L. 1351-1 et L. 5312-4-2 CSP, les art. L. 1161-1 et L. 4133-5 C. trav., l'art. 25 de la L. n° 2013-907 du 11 oct. 2013 relative à la transparence de la vie publique, les art. 1er et les 3° et 4° de l'art. 2 et l'art. 12 de la L. n° 2013-316 du 16 avr. 2013 relative à l'indépendance de l'expertise en matière de santé et d'environnement et à la protection des lanceurs d'alerte. La L. du 9 déc. 2016 n'a cependant pas modifié les dispositions de la L. n° 2015-912 du 24 juill. 2015 relative au* *renseignement qui prévoit la protection du lanceur d'alerte pour les services spécialisés de renseignement, ni l'art. L. 4131-1 C. trav. relatif au droit d'alerte et de retrait en cas de danger grave pour la vie ou la santé du travailleur ou de défectuosité constatée dans le système de protection ainsi que les dispositions du Décr. n° 82-453 du 28 mai 1982 relatif à l'hygiène, la sécurité et la prévention médicale. En outre, le Décr. n° 2010-974 du 26 août 2010 fixe des dispositions similaires applicables à la santé et à la sécurité au travail ainsi qu'à la prévention médicale du personnel militaire servant au sein de la gendarmerie nationale].*

Le législateur a souhaité reconnaître l'intérêt des signalements pour dissuader et prévenir des actes répréhensibles, qu'ils soient ou non constitutifs d'une infraction pénale, et éviter le maintien de situations préjudiciables à l'intérêt général. Les dispositions de la loi s'appliquent tant au secteur public qu'au secteur privé.

Le chapitre II de la loi du 9 décembre 2016 précitée donne une définition large du "lanceur d'alerte" et précise les faits et actes susceptibles d'être signalés dans ce cadre (article 6). Elle couvre tant les signalements effectués dans un cadre professionnel que les alertes effectuées par toute personne physique. Ce même chapitre II prévoit des garanties ainsi qu'un cadre général de procédure graduée permettant le recueil des signalements (article 8) qui interviennent dans un cadre professionnel.

Le III de l'article 8 précité de la loi du 9 décembre 2016, dont le décret n° 2017-564 du 19 avril 2017 porte application, impose aux administrations de l'État, aux communes de plus de 10 000 habitants, départements, régions, collectivités mentionnées à l'article 72-3 de la Constitution, et aux établissements publics en relevant, ainsi qu'aux établissements publics de coopération intercommunale à fiscalité propre regroupant au moins une commune de plus de 10 000 habitants, et aux personnes morales de droit public ou de droit privé de plus de 50 agents ou salariés, d'établir une procédure de recueil de signalements.

Les organismes chargés d'établir une procédure de recueil de signalements sont tenus d'en assurer la diffusion par tout moyen de manière à la rendre accessible à leurs agents et collaborateurs extérieurs ou occasionnels.

La loi du 9 décembre 2016 a également modifié l'article 6 *ter* A de la loi n° 83-634 du 13 juillet 1983 portant droits et obligations des fonctionnaires *[V. désormais CGFP, art. L. 135-1 à L. 135-5]*, **et a inséré des dispositions spécifiques relatives à la protection des agents publics régis par le statut général des fonctionnaires. Ces dispositions s'appliquent aux agents publics de chacun des trois versants de la fonction publique (de l'État, territoriale, hospitalière).**

L'article 15 de la loi du 9 décembre 2016 a également introduit un nouvel alinéa à l'article L. 4122-4 du code de la défense applicable aux militaires et analogue à l'article 6 *ter* A précité.

L'article 6 *ter* A de la loi du 13 juillet 1983 *[V. désormais CGFP, art. L. 135-1 à L. 135-5]* **et l'article L. 4122-4 du code de la défense protègent l'agent public qui décide de procéder à un signalement en définissant le champ des faits et actes pour lesquels aucune mesure défavorable ne peut être prise à son encontre. Il appartient en effet aux personnes morales ou aux administrations concernées de protéger ces agents publics sur le plan juridique, tout en prévoyant des sanctions éventuelles en cas de dénonciation calomnieuse ou de signalement abusif.**

Ces articles offrent des garanties et protections communes aux agents faisant un signalement soit au titre de la procédure autonome, déjà prévue en matière de crime et délit par le second alinéa de l'article 40 du code de procédure pénale *[le second al. de l'art. 40 C. pr. pén. prévoit, en effet, que "Toute autorité constituée, tout officier public ou fonctionnaire qui, dans l'exercice de ses fonctions, acquiert la connaissance d'un crime ou d'un délit est tenu d'en donner avis sans délai au procureur de la République et de transmettre à ce magistrat tous les renseignements, procès-verbaux et actes qui y sont relatifs."]*, **soit au titre de la procédure prévue par l'article 8 de la loi du 9 décembre 2016 précitée, qui précise les modalités du signalement concernant l'ensemble des faits susceptibles d'en faire l'objet.**

La présente circulaire identifie les agents publics susceptibles de faire un signalement dans la fonction publique ainsi que les destinataires de celui-ci. Elle précise également tous les faits et actes susceptibles d'être signalés, les modalités encadrant

les signalements effectués dans le cadre de la procédure prévue à l'article 8 de la loi du 9 décembre 2016, ainsi que les mesures de garantie et de protection dont bénéficient les agents publics procédant à un signalement ainsi qu'éventuellement, les agents mis en cause par le signalement.

I Champ d'application du régime du signalement dans la fonction publique

1.1 *Personnes susceptibles de faire un signalement et ayant accès à la procédure de signalement des alertes dans un cadre professionnel*

A *Définition du lanceur d'alerte dans un cadre professionnel*

Est un lanceur d'alerte en vertu de l'article 6 de la loi du 9 décembre 2016 précitée "une personne physique qui révèle ou signale, de manière désintéressée et de bonne foi, un crime ou un délit, une violation grave et manifeste d'un engagement international régulièrement ratifié ou approuvé par la France, d'un acte unilatéral d'une organisation internationale pris sur le fondement d'un tel engagement, de la loi ou du règlement, ou une menace ou un préjudice graves pour l'intérêt général, dont elle a eu personnellement connaissance."

L'article 8 de la loi du 9 décembre 2016 précitée fixe une procédure graduée de signalement des alertes dans un cadre professionnel. En effet, le III du même article précise que les signalements pour lesquels une procédure est imposée, sont ceux émis par "les membres [du] personnel ou par des collaborateurs extérieurs et occasionnels" des administrations, organismes ou collectivités concernés.

Le Conseil constitutionnel a estimé que la procédure du III de l'article 8 était limitée "aux seuls lanceurs d'alerte procédant à un signalement visant l'organisme qui les emploie ou celui auquel ils apportent leur collaboration dans un cadre professionnel." *[Cons. cons. 8 déc. 2016, n° 2016-741 DC, consid. 7]*. Ainsi, si les tiers et les usagers peuvent répondre à la définition du lanceur d'alerte précédemment citée, la procédure de signalement que les organismes visés au III de l'article 8 doivent mettre en place, ne leur est pas applicable. Par ailleurs, le droit reconnu aux agents publics de procéder à un signalement qui concerne, comme le souligne le Conseil constitutionnel, "l'organisme qui les emploie ou celui auquel ils apportent leur collaboration", ne se limite pas au périmètre du service auprès duquel ils sont affectés, mais peut s'étendre à l'ensemble des services qui les emploient.

B *Personnes ayant accès à la procédure de signalement des alertes dans un cadre professionnel*

La procédure de recueil des signalements prévue au III de l'article 8 de la loi du 9 décembre 2016 doit être mise en place et accessible à tous les agents et collaborateurs extérieurs et occasionnels, des organismes concernés quel que soit leur statut.

La procédure s'impose aux organismes suivants :

— les administrations de l'État : administrations centrales, services à compétence nationale, services déconcentrés relatives des administrations de l'État ;

— les communes de plus de 10 000 habitants, les départements et les régions, les collectivités mentionnées à l'article 72-3 de la Constitution, ainsi que les établissements publics en relevant et les établissements publics de coopération intercommunale à fiscalité propre regroupant au moins une commune de plus de 10 000 habitants ;

— les autorités publiques indépendantes d'au moins cinquante agents et les autorités administratives indépendantes ;

— toute autre personne morale de droit public ou de droit privé d'au moins cinquante agents *[les modalités de définition de ce seuil sont précisées par l'art. 3 du Décr. n° 2017-564 du 19 avr. 2017]* ou salariés (établissements publics, groupement d'intérêt public, etc.).

Doivent y avoir accès tous les agents de ces organismes quel que soit leur statut : fonctionnaires titulaires ou stagiaires, contractuels de droit public ou de droit privé, ainsi que leurs collaborateurs extérieurs et occasionnels (stagiaires et apprentis notamment). En application des dispositions du V de l'article 34 de la loi n° 2000-321 du 12 avril 2000, la procédure est également ouverte aux agents de droit local employés par les administrations et agences publiques de l'État à l'étranger *[art. 34-V de la L. du 12 avr. 2000 : "V. – Lorsque les nécessités du service le justifient, les services de l'État à l'étranger peuvent, dans le respect des conventions internationales du travail, faire appel à des personnels contractuels recrutés sur place, sur des contrats de travail soumis au droit local, pour exercer des fonctions concourant au fonctionnement desdits services."]*.

Les agents affectés dans une collectivité, un établissement public ou un organisme non soumis à l'obligation de mettre en place une procédure d'alerte, peuvent réaliser un signalement, en respectant la procédure graduée prévue au I de l'article 8. Ils peuvent ainsi s'adresser au supérieur hiérarchique direct ou indirect ou, le cas échéant, à l'autorité territoriale.

Par ailleurs, le IV de l'article 8 de la loi du 9 décembre 2016 rappelle que toute personne peut adresser son signalement au Défenseur des droits qui l'orientera vers l'organisme approprié pour recueillir son signalement.

1.2 *Actes et faits susceptibles d'être signalés*

Sont susceptibles d'être signalés non seulement des actes mais également des faits, dès lors qu'ils sont susceptibles d'être constitutifs de l'une des qualifications précisées ci-dessous et qu'ils concernent l'organisme qui emploie l'agent auteur du signalement.

• Il peut s'agir de faits constitutifs d'un délit ou d'un crime. Ils doivent être susceptibles de revêtir une telle qualification pénale, c'est-à-dire de constituer une infraction délictuelle ou criminelle au regard des dispositions législatives de nature pénale. Les faits constitutifs d'une contravention pénale sont exclus.

Par ailleurs, il est rappelé qu'il existe une autre procédure distincte prévue par l'article 40 du code de procédure pénale qui fait obligation à toute autorité constituée, officier public ou fonctionnaire, qui acquiert, dans l'exercice de ses fonctions, la connaissance d'un crime ou d'un délit d'en donner avis sans délai au procureur de la République et de transmettre à ce magistrat tous les renseignements, procès-verbaux et actes qui y sont relatifs *[dans ce cadre, les faits doivent répondre aux critères suivants : – les faits doivent être suffisamment établis ; – l'agent en a eu connaissance dans l'exercice de ses fonctions ; – ils portent "une atteinte suffisamment caractérisée aux dispositions dont [l'agent ou l'autorité concernés] ont pour mission d'assurer l'application" (CE 27 oct. 1999, n° 196306) ; – ils sont susceptibles d'être qualifiés de crime ou délit]*.

La procédure de l'article 40 est ouverte à un public plus restreint que la procédure de la loi du 9 décembre 2016. Le respect de la procédure de la loi du 9 décembre 2016 est en outre indispensable pour permettre aux auteurs du signalement de bénéficier de l'ensemble des protections et garanties qu'elle accorde.

• Il peut aussi s'agir de violation grave et manifeste d'un engagement international régulièrement ratifié ou approuvé par la France, de violation grave et manifeste d'un acte unilatéral d'une organisation internationale pris sur le fondement d'un tel engagement ;

• Il peut en outre s'agir d'une violation grave et manifeste d'une loi ou d'un règlement ;

• Il peut enfin s'agir d'une menace ou d'un préjudice, grave pour l'intérêt général. La menace et le préjudice graves pour l'intérêt général prennent en compte les situations particulières dans lesquelles un signalement permettrait de prévenir ou de corriger des effets particulièrement néfastes provenant de dysfonctionnements graves au sein d'un organisme qui toucheraient tout secteur d'intérêt général (par exemple, en matière de santé publique, d'environnement, de sécurité des biens, de sécurité des personnes telle que la protection de l'enfance, etc.). Le signalement vise aussi bien l'origine ou la cause d'un fait ou d'un comportement grave qui n'a pas encore engendré de conséquences (menace), que son résultat ou ses effets (préjudice déjà constitué).

Les faits, actes, menaces ou préjudices, susceptibles de faire l'objet d'un signalement doivent être d'une particulière intensité : la violation doit être grave et manifeste, de même que la menace ou le préjudice doit être grave pour l'intérêt général. La violation de la loi ou du règlement, par exemple, doit être à la fois susceptible d'entraîner des conséquences graves et, par son caractère manifeste, reposer sur des éléments dont l'existence est difficilement contestable. L'appréciation de la gravité des faits, actes, menaces et préjudices incombe en tout premier lieu au lanceur d'alerte, avant de procéder au signalement.

S'agissant des conflits d'intérêts *[le conflit d'intérêts est défini par l'art. 25 bis de la L. du 13 juill. 1983 précitée comme "toute situation d'interférence entre un intérêt public et des intérêts publics ou privés qui est de nature à influencer ou paraître influencer l'exercice indépendant, impartial et objectif de ses fonctions."]*, ceux-ci ne peuvent faire l'objet d'un signalement au sens de l'article 6 de la loi du 9 décembre 2016, que s'ils constituent un délit de prise illégale d'intérêts, une violation grave et manifeste de la loi, ou une menace ou un préjudice grave pour l'intérêt général.

Sont exclus du dispositif de signalement, en vertu du second alinéa de l'article 6 de la loi du 9 décembre 2016 précitée, les faits, informations ou documents, quel que soit leur forme ou leur support, dès lors qu'ils sont couverts par le secret de la défense nationale *[les atteintes au secret de la défense nationale sont définies par les art. 413-9 s. C. pén. ainsi que par les art. R. 2311-1 s. C. défense. Sont, par exemple, visés par les dispositions de L. du 9 déc. 2016, les documents relatifs aux installations militaires, comme, les documents relatifs à l'activité du centre d'études du Bouchet qui étudie les menaces nucléaires, bactériologiques et chimiques ; les documents relatifs aux procédures en relation avec la défense nationale comme le plan de sécurité Vigipirate mis en place par le ministère de l'intérieur et les dossiers d'habilitation au secret défense, y compris à l'égard des personnes concernées par l'habilitation. Les actions menées en opération par les forces armées sur le fondement d'ordres opérationnels protégés par le secret de la défense nationale sont exclues du dispositif d'alerte]* le secret médical *[le secret médical constitue un droit pour la personne malade et les usagers du système de santé tel que défini par le titre I du livre 1 de la première partie législative du code de la santé publique]* ou le secret des relations entre un avocat et son client *[le secret professionnel des avocats est soumis aux règles législatives et réglementaires édictées par l'art. 66-5 de la L. n° 71-1130 du 31 déc. 1971 ainsi que les art. 4 et 5 du Décr. n° 2005-790 du 12 juill. 2005]*.

L'appréciation de l'ensemble de ces faits et actes sera effectuée à l'occasion, notamment, de l'examen de la recevabilité du signalement.

1.3 *Identification du destinataire des signalements*

L'article 8 de la loi du 9 décembre 2016 indique que le destinataire d'un signalement est le supérieur hiérarchique, direct ou indirect, l'employeur ou un référent désigné par celui-ci.

La notion d'"employeur" désigne plus spécifiquement dans la fonction publique, le supérieur hiérarchique direct ou indirect. Dans la fonction publique territoriale, l'autorité territoriale peut également être rendue destinataire des signalements.

Les administrations sont, en outre, tenues de désigner un référent alerte qui peut être une personne physique ou une entité de droit public ou de droit privé, dotée ou non de la personnalité morale, dans les conditions prévues par l'article 4 du décret du 19 avril 2017 susvisé.

Sauf dans un cas de conflit d'intérêts *[art. 6 ter A de la L. n° 83-634 du 13 juill. 1983 ; V. désormais CGFP, art. L. 135-1 à L. 135-5]*, l'agent public, auteur d'un signalement dans la fonction publique peut donc s'adresser au destinataire de son choix, entre le supérieur hiérarchique direct ou indirect et le référent désigné.

Toutefois, il sera souligné que le législateur a souhaité, sans remettre en cause la légitimité du supérieur hiérarchique, que ce dernier ne soit pas obligatoirement destinataire de tous les signalements effectués par les agents placés sous son autorité *[en ce sens, V. le rapport n° 4045 de Monsieur Sébastien Denaja, en nouvelle lecture sur le projet de loi relatif à la transparence, à la lutte contre la corruption et à la modernisation de la vie économique (Sapin II)]* mais constitue cependant un destinataire possible. En tout état de cause, il n'a pas à être saisi systématiquement d'un signalement, en même temps que le référent désigné.

Il est recommandé que le signalement soit porté à la connaissance du référent alerte.

Si l'auteur du signalement choisit de saisir son supérieur hiérarchique direct ou indirect, il est recommandé que le signalement soit transféré au référent alerte, sous réserve de l'accord de l'auteur et dans des conditions en garantissant la confidentialité. Ceci afin d'assurer le suivi et le traitement du signalement et le respect des délais impartis par la procédure prévue à l'article 8 de la loi du 9 décembre 2016. Le référent alerte devient alors le destinataire de ce signalement au sens de cette disposition.

Il est souhaitable, afin de donner toute la visibilité à ce dispositif de protection des agents auteurs de signalement, que les services et collectivités confient également au référent déontologue prévu par le décret n° 2017-519 du 10 avril 2017 précité, les missions du référent alerte désigné selon les modalités prévues par le décret du 19 avril 2017 précité. Cette nomination est possible si le référent déontologue dispose également, de par son positionnement, de la compétence, de l'autorité et des moyens suffisants pour l'exercice des missions du référent alerte. Pour les collectivités affiliées à un centre de gestion, pour lesquelles la fonction de référent déontologue est d'ores-et-déjà une mission obligatoire du centre de gestion, la fonction de référent alerte pourra être assurée par le référent déontologue si le centre de gestion propose cette prestation au titre des missions facultatives.

En tout état de cause, le destinataire, une fois choisi, constitue le seul interlocuteur pour l'auteur du signalement.

Enfin, le législateur a souhaité confier un rôle spécifique au Défenseur des droits, en le chargeant d'orienter vers les autorités compétentes toute personne signalant une alerte dans les conditions fixées par la loi et de veiller aux droits et libertés de cette personne *[le IV de l'art. 8 de la L. du 9 déc. 2016 précitée rappelle, en effet, que toute personne peut adresser son signalement au Défenseur des droits qui l'orientera vers l'organisme approprié pour recueillir son signalement]*. Le Défenseur des droits n'est cependant pas compétent lui-même pour effectuer les vérifications nécessaires pour constater la réalité des dysfonctionnements signalés, ni les faire cesser *[V. Guide "Orientation et protection des lanceurs d'alerte" du Défenseur des droits, supra]*.

Afin de faciliter ce rôle d'orientation du Défenseur des droits, il est recommandé aux autorités publiques tenues d'établir une procédure de recueil des signalements de l'informer de la procédure mise en place et des coordonnées du référent alerte désigné.

II Modalités et procédure de signalement

Les autorités publiques tenues d'établir une procédure de recueil des signalements doivent le faire selon les modalités définies par l'article 5 du décret du 19 avril 2017 précité.

Dans les administrations de l'État (administrations centrales, services déconcentrés, services à compétence nationale) cette procédure est créée par un arrêté du ou des ministres compétents. L'arrêté du ministre concerné peut également prévoir une procédure commune à des services placés sous son autorité et également à des établissements publics placés sous sa tutelle, après décision en ce sens des organes compétents de ces établissements.

Pour les autres personnes morales, collectivités territoriales ou autorités publiques concernées *[pour mémoire, il s'agit des personnes morales de droit public autres que l'État d'au moins cinquante agents, aux communes de plus de 10 000 habitants, aux départements et aux régions, collectivités mentionnées à l'art. 72-3 de la Constitution, aux établissements publics en relevant et aux établissements publics de coopération intercommunale à fiscalité propre regroupant au moins une commune de plus de 10 000 habitants ainsi qu'aux autorités publiques indépendantes d'au moins cinquante agents et aux autorités administratives indépendantes]*, le décret du 19 avril 2017 précise que la procédure est établie conformément aux règles qui régissent l'instrument juridique qu'elles adoptent. Elles disposent donc d'une plus grande souplesse quant aux modalités les mieux adaptées pour répondre à leurs obligations. Il peut s'agir, notamment, d'un code de bonne conduite, d'une charte de déontologie, d'une note de service. Cet instrument est adopté conformément aux dispositions législatives ou réglementaires qui le régissent.

Les administrations de l'État disposent d'une grande marge de manœuvre quant à l'organisation de la procédure de recueil des signalements et à la désignation du référent alerte, à l'instar de l'organisation existante pour le référent déontologue. Ainsi, par exemple, un référent alerte peut être désigné pour une ou plusieurs directions d'un même ministère, voire pour plusieurs ministères. De même, le choix peut être fait de mettre en place une organisation collégiale mieux à même de répondre aux besoins de l'administration concernée.

Pour les autres personnes morales, collectivités publiques ou autorités publiques concernées, il leur est possible de mettre en œuvre une procédure commune entre plusieurs de ces organismes, sous réserve, d'une décision concordante de chacun de leurs organes compétents. Un arrêté ministériel peut également créer une procédure commune à des services placés sous l'autorité d'un ou plusieurs ministères ou à des établissements publics placés sous leur tutelle, après décision en ce sens des organes compétents de ces établissements (article 2 du décret du 19 avril 2017 précité).

L'organisation choisie ne peut, en tout état de cause, avoir pour effet de limiter le droit de l'agent de procéder à un signalement, ni la protection dont il doit bénéficier dès lors qu'il respecte la procédure mise en place.

La procédure de signalement prévue par l'article 8 de la loi du 9 décembre 2016 est graduée en plusieurs niveaux :

Le premier niveau de la procédure est constitué par le signalement interne – il s'agit de la procédure de droit commun que les services sont tenus de mettre en place en vertu de l'article 1er du décret du 19 avril 2017 précité (niveau 1). L'essentiel des signalements devrait pouvoir être traité à ce stade.

Le deuxième niveau de la procédure est constitué par un signalement externe. En l'absence de suite donnée dans un "délai raisonnable" au signalement interne, l'auteur du signalement peut communiquer directement à des autorités extérieures compétentes (niveau 2).

La loi précise que les autorités extérieures compétentes sont soit les autorités judiciaires, soit les autorités administratives ou les ordres professionnels *[ces autorités extérieures compétentes ne se confondent pas avec les autorités publiques, mentionnées supra, sur qui repose l'obligation d'établir une procédure de signalement]*. En tant qu'"autorités", les autorités administratives et judiciaires ont en commun de disposer d'un pouvoir de décision et d'être "extérieures" à la structure qui emploie l'agent. Toutefois, la loi du 9 décembre 2016 n'a pas entendu modifier les règles de saisine et de compétence de ces autorités. S'agissant des autorités judiciaires, il s'agit du procureur de la République. Pour les autorités administratives, sont notamment visés par ces dispositions certaines autorités publiques indépendantes ou autorités administratives indépendantes (telle que la Haute Autorité pour la transparence de la vie publique), ou même un service à compétence nationale (tel que l'Agence française anticorruption), en raison de leurs compétences et des pouvoirs d'investigation et de décision dont elles disposent dans le domaine visé par le signalement.

Le troisième niveau est constitué par la divulgation publique. La divulgation au public ne peut intervenir qu'en dernier ressort à défaut de traitement du signalement par ces autorités extérieures dans un délai de trois mois *[le traitement doit être entendu comme la prise en charge effective du dossier et non son nécessaire aboutissement]* (niveau 3).

Cette procédure en trois étapes n'est pas obligatoire en cas de danger grave et imminent *[les dangers graves et imminents peuvent à la fois affecter le bien commun, les tiers ou les agents dans l'exercice de leur fonction]* ou en présence d'un risque de dommages irréversibles *[les risques de dommages irréversibles peuvent, par exemple, viser certains risques graves sur la santé publique ou l'environnement]*. Dans une telle hypothèse, le signalement peut être porté directement à la connaissance des autorités extérieures compétentes susmentionnées et peut être, concomitamment, rendu public.

La qualification de danger grave et imminent résulte d'éléments objectifs appréciés en fonction des circonstances de l'espèce.

2.1 *La voie de droit commun : le signalement interne (niveau 1)*

Schéma 1. *Signalement par l'agent et examen de recevabilité par un référent alerte unique ou par un collège alerte.*

Schéma n°1

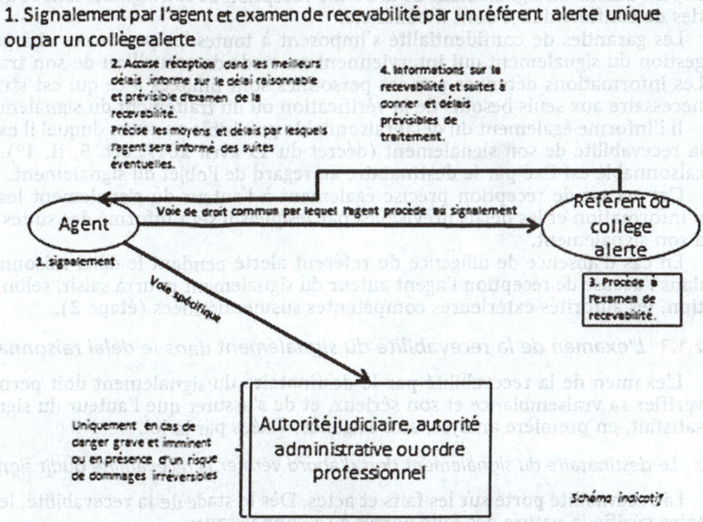

2.1.1 *Modalités de transmission et contenu du signalement*

Il est recommandé que le signalement soit, en toute hypothèse, effectué, dans un premier temps, auprès du référent alerte *[dans le cas d'un conflit d'intérêts, l'agent doit avoir préalablement alerté en vain l'une des autorités hiérarchiques dont il relève. Il peut également témoigner de ces faits devant le référent déontologue si celui-ci est différent du référent alerte]*, **le mieux à même d'apprécier le traitement du signalement et de saisir l'autorité compétente pour mettre fin aux faits, actes, menaces ou préjudices signalés. Il permet de préserver l'auteur du signalement des conséquences d'un signalement mal orienté.**

Les agents sont invités à faire usage de l'écrit, y compris par voie dématérialisée, selon la procédure mise en place par le service. La procédure doit faire état des mesures de nature à garantir la confidentialité de l'auteur du signalement *[V. sur ce point la Délib. CNIL n° 2017-191 du 22 juin 2017]*.

L'agent auteur du signalement doit apporter au soutien de son signalement les faits, informations ou documents dont il dispose, susceptibles d'étayer et justifier son signalement (2° de l'article 5 du décret du 19 avril 2017 précité). Il doit également indiquer les circonstances dans lesquelles il en a eu personnellement connaissance, notamment à l'occasion de l'exercice de ses fonctions.

L'agent auteur du signalement doit en outre mettre le destinataire du signalement en capacité d'échanger avec lui pour compléter son signalement (3° de l'article 5 du décret du 19 avril 2017 précité). Un signalement anonyme n'est pas de nature à permettre de nourrir cet échange.

Nb : dans l'hypothèse où l'auteur d'un signalement acquiert la connaissance d'un crime ou d'un délit dans l'exercice de ses fonctions au sens de l'article 40 du code de procédure pénale, il est tenu d'en donner avis sans délai au procureur de la République (voir ***supra*** **1.2). Le signalement effectué auprès du référent alerte n'a pas pour effet de transférer à ce**

référent, la responsabilité personnelle incombant à l'auteur du signalement dès lors que ce dernier a la certitude qu'il s'agit d'un crime ou d'un délit. Il permet de mettre en œuvre les mesures de protection adéquates (mentionnées au III de la présente circulaire).

2.1.2 *La réception du signalement*

A la réception du signalement, le destinataire informe dans les meilleurs délais l'agent auteur du signalement de la bonne réception de son signalement et des garanties de confidentialité dont il bénéficie.

Les garanties de confidentialité s'imposent à toutes les personnes chargées de la gestion du signalement qui interviennent au stade du recueil ou de son traitement. Les informations détenues par ces personnes sont limitées à ce qui est strictement nécessaire aux seuls besoins de la vérification ou du traitement du signalement.

Il l'informe également du délai raisonnable prévisible au cours duquel il examinera la recevabilité de son signalement (décret du 19 avril 2017, art. 5, II, 1°). Le délai raisonnable est fixé par le destinataire au regard de l'objet du signalement.

Cet accusé de réception précise également à l'auteur du signalement les moyens d'information et les délais prévisibles par lesquels il sera informé des suites données à son signalement.

En cas d'absence de diligence du référent alerte pendant le délai raisonnable fixé dans l'accusé de réception l'agent auteur du signalement pourra saisir, selon sa situation, les autorités extérieures compétentes susmentionnées (étape 2).

2.1.3 *L'examen de la recevabilité du signalement dans le délai raisonnable*

L'examen de la recevabilité par le destinataire du signalement doit permettre de vérifier sa vraisemblance et son sérieux, et de s'assurer que l'auteur du signalement satisfait, en première analyse, aux exigences fixées par la loi.

a *Le destinataire du signalement doit d'abord vérifier la recevabilité dudit signalement*

La recevabilité porte sur les faits et actes. Dès le stade de la recevabilité, le destinataire vérifie la nature des faits portés à sa connaissance.

Il vérifie si ces faits et actes apparaissent comme un crime ou un délit, une violation grave et manifeste d'un engagement international régulièrement ratifié ou approuvé par la France, d'un acte unilatéral d'une organisation internationale pris sur le fondement d'un tel engagement, de la loi ou du règlement, ou comme une menace ou un préjudice graves pour l'intérêt général ou susceptibles d'être constitutifs d'un conflit d'intérêts.

Il vérifie également si les faits, informations ou documents signalés ne sont couverts ni par le secret de la défense nationale, ni par le secret médical ni par le secret des relations entre un avocat et son client. Ces faits, informations ou documents ne peuvent faire l'objet d'un signalement.

Le contrôle de la recevabilité n'implique pas une vérification approfondie. Le destinataire doit au moins être en mesure de vérifier dès ce stade si les faits sont suffisamment crédibles. Tous les moyens doivent être mis à sa disposition pour permettre une telle vérification.

La recevabilité concerne également l'auteur du signalement.

Un signalement n'est recevable que s'il permet un échange entre son auteur et le destinataire. En principe, l'auteur du signalement s'identifie *[à titre exceptionnel, si l'auteur du signalement souhaite rester anonyme, le signalement pourra être traité, à la condition que la gravité des faits soit établie et que l'auteur fournisse des éléments factuels suffisamment détaillés. Le destinataire apprécie l'opportunité de prendre en compte cette alerte dans le cadre de la procédure (cf. Délib. n° 2017-191 du 22 juin 2017 précitée)]*, étant entendu que son identité doit être traitée de façon confidentielle par le destinataire *[sur le traitement de l'identité, V. notamment l'art. 2 de la Délib. CNIL n° 2017-191 du 22 juin 2017 (AU-004)]*. Les éléments de nature à identifier l'auteur d'un signalement ne peuvent être divulgués, sauf à l'autorité judiciaire et seulement avec le consentement de la personne. La connaissance de l'identité de l'auteur permet de mettre en œuvre les garanties et protection auxquelles il a droit (voir III de la présente instruction).

Le destinataire vérifie que les trois conditions suivantes sont bien réunies :

– la connaissance des faits est acquise personnellement par l'auteur du signalement excluant ainsi toute déduction, supputation ou toute révélation "par procuration" en relayant des informations qui lui auraient été transmises ;

– le signalement est *désintéressé* : l'auteur du signalement ne peut pas agir pour la satisfaction d'un intérêt particulier d'ordre financier ou non. Ainsi, le signalement ne peut être rémunéré ;

– enfin, le signalement doit être effectué de bonne foi : l'auteur doit avoir une conviction raisonnablement établie dans la véracité des faits et actes qu'il entend signaler au regard des informations auxquelles il a accès, et être dénué de toute intention de nuire.

L'agent auteur du signalement ne bénéficie des protections et garanties prévues à l'article 6 *ter* A que dans le cas d'un signalement effectué de bonne foi. Ainsi, en application du dernier alinéa de l'article 6 *ter* A, l'agent qui a relaté ou témoigné de faits de mauvaise foi, avec l'intention de nuire ou avec la connaissance au moins partielle de l'inexactitude des faits qu'il a signalés, s'expose aux sanctions de l'article 226-10 du code pénal qui punit la dénonciation calomnieuse de cinq ans d'emprisonnement et de 45 000 euros d'amende.

L'article L. 4122-4 du code de la défense prévoit des dispositions similaires pour les militaires.

b *L'information sur la recevabilité*

Avant la fin du délai raisonnable, le destinataire du signalement informe l'auteur du signalement de sa recevabilité, de manière sécurisée afin de garantir la confidentialité de l'échange.

Lorsque le signalement est recevable, le destinataire du signalement informe l'agent qui a fait le signalement, de sa recevabilité, des suites qui y seront données et des délais prévisibles du traitement.

L'auteur de l'alerte est également informé en cas d'irrecevabilité du signalement. Il lui est fait part des motifs de cette irrecevabilité.

2.1.4 *Le traitement interne du signalement*

Schéma 2 *Traitement interne du signalement.*

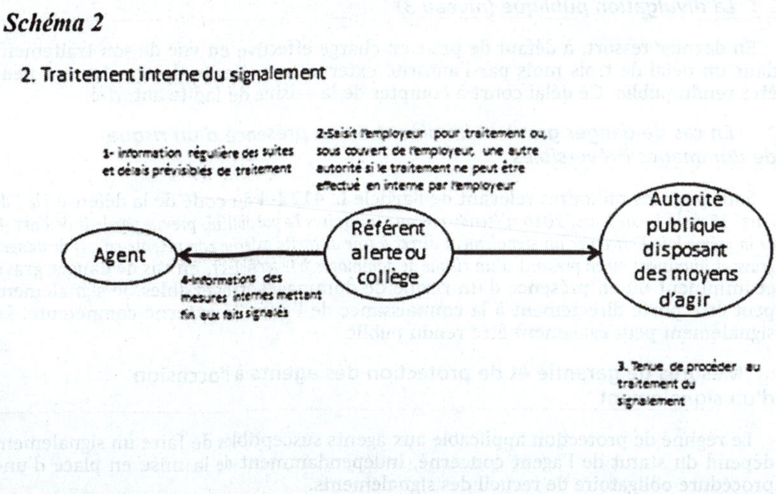

Le traitement interne constitue une obligation qui repose sur l'autorité publique disposant des moyens d'agir pour mettre fin aux faits et actes qui font l'objet du signalement. L'absence de diligence de cette autorité pourra avoir pour effet d'engager sa responsabilité et de permettre à l'auteur du signalement de saisir les autorités compétentes externes concernées.

Le dossier peut être recevable et, après vérifications, ne pas nécessiter la mise en œuvre de mesures. Dans cette hypothèse, l'auteur du signalement et, le cas échéant, l'agent mis en cause, doivent, en tout état de cause, être informés par le destinataire du signalement.

Si, en revanche, le signalement nécessite la mise en œuvre de mesures, le traitement relèvera selon les cas de l'administration destinataire du signalement ou d'une autorité extérieure. Le traitement peut être effectué par l'administration, la collectivité ou l'organisme concerné par le signalement lorsque l'action ou l'acte relève de cette autorité. Dans ce cas, il est mis directement fin aux actes ou faits, objets du signalement. Les auteurs de ces actes ou de ces faits sont mis en demeure d'y mettre fin dans les meilleurs délais. Lorsque l'administration, la collectivité ou l'organisme concerné estime ne pas pouvoir agir directement ou indirectement, le signalement est transmis, sans délai aux autres autorités publiques à même de le traiter directement ou indirectement.

Le destinataire, seul interlocuteur de l'auteur du signalement, doit s'assurer que les actes ou les faits ont été pris en charge dans le cadre d'un traitement et doit veiller à informer régulièrement, selon des modalités préalablement définies, l'agent auteur du signalement des suites ou de l'absence de suites données à son signalement : évolution du traitement de l'alerte, choix opéré par l'autorité publique, mesures envisagées puis mesures mises en œuvre et clôture.

2.2 *Le signalement externe dans l'hypothèse d'une absence de suites données au signalement (niveau 2)*

En l'absence d'examen de la recevabilité du signalement dans le délai raisonnable fixé par le destinataire du signalement, l'agent qui a fait le signalement peut s'adresser à l'autorité externe compétente susmentionnée.

2.3 *La divulgation publique (niveau 3)*

En dernier ressort, à défaut de prise en charge effective en vue de son traitement dans un délai de trois mois par l'autorité externe compétente, le signalement peut être rendu public. Ce délai court à compter de la saisine de ladite autorité.

2.4 *En cas de danger grave et imminent ou en présence d'un risque de dommages irréversibles*

Sauf pour les militaires relevant de l'article L. 4122-4 du code de la défense *[le I de l'art. 15 de la L. du 9 déc. 2016 n'étends pas aux militaires la possibilité, prévue par le II de l'art. 8 de la même loi, d'effectuer un signalement direct à une autorité externe compétente en cas de danger grave et imminent ou en présence d'un risque de dommages irréversibles]*, en cas de danger grave et imminent ou en présence d'un risque de dommages irréversibles, le signalement peut être porté directement à la connaissance de l'autorité externe compétente. Le signalement peut également être rendu public.

III Mesures de garantie et de protection des agents à l'occasion d'un signalement

Le régime de protection applicable aux agents susceptibles de faire un signalement dépend du statut de l'agent concerné, indépendamment de la mise en place d'une procédure obligatoire de recueil des signalements.

Ainsi, pour les fonctionnaires et fonctionnaires stagiaires, l'article 6 *ter* A de la loi du 13 juillet 1983 *[V. désormais CGFP, art. L. 135-1 à L. 135-5]* précise la protection statutaire dont ils peuvent bénéficier. Cette protection est également applicable aux agents contractuels de droit public, en vertu du II de l'article 32 de la loi du 13 juillet 1983. Cet article leur rend applicable, sauf dispositions législatives ou réglementaires contraires, les dispositions du chapitre II de la loi du 13 juillet 1983 précitée, au sein duquel se trouve l'article 6 *ter* A.

Dans les services et les établissements publics à caractère industriel ou commercial, ce régime de protection ne s'applique qu'aux agents qui ont la qualité de fonctionnaire. En revanche, les salariés de droit privé des EPIC ainsi que les agents de droit privé employés par d'autres personnes publiques bénéficient de la protection prévue à l'article L. 1132-3-3 du code du travail.

Concernant les collaborateurs occasionnels, ils doivent avoir accès également aux garanties et protections instituées dans le cadre de l'article 6 *ter* A, par analogie avec les garanties qui leur sont offertes en matière de protection fonctionnelle.

La protection des auteurs du signalement est présumée dès l'engagement de la procédure de signalement initiée par l'auteur du signalement, précédemment décrite. Le maintien de la protection est confirmé aux différents stades de la procédure.

Il convient de rappeler que la protection reconnue aux agents auteurs de signalement se distingue de la protection fonctionnelle accordée au titre de l'article 11 de la loi du 13 juillet 1983 précitée *[V. désormais CGFP, art. L. 134-1 s.]*.

3.1 *Garanties, protections et limites pour l'agent ayant effectué un signalement*

Les lois du 13 juillet 1983 et du 9 décembre 2016 précitées prévoient des dispositifs visant à apporter des garanties et protections aux agents auteurs de signalement. Ces garanties et protections doivent leur éviter de subir des mesures de rétorsions fondées sur une alerte dès lors que celle-ci a été faite de bonne foi et dans le respect des procédures.

A *Les garanties*

- Garantie de confidentialité

Les procédures de traitement des signalements mises en œuvre peuvent prendre la forme de traitements automatisés de données à caractère personnel. Dans cette hypothèse, le responsable de traitement doit mettre en œuvre la procédure de signalement dans le respect de la législation applicable en matière de protection des données.

En tout état de cause, quelle que soit la procédure mise en œuvre (registre, boîte mél, formulaire en ligne, courrier...), l'article 9 de la loi du 9 décembre 2016 précitée prévoit que la stricte confidentialité de l'identité de l'auteur du signalement, des personnes visées par le signalement et des informations recueillies par l'ensemble des destinataires du signalement doit être garantie.

Ainsi, les éléments de nature à identifier l'agent auteur du signalement ne peuvent être divulgués, sauf à l'autorité judiciaire, qu'avec le consentement de l'auteur du signalement.

La communication éventuelle à des tiers *[les "tiers" sont toutes les personnes amenées à gérer ou traiter le signalement, en dehors de l'auteur et du destinataire du signalement]* de tout ou partie des informations relatives au signalement est limitée à ce qui est strictement nécessaire aux besoins de la gestion et du traitement du signalement. Les garanties de confidentialité s'imposent en effet à toutes les personnes chargées de la gestion et du traitement du signalement.

Quant aux éléments de nature à identifier la personne mise en cause par un signalement, ils ne peuvent être divulgués, sauf à l'autorité judiciaire, qu'une fois établi le caractère fondé de l'alerte.

La violation de ces obligations de confidentialité est punie de deux ans d'emprisonnement et de 30 000 euros d'amende.

Il est rappelé qu'une fois atteint l'objectif poursuivi par la collecte des données, il n'y a plus lieu de conserver les données et elles doivent être supprimées.

Lorsqu'aucune suite n'est donnée au signalement, les éléments du dossier de signalement de nature à permettre l'identification de l'auteur du signalement et, éventuellement, celle des personnes visées par celui-ci doivent être détruits dans un délai qui ne peut excéder deux mois à compter de la clôture de l'ensemble des opérations de recevabilité ou de vérification. Les personnes concernées sont informées de cette clôture. (3° du II de l'article 5 du décret du 19 avril 2017 précité).

Par ailleurs, la procédure doit mentionner l'existence d'un traitement automatisé des signalements, mis en œuvre conformément aux formalités prévues par les règles relatives à la protection des données à caractère personnel.

• L'irresponsabilité pénale de l'agent, auteur du signalement

Le second alinéa de l'article 26 de la loi du 13 juillet 1983 précitée *[V. désormais CGFP, art. L. 121-7]* soumet les agents publics à l'obligation de secret professionnel dans le cadre des règles instituées dans le code pénal.

En vertu de l'article 122-9 du code pénal, l'agent auteur du signalement qui porte atteinte à un secret professionnel protégé par la loi n'est pas pénalement responsable dès lors que cette divulgation est nécessaire et proportionnée à la sauvegarde des intérêts en cause et qu'il a effectué son signalement dans le respect des procédures de signalement définies par la loi, en particulier les lois du 13 juillet 1983 et du 9 décembre 2016 précitées.

• Charge de la preuve

Si l'agent auteur d'un signalement fait l'objet d'une sanction disciplinaire ou d'une mesure discriminatoire qu'il estime motivée par un signalement ou un témoignage intervenant dans le cadre d'un signalement, il peut contester cette mesure.

Le cinquième alinéa de l'article 6 *ter* A de la loi du 13 juillet 1983 précitée *[V. désormais CGFP, art. L. 135-4]* prévoit que dans ce cas, c'est à la partie défenderesse (auteur de la mesure) qu'il appartient de prouver que la mesure ou la décision est justifiée par des éléments objectifs étrangers au signalement ou au témoignage effectué par l'agent. Toutefois, il incombe en premier lieu à l'agent de présenter des éléments de fait permettant de présumer qu'il a relaté de bonne foi les faits signalés.

B *Les protections contre les mesures discriminatoires prise par l'employeur*

L'article 6 *ter* A de la loi du 13 juillet 1983 précitée *[V. désormais CGFP, art. L. 135-2]* frappe de nullité toute sanction ou mesure discriminatoire, directe ou indirecte, dont ferait l'objet un fonctionnaire pour avoir signalé une alerte dans le respect des articles 6 à 8 de la loi du 9 décembre 2016.

Le premier alinéa de ce même article, énumère de manière non limitative les mesures qui ne peuvent être prises à l'égard d'un fonctionnaire pour avoir relaté ou témoigné, de bonne foi, aux autorités judiciaires ou administratives de faits constitutifs d'un délit, d'un crime ou susceptibles d'être qualifiés de conflit d'intérêts au sens du I de l'article 25 *bis* dont il aurait eu connaissance dans l'exercice de ses fonctions. Ces mesures concernent notamment les domaines suivants :

– recrutement
– titularisation
– rémunération
– formation
– évaluation ou notation
– discipline
– promotion
– affectation
– mutation

Ces dispositions concernent l'ensemble des agents susceptibles de procéder à un signalement mentionné au point 1.1 *supra*.

C *Limite aux garanties et protections*

Sans préjudice de la qualification d'autres infractions pénales pour lesquelles l'auteur d'un signalement pourrait être poursuivi *[par exemple, atteinte à la vie privée, atteinte à la représentation de la personne, ou injures et diffamations non publiques]*, l'article 226-10 du code pénal sanctionne l'auteur d'une dénonciation calomnieuse ou d'une fausse déclaration. Cette infraction est punie de cinq ans d'emprisonnement et de 45 000 euros d'amende.

Le dernier alinéa de l'article 6 *ter* A punit des mêmes peines l'agent qui relate ou témoigne de faits relatifs à une situation de conflit d'intérêts de mauvaise foi ou de tout fait susceptible d'entraîner des sanctions disciplinaires, avec l'intention de nuire ou avec la connaissance au moins partielle de l'inexactitude des faits rendus publics ou diffusés.

En cas de signalement abusif ou constitutif d'une infraction pénale, l'auteur du signalement ne bénéficie plus de la protection de l'article 6 *ter* A : il peut voir sa responsabilité civile engagée et également se voir infliger une sanction disciplinaire.

Aux termes de l'article L. 4122-4 du code de la défense, le militaire auteur d'un signalement ne bénéficie d'une protection spécifique à l'encontre des sanctions disciplinaires et mesures discriminatoires que s'il a respecté la procédure décrite au I de l'article 8 de la loi n° 2016-1691 du 9 décembre 2016 explicitée par la présente circulaire. Ce n'est également qu'à cette condition qu'il pourra bénéficier du régime particulier d'administration de la preuve prévu à l'avant-dernier alinéa de l'article L. 4122-4 du code de la défense.

3.2 *Garanties pour l'agent mis en cause par le signalement*

Le signalement peut parfois avoir des conséquences sur un ou plusieurs agents qui peuvent être mis en cause par celui-ci.

Pour rappel, l'agent mis en cause bénéficie de garanties de confidentialité : les éléments de nature à l'identifier ne peuvent être divulgués, sauf à l'autorité judiciaire, qu'une fois établi le caractère fondé du signalement.

Si la mise en cause de l'agent n'est pas fondée et qu'il s'estime victime d'une menace, injure, diffamation ou outrage, le IV de l'article 11 de la loi du 13 juillet 1983 *[V. désormais CGFP, art. L. 134-5]* le protège dès lors qu'aucune faute personnelle ne peut lui être imputée. Lorsque le signalement se traduit par la saisine de juridictions devant lesquelles l'agent mis en cause aura des frais à couvrir, ces frais peuvent être pris en charge au titre de la protection fonctionnelle prévue à l'article 11 de la loi du 13 juillet 1983 précitée *[V. désormais CGFP, art. L. 134-1 s.]*.

La dénonciation calomnieuse étant expressément envisagée par le dernier alinéa de l'article 6 *ter* A, vos services sont incités à prendre en considération les demandes d'octroi de protection fonctionnelle qui pourraient être formulées dans de tels cas par l'agent mis en cause par le signalement *[Circ. FP n° 2158 du 5 mai 2008 relative à la protection fonctionnelle des agents publics de l'État]*.

Il convient de veiller au respect des dispositions législatives et réglementaires protégeant les agents relevant de votre périmètre et de procéder, dans les meilleurs délais, à la diffusion de la procédure mise en place par tout moyen *[conformément à l'art. 6 du Décr. du 19 avr. 2017 préc.]*. Celle-ci devra indiquer les coordonnées du référent alerte ou du collège susceptible de recevoir les signalements ainsi que toutes les modalités de sa saisine.

Pour tous renseignements complémentaires ou toutes difficultés rencontrées, notamment dans l'élaboration des arrêtés, la Direction générale de l'administration et de la fonction publique peut être contactée (1SGDS — bureau du statut général, de la diffusion du droit et du dialogue social).

Délibération CNIL n° 2019-139 du 18 juillet 2019,

Portant adoption d'un référentiel relatif aux traitements de données à caractère personnel destinés à la mise en œuvre d'un dispositif d'alertes professionnelles.

COMMENTAIRE

Les dispositifs d'alertes peuvent prendre la forme de traitements automatisés de données. Ils relèvent dès lors du règlement (UE) 2016/679 relatif à la protection des personnes physiques à l'égard du traitement des données à caractère personnel et à la libre circulation de ces données (RGPD) et de la loi n° 78-17 du 6 janvier 1978 relative à l'informatique, aux fichiers et aux libertés (V. ces textes au ***C. données personnelles***).

La CNIL avait adopté diverses délibérations successives, portant autorisation unique n° AU-004 de traitements automatisés de données à caractère personnel mis en œuvre dans le cadre de dispositifs d'alerte professionnelle.

Désormais, en application du RGPD, la CNIL a substitué à cette AU-04 le Référentiel de 2019.

I. FINALITÉS DU DISPOSITIF

La CNIL ne fait plus de restriction : elle se cale sur les textes légaux avec, même, une formulation très large. Selon le point 1 du Référentiel, il appartient au responsable du traitement de s'assurer de sa conformité au RGPD, à la loi « informatiques et libertés » de 1978 (LIL) et à « l'ensemble d'autres règles de droit applicables en vertu des législations spécifiques (loi dite « Sapin 2 », etc.) ou générales (droit du travail) ».

Le point 3 ajoute que le « traitement mis en œuvre doit répondre à un objectif précis et être justifié au regard des missions et des activités de l'organisme. En ce qui concerne le dispositif d'alertes professionnelles, le traitement de données est mis en œuvre afin de recueillir et traiter les alertes ou signalements visant à révéler un manquement à une règle spécifique ».

La CNIL donne ensuite des exemples, qui ne sont aucunement limitatifs, ainsi que les cas prévus à l'article 8 de la loi n° 2016-1691 du 9 décembre 2016.

Le point 4 aborde les « bases légales du traitement », précisant que la mise en œuvre d'un dispositif d'alertes peut répondre soit au respect d'une obligation légale, ainsi celles de la loi Sapin 2, soit à « la réalisation de l'intérêt légitime poursuivi par l'organisme ou par le destinataire des données, sous réserve de ne pas méconnaître l'intérêt ou les droits et libertés fondamentaux de la personne concernée ». Est donc prévu le cas d'un dispositif qui n'est pas imposé par la loi.

II. QUELLES DONNÉES PEUVENT ÊTRE TRAITÉES ?

Le Référentiel de 2019 distingue selon les étapes.

A. AU STADE DE L'ÉMISSION DE L'ALERTE

L'entreprise doit s'assurer que sont respectés les « droits, libertés et intérêts légitimes de l'ensemble des personnes pouvant être concernées par une alerte. »

Mais la CNIL est très pragmatique : l'entreprise n'a pas la maîtrise des informations que le lanceur d'alertes décidera, seul, d'utiliser : « Seul le lanceur d'alertes est en capacité de déterminer la nature et le volume des informations, notamment à caractère personnel, communiquées à l'occasion du signalement. Partant, le responsable du traitement doit rappeler aux auteurs de signalements que les informations communiquées dans le cadre d'un dispositif d'alerte, doivent rester factuelles et présenter un lien direct avec l'objet de l'alerte ».

L'entreprise a donc un devoir fondamental d'information sur ce que doit contenir une alerte.

B. AU STADE DE L'INSTRUCTION DE L'ALERTE

Il appartient au responsable du traitement de « s'assurer que seules les informations pertinentes et nécessaires au regard des finalités du traitement sont collectées et/ou conservées dans le dispositif d'alerte. »

En pratique, seront éventuellement collectées et considérées pertinentes :
- identité, fonctions et coordonnées de l'émetteur de l'alerte ;
- identité, fonctions et coordonnées des personnes faisant l'objet de l'alerte ;
- identité, fonctions et coordonnées des personnes intervenant dans le recueil ou dans le traitement de l'alerte ;
- faits signalés ;
- éléments recueillis dans le cadre de la vérification des faits signalés ;
- comptes rendus des opérations de vérification ;
- suites données à l'alerte.

Appelleront, en revanche, à une vigilance renforcée, les données « qui révèlent l'origine ethnique ou prétendument raciale, les opinions politiques, les convictions religieuses ou philosophiques ou l'appartenance syndicale d'une personne, des données génétiques, des données biométriques, des données concernant la santé ou des données concernant la vie sexuelle ou l'orientation sexuelle d'une personne » et des « données relatives aux infractions, condamnations et mesures de sûreté concernant des personnes physiques ».

III. CONFIDENTIALITÉ OU ANONYMAT ?

La CNIL indique qu'un dispositif peut « imposer ou proposer » que le lanceur d'alertes s'identifie.

En revanche, inciter à l'anonymat n'est plus interdit. Dans sa délibération du 22 juin 2017, la CNIL indiquait que « l'organisme ne doit pas inciter les personnes ayant vocation à utiliser le dispositif à le faire de manière anonyme » (art. 2). Le Référentiel de 2019 adopte désormais une tout autre formulation : il est désormais simplement « recommandé que l'organisme n'incite pas les personnes ayant vocation à utiliser le dispositif à le faire de manière anonyme (...) ».

IV. DESTINATAIRES DES DONNÉES

Avant le Référentiel de 2019, l'article 4 de la délibération n° 2017-191 du 22 juin 2017 disposait que, « dans tous les cas, les personnes chargées du recueil et du traitement des alertes professionnelles sont en nombre limité, spécialement formées et astreintes à une obligation renforcée de confidentialité contractuellement définie ».

La CNIL a supprimé cette exigence dans son nouveau Référentiel. Néanmoins, un contrôle strict doit être assuré. C'est ainsi qu'il est indiqué que « les données personnelles doivent uniquement être rendues accessibles aux personnes habilitées à en connaître au regard de leurs attributions. Les habilitations d'accès doivent être documentées par les organismes, et les accès aux différents traitements doivent faire l'objet de mesures de traçabilité ».

V. OBLIGATION DE CONDUIRE UNE ANALYSE D'IMPACT

Une analyse d'impact est obligatoire pour les dispositifs d'alertes, conformément à la délibération n° 2018-327 du 11 octobre 2018, obligation rappelée au point 2 du Référentiel de 2019. Toutefois, une dispense est prévue, limitée à trois ans (à compter de l'entrée en vigueur du RGPD, soit jusqu'en mai 2021) pour les traitements qui ont fait l'objet d'une formalité préalable auprès de la CNIL avant le 25 mai 2018, ou qui étaient dispensés de formalité, et les traitements qui ont été consignés au registre d'un correspondant « informatique et libertés ».

Les sanctions encourues sont des amendes jusqu'à 10 000 000 d'euros ou, dans le cas d'une entreprise, jusqu'à 2 % du chiffre d'affaires annuel mondial total de l'exercice précédent, le montant le plus élevé étant retenu.

VI. INFORMATION DES PERSONNES

La CNIL distingue en premier lieu :
– les personnes « potentiellement concernées » : les effectifs de l'entreprise, les collaborateurs externes ayant un lien contractuel, les effectifs des cocontractants ;
– les personnes « concernées » : les auteurs de l'alerte, les personnes visées, les personnes entendues lors d'une enquête.

Toutes doivent être informées de l'existence du traitement, de ses caractéristiques et des droits dont elles disposent. « L'information individuelle des personnes (par exemple, *via* un envoi de courrier électronique sur la messagerie personnelle de la personne, remise d'un document individuel d'information sous forme papier, etc.) doit être privilégiée dans la mesure du possible. »

Il est important de préciser que le responsable de traitement doit rappeler « que le dispositif d'alertes n'est qu'un moyen de signalement parmi d'autres (comme peut l'être la voie hiérarchique), et que le fait de ne pas y avoir recours ne peut entraîner aucune sanction à l'encontre des membres du personnel » (point 8.3.2).

L'information est délivrée, idéalement, avant le déploiement du dispositif et rappelle le fonctionnement, les sanctions encourues en cas d'abus, et les droits et devoirs de chacun.

Le lanceur d'alertes doit recevoir ces informations dès le début du processus de recueil de l'alerte (la CNIL recommande par exemple une case à cocher confirmant la prise de connaissance). La personne visée par l'alerte, en tant que témoin, victime ou auteur présumé des faits, doit être informée « dans un délai raisonnable, ne pouvant pas dépasser un mois », à la suite de l'émission d'une alerte.

Cette information peut être différée lorsqu'elle est susceptible « de compromettre gravement la réalisation des objectifs dudit traitement ». Il s'agit de pouvoir prendre des mesures conservatoires et d'éviter une destruction de preuves. L'information doit alors être délivrée aussitôt le risque écarté.

VII. CONSERVATION DES DONNÉES

Les données à caractère personnel ne peuvent être conservées que le temps strictement nécessaire à l'accomplissement de la finalité pour laquelle elles ont été collectées.

Le Référentiel de 2019 précise les durées et conditions :
– alerte n'entrant pas dans le cadre légal : données détruites ou archivées sans délai ;
– alerte non suivie d'une procédure disciplinaire/judiciaire : données détruites ou archivées dans un délai de deux mois après la fin des opérations de vérification ;
– alerte suivie d'une procédure disciplinaire/judiciaire : données conservées jusqu'au terme de la procédure.

Toutefois, « le responsable du traitement peut conserver sans limitation de durée les données anonymisées ». Par ailleurs, « à l'exception des cas où aucune suite n'est donnée à l'alerte, le responsable de traitement peut conserver les données collectées sous forme d'archives intermédiaires aux fins d'assurer la protection du lanceur de l'alerte ou de permettre la constatation des infractions continues. Cette durée de conservation doit être strictement limitée aux finalités poursuivies, déterminée à l'avance et portée à la connaissance des personnes concernées ».

VIII. DROITS D'ACCÈS, D'OPPOSITION ET DE RECTIFICATION

A. DROIT D'ACCÈS

Toute personne dont les données à caractère personnel font ou ont fait l'objet d'un traitement dans le cadre d'une alerte professionnelle a le droit d'y avoir accès conformément aux dispositions de l'article 15 du RGPD. Il s'agit du lanceur de l'alerte, des victimes présumées des faits, des personnes visées par l'alerte, des témoins et des personnes entendues lors de l'enquête.

Toutefois, l'exercice de ce droit ne doit pas permettre à la personne qui l'exerce d'accéder aux données à caractère personnel relatives à d'autres personnes physiques.

B. DROIT D'OPPOSITION

Conformément à l'article 21 du RGPD, le droit d'opposition ne peut pas être exercé pour les traitements nécessaires au respect d'une obligation légale à laquelle est soumis le responsable du traitement. C'est le cas avec la loi Sapin 2 et la loi sur le devoir de vigilance.

En revanche, l'entité peut mettre en œuvre des dispositifs autres, avec pour finalité la « réalisation de l'intérêt légitime poursuivi par l'organisme ». Dans ce cas, le droit d'opposition existe. Mais il sera difficile à mettre en œuvre. La CNIL rappelle ainsi que le responsable du traitement pourra démontrer, notamment, que le traitement est nécessaire pour la constatation, l'exercice ou la défense de droits en justice.

C. DROIT DE RECTIFICATION ET D'EFFACEMENT

Ce droit est consacré de manière très pragmatique. Nous sommes dans un domaine spécifique, l'alerte donne lieu à des enquêtes, et éventuellement des procédures.

Il ne faut pas que le droit d'accès des personnes visées aboutisse à empêcher l'instruction et l'éventuelle poursuite des faits. Cela ne doit pas non plus conduire à effacer ou corrompre l'alerte initiale elle-même.

IX. SÉCURITÉ

La CNIL rappelle enfin les règles de sécurité que le traitement doit respecter.

Elle donne une liste de mesures (point 10) que l'organisme doit respecter, sauf à en justifier. ❑

1 À qui s'adresse ce référentiel ?

Ce référentiel s'adresse aux organismes privés ou publics qui sont tenus ou qui décideraient de mettre en œuvre un dispositif de recueil et de gestion des alertes professionnelles nécessitant un traitement de données à caractère personnel. Il couvre dès lors deux types de dispositifs.

D'une part, le présent référentiel concerne les dispositifs d'alerte encadrés par des dispositions législatives ou réglementaires spécifiques, que l'organisme soit ou non assujetti juridiquement à ces dispositions. Il peut s'agir, notamment, des dispositifs prévus par les articles 8 et/ou 17 de la loi dite "loi Sapin 2" *[art. 8 ou art. 17-II-2° de la L. n° 2016-1691 du 9 déc. 2016 relative à la transparence, à la lutte contre la corruption et à la modernisation de la vie économique]*, ou bien mis en œuvre en application de la "loi relative au devoir de vigilance" *[L. n° 2017-399 du 27 mars 2017 relative au devoir de vigilance des sociétés mères et des entreprises donneuses d'ordre]*, quels que soient la taille des effectifs, la nature juridique ou encore le chiffre d'affaires des organismes concernés.

Dans cette première hypothèse, constitue une alerte professionnelle tout signalement effectué de bonne foi et qui révèle ou signale une infraction pénale, une violation grave et manifeste d'un engagement international régulièrement ratifié ou approuvé par la France, d'un acte unilatéral d'une organisation internationale pris sur le fondement d'un tel engagement, de la loi ou du règlement, ou une menace ou un préjudice graves pour l'intérêt général, lorsque les faits en question ne sont pas couverts par le secret de la défense nationale, le secret médical ou le secret des relations entre un avocat et son client.

D'autre part, le présent référentiel a également vocation à régir les dispositifs d'alertes éthiques adoptés de sa propre initiative par un organisme en vue de prohiber des comportements jugés incompatibles avec sa charte éthique ou son règlement intérieur.

Dans cette seconde hypothèse, constitue une alerte professionnelle tout signalement effectué de bonne foi et qui révèle ou signale une violation de règles éthiques adoptées par un organisme ou un groupe, dès lors que les règles en question sont codifiées dans un document écrit (tel qu'un règlement intérieur, une charte éthique, etc.) qui respecte l'ensemble du cadre juridique existant (en particulier la législation du travail et l'ensemble des droits et libertés fondamentales des personnes concernées), et dont l'existence et le caractère opposable sont préalablement portés à la connaissance de l'ensemble des personnes concernées.

Les organismes mettant en place un dispositif d'alerte doivent s'assurer de sa conformité :

– aux dispositions du Règlement général sur la protection des données (RGPD) ainsi qu'à celles de la loi du 6 janvier 1978 dite "informatique et libertés" (LIL). En effet, lorsque ces dispositifs, comme c'est le cas en règle générale, nécessitent un traitement de données relatives à des personnes physiques identifiées ou identifiables (notamment celles de l'auteur et de la ou les personnes visées par l'alerte), ils sont soumis aux règles relatives à la protection des données personnelles ;

– à l'ensemble d'autres règles de droit applicables en vertu des législations spécifiques (loi dite "Sapin 2", etc.) ou générales (droit du travail). Le responsable de traitement doit garantir le respect les droits et les libertés fondamentales ainsi que des intérêts légitimes des personnes concernées.

En l'absence d'encadrement précis par les textes législatifs et réglementaires en vigueur, les dispositifs créés à l'initiative des organismes sous la forme par exemple de chartes éthiques ou dans leurs règlements intérieurs doivent faire l'objet d'une attention particulière.

2 Portée du référentiel

Ce référentiel a pour objectif de fournir un outil d'aide à la mise en conformité des organismes publics et privés souhaitant se doter de dispositifs de traitement d'alertes professionnelles, à la réglementation relative à la protection des données privées.

Le respect de ce référentiel permet aux organismes de s'assurer de la conformité des traitements de données mis en œuvre dans le cadre des dispositifs d'alertes aux principes relatifs à la protection des données.

Les organismes qui s'écarteraient du référentiel au regard des conditions particulières tenant à leur situation doivent être en mesure de justifier l'existence d'un tel besoin, puis prendre toutes les mesures appropriées à même de garantir la conformité des traitements à la réglementation en matière de protection des données à caractère personnel.

Le référentiel n'a pas pour objet d'interpréter les règles de droit autres que celles relatives à la protection des données à caractère personnel. Il appartient aux acteurs concernés de s'assurer qu'ils respectent les autres réglementations qui peuvent par ailleurs trouver à s'appliquer.

Ce référentiel constitue également une aide à la réalisation d'une analyse d'impact relative à la protection des données (AIPD).

La mise en place d'un dispositif d'alertes professionnelles doit en effet systématiquement donner lieu à la réalisation préalable d'une AIPD. En effet, ces dispositifs figurent dans la liste des types d'opérations de traitement pour lesquelles une analyse d'impact relative à la protection des données est requise (cf. la délibération nº 2018-327 du 11 octobre 2018 portant adoption de la liste des types d'opérations de traitement pour lesquelles une analyse d'impact relative à la protection des données est requise).

Pour réaliser une étude d'impact, le responsable de traitement pourra se reporter aux outils méthodologiques proposés par la CNIL sur son site web. Il pourra également se reporter au présent référentiel pour Les organismes pourront ainsi définir les mesures permettant d'assurer la proportionnalité et la nécessité de leurs traitements (points 3 à 7), de garantir les droits des personnes (points 8 et 9) et la maîtrise de leurs risques (point 10). A cette fin, l'organisme pourra se référer aux lignes directrices de la CNIL sur les analyses d'impact relatives à la protection des données (AIPD). Si l'organisme en a désigné un, le délégué à la protection des données (DPD/DPO) devra être consulté.

3 Objectif(s) poursuivi(s) par le traitement (Finalités)

Le traitement mis en œuvre doit répondre à un objectif précis et être justifié au regard des missions et des activités de l'organisme.

En ce qui concerne le dispositif d'alerte, le traitement de données est mis en œuvre afin de recueillir et traiter les alertes ou signalements visant à révéler un manquement à une règle spécifique.

Exemple 1.1 (alertes de l'article 8 de la Loi "Sapin 2") :

Un dispositif d'alerte mis en œuvre pour répondre aux exigences de l'article 8.III de la loi "Sapin 2" vise à permettre aux "membres du personnel et aux collaborateurs extérieurs et occasionnels" d'un organisme, de signaler :

– un crime ou délit ;

– une violation grave et manifeste d'un engagement international régulièrement ratifié ou approuvé par la France ;

– une violation grave et manifeste d'un acte unilatéral d'une organisation internationale pris sur le fondement d'un engagement international régulièrement ratifié ;

– une violation grave et manifeste de la loi ou du règlement ;

– une menace ou préjudice graves pour l'intérêt général, dont l'émetteur de l'alerte a eu personnellement connaissance.

Exemple 1.2 (lutte contre la corruption et le trafic d'influence) :

Un dispositif d'alerte mis en œuvre pour répondre aux exigences de l'article 17-II-2° de la loi "Sapin 2", vise à permettre le recueil des signalements émanant des "employés" de l'organisme concerné et relatifs à l'existence de conduites ou de situations contraires au code de conduite de la société et susceptibles de caractériser des faits de corruption ou de trafic d'influence.

Exemple 1.3 (devoir de vigilance) :

Un dispositif d'alerte prévu par l'article L. 225-102-4 du code de commerce, issu de la Loi dite de "devoir de vigilance", aura pour finalité le recueil des signalements relatifs à l'existence ou à la réalisation des risques d'atteintes graves envers les droits humains et les libertés fondamentales, la santé et la sécurité des personnes ainsi que l'environnement, résultant des activités de la société et de celles des sociétés qu'elle contrôle au sens du II de l'article L. 233-16, directement ou indirectement, ainsi que des activités des sous-traitants ou fournisseurs avec lesquels est entretenue une relation commerciale établie, lorsque ces activités sont rattachées à cette relation.

Exemple 2 (codes éthiques) :

Un dispositif d'alerte mis en place sur une base volontaire par l'organisme, en dehors d'une obligation légale spécifique, pourrait par exemple avoir pour finalité le recueil de tout signalement d'un risque existant ou réalisé d'un comportement ou d'une situation contraires à une charte éthique de l'organisme, quel que soit l'auteur de l'alerte ou son lien avec l'organisme.

Exemple 3 (dispositifs hybrides) :

Un dispositif visant à la fois les alertes "de droit commun" (article 8-III de la Loi "Sapin 2"), celles répondant au devoir de vigilance (art. L. 225-102-4 du code du commerce) et celles résultant de l'application d'une charte ou d'un code éthique, devra explicitement viser l'ensemble des finalités correspondantes, en distinguant celles qui résultent d'une disposition obligatoire spécifique de celles qui sont adoptées volontairement par l'organisme.

Les informations recueillies pour l'une de ces finalités ne peuvent pas être réutilisées pour poursuivre un autre objectif qui serait incompatible avec la finalité première. Tout nouvel usage des données doit en effet respecter les principes de protection des données personnelles. Les traitements mis en œuvre ne doivent pas donner lieu à des interconnexions ou échanges autres que ceux nécessaires à l'accomplissement des finalités ci-dessus énoncées.

4 Base(s) légale(s) du traitement

Chaque finalité du traitement doit reposer sur l'une des "bases légales" fixées par la réglementation. Les différents fondements autorisant un organisme à traiter des données personnelles dans le cadre d'un dispositif d'alerte sont listés ci-dessous.

Dans le cadre du présent traitement, la base légale peut être :

a) Le respect d'une obligation légale incombant à l'organisme, imposant la mise en œuvre d'un dispositif d'alerte ;

Afin de pouvoir invoquer ce fondement, le responsable du traitement s'assure de la réalisation des conditions suivantes :

– l'obligation de mettre en œuvre un dispositif d'alerte résulte d'une source interne du droit français (par exemple, la loi "Sapin" et son décret d'application), d'un engagement international signé et ratifié par la France (par exemple, une convention internationale), ou encore du droit dérivé des organisations internationales et européennes dont la France est partie ;

– l'organisme y est effectivement soumis au regard des critères retenus par la réglementation en question (par exemple, le dépassement des seuils de taille des effectifs, du chiffre d'affaires, la réalisation des opérations d'une certaine nature, etc.).

b) La réalisation de l'intérêt légitime poursuivi par l'organisme ou par le destinataire des données, sous réserve de ne pas méconnaître l'intérêt ou les droits et libertés fondamentaux de la personne concernée.

Ce fondement juridique s'applique lorsque la mise en place d'un dispositif d'alerte ne résulte pas d'une obligation légale s'imposant au responsable du traitement.

Il incombe à chaque responsable du traitement de s'assurer du choix de l'une et/ou de l'autre de ces bases, en fonction des règles qui sont applicables à son entité.

Lorsqu'un dispositif répond à une obligation légale précise (par exemple, celles résultant des articles 8 et/ou 17 de la loi "Sapin II", de la loi "devoir de vigilance", etc.), tout en permettant le recueil d'alertes relatives à un engagement volontaire de l'organisme (par exemple, prévues par un code éthique interne, ou encore prévues par un texte législatif auquel l'organisme n'est pas juridiquement soumis), il appartient au responsable du traitement de distinguer les bases légales qui fondent chacune de ces finalités.

5 Données personnelles concernées

5.1 *Principes de pertinence et de minimisation des données*

5.1.1 *Au stade de l'émission de l'alerte*

De manière générale, le responsable de traitement doit veiller à ce que seules les données nécessaires à la poursuite des finalités du traitement soient effectivement collectées et traitées. Une attention particulière doit à cet égard être portée aux faits pouvant être signalés *via* les dispositifs d'alertes professionnelles mis en place, d'initiative, par des organismes qui ne sont pas assujettis à des obligations spécifiques en ce sens. En l'absence d'encadrement spécifique par les textes législatifs et réglementaires en vigueur, il incombe au responsable du traitement de s'assurer tout particulièrement du respect, dans cette hypothèse, des droits, libertés et intérêts légitimes de l'ensemble des personnes pouvant être concernées par une alerte.

Toutefois, dans le cas des dispositifs d'alerte professionnelle, seul le lanceur d'alerte est en capacité de déterminer la nature et le volume des informations, notamment à caractère personnel, communiquées à l'occasion du signalement.

Partant, le responsable du traitement doit rappeler aux auteurs de signalements que les informations communiquées dans le cadre d'un dispositif d'alerte, doivent rester factuelles et présenter un lien direct avec l'objet de l'alerte.

5.1.2 *Au stade de l'instruction de l'alerte*

Pour les besoins de ce référentiel, la phase d'instruction d'une alerte est entendue comme la période qui débute par la réception de l'alerte par l'organisme, et qui se termine par la prise de décision quant aux suites réservées à celle-ci.

Cette phase permet à l'organisme de mener une enquête sur les faits signalés. Pendant cette période, le dispositif d'alerte peut être utilisé en vue de documenter les diligences accomplies par l'organisme en ce sens (analyse juridique et technique des faits, collecte des preuves, échanges avec différentes parties prenantes, audition des témoins, réalisation d'actes d'expertise, etc.).

La phase d'instruction est caractérisée par le rôle du responsable de traitement dans la détermination des éléments qui pourront être collectés ou conservés dans le dispositif.

Il lui appartient donc de s'assurer que seules les informations pertinentes et nécessaires au regard des finalités du traitement sont collectées et/ou conservées dans le dispositif d'alerte. Tel est généralement le cas des catégories suivantes :

– identité, fonctions et coordonnées de l'émetteur de l'alerte ;
– identité, fonctions et coordonnées des personnes faisant l'objet de l'alerte ;
– identité, fonctions et coordonnées des personnes intervenant dans le recueil ou dans le traitement de l'alerte ;
– faits signalés ;
– éléments recueillis dans le cadre de la vérification des faits signalés ;
– comptes rendus des opérations de vérification ;
– suites données à l'alerte.

5.2 *Le traitement de données sensibles et de données d'infraction*

Deux catégories de données appellent une vigilance renforcée.

D'une part, certaines données, en raison de leur caractère particulièrement sensible, notamment celles qui révèlent l'origine ethnique ou prétendument raciale, les opinions politiques, les convictions religieuses ou philosophiques ou l'appartenance syndicale d'une personne, des données génétiques, des données biométriques, des données concernant la santé ou des données concernant la vie sexuelle ou l'orientation sexuelle d'une personne, bénéficient d'une protection particulière et ne peuvent être traitées que moyennant le respect de conditions spécifiques figurant à l'article 9 du RGPD et aux articles 6 et 44 de la LIL.

Dans le cadre du présent traitement, ces données peuvent notamment être traitées dès lors que le traitement est nécessaire à la constatation, à l'exercice ou à la défense d'un droit en justice, conformément à l'article 9-2-f du RGPD.

D'autre part, les données collectées et traitées dans le cadre des dispositifs de recueil d'alertes professionnelles peuvent également comprendre des données relatives aux infractions, condamnations et mesures de sûreté concernant des personnes physiques. De telles données ne peuvent être collectées et traitées que dans des conditions strictement définies à l'article 10 du RGPD et à l'article 46 de la LIL.

Dans le cadre du présent traitement, la collecte de ces données peut être autorisée :

— par des dispositions spécifiques du droit national (par exemple, articles 8 ou 17 de la loi "Sapin 2", article L. 225-102-4, I, du code de commerce, etc.) ;

— ou pour permettre au responsable de traitement "de préparer et, le cas échéant, d'exercer et de suivre une action en justice en tant que victime, mise en cause, ou pour le compte de ceux-ci", conformément à l'article 46-3° de la LIL.

5.4 *[5.3]* *Traitement de l'identité de l'auteur d'une alerte*

Un dispositif d'alerte peut imposer ou proposer que l'auteur de l'alerte s'identifie.

Si l'émetteur de l'alerte professionnelle doit s'identifier, son identité est traitée de façon confidentielle par l'organisation ou les personnes chargées de la gestion des alertes.

Il est toutefois recommandé que l'organisme n'incite pas les personnes ayant vocation à utiliser le dispositif à le faire de manière anonyme, étant entendu qu'une alerte anonyme est une alerte dont l'auteur n'est ni identifié ni identifiable.

Par exception, l'alerte d'une personne qui souhaite rester anonyme devrait être traitée sous les conditions suivantes :

— la gravité des faits mentionnés est établie et les éléments factuels sont suffisamment détaillés ;

— le traitement de cette alerte doit s'entourer de précautions particulières, telles qu'un examen préalable, par son premier destinataire, de l'opportunité de sa diffusion dans le cadre du dispositif.

Après s'être assuré de la nécessité et de la pertinence des données personnelles qu'il utilise, l'organisme doit par ailleurs s'assurer, tout au long de la durée de vie du traitement, de la qualité des données qu'il traite. Cela signifie en pratique que conformément à la règlementation, les données soient exactes et mises à jour.

6 Destinataires des informations

Les données personnelles doivent uniquement être rendues accessibles aux personnes habilitées à en connaitre au regard de leurs attributions.

Les habilitations d'accès doivent être documentées par les organismes, et les accès aux différents traitements doivent faire l'objet de mesures de traçabilité. Voir point 9 relatif à la sécurité.

Le responsable de traitement qui souhaite avoir recours à un sous-traitant doit veiller à ne faire appel qu'à des organismes présentant des garanties suffisantes. Un contrat définissant les caractéristiques du traitement ainsi que les différentes obligations des parties en matière de protection des données doit être établi entre elles (article 28 du RGPD). Un guide du sous-traitant, édité par la CNIL, précise ces obligations et les clauses à intégrer dans les contrats.

6.1 *Les personnes accédant aux données pour le compte de l'employeur*

Seules les personnes habilitées au titre de leurs missions ou de leurs fonctions, doivent pouvoir accéder aux données à caractère personnel traitées, et ce dans la stricte limite de leurs attributions respectives et de l'accomplissement de ces missions et fonctions.

Il peut s'agir, par exemple :

— des personnes spécialement chargées de la gestion des alertes au sein de l'organisme ;

— du référent ou prestataire de service chargé de recueillir et traiter les alertes. Le référent ou prestataire de service éventuellement désigné pour gérer tout ou partie de ce dispositif s'engage notamment, par voie contractuelle, à ne pas utiliser les données à des fins autres que la gestion des alertes, à assurer leur confidentialité, à respecter la durée de conservation limitée des données et à procéder à la destruction ou à la restitution de tous les supports manuels ou informatisés de données à caractère personnel au terme de sa prestation.

6.2 *Les destinataires des données*

Le RGPD définit les destinataires comme "tout organisme qui reçoit la communication des données".

Dans le cadre de ce traitement, les données peuvent être communiquées au sein du groupe de sociétés auquel appartient l'organisme concerné si cette communication est nécessaire aux seuls besoins de la vérification ou du traitement de l'alerte.

Certaines dispositions légales ou réglementaires encadrent strictement la communication d'information. Ainsi, les éléments de nature à identifier l'émetteur de l'alerte ne peuvent être divulgués, sauf à l'autorité judiciaire, qu'avec le consentement de la personne. De même, les éléments de nature à identifier la personne mise en cause par un signalement ne peuvent être divulgués, sauf à l'autorité judiciaire, qu'une fois établi le caractère fondé de l'alerte.

Pour assurer la continuité de la protection des données à caractère personnel, leur transfert en dehors de l'Union européenne est soumis à des règles particulières. Ainsi, conformément aux dispositions des articles 44 et suivants du RGPD, toute transmission de données hors de l'UE doit :

— être fondée sur une décision d'adéquation ;

— ou être encadrée par des règles internes d'entreprise ("BCR"), des clauses types de protection des données, un code de conduite ou un mécanisme de certification approuvé par la CNIL ;

— ou être encadrée par des clauses contractuelles *ad hoc* préalablement autorisées par la CNIL ;

— ou répondre à une des dérogations prévues à l'article 49 du RGPD.

Pour en savoir plus, consulter la rubrique "Transférer des données hors de l'UE" sur le site de la CNIL.

7 Durées de conservation

Conformément à l'article 5-1-e du RGPD, les données à caractère personnel ne doivent être conservées sous une forme permettant l'identification des personnes que le temps strictement nécessaire à la réalisation des finalités poursuivies. C'est donc au regard de la finalité que la durée de conservation sera déterminée.

La durée de conservation de données ou, lorsqu'elle est impossible, les critères utilisés pour déterminer cette durée, font partie des informations qui doivent être communiquées aux personnes concernées.

Dans ces conditions, il incombe au responsable du traitement de déterminer cette durée en amont de la réalisation du traitement.

7.1 *Les durées de conservation*

Au regard des finalités pouvant justifier la mise en place d'un dispositif d'alerte, et sauf disposition légale ou réglementaire contraire :

— les données relatives à une alerte considérée par le responsable du traitement comme n'entrant pas dans le champ du dispositif, sont détruites sans délai du dispositif d'alertes professionnelles ou anonymisées conformément à l'avis 05/2014 relatif aux techniques d'anonymisation du Comité européen de la protection des données (CEPD).

— lorsqu'aucune suite n'est donnée à une alerte rentrant dans le champ du dispositif, les données relatives à cette alerte sont détruites ou anonymisées par l'organisation chargée de la gestion des alertes, dans un délai de deux mois à compter de la clôture des opérations de vérification. Pour les besoins du présent référentiel, l'expression "suites" désigne toute décision prise par l'organisme pour tirer des conséquences de l'alerte. Il peut s'agit de l'adoption ou de la modification des règles internes (règlement interne, charte éthique, etc.) de l'organisme, d'une réorganisation des opérations ou des services de la société, du prononcé d'une sanction ou de la mise en œuvre d'une action en justice.

La Commission rappelle que les décisions relatives aux suites réservées aux alertes professionnelles doivent intervenir dans un délai raisonnable à compter de l'émission de celles-ci.

— Lorsqu'une procédure disciplinaire ou contentieuse est engagée à l'encontre d'une personne mise en cause ou de l'auteur d'une alerte abusive, les données relatives à l'alerte peuvent être conservées par l'organisation chargée de la gestion des alertes jusqu'au terme de la procédure ou de la prescription des recours à l'encontre de la décision.

A l'exception des cas où aucune suite n'est donnée à l'alerte, le responsable de traitement peut conserver les données collectées sous forme d'archives intermédiaires aux fins d'assurer la protection du lanceur de l'alerte ou de permettre la constations des infractions continues. Cette durée de conservation doit être strictement limitée aux finalités poursuivies, déterminée à l'avance et portée à la connaissance des personnes concernées.

Les données peuvent être conservées plus longtemps, en archivage intermédiaire, si le responsable du traitement en a l'obligation légale (par exemple, pour répondre à des obligations comptables, sociales ou fiscales).

7.2 *La conservation de données anonymisées*

La réglementation relative à la protection des données à caractère personnel ne s'applique pas, notamment en ce qui concerne les durées de conservation, aux données anonymes, c'est-à-dire celles qui ne peuvent plus être mises en relation avec une ou des personnes physiques identifiées ou identifiables.

Partant, le responsable du traitement peut conserver sans limitation de durée les données anonymisées. Dans ce cas, l'organisme concerné doit garantir le caractère anonymisé des données de façon pérenne.

Pour en savoir plus, vous pouvez vous référer aux guides de la CNIL :

– "Sécurité : Archiver de manière sécurisée" ;

– "Limiter la conservation des données".

Les données utilisées à des fins statistiques ne sont plus qualifiées de données à caractère personnel dès lors qu'elles auront ont été dûment anonymisées (Voir les lignes directrices du CEPD sur l'anonymisation).

Exemple :

Un organisme est soumis à l'obligation de mettre en place un dispositif d'alerte en application des dispositions de l'article 8 de la loi "Sapin 2" (dispositif d'alerte général), mais également un dispositif d'alerte en application de l'article 17-II-2° de la même loi (dispositif visant à permettre le signalement de manquements ou situations contraires au code de conduite de l'organisme, dans le cadre de la lutte contre la corruption et le trafic d'influence).

Il est alors possible pour l'organisme de mettre en place un seul et unique outil de recueil de ces signalements. Toutefois, il peut exister des différences d'encadrement législatif et réglementaire des traitements. Ainsi, les modalités de mise en place des dispositifs d'alerte généraux sont encadrées, notamment en ce qui concerne les durées de conservation, par le décret n° 2017-564 du 19 avril 2017 relatif aux procédures de recueil des signalements émis par les lanceurs d'alerte au sein des personnes morales de droit public ou de droit privé ou des administrations de l'État.

Or, ce décret n'est pas applicable en matière de lutte contre la corruption et le trafic d'influence. Les données recueillies *via* les dispositifs spécifiques d'alerte ne font donc pas l'objet d'un encadrement particulier et leur traitement doit être encadré en application de la réglementation.

La mise en place d'un outil unique de recueil des signalements implique de respecter les exigences législatives et réglementaires de chacun des dispositifs, et notamment de :

– différencier le traitement appliqué aux signalements portant sur des soupçons ou des faits de corruption de celui appliqué aux autres signalements ;

– d'appliquer des durées de conservation différentes selon que les données sont collectées dans le cadre de l'un ou l'autre des dispositifs d'alerte.

8 Information des personnes

Il incombe au responsable de traitement qui décide de mettre en place un dispositif d'alertes professionnelles, de s'assurer du respect des principes de transparence et de loyauté à l'égard des personnes dont les données peuvent être traitées.

Le respect de cette obligation suppose d'informer les personnes concernées individuellement et collectivement, selon les modalités décrites ci-après.

8.1 *Identification des personnes concernées*

Pour les besoins du présent référentiel, sont considérées comme "personnes potentiellement concernées" par un dispositif d'alertes professionnelles toutes les personnes qui peuvent potentiellement émettre un signalement *via* le dispositif ou être visées par une alerte, et notamment :

– les effectifs propres de l'organisme concerné, quel que soit le statut juridique de collaboration (salariés, agents, intérimaires, stagiaires, salariés détachés par une entité tierce, bénévoles, etc.) ;

– les collaborateurs, clients et fournisseurs extérieurs de l'organisme, lorsqu'il s'agit de personnes physiques ayant un lien contractuel direct avec l'organisme (consultants, agents, conseils, sous-traitants personnes physiques au statut d'autoentrepreneur, etc.) ;

– les effectifs (salariés, associés, dirigeants, etc.) des personnes morales qui entretiennent un lien contractuel avec l'organisme concerné.

Sont considérées comme "personnes concernées" par un dispositif d'alertes professionnelles toutes les personnes dont les données à caractère personnel sont effectivement traitées dans le cadre du dispositif (par exemple, les auteurs des alertes, les personnes visées, les personnes entendues dans le cadre de l'enquête, etc.).

8.2 *Contenu de l'information à délivrer*

L'information communiquée aux personnes concernées doit se faire dans les conditions prévues par les articles 12, 13 et 14 du RGPD.

De manière générale, elle doit mentionner l'existence du traitement, ses caractéristiques (notamment les finalités poursuivies, les types de données susceptibles d'y figurer, les types de personnes susceptibles d'émettre l'alerte ou d'en faire l'objet, les principales étapes de la procédure déclenchée par l'alerte, les durées de conservation de données, etc.) ainsi que les droits dont disposent les personnes concernées.

Des modèles d'information sont disponibles sur le site de la CNIL et peuvent être consultés dans la rubrique "RGPD : exemples de mentions d'information".

8.3 *Les modalités de l'information*

8.3.1 *Consultations préalables à la mise en place du dispositif*

Il appartient aux responsables de traitement de s'assurer, au regard de la réglementation qui leur est applicable, du respect de l'obligation d'informer et/ou de consulter les instances compétentes, lors de la mise en place des dispositifs d'alerte.

8.3.2 *Information générale lors du déploiement du traitement*

Afin de respecter pleinement les principes de loyauté et de transparence, le référentiel recommande que l'ensemble des personnes potentiellement concernées par le dispositif en soient informées préalablement à son introduction dans l'organisme.

Cette information précise le fonctionnement du dispositif, notamment les étapes de la procédure de recueil des signalements, et en particulier les destinataires et les conditions auxquelles l'alerte peut leur être adressée.

Le responsable de traitement indique expressément que l'utilisation abusive du dispositif peut exposer son auteur à des sanctions ou des poursuites mais qu'à l'inverse, l'utilisation de bonne foi du dispositif n'exposera son auteur à aucune sanction disciplinaire, quand bien même les faits s'avéreraient par la suite inexacts ou ne donneraient lieu à aucune suite.

Le responsable de traitement rappelle que le dispositif d'alerte n'est qu'un moyen de signalement parmi d'autres (comme peut l'être la voie hiérarchique), et que le fait de ne pas y avoir recours ne peut entrainer aucune sanction à l'encontre des membres du personnel.

L'information individuelle des personnes (par exemple, *via* un envoi de courrier électronique sur la messagerie personnelle de la personne, remise d'un document individuel d'information sous forme papier, etc.) doit être privilégiée dans la mesure du possible.

8.3.3 *Information spécifique du lanceur de l'alerte*

Conformément à l'article 13 du RGPD, les personnes qui émettent un signalement *via* le dispositif, doivent recevoir les informations relatives au traitement dès le début du processus du recueil de l'alerte.

Elle peut notamment prendre forme d'un affichage d'une page ou d'un bloc de texte, préalablement à l'étape de la saisine des informations relatives à l'alerte. Le responsable de traitement peut subordonner l'accès à la réalisation d'une action (par exemple, le fait de cocher une case) indiquant que l'auteur de l'alerte a pris connaissance de ces informations.

Lorsqu'une alerte est émise, un accusé de réception de celle-ci doit être fourni au lanceur d'alerte pour permettre à celui-ci de bénéficier, le cas échéant, d'un régime de protection spécifique. Cet accusé de réception doit être horodaté. Il récapitule l'ensemble des informations et, le cas échéant, des pièces jointes communiquées dans le cadre du signalement. La remise de ce récépissé à l'auteur de l'alerte ne doit pas être subordonnée à la production d'informations identifiantes (adresse électronique ou postale, etc.) lorsque la personne souhaite conserver son anonymat.

Lorsqu'une décision sur les suites de l'alerte a été prise par le responsable du traitement, l'auteur de l'alerte en est informé.

8.3.4 *Information spécifique de la personne visée par l'alerte*

Conformément à l'article 14 du RGPD, le responsable de traitement doit informer la personne visée par une alerte (par exemple, en tant que témoin, victime ou auteur présumé des faits) dans un délai raisonnable, ne pouvant pas dépasser un mois, à la suite de l'émission d'une alerte.

Néanmoins, conformément à l'article 14-5-b du RGPD, cette information peut être différée lorsqu'elle est susceptible "de compromettre gravement la réalisation des objectifs dudit traitement". Tel pourrait par exemple être le cas lorsque la divulgation de ces informations à la personne visée compromettrait gravement les nécessités de l'enquête, par exemple en présence d'un risque de destruction de preuves. L'information doit alors être délivrée aussitôt le risque écarté.

Cette information est réalisée selon des modalités permettant de s'assurer de sa bonne délivrance à la personne concernée. Elle ne contient pas d'informations relatives à l'identité de l'émetteur de l'alerte ni à celle des tiers.

Toutefois, lorsqu'une sanction disciplinaire ou une procédure contentieuse est engagée suite à l'alerte à l'égard de la personne visée, celle-ci peut obtenir la communication de ces éléments en vertu des règles de droit commun (droits de la défense notamment).

9 Droits des personnes

Les personnes concernées disposent des droits suivants, qu'ils exercent dans les conditions prévues par le RGPD (voir la rubrique qui s'intitule "respecter les droits des personnes" sur le site de la CNIL) :

— droit de s'opposer au traitement de leurs données, sous réserve des conditions d'exercice de ce droit en application des dispositions de l'article 21 du RGPD ;

— droit d'accès, de rectification et d'effacement des données qui les concernent ;

— droit à la limitation du traitement. Par exemple, lorsque la personne conteste l'exactitude de ses données, celle-ci peut demander à l'organisme le gel temporaire du traitement de ses données, le temps que celui-ci procède aux vérifications nécessaires.

9.1 *Droit d'accès*

Toute personne dont les données à caractère personnel font ou ont fait l'objet d'un traitement dans le cadre d'une alerte professionnelle (lanceur de l'alerte, victimes présumées des faits, personnes visées par l'alerte, témoins et personnes entendues lors de l'enquête, etc.), a le droit d'y avoir accès conformément aux dispositions de l'article 15 du RGPD.

L'exercice de ce droit ne doit pas permettre à la personne qui l'exerce d'accéder aux données à caractère personnel relatives à d'autres personnes physiques.

Cette limitation est propre aux règles relatives à la protection des données personnelles et ne fait pas obstacle à l'application, le cas échéant, des règles du droit processuel, des libertés fondamentales (et notamment du principe du contradictoire), etc.

9.2 *Droit d'opposition*

Conformément à l'article 21 du RGPD, le droit d'opposition ne peut pas être exercé pour les traitements nécessaires au respect d'une obligation légale à laquelle est soumis le responsable du traitement.

Il ne peut donc pas être exercé à l'égard des traitements mis en place par des sociétés remplissant les conditions des articles 8 et/ou 17 de la loi "Sapin II" ou encore celles de la partie I-4 de l'article L. 225-102-4 du code de commerce.

En revanche, lorsqu'un organisme ne remplit pas ces conditions, mais se dote d'un dispositif d'alertes sur une base purement volontaire, le droit d'opposition existe. Partant, les personnes concernées devront être informées de son existence et le responsable du traitement devra veiller à en assurer le respect.

Toutefois, l'exercice de ce droit n'est pas automatique : la personne qui l'exerce doit caractériser l'existence de "raisons tenant à sa situation particulière".

Le responsable du traitement devra prendre en compte l'opposition, sauf à démontrer :

— qu'il existe des motifs légitimes et impérieux qui prévalent sur les intérêts et les droits et intérêts de la personne concernée ou ;

— que le traitement est nécessaire pour la constatation, l'exercice ou la défense de droits en justice.

Or, les faits susceptibles de faire l'objet d'un signalement sont par leur nature même liés à la constatation, l'exercice et la défense des droits (notamment ceux des victimes ou responsables présumés des faits signalés, ou encore ceux de l'organisme, si sa responsabilité civile ou pénale peut être engagée, ou encore si l'alerte n'a pas été faite de bonne foi mais avait pour l'intention de nuire à la bonne marche de l'organisme, etc.).

Dans ces conditions, il appartient aux organismes concernés d'examiner chaque demande d'opposition en tenant compte de ces critères.

9.3 *Droits de rectification et d'effacement*

Le droit de rectification, prévu à l'article 16 du RGPD, doit s'apprécier au regard de la finalité du traitement.

Dans le cas des dispositifs d'alerte professionnelle, il ne doit notamment pas permettre la modification rétroactive des éléments contenus dans l'alerte ou collectées lors de son instruction. Son exercice, lorsqu'il est admis, ne doit pas aboutir à l'impossibilité de reconstitution de la chronologie des éventuelles modifications d'éléments importants de l'enquête.

Aussi ce droit ne peut-il être exercé que pour rectifier les données factuelles, dont l'exactitude matérielle peut être vérifiée par le responsable du traitement à l'appui d'éléments probants, et ce sans que soient effacées ou remplacées les données, même erronées, collectées initialement.

Le droit à l'effacement est exercé dans les conditions prévues par l'article 17 du RGPD.

10 Sécurité

L'organisme doit prendre toutes les précautions utiles au regard des risques présentés par son traitement pour préserver la sécurité des données à caractère personnel et, notamment au moment de leur collecte, durant leur transmission et leur conservation, empêcher qu'elles soient déformées, endommagées ou que des tiers non autorisés y aient accès.

En particulier, dans le contexte spécifique du présent référentiel, soit l'organisme adopte les mesures suivantes, soit il justifie de leur équivalence ou du fait de ne pas avoir besoin ou pouvoir y recourir :

Catégories	Mesures
Sensibiliser les utilisateurs	Informer et sensibiliser les personnes manipulant les données
	Rédiger une charte informatique et lui donner une force contraignante
Authentifier les utilisateurs	Définir un identifiant (login) unique à chaque utilisateur
	Adopter une politique de mot de passe utilisateur conforme aux recommandations de la CNIL
	Obliger l'utilisateur à changer son mot de passe après réinitialisation
	Limiter le nombre de tentatives d'accès à un compte
Gérer les habilitations	Définir des profils d'habilitation
	Supprimer les permissions d'accès obsolètes
	Réaliser une revue annuelle des habilitations
Tracer les accès et gérer les incidents	Prévoir un système de journalisation
	Informer les utilisateurs de la mise en place du système de journalisation
	Protéger les équipements de journalisation et les informations journalisées
	Prévoir les procédures pour les notifications de violation de données à caractère personnel
Sécuriser les postes de travail	Prévoir une procédure de verrouillage automatique de session
	Utiliser des antivirus régulièrement mis à jour
	Installer un "pare-feu" (*firewall*) logiciel
	Recueillir l'accord de l'utilisateur avant toute intervention sur son poste
Sécuriser l'informatique mobile	Prévoir des moyens de chiffrement des équipements mobiles
	Faire des sauvegardes ou des synchronisations régulières des données
	Exiger un secret pour le déverrouillage des smartphones

Catégories	Mesures
Protéger le réseau informatique interne	Limiter les flux réseau au strict nécessaire
	Sécuriser les accès distants des appareils informatiques nomades par VPN
	Mettre en œuvre le protocole WPA2 ou WPA2-PSK pour les réseaux Wi-Fi
Sécuriser les serveurs	Limiter l'accès aux outils et interfaces d'administration aux seules personnes habilitées
	Installer sans délai les mises à jour critiques
	Assurer une disponibilité des données
Sécuriser les sites web	Utiliser le protocole TLS et vérifier sa mise en œuvre
	Vérifier qu'aucun mot de passe ou identifiant n'est transmis dans les URL
	Contrôler que les entrées des utilisateurs correspondent à ce qui est attendu
	Mettre un bandeau de consentement pour les cookies non nécessaires au service
Sauvegarder et prévoir la continuité d'activité	Effectuer des sauvegardes régulières
	Stocker les supports de sauvegarde dans un endroit sûr
	Prévoir des moyens de sécurité pour le convoyage des sauvegardes
	Prévoir et tester régulièrement la continuité d'activité
Archiver de manière sécurisée	Mettre en œuvre des modalités d'accès spécifiques aux données archivées
	Détruire les archives obsolètes de manière sécurisée
Encadrer la maintenance et la destruction des données	Enregistrer les interventions de maintenance dans une main courante
	Encadrer par un responsable de l'organisme les interventions par des tiers
	Effacer les données de tout matériel avant sa mise au rebut
Gérer la sous-traitance	Prévoir une clause spécifique dans les contrats des sous-traitants
	Prévoir les conditions de restitution et de destruction des données
	S'assurer de l'effectivité des garanties prévues (audits de sécurité, visites, etc.)
Sécuriser les échanges avec d'autres organismes	Chiffrer les données avant leur envoi
	S'assurer qu'il s'agit du bon destinataire
	Transmettre le secret lors d'un envoi distinct et via un canal différent
Protéger les locaux	Restreindre les accès aux locaux au moyen de portes verrouillées
	Installer des alarmes anti-intrusion et les vérifier périodiquement
Encadrer les développements informatiques	Proposer des paramètres respectueux de la vie privée aux utilisateurs finaux
	Tester sur des données fictives ou anonymisées
Utiliser des fonctions cryptographiques	Utiliser des algorithmes, des logiciels et des bibliothèques reconnues
	Conserver les secrets et les clés cryptographiques de manière sécurisée

Pour ce faire, le responsable de traitement pourra utilement se référer au guide de la sécurité des données personnelles.

II RÈGLES EUROPÉENNES

A Union européenne

Communication COM(2018) 214 de la Commission au Parlement européen, au Conseil et au Comité économique et social européen du 23 avril 2018,

Renforcer la protection des lanceurs d'alerte au niveau de l'UE.

Directive (UE) 2019/1937 du Parlement européen et du Conseil du 23 octobre 2019,

Sur la protection des personnes qui signalent des violations du droit de l'Union.

BIBL. ▶ JOUFFIN, *Banque et Dr. 1-2/2020. 50* (directive « Lanceur d'alerte » – vers une vénalité des alertes ?). – CHACORNAC, *ibid. 3-4/2020. 71* (le champ d'application de la directive « lanceurs d'alerte »). – MAGNIER, *D. 2020. 1307* (le lanceur d'alerte actionnaire ou mandataire social, un acteur « stratégique » de la gouvernance des sociétés). – PITRAS, *RTD eur. 2020. 181* (le lanceur d'alerte. Étude comparée entre droit français et droit de l'Union européenne). – PERRAULT et DOISY, *D. actu. 22 mars 2021* (les évolutions du mécanisme de signalement : directive européenne lanceurs d'alerte et méthode d'enquête interne). – BUHART et WERL, *BRDA 2021, nº 20, p. 31* (directive « lanceurs d'alerte » : attention aux difficultés de mise en œuvre dans les groupes de sociétés !).

COMMENTAIRE

Deux délais de transposition de la directive (UE) 2019/1937 du 23 octobre 2019 sont prévus : avant le 17 décembre 2021 pour le secteur public et les entreprises de plus de 249 travailleurs du secteur privé ; avant le 17 décembre 2023 pour les entités juridiques du secteur privé comptant 50 à 249 travailleurs. En France, c'est finalement avec la loi nº 2022-401 du 21 mars 2022, entrant en vigueur le 1er septembre 2022, que la transposition de cette directive est intervenue, opérant des modifications profondes du texte et de ses équilibres (V. I. Règles internes). Un décret en Conseil d'État reste attendu au moment où ces lignes sont écrites, pour préciser certaines dispositions importantes.

I. CHAMP MATÉRIEL

La directive concerne les signalements de manquements au droit de l'Union : marchés publics, blanchiment, lutte contre la corruption, sécurité et conformité des produits, sécurité des transports, protection de l'environnement, radioprotection et sûreté nucléaire, sécurité des aliments, santé publique, protection des consommateurs, protection de la vie privée et des données à caractère personnel, sécurité des réseaux et des systèmes d'information, luttes contre la fraude, concurrence. Le champ est donc plus restreint que ceux des anciens articles 6 à 8 de la loi nº 2016-1691 du 9 décembre 2016, dite loi Sapin 2.

II. DÉFINITION DU LANCEUR D'ALERTES

Comme en France, le lanceur d'alertes est une personne physique. Il n'est pas précisé en revanche qu'elle doit être de bonne foi, désintéressée ou avoir une connaissance personnelle des faits, mais avoir eu « des motifs raisonnables de croire que les informations étaient véridiques au moment du signalement ».

Par ailleurs, au contraire de la définition large de l'ancien article 6 de la loi Sapin 2, la définition donnée par la directive est circonscrite au domaine professionnel. Il s'agira ainsi d'un travailleur, d'un travailleur indépendant, des actionnaires, des membres de l'organe d'administration ou de surveillance d'une entreprise. Mais il est également précisé qu'il peut s'agir d'un travaillant « sous la supervision » des contractants, sous-traitants et fournisseurs. Ces précisions sont importantes car en découleront des protections qui, en France, sont limitées aux salariés de l'entreprise puisque prévues dans le code du travail.

III. LES PROTECTIONS

La directive prévoit la protection de l'auteur du signalement, mais aussi du « facilitateur », qui aura aidé au signalement, ainsi que des collègues et proches du lanceur d'alertes, ainsi que les entités juridiques auxquelles ils appartiennent. Cela préservera les sous-traitants et fournisseurs notamment contre des ruptures contractuelles venant en rétorsion d'une alerte déposée par un de leurs salariés dans le dispositif d'alertes d'un de leurs contractants.

Outre les protections, des mesures de soutien sont prévues : information et conseils indépendants, assistance des autorités, y compris assistance juridique.

IV. GRADUATION DE L'ALERTE

La loi française prévoyait avant la transposition trois étapes : l'étape interne, la saisine d'autorités et enfin le signalement public. La directive casse cette structure. L'étape interne n'est qu'encouragée, pas obligatoire. La divulgation pourra être directement « externe », c'est-à-dire auprès des autorités, puis « publique » (presse, réseaux sociaux…). Elle pourra même être directement publique s'il y a un danger imminent ou manifeste pour l'intérêt public ou s'il y a un risque de représailles en cas de signalement externe (autorités en collusion) ou « peu de chances » qu'il soit véritablement remédié à la violation. ❑

CHAPITRE I *CHAMP D'APPLICATION, DÉFINITIONS ET CONDITIONS DE PROTECTION*

Art. 1er *Objet.* **La présente directive a pour objet de renforcer l'application du droit et des politiques de l'Union dans des domaines spécifiques en établissant des normes minimales communes assurant un niveau élevé de protection des personnes signalant des violations du droit de l'Union.**

Art. 2 *Champ d'application matériel.* **1. La présente directive établit des normes minimales communes pour la protection des personnes signalant les violations suivantes du droit de l'Union :**

a) les violations relevant du champ d'application des actes de l'Union figurant en annexe qui concernent les domaines suivants :

i) marchés publics ;

ii) services, produits et marchés financiers et prévention du blanchiment de capitaux et du financement du terrorisme ;

iii) sécurité et conformité des produits ;

iv) sécurité des transports ;

v) protection de l'environnement ;

vi) radioprotection et sûreté nucléaire ;

vii) sécurité des aliments destinés à l'alimentation humaine et animale, santé et bien-être des animaux ;

viii) santé publique ;

ix) protection des consommateurs ;

x) protection de la vie privée et des données à caractère personnel, et sécurité des réseaux et des systèmes d'information ;

b) les violations portant atteinte aux intérêts financiers de l'Union visés à l'article 325 du traité sur le fonctionnement de l'Union européenne et précisés dans les mesures pertinentes de l'Union ;

c) les violations relatives au marché intérieur visé à l'article 26, paragraphe 2, du traité sur le fonctionnement de l'Union européenne, y compris les violations des règles de l'Union en matière de concurrence et d'aides d'État, ainsi que les violations relatives au marché intérieur en ce qui concerne les actes qui violent les règles applicables en matière d'impôt sur les sociétés ou les dispositifs destinés à obtenir un avantage fiscal qui va à l'encontre de l'objet ou de la finalité de la législation applicable en matière d'impôt sur les sociétés.

2. La présente directive est sans préjudice du pouvoir qu'ont les États membres d'étendre la protection au titre du droit national en ce qui concerne des domaines ou des actes non visés au paragraphe 1.

Art. 3 *Lien avec d'autres actes de l'Union et dispositions nationales.* 1. Lorsque des règles spécifiques concernant le signalement de violations sont prévues dans les actes sectoriels de l'Union énumérés dans la partie II de l'annexe, ces règles s'appliquent. Les dispositions de la présente directive sont applicables dans la mesure où une question n'est pas obligatoirement réglementée par ces actes sectoriels de l'Union.

2. La présente directive n'affecte pas la responsabilité qu'ont les États membres d'assurer la sécurité nationale, ni leur pouvoir de protéger leurs intérêts essentiels en matière de sécurité. En particulier, elle ne s'applique pas aux signalements de violations des règles relatives aux marchés publics comportant des aspects touchant à la défense ou à la sécurité, à moins que les actes pertinents de l'Union ne les régissent.

3. La présente directive n'affecte pas l'application du droit de l'Union ou du droit national concernant l'un ou l'autre des éléments suivants :

a) la protection des informations classifiées ;

b) la protection du secret professionnel des avocats et du secret médical ;

c) le secret des délibérations judiciaires ;

d) les règles en matière de procédure pénale.

4. La présente directive n'affecte pas les règles nationales relatives à l'exercice par les travailleurs de leur droit de consulter leurs représentants ou leurs syndicats, et à la protection contre toute mesure préjudiciable injustifiée suscitée par une telle consultation, ainsi qu'à l'autonomie des partenaires sociaux et à leur droit de conclure des conventions collectives. Cela est sans préjudice du niveau de protection accordé par la présente directive.

Art. 4 *Champ d'application personnel.* 1. La présente directive s'applique aux auteurs de signalement travaillant dans le secteur privé ou public qui ont obtenu des informations sur des violations dans un contexte professionnel, y compris au moins :

a) les personnes ayant le statut de travailleur, au sens de l'article 45, paragraphe 1, du traité sur le fonctionnement de l'Union européenne, y compris les fonctionnaires ;

b) les personnes ayant le statut de travailleur indépendant, au sens de l'article 49 du traité sur le fonctionnement de l'Union européenne ;

c) les actionnaires et les membres de l'organe d'administration, de direction ou de surveillance d'une entreprise, y compris les membres non exécutifs, ainsi que les bénévoles et les stagiaires rémunérés ou non rémunérés ;

d) toute personne travaillant sous la supervision et la direction de contractants, de sous-traitants et de fournisseurs.

2. La présente directive s'applique également aux auteurs de signalement lorsqu'ils signalent ou divulguent publiquement des informations sur des violations obtenues dans le cadre d'une relation de travail qui a pris fin depuis.

3. La présente directive s'applique également aux auteurs de signalement dont la relation de travail n'a pas encore commencé dans les cas où des informations sur des violations ont été obtenues lors du processus de recrutement ou d'autres négociations précontractuelles.

4. Les mesures de protection des auteurs de signalement énoncées au chapitre VI s'appliquent également, le cas échéant, aux :

a) facilitateurs ;

b) tiers qui sont en lien avec les auteurs de signalement et qui risquent de faire l'objet de représailles dans un contexte professionnel, tels que des collègues ou des proches des auteurs de signalement ; et

c) entités juridiques appartenant aux auteurs de signalement ou pour lesquelles ils travaillent, ou encore avec lesquelles ils sont en lien dans un contexte professionnel.

Art. 5 *Définitions.* Aux fins de la présente directive, on entend par :

1) "violations" : les actes ou omissions qui :

i) sont illicites et ont trait aux actes de l'Union et aux domaines relevant du champ d'application matériel visé à l'article 2 ; ou

ii) vont à l'encontre de l'objet ou de la finalité des règles prévues dans les actes de l'Union et les domaines relevant du champ d'application matériel visé à l'article 2 ;

2) "informations sur des violations" : des informations, y compris des soupçons raisonnables, concernant des violations effectives ou potentielles, qui se sont pro-

duites ou sont très susceptibles de se produire dans l'organisation dans laquelle l'auteur de signalement travaille ou a travaillé ou dans une autre organisation avec laquelle l'auteur de signalement est ou a été en contact dans le cadre de son travail, et concernant des tentatives de dissimulation de telles violations ;

3) "signalement" ou "signaler" : la communication orale ou écrite d'informations sur des violations ;

4) "signalement interne" : la communication orale ou écrite d'informations sur des violations au sein d'une entité juridique du secteur privé ou public ;

5) "signalement externe" : la communication orale ou écrite d'informations sur des violations aux autorités compétentes ;

6) "divulgation publique" ou "divulguer publiquement" : la mise à disposition dans la sphère publique d'informations sur des violations ;

7) "auteur de signalement" : une personne physique qui signale ou divulgue publiquement des informations sur des violations qu'elle a obtenues dans le cadre de ses activités professionnelles ;

8) "facilitateur" : une personne physique qui aide un auteur de signalement au cours du processus de signalement dans un contexte professionnel et dont l'aide devrait être confidentielle ;

9) "contexte professionnel" : les activités professionnelles passées ou présentes dans le secteur public ou privé par lesquelles, indépendamment de la nature de ces activités, des personnes obtiennent des informations sur des violations et dans le cadre desquelles ces personnes pourraient faire l'objet de représailles si elles signalaient de telles informations ;

10) "personne concernée" : une personne physique ou morale qui est mentionnée dans le signalement ou la divulgation publique en tant que personne à laquelle la violation est attribuée ou à laquelle cette personne est associée ;

11) "représailles" : tout acte ou omission direct ou indirect qui intervient dans un contexte professionnel, est suscité par un signalement interne ou externe ou une divulgation publique, et qui cause ou peut causer un préjudice injustifié à l'auteur de signalement ;

12) "suivi" : toute mesure prise par le destinataire du signalement, ou toute autorité compétente, pour évaluer l'exactitude des allégations formulées dans le signalement et, le cas échéant, pour remédier à la violation signalée, y compris par des mesures telles qu'une enquête interne, une enquête, des poursuites, une action en recouvrement de fonds, ou la clôture de la procédure ;

13) "retour d'informations" : la communication à l'auteur de signalement d'informations sur les mesures envisagées ou prises au titre de suivi et sur les motifs de ce suivi ;

14) "autorité compétente" : toute autorité nationale désignée pour recevoir des signalements conformément au chapitre III et fournir un retour d'informations à l'auteur de signalement, et/ou désignée pour exercer les fonctions prévues par la présente directive, notamment en ce qui concerne le suivi.

Art. 6 *Conditions de protection des auteurs de signalement.* 1. Les auteurs de signalement bénéficient de la protection prévue par la présente directive pour autant que :

a) ils aient eu des motifs raisonnables de croire que les informations signalées sur les violations étaient véridiques au moment du signalement et que ces informations entraient dans le champ d'application de la présente directive ; et

b) ils aient effectué un signalement soit interne conformément à l'article 7, soit externe conformément à l'article 10, ou aient fait une divulgation publique conformément à l'article 15.

2. Sans préjudice des obligations en vigueur visant à permettre les signalements anonymes en vertu du droit de l'Union, la présente directive n'affecte pas le pouvoir des États membres de décider si les entités juridiques du secteur privé ou public et les autorités compétentes sont tenues d'accepter les signalements anonymes de violations et d'en assurer le suivi.

3. Les personnes qui ont signalé ou divulgué publiquement des informations sur des violations de manière anonyme, mais qui sont identifiées par la suite et font

l'objet de représailles, bénéficient néanmoins de la protection prévue au chapitre VI, pour autant qu'elles répondent aux conditions prévues au paragraphe 1.

4. Les personnes qui signalent auprès des institutions, organes ou organismes de l'Union compétents des violations relevant du champ d'application de la présente directive bénéficient de la protection prévue par la présente directive dans les mêmes conditions que les personnes qui effectuent un signalement externe.

CHAPITRE II *SIGNALEMENTS INTERNES ET SUIVI*

Art. 7 *Signalements effectués par le biais de canaux de signalement interne.* 1. En règle générale, et sans préjudice des articles 10 et 15, les informations sur des violations peuvent être signalées par le biais des canaux et procédures de signalement interne prévus dans le présent chapitre.

2. Les États membres encouragent le signalement par le biais de canaux de signalement interne avant un signalement par le biais de canaux de signalement externe, lorsqu'il est possible de remédier efficacement à la violation en interne et que l'auteur de signalement estime qu'il n'y a pas de risque de représailles.

3. Des informations appropriées concernant l'utilisation des canaux de signalement interne visée au paragraphe 2 sont fournies dans le cadre des informations données par les entités juridiques des secteurs privé et public en vertu de l'article 9, paragraphe 1, point g), et par les autorités compétentes en vertu de l'article 12, paragraphe 4, point a), et de l'article 13.

Art. 8 *Obligation d'établir des canaux de signalement interne.* 1. Les États membres veillent à ce que les entités juridiques des secteurs privé et public établissent des canaux et des procédures pour le signalement interne et pour le suivi, après consultation des partenaires sociaux et en accord avec ceux-ci lorsque le droit national le prévoit.

2. Les canaux et procédures visés au paragraphe 1 du présent article permettent aux travailleurs de l'entité de signaler des informations sur des violations. Ils peuvent permettre à d'autres personnes, visées à l'article 4, paragraphe 1, points b), c) et d), et à l'article 4, paragraphe 2, qui sont en contact avec l'entité dans le cadre de leurs activités professionnelles, de signaler également des informations sur des violations.

3. Le paragraphe 1 s'applique aux entités juridiques du secteur privé qui comptent 50 travailleurs ou plus.

4. Le seuil prévu au paragraphe 3 ne s'applique pas aux entités relevant du champ d'application des actes de l'Union visés dans les parties I.B et II de l'annexe.

5. Les canaux de signalement peuvent être gérés en interne par une personne ou un service désigné à cet effet ou fournis en externe par un tiers. Les mesures de sauvegarde et les exigences visées à l'article 9, paragraphe 1, s'appliquent également aux tiers mandatés aux fins de gérer le canal de signalement pour le compte d'une entité juridique du secteur privé.

6. Les entités juridiques du secteur privé qui comptent 50 à 249 travailleurs peuvent partager des ressources en ce qui concerne la réception des signalements et les enquêtes éventuelles à mener. Cela est sans préjudice des obligations qui incombent à ces entités en vertu de la présente directive de préserver la confidentialité, de fournir un retour d'informations, et de remédier à la violation signalée.

7. A la suite d'une évaluation des risques appropriée tenant compte de la nature des activités des entités et du niveau de risque qui en découle, en particulier, pour l'environnement et la santé publique, les États membres peuvent imposer aux entités juridiques du secteur privé comptant moins de 50 travailleurs d'établir des canaux et procédures de signalement interne conformément au chapitre II.

8. Les États membres notifient à la Commission toute décision qu'ils prennent visant à imposer aux entités juridiques du secteur privé d'établir des canaux de signalement interne conformément au paragraphe 7. Cette notification comprend les motifs de la décision et les critères utilisés pour l'évaluation des risques visée au paragraphe 7. La Commission communique ladite décision aux autres États membres.

9. Le paragraphe 1 s'applique à toutes les entités juridiques du secteur public, y compris toute entité appartenant à de telles entités ou contrôlée par de telles entités.

Les États membres peuvent exempter de l'obligation visée au paragraphe 1 les municipalités comptant moins de 10 000 habitants ou moins de 50 travailleurs, ou d'autres entités visées au premier alinéa du présent paragraphe comptant moins de 50 travailleurs.

Les États membres peuvent prévoir que les canaux de signalement interne peuvent être partagés entre municipalités ou exploités par des autorités municipales conjointes conformément au droit national, pour autant que les canaux de signalement interne partagés soient distincts et indépendants des canaux de signalement externe concernés.

Art. 9 *Procédures de signalement interne et suivi.* 1. Les procédures de signalement interne et de suivi visées à l'article 8 comprennent les éléments suivants :

a) des canaux pour la réception des signalements qui sont conçus, établis et gérés d'une manière sécurisée qui garantit la confidentialité de l'identité de l'auteur de signalement et de tout tiers mentionné dans le signalement et qui empêche l'accès auxdits canaux par des membres du personnel non autorisés ;

b) un accusé de réception du signalement adressé à l'auteur de signalement dans un délai de sept jours à compter de cette réception ;

c) la désignation d'une personne ou d'un service impartial compétent pour assurer le suivi des signalements, qui peut être la même personne ou le même service que celle ou celui qui reçoit les signalements et qui maintiendra la communication avec l'auteur de signalement et, si nécessaire, lui demandera d'autres informations et lui fournira un retour d'informations ;

d) un suivi diligent par la personne ou le service désigné visé au point c) ;

e) un suivi diligent, lorsque le droit national le prévoit, en ce qui concerne les signalements anonymes ;

f) un délai raisonnable pour fournir un retour d'informations, n'excédant pas trois mois à compter de l'accusé de réception du signalement ou, à défaut d'accusé de réception envoyé à l'auteur de signalement, trois mois à compter de l'expiration de la période de sept jours suivant le signalement ;

g) la mise à disposition d'informations claires et facilement accessibles concernant les procédures de signalement externe aux autorités compétentes en vertu de l'article 10 et, le cas échéant, aux institutions, organes ou organismes de l'Union.

2. Les canaux prévus au paragraphe 1, point a), permettent d'effectuer des signalements par écrit ou oralement, ou les deux. Il est possible d'effectuer des signalements oralement par téléphone ou *via* d'autres systèmes de messagerie vocale et, sur demande de l'auteur de signalement, par le biais d'une rencontre en personne dans un délai raisonnable.

CHAPITRE III ***SIGNALEMENTS EXTERNES ET SUIVI***

Art. 10 *Signalements effectués par le biais de canaux de signalement externe.* Sans préjudice de l'article 15, paragraphe 1, point b), les auteurs de signalement signalent des informations sur des violations en utilisant les canaux et procédures visés aux articles 11 et 12, après avoir effectué un signalement par le biais de canaux de signalement interne ou en effectuant un signalement directement par le biais de canaux de signalement externe.

Art. 11 *Obligation d'établir des canaux de signalement externe et d'assurer un suivi des signalements.* 1. Les États membres désignent les autorités compétentes pour recevoir les signalements, fournir un retour d'informations et assurer un suivi des signalements, et mettent des ressources suffisantes à la disposition desdites autorités.

2. Les États membres veillent à ce que les autorités compétentes :

a) établissent des canaux de signalement externe indépendants et autonomes pour la réception et le traitement des informations sur des violations ;

b) accusent réception des signalements rapidement, et en tout état de cause dans un délai de sept jours à compter de la réception du signalement, sauf demande contraire expresse de l'auteur de signalement ou à moins que l'autorité compétente ait des motifs raisonnables de croire qu'accuser réception du signalement compromettrait la protection de l'identité de l'auteur de signalement ;

c) assurent un suivi diligent des signalements ;

d) fournissent à l'auteur de signalement un retour d'informations dans un délai raisonnable n'excédant pas trois mois, ou six mois dans des cas dûment justifiés.

e) communiquent à l'auteur de signalement le résultat final des enquêtes déclenchées par le signalement, conformément aux procédures prévues par le droit national ;

f) transmettent en temps voulu les informations contenues dans le signalement aux institutions, organes ou organismes de l'Union compétents, selon le cas, en vue d'un complément d'enquête, lorsque cela est prévu par le droit de l'Union ou le droit national.

3. Les États membres peuvent prévoir que les autorités compétentes, après avoir dûment examiné la question, peuvent décider qu'une violation signalée est manifestement mineure et ne requiert pas d'autre suivi en vertu de la présente directive que la clôture de la procédure. Cela n'affecte pas d'autres obligations ou d'autres procédures applicables visant à remédier à la violation signalée, ni la protection accordée par la présente directive en ce qui concerne les signalements internes ou externes. En pareil cas, les autorités compétentes notifient à l'auteur de signalement leur décision et les motifs de cette décision.

4. Les États membres peuvent prévoir que les autorités compétentes peuvent décider de clore les procédures en ce qui concerne les signalements répétitifs qui ne contiennent aucune nouvelle information significative sur des violations par rapport à un signalement antérieur à propos duquel les procédures concernées ont été closes, à moins que de nouveaux éléments juridiques ou factuels ne justifient un suivi différent. En pareil cas, les autorités compétentes notifient à l'auteur de signalement leur décision et les motifs de cette décision.

5. Les États membres peuvent prévoir que, en cas d'afflux important de signalements, les autorités compétentes peuvent traiter en priorité les signalements de violations graves ou de violations de dispositions essentielles relevant du champ d'application de la présente directive, sans préjudice du délai énoncé au paragraphe 2, point d).

6. Les États membres veillent à ce que toute autorité qui a reçu un signalement mais qui n'est pas compétente pour traiter la violation signalée transmette le signalement à l'autorité compétente, dans un délai raisonnable et de manière sécurisée, et que l'auteur de signalement soit informé, sans retard, de cette transmission.

Art. 12 *Conception des canaux de signalement externe.* 1. Les canaux de signalement externe sont considérés comme indépendants et autonomes s'ils répondent à tous les critères suivants :

a) ils sont conçus, établis et gérés de manière à garantir l'exhaustivité, l'intégrité et la confidentialité des informations et à empêcher l'accès à ces informations aux membres du personnel de l'autorité compétente non autorisés ;

b) ils permettent le stockage durable d'informations conformément à l'article 18 afin de permettre que des enquêtes complémentaires soient menées.

2. Les canaux de signalement externe permettent d'effectuer des signalements par écrit et oralement. Il est possible d'effectuer des signalements oralement par téléphone ou *via* d'autres systèmes de messagerie vocale et, sur demande de l'auteur de signalement, par le biais d'une rencontre en personne dans un délai raisonnable.

3. Les autorités compétentes veillent à ce que, lorsqu'un signalement est reçu par des canaux autres que les canaux de signalement visés aux paragraphes 1 et 2 ou par des membres du personnel autres que ceux chargés du traitement des signalements, les membres du personnel qui reçoivent le signalement s'abstiennent de divulguer toute information qui permettrait d'identifier l'auteur de signalement ou la personne concernée et à ce qu'ils transmettent rapidement le signalement sans modification aux membres du personnel chargés du traitement des signalements.

4. Les États membres veillent à ce que les autorités compétentes désignent les membres du personnel chargés du traitement des signalements, et en particulier de ce qui suit :

a) la mise à la disposition de toute personne intéressée d'informations au sujet des procédures de signalement ;

b) la réception et le suivi des signalements ;

c) le maintien du contact avec l'auteur de signalement dans le but de lui fournir un retour d'informations et de lui demander d'autres informations si nécessaire.

5. Les membres du personnel visés au paragraphe 4 reçoivent une formation spécifique aux fins du traitement des signalements.

Art. 13 *Informations concernant la réception des signalements et leur suivi.* Les États membres veillent à ce que les autorités compétentes publient, dans une section distincte, aisément identifiable et accessible de leur site internet, au moins les informations suivantes :

a) les conditions pour bénéficier d'une protection au titre de la présente directive ;

b) les coordonnées nécessaires des canaux de signalement externe prévus à l'article 12, en particulier les adresses électroniques et postales, et les numéros de téléphone de ces canaux, en indiquant si les conversations téléphoniques sont enregistrées ou non ;

c) les procédures applicables au signalement de violations, y compris la manière dont l'autorité compétente peut demander à l'auteur de signalement de clarifier les informations signalées ou de fournir des informations supplémentaires, le délai pour fournir un retour d'informations, ainsi que le type de retour d'informations et son contenu ;

d) le régime de confidentialité applicable aux signalements, et en particulier les informations relatives au traitement des données à caractère personnel conformément à l'article 17 de la présente directive, aux articles 5 et 13 du règlement (UE) 2016/679, à l'article 13 de la directive (UE) 2016/680 et à l'article 15 du règlement (UE) 2018/1725, selon le cas ;

e) la nature du suivi à assurer en ce qui concerne les signalements ;

f) les recours et les procédures relatives à la protection contre les représailles et la possibilité pour les personnes qui envisagent d'effectuer un signalement de recevoir des conseils confidentiels ;

g) une notice expliquant clairement les conditions dans lesquelles la responsabilité des personnes qui effectuent un signalement auprès de l'autorité compétente ne serait pas engagée du fait d'une violation de la confidentialité en vertu de l'article 21, paragraphe 2 ; et

h) les coordonnées du centre d'information ou de l'autorité administrative indépendante unique prévue à l'article 20, paragraphe 3, le cas échéant.

Art. 14 *Réexamen des procédures par les autorités compétentes.* Les États membres veillent à ce que les autorités compétentes réexaminent leurs procédures de réception des signalements et de suivi régulièrement, et au minimum une fois tous les trois ans. Lors du réexamen de ces procédures, les autorités compétentes tiennent compte de leur expérience ainsi que de celle des autres autorités compétentes et adaptent leurs procédures en conséquence.

CHAPITRE IV *DIVULGATIONS PUBLIQUES*

Art. 15 *Divulgations publiques.* 1. Une personne qui fait une divulgation publique bénéficie de la protection prévue par la présente directive si l'une ou l'autre des conditions suivantes est remplie :

a) la personne a d'abord effectué un signalement interne et externe, ou a effectué directement un signalement externe conformément aux chapitres II et III, mais aucune mesure appropriée n'a été prise en réponse au signalement dans le délai visé à l'article 9, paragraphe 1, point f), ou à l'article 11, paragraphe 2, point d) ; ou

b) la personne a des motifs raisonnables de croire que :

i) la violation peut représenter un danger imminent ou manifeste pour l'intérêt public, comme lorsqu'il existe une situation d'urgence ou un risque de préjudice irréversible ; ou

ii) en cas de signalement externe, il existe un risque de représailles ou il y a peu de chances qu'il soit véritablement remédié à la violation, en raison des circonstances particulières de l'affaire, comme lorsque des preuves peuvent être dissimulées ou détruites ou lorsqu'une autorité peut être en collusion avec l'auteur de la violation ou impliquée dans la violation.

2. Le présent article ne s'applique pas aux cas dans lesquels une personne révèle directement des informations à la presse en vertu de dispositions nationales spécifiques établissant un système de protection relatif à la liberté d'expression et d'information.

CHAPITRE V *DISPOSITIONS APPLICABLES AUX SIGNALEMENTS INTERNES ET EXTERNES*

Art. 16 *Devoir de confidentialité.* 1. Les États membres veillent à ce que l'identité de l'auteur de signalement ne soit pas divulguée sans le consentement exprès de celui-ci à toute personne autre que les membres du personnel autorisés compétents pour recevoir des signalements ou pour en assurer le suivi. Cela s'applique également pour toute autre information à partir de laquelle l'identité de l'auteur de signalement peut être directement ou indirectement déduite.

2. Par dérogation au paragraphe 1, l'identité de l'auteur de signalement et toute autre information visée au paragraphe 1 peuvent être divulguées uniquement lorsqu'il s'agit d'une obligation nécessaire et proportionnée imposée par le droit de l'Union ou le droit national dans le cadre d'enquêtes menées par des autorités nationales ou dans le cadre de procédures judiciaires, notamment en vue de sauvegarder les droits de la défense de la personne concernée.

3. Les divulgations effectuées en vertu de la dérogation prévue au paragraphe 2 font l'objet de mesures de sauvegarde appropriées en vertu des règles de l'Union et des règles nationales applicables. En particulier, les auteurs de signalement sont informés avant que leur identité ne soit divulguée, à moins qu'une telle information ne risque de compromettre les enquêtes ou les procédures judiciaires concernées. Lorsqu'elle informe les auteurs de signalement, l'autorité compétente leur adresse une explication écrite des motifs de la divulgation des données confidentielles concernées.

4. Les États membres veillent à ce que les autorités compétentes qui reçoivent des informations sur des violations qui comportent des secrets d'affaires n'utilisent pas ou ne divulguent pas ces secrets d'affaires à des fins allant au-delà de ce qui est nécessaire pour assurer un suivi approprié.

Art. 17 *Traitement des données à caractère personnel.* Tout traitement de données à caractère personnel effectué en vertu de la présente directive, y compris l'échange ou la transmission de données à caractère personnel par les autorités compétentes, est effectué conformément au règlement (UE) 2016/679 et à la directive (UE) 2016/680. Tout échange ou toute transmission d'informations par les institutions, organes ou organismes de l'Union s'effectue conformément au règlement (UE) 2018/1725.

Les données à caractère personnel qui ne sont manifestement pas pertinentes pour le traitement d'un signalement spécifique ne sont pas collectées ou, si elles le sont accidentellement, sont effacées sans retard injustifié.

Art. 18 *Archivage des signalements.* 1. Les États membres veillent à ce que les entités juridiques des secteurs privé et public et les autorités compétentes archivent tous les signalements reçus, dans le respect des exigences de confidentialité prévues à l'article 16. Les signalements ne sont pas conservés plus longtemps qu'il n'est nécessaire et proportionné de le faire pour respecter les exigences imposées par la présente directive ou d'autres exigences imposées par le droit de l'Union ou le droit national.

2. Lorsqu'une ligne téléphonique enregistrée ou un autre système de messagerie vocale enregistré est utilisé pour le signalement, avec le consentement de l'auteur de signalement, les entités juridiques des secteurs privé et public et les autorités compétentes ont le droit de consigner le signalement oral sous l'une des formes suivantes :

a) en effectuant un enregistrement de la conversation sous une forme durable et récupérable ; ou

b) par une transcription complète et précise de la conversation, établie par le membre du personnel chargé de traiter le signalement.

Les entités juridiques des secteurs privé et public et les autorités compétentes donnent à l'auteur de signalement la possibilité de vérifier, de rectifier et d'approuver la transcription de l'appel par l'apposition de sa signature.

3. Lorsqu'une ligne téléphonique non enregistrée ou un autre système de messagerie vocale non enregistré est utilisé pour le signalement, les entités juridiques des secteurs privé et public et les autorités compétentes ont le droit de consigner le signalement oral sous la forme d'un procès-verbal précis de la conversation établi par le membre du personnel chargé de traiter le signalement. Les entités juridiques des secteurs privé et public et les autorités compétentes donnent à l'auteur de signalement la possibilité de vérifier, de rectifier et d'approuver le procès-verbal de la conversation par l'apposition de sa signature.

4. Lorsqu'une personne demande à rencontrer les membres du personnel des entités juridiques des secteurs privé et public ou des autorités compétentes aux fins d'un signalement en vertu de l'article 9, paragraphe 2, et de l'article 12, paragraphe 2, les entités juridiques des secteurs privé et public et les autorités compétentes veillent, avec le consentement de l'auteur de signalement, à ce que des comptes rendus complets et précis de la rencontre soient conservés sous une forme durable et récupérable.

Les entités juridiques des secteurs privé et public et les autorités compétentes ont le droit de consigner la rencontre sous l'une des formes suivantes :

a) en effectuant un enregistrement de la conversation sous une forme durable et récupérable ; ou

b) par un procès-verbal précis de la rencontre établi par les membres du personnel chargés du traitement du signalement.

Les entités juridiques des secteurs privé et public et les autorités compétentes donnent à l'auteur de signalement la possibilité de vérifier, de rectifier et d'approuver le procès-verbal de la rencontre par l'apposition de sa signature.

CHAPITRE VI *MESURES DE PROTECTION*

Art. 19 *Interdiction de représailles.* Les États membres prennent les mesures nécessaires pour interdire toute forme de représailles contre les personnes visées à l'article 4, y compris les menaces de représailles et tentatives de représailles, notamment sous les formes suivantes :

a) suspension, mise à pied, licenciement ou mesures équivalentes ;

b) rétrogradation ou refus de promotion ;

c) transfert de fonctions, changement de lieu de travail, réduction de salaire, modification des horaires de travail ;

d) suspension de la formation ;

e) évaluation de performance ou attestation de travail négative ;

f) mesures disciplinaires imposées ou administrées, réprimande ou autre sanction, y compris une sanction financière ;

g) coercition, intimidation, harcèlement ou ostracisme ;

h) discrimination, traitement désavantageux ou injuste ;

i) non-conversion d'un contrat de travail temporaire en un contrat permanent, lorsque le travailleur pouvait légitimement espérer se voir offrir un emploi permanent ;

j) non-renouvellement ou résiliation anticipée d'un contrat de travail temporaire ;

k) préjudice, y compris les atteintes à la réputation de la personne, en particulier sur les réseaux sociaux, ou pertes financières, y compris la perte d'activité et la perte de revenu ;

l) mise sur liste noire sur la base d'un accord formel ou informel à l'échelle sectorielle ou de la branche d'activité, pouvant impliquer que la personne ne trouvera pas d'emploi à l'avenir au niveau du secteur ou de la branche d'activité ;

m) résiliation anticipée ou annulation d'un contrat pour des biens ou des services ;

n) annulation d'une licence ou d'un permis ;

o) orientation vers un traitement psychiatrique ou médical.

Art. 20 *Mesures de soutien.* **1. Les États membres veillent à ce que les personnes visées à l'article 4 bénéficient, s'il y a lieu, de mesures de soutien et notamment des mesures suivantes :**

a) des informations et des conseils complets et indépendants, qui sont facilement accessibles au public et gratuits, sur les procédures et les recours disponibles, sur la protection contre les représailles, ainsi que sur les droits de la personne concernée ;

b) une assistance effective de la part des autorités compétentes devant toute autorité pertinente associée à leur protection contre les représailles, y compris, lorsque le droit national le prévoit, la certification du fait qu'elles bénéficient de la protection prévue par la présente directive ; et

c) une assistance juridique dans le cadre des procédures pénales et civiles transfrontières conformément à la directive (UE) 2016/1919 et à la directive 2008/52/CE du Parlement européen et du Conseil *[du 21 mai 2008 sur certains aspects de la médiation en matière civile et commerciale]* **et, conformément au droit national, une assistance juridique dans le cadre d'autres procédures ainsi que des conseils juridiques ou toute autre assistance juridique.**

2. Les États membres peuvent prévoir une assistance financière et des mesures de soutien, notamment psychologique, pour les auteurs de signalement dans le cadre des procédures judiciaires.

3. Les mesures de soutien visées dans le présent article peuvent, le cas échéant, être apportées par un centre d'information ou une autorité administrative indépendante unique et clairement identifiée.

Art. 21 *Mesures de protection contre les représailles.* **1. Les États membres prennent les mesures nécessaires pour garantir que les personnes visées à l'article 4 soient protégés contre les représailles. Ces mesures comprennent notamment celles visées aux paragraphes 2 à 8 du présent article.**

2. Sans préjudice de l'article 3, paragraphes 2 et 3, lorsque des personnes signalent des informations sur des violations ou font une divulgation publique conformément à la présente directive, elles ne sont pas considérées comme ayant enfreint une restriction à la divulgation d'informations et n'encourent aucune responsabilité d'aucune sorte concernant ce signalement ou cette divulgation publique pour autant qu'elles aient eu des motifs raisonnables de croire que le signalement ou la divulgation publique de telles informations était nécessaire pour révéler une violation en vertu de la présente directive.

3. Les auteurs de signalement n'encourent aucune responsabilité en ce qui concerne l'obtention des informations qui sont signalées ou divulguées publiquement, ou l'accès à ces informations, à condition que cette obtention ou cet accès ne constitue pas une infraction pénale autonome. Au cas où cette obtention ou cet accès constitue une infraction pénale autonome, la responsabilité pénale continue d'être régie par le droit national applicable.

4. Toute autre responsabilité éventuelle des auteurs de signalement découlant d'actes ou d'omissions qui ne sont pas liés au signalement ou à la divulgation publique ou qui ne sont pas nécessaires pour révéler une violation en vertu de la présente directive continue d'être régie par le droit de l'Union ou le droit national applicable.

5. Dans le cadre d'une procédure engagée devant une juridiction ou auprès d'une autre autorité concernant un préjudice subi par l'auteur de signalement, et sous réserve que celui-ci établisse qu'il a effectué un signalement ou fait une divulgation publique et qu'il a subi un préjudice, il est présumé que le préjudice a été causé en représailles au signalement ou à la divulgation publique. En pareil cas, il incombe à la personne qui a pris la mesure préjudiciable d'établir que cette mesure était fondée sur des motifs dûment justifiés.

6. Les personnes visées à l'article 4 ont accès, lorsque cela est approprié, à des mesures correctives contre les représailles, y compris des mesures provisoires dans l'attente du règlement des procédures judiciaires, conformément au droit national.

7. Dans les procédures judiciaires, y compris pour diffamation, violation du droit d'auteur, violation du secret, violation des règles en matière de protection des données ou divulgation de secrets d'affaires, ou pour des demandes d'indemnisation fondées sur le droit privé, le droit public ou le droit collectif du travail, les personnes

visées à l'article 4 n'encourent aucune responsabilité du fait des signalements ou des divulgations publiques effectués au titre de la présente directive. Ces personnes ont le droit d'invoquer ce signalement ou cette divulgation publique pour demander l'abandon de la procédure, à condition qu'elles aient eu des motifs raisonnables de croire que le signalement ou la divulgation publique était nécessaire pour révéler une violation en vertu de la présente directive.

Lorsqu'une personne signale ou divulgue publiquement des informations sur des violations relevant du champ d'application de la présente directive, et que ces informations comportent des secrets d'affaires, et lorsque cette personne remplit les conditions de la présente directive, ce signalement ou cette divulgation publique est considéré comme licite dans les conditions énoncées à l'article 3, paragraphe 2, de la directive (UE) 2016/943.

8. Les États membres prennent les mesures nécessaires pour que des recours et une réparation intégrale soient accordés pour les dommages subis par les personnes visées à l'article 4 conformément au droit national.

Art. 22 *Mesures de protection des personnes concernées.* 1. Les États membres veillent à ce que, conformément à la Charte, les personnes concernées jouissent pleinement du droit à un recours effectif et à un procès équitable, ainsi que de la présomption d'innocence et des droits de la défense, y compris le droit d'être entendues et le droit d'accéder à leur dossier.

2. Les autorités compétentes veillent, conformément au droit national, à ce que l'identité des personnes concernées soit protégée aussi longtemps que les enquêtes déclenchées par le signalement ou la divulgation publique sont en cours.

3. Les règles prévues aux articles 12, 17 et 18 concernant la protection de l'identité des auteurs de signalement s'appliquent également à la protection de l'identité des personnes concernées.

Art. 23 *Sanctions.* 1. Les États membres prévoient des sanctions effectives, proportionnées et dissuasives applicables aux personnes physiques ou morales qui :

a) entravent ou tentent d'entraver le signalement ;

b) exercent des représailles contre les personnes visées à l'article 4 ;

c) intentent des procédures abusives contre les personnes visées à l'article 4 ;

d) manquent à l'obligation de préserver la confidentialité de l'identité des auteurs de signalement, telle qu'elle est visée à l'article 16.

2. Les États membres prévoient des sanctions effectives, proportionnées et dissuasives applicables aux auteurs de signalement lorsqu'il est établi qu'ils ont sciemment signalé ou divulgué publiquement de fausses informations. Les États membres prévoient également des mesures d'indemnisation pour les dommages résultant de ces signalements ou divulgations publiques conformément au droit national.

Art. 24 *Absence de renonciation aux droits et recours.* Les États membres veillent à ce que les droits et recours prévus par la présente directive ne puissent faire l'objet d'une renonciation ni être limités par un quelconque accord ou une quelconque politique, forme d'emploi ou condition de travail, y compris une convention d'arbitrage.

CHAPITRE VII *DISPOSITIONS FINALES*

Art. 25 *Traitement plus favorable et clause de non-régression.* 1. Les États membres peuvent adopter ou maintenir des dispositions plus favorables aux droits des auteurs de signalement que celles prévues par la présente directive, sans préjudice de l'article 22 et de l'article 23, paragraphe 2.

2. La mise en œuvre de la présente directive ne peut, en aucun cas, constituer un motif pour réduire le niveau de protection déjà offert par les États membres dans les domaines régis par la présente directive.

Art. 26 *Transposition et période transitoire.* 1. Les États membres mettent en vigueur les dispositions législatives, réglementaires et administratives nécessaires pour se conformer à la présente directive au plus tard le 17 décembre 2021.

2. Par dérogation au paragraphe 1, en ce qui concerne les entités juridiques du secteur privé comptant 50 à 249 travailleurs, les États membres mettent en vigueur les dispositions législatives, réglementaires et administratives nécessaires pour se conformer à l'obligation d'établir des canaux de signalement interne en vertu de l'article 8, paragraphe 3, au plus tard le 17 décembre 2023.

3. Lorsque les États membres adoptent les dispositions visées aux paragraphes 1 et 2, celles-ci contiennent une référence à la présente directive ou sont accompagnées d'une telle référence lors de leur publication officielle. Les modalités de cette référence sont arrêtées par les États membres. Les États membres communiquent immédiatement à la Commission le texte de ces dispositions.

Art. 27 *Rapports, évaluation et réexamen.* 1. Les États membres communiquent à la Commission toutes les informations utiles concernant la mise en œuvre et l'application de la présente directive. Sur la base des informations communiquées, la Commission présente, au plus tard le 17 décembre 2023, un rapport au Parlement européen et au Conseil concernant la mise en œuvre et l'application de la présente directive.

2. Sans préjudice des obligations en matière d'établissement de rapports prévues par d'autres actes juridiques de l'Union, les États membres transmettent chaque année à la Commission les statistiques suivantes sur les signalements visés au chapitre III, de préférence sous une forme agrégée, si elles sont disponibles au niveau central dans l'État membre concerné :

a) le nombre de signalements reçus par les autorités compétentes ;

b) le nombre d'enquêtes et de procédures engagées à la suite de ces signalements et leur résultat ; et

c) s'il est constaté, le préjudice financier estimé et les montants recouvrés à la suite d'enquêtes et de procédures liés aux violations signalées.

3. La Commission présente au Parlement européen et au Conseil, au plus tard le 17 décembre 2025, compte tenu de son rapport présenté en application du paragraphe 1 et des statistiques transmises par les États membres en application du paragraphe 2, un rapport évaluant l'impact de la législation nationale transposant la présente directive. Ce rapport évalue le fonctionnement de la présente directive et examine la nécessité de mesures supplémentaires, y compris, le cas échéant, de modifications en vue d'étendre le champ d'application de la présente directive à d'autres actes ou domaines de l'Union, en particulier l'amélioration de l'environnement de travail pour protéger la santé et la sécurité des travailleurs ainsi que leurs conditions de travail.

Outre l'évaluation visée au premier alinéa, le rapport évalue la manière dont les États membres ont utilisé les mécanismes de coopération existants dans le cadre des obligations qui leur incombent d'assurer le suivi des signalements de violations relevant du champ d'application de la présente directive et, plus généralement, la manière dont ils coopèrent dans les cas de violations revêtant une dimension transfrontière.

4. La Commission rend publics et facilement accessibles les rapports visés aux paragraphes 1 et 3.

Art. 28 *Entrée en vigueur.* La présente directive entre en vigueur le vingtième jour suivant celui de sa publication au *Journal officiel de l'Union européenne [JOUE L 305 du 26 nov. 2019]*.

ANNEXE

PARTIE I

A. Article 2, paragraphe 1, point a) i) – marchés publics

1. Règles de procédure applicables à la passation de marchés publics et à l'attribution de concessions, à la passation de marchés dans les domaines de la défense et de la sécurité, et à la passation de marchés par des entités opérant dans les secteurs de l'eau, de l'énergie, des transports et des services postaux ainsi qu'à tout autre contrat, figurant dans :

i) la directive 2014/23/UE du Parlement européen et du Conseil du 26 février 2014 sur l'attribution de contrats de concession ;

ii) la directive 2014/24/UE du Parlement européen et du Conseil du 26 février 2014 sur la passation des marchés publics et abrogeant la directive 2004/18/CE ;

iii) la directive 2014/25/UE du Parlement européen et du Conseil du 26 février 2014 relative à la passation de marchés par des entités opérant dans les secteurs de l'eau, de l'énergie, des transports et des services postaux et abrogeant la directive 2004/17/CE ;

iv) la directive 2009/81/CE du Parlement européen et du Conseil du 13 juillet 2009 relative à la coordination des procédures de passation de certains marchés de travaux, de fournitures et de services par des pouvoirs adjudicateurs ou entités adjudicatrices dans les domaines de la défense et de la sécurité, et modifiant les directives 2004/17/CE et 2004/18/CE.

2. Procédures d'examen réglementées par :

i) la directive 92/13/CEE du Conseil du 25 février 1992 portant coordination des dispositions législatives, réglementaires et administratives relatives à l'application des règles communautaires sur les procédures de passation des marchés des entités opérant dans les secteurs de l'eau, de l'énergie, des transports et des télécommunications ;

ii) la directive 89/665/CEE du Conseil du 21 décembre 1989 portant coordination des dispositions législatives, réglementaires et administratives relatives à l'application des procédures de recours en matière de passation des marchés publics de fournitures et de travaux.

B. Article 2, paragraphe 1, point a) ii) – services, produits et marchés financiers, et prévention du blanchiment de capitaux et du financement du terrorisme

Règles établissant un cadre réglementaire de surveillance et de protection des consommateurs et des investisseurs dans les services financiers et les marchés de capitaux, les banques, les établissements de crédit, les investissements, l'assurance et la réassurance, les produits d'épargne-retraite professionnelle ou individuelle, les titres, les fonds d'investissement, les services de paiement et les activités de l'Union énumérées à l'annexe I de la directive 2013/36/UE du Parlement européen et du Conseil du 26 juin 2013 concernant l'accès à l'activité des établissements de crédit et la surveillance prudentielle des établissements de crédit et des entreprises d'investissement, modifiant la directive 2002/87/CE et abrogeant les directives 2006/48/CE et 2006/49/CE, figurant dans :

i) la directive 2009/110/CE du Parlement européen et du Conseil du 16 septembre 2009 concernant l'accès à l'activité des établissements de monnaie électronique et son exercice ainsi que la surveillance prudentielle de ces établissements, modifiant les directives 2005/60/CE et 2006/48/CE et abrogeant la directive 2000/46/CE ;

ii) la directive 2011/61/UE du Parlement européen et du Conseil du 8 juin 2011 sur les gestionnaires de fonds d'investissement alternatifs et modifiant les directives 2003/41/CE et 2009/65/CE ainsi que les règlements (CE) n° 1060/2009 et (UE) n° 1095/2010 ;

iii) le règlement (UE) n° 236/2012 du Parlement européen et du Conseil du 14 mars 2012 sur la vente à découvert et certains aspects des contrats d'échange sur risque de crédit ;

iv) le règlement (UE) n° 345/2013 du Parlement européen et du Conseil du 17 avril 2013 relatif aux fonds de capital-risque européens ;

v) le règlement (UE) n° 346/2013 du Parlement européen et du Conseil du 17 avril 2013 relatif aux fonds d'entrepreneuriat social européens ;

vi) la directive 2014/17/UE du Parlement européen et du Conseil du 4 février 2014 sur les contrats de crédit aux consommateurs relatifs aux biens immobiliers à usage résidentiel et modifiant les directives 2008/48/CE et 2013/36/UE et le règlement (UE) n° 1093/2010 ;

vii) le règlement (UE) n° 537/2014 du Parlement européen et du Conseil du 16 avril 2014 concernant les exigences spécifiques concernant le contrôle légal des comptes des entités d'intérêt public et abrogeant la décision 2005/909/CE de la Commission ;

viii) le règlement (UE) n° 600/2014 du Parlement européen et du Conseil du 15 mai 2014 concernant les marchés d'instruments financiers et modifiant le règlement (UE) n° 648/2012 ;

ix) la directive (UE) 2015/2366 du Parlement européen et du Conseil du 25 novembre 2015 concernant les services de paiement dans le marché intérieur, modifiant les directives 2002/65/CE, 2009/110/CE et 2013/36/UE et le règlement (UE) n° 1093/2010, et abrogeant la directive 2007/64/CE ;

x) la directive 2004/25/CE du Parlement européen et du Conseil du 21 avril 2004 concernant les offres publiques d'acquisition ;

xi) la directive 2007/36/CE du Parlement européen et du Conseil du 11 juillet 2007 concernant l'exercice de certains droits des actionnaires de sociétés cotées ;

xii) la directive 2004/109/CE du Parlement européen et du Conseil du 15 décembre 2004 sur l'harmonisation des obligations de transparence concernant l'information sur les émetteurs dont les valeurs mobilières sont admises à la négociation sur un marché réglementé et modifiant la directive 2001/34/CE ;

xiii) le règlement (UE) n° 648/2012 du Parlement européen et du Conseil du 4 juillet 2012 sur les produits dérivés de gré à gré, les contreparties centrales et les référentiels centraux ;

xiv) le règlement (UE) 2016/1011 du Parlement européen et du Conseil du 8 juin 2016 concernant les indices utilisés comme indices de référence dans le cadre d'instruments et de contrats financiers ou pour mesurer la performance de fonds d'investissement et modifiant les directives 2008/48/CE et 2014/17/UE et le règlement (UE) n° 596/2014 ;

xv) la directive 2009/138/CE du Parlement européen et du Conseil du 25 novembre 2009 sur l'accès aux activités de l'assurance et de la réassurance et leur exercice (solvabilité II) ;

xvi) la directive 2014/59/UE du Parlement européen et du Conseil du 15 mai 2014 établissant un cadre pour le redressement et la résolution des établissements de crédit et des entreprises d'investissement et modifiant la directive 82/891/CEE du Conseil ainsi que les directives du Parlement européen et du Conseil 2001/24/CE, 2002/47/CE, 2004/25/CE, 2005/56/CE, 2007/36/CE, 2011/35/UE, 2012/30/UE et 2013/36/UE et les règlements du Parlement européen et du Conseil (UE) n° 1093/2010 et (UE) n° 648/2012 ;

xvii) la directive 2002/87/CE du Parlement européen et du Conseil du 16 décembre 2002 relative à la surveillance complémentaire des établissements de crédit, des entreprises d'assurance et des entreprises d'investissement appartenant à un conglomérat financier, et modifiant les directives 73/239/CEE, 79/267/CEE, 92/49/CEE, 92/96/CEE, 93/6/CEE et 93/22/CEE du Conseil et les directives 98/78/CE et 2000/12/CE du Parlement européen et du Conseil ;

xviii) la directive 2014/49/UE du Parlement européen et du Conseil du 16 avril 2014 relative aux systèmes de garantie des dépôts ;

xix) la directive 97/9/CE du Parlement européen et du Conseil du 3 mars 1997 relative aux systèmes d'indemnisation des investisseurs ;

xx) le règlement (UE) n° 575/2013 du Parlement européen et du Conseil du 26 juin 2013 concernant les exigences prudentielles applicables aux établissements de crédit et aux entreprises d'investissement et modifiant le règlement (UE) n° 648/2012.

C. Article 2, paragraphe 1, point a) iii) – sécurité et conformité des produits

1. Exigences de sécurité et de conformité des produits mis sur le marché de l'Union telles que définies et réglementées par :

i) la directive 2001/95/CE du Parlement européen et du Conseil du 3 décembre 2001 relative à la sécurité générale des produits ;

ii) la législation d'harmonisation de l'Union concernant les produits manufacturés, y compris les exigences d'étiquetage, autres que les denrées alimentaires, les aliments pour animaux, les médicaments à usage humain et vétérinaire, les végétaux et animaux vivants, les produits d'origine humaine et les végétaux et animaux directement liés à leur reproduction future tels qu'énumérés dans les annexes I et II du règlement (UE) 2019/1020 du Parlement européen et du Conseil du 20 juin 2019 sur la surveillance du marché et la conformité des produits et modifiant la directive 2004/42/CE et les règlements (CE) n° 765/2008 et (UE) n° 305/2011 ;

iii) la directive 2007/46/CE du Parlement européen et du Conseil du 5 septembre 2007 établissant un cadre pour la réception des véhicules à moteur, de leurs remorques et des systèmes, des composants et des entités techniques destinés à ces véhicules (directive-cadre).

2. Règles relatives à la commercialisation et à l'utilisation de produits sensibles et dangereux figurant dans :

i) la directive 2009/43/CE du Parlement européen et du Conseil du 6 mai 2009 simplifiant les conditions des transferts de produits liés à la défense dans la Communauté ;

ii) la directive 91/477/CEE du Conseil du 18 juin 1991 relative au contrôle de l'acquisition et de la détention d'armes ;

iii) le règlement (UE) n° 98/2013 du Parlement européen et du Conseil du 15 janvier 2013 sur la commercialisation et l'utilisation de précurseurs d'explosifs.

D. Article 2, paragraphe 1, point a) iv) – sécurité des transports

1. Exigences de sécurité dans le secteur ferroviaire réglementées par la directive (UE) 2016/798 du Parlement européen et du Conseil du 11 mai 2016 relative à la sécurité ferroviaire.

2. Exigences de sécurité dans le secteur de l'aviation civile réglementées par le règlement (UE) n° 996/2010 du Parlement européen et du Conseil du 20 octobre 2010 sur les enquêtes et la prévention des accidents et des incidents dans l'aviation civile et abrogeant la directive 94/56/CE.

3. Exigences de sécurité dans le secteur routier réglementées par :

i) la directive 2008/96/CE du Parlement européen et du Conseil du 19 novembre 2008 concernant la gestion de la sécurité des infrastructures routières ;

ii) la directive 2004/54/CE du Parlement européen et du Conseil du 29 avril 2004 concernant les exigences de sécurité minimales applicables aux tunnels du réseau routier transeuropéen ;

iii) le règlement (CE) n° 1071/2009 du Parlement européen et du Conseil du 21 octobre 2009 établissant des règles communes sur les conditions à respecter pour exercer la profession de transporteur par route, et abrogeant la directive 96/26/CE du Conseil.

4. Exigences de sécurité dans le secteur maritime réglementées par :

i) le règlement (CE) n° 391/2009 du Parlement européen et du Conseil du 23 avril 2009 établissant des règles et normes communes concernant les organismes habilités à effectuer l'inspection et la visite des navires ;

ii) le règlement (CE) n° 392/2009 du Parlement européen et du Conseil du 23 avril 2009 relatif à la responsabilité des transporteurs de passagers par mer en cas d'accident ;

iii) la directive 2014/90/UE du Parlement européen et du Conseil du 23 juillet 2014 relative aux équipements marins et abrogeant la directive 96/98/CE du Conseil ;

iv) la directive 2009/18/CE du Parlement européen et du Conseil du 23 avril 2009 établissant les principes fondamentaux régissant les enquêtes sur les accidents dans le secteur des transports maritimes et modifiant la directive 1999/35/CE du Conseil et la directive 2002/59/CE du Parlement européen et du Conseil ;

v) la directive 2008/106/CE du Parlement européen et du Conseil du 19 novembre 2008 concernant le niveau minimal de formation des gens de mer ;

vi) la directive 98/41/CE du Conseil du 18 juin 1998 relative à l'enregistrement des personnes voyageant à bord de navires à passagers opérant à destination ou au départ des ports d'États membres de la Communauté ;

vii) la directive 2001/96/CE du Parlement européen et du Conseil du 4 décembre 2001 établissant des exigences et des procédures harmonisées pour le chargement et le déchargement en toute sécurité des vraquiers.

5. Exigences de sécurité réglementées par la directive 2008/68/CE du Parlement européen et du Conseil du 24 septembre 2008 relative au transport intérieur des marchandises dangereuses.

E. Article 2, paragraphe 1, point a) v) – protection de l'environnement

1. Toute infraction pénale relevant de la protection de l'environnement réglementée par la directive 2008/99/CE du Parlement européen et du Conseil du 19 novembre 2008 relative à la protection de l'environnement par le droit pénal ou tout comportement illicite enfreignant la législation figurant dans les annexes de la directive 2008/99/CE ;

2. Règles relatives à l'environnement et au climat figurant dans :

i) la directive 2003/87/CE du Parlement européen et du Conseil du 13 octobre 2003 établissant un système d'échange de quotas d'émission de gaz à effet de serre dans la Communauté et modifiant la directive 96/61/CE du Conseil ;

ii) la directive 2009/28/CE du Parlement européen et du Conseil du 23 avril 2009 relative à la promotion de l'utilisation de l'énergie produite à partir de sources renouvelables et modifiant puis abrogeant les directives 2001/77/CE et 2003/30/CE ;

iii) la directive 2012/27/UE du Parlement européen et du Conseil du 25 octobre 2012 relative à l'efficacité énergétique, modifiant les directives 2009/125/CE et 2010/30/UE et abrogeant les directives 2004/8/CE et 2006/32/CE ;

iv) le règlement (UE) n° 525/2013 du Parlement européen et du Conseil du 21 mai 2013 relatif à un mécanisme pour la surveillance et la déclaration des émissions de gaz à effet de serre et pour la déclaration, au niveau national et au niveau de l'Union, d'autres informations ayant trait au changement climatique et abrogeant la décision n° 280/2004/CE ;

v) la directive (UE) 2018/2001 du Parlement européen et du Conseil du 11 décembre 2018 relative à la promotion de l'utilisation de l'énergie produite à partir de sources renouvelables.

3. Règles relatives au développement durable et à la gestion des déchets figurant dans :

i) la directive 2008/98/CE du Parlement européen et du Conseil du 19 novembre 2008 relative aux déchets et abrogeant certaines directives ;

ii) le règlement (UE) n° 1257/2013 du Parlement européen et du Conseil du 20 novembre 2013 relatif au recyclage des navires et modifiant le règlement (CE) n° 1013/2006 et la directive 2009/16/CE ;

iii) le règlement (UE) n° 649/2012 du Parlement européen et du Conseil du 4 juillet 2012 concernant les exportations et importations de produits chimiques dangereux.

4. Règles relatives aux pollutions marines, atmosphériques et sonores figurant dans :

i) la directive 1999/94/CE du Parlement européen et du Conseil du 13 décembre 1999, concernant la disponibilité d'informations sur la consommation de carburant et les émissions de CO_2 à l'intention des consommateurs lors de la commercialisation des voitures particulières neuves ;

ii) la directive 2001/81/CE du Parlement européen et du Conseil du 23 octobre 2001 fixant des plafonds d'émission nationaux pour certains polluants atmosphériques ;

iii) la directive 2002/49/CE du Parlement européen et du Conseil du 25 juin 2002 relative à l'évaluation et à la gestion du bruit dans l'environnement ;

iv) le règlement (CE) n° 782/2003 du Parlement européen et du Conseil du 14 avril 2003 interdisant les composés organostanniques sur les navires ;

v) la directive 2004/35/CE du Parlement européen et du Conseil du 21 avril 2004 sur la responsabilité environnementale en ce qui concerne la prévention et la réparation des dommages environnementaux ;

vi) la directive 2005/35/CE du Parlement européen et du Conseil du 7 septembre 2005 relative à la pollution causée par les navires et à l'introduction de sanctions en cas d'infractions ;

vii) le règlement (CE) n° 166/2006 du Parlement européen et du Conseil du 18 janvier 2006 concernant la création d'un registre européen des rejets et transferts de polluants, et modifiant les directives 91/689/CEE et 96/61/CE du Conseil ;

viii) la directive 2009/33/CE du Parlement européen et du Conseil du 23 avril 2009 relative à la promotion de véhicules de transport routier propres et économes en énergie ;

ix) le règlement (CE) n° 443/2009 du Parlement européen et du Conseil du 23 avril 2009 établissant des normes de performance en matière d'émissions pour les voitures particulières neuves dans le cadre de l'approche intégrée de la Communauté visant à réduire les émissions de CO_2 des véhicules légers ;

x) le règlement (CE) n° 1005/2009 du Parlement européen et du Conseil du 16 septembre 2009 relatif à des substances qui appauvrissent la couche d'ozone ;

xi) la directive 2009/126/CE du Parlement européen et du Conseil du 21 octobre 2009 concernant la phase II de la récupération des vapeurs d'essence, lors du ravitaillement en carburant des véhicules à moteur dans les stations-service ;

xii) le règlement (UE) n° 510/2011 du Parlement européen et du Conseil du 11 mai 2011 établissant des normes de performance en matière d'émissions pour les véhicules utilitaires légers neufs dans le cadre de l'approche intégrée de l'Union visant à réduire les émissions de CO_2 des véhicules légers ;

xiii) la directive 2014/94/UE du Parlement européen et du Conseil du 22 octobre 2014 sur le déploiement d'une infrastructure pour carburants alternatifs ;

xiv) le règlement (UE) 2015/757 du Parlement européen et du Conseil du 29 avril 2015 relatif à la surveillance, la déclaration et la vérification des émissions de dioxyde de carbone du transport maritime et modifiant la directive 2009/16/CE ;

xv) la directive (UE) 2015/2193 du Parlement européen et du Conseil du 25 novembre 2015 relative à la limitation des émissions de certains polluants dans l'atmosphère en provenance des installations de combustion moyennes.

5. Règles relatives à la protection et à la gestion des eaux et du sol figurant dans :

i) la directive 2007/60/CE du Parlement européen et du Conseil du 23 octobre 2007 relative à l'évaluation et à la gestion des risques d'inondations ;

ii) la directive 2008/105/CE du Parlement européen et du Conseil du 16 décembre 2008 établissant des normes de qualité environnementale dans le domaine de l'eau, modifiant et abrogeant les directives du Conseil 82/176/CEE, 83/513/CEE, 84/156/CEE, 84/491/CEE, 86/280/CEE et modifiant la directive 2000/60/CE ;

iii) la directive 2011/92/UE du Parlement européen et du Conseil du 13 décembre 2011 concernant l'évaluation des incidences de certains projets publics et privés sur l'environnement.

6. Règles relatives à la protection de la nature et de la biodiversité figurant dans :

i) le règlement (CE) n° 1936/2001 du Conseil du 27 septembre 2001 établissant certaines mesures de contrôle applicables aux activités de pêche de certains stocks de poissons grands migrateurs ;

ii) le règlement (CE) n° 812/2004 du Conseil du 26 avril 2004 établissant des mesures relatives aux captures accidentelles de cétacés dans les pêcheries et modifiant le règlement (CE) n° 88/98 ;

iii) le règlement (CE) n° 1007/2009 du Parlement européen et du Conseil du 16 septembre 2009 sur le commerce des produits dérivés du phoque ;

iv) le règlement (CE) n° 734/2008 du Conseil du 15 juillet 2008 relatif à la protection des écosystèmes marins vulnérables de haute mer contre les effets néfastes de l'utilisation des engins de pêche de fond ;

v) la directive 2009/147/CE du Parlement européen et du Conseil du 30 novembre 2009 concernant la conservation des oiseaux sauvages ;

vi) le règlement (UE) n° 995/2010 du Parlement européen et du Conseil du 20 octobre 2010 établissant les obligations des opérateurs qui mettent du bois et des produits dérivés sur le marché ;

vii) le règlement (UE) n° 1143/2014 du Parlement européen et du Conseil du 22 octobre 2014 relatif à la prévention et à la gestion de l'introduction et de la propagation des espèces exotiques envahissantes.

7. Règles relatives aux substances chimiques figurant dans le règlement (CE) n° 1907/2006 du Parlement européen et du Conseil du 18 décembre 2006 concernant l'enregistrement, l'évaluation et l'autorisation des substances chimiques, ainsi que les restrictions applicables à ces substances (REACH), instituant une agence européenne des produits chimiques, modifiant la directive 1999/45/CE et abrogeant le règlement (CEE) n° 793/93 du Conseil et le règlement (CE) n° 1488/94 de la Commission ainsi que la directive 76/769/CEE du Conseil et les directives 91/155/CEE, 93/67/CEE, 93/105/CE et 2000/21/CE de la Commission.

8. Règles relatives aux produits biologiques figurant dans le règlement (UE) 2018/848 du Parlement européen et du Conseil du 30 mai 2018 relatif à la production biologique et à l'étiquetage des produits biologiques, et abrogeant le règlement (CE) n° 834/2007 du Conseil.

F. Article 2, paragraphe 1, point a) vi) – radioprotection et sûreté nucléaire

Règles sur la sûreté nucléaire figurant dans :

i) la directive 2009/71/Euratom du Conseil du 25 juin 2009 établissant un cadre communautaire pour la sûreté nucléaire des installations nucléaires ;

ii) la directive 2013/51/Euratom du Conseil du 22 octobre 2013 établissant les exigences relatives à la protection de la santé de la population en ce qui concerne les substances radioactives dans les eaux destinées à la consommation humaine ;

iii) la directive 2013/59/Euratom du Conseil du 5 décembre 2013 fixant les normes de base relatives à la protection contre les dangers résultant de l'exposition aux rayonnements ionisants et abrogeant les directives 89/618/Euratom, 90/641/Euratom, 96/29/Euratom, 97/43/Euratom et 2003/122/Euratom ;

iv) la directive 2011/70/Euratom du Conseil du 19 juillet 2011 établissant un cadre communautaire pour la gestion responsable et sûre du combustible usé et des déchets radioactifs ;

v) la directive 2006/117/Euratom du Conseil du 20 novembre 2006 relative à la surveillance et au contrôle des transferts de déchets radioactifs et de combustible nucléaire usé ;

vi) le règlement (Euratom) 2016/52 du Conseil du 15 janvier 2016 fixant les niveaux maximaux admissibles de contamination radioactive pour les denrées alimentaires et les aliments pour animaux après un accident nucléaire ou dans toute autre situation d'urgence radiologique, et abrogeant le règlement (Euratom) n° 3954/87 et les règlements (Euratom) n° 944/89 et (Euratom) n° 770/90 de la Commission ;

vii) le règlement (Euratom) n° 1493/93 du Conseil du 8 juin 1993 concernant les transferts de substances radioactives entre les États membres.

G. Article 2, paragraphe 1, point a) vii) – sécurité des aliments destinés à l'alimentation humaine et animale, *[la]* santé et le bien-être des animaux

1. Législation de l'Union sur les denrées alimentaires et les aliments pour animaux régie par les principes généraux et les prescriptions générales définis par le règlement (CE) n° 178/2002 du

Parlement européen et du Conseil du 28 janvier 2002 établissant les principes généraux et les prescriptions de la législation alimentaire, instituant l'Autorité européenne de sécurité des aliments et fixant les procédures à suivre en matière de sécurité alimentaire.

2. Protection du bien-être des animaux, réglementée par :

i) le règlement (UE) 2016/429 du Parlement européen et du Conseil du 9 mars 2016 relatif aux maladies animales transmissibles et modifiant et abrogeant certains actes dans le domaine de la santé animale ("législation sur la santé animale") ;

ii) le règlement (CE) n° 1069/2009 du Parlement européen et du Conseil du 21 octobre 2009 établissant des règles sanitaires applicables aux sous-produits animaux et produits dérivés non destinés à la consommation humaine et abrogeant le règlement (CE) n° 1774/2002 (règlement relatif aux sous-produits animaux).

3. Règlement (UE) 2017/625 du Parlement européen et du Conseil du 15 mars 2017 concernant les contrôles officiels et les autres activités officielles servant à assurer le respect de la législation alimentaire et de la législation relative aux aliments pour animaux ainsi que des règles relatives à la santé et au bien-être des animaux, à la santé des végétaux et aux produits phytopharmaceutiques, modifiant les règlements du Parlement européen et du Conseil (CE) n° 999/2001, (CE) n° 396/2005, (CE) n° 1069/2009, (CE) n° 1107/2009, (UE) n° 1151/2012, (UE) n° 652/2014, (UE) 2016/429 et (UE) 2016/2031, les règlements du Conseil (CE) n° 1/2005 et (CE) n° 1099/2009 ainsi que les directives du Conseil 98/58/CE, 1999/74/CE, 2007/43/CE, 2008/119/CE et 2008/120/CE, et abrogeant les règlements du Parlement européen et du Conseil (CE) n° 854/2004 et (CE) n° 882/2004, les directives du Conseil 89/608/CEE, 89/662/CEE, 90/425/CEE, 91/496/CEE, 96/23/CE, 96/93/CE et 97/78/CE, ainsi que la décision 92/438/CEE du Conseil (règlement sur les contrôles officiels).

4. Règles et normes relatives à la protection et au bien-être des animaux, figurant dans :

i) la directive 98/58/CE du Conseil du 20 juillet 1998 concernant la protection des animaux dans les élevages ;

ii) le règlement (CE) n° 1/2005 du Conseil du 22 décembre 2004 relatif à la protection des animaux pendant le transport et les opérations annexes, et modifiant les directives 64/432/CEE et 93/119/CE et le règlement (CE) n° 1255/97 ;

iii) le règlement (CE) n° 1099/2009 du Conseil du 24 septembre 2009 sur la protection des animaux au moment de leur mise à mort ;

iv) la directive 1999/22/CE du 29 mars 1999 relative à la détention d'animaux sauvages dans un environnement zoologique ;

v) la directive 2010/63/UE du Parlement européen et du Conseil du 22 septembre 2010 relative à la protection des animaux utilisés à des fins scientifiques.

H. Article 2, paragraphe 1, point a) viii) – santé publique

1. Mesures établissant des normes élevées de qualité et de sécurité des organes et des substances d'origine humaine, telles que réglementées par :

i) la directive 2002/98/CE du Parlement européen et du Conseil du 27 janvier 2003 établissant des normes de qualité et de sécurité pour la collecte, le contrôle, la transformation, la conservation et la distribution du sang humain, et des composants sanguins, et modifiant la directive 2001/83/CE ;

ii) la directive 2004/23/CE du Parlement européen et du Conseil du 31 mars 2004 relative à l'établissement de normes de qualité et de sécurité pour le don, l'obtention, le contrôle, la transformation, la conservation, le stockage et la distribution des tissus et des cellules humains ;

iii) la directive 2010/53/UE du Parlement européen et du Conseil du 7 juillet 2010 relative aux normes de qualité et de sécurité des organes humains destinés à la transplantation.

2. Mesures fixant des normes élevées de qualité et de sécurité des médicaments et des dispositifs à usage médical, régies par :

i) le règlement (CE) n° 141/2000 du Parlement européen et du Conseil du 16 décembre 1999 concernant les médicaments orphelins ;

ii) la directive 2001/83/CE du Parlement européen et du Conseil du 6 novembre 2001 instituant un code communautaire relatif aux médicaments à usage humain ;

iii) le règlement (UE) 2019/6 du Parlement européen et du Conseil du 11 décembre 2018 relatif aux médicaments vétérinaires et abrogeant la directive 2001/82/CE ;

iv) le règlement (CE) n° 726/2004 du Parlement européen et du Conseil du 31 mars 2004 établissant des procédures communautaires pour l'autorisation et la surveillance en ce qui concerne les médicaments à usage humain et à usage vétérinaire, et instituant une Agence européenne des médicaments ;

v) le règlement (CE) n° 1901/2006 du Parlement européen et du Conseil du 12 décembre 2006 relatif aux médicaments à usage pédiatrique, modifiant le règlement (CEE) n° 1768/92, les directives 2001/20/CE et 2001/83/CE ainsi que le règlement (CE) n° 726/2004 ;

vi) le règlement (CE) n° 1394/2007 du Parlement européen et du Conseil du 13 novembre 2007 concernant les médicaments de thérapie innovante et modifiant la directive 2001/83/CE ainsi que le règlement (CE) n° 726/2004 ;

vii) le règlement (UE) n° 536/2014 du Parlement européen et du Conseil du 16 avril 2014 relatif aux essais cliniques de médicaments à usage humain et abrogeant la directive 2001/20/CE.

3. Droits des patients, tels que régis par la directive 2011/24/UE du Parlement européen et du Conseil du 9 mars 2011 relative à l'application des droits des patients en matière de soins de santé transfrontaliers.

4. Fabrication, présentation et vente de tabac et produits connexes, telles que réglementées par la directive 2014/40/UE du Parlement européen et du Conseil du 3 avril 2014 relative au rapprochement des dispositions législatives, réglementaires et administratives des États membres en matière de fabrication, de présentation et de vente de tabac et de produits connexes, et abrogeant la directive 2001/37/CE.

I. Article 2, paragraphe 1, point a) ix) – protection des consommateurs

Droits des consommateurs et protection des consommateurs tels que réglementés par :

i) la directive 98/6/CE du Parlement européen et du Conseil du 16 février 1998 relative à la protection des consommateurs en matière d'indication des prix des produits offerts aux consommateurs ;

ii) la directive (UE) 2019/770 du Parlement européen et du Conseil du 20 mai 2019 relative à certains aspects concernant les contrats de fourniture de contenus numériques et de services numériques ;

iii) la directive (UE) 2019/771 du Parlement européen et du Conseil du 20 mai 2019 relative à certains aspects concernant les contrats de vente de biens, modifiant le règlement (UE) 2017/2394 et la directive 2009/22/CE et abrogeant la directive 1999/44/CE ;

iv) la directive 1999/44/CE du Parlement européen et du Conseil du 25 mai 1999 sur certains aspects de la vente et des garanties des biens de consommation ;

v) la directive 2002/65/CE du Parlement européen et du Conseil du 23 septembre 2002 concernant la commercialisation à distance de services financiers auprès des consommateurs, modifiant la directive 90/619/CEE du Conseil et les directives 97/7/CE et 98/27/CE ;

vi) la directive 2005/29/CE du Parlement européen et du Conseil du 11 mai 2005 relative aux pratiques commerciales déloyales des entreprises vis-à-vis des consommateurs dans le marché intérieur et modifiant la directive 84/450/CEE du Conseil et les directives 97/7/CE, 98/27/CE et 2002/65/CE du Parlement européen et du Conseil et le règlement (CE) n° 2006/2004 du Parlement européen et du Conseil ("directive sur les pratiques commerciales déloyales") ;

vii) la directive 2008/48/CE du Parlement européen et du Conseil du 23 avril 2008 concernant les contrats de crédit aux consommateurs et abrogeant la directive 87/102/CEE du Conseil ;

viii) la directive 2011/83/UE du Parlement européen et du Conseil du 25 octobre 2011 relative aux droits des consommateurs, modifiant la directive 93/13/CEE du Conseil et la directive 1999/44/CE du Parlement européen et du Conseil, et abrogeant la directive 85/577/CEE du Conseil et la directive 97/7/CE du Parlement européen et du Conseil ;

ix) la directive 2014/92/UE du Parlement européen et du Conseil du 23 juillet 2014 sur la comparabilité des frais liés aux comptes de paiement, le changement de compte de paiement et l'accès à un compte de paiement assorti de prestations de base.

J. Article 2, paragraphe 1, point a) x) – protection de la vie privée et des données personnelles, sécurité des réseaux et des systèmes d'information

i) la directive 2002/58/CE du Parlement européen et du Conseil du 12 juillet 2002 concernant le traitement des données à caractère personnel et la protection de la vie privée dans le secteur des communications électroniques (directive Vie privée et communications électroniques) ;

ii) le règlement (UE) 2016/679 du Parlement européen et du Conseil du 27 avril 2016 relatif à la protection des personnes physiques à l'égard du traitement des données à caractère personnel et à la libre circulation de ces données, et abrogeant la directive 95/46/CE (règlement général sur la protection des données) ;

iii) la directive (UE) 2016/1148 du Parlement européen et du Conseil du 6 juillet 2016 concernant des mesures destinées à assurer un niveau élevé commun de sécurité des réseaux et des systèmes d'information dans l'Union.

PARTIE II

L'article 3, paragraphe 1, se réfère à la législation de l'Union ci-après :

A. Article 2, paragraphe 1, point a) ii) – services, produits et marchés financiers, et prévention du blanchiment de capitaux et du financement du terrorisme

1. Services financiers :

i) la directive 2009/65/CE du Parlement européen et du Conseil du 13 juillet 2009 relative à la coordination des dispositions législatives, réglementaires et administratives concernant certains organismes de placement collectif en valeurs mobilières (OPCVM) ;

ii) la directive (UE) 2016/2341 du Parlement européen et du Conseil du 14 décembre 2016 concernant les activités et la surveillance des institutions de retraite professionnelle (IRP) ;

iii) la directive 2006/43/CE du Parlement européen et du Conseil du 17 mai 2006 concernant les contrôles légaux des comptes annuels et des comptes consolidés et modifiant les directives 78/660/CEE et 83/349/CEE du Conseil, et abrogeant la directive 84/253/CEE du Conseil ;

iv) le règlement (UE) n° 596/2014 du Parlement européen et du Conseil du 16 avril 2014 sur les abus de marché (règlement relatif aux abus de marché) et abrogeant la directive 2003/6/CE du Parlement européen et du Conseil et les directives 2003/124/CE, 2003/125/CE et 2004/72/CE de la Commission ;

v) la directive 2013/36/UE du Parlement européen et du Conseil du 26 juin 2013 concernant l'accès à l'activité des établissements de crédit et la surveillance prudentielle des établissements de crédit et des entreprises d'investissement, modifiant la directive 2002/87/CE et abrogeant les directives 2006/48/CE et 2006/49/CE ;

vi) la directive 2014/65/UE du Parlement européen et du Conseil du 15 mai 2014 concernant les marchés d'instruments financiers et modifiant la directive 2002/92/CE et la directive 2011/61/UE ;

vii) le règlement (UE) n° 909/2014 du Parlement européen et du Conseil du 23 juillet 2014 concernant l'amélioration du règlement de titres dans l'Union européenne et les dépositaires centraux de titres, et modifiant les directives 98/26/CE et 2014/65/UE et le règlement (UE) n° 236/2012 ;

viii) le règlement (UE) n° 1286/2014 du Parlement européen et du Conseil du 26 novembre 2014 sur les documents d'informations clés relatifs aux produits d'investissement emballés de détail et fondés sur l'assurance ;

ix) le règlement (UE) 2015/2365 du Parlement européen et du Conseil du 25 novembre 2015 relatif à la transparence des opérations de financement de titres et de la réutilisation, et modifiant le règlement (UE) n° 648/2012 ;

x) la directive (UE) 2016/97 du Parlement européen et du Conseil du 20 janvier 2016 sur la distribution d'assurances ;

xi) le règlement (UE) 2017/1129 du Parlement européen et du Conseil du 14 juin 2017 concernant le prospectus à publier en cas d'offre au public de valeurs mobilières ou en vue de l'admission de valeurs mobilières à la négociation sur un marché réglementé, et abrogeant la directive 2003/71/CE.

2. Prévention du blanchiment de capitaux et du financement du terrorisme :

i) la directive (UE) 2015/849 du Parlement européen et du Conseil du 20 mai 2015 relative à la prévention de l'utilisation du système financier aux fins du blanchiment de capitaux ou du financement du terrorisme, modifiant le règlement (UE) n° 648/2012 du Parlement européen et du Conseil, et abrogeant la directive 2005/60/CE du Parlement européen et du Conseil et la directive 2006/70/CE de la Commission ;

ii) le règlement (UE) 2015/847 du Parlement européen et du Conseil du 20 mai 2015 sur les informations accompagnant les transferts de fonds et abrogeant le règlement (CE) n° 1781/2006.

B. Article 2, paragraphe 1, point a) iv) – sécurité des transports

i) le règlement (UE) n° 376/2014 du Parlement européen et du Conseil du 3 avril 2014 sur les comptes rendus, l'analyse et le suivi des événements dans l'aviation civile, modifiant le règlement (UE) n° 996/2010 du Parlement européen et du Conseil, et abrogeant la directive 2003/42/CE du

Parlement européen et du Conseil et les règlements (CE) n° 1321/2007 et (CE) n° 1330/2007 de la Commission ;

ii) la directive 2013/54/UE du Parlement européen et du Conseil du 20 novembre 2013 relative à certaines responsabilités de l'État du pavillon en ce qui concerne le respect et la mise en application de la convention du travail maritime, 2006 ;

iii) la directive 2009/16/CE du Parlement européen et du Conseil du 23 avril 2009 relative au contrôle par l'État du port.

C. Article 2, paragraphe 1, point a) v) – protection de l'environnement

i) la directive 2013/30/UE du Parlement européen et du Conseil du 12 juin 2013 relative à la sécurité des opérations pétrolières et gazières en mer et modifiant la directive 2004/35/CE.

B Conseil de l'Europe

Résolution 1729 (2010) du Conseil de l'Europe du 29 avril 2010,

Sur la protection des donneurs d'alerte.

1. L'Assemblée parlementaire reconnaît l'importance des "donneurs d'alerte" – toute personne soucieuse qui tire la sonnette d'alarme afin de faire cesser des agissements pouvant représenter un risque pour autrui – car ils permettent de renforcer la responsabilisation et de mieux lutter contre la corruption et la mauvaise gestion, dans le secteur tant public que privé.

2. Les donneurs d'alerte potentiels sont souvent découragés par crainte de représailles, ou parce qu'aucune suite n'est donnée à leur alerte, au détriment de l'intérêt public pour une gestion efficace et une responsabilisation dans les affaires publiques et les entreprises privées.

3. Une série de catastrophes qui auraient pu être évitées a poussé le Royaume-Uni à adopter des dispositions législatives innovantes pour la protection des donneurs d'alerte lorsqu'ils agissent dans l'intérêt public. Les États-Unis d'Amérique sont eux aussi dotés depuis plusieurs années d'une législation similaire, qui donne des résultats globalement satisfaisants.

4. La plupart des États membres du Conseil de l'Europe ne disposent pas de texte législatif complet pour la protection des donneurs d'alerte, même si bon nombre d'entre eux possèdent dans leurs systèmes juridiques des réglementations couvrant différents aspects de la question et régissant les relations de travail, la procédure pénale, les médias, ainsi que des mesures spécifiques de lutte contre la corruption.

5. Pour "donner l'alerte", il faut du courage et de la détermination ; les donneurs d'alerte devraient avoir au moins une chance que leurs avertissements soient entendus, sans pour autant que leurs moyens de subsistance, ainsi que ceux de leur famille, soient mis en péril. C'est pourquoi la législation de protection des donneurs d'alerte doit avant toute chose offrir une alternative sûre au silence, tout en évitant de représenter pour des donneurs d'alerte potentiels un "bouclier en carton", piège qui leur donnerait une fausse impression de sécurité.

6. L'Assemblée invite tous les États membres à passer en revue leur législation sur la protection des donneurs d'alerte, en gardant à l'esprit les principes directeurs suivants :

6.1. La législation pour la protection des donneurs d'alerte devrait être complète :

6.1.1. la définition des révélations protégées doit inclure tous les avertissements de bonne foi à l'encontre de divers types d'actes illicites, y compris toutes les violations graves des droits de l'homme, qui affectent ou menacent la vie, la santé, la liberté et tout autre intérêt légitime des individus en tant que sujets de l'administration publique ou contribuables, ou en tant qu'actionnaires, employés ou clients de sociétés privées ;

6.1.2. la législation devrait donc couvrir les donneurs d'alerte des secteurs à la fois public et

privé, y compris les membres des forces armées et des services de renseignements ; et

6.1.3. elle devrait codifier les points pertinents dans les domaines du droit suivants :

6.1.3.1. droit du travail – en particulier protection contre les licenciements abusifs et les autres formes de représailles liées à l'emploi ;

6.1.3.2. droit pénal et procédure pénale – en particulier protection contre des poursuites pénales pour diffamation, ou violation du secret commercial ou du secret d'État, et protection des témoins ;

6.1.3.3. droit des médias – en particulier protection des sources journalistiques ; et

6.1.3.4. mesures spécifiques de lutte contre la corruption, telles que celles prévues par la Convention civile sur la corruption (STE n° 174) du Conseil de l'Europe.

6.2. La législation relative aux donneurs d'alerte devrait chercher avant toute chose à offrir une alternative sûre au silence.

6.2.1. Elle devrait prévoir des incitations appropriées pour les pouvoirs publics et les décideurs au sein des entreprises afin qu'ils mettent en place des procédures internes dans ce domaine pour :

6.2.1.1. que les dénonciations concernant des problèmes possibles fassent l'objet d'une véritable enquête et que les informations pertinentes soient transmises à la direction en temps voulu, en contournant, si nécessaire, la hiérarchie normale ; et

6.2.1.2. que l'identité du donneur d'alerte ne soit divulguée qu'avec son consentement, ou si cela permet d'éviter des menaces graves et imminentes pour l'intérêt public.

6.2.2. Cette législation devrait protéger quiconque utilise, de bonne foi, les canaux internes existants pour donner l'alerte contre toute forme de représailles (licenciement abusif, harcèlement ou tout autre traitement discriminatoire ou sanction).

6.2.3. Lorsqu'il n'existe pas de voies internes pour donner l'alerte, ou qu'elles ne fonctionnent pas correctement, voire qu'il ne serait pas raisonnable de s'attendre à ce qu'elles fonctionnent correctement étant donné la nature du problème dénoncé par le donneur d'alerte, il conviendrait de la même manière de protéger celui qui utilise des voies externes, y compris les médias.

6.2.4. Tout donneur d'alerte doit être considéré comme agissant de bonne foi, sous réserve qu'il ait des motifs raisonnables de penser que l'information divulguée était vraie, même s'il s'avère par la suite que tel n'était pas le cas, et à condition qu'il n'ait pas d'objectifs illicites ou contraires à l'éthique.

6.2.5. La législation pertinente devrait assurer aux donneurs d'alerte de bonne foi une protection fiable contre toute forme de représailles par le biais d'un mécanisme d'application qui permettrait de vérifier la réalité des agissements dénoncés par le donneur d'alerte et de demander à l'employeur de remédier à la situation, y compris temporairement, en attendant que toute la lumière soit faite, et par le biais d'un dédommagement financier approprié, si les conséquences des représailles ne peuvent pas être raisonnablement annulées.

6.2.6. Cette législation devrait également établir un risque, pour tout auteur d'un acte de représailles, que le donneur d'alerte victimisé contre-attaque pour obtenir son renvoi ou toute autre sanction appropriée.

6.2.7. Des programmes de protection des donneurs d'alerte doivent également assurer une protection appropriée contre des accusations proférées de mauvaise foi.

6.3. En ce qui concerne la charge de la preuve, il doit incomber à l'employeur d'établir au-delà de tout doute raisonnable que toute mesure prise à l'encontre d'un donneur d'alerte a été motivée par des raisons autres que l'acte de signalement par ce dernier.

6.4. La mise en œuvre et l'effet de la législation pertinente en matière de protection effective des donneurs d'alerte devraient faire l'objet d'un suivi et être évalués à intervalles réguliers par des organismes indépendants.

7. L'Assemblée souligne que les améliorations législatives nécessaires doivent s'accompagner d'une évolution positive des comportements culturels à l'égard du donneur d'alerte, et qu'il ne faut plus associer ce dernier à des notions de déloyauté ou de trahison.

8. Elle reconnaît le rôle important joué par les organisations non gouvernementales qui contribuent à faire évoluer positivement les mentalités à l'égard des donneurs d'alerte, et qui conseillent les employeurs souhaitant instaurer des procédures internes permettant de dénoncer d'éventuels problèmes, les donneurs d'alerte potentiels et les victimes de représailles.

9. Dans un souci d'exemplarité, l'Assemblée invite le Conseil de l'Europe à mettre en place une solide procédure interne, couvrant le Conseil lui-même et tous ses accords partiels.

Recommandation CM/Rec(2014)7 du Conseil de l'Europe du 30 avril 2014,

Sur la protection des lanceurs d'alerte.

Le Comité des Ministres, en vertu de l'article 15.b du Statut du Conseil de l'Europe,

Rappelant que le but du Conseil de l'Europe est de réaliser une union plus étroite entre ses membres, notamment afin de sauvegarder et de promouvoir les idéaux et les principes qui sont leur patrimoine commun ;

Considérant que la promotion de l'adoption de règles communes en matière juridique peut contribuer à la réalisation de ce but ;

Réaffirmant que la liberté d'expression et le droit de rechercher et de recevoir des informations sont indispensables au fonctionnement d'une véritable démocratie ;

Reconnaissant que les personnes qui font des signalements ou révèlent des informations concernant des menaces ou un préjudice pour l'intérêt général ("lanceurs d'alerte") peuvent contribuer à renforcer la transparence et la responsabilité démocratique ;

Considérant que le traitement approprié par les employeurs ou les autorités publiques des révélations d'informations d'intérêt général est de nature à favoriser la prise de mesures remédiant aux menaces ou au préjudice ainsi révélé(es) ;

Gardant à l'esprit la Convention de sauvegarde des droits de l'homme et des libertés fondamentales (STE n° 5), et la jurisprudence pertinente de la Cour européenne des droits de l'homme, notamment en rapport avec l'article 8 (respect de la vie privée) et l'article 10 (liberté d'expression), ainsi que la Convention pour la protection des personnes à l'égard du traitement automatisé des données à caractère personnel (STE n° 108) ;

Gardant à l'esprit le Programme d'action du Conseil de l'Europe contre la corruption, la Convention pénale sur la corruption (STE n° 173) et la Convention civile sur la corruption (STE n° 174) du Conseil de l'Europe, et, en particulier, leurs articles 22 et 9 respectivement, ainsi que les travaux menés par le Groupe d'États contre la corruption (GRECO) ;

Prenant note de la Résolution 1729 (2010) de l'Assemblée parlementaire dans laquelle l'Assemblée invite les États membres à passer en revue leur législation sur la protection des lanceurs d'alerte en ayant à l'esprit une série de principes directeurs ;

Prenant note du Recueil des bonnes pratiques et des principes directeurs pour la législation sur la protection des lanceurs d'alerte établi par l'OCDE à la demande des dirigeants du G20 lors de leur Sommet de Séoul en novembre 2010 ;

Considérant la nécessité d'encourager l'adoption de cadres nationaux dans les États membres pour la protection des lanceurs d'alerte, fondés sur des principes communs,

Recommande aux États membres de disposer d'un cadre normatif, institutionnel et judiciaire pour protéger les personnes qui, dans le cadre de leurs relations de travail, font des signalements ou révèlent des informations concernant des menaces ou un préjudice pour l'intérêt général. A cette fin, l'annexe à la présente recommandation énonce une série de principes destinés à guider les États membres lorsqu'ils

passent en revue leurs législations nationales ou lorsqu'ils adoptent ou modifient les mesures législatives et réglementaires qui peuvent être nécessaires et appropriées dans le cadre de leur système juridique.

Dans la mesure où les relations de travail sont régies par des conventions collectives, les États membres peuvent mettre en œuvre la présente recommandation et les principes énoncés en annexe dans le cadre de ces conventions.

ANNEXE À LA RECOMMANDATION CM/REC(2014)7

PRINCIPES

Définitions

Aux fins de la présente recommandation et de ses principes :

a. "lanceur d'alerte" désigne toute personne qui fait des signalements ou révèle des informations concernant des menaces ou un préjudice pour l'intérêt général dans le contexte de sa relation de travail, qu'elle soit dans le secteur public ou dans le secteur privé ;

b. "signalement ou révélation d'informations d'intérêt général" désigne tout signalement d'actions ou d'omissions constituant une menace ou un préjudice pour l'intérêt général, ou toute révélation d'informations sur de tels faits ;

c. "signalement" désigne tout signalement, soit en interne au sein d'une organisation ou d'une entreprise, soit auprès d'une autorité extérieure ;

d. "révélation d'informations" désigne toute révélation publique d'informations.

I CHAMP D'APPLICATION MATÉRIEL

1. Le cadre national normatif, institutionnel et judiciaire, y compris, le cas échéant, les conventions collectives de travail, devrait être conçu et développé dans le but de faciliter les signalements et les révélations d'informations d'intérêt général en établissant des règles destinées à protéger les droits et les intérêts des lanceurs d'alerte.

2. Bien qu'il appartienne aux États membres de déterminer ce que recouvre l'intérêt général aux fins de la mise en œuvre des présents principes, les États membres devraient préciser expressément le champ d'application du cadre national qui devrait, pour le moins, inclure les violations de la loi et des droits de l'homme, ainsi que les risques pour la santé et la sécurité publiques, et pour l'environnement.

II CHAMP D'APPLICATION PERSONNEL

3. Le champ d'application personnel du cadre national devrait couvrir toutes les personnes travaillant soit dans le secteur public, soit dans le secteur privé, indépendamment de la nature de leur relation de travail et du fait qu'elles sont ou non rémunérées.

4. Le cadre national devrait également inclure les personnes dont la relation de travail a pris fin ou, éventuellement, n'a pas encore commencé, si les informations concernant une menace ou un préjudice pour l'intérêt général ont été obtenues durant le processus de recrutement ou à un autre stade de la négociation précontractuelle.

5. Les informations relatives à la sécurité nationale, à la défense, au renseignement, à l'ordre public ou aux relations internationales de l'État peuvent faire l'objet d'un régime particulier ou de règles particulières, prévoyant notamment des droits et obligations modifiés.

6. Ces principes ne portent pas atteinte aux règles bien établies et reconnues garantissant la protection du secret professionnel.

III CADRE NORMATIF

7. Le cadre normatif devrait refléter une approche globale et cohérente pour faciliter les signalements et les révélations d'informations d'intérêt général.

8. Les restrictions ou exceptions aux droits et obligations de toute personne en ce qui concerne les signalements et les révélations d'informations d'intérêt général ne devraient pas aller au-delà de ce qui est nécessaire et, en tout état de cause, ne devraient pas être de nature à contrecarrer les objectifs des principes énoncés dans la présente recommandation.

9. Les États membres devraient veiller à ce qu'un ou plusieurs mécanismes effectifs de réaction aux signalements et aux révélations d'informations d'intérêt général soient en place.

10. Toute personne ayant subi, directement ou indirectement, un préjudice du fait du signalement ou de la révélation d'informations inexactes ou trompeuses devrait conserver la protection et les voies de recours qui lui sont offertes en vertu des règles de droit général.

11. Un employeur ne devrait pas pouvoir se prévaloir des obligations légales ou contractuelles d'une personne pour empêcher cette personne de faire un signalement ou une révélation d'informations d'intérêt général, ou pour la sanctionner pour cette action.

IV VOIES DE SIGNALEMENT ET DE RÉVÉLATION D'INFORMATIONS

12. Le cadre national devrait favoriser un environnement qui encourage à faire ouvertement tout signalement ou toute révélation d'informations. Nul ne devrait éprouver de crainte de soulever librement des préoccupations d'intérêt général.

13. Des voies clairement établies pour le signalement et la révélation d'informations d'intérêt général devraient être mises en place et le recours à ces voies devrait être facilité par des mesures appropriées.

14. Les voies de signalement et de révélation d'informations comprennent :

— le signalement interne au sein d'une organisation ou d'une entreprise (y compris auprès des personnes de confiance désignées pour recevoir les signalements) ;

— le signalement aux organes réglementaires publics, aux autorités de répression et aux organes de contrôle ;

— la révélation publique d'informations, par exemple à un journaliste ou à un parlementaire.

La situation individuelle de chaque cas déterminera la voie la plus appropriée.

15. Les employeurs devraient être encouragés à mettre en place des procédures de signalement interne.

16. Les travailleurs(euses) et leurs représentants devraient être consultés sur les propositions de mise en place des procédures de signalement interne, le cas échéant.

17. En règle générale, le signalement interne et le signalement aux organes réglementaires publics, aux autorités de répression et aux organes de contrôle compétents devraient être encouragés.

V CONFIDENTIALITÉ

18. Les lanceurs d'alerte devraient voir préservé le caractère confidentiel de leur identité, sous réserve de garanties d'un procès équitable.

VI RÉACTION AU SIGNALEMENT ET À LA RÉVÉLATION D'INFORMATIONS

19. Les signalements et les révélations d'informations d'intérêt général faits par les lanceurs d'alerte devraient donner rapidement lieu à une enquête et, le cas échéant, les résultats devraient donner lieu à une action effective et efficace de l'employeur et de l'organe réglementaire public, de l'autorité de répression ou de l'organe de contrôle approprié.

20. Un lanceur d'alerte qui fait un signalement interne devrait, en règle générale, être informé, par la personne à qui le signalement a été fait, de l'action entreprise pour y donner suite.

VII PROTECTION CONTRE LES REPRÉSAILLES

21. Il convient d'assurer aux lanceurs d'alerte une protection contre toutes formes de représailles, directes ou indirectes, de la part de leur employeur et de la part de personnes travaillant pour le compte ou agissant au nom de cet employeur. Parmi ces formes de représailles pourraient figurer le licenciement, la suspension, la rétrogradation, la perte de possibilités de promotion, les mutations à titre de sanction, ainsi que les diminutions de salaire ou retenues sur salaire, le harcèlement ou toute autre forme de sanction ou de traitement discriminatoire.

22. La personne ayant fait un signalement ou ayant révélé des informations ne devrait pas perdre le bénéfice de sa protection au seul motif qu'elle a commis une erreur d'appréciation des faits ou que la menace perçue pour l'intérêt général ne s'est pas matérialisée, à condition qu'elle ait eu des motifs raisonnables de croire en sa véracité.

23. Un lanceur d'alerte devrait pouvoir invoquer, dans le cadre d'une procédure civile, pénale ou administrative, le fait que le signalement ou la révélation d'informations ait été fait conformément au cadre national.

24. Le fait que le lanceur d'alerte ait révélé des informations au public sans avoir eu recours au système de signalement interne mis en place par l'employeur peut être pris en considération lorsqu'il s'agit de décider des voies de recours ou le niveau de protection à accorder au lanceur d'alerte.

25. Dans les procédures juridiques ayant trait à un acte préjudiciable subi par un lanceur d'alerte, et sous réserve que celui-ci donne des motifs raisonnables de penser que l'acte préjudiciable constituait une forme de représailles à la suite de son signalement ou de sa révélation d'informations, il incombe à l'employeur d'établir que telle n'était pas la motivation de l'acte préjudiciable.

26. En attendant l'issue de la procédure civile, les personnes qui ont été victimes de représailles pour avoir fait un signalement ou une révélation d'informations d'intérêt général devraient pouvoir solliciter des mesures provisoires, en particulier en cas de perte d'emploi.

VIII CONSEIL, SENSIBILISATION ET ÉVALUATION

27. Le cadre national devrait faire l'objet d'une large promotion afin de développer les attitudes positives parmi l'opinion publique et les milieux professionnels, et de faciliter la révélation d'informations lorsque l'intérêt général est en jeu.

28. Il devrait être envisagé de donner aux personnes qui prévoient de faire un signalement ou une révélation d'informations d'intérêt général un accès gratuit à des informations et à des conseils confidentiels. Les structures existantes en mesure de fournir ces informations et ces conseils devraient être repérées et leurs coordonnées mises à la disposition du grand public. Si nécessaire, et si possible, d'autres structures appropriées pourraient bénéficier des moyens nécessaires pour s'acquitter de ce rôle ou de nouvelles structures pourraient être créées.

29. Des évaluations périodiques de l'efficacité du cadre national devraient être réalisées par les autorités nationales.

EXPOSÉ DES MOTIFS

Introduction

L'importance des alertes et de la protection des lanceurs d'alerte en Europe.

1. Le Conseil de l'Europe reconnaît l'utilité des alertes pour dissuader et prévenir les actes répréhensibles, et renforcer la responsabilité et la transparence démocratiques. L'alerte est un aspect fondamental de la liberté d'expression et de la liberté de conscience, et joue un rôle important dans la lutte contre la corruption et les graves erreurs de gestion, tant dans le secteur public que dans le secteur privé.

2. L'alerte est l'action d'une personne qui fait état de préoccupations ou révèle des informations relatives à des actions ou des omissions constituant une menace ou un préjudice pour l'intérêt général, dont elle a été le témoin au cours de son travail ; par exemple un préjudice pour les usagers d'un service, le grand public ou l'organisation elle-même, ou encore une violation de la loi. L'alerte couvre les signalements faits aux employeurs (managers, directeurs ou autres personnes responsables), aux organes réglementaires ou de contrôle et aux autorités de répression ainsi que les révélations publiques d'informations, le plus souvent par le biais des médias et de l'internet, de groupes de défense de l'intérêt général ou d'un parlementaire.

3. L'alerte peut constituer une mise en garde précoce afin de prévenir les dommages et de détecter des actes répréhensibles qui, sinon, pourraient passer inaperçus. Elle peut contribuer à assurer l'application effective des dispositifs locaux et nationaux de responsabilité en permettant aux personnes légalement responsables de la supposée inconduite de s'attaquer au problème et d'en rendre compte, et en identifiant plus rapidement les potentiels responsables du dommage causé.

4. Toutefois, il a été mis en évidence maintes fois que les lanceurs d'alerte sont souvent confrontés à l'indifférence, à l'hostilité, voire, pire encore, à des représailles, qu'ils fassent état de préoccupations au sein d'une organisation ou d'une entreprise, ou à une autorité publique appropriée, ou qu'ils révèlent des informations au public. Loin d'être perçue comme l'acte positif d'un "bon citoyen", même dans le contexte du travail, l'alerte expose son auteur à des accusations de manque de loyauté envers ses collègues ou son employeur. Dans ces cas, l'attention se porte en premier lieu ou exclusivement sur le lanceur d'alerte, qui est réprimandé ou sanctionné pour s'être "désolidarisé", plutôt que sur la considération et l'examen des informations signalées ou révélées. Lorsque c'est l'organisation elle-même qui est responsable d'une inconduite ou qui tente de mas-

quer le problème, sa priorité consiste généralement à faire en sorte que la personne renonce à ses démarches.

5. Ainsi, alors que ceux qui sont sur le lieu de travail sont souvent les premiers à savoir que quelque chose ne va pas et sont donc les mieux placés pour informer ceux qui peuvent s'attaquer au problème, ils sont dissuadés de faire état de leurs préoccupations ou de leurs soupçons à leur employeur ou aux autorités appropriées par crainte de représailles et ont l'impression que leurs alertes resteront sans suite. Une occasion majeure de protéger l'intérêt général se trouve ainsi manquée.

6. Pour changer la culture qui prédomine sur le lieu de travail, qu'il soit public ou privé, il importe que les États membres adressent un message ferme aux employeurs afin qu'ils tiennent compte des signalements qui leur sont faits et y réagissent comme il se doit, et que les représailles ou la victimisation des lanceurs d'alerte ne soient pas tolérées dans une société démocratique. Une législation qui prévoit des sanctions claires et rapides à l'encontre des auteurs d'actes préjudiciables aux lanceurs d'alerte permettrait que ces derniers aient une alternative réelle au silence ou à l'anonymat.

7. Quelques États membres disposent déjà de législations qui protègent les lanceurs d'alerte et leur offrent des voies de recours. Plusieurs de ces initiatives ont été instaurées à la suite de catastrophes ou de tragédies qui ont fait des victimes ou détruit des vies, alors qu'il avait été révélé que les personnes travaillant dans ou avec les organisations concernées connaissaient le problème, mais qu'elles craignaient trop pour leur emploi pour parler ou ne savaient pas à qui s'adresser, en particulier à l'extérieur du lieu de travail. Dans certains cas, il a été constaté que le personnel avait fait part de ses préoccupations suffisamment tôt et que les dommages auraient pu être évités, mais que ses avertissements avaient été ignorés.

8. Les lois qui protègent les lanceurs d'alerte aident aussi les organisations à comprendre qu'il est dans leur intérêt de rendre plus facile et plus sûr, pour les personnes qui travaillent pour elles, de faire état de leurs préoccupations et que le public devrait être alerté des actes répréhensibles ou des risques graves, en particulier lorsque rien n'est fait pour y remédier. D'un autre côté, les organisations qui transgressent la loi, qui s'engagent dans des actes répréhensibles pour maximiser leurs profits, ou dont les responsables sont corrompus, ne souhaitent pas encourager les alertes. En pareil cas, il est important que les lanceurs d'alerte soient juridiquement protégés lorsqu'ils font des signalements aux autorités appropriées et qu'ils aient accès à des voies de recours adéquates.

9. Les organisations qui font en sorte que ceux qui travaillent pour leur compte sachent qu'ils peuvent, en toute sécurité et sans s'exposer à des représailles, faire état de leurs préoccupations au sujet d'actes répréhensibles sont plus susceptibles :

a. d'être averties de pratiques répréhensibles potentielles ;

b. d'enquêter sur celles-ci ; et

c. de prendre des mesures raisonnables pour écarter tout danger injustifié.

Ainsi, mettre en place des dispositions internes en matière d'alerte est de plus en plus considéré comme faisant partie d'une démarche visant à établir une culture de l'intégrité au sein des organisations, à proposer au public et à la clientèle des services de grande qualité, et à gérer le risque de manière responsable *[en 2010, le Corporate Executive Board a publié des détails sur l'enquête qu'il a menée auprès de 500 000 employés dans plus de 85 pays. Celle-ci a mis en évidence une relation directe entre l'existence d'une culture d'intégrité sur le lieu de travail et le faible nombre d'inconduites. Douze indicateurs ont été utilisés ; le sentiment de sécurité dont jouissent les employés lorsqu'ils signalent les problèmes dont ils sont témoins est l'indicateur le plus étroitement lié au niveau élevé de rendement à long terme pour les actionnaires (plus de dix ans). Il a été noté que le fait ne de pas craindre de représailles contribue de manière déterminante à la sécurité ressentie. Voir http://news.executiveboard.com/index.php?s=23330&item=50990]*.

10. L'accent mis sur les principes de responsabilité et de démocratie est par ailleurs important. Les employeurs, les gouvernements et les citoyens reconnaissent de plus en plus qu'encourager les lanceurs d'alerte à parler permet non seulement d'éviter des préjudices et des dommages mais aussi d'améliorer le service public et de renforcer la responsabilité des organisations et leur obligation de rendre des comptes au public. La recherche montre que la grande majorité des lanceurs d'alerte font état de leurs préoccupations en interne d'abord (quelle que soit la réglementation et qu'il existe ou non une loi relative aux lanceurs d'alerte) ; il est donc dans l'intérêt de chacun que ces signalements soient pris en compte et que les lanceurs d'alerte soient protégés.

11. Lorsque la voie interne s'avère inefficace parce que les employeurs ne facilitent pas la communication des préoccupations des lanceurs d'alerte, ne parviennent pas à protéger ceux qui

parlent ou participent eux-mêmes aux actes répréhensibles concernés ou à leur dissimulation, les organes réglementaires, lorsqu'ils existent, sont généralement considérés comme les récepteurs les plus appropriés de ces signalements. Ces organes ont le pouvoir et les compétences nécessaires pour étudier le problème et ont même besoin de ces informations pour s'acquitter correctement de leur tâche. Comme les employeurs, cependant, il leur est nécessaire de donner suite aux informations qu'ils reçoivent pour conserver la confiance du public.

12. Dans la plupart des systèmes juridiques, il n'existe pas – ou presque pas – de protection accessible sans difficulté à toute personne qui fait un signalement à une autorité publique ou révèle des informations au public, même en toute honnêteté, de façon justifiée et raisonnable. En conséquence, ces signalements ou ces révélations sont souvent faits dans l'anonymat, dans l'espoir que la source sera protégée. Toutefois, l'anonymat soulève quantité de questions. Très souvent, les allégations anonymes sont supposées malveillantes, voire moins crédibles, par ceux qui les reçoivent. Dans le cas de révélations anonymes, l'enquête peut aussi être beaucoup plus difficile et il peut s'avérer impossible de remédier au problème signalé. Enfin, l'anonymat ne garantit pas que la source d'information ne sera pas dévoilée. Lorsque la personne est identifiée, son acte anonyme peut être interprété comme un signe de mauvaise foi et la placer dans une situation plus délicate encore. Dans le pire des cas, ces personnes voient leur carrière brisée. Leur situation attire alors l'attention des médias, ce qui ne peut que dissuader d'autres de sonner l'alarme.

13. Il existe aussi des attitudes culturelles et sociales qui sont un obstacle à la protection des lanceurs d'alerte et qui, en partie, découlent des structures organisationnelles hiérarchiques traditionnelles au sein desquelles l'obéissance est valorisée au point d'aller à l'encontre du flux de communication (y compris au sujet d'actes répréhensibles), de la base aux échelons supérieurs, ou encore lorsque l'obéissance à une organisation est mise en avant par rapport aux principes de responsabilité envers ceux qu'elle est censée servir. En outre, le rapport de l'Assemblée parlementaire du Conseil de l'Europe sur les donneurs d'alerte (voir références ci-dessous) note que, dans certains pays, il y a "des attitudes culturelles profondément ancrées depuis les régimes sociopolitiques de dictature et/ou de domination étrangère sous lesquels il était tout à fait normal de se méfier des "informateurs" des autorités méprisées" *[la protection des "donneurs d'alerte", Doc. 12006 (14 sept. 2009), rapport de la commission des questions juridiques et des droits de l'homme, § 1]*.

14. Les lois de protection des lanceurs d'alerte constituent, par conséquent, une alternative sûre au silence et renforcent l'intérêt qu'il y a à faciliter les voies pour le signalement de risques ou d'actes répréhensibles. Ces lois visent aussi à faire en sorte que des organes réglementaires agissent sur la base des informations qu'ils reçoivent et protègent les personnes qui les fournissent, et que les révélations sur une plus grande échelle, aux médias par exemple, soient protégées lorsque nécessaire. Cette dernière mesure peut paraître raisonnable lorsqu'il n'existe pas de voies alternatives sûres pour faire état de préoccupations, ou encore lorsque ces voies ne fonctionnent pas correctement et que les actes répréhensibles se poursuivent ou sont dissimulés. La plupart des systèmes juridiques, toutefois, protègent les révélations faites à la police, par exemple lorsque le risque est si grave qu'il faut agir rapidement pour éviter un préjudice significatif ou irréparable, en particulier pour la vie ou la sécurité d'autrui.

15. Il convient de trouver un juste équilibre entre les intérêts des employeurs – que ce soit dans le secteur public ou dans le secteur privé – à gérer les informations et les activités de leur personnel, et le droit du public à être informé lorsque ses intérêts sont menacés ou qu'il y a violation de la loi. Dans le secteur public, l'accès à l'information est un droit fondamental qui favorise une participation démocratique accrue, l'élaboration de politiques avisées et le droit de regard du public sur l'action de l'État. Dans le secteur privé, la connaissance d'informations relatives à la gestion d'une entreprise est importante pour la protection des consommateurs, la concurrence équitable du marché, et la réglementation appropriée des activités financières ou de toute autre activité commerciale. Dans de nombreuses juridictions, les tribunaux ont estimé qu'il ne pouvait y avoir aucune confidentialité en matière d'actes répréhensibles et que les révélations publiques d'informations étaient valides et protégées, en particulier lorsque l'intérêt du public à avoir connaissance d'informations l'emporte sur le droit de l'employeur à y mettre des restrictions. La Cour européenne des droits de l'homme est parvenue à la même conclusion dans plusieurs affaires examinées au titre du droit à la liberté d'expression consacré par l'article 10 de la Convention européenne des droits de l'homme (ci-après "la Convention"). Voir aussi le paragraphe 18.

16. Si certaines juridictions reconnaissent les dispositifs de signalements confidentiels et anonymes comme un outil précieux pour recevoir des informations, une protection renforcée des lan-

ceurs d'alerte et un traitement efficace des problèmes signalés permettront que ceux qui constatent des actes répréhensibles ou un risque pour le public se sentent en sécurité et acceptent de faire connaître leurs préoccupations par les voies normales. Face à la multiplication des possibilités de révélations publiques sur une plus grande échelle, notamment aux médias et aux groupes de défense de l'intérêt général, du fait des nouvelles technologies, les États membres sont encouragés à adopter une approche raisonnable et pragmatique pour protéger les lanceurs d'alerte dans l'intérêt général.

La protection des lanceurs d'alerte et le Conseil de l'Europe.

17. Le travail du Groupe d'États contre la corruption (GRECO) *[V. en particulier le Deuxième cycle d'évaluation – www.coe.int/GRECO]*, qui veille au suivi des normes du Conseil de l'Europe en matière de prévention de la corruption, y compris les Conventions civile et pénale sur la corruption (STE n°s 173 et 174), a permis que la protection des lanceurs d'alerte continue de figurer parmi les priorités européennes. Le GRECO a recommandé à la plupart des États membres que le personnel des administrations publiques soit formé à signaler tous soupçons de corruption et qu'il soit protégé comme il se doit s'il fait de tels signalements.

18. Dans le contexte du droit des droits de l'homme, la Cour européenne des droits de l'homme a rendu quelques arrêts significatifs en matière d'alerte, établissant les principes clés à appliquer au titre, en particulier, du droit à la liberté d'expression consacré par l'article 10 de la Convention *[les décisions de la Cour européenne des droits de l'homme relatives aux alertes et aux droits garantis par l'art. 10 concernaient le respect des révélations externes dans le domaine public. La Cour a établi six principes dans l'affaire Guja c/ Moldova [GC], n° 14277/04, CEDH 2008, pour parvenir à déterminer si l'atteinte portée au droit à la liberté d'expression (art. 10) était "nécessaire dans une société démocratique". Ces principes ont été réaffirmés dans l'affaire Heinisch c/ Allemagne, n° 28274/08, CEDH 2011 (extraits) et à nouveau dans l'affaire Bucur et Toma c/ Roumanie, n° 40238/02, 8 janv. 2013. Ces principes sont énoncés dans le commentaire sur le projet de recommandation (paragraphe 53 ci-après)]*. En 2009, l'ancien Commissaire aux droits de l'homme, Thomas Hammarberg, a décrit l'effet dévastateur de la corruption sur les droits de l'homme, déclarant que "le contrôle de l'information et l'absence de véritable surveillance publique permettent aux corrompus d'échapper plus facilement aux sanctions et à la condamnation publique" *["La corruption est un problème majeur de droits de l'homme", présentation du Commissaire aux droits de l'homme (Hammarberg) lors de la conférence de haut niveau à l'occasion du 10e anniversaire du GRECO (Strasbourg, 5 oct. 2009)]*. Il est important en particulier de rappeler que, dans une démocratie fondée sur l'État de droit, protéger les révélations publiques sur une plus grande échelle, aux médias par exemple, est indispensable à la responsabilité et à la transparence. Toutefois, il est de plus en plus admis, sur le continent européen et au-delà, que les États doivent faire davantage pour protéger les lanceurs d'alerte en droit et en pratique, et pour faciliter des alertes responsables dans tous les secteurs.

19. En 2009, la commission des questions juridiques et des droits de l'homme de l'Assemblée parlementaire du Conseil de l'Europe a publié un rapport qui concluait que, s'il existe diverses réglementations dans les différents États membres, il faut aller beaucoup plus loin au plan national. L'Assemblée a par la suite adopté la Résolution 1729 (2010) qui invite tous les États membres à passer en revue leur législation sur la protection des donneurs d'alerte, en gardant à l'esprit un certain nombre de principes directeurs. Parallèlement, elle a adopté la Recommandation 1916 (2010) qui recommande au Comité des Ministres d'élaborer un ensemble de lignes directrices pour la protection des donneurs d'alerte, qui prennent en compte les principes directeurs stipulés par l'Assemblée.

20. Conformément au mandat que lui a confié le Comité des Ministres, le Comité européen de coopération juridique (CDCJ) a, en 2012, commandé un rapport d'étude sur la faisabilité d'un instrument juridique sur la protection des donneurs d'alerte *[P. Stephenson et M. Levi (2012), "La protection des" donneurs d'alerte : rapport d'étude sur la faisabilité d'un instrument juridique sur la protection des employés qui divulguent des informations dans l'intérêt public", CDCJ(2012)9FIN]*. Le rapport, qui examine les mesures prises par les États membres du Conseil de l'Europe en matière d'alerte, a constaté que peu d'entre eux étaient dotés d'une législation complète couvrant spécifiquement la protection des donneurs d'alerte – autrement dit, de règles applicables aux employés de tout secteur, public ou privé, et visant les actes répréhensibles ou les risques graves dans une large acception. Cela étant, un certain nombre d'États membres sont en train de légiférer dans ce domaine ou envisagent de le faire.

21. Le rapport de faisabilité a relevé d'autres initiatives internationales importantes concernant la protection des donneurs d'alerte, qui s'appliquent à certains États membres du Conseil de l'Europe mais pas à tous. Parmi celles-ci figurent des dispositions contenues dans la Convention des Nations unies contre la corruption (UNCAC), un engagement de la Commission européenne à évaluer *[Transparency International Berlin a conduit cette évaluation dans 10 États membres de l'Union européenne en 2009 au nom de la Commission européenne. Cette étude a été élargie aux 27 États membres d'alors et la publication, en novembre 2013, du rapport qui en résulte : Whistleblowing in Europe : Legal Protections for Whistleblowers in the EU (http://www.transparency.org/whatwedo/pub/whistleblowing_in_europe_legal_protections_for_whistleblowers_in_the_eu)]* l'état de la protection des lanceurs d'alerte dans les États membres de l'Union européenne en vue de poursuivre le travail dans ce domaine, la résolution du Parlement européen appelant à mettre en place un programme européen efficace et complet pour protéger notamment les lanceurs d'alerte, dans le secteur privé comme dans le secteur public *[résolution du Parlement européen du 23 oct. 2013 sur la criminalité organisée, la corruption et le blanchiment de capitaux : recommandations sur des actions et des initiatives à entreprendre (rapport final) (2013/2107(INI)). Voir en particulier les paragraphes 14, 70 et 109]*, ainsi qu'un engagement de la part des États membres du G20 à protéger les lanceurs d'alerte dans le cadre du Plan d'action anticorruption *[point 7 du Plan d'action anticorruption du G20]* et la publication en 2010 de son recueil des bonnes pratiques et des principes directeurs pour la législation sur la protection des lanceurs d'alerte. Enfin, il y a des exemples de législations internes visant la corruption dans le secteur privé et les pratiques financières répréhensibles, qui s'appliquent également aux entreprises multinationales opérant en Europe *[les lois "Sarbanes-Oxley" (2002) et "Dodd-Frank" (2010), États-Unis d'Amérique ; la loi britannique de 2010 contre la corruption (United Kingdom's Bribery Act, 2010)]*.

22. Si ces initiatives confirment la nécessité pour les États membres de réglementer la question de l'alerte, un examen plus attentif de la réalité de la protection juridique, même dans les pays où il existe des dispositions pour la protection des lanceurs d'alerte, montre qu'il existe des besoins pour des conseils et une orientation plus clairs. A titre d'exemple, la protection des lanceurs d'alerte ne bénéficie pas du soutien actif des gouvernements nationaux et peu de ressources sont consacrées au traitement approprié des révélations d'informations, lorsque celles-ci sont faites à des organes réglementaires, ou à la protection des intérêts des lanceurs d'alerte.

Recommandation CM/Rec(2014)7 du Comité des Ministres aux États membres sur la protection des lanceurs d'alerte.

23. La Recommandation CM/Rec(2014)7 du Comité des Ministres aux États membres sur la protection des lanceurs d'alerte vise à ancrer fermement la protection des lanceurs d'alerte dans le champ des principes démocratiques et de la préservation de l'intérêt général. Son objectif est d'aider les États membres à concevoir et à développer un cadre qui protège les lanceurs d'alerte en droit, qui est concrètement appliqué et qui est taillé sur mesure pour les systèmes nationaux. Si la recommandation vise la définition d'un ensemble commun de principes auquel adhèrent tous les États membres, la façon dont chacun d'entre eux donnera effet à ces principes ne sera pas uniforme.

24. La recommandation a été préparée par un groupe de rédaction formé de membres du Comité européen de coopération juridique (CDCJ) et parachevée à sa 88e réunion plénière (16-18 décembre 2013). Elle a été adoptée par le Comité des Ministres le 30 avril 2014.

25. La consultation des diverses parties prenantes sur le projet de recommandation a été assurée tout au long du processus de rédaction. Le CDCJ a sollicité les avis de ses membres avant de commander l'étude de faisabilité et tout au long du processus de rédaction (octobre 2012-octobre 2013). Une réunion s'est tenue à Strasbourg (30-31 mai 2013) pour consulter des experts et des praticiens de toute l'Europe sur des questions clés soulevées par la rédaction de la recommandation déjà entamée par le Bureau du CDCJ dans une composition élargie. L'objectif était de réunir un groupe représentatif de personnes travaillant dans ce domaine et d'autres domaines connexes, y compris des organismes de soutien aux lanceurs d'alerte, des employeurs, des organes réglementaires, des avocats, des juges, des spécialistes de la protection de la vie privée, des enquêteurs des services des fraudes, des représentants des médias, des syndicats, des médiateurs et des lanceurs d'alerte. La discussion était axée sur trois questions : liberté d'expression, transparence et respect de la vie privée ; cadre juridique ; et voies de recours et procédures judiciaires. Les conclusions ont conduit à la préparation d'une version révisée du projet de recommandation.

26. La Recommandation CM/Rec(2014)7 sur la protection des lanceurs d'alerte est fondée sur une expertise juridique et des recherches conduites dans les États membres du Conseil de l'Europe. Les principes reposent sur les lois et normes internationales, européennes et nationales en vigueur, et notamment sur le principe selon lequel il ne peut exister de confidentialité en matière d'actes ou de faits répréhensibles. La protection du public de tout préjudice est le principe directeur, qui doit par ailleurs être au cœur des mesures prises par les États membres pour protéger les lanceurs d'alerte.

27. La Recommandation CM/Rec(2014)7 sur la protection des lanceurs d'alerte n'est pas seulement une déclaration de principes ; elle aspire aussi à être un instrument pratique à l'attention des gouvernements, de la société civile, des citoyens, des organes réglementaires, des autorités de répression et autres, en vue de la création et de la mise en œuvre de cadres nationaux judicieux pour recevoir les alertes d'actes répréhensibles commis sur le lieu de travail et protéger de tout traitement inéquitable ceux qui signalent ou révèlent de telles informations.

Commentaire

Dispositif.

28. Si de nombreux États membres du Conseil de l'Europe ont prévu des dispositions qui couvrent, directement ou indirectement, certains aspects de la question de l'alerte, la plupart des États membres ne sont pas dotés d'un cadre national global pour la protection des lanceurs d'alerte. L'objectif clé de la recommandation est d'encourager les États membres à mettre en place un tel cadre.

29. Les spécificités des systèmes juridiques nationaux des États membres, ainsi que les choix politiques et législatifs qu'ils souhaitent faire en la matière, détermineront si les États optent ou pas pour une loi unique sur la protection des lanceurs d'alerte. La recommandation ne prend pas position sur ce point. Ce qu'elle souligne, en revanche, c'est l'importance des divers éléments normatifs, institutionnels et judiciaires qui forment un tout cohérent dans lequel les voies permettant de signaler et de révéler des informations, les mécanismes d'enquête et de réparation, ainsi que les voies de recours juridiques pour la protection des lanceurs d'alerte s'articulent tous efficacement. Cela est dénommé "cadre" dans la recommandation pour des raisons de commodité. Il doit être compris comme impliquant de la souplesse et de la synergie plutôt que de la rigidité et de l'uniformité.

30. La recommandation est axée sur la protection des lanceurs d'alerte parce qu'elle part du principe que c'est par la mise en place de mesures juridiques adaptées pour la protection des lanceurs d'alerte que les États membres pourront assurer au mieux une communication efficace et effective d'informations sur les menaces pour l'intérêt général et l'adoption de mesures par les employeurs et les autorités publiques pour y remédier. Les principes annexés à la recommandation incluent, en tout état de cause, des dispositions sur les enquêtes et les mesures de réparation.

31. C'est la relation de travail *de facto* du lanceur d'alerte, plutôt que son statut juridique spécifique (employé, par exemple), qui donne à la personne un accès privilégié à des informations sur la menace ou le préjudice pour l'intérêt général. Qui plus est, la définition juridique du statut des personnes exerçant une activité professionnelle salariée ou autre peut varier d'un État membre à l'autre, tout comme les droits et obligations qui en découlent. En outre, il a été jugé préférable d'encourager les États membres à adopter une approche large du champ d'application personnel de la recommandation. Pour ces raisons, il a été décidé de décrire le champ d'application personnel en référence à la "relation de travail" de la personne. Cette approche large n'implique pas en revanche que le droit national permette aux personnes qui ne sont pas, dans des conditions strictes, travailleurs (tels que les travailleurs indépendants, stagiaires, ceux mis au travail par leur employeur avec un autre employeur et les bénévoles) la même forme ou le même niveau de protection ou de recours juridique, par exemple en matière de licenciement ou de suspension. En effet, la forme de protection appropriée dépendra de la nature juridique de la relation de travail de la personne et de la nature du préjudice subi. Voir aussi le paragraphe 79 dans ce contexte.

32. Comme toutes les recommandations du Comité des Ministres, la recommandation doit s'appliquer dans le contexte des dispositions constitutionnelles de chaque État membre. En conséquence, dans certains États membres, le cadre ou certains de ses éléments relèveront des pouvoirs publics locaux ou régionaux, voire, dans certains cas, des partenaires sociaux et des conventions collectives qui les lient. Ce qui compte est que le cadre, dans son ensemble, soit complet et cohérent, et que les différents éléments qui le composent s'articulent efficacement.

33. Plus spécifiquement, dans le cas de systèmes constitutionnels qui accordent un rôle normatif aux négociations collectives, concernant tout ou partie des travailleurs, il suffit que les États membres concernés déterminent la mesure dans laquelle ces négociations incluent des dispositions sur la protection des lanceurs d'alerte et, le cas échéant, encouragent les partenaires sociaux à s'inspirer des principes énoncés à l'annexe de la recommandation. Qui plus est, et si possible, il serait utile que cet encouragement soit étayé par la loi.

ANNEXE – LES 29 PRINCIPES

34. Comme indiqué dans le dispositif de la recommandation, les principes énoncés dans l'annexe sont destinés à guider les États membres lorsqu'ils passent en revue leur législation nationale ou lorsqu'ils modifient des mesures législatives ou en adoptent de nouvelles. Ces principes ne sont pas exhaustifs et, compte tenu de leur nature, chaque État membre peut les appliquer ou les modifier selon ce qui lui semble le plus approprié dans le contexte de son propre système juridique. Comme indiqué précédemment, l'objectif clé de la recommandation est d'encourager les États membres à mettre en place un cadre national complet et cohérent. Les définitions visent à faciliter la lecture de l'annexe à la recommandation.

CHAMP D'APPLICATION MATÉRIEL

Principe 1.

35. La référence à un "cadre" doit s'entendre comme un dispositif intégrant divers éléments normatifs, institutionnels et judiciaires qui, ensemble, forment un tout complet et cohérent. Il peut s'agir d'un acte législatif unique même si, dans ce cas, il est probable que la législation s'appuie sur des structures réglementaires et judiciaires en place. La référence à un cadre "national" doit s'entendre comme se référant à l'application de la recommandation, conformément aux dispositions constitutionnelles spécifiques de chaque État membre.

36. Le principe 1 indique clairement que la finalité du cadre national est de faciliter les signalements et les révélations d'informations d'intérêt général plutôt que de les contrôler ou les dissimuler, et que cet objectif doit être atteint par la mise en place de mesures destinées à protéger les lanceurs d'alerte. Il est à noter que l'action de faciliter a été choisie spécifiquement dans ce contexte et préférée à celle d'encourager. On comprend par là qu'il faudrait effectivement s'efforcer de faire en sorte qu'il soit plus facile aux personnes de faire des signalements ou des révélations d'informations au sujet de menaces ou de préjudice pour l'intérêt public. Pour assurer la mise en place d'un environnement juridique approprié susceptible de faciliter comme il se doit les signalements et les révélations d'informations, les États membres pourraient avoir à conduire un examen approfondi et systématique de leurs dispositions en vigueur afin d'identifier les domaines dans lesquels il convient soit de réformer ou d'harmoniser les dispositions existantes, soit d'introduire de nouvelles dispositions.

37. Un cadre normatif prend en compte les règles, les droits et les obligations qui organisent et affectent l'emploi ou la relation de travail contractuelle ou bénévole. Les conventions collectives incluent leurs propres dispositions normatives. Un examen permettrait au législateur de déterminer si et comment ces règles facilitent ou empêchent la communication honnête [*"Honnête" ou "de bonne foi" signifie "sans fraude ni tromperie". Cela ne signifie pas que la personne ne se trompe pas ou qu'elle n'a pas d'arrière-pensée. En matière d'alerte, cette distinction est importante dans la mesure où elle implique que seule une personne qui signale ou révèle des informations qu'elle sait être inexactes ou fausses s'expose à perdre la protection de la loi*] d'alertes ou de signalements concernant des menaces ou un préjudice pour l'intérêt général, que ce soit dans le cadre de la relation de travail (à savoir à l'employeur ou à la personne de confiance désignée par ce dernier pour recevoir les signalements) ou en dehors de celle-ci (par exemple à un organe réglementaire, aux autorités de répression ou aux médias). Pour donner une idée du champ d'application d'un cadre normatif possible en matière d'alerte, l'examen de la législation pertinente, des codes de conduite et des règles internes professionnels pourraient inclure, par exemple :

— le droit des droits de l'homme – eu égard en particulier à la protection du droit à la liberté d'expression garanti par l'article 10 de la Convention ;

— le droit pénal – eu égard en particulier à la protection contre des poursuites pénales pour diffamation ; l'interdiction des représailles à l'encontre d'un employé qui signale une infraction ;

— le droit des médias – en particulier la protection des sources journalistiques ;

— d'autres lois applicables dans différents secteurs – par exemple la lutte contre la corruption, la concurrence, la santé et la sécurité, la comptabilité, la protection de l'environnement, les sociétés et les valeurs mobilières ;

— le droit du travail et des contrats – notamment la protection contre la violation de la confidentialité et contre le manquement à la loyauté ; l'interdiction ou l'annulation de tout accord visant à interdire à une personne de faire un signalement ou une révélation d'informations d'intérêt général ; la protection contre les licenciements abusifs ou les autres formes de représailles liées à l'emploi, incluant les actes commis par des pairs ou des collègues ;

— le droit du travail/les conventions collectives – en particulier le droit collectif de signaler ou de révéler des préoccupations d'intérêt général ;

— les obligations professionnelles de signalement – la protection de ceux à qui incombent des obligations professionnelles de signalement ou de révélation d'informations (par exemple déontologues, agents de santé et de sécurité, chefs d'entreprise, responsables de la protection de l'enfance) ;

— les mesures spécifiques de lutte contre la corruption – eu égard à celles prévues par la Convention civile sur la corruption du Conseil de l'Europe (STE n° 174) ;

— les codes de conduite – les règles de conduite et d'intégrité et le signalement des manquements aux règles ;

— les politiques et procédures disciplinaires – en particulier eu égard aux infractions (administratives) relatives à la violation de la confidentialité ou la diffamation ;

— d'autres politiques ou règles organisationnelles – y compris la protection des données, les codes disciplinaires, les communications aux médias.

A l'évidence, l'examen des normes de droit public, telles qu'établies par la loi, devrait être effectué par les autorités publiques pertinentes, tandis que l'examen des normes relevant du droit privé (codes professionnels ou codes d'employeurs) devrait être du ressort des employeurs ou des instances professionnelles pertinentes.

38. Les organes réglementaires, les autorités de répression et les organes de contrôle font partie du cadre institutionnel. Ils garantissent l'existence de voies de signalement par les lanceurs d'alerte, ainsi que de structures et de mécanismes destinés à réagir à ces informations. Il importe que ceux-ci se complètent et assurent efficacement le lien avec les employeurs et les structures judiciaires. Il importe d'analyser le cadre général de ces structures pour faire en sorte qu'elles fonctionnent convenablement et qu'il n'y ait aucune lacune dans le système.

39. Pour que la protection soit réelle, il convient de garantir un accès rapide et efficace à un contrôle et à une décision judiciaire, ainsi qu'à une réparation en cas de représailles ou de préjudice. Ce cadre judiciaire peut inclure l'accès à des autorités et des juridictions généralistes ou spécialisées ayant le pouvoir de sanctionner les personnes ayant pris des mesures inéquitables à l'encontre d'un lanceur d'alerte ou n'ayant pas examiné comme il se doit le signalement ou la révélation d'informations qu'elles ont reçus, et d'octroyer une réparation au lanceur d'alerte en cas de victimisation ou de représailles pour le signalement ou la révélation d'informations. En dernier ressort cependant, les lanceurs d'alerte devraient avoir accès à la justice.

40. "Les droits et les intérêts" des lanceurs d'alerte incluent les droits de l'homme (par exemple la liberté d'expression) ainsi que, plus généralement, ceux prévus par le droit civil, administratif et pénal d'un État membre.

Principe 2.

41. Dans toute l'Europe, l'intérêt général s'entend comme la "prospérité" ou le "bien-être" du grand public ou de la société. La protection de la prospérité et du bien-être du public contre tout préjudice, dommage ou violation de ses droits est au cœur de la présente recommandation. Ainsi, le principe 2 doit être lu en liaison avec le principe 1. L'objectif d'un cadre national est de faciliter le signalement ou la révélation d'informations sur des actes répréhensibles ou des risques pour l'intérêt général, parce qu'il est dans l'intérêt général de prévenir et de punir de tels actes. Par conséquent, la recommandation encourage un changement de paradigme, l'alerte n'étant plus considérée comme un manquement à la loyauté, mais comme une responsabilité démocratique.

42. Tandis qu'il existe, dans de nombreux domaines, un terrain d'entente entre les États membres pour ce qui relève de l'intérêt général, l'appréciation de ce dernier peut varier dans d'autres domaines. L'absence de définition de l'intérêt général dans la recommandation est donc intentionnelle. Cette définition est laissée à l'appréciation de chaque État membre, position que

reflète la Cour européenne des droits de l'homme dans sa jurisprudence *[V. Ex-roi de Grèce et autres c. Grèce [GC], n° 25701/94, § 87, CEDH 2000-XII. "La Cour estime que, grâce à une connaissance directe de leur société et de ses besoins, les autorités nationales se trouvent en principe mieux placées que le juge international pour déterminer ce qui est "d'utilité publique". [...] Estimant normal que le législateur dispose d'une grande latitude pour mener une politique économique et sociale, la Cour respecte la manière dont il conçoit les impératifs de l'"utilité publique", sauf si son jugement se révèle manifestement dépourvu de base raisonnable (arrêt James et autres c. Royaume-Uni du 21 févr. 1986, série A n° 98, p. 32, § 46)]*. Le principe 2 l'indique clairement, tout en attirant également l'attention sur l'importance d'inclure les trois domaines mentionnés (risques pour la santé et la sécurité publiques, risques pour l'environnement, et violations de la loi et des droits de l'homme).

43. La plupart des États membres auront à faire l'expérience de la mise en balance des intérêts des employeurs (publics ou privés) à gérer et diriger leurs organisations, avec la nécessité de faire en sorte que le public soit protégé de toute exploitation ou tout préjudice. Cela peut aider à définir la portée des informations qui entrent dans la définition de l'"intérêt général". Quelques États membres, comme la Norvège, le définissent en termes simples, tandis que d'autres, comme la Roumanie et le Royaume-Uni, ont établi de larges catégories de risques ou d'actes répréhensibles. Voici une liste non exhaustive des catégories d'informations (signalées ou révélées) pour lesquelles on considère généralement qu'un lanceur d'alerte devrait bénéficier d'une protection :

— la corruption et les activités criminelles ;
— les violations de la loi et de la réglementation administrative ;
— les abus de pouvoir/de charge publique ;
— les risques pour la santé, les normes alimentaires et la sécurité publiques ;
— les risques pour l'environnement ;
— les erreurs graves de gestion de la part d'organes publics (y compris les associations caritatives) ;
— le gaspillage flagrant des fonds publics (y compris ceux d'associations caritatives) ;
— la dissimulation de l'un de ces actes.

44. Les États membres devraient toutefois définir ce que recouvre l'intérêt général aux fins de leur cadre national de protection des lanceurs d'alerte. Le principe 2 mentionne l'importance de voir sa portée précisée expressément dans la législation pertinente, de sorte que toute personne soit raisonnablement censée comprendre ce que l'intérêt général recouvre et ne recouvre pas, et soit en mesure de prendre une décision éclairée.

CHAMP D'APPLICATION PERSONNEL

Principes 3 et 4.

45. Les principes 3 et 4 adoptent une approche large destinée à des catégories de personnes qui peuvent être confrontées à des actes répréhensibles sur le lieu de travail, ou par le biais d'activités en relation avec leur travail. Dans la perspective de protéger l'intérêt général, il s'agit de toutes les personnes qui, du fait d'une relation de travail *de facto* (rémunérée ou non), sont particulièrement bien placées pour accéder aux informations et sont susceptibles de constater ou d'identifier très précocement que quelque chose ne va pas – qu'il s'agisse d'actes répréhensibles délibérés ou pas. Sont inclus dans ce groupe les travailleurs temporaires et à temps partiel, ainsi que les stagiaires et les bénévoles. Dans certains contextes, et dans un cadre juridique approprié, les États membres pourraient vouloir étendre cette protection aux consultants, aux collaborateurs indépendants et aux sous-traitants. La position de vulnérabilité économique des lanceurs d'alerte vis-à-vis de la personne dont ils dépendent pour leur travail justifie la recommandation de les protéger.

Principe 5.

46. Le principe 5 reconnaît que le signalement ou la révélation d'informations sur des actes ou des pratiques répréhensibles graves en lien avec la sécurité nationale, la défense, le renseignement, l'ordre public ou les relations internationales de l'État relève de l'intérêt général mais qu'il existe des raisons légitimes pour lesquelles les États membres peuvent vouloir appliquer un nombre restreint de règles à certains ou à l'ensemble des cas mentionnés. Le principe repose sur l'hypothèse que les États membres peuvent introduire un régime de droits plus restrictif par rapport au régime général, sans pour autant laisser le lanceur d'alerte totalement privé de protection ou de défense potentielle.

47. Il est à noter que le principe 5 fait seulement référence aux informations. Il ne permet pas de soumettre des catégories de personnes (comme les policiers) à un régime modifié ; c'est plutôt la catégorie d'informations qui peut faire l'objet de règles particulières. Le principe, par conséquent, s'étend par exemple au personnel non militaire qui, par le biais d'une relation de travail avec l'armée (des sous-traitants, par exemple), obtient des informations concernant une menace ou un préjudice pour l'intérêt général.

Principes mondiaux sur la sécurité nationale et le droit à l'information

[V. http://www.opensocietyfoundations.org/publications/global-principles-nationalsecurity-and-freedom-information-tshwane-principles. L'Assemblée parlementaire du Conseil de l'Europe se félicite de l'adoption de ces principes (les "Principes de Tshwane") qui visent à fournir des orientations aux législateurs et aux responsables concernés dans le monde entier par la protection des lanceurs d'alerte dans le contexte de la sécurité nationale – Résolution 1954 (2013) sur la sécurité nationale et l'accès à l'information, paragraphe 7]

Les principes mondiaux ont été rédigés par 22 organisations et centres de recherche, qui ont consulté plus de 500 experts issus de plus de 70 pays à l'occasion de 14 réunions tenues dans le monde entier. Ils ont été mis en œuvre avec l'aide de l'*Open Society Justice Initiative*. Le processus s'est achevé lors d'une réunion en Afrique du Sud, à Tshwane, ville qui a donné son nom aux principes. Ils ont été publiés le 12 juin 2013.

Les Principes de Tshwane disposent que les lois doivent protéger les agents publics – y compris les militaires et les sous-traitants travaillant pour les services de renseignement – qui révèlent des informations au public, dès lors que sont réunies quatre conditions : (1) l'information concerne les actes répréhensibles d'un gouvernement ou d'entreprises travaillant avec l'État (définition assez détaillée) ; (2) la personne a tenté de signaler un acte répréhensible, à moins qu'il n'ait pas existé d'organisme susceptible d'enquêter avec efficacité ou si le signalement aurait pu présenter un risque significatif de destruction des preuves, ou de représailles à l'encontre du lanceur d'alerte ou d'un tiers ; (3) la révélation d'informations s'est limitée aux informations raisonnablement nécessaires pour mettre au jour l'acte répréhensible ; et (4) le lanceur d'alerte avait des motifs raisonnables de penser que la révélation d'informations était plus bénéfique que dommageable pour l'intérêt général.

Même si la révélation d'informations ne satisfait pas aux quatre critères ci-dessus, les principes recommandent que le lanceur d'alerte ne soit pas sanctionné tant que l'intérêt général de révéler des informations est supérieur à l'intérêt général de les garder secrètes. Dans la mesure où un pays ne dispose pas de loi qui criminalise la révélation au public d'informations classifiées, toute sanction doit être proportionnée au préjudice effectivement causé.

Les principes reflètent la jurisprudence et la pratique observables dans le monde entier, et notamment deux afaires importantes de la Cour européenne des droits de l'homme : Guja c. Moldova (2008) et Bucur et Toma c. Roumanie (2013) *[Guja c. Moldova [GC], n° 14277/04, CEDH 2008 ; Bucur et Toma c. Roumanie, n° 40238/02, 8 janv. 2013]*.

Principe 6.

48. Le principe 6 fait référence aux situations dans lesquelles, par exemple, un avocat apprend de son client l'existence d'un risque ou d'un préjudice pour l'intérêt général et décide de signaler ou de révéler l'information sans le consentement de son client. Dans une telle situation, le cadre national de l'État membre ne devrait pas permettre à l'avocat d'échapper à une sanction pour avoir violé le code professionnel de confidentialité envers son client, sauf si une violation est autorisée par la loi (par exemple le blanchiment d'argent). Les personnes qui travaillent pour le compte de l'avocat ne devraient pas non plus pouvoir se prévaloir de la protection en vertu du cadre national si elles signalent ou révèlent l'information communiquée à leur avocat-employeur. Le principe reconnaît l'importance de la confidentialité des communications entre un avocat et son client ou du secret professionnel dans une société démocratique régie par l'État de droit. Le principe s'étend à toutes les formes de secrets professionnels.

49. Il est à noter qu'une personne qui sollicite des conseils, que ce soit auprès d'un avocat ou d'une autre personne, ou qui fait une confession à un prêtre, ne fait pas un signalement ou une révélation d'informations au sens de la présente recommandation.

CADRE NORMATIF

Principe 7.

50. L'importance d'une approche globale et cohérente de la protection des lanceurs d'alerte dans la législation et le droit nationaux a déjà été mentionnée (voir paragraphe 29). Une approche globale permet de couvrir un éventail aussi large que possible de personnes et de situations. Cela implique que les normes pertinentes peuvent figurer dans la loi ou dans des documents juridiques (comme les conventions collectives), ou encore dans des codes professionnels ou des codes d'employeurs. Une approche cohérente garantit que les lanceurs d'alerte potentiels ne sont pas découragés ou sanctionnés par des dispositions juridiques contradictoires ou restrictives et qu'il sera effectivement donné suite à leur signalement ou révélation d'informations. Là encore, comme déjà indiqué au sujet du terme "cadre", l'expression "globale et cohérente" n'implique pas nécessairement un acte législatif unique. Les États membres peuvent préférer maintenir ou compléter un système intégrant différentes dispositions et mesures, même si, dans ce cas, il sera plus important encore de veiller à ce que le système, dans son ensemble, soit complet et cohérent.

Principe 8.

51. En mettant en œuvre la recommandation, les États membres souhaiteront concilier divers intérêts et principes. En règle générale, lorsqu'une personne fait état de préoccupations concernant un acte répréhensible dans le cadre d'une relation de travail – à l'employeur ou à la personne de confiance désignée par ce dernier pour recevoir les signalements –, l'employeur, en tout état de cause, n'a à sa disposition guère de bases juridiques pour prendre des mesures contre cette personne. Il n'y a pas violation de la confidentialité ni de l'obligation de loyauté *[il est important que les règles prohibant la diffamation ne soient pas un obstacle au signalement interne de soupçons d'actes répréhensibles. De ce point de vue, toute mesure prise à l'encontre d'une personne pour inconduite, en conséquence d'un signalement initial, doit être fondée sur les règles de la justice naturelle. Partant, les faits doivent faire l'objet d'une enquête complète et équitable, et la personne concernée doit pouvoir s'expliquer]*. En dehors de la relation de travail, toutefois, il est admis qu'un équilibre est à trouver entre l'intérêt des employeurs à gérer leurs organisations et à protéger leurs intérêts (par exemple les droits de propriété intellectuelle) et l'intérêt du public à être protégé contre les préjudices, les actes répréhensibles ou l'exploitation. Cette mise en balance doit prendre en considération d'autres principes démocratiques comme la transparence, le droit à l'information et la liberté d'expression et des médias, qui tendent tous à privilégier la révélation d'informations plutôt que la restriction de l'information. La phrase : "pas [...] au-delà de ce qui est nécessaire" établit un juste équilibre entre les différents intérêts en concurrence.

52. Le principe 8 positionne véritablement la protection des lanceurs d'alerte comme un mécanisme de responsabilité démocratique. Autrement dit, que les individus fassent état de préoccupations au sujet d'actes répréhensibles ou de risques de préjudice auprès des personnes les plus proches du problème et de celles les mieux placées pour y remédier (à savoir l'employeur ou un organe de contrôle compétent) est une question de bon sens et de bonne gouvernance. Mais la loi devrait aussi reconnaître et protéger les révélations d'informations à plus grande échelle.

53. Une révélation publique d'informations (autrement dit, en dehors de la relation d'emploi ou de la relation réglementaire), aux médias par exemple, soulève d'autres questions importantes, comme mentionné ci-dessus ; à cet égard, la Cour européenne des droits de l'homme a prononcé plusieurs décisions importantes. Dans les affaires Guja c. Moldova et plus tard Heinisch c. Allemagne et Bucur et Toma c. Roumanie, la Cour a énoncé six principes sur lesquels elle s'est appuyée pour déterminer si une ingérence dans l'exercice du droit garanti par l'article 10 (liberté d'expression) de la Convention au regard des actions d'un lanceur d'alerte qui fait des révélations publiques d'informations était "nécessaire dans une société démocratique" *[Guja c. Moldova [GC], nº 14277/04, CEDH 2008 et à nouveau dans Heinisch c. Allemagne, nº 28274/08, CEDH 2011 (extraits)]*. Ces principes sont indiqués ci-dessous dans l'ordre dans lequel la Cour les a appliqués dans l'affaire Bucur et Toma c. Roumanie :

i. l'existence ou non, pour la personne qui a révélé les informations, d'autres moyens de procéder à la révélation d'informations ;

ii. l'intérêt général présenté par les informations révélées. Dans l'affaire Guja c. Moldova, la Cour a noté que "dans un système démocratique, les actions ou omissions du gouvernement doivent se trouver placées sous le contrôle attentif non seulement des pouvoirs législatif et judiciaire, mais aussi des médias et de l'opinion publique. L'intérêt de l'opinion publique pour une certaine information peut parfois être si grand qu'il peut l'emporter même sur une obligation de confidentialité imposée par la loi" ;

iii. l'authenticité des informations divulguées. Dans l'affaire Guja c. Moldova, la Cour a rappelé que l'exercice de la liberté d'expression comporte des devoirs et responsabilités, et que quiconque choisit de divulguer des informations doit vérifier avec soin, dans la mesure où les circonstances le permettent, qu'elles sont exactes et dignes de crédit. Dans l'afaire Bucur et Toma c. Roumanie, la Cour a gardé à l'esprit la Résolution 1729 (2010) de l'Assemblée parlementaire du Conseil de l'Europe et la nécessité de protéger le donneur d'alerte, sous réserve qu'il ait eu des "motifs raisonnables" de penser que l'information révélée était vraie ;

iv. le préjudice causé à l'employeur. L'intérêt général dans la révélation publique d'informations revêt-il une telle importance dans une société démocratique qu'il prévaut sur le préjudice subi par l'employeur ? A noter que, dans les deux affaires Guja c. Moldova et Bucur et Toma c. Roumanie, les deux employeurs étant des organes publics, la Cour a mis en balance l'intérêt général de maintenir la confiance du public dans ces organes contre l'intérêt général de révéler des informations sur leurs dysfonctionnements ;

v. la bonne foi du lanceur d'alerte. Dans l'affaire Guja c. Moldova, la Cour a affirmé qu'"un acte motivé par un grief ou une animosité personnels ou encore par la perspective d'un avantage personnel, notamment un gain pécuniaire, ne justifie pas un niveau de protection particulièrement élevé" ;

vi. la sévérité de la sanction infligée à la personne qui a révélé les informations et ses conséquences.

Principe 9.

54. Le principe 9 fait référence aux "mécanismes", qu'il faut entendre au sens des dispositifs pratiques – étayés par la loi le cas échéant – qui existent déjà, peuvent être renforcés ou nécessiteraient d'être complétés pour faire en sorte que les personnes sachent où et à qui faire un signalement ou une révélation d'informations, comment l'information sera gérée et quelle protection attendre.

55. L'expérience montre que, lorsque les États ont revu leur système et renforcé ou mis en œuvre de nouveaux dispositifs qui permettent la révélation appropriée d'informations et, plus important encore, un processus prompt d'examen et d'enquête relativement à toute question substantielle, le changement de culture sur le lieu de travail propre à garantir une plus grande responsabilité locale est bien plus profond et rapide. Cela exige des États qu'ils fassent en sorte que les organes réglementaires possèdent les compétences qu'il convient pour gérer les révélations d'informations et protéger les lanceurs d'alerte, et qu'ils soient dotés des ressources adéquates pour mettre en place des dispositifs efficaces.

Principe 10.

56. Le principe 10 concerne les droits des personnes physiques uniquement, qu'il s'agisse d'un employeur ou d'un tiers, qui subissent un dommage du fait du signalement ou de la révélation d'informations. Le cadre normatif ne devrait pas les priver de leurs droits en vertu du droit général (civil et administratif) dans le cas où le signalement ou la révélation d'informations contiendrait des informations inexactes ou trompeuses.

Principe 11.

57. Le principe 11 indique clairement qu'aucune condition ou clause dans un contrat ou un accord – que ce soit un contrat de travail ou un accord en matière de règlement – entre un individu et la personne ou l'organe pour lequel il travaille ne peut être utilisée pour empêcher celui-ci de faire un signalement ou une révélation d'informations d'intérêt général. En ce sens, le droit à faire un signalement ou une révélation d'informations d'intérêt général ne peut être exclu d'aucun contrat de travail.

58. La référence aux obligations légales a pour intention de viser également les dispositions contenues dans des actes réglementaires ou des contrats de service, relatifs à l'emploi des fonctionnaires ou autres agents publics, comme c'est le cas dans certains États membres.

VOIES DE SIGNALEMENT ET DE RÉVÉLATION D'INFORMATIONS

Principe 12.

59. L'objectif du principe 12 est d'encourager les États membres à mettre en place un cadre normatif clair et opérationnel, qui sert l'intérêt général de transparence et de responsabilité. En

offrant une protection plus large et suffisante aux lanceurs d'alerte, les États membres encourageront les signalements, faits ouvertement, sur les menaces et le préjudice pour l'intérêt général, et, ainsi, dissuaderont les dénonciations anonymes. Faire ouvertement des signalements n'implique cependant pas un droit à révéler des informations confidentielles, sans rapport avec les soupçons de menaces ou de préjudice pour l'intérêt général.

Principes 13 et 14.

60. Les principes 13 et 14 identifient les récepteurs potentiels d'informations sur des actions ou des omissions constituant une menace ou un préjudice pour l'intérêt général. Ils doivent être lus dans le contexte du principe 8 et des explications qui y sont données aux paragraphes 51 à 53 ci-dessus. Les voies, telles qu'elles sont décrites, suivent la logique adoptée tout au long de la recommandation qui fait référence au "signalement" en tant qu'action intervenant au sein d'une organisation ou d'une entreprise ou d'organes réglementaires publics, l'objectif étant d'aider à assurer que l'information parvient aux personnes les plus à même de mener une enquête et ayant le pouvoir de régler rapidement le problème. En démocratie, la possibilité de faire des révélations publiques d'informations – aux médias ou à un parlementaire par exemple – est une garantie essentielle de la protection de l'intérêt général et est également consacrée dans les droits liés à la liberté d'expression.

61. Les diverses voies énoncées au principe 14 mettent en évidence que la responsabilité d'actes ou de préjudices répréhensibles résultant d'actions ou d'omissions sur le lieu de travail ou d'activités en relation avec le travail peut incomber au premier chef à l'employeur et aux organes réglementaires publics responsables. Examiner comment fonctionne la responsabilité juridique dans chaque système et qui a le pouvoir de prendre en charge un problème ou d'introduire des changements devrait aider les États membres à identifier les récepteurs appropriés pour les signalements et les révélations d'informations d'intérêt général. Cela devrait également permettre de définir le soutien et les ressources dont ces différents récepteurs pourraient avoir besoin pour gérer ces informations et y donner suite.

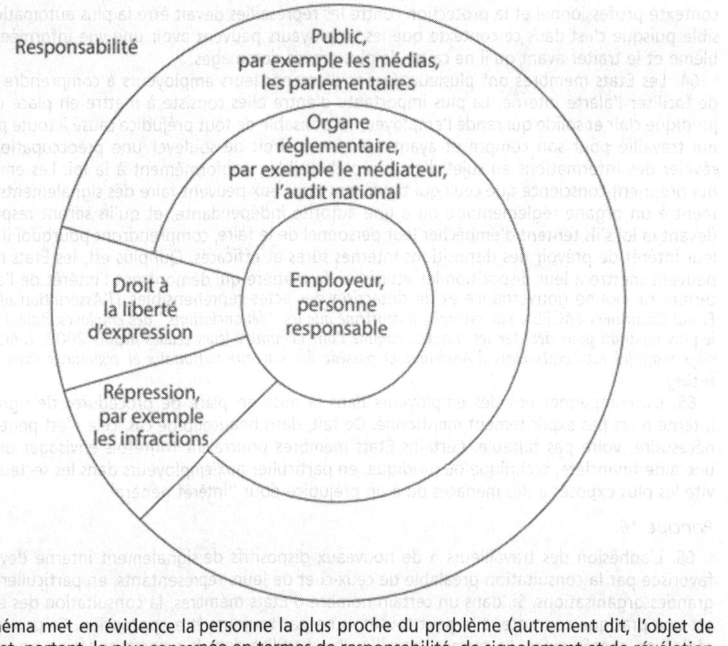

Ce schéma met en évidence la personne la plus proche du problème (autrement dit, l'objet de l'alerte) et, partant, la plus concernée en termes de responsabilité, de signalement et de révélation potentiels d'informations. Le signalement d'infraction et la liberté d'expression sont pris en compte. Toutes les voies sont interdépendantes, sans ordre de priorité, et devraient être accessibles et protégées d'une façon appropriée.

62. Afin de faciliter la communication d'informations sur des actes répréhensibles ou des risques, les organisations ou les entreprises de taille suffisante sont susceptibles de désigner des personnes de confiance chargées de recevoir les signalements : des employés désignés ou des conseillers confidentiels, par exemple. Pour être efficaces, ces personnes, si elles ne doivent pas nécessairement être indépendantes de l'employeur, doivent jouir d'un certain degré d'autonomie pour pouvoir s'acquitter de leur mission. Dans les grandes entreprises, les signalements peuvent également se faire auprès du conseil d'administration et les administrateurs prennent aujourd'hui davantage de responsabilités à cet égard. Pour répondre aux besoins des petites et moyennes entreprises, toutefois, et même plus généralement, certains États membres pourraient juger utile d'établir un organisme ou une commission publique pour recevoir ces signalements en toute confiance. Une telle instance n'aurait pas la responsabilité des mesures correctives, qui restent, bien entendu, la prérogative de l'employeur ou de l'organe réglementaire. Les ministères, les entreprises et les associations professionnelles, qui apportent souvent une assistance et des conseils aux petites et moyennes entreprises, pourraient être encouragés à donner des conseils en matière d'alerte.

Principe 15.

63. A l'évidence, les États membres devront faire plus qu'introduire une loi sur la protection des lanceurs d'alerte pour encourager les employeurs à faire en sorte que leurs dispositifs internes permettent à ceux qui travaillent pour leur compte de soulever des problèmes précocement et en toute sécurité. Il convient de rappeler que, en droit, la plupart des communications dans le cadre d'une relation de travail, à un employeur ou à une structure en lien avec l'emploi – comme une association de personnel, le représentant d'un syndicat ou le médiateur d'une organisation – ne violent aucune obligation de confidentialité due à l'employeur (y compris l'obligation de loyauté dans les systèmes de *common law*). Il devrait y avoir peu, si ce n'est pas du tout, d'obstacle au fait de soulever des préoccupations au sujet d'actes répréhensibles ou de risques internes dans le contexte professionnel et la protection contre les représailles devait être la plus automatique possible puisque c'est dans ce contexte que les employeurs peuvent avoir une vue informée du problème et le traiter avant qu'il ne cause de plus graves dommages.

64. Les États membres ont plusieurs façons d'amener leurs employeurs à comprendre l'intérêt de faciliter l'alerte interne. La plus importante d'entre elles consiste à mettre en place un cadre juridique clair et solide qui rende l'employeur responsable de tout préjudice causé à toute personne qui travaille pour son compte et ayant exercé son droit de soulever une préoccupation ou de révéler des informations au sujet d'actes répréhensibles, conformément à la loi. Les employeurs qui prennent conscience que ceux qui travaillent pour eux peuvent faire des signalements directement à un organe réglementaire ou à une autorité indépendante, et qu'ils seront responsables devant la loi s'ils tentent d'empêcher leur personnel de le faire, comprendront pourquoi il est dans leur intérêt de prévoir des dispositions internes sûres et efficaces. Qui plus est, les États membres peuvent mettre à leur disposition les études en la matière qui démontrent l'intérêt de l'alerte en termes de bonne gouvernance et de détection des actes répréhensibles *[l'Association of Certifed Fraud Examiners (ACFE), par exemple, a confirmé que les "dénonciations" des employés étaient le moyen le plus répandu pour détecter les fraudes, comme l'ont démontré leurs études depuis 2002. L'ACFE a son siège mondial aux États-Unis d'Amérique et possède des bureaux nationaux et régionaux dans le monde entier]*.

65. L'accompagnement des employeurs dans la mise en place de procédures de signalement interne n'est pas explicitement mentionné. De fait, dans beaucoup de cas, cela n'est peut-être pas nécessaire, voire pas faisable. Certains États membres pourraient toutefois envisager de fournir une aide financière, technique ou juridique, en particulier aux employeurs dans les secteurs d'activité les plus exposés à des menaces ou à un préjudice pour l'intérêt général.

Principe 16.

66. L'adhésion des travailleurs à de nouveaux dispositifs de signalement interne devrait être favorisée par la consultation préalable de ceux-ci et de leurs représentants, en particulier dans les grandes organisations. Si, dans un certain nombre d'États membres, la consultation des employés est une pratique courante, elle peut toutefois ne pas toujours être appropriée. Ce principe a été rédigé en conséquence. Le terme "travailleur" est utilisé dans la recommandation pour faire en

sorte que tous les travailleurs, quel que soit le statut juridique que leur confère le système juridique national, soient visés par ce principe.

Principe 17.

67. Comme indiqué au principe 14, cette recommandation n'établit pas d'ordre de priorité entre les différentes voies de signalement et de révélation d'informations. Une telle hiérarchie serait en tout état de cause difficile à déterminer dans la mesure où, en pratique, chaque situation est différente, sa spécificité déterminant alors la voie la plus appropriée. Dans quelques États membres, des dispositions constitutionnelles sur la liberté d'expression rendraient impossible l'octroi d'une préférence à l'une ou l'autre de ces voies. Si le principe 17 affirme qu'il convient d'encourager le signalement interne et le signalement aux organes réglementaires publics, aux autorités de répression et aux organes de contrôle, il est entendu que cela ne doit pas se faire au détriment de la protection des lanceurs d'alerte. L'encouragement au signalement interne figure dans la recommandation parce que la mise en place de dispositifs de signalement interne efficaces fait partie des bonnes pratiques de gestion et de gouvernance transparentes, et, tout comme le signalement aux organes réglementaires publics, aux autorités de répression et aux organes de contrôle, le signalement interne peut contribuer dans de nombreux cas à la résolution rapide et efficace des risques pour l'intérêt général.

68. Le principe 17 renforce le message clair adressé aux États membres selon lequel un cadre national pour la protection des lanceurs d'alerte doit s'appuyer sur des principes démocratiques. Par conséquent, une loi qui tenterait simplement de gérer et de contrôler les informations, plutôt que de s'efforcer de garantir la responsabilité juridique et publique, ne répondrait pas aux normes du Conseil de l'Europe concernant la protection des lanceurs d'alerte.

CONFIDENTIALITÉ

Principe 18.

69. Si le signalement fait ouvertement et sans crainte est le cas de figure idéal, l'expérience montre que la protection juridique seule n'est pas suffisante pour rassurer la personne qui constate des actes répréhensibles au cours de son travail, qui se demande s'il y a lieu de les signaler et à qui, ou qui s'inquiète pour sa situation. C'est pourquoi la confidentialité, telle que prévue au principe 18, devrait être offerte et garantie à la personne qui révèle des informations, afin de la rassurer et de lui donner la garantie que l'accent est mis sur le contenu de la révélation d'informations plutôt que sur la personne qui en est à l'origine. Le principe de confidentialité (c'est-à-dire le cas où le nom de la personne qui a signalé ou révélé des informations est connu du récepteur mais n'est pas révélé sans le consentement de la personne, à moins que la loi ne l'exige) qui figure dans la recommandation ne devrait pas être confondu avec le signalement ou la révélation anonymes d'informations (c'est-à-dire le cas où un signalement ou des informations sont reçus sans que personne n'en connaisse la source).

70. Le principe 18 prend pour hypothèse que le lanceur d'alerte a donné son nom ou que, d'une façon ou d'une autre, il est connu de la personne à qui il a fait le signalement. Il part aussi du principe que la révélation de l'identité de la personne, que ce soit en interne ou à l'extérieur, ne peut se faire qu'avec son consentement. Toutefois, le principe de confidentialité ne devrait pas faire obstacle au partage des informations concernant l'enquête ou au traitement du signalement par les organes réglementaires ou d'enquête aussi longtemps que les garde-fous appropriés existent et qu'ils sont expliqués au lanceur d'alerte. En outre, dans les systèmes juridiques où le consentement n'est pas nécessaire parce que le principe déterminant est celui de la transparence, l'existence de garde-fous contre l'utilisation abusive de l'information par d'autres au détriment du lanceur d'alerte satisfera aux exigences du principe 18.

71. Le principe reconnaît également que la protection de l'identité du lanceur d'alerte peut occasionnellement entrer en conflit avec les règles d'équité (par exemple, procès équitable et notion de "*natural justice*" dans les systèmes de *common law*). Lorsqu'il est impossible d'aller de l'avant – par exemple, de prendre des mesures contre l'auteur d'un méfait ou les personnes responsables des dommages causés sans se prévaloir directement des preuves du lanceur d'alerte et sans révéler son identité – le consentement et la coopération du lanceur d'alerte doivent être recherchés et toute crainte qu'il ou elle pourrait avoir quant à sa situation, écartée. Dans certains cas, il peut

s'avérer nécessaire d'obtenir une décision judiciaire pour savoir si et dans quelle mesure l'identité du lanceur d'alerte peut être révélée.

72. Les États membres devront réfléchir à la meilleure façon d'appliquer l'obligation énoncée au principe 18 dans le contexte de leur système juridique national et, surtout, en considération des droits des citoyens à communiquer avec leurs représentants élus et du droit des journalistes à protéger leurs sources.

RÉACTION AU SIGNALEMENT ET À LA RÉVÉLATION D'INFORMATIONS

Principe 19.

73. Qu'il soit donné suite à leurs signalements et révélations d'informations est la préoccupation centrale des lanceurs d'alerte : ils veulent que soient prises des mesures pour remédier aux actes répréhensibles qu'ils ont mis en lumière. Il est également dans l'intérêt des organisations, des organes réglementaires, des autorités de répression et des citoyens que les signalements et les révélations d'informations soient examinés, qu'ils fassent l'objet d'enquêtes et que, si nécessaire, des mesures soient prises pour remédier au problème, en particulier pour éviter de plus graves préjudices. Le terme "rapidement" signifie que l'action devrait être menée sans délai, en tenant compte des ressources disponibles et de l'ampleur du préjudice pour l'intérêt général qui a été mis en évidence par le signalement ou la révélation d'informations.

74. Les études en matière d'alerte, dans de nombreuses juridictions, mettent systématiquement en évidence que l'une des principales explications au non signalement est le fait que les lanceurs d'alerte croient que cela ne changera rien. Par exemple, des enquêtes américaines auprès d'employés fédéraux ont montré à maintes reprises que la crainte des représailles n'est que la deuxième raison pour laquelle quelque 500 000 d'entre eux choisissent de ne pas lancer l'alerte, la première raison étant qu'ils "ne pensent pas que soit fait quoi que ce soit pour corriger les choses" *[V. T. Devine, "Whistleblowing in the United States : The gap between vision and lessons learned", in Whistleblowing Around the World : Law, Culture and Practice, (2004), G. Dehn et R. Calland (eds.), Londres, British Council]*.

75. Il existe pour les États membres maintes façons de faire en sorte que les préoccupations d'intérêt général fassent rapidement l'objet d'enquêtes et que, le cas échéant, soient prises des mesures en conséquence. Outre le fait de mettre à la disposition des organes réglementaires des ressources appropriées et adéquates afin qu'ils encouragent, reçoivent et gèrent les signalements d'intérêt général, il est envisageable de donner aux tribunaux les moyens d'accorder des dommages au lanceur d'alerte ou bien de sanctionner, d'infliger une amende ou une peine directement à un employeur ou à toute autre personne responsable pour ne pas avoir mené une enquête rapide et appropriée à la lumière des informations reçues. De telles compétences peuvent aussi faire partie intégrante du mandat confié aux organes réglementaires. Il existe d'autres façons novatrices par lesquelles les États membres pourraient encourager les employeurs (privés et publics) à gérer les alertes de façon responsable. Parmi les exemples du secteur privé figurent l'approche du type "se conformer ou s'expliquer" *[des conseils en matière d'alerte pour les comités d'audit sont délivrés par l'Institut des comptables agréés en Angleterre et au Pays de Galles (Institute of Chartered Accountants for England and Wales, ICAEW) (www.icaew.com/en/technical/legal-and-regulatory/information-law-and-guidance/whistleblowing)]* ou l'introduction d'une infraction de responsabilité stricte pour n'avoir pas pu empêcher les préjudices ou les dommages et, comme moyen de défense, le fait d'avoir mis en place "les mesures adéquates" *[V. par exemple la loi britannique de 2010 relative à la corruption (United Kingdom's Bribery Act, 2010)]*.

Principe 20.

76. Veiller à ce que la personne qui a fait un signalement soit informée de l'enquête et de ses résultats, autant que cela est juridiquement possible, renforce le cadre national dans son ensemble en stimulant la confiance et en réduisant la probabilité de voir révélées des informations non nécessaires. Le principe 20 est principalement axé sur les signalements internes, dans le cadre de l'organisation ou de l'entreprise. Toutefois, les États membres peuvent également juger bénéfique d'élargir la disposition aux signalements faits aux organismes publics dans les limites d'un cadre de réglementation, d'application ou de supervision.

PROTECTION CONTRE LES REPRÉSAILLES

77. Les principes 21 à 26 (de même que les principes 18 et 20) indiquent clairement que la façon dont sont gérés les signalements et les révélations d'informations influe sur l'issue du problème signalé ou révélé, ainsi que sur la préservation de l'intérêt de la personne à l'origine du signalement ou de la révélation d'informations. La protection des lanceurs d'alerte constitue une alternative sûre non seulement au silence, mais aussi, pour les lanceurs d'alerte et les employeurs, aux dénonciations anonymes ou aux fuites. A une époque où la communication d'informations devient de plus en plus difficile à contrôler, la protection des lanceurs d'alerte contribue à encadrer ces informations de façon responsable.

Principe 21.

78. Le principe 21 (en association avec le principe 25, voir ci-après) tente d'assurer un niveau élevé de protection juridique à ceux qui alertent leurs employeurs, les autorités ou le grand public d'actes répréhensibles ou de risques qui pourraient entraîner des dommages ou des préjudices pour le public. Des exemples dans le monde entier montrent que les formes de harcèlement sont diverses et nombreuses. Il faut rappeler que les représailles exercées à l'encontre d'une personne qui a signalé ou révélé comme il se doit des informations au sujet d'un acte répréhensible sur son lieu de travail ont un effet dissuasif sur toute autre personne qui pourrait se trouver confrontée à des actes répréhensibles graves sur ce même lieu de travail ou ailleurs. En conséquence, il est nécessaire d'interdire toutes les représailles, que ce soit sous une forme active, comme les mesures disciplinaires ou le licenciement, ou sous une forme passive, comme le refus de promotion ou d'accès à la formation.

79. Il est clair que les formes de représailles varieront selon le statut juridique spécifique du lanceur d'alerte (ou plutôt selon la nature juridique de sa relation de travail). A titre d'exemple, une personne qui n'est pas payée (bénévole) ne peut pas être victime de représailles consistant en une réduction de salaire, une retenue sur salaire ou une perte de possibilités de promotion. Dans ce cas, les représailles consisteraient davantage à ne plus faire appel aux services du bénévole, ou à donner une référence négative pour un emploi futur ou à nuire autrement à la réputation de la personne. Un travailleur temporaire ne peut espérer obtenir un contrat de travail permanent en dédommagement des représailles. Toutefois, lorsque le contrat d'une personne inclut la possibilité future d'un contrat de travail à durée indéterminée (par exemple une personne en période d'essai ou un stagiaire), le refus de cette possibilité en cas d'alerte donnée constituera une forme de représailles aux fins de la recommandation.

80. Lorsque l'employeur du lanceur d'alerte menace ce dernier de représailles ou qu'il recommande ou tente une telle action à l'encontre du lanceur d'alerte, ces actions peuvent aussi avoir un effet dissuasif non seulement sur le lanceur d'alerte qui, en conséquence, peut être découragé de soulever la question comme il se doit auprès d'un organe réglementaire, mais également sur toute autre personne ayant connaissance du problème. Partant, l'interdiction de représailles devrait couvrir également toutes ces actions, ce qui permettra notamment d'éviter que ceux qui sont en position d'autorité (c'est-à-dire les managers) puissent feindre d'ignorer pourquoi leurs subordonnés prennent quelqu'un pour cible.

81. La recommandation ne précise pas de délai durant lequel le préjudice subi par le lanceur d'alerte devrait se produire après la date du signalement ou de la révélation d'informations d'intérêt général pour constituer une forme de représailles aux fins de la recommandation. Clairement, plus le temps s'écoule entre le préjudice et l'alerte, plus il sera difficile d'établir un lien de causalité entre eux. Il appartient aux États membres d'examiner la pertinence de fixer un tel délai.

82. En outre, la recommandation n'indique pas la forme de protection qui devrait être apportée au lanceur d'alerte. Les États membres ont toute latitude de se prononcer conformément aux principes juridiques généraux de leurs systèmes juridiques. Voir les explications au principe 26 ci-dessous.

83. La recommandation emploie expressément le terme "représailles". Ce terme exprime exactement la relation étroite (de cause à effet) qui doit exister entre le signalement ou la révélation d'informations et la sanction infligée à la personne qui en est à l'origine, afin que celle-ci puisse bénéficier d'une protection juridique.

84. Qui plus est, le principe 21 fait référence à la fois aux représailles directes et indirectes. Des exemples de représailles indirectes pourraient être, par exemple, des mesures prises à l'encontre des membres de la famille du lanceur d'alerte.

Principe 22.

85. La recherche montre que les personnes font état de leurs préoccupations non seulement lorsque les actes répréhensibles se sont déjà produits et qu'un dommage a déjà été causé mais aussi, et le plus souvent, pour empêcher d'autres préjudices et dommages *[V. l'étude menée sur 1000 appels reçus par le service de conseil téléphonique confdentiel de Public Concern at Work (Royaume-Uni) www.pcaw.org.uk/whistleblowing-the-insidestory, et la note 23 pour plus d'informations]*. Même lorsqu'un individu a des raisons de penser qu'il existe un problème qui pourrait être grave, il est rarement en mesure d'avoir une vision d'ensemble. Par conséquent, dans les deux cas de figure, il est inévitable que l'enquête qui est menée à la suite du signalement ou de la révélation d'informations démontre que le lanceur d'alerte peut s'être trompé. Le principe 22 indique clairement que, dans ces circonstances, la personne ne devrait pas perdre le bénéfice de sa protection. Qui plus est, le principe a été rédigé de telle façon qu'il exclut que la motivation du lanceur d'alerte pour avoir fait le signalement ou la révélation d'informations, ou sa bonne foi ce faisant, puisse présenter une pertinence au moment de décider si le lanceur d'alerte doit être protégé ou pas. Le principe 10 protège la situation de quiconque subit une perte ou un dommage du fait du signalement ou de la révélation de fausses informations délibérément et en connaissance de cause. La personne qui fait un signalement ou révèle des informations de ce type ne devrait pas être protégée par la loi.

Principe 23.

86. Le principe 23 reconnaît que les actions menées en dehors du lieu de travail peuvent mettre en péril la protection dont l'individu bénéficie pour signaler ou révéler des informations, comme le prévoit la présente recommandation. Il est donc important que les États membres veillent à ce que le fait qu'un lanceur d'alerte ait procédé à un signalement conformément au cadre national puisse être invoqué, au titre de ses droits procéduraux, comme moyen de défense dans les cas de poursuites ou comme cause d'exonération de responsabilité en droit civil, pénal ou administratif.

Principe 24.

87. Le principe 24 fait référence à la situation où un employeur a mis en place un système de signalement interne afin de réagir positivement aux signalements de menaces ou de préjudice pour l'intérêt général et d'apporter l'assurance qu'il est sûr et opportun d'avoir recours à ce dispositif. Lorsqu'un employé fait une révélation publique d'informations et compte tenu de la jurisprudence de la Cour européenne des droits de l'homme, le cadre normatif peut reconnaître la valeur juridique d'une attente d'avoir recours au dispositif de signalement interne comme l'un des facteurs dans l'identification de la voie de recours appropriée ou du niveau de protection accordée au lanceur d'alerte contre des représailles ou toute action prise ou menace à son encontre pour avoir révélé des informations. Pour autant, le principe ne permet pas à un employeur de tirer parti abusivement de l'obligation d'utiliser ce dispositif ou de s'en prévaloir pour licencier l'employé.

Principe 25.

88. Le principe 25 fait peser sur l'employeur la charge de la preuve pour tout préjudice qu'il a causé à la personne qui a fait un signalement ou une révélation d'informations d'intérêt général. Dès lors que l'employé(e) démontre jusqu'à preuve du contraire qu'il ou elle a fait un signalement ou une révélation d'informations d'intérêt public et qu'il ou elle a subi un préjudice, il incombe à l'employeur ensuite d'établir que toute mesure prise était juste et sans aucun rapport avec le fait que cette personne avait lancé l'alerte. Dans certains États membres, les lois anti-discrimination adoptent une approche similaire.

Principe 26.

89. La recommandation ne fait aucune référence quant aux recours qui devraient être accessibles à un lanceur d'alerte victime de représailles. Dans la plupart des cas, le recours approprié sera déterminé par le type de représailles enduré. Le temps est toutefois un facteur déterminant au moment d'assurer une protection adéquate et appropriée au lanceur d'alerte. Dans la mesure où les procédures judiciaires peuvent se prolonger, et dans l'attente de leur aboutissement, la recommandation fait une référence explicite à la nécessité de proposer des mesures provisoires. Celles-ci pourraient prendre la forme d'une mesure provisoire prononcée par un tribunal afin de mettre un terme aux menaces ou aux actes persistants de représailles, comme le harcèlement sur

le lieu de travail ou l'intimidation physique, ou de prévenir des formes de représailles difficilement réversibles à l'issue d'une longue période, comme un licenciement. Le principe 26 couvre également les mesures provisoires proposées aux organes extra-judiciaires. Les organes réglementaires publics devraient aussi avoir les moyens de prendre des mesures provisoires pour protéger le lanceur d'alerte. Le principe n'implique pas la création d'un fonds national pour effectuer des paiements aux lanceurs d'alerte.

90. Dans certaines juridictions, il est prévu des indemnisations en cas de perte économique, en particulier dans le cas du licenciement, ainsi que des réparations pour tout préjudice ou souffrance. Les types de voies de recours varieront selon les systèmes juridiques, mais l'objectif devrait être de fournir un recours aussi complet que possible. Il conviendrait également de reconnaître qu'il peut être difficile, voire préjudiciable, pour un lanceur d'alerte de retourner sur son lieu de travail et, lorsqu'une mutation est possible, une telle option devrait être proposée.

CONSEIL, SENSIBILISATION ET ÉVALUATION

Principe 27.

91. Il faudrait promouvoir dans tous les secteurs la législation sur la protection des lanceurs d'alerte ainsi que sa signification en pratique. Toute la valeur du processus d'alerte, s'agissant de détecter et de dissuader la corruption, de prévenir les actes répréhensibles et de réduire les risques graves pour les personnes ou l'environnement, ne saurait être reconnue si l'objectif et l'application de la loi ne sont pas compris ou promus comme il se doit. Les employeurs doivent comprendre ce qui se passera ou pourrait se passer en cas de traitement injuste ou d'omission contre les représailles à l'encontre d'un lanceur d'alerte, ou encore s'ils n'enquêtent pas sur un signalement d'acte répréhensible ou de risque grave. Dans de telles circonstances, il est fort probable que l'acte répréhensible ou le problème générera encore plus de dommages ou de préjudices, et que le lanceur d'alerte sera juridiquement en position de force contre son employeur et protégé par la loi pour avoir fait une révélation publique d'informations. Il est important et nécessaire que les employeurs comprennent pourquoi il est dans leur intérêt d'encourager ceux qui travaillent pour leur compte à faire état suffisamment tôt de leurs préoccupations au sujet d'actes répréhensibles ou de risques de préjudice, et qu'ils puissent le faire en toute sécurité.

92. Il est important de former les juges et d'autres décideurs, en particulier ceux qui reçoivent et traitent les signalements et les révélations d'informations d'intérêt général, au contenu précis de la loi et, plus important encore, à son objectif d'intérêt général.

Principe 28.

93. L'accès à des conseils couverts par la confidentialité est très important pour les personnes qui ont constaté des actes répréhensibles ou des risques sur leur lieu de travail. Ces conseils sont un moyen de faire en sorte que les informations parviennent à la personne ou à l'instance appropriée au bon moment. Ils permettent de protéger le lanceur d'alerte et d'apporter une assistance à l'employeur et au public en faisant en sorte que le signalement ou la révélation d'informations soient faits de façon responsable. Ces conseils peuvent être apportés par des syndicats, des juristes indépendants ou d'autres instances.

Principe 29.

94. Comme pour toute initiative juridique, il se peut que son fonctionnement dans la pratique ne corresponde pas à ce qui a été envisagé. En outre, dès lors que la loi est mise en œuvre et que les mécanismes d'alerte sont utilisés, des enseignements sont tirés sur ce qui fonctionne et sur ce qui ne fonctionne pas. L'expérience montre que la protection des lanceurs d'alerte évolue avec le temps, en droit et en pratique, et qu'il est extrêmement opportun et important de l'évaluer périodiquement pour déterminer les aspects qu'il conviendrait de renforcer. Des évaluations périodiques dans tous les États membres garantiront que le système fonctionne dans l'intérêt général et que le public y met toute sa confiance.

Résolution 2060 (2015) du Conseil de l'Europe du 23 juin 2015,

Sur l'amélioration de la protection des donneurs d'alerte.

1. L'Assemblée parlementaire rappelle sa Résolution 1729 (2010) et sa Recommandation 1916 (2010) sur la protection des "donneurs d'alerte", qui invitent tous

les États membres du Conseil de l'Europe à améliorer la protection des donneurs d'alerte, à renforcer l'obligation de rendre des comptes et à soutenir la lutte contre la corruption et la mauvaise gestion, dans le secteur public comme dans le secteur privé.

2. Rappelant la Résolution 1966 (2014) "Refuser l'impunité pour les meurtriers de Sergueï Magnitski", l'Assemblée appelle les États membres à assurer la sécurité de ceux qui dénoncent le crime organisé et les collusions massives entre des agents de l'État et des criminels, et à veiller à ce que des poursuites internationales soient engagées contre les auteurs d'attaques visant les donneurs d'alerte et contre les commanditaires de telles attaques.

3. Elle rappelle par ailleurs sa Résolution 1954 (2013) et sa Recommandation 2024 (2013) sur la sécurité nationale et l'accès à l'information, qui avalisent les Principes de Tshwane (Principes globaux sur la sécurité nationale et le droit à l'information) en vue de renforcer le juste équilibre entre le droit des citoyens à savoir et la protection des préoccupations légitimes en matière de sécurité nationale.

4. L'Assemblée souligne l'importance de la jurisprudence de la Cour européenne des droits de l'homme, qui affirme le droit au respect de la vie privée, à la liberté d'expression et à la protection des donneurs d'alerte, y compris dans les domaines de la sécurité nationale et du renseignement.

5. Elle se félicite par ailleurs de l'adoption récente, par le Comité des Ministres, de la Recommandation CM/Rec(2014)7 sur la protection des lanceurs d'alerte, qui appelle les États membres à créer un cadre normatif, judiciaire et institutionnel adéquat pour la protection des donneurs d'alerte.

6. Elle constate que le Conseil de l'Europe a mis en place des lignes directrices destinées aux agents sur le signalement des malversations ; ces lignes directrices, qui établissent des voies de signalement internes, reprennent une partie, mais pas l'intégralité, des principes énoncés par l'Assemblée et le Comité des Ministres.

7. Compte tenu des révélations concernant la surveillance massive et les intrusions dans la vie privée auxquelles l'Agence nationale de la sécurité (NSA) des États-Unis et d'autres services de renseignement ont procédé, qui incluent les communications de nombreuses personnes n'étant soupçonnées d'aucun acte répréhensible, l'Assemblée constate à regret que la divulgation d'informations relatives à la sécurité nationale est généralement exclue de la protection accordée aux donneurs d'alerte.

8. L'Assemblée considère que les mesures de protection des donneurs d'alerte devraient viser l'ensemble des personnes qui dénoncent les actes répréhensibles susceptibles de violer les droits d'autres individus, garantis par la Convention européenne des droits de l'homme (STE n° 5), y compris les personnes qui travaillent pour le compte des services de sécurité nationale ou de renseignement, sans porter atteinte aux droits de l'homme d'autrui.

9. Considérant l'importance de donner l'alerte pour assurer le respect des limites légales imposées à la surveillance massive (voir la Résolution 2045 (2015) sur les opérations de surveillance massive, paragraphe 13) et considérant les ramifications internationales du phénomène des lanceurs d'alerte dans le domaine de la sécurité nationale ou du renseignement, l'Assemblée estime que les donneurs d'alerte (y compris les agents des services d'État compétents et des entreprises privées concernées sous contrat avec l'État), dont les révélations sont par ailleurs conformes à la Résolution 1729 (2010), à la Recommandation CM/Rec(2014)7 du Comité des Ministres ou aux Principes de Tshwane avalisés par la Résolution 1954 (2013), devraient, dans le respect de la législation nationale, se voir octroyer l'asile dans tout État membre du Conseil de l'Europe lorsqu'ils sont persécutés dans leur propre pays.

10. L'Assemblée appelle par conséquent :

10.1. les États membres et observateurs du Conseil de l'Europe, et l'Union européenne, le cas échéant :

10.1.1. à adopter une législation relative à la protection des donneurs d'alerte qui vise également le personnel des services de sécurité nationale ou de renseignement et des entreprises privées qui exercent leurs activités dans ce domaine ;

10.1.2. à octroyer l'asile, autant que possible en vertu du droit interne, aux donneurs d'alerte menacés de mesures de rétorsion dans leur pays d'origine, sous réserve que leurs révélations réunissent les conditions nécessaires à leur protection au titre des principes énoncés par l'Assemblée ;

10.1.3. à convenir d'un instrument juridique contraignant (convention) sur la protection des donneurs d'alerte sur la base de la Recommandation CM/Rec(2014)7 du Comité des Ministres, en tenant compte des événements récents ;

10.2. les États-Unis d'Amérique à permettre à M. Edward Snowden de rentrer sans craindre l'engagement de poursuites pénales à son encontre dans des conditions qui ne l'autoriseraient pas à soulever l'exception d'intérêt général.

LOI DE BLOCAGE ET EXTRATERRITORIALITÉ

DP COMPLIANCE v° *Extraterritorialité.*

SOLUTION COMPLIANCE v^is *Les sanctions internationales ; Les sanctions états-uniennes ; La coopération avec les autorités de poursuite.*

BIBL. GÉN. ▶ Cohen-Tanugi, *Rev. crit. DIP 1983. 9* (les juridictions américaines face aux lois interdisant la communication de renseignements économiques). – Jacquet, *JDI 1985. 327* (la norme juridique extraterritoriale dans le commerce international). – Ranouil, Les lois de blocage, *DPCI 1986, t. 12, p. 513.* – Barnhoorn, Diplomatic Law and Unilateral Remedies, *NYIL 1994. 39.* – Stern, Licéité ou illicéité intrinsèque de la mesure au regard du droit international public, *in* Gherari et Szurek, Sanctions unilatérales, mondialisation du commerce et ordre juridique international. A propos des lois Helms Burton et d'Amato-Kennedy, *Montchrestien, 1998, p. 171.* – Meyer-Fabre, L'obtention des preuves à l'étranger, Travaux du Comité français de Droit International Privé, années 2002-2004, *Pédone, 2005.* – Nourissat, *RLDA 2010, n° 51, p. 63* (lois de police étrangères devant le juge français du contrat international : une première sous l'empire de la convention de Rome et peut-être pas une dernière sous l'empire du règlement de « Rome I »). – Audit, *Rev. arb. 2015. 1001* (l'arbitrage international confronté à l'extraterritorialité des lois). – Bismuth, *AFDI 2015. 785* (pour une appréhension nuancée de l'extraterritorialité du droit américain – quelques réflexions autour des procédures et sanctions visant Alstom et BNP Paribas). – Maziau, *JCP E 2015, n° 1343* (l'extraterritorialité du droit entre souveraineté et mondialisation des droits). – Gaudemet (dir.), L'extraterritorialité américaine du point de vue du droit international public, *in* La compliance : un monde nouveau ?, *Éditions Panthéon-Assas, 2016, p. 37.* – Colloque SFDI 2016, L'entreprise extraterritoriale et le droit international, *Pédone, 2017.* – Audit, Les lois extraterritoriales américaines comme facteur d'accélération de la compliance, *in* Borga, Marin et Roda (dir.), Compliance : l'entreprise, le régulateur et le juge, *Thèmes et commentaires, Dalloz, 2018, p. 45.* – Dossier, *Cah. dr. entr. 2018, n° 4, p. 19* (regards croisés sur l'extraterritorialité du droit). – Hervé, *RTD eur. 2019. 143* (l'Union européenne confrontée à la législation extraterritoriale américaine. Une réponse symbolique mais toujours aussi peu efficace). – Dossier, *AJ pénal 2019. 579* (les propositions du rapport Gauvain pour la sécurité des entreprises). – Guyader, *RLDA mars 2020. 25* (extraterritorialité des lois américaines, l'émergence de limites ?). – Bismuth, *ibid. 35* (fantasmes et réalités autour de l'extraterritorialité du droit américain). – Boineau, *ibid. 40* (extraterritorialité des lois américaines : conséquences pratiques et juridiques pour les cadres dirigeants et mandataires sociaux). – Cohen-Tanugi, *D. avocats 2020. 290* (les contrôles initiés par les autorités étrangères : le système américain). – Haeri, Liftik et Ploix, *ibid. 294* (répercussions judiciaires à l'échelle internationale des affaires de compliance). – d'Ornano, *Rev. crit. DIP 2020. 175* (éclairages... sur la légalité des enquêtes internes à la lumière d'un récent arrêt américain). – Guillemin et Chanzy, *JCP E 2020, n° 1274* (contractualiser les risques de sanctions économiques étrangères : un remède pire que le mal ?). – Bensaude, *Gaz. Pal. 13 juill. 2020, p. 32* (extraterritorialité et ordre public « réellement » international, champ d'expression de la politique judiciaire de la France). – d'Ornano, *Rev. crit. DIP 2020. 627* (éclairages... sur la coordination d'accords transactionnels avec les autorités étrangères). – Mongin-Archambeaud et Champetier, *RJDA 5/2021. 411* (collecte de preuve : de la procédure américaine de « discovery » à l'entraide internationale). – Fabre, *D. 2021. 1732* (nouveau frein à l'extraterritorialité du droit américain en indemnisation des violations des droits de l'homme à l'étranger [à propos de l'interprétation de l'*Alien Tort Statute*]). – Chanzy et Guillemin, *Rev. crit. DIP 2022. 435* (les programmes américains de sanctions et la règlementation européenne de blocage : les entreprises françaises prises entre deux feux).

COMMENTAIRE

La question de l'extraterritorialité est centrale en matière de compliance. Les lois à portée extraterritoriales se sont multipliées. On renverra notamment aux développements relatifs au FCPA (V. v° *Corruption*), la grande majorité des entreprises poursuivies ou condamnées n'étant pas des entreprises américaines et le critère de rattachement étant conçu de manière très extensive : transmission d'un e-mail par un serveur aux États-Unis, utilisation du dollar comme monnaie d'échange.

En outre, les entreprises françaises sont confrontées dans les pays de *common law* à un système procédural spécifique, plus intrusif que celui de droit continental : celui de la *discovery* (ou *disclosure* selon les pays). Cette phase procédurale d'investigation, préalable à tout procès, est destinée à assurer que soient recueillis les éléments de preuves utiles au procès.

La *discovery* impose aux parties de produire tous les documents en relation avec le litige, qu'ils leur soient favorables ou non. La difficulté naît de sa transformation en « *fishing expedition* » : le litige n'a pour objet que d'obtenir des éléments du concurrent grâce à la *discovery*, incluant e-mails, contrats et autres documents sensibles, voire confidentiels.

Cette situation n'est pas nouvelle, mais tend à s'accentuer, le constat étant assez général : les voies judiciaires et les règles de procédure pénale ou civile sont de simples outils d'une guerre économique mondiale.

Il existe pourtant des conventions internationales qui régissent la transmission de documents dans des procédures civiles ou pénales, de multiples accords bilatéraux, et des lois de protections nationales, dont l'efficacité semble relative face à une augmentation sensible et constante des textes intrusifs.

On distinguera deux types de législations :
– les textes internationaux qui organisent une bonne entente et coopération entre États parties en fixant des règles pour la sollicitation et la transmission de preuves, documents et informations, par exemple la convention de La Haye du 18 mars 1970 sur l'obtention des preuves à l'étranger en matière civile ou commerciale (V. *infra*, III. Règles internationales) ou le règlement (CE) du Conseil nº 1206/2001 du 28 mai 2001 relatif à la coopération entre les juridictions des États membres dans le domaine de l'obtention des preuves en matière civile ou commerciale (V. *infra*, II. Règles européennes).

– les textes de recadrage ou de réaction, qui visent à contrer les législations étrangères à vocation extraterritoriales, en bloquant une demande ou transmission qui ne serait pas conforme au droit international et à renvoyer les requérants vers les dispositions conventionnelles. On citera ainsi la loi de blocage du 26 juillet 1968 (V. *infra*, I. Règles internes) ou le règlement (CE) nº 2271/96 du Conseil du 22 novembre 1996 portant protection contre les effets de l'application extraterritoriale d'une législation adoptée par un pays tiers, ainsi que des actions fondées sur elle ou en découlant (V. *infra*, II. Règles européennes).

On abordera *in fine* un texte désormais fondamental, qui est de nature à contourner les autres dispositions : le *Cloud Act* (V. *infra*, IV. Règles étrangères). ❑

I RÈGLES INTERNES

Loi nº 68-678 du 26 juillet 1968,

Relative à la communication de documents et renseignements d'ordre économique, commercial, industriel, financier ou technique à des personnes physiques ou morales étrangères (L. nº 80-538 du 16 juill. 1980).

BIBL. GÉN. ▶ NEVOT, *Rev. crit. DIP 1981. 15* (remarques sur la loi du 16 juill. 1980). – COHEN-TANUGI, *ibid. 1983. 9* (les juridictions américaines face aux lois interdisant la communication de renseignements économiques). – BARLOW, *Rev. sociétés 2008. 882* (première application pénale de la loi de blocage de 1968) ; *JCP E 2007, nº 43-44, p. 45* (loi du 26 juill. 1968 : un état des lieux). – CARPANO, *D. 2018. 2102* (une loi de blocage pour quoi faire ?). – CHILSTEIN, *Rev. crit. DIP 2008. 626* (application de la loi de blocage du 16 juill. 1980 sur la recherche de renseignements d'ordre économique). – Rapport Gauvain, *Doc. AN 26 juin 2019* (rétablir la souveraineté de la France et de l'Europe et protéger nos entreprises des lois et mesures à portée extraterritoriale). – JANUEL, *D. actu. 26 juin 2019* (rapport Gauvain sur la protection des entreprises contre les sanctions américaines). – DUBERTRET, *Banque et Dr. 1-2/2010. 3* (le transfert d'information d'ordre économique ou à caractère personnel). – GAUVAIN, *RLDA mars 2020. 31* (rapport parlementaire sur les procédures extraterritoriales). – LENOIR, MAKLAKOVA et RUDATSIKIRA, *JCP 2020, nº 1325* (le commissaire, artisan de l'entraide civile ou commerciale internationale et du respect de la loi Preuves improprement dite « loi de blocage »). – ROSENFELD, *D. 2021. 651* (le *Blocking*

Statute ou comment s'en débarrasser). – LE GUILLOU et LEMNIAÏ, *JCP 2021, n° 1143* (les entreprises françaises et la « loi de blocage » – aspects pratiques).

COMMENTAIRE

I. CONTENU

La loi n° 68-678 du 26 juillet 1968, dite « loi de blocage », ne comprend que quatre articles.

L'article 1er et l'article 1er *bis* sont tous deux relatifs à la protection de « documents ou [des] renseignements d'ordre économique, commercial, industriel, financier ou technique ». L'article 1er interdit leur « communication », sous deux conditions cumulatives : en premier lieu, lorsqu'elle est destinée « à des autorités publiques étrangères » et, en second lieu, lorsqu'elle est de « nature à porter atteinte à la souveraineté, à la sécurité, aux intérêts économiques essentiels de la France ou à l'ordre public ». L'article 1er *bis* interdit non seulement leur communication, mais également de les « demander » ou de les « rechercher », et il s'applique dans le cas particulier où il s'agirait de documents et renseignements « tendant à la constitution de preuves en vue de procédures judiciaires ou administratives étrangères ou dans le cadre de celles-ci ».

L'article 2 précise que, en cas de demande de communication, le ministre compétent doit être saisi. Selon le décret n° 2022-207 du 18 février 2022 (V. *infra*), il s'agit du ministre chargé de l'économie. Il faut aussi préciser que le 5° de l'article 3 de la loi n° 2016-1691 du 9 décembre 2016, dite Sapin 2, précise que l'Agence française anticorruption « veille, à la demande du Premier ministre, au respect de la loi n° 68-678 du 26 juillet 1968 relative à la communication de documents et renseignements d'ordre économique, commercial, industriel, financier ou technique à des personnes physiques ou morales étrangères, dans le cadre de l'exécution des décisions d'autorités étrangères imposant à une société dont le siège est situé sur le territoire français une obligation de se soumettre à une procédure de mise en conformité de ses procédures internes de prévention et de détection de la corruption ». L'AFA, service interministériel, a donc une compétence (limitée) concernant cette loi.

Enfin, l'article 3 de la loi indique que les violations des articles 1er et 1er *bis* sont constitutives d'un délit, puni d'un emprisonnement de six mois et d'une amende de 18 000 euros (soit 90 000 euros pour une personne morale).

II. OBJET DU TEXTE ET HISTORIQUE

La rédaction actuelle de la loi, née notamment des modifications apportées en 1980, est la conséquence des préoccupations du gouvernement français concernant les demandes de communication de documents, considérées comme intrusives et lourdes, qui étaient faites aux entreprises françaises confrontées à des litiges en dehors de la France (et en particulier aux États-Unis).

Le Parlement estimait que les entreprises françaises devaient être protégées contre les excès et les empiètements des litiges extraterritoriaux. La réforme était d'ailleurs débattue dans le contexte social et politique très spécifique de la guerre froide et de la crise pétrolière.

Dans une réponse ministérielle relative à la loi de blocage de septembre 1980, quelques mois après le vote du projet de loi, le ministre de la Justice a déclaré que ces dispositions avaient pour but de faire « respecter en France les règles qui définissent la procédure d'obtention de preuves à l'étranger » et de « sanctionner les infractions à l'interdiction de mettre en œuvre sur le territoire français toute mesure d'instruction ou opération visant à obtenir des preuves en dehors du cadre des règles fixées par le nouveau code de procédure civile et la convention de La Haye ».

III. LOI D'ORIENTATION

La loi précise bien qu'elle s'applique « sous réserve des traités ou accords internationaux » pour l'article 1er et « sous réserve des traités ou accords internationaux et des lois et règlements en vigueur » pour l'article 1er *bis*.

De fait, la loi est improprement qualifiée de blocage : il s'agit plutôt d'une loi d'orientation et de régulation qui exige que les demandes de renseignements et les communications de documents et informations qui en sont la conséquence ne soient pas soumises à la seule procédure prévue par la législation interne nationale du requérant.

En matière civile, on citera notamment la convention de La Haye du 18 mars 1970 (V. *infra*, III. Règles internationales) ou le règlement (UE) 2020/1783 du 25 novembre 2020 relatif à la coopération entre les juridictions des États membres dans le domaine de l'obtention des preuves en matière civile ou commerciale, qui remplace depuis le 1er juillet 2022 le règlement (CE) du Conseil n° 1206/2001 du 28 mai 2001 pour, notamment, l'adapter aux outils numériques (V. *infra*, II. Règles européennes). Mais il conviendra également de consulter des conventions bilatérales, par exemple la convention entre le Royaume-Uni de Grande-Bretagne et d'Irlande et la France du 2 février 1922 (V. *infra*), qui reprend sa pleine force après le Brexit et est, par ailleurs, applicable à d'autres pays (par exemple entre la France et l'Australie depuis 1959).

En matière pénale, on se reportera par exemple à la convention des Nations unies contre la criminalité transnationale organisée (dite « UNTOC » ou « convention de Palerme ») adoptée le 15 novembre 2000, à la convention des Nations unies contre la corruption (CNUCC) adoptée le 31 octobre 2003, à la convention de l'OCDE sur la lutte contre la corruption d'agents publics étrangers dans les transactions commerciales internationales adoptée le 17 décembre 1997, ou encore à la convention pénale du Conseil de l'Europe sur la corruption adoptée à Strasbourg le 27 janvier 1999 (on citera également pour les victimes la convention civile sur la corruption du Conseil de l'Europe, adoptée à Strasbourg le 4 novembre 1999 ; V. tous ces textes v° *Corruption*).

Avec les États-Unis, pays particulièrement critiqué pour sa législation à vocation extraterritoriale, la France a conclu le Traité du 10 décembre 1998 d'entraide judiciaire en matière pénale (V. *infra*), qui fixe des règles, notamment, en matières d'enquêtes et donc d'obtention de preuves.

Il existe dès lors des dispositions internationales précises relatives à la sollicitation et l'obtention de pièces, informations, documents, dans le cadre de procédures judiciaires civiles ou pénales. C'est le respect de l'ensemble de ces règles, longuement négociées entre États, que la loi de blocage doit assurer.

IV. CONDITIONS D'APPLICATION DU DÉLIT

Pour autant, depuis son adoption, la loi n'a pas démontré sa pleine efficacité et fait l'objet de critiques régulières. Il a été indiqué, en particulier, que sa rédaction est trop vague, et que son application, plutôt que de soutenir les entreprises françaises, constituerait parfois pour elles un obstacle, et qu'elles préfèrent parfois renoncer à son recours pour éviter un risque de condamnation pour outrage au tribunal. La question de l'efficacité de la loi de blocage est liée à celle du risque de poursuites encourues par une entreprise qui transmettrait spontanément des documents à l'occasion d'une procédure à l'étranger, civile ou pénale.

Qui cette loi, sanctionnée par un délit, protège-t-elle ? *A priori*, le texte est une garantie pour l'entreprise dont les documents ou informations seraient sollicités en marge des voies prévues par les traités internationaux. Mais pourtant, la communication par « toute personne » est interdite. Donc, si l'entreprise elle-même acceptait de se soumettre à une procédure de *discovery*, ou si elle participait à une procédure ouverte par le DOJ en matière de corruption, avec éventuellement négociation d'un *deferred prosecution agreement*, commettrait-elle elle-même – ou ses dirigeants ou cadres – le délit prévu à l'article 3 de la loi ?

L'article 1er *bis* sanctionne le fait de « demander, de rechercher ou de communiquer » ; cette formulation large fait naître une ambiguïté. Et c'est cela qui s'est trouvé au cœur, très concrètement, de discussions devant les juges aux États-Unis, au Royaume-Uni, en Australie, etc., certaines entreprises se réfugiant derrière la loi de blocage en indiquant qu'elles encourent des sanctions pénales en cas de transmission, même spontanée.

Cette interprétation ne semble cependant conforme ni à l'esprit du texte, ni à la jurisprudence en vigueur, ni à la pratique. Ainsi, la loi de blocage prévoit qu'une entreprise qui reçoit une demande de communication doit en informer le ministre compétent. Or, à notre connaissance aucun ministre n'a jamais saisi un procureur d'une telle demande, liée à la loi de blocage, afin de faire condamner une société et/ou ses dirigeants pour avoir volontairement exécuté une ordonnance de divulgation standard.

Au contraire, il apparaît à la lecture de la décision britannique du 11 avril 2013 que le ministère de la Justice français a estimé que le fait que le défendeur à une procédure de *disclosure* exige le recours à une voie conventionnelle internationale (en l'espèce le Règl. européen n° 1206/2001 du 28 mai 2001) et soulève la loi de blocage constituait un abus de procédure : « Par des réponses datées du 21 janvier 2013, le ministère français de la justice a rejeté les deux demandes [des défendeurs]. Les lettres du fonctionnaire français compétent sont de forme identique et, dans la traduction convenue, donnent l'explication suivante : (...) "Pour qu'une partie présente les documents jugés nécessaires pour parvenir à une solution du litige que le tribunal est tenu de régler, il n'est pas nécessaire que le tribunal le fasse par le biais d'une demande internationale d'obtention de preuves : il suffit d'ordonner à la partie concernée de présenter ces preuves. Certes, le recours à une commission rogatoire fondée sur des textes internationaux permet aux parties de se soustraire au risque d'être poursuivies en France sur la base de la loi n° 68-678 du 26 juillet 1968, dite "loi de blocage", mais il s'agirait d'un abus de procédure, puisqu'en réalité aucun acte d'instruction n'est nécessaire pour atteindre le résultat recherché par le juge" » (High Court of Justice, Chancery division, Londres, 11 avr. 2013, *National Grid Electricity Transmissions PLC c/ ABB LTD et a.*).

« Aucun acte d'instruction n'est nécessaire pour atteindre le résultat recherché par le juge ». Là réside sans doute l'articulation fondamentale. Les conventions internationales, telles celles de La Haye, sont relatives à des actes d'instruction, notamment à l'exécution de commissions rogatoires. Elles n'encadrent pas la communication spontanée par une entreprise de pièces qui lui appartiennent mais l'obtention forcée par une autorité étrangère. Avec la fragilité évidente de ce raisonnement qui réside dans le caractère libre ou spontané : une entreprise poursuivie aux États-Unis, craignant d'être condamnée pour *contempt of court* ou pour corruption et de se voir interdire le marché américain est-elle véritablement en position de refuser de participer à la procédure ?

En tout état de cause, la loi de blocage ne lui servira guère d'argument efficace.

L'utilisation de la loi de blocage a d'ailleurs été largement ignorée par les tribunaux étrangers, en particulier aux États-Unis, notamment en 1987 avec l'affaire Aerospatiale, la Cour suprême des États-Unis ayant déclaré, d'une part, que la convention de La Haye sur les preuves n'excluait pas l'application d'autres méthodes d'obtention de preuves et, d'autre part, que la loi de blocage française ne pouvait pas être invoquée par un défendeur pour refuser la divulgation d'informations (Cour suprême des États-Unis, 15 juin 1987 : *Rev. crit. DIP 1988. 559, obs. Dyer*). De même, au Royaume-Uni, par exemple dans l'affaire Servier, les tribunaux ont conclu qu'il n'y avait aucune perspective réaliste de voir la loi de blocage appliquée à des sociétés qui sont parties à un litige si ils ordonnent la divulgation d'informations (*Secretary of State and Others v. Servier and Others* [2012] EWHC 2761 (Ch) ; V. égal. *Queen's Bench Division, Partenreederi M/S "Heidberg" v. Grosvenor Grain and Feed Company Ltd*, 31 mars 1993).

Cette interprétation est d'ailleurs confirmée par les deux seules jurisprudences pénales françaises relatives à la loi de blocage : l'affaire *Executive Life* et l'affaire *Taitbout*.

• La seule décision de la Cour de cassation qui a effectivement abouti à une condamnation a été rendue dans le dossier *Executive Life* (Crim. 12 déc. 2007, n° 07-83.228 P : *cité note 1 ss. art. 1*[er] *bis*). Dans cette affaire, une action civile avait été engagée, aux États-Unis, par une autorité publique – le commissaire aux assurances de l'État de Californie – contre une société française qui aurait acheté une compagnie d'assurance aux États-Unis en violation de la réglementation locale. Un avocat français, qui était le correspondant en France de l'avocat du commissaire aux assurances de Californie, avait frauduleusement demandé et obtenu – par tromperie – des informations du conseil d'administration de la société française. La société a déposé une plainte pénale contre l'avocat français, sur le fondement de la loi de blocage, qui a abouti à sa condamnation. Il est intéressant de noter que la cour d'appel de Paris a indiqué que l'infraction vise à « limiter les abus qui pourraient être commis dans la recherche de preuves ». De même, la Cour de cassation a clairement indiqué que le but de la loi de blocage était de limiter les abus commis dans la recherche de preuves.

La jurisprudence française interprète donc clairement le droit d'une manière similaire à celle qui ressort de l'analyse des débats parlementaires : les méthodes abusives sont un élément constitutif de l'infraction, cette dernière n'étant pas constituée par la simple communication de preuves en dehors des procédures normales.

• Dans l'affaire Taitbout (Crim. 30 janv. 2008, n° 06-84.098), un ressortissant français avait envoyé un certain nombre de documents en sa possession pour soutenir des procédures aux États-Unis dans le cadre d'une procédure de *discovery*. La cour d'appel avait refusé d'engager des poursuites sur la base de la plainte déposée par la société française. Dans sa décision, elle avait estimé que les tribunaux français n'étaient pas compétents, aux motifs que la divulgation des documents n'avait pas eu lieu en France mais aux États-Unis. La cour a donc jugé que le droit français n'était pas applicable. Mais elle a également jugé que les conditions de l'infraction, requises par la loi de blocage, n'étaient pas établies : « Ces dispositions légales [celles de la loi de blocage] ont pour but de protéger les intérêts français, comme le démontrent les preuves produites et les termes de la loi, contre les "attaques" de sociétés étrangères, notamment américaines, qui pourraient, par le biais de procédures judiciaires aux États-Unis, et grâce aux moyens particulièrement intrusifs dont disposent les parties, rechercher des éléments de preuve, avoir accès à des documents confidentiels (...) ; en l'espèce, la plainte du demandeur, qui est également un citoyen français (...), ne remplit pas les conditions requises par la loi du 26 juillet 1968 ». Le pourvoi contre cette décision a été rejeté, validant cette interprétation restrictive des conditions de la loi de blocage.

De fait, ce qui est interdit, c'est bien la recherche intrusive de documents par le juge ou par le demandeur. La loi a été conçue pour empêcher les procédures extraterritoriales abusives avec un enquêteur externe à la recherche de ces documents.

Restera – peut-être – comme protection, la réglementation en matière de données personnelles (ainsi RGPD), pour peu que les éléments sollicités en comprennent, notamment dans l'hypothèse de transferts hors des frontières de l'Union européenne (V. au ***C. données personnelles***). Avec la réserve liée au *Cloud Act* (V. *infra*, IV. Règles étrangères) qui pourra ôter toute protection selon le lieu d'hébergement des données et la nationalité de l'hébergeur.

V. PRÉCISIONS APPORTÉES EN 2022

Les entreprises françaises ont pu considérer que la « loi de blocage » ne les aidait qu'imparfaitement. C'est ce qui explique la révision de la procédure à compter du 1er avril 2022, issue du décret n° 2022-207 du 18 février 2022 complété par l'arrêté du 7 mars 2022.

Les entreprises bénéficient en premier lieu d'un interlocuteur unique : le Service de l'information stratégique et de la sécurité économique (SISSE) du ministère de l'Économie. Le SISSE les accompagnera vis-à-vis des demandes étrangères ; elles ne seront dès lors plus isolées.

Le SISSE a par ailleurs publié un Guide à l'usage des entreprises d'identification des données sensibles (V. *infra*), rédigé conjointement avec l'Association française des entreprises privées (AFEP) et le Mouvement des entreprises de France (MEDEF), permettant d'identifier une donnée considérée comme « sensible souverain » au titre de l'article 1er de la loi de blocage. Notons que ce guide, comme il le précise lui-même, n'a pas de valeur normative (y compris ses définitions qui ne se substituent pas aux définitions légales ou réglementaires qui existent par ailleurs) et n'a pas vocation à remplacer l'émission d'un avis du SISSE dans le cadre du dispositif d'application de la loi de blocage. Par ailleurs, ce guide s'applique à l'article 1er de la loi, et non à l'article 1er *bis*, mais la méthodologie préconisée peut aisément être étendue aux données relevant de ce dernier. ❑

Art. 1er *(L. n° 80-538 du 16 juill. 1980)* **Sous réserve des traités ou accords internationaux, il est interdit à toute personne physique de nationalité française ou résidant habituellement sur le territoire français et à tout dirigeant, représentant, agent ou préposé d'une personne morale y ayant son siège ou un établissement de communiquer par écrit, oralement ou sous toute autre forme, en quelque lieu que ce soit, à des autorités publiques étrangères, les documents ou les renseignements d'ordre économique, commercial, industriel, financier ou technique dont la communication est de nature à porter atteinte à la souveraineté, à la sécurité, aux intérêts économiques essentiels de la France ou à l'ordre public, précisés par l'autorité administrative en tant que de besoin.**

Guide SISSE, AFEP et MEDEF,

À usage des entreprises d'identification des données sensibles visées à l'article 1er de la loi dite de blocage ou d'aiguillage.

Le présent guide est issu d'un travail commun réalisé entre l'Association française des entreprises privées, le Mouvement des entreprises de France, et le Service de l'information stratégique et de la Sécurité économiques (SISSE). Il n'a pas de valeur normative (y compris ses définitions qui ne se substituent pas aux définitions légales ou réglementaires qui existent par ailleurs) et n'a pas vocation à remplacer l'émission d'un avis du SISSE dans le cadre du dispositif d'application de la loi de blocage (renvoi au décret). Le présent guide invite les entreprises françaises à faire l'inventaire, et classifier leur patrimoine informationnel, puis le stocker en conséquence d'une façon adaptée en fonction de sa sensibilité, ainsi qu'à les accompagner dans l'identification des données possiblement assujetties à l'interdiction de communiquer et réduire ainsi une partie de l'insécurité juridique à laquelle elles sont confrontées (cf. décret n° 2022-207 du 18 février 2022 ; V. *infra*).

Les entreprises manient quantité de données, à la sensibilité inégale et évolutive. Si certaines catégories de données sensibles bénéficient de protections spécifiques (protection du secret de la défense nationale, protection du secret des affaires, protection du secret de la correspondance avec les avocats, etc.), l'essentiel des données des entreprises est régi par le droit commun.

Seule une partie des données sera considérée comme sensible pour l'entreprise et, parmi ces données identifiées comme telles, seule une partie plus restreinte encore sera problématique à la fois pour l'entreprise et pour l'État.

Hors régime de protection spécifique, une donnée peut donc être considérée comme "non sensible", comme "sensible entreprise" ou comme "sensible entreprise" ET "sensible souverain".

→ C'est dans cette dernière hypothèse que l'article 1er de la loi dite de blocage a vocation à s'appliquer. Seuls les informations ou documents identifiés "sensible souverain" entrent possiblement dans le champ d'application dudit article.

La loi dite de blocage ou d'aiguillage *[L. nº 68-678 du 26 juill. 1968, modifiée par la L. nº 80-538 du 16 juill. 1980, relative à la communication de documents et renseignements d'ordre économique, commercial, industriel, financier ou technique à des personnes physiques ou morales étrangères]* **vise à s'assurer :**

— d'une part, qu'aucune communication d'informations sensibles détenues par une société française à destination d'une autorité publique étrangère requérante ne puisse porter atteinte aux intérêts de la Nation (art. 1er) et ;

— d'autre part, que les demandes de communication d'informations et/ou de recherche d'informations dans le cadre de procédures judiciaires (civiles, pénales) ou administratives en vue de collecter des preuves soient renvoyées vers les canaux dédiés de la coopération internationale (art. 1er *bis*).

Les demandes auxquelles sont confrontées les entreprises françaises peuvent survenir de manière directe (par exemple, injonction directe de communiquer) ou indirecte, via des tiers agissant pour le compte d'autorités ou d'organisations étrangères (par exemple, auditeurs/moniteurs), ou agissant pour leur propre compte ou celui d'autres organisations (par exemple, *discovery* par des avocats dans des contentieux internationaux). Enfin, ces requêtes extraterritoriales résultent majoritairement d'une auto-attribution de compétence judiciaire ou administrative découlant de normes aux effets extraterritoriaux, sur la base d'une interprétation extensive de critères de rattachement au territoire national (par exemple, usage d'une monnaie, d'un composant, d'un serveur informatique ; lien avec un État sous embargo ou une société/personne physique listée, etc.).

Dans tous les cas de figure, ces demandes interviennent généralement sous la menace de sanctions et/ou dans des délais souvent très contraignants, ce qui nécessite une mobilisation humaine et matérielle importante pour pouvoir y satisfaire.

Quand elles mettent en exergue un possible manquement à la loi dite de blocage, les législations extraterritoriales ont pour effet de placer les entreprises françaises face à un conflit de normes, entre nécessité de répondre aux sollicitations étrangères et obligation à se conformer à la loi pénale française. L'absence de définition claire des documents ou renseignements ne pouvant être communiqués, mentionnés à l'article 1er, ajoute une insécurité juridique supplémentaire.

Une donnée "sensible" au titre de l'article 1er de la loi de blocage pourrait être identifiée en suivant les trois étapes suivantes :

1. identifier les données de nature économique, commerciale, industrielle, financière ou technique (voir exemples en Annexe 1) ;
2. identifier une donnée "sensible entreprise" parmi les données visées au 1 ;
3. identifier une donnée "sensible souverain" parmi les données visées au 2.

IDENTIFIER ET DÉFINIR UNE DONNÉE « SENSIBLE »

S'agissant des actifs matériels ou immatériels détenus par les sociétés françaises, les données sensibles peuvent être appréciées à l'aune, d'une part, des critères de confidentialité de ces données et, d'autre part, des mesures de protection assurant leur disponibilité et intégrité :

— la confidentialité est le caractère d'une donnée dont la divulgation est de nature à porter atteinte à son détenteur *[Exemple : divulgation dans le domaine public des données citées à l'annexe 1 des présentes lignes directrices]* ou qui est classifiée comme telle par l'entreprise ;

— la disponibilité est le caractère d'une donnée dont l'impossibilité d'accès est de nature à porter atteinte à son détenteur *[Exemple : impossibilité d'accès à des données provoquée par un incident sur un serveur ou une machine industrielle spécifique]* ;

— l'intégrité est le caractère d'une donnée dont l'altération est de nature à porter atteinte à son détenteur *[Exemple : altération des paramètres de logiciels spécifiques]*.

Au sein de chaque entreprise, la sensibilité de ces données pourra donc être caractérisée au regard du préjudice potentiel qui pourrait résulter de leur divulgation, indisponibilité ou altération.

Le diagnostic pourra être conduit sur la base d'une analyse de risques au cas par cas.

En fonction de l'organisation impactée (élément spatial : dommage local, global, etc.), du contexte de l'évènement et de sa durée (élément temporel : court, moyen ou long terme), le préjudice pourra s'apprécier en termes qualitatifs (juridique, commercial, stratégique, réputationnel, scientifique, technique concernant des intérêts souverains, etc.) et quantitatifs (impacts financiers et/ou en termes de perte de clients, de marchés, condamnation pénale, etc.).

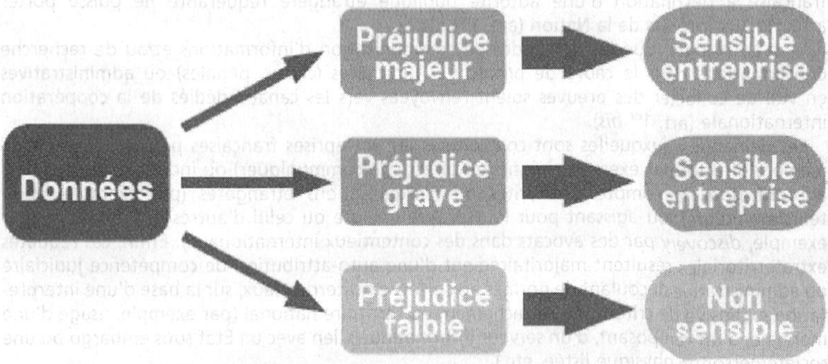

Les données sensibles peuvent être ou non contenues au sein de documents et communications, y compris électroniques, établis par toute personne physique salariée, tout mandataire social, ou tout prestataire du détenteur ayant à les traiter.

IDENTIFIER UNE DONNÉE « SENSIBLE SOUVERAIN » AU TITRE DE L'ARTICLE 1er DE LA LOI DE BLOCAGE

La caractérisation d'une donnée comme étant de nature souveraine au sens de l'article 1er de la loi de blocage pourra procéder d'une analyse d'impact pour les intérêts de l'entreprise et de l'État selon la méthode du faisceau d'indices.

Le diagnostic peut être conduit en évaluant à la fois l'impact ou le préjudice (a) et le caractère stratégique de l'entreprise et/ou de son activité (b). Une donnée ne pourra donc être considérée comme "sensible souveraine" qu'à la double condition que sa sensibilité soit de niveau 1 pour l'entreprise (voir tableau ci-dessous) et que l'entreprise et/ou son activité soit qualifiée de "stratégique".

a Impact ou préjudice

IMPACT OU PRÉJUDICE	SENSIBILITÉ DE LA DONNÉE
NIVEAU 1 La communication des données S1 à une autorité publique étrangère est susceptible de causer des préjudices pour la société détentrice des données et ses affiliées[1] de nature **MAJEURE** Les séquelles potentielles subies par la société sont **extrêmement importantes**, impactent le **long terme**, et sont susceptibles de porter atteinte à la souveraineté, l'indépendance, les intérêts économiques essentiels de la France et d'affecter l'ordre public.	**SENSIBLE ENTREPRISE MAJEURE (S1)** **SECRET** ***Sensible souverain***
NIVEAU 2 La communication des données S2 à une autorité publique étrangère est susceptible de causer des préjudices pour la société détentrice des données et ses affiliées de nature **GRAVE** Les séquelles potentielles subies par la société sont **importantes** et impactent le **court ou le moyen terme**, en revanche la souveraineté, l'indépendance, les intérêts économiques essentiels de la France et l'ordre public ne s'en trouvent, *a priori*, pas affectés.	**SENSIBLE ENTREPRISE MAJEURE (S2)** **CONFIDENTIEL**
NIVEAU 3 La communication des données S3 à une autorité publique étrangère est susceptible de causer des préjudices pour la société détentrice des données et ses affiliés de nature **FAIBLE OU NUL** Les séquelles potentielles subies par la société sont soit **ponctuelles** et impactent **de manière limitée** la bonne conduite des affaires, de telle sorte que la souveraineté, l'indépendance, les intérêts économiques essentiels de la France et l'ordre public ne s'en trouvent pas affectés; soit insignifiantes.	**NON SENSIBLES (S3)** **RESTREINT OU PUBLIC**

[1] Pour le besoin du présent guide, le terme « affiliées » désigne toute entité juridique existante ou future qui, directement ou indirectement, à travers un ou plusieurs intermédiaires, contrôle, est contrôlée par, ou est sous le contrôle commun avec la société détentrice desdites données; la notion de contrôle s'entend du pouvoir d'orienter la gestion et les politiques de l'entité juridique que ce soit par la propriété d'une fraction du capital social, par contrat ou autrement et ce pouvoir sera réputé exister en cas de possession de 50 % ou plus du capital social ou des droits de vote.

Cette analyse d'impact pour l'entreprise peut également éclairer une réflexion amont sur la problématique de l'hébergement des données, afin d'offrir notamment aux données sensibles 1 et/ou 2 un niveau élevé de protection cybernétique et juridique.

b Caractère stratégique de l'entreprise et de son activité

De manière non exhaustive et non cumulative, les indices suivants peuvent permettre de caractériser une entreprise stratégique, laquelle serait plus particulièrement susceptible d'être assujettie à l'article 1er de la loi de blocage :

— exerce au moins une activité mentionnée à l'article R. 151-3 du code monétaire et financier;

— exerce au moins une activité mentionnée à l'article R. 1332-2 du code de la défense;

— est un prestataire d'une entreprise visée aux paragraphes ci-dessus.

Que l'entreprise soit assujettie ou non aux textes précédents, les critères suivants sont également à considérer :

— indépendance vis-à-vis de puissances étrangères : nationalité des actionnaires et du top-management, vulnérabilité à une OPA, localisation et protection des activités critiques, sensibilité aux enjeux d'intelligence économique ;

— contribution à la puissance économique française ou à son indépendance économique ou stratégique : rang mondial sur une activité ou une chaîne de valeur critique, capacité d'investissement, acquisitions et chiffre d'affaires à l'international, potentiel de développement sur des technologies d'avenir ;

— contribution au développement économique du territoire et à la solidarité nationale, mesurée à partir du nombre d'emplois créés en France, de son empreinte économique, de son évolution, de la solidarité avec les PME françaises, et de l'intensité des actions sociales ;

— importance du savoir-faire, mesuré à partir de l'activité de R&D (brevets, moyens mobilisés, formations spécifiques) ;

— contribution aux politiques nationales de relance et de résilience économique ;

— contribution au rayonnement et à l'influence française : réputation médiatique, actions de promotion de la langue et de la culture françaises, sponsoring et partenariats.

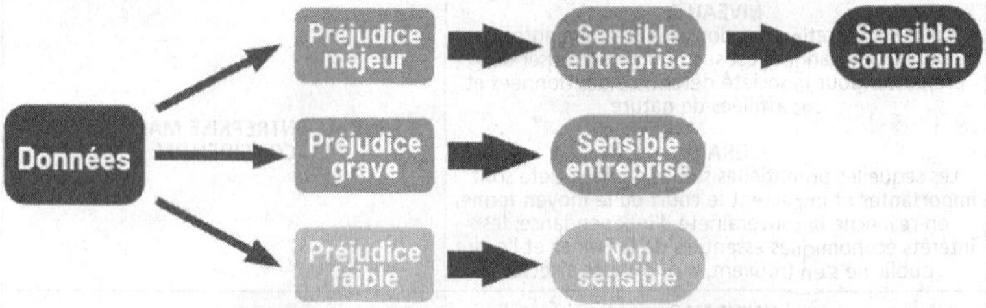

Cet arbre vise à présenter de manière schématique une méthode de prise de décisions n'ayant valeur que de proposition et *[qui]* n'est pas exclusive de potentielles requalifications de la part du SISSE dans la mesure où la sensibilité d'une donnée est une matière vivante.

À NOTER

La méthodologie présentée dans ce guide aux paragraphes a) et b) est illustrative d'une méthode permettant d'identifier des données sensibles relevant de l'article 1er de la loi n° 68-678 du 26 juillet 1968. Elle n'est pas exclusive d'autres méthodes qui peuvent être utilisées par les entreprises.

Au titre du décret du 18 février 2022, le service de l'information stratégique et de la sécurité économiques *[économique]* (SISSE) *[V. annexe 2]* peut être sollicité par les entreprises confrontées à une demande extraterritoriale pour rendre des avis non contraignants sur l'assujettissement ou non d'une donnée à l'article 1er et/ou de l'article 1er *bis* de la loi dite de blocage. Ces avis seront le fruit de travaux interministériels rassemblant *a minima* les ministères de la Justice, ainsi que de l'Europe et des Affaires étrangères, et/ou d'autres autorités co-compétentes en fonction des matières données (Autorité des marchés financiers, Autorité de contrôle prudentiel et de résolution, Agence française anticorruption, etc.). En sa qualité de guichet unique, le SISSE, seul interlocuteur de l'entreprise, a pour vocation au travers la délivrance dudit avis, d'endosser la décision interministérielle collégialement prise.

Si les entreprises sont les mieux placées pour identifier l'intensité de leurs préjudices potentiels, le SISSE n'est toutefois pas lié par la classification interne des entreprises.

Il est demandé de prendre attache avec le SISSE (loi.deblocage@finances.gouv.fr) le plus en amont possible, dès la réception des demandes de communication émanant d'autorités publiques étrangères, pour bénéficier d'un accompagnement étatique efficient.

Dans la continuité de la pratique existante, le SISSE mettra tout en œuvre pour apporter une réponse dans des délais raccourcis, en cas d'urgence avérée invoquée par l'entreprise.

ANNEXE 1

EXEMPLES INDICATIFS DE DONNÉES DE NATURE ÉCONOMIQUE, COMMERCIALE, INDUSTRIELLE, FINANCIÈRE OU TECHNIQUE POTENTIELLEMENT SENSIBLES

Les exemples communiqués dans cette liste ne sont pas nécessairement des données "sensible souverain" au titre de l'article 1er de la loi de blocage. Ces exemples sont destinés uniquement à aider les entreprises à déterminer, potentiellement parmi ces données et ces catégories de données, celles qui seraient susceptibles d'en relever.

Les données sensibles visées à l'article 1er de la loi de blocage peuvent être :

— de **nature économique ou commerciale** et porter sur leur détenteur ou toute autre partie prenante effective ou potentielle :

Exemples :

> fichiers énumérant des clients, prospects, prestataires, sous-traitants, intermédiaires et fournisseurs, y compris potentiels ;

> données relatives à des pratiques tarifaires, des taux de marges en fonction de typologies techniques, géographiques, de clients, etc. ;

> des spécificités de produits ou services non encore disponibles sur un marché donné, tel qu'un catalogue ou une fiche descriptive pouvant contenir des données issues de recherches et développements effectués en interne ou sous-traités et précisant des spécificités techniques et analyses coûts/bénéfices ou avantages/inconvénients afférents par opposition aux produits ou services distribués sur un même marché donné par un ou des concurrents, etc.

— de **nature financière** et porter sur leur détenteur ou toute autre société affiliée :

Exemples :

> données relatives à un projet de fusion-acquisition non encore rendu public, un montage sociétaire ou financier, une réorganisation ;

> à des résultats trimestriels, semestriels ou annuels non encore publiés ;

> à l'évaluation non publique en lien avec la surveillance des risques associés aux modèles d'activité et à la gouvernance des établissements bancaires, financiers et organismes d'assurance systémiques, à leur adéquation aux niveaux des capitaux propres, à la gestion de la liquidité, ainsi qu'à l'élaboration de plans de rétablissement ou de résolution afférents ;

— de **nature scientifique ou technique** :

Exemples : données relatives à la recherche et au développement et notamment un algorithme, un logiciel, un programme informatique, des paramètres, des formules, une étude ou un rapport, un plan, des dessins et modèles non rendus publics, un procédé, un protocole d'expérimentation, un savoir-faire, un prototype, - une molécule, un échantillon non-commercial, etc. ;

— de **nature juridique ou judiciaire** :

Exemples :

> brevets, marques, noms de domaine, dessins et modèles, données portant sur des droits de propriété intellectuelle, y compris littéraire et artistique ou industrielle, et notamment de façon non limitative tout *[tous]* droit d'auteur et droits voisins ;

> avis juridiques, y compris en matière de précontentieux, de conformité, de droit de la concurrence, audits internes (mise en œuvre du plan de conformité anticorruption, cybersécurité, gouvernance, sanctions économiques, etc.), dispositif de contrôle interne ;

> contrats, y compris ses annexes et avenants, ou autres documents, informations ou données connexes issues de leur période précontractuelle, d'exécution ou post-contractuelle (contrats de vente ou de prestation de services, y compris de maintenance, *Proof of Concept Letter*, contrats de partenariat, y compris de recherche scientifique, contrats de distribution, offre commerciale, cession ou licence de logiciels, y compris seulement de droits d'exploitation, de savoir-faire, etc.) ;

> couvertures d'assurance (y compris cybersécurité, responsabilité civile des mandataires sociaux, etc.).

ANNEXE 2

PRÉSENTATION DU DISPOSITIF D'ACCOMPAGNEMENT DES ENTREPRISES PAR LE SISSE

Au titre du décret du 20 mars 2019 *[Décr. n° 2019-206 du 20 mars 2019 relatif à la gouvernance de la politique de sécurité économique]*, le SISSE est un service à compétence nationale et à vocation interministérielle, rattaché au Directeur général des entreprises du ministère de l'Économie, des Finances et de la Relance.

Il dispose à ce jour de 34 agents en centrale avec une grande variété de profils, ainsi que d'un réseau régional de 21 agents (les délégués à l'information stratégique et à la sécurité économiques) afin de remplir les missions qui lui sont allouées.

Conformément au décret du 18 février 2022 *[Décr. n° 2022-207 du 18 févr. 2022 relatif à la communication de documents et renseignements d'ordre économique, commercial, industriel, financier ou technique à des personnes physiques ou morales étrangères ; V. infra]*, l'une d'entre elle consiste à veiller à l'application des dispositions de la loi de blocage. A cet effet, le SISSE – en sa qualité de guichet unique – offre un accompagnement aux entreprises françaises requises au titre de la procédure, pour qu'elles puissent, le cas échéant, faire efficacement valoir leurs droits dans l'objectif d'accroître leur protection en bénéficiant d'un soutien de l'État.

Le cas échéant, afin d'assurer une pleine efficacité à la loi de blocage, en amont de toute délivrance d'avis par le SISSE aux entreprises qui en auront fait la demande, ce dernier pourra prendre l'attache des autorités également concernées en fonction des circonstances (ministères de la Justice, ainsi que de l'Europe et des Affaires étrangères, Agence française anticorruption, Autorité des marchés financiers, Autorité de contrôle prudentiel et de résolution, etc.) dans une optique coopérative au fond des dossiers. Ces autorités pratiquent, de manière fluide, l'exercice interservices par des prises de décisions en mode collégial pour unifier la réponse étatique à apporter au profit des entreprises sollicitées.

La pratique coopérative entre autorités est privilégiée sous forme physique pour assurer une pleine sécurisation des informations, lesquelles sont, en cas de potentielle transmission pour un usage précis, fournies via le moyen de clés usb dûment chiffrées selon les plus hauts standards, et sous condition d'information préalable de la personne qui en est propriétaire. Le recours à l'Intranet sécurisé ISIS est également une option pour la transmission des informations sensibles.

En informant le SISSE suffisamment en amont, l'entreprise requise bénéficie d'un accompagnement et d'une assistance à la vérification du respect de ses obligations légales. Les pièces nécessaires à l'instruction des dossiers sont précisées par arrêté *[Arr. du 7 mars 2022 relatif à la communication de documents et renseignements ; V. infra]*.

En premier lieu, s'agissant de l'article 1er de la loi de blocage, le SISSE pourra, conjointement avec l'entreprise requise et en lien avec les ministères concernés, examiner l'existence des risques d'atteinte aux intérêts visés en cas de demande de transmission d'informations potentiellement "sensibles souverain" et, le cas échéant, favoriser des démarches permettant de peser efficacement au sein du rapport de force l'opposant à l'autorité étrangère requérante. En qualité de guichet unique, le SISSE peut fournir aux entreprises requises, en sus de courriers de présentation de la loi pouvant être versés au sein de procédures pendantes pour information des autorités requérantes, des avis juridiques non contraignants portant sur l'applicabilité de l'article 1er de la loi aux demandes dont elles sont saisies. Ces avis permettent d'éclairer l'entreprise sur la présence ou l'absence, dans la requête adressée par l'autorité étrangère, d'informations susceptibles d'attenter aux intérêts économiques essentiels de la Nation. Cet avis peut avoir vocation à être émis par l'entreprise requise ou ses avocats conseils à l'autorité requérante.

En second lieu, s'agissant de l'article 1er *bis* de la loi de blocage, le SISSE pourra solliciter les autorités compétentes, au premier rang desquelles le ministère de la Justice, qui auront à charge de vérifier l'applicabilité de l'article 1er *bis* aux cas d'espèce. L'article 1er *bis* de la loi est destiné à donner une pleine efficacité aux outils normaux de la coopération internationale. Cela permet, en particulier, aux entreprises visées par des procédures de *discovery* de se prémunir de démarches de collectes d'informations sans lien direct avec le litige.

Dans les deux cas de figure précités, si les conditions formelles exigées par le droit (article 1er *bis* de la loi de blocage, codes de procédure civile et pénale, ainsi que conventions internationales applicables) sont remplies, le SISSE peut produire, à destination des entreprises concernées, des courriers de présentation de la loi et, dans *[le]* cas de l'article 1er de la loi de blocage, de validation de recours à des commissaires (tiers au litige, neutre et indépendante), agents diplomatiques ou consulaires aux fins d'exécution d'acte d'instruction en France formulé par un juge étranger, et permettant le filtrage de données requises dans le cadre de la communication d'éléments de preuves.

Art. 1er *bis* *(L. n° 80-538 du 16 juill. 1980)* **Sous réserve des traités ou accords internationaux et des lois et règlements en vigueur, il est interdit à toute personne de demander, de rechercher ou de communiquer, par écrit, oralement ou sous toute autre forme, des documents ou renseignements d'ordre économique, commercial,**

industriel, financier ou technique tendant à la constitution de preuves en vue de procédures judiciaires ou administratives étrangères ou dans le cadre de celles-ci.

1. Renseignements d'ordre économique. Reconnaissant la responsabilité d'un avocat, correspondant en France d'un avocat américain, dans la collecte illicite de « renseignements d'ordre économique, commercial, industriel, financier ou technique » auprès d'un ancien administrateur d'une mutuelle d'assurances, qui auraient pu servir à la constitution de preuves dans le cadre d'une procédure à l'étranger (affaire *Executive life*) : • Paris, 28 mars 2007 : *CCE 2008, n° 14, obs. Caprioli* (conf. par • Crim. 12 déc. 2007, n° 07-83.228 P : *D. 2008. Pan. 2830, obs. Delebecque ; RTD com. 2008. 639, obs. Bouloc ; Rev. sociétés 2008. 882, note Barlow ; Rev. crit. DIP 2008. 626, note Chilstein ; JCP E 2008, n° 35, p. 21, note Danis ; JCP 2008. I. 181, n° 8, obs. J.-H. Robert ; Banque et Dr. 9-10/2008. 52, obs. Affaki et Stoufflet ; CCE 2008, n° 47, obs. É. A. C. ; RJDA 2008, n° 477 ; Dr. pénal 2008, n° 47, obs. Robert*).

2. Convention de La Haye. L'incrimination de l'art. 1er *bis* de la L. n° 68-678 du 26 juill. 1968, qui vise à limiter les abus pouvant être commis dans la recherche de la preuve, ne constitue pas « une entrave disproportionnée aux droits de la défense » ; l'exercice de ces droits est assuré par les garanties attachées aux procédures instaurées par la Convention de La Haye du 18 mars 1970 sur l'obtention des preuves à l'étranger en matière civile et commerciale. • Paris, 28 mars 2007 : *préc. note 1.*

Art. 2 *(L. n° 80-538 du 16 juill. 1980)* **Les personnes visées aux articles 1er et 1er *bis* sont tenues d'informer sans délai le ministre compétent lorsqu'elles se trouvent saisies de toute demande concernant de telles communications.** – *V. Décr. n° 2022-207 du 18 févr. 2022, infra.*

Art. 3 *(L. n° 80-538 du 16 juill. 1980)* **Sans préjudice des peines plus lourdes prévues par la loi, toute infraction aux dispositions des articles 1er et 1er *bis* de la présente loi sera punie d'un emprisonnement de six mois et d'une amende de 18 000 € ou de l'une de ces deux peines seulement.**

Décret n° 2022-207 du 18 février 2022,

Relatif à la communication de documents et renseignements d'ordre économique, commercial, industriel, financier ou technique à des personnes physiques ou morales étrangères.

BIBL. ▶ JOUFFIN, *Banque et Dr. 3-4/2022. 54* (décret d'application de la loi dite de blocage : quelle portée pratique ?).

Art. 1er **Le ministre compétent au sens de l'article 2 de la loi du 26 juillet 1968 susvisée** *[n° 68-678, relative à la communication de documents et renseignements d'ordre économique, commercial, industriel, financier ou technique à des personnes physiques ou morales étrangères ; V. supra]* **est le ministre chargé de l'économie. Il informe sans délai des demandes dont il a été saisi le ministre des affaires étrangères, le ministre de la justice et, le cas échéant, le ministre dont relève l'activité des personnes mentionnées aux articles 1er et 1er *bis* de ladite loi.**

Art. 2 **Pour l'application de l'article 2 de la loi du 26 juillet 1968 susvisée, les personnes assujetties à l'interdiction de communiquer les documents et renseignements prévue par les dispositions des articles 1er et 1er *bis* de cette même loi informent le service à compétence nationale, chargé de la mise en œuvre de la politique de sécurité économique en France, mentionné à l'article 3 du décret du 20 mars 2019 susvisé** *[n° 2019-206, relatif à la gouvernance de la politique de sécurité économique ; V. ce texte au* ***C. com.****]*, **de toute demande d'une telle communication émise par une autorité publique étrangère ou par toute personne agissant pour son compte ou en vue de répondre à sa demande.**

Art. 3 **Les personnes assujetties à l'obligation d'information prévue à l'article 2 mettent en œuvre les procédures suivantes :**

1° La transmission sans délai au service à compétence nationale mentionné à l'article 2 des demandes de communication ;

2° Le dépôt, dans les plus brefs délais, auprès de ce service d'un dossier dont la composition est fixée par arrêté du ministre chargé de l'économie. – *V. Arr. du 7 mars 2022, ci-dessous.*

Arrêté du 7 mars 2022,

Relatif à la communication de documents et renseignements d'ordre économique, commercial, industriel, financier ou technique à des personnes physiques ou morales étrangères.

Art. 1er Le dossier, visé à l'article 3 du décret n° 2022-207 du 18 février 2022 susvisé, comporte *a minima* les pièces suivantes :

1° Le numéro d'immatriculation au registre du commerce et des sociétés (RCS) de la société détentrice des documents et renseignements requis ;

2° L'organigramme permettant d'identifier les personnes physiques ou morales contrôlant la société détentrice des documents ou renseignements requis, ainsi que les personnes morales contrôlées par elle au sens de l'article L. 233-3 du code de commerce ;

3° Une description sommaire des activités exercées par la société détentrice des documents ou renseignements requis, y compris en France et au sein du territoire de l'État afférent au requérant ;

4° Les principaux concurrents français et étrangers de la société détentrice des documents et renseignements requis ;

5° Les motifs de la demande de communication émise par le requérant à la société détentrice des documents ou renseignements requis ;

6° Les échanges établis entre le requérant et la société détentrice des documents ou renseignements requis ;

7° Les coordonnées d'une personne désignée au sein de la société détentrice des documents ou renseignements requis.

Art. 2 Les éléments du dossier visé à l'article 1er sont remis sans délai au service mentionné à l'article 3 du décret n° 2022-207 du 18 février 2022 susvisé, dans un format aisément exploitable, par des moyens de communication sécurisés physiques ou électroniques.

Art. 3 Les dispositions du présent arrêté entrent en vigueur le 1er avril 2022.

Art. 4 A compter du dépôt du dossier complet, le service à compétence nationale fournit un accusé de réception à la personne que lui désigne la société dans le dossier mentionné à l'article 3.

Il procède à l'instruction du dossier en lien avec les ministères de la justice, des affaires étrangères et les autres ministères ou autorités compétentes concernés.

Il adresse à la personne désignée par la société, sous un délai d'un mois à compter du dépôt du dossier complet, un avis portant sur l'applicabilité des articles 1er et 1er *bis* de la loi du 26 juillet 1968 susvisée.

Art. 5 Le décret n° 81-550 du 12 mai 1981 portant application de l'article 2 de la loi du 26 juillet 1968 susvisée est abrogé.

Art. 6 Les dispositions du présent décret entrent en vigueur le 1er avril 2022.

Convention entre le Royaume-Uni de Grande-Bretagne et d'Irlande et la France du 2 février 1922,

Au sujet des actes de procédure en matières civile et commerciale 🏛.

Traité du 10 décembre 1998,

D'entraide judiciaire en matière pénale entre la France et les États-Unis d'Amérique.

Publié par le Décr. n° 2001-1122 du 28 nov. 2001, en vigueur le 1er déc. 2001.

Le Président de la République française et le Président des États-Unis d'Amérique,

Désireux d'établir une coopération plus efficace dans le domaine de l'entraide judiciaire en matière pénale, ont décidé de conclure un Traité d'entraide judiciaire en matière pénale et à cette fin désigné comme plénipotentiaires :

Le Président de la République française : Mme Elisabeth Guigou, garde des sceaux, ministre de la justice, et

Le Président des États-Unis d'Amérique : Mme Madeleine Albright, Secrétaire d'État, lesquels après s'être mutuellement communiqué leurs pleins pouvoirs, reconnus en bonne et due forme, sont convenus des articles suivants :

Art. 1er *Portée de l'entraide.* 1. Les États contractants s'engagent à s'accorder mutuellement selon les dispositions du présent Traité l'entraide la plus large possible dans toute enquête ou procédure visant des infractions pénales dont la sanction relève, au moment où l'entraide est demandée, des autorités judiciaires de l'État requérant.

2. Le présent Traité ne s'applique pas :

a) A l'exécution des demandes d'arrestation provisoire et d'extradition ;

b) A l'exécution des décisions de condamnation pénale à l'exception des décisions de confiscation visées à l'article 11 ; ou

c) Aux infractions militaires qui ne constituent pas des infractions de droit commun.

3. Le présent Traité est prévu exclusivement aux fins d'entraide judiciaire entre les États.

Les dispositions du Traité ne portent pas atteinte à l'exercice de droits normalement accordés aux personnes privées en vertu du droit interne de l'État qui reçoit une demande fondée sur ces droits.

Art. 2 *Autorités centrales.* 1. Chaque État désigne une autorité centrale chargée de présenter et de recevoir les demandes en vertu du présent Traité. Pour la France, l'autorité centrale est le ministère de la justice. Pour les États-Unis d'Amérique, l'autorité centrale est l'attorney général ou toute personne que celui-ci désigne. Les autorités centrales communiquent directement entre elles aux fins du présent Traité.

2. Les autorités centrales se consultent, aux dates dont elles sont convenues réciproquement, en vue de rechercher l'utilisation la plus efficace du présent Traité. Elles conviennent également des mesures pratiques qui peuvent s'avérer nécessaires afin de faciliter la mise en œuvre du présent Traité, notamment pour celles se rapportant à l'application de son article 9.

3. Les autorités centrales se communiquent des renseignements sur l'exécution des demandes et chacune répond aux questions de l'autre sur l'avancement de l'exécution de demandes particulières.

Art. 3 *Autorités compétentes.* Les autorités centrales présentent les demandes d'entraide judiciaire émanant des autorités compétentes.

Pour la France, les autorités compétentes sont les autorités judiciaires y compris le ministère public.

Pour les États-Unis d'Amérique, les autorités compétentes sont les procureurs et les autorités qui, en droit américain, ont la responsabilité de mener des enquêtes sur les infractions pénales ainsi que de saisir les procureurs aux fins de poursuite. La présentation par l'autorité centrale des États-Unis d'Amérique d'une demande émanant de telles autorités atteste de leur compétence.

Art. 4 *Contenu de la demande.* 1. Les demandes d'entraide doivent être présentées par écrit et contenir les informations suivantes :

a) L'identité de l'autorité compétente dont émane la demande ;

b) Une description de la nature de l'enquête ou de la procédure comprenant un exposé des faits sur lesquels se fonde la demande, ainsi qu'une description du motif pour lequel l'entraide est demandée ;

c) Le texte de la loi pénale applicable ;

d) Dans la mesure du possible, l'identité et la nationalité de la personne qui fait l'objet de l'enquête ou de la procédure ;

e) Dans la mesure du possible, l'identité, la nationalité et l'adresse ou la localisation de toute personne destinataire d'un acte ou dont l'aide est demandée ;

f) Une description des éléments de preuve recherchés ou de toute autre entraide sollicitée comprenant, le cas échéant, une liste de questions si l'audition d'un témoin ou l'interrogatoire d'une personne faisant l'objet de l'enquête ou de la procédure est demandée ; et *g)* Toutes précisions utiles sur les formes spéciales que l'État requérant souhaite voir appliquer.

2. Le cas échéant, l'État requérant peut indiquer les délais dans lesquels la demande devrait être exécutée.

Art. 5 *Transmission des demandes.* L'autorité centrale de l'État requérant envoie la demande d'entraide à l'autorité centrale de l'État requis. Les résultats de l'exécution sont renvoyés par le même canal, à moins que les autorités centrales n'en conviennent autrement. En cas d'urgence, une copie de la demande peut être transmise par avance par tout moyen, y compris par le canal d'Interpol. Ultérieurement, l'autorité centrale de l'État requérant transmet l'original de la demande à l'autorité centrale de l'État requis.

Art. 6 *Refus de l'entraide.* 1. L'État requis peut refuser l'entraide judiciaire s'il considère :

a) Que l'infraction à laquelle se rapporte la demande est une infraction politique ou une infraction connexe à une infraction politique ; ou

b) Que l'exécution de la demande risque de porter atteinte à sa souveraineté, à sa sécurité, à son ordre public ou à d'autres intérêts essentiels.

2. Avant de rejeter une demande d'entraide judiciaire, l'autorité centrale de l'État requis consulte l'autorité centrale de l'État requérant afin d'examiner si elle peut accorder l'entraide en imposant les conditions qu'elle juge nécessaires.

3. Si l'entraide est refusée, l'autorité centrale de l'État requis informe l'autorité centrale de l'État requérant des motifs de ce refus.

Art. 7 *Report de l'exécution.* Si l'État requis considère que l'exécution d'une demande gênerait une enquête ou une procédure pénale en cours dans cet État, il peut, après consultation entre les autorités centrales, surseoir à l'exécution, y compris différer la transmission, ou subordonner l'exécution aux conditions qu'il juge nécessaires. Si l'État requérant accepte l'entraide sous réserve de ces conditions, il doit alors s'y conformer.

Art. 8 *Exécution des demandes.* 1. Les demandes d'entraide sont exécutées conformément aux dispositions du présent Traité et de la loi de l'État requis.

2. L'autorité centrale de l'État requis prend toutes les dispositions nécessaires en vue de la présentation aux fins d'exécution de la demande aux autorités compétentes judiciaires et administratives.

Ces autorités prennent toutes les mesures nécessaires et conformes à leur législation pour fournir toutes les formes d'aide, non prohibées par leur législation, nécessaires ou utiles à l'exécution de la demande.

3. Toute personne fournissant son témoignage ou une preuve dans l'État requis peut invoquer un droit à immunité, incapacité ou exception valable selon la législation de cet État.

Si cette personne invoque un tel droit au regard de la loi de l'État requérant, son témoignage ou la preuve qu'elle fournit sont recueillis et la revendication enregistrée et soumise à l'appréciation des autorités judiciaires de l'État requérant.

Si dans un délai raisonnable avant de fournir son témoignage ou toute preuve, cette personne fait connaître à l'autorité de l'État requis chargée de l'exécution de la demande son intention d'invoquer un tel droit, les autorités centrales peuvent se consulter sur ce point.

4. Toute personne qui fait un faux témoignage lors de l'exécution d'une demande est passible de poursuites et de sanctions dans l'État requis, conformément à la législation de cet État.

Art. 9 *Procédures particulières.* 1. Si l'État requérant le demande, l'État requis l'informe des dates et lieux d'exécution de la demande.

Les autorités et les personnes désignées par l'État requérant peuvent être présentes et prêter assistance à l'exécution de la demande si l'État requis y consent.

L'État requis permet l'assistance, à l'audition des personnes entendues, des autorités et personnes désignées pour que leur déposition puisse être utilisée dans le cadre de la procédure en cours dans l'État requérant, sous réserve notamment de l'application des articles 6 et 7.

2. Les procédures énumérées dans le présent paragraphe et indiquées dans la demande sont suivies dans la mesure où elles ne sont pas contraires aux principes fondamentaux de la procédure pénale de l'État requis. Ainsi l'État requis, si l'État requérant le demande :

a) Recueille, sous serment, les dépositions des témoins ou des experts ou interroge les personnes qui font l'objet de l'enquête ou de la procédure ;

b) Autorise une confrontation entre une personne poursuivie, en présence de son avocat, et un témoin ou un expert dont le témoignage ou l'élément de preuve produit servira contre cette personne poursuivie dans la procédure pénale engagée dans l'État requérant ;

c) Pose les questions soumises par l'État requérant, y compris celles proposées par les autorités de l'État requérant présentes lors de l'exécution de la demande ;

d) Enregistre ou permet l'enregistrement de la déposition, de l'interrogatoire ou de la confrontation ; et

e) Recueille ou permet le recueil d'une transcription intégrale de l'audition, de l'interrogatoire ou de la confrontation demandés.

3. Sur demande de l'État requérant, l'État requis transmet, dans la mesure du possible, l'original des procès-verbaux ou des pièces. Dans les autres cas, l'État requis transmet des copies conformes.

4. Sur demande de l'État requérant, les documents commerciaux, qu'il s'agisse d'originaux ou de copies, sont accompagnés :

a) Soit d'un certificat conforme au formulaire A, joint en annexe au présent Traité ;

b) Soit d'un procès-verbal reprenant les informations essentielles figurant dans le formulaire A.

Ces documents sont admissibles comme moyen de preuve dans l'État requérant.

Art. 10 *Perquisition et saisie.* 1. L'État requis exécute la demande de perquisition, de saisie et de remise à l'État requérant de tout objet si la demande comporte les informations justifiant la perquisition au regard de la législation de l'État requis.

2. Sur demande de l'État requérant, une autorité compétente de l'État requis fournit une attestation ou un procès-verbal :

a) Désignant l'objet saisi ;

b) Mentionnant chaque responsable ayant eu la garde de l'objet saisi ; et

c) Précisant les conditions de la garde.

Si après saisie, un transfert de la garde ou une modification de l'objet survient, l'autorité compétente de l'État requis établit un certificat ou un procès-verbal complémentaire décrivant les circonstances dans lesquelles ce transfert de garde ou cette modification s'est effectué.

Il n'est demandé aucune preuve supplémentaire concernant l'identification de l'objet, la continuité de la garde ou son intégrité. Les certificats ou procès-verbaux sont admissibles comme preuve dans l'État requérant.

Art. 11 *Produits des infractions.* 1. A la demande de l'État requérant, l'État requis fournit son assistance dans les procédures en relation avec la confiscation des produits et instruments des infractions pénales.

2. A la demande de l'État requérant, l'État requis prend les mesures appropriées, conformes à son droit interne, en vue de rechercher et d'identifier des produits ou instruments d'une infraction qui se trouvent sur son territoire.

La demande doit préciser les raisons qui laissent penser que les produits ou instruments se trouvent sur le territoire de l'État requis.

L'État requis informe l'État requérant du résultat de son enquête.

3. A la demande de l'État requérant, l'État requis peut, dès lors que les faits à l'origine de la demande sont constitutifs d'une infraction selon la législation des deux États, prendre toute mesure conservatoire permise par sa législation afin d'immobiliser temporairement lesdits produits ou instruments pour garantir leur disponibilité aux fins de confiscation.

4. A la demande de l'État requérant, l'État requis peut exécuter une décision définitive de confiscation prononcée par les autorités judiciaires de l'État requérant. L'exécution d'une telle demande est régie par le droit interne de l'État requis.

5. L'État requis d'exécuter une décision définitive de confiscation dispose des produits et instruments confisqués conformément à son droit interne.

Il peut également, s'il l'estime approprié, en transférer la propriété ou le produit de leur vente, en tout ou partie, à l'État requérant.

Dans la mesure où la coopération entre les deux États a contribué au prononcé d'une décision définitive de confiscation de ces produits et instruments, l'État de confiscation peut, s'il l'estime approprié et selon les dispositions de son droit interne, en transférer la propriété ou le produit de leur vente, en tout ou partie, à l'autre État.

Art. 12 *Renvoi des pièces.* 1. Les pièces à conviction, y compris les originaux des dossiers et documents qui ont été communiqués en exécution d'une demande d'entraide, sont conservées par l'État requérant à moins que l'État requis n'en ait demandé le retour au moment de leur transmission.

2. L'État requis peut exiger de l'État requérant de convenir des modalités et conditions de la garde ou du renvoi des pièces à conviction considérées comme nécessaires pour protéger les intérêts des tiers.

Art. 13 *Restitution.* Chaque État prête assistance à l'autre État, dans les limites autorisées par sa législation, en vue de faciliter la restitution.

Art. 14 *Confidentialité.* 1. L'État requis s'efforce de respecter la confidentialité de la demande et de son contenu s'il en est prié par l'autorité centrale de l'État requérant. Si la demande ne peut être exécutée sans qu'il soit porté atteinte à son caractère confidentiel, l'autorité centrale de l'État requis en informe l'autorité centrale de l'État requérant qui décide alors s'il faut néanmoins donner suite à l'exécution.

2. L'autorité centrale de l'État requis peut demander que les informations ou les pièces communiquées conformément aux dispositions du présent Traité restent confidentielles ou ne soient utilisées que suivant les modalités et conditions qu'elle stipule. Si l'État requérant accepte ces informations ou ces pièces, sous réserve de ces conditions, il doit s'efforcer de s'y conformer.

3. L'autorité centrale de l'État requis peut prier l'État requérant de s'abstenir d'utiliser toute information ou pièce obtenue aux termes du présent Traité dans des enquêtes ou procédures autres que celles figurant dans la demande sans le consentement préalable de l'État requis. Dans ce cas, l'État requérant se conforme à cette condition.

4. Aucune disposition du présent article n'interdit l'utilisation ou la divulgation des informations ou des pièces dans des procédures pénales dans la mesure où une obligation existe pour les États-Unis d'Amérique aux termes de leur Constitution, pour la France aux termes de sa Constitution et des principes généraux de son droit à valeur constitutionnelle. Dans la mesure du possible, l'État requérant informe à l'avance l'État requis de toute utilisation ou divulgation.

5. Les informations ou pièces obtenues dans les conditions visées aux paragraphes 2 et 3 peuvent être utilisées à quelque fin que ce soit dès lors qu'elles ont été rendues publiques dans le cadre de la procédure pour laquelle elles ont été transmises à l'État requérant.

Art. 15 *Remise d'actes de procédure.* 1. L'État requis effectue la remise de tout acte de procédure et de toute décision judiciaire qui lui ont été transmis à cette fin par l'État requérant.

2. La remise peut être effectuée par une simple transmission du document ou de la décision à son destinataire. Sur demande de l'État requérant, l'État requis effectue la remise selon les modalités prévues par sa législation ou compatibles avec sa législation.

3. La preuve de la remise se fait au moyen d'un récépissé daté et signé par le destinataire ou d'une déclaration de l'État requis constatant le fait, la forme et la date de la remise. L'un ou l'autre de ces documents est immédiatement transmis à l'État

requérant. Si la remise n'a pu se faire, l'État requis en fait immédiatement connaître le motif à l'État requérant.

4. L'autorité centrale de l'État requérant transmet à l'autorité centrale de l'État requis tout document dans lequel la comparution d'une personne est sollicitée dans l'État requérant dans un délai de cinquante jours avant la date fixée pour la comparution.

A la demande de l'État requérant, l'autorité centrale de l'État requis peut renoncer à cette exigence, lorsqu'il ne s'agit pas de personnes poursuivies.

Art. 16 *Comparution dans l'État requérant.* 1. Lorsque l'État requérant sollicite la comparution personnelle d'un témoin ou d'un expert, l'État requis invite ce témoin ou cet expert à comparaître. L'État requis informe l'autorité centrale de l'État requérant de la réponse donnée par la personne.

2. Cette demande doit mentionner le montant approximatif des frais de voyage et de séjour à rembourser.

Si la personne le demande, l'État requérant peut avancer tout ou partie de la somme destinée à payer les frais par l'intermédiaire de sa représentation diplomatique ou consulaire dans l'État requis.

3. Un témoin ou un expert qui ne défère pas à une demande de comparution dans l'État requérant, qui lui a été remise en exécution d'une demande d'entraide judiciaire, n'est passible d'aucune sanction ou mesure de contrainte, même si cette demande de comparution prévoit des injonctions, à moins qu'il ne se rende volontairement par la suite dans l'État requérant, reçoive notification en bonne et due forme et s'abstienne à nouveau de comparaître.

Art. 17 *Immunité.* 1. Un témoin ou un expert comparaissant dans l'État requérant à la suite d'une demande ne peut faire l'objet d'aucune notification et ne peut être poursuivi, détenu ou soumis à aucune autre restriction de sa liberté dans l'État requérant en raison de faits ou de condamnations antérieurs à son départ du territoire de l'État requis à moins que l'autorité centrale de l'État requérant ne limite l'immunité de celui-ci et n'en avise l'autorité centrale de l'État requis. Une telle limitation doit être communiquée au témoin ou à l'expert au moment où celui-ci est invité à comparaître.

2. Une personne, comparaissant dans l'État requérant à la suite d'une citation pour répondre de faits pour lesquels elle fait l'objet de poursuites, ne sera ni poursuivie, ni détenue, ni soumise à aucune restriction de sa liberté individuelle pour des faits ou des condamnations antérieurs à son départ de l'État requis distincts de ceux mentionnés dans la citation.

3. L'immunité prévue au présent article cesse lorsque cette personne, étant libre de quitter le territoire de l'État requérant, ne l'a pas fait dans les quinze jours consécutifs après avoir été officiellement avisée que sa présence n'y était plus nécessaire ou y est retournée après l'avoir quitté.

Art. 18 *Transfèrement provisoire.* 1. A la demande de l'un des deux États, toute personne détenue dans l'un ou l'autre État peut être transférée temporairement vers l'État de réception pour fournir son témoignage ou des preuves ou encore son aide à une enquête ou dans une procédure pénale.

2. Ce transfèrement peut être refusé :

a) Si la personne détenue n'y consent pas ;

b) Si son transfèrement est susceptible de prolonger sa détention ;

c) Si sa présence est nécessaire dans une procédure pénale en cours ; ou

d) Pour des motifs de sûreté, de sécurité ou pour d'autres préoccupations impérieuses.

3. L'État de réception a, en vertu du présent Traité, la compétence pour et l'obligation de maintenir en détention la personne transférée à moins que l'État d'envoi ne l'autorise à la remettre en liberté.

4. L'État de réception n'exige aucune procédure pour renvoyer la personne transférée à l'État d'envoi. Le renvoi est effectué dans le délai indiqué par l'État d'envoi. Ce délai peut être étendu d'un commun accord entre les deux États.

5. L'État d'envoi déduit de la peine infligée à la personne remise le temps que celle-ci a passé en détention sur le territoire de l'État de réception.

6. Une personne qui comparaît dans l'un ou l'autre des États en application du présent article peut bénéficier de l'immunité prévue à l'article 17.

Art. 19 *Transit.* 1. Sur demande de l'État requérant, l'État requis peut autoriser le transit sur son territoire d'une personne détenue par un État tiers ou par l'État requérant dont la comparution a été demandée par l'État requérant pour fournir son témoignage ou des preuves ou encore son aide à une enquête ou dans une procédure pénale.

2. L'État requis a, en vertu du présent Traité, la compétence pour et l'obligation de maintenir la personne en détention pendant le transit.

Art. 20 *Documents officiels.* 1. A la demande de l'État requérant, l'État requis transmet des copies de documents sous quelque forme et de quelque nature que ce soit qui sont en possession de ses autorités judiciaires, de ses services ou de ses agences et qui sont accessibles au public.

2. A la demande de l'État requérant, l'État requis peut transmettre des copies de documents, sous quelque forme et de quelque nature que ce soit, qui sont en possession de ses autorités judiciaires, de ses services ou de ses agences mais qui ne sont pas accessibles au public, avec les mêmes limites et dans les mêmes conditions que celles qui s'appliqueraient à l'égard de ses propres autorités compétentes pour leur obtention. L'État requis peut à son gré rejeter tout ou partie d'une demande présentée conformément aux dispositions du présent paragraphe.

3. Les documents officiels produits conformément au présent article et certifiés par une autorité compétente de l'État requis comme constituant des documents officiels ou leurs copies authentiques et conformes sont admissibles comme moyen de preuve dans l'État requérant. Aucune autre authentification n'est nécessaire.

Art. 21 *Traduction.* L'État requérant fait traduire la demande d'entraide et tous les documents qui l'accompagnent dans la langue de l'État requis.

Art. 22 *Légalisation.* Sauf dans les cas où le présent Traité en dispose autrement, les pièces, sous quelque forme que ce soit, transmises conformément à celui-ci sont exemptes de toutes formalités de légalisation.

Art. 23 *Frais.* 1. L'État requis prend à sa charge les frais concernant l'exécution de la demande d'entraide, à l'exception des frais suivants :

a) Frais de voyage et de séjour des témoins et experts visés par l'article 16 et frais occasionnés par le transfèrement des personnes détenues visées par les articles 18 et 19 ;

b) Frais d'interprétation et de traduction ;

c) Frais des services fournis par des particuliers à la demande de l'État requérant ; et

d) Indemnités des experts dont l'intervention est nécessaire pour exécuter une demande d'entraide.

2. S'il devient évident, au cours de l'exécution d'une demande d'entraide, que l'exécution entraînera des frais de nature exceptionnelle, les autorités centrales se consultent afin de décider des conditions et modalités selon lesquelles l'exécution peut se poursuivre.

Art. 24 *Dénonciation aux fins de poursuite.* 1. Chacun des États contractants peut transmettre à l'autre État toute pièce, dossier, ou document se rapportant à des faits pénalement répréhensibles en lui demandant de les soumettre à ses autorités compétentes aux fins de poursuites pénales lorsque les faits dont il s'agit relèvent de la compétence des deux États. Ces demandes sont transmises d'autorité centrale à autorité centrale.

2. L'État requis examine la possibilité d'engager des poursuites conformément à son droit interne.

3. L'État requis fait connaître à l'État requérant la suite donnée à cette demande et lui transmet, s'il y a lieu, une copie de la décision intervenue.

Art. 25 *Entrée en vigueur.* **Chacun des deux États notifie à l'autre l'accomplissement des procédures requises pour l'entrée en vigueur du présent Traité. Celui-ci entrera en vigueur le premier jour du deuxième mois suivant la date de la réception de la dernière de ces notifications.**

Art. 26 *Dénonciation.* **Chacun des deux États peut dénoncer le présent Traité à tout moment en adressant à l'autre, par la voie diplomatique, une notification écrite de dénonciation. La dénonciation prendra effet 6 mois après la date de réception de ladite notification.**

En foi de quoi, les plénipotentiaires respectifs ont signé le présent Traité et y ont apposé leurs sceaux.

Fait à Paris, en double exemplaire, ce 10 décembre 1998, en langues française et anglaise, les deux textes faisant également foi.

ANNEXE I

FORMULAIRE A

CERTIFICAT D'AUTHENTICITÉ DES DOCUMENTS COMMERCIAUX

Je soussigné (nom, prénom), ...,
comprenant que je suis passible de sanctions pénales conformément à la législation ....
(nom du pays) ....
sur les déclarations intentionnellement erronées, déclare que je suis employé/associé à.............
(nom de l'entreprise auprès de laquelle les documents sont demandés)......................................
en qualité de..
(fonction)..
et, qu'en cette qualité, je suis autorisé à faire la présente déclaration.

Tous les documents ci-annexés sont des documents qui sont conservés par l'entreprise susmentionnée et qui :

1. Ont été faits à date ou à une date proche des évènements qui y sont consignés par une personne en ayant connaissance ou à partir des renseignements transmis par cette personne ;
2. Sont conservés dans le cadre d'une activité commerciale exercée régulièrement ;
3. Ont été établis par ladite entreprise dans le cadre de son activité normale ; et
4. Au cas où il ne s'agirait pas d'originaux, sont des doubles des écritures originales.

Date de signature : ....
Lieu de signature : ....
Signature : ....

ANNEXE II

NOTE EXPLICATIVE DU TRAITÉ D'ENTRAIDE JUDICIAIRE EN MATIÈRE PÉNALE ENTRE LA FRANCE ET LES ÉTATS-UNIS D'AMÉRIQUE

Les précisions suivantes relatives à l'application de certaines dispositions du Traité font l'objet d'un accord entre les Parties.

Article 1er

Les deux Parties comprennent que, pour les États-Unis d'Amérique, les dispositions du Traité ne créent pas de droits nouveaux permettant à une personne privée d'obtenir une aide, de supprimer ou d'exclure un témoignage ou une preuve, ou d'empêcher l'exécution d'une demande. Cependant, ces droits des personnes privées tels qu'ils existent par ailleurs en vertu du droit des États-Unis d'Amérique dans ce domaine sont préservés.

Article 3

Au cours des négociations de l'article 3 du Traité, les deux Parties ont débattu des autorités compétentes dont doivent émaner les demandes au titre du Traité. Les Parties ont noté que, pour les États-Unis d'Amérique, un nombre important d'autorités, en dehors des procureurs, étaient susceptibles d'être compétentes pour former des demandes d'entraide. Ces autorités ne sont pas des autorités judiciaires mais y sont assimilées dès lors que leurs demandes, conformément au paragraphe 1 de l'article 1er, sont présentées dans le cadre de "toute enquête ou procédure visant des infractions pénales dont la sanction relève, au moment où l'entraide est demandée, des autorités judiciaires de l'État requérant". Ces autorités sont, conformément au droit des États-Unis d'Amérique, celles qui ont la responsabilité de mener des enquêtes sur les infractions pénales ainsi que de saisir les procureurs aux fins de poursuite.

Les Parties sont donc convenues de ne pas chercher à énumérer dans le Traité, aux termes d'une liste exhaustive, les nombreuses autorités qui tant au niveau des États des États-Unis d'Amérique qu'au niveau fédéral relèvent de cette définition, notamment parce que l'omission par inadvertance de l'une de ces autorités pourrait diminuer la valeur du Traité pour les États-Unis. Pour illustrer cette diversité, les États-Unis ont cependant accepté de communiquer, à titre indicatif seulement, la brève liste suivante :

Bureau of Alcohol, Tobacco, and Firearms ;
Commodities Futures Tranding Commission ;
Drug Enforcement Administration ;
Federal Bureau of Investigation ;
Federal Trade Commission ;
Food and Drug Administration ;
Immigration and Naturalization Service ;
Internal Revenue Service ;
Securities and Exchange Commission ;
Trustees in Bankruptcy.

En tout état de cause, pour faciliter l'identification des autorités compétentes des États-Unis d'Amérique par la France, les deux Parties sont convenues que les demandes présentées par l'autorité centrale des États-Unis d'Amérique attesteront de la compétence des autorités requérantes au regard du présent Traité.

Article 9

La première partie du paragraphe 1 pose le principe que, avec le consentement de l'État requis, toute personne désignée par l'État requérant (par exemple, l'autorité requérante, la personne poursuivie, les conseils de ces personnes...) est autorisée à se rendre sur le territoire de l'État requis pour être présente et prêter assistance à l'exécution de la demande. Toute requête en ce sens devra toutefois être contenue dans les demandes d'entraide. Aux fins de cet article, l'expression "État requis" s'entend des autorités de l'État requis qui peuvent approuver ou consentir à la présence requise.

La deuxième partie du paragraphe 1 constitue un engagement des deux Parties de donner une suite favorable à une telle requête pour que la déposition recueillie dans l'État requis soit recevable dans la procédure de l'État requérant. La portée de cet engagement peut cependant être limitée, notamment en application des articles 6 et 7 relatifs respectivement au refus de l'entraide et au report de l'exécution. Cet engagement n'exclut pas non plus que, dans certains cas qui sont en pratique très exceptionnels, l'autorité chargée de l'exécution de la demande puisse estimer que la présence et l'assistance des personnes désignées ne soient pas possibles dans le cas d'espèce.

Article 23

Les discussions relatives à l'article 23 ont mis en évidence le souci des Parties d'exécuter les demandes d'entraide au moindre coût, notamment celles ayant pour objet de recueillir des dépositions aux États-Unis.

Dès lors, les Parties sont convenues que les États-Unis organiseront et prendront en charge financièrement l'enregistrement "audio" des dépositions demandées par les autorités françaises ainsi que leur transmission. Les enregistrements, scellés, seront accompagnés d'un rapport ou d'une déclaration de l'autorité compétente aux États-Unis attestant des circonstances dans lesquelles la déposition a été recueillie. Ce document mentionnera le nom de l'autorité chargée de l'exécution de la procédure, l'identité de la personne entendue et précisera si celle-ci a ou n'a pas déposé sous serment. Il devra par ailleurs être signé par la personne entendue, ou, en cas de refus ou d'impossibilité de cette dernière, en faire état.

En revanche, les frais de fourniture de services par des particuliers, tels que ceux résultant de la transcription des dépositions par un "court reporter" seront pris en charge par les autorités françaises.

DÉCLARATION
DE LA RÉPUBLIQUE FRANÇAISE

La République française rappelle qu'elle a ratifié la Convention de Rome du 17 juillet 1998 portant création de la Cour pénale internationale et qu'elle sera en conséquence tenue, dans les conditions prévues par cette Convention, d'exécuter les demandes de coopération émanant de ladite Cour.

Instrument du 30 septembre 2004,

Relatif à l'application du traité d'entraide judiciaire en matière pénale signé le 10 décembre 1998 entre la France et les États-Unis d'Amérique .

II RÈGLES EUROPÉENNES

Règlement (CE) n° 2271/96 du Conseil du 22 novembre 1996,

Portant protection contre les effets de l'application extraterritoriale d'une législation adoptée par un pays tiers, ainsi que des actions fondées sur elle ou en découlant.

COMMENTAIRE

Le règlement (CE) n° 2271/96 du 22 novembre 1996, communément appelé « loi de blocage de l'UE », est une réaction claire et directe aux réglementations adoptées par les États-Unis en matière de sanctions internationales. Ce pays n'est pas cité dans le corps du règlement, qui évoque « un pays tiers » ayant promulgué des « lois, règlements et autres instruments législatifs [qui] violent le droit international ». Toutefois, la liste des législations concernées figure en annexe, et toutes émanent des États-Unis. Il s'agit notamment des textes relatifs aux embargos contre Cuba, la Libye ou l'Iran.

Le préambule du texte rappelle qu'il s'inscrit dans l'objectif de l'Union européenne de « contribuer au développement harmonieux du commerce mondial et à la suppression progressive des restrictions aux échanges internationaux ». Il s'agit donc d'un objectif qui est non seulement à vocation européenne, mais au-delà, à vocation internationale. Aussi, il est rappelé que ce règlement européen a été pris non seulement afin de protéger les intérêts de l'Union et des personnes physiques ou morales qui en relèvent (telles que définies à l'art. 11 du texte) et qui seraient lésées par l'extraterritorialité de la législation étrangère, mais aussi pour promouvoir « le respect du droit international » et protéger « l'ordre juridique établi ». Ce faisant, ce texte illustre le rôle protecteur du droit de l'UE pour l'Union elle-même et le marché commun, mais au-delà encore, pour le commerce international et le droit international dans sa globalité.

L'article 1er assure la protection de l'Union européenne « contre l'application extraterritoriale des lois citées en annexe, y compris les règlements et autres instruments législatifs, et contre les actions fondées sur elles ou en découlant ».

La protection est complète, l'article 4 précisant qu'aucune décision d'une juridiction ou d'une autorité administrative extérieure à la Communauté européenne qui donne effet, directement ou indirectement, aux lois citées en annexe ou aux actions fondées sur elles ou en découlant n'est reconnue ou rendue exécutoire de quelque manière que ce soit.

Sont protégées les personnes citées à l'article 11 : personnes physiques ou morales citoyennes européennes ou résidant au sein de l'Union européenne ou s'y trouvant à titre professionnel. Mais les obligations pèsent également sur elles, l'article 5, alinéa 1er du règlement leur interdisant strictement de se conformer aux prescriptions ou interdictions fondées directement ou indirectement sur les lois citées en annexes ou sur les actions fondées sur elles ou en découlant. Les tiers sont également protégés, puisque l'article 6 prévoit que s'il est donné effet à une loi citée en annexe, toute personne qui en a subi un dommage est en droit de recouvrer des indemnités sur la personne qui l'a appliquée.

L'article 5, alinéa 2, prévoit qu'il peut être dérogé entièrement ou partiellement à l'interdiction de se conformer aux lois étrangères citées en annexe, « dans la mesure où le non-respect de celles-ci léserait gravement ses intérêts ou ceux de la Communauté ». C'est la Commission qui accorde ce type d'autorisations, assistée par un comité composé de représentants des États membres et présidé par le représentant de la Commission. La procédure et les critères pour l'application de cette disposition sont précisés par le règlement d'exécution (UE) 2018/1101 de la Commission du 3 août 2018 (V. *infra*).

Art. 1er **Le présent règlement a pour but d'assurer une protection contre l'application extraterritoriale des lois citées en annexe, y compris les règlements et autres instruments législatifs, et contre les actions fondées sur elles ou en découlant, ainsi que d'en contrecarrer les effets, lorsque cette application porte atteinte aux intérêts des personnes visées à l'article 11 qui effectuent des opérations de commerce international et/ou des mouvements de capitaux et des activités commerciales connexes entre la Communauté et des pays tiers.**

(Règl. (UE) nº 37/2014 du 15 janv. 2014) **« La Commission est habilitée à adopter des actes délégués en conformité avec l'article 11 *bis* afin d'ajouter à l'annexe du présent règlement des lois, des règlements ou d'autres instruments législatifs de pays tiers d'application extraterritoriale qui lèsent les intérêts de l'Union et ceux des personnes physiques ou morales exerçant des droits sous le régime du traité sur le fonctionnement de l'Union européenne, et supprimer des lois, des règlements ou d'autres instruments législatifs quand ils n'ont plus de tels effets. »**

Art. 2 **Lorsque les intérêts économiques et/ou financiers de toute personne visée à l'article 11 sont affectés, directement ou indirectement, par les lois citées en annexe ou par les actions fondées sur elles ou en découlant, cette personne en avise la Commission dans les trente jours suivant la date à laquelle elle a obtenu l'information ; dans la mesure où les intérêts d'une personne morale sont affectés, cette obligation s'applique aux administrateurs, aux directeurs et aux autres personnes exerçant des fonctions de direction.**

A la demande de la Commission, la personne concernée fournit toutes les informations pertinentes aux fins du présent règlement, conformément à cette demande, dans les trente jours suivant la date de celle-ci.

Toutes les informations sont transmises à la Commission soit directement, soit par l'intermédiaire des autorités compétentes des États membres. Dans le cas où elles sont transmises directement à la Commission, celle-ci en avise immédiatement les autorités compétentes de l'État membre dans lequel la personne qui a fourni les informations est résidente ou constituée en société.

Art. 3 **Toutes les informations fournies conformément à l'article 2 ne sont utilisées qu'aux fins pour lesquelles elles ont été prévues.**

Les informations de nature confidentielle ou fournies à titre confidentiel sont couvertes par l'obligation de secret professionnel. Elles ne sont pas divulguées par la Commission sans l'autorisation expresse de la personne qui les a fournies.

La communication de ces informations est autorisée lorsque la Commission y est tenue ou autorisée, en particulier dans le cadre d'une action en justice. Elle doit tenir compte de l'intérêt légitime de la personne concernée à la non-divulgation de ses secrets d'affaires.

Le présent article ne fait pas obstacle à la divulgation d'informations générales par la Commission. Cette divulgation n'est pas autorisée si elle est incompatible avec les fins pour lesquelles les informations en question ont été prévues à l'origine.

En cas de violation du caractère confidentiel des informations, la personne qui a transmis celles-ci a le droit d'obtenir qu'elles soient supprimées, ignorées ou rectifiées, selon le cas.

Art. 4 **Aucune décision d'une juridiction ou d'une autorité administrative extérieure à la Communauté qui donne effet, directement ou indirectement, aux lois citées en annexe ou aux actions fondées sur elles ou en découlant n'est reconnue ou rendue exécutoire de quelque manière que ce soit.**

Art. 5 **Aucune personne visée à l'article 11 ne se conforme, directement ou par filiale ou intermédiaire interposé, activement ou par omission délibérée, aux pres-**

criptions ou interdictions, y compris les sommations de juridictions étrangères, fondées directement ou indirectement sur les lois citées en annexe ou sur les actions fondées sur elles ou en découlant.

Selon les procédures prévues aux articles 7 et 8, une personne peut être autorisée à se conformer entièrement ou partiellement auxdites prescriptions ou interdictions dans la mesure où le non-respect de celles-ci léserait gravement ses intérêts ou ceux de la Communauté. Les critères pour l'application de la présente disposition sont fixés selon la procédure prévue à l'article 8. Lorsqu'il existe des éléments de preuve suffisants pour établir que le non-respect desdites prescriptions ou interdictions causerait un dommage grave à une personne physique ou morale, la Commission soumet promptement au comité visé à l'article 8 un projet des mesures appropriées à prendre au titre du présent règlement. – *V. Règl. d'exécution (UE) 2018/1101 du 3 août 2018, infra.*

BIBL. ▶ RÉBIER, *D. actu. 31 mai 2021* (sanctions américaines : la CJUE appelée à interpréter la loi de blocage de l'Union européenne [concl. dans l'aff. n° C-124/20]). – DE TOCQUEVILLE, BRICE et AUMAIN, *JCP 2021, n° 1250* (règlement européen de blocage : les entreprises européennes entre le marteau et l'enclume [concl. dans l'aff. n° C-124/20]).

1. Absence d'instruction des pays tiers. L'art. 5, 1er al., du Règl. (CE) n° 2271/96 du 22 nov. 1996, tel que modifié par le Règl. (UE) n° 37/2014 du 15 janv. 2014, ainsi que par le Règl. délégué (UE) 2018/1100 du 6 juin 2018, lequel modifie l'annexe du Règl. n° 2271/96, doit être interprété en ce sens qu'il interdit aux personnes visées à l'art. 11 du Règl. n° 2271/96, tel que modifié, de se conformer aux prescriptions ou aux interdictions prévues par les lois citées à l'annexe de ce règlement, même en l'absence d'instruction des autorités administratives ou judiciaires des pays tiers qui ont adopté ces lois et visant à en assurer le respect. • CJUE 21 déc. 2021, n° C-124/20 : *D. 2022. 1076, note Audit et Fekl ; JCP E 2022, n° 1165, note Segoin ; RLDA 5/2022. 23, note Guyader ; Banque et Dr. 1-2/2022. 74, note Affaki ; RDBF 2022, n° 64, obs. Gourio et Gillouard.*

2. Résiliation des contrats. L'art. 5, 1er al., du Règl. (CE) n° 2271/96, tel que modifié par le Règl. (UE) n° 37/2014 ainsi que par le Règl. délégué (UE) 2018/1100, doit être interprété en ce sens qu'il ne s'oppose pas à ce qu'une personne visée à l'art. 11 de ce règlement, tel que modifié, qui ne dispose pas d'une autorisation, au sens de l'art. 5, 2d al., dudit règlement, tel modifié, puisse résilier les contrats conclus avec une personne figurant sur la « liste des ressortissants nationaux expressément identifiés et des personnes dont les avoirs sont bloqués » (*Specially Designated Nationals and Blocked Persons List*), sans accompagner une telle résiliation d'une motivation. Néanmoins, l'art. 5, 1er al., du même règlement, tel que modifié, exige que, dans le cadre d'un procès civil portant sur la prétendue violation de l'interdiction posée à cette disposition, lorsque l'ensemble des éléments de preuve dont dispose la juridiction nationale tendent à indiquer à première vue qu'une personne visée à l'art. 11 du Règl. n° 2271/96, tel que modifié, s'est conformée, sans disposer d'une autorisation à cet égard, aux lois citées à l'annexe de ce règlement, tel que modifié, c'est à cette même personne qu'il appartient d'établir à suffisance de droit que son comportement ne visait pas à se conformer auxdites lois. • CJUE 21 déc. 2021, n° C-124/20 : *préc. note 1.*

3. Examen de proportionnalité. Le Règl. (CE) n° 2271/96, tel que modifié par le Règl. (UE) n° 37/2014 ainsi que par le Règl. délégué (UE) 2018/1100, en particulier ses art. 5 et 9, lu à la lumière de l'art. 16 et de l'art. 52, § 1, de la charte des droits fondamentaux de l'UE, doit être interprété en ce sens qu'il ne s'oppose pas à ce qu'une résiliation de contrats effectuée par une personne visée à l'art. 11 de ce règlement, tel que modifié, pour se conformer aux prescriptions ou aux interdictions fondées sur les lois citées à l'annexe dudit règlement, tel que modifié, alors qu'elle ne dispose pas d'une autorisation, au sens de l'art. 5, 2d al., du même règlement, tel que modifié, soit annulée, pour autant que cette annulation n'entraîne pas des effets disproportionnés pour cette personne au regard des objectifs du Règl. (CE) n° 2271/96, tel que modifié, consistant à protéger l'ordre juridique établi ainsi que les intérêts de l'UE en général. Doit être mise en balance, dans cet examen de proportionnalité, la poursuite de ces objectifs, servie par l'annulation d'une résiliation contractuelle méconnaissant l'interdiction prévue à l'art. 5, 1er al., de ce règlement, tel que modifié, et la probabilité que la personne concernée soit exposée à des pertes économiques ainsi que l'ampleur de celles-ci au cas où cette personne ne pourrait mettre fin à ses relations commerciales avec une personne figurant sur la liste des personnes visées par les sanctions secondaires en cause découlant des lois citées à l'annexe dudit règlement, tel que modifié. • CJUE 21 déc. 2021, n° C-124/20 : *préc. note 1.*

Art. 6 **Toute personne visée à l'article 11 qui exerce une activité visée à l'article 1er a le droit de recouvrer les indemnités, y compris les frais de justice, dues pour tout dommage qui lui a été causé du fait de l'application des lois citées en annexe ou des actions fondées sur elles ou en découlant.**

Ce recouvrement peut se faire sur la personne physique ou morale ou toute autre entité qui a causé le dommage ou toute personne agissant en son nom ou en qualité d'intermédiaire.

La convention de Bruxelles du 27 septembre 1968 concernant la compétence judiciaire et l'exécution des décisions en matière civile et commerciale s'applique aux procédures engagées et aux décisions rendues au titre du présent article. Le recouvrement peut se faire sur la base des dispositions des sections 2 à 6 du titre II de cette convention ainsi que, conformément à l'article 57 paragraphe 3 de celle-ci, par le moyen d'une procédure judiciaire introduite devant les juridictions de tout État membre dans lequel ladite personne ou ladite entité, ou la personne agissant en son nom ou en qualité d'intermédiaire, détient des avoirs.

Sans préjudice des autres moyens disponibles et en conformité avec la législation applicable, le recouvrement pourrait prendre la forme de la saisie et de la vente des avoirs détenus dans la Communauté par ces personnes ou ces entités, ou par les personnes agissant en leur nom ou en qualité d'intermédiaires, y compris les parts ou actions détenues dans une personne morale constituée en société dans la Communauté.

Art. 7 Aux fins de l'application du présent règlement, la Commission :

a) informe immédiatement et pleinement le Parlement européen et le Conseil des effets des lois, des règlements et des autres instruments législatifs ainsi que des actions fondées sur eux ou en découlant, qui sont mentionnés à l'article 1er, sur la base des informations obtenues au titre du présent règlement, et présente régulièrement un rapport public complet à ce sujet ;

b) accorde les autorisations dans les conditions énoncées à l'article 5 et, lorsqu'elle fixe les délais impartis au comité pour rendre son avis, tient pleinement compte des délais à respecter par les personnes qui doivent faire l'objet d'une autorisation ;

(Abrogé par Règl. (UE) no 37/2014 du 15 janv. 2014) ***« c) ajoute ou supprime, le cas échéant, des références aux règlements ou autres instruments législatifs dérivés des lois citées en annexe et relevant du champ d'application du présent règlement ; »***

d) publie au *Journal officiel des Communautés européennes* un avis concernant les décisions juridictionnelles ou administratives auxquelles s'appliquent les articles 4 et 6 ;

e) publie au *Journal officiel des Communautés européennes* les noms et adresses des autorités compétentes des États membres visées à l'article 2. — *V. JOUE C 251 du 28 juin 2021.*

Art. 8 *(Règl. (UE) no 37/2014 du 15 janv. 2014)* 1. Aux fins de l'application de l'article 7, point b) la Commission est assistée par le comité de la législation extraterritoriale. Ces actes d'exécution sont adoptés en conformité avec la procédure d'examen visée au paragraphe 2 du présent article. Ledit comité est un comité au sens du règlement (UE) no 182/2011 du Parlement européen et du Conseil *[du 16 févr. 2011 établissant les règles et principes généraux relatifs aux modalités de contrôle par les États membres de l'exercice des compétences d'exécution par la Commission]*.

2. Lorsqu'il est fait référence au présent paragraphe, l'article 5 du règlement (UE) no 182/2011 s'applique.

Art. 9 Chaque État membre détermine les sanctions à imposer en cas d'infraction à toute disposition pertinente du présent règlement. Ces sanctions doivent être efficaces, proportionnées et dissuasives.

Art. 10 La Commission et les États membres s'informent mutuellement des mesures prises au titre du présent règlement et se communiquent tous les autres renseignements pertinents concernant ce même règlement.

Art. 11 Le présent règlement s'applique à :

1) toute personne physique qui réside dans la Communauté *[aux fins du présent règlement, l'expression "qui réside dans la Communauté" signifie "qui a été légalement établie dans la Communauté pendant une période de six mois au moins au cours des douze mois précédant immédia-*

tement la date à laquelle, au titre, du présent règlement, une obligation est né ou un droit est exercé"] et qui est un ressortissant d'un État membre ;

2) toute personne morale constituée en société dans la Communauté ;

3) toute personne physique ou morale visée à l'article 1er paragraphe 2 du règlement (CEE) nº 4055/86 *[du 22 déc. 1986, portant application du principe de la libre prestation des services aux transports maritimes entre États membres et entre États membres et pays tiers]* ;

4) toute autre personne physique qui réside dans la Communauté, à moins que cette personne ne se trouve dans le pays dont elle est un ressortissant ;

5) toute autre personne physique se trouvant dans la Communauté, y compris dans ses eaux territoriales et son espace aérien ou à bord de tout aéronef ou de tout navire relevant de la juridiction ou du contrôle d'un État membre, et agissant à titre professionnel.

Art. 11 *bis* *(Règl. (UE) nº 37/2014 du 15 janv. 2014)* 1. Le pouvoir d'adopter des actes délégués conféré à la Commission est soumis aux conditions fixées au présent article.

2. La pouvoir d'adopter des actes délégués visé à l'article 1er est conféré à la Commission pour une période de cinq ans à compter du 20 février 2014. La Commission élabore un rapport relatif à la délégation de pouvoir au plus tard neuf mois avant la fin de la période de cinq ans. La délégation de pouvoir est tacitement prorogée pour des périodes d'une durée identique, sauf si le Parlement européen ou le Conseil s'oppose à cette prorogation trois mois au plus tard avant la fin de chaque période.

3. La délégation de pouvoir visée à l'article 1er peut être révoquée à tout moment par le Parlement européen ou le Conseil. La décision de révocation met fin à la délégation de pouvoir qui y est précisée. La révocation prend effet le jour suivant celui de la publication de ladite décision au *Journal officiel de l'Union européenne* ou à une date ultérieure qui est précisée dans ladite décision. Elle ne porte pas atteinte à la validité des actes délégués déjà en vigueur.

4. Aussitôt qu'elle adopte un acte délégué, la Commission le notifie au Parlement européen et au Conseil simultanément.

5. Un acte délégué adopté en vertu de l'article 1er n'entre en vigueur que si le Parlement européen ou le Conseil n'a pas exprimé d'objections dans un délai de deux mois à compter de la notification de cet acte au Parlement européen et au Conseil ou si, avant l'expiration de ce délai, le Parlement européen et le Conseil ont tous deux informé la Commission de leur intention de ne pas exprimer d'objections. Ce délai est prolongé de quatre mois à l'initiative du Parlement européen ou du Conseil.

Art. 12 Le présent règlement entre en vigueur le jour de sa publication au *Journal officiel des Communautés européennes.*

Le présent règlement est obligatoire dans tous ses éléments et directement applicable dans tout État membre.

ANNEXE

LOIS, RÈGLEMENTS ET AUTRES INSTRUMENTS LÉGISLATIFS

(Règl. délégué (UE) 2018/1100 du 6 juin 2018)

Remarque : Les principales dispositions des actes qui figurent à la présente annexe sont reprises à titre d'information uniquement. L'ensemble des dispositions et leur contenu précis figurent dans les instruments pertinents.

PAYS : ÉTATS-UNIS D'AMÉRIQUE
LOIS

1 "National Defense Authorisation Act for Fiscal Year 1993", Title XVII — "Cuban Democracy Act 1992", sections 1704 et 1706

Dispositions dont le respect est exigé :

Ces dispositions sont intégrées dans le titre I du "Cuban Liberty and Democratic Solidarity Act of 1996" (voir ci-dessous).

Atteintes possibles aux intérêts de l'Union européenne :

Les dispositions en matière de responsabilité ont été intégrées dans le "Cuban Liberty and Democratic Solidarity Act of 1996" (voir ci-dessous).

2 "Cuban Liberty and Democratic Solidarity Act of 1996"

Titre I

Dispositions dont le respect est exigé :

Respecter l'embargo économique et financier institué par les États-Unis d'Amérique à l'égard de Cuba, et notamment : ne pas exporter vers les États-Unis des biens ou services d'origine cubaine ou contenant des matériaux ou des biens originaires de Cuba, que ce soit directement ou par l'intermédiaire de pays tiers ; ne pas effectuer de transactions commerciales impliquant des marchandises qui se trouvent ou se sont trouvées à Cuba ou qui ont été transportées de Cuba ou qui ont transité par Cuba ; ne pas réexporter vers les États-Unis du sucre originaire de Cuba sans notification de la part de l'autorité nationale compétente de l'exportateur ; ne pas importer aux États-Unis des produits à base de sucre sans avoir l'assurance que ces produits ne sont pas des produits cubains ; geler les avoirs cubains et les opérations financières avec Cuba.

Atteintes possibles aux intérêts de l'Union européenne :

Interdiction pour un navire de charger ou de décharger du fret en tout lieu aux États-Unis ou de pénétrer dans un port des États-Unis ; refus d'importer des biens ou services originaires de Cuba et d'exporter vers Cuba des biens ou des services originaires des États-Unis ; blocage d'opérations financières impliquant Cuba.

Titres III et IV

Dispositions dont le respect est exigé :

Mettre fin à toutes les opérations (trafficking) liées à des biens ayant appartenu à des citoyens américains (y compris des Cubains ayant obtenu la nationalité américaine) expropriés par le régime cubain. (Lesdites opérations incluent : l'usage, la vente, la cession, le contrôle, la gestion et d'autres activités au bénéfice d'une personne.)

Atteintes possibles aux intérêts de l'Union européenne :

Actions judiciaires, fondées sur une responsabilité déjà engagée, intentées aux États-Unis contre les citoyens ou sociétés de l'Union européenne impliqués dans lesdites opérations, aboutissant à des jugements/décisions les condamnant à verser des compensations (multiples) à la partie américaine. Refus d'entrée aux États-Unis opposé aux personnes impliquées dans lesdites opérations, y compris leur conjoint, enfants mineurs et représentants.

3 "Iran Sanctions Act of 1996"

Dispositions dont le respect est exigé :

i) ne pas réaliser sciemment en Iran, sur une période de douze mois, des investissements d'un montant d'au moins 20 millions de dollars des États-Unis (USD), qui contribuent directement et de manière significative au renforcement de la capacité de l'Iran à développer ses ressources pétrolières ;

ii) ne pas fournir sciemment à l'Iran de marchandises, de services ni d'autres types de soutien d'une valeur supérieure ou égale à 1 million d'USD, ou d'une valeur cumulée supérieure ou égale à 5 millions d'USD sur une période de 12 mois, qui pourraient faciliter directement et de manière significative le maintien ou le développement de la production intérieure de produits pétroliers raffinés de l'Iran ou sa capacité à exploiter des ressources pétrolières situées en Iran ;

iii) ne pas fournir sciemment à l'Iran de marchandises, de services ni d'autres types de soutien d'une valeur supérieure ou égale à 250 000 USD, ou d'une valeur cumulée supérieure ou égale à 1 million d'USD sur une période de 12 mois, qui pourraient contribuer directement et de manière significative au maintien ou au développement de la production intérieure de produits pétrochimiques de l'Iran ;

iv) ne pas fournir sciemment à l'Iran a) de produits pétroliers raffinés ou b) de marchandises, de services ni d'autres types de soutien qui pourraient contribuer directement et de manière significative à l'amélioration de la capacité de l'Iran à importer des produits pétroliers raffinés, d'une valeur supérieure ou égale à 1 million d'USD ou d'une valeur cumulée supérieure ou égale à 5 millions d'USD sur une période de 12 mois ;

v) ne pas participer sciemment à une entreprise commune pour le développement de ressources pétrolières en dehors de l'Iran établie le 1er janvier 2002 ou après cette date et dans laquelle l'Iran ou son gouvernement détient des intérêts particuliers ;

vi) ne pas participer sciemment au transport de pétrole brut en provenance d'Iran ni dissimuler l'origine iranienne du fret composé de pétrole brut et de produits pétroliers raffinés ;

Atteintes possibles aux intérêts de l'Union européenne :

Mesures visant à limiter les importations ou fournitures aux États-Unis ; interdiction d'être désigné comme opérateur primaire ou dépositaire de fonds du gouvernement américain ; refus d'accès à des prêts des institutions financières américaines ou à des transferts par l'intermédiaire de telles institutions ; interdiction des opérations de change relevant de la juridiction des États-Unis ; restrictions à l'exportation imposées par les États-Unis ; interdiction des transactions immobilières relevant de la juridiction des États-Unis ; ou refus d'assistance par la EXIM-Bank ; restrictions concernant les débarquements et les escales pour les vaisseaux.

4 "Iran Freedom and Counter-Proliferation Act of 2012"

Dispositions dont le respect est exigé :

i) ne pas fournir sciemment de soutien important, y compris par la facilitation d'opérations financières conséquentes, ni de biens ou services substantiels, à certaines personnes exerçant une activité dans les secteurs portuaires, de l'énergie, du transport maritime ou de la construction navale en Iran ou au nom de celles-ci, ni à toute personne iranienne figurant dans la liste des ressortissants nationaux expressément identifiés et des personnes bloquées ou au nom de celles-ci ;

ii) ne pas se livrer sciemment avec l'Iran au commerce de biens et de services substantiels utilisés en lien avec les secteurs de l'énergie, du transport maritime ou de la construction navale iraniens ;

iii) ne pas acquérir sciemment de pétrole ni de produits pétroliers en provenance d'Iran ni effectuer de transactions financières en rapport avec ceux-ci, dans des circonstances spécifiques ;

iv) ne pas effectuer ni faciliter sciemment de transactions pour le commerce de gaz naturel à destination ou en provenance d'Iran (s'applique aux institutions financières étrangères) ;

v) ne pas se livrer sciemment au commerce avec l'Iran de métaux précieux, de graphite, de métaux bruts ou semi-finis, ou de logiciels susceptibles d'être utilisés dans des secteurs spécifiques ou avec la participation de certaines personnes ; ni faciliter sciemment toute transaction financière substantielle en lien avec ledit commerce ;

vi) ne pas fournir sciemment de services de souscription de titres, d'assurance et de réassurance liés à des activités spécifiques, y compris, entre autres, celles visées aux points i) et ii) ci-dessus, ou à des catégories de personnes spécifiques ;

certaines exceptions sont applicables en fonction de la nature du commerce ou de la transaction et du degré de diligence raisonnable appliqué.

Atteintes possibles aux intérêts de l'Union européenne :

Mesures visant à limiter les importations ou fournitures aux États-Unis ; interdiction d'être désigné comme opérateur primaire ou dépositaire de fonds du gouvernement américain ; refus d'accès à des prêts des institutions financières américaines ou à des transferts par l'intermédiaire de telles institutions ; interdiction des opérations de change relevant de la juridiction des États-Unis ; restrictions à l'exportation imposées par les États-Unis ; interdiction des transactions immobilières relevant de la juridiction des États-Unis ; ou refus d'assistance par la EXIM-Bank ; interdictions et restrictions concernant l'ouverture et le maintien de comptes correspondants aux États-Unis.

5 "National Defense Authorization Act for Fiscal Year 2012"

Dispositions dont le respect est exigé :

Ne pas effectuer ni faciliter sciemment toute transaction financière substantielle avec la Banque centrale d'Iran ou tout autre établissement financier iranien désigné (s'applique aux institutions financières étrangères).

Des exceptions s'appliquent aux transactions liées à l'alimentation et aux médicaments et à celles liées au pétrole sous certaines circonstances spécifiques.

Atteintes possibles aux intérêts de l'Union européenne :

Sanctions civiles et pénales ; interdictions et restrictions concernant l'ouverture et le maintien de comptes correspondants aux États-Unis.

6 "Iran Threat Reduction and Syria Human Rights Act of 2012"

Dispositions dont le respect est exigé :

i) ne pas fournir sciemment de services de souscription de titres, d'assurance ou de réassurance à certaines personnes iraniennes ;

ii) ne pas faciliter sciemment l'émission de titres de dette souveraine de l'Iran, ou de titres de dette d'entités contrôlées par cet État ;

iii) s'abstenir de toute transaction directe ou indirecte avec le gouvernement de l'Iran ou toute personne soumise à la juridiction du gouvernement de l'Iran interdite par le droit des États-Unis (s'applique aux filiales étrangères détenues ou contrôlées par des ressortissants des États-Unis) ;

iv) ne pas fournir sciemment de services de messagerie financière spécialisés, ni permettre, ni faciliter l'accès direct ou indirect à ce type de services de messagerie à la Banque centrale d'Iran ou à un établissement financier dont les intérêts sont gelés en lien avec les activités de prolifération de l'Iran.

En ce qui concerne le point i), des exceptions s'appliquent pour l'assistance humanitaire, la fourniture de denrées alimentaires et de produits médicaux, et en fonction du degré de diligence raisonnable appliqué.

Atteintes possibles aux intérêts de l'Union européenne :

Mesures visant à limiter les importations ou fournitures aux États-Unis ; interdiction d'être désigné comme opérateur primaire ou dépositaire de fonds du gouvernement américain ; refus d'accès à des prêts des institutions financières américaines ou à des transferts par l'intermédiaire de telles institutions ; interdiction des opérations de change relevant de la juridiction des États-Unis ; restrictions à l'exportation imposées par les États-Unis ; interdiction des transactions immobilières relevant de la juridiction des États-Unis ; ou refus d'assistance par la EXIM-Bank ; interdictions et restrictions concernant l'ouverture et le maintien de comptes correspondants aux États-Unis.

RÈGLEMENTS

"IRANIAN TRANSACTIONS AND SANCTIONS REGULATIONS"

Dispositions dont le respect est exigé :

Ne pas réexporter tout bien, technologie ou service a) exporté en provenance des États-Unis et b) soumis aux règles en matière de contrôle des exportations aux États-Unis, si l'exportation est réalisée en sachant ou en ayant une raison de penser qu'elle est spécifiquement destinée à l'Iran ou à son gouvernement.

Les biens transformés en substance en un produit de fabrication étrangère en dehors des États-Unis et les biens incorporés dans un tel produit et représentant moins de 10 % de la valeur de ce dernier ne sont pas soumis à l'interdiction.

Atteintes possibles aux intérêts de l'Union européenne :

Imposition de sanctions civiles, d'amendes et de peines d'emprisonnement.

1. 31 CFR (Code of Federal Regulations) Ch. V (7-1-95 edition) Part. 515 – Cuban Assets Control Regulations, subpart B (Prohibitions), E (Licenses, Authorizations and Statements of Licensing Policy) and G (Penalties)

Dispositions dont le respect est exigé :

Les interdictions sont reprises dans le titre I de la "Cuban Liberty and Democratic Solidarity Act of 1996" (voir ci-dessus). En outre, des licences et/ou autorisations sont exigées pour les activités économiques impliquant Cuba.

Atteintes possibles aux intérêts de l'Union européenne :

En cas de violation de la réglementation : amendes, confiscations, emprisonnement.

Accord entre l'Union européenne et les États-Unis d'Amérique du 25 juin 2003,

En matière d'entraide judiciaire.

L'Union européenne et les États-Unis d'Amérique

Désireux de faciliter davantage la coopération entre les États membres de l'Union européenne et les États-Unis d'Amérique,

Désireux de lutter plus efficacement contre la criminalité afin de protéger leurs sociétés démocratiques respectives et leurs valeurs communes,

Dans le respect des droits des personnes et de la primauté du droit,

Gardant à l'esprit les garanties prévues par leurs systèmes juridiques respectifs, qui reconnaissent à une personne accusée le droit à un procès équitable, y compris le droit d'être jugée par un tribunal impartial établi par la loi,

Désireux de conclure un accord relatif à l'entraide judiciaire en matière pénale,

Ont décidé ce qui suit :

Art. 1er *Objet.* Les parties contractantes s'engagent, conformément aux dispositions du présent accord, à renforcer leur coopération et leur entraide judiciaire.

Art. 2 *Définitions.* Aux fins du présent accord, on entend par :
1. "Parties contractantes", l'Union européenne et les États-Unis d'Amérique ;
2. "État membre", un État membre de l'Union européenne.

Art. 3 *Champ d'application par rapport aux traités bilatéraux d'entraide judiciaire conclus par les États membres et en l'absence de tels traités.* 1. L'Union européenne, conformément au traité sur l'Union européenne, et les États-Unis d'Amérique veillent à ce que les dispositions du présent accord s'appliquent, dans les conditions ci-après, aux traités bilatéraux d'entraide judiciaire qui sont en vigueur entre les États membres et les États-Unis d'Amérique au moment de l'entrée en vigueur du présent accord.

a) l'article 4 s'applique pour permettre l'identification de comptes financiers ou d'opérations financières en plus des pouvoirs qui sont éventuellement déjà prévus par des traités bilatéraux ;

b) l'article 5 s'applique pour autoriser la formation et les activités d'équipes d'enquête communes en plus des pouvoirs qui sont éventuellement déjà prévus par des traités bilatéraux ;

c) l'article 6 s'applique pour autoriser l'enregistrement du témoignage d'une personne située dans l'État requis au moyen d'une technologie de vidéotransmission entre l'État requérant et l'État requis, en plus des pouvoirs qui sont éventuellement déjà prévus par des traités bilatéraux ;

d) L'article 7 s'applique pour permettre l'utilisation de moyens rapides de communication en plus des pouvoirs éventuellement déjà prévus par les traités bilatéraux ;

e) l'article 8 s'applique pour autoriser l'entraide judiciaire entre les autorités administratives concernées, en plus des pouvoirs éventuellement déjà prévus par les traités bilatéraux ;

f) sous réserve de l'article 9, paragraphes 4 et 5, l'article 9 s'applique en lieu et place des dispositions des traités bilatéraux régissant les restrictions applicables à l'utilisation des informations ou des preuves fournies à l'État requérant, ainsi que les conditions posées à l'entraide ou le refus de celle-ci pour des motifs liés à la protection des données, ou en l'absence de telles dispositions ;

g) l'article 10 s'applique en l'absence, dans les traités bilatéraux, de dispositions concernant les circonstances dans lesquelles un État requérant peut demander la confidentialité pour sa demande.

2. a) L'Union européenne, conformément au traité sur l'Union européenne, veille à ce que chaque État membre reconnaisse, par l'échange d'un instrument écrit entre cet État membre et les États-Unis d'Amérique, que son accord bilatéral d'entraide judiciaire en vigueur avec les États-Unis d'Amérique s'applique de la manière décrite dans le présent article.

b) L'Union européenne, conformément au traité sur l'Union européenne, veille à ce que les nouveaux États membres qui adhèrent à l'Union européenne après l'entrée en vigueur du présent accord et qui ont conclu des traités bilatéraux d'entraide judiciaire avec les États-Unis d'Amérique prennent les mesures visées au point a).

c) Les parties contractantes s'efforcent de mener à son terme le processus décrit au point b) avant l'adhésion prévue d'un nouvel État membre, ou dès que possible après celle-ci. L'Union européenne notifie aux États-Unis d'Amérique la date d'adhésion des nouveaux États membres.

3. a) L'Union européenne, conformément au traité sur l'Union européenne, et les États-Unis d'Amérique veillent aussi à ce que les dispositions du présent accord soient

appliquées en l'absence de traité bilatéral d'entraide judiciaire en vigueur entre un État membre et les États-Unis d'Amérique.

b) L'Union européenne, conformément au traité sur l'Union européenne, veille à ce que ces États membres reconnaissent, dans un instrument écrit établi entre eux et les États-Unis d'Amérique, l'application des dispositions du présent accord.

c) L'Union européenne, conformément au traité sur l'Union européenne, veille à ce que les nouveaux États membres adhérant à l'Union européenne après l'entrée en vigueur du présent accord et qui n'ont pas de traité bilatéral en matière d'entraide judiciaire avec les États-Unis d'Amérique prennent les mesures visées au point b).

4. Si le processus décrit au paragraphe 2, point b), et au paragraphe 3, point c), n'est pas conclu à la date d'adhésion, les dispositions du présent accord s'appliquent aux relations entre les États-Unis d'Amérique et le nouvel État membre à compter de la date à laquelle ils se sont notifié mutuellement et ont notifié à l'Union européenne l'achèvement de leurs procédures internes à cet effet.

5. Les parties contractantes décident que le présent accord vise uniquement l'entraide judiciaire entre les États concernés. Les dispositions du présent accord ne donnent pas à un particulier le droit d'obtenir, de dissimuler ou d'exclure des preuves ou d'empêcher l'exécution d'une demande ; elles n'étendent et ne limitent pas non plus les droits conférés par le droit national.

Art. 4 *Recherche d'informations bancaires.* 1. a) A la demande de l'État requérant, l'État requis vérifie sans tarder, conformément aux dispositions du présent article, si les banques établies sur son territoire détiennent des informations sur le fait de savoir si une personne physique ou morale identifiée, soupçonnée ou accusée d'une infraction pénale, est titulaire d'un ou de plusieurs comptes bancaires. L'État requis communique sans délai les résultats de ses recherches à l'État requérant.

b) Les mesures visées au point a) peuvent également être prises aux fins de recherche :

i) d'informations concernant des personnes physiques ou morales condamnées ou impliquées de quelque autre manière dans une infraction pénale ;

ii) d'informations détenues par des établissements financiers non bancaires, ou

iii) d'opérations financières qui ne sont pas liées à des comptes bancaires.

2. La demande d'informations visée au paragraphe 1 contient :

a) l'identité de la personne physique ou morale permettant de localiser ces comptes ou opérations, et

b) des informations suffisantes pour permettre à l'autorité compétente de l'État requis :

i) d'avoir des motifs raisonnables de croire que la personne physique ou morale concernée est impliquée dans une infraction pénale et que des banques ou des institutions financières non bancaires situées sur le territoire de l'État requis peuvent disposer des informations demandées, et

ii) de conclure que les informations recherchées se rapportent à l'enquête ou aux poursuites pénales ;

c) dans la mesure du possible, des informations sur le nom de la banque ou de l'établissement financier non bancaire susceptible d'être impliqué, ainsi que d'autres informations dont la connaissance pourrait contribuer à réduire l'ampleur de l'enquête.

3. Les demandes d'entraide au titre du présent article sont transmises entre :

a) les autorités centrales compétentes en matière d'entraide judiciaire dans les États membres, ou les autorités nationales des États membres responsables des enquêtes ou de la poursuite des infractions pénales qui auront été désignées conformément à l'article 15, paragraphe 2, et

b) les autorités nationales des États-Unis responsables des enquêtes ou de la poursuite des infractions pénales qui auront été désignées conformément à l'article 15, paragraphe 2.

Après l'entrée en vigueur du présent accord, les parties contractantes pourront décider, par un échange de notes diplomatiques, de modifier les voies par lesquelles sont acheminées les demandes d'entraide au titre du présent article.

4. a) Sous réserve du point b), un État peut, conformément à l'article 15, restreindre son obligation de fournir une aide en vertu du présent article :

i) aux infractions punissables en vertu du droit de l'État requis et de celui de l'État requérant ;

ii) aux infractions punissables d'une peine comportant la privation de liberté ou une mesure de sûreté d'une durée maximale d'au moins quatre ans dans l'État requérant et d'au moins deux ans dans l'État requis, ou

iii) aux infractions graves préalablement définies, punissables en vertu du droit de l'État requis et de celui de l'État requérant.

b) Un État qui restreint ses obligations conformément au point a), sous ii) ou iii), permet au minimum l'identification de comptes liés à des activités terroristes ou au blanchiment de produits résultant d'un vaste éventail d'activités délictueuses graves punissables en vertu du droit de l'État requérant et de celui de l'État requis.

5. L'assistance ne peut pas être refusée au titre du présent article pour des motifs tenant au respect du secret bancaire.

6. L'État requis répond à une demande de présentation des documents relatifs aux comptes ou opérations identifiés au titre du présent article conformément aux dispositions du traité d'entraide judiciaire en vigueur entre les États concernés ou, en l'absence d'un tel traité, conformément aux prescriptions de son droit interne.

7. Les parties contractantes prennent les mesures nécessaires pour ne pas imposer une charge excessive aux États requis par l'application du présent article. S'il en résulte néanmoins une charge excessive pour un État requis, y compris pour les banques ou du fait du recours aux moyens de communication prévus dans le présent article, les parties contractantes engagent immédiatement des consultations afin de faciliter l'application du présent article, y compris en prenant les mesures qui s'imposeraient pour réduire la charge existante et pour réduire cette charge à l'avenir.

Art. 5 *Équipes d'enquête communes.* 1. Pour autant qu'elles ne l'aient pas encore fait, les parties contractantes prennent les mesures nécessaires pour permettre la constitution et le fonctionnement d'équipes d'enquête communes sur le territoire respectif de chaque État membre et des États-Unis d'Amérique aux fins de faciliter les enquêtes et les poursuites pénales faisant intervenir un ou plusieurs États membres et les États-Unis d'Amérique, si l'État membre concerné et les États-Unis d'Amérique l'estiment opportun.

2. Les procédures régissant le fonctionnement de ces équipes (composition, durée, localisation, organisation, fonctions, objet, ainsi que les conditions de participation des membres d'une équipe à des activités d'enquête se déroulant sur le territoire d'un État autre que le leur) font l'objet d'un accord entre les autorités compétentes chargées des recherches ou de la répression des infractions pénales, que chacun des États concernés aura désignées.

3. Les autorités compétentes désignées par chacun des États concernés communiquent directement entre elles aux fins de la constitution et du fonctionnement de ces équipes ; toutefois, lorsque, en raison de la complexité exceptionnelle de l'affaire, de son ampleur ou d'autres circonstances, il est jugé qu'une coordination plus centrale s'impose concernant une partie ou l'ensemble des aspects, les États peuvent décider d'utiliser d'autres voies de communication appropriées à cette fin.

4. Lorsqu'une équipe d'enquête commune estime que des devoirs d'enquête doivent être exécutés dans l'un des États composant l'équipe, un membre de l'équipe appartenant à cet État peut demander à ses autorités compétentes d'exécuter ces devoirs sans que les autres États doivent présenter une demande d'entraide judiciaire. La norme juridique requise pour obtenir l'exécution d'un devoir d'enquête dans cet État est la norme applicable aux activités d'enquête nationales.

Art. 6 *Vidéoconférences.* 1. Lorsque ce type d'entraide n'existe pas encore, les parties contractantes prennent les mesures nécessaires pour permettre le recours à la technologie de la vidéotransmission entre chaque État membre et les États-Unis d'Amérique pour recueillir, dans une procédure pour laquelle une entraide judiciaire est possible, le témoignage d'une personne ou d'un expert situé dans un État requis. Lorsqu'elles ne sont pas spécifiées dans le présent article, les modalités régissant cette procédure sont celles qui sont prévues dans le traité d'entraide judiciaire en vigueur entre les États concernés ou celles du droit de l'État requis, selon le cas.

2. Sauf accord contraire entre l'État requérant et l'État requis, l'État requérant supporte les coûts liés à l'établissement et au fonctionnement de la vidéotransmission. Les autres coûts apparaissant pendant la fourniture de l'aide (y compris ceux liés aux déplacements des participants dans l'État requis) sont supportés conformément aux dispositions applicables du traité d'entraide judiciaire en vigueur entre les États concernés ou, en l'absence d'un tel traité, comme convenu entre l'État requérant et l'État requis.

3. L'État requérant et l'État requis peuvent se consulter afin de faciliter le règlement de questions de nature juridique, technique ou logistique qui peuvent apparaître à l'occasion de l'exécution de la demande.

4. Sans préjudice d'une éventuelle compétence prévue par le droit de l'État requérant, toute fausse déclaration ou autre faute intentionnelle du témoin ou de l'expert au cours de la vidéoconférence est punissable dans l'État requis comme si ces faits avaient été commis dans le cadre d'une procédure nationale.

5. Le présent article n'empêche en rien l'utilisation d'autres moyens visant à obtenir un témoignage dans l'État requis et qui sont disponibles en vertu d'un traité ou du droit applicables.

6. Le présent article n'affecte en rien l'application des dispositions d'accords bilatéraux d'entraide judiciaire conclus entre les États membres et les États-Unis d'Amérique imposant ou autorisant le recours à la technologie de la vidéoconférence à des fins autres que celles visées au paragraphe 1, y compris aux fins d'identification de personnes ou d'objets ou de l'enregistrement de dépositions. Lorsque cela n'est pas déjà prévu au titre d'un traité ou du droit qui s'applique, un État peut autoriser l'utilisation de la technologie de la vidéoconférence dans ces cas.

Art. 7 *Transmission accélérée des demandes.* Les demandes d'entraide judiciaire et les communications qui s'y rapportent peuvent être transmises par des moyens de communication rapides tels que la télécopie ou le courrier électronique, la confirmation formelle devant suivre si elle est demandée par l'État requis. L'État requis peut répondre en utilisant ces mêmes moyens de communication rapides.

Art. 8 *Entraide judiciaire accordée à des autorités administratives.* 1. L'entraide judiciaire est également accordée à une autorité administrative nationale enquêtant sur des faits en vue de les poursuivre pénalement ou de les renvoyer aux autorités compétentes en matière d'enquêtes et de poursuites, conformément à la compétence administrative ou réglementaire dont elle jouit pour mener une telle enquête. L'entraide judiciaire peut également être accordée à d'autres autorités administratives dans ces circonstances. Elle n'est pas accordée lorsque l'autorité administrative prévoit que l'affaire ne donnera pas lieu à des poursuites ou à un renvoi, selon le cas.

2. a) Les demandes d'entraide formulées au titre du présent article sont transmises entre les autorités centrales désignées en vertu du traité bilatéral d'entraide judiciaire en vigueur entre les États concernés, ou entre d'autres autorités éventuellement désignées d'un commun accord par les autorités centrales.

b) En l'absence de traité, les demandes sont transmises entre le département de la justice des États-Unis et le ministère de la justice ou, conformément à l'article 15, paragraphe 1, le ministère assimilé de l'État membre concerné qui est compétent pour la transmission des demandes d'entraide judiciaire, ou entre les autres autorités éventuellement désignées d'un commun accord par le département de la justice et ce ministère.

3. Les parties contractantes prennent les mesures nécessaires pour ne pas imposer une charge excessive aux États requis par l'application du présent article. S'il en résulte néanmoins une charge excessive pour un État requis, les parties contractantes engagent immédiatement des consultations afin de faciliter l'application du présent article, y compris en prenant les mesures qui s'imposeraient pour réduire la charge existante et pour réduire cette charge à l'avenir.

Art. 9 *Limites à l'utilisation aux fins de la protection des données à caractère personnel et d'autres données.* 1. L'État requérant peut utiliser les preuves ou les informations reçues de l'État requis :

a) aux fins d'enquêtes et d'actions pénales ;

b) pour prévenir une menace immédiate et sérieuse contre sa sécurité publique ;

c) dans ses procédures judiciaires ou administratives non pénales directement liées à des enquêtes ou des actions :

i) visées au point a), ou

ii) à propos desquelles une entraide judiciaire a été octroyée au titre de l'article 8 ;

d) à toute autre fin, si ces informations ou preuves ont été rendues publiques dans le cadre de la procédure pour laquelle elles ont été transmises ou dans l'une des situations décrites aux points a), b) et c), et

e) à toute autre fin, uniquement avec l'accord préalable de l'État requis.

2. a) Le présent article ne porte pas atteinte à la possibilité, pour l'État requis, d'imposer des conditions supplémentaires dans une affaire donnée lorsqu'il ne pourrait pas, en l'absence de ces conditions, donner suite à la demande d'entraide examinée. Lorsque des conditions supplémentaires ont été imposées conformément au présent point, l'État requis peut demander à l'État requérant de donner des informations sur l'utilisation des preuves et des informations.

b) L'État requis ne peut imposer, en tant que condition visée au point a) pour fournir des preuves ou des informations, des restrictions générales ayant trait aux normes légales de l'État requérant en matière de traitement des données à caractère personnel.

3. Lorsque, après une communication à l'État requérant, l'État requis prend connaissance de circonstances susceptibles de justifier l'imposition d'une condition supplémentaire dans une affaire donnée, il peut engager des consultations avec l'État requérant pour déterminer dans quelle mesure les preuves et les informations peuvent être protégées.

4. Au lieu du présent article, l'État requis peut appliquer les dispositions du traité bilatéral d'entraide judiciaire en vigueur relatives aux limites à l'utilisation des preuves et des informations, lorsque cela se traduira par des restrictions moindres à l'utilisation des preuves et des informations que ne le permet le présent article.

5. Lorsqu'un traité bilatéral d'entraide judiciaire entre un État membre et les États-Unis d'Amérique, en vigueur à la date de la signature du présent accord, limite l'obligation de fournir une aide dans le cas de certaines infractions fiscales, l'État membre concerné peut préciser, lors de l'échange d'instruments écrits avec les États-Unis d'Amérique visé à l'article 3, paragraphe 2, que, pour ce qui concerne ce type d'infraction, il continuera à appliquer la disposition du traité relative aux limites à l'utilisation des preuves et des informations.

Art. 10 *Demande de confidentialité par l'État requérant.* L'État requis met tout en œuvre pour maintenir le caractère confidentiel d'une demande et de son contenu si cela est demandé par l'État requérant. S'il est impossible d'exécuter la demande sans violer la confidentialité demandée, l'autorité centrale de l'État requis en informe l'État requérant, qui décide alors s'il convient néanmoins d'exécuter la demande.

Art. 11 *Consultations.* Si nécessaire, les parties contractantes se consultent pour permettre une utilisation aussi efficace que possible du présent accord, y compris pour favoriser le règlement de tout différend concernant son interprétation ou son application.

Art. 12 *Application dans le temps.* 1. Le présent accord s'applique aux infractions commises tant avant qu'après son entrée en vigueur.

2. Le présent accord s'applique aux demandes d'entraide judiciaire formulées après son entrée en vigueur. Cependant, les articles 6 et 7 s'appliquent aux demandes pendantes dans un État requérant au moment de l'entrée en vigueur de l'accord.

Art. 13 *Non-dérogation.* Sous réserve de l'article 4, paragraphe 5, et de l'article 9, paragraphe 2, point b), le présent accord n'empêche pas à l'État requis d'invoquer les motifs de refus de l'entraide prévus par un traité bilatéral d'entraide judiciaire, ni, en l'absence de traité, les principes applicables de son droit interne, y compris lorsque l'exécution de la demande porterait atteinte à sa souveraineté, sa sécurité, son ordre public ou d'autres intérêts essentiels.

Art. 14 *Futurs traités bilatéraux d'entraide judiciaire conclus avec des États membres.* Le présent accord n'empêche pas la conclusion, après son entrée en vigueur, d'accords bilatéraux conformes au présent accord entre un État membre et les États-Unis d'Amérique.

Art. 15 *Désignations et notifications.* 1. Lorsqu'un ministère autre que le ministère de la justice a été désigné en application de l'article 8, paragraphe 2, point b), l'Union européenne notifie cette désignation aux États-Unis d'Amérique avant l'échange d'instruments écrits, visé à l'article 3, paragraphe 3, entre les États membres et les États-Unis d'Amérique.

2. Sur la base de leurs consultations concernant les autorités nationales responsables des enquêtes et de la poursuite des infractions qu'elles doivent désigner en application de l'article 4, paragraphe 3, les parties contractantes se notifient mutuellement l'identité des autorités nationales ainsi désignées avant l'échange d'instruments écrits, visé à l'article 3, paragraphes 2 et 3, entre les États membres et les États-Unis d'Amérique. Pour les États membres qui n'ont pas de traité d'entraide judiciaire avec les États-Unis d'Amérique, l'Union européenne notifie aux États-Unis d'Amérique, avant cet échange, l'identité des autorités centrales visées à l'article 4, paragraphe 3.

3. Les parties contractantes se notifient mutuellement les éventuelles restrictions visées à l'article 4, paragraphe 4, avant l'échange d'instruments écrits, visé à l'article 3, paragraphes 2 et 3, entre les États membres et les États-Unis d'Amérique.

Art. 16 *Application territoriale.* 1. Le présent accord s'applique :

a) aux États-Unis d'Amérique ;

b) en ce qui concerne l'Union européenne :

– aux États membres,

– aux territoires dont un État membre assure les relations extérieures, ou aux pays qui ne sont pas des États membres, à l'égard desquels un État membre a d'autres devoirs dans le domaine des relations extérieures, lorsque cela a été convenu par l'échange d'une note diplomatique entre les parties contractantes dûment confirmée par l'État membre concerné.

2. Une partie contractant peut mettre fin à l'application du présent accord à un territoire ou un pays faisant l'objet de l'extension prévue au paragraphe 1, point b), moyennant un préavis écrit de six mois donné à l'autre partie contractante par la voie diplomatique, lorsque cela est dûment confirmé entre l'État membre concerné et les États-Unis d'Amérique.

Art. 17 *Réexamen.* Les parties contractantes conviennent de procéder à un réexamen commun du présent accord au plus tard cinq ans après son entrée en vigueur. Ce réexamen porte notamment sur la mise en œuvre concrète de l'accord et peut également avoir trait à des questions telles que les conséquences du développement de l'Union européenne en ce qui concerne l'objet du présent accord.

Art. 18 *Entrée en vigueur et dénonciation.* 1. Le présent accord entre en vigueur le premier jour suivant le troisième mois après la date à laquelle les parties contractantes ont échangé les instruments indiquant qu'elles ont mené à bien leurs procédures internes à cet effet. Ces instruments précisent également que les actes visés à l'article 3, paragraphes 2 et 3, ont été accomplis.

2. Chacune des parties contractantes peut à tout moment mettre fin au présent accord en en informant l'autre partie par écrit. Cette dénonciation prend effet six mois après la date de sa notification.

En foi de quoi, les plénipotentiaires soussignés ont apposé leurs signatures au bas du présent accord.

Fait à Washington D.C., le vingt-cinq juin deux mille trois en double exemplaire en langues allemande, anglaise, danoise, espagnole, finnoise, française, grecque, italienne, néerlandaise, portugaise et suédoise, chacun de ces textes faisant également foi.

NOTE EXPLICATIVE RELATIVE À L'ACCORD ENTRE L'UNION EUROPÉENNE ET LES ÉTATS-UNIS D'AMÉRIQUE EN MATIÈRE D'ENTRAIDE JUDICIAIRE

La présente note précise l'interprétation convenue entre les parties contractantes concernant l'application de certaines dispositions de l'accord entre l'Union européenne et les États-Unis d'Amérique en matière d'entraide judiciaire (ci-après dénommé "l'accord").

Concernant l'article 8

En ce qui concerne l'entraide judiciaire accordée à des autorités administratives, prévue à l'article 8, paragraphe 1, la première phrase de ce paragraphe impose l'obligation d'accorder l'entraide judiciaire aux autorités administratives fédérales des États-Unis d'Amérique et aux autorités administratives nationales des États membres qui en font la demande. La deuxième phrase de ce paragraphe prévoit que l'entraide judiciaire peut également être accordée à d'autres autorités administratives, à savoir des autorités non fédérales ou locales. Cette possibilité est toutefois laissée à la discrétion de l'État requis.

Les parties contractantes conviennent que, conformément à la première phrase de l'article 8, paragraphe 1, l'entraide judiciaire sera accordée à une autorité administrative requérante qui, au moment de la demande, enquête sur des faits en vue de les poursuivre pénalement ou de les renvoyer aux autorités compétentes en matière d'enquêtes et de poursuites dans le cadre de son mandat statutaire, comme cela est précisé ci-après. Le fait que, au moment de la demande, cette autorité envisage des poursuites pénales n'exclut pas qu'elle puisse viser des sanctions autres que pénales. Par conséquent, l'entraide judiciaire obtenue au titre de l'article 8, paragraphe 1, peut conduire l'autorité administrative requérante à conclure que des poursuites pénales ou un renvoi aux autorités pénales ne seraient pas appropriés. Ces éventuelles conséquences n'affectent en rien l'obligation qui est faite aux parties contractantes d'apporter leur assistance au titre de cet article.

Toutefois, l'autorité administrative requérante ne peut pas se prévaloir de l'article 8, paragraphe 1, pour demander l'entraide lorsqu'elle n'envisage pas des poursuites pénales ou un renvoi aux autorités pénales ou pour des matières dans lesquelles les faits soumis à enquête ne sont pas passibles d'une sanction pénale ou d'un renvoi à une autorité pénale aux termes de la législation de l'État requérant.

L'Union européenne rappelle que l'objet de l'accord relève, en ce qui la concerne, des dispositions relatives à la coopération policière et judiciaire en matière pénale figurant au titre VI du traité sur l'Union européenne et que l'accord a été conclu dans le cadre de ces dispositions.

Concernant l'article 9

L'article 9, paragraphe 2, point b), vise à garantir que le refus d'entraide pour des motifs liés à la protection des données ne puisse être opposé que dans des cas exceptionnels. Un tel cas pourrait se présenter si, en mettant en balance les intérêts importants en cause dans le cas d'espèce (d'une part, l'intérêt public, y compris la bonne administration de la justice, et, d'autre part, la protection des intérêts privés), il apparaissait que la transmission des données demandées par l'État requérant soulève des difficultés fondamentales telles que l'État requis considérerait qu'elles touchent à des intérêts vitaux justifiant un refus. Il est par conséquent exclu que l'État requis refuse de coopérer sur la base d'une application large, péremptoire ou systématique des principes de la protection des données. Dès lors, le fait que l'État requérant et l'État requis aient des systèmes différents de protection de la confidentialité des données (comme, par exemple, l'absence dans l'État requérant de l'équivalent d'une autorité de protection des données) ou le fait qu'ils disposent de moyens différents pour protéger les données à caractère personnel (l'État requérant utilisant, par exemple, des moyens autres que la suppression pour assurer la confidentialité ou l'exactitude des données à caractère personnel détenues par les autorités répressives) ne peuvent être imposés en tant que tels comme conditions supplémentaires dans le cadre de l'article 9, paragraphe 2, point a).

Concernant l'article 14

L'article 14 prévoit que l'accord n'empêche pas la conclusion, après son entrée en vigueur, d'accords bilatéraux en matière d'entraide judiciaire entre un État membre et les États-Unis d'Amérique, qui soient conformes au présent accord.

Si une mesure prévue par l'accord devait créer une difficulté de nature opérationnelle pour les États-Unis d'Amérique ou pour un ou plusieurs États membres, cette difficulté devrait d'abord être réglée, si possible, par le biais de consultations entre l'État membre ou les États membres concernés et les États-Unis d'Amérique ou, le cas échéant, selon les procédures de consultation définies dans l'accord. Si les consultations ne permettaient pas à elles seules de résoudre cette difficulté opérationnelle, il serait conforme à l'accord que les accords bilatéraux qui seraient conclus par la suite entre l'État membre ou les États membres et les États-Unis d'Amérique prévoient un autre mécanisme, applicable sur le plan opérationnel, qui permette d'atteindre les objectifs visés par la disposition au sujet de laquelle la difficulté est apparue.

Règlement d'exécution (UE) 2018/1101 de la Commission du 3 août 2018,

Établissant les critères pour l'application de l'article 5, deuxième alinéa, du règlement (CE) n° 2271/96 du Conseil portant protection contre les effets de l'application extraterritoriale d'une législation adoptée par un pays tiers, ainsi que des actions fondées sur elle ou en découlant.

Art. 1er *Objet.* **Le présent règlement fixe les critères d'application de l'article 5, deuxième alinéa, du règlement (CE) n° 2271/96.**

Art. 2 *Définitions.* **Aux fins du présent règlement, on entend par :**

a) "législation extraterritoriale visée" : les lois, règlements et autres instruments juridiques énumérés à l'annexe du règlement (CE) n° 2271/96, y compris les règlements et autres instruments législatifs fondés sur eux ou en découlant ;

b) "actions ultérieures" : les actions fondées sur la législation extraterritoriale visée ou en découlant ;

c) "non-respect" : le non-respect, par action directe ou omission délibérée, de prescriptions ou d'interdictions, y compris les sommations de juridictions étrangères, fondées directement ou indirectement sur la législation extraterritoriale visée ou sur des actions ultérieures ou en découlant ;

d) "intérêts protégés" : l'intérêt d'une personne visée à l'article 11 du règlement (CE) n° 2271/96, l'intérêt de l'Union, ou les deux ;

e) "demandeur" : une personne visée à l'article 11 du règlement (CE) n° 2271/96 qui a demandé l'autorisation prévue à l'article 5, deuxième alinéa, du règlement (CE) n° 2271/96.

Art. 3 *Introduction des demandes.* **1. Les demandes en vue d'obtenir l'autorisation visée à l'article 5, deuxième alinéa, du règlement (CE) n° 2271/96 sont introduites par écrit à l'adresse suivante :**

Commission européenne
Service des instruments de politique étrangère
SEAE 07/99
B-1049 Bruxelles, Belgique
EC-AUTHORISATIONS-BLOCKING-REG@ec.europa.eu

2. Les demandes comportent le nom et les coordonnées des demandeurs, indiquent les dispositions précises de la législation extraterritoriale visée ou l'action ultérieure qui sont en cause et décrivent la portée de l'autorisation demandée et le dommage qu'entraînerait le non-respect.

3. Les demandeurs accompagnent leur demande de suffisamment d'éléments de preuve indiquant que le non-respect entraînerait un dommage grave pour au moins un intérêt protégé.

4. La Commission peut, au besoin, demander des éléments probants supplémentaires au demandeur, qui les lui fournit dans un délai raisonnable fixé par la Commission.

5. La Commission informe le comité de la législation extraterritoriale des demandes qui lui sont adressées dès leur réception.

Art. 4 *Évaluation des demandes.* **Pour apprécier si un dommage grave serait causé aux intérêts protégés visés à l'article 5, deuxième alinéa, du règlement (CE) n° 2271/96,**

la Commission tient notamment compte des critères non cumulatifs suivants, selon le cas :

a) la probabilité que l'intérêt protégé soit spécifiquement menacé, eu égard au contexte, à la nature et à l'origine du dommage causé à l'intérêt protégé ;

b) l'existence d'une enquête administrative ou judiciaire en cours contre le demandeur menée par le pays tiers qui est à l'origine de la législation extraterritoriale visée, ou d'un accord de règlement préalable avec ce pays tiers ;

c) l'existence d'un lien substantiel avec le pays tiers qui est à l'origine de la législation extraterritoriale visée ou des actions ultérieures ; il peut s'agir, notamment, de la possession de sociétés mères ou de filiales par le demandeur, ou de la participation de personnes physiques ou morales soumises au premier chef à la juridiction du pays tiers qui est à l'origine de la législation extraterritoriale visée ou des actions ultérieures ;

d) le fait que des mesures pourraient être raisonnablement prises par le demandeur pour éviter ou atténuer le dommage ;

e) les effets négatifs sur l'exercice de l'activité économique et, en particulier, la probabilité que le demandeur subisse des pertes économiques importantes, pouvant par exemple menacer sa viabilité ou entraîner un risque grave de faillite ;

f) la probabilité que l'activité du demandeur soit rendue excessivement difficile, en raison de la perte d'intrants ou de ressources essentiels ne pouvant être raisonnablement remplacés ;

g) la probabilité que la jouissance de ses droits individuels par le demandeur soit notablement entravée ;

h) l'existence d'une menace pour la sûreté, la sécurité, la protection de la vie et de la santé humaines et la protection de l'environnement ;

i) l'existence d'une menace pour la capacité de l'Union de mener à bien ses actions humanitaires, de développement et commerciales ou pour les aspects extérieurs de ses politiques intérieures ;

j) la sécurité de l'approvisionnement en biens ou services stratégiques au sein ou à destination de l'Union ou d'un État membre et l'incidence qu'aurait une réduction ou une interruption de cet approvisionnement ;

k) les conséquences pour le marché intérieur du point de vue de la libre circulation des marchandises, des personnes, des services et des capitaux, ainsi que pour la stabilité financière et économique ou les infrastructures essentielles de l'Union ;

l) les effets systémiques du dommage, et en particulier ses retombées dans d'autres secteurs ;

m) les répercussions sur le marché du travail d'un ou de plusieurs États membres et leurs effets transfrontières au sein de l'Union ;

n) et tout autre facteur pertinent.

Art. 5 *Suite donnée à la demande.* 1. Si, à l'issue de l'évaluation visée à l'article 4, la Commission conclut qu'il existe suffisamment d'éléments de preuve indiquant que le non-respect causerait un dommage grave aux intérêts protégés, elle soumet promptement au comité de la législation extraterritoriale un projet de décision établissant les mesures appropriées à prendre.

2. Si, à l'issue de l'évaluation visée à l'article 4, la Commission conclut qu'il n'existe pas suffisamment d'éléments de preuve indiquant que le non-respect causerait un dommage grave aux intérêts protégés, elle soumet au comité de la législation extraterritoriale un projet de décision rejetant la demande.

3. La Commission informe sans délai le demandeur de la décision finale.

Art. 6 *Traitement des données.* 1. Dans l'accomplissement de ses tâches en vertu du présent règlement, la Commission traite des données à caractère personnel.

2. Tout traitement de données à caractère personnel est conforme au règlement (UE) 2016/679 et au règlement (CE) n° 45/2001.

3. Aux fins du présent règlement, le service des instruments de politique étrangère est désigné "responsable du traitement" pour la Commission au sens de l'article 2, point d), du règlement (CE) n° 45/2001, afin de garantir que les personnes physiques concernées peuvent exercer leurs droits en vertu dudit règlement.

Art. 7 *Entrée en vigueur.* **Le présent règlement entre en vigueur le jour de sa publication au *Journal officiel de l'Union européenne*.**

Le présent règlement est obligatoire dans tous ses éléments et directement applicable dans tout État membre.

Règlement (UE) 2020/1783 du Parlement européen et du Conseil du 25 novembre 2020,

Relatif à la coopération entre les juridictions des États membres dans le domaine de l'obtention des preuves en matière civile ou commerciale (obtention des preuves).

BIBL. GÉN. ▶ Règl. (CE) n° 1206/2001 du 28 mai 2001 : OLIVIER, *Gaz. Pal.* 11-12 sept. 2002 (exécution des mesures d'instruction ordonnées par le juge français). – Dossier, *Dr. et patr. 11/2004, p. 43* (la coopération dans l'espace judiciaire européen). – NUYTS, *Rev. crit. DIP 2007. 53* (un instrument exclusif ?). – NOURISSAT, *Procédures 2008, n° 109* (rapport de la Commission sur l'application du règlement). – CHAVEAU, L'espace judiciaire européen civil et pénal, *Thèmes et commentaires, Dalloz 2009, p. 145* (à la recherche de son efficacité). ▶ Règl. (UE) 2020/1783 du 25 nov. 2020 : RICHARD, *Rev. crit. DIP 2021. 67* (la refonte du règlement sur l'obtention des preuves en matière civile).

COMMENTAIRE

Le règlement (UE) 2020/1783 du 25 novembre 2020 remplace le règlement (CE) n° 1206/2001 du 28 mai 2001 relatif à la coopération entre les juridictions des États membres dans le domaine de l'obtention des preuves en matière civile ou commerciale. Ce dernier était l'homologue intra-européen de la convention de la Haye du 18 mars 1970 (V. *infra*, III. Règles internationales), celle-ci n'ayant pas vocation à s'appliquer entre États membres de l'Union européenne. C'est ce règlement qui était opposé lors de demandes de disclosures formées devant les juridictions britanniques : avec le Brexit, c'est la convention bilatérale de 1922 (V. *supra*) qui reprendra ses pleins droits.

Le règlement de 2020 est entré en vigueur le 1er juillet 2022. Il améliore et accélère l'obtention transfrontalière d'une preuve. La communication et l'échange électroniques d'éléments de preuve deviennent la règle, sauf quand ce n'est pas possible, comme dans le cas des échantillons d'ADN ou de sang. Le règlement favorise le recours aux moyens de communication modernes tels que les vidéoconférences pour l'audition directe de témoins ou d'experts se trouvant dans un autre État membre. Il règle la reconnaissance mutuelle des preuves numériques et permet aux agents diplomatiques ou consulaires de recueillir des éléments de preuve dans l'État membre où ils exercent leur fonction, sans devoir adresser à cet effet une demande préalable à l'organe central ou à l'autorité compétente de cet État membre. Le règlement introduit aussi une définition de la notion de juridiction et met ainsi fin aux divergences d'interprétation portant sur son champ d'application.

Le règlement (UE) 2020/1783 contient en annexe un tableau de correspondance et quatorze modèles de formulaires que la Commission européenne peut mettre à jour, dont la demande de procéder à l'exécution d'une mesure d'instruction (formulaire A) proprement dite et un modèle de demande d'informations sur le retard (formulaire F) et la réponse à la demande d'informations sur le retard (formulaire G). ❑

CHAPITRE I *DISPOSITIONS GÉNÉRALES*

Art. 1er *Champ d'application.* **1. Le présent règlement s'applique en matière civile ou commerciale lorsqu'une juridiction d'un État membre, conformément au droit dudit État membre, demande :**

a) à la juridiction compétente d'un autre État membre de procéder à l'exécution d'une mesure d'instruction ; ou

b) de procéder à l'exécution directe d'une mesure d'instruction dans un autre État membre.

2. La demande ne doit pas avoir pour objet d'obtenir des preuves qui ne sont pas destinées à être utilisées dans une procédure judiciaire qui est déjà engagée ou qui est envisagée.

1. Non-exclusivité du Règl. Les art. 1er, § 1, sous *b)*, et 17 du Règl. du 28 mai 2001 [art. 1er et 19 du Règl. du 25 nov. 2020] doivent être interprétés en ce sens que la juridiction d'un État membre, qui souhaite qu'un acte d'instruction confié à un expert soit effectué sur le territoire d'un autre État membre, n'est pas nécessairement tenue de recourir au moyen d'obtention des preuves prévu par ces dispositions afin de pouvoir ordonner cet acte d'instruction. • CJUE 21 févr. 2013, n° C-332/11 : *AJDI 2013. 690, obs. Heugas-Darraspen ; Gaz. Pal. 14-16 avr. 2013, p. 20, note Cholet ; Procédures 2013, n° 148, note Nourissat ; JCP 2013. 1225, n° 12, obs. Jeuland ; Europe 2013, n° 195, note Idot.*

2. Audition d'un témoin. Les dispositions du Règl. du 28 mai 2001 [Règl. du 25 nov. 2020], notamment l'art. 1er, § 1, de celui-ci, doivent être interprétées en ce sens que la juridiction compétente d'un État membre qui souhaite entendre, en tant que témoin, une partie résidant dans un autre État membre a la faculté, afin de procéder à une telle audition, de citer cette partie devant elle et de l'entendre conformément au droit de l'État membre dont cette juridiction relève. • CJUE 6 sept. 2012, n° C-170/11 : *D. 2013. Pan. 1503, obs. Jault-Seseke ; Procédures 2012, n° 352, note Nourissat ; Europe 2012, n° 470, note Idot.*

Art. 2 *Définitions.* **Aux fins du présent règlement, on entend par :**

1) "juridiction", les juridictions et autres autorités dans les États membres, dont la liste est communiquée à la Commission en vertu de l'article 31, paragraphe 3, qui exercent des fonctions judiciaires, qui agissent en vertu d'une délégation de pouvoir octroyée par une autorité judiciaire ou qui agissent sous le contrôle d'une autorité judiciaire, et qui sont compétentes en vertu du droit national pour l'obtention des preuves aux fins de procédures judiciaires en matière civile ou commerciale ;

2) "système informatique décentralisé", un réseau de systèmes informatiques nationaux et de points d'accès interopérables dont le fonctionnement relève de la responsabilité et de la gestion individuelles de chaque État membre, qui permet un échange d'informations transfrontière sécurisé et fiable entre les systèmes informatiques nationaux.

Art. 3 *Transmission directe entre les juridictions.* **1. Les demandes visées à l'article 1er, paragraphe 1, point a), sont transmises directement par la juridiction devant laquelle la procédure est engagée ou devant laquelle il est envisagé de l'engager (ci-après dénommée "juridiction requérante"), à la juridiction compétente d'un autre État membre (ci-après dénommée "juridiction requise"), en vue de l'obtention des preuves.**

2. Chaque État membre dresse une liste des juridictions compétentes pour l'obtention des preuves conformément au présent règlement. Cette liste indique également la compétence territoriale et, le cas échéant, la compétence spéciale desdites juridictions.

Art. 4 *Organisme central.* **1. Chaque État membre désigne un organisme central qui est chargé :**

a) de fournir des informations aux juridictions ;

b) de rechercher des solutions aux difficultés qui peuvent se présenter à l'occasion d'une demande ;

c) de transmettre, dans des cas exceptionnels, une demande à la juridiction compétente à la requête d'une juridiction requérante.

2. Les États membres fédéraux, les États membres dans lesquels plusieurs systèmes juridiques sont en vigueur et les États membres ayant des unités territoriales autonomes peuvent désigner plusieurs organismes centraux.

3. Chaque État membre désigne également l'organisme central visé au paragraphe 1 du présent article ou une ou plusieurs autorités compétentes qui sont chargés de statuer sur les demandes effectuées au titre de l'article 19.

CHAPITRE II *TRANSMISSION ET EXÉCUTION DES DEMANDES*

SECTION 1 *Transmission des demandes*

Art. 5 *Forme et contenu des demandes.* **1. Les demandes sont effectuées au moyen du formulaire A ou, le cas échéant, du formulaire L qui figurent à l'annexe I. Chaque demande contient les indications suivantes :**

a) la juridiction requérante et, le cas échéant, la juridiction requise ;

b) les noms et adresses des parties à la procédure et, le cas échéant, de leurs représentants ;

c) la nature et l'objet de l'instance ainsi qu'un exposé sommaire des faits ;
d) une description de la mesure d'instruction demandée ;
e) s'il s'agit d'une demande visant à ce qu'une personne soit entendue :
— le ou les noms et adresses de la personne à entendre,
— les questions à poser à la personne à entendre ou un exposé des faits sur lesquels ladite personne doit être entendue,
— le cas échéant, la mention du droit de refus de témoigner prévu par le droit de l'État membre dont relève la juridiction requérante,
— toute demande de déposition sous serment ou de déclaration sur l'honneur en lieu et place d'une déposition sous serment et l'indication de toute forme spéciale à utiliser pour recueillir ce serment ou cette déclaration,
— le cas échéant, toute autre information jugée nécessaire par la juridiction requérante ;
f) s'il s'agit d'une demande relative à toute mesure d'instruction autre que celle mentionnée au point e), les pièces ou autres objets à examiner ;
g) le cas échéant, toute demande effectuée en vertu de l'article 12, paragraphe 3 ou 4, ou de l'article 13 ou 14, ainsi que tout renseignement nécessaire à l'exécution de cette demande.

2. La demande, ainsi que toutes les pièces qui l'accompagnent, sont dispensées de légalisation et de toute formalité équivalente.

3. Les pièces que la juridiction requérante estime nécessaire de joindre à la demande pour l'exécution de celle-ci doivent être accompagnées d'une traduction des documents dans la langue dans laquelle la demande a été écrite.

Art. 6 *Langues.* Les demandes et les communications effectuées en vertu du présent règlement sont rédigées dans la langue officielle de l'État membre requis ou, s'il existe plusieurs langues officielles dans cet État membre, dans la langue officielle ou dans l'une des langues officielles du lieu où il doit être procédé à l'exécution de la mesure d'instruction demandée ou dans toute autre langue que l'État membre requis a indiqué accepter.

Chaque État membre indique à la Commission toute langue officielle de l'Union, autre que la ou les siennes, dans laquelle les formulaires qui figurent à l'annexe I peuvent être remplis.

Art. 7 *Transmission des demandes et des autres communications.* 1. Les demandes et les communications effectuées en vertu du présent règlement sont transmises au moyen d'un système informatique décentralisé sécurisé et fiable, dans le plein respect des droits et libertés fondamentaux. Ce système informatique décentralisé se fonde sur une solution interopérable telle que l'e-CODEX.

2. Le cadre juridique général régissant l'utilisation des services de confiance qualifiés décrits dans le règlement (UE) n° 910/2014 s'applique aux demandes et aux communications transmises au moyen du système informatique décentralisé.

3. Lorsque les demandes et les communications visées au paragraphe 1 du présent article exigent ou portent un cachet ou une signature manuscrite, ceux-ci peuvent être remplacés par des "cachets électroniques qualifiés" ou des "signatures électroniques qualifiées" au sens du règlement (UE) n° 910/2014.

4. Lorsque la transmission conformément au paragraphe 1 s'avère impossible en raison d'une perturbation du système informatique décentralisé ou de la nature de la preuve concernée, ou en raison de circonstances exceptionnelles, elle est effectuée par les moyens alternatifs les plus rapides et les plus appropriés, en tenant compte de la nécessité d'assurer la fiabilité et la sécurité de la transmission.

L'art. 7 s'applique à partir du premier jour du mois suivant la période de trois ans qui suit la date d'entrée en vigueur des actes d'exécution visés à l'art. 25 (Règl. (UE) 2020/1783 du 25 nov. 2020, art. 35, § 3).

Règlement (CE) du Conseil n° 1206/2001 du 28 mai 2001,

relatif à la coopération entre les juridictions des États membres dans le domaine de l'obtention des preuves en matière civile ou commerciale.

Art. 6 *Transmission des demandes et des autres communications.* Les demandes ainsi que les communications visées dans le présent règlement sont transmises par le moyen le plus rapide que l'État membre requis a déclaré pouvoir accepter. Il peut être fait usage de tout moyen approprié, sous réserve que le contenu du document reçu reflète fidèlement celui du document expédié et que toutes les mentions qu'il comporte soient lisibles.

Le Règl. (CE) nº 1206/2001 du 28 mai 2001 est abrogé à partir de la date d'application du Règl. (UE) 2020/1783 du 25 nov. 2020 (1er juill. 2022), à l'exception de son art. 6 qui est abrogé à partir de la date d'application de l'art. 7 visée à l'art. 35, § 3, dudit Règl. (UE) 2020/1783 (Règl. (UE) 2020/1783 préc., art. 34, § 1).

Art. 8 *Effets juridiques des documents électroniques.* **Les documents transmis au moyen du système informatique décentralisé ne doivent pas être privés d'effet juridique ni considérés comme irrecevables comme moyens de preuve dans le cadre d'une procédure au seul motif que ces documents se présentent sous une forme électronique.**

SECTION 2 *Réception des demandes*

Art. 9 *Réception des demandes.* **1. La juridiction requise compétente adresse, au moyen du formulaire B qui figure à l'annexe I, un accusé de réception à la juridiction requérante dans les sept jours à compter de la réception de la demande. Si celle-ci ne remplit pas les conditions prévues aux articles 6 et 7, la juridiction requise en fait mention dans l'accusé de réception.**

2. Si la juridiction requise n'est pas compétente pour exécuter une demande qui remplit les conditions fixées à l'article 6, effectuée au moyen du formulaire A qui figure à l'annexe I, ladite juridiction transmet la demande à la juridiction compétente de l'État membre dont elle relève et en informe la juridiction requérante au moyen du formulaire C qui figure à l'annexe I.

Art. 10 *Demandes incomplètes.* **1. Si une demande ne peut être exécutée parce qu'elle ne contient pas toutes les informations nécessaires visées à l'article 5, la juridiction requise en informe la juridiction requérante sans tarder, et au plus tard dans les trente jours à compter de la réception de la demande, au moyen du formulaire D qui figure à l'annexe I, et demande à la juridiction requérante de lui transmettre les informations manquantes, en les décrivant de manière aussi précise que possible.**

2. Si une demande ne peut pas être exécutée parce qu'une consignation ou une avance a été demandée conformément à l'article 22, paragraphe 3, la juridiction requise en informe la juridiction requérante sans tarder, au plus tard dans les trente jours à compter de la réception de la demande, au moyen du formulaire D qui figure à l'annexe I, et informe la juridiction requérante sur la manière de procéder à la consignation ou à l'avance. La juridiction requise accuse réception de la consignation ou de l'avance sans tarder, au plus tard dans les dix jours à compter de la réception de la consignation ou de l'avance, au moyen du formulaire E qui figure à l'annexe I.

Art. 11 *Demandes complétées.* **1. Lorsque, conformément à l'article 9, paragraphe 1, la juridiction requise a mentionné, dans l'accusé de réception, que la demande ne remplit pas les conditions prévues aux articles 6 et 7, ou lorsqu'elle a informé la juridiction requérante, conformément à l'article 10, que la demande ne peut être exécutée parce qu'elle ne contient pas toutes les informations nécessaires visées à l'article 5, le délai fixé à l'article 12 commence à courir à compter de la réception, par la juridiction requise, de la demande dûment complétée.**

2. Lorsque la juridiction requise a demandé une consignation ou une avance conformément à l'article 22, paragraphe 3, le délai fixé à l'article 12 commence à courir à compter du moment où la consignation ou l'avance est effectuée.

SECTION 3 *Exécution de la mesure d'instruction par la juridiction requise*

Art. 12 *Dispositions générales relatives à l'exécution d'une demande.* **1. La juridiction requise exécute la demande sans tarder, et au plus tard dans un délai de 90 jours à compter de la réception de la demande.**

2. La juridiction requise exécute la demande conformément au droit national dont elle relève.

3. La juridiction requérante peut demander que la demande soit exécutée selon une procédure spéciale prévue par le droit national dont elle relève, au moyen du formulaire A qui figure à l'annexe I. La juridiction requise exécute la demande conformément à la procédure spéciale, à moins que cela ne soit incompatible avec le droit national dont elle relève ou qu'elle ne soit pas en mesure de le faire en raison de difficultés pratiques majeures. Si la juridiction requise, pour l'une de ces raisons, ne se conforme pas à la demande visant à ce que la demande soit exécutée conformément à une procédure spéciale, elle en informe la juridiction requérante au moyen du formulaire H qui figure à l'annexe I.

4. La juridiction requérante peut demander à la juridiction requise de recourir à des technologies de communication spécifiques pour procéder à l'exécution de la mesure d'instruction, en particulier à la vidéoconférence ou à la téléconférence.

La juridiction requise utilise les technologies de communication indiquées en vertu du premier alinéa, à moins que cela ne soit incompatible avec le droit national dont elle relève ou que la juridiction requise ne soit pas en mesure de le faire en raison de difficultés pratiques majeures.

Si la juridiction requise n'utilise pas les technologies de communication indiquées pour l'une de ces raisons, elle en informe la juridiction requérante au moyen du formulaire H qui figure à l'annexe I.

Si les technologies de communication visées au premier alinéa ne sont pas disponibles dans la juridiction requérante ou dans la juridiction requise, ces juridictions peuvent d'un commun accord les mettre à disposition.

Art. 13 *Exécution de la mesure d'instruction en présence et avec la participation des parties.* 1. Si le droit de l'État membre dont relève la juridiction requérante le prévoit, les parties et, le cas échéant, leurs représentants ont le droit d'être présents lorsque la juridiction requise procède à l'exécution de la mesure d'instruction.

2. Dans sa demande, la juridiction requérante informe la juridiction requise, au moyen du formulaire A qui figure à l'annexe I, de la présence des parties et, le cas échéant, de leurs représentants ainsi que, s'il y a lieu, du fait que leur participation à l'exécution de la mesure d'instruction est demandée. Cette information peut également être fournie à tout autre moment opportun.

3. Si la participation des parties et, le cas échéant, de leurs représentants à l'exécution de la mesure d'instruction est demandée, la juridiction requise détermine les conditions de leur participation conformément à l'article 12.

4. La juridiction requise informe les parties et, le cas échéant, leurs représentants du moment et du lieu où il sera procédé à l'exécution de la mesure d'instruction et, s'il y a lieu, des conditions de leur participation à l'exécution de la mesure d'instruction, en utilisant le formulaire I qui figure à l'annexe I.

5. Les paragraphes 1 à 4 sont sans préjudice de la faculté dont dispose la juridiction requise de demander aux parties et, le cas échéant, à leurs représentants d'être présents ou de participer à l'exécution de la mesure d'instruction, si le droit de l'État membre dont elle relève le prévoit.

Art. 14 *Exécution de la mesure d'instruction en présence et avec la participation de représentants de la juridiction requérante.* 1. Lorsque cela est compatible avec le droit de l'État membre dont relève la juridiction requérante, des représentants de cette dernière ont le droit d'être présents lorsque la juridiction requise procède à l'exécution de la mesure d'instruction.

2. Aux fins du présent article, le terme "représentant" englobe le personnel judiciaire désigné par la juridiction requérante, conformément au droit national dont elle relève. La juridiction requérante peut aussi désigner toute autre personne pour la représenter, tel un expert, conformément au droit national dont elle relève.

3. Dans sa demande, la juridiction requérante informe la juridiction requise, au moyen du formulaire A qui figure à l'annexe I, de la présence de ses représentants et, s'il y a lieu, du fait que leur participation à l'exécution de la mesure d'instruction est demandée. Cette information peut également être fournie à tout autre moment opportun.

4. Si la participation des représentants de la juridiction requérante à l'exécution de la mesure d'instruction est demandée, la juridiction requise détermine, conformément à l'article 12, les conditions de leur participation.

5. La juridiction requise informe la juridiction requérante, au moyen du formulaire I qui figure à l'annexe I, du moment et du lieu où il sera procédé à l'exécution de la mesure d'instruction et, s'il y a lieu, des conditions auxquelles les représentants peuvent y participer.

Art. 15 *Mesures coercitives.* Si nécessaire, la juridiction requise applique les mesures coercitives appropriées pour l'exécution de la demande dans les cas et dans la mesure où le droit de l'État membre dont relève la juridiction requise le prévoit pour l'exécution d'une demande formulée aux mêmes fins par les autorités nationales dont elle relève ou par une des parties concernées.

Art. 16 *Cas de refus d'exécution des demandes.* 1. Une demande visant à l'audition d'une personne n'est pas exécutée si la personne concernée invoque le droit de refuser de déposer ou une interdiction de déposer :

a) en vertu du droit de l'État membre dont relève la juridiction requise ; ou

b) en vertu du droit de l'État membre dont relève la juridiction requérante, lorsque ce droit ou cette interdiction a été indiqué dans la demande ou, si nécessaire, a été confirmé par la juridiction requérante à l'initiative de la juridiction requise.

2. L'exécution d'une demande ne peut être refusée que pour des motifs autres que ceux visés au paragraphe 1, lorsqu'un ou plusieurs des motifs suivants s'appliquent :

a) la demande ne relève pas du champ d'application du présent règlement ;

b) l'exécution de la demande n'entre pas dans les attributions du pouvoir judiciaire selon le droit de l'État membre dont relève la juridiction requise ;

c) la juridiction requérante n'a pas déféré à la requête de la juridiction requise de compléter la demande de procéder à l'exécution de la mesure d'instruction conformément à l'article 10, dans les trente jours à compter de cette requête ; ou

d) une consignation ou une avance demandée conformément à l'article 22, paragraphe 3, n'a pas été effectuée dans les soixante jours à compter de la demande, par la juridiction requise, de consignation ou de versement d'avance.

3. La juridiction requise ne peut refuser d'exécuter une demande au seul motif que, en vertu du droit national dont elle relève, une autre juridiction dudit État membre dispose d'une compétence exclusive en ce qui concerne l'objet de l'instance ou que le droit dudit État membre n'admettrait pas le droit d'action en ce qui concerne l'objet de l'instance.

4. Si l'exécution de la demande est refusée pour l'un des motifs visés au paragraphe 2, la juridiction requise en informe la juridiction requérante, au moyen du formulaire K qui figure à l'annexe I, dans un délai de soixante jours à compter de la réception de la demande par la juridiction requise.

Charge des frais exposés par un témoin. Les art. 14 et 18 du Règl. (CE) du 28 mai 2001 [art. 16 et 22 du Règl. (UE) du 25 nov. 2020] doivent être interprétés en ce sens qu'une juridiction requérante n'est pas tenue de verser à la juridiction requise une avance à valoir sur l'indemnité ou de rembourser l'indemnité due au témoin interrogé. • CJUE 17 févr. 2011, nº C-283/09 : *D. actu. 15 mars 2011, obs. Dargent; D. 2011. Pan. 1374, obs. Jault-Seseke ; RTD eur. 2011. 173, obs. Coutron ; ibid. 476, obs. E. Guinchard ; ibid. 814, obs. L. Coutron ; Procédures 2011, nº 137, note Nourissat; Europe 2011, nº 122, note Simon ; ibid. 144, note Idot.*

Art. 17 *Avis de retard.* Si la juridiction requise n'est pas en mesure d'exécuter la demande dans un délai de 90 jours à compter de la réception de la demande, elle en informe la juridiction requérante au moyen du formulaire J qui figure à l'annexe I, en précisant les raisons du retard et en indiquant le délai qu'elle estime nécessaire pour exécuter la demande.

Art. 18 *Procédure suivant l'exécution de la demande.* La juridiction requise transmet sans tarder les pièces confirmant l'exécution de la demande à la juridiction requérante et renvoie, le cas échéant, les pièces reçues de la part de la juridiction requérante. Ces pièces sont accompagnées d'une confirmation d'exécution, établie au moyen du formulaire K qui figure à l'annexe I.

SECTION 4 *Exécution directe de la mesure d'instruction par la juridiction requérante et exécution de la mesure d'instruction par des agents diplomatiques ou consulaires*

Art. 19 *Exécution directe de la mesure d'instruction par la juridiction requérante.* **1. Lorsqu'une juridiction demande de procéder à l'exécution directe d'une mesure d'instruction dans un autre État membre, elle présente sa demande à l'organisme central ou à l'autorité compétente de cet État membre, au moyen du formulaire L qui figure à l'annexe I.**

2. L'exécution directe de la mesure d'instruction ne peut avoir lieu que si elle peut être effectuée sur une base volontaire, sans qu'il soit nécessaire de recourir à des mesures coercitives.

Lorsque, dans le cadre de l'exécution directe d'une mesure d'instruction, une personne doit être entendue, la juridiction requérante informe cette personne que la mesure d'instruction sera exécutée sur une base volontaire.

3. L'exécution directe d'une mesure d'instruction est effectuée par un membre du personnel judiciaire ou par toute autre personne, tel un expert, désignés conformément au droit de l'État membre dont relève la juridiction requérante.

4. Dans un délai de trente jours à compter de la réception de la demande de procéder à l'exécution directe de la mesure d'instruction, l'organisme central ou l'autorité compétente de l'État membre requis indique à la juridiction requérante, au moyen du formulaire M qui figure à l'annexe I, si la demande est acceptée et, si nécessaire, informe la juridiction requérante des conditions dans lesquelles l'exécution directe de la mesure d'instruction doit être effectuée conformément au droit de l'État membre dont il ou elle relève.

L'organisme central ou l'autorité compétente peut charger une juridiction de l'État membre dont il ou elle relève de participer à l'exécution directe de la mesure d'instruction afin de veiller à ce que le présent article soit correctement appliqué et à ce que les conditions dans lesquelles l'exécution directe de la mesure d'instruction doit être effectuée soient respectées.

5. Lorsque la juridiction requérante n'a pas reçu les informations dans un délai de trente jours à compter de l'accusé de réception de la demande de procéder à l'exécution directe d'une mesure d'instruction indiquant si la demande a été acceptée, elle peut adresser un rappel à l'organisme central ou à l'autorité compétente de l'État membre requis. Si la juridiction requérante ne reçoit pas de réponse dans un délai de quinze jours à compter de l'accusé de réception du rappel, la demande de procéder à l'exécution directe d'une mesure d'instruction est considérée acceptée. Toutefois, dans des circonstances exceptionnelles, lorsque l'organisme central ou l'autorité compétente a été empêchée de réagir à la demande dans le délai imparti à la suite du rappel, des motifs justifiant le refus de l'exécution directe d'une mesure d'instruction peuvent, à titre exceptionnel, encore être invoqués à tout moment après l'expiration de ce délai jusqu'à l'exécution directe effective de la mesure d'instruction.

6. L'organisme central ou l'autorité compétente de l'État membre requis peut charger une juridiction de l'État membre dont il ou elle relève de fournir une assistance pratique pour l'exécution directe d'une mesure d'instruction.

7. L'organisme central ou l'autorité compétente de l'État membre requis ne peut refuser une demande de procéder à l'exécution directe d'une mesure d'instruction que si :

a) la demande ne relève pas du champ d'application du présent règlement ;

b) elle ne contient pas toutes les informations nécessaires visées à l'article 5 ; ou

c) l'exécution directe de la mesure d'instruction demandée est contraire aux principes fondamentaux du droit de l'État membre dont il ou elle relève.

8. Sans préjudice des conditions fixées conformément au paragraphe 4, la juridiction requérante procède à l'exécution directe de la mesure d'instruction conformément au droit de l'État membre dont elle relève.

Caractère impératif des moyens d'obtention de preuves du règlement. V. note 1 ss. art. 1er du présent Règl.

Art. 20 *Exécution directe de mesures d'instruction en utilisant la vidéoconférence ou d'autres technologies de communication à distance.* **1. Lorsque des preuves doivent être obtenues**

par l'audition d'une personne qui est présente sur le territoire d'un autre État membre et que la juridiction demande de procéder à l'exécution directe de la mesure d'instruction conformément à l'article 19, ladite juridiction obtient les preuves en utilisant la vidéoconférence ou d'autres technologies de communication à distance, à condition que la juridiction dispose de ces technologies et qu'elle considère que l'usage de ces technologies est approprié dans les circonstances spécifiques de l'affaire.

2. La demande de procéder à l'exécution directe d'une mesure d'instruction en utilisant la vidéoconférence ou d'autres technologies de communication à distance est soumise au moyen du formulaire N qui figure à l'annexe I. La juridiction requérante et l'organisme central ou l'autorité compétente de l'État membre requis, ou la juridiction chargée de fournir une assistance pratique pour l'exécution directe de la mesure d'instruction, s'accordent sur les modalités pratiques de l'audition.

Sur demande, la juridiction requérante reçoit une assistance pour trouver un interprète, si nécessaire.

Art. 21 *Obtention des preuves par des agents diplomatiques ou consulaires.* Les États membres peuvent prévoir dans leur droit national que leurs juridictions ont la possibilité de demander à leurs agents diplomatiques ou consulaires, sur le territoire d'un autre État membre et à l'intérieur de la zone dans laquelle ils sont accrédités, de procéder à l'exécution d'une mesure d'instruction dans les locaux de la mission diplomatique ou du consulat, sauf circonstances exceptionnelles, sans qu'il soit nécessaire d'introduire une demande préalable, en procédant à l'audition, sur une base volontaire et sans qu'il soit nécessaire de recourir à des mesures coercitives, de ressortissants de l'État membre qu'ils représentent dans le cadre d'une procédure pendante devant les juridictions de l'État membre qu'ils représentent. L'agent diplomatique ou consulaire requis exécute la demande conformément au droit de l'État membre dont il relève.

SECTION 5 *Frais*

Art. 22 *Frais.* 1. L'exécution d'une demande de procéder à l'exécution d'une mesure d'instruction conformément à l'article 12 ne peut donner lieu à aucune demande de remboursement de taxes ou de frais.

2. Par dérogation au paragraphe 1, la juridiction requise peut demander le remboursement des taxes ou frais. Si la juridiction requise en fait la demande, la juridiction requérante s'assure sans tarder du remboursement :

– des honoraires versés aux experts et aux interprètes, et
– des frais résultant de l'application de l'article 12, paragraphes 3 et 4.

L'obligation pour les parties de supporter de tels honoraires ou frais est régie par le droit de l'État membre de la juridiction requérante.

3. Lorsque l'avis d'un expert est requis avant d'exécuter la demande de procéder à l'exécution d'une mesure d'instruction, la juridiction requise peut demander à la juridiction requérante une consignation ou une avance adéquate au regard des frais anticipés de l'avis de l'expert. Dans tous les autres cas, la consignation ou l'avance n'est pas une condition de l'exécution de la demande de procéder à l'exécution d'une mesure d'instruction.

La consignation ou l'avance est effectuée par les parties si cela est prévu par le droit de l'État membre de la juridiction requérante. — *V., pour la France, C. pr. civ., art. 178-1 et 178-2, issus du Décr. nº 2004-836 du 20 août 2004.*

Charge des frais exposés par un témoin. Sur la question du remboursement par la juridiction requérante des indemnités allouées aux témoins, V. note ss. art. 16 du présent Règl.

CHAPITRE III *DISPOSITIONS FINALES*

Art. 23 *Manuel et modification de l'annexe I.* 1. La Commission établit et met régulièrement à jour un manuel contenant les informations communiquées par les États membres conformément à l'article 31, ainsi que la liste des accords ou arrangements en vigueur conformément à l'article 29, paragraphe 3. Elle met le manuel à disposition sous forme électronique, notamment par l'intermédiaire du réseau judiciaire européen en matière civile et commerciale et sur le portail européen e-justice.

2. La Commission est habilitée à adopter des actes délégués conformément à l'article 24 pour modifier l'annexe I afin de mettre à jour les formulaires qui y figurent ou d'apporter des modifications techniques à ces formulaires.

Art. 24 *Exercice de la délégation.* 1. Le pouvoir d'adopter des actes délégués conféré à la Commission est soumis aux conditions fixées au présent article.

2. Le pouvoir d'adopter des actes délégués visé à l'article 23, paragraphe 2, est conféré à la Commission pour une période de cinq ans à compter du 22 décembre 2020. La Commission élabore un rapport relatif à la délégation de pouvoir au plus tard neuf mois avant la fin de la période de cinq ans. La délégation de pouvoir est tacitement prorogée pour des périodes d'une durée identique, sauf si le Parlement européen ou le Conseil s'oppose à cette prorogation trois mois au plus tard avant la fin de chaque période.

3. La délégation de pouvoir visée à l'article 23, paragraphe 2, peut être révoquée à tout moment par le Parlement européen ou le Conseil. La décision de révocation met fin à la délégation de pouvoir qui y est précisée. La révocation prend effet le jour suivant celui de la publication de ladite décision au *Journal officiel de l'Union européenne* ou à une date ultérieure qui est précisée dans ladite décision. Elle ne porte pas atteinte à la validité des actes délégués déjà en vigueur.

4. Avant l'adoption d'un acte délégué, la Commission consulte les experts désignés par chaque État membre, conformément aux principes définis dans l'accord interinstitutionnel du 13 avril 2016 "Mieux légiférer".

5. Aussitôt qu'elle adopte un acte délégué, la Commission le notifie au Parlement européen et au Conseil simultanément.

6. Un acte délégué adopté en vertu de l'article 23, paragraphe 2, n'entre en vigueur que si le Parlement européen ou le Conseil n'a pas exprimé d'objections dans un délai de deux mois à compter de la notification de cet acte au Parlement européen et au Conseil ou si, avant l'expiration de ce délai, le Parlement européen et le Conseil ont tous deux informé la Commission de leur intention de ne pas exprimer d'objections. Ce délai est prolongé de deux mois à l'initiative du Parlement européen ou du Conseil.

Art. 25 *Adoption d'actes d'exécution par la Commission.* 1. La Commission adopte des actes d'exécution qui établissent le système informatique décentralisé, et qui décrivent :

a) les spécifications techniques définissant les méthodes de communication par voie électronique aux fins du système informatique décentralisé ;

b) les spécifications techniques des protocoles de communication ;

c) les objectifs en matière de sécurité de l'information et les mesures techniques pertinentes garantissant des normes minimales de sécurité de l'information pour le traitement et la communication des informations au sein du système informatique décentralisé ;

d) les objectifs minimaux en matière de disponibilité et les éventuelles exigences techniques correspondantes pour les services fournis par le système informatique décentralisé ;

e) la création d'un comité directeur composé de représentants des États membres et chargé d'assurer le fonctionnement et l'entretien du système informatique décentralisé afin d'atteindre les objectifs du présent règlement.

2. Les actes d'exécution visés au paragraphe 1 du présent article sont adoptés au plus tard le 23 mars 2022 en conformité avec la procédure d'examen visée à l'article 26, paragraphe 2.

Art. 26 *Comité.* 1. La Commission est assistée par un comité. Ledit comité est un comité au sens du règlement (UE) n° 182/2011.

2. Lorsqu'il est fait référence au présent paragraphe, l'article 5 du règlement (UE) n° 182/2011 s'applique.

Art. 27 *Logiciel de mise en œuvre de référence.* 1. La Commission est responsable de la création, de l'entretien et du développement futur d'un logiciel de mise en œuvre de référence que les États membres peuvent choisir d'utiliser comme système dorsal en lieu et place d'un système informatique national. La création, l'entretien et le développement futur du logiciel de mise en œuvre de référence sont financés par le budget général de l'Union.

2. La Commission assure, gère et soutient la mise en œuvre, à titre gratuit, des composants logiciels servant de support aux points d'accès.

Art. 28 *Coûts du système informatique décentralisé.* 1. Chaque État membre supporte les coûts d'installation, d'exploitation et d'entretien de ses points d'accès reliant les systèmes informatiques nationaux dans le cadre du système informatique décentralisé.

2. Chaque État membre supporte les coûts de création et d'adaptation de ses systèmes informatiques nationaux nécessaires pour permettre l'interopérabilité de ces systèmes avec les points d'accès, ainsi que les coûts de gestion, d'exploitation et d'entretien de ces systèmes.

3. Les paragraphes 1 et 2 s'entendent sans préjudice de la faculté qu'ont les États membres de demander des subventions destinées à soutenir les activités visées auxdits paragraphes au titre des programmes financiers de l'Union.

Art. 29 *Relation avec des accords ou arrangements conclus entre États membres.* 1. Pour les matières auxquelles il s'applique, le présent règlement prévaut, dans les rapports entre les États membres qui y sont parties, sur d'autres dispositions contenues dans des accords ou arrangements bilatéraux ou multilatéraux conclus par les États membres, et en particulier la convention de La Haye du 1er mars 1954 relative à la procédure civile et la convention de La Haye du 18 mars 1970 sur l'obtention des preuves à l'étranger en matière civile ou commerciale.

2. Le présent règlement ne fait pas obstacle au maintien ou à la conclusion par les États membres d'accords ou d'arrangements visant à faciliter davantage l'obtention de preuves, pour autant que ces accords ou arrangements soient compatibles avec le présent règlement.

3. Les États membres transmettent à la Commission :

a) une copie des accords ou arrangements, visés au paragraphe 2, conclus entre les États membres ainsi que les projets d'accords ou d'arrangements qu'ils entendent conclure ; et

b) toute dénonciation ou modification de ces accords ou arrangements.

Art. 30 *Protection des informations transmises.* 1. Tout traitement de données à caractère personnel effectué au titre du présent règlement, y compris l'échange ou la transmission de données à caractère personnel par les autorités compétentes, est effectué en conformité avec le règlement (UE) 2016/679.

Tout échange ou toute transmission d'informations par les autorités compétentes au niveau de l'Union est effectué conformément au règlement (UE) 2018/1725.

Les données à caractère personnel qui ne sont pas pertinentes pour le traitement d'un cas spécifique sont immédiatement supprimées.

2. L'autorité ou les autorités compétentes en vertu du droit national sont considérées comme les responsables du traitement au sens du règlement (UE) 2016/679 pour ce qui est du traitement de données à caractère personnel effectué au titre du présent règlement.

3. Nonobstant les paragraphes 1 et 2, les informations transmises au titre du présent règlement ne sont utilisées par la juridiction requise qu'aux fins pour lesquelles elles ont été transmises.

4. Les juridictions requises veillent à préserver la confidentialité de ces informations, conformément au droit national dont elles relèvent.

5. Les paragraphes 3 et 4 sont sans préjudice des dispositions législatives nationales permettant aux personnes concernées d'être informées de l'usage qui a été fait des informations transmises en application du présent règlement.

6. Le présent règlement est sans préjudice de la directive 2002/58/CE.

Art. 31 *Communication.* **1.** Les États membres communiquent à la Commission les éléments suivants :

a) la liste dressée en vertu de l'article 3, paragraphe 2, comportant l'indication de la compétence territoriale et, le cas échéant, de la compétence spéciale des juridictions ;

b) les noms et adresses des organismes centraux et des autorités compétentes désignés en vertu de l'article 4, paragraphe 3, en indiquant leur compétence territoriale ;

c) les moyens techniques dont les juridictions figurant sur la liste dressée en vertu de l'article 3, paragraphe 2, disposent pour assurer la réception des demandes ;

d) les langues acceptées pour les demandes, comme le prévoit l'article 6.

2. Les États membres communiquent à la Commission toute modification ultérieure portant sur les informations visées au paragraphe 1.

3. Chaque État membre communique à la Commission les coordonnées des autres autorités qui sont compétentes pour obtenir des preuves aux fins de procédures judiciaires en matière civile ou commerciale. Les États membres communiquent à la Commission toute modification ultérieure portant sur ces coordonnées.

4. S'ils sont en mesure d'exploiter le système informatique décentralisé avant l'échéance fixée par le présent règlement, les États membres peuvent adresser une notification à la Commission. La Commission met ces informations à disposition par voie électronique, en particulier sur le portail européen e-Justice.

Art. 32 *Suivi.* **1.** Au plus tard le 2 juillet 2023, la Commission établit un programme détaillé pour le suivi des réalisations, des résultats et de l'incidence du présent règlement.

2. Le programme de suivi précise les mesures que doivent prendre la Commission et les États membres pour assurer le suivi des réalisations, des résultats et de l'incidence du présent règlement. Il définit le moment auquel les données visées au paragraphe 3 doivent être collectées pour la première fois, soit au plus tard le 2 juillet 2026, et la fréquence à laquelle ces données doivent être collectées par la suite.

3. Les États membres fournissent à la Commission les données ci-après nécessaires aux fins du suivi, lorsqu'elles sont disponibles :

a) le nombre de demandes de procéder à l'exécution d'une mesure d'instruction transmises conformément à l'article 7, paragraphe 1, et à l'article 19, paragraphe 1, respectivement ;

b) le nombre de demandes de procéder à l'exécution d'une mesure d'instruction exécutées conformément à l'article 12 et à l'article 19, paragraphe 8, respectivement ;

c) le nombre de cas dans lesquels la demande de procéder à l'exécution d'une mesure d'instruction a été transmise par d'autres moyens que par l'intermédiaire du système informatique décentralisé, conformément à l'article 7, paragraphe 4.

4. Le logiciel de mise en œuvre de référence et, s'il est équipé pour ce faire, le système dorsal national sont programmés pour collecter les données visées au paragraphe 3, points a) et b), et ils transmettent régulièrement ces données à la Commission.

Art. 33 *Évaluation.* **1.** Au plus tard cinq ans après la date d'application de l'article 7, conformément à l'article 35, paragraphe 3, la Commission procède à une évaluation du présent règlement et présente un rapport contenant ses principales conclusions au Parlement européen, au Conseil et au Comité économique et social européen, accompagné, le cas échéant, d'une proposition législative.

2. Les États membres fournissent à la Commission les informations nécessaires à l'établissement du rapport visé au paragraphe 1.

Art. 34 *Abrogation.* **1.** Le règlement (CE) n° 1206/2001 est abrogé à partir de la date d'application du présent règlement, à l'exception de l'article 6 du règlement (CE) n° 1206/2001 qui est abrogé à partir de la date d'application de l'article 7 visée à l'article 35, paragraphe 3, du présent règlement.

2. Les références faites au règlement abrogé s'entendent comme faites au présent règlement et sont à lire selon le tableau de correspondance figurant à l'annexe III.

Art. 35 *Entrée en vigueur et application.* **1. Le présent règlement entre en vigueur le vingtième jour suivant celui de sa publication au *Journal officiel de l'Union européenne*** *[JOUE L 405 du 2 déc. 2020]*.

Il est applicable à partir du 1er juillet 2022.

2. L'article 31, paragraphe 3, s'applique à partir du 23 mars 2022.

3. L'article 7 s'applique à partir du premier jour du mois suivant la période de trois ans qui suit la date d'entrée en vigueur des actes d'exécution visés à l'article 25.

ANNEXES

ANNEXE 1

FORMULAIRES

Annexe non reproduite.

ANNEXE 2

RÈGLEMENT ABROGÉ AVEC LISTE DE SES MODIFICATIONS SUCCESSIVES

Annexe non reproduite.

ANNEXE 3

TABLEAU DE CORRESPONDANCE

Règlement (CE) nº 1206/2001	Le présent règlement
Article 1er, paragraphe 1	Article 1er, paragraphe 1
Article 1er, paragraphe 2	Article 1er, paragraphe 2
Article 1er, paragraphe 3	—
—	Article 2
Article 2, paragraphe 1	Article 3, paragraphe 1
Article 2, paragraphe 2	Article 3, paragraphe 2
Article 3, paragraphe 1	Article 4, paragraphe 1
Article 3, paragraphe 2	Article 4, paragraphe 2
Article 3, paragraphe 3	Article 4, paragraphe 3
Article 4, paragraphe 1	Article 5, paragraphe 1
Article 4, paragraphe 2	Article 5, paragraphe 2
Article 4, paragraphe 3	Article 5, paragraphe 3
Article 5	Article 6
Article 6	Article 7, paragraphe 1
—	Article 7, paragraphes 2, 3 et 4
—	Article 8
Article 7, paragraphe 1	Article 9, paragraphe 1
Article 7, paragraphe 2	Article 9, paragraphe 2
Article 8, paragraphe 1	Article 10, paragraphe 1
Article 8, paragraphe 2	Article 10, paragraphe 2
Article 9, paragraphe 1	Article 11, paragraphe 1

Règlement (CE) nº 1206/2001	Le présent règlement
Article 9, paragraphe 2	Article 11, paragraphe 2
Article 10, paragraphe 1	Article 12, paragraphe 1
Article 10, paragraphe 2	Article 12, paragraphe 2
Article 10, paragraphe 3	Article 12, paragraphe 3
Article 10, paragraphe 4	Article 12, paragraphe 4
Article 11, paragraphe 1	Article 13, paragraphe 1
Article 11, paragraphe 2	Article 13, paragraphe 2
Article 11, paragraphe 3	Article 13, paragraphe 3
Article 11, paragraphe 4	Article 13, paragraphe 4
Article 11, paragraphe 5	Article 13, paragraphe 5
Article 12, paragraphe 1	Article 14, paragraphe 1
Article 12, paragraphe 2	Article 14, paragraphe 2
Article 12, paragraphe 3	Article 14, paragraphe 3
Article 12, paragraphe 4	Article 14, paragraphe 4
Article 12, paragraphe 5	Article 14, paragraphe 5
Article 13	Article 15
Article 14, paragraphe 1	Article 16, paragraphe 1
Article 14, paragraphe 2	Article 16, paragraphe 2
Article 14, paragraphe 3	Article 16, paragraphe 3
Article 14, paragraphe 4	Article 16, paragraphe 4
Article 15	Article 17
Article 16	Article 18
Article 17, paragraphe 1	Article 19, paragraphe 1
Article 17, paragraphe 2	Article 19, paragraphe 2
Article 17, paragraphe 3	Article 19, paragraphe 3
Article 17, paragraphe 4, premier alinéa	Article 19, paragraphe 4, premier alinéa
Article 17, paragraphe 4, deuxième alinéa	Article 19, paragraphe 4, deuxième alinéa
Article 17, paragraphe 4, troisième alinéa	—
—	Article 19, paragraphe 5
—	Article 19, paragraphe 6
Article 17, paragraphe 5	Article 19, paragraphe 7
Article 17, paragraphe 6	Article 19, paragraphe 8
—	Article 20
—	Article 21
Article 18	Article 22
Article 19, paragraphe 1	Article 23, paragraphe 1

Règlement (CE) n° 1206/2001	Le présent règlement
Article 19, paragraphe 2	—
—	Article 23, paragraphe 2
Article 20	Article 26
—	Article 24
—	Article 25
—	Article 27
—	Article 28
Article 21, paragraphe 1	Article 29, paragraphe 1
Article 21, paragraphe 2	Article 29, paragraphe 2
Article 21, paragraphe 3, point a)	—
Article 21, paragraphe 3, point b)	Article 29, paragraphe 3, point a)
Article 21, paragraphe 3, point c)	Article 29, paragraphe 3, point b)
—	Article 30
Article 22, premier alinéa	Article 31, paragraphe 1
Article 22, deuxième alinéa	Article 31, paragraphe 2
—	Article 31, paragraphe 3
—	Article 31, paragraphe 4
—	Article 32
Article 23	Article 33, paragraphe
—	Article 33, paragraphe 2
Article 24	
—	Article 34
Article 24, paragraphe 1	Article 35, paragraphe 1, premier alinéa
Article 24, paragraphe 2	Article 35, paragraphe 1, deuxième alinéa
—	Article 35, paragraphe 2
—	Article 35, paragraphe 3
Annexe	Annexe I
—	Annexe II
—	Annexe III

III RÈGLES INTERNATIONALES

Convention de La Haye du 18 mars 1970,

Sur l'obtention des preuves à l'étranger en matière civile ou commerciale.

Convention signée par la France le 24 août 1972. — Publiée par Décr. n° 75-250 du 9 avr. 1975. — V. aussi Décr. n° 89-43 du 24 janv. 1989 portant publication de la déclaration française du 24 déc. 1986.

Les États signataires de la présente Convention,

Désirant faciliter la transmission et l'exécution des commissions rogatoires et promouvoir le rapprochement des diverses méthodes qu'ils utilisent à ces fins,

Soucieux d'accroître l'efficacité de la coopération judiciaire mutuelle en matière civile ou commerciale,

Ont résolu de conclure une Convention à ces effets et sont convenus des dispositions suivantes :

CHAPITRE I *COMMISSIONS ROGATOIRES*

Art. 1er En matière civile ou commerciale, l'autorité judiciaire d'un État contractant peut, conformément aux dispositions de sa législation, demander par commission rogatoire à l'autorité compétente d'un autre État contractant de faire tout acte d'instruction, ainsi que d'autres actes judiciaires.

Un acte d'instruction ne peut pas être demandé pour permettre aux parties d'obtenir des moyens de preuves qui ne soient pas destinés à être utilisés dans une procédure engagée ou future.

L'expression "autres actes judiciaires" ne vise ni la signification ou la notification d'actes judiciaires, ni les mesures conservatoires ou d'exécution.

Art. 2 Chaque État contractant désigne une Autorité centrale qui assume la charge de recevoir les commissions rogatoires émanant d'une autorité judiciaire d'un autre État contractant et de les transmettre à l'autorité compétente aux fins d'exécution. L'Autorité centrale est organisée selon les modalités prévues par l'État requis.

Les commissions rogatoires sont transmises à l'Autorité centrale de l'État requis sans intervention d'une autre autorité de cet État.

Art. 3 La commission rogatoire contient les indications suivantes :

a) l'autorité requérante et, si possible, l'autorité requise ;

b) l'identité et l'adresse des parties et, le cas échéant, de leurs représentants ;

c) la nature et l'objet de l'instance et un exposé sommaire des faits ;

d) les actes d'instruction ou autres actes judiciaires à accomplir.

Le cas échéant, la commission rogatoire contient en outre :

e) les nom et adresse des personnes à entendre ;

f) les questions à poser aux personnes à entendre ou les faits sur lesquels elles doivent être entendues ;

g) les documents ou autres objets à examiner ;

h) la demande de recevoir la déposition sous serment ou avec affirmation et, le cas échéant, l'indication de la formule à utiliser ;

i) les formes spéciales dont l'application est demandée conformément à l'article 9.

La commission rogatoire mentionne aussi, s'il y a lieu, les renseignements nécessaires à l'application de l'article 11.

Aucune légalisation ni formalité analogue ne peut être exigée.

Art. 4 La commission rogatoire doit être rédigée dans la langue de l'autorité requise ou accompagnée d'une traduction faite dans cette langue.

Toutefois, chaque État contractant doit accepter la commission rogatoire rédigée en langue française ou anglaise, ou accompagnée d'une traduction dans l'une de ces langues, à moins qu'il ne s'y soit opposé en faisant la réserve prévue à l'article 33.

Tout État contractant qui a plusieurs langues officielles et ne peut, pour des raisons de droit interne, accepter les commissions rogatoires dans l'une de ces langues pour l'ensemble de son territoire, doit faire connaître, au moyen d'une déclaration, la langue dans laquelle la commission rogatoire doit être rédigée ou traduite en vue de son exécution dans les parties de son territoire qu'il a déterminées. En cas d'inobservation sans justes motifs de l'obligation découlant de cette déclaration, les frais de la traduction dans la langue exigée sont à la charge de l'État requérant.

Tout État contractant peut, au moyen d'une déclaration, faire connaître la ou les langues autres que celles prévues aux alinéas précédents dans lesquelles la commission rogatoire peut être adressée à son Autorité centrale.

Toute traduction annexée à une commission rogatoire doit être certifiée conforme, soit par un agent diplomatique ou consulaire, soit par un traducteur assermenté ou juré, soit par toute autre personne autorisée à cet effet dans l'un des deux États.

Art. 5 Si l'Autorité centrale estime que les dispositions de la Convention n'ont pas été respectées, elle en informe immédiatement l'autorité de l'État requérant qui lui a transmis la commission rogatoire, en précisant les griefs articulés à l'encontre de la demande.

Art. 6 En cas d'incompétence de l'autorité requise, la commission rogatoire est transmise d'office et sans retard à l'autorité judiciaire compétente du même État suivant les règles établies par la législation de celui-ci.

Art. 7 L'autorité requérante est, si elle le demande, informée de la date et du lieu où il sera procédé à la mesure sollicitée, afin que les parties intéressées et, le cas échéant, leurs représentants puissent y assister.

Cette communication est adressée directement auxdites parties ou à leurs représentants, lorsque l'autorité requérante en a fait la demande.

Art. 8 Tout État contractant peut déclarer que des magistrats de l'autorité requérante d'un autre État contractant peuvent assister à l'exécution d'une commission rogatoire. Cette mesure peut être soumise à l'autorisation préalable de l'autorité compétente désignée par l'État déclarant.

Art. 9 L'autorité judiciaire qui procède à l'exécution d'une commission rogatoire, applique les lois de son pays en ce qui concerne les formes à suivre.

Toutefois, il est déféré à la demande de l'autorité requérante tendant à ce qu'il soit procédé suivant une forme spéciale, à moins que celle-ci ne soit incompatible avec la loi de l'État requis, ou que son application ne soit pas possible, soit en raison des usages judiciaires de l'État requis, soit de difficultés pratiques.

La commission rogatoire doit être exécutée d'urgence.

Art. 10 En exécutant la commission rogatoire, l'autorité requise applique les moyens de contrainte appropriés et prévus par sa loi interne dans les cas et dans la même mesure où elle y serait obligée pour l'exécution d'une commission des autorités de l'État requis ou d'une demande formulée à cet effet par une partie intéressée.

Art. 11 La commission rogatoire n'est pas exécutée pour autant que la personne qu'elle vise invoque une dispense ou une interdiction de déposer, établies :

a) soit par la loi de l'État requis ; ou

b) soit par la loi de l'État requérant et spécifiées dans la commission rogatoire ou, le cas échéant, attestées par l'autorité requérante à la demande de l'autorité requise.

En outre, tout État contractant peut déclarer qu'il reconnaît de telles dispenses et interdictions établies par la loi d'autres États que l'État requérant et l'État requis, dans la mesure spécifiée dans cette déclaration.

Art. 12 L'exécution de la commission rogatoire ne peut être refusée que dans la mesure où :

a) l'exécution, dans l'État requis, ne rentre pas dans les attributions du pouvoir judiciaire ; ou

b) l'État requis la juge de nature à porter atteinte à sa souveraineté ou à sa sécurité.

L'exécution ne peut être refusée pour le seul motif que la loi de l'État requis revendique une compétence judiciaire exclusive dans l'affaire en cause ou ne connaît pas de voies de droit répondant à l'objet de la demande portée devant l'autorité requérante.

Art. 13 Les pièces constatant l'exécution de la commission rogatoire sont transmises par l'autorité requise à l'autorité requérante par la même voie que celle utilisée par cette dernière.

Lorsque la commission rogatoire n'est pas exécutée en tout ou en partie, l'autorité requérante en est informée immédiatement par la même voie et les raisons lui en sont communiquées.

Art. 14 L'exécution de la commission rogatoire ne peut donner lieu au remboursement de taxes ou de frais, de quelque nature que ce soit.

Toutefois, l'État requis a le droit d'exiger de l'État requérant le remboursement des indemnités payées aux experts et interprètes et des frais résultant de l'application d'une forme spéciale demandée par l'État requérant, conformément à l'article 9, alinéa 2.

L'autorité requise, dont la loi laisse aux parties le soin de réunir les preuves et qui n'est pas en mesure d'exécuter elle-même la commission rogatoire, peut en charger une personne habilitée à cet effet, après avoir obtenu le consentement de l'autorité requérante. En demandant celui-ci, l'autorité requise indique le montant approximatif des frais qui résulteraient de cette intervention. Le consentement implique pour l'autorité requérante l'obligation de rembourser ces frais. A défaut de celui-ci, l'autorité requérante n'est pas redevable de ces frais.

CHAPITRE II *OBTENTION DES PREUVES PAR DES AGENTS DIPLOMATIQUES OU CONSULAIRES ET PAR DES COMMISSAIRES*

Art. 15 En matière civile ou commerciale, un agent diplomatique ou consulaire d'un État contractant peut procéder, sans contrainte, sur le territoire d'un autre État contractant et dans la circonscription où il exerce ses fonctions, à tout acte d'instruction ne visant que les ressortissants d'un État qu'il représente et concernant une procédure engagée devant un tribunal dudit État.

Tout État contractant a la faculté de déclarer que cet acte ne peut être effectué que moyennant l'autorisation accordée sur demande faite par cet agent ou en son nom par l'autorité compétente désignée par l'État déclarant.

Art. 16 Un agent diplomatique ou consulaire d'un État contractant peut en outre procéder, sans contrainte, sur le territoire d'un autre État contractant et dans la circonscription où il exerce ses fonctions, à tout acte d'instruction visant les ressortissants de l'État de résidence ou d'un État tiers, et concernant une procédure engagée devant un tribunal d'un État qu'il représente :

a) si une autorité compétente désignée par l'État de résidence a donné son autorisation, soit d'une manière générale, soit pour chaque cas particulier, et

b) s'il respecte les conditions que l'autorité compétente a fixées dans l'autorisation.

Tout État contractant peut déclarer que les actes d'instruction prévus ci-dessus peuvent être accomplis sans son autorisation préalable.

Art. 17 En matière civile ou commerciale, toute personne régulièrement désignée à cet effet comme commissaire, peut procéder, sans contrainte, sur le territoire d'un État contractant à tout acte d'instruction concernant une procédure engagée devant un tribunal d'un autre État contractant :

a) si une autorité compétente désignée par l'État de l'exécution a donné son autorisation, soit d'une manière générale, soit pour chaque cas particulier ; et

b) si elle respecte les conditions que l'autorité compétente a fixées dans l'autorisation.

Tout État contractant peut déclarer que les actes d'instruction prévus ci-dessus peuvent être accomplis sans son autorisation préalable.

Art. 18 Tout État contractant peut déclarer qu'un agent diplomatique ou consulaire ou un commissaire, autorisé à procéder à un acte d'instruction conformément aux articles 15, 16 et 17, a la faculté de s'adresser à l'autorité compétente désignée par ledit État, pour obtenir l'assistance nécessaire à l'accomplissement de cet acte par voie de contrainte. La déclaration peut comporter toute condition que l'État déclarant juge convenable d'imposer.

Lorsque l'autorité compétente fait droit à la requête, elle applique les moyens de contrainte appropriés et prévus par sa loi interne.

Art. 19 L'autorité compétente, en donnant l'autorisation prévue aux articles 15, 16 et 17 ou dans l'ordonnance prévue à l'article 18, peut déterminer les conditions qu'elle juge convenables, relatives notamment aux heure, date et lieu de l'acte

d'instruction. Elle peut de même demander que ces heure, date et lieu lui soient notifiés au préalable et en temps utile ; en ce cas, un représentant de ladite autorité peut être présent à l'acte d'instruction.

Art. 20 **Les personnes visées par un acte d'instruction prévu dans ce chapitre peuvent se faire assister par leur conseil.**

Art. 21 **Lorsqu'un agent diplomatique ou consulaire ou un commissaire est autorisé à procéder à un acte d'instruction en vertu des articles 15, 16 et 17 :**

a) il peut procéder à tout acte d'instruction qui n'est pas incompatible avec la loi de l'État de l'exécution ou contraire à l'autorisation accordée en vertu desdits articles et recevoir, dans les mêmes conditions, une déposition sous serment ou avec affirmation ;

b) à moins que la personne visée par l'acte d'instruction ne soit ressortissante de l'État dans lequel la procédure est engagée, toute convocation à comparaître ou à participer à un acte d'instruction est rédigée dans la langue du lieu où l'acte d'instruction doit être accompli, ou accompagnée d'une traduction dans cette langue ;

c) la convocation indique que la personne peut être assistée de son conseil, et, dans tout État qui n'a pas fait la déclaration prévue à l'article 18, qu'elle n'est pas tenue de comparaître ni de participer à l'acte d'instruction ;

d) l'acte d'instruction peut être accompli suivant les formes prévues par la loi du tribunal devant lequel la procédure est engagée, à condition qu'elles ne soient pas interdites par la loi de l'État de l'exécution ;

e) la personne visée par l'acte d'instruction peut invoquer les dispenses et interdictions prévues à l'article 11.

Art. 22 **Le fait qu'un acte d'instruction n'ait pu être accompli conformément aux dispositions du présent chapitre en raison du refus d'une personne d'y participer, n'empêche pas qu'une commission rogatoire soit adressée ultérieurement pour le même acte, conformément aux dispositions du chapitre premier.**

CHAPITRE III *DISPOSITIONS GÉNÉALES*

Art. 23 **Tout État contractant peut, au moment de la signature, de la ratification ou de l'adhésion, déclarer qu'il n'exécute pas les commissions rogatoires qui ont pour objet une procédure connue dans les États du *Common Law* sous le nom de "*pre-trial discovery of documents*".**

Commission rogatoire internationale. Rejetant la demande d'une commission rogatoire internationale en vue de la transmission de preuves vers les États-Unis au motif qu'elle ne remplit pas la condition posée par la France à l'art. 2 de la Conv. de La Haye, V. • TJ Saint-Étienne, ord., 5 oct. 2020, n° 20/01884 : *JCP E 2021, n° 1092, note Lenoir, Maklakova et Rudatsikira.*

Art. 24 **Tout État contractant peut désigner, outre l'Autorité centrale, d'autres autorités dont il détermine les compétences. Toutefois, les commissions rogatoires peuvent toujours être transmises à l'Autorité centrale.**

Les États fédéraux ont la faculté de désigner plusieurs Autorités centrales.

Art. 25 **Tout État contractant, dans lequel plusieurs systèmes de droit sont en vigueur, peut désigner les autorités de l'un de ces systèmes, qui auront compétence exclusive pour l'exécution des commissions rogatoires en application de la présente Convention.**

Art. 26 **Tout État contractant, s'il y est tenu pour des raisons de droit constitutionnel, peut inviter l'État requérant à rembourser les frais d'exécution de la commission rogatoire et concernant la signification ou la notification à comparaître, les indemnités dues à la personne qui fait la déposition et l'établissement du procès-verbal de l'acte d'instruction.**

Lorsqu'un État a fait usage des dispositions de l'alinéa précédent, tout autre État contractant peut inviter cet État à rembourser les frais correspondants.

Art. 27 Les dispositions de la présente Convention ne font pas obstacle à ce qu'un État contractant :

a) déclare que des commissions rogatoires peuvent être transmises à ses autorités judiciaires par d'autres voies que celles prévues à l'article 2 ;

b) permette, aux termes de sa loi ou de sa coutume interne, d'exécuter les actes auxquels elle s'applique dans des conditions moins restrictives ;

c) permette, aux termes de sa loi ou de sa coutume interne, des méthodes d'obtention de preuves autres que celles prévues par la présente Convention.

Art. 28 La présente Convention ne s'oppose pas à ce que des États contractants s'entendent pour déroger :

a) à l'article 2, en ce qui concerne la voie de transmission des commissions rogatoires ;

b) à l'article 4, en ce qui concerne l'emploi des langues ;

c) à l'article 8, en ce qui concerne la présence de magistrats à l'exécution des commissions rogatoires ;

d) à l'article 11, en ce qui concerne les dispenses et interdictions de déposer ;

e) à l'article 13, en ce qui concerne la transmission des pièces constatant l'exécution ;

f) à l'article 14, en ce qui concerne le règlement des frais ;

g) aux dispositions du chapitre II.

Art. 29 La présente Convention remplacera, dans les rapports entre les États qui l'auront ratifiée, les articles 8 à 16 des Conventions relatives à la procédure civile, respectivement signées à La Haye le 17 juillet 1905 et le premier mars 1954, dans la mesure où lesdits États sont Parties à l'une ou l'autre de ces Conventions.

Art. 30 La présente Convention ne porte pas atteinte à l'application de l'article 23 de la Convention de 1905, ni de l'article 24 de celle de 1954.

Art. 31 Les accords additionnels aux Conventions de 1905 et de 1954, conclus par les États contractants, sont considérés comme également applicables à la présente Convention, à moins que les États intéressés n'en conviennent autrement.

Art. 32 Sans préjudice de l'application des articles 29 et 31, la présente Convention ne déroge pas aux conventions auxquelles les États contractants sont ou seront Parties et qui contiennent des dispositions sur les matières réglées par la présente Convention.

Art. 33 Tout État, au moment de la signature, de la ratification ou de l'adhésion, a la faculté d'exclure en tout ou en partie l'application des dispositions de l'alinéa 2 de l'article 4, ainsi que du chapitre II. Aucune autre réserve ne sera admise.

Tout État contractant pourra, à tout moment, retirer une réserve qu'il aura faite ; l'effet de la réserve cessera le soixantième jour après la notification du retrait.

Lorsqu'un État aura fait une réserve, tout autre État affecté par celle-ci peut appliquer la même règle à l'égard de l'État qui a fait la réserve.

Art. 34 Tout État peut à tout moment retirer ou modifier une déclaration.

Art. 35 Tout État contractant indiquera au Ministère des Affaires Etrangères des Pays-Bas, soit au moment du dépôt de son instrument de ratification ou d'adhésion, soit ultérieurement, les autorités prévues aux articles 2, 8, 24 et 25.

Il notifiera, le cas échéant, dans les mêmes conditions :

a) la désignation des autorités auxquelles les agents diplomatiques ou consulaires doivent s'adresser en vertu de l'article 16 et de celles qui peuvent accorder l'autorisation ou l'assistance prévues aux articles 15, 16 et 18 ;

b) la désignation des autorités qui peuvent accorder au commissaire l'autorisation prévue à l'article 17 ou l'assistance prévue à l'article 18 ;

c) les déclarations visées aux articles 4, 8, 11, 15, 16, 17, 18, 23 et 27 ;

d) tout retrait ou modification des désignations et déclarations mentionnées ci-dessus ;

e) tout retrait de réserves.

Art. 36 Les difficultés qui s'élèveraient entre les États contractants à l'occasion de l'application de la présente Convention seront réglées par la voie diplomatique.

Art. 37 La présente Convention est ouverte à la signature des États représentés à la Onzième session de la Conférence de La Haye de droit international privé.

Elle sera ratifiée et les instruments de ratification seront déposés auprès du Ministère des Affaires Etrangères des Pays-Bas.

Art. 38 La présente Convention entrera en vigueur le soixantième jour après le dépôt du troisième instrument de ratification prévu par l'article 37, alinéa 2.

La Convention entrera en vigueur, pour chaque État signataire ratifiant postérieurement, le soixantième jour après le dépôt de son instrument de ratification.

Art. 39 Tout État non représenté à la Onzième session de la Conférence de La Haye de droit international privé qui est Membre de la Conférence ou de l'Organisation des Nations unies ou d'une institution spécialisée de celle-ci ou Partie au Statut de la Cour internationale de Justice pourra adhérer à la présente Convention après son entrée en vigueur en vertu de l'article 38, alinéa premier.

L'instrument d'adhésion sera déposé auprès du Ministère des Affaires Etrangères des Pays-Bas.

La Convention entrera en vigueur, pour l'État adhérant, le soixantième jour après le dépôt de son instrument d'adhésion.

L'adhésion n'aura d'effet que dans les rapports entre l'État adhérant et les États contractants qui auront déclaré accepter cette adhésion. Cette déclaration sera déposée auprès du Ministère des Affaires Étrangères des Pays-Bas ; celui-ci en enverra, par la voie diplomatique, une copie certifiée conforme, à chacun des États contractants.

La Convention entrera en vigueur entre l'État adhérant et l'État ayant déclaré accepter cette adhésion soixante jours après le dépôt de la déclaration d'acceptation.

Art. 40 Tout État, au moment de la signature, de la ratification ou de l'adhésion, pourra déclarer que la présente Convention s'étendra à l'ensemble des territoires qu'il représente sur le plan international, ou à l'un ou plusieurs d'entre eux. Cette déclaration aura effet au moment de l'entrée en vigueur de la Convention pour ledit État.

Par la suite, toute extension de cette nature sera notifiée au Ministère des Affaires Etrangères des Pays-Bas.

La Convention entrera en vigueur, pour les territoires visés par l'extension, le soixantième jour après la notification mentionnée à l'alinéa précédent.

Art. 41 La présente Convention aura une durée de cinq ans à partir de la date de son entrée en vigueur, conformément à l'article 38, alinéa premier, même pour les États qui l'auront ratifiée ou y auront adhéré postérieurement.

La Convention sera renouvelée tacitement de cinq en cinq ans, sauf dénonciation.

La dénonciation sera, au moins six mois avant l'expiration du délai de cinq ans, notifiée au Ministère des Affaires Etrangères des Pays-Bas.

Elle pourra se limiter à certains des territoires auxquels s'applique la Convention.

La dénonciation n'aura d'effet qu'à l'égard de l'État qui l'aura notifiée. La Convention restera en vigueur pour les autres États contractants.

Art. 42 Le Ministère des Affaires Etrangères des Pays-Bas notifiera aux États visés à l'article 37, ainsi qu'aux États qui auront adhéré conformément aux dispositions de l'article 39 :

a) les signatures et ratifications visées à l'article 37 ;

b) la date à laquelle la présente Convention entrera en vigueur conformément aux dispositions de l'article 38, alinéa premier ;

c) les adhésions visées à l'article 39 et la date à laquelle elles auront effet ;

d) les extensions visées à l'article 40 et la date à laquelle elles auront effet ;

e) les désignations, réserves et déclarations mentionnées aux articles 33 et 35 ;

f) les dénonciations visées à l'article 41, alinéa 3.

Déclarations françaises

I. — En ce qui concerne l'article 40, paragraphe 1, de la Convention, la France déclare que la Convention s'applique à l'ensemble du territoire de la République française.

II. — Conformément aux dispositions de l'article 33, le Gouvernement français déclare :

— que, par application de l'article 4, alinéa 2, il n'exécutera que les commissions rogatoires rédigées en français ou accompagnées d'une traduction en langue française ;

— que, par application de l'article 23, les commissions rogatoires qui ont pour objet une procédure connue dans les États de *Common Law* sous le nom de "*Pré-Trial discovery of documents*", ne seront pas exécutées. — *Cette déclaration ne s'applique pas lorsque les documents demandés sont limitativement énumérés dans la commission rogatoire et ont un lien direct et précis avec l'objet du litige (Décr. n° 89-43 du 24 janv. 1989, en vigueur le 19 janv. 1987).*

III. — Conformément aux dispositions de l'article 2, le Ministère de la Justice, service civil de l'entraide judiciaire internationale, 13, place Vendôme, Paris (1er), est désigné comme autorité centrale à l'exclusion de toute autre autorités

IV. — Conformément aux dispositions de l'article 16, le Ministère de la Justice, service civil de l'entraide judiciaire internationale, 13, place Vendôme, Paris (1er), est désigné comme autorité compétente pour autoriser les agents diplomatiques ou consulaires d'un État contractant à procéder sans contrainte à tout acte d'instruction visant des personnes autres que les ressortissants de cet État et concernant une procédure engagée devant un tribunal d'un État qu'ils représentent.

Cette autorisation, qui sera donnée pour chaque cas particulier et assortie, le cas échéant, de conditions particulières, sera accordée aux conditions générales suivantes :

1. Les actes d'instruction devront avoir lieu exclusivement dans l'enceinte des ambassades ou des consulats ;
2. La date et l'heure des actes d'instruction devront être notifiées en temps utile au service civil de l'entraide judiciaire internationale pour lui permettre de s'y faire représenter éventuellement ;
3. Les actes d'instruction devront avoir lieu dans un local accessible au public ;
4. Les personnes visées par l'acte d'instruction devront être régulièrement convoquées par un acte officiel rédigé en français ou assorti d'une traduction en langue française, et cet acte mentionnera :

a) Que l'acte d'instruction auquel il est procédé est accompli conformément aux dispositions de la Convention de La Haye du 18 mars 1970 sur l'obtention des preuves à l'étranger en matière civile ou commerciale, et s'insérer dans le cadre d'une procédure judiciaire suivie devant une juridiction nommément désignée d'un État contractant ;

b) Que la comparution est volontaire et que l'absence de comparution ne saurait entraîner dans l'État requérant de poursuites pénales ;

c) Que les parties au procès, le cas échéant, sont consentantes et dans le cas contraire les motifs de leur opposition ;

d) Que la personne visée par l'acte d'instruction peut se faire assister d'un avocat ;

e) Que la personne visée par l'acte d'instruction peut invoquer une dispense ou une interdiction de déposer.

Une copie de ces convocations sera adressée au Ministère de la Justice.

5. Le service civil de l'entraide judiciaire internationale sera tenu informé de toute difficulté.

V. — Conformément aux dispositions de l'article 17, le Ministère de la Justice, service civil de l'entraide judiciaire internationale, 13, place Vendôme, Paris (1er), est désigné comme autorité compétente pour autoriser les personnes régulièrement désignées comme commissaires à procéder sans contrainte à tout acte d'instruction concernant une procédure engagée devant un tribunal d'un État contractant.

Cette autorisation, qui sera donnée pour chaque cas particulier et assortie, le cas échéant, de conditions particulières, sera accordée aux conditions générales suivantes :

1. Les actes d'instruction devront avoir lieu exclusivement dans l'enceinte des ambassades ;
2. La date et l'heure des actes d'instruction devront être notifiées en temps utile au service civil de l'entraide judiciaire internationale pour lui permettre de s'y faire représenter éventuellement ;
3. Les actes d'instruction devront avoir lieu dans un local accessible au public ;
4. Les personnes visées par l'acte d'instruction devront être régulièrement convoquées par acte officiel rédigé en français ou assorti d'une traduction en langue française. Cet acte mentionnera :

a) Que l'acte d'instruction auquel il est procédé est accompli conformément aux dispositions de la Convention de La Haye du 18 mars 1970 sur l'obtention des preuves à l'étranger en matière civile ou commerciale, et s'insérer dans le cadre d'une procédure judiciaire suivie devant une juridiction nommément désignée d'un État contractant ;

b) Que la comparution est volontaire et que l'absence de comparution ne saurait entraîner dans l'État requérant de poursuites pénales ;

c) Que les parties au procès, le cas échéant, sont consentantes et dans le cas contraire les motifs de leur opposition ;

d) Que la personne visée par l'acte d'instruction peut se faire assister d'un avocat ;

e) Que la personne visée par l'acte d'instruction peut invoquer une dispense ou une interdiction de déposer.

Une copie de ces convocations sera adressée au Ministère de la Justice.

5. Le service civil de l'entraide judiciaire internationale sera tenu informé de toute difficulté.

La demande d'autorisation qui sera adressée par l'autorité requérante au Ministère de la Justice devra préciser :

1. Les motifs qui ont conduit, eu égard aux montants des frais judiciaires encourus, à choisir cette méthode d'investigation de préférence à celle de la commission rogatoire ;

2. Les critères de désignation des commissaires lorsque la personnalité désignée ne résidera pas en France.

Le Gouvernement français déclare que, par application des dispositions de l'article 8, des magistrats de l'autorité requérante d'un État contractant pourront assister à l'exécution d'une commission rogatoire.

IV RÈGLES ÉTRANGÈRES

Clarifying Lawful Overseas Use of Data Act du 6 février 2018 (Cloud Act),

To amend title 18, United States Code, to improve law enforcement access to data stored across borders, and for other purposes.

BIBL. GÉN. ▶ JACOB, *Cah. dr. entr. 2018, nº 4, p. 35* (remarques sur l'application du droit dans l'espace numérique à la lumière du *Cloud Act*). – DE MAISON ROUGE, *AJ pénal 2019. 591* (*Cloud Act* et collecte des preuves numériques à l'étranger : la souveraineté judiciaire en balance). – BISMUTH, *Rev. crit. DIP 2019. 681* (le *Cloud Act* face au projet européen *e-evidence* : confrontation ou coopération ?). – CHRISTAKIS, *Rev. crit. DIP 2019. 695* (la communication aux autorités américaines de données sur la base du *Cloud Act* est-elle en conflit avec le RGPD ?). – THIERACHE, *Dalloz IP/IT 2019. 367* (RGPD vs *Cloud Act* : le nouveau cadre légal américain est-il anti-RGPD ?). – JOUFFIN, *Banque et Dr. 1-2/2020. 4* (*Cloud Act* – accord bilatéral USA-UK : les Anglais ont tiré les premiers). – MOIZAN et WILLEMANT, *D. avocats 2020. 230* (compliance, RGPD et Sapin 2). – JOUFFIN et COUPEZ, *Banque et Dr. 2/2021. Hors-série. 31* (*cloud computing* et collecte des données à des fins judiciaires et de renseignement : l'exemple des États-Unis). – DAVIS et GUNKA, *Rev. crit. DIP 2021. 43* (perquisitionner les nuages – *Cloud Act*, souveraineté européenne et accès à la preuve dans l'espace pénal numérique).

COMMENTAIRE

Le *Cloud Act* modifie la loi «*Stored Communications Act*» (SCA) de 1986 relative à la protection de la confidentialité des données de communication, traitées ou stockées par des fournisseurs de service de communication.

L'adoption du *Cloud Act* fait suite, notamment, au litige qui a opposé Microsoft au gouvernement américain. Dans une affaire de trafic de stupéfiants, les autorités américaines demandaient l'accès à des e-mails hébergés par Microsoft sur des serveurs en Irlande. L'entreprise a refusé, au motif notamment que les données n'étaient pas situées sur le territoire américain et que le SCA n'avait pas de portée extraterritoriale. La cour d'appel de New York a validé la thèse de Microsoft.

Le *Cloud Act* a donc été adopté pour obliger hébergeurs et fournisseurs d'accès à donner aux autorités l'accès à leurs données dans le cadre d'une enquête, quel que soit le pays de l'hébergement. Cette adoption mettra dès lors fin au litige avec Microsoft.

Le *Cloud Act* permet désormais aux autorités américaines d'obtenir, dans leurs enquêtes pénales, des données stockées par des entreprises américaines en dehors des États-Unis sans passer par une demande d'entraide. Sont visés (§ 2713) les « *providers of electronic communications services or remote computing services* », c'est-à-dire tous les opérateurs de communications électroniques et de « *cloud computing* », et toutes les données qui sont situées ou stockées sous leur contrôle, quel que soit le lieu.

Il n'est pas précisé que les entreprises concernées doivent être américaines : elles peuvent avoir des filiales aux États-Unis, ou avoir des relations commerciales avec les États-Unis.

Le *Cloud Act* permet à un autre État de négocier un accord bilatéral avec les États-Unis lui permettant de solliciter également la communication des données sans requête au *Department of Justice* (DOJ), bien entendu sous réserve de réciprocité.

Cette législation a été approuvée par les entreprises américaines concernées. Le *Cloud Act*, en fait, les rassure à deux titres : d'une part, est clarifié pour elles le statut des communications, d'autre part, la faculté d'accès aux données (avec accord bilatéraux éventuels) peut leur éviter que les États adoptent des législations contraignantes, exigeant l'hébergement sur leur territoire (comme la Chine).

Reste que ce texte pose de nombreuses difficultés en termes de libertés publiques et de sécurisation des entreprises. Une pratique de compliance raisonnable doit conduire à sécuriser l'accès aux données, ce que le *Cloud Act* affaiblit.

Doit être clarifiée également son articulation au sein de l'Union européenne avec le règlement général sur la protection des données (RGPD) dont l'article 48 dispose : « Toute décision d'une juridiction ou d'une autorité administrative d'un pays tiers exigeant d'un responsable du traitement ou d'un sous-traitant qu'il transfère ou divulgue des données à caractère personnel ne peut être reconnue ou rendue exécutoire de quelque manière que ce soit qu'à la condition qu'elle soit fondée sur un accord international, tel qu'un traité d'entraide judiciaire, en vigueur entre le pays tiers demandeur et l'Union ou un État membre, sans préjudice d'autres motifs de transfert en vertu du présent chapitre » (V. au ***C. données personnelles***).

Enfin, la question est clairement posée de l'intérêt, finalement, de lois telle la loi de blocage du 26 juillet 1968 (V. *supra*, I. Règles internes) dans la mesure où tout est actuellement dématérialisé. S'il suffit de prendre les données chez l'hébergeur, il est inutile de les demander à leur propriétaire. ❑

SECTION 1 Short title

This Act may be cited as the "Clarifying Lawful Overseas Use of Data Act" or the "CLOUD Act".

SECTION 2 Congressional findings

Congress finds the following:

(1) Timely access to electronic data held by communications-service providers is an essential component of government efforts to protect public safety and combat serious crime, including terrorism.

(2) Such efforts by the United States Government are being impeded by the inability to access data stored outside the United States that is in the custody, control, or possession of communications-service providers that are subject to jurisdiction of the United States.

(3) Foreign governments also increasingly seek access to electronic data held by communications-service providers in the United States for the purpose of combating serious crime.

(4) Communications-service providers face potential conflicting legal obligations when a foreign government orders production of electronic data that United States law may prohibit providers from disclosing.

(5) Foreign law may create similarly conflicting legal obligations when chapter 121 of title 18, United States Code (commonly known as the "Stored Communications

Act"), requires disclosure of electronic data that foreign law prohibits communications-service providers from disclosing.

(6) International agreements provide a mechanism for resolving these potential conflicting legal obligations where the United States and the relevant foreign government share a common commitment to the rule of law and the protection of privacy and civil liberties.

SECTION 3 Preservation of records; comity analysis of legal process

(a) Required preservation and disclosure of communications and records–

(1) AMENDMENT.– Chapter 121 of title 18, United States Code, is amended by adding at the end the following:

"§ 2713. Required preservation and disclosure of communications and records

"A provider of electronic communication service or remote computing service shall comply with the obligations of this chapter to preserve, backup, or disclose the contents of a wire or electronic communication and any record or other information pertaining to a customer or subscriber within such provider's possession, custody, or control, regardless of whether such communication, record, or other information is located within or outside of the United States.".

(2) TABLE OF SECTIONS.-The table of sections for chapter 121 of title 18, United States Code, is amended by inserting after the item relating to section 2712 the following:

"2713. Required preservation and disclosure of communications and records.".

(b) Comity analysis of legal process seeking contents of wire or electronic communication.-Section 2703 of title 18, United States Code, is amended by adding at the end the following:

"(h) Comity analysis and disclosure of information regarding legal process seeking contents of wire or electronic communication–

"(1) DEFINITIONS.– In this subsection–

"(A) the term 'qualifying foreign government'means a foreign government–

"(i) with which the United States has an executive agreement that has entered into force under section 2523; and

"(ii) the laws of which provide to electronic communication service providers and remote computing service providers substantive and procedural opportunities similar to those provided under paragraphs (2) and (5); and

"(B) the term 'United States person'has the meaning given the term in section 2523.

"(2) MOTIONS TO QUASH OR MODIFY.–

(A) A provider of electronic communication service to the public or remote computing service, that is being required to disclose pursuant to legal process issued under this section the contents of a wire or electronic communication of a subscriber or customer, may file a motion to modify or quash the legal process where the provider reasonably believes–

"(i) that the customer or subscriber is not a United States person and does not reside in the United States; and

"(ii) that the required disclosure would create a material risk that the provider would violate the laws of a qualifying foreign government.

Such a motion shall be filed not later than 14 days after the date on which the provider was served with the legal process, absent agreement with the government or permission from the court to extend the deadline based on an application made within the 14 days. The right to move to quash is without prejudice to any other grounds to move to quash or defenses thereto, but it shall be the sole basis for moving to quash on the grounds of a conflict of law related to a qualifying foreign government.

"(B) Upon receipt of a motion filed pursuant to subparagraph (A), the court shall afford the governmental entity that applied for or issued the legal process under this section the opportunity to respond. The court may modify or quash the legal process, as appropriate, only if the court finds that—

"(i) the required disclosure would cause the provider to violate the laws of a qualifying foreign government;

"(ii) based on the totality of the circumstances, the interests of justice dictate that the legal process should be modified or quashed; and

"(iii) the customer or subscriber is not a United States person and does not reside in the United States.

"(3) COMITY ANALYSIS.-For purposes of making a determination under paragraph (2)(B)(ii), the court shall take into account, as appropriate—

"(A) the interests of the United States, including the investigative interests of the governmental entity seeking to require the disclosure;

"(B) the interests of the qualifying foreign government in preventing any prohibited disclosure;

"(C) the likelihood, extent, and nature of penalties to the provider or any employees of the provider as a result of inconsistent legal requirements imposed on the provider;

"(D) the location and nationality of the subscriber or customer whose communications are being sought, if known, and the nature and extent of the subscriber or customer's connection to the United States, or if the legal process has been sought on behalf of a foreign authority pursuant to section 3512, the nature and extent of the subscriber or customer's connection to the foreign authority's country;

"(E) the nature and extent of the provider's ties to and presence in the United States;

"(F) the importance to the investigation of the information required to be disclosed;

"(G) the likelihood of timely and effective access to the information required to be disclosed through means that would cause less serious negative consequences ; and

"(H) if the legal process has been sought on behalf of a foreign authority pursuant to section 3512, the investigative interests of the foreign authority making the request for assistance.

"(4) DISCLOSURE OBLIGATIONS DURING PENDENCY OF CHALLENGE.– A service provider shall preserve, but not be obligated to produce, information sought during the pendency of a motion brought under this subsection, unless the court finds that immediate production is necessary to prevent an adverse result identified in section 2705(a)(2).

"(5) DISCLOSURE TO QUALIFYING FOREIGN GOVERNMENT.– (A) It shall not constitute a violation of a protective order issued under section 2705 for a provider of electronic communication service to the public or remote computing service to disclose to the entity within a qualifying foreign government, designated in an executive agreement under section 2523, the fact of the existence of legal process issued under this section seeking the contents of a wire or electronic communication of a customer or subscriber who is a national or resident of the qualifying foreign government.

"(B) Nothing in this paragraph shall be construed to modify or otherwise affect any other authority to make a motion to modify or quash a protective order issued under section 2705.".

(c) Rule of construction.-Nothing in this section, or an amendment made by this section, shall be construed to modify or otherwise affect the common law standards governing the availability or application of comity analysis to other types of compulsory process or to instances of compulsory process issued under section 2703 of title 18, United States Code, as amended by this section, and not covered under subsection (h)(2) of such section 2703.

SECTION 4 Additional amendments to current communications laws

Title 18, United States Code, is amended—

(1) in chapter 119—

(A) in section 2511(2), by adding at the end the following:

"(j) It shall not be unlawful under this chapter for a provider of electronic communication service to the public or remote computing service to intercept or disclose the contents of a wire or electronic communication in response to an order from a foreign government that is subject to an executive agreement that the Attorney General has determined and certified to Congress satisfies section 2523."; and

(B) in section 2520(d), by amending paragraph (3) to read as follows:

"(3) a good faith determination that section 2511(3), 2511(2)(i), or 2511(2)(j) of this title permitted the conduct complained of;"

(2) in chapter 121–

(A) in section 2702–

(i) in subsection (b)–

(I) in paragraph (8), by striking the period at the end and inserting "; or"; and

(II) by adding at the end the following:

"(9) to a foreign government pursuant to an order from a foreign government that is subject to an executive agreement that the Attorney General has determined and certified to Congress satisfies section 2523."; and

(ii) in subsection (c)–

(I) in paragraph (5), by striking "or" at the end;

(II) in paragraph (6), by striking the period at the end and inserting "; or"; and

(III) by adding at the end the following:

"(7) to a foreign government pursuant to an order from a foreign government that is subject to an executive agreement that the Attorney General has determined and certified to Congress satisfies section 2523."; and

(B) in section 2707(e), by amending paragraph (3) to read as follows:

"(3) a good faith determination that section 2511(3), section 2702(b)(9), or section 2702(c)(7) of this title permitted the conduct complained of;"; and

(3) in chapter 206–

(A) in section 3121(a), by inserting before the period at the end the following: "or an order from a foreign government that is subject to an executive agreement that the Attorney General has determined and certified to Congress satisfies section 2523"; and

(B) in section 3124–

(i) by amending subsection (d) to read as follows:

"(d) no cause of action against a provider disclosing information under this chapter.-no cause of action shall lie in any court against any provider of a wire or electronic communication service, its officers, employees, agents, or other specified persons for providing information, facilities, or assistance in accordance with a court order under this chapter, request pursuant to section 3125 of this title, or an order from a foreign government that is subject to an executive agreement that the Attorney General has determined and certified to Congress satisfies section 2523."; and

(ii) by amending subsection (e) to read as follows:

"(e) Defense.– A good faith reliance on a court order under this chapter, a request pursuant to section 3125 of this title, a legislative authorization, a statutory authorization, or a good faith determination that the conduct complained of was permitted by an order from a foreign government that is subject to executive agreement that the Attorney General has determined and certified to Congress satisfies section 2523, is a complete defense against any civil or criminal action brought under this chapter or any other law.".

SECTION 5 Executive agreements on access to data by foreign governments

(a) In general.– Chapter 119 of title 18, United States Code, is amended by adding at the end the following:

"§ 2523. Executive agreements on access to data by foreign governments

"(a) Definitions.-In this section–

"(1) the term 'lawfully admitted for permanent residence'has the meaning given the term in section 101(a) of the Immigration and Nationality Act (8 U.S.C. 1101(a)); and

"(2) the term 'United States person'means a citizen or national of the United States, an alien lawfully admitted for permanent residence, an unincorporated association a substantial number of members of which are citizens of the United States or aliens lawfully admitted for permanent residence, or a corporation that is incorporated in the United States.

"(b) Executive agreement requirements.– For purposes of this chapter, chapter 121, and chapter 206, an executive agreement governing access by a foreign government to data subject to this chapter, chapter 121, or chapter 206 shall be considered to satisfy the requirements of this section if the Attorney General, with the concurrence of the Secretary of State, determines, and submits a written certification of such determination to Congress, that–

"(1) the domestic law of the foreign government, including the implementation of that law, affords robust substantive and procedural protections for privacy and civil liberties in light of the data collection and activities of the foreign government that will be subject to the agreement, if–

"(A) such a determination under this section takes into account, as appropriate, credible information and expert input; and

"(B) the factors to be considered in making such a determination include whether the foreign government–

"(i) has adequate substantive and procedural laws on cybercrime and electronic evidence, as demonstrated by being a party to the Convention on Cybercrime, done at Budapest November 23, 2001, and entered into force January 7, 2004, or through domestic laws that are consistent with definitions and the requirements set forth in chapters I and II of that Convention;

"(ii) demonstrates respect for the rule of law and principles of nondiscrimination;

"(iii) adheres to applicable international human rights obligations and commitments or demonstrates respect for international universal human rights, including–

"(I) protection from arbitrary and unlawful interference with privacy;

"(II) fair trial rights;

"(III) freedom of expression, association, and peaceful assembly;

"(IV) prohibitions on arbitrary arrest and detention; and

"(V) prohibitions against torture and cruel, inhuman, or degrading treatment or punishment;

"(iv) has clear legal mandates and procedures governing those entities of the foreign government that are authorized to seek data under the executive agreement, including procedures through which those authorities collect, retain, use, and share data, and effective oversight of these activities;

"(v) has sufficient mechanisms to provide accountability and appropriate transparency regarding the collection and use of electronic data by the foreign government; and

"(vi) demonstrates a commitment to promote and protect the global free flow of information and the open, distributed, and interconnected nature of the Internet;

"(2) the foreign government has adopted appropriate procedures to minimize the acquisition, retention, and dissemination of information concerning United States persons subject to the agreement; and

"(3) the agreement requires that, with respect to any order that is subject to the agreement–

"(A) the foreign government may not intentionally target a United States person or a person located in the United States, and shall adopt targeting procedures designed to meet this requirement;

"(B) the foreign government may not target a non-United States person located outside the United States if the purpose is to obtain information concerning a United States person or a person located in the United States;

"(C) the foreign government may not issue an order at the request of or to obtain information to provide to the United States Government or a third-party government, nor shall the foreign government be required to share any information produced with the United States Government or a third-party government;

"(D) an order issued by the foreign government—

"(i) shall be for the purpose of obtaining information relating to the prevention, detection, investigation, or prosecution of serious crime, including terrorism;

"(ii) shall identify a specific person, account, address, or personal device, or any other specific identifier as the object of the order;

"(iii) shall be in compliance with the domestic law of that country, and any obligation for a provider of an electronic communications service or a remote computing service to produce data shall derive solely from that law;

"(iv) shall be based on requirements for a reasonable justification based on articulable and credible facts, particularity, legality, and severity regarding the conduct under investigation;

"(v) shall be subject to review or oversight by a court, judge, magistrate, or other independent authority; and

"(vi) in the case of an order for the interception of wire or electronic communications, and any extensions thereof, shall require that the interception order—

"(I) be for a fixed, limited duration;

"(II) may not last longer than is reasonably necessary to accomplish the approved purposes of the order; and

"(III) be issued only if the same information could not reasonably be obtained by another less intrusive method;

"(E) an order issued by the foreign government may not be used to infringe freedom of speech;

"(F) the foreign government shall promptly review material collected pursuant to the agreement and store any unreviewed communications on a secure system accessible only to those persons trained in applicable procedures;

"(G) the foreign government shall, using procedures that, to the maximum extent possible, meet the definition of minimization procedures in section 101 of the Foreign Intelligence Surveillance Act of 1978 (50 U.S.C. 1801), segregate, seal, or delete, and not disseminate material found not to be information that is, or is necessary to understand or assess the importance of information that is, relevant to the prevention, detection, investigation, or prosecution of serious crime, including terrorism, or necessary to protect against a threat of death or serious bodily harm to any person;

"(H) the foreign government may not disseminate the content of a communication of a United States person to United States authorities unless the communication may be disseminated pursuant to subparagraph (G) and relates to significant harm, or the threat thereof, to the United States or United States persons, including crimes involving national security such as terrorism, significant violent crime, child exploitation, transnational organized crime, or significant financial fraud;

"(I) the foreign government shall afford reciprocal rights of data access, to include, where applicable, removing restrictions on communications service providers, including providers subject to United States jurisdiction, and thereby allow them to respond to valid legal process sought by a governmental entity (as defined in section 2711) if foreign law would otherwise prohibit communications-service providers from disclosing the data;

"(J) the foreign government shall agree to periodic review of compliance by the foreign government with the terms of the agreement to be conducted by the United States Government; and

"(K) the United States Government shall reserve the right to render the agreement inapplicable as to any order for which the United States Government concludes the agreement may not properly be invoked.

"(c) Limitation on judicial review.-A determination or certification made by the Attorney General under subsection (b) shall not be subject to judicial or administrative review.

"(d) Effective date of certification.–

"(1) NOTICE.-Not later than 7 days after the date on which the Attorney General certifies an executive agreement under subsection (b), the Attorney General shall provide notice of the determination under subsection (b) and a copy of the executive agreement to Congress, including–

"(A) the Committee on the Judiciary and the Committee on Foreign Relations of the Senate; and

"(B) the Committee on the Judiciary and the Committee on Foreign Affairs of the House of Representatives.

"(2) ENTRY INTO FORCE.– An executive agreement that is determined and certified by the Attorney General to satisfy the requirements of this section shall enter into force not earlier than the date that is 90 days after the date on which notice is provided under paragraph (1), unless Congress enacts a joint resolution of disapproval in accordance with paragraph (4).

"(3) CONSIDERATION BY COMMITTEES.–

"(A) IN GENERAL.-During the 60-day period beginning on the date on which notice is provided under paragraph (1), each congressional committee described in paragraph (1) may–

"(i) hold one or more hearings on the executive agreement; and

"(ii) submit to their respective House of Congress a report recommending whether the executive agreement should be approved or disapproved.

"(B) REQUESTS FOR INFORMATION.-Upon request by the Chairman or Ranking Member of a congressional committee described in paragraph (1), the head of an agency shall promptly furnish a summary of factors considered in determining that the foreign government satisfies the requirements of this section.

"(4) CONGRESSIONAL REVIEW.–

"(A) JOINT RESOLUTION DEFINED.-In this paragraph, the term 'joint resolution' means only a joint resolution–

"(i) introduced during the 90-day period described in paragraph (2);

"(ii) which does not have a preamble;

"(iii) the title of which is as follows: 'Joint resolution disapproving the executive agreement signed by the United States and __.', the blank space being appropriately filled in; and

"(iv) the matter after the resolving clause of which is as follows: 'That Congress disapproves the executive agreement governing access by ___ to certain electronic data as submitted by the Attorney General on ___', the blank spaces being appropriately filled in.

"(B) JOINT RESOLUTION ENACTED.– Notwithstanding any other provision of this section, if not later than 90 days after the date on which notice is provided to Congress under paragraph (1), there is enacted into law a joint resolution disapproving of an executive agreement under this section, the executive agreement shall not enter into force.

"(C) INTRODUCTION.– During the 90-day period described in subparagraph (B), a joint resolution of disapproval may be introduced–

"(i) in the House of Representatives, by the majority leader or the minority leader; and

"(ii) in the Senate, by the majority leader (or the majority leader's designee) or the minority leader (or the minority leader's designee).

"(5) FLOOR CONSIDERATION IN HOUSE OF REPRESENTATIVES.– If a committee of the House of Representatives to which a joint resolution of disapproval has been referred has not reported the joint resolution within 60 days after the date of referral, that committee shall be discharged from further consideration of the joint resolution.

"(6) CONSIDERATION IN THE SENATE.–

"(A) COMMITTEE REFERRAL.– A joint resolution of disapproval introduced in the Senate shall be–

"(i) referred to the Committee on the Judiciary; and

"(ii) referred to the Committee on Foreign Relations.

"(B) REPORTING AND DISCHARGE.– If a committee to which a joint resolution of disapproval was referred has not reported the joint resolution within 60 days after the date of referral of the joint resolution, that committee shall be discharged from further consideration of the joint resolution and the joint resolution shall be placed on the appropriate calendar.

"(C) PROCEEDING TO CONSIDERATION.– Notwithstanding rule XXII of the Standing Rules of the Senate, it is in order at any time after either the Committee on the Judiciary or the Committee on Foreign Relations, as the case may be, reports a joint resolution of disapproval to the Senate or has been discharged from consideration of such a joint resolution (even though a previous motion to the same effect has been disagreed to) to move to proceed to the consideration of the joint resolution, and all points of order against the joint resolution (and against consideration of the joint resolution) are waived. The motion is not subject to a motion to postpone. A motion to reconsider the vote by which the motion is agreed to or disagreed to shall not be in order.

"(D) RULINGS OF THE CHAIR ON PROCEDURE.– Appeals from the decisions of the Chair relating to the application of the rules of the Senate, as the case may be, to the procedure relating to a joint resolution of disapproval shall be decided without debate.

"(E) CONSIDERATION OF VETO MESSAGES.– Debate in the Senate of any veto message with respect to a joint resolution of disapproval, including all debatable motions and appeals in connection with the joint resolution, shall be limited to 10 hours, to be equally divided between, and controlled by, the majority leader and the minority leader or their designees.

"(7) RULES RELATING TO SENATE AND HOUSE OF REPRESENTATIVES.–

"(A) TREATMENT OF SENATE JOINT RESOLUTION IN HOUSE.-In the House of Representatives, the following procedures shall apply to a joint resolution of disapproval received from the Senate (unless the House has already passed a joint resolution relating to the same proposed action):

"(i) The joint resolution shall be referred to the appropriate committees.

"(ii) If a committee to which a joint resolution has been referred has not reported the joint resolution within 7 days after the date of referral, that committee shall be discharged from further consideration of the joint resolution.

"(iii) Beginning on the third legislative day after each committee to which a joint resolution has been referred reports the joint resolution to the House or has been discharged from further consideration thereof, it shall be in order to move to proceed to consider the joint resolution in the House. All points of order against the motion are waived. Such a motion shall not be in order after the House has disposed of a motion to proceed on the joint resolution. The previous question shall be considered as ordered on the motion to its adoption without intervening motion. The motion shall not be debatable. A motion to reconsider the vote by which the motion is disposed of shall not be in order.

"(iv) The joint resolution shall be considered as read. All points of order against the joint resolution and against its consideration are waived. The previous question shall be considered as ordered on the joint resolution to final passage without intervening motion except 2 hours of debate equally divided and controlled by the sponsor of the joint resolution (or a designee) and an opponent. A motion to reconsider the vote on passage of the joint resolution shall not be in order.

"(B) TREATMENT OF HOUSE JOINT RESOLUTION IN SENATE.–

"(i) If, before the passage by the Senate of a joint resolution of disapproval, the Senate receives an identical joint resolution from the House of Representatives, the following procedures shall apply:

"(I) That joint resolution shall not be referred to a committee.

"(II) With respect to that joint resolution–

"(aa) the procedure in the Senate shall be the same as if no joint resolution had been received from the House of Representatives; but

"(bb) the vote on passage shall be on the joint resolution from the House of Representatives.

"(ii) If, following passage of a joint resolution of disapproval in the Senate, the Senate receives an identical joint resolution from the House of Representatives, that joint resolution shall be placed on the appropriate Senate calendar.
"(iii) If a joint resolution of disapproval is received from the House, and no companion joint resolution has been introduced in the Senate, the Senate procedures under this subsection shall apply to the House joint resolution.
"(C) APPLICATION TO REVENUE MEASURES.-The provisions of this paragraph shall not apply in the House of Representatives to a joint resolution of disapproval that is a revenue measure.
"(8) RULES OF HOUSE OF REPRESENTATIVES AND SENATE.-This subsection is enacted by Congress—
"(A) as an exercise of the rulemaking power of the Senate and the House of Representatives, respectively, and as such is deemed a part of the rules of each House, respectively, and supersedes other rules only to the extent that it is inconsistent with such rules; and
"(B) with full recognition of the constitutional right of either House to change the rules (so far as relating to the procedure of that House) at any time, in the same manner, and to the same extent as in the case of any other rule of that House.
"(e) Renewal of determination.–
"(1) IN GENERAL.– The Attorney General, with the concurrence of the Secretary of State, shall renew a determination under subsection (b) every 5 years.
"(2) REPORT.– Upon renewing a determination under subsection (b), the Attorney General shall file a report with the Committee on the Judiciary and the Committee on Foreign Relations of the Senate and the Committee on the Judiciary and the Committee on Foreign Affairs of the House of Representatives describing—
"(A) the reasons for the renewal;
"(B) any substantive changes to the agreement or to the relevant laws or procedures of the foreign government since the original determination or, in the case of a second or subsequent renewal, since the last renewal; and
"(C) how the agreement has been implemented and what problems or controversies, if any, have arisen as a result of the agreement or its implementation.
"(3) NONRENEWAL.– If a determination is not renewed under paragraph (1), the agreement shall no longer be considered to satisfy the requirements of this section.
"(f) Publication.– Any determination or certification under subsection (b) regarding an executive agreement under this section, including any termination or renewal of such an agreement, shall be published in the Federal Register as soon as is reasonably practicable.
"(g) Minimization procedures.– A United States authority that receives the content of a communication described in subsection (b)(3)(H) from a foreign government in accordance with an executive agreement under this section shall use procedures that, to the maximum extent possible, meet the definition of minimization procedures in section 101 of the Foreign Intelligence Surveillance Act of 1978 (50 U.S.C. 1801) to appropriately protect nonpublicly available information concerning United States persons.".
(b) Table of sections amendment.– The table of sections for chapter 119 of title 18, United States Code, is amended by inserting after the item relating to section 2522 the following:
"2523. Executive agreements on access to data by foreign governments."

SECTION 6 Rule of construction

Nothing in this Act, or the amendments made by this Act, shall be construed to preclude any foreign authority from obtaining assistance in a criminal investigation or prosecution pursuant to section 3512 of title 18, United States Code, section 1782 of title 28, United States Code, or as otherwise provided by law.

SANCTIONS ÉCONOMIQUES ET EMBARGOS

RÉP. INTERNAT. v° *Sanctions économiques : contre-mesures, boycott, embafrgo, blocus*, par CHEMAIN.

SOLUTION COMPLIANCE v[is] *Les sanctions internationales ; Les sanctions états-uniennes.*

BIBL. GÉN. ▶ **Sanctions internationales :** CAVARÉ, *RGDIP 1937. 385* (l'idée de sanction et sa mise en œuvre en droit international public). – COMBACAU, Le pouvoir de sanction. Étude théorique de la coercition non militaire, *Pedone, 1974, note 5, p. 16.* – LEBEN, Les sanctions privatives de droits ou de qualité dans les organisations internationales spécialisées, *Bruylant, 1979 ; AFDI 1982. 9* (les contre-mesures interétatiques et les réactions à l'illicite dans la société internationale). – DUPUY, *RGDIP 1983. 505* (observations sur la pratique récente des « sanctions » de l'illicite). – SICILIANOS, La réaction décentralisée à l'illicite, des contre-mesures à la légitime défense, *thèse, Strasbourg, 1990.* – EDIN, Aspects juridiques de la crise et de la « guerre du Golfe », *Montchrestien, 1991.* – ALLAND, Les contre-mesures dans l'ordre juridique international, étude théorique de la justice privée en droit international public, *thèse, Paris II, 1991.* – TATHY, Les problèmes juridiques posés par l'utilisation des sanctions économiques dans les rapports entre États, *thèse, Paris XI, 1991.* – BOISSON DE CHARZOURNE, Les contre-mesures dans les relations internationales économiques, *thèse, Paris II, 1991.* – GRELON et GUDIN, *JDI 1991. 633* (contrats et crise du Golfe). – LABBÉ, L'arme économique dans les relations internationales, *PUF, coll. Que sais-je ?, 1994.* – AFFAKI, *Banque et Dr. 1994, n° 33, p. 3* (les garanties indépendantes sont-elles encore « indépendantes » ? Leçons de la crise du Golfe). – HADJ, Les sanctions économiques en droit international contemporain, *thèse, Nice, 1995.* – VAN HOUTTE, Les effets des sanctions économiques sur les contrats transnationaux, *Bruylant, 1996.* – ABI SAAB, De la sanction en droit international. Essai de clarification, *in* Theory of International Law at Threshold of the 21st Century. *Essays in honor of K. Skubiszewski, Kluwer, 1996, p. 61.* – PELLET, *AFDI 1996. 1* (remarque sur une révolution inachevée, le projet d'articles de la CDI sur la responsabilité des États). – PICCHIO FORLATI et SICILIANOS, Les sanctions économiques en droit international, *Centre for Studies and Research, in International law and International Relations, 2004.* – PELLET, *AFDI 2002. 9* (les articles de la CDI sur la responsabilité de l'État pour fait internationalement illicite. Suite – et fin ?). – CUTAJAR, *BJB 2006. 352* (le gel des avoirs terroristes, nouvel outil de lutte contre le financement du terrorisme). – CHEMAIN, *RMCUE 2009. 32* (les suites de l'affaire Kadi). – PETIT, Droit international du maintien de la paix, *LGDJ, 2000.* – FERJANI et HUET, *JDI 2010. 737* (impact de la décision onusienne sur l'exécution des contrats internationaux). – THOUVENIN, *Rev. Droits 2013/1, p. 161* (sanctions économiques et droit international). – LIÉGEOIS, Maintien de la paix et diplomatie coercitive, *Bruylant, 2013.* – BEAUCILLON, *JDI 2014. Étude 10* (crise ukrainienne et mesures restrictives de l'Union européenne : quelle contribution aux sanctions internationales à l'égard de la Russie ?). – CORTEN, Le droit contre la guerre : l'interdiction du recours à la force en droit international contemporain, *Pedone, 2014, 2e éd.* – GOMEZ, *Rev. internationale et stratégique 2016/3, n° 103, p. 98* (les sanctions internationales, ou la délicate mesure de l'efficacité). – SHIPOVA, *RLDA mars 2020. 49* (l'approche systémique des sanctions : le cas de la Russie). – DORGANS, MAYET et BURNICHON, *JCP E 2020, n° 1167* (la place et les enjeux des mesures de contrôle à l'export et des sanctions économiques dans le contexte de la pandémie du covid-19). – KLEINER, *RDBF 2022. Étude 4* (les mesures de sanctions financières sectorielles prises par l'UE contre la Russie et leur mise en œuvre par les banques européennes). – SCHNEIDER, *JCP 2022, n° 694* (l'UE face à la guerre en Ukraine). ▶ REBUT, Droit pénal international, *Dalloz, Précis, 3e éd. 2019.* – BOURSIER, Droit pénal des affaires internationales, *Lextenso, Précis Joly, 2e éd., 2020, spéc. n° 202 s.*

▶ **Extraterritorialité des sanctions économiques :** JACQUET, *JDI 1985. 327* (la norme juridique extraterritoriale dans le commerce international). – BARNHOORN, Diplomatic Law and Unilateral Remedies, *NYIL 1994. 39.* – STERN, Licéité ou illicéité intrinsèque de la mesure au regard du droit international public, *in* Gherari et Szurek, Sanctions unilatérales, mondialisation du commerce et ordre juridique international. A propos des lois Helms Burton et d'Amato-Kennedy, *Montchrestien, 1998, p. 171.* – NOURISSAT, *RLDA 2010, n° 51, p. 63* (lois de police étrangères devant le juge français du contrat international : une première sous l'empire de la convention de Rome et peut-être pas une dernière sous l'empire du règlement de « Rome I »). – AUDIT, *Rev. arb. 2015. 1001* (l'arbitrage international confronté à l'extraterritorialité des lois). – BISMUTH, *AFDI 2015. 785* (pour une appréhension nuancée de l'extraterritorialité du droit américain - quelques réflexions autour des procédures et sanctions visant Alstom et BNP Paribas). - MAZIAU, *JCP E 2015, n° 1343* (l'extraterritorialité du droit entre souveraineté et mondialisation des droits). - GAUDEMET (dir.), L'extraterritorialité américaine du point de vue du droit international public, *in* La compliance : un monde nouveau ?, *Éditions Panthéon-Assas, 2016, p. 37.* - Colloque SFDI 2016, L'entreprise extraterritoriale et le droit international, *Pédone, 2017.* - AUDIT, Les lois extraterritoriales américaines comme facteur d'accélération de la compliance, *in* Borga, Marin et Roda (dir.), Compliance : l'entreprise, le régulateur et le juge, *Thèmes et commentaires, Dalloz, 2018, p. 45.* - GUILLEMIN et CHANZY, *JCP E 2020, n° 1274* (contractualiser les risques de sanctions économiques étrangères : un remède pire que le mal ?). - BENSAUDE, *Gaz. Pal. 13 juill. 2020, p. 32* (extraterritorialité et ordre public « réellement » international, champ d'expression de la politique judiciaire de la France). - POPOVA et BISCH, *JCP E 2021. Actu. 839* (sanctions internationales : nouvelle arme d'annulation des sentences arbitrales ?). - BEN EZRA et DUFOURQ, *D. actu. 24 mai 2022* (l'application des sanctions américaines à l'industrie des cryptomonnaies). - CHANZY et GUILLEMIN, *Rev. crit. DIP 2022. 435* (les programmes américains de sanctions et la règlementation européenne de blocage : les entreprises françaises prises entre deux feux). - AUDIT et FEKL, *D. 2022. 1076* (sanctions extraterritoriales : l'incidence contractuelle du règlement de blocage).

▸ **Embargos :** DUBOUIS, *AFDI 1967. 99* (l'embargo dans la pratique contemporaine). - DELVOLVÉ, *AJDA 1969. 528* (à propos d'une décision d'embargo, le régime juridique français de l'exportation des matériels militaires). - MATHY, *RBDI 1984-1985. 1. 183* (les mesures américaines et de l'OEA contre Cuba). - BERGER, *RMCUE 1990. 615* (crise du Golfe, embargo et après-crise). - LANDY-OSMAN, *Dr. prat. com. int. 1991. 597* (l'embargo des Nations unies contre l'Irak et l'exécution des contrats internationaux). - GRELON et DAL FARRA, *CCC 1994. Étude 2* (le sort des contrats en cas d'embargo). - TRAIN, *RGDIP 1995. 403* (l'assistance douanière internationale pour l'application de l'embargo économique contre la République fédérale de Yougoslavie). - CHARVIN, *RBDI 1996/1. 5* (les mesures d'embargo : la part du droit). - KOURLIANDSKY, Cuba, un embargo « mère » des sanctions internationales économiques contemporaines, *in* Relations internationales stratégiques, *Dalloz, 1996, p. 172.* - BENCHENEB, *JDI 1997. 945* (pétrole contre nourriture : l'ONU et les contrats internationaux d'assouplissement de l'embargo consécutif à la crise du Golfe). - NAUD, *RMCUE 1997. 25* (l'embargo, valse à trois temps : Nations unies, Union européenne et États membres). - BASTID-BURDEAU, *Rev. arb. 2003. 753* (les embargos multilatéraux et unilatéraux et leur incidence sur l'arbitrage commercial international). - RACINE, *JDI 2004. 89* (l'arbitrage commercial international et l'embargo). - LE GALLOU, *RLDC 1er mai 2010, p. 12* (le juge du for et la loi d'embargo étrangère). - QUINTIN, *RDBF 2014. 17* (aux frontières du droit : les embargos américains et l'affaire BNP Paribas). - MATTOUT et PRUM, *Dr. et patr. 2015. 90* (application extraterritoriale des lois d'embargo américaines). - HILLERSTRÖM, *RDAI 2016. 537* (embargos, listes noires et autres sanctions internationales : nouveaux risques et nouveaux enjeux pour les acteurs locaux). - D'AVOUT, *Rev. crit. DIP 2020. 526* (embargo international et déni de justice arbitrale - note ss. Civ. 1re, 15 janv. 2020, n° 18-18.088). - FÈVRE, *BRDA 2022, n° 9, p. 28* (sanctions contre la Russie : les effets de l'embargo commercial sur les contrats en cours).

▸ **Boycott :** LAFERRIÈRE, *RGDIP 1910. 288* (le boycott et le droit international). - BROWN, *Canadian Bar Review 1933. 325* (The Boycott in International Law). - HYDE et WHELE, *AJIL 1933. 1* (The Boycott in Foreign Affairs). - LAUTERPACHT, Boycott in International Relations, *BYIL 1933. 125.* - ROUSSEAU, *RGDIP 1958. 5* (le boycottage dans les rapports internationaux). - ESMEIN, Rapports sur le boycottage ou la mise à l'index en droit privé français, Travaux de l'Association H. Capitant, Journées de Fribourg, *Dalloz, 1959, p. 89.* - LUCCHINI, Le boycottage, *in* Aspects du droit international économique, *Pedone, 1972, p. 67.* - CHILL, The Arab Boycott of Israel, Economic Agression and World Reaction, *Praeger Publishers, 1976.* - GRENN PRESTON, *Vanderbilt Journal of Transnational Law, 1978, p. 77* (The Arab Economic Boycott of Israel : The International Law Perspective). - BISMUTH, Le boycottage dans les échanges économiques internationaux au regard du droit, *Economica, 1980.* - DOS SANTOS, Le boycott dans les relations commerciales internationales des pays arabes, *thèse, Paris I, 1985.* - DUHAMEL et POISSONNIER, *D. 2016. 287* (cette singulière interdiction française de l'appel au boycott des produits israéliens) ; *D. 2020. 1657* (reconnaissance de la légalité des modes d'action du mouvement « Boycott, désinvestissement et sanctions » [BDS] par la CEDH). - POISSONNIER, *AJ pénal 2020. 412* (l'appel au boycott des produits israéliens validé par la CEDH). - LÉCUYER, *Légipresse 2020. 485* (appel au boycott et provocation à la discrimination, la danse infernale). - CRÉDEVILLE, *ibid.* 490 (les leçons données aux juges par la présidente O'Leary dans son opinion séparée). - ROETS, *RSC 2020. 753* (l'appel au boycott : une modalité d'expression d'opinions protestataires [enfin] protégée par l'art. 10 Conv. EDH).

▸ **Blocus** : Fauchille, Du blocus maritime, étude de droit international et de droit comparé, *A. Rousseau, 1882*. – Ducrocq, Représailles en temps de paix. Blocus pacifique (suivi d'une étude sur les affaires de Chine, 1900-1901), *Pedone, 1901*. – Westlake, *RDILC, 1909* (le blocus pacifique). – Alessandrini, *RDILC, 1919* (esquisse d'une théorie des blocus nouveaux). – Guichard, Histoire et résultat du quasi-blocus naval, *thèse, Paris, 1929*. – Lepotier, *Rev. Défense nationale, 1962* (blocus d'hier et d'aujourd'hui). – Giraud, *RGDIP 1963. 501* (à propos de l'affaire cubaine. La « Quarantaine ». L'interdiction du recours à la force : la théorie et la pratique des Nations unies). – Mac Chesney, *AJIL 1963. 592*(Some Comments on the Quarantine of Cuba). – Seligman, *American Bar Association Journal 1963, n° 49, p. 143* (The Legality of U.S. Quarantine Action under the UN Charter). – Farhang, Le blocus pacifique, *thèse, Paris, 1964*.

COMMENTAIRE

Le recours à des mesures de contrainte économique s'est amplifié depuis les années 1990. La pratique suscitée à l'occasion de la guerre froide et de la crise pétrolière des années 1970 s'est en effet développée avec la vague d'attentats terroristes et la multiplication des violations graves du droit international par des États (tentative d'annexion du Koweït par l'Irak, annexion de la Crimée par la Russie ou, plus récemment, invasion de l'Ukraine par la Russie…). Ce recours se caractérise par la diversification croissante des instruments utilisés. Aux formes classiques de l'embargo et du gel des avoirs, plus ou moins généralisés, s'ajoutent des mesures de coercition économique plus ciblées, tant au regard de leur nature que des personnes visées.

I. TYPOLOGIE DES MESURES DE CONTRAINTE ÉCONOMIQUE

La notion de sanction économique fait référence à des mesures à caractère économique, adoptées par un sujet de droit international, en réaction à un certain comportement, afin d'exercer une pression sur son auteur et de le contraindre à mettre fin à ce comportement. Cette définition recouvre cependant des réalités très différentes. Elle consiste en effet à affecter l'économie d'un État ou d'une entité en restreignant la circulation de biens, de services, de capitaux, voire de personnes.

Ces mesures de coercition économique peuvent se rattacher à différentes catégories juridiques : mesures de rétorsion (intrinsèquement licites), sanctions (décidées par une organisation internationale en réponse à la violation d'une obligation internationale) et contre-mesures (mesures intrinsèquement illicites adoptées unilatéralement, en réaction à un acte préalable considéré comme illicite) qui sont dès lors soumises à des régimes juridiques différents. Une même action – un embargo par exemple – peut alors, selon les critères matériels et organiques applicables, passer d'une catégorie à une autre en fonction des circonstances. Trois types de mesures de coercition sont ainsi identifiées en droit international public : les mesures de rétorsion, les sanctions économiques et les contre-mesures.

• **Les mesures de rétorsion** constituent une forme légale de coercition. Certaines ne sont pas économiques (ruptures des relations diplomatiques, expulsion de personnes physiques…), mais de nombreuses mesures de rétorsion ont ce caractère telle que la suspension ou suppression d'une aide, l'embargo commercial, ou encore le gel de fonds ou des avoirs financiers qui, sauf engagement spécifique ou atteinte définitive au droit de propriété, devraient s'assimiler à des mesures de rétorsion. Les mesures de rétorsion appartiennent à la catégorie des actes inamicaux ou discourtois, mais ne constituent pas de la part de celui qui les adopte – en réaction à un acte préalable légal ou *a fortiori* illégal – une violation d'une obligation internationale. Elles ne seraient donc pas assimilables à de véritables « sanctions économiques », puisqu'elles constituent une riposte intrinsèquement légale au regard du droit international. La liberté d'adopter des mesures de rétorsion à caractère économique se fonde sur la liberté des États souverains de réglementer leurs relations commerciales internationales.

• **Les sanctions économiques** se définissent, quant à elles, comme des « mesures de contraintes prises à l'encontre d'un État ou d'une autre entité en application d'une décision d'un organe social compétent». La Commission du droit international (CDI) fait principalement référence aux mesures prises par l'ONU dans le cadre de sa mission de maintien de la paix. Il s'agit donc des sanctions « institutionnalisées » décidées par une organisation internationale en riposte à une violation du droit international. Dès lors, l'embargo, qui est rapidement devenu l'une des formes de pression économique les plus usitées dans les relations internationales contemporaines, le gel d'avoir ou le boycott, constituent des sanctions économiques lorsqu'ils procèdent d'une décision d'une organisation internationale, et tout particulièrement d'une résolution du Conseil de sécurité des Nations unies. La légitimité de ces sanctions tient alors au cadre collectif dans lequel elles ont été édictées, par opposition aux mesures coercitives prises unilatéralement par un État. Le terme de sanction fait alors référence aux mesures prises conformément à l'acte constitutif d'une organisation internationale, en particulier au chapitre VII de la Charte des Nations unies (V. *infra*, III. Règles internationales). Ce critère organique distingue les sanctions économiques des contre-mesures.

• **Les contre-mesures** à caractère économique se sont par ailleurs développées dans le cadre de la mondialisation de l'économie – elles se distinguent elles-mêmes des mesures de représailles et des mesures de rétorsion. Un État ne peut adopter de contre-mesures qu'en riposte à un acte illicite. Il suffit alors que les mesures illicites adoptées par l'État, ou plus exceptionnellement par une organisation internationale, soient une réponse à un fait lui-même illicite. Ce fait illicite est le fruit de la violation d'une obligation collective issue du droit international atteignant cet État. Le caractère spécifique des effets néfastes de la violation de l'obligation collective en cause détermine alors la qualité d'État lésé et le droit de ce dernier à agir.

Le recours à ce type d'instrument de coercition économique, auquel certains États, dont les États-Unis, confèrent une portée extraterritoriale, suscite de vives réactions des États tiers. Ainsi, les États-Unis d'Amérique ont étendu l'effet de certaines contre-mesures visant Cuba, la Libye et l'Iran en adoptant les lois Helms-Burton et d'Amato-Kennedy (V. *infra*, IV. Règles étrangères). La loi Helms-Burton interdit à toute personne ou à toute entreprise de « trafiquer » avec des biens confisqués par Cuba. Cette loi crée un droit d'action au bénéfice des ressortissants américains qui ont été privés de ces biens à l'encontre de toutes les personnes se livrant à un tel trafic. La loi d'Amato-Kennedy vise, quant à elle, à interdire, sous peine de sanction, à toute personne ou entreprise, où qu'elle se trouve, certains investissements en Iran ou en Libye.

Ces législations sont à l'origine d'un conflit avec l'Union européenne (V. v° *Loi de blocage et extraterritorialité*) en réaction aux sanctions américaines, ainsi qu'en témoigne l'emblématique décision rendue contre la société BNP Paribas, fulminées contre des opérateurs économiques européens et prises sur le fondement de la violation de ces contre-mesures.

En définitive, les sanctions économiques au sens large sont donc le fait soit d'organisations internationales et régionales, soit le fait d'États qui confèrent une portée plus ou moins extraterritoriale à ces mesures.

II. DÉVELOPPEMENT DES MESURES D'EMBARGO

L'embargo consiste en l'interruption de certaines relations commerciales entretenues par un sujet de droit international vis-à-vis d'un autre sujet de droit. Il s'agit d'une forme particulière de pression économique consistant en l'interdiction des seules exportations vers un ou plusieurs États ; voire vers une ou plusieurs entités, notamment des groupes terroristes ou des responsables politiques. L'embargo se distingue ainsi du boycott qui correspond à une interruption plus large des échanges commerciaux (interdiction d'exporter, mais aussi d'importer) et du blocus qui implique des mesures particulièrement contraignantes pour interrompre les échanges avec l'État visé.

L'embargo consiste donc en une interdiction ou en une limitation des exportations prononcées par un sujet de droit international à l'encontre d'un ou de plusieurs États. Cette limitation concerne généralement un ou plusieurs produits et demeure sélective concernant souvent l'armement et le matériel militaire ou les biens et technologies à double usage. Les mesures d'embargo peuvent cependant aussi concerner d'autres types de produits, comme les produits de luxe, les produits électroniques. Les produits financiers sont, quant à eux, le plus souvent appréhendé sous le prisme de la notion de gel des avoirs. Seul le matériel à caractère humanitaire est normalement exclu des mesures d'embargo.

A. MESURES D'EMBARGO COLLECTIVES

L'embargo est le fruit d'une pratique collective lorsqu'il est prononcé par une organisation internationale universelle. Il constitue une sanction internationale d'une grande efficacité permettant, parfois, de priver l'État visé de toute source d'approvisionnement extérieure (embargo contre l'Irak) sauf à ce qu'il parvienne à contourner ces restrictions au commerce impliquant potentiellement des opérateurs économiques (V. *infra*, à propos des mesures d'embargo prises par les États-Unis). L'embargo est pour ces raisons l'une des formes de sanction économique privilégiées de l'Organisation des Nations unies. Ces embargos, issus du Conseil de sécurité, contraignent les États parties, qui peuvent d'ailleurs adopter des mesures allant au-delà des sanctions décidées par le Conseil.

Outre leurs sanctions autonomes (V. *infra*, II. Règles européennes), l'Union européenne assure par la voie réglementaire la mise en œuvre des mesures de contrainte économique décidées par le Conseil de sécurité sur le fondement des articles 3 et 21 du traité de l'Union européenne et par la déclaration nº 13 sur la politique étrangère et de sécurité commune annexée au traité.

B. MESURES D'EMBARGO PRISES UNILATÉRALEMENT PAR UN ÉTAT

L'impact d'un embargo prononcé unilatéralement par un État donné dépendra fortement de ses moyens de production et des parts de marché qu'il représente dans le commerce des produits concernés par sa mesure économique. En l'occurrence, la prééminence des États-Unis dans le domaine de l'armement, et plus généralement de son champ d'influence, donne une portée particulière aux embargos qu'ils promulguent.

Ce phénomène s'appuie sur la portée extraterritoriale conférée à leurs embargos par les autorités américaines. Ces mesures sont en effet non seulement destinées à leurs nationaux (notion d'embargo primaire) mais également aux succursales et filiales étrangères placées sous le contrôle des personnes sur lesquelles les États-Unis exercent leur compétence personnelle (embargo primaire étendu). Plus encore, un État peut étendre l'application de l'embargo mis en œuvre non plus seulement à l'égard du pays qui en est l'objet mais également à l'égard de tous pays qui maintient des relations commerciales avec le pays mis sous embargo.

C'est la stratégie adoptée par les États-Unis pour les embargos prononcés à l'encontre de Cuba ou de l'Iran qu'ils tentent d'étendre aux opérateurs de tous les pays commerçant avec eux. Cette atteinte à la souveraineté des États a suscité la réaction de l'Union européenne qui a adopté un règlement de blocage de ces lois (V. vº *Loi de blocage et extraterritorialité*). Plus récemment, l'affirmation de la compétence des autorités américaines pour sanctionner BNP Paribas, qui avait réalisé des opérations depuis la Suisse, mais en dollars, avec des États sous embargo américain, a fait l'objet de vives critiques. Le débat autour de l'extraterritorialité des lois américaines, constituant une véritable guerre économique à laquelle se livrent les États-Unis, est vif (V. *infra*, IV. Règles étrangères).

III. RISQUES LIÉS À L'EXTRATERRITORIALITÉ DES LOIS AMÉRICAINES EN MATIÈRE D'EMBARGO

A. VOCATION EXTRATERRITORIALE DES MESURES AMÉRICAINES D'EMBARGO

La liberté des États, encadrée par le droit international public et le principe de souveraineté, a conduit ces dernières années à la multiplication de lois à vocation universelle, émises par certains d'entre eux. Ces lois sont susceptibles de s'appliquer aux entreprises assujetties sur le fondement d'un simple contact, direct ou indirect, avec leur juridiction, parfois sur le double fondement de lois pénales de fond et de lois pénales procédurales à portée extraterritoriale.

Ainsi, aux dispositions substantielles à vocation extraterritoriale des lois américaines relatives aux embargos ou à la corruption avec le *Foreign Corrupt Practices Act* (V. vº *Corruption*), s'ajoutent les dispositions procédurales du *Deferred prosecution agreement* (DPA), procédure utilisée par le ministère public américain invitant les sociétés poursuivies à admettre leur responsabilité sans reconnaissance de culpabilité relativement aux faits poursuivis (ou parfois des NPA, *non-prosecution agreements*, cependant beaucoup moins usités). Le DPA soumet les entreprises à de lourdes obligations dont la mise en place d'un mécanisme de surveillance dit « *monitoring* » au sein de l'entreprise. De nombreuses entreprises françaises emblématiques ont ainsi été condamnées au versement d'amendes importantes dans le cadre de procédures conduites le plus souvent par le *Department of Justice* (DOJ) américain sous le chef d'actes de corruption (Technip SA, 28 juin 2010, *Deffered prosecution Act* ; Alcatel, 22 févr. 2011, *Plea Agreement* ; Total SA, 29 mai 2013, *Deferred prosecution Act* ; Alstom, 22 déc. 2014, *Plea Agreement* ; Airbus, 31 janv. 2020, conclu en partenariat avec le Parquet national financier et la *Serious Fraud Office* britannique) ou de violations d'embargos américains (BNPP, 30 juin 2014, *Settlement Agreement* ; Société Générale SA, 19 nov. 2018 ; Union de Banques Arabes et Françaises, 4 janv. 2021, filiale du Groupe français Crédit Agricole).

B. RÉACTION EUROPÉENNE À L'EXTRATERRITORIALITÉ DES MESURES AMÉRICAINES D'EMBARGO

Les lois à portée extraterritoriale, dont les lois fédérales relatives aux embargos, constituent un enjeu majeur dans l'appréciation des risques pénaux et commerciaux pesant sur les entreprises françaises à l'occasion de leurs opérations commerciales internationales ; enjeu intégré en tant que tel dans le pilotage des entreprises. Elles constituent aussi un enjeu majeur de souveraineté pour les États au regard des conséquences économiques et politiques qu'elles revêtent.

Ces lois à portée extraterritoriale ont suscité l'édiction de lois de blocage censées permettre la protection des plus grandes entreprises.

La loi n° 68-678 du 26 juillet 1968 relative à la communication des documents et renseignements d'ordre économique, commercial, industriel, financier ou technique à des personnes physiques ou morales étrangères, modernisée en 1980, devrait permettre de protéger les entreprises françaises dans le cadre de procédures initiées aux États-Unis (V. v° *Loi de blocage et extraterritorialité*). Il s'agit de faire respecter les procédures de coopération interétatique prévues dans les traités et les conventions internationales face aux procédures de *discovery* américaines ou au principe de pleine coopération exigée dans le cadre des DPA et NPA qui conduisent à contourner les mécanismes de coopération judiciaire prévus par la convention de La Haye du 18 mars 1970 (V. v° *Loi de blocage et extraterritorialité*). La violation de la loi de blocage française de 1968 pénalement sanctionnée ne suscite quasiment aucune condamnation et très peu de décisions emportant interdiction de communiquer des documents destinés à être communiqués à des autorités étrangères.

La loi de blocage de l'Union européenne (Règl. (CE) n° 2271/96 du 22 nov. 1996 portant protection contre les effets de l'application extraterritoriale d'une législation ; V. v° *Loi de blocage et extraterritorialité*) a pour objet de protéger les opérateurs de l'Union européenne contre l'application extraterritoriale de la législation des pays tiers. En effet, l'Union européenne ne reconnaît pas l'application extraterritoriale des lois adoptées par les pays tiers et estime que ses effets sont contraires au droit international. Elle vise principalement les situations d'embargos et de sanctions financières décidées par les États-Unis qui ont donné lieu à la condamnation de sociétés françaises notamment (la banque BNPP a ainsi été condamnée au paiement d'une amende de 8,9 milliards de dollars après la négociation d'un accord avec le DOJ américain en juillet 2015 pour la violation des mesures d'embargo américain à Cuba, en Iran, au Soudan et en Libye). Elle interdit aux opérateurs de l'Union européenne de se conformer aux prescriptions ou interdictions fondées sur les lois spécifiques annexées au règlement. Ces opérateurs doivent, par ailleurs, informer la Commission européenne de toute atteinte à leurs intérêts du fait de l'application extraterritoriale de telles lois. La loi de blocage européenne a, par ailleurs, pour effet d'annuler dans l'Union toute décision de justice étrangère fondée sur les lois étrangères énumérées dans son annexe, et d'ouvrir aux opérateurs de l'Union européenne le droit d'ester en justice pour obtenir réparation des dommages causés par l'application extraterritoriale des lois étrangères spécifiées. Son application reste cependant très délicate au regard des risques encourus par les opérateurs économiques et ouvre, elle-même, des exceptions à son application, permettant à ces derniers de négocier des accords avec les autorités américaines.

IV. SANCTIONS ÉCONOMIQUES POUR VIOLATION DES EMBARGOS, SOURCES DE RISQUE POUR LES OPÉRATEURS ÉCONOMIQUES

Les sanctions économiques sont, pour ces raisons, une source de risque importante pour les entreprises multinationales françaises et européennes, risque pleinement intégré dans leurs programmes de conformité sous l'impulsion notamment des autorités européennes.

D'une part, en effet, les mesures de gel font peser sur les entreprises une obligation de résultat. Cette obligation est d'autant plus lourde que les conditions de détection et de traitement des demandes de mise sous mesure de gel nécessitent un traitement immédiat. Elles suscitent également des difficultés techniques liées notamment à la détection des homonymies dans le traitement des listes de personnes visées par de telles mesures (V. v° *Blanchiment*, à propos de la responsabilité des assujettis dans le déploiement des mesures de gel des avoirs internationales et nationales).

D'autre part, les mesures d'embargo internationales, mais également étrangères, font peser, du fait de leur extraterritorialité, de lourds risques de sanction de la part des autorités américaines, *Department of Justice* et OFAC, qui suscitent des réactions de protection encore largement inopérantes au regard de la puissance économique des États-Unis et du risque de perte d'accès à ce marché pesant sur les entreprises qui violeraient les mesures d'embargos américains.

Enfin, les conséquences éventuelles de la promulgation de sanctions économiques doivent être intégrées dans les contrats internationaux *via* des clauses de force majeure permettant de suspendre l'exécution des obligations contractuelles, voire de mettre fin au contrat en cas de prolongation des mesures d'embargo. Ces règles s'appliqueront aux sous-traitants lorsqu'ils sont affectés, comme l'entrepreneur principal, par un embargo international ou étranger. L'impact des sanctions économiques sur l'exécution des contrats impliquant des entreprises et/ou des personnes sous le coup de telles sanctions est également important tant en matière de responsabilité civile que de responsabilité pénale, ce qui constitue un risque important pour les entreprises nationales (V. notes 7 et 8 ss. C. mon. fin., art. L. 562-4, v° *Blanchiment*).

La recommandation (UE) 2019/1318 de la Commission du 30 juillet 2019 relative aux programmes internes de conformité aux fins du contrôle des échanges de biens à double usage en vertu du règlement (CE) n° 428/2009 du Conseil invite d'ailleurs à mettre en place un programme de conformité *Trade Compliance* et le suivi de son effectivité, programme qui encourage les entreprises à se conformer aux lois et réglementations européennes et nationales en matière de contrôle des exportations, sanctions et embargos. ❑

RÈGLES INTERNES

COMMENTAIRE

Les sanctions économiques introduites en droit interne sont de trois ordres.

Les sanctions internationales prises sur le fondement d'une résolution du Conseil de sécurité de l'Organisation des Nations unies (CSNU) qui mettent en place un régime de sanctions financières, économiques et commerciales, à charge pour chaque pays de le transposer en droit interne et de l'appliquer. Cette mise en œuvre des résolutions du CSNU peut être faite, en tout ou partie, par l'Union européenne dès lors que les domaines d'actions relèvent de sa compétence dans les pays membres.

Les sanctions mises en œuvre au niveau européen qui sont des instruments de la politique étrangère et de sécurité commune (PESC) et prennent la forme d'une décision PESC de l'Union. Lorsque les décisions engagent une action dans les domaines de compétence des Communautés européennes, elles sont mises en œuvre par un règlement (UE) du Conseil ou de la Commission qui entre en vigueur dans l'ordre juridique français dès sa publication au *Journal officiel de l'Union européenne*.

Les sanctions mises en œuvre au niveau national par décret ou arrêté en application des articles L. 151-2, L. 562-1 ou L. 562-2 du code monétaire et financier, articles mis en œuvre conformément aux articles L. 562-3 à L. 562-11 du même code.

Les sanctions économiques sont mises en œuvre au plan national par décret ou arrêté en application des articles L. 151-2, L. 562-1 ou L. 562-2 du code monétaire et financier (selon les modalités prévues aux art. L. 562-3 à L. 562-11 C. mon. fin. – V. comm., v° *Blanchiment*). Avant l'adoption des mesures restrictives de l'Union européenne découlant des sanctions de l'ONU ou des mesures restrictives autonomes, l'article L. 151-2 du code monétaire et financier fondait principalement l'adoption de ces mesures en droit interne au titre de la défense des intérêts nationaux. Ces dispositions intégraient donc en droit interne la politique extérieure et de sécurité commune (PESC) de l'Union européenne.

Les dispositions des articles L. 562-1 et L. 562-2 du code monétaire et financier fondent les mesures de gel des avoirs des criminels ou des terroristes prises par le gouvernement français (V. v° *Blanchiment*). Instruments privilégiés du gel des avoirs terroristes à l'encontre de personnes et d'entités résidant en France, les mesures restrictives autonomes ne sont cependant pas réservées aux seuls résidents et peuvent concerner toute personne. L'article L. 562-3 autorise quant à lui la mise en œuvre des résolutions adoptées dans le cadre du chapitre VII de la Charte des Nations unies (V. *infra*, III. Règles internationales) ou des actes pris en application de l'article 25 du traité sur l'Union européenne (V. *infra*, II. Règles européennes).

I. MISE EN PLACE EN DROIT INTERNE DES MESURES RESTRICTIVES DE L'UNION EUROPÉENNE AUTONOMES OU PRISES SUR LE FONDEMENT DES SANCTIONS DU CSNU

Tout d'abord, les sanctions du Conseil de sécurité de l'ONU sont dans l'immense majorité des cas mises en œuvre en droit national par le biais du droit européen. En effet, dans le cadre de l'Union européenne, cette transposition est le plus souvent le fruit des décisions prises sur le fondement de la PESC et de leur règlement d'application, lorsqu'elles relèvent de la compétence de l'Union européenne (V. *infra*, II. Règles européennes).

Ensuite, les sanctions de droit européen autonomes fondées sur la politique étrangère et mises en œuvre par un règlement du Conseil ou de la Commission entrent en vigueur dans l'ordre juridique français dès leur publication au *Journal officiel de l'Union européenne*.

L'État français doit ensuite mettre en place ces mesures restrictives fondées sur les règlements d'application des décisions PESC. Les règlements contiennent systématiquement une annexe indiquant les services en charge de la mise en œuvre des sanctions. Les autorités compétentes en France pour mettre en place les mesures restrictives sont principalement : la direction générale du Trésor (DG Trésor), compétente pour connaître des questions liées aux aspects financiers ; la Direction générale des douanes et des droits indirects (DGDDI), compétente pour connaître des questions liées à la qualification des biens ; la Direction générale de la compétitivité, de l'industrie et des services (DGCIS), compétente pour la qualification des biens à double usage ; la Commission interministérielle pour l'étude des exportations de matériels de guerre (CIEEMG), compétente pour agréer l'exportation des matériels de guerre ou matériels assimilés ; l'Agence nationale de la sécurité du médicament et des produits de santé (ANSMPS), compétente pour agréer l'exportation de certains stupéfiants, psychotropes, microorganismes et agents hautement pathogènes.

II. SANCTION DU DÉFAUT DE RESPECT DES MESURES RESTRICTIVES

A l'égard de la France, comme de tous les États membres, il existe une procédure en manquement spécifique. A l'égard des opérateurs, les manquements à l'application des mesures restrictives ou des sanctions économiques, dans le volet concernant le gel des avoirs notamment, sont réprimés par l'article 459 du code des douanes dont l'application s'étend aux cas de violation de mesures de gel des avoirs à tous les règlements UE portant mesure de sanction (V. v° *Blanchiment*).

Aux plans judiciaire et arbitral, les sanctions internationales suscitent un contentieux en matière d'*exequatur* des sentences arbitrales rendues dans des litiges soulevant des questions relatives aux conséquences des sanctions internationales dans les relations contractuelles. L'appréciation du respect de l'ordre public international est alors portée au jour où l'insertion de la sentence arbitrale est demandée au sein de l'ordre juridique interne. Les conséquences de ces sanctions sont également appréciées – par les juridictions internes, et nécessairement au plan européen dans le cadre de l'exécution des mesures restrictives de l'Union européenne – au regard de la responsabilité civile et/ou pénale des opérateurs qui auraient soit appliqué soit violé de telles sanctions (V. notes 7 et 8 ss. C. mon. fin., art. L. 562-4 et le commentaire ss. C. mon. fin., art. L. 562-3, v° *Blanchiment*).

Sur le plan disciplinaire, les autorités de contrôle sectoriel et de supervision compétentes en matière de LBC/FT, dont l'Autorité de contrôle prudentiel et de résolution, sont compétentes. La compétence de l'ACPR est fondée sur les articles L. 612-1 et L. 561-36-1 du code monétaire et financier, pour contrôler le respect de la mise en œuvre, par les organismes financiers soumis à son contrôle, des obligations nationales et européennes de gel des avoirs. Le contrôle porte, à la fois, sur la mise en place de dispositifs de détection efficaces et adaptés des opérations au profit de personnes et entités désignées, et sur le non-respect de la mesure de gel. En cas de manquements à ce qui constitue une obligation de résultat, ces autorités peuvent sanctionner l'organisme concerné (V. la jurisprudence de l'ACPR ss. C. mon. fin., art. L. 562-1 s., v° *Blanchiment*). ❑

Code monétaire et financier

Les relations financières avec l'étranger

Art. L. 151-2 **Le Gouvernement peut, pour assurer la défense des intérêts nationaux et par décret pris sur le rapport du ministre chargé de l'économie :**

1. Soumettre à déclaration, autorisation préalable ou contrôle :

a) **Les opérations de change, les mouvements de capitaux et les règlements de toute nature entre la France et l'étranger ;**

b) **La constitution, le changement de consistance et la liquidation des avoirs français à l'étranger ;**

c) La constitution et la liquidation des investissements étrangers en France ;

d) L'importation et l'exportation de l'or ainsi que tous autres mouvements matériels de valeurs entre la France et l'étranger ;

2. Prescrire le rapatriement des créances sur l'étranger hors *(Ord. n° 2014-158 du 20 févr. 2014, art. 1er)* « Union européenne » nées de l'exportation de marchandises, de la rémunération de services et, d'une manière générale, de tous revenus ou produits à l'étranger ;

3. Habiliter des intermédiaires pour réaliser les opérations mentionnées aux 1, a et d ci-dessus. — *[L. n° 66-1008 du 28 déc. 1966, art. 3.] — V. art. R. 151-1 s.* — **C. mon. fin.**

Sur la sanction des obligations prévues par l'art. L. 151-2, V. C. mon. fin., art. L. 165-1, infra.

Défense des intérêts nationaux. Le Conseil de sécurité des Nations unies ayant décidé que tous les États doivent prendre des mesures, notamment financières, à l'égard d'Oussama ben Laden, d'Al-Qaïda et de tous groupes, entreprises et entités associés figurant sur une liste qu'il a établie, le ministre de l'Économie n'a, dans ces circonstances, pas commis d'erreur d'appréciation en estimant qu'en application de l'art. L. 151-2 la défense des intérêts nationaux justifiait que les opérations de change, les mouvements de capitaux et les règlements financiers de toute nature avec l'étranger de l'association requérante, inscrite sur la liste susvisée, devaient être soumis à autorisation préalable. • CE 3 nov. 2004, n° 262626 : *D. 2005. 824, note Clamour*.

Art. L. 165-1 Les infractions aux obligations prévues *(L. n° 2011-1978 du 28 déc. 2011, art. 60-III)* « aux articles L. 151-2 et L. 151-3 » sont sanctionnées conformément à l'article 459 du code des douanes. Sont également applicables les dispositions de l'article 451 du code des douanes.

Code des douanes

Contentieux des relations financières avec l'étranger

Dispositions communes

Art. 451 *(L. n° 2011-1978 du 28 déc. 2011, art. 60)* « Les titres II et » XII du présent code sont applicables à la législation et à la réglementation des relations financières avec l'étranger sous réserve des articles 453 à 459 ci-dessous. — *[L. n° 66-1008 du 28 déc. 1966, art. 5]*

1. Délit d'intéressé à la fraude. Il résulte de l'art. 5-11 de la L. n° 66-1008 du 28 déc. 1966, relative aux relations financières avec l'étranger et dont les termes sont repris dans l'art. 451 C. douanes, que les dispositions de l'art. 399 du même code, prévoyant le délit d'intéressé à la fraude, sont applicables aux infractions à la réglementation sur les changes. • Crim. 21 nov. 1977, n° 76-93.548 P. ♦ Aux termes des art. 399, § 1 et 3, et 451 C. douanes, seuls l'état de nécessité ou l'erreur invincible permettent d'exonérer des sanctions et pénalités prévues les personnes réputées intéressées aux fraudes douanières ou aux délits de change. Encourt en conséquence la cassation l'arrêt qui, pour relaxer un transitaire, se borne à énoncer qu'il était de bonne foi, ignorant ce qui s'était passé au sein de son entreprise, et ayant été mis hors de cause par celui de ses préposés qui, de connivence avec le client, avait organisé la fraude. • Crim. 14 mars 1983, n° 82-92.185 P.

2. Circonstances atténuantes. Aux termes de l'art. 451 C. douanes, le titre XII de ce code, relatif au contentieux douanier, est applicable à la législation et à la réglementation des relations financières avec l'étranger. L'art. 369, § 1, dudit code, tel qu'il a été modifié par l'art. 10 de la L. n° 77-1453 du 29 déc. 1977, et qui est compris dans le titre XII préc., permet l'octroi des circonstances atténuantes. Il résulte de la combinaison de ces textes que le juge peut accorder le bénéfice de cette mesure aux auteurs d'infractions à ladite législation. C'est, dès lors, à bon droit qu'une cour d'appel, saisie d'une infraction à la réglementation des changes, a réduit, dans les limites de l'art. 369, § 1, susvisé, les pénalités fiscales prévues par l'art. 459 C. douanes, lequel n'a pas été modifié par la L. du 29 déc. 1977. • Crim. 1er mars 1982, n° 80-90.681 P. ♦ Les art. 369, § 1, et 451 C. douanes permettent aux juridictions pénales, en cas de délits douaniers ou d'infractions à la réglementation des relations financières avec l'étranger, d'accorder, sans avoir à les motiver, des circonstances atténuantes à toute personne physique ou morale, sans distinction ni exception. • Crim. 14 mars 1983, n° 82-92.185 P.

3. Action pour l'application des peines. Selon les dispositions combinées des art. 343 et 451 C. douanes, l'action pour l'application des peines, en répression des infractions à la législation sur les relations financières avec l'étranger, est exercée par le ministère public, celle pour l'application des sanctions fiscales l'étant, à titre principal, par l'administration des douanes. Encourt la cassation l'arrêt qui a prononcé une peine alors que le ministère public n'avait pas exercé l'action publique. • Crim. 10 mai 1989, n° 87-82.658 P : *RSC 1991. 89, obs. Beaume*. ♦ Il résulte des dispositions combinées des art. 343, § 1, et 451 C. douanes que l'action pour l'application des peines, en répression des infractions à la législation et à la réglementation des relations financières avec l'étranger, est exercée par le ministère public exclusivement. En conséquence, doit être cassé en ses seules dispositions pénales, l'arrêt qui, après avoir déclaré recevable et bien fondé l'appel du ministère public, a condamné le prévenu, reconnu coupable d'infraction cambiaire, à une sanction pénale, alors qu'il n'est établi par aucune pièce de procédure que, concurremment à l'action fiscale régulièrement introduite par l'administration des douanes, le ministère public ait fait citer à sa requête le prévenu en vue de voir exercer à l'encontre de l'intéressé l'action pour l'application des peines, ni que celui-ci ait expressément accepté d'être jugé sur ce point. • Crim. 18 avr. 1988, n° 87-80.387 P : *D. 1989. 313, note Pannier.*

4. Prescription de l'action. Les procès-verbaux de l'administration des douanes, lorsqu'ils émanent d'agents compétents, constituent des actes d'instruction et de poursuite, interruptifs comme tels de la prescription, au sens des art. 7 et 8 C. pr. pén., déclarés applicables aux infractions douanières et cambiaires en vertu des art. 351 et 451 C. douanes. • Crim. 26 juill. 1988, n° 87-81.745 P.

5. Solidarité. Encourt cassation partielle l'arrêt qui, pour mettre hors de cause une société dont le dirigeant, lors de l'exportation de fonds sociaux, a été condamné pour délits de change, et contre laquelle l'administration des douanes réclamait qu'elle soit tenue solidairement au paiement des amendes, confiscations et dépens dus par son président, énonce que la solidarité prévue par l'art. 407 C. douanes, et par l'art. 451 du même code, n'est pas applicable aux personnes morales insusceptibles de la contrainte par corps, alors que cette voie d'exécution n'a aucun effet générateur de ladite solidarité, ni ne constitue, au sens de l'art. 407 susvisé, une condition préalable à son prononcé. • Crim. 12 nov. 1986, n° 85-93.498 P.

6. Liberté de la preuve. Si, selon les dispositions combinées des art. 342 et 451 C. douanes, tous délits en matière douanière ou cambiaire peuvent être prouvés par toutes les voies de droit, c'est à la condition que les moyens de preuve produits devant le juge pénal ne procèdent pas d'une méconnaissance des règles de procédure et n'aient pas eu pour effet de porter atteinte aux droits de la défense, ni au principe énoncé à l'art. 8 Conv. EDH. • Crim. 19 juin 1989, n° 89.81.777 P : *D. 1991. Somm. 175, obs. Pannier* • 3 avr. 1991, n° 90-84.090 : *D. 1992. Somm. 41, obs. Pannier*.

Art. 451 *bis* *(L. n° 2001-1276 du 28 déc. 2001)* **Pour l'application du présent code, sont assimilées à des relations financières avec l'étranger toutes les opérations financières effectuées en France par ou pour le compte des personnes physiques et morales visées par les règlements communautaires pris en application** *(L. n° 2011-1978 du 28 déc. 2011, art. 60)* **« de l'article 215 du traité sur le fonctionnement de l'Union européenne » ou par les traités et accords internationaux régulièrement approuvés et ratifiés.**

Art. 452 **Les dispositions du présent titre XIV sont applicables dans les territoires d'outre-mer.** – *[L. n° 66-1008 du 28 déc. 1966, art. 6 ; L. n° 69-1161 du 24 déc. 1969, art. 73.]*

Constatation des infractions

Art. 453 **Les agents ci-après désignés sont habilités à constater les infractions à la législation et à la réglementation des relations financières avec l'étranger :**

1° Les agents des douanes ;

(Décr. n° 97-390 du 17 avr. 1997, art. 1er) **« 2° Les autres agents de l'administration des finances ayant au moins le grade de contrôleur » ;**

3° Les officiers de police judiciaire *(L. n° 2011-1978 du 28 déc. 2011, art. 60)* **« et les agents des douanes mentionnés à l'article 28-1 du code de procédure pénale ».**

Les procès-verbaux de constatation dressés par les officiers de police judiciaire *(L. n° 2011-1978 du 28 déc. 2011, art. 60)* **« et les agents des douanes mentionnés à l'article 28-1 du code de procédure pénale » sont transmis au ministre de l'économie et des finances qui saisit le parquet s'il le juge à propos.** – *[Ord. n° 45-1088 du 30 mai 1945, art. 3 ; L. n° 66-1008 du 28 déc. 1966, art. 1er et 5.]*

BIBL. ▸ CARLI, *LPA 4 oct. 1999* (ni officier ni agent de police judiciaire : l'agent des douanes habilité à être judiciairement commis). – DOBKINE, *D. 2001. 1475* (la création d'une nouvelle force de police judiciaire : la douane judiciaire) ; *D. 2002. Chron. 3284* (la douane judiciaire : premier bilan d'une police thématique). – COURJON, *LPA 9 déc. 2009* (pour une dépénalisation aménagée du contentieux douanier). – ROUSSEL, *RFFP 2011, n° 113, p. 235* (le douanier, essor d'un enquêteur judiciaire). – DALLES, *AJ pénal 2016. 176* (les nouveaux défis de TRACFIN). – GIUDICELLI, *RSC 2017. 573* (compétence matérielle de la douane judiciaire).

1. Droit de visite. Les agents des douanes, opérant en vertu des dispositions des art. 60 et 453 C. douanes en vue de la recherche de la fraude douanière ou cambiaire, ont la faculté de procéder à la visite des marchandises, des moyens de transport et des personnes, et sont habilités à constater les infractions à la législation et à la réglementation des relations financières avec l'étranger qu'ils découvrent au cours de leur contrôle. • Crim. 18 avr. 1988, n° 87-80.387 P : *D. 1989. 313, note Pannier* (visite de bagages, examen des mentions manuscrites figurant sur un agenda qui s'y trouvait et, consécutivement aux explications fournies, saisie dudit document annexé au procès-verbal de constat dressé) • 27 juin 1988, n° 87-80.062 P (visite d'un attaché-case) • 19 févr. 1990, n° 89-80.354 P : *RSC 1991. 96, obs. Beaume* • 26 févr. 1990, n° 87-84.475 P : *D. 1991. Somm. 171, obs. Pannier* ; *RSC 1991. 96, obs. Beaume* (visite d'un sac à main).

2. Champ de compétences matériel. Les agents des douanes habilités ne peuvent effectuer des enquêtes judiciaires que sur réquisition du procureur de la République ou sur commission rogatoire du juge d'instruction visant les infractions mentionnées par l'art. 28-1, I, 1° à 7° C. pr. pén. Doit donc être cassé l'arrêt qui refuse de faire droit à la demande en nullité de la procédure diligentée par le service national de la douane judiciaire tirée de ce que celui-ci n'était pas compétent pour enquêter sur les éventuels faits d'abus de faiblesse en retenant que le blanchiment, connexe à l'abus de faiblesse, était compris dans le signalement opéré par TRACFIN, bien que non explicitement visé. • Crim. 28 juin 2017, n° 16-83.372 P.

Art. 454 **Les agents visés à l'article précédent sont habilités à effectuer en tous lieux des visites domiciliaires dans les conditions prévues par l'article 64 du présent code** *(Décr. n° 97-390 du 17 avr. 1997)* **« pour les agents des douanes ».** – *[Ord. n° 45-1088 du 30 mai 1945, art. 4 ; L. n° 66-1008 du 28 déc. 1966, art. 1er et 5.]*

1. Compatibilité avec la Convention EDH. Les dispositions des art. 454 et 64 C. douanes répondent aux exigences de l'art. 8 Conv. EDH, lequel, en son al. 2, permet l'ingérence d'une autorité publique dans le domicile d'un particulier notamment lorsque celle-ci « est prévue par une loi et qu'elle constitue une mesure qui dans une société démocratique est nécessaire à la sécurité nationale, à la sûreté publique, au bien-être économique du pays, à la défense de l'ordre et à la prévention des infractions pénales ». • Crim. 21 janv. 1985, n° 84-93.787 P. ♦ L'arrêt par lequel la CEDH a jugé que les visites domiciliaires effectuées par des agents du service des douanes dans les locaux dont le prévenu disposait avaient porté atteinte à la vie personnelle de l'intéressé, en violation des stipulations de l'art. 8 Conv. EDH, n'a pas eu pour effet de priver l'administration fiscale du droit de se prévaloir des informations contenues dans des documents saisis à l'occasion de ces visites et dont elle avait obtenu communication auprès du service des douanes. • CE 24 nov. 1997, n° 171929 : *Lebon 441 ; D. 1998. 159, note Tixier et Hamonic-Gaux* ; *RFDA 1998. 978, note Andriantsimbazovina* ; *RJF 1998, n° 65 ; Dr. fisc. 1998, n° 128, concl. Bachelier.*

2. Recherche de documents. L'art. 454 s'applique non seulement à la recherche des marchandises détenues frauduleusement, mais aussi à celle des documents de nature à constituer la preuve ou le corps du délit. • Crim. 19 oct. 1995, n° 94-80.717 P. ♦ L'art. 454 C. douanes, autorisant les agents habilités à constater les infractions à la réglementation des relations financières avec l'étranger et à effectuer des visites domiciliaires dans les conditions prévues par l'art. 64 du même code, institue une règle spécifique qui s'applique, selon les obligations de forme de ce dernier texte, à la recherche, non seulement des marchandises détenues frauduleusement, mais aussi à celle des documents de nature à constituer le corps ou la preuve de ces délits. • Crim. 12 janv. 1981, n° 80-90.960 P.

3. Assistance d'un OPJ. Il résulte des dispositions combinées des art. 454 et 64, 330 et 338 C. douanes que si les agents de l'administration des douanes sont habilités à effectuer en tous lieux des visites domiciliaires pour constater les infractions cambiaires, c'est à la condition pour ces agents de se faire assister d'un OPJ, les dispositions prévoyant une telle assistance étant d'ordre public. Encourt dès lors cassation l'arrêt qui pour rejeter l'exception de nullité d'une visite domiciliaire, en matière cambiaire, énonce que l'absence de l'OPJ tant à la perquisition qu'au procès-verbal la constatant, résultait d'un accord préalable, écrit et exprès donné par le prévenu aux agents des douanes ayant opéré et verbalisé, alors que pareille renonciation est inopérante au regard du caractère d'ordre public attaché à la présence d'un OPJ aux opérations précitées. • Crim. 2 juin 1986, n° 84-95.593 P. ♦ En cas de saisies à domicile opérées dans le cadre d'une enquête douanière ou cambiaire, la présence de l'OPJ à la rédaction du procès-verbal qui les constate, telle que prévue par l'art. 330, § 2, C. douanes, est exigée quel que soit le lieu où le procès-verbal est rédigé. • Crim. 11 déc. 1989, n° 88-86.638 P : *D. 1991. Somm. 175, obs. Pannier*.

4. Détournement de procédure. Dès lors qu'une cour d'appel constate qu'une perquisition, opérée suivant la procédure édictée par les art. 64 et 454 C. douanes par deux agents des douanes assistés d'un OPJ mais accompagnés par deux inspecteurs des impôts, n'avait pas été dictée par un quelconque indice préalable d'une infraction douanière ou cambiaire et qu'elle avait cependant abouti, en violation des formalités prévues par l'art. L. 47 LPF, à une saisie de documents comptables n'ayant été utilisés que pour étayer des poursuites fiscales, les juges du fond ne peuvent, au bénéfice d'un doute sur les finalités de la saisie et l'objet véritable de celle-ci, valider un détournement de procédure ayant abouti à la méconnaissance des garanties des droits de la défense du contribuable, telles que spécifiées par l'art. L. 47 précité, dont il appartient à la juridiction répressive d'assurer le respect. • Crim. 2 juin 1986, n° 86-90.975 P.

Art. 455 **Les divers droits de communication prévus au bénéfice des administrations fiscales peuvent être exercés pour le contrôle de l'application de la législation et de la réglementation des relations financières avec l'étranger.**

Les mêmes droits appartiennent aux fonctionnaires ayant au moins le grade *(Décr. n° 97-390 du 17 avr. 1997)* **« de contrôleur », chargés spécialement par le ministre de l'économie et des finances de s'assurer, par des vérifications auprès des assujettis, de la bonne application de la législation et de la réglementation des relations financières avec l'étranger. Ces agents peuvent demander à tous les services publics les renseignements qui leur sont nécessaires pour l'accomplissement de leur mission, sans que le secret professionnel puisse leur être opposé.** — *[Ord. n° 45-1088 du 30 mai 1945, art. 5 ; L. n° 66-1008 du 28 déc. 1966, art. 1er et 5.]*

Obligation de communication. L'exercice du droit de communication, prévu par l'art. 65 C. douanes, implique seulement que les documents demandés à un résident français soient de nature à contenir des renseignements concernant des opérations régulières ou irrégulières dont le contrôle est de la compétence de l'administration des douanes. Il n'importe que le compte bancaire, dont les relevés ont été réclamés par les agents des douanes, ait ou non été utilisé pendant la période concernée. Le refus de communication de pièces constitue la contravention douanière de 5e classe. • Crim. 17 févr. 1992, n° 91-81.176 P : *D. 1993. Somm. 78, note Pannier*.

Art. 456 **Sont tenues au secret professionnel et passibles des peines prévues par l'article** *(L. n° 92-1336 du 16 déc. 1992, art. 333)* **« 226-13 » du code pénal, toutes** *[les]* **personnes appelées à l'occasion de leurs fonctions ou de leurs attributions à intervenir dans l'application de la législation et de la réglementation des relations financières avec l'étranger.**

Toutefois, lorsqu'une poursuite régulière a été engagée sur la plainte du ministre de l'économie et des finances, ces mêmes personnes ne peuvent opposer le secret professionnel au juge d'instruction ou au tribunal qui les interroge sur les faits faisant l'objet de la plainte ou sur des faits connexes. — *[Ord. n° 45-1088 du 30 mai 1945, art. 7 ; L. n° 66-1008 du 28 déc. 1966, art. 1er et 5.]*

RÉP. PÉN. v° *Secret professionnel*, par PY.

Art. 457 *(Décr. n° 97-390 du 17 avr. 1997)* **« La Poste » est autorisée à soumettre au contrôle douanier, en vue de l'application de la législation et de la réglementation des relations financières avec l'étranger, les envois postaux tant à l'exportation qu'à l'importation.** — *[Ord. n° 45-1088 du 30 mai 1945, art. 7 ; L. n° 66-1008 du 28 déc. 1966, art. 1er et 5.]*

Poursuite des infractions

Art. 458 **La poursuite des infractions à la législation et à la réglementation des relations financières avec l'étranger ne peut être exercée que sur la plainte du ministre de l'économie et des finances ou de l'un de ses représentants habilités à cet effet.** — *[Ord. n° 45-1088 du 30 mai 1945, art. 8 ; L. n° 66-1008 du 28 déc. 1966, art. 1er et 5.]*

BIBL. ▶ PANNIER, *D. 1990. 266* (la mise en mouvement de l'action publique en matière de change).

1. Forme de la plainte. Équivaut à la plainte, exigée par l'art. 458 en matière d'infractions à la réglementation des changes, la citation directe délivrée au prévenu à la requête de la DGDDI. • Crim. 14 janv. 1975, n° 74-91.182 P. ♦ La lettre par laquelle un agent habilité de l'administration des douanes demande au procureur de la République de donner à la plainte qui y est annexée les suites que celle-ci doit comporter manifeste sans ambiguïté ni équivoque la volonté de son auteur de voir engager des poursuites judiciaires et satisfait aux exigences de l'art. 458. • Crim. 3 nov. 1982, n° 82-91.529 P. ♦ Si la plainte préalable à laquelle l'art. 458 subordonne la mise en mouvement de l'action publique n'est soumise à aucune forme particulière, la transmission au parquet du procès-verbal établi par les agents des douanes ne saurait en tenir lieu. • Crim. 3 janv. 1985, n° 83-93.690 P : *Dr. prat. com. int. 1986, n° 4, p. 633, obs. Pannier.*

2. Qualité pour porter plainte. Aux termes de l'art. 458, la poursuite des infractions à la législation et à la réglementation des relations financières avec l'étranger ne peut être exercée que sur la plainte du ministre du Budget ou de l'un de ses représentants habilités à cet effet. Seuls ont qualité pour porter plainte les fonctionnaires spécialement désignés, et non leurs adjoints, lesquels ne peuvent exercer que les pouvoirs qu'ils tiennent de la loi ou des règlements, et ne sauraient s'attribuer ceux qui résultent d'une délégation ministérielle donnée à titre personnel. • Crim. 8 janv. 1990, n° 88-86.262 P : *D. 1991. Somm. 171, obs. Pannier ; RSC 1990. 351, obs. Cosson ; JCP 1990, n° 21458, obs. Pannier. – Adde :* • Crim. 3 déc. 1990, n° 89-85.414 P : *D. 1992. Somm. 40, obs. Pannier ; JCP E 1991, n° 160, obs. Pannier.*

3. Conséquences du défaut de plainte. A défaut de plainte, les poursuites pénales et fiscales diligentées sont nulles et l'administration des douanes qui a postérieurement mais tardivement demandé au ministère public d'exercer l'action fiscale accessoirement à l'action publique ne saurait être admise à se pourvoir en cassation. • Crim. 12 déc. 1983, n° 83-90.665 P. ♦ Justifie sa décision la chambre d'accusation qui annule l'ensemble des actes d'instruction relatifs à un délit cambiaire après avoir constaté qu'aucune plainte n'était parvenue au ministère public avant l'ouverture de l'information par celui-ci. • Crim. 3 janv. 1985, n° 83-93.690 P : *préc. note 1.* ♦ Justifie sa décision l'arrêt d'une cour d'appel qui, appliquant l'art. 174 C. pr. pén. et ayant prononcé la nullité du réquisitoire introductif visant des délits cambiaires sans plainte préalable du ministre compétent ou de l'un de ses représentants, au sens de l'art. 458 C. douanes, étend cette nullité à l'ensemble de la procédure d'information subséquente, y compris, comme en l'espèce, aux réquisitoires supplétifs pour délits purement douaniers, en eux-mêmes exempts de toute irrégularité. • Crim. 2 mai 1988, n° 87-81.298 P.

4. Exception de nullité. Par application des dispositions de l'art. 385 C. pr. pén., l'exception de nullité de la procédure tirée de l'absence de plainte du ministre du Budget, préalable à l'exercice des poursuites en matière cambiaire, doit, à peine de forclusion, être présentée avant toute défense au fond. • Crim. 19 févr. 1990, n° 89-80.354 P : *RSC 1991. 96, obs. Beaume*.

Dispositions répressives

Art. 459 **1. Quiconque aura contrevenu ou tenté de contrevenir à la législation et à la réglementation des relations financières avec l'étranger, soit en ne respectant pas les obligations de déclaration ou de rapatriement, soit en n'observant pas les procédures prescrites ou les formalités exigées, soit en ne se munissant pas des autorisations requises ou en ne satisfaisant pas aux conditions dont ces autorisations sont assorties sera puni d'une peine d'emprisonnement de cinq ans, de la confiscation du corps du délit, de la confiscation des moyens de transport utilisés pour la fraude** *(L. n° 2011-267 du 14 mars 2011, art. 109-4°)* **« , de la confiscation des biens et avoirs qui sont le produit direct ou indirect de l'infraction » et d'une amende égale au minimum au montant et au** *(L. n° 87-502 du 8 juill. 1987)* **« maximum au double » de la somme sur laquelle a porté l'infraction ou la tentative d'infraction.** *(Abrogé par L. n° 2011-525 du 17 mai 2011, art. 161-I-9°) (L. n° 2008-776 du 4 août 2008, art. 73)* ***« En outre, les personnes physiques encourent à titre de peines complémentaires l'interdiction, suivant les modalités prévues par l'article 131-27 du code pénal, soit d'exercer une fonction publique ou d'exercer l'activité professionnelle ou sociale dans l'exercice ou à l'occasion de l'exercice de laquelle l'infraction a été commise, soit d'exercer une profession commerciale ou industrielle, de diriger, d'administrer, de gérer ou de contrôler à un titre quelconque, directement ou indirectement, pour leur propre compte ou pour le compte d'autrui, une entreprise commerciale ou industrielle ou une société commerciale. Ces interdictions d'exercice peuvent être prononcées cumulativement. »***

(L. n° 2001-1276 du 28 déc. 2001 ; L. n° 2009-526 du 12 mai 2009, art. 125) **« 1 bis. Est puni des mêmes peines le fait, pour toute personne, de contrevenir ou de tenter**

de contrevenir aux mesures de restriction des relations économiques et financières prévues par la réglementation communautaire prise en application *(L. nº 2011-1978 du 28 déc. 2011, art. 60)* **« de l'article 215 du traité sur le fonctionnement de l'Union européenne » ou par les traités et accords internationaux régulièrement approuvés et ratifiés par la France.**

« 1 *ter.* Les personnes morales déclarées responsables pénalement, dans les conditions prévues par l'article 121-2 du code pénal, des infractions définies aux 1 et 1 *bis* du présent article encourent, outre l'amende suivant les modalités prévues par l'article 131-38 du code pénal, les peines prévues par l'article 131-39 du même code. »

2. Lorsque, pour une cause quelconque, les objets passibles de confiscation n'ont pu être saisis ou ne sont pas représentés par le délinquant ou lorsque le ministre de l'économie et des finances ou son représentant en fait la demande, le tribunal doit, pour tenir lieu de la confiscation, prononcer une condamnation au paiement d'une somme égale à la valeur de ces objets.

3. Sera punie d'un emprisonnement de cinq ans et d'une amende de *(L. nº 81-1160 du 30 déc. 1981, art. 99 ; Ord. nº 2000-916 du 19 sept. 2000)* **« 450 € à 225 000 € » toute personne qui aura incité par écrit, propagande ou publicité à commettre une des infractions visées au 1 ci-dessus, que cette incitation ait été ou non suivie d'effet.**

4. Les personnes condamnées pour infractions à la législation et à la réglementation relatives aux relations financières avec l'étranger sont, en outre, déclarées incapables d'exercer les fonctions d'agents de change *[sociétés de bourse]*, **d'être électeurs ou élus aux chambres de commerce, tribunaux de commerce et conseils de prud'hommes, tant et aussi longtemps qu'elles n'auront pas été relevées de cette incapacité.**

5. Les tribunaux ordonneront, en outre, que leurs décisions portant condamnation seront, aux frais des personnes condamnées, insérées en entier ou par extraits dans les journaux qu'ils désigneront. – *[L. nº 66-1008 du 28 déc. 1966, art. 5, mod. par L. nº 69-1161 du 24 déc. 1969, art. 73.]*

Les peines prévues par le C. douanes sont étendues par l'Ord. nº 2020-1342 du 4 nov. 2020 en cas de violation de mesure de gel des avoirs à tous les règlements de l'UE portant sanction. (V. vº Blanchiment).

BIBL. ▶ PANNIER, *Dr. prat. com. int. 1985, nº 4, p. 691* (les suites judiciaires de l'affaire *Paribas* : le verrouillage) ; *Gaz. Pal. 1985. 2. Doctr. 640* (l'arrêt *Paribas* ou comment la cour d'appel de Paris vole au secours de la réglementation des changes) ; *JCP E 1986, nº 15755* (le régime du rapatriement des avoirs détenus à l'étranger) ; *Gaz. Pal. 1990. 1. Doctr. 176* (l'influence de la loi de finances pour 1990 sur le contentieux des changes) ; *Rev. trim. ANDD 1991, nº 67, p. 29* (la libération des mouvements de capitaux ou l'effet indirect d'une directive communautaire) ; *RCS 1991. 296* (droit pénal douanier et des changes : l'application de la loi dans le temps) ; *Gaz. Pal. 1991. 2. Doctr. 572* (réflexions impertinentes sur l'évolution du droit transitoire en matière douanière et cambiaire) ; *Dr. pénal 1992. Chron. 23* (un délit en réanimation artificielle : la détention irrégulière d'avoirs à l'étranger) ; *Rev. trim. ANDD 1992, nº 70, p. 39* (que reste-t-il du contrôle des changes en 1992 ?).

1. Extinction de l'action publique. En matière douanière ou cambiaire, le décès du prévenu en cours d'instance entraîne l'extinction de l'action publique et de l'action fiscale exercées contre celui-ci, mais ouvre à l'administration des Douanes l'exercice, devant le tribunal d'instance compétent, contre la succession du défunt, de l'action spécifique prévue par l'art. 344 C. douanes. • Crim. 21 oct. 1991, nº 90-83.141 P.

2. Liberté des relations financières. Les dispositions des lois ou règlements, même non expressément abrogées, cessent d'être applicables dans la mesure où elles sont inconciliables avec celles d'une loi nouvelle. Ainsi, il résulte des dispositions combinées des art. 98 de la L. du 29 déc. 1989 et 23 de la L. du 12 juill. 1990, prises en conformité de la directive communautaire du 24 juin 1988, qu'en soumettant désormais à une simple déclaration les transferts de sommes, titres ou valeurs vers l'étranger ou en provenance de l'étranger, le législateur a rétabli la liberté des relations financières dont le principe est affirmé à l'art. 1er de la L. du 28 déc. 1966 demeurée en vigueur. Par voie de conséquence, sont devenues incompatibles avec ce principe de liberté toutes dispositions antérieures ayant édicté des restrictions, tels les décrets pris sur le fondement de l'art. 3 de la L. du 28 déc. 1966 ainsi que l'art. 24-II de la L. du 8 juill. 1987. • Crim. 21 mai 1992, nº 91-80.304 P : *BICC 15 oct. 1992, concl. Amiel ; D. 1993. Somm. 77, obs. Pannier ; ibid. 281, obs. Juillard ; RSC 1993. 541, obs. Bouloc ; JCP 1993. II. 21985, note Pannier ; JCP E*

Sanctions mises en œuvre au niveau national : elles sont mises en œuvre par décret ou arrêté en application des articles L. 151-2, L. 562-1 ou L. 562-2 du code monétaire et financier. Les articles L. 562-1 et L. 562-2 sont mis en œuvre conformément aux articles L. 562-3 à L. 562-11 de ce même code.

1 BIS *Les 4 dispositifs de gels [gel] d'avoirs terroristes en France*

La France met en œuvre 4 dispositifs de gel d'avoirs terroristes :

– ordonné par la Résolution CSNU 1988 (2011) *[issue de la scission de la Résol. 1267(1999) entre partie "Afghanistan" (actuelle Résol. 1988) et "Al Qaeda" (actuelle Résol. 1989)]* Afghanistan *via* le Règlement (UE) n° 753/2011 ;

– ordonné par la Résolution CSNU 1989 (2011) *[issue de la scission de la Résol. 1267(1999) entre partie "Afghanistan" (actuelle Résol. 1988) et "Al Qaeda" (actuelle Résol. 1989)]* Al Qaeda *via* le Règlement (UE) n° 881/2001 ;

– ordonné par la Résolution 1373(2001) telle que mise en œuvre par l'Union européenne *via* le Règlement (UE) 2580/2001 (terroristes communs à l'Union européenne) ;

– ordonné par la Résolution 1373(2001) telle que mise en œuvre par la France *via* l'article L. 562-1 du code monétaire et financier (terroristes propres à la France).

Les Règlements (UE) n'étant pas d'application dans certains territoires d'Outre-mer, il est nécessaire d'étendre les gels issus des Règlements/Résolutions par arrêté du ministre, dans ces territoires. Font ainsi l'objet d'arrêtés d'extension, les Règlements (UE) n° 753(2011), 881/2001 et 2580(2001) dont les listes de noms sont reprises dans des arrêtés.

	Comment les gels terroristes sont mis en œuvre en France ?	
	à la prise de décision par le Comité des sanctions ONU	à l'entrée en vigueur du Règlement UE
Résolution 1988	arrêté national	*i)* le Règlement 753/2011 s'applique en France métropolitaine et dans certains territoires *ii)* l'arrêté national perdure pour certains territoires (1)
Résolution 1989	arrêté national	*i)* le Règlement 881/2001 s'applique en France métropolitaine et dans certains territoires *ii)* l'arrêté national perdure pour certains territoires (1)
Résolution 1373 mise en œuvre par l'UE		*i)* le Règlement 2580/2001 s'applique en France métropolitaine et dans certains territoires *ii)* un arrêté national est adopté pour couvrir certains territoires (1)
Résolution 1373 mise en œuvre par la France		*i)* un arrêté national est adopté et couvre tous les territoires

(1) Saint Barthélémy, Saint-Pierre-et-Miquelon, Nouvelle-Calédonie, Polynésie française, Wallis et Futuna, les Terres Australes et Antarctiques Françaises

2 *Qui est responsable des sanctions internationales en France ?*

Le ministère chargé des Affaires étrangères conduit la politique extérieure de la France et la politique de sanctions.

Le ministère chargé de l'économie est associé en tant que de besoin, s'agissant de mesures économiques et financières qui peuvent avoir un impact économique et financier sur l'emploi, la croissance et les finances des entreprises. Il est également compétent pour sa mise en œuvre à titre principal. Les Règlements (UE) contiennent systématiquement une annexe indiquant les services en charge de la mise en œuvre des sanctions.

En règle générale,

– la direction générale du Trésor est compétente pour connaître des questions liées aux aspects financiers.

– la Direction Générale des Douanes et des Droits Indirects est compétente pour connaître des questions liées à la qualification des biens.

– la Direction Générale de la Compétitivité, de l'Industrie et des Services est compétente pour la qualification des biens à double usage.

– la Commission Interministérielle pour l'Etude des Exportations de Matériels de Guerre (CIEEMG) est compétente pour agréer l'exportation des matériels de guerre ou matériels assimilés.

– l'Agence Nationale de la Sécurité du Médicament et des Produits de Santé est compétente pour agréer l'exportation de certains stupéfiants, psychotropes, microorganismes et agents hautement pathogènes.

Il peut être fait appel à d'autres services ou ministères en tant que de besoin.

3 *Qui doit-on interroger concernant les sanctions internationales ?*

Le ministère chargé des Affaires étrangères sur la conduite de la politique étrangère.

Le ministère chargé de l'économie s'agissant des aspects financiers, des autorisations et des homonymies. Les demandes sont à adresser à la direction générale du Trésor : sanctions-gel-avoirs@dgtresor.gouv.fr

Le ministère chargé du Budget s'agissant des exportations physiques. Les demandes sont à adresser au bureau local compétent. Des informations peuvent être demandées à la direction générale des Douanes et des Droits Indirects : dg-e2@douane.finances.gouv.fr

Les demandes relatives aux exportations relevant de biens à double-usage sont à adressées à la direction générale de la Compétitivité de l'Industrie et des Services – Service des biens à double usage (SBDU) : doublusage@finances.gouv.fr

La boite liste-nationale@service-eco.fr s'agissant des questions liées au terrorisme.

Toute administration devant habituellement être consultée en raison d'une législation autonome (agents pathogènes...) reste compétente pour délivrer ces autorisations particulières. Ainsi un régime de sanctions ne lève pas les obligations de déclaration ou d'autorisation issues d'autres législations.

Les services de presse sont invités à contacter directement les services de communication des ministères.

4 *Qui peut interroger les administrations françaises ?*

Toute personne, tout organisme ou toute entité de nationalité française ou résidant en France. Par extension et sur présentation d'un mandat, leurs conseils et experts juridiques.

Toute personne, tout organisme ou toute entité de nationalité étrangère ou ne résidant pas en France mais dont les avoirs ont été gelés sous juridiction française. Par extension et sur présentation d'un mandat, leurs conseils et experts juridiques.

5 *Quelles sont les autres autorités compétentes dans l'Union européenne ?*

Les opérateurs peuvent être appelés à contacter directement une autorité compétente sise dans un autre pays de l'Union européenne si l'opération bloquée relève de la souveraineté de ce pays. Les Règlements (UE) indiquent dans une annexe dédiée la liste des correspondants étrangers pour chaque régime de sanction.

Conformité et régime juridique

6 *Valeur et opposabilité des différents actes imposant des sanctions ?*

Une Résolution du CSNU ou une Décision/PESC de l'Union européenne sont des normes opposables aux seuls États. Toutefois, à l'égard des citoyens, ces actes constituent des faits juridiques qui ne peuvent être ignorés. Ainsi, nul ne peut invoquer sa bonne foi si une Résolution prescrivait une interdiction même si celle-ci ne s'imposait pas à lui.

Un Règlement (UE) est une norme opposable ayant valeur de loi. Un Règlement (UE) est directement applicable dans tous ses éléments dans tout État membre sans intervention des autorités nationales. Sauf indication contraire, le Règlement (UE) entre en vigueur le jour de sa publication au *Journal officiel de l'Union européenne*.

Un arrêté du ministre ou un décret du Gouvernement sont des actes règlementaires publiés au *Journal officiel* de la République Française opposables dans les conditions prévues par les actes eux-mêmes.

7 *Qui doit appliquer un Règlement (UE) ?*

7.1

Les Règlements (UE) contiennent une clause de territorialité définissant les personnes qui doivent appliquer ce Règlement (UE). En règle générale, doivent les appliquer :

i) Toute personne physique se trouvant sur le territoire français, quelle que soit sa nationalité.

ii) Toute personne physique de nationalité française ne se trouvant pas sur le territoire national. Toutefois, s'agissant des personnes physiques à l'étranger exerçant au sein d'une personne morale, d'un organisme ou d'une entité établi à l'étranger n'ayant pas à appliquer le Règlement (UE), les particularités suivantes s'appliquent :

• *dans le cas particulier d'un employé non dirigeant*, l'employé non dirigeant n'est pas responsable de la politique économique, financière et commerciale conduite par la société qui l'emploie. La personne physique redevient responsable de ses actes dès lors qu'elle n'agit plus dans le cadre de l'entité qui l'emploie.

• *dans le cas particulier d'un dirigeant*, la personne physique est responsable de la politique économique, financière et commerciale conduite par une personne morale, un organisme ou une entité dès lors que c'est sous sa conduite que cette politique est menée. Dans le cas particulier où la direction d'entreprise est partagée, il appartiendrait au juge d'établir les responsabilités.

▸ *voir aussi l'article 7 bis instaurant une clause de sauvegarde pour les personnes résidant à l'étranger*

• *dans le cas particulier d'une personne bénéficiant du statut diplomatique*. Elle se doit d'appliquer le Règlement (UE), toutefois en cas d'infraction, elle bénéficie de l'immunité d'exécution à son encontre. Dans ces conditions, le gouvernement Français se réserverait le droit de lui retirer son agrément et d'envisager son expulsion. L'attention est attirée sur le fait que toute personne travaillant pour une ambassade ne bénéficie pas nécessairement d'un statut diplomatique.

▸ *voir aussi l'article 33 sur les opérations initiées par les ambassades*

iii) par et à bord de tout navire et aéronef immatriculé dans l'Union européenne, et dans l'espace aérien de l'Union européenne. Par extension, les personnes, organismes et entités relevant du Règlement (UE) et contrôlant ou possédant des navires et aéronefs non immatriculés dans l'Union européenne doivent tout mettre en œuvre pour que ces navires et aéronefs appliquent la réglementation (UE).

▸ *voir aussi l'article 54 ter sur les transporteurs*

iv) une entité de droit français établie à l'étranger.

v) une entité de droit non européen établie dans un pays non européen lorsque la transaction qu'elle réalise tout ou en partie avec l'Union européenne est en infraction avec les dispositions du Règlement (UE). Ce qui est interdit à un Européen ne saurait donc être importé dans l'Union ou financé *via* l'Union par un non Européen.

7.2

Ne sont pas tenues d'appliquer le Règlement (UE) les entités de droit local établies à l'étranger. Toutefois si ces entités agissent sur instruction du siège (devant appliquer le Règlement), la responsabilité du siège sera recherchée sur le fondement de l'action indirecte *via* une tierce personne.

▸ *voir les articles 53 et 53 bis sur la notion de transaction indirecte*

7.3

Ne sont pas tenus d'appliquer les sanctions, les gestionnaires de système de paiement ou de règlement/livraison ou les dépositaires centraux sauf lorsqu'ils agissent comme un membre participant de droit commun, détachable de leur activité de gestionnaire ou dépositaire, auquel cas ils se doivent d'appliquer les sanctions aux opérations dont ils ont à connaître. *1er septembre 2014*

7.4

Les sanctions ne sont pas réservées aux seuls établissements bancaires. Toute personne est tenue d'appliquer le Règlement (UE) en fonction des opérations dont elle a à connaître ou qu'elle a à traiter. Le donneur d'ordre, personne physique ou personne morale, comme l'exportateur est responsable au premier chef de l'opération qui conduit à une infraction. Les établissements bancaires sont solidairement responsables des opérations auxquelles ils ont contribué.

▸ *voir aussi l'article 14.2 sur le dispositif d'autorisation "Iran"*

7 BIS *Clause de sauvegarde pour les personnes à l'étranger*

Les personnes physiques de nationalité française résidant à l'étranger et les entités de droit français établies à l'étranger sont tenues d'appliquer le Règlement (UE). Toutefois, NUL NE DOIT EXPOSER SA VIE NI CELLE D'AUTRUI. Dans le cas exceptionnel où une personne physique a transgressé un Règlement (UE) sous la menace ou la contrainte, la situation doit être rapportée à la direction générale du Trésor dans les plus brefs délais afin de l'évaluer.

7 TER *Interprétation des différentes versions linguistiques*

Les dispositions communautaires doivent être interprétées et appliquées de manière uniforme à la lumière des différentes versions linguistiques (CJUE 5 déc. 1967, *Van der Vecht*, n° C-19/67, point rec. p 445). La Cour considère que la formulation utilisée dans l'une de ces versions ne peut servir de base unique à l'interprétation d'une disposition ou se voir attribuer, à cet égard un caractère prioritaire par rapport aux autres versions linguistiques. Une telle approche serait en effet incompatible avec l'exigence d'uniformité d'application du droit communautaire.

7 QUATER *Effet utile/Interprétation d'une norme européenne imprécise*

Une disposition de droit communautaire doit être interprétée en tenant compte à la fois de son contexte, de ses objectifs, de l'effet utile recherché par le règlement et de ses termes (CJUE 21 févr. 1984, *St. Nikolaus Brennerei*, n° C-337/82, Rec. p. 1051, point 10, CJUE 17 oct. 1995, *Leifer e.a.*, n° C-83/94, Rec. p. I-3231, point 22. S'agissant de l'interprétation de mesures de gel des avoirs, voir arrêt de la CJUE 30 juill. 1996, *Bosphorus/Minister for Transport, Energy and Communications*, n° C-84/95, point 11).

7 QUINQUIES *Difficultés techniques et informatiques empêchant la mise en œuvre d'une disposition*

Légalement, des considérations techniques ou informatiques ne doivent ni ne peuvent faire échec aux sanctions internationales. Néanmoins, si une sanction n'a pas été mise en œuvre en raison d'une telle difficulté, la clause de limitation de responsabilité trouve à s'appliquer.

Il est demandé de rapporter à la direction générale du Trésor la nature de ces difficultés afin d'évaluer le cas échéant la réponse qu'il convient d'apporter, modification des processus en question ou modification des textes.

En règle générale, l'administration s'efforce de tenir compte des difficultés techniques et informatiques, qui ont été portées à sa connaissance, lors de la négociation des textes.

▸ *voir aussi l'article 57 sur la limitation de responsabilité*

8 *Comment est sanctionnée l'infraction aux actes imposant des sanctions ?*

8.1 *S'agissant d'un Règlement (UE)*

L'article 459 du code des douanes sanctionne l'infraction à la règlementation européenne.

L'art. 459-1 est mis en œuvre par le ministre chargé des Douanes qui a l'initiative des poursuites, les agents des douanes, les autres agents de l'administration des finances ayant au moins le grade de contrôleur, outre les officiers de police judiciaire (articles 453 s. du code des douanes).

8.2 *S'agissant d'un arrêté du ministre*

Est puni des peines prévues à l'article 459 du code des douanes le fait, pour les dirigeants ou les préposés des organismes financiers et personnes mentionnés à l'article L. 562-3 du code monétaire et financier et, pour les personnes faisant l'objet d'une mesure de gel ou d'interdiction prise en application du code monétaire et financier, de se soustraire aux obligations en résultant ou de faire obstacle à sa mise en œuvre. Sont également applicables les dispositions relatives à la constatation des infractions, aux poursuites, au contentieux et à la répression des infractions des titres II et XII du code des douanes sous réserve des articles 453 à 459 du même code.

9 *Rétroactivité des normes/application immédiate*

Les règlements (UE) et les arrêtés ne sont pas rétroactifs mais sont d'application immédiate. Si la rétroactivité exige que la situation antérieure soit rétablie (reprise de la chose livrée, liquidation d'un investissement...), l'application immédiate implique que la norme s'applique aux opérations qui, même ayant débuté dans le passé, s'exécutent dans le présent : ainsi si un bien a déjà été livré et que le paiement est à venir, le bien peut rester livré mais le paiement est régi par la nouvelle norme.

En atténuation de l'applicabilité immédiate,

– certaines transactions initiées avant la mesure de gel peuvent, dans certaines conditions, être poursuivies après autorisation de la direction générale du Trésor si le texte portant sanction le prévoit,

– certains textes exonèrent, expressément et au cas par cas, les opérations réalisées en vertu d'une obligation légale née avant la date de l'entrée en vigueur de la mesure.

10 *Voies de recours gracieux*

10.1 *A l'encontre d'un arrêté ministériel/d'une décision administrative individuelle*

Affaires terroristes
liste-nationale@service-eco.fr
ou
Ministère chargé de l'Économie
direction générale du Trésor
Liste Nationale/Télédoc 233
139, rue de Bercy 75572 Paris Cedex 12
Affaires non terroristes
sanctions-gel-avoirs@dgtresor.gouv.fr

ou
Ministère chargé de l'Économie
direction générale du Trésor
Sanctions/Télédoc 233
139, rue de Bercy 75572 Paris Cedex 12

10.2 *A l'encontre d'un Règlement UE*

Le Conseil de l'Union européenne
Rue de la Loi,
175 B-1048 Bruxelles Belgique.
La Commission européenne
B-1049 Bruxelles – Belgique
D'autres institutions européennes : http://europa.eu/geninfo/mailbox/inst_fr.htm
Les autorités du pays de résidence peuvent être contactées, s'agissant de la France
Ministère des Affaires Étrangères et Européennes
37 Quai d'ORSAY, 75007 Paris
Direction Union européenne
Service des relations extérieures de l'Union

10.3 *A l'encontre d'une Résolution CSNU*

Point focal pour les demandes de radiation
Service du secrétariat des organes subsidiaires du Conseil de sécurité
Room TB-08041B
Organisation des Nations unies/New York, N.Y. 10017
États-Unis

11 *Voies de recours contentieux*

11.1 *A l'encontre d'un arrêt ministériel ou d'une décision administrative*

Tribunal administratif de Paris
7 rue de Jouy 75181 Paris Cedex 04
Tél. 01 44 59 44 00
Fax. 01 44 59 46 46
Urgences : Télécopie référés : 01 44 59 44 99
greffe.ta-paris@juradm.fr

11.2 *A l'encontre d'un Règlement UE*

Cour de justice des Communautés européennes
Luxembourg 2925
Tél : (352) 4303.1
Fax : (352) 4303.2600)
http://curia.europa.eu/jcms/jcms/Jo2_7022/

12 *Droits des personnes atteintes par une sanction*

Les normes contiennent généralement des clauses visant à atténuer l'effet des sanctions à l'égard de la personne physique. Il convient donc de se reporter à chaque norme spécifique. En règle générale :

12.1

S'agissant d'un Règlement (UE), il contient des articles permettant :

- le paiement des dépenses de base, de certaines dépenses exceptionnelles, des frais juridiques,
- le paiement des décisions de justice nées avant la date de gel.

12.2

S'agissant des arrêtés nationaux,

– les articles R. 562-1 et suivants trouvent à s'appliquer systématiquement sans qu'il soit besoin de reprendre ces dispositions dans l'arrêté : "lorsqu'une mesure de gel des fonds, instruments financiers et ressources économiques a été prise [...] le ministre chargé de l'Économie peut autoriser, dans les conditions qu'il juge appropriées, la personne, l'organisme ou l'entité qui en a fait l'objet, sur sa demande, à disposer mensuellement d'une somme d'argent, fixée par le ministre, destinée à couvrir, dans la limite des disponibilités, pour une personne physique, des frais courants du foyer familial ou, pour une personne morale, des frais lui permettant de poursuivre une activité compatible avec les exigences de l'ordre public. La somme peut aussi couvrir des frais raisonnables d'assistance juridique ou des frais exceptionnels. Les frais doivent être préalablement justifiés".

– le ministre chargé de l'Économie peut également, dans les conditions qu'il juge appropriées, autoriser la personne, l'organisme ou l'entité qui a fait l'objet d'une mesure de gel, sur sa demande, à vendre ou céder des biens sous réserve que le produit tiré de cette vente ou de cette cession soit lui-même gelé.

– le ministre chargé de l'Économie peut autoriser le paiement ou la restitution des fonds, instruments financiers ou ressources économiques faisant l'objet d'une mesure de gel, à une personne non visée par une telle mesure qui lui en fait la demande, si cette personne est titulaire sur ces fonds, instruments financiers ou ressources économiques d'un droit acquis avant la mesure de gel ou si une décision juridictionnelle devenue définitive lui accorde un tel droit, à la suite d'une procédure juridictionnelle engagée avant que cette mesure ait été prononcée.

– les autorisations ci-dessus mentionnées sont, le cas échéant, subordonnées aux conditions ou accords que les autorités françaises sont tenues de respecter ou d'obtenir en vertu des résolutions adoptées dans le cadre du chapitre VII de la Charte des Nations unies ou des actes pris en application de l'article 15 du traité sur l'Union européenne. Si l'autorisation est subordonnée à l'accord d'une instance internationale, le délai légal dans lequel la décision doit être rendue est prolongé des délais nécessaires pour l'obtenir.

12.3

Toutes les demandes sont adressées à

Affaires terroristes
liste-nationale@service-eco.fr
ou
Ministère chargé de l'Économie
direction générale du Trésor
Liste Nationale/Télédoc 233
139, rue de Bercy 75572 Paris Cedex 12
Affaires non terroristes
sanctions-gel-avoirs@dgtresor.gouv.fr
ou
Ministère chargé de l'Économie
direction générale du Trésor
Sanctions/Télédoc 233
139, rue de Bercy 75572 Paris Cedex 12

12 *BIS* *Aide juridictionnelle de l'Union européenne*

Pour assurer un accès effectif à la justice, l'aide judiciaire est accordée pour les procédures devant le Tribunal de l'Union européenne. Elle couvre, totalement ou en partie, les frais liés à l'assistance et à la représentation en justice devant le Tribunal. Ces frais sont pris en charge par la caisse du Tribunal. Toute personne physique qui, en raison de sa situation économique, est dans l'incapacité totale ou partielle de faire face aux frais a le droit de bénéficier de l'aide judiciaire. La situation économique est évaluée en tenant compte d'éléments objectifs tels que les revenus, le capital détenu et la situation familiale. L'aide judiciaire est refusée si l'action pour laquelle elle est demandée apparaît manifestement irrecevable ou manifestement non fondée.

L'aide judiciaire peut être demandée avant ou après l'introduction du recours et la demande est dispensée du ministère d'avocat.

La demande d'aide judiciaire doit être accompagnée de tous renseignements et pièces justificatives permettant d'évaluer la situation économique du demandeur, tel qu'un certificat d'une autorité nationale compétente justifiant cette situation économique.

Si la demande est présentée antérieurement à l'introduction du recours, le demandeur doit exposer sommairement l'objet du recours envisagé, les faits de l'espèce et l'argumentation au soutien du recours. La demande doit être accompagnée de pièces justificatives à cet égard.

12 TER Personnes *a priori* innocentes, atteintes mais non visées par une mesure de gel

Les normes contiennent généralement des clauses visant à atténuer l'effet des sanctions à l'égard des personnes dites *a priori* innocentes atteintes par une mesure de gel mais non visées par une telle mesure. Les textes peuvent contenir des clauses visant à ce que le véritable créancier légitime recouvre les avoirs qui ont été gelés entre les mains d'autrui. En règle générale, il y a lieu de justifier de l'existence de cette créance, de sa nature et de son antériorité à la date du gel.

Plus généralement, la direction générale du Trésor s'efforcera d'assister celles des personnes qui ne sont pas visées par une mesure de gel mais en subissent les conséquences.

12 TER.1 S'agissant d'un Règlement (UE)

Il contient des articles permettant de désintéresser les créanciers dont la créance est née en raison d'un contrat passé avant la date de gel. Il convient de se rapporter au Règlement européen.

12 TER.2 S'agissant des arrêtés nationaux

Le ministre chargé de l'Économie peut autoriser le paiement ou la restitution des fonds, instruments financiers ou ressources économiques faisant l'objet d'une mesure de gel, à une personne non visée par une telle mesure qui lui en fait la demande, si cette personne est titulaire sur ces fonds, instruments financiers ou ressources économiques d'un droit acquis avant la mesure de gel ou si une décision juridictionnelle devenue définitive lui accorde un tel droit, à la suite d'une procédure juridictionnelle engagée avant que cette mesure ait été prononcée.

12 TER.3

Les autorisations ci-dessus mentionnées sont, le cas échéant, subordonnées aux conditions ou accords que les autorités françaises sont tenues de respecter ou d'obtenir en vertu des résolutions adoptées dans le cadre du chapitre VII de la Charte des Nations unies ou des actes pris en application de l'article 15 du traité sur l'Union européenne. Si l'autorisation est subordonnée à l'accord d'une instance internationale, le délai légal dans lequel la décision doit être rendue est prolongé des délais nécessaires pour l'obtenir.

12 TER.4

Toutes les demandes sont adressées à

Affaires terroristes

liste-nationale@service-eco.fr

ou
Ministère chargé de l'Économie
direction générale du Trésor
Liste Nationale/Télédoc 233
139, rue de Bercy 75572 Paris Cedex 12
Affaires non terroristes
sanctions-gel-avoirs@dgtresor.gouv.fr
ou
Ministère chargé de l'Économie
direction générale du Trésor
Sanctions/Télédoc 233
139, rue de Bercy 75572 Paris Cedex 12
– 1er septembre 2014 –

12 *TER*.5

La présomption d'innocence doit être appréciée en fonction de l'honorabilité de la personne qui l'invoque : ainsi l'innocence d'une personne dont la créance est née en toute connaissance de cause de l'infraction à un embargo prononcé par une résolution des Nations unies ou d'une personne institutionnellement liée au pays sous sanction est appréciée relativement.

Demandes d'autorisation et formulaires

13 *Comment formuler une demande ?*

S'agissant du ministère chargé de l'économie, il est nécessaire d'exposer sa requête avec l'information la plus complète possible. Deux formulaires sont à disposition et permettent de porter à la connaissance de l'administration toutes les informations pertinentes.

13.1 *Le Téléservice*

Vous êtes une personne morale agissant pour compte propre ou pour compte d'une autre personne morale, le téléservice doit être privilégié *[https://sanctionsfinancieres.dgtresor.gouv.fr/]*. Un Guide d'Utilisation est à disposition *[https://sanctionsfinancieres.dgtresor.gouv.fr/Faq]*.

13.2 *Autres cas*

Les formulaires sous forme électronique sont mis à disposition *[http://www.tresor.economie.gouv.fr/4147_contacts-et-formulaires]*. Ce traitement différencié des demandes est imputable à la législation relative aux données personnelles qui ne permet pas l'utilisation du téléservice à ce jour.

13.3

La déclaration de transaction est accompagnée, dans la mesure où ces documents existent :

- du crédit documentaire (Swift MT700) et des amendements
- du connaissement (*bill of lading*), de la Charte-Partie, de la lettre de transport maritime, tout document de transport par air, par route, par voie d'eau
- du certificat d'origine visé par la chambre de commerce et d'industrie
- du certificat phytosanitaire
- de la licence d'exportation/de la déclaration en douanes

- de la factures/de la facture *pro forma*
- du contrat et des avenants
- de la liste de colisage (*packing list*)
- du certificat d'embarquement
- de la fiche technique sur le bien exporté
- de l'attestation de prise en charge par le transitaire
- de l'avis d'expédition (émis par bénéficiaire/exportateur)
- des documents d'assurance
- des garanties, contre-garanties et cautions bancaires
- d'une attestation d'utilisation ou d'utilité finale au terme de laquelle l'opérateur atteste de l'utilisation finale qui sera faite du bien exporté. Cette attestation doit préciser si le bien est installé par l'exportateur et/ou s'il lui sera possible de constater personnellement, après la livraison et l'installation, la bonne utilisation du bien livré. Ces informations permettent à l'administration d'évaluer le risque encouru par une telle transaction.

13.4

La déclaration d'homonymie *[http://www.tresor.economie.gouv.fr/4147_contacts-et-formulaires]* **est accompagnée de :**

- tout document relatif à l'identité de l'individu
- tout document jugé pertinent.

13.5

Conformément à la loi n° 2000-321 du 12 avril 2000 relative aux droits des citoyens dans leurs relations avec les administrations, l'administration se réserve le droit de ne pas répondre aux demandes manifestement abusives. L'administration se réserve également le droit de ne pas répondre lorsqu'une transaction n'est normalement pas soumise à autorisation mais fait néanmoins l'objet d'une demande. Lorsque l'administration répond à une telle demande, la réponse ne peut en aucun cas être assimilée à une autorisation.

14 *Qui doit formuler une demande ?*

14.1 *Règle générale*

L'exportateur et/ou l'importateur est le principal responsable de l'opération qu'il entend mener. C'est donc à lui de s'acquitter de cette formalité directement ou par l'intermédiaire de son établissement bancaire. Les Règlements (UE) rendent solidairement responsables les établissements qui financent, participent à des financements, directement ou indirectement, à quelque titre que ce soit, des opérations interdites. Il est donc dans l'intérêt des établissements bancaires de s'assurer que cette formalité est accomplie.

L'intermédiaire est solidairement responsable de l'exportateur ou de l'importateur dans les conditions prévues par les Règlements (UE).

Des Règlements (UE) peuvent prévoir des dispositions spéciales qu'il y a donc lieu de consulter au cas par cas en fonction du pays. C'est notamment le cas du Règlement Iran.

14.2 *Particularités liées aux articles 30 et 30 bis du Règlement Iran – 1er septembre 2014 –*

Les articles 30 et 30 *bis* instaurent un régime particulier d'autorisation.

– S'agissant des flux financiers en provenance d'Iran vers un établissement bancaire en France : c'est à l'établissement financier d'effectuer la demande ; alternativement, l'exportateur peut effectuer la demande s'il agit en son nom et avec son accord.

– S'agissant de flux financiers en provenance d'Iran vers un établissement bancaire européen (hors France) : la banque européenne récipiendaire des flux doit alors adresser la demande d'autorisation à son autorité nationale. Nous pouvons néanmoins délivrer un avis de confort à faire valoir auprès de l'établissement bancaire étranger pour attester que le bien n'est pas sous embargo. L'exportateur peut également formuler cette demande s'il agit au nom de sa banque et avec son accord : attention, cette facilité est mise en œuvre avec l'accord de l'autorité compétente.

– S'agissant de flux financiers en provenance d'Iran et reçus dans une banque non assujettie à la réglementation européenne, l'exportateur seul étant soumis à la réglementation européenne, il lui revient de déposer la demande.

– S'agissant d'un paiement par chèque ou en espèces, conformément à l'article 38, l'exportateur dépose la demande.

14.3 *Universalité des autorisations* – *1er septembre 2014* –

Il n'est pas nécessaire que chaque participant à une même transaction fasse une demande à l'administration. En effet, l'autorisation vise à établir si le bien/service est soumis à restriction et/ou si la personne qui le reçoit peut le recevoir. Dans ces conditions, l'autorisation accordée à un exportateur vaut pour celui qui transporte, assure, garantit et finance la chose.

15 *Secret des informations transmises à la direction générale du Trésor*

Lorsqu'une déclaration ou une demande d'autorisation est communiquée à la direction générale du Trésor, celle-ci contient une disposition autorisant la direction générale du Trésor à solliciter d'autres administrations dans le but de vérifier l'information, ou de la rechercher. L'administration se réserve donc le droit de diligenter les enquêtes nécessaires à la manifestation de la vérité. L'information ne peut être diffusée à d'autres fins que celles pour laquelle elle a été dévoilée.

16 *Délais de traitement des demandes d'autorisation*

L'administration s'efforce de répondre dans les meilleurs délais. Toutefois,

– l'entrée en vigueur d'une nouvelle norme ou d'un nouveau régime génère un surcroît significatif de consultations qui allonge les délais de réponse,

– l'administration française peut elle-même être tenue de solliciter l'avis ou l'accord de la Commission européenne ou du Conseil de sécurité des Nations unies,

– l'administration peut vouloir consulter ses homologues européennes afin de mettre en œuvre le Règlement de manière uniforme,

– les textes européens ou du Conseil de sécurité peuvent prescrire des délais d'attente.

En tout état de cause, à défaut de dispositions contraires, c'est le droit administratif commun qui s'applique au terme duquel l'absence de réponse de l'administration dans le délai de deux mois équivaut à un refus de l'administration.

17 *Anonymat des agents exerçant à la direction générale du Trésor*

L'article 4 de la loi n° 2000-321 du 12 avril 2000 relative aux droits des citoyens dans leurs relations avec les administrations dispose : "dans ses relations avec l'une des autorités administratives mentionnées à l'article 1er, toute personne a le droit de connaître le prénom, le nom, la qualité et l'adresse administratives de l'agent chargé d'instruire sa demande ou de traiter l'affaire qui la concerne ; ces éléments figurent sur les correspondances qui lui sont adressées. Si des motifs intéressant la sécurité publique ou la sécurité des personnes le justifient, l'anonymat de l'agent est respecté".

Compte tenu des sujets traités par le service, les agents sont appelés à ne pas dévoiler leur identité et nul n'est autorisé à la dévoiler sans être en infraction avec la protection du secret de la défense nationale.

18 *Autorisation/licence générale*

La direction générale du Trésor émet des autorisations ponctuelles qui est le mode d'autorisation prévu par les textes. Toutefois compte tenu du caractère répétitif de certaines opérations ne posant aucune difficulté, la direction générale du Trésor peut émettre deux catégories de licences :

18.1 *La licence générale*

Elle consiste à donner une autorisation à titre permanent et jusqu'à sa révocation. Elle est accordée à un opérateur économique ou financier qui en a fait la demande. La licence générale couvre les transactions ultérieures de caractéristiques identiques (ces caractéristiques sont : exportateur/importateur/intermédiaires/bien et service/utilisation finale/utilisateur final/canal bancaire) qui devront être déclarées et ne nécessiteront pas une nouvelle autorisation.

La licence générale stipule les conditions dans lesquelles l'autorisation a été accordée et demeure valable :

– la licence générale est sans valeur si des informations ont été omises, dissimulées, falsifiées, volontairement ou non, du fait du requérant ou d'autrui, ayant pour effet de fausser le jugement de l'administration,

– le demandeur doit renoncer au bénéfice de la licence générale, à tout moment, s'il a connaissance d'éléments d'information nouveaux, ultérieurs à l'obtention de la licence, de nature à rendre sa transaction incompatible avec la réglementation européenne ou nationale,

– l'autorisation ne porte que sur les éléments d'information communiqués à l'administration. Les éléments non communiqués n'ont pas été validés et le requérant est seul responsable de la conformité de son opération avec la règlementation en vigueur,

– la licence générale est révocable à tout moment,

– la licence générale est révoquée d'office sans intervention de l'administration lorsque le cadre règlementaire a évolué : dans ce cas précis, il y a lieu de demander une validation de la licence précédemment octroyée.

L'administration s'efforce de délivrer des licences générales dès lors que le Règlement (UE) le permet et en fonction de la sensibilité de la transaction.

18.2 *Les autorisations à caractère général*

La direction générale du Trésor peut également donner des autorisations à caractère général et permanent, sur son site internet dédié aux sanctions sous la rubrique "pays" pertinente, dans "mesures nationales". Il s'agit de donner des indications et des recommandations particulières en fonction de la configuration du pays et des sanctions.

Gel d'avoirs

19 *Qu'implique le gel d'avoirs ?*

La notion de gel est amplement définie dans les Règlements (UE) ou dans la législation nationale. Le gel est toute action, y compris le fait de s'abstenir de faire, dont l'effet est de priver une personne, un organisme ou une entité atteint par une mesure de gel de son pouvoir de contrôle sur la chose gelée ou de la possibilité de bénéficier ou de jouir de la chose gelée. Le gel n'entraîne pas mutation de la propriété ni saisie.

Le "gel des fonds" peut être défini comme toute action visant à empêcher tout mouvement, transfert, modification, utilisation ou manipulation de fonds qui aurait pour conséquence un changement de leur volume, de leur montant, de leur localisation, de leur propriété, de leur possession, de leur nature, de leur destination ou toute autre modification qui pourrait en permettre l'utilisation, notamment la gestion de portefeuilles.

Le "gel de ressources économiques" peut être défini comme toute action visant à empêcher l'utilisation de ressources économiques afin d'obtenir des fonds, des biens ou des services de quelque manière que ce soit, et notamment, mais pas exclusivement, leur vente, leur location ou leur mise sous hypothèque.

En règle générale, il convient d'immobiliser les avoirs et de s'opposer par tout moyen à leur mutation. Cela signifie en particulier que :

– les débits au compte, y compris les retraits, sont interdits sauf exemptions spécifiques prévues par les textes,

– les crédits au compte sont acceptés mais gelés,

– les virements sont stoppés à l'endroit où ils sont localisés au moment où ils sont identifiés,

– les chèques : les chèques en crédit sont portés sur le compte quelle que soit leur date d'émission. Les chèques en débit sont suspendus et feront l'objet d'un accord, ou pas, au cas par cas. Les chèques émis après la parution d'un texte ne sont normalement pas honorés, (ajoutée par la version V2 du 18/11/2014),

– les cartes de retrait ou de paiement sont désactivées,

– les compensations ne sont plus opérées,

– les prêts ou les crédits par caisse, y compris ceux en cours et non encore entièrement déboursés, ne sont plus accordés ni décaissés,

– les ventes et achats de biens sont arrêtés,

– les crédits, quelles que soient l'origine et la nature, quel que soit le donneur d'ordre, sont portés au compte et gelés.

Il importe peu que ces opérations aient été initiées avant l'entrée en vigueur des sanctions. Les textes précisent, le cas échéant, si une action initiée avant l'entrée en vigueur des sanctions peut être continuée et dans quelles conditions

S'agissant de biens physiques, ils ne sont plus mis à disposition de la personne atteinte par la mesure de gel.

▸ *voir aussi l'article 54 bis à partir de quel moment faut-il cesser de remettre une ressource économique à une personne gelée*

19 *BIS* *Clause de proportionnalité du gel*

Le gel s'opère dans le respect des principes de proportionnalité et de la dignité humaine. En conséquence, nul ne saurait être exposé à un traitement inhumain et dégradant, ou privé de soins, de nourriture ou d'assistance humanitaire en raison d'une mesure de gel. Les opérateurs qui, de bonne foi et dans l'urgence, auront fait échec à une mesure de gel en raison de la présente disposition en rapportent à la direction générale du Trésor qui évaluera la situation.

19 *TER* *Gel d'avoirs et droit de propriété*

Le droit de propriété fait partie des principes généraux du droit communautaire, protégé par l'article 17 de la Charte des droits fondamentaux de l'Union. Afin de déterminer la portée du droit de propriété, la Cour de justice de l'Union européenne tient compte de l'article 1er du protocole additionnel n° 1 à la Convention européenne des droits de l'Homme qui consacre ce droit (CJCE (Grande chambre), affaires jointes C-402/05 P et C-415/05 P (*Yassin Abdullah Kadi et Al Barakaat International Foundation c/ Conseil de l'Union européenne et Commission des Communautés européennes*), arrêt du 3 septembre 2008, § 361) lequel précise : "Toute personne physique ou morale a droit au respect de ses biens. Nul ne peut être privé de sa propriété que pour cause d'utilité publique et dans les conditions prévues par la loi et les principes généraux du droit international. Les dispositions précédentes ne portent pas atteinte au droit que possèdent les États de mettre en vigueur les lois qu'ils jugent nécessaires pour réglementer l'usage des biens conformément à l'intérêt général ou pour assurer le paiement des impôts ou d'autres contributions ou des amendes."

Au sens de l'article 1 P1, la privation de propriété implique nécessairement une dépossession définitive et complète du titulaire du bien (Code de la convention européenne des droits de l'homme). Dès lors qu'elles emportent une dépossession uniquement temporaire, les mesures prises dans le cadre d'un régime de sanctions, telles que la saisie d'aéronef (CEDH (Grande chambre), *Bosphorus hava yollari turizm ve ticaret anonim sirketi c/ Irlande*, arrêt du 30 juin 2005, § 142) et le gel d'avoirs (CJCE (Grande chambre), affaires jointes C-402/05 P et C-415/05 P (*Yassin Abdullah Kadi et Al Barakaat International Foundation contre Conseil de l'Union européenne et Commission des Communautés européennes*), arrêt du 3 septembre 2008, § 358) ne s'analysent pas en une privation de propriété.

20 *Que doit-on geler ?*

Dans le cadre d'un Règlement (UE), il y a lieu de geler les :

• "fonds" : les actifs financiers et les avantages économiques de toute nature, et notamment, mais pas exclusivement :

— le numéraire, les chèques, les créances en numéraire, les traites, les ordres de paiement et autres instruments de paiement,

— les dépôts auprès d'établissements financiers ou d'autres entités, les soldes en comptes, les créances et les titres de créances,

— les titres de propriété et d'emprunt, tels que les actions, les certificats représentatifs de valeurs mobilières, les obligations, les billets à ordre, les warrants, les obligations non garanties et les contrats sur produits dérivés, qu'ils soient négociés en Bourse ou fassent l'objet d'un placement privé,

— les intérêts, les dividendes ou autres revenus d'actifs ou plus-values perçus sur des actifs,

— le crédit, le droit à compensation, les garanties, les garanties de bonne exécution ou autres engagements financiers,

— les lettres de crédit, les connaissements, les contrats de vente, et

— tout document attestant la détention de parts d'un fonds ou de ressources financières.

• "ressources économiques" : les avoirs de toute nature, corporels ou incorporels, mobiliers ou immobiliers, qui ne sont pas des fonds mais qui peuvent être utilisés pour obtenir des fonds, des biens ou des services.

20 *BIS* *Faut-il geler une ressource économique provenant d'une personne gelée ?*

En règle générale, les fonds et ressources économiques appartenant à, détenus ou contrôlés par une personne gelée rentrent dans le périmètre de gel. Il s'agit donc de déterminer si, au moment de l'interception des fonds ou de la ressource économique ceux-ci appartiennent à, sont détenus ou contrôlés par la personne gelée.

Il devra être considéré :

— à quel moment intervient le changement de propriété de la ressource économique notamment au regard des us et coutumes, conventions et règles du commerce international ;

— si la personne gelée a encore le pouvoir de disposer de la ressource économique, par exemple en ordonnant son retour ou un changement de destinataire.

Si la ressource économique est considérée comme appartenant à, détenue ou contrôlée par la personne gelée, il y a lieu de la geler et le cas échéant entamer une procédure de dégel auprès de l'autorité compétente.

Dans tous les cas de figure, une ressource économique doit être gelée, indépendamment de son propriétaire, si celle-ci fait l'objet d'un embargo. — *22 novembre 2013* —

21 *Quel est le périmètre des avoirs appartenant à, possédés, détenus ou contrôlés par une personne listée ?*

Il y a lieu de consulter la définition des avoirs susceptibles de gel dans la mesure où la définition a pu varier dans le temps et selon les règlements (UE).

Au-delà de la personne directement atteinte par une mesure de gel, la question se pose de savoir si les fonds et ressources économiques appartenant à, ou en possession d'autres personnes, ne doivent pas être gelés. Il y a lieu de considérer les notions de propriété, de possession ou de contrôle.

La propriété est établie par un titre de propriété ou un titre de créance ; en l'absence de titre et s'agissant de biens meubles, la propriété est présumée si la chose est entre les mains de la personne atteinte par une mesure de gel.

Il est déduit de cette définition que :

– lorsque la propriété est établie par un titre : la chose doit être gelée. Il importe peu de savoir si la chose est sous le contrôle de la personne visée ou entre les mains d'autrui ;

– lorsque la propriété est présumée : la chose doit être gelée. Il appartient au véritable propriétaire de revendiquer la propriétaire réelle sur la chose gelée et de demander la levée d'une mesure de gel.

La détention ou possession. La possession ou la détention d'avoirs est une notion de fait qui emporte présomption simple de propriété : ainsi l'individu qui détient des fonds sur lui-même est supposé en être le propriétaire néanmoins il peut être démontré qu'il n'en est que le dépositaire. La présomption de possession entraîne obligation de geler les avoirs au moment où la mesure de gel intervient.

Cas des dépôts bancaires : lorsque des fonds sont déposés dans une banque, le gel de la banque elle-même ou le gel du déposant entraine le gel de la somme déposée.

Le contrôle est une notion de droit ou qui se déduit des faits.

– il y a contrôle de droit si une norme l'établit. Lorsqu'un texte (contrat social, pacte, accord, loi...) établit que la chose est contrôlée par une personne, il n'importe pas de savoir si ce contrôle est effectivement et réellement réalisé. La chose doit être gelée ;

– il y a contrôle de fait si en pratique une personne a le pouvoir de jouir de tout ou partie des caractéristiques de la propriété : l'usus, le fructus et l'abusus. La chose doit être gelée.

Les dispositions du code de commerce donnent une indication quant aux notions de contrôle et de possession :

– lorsqu'une société possède plus de la moitié du capital d'une autre société, la seconde est considérée comme filiale de la première (article L. 233-1) ;

– lorsqu'une société possède dans une autre société une fraction du capital comprise entre 10 et 50 %, la première est considérée, pour l'application du présent chapitre, comme ayant une participation dans la seconde (article L. 233-2) ;

– une société est considérée comme en contrôlant une autre (article L. 233-3, I) :

• lorsqu'elle détient directement ou indirectement une fraction du capital lui conférant la majorité des droits de vote dans les assemblées générales de cette société ;

• lorsqu'elle dispose seule de la majorité des droits de vote dans cette société en vertu d'un accord conclu avec d'autres associés ou actionnaires et qui n'est pas contraire à l'intérêt de la société ;

• lorsqu'elle détermine en fait, par les droits de vote dont elle dispose, les décisions dans les assemblées générales de cette société ;

• lorsqu'elle est associée ou actionnaire de cette société et dispose du pouvoir de nommer ou de révoquer la majorité des membres des organes d'administration, de direction ou de surveillance de cette société.

– Elle est présumée exercer ce contrôle lorsqu'elle dispose directement ou indirectement, d'une fraction des droits de vote supérieure à 40 % et qu'aucun autre associé ou actionnaire ne détient directement ou indirectement une fraction supérieure à la sienne (article L. 233-3, II).

Deux ou plusieurs personnes agissant de concert sont considérées comme en contrôlant conjointement une autre lorsqu'elles déterminent en fait les décisions prises en assemblée générale (article L. 233-3, III). Toute participation au capital même inférieure à 10 % détenue par une société contrôlée est considérée comme détenue indirectement par la société qui contrôle cette société (article L. 233-4).

22 *Que faire dans le cas des avoirs d'une personne morale contrôlée par une autre personne morale ?*

Sauf si un texte portant sanction en dispose autrement, le fait pour une personne morale atteinte par une mesure de gel de posséder/de contrôler une filiale n'entraîne pas automatiquement la mise en œuvre de la mesure de gel à l'égard de la filiale. Le gel immobilise la participation détenue par la personne gelée dans sa filiale, la participation étant en soi-même un avoir, ainsi elle ne saurait revendre sa participation pour en tirer un revenu ou aucun bénéfice ne saurait lui être versé. En revanche, le gel est sans effet sur les droits de vote et les conventions juridiques en général, il ne fait que priver de certains effets matériels.

La filiale non gelée ne saurait toutefois continuer à exercer une activité normalement dans la mesure où cette activité peut constituer une mise à disposition indirecte au profit di siège gelé. Il y a donc lieu de placer sous vigilance renforcée les relations menées avec la filiale et de statuer au cas par cas avec l'aide de l'administration.

Le gel s'opère à l'égard des avoirs des succursales qui n'ont pas de personnalité morale distincte de la personne gelée.

23 *Que faire dans le cas des avoirs d'une personne morale contrôlée par une personne physique ?*

La même règle s'applique que celle évoquée à l'article 21.

24 *Co-entreprise (Joint-venture) atteinte par une mesure de gel*

Les co-entreprises, qu'elles aient ou qu'elles n'aient pas la personnalité morale, fonctionnent selon le pacte initial qui les a instituées. A défaut d'indications précises dans le texte instituant la sanction, il est nécessaire de se référer au pacte initial et d'établir si l'activité de la co-entreprise :

– bénéficie au jour le jour à une personne listée,

– bénéficie ponctuellement, par exemple lors du reversement des bénéficies, à une personne listée,

– nécessite que soit versés ou remis des fonds ou des ressources économiques à une personne gelée.

Dans tous les cas de figure, il est nécessaire de se référer à l'administration qui apportera une réponse au cas par cas.

25 *Comment faire dans le cas d'une entreprise avec qui je suis en co-entreprise (Joint-venture) [qui] est atteinte par une mesure de gel ?*

Votre entreprise est en co-entreprise avec une entreprise atteinte par une mesure de gel, la règle évoquée à l'article 23 trouve à s'appliquer

26 *Déterminer si une relation d'affaires est problématique*

Une relation est potentiellement problématique si :

– une personne est, de par sa nationalité ou résidence, directement ou indirectement, liée à un pays sous sanction,

et

– l'identité du bénéficiaire final ou apparent est la même que celle d'une personne, d'une entité ou d'un organisme gelé,

– l'identité du donneur d'ordre réel ou apparent est la même que celle d'une personne, d'une entité ou d'un organisme gelé,

– l'identité d'un intermédiaire réel ou apparent est la même que celle d'une personne, d'une entité ou d'un organisme gelé,

– l'identité d'un mandataire est la même que celle d'une personne, d'une entité ou d'un organisme gelé,

– un bénéficiaire, un donneur d'ordre, un intermédiaire sont listés par un autre pays à législation équivalente,

– un bénéficiaire, un donneur d'ordre, un intermédiaire agissent pour le compte, sous le contrôle ou au bénéfice d'une personne, d'une entité ou d'un organisme listée,

– le bénéficiaire reçoit des fonds dans un établissement bancaire non situé dans son pays de résidence,

– le bénéficiaire reçoit des fonds dans un pays autre que son pays de résidence,
– le donneur d'ordre règle à partir d'un pays autre que son pays de résidence.

Le fait pour une personne de relever, de par sa nationalité ou sa résidence, d'un pays sous sanction ne constitue pas en soi un cas problématique, sauf lorsque les règlements (UE) en décident différemment, cela invite seulement à la prudence et à la vigilance à son égard.

27 *Déterminer si une transaction est problématique*

Toute transaction en relation avec un pays sous embargo ou sous sanctions mérite une attention particulière mais n'est pas obligatoirement interdite.

Les règlements (UE) contiennent normalement des listes de biens en annexe dont le commerce est proscrit. En l'absence de listes précises de biens, des catégories génériques sont visées : biens de luxe, biens liés à la répression interne, biens paramilitaires, diamants (processus de Kimberley), bois précieux (Birmanie).

Il y a lieu de s'interroger sur la nature et l'utilisation du bien dont l'exportation est envisagée ou dont le financement est demandé, notamment en :
– réclamant les fiches techniques,
– exigeant des déclarations d'utilisation et d'utilité finales : le fabricant fournit des indications quant à l'utilisation qui sera faite de son produit, à sa connaissance, de son éventuel usage détourné potentiel,
– demandant si le fabricant sera sur place pour installer ou livrer les biens et s'assurer ainsi de son utilisation,
– informant le fabricant de la sanction encourue (article 459 du code des douanes).

Il n'est pas recommandé d'interroger l'administration lorsque manifestement le bien ne relève pas d'une catégorie interdite.

Il est recommandé d'interroger l'administration lorsque le bien entre dans la composition d'un bien interdit.

▸ *voir aussi l'article 53 bis sur les biens entrant dans la composition d'un bien interdit*

Le doute doit conduire à suspendre une transaction. – *1er septembre 2014* –

28 *Être destinataire d'un virement problématique en provenance d'un autre établissement*

Il est impératif d'évaluer le risque pris en acceptant un tel virement notamment au regard de l'honorabilité de l'établissement. Il est notamment tenu compte du fait que l'établissement en question est censé appliquer les normes en vigueur dans l'Union européenne ou dans un pays à législation équivalente ou que l'établissement en question est en relation avec un pays sous sanction.

L'établissement doit demander à la banque à l'origine du virement ou à la banque intermédiaire de donner toutes informations susceptibles d'éclairer la prise de décision. Entretemps, le virement sera suspendu. L'administration ne sera saisie qu'après obtention de ces informations.

29 *Que faire en présence d'une personne gelée ?*

29.1 *S'agissant d'une personne physique*

Il est indiqué de geler les avoirs et les transactions. De surcroît,
– il convient d'indiquer à la personne qu'elle est atteinte par une mesure de gel et que des voies de recours gracieux et contentieux lui sont ouvertes. La personne doit également être informée que les textes autorisent des dérogations et des dégels qui doivent être sollicités à

Affaires terroristes
liste-nationale@service-eco.fr

ou
Ministère chargé de l'Économie
direction générale du Trésor
Liste Nationale/Télédoc 233
139, rue de Bercy 75572 Paris Cedex 12
Affaires non terroristes
sanctions-gel-avoirs@dgtresor.gouv.fr
ou
Ministère chargé de l'Économie
direction générale du Trésor
Sanctions/Télédoc 233
139, rue de Bercy 75572 Paris Cedex 12

– la personne doit être mise en mesure de justifier qu'elle n'est pas la personne visée par la sanction : ceci permet d'éviter les gels basés sur une concordance exacte des nom/prénom/date de naissance alors que la personne n'est pas la personne visée en réalité ; (ajoutée par la version V2 le 18 novembre 2014)

– l'établissement intermédiaire ayant relayé une opération doit être informé que celle-ci a été bloquée et doit être invité à apporter toute information nécessaire pour statuer sur le sort de l'opération,

– il convient d'informer la direction générale du Trésor,

– il est autorisé d'honorer, sans solliciter l'avis favorable de l'administration, les paiements suivants, à condition i) qu'ils s'inscrivent dans une continuité historique (même montant – avec possibilité de variation modérée due aux ajustements annuels – et mêmes créanciers) et ii) que la somme soit remise directement par la banque au créancier :

* les dépenses de loyer
* les remboursements d'emprunts (immobilier ou consommation)
* les primes d'assurances et mutuelles (personnes, habitation, véhicules)
* les abonnements aux fournisseurs d'énergie
* les abonnements à la téléphonie (fixe et mobile), sauf instruction contraire
* les abonnements télévisuels et internet, sauf instruction contraire
* les abonnements liés aux transports publics
* les frais de syndic
* les dépenses liées à la scolarité des enfants
* les dépenses liées à la santé
* les taxes, impôts, redevances dues aux administrations
* les virements entre comptes gelés appartenant à la même personne
* les commissions et frais dus en raison de la gestion de compte.

Dépenses non nécessaires. Il n'est pas possible de faire droit aux demandes manifestement non nécessaires : ainsi, les dépenses de luxe, les frais liés aux voyages non nécessaires, les frais liés à plusieurs abonnements ayant un même objet (plusieurs téléphones mobiles, plusieurs abonnements internet...), les frais liés à plusieurs véhicules, les frais liés aux déplacements non nécessaires sont ou ne sont pas honorés au cas par cas. L'établissement bancaire en réfère à la direction générale du Trésor.

Dépenses liées au maintien du ménage (habillement, nourriture). Doivent être préalablement estimées et agréées, les dépenses liées au maintien du ménage (habillement, nourriture). Il y a lieu de calculer une enveloppe à partir des dépenses constatées dans le passé (sur une période ne pouvant dépasser un an, en écartant les dépenses manifestement extraordinaires). Une enveloppe en espèces pourra être remise à la personne gelée et reconstituée au fur et à mesure de sa consommation, uniquement sur justification des dépenses passées.

Le même cadre d'emploi est appliqué pour les gels ordonnés par un Règlement européen ou une Résolution du Conseil de sécurité sous la réserve que i) ces normes le permettent et ii) selon les conditions et procédures établies par ces normes, le cas échéant.

29.2 *S'agissant des personnes morales*

Les mêmes règles s'appliquent à l'exception des dérogations liées à la condition humaine (habillement...) et sous réserve que l'activité de la personne morale n'est pas contraire à l'ordre public.

29.3 *Dispositions relatives aux assureurs/assurances*

Aucun Règlement européen ne commande le retrait des couvertures assurances au profit de résidents au motif que la personne est atteinte par une mesure de gel. Le gel d'avoirs vise à empêcher l'utilisation de ressources à des fins délictuelles, en aucun cas il ne vise à infliger un traitement inhumain et dégradant en privant un individu des assurances liées à la vie courante. Toute interprétation contraire n'est pas fondée.

Il existe un mécanisme de recours pour les personnes atteintes par une mesure de gel qui se voit privées de couverture assurance et qui ne parviennent pas à trouver un assureur pour les quatre catégories d'assurances obligatoires suivantes :

– la responsabilité civile automobile ;
– l'assurance des travaux de bâtiments (responsabilité civile décennale et dommages ouvrages) et l'assurance des engins de remontée mécanique ;
– la garantie des catastrophes naturelles ;
– l'assurance de responsabilité civile médicale.

Si le particulier ou le professionnel concerné se voit opposer des refus d'assurer de la part des sociétés d'assurances qu'il a sollicitées, il peut se tourner vers Bureau central de tarification (B.C.T.). Le B.C.T est une autorité administrative indépendante qui a pour rôle exclusif de fixer le montant de la prime moyennant laquelle la société d'assurance est tenue de garantir le risque. Il revient à l'assujetti de choisir lui-même la société d'assurance à laquelle il souhaite s'adresser. La procédure de saisine du B.C.T. est gratuite.

L'ensemble du dispositif fait l'objet d'un site dédié : www.bureaucentraldetarifica tion.com.fr

Pour contacter le Bureau central de tarification : B.C.T. – 1 rue Jules Lefebvre – 75009 PARIS – Email : bct@agira.asso.fr

30 *Frais liés à la défense réelle et effective d'une personne gelée (honoraires d'avocat) ?*

Une mesure de gel ne remet pas en cause le droit à une défense réelle et effective. Les règlements (UE) et les arrêtés ministériels accordent donc un droit à dégel pour les frais liés à la défense juridique. Il convient de se rapporter précisément à la norme applicable. En règle générale, les États membres "peuvent autoriser le déblocage ou la mise à disposition de certains fonds ou ressources économiques gelés, aux conditions qu'elles jugent appropriées, après avoir établi que ces fonds ou ressources économiques sont : destinés exclusivement au règlement d'honoraires d'un montant raisonnable et au remboursement de dépenses engagées pour s'assurer les services de juristes".

Le texte n'autorise donc pas le dégel de sommes forfaitaires ou non justifiées. Il est nécessaire d'établir la réalité des frais engagés à l'aide des pièces suivantes :

– copie du mandat donné par le client
– copie des pièces rendues publiques (demandes, recours gracieux, introductions d'instances...) ou tout document jugé utile
– un devis estimatif du temps passé et une communication de la facturation du Cabinet
– copie des factures réglées si vous invoquez le remboursement
– copie des billets d'avions et des frais d'hôtel.

Les avocats peuvent valablement communiquer leur demande par l'intermédiaire du bâtonnier du lieu de résidence de leur cabinet.

A AUCUN MOMENT IL N'EST DEMANDÉ DE COMMUNIQUER COPIE DES ACTES DE DÉFENSE.

31 *Pourquoi la direction générale du Trésor a-t-elle connaissance de l'existence de comptes bancaires dans mes livres ?*

"Les services de l'État chargés de mettre en œuvre les mesures de gel des avoirs dans le cadre des articles L. 562-1 à L. 562-5 du code monétaire et financier ou du règlement (CE) n° 2580/2001 du 27 décembre 2001 concernant l'adoption de certaines mesures restrictives à l'encontre de certaines personnes et entités dans le cadre de la lutte contre le terrorisme et au titre des sanctions financières internationales décidées par l'Union européenne ou l'Organisation des Nations unies peuvent recevoir de l'administration des impôts tous les renseignements nécessaires à l'accomplissement de ces missions". Article L. 135 T du livre des procédures fiscales.

32 *Demande relative à une garantie/contre[-]garantie*

Les garanties/contre*[-]*garanties sont des sécurités juridiques considérées comme des actifs par les règlements (chapitre I des définitions). S'il y a donc lieu de les geler, elles sont également éligibles au dégel dans les conditions de droit commun. Si une partie est appelée en garantie/contre*[-]*garantie, si une extension, une prorogation ou une extinction est demandée, il convient de demander une autorisation à la direction générale du Trésor. Les demandes seront accordées dès lors qu'elles n'entraînent pas une mise à disposition de fonds ou de ressources économiques au profit d'une entité gelée. En faveur d'une banque gelée, le versement de commissions inhérentes à la garantie/contre*[-]*garantie pourra être autorisé dès lors que la somme est versée sur un compte gelé.

32 *BIS* *Clause de non[-]recours*

Le Règlement (UE) peut prévoit une clause de non*[-]*recours visant à empêcher de faire droit aux demandes de prorogation ou aux appels en paiement de garantie/contre garantie et protéger les opérateurs européens dont les garanties/contre-garanties sont appelées en raison d'une interruption du contrat par le fait des sanctions. Il n'est pas toujours judicieux de faire jouer cette clause dans la mesure où elle renvoie dans le futur le règlement des contentieux souvent devenus inextricables. En tout état de cause, cette clause ne saurait être invoquée pour dénoncer des garanties/contre-garanties ou refuser de les exécuter, en l'absence d'opération interrompue par les sanctions.

33 *Transactions des Ambassades (immunité diplomatique)*

Une attention particulière doit être accordée aux transactions émanant ou à destination des ambassades concernées.

La Convention de Vienne du 18 avril 1961 protège les avoirs des ambassades en France. Même si la Convention précitée ne mentionne pas explicitement les comptes bancaires, une jurisprudence française constante a admis que ceux-ci relevaient "du régime spécifique des immunités diplomatiques" devant être assuré par l'État accréditaire. La Convention de Vienne est une norme supérieure au règlement (CE) dans la mesure où une jurisprudence constante de la Cour de Justice des Communautés européennes indiquerait que "les compétences de la Communauté doivent être exercées dans les respect du droit international, y compris les dispositions des conventions internationales ... [qui] ...codifient des règles coutumières consacrées par le droit international général".

La Convention de Vienne codifie les relations entre l'État accréditaire et l'État accrédité et n'aborde pas explicitement les relations entre États transitant par un État tiers (en l'occurrence par la France). Toutefois, il est rappelé que, dans son préambule, la Convention "préserve explicitement l'application des règles du droit international coutumier pour toutes les questions qu'elle ne règle pas expressément".

Il est déduit des arrêts de la Cour Internationale de Justice et du droit international coutumier que "la France devrait continuer d'autoriser l'ensemble des virements destinés aux ambassades, qu'elles soient ou non situées sur le territoire français". Cette dernière recommandation est une interprétation de l'administration et non pas de la jurisprudence.

Toutefois, la Convention de Vienne n'interdit pas le contrôle (notamment *a posteriori*), pas plus qu'elle n'oblige une banque à faire une action interdite : si la mission diplomatique bénéficie d'une immunité d'exécution (à l'extérieur de ses locaux) et de juridiction (à l'intérieur de ses locaux), il n'en est pas de même de la banque. Dès lors que des opérations jugées éloignées de la mission diplomatique auraient été suspectées, les intervenants sont appelés à suspendre leurs opérations et a en appeler à l'arbitrage de la direction générale du Trésor.

34 *Quand doit-on balayer sa base de données ou mettre à jour ses filtres ?*

Il est recommandé de balayer sa base clients dès changement du périmètre règlementaire.

35 *Doit-on contrôler les listes informatiques de personnes et entités gelées mises à disposition par l'Union européenne avant leur mise en œuvre ?*

Le Commission européenne met à disposition des listes de noms de personnes et entités gelées sous format dématérialisé. Cette pratique a pour but de faciliter le gel des nouvelles personnes et entités. Néanmoins, légalement, seul le *Journal officiel de l'Union européenne* fait foi. Sont considérés de bonne foi les établissements qui, après avoir mis en œuvre automatiquement les listes dématérialisées évoquées ci-dessus, ont gelé, n'ont pas gelé ou ont gelé à tort une personne en raison d'une erreur qui résultait de ces listes.

36 *Qu'est-ce qu'une homonymie et que faire face à un cas d'homonymie ?*

Il y a homonymie lorsque :

– nom et prénom sont identiques à ceux de la personne listée, y compris les cas où le nom n'est pas discernable du prénom

– nom et prénom diffèrent légèrement du nom et prénom de la personne listée en raison de l'utilisation possible d'alphabets distincts.

En cas d'homonymie, les comptes sont mis sous vigilance et les mouvements sont suspendus. L'administration est alertée.

Il n'est pas recommandé de consulter l'administration lorsque, malgré l'identité de nom et de prénom, d'autres informations, constitutives d'un faisceau d'indices, permettent de déduire qu'il s'agit d'une personne distincte, en raison :

– de la localisation géographique à l'évidence différente

– des fonctions et professions manifestement incompatibles

– de dates de naissance divergentes

– du fait que la personne est établie en France depuis longtemps et qu'elle ne peut manifestement pas être à l'origine de faits reprochés dans le pays sanctionné.

Ces informations susceptibles d'éclairer la prise de décision doivent être recherchées en premier lieu.

En cas de doute, il y a lieu d'interroger sanctions-gel-avoirs@dgtresor.gouv.fr à l'aide du formulaire Déclaration d'Homonymie http://www.tresor.bercy.gouv.fr/sanctions/sanctions.php

37 *Gel des biens mal acquis et restitution au propriétaire légitime*

37.1 *Généralités*

L'Union européenne peut légiférer à l'effet de geler les biens supposés mal acquis de certaines personnes mais le gel en lui-même n'est pas suffisant pour opérer transfert de propriété vers l'ayant-droit légitime.

En effet, le droit de propriété est un droit évoqué à l'article 17 de la déclaration des droits de l'homme et du citoyen (formant préambule de la Constitution) et l'article 34 de la Constitution du 4 octobre 1958 fait relever le droit de propriété du domaine exclusif de la loi.

Il figure également à la convention de sauvegarde des droits de l'homme et des libertés fondamentales, ensemble le protocole additionnel n° 1.

De surcroît, le droit de propriété relevant du domaine de compétence exclusive des États membres de l'Union européenne, il ne revient pas à l'Union européenne de porter atteinte au droit de propriété par voie de Règlement (UE).

Ni l'Union européenne ni l'administration française ne sauraient transférer d'autorité, par voie d'arrêté, de décret ou de Règlement (UE) la propriété de biens supposés mal acquis sans méconnaitre gravement ces principes et ces dispositions. Les mesures prises au titre des sanctions, en matière de biens mal acquis, ont pour effet d'immobiliser les avoirs et d'éviter leur évasion.

Des saisies ou des confiscations sur base judiciaire sont possibles dans certains cas et à certaines conditions. Ces procédures, qui relèvent du ministère de la Justice, supposent l'ouverture d'une procédure judiciaire (en France ou dans le pays d'origine) et, dans le cas d'une procédure dans le pays d'origine, de l'existence d'une convention d'entraide pénale bilatérale. S'agissant de la procédure en France, le Parquet peut être à l'initiative de la procédure mais également les parties civiles reconnues comme ayant un intérêt à agir.

Dans le cas spécifique de la corruption, la confiscation et la restitution des produits de la corruption relève de la convention de Mérida (2003), laquelle répond du principe d'une demande d'entraide. Les suites données par la justice française à une demande de saisie/confiscation émanant de la justice d'un pays tiers restent toutefois conditionnées à l'examen par le juge de certains critères, et à l'établissement des actifs en tant que produits directs de l'infraction initiale. Ces conditions peuvent induire d'importants délais de mise en œuvre par la justice française.

37.2

L'Agence de gestion et de recouvrement des avoirs saisis et confisqués (AGRASC) est un établissement public administratif placé sous la double tutelle des ministères de la Justice et du Budget (loi n° 2010-768 du 9 juillet 2010) dont le but est de faciliter la saisie et la confiscation en matière pénale. L'Agrasc est dirigée par un magistrat de l'ordre judiciaire, elle est dotée d'un conseil d'administration également présidé par un magistrat de l'ordre judiciaire. L'organisation et les missions de l'agence ont été détaillées dans deux circulaires du ministère de la justice, la circulaire du 22 décembre 2010, portant sur l'ensemble de la loi du 9 juillet 2010 et la circulaire du 3 février 2010, spécifique à l'AGRASC. Ayant pour rôle d'améliorer le traitement judiciaire des saisies et des confiscations en matière pénale, l'Agrasc a notamment pour mission d'assurer la gestion de biens saisis, de procéder à leur vente et à la répartition de son produit en exécution de toute demande d'entraide internationale ou de coopération émanant d'une autorité judiciaire étrangère.

L'activité de l'Agrasc est soumise au secret de la procédure pénale. L'administration des finances ne saurait être interrogée sur d'éventuelles procédures en cours.

37.3 *Mise en garde relative aux avoirs mal acquis et aux démarches douteuses*

La direction générale du Trésor met en garde contre la démultiplication des cas de démarcheurs se prévalant de pouvoirs émanant des nouvelles autorités nationales afin de recouvrer des avoirs mal acquis. La prudence invite à se déclarer à la direction générale du Trésor et à démarcher l'ambassade pertinente à Paris afin de vérifier l'authenticité des pouvoirs produits. – *1er septembre 2014* –

38 *Règlement en espèces*

Cas général. Les modalités de paiement sont gouvernées par la loi choisie contractuellement par les parties ou, dans le silence du contrat, par la loi du lieu d'exécution de la transaction.

En France le paiement en espèces est gouverné par les dispositions de l'article L. 112-6 du code monétaire et financier : "I. – Ne peut être effectué en espèces le paiement d'une dette supérieure à un montant fixé par décret, tenant compte du lieu du domicile fiscal du débiteur et de la finalité professionnelle ou non de l'opération". L'article D. 112-3 du code précité fixe ce montant à : "1° 3 000 euros lorsque le débiteur a son domicile fiscal en France ou agit pour les besoins d'une activité professionnelle ; 2° à 15 000 euros lorsque le débiteur justifie qu'il n'a pas son domicile fiscal en France et n'agit pas pour les besoins d'une activité professionnelle".

Toutefois, le paragraphe III de l'article L. 112-6 précise que ces dispositions ne s'appliquent pas : i) aux paiements réalisés par des personnes qui sont incapables de s'obliger par chèque ou par un autre moyen de paiement, ainsi que par celles qui n'ont pas de compte de dépôt ; ii) aux paiements effectués entre personnes physiques n'agissant pas pour des besoins professionnels ; iii) au paiement des dépenses de l'État et des autres personnes publiques.

Dans ces conditions, l'administration se réserve le droit de constater que le débiteur est incapable de s'obliger par chèque ou par un autre moyen de paiement, et d'**autoriser au cas par cas des paiements en espèces** rendus nécessaires par les circonstances, notamment en cas de cessation de relations bancaires avec un pays.

Contrôle aux douanes. Lorsque des paiements sont reçus à l'étranger, l'article 3 du règlement (CE) n° 1889/2005 du 26 octobre 2005 relatif aux contrôles de l'argent liquide entrant ou sortant de la Communauté précise : "toute personne physique entrant ou sortant de la Communauté avec au moins 10 000 euros en argent liquide déclare la somme transportée aux autorités compétentes de l'État membre par lequel elle entre ou sort de la Communauté, conformément au présent règlement. L'obligation de déclaration n'est pas réputée exécutée si les informations fournies sont incorrectes ou incomplètes".

L'article R. 152-6 du code monétaire et financier dispose : "la déclaration prévue à l'article 3 du règlement (CE) n° 1889/2005 du Parlement européen et du Conseil du 26 octobre 2005 relatif aux contrôles de l'argent liquide entrant ou sortant de la Communauté est faite par écrit par les personnes physiques, pour leur compte ou pour celui d'autrui, auprès de l'administration des douanes, au moment de l'entrée ou de la sortie de la Communauté européenne"

Tout manquement à cette obligation est sanctionné par l'article 465 du code des douanes.

Définitions : notions et expressions fréquemment utilisées dans les textes réglementaires

39 *Assistance technique*

L'assistance technique peut être définie comme tout appui technique assuré en liaison notamment avec la réparation, le développement, la fabrication, le montage, les essais, l'entretien ou tout autre service technique, qui peut prendre les formes suivantes : instruction, conseils, formation, transmission des connaissances ou qualifications opérationnelles ou services de conseil ; l'assistance technique inclut l'assistance orale.

39 *BIS* *Financement et assistance financière*

Sauf si un texte en dispose autrement :

– le financement est l'action de procurer des fonds à quelque titre que ce soit,

– L'assistance financière est l'assistance que l'on apporte, de quelque manière que ce soit, à un financement.

La question de savoir si effectuer un paiement pour le compte d'un client, sans procurer soi-même les fonds, est un financement n'est pas tranché au niveau européen. Dans ces conditions, et jusqu'à avis contraire, il sera retenu une approche pragmatique au cas par cas.

40 Qu'est-ce qu'une clause de "laissez passer" ("good guy clause") ?

Les clauses de "laissez passer" sont utilisées pour immuniser une personne ou une transaction contre un blocage automatique récurrent dû une proximité malencontreuse de nom, d'adresses, d'identifiants, de biens visés par les régimes de sanctions. Ces clauses exonèrent la transaction d'un filtrage automatique.

Il est recommandé de n'utiliser ces clauses qu'au seul profit de personnes clientes de l'établissement. Par extension, elles peuvent être utilisées au bénéfice de clients d'établissements tiers dès lors que ceux-ci appliquent une prudence jugée équivalente par votre établissement.

Une utilisation trop large de ces clauses expose l'établissement en cas de changement de réglementation.

50 Qu'entend-on par les termes "contrat" ou "opération" ?

Il s'agit de toute opération, quelle qu'en soit la forme et quelle que soit la loi qui lui est applicable, comportant un ou plusieurs contrats ou obligations similaires établis entre des parties identiques ou non. A cet effet, le terme "contrat" inclut toute garantie ou contre-garantie, notamment financières, et tout crédit, juridiquement indépendants ou non, ainsi que toute disposition y relative qui trouve son origine dans une telle opération ou qui y est liée.

51 Qu'est-ce qu'un établissement de crédit ?

Un établissement de crédit au sens de l'article 4, point 1), de la directive 2006/48/CE du Parlement européen et du Conseil du 14 juin 2006 concernant l'accès à l'activité des établissements de crédit et son exercice, à savoir :

– une entreprise dont l'activité consiste à recevoir du public des dépôts ou d'autres fonds remboursables et à octroyer des crédits pour son propre compte, ou

– un établissement de monnaie électronique au sens de la directive 2000/46/CE y compris ses succursales à l'intérieur ou à l'extérieur de l'Union.

52 Qu'est-ce qu'un établissement financier ?

Un établissement financier :

i) une entreprise, autre qu'un établissement de crédit, qui exerce au moins l'une des activités visées aux points 2 à 12 et aux points 14 et 15 de l'annexe I de la directive 2006/48/CE, y compris les activités de bureau de change ;

ii) une compagnie d'assurance agréée conformément à la directive 2002/83/CE du Parlement européen et du Conseil du 5 novembre 2002 concernant l'assurance directe sur la vie, dans la mesure où elle effectue des activités couvertes par cette directive ;

iii) une entreprise d'investissement au sens de l'article 4, paragraphe 1, point 1), de la directive 2004/39/CE du Parlement européen et du Conseil du 21 avril 2004 concernant les marchés d'instruments financiers ;

iv) un organisme de placement collectif qui commercialise ses parts ou ses actions ; ou

v) un intermédiaire d'assurance au sens de l'article 2, point 5), de la directive 2002/92/CE du Parlement européen et du Conseil du 9 décembre 2002 sur l'intermédiation en assurance, à l'exception des intermédiaires visés à l'article 2, point 7), de ladite directive, lorsqu'ils s'occupent d'assurance vie et d'autres services liés à des placements ;

y compris ses succursales à l'intérieur ou à l'extérieur de l'Union.

53 Que signifie être en relation indirecte ?

Les règlements (UE) édictent des interdictions directes et indirectes. Par "indirect" il y a lieu de comprendre toute situation dans laquelle, quel que soit le nombre et la localisation des intermédiaires, il est connu que le bénéficiaire final est une personne listée ou qu'un bien interdit sera livré. Il importe peu que cela prenne la forme de plusieurs contrats juridiquement distincts. Ainsi il est interdit de faire par une quelconque manière ce qu'il est interdit de faire directement.

Est aussi une relation indirecte le fait pour le siège (soumis à la réglementation UE) de demander à une filiale locale (non soumise à la réglementation UE) d'exécuter une opération pour le compte du siège.

Est une opération indirecte, l'opération qui consiste à livrer en toute connaissance un bien non précisément interdit mais dont on sait qu'il entre dans la composition d'un bien interdit ou qu'il est nécessaire pour qu'un bien interdit puisse effectivement être utilisé.

▸ *voir aussi l'article 53 bis sur les biens entrant dans la composition d'un bien interdit*

N'est pas en relation indirecte la personne qui ne savait pas et ne pouvait pas savoir de bonne foi qu'elle était en réalité en relation avec une personne listée par personne tierce interposée.

N'est pas en relation indirecte la personne qui ne savait pas et ne pouvait pas savoir de bonne foi qu'un bien interdit a été livré, de son fait, malgré cette interdiction.

L'administration recherchera si la bonne foi peut être invoquée.

53 *BIS* *Bien non prohibé mais intervenant dans un processus de fabrication de biens prohibés*

Les Règlements européens édictent des interdictions indirectes ("il est interdit de fournir de livrer directement ou indirectement") auxquelles s'ajoute une interdiction générale de contournement ("il est interdit de participer sciemment et délibérément à ..."). Un arrêt de la CJCE (Affaire C-72/11 *Procédure pénale contre Mohsen Afrasiabi e.a.* – demande de décision préjudicielle, introduite par l'Oberlandesgericht Düsseldorf) précise la signification des expressions entendues conjointement :

i) l'interdiction "couvre les activités qui, sous le couvert d'une apparence formelle les faisant échapper aux éléments constitutifs d'une violation d'un article, ont néanmoins pour objet ou pour effet, direct ou indirect, de tenir en échec l'interdiction édictée à cette dernière disposition",

ii) "les termes sciemment et volontairement impliquent des éléments cumulatifs de connaissance et de volonté, lesquels sont réunis lorsque la personne qui participe à une activité ayant un tel objet ou un tel effet recherche délibérément celui-ci ou, du moins, considère que sa participation peut avoir cet objet ou cet effet et en accepte la possibilité".

Par ailleurs, certaines annexes de Règlements européens contiennent un avant-propos qui spécifie que "les interdictions dont il est question ne doivent pas être rendues inopérantes par le biais de l'exportation de biens non interdits (y compris des installations) contenant un ou plusieurs composants interdits, lorsque lesdits composants sont l'élément principal de ces biens et peuvent en pratique en être détachés et utilisés à d'autres fins.

N.B. : Pour décider si le ou les composant(s) interdit(s) doit/doivent être considéré(s) comme l'élément principal, il convient d'évaluer les facteurs de quantité, de valeur et de savoir-faire technologique le(s) concernant, ainsi que d'autres circonstances particulières qui pourraient faire du ou des composant(s) interdit(s) l'élément principal des biens fournis.

Les biens figurant dans la présente annexe s'entendent comme neufs ou usagés."

L'absence de cette mention dans d'autres annexes ne signifie pas, du point de vue de la direction générale du Trésor, que la règle ne s'applique pas. Une consultation préalable de la direction générale du Trésor est vivement conseillée. – *1er septembre 2014* –

54 *Que signifie une mise à disposition au profit d'une personne listée ?*

La mise à disposition est une notion de fait qui se déduit d'une situation réelle : il y a mise à disposition lorsque l'on sait que le bénéficiaire effectif d'un acte est en réalité et *in fine* une personne listée. Cet acte ne peut être poursuivi sans méconnaître l'interdiction.

Il y a risque de mise à disposition lorsque l'on sait, peut savoir, soupçonne ou peut soupçonner, qu'une personne listée est potentiellement bénéficiaire d'une action engagée avec autrui en raison de la confusion des patrimoines ou du contrôle exercée par cette personne. La question se pose systématiquement lorsqu'une personne gelée est dirigeante d'une entité non gelée avec qui on est en relation d'affaires. La prudence invite à interroger l'administration.

54 *BIS* *Remise d'un bien interdit ou à une personne gelée/date*

54 *BIS*.1

Sauf exception prévue par un texte, il n'est jamais possible de remettre des fonds ou une ressource économique à une personne gelée. Toutefois, la question se pose de savoir à partir de quel moment un bien est considéré comme remis puisqu'il existe un délai (essentiellement dû au transport) entre le moment où l'exportateur se défait du bien et le moment où l'importateur reçoit le bien.

Compte tenu de la définition du gel qui englobe les avoirs possédés, détenus ou contrôlés par une personne, on doit considérer que la chose est remise au moment où une personne devient possesseur, ou détenteur ou la contrôle.

Il existe de nombreuses situations liées au transport et au commerce international où la chose en cours de livraison a un statut indéterminé :
— elle peut être déjà réglée mais non livrée
— elle peut être déjà réglée mais non possédée
— elle peut être possédée à la livraison et au paiement
— elle peut être légalement possédée mais non contrôlée
— elle peut être acheminée, et possédée, par un intermédiaire...

Il y a donc lieu de s'interroger au cas par cas. — *1er septembre 2014* —

54 *BIS*.2 *S'agissant de la responsabilité*

Il peut être considéré que l'exportateur qui s'est défait d'un bien avant la date de gel du destinataire final peut invoquer sa bonne foi : l'exportateur ne pouvait anticiper le gel de l'importateur. Toutefois, pour l'application de ce principe, l'administration devra rechercher si l'exportateur avait connaissance qu'un tel gel allait empêcher son importateur. Ainsi en est-il, par exemple, lorsqu'une résolution CSNU ou une Décision PESC annonçait un tel gel.

Si au moment du gel, le bien n'est plus entre les mains de l'exportateur (par exemple, l'exportateur a remis le bien à un transporteur terrestre ou maritime), l'administration doit essayer d'empêcher sa livraison. — *22 novembre 2013* —

54 *TER* *Les transporteurs* — *1er septembre 2014* —

Il existe généralement des interdictions de transport. Selon de telles interdictions, les transporteurs ne sont pas autorisés à transporter des marchandises sous embargo ou à livrer des biens à une entité listée. Ils sont tenus de mettre en œuvre une vigilance raisonnable et proportionnée basée sur une approche par les risques tenant compte :

— du pays desservi (pays sous sanction ou non) : la raison exige d'être prudent lorsque l'on dessert un pays sous embargo ;

— des douanes ayant affranchi les marchandises (douanes soumises à la réglementation européenne – ou à juridiction équivalente – ou non) : l'administration des douanes des pays européens (ou de pays à juridiction équivalente) est supposée avoir agréé les marchandises ; *a contrario*, une confiance relative doit être accordée aux pays à juridiction non équivalente ;

— de la connaissance, de la notoriété, de la nationalité de l'exportateur : les exportateurs mondialement exposés, ayant des branches juridiques et conformités, relevant d'un pays à juridiction équivalente font courir moins de risques que ceux des exportateurs qui n'offrent pas de telles garanties ; une vigilance plus soutenue doit être accordée aux seconds. *A contrario*, les transporteurs qui ont identifiés les exportateurs appartenant à la première catégorie peuvent échanger des affi davit pour s'épargner une vigilance soutenue ;

– de la documentation remise : la documentation relative à des transactions à risques doit être regardée et analysée avec attention ;

– des informations connues de toute autre manière.

La clause de limitation de responsabilité prévue dans les Règlements s'appliquent à leur égard.

▸ *voir aussi l'article 57 sur la clause de limitation de responsabilité*

55 *Que signifient des opérations d'assurance et de réassurance ?*

Une opération d'assurance est un engagement par lequel une ou plusieurs personnes physiques ou morales sont tenues, en échange d'un paiement, de fournir à une ou plusieurs autres personnes, en cas de matérialisation d'un risque, une indemnité.

Une opération de réassurance est l'activité consistant à accepter des risques cédés par une entreprise d'assurance ou par une autre entreprise de réassurance ou, dans le cas de l'association de souscripteurs dénommée "*Lloyd's*", l'activité consistant pour une entreprise d'assurance ou de réassurance autre que l'association de souscripteurs dénommée "*Lloyd's*" à accepter les risques cédés par tout membre de la *Lloyd's*.

56 *Qu'entend-on par les termes "Personne, entité ou organisme relevant d'un pays" ?*

La notion de "personne, entité ou organisme relevant d'un pays" peut se définir comme :

i) l'État de ce pays ou toute autorité publique de cet État ;

ii) toute personne physique se trouvant ou résidant dans cet État ;

iii) toute personne morale, toute entité ou tout organisme ayant son siège dans cet État ;

iv) toute personne morale, toute entité ou tout organisme à l'intérieur ou à l'extérieur de cet État, appartenant à ou contrôlé directement ou indirectement par un ou plusieurs des organismes ou personnes susmentionnés.

Une personne physique ayant la nationalité du pays sanctionné et résidant en France n'est pas concernée par le régime de sanction, sauf indication contraire des textes. Toutefois, à l'évidence, il y a un risque auxquels les établissements sont exposés. La mise en place d'une vigilance soutenue à l'égard de cette personne est le niveau de réponse pertinent.

57 *Qu'entend-on par les termes "Savait, pouvait savoir, soupçonnait ou pouvait soupçonner" ?*

Cette notion est abondamment utilisée dans les règlements (UE) afin d'englober toutes les situations dans lesquelles un opérateur aurait dû s'abstenir de faire et invoque sa méconnaissance d'une situation pour avoir poursuivi. Il s'agit de limiter la responsabilité de ceux qui ont agi de bonne foi.

Il va de soi que nul ne saurait invoquer son ignorance s'il n'est pas de bonne foi ce qui suppose qu'un minimum de questions aient été posées avant d'entamer ou de poursuivre une opération notamment à destination ou en provenance d'un pays sous sanction. Ainsi la personne qui cultive son ignorance ne saurait invoquer sa bonne foi et la personne qui a été induite en erreur malgré ses précautions ne saurait être tenue pour responsable.

58 *Que signifient des services de courtage ?*

Les services de courtage peuvent se comprendre comme :

i) la négociation ou l'organisation d'opérations en vue de l'achat, de la vente ou de la fourniture de bien et de technologie pour autrui ; ou

ii) la mise en relation de personnes, d'organismes ou d'entités par son intermédiaire dans le but de réaliser une opération.

59 *Qu'est-ce qu'une succursale d'un établissement ou d'une personne ?*

Une succursale peut être définie comme un siège d'exploitation qui constitue une partie dépourvue de personnalité juridique relevant d'un établissement ou d'une personne.

60 *Qu'est-ce que le territoire de l'Union ?*

Le territoire de l'Union comprend l'ensemble des territoires des États membres auxquels le traité est applicable, dans les conditions fixées par celui-ci, y compris leur espace aérien. Ne sont pas compris dans le territoire de l'Union, les territoires qui ont été expressément exclus par l'États membre et qui figurent à l'annexe pertinente au Traité sur l'Union. Ces territoires n'ont pas à appliquer les règlements UE.

61 *Le territoire douanier de l'Union*

C'est le territoire défini à l'article 3 du règlement (CEE) n° 2913/92 du Conseil du 12 octobre 1992 établissant le code des douanes communautaire et dans le règlement (CEE) n° 2454/93 de la Commission du 2 juillet 1993 fixant certaines dispositions d'application du règlement (CEE) n° 2913/92.

62 *Qu'est-ce qu'un transfert de fonds ?*

Sauf définition particulière contenue dans le texte pertinent instituant la sanction, un transfert de fonds peut être défini comme toute opération, monétaire ou non, ayant pour effet de transmettre des fonds par voie électronique ou non.

63 *Qu'est-ce qu'un paiement ?*

Sauf définition particulière contenue dans le texte pertinent instituant la sanction, un paiement, au sens des sanctions, est tout acte ayant pour effet d'éteindre, totalement ou partiellement, une dette passée, présente ou future. Cette définition comprend donc notamment la compensation, les écritures comptables et l'abandon de créances.

64 *Discrimination, clauses de boycott, clauses de soumission à une législation étrangère*

La discrimination

Les articles 225-1 et 2 du code pénal posent l'interdiction de discriminer une personne physique ou morale à raison de sa nationalité ou de son appartenance à une nation. Ainsi l'établissement qui rompt une relation commerciale ou qui refuse, sans examen préalable et au cas par cas, une relation en raison de l'appartenance à une nation ou une nationalité se rend coupable d'une discrimination au sens des articles précités.

La discrimination est constituée lorsque sont réunis deux éléments :

— un élément de matérialité : à savoir le refus de livrer un bien, d'effectuer un service ou entraver l'exercice d'une activité économique ;

— un élément d'intentionnalité. L'intention est caractérisée lorsqu'il y a volonté de discriminer, à savoir volonté d'opérer une sélection. Tel est le cas des établissements qui, par voie de circulaires, d'instructions, de règlements, de notes exigent une sélection à raison de la nationalité. L'intention de discriminer ne signifie pas que l'auteur de l'infraction a conscience qu'il agit en infraction avec le code pénal, auquel cas il y aurait circonstance aggravante.

Il n'importe pas de savoir ce qui motivait l'auteur de l'infraction, la discrimination est constituée à la réunion des éléments de matérialité et d'intentionnalité.

Les clauses de boycott

En ce qu'elles exigent une discrimination non fondée sur un texte normatif régalien, ces clauses relèvent également des articles 225-1 et 2 du code pénal.

Les clauses de soumission à une législation étrangère

Dès lors que cette soumission amènerait la personne morale à pratiquer un boycott non exigé par sa propre législation, elle serait en infraction avec les articles 225-1 et 2 du code précité. L'insertion de la clause en tant que telle ne pose pas de difficulté si, au moment de l'insertion, elle ne crée pas l'obligation de discriminer. En revanche, elle met en risque la personne morale française de devoir mettre en œuvre ultérieurement une discrimination.

Guide AMF (juillet 2020),

Sur le gel des avoirs.

Avant-propos

Les régimes de sanctions économiques et financières poursuivent différents objectifs d'intérêts général, telles que la lutte contre le terrorisme, la lutte contre la prolifération des armes de destruction massive, la coercition en réaction à des violations graves des droits de l'homme ou à des actes menaçant la paix. Les mesures prises dans le cadre de ces sanctions sont diverses, le gel des avoirs n'en constituant qu'une catégorie *[ces mesures peuvent également prévoir par exemple des restrictions aux importations ou aux exportations, soit de façon générale, soit de manière ciblée, en ne visant que certains biens ou services. Ces mesures sont couramment appelées "embargos"]*.

Les mesures de gel prises dans le cadre de la lutte contre le terrorisme, qu'elles soient internationales, européennes ou nationales, impliquent pour les personnes assujetties aux obligations de lutte contre le blanchiment et le financement du terrorisme (LCB/FT) de geler sans délai les fonds et autres biens des personnes ou entités désignées par ces mesures, et de s'assurer qu'aucun fonds ou autre bien ne soit mis, directement ou indirectement, à la disposition ou utilisés au profit de ces personnes ou entités.

Ces mesures complètent le dispositif préventif de LCB/FT en ce qui concerne la lutte contre le financement du terrorisme.

Ce guide s'adresse aux sociétés de gestion de placements collectifs mentionnées à l'article L. 543-1 du code monétaire et financier *[c'est-à-dire les sociétés de gestion de portefeuille ("SGP"), les personnes morales qui gèrent des FIA mentionnés au 3° du III de l'art. L. 214-24, les gestionnaires de fonds de capital-risque européens relevant du Règl. (UE) n° 345/2013 du 17 avr. 2013 et les gestionnaires de fonds d'entrepreneuriat social européens relevant du Règl. (UE) n° 346/2013 du 17 avr. 2013]*, aux placements collectifs de droit français relevant du I de l'article L. 214-1 du code monétaire et financier lorsqu'ils sont autogérés, aux succursales des sociétés de gestion européennes d'OPCVM et de FIA mentionnées aux articles L. 532-20-1 et L. 532-21-3 du code monétaire et financier *[autrement dit, il s'agit des succursales établies en France, dans le cadre du passeport de libre établissement, des sociétés de gestion agréées dans un autre État partie à l'accord sur l'Espace économique européen qui gèrent un ou plusieurs OPCVM ou FIA de droit français]*, aux conseillers en investissements financiers et aux conseillers en investissements participatifs (ci-après "les professionnels"). Il présente les différents régimes de gel des avoirs applicables en France et rappelle les obligations des professionnels à chaque étape du processus de gel. Ces étapes sont la détection, l'analyse de l'alerte, la mise en œuvre de la mesure de gel et sa déclaration à la direction générale du Trésor.

Ce guide n'est pas exhaustif et ne se substitue pas aux textes en vigueur qui ont vocation, s'agissant des textes nationaux, à évoluer dans les mois suivants sa parution (notamment quant à leur champ d'application). Les dispositions du présent guide relatives au régime national seront mises à jour en conséquence. Les professionnels sont invités à consulter par ailleurs le Guide de bonne conduite relatif à la mise en œuvre des sanctions économiques et financières rédigé par la direction générale du Trésor *[V. supra]*.

Au sein de ce guide, le terme "client" désigne toute personne avec qui le professionnel est en relation d'affaires *[au sens de l'art. L. 561-2-1 C. mon. fin.]*, ainsi que ses clients occasionnels et, lorsque le professionnel est une société de gestion de place-

ments collectifs, les actionnaires ou porteurs de parts des placements collectifs ou des fonds d'investissement de pays tiers qu'elle gère.

1. Les différents régimes

Il existe plusieurs régimes applicables en France en matière de gel des avoirs :

— Les régimes issus des résolutions du Conseil de sécurité des Nations unies (ci-après "CSNU") *[au titre du chapitre VII de la Charte des Nations unies, le CSNU peut, "en cas de menace contre la paix, de rupture de la paix et d'acte d'agression", adopter des résolutions prévoyant des mesures de gel. Dans le cadre de ces résolutions, le CSNU ou le cas échéant le comité des sanctions auquel il peut avoir recours désigne les personnes ou entités faisant l'objet de mesures de gel]* **qui, pour être applicables au sein des pays de l'Union européenne, sont transposées via des règlements européens d'application directe ;**

— Les régimes issus des décisions PESC du Conseil de l'Union européenne prises indépendamment de toute résolution du CSNU et mises en œuvre via l'adoption de règlements européens d'application directe *[le Conseil de l'Union européenne impose les mesures restrictives de l'Union européenne au moyen d'une décision de politique étrangère et de sécurité commune, dite "PESC". Ces mesures doivent être mises en œuvre moyennant un acte législatif prenant la forme d'un règlement]* **;**

— Le régime national prévu aux articles L. 562-1 et suivants et R. 562-1 et suivants du code monétaire et financier.

1.1. *Les régimes onusiens et européens*

La direction générale du Trésor tient à jour sur son site internet la liste des régimes applicables en France issus des résolutions du CSNU et des décisions du Conseil de l'Union européenne. A la date de publication du présent guide, sont recensés dans le cadre de la lutte contre le financement du terrorisme :

— deux régimes onusiens :

o Le régime "Al*[-]*Qaida – État Islamique" issu des résolutions 1267 (1999), 1989 (2011) et 2253 (2015) du CSNU et transposé dans l'Union européenne par le règlement (CE) 881/2002. Ce régime désigne les personnes et entités associées aux organisations EIIL (Daesh) et Al-Quaida.

o Le régime "Afghanistan/Taliban" issu de la résolution 1988 (2011) transposé dans l'Union européenne par le règlement (UE) 753/2011. Ce régime désigne les personnes et entités associées aux Talibans dans la menace qu'ils constituent pour la paix, la stabilité et la sécurité de l'Afghanistan.

— deux régimes européens autonomes :

o Le régime "État Islamique – Al*[-]*Quaida" issu du règlement (UE) 2016/1686 *[ce règlement donne force de droit au sein de l'Union européenne aux désignations effectuées par le Conseil de l'Union européenne au titre de la décision PESC 2016/1693. La liste des personnes et entités visées est actualisée par la publication de règlements d'exécution]* **et qui complète les mesures arrêtées par la résolution 1267 du CSNU pour renforcer la lutte contre la menace de terrorisme international que représentent Daesh et Al-Qaida.**

o Le régime "personnes impliquées dans des actes de terrorisme" issu du règlement (CE) 2580/2001 *[ce règlement donne force de droit au sein de l'Union européenne aux désignations effectuées par le Conseil de l'Union européenne au titre de la Décis. PESC 2001/931. La liste des personnes et entités visées est actualisée par la publication de règlements d'exécution]*. **Ce règlement adopte des mesures restrictives spécifiques à l'encontre de certaines personnes et entités dans le cadre de la lutte contre le terrorisme.**

Ces régimes ne sont pas les seuls à prescrire des mesures de gel des avoirs applicables aux assujettis. Il existe également, à la date de publication du présent guide :

— un régime de gel des avoirs pour lutter contre l'utilisation et la prolifération des armes chimiques ;

— un régime de gel des avoirs pour lutter contre les cyberattaques qui menacent l'Union ou ses États membres ;

— des régimes géographiques *[Biélorussie, Burundi, Congo (République démocratique du), Corée du Nord, Égypte (biens mal acquis), Guinée Bissau, Guinée, Iran, Irak, Liban, Libye, Mali,*

Myanmar (ex-Birmanie), Nicaragua, République Centrafricaine, Russie, Somalie, Soudan, Soudan du Sud, Syrie, Tunisie (biens mal acquis), Turquie, Ukraine, Venezuela, Yémen, Zimbabwe].

Les règlements européens sont régulièrement modifiés afin de mettre à jour les listes des personnes ou entités désignées ou pour corriger les éléments d'identification des personnes ou entités désignées, voire sont abrogés ou remplacés par de nouveaux textes. La direction générale du Trésor met à disposition sur son site internet, par régime, la version consolidée *[il est rappelé que seul le règlement fait foi. La version consolidée publiée par la direction générale du Trésor est une aide à leur consultation]* **de ces règlements** *[https://www.tresor.economie.gouv.fr/services-aux-entreprises/sanctions-economiques]*.

☐ Les mesures prises au sein de ces régimes

Les mesures prises au sein de ces régimes visent :

– à geler tous les fonds et ressources économiques appartenant (i) aux personnes, entités et organismes énumérés dans le règlement, (ii) aux personnes, entités et organismes possédés, détenus ou contrôlés par les personnes, entités et organismes énumérés dans le règlement, directement ou indirectement, y compris par un tiers agissant pour leur compte ou sur leurs instructions ;

– à ce qu'aucun fonds ni aucune ressource économique ne soit mise *[mis]*, **directement ou indirectement, à la disposition des personnes physiques ou morales, des entités ou organismes énumérés dans le règlement, ni utilisés à leur profit.**

Les mesures peuvent également couvrir des services financiers spécifiques. Ainsi, le règlement (CE) n° 2580/2001 du Conseil du 27 décembre 2001 adopté dans le cadre du régime "personnes impliquées dans des actes de terrorisme" interdit également expressément de fournir des services financiers aux personnes physiques ou morales, groupes ou entités désignées faisant l'objet d'une mesure de gel ou au bénéfice de ces personnes, groupes ou entités *[art. 2.2 du Règl. (CE) 2580/2001]*. **La liste des services financiers visés dans ce règlement comprend notamment la "gestion de portefeuille", "toutes formes de gestion d'investissements collectifs", les "services de garde", les "services de conseil", les "services d'intermédiation", etc.**

En outre, il est interdit de participer sciemment et délibérément à des activités ayant pour objet ou pour effet de contourner les mesures de gel et les interdictions instaurées par les régimes onusiens et européens *[cf. notamment art. 4 du Règl. (CE) 881/2002, art. 3 du Règl. (UE) 753/2011, art. 11 du Règl. (UE) 2016/1686, art. 3 du Règl. (CE) 2580/2001]*.

Il relève de la responsabilité des professionnels de s'informer des prescriptions de chaque régime, lesquelles peuvent être formulées différemment.

☐ Le champ d'application de ces régimes

Le champ d'application des règlements européens transposant les résolutions du CSNU et des règlements européens autonomes est très large puisqu'il s'applique *[cf. notamment art. 11 du Règl. (CE) 881/2002 consolidé, art. 14 du Règl. (UE) 753/2011 consolidé, art. 10 du Règl. (CE) 2580/2001, art. 18 du Règl. (UE) 2016/1686]* **:**

– sur le territoire de l'Union européenne, y compris dans son espace aérien ;

– à bord de tout aéronef ou de tout navire relevant de la juridiction d'un État membre ;

– à toute personne, à l'intérieur ou à l'extérieur du territoire de l'Union européenne, qui est ressortissante d'un État membre ;

– à toute personne morale, à toute entité ou à tout organisme, à l'intérieur ou à l'extérieur du territoire de l'Union européenne, établi ou constitué selon le droit d'un État membre ;

– à toute personne morale, à toute entité ou à tout organisme en ce qui concerne toute opération commerciale réalisée en tout ou partie dans l'Union européenne.

Les professionnels sont donc soumis aux régimes onusiens et européens susmentionnés.

Il relève de la responsabilité des professionnels de s'informer des dispositions précisant le champ d'application de chaque régime, lesquelles peuvent être formulées différemment.

1.2. ***Le régime national***

Le régime national est prévu aux articles L. 562-1 et suivants et R. 562-1 et suivants du code monétaire et financier *[l'introduction en droit français d'un dispositif autonome aux fins de lutte contre le financement du terrorisme répond aux exigences du CSNU (Résol. 1373 (2001)) du 28 sept. 2001 et du GAFI (Recomm. 6)]*. Dans le cadre de ce régime, les mesures de gel peuvent être prises au titre de l'article L. 562-2 ou de l'article L. 562-3 du code monétaire et financier.

☐ **Les mesures prises au titre de l'article L. 562-2 du code monétaire et financier**

En application de l'article L. 562-2 du code monétaire et financier, le ministre chargé de l'économie et le ministre de l'Intérieur peuvent décider, conjointement, pour une durée de six mois, renouvelable, de prendre une mesure de gel, indépendamment des mesures issues des régimes onusiens et européens.

Les mesures prises par le ministre chargé de l'économie et le ministre de l'Intérieur sont "*le gel des fonds et ressources économiques :*

1° Qui appartiennent à, sont possédés, détenus ou contrôlés par des personnes physiques ou morales, ou toute autre entité qui commettent, tentent de commettre, facilitent ou financent des actes de terrorisme, y incitent ou y participent ;

2° Qui appartiennent à, sont possédés, détenus ou contrôlés par des personnes morales ou toute autre entité elles-mêmes détenues ou contrôlées par les personnes mentionnées au 1° ou agissant sciemment pour le compte ou sur instructions de celles-ci."

En outre, l'article L. 562-5 du code monétaire et financier prévoit l'interdiction de mettre à disposition directement ou indirectement, ou d'utiliser des fonds ou ressources économiques au profit des personnes dont les fonds et ressources économiques font l'objet d'une mesure de gel. L'article L. 562-6 du code monétaire et financier interdit de participer, sciemment et volontairement, à des activités ayant pour objet ou pour effet de contourner les mesures de gel et les interdictions susmentionnées.

Les mesures décidées sur le fondement de l'article L. 562-2 du code monétaire et financier sont prises par voie d'arrêtés, publiés au *Journal officiel*. Les éléments d'identification des personnes ou entités faisant l'objet d'une mesure de gel figurent dans ces arrêtés.

☐ **Les mesures prises au titre de l'article L. 562-3 du code monétaire et financier**

Par ailleurs, le dispositif prévu à l'article L. 562-3 du code monétaire et financier permet au ministre chargé de l'économie de décider, pour une durée de six mois, renouvelable, le gel des fonds et ressources économiques des personnes physiques ou morales ou toute autre entité ayant tenté de commettre, faciliter ou financer des actions sanctionnées ou prohibées par les résolutions adoptées dans le cadre du chapitre VII de la Charte des Nations unies ou les actes pris en application de l'article 29 du traité sur l'Union européenne ou de l'article 75 du traité sur le fonctionnement de l'Union européenne.

Les mesures de gel décidées sur le fondement de l'article L. 562-3 du code monétaire et financier sont prises par voie d'arrêtés, publiés au *Journal officiel*. Les éléments d'identification des personnes ou entités faisant l'objet d'une mesure de gel figurent dans ces arrêtés.

Ce dispositif est également utilisé pour pallier les délais de transposition ou de mise en œuvre par un règlement européen des mesures de gel prévues par des résolutions du CSNU ou des décisions du Conseil de l'Union européenne. En pratique, lorsqu'une résolution du CSNU ou une décision du Conseil de l'Union européenne est prise, un arrêté est systématiquement publié permettant ainsi l'application immédiate des mesures de gel en métropole, dans les territoires d'outre-mer qualifiés de régions ultrapériphériques dans le traité sur le fonctionnement de l'Union européenne *[à savoir la Guadeloupe, la Guyane, la Martinique, La Réunion, Saint-Martin et Mayotte]* et dans les pays et territoires d'outre-mer (PTOM) *[à savoir la Nouvelle-Calédonie, la Polynésie française, les îles Wallis-et-Futuna, Saint-Pierre-et-Miquelon, Saint-Barthélemy et les Terres aus-*

– de la possibilité d'obtenir par dérogation, auprès de la direction générale du Trésor, des autorisations de dégel afin de subvenir à des besoins fondamentaux *[au titre des régimes onusiens et européens, les cas de dérogations sont prévus dans chaque règlement européen. Au titre du régime national, les dérogations sont prévues à l'art. L. 562-11 C. mon. fin.]*, selon les modalités indiquées dans le Guide de bonne conduite/Foire aux questions relatifs à la mise en œuvre des sanctions économiques et financières de la direction générale du Trésor *[V. supra]*.

□ **Information de la direction générale du Trésor**

La direction générale du Trésor est l'interlocuteur principal des professionnels pour la mise en œuvre des mesures de gel. En application de l'article L. 562-12 du code monétaire et financier, le secret bancaire ou professionnel ne fait pas obstacle à l'échange d'information*[s]* entre les professionnels et la direction générale du Trésor.

Lorsqu'un professionnel met en œuvre une mesure de gel, il en informe immédiatement la direction générale du Trésor *[art. L. 562-4-I C. mon. fin.. Par ailleurs, l'"autorité compétente" mentionnée dans les règlements européens à qui les professionnels s'adressent est la direction générale du Trésor]* dès que l'analyse de l'alerte a permis de s'assurer que la personne ou l'entité détectée est bien celle qui fait l'objet d'une mesure de gel.

Les professionnels informent également la direction générale du Trésor des opérations qui auraient pour objet ou pour effet de contourner les mesures de gel ou d'interdiction *[cf. règlements européens et art. R. 562-3-II-2° C. mon. fin.]* ainsi que les opérations exécutées en violation d'une mesure européenne ou national de gel des avoirs et détectées *a posteriori* par le professionnel.

En tout état de cause, lorsque le professionnel a un doute quant à la réalisation d'une opération qui pourrait aboutir à une mise à disposition de fonds au profit d'un client qui a été détecté au regard d'une mesure de gel, il le signale à la direction générale du Trésor qui lui donnera le cas échéant l'autorisation de réaliser ou de poursuivre l'opération.

Les échanges avec la direction générale du Trésor se font par l'intermédiaire de deux boîtes aux lettres fonctionnelles :

– Pour les mesures de gel des avoirs à but de lutte contre le terrorisme : liste-nationale@dgtresor.gouv.fr

– Pour les mesures de gel des avoirs adoptées en application des régimes de sanctions géographiques : sanctions-gel-avoirs@dgtresor.gouv.fr

L'ensemble des contacts relatifs à la mise en œuvre d'une mesure de gel tant nationale qu'européenne ou internationale sont disponibles sur le site de la direction générale du Trésor et au sein du Guide de bonne conduite/Foire aux questions relatifs à la mise en œuvre des sanctions économiques et financières de la direction générale du Trésor *[V. supra]*.

L'obligation d'information immédiate à la direction générale du Trésor s'applique sans préjudice de celle d'effectuer une déclaration de soupçon à TRACFIN, lorsque les opérations exécutées avant l'entrée en vigueur d'une mesure de gel ou dans le cadre de relations d'affaires ayant un lien avec une personne ou entité désignée relèvent du champ d'application de l'article L. 561-15 du code monétaire et financier. Les professionnels sont invités à se reporter à la Position AMF DOC-2019-18 (Lignes directrices sur l'obligation de déclaration à TRACFIN) *[V. v° Blanchiment]*.

4.2. *La levée de la mesure de gel*

Les mesures de gel issues des règlements européens sont abrogées ou suspendues par un autre règlement européen. Les mesures de gel nationales deviennent caduques à la fin des 6 mois, sauf renouvellement de la mesure par un autre arrêté. Un jugement peut également annuler ou suspendre les mesures de gel.

Dès la levée d'une mesure de gel, les professionnels lèvent toutes les restrictions mises en œuvre, sans attendre une confirmation de la direction générale du Trésor. Ils réévaluent, au titre de leur dispositif LCB/FT, le profil de risque de leurs relations d'affaires avec les personnes ou entités concernées et mettent en œuvre des mesures de vigilance adaptées.

4.3. *La mise en œuvre concrète des mesures de gel pour les SGP, les CIF et les CIP*

La mise en œuvre d'une mesure de gel n'entraîne pas l'interruption de la relation d'affaires.

Les développements suivants indiquent à titre d'exemples, et de manière non exhaustive, quels pourraient être les impacts concrets sur les activités des SGP, des CIF et des CIP de la mise en œuvre de mesures de gel, sans préjudice d'une éventuelle autorisation de la direction générale du Trésor de réaliser les opérations mentionnées (dès lors par exemple que les paiements se font vers des comptes préalablement gelés).

□ **Pour les SGP :**

• **Dans le cadre de la fourniture du service de gestion de portefeuille pour le compte de tiers**

Au cas par cas, la SGP suspend la gestion du portefeuille effectuée pour le compte d'une personne désignée par une mesure de gel ou lui refuse la fourniture de ce service (la SGP s'abstient de conclure le contrat).

• **En gestion collective**

Lorsqu'un actionnaire ou porteur de parts d'un placement collectif ou fonds d'investissement de pays tiers géré par la SGP fait l'objet d'une mesure de gel, la SGP met en œuvre ladite mesure sous réserve qu'elle ait connaissance de l'identité de l'actionnaire ou du porteur de parts (par exemple, parce que les parts ou actions sont au nominatif ou parce qu'elle commercialise elle-même les parts ou actions des fonds). Elle n'y est donc pas tenue lorsqu'elle n'a pas connaissance de l'identité de l'actionnaire ou du porteur de parts qui fait l'objet d'une mesure de gel.

Concrètement,

— La SGP s'abstient de prendre en charge des ordres de souscription ou de rachat de parts ou actions de placements collectifs ou de fonds d'investissement de pays tiers au profit d'une personne désignée par une mesure de gel ;

— Dans le cadre de l'activité de tenue de compte émission, la SGP s'abstient d'organiser le règlement et la livraison consécutivement à la création ou à la radiation du registre de parts ou d'actions de placements collectifs au profit d'une personne désignée par une mesure de gel ;

— La SGP s'abstient de distribuer des dividendes à un actionnaire ou porteur de parts d'un placement collectif lorsque cet actionnaire ou porteur de parts fait l'objet d'une mesure de gel. Les dividendes sont alors conservés par le placement collectif en tant que dette vis-à-vis de l'actionnaire ou du porteur de parts pendant toute la durée de la mesure de gel ;

— La SGP s'abstient de fournir un service de conseil en investissement à une personne désignée au titre d'un règlement européen, notamment le règlement (UE) *[(CE)]* n° 2580/2001 concernant l'adoption de mesures restrictives spécifiques à l'encontre de certaines personnes et entités dans le cadre de la lutte contre le terrorisme ;

— La SGP s'abstient d'investir pour le compte des placements collectifs ou fonds d'investissement qu'elle gère dans des parts ou actions de sociétés ou entités désignées par une mesure de gel.

Avant la mise en liquidation d'un placement collectif ou d'un fonds d'investissement de pays tiers au sein duquel la société de gestion qui le gère a détecté qu'un actionnaire ou porteurs de parts fait l'objet d'une mesure de gel, la société de gestion prend l'attache de la direction générale du Trésor avant toute opération de liquidation qui pourrait aboutir à une mise à disposition des sommes dues audit actionnaire ou porteur de parts. La direction générale du Trésor autorisera ou non la société de gestion à procéder à la mise en liquidation du placement collectif ou du fonds d'investissement de pays tiers.

Le dispositif de gel des avoirs ne s'applique pas seulement à l'égard des actionnaires ou porteurs de parts des placements collectifs ou fonds d'investissement de pays tiers gérés par la SGP. Le dispositif de gel des avoirs s'applique plus largement à l'égard de

toutes personnes en relation d'affaires avec la SGP, tels que les distributeurs. A ce titre, la SGP s'abstient par exemple de verser des rétrocessions de frais de gestion à un distributeur qui fait l'objet d'une mesure de gel.

☐ Pour les CIF :

– Le CIF s'abstient de fournir un service de conseil en investissement, et le cas échant *[échéant]* **un service de réception et transmission d'ordres, à une personne désignée au titre d'un règlement européen, notamment le règlement (UE)** *[(CE)]* **nº 2580/2001 concernant l'adoption de mesures restrictives spécifiques à l'encontre de certaines personnes et entités dans le cadre de la lutte contre le terrorisme. La mise en œuvre de la mesure de gel ne met pas fin à la mission dès lors qu'une lettre de mission a été signée par le client et le CIF.**

☐ Pour les CIP :

– Le CIP s'abstient de prendre en charge un bulletin de souscription d'une personne désignée par une mesure de gel ;

– Le CIP s'abstient de proposer des offres de titres financiers, de parts sociales de sociétés coopératives constituées sous forme de société anonyme ou de minibons dont l'émetteur est désigné par une mesure de gel.

5. Les règles d'organisation additionnelles au titre du régime national

Au titre du régime national, les SGP qui inscrivent en compte sous forme nominative les parts ou actions de placements collectifs ou de fonds d'investissement de pays tiers qu'elles gèrent ou qui utilisent une *blockchain* (dispositif d'enregistrement électronique partagé) pour la tenue du passif doivent également se conformer aux règles d'organisation prévues à l'article R. 562-1 du code monétaire et financier. Elles doivent ainsi :

– Mettre en place une organisation et des procédures internes pour la mise en œuvre des mesures de gel des avoirs et d'interdiction de mise à disposition ou d'utilisation des fonds ou ressources économiques. L'organisation et les procédures internes mises en place sont adaptées à leur taille ainsi qu'à la nature de leurs activités ;

– Se doter de moyens matériels et humains suffisants ;

– S'assurer que les personnes participants à la mise en œuvre des obligations de gel des avoirs et de LCB/FT ne sont pas elles-mêmes soumises à des mesures nationales ou européennes de gel des avoirs *[conformément aux dispositions de l'art. L. 561-32 et de l'art. R. 561-38-1 C. mon. fin.]* **;**

– Veiller à ce que les personnels qui participent à la mise en œuvre des mesures de gel et d'interdiction aient accès aux informations nécessaires à l'exercice de leurs fonctions ou activités ;

– Mettre en place un dispositif de contrôle interne de la mise en œuvre des mesures de gel et d'interdiction.

II RÈGLES EUROPÉENNES

DP COMPLIANCE vº *Relations extérieures de l'Union européenne.*

BIBL. GÉN. ▶ Articles : PERTEK, *RMC 1983. 207* (sanctions politiques à objet économique prises par la CEE à l'encontre d'États tiers). – ANGELET, *RBDI 1993. 501* (mise en œuvre des mesures coercitives économiques des Nations unies dans la Communauté européenne). – LESGUILLONS, *RDAI 1997. 95* (les lois Helms-Burton et d'Amato : réactions de l'Union européenne). – BURDEAU, *JDI 1997. 5* (gel d'avoirs étrangers). – HUBER, *RMCUE 1997. 301* (la réaction de l'Union européenne face aux lois américaines Helms-Burton et d'Amato). – CANDAS et MIRON, *JDI 2011. 767* (assonances et dissonances de la mise en œuvre des sanctions ciblées onusiennes par les ordres juridiques communautaires et nationaux). – BEAUCILLON, *ibid. 2014. 788* (crise ukrainienne et mesures restrictives de l'Union européenne : quelles contributions aux sanctions internationales à l'égard de la Russie ?).

▸ **Ouvrages :** Arnove (dir.), Iraq Under Siege : the Deadly Impact of Sanctions and War, *South End Press, Cambridge, Massachussets, 2000*. – Cortright et Lopez, The Sanctions Decade : Assessing UN Strategies in the 1990s, *Lynne Rienner, Boulder, 2000, xiv-274 p. 6*. – Frowein et Krisch, Article 41, *in* Simma (dir.), The Charter of the United Nations : a Commentary, *Oxford University Press, 2e éd., 2002, p. 738*. – Hawkins et Lloyd, Questioning Comprehensive Sanctions : the Birth of a Norm, *Journal of Human Rights, vol. 2, no 3, 2003, p. 443*. – d'Argent, d'Aspremont Lynden, Dopagne et van Steenberghe, Article 39, *in* Cot, Pellet et Forteau (dir.), La Charte des Nations unies. Commentaire article par article, *Economica, vol. I, 3e éd., 2005, p. 1133*. – Eisemann et Lagrange, Article 41, *ibid., p. 1195*. – Beaucillon, Comment choisir ses mesures restrictives ? Guide pratique des sanctions de l'UE, *ISS Occasional Paper, déc. 2012, no 100, p. 23*. – Pellet, Les sanctions de l'Union européenne, *in* Benlolo-Carabot, Candas et Cujo (dir.), Union européenne et droit international, *Pedone, 2013, p. 433*. – Beaucillon, Les mesures restrictives de l'Union européenne, *Bruylant, 2014*. – Hamonic, Les relations entre l'Union européenne et l'ONU dans le domaine de la gestion des crises, *Bruylant, 2018*.

COMMENTAIRE

L'Union européenne intègre principalement dans l'ordre européen deux types de mesures restrictives.

D'une part, les sanctions économiques décidées par le Conseil de sécurité de l'Organisation des Nations unies lorsqu'elles touchent au périmètre de compétence de l'Union et donc par préférence à une intégration directe par les États membres. S'ajoute à cette catégorie les mesures plus restrictives que celles prévues par une résolution de l'ONU prises par l'Union européenne. Cette faculté est le fruit de la liberté d'appréciation laissée aux États par le Conseil de sécurité de l'ONU pour l'intégration des sanctions économiques qu'il prononce dans leur ordre juridique. Le Conseil de sécurité de l'ONU considère *a fortiori* qu'une organisation régionale bénéficie de la même marge d'appréciation pour intégrer ces sanctions.

D'autre part, l'Union européenne peut choisir de mettre en place ses propres mesures restrictives, ce qui revêt une utilité particulière dans le cadre de la violation des intérêts de la communauté internationale en l'absence de consensus au sein du Conseil de sécurité de l'ONU et, par ailleurs, ce qui permet de prendre des mesures restrictives dans le cadre de ses relations particulières avec des pays tiers avec lesquels elle est liée par des accords spécifiques (V. comm. en tête du v° *Sanctions économiques et embargos*).

Concrètement, le Haut représentant de l'Union pour les affaires étrangères et la politique de sécurité présente une proposition examinée et discutée par les groupes compétents du Conseil. Il s'agit généralement du groupe responsable des relations avec le pays tiers concerné et du groupe de conseillers pour les relations étrangers (« REFLEX ») ainsi que, si cela s'avère nécessaire, du comité politique et sécurité (« COPS ») et du comité des représentants permanents (« COREPER II »). Ces groupes renvoient, après avoir émis des avis et recommandations, la proposition de décision au Conseil aux fins de son éventuelle adoption. Une fois adoptée à l'unanimité par le Conseil sur le fondement de l'article 29 TUE, le texte de la décision est publié au *Journal officiel de l'Union européenne*.

La décision reprend, notamment, les éléments de contexte qui justifient l'opportunité de la mesure (politique, juridique, disposition pertinente des traités européens, la résolution de l'ONU sur laquelle elle est fondée) et énumère les mesures restrictives prises sur son fondement (gel des avoirs, restrictions commerciales, etc.).

Une fois votée à l'unanimité, la décision PESC est intégrée au droit européen par la voie d'un règlement immédiatement applicable dans l'ensemble des pays membres de l'Union européenne. La décision PESC et le règlement du Conseil sont adoptés simultanément afin que ces actes puissent produire leurs effets en même temps. La Commission veille à la mise en œuvre adéquate et en temps utile du règlement par les États membres sous peine d'une procédure de sanction spécifique.

Le pays doit alors intégrer les sanctions, octroyer des dérogations aux personnes visées si cela est prévu, recevoir les informations utiles des opérateurs économiques, tenir informée la Commission européenne sur la mise en œuvre des mesures restrictives et assurer la liaison avec le Comité de sécurité des Nations unies lorsque le règlement fait application d'une résolution du Conseil de sécurité.

I. CONSTITUTION DE LA LISTE DES PERSONNES CONCERNÉES PAR DES MESURES RESTRICTIVES

L'Union européenne privilégie les mesures ciblées quant à leur nature et quant à leurs destinataires : mesures de gel de fonds et des avoirs, embargos, restrictions en matière d'admission sur le territoire de l'Union, restrictions en matière d'accès à des services financiers. Les personnes physiques et morales désignées par les décisions PESC au titre de ces mesures sont inscrites sur une liste spécifique.

Les informations relatives aux personnes ciblées et à l'origine de la constitution de cette liste sont communiquées par l'ONU ou par les États membres. Ces informations comprennent les noms, prénoms, pseudonymes, le sexe, la date et le lieu de naissance, la nationalité, l'adresse, le numéro d'un titre d'identité ou passeport des personnes concernées. Pour une personne morale, les informations transmises comprennent le lieu du siège social, la dénomination, le numéro d'immatriculation.

Les personnes et les entités faisant l'objet d'une mesure de gel des avoirs ou de restrictions en matière de déplacement (personnes et entités inscrites sur une liste) sont informées des mesures qui ont été prises à leur encontre soit par courrier, si leur adresse est connue, soit au moyen d'un avis publié par le Conseil dans la série « C » du *Journal officiel de l'Union européenne*. Les personnes visées par les mesures restrictives ont un droit de recours devant les juridictions de l'Union européenne.

II. DURÉE DES MESURES RESTRICTIVES ET ACTUALISATION DE LA LISTE DES PERSONNES VISÉES PAR CES MESURES

Toutes les mesures restrictives en vigueur font l'objet d'un réexamen constant visant à garantir le bien-fondé de l'objectif qu'elles poursuivent quels que soient les changements de contexte et de situations.

Les mesures restrictives adoptées en application de résolutions du Conseil de sécurité des Nations unies ne comportent pas de date limite. Elles sont modifiées ou levées immédiatement, à la suite d'une décision des Nations unies en ce sens.

Les décisions du Conseil imposant des mesures restrictives autonomes de l'Union européenne sont généralement édictées pour une durée de douze mois, tandis que les règlements pris pour leur application ont une durée indéterminée liée à celle des décisions PESC qui les fondent.

La prolongation d'une décision PESC suppose en tout état de cause un nouvel examen du contexte justifiant les mesures restrictives. L'évolution de la situation justifie, selon les cas, une décision du Conseil tendant à modifier, proroger ou suspendre temporairement l'application de ces mesures.

III. INSTRUMENTS MÉTHODOLOGIQUES MIS EN PLACE PAR L'UNION EUROPÉENNE

La liste des mesures restrictives de l'Union européenne est mise à jour régulièrement (l'Union européenne publie une carte des sanctions prises classées par pays). Pour chaque pays, une fiche détaille les types de sanctions, leur origine (sanction adoptée à la suite d'une résolution des Nations unies ou sanction « autonome » de l'Union européenne), la liste des personnes ciblées, les actes fondant les sanctions (décision PESC et règlement) et les lignes directrices sur la mise en œuvre et l'évaluation des sanctions dans le cadre de la politique étrangère et de sécurité.

Ces lignes directrices, publiées par le Conseil en 2003, et mises à jour en 2018, font partie des instruments indispensables pour l'application des mesures restrictives de l'Union européenne avec les principes de base concernant le recours aux mesures restrictives publié par le Conseil avec la collaboration de la Commission européenne (V. *infra*). Ce document donne des indications sur les sanctions et sur les modalités de leur mise en œuvre. S'y ajoute le document intitulé « Meilleurs pratiques de l'Union européenne en ce qui concerne la mise en œuvre effective de mesures restrictives » publié par le Conseil au mois de décembre 2004 et mis à jour en 2018 (V. *infra*). Ce document traite des meilleurs pratiques dans l'établissement des listes des personnes visées par ces mesures et dans l'application des sanctions. ❑

Traité sur l'Union européenne (2016)

COMMENTAIRE

Les sanctions internationales sont appelées « mesures restrictives » au sein de l'Union européenne (UE). Elles ont pour objet d'imposer des mesures de coercition aux pays tiers.

Issues à l'origine de la pratique collective des États membres de la Communauté européenne dans le cadre de la Coopération politique européenne, les mesures restrictives sont apparues au début des années 1980 à la suite du coup d'État militaire en Pologne et de la crise des Malouines. Phénomène ancien, elles sont consacrées en droit de l'Union, depuis l'entrée en vigueur du traité de Lisbonne le 1er décembre 2009, dans le cadre du chapitre II du titre V du traité sur l'Union européenne (TUE), qui lui permet d'adopter des sanctions économiques au titre de la politique européenne de sécurité et de coopération (PESC), intégrée depuis à l'action extérieure de l'Union européenne (TUE, art. 21).

I. MISE EN ŒUVRE DE MESURES RESTRICTIVES AU SEIN DE L'UNION EUROPÉENNE

L'action de l'Union européenne est fondée sur les articles 3 et 21 TUE. Le Conseil assure la mise en œuvre des décisions prises dans le cadre de la politique étrangère et de sécurité commune (PESC). La PESC est soumise à des règles et des procédures spécifiques. Elle est définie et mise en œuvre par le Conseil européen et le Conseil de l'Union statuant à l'unanimité. La PESC est exécutée par le Haut représentant de l'Union européenne pour les affaires étrangères et la politique de sécurité, et par les États membres de l'Union, en vertu de l'article 24 TUE. Les États membres utilisent leurs moyens nationaux et ceux de l'Union sur le fondement de l'article 26 TUE pour assurer son application dans leur législation respective. Le régime des mesures prises sur ce fondement est défini aux articles 75 et 215 du traité de fonctionnement de l'Union européenne (TFUE) en ce qui concerne la lutte contre le terrorisme.

Conformément à l'article 25 TUE, l'Union européenne mène la PESC en adoptant des décisions qui définissent les actions à mener par l'Union européenne, les positions à prendre et leurs modalités de mise en œuvre.

Un règlement européen est ensuite adopté par le Conseil de l'Union sur proposition de la Commission européenne, sur la base des dispositions du TFUE. Les mesures issues des règlements européens sont contraignantes et d'application directe sur le territoire national (TFUE, art. 288) à l'exclusion des pays et territoire d'outre-mer pour lesquels la promulgation d'un arrêté spécifique s'avère nécessaire (V. *supra*, le commentaire en tête du I. Règles internes). Les règlements s'intègrent dans l'ordre juridique de l'État membre. Ils peuvent donc être invoqués par tout justiciable de l'Union, créant ainsi des droits et des obligations qui s'imposent directement aux États membres, à leurs organes et à des personnes morales et physiques placées sous leurs juridictions.

Il existe plusieurs catégories de mesures restrictives susceptibles d'être édictées par l'Union européenne. Outre les mesures restrictives prises sur le fondement de la violation d'un intérêt concernant la communauté internationale, et celles relatives à des relations spécifiques entretenues entre l'Union européenne et des pays tiers, la première catégorie comprend les mesures d'exécution des sanctions internationales décidées par le Conseil de sécurité des Nations unies. S'y ajoutent traditionnellement les mesures plus sévères qui sont parfois adoptées en complément des mesures d'exécution des sanctions de l'ONU et qui dépassent donc leur périmètre.

II. MESURES RESTRICTIVES D'EXÉCUTION DES RÉSOLUTIONS DU CONSEIL DE SÉCURITÉ DE L'ONU

Les premières mesures restrictives de l'Union européenne contre la Libye avaient pour but d'exécuter la résolution 883 (1993) du Conseil de sécurité des Nations unies, après l'attentat de Lockerbie. La résolution comprenait le gel des fonds et des avoirs financiers du gouvernement, des administrations et des entreprises libyennes, ainsi que de toute autre personne identifiée comme agissant au nom de l'État ou de ces entreprises. D'autres mesures d'exécution ont été prises pour l'application de la résolution 1970 (2011) et des résolutions suivantes du Conseil de sécurité de l'ONU, sanctions adoptées en réaction à la répression violente menée par le gouvernement libyen contre sa population civile.

En matière de lutte contre le terrorisme, les mesures restrictives de l'Union européenne ont transposé en droit européen les résolutions du Conseil de sécurité des Nations unies adoptées à la suite des attentats du 11 septembre 2001 à New York et notamment la résolution 1373 (2001) qui vise toutes les personnes qui « commettent, ou tentent de commettre, des actes de terrorisme, les facilitent ou y participent ».

Parfois, l'Union européenne outrepasse *rationae materiae* ou *ratione personae* les résolutions de l'ONU (résolution 1737 (2006) contre l'Iran). Il s'agit notamment de réagir au défaut d'accord des membres du Conseil de sécurité en étendant des sanctions au-delà des limites fixées. Ces mesures n'en restent pas moins attachées aux résolutions de l'ONU, dans la mesure où le Conseil de sécurité laisse aux États membres de l'ONU une marge d'appréciation importante dans la mise en œuvre de ses mesures.

III. MESURES RESTRICTIVES PRISES UNILATÉRALEMENT PAR L'UNION EUROPÉENNE À L'ENCONTRE DE PAYS TIERS

Il s'agit de mesures restrictives prises à l'encontre de pays tiers avec lesquels l'Union européenne entretient des relations particulières et qui ne sont pas fondées sur une décision préalable du Conseil de sécurité de l'ONU. En ces cas, la violation des principes politiques fondateurs de ces relations privilégiées est susceptible de déclencher une réaction de l'Union européenne. Tel est le cas à l'égard des pays liés par l'accord de Cotonou et des pays participant à la Politique européenne de voisinage (PEV).

IV. MESURES RESTRICTIVES DE L'UNION EUROPÉENNE EN LIEN AVEC LA VIOLATION D'INTÉRÊTS CONCERNANT LA COMMUNAUTÉ INTERNATIONALE

Dans cette hypothèse, l'Union européenne réagit à la grave méconnaissance de principes dont le respect est généralement considéré comme relevant de l'intérêt de la communauté internationale dans son ensemble. Ces mesures sont soit le relais des sanctions de l'ONU – appartenant alors à la première catégorie –, soit une faculté propre de l'Union européenne en cas de blocage du Conseil de sécurité ; une faculté que l'Union européenne s'arroge alors. ❑

Art. 3 **1. L'Union a pour but de promouvoir la paix, ses valeurs et le bien-être de ses peuples.**

2. L'Union offre à ses citoyens un espace de liberté, de sécurité et de justice sans frontières intérieures, au sein duquel est assurée la libre circulation des personnes, en liaison avec des mesures appropriées en matière de contrôle des frontières extérieures, d'asile, d'immigration ainsi que de prévention de la criminalité et de lutte contre ce phénomène.

3. L'Union établit un marché intérieur. Elle œuvre pour le développement durable de l'Europe fondé sur une croissance économique équilibrée et sur la stabilité des prix, une économie sociale de marché hautement compétitive, qui tend au plein emploi et au progrès social, et un niveau élevé de protection et d'amélioration de la qualité de l'environnement. Elle promeut le progrès scientifique et technique.

Elle combat l'exclusion sociale et les discriminations, et promeut la justice et la protection sociales, l'égalité entre les femmes et les hommes, la solidarité entre les générations et la protection des droits de l'enfant.

Elle promeut la cohésion économique, sociale et territoriale, et la solidarité entre les États membres.

Elle respecte la richesse de sa diversité culturelle et linguistique, et veille à la sauvegarde et au développement du patrimoine culturel européen.

4. L'Union établit une union économique et monétaire dont la monnaie est l'euro.

5. Dans ses relations avec le reste du monde, l'Union affirme et promeut ses valeurs et ses intérêts et contribue à la protection de ses citoyens. Elle contribue à la paix, à la sécurité, au développement durable de la planète, à la solidarité et au respect mutuel entre les peuples, au commerce libre et équitable, à l'élimination de la pauvreté et à la protection des droits de l'homme, en particulier ceux de l'enfant, ainsi qu'au strict respect et au développement du droit international, notamment au respect des principes de la charte des Nations unies.

6. L'Union poursuit ses objectifs par des moyens appropriés, en fonction des compétences qui lui sont attribuées dans les traités.

Art. 21 **1. L'action de l'Union sur la scène internationale repose sur les principes qui ont présidé à sa création, à son développement et à son élargissement et qu'elle vise à promouvoir dans le reste du monde : la démocratie, l'État de droit, l'universalité et l'indivisibilité des droits de l'homme et des libertés fondamentales, le respect de la dignité humaine, les principes d'égalité et de solidarité et le respect des principes de la charte des Nations unies et du droit international.**

L'Union s'efforce de développer des relations et de construire des partenariats avec les pays tiers et avec les organisations internationales, régionales ou mondiales qui partagent les principes visés au premier alinéa. Elle favorise des solutions multilatérales aux problèmes communs, en particulier dans le cadre des Nations unies.

2. L'Union définit et mène des politiques communes et des actions et œuvre pour assurer un haut degré de coopération dans tous les domaines des relations internationales afin :

a) de sauvegarder ses valeurs, ses intérêts fondamentaux, sa sécurité, son indépendance et son intégrité ;

b) de consolider et de soutenir la démocratie, l'État de droit, les droits de l'homme et les principes du droit international ;

c) de préserver la paix, de prévenir les conflits et de renforcer la sécurité internationale, conformément aux buts et aux principes de la charte des Nations unies, ainsi qu'aux principes de l'acte final d'Helsinki et aux objectifs de la charte de Paris, y compris ceux relatifs aux frontières extérieures ;

d) de soutenir le développement durable sur le plan économique, social et environnemental des pays en développement dans le but essentiel d'éradiquer la pauvreté ;

e) d'encourager l'intégration de tous les pays dans l'économie mondiale, y compris par la suppression progressive des obstacles au commerce international ;

f) de contribuer à l'élaboration de mesures internationales pour préserver et améliorer la qualité de l'environnement et la gestion durable des ressources naturelles mondiales, afin d'assurer un développement durable ;

g) d'aider les populations, les pays et les régions confrontés à des catastrophes naturelles ou d'origine humaine ; et

h) de promouvoir un système international fondé sur une coopération multilatérale renforcée et une bonne gouvernance mondiale.

3. L'Union respecte les principes et poursuit les objectifs visés aux paragraphes 1 et 2 dans l'élaboration et la mise en œuvre de son action extérieure dans les différents domaines couverts par le présent titre et par la cinquième partie du traité sur le fonctionnement de l'Union européenne, ainsi que de ses autres politiques dans leurs aspects extérieurs.

L'Union veille à la cohérence entre les différents domaines de son action extérieure et entre ceux-ci et ses autres politiques. Le Conseil et la Commission, assistés par le haut représentant de l'Union pour les affaires étrangères et la politique de sécurité, assurent cette cohérence et coopèrent à cet effet.

BIBL. ▶ Bosse-Platière, *RTD eur. 2021. 679* (l'UE se dote d'un régime général de mesures restrictives contre les graves violations des droits de l'homme dans le monde).

Art. 24 **1. La compétence de l'Union en matière de politique étrangère et de sécurité commune couvre tous les domaines de la politique étrangère ainsi que l'ensemble des questions relatives à la sécurité de l'Union, y compris la définition progressive d'une politique de défense commune qui peut conduire à une défense commune.**

La politique étrangère et de sécurité commune est soumise à des règles et procédures spécifiques. Elle est définie et mise en œuvre par le Conseil européen et le Conseil, qui statuent à l'unanimité, sauf dans les cas où les traités en disposent autrement. L'adoption d'actes législatifs est exclue. Cette politique est exécutée par le haut représentant de l'Union pour les affaires étrangères et la politique de sécurité et par les États membres, conformément aux traités. Les rôles spécifiques du Parlement

européen et de la Commission dans ce domaine sont définis par les traités. La Cour de justice de l'Union européenne n'est pas compétente en ce qui concerne ces dispositions, à l'exception de sa compétence pour contrôler le respect de l'article 40 du présent traité et pour contrôler la légalité de certaines décisions visées à l'article 275, second alinéa, du traité sur le fonctionnement de l'Union européenne.

2. Dans le cadre des principes et objectifs de son action extérieure, l'Union conduit, définit et met en œuvre une politique étrangère et de sécurité commune fondée sur un développement de la solidarité politique mutuelle des États membres, sur l'identification des questions présentant un intérêt général et sur la réalisation d'un degré toujours croissant de convergence des actions des États membres.

3. Les États membres appuient activement et sans réserve la politique extérieure et de sécurité de l'Union dans un esprit de loyauté et de solidarité mutuelle et respectent l'action de l'Union dans ce domaine.

Les États membres œuvrent de concert au renforcement et au développement de leur solidarité politique mutuelle. Ils s'abstiennent de toute action contraire aux intérêts de l'Union ou susceptible de nuire à son efficacité en tant que force de cohésion dans les relations internationales.

Le Conseil et le haut représentant veillent au respect de ces principes.

BIBL. ▸ COUTRON, *RTD eur. 2021. 627* (la consécration de la possibilité de demander réparation du préjudice causé par des mesures restrictives prévues par les décisions PESC : un gain de protection juridictionnel en trompe-l'œil ?).

Art. 25 L'Union conduit la politique étrangère et de sécurité commune :
a) en définissant les orientations générales ;
b) en adoptant des décisions qui définissent :
i) les actions à mener par l'Union ;
ii) les positions à prendre par l'Union ;
iii) les modalités de la mise en œuvre des décisions visées aux points i) et ii) ;
et
c) en renforçant la coopération systématique entre les États membres pour la conduite de leur politique.

....

Art. 29 Le Conseil adopte des décisions qui définissent la position de l'Union sur une question particulière de nature géographique ou thématique. Les États membres veillent à la conformité de leurs politiques nationales avec les positions de l'Union.

Traité sur le fonctionnement de l'Union européenne (2016)

Art. 75 Lorsque la réalisation des objectifs visés à l'article 67 l'exige, en ce qui concerne la prévention du terrorisme et des activités connexes, ainsi que la lutte contre ces phénomènes, le Parlement européen et le Conseil, statuant par voie de règlements conformément à la procédure législative ordinaire, définissent un cadre de mesures administratives concernant les mouvements de capitaux et les paiements, telles que le gel des fonds, des avoirs financiers ou des bénéfices économiques qui appartiennent à des personnes physiques ou morales, à des groupes ou à des entités non étatiques, sont en leur possession ou sont détenus par eux.

Le Conseil, sur proposition de la Commission, adopte des mesures afin de mettre en œuvre le cadre visé au premier alinéa.

Les actes visés au présent article contiennent les dispositions nécessaires en matière de garanties juridiques.

....

Art. 215 1. Lorsqu'une décision, adoptée conformément au chapitre 2 du titre V du traité sur l'Union européenne, prévoit l'interruption ou la réduction, en tout ou en partie, des relations économiques et financières avec un ou plusieurs pays tiers, le Conseil, statuant à la majorité qualifiée, sur proposition conjointe du haut représentant de l'Union pour les affaires étrangères et la politique de sécurité et de la Commission, adopte les mesures nécessaires. Il en informe le Parlement européen.

2. Lorsqu'une décision, adoptée conformément au chapitre 2 du titre V du traité sur l'Union européenne, le prévoit, le Conseil peut adopter, selon la procédure visée au paragraphe 1, des mesures restrictives à l'encontre de personnes physiques ou morales, de groupes ou d'entités non étatiques.

3. Les actes visés au présent article contiennent les dispositions nécessaires en matière de garanties juridiques.

....

Art. 288 Pour exercer les compétences de l'Union, les institutions adoptent des règlements, des directives, des décisions, des recommandations et des avis.

Le règlement a une portée générale. Il est obligatoire dans tous ses éléments et il est directement applicable dans tout État membre.

La directive lie tout État membre destinataire quant au résultat à atteindre, tout en laissant aux instances nationales la compétence quant à la forme et aux moyens.

La décision est obligatoire dans tous ses éléments. Lorsqu'elle désigne des destinataires, elle n'est obligatoire que pour ceux-ci.

Les recommandations et les avis ne lient pas.

Règlement (CE) n° 2580/2001 du Conseil du 27 décembre 2001,

Concernant l'adoption de mesures restrictives spécifiques à l'encontre de certaines personnes et entités dans le cadre de la lutte contre le terrorisme.

Art. 1er Aux fins du présent règlement, on entend par :

1) "fonds, autres avoirs financiers et ressources économiques", les avoirs de toute nature, corporels ou incorporels, mobiliers ou immobiliers, acquis par quelque moyen que ce soit, et les documents ou instruments légaux sous quelque forme que ce soit, y compris sous forme électronique ou numérique, qui prouvent un droit de propriété ou un intérêt sur ces avoirs, incluant, mais non exclusivement, les crédits bancaires, les chèques de voyage, les chèques bancaires, les mandats, les actions, les titres, les obligations, les traites et les lettres de crédit ;

2) "gel des fonds, autres avoirs financiers et ressources économiques", toute action visant à empêcher tout mouvement, transfert, modification, utilisation ou manipulation de fonds qui auraient pour conséquence un changement de leur volume, de leur montant, de leur localisation, de leur propriété, de leur possession, de leur nature, de leur destination ou toute autre modification qui pourrait en permettre l'utilisation, y compris la gestion de portefeuille ;

3) "services financiers", tout service de type financier, y compris tous les services d'assurance et services connexes et tous les services bancaires et autres services financiers (à l'exclusion de l'assurance). Les services financiers comprennent les activités ci-après :

Services d'assurance et services connexes

i) assurance directe (y compris coassurance) :

A) sur la vie ;

B) autre que sur la vie ;

ii) réassurance et rétrocession ;

iii) intermédiation en assurance, par exemple activités de courtage et d'agence ;

iv) services auxiliaires de l'assurance, par exemple service de consultation, service actuariel, service d'évaluation du risque et service de liquidation des sinistres.

Services bancaires et autres services financiers (à l'exclusion de l'assurance)

v) acceptation de dépôts et d'autres fonds remboursables du public ;

vi) prêts de tout type, y compris crédit à la consommation, crédit hypothécaire, affacturage et financement de transactions commerciales ;

vii) crédit-bail ;

viii) tous services de règlement et de transferts monétaires, y compris cartes de crédit, de paiement et similaires, chèques de voyage et traites ;

ix) garanties et engagements ;

x) opérations pour compte propre ou pour compte de clients, que ce soit dans une bourse, sur un marché hors cote ou autre sur :

A) instruments du marché monétaire (y compris chèques, effets, certificats de dépôt) ;

B) devises ;

C) produits dérivés, y compris, mais non exclusivement, instruments à terme et options ;

D) instruments du marché des changes et du marché monétaire, y compris swaps et accords de taux à terme ;

E) valeurs mobilières négociables ;

F) autres instruments et avoirs financiers négociables, y compris métal ;

xi) participation à des émissions de tout type de valeurs mobilières, y compris garantie et placement en qualité d'agent (dans le public ou à titre privé) et prestation de services relatifs à ces émissions ;

xii) courtage monétaire ;

xiii) gestion d'actifs, par exemple gestion de trésorerie ou de portefeuille, toutes formes de gestion d'investissement collectif, gestion de fonds de pension, services de garde, services de dépositaire et services fiduciaires ;

xiv) services de règlement et de compensation afférents à des actifs financiers, y compris valeurs mobilières, produits dérivés et autres instruments négociables ;

xv) fourniture et transfert d'informations financières et traitement de données financières et logiciels y relatifs, par les fournisseurs d'autres services financiers ;

xvi) services de conseil, d'intermédiation et autres services financiers auxiliaires de toutes les activités énumérées aux alinéas v) à xv), y compris cote de crédit et analyse financière, recherche et conseil en investissements et en placements et conseil en matière d'acquisitions, de restructuration et de stratégies d'entreprises.

4) "acte de terrorisme", la définition qui figure à l'article 1er, paragraphe 3, de la position commune 2001/931/PESC ;

5) "détenir une personne morale, un groupe ou une entité", être en possession de 50 % ou plus des droits de propriété d'une personne morale, d'un groupe ou d'une entité ou détenir une participation majoritaire en son sein ;

6) "contrôler une personne morale, un groupe ou une entité", l'une des situations suivantes :

a) avoir le droit de nommer ou de révoquer la majorité des membres des organes d'administration, de gestion ou de surveillance de la personne morale, du groupe ou de l'entité concernée ;

b) avoir nommé, uniquement sur la base des résultats de l'exercice de son droit de vote, la majorité des membres des organes d'administration, de gestion ou de surveillance d'une personne morale, d'un groupe ou d'une entité qui ont été en fonction au cours de l'exercice actuel et de l'exercice précédent ;

c) contrôler seul, sur la base d'un accord conclu avec les autres actionnaires ou membres d'une personne morale, d'un groupe ou d'une entité, la majorité des droits de vote des actionnaires ou des membres au sein de cette personne morale, de ce groupe ou de cette entité ;

d) avoir le droit d'exercer une influence dominante sur une personne morale, un groupe ou une entité sur la base d'un accord conclu avec cette personne morale, ce groupe ou cette entité, ou sur la base d'une disposition prévue dans ses statuts, lorsque la législation applicable le permet ;

e) avoir le pouvoir d'exercer le droit d'exercer une influence dominante visé au point d) ci-dessus sans détenir ce droit ;

f) avoir le droit d'utiliser tout ou partie des actifs d'une personne morale, d'un groupe ou d'une entité ;

g) gérer les activités d'une personne morale, d'un groupe ou d'une entité sur une base unifiée, en publiant des comptes consolidés ;

h) partager conjointement et solidairement les obligations financières d'une personne morale, d'un groupe ou d'une entité ou les garantir.

Art. 2 1. A l'exception des dérogations autorisées dans le cadre des articles 5 et 6 :

a) tous les fonds, autres avoirs financiers et ressources économiques appartenant à, en possession de ou détenus par une personne physique ou morale, un groupe ou une entité inclus dans la liste visée au paragraphe 3, sont gelés ;"

b) les fonds, autres avoirs financiers et ressources économiques ne doivent pas être mis, directement ou indirectement, à la disposition ni utilisés au bénéfice des personnes physiques ou morales, des groupes ou des entités inclus dans la liste visée au paragraphe 3 ;

2. A l'exception des dérogations autorisées dans le cadre des articles 5 et 6, il est interdit de fournir des services financiers aux personnes physiques ou morales, groupes ou entités inclus dans la liste visée au paragraphe 3 ou au bénéfice de ces personnes, groupes ou entités.

3. Le Conseil, statuant à l'unanimité, établit, révise et modifie la liste de personnes, de groupes et d'entités auxquels le présent règlement s'applique, conformément aux dispositions de l'article 1er, paragraphes 4, 5 et 6, de la position commune 2001/931/PESC. Cette liste mentionne :

i) les personnes physiques commettant ou tentant de commettre un acte de terrorisme, participant à un tel acte ou facilitant sa réalisation ;

ii) les personnes morales, groupes ou entités commettant ou tentant de commettre un acte de terrorisme, participant à un tel acte ou facilitant sa réalisation ;

iii) les personnes morales, groupes ou entités détenus ou contrôlés par une ou plusieurs personnes physiques ou morales, groupes ou entités visés aux points i) et ii) ou

iv) les personnes physiques ou morales, groupes ou entités agissant pour le compte ou sous les ordres d'une ou de plusieurs personnes physiques ou morales, groupes ou entités visés aux points i) et ii).

(Abrogé par Règl. (UE) 2017/2061 du 13 nov. 2017) (Règl. (UE) 2016/1710 du 27 sept. 2016) « ***4. Les mesures prévues aux paragraphes 1 et 2, dans la mesure où elles concernent les "Fuerzas armadas revolucionarias de Colombia" – "FARC" ("Forces armées révolutionnaires de Colombie"), sont suspendues.*** »

Art. 3 1. Il est interdit de participer, sciemment et intentionnellement, à des activités ayant pour but ou effet de contourner, directement ou indirectement, l'article 2.

2. Toute information établissant qu'il y a ou qu'il y a eu contournement des dispositions du présent règlement est notifiée aux autorités compétentes des États membres énumérées à l'annexe et à la Commission.

Art. 4 1. Sans préjudice des règles en matière de communication de l'information, de confidentialité et de secret professionnel et des dispositions de l'article 284 du traité, les banques, les autres institutions financières, les compagnies d'assurance et les autres organismes et personnes sont tenus :

– de fournir immédiatement toute information susceptible de faciliter l'observation du présent règlement, telle que les comptes et les montants gelés conformément à l'article 2 et les transactions effectuées conformément aux articles 5 et 6 :

– aux autorités compétentes, énumérées à l'annexe, des États membres dans lesquels ils résident ou sont établis, et

– par l'entremise de ces autorités compétentes à la Commission ; et

– de coopérer avec les autorités compétentes énumérées à l'annexe pour toute vérification de cette information.

2. Toute information fournie ou reçue conformément au présent article n'est utilisée qu'aux fins pour lesquelles elle a été fournie ou reçue.

3. Toute information reçue directement par la Commission est mise à la disposition des autorités compétentes des États membres concernés et du Conseil.

Art. 5 1. L'article 2, paragraphe 1, point b), ne s'applique pas au versement, sur les comptes gelés, des intérêts échus sur ces comptes. Ces intérêts sont également gelés.

2. Les autorités compétentes des États membres énumérées à l'annexe peuvent, de manière ponctuelle et selon les modalités qu'elles estiment nécessaires pour prévenir le financement d'actes de terrorisme, autoriser :

1) l'utilisation de fonds gelés pour la couverture de besoins humanitaires essentiels auxquels doit faire face, dans la Communauté, une personne physique incluse dans la liste visée à l'article 2, paragraphe 3, ou un membre de sa famille, y compris notamment les paiements pour l'alimentation, les médicaments, le loyer ou le rem-

boursement hypothécaire pour le domicile familial et les honoraires et frais de soins de santé pour les membres de cette famille ;

2) les paiements prélevés sur les comptes gelés aux fins suivantes :

a) paiement de taxes, de primes d'assurances obligatoires et de redevances pour les services d'utilité publique tels que le gaz, l'eau, l'électricité et les télécommunications, à payer dans la Communauté et

b) paiement de redevances dues à une institution financière dans la Communauté pour la gestion de comptes ;

3) les paiements à une personne, entité ou organisme inclus dans la liste visée à l'article 2, paragraphe 3, dus en vertu de contrats, accords ou obligations conclus ou nés préalablement à l'entrée en vigueur du présent règlement, à condition que ces paiements soient destinés à un compte gelé dans la Communauté.

3. Les demandes d'autorisations sont présentées à l'autorité compétente l'État membre sur le territoire duquel les fonds, autres avoirs financiers ou autres ressources économiques ont été gelés.

Art. 6 1. Nonobstant les dispositions de l'article 2 et afin de protéger les intérêts de la Communauté, qui englobent les intérêts de ses citoyens et de ses résidents, les autorités compétentes d'un État membre peuvent accorder des autorisations spécifiques permettant :

– de dégeler des fonds, autres avoirs financiers ou autres ressources économiques,

– de mettre des fonds, autres avoirs financiers ou autres ressources économiques à la disposition d'une personne, entité ou organisme visé à l'annexe I ou

– de fournir des services financiers à cette personne, entité ou organisme,

après consultation des autres États membres, du Conseil et de la Commission conformément au paragraphe 2.

2. Une autorité compétente qui reçoit une demande d'autorisation visée au paragraphe 1 la notifie aux autorités compétentes des autres États membres, du Conseil et de la Commission, telles qu'énumérées à l'annexe, en indiquant les motifs pour lesquels elle compte soit rejeter la demande, soit accorder une autorisation spécifique et en les informant des conditions qu'elle juge nécessaires pour prévenir le financement d'actes de terrorisme.

L'autorité compétente qui a l'intention d'accorder une autorisation spécifique tient dûment compte des observations formulées dans un délai de deux semaines par les autres États membres, le Conseil et la Commission.

Art. 7 La Commission est habilitée à modifier l'annexe sur la base des informations fournies par les États membres.

Art. 8 Les États membres, le Conseil et la Commission s'informent mutuellement des mesures prises en application du présent règlement et se communiquent les informations pertinentes dont ils disposent en relation avec le présent règlement, notamment les informations reçues conformément aux articles 3 et 4 et les informations concernant les violations de celui-ci et les problèmes rencontrés dans sa mise en œuvre ou les décisions rendues par les tribunaux nationaux.

Art. 9 Chaque État membre détermine les sanctions qui doivent être imposées en cas de violation du présent règlement. Ces sanctions doivent être efficaces, proportionnelles et dissuasives.

Art. 10 Le présent règlement s'applique :

1) au territoire de la Communauté, y compris à son espace aérien ;

2) à bord de tout aéronef ou de tout navire relevant de la juridiction d'un État membre ;

3) à toute personne, en tout autre lieu, qui est un ressortissant d'un État membre ;

4) à toute personne morale, tout groupe ou toute entité qui est établi ou constitué selon la législation d'un État membre ;

5) à toute personne morale, tout groupe ou toute entité qui entretient des relations commerciales dans la Communauté.

Art. 11 1. Le présent règlement entre en vigueur le jour de sa publication au *Journal officiel des Communautés européennes.*

2. La Commission présente, dans un délai d'un an suivant l'entrée en vigueur du présent règlement, un rapport concernant l'incidence du présent règlement et soumet, au besoin, des propositions afin de le modifier.

Le présent règlement est obligatoire dans tous ses éléments et directement applicable dans tout État membre.

ANNEXE

LISTE DES AUTORITÉS COMPÉTENTES VISÉES AUX ARTICLES 3, 4 ET 5

(Règl. d'exécution (UE) 2019/1163 du 5 juill. 2019, art. 1er)

Annexe non reproduite.

Principes de base du Conseil du 7 juin 2004,

Concernant le recours aux mesures restrictives (sanctions).

1. Nous croyons fermement que le recours effectif à des sanctions constitue un moyen important de maintenir et de rétablir la paix et la sécurité internationales conformément aux principes de la charte des NU et de notre politique étrangère et de sécurité commune. Dans ce contexte, le Conseil travaillera sans relâche à soutenir les NU et à remplir les obligations qui nous incombent en vertu de la charte des NU.

2. Nous nous efforcerons d'intensifier encore nos efforts au sein des NU, conformément à l'article 19 du TUE, en vue de coordonner notre action en matière de sanctions. Nous veillerons à ce que l'Union européenne mette en œuvre complètement, efficacement et rapidement les mesures décidées par le Conseil de sécurité des NU. Nous établirons avec les NU un dialogue à cet effet.

3. Si nécessaire, le Conseil imposera des sanctions autonomes de l'UE, qui appuieront la lutte contre le terrorisme et la prolifération des armes de destruction massive et constitueront des mesures restrictives visant à assurer le respect des droits de l'homme, de la démocratie, de l'État de droit et de la bonne gestion des affaires publiques. Nous agirons en ce sens dans le cadre de notre politique étrangère et de sécurité commune, dont les objectifs sont énoncés à l'article 11 du TUE, et en parfaite conformité avec les obligations qui nous incombent en vertu du droit international.

4. Le Conseil s'emploiera à obtenir le soutien d'un maximum de partenaires en faveur des sanctions autonomes de l'UE, qui gagneront en efficacité si elles bénéficient d'une large adhésion internationale.

5. Le Conseil est déterminé à utiliser l'instrument des sanctions dans le cadre d'une action globale intégrée, qui devrait inclure le dialogue politique, des mesures d'incitation et la conditionnalité et pourrait même aller, en dernier recours, jusqu'à la mise en œuvre de mesures coercitives conformément à la charte des NU.

6. Les sanctions devraient être conçues de manière à avoir un maximum d'impact sur ceux dont on veut influencer le comportement. Les cibles devraient en être fixées de manière à limiter autant que possible les effets négatifs sur le plan humanitaire ou les conséquences imprévues pour les personnes non ciblées ou les pays voisins. Des mesures telles que les embargos sur les armes, les interdictions de visas et le gel des avoirs sont des moyens d'y parvenir.

7. Le Conseil s'efforcera d'améliorer encore la conception des sanctions et d'adapter cet instrument au nouvel environnement de sécurité. Dans ce contexte, le Conseil est prêt à imposer des sanctions, le cas échéant, à des acteurs non étatiques. Nous avancerons dans cette voie en veillant au respect intégral des droits de l'homme et de l'État de droit.

8. Le Conseil a pour objectif de déployer l'ensemble des instruments à sa disposition d'une manière qui soit flexible et réponde dans chaque cas aux besoins identifiés.

9. En toute circonstance, nos objectifs devraient être clairement définis dans les instruments d'habilitation. Les sanctions devraient faire l'objet d'un examen régulier

visant à assurer qu'elles contribuent bien à l'objectif qui leur a été assigné. Les sanctions devraient être levées lorsque leurs objectifs ont été atteints. En tout état de cause, le Conseil se réserve la possibilité de décider de modifier les sanctions. Il y sera mis un terme conformément aux dispositions des lignes directrices de l'UE.

10. Compte tenu de ces principes de base, l'Union européenne s'efforcera de perfectionner l'instrument des sanctions à la lumière de l'expérience acquise et d'en améliorer la mise en œuvre, tant au niveau interne qu'au sein des NU.

Lignes directrices du Conseil du 4 mai 2018,

Concernant la mise en œuvre et l'évaluation de mesures restrictives (sanctions) dans le cadre de la politique étrangère et de sécurité commune de l'UE.

I Introduction

1. L'expérience considérable que possède l'Union européenne (UE) en matière de conception, de mise en œuvre, d'application et de contrôle des mesures restrictives (sanctions) dans le cadre de la politique étrangère et de sécurité commune (PESC) *[V. site Internet du SEAE, liste des mesures restrictives en vigueur : http://eeas.europa.eu/cfsp/sanctions/index_en.htm]* a montré qu'il était souhaitable de normaliser la mise en œuvre et d'en renforcer les méthodes. Les présentes lignes directrices traitent un certain nombre de questions d'ordre général et proposent un libellé type et des définitions communes qui peuvent être employés dans les instruments juridiques utilisés pour mettre en œuvre les mesures restrictives *[la première version des lignes directrices a été adoptée par le Conseil le 8 déc. 2003 (doc. 15579/03) ; des versions révisées ont été approuvées le 1er déc. 2005 (doc. 15114/05) et le 22 déc. 2009 (doc. 17464/09)]*. Cependant, elles n'abordent pas la question du processus politique conduisant à la décision d'imposer ou d'abroger ces mesures *[en ce qui concerne les aspects politiques, il est rappelé que le Conseil a adopté le 14 juill. 2004 des principes de base concernant le recours aux mesures restrictives (sanctions) (doc. 10198/1/04)]*.

Les principales étapes conduisant à l'adoption de mesures restrictives autonomes de l'UE ainsi que les rôles respectifs des différents acteurs participant à ce processus sont exposés dans les recommandations de méthodes de travail en vue de l'adoption de sanctions autonomes de l'UE qui figurent à l'annexe du présent document *[doc. 18920/12]*.

Par ailleurs, l'UE a mis au point des bonnes pratiques pour la mise en œuvre effective de mesures financières restrictives *[doc. 8666/1/2008 REV 1]*, qui présentent des recommandations en vue d'une mise en œuvre effective des mesures restrictives dans le respect de la législation applicable.

II Principes

A *Objectifs*

2. Dans le cadre de la PESC, le Conseil peut décider de prendre des mesures restrictives contre des pays tiers, des entités ou des particuliers. Ces mesures doivent être conformes aux objectifs de la PESC, énumérés à l'article 21 du traité sur l'Union européenne.

3. Certaines mesures restrictives sont prises par le Conseil en application de résolutions adoptées par le Conseil de sécurité des Nations unies (CSNU) au titre du chapitre VII de la Charte des Nations unies. Pour ce qui est des mesures mettant en œuvre des résolutions du CSNU, les instruments juridiques de l'UE devront se conformer rigoureusement à ces résolutions. Toutefois, il est entendu que l'UE peut décider d'appliquer des mesures plus restrictives. Lorsqu'il n'est pas possible d'adopter des mesures restrictives dans le cadre des Nations unies, l'UE devrait inciter la communauté internationale à apporter un soutien plus large à ses mesures autonomes.

4. D'une manière générale, les mesures restrictives imposées par l'UE visent à susciter un changement de politique ou d'activité de la part du pays, de la région, de

l'administration, des entités ou des particuliers visés, conformément aux objectifs énoncés dans la décision PESC du Conseil. En conséquence, l'UE adaptera les mesures restrictives au vu des évolutions constatées au regard des objectifs de la décision PESC du Conseil. Dans la mesure du possible et dans le respect de la stratégie globale de l'UE à l'égard du pays tiers concerné, les instruments juridiques imposant des mesures restrictives peuvent renvoyer à des incitations destinées à encourager les nécessaires changements de politique ou d'activité. Il est important de veiller à ce que ces incitations ne récompensent pas le non-respect. L'UE et ses États membres devraient procéder à une communication active et systématique sur les sanctions de l'UE, y compris auprès du pays visé et de sa population.

5. L'objectif visé par chaque mesure doit être clairement défini et conforme à la stratégie globale de l'Union dans le domaine concerné. La stratégie globale et l'objectif spécifique doivent être rappelés dans les paragraphes d'introduction de l'instrument juridique du Conseil imposant la mesure en question. Les mesures restrictives n'ont pas de motivation économique. L'UE devrait veiller à ce que les objectifs visés soient conformes au cadre plus large des actions et mesures régionales et de l'UE/des Nations unies.

6. Les instruments juridiques feront l'objet d'un réexamen régulier visant à évaluer l'efficacité des mesures restrictives adoptées au regard des objectifs définis. Ce réexamen sera mené par les groupes et comités compétents du Conseil qui s'appuieront, pour autant que de besoin, sur les rapports établis par les chefs de mission de l'UE.

B *Questions juridiques*

7. Ainsi qu'il a été indiqué ci-dessus, le Conseil prend des mesures restrictives dans le cadre de la PESC. Il adopte d'abord une décision PESC conformément à l'article 29 du traité sur l'Union européenne. Les mesures prévues dans cette décision du Conseil sont mises en œuvre soit au niveau de l'UE, soit au niveau national. Les mesures telles que les embargos sur les armes ou les restrictions en matière d'admission sont directement mises en œuvre par les États membres, qui sont juridiquement tenus d'agir en conformité avec les décisions PESC du Conseil. D'autres mesures visant à interrompre ou à limiter, partiellement ou en totalité, les relations économiques avec un pays tiers, notamment les mesures de gel de fonds et de ressources économiques, sont mises en œuvre au moyen d'un règlement adopté par le Conseil statuant à la majorité qualifiée, sur proposition conjointe du haut représentant de l'Union pour les affaires étrangères et la politique de sécurité et de la Commission, conformément à l'article 215 du traité sur le fonctionnement de l'Union européenne. Le Parlement européen doit être informé. Ces règlements sont contraignants et directement applicables dans l'ensemble de l'UE et ils font l'objet d'un contrôle juridictionnel assuré par la Cour de justice et le Tribunal à Luxembourg. Les décisions PESC du Conseil prévoyant des mesures restrictives à l'encontre de personnes physiques ou morales font également l'objet d'un contrôle juridictionnel.

8. L'imposition de mesures restrictives doit s'accompagner d'une présentation du contexte juridique desdites mesures. Outre les dispositions pertinentes du traité sur l'Union européenne et du traité sur le fonctionnement de l'Union européenne, cet exposé peut mentionner toute résolution pertinente du CSNU, ou d'autres dispositions applicables de droit international.

Dans un souci de clarté et de transparence, il convient de faire en sorte que ces références soient présentées d'une façon aussi complète que possible.

9. L'introduction et la mise en œuvre de mesures restrictives doivent toujours être conformes au droit international. Ces mesures doivent respecter les droits de l'homme et les libertés fondamentales, en particulier le droit de bénéficier des garanties prévues par la loi et le droit à un recours effectif. Les mesures imposées doivent toujours être proportionnées à leur objectif.

10. Comme indiqué ci-dessus, les mesures restrictives devraient notamment être élaborées à la lumière de l'obligation pour l'UE, visée à l'article 6, paragraphe 3, du traité sur l'Union européenne, de respecter les droits fondamentaux, tels qu'ils sont

garantis par la Convention européenne de sauvegarde des droits de l'homme et des libertés fondamentales et tels qu'ils résultent des traditions constitutionnelles communes aux États membres, en tant que principes généraux du droit de l'UE.

11. Les mesures restrictives devraient également respecter les obligations internationales de l'UE et de ses États membres, et notamment les accords de l'OMC. L'Accord général sur les tarifs douaniers et le commerce (GATT) et l'Accord général sur le commerce des services (GATS) sont applicables lorsque les mesures restrictives ont une incidence sur le commerce de biens ou de services avec des pays tiers. L'article XXI du GATT prévoit des restrictions à l'importation et à l'exportation qui sont soit applicables aux armes et au matériel militaire, soit imposées en application d'engagements pris au titre de la Charte des Nations unies, en vue du maintien de la paix et de la sécurité internationales. L'article XIV *bis* du GATS prévoit une exception comparable. Les mesures limitant les échanges qui ne relèvent pas de ces catégories doivent remplir les conditions énoncées respectivement à l'article XX du GATT et à l'article XIV du GATS et pourraient, dans certains cas, être incompatibles avec les règles de l'OMC.

12. Si les mesures adoptées par l'UE sont en conflit avec les obligations internationales de l'Union ou de ses États membres, il pourra être nécessaire de dégager une approche commune pour résoudre ce type de conflit.

C *Mesures ciblées*

13. Les mesures prises devraient cibler les personnes identifiées comme étant responsables des politiques ou des actions qui ont déclenché la décision de l'UE d'imposer des mesures restrictives, ainsi que les personnes bénéficiant de ces politiques et actions et les soutenant.

De telles mesures ciblées sont plus efficaces que des mesures imposées sans discrimination et elles minimisent les conséquences négatives pour les personnes qui ne sont pas responsables de ces politiques et actions.

14. Les mesures utilisées dans une situation donnée varieront en fonction des objectifs visés par les mesures restrictives et de leur efficacité probable en vue de la réalisation desdits objectifs dans ces circonstances particulières, ce qui témoigne de l'approche ciblée et différenciée adoptée par l'UE. Il pourra s'agir notamment du gel de fonds et de ressources économiques, de restrictions en matière d'admission, d'embargos sur les armes, d'embargos sur le matériel susceptible d'être utilisé à des fins de répression interne, d'autres restrictions à l'exportation, de restrictions à l'importation et d'interdictions de vols. Parmi les autres mesures auxquelles il a déjà été recouru figurent l'interdiction de prestation de services financiers, y compris en liaison avec des interdictions d'exportation de certains produits, de même que des interdictions portant sur les investissements. Dans ce contexte, il a également été recouru à des interdictions sectorielles ou à des mesures visant à prévenir une utilisation abusive des équipements, technologies ou logiciels destinés à la surveillance et à l'interception des communications sur Internet ou d'autres formes de communication.

D *Listes des personnes et entités visées*

15. L'établissement de la liste des personnes et entités visées doit avoir lieu dans le respect des droits fondamentaux consacrés par le traité sur l'Union européenne. En particulier, les personnes et entités appelées à figurer sur une liste doivent bénéficier des garanties prévues par la loi, en pleine conformité avec la jurisprudence de la Cour de justice de l'Union européenne, notamment eu égard aux droits de la défense et aux principes de protection juridictionnelle effective.

16. La décision de soumettre une personne ou une entité à des mesures restrictives ciblées suppose d'appliquer des critères clairement définis, adaptés à chaque cas particulier, ce qui permettra de déterminer quelles personnes et quelles entités peuvent être inscrites sur une liste ou, à l'inverse, lesquelles doivent en être retirées. Ces critères clairement établis figureront dans l'instrument juridique PESC. Ce principe

s'applique en particulier aux mesures de gel de fonds et de ressources économiques, que des personnes figurent sur des listes établies dans le cadre de mesures prises contre un ou plusieurs États tiers ou que les mesures visent des particuliers et des entités à titre personnel.

17. Les propositions visant à inscrire une personne ou une entité sur une liste doivent être accompagnées d'un exposé des motifs précis, actualisé et défendable. Une série de recommandations a été intégrée dans les méthodes de travail en vue de l'adoption de sanctions autonomes de l'UE figurant à l'annexe I du présent document, laquelle porte également sur des questions telles que la notification et la communication d'informations sur le droit pour les parties concernées de faire connaître leur point de vue, ainsi que sur des questions pratiques relatives à l'inscription sur les listes et au retrait des listes.

18. Dans le cas où des décisions PESC du Conseil prévoient des mesures restrictives ciblant non seulement les personnes responsables de certaines politiques ou actions, mais également des membres de leur famille, leurs enfants âgés de moins de 18 ans ne devraient pas, en principe, être visés.

19. Les personnes, entités ou organisations qui font l'objet de sanctions financières devraient être clairement identifiées dans l'annexe, de façon à ce que le champ d'application des sanctions soit clairement défini.

20. Les informations servant à l'identification des intéressés sont essentielles si l'on veut s'assurer que les mesures restrictives ciblées n'affecteront pas des personnes ou des entités non visées, notamment afin d'aider le secteur privé à appliquer ces mesures. On ne peut exclure que, dans certains cas, les fonds d'une personne soient gelés ou qu'une admission soit refusée par erreur, sur la base d'éléments d'identification correspondant à ceux d'une personne identifiée comme responsable. Les États membres et la Commission devraient disposer de procédures garantissant la cohérence des conclusions auxquelles ils parviennent en cas de contestation pour erreur alléguée sur la personne. Les meilleures pratiques de l'UE en matière de mise en œuvre effective de mesures financières restrictives *[doc. 8666/1/08 REV 1]* présentent certaines recommandations à cet égard.

21. Afin d'améliorer l'efficacité des mesures restrictives, il faudrait disposer d'autant d'éléments d'identification spécifiques que possible au moment de l'identification des intéressés et les publier au moment de l'adoption des mesures restrictives. Il convient de normaliser dans toute la mesure possible les informations servant à l'identification de particuliers et d'entités. En ce qui concerne les personnes physiques appelées à figurer sur une liste, ces informations devraient notamment comprendre les noms (également dans la langue originale, s'ils sont connus), accompagnés d'une translittération appropriée, comme celle figurant sur les documents de voyage, translittérés conformément à la norme applicable de l'Organisation de l'aviation civile internationale (OACI), les pseudonymes, le sexe, la date et le lieu de naissance, la nationalité, l'adresse actuelle et le numéro de la carte d'identité ou du passeport. Pour ce qui est des groupements, des personnes morales ou des entités, parmi ces informations devraient notamment figurer la dénomination complète, le siège principal, le lieu d'immatriculation du siège et la date et le numéro d'immatriculation. Des modèles types figurent à l'annexe des présentes lignes directrices.

21 *bis*. Lorsque des opérateurs économiques ou d'autres acteurs effectuent des recherches en ce qui concerne les mesures de gel des avoirs, les renseignements relatifs aux pseudonymes qui figurent dans les informations d'identification pourraient être pris en compte comme suit :

i) pseudonymes fiables : pseudonymes de grande valeur considérés comme ayant une grande importance à des fins d'identification. Les opérateurs économiques et autres acteurs devraient effectuer des recherches à partir des pseudonymes fiables ;

ii) pseudonymes peu fiables : pseudonymes de faible valeur considérés comme ayant une faible importance à des fins d'identification. Ces pseudonymes peu fiables servent en particulier à aider les opérateurs économiques et autres acteurs à confirmer l'identification de la personne visée ;

iii) lorsqu'aucune indication n'est fournie, le pseudonyme indiqué devrait être considéré comme un pseudonyme fiable.

Un pseudonyme peu fiable est considéré comme ayant une faible importance à des fins d'identification ; il peut générer une grande quantité de résultats positifs erronés lorsqu'il est introduit dans un système de recherche informatisé. Les pseudonymes peu fiables servent en particulier à aider les opérateurs économiques et autres acteurs à confirmer l'identification de la personne visée.

Si une distinction entre pseudonyme fiable et pseudonyme peu fiable est établie au niveau des Nations unies, elle devrait l'être également dans les textes juridiques de l'UE. En ce qui concerne les listes établies de manière autonome par l'UE, la détermination du niveau de fiabilité du pseudonyme devrait être faire l'objet d'une évaluation au cas par cas.

22. L'UE devrait s'attacher dans tous les cas à ce que les informations servant à l'identification communiquées lors de l'inscription d'une personne sur une liste soient suffisamment précises pour permettre une identification sans équivoque de la personne visée. Après l'identification d'une personne ou d'une entité, il convient de procéder à un réexamen régulier des éléments d'identification afin de les préciser et de les étoffer, en associant tous ceux qui peuvent contribuer à cet effort, notamment les chefs de mission de l'UE dans le pays tiers concerné, les autorités et agences compétentes et les institutions financières des États membres. Des versions actualisées des listes comportant des éléments d'identification supplémentaires seront adoptées conformément au texte de base.

23. En ce qui concerne les mesures imposant des restrictions en matière de déplacement, l'État membre qui exerce la présidence du Conseil de l'UE au moment de l'adoption de l'instrument contenant les listes sera chargé d'introduire les données dans le SIS. Si cet État membre n'est pas en mesure de le faire parce qu'il n'a pas accès au SIS ou qu'il ne participe pas à cette partie de l'acquis de Schengen, il appartiendra à l'État membre exerçant la présidence au cours du semestre suivant de procéder à l'introduction des données. L'État membre qui a introduit le signalement en sera également responsable. Il sera chargé, en particulier, de toutes les actualisations, corrections et/ou suppressions nécessaires, à tout moment *[V. le document 8665/08]*.

24. Afin d'aider le secteur privé à mettre en œuvre les restrictions financières, en juin 2004, la Commission a créé sur son site une rubrique qui donne notamment accès à une liste consolidée des personnes et entités soumises à des sanctions financières et à un récapitulatif des mesures restrictives en vigueur *[http://eeas.europa.eu/cfsp/sanctions/index_en.htm]*.

E *Dérogations*

25. Il est important que les instruments juridiques relatifs aux restrictions financières, aux restrictions en matière d'admission et aux autres mesures restrictives prévoient des dérogations appropriées pour tenir compte, en particulier, des besoins fondamentaux des personnes visées, des frais de justice, des dépenses extraordinaires ou, le cas échéant, des besoins humanitaires ou des obligations internationales des États, notamment en tant que pays hôtes d'organisations internationales ou de l'OSCE, à l'égard des différentes mesures restrictives prises.

26. Les autorités compétentes devraient accorder des dérogations au cas par cas, ce qui leur donnera la possibilité d'évaluer tous les intérêts en jeu et d'imposer des conditions pour garantir que les dérogations n'entravent ni ne neutralisent l'objectif visé par la mesure restrictive. Les dérogations devraient être accordées sur la base des instruments législatifs pertinents. Le fait qu'il existe des motifs d'accorder une dérogation à une mesure restrictive précise (par exemple à des restrictions financières) ne justifie pas par défaut l'octroi d'une dérogation à une autre mesure (par exemple à des restrictions en matière d'admission) affectant la personne ou l'entité concernée (cf. section 3, points A, D et E).

27. Si une demande de dérogation en vue du déblocage ou de la mise à disposition de fonds et de ressources économiques concerne une activité interdite en vertu de

l'instrument juridique concerné (et ne relevant pas d'une clause contractuelle antérieure ou d'une disposition dérogatoire similaire), il convient que l'autorité compétente refuse la dérogation. Cela vaut également si la disposition dérogatoire concernée ne prévoit pas explicitement le refus de la demande dans un tel cas.

28. Dans les cas où, à titre exceptionnel, des fonds ou des ressources économiques peuvent être débloqués pour permettre à une personne, une entité ou un organisme visé de satisfaire à une obligation découlant d'un contrat antérieur (voir le libellé type au point 86), cette dérogation vise, dans les cas où un gel des avoirs s'applique aux fonds et ressources économiques d'un établissement financier ou de crédit, le déblocage de fonds provenant de comptes détenus, dans l'établissement financier ou de crédit visé, par des personnes ou des entités non visées, sous réserve que ces comptes aient été ouverts avant la date de désignation de l'entité visée. Il convient que les autorités compétentes utilisent leur pouvoir discrétionnaire pour imposer des conditions adéquates garantissant que les comptes concernés ne continueront pas à être utilisés comme par le passé.

F *Échange d'informations et obligations en matière d'établissement de rapports*

29. Les autorités compétentes des États membres et la Commission ont chacune des missions spécifiques en matière de mise en œuvre et d'application des mesures restrictives. Afin de garantir une application cohérente de ces mesures, y compris des dérogations accordées, l'échange d'informations pertinentes entre toutes les parties concernées, conformément aux dispositions de chaque décision et règlement PESC, est essentiel. Un tel échange devrait être prévu par les instruments juridiques de l'UE. Les États membres sont invités à communiquer au SEAE et à la Commission les données recueillies lors de l'application de ces dérogations, afin d'améliorer la qualité des éléments d'identification susvisés.

30. Lorsque des règlements appliquant des mesures restrictives prévoient que les autorités compétentes des États membres sont chargées de tâches spécifiques, les autorités désignées comme compétentes par chaque État membre soit sont incluses dans une liste figurant en annexe au règlement soit sont mentionnées indirectement en indiquant en annexe au règlement les adresses des sites web de chaque État membre où figurent les informations relatives à ses autorités compétentes.

G *Expiration ou révision des mesures restrictives*

La présente partie traite surtout des sanctions autonomes de l'UE. En ce qui concerne la mise en œuvre des sanctions décidées par l'ONU, voir la partie H ci-dessous, et notamment le point 42.

31. En tenant compte de l'objectif spécifique de chaque mesure et de toute autre considération pertinente, le Conseil devrait suivre de près l'évolution de la situation et programmer une révision spécifique dès qu'un changement intervient dans le contexte politique.

32. Une évaluation régulière des régimes de sanctions par les instances préparatoires compétentes du Conseil, assistées, le cas échéant, par le SEAE, la Commission et les chefs de mission, devrait permettre d'ajuster les mesures, en tant que de besoin, en fonction de l'évolution de la situation au regard des objectifs déclarés et de l'efficacité des mesures à cet égard.

33. Le cas échéant, les critères spécifiques devant être satisfaits pour l'abrogation des mesures restrictives peuvent être énoncés dans l'instrument juridique mais, normalement, une définition adéquate de l'objectif spécifique visé par la mesure doit suffire.

34. Tant que les critères précités ne sont pas respectés ou que les objectifs spécifiques des mesures restrictives ne sont pas atteints, celles-ci devraient être maintenues, sauf lorsque le Conseil en décide autrement. Par conséquent, l'instrument juridique PESC devrait comporter, selon ce que le Conseil décide, soit une date

d'expiration, soit une clause de révision, ce qui garantirait un examen en temps utile de la nécessité de reconduire les mesures en question.

La date d'expiration ou de révision pourrait être fixée compte tenu de considérations ou de faits pertinents (par exemple les dates de futures élections ou des négociations de paix susceptibles d'entraîner un changement dans la situation politique).

35. Si l'instrument juridique PESC indique une date d'expiration pour les mesures restrictives, le Conseil devrait mettre au point un accord concernant leur reconduction. Pour être efficaces, les mesures restrictives devraient être levées lorsque leurs objectifs sont atteints. L'échéance fixée devrait donc être l'occasion de réétudier le régime de mesures restrictives et d'évaluer si les objectifs ont été atteints.

36. Dans les cas où l'instrument juridique PESC comporte une date d'expiration, il convient normalement d'éviter de faire figurer une date d'expiration dans le règlement mettant en œuvre cet instrument juridique :

– puisque les règlements mettent en œuvre l'acte PESC, leur abrogation s'impose si l'instrument juridique PESC cesse d'être applicable *[V. art. 215 TFUE]*. Les règlements devraient être abrogés au moment où l'instrument juridique PESC cesse de s'appliquer ou immédiatement après. Si, dans des cas exceptionnels, les règlements doivent être abrogés avec effet rétroactif, il est souhaitable que la période en question soit aussi courte que possible ;

– si un instrument juridique PESC ultérieur reconduit les mesures, modifier la date d'expiration du règlement ou en adopter un nouveau comportant les mêmes dispositions juridiques représente simplement une charge administrative qu'il convient d'éviter. En particulier lorsque des décisions de dernière minute sont prises en matière de reconduction, il peut y avoir une période pendant laquelle les mesures ne sont pas applicables dans l'attente de la modification ou de l'adoption d'un règlement.

37. Il est donc préférable que le règlement reste en vigueur jusqu'à son abrogation. Par souci de clarté et de transparence, il convient d'envisager l'adoption d'un texte consolidé *[l'adoption d'un texte consolidé aurait pour effet de redémarrer la période au cours de laquelle l'instrument peut être contesté en justice]* dans les cas où les décisions ou règlements PESC ont été modifiés au moins trois fois *[l'Office des publications de l'UE publie régulièrement au Journal officiel des versions consolidées des principaux instruments de la législation de l'UE, y compris concernant des mesures restrictives, qui peuvent être consultées sur le site EUR-Lex. Ces versions sont présentées à titre informatif et n'ont aucune valeur juridique. Il faut noter que les considérants des instruments modificatifs ne sont normalement pas inclus dans les versions consolidées]*.

H *Mise en œuvre des résolutions du Conseil de sécurité des Nations unies (CSNU)*

Nouvelles mesures.

38. La Charte des Nations unies donne au Conseil de sécurité des pouvoirs lui permettant d'arrêter des mesures restrictives contraignantes pour tous les membres des Nations unies *[V. l'art. 25 et le chap. VII de la Charte des Nations unies]* afin de maintenir ou de rétablir la paix et la sécurité internationales. Il importe que l'UE mette en œuvre ces mesures restrictives des Nations unies aussi vite que possible. La rapidité est particulièrement importante en matière de gel d'avoirs car les fonds peuvent se déplacer rapidement. Dans de telles situations, chaque État membre pourrait envisager la possibilité de prévoir des mesures nationales provisoires dans le domaine financier. L'UE devrait s'efforcer de mettre en place sans tarder la législation de mise en œuvre nécessaire et, au plus tard, dans les 30 jours suivant l'adoption de la résolution du CSNU. Dans les cas où les listes des personnes et entités désignées doivent être actualisées en vue de la mise en œuvre de nouvelles désignations par l'ONU, les modifications nécessaires devraient être apportées aux actes juridiques de l'UE dans les délais les plus brefs possibles.

39. Les États de l'UE qui siègent au CSNU veilleront à ce que, dans la plus large mesure possible et sans préjudice des responsabilités qui leur incombent en vertu de la Charte des Nations unies, les préoccupations de l'UE et ses impératifs en matière

de mise en œuvre soient pris en compte lors de la négociation de la résolution pertinente du CSNU, conformément à l'article 34 du traité sur l'Union européenne.

40. La procédure législative actuelle requiert l'adoption d'un instrument juridique PESC et d'un règlement d'application du Conseil fondés sur le traité sur le fonctionnement de l'Union européenne, sur la base d'une proposition conjointe du haut représentant de l'Union pour les affaires étrangères et la politique de sécurité et de la Commission.

41. Afin que les projets d'instruments juridiques PESC et les propositions de règlements du Conseil élaborées conjointement par le haut représentant et la Commission puissent être présentés immédiatement après l'adoption de résolutions du CSNU, il est important de procéder rapidement à des échanges d'informations sur les projets de résolutions du Conseil de sécurité. Cette manière de procéder devrait permettre au Conseil d'adopter l'instrument juridique PESC et le règlement sans retard injustifié, de préférence en même temps ou avec un délai minimal entre les deux instruments.

42. Un libellé type des textes législatifs facilitera une mise en œuvre plus rapide des mesures restrictives des Nations unies. Lorsque l'UE met en œuvre des mesures restrictives des Nations unies, le libellé type et les définitions communes utilisés doivent être adaptés à la résolution pertinente du CSNU.

43. Afin de fournir régulièrement aux missions de l'UE à New York des informations concernant les problèmes rencontrés dans le cadre de la mise en œuvre dans l'UE des mesures restrictives des Nations unies, des notes d'information seront portées à la connaissance des missions de l'UE se réunissant à New York dans le cadre de la coordination de l'action au titre de l'article 34. Il convient d'encourager l'établissement d'un dialogue régulier entre les missions à New York et à Bruxelles, ainsi qu'entre les institutions de l'UE et de l'ONU, notamment au moyen de séminaires conjoints, pour que les questions qui se posent dans ce domaine soient mieux comprises. A cet égard, il importe que les rapports des réunions sur les sanctions, tenues à New York, soient diffusés auprès des missions de l'UE à Bruxelles dans le cadre de la coordination relevant de l'article 34.

44. Eu égard au caractère contraignant des résolutions du CSNU, l'application effective des mesures prises par l'ONU appelle une action législative immédiate. Les mesures du Conseil de sécurité qui viennent à expiration à une date déterminée constituent un cas particulier. En pareil cas, il n'est pas opportun que les actes législatifs de l'UE prévoient une date d'expiration, puisque le Conseil de sécurité renouvelle normalement la mesure juste avant son expiration. Toutefois, il convient d'indiquer que les mesures seront modifiées ou abrogées, selon qu'il convient, conformément aux décisions prises par le Conseil de sécurité.

Expiration ou abrogation de mesures.

45. Lorsque l'UE applique des mesures restrictives dans le seul but de mettre en œuvre des résolutions du Conseil de sécurité, il n'est pas opportun que les instruments juridiques d'application restent en vigueur lorsque le Conseil de sécurité a décidé de lever ces mesures et, en conséquence, les mesures restrictives devraient être abrogées aussi rapidement que possible.

Dérogations.

46. Les résolutions du CSNU relevant du chapitre VII de la charte sont obligatoires en vertu du droit international. Dans le cadre de la mise en œuvre par l'UE de mesures restrictives décidées par le Conseil de sécurité par le biais d'une résolution, il ne sera donc possible de prévoir des dérogations que si elles sont conformes à ladite résolution. A cet égard, le point 38 est pertinent, notamment pour ce qui est des dérogations à titre humanitaire afin de répondre aux besoins essentiels des personnes visées.

Établissement de rapports.

47. Lorsque les résolutions du CSNU prévoient une obligation en matière d'établissement de rapports, un rapport commun de l'UE pourrait également être présenté aux Nations unies sur les mesures prises au niveau de l'UE. Dans ce cas, les rapports nationaux et communs seraient complémentaires.

I Compétences

48. L'instrument juridique PESC a pour objet d'indiquer les mesures restrictives qui sont jugées nécessaires pour atteindre ses objectifs et de servir de base à l'action de l'UE visant à interrompre ou à limiter les relations économiques ou financières avec le pays tiers concerné.

L'Union peut adopter des mesures législatives de mise en œuvre en recourant à un règlement fondé sur l'article 215 du traité sur le fonctionnement de l'UE. Lorsque l'Union n'est pas compétente, il incombe à chaque État membre d'adopter la législation ou les mesures de mise en œuvre nécessaires.

49. Lorsque des mesures restrictives sont envisagées, il convient de procéder à une évaluation au cas par cas de la compétence de l'UE en tenant compte des pouvoirs attribués à l'Union par les traités. La pratique actuelle veut que le Conseil indique dans l'instrument PESC qu'"une action de l'Union est nécessaire afin de mettre en œuvre certaines mesures", pour permettre au haut représentant de l'Union pour les affaires étrangères et la politique de sécurité et à la Commission de proposer un règlement portant application des mesures relevant de la compétence de l'Union. Lorsqu'il est nécessaire de fournir des précisions pour garantir que toutes les mesures soient mises en œuvre en temps utile, il conviendrait que l'instrument PESC indique expressément les modalités de mise en œuvre de chaque mesure ou partie de mesure.

50. Lorsque l'UE a les compétences nécessaires pour adopter un règlement portant application de mesures restrictives, il est prévu que les États membres doivent déterminer le régime des sanctions applicables en cas de violation des dispositions du règlement et prendre toutes les mesures nécessaires pour garantir leur application.

J Juridiction

51. Les mesures restrictives de l'UE ne devraient s'appliquer que dans des situations où il existe des liens avec l'UE. Ces situations, comme indiqué au point 88 du présent document, concernent le territoire de l'UE, des aéronefs ou des navires des États membres, des ressortissants des États membres, des sociétés ou d'autres entités établies ou constituées selon la législation des États membres ou toute opération commerciale réalisée intégralement ou en partie dans l'UE.

52. L'UE s'abstiendra d'adopter des instruments législatifs qui, par leur application extraterritoriale, violeraient le droit international. Elle a condamné l'application extraterritoriale de la législation d'un pays tiers imposant des mesures restrictives visant à réglementer les activités des personnes physiques ou morales relevant de la juridiction des États membres de l'UE car elle constituait une violation du droit international *[Règl. (CE) n° 2271/96 et action commune 96/668/PESC du 22 nov. 1996 concernant la protection contre les effets de l'application extraterritoriale d'une législation adoptée par un pays tiers, ainsi que des actions fondées sur elle ou en découlant]*.

K Respect des mesures restrictives

53. Il convient que les États membres prennent des mesures adéquates pour que les mesures restrictives soient respectées.

54. Une entité établie dans un État membre de l'UE ne peut pas, entre autres, utiliser une société qu'elle contrôle comme un instrument lui permettant de contourner une interdiction, y compris lorsque cette société n'est pas établie dans l'UE, et ne peut pas non plus donner d'instructions à cet effet.

55. On estime qu'il est opportun qu'une entité établie dans l'UE informe, le cas échéant, les sociétés qu'elle contrôle des nouvelles mesures restrictives de l'UE afin que ces mesures soient pleinement prises en compte dans la définition des politiques commerciales.

i) *Propriété et contrôle*

Propriété.

55 *bis*. Le critère à prendre en considération pour déterminer si une personne morale ou une entité est la propriété d'une autre personne ou entité est le fait d'être en possession de plus de 50 % des droits de propriété d'une entité ou de détenir une participation majoritaire en son sein *[critère tel que défini dans le Règl. (CE) nº 2580/2001]*. S'il est satisfait à ce critère, on considère que la personne morale ou l'entité est la propriété d'une autre personne ou entité.

Contrôle.

55 *ter*. Les critères à prendre en considération pour déterminer si une personne morale ou une entité est contrôlée par une autre personne ou entité, seule ou sur la base d'un accord conclu avec un autre actionnaire ou un autre tiers, pourraient être notamment les suivants *[critère tel que défini dans le Règl. (CE) nº 2580/2001]* :

(a) le fait d'avoir le droit ou d'exercer le pouvoir de nommer ou de révoquer la majorité des membres des organes d'administration, de gestion ou de surveillance de la personne morale ou de l'entité concernée ;

(b) le fait d'avoir nommé, uniquement sur la base des résultats de l'exercice de son droit de vote, la majorité des membres des organes d'administration, de gestion ou de surveillance d'une personne morale ou d'une entité qui ont été en fonction au cours de l'exercice actuel et de l'exercice précédent ;

(c) contrôler seul, sur la base d'un accord conclu avec d'autres actionnaires ou membres d'une personne morale ou d'une entité, la majorité des droits de vote des actionnaires ou des membres au sein de cette personne morale ou de cette entité ;

(d) le fait d'avoir le droit d'exercer une influence dominante sur une personne morale ou une entité sur la base d'un accord conclu avec cette personne morale ou entité, ou sur la base d'une disposition prévue dans ses statuts, lorsque la législation applicable permet qu'un tel accord ou une telle disposition s'applique à ladite personne morale ou entité ;

(e) le fait d'avoir le pouvoir d'exercer le droit d'exercer une influence dominante visé au point d) ci-dessus sans être le détenteur de ce droit *[par exemple au moyen d'une société-écran]* ;

(f) le fait d'avoir le droit d'utiliser la totalité ou une partie des actifs d'une personne morale ou d'une entité ;

(g) le fait de gérer les activités d'une personne morale ou d'une entité sur une base unifiée, en publiant des comptes consolidés ;

(h) le fait de partager conjointement et solidairement les obligations financières d'une personne morale ou d'une entité ou de les garantir.

S'il est satisfait à l'un de ces critères, on considère que la personne morale ou l'entité est contrôlée par une autre personne ou entité, sauf si le contraire peut être établi au cas par cas.

55 *quater*. Le fait qu'il est répondu aux critères susmentionnés de propriété et de contrôle peut être contesté au cas par cas.

ii) *Mise indirecte de fonds ou de ressources économiques à la disposition de personnes et d'entités désignées*

55 *quinquies*. Si la propriété ou le contrôle est établi conformément aux critères susmentionnés, le fait de mettre des fonds ou des ressources économiques à la disposition de personnes ou d'entités ne figurant pas sur une liste qui sont la propriété d'une personne ou entité figurant sur une liste ou sont sous son contrôle sera en principe considéré comme une mise indirecte à la disposition de la personne ou entité figurant sur une liste, sauf si l'on peut raisonnablement déterminer, au cas par cas

et sur la base d'une approche fondée sur les risques, compte tenu de l'ensemble des circonstances de l'espèce, y compris des critères énumérés ci-après, que les fonds ou les ressources économiques en question ne seront pas utilisés par ou au profit de ladite personne ou entité figurant sur une liste.

Les critères à prendre en considération sont notamment les suivants :

(a) la date et la nature des liens contractuels entre les entités en cause (par exemple, contrats de vente, d'achat ou de distribution) ;

(b) l'importance que présente le secteur d'activité de l'entité ne figurant pas sur une liste pour l'entité figurant sur une liste ;

(c) les caractéristiques des fonds ou ressources économiques mis à disposition, y compris la possibilité qu'ils soient en fait utilisés par l'entité figurant sur une liste et la facilité de leur transfert éventuel à cette entité ;

(d) une ressource économique ne sera pas considérée comme étant au profit d'une personne ou d'une entité figurant sur une liste simplement parce qu'elle est utilisée par une personne ou entité ne figurant pas sur une liste pour générer des bénéfices susceptibles d'être en partie distribués à un actionnaire figurant sur une liste.

55 *sexties*. Il convient de noter que la mise indirecte de fonds ou de ressources économiques à la disposition de personnes ou d'entités figurant sur une liste peut également comprendre la mise de ces fonds ou ressources à la disposition de personnes ou d'entités qui ne sont pas la propriété des entités figurant sur la liste ou ne sont pas sous leur contrôle.

iii) *Non-responsabilité*

55 *septies*. Les éléments ci-dessus sont sans préjudice de clauses de non-responsabilité dans les actes juridiques correspondants.

iv) *Échange d'informations*

55 *octies*. Comme le prévoient les règlements pertinents *[par exemple, les art. 40 et 44 du Règl. (UE) n° 267/2012 concernant l'adoption de mesures restrictives à l'encontre de l'Iran et les art. 29 et 30 du Règl. (UE) n° 36/2012 concernant des mesures restrictives en raison de la situation en Syrie]* de l'UE et afin de faciliter la réalisation des évaluations susmentionnées, les États membres sont tenus, aux termes du droit de l'UE, d'échanger les informations utiles dont ils disposent. Lorsqu'une autorité compétente d'un État membre dispose d'informations indiquant qu'une personne morale ou une entité ne figurant pas sur une liste est la propriété d'une personne morale ou d'une entité figurant sur une liste ou est sous son contrôle, ou d'une information qui pourrait concerner l'application effective de l'interdiction de mise à disposition indirecte de fonds ou de ressources économiques, il convient que l'État membre concerné, sous réserve du droit national, échange les informations utiles avec les autres États membres et la Commission.

55 *nonies*. Sans préjudice des règles applicables en matière de communication d'informations, de confidentialité et de secret professionnel, un opérateur économique qui est informé qu'une personne morale ou une entité ne figurant pas sur une liste est la propriété d'une personne morale ou d'une entité figurant sur une liste ou est sous son contrôle devrait informer l'autorité compétente de l'État membre concerné et la Commission, soit directement, soit par l'intermédiaire de l'État membre.

v) *Propositions d'inscription sur une liste*

55 *decies*. Le cas échéant, l'État membre concerné devrait en outre proposer l'inscription sur une liste de la personne morale ou de l'entité dont il est établi qu'elle est la propriété d'une personne morale ou d'une entité figurant déjà sur une liste ou est sous son contrôle.

L Information et communication

56. Les mesures restrictives de l'UE sont d'autant plus efficaces que des mesures similaires sont adoptées par des pays tiers. En principe, il est donc préférable que les sanctions soient adoptées dans le cadre des Nations unies. Lorsque cela n'est pas possible, l'UE devrait s'attacher à obtenir le soutien le plus large possible de la communauté internationale afin de faire pression sur le pays visé.

57. Lors de l'adoption de sanctions autonomes, l'UE devrait s'employer, grâce à des actions d'information, à ce que des pays tiers coopèrent et adoptent si possible des mesures similaires afin de réduire au minimum les effets de substitution et de renforcer l'impact des mesures restrictives. En particulier, les pays candidats devraient être systématiquement invités à s'aligner sur les mesures imposées par l'UE. En outre, la question de l'interprétation uniforme et cohérente et de la mise en œuvre effective des régimes de sanctions des Nations unies devrait être régulièrement abordée lors des consultations avec les principaux partenaires. Il convient que les délégations de l'UE soient pleinement associées à ce processus.

58. L'UE et ses États membres devraient pratiquer une communication active et systématique sur les sanctions de l'UE, afin de leur donner de la visibilité et d'éviter toute perception erronée, en particulier de la part de la population civile locale. Une telle communication devrait également avoir pour but de faire en sorte que les mesures aient le maximum d'impact politique. Des messages communs devraient être examinés au sein du groupe de travail géographique compétent, en concertation avec le groupe RELEX, en ce qui concerne les conséquences juridiques, techniques et horizontales des mesures.

III Libellé type des instruments juridiques

Il convient d'utiliser les libellés types figurant dans le présent chapitre pour tous les instruments juridiques pertinents concernant des mesures restrictives de l'UE, sauf s'il y a lieu d'utiliser d'autres libellés afin de mettre correctement en œuvre une résolution du CSNU.

Il convient, s'il y a lieu, d'adapter les dispositions types sur les dérogations.

A Définitions

Aux fins des mesures restrictives de l'UE, les définitions ci-après s'appliqueront. D'autres définitions seront élaborées selon les besoins.

59. Par "assistance technique", on entend *[action commune 2000/401/PESC]* :
"toute assistance technique en liaison avec la réparation, le développement, la fabrication, le montage, les essais, l'entretien ou tout autre service technique, et qui peut prendre les formes suivantes : instruction, conseils, formation, transmission des connaissances ou qualifications opérationnelles ou services de conseils ; l'assistance technique comprend les types d'assistance par voie orale".

59 *bis*. Par "financement ou aide financière", on entend :
"toute action, quel que soit le moyen spécifique choisi, par laquelle la personne, l'entité ou l'organisme concerné, d'une manière conditionnelle ou inconditionnelle, verse ou s'engage à verser ses propres fonds ou ressources économiques, y compris mais pas exclusivement sous la forme de subventions, de prêts, de garanties, de cautions, d'obligations, de lettres de crédit, de crédits fournisseur, de crédits acheteur, d'avances sur importations ou exportations, et de tout type d'assurance ou réassurance, y compris d'assurance-crédit à l'exportation. Le paiement et les conditions de paiement du prix convenu d'un bien ou d'un service, effectué conformément aux pratiques commerciales normales, ne sont pas considérés comme un financement ou une aide financière".

60. Au fil des années, le gel des fonds a été ordonné, et l'interdiction de mettre des fonds à la disposition de certaines personnes et entités figurant sur des listes a été imposée, sur la base des définitions suivantes :

Par "fonds", on entend les actifs financiers et les avantages de toute nature, et notamment, mais non exclusivement :

a) le numéraire, les chèques, les créances en numéraire, les traites, les ordres de paiement et autres instruments de paiement ;

b) les dépôts auprès d'institutions financières ou d'autres entités, les soldes en comptes, les créances et les titres de créances ;

c) les titres de propriété et d'emprunt, tels que les actions, les certificats représentatifs de valeurs mobilières, les obligations, les billets à ordre, les warrants, les obligations non garanties et, les contrats sur produits dérivés, qu'ils soient négociés en bourse ou fassent l'objet d'un placement privé ;

d) les intérêts, les dividendes ou autres revenus d'actifs ou plus-values perçus sur des actifs ;

e) le crédit, le droit à compensation, les garanties, les garanties de bonne exécution ou autres engagements financiers ;

f) les lettres de crédit, les connaissements, les contrats de vente ;

g) tout document attestant la détention de parts d'un fonds ou de ressources financières.

Par "gel des fonds", on entend toute action visant à empêcher tout mouvement, transfert, modification, utilisation ou manipulation de fonds qui aurait pour conséquence un changement de leur volume, de leur montant, de leur localisation, de leur propriété, de leur possession, de leur nature, de leur destination ou toute autre modification qui pourrait en permettre l'utilisation, notamment la gestion de portefeuille.

61. Les définitions ci-après ont été utilisées par le Conseil en ce qui concerne le gel des ressources économiques et pourraient continuer d'être utilisées dans les instruments juridiques de l'UE, le cas échéant.

Par "ressources économiques", on entend les avoirs de quelque nature que ce soit, corporels ou incorporels, mobiliers ou immobiliers, qui ne sont pas des fonds mais peuvent être utilisés pour obtenir des fonds, des biens ou des services.

Par "gel des ressources économiques", on entend toute action visant à empêcher leur utilisation pour l'obtention de fonds, de biens ou de services de quelque manière que ce soit, et notamment, mais non exclusivement, leur vente, leur location ou leur mise sous hypothèque.

62. Par les termes "biens à double usage" on entend :

"les produits, y compris les logiciels et les technologies susceptibles d'avoir une utilisation tant civile que militaire ; ils incluent tous les biens qui peuvent à la fois être utilisés à des fins non explosives et entrer de manière quelconque dans la fabrication d'armes nucléaires ou d'autres dispositifs nucléaires explosifs" *[art. 2, pt 1), du Règl. (CE) n° 428/2009 du 5 mai 2009]*.

B *Embargos sur les armes*

Équipements couverts par l'embargo.

63. Il est nécessaire de mettre en place un régime uniforme au niveau de l'UE pour l'instauration d'un embargo sur les armes. La position commune 2008/944/PESC, adoptée le 8 décembre 2008, définit les critères que les États membres appliquent dans le cadre de leur politique de contrôle des exportations en ce qui concerne les armements. A cette fin, une liste commune des équipements militaires a été arrêtée d'un commun accord en 2000 *[liste jointe à la déclaration du Conseil du 13 juin 2000 relative à l'adoption de la liste commune des équipements militaires visés par le code de conduite de l'UE en matière d'exportation d'armements. Une version actualisée de la liste, adoptée par le Conseil le 27 févr. 2012, a été publiée dans le JO C 85 du 22.3.12]*. Sauf indication contraire, les embargos sur les armes doivent être entendus comme couvrant au moins tous les biens et technologies qui figurent sur la liste commune des équipements militaires de l'UE.

64. La liste commune des équipements militaires ne couvre pas les biens qui peuvent être utilisés à des fins tant civiles que militaires. Les exportations de ce type

de biens à double usage sont contrôlées conformément au règlement (CE) n° 428/2009 du Conseil. Ce règlement prévoit que, pour décider de l'octroi ou non d'une autorisation d'exportation, les États membres prennent en considération, entre autres, leurs obligations découlant des sanctions imposées par un instrument juridique adopté par le Conseil ou par une décision de l'OSCE ou par une résolution contraignante du CSNU.

Par leur nature même (double usage), un certain nombre des biens énumérés dans la liste ont des applications parfaitement légitimes, comme les produits cryptographiques utilisés dans le secteur bancaire, les équipements qui peuvent être utilisés dans les hôpitaux, dans les usines, les universités ou pour l'exploitation des gisements de pétrole offshore. Une interdiction pure et simple pourrait ainsi avoir des conséquences allant bien au-delà de l'objectif initial et être totalement inappropriée. Dans la plupart des cas, une interdiction des exportations de biens à double usage, y compris de ceux destinés à des usages civils, risque par conséquent d'être disproportionnée, sauf si elle est appliquée avec des restrictions et si l'on prévoit la possibilité de dérogations appropriées (preuve d'une destination légitime).

Si un embargo sur ces biens est néanmoins jugé approprié, l'instrument juridique devrait faire référence à la liste commune des biens à double usage jointe au règlement (CE) n° 428/2009.

65. Le libellé type des dispositions imposant un embargo sur les armes pourrait être le suivant :

"Sont interdites la vente et la fourniture à (pays) ainsi que le transfert et l'exportation à destination de ce pays, par les ressortissants des États membres ou depuis le territoire des États membres, ou au moyen de navires ou d'aéronefs de leur pavillon, d'armements et de matériels connexes de quelque type que ce soit, y compris des armes et des munitions, des véhicules et des équipements militaires, des équipements paramilitaires et des pièces détachées pour les susdits, qu'ils proviennent ou non de leur territoire."

Assistance technique et autres services en rapport avec les activités militaires.

66. Lorsque l'UE impose un embargo autonome sur les armes, couvrant les armes et les munitions, les véhicules et les équipements militaires, les équipements paramilitaires et les pièces détachées pour les susdits, il y aurait normalement lieu de prévoir également une interdiction de fournir une assistance technique en ce qui concerne ces équipements. En outre, une interdiction de financer les exportations d'armes ou de les soutenir financièrement pourrait renforcer l'embargo.

67. Le libellé type des articles pourrait être le suivant :

"Il est interdit :

a) de fournir une assistance technique, des services de courtage *[position commune 2003/468/PESC du Conseil du 23 juin 2003 sur le contrôle du courtage en armements]* et autres services liés aux activités militaires et à la livraison, la fabrication, l'entretien et l'utilisation d'armements et de matériels connexes de quelque type que ce soit, y compris les armes et les munitions, les véhicules et les équipements militaires, les équipements paramilitaires et les pièces détachées pour les susdits, directement ou indirectement, à toute personne physique ou morale, toute entité ou tout organisme se trouvant sur le territoire de (pays) ou aux fins d'une utilisation dans ce pays ;

b) de fournir un financement ou une aide financière en rapport avec des activités militaires, en particulier des subventions, des prêts ou une assurance-crédit à l'exportation, ainsi qu'une assurance ou une réassurance à l'occasion de toute vente, toute fourniture, tout transfert ou toute exportation d'armes et de matériels connexes, ou de la fourniture d'une assistance technique, de services de courtage et d'autres services qui y sont liés, directement ou indirectement à toute personne, toute entité ou tout organisme en (pays) ou aux fins d'une utilisation dans ce pays ;

c) de participer volontairement et délibérément à des activités ayant pour objet ou pour effet de contourner les interdictions visées au point a) ou b)."

Dérogations.

68. Il peut être opportun de permettre des dérogations à l'interdiction des exportations d'armes et d'équipements connexes à des fins humanitaires, étant donné que, dans les zones sortant de conflits, certains types d'équipements contrôlés peuvent contribuer de manière importante à la sécurité de la population civile et à la reconstruction économique. Ces dérogations devraient normalement être limitées au matériel militaire non létal et aux exportations de vêtements de protection destinés à un usage personnel. Elles peuvent porter sur les équipements de déminage et le matériel destiné à la mise en place des institutions, le cas échéant.

69. Il est souhaitable que les dérogations portant sur des exportations de matériel militaire non létal soient traitées, comme toutes les autres, au cas par cas, en tenant pleinement compte des critères figurant dans le code de conduite et les autres textes et instruments juridiques de l'UE. Les États membres exigeront des garanties adéquates pour éviter le détournement de ces exportations et, le cas échéant, des dispositions pour que les équipements soient rapatriés.

70. Le libellé type des dispositions relatives aux dérogations aux interdictions des exportations d'armes et d'équipements connexes pourrait être le suivant :

"1. L'article ... ne s'applique pas :

a) à la vente, à la fourniture, au transfert ou à l'exportation de matériel militaire non létal destiné à des fins humanitaires ou de protection exclusivement, ou à des programmes des Nations unies et de l'UE concernant la mise en place des institutions, ou aux opérations de gestion de crise de l'UE et des Nations unies ;

b) à la vente, à la fourniture, au transfert ou à l'exportation d'équipements de déminage et de matériel utilisé dans des opérations de déminage ;

c) à la fourniture d'un financement ou d'une aide financière en rapport avec ce matériel ou avec ces programmes et opérations ;

d) à la fourniture d'une assistance technique en rapport avec ce matériel ou avec ces programmes et opérations, à condition que les exportations concernées aient été préalablement approuvées par (autorité compétente)."

71. Lorsqu'il existe un programme des Nations unies ou de l'UE concernant la mise en place des institutions ou bien une opération de gestion de crise de l'UE ou des Nations unies dans le cadre duquel/de laquelle l'exportation de matériel létal serait également nécessaire, il faudrait compléter la disposition susvisée par l'ajout des termes "et de matériel destiné à ..." au point a).

Le cas échéant, les programmes concernant la mise en place des institutions et les opérations de gestion de crise menées par des organisations régionales ou subrégionales peuvent figurer parmi les dérogations prévues au point a).

Pour les programmes de l'ONU concernant la mise en place des institutions, la vente, la fourniture, le transfert ou l'exportation de ce matériel pourraient être soumis à l'approbation du Comité des sanctions compétent des Nations unies.

72. Le libellé type des dispositions relatives aux vêtements de protection pourrait être le suivant :

"L'article ... ne s'applique pas aux vêtements de protection, y compris les gilets pareballes et les casques militaires, temporairement exportés en (pays) pour leur usage personnel exclusivement, par le personnel des Nations unies, le personnel de l'UE ou de ses États membres, les représentants des médias, le personnel humanitaire, le personnel d'aide au développement et le personnel associé."

C *Restrictions concernant le matériel utilisé à des fins de répression interne et d'autres importations ou exportations spécifiques*

73. Si c'est une politique de répression interne qui est à la base de l'instauration de mesures restrictives, il est opportun d'interdire les exportations de certains équipements ainsi que les services qui y sont liés, tels que l'entretien et la réparation. Les instruments juridiques de l'UE pourraient faire référence ou recourir à une liste établie d'un commun accord lorsque l'UE décide d'appliquer un embargo sur les exportations de biens qui pourraient être utilisés à des fins de répression interne. On trou-

vera en annexe une liste qui, si le Conseil en décide ainsi, définira la portée de la restriction à l'exportation visant spécifiquement sur le matériel susceptible d'être utilisé à des fins de répression interne *[la liste concerne les articles qui pourraient être utilisés à des fins de répression interne et qui sont très proches des articles énumérés dans la liste commune des équipements militaires de l'UE ; elle ne couvre pas les articles énumérés dans la liste commune des équipements militaires de l'UE ; elle ne couvre pas les articles relevant du Règl. (CE) n° 1236/2005 ("règlement contre la torture"). S'agissant de la difficulté d'établir une distinction appropriée entre le matériel contrôlé, d'une part, et le matériel typiquement destiné à la consommation ou aux activités de loisirs, d'autre part, la liste ne mentionne aucun bien pouvant appartenir à cette dernière catégorie]*.

74. Le libellé type des dispositions relatives aux restrictions concernant le matériel utilisé à des fins de répression interne pourrait être le suivant :

"Il est interdit :

a) de vendre, de fournir, de transférer ou d'exporter, directement ou indirectement, du matériel qui pourrait être utilisé à des fins de répression interne et dont la liste figure à l'annexe I, qu'il provienne ou non de l'Union, à toute personne physique ou morale, toute entité ou tout organisme se trouvant sur le territoire de *[nom de l'État]* ou en vue d'une utilisation dans cet État ;

b) de fournir une assistance technique en rapport avec le matériel visé au point a), directement ou indirectement, à toute personne physique ou morale, toute entité ou tout organisme se trouvant sur le territoire de *[nom de l'État]* ou en vue d'une utilisation dans cet État ;

c) de fournir un financement ou une aide financière en rapport avec le matériel visé au point a), directement ou indirectement, à toute personne physique ou morale, toute entité ou tout organisme se trouvant sur le territoire de *[nom de l'État]* ou en vue d'une utilisation dans cet État ;

d) de participer volontairement et délibérément à des activités ayant pour objet ou pour effet de contourner les interdictions visées au point a), b) ou c)."

75. Il peut également être opportun d'imposer des mesures restrictives pour prévenir une utilisation abusive des équipements, technologies ou logiciels destinés à la surveillance ou à l'interception des communications sur Internet ou d'autres formes de communication.

76. D'autres listes ont été élaborées dans le cadre de l'UE, notamment une liste relative au pétrole et aux produits pétroliers *[V. annexe I du Règl. (CE) n° 1705/1998]*. Les listes définissant le champ d'application de régimes spécifiques de contrôle des exportations ou des importations susceptibles d'être élaborées à l'avenir pourront constituer une référence utile pour des interdictions d'importation ou d'exportation spécifiques, si l'on juge nécessaire d'interdire tout commerce relevant de la catégorie contrôlée concernée à l'égard d'un pays donné, afin d'atteindre les objectifs de la PESC. La liste des biens qui font l'objet d'une interdiction spécifique d'exportation/d'importation pourrait, lorsque c'est approprié, être établie en tenant compte des descriptions figurant dans le règlement (CEE) n° 2658/87 du Conseil. Si cela n'est pas possible, les biens pourraient être décrits, lorsque c'est approprié, d'une façon qui permette d'établir une correspondance avec les descriptions figurant dans le règlement (CEE) n° 2658/87 du Conseil.

77. Les dérogations à ces mesures doivent être suffisantes pour permettre la mise en œuvre de l'action humanitaire le cas échéant et pour tenir pleinement compte des objectifs des mesures restrictives.

D *Restrictions à l'admission (interdiction de visa ou de voyage)*

78. Plusieurs actes juridiques PESC prévoient une interdiction d'admission de certains ressortissants de pays tiers qui figurent sur une liste annexée à l'instrument juridique.

79. Le règlement (CE) n° 539/2001 fixe la liste des pays tiers dont les ressortissants sont soumis à l'obligation de visa pour franchir les frontières extérieures des États membres et la liste de ceux dont les ressortissants sont exemptés de cette obligation. Les ressortissants des pays tiers mentionnés dans les décisions PESC comme étant soumis à une interdiction de voyage et ayant besoin d'un visa pour entrer dans l'UE n'obtiendront pas de visa s'ils en demandent un. L'entrée dans l'UE doit en tout état de cause leur être refusée s'ils se présentent à une frontière extérieure. Lorsqu'il n'existe pas d'exigence de visa ou qu'un visa ou permis de séjour de longue durée a été délivré, les restrictions à l'admission pourront nécessiter des mesures nationales *[la création d'une liste électronique consolidée des personnes soumises à une interdiction de voyager dans l'UE fait actuellement l'objet de discussions]*.

80. Le libellé type des articles relatifs à une interdiction de visa/de voyage et aux dérogations à cette interdiction pourrait être le suivant :

1. Les États membres prennent les mesures nécessaires pour empêcher l'entrée ou le passage en transit sur leur territoire des personnes énumérées en annexe. (indication des critères/catégories, s'ils ne sont pas déjà précisés dans le texte).

2. Un État membre n'est pas tenu, aux termes du paragraphe 1, de refuser à ses propres ressortissants l'accès à son territoire.

3. Le paragraphe 1 s'applique sans préjudice des cas où un État membre est lié par une obligation de droit international, à savoir : en tant que pays hôte d'une organisation internationale intergouvernementale ; en tant que pays hôte d'une conférence internationale convoquée par les Nations unies ou tenue sous leurs auspices ; ou en vertu d'un accord multilatéral conférant des privilèges et immunités ; ou en vertu du traité de réconciliation (accords du Latran) conclu en 1929 par le Saint-Siège (État de la Cité du Vatican) et l'Italie.

4. Le paragraphe 3 est considéré comme également applicable aux cas où un État membre est pays hôte de l'Organisation pour la sécurité et la coopération en Europe (OSCE).

5. Le Conseil est dûment informé de tous les cas où un État membre accorde une dérogation conformément au paragraphe 3 ou 4.

6. Les États membres peuvent déroger aux mesures imposées au paragraphe 1 lorsque le déplacement d'une personne se justifie pour des raisons humanitaires urgentes, ou lorsque la personne se déplace pour assister à des réunions intergouvernementales et à des réunions dont l'initiative a été prise par l'UE ou qu'elle accueille, ou à des réunions accueillies par un État membre assurant alors la présidence de l'OSCE, lorsqu'il y est mené un dialogue politique visant directement à promouvoir les objectifs stratégiques des mesures restrictives, y compris la démocratie, les droits de l'homme et l'État de droit en (pays).

7. Tout État membre souhaitant accorder des dérogations au sens du paragraphe 6 en informe le Conseil par écrit. La dérogation est réputée être accordée sauf si un ou plusieurs membres du Conseil s'y opposent par écrit dans les deux jours ouvrables qui suivent la réception de la communication en question. Si un ou plusieurs membres du Conseil s'y opposent, le Conseil, statuant à la majorité qualifiée, peut décider d'accorder la dérogation proposée.

8. Lorsque, en application des paragraphes 3, 4, 6 et 7, un État membre autorise des personnes visées à l'annexe à entrer ou à passer en transit sur son territoire, cette autorisation est limitée à l'objectif pour lequel elle est accordée et aux personnes qu'elle concerne."

81. Il est entendu que lorsqu'une personne faisant l'objet à la fois d'un gel des avoirs et d'une interdiction de voyager bénéficie d'une autorisation accordée par un État membre conformément aux paragraphes 3, 4, 6 et 7 de l'article type susmentionné, les États membres ne sont pas obligés de saisir les fonds que cette personne transporte et dont elle peut raisonnablement avoir besoin aux fins de la visite pour laquelle elle a reçu l'autorisation.

E *Restrictions financières*

82. Le libellé type pour le gel des fonds par le biais d'un texte juridique fondé sur l'articles 215 du traité sur le fonctionnement de l'Union européenne pourrait être le suivant :

"1. Sont gelés tous les capitaux et ressources économiques qui appartiennent *[à des membres du gouvernement de (pays) et]* à toute personne physique ou morale, toute entité ou tout organisme *[leur étant associés] [dans certains cas, ces membres de phrase peuvent ne pas être applicables (par exemple dans le cas de mesures prises à l'encontre de terroristes)]*, de même que tous les capitaux et ressources économiques qui sont en leur possession, ou qui sont détenus ou contrôlés par ces personnes, entités ou organismes, dont la liste figure à l'annexe X.

2. Nuls capitaux ou ressources économiques ne seront mis à disposition, directement ou indirectement *[il convient de noter que le fait de présenter et de transmettre les documents nécessaires à une banque inscrite sur la liste aux fins de leur transfert final à une personne, une entité ou un organisme non inscrit sur la liste, en vue de déclencher des paiements autorisés, ne constitue pas une mise à disposition de fonds]*, de personnes physiques ou morales, d'entités ou d'organismes dont la liste figure à l'annexe X ou utilisés à leur profit."

Dérogations.

83. Le libellé type d'un article prévoyant des dérogations au gel des fonds et à l'interdiction de la mise à disposition de fonds ou de ressources économiques pourrait être le suivant *[dans le cas de la mise en œuvre de résolutions obligatoires du CSNU (voir point 44), il pourrait être nécessaire d'adapter ce libellé]* :

"1. Par dérogation à l'article ... (gel des fonds et des ressources économiques des personnes et entités figurant sur la liste), les autorités compétentes mentionnées sur les sites Internet énumérés à l'annexe Y peuvent autoriser le déblocage de certains fonds ou ressources économiques gelés ou la mise à disposition de certains fonds ou ressources économiques, dans les conditions qu'elles jugent appropriées, après avoir établi que les fonds ou les ressources économiques concernés sont :

(a) nécessaires pour répondre aux besoins fondamentaux des personnes physiques ou morales, des entités ou des organismes dont la liste figure à l'annexe X, ainsi que des membres de la famille de ces personnes physiques qui sont à leur charge, notamment les dépenses consacrées à l'achat de vivres, au paiement de loyers ou au remboursement de prêts hypothécaires, à l'achat de médicaments et au paiement de frais médicaux, des impôts, des primes d'assurance et de services collectifs ;

(b) destinés exclusivement au paiement d'honoraires professionnels raisonnables et au remboursement de dépenses correspondant à des services juridiques ;

(c) destinés exclusivement au paiement de charges ou frais correspondant à la garde ou à la gestion courantes de fonds ou de ressources économiques gelés ;

(d) nécessaires pour faire face à des dépenses extraordinaires, pour autant que l'autorité compétente concernée ait notifié, au moins deux semaines avant l'autorisation, aux autorités compétentes des autres États membres et à la Commission, les motifs pour lesquels elle estime qu'une autorisation spéciale devrait être accordée ;

(e) destinés à être versés sur ou depuis le compte d'une mission diplomatique, d'un poste consulaire ou d'une organisation internationale bénéficiant d'immunités conformément au droit international, dans la mesure où ces versements sont destinés à être utilisés à des fins officielles par la mission diplomatique, le poste consulaire ou l'organisation internationale *[dès lors que des mesures restrictives sont susceptibles d'avoir des répercussions sur des missions diplomatiques et les membres de leur personnel bénéficiant de privilèges et d'immunités (notamment dans le cas où ils détiennent des comptes dans des banques désignées), il est nécessaire de prendre les mesures qui s'imposent pour veiller à ce que ces missions et les membres de leur personnel ne soient pas, de ce fait, gênés dans l'exercice de leurs fonctions officielles, conformément à l'article 25 de la Convention de Vienne de 1961 sur les relations diplomatiques]* ;

(f) nécessaires pour garantir la sécurité des personnes ou la protection de l'environnement."

Les États membres informent les autres États membres et la Commission de toute autorisation accordée en vertu du présent article.

2. Article ... (interdiction de la mise à disposition de fonds ou de ressources économiques pour des personnes et entités figurant sur la liste) ne s'applique pas au versement, sur les comptes gelés :

a) d'intérêts ou autres rémunérations de ces comptes ; ou

b) de paiements dus au titre de contrats, d'accords ou d'obligations antérieurs à la date où ces comptes ont été soumis aux dispositions de la présente décision/du présent règlement ; ou

c) de paiements dus en application de décisions judiciaires, administratives ou arbitrales rendues dans un État membre de l'UE ou exécutoires dans l'État membre concerné et à condition que ces intérêts, autres revenus et paiements continuent d'être soumis aux dispositions de l'article ... (gel des fonds et des ressources économiques des personnes et entités figurant sur la liste)."

84. Le libellé type d'un article concernant les opérations de crédit des comptes gelés pourrait être le suivant :

"L'article ... (interdiction de la mise à disposition de fonds ou de ressources économiques pour des personnes physiques ou morales, des entités ou des organismes figurant sur la liste) n'empêche pas les établissements financiers ou de crédit de créditer les comptes gelés lorsqu'ils reçoivent des fonds versés par des tiers sur le compte de la personne, de l'entité ou de l'organisme figurant sur la liste, à condition que tout somme supplémentaire versée sur ces comptes soit également gelée. L'établissement financier ou de crédit informe sans tarder les autorités compétentes de ces transactions."

85. Le libellé type d'un article consacré expressément aux dérogations au gel des fonds et à l'interdiction de mise à disposition de fonds ou de ressources économiques lorsque ces fonds ou ressources économiques font l'objet d'une décision judiciaire, administrative ou arbitrale, pourrait être le suivant :

"Par dérogation à l'article ... (gel des fonds et des ressources économiques des personnes physiques ou morales, des entités ou des organismes figurant sur la liste), les autorités compétentes des États membres énumérées à l'annexe Y peuvent autoriser le déblocage de certains fonds ou ressources économiques gelés pour autant que les conditions suivantes soient réunies :

a) les fonds ou ressources économiques font l'objet d'une décision arbitrale rendue avant la date à laquelle la personne physique ou morale, l'entité ou l'organisme visé à l'article ... (gel des fonds et des ressources économiques des personnes physiques ou morales, entités ou organismes figurant sur la liste et interdiction de la mise à disposition de fonds ou de ressources économiques à ces personnes, entités ou organismes) a été inscrit sur la liste figurant à l'annexe X, ou d'une décision judiciaire ou administrative rendue dans l'UE, ou d'une décision judiciaire exécutoire dans l'État membre concerné, avant ou après cette date ;

b) les fonds ou ressources économiques sont exclusivement utilisés pour faire droit aux demandes garanties par une telle décision ou dont la validité a été établie par une telle décision, dans les limites fixées par les lois et règlements régissant les droits des personnes admises à présenter de telles demandes ;

c) la décision ne bénéficie pas à une personne, entité ou organisme figurant sur la liste de l'annexe X ;

d) la reconnaissance de la décision n'est pas contraire à l'ordre public de l'État membre concerné.

L'autorité compétente informera les autorités compétentes des autres États membres ainsi que la Commission de toute autorisation accordée au titre du présent article."

86. Le libellé type d'un article consacré expressément à une dérogation pour les contrats antérieurs pourrait être le suivant :

"Par dérogation à l'article ... (gel des fonds et des ressources économiques des personnes, entités et organismes figurant sur la liste), et pour autant qu'un paiement soit dû par une personne, une entité ou un organisme cité à l'annexe X en vertu d'un contrat ou d'un accord conclu ou d'une obligation contractée par la personne, l'entité ou l'organisme concerné avant la date à laquelle il ou elle a été désigné(e), les autorités compétentes des États membres mentionnées sur les sites Internet énumérés à l'annexe Y peuvent autoriser, dans les conditions qu'elles jugent appropriées, le déblocage de certains fonds ou ressources économiques gelés, pour autant qu'elles aient établi que :

(i) les fonds ou les ressources économiques seront utilisés par une personne, une entité ou un organisme cité à l'annexe X pour effectuer un paiement ;

(ii) le paiement n'enfreindra pas l'article ... (interdiction de mise à disposition des fonds ou des ressources économiques pour les personnes, entités et organismes figurant sur la liste) ;

Option 1 – L'État membre concerné notifie aux autres États membres et à la Commission les éléments établis et son intention d'accorder une autorisation, au moins *[x semaines]* avant la délivrance de celle-ci.

Option 2 – L'État membre concerné notifie aux autres États membres et à la Commission, dans un délai de *[x semaines]*, les éléments établis et chaque autorisation accordée.

Option 3 – L'État membre concerné notifie aux autres États membres et à la Commission *[tous les x mois]* les éléments établis et le nombre et la nature des autorisations accordées."

87. Un article consacré expressément à une dérogation pour répondre à des besoins humanitaires, à n'intégrer que s'il est considéré comme étant justifié au regard de circonstances réelles liées au pays/régime visé et à adapter en tant que de besoin, pourrait être libellé comme suit :

"Par dérogation à l'article ... (gel des fonds et des ressources économiques des personnes et entités figurant sur la liste), les autorités compétentes des États membres mentionnées sur les sites Internet énumérés à l'annexe ... peuvent autoriser le déblocage de certains fonds ou ressources économiques gelés ou la mise à disposition de certains fonds ou ressources économiques, dans les conditions qu'elles jugent appropriées, après avoir établi que la fourniture de ces fonds ou ressources économiques est nécessaire à des fins humanitaires, comme l'acheminement d'une assistance, y compris de fournitures médicales, de denrées alimentaires, ou le transfert de travailleurs humanitaires et de l'aide connexe, ou la facilitation de cet acheminement, ou encore les évacuations hors de xxx.

L'État membre concerné informe les autres États membres et la Commission de toutes les autorisations accordées en vertu du présent article dans un délai de quatre semaines suivant l'autorisation."

F *Clause de non-responsabilité*

Le libellé type d'un article prévoyant expressément une clause de non-responsabilité pourrait être le suivant :

1. "Le gel des fonds et des ressources économiques ou le refus d'en autoriser la mise à disposition, pour autant qu'ils soient décidés de bonne foi au motif qu'une telle action est conforme aux dispositions du présent règlement, n'entraînent, pour la personne physique ou morale, l'entité ou l'organisme qui y procède, sa direction ou ses employés, aucune responsabilité de quelque nature que ce soit, à moins qu'il soit établi que le gel ou la rétention de ces fonds et ressources économiques résulte d'une négligence.

2. Les actions entreprises par des personnes physiques ou morales, des entités ou des organismes n'entrainent pour eux aucune responsabilité de quelque nature que ce soit, dès lors qu'ils ne savaient ni ne pouvaient raisonnablement savoir que leurs actions enfreindraient les mesures arrêtées dans le présent règlement."

G *Clause relative à la non-satisfaction des demandes*

Un article prévoyant expressément une clause relative à la non-satisfaction des demandes, à adapter en tant que de besoin, pourrait être libellé comme suit ;

1. Il n'est fait droit à aucune demande liée à tout contrat ou à toute opération dont l'exécution a été affectée, directement ou indirectement, en totalité ou en partie, par

les mesures instituées en vertu du présent règlement, y compris à des demandes d'indemnisation ou à toute autre demande de ce type, telle qu'une demande de compensation ou une demande à titre de garantie, notamment une demande visant à obtenir la prorogation ou le paiement d'une garantie ou d'une contre-garantie, notamment financière, quelle qu'en soit la forme, présentée par :

(a) des personnes, entités ou organismes désignés énumérés à l'annexe X, à l'annexe Y ou à l'annexe Z ;

(b) toute autre personne ou entité ou tout autre organisme xxx, y compris xxx.

(c) toute personne, toute entité ou tout organisme agissant par l'intermédiaire ou pour le compte de l'une des personnes ou entités ou de l'un des organismes visés aux points a) ou b).

2. Dans toute procédure visant à donner effet à une demande, la charge de la preuve que la satisfaction de la demande n'est pas interdite par le paragraphe 1 incombe à la personne cherchant à donner effet à cette demande.

3. Le présent article s'applique sans préjudice du droit des personnes, entités et organismes visés au paragraphe 1 au contrôle juridictionnel de la légalité du non-respect des obligations contractuelles conformément au présent règlement."

H *Juridiction*

88. La clause type définissant dans quelle mesure les mesures restrictives doivent s'appliquer lorsqu'il existe des liens avec l'UE ainsi qu'avec d'autres membres de la Communauté internationale pourrait être libellée comme suit :

"Le présent règlement s'applique :

a) au territoire de l'Union, y compris à son espace aérien ;

b) à bord de tout aéronef ou de tout navire relevant de la juridiction d'un État membre ;

c) à tout ressortissant d'un État membre se trouvant à l'intérieur ou à l'extérieur du territoire de l'Union ;

d) à toute personne morale, toute entité ou tout organisme, à l'intérieur ou à l'extérieur du territoire de l'Union, qui est établi ou constitué selon la législation d'un État membre ;

e) et à toute personne morale, toute entité ou tout organisme en ce qui concerne des opérations commerciales réalisées intégralement ou en partie dans l'Union."

I *Violations*

89. Les règlements imposant des mesures restrictives contiennent des dispositions concernant les sanctions à prendre en cas de violation. Libellé type sur ce point :

"1. Les États membres déterminent le régime des sanctions applicables en cas de violation des dispositions du présent règlement et prennent toutes les mesures nécessaires pour assurer la mise en œuvre de celles-ci. Les sanctions prévues doivent être efficaces, proportionnées et dissuasives.

2. Les États membres notifient ce régime à la Commission dans les meilleurs délais après l'entrée en vigueur du règlement et lui notifient toute modification ultérieure de ce régime."

90. Il est souhaitable que les mesures restrictives soient mises en œuvre le plus rapidement possible. A cette fin, les États membres s'efforcent de mettre en place le régime visé au point précédent dans un délai de trente jours, conformément à leurs procédures nationales. Les États membres pourraient également envisager d'adopter un régime national prévoyant des sanctions en cas de violation des règlements instituant des mesures restrictives, lequel s'appliquerait par défaut.

J *Expiration/Réexamen*

91. Le libellé type des clauses d'expiration, dans le cas de sanctions autonomes de l'UE, pourrait être le suivant :

"La présente décision s'applique pour une période de .... Elle fait l'objet d'un suivi constant. Elle est renouvelée, ou modifiée le cas échéant, si le Conseil estime que ses objectifs n'ont pas été atteints."

92. Le libellé type des clauses de réexamen, dans le cas de sanctions autonomes de l'UE, pourrait être le suivant :

"La présente décision est réexaminée ... après son adoption puis tous les.... Elle est abrogée si le Conseil estime que ses objectifs ont été atteints."

93. Le libellé type des clauses de modification/abrogation, dans le cas de la mise en œuvre de résolutions du CSNU, pourrait être le suivant :

"La présente décision est modifiée ou abrogée, selon qu'il convient, conformément aux décisions prises par le Conseil de sécurité des Nations unies."

IV Suivi et évaluation des mesures restrictives

94. L'efficacité des mesures restrictives adoptées par l'UE – et également la crédibilité de l'UE – dépend pour une large part du fait que les mesures soient mises en œuvre et appliquées rapidement et sans exception dans tous les États membres. Afin d'assurer un suivi adéquat des décisions de l'UE visant à instituer des mesures restrictives, une instance spécifique du Conseil a été mise en place en vue d'échanger les expériences et de développer les meilleures pratiques concernant la mise en œuvre et l'application des mesures restrictives. Le groupe des conseillers pour les relations extérieures se réunit ainsi régulièrement en formation "Sanctions" (RELEX/Sanctions), renforcée le cas échéant, y compris par des experts détachés par les capitales. Le mandat du groupe des conseillers pour les relations extérieures (Sanctions) est le suivant *[le mandat de la formation "RELEX/Sanctions" figure dans le document 5603/04]* :

- procéder à des échanges d'informations et d'expériences sur la mise en œuvre de certains régimes de mesures restrictives institués par l'UE ;
- contribuer au développement des meilleures pratiques au sein des États membres pour ce qui est de la mise en œuvre des mesures restrictives ;
- collecter toutes les informations disponibles sur les cas présumés de contournement des régimes de mesures restrictives de l'UE et autres régimes internationaux de sanctions présentant de l'intérêt pour l'UE, par les États, les personnes et les entités visés ;
- procéder à des échanges d'informations et d'expériences, y compris avec des pays tiers et des organisations internationales le cas échéant, concernant la mise en œuvre des régimes de sanctions internationaux présentant de l'intérêt pour l'UE ;
- contribuer à l'évaluation des résultats et des difficultés rencontrées dans le cadre de la mise en œuvre des régimes de mesures restrictives ;
- procéder à des échanges de vues sur les moyens de garantir l'efficacité de la gestion des régimes de mesures restrictives, y compris de leurs dispositions dans le domaine humanitaire ;
- examiner toutes les questions techniques pertinentes en rapport avec la mise en œuvre des mesures restrictives adoptées par l'UE.

Le groupe des conseillers pour les relations extérieures (Sanctions) a notamment recensé les meilleures pratiques en vue de la mise en œuvre effective de mesures financières restrictives *[doc. 8666/1/2008 REV 1]*.

95. Tant les instruments juridiques de la PESC que les règlements de la CE devraient prévoir l'établissement de rapports périodiques sur les mesures d'exécution et les actions destinées à faire respecter les mesures restrictives qui sont mise en œuvre par les États membres pour donner effet auxdites mesures. Un suivi au niveau de l'UE devrait permettre une appréciation plus cohérente de la question de savoir si les mesures restrictives ont l'impact voulu pour être efficaces. C'est là une question essentielle lorsque des mesures autonomes sont en jeu, étant donné que c'est là-dessus que se fondent les décisions concernant la nécessité d'améliorer les textes juridiques et, dans une certaine mesure, celles concernant l'utilité du maintien des mesures en question.

ANNEXE I

Recommandations de méthodes de travail en vue de l'adoption de sanctions autonomes de l'UE

Les mesures restrictives contre des pays tiers, des particuliers ou des entités constituent un instrument essentiel de politique étrangère permettant à l'UE de poursuivre ses objectifs conformément aux principes de la politique étrangère et de sécurité commune. D'une manière générale, les mesures restrictives imposées visent à susciter un changement de politique ou d'activité de la part du pays, de la région, de l'administration, des entités ou des particuliers visés. Ce sont des instruments préventifs, non punitifs qui devraient permettre à l'UE de réagir rapidement face à des problèmes et à des développements politiques. Les sanctions devraient s'inscrire dans le cadre d'une action intégrée et globale, qui devrait inclure un dialogue politique, des mesures complémentaires et d'autres instruments. L'UE et ses États membres devraient procéder à une communication active et systématique sur les sanctions de l'UE, y compris auprès du pays visé et de sa population.

Les mesures devraient viser les politiques et les moyens permettant de les mener, ainsi que les personnes identifiées comme étant responsables des politiques ou des actions qui ont été à l'origine de la décision de l'UE d'imposer des sanctions. De telles mesures ciblées devraient limiter autant que possible les conséquences négatives pour les personnes qui ne sont pas responsables de ces politiques et actions, en particulier la population civile locale ou les activités légitimes menées dans le pays concerné ou avec lui. Les objectifs politiques des mesures restrictives et les critères en la matière devraient être clairement définis dans les actes juridiques. Cela permettrait à l'UE de déterminer les conditions permettant de modifier ou de lever les sanctions. Le type de mesures variera en fonction de leurs objectifs et de leur efficacité escomptée pour atteindre ces objectifs dans les circonstances particulières, compte tenu de l'approche ciblée et différenciée de l'UE.

Les mesures restrictives doivent respecter les droits de l'homme et les libertés fondamentales, en particulier le droit à une procédure équitable devant les tribunaux et le droit à un recours effectif en pleine conformité avec la jurisprudence des tribunaux de l'UE. Les mesures imposées doivent être proportionnées à leurs objectifs.

Il est essentiel, si l'on veut atteindre l'objectif politique souhaité, que les mesures restrictives soient interprétées de manière uniforme et cohérente et qu'elles soient effectivement mises en œuvre.

Le Service européen pour l'action extérieure (SEAE) devrait jouer un rôle clé dans la préparation et l'évaluation des régimes de sanctions, ainsi que dans les activités de communication et les actions d'information accompagnant les sanctions, en étroite coopération avec les États membres, les délégations concernées de l'UE et la Commission.

Propositions de mesures restrictives.

1. Les propositions de mesures restrictives, y compris les propositions d'inscription sur une liste ou de retrait d'une liste dans le cadre de sanctions autonomes de l'UE pour un pays déterminé, devraient être présentées par les États membres ou par le SEAE. Ces propositions devraient faire partie de l'approche politique plus large approuvée par le Conseil. En principe, elles devraient être diffusées par Coreu, assorties du niveau de classification approprié.

2. Les aspects politiques et les aspects plus larges des propositions devraient ensuite être examinés au sein du groupe de travail régional compétent, assisté par des experts en matière de sanctions du SEAE et des experts de la Commission et du service juridique du Conseil. Lorsqu'il y a lieu, le Comité politique et de sécurité examinera les propositions et fournira une orientation politique aux groupes de travail concernés, notamment sur le type de mesures retenues pour la suite des travaux.

3. Les chefs de mission (CDM) présents dans le(s) pays concerné(s) seront invités, le cas échéant, à donner leur avis sur les propositions de mesures restrictives ou de désignations de personnes ou d'entités supplémentaires. De même, les services de la Commission seront invités, s'il y a lieu, à donner leur avis sur des mesures spécifiques qui relèveraient de la compétence de l'Union.

4. Tous les aspects juridiques, techniques et horizontaux des mesures restrictives proposées devraient être examinés au sein du groupe RELEX. Les propositions concernant la décision du Conseil instituant les mesures restrictives et le règlement du Conseil définissant les mesures spécifiques relevant de la compétence de l'Union seront présentées au groupe RELEX pour examen,

respectivement par le SEAE et la Commission. De préférence, les deux actes juridiques devraient être présentés au Coreper et formellement adoptés en même temps par le Conseil, ou à une distance qui devrait être la moins grande possible.

Propositions d'inscription sur une liste.

Éléments d'identification

5. Les propositions d'inscription sur une liste dans le cadre de mesures autonomes devraient être claires et précises. En particulier, elles comporteront des détails (éléments d'identification) suffisants pour que la décision d'inscription sur une liste, une fois entrée en vigueur, puisse être effectivement mise en œuvre par les opérateurs économiques et les autorités nationales (par exemple, les banques, les consulats). Il est également essentiel de disposer de données d'identification pour que les mesures restrictives ne nuisent pas aux personnes et aux entités non visées. En ce qui concerne les personnes physiques, ces informations doivent notamment comprendre les noms (si possible aussi dans la langue d'origine et avec la translittération appropriée), y compris les pseudonymes, la date et le lieu de naissance, la nationalité, les numéros du passeport et de la carte d'identité, le sexe, l'adresse, si elle est connue, et la fonction ou la profession. En ce qui concerne les groupes, les personnes morales ou les entités, ces informations comprendront la dénomination, le lieu et la date d'enregistrement, le numéro d'enregistrement et l'adresse professionnelle. La date de désignation devrait également être mentionnée. Un modèle type figure en annexe.

6. C'est aux auteurs des propositions qu'il incombe au premier chef de fournir les éléments d'identification. D'autres délégations devraient contribuer à ce processus. Les chefs de mission présents dans le(s) pays concerné(s) seront invités, le cas échéant, à apporter leur contribution.

Motifs de l'inscription sur une liste.

7. Les propositions d'inscription sur une liste dans le cadre de mesures autonomes devraient exposer les motifs individuels et précis pour chaque inscription. L'objectif des motifs est d'exposer, aussi précisément que possible, les raisons pour lesquelles le Conseil, dans l'exercice de son pouvoir d'appréciation, estime que la personne, le groupe ou l'entité concerné relève des critères de désignation fixés dans l'acte juridique pertinent, compte tenu des objectifs des mesures exposés dans les paragraphes introductifs de l'acte.

8. C'est aux auteurs des propositions qu'il incombe au premier chef de fournir lesdits motifs.

D'autres délégations devraient contribuer à ce processus. Les chefs de mission présents dans le(s) pays concerné(s) seront invités, le cas échéant, à apporter leur contribution.

9. Les motifs d'inscription sur une liste seront mis au point par le groupe RELEX sur la base des éléments examinés au sein du groupe de travail régional. Si nécessaire, le groupe RELEX peut demander des informations supplémentaires au groupe de travail régional afin que les inscriptions sur les listes soient juridiquement correctes et dûment étayées.

10. Les motifs en question devraient en principe figurer dans une colonne distincte dans l'annexe de l'acte juridique qui contient la liste des personnes, groupes et entités faisant l'objet des mesures restrictives. Étant donné que cet acte sera publié au *Journal officiel*, ces motifs devraient pouvoir être rendus publics. Dans des cas exceptionnels, lorsqu'on estime qu'il convient de ne pas publier les motifs de l'inscription sur une liste, pour des raisons liées à la vie privée ou à la sécurité, ceux-ci devront être communiqués séparément à la personne, au groupe ou à l'entité concerné.

Notification de l'inscription sur une liste.

11. La notification de la décision et des motifs justifiant l'inscription sur une liste est effectuée par courrier, s'il y a lieu, ou par la publication d'un avis au *Journal officiel*, série C, le même jour que celui de la publication de l'acte juridique en question indiquant que le Conseil transmettra les motifs de l'inscription sur demande. Un modèle d'avis figure en annexe.

La notification permettra d'informer les personnes, les groupes et les entités concernés de leur droit de présenter des observations et de demander un réexamen de la décision prise par le Conseil, ainsi que de contester la décision du Conseil devant le Tribunal conformément aux dispositions pertinentes des traités de l'UE.

Délibérations du groupe de travail.

12. Au besoin, le groupe de travail compétent peut être renforcé par des experts d'autres groupes de travail du Conseil.

13. Les délibérations du groupe de travail sont confidentielles. Cela est particulièrement important dans les cas où les mesures restrictives imposeraient un gel des avoirs. Des mesures adéquates devraient être prises pour assurer la confidentialité des travaux, notamment en ce qui concerne la diffusion des propositions.

14. La présidence du groupe de travail concerné convoquera des réunions selon les besoins ; une fois que des discussions auront eu lieu au sein du groupe de travail, la présidence pourrait chercher à obtenir l'approbation des propositions d'inscription sur une liste ou de retrait d'une liste par la procédure dite de silence au niveau du groupe de travail. Les délégations devraient disposer d'un délai suffisant pour analyser les propositions avant qu'elles soient discutées, en gardant à l'esprit les impératifs politiques admis par tous, qui peuvent influencer le calendrier prévu pour une proposition. Les actes juridiques sur une question urgente peuvent être adoptés par la procédure écrite.

Réexamen des mesures.

15. Un réexamen des sanctions autonomes de l'UE ou des ajouts décidés par l'UE aux sanctions des Nations unies devrait avoir lieu à intervalles réguliers et conformément aux dispositions des actes juridiques pertinents. Des évaluations régulières des régimes de sanctions par le groupe de travail compétent et le groupe RELEX, assistés par le SEAE, la Commission et les CDM, devraient permettre l'ajustement des mesures, selon les besoins, en fonction de l'évolution de la situation eu égard aux objectifs fixés et à l'efficacité des mesures à cet égard.

16. Il est essentiel, si l'on veut atteindre les objectifs politiques souhaités, que les mesures restrictives soient interprétées de manière uniforme et cohérente et qu'elles soient effectivement mises en œuvre. Les États membres s'informeront des mesures prises en application des actes juridiques pertinents et se communiqueront toutes les autres informations utiles dont ils disposeront en liaison avec ces actes, et notamment celles qui concernent les problèmes de violation et de mise en œuvre et les décisions rendues par les juridictions nationales. Des informations sur les comptes et les montants gelés devraient également être fournies conformément aux règles juridiques pertinentes. En outre, les États membres s'informeront de toute dérogation accordée conformément aux procédures prévues dans les actes juridiques. La Commission et le SEAE devraient être pleinement associés à ce processus. Le Service juridique du Conseil devrait informer le groupe de travail compétent et le groupe RELEX de tout arrêt rendu en la matière par les tribunaux de l'UE.

17. L'enceinte créée par le groupe des conseillers pour les relations extérieures (sanctions) et l'enceinte informelle "Sanctions" devraient être utilisées par les États membres et leurs experts pour aborder les questions d'interprétation et de mise en œuvre.

Traitement des demandes de retrait d'une liste.

18. Les demandes individuelles de retrait d'une liste devraient être traitées, dès réception, conformément à l'acte juridique applicable et aux meilleures pratiques de l'UE en ce qui concerne la mise en œuvre effective de mesures restrictives *[doc. 8666/1/08, point 17]*.

19. Le Secrétariat général du Conseil fera office de boîte aux lettres pour les demandes de retrait d'une liste. Toutes les observations concernant l'inscription sur une liste ou les demandes de réexamen en la matière, accompagnés des documents à l'appui, sont à envoyer par écrit au Conseil de l'Union européenne, conformément à la procédure de réexamen prévue dans le régime de sanctions pertinent et comme l'explique la note d'accompagnement publiée au JO ou la lettre de notification lorsque l'adresse est connue.

20. Après avoir reçu de telles demandes, le Secrétariat du Conseil les transmettra au groupe de travail régional compétent pour examen sur la base d'une analyse préliminaire préparée par le SEAE et le service juridique du Conseil. Les aspects juridiques, techniques et horizontaux des demandes de retrait d'une liste et la réponse de l'UE seront examinés au sein du groupe RELEX.

Information et communication.

21. L'efficacité des mesures restrictives de l'UE est directement liée à l'adoption de mesures similaires par des pays tiers. En principe, il est donc préférable que les sanctions soient adoptées dans le cadre des Nations unies. Lorsque cela n'est pas possible, l'objectif devrait être d'inciter le plus grand nombre possible de pays de la communauté internationale à faire pression sur le pays ciblé.

22. Lors de l'adoption de sanctions autonomes, l'UE devrait s'employer, grâce à des actions d'information, à ce que des pays tiers coopèrent et adoptent si possible des mesures similaires afin de réduire au minimum les effets de substitution et de renforcer l'impact des mesures restrictives.

En particulier, les pays candidats devraient être systématiquement invités à s'aligner sur les mesures imposées par l'UE. En outre, la question de l'interprétation uniforme et cohérente et de la mise en œuvre effective des régimes de sanctions des Nations unies devrait être régulièrement abordée lors des consultations avec les principaux partenaires. Il convient que les délégations de l'UE soient pleinement associées à ce processus.

23. L'UE et ses États membres devraient pratiquer une communication active et systématique sur les sanctions de l'UE, afin de leur donner de la visibilité et d'éviter toute perception erronée, en particulier de la part de la population civile locale. Une telle communication devrait également avoir pour but de faire en sorte que les mesures aient le maximum d'impact politique. Des messages communs devraient être examinés au sein du groupe de travail géographique compétent, en concertation avec le groupe RELEX, en ce qui concerne les conséquences juridiques, techniques et horizontales des mesures.

APPENDICE

MODÈLES À UTILISER POUR LES LISTES DE PERSONNES, GROUPES ET ENTITÉS FAISANT L'OBJET DE MESURES RESTRICTIVES

A. Modèle à utiliser pour les listes de personnes faisant l'objet de mesures restrictives

Nom de famille, prénom (si possible également dans la langue d'origine et avec la translittération appropriée) :
Pseudonymes :
Date de naissance :
Lieu de naissance (ville, pays) :
Nationalité :
Numéro de passeport ou de carte d'identité (y compris le pays, le lieu et la date de délivrance) :
Sexe :
Adresse (numéro, rue, code postal, ville, pays) :
Fonction ou profession :
Autres informations (par exemple, nom du père et de la mère, numéro fiscal, numéro de téléphone ou de télécopieur) :

B. Modèle à utiliser pour les listes de groupes et d'entités faisant l'objet de mesures restrictives

Nom :
Lieu d'enregistrement :
Date d'enregistrement :
Numéro d'enregistrement :
Établissement principal :
Autres informations :

MODÈLE D'AVIS

Conseil de l'Union européenne

Les informations figurant ci-après sont portées à l'attention des personnes, entités et organismes figurant à l'annexe de la décision [numéro] du Conseil du [date].

Le Conseil de l'Union européenne a constaté que les personnes, entités et organismes qui figurent sur la liste susmentionnée remplissent les critères énoncés à l'article ..... du règlement (CE) n° xxxx/200X du Conseil du jj/mm/aa concernant .... et qu'ils ont par conséquent été inclus, par la décision susvisée, à l'annexe XX dudit règlement. Ce règlement prévoit le gel de tous les fonds, autres avoirs financiers et ressources économiques appartenant aux personnes, entités ou organismes concernés et dispose que ces fonds, autres avoirs financiers et ressources économiques ne peuvent pas être mis, directement ou indirectement, à leur disposition.

L'attention des personnes, entités et organismes concernés est attirée sur le fait qu'il est possible de présenter aux autorités compétentes de l'État membre concerné (ou des États membres concernés), selon les indications figurant dans les sites Internet énumérés à l'annexe XX du règlement, une demande visant à obtenir l'autorisation d'utiliser les fonds gelés pour couvrir des besoins essentiels ou procéder à certains paiements (cf. articles XX du règlement).

Les personnes, entités ou organismes concernés peuvent adresser au Conseil une demande de réexamen de la décision par laquelle ils ont été inclus dans la liste en question, en y joignant les pièces justificatives requises.

Toutes les demandes en ce sens doivent être envoyées à l'adresse suivante : Conseil de l'Union européenne, Secrétariat général, DG C Unité Coordination, Rue de la Loi 175, B-1048 Bruxelles.

L'attention des personnes et entités concernées est également attirée sur le fait qu'il est possible de contester la décision du Conseil devant le Tribunal de l'Union européenne, dans les conditions prévues à l'article 275, deuxième alinéa, et à l'article 263, quatrième et sixième alinéas, du traité sur le fonctionnement de l'Union européenne.

ANNEXE II

LISTE DE MATÉRIEL SUSCEPTIBLE D'ÊTRE UTILISÉ À DES FINS DE RÉPRESSION INTERNE

Matériel susceptible d'être utilisé à des fins de répression interne visé à l'article (X)

1. Armes à feu, munitions et leurs accessoires, comme suit :

1.1 Armes à feu non visées aux points ML 1 et ML 2 de la liste commune des équipements militaires de l'UE ;

1.2 Munitions spécialement conçues pour les armes à feu visées au point 1.1 et leurs composants spécialement conçus ;

1.3 Viseurs d'armement non visés par la liste commune des équipements militaires de l'UE.

2. Bombes et grenades non visées par la liste commune des équipements militaires de l'UE.

3. Véhicules, comme suit :

3.1 Véhicules équipés d'un canon à eau, spécialement conçus ou modifiés à des fins antiémeutes ;

3.2 Véhicules spécialement conçus ou modifiés pour être électrifiés en vue de repousser des assaillants ;

3.3 Véhicules spécialement conçus ou modifiés pour l'enlèvement de barricades, y compris le matériel pour constructions équipé d'une protection balistique ;

3.4 Véhicules spécialement conçus pour le transport ou le transfèrement de prisonniers et/ou de détenus ;

3.5 Véhicules spécialement conçus pour la mise en place de barrières mobiles ;

3.6 Composants pour les véhicules visés aux points 3.1 à 3.5 spécialement conçus à des fins anti-émeutes.

Note 1 : Ce point ne vise pas les véhicules spécialement conçus pour la lutte contre l'incendie.

Note 2 : Aux fins du point 3.5, le terme "véhicules" comprend les remorques.

4. Substances explosives et matériel connexe, comme suit :

4.1 Appareils et dispositifs spécialement conçus pour déclencher des explosions par des moyens électriques ou non électriques, y compris les dispositifs de mise à feu, détonateurs, igniteurs, relais de détonation et cordeaux détonants, et leurs composants spécialement conçus, sauf : ceux qui sont spécialement conçus pour un usage commercial spécifique consistant dans le déclenchement ou le fonctionnement par des moyens explosifs d'autres appareils ou dispositifs dont la fonction n'est pas de créer des explosions (par exemple, gonfleurs de coussins d'air de voiture, protecteurs de surtension des déclencheurs de gicleurs d'incendie) ;

4.2 Charges explosives à découpage linéaire non visées par la liste commune des équipements militaires de l'UE ;

4.3 Autres explosifs non visés par la liste commune des équipements militaires de l'UE et substances connexes, comme suit :

a. amatol ;

b. nitrocellulose (contenant plus de 12,5 % d'azote) ;

c. nitroglycol ;

d. pentaérythritol tétranitrate (PETN) ;

e. chlorure de picryle ;

f. 2,4,6-trinitrotoluène (TNT).

5. Matériel de protection non visé au point ML 13 de la liste commune des équipements militaires de l'UE, comme suit :

5.1 Tenues de protection corporelle offrant une protection balistique et/ou une protection contre les armes blanches ;

5.2 Casques offrant une protection balistique et/ou anti-fragmentation, casques antiémeutes, boucliers anti-émeutes et boucliers balistiques.

Note : Ce point ne vise pas :

— le matériel spécialement conçu pour les activités sportives ;

— le matériel spécialement conçu pour répondre aux exigences en matière de sécurité sur le lieu de travail.

6. Simulateurs, autres que ceux visés au point ML 14 de la liste commune des équipements militaires de l'UE, pour l'entraînement à l'utilisation d'armes à feu et leurs logiciels spécialement conçus.

7. Appareils de vision nocturne et d'image thermique et tubes intensificateurs d'image, autres que ceux visés par la liste commune des équipements militaires de l'UE.

8. Barbelé rasoir.

9. Couteaux militaires, couteaux de combat et baïonnettes dont la lame a une longueur supérieure à 10 cm.

10. Matériel spécialement conçu pour la production des articles énumérés dans la présente liste.

11. Technologie spécifique pour le développement, la production ou l'utilisation des articles énumérés dans la présente liste.

Meilleures pratiques de l'UE du 4 mai 2018,

En ce qui concerne la mise en œuvre effective de mesures restrictives .

III RÈGLES INTERNATIONALES

BIBL. GÉN. ▸ COMBACAU, Le pouvoir de sanction de l'ONU : étude théorique de la coercition non militaire, *Pedone, 1974*. – WECKEL, *AFDI 1991. 165* (le chapitre VII et son application par le Conseil de sécurité). – DAUDET (dir.), Aspects du système des Nations unies dans le cadre de l'idée d'un nouvel ordre mondial, *Pedone, 1992* ; Les Nations unies et la restauration de l'État, *Pedone, 1995*. – CAGIRAN, Les sanctions non militaires de l'art. 41 dans la Charte de l'ONU, approche théorique du pouvoir de sanction du Conseil de sécurité à la lumière de la pratique récente, *thèse, Reims, 1996*. – FROWEIN et KRISCH, Article 41, *in* Simma (dir.), The Charter of the United Nations : a Commentary, *Oxford University Press, 2e éd., 2002, p. 738*. – D'ARGENT, D'ASPREMONT LYNDEN, DOPAGNE et VAN STEENBERGHE, Article 39, *in* Cot, Pellet et Forteau (dir.), La Charte des Nations unies. Commentaire article par article, *Economica, vol. I, 3e éd., 2005, p. 1133*. – EISEMANN et LAGRANGE, Article 41, *ibid., p. 1195*. – FERJANI et HUET, *JDI 2010. 737* (impact de la décision onusienne sur l'exécution des contrats internationaux). – ERIKSSON, Targeting Peace, Understanding UN and EU Targeted Sanctions, *Ashgate, 2010*. – GIUMELLI, Coercing, Constraining and Signalling, Explaining UN and EU Sanctions after the Cold War, *ECPR Press, 2011*. – RAPOPORT, Les sanctions ciblées dans le droit de l'ONU, *in* Les sanctions ciblées au carrefour des droits international et européen, Grenoble, 10 mai 2011, Collection Les conférences publiques du centre d'excellence Jean Monnet, *Université Pierre-Mendès-France, Grenoble, 2011, p. 3*. – CANDAS et MIRON, *JDI 2011. 767* (assonances et dissonances de la mise en œuvre des sanctions ciblées onusiennes par les ordres juridiques communautaires et nationaux). – QUINTIN, *RDBF 2014. 17* (aux frontières du droit : les embargos américains et l'affaire BNP Paribas). – HERMET, *RGDIP 2016. 372* (Résol. 2253 du 17 déc. 2015 : un cadre juridique renouvelé pour lutter contre le financement de Daech). – HAMONIC, Les relations entre l'Union européenne et l'ONU dans le domaine de la gestion des crises, *Bruylant, 2018*. – AUDIT, Les lois extraterritoriales américaines comme facteur d'accélération de la compliance, *in* Borga, Marin et Roda (dir.), Compliance : l'entreprise, le régulateur et le juge, *Thèmes et commentaires, Dalloz, 2018, p. 45*.

COMMENTAIRE

Les sanctions économiques, variées quant à leurs modalités et à leurs destinataires, constituent l'un des instruments utilisés par le Conseil de sécurité des Nations unies pour le maintien de la paix.

I. SANCTIONS ÉCONOMIQUES PRISES DANS LE CADRE DES OPÉRATIONS DE MAINTIEN DE LA PAIX

La mission de l'ONU relative au maintien de la paix et de la sécurité comprend le rétablissement et le maintien de la paix, ainsi que la prévention des conflits, mais aussi le désarmement, le terrorisme, l'assistance électorale, ou encore plus largement la décolonisation, les personnes vulnérables, la lutte antimines, les pandémies, le développement et la protection contre les actes d'exploitation et d'abus sexuels. Elle pourrait également, selon certains auteurs, inclure la justice internationale et le règlement pacifique des différends. Les opérations de maintien de la paix (OMP) supposent l'existence de six caractéristiques : le caractère onusien de l'opération, le consentement des parties, la nécessité d'un cessez-le-feu, l'impartialité de la force, la composition multinationale et équilibrée des contingents et la restriction de l'usage de la force à la légitime défense.

Il y a quatre étapes du maintien de la paix identifiées dans l'agenda pour la paix de 1992. Ainsi, « La diplomatie préventive vise à régler les conflits avant que la violence n'éclate ; le rétablissement et le maintien de la paix ont pour objet de mettre fin aux conflits et de préserver la paix une fois qu'elle a été instaurée. En cas de succès, l'une et les autres débouchent sur la consolidation de la paix après les conflits, contribuant ainsi à empêcher que les actes de violence ne reprennent entre les nations et les peuples. À elles quatre, et pourvu que tous les États membres les appuient, ces modalités d'action peuvent apporter une contribution cohérente à l'instauration de la paix dans l'esprit de la Charte ».

Le Conseil de sécurité des Nations unies est compétent en la matière sur le fondement du règlement pacifique des différends. Il peut également, en application de l'article 39 de la Charte des Nations unies, après avoir constaté « l'existence d'une menace contre la paix, d'une rupture de la paix ou d'un acte d'agression », adopter des recommandations ou des mesures au titre du chapitre VII de la Charte (V. *infra*). Des mesures provisoires (art. 40), militaires (art. 42) et des mesures coercitives non militaires (art. 41) dont les sanctions économiques, les embargos ou les mesures de boycott définies comme un ensemble de mesures tendant à interrompre les échanges commerciaux avec un ou plusieurs États étrangers ou à éviter, sur le territoire de ces États, l'installation de facteurs de production, peuvent être prises. Ces sanctions ont pour objectif d'obtenir la cessation d'un comportement qui constitue une menace contre la paix, une rupture de la paix ou un acte d'agression.

Le Conseil a créé des comités de sanctions pour l'assister et suivre la mise en œuvre des mesures tendant au maintien de la paix (art. 24). Inaugurés en 1966, à la suite des sanctions adoptées contre la Rhodésie du Sud, les comités de sanctions ont ensuite été établis par le Conseil de sécurité pour près de trente régimes de sanctions actuellement en vigueur. Ces comités tendent à améliorer l'efficacité des sanctions par la surveillance et le suivi des mesures décidées par le Conseil de sécurité.

C'est dans ce contexte que le Comité contre le terrorisme (CCT) a été créé à la suite des attentats du 11 septembre 2001 par la résolution 1373 (2001), résolution complétée entre autres par les résolutions 1535 (2004) et 1624 (2005). La résolution 1373 (2001) appelle les États membres à mettre en œuvre un certain nombre de mesures interétatiques (coopération, échanges d'informations) et de mesures substantielles à l'encontre d'individus (gel des avoirs, refus d'asile, interdiction de circulation, etc.). Le Bureau de lutte contre le terrorisme a, par la suite, été institué par la résolution 71/291 de l'Assemblée générale du 15 juin 2017.

L'inscription de personnes physiques et morales sur les listes établies par le CCT a suscité un important contentieux auprès des juridictions nationales et internationales. Cette inscription porte en effet potentiellement atteinte aux droits et libertés fondamentaux des personnes visées. Ces difficultés d'ordre juridique ont justifié la création, par la résolution 1904 (2009), du Bureau du médiateur, dont le rôle consiste à examiner les demandes de radiation de la liste présentées par les personnes qui y figurent. Organe indépendant et impartial, le Bureau du médiateur présente au comité des sanctions concerné et à l'issue de sa saisine un rapport récapitulant les arguments appuyant une demande de radiation de la liste récapitulative des personnes soumises à des sanctions économiques.

II. VARIÉTÉ DES SANCTIONS ÉCONOMIQUES ADOPTÉES PAR LE CONSEIL DE SÉCURITÉ

Le développement des sanctions économiques s'est accompagné du constat des dommages collatéraux et d'atteintes au droit humanitaire que peuvent engendrer ces sanctions sur les populations civiles ou sur les pays tiers. Ce bilan a conduit à l'adoption de sanctions de plus en plus sélectives (embargos sur des produits spécifiques, restrictions financières, etc.). Le Conseil de sécurité privilégie aujourd'hui les sanctions ciblées également qualifiées de « sanctions intelligentes ». Ainsi, au-delà du recours aux embargos sur les armes et au gel des avoirs, le Conseil adopte des mesures plus spécifiques visant le commerce de certains produits. Ces mesures concernent par ailleurs des destinataires plus variés et ciblés. Elles ne visent plus seulement les États mais également les individus considérés comme à l'origine de risques pour la paix et la sécurité internationales, et notamment les groupes rebelles et les groupes terroristes dans les pays en état de guerre civile ou encore les responsables politiques ou les chefs d'entreprises.

La légalité des sanctions prononcées par le Conseil de sécurité suppose le respect de la Charte elle-même, et partant, des droits fondamentaux, du *jus cogens* et du droit humanitaire. Elle suppose aussi l'existence d'un contrôle, qui n'est pas tant le fait des organes de l'ONU, que des contrôles indirects par des juridictions tierces qui auront joué un rôle déterminant dans l'évolution de la pratique du Conseil. Il s'agit, depuis la célèbre affaire *Kadi* (CJCE 3 sept. 2008, n^os^ C-402/05 et C-415/05) et ses nombreux prolongements, de tenir compte des risques de dérives des mécanismes de sanctions ciblées.

III. APPLICATION IMMÉDIATE DES MESURES DE GEL ADOPTÉES PAR LE CONSEIL DE SÉCURITÉ SUR LE TERRITOIRE FRANÇAIS

L'ordonnance n° 2020-1342 du 4 novembre 2020 introduit un mécanisme d'application sans délai des mesures de gel décidées par le Conseil de sécurité des Nations unies (CSNU) au sein du nouvel article L. 562-3-2 du code monétaire et financier. Cette disposition permet le gel des fonds et ressources économiques des personnes physiques ou morales ou de toute autre entité désignée sur le fondement de ces résolutions dès la publication par le ministre chargé de l'économie des éléments d'identification de ces personnes ou entités et dans les conditions mentionnées au second alinéa de l'article L. 562-9 du même code. Sont notamment visées les résolutions 1267/1999, 1373/2001, 1988/2001, 1989/2001, 1718/2006, 2231/2015 du Conseil de sécurité des Nations unies. ❑

Charte des Nation unies du 26 juin 1945

CHAPITRE V *CONSEIL DE SÉCURITÉ*

Art. 23 *Composition.* **1. Le Conseil de sécurité se compose de quinze Membres de l'Organisation. La République de Chine, la France, l'Union des Républiques socialistes soviétiques, le Royaume-Uni de Grande-Bretagne et d'Irlande du Nord, et les États-Unis d'Amérique sont membres permanents du Conseil de sécurité. Dix autres Membres de l'Organisation sont élus, à titre de membres non permanents du Conseil de sécurité, par l'Assemblée générale qui tient spécialement compte, en premier lieu, de la contribution des Membres de l'Organisation au maintien de la paix et de la sécurité internationales et aux autres fins de l'Organisation, et aussi d'une répartition géographique équitable.**

2. Les membres non permanents du Conseil de sécurité sont élus pour une période de deux ans. Lors de la première élection des membres non permanents après que le nombre des membres du Conseil de sécurité aura été porté de onze à quinze, deux des quatre membres supplémentaires seront élus pour une période d'un an. Les membres sortants ne sont pas immédiatement rééligibles.

3. Chaque membre du Conseil de sécurité a un représentant au Conseil.

Art. 24 *Fonctions et pouvoirs.* **1. Afin d'assurer l'action rapide et efficace de l'Organisation, ses Membres confèrent au Conseil de sécurité la responsabilité principale du maintien de la paix et de la sécurité internationales et reconnaissent qu'en s'acquittant des devoirs que lui impose cette responsabilité le Conseil de sécurité agit en leur nom.**

2. Dans l'accomplissement de ces devoirs, le Conseil de sécurité agit conformément aux buts et principes des Nations unies. Les pouvoirs spécifiques accordés au Conseil de sécurité pour lui permettre d'accomplir lesdits devoirs sont définis aux Chapitres VI, VII, VIII et XII.

3. Le Conseil de sécurité soumet pour examen des rapports annuels et, le cas échéant, des rapports spéciaux à l'Assemblée générale.

Art. 25 Les Membres de l'Organisation conviennent d'accepter et d'appliquer les décisions du Conseil de sécurité conformément à la présente Charte.

Art. 26 Afin de favoriser l'établissement et le maintien de la paix et de la sécurité internationales en ne détournant vers les armements que le minimum des ressources humaines et économiques du monde, le Conseil de sécurité est chargé, avec l'assistance du Comité d'état-major prévu à l'Article 47, d'élaborer des plans qui seront soumis aux Membres de l'Organisation en vue d'établir un système de réglementation des armements.

Art. 27 *Vote.* 1. Chaque membre du Conseil de sécurité dispose d'une voix.

2. Les décisions du Conseil de sécurité sur des questions de procédure sont prises par un vote affirmatif de neuf membres.

3. Les décisions du Conseil de sécurité sur toutes autres questions sont prises par un vote affirmatif de neuf de ses membres dans lequel sont comprises les voix de tous les membres permanents, étant entendu que, dans les décisions prises aux termes du Chapitre VI et du paragraphe 3 de l'Article 52, une partie à un différend s'abstient de voter.

Art. 28 *Procédure.* 1. Le Conseil de sécurité est organisé de manière à pouvoir exercer ses fonctions en permanence. A cet effet, chaque membre du Conseil de sécurité doit avoir en tout temps un représentant au Siège de l'Organisation.

2. Le Conseil de sécurité tient des réunions périodiques auxquelles chacun de ses membres peut, s'il le désire, se faire représenter par un membre de son gouvernement ou par quelque autre représentant spécialement désigné.

3. Le Conseil de sécurité peut tenir des réunions à tous endroits autres que le Siège de l'Organisation qu'il juge les plus propres à faciliter sa tâche.

Art. 29 Le Conseil de sécurité peut créer les organes subsidiaires qu'il juge nécessaires à l'exercice de ses fonctions.

Art. 30 Le Conseil de sécurité établit son règlement intérieur, dans lequel il fixe le mode de désignation de son Président.

Art. 31 Tout Membre de l'Organisation qui n'est pas membre du Conseil de sécurité peut participer, sans droit de vote, à la discussion de toute question soumise au Conseil de sécurité, chaque fois que celui-ci estime que les intérêts de ce Membre sont particulièrement affectés.

Art. 32 Tout Membre des Nations unies qui n'est pas membre du Conseil de sécurité ou tout État qui n'est pas Membre des Nations unies, s'il est partie à un différend examiné par le Conseil de sécurité, est convié à participer, sans droit de vote, aux discussions relatives à ce différend. Le Conseil de sécurité détermine les conditions qu'il estime juste de mettre à la participation d'un État qui n'est pas Membre de l'Organisation.

CHAPITRE VII *ACTION EN CAS DE MENACE CONTRE LA PAIX, DE RUPTURE DE LA PAIX ET D'ACTE D'AGRESSION*

Art. 39 Le Conseil de sécurité constate l'existence d'une menace contre la paix, d'une rupture de la paix ou d'un acte d'agression et fait des recommandations ou décide quelles mesures seront prises conformément aux Articles 41 et 42 pour maintenir ou rétablir la paix et la sécurité internationales.

Art. 40 Afin d'empêcher la situation de s'aggraver, le Conseil de sécurité, avant de faire les recommandations ou de décider des mesures à prendre conformément à l'Article 39, peut inviter les parties intéressées à se conformer aux mesures provisoires qu'il juge nécessaires ou souhaitables. Ces mesures provisoires ne préjugent en rien les droits, les prétentions ou la position des parties intéressées. En cas de non-exécution de ces mesures provisoires, le Conseil de sécurité tient dûment compte de cette défaillance.

Art. 41 Le Conseil de sécurité peut décider quelles mesures n'impliquant pas l'emploi de la force armée doivent être prises pour donner effet à ses décisions, et peut inviter les Membres des Nations unies à appliquer ces mesures. Celles-ci peuvent comprendre l'interruption complète ou partielle des relations économiques et des communications ferroviaires, maritimes, aériennes, postales, télégraphiques, radioélectriques et des autres moyens de communication, ainsi que la rupture des relations diplomatiques.

1. Nature de lois de police réellement internationales. Les sanctions prises par le Conseil de sécurité des Nations unies en application des art. 25 et 41 de la Charte, bien que non applicables directement en droit interne, peuvent être assimilées à des lois de police réellement internationales dont un tribunal arbitral ne peut faire abstraction si la situation litigieuse qu'il est amené à juger entre dans le périmètre de ces sanctions. Ces sanctions ont pour objet de contribuer au maintien ou au rétablissement de la paix et de la sécurité internationales portant des règles et des valeurs qui relèvent de la conception française de l'ordre public international (demande fondée notamment sur la violation de l'ordre public international français au titre du 5° de l'art. 1520 C. pr. civ. en raison de la méconnaissance par les arbitres des sanctions internationales touchant le commerce avec l'Iran justifiant la rupture desdits contrats). • Paris, 3 juin 2020, n° 19/07261 : *D. actu. 29 juill. 2020, obs. Jourdan-Marques; D. 2020. Pan. 1980, obs. Bollée* ; *JCP E 2021. Actu. 839, obs. Popova et Bisch.* ♦ En revanche, alors que la conception française de l'ordre public international vise à préserver certaines valeurs ou politiques fondamentales « du for », la portée extraterritoriale des sanctions prononcées par les autorités américaines est précisément contestée tant par les autorités françaises que l'Union européenne. • Même arrêt.

2. Absence de sanction des entreprises respectant les embargos de l'ONU. N'est pas contraire à l'ordre public international, ni ne consacre un déni de justice, la sentence arbitrale proclamant l'irrecevabilité des demandes d'un État à raison d'un embargo édicté par le Conseil de Sécurité des Nations unies et mis en œuvre par des règlements de l'Union européenne, dès lors que l'État a pu en discuter contradictoirement la portée. • Civ. 1re, 15 janv. 2020, n° 18-18.088 : *D. actu. 27 févr. 2020, obs. Jourdan-Marques; D. 2020. Pan. 1980, obs. Bollée* ; *Rev. crit. DIP 2020. 526, obs. d'Avout*.

Art. 42 Si le Conseil de sécurité estime que les mesures prévues à l'Article 41 seraient inadéquates ou qu'elles se sont révélées telles, il peut entreprendre, au moyen de forces aériennes, navales ou terrestres, toute action qu'il juge nécessaire au maintien ou au rétablissement de la paix et de la sécurité internationales. Cette action peut comprendre des démonstrations, des mesures de blocus et d'autres opérations exécutées par des forces aériennes, navales ou terrestres de Membres des Nations unies.

Art. 43 1. Tous les Membres des Nations unies, afin de contribuer au maintien de la paix et de la sécurité internationales, s'engagent à mettre à la disposition du Conseil de sécurité, sur son invitation et conformément à un accord spécial ou à des accords spéciaux, les forces armées, l'assistance et les facilités, y compris le droit de passage, nécessaires au maintien de la paix et de la sécurité internationales.

2. L'accord ou les accords susvisés fixeront les effectifs et la nature de ces forces, leur degré de préparation et leur emplacement général, ainsi que la nature des facilités et de l'assistance à fournir.

3. L'accord ou les accords seront négociés aussitôt que possible, sur l'initiative du Conseil de sécurité. Ils seront conclus entre le Conseil de sécurité et des Membres de l'Organisation, ou entre le Conseil de sécurité et des groupes de Membres de l'Organisation, et devront être ratifiés par les États signataires selon leurs règles constitutionnelles respectives.

Art. 44 Lorsque le Conseil de sécurité a décidé de recourir à la force, il doit, avant d'inviter un Membre non représenté au Conseil à fournir des forces armées en exécution des obligations contractées en vertu de l'Article 43, convier ledit Membre, si celui-ci le désire, à participer aux décisions du Conseil de sécurité touchant l'emploi de contingents des forces armées de ce Membre.

Art. 45 Afin de permettre à l'Organisation de prendre d'urgence des mesures d'ordre militaire, des Membres des Nations unies maintiendront des contingents nationaux de forces aériennes immédiatement utilisables en vue de l'exécution combinée d'une action coercitive internationale. Dans les limites prévues par l'accord spécial ou les accords spéciaux mentionnés à l'Article 43, le Conseil de sécurité, avec l'aide du Comité d'état-major, fixe l'importance et le degré de préparation de ces contingents et établit des plans prévoyant leur action combinée.

Art. 46 Les plans pour l'emploi de la force armée sont établis par le Conseil de sécurité avec l'aide du Comité d'état-major.

Art. 47 1. Il est établi un Comité d'état-major chargé de conseiller et d'assister le Conseil de sécurité pour tout ce qui concerne les moyens d'ordre militaire nécessaires au Conseil pour maintenir la paix et la sécurité internationales, l'emploi et le commandement des forces mises à sa disposition, la réglementation des armements et le désarmement éventuel.

2. Le Comité d'état-major se compose des chefs d'état-major des membres permanents du Conseil de sécurité ou de leurs représentants. Il convie tout Membre des Nations unies qui n'est pas représenté au Comité d'une façon permanente à s'associer à lui, lorsque la participation de ce Membre à ses travaux lui est nécessaire pour la bonne exécution de sa tâche.

3. Le Comité d'état-major est responsable, sous l'autorité du Conseil de sécurité, de la direction stratégique de toutes forces armées mises à la disposition du Conseil. Les questions relatives au commandement de ces forces seront réglées ultérieurement.

4. Des sous-comités régionaux du Comité d'état-major peuvent être établis par lui avec l'autorisation du Conseil de sécurité et après consultation des organismes régionaux appropriés.

Art. 48 1. Les mesures nécessaires à l'exécution des décisions du Conseil de sécurité pour le maintien de la paix et de la sécurité internationales sont prises par tous les Membres des Nations unies ou certains d'entre eux, selon l'appréciation du Conseil.

2. Ces décisions sont exécutées par les Membres des Nations unies directement et grâce à leur action dans les organismes internationaux appropriés dont ils font partie.

Art. 49 Les Membres des Nations unies s'associent pour se prêter mutuellement assistance dans l'exécution des mesures arrêtées par le Conseil de sécurité.

Art. 50 Si un État est l'objet de mesures préventives ou coercitives prises par le Conseil de sécurité, tout autre État, qu'il soit ou non Membre des Nations unies, s'il se trouve en présence de difficultés économiques particulières dues à l'exécution desdites mesures, a le droit de consulter le Conseil de sécurité au sujet de la solution de ces difficultés.

Art. 51 Aucune disposition de la présente Charte ne porte atteinte au droit naturel de légitime défense, individuelle ou collective, dans le cas où un Membre des Nations unies est l'objet d'une agression armée, jusqu'à ce que le Conseil de sécurité ait pris les mesures nécessaires pour maintenir la paix et la sécurité internationales. Les mesures prises par des Membres dans l'exercice de ce droit de légitime défense sont immédiatement portées à la connaissance du Conseil de sécurité et n'affectent en rien le pouvoir et le devoir qu'a le Conseil, en vertu de la présente Charte, d'agir à tout moment de la manière qu'il juge nécessaire pour maintenir ou rétablir la paix et la sécurité internationales.

IV RÈGLES ÉTRANGÈRES

SOLUTION COMPLIANCE v° *Les sanctions états-uniennes.*

BIBL. GÉN. ▶ COSNARD, *AFDI 1996. 33* (les lois Helms-Burton et d'Amato-Kennedy, interdiction de commercer et d'investir dans certains pays). – LESGUILLONS, *RDAI 1997. 95* (les lois Helms-Burton et d'Amato : réactions de l'Union européenne). – STERN, Licéité ou illicéité intrinsèque de la mesure au regard du droit international public, *in* Gherari et Szurek, Sanctions unilatérales, mondialisation du commerce et ordre juridique international. A propos des lois Helms-Burton et d'Amato-Kennedy, *Montchrestien, 1998, p. 171*. – BAUMARD (dir.), Les sanctions financières internationales, *Rev. Banque, 2012*. – GARAPON et SERVAN-SCHREIBER (dir.), Deals de Justice, Le marché américain de l'obéissance mondialisée, *PUF, 2013, pp. 54 et 59-60*. – PHOEBUS, *RDBF 2014. 11* (effets extraterritoriaux du droit américain sur les institutions financières non américaines – une vue d'ensemble). – MATTOUT et PRUM, *Dr. et patr. 2015. 90* (application extraterritoriale des lois d'embargo américaines). – BISMUTH, *AFDI 2015. 785* (pour une appréhension nuancée de l'extraterritorialité du droit américain – quelques réflexions autour des procédures et sanctions visant Alstom et BNP Paribas). – Rapport Gauvain, *Doc. AN 26 juin 2019* (rétablir la souveraineté de la France et de l'Europe et protéger nos entreprises des lois et mesures à portée extraterritoriale). – JANUEL, *D. actu. 26 juin 2019* (rapport Gauvain sur la protection des entreprises contre les sanctions américaines).

▶ BOURSIER, Droit pénal des affaires internationales, *Lextenso, Précis Joly, 2e éd., 2020*.

COMMENTAIRE

Le Congrès américain dispose des prérogatives nécessaires au titre de la section 8 de la Constitution américaine afin de réglementer le commerce avec les nations étrangères. Nombre de textes relatifs aux sanctions économiques qui peuvent être prises par le gouvernement et le législateur américains sont codifiés au sein du *US Code* qui comprend les lois fédérales (par exemple le FCPA ; V. v° *Corruption*).

I. PORTÉE EXTRATERRITORIALE DES SANCTIONS ÉCONOMIQUES ÉDICTÉES PAR LES AUTORITÉS AMÉRICAINES

Les sanctions économiques américaines sont prises sur deux fondements. Un fondement législatif, par le biais de lois fédérales, et un fondement réglementaire. Elles revêtent une portée extraterritoriale source de tension internationale.

A. FONDEMENTS TEXTUELS DU POUVOIR DE SANCTION ÉCONOMIQUE DES ÉTATS-UNIS

Deux lois fédérales, l'*International Emergency Economic Power Act* et le *National Emergencies Act* autorisent le président des États-Unis à règlementer les relations commerciales conduites par les États-Unis avec des pays tiers s'il existe une « menace inhabituelle et extraordinaire étrangère ».

Ces deux lois permettent au président américain d'ordonner des mesures d'embargo à l'encontre des pays tiers. Elles sont codifiées dans les chapitres 34 et 35 du Titre 50 du *US Code* intitulé « *War and National Defense* ». Sur le fondement de ces dispositions, le président des États-Unis déclare l'existence d'une menace, inhabituelle et extraordinaire, pesant sur la sécurité nationale, la politique étrangère ou l'économie du pays. Cette menace provient en partie ou exclusivement de l'étranger. A l'issue de cette déclaration, le président est autorisé à agir afin de bloquer toute transaction et de geler tout avoir à l'égard d'un pays (désigné généralement dans le titre de la loi fédérale) ou d'une personne ou d'un groupe de personnes (narcotrafiquants étrangers, terroristes). Les mesures de sanctions sont fondées sur le paragraphe § 1702 du chapitre 35 de l'*US Code*.

Certaines sanctions économiques sont, en revanche, issues de règlements appelés *executive orders*, décisions provenant du pouvoir exécutif, généralement du président des États-Unis qui sont soit utilisés pour mettre en œuvre des lois fédérales, soit utilisés comme instruments autonomes édictant des sanctions économiques. Dans le cadre des mesures de sanction, les *executive orders* sont donc utilisés pour mettre en œuvre les actes pris par le président. Ils permettent d'instaurer un programme de sanction et de désigner une autorité chargée de la mise en œuvre de ce programme.

L'*executive order* constitue une alternative aux lois fédérales afin de fonder un programme de sanctions parallèlement aux régimes institués.

Les mesures de sanctions américaines sont codifiées au sein du chapitre 5 du Titre 31 (« *Regulation relating to Money and Finance* ») du code des règlements fédéraux qui regroupe les règlements généraux et permanents définis par les différents départements de l'exécutif américain et les agences ou autorités indépendantes du gouvernement fédéral (V. *infra*).

La mise en œuvre de ces mesures est confiée à l'OFAC (*Office of Foreign Assets Control*) qui définit les mesures réglementaires d'application de ces décisions, mesures destinées aux opérateurs économiques chargés de les appliquer.

B. OPÉRATEURS ASSUJETTIS À LA MISE EN ŒUVRE DES SANCTIONS ÉCONOMIQUES AMÉRICAINES

Tout citoyen ou résident permanent des États-Unis, toute entité organisée sous les lois des États-Unis est soumis au respect des mesures édictées. S'y ajoutent toutes les succursales étrangères de ces personnes, ainsi que toute personne ou entité située sur le territoire américain.

Plus encore, tout établissement financier opérant sur ou à partir du territoire américain avec un opérateur soumis au droit américain, ou réalisant des opérations en dollars américains, doit s'assurer de la pleine conformité de ses actions avec la législation américaine.

Cet élargissement, lié à la portée extraterritoriale que les autorités américaines entendent donner aux mesures de sanctions économiques, fait l'objet d'un débat au regard des risques de sanction encourus par les opérateurs européens et plus largement de la forme de guerre économique ainsi engendrée (V. comm. en tête du v° *Sanctions économiques et embargos*). Concrètement, l'étude des décisions de condamnation de l'OFAC et du *Department of Justice* (DOJ) américain démontre le risque réel pesant sur les opérateurs en cas de méconnaissance de mesures d'embargo, notamment.

II. RÔLE DE L'OFAC DANS LA MISE EN ŒUVRE DES SANCTIONS ÉCONOMIQUES

L'*Office of Foreign Assets Control* est l'autorité chargée de mettre en place les sanctions économiques sous la direction du département du Trésor américain. Les prérogatives de l'OFAC sont fondées sur le *Trading with the Enemy Act* de 1917 et différentes lois fédérales relatives aux mesures d'embargo et de sanctions économiques.

L'OFAC contrôle le respect par les opérateurs des mesures de sanctions prises par les autorités américaines, et notamment l'interdiction pour une *US person* de réaliser des transactions financières ou commerciales. Et ce, sauf à ce que cette personne soit explicitement autorisée par l'OFAC ou par une loi fédérale à réaliser des transactions normalement interdites. L'OFAC dispose, par ailleurs, du pouvoir d'autoriser certaines transactions normalement interdites *via* des licences générales ou des dérogations au cas par cas.

L'OFAC, au titre de ses missions, ordonne le gel des fonds et ressources économiques des personnes désignées par les lois fédérales et/ou les *executive orders*. Il peut notamment restreindre les relations économiques en interdisant les relations d'affaires entre certaines entités économiques.

Si les programmes de sanctions américains se fondent le plus souvent sur une résolution du Conseil de sécurité des Nations unies, ils peuvent, cependant, être le fruit d'une décision exclusivement nationale émanant du pouvoir exécutif et/ou du pouvoir législatif.

III. MISE EN ŒUVRE DES PROGRAMMES DE SANCTION ET LES INSTRUMENTS PROPOSÉS

Qu'un programme de sanction soit issu d'une loi fédérale adoptée par le Congrès américain ou d'un *executive order* du président des États-Unis pris en application d'une loi fédérale, ou d'un *executive order* autonome provenant également d'un acte du président, il revêt une force contraignante pour les opérateurs économiques concernés au premier chef pour mettre en œuvre des mesures décidées à l'égard des opérateurs visés. Le code de la réglementation et les textes publiés par l'OFAC font foi face à la multiplicité des sources de ces sanctions économiques.

L'OFAC édite une liste spéciale, la *Specially Designated National List* (*SDN List*), recensant les personnes morales et physiques visées par des sanctions économiques américaines. Toutes les personnes visées dans cette liste voient leurs avoirs gelés et cette interdiction exclut la possibilité pour toute *US person* d'entrer en relations économiques avec elles.

L'OFAC publie également des fiches pays qui donnent une vue d'ensemble des sanctions infligées à un État ou à des personnes ou des groupes de personnes en particulier. Ces fiches recensent les textes fondant ces sanctions en décrivant leurs principales caractéristiques et les programmes de sanctions qui y sont attachés (V. *infra*, V. Inventaire des sanctions économiques internationales).

L'OFAC publie également des *guidelines*, ou lignes directrices relatives à l'application de ces sanctions concernant un pays ou une situation particulière.

IV. SANCTION DE LA VIOLATION DES MESURES D'EMBARGOS AMÉRICAINS

Les pouvoirs publics américains (OFAC sur l'aspect administratif et DOJ sur l'aspect pénal) sont compétents pour connaître de la violation des règles élaborées dans le cadre des programmes de sanctions américains. Ces sanctions peuvent être de nature administratives (suspension ou annulation des licences accordées par l'OFAC) ; civiles (amende d'un montant équivalent ou supérieur à la valeur des biens illégalement importés ou exportés, confiscation) ou pénales. Lorsque les faits de violation sont caractérisés par l'intention de l'assujetti (« *willing* »), ils relèvent d'une qualification pénale et de la compétence du DOJ. Les sanctions civiles de l'OFAC sont, dans la plupart des cas, complétées par des sanctions pénales négociées avec le DOJ.

Le code des règlements fédéraux prévoit le montant des pénalités et des peines applicables pour chaque programme de sanction. L'OFAC a mis en ligne des matrices de risques permettant aux établissements financiers d'évaluer leur exposition au risque de se faire sanctionner pour des manquements à la réglementation que l'OFAC doit mettre en œuvre.

Elle a également publié des lignes directrices sur l'application des sanctions économiques intitulé « *Economic Sanctions Enforcement Guidelines* », document rappelant la politique de l'OFAC et le déroulement d'une procédure de sanction. Au 1er juin 2020, l'OFAC applique trente-deux régimes de programmes actifs de sanctions à l'encontre de presque autant de pays, régimes ou types d'organisations à travers le monde. ❑

United States Code

TITLE 50 War and national defense

CHAPTER 35 *International emergency economic powers*

§ 1701 *Unusual and extraordinary threat; declaration of national emergency; exercise of Presidential authorities.* **(a) Any authority granted to the President by section 1702 of this title may be exercised to deal with any unusual and extraordinary threat, which has its source in whole or substantial part outside the United States, to the national security, foreign policy, or economy of the United States, if the President declares a national emergency with respect to such threat.**

(b) The authorities granted to the President by section 1702 of this title may only be exercised to deal with an unusual and extraordinary threat with respect to which a national emergency has been declared for purposes of this chapter and may not be exercised for any other purpose. Any exercise of such authorities to deal with any new threat shall be based on a new declaration of national emergency which must be with respect to such threat.

(Pub. L. 95-223, title II, § 202, Dec. 28, 1977, 91 Stat. 1626.)

§ 1702 *Presidential authorities.* **(A) IN GENERAL**

(1) At the times and to the extent specified in section 1701 of this title, the President may, under such regulations as he may prescribe, by means of instructions, licenses, or otherwise—

(A) investigate, regulate, or prohibit—

(i) any transactions in foreign exchange,

(ii) transfers of credit or payments between, by, through, or to any banking institution, to the extent that such transfers or payments involve any interest of any foreign country or a national thereof,

(iii) the importing or exporting of currency or securities,

by any person, or with respect to any property, subject to the jurisdiction of the United States;

(B) investigate, block during the pendency of an investigation, regulate, direct and compel, nullify, void, prevent or prohibit, any acquisition, holding, withholding, use, transfer, withdrawal, transportation, importation or exportation of, or dealing in, or exercising any right, power, or privilege with respect to, or transactions involving, any property in which any foreign country or a national thereof has any interest by

any person, or with respect to any property, subject to the jurisdiction of the United States; and

(C) when the United States is engaged in armed hostilities or has been attacked by a foreign country or foreign nationals, confiscate any property, subject to the jurisdiction of the United States, of any foreign person, foreign organization, or foreign country that he determines has planned, authorized, aided, or engaged in such hostilities or attacks against the United States; and all right, title, and interest in any property so confiscated shall vest, when, as, and upon the terms directed by the President, in such agency or person as the President may designate from time to time, and upon such terms and conditions as the President may prescribe, such interest or property shall be held, used, administered, liquidated, sold, or otherwise dealt with in the interest of and for the benefit of the United States, and such designated agency or person may perform any and all acts incident to the accomplishment or furtherance of these purposes.

(2) In exercising the authorities granted by paragraph (1), the President may require any person to keep a full record of, and to furnish under oath, in the form of reports or otherwise, complete information relative to any act or transaction referred to in paragraph (1) either before, during, or after the completion thereof, or relative to any interest in foreign property, or relative to any property in which any foreign country or any national thereof has or has had any interest, or as may be otherwise necessary to enforce the provisions of such paragraph. In any case in which a report by a person could be required under this paragraph, the President may require the production of any books of account, records, contracts, letters, memoranda, or other papers, in the custody or control of such person.

(3) Compliance with any regulation, instruction, or direction issued under this chapter shall to the extent thereof be a full acquittance and discharge for all purposes of the obligation of the person making the same. no person shall be held liable in any court for or with respect to anything done or omitted in good faith in connection with the administration of, or pursuant to and in reliance on, this chapter, or any regulation, instruction, or direction issued under this chapter.

(B) EXCEPTIONS TO GRANT OF AUTHORITY

The authority granted to the President by this section does not include the authority to regulate or prohibit, directly or indirectly—

(1) any postal, telegraphic, telephonic, or other personal communication, which does not involve a transfer of anything of value;

(2) donations, by persons subject to the jurisdiction of the United States, of articles, such as food, clothing, and medicine, intended to be used to relieve human suffering, except to the extent that the President determines that such donations (A) would seriously impair his ability to deal with any national emergency declared under section 1701 of this title, (B) are in response to coercion against the proposed recipient or donor, or (C) would endanger Armed Forces of the United States which are engaged in hostilities or are in a situation where imminent involvement in hostilities is clearly indicated by the circumstances; or

(3) the importation from any country, or the exportation to any country, whether commercial or otherwise, regardless of format or medium of transmission, of any information or informational materials, including but not limited to, publications, films, posters, phonograph records, photographs, microfilms, microfiche, tapes, compact disks, CD ROMs, artworks, and news wire feeds. The exports exempted from regulation or prohibition by this paragraph do not include those which are otherwise controlled for export under section 4604[3] of this title, or under section 4605[3] of this title to the extent that such controls promote the nonproliferation or antiterrorism policies of the United States, or with respect to which acts are prohibited by chapter 37 of title 18; or

(4) any transactions ordinarily incident to travel to or from any country, including importation of accompanied baggage for personal use, maintenance within any country including payment of living expenses and acquisition of goods or services for

personal use, and arrangement or facilitation of such travel including nonscheduled air, sea, or land voyages.

(C) CLASSIFIED INFORMATION

In any judicial review of a determination made under this section, if the determination was based on classified information (as defined in section 1(a) of the Classified Information Procedures Act) such information may be submitted to the reviewing court ex parte and in camera. This subsection does not confer or imply any right to judicial review.

(Pub. L. 95-223, title II, § 203, Dec. 28, 1977, 91 Stat. 1626; Pub. L. 100-418, title II, § 2502(b)(1), Aug. 23, 1988, 102 Stat. 1371; Pub. L. 103-236, title V, § 525(c)(1), Apr. 30, 1994, 108 Stat. 474; Pub. L. 107-56, title I, § 106, Oct. 26, 2001, 115 Stat. 277.)

Amendments: 2001 Pub. L. 107-56, § 106, which directed certain amendments to section 203 of the International Emergency Powers Act, was executed by making the amendments to this section, which is section 203 of the International Emergency Economic Powers Act, to reflect the probable intent of Congress. See below. - 2001 Subsec. (a)(1). Pub. L. 107-56, § 106(1)(C), which directed striking out "by any person, or with respect to any property, subject to the jurisdiction of the United States'without providing closing quotation marks designating the provisions to be struck, was executed by striking out "by any person, or with respect to any property, subject to the jurisdiction of the United States" in concluding provisions. - 2001 Subsec. (a)(1)(A). Pub. L. 107-56, § 106(1)(A), substituted a comma for "; and" at end of cl. (iii) and inserted concluding provisions. - 2001 Subsec. (a)(1)(B). Pub. L. 107-56, § 106(1)(B), inserted", block during the pendency of an investigation" after "investigate" and substituted "interest by any person, or with respect to any property, subject to the jurisdiction of the United States; and" for "interest;". - 2001 Subsec. (a)(1)(C). Pub. L. 107-56, § 106(1)(D), added subpar. (C). - 2001 Subsec. (c). Pub. L. 107-56, § 106(2), added subsec. (c). - 1994 Subsec. (b)(3), (4). Pub. L. 103-236 added pars. (3) and (4) and struck out former par. (3) which read as follows: "the importation from any country, or the exportation to any country, whether commercial or otherwise, of publications, films, posters, phonograph records, photographs, microfilms, microfiche, tapes, or other informational materials, which are not otherwise controlled for export under section 2404 of the Appendix to this title or with respect to which no acts are prohibited by chapter 37 of title 18." - 1988 Subsec. (b)(3). Pub. L. 100-418 added par. (3).

§ 1703 *Consultation and reports.* **(A) CONSULTATION WITH CONGRESS**

The President, in every possible instance, shall consult with the Congress before exercising any of the authorities granted by this chapter and shall consult regularly with the Congress so long as such authorities are exercised.

(B) REPORT TO CONGRESS UPON EXERCISE OF PRESIDENTIAL AUTHORITIES

Whenever the President exercises any of the authorities granted by this chapter, he shall immediately transmit to the Congress a report specifying–

(1) the circumstances which necessitate such exercise of authority;

(2) why the President believes those circumstances constitute an unusual and extraordinary threat, which has its source in whole or substantial part outside the United States, to the national security, foreign policy, or economy of the United States;

(3) the authorities to be exercised and the actions to be taken in the exercise of those authorities to deal with those circumstances;

(4) why the President believes such actions are necessary to deal with those circumstances; and

(5) any foreign countries with respect to which such actions are to be taken and why such actions are to be taken with respect to those countries.

(C) PERIODIC FOLLOW-UP REPORTS

At least once during each succeeding six-month period after transmitting a report pursuant to subsection (b) with respect to an exercise of authorities under this chapter, the President shall report to the Congress with respect to the actions taken, since the last such report, in the exercise of such authorities, and with respect to any changes which have occurred concerning any information previously furnished pursuant to paragraphs (1) through (5) of subsection (b).

(D) SUPPLEMENTAL REQUIREMENTS
The requirements of this section are supplemental to those contained in title IV of the National Emergencies Act *[50 U.S.C. 1641]*.
(Pub. L. 95-223, title II, § 204, Dec. 28, 1977, 91 Stat. 1627.)

§ 1704 *Authority to issue regulations.* The President may issue such regulations, including regulations prescribing definitions, as may be necessary for the exercise of the authorities granted by this chapter.
(Pub. L. 95-223, title II, § 205, Dec. 28, 1977, 91 Stat. 1628.)

§ 1705 *Penalties.* **(A) UNLAWFUL ACTS**
It shall be unlawful for a person to violate, attempt to violate, conspire to violate, or cause a violation of any license, order, regulation, or prohibition issued under this chapter.
(B) CIVIL PENALTY
A civil penalty may be imposed on any person who commits an unlawful act described in subsection (a) in an amount not to exceed the greater of–
(1) $250,000; or
(2) an amount that is twice the amount of the transaction that is the basis of the violation with respect to which the penalty is imposed.
(C) CRIMINAL PENALTY
A person who willfully commits, willfully attempts to commit, or willfully conspires to commit, or aids or abets in the commission of, an unlawful act described in subsection (a) shall, upon conviction, be fined not more than $1,000,000, or if a natural person, may be imprisoned for not more than 20 years, or both.
(Pub. L. 95-223, title II, § 206, Dec. 28, 1977, 91 Stat. 1628; Pub. L. 102-393, title VI, § 629, Oct. 6, 1992, 106 Stat. 1773; Pub. L. 102-396, title IX, § 9155, Oct. 6, 1992, 106 Stat. 1943; Pub. L. 104-201, div. A, title XIV, § 1422, Sept. 23, 1996, 110 Stat. 2725; Pub. L. 109-177, title IV, § 402, Mar. 9, 2006, 120 Stat. 243; Pub. L. 110-96, § 2(a), Oct. 16, 2007, 121 Stat. 1011.)
Amendments: 2007 Pub. L. 110-96 amended section generally. Prior to amendment, text of section read as follows: "(a) A civil penalty of not to exceed $50,000 may be imposed on any person who violates, or attempts to violate, any license, order, or regulation issued under this chapter. "(b) Whoever willfully violates, or willfully attempts to violate, any license, order, or regulation issued under this chapter shall, upon conviction, be fined not more than $50,000, or, if a natural person, may be imprisoned for not more than twenty years, or both; and any officer, director, or agent of any corporation who knowingly participates in such violation may be punished by a like fine, imprisonment, or both."

§ 1706 *Savings provisions.* **(A) TERMINATION OF NATIONAL EMERGENCIES PURSUANT TO NATIONAL EMERGENCIES ACT**
(1) Except as provided in subsection (b), notwithstanding the termination pursuant to the National Emergencies Act *[50 U.S.C. 1601 et seq.]* of a national emergency declared for purposes of this chapter, any authorities granted by this chapter, which are exercised on the date of such termination on the basis of such national emergency to prohibit transactions involving property in which a foreign country or national thereof has any interest, may continue to be so exercised to prohibit transactions involving that property if the President determines that the continuation of such prohibition with respect to that property is necessary on account of claims involving such country or its nationals.
(2) Notwithstanding the termination of the authorities described in section 101(b) of this Act, any such authorities, which are exercised with respect to a country on the date of such termination to prohibit transactions involving any property in which such country or any national thereof has any interest, may continue to be exercised to prohibit transactions involving that property if the President determines that the continuation of such prohibition with respect to that property is necessary on account of claims involving such country or its nationals.

(B) CONGRESSIONAL TERMINATION OF NATIONAL EMERGENCIES BY CONCURRENT RESOLUTION

The authorities described in subsection (a)(1) may not continue to be exercised under this section if the national emergency is terminated by the Congress by concurrent resolution pursuant to section 202 of the National Emergencies Act *[50 U.S.C. 1622]* and if the Congress specifies in such concurrent resolution that such authorities may not continue to be exercised under this section.

(C) SUPPLEMENTAL SAVINGS PROVISIONS; SUPERSEDURE OF INCONSISTENT PROVISIONS

(1) The provisions of this section are supplemental to the savings provisions of paragraphs (1), (2), and (3) of section 101(a) *[50 U.S.C. 1601(a)(1), (2), (3)]* and of paragraphs (A), (B), and (C) of section 202(a) *[50 U.S.C. 1622(a)(A), (B), and (C)]* of the National Emergencies Act.

(2) The provisions of this section supersede the termination provisions of section 101(a) *[50 U.S.C. 1601(a)]* and of title II *[50 U.S.C. 1621 et seq.]* of the National Emergencies Act to the extent that the provisions of this section are inconsistent with these provisions.

(D) PERIODIC REPORTS TO CONGRESS

If the President uses the authority of this section to continue prohibitions on transactions involving foreign property interests, he shall report to the Congress every six months on the use of such authority.

(Pub. L. 95–223, title II, § 207, Dec. 28, 1977, 91 Stat. 1628.)

§ 1707 *Multinational economic embargoes against governments in armed conflict with the United States.* **(A) POLICY ON THE ESTABLISHMENT OF EMBARGOES**

It is the policy of the United States, that upon the use of the Armed Forces of the United States to engage in hostilities against any foreign country, the President shall, as appropriate–

(1) seek the establishment of a multinational economic embargo against such country; and

(2) seek the seizure of its foreign financial assets.

(B) REPORTS TO CONGRESS

Not later than 20 days after the first day of the engagement of the United States in hostilities described in subsection (a), the President shall, if the armed conflict has continued for 14 days, submit to Congress a report setting forth-

(1) the specific steps the United States has taken and will continue to take to establish a multinational economic embargo and to initiate financial asset seizure pursuant to subsection (a); and

(2) any foreign sources of trade or revenue that directly or indirectly support the ability of the adversarial government to sustain a military conflict against the United States.

(Pub. L. 106–65, div. A, title XII, § 1231, Oct. 5, 1999, 113 Stat. 788.)

§ 1708 *Actions to address economic or industrial espionage in cyberspace.* **(A) REPORT REQUIRED**

(1) IN GENERAL

Not later than 180 days after December 19, 2014, and annually thereafter through 2020, the President shall submit to the appropriate congressional committees a report on foreign economic and industrial espionage in cyberspace during the 12-month period preceding the submission of the report that-

(A) identifies–

(i) foreign countries that engage in economic or industrial espionage in cyberspace with respect to trade secrets or proprietary information owned by United States persons;

(ii) foreign countries identified under clause (i) that the President determines engage in the most egregious economic or industrial espionage in cyberspace with respect to such trade secrets or proprietary information (to be known as "priority foreign countries");

(iii) categories of technologies or proprietary information developed by United States persons that–

(I) are targeted for economic or industrial espionage in cyberspace; and

(II) to the extent practicable, have been appropriated through such espionage;

(iv) articles manufactured or otherwise produced using technologies or proprietary information described in clause (iii)(II); and

(v) to the extent practicable, services provided using such technologies or proprietary information;

(B) describes the economic or industrial espionage engaged in by the foreign countries identified under clauses (i) and (ii) of subparagraph (A); and

(C) describes–

(i) actions taken by the President to decrease the prevalence of economic or industrial espionage in cyberspace; and

(ii) the progress made in decreasing the prevalence of such espionage.

(2) DETERMINATION OF FOREIGN COUNTRIES ENGAGING IN ECONOMIC OR INDUSTRIAL ESPIONAGE IN CYBERSPACE

For purposes of clauses (i) and (ii) of paragraph (1)(A), the President shall identify a foreign country as a foreign country that engages in economic or industrial espionage in cyberspace with respect to trade secrets or proprietary information owned by United States persons if the government of the foreign country–

(A) engages in economic or industrial espionage in cyberspace with respect to trade secrets or proprietary information owned by United States persons; or

(B) facilitates, supports, fails to prosecute, or otherwise permits such espionage by–

(i) individuals who are citizens or residents of the foreign country; or

(ii) entities that are organized under the laws of the foreign country or are otherwise subject to the jurisdiction of the government of the foreign country.

(3) FORM OF REPORT

Each report required by paragraph (1) shall be submitted in unclassified form but may contain a classified annex.

(B) IMPOSITION OF SANCTIONS

(1) IN GENERAL

The President may, pursuant to the International Emergency Economic Powers Act (50 U.S.C. 1701 et seq.), block and prohibit all transactions in all property and interests in property of each person described in paragraph (2), if such property and interests in property are in the United States, come within the United States, or are or come within the possession or control of a United States person.

(2) PERSONS DESCRIBED

A person described in this paragraph is a foreign person the President determines knowingly requests, engages in, supports, facilitates, or benefits from the significant appropriation, through economic or industrial espionage in cyberspace, of technologies or proprietary information developed by United States persons.

(3) EXCEPTION

The authority to impose sanctions under paragraph (1) shall not include the authority to impose sanctions on the importation of goods.

(4) IMPLEMENTATION; PENALTIES

(A) IMPLEMENTATION

The President may exercise all authorities provided under sections 203 and 205 of the International Emergency Economic Powers Act (50 U.S.C. 1702 and 1704) to carry out this subsection.

(B) PENALTIES

The penalties provided for in subsections (b) and (c) of section 206 of the International Emergency Economic Powers Act (50 U.S.C. 1705) shall apply to a person that violates, attempts to violate, or conspires to violate, or causes a violation of, this subsection or a regulation prescribed under this subsection to the same extent that such penalties apply to a person that commits an unlawful act described in section 206(a) of that Act *[50 U.S.C. 1705(a)]*.

(C) RULE OF CONSTRUCTION

Nothing in this section shall be construed to affect the application of any penalty or the exercise of any authority provided for under any other provision of law.

(D) DEFINITIONS

In this section:

(1) APPROPRIATE CONGRESSIONAL COMMITTEES

The term "appropriate congressional committees" means—

(A) the Committee on Armed Services, the Committee on Banking, Housing, and Urban Affairs, the Committee on Commerce, Science, and Transportation, the Committee on Homeland Security and Governmental Affairs, the Committee on Finance, the Committee on Foreign Relations, and the Select Committee on Intelligence of the Senate; and

(B) the Committee on Armed Services, the Committee on Energy and Commerce, the Committee on Homeland Security, the Committee on Financial Services, the Committee on Foreign Affairs, the Committee on Ways and Means, and the Permanent Select Committee on Intelligence of the House of Representatives.

(2) CYBERSPACE

The term "cyberspace"—

(A) means the interdependent network of information technology infrastructures; and

(B) includes the Internet, telecommunications networks, computer systems, and embedded processors and controllers.

(3) ECONOMIC OR INDUSTRIAL ESPIONAGE

The term "economic or industrial espionage" means—

(A) stealing a trade secret or proprietary information or appropriating, taking, carrying away, or concealing, or by fraud, artifice, or deception obtaining, a trade secret or proprietary information without the authorization of the owner of the trade secret or proprietary information;

(B) copying, duplicating, downloading, uploading, destroying, transmitting, delivering, sending, communicating, or conveying a trade secret or proprietary information without the authorization of the owner of the trade secret or proprietary information; or

(C) knowingly receiving, buying, or possessing a trade secret or proprietary information that has been stolen or appropriated, obtained, or converted without the authorization of the owner of the trade secret or proprietary information.

(4) KNOWINGLY

The term "knowingly", with respect to conduct, a circumstance, or a result, means that a person has actual knowledge, or should have known, of the conduct, the circumstance, or the result.

(5) OWN

The term "own", with respect to a trade secret or proprietary information, means to hold rightful legal or equitable title to, or license in, the trade secret or proprietary information.

(6) PERSON

The term "person" means an individual or entity.

(7) PROPRIETARY INFORMATION

The term "proprietary information" means competitive bid preparations, negotiating strategies, executive emails, internal financial data, strategic business plans, technical designs, manufacturing processes, source code, data derived from research and development investments, and other commercially valuable information that a person has developed or obtained if—

(A) the person has taken reasonable measures to keep the information confidential; and

(B) the information is not generally known or readily ascertainable through proper means by the public.

(8) TECHNOLOGY

The term "technology" has the meaning given that term in section 16 1 of the Export Administration Act of 1979 (50 U.S.C. 4618) (as in effect pursuant to the International Emergency Economic Powers Act (50 U.S.C. 1701 et seq.)).

(9) TRADE SECRET

The term "trade secret" has the meaning given that term in section 1839 of title 18.

(10) UNITED STATES PERSON

The term "United States person" means–

(A) an individual who is a citizen or resident of the United States;

(B) an entity organized under the laws of the United States or any jurisdiction within the United States; or

(C) a person located in the United States.

(Pub. L. 113-291, div. A, title XVI, § 1637, Dec. 19, 2014, 128 Stat. 3644.)

Code of Federal Regulations (US)

TITLE 31 Money and finance : tresury

SUBTITLE B *Régulation relating to Money and Finance*

CHAPTER V *Office of foreign assets control, department of the treasury*

part 501 *Reporting, procedures and penalties regulations*

SUBPART. A Relation of This Part to Other Parts in This Chapter

501.101 *Relation of this part to other parts in this chapter.* This part sets forth standard reporting and recordkeeping requirements and license application and other procedures governing transactions regulated pursuant to other parts codified in this chapter, as well as to economic sanctions programs for which implementation and administration are delegated to the Office of Foreign Assets Control. Substantive prohibitions and policies particular to each economic sanctions program are not contained in this part but are set forth in the particular part of this chapter dedicated to that program, or, in the case of economic sanctions programs not yet implemented in regulations, in the applicable executive order or other authority. License application procedures and reporting requirements set forth in this part govern transactions undertaken pursuant to general or specific licenses. The criteria for general and specific licenses pertaining to a particular economic sanctions program are set forth in subpart E of the individual parts in this chapter. Statements of licensing policy contained in subpart E of the individual parts in this chapter, however, may contain additional information collection provisions that require production of specified documentation unique to a given general license or statement of licensing policy.

SUBPART B Definitions

§ 501.301 *Definitions.* Definitions of terms used in this part are found in subpart C of the part within this chapter applicable to the relevant application, record, report, procedure or transaction. In the case of economic sanctions programs for which implementation and administration are delegated to the Office of Foreign Assets Control but for which regulations have not yet been issued, the definitions of terms in this part are governed by definitions contained in the implementing statute or Executive order.

SUBPART C Reports

§ 501.601 *Records and recordkeeping requirements.* Except as otherwise provided, every person engaging in any transaction subject to the provisions of this chapter shall keep a full and accurate record of each such transaction engaged in, regardless of whether such transaction is effected pursuant to license or otherwise, and such record shall be available for examination for at least 5 years after the date of such transaction. Except as otherwise provided, every person holding property blocked pursuant to the provisions of this chapter or funds transfers retained pursuant to § 596.504(b) of this chapter shall keep a full and accurate record of such property, and such record shall be available for examination for the period of time that such property is blocked and for at least 5 years after the date such property is unblocked.

NOTE: See subpart F of part. 597 for the relationship between this section and part. 597.

§ 501.602 *Reports to be furnished on demand.* (a) Every person is required to furnish under oath, in the form of reports or otherwise, from time to time and at any time as may be required by the Office of Foreign Assets Control, complete information relative to any act or transaction, regardless of whether such act or transaction is effected pursuant to license or otherwise, subject to the provisions of this chapter or relative to any property in which any foreign country or any national thereof has or had any interest of any nature whatsoever, direct or indirect. The Office of Foreign Assets Control may require that such reports include the production of any books, contracts, letters, papers, or other hard copy or electronic documents relating to any such act, transaction, or property, in the custody or control of the persons required to make such reports. Reports with respect to transactions may be required either before, during, or after such transactions. Except as provided in parts 596 and 597, the Office of Foreign Assets Control may, through any person or agency, conduct investigations, hold hearings, administer oaths, examine witnesses, receive evidence, take depositions, and require by subpoena the attendance and testimony of witnesses and the production of any books, contracts, letters, papers, and other hard copy or electronic documents relating to any matter under investigation, regardless of whether any report has been required or filed in connection therewith.

(b) For purposes of paragraph (a) of this section, the term "document" includes any written, recorded, or graphic matter or other means of preserving thought or expression (including in electronic format), and all tangible things stored in any medium from which information can be processed, transcribed, or obtained directly or indirectly, including correspondence, memoranda, notes, messages, contemporaneous communications such as text and instant messages, letters, emails, spreadsheets, metadata, contracts, bulletins, diaries, chronological data, minutes, books, reports, examinations, charts, ledgers, books of account, invoices, air waybills, bills of lading, worksheets, receipts, printouts, papers, schedules, affidavits, presentations, transcripts, surveys, graphic representations of any kind, drawings, photographs, graphs, video or sound recordings, and motion pictures or other film.

(c) Persons providing documents to OFAC pursuant to this section must produce documents in a usable format agreed upon by OFAC. For guidance, see OFAC's data delivery standards available on OFAC's website (http://www.treasury.gov/ofac).

NOTE 1 TO § 501.602: See subpart F of part. 597 for the relationship between this section and part. 597.

§ 501.603 *Reports on blocked and unblocked property.* (a) *Who must report* —(1) *Holders of blocked property.* Any U.S. person (or person subject to U.S. jurisdiction), including a financial institution, holding property blocked pursuant to this chapter or releasing property from blocked status (i.e., unblocking property) pursuant to this chapter shall submit the relevant reports described in this section to the Office of Foreign Assets Control (OFAC). This requirement applies to all U.S. persons (or persons subject to U.S. jurisdiction) who have or have had in their possession or control any property blocked pursuant to this chapter, including financial institutions that receive and block payments or transfers.

(2) *Primary responsibility to report.* A report may be filed on behalf of a holder of blocked property or a releaser of property from blocked status by an attorney, agent, or other person. Primary responsibility for reporting, however, rests with the actual holder or releaser of the property, or the person exercising control over property

located outside the United States, with the following exceptions: Primary responsibility for reporting any trust assets rests with the trustee; and primary responsibility for reporting real property rests with any U.S. co-owner, legal representative, agent, or property manager in the United States. no person is excused from filing a report by reason of the fact that another person has submitted a report with regard to the same property, except upon actual knowledge of the report filed by such other person.

(3) *Financial institution.* For purposes of this section, the term "financial institution" includes a banking institution, domestic bank, United States depository institution, financial institution, or U.S. financial institution, as those terms are defined in the applicable part of this chapter.

(b) *What must be reported*-(1) *Initial blocking reports*-(i) *When reports are due.* Reports shall be filed within 10 business days from the date that property becomes blocked.

(ii) Required information to be reported. Initial reports on blocked property shall include the following:

(A) The name and address of the person holding the property blocked pursuant to this chapter (i.e., the person filing the report on blocked property, such as a financial institution), and the name, telephone number, and email address of a contact from whom additional information may be obtained;

(B) A description of any transaction associated with the blocking, including: The type of transaction; any persons, including financial institutions, participating in the transaction and their respective locations (e.g., if relevant, customers, beneficiaries, originators, letter of credit applicants, and their banks; intermediary banks; correspondent banks; issuing banks; and advising or confirming banks); and any reference numbers, dates, or other information necessary to identify the transaction;

(C) The associated sanctions target(s) whose property is blocked (such as a Specially Designated National or other blocked person), the location(s) of the target(s) (if known), and, if not evident, a narrative description of the interest(s) of the target(s) in the property; if there is no target or the target is not known, include a reference to the relevant written communication from OFAC pursuant to which the blocking action was taken;

(D) A description of the property that is the subject of the blocking and its location in the United States or otherwise, including any relevant account numbers and account types, check numbers, reference numbers, dates, or other information necessary to identify the property;

(E) The date the property was blocked;

(F) The actual, or if unknown, estimated value of the property in U.S. Dollars. If the blocked property represents an outstanding loan, a credit card receivable, or other property with a negative balance, the amount blocked should be reported as $0.00 (zero) with the amount owed reflected in a narrative description. Blocked trade finance documents should also be reported as $0.00 (zero) with the value of the shipment reflected in a narrative description. Transactions blocked in foreign currencies must be reported in U.S. Dollars with the foreign currency amount and notional exchange rate in the narrative;

(G) The legal authority or authorities under which the property is blocked and any action taken with respect to the property (e.g., that the property has been deposited into a new or existing blocked, interest-bearing account that is labeled as such and is established in the name of, or contains a means of clearly identifying the interest of, the person subject to blocking pursuant to the requirements of this chapter). This may include a reference to the sanctions program (current programs are listed here: www.treasury.gov/resource-center/sanctions/SDN-List/Pages/program_tags.aspx), the applicable part of this chapter (e.g., 31 CFR part. 515, 31 CFR part. 544), an Executive order (E.O.) (e.g., E.O. 13224, E.O. 13599), or a statute (e.g., Foreign Narcotics Kingpin Designation Act). (Note: For this purpose, the term "SDN" is generic and cannot be used to identify the legal authority for blocking property); and

(H) A copy of any payment or transfer instructions, check, letter of credit, accompanying bill of lading, invoice, or any other relevant documentation received in connection with any related transaction.

(2) *Annual reports of blocked property*-(i) *When reports are due*. A report on all blocked property held as of June 30 of the current year shall be filed annually by September 30.

(ii) *Required information to be reported*. Annual reports on blocked property shall include the following:

(A) The name and address of the person holding the property blocked pursuant to this chapter (i.e., the person filing the report on blocked property, such as a financial institution), and the name, telephone number, and email address of a contact from whom additional information may be obtained;

(B) The number of accounts or items reported in the annual report;

(C) Beginning with the annual report due no later than September 30, 2020, and for each subsequent reporting year, the associated sanctions target(s) whose property is blocked, such as a Specially Designated National or other blocked person, the location(s) of the target(s), if known, and, if not evident, a narrative description of the interest(s) of the target(s) in the transaction; if there is no target or the target is not known, include a reference to the relevant written communication from OFAC pursuant to which the blocking action was taken;

(D) A description of the property that is the subject of the blocking and its location in the United States or otherwise, including any relevant account numbers and account types, check numbers, reference numbers, dates, or other information necessary to identify the property;

(E) The date the property was blocked;

(F) The actual, or if unknown, estimated value of the property in U.S. Dollars as of June 30. If a June 30 value date is not available and a value date other than June 30 is reported, so indicate. If the blocked property represents an outstanding loan, a credit card receivable, or other property with a negative balance, the amount blocked should be reported as $0.00 (zero) with the amount owed reflected in a narrative description. Blocked trade finance documents should also be reported as $0.00 (zero) with the value of the shipment reflected in a narrative description. Transactions blocked in foreign currencies must be reported in U.S. Dollars with the foreign currency amount and notional exchange rate in the narrative; and

(G) The legal authority or authorities under which the property is blocked. This may include a reference to the sanctions program (current programs are listed here: www.treasury.gov/resource-center/sanctions/SDN-List/Pages/program_tags.aspx), the applicable part of this chapter (e.g., 31 CFR part. 515, 31 CFR part. 544), an Executive order (E.O.) (e.g., E.O. 13224, E.O. 13599), or a statute (e.g., Foreign Narcotics Kingpin Designation Act). (Note: For this purpose, the term "SDN" is generic and cannot be used to identify the legal authority for blocking property).

(iii) *Format of annual reports*. Annual reports shall be submitted to OFAC either using the most recent version of Form TDF 90-22.50, Annual Report of Blocked Property, or by another official reporting option, including electronic, as specified by OFAC on its website (http://www.treasury.gov/ofac). While blocked funds may be maintained in omnibus accounts, the annual reports must contain a disaggregated list showing each blocked asset contained within the omnibus account. Form TDF 90-22.50 may be obtained directly from OFAC by downloading the form from the OFAC Reporting and License Application Forms page on OFAC's website (https://www.treasury.gov/resource-center/sanctions/Pages/forms-index.aspx). Requests to submit the information required pursuant to § 501.603(b)(2)(ii) in an alternative format developed by the reporter are invited and will be considered by OFAC on a case-by-case basis. A copy of reports submitted pursuant to § 501.603(b)(2) shall be retained for the submitter's records.

(3) *Unblocking reports*-(i) *When reports are due*. These reports are only due when specifically required by OFAC, such as when they are made a condition of a general

or specific license, and shall be filed within 10 business days from the date property is unblocked.

(ii) *Required information to be reported.* Reports on the release of property from blocked status (i.e., property that is unblocked) shall include the following:

(A) The name and address of the person holding the property immediately prior to the property's release from blocked status (i.e., the person filing the unblocking report, such as a financial institution), and the name, telephone number, and email address of a contact from whom additional information may be obtained;

(B) The associated sanctions target(s) whose property had been previously blocked and was released from blocked status, such as a Specially Designated National or other blocked person, the location(s) of the target(s), if known, and, if not evident, a narrative description of the interest(s) of the target(s) in the previously blocked property or transaction; if there is no target or the target is not known, include a reference to the relevant written communication from OFAC pursuant to which the blocking action was taken;

(C) A description of the property that has been unblocked and its location in the United States or otherwise immediately prior to its release from blocked status, including any relevant account numbers and account types, check numbers, reference numbers, dates, or other information necessary to identify the property;

(D) The date the property was unblocked;

(E) The actual value of the property that was released from blocked status in U.S. Dollars. If the property represented an outstanding loan, a credit card receivable, or other property with a negative balance, the amount unblocked should be reported as $0.00 (zero) with the amount owed reflected in a narrative description. Trade finance documents should also be reported as $0.00 (zero) with the value of the shipment reflected in a narrative description. Transactions that were previously blocked in foreign currencies and were unblocked in a foreign currency must be reported in U.S. Dollars with the foreign currency amount and notional exchange rate in the narrative;

(F) The legal authority or authorities under which the property was unblocked. This may include, for example, reference to a specific or general license under an applicable part of this chapter or an E.O.; and

(G) A copy of the original blocking report filed with OFAC pursuant to § 501.603(b)(1), when available.

(c) *Reports on retained funds pursuant to § 596.504(b) of this chapter.* The reporting requirements set forth in this section are applicable to any person retaining funds pursuant to § 596.504(b) or releasing such funds.

(d) *Where to report.* All reports under this section shall be submitted to OFAC using one of the following methods: Email: OFACreport@treasury.gov; U.S. mail: Office of Foreign Assets Control, Sanctions Compliance and Evaluation Division, U.S. Department of the Treasury, 1500 Pennsylvania Avenue, NW, Freedman's Bank Building, Washington, DC 20220; or any other official reporting option, including electronic, as specified by OFAC on its website (http://www.treasury.gov/ofac). OFAC strongly prefers to receive reports made pursuant to this section by email or any other official electronic reporting option, as specified by OFAC on its website.

(e) *Rules governing availability of information.* OFAC records are made available to the public in accordance with the Freedom of Information Act (FOIA) (5 U.S.C. 552) and the provisions of 31 CFR part. 1. See 31 CFR 1.5 for provisions pertaining to business information. Reports on blocked and unblocked property and the information required to be reported to OFAC pursuant to this section are subject to the FOIA. Information provided to OFAC pursuant to this section generally will be released upon the receipt of a valid FOIA request, unless OFAC determines that such information should be withheld in accordance with an applicable FOIA exemption.

§ 501.604 *Reports on rejected transactions.* (a) *Who must report-*(1) *Persons rejecting transactions.* Any U.S. person (or person subject to U.S. jurisdiction), including a financial institution, that rejects a transaction that is not blocked under the provisions of this chapter, but where processing or engaging in the transaction would nonetheless violate a provision contained in this chapter, shall submit a report to the Office of Foreign Assets Control (OFAC).

(2) *Financial institution*. For purposes of this section, the term "financial institution" includes a banking institution, domestic bank, United States depository institution, financial institution, or U.S. financial institution, as those terms are defined in the applicable part of this chapter.

(3) *Transaction*. The term transaction includes transactions related to wire transfers, trade finance, securities, checks, foreign exchange, and goods or services.

(b) *Required information to be reported*. Reports on rejected transactions shall include the following:

(1) The name and address of the person that rejected the transaction pursuant to this chapter (i.e., the person filing the report on the rejected transaction, such as a financial institution), and the name and telephone number of a contact from whom additional information may be obtained;

(2) A description of the rejected transaction, including the type of transaction; any persons, including financial institutions, participating in the transaction and their respective locations (e.g., customers, beneficiaries, originators, letter of credit applicants, and their banks; intermediary banks; correspondent banks; issuing banks; and advising or confirming banks); a description of the property that is the subject of the transaction; and any reference numbers, account numbers, dates, or other information necessary to identify the transaction;

(3) If applicable, the associated sanctions target(s) whose involvement in the transaction has resulted in the transaction being rejected, the location(s) of the associated sanctions target(s), if known, and, if not evident, a narrative description of the interest(s) of the target(s) in the transaction;

(4) The date the transaction was rejected;

(5) The actual, or if unknown, estimated value of the property in U.S. Dollars. Rejected trade documents should be reported as $0.00 (zero) with the value of the shipment reflected in a narrative description. Rejected transactions in foreign currencies must be reported in U.S. Dollars with the foreign currency amount and notional exchange rate in a narrative description;

(6) The legal authority or authorities under which the transaction was rejected. This may include a reference to the sanctions program (current programs are listed here: www.treasury.gov/resource-center/sanctions/SDN-List/Pages/program_tags.aspx), the applicable part of this chapter (e.g., 31 CFR part. 515, 31 CFR part. 544), an Executive Order (E.O.) (e.g., E.O. 13224, E.O. 13599), or a statute (e.g., Foreign Narcotics Kingpin Designation Act). (Note: For this purpose, the term "SDN" is generic and cannot be used to identify the legal authority or authorities for rejecting transactions); and

(7) A copy of any related payment or transfer instructions, check, letter of credit, accompanying bill of lading, invoice, or any other relevant documentation received in connection with the transaction.

(c) *When reports are due*. Reports shall be filed within 10 business days of the rejected transaction prohibited by the provisions of this chapter.

(d) *Where to report*. Reports under this section shall be submitted to OFAC using one of the following methods: Email: OFACreport@treasury.gov; U.S. mail: Office of Foreign Assets Control, Sanctions Compliance and Evaluation Division, U.S. Department of the Treasury, 1500 Pennsylvania Avenue, NW, Freedman's Bank Building, Washington, DC 20220; or any other official reporting option, including electronic, as specified by OFAC on its website (http://www.treasury.gov/ofac). OFAC strongly prefers to receive reports made pursuant to this section by email or any other official electronic reporting option, as specified by OFAC on its website.

(e) *Rules governing availability of information*. OFAC records are made available to the public in accordance with the Freedom of Information Act (FOIA) (5 U.S.C. 552) and the provisions of 31 CFR part. 1. See 31 CFR 1.5 for provisions pertaining to business information. Reports on rejected transactions and the information required

to be reported to OFAC pursuant to this section are subject to the FOIA. Information provided to OFAC pursuant to this section generally will be released upon the receipt of a valid FOIA request, unless OFAC determines that such information should be withheld in accordance with an applicable FOIA exemption.

§ 501.605 *Reports on litigation, arbitration, and dispute resolution proceedings. (a)* **U.S. persons (or persons subject to the jurisdiction of the United States in the case of parts 500 and 515 of this chapter) participating in litigation, arbitration, or other binding alternative dispute resolution proceedings in the United States on behalf of or against persons whose property or interests in property are blocked or whose funds have been retained pursuant to § 596.504(b) of this chapter, or when the outcome of any proceeding may affect blocked property or retained funds, must :**

(1) Provide notice of such proceedings upon their commencement or upon submission or receipt of documents bringing the proceedings within the terms of the introductory text to this paragraph (a);

(2) Submit copies of all pleadings, motions, memoranda, exhibits, stipulations, correspondence, and proposed orders or judgments (including any proposed final judgment or default judgment) submitted to the court or other adjudicatory body, and all orders, decisions, opinions, or memoranda issued by the court, to the Chief Counsel, Office of Foreign Assets Control, U.S. Department of the Treasury, 1500 Pennsylvania Avenue, NW.-Annex, Washington, DC 20220, within 10 days of filing, submission or issuance. This paragraph (a)(2) shall not apply to discovery requests or responses, documents filed under seal, or requests for procedural action not seeking action dispositive of the proceedings (such as requests for extension of time to file); and

(3) Report by immediate facsimile transmission to the Chief Counsel, Office of Foreign Assets Control, at facsimile number 202/622-1911, the scheduling of any hearing or status conference in the proceedings whenever it appears that the court or other adjudicatory body may issue an order or judgment in the proceedings (including a final judgment or default judgment) or is considering or may decide any pending request dispositive of the merits of the proceedings or of any claim raised in the proceedings.

(b) The reporting requirements of paragraph (a) of this section do not apply to proceedings to which the Office of Foreign Assets Control is a party.

(c) Persons initiating proceedings subject to the reporting requirements of this section must notify the court or other adjudicatory body of the restrictions set forth under the applicable part in this chapter governing the transfer of blocked property or funds retained pursuant to § 596.504(b) of this chapter, including the prohibition on any unlicensed attachment, judgment, decree, lien, execution, garnishment or other judicial process with respect to any property in which, on or after the applicable effective date, there existed an interest of any person whose property and property interests were subject to blocking pursuant to this chapter or were subject to retention pursuant to § 596.504(b) of this chapter.

§ 501.606 *Reporting and recordkeeping requirements applicable to economic sanctions programs.* **The reporting and recordkeeping requirements set forth in this subpart are applicable to economic sanctions programs for which implementation and administration have been delegated to the Office of Foreign Assets Control.**

SUBPART. D Trading With the Enemy Act (TWEA) Penalties

§ 501.700 *Applicability.* **This subpart is applicable only to those parts of chapter V promulgated pursuant to the TWEA, which include parts 500, 505, and 515.**

§ 501.701 *Penalties.* **(a) Attention is directed to section 16 of the TWEA, as adjusted pursuant to the Federal Civil Penalties Inflation Adjustment Act of 1990 (Pub. L. 101-410, as amended, 28 U.S.C. 2461 note), which provides that:**

(1) Persons who willfully violate any provision of TWEA or any license, rule, or regulation issued thereunder, and persons who willfully violate, neglect, or refuse to comply with any order of the President issued in compliance with the provisions of TWEA shall, upon conviction, be fined not more than $1,000,000 or, if an individual, be imprisoned for not more than 20 years, or both.

(2) Any property, funds, securities, papers, or other articles or documents, or any vessel, together with its tackle, apparel, furniture, and equipment, concerned in a violation of TWEA may upon conviction be forfeited to the United States Government.

(3) The Secretary of the Treasury may impose a civil penalty of not more than $91,816 per violation on any person who violates any license, order, or regulation issued under TWEA.

NOTE TO PARAGRAPH (a)(3): The current civil penalty cap may be adjusted for inflation pursuant to the Federal Civil Penalties Inflation Adjustment Act of 1990 (Pub. L. 101-410, as amended, 28 U.S.C. 2461 note).

(4) Any property, funds, securities, papers, or other articles or documents, or any vessel, together with its tackle, apparel, furniture, and equipment, that is the subject of a violation subject to a civil penalty issued pursuant to TWEA shall, at the discretion of the Secretary of the Treasury, be forfeited to the United States Government.

(b) The criminal penalties provided in TWEA are subject to increase pursuant to 18 U.S.C. 3571 which, when read in conjunction with section 16 of TWEA, provides that persons convicted of violating TWEA may be fined up to the greater of either $250,000 for individuals and $1,000,000 for organizations or twice the pecuniary gain or loss from the violation.

(c) Attention is directed to 18 U.S.C. 1001, which provides that whoever, in any matter within the jurisdiction of any department or agency of the United States, knowingly and willfully falsifies, conceals or covers up by any trick, scheme, or device a material fact, or makes any false, fictitious or fraudulent statements or representations, or makes or uses any false writing or document knowing the same to contain any false, fictitious or fraudulent statement or entry, shall be fined under title 18, United States Code, or imprisoned not more than 5 years, or both.

§ 501.702 *Definitions.* (a) *Chief Counsel* means the Chief Counsel (Foreign Assets Control), Office of the General Counsel, Department of the Treasury.

(b) *Day* means calendar day. In computing any period of time prescribed in or allowed by this subpart, the day of the act, event, or default from which the designated period of time begins to run shall not be included. The last day of the period so computed shall be included unless it is a Saturday, Sunday, or Federal legal holiday, in which event the period runs until the end of the next day that is not a Saturday, Sunday, or Federal legal holiday. Intermediate Saturdays, Sundays, and Federal legal holidays shall be excluded from the computation when the period of time prescribed or allowed is seven days or less, not including any additional time allowed for service by mail. If on the day a filing is to be made, weather or other conditions have caused the designated filing location to close, the filing deadline shall be extended to the end of the next day that the filing location is not closed and that is not a Saturday, a Sunday, or a Federal legal holiday. If service is made by mail, three days shall be added to the prescribed period for response.

(c) *Department* means the Department of the Treasury.

(d) *Director* means the Director of the Office of Foreign Assets Control, Department of the Treasury.

(e) *Ex Parte Communication* means any material oral or written communication not on the public record concerning the merits of a proceeding with respect to which reasonable prior notice to all parties is not given, on any material matter or proceeding covered by these rules, that takes place between: A party to the proceeding, a party's counsel, or any other interested individual; and the Administrative Law Judge or Secretary's designee handling that proceeding. A request to learn the status of a proceeding does not constitute an ex parte communication; and settlement inquiries and discussions do not constitute ex parte communications.

(f) *General Counsel* means the General Counsel of the U.S. Department of the Treasury.

(g) *Order of Settlement* means a written order issued by the Director terminating a civil penalty action. An Order of Settlement does not constitute an agency decision that any violation took place.

(h) *Order Instituting Proceedings* means a written order issued by the Director to initiate a civil penalty hearing.

(i) *Prepenalty Notice* means a written notification from the Director informing a respondent of the alleged violation(s) and the respondent's right to respond.

(j) *Penalty Notice* means a written notification from the Director informing a respondent that the Director has made a finding of violation and, absent a request for a hearing, will impose a civil monetary penalty.

(k) *Proceeding* means any agency process initiated by an "Order Instituting Proceedings," or by the filing of a petition for review of an Administrative Law Judge's decision or ruling.

(l) *Respondent* means any individual alleged by the Director to have violated a TWEA-based sanctions regulation.

(m) *Secretary's designee* means a U.S. Treasury Department official delegated responsibility by the Secretary of the Treasury to consider petitions for review of Administrative Law Judge decisions made in civil penalty hearings conducted pursuant to this subpart.

(n) *Secretary* means the Secretary of the Treasury.

§ 501.703 *Overview of civil penalty process and construction of rules.* (a) The administrative process for enforcing TWEA sanctions programs proceeds as follows:

(1) The Director of the Office of Foreign Assets Control will notify a suspected violator (hereinafter "respondent") of an alleged violation by issuing a "Prepenalty Notice." The Prepenalty Notice shall describe the alleged violation(s) and include a proposed civil penalty amount.

(2) The respondent will have 60 days from the date the Prepenalty Notice is served to make a written presentation either defending against the alleged violation or admitting the violation. A respondent who admits a violation may offer information as to why a monetary penalty should not be imposed or why, if imposed, the monetary penalty should be in a lesser amount than proposed.

(3) Absent a settlement agreement or a finding that no violation occurred, the Director of the Office of Foreign Assets Control will issue a "Penalty Notice." The respondent will have 30 days from the date of service to either pay the penalty or request a hearing.

(4) If the respondent requests a hearing, the Director of the Office of Foreign Assets Control will have two options:

(i) The Director may issue an "Order Instituting Proceedings" and refer the matter to an Administrative Law Judge for a hearing and decision; or

(ii) The Director may determine to discontinue the penalty action based on information presented by the respondent.

(5) Absent review by a Secretary's designee, the decision of the Administrative Law Judge will become the final decision of the Department without further proceedings.

(6) If review is taken by a Secretary's designee, the Secretary's designee reaches the final decision of the Department.

(7) A respondent may seek judicial review of the final decision of the Department.

(b) *Construction of rules.* The rules contained in this subpart shall be construed and administered to promote the just, speedy, and inexpensive determination of every action. To the extent there is a conflict between the rules contained in this subpart and a procedural requirement contained in any statute, the requirement in the statute shall control.

§ 501.704 *Appearance and practice.* No person shall be represented before the Director in any civil penalty matter, or an Administrative Law Judge or the Secretary's designee in a civil penalty hearing, under this subpart except as provided in this section.

(a) *Representing oneself.* In any proceeding, an individual may appear on his or her own behalf.

(b) *Representative.* Upon written notice to the Director,

(1) A respondent may be represented by a personal representative. If a respondent wishes to be represented by counsel, such counsel must be an attorney at law admitted to practice before the Supreme Court of the United States, the highest court of any State, commonwealth, possession, or territory of the United States, or the District of Columbia;

(2) A duly authorized member of a partnership may represent the partnership; and

(3) A bona fide officer, director, or employee of a corporation, trust or association may represent the corporation, trust or association.

(c) *Director representation.* The Director shall be represented by members of the Office of Chief Counsel or any other counsel specifically assigned by the General Counsel.

(d) *Conflicts of interest-(1) Conflict of interest in representation.* No individual shall appear as representative for a respondent in a proceeding conducted pursuant to this subpart if it reasonably appears that such representation may be materially limited by that representative's responsibilities to a third person, or by that representative's own interests.

(2) *Corrective measures.* An Administrative Law Judge may take corrective measures at any stage of a proceeding to cure a conflict of interest in representation, including the issuance of an order limiting the scope of representation or disqualifying an individual from appearing in a representative capacity for the duration of the proceeding.

§ 501.705 *Service and filing.* (a) Service of Prepenalty Notice, Penalty Notice, Acknowledgment of Hearing Request and Order Instituting Proceedings. The Director shall cause any Prepenalty Notice, Penalty Notice, Acknowledgment of Hearing Request, Order Instituting Proceedings, and other related orders and decisions, or any amendments or supplements thereto, to be served upon the respondent.

(1) *Service on individuals.* Service shall be complete:

(i) Upon the date of mailing by first class (regular) mail to the respondent at the respondent's last known address, or to a representative authorized to receive service, including qualified representatives noticed to the Director pursuant to § 501.704. Absent satisfactory evidence in the administrative record to the contrary, the Director may presume that the date of mailing is the date stamped on the first page of the notice or order. The respondent may rebut the presumption that a notice or order was mailed on the stamped mailing date only by presenting evidence of the postmark date on the envelope in which the notice or order was mailed;

(ii) Upon personal service on the respondent; or leaving a copy at the respondent's place of business with a clerk or other person in charge thereof; or leaving a copy at the respondent's dwelling house or usual place of abode with a person at least 18 years of age then residing therein; or with any other representative authorized by appointment or by law to accept or receive service for the respondent, including representatives noticed to the Director pursuant to § 501.704; and evidenced by a certificate of service signed and dated by the individual making such service, stating the method of service and the identity of the individual with whom the notice or order was left; or

(iii) Upon proof of service on a respondent who is not resident in the United States by any method of service permitted by the law of the jurisdiction in which the respondent resides or is located, provided the requirements of such foreign law satisfy due process requirements under United States law with respect to notice of administrative proceedings, and where applicable laws or intergovernmental agreements or understandings make the methods of service set forth in paragraphs (a)(1)(i) and

(ii) of this section inappropriate or ineffective for service upon the nonresident respondent.

(2) *Service on corporations and other entities.* Service is complete upon delivering a copy of the notice or order to a partner, bona fide officer, director, managing or general agent, or any other agent authorized by appointment or by law to receive such notice, by any method specified in paragraph (a)(1) of this section.

(b) *Service of responses to Prepenalty Notice, Penalty Notice, and requests for a hearing.* A respondent shall serve a response to a Prepenalty Notice and any request for a hearing on the Director through the Chief of Civil Penalties, Office of Foreign Assets Control, U.S. Treasury Department, 1500 Pennsylvania Avenue, NW., Washington DC 20220, with the envelope prominently marked "Urgent: Part. 501 Action." Service shall be complete upon the date of mailing, as evidenced by the post-mark date on the envelope, by first class (regular) mail.

(c) *Service or filing of papers in connection with any hearing by an Administrative Law Judge or review by the Secretary's designee*-(1) *Service on the Director and/or each respondent.* (i) Each paper, including each notice of appearance, written motion, brief, petition for review, statement in opposition to petition for review, or other written communication, shall be served upon the Director and/or each respondent in the proceeding in accordance with paragraph (a) of this section; provided, however, that no service shall be required in the case of documents that are the subject of a motion seeking a protective order to limit or prevent disclosure to another party.

(ii) Service upon the Director shall be made through the Chief Counsel (Foreign Assets Control), U.S. Treasury Department, 1500 Pennsylvania Avenue, NW., Washington, DC 20220, with the envelope prominently marked "Urgent: Part. 501 Proceeding."

(iii) Service may be made :

(A) As provided in paragraph (a) of this section;

(B) By mailing the papers through the U.S. Postal Service by Express Mail; or

(C) By transmitting the papers by facsimile machine where the following conditions are met:

(1) The persons serving each other by facsimile transmission have agreed to do so in a writing, signed by each party, which specifies such terms as they deem necessary with respect to facsimile machine telephone numbers to be used, hours of facsimile machine operation, the provision of non-facsimile original or copy, and any other such matters; and

(2) Receipt of each document served by facsimile is confirmed by a manually signed receipt delivered by facsimile machine or other means agreed to by the parties.

(iv) Service by U.S. Postal Service Express Mail is complete upon delivery as evidenced by the sender's receipt. Service by facsimile is complete upon confirmation of transmission by delivery of a manually signed receipt.

(2) *Filing with the Administrative Law Judge.* Unless otherwise provided, all briefs, motions, objections, applications or other filings made during a proceeding before an Administrative Law Judge, and all requests for review by the Secretary's designee, shall be filed with the Administrative Law Judge.

(3) *Filing with the Secretary's designee.* And all briefs, motions, objections, applications or other filings made during a proceeding before the Secretary's designee shall be filed with the Secretary's designee.

(4) *Certificate of service.* Papers filed with an Administrative Law Judge or Secretary's designee shall be accompanied by a certificate stating the name of each person served, the date of service, the method of service and the mailing address or facsimile telephone number to which service was made, if not made in person. If the method of service to any person is different from the method of service to any other person, the certificate shall state why a different means of service was used.

(5) *Form of briefs.* All briefs containing more than 10 pages shall, to the extent applicable, include a table of contents, an alphabetized table of cases, a table of statutes, and a table of other authorities cited, with references to the pages of the brief wherein they are cited.

(6) *Specifications*. All original documents shall be filed with the Administrative Law Judge or Secretary's designee, as appropriate. Papers filed in connection with any proceeding shall:

(i) Be on one grade of unglazed white paper measuring 8.5 × 11 inches, except that, to the extent that the reduction of larger documents would render them illegible, such documents may be filed on larger paper;

(ii) Be typewritten or printed in either 10– or 12-point typeface or otherwise reproduced by a process that produces permanent and plainly legible copies;

(iii) Include at the head of the paper, or on a title page, the title of the proceeding, the name(s) of each respondent, the subject of the particular paper or pleading, and the file number assigned to the proceeding;

(iv) Be formatted with all margins at least 1 inch wide;

(v) Be double-spaced, with single-spaced footnotes and single-spaced indented quotations; and

(vi) Be stapled, clipped or otherwise fastened in the upper left corner.

(7) *Signature requirement and effect*. All papers must be dated and signed by a member of the Office of Chief Counsel, or other counsel assigned by the General Counsel to represent the Director, or a respondent or respondent's representative, as appropriate. If a filing is signed by a respondent's representative it shall state that representative's mailing address and telephone number. A respondent who represents himself or herself shall sign his or her individual name and state his or her address and telephone number on every filing. A witness deposition shall be signed by the witness.

(i) Effect of signature. The signature shall constitute a certification that:

(A) The person signing the filing has read the filing;

(B) To the best of his or her knowledge, information, and belief, formed after reasonable inquiry, the filing is well grounded in fact and is warranted by existing law or a good faith argument for the extension, modification, or reversal of existing law; and

(C) The filing is not made for any improper purpose, such as to harass or to cause unnecessary delay or needless increase in the cost of adjudication.

(ii) If a filing is not signed, the Administrative Law Judge (or the Secretary's designee) shall strike the filing, unless it is signed promptly after the omission is called to the attention of the person making the filing.

(d) Service of written orders or decisions issued by the Administrative Law Judge or Secretary's designee. Written orders or decisions issued by the Administrative Law Judge or the Secretary's designee shall be served promptly on each respondent and the Director pursuant to any method of service authorized under paragraph (a) of this section. Service of such orders or decisions shall be made by the Administrative Law Judge or the Secretary's designee, as appropriate.

§ 501.706 *Prepenalty Notice; issuance by Director.* (a) *When required*. If the Director has reason to believe there has occurred a violation of any provision of parts 500 or 515 of this chapter or a violation of the provisions of any license, ruling, regulation, order, direction or instruction issued by or pursuant to the direction or authorization of the Secretary pursuant to parts 500 or 515 of this chapter or otherwise under the Trading With the Enemy Act, and the Director determines that further civil proceedings are warranted, the Director shall issue a Prepenalty Notice. The Prepenalty Notice may be issued whether or not another agency has taken any action with respect to the matter.

(b) *Contents of notice*-(1) *Facts of violation*. The Prepenalty Notice shall describe the alleged violation, specify the laws and regulations allegedly violated, and state the amount of the proposed monetary penalty.

(2) *Right to respond*. The Prepenalty Notice shall inform the respondent of respondent's right to make a written presentation within the time prescribed in § 501.707 as to why the respondent believes there should be no finding of a violation or why, if the respondent admits the violation, a monetary penalty should not be

imposed or why, if imposed, the monetary penalty should be in a lesser amount than proposed. The Prepenalty Notice shall also inform the respondent that:

(i) The act of submitting a written response by the respondent is a factor that may result in a lower penalty absent any aggravating factors; and

(ii) If the respondent fails to respond to the Prepenalty Notice within the applicable 60-day period set forth in § 501.707, the Director may proceed with the issuance of a Penalty Notice.

(3) *Right to request a hearing*. The Prepenalty Notice shall inform the respondent of respondent's right, if a subsequent Penalty Notice is issued, to request an administrative hearing. The Director will not consider any request for an administrative hearing until a Penalty Notice has been issued.

§ 501.707 *Response to Prepenalty Notice.* (a) *Deadline for response.* (1) The respondent shall have 60 days after the date of service of the Prepenalty Notice pursuant to § 501.705(a) to respond thereto. The response, signed and dated, shall be served as provided in § 501.705(b).

(2) In response to a written request by the respondent, the Director may, at his or her discretion for the purpose of conducting settlement negotiations or for other valid reasons, grant additional time for a respondent to submit a response to the Prepenalty Notice.

(3) The failure to submit a response within the time period set forth in this paragraph (a), including any additional time granted by the Director, shall be deemed to be a waiver of the right to respond to the Prepenalty Notice.

(b) *Form and contents of response*-(1) *In general*. The response need not be in any particular form, but must be typewritten and contain the heading "Response to Prepenalty Notice" and the Office of Foreign Assets Control identification number shown near the top of the Prepenalty Notice. It should be responsive to the allegations contained therein and set forth the nature of the respondent's admission of the violation, or defenses and claims for mitigation, if any.

(i) The response must admit or deny specifically each separate allegation of violation made in the Prepenalty Notice. If the respondent is without knowledge as to an allegation, the response shall so state, and such statement shall constitute a denial. Any allegation not specifically addressed in the response shall be deemed admitted.

(ii) The response must set forth any additional or new matter or arguments the respondent seeks, or shall seek, to use in support of all defenses or claims for mitigation. Any defense the respondent wishes to assert must be included in the response.

(iii) The response must accurately state (for each respondent, if applicable) the respondent's full name and address for future service, together with a current telephone and, if applicable, facsimile machine number. If respondent is represented, the representative's full name and address, together with telephone and facsimile numbers, may be provided instead of service information for the respondent. The respondent or respondent's representative of record is responsible for providing timely written notice to the Director of any subsequent changes in the information provided.

(iv) *Financial disclosure statement requirement*. Any respondent who asserts financial hardship or an inability to pay a penalty shall include with the response a financial disclosure statement setting forth in detail the basis for asserting the financial hardship or inability to pay a penalty, subject to 18 U.S.C. 1001.

(2) *Settlement*. In addition, or as an alternative, to a written response to a Prepenalty Notice, the respondent or respondent's representative may seek settlement of the alleged violation(s). See § 501.710. In the event of settlement prior to the issuance of a Penalty Notice, the claim proposed in the Prepenalty Notice will be withdrawn and the respondent will not be required to make a written response to the Prepenalty Notice. In the event no settlement is reached, a written response to the Prepenalty Notice is required pursuant to paragraph (c) of this section.

§ 501.708 *Director's finding of no penalty warranted.* If after considering any written response to the Prepenalty Notice submitted pursuant to § 501.707 and any other relevant facts, the Director determines that there was no violation or that the violation does not warrant the imposition of a civil monetary penalty, the Director promptly shall notify the respondent in writing of that determination and that no civil monetary penalty pursuant to this subpart will be imposed.

§ 501.709 *Penalty notice.* (a) If, after considering any written response to the Prepenalty Notice, and any other relevant facts, the Director determines that there was a violation by the respondent and that a monetary penalty is warranted, the Director promptly shall issue a Penalty Notice informing the respondent that, absent a timely request for an administrative hearing, the Director will impose the civil monetary penalty described in the Penalty Notice. The Penalty Notice shall inform the respondent:

(1) Of the respondent's right to submit a written request for an administrative hearing not later than 30 days after the date of service of the Penalty Notice;

(2) That in the absence of a timely request for a hearing, the issuance of the Penalty Notice constitutes final agency action;

(3) That, absent a timely request for a hearing, payment (or arrangement with the Financial Management Service of the Department for installment payment) of the assessed penalty must be made not later than 30 days after the date of service of the Penalty Notice; and

(4) That absent a timely request for a hearing, the respondent must furnish respondent's taxpayer identification number pursuant to 31 U.S.C. 7701 and that the Director intends to use such information for the purposes of collecting and reporting on any delinquent penalty amount in the event of a failure to pay the penalty imposed.

§ 501.710 *Settlement.* (a) *Availability.* Either the Director or any respondent may, at any time during the administrative civil penalty process described in this subpart, propose an offer of settlement. The amount accepted in settlement may be less than the civil penalty that might be imposed in the event of a formal determination of violation. Upon mutual agreement by the Director and a respondent on the terms of a settlement, the Director shall issue an Order of Settlement.

(b) *Procedure*-(1) *Prior to issuance of Penalty Notice.* Any offer of settlement made by a respondent prior to the issuance of a Penalty Notice shall be submitted, in writing, to the Chief of Civil Penalties, Office of Foreign Assets Control, U.S. Department of the Treasury, 1500 Pennsylvania Avenue, NW., Washington, DC 20220.

(2) *After issuance of Penalty Notice.* Any offer of settlement made by a respondent after issuance of a Penalty Notice shall state that it is made pursuant to this section; shall recite or incorporate as a part of the offer the provisions of paragraphs (b)(5)(ii) and (b)(6) of this section; shall be signed by the respondent making the offer, and not only by his or her representative; and shall be submitted to the Chief Counsel.

(3) *Extensions of time.* The submission of any settlement offer does not provide a basis for adjourning or otherwise delaying all or any portion of the administrative civil penalty process.

(i) *Prior to issuance of Order Instituting Proceedings.* Any respondent (or potential respondent in the case of a pending Prepenalty Notice) may request, in writing, that the Director withhold issuance of any such notice, or grant an extension of time to respond to any such Notice, for a period not to exceed 60 days for the exclusive purpose of effecting settlement. The Director may grant any such request, in writing, under terms and conditions within his or her discretion.

(ii) *After issuance of Order Instituting Proceedings.* Upon mutual agreement of the Director and a respondent, the Administrative Law Judge may grant an extension of time, for a period not to exceed 60 days, for the exclusive purpose of effecting settlement.

(4) *Views of Administrative Law Judge*. Where an Administrative Law Judge is assigned to a proceeding, the Director or the respondent may request that the Administrative Law Judge express his or her views regarding the appropriateness of the offer of settlement. A request for the Administrative Law Judge to express his or her views on an offer of settlement or otherwise to participate in a settlement conference constitutes a waiver by the party making the request of any right to claim bias or prejudgment by the Administrative Law Judge based on the views expressed.

(5) *Waivers*. (i) By submitting an offer of settlement, a respondent making the offer waives, subject to acceptance of the offer :

(A) All hearings pursuant to section 16 of the Trading with the Enemy Act (50 U.S.C. App. 16);

(B) The filing of proposed findings of fact and conclusions of law;

(C) Proceedings before, and a decision by, an Administrative Law Judge;

(D) All post-hearing procedures; and

(E) Judicial review by any court.

(ii) By submitting an offer of settlement the respondent further waives:

(A) Such provisions of this subpart or other requirements of law as may be construed to prevent any member of the Director's staff, or members of the Office of Chief Counsel or other counsel assigned by the General Counsel, from participating in or advising the Director as to any order, opinion, finding of fact, or conclusion of law to be entered pursuant to the offer; and

(B) Any right to claim bias or prejudgment by the Director based on the consideration of or discussions concerning settlement of all or any part of the proceeding.

(6) If the Director rejects the offer of settlement, the respondent shall be so notified in writing and the offer of settlement shall be deemed withdrawn. The rejected offer shall not constitute a part of the record in any proceeding against the respondent making the offer, provided, however, that rejection of an offer of settlement does not affect the continued validity of waivers pursuant to paragraph (b)(5) of this section with respect to any discussions concerning the rejected offer of settlement.

(7) No settlement offer or proposal, or any subsequent negotiation or resolution, is admissible as evidence in any administrative proceeding initiated by the Director.

§ 501.711 *Hearing request*. (a) *Deadline for request*. A request for an agency hearing shall be served on the Director not later than 30 days after the date of service of the Penalty Notice. See § 501.705(b). A respondent may not reserve the right to request a hearing after expiration of the 30 calendar day period. A request for a hearing that is not made as required by this paragraph shall constitute a waiver of the respondent's right to a hearing.

(b) *Form and contents of request*. The request need not be in any particular form, but must be typewritten and contain the heading "Request for Agency Hearing". The request must include the Office of Foreign Assets Control identification number shown near the top of the Penalty Notice. It should be responsive to the determination contained in the Penalty Notice and set forth the nature of the respondent's defenses or claims for mitigation, if any.

(1) The request must admit or deny specifically each separate determination of violation made in the Penalty Notice. If the respondent is without knowledge as to a determination, the request shall so state, and such statement shall constitute a denial. Any determination not specifically addressed in the response shall be deemed admitted.

(2) The request must set forth any additional or new matter or arguments the respondent seeks, or shall seek, to use in support of all defenses or claims for mitigation. Any defense the respondent wishes to assert must be included in the request.

(3) The request must accurately state, for each respondent (if applicable), the respondent's full name and address for future service, together with current telephone and, if applicable, a facsimile machine number. If respondent is represented,

the representative's full name and address, together with telephone and facsimile numbers, may be provided in lieu of service information for the respondent. The respondent or respondent's representative is responsible for providing timely written notice to the Director of any subsequent changes in the information provided.

(c) *Signature requirement*. The respondent or, if represented, the respondent's representative, must sign the hearing request.

§ 501.712 *Acknowledgment of hearing request.* No later than 60 days after service of any hearing request, the Director shall acknowledge receipt and inform a respondent, in writing, whether an Order Instituting Proceedings shall be issued.

§ 501.713 *Order Instituting Proceedings.* If a respondent makes a timely request for a hearing, the Director shall determine, at his or her option, whether to dismiss the violation(s) set forth in the Penalty Notice or to issue an Order Instituting Proceedings to initiate the hearing process. The Order shall be served on the respondent(s) as provided in § 501.705(c)(1). The Director may, in his or her discretion, withdraw an Order Instituting Proceedings at any time prior to the issuance of a decision by the Administrative Law Judge.

(a) *Content of Order*. The Order Instituting Proceedings shall:

(1) Be prepared by the Office of the Chief Counsel or other counsel assigned by the General Counsel and based on information provided by the Director;

(2) State the legal authority under which the hearing is to be held;

(3) Contain a short and plain statement of the alleged violation(s) to be considered and determined (including the matters of fact and law asserted) in such detail as will permit a specific response thereto;

(4) State the amount of the penalty sought in the proceeding; and

(5) Be signed by the Director.

(b) *Combining penalty actions*. The Director may combine claims contained in two or more Penalty Notices involving the same respondent, and for which hearings have been requested, into a single Order Instituting Proceedings.

(c) *Amendment to Order Instituting Proceedings*. Upon motion by the Director, the Administrative Law Judge may, at any time prior to issuance of a decision, permit the Director to amend an Order Instituting Proceedings to include new matters of fact or law that are within the scope of the original Order Instituting Proceedings.

§ 501.714 *Answer to Order Instituting Proceedings.* (a) *When required*. Not later than 45 days after service of the Order Instituting Proceedings, the respondent shall file, with the Administrative Law Judge and the Office of Chief Counsel, an answer to each of the allegations contained therein. If the Order Instituting Proceedings is amended, the Administrative Law Judge may require that an amended answer be filed and, if such an answer is required, shall specify a date for the filing thereof.

(b) *Contents; effect of failure to deny*. Unless otherwise directed by the Administrative Law Judge, an answer shall specifically admit, deny, or state that the respondent does not have, and is unable to obtain, sufficient information to admit or deny each allegation in the Order Instituting Proceedings. When a respondent intends to deny only a part of an allegation, the respondent shall specify so much of it as is true and shall deny only the remainder. A statement of lack of information shall have the effect of a denial. A defense of res judicata, statute of limitations or any other matter constituting an affirmative defense shall be asserted in the answer. Any allegation not specifically addressed in the answer shall be deemed admitted.

(c) *Motion for more definite statement*. A respondent may file with an answer a motion for a more definite statement of specified matters of fact or law to be considered or determined. Such motion shall state the respects in which, and the reasons why, each such matter of fact or law should be required to be made more definite. If the motion is granted, the order granting such motion shall set the periods for filing such a statement and any answer thereto.

(d) *Amendments*. A respondent may amend its answer at any time by written consent of the Director or with permission of the Administrative Law Judge. Permission shall be freely granted when justice so requires.

(e) *Failure to file answer*: default. If a respondent fails to file an answer required by this subpart within the time prescribed, such respondent may be deemed in default pursuant to § 501.716(a). A party may make a motion to set aside a default pursuant to § 501.726(e).

§ 501.715 *Notice of Hearing*. (a) If the Director issues an Order Instituting Proceedings, the respondent shall receive not less than 45 days notice of the time and place of the hearing.

(b) *Time and place of hearing*. All hearings shall be held in the Washington, DC metropolitan area unless, based on extraordinary reasons, otherwise mutually agreed by the respondent and the Director. The time for any hearing shall be fixed with due regard for the public interest and the convenience and necessity of the parties or their representatives. Requests to change the time of a hearing may be submitted to the Administrative Law Judge, who may modify the hearing date(s) and/or time(s) and place. All requests for a change in the date and time and/or place of a hearing must be received by the Administrative Law Judge and served upon the parties no later than 15 days before the scheduled hearing date.

(c) *Failure to appear at hearings : default*. Any respondent named in an order instituting proceedings as a person against whom findings may be made or penalties imposed who fails to appear (in person or through a representative) at a hearing of which he or she has been duly notified may be deemed to be in default pursuant to § 501.716(a). Without further proceedings or notice to the respondent, the Administrative Law Judge may enter a finding that the right to a hearing was waived, and the Penalty Notice shall constitute final agency action as provided in § 501.709(a)(2). A respondent may make a motion to set aside a default pursuant to § 501.726(e).

§ 501.716 *Default*. (a) A party to a proceeding may be deemed to be in default and the Administrative Law Judge (or the Secretary's designee during review proceedings) may determine the proceeding against that party upon consideration of the record if that party fails:

(1) To appear, in person or through a representative, at any hearing or conference of which the party has been notified;

(2) To answer, to respond to a dispositive motion within the time provided, or otherwise to prosecute or defend the proceeding; or

(3) To cure a deficient filing within the time specified by the Administrative Law Judge (or the Secretary's designee) pursuant to § 501.729(b).

(b) In deciding whether to determine the proceedings against a party deemed to be in default, the Administrative Law Judge shall consider the record of the proceedings (including the Order Instituting Proceedings) and shall construe contested matters of fact and law against the party deemed to be in default.

(c) For information and procedures pertaining to a motion to set aside a default, see § 501.726(e).

§ 501.717 *Consolidation of proceedings*. By order of the Administrative Law Judge, proceedings involving common questions of law and fact may be consolidated for hearing of any or all the matters at issue in such proceedings. The Administrative Law Judge may make such orders concerning the conduct of such proceedings as he or she deems appropriate to avoid unnecessary cost or delay. Consolidation shall not prejudice any rights under this subpart and shall not affect the right of any party to raise issues that could have been raised if consolidation had not occurred.

§ 501.718 *Conduct and order of hearings.* All hearings shall be conducted in a fair, impartial, expeditious and orderly manner. Each party has the right to present its case or defense by oral and documentary evidence and to conduct such cross examination as may be required for full disclosure of the relevant facts. The Director shall present his or her case-in-chief first. The Director shall be the first party to present an opening statement and a closing statement and may make a rebuttal statement after the respondent's closing statement.

§ 501.719 *Ex parte communications.* (a) *Prohibition.* (1) From the time the Director issues an Order Instituting Proceedings until the date of final decision, no party, interested person, or representative thereof shall knowingly make or cause to be made an ex parte communication.

(2) Except to the extent required for the disposition of ex parte communication matters as authorized by law, the Secretary's designee and the Administrative Law Judge presiding over any proceeding may not:

(i) Consult a person or party on an issue, unless on notice and opportunity for all parties to participate; or

(ii) Be responsible to or subject to the supervision, direction of, or evaluation by, an employee engaged in the performance of investigative or prosecutorial functions for the Department.

(b) *Procedure upon occurrence of ex parte communication.* If an ex parte communication is received by the Administrative Law Judge or the Secretary's designee, the Administrative Law Judge or the Secretary's designee, as appropriate, shall cause all of such written communication (or, if the communication is oral, a memorandum stating the substance of the communication) to be placed on the record of the proceeding and served on all parties. A party may, not later than 10 days after the date of service, file a response thereto and may recommend that the person making the prohibited communication be sanctioned pursuant to paragraph (c) of this section.

(c) *Sanctions.* Any party to the proceeding, a party's representative, or any other interested individual, who makes a prohibited ex parte communication, or who encourages or solicits another to make any such communication, may be subject to any appropriate sanction or sanctions imposed by the Administrative Law Judge or the Secretary's designee, as appropriate, for good cause shown, including, but not limited to, exclusion from the hearing and an adverse ruling on the issue that is the subject of the prohibited communication.

§ 501.720 *Separation of functions.* Any officer or employee engaged in the performance of investigative or prosecutorial functions for the Department in a proceeding as defined in § 501.702 may not, in that proceeding or one that is factually related, participate or advise in the decision pursuant to Section 557 of the Administrative Procedure Act, 5 U.S.C. 557, except as a witness or counsel in the proceeding.

§ 501.721 *Hearings to be public.* All hearings, except hearings on applications for confidential treatment filed pursuant to § 501.725(b), shall be public unless otherwise ordered by the Administrative Law Judge or the Secretary's designee, as appropriate, on his or her own motion or the motion of a party.

§ 501.722 *Prehearing conferences.* (a) *Purposes of conferences.* The purposes of prehearing conferences include, but are not limited to:

(1) Expediting the disposition of the proceeding;

(2) Establishing early and continuing control of the proceeding by the Administrative Law Judge; and

(3) Improving the quality of the hearing through more thorough preparation.

(b) *Procedure.* On his or her own motion or at the request of a party, the Administrative Law Judge may direct a representative or any party to attend one or more prehearing conferences. Such conferences may be held with or without the

Administrative Law Judge present as the Administrative Law Judge deems appropriate. Where such a conference is held outside the presence of the Administrative Law Judge, the Administrative Law Judge shall be advised promptly by the parties of any agreements reached. Such conferences also may be held with one or more persons participating by telephone or other remote means.

(c) *Subjects to be discussed.* At a prehearing conference consideration may be given and action taken with respect to the following:

(1) Simplification and clarification of the issues;

(2) Exchange of witness and exhibit lists and copies of exhibits;

(3) Admissions of fact and stipulations concerning the contents, authenticity, or admissibility into evidence of documents;

(4) Matters of which official notice may be taken;

(5) The schedule for exchanging prehearing motions or briefs, if any;

(6) The method of service for papers;

(7) Summary disposition of any or all issues;

(8) Settlement of any or all issues;

(9) Determination of hearing dates (when the Administrative Law Judge is present);

(10) Amendments to the Order Instituting Proceedings or answers thereto;

(11) Production of documents as set forth in § 501.723, and prehearing production of documents in response to subpoenas duces tecum as set forth in § 501.728; and

(12) Such other matters as may aid in the orderly and expeditious disposition of the proceeding.

(d) *Timing of conferences.* Unless the Administrative Law Judge orders otherwise, an initial prehearing conference shall be held not later than 14 days after service of an answer. A final conference, if any, should be held as close to the start of the hearing as reasonable under the circumstances.

(e) *Prehearing orders.* At or following the conclusion of any conference held pursuant to this rule, the Administrative Law Judge shall enter written rulings or orders that recite the agreement(s) reached and any procedural determinations made by the Administrative Law Judge.

(f) *Failure to appear: default.* A respondent who fails to appear, in person or through a representative, at a prehearing conference of which he or she has been duly notified may be deemed in default pursuant to § 501.716(a). A respondent may make a motion to set aside a default pursuant to § 501.726(e).

§ 501.723 *Prehearing disclosures; methods to discover additional matter.* (a) *Initial disclosures.* (1) Except to the extent otherwise stipulated or directed by order of the Administrative Law Judge, a party shall, without awaiting a discovery request, provide to the opposing party:

(i) The name and, if known, the address and telephone number of each individual likely to have discoverable information that the disclosing party may use to support its claims or defenses, unless solely for impeachment of a witness appearing in person or by deposition, identifying the subjects of the information; and

(ii) A copy, or a description by category and location, of all documents, data compilations, and tangible things that are in the possession, custody, or control of the party and that the disclosing party may use to support its claims or defenses, unless solely for impeachment of a witness appearing in person or by deposition;

(2) The disclosures described in paragraph (a)(1)(i) of this section shall be made not later than 30 days after the issuance of an Order Instituting Proceedings, unless a different time is set by stipulation or by order of the Administrative Law Judge.

(b) *Prehearing disclosures.* (1) In addition to the disclosures required by paragraph (a) of this section, a party must provide to the opposing party, and promptly file with the Administrative Law Judge, the following information regarding the evidence that it may present at hearing for any purpose other than solely for impeachment of a witness appearing in person or by deposition:

(i) An outline or narrative summary of its case or defense (the Order Instituting Proceedings will usually satisfy this requirement for the Director and the answer thereto will usually satisfy this requirement for the respondent);

(ii) The legal theories upon which it will rely;

(iii) Copies and a list of documents or exhibits that it intends to introduce at the hearing; and

(iv) A list identifying each witness who will testify on its behalf, including the witness's name, occupation, address, phone number, and a brief summary of the expected testimony.

(2) Unless otherwise directed by the Administrative Law Judge, the disclosures required by paragraph (b)(1) of this section shall be made not later than 30 days before the date of the hearing.

(c) *Disclosure of expert testimony.* A party who intends to call an expert witness shall submit, in addition to the information required by paragraph (b)(1)(iv) of this section, a statement of the expert's qualifications, a list of other proceedings in which the expert has given expert testimony, and a list of publications authored or co-authored by the expert.

(d) *Form of disclosures.* Unless the Administrative Law Judge orders otherwise, all disclosures under paragraphs (a) through (c) of this section shall be made in writing, signed, and served as provided in § 501.705.

(e) *Methods to discover additional matter.* Parties may obtain discovery by one or more of the following methods: Depositions of witnesses upon oral examination or written questions; written interrogatories to another party; production of documents or other evidence for inspection; and requests for admission. All depositions of Federal employees must take place in Washington, DC, at the Department of the Treasury or at the location where the Federal employee to be deposed performs his or her duties, whichever the Federal employee's supervisor or the Office of Chief Counsel shall deem appropriate. All depositions shall be held at a date and time agreed by the Office of Chief Counsel and the respondent or respondent's representative, and for an agreed length of time.

(f) *Discovery scope and limits.* Unless otherwise limited by order of the Administrative Law Judge in accordance with paragraph (f)(2) of this section, the scope of discovery is as follows:

(1) *In general.* The availability of information and documents through discovery is subject to the assertion of privileges available to the parties and witnesses. Privileges available to the Director and the Department include exemptions afforded pursuant to the Freedom of Information Act (5 U.S.C. 552(b)(1) through (9)) and the Privacy Act (5 U.S.C. 552a). Parties may obtain discovery regarding any matter, not privileged, that is relevant to the merits of the pending action, including the existence, description, nature, custody, condition, and location of any books, documents, or other tangible things and the identity and location of any persons having knowledge of any discoverable matter. For good cause, the Administrative Law Judge may order discovery of any matter relevant to the subject matter involved in the proceeding. Relevant information need not be admissible at the hearing if the discovery appears reasonably calculated to lead to the discovery of admissible evidence.

(2) *Limitations.* The Administrative Law Judge may issue any order that justice requires to ensure that discovery requests are not unreasonable, oppressive, excessive in scope or unduly burdensome, including an order to show cause why a particular discovery request is justified upon motion of the objecting party. The frequency or extent of use of the discovery methods otherwise permitted under this section may be limited by the Administrative Law Judge if he or she determines that:

(i) The discovery sought is unreasonably cumulative or duplicative, or is obtainable from some other source that is more convenient, less burdensome, or less expensive;

(ii) The party seeking discovery has had ample opportunity by discovery in the action to obtain the information sought; or

(iii) The burden or expense of the proposed discovery outweighs its likely benefit, taking into account the needs of the hearing, the importance of the issues at stake, and the importance of the proposed discovery in resolving the issues.

(3) *Interrogatories.* Respondent's interrogatories shall be served upon the Office of the Chief Counsel not later than 30 days after issuance of the Order Instituting Proceedings. The Director's interrogatories shall be served by the later of 30 days after the receipt of service of respondent's interrogatories or 40 days after issuance of the Order Instituting Proceedings if no interrogatories are filed by respondent. Parties shall respond to interrogatories not later than 30 days after the date interrogatories are received. Interrogatories shall be limited to 20 questions only. Each subpart, section, or other designation of a part of a question shall be counted as one complete question in computing the permitted 20 question total. Where more than 20 questions are served upon a party, the receiving party may determine which of the 20 questions the receiving party shall answer. The limitation on the number of questions in an interrogatory may be waived by the Administrative Law Judge.

(4) *Privileged matter.* Privileged documents are not discoverable. Privileges include, but are not limited to, the attorney-client privilege, attorney work-product privilege, any government's or government agency's deliberative-process or classified information privilege, including materials classified pursuant to Executive Order 12958 (3 CFR, 1995 Comp., p. 333) and any future Executive orders that may be issued relating to the treatment of national security information, and all materials and information exempted from release to the public pursuant to the Privacy Act (5 U.S.C. 552a) or the Freedom of Information Act (5 U.S.C. 552(b)(1) through (9)).

(g) *Updating discovery.* A party who has made an initial disclosure under paragraph (a) of this section or responded to a request for discovery with a disclosure or response is under a duty to supplement or correct the disclosure or response to include information thereafter acquired whenever:

(1) The party learns that in some material respect the information disclosed is incomplete or incorrect, if the additional or corrective information has not otherwise been made known to the other party during the discovery process or in writing; or

(2) Ordered by the Administrative Law Judge. The Administrative Law Judge may impose sanctions for failure to supplement or correct discovery.

(h) *Time limits.* All discovery, including all responses to discovery requests, shall be completed not later than 20 days prior to the date scheduled for the commencement of the hearing, unless the Administrative Law Judge finds on the record that good cause exists to grant additional time to complete discovery.

(i) *Effect of failure to comply.* No witness may testify and no document or exhibit may be introduced at the hearing if such witness, document, or exhibit is not listed in the prehearing submissions pursuant to paragraphs (b) and (c) of this section, except for good cause shown.

§ 501.724 *Documents that may be withheld.* (a) Notwithstanding § 501.723(f), the Director or respondent may withhold a document if:

(1) The document is privileged;

(2) The document would disclose the identity of a confidential source; or

(3) The Administrative Law Judge grants leave to withhold a document or category of documents as not relevant to the subject matter of the proceeding or otherwise, for good cause shown.

(b) Nothing in paragraph (a) of this section authorizes the Director to withhold documents that contain material exculpatory evidence.

(c) *Withheld document list.* The Director and respondent shall provide the Administrative Law Judge, for review, a list of documents withheld pursuant to paragraphs (a)(1)-(3) of this section. The Administrative Law Judge shall determine whether any such document should be made available for inspection and copying.

§ 501.725 *Confidential treatment of information in certain filings.* (a) *Filing document under seal.* (1) The Director may file any document or any part of a document under seal and/or seek a protective order concerning any document if disclosure of the document would be inconsistent with the protection of the public interest or if justice requires protection of any person, including a source or a party, from annoyance, threat, oppression, or undue burden or expense, or the disclosure of the information would be, or might reasonably lead to a disclosure, contrary to Executive Order 12958, as amended by Executive Order 13292, or other Executive orders concerning disclosure of information, Department regulations, or the Privacy Act, or information exempt from release under the Freedom of Information Act. The Administrative Law Judge shall allow placement of any such document under seal and/or grant a protective order upon a showing that the disclosure would be inconsistent with any such statute or Executive order, or that the harm resulting from disclosure would outweigh the benefits of disclosure.

(2) A respondent may file any document or any part of a document under seal and/or seek a protective order to limit such document from disclosure to other parties or to the public. The Administrative Law Judge shall allow placement of any document under seal and/or grant a protective order upon a showing that the harm resulting from disclosure would outweigh the benefits of disclosure.

(3) The Administrative Law Judge shall safeguard the security and integrity of any documents under seal or protective order and shall take all appropriate steps to preserve the confidentiality of such documents or any parts thereof, including closing a hearing or portions of a hearing to the public. Release of any information under seal or to the extent inconsistent with a protective order, in any form or manner, is subject to the sanctions and the exercise of the authorities as are provided with respect to ex parte communications under § 501.719.

(4) If the Administrative Law Judge denies placement of any document under seal or under protective order, any party, and any person whose document or material is at issue, may obtain interlocutory review by the Secretary's designee. In such cases the Administrative Law Judge shall not release or expose any of the records or documents in question to the public or to any person for a period of 20 days from the date of the Administrative Law Judge's ruling, in order to permit a party the opportunity either to withdraw the records and documents or obtain interlocutory review by the Secretary's designee and an order that the records be placed under seal or a protective order.

(5) Upon settlement, final decision, or motion to the Administrative Law Judge for good cause shown, all materials (including all copies) under seal or protective order shall be returned to the submitting parties, except when it may be necessary to retain a record until any judicial process is completed.

(6)(i) Written notice of each request for release of documents or materials under seal or subject to a protective order shall be given to the parties at least 20 days prior to any permitted release or prior to any access not specifically authorized under a protective order. A copy of each request for information, including the name, address, and telephone number of the requester, shall be provided to the parties.

(ii) Each request for access to protected material shall include the names, addresses, and telephone numbers of all persons on whose behalf the requester seeks access to protected information. The Administrative Law Judge may impose sanctions as provided under § 501.729 for failure to provide this information.

(b) *Application*. An application for a protective order or to place under seal shall be filed with the Administrative Law Judge. The application shall be accompanied by a sealed copy of the materials as to which confidential treatment is sought.

(1) *Procedure for supplying additional information*. The person making the application may be required to furnish in writing additional information with respect to the grounds for objection to public disclosure. Failure to supply the information so requested within 14 days from the date of receipt of a notice of the information required shall be deemed a waiver of the objection to public disclosure of that portion of the information to which the additional information relates, unless the Administrative Law Judge shall otherwise order for good cause shown at or before the expiration of such 14-day period.

(2) *Confidentiality of materials pending final decision.* Pending the determination of the application for confidential treatment, transcripts, non-final orders including an initial decision, if any, and other materials in connection with the application shall be placed under seal; shall be for the confidential use only of the Administrative Law Judge, the Secretary's designee, the applicant, the Director, and any other respondent and representative; and shall be made available to the public only in accordance with orders of the Administrative Law Judge or the Secretary's designee.

(3) *Public availability of orders.* Any final order of the Administrative Law Judge or the Secretary's designee denying or sustaining an application for confidential treatment shall be made public. Any prior findings or opinions relating to an application for confidential treatment under this section shall be made public at such time as the material as to which confidentiality was requested is made public.

§ 501.726 *Motions.* (a) *Generally.* Unless made during a hearing or conference, a motion shall be in writing, shall state with particularity the grounds therefor, shall set forth the relief or order sought, and shall be accompanied by a written brief of the points and authorities relied upon. Motions by a respondent must be filed with the Administrative Law Judge and served upon the Director through the Office of Chief Counsel and with any other party respondent or respondent's representative, unless otherwise directed by the Administrative Law Judge. Motions by the Director must be filed with the Administrative Law Judge and served upon each party respondent or respondent's representative. All written motions must be served in accordance with, and otherwise meet the requirements of, § 501.705. The Administrative Law Judge may order that an oral motion be submitted in writing. No oral argument shall be heard on any motion unless the Administrative Law Judge otherwise directs.

(b) *Opposing and reply briefs.* Except as provided in § 501.741(e), briefs in opposition to a motion shall be filed not later than 15 days after service of the motion. Reply briefs shall be filed not later than 3 days after service of the opposition. The failure of a party to oppose a written motion or an oral motion made on the record shall be deemed a waiver of objection by that party to the entry of an order substantially in the form of any proposed order accompanying the motion.

(c) *Dilatory motions.* Frivolous, dilatory, or repetitive motions are prohibited. The filing of such motions may form the basis for sanctions.

(d) *Length limitation.* Except as otherwise ordered by the Administrative Law Judge, a brief in support of, or in opposition to, a motion shall not exceed 15 pages, exclusive of pages containing any table of contents, table of authorities, or addendum.

(e) A motion to set aside a default shall be made within a reasonable time as determined by the Administrative Law Judge, state the reasons for the failure to appear or defend, and, if applicable, specify the nature of the proposed defense in the proceeding. In order to prevent injustice and on such conditions as may be appropriate, the Administrative Law Judge, at any time prior to the filing of his or her decision, or the Secretary's designee, at any time during the review process, may for good cause shown set aside a default.

§ 501.727 *Motion for summary disposition.* (a) At any time after a respondent's answer has been filed, the respondent or the Director may make a motion for summary disposition of any or all allegations contained in the Order Instituting Proceedings. If the Director has not completed presentation of his or her case-in-chief, a motion for summary disposition shall be made only with permission of the Administrative Law Judge. The facts of the pleadings of the party against whom the motion is made shall be taken as true, except as modified by stipulations or admissions made by that party, by uncontested affidavits, or by facts officially noticed pursuant to § 501.732(b).

(b) *Decision on motion.* The Administrative Law Judge may promptly decide the motion for summary disposition or may defer decision on the motion. The Administrative Law Judge shall issue an order granting a motion for summary disposition if the record shows there is no genuine issue with regard to any material fact and the party making the motion is entitled to a summary disposition as a matter of law.

(c) A motion for summary disposition must be accompanied by a statement of the material facts as to which the moving party contends there is no genuine issue. Such motion must be supported by documentary evidence, which may take the form of admissions in pleadings, stipulations, depositions, transcripts, affidavits, and any other evidentiary materials that the moving party contends support its position. The motion must also be accompanied by a brief containing the points and authorities in support of the moving party's arguments. Any party opposing a motion for summary disposition must file a statement setting forth those material facts as to which such party contends a genuine dispute exists. The opposition must be supported by evidence of the same type as that submitted with the motion for summary disposition and a brief containing the points and authorities in support of the contention that summary disposition would be inappropriate.

§ 501.728 *Subpoenas.* (a) *Availability; procedure.* In connection with any hearing before an Administrative Law Judge, either the respondent or the Director may request the issuance of subpoenas requiring the attendance and testimony of witnesses at the designated time and place of hearing, and subpoenas requiring the production of documentary or other tangible evidence returnable at a designated time and place. Unless made on the record at a hearing, requests for issuance of a subpoena shall be made in writing and served on each party pursuant to § 501.705.

(b) *Standards for issuance.* If it appears to the Administrative Law Judge that a subpoena sought may be unreasonable, oppressive, excessive in scope, or unduly burdensome, he or she may, in his or her discretion, as a condition precedent to the issuance of the subpoena, require the person seeking the subpoena to show the general relevance and reasonable scope of the testimony or other evidence sought. If after consideration of all the circumstances, the Administrative Law Judge determines that the subpoena or any of its terms is unreasonable, oppressive, excessive in scope, or unduly burdensome, he or she may refuse to issue the subpoena, or issue a modified subpoena as fairness requires. In making the foregoing determination, the Administrative Law Judge may inquire of the other participants whether they will stipulate to the facts sought to be proved.

(c) *Service.* Service of a subpoena shall be made pursuant to the provisions of § 501.705.

(d) *Application to quash or modify-(1) Procedure.* Any person to whom a subpoena is directed or who is an owner, creator or the subject of the documents or materials that are to be produced pursuant to a subpoena may, prior to the time specified therein for compliance, but not later than 15 days after the date of service of such subpoena, request that the subpoena be quashed or modified. Such request shall be made by application filed with the Administrative Law Judge and served on all parties pursuant to § 501.705. The party on whose behalf the subpoena was issued may, not later than 5 days after service of the application, file an opposition to the application.

(2) *Standards governing application to quash or modify.* If the Administrative Law Judge determines that compliance with the subpoena would be unreasonable, oppressive or unduly burdensome, the Administrative Law Judge may quash or modify the subpoena, or may order return of the subpoena only upon specified conditions. These conditions may include, but are not limited to, a requirement that the party on whose behalf the subpoena was issued shall make reasonable compensation to the person to whom the subpoena was addressed for the cost of copying or transporting evidence to the place for return of the subpoena.

(e) *Witness fees and mileage.* Witnesses summoned to appear at a proceeding shall be paid the same fees and mileage that are paid to witnesses in the courts of the United States, and witnesses whose depositions are taken and the persons taking the same shall severally be entitled to the same fees as are paid for like services in the courts of the United States. Witness fees and mileage shall be paid by the party at whose instance the witnesses appear.

§ 501.729 *Sanctions.* (a) *Contemptuous conduct-(1) Subject to exclusion or suspension.* Contemptuous conduct by any person before an Administrative Law Judge or the Secretary's designee during any proceeding, including any conference, shall be grounds for the Administrative Law Judge or the Secretary's designee to:

(i) Exclude that person from such hearing or conference, or any portion thereof; and/or

(ii) If a representative, summarily suspend that person from representing others in the proceeding in which such conduct occurred for the duration, or any portion, of the proceeding.

(2) *Adjournment.* Upon motion by a party represented by a representative subject to an order of exclusion or suspension, an adjournment shall be granted to allow the retention of a new representative. In determining the length of an adjournment, the Administrative Law Judge or the Secretary's designee shall consider, in addition to the factors set forth in § 501.737, the availability of another representative for the party or, if the representative was a counsel, of other members of a suspended counsel's firm.

(b) *Deficient filings; leave to cure deficiencies.* The Administrative Law Judge, or the Secretary's designee in the case of a request for review, may in his or her discretion, reject, in whole or in part, any filing that fails to comply with any requirements of this subpart or of any order issued in the proceeding in which the filing was made. Any such filings shall not be part of the record. The Administrative Law Judge or the Secretary's designee may direct a party to cure any deficiencies and to resubmit the filing within a fixed time period.

(c) *Failure to make required filing or to cure deficient filing.* The Administrative Law Judge (or the Secretary's designee during review proceedings) may enter a default pursuant to § 501.716, dismiss the case, decide the particular matter at issue against that person, or prohibit the introduction of evidence or exclude testimony concerning that matter if a person fails:

(1) To make a filing required under this subpart; or

(2) To cure a deficient filing within the time specified by the Administrative Law Judge or the Secretary's designee pursuant to paragraph (b) of this section.

(d) *Failure to make required filing or to cure deficient filing in the case of a request for review.* The Secretary's designee, in any case of a request for review, may decide the issue against that person, or prohibit the introduction of evidence or exclude testimony concerning that matter if a person fails:

(1) To make a filing required under this subpart; or

(2) To cure a deficient filing within the time specified by the Secretary's designee pursuant to paragraph (b) of this section.

§ 501.730 *Depositions upon oral examination.* (a) *Procedure.* Any party desiring to take the testimony of a witness by deposition shall make a written motion setting forth the reasons why such deposition should be taken including the specific reasons why the party believes the witness may be unable to attend or testify at the hearing; the name and address of the prospective witness; the matters concerning which the prospective witness is expected to be questioned; and the proposed time and place for the taking of the deposition.

(b) *Required finding when ordering a deposition.* In the discretion of the Administrative Law Judge, an order for deposition may be issued upon a finding that the prospective witness will likely give testimony material to the proceeding, that it is likely the prospective witness will be unable to attend or testify at the hearing because of age, sickness, infirmity, imprisonment or other disability, and that the taking of a deposition will serve the interests of justice.

(c) *Contents of order.* An order for deposition shall designate by name a deposition officer. The designated officer may be the Administrative Law Judge or any other person authorized to administer oaths by the laws of the United States or of the place where the deposition is to be held. An order for deposition also shall state:

(1) The name of the witness whose deposition is to be taken;

(2) The scope of the testimony to be taken;

(3) The time and place of the deposition;

(4) The manner of recording, preserving and filing the deposition; and

(5) The number of copies, if any, of the deposition and exhibits to be filed upon completion of the deposition.

(d) *Procedure at depositions.* A witness whose testimony is taken by deposition shall swear or affirm before any questions are put to him or her. Examination and cross-examination of witnesses may proceed as permitted at a hearing. A witness being deposed may have counsel or a representative present during the deposition.

(e) *Objections to questions or evidence.* Objections to questions or evidence shall be in short form, stating the grounds of objection relied upon. Objections to questions or evidence shall be noted by the deposition officer upon the deposition, but a deposition officer (other than an Administrative Law Judge) shall not have the power to decide on the competency, materiality or relevance of evidence. Failure to object to questions or evidence before the deposition officer shall not be deemed a waiver unless the ground of the objection is one that might have been obviated or removed if presented at that time.

(f) *Filing of depositions.* The questions asked and all answers or objections shall be recorded or transcribed verbatim, and a transcript shall be prepared by the deposition officer, or under his or her direction. The transcript shall be subscribed by the witness and certified by the deposition officer. The original deposition transcript and exhibits shall be filed with the Administrative Law Judge. A copy of the deposition transcript and exhibits shall be served on the opposing party or parties. The cost of the transcript (including copies) shall be paid by the party requesting the deposition.

§ 501.731 *Depositions upon written questions.* (a) *Availability.* Depositions may be taken and submitted on written questions upon motion of any party. The motion shall include the information specified in § 501.730(a). A decision on the motion shall be governed by § 501.730(b).

(b) *Procedure.* Written questions shall be filed with the motion. Not later than 10 days after service of the motion and written questions, any party may file objections to such written questions and any party may file cross-questions. When a deposition is taken pursuant to this section no persons other than the witness, representative or counsel to the witness, the deposition officer, and, if the deposition officer does not act as reporter, a reporter, shall be present at the examination of the witness. no party shall be present or represented unless otherwise permitted by order. The deposition officer shall propound the questions and cross-questions to the witness in the order submitted.

(c) *Additional requirements.* The order for deposition, filing of the deposition, form of the deposition and use of the deposition in the record shall be governed by paragraphs (b) through (g) of § 501.730, except that no cross-examination shall be made.

§ 501.732 *Evidence.* The applicable evidentiary standard for proceedings under this subpart is proof by a preponderance of reliable, probative, and substantial evidence. The Administrative Law Judge shall admit any relevant and material oral, documentary, or demonstrative evidence. The Federal Rules of Evidence do not apply, by their own force, to proceedings under this subpart, but shall be employed as general guidelines. The fact that evidence submitted by a party is hearsay goes only to the weight of the evidence and does not affect its admissibility.

(a) *Objections and offers of proof*-(1) *Objections.* Objections to the admission or exclusion of evidence must be made on the record and shall be in short form, stating the grounds relied upon. Exceptions to any ruling thereon by the Administrative Law Judge need not be noted at the time of the ruling. Such exceptions will be deemed waived on review by the Secretary's designee, however, unless raised:

(i) Pursuant to interlocutory review in accordance with § 501.741;

(ii) In a proposed finding or conclusion filed pursuant to § 501.738; or

(iii) In a petition for the Secretary's designee's review of an Administrative Law Judge's decision filed in accordance with § 501.741.

(2) *Offers of proof*. Whenever evidence is excluded from the record, the party offering such evidence may make an offer of proof, which shall be included in the record. Excluded material shall be retained pursuant to § 501.739(b).

(b) *Official notice*. An Administrative Law Judge or Secretary's designee may take official notice of any material fact that might be judicially noticed by a district court of the United States, any matter in the public official records of the Secretary, or any matter that is particularly within the knowledge of the Department as an expert body. If official notice is requested or taken of a material fact not appearing in the evidence in the record, a party, upon timely request to the Administrative Law Judge, shall be afforded an opportunity to establish the contrary.

(c) *Stipulations*. The parties may, by stipulation, at any stage of the proceeding agree upon any pertinent fact in the proceeding. A stipulation may be received in evidence and, when accepted by the Administrative Law Judge, shall be binding on the parties to the stipulation.

(d) *Presentation under oath or affirmation*. A witness at a hearing for the purpose of taking evidence shall testify under oath or affirmation.

(e) *Presentation, rebuttal and cross-examination*. A party is entitled to present its case or defense by oral or documentary evidence, to submit rebuttal evidence, and to conduct such cross-examination as, in the discretion of the Administrative Law Judge, may be required for a full and true disclosure of the facts.

§ 501.733 *Evidence : confidential information, protective orders*. (a) *Procedure*. In any proceeding as defined in § 501.702, a respondent; the Director; any person who is the owner, subject or creator of a document subject to subpoena or which may be introduced as evidence; or any witness who testifies at a hearing may file a motion requesting a protective order to limit from disclosure to other parties or to the public documents or testimony containing confidential information. The motion should include a general summary or extract of the documents without revealing confidential details. If a person seeks a protective order against disclosure to other parties as well as the public, copies of the documents shall not be served on other parties. Unless the documents are unavailable, the person shall file for inspection by the Administrative Law Judge a sealed copy of the documents as to which the order is sought.

(b) *Basis for issuance*. Documents and testimony introduced in a public hearing are presumed to be public. A motion for a protective order shall be granted only upon a finding that the harm resulting from disclosure would outweigh the benefits of disclosure.

(c) *Requests for additional information supporting confidentiality*. A person seeking a protective order under paragraph (a) of this section may be required to furnish in writing additional information with respect to the grounds for confidentiality. Failure to supply the information so requested not later than 5 days from the date of receipt by the person of a notice of the information required shall be deemed a waiver of the objection to public disclosure of that portion of the documents to which the additional information relates, unless the Administrative Law Judge shall otherwise order for good cause shown at or before the expiration of such 5-day period.

(d) *Confidentiality of documents pending decision*. Pending a determination of a motion under this section, the documents as to which confidential treatment is sought and any other documents that would reveal the confidential information in those documents shall be maintained under seal and shall be disclosed only in accordance with orders of the Administrative Law Judge. Any order issued in connection with a motion under this section shall be made public unless the order would disclose information as to which a protective order has been granted, in which case that portion of the order that would reveal the protected information shall not be made public.

§ 501.734 *Introducing prior sworn statements of witnesses into the record.* (a) At a hearing, any person wishing to introduce a prior, sworn statement of a witness who is not a party to the proceeding, that is otherwise admissible in the proceeding, may make a motion setting forth the reasons therefor. If only part of a statement is offered in evidence, the Administrative Law Judge may require that all relevant portions of the statement be introduced. If all of a statement is offered in evidence, the Administrative Law Judge may require that portions not relevant to the proceeding be excluded. A motion to introduce a prior sworn statement may be granted if:

(1) The witness is dead;

(2) The witness is out of the United States, unless it appears that the absence of the witness was procured by the party offering the prior sworn statement;

(3) The witness is unable to attend or testify because of age, sickness, infirmity, imprisonment or other disability;

(4) The party offering the prior sworn statement has been unable to procure the attendance of the witness by subpoena; or,

(5) In the discretion of the Administrative Law Judge, it would be desirable, in the interests of justice, to allow the prior sworn statement to be used. In making this determination, due regard shall be given to the presumption that witnesses will testify orally in an open hearing. If the parties have stipulated to accept a prior sworn statement in lieu of live testimony, consideration shall also be given to the convenience of the parties in avoiding unnecessary expense.

§ 501.735 *Proposed findings, conclusions and supporting briefs.* (a) *Opportunity to file.* Before a decision is issued by the Administrative Law Judge, each party shall have an opportunity, reasonable in light of all the circumstances, to file in writing proposed findings and conclusions.

(b) *Procedure.* Proposed findings of fact must be supported by citations to specific portions of the record. If successive filings are directed, the proposed findings and conclusions of the party assigned to file first shall be set forth in serially numbered paragraphs, and any counter statement of proposed findings and conclusions shall, in addition to any other matter presented, indicate those paragraphs of the proposals already filed as to which there is no dispute. A reply brief may be filed by the party assigned to file first, or, where simultaneous filings are directed, reply briefs may be filed by each party, within the period prescribed therefor by the Administrative Law Judge. No further briefs may be filed except with permission of the Administrative Law Judge.

(c) *Time for filing.* In any proceeding in which a decision is to be issued:

(1) At the close of each hearing, the Administrative Law Judge shall, by order, after consultation with the parties, prescribe the period within which proposed findings and conclusions and supporting briefs are to be filed. The party directed to file first shall make its initial filing not later than 30 days after the end of the hearing unless the Administrative Law Judge, for good cause shown, permits a different period and sets forth in the order the reasons why the different period is necessary.

(2) The total period within which all such proposed findings and conclusions and supporting briefs and any counter statements of proposed findings and conclusions and reply briefs are to be filed shall be no longer than 90 days after the close of the hearing unless the Administrative Law Judge, for good cause shown, permits a different period and sets forth in an order the reasons why the different period is necessary.

§ 501.736 *Authority of Administrative Law Judge.* The Administrative Law Judge shall have authority to do all things necessary and appropriate to discharge his or her duties. No provision of these rules shall be construed to limit the powers of the Administrative Law Judge provided by the Administrative Procedure Act, 5 U.S.C. 556, 557. The powers of the Administrative Law Judge include, but are not limited to:

(a) Administering oaths and affirmations;

(b) Issuing subpoenas authorized by law and revoking, quashing, or modifying any such subpoena;

(c) Receiving relevant evidence and ruling upon the admission of evidence and offers of proof;

(d) Regulating the course of a proceeding and the conduct of the parties and their representatives;

(e) Holding prehearing and other conferences as set forth in § 501.726 and requiring the attendance at any such conference of at least one representative of each party who has authority to negotiate concerning the resolution of issues in controversy;

(f) Subject to any limitations set forth elsewhere in this subpart, considering and ruling on all procedural and other motions;

(g) Upon notice to all parties, reopening any hearing prior to the issuance of a decision;

(h) Requiring production of records or any information relevant to any act or transaction subject to a hearing under this subpart, and imposing sanctions available under Federal Rule of Civil Procedure 37(b)(2) (Fed. R. Civ. P. 37(b)(2), 28 U.S.C.) for a party's failure to comply with discovery requests;

(i) Establishing time, place, and manner limitations on the attendance of the public and the media for any hearing; and

(j) Setting fees and expenses for witnesses, including expert witnesses.

§ 501.737 *Adjustments of time, postponements and adjournments.* (a) *Availability.* Except as otherwise provided by law, the Administrative Law Judge or the Secretary's designee, as appropriate, at any time prior to the filing of his or her decision, may, for good cause and in the interest of justice, modify any time limit prescribed by this subpart and may, consistent with paragraph (b) of this section, postpone or adjourn any hearing.

(b) *Limitations on postponements, adjournments and adjustments.* A hearing shall begin at the time and place ordered, provided that, within the limits provided, the Administrative Law Judge or the Secretary's designee, as appropriate, may for good cause shown postpone the commencement of the hearing or adjourn a convened hearing for a reasonable period of time.

(1) *Additional considerations.* In considering a motion for postponement of the start of a hearing, adjournment once a hearing has begun, or extensions of time for filing papers, the Administrative Law Judge or the Secretary's designee, as appropriate, shall consider, in addition to any other factors:

(i) The length of the proceeding to date;

(ii) The number of postponements, adjournments or extensions already granted;

(iii) The stage of the proceedings at the time of the request; and

(iv) Any other matter as justice may require.

(2) *Time limit.* Postponements, adjournments or extensions of time for filing papers shall not exceed 21 days unless the Administrative Law Judge or the Secretary's designee, as appropriate, states on the record or sets forth in a written order the reasons why a longer period of time is necessary.

§ 501.738 *Disqualification and withdrawal of Administrative Law Judge.* (a) *Notice of disqualification.* If at any time an Administrative Law Judge or Secretary's designee believes himself or herself to be disqualified from considering a matter, the Administrative Law Judge or Secretary's designee, as appropriate, shall issue a notice stating that he or she is withdrawing from the matter and setting forth the reasons therefor.

(b) *Motion for Withdrawal.* Any party who has a reasonable, good faith basis to believe an Administrative Law Judge or Secretary's designee has a personal bias, or is otherwise disqualified from hearing a case, may make a motion to the Administrative Law Judge or Secretary's designee, as appropriate, that the Administrative Law Judge or Secretary's designee withdraw. The motion shall be accompanied by a statement subject to 18 U.S.C. 1001 setting forth in detail the facts alleged to constitute grounds for disqualification. If the Administrative Law Judge or Secretary's designee finds himself or herself qualified, he or she shall so rule and shall continue to preside over the proceeding.

§ 501.739 *Record in proceedings before Administrative Law Judge; retention of documents; copies.* (a) *Recordation.* Unless otherwise ordered by the Administrative Law Judge, all hearings shall be recorded and a written transcript thereof shall be prepared.

(1) *Availability of a transcript.* Transcripts of hearings shall be available for purchase.

(2) *Transcript correction.* Prior to the filing of post-hearing briefs or proposed findings and conclusions, or within such earlier time as directed by the Administrative Law Judge, a party or witness may make a motion to correct the transcript. Proposed corrections of the transcript may be submitted to the Administrative Law Judge by stipulation pursuant to § 501.732(c), or by motion. Upon notice to all parties to the proceeding, the Administrative Law Judge may, by order, specify corrections to the transcript.

(b) *Contents of the record.* The record of each hearing shall consist of:

(1) The Order Instituting Proceedings, Answer to Order Instituting Proceedings, Notice of Hearing and any amendments thereto;

(2) Each application, motion, submission or other paper, and any amendments, motions, objections, and exceptions to or regarding them;

(3) Each stipulation, transcript of testimony, interrogatory, deposition, and document or other item admitted into evidence;

(4) With respect to a request to disqualify an Administrative Law Judge or to allow the Administrative Law Judge's withdrawal under § 501.738, each affidavit or transcript of testimony taken and the decision made in connection with the request;

(5) All proposed findings and conclusions;

(6) Each written order issued by the Administrative Law Judge; and

(7) Any other document or item accepted into the record by the Administrative Law Judge.

(c) *Retention of documents not admitted.* Any document offered as evidence but excluded, and any document marked for identification but not offered as an exhibit, shall not be part of the record. The Administrative Law Judge shall retain any such document until the later of the date the proceeding becomes final, or the date any judicial review of the final proceeding is no longer available.

(d) *Substitution of copies.* A true copy of a document may be substituted for any document in the record or any document retained pursuant to paragraph (c) of this section.

§ 501.740 *Decision of Administrative Law Judge.* The Administrative Law Judge shall prepare a decision that constitutes his or her final disposition of the proceedings.

(a) *Content.* (1) The Administrative Law Judge shall determine whether or not the respondent has violated any provision of parts 500 and 515 of this chapter or the provisions of any license, ruling, regulation, order, direction or instruction issued by or under the authority of the Secretary pursuant to part. 500 or 515 of this chapter or otherwise under the Trading with the Enemy Act.

(2) The Administrative Law Judge's decision shall include findings and conclusions, and the reasons or basis therefor, as to all the material issues of fact, law or discretion presented on the record.

(3) (i) Upon a finding of violation, the Administrative Law Judge shall award an appropriate monetary civil penalty in an amount consistent with the Penalty Guidelines published by the Director.

(ii) Notwithstanding paragraph (a)(3)(i) of this section, the Administrative Law Judge:

(A) Shall provide an opportunity for a respondent to assert his or her inability to pay a penalty, or financial hardship, by filing with the Administrative Law Judge a financial disclosure statement subject to 18 U.S.C. 1001 that sets forth in detail the basis for the financial hardship or the inability to pay; and

(B) Shall consider any such filing in determining the appropriate monetary civil penalty.

(b) *Administrative Law Judge's decision*-(1) *Service*. The Administrative Law Judge shall serve his or her decision on the respondent and on the Director through the Office of Chief Counsel, and shall file a copy of the decision with the Secretary's designee.

(2) *Filing of report with the Secretary's designee*. If the respondent or Director files a petition for review pursuant to § 501.741, or upon a request from the Secretary's designee, the Administrative Law Judge shall file his or her report with the Secretary's designee not later than 20 days after service of his or her decision on the parties. The report shall consist of the record, including the Administrative Law Judge's decision, and any petition from the respondent or the Director seeking review.

(3) *Correction of errors*. Until the Administrative Law Judge's report has been directed for review by the Secretary's designee or, in the absence of a direction for review, until the decision has become a final order, the Administrative Law Judge may correct clerical errors and errors arising through oversight or inadvertence in decisions, orders, or other parts of the record.

(c) *Administrative Law Judge's decision final unless review directed*. Unless the Secretary's designee determines to review a decision in accordance with § 501.741(a)(1), the decision of the Administrative Law Judge shall become the final decision of the Department.

(d) *Penalty awarded*. The Director is charged with implementing all final decisions of the Department and, upon a finding of violation and/or award of a civil monetary penalty, shall carry out the necessary steps to close the action.

§ 501.741 *Review of decision or ruling*. (a) *Availability*. (1)(i) Review of the decision of the Administrative Law Judge by the Secretary's designee is not a right. The Secretary's designee may, in his or her discretion, review the decision of the Administrative Law Judge on the petition of either the respondent or the Director, or upon his or her own motion. The Secretary's designee shall determine whether to review a decision:

(A) If a petition for review has been filed by the respondent or the Director, not later than 30 days after that date the Administrative Law Judge filed his or her report with the Secretary's designee pursuant to paragraph (b)(2) of this section; or

(B) If no petition for review has been filed by the respondent or the Director, not later than 40 days after the date the Administrative Law Judge filed his or her decision with the Secretary's designee pursuant to paragraph (b)(1) of this section.

(ii) In determining whether to review a decision upon petition of the respondent or the Director, the Secretary's designee shall consider whether the petition for review makes a reasonable showing that:

(A) A prejudicial error was committed in the conduct of the proceeding; or

(B) The decision embodies:

(1) A finding or conclusion of material fact that is clearly erroneous;

(2) A conclusion of law that is erroneous; or

(3) An exercise of discretion or decision of law or policy that is important and that the Secretary's designee should review.

(2) *Interlocutory review of ruling*. The Secretary's designee shall review any ruling of an Administrative Law Judge involving privileged or confidential material that is the subject of a petition for review. See § 501.725.

(b) *Filing*. Either the respondent or the Director, when adversely affected or aggrieved by the decision or ruling of the Administrative Law Judge, may seek review by the Secretary's designee by filing a petition for review. Any petition for review shall be filed with the Administrative Law Judge within 10 days after service of the Administrative Law Judge's decision or the issuance of a ruling involving privileged or confidential material.

(c) *Contents.* The petition shall state why the Secretary's designee should review the Administrative Law Judge's decision or ruling, including: Whether the Administrative Law Judge's decision or ruling raises an important question of law, policy or discretion; whether review by the Secretary's designee will resolve a question about which the Department's Administrative Law Judges have rendered differing opinions; whether the Administrative Law Judge's decision or ruling is contrary to law or Department precedent; whether a finding of material fact is not supported by a preponderance of the evidence; or whether a prejudicial error of procedure or an abuse of discretion was committed. A petition should concisely state the portions of the decision or ruling for which review is sought. A petition shall not incorporate by reference a brief or legal memorandum.

(d) *When filing effective.* A petition for review is filed when received by the Administrative Law Judge.

(e) *Statements in opposition to petition.* Not later than 8 days after the filing of a petition for review, either the respondent or the Director may file a statement in opposition to a petition. A statement in opposition to a petition for review shall be filed in the manner specified in this section for filing of petitions for review. Statements in opposition shall concisely state why the Administrative Law Judge's decision or ruling should not be reviewed with respect to each portion of the petition to which it is addressed.

(f) *Number of copies.* An original and three copies of a petition or a statement in opposition to a petition shall be filed with the Administrative Law Judge.

(g) *Prerequisite to judicial review.* Pursuant to section 704 of the Administrative Procedure Act, 5 U.S.C. 704, a petition for review by the Secretary's designee of an Administrative Law Judge decision or ruling is a prerequisite to the seeking of judicial review of a final order entered pursuant to such decision or ruling.

§ 501.742 *Secretary's designee's consideration of decisions by Administrative Law Judges.* (a) *Scope of review.* The Secretary's designee may affirm, reverse, modify, set aside or remand for further proceedings, in whole or in part, a decision or ruling by an Administrative Law Judge and may make any findings or conclusions that in his or her judgment are proper and on the basis of the record and such additional evidence as the Secretary's designee may receive in his or her discretion.

(b) *Summary affirmance.* The Secretary's designee may summarily affirm an Administrative Law Judge's decision or ruling based upon the petition for review and any response thereto, without further briefing, if he or she finds that no issue raised in the petition for review warrants further consideration.

§ 501.743 *Briefs filed with the Secretary's designee.* (a) *Briefing schedule order.* If review of a determination is mandated by judicial order or whenever the Secretary's designee reviews a decision or ruling, the Secretary's designee shall, unless such review results in summary affirmance pursuant to § 501.742(b), issue a briefing schedule order directing the parties to file opening briefs and specifying particular issues, if any, as to which briefing should be limited or directed. Unless otherwise provided, opening briefs shall be filed not later than 40 days after the date of the briefing schedule order. Opposition briefs shall be filed not later than 30 days after the date opening briefs are due. Reply briefs shall be filed not later than 14 days after the date opposition briefs are due. no briefs in addition to those specified in the briefing schedule order may be filed without permission of the Secretary's designee. The briefing schedule order shall be issued not later than 21 days after the later of:

(1) The last day permitted for filing a brief in opposition to a petition for review pursuant to § 501.741(e); or

(2) Receipt by the Secretary's designee of the mandate of a court with respect to a judicial remand.

(b) *Contents of briefs.* Briefs shall be confined to the particular matters at issue. Each exception to the findings or conclusions being reviewed shall be stated succinctly. Exceptions shall be supported by citation to the relevant portions of the record, including references to the specific pages relied upon, and by concise argument including citation of such statutes, decisions and other authorities as may be relevant. If the exception relates to the admission or exclusion of evidence, the substance of the evidence admitted or excluded shall be set forth in the brief, in an appendix thereto, or by citation to the record. If the exception relates to interlocutory review, there is no requirement to reference pages of the transcript. Reply briefs shall be confined to matters in opposition briefs of other parties.

(c) *Length limitation*. Opening and opposition briefs shall not exceed 30 pages and reply briefs shall not exceed 20 pages, exclusive of pages containing the table of contents, table of authorities, and any addendum, except with permission of the Secretary's designee.

§ 501.744 *Record before the Secretary's designee*. The Secretary's designee shall determine each matter on the basis of the record and such additional evidence as the Secretary's designee may receive in his or her discretion. In any case of interlocutory review, the Administrative Law Judge shall direct that a transcript of the relevant proceedings be prepared and forwarded to the Secretary's designee.

(a) *Contents of the record*. In proceedings for final decision before the Secretary's designee the record shall consist of:

(1) All items that are part of the record in accordance with § 501.739;

(2) Any petitions for review, cross-petitions or oppositions;

(3) All briefs, motions, submissions and other papers filed on appeal or review; and

(4) Any other material of which the Secretary's designee may take administrative notice.

(b) *Review of documents not admitted*. Any document offered in evidence but excluded by the Administrative Law Judge and any document marked for identification but not offered as an exhibit shall not be considered a part of the record before the Secretary's designee on review but shall be transmitted to the Secretary's designee if he or she so requests. In the event that the Secretary's designee does not request the document, the Administrative Law Judge shall retain the document not admitted into the record until the later of:

(1) The date upon which the Secretary's designee's order becomes final; or

(2) The conclusion of any judicial review of that order.

§ 501.745 *Orders and decisions: signature, date and public availability*. (a) *Signature required*. All orders and decisions of the Administrative Law Judge or Secretary's designee shall be signed.

(b) *Date of entry of orders*. The date of entry of an order by the Administrative Law Judge or Secretary's designee shall be the date the order is signed. Such date shall be reflected in the caption of the order, or if there is no caption, in the order itself.

(c) *Public availability of orders*. (1) In general, any final order of the Department shall be made public. Any supporting findings or opinions relating to a final order shall be made public at such time as the final order is made public.

(2) *Exception*. Any final order of the Administrative Law Judge or Secretary's designee pertaining to an application for confidential treatment shall only be available to the public in accordance with § 501.725(b)(3).

§ 501.746 *Referral to United States Department of Justice; administrative collection measures*. In the event that the respondent does not pay any penalty imposed pursuant to this part within 30 calendar days of the mailing of the written notice of the imposition of the penalty, the matter may be referred for administrative collection measures or to the United States Department of Justice for appropriate action to recover the penalty in a civil suit in a Federal district court.

§ 501.747 *Procedures on remand of decisions.* Either an Administrative Law Judge or a Secretary's designee, as appropriate, shall reconsider any Department decision on judicial remand to the Department. The rules of practice contained in this subpart shall apply to all proceedings held on judicial remand.

SUBPART E Procedures

§ 501.801 *Licensing.* (a) General licenses. General licenses may be issued authorizing, under appropriate terms and conditions, certain types of transactions that are subject to the prohibitions contained in this chapter. General licenses also may be issued authorizing, under appropriate terms and conditions, certain types of transactions that are subject to prohibitions contained in economic sanctions programs the implementation and administration of which have been delegated to the Director of the Office of Foreign Assets Control (OFAC) but which are not yet codified in this chapter. General licenses are set forth in subpart E of each part contained in this chapter or made available on OFAC's website : *https://www.treasury.gov/resourcecenter/sanctions/Programs/Pages/Programs.aspx*. It is the policy of OFAC not to grant applications for specific licenses authorizing transactions to which the provisions of a general license are applicable. Persons availing themselves of certain general licenses may be required to file reports and statements in accordance with the instructions specified in those licenses. Failure to file timely all required information in such reports or statements may nullify the authorization otherwise provided by the general license and result in apparent violations of the applicable prohibitions that may be subject to OFAC enforcement action.

(b) *Specific licenses*-(1) *General course of procedure*. Transactions subject to the prohibitions contained in this chapter, or to prohibitions the implementation and administration of which have been otherwise delegated to the OFAC Director, that are not authorized by general license may be effected only under specific license.

(2) *Applications for specific licenses*. Applications for specific licenses to engage in any transactions prohibited by or pursuant to this chapter, or sanctions programs that have been otherwise delegated to the OFAC Director for implementation and administration, must be signed, either manually or electronically, and filed through OFAC's Reporting and License Application Forms page (https://licensing.ofac.treas.gov/) or, if that option is unavailable, by mail, addressed to the Office of Foreign Assets Control, Licensing Division, U.S. Department of the Treasury, 1500 Pennsylvania Avenue NW, Freedman's Bank Building, Washington, DC 20220. Applications for the unblocking of funds may be submitted via OFAC's Reporting and License Application Forms page (https://licensing.ofac.treas.gov/) or, if that option is unavailable, by using Form TD-F 90-22.54, "Application for the Release of Blocked Funds," or via a submission that otherwise contains all of the information provided for in Form TD-F 90-22.54. Form TD-F 90-22.54 may be obtained from OFAC's Reporting and License Application Forms page, or by mail at the address above.

(i) *Additional conditions*. Applicants should submit only one copy of a specific license application to OFAC; submitting multiple copies may result in processing delays. Any person having an interest in a transaction or proposed transaction may file an application for a specific license authorizing such a transaction.

(ii) *Information to be supplied*. The applicant must supply all information specified by relevant instructions (available on OFAC's Reporting and License Application Forms page at https://licensing.ofac.treas.gov) and/or forms, and must fully disclose the names of all parties who are concerned with or interested in the proposed transaction. If the application is filed by an agent, the agent must disclose the name of his or her principal(s). Such documents as may be relevant shall be attached to each application as a part of such application, whether filed electronically or by mail, except that documents previously filed with OFAC may, where appropriate, be incorporated by reference in such application. Applicants may be required to furnish such further information as is deemed necessary to assist OFAC in making a determination. Any applicant or other party in interest desiring to present additional information may do so at any time before or after OFAC makes its decision with respect to the application. In unique circumstances, OFAC may determine that an oral presentation regarding a license application would assist in OFAC's review of the issues involved. Any requests to make such an oral presentation must be submitted in writing to the attention of the Director, but are rarely granted.

(3) *Issuance of specific license.* Specific licenses normally will be issued by OFAC. Specific licenses also may be issued by the Secretary of the Treasury acting directly or through any specifically designated person, agency, or instrumentality.

(4) *Reports under specific licenses.* As a condition for the issuance of any specific license, the licensee may be required to file reports with respect to the transactions authorized by the specific license in such form and at such times and places as may be prescribed in the license or otherwise. Reports should be sent in accordance with the instructions provided in the applicable specific license.

(5) *Effect of denial.* The denial of a specific license does not preclude the reconsideration of an application or the filing of a further application. The applicant or any other party in interest may at any time request, by written correspondence, reconsideration of the denial of an application on the basis of new facts or changed circumstances.

(6) *Rules governing availability of information.* OFAC records are made available to the public in accordance with the Freedom of Information Act (FOIA) (5 U.S.C. 552) and the provisions of 31 CFR part. 1. See 31 CFR 1.5 for provisions pertaining to business information. License applications submitted to OFAC and specific licenses issued by OFAC are subject to the FOIA and generally will be released upon the receipt of a valid FOIA request, unless OFAC determines that such information should be withheld in accordance with an applicable FOIA exemption.

NOTE 1 TO PARAGRAPH (b)(6): OFAC views information submitted in furtherance of an application for a specific license pursuant to this paragraph (b) to be required information for purposes of Exemption 4 of the FOIA.

§ 501.802 *Decisions.* The Office of Foreign Assets Control will advise each applicant of the decision respecting filed applications. The decision of the Office of Foreign Assets Control acting on behalf of the Secretary of the Treasury with respect to an application shall constitute final agency action.

§ 501.803 *Amendment, modification, or revocation.* Except as otherwise provided by law, the provisions of each part of this chapter and any rulings, licenses (whether general or specific), authorizations, instructions, orders, or forms issued thereunder may be amended, modified or revoked at any time.

§ 501.804 *Rulemaking.* (a) All rules and other public documents are issued by the Director of the Office of Foreign Assets Control. In general, rulemaking by the Office of Foreign Assets Control involves foreign affairs functions of the United States, and for that reason is exempt from the requirements under the Administrative Procedure Act (5 U.S.C. 553) for notice of proposed rulemaking, opportunity for public comment, and delay in effective date.

(b) Any interested person may petition the Director of the Office of Foreign Assets Control in writing for the issuance, amendment, or repeal of any rule.

§ 501.805 *Rules governing availability of information.* (a) The records of the Office of Foreign Assets Control which are required by the Freedom of Information Act (5 U.S.C. 552) to be made available to the public shall be made available in accordance with the definitions, procedures, payment of fees, and other provisions of the regulations on the Disclosure of Records of the Departmental Offices and of other bureaus and offices of the Department of the Treasury issued under 5 U.S.C. 552 and published at 31 CFR part. 1.

NOTE TO PARAGRAPH § 501.805(a): Records or information obtained or created in the implementation of part. 598 of this chapter are not subject to disclosure under section 552(a)(3) of the Freedom of Information Act. See § 598.802 of this chapter.

(b) The records of the Office of Foreign Assets Control which are required by the Privacy Act (5 U.S.C. 552a) to be made available to an individual shall be made available in accordance with the definitions, procedures, requirements for payment of fees, and other provisions of the Regulations on the Disclosure of Records of the Departmental Offices and of other bureaus and offices of the Department of the Treasury issued under 5 U.S.C. 552a and published at 31 CFR part. 1.

(c) Any form issued for use in connection with this chapter may be obtained in person or by writing to the Office of Foreign Assets Control, U.S. Department of the Treasury, 1500 Pennsylvania Avenue, NW.-Annex, Washington, DC 20220, or by calling 202/622-2480.

(d) *Certain Civil Penalties Information.* (1) After the conclusion of a civil penalties proceeding that results in either the imposition of a civil monetary penalty or an informal settlement, OFAC shall make available to the public certain information on a routine basis, not less frequently than monthly, as follows:

(i) In each such proceeding against an entity, OFAC shall make available to the public

(A) The name and address of the entity involved,

(B) The sanctions program involved,

(C) A brief description of the violation or alleged violation,

(D) A clear indication whether the proceeding resulted in an informal settlement or in the imposition of a penalty,

(E) An indication whether the entity voluntarily disclosed the violation or alleged violation to OFAC, and

(F) The amount of the penalty imposed or the amount of the agreed settlement.

(ii) In such proceedings against individuals, OFAC shall release on an aggregate basis

(A) The number of penalties imposed and informal settlements reached,

(B) The sanctions programs involved,

(C) A brief description of the violations or alleged violations,

(D) A clear indication whether the proceedings resulted in informal settlements, in the imposition of penalties, or in administrative hearing requests pursuant to the Trading With the Enemy Act (TWEA), 50 U.S.C. 5(b), and

(E) The amounts of the penalties imposed and the amounts of the agreed settlements.

(2) The medium through which information will be released is OFAC's website at http://www.treas.gov/ofac.

(3) The information made available pursuant to paragraph (d)(1) of this section shall not include the following:

(i) The name of any violator or alleged violator who is an individual.

(ii) Records or information obtained or created in the implementation of part. 598 of this chapter.

(4) On a case-by-case basis, OFAC may release additional information concerning a particular civil penalties proceeding.

§ 501.806 *Procedures for unblocking funds believed to have been blocked due to mistaken identity.* When a transaction results in the blocking of funds at a financial institution pursuant to the applicable regulations of this chapter and a party to the transaction believes the funds have been blocked due to mistaken identity, that party may seek to have such funds unblocked pursuant to the following administrative procedures:

(a) Any person who is a party to the transaction may request the release of funds which the party believes to have been blocked due to mistaken identity.

(b) Requests to release funds which a party believes to have been blocked due to mistaken identity must be made in writing and addressed to the Office of Foreign Assets Control, Sanctions Compliance & Evaluation Division, U.S. Department of the Treasury, 1500 Pennsylvania Avenue NW, Freedman's Bank Building, Washington, DC 20220, or sent by email to the Sanctions Compliance & Evaluation Division at OFACreport@treasury.gov.

(c) The written request to release funds must include the name, address, telephone number, and (where available) fax number of the party seeking the release of the funds. For individuals, the inclusion of a social security number is voluntary but will facilitate resolution of the request. For corporations or other entities, the application should include its principal place of business, the state of incorporation or organization, and the name and telephone number of the appropriate person to contact regarding the application.

(d) A request to release funds should include the following information, where known, concerning the transaction:

(1) The name of the financial institution in which the funds are blocked;

(2) The amount blocked;

(3) The date of the blocking;

(4) The identity of the original remitter of the funds and any intermediary financial institutions;

(5) The intended beneficiary of the blocked transfer;

(6) A description of the underlying transaction including copies of related documents (e.g., invoices, bills of lading, promissory notes, etc.);

(7) The nature of the applicant's interest in the funds; and

(8) A statement of the reasons why the applicant believes the funds were blocked due to mistaken identity.

(e) Upon receipt of the materials required by paragraph (d) of this section, OFAC may request additional material from the applicant concerning the transaction pursuant to § 501.602.

(f) Following review of all applicable submissions, the Director of the Office of Foreign Assets Control will determine whether to release the funds. In the event the Director determines that the funds should be released, the Office of Foreign Assets Control will direct the financial institution to return the funds to the appropriate party.

(g) For purposes of this section, the term "financial institution" shall include a banking institution, depository institution or United States depository institution, domestic bank, financial institution or U.S. financial institution, as those terms are defined in the applicable part of this chapter.

§ 501.807 *Procedures governing delisting from the Specially Designated Nationals and Blocked Persons List.* A person may seek administrative reconsideration of his, her or its designation or that of a vessel as blocked, or assert that the circumstances resulting in the designation no longer apply, and thus seek to have the designation rescinded pursuant to the following administrative procedures:

(a) A person blocked under the provisions of any part of this chapter, including a specially designated national, specially designated terrorist, or specially designated narcotics trafficker (collectively, "a blocked person"), or a person owning a majority interest in a blocked vessel may submit arguments or evidence that the person believes establishes that insufficient basis exists for the designation. The blocked person also may propose remedial steps on the person's part, such as corporate reorganization, resignation of persons from positions in a blocked entity, or similar steps, which the person believes would negate the basis for designation. A person owning a majority interest in a blocked vessel may propose the sale of the vessel, with the proceeds to be placed into a blocked interest-bearing account after deducting the costs incurred while the vessel was blocked and the costs of the sale. This submission must be made in writing and addressed to the Director, Office of Foreign Assets Control, U.S. Department of the Treasury, 1500 Pennsylvania Avenue, NW.-Annex, Washington, DC 20220.

(b) The information submitted by the blocked person seeking unblocking or by a person seeking the unblocking of a vessel will be reviewed by the Office of Foreign

Assets Control, which may request clarifying, corroborating, or other additional information.

(c) A blocked person seeking unblocking or a person seeking the unblocking of a vessel may request a meeting with the Office of Foreign Assets Control; however, such meetings are not required, and the office may, at its discretion, decline to conduct such meetings prior to completing a review pursuant to this section.

(d) After the Office of Foreign Assets Control has conducted a review of the request for reconsideration, it will provide a written decision to the blocked person or person seeking the unblocking of a vessel.

§ 501.808 *License application and other procedures applicable to economic sanctions programs.* Upon submission to the Office of Management and Budget of an amendment to the overall burden hours for the information collections imposed under this part, the license application and other procedures set forth in this subpart are applicable to economic sanctions programs for which implementation and administration have been delegated to the Office of Foreign Assets Control.

SUBPART F Paperwork Reduction Act

§ 501.901 *Paperwork Reduction Act notice.* The information collection requirements in subparts C and D have been approved by the Office of Management and Budget ("OMB") under the Paperwork Reduction Act (44 U.S.C. 3507(j)) and assigned control number 1505-0164. An agency may not conduct or sponsor, and a person is not required to respond to, a collection of information unless it displays a valid control number assigned by OMB.

APPENDIX A TO PART 501

ECONOMIC SANCTIONS ENFORCEMENT GUIDELINES

NOTE: This appendix provides a general framework for the enforcement of all economic sanctions programs administered by the Office of Foreign Assets Control (OFAC).

I DEFINITIONS

A. *Apparent violation* means conduct that constitutes an actual or possible violation of U.S. economic sanctions laws, including the International Emergency Economic Powers Act (IEEPA), the Trading With the Enemy Act (TWEA), the Foreign Narcotics Kingpin Designation Act, and other statutes administered or enforced by OFAC, as well as Executive orders, regulations, orders, directives, or licenses issued pursuant thereto.

B. *Applicable schedule amount* means :

1. $1,000 with respect to a transaction valued at less than $1,000;
2. $10,000 with respect to a transaction valued at $1,000 or more but less than $10,000;
3. $25,000 with respect to a transaction valued at $10,000 or more but less than $25,000;
4. $50,000 with respect to a transaction valued at $25,000 or more but less than $50,000;
5. $100,000 with respect to a transaction valued at $50,000 or more but less than $100,000;
6. $200,000 with respect to a transaction valued at $100,000 or more but less than $200,000;
7. $311,562 with respect to a transaction valued at $200,000 or more, except that where the applicable schedule amount as defined above exceeds the statutory maximum civil penalty amount applicable to an apparent violation, the applicable schedule amount shall equal such applicable statutory maximum civil penalty amount.

C. *OFAC* means the Department of the Treasury's Office of Foreign Assets Control.

D. *Penalty* is the final civil penalty amount imposed in a Penalty Notice.

E. *Proposed penalty* is the civil penalty amount set forth in a Pre-Penalty Notice.

F. *Regulator* means any Federal, State, local or foreign official or agency that has authority to license or examine an entity for compliance with federal, state, or foreign law.

G. *Subject Person* means an individual or entity subject to any of the sanctions programs administered or enforced by OFAC.

H. *Transaction value* means the dollar value of a subject transaction. In export and import cases, the transaction value generally will be the domestic value in the United States of the goods, technology, or services sought to be exported from or imported into the United States, as demonstrated by commercial invoices, bills of lading, signed Customs declarations, or similar documents. In cases involving seizures by U.S. Customs and Border Protection (CBP), the transaction value generally will be the domestic value as determined by CBP. If the apparent violation at issue is a prohibited dealing in blocked property by a Subject Person, the transaction value generally will be the dollar value of the underlying transaction involved, such as the value of the property dealt in or the amount of the funds transfer that a financial institution failed to block or reject. Where the transaction value is not otherwise ascertainable, OFAC may consider the market value of the goods or services that were the subject of the transaction, the economic benefit conferred on the sanctioned party, and/or the economic benefit derived by the Subject Person from the transaction, in determining transaction value. For purposes of these Guidelines, "transaction value" will not necessarily have the same meaning, nor be applied in the same manner, as that term is used for import valuation purposes at 19 CFR 152.103.

I. *Voluntary self-disclosure* means self-initiated notification to OFAC of an apparent violation by a Subject Person that has committed, or otherwise participated in, an apparent violation of a statute, Executive order, or regulation administered or enforced by OFAC, prior to or at the same time that OFAC, or any other federal, state, or local government agency or official, discovers the apparent violation or another substantially similar apparent violation. For these purposes, "substantially similar apparent violation" means an apparent violation that is part of a series of similar apparent violations or is related to the same pattern or practice of conduct. Notification of an apparent violation to another government agency (but not to OFAC) by a Subject Person, which is considered a voluntary self-disclosure by that agency, may be considered a voluntary self-disclosure by OFAC, based on a case-by-case assessment. Notification to OFAC of an apparent violation is not a voluntary self-disclosure if: a third party is required to and does notify OFAC of the apparent violation or a substantially similar apparent violation because a transaction was blocked or rejected by that third party (regardless of when OFAC receives such notice from the third party and regardless of whether the Subject Person was aware of the third party's disclosure); the disclosure includes false or misleading information; the disclosure (when considered along with supplemental information provided by the Subject Person) is materially incomplete; the disclosure is not self-initiated (including when the disclosure results from a suggestion or order of a federal or state agency or official); or, when the Subject Person is an entity, the disclosure is made by an individual in a Subject Person entity without the authorization of the entity's senior management. Responding to an administrative subpoena or other inquiry from, or filing a license application with, OFAC is not a voluntary self-disclosure. In addition to notification, a voluntary self-disclosure must include, or be followed within a reasonable period of time by, a report of sufficient detail to afford a complete understanding of an apparent violation's circumstances, and should also be followed by responsiveness to any follow-up inquiries by OFAC. (As discussed further below, a Subject Person's level of cooperation with OFAC is an important factor in determining the appropriate enforcement response to an apparent violation even in the absence of a voluntary self-disclosure as defined herein; disclosure by a Subject Person generally will result in mitigation insofar as it represents cooperation with OFAC's investigation.)

II TYPES OF RESPONSES TO APPARENT VIOLATIONS

Depending on the facts and circumstances of a particular case, an OFAC investigation may lead to one or more of the following actions:

A. *No Action*. If OFAC determines that there is insufficient evidence to conclude that a violation has occurred and/or, based on an analysis of the General Factors outlined in Section 3 of these Guidelines, concludes that the conduct does not rise to a level warranting an administrative response, then no action will be taken. In those cases in which OFAC is aware that the Subject Person has knowledge of OFAC's investigation, OFAC generally will issue a letter to the Subject Person indicating that the investigation is being closed with no administrative action being taken. A no-action determination represents a final determination as to the apparent violation, unless OFAC later learns of additional related violations or other relevant facts.

B. *Request Additional Information*. If OFAC determines that additional information regarding the apparent violation is needed, it may request further information from the Subject Person or third parties, including through an administrative subpoena issued pursuant to 31 CFR 501.602. In the case of an institution subject to regulation where OFAC has entered into a Memorandum of Understanding (MOU) with the Subject Person's regulator, OFAC will follow the procedures set forth in such MOU regarding consultation with the regulator. Even in the absence of an MOU, OFAC may seek relevant information about a regulated institution and/or the conduct constituting the apparent violation from the institution's federal, state, or foreign regulator. Upon receipt of information determined to be sufficient to assess the apparent violation, OFAC will decide, based on an analysis of the General Factors outlined in Section 3 of these Guidelines, whether to pursue further enforcement action or whether some other response to the apparent violation is appropriate.

C. *Cautionary Letter*: If OFAC determines that there is insufficient evidence to conclude that a violation has occurred or that a Finding of Violation or a civil monetary penalty is not warranted under the circumstances, but believes that the underlying conduct could lead to a violation in other circumstances and/or that a Subject Person does not appear to be exercising due diligence in assuring compliance with the statutes, Executive orders, and regulations that OFAC enforces, OFAC may issue a cautionary letter, which may convey OFAC's concerns about the underlying conduct and/or the Subject Person's OFAC compliance policies, practices and/or procedures. A cautionary letter represents a final enforcement response to the apparent violation, unless OFAC later learns of additional related violations or other relevant facts, but does not constitute a final agency determination as to whether a violation has occurred.

D. *Finding of Violation*: If OFAC determines that a violation has occurred and considers it important to document the occurrence of a violation and, based on an analysis of the General Factors outlined in Section 3 of these Guidelines, concludes that the Subject Person's conduct warrants an administrative response but that a civil monetary penalty is not the most appropriate response, OFAC may issue a Finding of Violation that identifies the violation. A Finding of Violation may also convey OFAC's concerns about the violation and/or the Subject Person's OFAC compliance policies, practices and/or procedures, and/or identify the need for further compliance steps to be taken. A Finding of Violation represents a final enforcement response to the violation, unless OFAC later learns of additional related violations or other relevant facts, and constitutes a final agency determination that a violation has occurred. A Finding of Violation will afford the Subject Person an opportunity to respond to OFAC's determination that a violation has occurred before that determination becomes final. In the event a Subject Person so responds, the initial Finding of Violation will not constitute a final agency determination that a violation has occurred. In such cases, after considering the response received, OFAC will inform the Subject Person of its final enforcement response to the apparent violation.

E. *Civil Monetary Penalty*. If OFAC determines that a violation has occurred and, based on an analysis of the General Factors outlined in Section 3 of these Guidelines, concludes that the Subject Person's conduct warrants the imposition of a monetary penalty, OFAC may impose a civil monetary penalty. Civil monetary penalty amounts will be determined as discussed in Section 5 of these Guidelines. The imposition of a civil monetary penalty constitutes a final agency determination that a violation has occurred and represents a final civil enforcement response to the violation. OFAC will afford the Subject Person an opportunity to respond to OFAC's determination that a violation has occurred before a final penalty is imposed.

F. *Criminal Referral*. In appropriate circumstances, OFAC may refer the matter to appropriate law enforcement agencies for criminal investigation and/or prosecution. Apparent sanctions violations that OFAC has referred for criminal investigation and/or prosecution also may be subject to OFAC civil penalty or other administrative action.

G. *Other Administrative Actions*. In addition to or in lieu of other administrative actions, OFAC may also take the following administrative actions in response to an apparent violation:

1. *License Denial, Suspension, Modification, or Revocation*. OFAC authorizations to engage in a transaction (including the release of blocked funds) pursuant to a general or specific license may be withheld, denied, suspended, modified, or revoked in response to an apparent violation.

2. *Cease and Desist Order*. OFAC may order the Subject Person to cease and desist from conduct that is prohibited by any of the sanctions programs enforced by OFAC when OFAC has reason to believe that a Subject Person has engaged in such conduct and/or that such conduct is ongoing or may recur.

III GENERAL FACTORS AFFECTING ADMINISTRATIVE ACTION

As a general matter, OFAC will consider some or all of the following General Factors in determining the appropriate administrative action in response to an apparent violation of U.S. sanctions by a Subject Person, and, where a civil monetary penalty is imposed, in determining the appropriate amount of any such penalty:

A. *Willful or Reckless Violation of Law*: a Subject Person's willfulness or recklessness in violating, attempting to violate, conspiring to violate, or causing a violation of the law. Generally, to the extent the conduct at issue is the result of willful conduct or a deliberate intent to violate, attempt to violate, conspire to violate, or cause a violation of the law, the OFAC enforcement response will be stronger. Among the factors OFAC may consider in evaluating willfulness or recklessness are:

1. *Willfulness*. Was the conduct at issue the result of a decision to take action with the knowledge that such action would constitute a violation of U.S. law? Did the Subject Person know that the underlying conduct constituted, or likely constituted, a violation of U.S. law at the time of the conduct?

2. *Recklessness*. Did the Subject Person demonstrate reckless disregard for U.S. sanctions requirements or otherwise fail to exercise a minimal degree of caution or care in avoiding conduct that led to the apparent violation? Were there warning signs that should have alerted the Subject Person that an action or failure to act would lead to an apparent violation?

3. *Concealment*. Was there an effort by the Subject Person to hide or purposely obfuscate its conduct in order to mislead OFAC, Federal, State, or foreign regulators, or other parties involved in the conduct about an apparent violation?

4. *Pattern of Conduct*. Did the apparent violation constitute or result from a pattern or practice of conduct or was it relatively isolated and atypical in nature?

5. *Prior Notice*. Was the Subject Person on notice, or should it reasonably have been on notice, that the conduct at issue, or similar conduct, constituted a violation of U.S. law?

6. *Management Involvement*. In cases of entities, at what level within the organization did the willful or reckless conduct occur? Were supervisory or managerial level staff aware, or should they reasonably have been aware, of the willful or reckless conduct?

B. *Awareness of Conduct at Issue*: the Subject Person's awareness of the conduct giving rise to the apparent violation. Generally, the greater a Subject Person's actual knowledge of, or reason to know about, the conduct constituting an apparent violation, the stronger the OFAC enforcement response will be. In the case of a corporation, awareness will focus on supervisory or managerial level staff in the business unit at issue, as well as other senior officers and managers. Among the factors OFAC may consider in evaluating the Subject Person's awareness of the conduct at issue are:

1. *Actual Knowledge*. Did the Subject Person have actual knowledge that the conduct giving rise to an apparent violation took place? Was the conduct part of a business process, structure or arrangement that was designed or implemented with the intent to prevent or shield the Subject Person from having such actual knowledge, or was the conduct part of a business process, structure or arrangement implemented for other legitimate reasons that made it difficult or impossible for the Subject Person to have actual knowledge?

2. *Reason to Know*. If the Subject Person did not have actual knowledge that the conduct took place, did the Subject Person have reason to know, or should the Subject Person reasonably have known, based on all readily available information and with the exercise of reasonable due diligence, that the conduct would or might take place?

3. *Management Involvement*. In the case of an entity, was the conduct undertaken with the explicit or implicit knowledge of senior management, or was the conduct undertaken by personnel outside the knowledge of senior management? If the apparent violation was undertaken without the knowledge of senior management, was there oversight intended to detect and prevent violations, or did the lack of knowledge by senior management result from disregard for its responsibility to comply with applicable sanctions laws?

C. *Harm to Sanctions Program Objectives*: the actual or potential harm to sanctions program objectives caused by the conduct giving rise to the apparent violation. Among the factors OFAC may consider in evaluating the harm to sanctions program objectives are:

1. *Economic or Other Benefit to the Sanctioned Individual, Entity, or Country*: the economic or other benefit conferred or attempted to be conferred to sanctioned individuals, entities, or coun-

tries as a result of an apparent violation, including the number, size, and impact of the transactions constituting an apparent violation(s), the length of time over which they occurred, and the nature of the economic or other benefit conferred. OFAC may also consider the causal link between the Subject Person's conduct and the economic benefit conferred or attempted to be conferred.

2. *Implications for U.S. Policy*: the effect that the circumstances of the apparent violation had on the integrity of the U.S. sanctions program and the related policy objectives involved.

3. *License Eligibility*: whether the conduct constituting the apparent violation likely would have been licensed by OFAC under existing licensing policy.

4. *Humanitarian activity*: whether the conduct at issue was in support of a humanitarian activity.

D. *Individual Characteristics*: the particular circumstances and characteristics of a Subject Person. Among the factors OFAC may consider in evaluating individual characteristics are:

1. *Commercial Sophistication*: the commercial sophistication and experience of the Subject Person. Is the Subject Person an individual or an entity? If an individual, was the conduct constituting the apparent violation for personal or business reasons?

2. *Size of Operations and Financial Condition*: the size of a Subject Person's business operations and overall financial condition, where such information is available and relevant. Qualification of the Subject Person as a small business or organization for the purposes of the Small Business Regulatory Enforcement Fairness Act, as determined by reference to the applicable regulations of the Small Business Administration, may also be considered.

3. *Volume of Transactions*: the total volume of transactions undertaken by the Subject Person on an annual basis, with attention given to the apparent violations as compared with the total volume.

4. *Sanctions History*: the Subject Person's sanctions history, including OFAC's issuance of prior penalties, findings of violations or cautionary, warning or evaluative letters, or other administrative actions (including settlements). As a general matter, OFAC will only consider a Subject Person's sanctions history for the five years preceding the date of the transaction giving rise to the apparent violation.

E. *Compliance Program*: the existence, nature and adequacy of a Subject Person's risk-based OFAC compliance program at the time of the apparent violation, where relevant. In the case of an institution subject to regulation where OFAC has entered into a Memorandum of Understanding (MOU) with the Subject Person's regulator, OFAC will follow the procedures set forth in such MOU regarding consultation with the regulator with regard to the quality and effectiveness of the Subject Person's compliance program. Even in the absence of an MOU, OFAC may take into consideration the views of federal, state, or foreign regulators, where relevant. Further information about risk-based compliance programs for financial institutions is set forth in the annex hereto.

F. *Remedial Response*: the Subject Person's corrective action taken in response to the apparent violation. Among the factors OFAC may consider in evaluating the remedial response are:

1. The steps taken by the Subject Person upon learning of the apparent violation. Did the Subject Person immediately stop the conduct at issue?

2. In the case of an entity, the processes followed to resolve issues related to the apparent violation. Did the Subject Person discover necessary information to ascertain the causes and extent of the apparent violation, fully and expeditiously? Was senior management fully informed? If so, when?

3. In the case of an entity, whether the Subject Person adopted new and more effective internal controls and procedures to prevent a recurrence of the apparent violation. If the Subject Person did not have an OFAC compliance program in place at the time of the apparent violation, did it implement one upon discovery of the apparent violations? If it did have an OFAC compliance program, did it take appropriate steps to enhance the program to prevent the recurrence of similar violations? Did the entity provide the individual(s) responsible for the apparent violation with additional training, and/or take other appropriate action, to ensure that similar violations do not occur in the future?

4. Where applicable, whether the Subject Person undertook a thorough review to identify other possible violations.

G. *Cooperation with OFAC*: the nature and extent of the Subject Person's cooperation with OFAC. Among the factors OFAC may consider in evaluating cooperation with OFAC are:

1. Did the Subject Person voluntarily self-disclose the apparent violation to OFAC?

2. Did the Subject Person provide OFAC with all relevant information regarding an apparent violation (whether or not voluntarily self-disclosed)?

3. Did the Subject Person research and disclose to OFAC relevant information regarding any other apparent violations caused by the same course of conduct?

4. Was information provided voluntarily or in response to an administrative subpoena?

5. Did the Subject Person cooperate with, and promptly respond to, all requests for information?

6. Did the Subject Person enter into a statute of limitations tolling agreement, if requested by OFAC (particularly in situations where the apparent violations were not immediately notified to or discovered by OFAC, in particularly complex cases, and in cases in which the Subject Person has requested and received additional time to respond to a request for information from OFAC)? If so, the Subject Person's entering into a tolling agreement will be deemed a mitigating factor.

NOTE : A Subject Person's refusal to enter into a tolling agreement will not be considered by OFAC as an aggravating factor in assessing a Subject Person's cooperation or otherwise under the Guidelines. Where appropriate, OFAC will publicly note substantial cooperation provided by a Subject Person.

H. *Timing of apparent violation in relation to imposition of sanctions*: the timing of the apparent violation in relation to the adoption of the applicable prohibitions, particularly if the apparent violation took place immediately after relevant changes in the sanctions program regulations or the addition of a new name to OFAC's List of Specially Designated Nationals and Blocked Persons (SDN List).

I. *Other enforcement action*: other enforcement actions taken by federal, state, or local agencies against the Subject Person for the apparent violation or similar apparent violations, including whether the settlement of alleged violations of OFAC regulations is part of a comprehensive settlement with other federal, state, or local agencies.

J. *Future Compliance/Deterrence Effect*: the impact administrative action may have on promoting future compliance with U.S. economic sanctions by the Subject Person and similar Subject Persons, particularly those in the same industry sector.

K. *Other relevant factors on a case-by-case basis*: such other factors that OFAC deems relevant on a case-by-case basis in determining the appropriate enforcement response and/or the amount of any civil monetary penalty. OFAC will consider the totality of the circumstances to ensure that its enforcement response is proportionate to the nature of the violation.

IV CIVIL PENALTIES FOR FAILURE TO COMPLY WITH A REQUIREMENT TO FURNISH INFORMATION OR KEEP RECORDS

As a general matter, the following civil penalty amounts shall apply to a Subject Person's failure to comply with a requirement to furnish information or maintain records:

A. The failure to comply with a requirement to furnish information pursuant to 31 CFR 501.602 may result in a penalty in an amount up to $24,046, irrespective of whether any other violation is alleged. Where OFAC has reason to believe that the apparent violation(s) that is the subject of the requirement to furnish information involves a transaction(s) valued at greater than $500,000, a failure to comply with a requirement to furnish information may result in a penalty in an amount up to $60,115, irrespective of whether any other violation is alleged. A failure to comply with a requirement to furnish information may be considered a continuing violation, and the penalties described above may be imposed each month that a party has continued to fail to comply with the requirement to furnish information. OFAC may also seek to have a requirement to furnish information judicially enforced. Imposition of a civil monetary penalty for failure to comply with a requirement to furnish information does not preclude OFAC from seeking such judicial enforcement of the requirement to furnish information.

B. The late filing of a required report, whether set forth in regulations or in a specific license, may result in a civil monetary penalty in an amount up to $3,005, if filed within the first 30 days after the report is due, and a penalty in an amount up to $6,012 if filed more than 30 days after the report is due. If the report relates to blocked assets, the penalty may include an additional $1,203 for every 30 days that the report is overdue, up to five years.

C. The failure to maintain records in conformance with the requirements of OFAC's regulations or of a specific license may result in a penalty in an amount up to $60,226.

V CIVIL PENALTIES

OFAC will review the facts and circumstances surrounding an apparent violation and apply the General Factors for Taking Administrative Action in Section 3 above in determining whether to initiate a civil penalty proceeding and in determining the amount of any civil monetary penalty. OFAC will give careful consideration to the appropriateness of issuing a cautionary letter or Finding of Violation in lieu of the imposition of a civil monetary penalty.

A Civil Penalty Process

1. *Pre-Penalty Notice*. If OFAC has reason to believe that a sanctions violation has occurred and believes that a civil monetary penalty is appropriate, it will issue a Pre-Penalty Notice in accordance with the procedures set forth in the particular regulations governing the conduct giving rise to the apparent violation. The amount of the proposed penalty set forth in the Pre-Penalty Notice will reflect OFAC's preliminary assessment of the appropriate penalty amount, based on information then in OFAC's possession. The amount of the final penalty may change as OFAC learns additional relevant information. If, after issuance of a Pre-Penalty Notice, OFAC determines that a penalty in an amount that represents an increase of more than 10 percent from the proposed penalty set forth in the Pre-Penalty Notice is appropriate, or if OFAC intends to allege additional violations, it will issue a revised Pre-Penalty Notice setting forth the new proposed penalty amount and/or alleged violations.

a. In general, the Pre-Penalty Notice will set forth the following with respect to the specific violations alleged and the proposed penalties :

i. Description of the alleged violations, including the number of violations and their value, for which a penalty is being proposed;

ii. Identification of the regulatory or other provisions alleged to have been violated;

iii. Identification of the base category (defined below) according to which the proposed penalty amount was calculated and the General Factors that were most relevant to the determination of the proposed penalty amount;

iv. The maximum amount of the penalty to which the Subject Person could be subject under applicable law; and

v. The proposed penalty amount, determined in accordance with the provisions set forth in these Guidelines.

b. The Pre-Penalty Notice will also include information regarding how to respond to the Pre-Penalty Notice including:

i. A statement that the Subject Person may submit a written response to the Pre-Penalty Notice by a date certain addressing the alleged violation(s), the General Factors Affecting Administrative Action set forth in Section 3 of these Guidelines, and any other information or evidence that the Subject Person deems relevant to OFAC's consideration.

ii. A statement that a failure to respond to the Pre-Penalty Notice may result in the imposition of a civil monetary penalty.

2. *Response to Pre-Penalty Notice*. A Subject Person may submit a written response to the Pre-Penalty Notice in accordance with the procedures set forth in the particular regulations governing the conduct giving rise to the apparent violation. Generally, the response should either agree to the proposed penalty set forth in the Pre-Penalty Notice or set forth reasons why a penalty should not be imposed or, if imposed, why it should be a lesser amount than proposed, with particular attention paid to the General Factors Affecting Administrative Action set forth in Section 3 of these Guidelines. The response should include all documentary or other evidence available to the Subject Person that supports the arguments set forth in the response. OFAC will consider all relevant materials submitted.

3. *Penalty Notice*. If OFAC receives no response to a Pre-Penalty Notice within the time prescribed in the Pre-Penalty Notice, or if following the receipt of a response to a Pre-Penalty Notice and a review of the information and evidence contained therein OFAC concludes that a civil monetary penalty is warranted, a Penalty Notice generally will be issued in accordance with the procedures set forth in the particular regulations governing the conduct giving rise to the violation. A Penalty Notice constitutes a final agency determination that a violation has occurred. The penalty amount set forth in the Penalty Notice will take into account relevant additional information provided in response to a Pre-Penalty Notice. In the absence of a response to a Pre-Penalty Notice, the

penalty amount set forth in the Penalty Notice will generally be the same as the proposed penalty set forth in the Pre-Penalty Notice.

4. *Referral to Financial Management Division.* The imposition of a civil monetary penalty pursuant to a Penalty Notice creates a debt due the U.S. Government. OFAC will advise Treasury's Financial Management Division upon the imposition of a penalty. The Financial Management Division may take follow-up action to collect the penalty assessed if it is not paid within the prescribed time period set forth in the Penalty Notice. In addition or instead, the matter may be referred to the U.S. Department of Justice for appropriate action to recover the penalty.

5. *Final Agency Action.* The issuance of a Penalty Notice constitutes final agency action with respect to the violation(s) for which the penalty is assessed.

B Amount of Civil Penalty

1. *Egregious case.* In those cases in which a civil monetary penalty is deemed appropriate, OFAC will make a determination as to whether a case is deemed "egregious" for purposes of the base penalty calculation. This determination will be based on an analysis of the applicable General Factors. In making the egregiousness determination, OFAC generally will give substantial weight to General Factors A ("willful or reckless violation of law"), B ("awareness of conduct at issue"), C ("harm to sanctions program objectives") and D ("individual characteristics"), with particular emphasis on General Factors A and B. A case will be considered an "egregious case" where the analysis of the applicable General Factors, with a focus on those General Factors identified above, indicates that the case represents a particularly serious violation of the law calling for a strong enforcement response. A determination that a case is "egregious" will be made by the Director or Deputy Director.

2. *Pre-Penalty Notice.* The penalty amount proposed in a Pre-Penalty Notice shall generally be calculated as follows, except that neither the base amount nor the proposed penalty will exceed the applicable statutory maximum amount: *[For apparent violations identified in the Cuba Penalty Schedule, 68 Fed. Reg. 4429 (Jan. 29, 2003), for which a civil monetary penalty has been deemed appropriate, the base penalty amount shall equal the amount set forth in the Schedule for such violation, except that the base penalty amount shall be reduced by 50 % in cases of voluntary self-disclosure.]*

a Base Category Calculation

i. In a non-egregious case, if the apparent violation is disclosed through a voluntary self-disclosure by the Subject Person, the base amount of the proposed civil penalty in the Pre-Penalty Notice shall be one-half of the transaction value, capped at a maximum base amount of $155,781 per violation, except where the statutory maximum penalty applicable to the apparent violation is less than $311,562, in which case the base amount of the proposed civil penalty in the Pre-Penalty Notice shall be capped at one-half the statutory maximum penalty applicable to the apparent violation.

ii. In a non-egregious case, if the apparent violation comes to OFAC's attention by means other than a voluntary self-disclosure, the base amount of the proposed civil penalty in the Pre-Penalty Notice shall be the "applicable schedule amount," as defined above. For apparent violations where the statutory maximum penalty applicable to the apparent violation is $311,562 or greater, the maximum base amount shall be capped at $311,562. For apparent violations where the statutory maximum penalty applicable to the apparent violation is less than $311,562, the maximum base amount shall be capped at the statutory maximum penalty amount applicable to the apparent violation.

iii. In an egregious case, if the apparent violation is disclosed through a voluntary self-disclosure by a Subject Person, the base amount of the proposed civil penalty in the Pre-Penalty Notice shall be one-half of the applicable statutory maximum penalty applicable to the violation.

iv. In an egregious case, if the apparent violation comes to OFAC's attention by means other than a voluntary self-disclosure, the base amount of the proposed civil penalty in the Pre-Penalty Notice shall be the applicable statutory maximum penalty amount applicable to the violation.

v. The applicable statutory maximum civil penalty per violation for each statute enforced by OFAC is as follows: International Emergency Economic Powers Act (IEEPA)-greater of $311,562 or twice the amount of the underlying transaction; Trading with the Enemy Act (TWEA)-$91,816; Foreign Narcotics Kingpin Designation Act (FNKDA)-$1,548,075; Antiterrorism and Effective Death

Penalty Act of 1996 (AEDPA)-greater of $82,244 or twice the amount of which a financial institution was required to retain possession or control ; and Clean Diamond Trade Act (CDTA)-$14,074. The civil penalty amounts authorized under these statutes are subject to adjustment pursuant to the Federal Civil Penalties Inflation Adjustment Act of 1990 (Pub. L. 101-410, as amended, 28 U.S.C. 2461 note).

vi. The following matrix represents the base amount of the proposed civil penalty for each category of violation:

BASE PENALTY MATRIX

Voluntary Self-Disclosure	Egregious Case: NO	Egregious Case: YES
YES	**(1)** **One-Half of Transaction Value (capped at lesser of $155,781 or one-half of the applicable statutory maximum per violation)**	**(3)** **One-Half of Applicable Statutory Maximum**
NO	**(2)** **Applicable Schedule Amount (capped at lesser of $311,562 or the applicable statutory maximum per violation)**	**(4)** **Applicable Statutory Maximum**

b Adjustment for Applicable Relevant General Factors

The base amount of the proposed civil penalty may be adjusted to reflect applicable General Factors for Administrative Action set forth in Section 3 of these Guidelines. Each factor may be considered mitigating or aggravating, resulting in a lower or higher proposed penalty amount. As a general matter, in those cases where the following General Factors are present, OFAC will adjust the base proposed penalty amount in the following manner:

i. In cases involving substantial cooperation with OFAC but no voluntary self-disclosure as defined herein, including cases in which an apparent violation is reported to OFAC by a third party but the Subject Person provides substantial additional information regarding the apparent violation and/or other related violations, the base penalty amount generally will be reduced between 25 and 40 percent. Substantial cooperation in cases involving voluntary self-disclosure may also be considered as a further mitigating factor.

ii. In cases involving a Subject Person's first violation, the base penalty amount generally will be reduced up to 25 percent. An apparent violation generally will be considered a "first violation" if the Subject Person has not received a penalty notice or Finding of Violation from OFAC in the five years preceding the date of the transaction giving rise to the apparent violation. A group of substantially similar apparent violations addressed in a single Pre-Penalty Notice shall be considered as a single violation for purposes of this subsection. In those cases where a prior penalty notice or Finding of Violation within the preceding five years involved conduct of a substantially different nature from the apparent violation at issue, OFAC may consider the apparent violation at issue a "first violation." In determining the extent of any mitigation for a first violation, OFAC may consider any prior OFAC enforcement action taken with respect to the Subject Person, including any cautionary, warning or evaluative letters issued, or any civil monetary settlements entered into with OFAC.

In all cases, the proposed penalty amount will not exceed the applicable statutory maximum.

In cases involving a large number of apparent violations, where the transaction value of all apparent violations is either unknown or would require a disproportionate allocation of resources to determine, OFAC may estimate or extrapolate the transaction value of the total universe of apparent violations in determining the amount of any proposed civil monetary penalty.

3. *Penalty Notice*. The amount of the proposed civil penalty in the Pre-Penalty Notice will be the presumptive starting point for calculation of the civil penalty amount in the Penalty Notice. OFAC may adjust the penalty amount in the Penalty Notice based on:

a. Evidence presented by the Subject Person in response to the Pre-Penalty Notice, or otherwise received by OFAC with respect to the underlying violation(s); and/or

b. Any modification resulting from further review and reconsideration by OFAC of the proposed civil monetary penalty in light of the General Factors for Administrative Action set forth in Section 3 above.

In no event will the amount of the civil monetary penalty in the Penalty Notice exceed the proposed penalty set forth in the Pre-Penalty Notice by more than 10 percent, or include additional alleged violations, unless a revised Pre-Penalty Notice has first been sent to the Subject Person as set forth above. In the event that OFAC determines upon further review that n° penalty is appropriate, it will so inform the Subject Person in a no-action letter, a cautionary letter, or a Finding of Violation.

C Settlements

A settlement does not constitute a final agency determination that a violation has occurred.

1. *Settlement Process*. Settlement discussions may be initiated by OFAC, the Subject Person or the Subject Person's authorized representative. Settlements generally will be negotiated in accordance with the principles set forth in these Guidelines with respect to appropriate penalty amounts. OFAC may condition the entry into or continuation of settlement negotiations on the execution of a tolling agreement with respect to the statute of limitations.

2. *Settlement Prior to Issuance of Pre-Penalty Notice*. Where settlement discussions occur prior to the issuance of a Pre-Penalty Notice, the Subject Person may request in writing that OFAC withhold issuance of a Pre-Penalty Notice pending the conclusion of settlement discussions. OFAC will generally agree to such a request as long as settlement discussions are continuing in good faith and the statute of limitations is not at risk of expiring.

3. *Settlement Following Issuance of Pre-Penalty Notice*. If a matter is settled after a Pre-Penalty Notice has been issued, but before a final Penalty Notice is issued, OFAC will not make a final determination as to whether a sanctions violation has occurred. In the event no settlement is reached, the period specified for written response to the Pre-Penalty Notice remains in effect unless additional time is granted by OFAC.

4. *Settlements of Multiple Apparent Violations*. A settlement initiated for one apparent violation may also involve a comprehensive or global settlement of multiple apparent violations covered by other Pre-Penalty Notices, apparent violations for which a Pre-Penalty Notice has not yet been issued by OFAC, or previously unknown apparent violations reported to OFAC during the pendency of an investigation of an apparent violation.

ANNEX

The following matrix can be used by financial institutions to evaluate their compliance programs:

OFAC Risk Matrix

Low	Moderate	High
Stable, well-known customer base in a localized environment	Customer base changing due to branching, merger, or acquisition in the domestic market	A large, fluctuating client base in an international environment.
Few high-risk customers; these may include nonresident aliens, foreign customers (including accounts with U.S. powers of attorney), and foreign commercial customers	A moderate number of high-risk customers	A large number of high-risk customers.
No overseas branches and no correspondent accounts with foreign banks	Overseas branches or correspondent accounts with foreign banks	Overseas branches or multiple correspondent accounts with foreign banks.
No electronic services (*e.g.*, e-banking) offered, or products available are purely informational or non-transactional	The institution offers limited electronic (*e.g.*, e-banking) products and services	The institution offers a wide array of electronic (*e.g.*, e-banking) products and services (*i.e.*, account transfers, e-bill payment, or accounts opened via the Internet).
Limited number of funds transfers for customers and non-customers, limited third-party transactions, and no international funds transfers	A moderate number of funds transfers, mostly for customers. Possibly, a few international funds transfers from personal or business accounts	A high number of customer and non-customer funds transfers, including international funds transfers.
No other types of international transactions, such as trade finance, cross-border ACH, and management of sovereign debt	Limited other types of international transactions	A high number of other types of international transactions.
No history of OFAC actions. No evidence of apparent violation or circumstances that might lead to a violation	A small number of recent actions (*i.e.*, actions within the last five years) by OFAC, including notice letters, or civil money penalties, with evidence that the institution addressed the issues and is not at risk of similar violations in the future	Multiple recent actions by OFAC, where the institution has not addressed the issues, thus leading to an increased risk of the institution undertaking similar violations in the future.
Management has fully assessed the institution's level of risk based on its customer base and product lines. This understanding of risk and strong commitment to OFAC compliance is satisfactorily communicated throughout the organization	Management exhibits a reasonable understanding of the key aspects of OFAC compliance and its commitment is generally clear and satisfactorily communicated throughout the organization, but it may lack a program appropriately tailored to risk	Management does not understand, or has chosen to ignore, key aspects of OFAC compliance risk. The importance of compliance is not emphasized or communicated throughout the organization.
The board of directors, or board committee, has approved an OFAC compliance program that includes policies, procedures, controls, and information systems that are adequate, and consistent with the institution's OFAC risk profile	The board has approved an OFAC compliance program that includes most of the appropriate policies, procedures, controls, and information systems necessary to ensure compliance, but some weaknesses are noted	The board has not approved an OFAC compliance program, or policies, procedures, controls, and information systems are significantly deficient.

Low	Moderate	High
Staffing levels appear adequate to properly execute the OFAC compliance program	Staffing levels appear generally adequate, but some deficiencies are noted	Management has failed to provide appropriate staffing levels to handle workload.
Authority and accountability for OFAC compliance are clearly defined and enforced, including the designation of a qualified OFAC officer	Authority and accountability are defined, but some refinements are needed. A qualified OFAC officer has been designated	Authority and accountability for compliance have not been clearly established. No OFAC compliance officer, or an unqualified one, has been appointed. The role of the OFAC officer is unclear.
Training is appropriate and effective based on the institution's risk profile, covers applicable personnel, and provides necessary up-to-date information and resources to ensure compliance	Training is conducted and management provides adequate resources given the risk profile of the organization; however, some areas are not covered within the training program	Training is sporadic and does not cover important regulatory and risk areas or is nonexistent.
The institution employs strong quality control methods	The institution employs limited quality control methods	The institution does not employ quality control methods.

A Framework for OFAC Compliance Commitments (mai 2019)

The U.S. Department of the Treasury's Office of Foreign Assets Control (OFAC) administers and enforces U.S. economic and trade sanctions programs against targeted foreign governments, individuals, groups, and entities in accordance with national security and foreign policy goals and objectives.

OFAC strongly encourages organizations subject to U.S. jurisdiction, as well as foreign entities that conduct business in or with the United States, U.S. persons, or using U.S.-origin goods or services, to employ a risk-based approach to sanctions compliance by developing, implementing, and routinely updating a sanctions compliance program (SCP). While each risk-based SCP will vary depending on a variety of factors-including the company's size and sophistication, products and services, customers and counterparties, and geographic locations-each program should be predicated on and incorporate at least five essential components of compliance: (1) management commitment; (2) risk assessment; (3) internal controls; (4) testing and auditing; and (5) training.

If after conducting an investigation and determining that a civil monetary penalty ("CMP") is the appropriate administrative action in response to an apparent violation, the Office of Compliance and Enforcement (OCE) will determine which of the following or other elements should be incorporated into the subject person's SCP as part of any accompanying settlement agreement, as appropriate. As in all enforcement cases, OFAC will evaluate a subject person's SCP in a manner consistent with the Economic Sanctions Enforcement Guidelines (the "Guidelines").

When applying the Guidelines to a given factual situation, OFAC will consider favorably subject persons that had effective SCPs at the time of an apparent violation. For example, under General Factor E (compliance program), OFAC may consider the existence, nature, and adequacy of an SCP, and when appropriate, may mitigate a CMP on that basis. Subject persons that have implemented effective SCPs that are predicated on the five essential components of compliance may also benefit from further mitigation of a CMP pursuant to General Factor F (remedial response) when the SCP results in remedial steps being taken.

Finally, OFAC may, in appropriate cases, consider the existence of an effective SCP at the time of an apparent violation as a factor in its analysis as to whether a case is deemed "egregious."

This document is intended to provide organizations with a framework for the five essential components of a risk-based SCP, and contains an appendix outlining several of the root causes that have led to apparent violations of the sanctions programs that OFAC administers. OFAC recommends all organizations subject to U.S. jurisdiction review the settlements published by OFAC to reassess and enhance their respective SCPs, when and as appropriate.

MANAGEMENT COMMITMENT

Senior Management's commitment to, and support of, an organization's risk-based SCP is one of the most important factors in determining its success. This support is essential in ensuring the SCP receives adequate resources and is fully integrated into the organization's daily operations, and also helps legitimize the program, empower its personnel, and foster a culture of compliance throughout the organization.

General Aspects of an SCP: Senior Management Commitment

Senior management commitment to supporting an organization's SCP is a critical factor in determining the success of the SCP. Effective management support includes the provision of adequate resources to the compliance unit(s) and support for compliance personnel's authority within an organization. The term "senior management" may differ among various organizations, but typically the term should include senior leadership, executives, and/or the board of directors.

I. Senior management has reviewed and approved the organization's SCP.

II. Senior management ensures that its compliance unit(s) is/are delegated sufficient authority and autonomy to deploy its policies and procedures in a manner that effectively controls the organization's OFAC risk. As part of this effort, senior management ensures the existence of direct reporting lines between the SCP function and senior management, including routine and periodic meetings between these two elements of the organization.

III. Senior management has taken, and will continue to take, steps to ensure that the organization's compliance unit(s) receive adequate resources-including in the form of human capital, expertise, information technology, and other resources, as appropriate-that are relative to the organization's breadth of operations, target and secondary markets, and other factors affecting its overall risk profile.

These efforts could generally be measured by the following criteria:

A. The organization has appointed a dedicated OFAC sanctions compliance officer *[This may be the same person serving in other senior compliance positions, e.g., the Bank Secrecy Act Officer or an Export Control Officer, as many institutions, depending on size and complexity, designate a single person to oversee all areas of financial crimes or export control compliance]*;

B. The quality and experience of the personnel dedicated to the SCP, including: (i) the technical knowledge and expertise of these personnel with respect to OFAC's regulations, processes, and actions; (ii) the ability of these personnel to understand complex financial and commercial activities, apply their knowledge of OFAC to these items, and identify OFAC-related issues, risks, and prohibited activities; and (iii) the efforts to ensure that personnel dedicated to the SCP have sufficient experience and an appropriate position within the organization, and are an integral component to the organization's success; and

C. Sufficient control functions exist that support the organization's SCP-including but not limited to information technology software and systems-that adequately address the organization's OFAC-risk assessment and levels.

IV. Senior management promotes a "culture of compliance" throughout the organization.

These efforts could generally be measured by the following criteria:

A. The ability of personnel to report sanctions related misconduct by the organization or its personnel to senior management without fear of reprisal.

B. Senior management messages and takes actions that discourage misconduct and prohibited activities, and highlight the potential repercussions of non-compliance with OFAC sanctions; and

C. The ability of the SCP to have oversight over the actions of the entire organization, including but not limited to senior management, for the purposes of compliance with OFAC sanctions.

V. Senior management demonstrates recognition of the seriousness of apparent violations of the laws and regulations administered by OFAC, or malfunctions, deficiencies, or failures by the organization and its personnel to comply with the SCP's policies and procedures, and implements necessary measures to reduce the occurrence of apparent violations in the future. Such measures should address the root causes of past apparent violations and represent systemic solutions whenever possible.

RISK ASSESSMENT

Risks in sanctions compliance are potential threats or vulnerabilities that, if ignored or not properly handled, can lead to violations of OFAC's regulations and negatively affect an organization's reputation and business. OFAC recommends that organizations take a risk-based approach when designing or updating an SCP. One of the central tenets of this approach is for organizations to conduct a routine, and if appropriate, ongoing "risk assessment" for the purposes of identifying potential OFAC issues they are likely to encounter. As described in detail below, the results of a risk assessment are integral in informing the SCP's policies, procedures, internal controls, and training in order to mitigate such risks.

While there is no "one-size-fits all" risk assessment, the exercise should generally consist of a holistic review of the organization from top-to-bottom and assess its touchpoints to the outside world. This process allows the organization to identify potential areas in which it may, directly or indirectly, engage with OFAC-prohibited persons, parties, countries, or regions. For example, an organization's SCP may conduct an assessment of the following: (i) customers, supply chain, intermediaries, and counter-parties; (ii) the products and services it offers, including how and where such items fit into other financial or commercial products, services, networks, or systems; and (iii) the geographic locations of the organization, as well as its customers, supply chain, intermediaries, and counter-parties. Risk assessments and sanctions-related due diligence is also important during mergers and acquisitions, particularly in scenarios involving non-U.S. companies or corporations.

General Aspects of an SCP: Conducting a Sanctions Risk Assessment

A fundamental element of a sound SCP is the assessment of specific clients, products, services, and geographic locations in order to determine potential OFAC sanctions risk. The purpose of a risk assessment is to identify inherent risks in order to inform risk-based decisions and controls. The Annex to Appendix A to 31 C.F.R. Part. 501, OFAC's Economic Sanctions Enforcement Guidelines, provides an OFAC Risk Matrix that may be used by financial institutions or other entities to evaluate their compliance programs:

I. The organization conducts, or will conduct, an OFAC risk assessment in a manner, and with a frequency, that adequately accounts for the potential risks. Such risks could be posed by its clients and customers, products, services, supply chain, intermediaries, counter-parties, transactions, and geographic locations, depending on the nature of the organization. As appropriate, the risk assessment will be updated to account for the root causes of any apparent violations or systemic deficiencies identified by the organization during the routine course of business.

A. In assessing its OFAC risk, organizations should leverage existing information to inform the process. In turn, the risk assessment will generally inform the extent of the due diligence efforts at various points in a relationship or in a transaction. This may include:

1. On-boarding: The organization develops a sanctions risk rating for customers, customer groups, or account relationships, as appropriate, by leveraging information provided by the customer (for example, through a Know Your Customer or Customer Due Diligence process) and independent research conducted by the organization at the initiation of the customer relationship. This information will guide the timing

and scope of future due diligence efforts. Important elements to consider in determining the sanctions risk rating can be found in OFAC's risk matrices.

2. Mergers and Acquisitions (M&A): As noted above, proper risk assessments should include and encompass a variety of factors and data points for each organization. One of the multitude of areas organizations should include in their risk assessments-which, in recent years, appears to have presented numerous challenges with respect to OFAC sanctions-are mergers and acquisitions. Compliance functions should also be integrated into the merger, acquisition, and integration process. Whether in an advisory capacity or as a participant, the organization engages in appropriate due diligence to ensure that sanctions-related issues are identified, escalated to the relevant senior levels, addressed prior to the conclusion of any transaction, and incorporated into the organization's risk assessment process. After an M&A transaction is completed, the organization's Audit and Testing function will be critical to identifying any additional sanctions-related issues.

II. The organization has developed a methodology to identify, analyze, and address the particular risks it identifies. As appropriate, the risk assessment will be updated to account for the conduct and root causes of any apparent violations or systemic deficiencies identified by the organization during the routine course of business, for example, through a testing or audit function.

INTERNAL CONTROLS

An effective SCP should include internal controls, including policies and procedures, in order to identify, interdict, escalate, report (as appropriate), and keep records pertaining to activity that may be prohibited by the regulations and laws administered by OFAC. The purpose of internal controls is to outline clear expectations, define procedures and processes pertaining to OFAC compliance (including reporting and escalation chains), and minimize the risks identified by the organization's risk assessments. Policies and procedures should be enforced, weaknesses should be identified (including through root cause analysis of any compliance breaches) and remediated, and internal and/or external audits and assessments of the program should be conducted on a periodic basis.

Given the dynamic nature of U.S. economic and trade sanctions, a successful and effective SCP should be capable of adjusting rapidly to changes published by OFAC. These include the following: (i) updates to OFAC's List of Specially Designated Nationals and Blocked Persons (the "SDN List"), the Sectoral Sanctions Identification List ("SSI List"), and other sanctions-related lists; (ii) new, amended, or updated sanctions programs or prohibitions imposed on targeted foreign countries, governments, regions, or persons, through the enactment of new legislation, the issuance of new Executive orders, regulations, or published OFAC guidance or other OFAC actions; and (iii) the issuance of general licenses.

General Aspects of an SCP: Internal Controls

Effective OFAC compliance programs generally include internal controls, including policies and procedures, in order to identify, interdict, escalate, report (as appropriate), and keep records pertaining to activity that is prohibited by the sanctions programs administered by OFAC. The purpose of internal controls is to outline clear expectations, define procedures and processes pertaining to OFAC compliance, and minimize the risks identified by an entity's OFAC risk assessments. Policies and procedures should be enforced, and weaknesses should be identified (including through root cause analysis of any compliance breaches) and remediated in order to prevent activity that might violate the sanctions programs administered by OFAC.

I. The organization has designed and implemented written policies and procedures outlining the SCP. These policies and procedures are relevant to the organization, capture the organization's day-to-day operations and procedures, are easy to follow, and designed to prevent employees from engaging in misconduct.

II. The organization has implemented internal controls that adequately address the results of its OFAC risk assessment and profile. These internal controls should enable the organization to clearly and effectively identify, interdict, escalate, and report to appropriate personnel within the organization transac-

tions and activity that may be prohibited by OFAC. To the extent information technology solutions factor into the organization's internal controls, the organization has selected and calibrated the solutions in a manner that is appropriate to address the organization's risk profile and compliance needs, and the organization routinely tests the solutions to ensure effectiveness.

III. The organization enforces the policies and procedures it implements as part of its OFAC compliance internal controls through internal and/or external audits.

IV. The organization ensures that its OFAC-related recordkeeping policies and procedures adequately account for its requirements pursuant to the sanctions programs administered by OFAC.

V. The organization ensures that, upon learning of a weakness in its internal controls pertaining to OFAC compliance, it will take immediate and effective action, to the extent possible, to identify and implement compensating controls until the root cause of the weakness can be determined and remediated.

VI. The organization has clearly communicated the SCP's policies and procedures to all relevant staff, including personnel within the SCP program, as well as relevant gatekeepers and business units operating in high-risk areas (e.g., customer acquisition, payments, sales, etc.) and to external parties performing SCP responsibilities on behalf of the organization.

VII. The organization has appointed personnel for integrating the SCP's policies and procedures into the daily operations of the company or corporation. This process includes consultations with relevant business units, and confirms the organization's employees understand the policies and procedures.

TESTING AND AUDITING

Audits assess the effectiveness of current processes and check for inconsistencies between these and day-to-day operations. A comprehensive and objective testing or audit function within an SCP ensures that an organization identifies program weaknesses and deficiencies, and it is the organization's responsibility to enhance its program, including all program-related software, systems, and other technology, to remediate any identified compliance gaps. Such enhancements might include updating, improving, or recalibrating SCP elements to account for a changing risk assessment or sanctions environment. Testing and auditing can be conducted on a specific element of an SCP or at the enterprise-wide level.

General Aspects of an SCP: Testing and Auditing

A comprehensive, independent, and objective testing or audit function within an SCP ensures that entities are aware of where and how their programs are performing and should be updated, enhanced, or recalibrated to account for a changing risk assessment or sanctions environment, as appropriate. Testing or audit, whether conducted on a specific element of a compliance program or at the enterprise-wide level, are important tools to ensure the program is working as designed and identify weaknesses and deficiencies within a compliance program.

I. The organization commits to ensuring that the testing or audit function is accountable to senior management, is independent of the audited activities and functions, and has sufficient authority, skills, expertise, resources, and authority within the organization.

II. The organization commits to ensuring that it employs testing or audit procedures appropriate to the level and sophistication of its SCP and that this function, whether deployed internally or by an external party, reflects a comprehensive and objective assessment of the organization's OFAC-related risk assessment and internal controls.

III. The organization ensures that, upon learning of a confirmed negative testing result or audit finding pertaining to its SCP, it will take immediate and effective action, to the extent possible, to identify and implement compensating controls until the root cause of the weakness can be determined and remediated.

TRAINING

An effective training program is an integral component of a successful SCP. The training program should be provided to all appropriate employees and personnel on a periodic basis (and at a minimum, annually) and generally should accomplish the following: (i) provide job-specific knowledge based on need; (ii) communicate the sanctions compliance responsibilities for each employee; and (iii) hold employees accountable for sanctions compliance training through assessments.

General Aspects of an SCP: Training

An adequate training program, tailored to an entity's risk profile and all appropriate employees and stakeholders, is critical to the success of an SCP.

I. The organization commits to ensuring that its OFAC-related training program provides adequate information and instruction to employees and, as appropriate, stakeholders (for example, clients, suppliers, business partners, and counterparties) in order to support the organization's OFAC compliance efforts. Such training should be further tailored to high-risk employees within the organization.

II. The organization commits to provide OFAC-related training with a scope that is appropriate for the products and services it offers; the customers, clients, and partner relationships it maintains; and the geographic regions in which it operates.

III. The organization commits to providing OFAC-related training with a frequency that is appropriate based on its OFAC risk assessment and risk profile.

IV. The organization commits to ensuring that, upon learning of a confirmed negative testing result or audit finding, or other deficiency pertaining to its SCP, it will take immediate and effective action to provide training to or other corrective action with respect to relevant personnel.

V. The organization's training program includes easily accessible resources and materials that are available to all applicable personnel.

Root Causes of OFAC Sanctions Compliance Program Breakdowns or Deficiencies Based on Assessment of Prior OFAC Administrative Actions

Since its publication of the Economic Sanctions Enforcement Guidelines, 31 C.F.R. part. 501, App. A (the "Guidelines"), OFAC has finalized numerous public enforcement actions in which it identified deficiencies or weaknesses within the subject person's SCP. These items, which are provided in a non-exhaustive list below, are provided to alert persons subject to U.S. jurisdiction, including entities that conduct business in or with the United States, U.S. persons, or U.S.-origin goods or services, about several specific root causes associated with apparent violations of the regulations it administers in order to assist them in designing, updating, and amending their respective SCP.

I. Lack of a Formal OFAC SCP

OFAC regulations do not require a formal SCP; however, OFAC encourages organizations subject to U.S. jurisdiction (including but not limited to those entities that conduct business in, with, or through the United States or involving U.S.-origin goods, services, or technology), and particularly those that engage in international trade or transactions or possess any clients or counter-parties located outside of the United States, to adopt a formal SCP. OFAC has finalized numerous civil monetary penalties since publicizing the Guidelines in which the subject person's lack of an SCP was one of the root causes of the sanctions violations identified during the course of the investigation. In addition, OFAC frequently identified this element as an aggravating factor in its analysis of the General Factors associated with such administrative actions.

II. Misinterpreting, or Failing to Understand the Applicability of, OFAC's Regulations

Numerous organizations have committed sanctions violations by misinterpreting OFAC's regulations, particularly in instances in which the subject person determined the transaction, dealing, or activity at issue was either not prohibited or did not apply to their organization or operations. For example, several organizations have failed to appreciate or consider (or, in some instances, actively disregarded) the fact that OFAC sanctions applied to their organization based on their status as a U.S. person, a U.S.-owned or controlled subsidiary (in the Cuba and Iran programs), or dealings in or with U.S. persons, the U.S. financial system, or U.S.-origin goods and technology.

With respect to this specific root cause, OFAC's administrative actions have typically identified additional aggravating factors, such as reckless conduct, the presence of numerous warning signs that the activity at issue was likely prohibited, awareness by the organization's management of the conduct at issue, and the size and sophistication of the subject person.

III. Facilitating Transactions by Non-U.S. Persons (Including Through or By Overseas Subsidiaries or Affiliates)

Multiple organizations subject to U.S. jurisdiction-specifically those with foreign-based operations and subsidiaries located outside of the United States-have engaged in transactions or activity that violated OFAC's regulations by referring business opportunities to, approving or signing off on transactions conducted by, or otherwise facilitating dealings between their organization's non-U.S. locations and OFAC-sanctioned countries, regions, or persons. In many instances, the root cause of these violations stems from a misinterpretation or misunderstanding of OFAC's regulations. Companies and corporations with integrated operations, particularly those involving or requiring participation by their U.S.-based headquarters, locations, or personnel, should ensure any activities they engage in (i.e., approvals, contracts, procurement, etc.) are compliant with OFAC's regulations.

IV. Exporting or Re-exporting U.S.-origin Goods, Technology, or Services to OFAC-Sanctioned Persons or Countries

Non-U.S. persons have repeatedly purchased U.S.-origin goods with the specific intent of re-exporting, transferring, or selling the items to a person, country, or region subject to OFAC sanctions. In several instances, this activity occurred despite warning signs that U.S. economic sanctions laws prohibited the activity, including contractual language expressly prohibiting any such dealings. OFAC's public enforcement actions in this area have generally been focused on companies or corporations that are large or sophisticated, engaged in a pattern or practice that lasted multiple years, ignored or failed to respond to numerous warning signs, utilized non-routine business practices, and-in several instances-concealed their activity in a willful or reckless manner.

V. Utilizing the U.S. Financial System, or Processing Payments to or through U.S. Financial Institutions, for Commercial Transactions Involving OFAC-Sanctioned Persons or Countries

Many non-U.S. persons have engaged in violations of OFAC's regulations by processing financial transactions (almost all of which have been denominated in U.S. Dollars) to or through U.S. financial institutions that pertain to commercial activity involving an OFAC-sanctioned country, region, or person. Although no organizations subject to U.S. jurisdiction may be involved in the underlying transaction-such as the shipment of goods from a third-country to an OFAC-sanctioned country-the inclusion of a U.S. financial institution in any payments associated with these transactions often results in a prohibited activity (e.g., the exportation or re-exportation of services from the United States to a comprehensively sanctioned country, or dealing in blocked property in the United States). OFAC has generally focused its enforcement investigations on persons who have engaged in willful or reckless conduct, attempted to conceal their activity (e.g., by stripping or manipulating payment messages, or making false representations to their non-U.S. or U.S. financial institution), engaged in a pattern or practice of conduct for several months or years, ignored or failed to consider numerous warning signs that the conduct was prohibited, involved actual knowledge or involvement by the organization's management, caused significant harm to U.S. sanctions program objectives, and were large or sophisticated organizations.

VI. Sanctions Screening Software or Filter Faults

Many organizations conduct screening of their customers, supply chain, intermediaries, counter-parties, commercial and financial documents, and transactions in order to identify OFAC-prohibited locations, parties, or dealings. At times, organizations have failed to update their sanctions screening software to incorporate updates to the SDN List or SSI List, failed to include pertinent identifiers such as SWIFT Business Identifier Codes for designated, blocked, or sanctioned financial institutions, or did not account for alternative spellings of prohibited countries or parties-particularly in instances in which the organization is domiciled or conducts business in geographies that frequently utilize such alternative spellings (i.e., Habana instead of Havana, Kuba instead of Cuba, Soudan instead of Sudan, etc.),

VII. Improper Due Diligence on Customers/Clients (e.g., Ownership, Business Dealings, etc.)

One of the fundamental components of an effective OFAC risk assessment and SCP is conducting due diligence on an organization's customers, supply chain, intermediaries, and counter-parties. Various administrative actions taken by OFAC involved improper or incomplete due diligence by a company or corporation on its customers, such as their ownership, geographic location(s), counter-parties, and transactions, as well as their knowledge and awareness of OFAC sanctions.

VIII. De-Centralized Compliance Functions and Inconsistent Application of an SCP

While each organization should design, develop, and implement its risk-based SCP based on its own characteristics, several organizations subject to U.S. jurisdiction have committed apparent violations due to a de-centralized SCP, often with personnel and decision-makers scattered in various offices or business units. In particular, violations have resulted from this arrangement due to an improper interpretation and application of OFAC's regulations, the lack of a formal escalation process to review high-risk or potential OFAC customers or transactions, an inefficient or incapable oversight and audit function, or miscommunications regarding the organization's sanctions-related policies and procedures.

IX. Utilizing Non-Standard Payment or Commercial Practices

Organizations subject to U.S. jurisdiction are in the best position to determine whether a particular dealing, transaction, or activity is proposed or processed in a manner that is consistent with industry norms and practices. In many instances, organizations attempting to evade or circumvent OFAC sanctions or conceal their activity will implement non-traditional business methods in order to complete their transactions.

X. Individual Liability

In several instances, individual employees-particularly in supervisory, managerial, or executive-level positions-have played integral roles in causing or facilitating violations of the regulations administered by OFAC. Specifically, OFAC has identified scenarios involving U.S.-owned or controlled entities operating outside of the United States, in which supervisory, managerial or executive employees of the entities conducted or facilitated dealings or transactions with OFAC-sanctioned persons, regions, or countries, notwithstanding the fact that the U.S. entity had a fulsome sanctions compliance program in place. In some of these cases, the employees of the foreign entities also made efforts to obfuscate and conceal their activities from others within the corporate organization, including compliance personnel, as well as from regulators or law enforcement. In such circumstances, OFAC will consider using its enforcement authorities not only against the violating entities, but against the individuals as well

Cuban Liberty and Democratic Solidarity (Libertad) Act of 1996 (loi Helms-Burton)

Codified in Title 22 - Foreign relations and intercourse, Sections 6021-6091 of the U.S. Code.

BIBL. GÉN. ▸ COSNARD, *AFDI 1996. 33* (les lois Helms-Burton et d'Amato-Kennedy, interdiction de commercer et d'investir dans certains pays). – LESGUILLONS, *RDAI 1997. 95* (les lois

Helms-Burton et d'Amato : réactions de l'Union européenne). – Stern, Licéité ou illicéité intrinsèque de la mesure au regard du droit international public, *in* Gherari et Szurek, Sanctions unilatérales, mondialisation du commerce et ordre juridique international. A propos des lois Helms-Burton et d'Amato-Kennedy, *Montchrestien, 1998, p. 171.*

Iran Sanctions Act of 1996 (loi d'Amato-Kennedy)

[As Amended Through P.L. 114-277, Enacted December 15, 2016]

BIBL. GÉN. ▶ Cosnard, *AFDI 1996. 33* (les lois Helms-Burton et d'Amato-Kennedy, interdiction de commercer et d'investir dans certains pays). – Lesguillons, *RDAI 1997. 95* (les lois Helms-Burton et d'Amato : réactions de l'Union européenne). – Stern, Licéité ou illicéité intrinsèque de la mesure au regard du droit international public, *in* Gherari et Szurek, Sanctions unilatérales, mondialisation du commerce et ordre juridique international. A propos des lois Helms-Burton et d'Amato-Kennedy, *Montchrestien, 1998, p. 171.*

Iran Freedom and Counter-Proliferation Act of 2012 (IFCPA) (Loi Menendez-Kirk)

Codified in Title 22 - Foreign relations and intercourse, Chapter 95, Sections 8801-8811 of the U.S. Code.

V INVENTAIRE DES SANCTIONS ÉCONOMIQUES INTERNATIONALES

COMMENTAIRE

Cette partie référence les différentes sanctions économiques internationales par pays et par thème. Ce travail est effectué à partir des fiches éditées par la direction générale du Trésor. Il est complété avec la carte (*map*) établie par l'Union européenne, le site internet des Nations unies et le site internet du département américain du Trésor, l'OFAC.

Sont consignés dans chaque fiche :
– la nature des mesures restrictives/sanctions financières internationales ;
– les résolutions du Conseil de sécurité de l'ONU ;
– les textes principaux de l'Union européenne (les décisions PESC et les règlements à l'origine de la sanction).

Il faut noter que la version consolidée de la direction générale du Trésor (DG Trésor) met en œuvre une consolidation des textes européens. Cette consolidation est une aide à la lecture qui ne saurait se substituer aux textes publiés au *Journal officiel de l'Union européenne*. S'agissant de la version consolidée par l'Union européenne, cette consolidation est également une aide à la lecture mais ne saurait se substituer aux textes publiés au *JOUE*.

Concernant les sanctions américaines, le travail de recensement est réalisé à partir des fiches pays publiées par l'OFAC. La partie sur les sanctions américaines est composée de la manière suivante :
– des *executive orders* (règlements américains pris par le Président à l'origine de la sanction) ;
– des *statutes* qui sont des lois américaines votées par le Congrès (décision d'origine de la sanction ou qui consolide l'*executive orders*) ;
– de liens vers le code de la réglementation fédérale qui codifie tous les textes s'agissant des sanctions internationales américaines notamment en intégrant les règles établies par l'OFAC.

Les textes recensent les *statutes* qui correspondent aux pays et incluent également les *executive orders* pour une vision plus globale.

Ces fiches pays constituent des aides à la lecture qui ne se substituent pas à la consultation du *Journal officiel* et du *Journal officiel de l'Union européenne*. ❑

A Fiches des sanctions économiques internationales par pays

1 BALKANS (LES)

COMMENTAIRE

SANCTIONS AMÉRICAINES

I. EXECUTIVE ORDERS

– 13304 Termination of Emergencies With Respect to Yugoslavia and Modification of Executive Order 13219 of June 26, 2001;

– 13219 Blocking Property of Persons Who Threaten International Stabilization Efforts in the Western Balkans (Effective Date – June 27, 2001);

– 14033 Blocking Property and Suspending Entry Into the United States of Certain Persons Contributing to the Destabilizing Situation in the Western Balkans (June 8, 2021).

II. STATUTES

– International Emergency Economic Powers Act (IEEPA), 50 U.S.C. §§ 1701-1706;

– National Emergencies Act (NEA), 50 U.S.C. §§ 1601-1651.

III. CODE OF FEDERAL REGULATIONS

31 CFR Part. 588 – Western Balkans Stabilization Regulations. ❑

2 BIÉLORUSSIE

COMMENTAIRE

Le régime de sanctions concernant la Biélorussie s'est renforcé dès 2020 à la suite de l'élection présidentielle frauduleuse, puis, en 2021, en raison de la répression persistante, de l'atterrissage forcé d'un avion de Ryan Air et de l'implication de Minsk dans l'organisation d'une crise migratoire avec l'Union européenne.

Le dispositif de sanctions adopté par l'Union européenne contre la Biélorussie du fait de son implication dans la guerre en Ukraine de 2022 comprend des mesures similaires à celles adoptées contre la Russie, mais qui prennent en compte les spécificités de l'évolution de la situation dans le pays depuis l'élection présidentielle frauduleuse de 2020 :

– des sanctions individuelles, ciblant à la fois les soutiens politiques et économiques du régime biélorusse et des personnalités responsables de la répression de l'opposition. Ces mesures ciblent plus de 200 individus et entités biélorusses ;

– des sanctions financières, comprenant notamment, en plus des restrictions de financement de certaines banques biélorusses préalablement adoptées, l'interdiction des transactions sur les réserves et avoirs de la Banque centrale biélorusse et la déconnexion de plusieurs banques biélorusses du système de messagerie sécurisé SWIFT ;

– des sanctions économiques, en particulier des mesures d'interdiction des importations dans des secteurs clés pour l'économie biélorusse dont les hydrocarbures, la potasse, les transports et les matières premières.

Depuis le début de la crise, les sanctions sont adoptées en étroite coordination avec nos alliés et partenaires internationaux, notamment avec le Royaume-Uni, les États-Unis et les autres pays du G7, qui mettent en œuvre leurs propres régimes de sanctions.

I. NATURE DES MESURES RESTRICTIVES PRISES

– gel des avoirs ;

– embargo militaire ;

– équipements répression interne ;
– restrictions sectorielles.

II. TEXTES DE L'UNION EUROPÉENNE

– décision 2012/642/PESC du Conseil du 15 octobre 2012 concernant des mesures restrictives en raison de la situation en Biélorussie et de l'implication de la Biélorussie dans l'agression russe contre l'Ukraine ;

– règlement (CE) n° 765/2006 du Conseil du 18 mai 2006 concernant des mesures restrictives en raison de la situation en Biélorussie et de l'implication de la Biélorussie dans l'agression russe contre l'Ukraine.

III. SANCTIONS AMÉRICAINES

A. EXECUTIVE ORDERS

– 13405 Blocking Property of Certain Persons Undermining Democratic Processes or Institutions in Belarus (Effective Date – June 19, 2006);

– 14038 Blocking Property of Additional Persons Contributing to the Situation in Belarus (Effective Date – August 9, 2021).

B. STATUTES

– International Emergency Economic Powers Act (IEEPA), 50 U.S.C. §§ 1701-1706;
– National Emergencies Act (NEA), 50 U.S.C. §§ 1601-1651.

C. CODE OF FEDERAL REGULATIONS

31 CFR Part. 548 – Belarus Sanctions Regulations.

IV. EXTENSION DES MESURES INTERNATIONALES ET EUROPÉENNES DANS LES COLLECTIVITÉS D'OUTRE-MER

Arrêté du 1er février 2021 portant application des articles L. 713-16, L. 745-13, L. 755-13 et L. 765-13 du code monétaire et financier en matière de gel des avoirs à Saint-Barthélemy, à Saint-Pierre-et-Miquelon, en Nouvelle-Calédonie, en Polynésie française et dans les îles Wallis-et-Futuna. ❑

3 BOSNIE-HERZÉGOVINE

COMMENTAIRE

Ce pays est absent du recensement effectué par la DG Trésor mais présent dans la carte interactive de l'Union européenne.

I. NATURE DES MESURES RESTRICTIVES PRISES

– gel des avoirs ;
– restrictions à l'admission.

II. TEXTES DE L'UNION EUROPÉENNE

Décision 2011/173/PESC du Conseil du 21 mars 2011 concernant des mesures restrictives en raison de la situation en Bosnie-Herzégovine. ❑

4 BURUNDI

COMMENTAIRE

I. NATURE DES MESURES RESTRICTIVES PRISES

– gel des avoirs ;
– interdiction de satisfaire aux réclamations ;
– restrictions à l'admission.

II. TEXTES DE L'UNION EUROPÉENNE

– décision (PESC) 2015/1763 du Conseil du 1er octobre 2015 concernant des mesures restrictives en raison de la situation au Burundi ;

– règlement (UE) 2015/1755 du Conseil du 1er octobre 2015 concernant des mesures restrictives en raison de la situation au Burundi.

III. SANCTIONS AMÉRICAINES

A. EXECUTIVE ORDERS

13712 – Blocking Property of Certain Persons Contributing to the Situation in Burundi (November 23, 2015).

B. STATUTES

– International Emergency Economic Powers Act (IEEPA), 50 U.S.C. §§ 1701-1706;
– National Emergencies Act (NEA), 50 U.S.C. §§ 1601-1651.

C. CODE OF FEDERAL REGULATIONS

31 CFR 554 – Burundi Sanctions Regulations.

IV. EXTENSION DES MESURES INTERNATIONALES ET EUROPÉENNES DANS LES COLLECTIVITÉS D'OUTRE-MER

Arrêté du 1er février 2021 portant application des articles L. 713-16, L. 745-13, L. 755-13 et L. 765-13 du code monétaire et financier en matière de gel des avoirs à Saint-Barthélemy, à Saint-Pierre-et-Miquelon, en Nouvelle-Calédonie, en Polynésie française et dans les îles Wallis-et-Futuna. ❑

5 CHINE

COMMENTAIRE

SANCTIONS AMÉRICAINES

I. EXECUTIVE ORDERS

– 13959 – Addressing the Threat from Securities Investments that Finance Communist Chinese Military Companies (November 12, 2020);

– 13974 – Executive Order on Amending Executive Order 13959 – Addressing the Threat from Securities Investments that Finance Communist Chinese Military Companies (January 13, 2021);

– 14032 – Addressing the Threat From Securities Investments That Finance Certain Companies of the People's Republic of China (June 3, 2021).

II. STATUTES

– International Emergency Economic Powers Act (IEEPA), 50 U.S.C. §§ 1701-1706;
– National Emergencies Act (NEA), 50 U.S.C. §§ 1601-1651.

III. CODE OF FEDERAL REGULATIONS

31 CFR Part. 586 – China Military-Industrial Complex Sanctions Regulations. ❑

6 RÉPUBLIQUE DÉMOCRATIQUE DU CONGO

COMMENTAIRE

I. NATURE DES MESURES RESTRICTIVES PRISES

– gel des avoirs ;
– embargo militaire ;
– interdiction de satisfaire aux réclamations ;
– restrictions à l'admission.

II. RÉSOLUTIONS DE L'ONU

- résolution 1596 (2005) n° S/RES/1596 (2005) ;
- résolution 1649 (2005) n° S/RES/1649 (2005) ;
- résolution 1493 (2003) n° S/RES/1493 (2003) ;
- résolution 1771 (2007) n° S/RES/1771 (2007) ;
- résolution 1807 (2008) n° S/RES/1807 (2008) ;
- résolution 1698 (2006) n° S/RES/1698 (2006) ;
- résolution 2078 (2012) n° S/RES/2078 (2012) ;
- résolution 2136 (2014) n° S/RES/2136 (2014) ;
- résolution 2198 (2015) n° S/RES/2198 (2015) ;
- résolution 2293 (2016) n° S/RES/2293 (2016) ;
- résolution 2360 (2017) n° S/RES/2360 (2017) ;
- résolution 2478 (2019) n° S/RES/2478 (2019) ;
- résolution 2528 (2020) n° S/RES/2528 (2020) ;
- résolution 2582 (2021) n° S/RES/2582 (2021) ;
- résolution 2641 (2022) n° S/RES/2641 (2022).

Comité des sanctions du Conseil de sécurité mis en place par la résolution 1533 (2004) concernant la République démocratique du Congo.

III. TEXTES DE L'UNION EUROPÉENNE

– décision 2010/788/PESC du Conseil du 20 décembre 2010 concernant des mesures restrictives en raison de la situation en République démocratique du Congo ;

– règlement (CE) n° 1183/2005 du Conseil du 18 juillet 2005 concernant des mesures restrictives en raison de la situation en République démocratique du Congo.

IV. SANCTIONS AMÉRICAINES

A. EXECUTIVE ORDERS

– 13671 – Taking Additional Steps to Address the National Emergency With Respect to the Conflict in the Democratic Republic of the Congo (July 8, 2014);

– 13413 – Blocking Property of Certain Persons Contributing to the Conflict in the Democratic Republic of the Congo (Effective Date – October 30, 2006).

B. STATUTES

- International Emergency Economic Powers Act (IEEPA), 50 U.S.C. §§ 1701-1706;
- National Emergencies Act (NEA), 50 U.S.C. §§ 1601-1651;
- Section 5 of the United Nations Participation Act of 1945 (UNPA), 22 U.S.C. § 287c.

C. CODE OF FEDERAL REGULATIONS

31 CFR Part. 547 – Democratic Republic of the Congo Sanctions Regulations.

V. EXTENSION DES MESURES INTERNATIONALES ET EUROPÉENNES DANS LES COLLECTIVITÉS D'OUTRE-MER

Arrêté du 1er février 2021 portant application des articles L. 713-16, L. 745-13, L. 755-13 et L. 765-13 du code monétaire et financier en matière de gel des avoirs à Saint-Barthélemy, à Saint-Pierre-et-Miquelon, en Nouvelle-Calédonie, en Polynésie française et dans les îles Wallis-et-Futuna. ❑

7 CORÉE DU NORD

COMMENTAIRE

I. NATURE DES MESURES RESTRICTIVES PRISES

- gel des avoirs ;
- embargo militaire ;
- embargos sectoriels ;
- restrictions à l'admission.

II. RÉSOLUTIONS DE L'ONU

– résolution 2371 (2017) n° S/RES/2371(2017) ;
– résolution 2375 (2017) n° S/RES/2375(2017) ;
– résolution 2270 (2016) n° S/RES/2270(2016) ;
– résolution 2321 (2016) n° S/RES/2321(2016) ;
– résolution 1874 (2009) n° S/RES/1874(2009) ;
– résolution 1718 (2006) n° S/RES/1718 (2006) ;
– résolution 2094 (2013) n° S/RES/2094(2013) ;
– résolution 2397 (2017) n° S/RES/2397(2017).

Comité des sanctions du Conseil de sécurité mis en place par la résolution 1718 (2006).

III. TEXTES DE L'UNION EUROPÉENNE

– décision (PESC) 2016/849 du Conseil du 27 mai 2016 concernant des mesures restrictives à l'encontre de la République populaire démocratique de Corée ;

– règlement (UE) 2017/1509 du Conseil du 30 août 2017 concernant des mesures restrictives à l'encontre de la République populaire démocratique de Corée.

IV. SANCTIONS AMÉRICAINES

A. EXECUTIVE ORDERS

– 13810 – Imposing Additional Sanctions with Respect to North Korea (Effective date – September 21, 2017);

– 13722 – Blocking Property of the Government of North Korea and the Workers' Party of Korea, and Prohibiting Certain Transactions With Respect to North Korea (Effective date – March 16, 2016);

– 13687 – Imposing Additional Sanctions with Respect to North Korea (Effective date – January 2, 2015);

– 13570 – Prohibiting Certain Transactions With Respect To North Korea (Effective date – April 18, 2011);

– 13551 – Blocking Property of Certain Persons With Respect to North Korea (Effective date – August 30, 2010);

– 13466 – Continuing Certain Restrictions With Respect to North Korea and North Korean Nationals (June 26, 2008).

B. STATUTES

– Antiterrorism and Effective Death Penalty Act of 1996 (AEDPA), 8 U.S.C. § 1189, 18 U.S.C. § 2339B ;

– Countering America's Adversaries Through Sanctions Act (CAATSA), Public Law 115-44;

– International Emergency Economic Powers Act (IEEPA), 50 U.S.C. §§ 1701-1706;

– National Emergencies Act (NEA), 50 U.S.C. §§ 1601-1651

– North Korean Sanctions and Policy Enhancement Act of 2016, Public Law 114-122, 130 Stat. 93;

– Sanctions With Respect to North Korea (Otto Warmbier Act) ;

– Section 5 of the United Nations Participation Act of 1945 (UNPA), 22 U.S.C. § 287c.

C. CODE OF FEDERAL REGULATIONS

31 CFR Part. 510 – North Korea Sanctions Regulations.

V. EXTENSION DES MESURES INTERNATIONALES ET EUROPÉENNES DANS LES COLLECTIVITÉS D'OUTRE-MER

Arrêté du 1er février 2021 portant application des articles L. 713-16, L. 745-13, L. 755-13 et L. 765-13 du code monétaire et financier en matière de gel des avoirs à Saint-Barthélemy, à Saint-Pierre-et-Miquelon, en Nouvelle-Calédonie, en Polynésie française et dans les îles Wallis-et-Futuna. ❑

8 CUBA

COMMENTAIRE

SANCTIONS AMÉRICAINES

I. EXECUTIVE ORDERS

12854 – Implementation of the Cuban Democracy Act (Effective Date – July 4, 1993).

II. STATUTES

– Trade Sanctions Reform and Export Enhancement Act of 2000 (TSRA), 22 U.S.C. §§ 7201-7211;

– Antiterrorism and Effective Death Penalty Act of 1996 (AEDPA), 18 U.S.C. § 2332d ;

– Cuban Liberty and Democratic Solidarity (Libertad) Act of 1996, 22 U.S.C. §§ 6021-6091;

– Cuban Democracy Act of 1992 (CDA), 22 U.S.C. §§ 6001-6010;

– Sections 5 and 16 of the Trading With the Enemy Act (TWEA), 50 U.S.C. App. §§ 5, 16.

III. CODE OF FEDERAL REGULATIONS

31 CFR Part. 515 – Cuban Assets Control Regulations. ❑

9 ÉTHIOPIE

COMMENTAIRE

SANCTIONS AMÉRICAINES

I. EXECUTIVE ORDERS

14046 – Imposing Sanctions on Certain Persons With Respect to the Humanitarian and Human Rights Crisis in Ethiopia (September 17, 2021).

II. STATUTES

– International Emergency Economic Powers Act (IEEPA), 50 U.S.C. §§ 1701-1706;

– National Emergencies Act (NEA), 50 U.S.C. §§ 1601-1651.

III. CODE OF FEDERAL REGULATIONS

31 CFR Part. 550 – Ethiopia Sanctions Regulations. ❑

10 GUINÉE

COMMENTAIRE

I. NATURE DES MESURES RESTRICTIVES PRISES

– gel des avoirs ;

– embargo militaire ;

– restrictions à l'admission.

II. TEXTES DE L'UNION EUROPÉENNE

– décision 2010/638/PESC du Conseil du 25 octobre 2010 concernant des mesures restrictives à l'encontre de la République de Guinée ;

– règlement (UE) n° 1284/2009 du Conseil du 22 décembre 2009 instituant certaines mesures restrictives spécifiques à l'encontre de la République de Guinée.

III. EXTENSION DES MESURES INTERNATIONALES ET EUROPÉENNES DANS LES COLLECTIVITÉS D'OUTRE-MER

Arrêté du 1er février 2021 portant application des articles L. 713-16, L. 745-13, L. 755-13 et L. 765-13 du code monétaire et financier en matière de gel des avoirs à Saint-Barthélemy, à Saint-Pierre-et-Miquelon, en Nouvelle-Calédonie, en Polynésie française et dans les îles Wallis-et-Futuna. ❑

11 GUINÉE-BISSAU

COMMENTAIRE

I. NATURE DES MESURES RESTRICTIVES PRISES

– gel des avoirs ;
– restrictions à l'admission.

II. RÉSOLUTIONS DE L'ONU

Résolution 2048 (2012) n° S/RES/2048 (2012).

Comité des sanctions du Conseil de sécurité mis en place par la résolution 2048 (2012) concernant la Guinée-Bissau.

III. TEXTES DE L'UNION EUROPÉENNE

– décision 2012/285/PESC du Conseil du 31 mai 2012 concernant des mesures restrictives en raison de la situation en Guinée-Bissau ;

– règlement (UE) n° 377/2012 du Conseil du 3 mai 2012 concernant des mesures restrictives en raison de la situation en Guinée-Bissau.

IV. EXTENSION DES MESURES INTERNATIONALES ET EUROPÉENNES DANS LES COLLECTIVITÉS D'OUTRE-MER

Arrêté du 1er février 2021 portant application des articles L. 713-16, L. 745-13, L. 755-13 et L. 765-13 du code monétaire et financier en matière de gel des avoirs à Saint-Barthélemy, à Saint-Pierre-et-Miquelon, en Nouvelle-Calédonie, en Polynésie française et dans les îles Wallis-et-Futuna. ❑

12 HAÏTI

COMMENTAIRE

Ce pays est absent du recensement effectué par la DG Trésor mais présent dans la carte interactive de l'Union européenne.

I. NATURE DES MESURES RESTRICTIVES PRISES

Interdiction de satisfaire aux réclamations.

II. RÉSOLUTIONS DE L'ONU

– résolution 917 (1994) n° S/RES/917 (1994) ;
– résolution 841 (1993) n° S/RES/841 (1993) ;
– résolution 873 (1993) n° S/RES/873 (1993) ;
– résolution 875 (1993) n° S/RES/875 (1993).

III. TEXTES DE L'UNION EUROPÉENNE

– décision 94/315/PESC du Conseil du 30 mai 1994 relative à la position commune définie sur la base de l'article J.2 du traité sur l'Union européenne concernant la réduction des relations économiques avec Haïti ;

– règlement (CE) n° 1264/94 du Conseil du 30 mai 1994 interdisant de faire droit aux demandes des autorités haïtiennes relatives aux contrats et opérations dont l'exécution a été affectée par les mesures imposées par les résolutions 917 (1994), 841 (1993), 873 (1993) et

875 (1993) du Conseil de sécurité des Nations unies ou décidées conformément à ces dernières.

13 HONG KONG

COMMENTAIRE

SANCTION AMÉRICAINES

I. EXECUTIVE ORDERS

13936 – The President's Executive Order on Hong Kong Normalization (Effective Date – July 14, 2020).

II. STATUTES

– International Emergency Economic Powers Act (IEEPA), 50 U.S.C. §§ 1701-1706;
– National Emergencies Act (NEA), 50 U.S.C. §§ 1601-1651;
– Hong Kong Human Rights and Democracy Act of 2019 (HKHRDA);
– Hong Kong Autonomy Act, H.R. 7440 (Public Law No. 116-149) (HKAA).

III. CODE OF FEDERAL REGULATION

31 CFR Part. 585 - Hong Kong-Related Sanctions Regulations.

14 IRAK

COMMENTAIRE

I. NATURE DES MESURES RESTRICTIVES PRISES

– gel des avoirs ;
– embargos sectoriels.

II. RÉSOLUTIONS DE L'ONU

– résolution 1483 (2003) n° S/RES/1483 (2003) ;
– résolution 1546 (2004) n° S/RES/1546 (2004).

Comité des sanctions du Conseil de sécurité des Nations unies mis en place par la résolution 1518 (2003).

III. TEXTES DE L'UNION EUROPÉENNE

– position commune 2003/495/PESC du Conseil du 7 juillet 2003 sur l'Iraq ;
– règlement (CE) n° 1210/2003 du Conseil du 7 juillet 2003 concernant certaines restrictions spécifiques applicables aux relations économiques et financières avec l'Iraq.

IV. SANCTIONS AMÉRICAINES

A. EXECUTIVE ORDERS

– 13668 – Ending Immunities Granted to the Development Fund for Iraq and Certain Other Iraqi Property and Interests in Property Pursuant to Executive Order 13303, as Amended (May 27, 2014);
– 13438 – Blocking Property of Certain Persons Who Threaten Stabilization Efforts in Iraq (July 17, 2007);
– 13364 – Modifying the Protection Granted to the Development Fund for Iraq (November 29, 2004);
– 13350 – Termination of Emergency Declared in Executive Order 12722 With Respect to Iraq and Modification of Executive Order 13290, Executive Order 13303, and Executive Order 13315 (Effective Date – July 30, 2004);
– 13315 – Blocking Property of the Former Iraqi Regime, Its Senior Officials and Their Family Members, and Taking Certain Other Actions (Effective Date – August 29, 2003);

– 13303 – Protecting the Development Fund for Iraq and Certain Other Property in Which Iraq Has an Interest (May 22, 2003);
– 13290 – Confiscating and Vesting Certain Iraqi Property (March 20, 2003).

B. STATUTES

– Antiterrorism and Effective Death Penalty Act of 1996 (AEDPA), 8 U.S.C. § 1189, 18 U.S.C. § 2339B ;
– International Emergency Economic Powers Act (IEEPA), 50 U.S.C.§§ 1701-1706 ;
– National Emergencies Act (NEA), 50 U.S.C.§§ 1601-1651 ;
– Section 5 of the United Nations Participation Act of 1945 (UNPA), 22 U.S.C.§ 287c.

C. CODE OF FEDERAL REGULATIONS

– 31 CFR Part. 575 – Removal of the Iraqi Sanctions Regulations (September 13, 2010);
– 31 CFR Part. 576 – Iraq Stabilization and Insurgency Sanctions Regulations.

V. EXTENSION DES MESURES INTERNATIONALES ET EUROPÉENNES DANS LES COLLECTIVITÉS D'OUTRE-MER

Arrêté du 1er février 2021 portant application des articles L. 713-16, L. 745-13, L. 755-13 et L. 765-13 du code monétaire et financier en matière de gel des avoirs à Saint-Barthélemy, à Saint-Pierre-et-Miquelon, en Nouvelle-Calédonie, en Polynésie française et dans les îles Wallis-et-Futuna.

15 IRAN

COMMENTAIRE

I. NATURE DES MESURES RESTRICTIVES PRISES

– gel des avoirs ;
– embargo militaire ;
– embargos sectoriels ;
– équipements répression interne ;
– interdiction de satisfaire aux réclamations ;
– restrictions à l'admission.

II. RÉSOLUTIONS DE L'ONU

Résolution 2231 (2015) n° S/RES/2231 (2015).

III. ACCORDS INTERNATIONAUX

Accord de Vienne (plan d'action global commun – JCPOA) et *vademecum* de l'accord de Vienne sur le nucléaire iranien (levée des sanctions de la DG Trésor).

IV. TEXTES DE L'UNION EUROPÉENNE

– décision 2010/413/PESC du Conseil du 26 juillet 2010 concernant des mesures restrictives à l'encontre de l'Iran ;
– règlement (UE) n° 267/2012 du Conseil du 23 mars 2012 concernant l'adoption de mesures restrictives à l'encontre de l'Iran ;
– décision 2011/235/PESC du Conseil du 12 avril 2011 concernant des mesures restrictives à l'encontre de certaines personnes et entités au regard de la situation en Iran ;
– règlement (UE) n° 359/2011 du Conseil du 12 avril 2011 concernant des mesures restrictives à l'encontre de certaines personnes, entités et organismes au regard de la situation en Iran.

V. SANCTIONS AMÉRICAINES

A. EXECUTIVE ORDERS

– 13949 – Blocking Property of Certain Persons with Respect to the Conventional Arms Activities of Iran;
– 13902 – Imposing Sanctions With Respect to Additional Sectors of Iran;
– 13876 – Imposing Sanctions With Respect to Iran;

– 13871 – Imposing Sanctions With Respect to the Iron, Steel, Aluminum, and Copper Sectors of Iran;
– 13846 – Reimposing Certain Sanctions With Respect to Iran;
– 13608 – Prohibiting Certain Transactions With and Suspending Entry Into the United States of Foreign Sanctions Evaders With Respect to Iran and Syria (Effective Date – May 1, 2012);
– 13606 – Blocking the Property and Suspending Entry Into the United States of Certain Persons With Respect to Grave Human Rights Abuses by the Governments of Iran and Syria *via* Information Technology (Effective Date – April 23, 2012);
– 13599 – Blocking Property of the Government of Iran and Iranian Financial Institutions (Effective Date – February 6, 2012);
– 13553 – Blocking Property of Certain Persons With Respect to Serious Human Rights Abuses by The Government of Iran and Taking Certain Other Actions (Effective Date – September 29, 2010);
– 13059 – Prohibiting Certain Transactions With Respect to Iran (Effective Date – August 20, 1997);
– 12959 – Prohibiting Certain Transactions With Respect to Iran (Effective Date – May 7, 1995);
– 12957 – Prohibiting Certain Transactions With Respect to the Development of Iranian Petroleum Resources (Effective Date – March 16, 1995);
– 12613 – Prohibiting Imports From Iran (Effective Date – October 29, 1987);
– 12294 – Suspension of Litigation Against Iran (Effective Date – February 26, 1981);
– 12284 – Restrictions on the Transfer of Property of the Former Shah of Iran (Effective Date – January 23, 1981);
– 12283 – Non-Prosecution of Claims of Hostages and for Actions at the United States Embassy and Elsewhere (Effective Date – January 23, 1981);
– 12282 – Revocation of Prohibitions Against Transactions Involving Iran (Effective Date – January 23, 1981);
– 12281 – Direction to Transfer Certain Iranian Government Assets (Effective Date – January 23, 1981);
– 12280 – Direction to Transfer Iranian Government Financial Assets Held By Non-Banking Institutions (Effective Date – January 23, 1981);
– 12279 – Direction to Transfer Iranian Govt. Assets Held By Domestic Banks (Effective Date – January 23, 1981);
– 12278 – Direction to Transfer Iranian Government Assets Overseas (Effective Date – January 23, 1981);
– 12277 – Direction to Transfer Iranian Government Assets (Effective Date – January 23, 1981);
– 12276 – Direction Relating to Establishment of Escrow Accounts (Effective Date – January 23, 1981);
– 12211 – Prohibiting Certain Transactions With Iran (Effective Date – April 17, 1980);
– 12205 – Prohibiting Certain Transactions With Iran (Effective Date – April 17, 1980);
– 12170 – Blocking Iranian Government Property (Effective Date – November 14, 1979).

B. STATUTES

– Antiterrorism and Effective Death Penalty Act of 1996 (AEDPA), 18 U.S.C. § 2332d ;
– Comprehensive Iran Sanctions, Accountability, and Divestment Act of 2010, Public Law 111-195, As Amended Through Public Law 112-239, Enacted January 2, 2013;
– Countering America's Adversaries Through Sanctions Act (CAATSA), Public Law 115-44;
– Iran Freedom and Counter-Proliferation Act of 2012 (IFCA) (Public Law 112-239);
– International Emergency Economic Powers Act (IEEPA), 50 U.S.C. §§ 1701-1706;
– Iran Sanctions Act of 1996, as Amended, 50 U.S.C. § 1701 note ;
– International Security and Development Cooperation Act of 1985 (ISDCA), 22 U.S.C. § 2349aa-9 ;
– Iran Threat Reduction and Syria Human Rights Act of 2012 H.R. 1905 (Public Law 112-158);
– Section 1245 of the National Defense Authorization Act for Fiscal Year 2012, P.L. 112-81, As Amended Through Public Law 115-91, Enacted December 12, 2017 ;
– National Emergencies Act (NEA), 50 U.S.C. §§ 1601-1651;
– Trade Sanctions Reform and Export Enhancement Act of 2000 (TSRA), 22 U.S.C. §§ 7201-7211.

C. CODE OF FEDERAL REGULATIONS

– 31 CFR Part. 535 – Iranian Assets Control Regulations;
– 31 CFR Part. 560 – Iranian Transactions and Sanctions Regulations;
– 31 CFR Part. 561 – Iranian Financial Sanctions Regulations;
– 31 CFR Part. 562 – Iranian Human Rights Abuses Sanctions Regulations.

VI. EXTENSION DES MESURES INTERNATIONALES ET EUROPÉENNES DANS LES COLLECTIVITÉS D'OUTRE-MER

Arrêté du 1er février 2021 portant application des articles L. 713-16, L. 745-13, L. 755-13 et L. 765-13 du code monétaire et financier en matière de gel des avoirs à Saint-Barthélemy, à Saint-Pierre-et-Miquelon, en Nouvelle-Calédonie, en Polynésie française et dans les îles Wallis-et-Futuna.

16 LIBAN

COMMENTAIRE

I. NATURE DES MESURES RESTRICTIVES PRISES

– gel des avoirs ;
– embargo militaire ;
– embargos sectoriels ;
– équipements répression interne ;
– restrictions à l'admission.

II. RÉSOLUTIONS DE L'ONU

– résolution 1595 (2005) n° S/RES/1595 (2005) ;
– résolution 1701 (2006) n° S/RES/1701 (2006).

Comité des sanctions du Conseil de sécurité des Nations unies mis en place par la résolution 1636 (2005).

III. TEXTES DE L'UNION EUROPÉENNE

– position commune 2006/625/PESC du Conseil du 15 septembre 2006 concernant l'interdiction de vendre ou de fournir des armes et du matériel connexe, ainsi que de fournir des services y afférents à des entités ou à des individus situés au Liban, conformément à la résolution 1701 (2006) du Conseil de sécurité des Nations unies ;

– position commune 2005/888/PESC du Conseil du 12 décembre 2005 concernant l'adoption de mesures restrictives spécifiques à l'encontre de certaines personnes soupçonnées d'être impliquées dans l'assassinat de l'ancien Premier ministre libanais M. Rafic Hariri ;

– règlement (CE) n° 1412/2006 du Conseil du 25 septembre 2006 imposant certaines mesures restrictives à l'égard du Liban ;

– règlement (CE) n° 305/2006 du Conseil du 21 février 2006 instituant des mesures restrictives spécifiques à l'encontre de certaines personnes soupçonnées d'être impliquées dans l'assassinat de l'ancien Premier ministre libanais M. Rafiq Hariri ;

– décision 2021/1277/PESC du 30 juillet 2021 concernant des mesures restrictives eu égard à la situation au Liban ;

– règlement (UE) 2021/1275 du Conseil du 30 juillet 2021 concernant des mesures restrictives en raison de la situation au Liban.

IV. SANCTIONS AMÉRICAINES

A. EXECUTIVE ORDERS

13441 – Blocking Property of Persons Undermining the Sovereignty of Lebanon or Its Democratic Processes and Institutions (August 1, 2007).

B. STATUTES

– International Emergency Economic Powers Act (IEEPA), 50 U.S.C. §§ 1701-1706;
– National Emergencies Act (NEA), 50 U.S.C. §§ 1601-1651.

C. CODE OF FEDERAL REGULATIONS

31 CFR Part. 549 – Lebanon Sanction Regulations.

17 LIBYE

COMMENTAIRE

I. NATURE DES MESURES RESTRICTIVES PRISES

– embargos sectoriels ;
– gel des avoirs ;
– restrictions à l'admission ;
– interdiction de satisfaire aux réclamations ;
– embargo militaire ;
– équipements répression interne.

II. RÉSOLUTIONS DE L'ONU

– résolution 2174 (2014) n° S/RES/2174 (2014) ;
– résolution 2362 (2017) n° S/RES/2362 (2017) ;
– résolution 1970 (2011) n° S/RES/1970 (2011) ;
– résolution 2009 (2011) n° S/RES/2009 (2011) ;
– résolution 2095 (2013) n° S/RES/2095 (2013) ;
– résolution 2146 (2014) n° S/RES/2146 (2014) ;
– resolution 2362 (2017) n° S/RES/2362 (2017) ;
– resolution 883 (1993) n° S/RES/883 (1993) ;
– résolution 2441 (2018) n° S/RES/2441 (2018) ;
– résolution 2509 (2020) n° S/RES/2509 (2020) ;
– résolution 2571 (2021) n° S/RES/2571 (2021) ;
– résolution 2578 (2021) n° S/RES/2578 (2021) ;
– résolution 2635 (2022) n° S/RES/2635 (2022) ;
– résolution 2664 (2022) n° S/RES/2664 (2022).

Comité du Conseil de sécurité établi par la résolution 1970 (2011) concernant la Libye.

III. TEXTES DE L'UNION EUROPÉENNE

– décision (PESC) 2015/1333 du Conseil du 31 juillet 2015 concernant des mesures restrictives en raison de la situation en Libye ;

– règlement (UE) 2016/44 du Conseil du 18 janvier 2016 concernant des mesures restrictives en raison de la situation en Libye.

IV. SANCTIONS AMÉRICAINES

A. EXECUTIVE ORDERS

– 13726 – Blocking Property and Suspending Entry into the United States of Persons Contributing to the Situation in Libya (April 19, 2016);

– 13566 – Blocking Property and Prohibiting Certain Transactions Related to Libya (Effective Date – February 25, 2011).

B. STATUTES

– International Emergency Economic Powers Act (IEEPA), 50 U.S.C.§§ 1701-1706 ;
– National Emergencies Act (NEA), 50 U.S.C.§§ 1601-1651.

C. CODE OF FEDERAL REGULATIONS

31 CFR Part. 570 – Libyan Sanctions Regulations.

V. EXTENSION DES MESURES INTERNATIONALES ET EUROPÉENNES DANS LES COLLECTIVITÉS D'OUTRE-MER

Arrêté du 1er février 2021 portant application des articles L. 713-16, L. 745-13, L. 755-13 et L. 765-13 du code monétaire et financier en matière de gel des avoirs à Saint-Barthélemy, à Saint-Pierre-et-Miquelon, en Nouvelle-Calédonie, en Polynésie française et dans les îles Wallis-et-Futuna.

18 MALI

COMMENTAIRE

I. NATURE DES MESURES RESTRICTIVES PRISES

- gel des avoirs ;
- restrictions à l'admission.

II. RÉSOLUTIONS DE L'ONU

- résolution 2374 (2017) n° S/RES/2374 (2017) ;
- résolution 2432 (2018) n° S/RES/2432 (2018) ;
- résolution 2484 (2019) n° S/RES/2484 (2019) ;
- résolution 2541 (2020) n° S/RES/2541 (2020) ;
- résolution 2590 (2021) n° S/RES/2590 (2021).

Comité du Conseil de sécurité mis en place conformément à la résolution 2374 (2017) concernant le Mali.

III. TEXTES DE L'UNION EUROPÉENNE

– décision (PESC) 2017/1775 du Conseil du 28 septembre 2017 concernant des mesures restrictives en raison de la situation au Mali ;

– règlement (UE) 2017/1770 du Conseil du 28 septembre 2017 concernant des mesures restrictives en raison de la situation au Mali.

IV. SANCTIONS AMÉRICAINES

A. EXECUTIVE ORDERS

13882 – Blocking Property and Suspending Entry of Certain Persons Contributing to the Situation In Mali (July 26, 2019).

B. STATUTES

- International Emergency Economic Powers Act (IEEPA), 50 U.S.C.§§ 1701-1706 ;
- National Emergencies Act (NEA), 50 U.S.C.§§ 1601-1651.

C. CODE OF FEDERAL REGULATIONS

31 CFR Part. 555 – Mali Sanctions Regulations.

V. EXTENSION DES MESURES INTERNATIONALES ET EUROPÉENNES DANS LES COLLECTIVITÉS D'OUTRE-MER

Arrêté du 1er février 2021 portant application des articles L. 713-16, L. 745-13, L. 755-13 et L. 765-13 du code monétaire et financier en matière de gel des avoirs à Saint-Barthélemy, à Saint-Pierre-et-Miquelon, en Nouvelle-Calédonie, en Polynésie française et dans les îles Wallis-et-Futuna.

19 MOLDAVIE

COMMENTAIRE

Ce pays est absent du recensement effectué par la DG Trésor mais présent dans la carte interactive de l'Union européenne.

I. NATURE DES MESURES RESTRICTIVES PRISES

Restrictions à l'admission.

II. TEXTES DE L'UNION EUROPÉENNE

Décision 2010/573/PESC du Conseil du 27 septembre 2010 concernant des mesures restrictives à l'encontre des dirigeants de la région de Transnistrie (République de Moldavie).

20 MONTÉNÉGRO

COMMENTAIRE

Ce pays est absent du recensement effectué par la DG Trésor mais présent dans la carte interactive de l'Union européenne.

I. NATURE DES MESURES RESTRICTIVES PRISES

Interdiction de satisfaire aux réclamations.

II. RÉSOLUTIONS DE L'ONU

Résolution 757 (1992) n° S/RES/757 (1992).

III. TEXTES DE L'UNION EUROPÉENNE

– décision 94/366/PESC du Conseil du 13 juin 1994 relative à la position commune définie par le Conseil sur la base de l'article J.2 du traité sur l'Union européenne concernant l'interdiction de faire droit aux demandes visées au paragraphe 9 de la résolution n° 757 (1992) du Conseil de sécurité de l'Organisation des Nations unies ;

– règlement (CE) n° 1733/94 du Conseil du 11 juillet 1994 interdisant de faire droit aux demandes relatives aux contrats et opérations dont l'exécution a été affectée par la résolution 757(1992) du Conseil de sécurité des Nations unies et par les résolutions connexes. ❑

21 MYANMAR (EX-BIRMANIE)

COMMENTAIRE

I. NATURE DES MESURES RESTRICTIVES PRISES

– gel des avoirs ;
– embargo militaire ;
– équipements répression interne ;
– restrictions à l'admission.

II. TEXTES DE L'UNION EUROPÉENNE

– décision 2013/184/PESC du Conseil du 22 avril 2013 concernant des mesures restrictives instituées en raison de la situation au Myanmar/en Birmanie ;

– règlement (UE) n° 401/2013 du Conseil du 2 mai 2013 concernant des mesures restrictives instituées en raison de la situation au Myanmar/en Birmanie.

III. SANCTIONS AMÉRICAINES

A. EXECUTIVE ORDERS

14014 – Blocking Property With Respect To The Situation In Burma (February 11, 2021).

B. STATUTES

– International Emergency Economic Powers Act (IEEPA), 50 U.S.C. §§ 1701-1706;
– National Emergencies Act (NEA), 50 U.S.C. §§ 1601-1651.

C. CODE OF FEDERAL REGULATIONS

31 CFR Part. 525 – Burma Sanctions Regulations.

IV. EXTENSION DES MESURES INTERNATIONALES ET EUROPÉENNES DANS LES COLLECTIVITÉS D'OUTRE-MER

Arrêté du 1er février 2021 portant application des articles L. 713-16, L. 745-13, L. 755-13 et L. 765-13 du code monétaire et financier en matière de gel des avoirs à Saint-Barthélemy, à Saint-Pierre-et-Miquelon, en Nouvelle-Calédonie, en Polynésie française et dans les îles Wallis-et-Futuna. ❑

22 NICARAGUA

COMMENTAIRE

I. NATURE DES MESURES RESTRICTIVES PRISES

– gel des avoirs ;
– restrictions à l'admission.

II. TEXTES DE L'UNION EUROPÉENNE

– décision (PESC) 2019/1720 du Conseil du 14 octobre 2019 concernant des mesures restrictives en raison de la situation au Nicaragua ;
– règlement (UE) 2019/1716 du Conseil du 14 octobre 2019 concernant des mesures restrictives en raison de la situation au Nicaragua.

III. SANCTIONS AMÉRICAINES

A. EXECUTIVE ORDERS

13851 – Blocking Property of Certain Persons Contributing to the Situation in Nicaragua (November 27, 2018).

B. STATUTES

– Nicaragua Human Rights and Anticorruption Act of 2018, Public Law No : 115-335;
– Reinforcing Nicaragua's Adherence to Electoral Reform Requirements Law of 2021, Public Law No : 117-54;
– International Emergency Economic Powers Act (IEEPA), 50 U.S.C. §§ 1701-1706;
– National Emergencies Act (NEA), 50 U.S.C.§§ 1601-1651.

C. CODE OF FEDERAL REGULATIONS

31 CFR Part. 582 – Nicaragua Sanctions Regulations.

IV. EXTENSION DES MESURES INTERNATIONALES ET EUROPÉENNES DANS LES COLLECTIVITÉS D'OUTRE-MER

Arrêté du 1er février 2021 portant application des articles L. 713-16, L. 745-13, L. 755-13 et L. 765-13 du code monétaire et financier en matière de gel des avoirs à Saint-Barthélemy, à Saint-Pierre-et-Miquelon, en Nouvelle-Calédonie, en Polynésie française et dans les îles Wallis-et-Futuna. ❑

23 RÉPUBLIQUE CENTRAFRICAINE

COMMENTAIRE

I. NATURE DES MESURES RESTRICTIVES PRISES

– gel des avoirs ;
– embargo militaire ;
– interdiction de satisfaire aux réclamations ;
– restrictions à l'admission.

II. RÉSOLUTIONS DE L'ONU

– résolution 2339 (2017) n° S/RES/2339 (2017) ;
– résolution 2399 (2018) n° S/RES/2399 (2018) ;
– résolution 2454 (2019) n° S/RES/2454 (2019) ;
– résolution 2488 (2019) n° S/RES/2488 (2019) ;
– résolution 2507 (2020) n° S/RES/2507 (2020) ;
– résolution 2536 (2020) n° S/RES/2536 (2020) ;
– résolution 2588 (2021) n° S/RES/2588 (2021) ;
– résolution 2648 (2022) n° S/RES/2648 (2022).

Comité du Conseil de sécurité mis en place conformément à la résolution 2127 (2013) concernant la République centrafricaine.

III. TEXTES DE L'UNION EUROPÉENNE

– décision 2013/798/PESC du Conseil du 23 décembre 2013 concernant des mesures restrictives à l'encontre de la République centrafricaine ;
– règlement (UE) n° 224/2014 du Conseil du 10 mars 2014 concernant des mesures restrictives eu égard à la situation en République centrafricaine.

IV. SANCTIONS AMÉRICAINES

A. EXECUTIVE ORDERS

13667 – Blocking Property of Certain Persons Contributing to the Conflict in the Central African Republic (May 13, 2014).

B. STATUTES

– International Emergency Economic Powers Act (IEEPA), 50 U.S.C. §§ 1701-1706;
– National Emergencies Act (NEA), 50 U.S.C. §§ 1601-1651.

C. CODE OF FEDERAL REGULATIONS

31 CFR 553 – Central African Republic Sanctions Regulations.

V. EXTENSION DES MESURES INTERNATIONALES ET EUROPÉENNES DANS LES COLLECTIVITÉS D'OUTRE-MER

Arrêté du 1er février 2021 portant application des articles L. 713-16, L. 745-13, L. 755-13 et L. 765-13 du code monétaire et financier en matière de gel des avoirs à Saint-Barthélemy, à Saint-Pierre-et-Miquelon, en Nouvelle-Calédonie, en Polynésie française et dans les îles Wallis-et-Futuna. ❑

24 RUSSIE

COMMENTAIRE

En 2014, l'annexion illégale de la Crimée et la déstabilisation de l'est de l'Ukraine par la Russie a donné lieu à l'adoption de premières sanctions de l'ONU et de l'Union européenne contre la Russie. Depuis février 2022 et l'invasion de l'Ukraine par l'armée russe, l'Union européenne a adopté plusieurs paquets de sanctions, en coordination avec ses partenaires, notamment les États-Unis, le Royaume-Uni et les autres pays du G7. Des sanctions spécifiques ont également été prises à l'encontre de la Biélorussie du fait de son implication dans la guerre.

Le dispositif de sanctions adopté par l'Union européenne contre la Russie repose sur plusieurs piliers :

• des sanctions individuelles, visant à faire pression sur les soutiens politiques et économiques du régime russe, ainsi que sur les dirigeants des entités séparatistes de Donetsk et de Louhansk. Ces sanctions prévoient un gel des avoirs et des restrictions de déplacement sur le territoire de l'Union européenne, et ciblent 1 254 individus et entités russes, dont le président russe Vladimir Poutine et le ministre des Affaires étrangères Sergueï Lavrov ;

• des sanctions financières massives afin de tarir la capacité de financement de l'économie russe, prévoyant notamment une interdiction des transactions sur les avoirs et réserves de la Banque centrale de Russie, des restrictions sur les achats de dette souveraine russe et les flux financiers en provenance de Russie, l'exclusion de certains établissements bancaires russes du système de messagerie sécurisée SWIFT, dont Sberbank et VTB, respectivement première et deuxième banque du pays ;

• des sanctions économiques visant des secteurs clés de l'économie russe, tels que l'énergie, les transports, l'aéronautique, l'industrie de défense et les matières premières. Ces mesures comprennent notamment l'interdiction des exportations et des importations de certains biens vers et depuis la Russie (aéronefs et équipements associés, biens à double usage, biens de haute technologie, matériaux, etc.), l'interdiction d'accès aux ports des navires sous pavillon russe et des restrictions supplémentaires dans le secteur de la fourniture de services. Le secteur de l'énergie, stratégique pour le financement de l'effort de guerre russe, est particulièrement ciblé : les États membres de l'UE ont notamment décidé d'interdire l'importation du charbon russe ainsi que les importations par voies maritimes de pétrole brut et de produits pétroliers en provenance de Russie, soit la quasi-totalité du pétrole exporté par la Russie vers les pays de l'Union européenne ;

• des mesures visant les campagnes de désinformation et de manipulation de l'information, dont la suspension des activités de diffusion dans les États membres de l'UE de Sputnik, Russia Today et Rossiya 24 jusqu'à ce que l'agression contre l'Ukraine prenne fin.

Par ailleurs, des restrictions spécifiques ont été instaurées concernant les échanges commerciaux et les investissements avec les entités des régions non contrôlées par le gouvernement ukrainien de Donetsk et de Louhansk. Des exceptions humanitaires ont été adoptées par l'Union européenne afin de ne pas entraver l'aide en faveur de la population ukrainienne.

I. NATURE DES MESURES RESTRICTIVES PRISES

– embargos sectoriels ;
– embargo militaire ;
– gel des avoirs ;
– restrictions financières ;
– interdiction de satisfaire aux réclamations.

II. TEXTES DE L'UNION EUROPÉENNE

– décision 2014/119/PESC du Conseil du 5 mars 2014 concernant des mesures restrictives à l'encontre de certaines personnes, de certaines entités et de certains organismes au regard de la situation en Ukraine ;

– décision 2014/145/PESC du Conseil du 17 mars 2014 concernant des mesures restrictives eu égard aux actions compromettant ou menaçant l'intégrité territoriale, la souveraineté et l'indépendance de l'Ukraine ;

– décision 2014/386/PESC du Conseil du 23 juin 2014 concernant des mesures restrictives en réponse à l'annexion illégale de la Crimée et de Sébastopol ;

– décision 2014/512/PESC du Conseil du 31 juillet 2014 concernant des mesures restrictives eu égard aux actions de la Russie déstabilisant la situation en Ukraine ;

– décision 2022/266/PESC du Conseil du 23 février 2022 concernant des mesures restrictives en réponse à la reconnaissance des zones des oblasts ukrainiens de Donetsk et de Louhansk non contrôlées par le gouvernement et à l'ordre donné aux forces armées russes dans ces zones ;

– règlement (UE) 208/2014 du Conseil du 5 mars 2014 concernant des mesures restrictives à l'encontre de certaines personnes, de certaines entités et de certains organismes eu égard à la situation en Ukraine ;

– règlement (UE) 269/2014 du Conseil du 17 mars 2014 concernant des mesures restrictives eu égard aux actions compromettant ou menaçant l'intégrité territoriale, la souveraineté et l'indépendance de l'Ukraine ;

– règlement (UE) 692/2014 du Conseil du 23 juin 2014 concernant des mesures restrictives en réponse à l'annexion illégale de la Crimée et de Sébastopol ;

– règlement (UE) n° 833/2014 du Conseil du 31 juillet 2014 concernant des mesures restrictives eu égard aux actions de la Russie déstabilisant la situation en Ukraine ;

– règlement (UE) 2022/263 du Conseil du 23 février 2022 concernant des mesures restrictives en réaction à la reconnaissance des zones des oblasts ukrainiens de Donetsk et de Louhansk non contrôlées par le gouvernement et à l'ordre donné aux forces armées russes d'entrer dans ces zones.

III. SANCTIONS AMÉRICAINES « RUSSIAN HARMFUL FOREIGN ACTIVITIES »

A. EXECUTIVE ORDERS

– 14024 – Blocking Property With Respect To Specified Harmful Foreign Activities Of The Government Of The Russian Federation (Effective Date – April 15, 2021);

– 14039 – Blocking Property with Respect to Certain Russian Energy Export Pipelines (August 20, 2021);

– 14066 – Prohibiting Certain Imports And New Investments With Respect To Continued Russian Federation Efforts To Undermine the Sovereignty And Territorial Integrity Of Ukraine (March 8, 2022);

– 14068 – Prohibiting Certain Imports, Exports, and New Investment with Respect to Continued Russian Federation Aggression (March 11, 2022);

– 14071 – Prohibiting New Investment In And Certain Services To The Russian Federation In Response To Continued Russian Federation Aggression (April 6, 2022).

B. STATUTES

– Protecting Europe's Energy Security Act of 2019 (PEESA) ;
– International Emergency Economic Powers Act (IEEPA), 50 U.S.C. §§ 1701-1706;
– National Emergencies Act (NEA), 50 U.S.C.§§ 1601-1651.

C. CODE OF FEDERAL REGULATIONS

31 CFR Part. 587 – Russian Harmful Foreign Activities Sanctions Regulations. ❑

25 SERBIE

COMMENTAIRE

Ce pays est absent du recensement effectué par la DG Trésor mais présent dans la carte interactive de l'Union européenne.

I. NATURE DES MESURES RESTRICTIVES PRISES

Interdiction de satisfaire aux réclamations.

II. TEXTES DE L'UNION EUROPÉENNE

– décision 94/366/PESC du Conseil du 13 juin 1994 relative à la position commune définie par le Conseil sur la base de l'article J.2 du traité sur l'Union européenne concernant l'interdiction de faire droit aux demandes visées au paragraphe 9 de la résolution n° 757 (1992) du Conseil de sécurité de l'Organisation des Nations unies ;

– règlement (CE) n° 1733/94 du Conseil du 11 juillet 1994 interdisant de faire droit aux demandes relatives aux contrats et opérations dont l'exécution a été affectée par la résolution 757(1992) du Conseil de sécurité des Nations unies et par les résolutions connexes. ❑

26 SOMALIE

COMMENTAIRE

I. NATURE DES MESURES RESTRICTIVES PRISES

– embargos sectoriels ;
– embargo militaire ;
– gel des avoirs ;
– restrictions à l'admission.

II. RÉSOLUTIONS DE L'ONU

– résolution 733 (1992) n° S/RES/733(1992) ;
– résolution 751 (1992) n° S/RES/751 (1992) ;
– résolution 1844 (2008) n° S/RES/1844 (2008) ;
– résolution 2036 (2012) n° S/RES/2036 (2012) ;
– résolution 2498 (2019) n° S/RES/2498 (2019) ;
– résolution 2551 (2020) n° S/RES/2551 (2020) ;
– résolution 2607 (2021) n° S/RES/2607 (2021).

Comité du Conseil de sécurité faisant suite à la résolution 751 (1992) sur la Somalie.

III. TEXTES DE L'UNION EUROPÉENNE

– décision 2010/231/PESC du Conseil du 26 avril 2010 concernant des mesures restrictives à l'encontre de la Somalie ;

– règlement (UE) n° 356/2010 du Conseil du 26 avril 2010 instituant certaines mesures restrictives spécifiques à l'encontre de certaines personnes physiques ou morales, entités ou organismes, en raison de la situation en Somalie ;

– règlement (CE) n° 147/2003 du Conseil du 27 janvier 2003 concernant certaines mesures restrictives à l'égard de la Somalie.

IV. SANCTIONS AMÉRICAINES

A. EXECUTIVE ORDERS

– 13620 – Taking Additional Steps to Address the National Emergency With Respect to Somalia (Effective Date – July 20, 2012);

– 13536 – Blocking Property of Certain Persons Contributing to the Conflict in Somalia (Effective Date – April 13, 2010).

B. STATUTES

– International Emergency Economic Powers Act (IEEPA), 50 U.S.C. §§ 1701-1706;
– National Emergencies Act (NEA), 50 U.S.C. §§ 1601-1651;
– Section 5 of the United Nations Participation Act of 1945 (UNPA), 22 U.S.C. § 287c.

C. CODE OF FEDERAL REGULATIONS

31 CFR Part. 551 – Somalia Sanctions Regulations.

V. EXTENSION DES MESURES INTERNATIONALES ET EUROPÉENNES DANS LES COLLECTIVITÉS D'OUTRE-MER

Arrêté du 1er février 2021 portant application des articles L. 713-16, L. 745-13, L. 755-13 et L. 765-13 du code monétaire et financier en matière de gel des avoirs à Saint-Barthélemy, à Saint-Pierre-et-Miquelon, en Nouvelle-Calédonie, en Polynésie française et dans les îles Wallis-et-Futuna. ❑

27 SOUDAN

COMMENTAIRE

I. NATURE DES MESURES RESTRICTIVES PRISES

– embargo militaire ;
– gel des avoirs ;
– restrictions à l'admission.

II. RÉSOLUTIONS DE L'ONU

– résolution 1556 (2004) n° S/RES/1556 (2004) ;
– résolution 1591 (2005) n° S/RES/1591 (2005) ;
– résolution 1945 (2010) n° S/RES/1945 (2010) ;
– résolution 2035 (2012) n° S/RES/2035 (2012) ;
– résolution 2091 (2013) n° S/RES/2091 (2013) ;
– résolution 2138 (2014) n° S/RES/2138 (2014) ;
– résolution 2200 (2015) n° S/RES/2200 (2015) ;
– résolution 2265 (2016) n° S/RES/2265 (2016) ;
– résolution 2340 (2017) n° S/RES/2340 (2017) ;
– résolution 2400 (2018) n° S/RES/2400 (2018) ;
– résolution 2455 (2019) n° S/RES/2455 (2019) ;
– résolution 2508 (2020) n° S/RES/2508 (2020).

Comité des sanctions du Conseil de sécurité des Nations unies créé par la résolution 1591(2005) concernant le Soudan.

III. TEXTES DE L'UNION EUROPÉENNE

– décision 2014/450/PESC du Conseil du 10 juillet 2014 concernant des mesures restrictives en raison de la situation au Soudan ;

– règlement (UE) n° 747/2014 du Conseil du 10 juillet 2014 concernant des mesures restrictives eu égard à la situation au Soudan.

IV. SANCTIONS AMÉRICAINES (SOUDAN ET DARFOUR)

A. EXECUTIVE ORDERS

– 13804 – Allowing Additional Time for Recognizing Positive Actions by the Government of Sudan and Amending Executive Order 13761 (July 11, 2017);

– 13761 – Recognizing Positive Actions by the Government of Sudan and Providing for the Revocation of Certain Sudan-Related Sanctions (January 13, 2017);

– 13412 – Blocking Property and Prohibiting Transactions With the Government of Sudan (October 13, 2006);

– 13400 – Blocking Property of Persons in Connection With the Conflict in Sudan's Darfur Region (Effective Date – April 27, 2006);

– 13067 – Blocking Sudanese Government Property and Prohibiting Transactions With Sudan (Effective Date – November 4, 1997).

B. STATUTES

– Darfur Peace and Accountability Act of 2006 (DPAA), PL 109-344 (50 U.S.C. § 1701 note) ;

– Trade Sanctions Reform and Export Enhancement Act of 2000 (TSRA), 22 U.S.C. §§ 7201-7211;

– Antiterrorism and Effective Death Penalty Act of 1996 (AEDPA), 18 U.S.C. § 2332d ;

– International Emergency Economic Powers Act (IEEPA), 50 U.S.C. §§ 1701-1706;

– National Emergencies Act (NEA), 50 U.S.C. §§ 1601-1651;

– Section 5 of the United Nations Participation Act of 1945 (UNPA), 22 U.S.C. § 287c.

C. CODE OF FEDERAL REGULATIONS

31 CFR Part. 546 – Darfur Sanctions Regulations.

V. EXTENSION DES MESURES INTERNATIONALES ET EUROPÉENNES DANS LES COLLECTIVITÉS D'OUTRE-MER

Arrêté du 1er février 2021 portant application des articles L. 713-16, L. 745-13, L. 755-13 et L. 765-13 du code monétaire et financier en matière de gel des avoirs à Saint-Barthélemy, à Saint-Pierre-et-Miquelon, en Nouvelle-Calédonie, en Polynésie française et dans les îles Wallis-et-Futuna. ❑

28 SOUDAN DU SUD

COMMENTAIRE

I. NATURE DES MESURES RESTRICTIVES PRISES

– embargo militaire ;
– gel des avoirs ;
– restrictions à l'admission.

II. RÉSOLUTIONS DE L'ONU

– résolution 2206 (2015) n° S/RES/2206 (2015) ;
– résolution 2428 (2018) n° S/RES/2428 (2018) ;
– résolution 2521 (2020) n° S/RES/2521 (2020) ;
– résolution 2577 (2021) n° S/RES/2577 (2021) ;
– résolution 2633 (2022) n° S/RES/2633 (2022).

Comité du Conseil de sécurité mis en place conformément à la résolution 2206 (2015) concernant le Soudan du Sud.

III. TEXTES DE L'UNION EUROPÉENNE

– décision (PESC) 2015/740 du Conseil du 7 mai 2015 concernant des mesures restrictives en raison de la situation au Soudan du Sud ;

– règlement (UE) 2015/735 du Conseil du 7 mai 2015 concernant des mesures restrictives en raison de la situation au Soudan du Sud.

IV. SANCTIONS AMÉRICAINES

A. EXECUTIVE ORDERS

13664 – Blocking Property of Certain Persons with Respect to South Sudan (April 3, 2014).

B. STATUTES

– International Emergency Economic Powers Act (IEEPA), 50 U.S.C. §§ 1701-1706;
– National Emergencies Act (NEA), 50 U.S.C. §§ 1601-1651.

C. CODE OF FEDERAL REGULATIONS

31 CFR Part. 558 – South Sudan Sanctions Regulations.

V. EXTENSION DES MESURES INTERNATIONALES ET EUROPÉENNES DANS LES COLLECTIVITÉS D'OUTRE-MER

Arrêté du 1er février 2021 portant application des articles L. 713-16, L. 745-13, L. 755-13 et L. 765-13 du code monétaire et financier en matière de gel des avoirs à Saint-Barthélemy, à Saint-Pierre-et-Miquelon, en Nouvelle-Calédonie, en Polynésie française et dans les îles Wallis-et-Futuna. ❑

29 SYRIE

COMMENTAIRE

I. NATURE DES MESURES RESTRICTIVES PRISES

– embargos sectoriels ;
– embargo militaire ;
– gel des avoirs ;
– restrictions financières ;
– répression interne ;
– restrictions à l'admission ;
– interdiction de satisfaire aux réclamations.

II. RÉSOLUTIONS DE L'ONU

Résolution 1595 (2005) n° S/RES/1595 (2005).

III. TEXTES DE L'UNION EUROPÉENNE

– position commune 2005/888/PESC du Conseil du 12 décembre 2005 concernant l'adoption de mesures restrictives spécifiques à l'encontre de certaines personnes soupçonnées d'être impliquées dans l'assassinat de l'ancien Premier ministre libanais M. Rafic Hariri ;

– décision 2013/255/PESC du Conseil du 31 mai 2013 concernant des mesures restrictives en raison de la situation en Syrie ;

– règlement (UE) n° 36/2012 du Conseil du 18 janvier 2012 concernant des mesures restrictives en raison de la situation en Syrie ;

– règlement (CE) n° 305/2006 du Conseil du 21 février 2006 instituant des mesures restrictives spécifiques à l'encontre de certaines personnes soupçonnées d'être impliquées dans l'assassinat de l'ancien premier ministre libanais M. Rafiq Hariri.

IV. SANCTIONS AMÉRICAINES

A. EXECUTIVE ORDERS

– 13608 – Prohibiting Certain Transactions With and Suspending Entry Into the United States of Foreign Sanctions Evaders With Respect to Iran and Syria (Effective Date – May 1, 2012);

– 13606 – Blocking the Property and Suspending Entry Into the United States of Certain Persons With Respect to Grave Human Rights Abuses by the Governments of Iran and Syria *via* Information Technology (Effective Date – April 23, 2012);

– 13582 – Blocking Property of the Government of Syria and Prohibiting Certain Transactions with Respect to Syria (August 18, 2011);

– 13573 – Blocking Property of Senior Officials of the Government of Syria (May 18, 2011);

– 13572 – Blocking Property of Certain Persons with Respect to Human Rights Abuses in Syria (April 29, 2011);

– 13460 – Blocking Property of Additional Persons in Connection With the National Emergency With Respect to Syria (February 15, 2008);

– 13399 – Blocking Property of Additional Persons in Connection With the National Emergency With Respect to Syria (Effective Date – April 26, 2006);

– 13338 – Blocking Property of Certain Persons and Prohibiting the Export of Certain Goods to Syria (Effective Date – May 12, 2004);

– 13894 – Blocking Property and Suspending Entry of Certain Persons Contributing to the Situation in Syria (October 14, 2019).

B. STATUTES

– Caesar Syria Civilian Protection Act of 2019 (Sections 7404-7438 of the National Defense Authorization Act for Fiscal Year 2020) ;
– Iran Threat Reduction and Syria Human Rights Act of 2012 H.R. 1905 (PL 112-158) ;
– Antiterrorism and Effective Death Penalty Act of 1996 (AEDPA), 18 U.S.C. § 2332d ;
– International Emergency Economic Powers Act (IEEPA), 50 U.S.C. §§ 1701-1706;
– National Emergencies Act (NEA), 50 U.S.C. §§ 1601-1651;
– Section 5 of the United Nations Participation Act of 1945 (UNPA), 22 U.S.C. § 87c.

C. CODE OF FEDERAL REGULATIONS

– 31 CFR Parts 542 – Syrian Sanctions Regulations;
– 31 CFR Part. 569 – Syria-related Sanctions Regulations.

V. EXTENSION DES MESURES INTERNATIONALES ET EUROPÉENNES DANS LES COLLECTIVITÉS D'OUTRE-MER

Arrêté du 6 mai 2021 portant application des articles L. 562-3 et suivants du code monétaire et financier. ❑

30 TUNISIE

COMMENTAIRE

I. NATURE DES MESURES RESTRICTIVES PRISES

Gel des avoirs.

II. TEXTES DE L'UNION EUROPÉENNE

– décision 2011/72/PESC du Conseil du 31 janvier 2011 concernant des mesures restrictives à l'encontre de certaines personnes et entités au regard de la situation en Tunisie ;

– règlement (UE) n° 101/2011 du Conseil du 4 février 2011 concernant des mesures restrictives à l'encontre de certaines personnes, entités et organismes au regard de la situation en Tunisie.

III. EXTENSION DES MESURES INTERNATIONALES ET EUROPÉENNES DANS LES COLLECTIVITÉS D'OUTRE-MER

Arrêté du 1er février 2021 portant application des articles L. 713-16, L. 745-13, L. 755-13 et L. 765-13 du code monétaire et financier en matière de gel des avoirs à Saint-Barthélemy, à Saint-Pierre-et-Miquelon, en Nouvelle-Calédonie, en Polynésie française et dans les îles Wallis-et-Futuna. ❑

31 TURQUIE

COMMENTAIRE

I. NATURE DES MESURES RESTRICTIVES PRISES

– gel des avoirs ;
– restrictions à l'admission.

II. TEXTES DE L'UNION EUROPÉENNE

– décision (PESC) 2019/1894 du Conseil du 11 novembre 2019 concernant des mesures restrictives en raison des activités de forage non autorisées menées par la Turquie en Méditerranée orientale ;

– règlement (UE) 2019/1890 du Conseil du 11 novembre 2019 concernant des mesures restrictives en raison des activités de forage non autorisées menées par la Turquie en Méditerranée orientale.

III. EXTENSION DES MESURES INTERNATIONALES ET EUROPÉENNES DANS LES COLLECTIVITÉS D'OUTRE-MER

Arrêté du 1er février 2021 portant application des articles L. 713-16, L. 745-13, L. 755-13 et L. 765-13 du code monétaire et financier en matière de gel des avoirs à Saint-Barthélemy, à Saint-Pierre-et-Miquelon, en Nouvelle-Calédonie, en Polynésie française et dans les îles Wallis-et-Futuna. ❑

32 UKRAINE

COMMENTAIRE

Ce pays est absent du recensement effectué par la DG Trésor mais présent dans la carte interactive de l'Union européenne.

I. NATURE DES MESURES RESTRICTIVES PRISES

– embargos sectoriels ;
– gel des avoirs ;
– restrictions à l'admission.

II. TEXTES DE L'UNION EUROPÉENNE

– décision 2014/145/PESC du Conseil du 17 mars 2014 concernant des mesures restrictives eu égard aux actions compromettant ou menaçant l'intégrité territoriale, la souveraineté et l'indépendance de l'Ukraine ;

– règlement (UE) n° 269/2014 du Conseil du 17 mars 2014 concernant des mesures restrictives eu égard aux actions compromettant ou menaçant l'intégrité territoriale, la souveraineté et l'indépendance de l'Ukraine ;

– décision 2014/119/PESC du Conseil du 5 mars 2014 concernant des mesures restrictives à l'encontre de certaines personnes, de certaines entités et de certains organismes au regard de la situation en Ukraine ;

– décision (PESC) 2022/266 du Conseil du 23 février 2022 concernant des mesures restrictives en réponse à la reconnaissance des zones des oblasts ukrainiens de Donetsk et de Louhansk non contrôlées par le gouvernement et à l'ordre donné aux forces armées russes d'entrer dans ces zones ;

– règlement (UE) n° 208/2014 du Conseil du 5 mars 2014 concernant des mesures restrictives à l'encontre de certaines personnes, de certaines entités et de certains organismes eu égard à la situation en Ukraine ;

– décision 2014/386/PESC du Conseil du 23 juin 2014 concernant des mesures restrictives en réponse à l'annexion illégale de la Crimée et de Sébastopol ;

– règlement (UE) n° 692/2014 du Conseil du 23 juin 2014 concernant des mesures restrictives en réponse à l'annexion illégale de la Crimée et de Sébastopol ;

– règlement (UE) 2022/263 du Conseil du 23 février 2022 concernant des mesures restrictives en réaction à la reconnaissance des zones des oblasts ukrainiens de Donetsk et de Louhansk non contrôlées par le gouvernement et à l'ordre donné aux forces armées russes d'entrer dans ces zones.

III. SANCTIONS AMÉRICAINES (LIÉES À LA RUSSIE)

A. EXECUTIVE ORDERS

– 14065 – Blocking Property of Certain Persons and Prohibiting Certain Transactions with Respect to Continued Russian Efforts to Undermine the Sovereignty and Territorial Integrity of Ukraine (February 21, 2022);

– 13883 – Administration of Proliferation Sanctions and Amendment of Executive Order 12851 (August 3, 2019);

– 13849 – Authorizing the Implementation of Certain Sanctions Set Forth in the Countering America's Adversaries Through Sanctions Act (September 20, 2018);

– 13685 – Blocking Property of Certain Persons and Prohibiting Certain Transactions with Respect to the Crimea Region of Ukraine (December 19, 2014);

– 13662 – Blocking Property of Additional Persons Contributing to the Situation in Ukraine (March 20, 2014);

– 13661 – Blocking Property of Additional Persons Contributing to the Situation in Ukraine (March 17, 2014);

– 13660 – Blocking Property of Certain Persons Contributing to the Situation in Ukraine (March 6, 2014).

B. STATUTES

– Countering America's Adversaries Through Sanctions Act (CAATSA), PL 115-44 ;

– Ukraine Freedom Support Act of 2014 (UFSA) ;

– Support for the Sovereignty, Integrity, Democracy, and Economic Stability of Ukraine Act of 2014 (SSIDES) ;

– International Emergency Economic Powers Act (IEEPA), 50 U.S.C. §§ 1701-1706;

– National Emergencies Act (NEA), 50 U.S.C. §§ 1601-1651.

C. CODE OF FEDERAL REGULATIONS

31 CFR Part. 589 – Ukraine-Related Sanctions Regulations.

IV. EXTENSION DES MESURES INTERNATIONALES ET EUROPÉENNES DANS LES COLLECTIVITÉS D'OUTRE-MER

Arrêté du 1er février 2021 portant application des articles L. 713-16, L. 745-13, L. 755-13 et L. 765-13 du code monétaire et financier en matière de gel des avoirs à Saint-Barthélemy, à Saint-Pierre-et-Miquelon, en Nouvelle-Calédonie, en Polynésie française et dans les îles Wallis-et-Futuna. ❑

33 VENEZUELA

COMMENTAIRE

I. NATURE DES MESURES RESTRICTIVES PRISES

– gel des avoirs ;

– restrictions à l'admission ;

– embargos sectoriels et militaire ;

– équipements répression interne.

II. TEXTES DE L'UNION EUROPÉENNE

– décision (PESC) 2017/2074 du Conseil du 13 novembre 2017 concernant des mesures restrictives en raison de la situation au Venezuela ;

– règlement (UE) 2017/2063 du Conseil du 13 novembre 2017 concernant des mesures restrictives en raison de la situation au Venezuela.

III. SANCTIONS AMÉRICAINES

A. EXECUTIVE ORDERS

– 13884 – Blocking Property of the Government of Venezuela – (August 5, 2019);

– 13857 – Taking Additional Steps to Address the National Emergency With Respect to Venezuela (January 25, 2019);

– 13850 – Blocking Property of Additional Persons Contributing to the Situation in Venezuela (November 1, 2018);

– 13835 – Prohibiting Certain Additional Transactions with Respect to Venezuela (May 21, 2018);

– 13827 – Taking Additional Steps to Address the Situation in Venezuela (March 19, 2018);

– 13808 – Imposing Additional Sanctions with Respect to the Situation in Venezuela (August 24, 2017);

– 13692 – Blocking Property and Suspending Entry of Certain Persons Contributing to the Situation in Venezuela (March 8, 2015).

B. STATUTES

– Venezuela Defense of Human Rights and Civil Society Act of 2014 ;
– International Emergency Economic Powers Act (IEEPA), 50 U.S.C. §§ 1701-1706;
– National Emergencies Act (NEA), 50 U.S.C. §§ 1601-1651.

C. CODE OF FEDERAL REGULATIONS

31 CFR Part. 591 – Venezuela Sanctions Regulations.

IV. EXTENSION DES MESURES INTERNATIONALES ET EUROPÉENNES DANS LES COLLECTIVITÉS D'OUTRE-MER

Arrêté du 1er février 2021 portant application des articles L. 713-16, L. 745-13, L. 755-13 et L. 765-13 du code monétaire et financier en matière de gel des avoirs à Saint-Barthélemy, à Saint-Pierre-et-Miquelon, en Nouvelle-Calédonie, en Polynésie française et dans les îles Wallis-et-Futuna. ❑

34 YÉMEN

COMMENTAIRE

I. NATURE DES MESURES RESTRICTIVES PRISES

– embargo militaire ;
– gel des avoirs ;
– restrictions à l'admission.

II. RÉSOLUTIONS DE L'ONU

– résolution 2140 (2014) n° S/RES/2140 (2014) ;
– résolution 2204 (2015) n° S/RES/2204 (2015) ;
– résolution 2266 (2016) n° S/RES/2266 (2016) ;
– résolution 2342 (2017) n° S/RES/2342 (2017) ;
– résolution 2402 (2018) n° S/RES/2402 (2018) ;
– résolution 2456 (2019) n° S/RES/2456 (2019) ;
– résolution 2511 (2020) n° S/RES/2511 (2020) ;
– résolution 2564 (2021) n° S/RES/2564 (2021) ;
– résolution 2624 (2022) n° S/RES/2624 (2022).

Comité du Conseil de sécurité mis en place conformément à la résolution 2140 (2014).

III. TEXTES DE L'UNION EUROPÉENNE

– décision 2014/932/PESC du Conseil du 18 décembre 2014 concernant des mesures restrictives en raison de la situation au Yémen ;

– règlement (UE) n° 1352/2014 du Conseil du 18 décembre 2014 concernant des mesures restrictives eu égard à la situation au Yémen.

IV. SANCTIONS AMÉRICAINES

A. EXECUTIVE ORDERS

13611 – Blocking Property of Persons Threatening the Peace, Security, or Stability of Yemen (Effective Date – May 16, 2012).

B. STATUTES

– International Emergency Economic Powers Act (IEEPA), 50 U.S.C. §§ 1701-1706;
– National Emergencies Act (NEA), 50 U.S.C. §§ 1601-1651.

C. CODE OF FEDERAL REGULATIONS

31 CFR Part. 552 – Yemen Sanctions Regulations.

V. EXTENSION DES MESURES INTERNATIONALES ET EUROPÉENNES DANS LES COLLECTIVITÉS D'OUTRE-MER

Arrêté du 1er février 2021 portant application des articles L. 713-16, L. 745-13, L. 755-13 et L. 765-13 du code monétaire et financier en matière de gel des avoirs à Saint-Barthélemy, à Saint-Pierre-et-Miquelon, en Nouvelle-Calédonie, en Polynésie française et dans les îles Wallis-et-Futuna. ❑

35 ZIMBABWE

COMMENTAIRE

I. NATURE DES MESURES RESTRICTIVES PRISES

- embargos sectoriels ;
- embargo militaire ;
- gel des avoirs ;
- équipements répression interne ;
- restrictions à l'admission.

II. TEXTES DE L'UNION EUROPÉENNE

– décision 2011/101/PESC du Conseil du 15 février 2011 concernant des mesures restrictives en raison de la situation au Zimbabwe ;

– règlement (CE) n° 314/2004 du Conseil du 19 février 2004 concernant des mesures restrictives en raison de la situation au Zimbabwe.

III. SANCTIONS AMÉRICAINES

A. EXECUTIVE ORDERS

– 13469 – Blocking Property of Additional Persons Undermining Democratic Processes or Institutions in Zimbabwe (July 25, 2008);

– 13391 – Blocking Property of Additional Persons Undermining Democratic Processes or Institutions in Zimbabwe (Effective Date – November 23, 2005);

– 13288 – Blocking Property of Persons Undermining Democratic Processes or Institutions in Zimbabwe (Effective Date – March 7, 2003).

B. STATUTES

– International Emergency Economic Powers Act (IEEPA), 50 U.S.C. §§ 1701-1706;

– National Emergencies Act (NEA), 50 U.S.C. §§ 1601-1651.

C. CODE OF FEDERAL REGULATIONS

31 CFR Part. 541 – Zimbabwe Sanctions Regulations.

IV. EXTENSION DES MESURES INTERNATIONALES ET EUROPÉENNES DANS LES COLLECTIVITÉS D'OUTRE-MER

Arrêté du 1er février 2021 portant application des articles L. 713-16, L. 745-13, L. 755-13 et L. 765-13 du code monétaire et financier en matière de gel des avoirs à Saint-Barthélemy, à Saint-Pierre-et-Miquelon, en Nouvelle-Calédonie, en Polynésie française et dans les îles Wallis-et-Futuna. ❑

B Fiches des sanctions économiques internationales par thèmes

COMMENTAIRE

Les sanctions économiques peuvent également concerner un secteur en particulier ou une criminalité spécifique tels que le terrorisme ou la cybercriminalité. Les sanctions financières ciblent alors ces activités en général. ❑

1 AL-QAIDA – ÉTAT ISLAMIQUE – DAECH

COMMENTAIRE

I. NATURE DES MESURES RESTRICTIVES

– gel des avoirs ;
– restrictions à l'admission ;
– embargo militaire ;
– interdiction de satisfaire aux réclamations.

II. RÉSOLUTIONS DE L'ONU

– résolution 1267 (1999) n° S/RES/1267 (1999) ;
– résolution 1333 (2000) n° S/RES/1333 (2000) ;
– résolution 1388 (2002) n° S/RES/1388 (2002) ;
– résolution 1390 (2002) n° S/RES/1390 (2002) ;
– résolution 1452 (2002) n° S/RES/1452 (2002) ;
– résolution 1735 (2006) n° S/RES/1735 (2006) ;
– résolution 1988 (2011) n° S/RES/1988 (2011) ;
– résolution 1989 (2011) n° S/RES/1989 (2011) ;
– résolution 2170 (2014) n° S/RES/2170 (2014) ;
– résolution 2178 (2014) n° S/RES/2178 (2014) ;
– résolution 2199 (2015) n° S/RES/2199 (2015) ;
– résolution 2253 (2015) n° S/RES/2253 (2015) ;
– résolution 2368 (2017) n° S/RES/2368 (2017) ;
– résolution 2462 (2019) n° S/RES/2462 (2019) ;
– résolution 2560 (2020) n° S/RES/2368 (2017).

Comité du Conseil de sécurité faisant suite aux résolutions 1267 (1999), 1989 (2011) et 2253 (2015) concernant l'État islamique d'Iraq et du Levant (Daech), Al-Qaida et les personnes, groupes, entreprises et entités qui leur sont associés.

III. TEXTES DE L'UNION EUROPÉENNE

– règlement (CE) n° 881/2002 du Conseil du 27 mai 2002 instituant certaines mesures restrictives spécifiques à l'encontre de certaines personnes et entités liées aux organisations EIIL (Daech) et Al-Qaida ;

– décision (PESC) 2016/1693 du Conseil du 20 septembre 2016 concernant des mesures restrictives à l'encontre de l'EIIL (Daech) et d'Al-Qaida et de personnes, groupes, entreprises et entités associés ;

– règlement (UE) 2016/1686 du Conseil du 20 septembre 2016 instituant des mesures restrictives supplémentaires à l'encontre de l'EIIL (Daech) et d'Al-Qaida ainsi que des personnes physiques et morales, des entités ou des organismes qui leur sont liés.

IV. EXTENSION DES MESURES INTERNATIONALES ET EUROPÉENNES DANS LES COLLECTIVITÉS D'OUTRE-MER

Arrêté du 1er février 2021 portant application des articles L. 713-16, L. 745-13, L. 755-13 et L. 765-13 du code monétaire et financier en matière de gel des avoirs à Saint-Barthélemy, à Saint-Pierre-et-Miquelon, en Nouvelle-Calédonie, en Polynésie française et dans les îles Wallis-et-Futuna. ❑

2 ARMES CHIMIQUES (PROLIFÉRATION ET UTILISATION DES)

COMMENTAIRE

I. NATURE DES MESURES RESTRICTIVES

– gel des avoirs ;
– restrictions à l'admission.

II. TEXTES DE L'UNION EUROPÉENNE

– décision (PESC) 2018/1544 du Conseil du 15 octobre 2018 concernant des mesures restrictives de lutte contre la prolifération et l'utilisation d'armes chimiques ;

– règlement (UE) 2018/1542 du Conseil du 15 octobre 2018 concernant des mesures restrictives de lutte contre la prolifération et l'utilisation d'armes chimiques.

III. SANCTIONS AMÉRICAINES

A. EXECUTIVE ORDERS

– 13883 – Administration of Proliferation Sanctions and Amendment of Executive Order 12851 (Effective Date – August 3, 2019);

– 13608 – Prohibiting Certain Transactions With and Suspending Entry Into the United States of Foreign Sanctions Evaders With Respect to Iran and Syria (Effective Date – May 1, 2012);

– 13382 – Blocking Property of Weapons of Mass Destruction Proliferators and Their Supporters (Effective Date – June 29, 2005);

– 13094 – Proliferation of Weapons of Mass Destruction (Effective Date – July 29, 1998);

– 12938 – Proliferation of Weapons of Mass Destruction (Effective Date – November 14, 1994).

B. STATUTES

– International Emergency Economic Powers Act (IEEPA), 50 U.S.C. §§ 1701-1706;

– National Emergencies Act (NEA), 50 U.S.C. §§ 1601-1651.

C. CODE OF FEDERAL REGULATIONS

– 31 CFR Part. 539 – Weapons of Mass Destruction Trade Control Regulations;

– 31 CFR Part. 544 – Weapons of Mass Destruction Proliferators Sanctions Regulations.

IV. EXTENSION DES MESURES INTERNATIONALES ET EUROPÉENNES DANS LES COLLECTIVITÉS D'OUTRE-MER

Arrêté du 1er février 2021 portant application des articles L. 713-16, L. 745-13, L. 755-13 et L. 765-13 du code monétaire et financier en matière de gel des avoirs à Saint-Barthélemy, à Saint-Pierre-et-Miquelon, en Nouvelle-Calédonie, en Polynésie française et dans les îles Wallis-et-Futuna. ❑

3 CRIMES TRANSNATIONAUX ORGANISÉS

COMMENTAIRE

SANCTIONS AMÉRICAINES

I. EXECUTIVE ORDERS

– 13863 – Taking Additional Steps to Address the National Emergency With Respect to Significant Transnational Criminal Organizations (Effective Date – March 15, 2019);

– 13581 – Blocking Property of Transnational Criminal Organizations (Effective Date – July 25, 2011).

II. STATUTES

– International Emergency Economic Powers Act (IEEPA), 50 U.S.C. §§ 1701-1706;

– National Emergencies Act (NEA), 50 U.S.C. §§ 1601-1651.

III. CODE OF FEDERAL REGULATIONS

31 CFR Part. 590 – Transnational Criminal Organizations Sanctions Regulations. ❑

4 CYBERATTAQUES

COMMENTAIRE

I. NATURE DES MESURES RESTRICTIVES

– gel des avoirs ;

– restrictions à l'admission.

II. TEXTES DE L'UNION EUROPÉENNE

– décision (PESC) 2019/797 du Conseil du 17 mai 2019 concernant des mesures restrictives contre les cyberattaques qui menacent l'Union ou ses États membres ;

– règlement (UE) 2019/796 du Conseil du 17 mai 2019 concernant des mesures restrictives contre les cyberattaques qui menacent l'Union ou ses États membres.

III. SANCTIONS AMÉRICAINES

A. EXECUTIVE ORDERS

– 13757 – Taking Additional Steps to Address the National Emergency with Respect to Significant Malicious Cyber-Enabled Activities (December 28, 2016);

– 13694 – Blocking the Property of Certain Persons Engaging in Significant Malicious Cyber-Enabled Activities (April 1, 2015).

B. STATUTES

– Information on Countering America's Adversaries Through Sanctions Act ;
– International Emergency Economic Powers Act (IEEPA), 50 U.S.C. §§ 1701-1706;
– National Emergencies Act (NEA), 50 U.S.C. §§ 1601-1651.

C. CODE OF FEDERAL REGULATIONS

31 CFR Part. 578 – Cyber-Related Sanctions Regulations. ❑

5 DIAMANTS BRUTS

COMMENTAIRE

SANCTIONS AMÉRICAINES

I. EXECUTIVE ORDERS

13312 – Executive Order Implementing the Clean Diamond Trade Act (Effective Date – July 30, 2003).

II. STATUTES

– Clean Diamond Trade Act, 19 U.S.C. §§ 3901-3913;
– International Emergency Economic Powers Act (IEEPA), 50 U.S.C. §§ 1701-1706;
– National Emergencies Act (NEA), 50 U.S.C. §§ 1601-1651;
– Section 5 of the United Nations Participation Act of 1945 (UNPA), 22 U.S.C. § 287c.

III. CODE OF FEDERAL REGULATIONS

31 CFR Part. 592 – Rough Diamonds Control Regulations. ❑

6 DROITS DE L'HOMME (GRAVES VIOLATIONS ET ATTEINTES AUX)

COMMENTAIRE

I. NATURE DES MESURES RESTRICTIVES

– gel des avoirs ;
– restriction à l'admission.

II. TEXTES DE L'UNION EUROPÉENNE

– décision (PESC) 2020/1999 du Conseil du 7 décembre 2020 concernant des mesures restrictives en réaction aux graves violations des droits de l'homme et aux graves atteintes à ces droits ;

– règlement (UE) 2020/1998 du Conseil du 7 décembre 2020 concernant des mesures restrictives en réaction aux graves violations des droits de l'homme et aux graves atteintes à ces droits. ❑

7 ÉLECTIONS (INTERFÉRENCE AVEC LES)

COMMENTAIRE

SANCTIONS AMÉRICAINES

I. EXECUTIVE ORDERS

13848 – Imposing Certain Sanctions in the Event of Foreign Interference in a United States Election (September 12, 2018).

II. STATUTES

– International Emergency Economic Powers Act (IEEPA), 50 U.S.C. §§ 1701-1706;
– National Emergencies Act (NEA), 50 U.S.C. §§ 1601-1651.

III. CODE OF FEDERAL REGULATIONS

31 CFR Part. 579 – Foreign Interference in U.S. Elections Sanctions Regulations. ❑

8 MAGNITSKY SANCTIONS

COMMENTAIRE

SANCTIONS AMÉRICAINES

I. EXECUTIVE ORDERS

13818 Blocking the Property of Persons Involved in Serious Human Rights Abuse or Corruption (Effective Date – December 20, 2017).

II. STATUTES

– Sergei Magnitsky Rule of Law Accountability Act of 2012 – Public Law 112-208;
– International Emergency Economic Powers Act (IEEPA), 50 U.S.C. §§ 1701-1706.

III. CODE OF FEDERAL REGULATIONS

– 31 CFR part. 583 - Magnitsky Global Sanctions Regulations;
– 31 CFR part. 584 - Magnitsky Act Sanctions Regulations. ❑

9 STUPÉFIANTS

COMMENTAIRE

SANCTIONS AMÉRICAINES

I. EXECUTIVE ORDERS

– 12978 – Blocking Assets and Prohibiting Transactions With Significant Narcotics Traffickers (Effective Date – October 22, 1995);

– 14059 Imposing Sanctions on Foreign Persons Involved in the Global Illicit Drug Trade (Effective Date – December 15, 2021).

II. STATUTES

– Comprehensive Addiction and Recovery Act of 2016, Pub. L. 114-198 § 801, 130 Stat. 755 (Jul. 22, 2016) ;
– Foreign Narcotics Kingpin Designation Act, 21 U.S.C. §§ 1901-1908;
– Fentanyl Sanctions Act, 21 U.S.C. §§ 1790-1064;
– International Emergency Economic Powers Act (IEEPA), 50 U.S.C.§§ 1701-1706 ;
– National Emergencies Act (NEA), 50 U.S.C. §§ 1601-1651.

III. CODE OF FEDERAL REGULATIONS

- 31 CFR Part. 598 – Foreign Narcotics Kingpin Sanctions Regulations;
- 31 CFR Part. 536 – Narcotics Trafficking Sanctions Regulations.

10 TALIBANS/AFGHANISTAN

COMMENTAIRE

I. NATURE DES MESURES RESTRICTIVES

- gel des avoirs ;
- restrictions à l'admission ;
- embargo militaire.

II. RÉSOLUTIONS DE L'ONU

- résolution 1988 (2011) n° S/RES/1988 (2011) ;
- résolution 1989 (2011) n° S/RES/1989 (2011) ;
- résolution 1267 (1999) n° S/RES/1267 (1999) ;
- résolution 2255 (2015) n° S/RES/2255 (2015) ;
- résolution 2501 (2019) n° S/RES/2501 (2019) ;
- résolution 2557 (2020) n° S/RES/2557 (2020) ;
- résolution 2615 (2021) n° S/RES/2615 (2021).

Comité du Conseil de sécurité mis en place conformément à la résolution 1988 (2011).

III. TEXTES DE L'UNION EUROPÉENNE

– décision 2011/486/PESC du Conseil du 1er août 2011 concernant des mesures restrictives instituées à l'encontre de certaines personnes, et de certains groupes, entreprises et entités au regard de la situation en Afghanistan ;

– règlement (UE) n° 753/2011 du Conseil du 1er août 2011 concernant des mesures restrictives instituées à l'encontre de certains groupes et de certaines personnes, entreprises ou entités au regard de la situation en Afghanistan.

IV. SANCTIONS AMÉRICAINES

A. EXECUTIVE ORDERS

14064 Protecting Certain Property of Da Afghanistan Bank for the Benefit of the People of Afghanistan (February 11, 2022).

B. STATUTES

- International Emergency Economic Powers Act (IEEPA), 50 U.S.C. §§ 1701-1706;
- National Emergencies Act (NEA), 50 U.S.C. §§ 1601-1651.

V. EXTENSION DES MESURES INTERNATIONALES ET EUROPÉENNES DANS LES COLLECTIVITÉS D'OUTRE-MER

Arrêté du 1er février 2021 portant application des articles L. 713-16, L. 745-13, L. 755-13 et L. 765-13 du code monétaire et financier en matière de gel des avoirs à Saint-Barthélemy, à Saint-Pierre-et-Miquelon, en Nouvelle-Calédonie, en Polynésie française et dans les îles Wallis-et-Futuna.

11 TERRORISME

COMMENTAIRE

I. NATURE DES MESURES RESTRICTIVES

Gel des avoirs.

II. RÉSOLUTIONS DE L'ONU

Résolution 1373 (2001) S/RES/1372 (2001).

III. TEXTES DE L'UNION EUROPÉENNE

– position commune du Conseil du 27 décembre 2001 relative à l'application de mesures spécifiques en vue de lutter contre le terrorisme ;

– règlement (CE) n° 2580/2001 du Conseil du 27 décembre 2001 concernant l'adoption de mesures restrictives spécifiques à l'encontre de certaines personnes et entités dans le cadre de la lutte contre le terrorisme.

IV. SANCTIONS AMÉRICAINES

A. EXECUTIVE ORDERS

– 13886 – Modernizing Sanctions to Combat Terrorism (September 10, 2019);

– 13372 – Clarification of Certain Executive Orders Blocking Property and Prohibiting Certain Transactions (February 16, 2005);

– 13268 – Termination of Emergency With Respect to the Taliban and Amendment of Executive Order 13224 of September 23, 2001 (July 2, 2002);

– 13224 – Blocking Property and Prohibiting Transactions With Persons Who Commit, Threaten to Commit, or Support Terrorism (Effective Date – September 24, 2001);

– 13099 – Prohibiting Transactions With Terrorists Who Threaten to Disrupt the Middle East Peace Process (Effective Date – August 21, 1998);

– 12947 – Prohibiting Transactions With Terrorists Who Threaten to Disrupt the Middle East Peace Process (January 23, 1995).

B. STATUTES

– Sanctioning the Use of Civilians as Defenseless Shields Act, Public Law No : 115-348;

– Hizballah International Financing Prevention Amendments Act of 2018, Public Law No : 115-272;

– Hizballah International Financing Prevention Act of 2015, Public Law 114-102, 129 Stat. 2205;

– Antiterrorism and Effective Death Penalty Act of 1996 (AEDPA), 8 U.S.C. § 1189, 18 U.S.C. § 2339B ;

– International Emergency Economic Powers Act (IEEPA), 50 U.S.C. §§ 1701-1706;

– National Emergencies Act (NEA), 50 U.S.C.§§ 1601-1651 ;

– Section 5 of the United Nations Participation Act of 1945 (UNPA), 22 U.S.C. § 287c.

C. CODE OF FEDERAL REGULATIONS

– 31 CFR Part. 566 – Hizballah Financial Sanctions Regulations;

– 31 CFR Part. 594 – Global Terrorism Sanctions Regulations;

– 31 CFR Part. 595 – Terrorism Sanctions Regulations;

– 31 CFR Part. 596 – Terrorism List Governments Sanctions Regulations;

– 31 CFR Part. 597 – Foreign Terrorist Organizations Sanctions Regulations.

V. EXTENSION DES MESURES INTERNATIONALES ET EUROPÉENNES DANS LES COLLECTIVITÉS D'OUTRE-MER

Arrêté du 1er février 2021 portant application des articles L. 713-16, L. 745-13, L. 755-13 et L. 765-13 du code monétaire et financier en matière de gel des avoirs à Saint-Barthélemy, à Saint-Pierre-et-Miquelon, en Nouvelle-Calédonie, en Polynésie française et dans les îles Wallis-et-Futuna. ❑

TABLE CHRONOLOGIQUE

NOTA. Avant la table chronologique proprement dite, on trouvera ci-dessous la liste des différents codes reproduits en extraits dans le présent ouvrage.
Les textes reproduits sont suivis d'un renvoi à la rubrique correspondante.
Le picto signale que le texte est accessible intégralement ou partiellement sur le Code en ligne.

— Art. 432-10 *(concussion)*, 432-12 *(prise illégale d'intérêts)*, 432-14 *(favoritisme)*, 432-15 *(détournement de fonds publics)*, 433-1, 435-1, 435-2, 435-4 *(corruption publique)*, 445-1, 445-2 *(corruption privée)*. — V. v° *Corruption*, **p. 1435.**

Code de procédure pénale

— Art. 41-1-2, 41-1-3, 180-2 *(convention judiciaire d'intérêt public)*. — V. v° *Corruption*, **p. 1456.**

— Art. 706-73-1 *(blanchiment)*. — V. v° *Blanchiment*, **p. 499.**

— Art. 764-44. — V. v° *Corruption*, **p. 1484.**

Code du travail

— Art. L. 1121-2, L. 1132-3-3, L. 1152-2, L. 1153-2, R. 8124-22. — V. v° *Lanceur d'alertes*, **p. 2268.**

— Art. L. 4231-1, L. 8222-1, L. 8281-1. — V. v° *Devoir de vigilance et droits humains*, **p. 1996.**

Livre des procédures fiscales

— Art. L. 228 A. — V. v° *Blanchiment*, **p. 586.**

United States Code

— Art. § 1 à § 27 *(monopolies and combinations in restraint of trade)*. — V. v° *Antitrust*, **p. 444.**

— Art. § 52, § 53 *(labor disputes; mediation and injuctive relief)*. — V. v° *Antitrust*, **p. 473.**

— Art. § 1701 à § 1708 *(international emergency economic powers)*. — V. v° *Sanctions économiques et embargos*, **p. 2534.**

— Art. § 2523 *(executive agreements on access to data by foreign governments)*, § 2713 *(preservation of records)*. — V. v° *Loi de blocage et extraterritorialité*, **p. 2425.**

— Art. § 6021 à § 6091 *(Cuban liberty and democratic solidarity)*. — V. v° *Sanctions économiques et embargos*, **p. 2431.**

— Art. § 8801 à § 8811 *(Iran Freedom and Counter-Proliferation)*. — V. v° *Sanctions économiques et embargos*, **p. 2431.**

1890	2 juill.	Sherman Act. — V. v° *Antitrust*, **p. 441.**
1914	26 sept.	Federal Trade Commission Act 🏛. — V. v° *Antitrust*, **p. 447.**
1914	15 oct.	Clayton Act. — V. v° *Antitrust*, **p. 448.**
1919	28 nov.	Convention OIT n° 2. Chômage. — V. v° *Devoir de vigilance et droits humains*, **p. 2186.**
1921	17 nov.	Convention OIT n° 14. Application du repos hebdomadaire dans les établissements industriels. — V. v° *Devoir de vigilance et droits humains*, **p. 2186.**
1922	2 févr.	Convention entre le Royaume-Uni de Grande-Bretagne et d'Irlande et la France. Actes de procédure en matières civile et commerciale 🏛. — V. v° *Loi de blocage et extraterritorialité.*
1925	25 juin	Convention OIT n° 19. Égalité de traitement des travailleurs étrangers et nationaux en matière de réparation des accidents du travail. — V. v° *Devoir de vigilance et droits humains*, **p. 2187.**
1928	16 juin	Convention OIT n° 26. Méthodes de fixation des salaires minima. — V. v° *Devoir de vigilance et droits humains*, **p. 2188.**
1930	28 juin	Convention OIT n° 29. Travail forcé ou obligatoire. — V. v° *Devoir de vigilance et droits humains*, **p. 2189.**

1933	29 juin	Convention OIT n° 35. Assurance-vieillesse obligatoire des salariés des entreprises industrielles et commerciales, des professions libérales, ainsi que des travailleurs à domicile et des gens de maison 🏛. – V. v° *Devoir de vigilance et droits humains.*
1933	29 juin	Convention OIT n° 37. Assurance-invalidité obligatoire des salariés des entreprises industrielles et commerciales, des professions libérales, ainsi que des travailleurs à domicile et des gens de maison 🏛. – V. v° *Devoir de vigilance et droits humains.*
1934	21 juin	Convention OIT n° 42. Réparation des maladies professionnelles. – V. v° *Devoir de vigilance et droits humains*, **p. 2200.**
1934	23 juin	Convention OIT n° 44. Assurant aux chômeurs involontaires des indemnités ou des allocations. – V. v° *Devoir de vigilance et droits humains*, **p. 2201.**
1936	24 juin	Convention OIT n° 52. Congés payés. – V. v° *Devoir de vigilance et droits humains*, **p. 2204.**
1945	26 juin	Charte des Nation unies. – Art. 23 à 32, 39 à 51. – V. v° *Sanctions économiques et embargos*, **p. 2528.**
1948	10 juill.	Convention OIT n° 90. Travail de nuit des enfants dans l'industrie. – V. v° *Devoir de vigilance et droits humains*, **p. 2206.**
1949	1er juill.	Convention OIT n° 95. Protection du salaire. – V. v° *Devoir de vigilance et droits humains*, **p. 2208.**
1951	29 juin	Convention OIT n° 100. Égalité de rémunération entre la main-d'œuvre masculine et la main-d'œuvre féminine pour un travail de valeur égale. – V. v° *Devoir de vigilance et droits humains*, **p. 2211.**
1957	25 juin	Convention OIT n° 105. Abolition du travail forcé. – V. v° *Devoir de vigilance et droits humains*, **p. 2212.**
1958	25 juin	Convention OIT n° 111. Discrimination en matière d'emploi et de profession. – V. v° *Devoir de vigilance et droits humains*, **p. 2212.**
1962	28 juin	Convention OIT n° 118. Égalité de traitement des nationaux et des non-nationaux en matière de sécurité sociale 🏛. – V. v° *Devoir de vigilance et droits humains.*
1964	9 juill.	Convention OIT n° 122. Politique de l'emploi. – V. v° *Devoir de vigilance et droits humains*, **p. 2214.**
1966	16 déc.	Pacte international de l'ONU. Droits économiques, sociaux et culturels. – V. v° *Devoir de vigilance et droits humains*, **p. 2023.**
1968	26 juill.	Loi n° 68-678. Communication de documents et renseignements d'ordre économique, commercial, industriel, financier ou technique à des personnes physiques ou morales étrangères. – V. v° *Loi de blocage et extraterritorialité*, **p. 2362.**

1970	18 mars	Convention de La Haye. Obtention des preuves à l'étranger en matière civile ou commerciale. – V. v° *Loi de blocage et extraterritorialité*, **p. 2413.**
1970	22 juin	Convention OIT n° 131. Fixation des salaires minima. – V. v° *Devoir de vigilance et droits humains*, **p. 2215.**
1973	26 juin	Convention OIT n° 138. Âge minimum d'admission à l'emploi. – V. v° *Devoir de vigilance et droits humains*, **p. 2216.**
1977		The Foreign Corrupt Practices Act (FCPA). – V. v° *Corruption*, **p. 1929.**
1977	nov.	Déclaration de principes tripartite de l'OIT. Sur les entreprises multinationales et la politique sociale. – V. v° *Devoir de vigilance et droits humains*, **p. 2220.**
1979	18 déc.	Convention de l'ONU. Élimination de toutes les formes de discrimination à l'égard des femmes. – V. v° *Devoir de vigilance et droits humains*, **p. 2023.**
1980	27 juin	Recommandation n° R (80) 10 du Conseil de l'Europe. Mesures contre le transfert et la mise à l'abri des capitaux d'origine criminelle. – V. v° *Blanchiment*, **p. 1282.**
1981	23 juin	Convention OIT n° 156. Égalité de chances et de traitement pour les travailleurs des deux sexes : travailleurs ayant des responsabilités familiales. – V. v° *Devoir de vigilance et droits humains*, **p. 2231.**
1982	22 juin	Convention OIT n° 158. Cessation de la relation de travail à l'initiative de l'employeur. – V. v° *Devoir de vigilance et droits humains*, **p. 2232.**
1983	20 juin	Convention OIT n° 159. Réadaptation professionnelle et emploi des personnes handicapées. – V. v° *Devoir de vigilance et droits humains*, **p. 2236.**
1988	20 déc.	Convention des Nations unies (convention de Vienne). Trafic illicite de stupéfiants et de substances psychotropes. – V. v° *Blanchiment*, **p. 1418.**
1990	8 nov.	Convention du Conseil de l'Europe (convention de Strasbourg). Blanchiment, dépistage, saisie et confiscation des produits du crime. – V. v° *Blanchiment*, **p. 1284.**
1994	22 juin	Directive 94/33/CE du Conseil. Protection des jeunes au travail. – V. v° *Devoir de vigilance et droits humains*, **p. 2000.**
1996		Loi Helms-Burton. Cuban Liberty and Democratic Solidarity (Libertad) Act. – V. v° *Sanctions économiques et embargos*, **p. 2596.**
1996		Loi d'Amato-Kennedy. Iran Sanctions Act. – V. v° *Sanctions économiques et embargos*, **p. 2597.**

1996	22 nov.	Règlement (CE) n° 2271/96 du Conseil. Protection contre les effets de l'application extraterritoriale d'une législation adoptée par un pays tiers, ainsi que des actions fondées sur elle ou en découlant. – V. v° *Loi de blocage et extraterritorialité*, **p. 2383.**
1997	26 mai	Convention établie sur la base de l'article K.3, paragraphe 2, point c), du traité sur l'Union européenne. Lutte contre la corruption impliquant des fonctionnaires des Communautés européennes ou des fonctionnaires des États membres de l'Union européenne. – V. v° *Corruption*, **p. 1794.**
1997	9 déc.	Communication de la Commission. Définition du marché en cause aux fins du droit communautaire de la concurrence. – V. v° *Antitrust*.
1997	17 déc.	Convention de l'OCDE. Lutte contre la corruption d'agents publics étrangers dans les transactions commerciales internationales. – V. v° *Corruption*, **p. 1887.**
1998	18 juin	Déclaration OIT. Principes et droits fondamentaux au travail. – V. v° *Devoir de vigilance et droits humains*, **p. 2237.**
1998	10 déc.	Traité. Entraide judiciaire en matière pénale entre la France et les États-Unis d'Amérique. – V. v° *Loi de blocage et extraterritorialité*, **p. 2374.**
1999	27 janv.	Convention pénale du Conseil de l'Europe. Corruption. – V. v° *Corruption*, **p. 1810.**
1999	17 juin	Convention OIT n° 182. Interdiction des pires formes de travail des enfants et action immédiate en vue de leur élimination. – V. v° *Devoir de vigilance et droits humains*, **p. 2238.**
1999	17 juin	Recommandation OIT n° 190. Interdiction des pires formes de travail des enfants et action immédiate en vue de leur élimination. – V. v° *Devoir de vigilance et droits humains*, **p. 2240.**
1999	4 nov.	Convention civile du Conseil de l'Europe. Corruption. – V. v° *Corruption*, **p. 1822.**
1999	9 déc.	Convention internationale (convention de New-York). Répression du financement du terrorisme. – V. v° *Blanchiment*, **p. 1419.**
2000	11 mai	Recommandation n° R(2000)10 du Conseil de l'Europe. Codes de conduite pour les agents publics. – V. v° *Corruption*, **p. 1827.**
2000	29 juin	Directive 2000/43/CE du Conseil. Mise en œuvre du principe de l'égalité de traitement entre les personnes sans distinction de race ou d'origine ethnique. – V. v° *Devoir de vigilance et droits humains*, **p. 2006.**
2000	17 oct.	Décision-cadre n° 2000/642/JAI du Conseil. Modalités de coopération entre les cellules de renseignement financier des États membres en ce qui concerne l'échange d'informations. – V. v° *Blanchiment*, **p. 1201.**

2000	15 nov.	Convention des Nations unies. Criminalité transnationale organisée. – V. v° *Corruption*, **p. 1832.**
2000	7 déc.	Charte des droits fondamentaux de l'Union européenne. – V. v° *Devoir de vigilance et droits humains*, **p. 2009.**
2001	26 juin	Décision-cadre n° 2001/500/JAI du Conseil. Blanchiment d'argent, identification, dépistage, gel ou saisie et confiscation des instruments et des produits du crime. – V. v° *Blanchiment*, **p. 1201.**
2001	28 sept.	Résolution 1373 (2001) du Conseil de sécurité des Nations unies. Menace à la paix et à la sécurité internationales résultant d'actes terroristes. – V. v° *Blanchiment*, **p. 1419.**
2001	27 déc.	Règlement (CE) n° 2580/2001 du Conseil. Adoption de mesures restrictives spécifiques à l'encontre de certaines personnes et entités dans le cadre de la lutte contre le terrorisme. – V. v° *Sanctions économiques et embargos*, **p. 2494.**
2002	16 déc.	Règlement CE n° 1/2003. Mise en œuvre des règles de concurrence prévues aux articles 101 et 102 du traité sur le fonctionnement de l'Union européenne. – V. v° *Antitrust*, **p. 335.**
2003	15 mai	Protocole additionnel du Conseil de l'Europe. A la convention pénale sur la corruption. – V. v° *Corruption*, **p. 1820.**
2003	25 juin	Accord entre l'Union européenne et les États-Unis d'Amérique. Entraide judiciaire. – V. v° *Loi de blocage et extraterritorialité*, **p. 2390.**
2003	22 juill.	Décision-cadre n° 2003/568/JAI du Conseil. Lutte contre la corruption dans le secteur privé. – V. v° *Corruption*, **p. 1799.**
2003	31 oct.	Convention des Nations unies. Corruption (CNUCC/UNCAC). – V. v° *Corruption*, **p. 1855.**
2004	20 janv.	Règlement CE n° 139/2004. Contrôle des opérations de concentration entre entreprises. – V. v° *Antitrust*, **p. 355.**
2004	7 avr.	Règlement CE n° 773/2004. Procédures mises en œuvre par la Commission en application des articles 101 et 102 du traité sur le fonctionnement de l'Union européenne. – V. v° *Antitrust*, **p. 373.**
2004	21 avr.	Règlement CE n° 802/2004. Mise en œuvre du règlement CE n° 139/2004 du Conseil relatif au contrôle des concentrations entre entreprises. – V. v° *Antitrust*, **p. 382.**
2004	27 avr.	Lignes directrices de la Commission européenne. Notion d'affectation du commerce. – V. v° *Antitrust*, **p. 422.**
2004	7 juin	Principes de base du Conseil. Recours aux mesures restrictives (sanctions). – V. v° *Sanctions économiques et embargos*, **p. 2498.**

2004	30 sept.	Instrument. Application du traité d'entraide judiciaire en matière pénale signé le 10 décembre 1998 entre la France et les États-Unis d'Amérique 🏛. – V. v° *Loi de blocage et extraterritorialité*.
2005	16 mai	Convention du Conseil de l'Europe (convention de Varsovie). Blanchiment, dépistage, saisie et confiscation des produits du crime et au financement du terrorisme. – V. v° *Blanchiment*, **p. 1296.**
2006		Financial Instruments and Exchange Act (FIEA). – V. v° *Corruption*, **p. 1945.**
2006	15 juin	Convention OIT n° 187. Cadre promotionnel pour la sécurité et la santé au travail. – V. v° *Devoir de vigilance et droits humains*, **p. 2242.**
2006	5 juill.	Directive 2006/54/CE du Parlement européen et du Conseil. Mise en œuvre du principe de l'égalité des chances et de l'égalité de traitement entre hommes et femmes en matière d'emploi et de travail. – V. v° *Devoir de vigilance et droits humains*, **p. 2010.**
2009	24 févr.	Communication de la Commission. Orientations sur les priorités retenues par la Commission pour l'application de l'article 82 du traité CE aux pratiques d'éviction abusives des entreprises dominantes 🏛. – V. v° *Antitrust*.
2009	2 mars	Communiqué de procédure de l'Autorité de la concurrence. Engagements en matière de concurrence. – V. v° *Antitrust*, **p. 108.**
2009	30 mars	Règlement intérieur de l'Autorité de la concurrence 🏛. – V. v° *Antitrust*.
2009	30 mars	Charte déontologique de l'Autorité de la concurrence 🏛. – V. v° *Antitrust*.
2009	25 mai	Recommandation du Conseil de l'OCDE. Mesures fiscales visant à renforcer la lutte contre la corruption d'agents publics étrangers dans les transactions commerciales internationales. – V. v° *Corruption*, **p. 1893.**
2010		Bribery Act (UKBA). – V. v° *Corruption*, **p. 1946.**
2010	29 avr.	Résolution 1729 (2010) du Conseil de l'Europe. Protection des donneurs d'alerte. – V. v° *Lanceur d'alertes*, **p. 2334.**
2011		Principes directeurs de l'OCDE à l'intention des entreprises multinationales : – Lutte contre la corruption, la sollicitation de pots-de-vin et d'autres formes d'extorsion. – V. v° *Corruption*, **p. 1894.** – Recommandations pour une conduite responsable des entreprises dans le contexte international. – V. v° *Devoir de vigilance et droits humains*, **p. 1897.**

2011		Principes directeurs de l'ONU relatifs aux entreprises et aux droits de l'homme. Mise en œuvre du cadre de référence « protéger, respecter et réparer » des Nations unies. – V. v° *Devoir de vigilance et droits humains*, **p. 2031.**
2011	14 janv.	Lignes directrices de la Commission européenne. Applicabilité de l'article 101 du traité sur le fonctionnement de l'Union européenne aux accords de coopération horizontale. – V. v° *Antitrust.*
2011	29 mars	Loi organique n° 2011-333. Défenseur des droits. – Art. 4, 35-1. – V. v° *Lanceur d'alertes*, **p. 2264.**
2011	13 oct.	Décision du Président de la Commission européenne. Fonction et mandat du conseiller-auditeur dans certaines procédures de concurrence. – V. v° *Antitrust.*
2011	20 oct.	Communication de la Commission. Bonnes pratiques relatives aux procédures d'application des articles 101 et 102 du TFUE. – V. v° *Antitrust*, **p. 422.**
2012		Guide interprétatif de l'ONU. Responsabilité des entreprises de respecter les droits de l'homme. – V. v° *Devoir de vigilance et droits humains*, **p. 2038.**
2012		Loi Menendez-Kirk. Iran Freedom and Counter-Proliferation Act (IFCPA). – V. v° *Sanctions économiques et embargos.*
2012	févr.	Notes interprétatives des recommandations du GAFI. – V. v° *Blanchiment*, **p. 1355.**
2012	15 févr.	Recommandations du GAFI. Lutte contre le blanchiment de capitaux et le financement du terrorisme et de la prolifération. – V. v° *Blanchiment*, **p. 1322.**
2012	avr.	Position ACP n° 2012-P-01. Mise en œuvre des mesures de vigilance de lutte contre le blanchiment des capitaux et le financement du terrorisme par des prestataires de services de paiement pour le service de transmission de fonds. – V. v° *Blanchiment*, **p. 728.**
2012	déc.	Lignes directrices conjointes CSOEC-TRACFIN. Déclaration de soupçon. – V. v° *Blanchiment*, **p. 928.**
2013	févr.	Méthodologie GAFI. Évaluation de la conformité technique aux recommandations du GAFI et de l'efficacité des systèmes de LBC/FT. – V. v° *Blanchiment*, **p. 1411.**
2013	17 avr.	Observation générale n° 16 (2013) du Comité des droits de l'enfant des Nations unies. Obligations des États concernant les incidences du secteur des entreprises sur les droits de l'enfant. – V. v° *Devoir de vigilance et droits humains.*
2013	26 juin	Directive 2013/34/UE. États financiers annuels, états financiers consolidés et rapports y afférents de certaines formes d'entreprises. – V. v° *Devoir de vigilance et droits humains*, **p. 2018.**

2013	11 oct.	Loi n° 2013-907. Transparence de la vie publique. – Art. 18-1 à 18-10. – V. v° *Corruption*, **p. 1466.**
2014	29 janv.	Position ACPR n° 2014-P-01. Opérations sur Bitcoins en France. – V. v° *Blanchiment*, **p. 730.**
2014	30 avr.	Recommandation CM/Rec(2014)7 du Conseil de l'Europe. Protection des lanceurs d'alerte. – V. v° *Lanceur d'alertes*, **p. 2336.**
2014	11 juin	Protocole OIT n° 29. Travail forcé. – V. v° *Devoir de vigilance et droits humains*, **p. 2195.**
2014	11 juin	Recommandation OIT n° 203. Mesures complémentaires en vue de la suppression effective du travail forcé. – V. v° *Devoir de vigilance et droits humains*, **p. 2196.**
2014	1er sept.	Guide de bonne conduite de la DG Trésor. Mise en œuvre des sanctions économiques et financières. – V. v° *Sanctions économiques et embargos*, **p. 2445.**
2014	22 oct.	Directive 2014/95/UE. Modification de la directive 2013/34/UE en ce qui concerne la publication d'informations non financières et d'informations relatives à la diversité par certaines grandes entreprises et certains groupes. – V. Dir. mod., art. 19 *bis*, 20, 29 *bis*, 33, 34, 48, v° *Devoir de vigilance et droits humains*, **p. 2018.**
2015	févr.	Principes d'application sectoriels ACPR. Lutte contre le blanchiment de capitaux et le financement du terrorisme pour le secteur des assurances 🏛. – V. v° *Blanchiment*.
2015	3 avr.	Communiqué de procédure de l'Autorité de la concurrence. Programme de clémence français. – V. v° *Antitrust*, **p. 116.**
2015	20 mai	Règlement (UE) 2015/847 du Parlement européen et du Conseil. Informations accompagnant les transferts de fonds 🏛. – V. v° *Blanchiment*, **p. 1203.**
2015	20 mai	Directive (UE) 2015/849 du Parlement européen et du Conseil. Prévention de l'utilisation du système financier aux fins du blanchiment de capitaux ou du financement du terrorisme. – V. v° *Blanchiment*, **p. 1204.**
2015	23 juin	Résolution 2060 (2015) du Conseil de l'Europe. Amélioration de la protection des donneurs d'alerte. – V. v° *Lanceur d'alertes*, **p. 2357.**
2016		Traité sur l'Union européenne. – Art. 3, 21, 24, 25, 29. – V. v° *Sanctions économiques et embargos*, **p. 2490.**
2016		Traité sur le fonctionnement de l'Union européenne : – Art. 75, 215, 288. – V. v° *Sanctions économiques et embargos*, **p. 2493.** – Art. 101 à 106. – V. v° *Antitrust*, **p. 331.**

2016	juin	Lignes directrices conjointes DG Trésor-ACPR. Mise en œuvre des mesures de gel des avoirs. – V. v° *Blanchiment*, **p. 730.**
2016	juin	Principes d'application sectoriels ACPR. Obligations de lutte contre le blanchiment de capitaux et le financement du terrorisme dans le cadre du droit au compte. – V. v° *Blanchiment*.
2016	14 juill.	Règlement délégué (UE) 2016/1675 de la Commission. Recensement des pays tiers à haut risque présentant des carences stratégiques. – V. v° *Blanchiment*, **p. 1219.**
2016	16 nov.	Recommandation du Conseil de l'OCDE. A l'intention des acteurs de la coopération pour le développement sur la gestion du risque de corruption. – V. v° *Corruption*, **p. 1897.**
2016	9 déc.	Loi organique n° 2016-1690. Compétence du Défenseur des droits pour l'orientation et la protection des lanceurs d'alerte. – V. L. org. n° 2011-333 du 29 mars 2011, art. 4, v° *Lanceur d'alertes*, **p. 2264.**
2016	9 déc.	Loi n° 2016-1691. Transparence, lutte contre la corruption et modernisation de la vie économique : – Art. 1er à 5, 17. – V. v° *Corruption*, **p. 1469.** – Art. 6, 8, 9, 12, 13. – V. v° *Lanceur d'alertes*, **p. 2251.**
2017	14 mars	Décret n° 2017-329. Agence française anticorruption. – V. v° *Corruption*, **p. 1485.**
2017	19 avr.	Décret n° 2017-564. Procédures de recueil des signalements émis par les lanceurs d'alerte au sein des personnes morales de droit public ou de droit privé ou des administrations de l'État. – V. v° *Lanceur d'alertes*, **p. 2273.**
2017	9 mai	Décret n° 2017-867. Répertoire numérique des représentants d'intérêts. – V. v° *Corruption*, **p. 1488.**
2017	26 juin	Instruction ACPR n° 2017-I-11. Informations sur le dispositif de prévention du blanchiment de capitaux et du financement des activités terroristes. – V. v° *Blanchiment*, **p. 763.**
2017	juill.	Guide du Défenseur des droits. Orientation et protection des lanceurs d'alerte. – V. v° *Lanceur d'alertes*, **p. 2276.**
2017	4 juill.	Arrêté. Liste de fourchettes prévue au 6° de l'article 3 du décret n° 2017-867 du 9 mai 2017 relatif au répertoire numérique des représentants d'intérêts. – V. v° *Corruption*, **p. 1494.**
2017	5 juill.	Directive (UE) 2017/1371 du Parlement européen et du Conseil. Lutte contre la fraude portant atteinte aux intérêts financiers de l'Union au moyen du droit pénal. – V. v° *Corruption*, **p. 1801.**
2017	19 oct.	Communiqué de l'Autorité de la concurrence. Procédure de transaction et programmes de conformité. – V. v° *Antitrust*, **p. 124.**

2017	20 déc.	Délibération HATVP n° 2017-236. Création du téléservice AGORA. – V. v° *Corruption*.
2018		Guide OCDE. Devoir de diligence pour une conduite responsable des entreprises. – V. v° *Devoir de vigilance et droits humains*, **p. 2128.**
2018	31 janv.	Circulaire n° NOR : JUSD1802971C. Présentation et mise en œuvre des dispositions pénales prévues par la loi n° 2016-1691 du 9 décembre 2016 relative à la transparence, à la lutte contre la corruption et à la modernisation de la vie économique. – V. v° *Corruption*, **p. 1495.**
2018	févr.	Avis ACPR de mise en conformité. Aux orientations des autorités européennes de surveillance (AES) relatives aux mesures que les prestataires de services de paiement doivent prendre pour détecter des informations manquantes ou incomplètes sur le donneur d'ordre ou le bénéficiaire, ainsi que les procédures devant être mises en place pour gérer un transfert de fonds qui n'est pas accompagné des informations requises. – V. v° *Blanchiment*.
2018	6 févr.	Cloud Act. Clarifying Lawful Overseas Use of Data Act. – V. v° *Loi de blocage et extraterritorialité*, **p. 2421.**
2018	avr.	Lignes directrices ACPR. Personnes politiquement exposées (PPE). – V. v° *Blanchiment*, **p. 767.**
2018	23 avr.	Communication COM(2018)214 de la Commission au Parlement européen, au Conseil et au Comité économique et social européen. Renforcer la protection des lanceurs d'alerte au niveau de l'UE. – V. v° *Lanceur d'alertes*.
2018	26 avr.	Déclaration finale de la conférence internationale « No Money for Terror ». Lutte contre le financement du terrorisme. – V. v° *Blanchiment*, **p. 1423.**
2018	4 mai	Lignes directrices du Conseil. Mise en œuvre et évaluation de mesures restrictives (sanctions) dans le cadre de la politique étrangère et de sécurité commune de l'UE. – V. v° *Sanctions économiques et embargos*, **p. 2499.**
2018	4 mai	Meilleures pratiques de l'UE. Mise en œuvre effective de mesures restrictives. – V. v° *Sanctions économiques et embargos*.
2018	juin	Principes d'application sectoriels ACPR. Correspondance bancaire. – V. v° *Blanchiment*, **p. 774.**
2018	19 juill.	Circulaire n° NOR : CPAF1800656C. Procédure de signalement des alertes émises par les agents publics dans le cadre des articles 6 à 15 de la loi n° 2016-1691 du 9 décembre 2016 relative à la transparence, à la lutte contre la corruption et à la modernisation de la vie économique, et garanties et protections qui leur sont accordées dans la fonction publique. – V. v° *Lanceur d'alertes*, **p. 2284.**

2018	3 août	Règlement d'exécution (UE) 2018/1101 de la Commission. Critères pour l'application de l'article 5, deuxième alinéa, du règlement (CE) n° 2271/96 du Conseil portant protection contre les effets de l'application extraterritoriale d'une législation adoptée par un pays tiers, ainsi que des actions fondées sur elle ou en découlant. – V. v° *Loi de blocage et extraterritorialité*, **p. 2398.**
2018	sept.	Lignes directrices conjointes CNAJMA-TRACFIN. Lutte contre le blanchiment et le financement du terrorisme des professions d'administrateur judiciaire et de mandataire judiciaire. – V. v° *Blanchiment*, **p. 939.**
2018	sept.	Lignes directrices conjointes CNHJ-TRACFIN. Obligations relatives à la lutte contre le blanchiment de capitaux et le financement du terrorisme des huissiers de justice. – V. v° *Blanchiment*, **p. 941.**
2018	sept.	Charte AFA. Appui aux acteurs économiques. – V. v° *Corruption*, **p. 1521.**
2018	oct.	Lignes directrices conjointes ACPR-TRACFIN. Obligations de déclaration et d'information à TRACFIN. – V. v° *Blanchiment*, **p. 968.**
2018	oct.	Lignes directrices HATVP. Répertoire des représentants d'intérêts. – V. v° *Corruption*, **p. 1759.**
2018	23 oct.	Directive (UE) 2018/1673 du Parlement européen et du Conseil. Lutte contre le blanchiment de capitaux au moyen du droit pénal. – V. v° *Blanchiment*, **p. 1260.**
2018	nov.	Lignes directrices conjointes DGCCRF-TRACFIN. Mise en œuvre par les professionnels de l'immobilier, de leurs obligations en matière de lutte contre le blanchiment de capitaux et le financement du terrorisme. – V. v° *Blanchiment*, **p. 1008.**
2018	11 déc.	Directive (UE) 2019/1 du Parlement européen et du Conseil. Visant à doter les autorités de concurrence des États membres des moyens de mettre en œuvre plus efficacement les règles de concurrence et à garantir le bon fonctionnement du marché intérieur. – V. v° *Antitrust*, **p. 423.**
2018	21 déc.	Communiqué de procédure de l'Autorité de la concurrence. Procédure de transaction. – V. v° *Antitrust*, **p. 125.**
2019	janv.	Charte AFA. Accompagnement des acteurs publics. – V. v° *Corruption*, **p. 1527.**
2019	31 janv.	Règlement délégué (UE) 2019/758. Normes techniques de réglementation précisant les actions que doivent au minimum engager les établissements de crédit et les établissements financiers et le type de mesures supplémentaires qu'ils doivent prendre pour atténuer les risques de blanchiment de capitaux et de financement du terrorisme dans certains pays tiers. – V. v° *Blanchiment*.

2019	13 mars	Recommandation du Conseil de l'OCDE. Corruption et crédits à l'exportation bénéficiant d'un soutien public. – V. v° *Corruption*, **p. 1903.**
2019	28 mars	Résolution 2462 (2019) du Conseil de sécurité des Nations unies. Prévention et lutte contre le financement du terrorisme. – V. v° *Blanchiment*, **p. 1424.**
2019	avr.	Guide pratique AFA. Convention judiciaire d'intérêt public. – V. v° *Corruption*, **p. 1536.**
2019	avr.	Guide pratique AFA. Opérations de contrôle de l'exécution des mesures judiciaires. – V. v° *Corruption*, **p. 1552.**
2019	avr.	Fiche AFA. Périmètre des contrôles prévus au III de l'article 17 de la loi n° 2016-1691 du 9 décembre 2016. – V. v° *Corruption*, **p. 1558.**
2019	mai	Framework for OFAC Compliance Commitments. – V. v° *Sanctions économiques et embargos*, **p. 2589.**
2019	juin	Lignes directrices conjointes DGCCRF-TRACFIN. Obligations relatives à la lutte contre le blanchiment de capitaux et le financement du terrorisme des personnes exerçant l'activité de domiciliation. – V. v° *Blanchiment*, **p. 1035.**
2019	juin	Lignes directrices communes AFA-PRF. Mise en œuvre de la convention judiciaire d'intérêt public. – V. v° *Corruption*, **p. 1571.**
2019	20 juin	Directive (UE) 2019/1153 du Parlement européen et du Conseil. Règles facilitant l'utilisation d'informations financières et d'une autre nature aux fins de la prévention ou de la détection de certaines infractions pénales, ou des enquêtes ou des poursuites en la matière. – V. v° *Blanchiment*, **p. 1269.**
2019	21 juin	Convention OIT n° 190. Élimination de la violence et du harcèlement dans le monde du travail. – V. v° *Devoir de vigilance et droits humains*, **p. 2245.**
2019	juill.	Lignes directrices DOJ. Evaluation of Corporate Compliance Programs in Criminal Antitrust Investigations. – V. v° *Antitrust*, **p. 474.**
2019	18 juill.	Délibération CNIL n° 2019-139. Adoption d'un référentiel relatif aux traitements de données à caractère personnel destinés à la mise en œuvre d'un dispositif d'alertes professionnelles. – V. v° *Lanceur d'alertes*, **p. 2297.**
2019	24 juill.	Rapport COM 2019 (370). Évaluation des risques de blanchiment de capitaux et de financement du terrorisme pesant sur le marché intérieur et liés aux activités transfrontières 🏛. – V. v° *Blanchiment*, **p. 1278.**
2019	sept.	Bilan ACPR sur les actions de contrôle. Dispositif LCB-FT des acteurs de la transmission de fonds 🏛. – V. v° *Blanchiment*.

2019	sept.	Bilan ACPR sur les actions de contrôle. Pilotage consolidé du dispositif de LCB-FT des groupes bancaires et assurantiels. — V. v° *Blanchiment*.
2019	sept.	Rapport COLB. Analyse nationale des risques de blanchiment de capitaux et de financement du terrorisme en France. — V. v° *Blanchiment*, **p. 927.**
2019	23 oct.	Directive (UE) 2019/1937 du Parlement européen et du Conseil. Protection des personnes qui signalent des violations du droit de l'Union. — V. v° *Lanceur d'alertes*, **p. 2313.**
2019	29 nov.	Position AMF n° 2019-14. Orientations sur les facteurs de risque. — V. v° *Blanchiment*, **p. 869.**
2019	29 nov.	Position-Recommandation AMF n° 2019-15. Lignes directrices sur l'approche par les risques en matière de lutte contre le blanchiment de capitaux et le financement du terrorisme. — V. v° *Blanchiment*, **p. 870.**
2019	29 nov.	Position-Recommandation AMF n° 2019-16. Lignes directrices sur les obligations de vigilance à l'égard des clients et de leurs bénéficiaires effectifs. — V. v° *Blanchiment*, **p. 879.**
2019	29 nov.	Position AMF n° 2019-17. Lignes directrices sur la notion de personne politiquement exposée. — V. v° *Blanchiment*, **p. 909.**
2019	29 nov.	Position AMF n° 2019-18. Lignes directrices sur l'obligation de déclaration à TRACFIN. — V. v° *Blanchiment*, **p. 915.**
2019	déc.	Guide pratique AFA. Fonction conformité anticorruption dans l'entreprise. — V. v° *Corruption*, **p. 1583.**
2019	déc.	Lignes directrices conjointes ARJEL-TRACFIN. Obligations relatives à la lutte contre le blanchiment de capitaux et le financement du terrorisme des opérateurs agréés. — V. v° *Blanchiment*, **p. 1035.**
2020	12 févr.	Ordonnance n° 2020-115. Renforcement du dispositif national de lutte contre le blanchiment de capitaux et le financement du terrorisme. — Ratifiée par L. n° 2020-1508 du 3 déc. 2020, art. 26-III. — V. C. mon. fin., art. L. 561-2, L. 561-2-1, L. 561-3, L. 561-4, L. 561-4-1, L. 561-7 à L. 561-10, L. 561-10-3, L. 561-11 à L. 561-13, L. 561-17, L. 561-19 à L. 561-22-1, L. 561-24, L. 561-25, L. 561-27, L. 561-29, L. 561-29-1, L. 561-31, L. 561-32, L. 561-33, L. 561-36 à L. 561-36-4, L. 561-37, L. 561-38, L. 561-45-1 à L. 561-49, L. 562-12, L. 574-1, L. 574-4 à L. 574-6, v° *Blanchiment*, **p. 509.**
2020	12 févr.	Décret n° 2020-118. Renforcement du dispositif national de lutte contre le blanchiment de capitaux et le financement du terrorisme. — V. C. mon. fin., art. R. 561-4 à R. 561-10, R. 561-12 à R. 561-15, R. 561-16-1, R. 561-16-2, R. 561-18 à R. 561-20-1, R. 561-20-3 à R. 561-21, R. 561-22-1 à R. 561-23, R. 561-36, R. 561-38-4, R. 561-38-5, R. 561-38-7, R. 561-38-8, R. 561-39, R. 561-40, R. 561-41-1, R. 561-55 à R. 561-59, R. 561-62 à R. 561-64, R. 562-1, v° *Blanchiment*, **p. 648.**

2020	12 févr.	Décret n° 2020-119. Renforcement du dispositif national de lutte contre le blanchiment de capitaux et le financement du terrorisme. – Art. 1er à 3, 6 à 8. – V. C. mon. fin., art. L. 561-47 (note), D. 561-10-2, D. 561-32-1, D. 561-34, D. 561-51 à D. 561-53, v° *Blanchiment*, **p. 620.**
2020	2 mars	Lignes directrices ACPR. Lutte contre le blanchiment et le financement du terrorisme dans le domaine de la gestion de fortune. – V. v° *Blanchiment*, **p. 789.**
2020	2 mars	Lignes directrices ACPR. Pilotage consolidé du dispositif de LCB-FT des groupes. – V. v° *Blanchiment*, **p. 797.**
2020	juin	Lignes directrices DOJ. Evaluation of Corporate Compliance Programs. – V. v° *Corruption*, **p. 1955.**
2020	juin	Guide AFA. Maîtriser le risque de corruption dans le cycle de l'achat public (non reproduit). – V. v° *Corruption*, **p. 1595.**
2020	2 juin	Circulaire n° NOR : JUSD2007407C. Politique pénale en matière de lutte contre la corruption internationale. – V. v° *Corruption*, **p. 1510.**
2020	18 juin	Règlement (UE) 2020/852. Établissement d'un cadre visant à favoriser les investissements durables. – V. v° *Devoir de vigilance et droits humains.*
2020	23 juin	Arrêté. Modalités de transmission à l'INPI des informations relatives aux bénéficiaires effectifs mentionnés au premier alinéa de l'article L. 561-46 du code monétaire et financier. – Art. 3. – V. C. mon. fin., art. L. 561-47 (note), v° *Blanchiment*, **p. 620.**
2020	juill.	Guide AMF. Gel des avoirs. – V. v° *Sanctions économiques et embargos*, **p. 2475.**
2020	23 juill.	Lignes directrices de l'Autorité de la concurrence. Contrôle des concentrations. – V. v° *Antitrust*, **p. 130.**
2020	sept.	Guide pratique AFA. Politique cadeaux et invitations dans les entreprises, les EPIC, les associations et les fondations. – V. v° *Corruption*, **p. 1595.**
2020	16 sept.	Ordonnance n° 2020-1142. Création, au sein du code de commerce, d'un chapitre relatif aux sociétés dont les titres sont admis aux négociations sur un marché réglementé ou sur un système multilatéral de négociation. – Art. 3, 6. – V. C. com., art. L. 225-102-1, L. 225-102-3, L. 22-10-36, L. 22-10-37, v° *Devoir de vigilance et droits humains*, **p. 1980.**
2020	19 oct.	Décision. Modification du règlement intérieur de l'Autorité de la concurrence. – V. Règl. du 30 mars 2009, art. 57 à 66, v° *Antitrust.*
2020	nov.	Lignes directrices conjointes DGDDI-TRACFIN. Mise en œuvre, par les personnes qui négocient des œuvres d'art et des antiquités ou agissent en qualité d'intermédiaires dans le commerce des œuvres d'art et d'antiquités visées à l'article L. 561-2 10° du code monétaire et financier, de leurs obligations en matière de lutte contre le blanchiment de capitaux et le financement du terrorisme. – V. v° *Blanchiment*, **p. 1086.**

2020	4 nov.	Ordonnance n° 2020-1342. Renforcement du dispositif de gel des avoirs et d'interdiction de mise à disposition : – Art. 1er à 5. – V. C. mon. fin., art. L. 561-2, L. 561-36, L. 561-36-2, L. 561-36-3, L. 561-37, L. 561-38, L. 562-3, L. 562-3-1, L. 562-4 à L. 562-9, L. 562-11, L. 562-12, L. 574-3, v° *Blanchiment*, **p. 509**. – Art. 12. – V. C. douanes, art. 459, v° *Blanchiment*, **p. 703**.
2020	4 nov.	Décret n° 2020-1349. Modalités de régulation de l'Autorité nationale des jeux. – Art. 43. – V. C. mon. fin., art. D. 561-53, v° *Blanchiment*, **p. 692.**
2020	25 nov.	Règlement (UE) 2020/1783. Coopération entre les juridictions des États membres dans le domaine de l'obtention des preuves en matière civile ou commerciale (obtention des preuves). – V. v° *Loi de blocage et extraterritorialité*, **p. 2400.**
2020	3 déc.	Loi n° 2020-1508. Diverses dispositions d'adaptation au droit de l'Union européenne en matière économique et financière. – Art. 37. – V. C. com., art. L. 420-2-1, L. 464-2, L. 464-5, L. 464-8, L. 464-9, v° *Antitrust*, **p. 30.**
2020	7 déc.	Arrêté. Agrément des normes professionnelles relatives aux obligations de la profession d'expertise comptable en matière de lutte contre le blanchiment de capitaux et le financement du terrorisme. – V. v° *Blanchiment*, **p. 712.**
2020	9 déc.	Ordonnance n° 2020-1544. Renforcement du cadre de la lutte contre le blanchiment de capitaux et le financement du terrorisme applicable aux actifs numériques. – Art. 4. – V. C. mon. fin., art. L. 561-2, L. 561-7, L. 561-14, L. 561-20, v° *Blanchiment*, **p. 509.**
2020	24 déc.	Loi n° 2020-1672. Parquet européen, justice environnementale et justice pénale spécialisée : – Art. 14, 15. – V. C. pr. pén., art. 41-1-2, 41-1-3, 180-2, v° *Corruption*, **p. 1456**. – Art. 30. – V. C. douanes, art. 415-1, v° *Blanchiment*, **p. 702** ; C. pén., art. 432-15, 433-1, 435-1, v° *Corruption*, **p. 1443**.
2020	29 déc.	Décret n° 2020-1742. Création, au sein du code de commerce, d'un chapitre relatif aux sociétés dont les titres sont admis aux négociations sur un marché réglementé ou sur un système multilatéral de négociation. – Art. 5. – V. C. com., art. R. 225-104, R. 225-105, v° *Devoir de vigilance et droits humains*, **p. 1992.**
2020	déc.	Recommandations AFA. Aide aux personnes morales de droit public et de droit privé pour prévenir et détecter les faits de corruption, de trafic d'influence, de concussion, de prise illégale d'intérêt, de détournement de fonds publics et de favoritisme. – V. v° *Corruption*, **p. 1601.**

2021	6 janv.	Arrêté. Dispositif et contrôle interne en matière de lutte contre le blanchiment de capitaux et le financement du terrorisme et de gel des avoirs et d'interdiction de mise à disposition ou d'utilisation des fonds ou ressources économiques : – Art. 1er à 35. – V. v° *Blanchiment*, **p. 713**. – Art. 29, 31. – V. Arr. du 10 sept. 2009, art. 4, 5, 11-1, v° *Blanchiment*, **p. 523**. – Art. 30, 32. – V. Arr. du 21 déc. 2018, art. 5-1, annexes I et II, v° *Blanchiment*.
2021	1er févr.	Arrêté. Application des articles L. 562-3-1 et suivants du code monétaire et financier en matière de gel des avoirs sans délai. – V. ss. C. mon. fin., art. L. 562-3-1, v° *Blanchiment*, **p. 634.**
2021	25 févr.	Arrêté. Modification de l'arrêté du 6 janvier 2021 relatif au dispositif et au contrôle interne en matière de lutte contre le blanchiment de capitaux et le financement du terrorisme et de gel des avoirs et d'interdiction de mise à disposition ou d'utilisation des fonds ou ressources économiques. – V. Arr. mod., art. 15, 17, 34, v° *Blanchiment*, **p. 719.**
2021	mars	Guide pratique AFA. Vérifications anticorruption dans le cadre des fusions-acquisitions. – V. v° *Corruption*, **p. 1669.**
2021	1er mars	Règlement d'exécution (UE) 2021/369. Spécifications techniques et procédures nécessaires au système d'interconnexion des registres centraux visé par la directive (UE) 2015/849. – V. v° *Blanchiment*.
2021	1er mars	Orientations communes des Autorités européennes de surveillance sur les facteurs de risque. Mesures de vigilance à l'égard de la clientèle et facteurs que les établissements de crédit et les établissements financiers devraient prendre en considération lorsqu'ils évaluent les risques de blanchiment de capitaux et de financement du terrorisme associés aux relations d'affaires individuelles et aux transactions conclues à titre occasionnel. – V. v° *Blanchiment*, **p. 1281.**
2021	28 mars	Arrêté. Certification de conformité des services d'entrée en relation d'affaires à distance. – V. ss. C. mon. fin., art. R. 561-5-2, v° *Blanchiment*, **p. 650.**
2021	1er avr.	Décret n° 2021-375. Modification des missions et de l'organisation du service à compétence nationale TRACFIN. – V. C. mon. fin., art. D. 561-33 à D. 561-34-1, v° *Blanchiment*, **p. 678.**
2021	1er avr.	Arrêté. Fonctions du conseiller juridique du service à compétence nationale TRACFIN. – V. ss. C. mon. fin., art. D. 561-34, v° *Blanchiment*, **p. 678.**
2021	2 avr.	Décret n° 2021-387. Lutte contre l'anonymat des actifs virtuels et renforcement du dispositif national de lutte contre le blanchiment de capitaux et le financement du terrorisme. – Art. 1er à 3. – V. C. mon. fin., art. R. 561-5-1, R. 561-10, R. 561-16-1, R. 561-22-2, R. 561-28, R. 561-39 à R. 561-40, R. 561-41, R. 562-1, R. 562-3, R. 562-6, R. 562-7, v° *Blanchiment*, **p. 649.**

2021	15 avr.	Décret n° 2021-446. Renforcement du cadre de lutte contre le blanchiment de capitaux et le financement du terrorisme. – Art. 2. – V. C. mon. fin., art. D. 561-53, v° *Blanchiment*, **p. 692.**
2021	10 mai	Décret n° 2021-568. Procédure d'exonération totale ou partielle des sanctions pécuniaires prévue au IV de l'article L. 464-2 du code de commerce. – V. C. com., art. R. 464-5 à R. 464-5-5, v° *Antitrust*, **p. 94.**
2021	26 mai	Ordonnance n° 2021-649. Transposition de la directive (UE) 2019/1 du Parlement européen et du Conseil du 11 décembre 2018 visant à doter les autorités de concurrence des États membres des moyens de mettre en œuvre plus efficacement les règles de concurrence et à garantir le bon fonctionnement du marché intérieur. – Art. 2. – V. C. com., art. L. 420-6, L. 420-6-1, L. 464-1, L. 464-2, L. 464-8-2, L. 464-10, v° *Antitrust*, **p. 34.**
2021	27 mai	Décret n° 2021-669. Diverses mesures relatives aux sociétés, mutuelles et unions à mission, aux institutions de prévoyance et aux fonds de pérennité. – Art. 1er. – V. C. com., art. R. 210-21, v° *Devoir de vigilance et droits humains*, **p. 1978.**
2021	27 mai	Arrêté. Modalités selon lesquelles l'organisme tiers indépendant chargé de vérifier l'exécution par les sociétés, mutuelles et unions à mission de leurs objectifs sociaux et environnementaux accomplit sa mission. – Art. 1er. – V. C. com., art. A. 210-1, A. 210-2, v° *Devoir de vigilance et droits humains*, **p. 1979.**
2021	2 juin	Décret n° 2021-715. Plateforme d'échanges sécurisés de documents électroniques dans le cadre des procédures devant l'Autorité de la concurrence. – V. C. com., art. R. 430-2, R. 464-2, R. 464-4, R. 464-6, R. 464-8, v° *Antitrust*, **p. 84.**
2021	juill.	Lignes directrices conjointes H3C-TRACFIN. Obligations des commissaires aux comptes relatives à la lutte contre le blanchiment des capitaux et le financement du terrorisme. – V. v° *Blanchiment*, **p. 1158.**
2021	juill.	Questionnaire AFA et pièces à fournir. Contrôles des entités assujetties à l'article 17 de la loi n° 2016-1691 du 9 décembre 2016. – V. v° *Corruption*, **p. 1682.**
2021	19 juill.	Ordonnance n° 2021-958. Transposition de la directive (UE) 2019/1153 du Parlement européen et du Conseil du 20 juin 2019 fixant les règles facilitant l'utilisation d'informations financières et d'une autre nature aux fins de la prévention ou de la détection de certaines infractions pénales, ou des enquêtes ou des poursuites en la matière. – Art. 1er. – V. C. mon. fin., art. L. 561-27, L. 561-29-1, L. 561-31-2, v° *Blanchiment*, **p. 582.**
2021	30 juill.	Communiqué de l'Autorité de la concurrence. Méthode de détermination des sanctions pécuniaires. – V. v° *Antitrust*, **p. 307.**

2021	22 août	Loi n° 2021-1104. Lutte contre le dérèglement climatique et renforcement de la résilience face à ses effets : – Art. 138, 273. – V. C. com., art. L. 225-102-1, L. 225-102-4, v° *Devoir de vigilance et droits humains*, **p. 1980**. – Art. 292. – V. C. pr. pén., art. 41-1-3, v° *Corruption*, **p. 1464**.
2021	23 août	Décret n° 2021-1112. Transposition de la directive (UE) 2019/1153 du Parlement européen et du Conseil du 20 juin 2019 fixant les règles facilitant l'utilisation d'informations financières et d'une autre nature aux fins de la prévention ou de la détection de certaines infractions pénales, ou des enquêtes ou des poursuites en la matière. – Art. 1er. – V. C. mon. fin., art. R. 561-18, R. 561-36-3, R. 561-37-1, v° *Blanchiment*, **p. 662.**
2021	23 août	Décret n° 2021-1113. Transposition de la directive (UE) 2019/1153 du Parlement européen et du Conseil du 20 juin 2019 fixant les règles facilitant l'utilisation d'informations financières et d'une autre nature aux fins de la prévention ou de la détection de certaines infractions pénales, ou des enquêtes ou des poursuites en la matière. – Art. 1er. – V. C. mon. fin., art. D. 561-51, v° *Blanchiment*, **p. 691.**
2021	23 août	Arrêté. Transposition de la directive 2019/1153 du Parlement européen et du Conseil du 20 juin 2019. – Art. 2 à 4, ss. C. mon. fin., art. R. 561-37-1, v° *Blanchiment*, **p. 681.**
2021	24 août	Loi n° 2021-1109. Confortant le respect des principes de la République. – Art. 89. – V. C. mon. fin., art. L. 561-24, v° *Blanchiment*, **p. 578.**
2021	15 sept.	Ordonnance n° 2021-1189. Création du Registre national des entreprises. – Art. 29. – V. C. mon. fin., art. L. 561-47, v° *Blanchiment*, **p. 620.**
2021	8 oct.	Loi n° 2021-1308. Diverses dispositions d'adaptation au droit de l'Union européenne dans le domaine des transports, de l'environnement, de l'économie et des finances. – Art. 45. – V. C. mon. fin., art. L. 561-2, L. 561-36, v° *Blanchiment*, **p. 509.**
2021	nov.	Guide pratique AFA. Prévention des conflits d'intérêts dans l'entreprise. – V. v° *Corruption*, **p. 1693.**
2021	24 nov.	Ordonnance n° 2021-1574. Partie législative du code général de la fonction publique. – V. CGFP, anc. art. L. 135-1 à L. 135-5, v° *Lanceur d'alertes*, **p. 2271.**
2021	26 nov.	Recommandation du Conseil de l'OCDE. Renforcement de la lutte contre la corruption d'agents publics étrangers dans les transactions commerciales internationales. – V. v° *Corruption*, **p. 1909.**
2021	déc.	Guide pratique AFA. Anticorruption à destination des PME et des petites ETI 🏛. – V. v° *Corruption*.

2021	déc.	Lignes directrices ACPR. Identification, vérification de l'identité et connaissance de la clientèle. – V. v° *Blanchiment*, **p. 816.**
2021	15 déc.	Ordonnance n° 2021-1652. Adaptation au droit de l'Union européenne dans le domaine des obligations d'information, de la gouvernance des produits financiers et des limites de position des investisseurs destinées à faciliter le financement des entreprises. – Art. 13. – V. C. mon. fin., art. L. 634-2, v° *Lanceur d'alertes*, **p. 2263.**
2021	22 déc.	Ordonnance n° 2021-1735. Modernisation du cadre relatif au financement participative. – Art. 23 à 25. – V. C. mon. fin., art. L. 561-2, L. 561-2-3, L. 561-36, v° *Blanchiment*, **p. 509.**
2021	22 déc.	Loi n° 2021-1729. Confiance dans l'institution judiciaire : – Art. 15. – V. C. pén., art. 432-12, 432-12-1, v° *Corruption*, **p. 1436.** – Art. 43. – V. C. mon. fin., art. L. 561-36, v° *Blanchiment*, **p. 596.** – Art. 51. – V. C. pén., art. 324-7, v° *Blanchiment*, **p. 501.** – Art. 56. – V. COJ, art. L. 211-21, v° *Devoir de vigilance et droits humains*, **p. 1992.**
2021	22 déc.	Décret n° 2021-1757. Modification de l'article R. 561-36 du code monétaire et financier. – V. C. mon. fin., art. R. 561-36, v° *Blanchiment*, **p. 679.**
2021	27 déc.	Décret n° 2021-1853. Compétences et organisation de l'Autorité de régulation de la communication audiovisuelle et numérique en matière de protection du droit d'auteur et des droits voisins. – Art. 5. – V. Décr. n° 2017-867 du 9 mai 2017, annexe, v° *Corruption*, **p. 1489.**
2022	janv.	Guide pratique AFA. Maîtriser le risque d'atteinte à la probité au sein des associations et fondations reconnues d'utilité publique et bonnes pratiques relatives à la gouvernance et la gestion du don. – V. v° *Corruption*.
2022	févr.	Guide pratique AFA. Dispositif de prévention des risques de corruption dans le secteur du bâtiment et des travaux publics. – V. v° *Corruption*, **p. 1432.**
2022	1er févr.	Décret n° 2022-110. Modernisation du cadre applicable au financement participatif. – Art. 14 à 17. – V. C. mon. fin., art. D. 561-4-1, R. 561-38-4, R. 561-38-7, R. 561-38-8, v° *Blanchiment*, **p. 648.**
2022	15 févr.	Ordonnance n° 2022-230. Titres III à VIII de la partie législative du livre VII du code monétaire et financier. – V. C. mon. fin., art. L. 561-2, L. 562-4 à L. 562-8, L. 562-12.
2022	18 févr.	Décret n° 2022-207. Communication de documents et renseignements d'ordre économique, commercial, industriel, financier ou technique à des personnes physiques ou morales étrangères. – V. v° *Loi de blocage et extraterritorialité*, **p. 2360.**

2022	21 févr.	Loi n° 2022-217. Différenciation, décentralisation, déconcentration et mesures de simplification de l'action publique locale : – Art. 212. – V. L. n° 2016-1691 du 9 déc. 2016, art. 3, v° *Corruption*, **p. 1432**. – Art. 213. – V. L. n° 2013-907 du 11 oct. 2013, art. 18-2, v° *Corruption*, **p. 1432**.
2022	2 mars	Loi n° 2022-296. Démocratisation du sport en France. – Art. 27. – V. C. com., art. L. 225-102-1, v° *Devoir de vigilance et droits humains*, **p. 1968.**
2022	7 mars	Arrêté. Communication de documents et renseignements d'ordre économique, commercial, industriel, financier ou technique à des personnes physiques ou morales étrangères. – V. v° *Loi de blocage et extraterritorialité*, **p. 2360.**
2022	21 mars	Loi organique n° 2022-400. Renforcement du rôle du Défenseur des droits en matière de signalement d'alerte. – Art. 1er, 3. – V. L. org. n° 2011-333 du 29 mars 2011, art. 4, 35-1, v° *Lanceur d'alertes*, **p. 2264.**
2022	21 mars	Loi n° 2022-401. Amélioration de la protection des lanceurs d'alerte : – Art. 1er à 3, 5, 6, 8, 9, 12. – V. L. n° 2016-1691 du 9 déc. 2016, art. 6, 6-1, 7-1, 8, 9, 10-1, 12, 12-1, 13, 13-1, 14-1, v° *Lanceur d'alertes*, **p. 2248**. – Art. 6. – V. C. pén., art. 122-9, v° *Lanceur d'alertes*, **p. 2256**. – Art. 7. – V. C. trav., art. L. 1121-2, L. 1132-3-3, L. 1152-2, L. 1153-2, v° *Lanceur d'alertes*, **p. 2248**. – Art. 7. – V. CGFP, art. L. 131-12, L. 133-3, L. 135-1 à L. 135-4, L. 135-6 A, v° *Lanceur d'alertes*, **p. 2270**. – Art. 13. – V. CJA, art. L. 911-1-1, v° *Lanceur d'alertes*, **p. 2272**. – Art. 14. – V. C. com., art. L. 151-8, v° *Lanceur d'alertes*, **p. 2248**. – Art. 16. – V. C. mon. fin., art. L. 634-1 à L. 634-3, v° *Lanceur d'alertes*, **p. 2248**.
2022	8 avr.	Décret n° 2022-515. Publication des mesures de gel de biens immobiliers prises en application du règlement UE n° 269/2014 du Conseil du 17 mars 2014. – V. v° *Blanchiment*, **p. 486.**
2022	16 mai	Décret n° 2022-815. Publication de la liste des personnes morales propriétaires des biens immobiliers faisant l'objet des mesures de gel prises en application du règlement UE n° 269/2014 du Conseil du 17 mars 2014. – V. v° *Blanchiment*, **p. 486**. – Art. 2. – V. Décr. n° 2022-515 du 8 avr. 2022, art. 1er, v° *Blanchiment*, **p. 486**.
2022	24 mai	Document-cadre de l'Autorité de la concurrence. Programmes de conformité aux règles de concurrence. – V. v° *Antitrust*, **p. 319.**
2022	juin	Charte AFA. Des contrôles. – V. v° *Corruption*, **p. 1738.**

2022	juin	Fiche AFA. Périmètre des contrôles prévus par le 3° de l'article 3 de la loi n° 2016-1691 du 9 décembre 2016. – V. v° *Corruption*, **p. 1750.**
2022	juin	Questionnaire AFA. Contrôle des entités assujetties au 3° de l'article 3 de la loi n° 2016-1691 du 9 décembre 2016. – V. v° *Corruption*, **p. 1754.**
2022	22 juin	Décision de l'Autorité de la concurrence. Organisation de l'Autorité de la concurrence. – V. v° *Antitrust*.
2022	juill.	Guide AFA. Prévention des atteintes à la probité à destination des fédérations sportives (non reproduit). – V. v° *Corruption*, **p. 1759.**
2022	juill.	Guide AFA. Prévention des atteintes à la probité à destination des opérateurs du ministère des Sports et des Jeux Olympiques et Paralympiques (non reproduit). – V. v° *Corruption*, **p. 1759.**
2022	16 août	Loi n° 2022-1158. Mesures d'urgence pour la protection du pouvoir d'achat. – Art. 20. – V. C. com., art. L. 464-9, v° *Antitrust*, **p. 80.**

TABLE ALPHABÉTIQUE

NOTA. Les caractères italiques indiquent un mot de renvoi. Ceux de ces mots qui sont en caractères gras et précédés d'une flèche rouge renvoient à un autre mot en caractères gras de la table ; les autres, en caractères maigres et sans flèche rouge, renvoient à une autre subdivision du même mot en caractères gras.
Le 🏛 signale que le texte est accessible intégralement ou partiellement en hyperlien sur le Code en ligne.
Il est rappelé qu'un tableau explicatif des abréviations figure au début de l'ouvrage.

A

D

P

Photocomposition Nord Compo
Villeneuve d'Ascq

PEFC
PEFC/18-31-280
Certifié PEFC
Ce produit est issu de forêts gérées durablement et de sources contrôlées
www.pefc-france.org

Achevé d'imprimer en octobre 2022 sur les presses de
LEGO S.p.A.
Italie
Dépôt légal : octobre 2022
721423 – OSB – Px 31 – NC – (JB)
Imprimé en Italie

